# LANGENSCHEIDT'S
# CONDENSED
# MURET-SANDERS
# GERMAN DICTIONARY

# LANGENSCHEIDT'S CONDENSED MURET-SANDERS GERMAN DICTIONARY

## English - German

BY

HELMUT WILLMANN
HEINZ MESSINGER
AND THE LANGENSCHEIDT EDITORIAL STAFF

## LANGENSCHEIDT

BERLIN · MUNICH · VIENNA · ZURICH · NEW YORK

*© 1985 Langenscheidt KG, Berlin and Munich*

*Printed in Germany*

# PREFACE

For nearly a century the names "Muret" and "Sanders" have graced the title pages of Langenscheidt's largest English dictionaries. The association between Langenscheidt and these two lexicographers goes back to the year 1869 when Professor Gustav Langenscheidt, the founder of this publishing company, engaged Professor Eduard Muret to compile a large English dictionary. The German-English part was assigned to the well-known lexicographer, Professor Daniel Sanders.

This dictionary, which became known as the "Muret-Sanders – Unabridged Edition" and comprised four volumes, was completed in 1901. A two-volume "Muret-Sanders – Abridged Edition (for School and Home)" had appeared just prior to the publication of the larger edition. In 1950 the publishers began work on a complete revision of the four-volume "Muret-Sanders". The final volume of this new edition, known as the "Große Muret-Sanders", appeared in 1975.

The "Condensed Muret-Sanders" is the publishers' reply to the increasing demand in recent years for a "Muret-Sanders" in the format of the old two-volume edition.

The present dictionary is based on the English-German part of the "Große Muret-Sanders" and on "Langenscheidts Großwörterbuch Englisch-Deutsch" (1971). However, it is by no means simply the result of a systematic reduction or superficial revision of these works. Its compilers devoted five years to producing a completely new manuscript based on a word-by-word scrutiny and careful sifting of the original material. While the lexicographic merits of the "Große Muret-Sanders" have been retained, care was taken to accommodate developments of recent years in everyday language and specialized fields of knowledge.

Comprising 1,200 pages and containing some 130,000 headwords and a vast range of variant translations, the English-German "Condensed Muret-Sanders" offers far more than merely half of its larger counterpart in the "Große Muret-Sanders" edition. Indeed, to those users who penetrate more deeply into its broad treatment of the general and specialized vocabularies of both languages, the word "Condensed" in the title will appear to be somewhat of an understatement. Since the "Große Muret-Sanders" has virtually become a synonym for the largest English-German dictionary, however, we consider this understatement to be justified.

Needless to say, in its lexicographic presentation this new dictionary has preserved the well-tried principles embodied by the "Große Muret-Sanders". The clear arrangement of the entries, the three-column division of each page, and the general readability of the dictionary make for quick and easy reference. The exemplary quality of its predecessor is further reflected in the balanced typography with its easily distinguishable typefaces and subdivisions, as well as the numerous explanations in italics, the precise labeling of stylistic register in the translations, and its system of cross-references. Special care has been taken to

render semantic differences and nuances as accurately as possible, and all entries contain a systematic semantic breakdown allowing for the most subtle variations of meaning. We refer the user here to the detailed account of the dictionary's various lexicographic features in the section entitled "Arrangement of the Dictionary and Guide for the User" (cf. pp. 13 ff.).

The primary aim in the compilation of this dictionary was to provide a comprehensive record of the respective languages from the point of view of general usage, including idiomatic expressions, and specialized terminology. Particular attention has been devoted to the lexicographic "flesh", as it were, in providing an extensive selection of example phrases, idioms, sayings and proverbs. The specialized vocabulary included in this work seeks to fulfill the needs of a wide range of users.

Adherence to tradition alone, however, does not make for a good dictionary, but has to be supplemented by considerations of up-to-dateness. Thus, within the scope of the 130,000 entries contained in the English-German "Condensed Muret-Sanders", the aim has been to remain at the forefront of modern usage in all fields. Even in the final stages of revision, neologisms were continuously incorporated into the dictionary.

The number of new words which had to be taken into consideration in compiling a dictionary of this size naturally ran into many thousands. The following examples may give some idea of the broad spectrum covered by these neologisms:

Among the expressions derived from the daily press are, for example, *concept art*, *Medicaid*, *sign-in*, *terminal clinic*, and, in the lists of proper names and abbreviations, *Gorbachev* and *SDI*.

Highly topical vocabulary areas have been systematically covered, as in the word-field encompassing *biodegradable*, *bioengineering*, *bioethics*, *biofeedback*, *bioplasm* etc.

Words like *ecofreak* do not appear as isolated entries, but are part of an extensive field of associated words.

It goes without saying that British and American usage, both in vocabulary and pronunciation, have been given equal attention in the "Condensed Muret-Sanders". The phonetic transcriptions of the English headwords are based on the principles and phonetic symbols of the International Phonetic Association. In the square brackets next to the headword, the British pronunciation of the word appears first, followed by any American variants. The information provided on American pronunciation goes well beyond that offered in comparable works.

The German user will undoubtedly welcome the syllabification marks in the English headwords. Abbreviations and first names, as well as biographical and geographical references, form part of the large appendix, which also contains useful information on irregular verbs, numerals, weights and measures, English proofreader's marks and phonetic alphabets.

At this point special mention must be made of those to whom we owe the greater part of the compilation of this dictionary, namely Helmut Willmann, a lexicographer at Langenscheidt of 18 years' standing, and Heinz Messinger, who compiled the German-English "Condensed Muret-Sanders". To them, and to Gisela Türck and Inge Spörer, who prepared a considerable part of the manuscript for the press and contributed their critical comments, our warm thanks are due.

Besides this reliable and well-coordinated team, several other members of the Langenscheidt editorial staff played their part in the successful completion of this dictionary.

Above all, Martin Fellermayer and K. H. Buller, two of the editors who devoted several years to working on the project, deserve to be named.

The "Muret-Sanders" set new standards in bilingual lexicography at the beginning of this century, and its complete revision between the years 1950 and 1975 cemented its unrivaled standing as the largest bilingual dictionary of our age. The "Condensed Muret-Sanders" upholds this tradition in the nineteen-eighties in incorporating into its extensive treatment of everyday usage and specialized terminology the very latest developments in the English language.

In 1908 H. Baumann wrote in a preface to the "Muret-Sanders": "In view of the brilliant success of the former Edition of this Dictionary which, while serving for Home and School, also appeals to the wider circle of practical workers in the technical branches, and of professional and commercial men of all sorts, I have been emboldened to hope that, in this new and more perfect form, the work again may attract many friends." We share this hope, albeit in the awareness that even this dictionary can pretend to be no more than a modest contribution to English-German lexicography.

LANGENSCHEIDT

# VORWORT

Die Namen „Muret" und „Sanders" stehen seit fast hundert Jahren auf den Titelseiten der größten englischen Langenscheidt-Wörterbücher. Der Ursprung dieser Verbindung geht in das Jahr 1869 zurück. In diesem Jahr schloß Professor Gustav Langenscheidt, der Gründer des Verlags, mit Professor Dr. Eduard Muret einen Vertrag über die Ausarbeitung eines großen englischen Wörterbuchs, für dessen deutsch-englischen Teil er den bekannten Lexikographen Professor Dr. Daniel Sanders gewann.

Dieser „Muret-Sanders – Große Ausgabe" lag im Jahr 1901 vollständig in vier Bänden vor. Eine zweibändige „Muret-Sanders – Hand- und Schulausgabe" erschien schon kurz vor der Publikation der „Großen Ausgabe". Im Jahr 1950 entschloß sich der Verlag, eine vollständige Neubearbeitung des vierbändigen „Muret-Sanders" in Angriff zu nehmen. Der letzte Band dieses neuen „Großen Muret-Sanders" erschien im Jahr 1975.

Um die in den achtziger Jahren steigende Nachfrage nach einem „Muret-Sanders" in der Größe der alten zweibändigen Ausgabe zu befriedigen, bringt nun der Verlag in der Reihe seiner Großwörterbücher den „Kleinen Muret-Sanders" in zwei Bänden heraus.

Der vorliegende englisch-deutsche Band des „Kleinen Muret-Sanders" basiert auf dem englisch-deutschen Teil des „Großen Muret-Sanders" und „Langenscheidts Großwörterbuch Englisch-Deutsch" (1971). Er ist jedoch keineswegs das Ergebnis einer schematischen Kürzung oder einfachen Bearbeitung. Über fünf Jahre arbeiteten die Verfasser an der Erstellung eines vollständig neuen Manuskripts, dem eine Wort-für-Wort-Überprüfung und Straffung des gesamten Ausgangsmaterials zugrunde lag. Unter Beibehaltung der lexikographischen Vorzüge des „Großen Muret-Sanders" wurde überdies den Entwicklungen der letzten Jahre Rechnung getragen – im Bereich der Allgemeinsprache ebenso wie im Bereich der Fachsprachen.

Mit einem Umfang von rund 1200 Seiten, über 130000 Stichwörtern und einem Vielfachen an Übersetzungen bietet der englisch-deutsche „Kleine Muret-Sanders" weit mehr als die Hälfte des entsprechenden Teils des „Großen Muret-Sanders". Wer in die umfassende Darstellung der Allgemeinsprache, der Idiomatik und der Fachsprachen näher eindringt, wird daher das Wort „klein" im Titel des vorliegenden Wörterbuchs als ein „Understatement" empfinden. Da der „Große Muret-Sanders" jedoch fast schon zu einem Synonym für das größte englisch-deutsche Wörterbuch geworden ist, schien uns dieses „Understatement" gerechtfertigt.

Es versteht sich von selbst, daß das vorliegende neue Wörterbuch die bewährten Grundsätze des „Großen Muret-Sanders" in der lexikographischen Darstellung beibehält. Der übersichtliche Aufbau, die Seitenaufteilung in drei Spalten und die gute Lesbarkeit erleichtern den schnellen Zugriff zu dem gesuchten Wort. Die ausgewogene Typographie mit den differenzierenden Schriftarten und Untergliederungen, die zahlreichen Erläute-

rungen in Kursivschrift, die genaue Beachtung der Sprachgebrauchsebene bei den Übersetzungen und das Verweissystem seien als weitere Beispiele für diese Grundsätze genannt. Besondere Sorgfalt wurde auch auf die semantische Differenzierung verwandt. Alle Stichwortartikel unterliegen bis zur kleinsten Übersetzungsvariante einer sinnvollen semantischen Gliederung. Eine eingehende Beschreibung der Einzelheiten in der lexikographischen Darstellung findet der Benutzer in dem Abschnitt „Anlage des Wörterbuchs mit Hinweisen für den Benutzer" (vgl. S. 13 ff.).

Das Ziel der inhaltlichen Kompilation war eine umfassende Darstellung der Allgemeinsprache, der Idiomatik und der Fachsprachen. Auf das „Fleisch" im lexikographischen Sinn – eine ausgedehnte Phraseologie, Anwendungsbeispiele, Redensarten und Sprichwörter – wurde besondere Sorgfalt verwandt. Das fachsprachliche Vokabular versucht möglichst vielen Benutzerkreisen Rechnung zu tragen.

Tradition allein genügt nicht. Modernität und Aktualität des Inhalts müssen hinzukommen. Im Rahmen der 130 000 Stichwörter des „Kleinen Muret-Sanders" Englisch-Deutsch wurde daher versucht, auf allen Gebieten die Grenzen der lexikographischen Aktualität zu erreichen. Selbst in den letzten Revisionsphasen des Werkes wurden noch laufend Neologismen eingearbeitet.

Bei einem Wörterbuch dieser Größenordnung handelt es sich dabei um viele Tausende von Neuwörtern, die berücksichtigt werden mußten. Die Spannweite dieser Neologismen mögen einige „Stichwörter" verdeutlichen:

Aus den Neologismen der täglichen Zeitungslektüre von heute wurden beispielsweise aufgenommen: *concept art, Medicaid, sign-in, terminal clinic* und (bei den Eigennamen und Abkürzungen) *Gorbachev, SDI.*

Hochaktuelle Neuwortbereiche wurden systematisch erfaßt: z.B. *biodegradable, bioengineering, bioethics, biofeedback, bioplasm.*

Wörter wie z.B. *ecofreak* erscheinen nicht nur als Stichwörter, sondern auch die Terminologie ihres Umfelds wurde berücksichtigt.

Die Gleichbehandlung des Britischen und Amerikanischen Englisch in Wortschatz und Aussprache ist im „Kleinen Muret-Sanders" eine Selbstverständlichkeit. Die Ausspracheangaben für die englischen Stichwörter erfolgen nach den Grundsätzen und mit den Symbolen der Internationalen Lautschrift (IPA). Innerhalb der eckigen Klammern erscheint zunächst die Aussprache des Britischen Englisch, dahinter folgt – falls nötig – die amerikanische Lautung, der im vorliegenden Wörterbuch breiterer Raum als bisher üblich eingeräumt wurde.

Auch die Angabe der Silbentrennungsmöglichkeiten in den englischen Stichwörtern wird für den deutschen Benutzer sicherlich hilfreich sein. Abkürzungen, Vornamen, biographische und geographische Namen sind Teile des ausführlichen Anhangs, der dem Benutzer auch wertvolle Informationen über unregelmäßige Verben, Zahlwörter, Maße, Gewichte, englische Korrekturzeichen und Buchstabieralphabete bietet.

Helmut Willmann, seit 18 Jahren als Lexikograph im Langenscheidt-Verlag tätig, und Heinz Messinger, der Verfasser des deutsch-englischen Bandes des „Kleinen Muret-Sanders", trugen bei der Kompilation und Gestaltung dieses Wörterbuchs die Hauptlast der Verantwortung. Ihnen, aber auch Gisela Türck und Inge Spörer, die erhebliche Teile des Druckmanuskripts erstellten und die Manuskriptarbeiten durch ihre Kritik tatkräftig förderten, sei an dieser Stelle herzlich gedankt.

Neben diesem bewährten und eingespielten Team trugen auch andere Mitglieder der Langenscheidt-Redaktion ihren Teil zum Gelingen dieses Wörterbuchs bei. Zwei Redakteure, die über mehrere Jahre an dem vorliegendem Wörterbuch tätig waren, seien hier genannt: Martin Fellermayer und K. H. Buller.

Der „Muret-Sanders" setzte zu Beginn dieses Jahrhunderts in der zweisprachigen Lexikographie neue Maßstäbe, und durch die vollständige Neubearbeitung in den Jahren 1950 bis 1975 blieb er auch das umfangreichste zweisprachige Wörterbuch unserer Generation. Der „Kleine Muret-Sanders" setzt nun diese Tradition für die achtziger Jahre fort: er verbindet die umfassende Darstellung der Allgemeinsprache und der Fachsprachen mit dem modernen Wortschatz der achtziger Jahre.

H. Baumann schrieb im Jahr 1908 in einem Vorwort des „Muret-Sanders": „Der glänzende Erfolg der früheren Auflage dieses Wörterbuchs, das nicht nur dem Haus und der Schule, sondern auch in weiterem Sinne den zahlreichen praktischen Zwecken der Technik, der Wissenschaft und des Handels nach jeder Richtung hin dienen möchte, berechtigt mich zu der Hoffnung, daß das Werk auch in dieser neuen, vollendeteren Gestalt zahlreiche Freunde finden möge." Auch wir haben diese Hoffnung – wenn wir uns auch bewußt sind, daß selbst dieses umfassende Wörterbuch nur ein neuer Versuch auf dem Feld der englisch-deutschen Lexikographie ist.

LANGENSCHEIDT

# INHALTSVERZEICHNIS — CONTENTS

12

# ANLAGE DES WÖRTERBUCHS MIT HINWEISEN FÜR DEN BENUTZER
# ARRANGEMENT OF THE DICTIONARY AND GUIDE FOR THE USER

## A. ALLGEMEINES

### I. SCHRIFTARTEN

Der Unterscheidung des im Wörterbuch gebotenen Stoffes dienen vier Schriftarten:

**halbfett**     für die englischen Stichwörter,

**Auszeichnungsschrift**     für die englischen Anwendungsbeispiele und Redewendungen,

Grundschrift     für die deutschen Übersetzungen und

*kursiv*     für alle erklärenden Zusätze, Definitionen, Ursprungsbezeichnungen, Bezeichnungen der Wortart, des Sachgebietes, der regionalen Verbreitung oder der Sprachgebrauchsebene.

### II. ANORDNUNG DER STICHWÖRTER

#### 1. Alphabetische Reihenfolge

Die halbfetten Stichwörter sind streng alphabetisch geordnet. Unregelmäßige Formen und orthographische Varianten sind an ihrem alphabetischen Platz verzeichnet mit Verweis auf das Stichwort, unter dem sie behandelt werden. Außerhalb der alphabetischen Reihenfolge stehen die als halbfette Stichwörter aufgeführten Verbindungen von Verben mit Präpositionen bzw. Adverbien. Sie folgen dem betreffenden Verbartikel unmittelbar in besonderen Abschnitten.

## A. GENERAL INDICATIONS

### I. STYLES OF TYPE

Four different styles of type are used for the following four categories of information:

**boldface**     for the entry word,

lightface     for illustrative phrases and idiomatic expressions,

plain     for the German translation, and

*italic*     for all explanations and definitions, for labels indicating the origin of an entry word, its part of speech, its specialized senses, its geographical distribution, and its level of usage.

### II. ARRANGEMENT OF ENTRIES

#### 1. Alphabetical Order

Boldface entries are given in strict alphabetical order. Irregular forms and variant spellings are listed in the proper alphabetical order with cross reference to the entry word where they are treated in full. In the case of verb phrases which are entered in boldface type the alphabetical order has been abandoned. They are dealt with separately, directly after the respective verb entries.

14

## 2. Britische und amerikanische Schreibvarianten

Orthographische Varianten des britischen oder amerikanischen Englisch werden nach dem Grundsatz der Gleichwertigkeit behandelt. Die lexikographische Behandlung erfolgt bei derjenigen Schreibvariante, in der das betreffende Wort alphabetisch zuerst erscheint. An dieser Stelle ist zusätzlich die andere Schreibvariante verzeichnet. Bei der alphabetisch später aufgeführten Variante wird auf die alphabetisch frühere Schreibvariante verwiesen.

Wenn orthographische Varianten (vollständig angeführt oder durch eingeklammerte Buchstaben angezeigt) nicht als „britisch" oder „amerikanisch" gekennzeichnet sind, so gelten sie für beide Sprachzweige.

Ist beim zweiten Bestandteil einer Zusammensetzung ein Buchstabe eingeklammert, so ist beim betreffenden Simplex zu ersehen, ob es sich hierbei um eine britische bzw. amerikanische Variante handelt oder ob die Variante für beide Sprachzweige gilt.

## 3. Zusammensetzungen

Zusammensetzungen sind entweder als halbfette Stichwörter an ihrer alphabetischen Stelle verzeichnet (z. B. **coal bed, coast guard**) oder erscheinen als Anwendungsbeispiele unter einem ihrer Kompositionsglieder (z. B. accident risk unter **risk** 2).

## 4. Ableitungen

Ableitungen stehen als halbfette Stichwörter an ihrer alphabetischen Stelle. Nur wenn sie sehr selten sind oder wenn sich ihre Bedeutung ohne weiteres aus der des Stammworts ergibt, wurden sie nicht eigens aufgeführt.

## 5. Adverbialformen

Adverbialformen werden immer gekennzeichnet: **hot** ... (*adv* ~**ly**). Sie erscheinen aber nur dann als selbständiges Stichwort, wenn sie in Bedeutung oder Aussprache eine Besonderheit aufweisen. Ausgeschrieben werden Adverbialformen, bei deren Bildung der Schlußvokal des Adjektivs entfällt oder sich verändert:

> **capable** *adj* (*adv* capably)
> **gentle** *adj* (*adv* gently)
> **risky** *adj* (*adv* riskily)

## 2. British and American Orthographic Differences

Where British and American spelling differs, the two forms are regarded as having equal status. Full lexicographical treatment is given with the prior alphabetical form. There the other spelling variant, properly labelled, is also listed. A cross reference from the later alphabetical form to the prior form indicates where the word in question is treated.

When variant spellings (either entered in full or indicated by brackets only) are not marked British or American they are common to both countries.

When in the second element of a compound entry a letter is placed in brackets the user is referred to the respective base word to find out whether the variant spellings constitute orthographic differences between British and American usage or are common to both countries.

## 3. Compound Entries

Most compounds are either entered in boldface type in their proper alphabetical position (e.g. **coal bed, coast guard**) or are given as illustrative phrases under one or other of their components (e.g. accident risk under **risk** 2).

## 4. Derivatives

Derivatives are given in their proper alphabetical position as boldface entries. They have been omitted only when they are very rare or when their meaning can easily be gathered from that of their base word.

## 5. Adverbs

The formation of adverbs is indicated throughout: **hot** ... (*adv* ~**ly**). However, they are only treated in full if they show any irregularities either in meaning or in pronunciation. Those adverbs which in the course of derivation from an adjective either drop or change the last vowel are written in full:

> **capable** *adj* (*adv* capably)
> **gentle** *adj* (*adv* gently)
> **risky** *adj* (*adv* riskily)

Bei Adjektiven, die auf **-ic** und **-ical** enden können, wird die Adverbialbildung auf folgende Weise gekennzeichnet:

**geologic** *adj*; **geological** *adj* (*adv* ~ly)

d. h. geologically ist das Adverb zu beiden Adjektivformen.

## 6. Wortbildungselemente

Um dem Benutzer die Möglichkeit zu geben, eventuell nicht verzeichnete wissenschaftliche und sonstige Spezialausdrücke zu erschließen, wurden englische Wortbildungselemente aufgenommen.

## 7. Eigennamen und Abkürzungen

Wichtige Eigennamen aus der Bibel, von Sternen etc. sind im Hauptteil behandelt. Eigennamen biographischer und geographischer Art sowie Abkürzungen sind in besonderen Verzeichnissen am Schluß des Werkes zusammengestellt.

## B. AUFBAU EINES STICHWORTARTIKELS

Die Unterteilung eines Stichwortartikels geschieht durch

1. römische Ziffern zur Unterscheidung der Wortarten (Substantiv, transitives oder intransitives Verb, Adjektiv etc.),

2. arabische Ziffern (fortlaufend im Artikel und unabhängig von den römischen Ziffern) zur Unterscheidung der einzelnen Bedeutungen,

3. kleine Buchstaben zur weiteren Bedeutungsdifferenzierung innerhalb einer arabischen Ziffer.

Die einzelnen Artikel gliedern sich wie folgt:

## I. ENGLISCHES STICHWORT

Das englische Stichwort erscheint in halbfetter Schrift entweder nach links ausgerückt oder, im Falle von Ableitungen und Zusammensetzungen, innerhalb des fortlaufenden Textes der Spalte.

**1. Silbentrennpunkte.** Bei mehrsilbigen Stichwörtern ist die Silbentrennung durch auf Mitte stehenden Punkt oder durch Betonungsakzent angezeigt. Bei Wortbildungselementen wird die Silbentren-

There may be but one adverbial form for adjectives ending in both **-ic** and **-ical**. This is indicated in the following way:

**geologic** *adj*; **geological** *adj* (*adv* ~ly)

i.e. geologically is the adverb of **geologic** and **geological.**

## 6. Combining Forms

In order to enable the user to gather the meaning of scientific or other technical terms not listed in the dictionary, English combining forms are given.

## 7. Proper Names and Abbreviations

The more important proper names from the Bible, of stars in the stellar system, etc. are dealt with in the main vocabulary. Biographical and geographical names as well as abbreviations are listed in special appendixes at the end of the dictionary.

## B. TREATMENT OF ENTRIES

Subdivisions may be made in the entries by means of

1. Roman numerals to distinguish the various parts of speech (noun, transitive or intransitive verb, adjective, etc.),

2. Arabic numerals (running consecutively through the entire entry, irrespective of the Roman numerals) to distinguish the various senses,

3. small letters as a further means of splitting up into several related meanings a primary sense of a word under an Arabic numeral.

The various elements of a dictionary entry are:

## I. THE ENGLISH ENTRY WORD

The english entry word is printed in boldface type and appears either at the left-hand side of a column (slightly further over into the left margin than the rest of the text) or is–in the case of derivatives and compounds–run on after the preceding entry.

**1. Syllabification.** In entry words of more than one syllable syllabification is indicated by centred dots or stress marks. In the case of combining forms syllabification has not been given since it may vary

16

nungsmöglichkeit nicht angegeben, da sich diese, je nach den weiteren Bestandteilen des zu bildenden Wortes, verändern kann (z. B. **electro-**).

**2. Exponenten.** Verschiedene Wörter gleicher Schreibung (Homonyme, Homogramme) werden mit Exponenten gekennzeichnet (z. B. **bail**[1], **bail**[2], **bail**[3], **bail**[4]).

**3. Bindestrich.** Mußte ein mit Bindestrich geschriebenes englisches Wort an der Stelle des Bindestrichs getrennt werden, so wurde der Bindestrich zu Anfang der folgenden Zeile wiederholt.

**4. Tilde.** Folgen einem ausgerückten Stichwort eine oder mehrere angehängte Zusammensetzungen mit diesem Stichwort als erstem Bestandteil, so wird es nicht jedesmal wiederholt, sondern durch eine halbfette Tilde (∿) ersetzt:

    **cad·mi·um** [ˈkædmɪəm] ... **∿ or·ange**
    = cadmium orange ...

Ist das ausgerückte Stichwort bereits selbst eine Zusammensetzung, die durch die nachfolgende Tilde nicht als Ganzes wiederaufgenommen werden soll, sondern nur mit ihrem ersten Bestandteil, so steht hinter diesem ersten Bestandteil ein senkrechter Strich. In den darauffolgenden angehängten Stichwörtern ersetzt die halbfette Tilde also nur den vor dem senkrechten Strich stehenden Bestandteil des ausgerückten Stichworts:

    **ab·so·lute|** pitch ... **∿ tem·per·a-**
    **ture** = absolute temperature ...

Um den Wechsel zwischen Groß- und Kleinschreibung bei den mit Tilde angehängten Stichwörtern anzuzeigen, wurde der große bzw. kleine Anfangsbuchstabe unmittelbar vor die Tilde gesetzt:

    **Great| Mo·gul** ... **g∿ mo·rel** = great
    morel ...

**5. Unregelmäßige Formen**

*a) Substantiv*

Der regelmäßig gebildete Plural wird nicht angegeben. Dagegen werden die Pluralformen aller Substantive auf **-o** sowie alle unregelmäßigen Pluralformen durch Wiedergabe der letzten Silbe(n) oder des gesamten Wortes verzeichnet:

    **cac·tus** [ˈkæktəs] *pl* **-ti** [-taɪ], **-tus-**
    **es** ...

    **knife** [naɪf] **I** *pl* **knives** [naɪvz] *s* ...

according to the other components of the word to be formed (e.g. **electro-**).

**2. Superscription.** Different words with the same spelling (homographs) have been given numbers in superscript (e.g. **bail**[1], **bail**[2], **bail**[3], **bail**[4]).

**3. Hyphen.** Where hyphen and division mark coincide in the division of a hyphened English entry, the hyphen is repeated at the beginning of the next line.

**4. Swung Dash or Tilde.** When a left-margin entry word is followed by one or more compounds (with the entry word as their first element), the entry word has not been repeated every time but has been replaced by a boldface tilde (∿):

    **cad·mi·um** [ˈkædmɪəm] ... **∿ or·ange**
    = cadmium orange ...

When the left-margin entry word is itself a compound of which only the first element is to be repeated by the following tilde, then this element is separated off by means of a vertical bar. In the run-on entry words following, the boldface tilde repeats only that element of the left-margin entry word which precedes the vertical bar:

    **ab·so·lute|** pitch ... **∿ tem·per·a-**
    **ture** = absolute temperature ...

When the initial letter of run-on entry words represented by a tilde changes from small to capital or vice versa the small or capital letter has been placed immediately in front of the tilde:

    **Great| Mo·gul** ... **g∿ mo·rel** = great
    morel ...

**5. Irregular Forms**

*a) Noun*

Regular plural forms have generally not been given. In the case of nouns ending in **-o** and nouns with irregular plurals, either the entire plural form is given or merely its last syllable(s):

    **cac·tus** [ˈkæktəs] *pl* **-ti** [-taɪ], **-tus-**
    **es** ...

    **knife** [naɪf] **I** *pl* **knives** [naɪvz] *s* ...

Erscheint ein Substantiv mit unregelmäßigem Plural als letzter Bestandteil einer Zusammensetzung, so weist die Abkürzung *irr* (= **irregular**) auf die Unregelmäßigkeit hin. Die unregelmäßige Pluralform findet man an derjenigen Stelle, an der der letzte Bestandteil der Zusammensetzung als Stichwort verzeichnet ist:

> **al·der·wom·an** [ˈɔːldə(r)ˌwʊmən] *s irr* ...
> **wom·an** [ˈwʊmən] **I** *pl* **wom·en** [ˈwɪmɪn] *s* ...

When a noun with an irregular plural appears as the last element of a compound, the irregularity is indicated only by the abbreviation *irr* (= **irregular**). The irregular plural form is given where the last element of the compound is listed as a separate entry word:

> **al·der·wom·an** [ˈɔːldə(r)ˌwʊmən] *s irr* ...
> **wom·an** [ˈwʊmən] **I** *pl* **wom·en** [ˈwɪmɪn] *s* ...

#### b) Verbum

Verben, bei welchen keine weitere Grundform angegeben ist, bilden Präteritum und Partizip Perfekt regelmäßig. Bei unregelmäßigen Verben werden Präteritum (*pret*) und Partizip Perfekt (*pp*) verzeichnet.

> **freeze** [friːz] **I** *v/i pret* **froze** [frəʊz] *pp*
> **froz·en** [ˈfrəʊzn] ...
> **build** [bɪld] **I** *v/t pret u. pp* **built** ...

#### b) Verb

When no principal parts are indicated, the past tense and past participle are formed regularly. The past tense (*pret*) and past participle (*pp*) of irregular verbs are given:

> **freeze** [friːz] **I** *v/i pret* **froze** [frəʊz] *pp*
> **froz·en** [ˈfrəʊzn] ...
> **build** [bɪld] **I** *v/t pret u. pp* **built** ...

Bei abgeleiteten oder zusammengesetzten unregelmäßigen Verben wird die Unregelmäßigkeit nur durch die Abkürzung *irr* angedeutet; Einzelheiten sind beim Simplex nachzuschlagen:

> ˌo·verˈhear *v/t irr* ...

The irregularity of the compound and derived irregular verbs is shown by the abbreviation *irr* only. The user should consult the base verbs for the principal parts:

> ˌo·verˈhear *v/t irr* ...

#### c) Adjektiv und Adverb

Adjektive und Adverbien, die unregelmäßig gesteigert werden, sind mit ihren Steigerungsformen gegeben:

> **bad¹** [bæd] **I** *adj comp* **worse** [wɜːs; *Am.* wɜrs] *sup* **worst** [wɜːst; *Am.* wɜrst] ...

#### c) Adjective and Adverb

All irregularly compared adjectives and adverbs are entered with both comparative and superlative forms:

> **bad¹** [bæd] **I** *adj comp* **worse** [wɜːs; *Am.* wɜrs] *sup* **worst** [wɜːst; *Am.* wɜrst] ...

## II. AUSSPRACHE

Grundsätzlich ist bei jedem einfachen Stichwort die Aussprache ganz oder teilweise angegeben. Die Aussprachebezeichnung erfolgt nach den Grundsätzen der „International Phonetic Association". Die phonetischen Angaben werden nach einem der folgenden Grundsätze gemacht:

1. Bei jedem ausgerückten Stichwort, das nicht eine Zusammensetzung bzw. Ableitung von an anderer Stelle verzeichneten und phonetisch umschriebenen Stichwörtern ist, wird die Aussprache in eckigen Klammern – in der Regel unmittelbar hinter dem Stichwort – gegeben:

> **ask** [ɑːsk; *Am.* æsk] **I** *v/t* **1.** ...

## II. PRONUNCIATION

It is a general rule that either full or partial pronunciation is given for every simple entry word. The symbols used are those laid down by the International Phonetic Association. One or other of the following principles determines the pronunciation:

1. Every left-margin entry word that is not compounded of or derived from words listed and phonetically transcribed elsewhere in the dictionary is followed by the pronunciation in square brackets:

> **ask** [ɑːsk; *Am.* æsk] **I** *v/t* **1.** ...

2. Jedes Stichwort, das ein mit Bindestrich verbundenes oder zusammengeschriebenes Kompositum ist aus an anderer Stelle phonetisch umschriebenen Stichwörtern, trägt nur Betonungsakzente vor den betonten Silben. Das Zeichen ['] stellt den Hauptakzent, das Zeichen [ˌ] den Nebenakzent dar. Die Aussprache ist beim jeweiligen Simplex nachzuschlagen und mit dem bei der Zusammensetzung gegebenen Betonungsschema zu kombinieren:

**'foreˌfa·ther**
(siehe unter **fore** und **father**)

3. Bei Stichwörtern, die getrennt geschriebene Komposita sind, werden keine Betonungsakzente gegeben. Die Aussprache ist beim jeweiligen Simplex nachzuschlagen:

**con·ic pro·jec·tion**

4. Stichwörter, die als Ableitungen an ein Simplex angehängt sind, erhalten häufig nur Betonungsakzente und Teilumschrift. Die Aussprache des nichtumschriebenen Wortteils ist unter Berücksichtigung eines eventuellen Akzentumsprungs dem vorausgehenden Stichwort zu entnehmen:

**flu·or·o·scope** [ˈfluːərəskəʊp] ...
**ˌflu·or·oˈscop·ic** [-ˈskɒpɪk; *Am.* -ˈskɑ-]
= [ˌfluːərəˈskɒpɪk; *Am.* ˌfluːərəˈskɑpɪk] ...

Mehrere besonders häufige Endungen sind jedoch nicht bei jeder Ableitung, sondern nur in einer zusammenfassenden Liste auf S. 27 phonetisch umschrieben:

**claim** [kleɪm] ... **'claim·a·ble** =
[ˈkleɪməbl] ...

5. Ändert sich die hinter dem Stichwort verzeichnete Aussprache für eine Wortart, so steht die veränderte Aussprache unmittelbar hinter der entsprechenden Wortartangabe, auf die sie sich bezieht:

**ex·cuse I** *v/t* [ɪkˈskjuːz] ... **II** *s* [ɪkˈskjuːs]
...

## III. URSPRUNGSBEZEICHNUNG

Nichtanglisierte Stichwörter aus anderen Sprachen sind mit dem Kennzeichen ihrer Herkunft versehen. Wenn es sich um deutsche, französische, italienische oder spanische Wörter handelt, die noch in der Aussprache als Fremdwort empfunden werden, so sind sie auch in der Herkunftssprache phonetisch umschrieben.

---

2. All compound entries, whether hyphened or written as one word, with elements listed and phonetically transcribed elsewhere in the dictionary are provided with stress marks in front of the stressed syllables. The notation ['] stands for strong stress, the notation [ˌ] for weak stress. For the pronunciation of the different elements the user must consult the respective entries and combine what he finds there with the stress scheme given within the compound entry:

**'foreˌfa·ther**
(cf. **fore** and **father**)

3. No accents are given in compound entries written as two or more separate words. For the pronunciation the user must consult the respective simple entries:

**con·ic pro·jec·tion**

4. Derivatives run on after a simple entry often have only accents and part of the pronunciation given. That part of the word which is not transcribed phonetically has, apart from differences in stress, a pronunciation that is identical with that of the corresponding part of the preceding entry:

**flu·or·o·scope** [ˈfluːərəskəʊp] ...
**ˌflu·or·oˈscop·ic** [-ˈskɒpɪk; *Am.* -ˈskɑ-]
= [ˌfluːərəˈskɒpɪk; *Am.* ˌfluːərəˈskɑpɪk] ...

A number of the more common suffixes, however, have not been transcribed phonetically after every derivative entry. They are shown, together with their phonetic transcription, in a comprehensive list on p. 27:

**claim** [kleɪm] ... **'claim·a·ble** =
[ˈkleɪməbl] ...

5. When the pronunciation given after the entry word changes for a particular part of speech the different pronunciation appears immediately after the part-of-speech label to which it refers:

**ex·cuse I** *v/t* [ɪkˈskjuːz] ... **II** *s* [ɪkˈskjuːs]
...

## III. INDICATION OF ORIGIN

Non-assimilated foreign entry words are marked with the label of their origin. In addition German, French, Italian, and Spanish words are transcribed phonetically according to the respective language of origin in so far as their pronunciation is still regarded as foreign.

# IV. WORTARTBEZEICHNUNG

Die Angabe der Wortart (*s*, *adj*, *v/t*, *v/i*, *v/reflex*, *adv*, *pron*, *prep*, *conj*, *interj*) folgt meist unmittelbar auf die Aussprache. Gehört ein Stichwort mehreren grammatischen Kategorien an, so steht die Wortartbezeichnung hinter jeder römischen Ziffer.

# V. BEZEICHNUNG DES SACHGEBIETS

Stichwörter, die einem besonderen Sachgebiet angehören, sind mit einer entsprechenden Bezeichnung versehen:

> **clause** [klɔːz] *s* **1.** *ling.* Satz ... **2.** *jur.*
> Klausel ...

Die Stellung der Sachgebietsbezeichnung innerhalb des Stichwortartikels richtet sich danach, ob sie für das ganze Stichwort gilt oder nur für einige Bedeutungen. Unmittelbar hinter der Aussprache eines Stichworts kann sie für alle angehängten Übersetzungen gelten.

# VI. BEZEICHNUNG DER REGIONALEN VERBREITUNG

Die auf einen bestimmten Teil des englischen Sprachgebiets beschränkten Stichwörter sind mit der Angabe ihres regionalen Ursprungs (*Am.*, *Austral.*, *Br.*, *Canad.* etc.) gekennzeichnet. Dies schließt jedoch nicht aus, daß sie in vielen Fällen inzwischen auch in andere Sprachzweige Eingang gefunden haben.

# VII. BEZEICHNUNG DER SPRACHGEBRAUCHSEBENE

Bei Stichwörtern, die auf irgendeine Weise von der Hochsprache (Standard English) abweichen, ist vermerkt, auf welcher Sprachgebrauchsebene sie stehen (*vulg.*, *sl.*, *colloq.*, *dial.*, *poet.*, *obs.*, *hist.*). Wo immer möglich, wurde als deutsche Übersetzung ein Wort derselben Sprachgebrauchsebene gegeben. Bei den mit *vulg.*, *sl.* oder *colloq.* gekennzeichneten Stichwörtern steht die deutsche Übersetzung, wenn sie derselben Sprachgebrauchsebene angehört, in einfachen Anführungszeichen; ihr folgt (wo notwendig) der hochsprachliche Ausdruck als zusätzliche Übersetzung oder Erläuterung:

> **broke²** [brəʊk] *adj colloq.* ‚pleite': a)
> ‚abgebrannt', ‚blank' (*ohne Geld*) ...

# IV. PART-OF-SPEECH LABEL

As a rule the part-of-speech label immediately follows the pronunciation (*s*, *adj*, *v/t*, *v/i*, *v/reflex*, *adv*, *pron*, *prep*, *conj*, *interj*). When an entry word has several parts of speech the part-of-speech label is given after every Roman numeral.

# V. SUBJECT LABEL

Entries belonging to a particular field of knowledge are labelled accordingly:

> **clause** [klɔːz] *s* **1.** *ling.* Satz ... **2.** *jur.*
> Klausel ...

The position of the subject label within an entry depends on whether it refers to the whole entry or only to one or more senses within the entry. When the subject label stands immediately after the pronunciation of an entry word it can refer to all translations.

# VI. GEOGRAPHICAL LABEL

Entry words used only in a particular area of the English-speaking world are marked with a label of geographical origin (*Am.*, *Austral.*, *Br.*, *Canad.*, etc.). This does not rule out the possibility that many of them may also have become current in other English-speaking countries.

# VII. USAGE LABEL

When an entry deviates in any way from Standard English the level of usage is indicated (*vulg.*, *sl.*, *colloq.*, *dial.*, *poet.*, *obs.*, *hist.*). Wherever possible, the German translation has been drawn from the same usage level. In entries designated as *vulg.*, *sl.*, or *colloq.* the German translation–if drawn from the same level of usage–is placed in inverted commas and is followed, wherever necessary, by the pertinent standard expression in German as an additional translation or explanation:

> **broke²** [brəʊk] *adj colloq.* ‚pleite': a)
> ‚abgebrannt', ‚blank' (*ohne Geld*) ...

## VIII. DEUTSCHE ÜBERSETZUNG DES ENGLISCHEN STICHWORTS

**1. Rechtschreibung und Genusangabe.** Für die Rechtschreibung war im wesentlichen „Duden, Rechtschreibung der deutschen Sprache und der Fremdwörter" maßgebend. Die Angabe des Geschlechts eines Substantivs durch *m, f, n* wurde, so weit wie möglich, in Anlehnung an Duden durchgeführt. Die Genusangabe unterblieb

a) in den Fällen, in denen das Geschlecht eines Substantivs aus dem Kontext eindeutig hervorgeht (z. B. niedriger Tisch; Arbeiter, der etwas einbettet),

b) wenn die Übersetzung die weibliche Endung in Klammern bringt: Verkäufer(in),

c) bei kursiven Erklärungen,

d) bei den Übersetzungen von Anwendungsbeispielen, und

e) wenn das deutsche Substantiv im Plural steht. In diesem Fall steht die Bezeichnung *pl* hinter dem deutschen Wort.

f) Die Übersetzungen von substantivischen Anwendungsbeispielen, deren Geschlecht nicht aus einem der Fälle a, b und e und auch nicht aus einer Grundübersetzung innerhalb einer arabischen Unterabteilung hervorgeht, erhalten jedoch die Genusbezeichnung.

**2. Akzente.** Bei allen deutschen Wörtern, die dem nichtdeutschen Benutzer in der Betonung Schwierigkeiten verursachen könnten, sind Betonungsakzente gesetzt. Der Hauptakzent wird durch das Zeichen ['], der Nebenakzent durch das Zeichen [ˌ] wiedergegeben. Die Akzente stehen vor dem Buchstaben, mit dem die betonte Silbe beginnt. Sie werden gesetzt bei

a) Fremdwörtern, die nicht auf der ersten Silbe betont werden,

b) deutschen Wörtern, die nicht auf der ersten Silbe betont werden, außer wenn es sich um eine der stets unbetonten Vorsilben **be-, emp-, ent-, er-, ge-, ver-, zer-** handelt, und

## VIII. THE GERMAN TRANSLATION OF THE ENGLISH ENTRY

**1. Spelling and Gender.** As a rule the spelling given is that recommended by "Duden, Rechtschreibung der deutschen Sprache und der Fremdwörter". The gender of nouns (indicated by the notations *m, f, n*) is, as far as possible, in accordance with "Duden". Gender is not indicated

a) whenever it can be clearly inferred from the context (e.g. niedriger Tisch; Arbeiter, der etwas einbettet),

b) whenever in the translation the feminine suffix is given in brackets: Verkäufer(in),

c) in all explanations in italics,

d) in the translations of illustrative phrases, and

e) whenever the German noun is in the plural. In this case the designation *pl* follows the German word.

f) In the case, however, of nouns which appear as illustrative phrases the gender is indicated unless it can be inferred either from cases a, b, e, or from one of the basic translations given within a subdivision under an Arabic numeral.

**2. Stress Marks.** Accentuation is given with those German words which might cause difficulty to the non-German user. The primary stress is indicated by the notation ['], the secondary stress by the notation [ˌ]. The stress marks have been placed immediately before the first letter of the stressed syllable. The following categories of words have been given stress marks:

a) foreign words which are not stressed on the first syllable,

b) German words which are not stressed on the first syllable except for those beginning with one of the following unstressed prefixes: **be-, emp-, ent-, er-, ge-, ver-, zer-,** and

c) deutschen Wörtern, die mit einer bald betonten, bald unbetonten Vorsilbe beginnen: **durch-, hinter-, miß-, über-, um-, unter-, wider-, wieder-**;

d) außerdem erhält der deutsche unbestimmte Artikel einen Akzent in Fällen wie: sich in ᵎeinem Punkt einigen (statt: e-m).

Ist bei einer deutschen Übersetzung ein Bestandteil eingeklammert, zum Zeichen dafür, daß er auch wegfallen kann, so erfolgt die Akzentsetzung mit Haupt- und Nebenakzent für das gesamte Wort. Steht bei Wegfall des eingeklammerten Wortbestandteils nur ein Nebenakzent auf dem verbleibenden Wort, so wird dieser zum Hauptakzent, z. B. (Kriᵎstall)Deₗtektorempfänger.

Bei kursiven Erklärungen und bei den Übersetzungen von Anwendungsbeispielen werden keine Akzente gegeben.

**3. Divis.** Der kurze Trennstrich (Divis) wie in Häns-chen weist darauf hin, daß „s" und „ch" getrennt gesprochen werden.

**4. Kursive Erklärungen** können anstelle der Übersetzung stehen – meist nur, wenn es sich um einen unübersetzbaren Ausdruck handelt – oder in Klammern hinter einer Übersetzung.

## IX. HINWEISE ZUR REKTION

Vor der Übersetzung stehen in der Regel (kursiv) Dativ- und Akkusativobjekte von Verben:

**e·lude** ... *v/t* ... *das Gesetz etc* umᵎgehen ...

Hinter der Übersetzung kann (kursiv und in Klammern) ein Subjekt verzeichnet sein:

**eas·y** ... *adj* ... locker, frei (*Moral etc*) ...
**die¹** ... *v/i* ... eingehen (*Pflanze, Tier*) ...

Ist ein englisches transitives Verb nicht transitiv übersetzt, so wird die abweichende Rektion bei der deutschen Übersetzung angegeben:

---

c) German words beginning with a prefix which is sometimes stressed and sometimes not: **durch-, hinter-, miß-, über-, um-, unter-, wider-, wieder-**,

d) the German indefinite article in cases like: sich in ᵎeinem Punkt einigen (instead of: e-m).

When an element of the German translation is given in brackets, as an indication that omission is possible, the accentuation (with primary and secondary stress) applies to the entire word. When such an element is omitted, however, and there is a secondary stress on the remaining component, this then becomes the primary stress, e.g. (Kriᵎstall)Deₗtektorempfänger.

No accentuation is given in explanations in italics or in the translations of illustrative phrases.

**3. The Short Hyphen.** The short hyphen as in "Häns-chen" indicates that "s" and "ch" must be pronounced separately.

**4. Explanations in Italics** may be given instead of the translation–but generally only when the English word is untranslatable–or in brackets after the translation.

## IX. INDICATION OF GRAMMATICAL CONTEXT

The direct and indirect objects of verbs are printed in italics. They have been placed before the translation:

**e·lude** ... *v/t* ... *das Gesetz etc* umᵎgehen ...

Where necessary the subject of an adjective or verb is indicated in italics and in brackets after the translation:

**eas·y** ... *adj* ... locker, frei (*Moral etc*) ...
**die¹** ... *v/i* ... eingehen (*Pflanze, Tier*) ...

When an English transitive verb cannot be translated with an appropriate German transitive verb the difference in construction has been indicated:

**di·rect** ... *v/t* ... *j-m* den Weg zeigen ...

Bei englischen Stichwörtern (Substantiven, Adjektiven, Verben), die von einer bestimmten Präposition regiert werden, sind diese Präposition (in Auszeichnungsschrift) und ihre deutsche Entsprechung (in Grundschrift) innerhalb der arabischen Unterabteilung angegeben. Folgende Anordnungen sind möglich:

1. Steht die englische Präposition zusammen mit der deutschen Rektionsangabe *am Ende* aller Übersetzungen einer arabischen Untergruppe, dann gilt die deutsche Rektionsangabe für alle Übersetzungen dieser Untergruppe:

> **de·tach·ment** ... *s* **1.** (Ab)Trennung *f*, (Los)Lösung *f* (**from** von) ...

2. Steht die englische Präposition zusammen mit der deutschen Rektionsangabe *vor* der ersten Ziffer, so gilt sie für sämtliche arabische Unterabteilungen eines Artikels:

> **con·ceal** ... *v/t* (**from** vor *dat*) **1.** verbergen ... **2.** ... tarnen ...

3. Steht die englische Präposition *vor* den deutschen Übersetzungen einer arabischen Untergruppe und die deutsche Rektionsangabe jeweils hinter den einzelnen Übersetzungen, dann gilt die deutsche Rektionsangabe nur für die Übersetzung oder die Übersetzungen, die ihr unmittelbar vorausgehen:

> **con·gru·ent** *adj* **1.** (**to, with**) über'einstimmend (mit), entsprechend, gemäß (*dat*) ...

d. h. „entsprechend" und „gemäß" werden mit dem Dativ konstruiert.

4. Wird das Stichwort nur in Verbindung mit einer Präposition verwendet, so steht diese in Auszeichnungsschrift, ohne Klammer und mit Tilde vor der Übersetzung:

> **con·sist** ... *v/i* **1.** ~ **of** bestehen ... aus. **2.** ~ **in** bestehen in (*dat*): ...

Bei den deutschen Präpositionen, die sowohl den Dativ als auch den Akkusativ regieren können, wird der Kasus angegeben:

> **com·mem·o·rate** ... erinnern an (*acc*) ...

---

**di·rect** ... *v/t* ... *j-m* den Weg zeigen ...

English prepositions governing certain entry words (nouns, adjectives, verbs) are indicated within the subdivisions under Arabic numerals in lightface type, followed by their German equivalents in plain type. The following arrangements are possible:

1. When the English preposition and its German equivalent (either a preposition or indication of the case required) *follow* all the translations of a particular subdivision under an Arabic numeral, the German preposition (or other grammatical indication) then applies to all the translations of this particular subdivision:

> **de·tach·ment** ... *s* **1.** (Ab)Trennung *f*, (Los)Lösung *f* (**from** von) ...

2. When the English preposition and its German equivalent *precede* the first Arabic numeral, then they apply to all following subdivisions:

> **con·ceal** ... *v/t* (**from** vor *dat*) **1.** verbergen ... **2.** ... tarnen ...

3. When the English preposition *precedes* the German translations of a subdivision under an Arabic numeral and the German preposition or prepositions (or other grammatical indication) follow each individual translation, the latter applies only to the translation or the translations immediately preceding:

> **con·gru·ent** *adj* **1.** (**to, with**) über'einstimmend (mit), entsprechend, gemäß (*dat*) ...

i.e. "entsprechend" and "gemäß" are construed with the dative.

4. When the entry word can be used only in connection with a preposition, the latter is given in lightface type, without brackets and with a tilde, immediately before the translation:

> **con·sist** ... *v/i* **1.** ~ **of** bestehen ... aus. **2.** ~ **in** bestehen in (*dat*): ...

For German prepositions which can govern both the dative and the accusative, the required case is indicated:

> **com·mem·o·rate** ... erinnern an (*acc*) ...

## X. ANWENDUNGSBEISPIELE

Sie stehen in Auszeichnungsschrift unmittelbar hinter der Übersetzung des Stichworts. Die magere Tilde ersetzt dabei stets das gesamte halbfette Stichwort:

> **get** ... ~ **a·long** ...: ~ with you! ... (Das Anwendungsbeispiel lautet also **get along with you!**).

Die deutsche Übersetzung des Anwendungsbeispiels ist gelegentlich weggelassen, wenn sie sich aus den Bedeutungen der einzelnen Wörter von selbst ergibt.

## X. ILLUSTRATIVE PHRASES

Illustrative phrases follow the translation of the entry word. The English phrase is printed in lightface type, the German translation in plain type. The lightface tilde always replaces the entire boldface entry word:

> **get** ... ~ **a·long** ...: ~ with you! ... (The illustrative phrase in this case is **get along with you!**).

When the German translation of an illustrative phrase can easily be gathered from the meanings of the separate words, it has occasionally been omitted.

## XI. BESONDERE REDEWENDUNGEN

Bei sehr umfangreichen Stichwörtern sind idiomatische Wendungen und sprichwörtliche Redensarten in einem gesonderten Abschnitt „Besondere Redewendungen" am Ende des Stichwortartikels zusammengefaßt.

## XI. IDIOMATIC EXPRESSIONS

In some instances, where the entry is very long, idiomatic expressions and proverbs have been collected in a special paragraph ("Besondere Redewendungen") at the end of the entire entry.

## XII. VERWEISE

Verweise werden durch Pfeil gekennzeichnet. Sie dienen zur lexikographischen Straffung und kommen in folgenden Fällen zur Anwendung:

1. Bedeutungsgleichheit zwischen zwei Stichwörtern:

> **her·bo·rist** ... → herbalist.

2. Zwei Wörter unterscheiden sich lediglich in der Schreibung:

> **hash·eesh** → hashish.

3. Eine Redewendung ist bei einem anderen Stichwort zu finden:

> **clean** ... → broom 1.
> **broom** ... **1.** ... a new ~ sweeps clean ...

4. Umfangreiche Übersetzungen treffen auf zwei Wortarten in gleicher Weise zu:

> **con·cen·trate** ... **I** *v/t* **1.** konzen'trieren ...: a) zs.-ziehen, zs.-ballen, vereinigen, sammeln ... **II** *v/i* **4.** sich konzen'trieren (*etc*; → 1) ...

## XII. CROSS REFERENCES

Cross references are indicated by arrows. They are intended to make for conciseness and apply in the following cases:

1. Two words have the same meaning:

> **her·bo·rist** ... → herbalist.

2. Two words differ in spelling only:

> **hash·eesh** → hashish.

3. The user is referred to another entry for an illustrative phrase:

> **clean** ... → broom 1.
> **broom** ... **1.** ... a new ~ sweeps clean ...

4. Extensive translations apply to two parts of speech alike:

> **con·cen·trate** ... **I** *v/t* **1.** konzen'trieren ...: a) zs.-ziehen, zs.-ballen, vereinigen, sammeln ... **II** *v/i* **4.** sich konzen'trieren (*etc*; → 1) ...

5. Zwei gleichlautende Wörter haben verschiedene Bedeutungen:

> **2.** ... **dead matter** tote Materie (→ 23) ...
> **23.** ... **dead matter** Ablegesatz *m* (→ 2) ...

5. Two words of the same formation differ in meaning:

> **2.** ... **dead matter** tote Materie (→ 23) ...
> **23.** ... **dead matter** Ablegesatz *m* (→ 2) ...

# ERLÄUTERUNG DER PHONETISCHEN UMSCHRIFT
# GUIDE TO PRONUNCIATION

Die phonetische Umschrift wird in diesem Wörterbuch nach den Grundsätzen der „International Phonetic Association" (IPA) angegeben. Innerhalb der eckigen Klammern erscheint zunächst die britische Aussprache (nach der 14. Auflage des „English Pronouncing Dictionary" von Jones/Gimson). Dahinter folgt, falls nötig, die amerikanische Lautung, der im vorliegenden Buch breiterer Raum als bisher üblich eingeräumt wird.

## A. Vokale und Diphthonge

| | | | | | | |
|---|---|---|---|---|---|---|
| [i:] | see | [si:] | [ɜ] | *Am*. bird | [bɜrd] |
| [ɪ] | it | [ɪt] | [æ̃:] | lingerie | [ˈlæ̃:nʒəri:] |
| [e] | get | [get] | [ɑ̃:] | clientele | [ˌkli:ɑ̃:nˈtel] |
| [æ] | cat | [kæt] | [ɔ̃:] | raison d'être | [ˌreɪzɔ̃:nˈdeɪtrə] |
| [ɑ:] | father | [ˈfɑ:ðə(r)] | [eɪ] | day | [deɪ] |
| [ɑ] | *Am*. got | [gɑt] | [əʊ] | go | [gəʊ] |
| [ɒ] | *Br*. got | [gɒt] | [aɪ] | fly | [flaɪ] |
| [ɔ:] | saw | [sɔ:] | [aʊ] | how | [haʊ] |
| [ʊ] | put | [pʊt] | [ɔɪ] | boy | [bɔɪ] |
| [u:] | too | [tu:] | [ɪə] | sheer | [ʃɪə(r)] |
| [ʌ] | up | [ʌp] | [ʊə] | tour | [tʊə(r)] |
| [ə] | consist | [kənˈsɪst] | [eə] | vary | [ˈveərɪ] |
| [ɜ:] | *Br*. bird | [bɜ:d] | | | |

Die Länge eines Vokals wird durch das Zeichen [:] angegeben, die Kürze wird nicht bezeichnet.

## B. Konsonanten

| | | | | | | |
|---|---|---|---|---|---|---|
| [r] | bright | [braɪt] | [ʃ] | ship | [ʃɪp] |
| [ŋ] | ring | [rɪŋ] | [ʒ] | measure | [ˈmeʒə(r)] |
| [j] | yes | [jes] | [tʃ] | chicken | [ˈtʃɪkɪn] |
| [f] | fat | [fæt] | [dʒ] | judge | [dʒʌdʒ] |
| [v] | very | [ˈverɪ] | [θ] | thin | [θɪn] |
| [w] | well | [wel] | [ð] | then | [ðen] |
| [s] | soul | [səʊl] | [x] | loch | [lɒx] |
| [z] | zone | [zəʊn] | | | |

b, d, g, h, k, l, m, n, p, t werden wie im Deutschen gesprochen; die Lautschriftzeichen sind identisch mit den entsprechenden Buchstaben des Alphabets.

## C. Zusätzliche Erläuterungen zur Aussprache des amerikanischen Englisch

[(r)] am Wortende bzw. im Wortinneren

Das r in runden Klammern steht in allen Fällen, in denen im amerikanischen Englisch im Gegensatz zum britischen Englisch ein r gesprochen wird. (r) am Wortende wird auch im britischen Englisch meist gesprochen, wenn das unmittelbar folgende Wort mit einem Vokal beginnt.

[ɒ] und [ɔː]

Bei Wörtern wie „long", „song", „wrong" wird aus Platzgründen nur eine Aussprachevariante angegeben, das kurze, sogenannte „offene" o; also [lɒŋ], [sɒŋ], [rɒŋ]. Das amerikanische Englisch zieht in solchen Fällen in der Regel die Aussprache mit [ɔː] vor, also [lɔːŋ], [sɔːŋ], [rɔːŋ].

[æ]

In Wörtern wie „half", „bad", „sad", „rapid" sprechen Amerikaner in zunehmendem Maße statt des kurzen [æ] ein langes [æː].

[əʊ]-Diphthong

Bei Wörtern wie „home", „road", „toll" ist strenggenommen zwischen britisch [əʊ] und amerikanisch [oʊ] zu unterscheiden, wobei im Amerikanischen häufig noch das „ʊ" als zweiter Bestandteil des Diphthongs aussprachemäßig stark zurücktritt; also amerikanisch [hoʊm], [roʊd], [toʊl], mit einem o-Laut, der etwa jenem im deutschen Wort „Rose" entspricht.

[hw-]

Bei Wörtern mit wh-Schreibung am Wortanfang, z. B. „which", „wheel", „what" (nicht jedoch bei „who" und Komposita, die mit who- beginnen!), wird insbesondere im amerikanischen Englisch vielfach [hw-] und nicht [w-] gelautet; man spricht also einen Hauchlaut [h], dem sich unmittelbar ein [w] anschließt.

## D. Lautsymbole der nichtanglisierten Stichwörter

|  | Französisch |  | Deutsch |  |  | Französisch |  | Deutsch |
|---|---|---|---|---|---|---|---|---|
| [a] | femme | [fam] | Land | | [œ] | feuille | [fœj] | öfter |
| [ã] | enfant | [ãfã] | | | [œ̃] | lundi | [lœ̃di] | |
| [ɛ] | belle | [bɛl] | stellen | | [ø] | peu | [pø] | Ökologe |
| [ɛ̃] | fin | [fɛ̃] | | | [y] | sûr | [syr] | Kyrillisch |
| [i] | ici | [isi] | vital | | [ɥ] | muet | [mɥɛ] | |
| [ɔ] | poche | [pɔʃ] | oft | | [ɲ] | gagner | [gaɲe] | |
| [o] | pot | [po] | Tomate | | [ç] | | | ich |
| [õ] | ton | [tõ] | | | [x] | | | ach |
| [u] | souci | [susi] | zuviel | | | | | |

## E. Betonungsakzente

Die Betonung der englischen Wörter wird durch Akzente vor den zu betonenden Silben angezeigt. [ˈ] bedeutet Hauptakzent, [ˌ] Nebenakzent mit entsprechend stärkerer bzw. schwächerer Betonung. Sind zwei Silben eines Wortes mit Hauptakzenten versehen, so ist die letztere etwas stärker zu betonen.

Das angegebene Intonationsmuster der isoliert stehenden Stichwörter kann erheblich von jenem in einem bestimmten Satzzusammenhang abweichen. Ein Beispiel: [ˈɪndɪˌpendənt] in "an independent judgment", aber [ˌɪndɪˈpendənt] in "he's very independent for his age". Diese satzphonetisch bedingten Akzentwechsel können naturgemäß in einem Wörterbuch nicht angegeben werden.

Bei eigens als amerikanisch (Am.) gekennzeichneten Einträgen wurde in Anlehnung an "Webster's New Collegiate Dictionary" akzentuiert; das bedeutet häufig mehr Akzente als in der britischen Variante.

## F. Endungen ohne Lautschrift

Um Raum zu sparen, werden die häufigsten Endungen der englischen Stichwörter hier einmal mit Lautschrift aufgelistet. Sie erscheinen im Wörterverzeichnis in der Regel dann ohne Umschrift.

| | | | |
|---|---|---|---|
| -ability [-əbɪlətɪ] | -er [-ə(r)] | -ish [-ɪʃ] | -oid [-ɔɪd] |
| -able [-əbl] | -ess [-ɪs; -es] | -ism [-ɪzəm] | -oidic [-ɔɪdɪk] |
| -age [-ɪdʒ] | -est [-ɪst; -əst] | -ist [-ɪst] | -ory [-ərɪ] |
| -al [-l; -əl] | -fication [-fɪkeɪʃn] | -istic [-ɪstɪk] | -ous [-əs] |
| -ally [-əlɪ] | -ficence [-fɪsns] | -istical [-ɪstɪkl] | -scence [-sns] |
| -an [-ən] | -ficent [-fɪsnt] | -istically [-ɪstɪkəlɪ; | -scent [-snt] |
| -ance [-əns; -ns] | -fold [-fəʊld] | -ɪstɪklɪ] | -ship [-ʃɪp] |
| -ancy [-ənsɪ] | -ful [-fʊl; -fl]** | -ite [-aɪt] | -sion [-ʒn bzw. -ʃn] |
| -ant [-ənt] | -fully [-fʊlɪ; -fəlɪ] | -ity [-ətɪ; -ɪtɪ] | -sional [-ʒənl bzw. |
| -ar [-ə(r)] | -hood [-hʊd] | -ive [-ɪv] | -ʃənl; -ʒnəl bzw. -ʃnəl] |
| -ary [-ərɪ] | -ial [-jəl; -ɪəl] | -ization [-aɪzeɪʃn; Am. | -ssion [-ʃn] |
| -ation [-eɪʃn] | -ian [-jən; -ɪən] | -əzeɪʃən] | -ssional [-ʃənl; -ʃnəl] |
| -cious [-ʃəs] | -ibility [-əbɪlətɪ] | -ize [-aɪz] | -ties [-tɪz] |
| -cy [-sɪ] | -ible [-əbl; -ɪbl] | -izing [-aɪzɪŋ] | -tion [-ʃn] |
| -dom [-dəm] | -ic [-ɪk] | -less [-lɪs] | -tional [-ʃənl; -ʃnəl] |
| -ed [-ɪd bzw. -d bzw. -t]* | -ical [-ɪkl] | -ly [-lɪ] | -tious [-ʃəs] |
| -en [-n; -ən] | -ically [-ɪkəlɪ; -ɪklɪ] | -ment [-mənt] | -trous [-trəs] |
| -ence [-əns; -ns] | -ily [-əlɪ; -ɪlɪ] | -most [-məʊst] | -ward [-wə(r)d] |
| -ent [-ənt; -nt] | -ing [-ɪŋ] | -ness [-nɪs] | -y [-ɪ] |

\* [-ɪd] nach auslautendem d und t; [-d] nach Vokalen und stimmhaften Konsonanten; [-t] nach stimmlosen Konsonanten.

\*\* nur [-fʊl] in der Bedeutung „vollgefüllt mit", z. B. "a handful of rice".

# VERZEICHNIS DER IM WÖRTERBUCH VERWANDTEN ABKÜRZUNGEN

# ABBREVIATIONS USED IN THIS DICTIONARY

| | |
|---|---|
| *a.* | *also*, auch |
| *abbr.* | *abbreviated*, abgekürzt |
| | *abbreviation*, Kurzform |
| *acc* | *accusative*, Akkusativ |
| *act* | *active*, aktiv |
| *adj* | *adjective*, Adjektiv |
| *adv* | *adverb*, Adverb |
| | *adverbial phrase*, Adverbiale |
| *aer.* | *aeronautics*, Luftfahrt |
| *agr.* | *agriculture*, Landwirtschaft |
| allg., *allg.* | allgemein, *generally* |
| *Am.* | (*originally*) *American English*, (ursprünglich) amerikanisches Englisch |
| amer., *amer.* | amerikanisch, *American* |
| *anat.* | *anatomy*, Anatomie |
| *antiq.* | *antiquity*, Antike |
| *arch.* | *architecture*, Architektur |
| *art*[1] | *fine arts*, Kunst |
| *art*[2] | *article*, Artikel |
| *astr.* | *astronomy*, Astronomie |
| | *astrology*, Astrologie |
| *attr* | *attributive*, attributiv |
| Austral., *Austral.* | *Australian*, australisch |
| | |
| *bes.* | besonders, *especially* |
| *Bes. Redew.* | Besondere Redewendungen, *idiomatic expressions* |
| *Bibl.* | *Bible*, Bibel, *Biblical*, biblisch |
| *biol.* | *biology*, Biologie |
| *bot.* | *botany*, Botanik |
| *Br.* | *British English*, britisches Englisch |
| *Br. Ind.* | *Anglo-Indian*, angloindisch |
| brit., *brit.* | britisch, *British* |
| *b.s* | *bad sense*, in schlechtem Sinne |
| *bzw.* | beziehungsweise, *respectively* |

| | |
|---|---|
| *Canad.* | *Canadian*, kanadisch |
| *chem.* | *chemistry*, Chemie |
| *collect.* | *collective*, Kollektivum |
| *colloq.* | *colloquial*, umgangssprachlich |
| *comp* | *comparative*, Komparativ |
| *conj* | *conjunction*, Konjunktion |
| *contp.* | *contemptuously*, verächtlich |
| | |
| *dat* | *dative*, Dativ |
| d-e, *d-e* | deine, *your* |
| *d. h.* | das heißt, *that is* |
| *dial.* | *dialectal*, dialektisch |
| d-m, *d-m* | deinem, *to your* |
| d-n, *d-n* | deinen, *your* |
| d-r, *d-r* | deiner, *of your*, *to your* |
| | |
| *econ.* | *economics*, Volkswirtschaft |
| e-e, *e-e* | eine, *a (an)* |
| *electr.* | *electricity*, Elektrizität |
| | *electronics*, Elektronik |
| *ellipt.* | *elliptically*, elliptisch |
| e-m, *e-m* | einem, *to a (an)* |
| e-n, *e-n* | einen, *a (an)* |
| *engS.* | in engerem Sinne, *more strictly taken* |
| e-r, *e-r* | einer, *of a (an)*, *to a (an)* |
| e-s, *e-s* | eines, *of a (an)* |
| *etc* | *etcetera*, usw. |
| *euphem.* | *euphemistic*, euphemistisch |
| | |
| *f* | *feminine*, weiblich |
| *fenc.* | *fencing*, Fechtkunst |
| *fig.* | *figuratively*, übertragen, bildlich |
| (*Fr.*) | *French*, französisch |
| | |
| *gastr.* | *gastronomy*, Kochkunst |
| *Gattg* | Gattung, *genus* |
| GB, *GB* | *Great Britain*, Großbritannien |

| | | | |
|---|---|---|---|
| *gen* | *genitive*, Genitiv | *mot.* | *motoring*, Kraftfahrwesen |
| *geogr.* | *geography*, Geographie | *mount.* | *mountaineering*, Bergsteigen |
| *geol.* | *geology*, Geologie | m-r, *m-r* | meiner, *of my*, *to my* |
| *ger* | *gerund*, Gerundium | m-s, *m-s* | meines, *of my* |
| (*Ger.*) | *German*, deutsch | *mus.* | *music*, Musik |
| Ggs. | Gegensatz, *antonym* | *myth.* | *mythology*, Mythologie |

| | | | |
|---|---|---|---|
| *her.* | *heraldry*, Heraldik | *n* | *neuter*, sächlich |
| *hist.* | *historical*, historisch; inhaltlich veraltet | *n.Chr.* | nach Christus, *A.D.* |
| | *history*, Geschichte | *neg* | *negative*, verneinend |
| *humor.* | *humoristic*, humoristisch | *nom* | *nominative*, Nominativ |
| *hunt.* | *hunting*, Jagd | nordamer., *nordamer.* | nordamerikanisch, *North American* |
| | | *npr* | *nomen proprium* (*proper name*), Eigenname |
| *ichth.* | *ichthyology*, Ichthyologie | *Nr.* | Nummer, *number* |
| *imp* | *imperative*, Imperativ | | |
| *impers* | *impersonal*, unpersönlich | *obj* | *object*, Objekt |
| *ind* | *indicative*, Indikativ | *obs.* | *obsolete*, (begrifflich) veraltet |
| *indef* | *indefinite*, unbestimmt | od., *od.* | oder, *or* |
| *inf* | *infinitive*, Infinitiv | *opt.* | *optics*, Optik |
| *intens* | *intensive*, verstärkend | *orn.* | *ornithology*, Ornithologie |
| *interj* | *interjection*, Interjektion | o.s. | *oneself*, sich |
| *interrog* | *interrogative*, fragend | | |
| *Ir.* | *Irish*, irisch | *paint.* | *painting*, Malerei |
| *iro.* | *ironically*, ironisch | *parl.* | *parliamentary term*, parlamentarischer Ausdruck |
| *irr* | *irregular*, unregelmäßig | | |
| (*Ital.*) | *Italian*, italienisch | *part* | *particle*, Partikel |
| | | *pass* | *passive*, passivisch |
| j-d, *j-d* | jemand, *someone* | *ped.* | *pedagogy*, Pädagogik |
| Jh., *Jh.* | Jahrhundert, *century* | *pharm.* | *pharmacy*, Pharmazie |
| j-m, *j-m* | jemandem, *to someone* | *philos.* | *philosophy*, Philosophie |
| j-n, *j-n* | jemanden, *someone* | *phot.* | *photography*, Photographie |
| j-s, *j-s* | jemandes, *of someone* | *phys.* | *physics*, Physik |
| *jur.* | *jurisprudence*, *law*, Recht | *physiol.* | *physiology*, Physiologie |
| | | *pl* | *plural*, Plural |
| (*Lat.*) | *Latin*, lateinisch | *poet.* | *poetical*, dichterisch |
| *ling.* | *linguistics*, Linguistik | *pol.* | *politics*, Politik |
| | | *pp* | *past participle*, Partizip Perfekt |
| *m* | *masculine*, männlich | *pred* | *predicate*, prädikativ |
| *mail* | *mail*, Post | *prep* | *preposition*, Präposition |
| *mar.* | *maritime terminology*, Schiffahrt | *pres* | *present*, Präsens |
| *math.* | *mathematics*, Mathematik | *pres p* | *present participle*, Partizip Präsens |
| m-e, *m-e* | meine, *my* | | |
| *med.* | *medicine*, Medizin | *pret* | *preterite*, Präteritum |
| *metall.* | *metallurgy*, Metallurgie | *print.* | *printing*, Buchdruck |
| *meteor.* | *meteorology*, Meteorologie | *pron* | *pronoun*, Pronomen |
| *metr.* | *metrics*, Metrik | *psych.* | *psychology*, Psychologie |
| *mil.* | *military terminology*, Militär | | *psychiatry*, Psychiatrie |
| *min.* | *mineralogy*, Mineralogie | | |
| m-m, *m-m* | meinem, *to my* | | |
| m-n, *m-n* | meinen, *my* | *rail.* | *railways*, Eisenbahn |

| | |
|---|---|
| *R.C.* | *Roman Catholic*, römisch-katholisch |
| *Redew.* | Redewendung, *phrase* |
| *reflex* | *reflexive*, reflexiv |
| *relig.* | *religion*, Religion |
| *rhet.* | *rhetoric*, Rhetorik |
| *(Russ.)* | *Russian*, russisch |
| *s* | *substantive*, *noun*, Substantiv |
| *S. Afr.* | *South African*, südafrikanisch |
| *scient.* | *scientific*, wissenschaftlich |
| *Scot.* | *Scottish*, schottisch |
| s-e, *s-e* | *seine*, *his*, *one's* |
| *sg* | *singular*, Singular |
| *sl.* | *slang*, Slang |
| s-m, *s-m* | *seinem*, *to his*, *to one's* |
| s-n, *s-n* | *seinen*, *his*, *one's* |
| **s.o.** | *someone*, jemand |
| *sociol.* | *sociology*, Soziologie |
| **s.o.'s** | *someone's*, jemandes |
| *(Span.)* | *Spanish*, spanisch |
| s-r, *s-r* | *seiner*, *of his*, *of one's*, *to his*, *to one's* |
| s-s, *s-s* | *seines*, *of his*, *of one's* |
| **s.th.** | *something*, etwas |
| *subj* | *subjunctive*, Konjunktiv |
| südamer., *südamer.* | südamerikanisch, *South American* |
| *sup* | *superlative*, Superlativ |
| *surv.* | *surveying*, Landvermessung |
| *tech.* | *technology*, Technik |
| *tel.* | *telegraphy*, Telegraphie |
| *teleph.* | *telephone system*, Fernsprechwesen |
| *thea.* | *theatre*, Theater |
| *(TM)* | *trademark*, Warenzeichen |
| *TV* | *television*, Fernsehen |
| u., *u.* | und, *and* |
| UdSSR, *UdSSR* | Union der Sozialistischen Sowjetrepubliken, *Union of Soviet Socialist Republics* |
| *univ.* | *university*, Hochschulwesen, Studentensprache |
| USA, *USA* | *United States*, Vereinigte Staaten |
| *v* | *verb*, Verb |
| *v/aux* | *auxiliary verb*, Hilfszeitwort |
| *v.Chr.* | vor Christus, *B.C.* |
| *vet.* | *veterinary medicine*, Tiermedizin |
| *v/i* | *intransitive verb*, intransitives Verb |
| *v/impers* | *impersonal verb*, unpersönliches Verb |
| *v/reflex* | *reflexive verb*, reflexives Verb |
| *v/t* | *transitive verb*, transitives Verb |
| *vulg.* | *vulgar*, vulgär |
| *weitS.* | im weiteren Sinne, *more widely taken* |
| *z. B.* | zum Beispiel, *for instance* |
| *zo.* | *zoology*, Zoologie |
| zs.-, Zs.- | zusammen, *together* |
| *Zssg(n)* | Zusammensetzung(en), *compound word(s)* |

# A

**A¹, a¹** [eɪ] **I** *pl* **A's, As, Aes, a's, as, aes** [eɪz] *s* **1.** A, a *n* (*Buchstabe*): **from A to Z** *colloq.* ,von A bis Z': a) von Anfang bis Ende, b) ohne Ausnahme. **2.** *mus.* A, a *n* (*Tonbezeichnung*): **A flat** As, as *n*; **A sharp** Ais, ais *n*; **A double flat** Ases, ases *n*; **A double sharp** Aisis, aisis *n*. **3.** *a math.* a (*1. bekannte Größe*). **4.** A *ped.* Eins *f*, Sehr Gut *n* (*Note*). **5.** A *Am.* etwas Ausgezeichnetes: **the movie was an A** der Film war ausgezeichnet. **II** *adj* **6.** erst(er, e, es): **Company A. 7.** A A-..., A-förmig: **A tent. 8.** A *Am.* ausgezeichnet: **an A movie.**

**a²** [ə; *betont*: eɪ], (*vor vokalischem Anlaut*) **an** [ən; *betont* æn] *adj od. unbestimmter Artikel* **1.** ein, eine, ein: **a man** ein Mann; **a town** eine Stadt; **an hour** eine Stunde; **a Stuart** ein(e) Stuart; **a Mr. Arnold** ein (gewisser) Herr Arnold; **she is a teacher** sie ist Lehrerin; **he died a rich man** er starb reich *od.* als reicher Mann. **2.** einzig: **at a blow** auf ˈeinen Schlag. **3.** ein (zweiter), eine (zweite), ein (zweites): **he is a Shakespeare.** **4.** eine, eine, ein, der-, die-, dasˈselbe: → **kind¹ 1, size¹ 1. 5.** *meist ohne deutsche Entsprechung*: → **few** 2, **great** 1, **good** 23. **6.** per, pro, je: **£10 a year** zehn Pfund im Jahr; **five times a week** fünfmal die *od.* in der Woche.

**a-¹** [ə] *Wortelement mit der Bedeutung* in, an, auf, zu, *bes.* a) *Lage, Bewegung*: **abed, ashore,** b) *Zustand*: **afire, alive,** c) *Zeit*: **nowadays,** d) *Art u. Weise*: **aloud,** e) *bes. poet. Handlung, Vorgang*: **ahunt.**

**a-²** [eɪ] *Wortelement zum Ausdruck der Verneinung*: **amoral, asexual.**

**A 1** *adj* **1.** *mar.* erstklassig (*Bezeichnung von Schiffen in Lloyds Verzeichnis*): **the ship is A 1. 2.** *colloq.* ,prima', I a: **I'm A 1** es geht mir (gesundheitlich) prima *od.* ,bestens'; **he's A 1** er ist ein prima Kerl. **3.** *mil.* kriegsverwendungsfähig, k.ˈv., *weitS.* kerngesund. **4.** *econ. colloq.* erstklassig, mündelsicher. [ferkel *n*]

**aard·vark** [ˈɑː(r)dvɑː(r)k] *s zo.* Erd-ʃ

**ˌAar·on's-ˈbeard** [ˈeərənz-] *s bot.* **1.** Großblumiges Joˈhanniskraut. **2.** Wuchernder Steinbrech. **3.** (*ein*) Zimbelkraut *n*. **4.** Weißhaar-Feigenkaktus *m*. **~ rod** *s Bibl.* Aarons Stab *m* (*a. arch.*). **2.** *bot.* a) Königskerze *f*, b) Goldrute *f*.

**a·ba·ca** [ˈæbəkə; *Am.* ˌæbəˈkɑː] *s bot.* Aˈbaka *m*, Maˈnilahanf *m*.

**ab·a·ci** [ˈæbəsaɪ] *pl von* **abacus.**

**a·back** [əˈbæk] *adv* **1.** *mar.* back, gegen den Mast. **2. taken ~** *fig.* a) bestürzt, betroffen, b) verblüfft, sprachlos, über'rascht. **3.** *obs.* a) nach hinten, b) rückwärts.

**ab·a·cus** [ˈæbəkəs] *pl* **-ci** [-saɪ], **-cus·es** *s* **1.** *math.* Abakus *m*, Rechengestell *n*, -brett *n*. **2.** *arch.* Abakus *m*, Kapiˈtelldeckplatte *f*.

---

**a·baft** [əˈbɑːft; *Am.* əˈbæft] *mar.* **I** *prep* achter, hinter. **II** *adv* achteraus.

**a·ban·don** [əˈbændən] **I** *v/t* **1.** *etwas* (völlig) aufgeben, verzichten auf (*acc*) (*beide a. jur.*), entsagen (*dat*), *Suchaktion etc* einstellen: **to ~ a project** e-n Plan aufgeben *od.* fallenlassen; **to ~ hope** alle Hoffnung fahrenlassen. **2.** *a. aer. mar.* verlassen, aufgeben. **3.** *etwas* über'lassen (**to** *dat*). **4.** *econ. jur.* a) *e-e Klage, e-e Berufung* zu'rückziehen: **to ~ an appeal,** b) *e-e Forderung etc* fallenlassen: **to ~ a claim,** c) vom (*strafbaren*) *Versuch* zu-ˈrücktreten: **to ~ an attempt,** d) *ein Schiff* abandon'nieren, e) *e-e Option* aufgeben. **5.** a) preisgeben, im Stich lassen, b) *jur. ein Kind* aussetzen, c) *jur.* den Ehepartner (böswillig) verlassen. **6. ~ o.s.** sich 'hingeben *od.* ergeben *od.* über'lassen (**to** *dat*): **to ~ o.s. to despair** sich der Verzweiflung hingeben. **7.** *sport Spiel* abbrechen. **II** *s* **8.** Hemmungslosigkeit *f*: **with ~** mit Hingabe, leidenschaftlich, wie toll.

**a·ban·doned** [əˈbændənd] *adj* **1.** verlassen, aufgegeben: **to be found ~** verlassen aufgefunden werden (*Fluchtfahrzeug etc*); **~ property** herrenloses Gut. **2.** verworfen, liederlich, lasterhaft. **3.** hemmungslos, wild.

**a·ban·don·ee** [əˌbændəˈniː] *s jur.* Versicherer, dem das beschädigte Schiff überlassen wird.

**aˈban·don·ment** *s* **1.** Preisgegebensein *n*. **2.** Preisgabe *f*. **3.** *jur.* a) (böswilliges) Verlassen (*des Ehepartners*), b) (Kindes-) Aussetzung *f*. **4.** Aufgabe *f*, Aufgeben *n*, Verzicht *m*. **5.** *econ. jur.* Verzicht(leistung *f*) *m*, Aban'don *m*, Abtretung *f*, Über'lassung *f*: **on an action** Rücknahme *f* e-r Klage. **6.** *Seeversicherungsrecht*: Aban-ˈdon *m*. **7.** 'Hingabe *f*.

**a·base** [əˈbeɪs] *v/t* **1.** a) erniedrigen, demütigen, entwürdigen: **to ~ o.s. so far as to do s.th.** sich dazu erniedrigen, etwas zu tun, b) (rangmäßig) zu'rückstufen, *mil.* degra'dieren. **2.** *obs.* senken.

**aˈbase·ment** *s* Erniedrigung *f*, Demütigung *f*.

**a·bash** [əˈbæʃ] *v/t* beschämen, in Verlegenheit *od.* aus der Fassung bringen: **to feel ~ed** sich schämen. **aˈbash·ment** *s* Beschämung *f*, Verlegenheit *f*.

**a·bat·a·ble** [əˈbeɪtəbl] *adj jur.* aufheb-, einstellbar.

**a·bate¹** [əˈbeɪt] **I** *v/t* **1.** vermindern, -ringern, *Schmerzen* lindern, *j-s Eifer etc* dämpfen. **2.** *den Preis etc* her'absetzen, ermäßigen, abstellen. **3.** *a. jur. e-n Mißstand etc* beseitigen, abstellen. **4.** *jur.* a) *ein Verfahren* einstellen: **to ~ an action,** b) *e-e Verfügung* aufheben: **to ~ a writ,** c) *e-n Anspruch, ein Vermächtnis* (im Verhältnis) kürzen: **to ~ a claim (a legacy).** **II** *v/i* **5.** abnehmen, nachlassen, ab-

---

flauen, sich legen. **6.** fallen (*Preise*). **7.** *jur.* a) ungültig werden, b) sich vermindern.

**a·bate²** [əˈbeɪt] *v/i jur.* sich 'widerrechtlich (*nach dem Tod des Eigentümers*) in e-m Haus niederlassen.

**aˈbate·ment** *s* **1.** a) Abnehmen *n*, Nachlassen *n*, b) Verminderung *f*, Linderung *f*. **2.** Herˈabsetzung *f*, Ermäßigung *f*, Abzug *m*, (Preis-, Steuer)Nachlaß *m*, Raˈbatt *m* (*bei Barzahlung*). **3.** *a. jur.* Beseitigung *f* (*e-s Mißstandes*), (*Lärm-, Rauch- etc*)Bekämpfung *f*: **~ of a nuisance; smog ~. 4.** *jur.* a) Einstellung *f*: **plea in ~** prozessuale Einrede, b) Aufhebung *f* (*e-r Verfügung*), c) (verhältnismäßige) Kürzung.

**ab·a·tis** [ˈæbətɪs; -tiː] *s mil.* Baumverhau *m*.

**a·bat-jour** [ɑːbɑːˈʒʊə(r)] *s arch.* Abatˈjour *n*, Oberlicht *n*.

**ab·at·toir** [ˈæbətwɑː(r)] *s* Schlachthaus *n*, Schlachthof *m*.

**abb** [æb] *s* Weberei: Einschlag *m*.

**ab·ba·cy** [ˈæbəsɪ] *s* Amt(szeit *f*) *n od.* Würde *f od.* Gerichtsbarkeit *f* e-s Abtes *od.* e-r Abˈtissin. **ab·ba·tial** [əˈbeɪʃl] *adj* Abtei-..., Abts-...

**ab·bess** [ˈæbes] *s* Äbˈtissin *f*.

**ab·bey** [ˈæbɪ] *s* **1.** Kloster *n*. **2.** Abˈtei *f*. **3.** Abˈteikirche *f*: **the A~** *Br.* die Westminsterabtei. **4.** *Br. herrschaftlicher Wohnsitz, der früher e-e Abtei war.*

**ab·bot** [ˈæbət] *s* Abt *m*.

**ab·bre·vi·ate I** *v/t* [əˈbriːvɪeɪt] **1.** *Worte, Rede, Besuch etc* abkürzen, *Buch etc* (ver)kürzen. **2.** *math. selten Brüche* heben. **II** *adj* [-eɪt] **3.** verkürzt. **4.** verhältnismäßig kurz. **ab·bre·vi·a·tion** *s* **1.** Abkürzung *f*, Kurzform *f*. **2.** *mus.* Abbreviaˈtur *f*.

**ABC** [ˌeɪbiːˈsiː] **I** *pl* **ABC's** *s* **1.** *Am. oft pl* Abˈc *n*, Alphaˈbet *n*: **(as) easy as ~** kinderleicht. **2.** *fig.* Abˈc *n*, Anfangsgründe *pl*, Grundbegriffe *pl*. **3.** alphaˈbetisches Aˈkrostichon. **4.** alphaˈbetisch angeordnetes Handbuch. **II** *adj* **5.** ABC-..., die ABˈC-Staaten (*Argentinien, Brasilien, Chile*) betreffend: **the ~ powers. 6.** *mil.* ABC-..., atoˈmare, bioˈlogische u. chemische Waffen betreffend: **~ warfare** ABC-Kriegführung *f*. **7.** **~ art** → minimal art.

**Ab·de·rite** [ˈæbdəraɪt] *s* **1.** *hist.* Abdeˈrit *m* (*Bewohner von Abdera*). **2.** *fig.* Schildbürger *m*.

**ab·di·cate** [ˈæbdɪkeɪt] **I** *v/t* *ein Amt, Recht etc* aufgeben, verzichten auf (*acc*), *ein Amt* niederlegen: **to ~ the throne** abdanken. **II** *v/i* abdanken. **ab·di·ca·tion** *s* Abdankung *f*, Verzicht *m* (**of** auf *acc*), Niederlegung *f* (*e-s Amtes*): **~ of the throne** Thronverzicht.

**ab·do·men** [ˈæbdəmən; -mən; æbˈdəʊ-] *s* **1.** *anat.* Abˈdomen *n*, 'Unterleib *m*. **2.** *zo.* Leib *m*, 'Hinterleib *m*.

**ab·dom·i·nal** [æbˈdɒmɪnl; *Am.* -ˈdɑm-] *adj* **1.** *anat.* Abdominal-..., Unterleibs-...:

operation; ~ **breathing** Bauchatmung
*f*; ~ **suture** *med.* Bauchdeckennaht *f*; ~
**wall** Bauchdecke *f*; → **cavity** 3. **2.** *zo.*
Hinterleibs...: ~ **fin** *ichth.* Bauchflosse *f*.
**ab·duct** [æb'dʌkt] *v/t* **1.** *jur. j-n (gewaltsam)* entführen. **2.** *med.* abdu'zieren, *ein Glied* aus s-r Lage bringen. **ab'duc·tion** *s* **1.** Entführung *f*. **2.** *med., a. Logik:* Abdukti'on *f*. **ab'duc·tor** [-tə(r)] *s* **1.** Entführer *m*. **2.** *a.* ~ **muscle** *anat.* Ab'duktor *m*, Abziehmuskel *m*.

**a·beam** [ə'biːm] *adv u. pred adj mar.* querab (*a. aer.*), dwars.
**a·be·ce·dar·i·an** [ˌeibiːsiː'deəriən] **I** *s* **1.** *bes. Am.* Ab'c-Schütze *m*. **II** *adj* **2.** alpha'betisch ([an]geordnet). **3.** *fig.* elemen'tar, grundlegend.
**a·bed** [ə'bed] *adv obs. od. poet.* im Bett.
**a·bele** [ə'biːl; 'eibl] *s bot.* Silberpappel *f*.
**A·be·li·an group** [ə'biːljən; -iən] *s math.* Abelsche Gruppe.
**ab·er·de·vine** [ˌæbə(r)də'vain; 'æbə(r)-dəvain] *s orn.* Zeisig *m*.
**Ab·er·do·ni·an** [ˌæbə(r)'dəunjən; -iən] **I** *adj von od.* aus Aber'deen. **II** *s* Einwohner(in) von Aber'deen.
**ab·er·rance** [æ'berəns], *a.* **ab'er·ran·cy** *s* **1.** *biol.* Abweichung *f*, Irrtum *m*, Fehltritt *m*. **ab'er·rant** *adj* **1.** *biol.* ano'mal. **2.** (ab)irrend. **ab·er·ra·tion** [ˌæbə'reiʃn] *s* **1.** Abirrung *f*, Abweichung *f*. **2.** *a)* Irrweg *m*, (geistige) Verirrung, *b)* geistige Um'nachtung, (Geistes)Gestörtheit *f*. **3.** *phys.* Aberrati'on *f (a. astr.)*, Abweichung *f*. **4.** *biol.* Aberrati'on *f*, Abweichung *f* von der Regel.
**a·bet** [ə'bet] *v/t* **1.** unter'stützen, ermutigen. **2.** *contp. u. jur. a)* j-n anstiften, aufhetzen, *b)* j-m Beihilfe leisten, *c)* e-r *Sache* Vorschub leisten; → **aid** 1. **a'bet·ment** *s* **1.** Beihilfe *f*, Vorschub *m*. **2.** Aufhetzung *f*, Anstiftung *f*. **a'bet·tor** [-tə(r)], *a.* **a'bet·ter** *s* Anstifter *m*, *jur.* Gehilfe *m*.
**a·bey·ance** [ə'beiəns] *s bes. jur.* Schwebe(zustand *m*) *f*, Unentschiedenheit *f*: **in** ~ *a)* (noch) unentschieden, in der Schwebe, *jur. a.* schwebend unwirksam, *b)* *jur.* herrenlos; **to leave s.th. in** ~ etwas unentschieden *od.* in der Schwebe lassen; **to fall into** ~ zeitweilig außer Kraft treten. **a'bey·ant** *adj* unentschieden, in der Schwebe.
**ab·hor** [əb'hɔː(r)] *v/t* verabscheuen, Abscheu haben vor (*dat*). **ab·hor·rence** [əb'hɒrəns; *Am. a.* -'hɑr-] *s* **1.** Abscheu *m*, *f* (**of** vor *dat*): **to have an** ~ **of**, **to hold in** ~ → **abhor**. **2.** Gegenstand *m* des Abscheus: **hypocrisy is my** ~ Heuchelei ist mir ein Greuel. **ab'hor·rent** *adj (adv ~ly)* **1.** verabscheuungswürdig, abstoßend: **that is** ~ **to me** das ist mir (in der Seele) zuwider *od.* verhaßt. **2. to be** ~ **of** → **abhor**. **3.** (**to, from**) zu'wider (*dat*), unvereinbar (mit).
**a·bid·ance** [ə'baidəns; -dns] *s* **1.** Aufenthalt *m*. **2.** Verweilen *n*. **3.** Befolgung *f* (**by** the rules der Regeln).
**a·bide** [ə'baid] *pret u. pp* **a·bode** [ə'bəud] *u.* **a'bid·ed**, *pp selten* **a·bid·den** [ə'bidn] **I** *v/i* **1.** *obs. od. poet.* bleiben, verweilen. **2.** *obs. od. poet.* leben, wohnen (**with** bei; **in**, **at** in *dat*). **3.** *obs. od. poet.* fortdauern. **4.** (**by**) *a)* treu bleiben (*dat*), festhalten (an *dat*), sich halten (an *acc*), stehen (zu), *b)* sich begnügen (mit), *c)* sich abfinden (mit): **I** ~ **by what I have said** ich bleibe bei m-r Aussage; **to** ~ **by an agreement** sich an e-e Vereinbarung halten, e-n Vertrag einhalten; **to** ~ **by a decision** e-e Entscheidung befolgen; **to** ~ **by a promise** ein Versprechen halten; **to** ~ **by the rules** sich an die Regeln halten; **to** ~ **by the law** dem Gesetz Folge

leisten. **II** *v/t* **5.** *obs. od. poet.* ab-, erwarten. **6.** ertragen, aushalten, (er)dulden: **I can't** ~ **him** ich kann ihn nicht ausstehen. **a'bid·ing** *adj (adv ~ly) obs. od. poet.* dauernd, (be)ständig, bleibend: ~ **place** Wohnstätte *f*.
**ab·i·gail** ['æbigeil] *s obs.* (Kammer-) Zofe *f*.
**a·bil·i·ty** [ə'biləti] *s* **1.** Fähigkeit *f (a. biol. jur. etc)*, Befähigung *f*, Vermögen *n*, Können *n*: ~ **test** Eignungsprüfung *f*; ~ **to absorb** *phys.* Absorptionsvermögen; ~ **to pay** *econ.* Zahlungsfähigkeit *f*; **to the best of one's** ~ nach besten Kräften. **2.** Geschicklichkeit *f*. **3.** *meist pl* (geistige) Anlagen *pl*, Veranlagung *f*, Ta'lente *pl*: **a man of many abilities** ein vielseitig veranlagter Mann. **4.** *tech.* Leistungsfähigkeit *f*. **5.** *psych.* A'bility *f (durch Veranlagung od. Schulung bedingte Fähigkeit, Leistung zu erbringen)*.
**a·bi·o·gen·e·sis** [ˌeibaiəu'dʒenisis] *s biol.* Abio'genesis *f*, Abioge'nese *f*, Urzeugung *f*.
**a·bi·o·sis** [ˌeibai'əusis] *s biol.* Abi'ose *f*, A'biosis *f*, Lebensunfähigkeit *f*.
**ab·ject** ['æbdʒekt; *Am. a.* æb'dʒekt] *adj (adv ~ly)* **1.** *a)* niedrig, verworfen, gemein, *b)* elend, verächtlich, jämmerlich, *c)* kriecherisch. **2.** hoffnungslos, entmutigend. **3.** niedergeschlagen. **4.** *fig.* tiefst(er, e, es), äußerst(er, e, es): **in** ~ **despair** in tiefster Verzweiflung; **in** ~ **misery** im tiefsten Elend. **ab'jec·tion**, **'ab·ject·ness** *s* **1.** *a)* Verworfenheit *f*, Gemeinheit *f*, *b)* Verächtlichkeit *f*. **2.** Hoffnungslosigkeit *f*. **3.** Niedergeschlagenheit *f*.
**ab·ju·di·cate** [æb'dʒuːdikeit] *v/t jur.* abjudi'zieren, (gerichtlich) aberkennen. **ˌab·ju·di·ca·tion** *s jur.* Abjudikati'on *f*, (gerichtliche) Aberkennung.
**ab·ju·ra·tion** [ˌæbdʒuə'reiʃn; -dʒɔ-] *s* Abschwörung *f*, (feierliche) Entsagung.
**ab·jure** [əb'dʒuə(r); æb-] *v/t a) e-r Sache* abschwören *od.* (feierlich) entsagen, *b)* zu'rücknehmen, wider'rufen: **to** ~ **the country** *jur.* unter Eid versprechen, das Land auf immer zu verlassen.
**ab·lac·ta·tion** [ˌæblæk'teiʃn] *s* Abstillen *n*.
**ab·la·tion** [æb'leiʃn] *s* **1.** *med.* Ablati'on *f*, (opera'tive) Entfernung (*e-s Organs od. Körperteils*). **2.** *geol.* Ablati'on *f*: *a)* Abschmelzen (*e-s Gesteins*)Abtragung *f*, *b)* (Gesteins)Abtragung *f*.
**ab·la·ti·val** [ˌæblə'taivl; *Am. a.* 'æblət-] **→ ablative** II. **'ab·la·tive** [-tiv] *ling.* **I** *s* **1.** Ablativ *m*: ~ **absolute** Ablativus *m* absolutus. **2.** (Wort *n* im) Ablativ *m*. **II** *adj* **3.** abla'tivisch, Ablativ...
**ab·laut** ['æblaut; 'ap-] *s ling.* Ablaut *m*.
**a·blaze** [ə'bleiz] *adv u. pred adj* **1.** in Flammen, lodernd: **to be** ~ in Flammen stehen; **to set** ~ in Brand stecken. **2.** (**with**) *fig. a)* glänzend, funkelnd (vor *dat*, von): **her face was** ~ **with anger** ihr Gesicht glühte vor Zorn, *b)* entflammt (von): **all** ~ Feuer u. Flamme.
**a·ble** ['eibl] *adj (adv ably)* **1.** fähig, im'stande: **to be** ~ **to do** fähig *od.* imstande *od.* in der Lage sein zu tun; tun können; ~ **to contract** *jur.* vertragsfähig; ~ **to pay** zahlungsfähig; ~ **to work** arbeitsfähig, -tauglich. **2.** fähig, befähigt, tüchtig, begabt, geschickt: **an** ~ **man**. **3.** (vor-) 'trefflich: **a very** ~ **speech**. **4.** → **able-bodied** 1.
**-able** [əbl] *Wortelement mit der Bedeutung* ...bar, ...sam.
**ˌa·ble-'bod·ied** *adj* **1.** körperlich leistungsfähig, kerngesund, kräftig: ~ **seaman** Vollmatrose *m*. **2.** *mil.* (dienst-) tauglich.
**ab·lins** ['eiblinz] *adv bes. Scot.* viel'leicht.
**a·bloom** [ə'bluːm] *adv u. pred adj* in

Blüte, blühend: **to be** ~ in Blüte stehen.
**a·blush** [ə'blʌʃ] *adv u. pred adj a)* (scham)rot, *b)* errötend.
**ab·lu·tion** [ə'bluːʃn] *s* **1.** *relig. a) a. allg.* Waschung *f*: **to perform one's** ~**s** *bes. humor.* sich waschen, *b)* Abluti'on *f*. **2.** *pl mil. Br.* sani'täre Einrichtungen *pl*.
**ab·ne·gate** ['æbnigeit] *v/t* **1.** (ab)leugnen. **2.** aufgeben, verzichten auf (*acc*), sich (*etwas*) versagen. **ˌab·ne'ga·tion** *s* **1.** Ableugnung *f*, *(a.* Selbst)Verleugnung *f*. **2.** Verzicht *m* (**of** auf *acc*).
**ab·nor·mal** [æb'nɔː(r)ml] *adj (adv ~ly)* **1.** ab'norm, 'anor,mal, 'anor,mal, ungewöhnlich: **it is** ~ **for a child of eight to wet the bed** es ist nicht normal, daß ein Kind mit acht Jahren noch ins Bett macht. **2.** 'abnor,mal, ungewöhnlich (groß): ~ **profits**; ~ **ambition** übersteigerter *od.* krankhafter Ehrgeiz. **3.** ano'mal: *a)* 'abnor,mal, geistig behindert: ~ **psychology** Psychopathologie *f*, *b)* 'mißgebildet. **4.** *tech.* normwidrig. **ˌab·nor'mal·i·ty** [æb'mæləti; *Am. a.* -nər'm-], **ab'nor·mi·ty** [-məti] *s* **1.** Abnormali'tät *f*. **2.** Anoma'lie *f*.
**a·board** [ə'bɔː(r)d; *Am. a.* ə'bəurd] **I** *adv u. pred adj* **1.** *aer. mar.* an Bord: **to go** (**take**) ~; **all** ~! *a) mar.* alle Mann an Bord!, an die Reisenden an Bord!, *b) rail.* alles einsteigen! **II** *prep* **2.** *aer. mar.* an Bord (*gen*): **to go** ~ **a plane** (**ship**). **3.** in (*ein od. e-m Verkehrsmittel*): ~ **a bus**; **to go** ~ **a train** in e-n Zug (ein)steigen.
**a·bode¹** [ə'bəud] *pret u. pp von* **abide**.
**a·bode²** [ə'bəud] *s* **1.** Aufenthalt *m*. **2.** *a.* **place of** ~ Aufenthalts-, Wohnort *m*, Wohnsitz *m*, Wohnung *f*: **of** (*od.* **with**) **no fixed** ~ ohne festen Wohnsitz; **to take one's** ~ s-n Wohnsitz nehmen *od.* aufschlagen, sich niederlassen.
**a·boil** [ə'bɔil] *adv u. pred adj* **1.** siedend, kochend, in Wallung (*alle a. fig.*). **2.** *fig.* in großer Aufregung.
**a·bol·ish** [ə'bɒliʃ; *Am.* ə'bɑliʃ] *v/t* **1.** abschaffen, *Gesetz etc a.* aufheben. **2.** völlig zerstören. **a'bol·ish·a·ble** *adj* abschaffbar. **a'bol·ish·ment** → **abolition** 1.
**ab·o·li·tion** [ˌæbəu'liʃn; -bə'l-] *s* **1.** Abschaffung *f*, Aufhebung *f*. **2.** *jur.* Aboliti'on *f*, Niederschlagung *f (e-s Strafverfahrens)*. **ˌab·o'li·tion·ism** [-ʃənizəm] *s a) hist.* Abolitio'nismus *m*, Prin'zip *n od.* Poli'tik *f* der Sklavenbefreiung, *b)* Bekämpfung *f e-r* bestehenden Einrichtung *etc.* **ˌab·o'li·tion·ist** *s hist.* Abolitio'nist(in).
**ab·o·ma·sum** [ˌæbəu'meisəm; -bə'm-] *pl* **-sa** [-sə], **ˌab·o'ma·sus** [-səs] *pl* **-si** [-sai] *s zo.* Labmagen *m (der Wiederkäuer)*.
**'A-bomb** *s* A'tombombe *f*.
**a·bom·i·na·ble** [ə'bɒminəbl; *Am.* -'bɑm-] *adj (adv* **abominably**) ab'scheulich, 'widerwärtig, scheußlich: ~ **snowman** 2. **a'bom·i·na·ble·ness** *s* Ab'scheulichkeit *f*. **a·bom·i·nate** **I** *v/t* [ə'bɒmineit; *Am.* -'bɑm-] verabscheuen. **II** *adj* [-neit; -neit] → **abominable**. **ˌa,bom·i'na·tion** *s* **1.** Abscheu *m*, *f* (**of** vor *dat*). **2.** Scheußlichkeit *f*, Gemeinheit *f*. **3.** Gegenstand *m* des Abscheus: **to be s.o.'s pet** ~ *colloq.* j-m ein wahrer Greuel sein.
**ab·o·rig·i·nal** [ˌæbə'ridʒənl] **I** *adj (adv ~ly)* **1.** eingeboren, ureingesessen, ursprünglich, einheimisch, Ur... **II** *s* **2.** Ureinwohner *m*, *pl a.* Urbevölkerung *f*. **3.** einheimisches Tier, einheimische Pflanze, *pl (die)* ursprüngliche Fauna u. Flora.
**ab·o·rig·i·ne** [ˌæbə'ridʒəni] *pl* **-nes** [-niːz] → **aboriginal** II.
**a·bort** [ə'bɔː(r)t] **I** *v/t* **1.** *med. a)* e-e Fehlgeburt her'beiführen bei *j-m*, *b)* zu

früh gebären. **2.** *med.* im Anfangsstadium unter'drücken: **to ~ a disease.
3.** *fig. Raumflug etc* abbrechen. **II** *v/i*
**4.** abor'tieren, e-e Fehlgeburt haben, zu früh gebären. **5.** *biol.* verkümmern (*Organ*). **6.** *fig.* fehlschlagen, scheitern. **III** *s*
**7.** *med.* Ab'ort(us) *m,* Fehlgeburt *f,* Abgang *m.* **8.** *fig.* Ab'ort *m,* Abbruch *m* e-s Raumflugs. **a'bort·ed** → abortive 1 a u. 3.

**a·bor·ti·cide** [ə'bɔː(r)tɪsaɪd] *s med.*
**1.** Abtötung *f* der Leibesfrucht. **2.** Abor'tivum *n,* Abor'tivmittel *n.* **a,bor·ti'fa·cient** [-'feɪʃnt] *med.* **I** *adj* abor'tiv. **II** *s* → aborticide 2.

**a·bor·tion** [ə'bɔː(r)ʃn] *s* **1.** *med.* Ab'ort(us) *m,* Fehlgeburt *f,* Abgang *m.*
**2.** 'Schwangerschaftsunter,brechung *f,* -abbruch *m,* Abtreibung *f:* **to have an ~** abtreiben (lassen); **to procure an ~** e-e Abtreibung vornehmen (lassen) (**on s.o.** bei j-m); **~ on demand** Recht *n* auf Abtreibung; **~ clinic** Abtreibungsklinik *f.* **3.** 'Mißgeburt *f* (*a. fig.*). **4.** *fig.* Fehlschlag *m.* **5.** *biol.* Verkümmerung *f,* Fehlbildung *f.* **a'bor·tion·ist** *s* **1.** Abtreiber(in). **2.** Abtreibungsbefürworter(in).

**a'bor·tive I** *adj* (*adv* ~ly) **1.** *med.* a) zu früh geboren, b) → **abortifacient** I.
**2.** *fig.* a) vorzeitig, verfrüht, b) miß'lungen, fruchtlos, verfehlt, erfolglos, ,totgeboren': **to prove ~** sich als Fehlschlag erweisen. **3.** *biol.* abor'tiv, verkümmert, zu'rückgeblieben (*Organ*). **4.** *bot.* ste'ril, taub, unfruchtbar. **II** *s* **3.** → aborticide 2.

**a·bought** [ə'bɔːt] *pret u. pp von* aby(e).
**a·bou·li·a** [ə'buːlɪə; -'bjuː-; eɪ'b-] →
abulia.

**a·bound** [ə'baʊnd] *v/i* **1.** im 'Überfluß *od.* reichlich vor'handen sein. **2.** 'Überfluß haben, reich sein (**in** *dat*): **to ~ in fish** fischreich sein. **3.** (**with**) (an)gefüllt sein (mit), voll sein (von), *a. contp.* wimmeln (von), strotzen (vor *dat*): **the cellar ~s with vermin** im Keller wimmelt es von Ungeziefer. **a'bound·ing** *adj* **1.** reichlich (vor'handen). **2.** reich (**in** *a dat*), voll (**with** von).

**a·bout** [ə'baʊt] **I** *adv* **1.** um'her, ('rings-, 'rund)her,um, in der Runde: **all ~** überall; **a long way ~** ein großer Umweg; **the wrong way ~** falsch herum; **three miles ~** drei Meilen im Umkreis. **2.** ungefähr, etwa, nahezu: **it's ~ right** *colloq.* ,es kommt so ungefähr hin'; → **just** 13. **3.** (halb) her'um, in der entgegengesetzten Richtung: **to be ~** *mar.* klar zum Wenden sein; → **face** 26, **turn** 28. **4.** auf, auf den Beinen, in Bewegung: **to be (up and) ~** auf den Beinen sein. **5.** in der Nähe, da: **there is no one ~.** **II** *prep* **6.** um, um ... her'um. **7.** (irgendwo) her'um in (*dat*): **to wander ~ the streets** in den Straßen her'umwandern. **8.** bei, auf (*dat*), an (*dat*), um: **have you any money ~ you?** haben Sie Geld bei sich?; **there is nothing ~ him** an ihm ist nichts Besonderes; **to have s.th. ~ one** etwas an sich haben. **9.** um, gegen, etwa: **~ my height** ungefähr m-e Größe; **~ this time** (etwa *od.* ungefähr) um diese Zeit; **~ noon** um die Mittagszeit, gegen Mittag.
**10.** über (*acc*): **to talk ~ business; what is it (all) ~?** worum handelt es sich (eigentlich)? **11.** im Begriff, da'bei: **he was ~ to go out** er war im Begriff auszugehen, er wollte gerade ausgehen.
**12.** *colloq.* beschäftigt mit: **he knows what he is ~** er weiß, was er tut *od.* was er will; **what are you ~?** a) was machst du da?, b) was hast du vor? **III** *v/t* **13.** *mar.* Schiff wenden.

**a,bout-'face** *Am.* **I** *s* a) *mil.* Kehrtwendung *f* (*a. fig.*), b) Wendung *f* (e-s Flusses

*etc*), c) *fig.* Wendung *f* um 180 Grad: **to do an ~** → **II. II** *v/i* a) *mil.* e-e Kehrtwendung machen (*a. fig.*), b) e-e Wendung machen, c) *fig.* sich um 180 Grad drehen. **a,bout-'ship** *v/i mar.* wenden.
**a,bout-'turn** *Br. für* about-face.

**a·bove** [ə'bʌv] **I** *adv* **1.** (dr)oben, oberhalb. **2.** *relig.* (dr)oben, im Himmel: **from ~** von oben (her), vom Himmel; **the powers ~** die himmlischen Mächte.
**3.** dar'über (hin'aus): **the court ~** *jur.* die höhere Instanz; **the judge ~** der Richter der höheren Instanz; **the rank ~** der nächsthöhere Rang. **4.** weiter oben, vor..., oben...: **~-mentioned; ~-named; as stated ~** wie oben angeführt *od.* angegeben. **5.** nach oben, hin'auf: **a staircase leading ~.** **II** *prep* **6.** über (*dat od. acc*), oberhalb (*gen*): **~ the earth** über der Erde, oberirdisch. **7.** *fig.* über (*dat od. acc*), mehr als, stärker als, erhaben über (*acc*): **~ all** vor allem, vor allen Dingen; **he is ~ that** er steht über der Sache, er ist darüber erhaben; **she was ~ taking advice** sie war zu stolz, Rat anzunehmen; **sie ließ sich nichts sagen; he is not ~ accepting bribes** er scheut sich nicht, Bestechungsgelder anzunehmen; **to be ~ s.o.** j-m überlegen sein; **to get ~ s.o.** j-n überflügeln; **that is ~ me** das ist mir zu hoch, das geht über m-n Horizont *od.* Verstand. **III** *adj* **8.** obig, obenerwähnt: **the ~ remarks.** **IV** *s* **9.** (das) Obige *od.* Obenerwähnte: **as mentioned in the ~** wie oben erwähnt. **a,bove'board** *adv u. pred adj* offen, ehrlich, einwandfrei. **a,bove'ground** *adv u. pred adj* **1.** a) oberirdisch, b) Bergbau: über Tage.
**2.** (noch) am Leben. **a,bove'stairs** *adv* oben (im Hause), droben.

**A-B pow·er pack** *s electr.* Netzteil *n* für Heiz- u. An'odenleistung.

**ab·ra·ca·dab·ra** [,æbrəkə'dæbrə] *s* Abraka'dabra *n:* a) Zauberwort *n,* b) *fig.* sinnloses Gerede.

**ab·ra·dant** [ə'breɪdənt] → abrasive 1, 3. **ab·rade** [ə'breɪd] **I** *v/t* **1.** abschaben, abreiben, *tech.* a. verschleißen, *Reifen* abfahren. **2.** *tech.* abschleifen. **3.** *die Haut etc* aufscheuern, abschürfen. **4.** *fig.* a) unter'graben, schädigen, b) abnutzen, verschleißen. **II** *v/i* **5.** sich abreiben, *tech. a.* verschleißen.

**A·bra·ham** [ˈeɪbrəhæm] *npr Bibl.* Abraham *m:* **in ~'s bosom** (sicher wie) in Abrahams Schoß.

**a·bran·chi·al** [æˈbræŋkɪəl; əˈbr-; *Am.* eɪˈbr-], **a·bran·chi·ate** [-kɪət; -eɪt] *adj zo.* kiemenlos.

**ab·rase** [ə'breɪs] → abrade. **ab'ra·sion** [-ʒn] → **1.** Abreiben *n,* Abschaben *n.*
**2.** *tech.* a) Abschleifung *f,* b) Verschleiß *m* (*a. fig.*), Abrieb *m:* **~ strength** Abriebfestigkeit *f.* **3.** *med.* (Haut)Abschürfung *f,* Schramme *f.* **ab'ra·sive** *adj* **1.** abreibend, abschleifend, schmirgelartig, Schleif...: **~ action** Scheuerwirkung *f;* **~ hardness** Ritzhärte *f;* **~ paper** Sand-, Schleifpapier *n;* **~ wheel** Schleifscheibe *f.* **2.** schroff, abweisend (*Person, Stimme etc*). **II** *s* **3.** Schleifmittel *n,* Schmirgel *m.*

**ab·raum** [ˈæbraʊm; ˈɑːp-] *s* Farberde *f.* **~ salts** *s pl chem.* Abraumsalze *pl.*

**ab·re·act** [,æbrɪ'ækt] *v/t psych.* 'abreagieren. **,ab·re'ac·tion** *s* 'Abreakti,on *f.*

**a·breast** [ə'brest] **I** *adv* **1.** Seite an Seite, nebenein'ander: **four ~; to keep ~ of** (*od.* **with**) *fig.* Schritt halten mit. **2.** *mar.* a) Bord an Bord, b) in Front, dwars: **the ship was ~ of the cape** das Schiff lag auf der Höhe des Kaps. **3.** gegen'über (**of** von). **II** *prep* **4.** *mar.* dwars ab, gegen'über (*dat*).

**a·bridge** [ə'brɪdʒ] *v/t* **1.** *Besuch etc* abkürzen, *Buch etc* (ver)kürzen. **2.** be-, einschränken, beschneiden, schmälern. **a'bridged** *adj* (ab)gekürzt, verkürzt, Kurz...: **~ version. a'bridg(e)·ment** *s*
**1.** (Ab-, Ver)Kürzung *f.* **2.** a) Kurzfassung *f,* b) Abriß *m.* **3.** Beschränkung *f,* Schmälerung *f.*

**a·broad** [ə'brɔːd] *adv u. pred adj* **1.** im *od.* ins Ausland: **from ~** aus dem Ausland.
**2.** *obs.* aus dem Haus, draußen, im Freien: **to be ~ early** schon früh aus dem Hause sein. **3.** weithin, weit um'her, überall'hin: **to spread** (*od.* **scatter**) **~** verbreiten, aussprengen; **the matter has got ~** die Sache ist ruchbar geworden; **a rumo(u)r is ~** es geht das Gerücht (um). **4.** *obs.* weit vom Ziel: **all ~** a) im Irrtum, b) verwirrt.

**ab·ro·gate** [ˈæbrəʊɡeɪt; -rəɡ-] *v/t* **1.** abschaffen, *Gesetze etc* aufheben. **2.** beseitigen. **,ab·ro'ga·tion** *s* Abschaffung *f,* Aufhebung *f.*

**ab·rupt** [ə'brʌpt] *adj* (*adv* ~ly) **1.** abgerissen, abgebrochen, zs.-hanglos (*a. fig.*).
**2.** jäh, steil, schroff. **3.** kurz (angebunden), schroff. **4.** jäh, plötzlich, ab'rupt. **5.** *bot.* (ab)gestutzt. **ab'rupt·ness** *s* **1.** Abgerissenheit *f,* Zs.-hanglosigkeit *f.* **2.** Steilheit *f.* **3.** Schroffheit *f.* **4.** Plötzlichkeit *f.*

**ab·scess** [ˈæbsɪs; -ses] *s med.* Ab'szeß *m.* **ab·scis·sa** [æb'sɪsə] *pl* **-sae** [-siː] *od.* **-sas,** **a·bsciss(e)** [ˈæbsɪs] *s math.* Ab'szisse *f.*

**ab·scis·sion** [æb'sɪʒn; -ʃn] *s* **1.** Abschneiden *n* (*e-r Silbe, e-s Gliedes*), Abtrennung *f.* **2.** plötzliches Abbrechen.

**ab·scond** [əb'skɒnd; *Am.* æb'skɑnd] *v/i*
**1.** **~ from justice** flüchtig werden, sich den Gesetzen *od.* der Festnahme entziehen. **2.** flüchten (**from** vor *dat*): **an ~ing debtor** ein flüchtiger Schuldner.
**3.** sich heimlich da'vonmachen, 'durchbrennen (**with** mit). **ab'scond·er** *s* Flüchtige(r) *m.*

**ab·seil** [ˈæbsaɪl] *mount.* **I** *v/i* sich abseilen (**from** von, *a.* aus e-m Hubschrauber). **II** *s* Abseilen *n.*

**ab·sence** [ˈæbsəns] *s* **1.** Abwesenheit *f:* **in the ~ of s.o.** in j-s Abwesenheit; **he was sentenced to death in his ~** er wurde in Abwesenheit zum Tode verurteilt; **~ of mind** → absent-mindedness. **2.** (**from**) Fernbleiben *n* (von), Nichterscheinen *n* (in *dat,* zu): **frequent ~s** häufiges Fehlen (**from work** am Arbeitsplatz; **from school** in der Schule); **on leave of ~** auf Urlaub; **~ without leave** *mil.* unerlaubte Entfernung von der Truppe. **3.** (**of**) Fehlen *n* (*gen od.* von), Mangel *m* (an *dat*): **in the ~ of in** Ermangelung (*gen od.* von), mangels (*gen*); **in the ~ of good will** wenn es an gutem Willen fehlt. **4.** *med.* kurze Bewußtseinstrübung.

**ab·sent I** *adj* [ˈæbsənt] (*adv* ~ly) **1.** abwesend, nicht zu'gegen: **to be ~** fehlen (**from work** am Arbeitsplatz; **from school** in der Schule); **to be ~ without leave** a) sich unerlaubt von der Truppe entfernt haben, b) unentschuldigt fehlen; **to give s.o. the ~ treatment** *Am. colloq.* j-n wie Luft behandeln; **~ voter** *pol. bes. Am.* Briefwähler(in).
**2.** fehlend, nicht vor'handen. **3.** → absent-minded. **II** *v/t* [æb'sent] **4.** **~ o.s.** (**from**) a) fernbleiben (*dat od.* von), b) sich entfernen (von, aus).

**ab·sen·tee** [,æbsən'tiː] **I** *s* **1.** Abwesende(r *m*) *f:* **~s' list** Abwesenheitsliste *f.*
**2.** Eigentümer, der nicht auf s-m Grundbesitz lebt. **II** *adj* **3.** abwesend: **~ ballot** *pol. bes. Am.* Briefwahl *f;* **~ landlord** → 2; **~ voter** *pol. bes. Am.* Briefwähler(in).

ₗab·sen'tee·ism s häufiges od. längeres (unentschuldigtes) Fehlen (am Arbeitsplatz, in der Schule).

ₗab·sent-'mind·ed adj (adv ~ly) geistesabwesend, zerstreut. ₗab·sent-'mind·ed·ness s Geistesabwesenheit f, Zerstreutheit f.

ab·sinth(e) ['æbsɪnθ] s 1. bot. Ab'sinth m, Wermut m. 2. Ab'sinth m (Branntwein).

ab·sin·thi·in [æb'sɪnθɪɪn] s chem. Absin'thin n, Bitterstoff m des Wermuts.

ab·so·lute ['æbsəlu:t] I adj (adv → absolutely) 1. abso'lut: a) unbedingt: ~ title jur. Volleigentum n, b) 'unumₗschränkt, unbeschränkt, uneingeschränkt: ~ monarchy absolute Monarchie; ~ ruler unumschränkter Herrscher, c) voll'kommen, rein, völlig, vollständig, d) philos. an u. für sich bestehend, e) chem. rein, unvermischt: ~ alcohol absoluter (wasserfreier) Alkohol, f) math. unbenannt: ~ number, g) phys. unabhängig, nicht rela'tiv: ~ humidity ₗabsolute Feuchtigkeit. 2. bestimmt, entschieden. 3. kate'gorisch, positiv. 4. wirklich, tatsächlich. 5. ling. abso'lut. 6. jur. rechtskräftig. II s 7. the ~ das Abso'lute. ~ ad·dress s Computer: abso'lute A'dresse, Ma'schinenₗadresse f. ~ al·ti·tude s aer. abso'lute Höhe, Flughöhe f über Grund. ~ ceil·ing s aer. Gipfelhöhe f. ~ fo·cus s a. irr tech. Brennpunkt m.

'ab·so·lute·ly adv 1. abso'lut, gänzlich, völlig, vollkommen, durch'aus. 2. strikt: to refuse ~. 3. [a. ₗæbsə'lu:tlɪ] colloq. (in Antworten) sicherlich, aber sicher, na'türlich.

ab·so·lute| ma·jor·i·ty s abso'lute Mehrheit. ~ mu·sic s abso'lute Mu'sik (Ggs. Programmusik).

'ab·so·lute·ness s 1. Abso'lutheit f: a) Unbedingtheit f, b) 'Unumₗschränktheit f, c) Vollkommenheit f. 2. (das) Abso'lute.

ab·so·lute| pitch s mus. 1. abso'lute Tonhöhe. 2. abso'lutes Gehör. ~ system of meas·ures s math. phys. abso'lutes 'Maßsyₗstem. ~ tem·per·a·ture s phys. abso'lute Tempera'tur. ~ ze·ro s phys. abso'luter Nullpunkt.

ab·so·lu·tion [ₗæbsə'lu:ʃn] s 1. jur. Frei, Lossprechung f (im Zivilverfahren) (from, of von). 2. relig. Absoluti'on f, Sündenerlaß m: to grant s.o. ~ j-m die Absolution erteilen.

ab·so·lut·ism ['æbsəluːₗtɪzəm] s 1. philos. pol. Absolu'tismus m. 2. relig. Lehre f von Gottes abso'luter Gewalt. 'ab·so·lutist s philos. pol. Absolu'tist m.

ab·solve [əb'zɒlv; Am. a. -'zɑlv; -'s-] v/t 1. frei-, lossprechen (of von Sünden etc); from von e-r Schuld, e-r Verpflichtung etc). 2. relig. j-m die Absoluti'on erteilen.

ab·so·nant ['æbsənənt] adj obs. 1. mus. 'mißtönend, 'unharₗmonisch. 2. fig. (to, from) im 'Widerspruch stehend (zu), nicht im Einklang (mit).

ab·sorb [əb'sɔ:(r)b; -'z-] v/t 1. absor'bieren, auf-, einsaugen, (ver)schlucken, (a. fig. Wissen etc) (in sich) aufnehmen. 2. obs. verschlingen (a. fig.). 3. fig. ganz in Anspruch nehmen od. beschäftigen, fesseln. 4. phys. absor'bieren, resor'bieren, in sich aufnehmen, Schall schlucken, Schall, Stoß dämpfen. 5. econ. die Kaufkraft abschöpfen. 6. sich einverleiben, ₗschlukken'. ab'sorbed adj 1. absor'biert. 2. (in) gefesselt od. ganz in Anspruch genommen (von), vertieft od. versunken (in acc): ~ in thought gedankenverloren, -versunken. ab'sorb·ed·ly [-bɪdlɪ] adv. ab·sor·be·fa·cient [əbₗsɔ:(r)bɪ'feɪʃnt; -ₗz-] → absorbent 1 u. 2.

ab·sorb·en·cy [əb'sɔ:(r)bənsɪ; -'z-] s Absorpti'onsvermögen n. ab'sorb·ent I adj 1. auf-, einsaugend, absor'bierend: ~ liquid phys. Absorptionsflüssigkeit f; ~ paper Saugpapier n; ~ vessel biol. Einsaugader f. II s 2. aufsaugender Stoff, Absorpti'onsmittel n. 3. med. absor'bierendes Mittel: ~ cotton Am. (Verband-) Watte f. 4. anat. Ab'sorbens n, Sauggefäß n. ab'sorb·ing adj (adv ~ly) 1. aufsaugend. 2. fig. fesselnd, packend. 3. biol. Absorptions...: ~ tissue. 4. tech. absor'bierend, Absorptions..., Aufnahme...: ~ power Absorptionsvermögen n. 5. econ. Aufnahme...: ~ capacity Aufnahmefähigkeit f (des Marktes).

ab·sorp·tion [əb'sɔ:(r)pʃn; -'z-] s 1. (in) Versunkenheit f (in), Vertieftsein n (in), inten'sive Beschäftigung (mit), gänzliche In'anspruchnahme (durch). 2. Aufnahme f, Einverleibung f. 3. biol. chem. electr. phys. tech. Absorpti'on f: ~ of shocks (sound) Stoß-(Schall)dämpfung f; ~ of water Wasseraufnahme f, -verbrauch m; ~ circuit Absorptions-, Saugkreis m; ~ spectrum Absorptionsspektrum n. ab'sorp·tive adj absorp'tiv, absor'bierend, absorpti'ons-, (auf)saug-, aufnahmefähig. ab'sorp·tive·ness, absorp·tiv·i·ty [ₗæbsɔ:(r)p'tɪvətɪ; -z-] s Aufnahmefähigkeit f.

ab·stain [əb'steɪn; æb-] v/i sich enthalten (from gen): to ~ from comment sich e-s od. jeglichen Kommentars enthalten; to ~ (from voting) sich der Stimme enthalten. ab'stain·er s j-d, der sich (bes. geistiger Getränke) enthält, (meist total ~) Absti'nenzler m.

ab·ste·mi·ous [æb'sti:mjəs; -ɪəs; əb-] adj (adv ~ly) 1. mäßig (im Essen u. im Genuß geistiger Getränke), enthaltsam. 2. bescheiden, kärglich (Mahlzeit). ab'ste·mi·ous·ness s Mäßigkeit f, Enthaltsamkeit f.

ab·sten·tion [əb'stenʃn] s Enthaltung f (from von): ~ (from voting) Stimmenthaltung.

ab·ster·gent [əb'stɜ:dʒənt; Am. -'stɜr-; a. æbz'tɜr-] I adj 1. reinigend. 2. med. abführend. II s 3. Reinigungsmittel n. 4. med. Abführmittel n.

ab·sti·nence ['æbstɪnəns], a. 'ab·stinen·cy s Absti'nenz f, Enthaltung f (from von), Enthaltsamkeit f: total ~ vollkommene Enthaltsamkeit (von Alkohol); day of ~ R.C. Abstinenztag m. 'ab·sti·nent adj (adv ~ly) enthaltsam, mäßig.

ab·stract I adj ['æbstrækt; Am. a. æb'strækt] (adv ~ly) 1. ab'strakt: a) rein begrifflich, theo'retisch: ~ concept, ~ idea abstrakter Begriff, b) math. unbenannt, abso'lut: the ~ number 10, c) rein, nicht angewandt: ~ science, d) art gegenstandslos: ~ painting, e) ab'strus, schwerverständlich: ~ theories. 2. ling. ab'strakt (Ggs. konkret): ~ noun → 4. II s ['æbstrækt] 3. (das) Ab'strakte: in the ~ rein theoretisch (betrachtet), an u. für sich. 4. ling. Ab'strakte, Begriffswort n. 5. Auszug m, Abriß m, Inhaltsangabe f, 'Übersicht f: ~ of account a) Kontoauszug m, b) Rechnungsauszug m; ~ of title jur. Eigentumsnachweis m. 6. art ab'straktes Gemälde, abstrakte Plastik. 7. med. Am. mit Milchzucker versetzter 'Pflanzenexₗtrakt. III v/t [æb'strækt] 8. abziehen, ablenken. 9. (ab)sondern, trennen. 10. abstra'hieren (from von), für sich od. (ab)gesondert betrachten. 11. entwenden, stehlen. 12. chem. destil'lieren. 13. [bes. Am. 'æbstrækt] e-n Auszug machen von, etwas aus e-m Buch (her)'ausziehen. ab'stract·ed adj (adv ~ly) 1. (ab)gesondert, getrennt, abstra'hiert. 2. zerstreut, geistesabwesend. ab'stract·ed·ness → abstraction.

ab·strac·tion [æb'strækʃn] s 1. Abstrakti'on f: a) Abstra'hieren n, b) philos. ab'strakter Begriff, bloß Gedachtes: level of ~ Abstraktionsebene f, -stufe f. 2. Entwendung f: fraudulent ~ (Patentrecht) widerrechtliche Entnahme. 3. Geistesabwesenheit f, Zerstreutheit f. 4. chem. tech. Absonderung f: ~ of water Wasserentziehung f. 5. art ab'straktes Gemälde, ab'strakte Plastik. ab'straction·ist s 1. Begriffsmensch m. 2. ab'strakter Künstler. ab'strac·tive adj 1. abstra'hierungsfähig. 2. philos. durch Abstrakti'on erhalten (Begriff). abstract·ness ['æbstræktnɪs; æb'strækt-] s Ab'straktheit f.

ab·struse [æb'stru:s; əb-] adj (adv ~ly) ab'strus, schwerverständlich.

ab·surd [əb'sɜ:d; Am. əb'sɜrd; -'z-] I adj (adv ~ly) 1. ab'surd, sinnlos, 'widersinnig. 2. unsinnig, albern, lächerlich. II s 3. (das) Ab'surde: theater (bes. Br. theatre) of the ~ absurdes Theater. ab'surd·ism s Literatur, thea. Absur'dismus m. ab'surd·ist (Literatur, thea.) I adj absur'distisch. II s Absur'dist(in). ab'surd·i·ty, ab'surd·ness s 1. Absurdi'tät f, Sinnlosigkeit f, Unsinn m: → reduce 9. 2. Albernheit f, Lächerlichkeit f.

a·bu·li·a [ə'bu:lɪə; -'bju:-; eɪ'b-] s psych. Abu'lie f, Willenslähmung f, Entschlußunfähigkeit f.

a·bun·dance [ə'bʌndəns] s 1. (of) 'Überfluß m (an dat, von), Fülle f (von), große Anzahl (von) od. Menge (an dat, von): in ~ in Hülle u. Fülle. 2. Wohlstand m, Reichtum m. 3. 'Überschwang m (der Gefühle).

a·bun·dant [ə'bʌndənt] adj 1. reichlich (vor'handen), reich, sehr viel(e). 2. (in od. with) im 'Überfluß besitzend (acc), reich (an dat), reichlich versehen (mit). 3. math. abun'dant, 'überschießend: ~ number Überzahl f. a'bun·dant·ly adv reichlich, völlig, in reichem Maße.

a·buse I v/t [ə'bju:z] 1. a) ein Recht etc miß'brauchen, b) schlechten Gebrauch machen von, c) 'übermäßig beanspruchen, d) schädigen. 2. jur. bes. Kinder miß'handeln. 3. j-n beleidigen, beschimpfen. 4. jur. j-n (sexuell) miß'brauchen, sich vergehen an (dat). 5. obs. täuschen. II s [ə'bju:s] 6. 'Mißbrauch m, 'Mißbrand m, falscher Gebrauch, 'Übergriff m: crying ~ grober Mißbrauch; ~ of authority jur. Amts-, Ermessensmißbrauch; ~ of a patent mißbräuchliche Patentbenutzung. 7. Schädigung f. 8. jur. Miß'handlung f. 9. Beschimpfung f, Schimpfworte pl, Beleidigungen pl. 10. jur. (sexueller) 'Mißbrauch. 11. obs. Täuschung f.

a·bu·sive [ə'bju:sɪv] adj (adv ~ly) 1. 'Mißbrauch treibend. 2. 'mißbräuchlich. 3. beleidigend, ausfallend: to become ~; ~ language Schimpfworte pl, Beleidigungen pl, ausfallender Ton. 4. verkehrt, falsch.

a·but [ə'bʌt] I v/i 1. (an)stoßen, (an)grenzen (on, upon, against an acc), sich berühren. II v/t 2. berühren, (an)stoßen od. (an)grenzen an (acc). 3. tech. mit den Enden zs.-fügen. a'but·ment s 1. Angrenzen n (on, upon, against an acc). 2. arch. Strebe-, Stützpfeiler m, 'Widerlager n (e-r Brücke etc), Kämpfer m: ~ arch Endbogen m (e-r Brücke); ~ beam Stoßbalken m. a'but·tals [ə'bʌtlz] s pl Grenzen pl (e-s Grundstücks). a'but·ter s 1. Grundstücksnachbar m. 2. Am. Anlieger m, Anwohner m.

**a·by(e)** [ə'baɪ] *pret u. pp* **a·bought** [ə'bɔːt] *v/t obs.* büßen.

**a·bysm** [ə'bɪzəm] *s obs. od. poet. für* abyss 1. **a'bys·mal** [-ml] *adj* (*adv* ~ly) 1. abgrundtief, bodenlos, unergründlich (*alle a. fig.*): ~ **depth** unendliche Tiefe; ~ **ignorance** grenzenlose Dummheit. 2. *colloq.* mise'rabel: **an ~ play**.

**a·byss** [ə'bɪs] *s* 1. *a. fig.* Abgrund *m*, Schlund *m*, bodenlose *od.* unendliche Tiefe. 2. Hölle *f*. 3. *fig.* Unergründlichkeit *f*, Unendlichkeit *f*. 4. Abys'sal *n* (*des Meeres*). **a'byss·al** *adj* 1. (abgrund)tief. 2. abys'sal, a'byssisch: ~ **zone** abyssische Region, Abyssalregion *f*.

**Ab·ys·sin·i·an** [ˌæbɪ'sɪnjən; -ɪən] *hist.* I *adj* abes'sinisch. II *s* Abes'sinier(in).

**a·ca·cia** [ə'keɪʃə] *s* 1. *bot.* A'kazie *f*. 2. *bot.* Gemeine Ro'binie. 3. A'kaziengummi *m*, *n*.

**ac·a·dem·i·a** [ˌækə'diːmjə; -ɪə] *s* die aka'demische Welt.

**ac·a·dem·ic** [ˌækə'demɪk] I *adj* (*adv* ~ally) 1. aka'demisch: a) A~ *philos.* zur Schule Platos gehörig, b) mit dem Universi'tätsstudium zs.-hängend: ~ **costume** *bes. Am.*, ~ **dress** *bes. Br.* akademische Tracht (*Barett u. Talar*); ~ **freedom** akademische Freiheit; ~ **year** Studienjahr *n*, c) *fig.* (rein) theo'retisch, hypo'thetisch: **an ~ question** e-e (rein) akademische Frage, d) *fig.* unpraktisch, ohne praktischen Nutzen. 2. gelehrt, wissenschaftlich. 3. allge'meinbildend, geisteswissenschaftlich, huma'nistisch: **an ~ course**. 4. konventio'nell, traditio'nell. II *s* 5. Aka'demiker(in). 6. Universi'tätsmitglied *n* (*Professor, Student etc*). **ˌac·a'dem·i·cal I** *adj* → academic I. **II** *s pl* aka'demische Tracht.

**a·cad·e·mi·cian** [əˌkædə'mɪʃn; *Am. a.* ˌækədə'm-] *s* Mitglied *n* e-r Akade'mie.

**ac·a·dem·i·cism** [ˌækə'demɪsɪzəm] *s* 1. A~ aka'demische Philoso'phie. 2. (*das*) Aka'demische, Forma'lismus *m*.

**a·cad·e·my** [ə'kædəmɪ] *s* 1. A~ Akade'mie *f* (*Platos Philosophenschule*). 2. a) (höhere) Lehranstalt (*allgemeiner od. spezieller Art*): → **military academy** 1, b) *Am. od. Scot.* höhere Schule mit Inter'nat (*hist. außer in Eigennamen*): **Andover ~; Edinburgh ~**. 3. Hochschule *f*: ~ **of music** Musikhochschule. 4. Akade'mie *f* (*der Wissenschaften etc*), gelehrte Gesellschaft.

**A·ca·di·an** [ə'keɪdjən; -ɪən] I *adj* 1. a'kadisch, neu'schottländisch. II *s* 2. A'kadier(in), Bewohner(in) (fran'zösischer Abstammung) von Neu'schottland. 3. *Am.* Nachkomme *m* der A'kadier in Louisi'ana.

**ac·a·jou** ['ækəʒuː] *s bot.* 1. → cashew. 2. → mahogany 1-3.

**ac·a·leph** ['ækəlef] *s zo.* Aka'lephe *f*, Scheibenqualle *f*. **ˌac·a'le·phan** [-'liː- fən] I *s* → acaleph. II *adj* zu den Aka'lephen gehörig. **'ac·a·lephe** [-liːf] → acaleph.

**a·can·tha** [ə'kænθə] *s* 1. *bot.* Stachel *m*, Dorn *m*. 2. *zo.* Stachelflosse *f*. 3. *anat.* Dornfortsatz *m*.

**ac·an·tha·ceous** [ˌækən'θeɪʃəs] *adj bot.* 1. stach(e)lig, dornig. 2. zu den Acan'tha'ceen gehörig.

**a·can·thi** [ə'kænθaɪ] *pl von* acanthus.

**a·can·thite** [ə'kænθaɪt] *s min.* Akan'thit *m*.

**ac·an·thop·ter·yg·i·an** ['ækənˌθɒptə- 'rɪdʒən; -ɪən; *Am.* -ˌθɑp-] *zo.* I *adj* zu den Stachelflossern gehörig. II *s* Stachelflosser *m*.

**a·can·thus** [ə'kænθəs] *pl* **-thus·es, -thi** [-θaɪ] *s* 1. *bot.* A'kanthus *m*, Bärenklau *f*, *m*. 2. *arch.* A'kanthus *m*, Laubverzierung *f*.

---

**ac·a·ri** ['ækəraɪ] *pl von* acarus.

**ac·a·rid** ['ækərɪd] *s zo.* Aka'ride *f*, Milbe *f*.

**a·car·pel·(l)ous** [eɪ'kɑː(r)pələs] *adj bot.* ohne Fruchtblätter.

**a·car·pous** [eɪ'kɑː(r)pəs] *adj bot.* ohne Frucht, unfruchtbar.

**ac·a·rus** ['ækərəs] *pl* **-ri** [-raɪ] *s zo.* Krätzmilbe *f*.

**a·cat·a·lec·tic** [æˌkætə'lektɪk; *Am.* eɪ-] *metr.* I *adj* akata'lektisch (*ohne Fehlsilbe im letzten Versfuß*). II *s* akata'lektischer Vers.

**a·cat·a·lep·si·a** [æˌkætə'lepsɪə; *Am.* eɪ-] *s* 1. *med.* Akatalep'sie *f*, Unsicherheit *f* der Dia'gnose. 2. Geistesschwäche *f*. **a'cat·a·lep·sy** *s philos.* Akata'leptik *f*.

**a·cau·dal** [eɪ'kɔːdl], **a'cau·date** [-deɪt] *adj zo.* schwanzlos.

**a·cau·lous** [eɪ'kɔːləs] *adj bot.* stengellos.

**ac·cede** [æk'siːd] *v/i* 1. (to) beipflichten (*dat*), eingehen (auf *acc*), zustimmen (*dat*): **to ~ to a proposal**. 2. beitreten (to *dat*): **to ~ to a treaty**. 3. (to) gelangen (zu), erhalten (*acc*): **to ~ to an office** ein Amt antreten; **to ~ to power** die Macht übernehmen, die Regierung antreten; **to ~ to the throne** den Thron besteigen. 4. *jur.* zuwachsen (to *dat*).

**ac·cel·er·an·do** [ækˌselə'rændəʊ; *Am.* ɑːˌtʃelə'rɑːndəʊ] *adv mus.* all'mählich schneller.

**ac·cel·er·ant** [ək'selərənt; æk-; *Am. a.* ɪk's-] I *adj* beschleunigend. II *s* → accelerator 1.

**ac·cel·er·ate** [ək'seləreɪt; æk-; *Am. a.* ɪk's-] I *v/t* 1. *bes. chem. phys. tech.* beschleunigen (*a. fig.*), die Geschwindigkeit (*e-s Fahrzeugs etc*) erhöhen. 2. *bes. biol.* e-e Entwicklung fördern, die raschere Entwicklung (*des Wachstums etc*) bewirken. 3. e-n Zeitpunkt vorverlegen. 4. *fig.* ankurbeln. II *v/i* 5. schneller werden, die Geschwindigkeit erhöhen, *mot. a.* beschleunigen, Gas geben, *sport a.* antreten. 6. sich beschleunigen. **ac'cel·er·at·ed** *adj* 1. beschleunigt: ~ **course** Schnellkurs *m*; ~ **depreciation** *econ.* beschleunigte Abschreibung. 2. *biol. psych.* 'über,durchschnittlich entwickelt: **he is ~ in intelligence** er ist überdurchschnittlich intelligent für sein Alter. **ac'cel·er·at·ing** *adj* beschleunigend, Beschleunigungs...

**ac·cel·er·a·tion** [əkˌselə'reɪʃn; æk-; *Am. a.* ɪk's-] *s* 1. *bes. chem. phys. tech.* Beschleunigung *f* (*a. fig.*), *sport a.* Antritt *m*: **the car has good ~** beschleunigt gut; ~ **clause** *econ.* Fälligkeitsklausel *f*; ~ **lane** *mot.* Beschleunigungsspur *f*, -streifen *m*; ~ **principle** *econ.* Akzelerationsprinzip *n*; ~ **test** (**on pilots**) *aer.* Beschleunigungsprobe *f* (an Piloten); ~ **voltage** *electr.* (Nach)Beschleunigungsspannung *f*. 2. *biol. psych.* Akzelerati'on *f*, Entwicklungsbeschleunigung *f*. 3. Vorverlegung *f* (*e-s Zeitpunkts*). **ac'cel·er·a·tive** [-rətɪv; *bes. Am.* -reɪ-] *adj* beschleunigend, Beschleunigungs...

**ac·cel·er·a·tor** [ək'seləreɪtə(r); æk-; *Am. a.* ɪk's-] *s* 1. *bes. chem. phys. tech.* Beschleuniger *m*. 2. *a.* ~ **pedal** *mot.* 'Gas,pedal *n*: **to step on the ~** Gas geben. 3. *anat.* Sym'pathikus *m*. 4. Spannstück *n* (*beim Gewehr*). **ac,cel·er'om·e·ter** [-'rɒmɪtə(r); *Am.* -'rɑm-] *s tech.* Beschleunigungsmesser *m*.

**ac·cent** I *s* ['æksənt; *Am.* -,sent] 1. Ak'zent *m*: a) *ling.* Ton *m*, Betonung *f*: **the ~ is on the first syllable** die Betonung liegt auf der ersten Silbe, b) *ling.* Betonungs-, Tonzeichen *n*, c) Tonfall *m*, (lokale *od.* fremdländische) Aussprache: **to speak without an ~** akzentfrei sprechen, d) *math.* Unter'scheidungszeichen *n*, e) *fig.* Nachdruck *m*, f) *art* mar'kante

---

Stelle, besondere Note. 2. *mus.* a) Ak'zent *m*, Betonung *f*, b) Ak'zentzeichen *n*, c) Betonungsart *f*. 3. *meist pl poet.* Sprache *f*: **the ~s of love**. II *v/t* [æk'sent; *Am. a.* 'æk,sent] → accentuate.

**ac·cen·tu·al** [æk'sentjʊəl; -tʃʊəl; *Am.* -tʃəwəl] *adj* 1. *metr.* betonend: ~ **verse**. 2. *metr. mus.* Akzent...

**ac·cen·tu·ate** [æk'sentjʊeɪt; -tʃʊ-; *Am.* -tʃəw-] *v/t* 1. akzentu'ieren, betonen: a) her'vorheben (*a. fig.*), b) mit e-m Ak'zent(zeichen) versehen. 2. *electr.* bestimmte Frequenzen anheben. **ac,cen·tu'a·tion** *s* 1. Betonung *f*. 2. *electr.* Anhebung *f*. **ac'cen·tu·a·tor** [-tə(r)] *s electr.* Schaltungsglied *n* zur Anhebung bestimmter Fre'quenzen.

**ac·cept** [ək'sept; æk-; *Am. a.* ɪk's-] I *v/t* 1. annehmen, entgegennehmen: **to ~ a gift**. 2. *etwas* annehmen, *j-n*, *etwas* akzep'tieren: **to ~ an invitation** (**a proposal**); **to ~ an apology** (**an opinion**) e-e Entschuldigung (e-e Ansicht) akzeptieren *od.* hinnehmen *od.* gelten lassen *od.* anerkennen; **to ~ life** das Leben bejahen; **~ed pairing** anlehnende Werbung. 3. 'hinnehmen, sich abfinden mit, akzep'tieren: **to ~ bad living conditions**. 4. auffassen, verstehen: **~ed** allgemein anerkannt, üblich, landläufig; **in the ~ed sense** (**of the word**) im landläufigen *od.* eigentlichen Sinne; **~ed text** offizieller Text. 5. aufnehmen (**into** in *acc*). 6. *etwas* auf sich nehmen: **to ~ a responsibility**. 7. *econ.* a) *e-n Auftrag* annehmen, b) *e-n Angebot* den Zuschlag erteilen: **to ~ the bid** (*od.* **tender**), c) *e-n Wechsel* annehmen, akzep'tieren. 8. *zo. männliches Tier* (zur Begattung) annehmen. II *v/i* 9. (*das Angebot*) annehmen *od.* akzep'tieren, (damit) einverstanden sein, zusagen. **ac,cept·a'bil·i·ty** *s* 1. Annehmbarkeit *f*. 2. Erträglichkeit *f*. **ac'cept·a·ble** *adj* (*adv* acceptably) 1. annehmbar, akzep'tabel, tragbar (to für). 2. angenehm, will'kommen. 3. erträglich. 4. *econ.* (**as collateral**) *econ.* beleihbar, lom'bardfähig.

**ac'cept·ance** *s* 1. Annahme *f*, Entgegennahme *f*. 2. Akzep'tierung *f*, Anerkennung *f*: ~ **of life** Lebensbejahung *f*. 3. 'Hinnahme *f*. 4. → acceptation. 5. Aufnahme *f* (**into** in *acc*). 6. *econ.* a) Akzept *n*, angenommener Wechsel, b) Akzept *n*, Annahme *f* (*e-s Wechsels*), c) Annahmeerklärung *f*, -vermerk *m*. 7. *jur.* Zustimmung *f*, Vertragsannahme *f*. 8. *zo.* Brunst(zeit) *f* (*weiblicher Haustiere*). ~ **flight** *s aer. mil.* Abnahmeflug *m*. ~ **house** *s econ. Br.* Ak'zeptbank *f*.

**ac·cep·ta·tion** [ˌæksep'teɪʃn] *s* (üblicher) Sinn, landläufige *od.* gebräuchliche Bedeutung (*e-s Wortes*).

**ac·cept·er** [ək'septə(r); æk-; *Am. a.* ɪk's-] *s* 1. An-, Abnehmer *m*. 2. *econ.* Wechselnehmer *m*, Akzep'tant *m*. **ac'cep·tor** [-tə(r)] *s* 1. → accepter. 2. *phys.* Akzep'tant *m*: ~ **circuit** Saugkreis *m*.

**ac·cess** ['ækses] I *s* 1. Zugang *m* (to zu): ~ **hatch** *aer. mar.* Einsteigluke *f*; ~ **road** a) Zufahrtsstraße *f*, b) Zubringer(straße *f*) *m*. 2. *fig.* (to) Zutritt *m* (bei, zu), Zugang *m* (zu), Gehör *n* (bei): **to gain ~ to** Zutritt erhalten zu; ~ **to means of education** Bildungsmöglichkeiten; **to have ~ to the files** Zugang zu den *od.* Einsicht in die Akten haben; **to have ~ to secrets** Zugang zu Geheimnissen haben; **easy of ~** zugänglich (*Person*). 3. *Computer*: Zugriff *m* (to auf *acc*): ~ **speed** Zugriffsgeschwindigkeit *f*. 4. *obs.* Anfall *m*, Ausbruch *m* (*der Wut, e-r Krankheit etc*): ~ **of rage**; ~ **of fever** Fieberanfall *m*. 5. *arch.* Vorplatz *m*, Zugangsweg *m*. 6. *arch.* (Möglichkeit *f* der) Beiwohnung *f*. II *v/t* 7. *Computer*: Zugriff haben auf (*acc*).

**ac·ces·sa·ry** → accessory.

**ac·ces·si·bil·i·ty** [əkˌsesəˈbɪlətɪ; æk-; *Am. a.* ɪkˌs-] *s* Zugänglichkeit *f*, Erreichbarkeit *f* (*beide a. fig.*). **acˈces·si·ble** *adj* (*adv* **accessibly**) **1.** *a. fig.* (leicht) zugänglich *od.* erreichbar (to für *od. dat*). **2.** verfügbar, erhältlich. **3.** ˈum-, zugänglich (*Person*). **4.** (to) zugänglich (für *od. dat*), empfänglich (für).

**ac·ces·sion** [ækˈseʃn; ək-; *Am. a.* ɪkˈs-] *s* **1.** Annäherung *f*, Hinˌzutritt *m*. **2.** (to) Beitritt *m* (zu *e-m Vertrag etc*), Eintritt *m* (in *acc*), Anschluß *m* (an *acc*): instrument of ~ Beitrittsurkunde *f*. **3.** (to) Gelangen *n* (zu *e-r Würde etc*), Antritt *m* (*e-s Amtes*): ~ to power Machtübernahme *f*, Regierungsantritt *m*; ~ to the throne Thronbesteigung *f*. **4.** (to) Zuwachs *m*, Zunahme *f* (an *dat*), Vermehrung *f* (*gen*): recent ~s Neuanschaffungen *od.* Neuzugänge (*bes. von Büchern in e-r Bibliothek*); ~ of property *jur.* Vermögensanfall *m*. **5.** *pol.* Anwachsung *f* (*von Staatsgebiet*). **6.** Wertzuwachs *m*.

**ac·ces·so·ri·al** [ˌækseˈsɔːrɪəl; *Am. a.* -ˈsəʊ-] *adj* **1.** Beitritts..., Zuwachs... **2.** zusätzlich.

**ac·ces·so·ry** [əkˈsesərɪ; æk-; *Am. a.* ɪkˈs-] **I** *adj* **1.** hinˈzukommend, zusätzlich, Bei..., Neben..., Begleit..., Hilfs..., Zusatz...: ~ contract *jur.* Zusatzvertrag *m*; ~ fruit *bot.* Scheinfrucht *f*; ~ lens *phot.* Vorsatzlinse *f*; ~ symptom *med.* Begleiterscheinung *f*. **2.** nebensächlich, ˌuntergeordnet, Neben... **3.** beitragend, Hilfs...: to be ~ to beitragen zu. **4.** teilnehmend, mitschuldig (to an *dat*). **II** *s* **5.** Zusatz *m*, Anfügung *f*, Anhang *m*. **6.** *med.* Begleiterscheinung *f*. **7.** *oft pl* Zubehör *n*, Beiwerk *n*, (*Mode a.*) Accesˈsoire *n*. **8.** *pl aer. mar.* ˈBordaggreˌgat *n*. **9.** *pl tech.* Zubehör(teile *pl*) *n*. **10.** *pl biol.* ˈNeben-, ˈHilfsorˌgane *pl*. **11.** *jur.* Teilnehmer(in) (to an *e-m Verbrechen*), Komˈplize *m*, Mitschuldige(r *m*) *f*: ~ after the fact Begünstigte(r) *m*, *z. B.* Hehler *m*; ~ before the fact a) Anstifter *m*, b) Gehilfe *m*; acting as an ~ after the fact Begünstigung *f*; acting as an ~ before the fact Beihilfe *f*.

**ac·ci·dence** [ˈæksɪdəns] *s ling.* Formenlehre *f*.

**ac·ci·dent** [ˈæksɪdənt] *s* **1.** Zufall *m*, zufälliges Ereignis: by ~ a) zufällig, b) versehentlich. **2.** zufällige *od.* unwesentliche Eigenschaft, Nebensache *f*. **3.** Unfall *m*, Unglück(sfall *m*) *n*: to be in an ~ in e-n Unfall verwickelt sein; to have (*od.* meet with) an ~ e-n Unfall haben, verunglücken; she had an ~ in the kitchen ihr ist in der Küche ein Malheur *od.* Mißgeschick passiert; to be killed in an ~ bei e-m Unfall ums Leben kommen, tödlich verunglücken; ~ at work Arbeitsunfall; seven-car ~ Unfall, in den sieben Autos verwickelt sind; death by ~ *jur.* Tod *m* durch Unfall; ~ annuity Unfallrente *f*; ~ benefit Unfallentschädigung *f*; ~ insurance Unfallversicherung *f*; ~-free driving unfallfreies Fahren; ~-prone unfallgefährdet; ~ research Unfallforschung *f*. **4.** Unfallort *m*: at the ~.

**ac·ci·den·tal** [ˌæksɪˈdentl] **I** *adj* (*adv* ~**ly**) **1.** zufällig (vorˈhanden, geschehen *od.* hinˈzugekommen), Zufalls... **2.** versehentlich: ~ hands (*Fußball*) unabsichtliches Handspiel, ~ angeschossene Hand. **3.** unwesentlich, nebensächlich: ~ colo(u)r Nebenfarbe *f*; ~ lights → lights → 10; ~ point (perspektivischer) Einfallspunkt. **4.** Unfall...: ~ death Tod *m* durch Unfall, Unfalltod *m*. **5.** *mus.* alteˈriert. **II** *s* **6.** (*etwas*) Zufälliges. **7.** zufällige Eigenschaft. **8.** Nebensache *f*. **9.** *mus.* Vorzeichen *n*. **10.** *meist pl paint.* Nebenlichter *pl*.

**ac·claim** [əˈkleɪm] **I** *v/t* **1.** *j-n od. etwas* freudig *od.* mit Beifall begrüßen, *j-m* zujubeln. **2.** (sehr) loben. **3.** (jauchzend) ausrufen: to ~ s.o. (as) king *j-n* zum König ausrufen. **II** *v/i* **4.** Beifall spenden, Hochrufe ausstoßen. **III** *s* → acclamation.

**ac·cla·ma·tion** [ˌækləˈmeɪʃn] *s* **1.** lauter *od.* jauchzender Beifall, Hochrufe *pl*, Jubelgeschrei *n*. **2.** (hohes) Lob: the book received great critical ~ das Buch wurde von der Kritik sehr gelobt. **3.** *pol.* Abstimmung *f od.* Ernennung *f* durch Zuruf: by ~ durch Akklamation.

**ac·clam·a·to·ry** [əˈklæmətərɪ; *Am.* -ˌtəʊriː; -ˌtɔː-] *adj* Beifalls..., beifällig.

**ac·cli·ma·ta·tion** [əˌklaɪməˈteɪʃn] → acclimation. **ac·cli·mate** [əˈklaɪmət; ˈæklɪmeɪt] → acclimatize. **ac·cli·ma·tion** [ˌæklaɪˈmeɪʃn; *Am. a.* ˌækləˈm-], **ac·cli·ma·ti·za·tion** [əˌklaɪmətaɪˈzeɪʃn; *Am.* -təˈz-] *s* Akklimatiˈsierung *f*, Eingewöhnung *f* (*beide a. fig.*), Einbürgerung *f* (*von Tieren u. Pflanzen*). **ac·cli·ma·tize** [-taɪz] *v/t u. v/i* (to) (sich) akklimatiˈsieren *od.* gewöhnen (an *acc*), (sich) einwöhnen (in *dat*) (*alle a. fig.*).

**ac·cliv·i·ty** [əˈklɪvətɪ; æ-] *s* Steigung *f*, Hang *m*.

**ac·co·lade** [ˈækəʊleɪd; ˈækə-] *s* **1.** Akkoˈlade *f*: a) Ritterschlag *m*, b) feierliche Umˈarmung (mit Kuß auf beide Wangen). **2.** *fig.* a) Auszeichnung *f*, b) hohe Anerkennung, großes Lob: his book received ~s from the press sein Buch wurde in der Presse sehr gelobt. **3.** *mus.* Klammer *f*.

**ac·com·mo·date** [əˈkɒmədeɪt; *Am.* əˈkam-] *v/t* **1.** *j-m* e-n Gefallen tun *od.* e-e Gefälligkeit erweisen. **2.** (with) *j-n* versorgen *od.* versehen (mit), *j-m* aushelfen (mit): to ~ s.o. with money. **3.** *j-n* a) ˈunterbringen, beherbergen, ˈeinquarˌtieren, b) versorgen, bewirten. **4.** Platz haben *od.* bieten für, fassen, aufnehmen (*können*), ˈunterbringen: the car ~s five persons in dem Wagen haben fünf Personen Platz. **5.** (to) a) *j-n od. etwas* anpassen (*dat od.* an *acc*): to ~ o.s. to circumstances, b) in Einklang bringen (mit): to ~ facts to theory. **6.** e-n Streit beilegen, schlichten. **II** *v/i* **7.** (to) a) sich anpassen (*dat od.* an *acc*), b) sich einstellen (auf *acc*). **8.** *med.* sich akkommoˈdieren (*Auge*).

**ac·com·mo·dat·ing** *adj* (*adv* ~**ly**) **1.** gefällig, entgegenkommend, zuˈvorkommend: on ~ terms *econ.* zu angenehmen Bedingungen. **2.** anpassungsfähig. **3.** *tech.* Anpassungs...

**ac·com·mo·da·tion** [əˌkɒməˈdeɪʃn; *Am.* əˌkam-] *s* **1.** *a. sociol.* Anpassung *f* (to an *acc*). **2.** Gemäßheit *f*, Überˈeinstimmung *f*. **3.** Gefälligkeit *f*, Entgegenkommen *n*. **4.** Versorgung *f* (with mit). **5.** Aushilfe *f*, Darlehen *n*, geldliche Hilfe. **6.** Beilegung *f*, Schlichtung *f* (*e-s Streites*), Verständigung *f*, gütliche Einigung. **7.** *Am. meist pl* a) ˈUnterbringung *f*, (Platz *m* für) ˈUnterkunft *f*, Quarˈtier *n*: hotel ~ Unterbringung im Hotel, b) Räumlichkeiten *pl*, Räume *pl*, c) Einrichtung(en *pl*) *f*: sanitary ~s, d) Bequemlichkeit(en *pl*) *f*, Komˈfort *m*. **8.** *med.* Akkommodatiˈon *f*. **9.** *a.* ~ train *Am.* Bummelzug *m*. ~ **accept·ance** *s econ.* Geˈfälligkeitsak zept *m*. ~ **ad·dress** *s* ˈDeckaˌdresse *f*. ~ **bill**, ~ **draft** *s econ.* Gefälligkeitswechsel *m*. ~ **lad·der** *s mar.* Fallreep *n*. ~ **note** *Br.*, ~ **pa·per** ~ accommodation bill. ~ **reg·is·try** *s Br.* Wohnungsnachweis *m*.

**ac·com·mo·da·tive** [əˈkɒmədeɪtɪv; *Am.* əˈkam-] *adj* **1.** Bequemlichkeit gewährend. **2.** Aushilfe verschaffend. **3.** *med.* akkommoˈdativ.

**ac·com·pa·ni·ment** [əˈkʌmpənɪmənt] *s* **1.** *bes. mus.* Begleitung *f*. **2.** (schmückendes) Beiwerk. **3.** Begleiterscheinung *f*.

**ac·com·pa·nist** [əˈkʌmpənɪst] *s mus.* Begleiter(in).

**ac·com·pa·ny** [əˈkʌmpənɪ] **I** *v/t* **1.** begleiten (*a. mus.*), geleiten: accompanied by: XY am Flügel: XY; he was accompanied by his wife er war in Begleitung s-r Frau. **2.** begleiten, e-e Begleiterscheinung sein von (*od. gen*): to be accompanied with (*od.* by) begleitet sein von, verbunden sein mit. **3.** verbinden (with mit): to ~ an advice with a warning. **II** *v/i* **4.** *mus.* begleiten, die Begleitung spielen. **acˈcom·pa·ny·ing** *adj* begleitend, Begleit...: ~ documents Begleitpapiere. **acˈcom·pa·ny·ist** [-nɪːəst] *s mus. Am.* Begleiter(in).

**ac·com·plice** [əˈkʌmplɪs; *Br.* əˈkɒm-; *Am. a.* əˈkam-] *s* Komˈplize *m* (in, of bei), Mittäter(in).

**ac·com·plish** [əˈkʌmplɪʃ; *Br.* əˈkɒm-; *Am. a.* əˈkam-] *v/t* **1.** e-e *Aufgabe etc* vollˈenden, -ˈbringen, ausführen, *etwas* zuˈstande bringen. **2.** e-n *Zweck* erreichen, erfüllen, *etwas Begehrtes* erlangen: to ~ one's object sein Ziel erreichen. **3.** e-e *Zeitspanne etc* vollˈenden, durchˈleben. **4.** ausbilden, vervollkommnen. **5.** *econ.* leisten, erfüllen. **acˈcom·plish·a·ble** *adj* **1.** ausführbar. **2.** erreichbar. **acˈcom·plished** [-ʃt] *adj* **1.** vollˈendet, -ˈbracht, vollständig ausgeführt: an ~ fact e-e vollendete Tatsache. **2.** a) (fein *od.* vielseitig) gebildet, kultiˈviert, b) vollˈendet, perˈfekt (*a. iro.*): an ~ hostess; an ~ liar ein Erzlügner. **acˈcom·plish·ment** *s* **1.** Vollˈendung *f*, Ausführung *f*. **2.** Vollˈkommenheit *f*. **3.** *meist pl* Bildung *f*, Kultiˈviertheit *f*.

**ac·cord** [əˈkɔː(r)d] **I** *v/t* **1.** *j-m* etwas gewähren, zukommen lassen, einräumen. **II** *v/i* **2.** im Einklang stehen, überˈeinstimmen, harmoˈnieren (with *dat*). **III** *s* **3.** Überˈeinstimmung *f*, Einklang *m*, Einigkeit *f*. **4.** Zustimmung *f*. **5.** a) Überˈeinkommen *n*, b) *pol.* (*formloses*) Abkommen, c) *jur.* Vergleich *m* (*zwischen dem Masseschuldner u. einzelnen Gläubigern*): with one ~ einstimmig, einmütig; ~ and satisfaction *jur.* vergleichsweise Erfüllung (*als rechtsvernichtende Einwendung*); of one's own ~ aus eigenem Antrieb.

**ac·cord·ance** [əˈkɔː(r)dəns] *s* Überˈeinstimmung *f*: in ~ with in Übereinstimmung mit, laut (*gen*), gemäß (*dat*); to be in ~ übereinstimmen (with mit). **acˈcord·ant** *adj* **1.** (with) überˈeinstimmend (mit), im Einklang (mit), entsprechend (*dat*). **2.** *biol.* gleichsinnig. **3.** *geol.* gleich...

**acˈcord·ing I** ~ **to** *prep* gemäß, entsprechend, nach, zuˈfolge (*dat*), laut (*gen*): ~ to circumstances den Umständen entsprechend, je nach Lage der Dinge; ~ to contract *econ.* vertragsgemäß; ~ to directions vorschriftsmäßig, weisungsgemäß; ~ to taste (je) nach Geschmack; ~ to that demnach. **II** ~ **as** *conj* so wie, je nachˈdem wie: ~ as you behave. **acˈcord·ing·ly** *adv* demnach, demgemäß, demnach, folglich, entsprechend.

**ac·cor·di·on** [əˈkɔː(r)djən; -ɪən] **I** *s* Akˈkordeon *n*, ˈZieh-, ˈHandharˌmonika *f*. **II** *adj* faltbar, Falt...: ~ map: ~ door. **acˈcor·di·on·ist** *s* Akˈkordeonspieler(in), Akkordeoˈnist(in).

**ac·cost** [əˈkɒst; *Am.* əˈkɔːst] *v/t* **1.** sich *j-m* nähern, herˈantreten an (*acc*). **2.** *j-n* ansprechen *od.* anreden. **3.** *j-n* ansprechen (*Prostituierte*).

**ac·couche·ment** [əˈkuːʃmãːn; -mənt] *s* Entbindung *f*, Niederkunft *f*. **ac·cou-**

**cheur** [ˌæku:ˈʃɜ:; *Am.* -ˈʃɜr] *s* Geburtshelfer *m*. ˌac·couˈcheuse [-ˈʃɜːz] *s* Hebamme *f*.

**ac·count** [əˈkaʊnt] **I** *v/t* **1.** ansehen *od.* betrachten als, halten für: to ~ o.s. lucky sich glücklich schätzen.
**II** *v/i* **2.** to ~ (to s.o.) for (j-m) Rechenschaft ablegen über (*acc*), sich (j-m gegenüber) verantworten für. **3.** die Verantwortung tragen, verantwortlich sein (for für). **4.** erklären, begründen (for *acc*): how do you ~ for that? wie erklären Sie sich das?; that ~s for it das erklärt die Sache; there is no ~ing for taste über den Geschmack läßt sich (nicht) streiten. **5.** ~ for (*zahlenmäßig*) ausmachen: this region alone ~s for some 20% of the whole population.
**III** *s* **6.** *econ.* a) Berechnung *f*, Rechnung *f*, b) *pl* Geschäftsbücher *pl*, c) *pl* (Rechnungs-, Jahres)Abschluß *m*, d) Konto *n*: ~ book Konto-, Geschäftsbuch *n*; transaction for the ~ (*Börse*) Termingeschäft *n*; → *Bes. Redew.* **7.** Rechenschaft *f*, Rechenschaftsbericht *m*: to bring to ~ *fig.* abrechnen mit; to call to ~ zur Rechenschaft ziehen; to give (an) ~ of Rechenschaft ablegen über (*acc*) (→ 8); to give a good ~ of etwas gut erledigen, e-n *Gegner* abfertigen; to give a good (bad) ~ of o.s. a) sich von s-r guten (schlechten) Seite zeigen, b) gut (schlecht) abschneiden. **8.** Bericht *m*, Darstellung *f*, Beschreibung *f*, a. (*künstlerische*) Interpretati'on: by all ~s nach allem, was man hört; to give an ~ of Bericht erstatten über (*acc*) (→ 7). **9.** Liste *f*, Verzeichnis *n*. **10.** Erwägung *f*, Berücksichtigung *f*: to leave out of ~ außer Betracht lassen; to take ~ of, to take into ~ Rechnung tragen (*dat*), in Betracht *od.* Erwägung ziehen, berücksichtigen; on ~ of wegen, auf Grund von (*od. gen*); on no ~ auf keinen Fall, keineswegs, unter keinen Umständen; on all ~s auf jeden Fall, unbedingt. **11.** Wert *m*, Wichtigkeit *f*, Bedeutung *f*, Ansehen *n*, Geltung *f*: of no ~ unbedeutend, ohne Bedeutung, wertlos. **12.** Gewinn *m*, Vorteil *m*: to find one's ~ in s.th. bei etwas profitieren *od.* auf s-e Kosten kommen; to turn s.th. to good ~ sich etwas zunutze machen, Kapital schlagen aus etwas.
*Besondere Redewendungen*:
~s agreed upon Rechnungsabschluß *m*; ~ carried forward Vortrag *m* auf neue Rechnung; ~ current → current account; ~s payable Verbindlichkeiten, (*Bilanz*) *Am.* Kreditoren; ~s receivable Außenstände, (*Bilanz*) *Am.* Debitoren; to buy for the ~ (*Börse*) auf Termin kaufen; to carry to ~ in Rechnung stellen; to carry to a new ~ neue Rechnung vortragen; closing of ~s Kassenabschluß *m*, Schließung *f* e-s Kontos; for ~ only nur zur Verrechnung; for ~ and risk auf Rechnung u. Gefahr; for the ~ of a conto von; for one's own ~ auf eigene Rechnung; to hold an ~ with ein Konto haben bei; on ~ auf Rechnung, a conto, auf Abschlag, als An- *od.* Teilzahlung; business on ~ Met ageschäft *n*; on one's own ~ auf eigene Rechnung (u. Gefahr), für sich selber; to open an ~ with s.o. bei j-m ein Konto eröffnen; to pass an ~ to Rechnung anerkennen; payment per ~ Saldozahlung *f*; to place (*od.* put) to (s.o.'s) ~ (j-m) in Rechnung stellen; received on ~ in Gegenrechnung empfangen; to settle (*od.* square) ~s with *fig.* abrechnen mit.
**ac·count·a·bil·i·ty** [əˌkaʊntəˈbilətɪ] *s* Verantwortlichkeit *f* (to s.o. j-m gegenüber). ac'count·a·ble *adj* (*adv* ac-

countably) **1.** verantwortlich, rechenschaftspflichtig (to *dat*). **2.** erklärlich.
**ac·count·an·cy** [əˈkaʊntənsɪ] *s econ.* **1.** Rechnungswesen *n*, Buchhaltung *f*, -führung *f*. **2.** *Br.* Steuerberatung *f*.
**ac'count·ant** *s econ.* **1.** Buchhalter *m*, Rechnungsführer *m*. **2.** Buch-, Wirtschaftsprüfer *m*: → certified accountant, certified public accountant, chartered 1. **3.** *Br.* Steuerberater *m*.
**ac·count| bal·ance** *s* Kontostand *m*, Kontosaldo *m*. ~ charges Kontogebühr *f*. ~ cus·tom·er s Inhaber(in) e-s Kre'ditkontos (*in e-m Kaufhaus etc*). ~ day s *Br.* Abrechnungstag *m* (*an der Börse*). ~ ex·ec·u·tive *s Am.* Sachbearbeiter *m* für Kundenwerbung.
**ac'count·ing** → accountancy 1: ~ period Abrechnungszeitraum *m*.
**ac·cou·tre**, *bes. Br.* **ac·cou·tre** [əˈku:tə(r)] *v/t bes. mil.* einkleiden, ausrüsten, -statten. **ac'cou·ter·ment,** *bes. Br.* **ac'cou·tre·ment** *s meist pl* **1.** Kleidung *f*, Ausstattung *f*, 'Ausstaf,fierung *f*. **2.** *mil.* Ausrüstung *f*.
**ac·cred·it** [əˈkredɪt] *v/t* **1.** *bes. e-n Gesandten* akkredi'tieren, beglaubigen (to bei). **2.** Glauben *od.* Vertrauen schenken (*dat*). **3.** bestätigen, als berechtigt anerkennen. **4.** zuschreiben (s.th. to s.o. *od.* s.o. with s.th. j-m etwas). **5.** *econ.* akkredi'tieren, ein Akkredi'tiv ausstellen (*dat*). **ac'cred·it·ed** *adj* beglaubigt, akkredi'tiert.
**ac·crete** [əˈkri:t; æ-] **I** *v/i* zs.-wachsen, sich vereinigen. **II** *v/t* anwachsen lassen. **III** *adj biol.* zs.-gewachsen.
**ac·cre·tion** [æˈkri:ʃn; ə-] *s* **1.** Zunahme *f*, Zuwachs *m*, Anwachsen *n*, Wachstum *n*. **2.** Hin'zugekommene(s) *n*, Hin'zufügung *f*. **3.** (Wert)Zuwachs *m* (*bei e-r Erbschaft, von Land etc*). **4.** *jur.* Landzuwachs *m* (*durch Anschwemmung*). **5.** *biol.* Zs.-wachsen *n*, Verwachsung *f*.
**ac·cru·al** [əˈkru:əl] *s* Zuwachs *m*, Anfall *m od.* Entstehung *f* (*e-s Rechts etc*), Auflaufen *n* (*von Zinsen*): ~ of a dividend Anfall *m* e-r Dividende; ~ of an inheritance Erb(an)fall.
**ac·crue** [əˈkru:] *v/i* **1.** *jur.* (als Anspruch) erwachsen, zufallen (to *dat*; from, out of aus): a right ~s ein Recht entsteht; a liability ~s e-e Haftung tritt ein. **2.** erwachsen, entstehen, zukommen, zu-, anwachsen (to *dat*; from, out of aus): ~d interest aufgelaufene Zinsen *pl*; ~d rent aufgelaufener Mietzins; ~d taxes Steuerschuld *f*.
**ac·cul·tur·a·tion** [əˌkʌltʃəˈreɪʃn] *s* Akkulturati'on *f* (*Übernahme von Elementen e-r fremden Kultur*).
**ac·cu·mu·late** [əˈkju:mjʊlet; *Am. a.* -mə͵l-] **I** *v/t* ansammeln, auf-, anhäufen, akkumu'lieren, *a. tech.* (auf)speichern, *a. psych.* (aufstauen): ~d earnings (*Bilanz*) *Am.* thesaurierter Gewinn; ~d losses *Am.* Bilanzverlust *m*; ~d temperature Wärmesumme *f*; ~d value Endwert *m*.
**II** *v/i* anwachsen, sich anhäufen *od.* ansammeln, akkumu'lieren, *a. tech.* sich speichern, *a. psych.* sich stauen: ~d demand *econ.* Nachholbedarf *m*; ~d interest aufgelaufene Zinsen *pl*. ac͵cu·mu'la·tion Ansammlung *f*, Auf-, Anhäufung *f*, Akkumulati'on *f*, *a. tech.* (Auf)Speicherung *f*, *a. psych.* Stauung *f*: ~ of capital Kapitalansammlung *f*, -bildung *f*; ~ of interest Auflaufen *n* von Zinsen; ~ of property Vermögensanhäufung. ac'cu·mu·la·tive [-lətɪv; *Am. bes.* -͵leɪ-] *adj* sich anhäufend *od.* akkumu'lierend, wachsend, Häufungs..., Zusatz..., Sammel...: ~ sentence *jur. Am.* zusätzliche Strafzumessung. ac'cu·mu·la·tor [-tə(r)] *s*

**1.** *electr.* Akkumu'lator *m* (*a. Computer*), Akku *m*, (Strom)Sammler *m*: ~ acid Sammlersäure *f*; ~ battery Sammlerbatterie *f*; ~ cell Sammlerzelle *f*; ~ register (*Computer*) Akkumulator(register) *m*. **2.** *electr.* a) 'Sammelzy,linder *m*, Ener'giespeichergerät *n*, b) Sekun'därele,ment *n*.
**ac·cu·ra·cy** ['ækjʊrəsɪ] *s* **1.** Genauigkeit *f*, Sorgfalt *f*, Ex'aktheit *f*. **2.** Richtigkeit *f*, Ex'aktheit *f*: ~ life *mil.* Lebensdauer *f* (*e-r Waffe*); ~ to ga(u)ge *tech.* Maßhaltigkeit *f*.
**ac·cu·rate** ['ækjʊrət] *adj* (*adv* ~ly) **1.** genau, sorgfältig, akku'rat (*Person*). **2.** genau, richtig, zutreffend, ex'akt (*Sache*): to be ~ genau gehen (*Uhr*). **3.** *sport* genau, abgezirkelt (*Paß etc*). 'ac·cu·rate·ness → accuracy.
**ac·curs·ed** [əˈkɜːsɪd; *Am.* əˈkɜr-; *a.* -st], *a.* **ac'curst** [-st] *adj* **1.** verflucht, -wünscht. **2.** *fig.* ab'scheulich.
**ac·cus·al** [əˈkju:zl] → accusation.
**ac·cu·sa·tion** [ˌækju:ˈzeɪʃn; *Am.* -kjə-] *s* a) *jur. (nicht formelle)* Anklage: to bring an ~ (of murder) against s.o. (Mord-) Anklage gegen j-n erheben, b) An-, Beschuldigung *f*, c) Vorwurf *m*.
**ac·cu·sa·ti·val** [əˌkju:zəˈtaɪvl] → accusative 1.
**ac·cu·sa·tive** [əˈkju:zətɪv] **I** *adj* **1.** *ling.* akkusativisch, Akkusativ...: ~ case → 3. **2.** → accusatory. **II** *s* **3.** *ling.* Akkusativ *m*, 4. Fall *m*.
**ac·cu·sa·to·ry** [əˈkju:zətərɪ; *Am.* -͵təʊrɪ; -͵tɔ:-] *adj* anklagend, Klage...
**ac·cuse** [əˈkju:z] *v/t* a) (of) *jur.* anklagen (*gen od.* wegen): to be ~d of doing s.th. angeklagt sein, etwas getan zu haben, b) (of) beschuldigen, bezichtigen (*gen*), c) to ~ s.o. of s.th. j-m etwas zum Vorwurf machen. **ac'cused** *adj jur.* angeklagt: the ~ der *od.* die Angeklagte, die Angeklagten. **ac'cus·er** *s* Ankläger(in). **ac'cus·ing** *adj* (*adv* ~ly) anklagend, vorwurfsvoll.
**ac·cus·tom** [əˈkʌstəm] *v/t* gewöhnen (to an *acc*): to be ~ed to do(ing) s.th. gewohnt sein *od.* pflegen etwas zu tun; to get ~ed to s.th. sich an etwas gewöhnen; his ~ed cheerfulness s-e gewohnte *od.* übliche Fröhlichkeit; in ~ed surroundings in gewohnter Umgebung; ~ed seat Stammplatz *m*.
**AC/DC** *adj colloq.* ,bi' (*bisexuell*)
**ace** [eɪs] **I** *s* **1.** As *n* (*Spielkarte*): ~ of hearts Herzas *n*; to have an ~ in the hole (*od.* up one's sleeve) *fig.* (noch) e-n Trumpf in der Hand haben. **2.** Eins *f* (*auf Würfeln*). **3.** *Golf, Tennis*: As *n*. **4.** he came within an ~ of losing er hätte um ein Haar verloren. **5.** *colloq.* ,Ka'none' *f*, As *n* (at in *dat*): soccer ~ Fuß ballstar *m*. **II** *adj* **6.** *colloq.* her'vorragend, Spitzen..., Star...: ~ reporter; ~ footballer Fußballstar *m*. **III** *v/t* **7.** a) *Tennis*: j-m ein As ser'vieren, b) he ~d a hole (*Golf*) ihm gelang ein As. ~-ˈhigh *adj*: to be ~ with s.o. *Am. colloq.* bei j-m gut angeschrieben sein.
**A·cel·da·ma** [əˈkeldəmə; -ˈsel-] *s* **1.** *Bibl.* Hakel'dama *m*, Blutacker *m*. **2.** *oft* a~ *fig.* Schlachtfeld *n*.
**a·ceph·a·lous** [əˈsefələs; eɪ-] *adj* **1.** *zo.* kopflos, ohne Kopf. **2.** *metr.* mit e-r Kürze anfangend. **3.** aze'phalisch, ohne Anfang (*bes. Buch, Vers*). **4.** *anat.* aze'phal. **5.** *fig.* führerlos.
**ac·er·bate** ['æsə(r)beɪt] *v/t* **1.** a) bitter machen (*a. fig.*), b) säuern. **2.** *fig.* verbittern.
**a·cer·bi·ty** [əˈsɜːbətɪ; *Am.* əˈsɜr-] *s* **1.** a) Bitterkeit *f* (*a. fig.*), bitterer Geschmack, b) Säure *f*, saurer Geschmack. **2.** *fig.* Schärfe *f*, Heftigkeit *f*.
**ac·e·tab·u·lum** [ˌæsɪˈtæbjʊləm] *pl* **-la**

[-lə] *s* **1.** *antiq.* Ace'tabulum *n*, Essigbecher *m*. **2.** *anat.* Ace'tabulum *n*, (Hüft)Gelenkpfanne *f*. **3.** *zo.* Gelenkpfanne *f* (*von Insekten*). **4.** *zo.* Saugnapf *m* (*von Polypen*).

**ac·e·tal** ['æsıtæl] *s chem.* Ace'tal *n*.

**ac·e·tal·de·hyde** [ˌæsı'tældıhaıd] *s chem.* A'cetalde₁hyd *m*.

**ac·e·tate** ['æsıteıt] *s* **1.** *chem.* Ace'tat *n* (*Salz od. Ester der Essigsäure*). **2.** *a.* ~ **rayon** Ace'tatseide *f*.

**a·ce·tic** [ə'si:tık; ə'setık] *adj chem.* essigsauer: ~ **acid** Holzessig *m*, Essigsäure *f*; ~ **anhydride** Essigsäureanhydrid *n*; **glacial** ~ **acid** Eisessig *m*, wasserfreie Essigsäure. **a·cet·i·fi·er** [ə'setıfaıə(r); *Am. a.* ə'si:-] *s chem.* Schnellsäurer *m* (*Apparat*). **a'cet·i·fy** [-faı] **I** *v/t* in Essig verwandeln, säuern. **II** *v/i* sauer werden.

**ac·e·tone** ['æsıtəon] *s chem.* Ace'ton *n*.

**ac·e·tose** ['æsıtəos; *Am. a.* ə'si:-], **ac·e·tous** ['æsıtəs; *Am. bes.* ə'si:-] *adj* essigsauer.

**ac·e·tyl** ['æsıtıl; *Am. a.* ə'si:tl] *s chem.* Ace'tyl *n*.

**a·cet·y·lene** [ə'setıli:n; -lın] *s chem.* Acety'len *n*: ~ **cutter** (Acetylen)Schneidbrenner *m*; ~ **welding** Acetylenschweißen *n*.

**ache** [eık] **I** *v/i* **1.** schmerzen, weh tun: **I am aching** all over mir tut alles weh; **it makes my heart** ~ **to** (*inf*) es tut mir in der Seele weh zu (*inf*). **2.** a) sich sehnen (for nach): **he is aching for home**, b) darauf brennen (**to do** zu tun): **she is aching to pay him back**. **II** *s* **3.** (*anhaltender*) Schmerz: **he has ~s and pains** all over ihm tut alles weh.

**a·chene** [ə'ki:n] *s bot.* A'chäne *f* (*Schließfrucht mit verwachsener Frucht- u. Samenschale*). **a'che·ni·al** [-njəl; -ıəl] *adj* schließfrüchtig.

**A·cher·nar** ['eıkə(r)na:(r)] *s astr.* Alpha *n* (*Stern*).

**Ach·er·on** ['ækərɒn; *Am.* -ˌrɑn] **I** *npr* Acheron *m* (*Fluß der Unterwelt*). **II** *s* 'Unterwelt *f*.

**A·cheu·le·an, A·cheu·li·an** [ə'ʃu:ljən; -ıən] *geol.* **I** *adj* Acheuléen... **II** *s* Acheulé'en *n* (*dritte Periode der Steinzeit*).

**a·chiev·a·ble** [ə'tʃi:vəbl] *adj* **1.** ausführbar. **2.** erreichbar.

**a·chieve** [ə'tʃi:v] *v/t* **1.** voll'bringen, leisten, zu'stande bringen, ausführen, schaffen. **2.** (*mühsam*) erlangen, erringen. **3.** *das Ziel erreichen, e-n Erfolg* erzielen, *e-n Zweck* erfüllen *od.* erreichen. **4.** *obs.* zu Ende bringen.

**a·chieve·ment** [ə'tʃi:vmənt] *s* **1.** Voll'bringung *f*, Zu'standebringen *n*, Ausführung *f*, Schaffung *f*. **2.** (*mühsame*) Erlangung, Erringung *f*. **3.** Erreichung *f*, Erzielung *f*, Erfüllung *f*. **4.** (*große*) Tat, (*große*) Leistung, Werk *n*, Errungenschaft *f*. **5.** *her.* durch Ruhmestat erworbenes Wappenbild. **~ age** *s psych.* Leistungsalter *n* (*Durchschnittsalter bei e-m Leistungstest*).

**a'chieve·ment|-or·i·ent·ed** *adj* 'leistungsorien₁tiert. **~ quo·tient** *s psych.* 'Leistungsquoti₁ent *m* (*Leistungsalter geteilt durch tatsächliches Alter*). **~ test** *s psych.* Leistungstest *m*.

**a·chiev·er** [ə'tʃi:və(r)] *s* j-d, der es zu etwas bringt; Erfolgstyp *m*.

**A·chil·les** [ə'kıli:z] *npr* A'chill(es) *m*: ~' (*od.* ~) **heel**, **heel of** ~ *fig.* Achillesferse *f*, schwacher Punkt; ~' (*od.* ~) **tendon**, **tendon of** ~ *anat.* Achillessehne *f*.

**ach·ing** ['eıkıŋ] *adj* schmerzend.

**ach·la·myd·e·ous** [ˌæklə'mıdıəs] *adj bot.* nacktblütig.

**ach·ro·mat·ic** [ˌækrəo'mætık; ˌækrə'm-] *adj* (*adv* **~ally**) **1.** *biol. phys.* achro'matisch, farblos: ~ **lens**; ~ **substance** *biol.*

achromatische (Zellkern)Substanz. **2.** *mus.* dia'tonisch.

**a·chro·ma·tin** [ə'krəomətın; æ-; *Am. bes.* eı-] *s biol.* Achroma'tin *n*. **a'chro·ma·tism** *s* Achroma'tismus *m*, Farblosigkeit *f*. **a'chro·ma·tize** *v/t phys.* achromati'sieren.

**a·cic·u·lar** [ə'sıkjolə(r)] *adj* **1.** *zo.* stachelborstig. **2.** *biol.* nadelförmig.

**ac·id** ['æsıd] **I** *adj* (*adv* **~ly**) **1.** sauer, scharf (*Geschmack*): ~ **drops** *Br.* saure (Frucht)Bonbons *od.* Drops. **2.** *fig.* beißend, bissig: **an** ~ **remark**. **3.** *chem. tech.* säurehaltig, Säure...: ~ **bath** Säurebad *n*; ~ **rain** saurer Regen; ~ **soil** saurer Boden; ~ **yellow** Anilingelb *n*. **4.** *tech.* Säure...: ~ **steel** saurer Stahl. **II** *s* **5.** *chem.* Säure *f*. **6.** *sl.* ₁Acid' *n* (*LSD*). '~**head** *s sl.* ₁Acid'-Süchtige(r *m*) *f*.

**a·cid·ic** [ə'sıdık] *adj* **1.** säurebildend, -reich, -haltig. **2.** *min.* reich an Silika. **a₁cid·i·fi·ca·tion** [-fı'keıʃn] *s chem.* (An)Säuerung *f*, Säurebildung *f*. **a'cid·i·fi·er** [-faıə(r)] *s chem.* Säurebildner *m*, Säuerungsmittel *n*. **a'cid·i·fy** [-faı] **I** *v/t* (an)säuern, in Säure verwandeln. **II** *v/i* sauer werden.

**a·cid·i·ty** [ə'sıdətı] *s* **1.** Säure *f*, Schärfe *f*. **2.** Acidi'tät *f*, Säuregehalt *m*. **3.** *med.* 'Superacidi₁tät *f*, ('überschüssige) Magensäure. **ac·id·ize** ['æsıdaız] *v/t* **1.** mit Säure behandeln. **2.** → **acidify** I.

**a·cid·o·phil** [ə'sıdəofıl; -dəfıl; 'æsıdəo-], **a'cid·o·phile** [-faıl; -fıl] *biol.* **I** *s* acido'phile Zelle *od.* Sub'stanz. **II** *adj* acido'phil.

**ac·i·do·sis** [ˌæsı'dəosıs] *s med.* Aci'dose *f*. Über'säuerung *f* des Blutes.

**'ac·id|·proof** *adj tech.* säurebeständig, -fest. ~ **re·sist·ance** *s* Säurebeständigkeit *f*. '~**re₁sist·ant** *adj* säurebeständig, -fest. ~ **test** *s fig.* Prüfung *f* auf Herz u. Nieren, Feuerprobe *f*: **to put to the** ~ auf Herz u. Nieren prüfen. ~ **trip** *s sl.* ₁Acid'-Trip *m*.

**a·cid·u·late** [ə'sıdjoleıt; æ's-; *Am.* -dʒə-] *v/t* (an)säuern: ~**d drops** saure (Frucht)Bonbons *od.* Drops. **a'cid·u·lous** *adj* **1.** säuerlich: ~ **spring**, ~ **water** *geol. med.* Sauerbrunnen *m*. **2.** *fig.* → **acid** 2.

**ac·i·er·age** ['æsıərıdʒ] *s metall.* Verstählung *f*.

**a·cin·i·form** [ə'sınıfɔ:(r)m] *adj anat.* azi'nös, trauben-, beerenförmig (*Drüse*).

**ac·i·nus** ['æsınəs] *pl* **-ni** [-naı] *s* **1.** *bot.* a) Einzelbeerchen *n* (*e-r Sammelfrucht*), b) Trauben-, Beerenkern *m*. **2.** *anat.* a) Traubendrüse *f*, b) Drüsenbläs-chen *n*.

**ack-ack** ['æk'æk; 'æk₁æk] *sl.* (*abbr. für* **antiaircraft**) **I** *s* **1.** Flakfeuer *n*. **2.** 'Flugzeug₁abwehrka₁none *f*, Flak *f*. **II** *adj* **3.** Flak...

**ack·em·ma** [ˌæk'emə] *adv Br. sl.* (*Funkerwort für* **a.m.**) vormittags.

**ac·knowl·edge** [ək'nɒlıdʒ; *Am.* ık'nɑl-; æk-] *v/t* **1.** anerkennen. **2.** zugestehen, zugeben, einräumen. **3.** sich bekennen zu. **4.** dankbar anerkennen, erkenntlich sein für. **5.** *den Empfang* bestätigen, quit'tieren, *e-n Gruß* erwidern. **6.** *jur. e-e Urkunde* (*nach erfolgter Errichtung*) förmlich anerkennen, beglaubigen. **ac·'knowl·edged** *adj* anerkannt, bewährt. **ac'knowl·edg(e)·ment** *s* **1.** Anerkennung *f*: ~ **of debt** Schuldanerkenntnis *n*; ~ **of paternity** Vaterschaftsanerkennung. **2.** Ein-, Zugeständnis *n*. **3.** Bekenntnis *n*. **4.** Erkenntlichkeit *f*, lobende Anerkennung, Dank *m* (**of** für): **in** ~ **of** in Anerkennung (*gen*). **5.** (Empfangs)Bestätigung *f*. **6.** *jur.* förmliches Anerkenntnis (*der Errichtung*

*e-r Urkunde*), Beglaubigung(sklausel) *f*.

**a·clin·ic** [ə'klınık; *Am. bes.* eı-] *adj phys.* a'klinisch, ohne Inklinati'on: ~ **line** Akline *f*.

**ac·me** ['ækmı] *s* **1.** *a. fig.* Gipfel *m*, Spitze *f*. **2.** *fig.* Höhepunkt *m*. **3.** *med.* Ak'me *f*, Krisis *f*. **4.** *biol.* Vollblüte *f*.

**ac·mite** ['ækmaıt] *s min.* Ak'mit *m*.

**ac·ne** ['æknı] *s med.* Akne *f*.

**ac·node** ['æknəod] *s math.* Rückkehrpunkt *m* (*e-r Kurve*).

**ac·o·lyte** ['ækəolaıt; 'ækəl-] *s* **1.** *relig.* Ako'luth *m*: a) Meßgehilfe *m*, Al'tardiener *m*, b) *Inhaber der höchsten der vier niederen Weihen*. **2.** *astr.* Begleitstern *m*. **3.** Gehilfe *m*, Helfer *m*. **4.** Anhänger *m*.

**ac·o·nite** ['ækəonaıt; 'ækən-] *s* **1.** *bot.* Eisenhut *m*: **yellow** ~ gelber Winterling. **2.** *chem.* Aco'nit *n*.

**a·corn** ['eıkɔ:(r)n; *Am. a.* -kərn] *s* **1.** *bot.* Eichel *f*. **2.** *mar.* Flügelspitze *f*. **3.** *zo.* Meereichel *f*, Seepocke *f*. ~ **cup** *s bot.* Eichelnapf *m*. ~ **shell** *s* **1.** *bot.* Eichelschale *f*. **2.** → **acorn** 3. ~ **tube**, *Br.* ~ **valve** *s electr.* Eichelröhre *f*.

**a·cot·y·le·don** [æˌkɒtı'li:dən; ə-; *Am.* ˌeı₁kata-] *s bot.* Akotyle'done *f*, Krypto'game *f*.

**a·cou·me·ter** [ə'ku:mıtə(r)] *s med. phys.* Aku'meter *n*, Hörschärfemesser *m*.

**a·cous·tic** [ə'ku:stık] *adj*; **a'cous·ti·cal** [-kl] *adj* (*adv* **~ly**) *phys. physiol. tech.* a'kustisch, Gehör..., Schall..., Hör...: ~ **ceiling** Akustikdecke *f*; ~ **clarifier** Klangreiniger *m*; ~ **coupler** (*Computer*) akustischer Koppler; ~ **duct** (*od.* **meatus**) *anat.* Gehörgang *m*; ~ **engineering** Tontechnik *f*; ~ **feedback** akustische Rückkopplung; ~ **frequency** Hörfrequenz *f*; ~ **mine** *mil.* Geräuschmine *f*; ~ **nerve** *anat.* Gehörnerv *m*; ~ **phonetics** *ling.* akustische Phonetik; ~ **properties** Akustik *f* (*e-s Raumes*); ~ **tile** Akustikplatte *f*. **ac·ous·ti·cian** [ˌæku:'stıʃn] *s* A'kustiker *m*.

**a·cous·tics** [ə'ku:stıks] *s pl* **1.** (*als sg konstruiert*) a) *phys.* A'kustik *f*, Lehre *f* vom Schall, b) *psych.* 'Tonpsycholo₁gie *f*. **2.** (*als pl konstruiert*) *arch.* A'kustik *f* (*e-s Raumes*).

**acousto-** [əku:stəo] *Vorsilbe mit der Bedeutung* a'kustisch, Akusto...

**a₁cous·to'chem·is·try** *s* Akustoche'mie *f*.

**a₁cous·to₁e·lec'tron·ics** *s pl* (*als sg konstruiert*) Akustoelek'tronik *f*.

**ac·quaint** [ə'kweınt] *v/t* **1.** (o.s. sich) bekannt *od.* vertraut machen (**with** mit): → **acquainted**. **2.** (**with**) bekannt machen (mit), *j-m* mitteilen (*acc*): **she** ~**ed me with the facts**. **ac'quaint·ance** *s* **1.** Bekanntschaft *f*: **to keep up an** ~ **with s.o.** Umgang mit j-m haben; **to make s.o.'s** ~ j-n kennenlernen, mit j-m Bekanntschaft schließen; **on closer** ~ bei näherer Bekanntschaft. **2.** Kenntnis *f* (**with** von). **3.** Bekanntschaft *f*: a) Bekannte(r *m*) *f*, b) Bekanntenkreis *m*: **an** ~ **of mine** eine(r) m-r Bekannten. **ac·'quaint·ed** *adj* bekannt, vertraut: **to be** ~ **with s.o.** (**s.th.**) j-n (etwas) kennen; **to become** ~ **with s.o.** (**s.th.**) j-n (etwas) kennenlernen; **we are** ~ wir kennen uns, wir sind Bekannte.

**ac·qui·esce** [ˌækwı'es] *v/i* **1.** (**in**) sich ergeben *od.* fügen (in *acc*), (stillschweigend) dulden *od.* 'hinnehmen (*acc*). **2.** einwilligen (**in** in *acc*). **ac·qui'es·cence** *s* **1.** (**in**) Ergebung *f* (in *acc*), Duldung *f* (*gen*). **2.** Einwilligung *f* (**in** *acc*, zu). **ac·qui'es·cent** *adj* ergeben.

**ac·quir·a·ble** [ə'kwaıərəbl] *adj* erreich-, erwerb-, erlangbar.

**ac·quire** [ə'kwaıə(r)] *v/t* **1.** erwerben, erlangen, erreichen, gewinnen, bekom-

men: **to ~ by purchase** käuflich erwerben. **2.** (er)lernen, erwerben: **to ~ knowledge** sich Wissen aneignen; **to ~ a taste for s.th.** Geschmack an etwas finden; **~d characteristics** biol. erworbene Eigenschaften; **~d taste** anerzogener od. angewöhnter Geschmack. **ac'quire·ment** s **1.** Erwerbung f, Erlangung f. **2.** Erworbene(s) n, Erlangte(s) n, (erworbene) Fähigkeit od. Fertigkeit, pl Kenntnisse pl.

**ac·qui·si·tion** [ˌækwɪ'zɪʃn] s **1.** (käuflicher etc) Erwerb, (An)Kauf m: ~ of **property** Eigentumserwerb. **2.** Erwerbung f, Erlernung f, Erfassen n: ~ of **knowledge** Aneignung f von Wissen; ~ **radar** mil. Erfassungsradar n. **3.** erworbenes Gut, Errungenschaft f: **his latest ~** s-e neueste Errungenschaft (a. humor. Freundin etc). **4.** (Neu)Anschaffung f, (Neu)Erwerbung f: ~ **value** Anschaffungswert m; **to be a valuable ~ to** ein Gewinn sein für.

**ac·quis·i·tive** [ə'kwɪzɪtɪv] adj **1.** auf Erwerb gerichtet: ~ **capital** Erwerbskapital n. **2.** gewinn-, habsüchtig. **3.** lernbegierig. **ac'quis·i·tive·ness** s Gewinnsucht f.

**ac·quit** [ə'kwɪt] v/t **1.** obs. (**of**) j-n entlasten od. entbinden (von), j-n (e-r Verpflichtung) entheben. **2.** jur. freisprechen (**of a charge** von e-r Anklage). **3.** obs. e-e Schuld abtragen, ab-, bezahlen, e-e Verbindlichkeit erfüllen. **4.** obs. ~ **o.s.** (**of**) sich (e-r Aufgabe) entledigen, (e-e Pflicht etc) erfüllen. **5.** ~ **o.s. well** sich gut halten, s-e Sache gut machen. **ac'quit·tal** [-tl] s **1.** jur. Freispruch m: **hono(u)rable** ~ Freispruch wegen erwiesener Unschuld. **2.** Erlassung f (e-r Schuld). **ac'quit·tance** [-təns] s **1.** obs. Entlastung f, Entbindung f (**of** von). **2.** obs. Erfüllung f (e-r Pflicht etc). **3.** Quittung f, Empfangsbestätigung f.

**a·cre** ['eɪkə(r)] s **1.** Acre m (= 4047 qm): **40 ~s of land** 40 Acre Land; **~s and ~s** weite Flächen. **2.** obs. Acker m, Feld n: → **God's acre. 3.** pl poet. u. Am. Ländereien pl, Grundstücke pl. **a·cre·age** ['eɪkərɪdʒ] s **1.** Flächeninhalt m, Fläche f (nach Acres). **2.** Anbau-, Weidefläche f.

**ac·rid** ['ækrɪd] adj scharf, beißend (beide a. fig.).

**ac·ri·dine** ['ækrɪdiːn; -dɪn], a. **'ac·ri·din** f [-dɪn] s chem. Acri'din n.

**a·crid·i·ty** [æ'krɪdətɪ; ə-] s Schärfe f (a. fig.).

**ac·ri·fla·vine** [ˌækrɪ'fleɪviːn; -vɪn], a. **ac·ri·fla·vin** [-vɪn] s chem. Trypafla-'vin n.

**ac·ri·mo·ni·ous** [ˌækrɪ'məʊnjəs; -ɪəs] adj (adv **~ly**) fig. a) bitter, b) scharf, beißend, c) erbittert (geführt) (Diskussion etc). **ac·ri·mo·ny** ['ækrɪmənɪ; Am. -ˌməʊnɪ] s a) Bitterkeit f, b) Schärfe f.

**ac·ro·bat** ['ækrəbæt] s **1.** Akro'bat(in) m, f. Ge'sinnungsakroˌbat m. **ac·ro·bat·ic I** adj (adv **~ally**) **1.** akro'batisch: ~ **Kunstflug** m, -fliegen n. **2.** akro'batisches Kunststück. **3.** pl (a. als sg konstruiert) Akro'batik f (a. fig.): **mental ~s** Gedankenakrobatik; **vocal ~s** Stimmakrobatik.

**ac·ro·lith** ['ækrəʊlɪθ; 'ækrə-] s Akro'lith m (Holzfigur mit steinernen Gliedern).

**ac·ro·nar·cot·ic** [ˌækrəʊnɑː(r)'kɒtɪk; ˌækrə-; Am. -'kɑ-] med. **I** adj scharf nar'kotisch. **II** s scharfes nar'kotisches Gift.

**ac·ro·nym** ['ækrəʊnɪm; 'ækrə-] **I** s ling. Akro'nym n, Initi'alwort n. **II** v/t a) zu e-m Akro'nym zs.-ziehen, b) mit e-m Akronym bezeichnen. **ac·ro'nym·ic** adj Akronym...

**ac·ro·pho·bi·a** [ˌækrəʊ'fəʊbjə; ˌækrə-; -bɪə] s med. Akropho'bie f, Höhenangst f.

**a·crop·o·lis** [ə'krɒpəlɪs; Am. ə'krɑ-]

---

antiq. **I** s A'kropolis f, Stadtburg f. **II** npr **A~** A'kropolis f (von Athen).

**ac·ro·some** ['ækrəʊsəʊm; 'ækrə-] s biol. Akro'som n.

**a·cross** [ə'krɒs] **I** prep **1.** a) (quer) über (acc), von e-r Seite (e-r Sache) zur anderen, b) (quer) durch, mitten durch, c) quer zu: **to run ~ the road** über die Straße laufen; **to lay one stick ~ another** e-n Stock quer über den anderen legen; **to swim ~ a river** durch e-n Fluß schwimmen, e-n Fluß durchschwimmen; ~ **(the) country** querfeldein. **2.** auf der anderen Seite von (od. gen), jenseits (gen), über (acc): **from ~ the lake** von jenseits des Sees; **he lives ~ the street** er wohnt auf der gegenüberliegenden Seite der Straße. **3.** in Berührung mit, auf (acc): → **come across. II** adv **4.** a) (quer) hin'über od. her'über, b) quer'durch, c) im 'Durchmesser: **he came ~ in a steamer** er kam mit e-m Dampfer herüber; **to saw directly ~** querdurch sägen; **the lake is three miles ~** der See ist 3 Meilen breit. **5.** a) drüben, auf der anderen Seite, b) hin'über, auf die andere Seite: → **come across, get across, put across 2. 6.** kreuzweise, über'kreuz: **with arms (legs)** ~ mit verschränkten Armen (übereinandergeschlagenen Beinen). **7.** waag(e)recht (in Kreuzworträtseln): **three ~.**

**aˌcross-the-'board** adj **1.** line'ar: **an ~ tax cut. 2.** Rundfunk, TV: Am. (meist von Montag bis Freitag) täglich zur gleichen Zeit ausgestrahlt.

**a·crost** [ə'krɒst; a. ə'krɑst] Am. dial. für **across.**

**a·cros·tic** [ə'krɒstɪk; Am. a. ə'krɑ-] metr. **I** s A'krostichon n. **II** adj akro'stichisch.

**a·crot·ic** [ə'krɒtɪk; Am. ə'krɑ-] adj med. **1.** oberflächlich. **2.** e-n Krot-, e-e Pulsstörung betreffend. **ac·ro·tism** ['ækrəʊtɪzəm; 'ækrə-] s Akro'tismus m, Fehlen n od. Unfühlbarkeit f des Pulses.

**ac·ry·late** ['ækrɪleɪt] s chem. Salz n der A'crylsäure. **a·cryl·ic** [ə'krɪlɪk] adj a'crylsauer, Acrylsäure...

**ac·ryl·yl** ['ækrɪlɪl] s chem. einwertiger A'crylsäurerest.

**act** [ækt] **I** s **1.** a) Tat f, Werk n, Handlung f, Maßnahme f, Aktion f: ~ **of folly** Wahnsinn(stat) f m; ~ **of God** jur. höhere Gewalt (Naturereignis); **by the ~ of God** von Gottes Gnaden; ~ **of administrative authority** Verwaltungsakt, -maßnahme; ~ **of State** staatlicher Hoheitsakt; ~ **of war** kriegerische Handlung; **(sexual)** ~, ~ **of love** (Geschlechts-, Liebes)Akt; **in the ~ of going** (gerade) dabei zu gehen; **to catch s.o. in the (very)** ~ j-n auf frischer Tat od. in flagranti ertappen; **to get into the ~** colloq. (in die Sache) ,einsteigen'. **2.** jur. a) Rechtshandlung f, b) Tathandlung f, (Straf)Tat f, ~ **and deed** Willenserklärung f, Urkunde f, Akte f: ~ **of sale** Kaufvertrag m; ~ **of bankruptcy** 1. **3.** pol. Beschluß m, Verfügung f, -ordnung f, Gesetz n, Akte f: **A~ (of Congress)** Am., **A~ (of Parliament)** Br. Gesetz; ~ **of grace** Gnadenakt m, Amnestie f. **4.** A~ univ. Br. Verteidigung f e-r These. **5.** Festakt m. **6.** thea. Aufzug m, Akt m: **to get in on the ~** sl. a) ,mit einsteigen', b) sich ins Spiel bringen, c) sich in Szene setzen; **to get one's ~ together** Am. sl. a) mit sich (selbst) ins reine kommen, b) sich zs.-raufen. **7.** Nummer f (von Artisten etc). **8.** colloq. ,The'ater' n, ,Tour' f: **to put on an ~** ,Theater spielen'; **she did the neglected-wife ~** sie spielte od. mimte die od. sie ,machte auf' vernach-

---

lässigte Ehefrau. **9.** A~s (of the Apostles) pl (als sg konstruiert) Bibl. (die) A'postelgeschichte. **10.** philos. Akt m.

**II** v/t **11.** thea. j-n darstellen, j-n, e-e Rolle, e-n Stück etc spielen, ein Stück aufführen: **to ~ Hamlet** den Hamlet spielen od. darstellen; **to ~ a part** a) e-e Rolle spielen, b) fig. ,Theater spielen'; **to ~ out** a) Szene etc durchspielen, zu Ende spielen, b) Ereignis, Vorstellung etc, psych. a. Konflikte etc (schauspielerisch od. mimisch) darstellen, c) nach s-r Überzeugung etc leben, s-e Vorstellungen etc realisieren; **to be ~ed out** a. sich abspielen (Drama etc). **12.** fig. spielen, mimen: **to ~ outraged virtue; to ~ the fool** a) sich wie ein Narr benehmen, b) den Dummen spielen.

**III** v/i **13.** a) (The'ater) spielen, auftreten, b) fig. ,The'ater spielen': **she's only ~ing!** die tut (doch) nur so! **14.** bühnenfähig sein, sich (gut etc) aufführen lassen (Stück): **his plays ~ well. 15.** a) handeln, Maßnahmen ergreifen, zur Tat schreiten, eingreifen, b) tätig sein, wirken, c) sich benehmen, a'gieren: **to ~ as** auftreten od. amtieren od. fungieren od. dienen als; **to ~ swiftly** rasch handeln; **to ~ by** verfahren nach; **to ~ for s.o.** für j-n handeln, j-n (als Anwalt) vertreten; **to ~ (up)on** a. **to ~ up** sich richten nach, b) e-e Sache in Angriff nehmen od. bearbeiten od. entscheiden. **16.** (toward[s]) sich (j-m gegen'über) verhalten od. benehmen: **to ~ up** colloq. a) ,Theater machen', b) ,verrückt spielen' (Gerät etc), c) ,angeben', sich aufspielen, d) sich wieder bemerkbar machen (Verletzung etc). **17.** ~ **out** sich abspielen (Drama etc). **18.** a. chem. med. tech. (ein)wirken (**on** auf acc). **19.** bes. tech. a) gehen, laufen, in Betrieb sein, funktio'nieren, b) in Tätigkeit od. in Funkti'on treten.

**act·a·ble** ['æktəbl] adj **1.** bühnengerecht, aufführbar. **2.** spielbar (Rolle etc).

**'act·ing I** adj **1.** handelnd, wirkend, tätig. **2.** stellvertretend, interi'mistisch, am'tierend, geschäftsführend: ~ **manager** geschäftsführender Leiter; ~ **partner** geschäftsführender (persönlich haftender) Gesellschafter; **A~ President** pol. Am. amtierender Präsident; ~ **for** in Vertretung von (od. gen). **3.** thea. spielend, Bühnen...: ~ **version** Bühnenfassung f. **II** s **4.** thea. Spiel n, Darstellung f, Darstellungs-, Schauspielkunst f. **5.** Handeln n, Tun n. **6.** fig. ,The'aterspielen' n.

**ac·tin·i·a** [æk'tɪnɪə] pl **-i·ae** [-iː] od. **-i·as** s zo. Ak'tinie f, Seerose f.

**ac·tin·ic** [æk'tɪnɪk] adj chem. phys. ak'tinisch: ~ **light**; ~ **value** Helligkeitswert m.

**ac·tin·ism** ['æktɪnɪzəm] s chem. phys. Aktini'tät f, Lichtstrahlenwirkung f.

**ac·tin·i·um** [æk'tɪnɪəm] s chem. Ak'tinium n.

**ac·ti·no·chem·is·try** [ˌæktɪnəʊ'kemɪstrɪ; ˌæktɪ-] s chem. Aktinoche'mie f, 'Strahlencheˌmie f.

**ac·ti·no·e·lec·tric** [ˌæktɪnəʊˈlektrɪk] adj 'lichteˌlektrisch, photoe'lektrisch.

**ac·tin·o·graph** [æk'tɪnəʊɡrɑːf; bes. Am. -græf] s chem. phys. Aktino'graph m (Strahlen-, Belichtungsmesser).

**ac·ti·no·my·ces** [ˌæktɪnəʊ'maɪsiːz] s biol. Strahlenpilz m.

**ac·tion** ['ækʃn] s **1.** a) Handeln n, Handlung f, Maßnahme(n pl) f, Tat f, Akti'on f: **man of ~** Mann m der Tat; **full of ~** aktiv; **ready for ~** bereit, gerüstet, mil. einsatzbereit; **to bring into ~** ins Spiel bringen, einsetzen; **to put into ~** in die Tat umsetzen; **to take ~** Maßnahmen treffen, Schritte unternehmen, in Aktion treten, handeln; **to take ~ against** vorgehen gegen (→ 12); **course of ~** Handlungs-

weise *f*; **for further** ~ zur weiteren Veranlassung, b) Action *f*: ~ **film**; **there is no** ~ **in this play** in diesem Stück tut sich *od.* passiert nichts; **where the** ~ **is** *sl.* wo sich alles abspielt; wo was los ist; *if you are interested in good food,* **Paris is where the** ~ **is** mußt du unbedingt nach Paris fahren. **2.** *a. physiol. tech.* Tätigkeit *f*, Funkti'on *f*, Gang *m* (*e-r Maschine*), Funktio'nieren *n* (*e-s Mechanismus*): ~ **of the heart** Herztätigkeit, -funktion; ~ (**of the bowels**) Stuhlgang *m*; **in** ~ *tech.* in Betrieb, im Einsatz; **to put in** ~ in Gang *od.* in Betrieb setzen; **to put out of** ~ außer Betrieb setzen (→ 13). **3.** *tech.* Mecha'nismus *m*, Werk *n*. **4.** *a. chem. phys. tech.* a) (Ein)Wirkung *f*, Wirksamkeit *f*, Einfluß *m*: **the** ~ **of this acid on metal** die Einwirkung dieser Säure auf Metall, b) Vorgang *m*, Pro'zeß *m*. **5.** Handlung *f* (*e-s Dramas etc*): **the** ~ **of the play takes place in** das Stück spielt in (*dat*). **6.** *art* a) Bewegung *f*, Akti'on *f*: ~ **painting** Aktionsbild *n od.* -malerei *f*; ~ **theater** (*bes. Br.* **theatre**) (Schauspieler *m*, *n*, b) Stellung *f*, Haltung *f* (*e-r Figur auf e-m Bild*). **7.** Bewegung *f*, Gangart *f* (*e-s Pferdes*). **8.** Vortrag(sweise *f*) *m*, Ausdruck *m* (*e-s Schauspielers*). **9.** *fig.* Benehmen *n*, Führung *f*, Haltung *f*. **10.** *sociol.* 'Umwelteinflüsse *pl*. **11.** *econ.* Preisbewegung *f*, Konjunk'tur(verlauf *m*) *f*. **12.** *jur.* Klage *f*, Pro'zeß *m*, (Rechts-, Gerichts)Verfahren *n*: ~ **for damages** Schadenersatzklage; (**right of**) ~ Klagebefugnis *f*, Aktivlegitimation *f*; **to bring** (*od.* **file, institute**) **an** ~ **against s.o.**, **to take** ~ **against s.o.** j-n verklagen, gegen j-n Klage erheben *od.* ein Gerichtsverfahren einleiten (→ 1). **13.** *mil.* Gefecht *n*, Gefechts-, Kampf'handlung *f*, Unter'nehmen *n*, Einsatz *m*: **killed** (**missing, wounded**) **in** ~ gefallen (vermißt, verwundet); **to go into** ~ eingreifen; **to put out of** ~ außer Gefecht setzen, kampfunfähig machen, niederkämpfen (→ 2); **he saw** ~ er war im Einsatz *od.* an der Front. **14.** *pol. etc Am.* a) Beschluß *m*, Entscheidung *f*, b) Maßnahme (*n pl*) *f*. **15.** *mus. tech.* a) ('Spiel)Me,chanik *f*, b) Trak'tur *f* (*der Orgel*). **16. to get a piece of the** ~ *sl.* ,ein Stück vom Kuchen abbekommen'.

**ac·tion·a·ble** ['ækʃnəbl] *adj jur.* **1.** belangbar (*Person*). **2.** einklagbar (*Sache*). **3.** strafbar, gerichtlich verfolgbar (*Handlung*). '**ac·tion·al** [-ʃənl] *adj* tätig, Tätigkeits...

**ac·tion** | **com·mit·tee** *s* Akti'onskomi,tee *n*. ~ **cur·rent** *s biol.* Akti'onsstrom *m*. ~ **cy·cle** *s tech.* 'Arbeitsperi,ode *f*. ~ **noun** *s ling.* Substantiv, das e-e Handlung ausdrückt; Nomen *n* acti'onis. ~ **re·play** *s sport*, *TV Br.* (*bes.* 'Zeitlupen)Wieder,holung *f* (*e-r Spielszene*). ~ **re·search** *s sociol.* Akti'onsforschung *f*.

**ac·ti·vate** ['æktiveit] *v/t* **1.** *bes. chem. tech.* akti'vieren: ~**d carbon** Absorptions-, Aktivkohle *f*. **2.** *chem.* radioak'tiv machen. **3.** *tech.* in Betrieb setzen. **4.** *mil.* a) e-e Division etc aufstellen, b) e-n Zünder scharf machen. **ac·ti'va·tion** *s* Akti'vierung *f*: ~ **analysis** *chem.* Aktivierungsanalyse *f*.

**ac·tive** ['æktiv] **I** *adj* (*adv* ~**ly**) **1.** ak'tiv (*a. sport*): ~ **career**; **an** ~ **club member**; **an** ~ **law** in Kraft befindliches Gesetz; ~ **satellite** (*Raumforschung*) Aktivsatellit *m*; ~ **vocabulary** aktiver Wortschatz; **an** ~ **volcano** ein aktiver *od.* tätiger Vulkan. **2.** *ling.* ak'tiv(isch): ~ **noun** aktivisches Substantiv (*z. B.* **employer**); ~ **verb** aktivisch konstruiertes Verb; ~ **voice** Aktiv *n*, Tatform *f*. **3.** emsig, geschäftig, tätig, rührig, tatkräftig, ak'tiv: **an** ~

man; **he's still very** ~; **an** ~ **mind** ein reger Geist. **4.** lebhaft, rege, ak'tiv: **the** ~ **life** das tätige Leben; **to take an** ~ **interest** reges Interesse zeigen (**in an** *dat*); ~ **imagination** lebhafte Phantasie. **5.** *biol. med.* (schnell)wirkend, wirksam, ak'tiv: **an** ~ **remedy**; ~ **principle** *biol.* Wirkursache *f*. **6.** a) *chem. phys.* ak'tiv, wirksam: ~ **coal** Aktivkohle *f*; ~ **current** Wirkstrom *m*; ~ **line** *TV* wirksame Zeile; ~ **mass** wirksame Masse, b) *phys.* radioak'tiv: ~ **deposit**; ~ **core** Reaktorkern *m*. **7.** *econ.* a) belebt, lebhaft: ~ **demand**, b) zinstragend (*Aktien, Wertpapiere*): ~ **bonds** *Br.* festverzinsliche Obligationen, c) Aktiv..., produk'tiv: ~ **balance** Aktivsaldo *m*; ~ **capital** flüssiges Kapital; ~ **debts** Außenstände. **8.** *mil.* ak'tiv: ~ **army** stehendes Heer; **on** ~ **duty** (*od.* **service**) im aktiven Dienst. **II** *s* **9.** *sport etc* Ak'tive(r *m*) *f*. **10.** *ling.* Aktiv *n*, Tatform *f*.

**ac·tiv·ism** ['æktivizəm] *s philos. u. fig.* Akti'vismus *m*. '**ac·tiv·ist** *s bes. pol.* Akti'vist(in).

**ac·tiv·i·ty** [æk'tivəti] *s* **1.** Tätigkeit *f*: **political** ~ politische Betätigung (→ 6); → **sphere** 6. **2.** Rührigkeit *f*, Betriebsamkeit *f*, Aktivi'tät *f*: **in full** ~ in vollem Gang. **3.** Beweglichkeit *f*, Gewandtheit *f*, Lebhaftigkeit *f* (*a. econ.*). **4.** a) *a. biol.* Aktivi'tät *f*, Tätigkeit *f*; ~ **of the heart** *physiol.* Herztätigkeit *f*; ~ **holiday** (*bes. Am.* **vacation**) Aktivurlaub *m*, b) *pl* Unter'nehmungen *pl*, c) *pl* Veranstaltungen *pl*; *pl* **social activities**, d) *pl* Leben *n* u. Treiben *n*. **5.** *oft pl* a) Freizeitgestaltung *f*, b) *ped. bes. Am.* nicht zum Schulplan gehörende Betätigung *od.* Veranstaltung(en). **6.** *pl* (*politische etc*) 'Umtriebe *pl*. **7.** *biol. med.* Wirkung *f*, (*a. chem. phys.*) Aktivi'tät *f*, Wirksamkeit *f*. **8.** *phys.* Radioaktivi'tät *f*. **9.** *Am.* (Dienst)Stelle *f*.

**ac·ton** ['æktən] *s hist.* **1.** Wams *n* unter der Rüstung. **2.** Panzerhemd *n*.

**ac·tor** ['æktə(r)] *s* **1.** Schauspieler *m*. **2.** Ak'teur, Täter *m* (*a. jur.*).

**ac·tress** ['æktris] *s* Schauspielerin *f*.

**ac·tu·al** ['æktʃʊəl; *Am.* 'æktʃəwəl; -tʃəl] *adj* (*adv* ~**ly**) **1.** wirklich, tatsächlich, eigentlich, *bes. econ. tech.* effek'tiv: **an** ~ **case** ein konkreter Fall; ~ **cost** *econ.* a) Ist-Kosten, b) Selbstkosten; ~ **intention** eigentliche Absicht; ~ **inventory** (*od.* **stock**) Ist-Bestand *m*; ~ **possession** *jur.* unmittelbarer Besitz; ~ **power** *tech.* effektive Leistung; ~ **price** *econ.* Tagespreis *m*; ~ **situation** Sachverhalt *m*; ~ **time** *econ.* effektiver Zeitaufwand (*für e-e Arbeit*); ~ **value** *econ. math.* effektiver Wert, Realwert, Ist-Wert *m*. **2.** gegenwärtig, jetzig. **3.** ~ **grace** *relig.* wirkende Gnade.

'**ac·tu·al·ism** *s philos.* Aktua'lismus *m*.

**ac·tu·al·i·ty** [æktʃʊ'æləti; *Am.* -tʃə-'wæl-] *s* **1.** Tatsächlichkeit *f*, Wirklichkeit *f*. **2.** *pl* Tatsachen *pl*: **the actualities of life** die Gegebenheiten des Lebens; **the actualities of the situation** der Sachverhalt. **3.** Wirklichkeitstreue *f*. **4.** Dokumen'taraufzeichnung *f*: ~ **film** Dokumentarfilm *m*.

**ac·tu·al·i·za·tion** [æktʃʊəlaɪ'zeɪʃn; *Am.* ,æktʃəwələ'z-; -tʃələ'z-] *s* Verwirklichung *f*. '**ac·tu·al·ize** [-laɪz] *v/t* **1.** (o.s. sich) verwirklichen. **2.** rea'listisch darstellen. **II** *v/i* **3.** sich verwirklichen. '**ac·tu·al·iz·er** *s* j-d, der sich verwirklicht.

**ac·tu·al·ly** ['æktʃʊəli; *Am.* 'æktʃəwəli:; -tʃəli:] *adv* **1.** a) tatsächlich, wirklich, b) eigentlich. **2.** jetzt, augenblicklich, momen'tan. **3.** so'gar, tatsächlich (*obwohl nicht erwartet*). **4.** *colloq.* eigentlich (*unbetont*): **what time is it** ~? '**ac·tu·al·ness** → actuality 1.

**ac·tu·ar·i·al** [,æktjʊ'eərɪəl; -tʃʊ-; *Am.* -tʃə'wer-] *adj* ver'sicherungssta,tistisch, -mathe,matisch: ~ **method** Tafelmethode *f*; ~ **rate** Tafelziffer *f*.

**ac·tu·ar·y** ['æktjʊərɪ; -tʃʊ-; *Am.* 'æktʃə,weri:] *s* Aktu'ar *m*: a) *obs. bes. jur.* Regi'strator *m*, b) Ver'sicherungssta,tistiker *m*, -mathe,matiker *m*.

**ac·tu·ate** ['æktjʊeɪt; -tʃʊ-; *Am.* -tʃə,w-] *v/t* **1.** in Bewegung *od.* in Gang setzen. **2.** (*zum Handeln*) antreiben: **to be** ~**d by** getrieben werden von. **3.** *tech.* a) betätigen, auslösen, b) steuern, c) schalten. **ac·tu'a·tion** *s* **1.** In'gangsetzen *n*. **2.** Antrieb *m*. **3.** *tech.* Betätigung *f*, Auslösung *f*. '**ac·tu·a·tor** [-tə(r)] *s* **1.** *tech.* Auslöser *m*. **2.** *mil.* Spannvorrichtung *f* (*bei automatischen Waffen*). **3.** *aer.* Ver'stellor,gan *n* (*am Flugzeugruder*).

**a·cu·i·ty** [ə'kjuːətɪ] *s* **1.** Schärfe *f* (*a. fig.*). **2.** → **acuteness** 3.

**a·cu·men** [ə'kjuːmen; 'ækjʊmen; *Am.* -mən] *s* Scharfsinn *m*: **business** ~ Geschäftstüchtigkeit *f*, -sinn *m*.

**a·cu·mi·nate** [ə'kjuːmɪnət] *adj biol.* spitz, zugespitzt.

**ac·u·pres·sure** ['ækjʊ,preʃə(r)] *s med.* Akupres'sur *f*. '**ac·u,punc·ture** [-,pʌŋktʃə(r)] *med.* **I** *s* Akupunk'tur *f*: ~ **needle**. **II** *v/t* akupunk'tieren. ,**ac·u-'punc·tur·ist** *s* Akupunk'teur *m*.

**a·cush·la** [ə'xʊʃlə] *s Ir.* Liebling *m*.

**a·cute** [ə'kjuːt] **I** *adj* (*adv* ~**ly**) **1.** scharf, spitz(ig). **2.** *math.* spitz(wink[e]lig): ~ **angle** spitzer Winkel; ~ **triangle** spitzwink(e)liges Dreieck. **3.** schneid, heftig (*Schmerz*). **4.** heftig (*Freude etc*). **5.** a'kut, brennend (*Frage*), kritisch, bedenklich: ~ **shortage** kritischer Mangel, akute Knappheit. **6.** scharf (*Auge*), fein (*Gehör, Gefühl*). **7.** a) scharfsinnig, klug, b) raffi'niert, schlau. **8.** schrill, 'durchdringend: **an** ~ **note**. **9.** *ling.* mit A'kut: ~ **accent** → **11**. **10.** *med.* a'kut: **an** ~ **disease**. **II** *s* **11.** *ling.* A'kut *m*, Ac'cent *m* ai'gu. **a'cute·ness** *s* **1.** Schärfe *f*. **2.** Schärfe *f*, Feinheit *f*: ~ **of vision** Sehschärfe. **3.** *a.* ~ **of mind** a) Scharfsinn(igkeit *f*) *m*, wacher Verstand, b) Schlauheit *f*. **4.** schriller Klang. **5.** a) *med.* Heftigkeit *f*, b) a'kutes Stadium (*e-r Krankheit*).

**a·cu·ti·fo·li·ate** [ə,kjuːtɪ'fəʊlɪət] *adj bot.* spitzblätt(e)rig.

**a·cy·clic** [eɪ'saɪklɪk; -'sɪk-] *adj biol. phys.* a'zyklisch.

**ad¹** [æd] *colloq. für* **advertisement**: **small** ~**s** Kleinanzeigen.

**ad²** [æd] *s Tennis: Am. colloq.* Vorteil *m*: ~ **in** (**out**) Vorteil Aufschläger (Rückschläger).

**ad-** [æd; əd] *Wortelement zum Ausdruck von Richtung, Tendenz, Hinzufügung*: **advert**; **advent**.

**a·dac·ty·lous** [eɪ'dæktɪləs] *adj zo.* **1.** zehen- *od.* fingerlos. **2.** klauen- *od.* krallenlos.

**ad·age** ['ædɪdʒ] *s* Sprichwort *n*.

**a·da·gio** [ə'dɑːdʒɪəʊ; -dʒəʊ] *mus.* **I** *pl* -**gios** *s* A'dagio *n*. **II** *adv u. adj* a'dagio, langsam.

**Ad·am** ['ædəm] *npr Bibl.* Adam *m*: **I don't know him from** ~ *colloq.* ich habe keine Ahnung, wer er ist; **the old** ~ *fig.* der alte Adam; ~'**s ale** (*od.* **wine**) *humor.* ,Gänsewein' (*Wasser*); ~'**s apple** *anat.* Adamsapfel *m*.

**ad·a·mant** ['ædəmənt] **I** *s* **1.** *hist.* Ada'mant *m*: a) *imaginärer Stein von großer Härte*, b) Dia'mant *m*. **2.** *obs.* Ma'gnet *m*. **II** *adj* **3.** stein-, stahlhart. **4.** *fig.* eisern, unerbittlich, zäh: **he was** e'gen'über). ,**ad·a·man·tine** [-'mæntaɪn; *Am. a.* -,tiːn] *adj* **1.** dia'manthart, -artig: ~ **spar** *min.* Diamantspat *m*. **2.** *fig.* eisern: ~ **will**. **3.** *physiol.* Zahnschmelz...

**a·dapt** [ə'dæpt] **I** v/t **1.** (o.s. sich) anpassen (**to** dat od. an acc): to ~ **the means to the end** die Mittel dem Zweck anpassen. **2.** a. math. angleichen (**to** dat od. an acc). **3.** (to) a) Maschine etc 'umstellen (auf acc), b) Fahrzeug, Gebäude 'umbauen (für). **4.** thea. etc bearbeiten (**for** für): to ~ **a novel for the stage**; ~ed **from the English** aus dem Englischen übertragen. **II** v/i **5.** sich anpassen (**to** dat od. an acc). **a,dapt·a'bil·i·ty** s **1.** Anpassungsfähigkeit f, -vermögen n (**to** an acc). **2.** Verwendbarkeit f (**to** für). **a'dapt·a·ble** adj **1.** anpassungsfähig (**to** an acc). **2.** verwendbar (**to** für). **ad·ap·ta·tion** [ˌædæp'teɪʃn] s **1.** Anpassung f (**to** an acc). **2.** a. math. Angleichung f (**to** an acc). **3.** thea. Bearbeitung f (**to** für): **screen** ~ Filmbearbeitung. **a·dapt·a·tive** [ə'dæptətɪv] → adaptive. **a·dapt·er** [ə'dæptə(r)] s **1.** Bearbeiter m (e-s Theaterstücks etc). **2.** phys. A'dapter m, Anpassungsvorrichtung f. **3.** electr. A'dapter m, Zwischenstück n, Vorsatz m: ~ (**plug**) Zwischenstecker m; ~ **transformer** Vorstecktransformator m. **4.** tech. Zwischen-, Anschluß-, Einsatz-, Paßstück n. **a'dap·tion** → adaptation. **a'dap·tive** adj (adv ~ly) anpassungsfähig (**to** an acc): ~ **character** biol. Anpassungsmerkmal n. **a'dap·tor** → adapter.

**'A-ˌday** s mil. Am. Tag m X (Termin für e-e militärische Aktion od. e-s möglichen gegnerischen Atomangriffs).

**add**[1] [æd] **I** v/t **1.** hin'zufügen, -zählen, -rechnen (**to** zu): ~ **to this that ...** hinzu od. dazu kommt (noch), daß ...; to ~ in einschließen; to ~ **together** zs.-fügen (→ 3). **2.** hin'zufügen, obendrein bemerken: **he** ~ed **that ...** er fügte hinzu, daß ... **3.** ~ **up**, ~ **together** ad'dieren, zs.-zählen, -rechnen: **five** ~ed **to five** fünf plus fünf. **4.** econ. math. tech. aufschlagen, -rechnen, zusetzen: to ~ **5% to the price** 5% auf den Preis aufschlagen. **5.** chem. etc beimengen. **II** v/i **6.** hin'zukommen, beitragen (**to** zu): **this** ~s **to my worries** das vermehrt meine Sorgen. **7.** ad'dieren. **8.** ~ **up** a) math. aufgehen, stimmen, b) fig. e-n Sinn ergeben, sich reimen. **9.** to ~ **up to** a) econ. math. sich belaufen auf (acc), b) fig. etwas bedeuten, hinauslaufen auf (acc): **this doesn't** ~ **up to much** ,das ist nicht (gerade) berühmt'.

**add**[2] [æd] s colloq. für addition 4.

**ad·dax** ['ædæks] s zo. Wüstenkuh f.

**add·ed** ['ædɪd] adj **1.** zusätzlich, weiter(er, e, es). **2.** vermehrt, erhöht.

**ad·dend** ['ædend; ə'dend] s math. Ad'dend m, zweiter Sum'mand.

**ad·den·dum** [ə'dendəm] pl **-da** [-də] s **1.** Hin'zufügung f, Zusatz m. **2.** oft pl Zusatz m, Anhang m, Nachtrag m, Ad'denda pl. **3.** tech. (Zahn)Kopfhöhe f.

**add·er**[1] ['ædə(r)] s **1.** a) tech. Ad'diergerät n, -werk n, b) Computer: Ad'dierglied n. **2.** electr. Addi'tivkreis m. **3.** TV Beimischer m. **4.** Additi'onsmaˌschine f.

**ad·der**[2] ['ædə(r)] s zo. Natter f, Otter f, Viper f: **flying** ~ → dragonfly.

**'ad·der's-ˌfern** s bot. Tüpfelfarn m. **'~tongue** s bot. Natterzunge f.

**'ad·der·wort** s bot. Wiesenknöterich m, Natterwurz f.

**ad·dict** **I** s ['ædɪkt] **1.** Süchtige(r m) f: **alcohol** (**television**) ~ Alkohol-(Fernseh)süchtige(r); → **drug addict. 2.** humor. (Fußball- etc)Fa'natiker(in), (Film- etc)Narr m. **II** v/t [ə'dɪkt] **3.** ~ **o.s.** sich 'hingeben (**to s.th.** e-r Sache). **4.** j-n süchtig machen, j-n gewöhnen (**to** an ein Rauschgift etc). **III** v/i [ə'dɪkt] **5.** süchtig machen. **ad'dict·ed** adj **1.** süchtig, ab-

hängig (**to** von): ~ **to alcohol** (**drugs, pleasure, smoking, television**) alkohol-(drogen- od. rauschgift-/arzneimittel- od. medikamenten-, nikotin-, fernseh)süchtig. **2. to be** ~ **to films** (**football**) humor. ein Filmnarr (Fußballfanatiker) sein. **ad'dic·tion** s **1.** 'Hingabe f (**to** an acc). **2.** Sucht f, (Zustand a.) Süchtigkeit f: ~ **to alcohol** (**drugs, pleasure, smoking, television**) Alkohol-(Drogen- od. Rauschgift-/Arzneimittel- od. Medikamenten-, Vergnügungs-, Nikotin-, Fernseh)sucht. **ad'dic·tive** adj suchterzeugend: to be ~ süchtig machen; → **drug** Suchtmittel n.

**add·ing ma·chine** ['ædɪŋ] s Ad'dier-, Additi'onsmaˌschine f.

**Ad·di·son's dis·ease** ['ædɪsnz] s med. Addisonsche Krankheit.

**ad·di·tion** [ə'dɪʃn] s **1.** Hin'zufügung f, Zusatz m, Ergänzung f, Nachtrag m: **in** ~ noch dazu, außerdem; **in** ~ **to** außer (dat), zusätzlich zu. **2.** chem. etc Beimengung f. **3.** Vermehrung f, (Familien-, Vermögens- etc)Zuwachs m: **they are expecting an** ~ **to the family** sie erwarten Familienzuwachs od. Nachwuchs. **4.** math. Additi'on f, Ad'dierung f, Zs.-zählen n: ~ **sign** Pluszeichen n. **5.** econ. Aufschlag m (**to** auf acc): **to pay in** ~ zuzahlen. **6.** tech. a) Anbau m, b) Zugabe f, Zusatz m: ~ **of colo(u)r** Farbzusatz f. **7.** bes. Am. a) Anbau m, b) econ. neuerschlossenes städtisches Baugelände.

**ad·di·tion·al** [ə'dɪʃənl] adj **1.** zusätzlich, (neu) hin'zukommend, ergänzend, weiter(er, e, es), nachträglich, Zusatz..., Mehr..., Extra...: ~ **agreement** jur. a) Zusatzabkommen n, b) Nebenabrede f; ~ **amplifier** electr. Zusatzverstärker m; ~ **application** Zusatzanmeldung f (zum Patent); ~ **charge** econ. Auf-, Zuschlag m; ~ **charges** econ. a) Neben-, Mehrkosten, b) Nachporto n; ~ **clause** jur. Zusatzklausel f; ~ **income** econ. Nebeneinkommen n; ~ **order** econ. Nachbestellung f. **2.** erhöht, vermehrt: ~ **pressure** tech. Überdruck m. **ad'di·tion·al·ly** [-ʃnəlɪ] adv **1.** zusätzlich, noch dazu, außerdem. **2.** in verstärktem Maße.

**ad·di·tive** ['ædɪtɪv] **I** adj **1.** hin'zufügbar. **2.** zusätzlich. **3.** chem. math. phys. addi'tiv. **II** s **4.** chem. Zusatz m, Additi'on n.

**ad·dle** ['ædl] **I** adj **1.** Ei: a) unfruchtbar, b) verdorben, faul. **2.** fig. kon'fus, verwirrt. **II** v/t **3.** faul od. unfruchtbar machen, verderben. **4.** fig. verwirren. **III** v/i **5.** faul werden, verderben (Ei). **'~brain** s Wirrkopf m. **'~brained, '~head·ed, '~pat·ed** [-ˌpeɪtɪd] adj wirr(köpfig), kon'fus.

**'add-on** adj **1.** zusätzlich: ~ **fare** rail. Zuschlag m. **2.** ~ **furniture units** Kombimöbel.

**ad·dress** [ə'dres] **I** v/t **1.** Worte, e-e Botschaft richten (**to** an acc), das Wort richten an (acc), j-n anreden od. ansprechen (**to** an acc), j-m anreden od. ansprechen, Briefe adres'sieren od. richten od. schreiben (**to** an acc). **2.** e-e Ansprache halten an (acc): **to** ~ **the meeting** das Wort ergreifen. **3.** Waren (ab)senden (**to** an acc). **4.** Golf: den Ball ansprechen. **5.** ~ **o.s.** sich widmen, sich zuwenden (**to** dat): **to** ~ **o.s. to s.th.** sich an e-e Sache machen. **6. to** ~ **o.s. to s.o.** sich an j-n wenden. **II** s [a. 'æˌdres] **7.** Anrede f: **form of** ~ (Form f der) Anrede. **8.** Rede f, Vortrag m: ~ **of welcome** Begrüßungsansprache f. **9.** A'dresse f (a. Computer), Anschrift f: **a good** ~ e-e gute Adresse; ~ **code** (Computer) Adressencode m; ~ **tag** Kofferanhänger m. **10.** Eingabe f, Denk-, Bitt-, Dankschrift f. **11. the A**~ Br. die Erwiderung des Parlaments auf die Thronrede. **12.** obs. Benehmen n,

Lebensart f, Ma'nieren pl. **13.** pl Huldigungen pl: **he paid his** ~es **to the lady** er machte der Dame den Hof. **14.** Geschick n, Gewandtheit f. **15.** Golf: Ansprechen n (des Balles). **ad·dress·ee** [ˌædre'si:; Am. a. əˌdres'i:] s Adres'sat(in), Empfänger(in).

**ad·dress·ing ma·chine** [ə'dresɪŋ] s Adres'siermaˌschine f.

**ad·duce** [ə'dju:s; Am. a. ə'du:s] v/t Beweise, Gründe anführen, Beweise beibringen, Beweismaterial liefern: **to** ~ **evidence. ad'du·cent** adj anat. addu'zierend, (her)'anziehend: ~ **muscle** → adductor.

**ad·duct** [ə'dʌkt] v/t anat. Glieder addu'zieren, (her)'anziehen. **ad'duc·tion** s **1.** Anführung f (von Beweisen, Gründen). **2.** anat. Addukti'on f. **ad'duc·tor** [-tə(r)] s a. ~ **muscle** anat. Ad'duktor m, Anziehmuskel m.

**a·demp·tion** [ə'dempʃn] s jur. Wegfall m (e-s Vermächtnisses).

**ad·e·ni·tis** [ˌædə'naɪtɪs] s med. Drüsenentzündung f, Ade'nitis f.

**ad·e·noid** ['ædənɔɪd] physiol. **I** adj **1.** Drüsen... **2.** adeno'id, drüsenartig. **II** s **3.** meist pl a) Po'lypen pl (in der Nase), b) (Rachenmandel)Wucherungen pl. **ˌad·e·noi·dal** → adenoid I. **ˌad·e·noid'ec·to·my** [-'dektəmɪ] s med. ope-ra'tive Entfernung von Po'lypen (aus der Nase). **ad·e·no·ma** [ˌædɪ'nəʊmə] pl **-ma·ta** [-mətə] od. **-mas** s med. Ade-'nom n, Drüsengeschwulst f.

**ad·ept I** s ['ædept] **1.** Meister m, Ex'perte m (**at, in** in dat). **2.** Ad'ept m, Anhänger m (e-r Lehre). **II** adj ['ædept; bes. Am. ə'dept] **3.** erfahren, geschickt (**at, in** in dat).

**ad·e·qua·cy** ['ædɪkwəsɪ] s Angemessenheit f, Adä'quatheit f.

**ad·e·quate** ['ædɪkwət] adj (adv ~ly) **1.** angemessen (**to** dat), entsprechend, adä'quat. **2.** aus-, 'hinreichend, hinlänglich, genügend: **the food was** ~ **for all of us** das Essen reichte für uns alle. **'ad·e·quate·ness** → adequacy.

**a·der·min** [ə'dɜːmɪn; Am. e'dɜr-] s biol. Ader'min n, Vita'min n B6.

**ad·here** [əd'hɪə(r); æd-] v/i **1.** (an)kleben, (an)haften (**to** an dat). **2.** fig. (**to**) festhalten (an dat), bleiben (bei e-r Meinung, e-m Plan, e-r Gewohnheit etc), (j-m, e-r Sache) treu bleiben: **he** ~s **to it. 3.** ~ **to** sich halten an (acc), e-e Regel etc einhalten od. befolgen. **4.** ~ **to** e-r Partei etc angehören, ihr angehören, es halten mit. **5.** biol. physiol. (**to**) anhaften (dat), zs.-wachsen od. verwachsen sein (mit). **6.** ~ **to** Völkerrecht: e-m Abkommen beitreten. **7.** ~ **to** jur. Scot. ein Urteil bestätigen. **ad·her·ence** [əd-'hɪərəns; æd-] s **1.** (An)Kleben n, (An-)Haften n (**to** an dat). **2.** fig. Anhänglichkeit f (**to** an acc). **3.** fig. Festhalten n (**to** an dat). **4.** fig. Einhaltung f, Befolgung f (**to** gen). **5.** Völkerrecht: Beitritt m (**to** zu e-m Abkommen). **ad'her·ent I** adj **1.** (an)klebend, (an)haftend (**to** an dat). **2.** fig. (**to**) festhaltend (an dat), fest verbunden (mit), anhänglich. **3.** angehörend (**to** dat). **4.** biol. physiol. adhä'rent, zs.-gewachsen, verwachsen (**to** mit). **5.** ling. attribu'tiv (bestimmend). **II** s **6.** Anhänger(in) (**of** gen).

**ad·he·sion** [əd'hi:ʒn; æd-] s **1.** → adherence. **2.** phys. tech. a) Adhäsi'on f (durch Molekularkräfte bedingtes Haften verschiedener flüssiger u. fester Stoffe aneinander), b) Haften n, Haftvermögen n, c) Griffigkeit f (von Autoreifen etc). **3.** med. Adhäsi'on f (Verwachsung od. Verklebung zweier Organe miteinander).

**ad·he·sive** [əd'hi:sɪv; æd-] **I** adj (adv ~ly) **1.** (an)haftend, klebend, Kleb(e)...: ~ **film**

*tech.* Klebfolie *f*; ~ **label** Klebzettel *m*; ~ **plaster** Heftpflaster *n*; ~ **powder** Haftpulver *n* (*für Zahnprothesen*); ~ **tape** a) *Am.* Heftpflaster *n*, b) Klebstreifen *m*, Klebeband *n*; ~ **rubber** Klebgummi *m*, *n*. **2.** *phys. tech.* haftend, Adhäsions..., Haft...: ~ **capacity**, ~ **power** Haftvermögen *n*; ~ **grease** Adhäsionsfett *n*; ~ **stress** Adhäsionsspannung *f*. **3.** *biol.* Haft..., Saug...: ~ **bowl** Saugnapf *m*; ~ **disk** Haftscheibe *f*. **4.** *fig.* gar zu anhänglich, aufdringlich. **II** *s* **5.** *tech.* Haft-, Bindemittel *n*, Klebstoff *m*, Kleber *m*. **6.** gum'mierte Briefmarke. **7.** *Am.* Heftpflaster *n*. **ad'he·sive·ness** *s* **1.** (An-) Haften *n*. **2.** Klebrigkeit *f*. **3.** → **adhesion** 2 a u. b.

**ad hoc** [ˌædˈhɒk; -ˈhəʊk; *Am. bes.* -ˈhɑk] (*Lat.*) *adj u. adv* ad hoc, nur für diesen Fall (bestimmt): ~ **committee** Ad-hoc-Ausschuß *m*. **ad hoc·cer·y, ad hock·er·y, ad hock·er·y** [ˈhɒkərɪ; ˈhɑk-; *Am. bes.* -hɑk-] *s collect. sl.* Ad-'hoc-Entscheidungen *pl*.

**ad·i·a·bat·ic** [ˌædɪəˈbætɪk; ˌeɪdaɪə-] *phys.* **I** *adj* adia'batisch (*ohne Wärmeaustausch mit der Umgebung*). **II** *s a.* ~ **curve** adia'batische Kurve.

**ad·i·ac·tin·ic** [ˌædɪækˈtɪnɪk; ˌeɪdaɪ-] *adj chem. phys.* nicht diak'tinisch.

**ad·i·an·tum** [ˌædɪˈæntəm] *s bot.* Frauenhaarfarn *m*.

**ad·i·a·ther·mal** [ˌædɪəˈθɜːml; ˌeɪdaɪə-; *Am.* -ˈθɜr-] *adj phys.* 'wärme,un,durchlässig.

**a·dic·i·ty** [əˈdɪsətɪ] *s chem.* Wertigkeit *f*.

**a·dieu** [əˈdjuː; *Am. a.* əˈduː] **I** *interj* lebe wohl!, a'dieu! **II** *pl* **a·dieus, a·dieux** [-uːz] *s* Lebe'wohl *n*, A'dieu *n*: **to bid** (**s.o.**) ~ (j-m) Lebewohl sagen.

**ad in·fi·ni·tum** [ˌædɪnfɪˈnaɪtəm] (*Lat.*) *adv* ad infi'nitum, endlos.

**ad in·ter·im** [ˌædˈɪntərɪm] (*Lat.*) *adj u. adv* Interims..., vorläufig.

**ad·i·on** [ˈædˌaɪən] *s chem. phys.* an e-r Oberfläche adsor'biertes I'on.

**a·dip·ic** [əˈdɪpɪk] *adj chem.* Fettstoffe enthaltend: ~ **acid** Adipinsäure *f*.

**ad·i·po·cere** [ˌædɪpəʊˈsɪə; *Am.* ˈædəpəˌsɪər] *s* Adipo'cire *f*, Leichenwachs *n*.

**ad·i·pose** [ˈædɪpəʊs] **I** *adj* adi'pös, fettig, fetthaltig, Fett..., Talg...: ~ **tissue** Fettgewebe *n*. **II** *s* Fett *n* (*im Fettgewebe*). ˌad·i·po·sis [-sɪs] *s med.* **1.** Fettsucht *f*. **2.** Verfettung *f*. ˌad·i·pos·i·ty [-ˈpɒsətɪ; *Am.* -ˈpɑ-] *s med.* Fettsucht *f*.

**ad·it** [ˈædɪt] *s* **1.** *fig.* Zutritt *m*: **to gain** ~ **to** Zutritt erhalten zu. **2.** *tech.* waag(e)rechter Eingang (*in ein Bergwerk*), Stollen *m*: ~ **end** Abbaustoß *m*.

**ad·ja·cen·cy** [əˈdʒeɪsənsɪ] *s* **1.** Angrenzen *n*. **2.** *meist pl* (*das*) Angrenzende, Um'gebung *f*. **ad'ja·cent** *adj* (*adv* ~**ly**) **1.** angrenzend, anstoßend (**to** an *acc*). **2.** *bes. math. tech.* benachbart, Neben...: ~ **angle** Nebenwinkel *m*; ~ **cell** *biol.* Nachbarzelle *f*; ~ **channel selectivity** (*Radio etc*) Trennschärfe *f* gegen Nachbarkanal; ~ **owner** Grundstücksnachbar *m*; ~ **vision** (*od.* **picture**) **carrier** *TV* Nachbarbildträger *m*.

**ad·jec·ti·val** [ˌædʒekˈtaɪvl; -dʒɪk-] *adj* (*adv* ~**ly**) **1.** → **adjective** 4. **2.** mit Adjektiven über'laden (*Stil*).

**ad·jec·tive** [ˈædʒɪktɪv] **I** *s* **1.** Adjektiv *n*, Eigenschaftswort *n*. **2.** 'Neben,umstand *m*, (*etwas*) Abhängiges. **3.** *Logik:* Akzidens *n*, ('Neben)umstand *m*, (*etwas*) Unwesentliches. **II** *adj* (*adv* ~**ly**) **4.** adjektivisch: ~ **use of a noun**. **5.** abhängig. **6.** *Logik:* akziden'tell, unwesentlich. **7.** *Färberei:* adjektiv (*nur mit e-r Vorbeize*): ~ **dye** Beizfarbe *f*. **8.** *jur.* for'mell: ~ **law**.

**ad·join** [əˈdʒɔɪn] **I** *v/t* **1.** (an)stoßen *od.* (an)grenzen an (*acc*). **2.** *math.* adjun'gie-

ren. **3.** (**to**) beifügen (*dat*), hin'zufügen (**zu**). **II** *v/i* **4.** an-, anein'andergrenzen, nebenein'anderliegen, anstoßend, benachbart, Nachbar..., Neben...: **in the** ~ **room** im Nebenraum, im Raum neben-an. **ad'join·ing** *adj* anliegend, angrenzend, anstoßend, benachbart, Nachbar..., Neben...: **in the** ~ **room** im Nebenraum, im Raum neben-an.

**ad·journ** [əˈdʒɜːn; *Am.* əˈdʒɜrn] **I** *v/t* **1.** a) verschieben, vertagen (**till, until** auf *acc*; **for um**): **to** ~ **sine die** *jur.* auf unbestimmte Zeit vertagen, b) *den Sitzungsort* verlegen (**to** nach). **2.** *Am. e-e Sitzung etc* schließen, aufheben. **II** *v/i* **3.** a) sich vertagen (**till, until** auf *acc*; **for um**), b) den Sitzungsort verlegen (**to** nach). **4.** *oft humor.* sich begeben, ,über-'siedeln‘ (**to** in *acc*). **ad'journ·ment** *s* **1.** Vertagung *f*, -schiebung *f* (**till, until** auf *acc*; **for um**). **2.** Verlegung *f* des Sitzungsortes (**to** nach).

**ad·judge** [əˈdʒʌdʒ] **I** *v/t* **1.** *jur.* a) *e-e Sache* (gerichtlich) entscheiden, b) *j-n* für (*schuldig etc*) erklären: **to** ~ **s.o. bankrupt** über j-s Vermögen den Konkurs eröffnen; **to be** ~**d the winner** *sport* zum Sieger erklärt werden, c) *ein Urteil* fällen. **2.** *jur. u. sport* zusprechen, zuerkennen (**s.th. to s.o.** j-m etwas). **3.** *jur. obs.* verurteilen (**to** zu). **4.** erachten für, beurteilen als. **II** *v/i* → **adjudicate** 2.

**ad·ju·di·cate** [əˈdʒuːdɪkeɪt] **I** *v/t* **1.** → **adjudge** 1–3. **II** *v/i* **2.** *jur.* (*a.* **als** Schiedsrichter) entscheiden (**upon** über *acc*). **3.** als Schieds- *od.* Preisrichter fun'gieren (**at** bei). **ad·ju·di·ca·tion** *s* **1.** *jur. u. sport* Zuerkennung *f*, Zusprechung *f*. **2.** *Völkerrecht:* Adjudikati'on *f* (*e-s Gebietes durch Schiedsspruch*). **3.** *jur.* richterliche Entscheidung, Rechtsspruch *m*, Urteil *n*. **4.** *a.* ~ **in bankruptcy** *jur.* Kon'kurseröffnung *f*: ~ **order** Konkurseröffnungsbeschluß *m*. **ad'ju·di·ca·tor** [-tə(r)] *s* Schieds-, Preisrichter *m*.

**ad·junct** [ˈædʒʌŋkt] **I** *s* **1.** Zusatz *m*, Beigabe *f*, Zubehör *n* (**to** zu). **2.** a) Kol-'lege *m*, b) Mitarbeiter *m*. **3.** → **adjective** 3. **4.** *ling.* Attri'but *n*, Beifügung *f*. **5.** *a.* ~ **professor** *univ. Am.* außerordentlicher Pro'fessor. **II** *adj* **6.** (**to**) verbunden *od.* -knüpft (mit), beigeordnet (*dat*). **ad·junc·tive** [əˈdʒʌŋktɪv; æ-] *adj* (*adv* ~**ly**) a) (**to**) beigeordnet (*dat*), verbunden (mit), b) Beifügungs...

**ad·ju·ra·tion** [ˌædʒʊəˈreɪʃn; *Am.* -dʒə-] *s* **1.** Beschwörung *f*, inständige Bitte. **2.** *obs.* Auferlegung *f* des Eides.

**ad·jure** [əˈdʒʊə(r)] *v/t* **1.** beschwören, anrufen, inständig bitten. **2.** *obs. j-m* den Eid auferlegen.

**ad·just** [əˈdʒʌst] **I** *v/t* **1.** (**to**) anpassen (*a. psych.*), angleichen (*dat od.* an *acc*), abstimmen (*auf acc*): **to** ~ **wages** die Löhne anpassen; **to** ~ **o.s.** sich anpassen (*dat*), sich einfügen in (*acc*), sich einstellen auf (*acc*). **2.** zu'rechtrücken: **to** ~ **one's hat**. **3.** in Ordnung bringen, ordnen, regeln. **4.** berichtigen, ändern. **5.** *Streitigkeiten* beilegen, regeln, schlichten, *Widersprüche, Unterschiede* ausgleichen, beseitigen, bereinigen: **to** ~ **differences**; **to** ~ **accounts** Konten abstimmen *od.* bereinigen; ~ **average** 2. **6.** *Versicherungswesen:* a) *Ansprüche* regu'lieren, b) *Schaden etc* berechnen: **to** ~ **damages** den Schadensersatzanspruch festsetzen. **7.** *tech.* (ein-, ver-, nach)stellen, (ein)regeln, regu'lieren, *e-e Schußwaffe, e-e Waage etc* ju'stieren, *Maße* eichen, *electr.* abgleichen. **8.** *mil. ein Geschütz* einschießen. **II** *v/i* **9.** sich anpassen (**to** *dat od.* an *acc*) (*a. psych.*). **10.** *tech.* sich einstellen lassen. **ad'just·a·ble** *adj bes. tech.* regu'lierbar, (ein-, ver-, nach)stellbar, ju'stierbar, Lenk..., Dreh..., (Ein)Stell...: ~ **axle** Lenkachse *f*; ~ **cam** verstellbarer

Nocken; ~ **speed** regelbare Drehzahl; ~ **speed motor** Motor *m* mit Drehzahlregelung; ~ **wedge** Stellkeil *m*.

**ad'just·er** *s* **1.** j-d, der etwas ausgleicht, ordnet, regelt. **2.** *tech.* Einsteller *m*, -richter *m*. **3.** *Versicherungswesen:* Schadenssachverständige(r) *m*, Gutachter *m*. **4.** *tech.* Einstellvorrichtung *f*.

**ad'just·ing** *adj bes. tech.* (Ein)Stell..., Richt..., Justier...: ~ **balance** Justierwaage *f*; ~ **device** Ein-, Nachstellvorrichtung *f*; ~ **lever** (Ein)Stellhebel *m*; ~ **nut** (Nach)Stellmutter *f*; ~ **point** *mil.* Einschießpunkt *m*; ~ **screw** Justierschraube *f*.

**ad'just·ment** *s* **1.** Anpassung *f* (*a. psych.*), Angleichung *f* (**to** an *acc*): ~ **of wages** Anpassung der Löhne. **2.** Ordnung *f*, Regelung *f*. **3.** Berichtigung *f*, Änderung *f*. **4.** Beilegung *f* (*e-s Streits*), Ausgleich *m* (*von Widersprüchen etc*). **5.** *tech.* a) Einstellung *f*, Regu'lierung *f*, Ju'stierung *f*, Eichung *f*, b) Einstellvorrichtung *f*. **6.** *Versicherungswesen:* a) Schadensfestsetzung *f*, b) Regelung *f* des Anspruches. **7.** *econ.* a) Kontenabstimmung *f*, -bereinigung *f*, b) Anteilberechnung *f*: **financial** ~ Finanzausgleich *m*.

**ad·jus·tor** [əˈdʒʌstə(r)] *s* **1.** → **adjuster**. **2.** *zo.* Koordinati'onszentrum *n*.

**ad·ju·tan·cy** [ˈædʒʊtənsɪ; -dʒə-] *s mil.* Adju'tantenstelle *f*.

**ad·ju·tant** [ˈædʒʊtənt; -dʒə-] **I** *s* **1.** *mil.* Adju'tant *m*. **2.** *a.* ~ **bird**, ~ **stork** *orn.* Adju'tant *m*, Argalakropfstorch *m*. **II** *adj* **3.** helfend, Hilfs... ~ **gen·er·al** *pl* ~**s gen·er·al** *s mil.* Gene'raladju,tant *m*.

**ad·ju·vant** [ˈædʒʊvənt; -dʒə-] **I** *adj* **1.** helfend, behilflich, förderlich, Hilfs... **II** *s* **2.** Hilfe *f*: a) Gehilfe *m*, b) Hilfsmittel *n*. **3.** *pharm.* Adju'vans *n*.

**ad lib** [ˌædˈlɪb] *colloq.* **I** *s* Improvisati'on *f*. **II** *adv* → **ad libitum**.

**ad-lib** [ˌædˈlɪb] *colloq.* **I** *v/t u. v/i* **1.** improvi'sieren, aus dem Stegreif sagen *etc*. **II** *adj* **2.** Stegreif..., improvi'siert. **3.** frei hin'zugefügt: **an** ~ **remark**.

**ad lib·i·tum** [ˌædˈlɪbɪtəm] (*Lat.*) *adv ad* 'libitum: a) beliebig, nach Belieben, b) aus dem Stegreif.

**ad·man** [ˈædmæn] *s irr colloq.* **1.** Werbetexter *m* für Zeitungsanzeigen. **2.** Anzeigenvertreter *m*. **3.** *print.* Akzi'denzsetzer *m*.

**ad·mass** [ˈædmæs] *colloq.* **I** *adj* **1.** 'werbungsmanipu,liert, unter Kon'sumzwang (stehend) (*Gesellschaft*). **II** *s* **2.** Kon'sumbeeinflussung *f*, Erzeugung *f* von Kon'sumzwang. **3.** 'werbungsmanipu,lierte Gesellschaft.

**ad·meas·ure** [ædˈmeʒə(r); *Am. a.* -ˈmeɪ-] *v/t* **1.** ab-, aus-, vermessen. **2.** *jur.* zuteilen, zumessen. **ad'meas·ure·ment** *s* **1.** Ab-, Aus-, Vermessung *f*. **2.** *jur.* Zuteilung *f*, Zumessung *f*. **3.** Dimensi'on *f*.

**ad·min** [ˈædmɪn] *s colloq. für* administration 1 b.

**ad·min·is·ter** [ədˈmɪnɪstə(r); *Am. a.* æd-] **I** *v/t* **1.** verwalten, *Geschäfte etc* wahrnehmen, führen, *e-e Sache* handhaben, *ein Amt etc* ausüben, *Gesetze* ausführen: **to** ~ **the government** die Regierungsgeschäfte wahrnehmen; ~**ing state** (*od.* **authority**) *pol.* Verwaltungsmacht *f*, Treuhandstaat *m*. **2.** zu'teil werden lassen, *Hilfe* leisten, *das Sakrament* spenden, *Medikamente etc* verabreichen, *e-n Tadel* erteilen (**alle to** *dat*): **to** ~ **justice** Recht sprechen; **to** ~ **punishment** Strafe *od.* Strafen verhängen; **to** ~ **a shock to s.o.** *fig.* j-m e-n Schrecken einjagen; → **oath** *Bes. Redew.* **II** *v/i* **3.** (**to**) beitragen (**zu**), dienen (*dat*). **4.** abhelfen

(to *dat*). **5.** als Verwalter fun'gieren. **ad-'min·is·trate** [-streɪt] → **administer** I.
**ad·min·is·tra·tion** [ədˌmɪnɪ'streɪʃn] *s*
**1.** a) (Betriebs-, Geschäfts-, Vermögens-, Staats- *etc*)Verwaltung *f*, b) Verwaltung *f* (*Betriebsabteilung*): ~ **building** Verwaltungsgebäude *n*. **2.** *jur*. (Nachlaß)Verwaltung *f*: → **letter**[1] **3.** **3.** Handhabung *f*, Ausführung *f*: ~ **of justice** Rechtsprechung *f*, Rechtspflege *f*; ~ **of an oath** Eidesabnahme *f*, Vereidigung *f*. **4.** (Verwaltungs)Behörde *f*, Mini'sterium *n*. **5.** Er-, Austeilung *f*, *relig*. Spendung *f* (*des Sakraments*). **6.** Verabreichung *f* (*e-r Arznei etc*). **7.** *pol. bes. Am.* a) *meist* A~ Re'gierung *f*: **the Reagan A~** die Reagan-Regierung, b) 'Amtsperiˌode *f*, Re'gierungszeit *f* (*e-s Präsidenten etc*): **during the Reagan A~** während der Amtszeit Präsident Reagans. **ad'min·is·tra·tive** [-strətɪv; *Am. bes.* -ˌstreɪ-] *adj* (*adv* **~ly**) **1.** administra'tiv, verwaltend, verwaltungsmäßig, -technisch, Verwaltungs..., Regierungs...: ~ **agency** *Am*. Verwaltungsstelle *f*; ~ **assistance** Amtshilfe *f*; ~ **body** Verwaltungsorgan *n*; ~ **fee** Verwaltungsgebühr *f*; ~ **law** Verwaltungsrecht *n*; ~ **staff** Verwaltungspersonal *n*; ~ **tribunal** *Br*. Verwaltungsgericht *n*. **2.** erteilend, spendend. **3.** behilflich, förderlich.
**ad·min·is·tra·tor** [əd'mɪnɪstreɪtə(r)] *s*
**1.** Verwalter *m*. **2.** Ver'waltungsbeˌamte(r) *m*. **3.** *jur*. Nachlaßverwalter *m*.
**4.** Spender *m* (*der Sakramente etc*). **ad'min·is·tra·tor·ship** *s* Verwalteramt *n*. **ad·min·is·tra·trix** [əd'mɪnɪs-treɪtrɪks; *Am. bes.* ə
ˌmɪnə'streɪ-] *pl* **-tri·ces** [-'trɪsɪːz], **-trix·es** [-trɪksɪz] *s jur*. Nachlaßverwalterin *f*.
**ad·mi·ra·ble** ['ædmərəbl] *adj* (*adv* **admirably**) bewundernswert, -würdig, großartig.
**ad·mi·ral** ['ædmərəl] *s* **1.** Admi'ral *m*: **Lord High A~** *Br*. Großadmiral, Oberbefehlshaber *m* zur See; → **fleet**[1] **1. 2.** *obs*. Flaggschiff *n*. **3.** *zo*. Admi'ral *m*, (*ein*) Fleckenfalter *m*. **'ad·mi·ral·ty** [-tɪ] **I** *s*
**1.** Admi'ralsamt *n*, -würde *f*. **2.** Admira-li'tät *f*: **The Lords Commissioners of A~, the Board of A~** *Br*. das Marineministerium; **A~ Division** *jur. Br*. Abteilung *f* des High Court für Seerecht; ~ **law** *jur*. Seerecht *n*; → **First Lord of the Admiralty**. **3.** A~ *Br*. Admirali'tätsgebäude *n* (*in London*). **II** *adj* **4.** Admiralitäts...
**ad·mi·ra·tion** [ˌædmə'reɪʃn] *s* **1.** Bewunderung *f* (**of, for** für): **she was the ~ of everyone** sie stand im Mittelpunkt allgemeiner Bewunderung, sie wurde von allen bewundert. **2.** *obs*. Verwunderung *f*.
**ad·mire** [əd'maɪə(r)] **I** *v/t* **1.** bewundern (**for** wegen). **2.** hochschätzen, verehren. **II** *v/i* **3.** *obs*. sich wundern (**at** über *acc*). **ad'mir·er** [-ərə(r)] *s* **1.** Bewunderer *m*. **2.** Verehrer *m*. **ad'mir·ing** *adj* (*adv* **~ly**) bewundernd.
**ad·mis·si·bil·i·ty** [ədˌmɪsə'bɪlətɪ] *s* Zulässigkeit *f*. **ad'mis·si·ble** *adj* **1.** zulässig (*a. jur.*), erlaubt, statthaft. **2.** zulassungsfähig.
**ad·mis·sion** [əd'mɪʃn] *s* **1.** a) Einlaß *m*, b) Ein-, Zutritt *m*, c) Aufnahme *f* (*als Mitglied etc*; *Am. a. e-s Staates in die Union*): ~ **free** Eintritt frei; **A~ Day** *Am*. Jahrestag *m* der Aufnahme in die Union; ~ **fee** Aufnahmegebühr *f*; Eintritt(sgeld *n*); ~ **ticket** Eintrittskarte *f*. **2.** Eintritt(sgeld *n*) *m*: **to charge** ~ Eintritt verlangen. **3.** Zulassung *f* (*zu e-m Amt, Beruf etc*): → **bar**[19]. **4.** Eingeständnis *n*: **his ~ of the** theft; **by** (*od*. **on**) **his own~** wie er selbst zugab. **5.** Zugeständnis *n*, Einräumung *f*.

---

**6.** *tech*. a) Einlaß *m*, (*Luft-, Kraftstoffetc*)Zufuhr *f*, b) Beaufschlagung *f* (*von Turbinen*): ~ **pipe** Einlaßrohr *n*; ~ **stroke** Einlaßhub *m*.
**ad·mit** [əd'mɪt] **I** *v/t* **1.** *j-n* ein-, vorlassen, *j-m* Einlaß gewähren. **2.** (**into, to**) *j-n* aufnehmen (in *e-e Gesellschaft*, in *e-m Krankenhaus*), zulassen (zu *e-r Institution, e-m Amt etc*): **to** ~ **a student to college** e-n Studenten zum College zulassen; **to** ~ **s.o. into one's confidence** *j-n* ins Vertrauen ziehen; → **bar**[19]. **3.** zulassen, gestatten, erlauben: **this law ~s no exception. 4.** anerkennen, gelten lassen: **to** ~ **the justification of a criticism** die Berechtigung e-r Kritik anerkennen. **5.** *s-e Schuld etc* zugeben, (ein-)gestehen, bekennen: **to** ~ **doing s.th.** zugeben, etwas getan zu haben. **6.** zugeben, einräumen (**that** daß): **~ted!** zugegeben!, das gebe ich zu! **7.** Platz haben *od*. bieten für, fassen, aufnehmen: **the hall ~s 200 persons** in dem Saal haben 200 Personen Platz. **8.** *tech*. einlassen, zuführen: **to** ~ **air. II** *v/i* **9.** Einlaß gewähren, zum Eintritt berechtigen: **a gate that ~s to the garden** ein Tor, das zum Garten führt. **10.** ~ **of** gestatten, erlauben, zulassen: **to** ~ **of doubt** Zweifel zulassen; **it ~s of no excuse** es läßt sich nicht entschuldigen; **a sentence that ~s of two interpretations** ein Satz, der zwei Interpretationen zuläßt. **11.** ~ **to** → **5.**
**ad·mit·tance** [əd'mɪtəns] *s* **1.** Zulassung *f*, Einlaß *m*, Ein-, Zutritt *m*: **no** ~ (**except on business**) Zutritt (für Unbefugte) verboten; **to gain** ~ Einlaß finden. **2.** Aufnahme *f*. **3.** *electr*. Scheinleitwert *m*, Admit'tanz *f*.
**ad·mit·ted** [əd'mɪtɪd] *adj* anerkannt: **an** ~ **fact**; **an** ~ **liar** anerkanntermaßen ein Lügner. **ad'mit·ted·ly** *adv* anerkanntermaßen, zugegeben(ermaßen).
**ad·mix** [æd'mɪks] *v/t* beimischen, -mengen. **ad'mix·ture** [-tʃə(r)] *s* **1.** Beimischung *f*, -mengung *f*, Zusatz(stoff) *m*.
**ad·mon·ish** [əd'mɒnɪʃ; *Am*. æd'mɑnɪʃ] *v/t* **1.** mahnen, erinnern (**of** an *acc*). **2.** warnen (**of, against** vor *dat*; **not to** do davor zu tun). **3.** mahnen zu: **to** ~ **silence. 4.** verwarnen, *j-m* Vorhaltungen machen.
**ad·mo·ni·tion** [ˌædməʊ'nɪʃn; -mə'n-] *s* **1.** Ermahnung *f*. **2.** Warnung *f*, Verweis *m*. **3.** Verwarnung *f*. **ad·mon·i·to·ry** [əd'mɒnɪtərɪ; *Am*. əd'mɑnəˌtɔːriː; -ˌtəʊ-] *adj* (er)mahnend, warnend.
**ad·nate** ['ædneɪt] *adj* *bot. zo*. angewachsen, verwachsen.
**ad nau·se·am** [ˌæd'nɔːzɪæm; *Am*. -əm] (*Lat*.) *adv* bis zum 'Überdruß.
**ad·nom·i·nal** [æd'nɒmɪnl; *Am*. -'nɑ-] *adj ling*. adnomi'nal.
**ad·noun** ['ædnaʊn] *s ling*. substanti'viertes Adjektiv.
**a·do** [ə'duː] *s* Getue *n*, Lärm *m*, Aufheben(s) *n*, ‚Wirbel' *m*: **much** ~ **about nothing** viel Lärm um nichts; **without more** (*od*. **further**) ~ ohne weitere Umstände.
**a·do·be** [ə'dəʊbɪ] **I** *s* **1.** A'dobe *m*, luftgetrockneter (Lehm)Ziegel. **2.** Haus *n* aus A'dobeziegeln. **II** *adj* **3.** aus A'dobeziegeln (gebaut).
**ad·o·les·cence** [ˌædəʊ'lesns; ˌædə-] *s* Jugendalter *n*, Zeit *f* des Her'anwachsens, Adoles'zenz *f*. **ˌad·o'les·cent I** *s* **1.** Jugendliche(r *m*) *f*, Her'anwachsende(r *m*) *f*. **II** *adj* **2.** her'anwachsend, -reifend, jugendlich. **3.** *colloq. contp*. kindisch.
**A·do·nis** [ə'dəʊnɪs; *Am. a*. ə'dɑnəs] **I** *npr* **1.** *antiq*. A'donis *m*. **II** *s* **2.** *fig*. A'donis *m*, schöner junger Mann. **3.** *bot. pharm*.

---

A'donisrös·chen *n*. **4.** *zo*. A'donisfalter *m*.
**a·dopt** [ə'dɒpt; *Am*. ə'dɑpt] *v/t* **1.** adop'tieren, (an Kindes Statt) annehmen: **to** ~ **a child**; **to** ~ **a town** die Patenschaft für e-e Stadt übernehmen; **to** ~ **out** *Am*. zur Adoption freigeben. **2.** *fig*. annehmen, über'nehmen, sich *e-e Methode etc* zu eigen machen, *ein System etc* einführen, *e-e Politik* einschlagen, *e-e Handlungsweise* wählen, *e-e Haltung* einnehmen. **3.** *pol*. *e-r Gesetzesvorlage* zustimmen, *e-n Beschluß* annehmen, *Maßregeln* ergreifen. **4.** *pol. Br*. e-n Kandidaten annehmen (*für die nächste Wahl*). **a'dopt·ed** *adj* adop'tiert, (an Kindes Statt) angenommen, Adoptiv...: ~ **child**; **his** ~ **country** s-e Wahlheimat. **a·dopt·ee** [əˌdɒp'tiː; *Am*. əˌdɑp-] *s bes. Am*. Adop'tivkind *n*. **a'dopt·er** *s* Adop'tierende(r *m*) *f*.
**a·dop·tion** [ə'dɒpʃn; *Am*. ə'dɑp-] *s*
**1.** Adopti'on *f*, Annahme *f* (an Kindes Statt). **2.** *fig*. An-, 'Übernahme *f*, Wahl *f*. **a'dop·tion·ism** *s relig*. Adoptia'nismus *m*. **a'dop·tive** *adj* (*adv* **~ly**) Adoptiv...: a) angenommen: ~ **child** Adoptivkind *n*; **his** ~ **country** s-e Wahlheimat, b) adop'tierend: ~ **parents** Adoptiveltern.
**a·dor·a·ble** [ə'dɔːrəbl; *Am. a*. ə'daʊr-] *adj* (*adv* **adorably**) **1.** anbetungswürdig. **2.** *fig*. allerliebst, entzückend.
**ad·o·ra·tion** [ˌædəʊ'reɪʃn] *s* **1.** Anbetung *f* (*a. fig.*), (*kniefällige*) Verehrung. **2.** *fig*. (innige) Liebe, (tiefe) Bewunderung.
**a·dore** [ə'dɔː; *Am. a*. ə'dəʊr] *v/t* **1.** anbeten (*a. fig.*), verehren. **2.** *fig*. (innig) lieben, (heiß) verehren, (tief) bewundern. **3.** *colloq*. schwärmen für. **a'dor·er** *s* **1.** Anbeter(in). **2.** Verehrer(in), Bewunderer *m*, Liebhaber(in). **a'dor·ing** *adj* (*adv* **~ly**) **1.** anbetend. **2.** bewundernd.
**a·dorn** [ə'dɔːn; *Am*. ə'dɔːrn] *v/t* **1.** schmücken, (ver)zieren (*beide a. fig.*). **2.** *fig*. Glanz verleihen (*dat*), verschöne(r)n. **a'dorn·ment** *s* Schmuck *m*, Zierde *f*, Verzierung *f* (*alle a. fig.*).
**a·down** [ə'daʊn] *adv u. prep poet*. (her-) 'nieder, hin'ab, her'ab.
**ad·re·nal** [ə'driːnl] *anat*. **I** *adj* adre'nal, Nebennieren...: ~ **gland** → **II**; ~ **insufficiency** *med*. Nebenniereninsuffizienz *f*. **II** *s* Nebenniere *f*.
**a·dren·a·lin(e)** [ə'drenəlɪn] *s* **1.** *chem. physiol*. Adrena'lin *n*. **2.** *fig*. Aufputschmittel *n*. **a'dren·al·ize** *v/t fig*. aufputschen: **an** ~**d crowd**. **ad·ren·er·gic** [ˌædrə'nɜːdʒɪk; *Am*. -'nɜr-] *adj physiol*. adre'nergisch, Adrena'lin absondernd.
**A·dri·at·ic** [ˌeɪdrɪ'ætɪk; ˌædrɪ-] *geogr*. **I** *adj* adri'atisch: **the** ~ **Sea** → **II. II** *s*: **the** ~ das Adri'atische Meer, die Adria.
**a·drift** [ə'drɪft] *adv u. pred adj* **1.** (um'her)treibend, Wind u. Wellen preisgegeben: **to cut** ~ treiben lassen; **to be cut** ~ den Wellen überlassen werden. **2.** *fig*. hilflos, haltlos: **to be all** ~ weder aus noch ein wissen; **to turn s.o.** ~ *j-n* auf die Straße setzen.
**a·droit** [ə'drɔɪt] *adj* (*adv* **~ly**) geschickt, gewandt (**at, in** in *dat*). **a'droit·ness** *s* Geschicklichkeit *f*, Gewandtheit *f*.
**ad·smith** ['ædˌsmɪθ] *s Am. humor*. Werbetexter *m*.
**ad·sorb** [æd'sɔː(r)b] *v/t chem*. adsor'bieren. **ad'sorb·ate** [-beɪt; -bət] *s chem*. Adsor'bat *n*. **ad'sorb·ent** *chem*. **I** *adj* adsor'bierend. **II** *s* Adsor'bent *m*, adsor-'bierende Sub'stanz.
**ad·sorp·tion** [æd'sɔː(r)pʃn] *s chem*. Adsorpti'on *f*.
**ad·sum** ['ædsʌm] (*Lat*.) *interj* hier!
**ad·u·late** ['ædjʊleɪt; *Am*. -dʒə-] *v/t j-m* lobhudeln, *j-m* (aufdringlich) schmeicheln. **ˌad·u'la·tion** *s* (aufdringliche)

Schmeiche'lei, Lobhude'lei *f*, Speichellecke'rei *f*. **'ad·u·la·tor** [-tə(r)] *s* (aufdringlicher) Schmeichler, Lobhudler *m*, Speichellecker *m*. **ad·u·la·to·ry** ['ædjʊleɪtərɪ; *Am*. 'ædʒəl‿ˌtəʊrɪ; -ˌtɔː-] *adj* (aufdringlich) schmeichlerisch, lobhudelnd, speichelleckerisch.

**a·dult** ['ædʌlt; ə'dʌlt] **I** *adj* **1.** erwachsen: ~ **person** *jur*. → 5. **2.** *zo*. ausgewachsen: **an** ~ **lion**. **3.** *fig*. reif, gereift. **4.** a) Erwachsenen...: ~ **clothes**, b) der Erwachsenen: **the** ~ **world**, c) (nur) für Erwachsene: **an** ~ **film**, d) *euphem*. Sex..., Porno... **II** *s* **5.** Erwachsene(r *m*) *f*. ~ **ed·u·ca·tion** *s* Erwachsenenbildung *f*.

**a·dul·ter·ant** [ə'dʌltərənt] **I** *adj* verfälschend. **II** *s* Verfälschungsmittel *n*.

**a·dul·ter·ate I** *v/t* [ə'dʌltəreɪt] **1.** verfälschen: **to** ~ **food**. **2.** a) Milch verdünnen, b) Wein verschneiden, panschen. **3.** *Am*. Artikel unter falschem Warennamen verkaufen. **4.** *fig*. verwässern. **II** *adj* [-rət; -reɪt] **5.** verfälscht. **6.** ehebrecherisch. **a·dul·ter·a·tion** *s* **1.** Verfälschung *f*. **2.** verfälschtes Pro'dukt. **a'dul·ter·a·tor** [-tə(r)] *s* **1.** Verfälscher *m*. **2.** Panscher *m*. **3.** *jur*. Falschmünzer *m*.

**a·dul·ter·er** [ə'dʌltərə(r)] *s* Ehebrecher *m*. **a'dul·ter·ess** *s* Ehebrecherin *f*. **a'dul·ter·ine** [-raɪn; -rɪn] *adj* **1.** im Ehebruch gezeugt: ~ **children**. **2.** verfälscht. **3.** ungesetzlich, 'illegiˌtim. **a'dul·ter·ous** *adj* (*adv* ~ly) ehebrecherisch. **a'dul·ter·y** *s* **1.** Ehebruch *m*: **to commit** ~ die Ehe brechen, Ehebruch begehen (**with** mit). **2.** *Bibl*. Unkeuschheit *f*. **3.** *Bibl*. Götzendienst *m*.

**a·dult·hood** ['ædʌlthʊd; ə'dʌlt-] *s* Erwachsensein *n*, Erwachsenenalter *n*: **to reach** ~ erwachsen werden.

**ad·um·bral** [æd'ʌmbrəl] *adj bes. poet*. schattig, Schatten...

**ad·um·brate** ['ædʌmbreɪt; 'ædəm-; æd'ʌm-] *v/t* **1.** flüchtig entwerfen, um'reißen, skiz'zieren, andeuten. **2.** vor'ausahnen lassen, 'hindeuten auf (*acc*). **3.** über'schatten (*a. fig*). **ˌad·um'bration** *s* **1.** Andeutung *f*: a) flüchtiger Entwurf, Skizze *f*, b) Vorahnung *f*, Omen *n*. **2.** *bes. poet*. Schatten *m*.

**ad va·lo·rem** [ˌædvə'lɔːrem; -rəm; *Am*. *a*. -'ləʊ-] (*Lat*.) *adj u. adv* dem Wert entsprechend: ~ **duty** Wertzoll *m*.

**ad·vance** [əd'vɑːns; *Am*. əd'væns] **I** *v/t* **1.** etwas, e-e Schachfigur, den Uhrzeiger *etc* vor'rücken, -schieben, *den Fuß* vorsetzen, *die Hand* ausstrecken, *e-n Tunnel* vortreiben, *mil*. *Truppen* vorschieben, nach vorn verlegen, vorverlegen, vorrücken lassen. **2.** *tech*. vor'rücken, weiterstellen, fortschalten: **to** ~ **the (ignition) timing** *mot*. Frühzündung einstellen. **3.** *e-n Zeitpunkt* vorverlegen. **4.** *ein Argument, e-e Ansicht, ein Anspruch etc* vorbringen, geltend machen. **5.** *ein Projekt etc* fördern, vor'anbringen, -treiben: **to** ~ **one's cause (interest)** s-e Sache (s-e Interessen) fördern. **6.** befördern (**to the rank of general** zum General), verbessern: **to** ~ **one's position**; **to** ~ **s.o. socially** j-n gesellschaftlich heben. **7.** *den Preis* erhöhen. **8.** *das Wachstum etc* beschleunigen. **9.** a) im voraus liefern, b) *Geld* vor'auszahlen, vorschießen, -strecken. **10.** *jur*. j-m den Vor'ausempfang (*e-s Erbteils*) geben: **to** ~ **a child**. **11.** *obs. die Lider* heben. **12.** *pol. Am*. als Wahlhelfer fun'gieren in (*dat*), e-e Wahlveranstaltung *od*. Wahlveranstaltungen vorbereiten in (*dat*). **II** *v/i* **13.** vor-, vorwärtsgehen, vorrücken, vordringen, 'vormarˌschieren. **14.** vorrücken (*Zeit*): **as time** ~**s** mit vorrückender Zeit. **15.** zunehmen (**in** an *dat*), steigen: **to** ~ **in age** älter werden.

**16.** *fig*. vor'an-, vorwärtskommen, Fortschritte machen: **to** ~ **in knowledge** Fortschritte machen. **17.** (*im Rang*) aufrücken, avan'cieren, befördert werden (**to colonel** zum Oberst). **18.** (an)steigen, anziehen (*Preise*). **19.** *pol. Am*. als Wahlhelfer fun'gieren, *bes*. Wahlveranstaltungen vorbereiten (**for** für).

**III** *s* **20.** Vorwärtsgehen *n*, Vorrücken *n*, Vorstoß *m* (*a. fig*.). **21.** (*beruflicher, sozialer*) Aufstieg, Aufrücken *n* (*im Amt*), Beförderung *f* (**to** zu). **22.** Fortschritt *m*, Verbesserung *f*: **economic** ~; ~ **in the art** (*Patentrecht*) gewerblicher Fortschritt. **23.** Vorsprung *m*: **to be in** ~ e-n Vorsprung haben (**of** vor *dat*); **in** ~ a) vorn, b) (im) voraus, vorher; **paid in** ~ vorausbezahlt; **to book** (*od*. **order**) **in** ~ vor(aus)bestellen; **in** ~ **of** vor (*dat*); **in** ~ **of his time** s-r Zeit voraus; **in** ~ **of the other guests** vor den anderen Gästen (*ankommen*). **24.** *meist pl* a) Annäherungsversuch *m*, *pl a*. A'vancen *pl*, b) Entgegenkommen *n*, Anerbieten *n*: **to make** ~ **to s.o.** j-m gegenüber den ersten Schritt tun, j-m entgegenkommen; **sich an j-n heranmachen. 25.** Vorschuß *m*, Vor'auszahlung *f*, Vorleistung *f*, Kre'dit *m*, Darlehen *n*: ~ **on** (*od*. **of**) **one's salary** Gehaltsvorschuß; ~ **against merchandise** Vorschüsse auf Waren, Warenlombard *m*, *n*. **26.** Mehrgebot *n* (*bei Versteigerungen*). **27.** (Preis)Erhöhung *f*, Auf-, Zuschlag *m*. **28.** *mil*. Vorgehen *n*, -marsch *m*, -rücken *n*: ~ **by bounds** sprungweises *od*. abschnittweises Vorgehen. **29.** *mil. Am*. Vorhut *f*, Spitze *f*: → **advance guard** 1. **30.** *electr*. Voreilung *f*. **31.** *tech*. Vorschub *m*. **32.** *pol. Am*. Wahlhilfe *f*, *bes*. Vorbereitung *f* e-r Wahlveranstaltung *od*. von Wahlveranstaltungen.

**IV** *adj* **33.** Vorher..., Voraus..., Vor...: ~ **booking** a) Vor(aus)bestellung *f*, b) *thea. etc* Vorverkauf *m*; ~ **censorship** Vorzensur *f*; ~ **copy** *print*. Vorausexemplar *n*; ~ **ignition** (*od*. **sparking**) *mot*. Vor-, Frühzündung *f*; ~ **notice** Ankündigung *f*, Voranzeige *f*; ~ **payment** Vorauszahlung *f*; ~ **sale** Vorverkauf *m*; ~ **sheets** *print*. Aushängebogen *f*. **34.** *mil*. Vorhut..., Spitzen..., vorgeschoben: ~ **command post** vorgeschobener Gefechtsstand; ~ **party** Vorausabteilung *f*.

**ad·vanced** [əd'vɑːnst; *Am*. əd'vænst] *adj* **1.** *mil*. → **advance** 34. **2.** fortgeschritten: ~ **chemistry** Chemie *f* für Fortgeschrittene; ~ **student** Fortgeschrittene(r *m*) *f*; ~ **studies** wissenschaftliche Forschung. **3.** a) fortschrittlich, mo'dern: ~ **views**; ~ **thinkers**; ~ **guard** → avant-garde I, b) gar zu fortschrittlich, ex'trem. **4.** vorgerückt, fortgeschritten: ~ **age**; **at an** ~ **hour** zu vorgerückter Stunde; ~ **in pregnancy** hochschwanger; ~ **state** fortgeschrittenes Stadium; ~ **for one's years** weit *od*. reif für sein Alter. ~ **cred·it** → advanced standing. ~ **freight** *s econ*. vor'ausbezahlte Fracht. ~ **stand·ing** *s* *ped. Am*. Anerkennung der an e-r anderen gleichwertigen Lehranstalt erworbenen Zeugnisse.

**ad·vance¦guard** *s* **1.** *mil*. Vorhut *f*. **2.** → avant-garde I. ~ **guard point** *s* Spitze *f* (*der Vorhut*). ~ **man** *s irr pol. Am*. Wahlhelfer *m*, *bes*. Vorbereiter *m* e-r Wahlveranstaltung *od*. von Wahlveranstaltungen.

**ad¦vance·ment** *s* **1.** Förderung *f*. **2.** Beförderung *f* (**to captain** zum Hauptmann). **3.** Fortschritt *m* (**in** Kenntnissen *etc*), Weiterkommen *n*, Aufstieg *m*. **4.** Wachstum *n*. **5.** Vorschuß *m*. **6.** *jur*. Vor'ausempfang *m* (*e-s Erbteils*).

**ad·van·tage** [əd'vɑːntɪdʒ; *Am*. -'væn-] **I** *s* **1.** Vorteil *m*: a) Über'legenheit *f*,

Vorsprung *m*, b) Vorzug *m*: **the** ~**s of this novel machine** die Vorteile *od*. Vorzüge dieser neuen Maschine; **to gain an** ~ **over s.o.** sich j-m gegenüber e-n Vorteil verschaffen; **to have the** (*od*. **an**) ~ **of s.o.** j-m gegenüber im Vorteil sein; **you have the** ~ **of me** ich kenne leider Ihren (werten) Namen nicht. **2.** Nutzen *m*, Gewinn *m*, Vorteil *m*: **to** ~ vorteilhaft, günstig, von Vorteil; **to take** ~ **of s.o.** j-n übervorteilen *od*. ausnutzen; **to take** ~ **of s.th.** etwas ausnutzen, sich etwas zunutze machen; **to derive** (*od*. **draw**) ~ **from s.th.** aus etwas Nutzen *od*. e-n Vorteil ziehen. **3.** günstige Gelegenheit. **4.** *sport* Vorteil *m*: ~ **server** (**receiver**) (*Tennis*) Vorteil Aufschläger (Rückschläger); ~ **law** (*od*. **rule**) Vorteilsregel *f*; **to apply the** ~ **rule** Vorteil gelten lassen. **II** *v/t* **5.** fördern, begünstigen.

**ad·van·ta·geous** [ˌædvən'teɪdʒəs] *adj* (*adv* ~ly) vorteilhaft, günstig, von Vorteil.

**ad·vec·tion** [əd'vekʃn; *Am*. æd-] *s meteor*. Advekti'on *f* (*in waagerechter Richtung erfolgende Zufuhr von Luftmassen*).

**Ad·vent** ['ædvənt; *bes. Am*. -vent] *s* **1.** *relig*. Ad'vent *m*, Ad'ventszeit *f*: ~ **Sunday** der 1. Advent(ssonntag). **2.** *relig*. Ankunft *f* Christi. **3.** **a**~ (Auf-) Kommen *n*, Erscheinen *n*: **a**~ **to power** *fig*. Machtergreifung *f*. **'Ad·vent·ism** *relig*. Adven'tismus *m*. **Ad·vent·ist** ['ædvəntɪst; *Am. bes*. əd'ventəst] *s* Adven'tist(in).

**ad·ven·ti·tious** [ˌædven'tɪʃəs; -vən-] *adj* (*adv* ~ly) **1.** hin'zukommend, (zufällig) hin'zugekommen. **2.** zufällig, nebensächlich, Neben... **3.** *meist* zufällig erworben.

**ad·ven·tive** [əd'ventɪv; *Am. bes*. æd-] **I** *adj bot. zo*. nicht einheimisch: ~ **plant** → II. **II** *s bot*. Adven'tivpflanze *f*.

**ad·ven·ture** [əd'ventʃə(r)] **I** *s* **1.** Abenteuer *n*: a) gewagtes Unter'nehmen, Wagnis *n*, b) (unerwartetes *od*. aufregendes) Erlebnis: ~ **holiday** (*bes. Am*. **vacation**) Abenteuerurlaub *m*; ~ **playground** *Br*. Abenteuerspielplatz *m*. **2.** *econ*. Spekulati'onsgeschäft *n*: **joint** ~ → joint venture; **bill of** ~ Bodmereibrief *m*. **3.** *obs*. Zufall *m*. **II** *v/t* **4.** wagen, ris'kieren. **5.** gefährden. ~ **o.s.** sich wagen (**into** in *acc*). **III** *v/i* **7.** sich wagen (**on, upon** in, auf *acc*). **ad·ven·tur·er** *s* **1.** Abenteurer *m* (*a. contp*.). **2.** Speku'lant *m*. **ad·ven·ture·some** [-səm] *adj* abenteuerlich, abenteuerlustig, verwegen. **ad·ven·tur·ess** [-rɪs] *s* Abenteu(r)erin *f*. **ad·ven·tur·ism** *s* **1.** Abenteuertum *n*. **2.** 'Abenteuerpoliˌtik *f*. **ad·ven·tur·ous** *adj* (*adv* ~ly) **1.** abenteuerlich: a) verwegen, waghalsig, b) gewagt, kühn (*Sache*), c) aufregend, ˌtoll' (*Sache*). **2.** abenteuerlustig.

**ad·verb** ['ædvɜːb; *Am*. 'ædˌvɜrb] *s ling*. Ad'verb *n*, 'Umstandswort *n*. **ad·ver·bi·al** [əd'vɜːbjəl; *Am*. æd'vɜrbɪəl] **I** *adj* (*adv* ~ly) adverbi'al: ~ **phrase** → II. **II** *s* Adverbi'ale *n*, Adverbi'albestimmung *f*.

**ad·ver·sa·ry** ['ædvəsərɪ; *Am*. -vərˌserɪ] **I** *s* **1.** Gegner(in) (*a. sport*), 'Widersacher(in), Feind(in). **2.** **the A**~ *relig*. der 'Widersacher (*Teufel*). **3.** *jur*. (Pro'zeß-) Gegner(in). **II** *adj* **4.** *jur*. gegnerisch.

**ad·ver·sa·tive** [əd'vɜːsətɪv; æd-; *Am*. -'vɜr-] *adj ling*. adversa'tiv, gegensätzlich: ~ **word**.

**ad·verse** ['ædvɜːs; *Am*. æd'vɜrs; 'ædˌv-] *adj* (*adv* ~ly) **1.** entgegenwirkend, widrig, zu'wider (**to** *dat*). **2.** gegnerisch, feindlich: ~ **party** Gegenpartei *f*. **3.** ungünstig, nachteilig (**to** für): ~ **decision**; ~ **balance** *econ*. Unterbilanz *f*; ~ **trade balance** passive Handelsbilanz; ~

budget Haushaltsdefizit *n*; **to have an**~ **effect (up)on, to affect** ~**ly** sich nachteilig auswirken auf (*acc*). **4.** *bot*. gegenläufig. **5.** *jur*. entgegenstehend: ~ **claim**; ~ **possession** Ersitzung *f*; **to acquire s.th. by** ~ **possession** etwas ersitzen. **ad·ver·si·ty** [əd'vɜːsətɪ; *Am*. æd'vɜr-] *s* **1.** Not *f*, Unglück *n*: **in** ~ im Unglück; **in time of** ~ in Zeiten der Not. **2.** 'Mißgeschick *n*. **ad·vert I** *v/i* [əd'vɜːt; *Am*. æd'vɜrt] 'hinweisen, sich beziehen (**to** auf *acc*). **II** *s* ['ædvɜːt] *Br. colloq.* für **advertisement**. **ad·ver·tise** ['ædvə(r)taɪz] **I** *v/t* **1.** ankündigen, anzeigen, (*durch die Zeitung etc*) bekanntmachen: **to** ~ **a post** e-e Stelle (öffentlich) ausschreiben. **2.** *econ*. Re'klame machen für, werben für, anpreisen: ~**d performance** (werkseitig) angegebene Leistung. **3.** (**of**) in Kenntnis setzen, unter'richten (von), wissen lassen (*acc*). **4.** *contp*. etwas 'auspo<sub></sub>saunen, an die große Glocke hängen. **5.** *obs*. ermahnen, warnen. **II** *v/i* **6.** inse'rieren, annon'cieren: **to** ~ **for** durch Inserat suchen. **7.** werben, Re'klame machen, Werbung treiben. **ad·ver·tise·ment** [əd'vɜːtɪsmənt; -ɪz-; *Am. bes.* ˌædvər'taɪz-; *a*. əd'vɜrtɪz-; -tɪs-] *s* **1.** (*öffentliche*) Anzeige, Ankündigung *f* (*in e-r Zeitung*), Inse'rat *n*, An'nonce *f*: ~ **columns** Inseraten-, Anzeigenteil *m*; **notice by** ~ *jur.* öffentliche Zustellung: **to put an** ~ **in a newspaper** ein Inserat *od*. e-e Anzeige aufgeben *od*. in die Zeitung setzen. **2.** → **advertising** 2. **ad·ver·tis·er** ['ædvə(r)taɪzə(r)] *s* **1.** Inse'rent(in). **2.** Anzeiger *m*, Anzeigenblatt *n*. **3.** Werbefachmann *m*. **'ad·ver·tis·ing** [-zɪŋ] **I** *s* **1.** Inse'rieren *n*, Ankündigung *f*. **2.** Re'klame *f*, Werbung *f*: **to be in** ~ in der Werbung sein. **II** *adj* **3.** Anzeigen..., Reklame..., Werbe...: ~ **agency** a) Anzeigenannahme *f*, b) Werbeagentur *f*; ~ **agent** a) Anzeigenvertreter *m*, b) Werbeagent *m*; ~ **angle** werbemäßiges Vorgehen; ~ **budget** Werbeetat *m*; -**kampagne** *f* (*od*. **drive**) Werbefeldzug *m*, -**kampagne** *f*; ~ **department** a) Werbeabteilung *f*, b) *Am*. Inseratenannahme *f* (*e-r Zeitung*); ~ **expert** Werbefachmann *m*; ~ **gift** Werbegeschenk *n*; ~ **manager** Werbeleiter *m*; ~ **medium** Werbeträger *m*, -medium *n*; ~ **rates** Anzeigentarif *m*. **ad·ver·tize**, *etc Am*. für **advertise**, *etc*. **ad·vice** [əd'vaɪs] *s* (*nur sg*) **1.** Rat *m*, Ratschlag *m od*. Ratschläge *pl*: **a piece** (*od*. **bit**) **of** ~ ein Ratschlag, e-e Empfehlung; **legal** ~ Rechtsberatung *f*; **on** (*od*. **at**) **s.o.'s** ~ auf j-s Anraten, auf j-s Rat hin; **to seek** (*od*. **take**) ~ Rat suchen, sich Rat holen (**from** bei); **to take medical** ~ ärztlichen Rat einholen, e-n Arzt zu Rate ziehen; **take my** ~ folge m-m Rat, hör auf mich. **2.** a) Nachricht *f*, Anzeige *f*, (schriftliche) Mitteilung, b) *econ*. A'vis *m od*. *n*, Avi'sierung *f*, Bericht *m*: **credit** ~ Gutschriftsanzeige; ~ **of draft** Trattenavis; **letter of** ~ Avisbrief *m*, Benachrichtigungsschreiben *n*; ~ **and consent** *Am*. Zustimmung *f*; **as per** ~ laut Avis. **ad·vis·a·bil·i·ty** [əd<sub></sub>vaɪzə'bɪlətɪ] *s* Ratsamkeit *f*. **ad'vis·a·ble** *adj* ratsam, empfehlenswert. **ad'vis·a·bly** *adv* ratsamer-, zweckmäßigerweise. **ad·vise** [əd'vaɪz] **I** *v/t* **1.** j-m (an)raten, den *od*. e-n Rat erteilen, (an)empfehlen, *j-n* beraten: **they were** ~**d to go** man riet ihnen zu gehen; **what would you** ~ **me to do?** was rätst du mir? **2.** *etwas* (an)raten, raten zu, (an)empfehlen: **to** ~ **a change of air**; **he** ~**d waiting** er riet zu warten. **3.** (**against**) *j-n* warnen (vor *dat*), *j-m* abraten (von): **to** ~ **s.o. against**

doing s.th. j-m davon abraten, etwas zu tun. **4.** *bes. econ*. benachrichtigen, in Kenntnis setzen, avi'sieren, *j-m* Mitteilung machen (**of** von). **II** *v/i* **5.** *bes. Am*. sich beraten (**with** mit). **ad·vised** [əd'vaɪzd] *adj* **1.** beraten: **to be well** ~ **to** (*inf*) a) gut beraten sein zu (*inf*), b) gut daran tun zu (*inf*). **2.** infor'miert, benachrichtigt: **to keep s.o.** ~ j-n auf dem laufenden halten. **ad'vis·ed·ly** [-ɪdlɪ] *adv* **1.** mit Bedacht *od*. Über'legung. **2.** absichtlich, bewußt. **ad'vise·ment** *s bes. Am*. **1.** Über'legung *f*: **to take under** ~ sich durch den Kopf gehen lassen. **2.** a) Rat *m*, b) Beratung *f*. **ad'vis·er, ad'vi·sor** [-zə(r)] *s* **1.** Berater *m*, Ratgeber *m*. **2.** *ped*. Studienberater *m*. **ad'vi·so·ry** [-zərɪ] *adj* beratend: ~ **board** Beratungsstelle *f*; **in an** ~ **capacity** in beratender Funktion; ~ **committee** Beratungsausschuß *m*; ~ **council** Beirat *m*; ~ **opinion** (Rechts-) Gutachten *n*; ~ **procedure** (*Völkerrecht*) Gutachterverfahren *n*. **ad·vo·ca·cy** ['ædvəkəsɪ] *s* (**of**) Verteidigung *f*, Befürwortung *f*, Empfehlung *f* (*gen*), Eintreten *n* (für). **ad·vo·cate** ['ædvəkət; -keɪt] **1.** Verfechter *m*, Befürworter *m*: **an** ~ **of peace**. **2.** *bes. relig.* Verteidiger *m*, Fürsprecher *m*. **3.** *jur*. a) *Scot*. Rechtsanwalt *m*: → **Lord Advocate**, b) *Am*. Rechtsbeistand *m*. **II** *v/t* [-keɪt] **4.** verteidigen, befürworten, eintreten für: **to** ~ **that** dafür eintreten, daß. **ad·vow·son** [əd'vaʊzn] *s relig. Br.* Pfründenbesetzungsrecht *n*. **adz(e)** [ædz] *s* Breitbeil *n*. **Ae·ge·an** [iː'dʒiːən] *geogr.* **I** *adj* ä'gäisch: **the** ~ **Sea** → **II**. **II** *s*: **the** ~ das Ägäische Meer, die Ägäis. **ae·gis** ['iːdʒɪs] *s* **1.** *antiq.* Ägis *f* (*Schild des Zeus u. der Athene*). **2.** *fig.* Ä'gide *f*, Schirmherrschaft *f*: **under the** ~ **of**. **ae·gro·tat** [iː'grəʊtæt] (*Lat.*) *univ. Br.* **1.** 'Krankheitsat<sub></sub>test *n* (*für Examenskandidaten*). **2.** *a*. ~ **degree** wegen Krankheit in Abwesenheit *od*. ohne Prüfung verliehener aka'demischer Grad. **ae·o·li·an** [iː'əʊljən; -lɪən] *adj* **1.** *myth.* Äols...: ~ **harp** Äolsharfe *f*. **2.** A~ *geogr.* ä'olisch. **A~ mode** *s mus.* ä'olischer Kirchenton, äolische Tonart. **ae·on** ['iːən] *s* a) Ä'on *m*, Zeit-, Weltalter *n*, b) Ewigkeit *f*. **aer·ate** ['eɪəreɪt; *bes. Am.* 'eər-] *v/t* **1.** *Raum* lüften, (*a. Gewässer*) belüften, (*a. Aquarium, Erdreich*) durch'lüften. **2.** *Flüssigkeit* a) mit Kohlensäure anreichern, b) zum Sprudeln bringen. **3.** a) *med.* dem *Blut* (durch Atmung) Sauerstoff zuführen, b) *Gewässer* mit Sauerstoff anreichern. **4.** *fig.* e-n *Dialog etc* spritzig machen (**with** mit, durch). **'aer·at·ed** *adj* mit Kohlensäure angereichert: ~ **water** kohlensaures Wasser. **aer'a·tion** *s* **1.** (Be-, Durch)Lüftung *f*. **2.** Anreicherung *f* mit Kohlensäure. **3.** *med.* Sauerstoffzufuhr *f*. **aer·i·al** ['eərɪəl; *Am. a.* eɪ'ɪr-] **I** *adj* **1.** luftig, zur Luft gehörend, in der Luft lebend *od*. befindlich, hoch, Luft...: ~ **advertising** Luftwerbung *f*, -reklame *f*, Himmelsschrift *f*; ~ **cableway** Seilschwebebahn *f*; ~ **ladder** *Am*. Drehleiter *f* (*der Feuerwehr*); ~ **railway** Hänge-, Schwebebahn *f*; ~ **root** *bot*. Luftwurzel *f*. **2.** aus Luft bestehend, leicht, flüchtig, ä'therisch. **3.** *fig.* ä'therisch: a) schemenhaft, wesenlos, b) zart. **4.** *air.* zum Flugzeug *od.* zum Fliegen gehörig, fliegerisch: ~ **attack** *mil.* Luft-, Fliegerangriff *m*; ~ **barrage** *mil.* a) Luftsperre-, Flakfeuer *n*, b) Ballonsperre *f*; ~ **camera** Luftkamera *f*; ~ **combat** *mil.* Luftkampf

*m*; ~ **defence** (*Am.* **defense**) *mil.* Luftabwehr *f*, -verteidigung *f*; ~ **inspection** Luftinspektion *f*; ~ **map** Luftbildkarte *f*; ~ **navigation** Luftschiffahrt *f*; ~ **sports** Flugsport *m*; ~ **view** Flugzeugaufnahme *f*, Luftbild *n*. **5.** *tech.* oberirdisch, Ober..., Frei..., Luft...: ~ **cable** Luftkabel *n*; ~ **line**, ~ **wire** *electr.* Ober-, Freileitung *f*. **6.** *Radio etc*: *bes. Br.* Antennen...: ~ **array** Richtantennennetz *n*; ~ **booster** Antennenverstärker *m*; ~ **gain** Antennengewinn *m*; ~ **mast** Antennenmast *m*; ~ **noise** Antennenrauschen *n*; ~ **power** Antennenleistung *f*. **II** *s* **7.** *bes. Br.* An'tenne *f*. **aer·i·al·ist** ['eərɪəlɪst; *Am. a.* eɪ'ɪr-] *s bes. Am.* 'Luftakro<sub></sub>bat(in). **aer·ie** ['eərɪ; 'ɪərɪ] *bes. Am.* für **eyrie**. **aer·o** ['eərəʊ] *adj* a) Flugzeug...: ~ **engine**, b) Luftsport...: ~ **club** Aeroclub *m*. **aero-** [eərəʊ] Wortelement mit der Bedeutung Aero..., Luft... **aer·o·bal'lis·tics** *s pl* (*als sg konstruiert*) Aerobal'listik *f*. **aer·o·bat·ics** [ˌeərəʊ'bætɪks; -rə'b-] *s pl* (*als sg konstruiert*) Kunstflug *m*. **aer·obe** ['eərəʊb] *s biol.* Ae'robier *m* (*Organismus, der nur mit Sauerstoff leben kann*). **aer·o·bic** [eə'rəʊbɪk] *adj* **1.** ae'rob (*Organismus*). **2.** *Sportmedizin*: ae'rob: ~ **capacity** aerobe Kapazität. **aer·o·bi'ol·o·gy** *s biol.* Aerobiolo'gie *f*. **aer·o·bi'o·sis** [-baɪ'əʊsɪs] *s biol.* Aerobi'ose *f* (*auf Luftsauerstoff angewiesene Lebensvorgänge*). **'aer·o<sub></sub>body** → **aerodyne**. **'aer·o<sub></sub>cam·er·a** *s* Luftkamera *f*. **aer·o·drome** ['eərədrəʊm] *s aer. Br.* Flugplatz *m*. **ˌaer·o·dy'nam·ic** *phys.* **I** *adj* (*adv* ~**ally**) aerody'namisch: ~ **design** *tech.* aerodynamische Linienführung, Windschnittigkeit *f*, Stromlinienform *f*; ~ **volume displacement** Luftverdrängung *f*. **II** *pl* (*als sg konstruiert*) Aerody'namik *f*. **ˌaer·o·dy'nam·i·cal** → **aerodynamic** I. **aer·o·dy'nam·i·cist** [-ɪsɪst] *s* Aerody'namiker *m*. **aer·o·dyne** ['eərəʊdaɪn] *s* Luftfahrzeug *n* schwerer als Luft. **'aer·o<sub></sub>e·las'tic·i·ty** *s aer. tech.* Aeroelastizi'tät *f* (*das Verhalten der elastischen Flugzeugbauteile gegenüber den aerodynamischen Kräften*). **ˌaer·o'em·bo·lism** *s med.* 'Luftembo<sub></sub>lie *f*. **aer·o·foil** ['eərəʊfɔɪl] *s aer. bes. Br.* Tragfläche *f*, *a.* Höhen-, Kiel- *od.* Seitenflosse *f*: ~ **section** Tragflächenprofil *n*. **aer·o·gram** ['eərəʊgræm] *s* **1.** Funkspruch *m*. **2.** Aero'gramm *n*, Luftpostleichtbrief *m*. **aer·og·ra·pher** [ˌeə'rɒgrəfər] *s mar. mil. Am.* Wetterbeobachter *m*. **aer·o·lite** ['eərəʊlaɪt], *a.* 'aer·o·lith [-lɪθ] *s* Aero'lith *m*, Mete'orstein *m*. **aer·ol·o·gy** [eə'rɒlədʒɪ; *Am. a.* eər'ɑl-] *s meteor.* **1.** Aerolo'gie *f*, Erforschung *f* der höheren Luftschichten. **2.** aero'nautische Meteorolo'gie *f*. **aer·o·me'chan·ic I** *s* **1.** 'Flugzeugme<sub></sub>chaniker *m*. **2.** *pl* (*als sg konstruiert*) Aerome'chanik *f*. **II** *adj* **3.** 'flugzeugme<sub></sub>chanisch. **aer·o'med·i·cine** *s* Aeromedi'zin *f*, 'Luftfahrtmedi<sub></sub>zin *f*. **aer·om·e·ter** [eə'rɒmɪtə; *Am.* ˌeər'ɑmə-tər] *s phys.* Aero'meter *n*, Luftdichtemesser *m*. **'aer·o<sub></sub>mod·el·ling** *s Br.* Mo'dellflugzeugbau *m*. **aer·o·naut** ['eərənɔːt; *Am. a.* -ˌnɑːt] *s* Luftfahrer *m*, -schiffer *m*. **ˌaer·o'nau-**

**tic I** *adj* → aeronautical. **II** *s pl (als sg konstruiert)* Aero'nautik *f:* a) *obs.* Luftfahrt *f,* b) Luftfahrtkunde *f.* ˌaer·o-'nau·ti·cal *adj (adv ~ly)* ~ **engineering** Flugzeugbau *m;* ~ **station** Bodenfunkstelle *f;* ~ **telecommunication service** Flugfernmeldedienst *m.*

**aer·on·o·my** [eə'rɒnəmɪ; *Am.* ˌeər'ɑn-] *s phys.* Aerono'mie *f,* Erforschung *f* der obersten Atmo'sphäre.

**aer·o·pause** ['eərəʊpɔːz] *s* Aero'pause *f (Bereich in großer Höhe, etwa 20–200 km über der Erde).*

ˌaer·o'pha·gi·a [-'feɪdʒɪə; -dʒə] *s med.* Aeropha'gie *f,* (krankhaftes) Luftschlucken.

ˌaer·o·phi'lat·e·ly *s* Sammeln *n* von 'Luftpostmarken u. -ˌumschlägen.

ˌaer·o'pho·bi·a *s med.* Aeropho'bie *f,* (krankhafte) Angst vor frischer Luft.

**aer·o·phone** ['eərəfəʊn] *s mus.* Aero'phon *n,* 'Blasinstruˌment *n.*

**aer·o·phyte** ['eərəfaɪt] *s bot.* Aero'phyt *m,* Luftpflanze *f.*

**aer·o·plane** ['eərəpleɪn] *s bes. Br.* Flugzeug *n:* ~ **flutter** *TV* Flugzeugflattern *n.*

ˌaer·o'plank·ton *s biol.* Aero'plankton *n.*

**aer·o·sol** ['eərəʊsɒl; *Am. a.* -ˌsɑl] *s* **1.** *chem. phys.* Aero'sol *n:* ~ **bomb** Aerosolbombe *f (Insektenpulver verstäubender Metallbehälter);* ~ **therapy** *med.* Aerosoltherapie *f.* **2.** Spray-, Sprühdose *f.*

**aer·o·space** ['eərəʊspeɪs] **I** *s* Weltraum *m.* **II** *adj* a) Raumfahrt...: ~ **industry;** ~ **medicine,** b) (Welt)Raum...: ~ **research;** ~ **vehicle.**

**aer·o·sphere** ['eərəʊˌsfɪə(r)] *s* 'Erdatmoˌsphäre *f.*

**aer·o·stat** ['eərəʊstæt] *s* Luftfahrzeug *n* leichter als Luft.

ˌaer·o'stat·ics *s pl (als sg konstruiert)* Aero'statik *f (Lehre vom Gleichgewicht der Gase).*

'aer·oˌther·a'peu·tics *s pl (als sg konstruiert) med.* Aerothera'pie *f,* Luftbehandlung *f.*

**ae·ru·gi·nous** [ɪə'ruːdʒɪnəs] *adj* grünspanartig, pati'niert.

**Aes·cu·la·pi·an** [ˌiːskjʊ'leɪpjən; -ɪən; *Am.* ˌeskjə-] *adj* **1.** äsku'lapisch, Äskulap...: ~ **staff** Äskulapstab *m.* **2.** ärztlich.

**aes·thete** ['iːsθiːt; *bes. Am.* 'es-] *s* Äs'thet *m.* **aes'thet·ic** [-'θetɪk] *adj,* **aes'thet·i·cal** *adj (adv ~ly)* äs'thetisch.

**aes·the·ti·cian** [ˌiːsθɪ'tɪʃn; *bes. Am.* ˌes-] *s* Äs'thetiker *m.* **aes·thet·i·cism** [iːs-'θetɪsɪzəm; *bes. Am.* es-] *s* **1.** Ästhet'izismus *m.* **2.** Schönheitssinn *m.* **aes'thet·i·cize** *v/t* ästheti'sieren, äs'thetisch machen, verschönern.

**aes·thet·ics** [iːs'θetɪks; *bes. Am.* es-] *s pl (als sg konstruiert)* Äs'thetik *f.*

**aes·ti·val,** *etc bes. Br. für* estival, *etc.* **ae·ther, ae·the·re·al** → ether, ethereal.

**ae·ti·ol·o·gy** *bes. Br. für* etiology.

**a·far** [ə'fɑː(r)] *adv* fern, weit (weg), entfernt: ~ **off** in der Ferne; **from** ~ von weit her, aus weiter Ferne.

**a·fear(e)d** [ə'fɪə(r)d] *adj obs.* furchtsam.

**af·fa·bil·i·ty** [ˌæfə'bɪlətɪ] *s* Leutseligkeit *f,* Freundlichkeit *f.* **'af·fa·ble** *adj (adv* **affably)** leutselig, freundlich, 'umgänglich.

**af·fair** [ə'feə(r)] *s* **1.** Angelegenheit *f,* Sache *f,* Geschäft *n:* **that is his** ~ das ist s-e Sache; **to make an** ~ **of s.th.** aus etwas e-e Affäre machen; ~ **of hono(u)r** Ehrenhandel *m (Duell);* **an** ~ **of the imagination** e-e Sache der Phantasie. **2.** *pl* Angelegenheiten *pl,* Verhältnisse *pl:* **public** ~**s** öffentliche Angelegenheiten; ~**s of state** Staatsangelegenheiten, -ge-

schäfte *pl;* **the state of** ~**s** a) die Lage der Dinge, die Sachlage, b) *jur.* der Tatbestand, der Sachverhalt; → **foreign** 1, **statement** 5. **3.** *colloq.* Ding *n,* Sache *f,* 'Appaˌrat' *m:* **the car was a shiny** ~. **4.** Af'färe *f:* a) Ereignis *n,* Geschichte *f,* Sache *f,* b) Skan'dal *m,* (berüchtigter) Fall, c) 'Liebesafˌfäre *f,* Verhältnis *n:* **to have an** ~ **with s.o.** **5.** *Am. colloq.* „Sache" *f,* Veranstaltung *f:* **a big social** ~. **6.** *mil.* Gefecht *n.*

**af·faire** [ə'feə(r)] → affair 4 c.

**af·fect¹** [ə'fekt] *v/t* **1.** lieben, e-e Vorliebe haben für, neigen zu, vorziehen: **to** ~ **loud neckties** auffallende Krawatten bevorzugen; **much** ~**ed by** sehr beliebt bei. **2.** zur Schau tragen, erkünsteln, nachahmen: **he** ~**s an Oxford accent** er redet mit e-m gekünstelten Oxforder Akzent. **3.** vortäuschen: **to** ~ **ignorance;** **to** ~ **a limp** so tun, als hinke man. **4.** sich gern aufhalten in *(dat)* *(Tiere),* vorkommen in *(dat).*

**af·fect²** [ə'fekt] **I** *v/t* **1.** betreffen, berühren, (ein)wirken *od.* sich auswirken auf *(acc),* beeinflussen, beeinträchtigen, in Mitleidenschaft ziehen. **2.** *med.* angreifen, befallen, affi'zieren. **3.** bewegen, rühren, ergreifen. **4.** zuteilen **(to** *dat).* **II** *s* ['æfekt] **5.** *psych.* Af'fekt *m,* Erregung *f.*

**af·fec·ta·tion** [ˌæfek'teɪʃn] *s* **1.** Affek'tiertheit *f,* Geziertheit *f.* **2.** Heuche'lei *f,* Verstellung *f.* **3.** Vorgeben *n:* **his** ~ **of pity** das von ihm zur Schau getragene Mitleid. **4.** (über'triebene) Vorliebe **(of** für).

**af·fect·ed¹** [ə'fektɪd] *adj (adv ~ly)* **1.** affek'tiert, gekünstelt, geziert. **2.** zur Schau getragen, erkünstelt. **3.** vorgetäuscht. **4.** *obs.* geneigt, gesinnt **(toward[s]** *dat).*

**af·fect·ed²** [ə'fektɪd] *adj* **1.** *med.* befallen **(with** von), angegriffen. **2.** betroffen, berührt. **3.** gerührt, bewegt, ergriffen.

**af·fect·ing** [ə'fektɪŋ] *adj* rührend, ergreifend.

**af·fec·tion** [ə'fekʃn] *s* **1.** *oft pl* a) Liebe *f,* Zuneigung *f* **(for, toward[s** zu), b) Gefühl *n:* **to play on s.o.'s** ~**s** mit j-s Gefühlen spielen. **2.** Af'fekt *m,* Gemütsbewegung *f,* Stimmung *f.* **3.** *med.* Affekti'on *f,* Erkrankung *f,* Leiden *n.* **4.** Einfluß *m,* -wirkung *f.* **5.** *obs.* **(toward[s])** Hang *m* (zu), Neigung *f* (zu), Vorliebe *f* (für).

**af·fec·tion·ate** [ə'fekʃnət] *adj (adv ~ly)* gütig, liebevoll, zärtlich, herzlich: ~**ly yours** Dein Dich liebender...; *(Briefschluß);* ~**ly known as Pat** unter dem Kosenamen Pat bekannt. **af'fec·tion·ate·ness** *s* liebevolle Art, Zärtlichkeit *f.*

**af·fec·tive** [ə'fektɪv] *adj (adv ~ly)* **1.** Gemüts..., Gefühls... **2.** *psych.* emotio'nal, affek'tiv, Affekt...: ~ **psychosis** Affektpsychose *f.*

**af·fen·pin·scher** ['æfənˌpɪntʃə(r)] *s zo.* Affenpinscher *m.*

**af·fi·ance** [ə'faɪəns] *obs.* **I** *s* **1.** Vertrauen *n* **(in** auf *acc,* zu). **2.** Verlobung *f* **(to** mit), Eheversprechen *n.* **II** *v/t* **3. (o.s.** sich) verloben **(to** mit): **to** ~ **one's daughter to s.o.** j-m die Hand s-r Tochter versprechen. **af'fi·anced** *adj* verlobt **(to** mit).

**af·fi·ant** [ə'faɪənt] *s jur. Am.* Aussteller *m* e-s affidavit.

**af·fiche** [æ'fiːʃ] *s* Af'fiche *f,* Aushang *m,* Pla'kat *n.*

**af·fi·da·vit** [ˌæfɪ'deɪvɪt] *s jur.* (schrift-liche) eidliche Erklärung: **to swear an** ~ e-e (schriftliche) beeidigte Erklärung abgeben; **to swear an** ~ **of means** den Offenbarungseid leisten; ~ **of support** *Am.* Bürgschaftserklärung *f (für Einwanderer).*

**af·fil·i·ate** [ə'fɪlɪeɪt] **I** *v/t* **1.** *(als Mitglied)*

aufnehmen. **2. (on, upon)** *etwas* zu'rückführen (auf *acc),* zuschreiben *(dat):* **to** ~ **a child to** *(od.* **on) s.o.** *jur.* j-m die Vaterschaft e-s Kindes zuschreiben. **3. (to)** a) (eng) verbinden *od.* verknüpfen (mit), b) angliedern, anschließen *(dat,* an *acc).* **II** *v/i* **4. (with)** sich anschließen *(dat,* an *acc),* (e-r *Organisation)* beitreten. **5.** *Am.* **(with)** verkehren (mit), sich anschließen *(dat,* an *acc).* **III** *adj* [-lɪət] **6.** → affiliated. **IV** *s* [-lɪət; -lɪeɪt] **7.** *Am.* Mitglied *n.* **8.** a) 'Zweigorganisatiˌon *f,* b) *econ.* Tochtergesellschaft *f.* **af·fil·i·at·ed** [-lɪeɪtɪd] *adj* angeschlossen, Zweig..., Tochter...: ~ **company** *econ.* Tochtergesellschaft *f.*

**af·fil·i·a·tion** [əˌfɪlɪ'eɪʃn] *s* **1.** Aufnahme *f (als Mitglied etc).* **2.** *jur.* Zuschreibung *f od.* Feststellung *f* der Vaterschaft: ~ **proceedings** Vaterschaftsprozeß *m;* **to file an** ~ **petition** *Am.* Unterhaltsklage einreichen. **3.** Zu'rückführung *f (auf den Ursprung).* **4.** Verbindung *f,* Anschluß *m,* Angliederung *f.* **5.** *bes. pol. relig.* Mitgliedschaft *f,* Zugehörigkeit *f.*

**af·fined** [ə'faɪnd; *Am. a.* æ-] *adj* verwandt, verbunden **(to** *dat,* mit).

**af·fin·i·ty** [ə'fɪnətɪ] *s* **1.** Verwandtschaft *f (durch Heirat),* Verschwägerung *f.* **2.** (geistige) Verwandtschaft, Über'einstimmung *f.* **3.** Wahlverwandtschaft *f,* gegenseitige Anziehung. **4.** Wahlverwandte(r *m) f.* **5.** Wesensverwandtschaft *f,* Ähnlichkeit *f,* *(das)* Gemeinsame *od.* Verbindende. **6.** *chem.* Affini'tät *f.* **7.** Neigung *f* **(for, to** zu).

**af·firm** [ə'fɜːm; *Am.* ə'fɜrm] **I** *v/t* **1.** a) versichern,) b) beteuern, **2.** bekräftigen, *jur. das Urteil* bestätigen. **3.** *jur.* an Eides Statt versichern. **II** *v/i* **4.** *jur.* e-e Versicherung an Eides Statt abgeben. **5.** *jur. das Urteil* bestätigen. **III** *adj* **6.** **that's** ~ *Am. colloq.* richtig!, stimmt!

**af·fir·ma·tion** [ˌæfə(r)'meɪʃn] *s* **1.** a) Versicherung *f,* b) Beteuerung *f.* **2.** Bekräftigung *f,* Bestätigung *f.* **3.** *jur.* Versicherung *f* an Eides Statt: **to make an** ~ → affirm 4. **af·firm·a·tive** [-ətɪv] **I** *adj (adv ~ly)* **1.** bejahend, zustimmend, positiv: **an** ~ **reply;** ~ **vote** *pol.* Ja-Stimme *f.* **2.** bestimmt, positiv. **3.** ~ **action** (plan *od.* **program)** *Am.* Programm, das die Diskriminierung von Minderheitsgruppen, Frauen *etc* bekämpft. **II** *s* **4.** Bejahung *f:* **to answer in the** ~ bejahen. **5.** *jur. Am.* beweispflichtige Par'tei.

**af·fix I** *v/t* [ə'fɪks; æ-] **1. (to)** befestigen, anbringen (an *dat),* anheften, ankleben (an *acc).* **2.** hin'zu-, beifügen, beilegen. **3. (to)** *s-e Unterschrift* setzen (unter *acc), ein Siegel* anbringen (an *dat), e-n Stempel* aufdrücken *(dat)* (a. *fig.).* **II** *s* ['æfɪks] **4.** *ling.* Af'fix *n (an den Wortstamm tretendes Bildungselement).* **5.** Hin'zu-, Beifügung *f,* Anhang *m.*

**af·fla·tus** [ə'fleɪtəs] *s* Inspirati'on *f:* **divine** ~.

**af·flict** [ə'flɪkt] *v/t* betrüben, bedrücken, plagen, quälen, heimsuchen. **af·flict·ed** *adj* **1.** niedergeschlagen, bedrückt, betrübt. **2. (with)** a) befallen, geplagt, heimgesucht (von), behaftet (mit), b) leidend (an *dat):* **to be** ~ **with** leiden an *dat).* **af·flic·tion** *s* **1.** Betrübnis *f,* Niedergeschlagenheit *f,* Kummer *m.* **2.** a) Gebrechen *n,* b) *pl* Beschwerden *pl:* ~**s of old age** Altersbeschwerden. **3.** Elend *n,* Not *f:* → **brother** 3.

**af·flu·ence** ['æfluəns] *s* **1.** Zustrom *m.* **2.** Fülle *f,* 'Überfluß *m.* **3.** Reichtum *m,* Wohlstand *m:* **to live in** ~ im Wohlstand leben; **to rise to** ~ zu Wohlstand kommen; **demoralization by** ~ *sociol.* Wohlstandsverwahrlosung *f.* **'af·flu·ent I** *adj (adv ~ly)* **1.** reich(lich).

**2.** wohlhabend, reich (**in** an *dat*): ~ **society** *sociol.* Wohlstandsgesellschaft *f.* **II** *s* **3.** Nebenfluß *m.*

**af·flux** ['æflʌks] *s* **1.** Zufluß *m,* Zustrom *m* (*a. fig.*). **2.** *physiol.* Zustrom *m,* (Blut-) Andrang *m.*

**af·ford** [ə'fɔ:(r)d; *Am. a.* ə'fəʊərd] *v/t* **1.** sich leisten, sich erlauben, die Mittel haben für: **we can't** ~ **it** wir können es uns nicht leisten (*a. fig.*), es ist für uns unerschwinglich. **2.** aufbringen, *Zeit* erübrigen. **3.** gewähren, bieten: **to** ~ **protection** (**satisfaction**); **to** ~ **s.o. pleasure** j-m Freude machen. **4.** (*als Produkt*) liefern: **olives** ~ **oil.** **af·ford·a·ble** *adj* erschwinglich (*Preis*): **at** ~ **prices.**

**af·for·est** [æ'fɒrɪst; *Am. a.* æ'fɑr-] *v/t* aufforsten. **af,for·est'a·tion** *s* Aufforstung *f.*

**af·fran·chise** [ə'fræntʃaɪz; æ-] *v/t* befreien (**from** aus *dem Gefängnis,* von *e-r Verpflichtung*).

**af·fray** [ə'freɪ] **I** *v/t obs.* erschrecken. **II** *s jur.* Schläge'rei *f,* Raufhandel *m* (*Störung der öffentlichen Ordnung*).

**af·freight** [ə'freɪt; æ-] *v/t mar.* ein *Frachtschiff* a) chartern, b) befrachten. **af'freight·ment** *s a.* **contract of** ~ (See)Frachtvertrag *m.*

**af·fri·cate** ['æfrɪkət] *s ling.* Affri'kata *f* (*Verschlußlaut mit folgendem Reibelaut*). **af·fric·a·tive** [æ'frɪkətɪv; ə-] **I** *adj* affri'ziert, angerieben. **II** *s* → **affricate.**

**af·fright** [ə'fraɪt] *obs. od. poet.* **I** *v/t* erschrecken. **II** *s* Schreck *m.*

**af·front** [ə'frʌnt] **I** *v/t* **1.** beleidigen, beschimpfen. **2.** *Stolz, Würde* verletzen. **3.** *obs.* trotzen (*dat*). **II** *s* **4.** Beleidigung *f,* Af'front *m.* **5.** Verletzung *f* (**to** *gen*): **that was an** ~ **to his pride** das verletzte s-n Stolz.

**Af·ghan** ['æfgæn] **I** *s* **1.** Af'ghane *m,* Af'ghanin *f.* **2.** a~ Af'ghan *m* (*handgeknüpfter Wollteppich*). **3.** *ling.* Af'ghanisch *n,* das Afghanische. **4.** *a.* ~ **hound** Af'ghane *m.* **II** *adj* **5.** af'ghanisch.

**a·fi·cio·na·do** [ə,fɪsjə'nɑ:dəʊ; *Am.* ə,fɪsi:-ə'nɑ:də] *pl* **-dos** *s* Fan *m,* Liebhaber *m:* **jazz** ~.

**a·field** [ə'fi:ld] *adv* **1.** im *od.* auf dem Feld. **2.** ins *od.* aufs Feld. **3.** in der Ferne, draußen. **4.** in die Ferne, hin'aus. **5.** *bes. fig.* in die Irre: **to lead s.o.** ~; **to be quite** ~ a) gewaltig im Irrtum *od.* auf dem Holzweg sein (*Person*), b) ganz falsch *od.* weit gefehlt sein (*Sache*), c) weit über den Rahmen hinausgehen (*Sache*); **to go** ~ a) in die Ferne schweifen, b) sich (voll u. ganz) einsetzen, c) in die Irre gehen, d) ,danebengehen' (*Ansicht, Schuß etc*).

**a·fire** [ə'faɪə(r)] *adv u. pred adj* in Brand, in Flammen: **to be** ~ in Flammen stehen, brennen; **to set** ~ in Brand setzen *od.* stecken, anzünden; **to be** ~ **with desire** von dem brennenden Wunsch besessen sein (**to do** zu tun); **to be** ~ **with enthusiasm** a) vor Begeisterung glühen, b) *a.* **to be all** ~ Feuer u. Flamme sein (**for** für).

**a·flame** [ə'fleɪm] *adv u. pred adj* → afire: **to be** ~ **with colo(u)r** in allen Farben glühen *od.* leuchten.

**af·la·tox·in** [,æflə'tɒksɪn; *Am.* -'tɑk-] *s biol.* Aflato'xin *n* (*Stoffwechselprodukt verschiedener Schimmelpilze*).

**a·float** [ə'fləʊt] *adv u. pred adj* **1.** flott, schwimmend: **to keep** ~ (sich) über Wasser halten (*a. fig.*); **to set** ~ *mar.* flottmachen (→ *3 u.* 4). **2.** an Bord, auf See: **goods** ~ *econ.* schwimmende Güter. **3.** in 'Umlauf (*Gerücht etc*): **to set** ~ in Umlauf bringen; **there is a rumo(u)r** ~ **that** es geht das Gerücht (um), daß. **4.** *fig.* im Gange: **to set** ~ in Gang setzen. **5.** über-'schwemmt: **to be** ~ unter Wasser stehen.

---

**a·flut·ter** [ə'flʌtə(r)] *adv u. pred adj* **1.** flatternd. **2.** unruhig, aufgeregt.

**a·foot** [ə'fʊt] *adv u. pred adj* **1.** *obs.* zu Fuß. **2.** *obs.* auf den Beinen: **he is** ~ **again after his illness. 3.** *fig.* im Gang(e): **to set** ~ in Gang setzen; **something is** ~ es ist etwas im Gange.

**a·fore** [ə'fɔ:(r); *Am. a.* ə'fəʊər] *obs. für* before. **a,fore'men·tioned, a'fore·said** *adj* obenerwähnt, obengenannt, vorerwähnt, obig(er, e, es). **a'fore·thought** *adj ju.* vorbedacht, vorsätzlich: → malice 5. **a'fore·time** *obs.* **I** *adv* vormals, früher. **II** *adj* früher, ehemalig.

**a for·ti·o·ri** ['eɪ,fɔ:(r)tɪ'ɔ:raɪ; *Am.* -'əʊ-] *adv* a forti'ori, erst recht, um so mehr.

**a·foul** [ə'faʊl] *adv u. pred adj* in Kollisi'on: **to run** ~ **of** zs.-stoßen mit, rammen (*acc*); **to run** (*od.* fall) ~ **of the law** mit dem Gesetz in Konflikt kommen.

**a·fraid** [ə'freɪd] *adj:* **to be** ~ Angst haben, sich fürchten (**of** vor *dat*); **to be** ~ **to do** (*od.* **of doing**) sich fürchten *od.* scheuen zu tun; ~ **of hard work** faul, arbeitsscheu; **I'm** ~ **he won't come** ich fürchte, er wird nicht kommen; **I'm** ~ **you are wrong** ich glaube fast *od.* fürchte, Sie irren sich; **I'm** ~ **I must go** leider muß ich jetzt gehen; **I'm** ~ **so** leider ja; ja, leider; **I'm** ~ **not** leider nein *od.* nicht.

**af·reet** ['æfri:t; ə'fri:t] *s* böser Dämon.

**a·fresh** [ə'freʃ] *adv* von neuem, abermals, wieder, von vorn: **to begin** ~.

**Af·ric** ['æfrɪk] *colloq. für* African I.

**Af·ri·can** ['æfrɪkən] **I** *s* **1.** Afri'kaner(in). **2.** Neger(in) (*in Amerika lebend*). **II** *adj* **3.** afri'kanisch: ~ **violet** *bot.* Usambaraveilchen *n.* **4.** (*ursprünglich*) afri'kanischer Abstammung, Neger...

**Af·ri·can·der** [,æfrɪ'kændə(r)] *obs. für* Afrikaner.

**Af·ri·can·ism** ['æfrɪkənɪzəm] *s bes. ling.* Afrika'nismus *m.* **'Af·ri·can·ist** *s* Afrika'nist(in).

**Af·ri·kaans** [,æfrɪ'kɑ:ns; -z] *s ling.* Afri'kaans *n,* Kapholländisch *n.* **Af·ri·kan·der** [,æfrɪ'kændə(r)] *obs. für* Afrikaner. **Af·ri·ka·ner** [,æfrɪ'kɑ:nə(r)] *s* Afri'ka(a)nder *m* (*Weißer mit Afrikaans als Muttersprache*).

**Af·ro** ['æfrəʊ] **I** *pl* **-ros** *s* a) Afro-Look *m,* b) *a.* ~ **hairdo** 'Afro-Fri,sur *f,* Fri'sur im Afro-Look. **II** *adv u. pred adj:* **to wear one's hair** ~ sein Haar im Afro-Look tragen, *a.* e Afro-Frisur tragen.

**,Af·ro-'A'mer·i·can** [,æfrəʊ-] **I** *s* 'Afroameri,kaner(in). **II** *adj* 'afroameri-,kanisch. **,~-A'mer·i·can·ism** *s* ameri'kanische 'Negerkul,tur. **,~-'A·sian** *adj* 'afroasi,atisch.

**Af·roed** ['æfrəʊd] *adj* im Afro-Look: ~ **young blacks.**

**'Af·ro·ism** *s* Inter'esse *n* an 'schwarz-afri,kanischer Kul'tur u. an der Ausbreitung schwarzafrikanischer Macht.

**,Af·ro-'Sax·on** *s contp.* Schwarzer, der dem weißen Es'tablishment angehört *od.* ihm angehören möchte.

**aft** [ɑ:ft; æft] *adv mar.* achtern, hinten (*im Schiff*): **fore and** ~ von vorn nach achtern (zu).

**af·ter** ['ɑ:ftə; *Am.* 'æftər] **I** *adv* **1.** nachher, nach, hinter'her, da'nach, dar'auf, später, hinten'nach: **for months** ~ noch monatelang; **during the weeks** ~ in den (nach)folgenden Wochen; **that comes** ~ das kommt nachher; **shortly** ~ kurz danach. **II** *prep* **2.** hinter (*dat*) ... her, nach, hinter (*dat*): **he came** ~ **me** a) er kam hinter mir her, b) er kam hinter mir her; **to be** ~ **s.o.** (*od.* **s.th.**) *fig.* hinter j-m (*od.* e-r Sache) hersein; → **go after, look after. 3.** (*zeitlich*) nach: ~ **a week; ten** ~ **five** *Am.* 10 nach 5; **day** ~ **day** Tag für

---

Tag; **blow** ~ **blow** Schlag auf Schlag; **wave** ~ **wave** Welle um Welle; **the month** ~ **next** der übernächste Monat; **one** ~ **the other** einer (eine, eines) nach dem (der, dem) andern, nacheinander, hintereinander; ~ **all** a) schließlich, im Grunde, eigentlich, alles in allem, b) immerhin, dennoch, c) (also) doch; ~ **all my trouble** trotz all m-r Mühe; ~ **you, sir!** (bitte) nach Ihnen!; → **hour** 5. **4.** (*im Range*) nach: **he had the greatest poet** ~ **Shakespeare. 5.** nach, gemäß: **named** ~ **his father** nach s-m Vater genannt; ~ **his nature** s-m Wesen gemäß; **a picture** ~ **Rubens** ein Gemälde nach *od.* im Stil von Rubens; ~ **what you have told me** nach dem, was Sie mir erzählt haben; → **heart** *Bes. Redew.* **III** *adj* **6.** später, künftig: **in** ~ **years. 7.** nachträglich, Nach... **8.** hinter(er, e, es), *mar.* Achter... **IV** *conj* **9.** nachdem: **he had sat down.** **V** *s pl* (*als sg konstruiert*) **10.** *Br. colloq.* Nachtisch *m:* **for** ~**s** als *od.* zum Nachtisch. **'~birth** *s med.* Nachgeburt *f.* **'~bod·y** *s Am.* Achterschiff *n.* **2.** *Raumfahrt:* abgestoßener Teil, der der Ra'kete *od.* dem Satel'liten folgt. **'~born** *adj* **1.** später geboren, jünger. **2.** nachgeboren. **'~brain** *s anat.* 'Hinterhirn *n.* **'~burn·er** *s aer. tech.* Nachbrenner *m.* **'~burn·ing** *s aer. tech.* Nachverbrennung *f.* **'~care** *s* **1.** *med.* Nachbehandlung *f,* -sorge *f.* **2.** Resoziali'sierungshilfe *f* (*für entlassene Strafgefangene*). **'~clap** *s* nachträgliche (*bes.* unangenehme) Über'raschung, Nachspiel *n.* **'~damp** *s tech.* Nachschwaden *m* (*im Bergwerk*). **'~death** *s* Leben *n* nach dem Tode. **'~deck** *s mar.* Achterdeck *n.* **'~-,din·ner** *adj* nach Tisch: ~ **speech** Tischrede *f;* ~ **walk** Verdauungsspaziergang *m.* **'~ef·fect** *s* **1.** *med.* Nachwirkung *f* (*a. fig.*). **2.** *fig.* Folge *f.* **'~glow** *s* **1.** Nachglühen *n* (*a. tech.*). **2.** *TV* Nachleuchten *n.* **3.** a) Abendrot *n,* b) Alpenglühen *n.* **4.** *fig.* angenehme Erinnerung (**of** an *acc*). **'~grass** → aftermath 1. **'~growth** *s agr.* Nachtrieb *m,* -wachsen *n.* **'~heat** *s phys.* Nachwärme *f* (*in e-m Kernreaktor*). **'~hold** *s mar.* Achterraum *m.* **'~im·age** *s opt. psych.* Nachbild *n.* **'~im·pres·sion** *s opt. psych.* afterimage, aftersensation. **'~life** *s* **1.** Leben *n* nach dem Tode. **2.** (zu)künftiges Leben. **'~math** [-mæθ; *Br. a.* -mɑ:θ] *s* **1.** *agr.* Nachmahd *f,* Grummet *n,* zweite Grasernte. **2.** Folgen *pl,* Nachwirkungen *pl:* **the** ~ **of war. '~most** [-məʊst] *adj* hinterst(er, e, es).

**af·ter·noon** [ɑ:ftə'nu:n; *Am.* ,æftər-] **I** *s* Nachmittag *m:* **(late)** **in the** ~ am (späten) Nachmittag; **this** ~ heute nachmittag; **good** ~! guten Tag!; **the** ~ **of life** der Herbst des Lebens. **II** *adj* Nachmittags... **,af·ter'noon·er** *s Am. colloq.* Nachmittagszeitung *f.* **,af·ter'noons** *adv Am.* nachmittags.

**'af·ter·pains** *s pl med.* Nachwehen *pl.* **'~piece** *s thea.* Nachspiel *n.* **'~play** *s* (*sexuelles*) Nachspiel. **'~rip·en·ing** *s bot.* Nachreifen *n.* **'~-sales ser·vice** *s econ.* Kundendienst *m.* **'~sen,sa·tion** *s opt. psych.* Nachempfindung *f.* **'~shave** (**lo·tion**) *s* After-shave-(Lotion *f*) *n,* Ra'sierwasser *n.* **'~shock** *s* Nachbeben *n* (*e-s Erdbebens*). **'~taste** *s* Nachgeschmack *m* (*a. fig.*). **'~tax** *adj econ.* nach Abzug der Steuern, Netto...: ~ **income.** **'~thought** *s* nachträglicher Einfall, spätere Über'legung: **to add s.th. as an** ~ etwas nachträglich hinzufügen. **'~time** *s* Zukunft *f.* **'~treat·ment** *s med. tech.* Nachbehandlung *f, med.* Nachkur *f.* **'~war** *adj* Nachkriegs...

**af·ter·wards** ['ɑ:ftə(r)wə(r)dz; *Am.*

'æf-], *Am. a.* **'af·ter·ward** *adv* später, her'nach, nachher, hinter'her.

**'af·ter**‖**wis·dom** → hindsight 2. **'~word** *s* Nachwort *n* (to zu). **'~world** *s* **1.** Nachwelt *f.* **2.** Jenseits *n.* **'~years** *s pl* folgende Jahre *pl*, Folgezeit *f.*

**a·gain** [ə'gen; ə'geɪn] *adv* **1.** 'wieder(um), von neuem, abermals, nochmals: to be **o.s. ~** a) sich wieder beruhigt haben, b) wieder auf den Beinen sein, c) wieder ganz der alte sein; **what's his name ~**? wie heißt er doch noch (schnell)?; → now *Bes. Redew.*, time 21. **2.** schon wieder: **that foul ~! 3.** außerdem, ferner, ebenso, noch da'zu. **4.** noch einmal: → much *Bes. Redew.* **5.** *a.* **then ~** and(e)rerseits, hin'gegen, (hin)'wiederum.

**a·gainst** [ə'genst; ə'geɪnst] *prep* **1.** gegen, wider (*acc*), entgegen (*dat*): **~ the enemy** gegen den Feind; **~ the wind** gegen den Wind; **he was ~** it er war dagegen; → expectation 1, law[1] 1. **2.** gegen'über (*dat*): **(over) ~ the town hall** dem Rathaus gegen'über; **my rights ~ the landlord** m-e Rechte gegen'über dem Vermieter. **3.** an (*dat od. acc*), vor (*dat od. acc*), gegen: **~ the wall. 4.** gegen (*e-n Hintergrund*): **dark trees ~ a clear sky. 5.** (*im Austausch*) gegen, für: **payment ~ documents** *econ.* Zahlung gegen Dokumente. **6.** gegen, im 'Hinblick auf (*acc*): **purchases made ~ tomorrow's earnings. 7.** (in Vorsorge) für, in Erwartung von (*od. gen*): **money saved ~ a day of need. 8.** *a.* **as ~** gegen'über (*dat*), verglichen mit, im Vergleich zu.

**a·gam·ic** [ə'gæmɪk; *bes. Am.* eɪ-] *adj biol.* **1.** a'gam, geschlechtslos. **2.** krypto'gam.

**ag·a·mo·gen·e·sis** [ˌægəmə'dʒenɪsɪs; *Am. a.* eɪˌgæmə'dʒ-] *s biol.* Agamo'genesis *f*, ungeschlechtliche Fortpflanzung.

**ag·a·mous** ['ægəməs] → agamic.

**a·gape** [ə'geɪp] *adv u. pred adj* mit (vor Staunen, Über'raschung *etc*) offenem Mund.

**a·gar** ['eɪɡɑː; 'eɪɡə; *Am.* 'ɑːgɑːr] *s biol.* **1.** Nährboden *m.* **2.** → agar-agar. **~-'a·gar** *s biol. med.* Agar-Agar *m* (*aus Meeralgen gewonnene Pflanzengelatine*).

**a·gar·ic** ['ægərɪk; ə'gærɪk] *s bot.* **1.** Blätterpilz *m*, -schwamm *m.* **2.** Unechter Feuerschwamm.

**ag·ate** ['ægət] *s* **1.** *min.* A'chat *m.* **2.** *tech.* Wolfszahn *m* (*Polierstein der Golddrahtzieher*). **3.** bunte Glasmurmel. **4.** *print. Am.* Pa'riser Schrift *f* (*Fünfeinhalbpunktschrift*).

**a·ga·ve** [ə'geɪvɪ; 'ægeɪv; *Am.* ə'gɑːviː] *s bot.* A'gave *f.*

**age** [eɪdʒ] **I** *s* **1.** (Lebens)Alter *n*, Altersstufe *f*: **at the ~ of** im Alter von; **at his ~** in s-m Alter; **at what ~?** in welchem Alter?, mit wieviel Jahren?; **he is my ~** er ist so alt wie ich; **when I was your ~** als ich in d-m Alter war, als ich so alt war wie du; **when you are my ~** wenn du erst einmal so alt bist wie ich; **I have a daughter your ~** ich habe eine Tochter in Ihrem Alter; **ten years of ~** zehn Jahre alt; **of an ~ with** genauso alt wie; **their ~s are 4 and 7** sie sind 4 u. 7 (Jahre alt); **he does not look his ~** man sieht ihm sein Alter nicht an; **what is his ~?**, **what ~ is he?** wie alt ist er?; **to act one's ~** sich s-m Alter entsprechend benehmen; **be your ~!** sei kein Kindskopf! **2.** Reife *f*: **(to come) of ~** mündig *od.* volljährig (werden); **under ~** minderjährig, unmündig; → full age. **3.** vorgeschriebenes Alter (*für ein Amt etc*): **to be over ~** die Altersgrenze überschritten haben, über der Altersgrenze liegen. **4.** Zeit(alter *n*) *f*: **the ~ of Queen Victoria**; **the leading poet of his ~**; **the ~ of reason** die Aufklärung; **down the ~s** durch die

Jahrhunderte; **in our ~** in unserer Zeit. **5.** *a.* **old ~** (hohes) Alter: **the wisdom of ~**; **bent by ~** vom Alter gebeugt; **~ before beauty!** *humor.* Alter vor Schönheit! **6.** Menschenalter *n*, Genera-ti'on *f.* **7.** *oft pl colloq.* unendlich lange Zeit, Ewigkeit *f*: **I haven't seen him for ~s** ich habe ihn schon e-e Ewigkeit nicht gesehen; **I've known that for ~s** das weiß ich schon längst; **she was an ~ washing her hair** sie brauchte e-e Ewigkeit, um sich die Haare zu waschen. **8.** *geol.* Peri'ode *f*, (*Eis- etc*)Zeit *f.* **II** *v/t* **9.** a) *j-n* alt machen (*Kleid etc*), b) *j-n* altern lassen, um Jahre älter machen (*Sorgen etc*). **10.** *tech.* altern, vergüten. **11.** a) *Wein etc* ablagern lassen, b) *Käse etc* reifen lassen. **III** *v/i* **12.** alt werden, altern. **13.** a) ablagern (*Wein etc*), b) reifen (*Käse etc*). **~ brack·et** → age group. **~ class** → age group.

**aged** [eɪdʒd] *adj* **1.** im Alter von ..., ...jährig, ... Jahre alt: **~ twenty. 2.** a) siebenjährig (*Pferd*), b) vierjährig (*Rind*), c) zweijährig (*Schwein*), d) einjährig (*Schaf*). **3.** ['eɪdʒɪd] alt, bejahrt: **the ~** die alten Leute.

**'age‖-₁fel·low** → age-mate. **~ group** *s* Altersgruppe *f*, -klasse *f.* **'~-₁hard·en** *v/t tech.* Metall aushärten. **~ hard·en·ing** *s tech.* Aushärtung *f.*

**age·ing** → aging.

**age·ism** ['eɪdʒɪzəm] *s* Diskrimi'nierung *f* alter Menschen.

**age·less** ['eɪdʒlɪs] *adj* **1.** nicht alternd, ewig jung, alterslos. **2.** zeitlos.

**age‖ lim·it** *s* Altersgrenze *f.* **'~·long** *adj* unendlich lang, ewig. **'~·mate** *s* Altersgenosse *m*, -genossin *f.*

**a·gen·cy** ['eɪdʒənsɪ] *s* **1.** Tätigkeit *f*, Wirksamkeit *f*, Wirkung *f.* **2.** a) (be)wirkende Kraft *od.* Ursache, b) (ausführendes) Or'gan, c) Werkzeug *n*, Mittel *n*: **by** (*od.* **through**) **the ~ of** mit Hilfe von (*od. gen*), vermittels(t) (*gen*). **3.** Vermittlung *f.* **4.** *jur.* a) (Stell)Vertretung *f*, b) (Handlungs)Vollmacht *f*, Vertretungsbefugnis *f*, Geschäftsbesorgungsauftrag *m.* **5.** Vermittlung(sstelle) *f.* **6.** *econ.* a) (Handels)Vertretung *f* (*a. als Büro*): **to have the ~ for s.th.**, b) ('Handels-, *a.* 'Nachrichten- *etc*)Agen'tur *f*, Ver'kaufsbü,ro *n*, c) Vertretungsbezirk *m*, d) Vertretung *f*, Vertretungsauftrag *m*, -vollmacht *f.* **7.** *bes. Am.* a) Geschäfts-, Dienststelle *f*, b) Amt *n*, Behörde *f.*

**a·gen·da** [ə'dʒendə] *s* **1.** Tagesordnung *f*: **to be on the ~** auf der Tagesordnung stehen. **2.** *selten* No'tizbuch *n.*

**a·gent** ['eɪdʒənt] *s* **1.** Handelnde(r *m*) *f*, Ausführende(r *m*) *f*, Urheber(in). **2.** → agency 2. **3.** *biol. chem. med. phys.* Agens *n*, Wirkstoff *m*, Mittel *n*: **protective ~** Schutzmittel. **4.** *mil.* Kampfstoff *m.* **5.** *jur.* (Handlungs)Bevollmächtigte(r *m*) *f*, Beauftragte(r *m*) *f*, (Stell)Vertreter(in). **6.** *econ.* a) allg. A'gent *m*, Vertreter *m*, b) Kommissio'när *m*, c) (*Grundstücks- etc*)Makler *m*, d) Vermittler *m*, e) (Handlungs)Reisende(r) *m.* **7.** (*politischer od. Geheim*)A'gent, V-Mann *m.* **~-'gen·er·al** *pl* ₁**a·gents-'gen·er·al** *s* **1.** Gene-'ralvertreter *m.* **2.** A~ G~ *Br.* Gene'ralvertreter *m* (*der in London od. e kanadische Provinz od. e-n australischen Bundesstaat vertritt*).

**a·gent pro·vo·ca·teur** *pl* **a·gents pro·vo·ca·teurs** ['æʒɑ̃ːŋprəˌvɒkə'tɜː; *Am.* 'ɑːʒɑ̃ːprəʊˌvakə'tɜr] *s* A'gent *m* pro-voca'teur, Lockspitzel *m.*

**ag·gior·na·men·to** [əˌdʒɔː(r)nə'mentəʊ] *s R.C.* Aggiorna'mento *n* (*Versuch der Anpassung der katholischen Kirche u. ihrer Lehre an die Verhältnisse des modernen Lebens*).

**ag·glom·er·ate I** *v/t u. v/i* [ə'glɒməreɪt; *Am.* ə'glɑm-] **1.** (sich) zs.-ballen, (sich) an- *od.* aufhäufen. **II** *s* [-rət; -reɪt] **2.** Anhäufung *f*, (Zs.-)Ballung *f*, angehäufte Masse. **3.** *geol. phys. tech.* Agglome'rat *n.* **4.** *tech.* Sinterstoff *m.* **III** *adj* [-rət; -reɪt] **5.** zs.-geballt, gehäuft (*a. bot.*), geknäuelt. **ag'glom·er·at·ed** [-reɪtɪd] → agglomerate III. **ag·glom·er·a·tion** *s* Zs.-Ballung *f*, Anhäufung *f.*

**ag·glu·ti·nant** [ə'gluːtɪnənt] **I** *adj* klebend. **II** *s* Klebe-, Bindemittel *n.*

**ag·glu·ti·nate I** *adj* [ə'gluːtɪnət; -neɪt] **1.** zs.-geklebt, verbunden. **2.** *bot.* angewachsen. **3.** *ling.* aggluti'niert. **II** *v/t* [-neɪt] **4.** zs.-kleben, verbinden. **5.** *biol. ling.* aggluti'nieren. **6.** *med.* an-, zs.-heilen. **III** *v/i* [-neɪt] **7.** zs.-kleben, sich verbinden.

**ag·glu·ti·na·tion** [əˌgluːtɪ'neɪʃn] *s* **1.** Zs.-kleben *n.* **2.** anein'anderklebende Masse, Klumpen *m.* **3.** *biol. ling.* Aggluti-nati'on *f.* **4.** *med.* Zs.-heilung *f.* **ag-'glu·ti·na·tive** [-nətɪv; *Am.* -ˌneɪtɪv] *adj bes. ling.* aggluti'nierend. **ag·glu-ti·nin** [ə'gluːtɪnɪn] *s biol.* Aggluti'nin *n.* **ag·glu·tin·o·gen** [ˌæglʊ'tɪnədʒən; ə'gluːtɪn-] *s biol.* Agglutino'gen *n.*

**ag·gran·dize** [ə'grændaɪz; 'ægrən-] *v/t* **1.** *Reichtum etc* vergrößern, -mehren, *s-e Macht* ausdehnen, erweitern. **2.** die Macht *od.* den Reichtum *od.* den Ruhm vergrößern von (*od. gen*). **3.** verherrlichen. **4.** *j-n* erheben, erhöhen. **ag·gran-dize·ment** [ə'grændɪzmənt] *s* **1.** Vergrößerung *f*, -mehrung *f.* **2.** Erhöhung *f*, Aufstieg *m.*

**ag·gra·vate** ['ægrəveɪt] *v/t* **1.** erschweren, verschärfen, -schlimmern: **~d larceny** *jur.* schwerer Diebstahl; **~d risk** erhöhtes (Versicherungs)Risiko. **2.** *colloq. j-n* (ver)ärgern. **'ag·gra·vat-ing** *adj* (*adv* **~ly**) **1.** erschwerend, verschärfend, -schlimmernd. **2.** *colloq.* a) ärgerlich, unangenehm, b) aufreizend. **₁ag·gra·'va·tion** *s* **1.** Erschwerung *f*, Verschärfung *f*, -schlimmerung *f.* **2.** *colloq.* Ärger *m.* **3.** *jur.* erschwerender 'Umstand.

**ag·gre·gate I** *adj* ['ægrɪgət] **1.** (an)gehäuft, vereinigt, gesamt, Gesamt...: **~ income** Gesamteinkommen *n*; **~ amount** → 9. **2.** *biol.* aggre'giert, zs.-gesetzt, gemengt. **3.** *a. ling.* Sammel..., kollek'tiv: **~ fruit** *bot.* Sammelfrucht *f.* **II** *v/t* [-geɪt] **4.** anhäufen, ansammeln. **5.** vereinigen, -binden (to mit), aufnehmen (to in *acc*). **6.** sich (insgesamt) belaufen auf (*acc*). **III** *v/i* [-geɪt] **7.** sich (an)häufen *od.* ansammeln. **IV** *s* [-gət] **8.** Anhäufung *f*, Ansammlung *f*, Masse *f.* **9.** Gesamtbetrag *m*, -summe *f*: **in the ~** insgesamt, im ganzen, alles in allem. **10.** *biol. electr. tech.* Aggre'gat *n.* **11.** *geol.* Gehäufe *n.*

**ag·gre·ga·tion** [ˌægrɪ'geɪʃn] *s* **1.** (An-) Häufung *f*, Ansammlung *f.* **2.** Vereinigung *f.* **3.** *phys.* Aggre'gat *n*: **state of ~** Aggregatzustand *m.* **4.** *biol.* Aggregati'on *f.* **5.** *math.* Einklammerung *f.*

**ag·gress** [ə'gres] *v/i* (**against**) angreifen (*acc*), (e-n) Streit anfangen (mit).

**ag·gres·sion** [ə'greʃn] *s bes. mil.* Angriff *m* (**against** gegen; on, upon auf *acc*) (*a. fig.*), 'Überfall *m* (on, upon auf *acc*) (*a. psych.* Aggressi'on *f.* **ag'gres·sive** *adj* (*adv* **~ly**) **1.** aggres'siv, angreifend, angriffslustig, Angriffs...: **~ weapon** *mil.* Angriffs-, Offensivwaffe *f.* **2.** *fig.* e'nergisch, draufgängerisch, dy'namisch, aggres'siv: **an ~ businessman.** **ag'gres-sive·ness** *s* Aggressivi'tät *f*, Angriffslust *f.* **ag'gres·sor** [-sə(r)] *s bes. mil.* Angreifer *m*, Ag'gressor *m.*

**ag·grieve** [ə'griːv] *v/t* **1.** betrüben, be-

drücken. **2.** kränken. **ag'grieved** *adj*
**1.** betrübt, bedrückt (**at, over** über *acc,*
**wegen**). **2.** gekränkt (**at, over** über *acc,*
**wegen**; **by** durch). **3.** *jur.* beschwert,
benachteiligt, geschädigt: **to feel** ~ sich
ungerecht behandelt fühlen. [**siveness**]
**ag·gro** ['ægrəʊ] *Br. sl. für* **aggres-**⌐
**a·ghast** [ə'gɑːst; *Am.* ə'gæst] *adv u. pred*
*adj* entgeistert, bestürzt, entsetzt (**at** über
*acc*).
**ag·ile** ['ædʒaɪl; *Am.* 'ædʒəl] *adj* (*adv* ~**ly**)
beweglich, flink, behend(e) (*a. fig. Ver-*
*stand etc*). **a·gil·i·ty** [ə'dʒɪlətɪ] *s* Be-
weglichkeit *f*, Behendigkeit *f*.
**ag·ing** ['eɪdʒɪŋ] **I** *s* **1.** Altern *n*. **2.** *tech.*
Altern *n*, Alterung *f*, Vergütung *f*: ~
**inhibitor** Alterungsschutzstoff *m*; ~
**test** Alterungsprüfung *f*. **II** *adj* **3.** a)
alternd, b) altmachend.
**ag·i·o** ['ædʒɪəʊ; 'ædʒəʊ] *pl* **-os** *s econ.*
Agio *n*, Aufgeld *n*. **ag·i·o·tage**
['ædʒətɪdʒ] *s* Agio'tage *f*.
**ag·ism** → ageism.
**a·gist** [ə'dʒɪst] *v/t jur. Vieh gegen Ent-*
schädigung in Weide nehmen. **a'gist-**
**ment** *s jur.* **1.** Weidenlassen *n*. **2.** Weide-
recht *n*. **3.** Weidegeld *n*.
**ag·i·tate** ['ædʒɪteɪt] **I** *v/t* **1.** hin u. her
bewegen, in heftige Bewegung versetzen,
schütteln, (**um**)rühren. **2.** *fig.* beunruhi-
gen: a) stören, b) auf-, erregen, aufwüh-
len. **3.** aufwiegeln, -hetzen. **4.** a) erwägen,
b) lebhaft erörtern. **II** *v/i* **5.** a) agi'tieren,
wühlen, hetzen (**against** gegen), b) Pro-
pa'ganda machen (**for** für). **'ag·i·tat-**
**ed** *adj* (*adv* ~**ly**) aufgeregt, erregt.
**ag·i·ta·tion** [ˌædʒɪ'teɪʃn] *s* **1.** Erschütte-
rung *f*, heftige Bewegung. **2.** Aufregung *f*,
Unruhe *f*. **3.** *pol.* Agitati'on *f*.
**ag·i·ta·tor** ['ædʒɪteɪtə(r)] *s* **1.** Agi'tator
*m*, Aufwiegler *m*, Wühler *m*, Hetzer *m*. **2.**
*tech.* 'Rührappa,rat *m*, -arm *m*, -werk *n*.
**ag·it·prop** ['ædʒɪtprɒp; *Am.* -ˌprɑp] *s*
*pol.* **1.** Agit'prop *m* (*kommunistische Agi-*
*tation u. Propaganda*): ~ **theater** (*bes. Br.*
**theatre**). **2.** Agit'propredner *m*. **3.** Agit-
'prop-Stelle *f*. [zend.⌐
**a·gleam** [ə'gliːm] *adv u. pred adj* glän-⌐
**ag·let** ['æglɪt] *s* **1.** Senkel-, Me'tallstift *m*
(*e-s Schnürbandes*), Zierat *m*, Me'tall-
plättchen *n* (*als Besatz*). **2.** *bot.* (Blüten-)
Kätzchen *n*, hängender Staubbeutel.
**3.** Achselschnur *f* (*an Uniformen*).
**a·gley** [ə'gleɪ; ə'gliː] *Scot. für* awry **3.**
**a·glow** [ə'gləʊ] *adv u. pred adj* glühend:
**the sky was** ~ **with the setting sun** der
Himmel glühte im Licht der untergehen-
den Sonne; **to be** ~ (**with enthusiasm**)
(vor Begeisterung) strahlen; **to be** ~ **with**
**health** vor Gesundheit strotzen.
**ag·nail** ['ægneɪl] *s* Nied-, Neidnagel *m*.
**ag·nate** ['ægneɪt] **I** *s* **1.** A'gnat *m* (*Ver-*
*wandter väterlicherseits*). **II** *adj* **2.** a'gna-
tisch, väterlicherseits verwandt. **3.**
stamm-, wesensverwandt. **ag·nat·ic**
[æg'nætɪk] *adj*; **ag'nat·i·cal** *adj* (*adv*
~**ly**) → agnate II. **ag·na·tion** [æg-
'neɪʃn] *s* **1.** Agnati'on *f* (*Verwandtschaft*
*väterlicherseits*). **2.** Stamm-, Wesensver-
wandtschaft *f*.
**ag·no·men** [æg'nəʊmen; -ən] *pl* **-nom-**
**i·na** [-'nɒmɪnə; *Am.* -'nɑ-] *s antiq.* Bei-
name *m*.
**ag·nos·tic** [æg'nɒstɪk; əg-; *Am.* -'nɑs-]
*philos.* **I** *s* A'gnostiker(in). **II** *adj* (*adv*
~**ally**) a'gnostisch. **ag'nos·ti·cal** →
agnostic II. **ag'nos·ti·cism** [-sɪzəm] *s*
Agnosti'zismus *m* (*Lehre von der Uner-*
*kennbarkeit des wahren Seins*).
**Ag·nus De·i** [ˌɑːgnʊs'deɪiː; ˌægnəs-;
-'diːaɪ] *pl* **Ag·nus De·i** *s relig.* Agnus *n*
Dei: a) *Bezeichnung u. Sinnbild für*
*Christus*, b) *Gebetshymnus*, c) *vom Papst*
*geweihtes Wachstäfelchen mit dem Bild*
*des Osterlamms*.

**a·go** [ə'gəʊ] *adv u. adj* (*nur nachgestellt*)
vor: **ten years** ~ vor zehn Jahren; **long** ~
vor langer Zeit; **long, long** ~ lang, lang
ist's her; **not long** ~ vor nicht allzu langer
Zeit, (erst) vor kurzem; **how long** ~ **is it**
**that you last saw him?** wann hast du
ihn zum letztenmal gesehen?
**a·gog** [ə'gɒg; *Am.* ə'gɑg] *adv u. pred adj*
gespannt, erpicht (**for, about** auf *acc*):
**all** ~ ganz aus dem Häus-chen; **to have**
**s.o.** ~ j-n in Atem halten; **he was** ~ **to**
**hear the news** er konnte es kaum mehr
erwarten, die Neuigkeiten zu hören.
**a·gog·ic** [ə'gɒdʒɪk; *Am.* ə'gɑ-; ə'gəʊ-]
*mus.* **I** *adj* a'gogisch. **II** *s pl* (*meist als sg*
*konstruiert*) A'gogik *f*.
**à go·go** [ə'gəʊgəʊ] *adj u. adv* à go'go, in
Hülle u. Fülle, nach Belieben: **cham-**
**pagne** ~.
**a·gon·ic** [ə'gɒnɪk; *Am.* eɪ'gɑnɪk] *adj math.*
a'gonisch, keinen Winkel bildend.
**ag·o·nize** ['ægənaɪz] **I** *v/t* **1.** quälen,
martern: **an** ~**d cry** ein gequälter Schrei.
**II** *v/i* **2.** mit dem Tode ringen. **3.** Höl-
lenqualen ausstehen. **4.** sich (ab)quälen,
verzweifelt ringen (**over** mit e-r *Ent-*
*scheidung etc*).
**ag·o·ny** ['ægənɪ] *s* **1.** heftiger Schmerz,
unerträgliche Schmerzen *pl*, (*a. seelische*)
Höllenqual(en *pl*), Marter *f*, Pein *f*, See-
lenangst *f*: **to be in an** ~ **of doubt**
(**remorse**) von Zweifeln (Gewissensbis-
sen) gequält werden; **to have an** ~ **of**
**choice** die Qual der Wahl haben; **to pile**
(*od.* put, turn) **on the** ~ *Br. colloq.* ,dick
auftragen'; **to suffer agonies** Höllen-
qualen ausstehen; ~ **column** *colloq.*
Seufzerspalte *f* (*in der Zeitung*). **2.** A~
Ringen *n* Christi mit dem Tode. **3.** Ago-
'nie *f*, Todeskampf *m*. **4.** Kampf *m*, Rin-
gen *n*. **5.** Ausbruch *m*: ~ **of joy** Freuden-
ausbruch.
**ag·o·ra·pho·bi·a** [ˌægərə'fəʊbjə; -bɪə] *s*
*med.* Agorapho'bie *f*, Platzangst *f*.
**a·graffe,** *Am. a.* **a·grafe** [ə'græf] *s*
A'graffe *f*, Spange *f*.
**a·gram·ma·tism** [ə'græmətɪzəm; *bes.*
*Am.* eɪ-] *s med.* Agramma'tismus *m* (*Un-*
*vermögen, beim Sprechen die einzelnen*
*Wörter grammatisch richtig aneinander-*
*zureihen*).
**a·ra·pha** ['ægrəfə] *s pl relig.* Agrapha *pl*
(*Aussprüche Jesu, die nicht in den vier*
*Evangelien enthalten sind*).
**a·graph·i·a** [ə'græfɪə; *bes. Am.* eɪ-] *s*
*med.* Agra'phie *f* (*Unfähigkeit, einzelne*
*Buchstaben od. zs.-hängende Wörter rich-*
*tig zu schreiben*).
**a·grar·i·an** [ə'greərɪən] **I** *adj* a'grarisch,
landwirtschaftlich, Agrar...: ~ **reform**
Agrar-, Bodenreform *f*; ~ **state** Agrar-
staat *m*. **II** *s* Befürworter *m* der gleich-
mäßigen Verteilung des Grundbesitzes.
**a'grar·i·an·ism** *s* **1.** Lehre *f* von der
gleichmäßigen Verteilung des Grund-
besitzes. **2.** Bewegung *f* zur Förderung
der Landwirtschaft.
**a·gree** [ə'griː] **I** *v/t* **1.** zugeben, einräu-
men: **you will** ~ **that** du mußt zugeben,
daß. **2.** bereit *od.* einverstanden sein (**to**
**do** zu tun). **3.** über'einkommen, verein-
baren (**to do** zu tun; **that** daß): **it is** ~**d** es
ist *od.* wird vereinbart; ~**d!** einverstan-
den!, abgemacht!; **to** ~ **to differ** sich auf
verschiedene Standpunkte einigen; **let**
**us** ~ **to differ** ich fürchte, wir können uns
nicht einigen. **4.** *bes. Br.* a) sich einigen
*od.* verständigen auf (*acc*): **to** ~ **a**
**common line**, b) *e-n Streit* beilegen.
**5.** *econ. Konten* abstimmen. **II** *v/i* **6.** (**to**)
zustimmen (*dat*), einwilligen (in *acc*),
beipflichten (*dat*), sich einverstanden er-
klären (mit), gutheißen, genehmigen
(*acc*). **7.** (**on, upon, about**) einig werden,
sich einigen *od.* verständigen (über *acc*),

vereinbaren, verabreden (*acc*): **as** ~**d**
**upon** wie vereinbart; **to** ~ (**up**)**on a**
**price** e-n Preis vereinbaren. **8.** (**with**)
(sich) einig sein (mit), der gleichen Mei-
nung sein (wie). **9.** (**with** mit) zs.-passen,
auskommen, sich vertragen. **10.** (**with**)
über'einstimmen (mit) (*a. ling.*), ent-
sprechen (*dat*). **11.** (**with** *dat*) zuträglich
sein, bekommen, zusagen: **wine does**
**not** ~ **with me** ich vertrage keinen Wein.
**a·gree·a·ble** [ə'griːəbl] *adj* (*adv* agree-
**ably**) **1.** angenehm (**to** *dat od.* für): **an** ~
**smell**; **agreeably surprised** (*disap-*
*pointed*) angenehm überrascht (ent-
täuscht). **2.** liebenswürdig, sym'pathisch,
nett: **an** ~ **person**. **3.** einverstanden (**to**
mit): **to be** ~ **to doing s.th.** damit einver-
standen *od.* bereit sein, etwas zu tun. **4.**
(**to**) über'einstimmend (mit), entspre-
chend (*dat*), gemäß (*dat*). **a'gree·a·ble-**
**ness** *s* **1.** (*das*) Angenehme. **2.** angeneh-
mes Wesen, Liebenswürdigkeit *f*. **3.** Be-
reitschaft *f*.
**a·greed** [ə'griːd] *adj*: **to be** ~ sich einig
sein, gleicher Meinung sein.
**a·gree·ment** [ə'griːmənt] *s* **1.** a) Verein-
barung *f*, Abmachung *f*, Absprache *f*,
Verständigung *f*, Über'einkunft *f*, b) Ver-
trag *m*, *bes. pol.* Abkommen *n*, c) Ver-
gleich *m*, (gütliche) Einigung: **to come to**
**an** ~ zu e-r Verständigung gelangen, sich
einig werden *od.* verständigen; **by** ~ laut
*od.* gemäß Übereinkunft; ~ **country**
(**currency**) Verrechnungsland *n* (-wäh-
rung *f*). **2.** Einigkeit *f*, Eintracht *f*.
**3.** Über'einstimmung *f* (*a. ling.*), Ein-
klang *m*: **there is general** ~ es herrscht
allgemeine Übereinstimmung (**that** dar-
über, daß); **in** ~ **with** in Übereinstim-
mung mit, im Einvernehmen mit. **4.** *jur.*
Genehmigung *f*, Zustimmung *f*.
**a·gré·ment** [ˌægreɪ'mɑː] *s pol.* Agré-
'ment *n*.
**ag·ri·busi·ness** ['ægrɪˌbɪznɪs] *s* Erzeu-
gung *f*, Verarbeitung *f* u. Absatz *m* von
A'grarpro,dukten.
**ag·ri·cul·tur·al** [ˌægrɪ'kʌltʃərəl] *adj*
(*adv* ~**ly**) landwirtschaftlich, Landwirt-
schaft(s)..., Land..., Agrar..., Ackerbau...:
~ **country** Agrarland *n*; ~ **credit** Agrar-
kredit *m*; ~ **engineering** Landmaschi-
nenbau *m*; ~ **machinery** landwirtschaft-
liche Maschinen *pl*; ~ **meteorology**
Agrarmeteorologie *f*; ~ **policy** Agrar-
politik *f*; ~ **prices** Agrarpreise; ~ **show**
Landwirtschaftsausstellung *f*. **ag·ri-**
'**cul·tur·al·ist** → agriculturist. **ag·**
**ri·cul·ture** *s* Landwirtschaft *f*, Acker-
bau *m* (u. Viehzucht *f*). **ag·ri'cul·tur-**
**ist** *s* **1.** Landwirt *m od.* b) Di'plomland-
wirt *m*, b) Landwirtschaftssachverstän-
dige(r) *m*.
**ag·ri·mo·ny** ['ægrɪmənɪ; *Am.* -ˌməʊniː] *s*
*bot.* Oder-, Ackermennig *m*.
**ag·ri·mo·tor** ['ægrɪˌməʊtə(r)] *s* land-
wirtschaftlicher Traktor.
**ag·ro·bi·ol·o·gy** [ˌægrəʊbaɪ'ɒlədʒɪ; *Am.*
-'ɑl-] *s* 'Agrobiolo,gie *f*.
**a·grol·o·gy** [ə'grɒlədʒɪ; *Am.* -'grɑ-] *s*
landwirtschaftliche Bodenkunde.
**ag·ro·nom·ic** [ˌægrə'nɒmɪk; *Am.*
-'nɑm-] **I** *adj* (*adv* ~**ally**) agro'nomisch,
ackerbaulich: ~ **value** Anbauwert *m*. **II** *s*
*pl* (*als sg konstruiert*) Ackerbaukunde *f*,
Agrono'mie *f*. **ag·ro'nom·i·cal** [-kl]
*adj* (*adv* ~**ly**) → agronomic I. **a·gron-**
**o·mist** [ə'grɒnəmɪst; *Am.* -'grɑ-] *s* Agro-
'nom *m*, Di'plomlandwirt *m*. **a'gron·o-**
**my** [-nəmɪ] → agronomic II.
**ag·ros·tol·o·gy** [ˌægrə'stɒlədʒɪ; *Am.*
-'stɑ-] *s bot.* Agrostolo'gie *f*, Gräserkun-
de *f*.
**ag·ro·tech·nol·o·gy** [ˌægrəʊtek-
'nɒlədʒɪ; *Am.* -'nɑl-] *s* A'grartechnik *f*.
**a·ground** [ə'graʊnd] *adv u. pred adj* ge-

strandet: **to run ~** a) auflaufen, auf
Grund laufen, stranden, b) *ein Schiff* auf
Grund setzen; **to be ~** a) aufgelaufen
sein, b) *fig.* auf dem trocknen sitzen.
**a·gue** ['eɪgjuː] *s* **1.** Fieber-, Schüttelfrost
*m.* **2.** *med.* Wechselfieber *n*, Ma'laria *f*.
**a·gu·ish** ['eɪgjuːɪʃ] *adj* (*adv* **~ly**) **1.** fieber-
haft, fieb(e)rig. **2.** fiebererzeugend
(*Klima*). **3.** zitternd, bebend.
**ah** [ɑː] *interj* ah!, ach!, oh!, ha!, ei!
**a·ha** [ɑː'hɑː] **I** *interj* a'ha!, ha'ha! **II** *adj:* **~
experience** *psych.* Aha-Erlebnis *n*.
**a·head** [ə'hed] *adv u. pred adj* **1.** vorn,
nach vorn zu. **2.** weiter vor, vor'an, vor-
'aus, vorwärts, e-n Vorsprung habend,
an der Spitze: **~ of** vor (*dat*), voraus (*dat*);
**the years ~ (of us)** die kommenden *od.*
bevorstehenden Jahre, die vor uns lie-
genden Jahre; **what is ~ of us** was vor
uns liegt, was uns bevorsteht, was auf uns
zukommt; **to be ~ of s.o.** j-m voraus sein
(*a. fig.*); **to get ~ of** colloq. vorankommen,
vorwärtskommen, Fortschritte *od.* Kar-
riere machen; **to get ~ of** s.o. j-n über-
holen *od.* überflügeln; → **forge²**, **go
ahead**, **look ahead**, **plan 9, 12**, **speed
1**, **think 9**.
**a·heap** [ə'hiːp] *adv u. pred adj* auf e-n *od.*
e-m Haufen, in e-m Haufen.
**a·hem** [ə'hem; hm] *interj* hm!
**a·hoy** [ə'hɔɪ] *interj* ho!, a'hoi!
**a·hunt** [ə'hʌnt] *adj bes. poet.* auf der Jagd.
**aid** [eɪd] **I** *v/t* **1.** unter'stützen, j-m helfen,
beistehen, Beistand leisten, behilflich
sein (**in** bei; **to do** zu tun): **to ~ and abet**
*jur.* a) Beihilfe leisten (*dat*), b) begün-
stigen (→ 3); **~ed eye** bewaffnetes Auge;
**~ed tracking** a) (*Radar*) Nachlaufsteue-
rung *f*, b) *mil.* Richten *n* mit Steuermotor.
**2.** fördern: **to ~ the digestion**. **II** *v/i*
**3.** helfen (**in** bei): **~ing and abetting** *jur.*
a) Beihilfe *f*, b) Begünstigung *f* (*nach der
Tat*). **III** *s* **4.** Hilfe *f* (**to** für), Hilfeleistung
*f* (**in** bei), Unter'stützung *f*, Beistand *m*:
**he came to her ~** er kam ihr zu Hilfe;
**they lent** (*od.* **gave**) **their ~** sie leisteten
Hilfe; **by** (*od.* **with**) (**the**) **~ of** mit Hilfe
von (*od. gen*), mittels (*gen*); **in ~ of** a) zum
Besten (*gen*), zugunsten (*od. gen*),
b) zur Erreichung von (*od. gen*); **what is
all this in ~ of?** *Br. colloq.* wozu soll das
alles gut sein?; **an ~ to memory** e-e
Gedächtnisstütze; → **legal 3**. **5.** a) Hel-
fer(in), Gehilfe *m*, Gehilfin *f*, Beistand *m*,
Assi'stent(in), b) *Am. für* **aide-de-
-camp**. **6.** Hilfsmittel *n*, -gerät *n*.
**aid-de-camp** [ˌeɪddə'kɑːŋ; *Am. a.* -dɪ-
'kæmp] *pl* **aids-de-'camp** [ˌeɪdz-]
*bes. Am. für* **aide-de-camp**.
**aide** [eɪd] *s* **1.** → **aide-de-camp**. **2.** Be-
rater *m* (*e-s Ministers etc*).
**aide-de-camp** [ˌeɪddə'kɑːŋ; *Am. a.* -dɪ-
'kæmp] *pl* **aides-de-'camp** [ˌeɪdz-] *s
mil.* Adju'tant *m*.
**aide-mé-moire** [ˌeɪdmem'wɑː(r); *Am.*
-meɪm-] *pl* **aides-mé'moire** [ˌeɪdz-] *s*
**1.** Gedächtnisstütze *f*. **2.** *pol.* Denkschrift
*f*, Aide-mé'moire *n*.
**aid·er** ['eɪdə(r)] *s* **1.** → **aid 5 a**. **2.** Hilfe *f:* **~
by verdict** *jur.* Heilung *f* e-s Verfah-
rensmangels durch Urteil.
**'aid·man** [-mæn] *s irr mil.* Sani'täter *m*.
**AIDS** [eɪdz] *s med.* AIDS *n*, erworbene
Im'munschwäche (*aus* **a**cquired **i**m-
munity **d**eficiency **s**yndrome).
**aid sta·tion** *s mil.* Truppenverband-
platz *m*.
**ai·glet** ['eɪglɪt] → **aglet**.
**ai·grette** ['eɪgret; eɪ'gret] *s* **1.** *orn.* kleiner
weißer Reiher. **2.** Ai'grette *f*, Kopf-
schmuck *m* (*aus Federn, Blumen, Edel-
steinen etc*). **3.** *phys.* Funkenbüschel *n*.
**ai·guille** ['eɪgwiːl; eɪ'gwiːl] *s* Felsnadel *f*.
**ai·guil·lette** [ˌeɪgwɪ'let] *s* **1.** *bes. mil.*
Achselschnur *f* (*an Uniformen*). **2.** *gastr.*

---

Aiguil'lette *f* (*gebratener Fisch- od.
Fleischstreifen*).
**ai·ki·do** ['aɪkɪdəʊ; ˌ-ˈdəʊ] *s* Ai'kido *n*
(*japanische Form der Selbstverteidigung*).
**ail** [eɪl] **I** *v/t* schmerzen, weh tun (*dat*):
**what ~s you?** a) was fehlt dir?, b) was ist
denn los mit dir? **II** *v/i* kränklich sein,
kränkeln (*beide a. fig. Wirtschaft etc*).
**ai·ler·on** ['eɪlərɒn; *Am.* -ˌrɑn] *s aer.* Quer-
ruder *n* (*an den Tragflächenenden*).
**ai·lette** [eɪ'let] *s hist.* Schulterplatte *f*.
**ail·ing** ['eɪlɪŋ] *adj* kränklich, kränkelnd
(*beide a. fig. Wirtschaft etc*). **'ail·ment** *s*
Krankheit *f*, Leiden *n*.
**aim** [eɪm] **I** *v/i* **1.** zielen (**at** auf *acc*, nach).
**2.** *fig.* (**at, for**) beabsichtigen, im Sinn(e)
haben (*acc*), ('hin-, ab)zielen (auf *acc*),
bezwecken (*acc*): **to be ~ing to do s.th.**
vorhaben, etwas zu tun; **~ing to please**
zu gefallen suchend. **3.** streben, trachten
(**at** nach). **4.** abzielen, anspielen (**at** auf
*acc*): **this was not ~ed at you** das war
nicht auf dich gemünzt. **II** *v/t* **5.** (**at**) *e-e
Schußwaffe* richten *od.* anlegen (auf *acc*),
mit (*e-m Gewehr etc*) zielen (auf *acc*,
nach). **6.** *e-e Bemerkung*, *e-n Schlag etc*
richten (**at** gegen). **7.** *Bestrebungen* rich-
ten (**at** auf *acc*). **III** *s* **8.** Ziel *n:* **to take ~
at** zielen auf (*acc*) *od.* nach, anvisieren.
**9.** *fig.* a) Ziel *n*, b) Absicht *f*.
**aim·ing** ['eɪmɪŋ] *s mil.* Richt-
kreis *m*. **~ po·si·tion** *s* Anschlag *m* (*mit
dem Gewehr*). **~ sil·hou·ette** *s* Kopf-
scheibe *f*, ,'Pappkame,rad' *m*.
**aim·less** ['eɪmlɪs] *adj* (*adv* **~ly**) a) ziellos: **to
wander about ~ly**, b) planlos: **to work
~ly**. **'aim·less·ness** *s* Ziel-, Planlosig-
keit *f*.
**ain't** [eɪnt] *colloq. für* am not, is not, are
not, has not, have not.
**air¹** [eə(r)] **I** *s* **1.** Luft *f:* **by ~** auf dem
Luftwege, mit dem Flugzeug; **in the
open ~** im Freien, unter freiem Himmel;
**to be in the ~** a) im Umlauf sein (*Gerücht
etc*), b) in der Schwebe sein (*Frage etc*); **to
be up in the ~** a) in der Luft hängen *od.*
schweben, (völlig) ungewiß *od.* unbe-
stimmt sein, b) *colloq.* ,ganz aus dem
Häus-chen sein'; **to beat the ~** a) (Lö-
cher) in die Luft hauen, b) *fig.* vergeb-
liche Versuche machen; **to clear the ~**
a) die Luft reinigen, b) *fig.* die Atmo-
sphäre reinigen; **to give s.o. the ~** *bes.
Am. colloq.* a) ,j-n abblitzen lassen', b) ,j-n
an die (frische) Luft setzen' (*entlassen*);
**to take the ~** a) frische Luft schöpfen,
b) *aer.* aufsteigen, c) sich in die Lüfte
schwingen (*Vogel*); **to tread** (*od.* **walk**)
**on ~** sich wie im (siebenten) Himmel
fühlen, selig sein. **2.** Brise *f*, Wind *m*,
Luftzug *m*, Lüftchen *n*. **3.** *Bergbau:*
Wetter *n:* **foul ~** schlagende Wetter *pl*.
**4.** *Rundfunk, TV:* Äther *m:* **on the ~** im
Rundfunk *od.* Fernsehen; **to be on the ~**
a) senden (*Sender*), b) in Betrieb sein
(*Sender*), c) gesendet werden (*Pro-
gramm*), d) auf Sendung sein (*Person*),
e) im Rundfunk zu hören *od.* im Fern-
sehen zu sehen sein (*Person*); **to go on
the ~** a) die Sendung beginnen (*Person*),
b) sein Programm beginnen (*Sender*),
c) den Sendebetrieb aufnehmen (*Sen-
der*); **to go off the ~** a) die Sendung
beenden (*Person*), b) sein Programm be-
enden (*Sender*), c) den Sendebetrieb ein-
stellen (*Sender*); **we go off the ~ at ten
o'clock** Sendeschluß ist um 22 Uhr; **to
put on the ~** senden, übertragen; **to stay
on the ~** auf Sendung bleiben. **5.** Art *f*,
Stil *m*. **6.** Miene *f*, Aussehen *n:* **an ~ of
importance** e-e gewichtige Miene; **to
have the ~ of** aussehen wie; **to give s.o.
the ~ of** j-m das Aussehen (*gen*) geben. **7.**
Auftreten *n*, Gebaren *n*. **8.** Anschein *m*. **9.**
Al'lüre *f*, Getue *n*, ,Gehabe', *n*, Pose *f:* **~s**

---

**and graces** affektiertes Getue; **to put
on ~s**, **to give o.s. ~s** vornehm tun. **10.**
Gangart *f* (*e-s Pferdes*). **11. to give ~ to** →
16.
**II** *v/t* **12.** der Luft aussetzen, lüften: **to ~
o.s.** frische Luft schöpfen. **13.** (be-,
durch)lüften, frische Luft einlassen in
(*acc*). **14.** *Getränke* abkühlen. **15.** *Wäsche*
trocknen, zum Trocknen aufhängen.
**16.** etwas an die Öffentlichkeit *od.* zur
Sprache bringen: **to ~ one's views**
s-e Ansichten kundtun *od.* äußern; **to ~
one's knowledge** sein Wissen anbrin-
gen. **17.** *Rundfunk, TV: Am. colloq.* über-
'tragen, senden.
**III** *v/i* **18.** trocknen, zum Trocknen
aufgehängt sein. **19.** *Rundfunk, TV: Am.
colloq.* gesendet werden.
**IV** *adj* **20.** pneu'matisch, Luft...
**air²** [eə(r)] *s mus.* **1.** Lied *n*, Melo'die *f*,
Weise *f*. **2.** Melo'diestimme *f*. **3.** Arie *f*.
**air·a·lert** *s* **1.** 'Flieger-, 'Luftalarm *m*.
**2.** *mil.* A'larmbereitschaft *f*. **'~a·lert
mis·sion** *s mil.* Bereitschaftseinsatz *m*.
**~ at·tack** *s* Luft-, Fliegerangriff *m*. **~
bag** *s mot.* Luftsack *m* (*Aufprallschutz*). **~
bar·rage** *s aer.* Luftsperre *f*. **~ base** *s
aer.* Luftstützpunkt *m*. **~ bath** *s* Luftbad
*n*. **~ bea·con** *s aer.* Leuchtfeuer *n*. **~ bed**
*s* 'Luftma,tratze *f*. **~ blad·der** *s* **1.** *ichth.*
Schwimmblase *f*. **2.** Luftblase *f*. **~ blast** *s
tech.* **1.** Gebläse *n*. **2.** Luftschleier *m*. **~
bleed** *s tech.* **1.** Belüftung *f*. **2.** Entlüf-
tung *f*. **'~bleed** *adj tech.* Be- *od.* Entlüf-
ter...: **~ duct** Entlüftungsschlitz *f*; **~
screw** Entlüfterschraube *f*. **'~borne**
*adj* **1.** a) *mil.* Luftlande...: **~ troops**, b) im
Flugzeug befördert *od.* eingebaut,
Bord...: **~ radar** Bordradar *m*, *n*; **~ trans-
mitter** Bordsender *m*. **2.** in der Luft
befindlich, aufgestiegen: **the squadron
is ~**. **3.** in der Luft 'vorhanden: **~ radio-
activity**. **4.** *med.* durch die Luft über-
'tragen: **~ disease**. **~ bot·tle** *s tech.*
(Preß)Luftflasche *f*. **~ brake** *s* **1.** *tech.*
Druckluftbremse *f*. **2.** *aer.* Luftbremse *f*,
Lande-, Bremsklappe *f*. **'~brake par-
a·chute** *s aer.* Landefallschirm *m*.
**'~break switch** *s electr.* Luftschalter
*m*. **~ brick** *s tech.* Lüftungs-, Luftziegel
*m*. **~ bridge** *s* **1.** *aer.* Luftbrücke *f:* **to
form an ~** e-e Luftbrücke errichten.
**2.** *aer.* Fluggastbrücke *f*. **3.** Ge'bäude-
,übergang *m*. **~ bro·ker** *s econ. Br.* Luft-
frachtmakler *m*. **'~brush** *s tech.* 'Spritz-
pi,stole *f*. **~ bub·ble** *s* 'Luftblase *f*. **~
bump** *s aer.* Bö *f*, aufsteigender Luft-
strom. **'~burst** *s mil.* 'Luftdetonati,on *f*.
**'~bus** *s aer.* Airbus *m*. **~ car·go** *s
aer.* Luftfracht *f*. **~ car·riage** *s aer.* Luft-
beförderung *f*. **~ car·ri·er** *s aer.*
**1.** Flug-, Luftverkehrsgesellschaft *f*.
**2.** Charterflugzeug *n*. **~ cas·ing** *s tech.*
Luftmantel *m* (*um e-e Röhre*). **~ cell** *s*
**1.** *aer. orn.* Luftsack *m*. **2.** *tech.* Luft-
speicher *m*. **~ cham·ber** *s* **1.** *biol.* Luft-
kammer *f*. **2.** *tech.* Luftkammer *f*, Wind-
kessel *m*. **~ check** *s Am.* Mitschnitt *m* e-r
Rundfunksendung. **~ chief mar·shal**
*s Br.* Gene'ral *m* der Luftwaffe. **~ chuck**
*s tech.* **1.** Preßluftfutter *n*. **2.** Luft-
schlauchkupplung *f*. **~ clean·er** *s tech.*
Luftreiniger *m*, -filter *m*, *n* (*a. mot.*).
**coach** *s* Passa'gierflugzeug *n* der Tou'ri-
stenklasse. **~ col·umn** *s phys.* Luftsäule
*f*. **~ com·mo·dore** *s Br.* Bri'gadegene-
,ral *m* der Luftwaffe. **~ com·pres·sor** *s
tech.* Luftverdichter *m*, Kom'pressor *m*. **~
con·dens·er** *s tech.* 'Luftkonden,sator
*m*. **'~con,di·tion** *v/t tech.* mit e-r Kli-
maanlage ausrüsten, klimati'sieren. **~
con·di·tion·er** *s tech.* Klimaanlage *f*. **~
con·di·tion·ing** *s tech.* **1.** Klimati'sie-
rung *f*. **2.** Klimaanlage *f*. **'~con,di-
tion·ing plant** *s tech.* Klimaanlage *f*. **~**

**con·trol** → air-traffic control. **~ con·trol·ler** → air-traffic controller. **'~-cooled** adj tech. luftgekühlt: ~ steel windgefrischter Stahl. **~ cool·ing** s tech. Luftkühlung f. **~ core** s tech. Luftkern m. **'~-core coil** s electr. Luftspule f. **~ corps** s mil. 1. Fliegerkorps n. 2. A~ C~ hist. Am. Luftstreitkräfte pl des Heeres. **~ cor·ri·dor** s aer. Luftkorridor m. **~ cov·er** s mil. 'Luftunter,stützung f. **'air -craft** pl **-craft** s aer. 1. Flugzeug n. 2. allg. Luftfahrzeug n (Luftschiff, Ballon etc). **~ car·ri·er** s mar. mil. Flugzeugträger m. **~ en·gine** s Flugzeugmotor m. **~ in·dus·try** s 'Luftfahrt-, 'Flugzeugin-du,strie f. **'~-man** [-mən] s irr Br. Flieger m (niedrigster Dienstgrad beim brit. Luftwaffen-Bodenpersonal): **~ first class** (Flieger)Gefreite(r) m. **~ noise** s Fluglärm m. **~ ra·di·o** s aer. Bordfunkgerät n. **air| crash** s Flugzeugabsturz m. **'~-crew** s aer. Flugzeugbesatzung f. **'~-cure** v/t Tabak na'türlich trocknen. **~ cur·rent** s Luftstrom m, -strömung f. **~ cur·tain** s Luftvorhang m. **~ cush·ion** s Luftkissen n (a. tech.). **~ cush·ion·ing** s tech. Luftfederung f. **'~-,cush·ion ve·hi·cle** s tech. Luftkissenfahrzeug n. **~ cyl·in·der** s tech. 1. Luftpuffer m (zur Abschwächung des Rückstoßes). 2. Luftbehälter m. **~ de·fence**, Am. **~ de·fense** s mil. Luft-, Fliegerabwehr f, Luftverteidigung f, Luftschutz m. **~ dis·play** s aer. Flugschau f, -vorführung f. **'~-dock** s aer. Hangar m, Flugzeughalle f. **'~-dried** adj luftgetrocknet. **~ drill** s tech. Preßluftbohrer m. **'~drome** s aer. Am. Flugplatz m. **'~-drop I** s a) Fallschirmabwurf m, b) mil. Luftlandung f. **II** v/t a) mit dem Fallschirm abwerfen, b) mil. Fallschirmjäger etc absetzen. **'~-dry** adj luftrocken. **Aire·dale** ['eə(r)deil] s zo. Airedale(terrier) m. **air| em·bo·lism** s med. 'Luftembo,lie f. **'~-en,trained con·crete** s tech. 'Gas-, 'Schaumbe,ton m. **air·er** ['eərə] s Br. Trockengestell n (für Kleidung etc). **air| ex·press** s mail Am. Lufteilgut n. **'~-field** s aer. 1. Flugplatz m: ~ lighting Platzbefeuerung f. 2. Landefeld n, -platz m. **~ fil·ter** s mot. tech. Luftfilter m, n. **~ flap** s tech. Luftklappe f. **~ fleet** s mil. Luftflotte f. **'~-flow** s Luftstrom m. **'~-foil** s aer. Tragfläche f, a. Höhen-, Kiel- od. Seitenflosse f: **~ section** Tragflächenprofil n. **~ force** s aer. 1. Luftwaffe f, Luftstreitkräfte pl, Luftflotte f (als Verband). 2. A~ F~ a) (die brit.) Luftwaffe (abbr. für Royal Air Force), b) (die amer.) Luftwaffe (abbr. für United States Air Force). **~ frame** s aer. Flugwerk n, (Flugzeug)Zelle f. **'~-freight I** s 1. Luftfracht f. 2. Luftfrachtgebühr f. **II** v/t 3. per Luftfracht versenden. **~ freight·er** s 1. Luftfrachter m. 2. 'Luftspediti,on f. **~ gap** s tech. Luftspalt m. **'~-gap re·act·ance coil** s elctr. Funkdrosselspule f. **~ graph** s Br. Fotoluftpostbrief m. **'~-'ground** adj aer. Bord-Boden-...: **~ communication** Bord-Boden-Verbindung f. **~ gun** s 1. Luftgewehr n. 2. ⊙ a) air hammer, b) airbrush. **~ hall** s bes. sport Br. Traglufthalle f. **~ ham·mer** s tech. Preßlufthammer m. **'~-head** s mil. bes. Am. Luftlandekopf m. **~ hole** s 1. Luftloch n. 2. tech. Gußblase f. 3. aer. Fallbö f, Luftloch n. **~ host·ess** s Air-hostess f, Stewar'deß f. **'~-house** s Tragluftzelt n (über e-r Baustelle). **air·i·ly** ['eərəli] adv leichthin, sorglos, unbekümmert, leichtfertig. **'air·i·ness** [-inis] s 1. Luftigkeit f, luftige Lage.

2. Leichtigkeit f, Zartheit f. 3. Lebhaftigkeit, Munterkeit f. 4. Leichtfertigkeit f. **'air·ing** s 1. (Be-, Durch)'Lüftung f: to give one's clothes an ~ s-e Kleider lüften; the room needs an ~ das Zimmer muß einmal 'durchgelüftet werden. 2. Trocknen n. 3. Spa'ziergang m, -ritt m, -fahrt f: to take an ~ frische Luft schöpfen. 4. to give s.th. an ~ → air[1] 16. 5. Rundfunk, TV: Am. colloq. Sendung f. **air| in·jec·tion** s tech. Drucklufteinspritzung f. **~ in·let** s tech. 1. Lufteinlaß m. 2. Zuluftstutzen m. **~ in·take** s tech. 1. Lufteintritt m. 2. a) Luftansaugrohr n, b) Schnorchel m. **~ in·take jet** s tech. Lufteinlaßdüse f. **~ jack·et** s 1. Schwimmweste f. 2. tech. Luft(kühl)mantel m. **~ jet** s tech. Luftstrahl m od. -düse f. **'~-land·ed** adj mil. bes. Am. Luftlande...: **~ troops.** **~ lane** s aer. (festgelegte) Luftroute. **'~-launch** v/t e-e Rakete vom Flugzeug aus abschießen. **'air·less** adj 1. luftlos. 2. stickig. **air| let·ter** s 1. Luftpostbrief m. 2. Luftpostleichtbrief m. **~ lev·el** s tech. Li'belle f, Setzwaage f. **'~-lift** aer. **I** s Luftbrücke f (bes. in Krisenzeiten). **II** v/t über e-e Luftbrücke befördern. **~ line** s tech. Luftschlauch m, -leitung f. **'~-line** s aer. Flug-, Luftverkehrsgesellschaft f: **~ hostess** → air hostess. **'~-lin·er** s aer. Verkehrsflugzeug n. **~ lock** s 1. Raumfahrt etc: Luftschleuse f. 2. Bergbau: Wetterschleuse f. 3. Luftblase f, -einschluß m. **'~-mail** s Luftpost f: **by ~** mit od. per Luftpost. **II** adj Luftpost...: **~ edition** (letter, etc). **III** v/t mit od. per Luftpost schicken. **'~-man** [-mən] s irr Flieger m (bes. in der Luftwaffe). **'~-mark** v/t aer. e-e Stadt mit 'Bodenmar,kierung versehen. **~ mar·shal** s Br. Gene'ralleutnant m der Luftwaffe. **~ mass** s Luftmasse f. **~ mat·tress** s 'Luftma,tratze f. **~ me·chan·ics** s 'Bordme,chaniker m. **'~-,mind·ed** adj flugbegeistert, am Flug(zeug)wesen interessiert. **'~-,mind·ed·ness** s Flugbegeisterung f. **~ miss** s Br. Beinahe-Zs.-stoß m. **'~-,op·er·at·ed** adj tech. preßluftbetätigt. **~ out·let** s tech. 1. Luftablaß m. 2. Abluftrohr n. **~ par·cel** s Br. 'Luftpostpa,ket n. **'~-park** s Am. Kleinflughafen m. **~ pas·sage** s 1. biol. physiol. Luft-, Atemweg m. 2. tech. Luftschlitz m. 3. Flug(reise f) m. **~ pas·sen·ger** s Fluggast m, -reisende(r m) f. **~ phi·lat·e·ly** → aerophilately. **~ pho·to·graph** s Luftbild n. **~ pi·ra·cy** s 'Luftpirate,rie f. **~ pi·rate** s 'Luftpi,rat(in). **~ pis·tol** s 'Luftpi,stole f. **~ plane** s Am. Flugzeug n: **~ hostess** → air hostess. **~ plant** s bot. Luftpflanze f. **~ plot** s mil. Am. 'Flugkon,trollraum m (auf e-m Flugzeugträger). **~ pock·et** s 1. aer. Fallbö f, Luftloch n. 2. tech. Luftblase f, -einschluß m. **~ pol·lu·tion** s Luftverschmutzung f. **'~-pol,lu·tion con·trol** s Luftreinhaltung f. **'~-port** s aer. Flughafen m, -platz m: **~ of arrival (departure)** Ankunftsflughafen (Abflughafen); **~ fee** Flughafengebühr f. **~ port** s tech. Luftöffnung f. **~ po·ta·to** s bot. Yamsbohne f. **~ pow·er** s mil. pol. Luftmacht f. **~ pres·sure** s tech. Luftdruck m. **'~-,pres·sure** adj tech. Luftdruck...: **~ brake** (ga[u]ge), **~ line** Druckluftleitung f. **'~-proof I** adj 1. luftdicht. 2. luftbeständig. **II** v/t 3. luftdicht machen. **~ pump** s tech. Luftpumpe f. **~ raid** s Luftangriff m. **'air-raid| pre·cau·tions** s pl Luftschutz m. **~ shel·ter** s Luftschutzraum m, -keller m, (Luftschutz)Bunker m. **~ ward·en** s Luftschutzwart m. **~ warn-**

**-ing** s Luftwarnung f, 'Fliegera,larm m. **air| ri·fle** s Luftgewehr n. **~ route** s Flugroute f. **~ sac** s zo. Luftsack m. **~ sched·ule** s Flugplan m. **~ scout** s 1. mil. Aufklärungsflugzeug n. 2. Luftspäher m. **'~-screw** s Br. Luftschraube f, 'Flugzeugpro,peller m. **'~-seal** v/t tech. luftdicht od. her'metisch verschließen. **,~'sea res·cue** s Rettung f Schiffbrüchiger aus der Luft. **~ ser·vice** s 1. Luftverkehrsdienst m. 2. Fluglinien-, Luftverkehr m. **~ shaft** s tech. Luftschacht m. **'~-ship** s Luftschiff n. **~ shut·tle** s aer. Pendelverkehr m zwischen Flughäfen mit hohem Aufkommen. **'~-sick** adj luftkrank. **'~-sick·ness** s Luftkrankheit f. **~ sleeve**, **~ sock** s aer. phys. Luftsack m. **~ space** s 1. Luftraum m: → territorial 2. 2. electr. Frequenzbereich m. **~ speed** s aer. (Flug-) Eigengeschwindigkeit f. **'~-speed in·di·ca·tor** s aer. Fahrtmesser m. **~ spring** s tech. Luftfeder f. **'~-stream** s Luftstrom m. **~ strike** s mil. Luftangriff m. **'~-strip** s aer. 1. Behelfsflugplatz m. 2. (behelfsmäßige) Start- u. Landebahn. **~ sup·ply** s tech. Luftzufuhr f. **~ support** s mil. 'Luftunter,stützung f: **close ~** Luftnahunterstützung f. **~ switch** s electr. Luftschalter m. **~ tax·i** s Lufttaxi n. **~ tee** s aer. Landekreuz n. **air·tel** ['eə(r)tel] s Aero'tel n, 'Flughafenho,tel n. **air| ter·mi·nal** s aer. 1. Großflughafen m. 2. Flughafenabfertigungsgebäude n. 3. Br. 'Endstati,on f der Zubringerlinie zum u. vom Flugplatz. **~ tick·et** s Flugticket n, -schein m. **'~-tight** adj 1. luftdicht, her'metisch (verschlossen). 2. fig. hieb- u. stichfest (Argument etc). **~ time** s Rundfunk, TV: Sendezeit f. **,~-to-'air I** adj a) aer. Bord-Bord-...: **~ communication** Bord-Bord-(Funk)Verkehr m, b) mil. Luft-Luft-...: **~ weapons, c)** aer. mil. in der Luft: **~ combat** Luftkampf m; **~ refuel(l)ing** Luftbetankung f. **II** adv aer. in der Luft: **to refuel ~.** **,~-to-'ground** adj a) aer. Bord-Boden-...: **~ communication** Bord-Boden-(Funk-) Verkehr m, b) mil. Luft-Boden-...: **~ weapons.** **,~-to-'sur·face** → air-to-ground. **~ tour·ism** s 'Flugtou,ristik f. **'~-traf·fic con·trol** s aer. Flugverkehr m. **'~-traf·fic con·trol** s aer. Flugsicherung f. **'~-,traf·fic con·trol·ler** s Fluglotse m. **~ train** s Flugschleppzug m. **~ trav·el** s Flug(reise f) m. **trav·el·(l)er** s Fluggast m, -reisende(r m) f. **~ tube** s 1. tech. Luftschlauch m. 2. anat. Luftröhre f. **~ um·brel·la** s aer. mil. Luftschirm m. **~ valve** s tech. 'Luftven,til n, -klappe f. **~ vent** s tech. Ent- od. Belüftungsrohr n, 'Ausla߬ven,til n. **'~-void** adj phys. tech. luftleer: **~ interstellar space** luftleerer Weltraum. **~ war·(fare)** s Luftkrieg(führung f) m. **~ waves** s pl colloq. Atherwellen pl. **~ way** s 1. Bergbau: Wetterstrecke f. 2. aer. Flugroute f. 3. aer. Flug-, Luftverkehrsgesellschaft f. 4. electr. Ka'nal m, (Fre'quenz)Band n. **~ well** s tech. Luftschacht m. **'~-wise** adj flugerfahren. **'~wor·thy** adj aer. flugtüchtig. **air·y** ['eəri] adj (adv airily) 1. aus Luft bestehend, die Luft betreffend, Luft... 2. luftig: a) mit genügend Luftzufuhr: **an ~ room**, b) windig: **an ~** hilltop, c) hoch (-gelegen): **~ regions.** 3. körperlos: **an ~ spirit.** 4. grazi'ös, anmutig: **an ~ girl.** 5. lebhaft, munter: **an ~ boy.** 6. leer: **~ promises.** 7. phan'tastisch, verstiegen, über'spannt: **~ plans.** 8. vornehmtuerisch: **an ~ manner.** 9. lässig, ungezwungen: **an ~ manner.** **,~'fair·y** adj 1. elfenhaft: **~ beauty.** 2. colloq. → airy 7.

**aisle** [aɪl] *s* **1.** *arch.* Seitenschiff *n*, -chor *m* (*e-r Kirche*). **2.** ('Durch)Gang *m* (*zwischen Sitzbänken, Ladentischen etc*): **to roll in the ~s** *colloq.* sich vor Lachen kugeln (*bes. Theaterpublikum*). '**~•way** *s Am.* 'Durchgang *m*.

**ait** [eɪt] *s Br. dial.* kleine (Fluß)Insel.

**aitch** [eɪtʃ] *s* H, h *n* (*Buchstabe*): **to drop one's ~es** das H nicht aussprechen (*Zeichen der Unbildung*).

'**aitch•bone** *s* **1.** Lendenknochen *m*. **2.** Lendenstück *n* (*vom Rind*).

**a•jar**[1] [ə'dʒɑ:(r)] *adv u. pred adj* angelehnt (*Tür etc*).

**a•jar**[2] [ə'dʒɑ:(r)] *adv u. pred adj fig.* im Zwiespalt, in Zwietracht (**with** mit).

**a•ke•ley** [ə'ki:lɪ] *s bot.* Ake'lei *f.*

**a•kene,** *etc* → **achene,** *etc.*

**a•kim•bo** [ə'kɪmbəʊ] *adv u. pred adj*: **with arms ~** die Arme in die Seite gestemmt.

**a•kin** [ə'kɪn] *pred adj* **1.** (bluts)verwandt (**to** mit). **2.** *fig.* verwandt, ähnlich (**to** *dat*): **to be ~** a) sich ähneln, b) ähneln (**to** *dat*).

**a•la** ['eɪlə] *pl* **a•lae** ['eɪli:] *s biol. bot.* Flügel *m.*

**al•a•bas•ter** ['æləbɑ:stə(r); *bes. Am.* -bæs-] **I** *s* **1.** *min.* Ala'baster *m.* **2.** Ala'basterfarbe *f.* **II** *adj* **3.** ala'bastern, ala'basterweiß, Alabaster...

**à la carte** [ɑ:lɑ:'kɑ:(r)t; ˌælə-] *adj* à la carte (*nachgestellt*): **~** *s* dinner.

**a•lack** [ə'læk], **a•lack•a•day** [ə'lækədeɪ] *interj obs. od. poet.* ach!, o weh!

**a•lac•ri•ty** [ə'lækrətɪ] *s* **1.** Heiterkeit *f*, Munterkeit *f.* **2.** Bereitwilligkeit *f*, Eifer *m.* **3.** Schnelligkeit *f.*

**A•lad•din's lamp** [ə'lædɪnz] *s* **1.** Aladins Wunderlampe *f.* **2.** *fig.* wunderwirkender Talisman.

**a•lae** ['eɪli:] *pl von* **ala.**

**à la mode** [ɑ:lɑ:'məʊd; ˌælə-] *adj* **1.** à la mode (*nachgestellt*), modisch. **2.** gespickt, geschmort u. mit Gemüse zubereitet: **~** *beef.* **3.** *Am.* mit (Speise)Eis (ser'viert) (*Nachtisch*): **cake ~.**

**a•la•mode** ['æləməʊd; ˌælə'm-] *s* dünne, hochglänzende Seide.

**a•lar** ['eɪlə(r)] *adj* **1.** geflügelt, flügelartig, Flügel...: **~ cartilage** *anat.* Flügelknorpel *m.* **2.** *zo.* Schulter...

**a•larm** [ə'lɑ:(r)m] **I** *s* **1.** A'larm *m*: **to give (raise, sound) the ~** a) Alarm geben, b) *fig.* Alarm schlagen; → **false alarm. 2.** a) Weckvorrichtung *f* (*e-s Weckers*), b) Wecker *m.* **3.** A'larmvorrichtung *f*, -anlage *f.* **4.** Aufruhr *m*, Lärm *m*: **no ~s!** alles (ist) ruhig! **5.** Angst *f*, Bestürzung *f*, Unruhe *f*, Besorgnis *f*: **to feel ~ at s.th.** wegen etwas besorgt *od.* in Sorge sein. **II** *v/t* **6.** alar'mieren, warnen. **7.** beunruhigen, erschrecken, ängstigen, alar'mieren: **to be ~ed at s.th.** wegen etwas beunruhigt *od.* in Sorge sein. **~ bell** *s* A'larmglocke *f*: **to sound the ~s** *fig.* Alarm schlagen. **~ clock** *s* Wecker *m*, Weckuhr *f.*

**a'larm•ing** *adj* (*adv* **~ly**) beunruhigend, beängstigend, besorgniserregend, alar'mierend. **a'larm•ism** *s* Bangemachen *n*, Schwarzsehe'rei *f.* **a'larm•ist** **I** *s* Panik-, Bangemacher *m*, Schwarzseher *m*, ,Unke' *f.* **II** *adj* unkenhaft, schwarzseherisch.

**a•lar•um** [ə'leərəm; -'lɑ:-; -'læ-] *obs. für* alarm 4. **~ clock** *bes. Br. obs. für* alarm clock.

**a•lar•y** ['eɪlərɪ; 'æl-] → **alar** 1.

**a•las** [ə'læs; *Br. a.* ə'lɑ:s] *interj* ach!, o weh!, leider!: **~ the day!** unseliger Tag!

**a•las•trim** ['æləstrɪm; ə'læs-] *s med.* A'lastrim *f*, weiße Pocken *pl.*

**a•late** ['eɪleɪt] *adj bes. bot.* geflügelt.

**alb** [ælb] *s relig.* Albe *f*, Alba *f* (*weißes liturgisches Untergewand*).

**Al•ba•ni•an** [æl'beɪnjən; -ɪən] **I** *adj* **1.** al'banisch. **II** *s* **2.** Al'baner(in). **3.** *ling.* Al'banisch *n*, das Albanische.

**al•ba•ta** [æl'beɪtə] *s* Neusilber *n.*

**al•ba•tross** ['ælbətrɒs; *Am. a.* ˌ-trɔs] *s* **1.** *orn.* Albatros *m*, Sturmvogel *m.* **2.** *a.* **~ cloth** dünnes, nicht geköpertes Wollgewebe. **3.** *Golf: Br.* Albatros *m* (*3 Schläge unter Par*). **4.** *fig.* Last *f*, Belastung *f*: **to be an ~ round s.o.'s neck** a) j-m ein Klotz am Bein sein (*Person*), b) j-m am Bein hängen (*Hypothek etc*).

**albe** → **alb.**

**al•be•do** [æl'bi:dəʊ] *s phys.* Al'bedo *f* (*Verhältnis aus zurückgestrahlter und insgesamt auftreffender Strahlenmenge bei diffus reflektierenden Oberflächen, z. B. Eis, Schnee*).

**al•be•it** [ɔ:l'bi:ɪt] *conj* ob'gleich, ob'zwar, wenn auch.

**al•bert** ['ælbə(r)t] *s* (kurze) Uhrkette.

**al•bes•cent** [æl'besənt; -snt] *adj* weiß (-lich) werdend.

**al•bi•nism** ['ælbɪnɪzəm] *s med. vet.* Albi'nismus *m* (*a. bot.*).

**al•bi•no** [æl'bi:nəʊ; *Am.* ˌ-baɪ-] *pl* **-nos** *med. vet.* Al'bino *m* (*a. bot.*), Kakerlak *m.*

**al'bi•no•ism** → **albinism.**

**Al•bi•on** ['ælbjən; -ɪən] *npr poet.* Albion *n* (*Britannien od. England*).

**al•bite** ['ælbaɪt] *s min.* Al'bit *m*, Natronfeldspat *m.*

**al•bu•go** [æl'bju:gəʊ] *pl* **-gi•nes** [-dʒɪni:z] *s med.* Al'bugo *f*, weißlicher Hornhautfleck.

**al•bum** ['ælbəm] *s* **1.** (Briefmarken-, Foto-, Platten- etc)Album *n.* **2.** a) 'Schallplattenkasˌsette *f*, b) Album *n* (*Langspielplatte, a. zwei od. mehrere zs.-gehörige*). **3.** (*meist* illu'strierte) Sammlung von Gedichten, Bildern, Mu'sikstücken *etc* in Buchform.

**al•bu•men** ['ælbjʊmɪn; *bes. Am.* æl'bju:-] *s* **1.** *biol.* Eiweiß *n*, Al'bumen *n.* **2.** *chem.* Albu'min *n*, Eiweißstoff *m.* **al'bu•men•ize** *v/t phot.* mit e-r Albu'minlösung behandeln.

**al•bu•min** ['ælbjʊmɪn; *bes. Am.* æl'bju:-] → **albumen** 2. **al'bu•mi•nate** [-neɪt] *s chem.* Albumi'nat *n.*

**al•bu•mi•noid** [æl'bju:mɪnɔɪd] **I** *s biol.* Albumino'id *n*, Eiweißkörper *m.* **II** *adj* albumino'id, eiweißähnlich, -artig. **al•bu•mi•no•sis** [ˌælbjumɪ'nəʊsɪs; *bes. Am.* ælˌbju:-] *s med.* Albumi'nose *f* (*erhöhter Bluteiweißspiegel*). **al'bu•mi•nous** *adj biol.* albumi'nös, eiweißhaltig.

**al•bu•mi•nu•ri•a** [ˌælbju:mɪ'njʊərɪə; *bes. Am.* ælˌbju:-; *Am. a.* ˌ-'nʊrɪə] *s med.* Albuminu'rie *f* (*Ausscheidung von Eiweiß im Urin*).

**al•bur•num** [æl'bɜ:nəm; *Am.* ˌ-'bɜr-] *s bot.* Splint(holz *n*) *m.*

**al•ca•hest** → **alkahest.**

**Al•ca•ic** [æl'keɪɪk] *metr.* **I** *adj* al'käisch. **II** *s* al'käischer Vers.

**al•chem•ic** [æl'kemɪk] *adj*; **al'chem•i•cal** [-kl] *adj* (*adv* **~ly**) alchi'mistisch. **al•che•mist** ['ælkɪmɪst] *s* Alchi'mist *m.* '**al•che•mize** [-kəmaɪz] *v/t durch* Al'chi'mie verwandeln. '**al•che•my** [-kɪmɪ] *s hist.* Alchi'mie *f.*

**al•co•hol** ['ælkəhɒl] *s* Alkohol *m*: a) Sprit *m*, Spiritus *m*, Weingeist *m*: (**ethyl**) **~** Äthylalkohol, **~-blended fuel** *tech.* Alkoholkraftstoff *m*, b) Al'kyloˌxyd *n*, c) geistige *od.* alko'holische Getränke *pl.* '**al•co•hol•ate** [-eɪt] *s chem.* Alkoho'lat *n.*

**al•co•hol•ic** [ˌælkə'hɒlɪk; *Am. a.* ˌ-'hɑlɪk] **I** *adj* (*adv* **~ally**) **1.** alkoholartig *od.* -haltig, alko'holisch, Alkohol...: **~ beverage;** **~ delirium** *med. psych.* Delirium *n* tremens; **~ excess** Alkoholmißbrauch *m*; **~ poisoning** *med.* Alkoholvergiftung *f*; **~ strength** Alkoholgehalt *m.* **2.** alkohol-

süchtig. **II** *s* **3.** Alko'holiker(in): **A~s Anonymous** (*die*) Anonymen Alkoholiker. '**al•co•hol•ism** *s* Alkoho'lismus *m*: a) Trunksucht *f*, b) *med. durch* Trunksucht *verursachte Organismusschädigungen.* '**al•co•hol•ize** *v/t* **1.** *tech.* Spiritus rektifi'zieren. **2.** *chem.* mit Alkohol versetzen *od.* sättigen. **3.** *chem.* in Alkohol verwandeln.

**al•co•hol•om•e•ter** [ˌælkəhɒ'lɒmɪtə(r); *Am.* ˌ-'lɑm-] *s* Alkoholo'meter *n.*

**Al•co•ran** [ˌælkɒ'rɑːn; *Am.* ˌ-kə'ræn] *s relig.* Ko'ran *m.* ˌ**Al•co'ran•ic** *adj* Koran...

**al•cove** ['ælkəʊv] *s* **1.** *arch.* Al'koven *m*, Nische *f.* **2.** *meist poet.* a) (Garten)Laube *f*, b) Grotte *f.*

**Al•deb•a•ran** [æl'debərən] *s astr.* Aldeba'ran *m* (*Hauptstern im Stier*).

**al•de•hyd•ase** ['ældɪhaɪdeɪs] *s chem.* Aldehy'dase *f* (*Enzym*).

**al•de•hyde** ['ældɪhaɪd] *s chem.* Alde'hyd *n.*

**al den•te** [æl'denteɪ] *adj* al dente: a) mit Biß (*Spaghetti etc*), b) körnig (*Reis*).

**al•der** ['ɔ:ldə(r)] *s bot.* Erle *f.* **~ buck•thorn** *s bot.* Faulbaum *m.* '**~-leaved buck•thorn** *s bot.* Nordamer. Kreuzdorn *m.* '**~-leaved dog•wood** *s bot.* Nordamer. Hartriegelstrauch *m.*

**al•der•man** ['ɔ:ldə(r)mən] *s irr* Ratsherr *m*, Stadtrat *m.* ˌ**al•der'man•ic** [-'mænɪk] *adj* **1.** e-n Ratsherrn betreffend, ratsherrlich. **2.** *fig.* würdevoll, gravi'tätisch. '**al•der•man•ry** [-rɪ] *s* **1.** von e-m Ratsherrn vertretener Stadtbezirk. **2.** Amt *n* e-s Ratsherrn. '**al•der•man•ship** → **aldermanry.**

**al•dern** ['ɔ:ldə(r)n] *adj* erlen, von *od.* aus Erlenholz.

**al•der•wom•an** ['ɔ:ldə(r)ˌwʊmən] *s irr* Ratsherrin *f*, Stadträtin *f.*

**Al•dis| lamp** ['ɔ:ldɪs] *s aer. mar.* Aldislampe *f* (*zum Signalisieren*). **~ lens** *s phot.* Aldislinse *f.* **~ u•nit sight** *s aer. mil.* (Bomben)Zielgerät *n.*

**al•dose** ['ældəʊs; -z] *s chem.* Al'dose *f.*

**ale** [eɪl] *s* Ale *n* (*helles, obergäriges Bier*).

**a•le•a•to•ric** [ˌeɪlɪə'tɒrɪk; *Am. a.* ˌ-'tɑr-] *adj* **1.** alea'torisch, vom Zufall abhängig, gewagt: **~ contract** *jur.* aleatorischer Vertrag, Spekulationsvertrag *m.* **2.** *mus.* alea'torisch. ˌ**a•le'at•o•rism** [-'ætərɪzəm] *s mus.* Alea'torik *f* (*Kompositionsrichtung, die dem Zufall breiten Raum gewährt*). '**a•le•a•to•ry** [-tərɪ; *Am.* ˌ-təʊri:; ˌ-tɔ:-] → **aleatoric.**

**a•leck** ['ælɪk] *s* **1.** *Austral. sl.* Idi'ot *m.* **2.** → **smart aleck.**

'**ale**ˌ**con•ner** *s Br. hist.* Bierprüfer *m.*

**a•lee** [ə'li:] *adv u. pred adj mar.* leewärts.

'**ale•house** *s obs.* Bierschenke *f.*

**a•lem•bic** [ə'lembɪk] *s* **1.** *hist.* Destil'lierkolben *m*, -appaˌrat *m.* **2.** *fig.* Filter *m.*

**a•lert** [ə'lɜ:t; *Am.* ə'lɜrt] **I** *adj* (*adv* **~ly**) **1.** wachsam, auf der Hut, auf dem Posten: **to be ~ to** a) achten auf (*acc*), b) auf der Hut sein vor (*dat*) (→ 3). **2.** rege, munter, lebhaft, flink. **3.** aufgeweckt, (hell)wach: **~ a young man;** **to be ~ to** etwas klar erkennen, sich e-r Sache bewußt sein. **II** *s* **4.** *mil.* (A'larm)Bereitschaft *f*, A'larmzustand *m*: **~ phase** Alarmstufe *f*; **to be on the ~** a) in Alarmbereitschaft sein, b) *fig.* auf der Hut sein. **5.** *bes. aer.* A'larm(siˌgnal *n*) *m*, Warnung *f.* **III** *v/t* **6.** a) warnen (**to** vor *dat*), b) alar'mieren, *mil. a.* in A'larmzustand versetzen, *weitS.* mobili'sieren. **7.** *fig.* aufrütteln: **to ~ s.o. to s.th.** j-m etwas (deutlich) zum Bewußtsein bringen. **a'lert•ness** *s* **1.** Wachsamkeit *f.* **2.** Munterkeit *f*, Flinkheit *f.* **3.** Aufgewecktheit *f.*

**A lev•el** [eɪ] *s Br.* **1.** *ped.* (*etwa*) Abi'tur *n*: **he has three ~s** er hat das Abitur in drei

Fächern gemacht. **2.** *colloq. euphem.* A'nalverkehr *m.*

**al·e·vin** ['ælɪvɪn] *s ichth.* junger Fisch, *bes.* Lachs *m od.* Fo'relle *f.*

**ale·wife** ['eɪlwaɪf] *s irr* **1.** *obs.* Schankwirtin *f.* **2.** *ichth. Am.* a) Großaugenhering *m,* b) Maifisch *m.*

**al·ex·an·ders** [ˌælɪg'zɑːndə(r)z; *bes. Am.* -ˈzæn-] *s bot.* Gelbdolde *f.*

**Al·ex·an·dri·an** [ˌælɪg'zɑːndrɪən; *bes. Am.* -ˈzæn-] *adj* alexan'drinisch: a) Alex'andria (*in Ägypten*) betreffend, b) helle'nistisch, c) *metr.* Alexandriner...

**Al·ex·an·drine** [ˌælɪg'zændraɪn; *Am. bes.* -drən] *metr.* **I** *s* Alexan'driner *m* (*12- od. 13füßiger Vers*). **II** *adj* → Alexandrian c.

**a·lex·i·a** [eɪ'leksɪə; ə'l-] *s med.* Ale'xie *f,* Leseschwäche *f.*

**a·lex·i·phar·mic** [əˌleksɪ'fɑː(r)mɪk] **I** *s* Gegengift *n,* -mittel *n* (**against, for, to** gegen). **II** *adj* als Gegengift dienend.

**al·fa** ['ælfə] *a.* **~ grass** *s bot.* Halfagras *n.*

**al·fal·fa** [æl'fælfə] *s bot.* Lu'zerne *f.*

**al·fres·co** [æl'freskəʊ] *adj u. adv* im Freien: **~ lunch; to lunch ~.**

**al·ga** ['ælgə] *pl* **-gae** [-dʒiː] *s bot.* Alge *f.*

**al·ge·bra** ['ældʒɪbrə] *s math.* Algebra *f.* ¡**al·ge·bra·ic** [-'breɪk] *adj;* ¡**al·ge·bra·i·cal** *adj* (*adv* ~ly) alge'braisch: **algebraic curve** (**function, geometry, number,** *etc*).

**Al·ge·ri·an** [æl'dʒɪərɪən], **Al·ge·rine** [ˌældʒə'riːn; 'ældʒəriːn] **I** *adj* al'gerisch. **II** *s* Al'gerier(in).

**al·ge·si·a** [æl'dʒiːzɪə; -sɪə] *s med.* Alge'sie *f,* Schmerzempfindlichkeit *f.*

**al·ge·sim·e·ter** [ˌældʒɪ'sɪmɪtə(r)] *s med.* Algesi'meter *n* (*Gerät zur Messung der Schmerzempfindlichkeit*).

**-algia** [ældʒə] *Wortelement mit der Bedeutung* ...schmerz.

**al·gid** ['ældʒɪd] *adj med.* kühl, kalt.

**al·gi·nate** ['ældʒɪneɪt] *s chem.* Algi'nat *n* (*Salz der Alginsäure*).

**al·gin·ic ac·id** [æl'dʒɪnɪk] *s chem.* Al'ginsäure *f.*

**Al·gol[1]** ['ælgɒl; *Am.* -ˌgɑl] *s astr.* Al'gol *m* (*Stern im Sternbild Perseus*).

**AL·GOL[2]** ['ælgɒl; *Am.* -ˌgɑl] *s* ALGOL *n* (*Computersprache*).

**al·go·lag·ni·a** [ˌælgəʊ'lægnɪə; -gə'l-] *s psych.* Algola'gnie *f* (*Sadomasochismus*).

**al·gol·o·gy** [æl'gɒlədʒɪ; *Am.* -ˈgɑ-] *s* Algolo'gie *f,* Algenkunde *f.*

**al·gom·e·ter** [æl'gɒmɪtə(r); *Am.* -ˈgɑ-] *s med.* Algo'meter *n* (*Gerät zur Messung der Schmerzempfindlichkeit*).

**al·gor** ['ælgɔː(r)] *s med.* Kälte *f.*

**al·go·rithm** ['ælgərɪðm] *s math.* Algo'rithmus *m,* me'thodisches Rechenverfahren.

**a·li·as** ['eɪlɪæs; -əs] **I** *adv bes. jur.* alias. **II** *s* angenommener Name, Deckname *m, jur. a.* Falschname *m.*

**al·i·bi** ['ælɪbaɪ] **I** *adv* **1.** anderswo (*als am Tatort*). **II** *s* **2.** *jur.* Alibi *n* (*a. fig. colloq.*): **to establish one's ~** ein Alibi er- *od.* beibringen. **3.** *colloq.* Ausrede *f,* Entschuldigung *f.* **III** *v/i* **4.** *colloq.* Ausflüchte machen. **IV** *v/t* **5.** *j-m* ein Alibi verschaffen (*a. fig. colloq.*).

¡**Al·ice-in-'Won·der·land** [ˌælɪs-] *adj* **1.** unwirklich, Phantasie...: **~ world. 2.** 'widerspruchsvoll, 'widersprüchlich.

**al·i·cy·clic** [ˌælɪ'saɪklɪk; -'sɪk-] *adj chem.* ali'zyklisch.

**al·i·dade** ['ælɪdeɪd], *a.* **'al·i·dad** [-dæd] *s astr. math.* Alhi'dade *f.*

**al·ien** ['eɪljən; -ɪən] **I** *adj* **1.** fremd: **on ~ soil. 2.** ausländisch: **~** *property pol.* Feindvermögen *n.* **3.** fremd(artig), ex'otisch. **4.** außerirdisch (*Wesen*). **5.** *fig.* anders (**from** als), fernliegend (**to**

dat): **~ to the topic** nicht zum Thema gehörend. **6.** *fig.* (**to**) entgegengesetzt (*dat*), (*j-m od. e-r Sache*) zu'wider(laufend), fremd (*dat*), 'unsym₁pathisch (*dat*): **that is ~ to his nature** das ist ihm wesensfremd. **II** *s* **7.** Fremde(r *m*) *f,* Ausländer(in): **enemy** (**friendly, undesirable od. unwanted**) **~** feindlicher (befreundeter, unerwünschter) Ausländer. **8.** nicht naturali'sierter Einwohner des Landes. **9.** außerirdisches Wesen: **an ~ from another planet** ein Wesen von e-m anderen Planeten. **'al·ien·a·ble** *adj jur.* veräußerlich, über'tragbar: **~ rights.**

**al·ien·age** ['eɪljənɪdʒ; -ɪən-] *s* **1.** Ausländertum *n,* Fremdheit *f.* **2.** ausländische Staatsangehörigkeit.

**al·ien·ate** ['eɪljəneɪt; -ɪən-] *v/t* **1.** *jur. bes. Grundbesitz* veräußern, über'tragen. **2.** a) befremden, b) entfremden (*a. psych. pol.*), abspenstig machen (**from** *dat od.* von). ¡**al·ien·a·tion** *s* **1.** *jur.* Veräußerung *f,* Über'tragung *f.* **2.** Entfremdung *f* (*a. psych. pol.*) (**from** von), Abwendung *f,* Abneigung *f:* **~ of affection** *jur.* Entfremdung ehelicher Zuneigung. **3.** *a.* **mental ~** *med. psych.* Alienati'on *f,* Psy'chose *f.* **4.** (*lite'rarische*) Verfremdung: **~ effect** Verfremdungseffekt *m.*

**al·ien·ee** [ˌeɪljə'niː; -ɪə-] *s jur.* Erwerber(in), neuer Eigentümer.

'**al·ien·ism** *s* **1.** → alienage. **2.** *obs.* Studium *n od.* Behandlung *f* von Geisteskrankheiten. '**al·ien·ist** *s* **1.** *obs.* Nervenarzt *m.* **2.** *Am.* Arzt, der sich mit den rechtlichen Aspekten der psychiatrischen Behandlung beschäftigt.

**al·ien·or** ['eɪljənə; *Am.* ₁eɪlɪə'nɔːr] *s jur.* Veräußerer *m.*

**a·light[1]** [ə'laɪt] *pret u. pp* **a'light·ed, a·lit** [ə'lɪt] *v/i* **1.** (**from**) aussteigen (aus), absteigen (vom *Fahrrad etc*), absitzen (vom *Pferd*). **2.** (**on**) (*sanft*) fallen (auf *acc*) (*Schnee*), sich niederlassen (auf *dat od. acc*), sich setzen (auf *acc*) (*Vogel*). **3.** *aer.* niedergehen, landen. **4.** *allg.* landen: **to ~ on one's feet** auf die Füße fallen. **5.** *obs.* (**on, upon**) (*zufällig*) stoßen *od.* kommen (auf *acc*).

**a·light[2]** [ə'laɪt] *adv u. pred adj* **1.** in Brand, in Flammen: **to be ~** in Flammen stehen, brennen; **to set ~** in Brand setzen *od.* stecken, anzünden. **2.** erleuchtet, erhellt (**with** von): **his face was ~ with happiness** sein Gesicht *od.* er strahlte vor Glück.

**a·light·ing** [ə'laɪtɪŋ] *s aer.* Landung *f:* **~ on earth** Bodenlandung *f;* **~ on water** Wassern *n,* Wasserlandung *f.*

**a·lign** [ə'laɪn] **I** *v/t* **1.** in e-e (*gerade*) Linie bringen. **2.** in e-r (*geraden*) Linie *od.* in Reih u. Glied aufstellen, ausrichten (**with** nach). **3.** *fig.* zu e-r Gruppe (*Gleichgesinnter*) zs.-schließen: **to ~ o.s. with** sich anschließen (*dat od.* an *acc*), sich zs.-schließen mit. **4.** *tech.* a) (aus)fluchten, ausrichten (**with** nach), b) ju'stieren, einstellen. **5.** *electr.* abgleichen. **II** *v/i* **6.** (**with**) e-e (*gerade*) Linie bilden (mit), sich ausrichten (nach). **a'lign·ment** *s* **1.** Aufstellung *f* in e-r (*geraden*) Linie, Ausrichten *n.* **2.** *fig.* Zs.-schluß *m* zu e-r Gruppe. **3.** Ausrichtung *f:* **in ~ with** in 'einer Linie *od.* Richtung mit, *fig. a.* in Übereinstimmung mit; **out of ~** schlecht ausgerichtet, *tech.* aus der Flucht, verschoben, -lagert. **4.** *surv. tech.* Flucht-, Absteckungslinie *f,* Trasse *f,* Zeilenführung *f.* **5.** *tech.* a) (Aus)Fluchten *n,* Ausrichten *n,* b) Justierung *f,* c) Flucht *f,* Gleichlauf *m:* **~ chart** Rechen-, Leitertafel *f,* Nomogramm *n.* **6.** *electr.* Abgleich(en *n*) *m.*

**a·like** [ə'laɪk] **I** *adj* a) gleich: **all music is**

**~ to him** für ihn ist alle Musik gleich, b) ähnlich (**to** *dat*): **they are very much ~** sie sind sich sehr ähnlich. **II** *adv* a) gleich, ebenso, in gleicher Weise, gleichermaßen: **to treat everybody ~** alle gleich behandeln, b) ähnlich.

**al·i·ment** ['ælɪmənt] *s* **1.** Nahrung(smittel *n*) *f.* **2.** etwas Lebensnotwendiges: **not to be an ~** nicht lebensnotwendig sein. **3.** *Scot.* → alimony. ¡**al·i'men·tal** [-'mentl] → alimentary 1.

**al·i·men·ta·ry** [ˌælɪ'mentərɪ] *adj* **1.** nährend, nahrhaft. **2.** zur Nahrung *od.* zum 'Unterhalt dienend, Nahrungs...: **~ disequilibrium** gestörtes Nahrungsgleichgewicht. **3.** Ernährungs..., Speise...: **~ canal** *physiol.* Verdauungskanal *m.*

**al·i·men·ta·tion** [ˌælɪmen'teɪʃn] *s* **1.** Ernährung *f.* **2.** 'Unterhalt *m.* ¡**al·i'men·ta·tive** [-tətɪv] *adj* nährend, Nahrungs..., nahrhaft.

**al·i·mo·ny** ['ælɪmənɪ; *Am.* -₁məʊniː] *s jur.* 'Unterhalt(szahlung *f*) *m:* **to pay ~** Unterhalt zahlen. **~ drone** *s Am. bes. contp.* geschiedene Frau, die aus 'Unterhaltsgründen nicht wieder heiratet.

**a·line,** *etc* → align, *etc.*

**al·i·ped** ['ælɪped] *zo.* **I** *adj* mit Flatterfüßen (versehen). **II** *s* Flatterfüßler *m.*

**al·i·phat·ic** [ˌælɪ'fætɪk] *adj chem.* ali'phatisch, fetthaltig: **~ compound** Fettverbindung *f.*

**al·i·quant** ['ælɪkwənt] *adj math.* ali'quant, mit Rest teilend.

**al·i·quot** ['ælɪkwɒt; *Am.* -₁kwɑt] *math.* **I** *adj* ali'quot, ohne Rest teilend. **II** *s* ali'quoter Teil, Ali'quote *f.*

**a·lit** [ə'lɪt] *pret u. pp von* alight[1].

**a·live** [ə'laɪv] *adj* **1.** lebend, le'bendig, (noch) am Leben: **are your grandparents still ~?** leben d-e Großeltern noch?; **the proudest man ~** der stolzeste Mann der Welt; **no man ~** kein Sterblicher; **man ~!** *colloq.* Menschenskind!; **to keep ~** a) (sich) am Leben erhalten, b) *fig.* (aufrecht)erhalten, bewahren; **he was burnt ~** er verbrannte bei lebendigem Leib; → flay 1, skin 10. **2.** *fig.* le'bendig, tätig, in voller Kraft *od.* Wirksamkeit. **3.** le'bendig, lebhaft, munter, rege, belebt: **~ and kicking** *colloq.* gesund u. munter; **look~!** *colloq.* a) mach fix!, b) paß auf! **4.** (**to**) a) empfänglich (für), b) bewußt (*gen*): **to be ~** (**become**) **to s.th.** sich e-r Sache bewußt sein (werden). **5.** gedrängt voll, belebt (**with** von): **to be ~ with** wimmeln von; **the streets were ~ with people** auf der Straße wimmelte es von Menschen. **6.** *fig.* voll, erfüllt (**with** von). **7.** *electr.* spannung-, stromführend, unter Strom stehend. **8.** *tech.* (noch) in Betrieb, funktio'nierend.

**a·liz·a·rin** [ə'lɪzərɪn] *s chem.* Aliza'rin *n,* Färber-, Krapprot *n.*

**al·ka·hest** ['ælkəhest] *s hist.* Alka'hest *n,* Univer'sallösungsmittel *n* (*der Alchimisten*).

**al·kal·am·ide** [ˌælkæl'æmaɪd; -mɪd] *s chem.* Alkala'mid *n,* basisches A'mid.

**al·ka·li** ['ælkəlaɪ] *pl* **-lies** *od.* **-lis** *s* **1.** *chem.* Al'kali *n,* Laugensalz *n.* **2.** *chem.* al'kalischer Stoff: **mineral ~** kohlensaures Natron; **~ metal** Alkalimetall *n.* **3.** *agr. geol.* kalzi'nierte(s) Soda. **4.** *bot.* Salzkraut *n.* **II** *adj* **5.** *chem.* al'kalisch.

**al·ka·li·fy** ['ælkəlɪfaɪ; æl'kæl-] *v/t u. v/i chem.* (sich) in ein Al'kali verwandeln.

**al·ka·lim·e·ter** [ˌælkə'lɪmɪtə(r)] *s chem.* Al'kalimesser *m.*

**al·ka·line** ['ælkəlaɪn; -lɪn] *adj chem.* al'kalisch, al'kalihaltig, basisch: **~ earths** Erdalkalien *f;* **~-earth metal** Erdalkalimetall *n;* **~ water** alkalischer Säuerling.

¡**al·ka'lin·i·ty** [-'lɪnətɪ] *s* Alkalini'tät *f,*

al'kalische Eigenschaft. **'al·ka·lin·ize** [-lınaız] *v/t chem.* alkali'sieren.

**al·ka·loid** ['ælkəlɔɪd] *chem.* **I** *s* Alkalo'id *n*. **II** *adj* al'kaliartig, laugenhaft.

**al·kyl group** ['ælkɪl] *s chem.* Al'kylrest *m*.

**all** [ɔːl] **I** *adj* **1.** all, sämtlich, gesamt, vollständig, ganz: ~ one's courage s-n ganzen Mut; ~ mistakes alle *od.* sämtliche Fehler; ~ my friends alle m-e Freunde; ~ night (long) die ganze Nacht (hindurch); ~ (the) day, ~ day long den ganzen Tag, den lieben langen Tag; open ~ day ganztägig geöffnet; ~ the time die ganze Zeit (über), ständig, immer; at ~ times zu jeder Zeit, jederzeit; ~ the town die ganze Stadt, jedermann. **2.** jeder, jede, jedes, alle *pl*: at ~ hours zu jeder Stunde; beyond ~ question ohne Frage, fraglos; in ~ respects in jeder Hinsicht; to deny ~ responsibility jede Verantwortung ablehnen. **3.** vollkommen, völlig, ganz, rein: ~ nonsense reiner Unsinn; ~ wool *Am.* reine Wolle; she is ~ legs sie besteht fast nur aus Beinen, ,sie hat Beine bis zum Hals'.

**II** *adv* **4.** ganz (u. gar), gänzlich, völlig: ~ alone ganz allein; ~ the um so ...; ~ the better um so besser; she was ~ gratitude sie war voll(er) Dankbarkeit; she is ~ kindness sie ist die Güte selber; ~ one einerlei, gleichgültig; he is ~ for it er ist unbedingt dafür; ~ mad völlig verrückt; ~ wrong ganz falsch. **5.** für jede Seite, beide: the score was two ~ das Spiel stand zwei zu zwei. **6.** *poet.* gerade, eben.

**III** *pron* **7.** alles, das Ganze: ~ of it alles, das Ganze; ~ of us wir alle; ~ of the year ein ganzes Jahr; that's ~ das ist (*od.* wäre) alles; that's ~ there is to it das ist die ganze Geschichte; it ~ began die ganze Sache begann; ~ of a tremble am ganzen Leibe zitternd; and ~ that und dergleichen; when ~ is said and done *colloq.* letzten Endes, im Grunde (genommen).

**IV** *s* **8.** Alles *n*: his ~ a) sein Hab u. Gut, b) sein ein u. alles. **9.** *philos.* (Welt)All *n*.

*Besondere Redewendungen:*
~ along a) der ganzen Länge nach, b) *colloq.* die ganze Zeit (über), schon immer; ~ in *colloq.* ,total fertig *od.* erledigt'; ~ in ~ alles in allem; ~ out *colloq.* a) ,total fertig *od.* erledigt', b) ,auf dem Holzweg' (*im Irrtum*), c) mit aller Macht (for s.th. auf etwas aus), mit restlosem Einsatz, d) vollständig (→ all-out); to go ~ out *colloq.* alles daransetzen, aufs Ganze gehen; ~ over a) *colloq.* ganz u. gar, b) überall, c) überallhin, in ganz *England etc* herum, c) im ganzen *Haus etc* herum, d) am ganzen Körper, überall; that is Max ~ over das ist ganz *od.* typisch Max, das sieht Max ähnlich; news from ~ over Nachrichten von überall her; to be ~ over s.o. *colloq.* ,an j-m m-n Narren gefressen haben'; ~ right a) ganz recht *od.* richtig, b) schon gut, c) in Ordnung, d) na schön!; I'm ~ right bei mir ist alles in Ordnung; I'm ~ right, Jack *colloq.* Hauptsache, mir geht's gut; I'm ~ right for money *colloq.* ,bei mir stimmt die Kasse'; ~ round a) rund(her)um, ringsumher, b) überall, c) ,durch die Bank', durchweg; ~ there gewitzt, gescheit, ,auf Draht'; he is not ~ there ,er ist nicht ganz bei Trost'; ~ up *colloq.* ,total fertig *od.* erledigt'; it's ~ up with him mit ihm ist's aus; (*siehe weitere Verbindungen unter den entsprechenden Stichwörtern*).

**al·la bre·ve** [ˌælə'breɪvɪ; -ˈbreveɪ] *adj u. adv mus.* alla breve, beschleunigt.

**Al·lah** ['ælə; 'ɑːlɑː] *s relig.* Allah *m*.

**all-A'mer·i·can I** *adj* **1.** rein *od.*

typisch ameri'kanisch. **2.** die ganzen Vereinigten Staaten vertretend. **3.** *sport Am.* National...: ~ player → 5; the ~ team die von der Presse theoretisch aufgestellte bestmögliche Mannschaft. **4.** den ganzen ameri'kanischen Konti'nent betreffend. **II** *s* **5.** *sport Am.* a) Natio'nalspieler(in), b) Spitzenspieler(in).

**al·lan·ite** ['ælənaɪt] *s min.* Alla'nit *m*.

**al·la pri·ma** [ˌɑːlɑːˈpriːmə; ˌælə-] *adj paint.* alla prima (*nur in* 'einer Farbschicht gemalt).

**al·lar·gan·do** [ˌɑːlɑː(r)'gændəʊ; -ˈgɑːn-] *adj u. adv mus.* allar'gando, langsamer werdend.

**all-a'round** *Am.* für all-round.

**'all-ˌau·to'mat·ic** *adj tech.* 'vollauto-ˌmatisch.

**al·lay** [ə'leɪ] *v/t* beruhigen, beschwichtigen, *Streit* schlichten, *Hitze, Schmerzen etc* mildern, lindern, *Hunger, Durst* stillen, *Furcht* mildern, *Freude* dämpfen.

**all· clear** *s* **1.** Ent'warnung(ssiˌgnal *n*) *f* (*bes. nach e-m Luftangriff*). **2.** *fig.* grünes Licht: he received the ~ on his plan er bekam grünes Licht für s-n Plan. **'~·ˌdu·ty** *adj* Allzweck...: ~ tractor.

**al·le·ga·tion** [ˌælɪ'geɪʃn] *s a. jur.* (*unerwiesene*) Behauptung, (*zu beweisende*) Aussage, (*jur.* Par'tei)Vorbringen *n*, (Tatsachen)Darstellung *f*.

**al·lege** [ə'ledʒ] *v/t Unerwiesenes* behaupten, vorbringen, erklären, geltend machen: he is ~d to have been killed er soll angeblich umgekommen sein. **al-'leged** *adj*, **al'leg·ed·ly** [-ɪdlɪ] *adv* an-, vorgeblich.

**al·le·giance** [ə'liːdʒəns] *s* **1.** 'Untertanenpflicht *f*, -treue *f*, -gehorsam *m*: to change one's ~ s-e Staatsangehörigkeit *od.* Partei wechseln. **2.** (to) Anhänglichkeit *f*, Bindung *f* (an *acc*), Ergebenheit *f* (gegen'über). **3.** Treue *f*, Loyali'tät *f* (to gegen'über). **al'le·giant** *adj* (to) treu (*dat*), loy'al (gegen'über).

**al·le·gor·ic** [ˌælɪ'gɒrɪk; *Am. a.* -ˈgɑ-] *adj*; **ˌal·le'gor·i·cal** [-kl] *adj* (*adv* ~ly) alle'gorisch, (sinn)bildlich.

**al·le·go·rist** ['ælɪgərɪst; *Am.* -ˌgəʊ-; -ˌgɔː-] *s* Allego'rist *m*.

**al·le·gor·i·za·tion** [ˌælɪgərɑɪ'zeɪʃn; *Am.* -ˌgəʊrə'z-; -ˌgɔːrə'z-] *s* alle'gorische Darstellung *od.* Erklärung. **al·le·go·rize** ['ælɪgərɑɪz; *Am. a.* -ˌgəʊ-; -ˌgɔː-] **I** *v/t* allegori'sieren, alle'gorisch *od.* sinnbildlich darstellen. **II** *v/i* in Gleichnissen reden.

**al·le·go·ry** ['ælɪgərɪ; *Am.* -ˌgəʊrɪ:; -ˌgɔː-] *s* Allego'rie *f*, sinnbildliche Darstellung, Gleichnis *n*.

**al·le·gret·to** [ˌælɪ'gretəʊ; -le-] *mus.* **I** *adj u. adv* alle'gretto, mäßig lebhaft. **II** *pl* **-tos** *s* Alle'gretto *n*.

**al·le·gro** [ə'leɪgrəʊ; -'le-] *mus.* **I** *adj u. adv* al'legro, lebhaft. **II** *pl* **-gros** *s* Al'legro *n*.

**al·lele** [ə'liːl], *a.* **al·lel** [ə'lel] → allelomorph.

**al·le·lo·morph** [ə'liːləmɔː(r)f; ə'lelə-] *s biol.* Al'lel *n*, Erbfaktor *m*.

**al·le·lu·ia(h), al·le·lu·ja** [ˌælɪ'luːjə] **I** *s* Halle'luja *n*, Loblied *n*. **II** *interj* halle-'luja!

**ˌall-em'brac·ing** *adj* (ˈall)umˌfassend, glo'bal: ~ disapproval allgemeine Mißbilligung.

**al·len· screw** ['ælən] *s tech.* Allen-, Inbusschraube *f*. ~ wrench *s tech.* Inbusschlüssel *m*.

**al·ler·gen** ['ælə(r)dʒen; -dʒən] *s med.* Aller'gen *n*, Aller'giestoff *m*.

**al·ler·gic** [ə'lɜːdʒɪk; *Am.* əl'ɜr-] *adj med. physiol.* al'lergisch, 'überempfindlich (to gegen): to be ~ to *colloq.* etwas *od.* j-n nicht ausstehen können, ,allergisch' sein gegen.

**al·ler·gol·o·gy** [ˌælə(r)'gɒlədʒɪ; *Am.* -'gɑl-; -'dʒɑl-] *s med.* Allergolo'gie *f*.

**al·ler·gy** ['ælə(r)dʒɪ] *s* **1.** *med. physiol.* Aller'gie *f*, 'Überempfindlichkeit *f* (to gegen). **2.** *colloq.* ,Aller'gie' *f*, Abneigung *f*, 'Widerwille *m* (to gegen).

**al·le·vi·ate** [ə'liːvɪeɪt] *v/t* mildern, lindern, (ver)mindern. **al·le·vi·a·tion** *s* Linderung *f*, Milderung *f*.

**al·ley** ['ælɪ] *s* **1.** (enge *od.* schmale) Gasse. **2.** (*bes.* von Bäumen gesäumter) Gartenod. Parkweg. **3.** *arch.* Verbindungsgang *m*, Korridor *m*. **4.** *Bowling, Kegeln:* Bahn *f* (*a. Gebäude*): that's down (*od.* up) my ~ *colloq.* das ist etwas für mich, das ist (genau) mein Fall. ~ cat *s* streunende Katze. **'~·way** → alley 1.

**'All-ˌfa·ther** *s relig.* Allvater *m*.

**'all-ˌfired** *adj u. adv bes. Am. sl.* verdammt: he had the ~ cheek to call me a liar; don't be so ~ sure of yourself! **A~ Fools' Day** *s* der erste A'pril. **~·'Ger·man** *adj* gesamtdeutsch. **~·hail** *interj obs.* heil!, sei(d) gegrüßt!

**All·hal·lows** [ˌɔːl'hæləʊz] *s relig.* Aller'heiligen *n*.

**al·li·ance** [ə'laɪəns] *s* **1.** Verbindung *f*. **2.** Bund *m*, Bündnis *n*, Alli'anz *f*: offensive and defensive ~ Schutz- u. Trutzbündnis; to enter into (*od.* form) an ~ ein Bündnis schließen, sich alliieren (with mit). **3.** Verwandtschaft *f* durch Heirat, Verschwägerung *f*. **4.** *weitS.* Verwandtschaft *f*. **5.** *fig.* Bund *m*, (Inter'essen)Gemeinschaft *f*. **6.** Über'einkunft *f*. **7.** *bot. zo. obs.* 'Unterordnung *f*.

**al·lied** [ə'laɪd; *bes. attr* 'ælaɪd] *adj* **1.** a) verbündet, alli'iert, b) A~ *hist.* Alli'iert, die Alliierten betreffend (*im 1. u. 2. Weltkrieg*): A~ Forces alliierte Streitkräfte; A~ and Associated Powers Alliierte u. Assoziierte Mächte; A~ High Commission Alliierte Hohe Kommission; A~ Nations Vereinte Nationen. **2.** *fig.* verwandt (to mit).

**Al·lies** ['ælaɪz] *s pl* (*die*) Alli'ierten *pl* (*im 1. u. 2. Weltkrieg*).

**al·li·ga·tion** [ˌælɪ'geɪʃn] *s math.* Alligati'onsregel *f*: rule of ~ Misch(ungs)rechnung *f*.

**al·li·ga·tor** ['ælɪgeɪtə(r)] *s* **1.** *zo.* Alli'gator *m*, Kaiman *m*. **2.** *mus. Am. sl.* Swingfan *m*. ~ ap·ple → pond apple. ~ crack·ing *s tech.* netzartige Rißbildung. ~ pear → avocado. ~ shears *s pl tech.* Hebelschere *f*. ~ skin *s* Kroko'dilleder *n*. ~ snap·per, ~ ter·ra·pin, ~ tor·toise, ~ tur·tle *s zo.* Alli'gatorschildkröte *f*. ~ wrench *s tech.* Rohrschlüssel *m*. [entscheidend.)

**ˌall-im'por·tant** *adj* äußerst wichtig,(ˌ **all-in** [ˌɔːl'ɪn; *attr* 'ɔːlɪn] *adj* **1.** *bes. Br.* alles inbegriffen, Gesamt..., Pauschal...: ~ insurance Gesamtˌversicherung *f*; ~ school *ped. Br.* Gesamtschule *f*. **2.** ~ wrestling *sport* Catchen *n*.

**ˌall-in'clu·sive** → all-in 1.

**al·lit·er·ate** [ə'lɪtəreɪt; æ-] *v/i* **1.** allite'rieren. **2.** im Stabreim dichten. **al·lit·er'a·tion** *s* Alliterati'on *f*, Stabreim *m*. **al'lit·er·a·tive** [-rətɪv; *Am. bes.* -ˌreɪtɪv] *adj* (*adv* ~ly) allite'rierend, stab(reim)end: ~ verse Alliterations-, Stabreimvers *m*.

**ˌall·'mains** *adj electr.* Allstrom..., Netzanschluß...: ~ receiver. **~·'met·al** *adj tech.* Ganzmetall...: ~ construction Ganzmetallbau(weise *f*) *m*.

**'all-night** *adj* **1.** die ganze Nacht geöffnet: an ~ restaurant ein Restaurant, das die ganze Nacht geöffnet hat. **2.** die ganze Nacht dauernd: we had an ~ meeting unsere Sitzung zog sich die ganze Nacht hin. **ˌall-'night·er** *s* etwas, was die ganze

Nacht dauert: **he had an ~ over his papers** er saß die ganze Nacht über s-n Akten.

**allo-** [æləʊ; ælə] *Wortelement mit der Bedeutung* anders..., Fremd...

**al·lo·cate** ['æləʊkeɪt; -lək-] *v/t* **1.** zuteilen, an-, zuweisen (**to** *dat*): **to ~ duties** Pflichten zuweisen; **to ~ shares** (*bes. Am.* **stocks**) Aktien zuteilen. **2.** a) (*nach e-m Schlüssel*) auf-, verteilen: **to ~ expenses** Unkosten verteilen, Gemeinkosten umlegen, b) *Güter* bewirtschaften, ratio'nieren. **3.** *Geld etc* bestimmen, zu'rücklegen (**to, for** für *j-n od. e-n Zweck*). **4.** den Platz bestimmen für. ˌal·lo'ca·tion *s* **1.** Zuteilung *f*, An-, Zuweisung *f*. **2.** a) Auf-, Verteilung *f*: **~ of expenses** Unkostenverteilung, Umlage *f* von Gemeinkosten; **~ of frequencies** *electr.* Wellen-, Frequenzverteilung, b) Bewirtschaftung *f*, Ratio'nierung *f*.

ˌal·lo·chro'mat·ic *adj min.* allochro-'matisch (*durch Beimengungen anders gefärbt, als es der Substanz nach zu erwarten wäre*).

**al·loch·tho·nous** [ə'lɒkθənəs; *Am.* -'lɑk-] *adj biol. geol.* allo'chthon, nicht am Fundort heimisch *od.* entstanden.

**al·lo·cu·tion** [ˌæləʊ'kju:ʃn; -lə'kj-] *s* **1.** ermahnende *od.* feierliche Ansprache. **2.** *R.C.* Allokuti'on *f* (*päpstliche Ansprache*). [dial, alodium.〕

**al·lo·di·al, al·lo·di·um** → alo-〕 **al·log·a·mous** [ə'lɒgəməs; *Am.* ə'lɑ-] *adj bot.* allo'gam(isch). **al·log·a·my** *s* Alloga'mie *f*, Fremdbestäubung *f*.

**al·lo·graph** ['æləʊgrɑ:f; -ləg-; *bes. Am.* -græf] *s ling.* Allo'graph *n* (*Variante e-s Graphems*).

**al·lom·e·try** [ə'lɒmɪtrɪ; *Am.* -'lɑm-] *s biol.* Allome'trie *f* (*Wachstum e-s Organs etc im Verhältnis zum Wachstum des übrigen Organismus*).

**al·lo·morph** ['æləʊmɔ:(r)f; -ləm-] *s ling.* Allo'morph *n* (*Variante e-s Morphems*).

**al·longe** [ə'lɒ:ʒ; ə'lʌnʒ; æ'l-] *s econ.* Al'longe *f*, Verlängerungsabschnitt *m* (*an e-m Wechsel*).

**al·lo·nym** ['æləʊnɪm; -lən-] *s* Allo'nym *n* (*Name e-r bekannten Persönlichkeit als Pseudonym*).

**al·lo·path** ['æləʊpæθ; -ləp-] *s med.* Allo-'path *m.* ˌal·lo'path·ic *adj* (*adv* **~ally**) allo'pathisch. **al·lop·a·thist** [ə'lɒpə-θɪst; *Am.* -'lɑ-] → allopath. **al'lop·a·thy** [-θɪ] *s* Allopa'thie *f* (*Heilverfahren, bei dem gegen e-e Krankheit Mittel angewendet werden, die e-e der Krankheitsursache entgegengesetzte Wirkung haben*).

**al·lo·phone** ['æləʊfəʊn; -ləf-] *s ling.* Allo'phon *n* (*Variante e-s Phonems*).

**'al·lo·plasm** *s biol.* Fremdplasma *n* (*bei Kreuzungen*).

ˌall·'or-'none *adj* entweder in vollem Ausmaß *od.* über'haupt nicht eintretend, Entweder-oder-...: **an ~ reaction.** ˌ**~-or-'noth·ing** *adj* **1.** → all-or-none. **2.** Alles-oder-nichts-..., kompro'mißlos.

**al·lo·some** ['æləʊsəʊm] *s biol.* Allo'som *n*, Ge'schlechts-chromo¦som *n*.

**al·lot** [ə'lɒt; *Am.* ə'lɑt] *v/t* **1.** durch Los verteilen, auslosen. **2.** zuteilen, an-, zuweisen (**to** *dat*): **to ~ shares** (*bes. Am.* **stocks**) *econ.* Aktien zuteilen; **the ~ted time** die zugeteilte *od.* gewährte *od.* angesetzte Zeit *od.* Frist. **3.** *Geld etc* bestimmen, zu'rücklegen (**to, for** für *j-n od. e-n Zweck*). **4.** *fig.* zuschreiben (**to** *dat*). **al'lot·ment** *s* **1.** Ver-, Auslosung *f*, Verteilung *f*. **2.** Zuteilung *f*, An-, Zuweisung *f*: **letter** (*Am.* **certificate**) **of ~** Zuteilungsschein *m*. **3.** Par'zelle *f*: **~ (garden)** *bes. Br.* Schrebergarten *m*. **4.** *mar. mil. etc* Über'weisung *f* e-s festge-

setzten Teils der Löhnung an e-n Angehörigen *etc*.

**al·lo·trope** ['æləʊtrəʊp; ælə-] *s chem.* Allo'trop *n*. ˌ**al·lo'trop·ic** [-'trɒpɪk; *Am.* -'trɑ-] *adj* allo'tropisch. **al·lot·ro·pism** [æ'lɒtrəpɪzəm; ə'l-; *Am.* ə'lɑ-], **al·lot·ro·py** [æ'lɒtrəpɪ; ə'l-; *Am.* ə'lɑ-] *s chem.* Allotro'pie *f*, Vielgestaltigkeit *f*.

**all'ot·ta·va** [ˌæləˈtɑ:vɑ; ˌɑːˈləʊ-] *adj u. adv mus.* all'ot'tava (*e-e Oktave höher od. tiefer*).

**al·lot·tee** [ə¸lɒ'ti:; *Am.* ə¸lɑ-] *s* (Zuteilungs)Empfänger(in), Bezugsberechtigte(r *m*) *f*. **al·lot·ter** [ə'lɒtə; *Am.* ə'lɑtər] *s* Zuteiler *m*.

ˌ**all·'out** *adj colloq.* **1.** to'tal, um'fassend, Groß...: **~ effort** äußerste Anstrengung; **~ offensive** Großoffensive *f*; **~ war** totaler Krieg. **2.** *Am.* kompro'mißlos, radi-'kal: **an ~ reformer;** → **all** *Bes. Redew.* ˌ**~-'out·er** *s Am. colloq.* Radi'kale(r *m*) *f*. ˌ'**~·o·ver** I *s* **1.** Stoff *m* mit 'durchgehendem Muster. **2.** 'durchgehendes Muster. II *adj* **3.** 'durchgehend (*Muster etc*). **4.** Gesamt...

**al·low** [ə'laʊ] I *v/t* **1.** a) erlauben, gestatten, b) zuerkennen, bewilligen, *a. mildernde Umstände*, e-e Frist, *Zeit* zubilligen, gewähren (*alle*: **s.o. s.th.** j-m etwas), c) zulassen: **to be ~ed to do s.th.** etwas tun dürfen; **smoking ~ed** Rauchen gestattet; **to ~ o.s. sth.** sich erlauben *od.* gestatten *od.* gönnen; **we are ~ed five ounces a day** uns stehen täglich 5 Unzen zu; → **appeal 7.** **2.** *e-e Summe* aussetzen, zuwenden, geben. **3.** a) zugeben, einräumen, b) anerkennen, gelten lassen: **to ~ a claim.** **4.** dulden, ermöglichen, lassen: **she ~ed the food to get cold** sie ließ das Essen kalt werden. **5.** in Abzug bringen, ab-, anrechnen, abziehen, absetzen, nachlassen, vergüten: **to ~ 10% for inferior quality; to ~ in full** voll vergüten. **6.** *Am. dial.* a) der Meinung sein, meinen, b) beabsichtigen, planen (**to do** zu tun). II *v/i* **7.** **~ of** erlauben, gestatten, zulassen, ermöglichen (*acc*): **it ~s of no excuse** es läßt sich nicht entschuldigen. **8.** **~ for** in Betracht ziehen, berücksichtigen, bedenken, 'einkalku¸lieren (*acc*): **to ~ for s.o.'s inexperience** j-m s-e Unerfahrenheit zugute halten; **~ing for** unter Berücksichtigung (*gen*).

**al·low·a·ble** [ə'laʊəbl] *adj* (*adv* allowably) **1.** erlaubt, zulässig: **~ tolerance** *tech.* zulässige Abweichung. **2.** rechtmäßig. **3.** abzugsfähig: **~ expenses.**

**al·low·ance** [ə'laʊəns] I *s* **1.** Erlaubnis *f*, Be-, Einwilligung *f*. **2.** Anerkennung *f*. **3.** ausgesetzte Summe, (geldliche) Zuwendung, gewährter Betrag, Zuschuß *m*, Beihilfe *f*, Taschengeld *n*, Zuteilung *f*: **~ for rent, rental ~** Mietzuschuß, (*staatliches*) Wohngeld; **daily ~** Tagegeld *n*; **dress ~** Kleidergeld *n*; **monthly ~** Monatszuschuß, -wechsel *m* (*bes. für Studenten*); → **family allowance, travel allowance.** **4.** Entschädigung *f*, Vergütung *f*: (**expense**) **~** Aufwandsentschädigung. **5.** *econ.* a) Nachlaß *m*, Ra'batt *m*, Ermäßigung *f*: **~ for cash** Skonto *n*, b) Abschreibung *f*: (**tax**) **~** *Br.* (Steuer-)Freibetrag *m*; **initial ~** *Br.* Sonderabschreibungen bei Neuanschaffungen. **6.** *fig.* Nachsicht *f*: **to make ~(s) for** in Betracht ziehen, berücksichtigen, bedenken, einkalkulieren; **to make ~s for s.o.'s inexperience** j-m s-e Unerfahrenheit zugute halten. **7.** *math. tech.* Tole'ranz *f*, zulässige Abweichung, Spiel(raum *m*) *n*. **8.** *sport* Vorgabe *f*. II *v/t* **9.** a) j-n auf Rati'onen setzen, b) *Güter* ratio'nieren. **10.** j-m Geld regelmäßig anweisen.

**al·low·ed·ly** [ə'laʊɪdlɪ] *adv* a) zugegebenermaßen, b) anerkanntermaßen.

**al·loy** I *s* ['ælɔɪ; *fig.* ə'lɔɪ] **1.** *tech.* a) Me'talle¸gierung *f*, b) Le'gierung *f*, Mischung *f*, Gemisch *n* (*a. fig.*): **~ steel** legierter Stahl. **2.** *fig.* (Bei)Mischung *f*, Zusatz *m*: **pleasure without ~** ungetrübte Freude. II *v/t* [ə'lɔɪ; 'ælɔɪ] **3.** *Metalle* le'gieren, (ver)mischen, versetzen: **~ing component** Legierungsbestandteil *m*. **4.** *fig.* verschlechtern, trüben, stören. III *v/i* [ə'lɔɪ; 'ælɔɪ] **5.** sich (ver)mischen (*Metalle*).

ˈ**all-¸par·ty** *adj* Allparteien...

ˌ**all-play-'all** *s sport Br.* Turnier, bei dem jeder gegen jeden antritt.

ˈ**all¦-¸pur·pose** *adj* für jeden Zweck verwendbar, Allzweck..., Universal...: **~ tool; ~ gun** *mil.* Allzielgeschütz *n*; **~ slicer** Allesschneider *m*. ˌ**~-'round** *adj* **1.** all-, vielseitig: **an ~ athlete** ein Allroundsportler; **an ~ education** e-e vielseitige *od.* umfassende Bildung; ~**man** → all-rounder 1; **~ tool** Universalwerkzeug *n*; **~ defence** (*Am.* **defense**) *mil.* Rundumverteidigung *f*. **2.** Gesamt..., glo'bal, pau'schal: **~ cost.** ˌ**~-'round·er** *s* **1.** Alleskönner *m*, Aller'weltskerl *m*. **2.** *sport* a) Allroundsportler *m*, b) *bes. Br.* Allroundspieler *m*. **A~ Saints' Day** *s relig.* Aller'heiligen *n*. **A~ Souls' Day** *s relig.* Aller'seelen *n*. ˈ**~·spice** *s* **1.** *bot.* Pi'mentbaum *m*. **2.** Pi'ment *m, n*, Nelkenpfeffer *m*. ˈ**~-star** *adj sport thea.* Star...: **an ~ team; an ~ cast** e-e Star-besetzung. ˈ**~-steel** *adj tech.* Ganzstahl... ˌ**~-ter¸rain** *adj mot.* geländegängig: **~ vehicle** Geländefahrzeug *n*. ˈ**~·tick·et** *adj* ausverkauft: **an ~ match.** ˈ**~-time** *adj* **1.** hauptamtlich, -beruflich, Voll...: **~ job** Ganztagsbeschäftigung *f*. **2.** *fig.* beispiellos, bisher unerreicht: **an ~ record; ~ high** Höchstleistung *f od.* -stand *m*, Rekordhöhe *f*; **~ low** tiefster Punkt, Tiefstand *m*, *sport* (Zuschauer)Minusrekord *m*.

ˈ**all-up weight** *s aer.* Gesamt(flug)gewicht *n*.

**al·lure** [ə'ljʊə; *bes. Am.* ə'lʊə(r)] *v/t u. v/i* **1.** an-, verlocken. **2.** a) gewinnen, ködern (**to** für), b) abbringen (**from** von). **3.** anziehen, bezaubern. **al'lure·ment** *s* **1.** (Ver)Lockung *f*. **2.** Lockmittel *n*, Köder *m*. **3.** Anziehungskraft *f*, Zauber *m*, Reiz *m*, Charme *m*. **al'lur·ing** *adj* (*adv* ~ly) (ver)lockend, verführerisch, reizend.

**al·lu·sion** [ə'lu:ʒn] *s* **1.** (**to**) Anspielung *f* (auf *acc*), Andeutung *f* (*gen*). **2.** Anspielung *f*, 'indi¸rekte Bezugnahme (*bes. e-s Schriftstellers*). **al'lu·sive** [-sɪv] *adj* (*adv* ~ly). **1.** anspielend (**to** auf *acc*), verblümt. **2.** voller Anspielungen.

**al·lu·vi·a** [ə'lu:vjə; -vɪə] *pl von* alluvium. **al·lu·vi·al** [ə'lu:vjəl; -vɪəl] *geol.* I *adj* angeschwemmt, alluvi'al: **~ cone** Schwemmkegel *m*; **~ gold** Alluvial-, Seifengold *n*; **~ ore deposit** Erzseife *f*; **~ soil** Alluvialboden *m*. II *s* Schwemmland *n*.

**al·lu·vi·on** [ə'lu:vjən; -vɪən] *s* **1.** Anspülung *f*. **2.** Alluvi'on *f*: a) angeschwemmtes Land, b) *jur.* Landvergrößerung *f* durch Anschwemmung.

**al·lu·vi·um** [ə'lu:vjəm; -vɪəm] *pl* **-vi·ums** [-z] *od.* **-vi·a** [-ə] (*Lat.*) *s geol.* Al'luvium *n*, Schwemmland *n*.

ˈ**all-wave** *adj electr.* Allwellen...: **~ receiving set.** ˈ**~-¸weath·er** *adj* Allwetter...: **~ roof; ~ fighter** *aer. mil.* Allwetterjäger *m*. ˈ**~-wheel** *adj tech.* Allrad...: **~ brake; ~ drive; ~ steering.** ˈ**~-wing** *adj*: **~ type aircraft** Nurflügelflugzeug *n*.

**al·ly** [ə'laɪ] I *v/t* **1.** (*durch Heirat, Bündnis*

*od. Freundschaft, Verwandtschaft, Ähnlichkeit*) verbinden, -einigen (**to**, **with** mit): **to~o.s.** → 2; → **allied**. **II** *v/i* 2. sich vereinigen, sich verbinden, sich verbünden (**to**, **with** mit). **III** *s* [ˈælaɪ] 3. Alliierte(r *m*) *f*, Verbündete(r *m*) *f*, Bundesgenosse *m*, Bundesgenossin *f* (*a. fig.*). 4. *bot. zo.* verwandte Sippe.

**al·lyl** [ˈælɪl] *s chem.* Alˈlyl *n*: ~ **alcohol**.

**alm** [ɑːm; *Am. a.* ɑːlm] *s* Almosen *n*.

**Al·ma Ma·ter** [ˌælmǝˈmɑːtǝ(r)] (*Lat.*) *s* Alma mater *f* (*Universität, Hochschule*).

**al·ma·nac** [ˈɔːlmǝnæk; *Am. a.* ˈæl-] *s* Almanach *m*, Kaˈlender *m*, Jahrbuch *n*.

**al·man·dine** [ˈælmǝndiːn; -daɪn] *s min.* Almanˈdin *m*, roter Graˈnat.

**al·might·i·ness** [ɔːlˈmaɪtɪnɪs] *s* Allmacht *f*. **alˈmight·y** *adj* 1. allˈmächtig: **the A~** der Allmächtige, Gott; **the ~ dollar** die Allmacht des Geldes. 2. *colloq.* (*a. adv*) a) riesig, „mächtig": **an ~ row** ein fürchterlicher Streit, b) scheußlich, ganz verflixt: **he's in an ~ situation**.

**al·mond** [ˈɑːmǝnd; *Am. a.* ˈæm-; ˈælm-] *s* 1. *bot.* Mandel(baum *m*) *f*. 2. Mandelfarbe *f*. 3. mandelförmiger Gegenstand. **~ˈeyed** *adj* mit mandelförmigen Augen, mandeläugig. **~ milk** *s pharm.* Mandelmilch *f*.

**al·mon·er** [ˈɑːmǝnǝ(r); ˈæl-] *s* 1. *hist.* Almosenpfleger *m*. 2. *Br.* Soziˈalarbeiter(in) im Krankenhaus. **ˈal·mon·ry** [-rɪ] *s hist.* 1. Wohnung *f* e-s Almosenpflegers. 2. Kloster *n etc*, wo Almosen verteilt wurden.

**al·most** [ˈɔːlmǝʊst] *adv* fast, beinah(e), nahezu.

**alms** [ɑːmz; *Am. a.* ɑːlmz] *s* 1. (*meist als pl konstruiert*) Almosen *n*. 2. (*als sg konstruiert*) *obs.* Armenhilfe *f*. 3. (*als sg konstruiert*) *relig. Br.* Kolˈlekte *f*. **~ box** *s relig. Br.* Opferbüchse *f*, -stock *m*. **~ dish** *s relig.* Opferteller *m*. **~ fee** *s R.C.* Peterspfennig *m*. **ˈ~ house** *s* 1. *Br.* a) priˈvates Altenheim, b) privates Wohnheim für soziˈal Schwache. 2. *hist.* Armenhaus *n* (mit Arbeitszwang). **ˈ~ man** [-mǝn] *s irr hist.* Almosenempfänger *m*.

**a·lo·di·al** [ǝˈlǝʊdjǝl; -ɪǝl] **I** *adj* allodiˈal, (lehens)zinsfrei u. erb-eigen. **II** *s* Allodiˈalbesitz *m*. **aˈlo·di·um** [-ǝm] *pl* **-di·a** [-ǝ] *s* Alˈlodium *n*, Freigut *n*.

**al·oe** [ˈælǝʊ] *pl* **-oes** *s* 1. *bot.* Aloe *f*. 2. *meist pl* (*als sg konstruiert*) *pharm.* Aloe *f* (*Abführmittel*). 3. *pl* (*als sg konstruiert*) → **aloeswood**.

**al·oes·wood** [ˈælǝʊzwʊd] *s bot.* Adler-, Paraˈdies-, Aloeholz *n*.

**al·o·et·ic** [ˌælǝʊˈetɪk; *Am.* -ǝˈw-] *chem. pharm.* **I** *adj* aloˈetisch. **II** *s* ~ **acid** Aloesäure *f*. **II** *s* ˈAloepräpaˌrat *n*.

**a·loft** [ǝˈlɒft] *adv* 1. *poet.* hoch (oben *od.* hinˈauf), in der *od.* die Höhe, emˈpor, droben, im Himmel. 2. *mar.* oben, in der Takelung.

**a·log·i·cal** [eɪˈlɒdʒɪkl; *Am.* -ˈlɑ-] *adj* alogisch.

**a·long** [ǝˈlɒŋ] **I** *prep* 1. entlang (*dat od. acc*), längs (*gen, a. dat*), an (*dat*) ... vorˈbei, an (*dat*) ... hin: ~ **the river** am *od.* den Fluß entlang, entlang dem Fluß. 2. während (*gen*), im Laufe von (*od. gen*): ~ **about July 25** *Am. colloq.* um den 25. Juli (herum); → **all** *Bes. Redew.* **II** *adv* 3. ~ **by** → 1. 4. (weiter) fort, vorwärts, weiter: → **get along**. 5. daˈhin: **as he rode** ~. 6. ~ **with** (zuˈsammen) mit: **to take** ~ (**with o.s.**) mitnehmen; → **come along**, **go along**. 7. *colloq.* da, her, hin: **I'll be in a few minutes** ich bin in ein paar Minuten da. 8. **right** ~ *Am. colloq.* ständig, fort-

während. 9. ~ **of** *Am. dial.* wegen (*gen*).

**a·long·shore** [ǝˌlɒŋˈʃɔː(r); *Am. a.* -ˈʃǝʊr] *adv u. adj* längs der Küste.

**a·long·side** [ǝˌlɒŋˈsaɪd; ǝˈlɒŋsaɪd] **I** *adv* 1. *mar.* längsseits. 2. Seite an Seite, nebenˈher). 3. *colloq.* (**of**, **with**) verglichen (mit), im Vergleich (zu), neben (*dat*). **II** *prep* 4. neben (*dat od. acc*), längsseits (*gen*). 5. im gleichen Ausmaß wie.

**a·loof** [ǝˈluːf] **I** *adv* fern, entfernt, abseits, von fern: **to hold** (*od.* **keep**) (**o.s.**) ~, **to stand** ~ sich fernhalten (**from** von), für sich bleiben, Distanz wahren. **II** *pred adj* a) fern, abseits, b) reserˈviert, zuˈrückhaltend. **aˈloof·ness** *s* Zuˈrückhaltung *f*, Reserˈviertheit *f*.

**al·o·pe·ci·a** [ˌælǝʊˈpiːʃɪǝ; -ʃǝ] *s med.* Alopeˈzie *f*: a) krankhafter Haarausfall, b) Kahlheit *f*.

**a·loud** [ǝˈlaʊd] *adv* laut, mit lauter Stimme.

**a·low** [ǝˈlǝʊ] *adv mar.* (nach) unten.

**alp** [ælp] *s* hoher Berg (in den Alpen).

**al·pac·a** [ælˈpækǝ] *s* 1. *zo.* Pako *m*, Alˈpaka *n*, Peruˈanisches Kaˈmel. 2. Alˈpakahaar *n*, -wolle *f*, -stoff *m*.

**al·pen·glow** [ˈælpǝn-] *s* Alpenglühen *n*. **ˈ~ horn** *s mus.* Alphorn *n*. **ˈ~ stock** *s* Bergstock *m*.

**al·pes·tri·an** [ælˈpestrɪǝn] *s* Alpiˈnist(in).

**al·pes·trine** [ælˈpestrɪn] *adj bot.* subalˈpinisch.

**al·pha** [ˈælfǝ] *s* 1. Alpha *n* (*griechischer Buchstabe*): ~ **particle** *phys.* Alphateilchen *n*; ~ **rays** *phys.* Alphastrahlen. 2. *fig.* Alpha *n*, der (die, das) erste *od.* beste, Anfang *m*: ~ **and omega** der Anfang u. das Ende, das A u. O. 3. *ped. Br.* Eins *f*, Sehr Gut *n* (*Note*): ~ **plus** a) plus Eins, Eins mit Sternchen, b) *fig.* hervorragend, erstklassig; ~ **test** *psych. Am.* Alpha-Test *m* (*Intelligenzprüfung*).

**al·pha·bet** [ˈælfǝbɪt; -bet] **I** *s* 1. Alphaˈbet *n*, Abˈc *n*, Abeˈce *n*: ~ **noodles** Buchstabennudeln. 2. *fig.* ˈGrundeleˌmente *pl*, Anfangsgründe *pl*, Abˈc *n*. **II** *v/t Am.* → **alphabetize**.

**al·pha·bet·ar·i·an** [ˌælfǝbeˈteǝrɪǝn] *s* Abˈc-Schütze *m*.

**al·pha·bet·ic** [ˌælfǝˈbetɪk] *adj;* **ˌalphaˈbet·i·cal** [-kl] *adj* (~~**ly**) alphaˈbetisch: ~ **accounting machine** (*Computer*) alphabetschreibende Tabelliermaschine; ~ **agency** Institution *f* mit abgekürzter Bezeichnung; ~ **interpreter** (*Computer*) Alpha(bet)lochschriftübersetzer *m*; ~ **order** alphabetische Anordnung *od.* Reihenfolge; **in** ~ **order** alphabetisch (an)geordnet, ~ **printing punch** (*Computer*) Alpha(bet)schreiblocher *m*.

**al·pha·bet·ize** [ˈælfǝbǝtaɪz; -bet-] *v/t* alphabetiˈsieren, alphaˈbetisch (an)ordnen.

**ˈalp·horn** → **alpenhorn**.

**Al·pine** [ˈælpaɪn] *adj* 1. Alpen... 2. *a.* **a~** alˈpin, (Hoch)Gebirgs...: ~ **combined** (*Skisport*) Alpine Kombination; ~ **lake** Bergsee *m*; ~ **race** (*Anthropologie*) alpine Rasse; ~ **sun** *med.* Höhensonne *f*; ~ **troops** *mil.* (Hoch)Gebirgstruppen, Gebirgsjäger.

**Al·pin·ism**, *a.* **a~** [ˈælpɪnɪzǝm] *s* 1. Alpiˈnismus *m*, Alpiˈnistik *f*. 2. alˈpiner Skisport. **ˈAl·pin·ist** *s* 1. Alpiˈnist(in). 2. *Skisport:* Alˈpine(r *m*) *f*.

**al·read·y** [ɔːlˈredɪ] *adv* schon, bereits.

**al·right** [ˌɔːlˈraɪt] *Br. colloq. od. Am.* für all right (→ **all** *Bes. Redew.*).

**Al·sa·tian** [ælˈseɪʃjǝn; -ʃǝn] **I** *adj* 1. elsässisch, Elsässer... ~ **dog** → 3. **II** *s* 2. Elsässer(in). 3. Schäferhund *m*.

**al·so** [ˈɔːlsǝʊ] **I** *adv* auch, ferner, außerdem, gleich-, ebenfalls. **II** *conj colloq.* und.

**ˈal·so-ran** *s* 1. *sport* Teilnehmer an e-m Rennen (*Läufer, Pferd etc*), der sich nicht plazieren kann: **she was an** ~ sie kam unter ‚ferner liefen' ein. 2. *colloq.* a) j-d, der *od.* etwas, was nicht besonders gut abschneidet, b) Versager *m*, ‚Niete' *f*, c) ‚Null' *f* (*unbedeutende Person*): **he is an** ~ er kommt unter ‚ferner liefen'.

**alt** [ælt] *s mus.* Alt(stimme *f*) *m*: **in** ~ a) in der Oktave über dem Violinsystem, b) *fig.* in gehobener Stimmung, hingerissen.

**al·tar** [ˈɔːltǝ(r)] *s* 1. *relig.* Alˈtar *m*: **to lead to the** ~ *j-n* zum Altar führen, heiraten. 2. *relig.* Abendmahlstisch *m*. 3. *mar.* Stufenweg *m* (*am Trockendock*). **~ boy** *s* Miniˈstrant *m*. **~ cloth** *s* Alˈtardecke *f*. **ˈ~ piece** *s* Alˈtarbild *n*, -blatt *n*, -gemälde *n*. **~ rail** *s* Alˈtargitter *n*. **~ screen** *s* Alˈtarrückwand *f*, Reˈtabel *n*.

**alt·az·i·muth** [æltˈæzɪmǝθ] *s astr.* Altaziˈmut *n* (*Meßinstrument*).

**al·ter** [ˈɔːltǝ(r)] **I** *v/t* 1. (ver)ändern, abˌumändern: **~ing with intent to defraud** *jur.* Verfälschen *n* (*e-r echten Urkunde*); **this does not** ~ **the fact that** ... das ändert nichts an der Tatsache, daß ... 2. *bes. Am. colloq.* Tiere kaˈstrieren. 3. *mus.* alteˈrieren. **II** *v/i* 4. sich (ver-)ändern. **ˈal·ter·a·ble** *adj* (*adv* alterably) veränderlich: **it is** (**not**) ~ es läßt sich (nicht) (ab)ändern.

**al·ter·a·tion** [ˌɔːltǝˈreɪʃn] *s* 1. Änderung *f* (**to an** *dat*), Ver-, Ab-, ˈUmänderung *f* (*Vorgang u. Ergebnis*): ~ **fee** (*Touristik*) Umbuchungsgebühr *f*. 2. *arch.* ˈUmbau *m*. 3. *mus.* Alteratiˈon *f*, Alˈtierung *f*. **ˈal·ter·a·tive** [-rǝtɪv; *Am. bes.* -ˌreɪtɪv] **I** *adj* verändernd. **II** *s med.* Alteraˈtiv *n*, Blutreinigungsmittel *n*.

**al·ter·cate** [ˈɔːltǝ(r)keɪt] *v/i* e-e heftige Auseinˈandersetzung haben. **ˌal·terˈca·tion** *s* heftige Auseinˈandersetzung.

**al·ter e·go** [ˌæltǝrˈiːgǝʊ; -ˈiːgǝʊ; *Am.* ˌɔːltǝˈriːgǝʊ] (*Lat.*) *s* Alter ego *n*: a) (*das*) andere Ich, b) Busenfreund(in).

**al·ter·nant** [ˈɔːltɜːnǝnt; *Am.* ˈɔːltǝr-] **I** *adj* abwechselnd. **II** *s math.* alterˈnierende Größe.

**al·ter·nate** [ˈɔːltɜːnǝt; *Am.* ˈɔːltǝr-] **I** *adj* 1. (miteinˈander) abwechselnd, alterˈnierend, wechselseitig: ~ **angles** *math.* Wechselwinkel; ~ **position** *mil.* Ausweich-, Wechselstellung *f*; ~ **routing** *tech.* Umwegsteuerung *f*; **on** ~ **days** (abwechselnd) jeden zweiten Tag. 2. *bot.* wechselständig. **II** *s* 3. *Am.* Stellvertreter *m*. **III** *v/t* [ˈɔːltǝ(r)neɪt] 4. wechselweise tun. 5. abwechseln lassen. 6. (miteinˈander) vertauschen, versetzen, *a. tech.* versetzt anordnen. 7. *tech.* ˈhin- u. ˈherbewegen. 8. *electr.* durch Wechselstrom in Schwingungen versetzen. 9. *electr. tech.* (periˈodisch) verändern. **IV** *v/i* [ˈɔːltǝ(r)neɪt] 10. wechselweise (*aufeinˈander*) folgen, alterˈnieren, (*miteinˈander*) abwechseln. 11. *electr.* wechseln (*Strom*). **al·ter·nate·ly** [ˈɔːltɜːnǝtlɪ; *Am.* ˈɔːltǝr-] *adv* abwechselnd, wechselweise. **al·ter·nat·ing** [ˈɔːltǝ(r)neɪtɪŋ] *adj* abwechselnd, Wechsel...: ~ **current** *electr.* Wechselstrom *m*; ~ **perforation** *tech.* Zickzacklochung *f*; ~ **three-phase current** *electr.* Drehstrom *m*.

**al·ter·na·tion** [ˌɔːltǝ(r)ˈneɪʃn] *s* 1. Abwechslung *f*, Wechsel *m*, Alterˈnieren *n*, wechselseitige Folge: ~ **of generations** *biol.* Generationswechsel. 2. *math.* a) Permutatiˈon *f*, b) alterˈnierende Proportiˈon. 3. *relig.* Responˈsorium *n* (*Wechselgesang*). 4. *electr.* (Strom)Wechsel *m*, ˈHalbperiˌode *f*.

**al·ter·na·tive** [ɔːlˈtɜːnǝtɪv; *Am.* -ˈtɜːr-]

**I** *adj* **1.** alterna'tiv, wahlweise, ein'ander ausschließend, Ersatz...: ~ **airfield** Ausweichflugplatz *m*; ~ **birthing** natürliche Geburt; ~ **energy** alternative Energie; ~ **frequency** *electr.* Ausweichfrequenz *f*; ~ **proposal** Gegenvorschlag *m*; ~ **society** alternative Gesellschaft. **2.** ander(er, e, es) (*von zweien*). **II** *s* **3.** (to) Alterna'tive *f* (zu), Wahl *f*, Ausweg *m* (für): **to have no** (**other**) ~ keine andere Möglichkeit *od.* Wahl haben (**but to** *inf* als zu *inf*). **al-'ter-na-tive-ly** *adv* im anderen Falle, ersatz-, hilfs-, wahlweise.

**al-ter-na-tor** ['ɔːltə(r)neɪtə(r)] *s electr.* 'Wechselstromgene‚rator *m*.

**al-th(a)e-a** [æl'θiːə] *s bot.* Al'thee *f*, Eibisch *m*.

**Al-thing** ['ɑːlθɪŋ; 'ɔːl-; 'æl-] *s* Althing *n* (*Parlament von Island*).

**alt-horn** ['ælthɔː(r)n] *s mus.* Althorn *n*.

**al-though** [ɔːl'ðəʊ] *conj* ob'wohl, ob-'gleich, wenn auch.

**al-ti-graph** ['æltɪɡrɑːf; *bes. Am.* -ɡræf] *s phys.* Höhenschreiber *m*.

**al-tim-e-ter** [æl'tɪmɪtə(r)] *s phys.* Höhenmesser *m*.

**al-ti-tude** ['æltɪtjuːd; *Am. a.* -‚tuːd] *s* **1.** *aer. astr. math.* Höhe *f*, (abso'lute) Höhe (*über dem Meeresspiegel*), Flughöhe *f*: **at an** ~ **of** in e-r Höhe von; ~ **cabin** Unterdruckkammer *f*; ~ **control** Höhensteuerung *f*; ~ **sickness** Höhenkrankheit *f*; ~ **of the sun** Sonnenstand *m*; **to lose** ~ *aer.* an Höhe verlieren. **2.** *meist pl* Höhe *f*, Gipfel *m*, hochgelegene Gegend: **mountain**~s Berghöhen *m*. **3.** *fig.* Erhabenheit *f.* ‚**al-ti-tu-di-nal** [-dɪnl] *adj* Höhen...

**al-to** ['æltəʊ] *pl* **-tos** *s mus.* Alt *m*: a) Altstimme *f*, b) Al'tist(in), c) 'Altinstru‚ment *n*, *bes.* Vi'ola *f*, Bratsche *f*, d) 'Altpar‚tie *f*. ~ **clef** *s mus.* Altschlüssel *m*.

‚**al-to'cu-mu-lus** ['æl…] *s irr meteor.* Alto'kumulus *m* (*Haufenwolke in mittlerer Höhe*).

**al-to-geth-er** [‚ɔːltə'geðə(r)] **I** *adv* **1.** insgesamt. **2.** ganz (u. gar), gänzlich, völlig. **3.** im ganzen genommen. **II** *s* **4. in the** ~ *humor.* im Adams- *od.* Evaskostüm.

**al-to-re-lie-vo** [‚æltəʊri'liːvəʊ; -rɪl'jeɪ-] *s* 'Hochreli‚ef *n*.

‚**al-to'stra-tus** *s irr meteor.* Alto'stratus *m* (*Schichtwolke in mittlerer Höhe*).

**al-tru-ism** ['æltrʊɪzəm] *s* Altru'ismus *m*, Nächstenliebe *f*, Selbstlosigkeit *f*. '**al-tru-ist** *s* Altru'ist(in). ‚**al-tru'is-tic** *adj* (*adv* ~**ally**) altru'istisch.

**al-u-del** ['æljʊdel] *s chem.* Alu'del *m*.

**al-um** ['æləm] *s chem.* A'laun *m*.

**a-lu-mi-na** [ə'ljuːmɪnə; *bes. Am.* ə'luː-] *s chem.* Tonerde *f*, Alu'miniumo‚xyd *n*.

**a'lu-mi-nate** [-neɪt; *Am. bes.* -nət] **I** *s* Alumi'nat *n*. **II** *v/t → aluminize*. **al-u-min-ic** [‚æljʊ'mɪnɪk] *adj* alu'miniumhaltig, Aluminium... **a-lu-mi-nide** [ə'ljuːmɪnaɪd; *bes. Am.* ə'luː-] *s* alu'miniumhaltige Le'gierung. **a‚lu-mi'nif-er-ous** [-'nɪfərəs] *adj* alu'miniumhaltig. **a'lu-mi-nite** [-naɪt] *s min.* Alumi'nit *m*.

**a-lu-min-i-um** [‚æljʊ'mɪnjəm; -ɪəm] *chem.* **I** *s* Alu'minium *n*. **II** *adj* Aluminium...: ~ **oxide** → **alumina**; ~ **sulfate** Aluminiumsulfat *n*. **a-lu-mi-nize** [ə'ljuːmɪnaɪz; *bes. Am.* ə'luː-] *v/t chem.* **1.** mit A'laun *od.* Tonerde behandeln *od.* versetzen. **2.** mit Alu'minium über'ziehen.

**a-lu-mi-nous** [ə'ljuːmɪnəs; *bes. Am.* ə'luː-] *adj chem.* A'laun *od.* Alu'minium enthaltend *od.* betreffend.

**a-lu-mi-num** [ə'luːmənəm] *Am. für* **aluminium**.

**a-lum-na** [ə'lʌmnə] *pl* **-nae** [-niː] *s Am.* **1.** ehemalige Stu'dentin *od.* Schülerin. **2.** *colloq.* ehemaliges Mitglied (*e-r Orga*

*nisation etc*). **a'lum-nor** [-nər; -‚nɔːr] *s Am.* ‚Ehemaligen-Be'treuer' *m*. **a'lum-nus** [-nəs] *pl* **-ni** [-naɪ] *s Am.* **1.** ehemaliger Stu'dent *od.* Schüler. **2.** *colloq.* ehemaliges Mitglied (*e-r Organisation etc*).

**al-um| rock** → **alunite**. '~**-root** *s bot.* A'launwurzel *f*. ~ **schist,** ~ **shale,** ~ **slate** *s min.* A'launschiefer *m*. ~ **stone** → **alunite**.

**al-u-nite** ['æljʊnaɪt; *Am. a.* 'æle‚n-] *s min.* Alu'nit *m*.

**al-ve-o-lar** [æl'vɪələ(r); ‚ælvɪ'əʊ-] **I** *adj* **1.** alveo'lär: a) fächerig, zellen-, wabenförmig, b) *anat.* Zahnfächer *od.* den Zahndamm betreffend. **2.** *physiol.* die Lungenbläs-chen betreffend. **3.** *ling.* alveo'lar, am Zahndamm artiku'liert. **II** *s* **4.** *arch anat.* Zahnhöhlenbogen *m*. **5.** *ling.* Alveo'lar *m*.

**al-ve-o-late** [æl'vɪələt] → **alveolar** 1 a.

**al-ve-ole** [æl'vɪəʊl], **al've-o-lus** [-ləs] *pl* **-li** [-laɪ] *s anat.* Alve'ole *f*: a) Zahnfach *n* (*im Kiefer*), b) Lungenbläs-chen *n*.

**al-vine** ['ælvɪn; -vaɪn] *adj med. obs.* den Darm *od.* Bauch betreffend.

**al-ways** ['ɔːlweɪz; -wɪz] *adv* **1.** immer, jederzeit, stets, ständig. **2.** auf jeden Fall, immer'hin.

**a-lys-sum** ['ælɪsəm; *Am.* ə'lɪsəm] *s bot.* Steinkraut *n*.

**am** [æm] *1. sg pres von* **be**.

**am-a-dou** ['æməduː] *s* Feuerschwamm *m*.

**a-mah** ['ɑːmə; 'æmə] *s Br. Ind.* Amme *f*, Kinderfrau *f*.

**a-main** [ə'meɪn] *adv obs. od. poet.* **1.** mit (aller) Macht. **2.** außerordentlich.

**Am-a-lek-ite** [ə'mæləkaɪt; *Am. a.* 'æmə‚lekaɪt] *s Bibl.* Amale'kiter *m*.

**a-mal-gam** [ə'mælɡəm] **I** *s* **1.** *chem. tech.* a) Amal'gam *n*, b) innige (Stoff)Verbindung, Mischung *f*. **2.** *fig.* Mischung *f*, Verschmelzung *f*. **II** *v/t → amalgamate* 1.

**a-mal-gam-ate** [ə'mælɡəmeɪt] *v/t u. v/i* **1.** *chem. tech.* a) (sich) amalga'mieren, b) *a. fig.* (sich) vereinigen, verschmelzen. **2.** *fig.* (sich) zs.-schließen, *econ. a.* fusio-'nieren. **a-mal-gam-a-tion** [ə‚mælɡə-'meɪʃn] *s* **1.** Amalga'mieren *n*. **2.** Vereinigung *f*, -schmelzung *f*, Zs.-schluß *m*, Zs.-legung *f*, *econ. a.* Fusi'on *f*.

**a-man-u-en-sis** [ə‚mænjʊ'ensɪs; *Am.* -jə'w-] *pl* **-ses** [-siːz] *s* Amanu'ensis *m*, (Schreib)Gehilfe *m*, Sekre'tär(in).

**am-a-ranth** ['æmærænθ] *s* **1.** *bot.* Ama-'rant *m*, Fuchsschwanz *m*. **2.** *poet.* unverwelkliche Blume. **3.** Ama'rantfarbe *f*, Purpurrot *n*.

**am-a-relle** ['æmərel; ‚æmə'rel] *s bot.* Ama'relle *f*, Glaskirsche *f*.

**am-a-ryl-lis** [‚æmə'rɪlɪs] *s bot.* **1.** Ama-'ryllis *f*. **2.** Ritterstern *m*.

**a-mass** [ə'mæs] *v/t* an-, aufhäufen, ansammeln. **a'mass-ment** *s* Anhäufung *f*, Ansammlung *f*.

**am-a-teur** ['æmətə(r); -tjʊə(r); *Am. a.* -‚tɜr; -‚tʊr] *s* Ama'teur *m*: a) (Kunst *etc*)Liebhaber(in): ~ **painter** Sonntagsmaler(in); ~ **value** Liebhaberwert *m*, b) Ama'teursportler(in): ~ **boxer** Amateurboxer *m*; ~ **flying** Sportfliegerei *f*; ~ **status** Amateureigenschaft *f*, -status *m*, c) Nichtfachmann *m*, *contp.* Dilet-'tant(in), Stümper(in): ~ **detective** Amateurdetektiv *m*, d) Bastler(in): ~ (**frequency**) **band** (*Funk*) Amateurband *n*. **am-a-teur-ish** [‚æmə'tɜːrɪʃ; -'tjʊə-; *Am.* -'tɜr-; -'tʊr-] *adj* dilet'tantisch. '**am-a-teur-ism** [-tərɪzəm] *s* **1.** *sport* Amateu'rismus *m*. **2.** *contp.* Dilet'tantentum *n*.

**A-ma-ti** [ə'mɑːtɪ; ɑː-] *s mus.* A'mati *f* (*Violine*).

**am-a-tive** ['æmətɪv] *adj* Liebes... '**am-a-tive-ness** *s* Sinnlichkeit *f*, Liebesdrang *m*.

**am-a-to-ry** ['æmətərɪ; *Am.* -‚təʊri:; -‚tɔː-] *adj* amou'rös, sinnlich, e'rotisch, Liebes...

**a-maze** [ə'meɪz] *v/t* in (Er)Staunen versetzen, über'raschen, verwundern, verblüffen. **a'mazed** *adj* erstaunt, verblüfft, über'rascht (**at** über *acc*). **a'maz-ed-ly** [-ɪdlɪ] *adv.* **a'maze-ment** *s* (Er)Staunen *n*, Über'raschung *f*, Verwunderung *f*, -blüffung *f*.

**a-maz-ing** [ə'meɪzɪŋ] **I** *adj* (*adv* ~**ly**) **1.** erstaunlich, verblüffend. **2.** unglaublich, 'furchtbar', 'toll'. **II** *adv Am. dial.* sehr.

**Am-a-zon** ['æməzən; *Am. a.* -‚zɑn] *s* **1.** *antiq.* Ama'zone *f*. **2.** *a.* ~ *fig.* Ama'zone *f*, Mannweib *n*. **3.** *a.* ~ **ant** Ama'zonenameise *f*.

**Am-a-zo-ni-an** [æmə'zəʊnjən; -ɪən] *adj* **1.** ama'zonenhaft, Amazonen... **2.** *geogr.* Amazonas...

**am-bag-es** [æm'beɪdʒiːz; 'æmbɪdʒɪz] *s pl obs.* **1.** 'Umschweife *pl*. **2.** Winkelzüge *pl*.

**am-bas-sa-dor** [æm'bæsədə(r)] *s* **1.** *pol.* a) *a.* ~ **extraordinary** Gesandte(r) *m* (*in e-m bestimmten Auftrag*), Bevollmächtigte(r) *m*, b) *a.* ~ **extraordinary and plenipotentiary** Botschafter *m* (**to** in e-m Land), ~**-at-large** *Am.* Sonderbotschafter. **2.** Abgesandte(r) *m*, Bote *m* (*a. fig.*). **am‚bas-sa'do-ri-al** [-'dɔːrɪəl] *adj* Botschafts... **am'bas-sa-dor-ship** *s* Stellung *f od.* Rang *m* e-s Botschafters. **am-bas-sa-dress** [æm'bæsədrɪs] *s* **1.** *pol.* Botschafterin *f* (**to** in e-m Land). **2.** Gattin *f* e-s Botschafters.

**am-ber** ['æmbə(r)] **I** *s* **1.** *min.* Bernstein *m*. **2.** Bernsteinfarbe *f*. **3.** Gelb(licht) *n*, gelbes Licht (*Verkehrsampel*): **at** ~ bei Gelb; **the lights were at** ~ die Ampel stand auf Gelb. **4.** → **ambergris**. **II** *adj* **5.** Bernstein... **6.** bernsteinfarben, gelbbraun. **7.** *Br.* gelb: ~ **light** → 3; **the lights were** ~ die Ampel stand auf Gelb.

**am-ber-gris** ['æmbə(r)griːs; -grɪs] *s* (graue) Ambra.

**am-bi-ance** → **ambience**.

**am-bi-dex-ter** [‚æmbɪ'dekstə(r)] **I** *adj obs. für* **ambidextrous**. **II** *s obs.* Beidhänder(in). ‚**am-bi'dex-trous** *adj* **1.** mit beiden Händen gleich geschickt, beidhändig. **2.** ungewöhnlich geschickt. **3.** *fig.* doppelzüngig, falsch.

**am-bi-ence** ['æmbɪəns] *s* Ambi'ente *n*: a) *art* alles, was eine Gestalt umgibt (*Licht, Luft, Gegenstände*), b) *fig.* 'Umwelt *f*, Mili'eu *n*, c) *fig.* Atmo'sphäre *f* (*e-s Raums etc*). '**am-bi-ent** **I** *adj* um'gebend: ~ **light** *TV* Umgebungs-, Raumbeleuchtung *f*; ~ **temperature** *tech.* Umgebungs-, Raumtemperatur *f*. **II** *s* 'Umwelt *f*, Mili'eu *n*.

**am-bi-gu-i-ty** [‚æmbɪ'gjuːɪtɪ] *s* Zweideutigkeit *f* (*a. Äußerung*), Mehr-, Vieldeutigkeit *f*, Doppelsinn *m*, Ambigui'tät *f*.

**am-big-u-ous** [æm'bɪgjʊəs; *Am.* -jəwəs] *adj* (*adv* ~**ly**) **1.** zwei-, mehr-, vieldeutig, doppelsinnig, dunkel (*Ausdruck*), unklar, verschwommen: ~ **policy** undurchsichtige Politik. **2.** proble'matisch, ungewiß. **3.** *bot. zo.* von zweifelhaftem syste'matischem Cha'rakter. **am'big-u-ous-ness** → **ambiguity**.

**am-bi-sex-trous** [‚æmbɪ'sekstrəs] *adj* bisexu'ell.

**am-bi-sex-u-al** [‚æmbɪ'seksjʊəl; -'ʃʊəl; *Am.* -'ʃəwəl] *s* bisexu'eller Mensch.

**am-bit** ['æmbɪt] *s* **1.** 'Umkreis *m*: **within an** ~ **of** in m Umkreis von. **2.** a) 'Umgebung *f*, b) Grenzen *pl*. **3.** *fig.* Aufgaben-, Einflußbereich *m*.

**am-bi-tend-en-cy** [‚æmbɪ'tendənsɪ] *s psych.* Ambiten'denz *f*, Doppelwertigkeit *f*.

**am-bi-tion** [æm'bɪʃn] *s* **1.** Ehrgeiz *m*,

Ambiti¹on f (*beide a. Gegenstand des Ehrgeizes*). **2.** (ehrgeiziges) Streben, Wunsch m, Begierde f (of nach; **to do** zu tun). **3.** Ziel n.
**am·bi·tious** [æm¹bıʃəs] *adj* (*adv* ~ly) **1.** ehrgeizig: **to be ~ for s.o.** große Dinge mit j-m vorhaben. **2.** ehrgeizig strebend, begierig (of nach). **3.** *fig.* a) ehrgeizig, ambiti¹ös: ~ **plans,** b) anspruchsvoll, prätenti¹ös: ~ **style. am¹bi·tious·ness** → **ambition** 1.
**am·biv·a·lence** [͵æmbı¹veıləns; *bes.* Am. æm¹bıvələns] *s bes. psych.* Ambiva-¹lenz f, Doppeltigkeit f. **am·biv·a·lent** [-lənt] **I** *adj bes. psych.* ambiva¹lent. **II** *s* bisexu¹eller Mensch.
**am·bi·ver·sion** [͵æmbı¹vɜːʃn; -ʒn; Am. -¹vɜr-] *s psych.* Ambiversi¹on f, Zwischen-zustand m zwischen Introversi¹on u. Extraversi¹on. **¹am·bi·vert** [-vɜːt; Am. -͵vɜrt] *s* ambiver¹tierter Mensch.
**am·ble** [¹æmbl] **I** *v/i* **1.** im Paßgang gehen *od.* reiten. **2.** *fig.* schlendern, gemächlich gehen. **II** *s* **3.** Paß(gang) m (*e-s Pferdes*). **4.** gemächlicher Gang, Schlendern n (*von Personen*). **5.** gemächlicher Spa¹ziergang. **¹am·bling** *adj* **1.** schlendernd, gemächlich gehend. **2.** gemächlich, geruhsam. **3.** *fig.* da¹hinplätschernd (*Roman etc*).
**am·blyg·o·nite** [æm¹blıgənaıt] *s min.* Amblygo¹nit m.
**am·bly·o·pi·a** [͵æmblı¹əʊpjə; -pıə] *s med.* Amblyo¹pie f, Schwachsichtigkeit f.
**am·bo·cep·tor** [¹æmbəʊseptə(r)] *s med.* Ambo¹zeptor m, Im¹munkörper m.
**am·bro·si·a** [æm¹brəʊzjə; *bes.* Am. -ʒ1ə; -ʒə] *s antiq.* Am¹brosia f, Götterspeise f (*a. fig.*). ~ **bee·tle** *s zo.* Am¹brosia-käfer m.
**am·bro·si·al** [æm¹brəʊzjəl; *bes.* Am. -ʒ1əl; -ʒə] *adj (adv* ~ly) **1.** *antiq.* am¹brosisch. **2.** *fig.* am¹brosisch, köstlich (duftend).
**am·bry** [¹æmbrı] *s* **1.** *Br. obs.* Speisekammer f, Schrank m. **2.** *relig.* (in die Wand eingelassenes) Taber¹nakel.
**ambs·ace** [¹eımzeıs; ¹æmz-] *s* **1.** Pascheins (*beim Würfelspiel*). **2.** *fig. a)* ‚Pech‘ n, Unglück n, b) (*etwas*) Wertloses.
**am·bu·lance** [¹æmbjʊləns] *s* **1.** Ambu-¹lanz f, Kranken-, Unfall-, Sani¹tätswagen m. **2.** *mil.* ¹Feldlaza͵rett n. ~ **bat·tal·ion** *s mil.* ¹Krankentrans͵portbatail͵lon n. ~ **box** *s* Verbandskasten m. ~ **chas·er** *s Am. sl.* Anwalt, der versucht, Unfall-opfer als Kli¹enten zu gewinnen. ~ **dog** *s mil.* Sani¹tätshund m. ~ **sta·tion** *s* ¹Unfallstati͵on f.
**am·bu·lant** [¹æmbjʊlənt] **I** *adj* → **ambulatory** 1 u. 2. **II** *s med.* gehfähiger *od.* ambu¹lant behandelter Pati¹ent. **am·bu·la·to·ry** [¹æmbjʊlətərı; ͵æmbjʊ¹leı-tərı; Am. ¹æmbjələ͵təʊri:; -͵tɔ:-] **I** *adj* **1.** ambu¹lant, ambula¹torisch (*beide a. med.*), wandernd, Wander...: ~ **trade;** ~ **patient** → **ambulant** II; ~ **treatment** *med.* ambulante Behandlung. **2.** beweglich, (orts)veränderlich. **3.** Geh...: ~ **exercise. 4.** *jur.* abänderlich, wider¹ruflich: ~ **will. II** *s* **5.** *arch.* Ar¹kade f, Wandelgang m.
**am·bus·cade** [͵æmbəs¹keıd; Am. a. ¹æmbə͵skeıd] → **ambush.**
**am·bush** [¹æmbʊʃ] **I** *s* **1.** ¹Hinterhalt m (*a. fig.*), Versteck n. **2.** ¹Überfall m aus dem ¹Hinterhalt. **3.** *mil.* im ¹Hinterhalt liegende Truppen *pl.* **II** *v/t* **4.** Truppen in e-n ¹Hinterhalt legen. **5.** aus e-m *od.* dem ¹Hinterhalt über¹fallen. **III** *v/i* **6.** im ¹Hinterhalt liegen. [ba, amoebic.)
**a·me·ba, a·me·bic** *Am. für* amoe-)
**a·meer** → **emir.**
**a·me·li·a** [ə¹miːljə; -lıə; ə¹meljə] *s med.* Ame¹lie f (*angeborenes Fehlen aller Gliedmaßen*).

a·me·lio·rant [ə¹miːljərənt; -lıə-] *s (agr.* Boden)Verbesserer m. **a¹me·lio·rate** [-reıt] **I** *v/t* verbessern, *agr.* (a)melio-¹rieren. **II** *v/i* besser werden, sich bessern.
**a·me·lio·ra·tion** [ə͵miːljə¹reıʃn; -lıə-] *s* Verbesserung f, *agr.* (A)Meliorati¹on f. **a¹me·lio·ra·tive** [-rətıv; Am. bes. -͵reı-] *adj* (ver)bessernd.
**a·men** [ɑː¹men; ͵eı¹men] **I** *interj* amen!: **to say ~ to s.th.** *colloq.* etwas ‚absegnen‘, sein Amen zu etwas geben. **II** *s* Amen n.
**a·me·na·bil·i·ty** [ə͵miːnə¹bılətı; Am. a. ə͵men-] *s* **1.** Zugänglichkeit f (**to** für). **2.** Verantwortlichkeit f (**to** gegen¹über). **a¹me·na·ble** *adj (adv* amenably) (**to**) **1.** zugänglich (*dat*): ~ **to flattery. 2.** a) gefügig, willfährig (*dat*), b) geeignet (für). **3.** a) verantwortlich (gegen¹über), b) unter¹worfen (*dat*): ~ **to the laws; to be ~ to a penalty** e-r Strafe unterliegen.
**a·mend** [ə¹mend] **I** *v/t* **1.** verbessern, berichtigen. **2.** *parl. ein Gesetz* abändern, ergänzen, novel¹lieren, *die Verfassung* ändern: ~ **ed on March 1st** *das Gesetz* in der Fassung vom 1. März. **II** *v/i* **3.** sich bessern. **a¹mend·a·ble** *adj* verbesse-rungsfähig. **a¹mend·a·to·ry** [-dətərı; Am. -͵təʊri:; -͵tɔ:-] *adj* Verbesserungs...
**a·mende ho·no·ra·ble** [amãd ɔnɔrabl] (*Fr.*) *s* öffentliche Abbitte, Ehrenerklä-rung f.
**a·mend·ment** [ə¹mendmənt] *s* **1.** (*bes. sittliche*) Besserung. **2.** Verbesserung f, Berichtigung f. **3.** *parl.* a) Abänderungs-, Ergänzungsantrag m (*zu e-m Gesetz*), b) *Am.* ¹Zusatzar͵tikel m zur Verfassung, Nachtragsgesetz n: **the Fifth A~,** c) Ergänzung f, Nachtrag m, Novel¹lierung f.
**a·mends** [ə¹mendz] *s pl* (*meist als sg konstruiert*) (Schaden)Ersatz m, Vergütung f, Wieder¹gutmachung f, Genugtuung f: **to make ~** Schadenersatz leisten, es wieder¹gutmachen; **to make ~ to s.o. for s.th.** j-n für etwas entschädigen.
**a·men·i·ty** [ə¹miːnətı; -¹men-] *s* **1.** oft pl Liebenswürdigkeit f, Artigkeit f, Höflichkeit f, *pl a.* Konventi¹onen *pl,* Eti¹kette f: **amenities of diplomacy; his ~ of temper** sein angenehmes Wesen. **2.** a) *oft pl* Annehmlichkeit(en *pl*) f: **within easy reach of all amenities** in günstiger Einkaufs- u. Verkehrslage, mit (na¹türliche) Vorzüge *pl od.* Reize *pl* (*e-r Person od. e-s Ortes etc*), c) angenehme *od.* schöne Lage (*e-s Hauses etc*), d) Erholungsgebiet n.
**a·men·or·rh(o)e·a** [eı͵menə¹riːə; Br. a. æ-; ə-; *Am.* a. mend. Amenor¹rhö(e) f, Ausbleiben n der Regel.
**am·ent¹** [¹æmənt] *s bot.* Kätzchen n.
**a·ment²** [ə¹ment; -ənt; Br. a. æ¹ment] *s* Geistesgestörte(r m) f.
**a·men·ti·a** [eı¹menʃ1ə; -ʃə] *s* Geistesgestörtheit f.
**a·merce** [ə¹mɜːs; Am. ə¹mɜrs] *v/t obs.* **1.** mit e-r Geldstrafe belegen. **2.** (be)strafen. **a¹merce·ment** *s obs.* Geldstrafe f.
**Am·er·Eng·lish** [͵æmə¹rıŋglıʃ] *s ling.* das ameri¹kanische Englisch.
**A·mer·i·can** [ə¹merıkən] **I** *adj* **1.** ameri-¹kanisch: a) *Nord- u./od. Südamerika* betreffend, b) *die USA* betreffend. **II** *s* **2.** Ameri¹kaner(in): a) *Bewohner(in) von Nord- od. Südamerika,* b) *Bewohner(in) od. Bürger(in) der USA.* **3.** *ling.* Ameri-¹kanisch n, das amerikanische Englisch.
**A·mer·i·can Dream** *s* (*der*) ameri-¹kanische Traum (*Vorstellung von Freiheit, der Gleichheit aller u. von materiellem Wohlstand*). ~ **foot·ball** *s sport* American Football m (*rugbyähnliches*

Spiel). ~ **In·di·an** *s* (*bes.* nordamer.) Indi¹aner(in).
**A¹mer·i·can·ism** *s* Amerika¹nismus m: a) *amer. Nationalgefühl,* b) *amer. Brauch,* c) (*typisch*) *amer. Eigenart od. Lebensauffassung,* d) *ling. amer.* Spracheigentüm-lichkeit.
**A¹mer·i·can·ist** *s* **1.** Amerika¹nist(in) (*Kenner[in] der Geschichte, Sprache u. Kultur des alten Amerika*). **2.** Anhän-ger(in) ameri¹kanischer Ide¹ale u. Poli-¹tik.
**A·mer·i·can·i·za·tion** [ə͵merıkənaı-¹zeıʃn; Am. -nə¹z-] *s* **1.** Amerikani¹sie-rung f. **2.** Belehrung f von Einwanderern in amer. Geschichte, Staatsbürgerkunde *etc.* **A¹mer·i·can·ize** *v/t u. v/i* (sich) amerikani¹sieren, *amer.* Eigenheiten an-nehmen, Ameri¹kaner(in) werden.
**A·mer·i·can lau·rel** *s bot.* Breitblätt-rige Lorbeerrose. ~ **Le·gion** *s* Front-kämpferbund m (*der Teilnehmer am 1. u. 2. Weltkrieg*). ~ **lin·den** *s bot.* Schwarz-linde f. ~ **or·gan** *s mus. amer.* Orgel f (*Art Harmonium*). ~ **plan** *s Am.* **1.** ¹Vollpen-si͵on f. **2.** *econ.* Beziehungen *pl* u. Ver-handlungen *pl* zwischen den Sozi¹alpart-nern unter Ausschluß der Gewerkschaf-ten *od.* über e-e Betriebsgewerkschaft. ~ **Rev·o·lu·tion** *s hist.* Amer. Freiheits-krieg m (*1775–83*).
**am·er·i·ci·um** [͵æmə¹rısıəm; -¹ʃıəm] *s chem.* Ame¹ricium n.
**Am·er·ind** [¹æmərınd] *s* amer. Indi¹aner m *od.* Eskimo m. ͵**Am·er¹in·di·an I** *s* → **Amerind. II** *adj* ameri¹kanisch-in-di¹anisch.
**Am·er·o·Eng·lish** [͵æmərəʊ¹ıŋglıʃ] → **AmerEnglish.**
**ames·ace** → **ambsace.**
**a·me·tab·o·lism** [͵eıme¹tæbəlızəm; Am. -mə¹t-] *s zo.* Entwicklung f (*von Insekten*) ohne Metamor¹phose.
**am·e·thyst** [¹æmıθıst] *s* **1.** *min.* Ame¹thyst m. **2.** Vio¹lett n. **am·e¹thys·tine** [-taın; Am. -tın] *adj* ame¹thystartig *od.* -farben, Amethyst...
**am·e·tro·pi·a** [͵æmı¹trəʊpjə; -pıə] *s med.* Ametro¹pie f (*Fehlsichtigkeit infolge Abweichungen von der normalen Brech-kraft der Augenlinse*).
**a·mi·a·bil·i·ty** [͵eımjə¹bılətı; -mıə-] *s* Liebenswürdigkeit f.
**a·mi·a·ble** [¹eımjəbl; -mıəbl] *adj (adv* amiably) **1.** liebenswürdig, freundlich, gewinnend. **2.** angenehm, reizend.
**am·i·an·thus** [͵æmı¹ænθəs] *s min.* Ami¹ant m, Amphi¹bolas͵best m.
**am·i·ca·bil·i·ty** [͵æmıkə¹bılətı] *s* Freund(schaft)lichkeit f. **¹am·i·ca·ble** *adj (adv* → **amicably)** freund(schaft)lich, friedlich, *a. jur.* gütlich: ~ **agreement** (*od.* **settlement**) gütliche Einigung *od.* Beilegung; ~ **composition** *jur. pol.* gütli-ches Schiedsverfahren; ~ **numbers** *math.* Freundschaftszahlen. **¹am·i·ca·ble·ness** → **amicability. ¹am·i·ca·bly** *adv* freundschaftlich, in Güte, güt-lich: **to part ~** im guten auseinander-gehen.
**am·ice** [¹æmıs] *s relig.* Hume¹rale n, (*wei-ßes*) Schultertuch (*des Meßpriesters*).
**a·mi·cus cu·ri·ae** [ə͵mıːkəs¹kjʊəri:; ə¹maı-] *u.* **a·mi·ci cu·ri·ae** [ə¹mıːkaı; ə¹maısaı] (*Lat.*) *s jur.* sachverständiger Beistand im Pro¹zeß.
**a·mid** [ə¹mıd] *prep* in¹mitten (*gen*), (mit-ten) in *od.* unter (*dat od. acc*) (*a. zeitlich u. fig.*): ~ **tears** unter Tränen.
**am·ide** [¹æmaıd; Am. a. -əd] *s chem.* A¹mid n.
**amido-** [¹æmıdəʊ; æmıdəʊ] *chem. Wort-element mit der Bedeutung* die Gruppe $NH_2$ enthaltend, Amido...
**a·mid·ship(s)** [ə¹mıdʃıp(s)] *mar.* **I** *adv*

mittschiffs. **II** *pred adj* in der Mitte des Schiffes (befindlich).
**a·midst** [ə'mɪdst] → **amid**.
**a·mine** [ə'miːn; 'æmɪn] *s chem.* A'min *n*: primary (secondary, tertiary) ~s primäre (sekundäre, tertiäre) Amine.
**a·mi·no ac·id** [ə'miːnəʊ; ə'maɪ-] *s chem.* A'minosäure *f*.
**a·mi·no·ben·zo·ic ac·id** [ə͵miː-nəʊben'zəʊɪk; ə͵maɪ-; ͵æmɪ-] *s chem.* A'minoben͵zoesäure *f*.
**a·mi·no·pu·rine** [ə͵miːnəʊ'pjʊəriːn; -rɪn; ə͵maɪ-; ͵æmɪ-] *s chem.* Ade'nin *n*.
**a·miss** [ə'mɪs] *pred adj u. adv* verkehrt, falsch, verfehlt, unangebracht, schlecht, übel: there is s.th. ~ (with it *od.* with him) etwas stimmt nicht (damit *od.* mit ihm); it would not be ~ es wäre ganz in Ordnung, es würde nichts schaden; to come ~ ungelegen kommen; to take ~ übelnehmen.
**am·i·to·sis** [͵æmɪ'təʊsɪs; *Am. a.* ͵eɪmaɪt-] *s biol.* Ami'tose *f*, di'rekte Zellod. Kernteilung.
**am·i·ty** ['æmətɪ] *s* Freundschaft *f*, gutes Einvernehmen: treaty of ~ and commerce Freundschafts- u. Handelsvertrag *m*.
**am·me·ter** ['æmɪtə; *Am.* 'æm͵miːtər] *s electr.* Am'pere͵meter *n*, 'Strom(stärke)-messer *m*.
**am·mine** ['æmiːn; ə'miːn] *s chem.* Am'min *n*.
**am·mo** ['æməʊ] *s colloq. für* ammunition.
**am·mo·ni·a** [ə'məʊnjə; -nɪə] *s chem.* Ammoni'ak *n*: ~ solution, liquid ~ Salmiakgeist *m.* **am'mo·ni·ac** [-nɪæk] **I** *adj* → ammoniacal. **II** *s* Ammoni'akgummi *m, n.* **am·mo·ni·a·cal** [͵æmə-'naɪəkl; -məˈn-] *adj chem.* ammonia'kalisch, Ammoniak...
**am·mo·ni·a·cum** [͵æməʊ'naɪəkəm; -məˈn-] (*Lat.*) → ammoniac II.
**am·mo·ni·ate** [ə'məʊnɪeɪt] *chem.* **I** *s* **1.** Am'min(salz) *n.* **2.** Ammoni'akdünger *m.* **II** *v/t* **3.** mit Ammoni'ak verbinden.
**am·mon·i·fy** [ə'məʊnɪfaɪ; *Br. a.* ə'mɒ-; *Am. a.* ə'mɑ-] **I** *v/i* Ammoni'ak 'herstellen. **II** *v/t* mit Ammoni'ak versetzen.
**am·mo·nite¹** ['æmənaɪt] *s geol.* Ammonshorn *n*, Ammo'nit *m.*
**Am·mon·ite²** ['æmənaɪt] *s Bibl.* Ammo'niter *m.*
**am·mo·ni·um** [ə'məʊnjəm; -nɪəm] *s chem.* Am'monium *n.* **~ car·bon·ate** *s* Hirschhornsalz *n.* **~ chlo·ride** *s* Am'moniumchlo͵rid *n*, Salmi'ak *m, n.* **~ ni·trate** *s* Am'moniumni͵trat *n*, Ammoni'aksal͵peter *m.*
**am·mu·ni·tion** [͵æmjʊ'nɪʃn] **I** *s* Muniti'on *f* (*a. fig.*): ~ belt Patronengurt *m*; ~ carrier Munitionswagen *m*; ~ clip Ladestreifen *m*; ~ dump Munitionslager *n*; to provide (*od.* give) ~ for s.o. *fig.* j-m Munition liefern. **II** *v/t* mit Muniti'on versehen *od.* versorgen. **III** *v/i* (nach)laden.
**am·ne·si·a** [æm'niːzjə; *bes. Am.* -ʒjə; -ʒɪ-; -ʒə] *s med.* Amne'sie *f*, Gedächtnisschwund *m.*
**am·nes·ty** ['æmnɪstɪ; -nəs-] **I** *s* Amne-'stie *f*, allgemeiner Straferlaß *m*: A~ International Amnesty *f* International (*Gefangenenhilfsorganisation*). **II** *v/t* amne-'stieren, begnadigen.
**am·ni·o·cen·te·sis** [͵æmnɪəʊsen'tiːsɪs] *s med.* Amniozen'tese *f*, 'Fruchtwasserpunkti͵on *f.*
**am·ni·on** ['æmnɪən] *pl* **-ni·ons** *od.* **-ni·a** [-ə] *s med.* Amnion *n*, Frucht-, Embryo'nalhülle *f*, Schafhäutchen *n.*
**am·ni·on·ic** [͵æmnɪ'ɒnɪk; -'ɑnɪk] *adj* Schafhäutchen...: ~ fluid Fruchtwasser *n.*
**am·ni·os·co·py** [͵æmnɪ'ɒskəpɪ; *Am.*

-'ɑs-] *s med.* Amniosko'pie *f* (*optische Fruchtblasenuntersuchung*).
**am·ni·ot·ic** [͵æmnɪ'ɒtɪk; *Am.* -'ɑtɪk] → **amnionic**.
**a·moe·ba** [ə'miːbə] *pl* **-bae** [-biː] *od.* **-bas** *s biol.* A'möbe *f.* **a'moe·bic** *adj biol.* a'möbisch: ~ **dysentery** *med.* Amöbenruhr *f.*
**a·mok** [ə'mɒk; *Am.* ə'mʌk; ə'mɑk] → **amuck**.
**a·mo·mum** [ə'məʊməm] *s bot.* Ingwergewürz *n*, Para'dieskörner *pl.*
**a·mong(st)** [ə'mʌŋ(st)] *prep* **1.** (mitten) unter (*dat od.* acc), zwischen (*dat od.* acc), in'mitten (*gen*), bei (*dat*): ~ the crowd a) unter *od.* in(mitten) der Menge (*sitzen etc*), b) unter *od.* in die Menge (*gehen etc*); ~ experts unter Fachleuten; a custom ~ the savages e-e Sitte bei den Wilden; they fought ~ themselves sie stritten unter sich; ~ other things unter anderem; to be ~ the best zu den Besten zählen *od.* gehören; from ~ aus (der Zahl derer), aus ... heraus. **2.** gemeinsam *od.* zu'sammen (mit): they had two pounds ~ them sie hatten zusammen 2 Pfund.
**a·mon·til·la·do** [ə͵mɒntɪ'lɑːdəʊ; -'ljɑː-; *Am.* ə͵mɑn-] *s* Amontil'lado *m* (*Sherry*).
**a·mor·al** [͵eɪ'mɒrəl; æ'm-; *Am. a.* -'mɑ-] *adj* 'amo͵ralisch. **a'mor·al·ism** *s* Amora'lismus *m.* **a·mo·ral·i·ty** [͵eɪmə'rælətɪ; ͵æ-; -mɒ'r-] *s* Amorali'tät *f.*
**am·o·ret·to** [͵æmə'retəʊ] *pl* **-ti** [-tɪ] *s art* Amo'rette *f.*
**am·o·rist** ['æmərɪst] *s* **1.** Liebhaber *m.* **2.** Verfasser(in) von 'Liebesro͵manen.
**Am·o·rite** ['æməraɪt] *s Bibl.* Amo'riter *m.*
**am·o·rous** ['æmərəs] *adj* (*adv* ~ly) amou-'rös: a) e'rotisch, sinnlich, Liebes...: ~ novel Liebesroman *m*, b) verliebt (of in *acc*): ~ glances verliebte Blicke. **'am·o·rous·ness** *s* Verliebtheit *f.*
**a·mor·phism** [ə'mɔː(r)fɪzm] *s* Amor-'phismus *m*, Formlosigkeit *f.* **a'mor·phous** [-fəs] *adj* **1.** a'morph: a) form-, gestaltlos, b) 'mißgestaltet, c) *min. phys.* 'unkristal͵linisch. **2.** *fig.* cha'otisch.
**a·mor·tiz·a·ble** [ə'mɔː(r)taɪzəbl; -tɪz-; *Am. bes.* 'æmər͵taɪz-] *adj econ.* amorti-'sierbar, tilgbar.
**a·mor·ti·za·tion** [ə͵mɔː(r)tɪ'zeɪʃn; ͵æmɔː(r)tɪ'z-; -tɪ-; *Am. bes.* ͵æmərtə-] *s* **1.** *econ.* Amortisati'on *f*: a) (*ratenweise*) Tilgung (*von Schulden*), b) Abschreibung *f* (*von Anlagewerten*): ~ fund Amortisations-, Tilgungsfonds *m.* **2.** *jur.* Veräußerung *f* (*von Grundstücken*) an die tote Hand. **a·mor·tize** [ə'mɔː(r)taɪz; *Am. bes.* 'æmər-] *v/t* **1.** *econ.* amorti'sieren: a) e-e Schuld (*ratenweise*) tilgen, abzahlen, b) Anlagewerte abschreiben. **2.** *jur.* Grundstücke an die tote Hand veräußern. **a·mor·tize·ment** [ə'mɔː(r)tɪzmənt; *Am. bes.* 'æmər͵taɪz-] *s* **1.** → amortization. **2.** *arch.* a) abgeschrägte oberste Fläche e-s Pfeilers, b) oberster Teil e-s Gebäudes.
**A·mos** ['eɪmɒs; *bes. Am.* -əs] *npr u. s Bibl.* (das Buch) Amos *m.*
**a·mount** [ə'maʊnt] **I** *v/i* **1.** (to) sich belaufen *od.* beziffern (auf *acc*), betragen, ausmachen (*acc*): his debts ~ to £120; ~ing to in Höhe *od.* im Betrag von. **2.** ~ to *fig.* hin'auslaufen auf (*acc*), gleichbedeutend sein mit, bedeuten (*acc*): it ~ed to treason; it ~s to the same thing es läuft *od.* kommt auf dasselbe hinaus; it doesn't ~ to much es bedeutet nicht viel, es ist unbedeutend (*a. contp.*); he'll never ~ to much *colloq.* aus ihm wird nie etwas werden, er wird es nie zu etwas bringen. **II** *s* **3.** a) Betrag *m*, Summe *f*, Höhe *f* (*e-r Summe*), b) Bestand *m*,

Menge *f*, Ausmaß *n*: to the ~ of in Höhe *od.* im Betrag von; bis zum Betrag von; ~ of heat *phys.* Wärmemenge *f*; ~ of resistance *phys.* Widerstandswert *m*. **4.** *fig.* Inhalt *m*, Bedeutung *f*, Kern *m.*
**a·mour** [ə'mʊə(r); æ'mʊə(r)] *s* Liebe'lei *f*, Liebschaft *f*, 'Verhältnis' *n.*
**a·mour-pro·pre** [͵æmʊə(r)'prɒprə; *Am. a.* -'prəʊpr] *s* **1.** Selbstachtung *f*, -gefühl *n.* **2.** Eigenliebe *f*, Eitelkeit *f.*
**amp¹** [æmp] *s colloq. für* ampere.
**amp²** [æmp] *s colloq.* **1.** → amplifier. **2.** *mus. Am.* 'E-Gi͵tarre *f* (*Elektrogitarre*).
**am·per·age** ['æmpərɪdʒ] *s electr.* Stromstärke *f*, Am'perezahl *f.*
**am·pere** ['æmpeə; *Am.* 'æm͵pɪər] *s electr.* Am'pere *n.* **~-·hour** *s electr.* Am'perestunde *f*: ~ efficiency Amperestunden-Wirkungsgrad *m.* **~-·me·ter** → ammeter.
**am·per·sand** ['æmpə(r)sænd] *s print.* Et-Zeichen *n* (*das Zeichen &*).
**am·phet·a·mine** [æm'fetəmiːn; -mɪn] *s chem.* Ampheta'min *n.*
**amphi-** [æmfɪ] *Wortelement mit der Bedeutung* doppelt, zwei..., beiderseitig, umher...
**Am·phib·i·a** [æm'fɪbɪə] *s pl zo.* Am-'phibien *pl*, Lurche *pl.* **am'phib·i·an I** *adj* **1.** → amphibious. **II** *s* **2.** *zo.* Am-'phibie *f*, Lurch *m.* **3.** *aer.* Am'phibienflugzeug *n.* **4.** a) Am'phibienfahrzeug *n*, b) a. ~ tank *mil.* Am'phibien-, Schwimmkampfwagen *m.*
**am·phib·i·ol·o·gy** [æm͵fɪbɪ'ɒlədʒɪ; *Am.* -'ɑl-] *s zo.* Lurch-, Am'phibienkunde *f.*
**am·phi·bi·ot·ic** [͵æmfɪbaɪ'ɒtɪk; *Am.* -'ɑtɪk] *adj zo.* in 'einer Lebensstufe auf dem Lande, in e-r anderen im Wasser lebend.
**am·phib·i·ous** [æm'fɪbɪəs] *adj zo., a. mil. tech.* am'phibisch, Amphibien...: ~ aeroplane (*Am.* airplane) → amphibian 3; ~ operation *mil.* amphibische Operation, Landungsunternehmen *n*; ~ tank → amphibian 4 b; ~ vehicle → amphibian 4 a.
**am·phi·bole** ['æmfɪbəʊl] *s min.* Amphi-'bol *m*, Hornblende *f.*
**am·phi·bol·ic** [͵æmfɪ'bɒlɪk; *Am.* -'bɑ-] *adj* amphi'bolisch, zweideutig, doppelsinnig.
**am·phib·o·lite** [æm'fɪbəlaɪt] *s geol.* Amphibo'lit *m*, Hornblendefels *m.*
**am·phib·o·log·i·cal** [͵æm͵fɪbə'lɒdʒɪkl; *Am.* -'lɑ-] → amphibolic. **am·phib·ol·o·gy** [͵æmfɪ'bɒlədʒɪ; *Am.* -'bɑ-] *s* Zweideutigkeit *f*, Doppelsinn *m.* **am·phib·o·lous** [æm'fɪbələs] → amphibolic.
**am·phi·brach** ['æmfɪbræk] *s metr.* Am-'phibrachys *m* (*Versfuß*).
**am·phi·car·pic** [͵æmfɪ'kɑː(r)pɪk] *adj bot.* doppelfrüchtig, amphi'karp.
**am·phi·chro·ic** [͵æmfɪ'krəʊɪk], **͵am·phi·chro'mat·ic** *adj chem.* amphi-'chroisch.
**am·phi·dip·loid** [͵æmfɪ'dɪplɔɪd] *s biol.* amphidiplo'id (*mit doppeltem Chromosomensatz, der von zwei verschiedenen Eltern herrührt*).
**am·phi·g(a)e·an** [͵æmfɪ'dʒiːən] *adj bot. zo.* **1.** über alle Zonen verbreitet. **2.** in beiden gemäßigten Zonen vorkommend.
**am·phi·mix·is** [͵æmfɪ'mɪksɪs] *s biol.* Amphi'mixis *f*, Keimzellenvereinigung *f* (*bei der Fortpflanzung*).
**am·phi·the·a·ter**, *bes. Br.* **am·phi·the·a·tre** ['æmfɪ͵θɪətə(r)] *s.* **͵am·phi'the·a·tral** *adj*; **͵am·phi·the'at·ri·cal** [-θɪ'ætrɪkl] *adj* (*adv* ~ly) amphithea'tralisch.
**am·pho·ra** ['æmfərə] *pl* **-rae** [-riː] *od.*

**-ras** (*Lat.*) *s antiq.* Amphora *f*, Am-ˈphore *f*.

**am·ple** [ˈæmpl] *adj* (*adv* **amply**) **1.** weit, groß, geräumig, ausgedehnt. **2.** weitläufig, -gehend, ausführlich, umˈfassend. **3.** reich(lich), (vollauf) genügend, beträchtlich: ~ **supplies. 4.** stattlich (*Figur etc*): an ~ bust e-e üppige Büste. **ˈam·ple·ness** *s* **1.** Weite *f*, Geräumigkeit *f*. **2.** Ausführlichkeit *f*. **3.** Reichlichkeit *f*, Fülle *f*.

**am·pli·a·tion** [ˌæmplɪˈeɪʃn] *s jur.* Vertagung *f*, Aufschub *m*.

**am·pli·dyne** [ˈæmplɪdaɪn] *s electr.* Ampliˈdyne *f* (*Verstärkermaschine*).

**am·pli·fi·ca·tion** [ˌæmplɪfɪˈkeɪʃn] *s* **1.** Erweiterung *f*, Vergrößerung *f*, Ausdehnung *f*. **2.** a) weitere Ausführung, nähere Erläuterung, b) Weitschweifigkeit *f*, Ausschmückung *f*. **3.** *electr. phys.* Vergrößerung *f*, -stärkung *f*.

**am·pli·fi·er** [ˈæmplɪfaɪə(r)] *s electr. phys.* Verstärker *m*: ~ **noise** Verstärkerrauschen *n*; ~ **stage** Verstärkerstufe *f*; ~ **tube** (*Br.* **valve**) Verstärkerröhre *f*.

**am·pli·fy** [ˈæmplɪfaɪ] **I** *v/t* **1.** erweitern, vergrößern, ausdehnen. **2.** a) näher ausführen od. erläutern, nähere eingehen auf (*acc*), b) ausmalen, -schmücken. **3.** *electr. phys.* vergrößern, -stärken: ~**ing circuit** Verstärkerschaltung *f*; ~**ing lens** Vergrößerungslinse *f*. **II** *v/i* **4.** sich weitläufig auslassen, sich verbreiten (**on**, **upon** über *acc*).

**am·pli·stat** [ˈæmplɪstæt] *s electr.* spannung(s)steuernder Transˈduktor.

**am·pli·tude** [ˈæmplɪtjuːd; *Am. a.* -ˌtuːd] *s* **1.** Größe *f*, Weite *f*, Umfang *m* (*a. fig.*). **2.** *astr.* Ampliˈtude *f*, Poˈlarwinkel *m*. **3.** *fig.* Fülle *f*, Reichtum *m* (*der Mittel*). **4.** *electr. phys.* Ampliˈtude *f*, Schwingungs-, Ausschlagsweite *f* (*z.B. e-s Pendels*): ~ **characteristic** Frequenzgang *m*; ~ **distortion** Amplitudenverzerrung *f*; ~ **filter** (*od.* **separator**) *TV* Amplitudensieb *n*; ~ **modulation** Amplitudenmodulation *f*.

**am·poule** [ˈæmpuːl], *a.* **ˈam·pul** [-puːl], **ˈam·pule** [-puːl] *s med.* Amˈpulle *f*.

**am·pul·la** [æmˈpʊlə; *Am. a.* æmˈpʌlə] *pl* **-lae** [-liː] *s* **1.** *antiq.* Phiˈole *f*, Salbengefäß *n*. **2.** *hist.* Blei- *od.* Glasflasche *f* (*der Pilger*). **3.** Amˈpulle *f*: a) *med.* Behälter *m* für e-e Injektiˈonslösung, b) *anat.* erweitertes Ende e-s Gefäßes *od.* Kaˈnals. **4.** *relig.* Amˈpulle *f*: a) Krug *m* für Wein u. Wasser (*bei der Messe*), b) Gefäß *n* für das heilige Öl (*zur Salbung*).

**am·pu·tate** [ˈæmpjʊteɪt] *v/t* **1.** stutzen. **2.** *med.* ampuˈtieren, *ein Glied* abnehmen. **3.** *fig.* a) gewaltsam entfernen, b) verstümmeln. **ˌam·puˈta·tion** *s med.* Amputatiˈon *f*, Abnahme *f*. **ˌam·puˈtee** [-ˈtiː] *s* Ampuˈtierte(r *m*) *f*.

**a·muck** [əˈmʌk] **I** *adv*: **to run** ~ a) Amok laufen, b) (**at**, **on**, **against**) in blinder Wut anfallen (*acc*). losgehen (auf *acc*). **II** *s* Amoklauf(en *n*) *m*.

**am·u·let** [ˈæmjʊlɪt; -lət] *s* Amuˈlett *n*.

**a·muse** [əˈmjuːz] *v/t* (*o.s.* sich) amüˈsieren, unterˈhalten, belustigen, ergötzen: **to be ~d at** (*od.* **by**, **in**, **with**) sich freuen über (*acc*); **it ~s them** es macht ihnen Spaß. **aˈmused** *adj*, **aˈmus·ed·ly** [-zɪdlɪ] *adv* amüˈsiert, belustigt. **aˈmuse·ment** *s* Unterˈhaltung *f*, Belustigung *f*, Vergnügen *n*, Spaß *m*, Amüseˈment *n*, Zeitvertreib *m*: **for** ~ zum Vergnügen; **to look at s.o. in** ~ j-n belustigt ansehen; ~ **arcade** *Br.* Spielsalon *m*; ~ **park** Vergnügungspark *m*, Rummelplatz *m*; ~ **tax** Vergnügungssteuer *f*. **aˈmus·ing** *adj* (*adv* ~**ly**) amüˈsant, unterˈhaltend, ergötzlich.

**a·my·e·li·a** [ˌæmɪˈiːliə] *s med.* Amyeˈlie *f*, Fehlen *n* des Rückenmarks.

**a·myg·da·la** [əˈmɪɡdələ] *pl* **-lae** [-liː] *s anat.* Mandel *f*.

**a·myg·dal·ic ac·id** [ˌæmɪɡˈdælɪk] *s chem.* **1.** Amygdaˈlinsäure *f*. **2.** Mandelsäure *f*.

**a·myg·da·loid** [əˈmɪɡdələɪd] **I** *s geol.* Amygdaloˈid *n*, Mandelstein *m*. **II** *adj* mandelförmig.

**am·yl** [ˈæmɪl] *s chem.* Aˈmyl *n*: ~ **alcohol** Amylalkohol *m*; ~ **nitrite** Amylnitrit *n*. **ˌam·yˈla·ceous** [-ˈleɪʃəs] *adj* stärkemehlartig, stärkehaltig.

**am·yl·ase** [ˈæmɪleɪz; -s] *s chem.* Amyˈlase *f* (*stärkespaltendes Enzym*).

**am·yl·ate** [ˈæmɪleɪt] *s chem.* Stärkeverbindung *f*.

**am·yl·ene** [ˈæmɪliːn] *s chem.* Amyˈlen *n*.

**a·myl·ic** [əˈmɪlɪk] *adj chem.* Amyl...

**am·y·lo·dex·trin** [ˌæmɪləʊˈdekstrɪn] *s chem.* Stärkegummi *m*, *n*.

**am·y·loid** [ˈæmɪlɔɪd] **I** *s* **1.** stärkehaltige Nahrung. **2.** *chem.* Amyloˈid *n*. **II** *adj* **3.** stärkeartig, -haltig. **ˌam·yˈloi·dal** ~ *adj* amyloid II.

**am·y·lol·y·sis** [ˌæmɪˈlɒlɪsɪs; *Am.* -ˈlɑ-] *s chem.* Amyloˈlyse *f*, Verwandlung *f* von Stärke in Dexˈtrin u. Zucker.

**am·y·lum** [ˈæmɪləm] *s chem.* Stärke *f*.

**a·my·o·tro·phi·a** [əˌmaɪəˈtrəʊfɪə; ˌeɪmaɪə-] *s med.* Amyotroˈphie *f*, ˈMuskelatroˌphie *f*, -schwund *m*.

**an**[1] [ən; *betont:* æn] *vor vokalisch anlautenden Wörtern für* **a**[2].

**an**[2], **an'** [æn] *conj* **1.** *dial. für* **and. 2.** *obs.* wenn, falls.

**an-** [æn] *Vorsilbe mit der Bedeutung* nicht, ohne.

**ana-** [ænə] *Vorsilbe mit den Bedeutungen*: a) auf, aufwärts, b) zurück, rückwärts, c) wieder, aufs neue, d) sehr, außerordentlich.

**-ana** [ɑːnə; eɪnə] *Wortelement mit der Bedeutung* Anekdoten, Mitteilungen (über), Aussprüche (von): **Americana, Johnsoniana.**

**An·a·bap·tism** [ˌænəˈbæptɪzəm] *s relig.* **1.** Anabapˈtismus *m*, Lehre *f* der ˈWiedertäufer. **2.** a~ zweite Taufe. **ˌAn·aˈbap·tist** *s* ˈWiedertäufer *m*.

**an·a·bat·ic** [ˌænəˈbætɪk] *adj meteor.* anaˈbatisch, aufsteigend: ~ **wind** Hang-, Aufwind *m*.

**an·a·bi·o·sis** [ˌænəbaɪˈəʊsɪs] *s biol.* Anabiˈose *f*.

**an·a·bol·ic ster·oid** [ˌænəˈbɒlɪk; *Am.* -ˈbɑ-] *s meist pl med.* Anaˈbolikum *n*.

**a·nab·o·lism** [əˈnæbəʊlɪzəm; -bəl-] *s biol.* Anaboˈlismus *m*, aufbauender Stoffwechsel. **aˈnab·o·lite** [-laɪt] *s biol.* Proˈdukt *n* e-s Assimilatiˈonsproˌzesses. **aˈnab·o·lize** *v/i biol.* sich assimiˈlieren.

**an·a·branch** [ˈænəbrɑːntʃ; *Am.* -ˌbræntʃ] *s* Arm e-s Flusses, der in den Hauptstrom zuˈrückkehrt.

**an·ach·ro·nism** [əˈnækrənɪzəm] *s* Anachroˈnismus *m* (*Zeitwidrigkeit*; *a.* Sache *od.* Person). **aˌnach·roˈnis·tic** *adj*; **aˌnach·roˈnis·ti·cal** *adj* (*adv* ~**ly**) anachroˈnistisch. **aˈnach·ro·nous** → anachronistic.

**an·a·cid·i·ty** [ˌænəˈsɪdətɪ] *s med.* Anacidiˈtät *f*, Säuremangel *m*.

**an·a·clas·tic** [ˌænəˈklæstɪk] *adj* eˈlastisch, federnd.

**an·a·clit·ic** [ˌænəˈklɪtɪk] *adj psych.* anaˈklitisch: ~ **depression.**

**an·a·co·lu·tha** [ˌænəkəʊˈluːθə; -kəˈl-] *pl von* anacoluthon.

**an·a·co·lu·thi·a** [ˌænəkəʊˈluːθɪə; -θjə; -kəˈl-] *s ling.* Anakoluˈthie *f*, Satzbruch *m*.

**an·a·co·lu·thon** [ˌænəkəʊˈluːθɒn; -kəˈl-; *Am.* -ˌθɑn] *pl* **-tha** [-θə] *s ling.* Anakoˈluth *n*, *a. m*, Satzbruch *m*.

**an·a·con·da** [ˌænəˈkɒndə; *Am.* -ˈkɑn-] *s zo.* Anaˈkonda *f*, Riesenschlange *f*.

**A·nac·re·on·tic** [əˌnækrɪˈɒntɪk; *Am.* -ˈɑn-] **I** *adj* **1.** anakreˈontisch. **2.** *fig.* heiter, lustig, gesellig. **II** *s* **3.** anakreˈontisches Liebesgedicht.

**an·a·cru·sis** [ˌænəˈkruːsɪs] *s metr. mus.* Auftakt *m*, Vorschlag(silbe *f*) *m*.

**an·a·cul·ture** [ˈænəˌkʌltʃə(r)] *s scient.* ˈMischkulˌtur *f* (*von Bakterien*).

**an·a·di·plo·sis** [ˌænədɪˈpləʊsɪs] *s rhet.* Anadiˈplose *f*, Anadiˈplosis *f* (*Wiederholung des letzten Wortes e-s Satzes am Anfang des folgenden Satzes*).

**a·nae·mi·a, a·nae·mic** *bes. Br. für* anemia, anemic.

**an·aer·obe** [æˈneərəʊb; ˈænərəʊb] *s biol.* Anaeˈrobier *m* (*Organismus, der ohne Sauerstoff leben kann*). **ˌan·aerˈo·bic** *adj* **1.** *biol.* anaeˈrob (*Organismus*). **2.** *Sportmedizin:* anaeˈrob.

**an·aer·o·bi·o·sis** [æˌneərəʊbaɪˈəʊsɪs; ˌænərəʊ-] *s biol.* Anaerobiˈose *f* (*nicht auf Luftsauerstoff angewiesene Lebensvorgänge*).

**an·aes·the·si·a, etc** *bes. Br. für* anesthesia, *etc.*

**an·a·glyph** [ˈænəɡlɪf] *s* Anaˈglyphe *f*: a) (flach)erhabenes Bildwerk, ˈBasreliˌef *n*, b) e-s von 2 zs.-gehörenden Teilbildern e-s Raumbildverfahrens.

**an·ag·nor·i·sis** [ˌænəɡˈnɒrɪsɪs; *Am.* ˌænəˈɡnɔːr-] *s* Anaˈgnorisis *f* (*plötzliches Erkennen e-r Person od. e-s Tatbestandes im Drama*).

**an·a·go·ge** [ˈænəɡɒdʒɪ; *bes. Am.* -ɡəʊ-] *s relig.* Anagoˈge *f*, sinnbildliche *od.* mystische Auslegung (*bes. der Bibel*). **ˌan·aˈgog·ic** [-ˈɡɒdʒɪk; *Am.* -ˈɡɑ-] *adj*; **ˌan·aˈgog·i·cal** *adj* (*adv* ~**ly**) anaˈgogisch. **ˈan·a·go·gy** → anagoge.

**an·a·gram** [ˈænəɡræm] *s* Anaˈgramm *n* (*Wortbildung durch Buchstabenversetzung, Buchstabenversetzrätsel*). **ˌan·aˈgram·ma·tize** *v/t* anagramˈmatisch versetzen. **II** *v/i* Anaˈgramme machen.

**a·nal** [ˈeɪnl] *adj anat.* aˈnal, Anal..., After..., *zo. a.* Steiß..., Schwanz...: ~**-erotic** *psych.* analeˈrotisch; ~ **eroticism** (*od.* **erotism**) *psych.* Analeˈrotik *f*; ~ **intercourse** Analverkehr *m*; ~ **fin** *ichth.* Afterflosse *f*; ~**-sadism** *psych.* Analsadismus *m*; ~**-sadistic** *psych.* analsadistisch; ~ **stage** *psych.* anale Phase.

**an·a·lec·ta** [ˌænəˈlektə], **ˈan·a·lects** *s pl* Anaˈlekten *pl* (*Sammlung von Auszügen aus der Dichtung od. aus wissenschaftlichem Material*).

**an·a·lep·tic** [ˌænəˈleptɪk] *pharm.* **I** *adj* anaˈleptisch, belebend, anregend, stärkend. **II** *s* Anaˈleptikum *n*, belebendes Mittel.

**an·al·ge·si·a** [ˌænælˈdʒiːzjə; -sjə; *Am.* ˌænælˈdʒiːzɪə; -zɪə] *s med.* Analgeˈsie *f*, Unempfindlichkeit *f* gegen Schmerz, Schmerzlosigkeit *f*. **ˌan·alˈge·sic** [-ˈdʒiːsɪk; -zɪk; -ˈdʒesɪk], **ˌan·alˈget·ic** [-ˈdʒetɪk] **I** *adj* schmerzstillend. **II** *s* Analˈgetikum *n*, schmerzstillendes Mittel.

**an·a·log** *Am. für* analogue.

**an·a·log·ic** [ˌænəˈlɒdʒɪk; *Am.* ˌænlˈɑ-] *adj*; **ˌan·aˈlog·i·cal** *adj* (*adv* ~**ly**) anaˈlog, entsprechend (**to**, **with** *dat*).

**a·nal·o·gist** [əˈnælədʒɪst] *s* Anaˈlogiker *m*. **aˈnal·o·gize** *v/i* **1.** (**to**, **with**) anaˈlog sein (*dat*), im Einklang stehen (mit). **2.** nach Analoˈgie verfahren. **II** *v/t* **3.** anaˈlogisch erklären.

**a·nal·o·gous** [əˈnæləɡəs] *adj* (*adv* ~**ly**) anaˈlog, entsprechend (**to**, **with** *dat*).

**an·a·logue** [ˈænəlɒɡ; *Am. a.* ˈænlˌɑɡ] *s* **1.** Anˈalogon *n*, Entsprechung *f*: ~ **computer** *tech.* Analogrechner *m*; ~ **process quantity** (*Computer*) analoge Prozeß-

größe: **~-to-digital converter** (*Computer*) Analog-Digitalumsetzer *m*. **2.** ('Amts)Kol‚lege *m* (*e-s Ministers etc*).

**a·nal·o·gy** [ə'næləd჻ɜɪ] *s* **1.** Analo'gie *f* (*a. ling.*), Entsprechung *f*: **on the ~ of, by ~ with** analog, gemäß, entsprechend (*dat*). **2.** *math.* Proporti'on *f*.

**an·a·ly·sa·tion** [‚ænələɪ'zeɪʃn], **'an·a·lyse, 'an·a·lys·er** *bes. Br.* für analyzation, analyze, analyzer.

**a·nal·y·sis** [ə'næləsɪs] *pl* **-ses** [-si:z] *s* **1.** Ana'lyse *f*: a) *chem. etc* Zerlegung *f* (in die Grundbestandteile): **to make an ~** e-e Analyse vornehmen; **in the final** (*od.* **last**) **~** letzten Endes, im Grunde, b) (kritische) Zergliederung, (gründliche) Unter'suchung, Darlegung *f*, Deutung *f*, Auswertung *f*: **~ sheet** *econ.* Bilanzzergliederung *f*, -analyse, c) *ling.* Zergliederung *f* (*e-s Satzes etc*), d) *math.* Auflösung *f*. **2.** *math.* A'nalysis *f* (*Teil der Mathematik, in dem mit Grenzwerten gearbeitet u. die Infinitesimalrechnung angewendet wird*). **3.** *psych.* (Psycho)Ana'lyse *f*. **an·a·lyst** ['ænəlɪst] *s* **1.** *chem. math.* Ana'lytiker *m* (*a. fig.*): **public ~** (behördlicher) Lebensmittelchemiker. **2.** Psychoana'lytiker *m*. **3.** Sta'tistiker *m*.

**an·a·lyt·ic** [‚ænə'lɪtɪk] **I** *adj* (*adv* **~ally**) **1.** ana'lytisch: **~ geometry** (**language, psychology**, *etc*); **~ judg(e)ment** *philos.* analytischesUrteil. **2.** psychoana'lytisch. **II** *s pl* (*als sg konstruiert*) **3.** Ana'lytik *f*. **‚an·a'lyt·i·cal** *adj* (*adv* **~ly**) **1.** ana'lytisch: **~ chemistry**. **2.** psychoana'lytisch.

**an·a·ly·za·tion** [‚ænlə'zeɪʃən] *s Am.* Analy'sieren *n*, Ana'lyse *f*.

**an·a·lyze** ['ænl‚aɪz] *v/t Am.* analy'sieren: a) *chem. math. etc* zergliedern, -legen, auflösen, auswerten, b) *fig.* genau unter'suchen. **'an·a‚lyz·er** *s Am.* **1.** Analy'sierende(r *m*) *f*. **2.** Auflösungsmittel *n*. **3.** *phys.* Analy'sator *m*.

**an·am·ne·sis** [‚ænæm'ni:sɪs] *s* Ana'mnese *f*: a) 'Wiedererinnerung *f* (*a. philos.*), b) *med.* Vorgeschichte *f*.

**an·a·mor·pho·sis** [‚ænə'mɔ:(r)fəsɪs; -mɔ:(r)'fəʊsɪs] *pl* **-ses** [-si:z] *s* **1.** (perspek'tivisches) Zerrbild. **2.** a) *bot.* Rückbildung *f*, b) *zo.* Höherentwicklung *f* (*in e-n höheren Typus*). **‚an·a·mor·phous** *adj phys.* ana'morph(isch), verzerrt.

**an·a·mor·phote lens** [‚ænə'mɔ:(r)fəʊt] *s phys.* Anamor'photobjek‚tiv *n*, Zerrlinse *f*.

**a·na·na(s)** [ə'nɑ:nə(s)] *s bot.* Ananas *f*.

**an·an·drous** [æ'nændrəs] *adj bot.* an'androsch, staubblattlos.

**an·a·paest** ['ænəpi:st; *bes. Am.* -pest] *s metr.* Ana'päst *m* (*Versfuß*).

**a·naph·o·ra** [ə'næfərə] *s Rhetorik:* A'naphora *f*, A'napher *f* (*Wiederholung e-s Wortes od. mehrerer Wörter zu Beginn aufeinanderfolgender Sätze od. Satzteile*).

**an·aph·ro·dis·i·ac** [æˌnæfrə'dɪzɪæk] *med.* **I** *adj* den Geschlechtstrieb hemmend. **II** *s* Anaphrodi'siakum *n*.

**an·a·phy·lac·tic** [ænəfɪ'læktɪk] *adj* (*adv* **~ally**) *med.* anaphy'laktisch. **‚an·a·phy'lax·is** [-'læksɪs] *s* Anaphyla'xie *f* (*Überempfindlichkeit gegen artfremdes Eiweiß*).

**an·arch** ['ænɑ:(r)k] *s obs.* Anar'chist(in), Re'bell(in). **an·ar·chic** [æ'nɑ:(r)kɪk] *adj*, **an'ar·chi·cal** *adj* (*adv* **~ly**) an'archisch, anar'chistisch, gesetzlos. **an·arch·ism** ['ænə(r)kɪzəm] *s* **1.** Anar'chie *f*, Re'gierungs-, Gesetzlosigkeit *f*. **2.** Anar'chismus *m*. **'an·arch·ist I** *s* Anar'chist(in), 'Umstürzler(in). **II** *adj* anar'chistisch, 'umstürzlerisch. **‚an·ar'chis·tic** → anarchist II. **'an·arch·ize** *v/t* in Anar'chie verwandeln.

**an·arch·y** ['ænə(r)kɪ] *s* **1.** → anarchism 1. **2.** *fig.* Chaos *n*.

**an·a·stat·ic** [‚ænə'stætɪk] *adj print.* ana'statisch: **~ printing**.

**an·as·tig·mat** [ə'næstɪgmæt; æ-; ‚ænə-'st-] *s phot.* Anastig'mat *m, n*. **an·as·tig·mat·ic** [‚ænəstɪg'mætɪk; ‚næs-] *adj phys.* anastig'matisch (*Linse*).

**a·nas·to·mo·sis** [‚ænəstə'məʊsɪs; ‚nɑ:stə'm-] *pl* **-ses** [-si:z] *s* Anasto'mose *f*: a) *bot.* Querverbindung zwischen Gefäßsträngen *od.* Pilzfäden, b) *med.* natürliche Verbindung zwischen Blut- *od.* Lymphgefäßen *od.* zwischen Nerven, c) *med.* operativ hergestellte Verbindung zwischen Hohlorganen.

**a·nas·tro·phe** [ə'næstrəfɪ] *s ling.* A'nastrophe *f*, Wortversetzung *f*.

**a·nath·e·ma** [ə'næθəmə] *s* **1.** *relig.* Ana'them *n*, A'nathema *n*, Bannfluch *m*, Kirchenbann *m*. **2.** *fig.* Fluch *m*, Verwünschung *f*. **3.** *relig.* Verfluchte(r *m*) *f*. **4.** *fig.* (*etwas*) Verhaßtes, Greuel *m*: **this is ~ to me** das ist mir verhaßt *od.* ein Greuel. **a'nath·e·ma·tize I** *v/t* in den Bann tun, mit dem Kirchenbann belegen, verfluchen. **II** *v/i* fluchen.

**an·a·tom·ic** [‚ænə'tɒmɪk; *Am.* -'tɑ-] *adj*; **‚an·a'tom·i·cal** *adj* (*adv* **~ly**) ana'tomisch. **a·nat·o·mist** [ə'nætəmɪst] *s* **1.** *med.* Ana'tom *m*. **2.** Zergliederer *m* (*a. fig.*). **a'nat·o·mize** *v/t* **1.** *med.* zerlegen, se'zieren (*a. fig.*). **2.** *fig.* zergliedern.

**a·nat·o·my** [ə'nætəmɪ] *s* **1.** *med.* Ana'to-'mie *f*: a) ana'tomische Zerlegung, b) ana'tomischer Aufbau, c) Wissenschaft *f* vom Bau e-s or'ganischen Körpers. **2.** (*Abhandlung f über*) Anato'mie *f*. **3.** Mo'dell *n* e-s ana'tomisch zerlegten Körpers. **4.** *fig.* Zergliederung *f*, Ana'lyse *f*. **5.** *obs.* a) se'zierte *od.* mumifi'zierte Leiche, b) Ske'lett *n*. **6.** *humor.* a) ‚wandelndes Geripper', b) ‚Anato'mie' *f* (*Körper*).

**a·nat·ro·pus** [ə'nætrəpəs] *adj bot.* ana-'trop, 'umgewendet, gegenläufig.

**an·bur·y** ['ænbərɪ] *s* **1.** *vet.* schwammige Blutblase. **2.** *bot.* Kohlkropf *m*.

**an·ces·tor** ['ænsestə(r)] *s* **1.** Vorfahr *m*, Ahn(herr) *m*, Stammvater *m* (*a. fig.*): **~ cult, ~ worship** Ahnenkult *m*, -verehrung *f*. **2.** *jur.* Vorbesitzer *m*. **3.** *fig.* Vorläufer *m* (*Person od. Sache*). **an·ces·tral** [æn'sestrəl] *adj* Ahnen..., der Vorfahren *od.* Ahnen, angestammt, Ur..., Erb..., ererbt: **~ estate** ererbter Grundbesitz, Erbhof *m*; **~ home** Stammsitz *m*. **'an·ces·tress** [-trɪs] *s* Ahnfrau *f*, Ahne *f*, Stammutter *f*. **'an·ces·try** *s* **1.** (*bes.* vornehme) Abstammung *od.* 'Herkunft. **2.** Vorfahren *pl*, Ahnen(reihe *f*) *pl*: **~ research** Ahnenforschung *f*. **3.** *fig.* Ent'wicklungspro‚zeß *m*.

**an·chor** ['æŋkə(r)] **I** *s* **1.** *mar.* Anker *m*: **to cast** (*od.* **come to, drop**) → 11 a; **to lie** (*od.* **ride**) **at ~** → 11 b. **2.** *fig.* Rettungsanker *m*, Zuflucht *f*. **3.** *tech.* a) Anker *m*, Querbolzen *m*, b) Schließe *f*, Schlüsselanker *m*, Klammer *f*: **~ bolt** Ankerbolzen *m*. **4.** *tech.* Anker *m* (*der Uhr*): **~ escapement** Ankerhemmung *f*. **5.** *Rundfunk, TV: Am.* a) Mode'rator *m*, Modera'torin *f* (*e-r Nachrichtensendung*), b) Diskussi'onsleiter(in). **6.** a) *Leichtathletik, Skisport:* Schlußläufer (-in), b) *Schwimmen:* Schlußschwimmer(in). **II** *v/t* **7.** *mar.* verankern, vor Anker legen. **8.** *tech. u. fig.* verankern, befestigen: **to be ~ed in** s.th. *fig.* in etwas verankert sein. **9.** *Rundfunk, TV: Am.* a) e-e Nachrichtensendung mode-'rieren, b) *e-e Diskussion* leiten. **10.** **to ~ a relay team** *Sport* Schlußläufer(in) *od.* -schwimmer(in) e-r Staffel sein. **III** *v/i* **11.** *mar.* ankern: a) vor Anker gehen,

b) vor Anker liegen. **12.** *Rundfunk, TV: Am.* a) die Moderati'on (*e-r Nachrichtensendung*) haben, mode'rieren, b) die Diskussi'onsleitung haben. **13.** *sport* zum Schluß laufen *od.* schwimmen.

**an·chor·age¹** ['æŋkərɪd჻] *s* **1.** Ankerplatz *m*. **2.** a) → **dues** Anker-, Liegegebühr *f*. **3.** fester Halt, Befestigung *f*, Verankerung *f*. **4.** *fig.* a) sicherer Hafen, b) verläßliche Stütze.

**an·chor·age²** ['æŋkərɪd჻] *s* Einsiedlerklause *f*.

**an·chor‚ball** *s mar.* **1.** Ball *m* (*schwarze Signalkugel e-s ankernden Schiffes*). **2.** Geschoß *n* mit Haken (*das in ein Wrack gefeuert wird*). **~ buoy** *s mar.* Ankerboje *f*.

**an·cho·ress** ['æŋkərɪs] *s* Einsiedlerin *f*. **'an·cho·ret** [-ret] *s* Einsiedler *m*, Klausner *m*. **‚an·cho'ret·ic** *adj* einsiedlerisch, Einsiedler...

**an·chor‚hold** *s* **1.** *mar.* Festhalten *n* des Ankers. **2.** *fig.* fester Halt, Sicherheit *f*. **~ ice** *s* Grundeis *n*, Bodeneis *n*.

**an·cho·rite** ['æŋkəraɪt] → anchoret. **‚an·cho'rit·ic** [-'rɪtɪk] → anchoretic.

**an·chor‚leg** *s sport* Schlußstrecke *f* (*e-s Staffelwettbewerbs*). **'~·man** [-mən; -mæn] *s irr* → anchor 5, 6. **'~·wom·an** *s irr* → anchor 5, 6.

**an·cho·vy** ['æntʃəvɪ; æn'tʃəʊvɪ] *s zo.* An'(s)chovis *f*, Sar'delle *f*: **~ paste** *gastr.* Sardellenpaste *f*. **~ pear** *s bot.* An-'(s)chovisbirne *f*.

**an·chu·sa** [æn'kju:sə] *s bot.* Ochsenzunge *f*.

**an·cient¹** ['eɪnʃənt] **I** *adj* (*adv* → **anciently**) **1.** alt, aus alter Zeit. **2.** a) uralt (*a. humor.*), altberühmt, (alt)ehrwürdig (*Sache*), b) *obs.* alt, hochbetagt, ehrwürdig (*Person*). **3.** altertümlich, altmodisch. **4.** *jur.* durch Verjährung zu Recht bestehend. **II** *s* **5.** *obs.* Alte(r *m*) *f*, Greis(in): **the A~ of Days** *Bibl.* der Alte (*Name Gottes*). **6. the ~s** *pl* a) die Alten *pl* (*Griechen u. Römer*), b) die (griechischen u. römischen) Klassiker *pl*.

**an·cient²** ['eɪnʃənt] *s obs.* Banner *n*.

**an·cient·ly** ['eɪnʃəntlɪ] *adv* vor'zeiten.

**an·cil·lar·y** [æn'sɪlərɪ; *Am.* 'ænsə‚leri:] *adj* (*to*) 'untergeordnet (*dat*), ergänzend (*acc*): **~ costs** Nebenkosten; **~ administrator** *jur.* Nachlaßverwalter *m* für das im Ausland befindliche Vermögen des Erb-lassers; **~ equipment** Zusatz-, Hilfsgeräte *pl*; **~ industries** Zulieferbetriebe.

**an·con** ['æŋkɒn; *Am.* -‚kɑn] *pl* **-co·nes** [-'kəʊni:z] (*Lat.*) *s* **1.** *anat. obs.* Ell(en)bogen *m*. **2.** *arch.* Krag-, Tragstein *m*.

**and** [ænd; *betont*; ənd; n] *conj* **1.** und: → **forth** 5, **on** 14; **better ~ better** besser und besser, immer besser; **he ran ~ ran** er lief und lief, er lief immer weiter; **there are books ~ books** es gibt gute und schlechte Bücher, es gibt solche Bücher und solche; **for miles ~ miles** viele Meilen weit; **~ all** *colloq.* und so weiter; **skin ~ all** mitsamt der Haut. **2.** mit: **bread ~ butter** Butterbrot *n*; **soap ~ water** Seifenwasser *n*; **~ coach** 1, **nice** 4. **3.** *e-e bedingende Konjunktion ersetzend:* **move, ~ I shoot** e-e Bewegung, und ich schieße; **a little more ~ ...** es fehlte nicht viel, und ... **4.** *die Infinitivpartikel* to *ersetzend:* **try ~ come** versuchen Sie zu kommen; **mind ~ bring** it vergiß nicht, es mitzubringen. **5.** und das, und zwar: **he was found, ~ by chance**.

**An·da·lu·sian** [ændə'lu:zjən; -zɪən; *Am.* -'lu:჻ən] **I** *s* **1.** Anda'lusier(in). **2.** a. **~ fowl** *zo.* Anda'lusier *m* (*Haushuhnrasse*). **II** *adj* **3.** anda'lusisch.

**an·da·lu·site** [ˌændəˈluːsaɪt] s min. Andaluˈsit m.

**an·dan·te** [ænˈdæntɪ; Am. a. ɑːnˈdɑːnteɪ] mus. **I** adj u. adv anˈdante, mäßig langsam. **II** s Anˈdante n.

**an·dan·ti·no** [ˌændænˈtiːnəʊ; Am. a. ˌɑːndɑːnˈt-] mus. **I** adj u. adv andanˈtino (lebhafter als andante). **II** pl **-nos** s Andanˈtino n.

**AND cir·cuit** s Computer: UND-Schaltung f.

**an·de·sine** [ˈændɪziːn; -zɪn] s min. Andeˈsin m.

**an·de·site** [ˈændɪzaɪt] s geol. Andeˈsit m.

**and·i·ron** [ˈændaɪə(r)n] s Feuer-, Brat-, Kaˈminbock m.

**an·dra·dite** [ˈændrədaɪt; ænˈdrɑː-] s min. Andraˈdit m.

**An·drew** [ˈændruː] npr Anˈdreas m (Schutzheiliger Schottlands).

**andro-** [ændrəʊ; -drə] Wortelement mit der Bedeutung a) Mann..., männlich, b) Staubfaden...

**an·dro·gen** [ˈændrədʒən] s chem. Androˈgen n (männliches Geschlechtshormon).

**an·drog·y·nism** [ænˈdrɒdʒɪnɪzəm; Am. -ˈdrɑ-] s Androgyˈnie f: a) med. Vermännlichung f, b) bot. Zwitterbildung f. **anˈdrog·y·nous** adj androˈgyn. **anˈdrog·y·ny** → androgynism.

**an·droid** [ˈændrɔɪd] s Androˈid(e) m (künstlicher Mensch).

**An·drom·e·da** [ænˈdrɒmɪdə; Am. -ˈdrɑmədə] **I** npr antiq. **1.** Anˈdromeda f. **II** s **2.** gen **-dae** [-diː] astr. Anˈdromeda f (Sternbild): ~ **Nebula** Andromedanebel m. **3.** a~ bot. Rosmarinheide f.

**an·droph·a·gous** [ænˈdrɒfəgəs; Am. -ˈdrɑ-] adj menschenfressend.

**an·dro·pho·bi·a** [ˌændrəʊˈfəʊbjə; -bɪə] s Androphoˈbie f, Männerscheu f.

**an·ec·dot·age** [ˈænɪkdəʊtɪdʒ] s **1.** Anekˈdotensammlung f. **2.** bes. humor. schwatzhaftes Greisenalter.

**an·ec·do·tal** [ˌænekˈdəʊtl; -nɪk-] adj anekˈdotenhaft, anekˈdotisch, Anekdoten...

**an·ec·dote** [ˈænɪkdəʊt] s Anekˈdote f. **an·ec·dot·ic** [ˌænekˈdɒtɪk; Am. ˌænɪkˈdɑ-], **an·ec·dot·i·cal** adj anekˈdotisch, anekˈdotenhaft, Anekdoten... **ˈan·ec·dot·ist** [-dəʊtɪst] s Anekˈdotenerzähler(in).

**an·e·cho·ic** [ˌænɪˈkəʊɪk] adj echofrei, schalltot (Raum).

**an·e·lec·tric** [ˌænɪˈlektrɪk] adj phys. ˈnichteˌlektrisch.

**a·ne·mi·a** [əˈniːmjə; -mɪə] s med. Anäˈmie f, Blutarmut f. **aˈne·mic** adj **1.** med. anˈämisch (a. fig.), blutarm. **2.** fig. farblos, blaß (Prosa etc).

**a·nem·o·chore** [əˈneməkɔː(r)] s bot. Anemoˈchore f (Pflanze, deren Samen od. Früchte durch den Wind verbreitet werden).

**a·nem·o·gram** [əˈneməgræm] s phys. Anemoˈgramm n, Windmeßkurve f.

**a·nem·o·graph** [əˈneməgrɑːf; bes. Am. -græf] s phys. Anemoˈgraph m, Windschreiber m.

**an·e·mol·o·gy** [ˌænɪˈmɒlədʒɪ; Am. -ˈmɑ-] s meteor. Anemoloˈgie f, Wissenschaft f von den Luftströmungen.

**an·e·mom·e·ter** [ˌænɪˈmɒmɪtə(r); Am. -ˈmɑ-] s phys. Anemoˈmeter n, Windmeßgerät n. **ˌan·e·momˈe·try** [-trɪ] s phys. Windmessung f.

**a·nem·o·ne** [əˈnemənɪ] s **1.** bot. Aneˈmone f. **2.** zo. → sea anemone.

**an·e·moph·i·lous** [ˌænɪˈmɒfɪləs; Am. -ˈmɑ-] adj bot. anemoˈphil. **ˌan·eˈmoph·i·ly** s bot. Anemophiˈlie f, Windbestäubung f.

**a·nem·o·scope** [əˈneməskəʊp] s phys.

Anemoˈskop n (Instrument zum Messen der Windgeschwindigkeit).

**a·nent** [əˈnent] prep obs. od. Scot. **1.** neben (dat), in gleicher Linie mit. **2.** gegen (acc), gegenˈüber (dat). **3.** bezüglich (gen).

**an·er·gy** [ˈænə(r)dʒɪ] s Anerˈgie f: a) med. Unempfindlichkeit f (gegen Reize), b) med. psych. Enerˈgielosigkeit f.

**an·er·oid** [ˈænərɔɪd] phys. **I** adj Aneroid... **II** s a. ~ **barometer** Aneroˈid(baroˌmeter) n.

**an·es·the·si·a** [ˌænɪsˈθiːzjə; bes. Am. -əsˈiːʒə], **an·es·ˈthe·sis** [-ˈθiːsɪs] s med. Anästheˈsie f: a) Narˈkose f, Betäubung f, b) Fehlen n der Schmerzempfindung (bes. bei Nervenschädigungen). **an·es·thet·ic** [ˌænɪsˈθetɪk] **I** adj (adv ~ally) **1.** med. anäˈsthetisch: a) narˈkotisch, betäubend, Narkose..., b) schmerzunempfindlich. **2.** fig. verständnislos (to gegenˈüber). **II** s **3.** Betäubungsmittel n, Narˈkotikum n.

**an·es·the·tist** [æˈniːsθətɪst; Am. əˈnes-] s med. Anästheˈsist m, Narˈkosearzt m. **anˈes·the·tize** v/t med. anästheˈsieren, betäuben, narkotiˈsieren.

**an·eu·rin** [ænˈjʊərɪn; Am. ˈænjə-; eɪˈnjuə-] s chem. Aneuˈrin n, Vitaˈmin n B₁.

**an·eu·rism**, a. **an·eu·rysm** [ˈænjʊərɪzəm; Am. -jə-] s med. Aneuˈrysma n, krankhafte Arˈterienerweiterung.

**a·new** [əˈnjuː; Am. a. əˈnuː] adv **1.** von neuem, aufs neue, ˈwieder(um), noch einmal. **2.** neu, auf neue Art u. Weise.

**an·frac·tu·os·i·ty** [ˌænfræktjʊˈɒsətɪ; Am. ænˌfræktʃəˈwasəti] s **1.** Gewundenheit f, Windung f. **2.** anat. Gehirnfurche f.

**an·ga·ry** [ˈæŋgərɪ] s a. **right of** ~ Völkerrecht: Angaˈrienrecht n (Recht e-r kriegführenden Macht, neutrale Schiffe, die sich in ihren Hoheitsgewässern befinden, zu beschlagnahmen u. zu benutzen).

**an·gel** [ˈeɪndʒəl] s **1.** Engel m: ~ **of death** Todesengel m; **visits like those of ~s** kurze u. seltene Besuche; **to join the ~s** in den Himmel kommen; **to rush in where ~s fear to tread** sich törichter- od. anmaßenderweise in Dinge einmischen, an die sich sonst niemand heranwagt; → entertain 2. **2.** fig. Engel m (Person): **be an~ and** ... sei doch so lieb und ...; **she is my good ~** sie ist mein guter Engel; **you are an ~** du bist ein Schatz, das ist ˌfurchtbarˈ nett von dir. **3.** relig. Gottesbote m (Priester etc). **4.** sl. fiˈnanzkräftiger ˈHintermann, Geldgeber m. **5.** a. ~-**noble** Engelstaler m (alte englische Goldmünze). **6.** Christian Science: Botschaft f höherer guter Mächte. **7.** Radar: Engelecho n. **8.** → angelfish. ~ **cake** s Engelsstaub m (e-e Droge).

**An·ge·le·no** [ˌændʒəˈliːnəʊ] pl **-nos** s Einwohner(in) von Los Angeles.

**ˈan·gel·fish** s ichth. **1.** Engelhai m. **2.** Engelbarsch m. ~ **food (cake)** Am. für angel cake.

**an·gel·ic** [ænˈdʒelɪk] adj (adv ~ally) engelhaft, -gleich, Engels...: **A~ Salutation** Englischer Gruß.

**an·gel·i·ca** [ænˈdʒelɪkə] s **1.** bot. Anˈgelika f, Brustwurz f, bes. (Erz)Engelwurz f. **2.** kanˈdierte Anˈgelikawurzel. **3.** Anˈgelikalikör m.

**an·gel·i·cal** [ænˈdʒelɪkl] adj (adv ~ly) → angelic.

**an·gel·ol·o·gy** [ˌeɪndʒəˈlɒlədʒɪ; Am. -ˈlɑ-] s relig. Angeloloˈgie f, Lehre f von den Engeln.

**ˌan·gels-on-ˈhorse·back** s pl Br. in Speckschnitten gewickelte u. auf Toast serˈvierte Austern pl.

**An·ge·lus** [ˈændʒɪləs] s R.C. **1.** Ange-

lus(gebet n, -läuten n) m. **2.** a. ~ **bell** Angelusglocke f.

**an·ger** [ˈæŋgə(r)] **I** s Ärger m, Unwille m, Zorn m, Wut f (at über acc): (fit of) ~ Wutanfall m, Zornausbruch m; → bring down 7. **II** v/t erzürnen, (ver)ärgern, aufbringen.

**An·ge·vin** [ˈændʒɪvɪn], a. **ˈAn·ge·vine** [-vɪn; -viːn; -vaɪn] **I** adj **1.** aus Anˈjou (in Frankreich). **2.** hist. angeˈvinisch, die Planˈtagenets (englisches Königshaus) betreffend. **II** s **3.** hist. Mitglied n des Hauses Planˈtagenet.

**an·gi·na** [ænˈdʒaɪnə] s med. Anˈgina f, Rachen-, Halsentzündung f. ~ **pec·to·ris** [ˈpektərɪs] s med. Anˈgina f pectoris.

**an·gi·o·car·pous** [ˌændʒɪəʊˈkɑː(r)pəs] adj bot. angioˈkarp, deckfrüchtig.

**an·gi·og·ra·phy** [ˌændʒɪˈɒgrəfɪ; Am. -ˈɑg-] s med. Angiograˈphie f (röntgenologische Darstellung von Blutgefäßen).

**an·gi·ol·o·gy** [ˌændʒɪˈɒlədʒɪ; Am. -ˈɑl-] s med. Angioloˈgie f, Gefäßlehre f.

**an·gi·o·ma** [ˌændʒɪˈəʊmə] pl **-ma·ta** [-mətə] od. **-mas** s med. Angiˈom n, Blutschwamm m.

**an·gi·o·sperm** [ˈændʒɪəspɜːm; Am. -ˌspɜrm] s bot. Angioˈsperme f.

**an·gle¹** [ˈæŋgl] s **1.** bes. math. Winkel m: ~ **of advance** electr. phys. Voreilungswinkel; ~ **of attack** aer. Anstellwinkel; ~ **of climb** a) aer. Anstiegswinkel, b) aer. Steigwinkel; ~ **of departure** (Ballistik) Abgangswinkel; ~ **of divergence** Streu(ungs)winkel; ~ **of elevation** Höhen-, Steigungswinkel; ~ **of incidence** a) Einfallswinkel, b) aer. Anstellwinkel; ~ **of inclination** Neigungswinkel; ~ **of lag** electr. phys. Nacheilungswinkel; ~ **of pitch** aer. Anstellwinkel (der Luftschraube); ~ **of taper** Konizität f (des Kegels); ~ **of traverse** (Artillerie) Seitenrichtbereich m, Schwenkwinkel; **at right ~s** to im rechten Winkel zu; **at an ~** schräg; **at an ~** to etwas od. im Winkel zu. **2.** tech. a) Knie(stück) n, b) pl Winkeleisen pl. **3.** Ecke f (e-s Gebäudes etc). **4.** scharfe, spitze Kante. **5.** sport (Schuß)Winkel m: → **narrow** 12. **6.** astr. Haus n. **7.** fig. Standpunkt m, Gesichtswinkel m, Seite f. **8.** fig. Seite f, Aˈspekt m: **to consider all ~s** of a question. **9.** Meˈthode f (etwas anzupacken od. zu erreichen): **he knows all the ~s and wangles** colloq. er kennt alle Tricks. **II** v/t **10.** ab-, ˈumbiegen, abwinkeln. **11.** tech. bördeln. **12.** Bericht etc färben. **III** v/i **13.** (ab)biegen: **the road ~s sharply to the right.**

**an·gle²** [ˈæŋgl] **I** v/i angeln (for nach): **to** ~ **for** s.th. fig. nach etwas fischen od. angeln, etwas zu bekommen versuchen, auf etwas aussein. **II** v/t angeln.

**an·gle bar** s tech. Winkeleisen n. ~ **brack·et** s **1.** tech. 'Winkelkonˌsole f. **2.** → bracket 5.

**an·gled** [ˈæŋgld] adj winklig, winkelförmig, Winkel...

**ˈan·gleˌdoz·er** s tech. Plaˈnierraupe f mit Schwenkschild. ~ **drive** s tech. Winkeltrieb m. ~ **i·ron** s tech. Winkeleisen n. **ˈ~-park** v/t u. v/i schräg parken.

**an·gler** [ˈæŋglə(r)] s **1.** Angler(in). **2.** ichth. See-, Meerteufel m.

**An·gles** [ˈæŋglz] s pl hist. (die) Angeln pl.

**An·gli·an** [ˈæŋglɪən] **I** adj **1.** anglisch. **II** s **2.** Angehörige(r m) f des Volksstammes der Angeln. **3.** ling. Anglisch n, das Anglische.

**An·gli·can** [ˈæŋglɪkən] **I** adj **1.** relig. a) angliˈkanisch, b) hochkirchlich: **the** ~ **Church** die anglikanische Kirche, die englische Staatskirche; ~ **Communion** Anglikanischer Kirchenbund. **2.** Am. a) britisch, b) englisch. **II** s **3.** relig. a) Angliˈkaner(in), b) Hochkirchler(in).

'**Ang·li·can·ism** s relig. Anglika'nismus m.

**An·gli·cism** ['æŋglısızəm] s **1.** ling. Angli'zismus m. **2.** englische Eigenart, (etwas) typisch Englisches.

**An·gli·cist** ['æŋglısıst] s An'glist(in).

**An·gli·cize**, a. **an·gli·cize** ['æŋglısaız] **I** v/t angli'sieren (a. ling.), englisch machen. **II** v/i sich angli'sieren, englisch werden.

**An·gli·fy**, a. **an·gli·fy** ['æŋglıfaı] → Anglicize I.

**an·gling** ['æŋglıŋ] s **1.** Angeln n. **2.** Angelsport m.

**An·glist** ['æŋglıst] s An'glist(in). **Anglis·tics** [æŋ'glıstıks] s pl (als sg konstruiert) An'glistik f.

**Anglo-** [æŋgləʊ] Wortelement mit der Bedeutung englisch, englisch und ...

**An·glo** ['æŋgləʊ] pl **-glos** s colloq. für Anglo-American II.

**An·glo·-A'mer·i·can I** adj angloameri'kanisch. **II** s Angloameri'kaner(in) (Amerikaner[in] englischer Abstammung). ␣'Cath·o·lic relig. **I** s **1.** Anglokatho'lik(in). **2.** Hochkirchler(in). **II** adj **3.** anglokatholisch. **4.** der Hochkirche angehörend. ␣'French **I** adj anglofran'zösisch (a. ling.): the ␣ Wars die Kriege zwischen England u. Frankreich. **II** s ling. Anglonor'mannisch n, Anglofran'zösisch n.

**An·glo·gae·a** [æŋgləʊ'dʒi:ə] s biol. geogr. ne'arktische Region.

␣'An·glo·-'In·di·an **I** adj **1.** anglo'indisch. **II** s **2.** in Indien lebender Engländer. **3.** Anglo-'Inder(in).

␣'An·glo'ma·ni·a s Angloma'nie f (übertriebene Bewunderung alles Englischen).

␣'An·glo'ma·ni·ac s Anglo'mane m.

␣'An·glo·-'Nor·man **I** s **1.** Anglonor-'manne m. **2.** ling. Anglonor'mannisch n. **II** adj **3.** anglonor'mannisch.

**An·glo·phile** ['æŋgləʊfaıl; -fıl], a. '**An·glo·phil** [-fıl] **I** s Anglo'phile m, Englandfreund m. **II** adj anglo'phil, englandfreundlich. ␣**An·glo'phil·i·a** [-'fıljə; -lıə] s Anglophi'lie f.

**An·glo·phobe** ['æŋgləʊfəʊb] **I** s Anglo-'phobe m, Englandfeind m. **II** adj anglo-'phob, englandfeindlich. ␣**An·glo'pho·bi·a** s Anglopho'bie f.

**An·glo·phone** ['æŋgləʊfəʊn] **I** adj anglo'phon, englischsprachig. **II** s Anglo'phone m.

␣**An·glo·-'Sax·on I** s **1.** Angelsachse m. **2.** ling. Altenglisch n, Angelsächsisch n. **3.** colloq. urwüchsiges u. einfaches Englisch. **II** adj **4.** angelsächsisch.

**an·go·la** [æŋ'gəʊlə] → angora.

**an·go·ra** [æŋ'gɔ:rə; Am. a. -'gəʊrə] s **1.** flowe␣r n od. Kleidungsstück n aus An'gorawolle. **2.** meist A␣ zo. a) a. ␣ **cat** An'gorakatze f, b) a. ␣ **goat** An'goraziege f, c) a. ␣ **rabbit** An'gora-, 'Seidenka␣ninchen n. ␣ **wool** s **1.** An'gorawolle f. **2.** Mo'hair n.

**an·gos·tu·ra** [æŋgə'stjʊərə; -'stʊərə] s a. ␣ **bark** Ango'sturarinde f. ␣ **bit-ters** s pl Ango'sturabitter m.

**an·gry** ['æŋgrı] adj (adv angrily) **1.** (at, about) ärgerlich (auf, über acc), verärgert (über j-n od. etwas), aufgebracht (gegen j-n, über etwas), böse (auf j-n, über etwas; with j-m). **2.** med. entzündet, schlimm. **3.** fig. a) drohend, finster (Wolken), b) stürmisch (See). ␣ **young man** s irr Br. hist. Angry young man m, ,zorniger junger Mann' (in der Literatur).

**angst** [æŋst] s psych. Angst f.

**ang·strom** ['æŋstrəm] s a. ␣ **unit** phys. Angström(einheit f) n (Einheit der Licht-u. Röntgenwellenlänge).

**an·guine** ['æŋgwın] adj zo. **1.** schlangenähnlich. **2.** Schlangen...

**an·guish** ['æŋgwıʃ] s Qual f, Pein f, Schmerz m, Angst f: ␣ **of mind**, **mental** ␣ Seelenqual(en pl).

**an·gu·lar** ['æŋgjʊlə(r)] adj (adv ␣ly) **1.** winklig, winkelförmig, eckig, Winkel...: ␣ **acceleration** phys. Winkelbeschleunigung f; ␣ **capital** arch. Eckkapitell n; ␣ **cutter** tech. Winkelfräser m; ␣ **distance** math. Winkelabstand m; ␣ **point** math. Scheitelpunkt m; ␣ **position encoder** Winkelstellungsgeber m mit digitalem Ausgang; ␣ **velocity** a) phys. Winkelgeschwindigkeit f, b) electr. Kreisfrequenz f. **2.** knochig. **3.** fig. steif: a) linkisch, b) for'mell.

**an·gu·lar·i·ty** [æŋgjʊ'lærətı] s **1.** Winkligkeit f. **2.** fig. Steifheit f.

**an·gus·ti·fo·li·ate** [æŋgʌstı'fəʊlıət; -ıeıt] adj bot. schmalblättrig.

**an·har·mon·ic** [ænhɑ:(r)'mɒnık; Am. -ʹmɑ-] adj math. phys. 'unhar,monisch.

**an·he·dral** [æn'hi:drəl] s aer. negative V-Stellung (der Tragflächen).

**an·hy·dride** [æn'haıdraıd] s chem. Anhy'drid n.

**an·hy·drite** [æn'haıdraıt] s min. Anhy-'drit m.

**an·hy·drous** [æn'haıdrəs] adj biol. chem. an'hydrisch, wasserfrei.

**a·nigh** [ə'naı] adv u. prep obs. nahe.

**an·il**[1] ['ænıl] s **1.** bot. Indigopflanze f. **2.** Indigo(farbstoff) m.

**an·il**[2] ['ænıl] s chem. A'nil n (e-n Anilrest enthaltende Verbindung).

**an·i·line** ['ænıli:n; -lın] s chem. Ani'lin n: ␣ **dye** a) Anilinfarbstoff m, b) weitS. chemisch hergestellte Farbe; ␣ **resin** Anilinharz n (Kunststoff).

**an·i·ma** ['ænımə] s **1.** psych. Anima f (Seelenbild der Frau im Unbewußten des Mannes). **2.** philos. Anima f, Seele f.

**an·i·mad·ver·sion** [ænımæd'vɜ:ʃn; Am. -ʹvɜrʒən; -ʃən] s (on, upon) kritische Anmerkung (zu), Kri'tik f (an dat). ␣**an·i·mad'vert** [-ʹvɜːt; Am. -ʹvɜrt] v/i (on, upon) kritische Anmerkungen machen (zu), kriti'sieren (acc).

**an·i·mal** ['ænıml] **I** s **1.** Tier n: the ␣ within us fig. das Tier in uns; there ain't such ␣! humor. so etwas gibt es doch gar nicht! **2.** a) tierisches Lebewesen (Ggs. Pflanze), b) Säugetier n. **3.** fig. Tier n, Bestie f. **II** adj (adv ␣ly) **4.** ani'malisch, tierisch (beide a. fig.): ␣ **fat** (**instincts**, **oil**); ␣ **poetry** Tierdichtung f; ␣ **psychol**ogy Tierpsychologie f. ␣ **black** s tech. Knochenschwarz n. ␣ **char·coal** s biol. Tierkohle f. ␣ **crack·er** s meist pl Am. Gebäck n in Tiergestalt.

**an·i·mal·cule** [ænı'mælkju:l] s zo. mikro'skopisch kleines Tierchen.

**an·i·mal**| **food** s **1.** Fleischnahrung f. **2.** Tierfutter n. ␣ **glue** s tech. Tierleim m. ␣ **hos·pi·tal** s Tierklinik f. ␣ **hus·band·ry** s Viehzucht f.

**an·i·mal·ier** [ænımə'lıə(r)] → animalist 2.

**an·i·mal·ism** ['ænıməlızəm] s **1.** Animali'tät f, Sinnlichkeit f, ani'malisches Wesen. **2.** Lebenskraft f, Vitali'tät f. **3.** Lehre, nach der die Menschen auf 'einer Stufe mit den Tieren stehen. '**an·i·mal·ist** s **1.** Anhänger(in) des animalism 3. **2.** Tiermaler(in), Tierbildhauer(in).

**an·i·mal·i·ty** [ænı'mælətı] s **1.** tierische Na'tur. **2.** a) 'Tierna,tur f, (das) Tierische, b) → animalism 1 u. 2. **3.** Tierreich n.

**an·i·mal·ize** ['ænıməlaız] v/t **1.** biol. durch Assimilati'on in tierischen Stoff verwandeln. **2.** Zellulosefasern etc animali'sieren, wollähnlich machen. **3.** fig. zum Tier machen, verrohen. **4.** in Tierform darstellen.

**an·i·mal**| **life** s Tierleben n. ␣ **lov·er** s

Tierfreund(in). '␣␣lov·ing adj tierliebend. ␣**mag·net·ism** s **1.** obs. ani'malischer od. tierischer Magne'tismus. **2.** oft humor. e'rotische Anziehungskraft. ␣ **shel·ter** s Am. 'Tierheim n, -,syl n. ␣ **size** s tech. Tierleim m. ␣ **spir·its** s pl Vitali'tät f, Lebenskraft f, -geister pl. ␣ **starch** s chem. tierische Stärke.

**an·i·mate I** v/t ['ænımeıt] **1.** beseelen, beleben, mit Leben erfüllen (alle a. fig.). **2.** beleben, anregen, aufmuntern, in Schwung bringen. **3.** beleben, le'bendig gestalten: **to** ␣ **a cartoon** e-n Zeichentrickfilm herstellen. **4.** antreiben. **II** adj [-mət] → animated 1 u. 3. '**an·i·mat·ed** adj **1.** le'bendig, beseelt (with, by von), lebend. **2.** ,lebend', sich bewegend: ␣ **puppets**; ␣ **cartoon** Zeichentrickfilm m. **3.** lebhaft, angeregt, munter. **4.** ermuntert. '**an·i·mat·er** → animator. ␣**an·i'ma·tion** s **1.** Er-, Aufmunterung f, Belebung f. **2.** Leben n, Feuer n, Lebhaftigkeit f, Munterkeit f. **3.** a) Animati'on f, 'Herstellung f von (Zeichen)Trickfilmen, b) (Zeichen)Trickfilm m, c) (me-'chanische) Trickvorrichtung.

**an·i·ma·tism** ['ænımətızəm] s philos. Anima'tismus m.

**a·ni·ma·to** [æenı'mɑ:təʊ] adj u. adv mus. **1.** beseelt. **2.** lebhaft(er).

**an·i·ma·tor** ['ænımeıtə(r)] s Trickfilmzeichner m.

**an·i·mism** ['ænımızəm] s philos. Ani'mismus m.

**an·i·mos·i·ty** [ænı'mɒsətı; Am. -ʹmɑ-] s Animosi'tät f, Feindseligkeit f (**against**, **towards** gegen['über]; **between** zwischen dat).

**an·i·mus** ['ænıməs] s **1.** psych. Animus m (Seelenbild des Mannes im Unbewußten der Frau). **2.** a. jur. Absicht f. **3.** → animosity.

**an·i·on** ['ænaıən] s chem. phys. 'Ani,on n, negatives I'on. ␣**an·i'on·ic** [-ʹɒnık; Am. -ʹɑn-] adj Anion...

**an·i·sate** ['ænıseıt] s chem. a'nissaures Salz.

**an·ise** ['ænıs] s **1.** bot. A'nis m. **2.** A'nis (-samen) m.

**an·i·seed** ['ænısi:d] s A'nissamen m.

**an·i·sette** [ænı'zet; -ʹset] s Ani'sett m (Anislikör).

**an·i·so·mer·ic** [æ,naısəʊ'merık; -sə'm-] adj chem. nicht iso'mer. ␣**an·i'som·er·ous** [-'sɒmərəs; Am. -ʹsɑ-] adj bot. ungleichzählig.

**an·i·so·trop·ic** [æ,naısəʊ'trɒpık; Am. -sə'trɑ-] adj biol. phys. aniso'trop. ␣**an·i'sot·ro·py** [-ʹsɒtrəpı; Am. -ʹsɑ-] s biol. phys. Anisotro'pie f.

**an·ker·ite** ['æŋkəraıt] s min. Anke'rit m, Braunspat m.

**ankh** [æŋk] s Henkelkreuz n (altägyptisches Lebenssymbol).

**an·kle** ['æŋkl] **I** s anat. **1.** (Fuß)Knöchel m. **2.** a) Knöchelgegend f (des Beins), b) Fessel f. **II** v/i Am. sl. ,latschen', mar'schieren. '␣␣bone s anat. Sprungbein n. ␣ **boot** s **1.** Halbstiefel m. **2.** Knöchelbinde f (für Pferde). ␣␣'deep adj knöcheltief, bis zu den Knöcheln. ␣ **jerk** s med. 'Knöchelre,flex m. ␣ **joint** s anat. Fuß-, Knöchel-, Sprunggelenk n. '␣␣length adj knöchellang (Kleid etc). ␣ **sock** s Br. Söckchen n. ␣ **strap** s Fesselriemen m, Schuhspange f.

**an·klet** ['æŋklıt] s **1.** Fußring m, -spange f (als Schmuck). **2.** a) → ankle strap, b) Am. San'dale f (mit Fesselriemen). **3.** Am. Söckchen n. **4.** Fußfessel f, Fußeisen n.

**an·ky·lose** ['æŋkıləʊs; -z] med. **I** v/t **1.** Knochen fest vereinigen. **2.** Gelenk steif machen. **II** v/i **3.** fest verwachsen (Knochen). **4.** steif werden (Gelenk). ␣**an·ky-**

**'lo·sis** [-sɪs] *s* **1.** *med.* Anky'lose *f*, Gelenkversteifung *f*. **2.** *physiol.* Knochenverwachsung *f*.

**an·ky·los·to·mi·a·sis** [ˌæŋkɪlɒstəˈmaɪəsɪs; *Am.* -ləʊstəʊˈm-] *s med.* Ankylostomi'ase *f*, Ankylosto'miasis *f*, Hakenwurmkrankheit *f*.

**an·na** [ˈænə] *s hist.* An'na *m* (*indische Münze*).

**an·nal·ist** [ˈænəlɪst] *s* Chro'nist *m*.

**an·nals** [ˈænlz] *s pl* **1.** An'nalen *pl*, Jahrbücher *pl*. **2.** hi'storischer Bericht. **3.** (peri'odisch erscheinende) fachwissenschaftliche Berichte *pl*. **4.** (*a.* als *sg* konstruiert) (Jahres)Bericht *m*.

**an·neal** [əˈniːl] *v/t* **1.** *metall.* ausglühen, anlassen, vergüten, tempern: ~ing furnace Glühofen *m*. **2.** *Kunststoffe* tempern. **3.** *Glas* kühlen. **4.** *Keramik*: einbrennen: ~ing varnish Einbrennlack *m*. **5.** *fig.* härten, stählen.

**an·ne·lid** [ˈænəlɪd] *s zo.* Ringelwurm *m*.

**an·nex I** *v/t* [əˈneks; *Am. a.* ˈænˌeks] **1.** (to) beifügen (*dat*), anfügen, anhängen (an *acc*): as ~ed *econ.* laut Anlage. **2.** *fig.* verbinden, -knüpfen (to mit). **3.** *ein Gebiet* annek'tieren, (sich) einverleiben. **4.** *colloq.* (sich) ,organi'sieren', sich aneignen. **II** *s* [ˈæneks] *bes. Am.* **5.** Anhang *m*, Zusatz *m*, Nachtrag *m*. **6.** Anlage *f* (*in e-m Brief*). **7.** Anbau *m*, Nebengebäude *n*.

**an·nex·a·tion** [ˌænekˈseɪʃn] *s* **1.** Hin'zu-, Anfügung *f* (to zu). **2.** Verbindung *f* (to mit). **3.** Annexi'on *f*, Annek'tierung *f*, Einverleibung *f* (to in *acc*). **4.** annek'tiertes Gebiet. **an·nex·a·tion·ism** *s* Annexio'nismus *m*, Annexi'onspoli,tik *f*. **an·nex·a·tion·ist I** *s* Annexio'nist *m*. **II** *adj* annexio'nistisch.

**an·nexe** [ˈæneks] *bes. Br. für* annex II.

**An·nie Oak·ley** [ˌæniːˈəʊkliː] *s Am. sl.* Freikarte *f*.

**an·ni·hi·late** [əˈnaɪəleɪt] **I** *v/t* **1.** vernichten (*a. fig.*). **2.** *mil.* aufreiben. **3.** *Kernphysik*: *Elementar-, Antiteilchen* annihi'lieren, zerstören. **4.** *fig.* zu'nichte machen. **5.** *sport colloq.* ,vernaschen', ,ausein'andernehmen' (*hoch schlagen*). **II** *v/i* **6.** *Kernphysik*: sich annihi-'lieren *od.* zerstören (*Elementar-, Antiteilchen*). **an,ni·hi·la·tion** *s* **1.** Vernichtung *f* (*a. fig.*): ~ photon *phys.* Zerstrahlungsphoton *n*; ~ radiation *phys.* Vernichtungsstrahlung *f*. **2.** *Kernphysik*: Annihi'lierung *f*, Zerstörung *f*. **an'ni·hi·la·tor** [-tə(r)] *s* Vernichter *m*.

**an·ni·ver·sa·ry** [ˌænɪˈvɜːsərɪ; *Am.* -ᴶvɜr-] *s* **1.** Jahrestag *m*, -feier *f*, *a.* (*zehnjährige*) Wiederkehr (*of e-s Gedenktages*): the 50th ~ of his death sein fünfzigster Todestag. **2.** Jubi'läum *n*.

**an·no Dom·i·ni** [ˌænəʊˈdɒmɪnaɪ; -niː; *Am.* -ˈdɑm-] (*Lat.*) *adv* Anno Domini, im Jahre des Herrn.

**an·no·tate** [ˈænəʊteɪt; -nət-] **I** *v/t e-e Schrift* a) mit Anmerkungen versehen, b) kommen'tieren. **II** *v/i* (on) a) Anmerkungen machen (zu), b) e-n Kommen'tar schreiben (über *acc*, zu). **an·no'ta·tion** *s* **1.** Kommen'tieren *n*. **2.** a) Anmerkung *f*, Erläuterung *f*, b) Kommen'tar *m*. **'an·no·ta·tor** [-tə(r)] *s* Kommen'tator *m*.

**an·nounce** [əˈnaʊns] **I** *v/t* **1.** ankünd(ig)en. **2.** bekanntgeben, verkünden. **3.** a) *Rundfunk, TV*: ansagen, b) (*über Lautsprecher*) 'durchsagen. **4.** *Besucher etc* melden. **5.** *Geburt etc* anzeigen. **II** *v/i* **6.** *Am.* s-e Kandida'tur bekanntgeben (for für das Amt *gen*): to ~ for governor. **7.** ~ for *Am.* sich aussprechen für. **an'nounce·ment** *s* **1.** Ankündigung *f*. **2.** Bekanntgabe *f*. **3.** a) *Rundfunk, TV*: Ansage *f*, b) (ˈLautsprecher),Durchsage *f*. **4.** (Geburts- *etc*)Anzeige *f*: ~ of sale

*econ.* Verkaufsanzeige; ~ procedure *jur.* Aufgebotsverfahren *n*. **an'nounc·er** *s Rundfunk, TV*: Ansager(in), Sprecher(in).

**an·noy** [əˈnɔɪ] *v/t* **1.** ärgern: to be ~ed sich ärgern (at s.th. über etwas; with s.o. über j-n). **2.** behelligen, belästigen, *a. mil.* stören. **an'noy·ance** *s* **1.** Ärgernis *n*. **2.** Störung *f*, Belästigung *f*. **3.** Ärger *m*, Verdruß *m*. **4.** Plage(geist *m*) *f*. **an'noy·ing** *adj* (*adv* ~ly) **1.** ärgerlich. **2.** lästig, störend, unangenehm.

**an·nu·al** [ˈænjʊəl; *Am.* -jəwəl] **I** *adj* (*adv* ~ly) **1.** jährlich, Jahres...: ~ accounts *econ.* Jahresabschluß *m*; ~ balance sheet *econ.* Jahres-, Schlußbilanz *f*; ~ (general) meeting *econ.* Hauptversammlung *f*; ~ income Jahreseinkommen *n*; ~ report *econ.* Geschäfts-, Jahresbericht *m*; ~ ring *bot.* Jahresring *m*. **2.** *a. bot.* einjährig. **II** *s* **3.** jährlich erscheinende Veröffentlichung, Jahrbuch *n*. **4.** *bot.* einjährige Pflanze.

**an·nu·i·tant** [əˈnjuːɪtənt; *Am. a.* əˈnuː-] *s* Rentenempfänger(in).

**an·nu·i·ty** [əˈnjuːɪtɪ; *Am. a.* əˈnuː-] *s* **1.** (Jahres-, Leib)Rente *f*: to hold (*od.* receive) an ~ e-e Rente beziehen; ~ insurance Rentenversicherung *f*. **2.** Jahresgeld *n*, -gehalt *n*. **3.** Jahresrate *f*, -zahlung *f*. **4.** jährlich zu zahlende Zinsen *pl*. **5.** *a.* ~ bond Rentenbrief *m*, *pl* ˈRentenpa,piere *pl*.

**an·nul** [əˈnʌl] *v/t* **1.** *Erinnerung etc* löschen. **2.** annul'lieren, *Gesetze, e-e Ehe etc* aufheben, für ungültig *od.* nichtig erklären, *Vorschriften etc* abschaffen. **3.** neutrali'sieren, ausgleichen.

**an·nu·lar** [ˈænjʊlə(r)] *adj* (*adv* ~ly) ringförmig, geringelt, Ring...: ~ auger *tech.* Ring-, Kreisbohrer *m*; ~ eclipse *astr.* ringförmige Sonnenfinsternis; ~ finger Ringfinger *m*; ~ gear *tech.* Zahnrad *n od.* Getriebe *n* mit Innenverzahnung; ~ saw *tech.* Band-, Ringsäge *f*.

**an·nu·late** [ˈænjʊleɪt; -lɪt], **'an·nu·lat·ed** [-leɪtɪd] *adj* **1.** geringelt, aus Ringen bestehend. **2.** *a. bot.* ringförmig, Ring...: ~ column *arch.* Ringsäule *f*.

**an·nu·let** [ˈænjʊlet; -lɪt; -lət] *s* **1.** kleiner Ring. **2.** *arch.* a) schmale, ringförmige Verzierung, b) *bes. of* Anuli *pl*, Riemchen *pl* (*am dorischen Kapitel*).

**an·nu·li** [ˈænjʊlaɪ] *pl von* annulus.

**an·nul·ment** [əˈnʌlmənt] *s* Annul'lierung *f*, Ungültigkeitserklärung *f*, Aufhebung *f*: ~ of marriage Nichtigkeitserklärung *f* der Ehe; action for ~ Nichtigkeitsklage *f*.

**an·nu·lus** [ˈænjʊləs] *pl* -li [-laɪ] *od.* -lus·es *s* **1.** *a. biol. bot. physiol.* Ring *m*. **2.** *math.* Kreisring *m*. **3.** *astr.* Lichtkreis *m* um den Mondrand (*bei Sonnenfinsternis*). **4.** → annulet 2.

**an·nun·ci·ate** [əˈnʌnsɪeɪt; *bes. Am.* -sɪeɪt] *v/t* an-, verkünd(ig)en. **an,nun·ci'a·tion** [-sɪˈeɪʃn] *s* **1.** An-, Verkündigung *f*. **2.** A~, *a.* A~ Day Ma'riä Verkündigung *f* (*25. März*). **an'nun·ci·a·tive** [-ʃətɪv; -sɪətɪv; *bes. Am.* -sɪeɪtɪv] *adj* an-, verkünd(ig)end. **an'nun·ci·a·tor** [-sɪeɪtə(r)] *s* **1.** Verkünd(ig)er *m*. **2.** a) *electr.* Si'gnalanlage *f*, -tafel *f*, b) *teleph.* Fallklappenanlage *f*.

**an·od·al** [æˈnəʊdl] → anodic.

**an·ode** [ˈænəʊd] *electr.* **I** *s* An'ode *f*, positiver Pol. **II** *adj* Anoden...: ~ battery (circuit, current, rays, *etc*); ~ detection Anodengleichrichtung *f*; ~ follower Kathodenverstärker *m*; ~ power zugeführte Anodenleistung.

**an·od·ic** [æˈnɒdɪk; *Am.* æˈnɑ-] *adj* **1.** aufsteigend. **2.** *electr., a. bot.* an'odisch: ~ oxidation (treatment) *tech.* Eloxalverfahren *n*.

**an·od·ize** [ˈænəʊdaɪz; -nəd-] *v/t tech.* elo'xieren: anodizing process Eloxalverfahren *n*.

**an·o·dyne** [ˈænəʊdaɪn; -nəd-] *med.* **I** *adj* **1.** schmerzstillend. **2.** *fig.* lindernd, beruhigend. **3.** *fig.* a) verwässert, b) kraftlos: ~ translation. **II** *s* **4.** schmerzstillendes Mittel. **5.** *fig.* Beruhigungsmittel *n*.

**a·noint** [əˈnɔɪnt] *v/t* **1.** einölen: ~ing of the sick *R.C.* Krankenölung *f*. **2.** einreiben, -schmieren. **3.** *bes. relig.* salben: the Lord's Anointed der Gesalbte des Herrn. **4.** *humor.* versohlen. **a'noint·ment** *s* Salbung *f*.

**an·o·lyte** [ˈænəʊlaɪt; -nəl-] *s electr.* Ano'lyt *m*, An'odenflüssigkeit *f*.

**a·nom·a·lis·tic** [əˌnɒməˈlɪstɪk; *Am.* əˌnɑ-], *a.* **a,nom·a'lis·ti·cal** [-kl] *adj* **1.** *astr. ling. philos.* anoma'listisch: ~ moon; ~ year. **2.** → anomalous 1.

**a·nom·a·lous** [əˈnɒmələs; *Am.* əˈnɑ-] *adj* (*adv* ~ly) **1.** ano'mal, ab'norm, regel-, normwidrig. **2.** ungewöhnlich.

**a·nom·a·ly** [əˈnɒməlɪ; *Am.* əˈnɑ-] *s* **1.** Anoma'lie *f* (*a. astr. ling.*), Abweichung *f* (von der Norm), Unregelmäßigkeit *f*, Ungewöhnlichkeit *f*. **2.** *biol.* ˈMißbildung *f*.

**a·nom·ic** [əˈnɒmɪk; æ-; *Am.* -ˈnɑ-; -ˈnəʊ-] *adj sociol.* a'nomisch, gesetzlos. **an·o·mie**, *a.* **an·o·my** [ˈænəʊmɪ; ˈænəmɪ] *s* Ano'mie *f*: a) Gesetzlosigkeit *f*, b) *sociol.* Zustand *m* mangelnder sozi'aler Ordnung.

**a·non** [əˈnɒn; *Am.* əˈnɑn] *adv obs. od. poet.* **1.** a) bald, b) so'gleich. **2.** ein anderes Mal: → ever 1.

**an·o·nym** [ˈænənɪm] *s* **1.** An'onymus *m*. **2.** Pseudo'nym *n*. **,an·o'nym·i·ty** *s* Anonymi'tät *f*: to hide behind ~ sich in der Anonymität verstecken. **a·non·y·mous** [əˈnɒnɪməs; *Am.* əˈnɑ-] *adj* (*adv* ~ly) anon'ym, namenlos, ungenannt, unbekannten Ursprungs.

**a·noph·e·les** [əˈnɒfɪliːz; *Am.* əˈnɑ-] *pl* -les *s zo.* Fiebermücke *f*.

**an·oph·thal·mi·a** [ˌænɒfˈθælmɪə] *s med.* Anophthal'mie *f* (*Fehlen des Augapfels*).

**an·op·tic** [æˈnɒptɪk; *Am.* æˈnɑp-] *adj* an-'optisch.

**a·no·rak** [ˈænəræk] *s* Anorak *m*.

**an·o·rex·i·a** [ˌænəˈreksɪə] *s med.* Anore'xie *f*, Appe'titlosigkeit *f*. ~ ner·vo·sa [nɜːˈvəʊsə] *s med. psych.* nerˈvöse Anore'xie, Magersucht *f*.

**an·or·thic** [æˈnɔː(r)θɪk] *adj math.* **1.** ohne rechte Winkel. **2.** tri'klinisch.

**an·or·thite** [æˈnɔː(r)θaɪt] *s min.* Anor-'thit *m*.

**an·or·tho·site** [æˈnɔː(r)θəsaɪt] *s geol.* Anortho'sit *m*.

**an·os·mi·a** [æˈnɒzmɪə; -ˈɒs-; *Am.* æˈnɑz-; -as-] *s med.* Anos'mie *f*, Verlust *m* des Geruchssinns.

**an·oth·er** [əˈnʌðə(r)] *adj u. pron* **1.** ein anderer, e-e andere, ein anderes (than als), ein verschiedener, e-e verschiedene, ein verschiedenes: ~ thing etwas anderes; that is quite ~ thing das steht auf e-m ganz anderen Blatt; he is ~ man now er ist jetzt ein (ganz) anderer Mensch; in ~ place a) anderswo, b) *parl. Br.* im anderen Hause dieses Parlaments (*im Oberhaus bzw. im Unterhaus*); one after ~ einer nach dem andern; → one 9. **2.** noch ein(er, e, es), ein zweiter, e-e zweite, ein zweites (a, e, es), ein weiterer, e-e weitere, ein weiteres: ~ day or two noch einige Tage; ~ five weeks noch *od.* weitere fünf Wochen; not ~ word! kein Wort mehr!; ~ Shakespeare ein zweiter Shakespeare; tell us ~! *colloq.* das kannst du d-r Großmutter erzählen!; A.N. Other *sport Br.* ein (ungenannter) (Ersatz)Spieler.

**an·ox·(a)e·mi·a** [ˌænɒkˈsiːmɪə; *Am.* -ˌɑk-] *s med.* Anoxämie *f*, Sauerstoffmangel *m* im Blut.
**an·ox·i·a** [ænˈɒksɪə; *Am.* æˈnɑk-] *s med.* Anoˈxie *f*, Sauerstoffmangel *m* (im Gewebe).
**an·sate** [ˈænseɪt] *adj* **1.** mit Henkel(n). **2.** henkelförmig. **~ cross** → ankh.
**an·schluss**, *oft* **An·schluss** [ˈænʃlʊs; ˈɑːn-] *s* **1.** *pol.* Anschluß *m* (with an *acc*). **2.** Vereinigung *f* (with mit).
**an·ser·ine** [ˈænsəraɪn; -rɪn] *adj* **1.** gänseartig, Gänse... **2.** *fig.* albern, dumm.
**an·swer** [ˈɑːnsə; *Am.* ˈænsər] **I** *s* **1.** Antwort *f*, Erwiderung *f*, Entgegnung *f* (to auf *acc*): **in ~ to** a) in Beantwortung (*gen*), b) auf (*acc*) hin, c) als Antwort *od.* Reaktion auf (*acc*); **he knows all the ~s** *colloq.* a) er weiß Bescheid, er kennt sich aus, b) *contp.* er weiß immer alles besser. **2.** *fig.* Antwort *f*: a) Reakti'on *f*: **his ~ was a new attack**, b) Gegenmaßnahme *f*. **3.** *jur.* a) Klagebeantwortung *f*, Gegenschrift *f*, b) *weitS.* Verteidigung *f*, Rechtfertigung *f*. **4.** *bes. math.* (Auf)Lösung *f*. **5.** *fig.* (to) a) Lösung *f* (e-s *Problems*), b) Abhilfe *f*, (*das*) Richtige (für). **6.** *mus.* Beantwortung *f* (*in der Fuge*).
**II** *v/i* **7.** antworten, e-e Antwort geben (**to** auf *acc*): **to ~ back** a) freche Antworten geben, b) widersprechen, c) sich (*mit Worten etc*) verteidigen *od.* wehren. **8. ~ to** *fig.* → 17 u. 18; **~ing equipment** *teleph.* Abfrageeinrichtung *f*; **~ing signal** Antwortzeichen *n*. **9.** (**to s.o.**) sich (j-m gegenˈüber) verantworten, (j-m) Rechenschaft ablegen, (j-m) Rede (u. Antwort) stehen (**for** für). **10.** verantwortlich sein, die Verantwortung tragen, haften, (sich ver)bürgen (**for** für). **11.** die Folgen tragen, büßen (**for** für): **he has much to ~ for** er hat allerhand auf dem Kerbholz. **12.** (**for**) (*e-m Zweck*) dienen, entsprechen (*dat*), sich eignen, taugen (für), s-n Zweck erfüllen. **13.** glücken, gelingen (*Plan*). **14. ~ to** hören auf (*e-n Namen*).
**III** *v/t* **15.** j-m antworten, erwidern, entgegnen: **to ~ s.o. back** a) j-m freche Antworten geben, b) j-m widersprechen, c) sich gegen j-n (*mit Worten etc*) verteidigen *od.* wehren. **16.** antworten auf (*acc*), (*a. mus. ein Thema*) beantworten: **to ~ s.o. a question** j-m e-e Frage beantworten. **17.** *fig.* reaˈgieren auf (*acc*): a) eingehen auf (*acc*): **to ~ the bell** (*od.* **door**) (*auf das Läuten od. Klopfen*) die Tür öffnen, aufmachen; **to ~ the telephone** ans Telefon gehen, e-n Anruf entgegennehmen; **I'll ~ it!** ich geh' schon ran!, b) *tech.* dem *Steuer etc* gehorchen, c) *e-m Befehl, e-m Ruf etc* Folge leisten, folgen, gehorchen, entsprechen, *e-n Wunsch etc* erfüllen, *a. e-m Bedürfnis* entsprechen, abhelfen, *ein Gebet* erhören, e) sich auf *e-e Anzeige* hin melden *od.* bewerben. **18.** *e-r Beschreibung* entsprechen, überˈeinstimmen mit: **he ~s the description** die Beschreibung paßt auf ihn. **19.** sich gegen *e-e Anklage* verteidigen. **20.** sich *j-m gegenˈüber* verantworten, *j-m* Rechenschaft ablegen, *j-m* Rede (u. Antwort) stehen (**for** für). **21.** *j-m* genügen, *j-n* zuˈfriedenstellen. **22.** *e-m Zweck* dienen, entsprechen. **23.** *e-e Aufgabe* lösen. **24.** *e-n Auftrag* ausführen.
**an·swer·a·ble** [ˈɑːnsərəbl; *Am.* ˈæn-] *adj* **1.** verantwortlich, haftbar (**for** für): **to be ~ to s.o. for s.th.** j-m für etwas haften *od.* bürgen, sich j-m gegenüber für etwas verantworten müssen. **2.** *obs.* entsprechend, angemessen, gemäß (**to** *dat*). **3.** zu beantworten(d). **ˈan·swer·less** *adj* **1.** ohne Antwort, unbeantwortet. **2.** unbeantwortbar.
**ant** [ænt] *s zo.* Ameise *f*: **he has ~s in his**

pants *colloq.* ˌer hat Hummeln im Hinternˈ.
**an·ta¹** [ˈæntə] *pl* **-tae** [-tiː] *s arch.* Ante *f*, Piˈlaster *m*, Eckpfeiler *m*.
**an·ta²** [ˈæntə; ˈɑːntə] *s zo.* Anta *n*, Gemeiner Amer. Tapir.
**ant·ac·id** [ˌæntˈæsɪd] **I** *s pharm.* Antiˈacidum *n*, gegen Magensäure wirkendes Mittel. **II** *adj* Säuren neutraliˈsierend.
**an·tae** [ˈæntiː] *pl von* anta¹.
**an·tag·o·nism** [ænˈtægənɪzəm] *s* Antagoˈnismus *m*: a) ˈWiderstreit *m*, Feindschaft *f* (**between** zwischen *dat*), b) ˈWiderstand *m*, Widerˈstreben *n* (**against**, **to** gegen), c) *physiol.* Wechsel-, Gegenwirkung *f*. **an·tag·o·nist** *s* **1.** Antagoˈnist(in), Gegner(in), ˈWidersacher(in), Feind(in). **2.** *physiol.* Antagoˈnist *m*, Gegenwirker *m*: **~ (muscle)** Gegenmuskel *m*. **3.** *biol. chem.* antagoˈnistisch wirkender Stoff. **an·tag·o·nis·tic** *adj*; **an·tag·o·nis·ti·cal** *adj* (*adv* **~ly**) antagoˈnistisch, gegnerisch, feindlich (**to** gegen), widerˈstreitend, entgegenwirkend (**to** *dat*). **an·tag·o·nize** *v/t* **1.** entgegenwirken (*dat*), bekämpfen. **2.** sich *j-n* zum Feind machen, *j-n* gegen sich aufbringen.
**ant·arc·tic** [ænˈtɑː(r)ktɪk] **I** *adj* antˈarktisch, Südpol...: **A~ Circle** südlicher Polarkreis; **A~ Ocean** Südliches Eismeer; **A~ pole** Südpol *m*; **A~ Zone** → II. **II** *s* **A~** Antˈarktis *f*. **Antˈarc·ti·ca** [-kə] *s* Antˈarktik *f*.
**ant| bear** *s zo.* Ameisenbär *m.* **~ bird, ~ catch·er** *s orn.* Ameisenvogel *m.*
**an·te** [ˈænti] (*Lat.*) **I** *adv* **1.** (*räumlich*) vorn, vorˈan. **2.** (*zeitlich*) vorher, zuˈvor. **II** *prep* **3.** (*räumlich u. zeitlich*) vor. **III** *s* **4.** *Poker:* Einsatz *m*: **to raise the ~** a) den Einsatz erhöhen, b) *colloq.* das (nötige) Geld beschaffen. **5.** *bes. Am. colloq.* Anteil *m*, (finanziˈelle) Beteiligung. **IV** *v/t u. v/i* **6.** *meist* **~ up** (*Poker*) (ein)setzen. **7.** *meist* **~ up** *bes. Am. colloq.* a) (be)zahlen, ˌblechenˈ, ˌrausrückenˈ (mit s-m Geld), b) (dazu) beisteuern.
**ante-** [ænti] *Wortelement mit der Bedeutung* vor, vorher, vorangehend.
**ˈant·eat·er** *s zo.* **1.** → ant bear. **2.** → ant bird.
**an·te·bel·lum** [ˌæntiˈbeləm] (*Lat.*) *adj* vor dem Kriege, Vorkriegs..., *bes.* vor dem Amer. Bürgerkrieg.
**an·te·ced·ence** [ˌæntiˈsiːdəns] *s* **1.** Vortritt *m*, Vorrang *m.* **2.** *astr.* Rückläufigkeit *f.* **ˌan·te·ced·ent** **I** *adj* **1.** (**to**) vorˈher-, vorˈangehend (*dat*), früher (als): **~ phrase** *mus.* Vordersatz *m.* **II** *s* **2.** *pl* Vorgeschichte *f*, vorˈhergegangene Ereignisse *pl*, frühere ˈUmstände *pl*: **his ~s** a) sein Vorleben, b) s-e Abstammung. **3.** *ling.* Bezugswort *n.* **4.** *philos.* Anteˈzedens *n*, Präˈmisse *f.* **5.** *math.* Vorderglied *n* (e-s Verhältnisses). **6.** *mus.* a) Vordersatz *m*, b) (Kanon- *od.* Fugen-) Thema *n.* **7.** *fig.* Vorläufer *m.*
**ˈan·te|cham·ber** *s* **1.** → anteroom. **2.** *mot.* Vorkammer *f.*
**ˈan·te|chap·el** *s* Vorhalle *f* e-r Kaˈpelle.
**ˌan·te|com·mun·ion** *s* anglikanische Kirche: ˈVorkommuniˌon *f.*
**an·te·date** **I** *s* [ˈ-deɪt] (Zu)Rückdaˌtierung *f.* **II** *v/t* [ˌ-ˈdeɪt] **2.** (zu)rückdaˌtieren, ein früheres Datum setzen auf (*acc*). **3.** beschleunigen. **4.** vorˈwegnehmen. **5.** (*zeitlich*) vorˈausgehen (*dat*).
**ˌan·te·di·lu·vi·an** **I** *adj* **1.** antedilu'viˈanisch, vorsintflutlich (*a. fig.*). **II** *s* **2.** vorsintflutliches Wesen. **3.** *fig.* ˌFosˈsilˈ *n*: a) verknöcherte *od.* rückständige Perˈson, b) (*etwas*) Vorsintflutliches.
**an·te·lope** [ˈæntɪləʊp] *pl* **-lopes**, *bes. collect.* **-lope** **1.** *zo.* Antiˈlope *f.* **2.** Antiˈlopenleder *n.*

**ˌan·te·meˈrid·i·an** *adj* Vormittags...
**an·te meˈrid·i·em** [ˌæntɪməˈrɪdɪəm; -em] (*Lat.*) *adv* vormittags (*abbr.* **a.m.**): **3 a.m.** 3 Uhr morgens.
**ˌan·te·na·tal** *med.* **I** *adj* präˈnaˌtal, vor der Geburt, vorgeburtlich: **~ clinic** Schwangerenberatungsstelle *f*; **~ examination** Mutterschaftsvorsorgeuntersuchung *f*; **~ exercises** Schwangerschaftsgymnastik *f.* **II** *s colloq.* ˈMutterschaftsˌvorsorgeunterˌsuchung *f.*
**an·ten·na** [ænˈtenə] *s* **1.** *pl* **-nae** [-iː] *zo.* Fühler *m*, Fühlhorn *n.* **2.** *pl* **-nas** *bes. Am.* Anˈtenne *f* (*siehe* aerial *u.* Komposita). **3.** *fig.* ˌAnˈtenneˈ *f*, Gespür *n* (**for** für).
**an·ten·nif·er·ous** [ˌæntɛˈnɪfərəs] *adj zo.* Fühler besitzend. **an·ten·ni·form** [ænˈtenɪfɔː(r)m] *adj zo.* fühlhornartig. **an·ten·nule** [-juːl] *s zo.* Anˈtennula *f*, Vorderfühler *m.*
**ˌan·teˈnup·tial** *adj* vorhochzeitlich, *a. jur.* vorehelich: **~ contract** Ehevertrag *m.*
**an·te·pen·di·um** [ˌæntiˈpendjəm; -dɪəm] *s relig.* Anteˈpendium *n* (Verkleidung des Altarunterbaus).
**an·te·pe·nult** [ˌæntɪˈpiːnʌlt; *Am.* -ˈpiːˌnʌlt] *s ling. metr.* drittletzte Silbe.
**ˌan·te·peˈnul·ti·mate** [-pɪˈnʌltɪmət] **I** *s* **1.** *ling. metr.* drittletzte Silbe. **2.** *Whistspiel:* drittniedrigste Karte e-r Farbe. **II** *adj* **3.** drittletzt(er, e, es).
**ˌan·te·poˈsi·tion** *s ling.* Vorˈanstellung *f.*
**an·te·ri·or** [ænˈtɪərɪə(r)] *adj* **1.** vorder, Vor..., Vorder... **2.** vorˈhergehend, (*zeitlich*) früher (**to** als): **~ to** vor (*dat*).
**antero-** [æntərəʊ; -rə] *Wortelement mit der Bedeutung* vorn, von vorn: **antero-external** mit der Vorderseite nach außen. ↖ ↗ (Wartezimmer *n*.)
**ˈan·te·room** *s* **1.** Vorraum *m.* **2.** Vor-ˌ
**ant·he·li·on** [ænˈθiːljən; -ɪən; æntˈh-] *pl* **-li·a** [-ə] *od.* **-li·ons** *s astr.* Antˈhelion *n*, Gegensonne *f.*
**an·thel·min·tic** [ˌænθelˈmɪntɪk; ˌænthelˈm-] *pharm.* **I** *adj* wurmabtreibend, wurmtötend. **II** *s* Wurmmittel *n.*
**an·them** [ˈænθəm] *s mus.* **1.** *relig.* a) (Chor)Hymne *f*, Choˈral *m*, b) Moˈtette *f*, c) *obs.* Wechselgesang *m.* **2.** *allg.* Hymne *f.*
**an·ther** [ˈænθə(r)] *s bot.* Staubbeutel *m.*
**an·the·sis** [ænˈθiːsɪs] *s bot.* Blüte(zeit) *f.*
**ˈant·hill** *s zo.* **1.** Ameisenhaufen *m.* **2.** Terˈmitenhügel *m.*
**an·tho·carp** [ˈænθəʊkɑː(r)p] *s bot.* Frucht *f* mit bleibender Blütenhülle.
**an·thoid** [ˈænθɔɪd] *adj* blumen- *od.* blütenartig.
**an·thol·o·gist** [ænˈθɒlədʒɪst; *Am.* -ˈθɑ-] *s* Herˈausgeber(in) e-r Antholoˈgie. **an·thol·o·gize** **I** *v/i* Antholoˈgien zs.-stellen. **II** *v/t* in e-r Antholoˈgie zs.-fassen *od.* bringen. **anˈthol·o·gy** *s* Antholoˈgie *f*, (*bes.* Gedicht)Sammlung *f.*
**an·thoph·i·lous** [ænˈθɒfɪləs; *Am.* -ˈθɑ-] *adj zo.* blütenliebend.
**an·tho·zo·an** [ˌænθəˈzəʊən] *s zo.* Blumen-, Koˈrallentier *n.*
**an·thra·cic** [ænˈθræsɪk] *adj med.* den Anthrax *od.* Milzbrand betreffend.
**an·thra·cite** [ˈænθrəsaɪt] *s min.* Anthraˈzit *m*, Glanzkohle *f.*
**an·thra·co·sis** [ˌænθrəˈkəʊsɪs] *s med.* Anthraˈkose *f*, Staublunge *f.*
**an·thrax** [ˈænθræks] *s med.* Anthrax *m*, Milzbrand *m.*
**anthropo-** [ænθrəpəʊ; ænθrəpə] *Wortelement mit der Bedeutung* den Menschen betreffend.
**ˌan·thro·poˈgen·e·sis** *s* Anthropoˈgeˈnie *f*, (Studium *od.* Entˈwicklungsgeschichte *f* des Menschen.
**ˌan·thro·po·geˈog·ra·phy** *s* Anthropogeograˈphie *f.*

**an·thro·pog·ra·phy** [ˌænθrəˈpɒgrəfɪ; *Am.* -ˈpɑ-] *s* Anthropogra'phie *f*, Unter-'suchung *f* u. Beschreibung *f* des Menschen.

**an·thro·poid** [ˈænθrəʊpɔɪd; -θrəp-] *zo.* **I** *adj* anthropo'id, menschenähnlich: ~ **ape** → II. **II** *s* Anthropo'id *m*, Menschenaffe *m*.

**an·thro·po·lith** [ænˈθrəʊpəlɪθ; *Am.* a. -ˈθrɑ-], **an·thro·po·lite** [-laɪt] *s* Anthropo'lith *m* (*fossiler Menschenrest*).

**an·thro·po·log·i·cal** [ˌænθrəpəˈlɒdʒɪkl; *Am.* -ˈlɑ-] *adj* (*adv* ~ly), **an·thro·po·log·ic** *adj* anthropo'logisch.

**an·thro·pol·o·gist** [-ˈpɒlədʒɪst; *Am.* -ˈpɑ-] *s* Anthropo'loge *m*. **an·thro·pol·o·gy** *s* Anthropolo'gie *f*, Lehre *f* vom Menschen.

**an·thro·pom·e·try** [ˌænθrəˈpɒmɪtrɪ; *Am.* -ˈpɑ-] *s* Anthropome'trie *f*, Messung *f* des menschlichen Körpers.

**an·thro·po·mor·phism** [ˌænθrəpəʊˈmɔː(r)fɪzəm] *s* Anthropomor'phismus *m*, Vermenschlichung *f*. **an·thro·po·mor·phize** *v/t* anthropomorphi'sieren, *e-m* Gott, Tier *od.* leblosen Ding menschliche Gestalt zuschreiben. **an·thro·po·mor·pho·sis** [-ˈmɔː(r)fəsɪs] *s* Anthropomor'phose *f*, 'Umwandlung *f* in menschliche Gestalt. **an·thro·po·mor·phous** *adj* anthropo'morph(isch), von menschlicher *od.* menschenähnlicher Gestalt.

**an·thro·poph·a·gous** [ˌænθrəʊˈpɒfəgəs; *Am.* ˌænθrəˈpɑ-] *adj* menschenfressend, kanni'balisch. **an·thro·poph·a·gus** [-gəs] *pl* **-gi** [-gaɪ; -dʒaɪ] *s* Anthropo'phage *m*, Menschenfresser *m*, Kanni'bale *m*. **an·thro·poph·a·gy** [-dʒɪ] *s* Anthropopha'gie *f*, Kanniba-'lismus *m*.

**an·thro·po·soph·i·cal** [ˌænθrəpəˈsɒfɪkl; *Am.* -ˈsɑ-] *adj* anthropo'sophisch. **an·thro·pos·o·phist** [-ˈpɒsəfɪst; *Am.* -ˈpɑ-] *s* Anthropo'soph(in). **an·thro·pos·o·phy** *s* **1.** Anthroposo'phie *f* (*Lehre Rudolf Steiners*). **2.** *philos.* Wissen *n* von der Na'tur des Menschen.

**an·thro·pot·o·my** [ˌænθrəʊˈpɒtəmɪ; *Am.* ˌænθrəˈpɑ-] *s* Anato'mie *f* des menschlichen Körpers.

**an·ti** [ˈæntɪ; *Am.* a. -ˌtaɪ] *colloq.* **I** *prep* gegen. **II** *adj*: **to be** ~ a) in Opposition sein, b) dagegen sein; the ~ group die Gruppe der Gegner. **III** *s* Gegner(in) (*e-r Politik etc*).

**anti-**[1] [æntɪ; *Am.* a. -taɪ] *Wortelement mit der Bedeutung* a) gegen ... eingestellt *od.* wirkend, Gegen..., anti..., Anti..., feindlich, b) nicht..., un..., c) vor ... schützend.

**anti-**[2] [æntɪ; *Am.* a. -taɪ] *bes. med.* Wortelement mit der Bedeutung vor, vorn, vorder (*fälschlich für* ante-).

**an·ti·air·craft** *adj mil.* Fliegerabwehr..., Flak...: ~ **artillery** Flakartillerie *f*; ~ **gun** Flakgeschütz *n*.

**an·ti·a·bor·tion·ist** *s* Abtreibungsgegner(in).

**'an·ti·art** *s* Antikunst *f*.

**'an·ti·au·thor·i·tar·i·an** *adj* 'antiautori,tär.

**an·ti·bac·ter·i·al** *adj* antibakteri'ell.

**an·ti·bal·lis·tic** *adj*: ~ **missile** *mil.* antiballistische Rakete, Antiballistikrakete *f*.

**an·ti·bi·o·sis** [-baɪˈəʊsɪs] *s biol. med.* Antibi'ose *f*. **an·ti·bi·ot·ic** [-ˈɒtɪk; *Am.* -ˈɑtɪk] *med.* **I** *s* Antibi'otikum *n*. **II** *adj* antibi'otisch.

**'an·ti·bod·y** *s biol. chem.* Antikörper *m*, Abwehrstoff *m*.

**an·tic** [ˈæntɪk] **I** *s* **1.** *meist pl* a) ,Gekasper' *n*, b) *fig.* ,Mätzchen' *pl*. **2.** *arch.* gro'teskes Orna'ment. **3.** *obs.* Hans'wurst *m*, Possenreißer *m*. **II** *adj* **4.** *obs.* gro'tesk.

**an·ti·car·di·um** [ˌæntɪˈkɑː(r)djəm; -dɪəm] *s anat.* Magengrube *f*.

**an·ti·car·tel** *adj econ.* kar'tellfeindlich, Antikartell...

**an·ti·cath·ode** *s electr.* Antika-'thode *f*.

**an·ti·chlor** [ˈæntɪklɔː(r); *Am.* a. -ˌkləʊər] *s chem.* Antichlor *n*.

**an·ti·chre·sis** [ˌæntɪˈkriːsɪs] *pl* **-ses** [-siːz] *s jur.* Nutzungspfandrecht *n*.

**'An·ti·christ** *s relig.* Antichrist *m*.

**an·ti·chris·tian** **I** *adj* christenfeindlich. **II** *s* Christenfeind(in).

**an·tic·i·pant** [ænˈtɪsɪpənt] → anticipative.

**an·tic·i·pate** [ænˈtɪsɪpeɪt] **I** *v/t* **1.** vor-'aussehen, (vor'aus)ahnen. **2.** erwarten, erhoffen: ~d **profit** *econ.* voraussichtlicher *od.* erwarteter Gewinn. **3.** im voraus tun *od.* erwähnen. **4.** vor'wegnehmen (*a. Patentrecht*): ~d **interest** *econ.* vorweggenommene Zinsen. **5.** *j-m, e-m* Wunsch etc zu'vorkommen. **6.** *fig.* beschleunigen. **7.** *econ.* a) vor Fälligkeit *od.* vorzeitig bezahlen *od.* einlösen, b) *Gelder etc* im voraus *od.* vorzeitig verbrauchen: ~d **payment** Vorauszahlung *f*. **8.** *fig.* vorbauen (*dat*), verhindern (*acc*). **II** *v/i* **9.** vorgreifen (*in e-r Erzählung*).

**an·tic·i·pa·tion** [ænˌtɪsɪˈpeɪʃn] *s* **1.** Vorgefühl *n*, (Vor)Ahnung *f*. **2.** Ahnungsvermögen *n*, Vor'aussicht *f* (*z.B. des Kraftfahrers*). **3.** a) Vorfreude *f*, b) Erwartung *f*, Hoffnung *f*: **in** ~ **of s.th.** in Erwartung e-r Sache; **with pleasant** ~ voller Vorfreude. **4.** Vor'wegnahme *f* (*a. jur. e-r Erfindung*): **in** ~ im voraus dankend etc. **5.** Zu'vorkommen *n*. **6.** Vorgreifen *n*. **7.** Verfrühtheit *f*. **8.** a. ~ **of payment** *econ.* Zahlung *f* vor Fälligkeit: (**payment by**) ~ Vorauszahlung *f*. **9.** *jur.* Auszahlung *f* od. Entnahme *f* treuhänderisch verwalteten Geldes vor dem erlaubten Ter'min. **10.** *med.* zu früher Eintritt (*z.B. der Menstruation*). **11.** *mus.* Antizipati'on *f*, Vor'wegnahme *f* (*e-s Akkordtons etc*). **an·tic·i·pa·tive** *adj* (*adv* ~ly) **1.** ahnungsvoll, vor'ausahnend. **2.** erwartungsvoll, erwartend. **3.** → anticipatory **1. 4.** zu'vorkommend. **5.** vor-, frühzeitig. **an·tic·i·pa·tor** [-tə(r)] *s* j-d, der vor'ausahnt *od.* -sieht, vor'wegnimmt, zu'vorkommt *od.* vorzeitig handelt. **an·tic·i·pa·to·ry** [-peɪtər; *Am.* -pəˌtəʊriː; -ˌtɔː-] *adj* (*adv* anticipatorily) **1.** vor'wegnehmend, vorgreifend, erwartend: ~ **account** Vorbericht *m*; ~ **breach of contract** *jur.* antizipierter (*vorzeitig angekündigter od. erkennbarer*) Vertragsbruch; ~ **control** *tech.* Vorsteuerung *f*. **2.** *jur.* neuheitsschädlich: ~ **reference** (Patent)Vorwegnahme *f*. **3.** *ling.* (*das logische Subjekt od. Objekt*) vor'wegnehmend, vor'ausdeutend.

**an·ti·cler·i·cal** **I** *adj* antikleri'kal, kirchenfeindlich. **II** *s* Antikleri'kale(r *m*) *f*. **an·ti·cler·i·cal·ism** *s* Antiklerikalismus *m*.

**an·ti·cli·max** *s* **1.** *rhet.* Anti'klimax *f*. **2.** *fig.* enttäuschendes Abfallen, Abstieg *m*: **sense of** ~ (plötzliches) Gefühl der Leere *od.* Enttäuschung.

**an·ti·cli·nal** [ˌæntɪˈklaɪnl] *geol.* **I** *adj* antikli'nal, sattelförmig: ~ **axis** Sattellinie *f*. **II** *s* Sattel-, Neigungslinie *f*. **'an·ti·cline** *s geol.* Antikli'nale *f*, Sattelfalte *f*.

**an·ti·clock·wise** *adj u. adv* entgegen dem *od.* gegen den Uhrzeigersinn: ~ **rotation** Linkslauf *m*, -drehung *f*.

**an·ti·co·ag·u·lant** *med. pharm.* **I** *adj* koagulati'onshemmend. **II** *s* Antiko-'agulans *n*.

**'an·ti,con·sti'tu·tion·al** *adj pol.* verfassungsfeindlich.

**an·ti·cor·ro·sive** *adj tech.* a) korrosi'onsverhütend, rostverhindernd: ~ **agent** Rostschutzmittel *n*, b) rostfest.

**an·ti·cy·cli·cal** *adj econ.* anti'zyklisch: ~ **policy** Konjunkturpolitik *f*; **for reasons** aus konjunkturpolitischen Gründen.

**an·ti·cy·clone** *s meteor.* Antizy'klone *f*, Hochdruckgebiet *n*, Hoch *n*.

**an·ti·daz·zle** *adj* Blendschutz...: ~ **lamp** Blendschutzlampe *f*; ~ **screen** Blendschutzscheibe *f*; ~ **switch** Abblendschalter *m*.

**an·ti·de·pres·sant** *med. pharm.* **I** *adj* antidepres'siv. **II** *s* Antidepres'sivum *n*.

**an·ti·det·o·nant** [-ˈdetənənt] → antiknock.

**an·ti·dim**, **an·ti·dim·ming** *adj tech.* Klarsicht..., Klar...

**an·ti·dis·tor·tion** *s electr.* Entzerrung *f*: ~ **device** Entzerrer *m*.

**an·ti·dot·al** [ˈæntɪdəʊtl] *adj* als Gegengift *od.* (*a. fig.*) als Gegenmittel dienend, Gegengift... **'an·ti·dote** **I** *s* **1.** Gegengift *n*, -mittel *n* (*a. fig.*) (**against, for, to** gegen). **II** *v/t* **2.** ein Gegengift *od.* (*a. fig.*) ein Gegenmittel verabreichen *od.* anwenden gegen *od.* bei. **3.** *ein Gift* neutrali-'sieren.

**an·ti·dump·ing** *adj* **1.** *econ.* Antidumping...: ~ **duty. 2.** ~ **law** *pol.* Gesetz *n* gegen wildes Müllabladen.

**an·ti·en·zyme** *s med.* Antifer'ment *n*.

**an·ti·Eu·ro·pe·an** **I** *adj* **1.** antieuro-'päisch. **2.** gegen die Zugehörigkeit Großbri'tanniens zur Euro'päischen Gemeinschaft gerichtet. **II** *s* **3.** Antieuro-'päer(in). **4.** Gegner(in) der britischen Zugehörigkeit zur Euro'päischen Gemeinschaft.

**an·ti·fad·ing** *electr.* **I** *s* Schwundausgleich *m*. **II** *adj* schwundmindernd: ~ **aerial** (*bes. Am.* antenna).

**an·ti·fas·cist** *pol.* **I** *s* Antifa'schist(in). **II** *adj* antifa'schistisch.

**an·ti·fe·brile** *med. pharm.* **I** *adj* fiebersenkend: ~ **agent** (*od.* **drug**) → II. **II** *s* Antife'brile *n*, Fiebermittel *n*.

**an·ti·fe·brin** [ˌæntɪˈfiːbrɪn] *s med. pharm.* Antife'brin *n* (*ein Fiebermittel*).

**an·ti·fed·er·al** *adj* antiföde'ral, bundesfeindlich. **an·ti·Fed·er·al·ist** *s Am. hist.* Antiföderalist(in).

**an·ti·fer·til·i·ty** *adj biol.* befruchtungsverhütend.

**'an·ti·freeze** *chem. tech.* **I** *s* Gefrier-, Frostschutzmittel *n*. **II** *adj* Gefrier-, Frostschutz...: ~ **agent** (*od.* **compound, fluid**) → I. **'an·ti,freez·ing** → antifreeze II.

**an·ti·fric·tion** *s phys.* Mittel *n* gegen Reibung, Schmiermittel *n*: ~ **bearing** Gleit-, Wälzlager *n*; ~ **metal** *tech.* Lagermetall *n*.

**an·ti·gas** *adj mil.* Gasschutz...

**an·ti·gen** [ˈæntɪdʒən; -dʒen] *s med.* Anti-'gen *n*, Im'munkörper *m*, Abwehrstoff *m*.

**an·ti·glare** → antidazzle.

**an·ti·gov·ern·ment** *adj* re'gierungsfeindlich.

**an·ti·G suit** *s aer.* Anti-'g-Anzug *m*.

**an·ti·ha·lo** *adj phot.* lichthoffrei.

**'an·ti·he·ro** *s* Antiheld *m*.

**an·ti·his·ta·mine** *s med. pharm.* Antihista'minikum *n* (*Mittel gegen allergische Reaktionen*).

**an·ti,hy·per·bol·ic** *adj math.* in'vershyper,bolisch: ~ **function** inverse Hyperbelfunktion.

**an·ti·ic·er** *s tech.* Enteiser *m*, Vereisungsschutzgerät *n*.

**'an·ti,in·ter·fer·ence** *adj electr.* **1.** Störschutz..., Entstörungs...: ~ **condenser. 2.** störungs-, geräuscharm: ~ **aerial** (*bes. Am.* antenna).

**an·ti·jam** *v/t u. v/i electr.* entstören.

**an·ti·knock** *chem. mot.* **I** *adj* Antiklopf..., klopffest: ~ **quality** (*od.* **rating, value**) Klopffestigkeit(sgrad *m*) *f*, Oktanzahl *f*. **II** *s* Anti'klopfmittel *n.*

**an·ti·lock brak·ing sys·tem** *s mot.* Antibloc'kiersy,stem *n.*

**an·ti·log·a·rithm** *s math.* Antiloga'rithmus *m*, Numerus *m.*

**an·til·o·gy** [æn'tɪlədʒɪ] *s* Unlogik *f.*

**an·ti·ma·cas·sar** [,æntɪmə'kæsə(r)] *s* Sessel-, Sofaschoner *m.*

**an·ti·ma'lar·i·al** *med. pharm.* **I** *adj* gegen Ma'laria wirksam: ~ **agent** (*od.* **drug**) → II. **II** *s* Ma'lariamittel *n.*

**an·ti·mask**, **an·ti·masque** *s thea.* lustiges Zwischenspiel.

**an·ti,mat·ter** *s phys.* 'Antima,terie *f.*

**an·ti·mere** ['æntɪ,mɪə(r)] *s zo.* sym'metrisch entgegengesetzte Körperhälfte.

**an·ti·me·tab·o·le** [,æntɪme'tæbəlɪ; -mɪ-] *s rhet.* Antimeta'bole *f* (*Wiederholung von Wörtern in veränderter Folge*).

**an·ti·me'tath·e·sis** *s irr rhet.* Antime'tathesis *f* (*Umstellung e-r Antithese*).

**an·ti·mis·sile** *mil.* **I** *adj* Raketenabwehr...: ~ **missile** → II. **II** *s* Antira'ketenra,kete *f.*

**an·ti·mist** *adj*: ~ **cloth** Antibeschlagtuch *n.*

**an·ti·mo'nar·chi·cal** *adj* antimon'archisch. **an·ti'mon·arch·ist** *s* Gegner(in) der Monar'chie.

**an·ti·mo·nate** ['æntɪməneɪt] *s chem.* anti'monsaures Salz. **an·ti·mo·ni·al** [-'məʊnjəl; -ɪəl] *chem.* **I** *adj* Antimon... **II** *s* anti'monhaltiges Präpa'rat. **an·ti·mo·nic** [-'mɒnɪk; *Am.* -'mɑ-] *adj chem.* Antimon...: ~ **acid** Antimonsäure *f.* **an·ti·mo·nide** [-mənaɪd; *Am. a.* -nəd] *s chem.* Antimo'nid *n.* **an·ti·mo·ni·ous** [-'məʊnjəs; -ɪəs] *adj chem.* anti'monig: ~ **acid.** **an·ti·mo·nite** [-mənaɪt] *s* **1.** *chem.* anti'monigsaures Salz. **2.** *min.* Grauspießglanzerz *n.*

**an·ti·mo·ny** ['æntɪmənɪ; *Am. bes.* -,məʊnɪ:] *s chem. min.* Anti'mon *n*, Spießglanz *m*: **black** ~ Antimonsulfid *n*; **yellow** ~ Antimon-, Neapelgelb *n.* ~ **blende** *s min.* Rotspießglanzerz *n.* ~ **glance** → antimonite 2.

**an·ti·node** *s phys.* Gegenknoten *m*, Schwingungs-, Strombauch *m.*

**an·ti·no·my** [æn'tɪnəmɪ] *s jur. philos.* Antino'mie *f*, 'Widerspruch *m* (*zweier Sätze, jur. a. zwischen zwei Gesetzen*).

**an·ti,nov·el** *s* 'Antiro,man *m.*

**an·ti·ox·i·dant** *s* **1.** *chem.* Anti'oxydans *n.* **2.** *tech.* a) Alterungsschutzmittel *n*, b) Oxydati'onsbremse *f.*

**an·ti·pa'thet·ic** *adj*; **an·ti·pa'thet·i·cal** *adj* (*adv* ~**ly**) (**to** *dat*) **1.** abgeneigt. **2.** zu'wider. **an·ti'path·ic** [-'pæθɪk] *adj* anti'pathisch. **an·tip·a·thy** [æn'tɪpəθɪ] *s* **1.** Anti'pathie *f*, Abneigung *f*, 'Widerwille *m* (**against, to, toward[s]** gegen). **2.** Gegenstand *m* der Abneigung, Greuel *m.*

**an·ti·per·son·nel** *adj mil.* gegen Per'sonen gerichtet: ~ **bomb** Splitterbombe *f*; ~ **mine** Tretmine *f.*

**an·ti·per·spi·rant** [,æntɪ'pɜːspɪrənt; *Am.* -'pɜr-] **I** *adj* schweißhemmend. **II** *s* Antitranspi'rant *n.*

**an·ti·phlo'gis·tic** *med. pharm.* **I** *adj* entzündungshemmend: ~ **agent** (*od.* **drug**) → II. **II** *s* Antiphlo'gistikum *n.*

**an·ti·phon** ['æntɪfən] *s mus. relig.* Anti'phon *f*, Wechselgesang(sstück *n*) *m.* **an·tiph·o·ny** [æn'tɪfənɪ] *s* **1.** Antipho'nie *f*, Wechselgesang *m.* **2.** → antiphon.

**an·tiph·ra·sis** [æn'tɪfrəsɪs] *s rhet.* Anti'phrase *f* (*ironische Verkehrung ins Gegenteil*).

**an·tip·o·dal** [æn'tɪpədl] *adj* **1.** anti'podisch. **2.** genau entgegengesetzt. **an,tip-**

o'de·an [-pə'di:ən] **I** *adj* anti'podisch. **II** *s* Anti'pode *m*, Gegenfüßler *m.* **an·tip·o·des** [-pədi:z] *s pl* **1.** die diame'tral gegen'überliegenden Teile *pl* der Erde. **2.** Anti'poden *pl*, Gegenfüßler *pl.* **3.** (*a. als sg konstruiert*) a) (*das*) (genaue) Gegenteil, b) Gegenseite *f.*

**an·ti·pole** *s* Gegenpol *m* (*a. fig.*).

**an·ti·pol'lu·tion** *adj* 'umweltschützend: ~ **device** Abgasentgiftungsanlage *f*; ~ **standards** Abgasvorschriften. **an·ti·pol'lu·tion·ist** *s* 'Umweltschützer(in).

**an·ti'pov·er·ty I** *adj*: ~ **program** → II. **II** *s Am.* Re'gierungspro,gramm *n* zur Bekämpfung der Armut, Anti-'Poverty-Pro,gramm *n.*

**an·ti,pro·ton** *s phys.* Anti'proton *n.*

**an·ti·py'ret·ic** *med. pharm.* **I** *adj* anti-py'retisch, fiebersenkend: ~ **agent** (*od.* **drug**) → II. **II** *s* Antipy'retikum *n*, Fiebermittel *n.*

**an·ti·quar·i·an** [,æntɪ'kweərɪən] **I** *adj* **1.** anti'quarisch: ~ **books.** **2.** ~ **bookseller** Antiquar *m*; ~ **bookshop** (*bes. Am.* **bookstore**) Antiquariat *n.* **3.** der An'tike: ~ **studies.** **II** *s* **4.** → **antiquary** 1. **5.** *tech.* 'Zeichenpa,pier *n* (78,7 × 134,6 *cm*). **an·ti·quar·i·an·ism** *s* Begeisterung *f* für Altertümer. **an·ti·quar·y** [-kwərɪ; *Am.* -,kweri:] *s* **1.** Altertumskenner(in), -forscher(in). **2.** a) Antiqui'tätensammler(in), b) Antiqui'tätenhändler(in).

**an·ti·quate** ['æntɪkweɪt] *v/t* a) veralten lassen, b) als veraltet abschaffen. **an·ti·quat·ed** *adj* 'umweltschützend: anti'quiert, veraltet, altmodisch, über'holt, über'lebt.

**an·tique** [æn'ti:k] **I** *adj* **1.** an'tik, alt, von ehrwürdigem Alter. **2.** *colloq.* altmodisch. **II** *s* **3.** Antiqui'tät *f*: ~ **dealer** Antiquitätenhändler(in), ~ **shop** (*bes. Am.* **store**) Antiquitätenladen *m.* **4.** *print.* Egypti'enne *f.* **III** *v/t* **5.** in an'tikem Stil 'herstellen, antiki'sieren. **6.** *Buchbinderei*: blindprägen.

**an·tiq·ui·ty** [æn'tɪkwətɪ] *s* **1.** Altertum *n*, Vorzeit *f.* **2.** a) die Alten *pl* (*bes. Griechen u. Römer*), b) (*die*) An'tike. **3.** *pl* Altertümer *pl.* **4.** (ehrwürdiges) Alter.

**an·ti'res·o·nant band** *s electr.* Sperrkreisbereich *m.* ~ **cir·cuit** *s electr.* Sperrkreis *m.*

**an·ti·rheu'mat·ic** *med. pharm.* **I** *adj* antirheu'matisch: ~ **agent** (*od.* **drug**) → II. **II** *s* Antirheu'matikum *n.*

**an·ti'roll** *adj* mar. tech. Stabilisierungs...: ~ **device** Schlingertank *m.*

**an·tir·rhi·num** [,æntɪ'raɪnəm] *s bot.* Löwenmaul *n.*

**an·ti'rust** *adj tech.* gegen Rost schützend, Rostschutz...: ~ **paint.**

**an·ti-'Sem·ite** *s* Antise'mit(in). **an·ti-Se'mit·ic** *adj* antise'mitisch. **an·ti-'Sem·i·tism** *s* Antisemi'tismus *m.*

**an·ti'sep·tic I** *adj* (*adv* ~**ally**) **1.** *med. pharm.* anti'septisch: ~ **agent** (*od.* **substance**) → II. **2.** *colloq.* nüchtern, sachlich. **II** *s* **3.** *med.* Antiseptikum *n*. Anti'septikum *n.* **an·ti'sep·ti·cize** [-'septɪsaɪz] *v/t* anti'septisch behandeln *od.* machen.

**an·ti'se·rum** *s a. irr med.* Anti'serum *n*, Heilserum *n.*

**an·ti'sex**, **an·ti'sex·u·al** *adj* sexfeindlich.

**an·ti'skid** *adj tech.* rutsch-, gleitschleudersicher, Gleitschutz...: ~ **pattern** Gleitschutzprofil *n.*

**an·ti'slip** *adj* rutschfest, -sicher: ~ **floor.**

**an·ti'so·cial** *adj* **1.** 'asozi,al, gesellschaftsfeindlich. **2.** ungesellig.

**an·ti·spas'mod·ic** *med. pharm.* **I** *adj* krampflösend: ~ **agent** (*od.* **drug**) → II. **II** *s* Antispas'modikum *n.*

**an·ti·spast** ['æntɪspæst] *s metr.* Anti-'spast *m* (*Versfuß*).

**an·ti'spas·tic** *adj* **1.** *med. pharm.* krampflösend, anti'spastisch. **2.** *metr.* anti'spastisch (*Vers*).

**an·ti,sub·ma'rine** *adj mil.* U-Boot-Abwehr...

**an·ti'tank** *adj mil.* Panzerabwehr..., Pak...; ~ **battalion** Panzerjägerbataillon *n*; ~ **gun** (*od.* **rifle**) Panzerbüchse *f*; ~ **obstacle** Panzersperre *f.*

**an·ti,the·a·ter**, *bes. Br.* **an·ti,the·a·tre** *s* 'Antithe,ater *m.*

**an·tith·e·sis** [æn'tɪθɪsɪs] *pl* **-ses** [-si:z] *s* Anti'these *f*: a) *philos.* Gegensatz *m*, b) 'Widerspruch *m* (**of, between, to** zu). **an·ti'thet·ic** [-'θetɪk] *adj*; **an·ti'thet·i·cal** *adj* (*adv* ~**ly**) anti'thetisch, gegensätzlich, im 'Widerspruch stehend. **an'tith·e·size** [-saɪz] *v/t* in Gegensätzen ausdrücken, in 'Widerspruch bringen.

**an·ti·torque mo·ment** → antitwisting moment.

**an·ti'tox·in** *s med.* Antito'xin *n*, Gegengift *n.*

**an·ti'trades** *s pl meteor.* 'Gegenpas,sat(winde *pl*) *m.*

**an·ti,trig·o·no'met·ric** *adj math.* in'verstrigono,metrisch, zyklo'metrisch.

**an·ti·trope** ['æntɪtrəʊp] *s zo.* Körperteil, der mit e-m anderen sym'metrisch ist.

**an·ti'trust** *adj econ.* kar'tell- u. mono'polfeindlich: ~ **laws** Antitrustgesetze.

**an·ti'twist·ing mo·ment** *s phys.* 'Gegen,dreho,ment *n.*

**an·ti'type** *s bes. relig.* Gegenbild *n*, Anti'typ(us) *m.*

**an·ti'un·ion** *adj Am.* gewerkschaftsfeindlich.

**an·ti'ven·in** [-'venɪn] *s med.* Schlangenserum *n.*

**an·ti'world** *s* Antiwelt *f.*

**ant·ler** ['æntlə(r)] *s zo.* **1.** Geweihsprosse *f.* **2.** *pl* Geweih *n.* **'ant·lered** *adj* Geweih tragend.

**ant li·on** *s zo.* Ameisenlöwe *m.*

**an·to·nym** ['æntəʊnɪm; -tənɪm] *s ling.* Anto'nym *n.*

**an·trum** ['æntrəm] *pl* **-tra** [-ə] (*Lat.*) *s anat.* Höhlung *f.*

**a·nu·cle·ar** [eɪ'nju:klɪə(r); *Am. a.* -'nu:-], **a'nu·cle·ate** [-ət; -eɪt] *adj biol. phys.* kernlos.

**A num·ber 1** *Am.* → **A1** 2.

**an·u·re·sis** [,ænjʊ'ri:sɪs; *Am. a.* ænə'r-], **an·u·ri·a** [-'nʊərɪə; *Am. a.* ə'nʊrɪə] *s med.* Anu'rie *f*, U'rinverhaltung *f.*

**a·nus** ['eɪnəs] *s anat.* Anus *m*, After *m.*

**an·vil** ['ænvɪl] *s* **1.** Amboß *m*: to be **on the** ~ *fig.* a) in Arbeit *od.* in Vorbereitung sein, b) zur Debatte stehen; **between hammer and** ~ *fig.* zwischen Hammer u. Amboß. **2.** *anat.* Amboß *m* (*Knochen im Ohr*). **3.** *tech.* Meßfläche *f*: ~ **of a ga(u)ge.** ~ **block** *s tech.* Amboßstock *m.* ~ **chis·el** *s tech.* (Ab)Schrotmeißel *m.* ~ **e·lec·trode** *s electr.* 'Amboßelek,trode *f.*

**anx·i·e·ty** [æŋ'zaɪətɪ; æŋg-] *s* **1.** Angst *f*, Ängstlichkeit *f*, Unruhe *f*, Besorgnis *f*, Sorge *f* (**about, for** wegen **gen, um**). **2.** *med. psych.* Beängstigung *f*, Beklemmung *f*: ~ **dream** Angsttraum *m*; ~ **neurosis** Angstneurose *f*; ~ **state** Angstzustand *m.* **3.** Exi'stenzangst *f.* **4.** starkes Verlangen (**for** nach).

**anx·ious** ['æŋkʃəs; -ŋʃ-] *adj* (*adv* ~**ly**) **1.** ängstlich, bange, besorgt, unruhig: **to be** ~ **for** (*od.* **about**) s.th. wegen *od.* um etwas besorgt sein. **2.** *fig.* (**for, to** *inf*) begierig (auf *acc*, zu *inf*), (ängstlich) bedacht (auf *acc*, darauf zu *inf*), bestrebt (zu *inf*): ~ **for his report** auf s-n Bericht gespannt; **I am** ~ **to know** ich möchte gern wissen; **I am very** ~ **to see him** mir

liegt viel daran, ihn zu sehen; **he is ~ to please** er gibt sich alle Mühe, es allen recht zu machen. **~ bench,~ seat** s relig. Sünderbank f (in e-r Erweckungsversammlung): **to be on the ~** fig. wie auf (glühenden) Kohlen sitzen, Blut u. Wasser schwitzen.

**an·y** ['enɪ] **I** adj **1.** (in Frage- u. Verneinungssätzen) (irgend)ein(e), einige pl, (irgend)welche pl, etwaige pl, etwas: **not ~** (gar) keine; **is there ~ hope?** besteht noch irgendwelche Hoffnung?; **have you ~ money on you?** haben Sie Geld bei sich?; **I cannot eat ~ more** ich kann nichts mehr essen; **there wasn't ~ milk in the house** es war keine Milch od. kein Tropfen Milch im Hause. **2.** (in bejahenden Sätzen) jeder, jede, jedes (beliebige), jeglich(er, e, es): **~ of these books will do** jedes dieser Bücher genügt (für den Zweck); **~ cat will scratch** jede Katze kratzt; **~ number of** jede od. e-e Menge von (od. gen); **~ amount** jede (beliebige) Menge, ein ganzer Haufen; **~ person who** ... jeder, der ...; bes. jur. wer ...; **at ~ time** zu jeder Zeit, jederzeit; **under ~ circumstances** unter allen Umständen. **II** pron sg u. pl **3.** irgendein(er, e, es), irgendwelche pl: **if there be ~** ... sollten irgendwelche ... sein; **no money and no prospect of ~** kein Geld u. keine Aussicht auf welches. **III** adv **4.** irgend(wie), ein wenig, etwas, (nur) noch, (noch) etwas: **is he ~ happier now?** ist er denn jetzt glücklicher?; **~ more?** noch (etwas) mehr?; **not ~ more than** ebensowenig wie; **have you ~ more to say?** haben Sie noch (irgend) etwas zu sagen?; **~ old** how colloq. achtlos; → **if** 1, **old** 11. **5.** Am. (in negativen Sätzen) gar (nicht), überhaupt (nicht): **this didn't help matters ~** das nützte (der Sache) überhaupt nichts; **he didn't mind that ~** das hat ihm gar nichts ausgemacht.

**'an·y·bod·y** pron u. s **1.** irgend jemand, irgendeine(r), ein beliebiger, e-e beliebige: **is he ~ at all?** fig. ist er denn überhaupt wer?; **ask ~ you meet** frage den ersten besten, den du triffst. **2.** jeder (-mann): **~ who** jeder, der; wer; **hardly ~** kaum jemand, fast niemand; **not ~** niemand, keiner; **~ but you** jeder andere eher als du.

**'an·y·how** adv **1.** irgendwie, auf irgendeine Art u. Weise, so gut wie's geht, schlecht u. recht. **2.** trotzdem, jedenfalls, sowie'so, immer'hin: **I'm going there ~** ich gehe sowieso hin. **3.** wie dem auch sei, auf alle Fälle, jedenfalls.

**'an·y·one** → anybody.

**'an·y·thing I** pron u. s **1.** (irgend)etwas, etwas Beliebiges: **not for ~** um keinen Preis; **not ~** (gar od. überhaupt) nichts; **he is (as) drunk as ~** colloq. er ist ,blau wie ein Veilchen'; **for ~ I know** soviel ich weiß. **2.** alles(, was es auch sei): **~ but** alles andere als. **II** adv **3.** irgend(wie), etwas, über'haupt, in gewissem Maße: **if ~** a) wenn überhaupt, höchstens, b) womöglich; **he is a little better if ~** es geht ihm etwas besser, wenn man von Besserung überhaupt reden kann.

**'an·y·way** → anyhow.

**'an·y·ways** obs. od. colloq. → anyhow.

**'an·y·where** adv **1.** irgendwo, -woher, -wohin: **not ~** nirgendwo(hin); **hardly ~** fast nirgends; **~ from 10 to 30 minutes** Am. etwa zwischen 10 u. 30 Minuten; **~ get 24.** **2.** 'überall: **from ~** von überall her.

**'an·y·wise** adv **1.** → anyhow 1. **2.** über-'haupt.

**An·zac** ['ænzæk] s colloq. Angehörige(r) m der au'stralischen u. neu'seeländischen Truppen (bes. im ersten Weltkrieg; aus

---

**Australian and New Zealand Army Corps).**

**A one** → A 1.

**a·o·rist** ['eərɪst; 'eɪə-] ling. **I** adj ao'ristisch: **~ tense** → II. **II** s Ao'rist m.

**a·or·ta** [eɪ'ɔː(r)tə] pl **-tas, -tae** [-tiː] s anat. A'orta f, Hauptschlagader f.

**a·pace** [ə'peɪs] adv schnell, rasch.

**A·pach·e** [ə'pætʃɪ] s **1.** pl **-es** od. **-e** A'pache m, A'patsche m (Indianer). **2.** ling. A'pache n (athapaskische Sprache). **3.** a~ [ə'pæʃ] A'pache m, 'Unterweltler m (bes. in Paris): **a~ dance** Apachentanz m.

**ap·a·nage** → appanage.

**a·part** [ə'pɑː(r)t] adv **1.** einzeln, für sich, besonders, (ab)gesondert (from von), getrennt, ausein'ander: **to grow ~** fig. sich auseinanderleben; **they started to grow ~** ihre Wege trennten sich; **to live ~** getrennt leben; **to lie far ~** weit auseinander liegen; **~ from** abgesehen von; **a topic ~** ein Thema für sich; → **keep** 8, **take apart**, **tell** 8. **2.** abseits, bei'seite: → **joking** II, **set apart**.

**a·part·heid** [ə'pɑː(r)theɪt; -haɪt] s **1.** A'partheid f, (Poli'tik f der) Rassentrennung f (in Südafrika). **2.** fig. Abgeschlossenheit f, Exklusivi'tät f.

**a·part·ho·tel** [ə'pɑː(r)thəʊˌtel] s Br. Eigentumswohnanlage, deren Wohneinheiten bei Abwesenheit der Eigentümer als Hotelsuiten vermietet werden.

**a·part·ment** [ə'pɑː(r)tmənt] s **1.** Raum m, Zimmer n. **2.** bes. Am. (E'tagen-) Wohnung f. **3.** a) Br. große Luxuswohnung, b) pl bes. Br. (bes. Ferien)Wohnung f. **4.** → apartment house. **~ build·ing** → apartment house. **~ ho·tel** s Am. Apparte'menthoˌtel n. **~ house** s Am. Wohnhaus n.

**ap·a·thet·ic** [ˌæpə'θetɪk] adj (adv **~ally**) a'pathisch, teilnahmslos, gleichgültig.

**ap·a·thy** ['æpəθɪ] s Apa'thie f, Teilnahmslosigkeit f, Gleichgültigkeit f (to gegen'über).

**ape** [eɪp] **I** s **1.** zo. (bes. Menschen)Affe m. **2.** fig. Nachäffer m. **3.** Am. colloq. ,Go'rilla' m (bulliger, ungeschickter od. grober Mensch). **II** adj **4. to go ~** bes. Am. colloq. a) ,aus dem Häus-chen geraten', b) ,durchdrehen', ,überschnappen'. **III** v/t **5.** nachäffen. **'~·man** [-mæn] s irr Affenmensch m.

**a·pep·sia** [æ'pepsɪə; ə-; Am. eɪ-; a. -'ʃə], **a·pep·sy** [-sɪ] s med. Apep'sie f, mangelhafte Verdauung, Verdauungsstörung f.

**a·pe·ri·ent** [ə'pɪərɪənt] med. pharm. **I** adj abführend. **II** s Abführmittel n.

**a·pe·ri·od·ic** [ˌeɪpɪərɪ'ɒdɪk; Am. -'ɑd-] adj **1.** a. electr. 'aperiˌodisch: **~ circuit**. **2.** tech. schwingungsfrei. **3.** electr. phys. (eigen)gedämpft: **~ instrument**.

**a·pé·ri·tif** [ɑːˌperɪ'tiːf; ə'perɪtiːf] s Aperi-'tif m.

**ap·er·ture** ['æpə(r)ˌtjʊə(r); -ˌtʃʊə(r); -tʃə(r)] s **1.** Öffnung f, Schlitz m, Loch n. **2.** phot. phys. tech. Blende f: **~ angle** (Radar) Bündelbreite f. **3.** TV Linsenöffnung f: **~ lens** Lochscheibenlinse f. **4.** ('Film)Projektiˌonsfenster n. **5.** anat. Aper'tur f, Ostium n. **6.** zo. Mündung f.

**ap·er·y** ['eɪpərɪ] s **1.** Nachäffe'rei f. **2.** alberner Streich, ,Blödsinn' m.

**a·pet·al·ous** [eɪ'petələs] adj bot. ohne Blütenblätter, blumenblattlos.

**a·pex** ['eɪpeks] pl **'a·pex·es** od. **a·pi·ces** ['eɪpɪsiːz; 'æp-] s **1.** (Kegel- etc, a. anat. Herz-, Lungen- etc)Spitze f, Gipfel m, Scheitel(punkt) m: **to go base over ~** colloq. überschlagen. **2.** fig. Gipfel m, Höhepunkt m.

**a·phaer·e·sis** [æ'fɪərɪsɪs; Am. bes. ə'ferə-] s ling. Aphä'rese f (Abfall e-s

---

Buchstabens od. e-r unbetonten Silbe am Wortanfang).

**a·pha·si·a** [ə'feɪzɪə; bes. Am. -ʒɪə; -ʒə] s med. Apha'sie f (Verlust des Sprechvermögens od. Sprachverständnisses infolge Erkrankung des Sprachzentrums im Gehirn).

**aph·e·li·on** [æ'fiːljən] pl **-li·a** [-ljə] s **1.** astr. A'phel(ium) n. **2.** fig. entferntester Punkt.

**a·pher·e·sis** → aphaeresis.

**aph·e·sis** ['æfɪsɪs] s ling. all'mählicher Verlust e-s unbetonten 'Anfangsvoˌkals. **'aph·e·tize** v/t ein Wort um den 'Anfangsvoˌkal kürzen.

**a·phid** ['eɪfɪd; 'æfɪd], a. **'a·phis** [-fɪs] zo. Blattlaus f.

**aph·i·des** ['æfɪdiːz] s zo. Blattlaus f.

**a·phon·ic** [eɪ'fɒnɪk; Am. -'fɑ-; -'fəʊ-] adj **1.** stumm. **2.** ling. stimmlos.

**aph·o·rism** ['æfərɪzəm] s Apho'rismus m, Gedankensplitter m. **ˌaph·o·ris·tic** adj (adv **~ally**) apho'ristisch.

**a·pho·tic** [eɪ'fɒtɪk; Am. -'fəʊ-] adj lichtlos, a'photisch.

**a·phra·si·a** [ə'freɪzjə; bes. Am. -ʒɪə; -ʒə] s psych. Aphra'sie f: a) Unvermögen, richtige Sätze zu bilden, b) krankhafte Weigerung zu reden.

**aph·ro·dis·i·ac** [ˌæfrəʊ'dɪzɪæk; -frə'd-] **I** adj **1.** med. pharm. aphro'disisch, den Geschlechtstrieb steigernd. **2.** e'rotisch, erregend. **II** s **3.** med. pharm. Aphrodi-'siakum n.

**aph·tha** ['æfθə] pl **-thae** [-θiː] s med. Aphthe f, Mundschwamm m.

**a·phyl·lous** [eɪ'fɪləs] adj bot. blattlos.

**a·pi·an** ['eɪpjən; -pɪən] adj **1.** Bienen... **2.** bienenartig.

**a·pi·ar·i·an** [ˌeɪpɪ'eərɪən] adj die Bienen(zucht) betreffend, Bienen... **a·pi·a·rist** ['eɪpjərɪst; -pɪə-] s Bienenzüchter m, Imker m. **a·pi·ar·y** ['eɪpjərɪ; Am. 'eɪpɪˌerɪ] s Bienenhaus n.

**ap·i·cal** ['æpɪkl; bes. Am. 'eɪ-] adj (adv **~ly**) **1.** anat. biol. med. die Spitze betreffend, Apikal..., Spitzen...: **~ pneumonia** med. Lungenspitzenkatarrh m. **2.** math. an der Spitze (befindlich): **~ angle**.

**a·pi·ces** ['eɪpɪsiːz; 'æp-] pl von apex.

**a·pi·cul·ture** ['eɪpɪkʌltʃə(r)] s Bienenzucht f, Imke'rei f.

**a·piece** [ə'piːs] adv **1.** für jedes od. pro Stück, je: **20 cents ~**. **2.** für jeden, pro Kopf, pro Per'son: **he gave us £5 ~** er gab jedem von uns 5 Pfund.

**ap·ish** ['eɪpɪʃ] adj (adv **~ly**) **1.** affenartig. **2.** fig. nachäffend. **3.** fig. äffisch.

**ap·la·nat** ['æplənæt] s phot. phys. Apla-'nat m. **ˌap·la·'nat·ic** [-'nætɪk] adj phot. phys. apla'natisch.

**a·pla·si·a** [eɪ'pleɪzjə; bes. Am. -ʒɪə; -ʒə] s biol. med. Apla'sie f (angeborenes Fehlen e-s Gliedes od. Organs).

**a·plen·ty** [ə'plentɪ] **I** adj (nachgestellt) viel(e), jede Menge, haufenweise: **food ~**. **II** adv e-e Menge, viel: **he works ~**.

**ap·lite** ['æplaɪt] s geol. A'plit m (aus Feldspat u. Quarz bestehendes Ganggestein).

**a·plomb** [ə'plɒm; Am. ə'plɑm] s **1.** senkrechte od. lotrechte Richtung od. Lage. **2.** fig. A'plomb m, (selbst)sicheres od. selbstbewußtes Auftreten.

**ap·no·e(·)a** [æp'nɪə; -'niːə; Am. bes. 'æpnɪə] s med. Ap'noe f, Atemstillstand m, -lähmung f.

**A·poc·a·lypse** [ə'pɒkəlɪps; Am. ə'pɑ-] s **1.** Bibl. Apoka'lypse f, Offen'barung f Jo'hannis. **2.** a~ fig. Enthüllung f, Offen-'barung f. **3.** a~ fig. Unheil n.

**a·poc·a·lyp·tic** [əˌpɒkə'lɪptɪk; Am. əˌpɑ-] adj; **aˌpoc·a·'lyp·ti·cal** [-kl] adj (adv **~ly**) **1.** apoka'lyptisch, nach Art der Offen'barung Jo'hannis. **2.** fig. dunkel, rätselhaft, geheimnisvoll. **3.** fig. unheilkündend.

**ap·o·car·pous** [ˌæpəʊˈkɑː(r)pəs; -pəˈk-] adj bot. apoˈkarp, mit getrennten Fruchtblättern.

**a·poc·o·pate** [əˈpɒkəʊpeɪt; -kəp-; Am. -ˈpɑ-] v/t ein Wort apokoˈpieren (am Ende verkürzen). **a·poc·o·pe** [əˈpɒkəʊpɪ; -kəpɪ; Am. -ˈpɑ-] s ling. Aˈpokope f, Endverkürzung f.

**A·poc·ry·pha** [əˈpɒkrɪfə; Am. -ˈpɑ-] s pl (oft als sg mit pl **-phas** behandelt) **1.** Bibl. Apoˈkryphen pl. **2.** a~ apoˈkryph(isch)e Schriften pl. **a·poc·ry·phal** [-fl] adj apoˈkryph(isch), von zweifelhafter Verfasserschaft, unecht.

**ap·od** [ˈæpɒd; Am. -ɑd] **I** adj **1.** zo. fußlos. **2.** ichth. ohne Bauchflossen. **II** s **3.** zo. fußloses Tier. **4.** ichth. Kahlbauch m. **ap·o·dal** [ˈæpədl] → apod I.

**ap·o·deic·tic** [ˌæpəʊˈdaɪktɪk; -pəˈd-], **ap·o·dic·tic** [-ˈdɪktɪk] adj (adv **~ally**) apoˈdiktisch, ˈunwiderˌlegbar.

**ap·o·gee** [ˈæpəʊdʒiː; -pə-] s **1.** astr. Apoˈgäum m (größte Erdferne des Mondes). **2.** fig. Gipfel m, Höhepunkt m.

**a·po·lit·i·cal** [ˌeɪpəˈlɪtɪkl] adj ˈunpoˌlitisch, an Poliˈtik ˈuninteresˌsiert.

**a·pol·o·get·ic** [əˌpɒləˈdʒetɪk; Am. əˌpɑ-] **I** adj (adv **~ally**) **1.** rechtfertigend, Verteidigungs... **2.** entschuldigend, Entschuldigungs... **3.** reumütig, kleinlaut. **4.** schüchtern. **II** s **5.** Verteidigung f, Entschuldigung f. **6.** bes. pl (meist als sg konstruiert) relig. Apoloˈgetik f. **a·pol·o·get·i·cal** [-kl] adj (adv **~ly**) → apologetic I.

**ap·o·lo·gi·a** [ˌæpəˈləʊdʒɪə; -dʒə] s Apoloˈgie f: a) Verteidigung f, Rechtfertigung f (e-r Lehre, Überzeugung etc), b) Verteidigungsschrift f.

**a·pol·o·gist** [əˈpɒlədʒɪst; Am. əˈpɑ-] s **1.** Verteidiger m. **2.** relig. Apoloˈget m.

**a·pol·o·gize** [əˈpɒlədʒaɪz; Am. əˈpɑ-] v/i **1.** to ~ to s.o. (for s.th.) sich bei j-m (für etwas) entschuldigen, j-n (für etwas) um Entschuldigung od. Verzeihung bitten, j-m (für etwas) Abbitte tun od. leisten. **2.** sich verteidigen od. rechtfertigen.

**ap·o·logue** [ˈæpəlɒg; Am. a. -ˌlɑg] s **1.** Apoˈlog m, moˈralische Fabel. **2.** Gleichnis n.

**a·pol·o·gy** [əˈpɒlədʒɪ; Am. əˈpɑ-] s **1.** Entschuldigung f: in ~ for zur od. als Entschuldigung für; to make (od. offer) s.o. an ~ (for s.th.) → apologize 1; to send one's apologies sich entschuldigen lassen; letter of ~ Entschuldigungsschreiben n. **2.** Verteidigung f, Rechtfertigung f. **3.** → apologia. **4.** colloq. minderwertiger Ersatz (for für): an ~ for a meal ein armseliges Essen.

**a·poop**, a. **a-poop** [əˈpuːp] adv u. pred adj mar. achtern, hinten.

**ap·o·phthegm** → apothegm.

**a·poph·y·sis** [əˈpɒfɪsɪs; Am. əˈpɑ-] pl **-ses** [-siːz] s **1.** anat. Apoˈphyse f, Knochenfortsatz m. **2.** biol. a) Anhang m, b) Ansatz m. **3.** geol. a) Ausläufer m e-s Ganges od. Stocks, b) Ausstülpung f, c) Trum m, n.

**ap·o·plec·tic** [ˌæpəʊˈplektɪk] **I** adj (adv **~ally**) **1.** med. apoˈplektisch: a) Schlaganfall... **~ stroke** (od. fit) → apoplexy, b) zu Schlaganfällen neigend. **2.** to be ~ colloq. vor Wut fast platzen. **II** s **3.** med. Apoˈplektiker(in): a) j-d, der zu Schlaganfällen neigt, b) j-d, der an den Folgen e-s Schlaganfalls leidet.

**ap·o·plex·y** [ˈæpəʊpleksɪ] s med. Apoˈple'xie f, Schlaganfall m, Gehirnschlag m.

**ap·o·si·o·pe·sis** [ˌæpəʊsaɪəˈpiːsɪs] s rhet. Aposioˈpese f (bewußter Abbruch der Rede od. e-s begonnenen Gedankens vor der entscheidenden Aussage).

**a·pos·ta·sy** [əˈpɒstəsɪ; Am. əˈpɑ-] s Apostaˈsie f, Abfall m, Abtrünnigkeit f (vom Glauben, von e-r Partei etc). **a·pos·tate** [əˈpɒsteɪt; -tɪt; Am. əˈpɑ-] **I** s Apoˈstat m, Abtrünnige(r m) f, Reneˈgat m. **II** adj abtrünnig. **a·pos·ta·tize** [-təɪz] v/i **1.** abfallen (**from** von). **2.** abtrünnig od. untreu werden (**from** dat). **3.** ˈübergehen (**from** ... **to** von ... zu).

**a pos·te·ri·o·ri** [ˈeɪpɒsˌterɪˈɔːraɪ; Am. bes. ˈɑːpɒsˌstɪrɪˈɔʊri] adj u. adv philos. **1.** a posteriˈori, von der Wirkung auf die Ursache schließend, indukˈtiv. **2.** aposteriˈorisch, emˈpirisch.

**a·pos·til** [əˈpɒstɪl; Am. əˈpɑ-] s Apoˈstille f, Randbemerkung f.

**a·pos·tle** [əˈpɒsl; Am. əˈpɑsl] s **1.** relig. Aˈpostel m: A~s' Creed Apostolisches Glaubensbekenntnis. **2.** fig. Aˈpostel m, Vorkämpfer(in), Verfechter(in). **a·pos·tle·ship, a·pos·to·late** [əˈpɒstəʊlət; Am. əˈpɑstəˌleɪt] s Apostoˈlat n, Aˈpostelamt n, -würde f.

**ap·os·tol·ic** [ˌæpəˈstɒlɪk; Am. -ˈstɑ-] adj (adv **~ally**) relig. **1.** apoˈstolisch: ~ **succession** apostolische Sukzession od. Nachfolge; A~ **Fathers** Apostolische Väter. **2.** päpstlich: → see[2] 1, vicar 3. **ap·os·tol·i·cal** adj (adv **~ly**) → apostolic.

**a·pos·tro·phe** [əˈpɒstrəfɪ; Am. əˈpɑ-] s **1.** rhet. Aˈpostrophe f, Anrede f (an e-e Person od. Sache außerhalb des Publikums). **2.** bot. Apoˈstrophe f (Ansammlung von Chlorophyllkörnern). **3.** ling. Apoˈstroph m. **a·pos·tro·phize** [-faɪz] v/t apostroˈphieren: a) rhet. feierlich anreden, b) ling. mit e-m Apoˈstroph versehen.

**a·poth·e·car·y** [əˈpɒθəkərɪ; Am. əˈpɑθəˌkerɪ] s obs. **1.** Apoˈtheker m: apothecaries' weight Apothekergewicht n. **2.** Droˈgist m.

**ap·o·thegm** [ˈæpəθem] s Apoˈphthegma n (Sinnspruch).

**a·poth·e·o·sis** [əˌpɒθɪˈəʊsɪs; Am. əˌpɑ-] pl **-ses** [-siːz] s **1.** Apotheˈose f: a) Vergöttlichung f, b) fig. Verherrlichung f, -götterung f. **2.** fig. Krone f, Ideˈal n: **the ~ of womanhood**.

**a·poth·e·o·size** [əˈpɒθɪəʊsaɪz; Am. əˈpɑ-] v/t **1.** vergöttlichen. **2.** fig. verherrlichen.

**ap·o·tro·pa·ic** [ˌæpəʊtrəˈpeɪɪk] adj apotroˈpäisch, Unheil abwehrend (Zaubermittel).

**ap·pal**, Am. a. **ap·pall** [əˈpɔːl] v/t erschrecken, entsetzen: **to be ~led at** entsetzt sein über (acc). **ap'pal·ling** adj erschreckend, entsetzlich.

**ap·pa·nage** [ˈæpənɪdʒ] s **1.** Apaˈnage f (e-s Prinzen). **2.** abhängiges Gebiet. **3.** fig. Merkmal n.

**ap·pa·ra·tus** [ˌæpəˈreɪtəs; Am. bes. -ˈrætəs] pl **-tus, -tus·es** s **1.** a) Appaˈrat m, Gerät n, Vorrichtung f, b) collect. Appaˈrate pl. **2.** Apparaˈtur f, Maschineˈrie f (beide a. fig.), Hilfsmittel n. **3.** biol. Syˈstem n, Appaˈrat m: **respiratory ~** Atmungsapparat, Atemwerkzeuge pl. **4.** sport Turn-, ˈÜbungsgerät n: ~ **work** Geräteturnen n. ~ **crit·i·cus** [ˈkrɪtɪkəs] (Lat.) s Appaˈrat m (zs.-gestellte einschlägige Literatur). **2.** kritischer Appaˈrat, Variˈanten pl, Lesarten pl (in e-r wissenschaftlichen Textausgabe).

**ap·par·el** [əˈpærəl] v/t pret u. pp **-eled**, bes. Br. **-elled 1.** obs. od. poet. a) (be-)kleiden, b) fig. ausstatten, schmücken. **II** s **2.** Kleidung f, Gewand n, Tracht f. **3.** fig. Schmuck m, Gewand n, Kleid n. **4.** Stickeˈrei f.

**ap·par·ent** [əˈpærənt] adj (adv **~ly**) **1.** sichtbar: ~ **defects**. **2.** offenbar, offensichtlich, einleuchtend, ersichtlich, klar (**to s.o.** j-m), augenscheinlich: **to be ~ from** hervorgehen aus; **with no ~**

reason ohne ersichtlichen Grund. **3.** a) anscheinend, b) a. electr. phys. scheinbar, Schein...(-frequenz, -leistung, -strom etc): ~ **motion** (Radar) relative Bewegung; → horizon 1.

**ap·pa·ri·tion** [ˌæpəˈrɪʃn] s **1.** Erscheinen n u. Sichtbarwerden n (a. astr.). **2.** Erscheinung f, Gespenst n, Geist m. **3.** Gestalt f, (plötzliche od. unerwartete) Erscheinung. **ap·pa·ri·tion·al** [-ʃənl] adj geister-, schemenhaft.

**ap·par·i·tor** [əˈpærɪtɔː; bes. Am. -tə(r)] s obs. **1.** Gerichts-, Ratsdiener m. **2.** Herold m.

**ap·pas·sio·na·to** [əˌpæsjəˈnɑːtəʊ; Am. əˌpɑːsɪə-] adv u. adj mus. appassioˈnato, leidenschaftlich.

**ap·peal** [əˈpiːl] **I** v/t **1.** jur. a) Berufung od. Rechtsmittel od. Revisiˈon einlegen gegen, b) Am. anklagen. **II** v/i **2.** jur. Berufung od. Rechtsmittel od. Revisiˈon einlegen, in die Berufung gehen, a. allg. Einspruch erheben, Beschwerde einlegen (**against**, jur. meist **from** gegen; **to** bei): **the decision ~ed from** die angefochtene Entscheidung. **3.** (**to**) appelˈlieren od. sich wenden (an acc), (j-n od. etwas) anrufen: **to ~ to the country** pol. Br. (das Parlament auflösen u.) Neuwahlen ausschreiben. **4.** ~ **to** sich berufen auf (acc): **to ~ to history** die Geschichte als Zeugen anrufen. **5.** (**to**) Gefallen od. Anklang finden (bei), gefallen, zusagen (dat), wirken (auf acc), anziehen, reizen (acc). **6.** ~ **to j-n** dringend bitten (**for** um). **III** s **7.** jur. Rechtsmittel n (**from**, **against** gegen): a) Berufung f, Revisiˈon f, b) (Rechts)Beschwerde f, c) Einspruch m: **court of ~** Berufungs-, Revisionsgericht n od. -instanz f; **judg(e)ment on ~** Berufungsurteil n; **stages of ~** Instanzenweg m; **to allow an ~** e-r Berufung etc stattgeben; **to file** (od. **lodge**) **an ~ with**, **to give notice of ~** to Berufung etc einlegen bei (**from**, **against** gegen); (**no**) ~ **lies** (**from**) die Berufung findet (nicht) statt (gegen); **the decision under ~** die angefochtene Entscheidung; → **criminal** 2. **8.** Berufung f (**to** auf acc). **9.** Verweisung f (**to** an acc). **10.** fig. (**to**) Apˈpell m (an acc), Aufruf m (an acc): ~ **to the country** pol. Br. (Auflösung f des Parlaments u.) Ausschreibung f von Neuwahlen; ~ **to reason** Appell an die Vernunft; **to make an ~ to** appellieren an (acc); ~ **for mercy** Gnadengesuch n. **11.** fig. (flehentliche od. dringende) Bitte (**to** an acc; **for** um). **12.** fig. Anziehung(skraft) f, Zugkraft f, Wirkung f (**to** auf acc), Anklang m (**to** bei): ~ **to customers** Anziehungskraft auf Kunden. **ap'peal·a·ble** adj jur. berufungs-, revisiˈons-, beschwerdefähig: **the decision is ~** gegen die Entscheidung kann Berufung eingelegt werden. **ap'peal·ing** adj (adv **~ly**) **1.** bittend, flehend. **2.** ansprechend, reizvoll, gefällig.

**ap·pear** [əˈpɪə(r)] v/i **1.** erscheinen (a. fig. auf e-m Konto etc), sichtbar werden, sich zeigen, (a. öffentlich) auftreten: **to ~ in public** sich in der Öffentlichkeit zeigen; **to ~ on television** im Fernsehen auftreten. **2.** (vor Gericht) erscheinen, sich einlassen (in an action auf e-e Klage): **to ~ against s.o.** gegen j-n (vor Gericht) auftreten; **to ~ by counsel** sich durch e-n Anwalt vertreten lassen; **to ~ for s.o.** j-n (als Anwalt) vor Gericht vertreten. **3.** scheinen, den Anschein haben, aussehen, wirken, j-m vorkommen: **it ~s to me you are right** mir scheint, Sie haben recht; **he ~ed calm** er war äußerlich ruhig. **4.** sich ergeben od. herˈausstellen, herˈvorgehen: **it ~s from this** hieraus

ergibt sich *od.* geht hervor; **it does not ~ that** es liegt kein Anhaltspunkt dafür vor, daß. **5.** erscheinen, her'auskommen (*Bücher etc*).

**ap·pear·ance** [ə'pɪərəns] *s* **1.** Erscheinen *n*: **public ~** Auftreten *n* in der Öffentlichkeit. **2.** Auftreten *n*, Vorkommen *n*. **3.** *jur.* Erscheinen *n* (vor Gericht), Einlassung *f*: **to enter an ~** sich auf die Klage einlassen. **4.** (äußere) Erscheinung, Aussehen *n*, (*das*) Äußere. **5.** (Na-'tur)Erscheinung *f*, (-)Phäno₁men *n*. **6.** *meist pl* äußerer Schein, (An)Schein *m*: **~s are against him** der (Augen)Schein spricht gegen ihn. **7.** *philos.* Erscheinung *f*. **8.** → apparition 2. **9.** Veröffentlichung *f*, Erscheinen *n*.
*Besondere Redewendungen:*
**at first ~** beim ersten Anblick; **in ~** anscheinend, dem Anschein nach; **to all ~(s)** allem Anschein nach; **~s are deceptive** der Schein trügt; **there is every ~ that** es hat ganz den Anschein, als ob; **to keep up** (*od.* **save**) **~s** den Schein wahren; **to make** (*od.* **put in**) **one's ~** sich zeigen, erscheinen, sich einstellen, auftreten; **to make an ~ on television** im Fernsehen auftreten; **to put in an ~** (persönlich) erscheinen; → **sake¹.**

**ap·pease** [ə'piːz] *v/t* **1.** *j-n od. j-s Zorn etc* besänftigen, beschwichtigen. **2.** *e-n Streit* schlichten, beilegen. **3.** *Leiden* mildern. **4.** *den Durst etc* stillen, *s-e Neugier* befriedigen. **5.** *pol.* (durch Zugeständnisse *od.* Nachgiebigkeit) beschwichtigen.

**ap'pease·ment** *s* **1.** Besänftigung *f*, Beschwichtigung *f*. **2.** Stillung *f*, Befriedigung *f*. **3.** *pol.* Beschwichtigung *f*: **(policy of) ~** Beschwichtigungspolitik *f*.

**ap'peas·er** *s* **1.** Besänftiger *m*. **2.** *pol.* Be'schwichtigungspo₁litiker *m*.

**ap·pel·lant** [ə'pelənt] **I** *adj* **1.** appel'lierend, bittend. **2.** *jur.* in zweiter In'stanz klagend, beschwerdeführend. **II** *s* **3.** a) Berufungskläger(in), b) Beschwerdeführer(in). **4.** *fig.* Bittsteller(in).

**ap·pel·late** [ə'pelət] *adj jur.* Rechtsmittel..., Berufungs..., Revisions..., Beschwerde..., (*nachgestellt*) zweiter In'stanz: **~ court;** **~ judge** Berufungsrichter *m*; **~ jurisdiction** Zuständigkeit *f* in der Rechtsmittelinstanz.

**ap·pel·la·tion** [₁æpə'leɪʃn] *s* Benennung *f*, Name *m*, Bezeichnung *f*.

**ap·pel·la·tive** [ə'pelətɪv] *bes. ling.* **I** *adj* appella'tiv, benennend, Gattungs...: **~ name** → **II. II** *s* Appella'tiv *n*, Gattungsname *m*.

**ap·pel·lee** [₁æpe'liː; -pə-] *s jur.* Berufungs- *od.* Revisi'onsbeklagte(r *m*) *f*, Beschwerdegegner(in).

**ap·pend** [ə'pend] *v/t* (**to**) **1.** befestigen, anbringen (an *dat*), anhängen, anheften (an *acc*). **2.** bei-, hin'zufügen (*dat*, zu), anfügen (*dat*, an *acc*): **to ~ a price list;** **to ~ one's signature to** s-e Unterschrift setzen unter (*acc*).

**ap·pend·age** [ə'pendɪdʒ] *s* **1.** Anhang *m*, Anhängsel *n*, Zubehör *n*. **2.** *fig.* Beigabe *f*, Beiwerk *n*, Begleiterscheinung *f*. **3.** *fig.* Anhängsel *n*, (ständiger) Begleiter. **4.** *biol.* Fortsatz *m*.

**ap·pend·ant** [ə'pendənt] *adj* (**to, on**) **1.** da'zugehörig, gehörend (zu), verbunden (mit), beigefügt (*dat*): **the salary ~ to a position** das mit e-r Stellung verbundene Gehalt. **2.** *jur.* als Recht gehörend (zu), zugehörig (*dat*).

**ap·pen·dec·to·my** [₁æpen'dektəmɪ; -pən-] *s med.* Appendekto'mie *f*, 'Blinddarmoperati₁on *f*.

**ap·pen·di·ces** [ə'pendɪsiːz] *pl von* appendix.

**ap·pen·di·ci·tis** [ə₁pendɪ'saɪtɪs] *s med.* Appendi'zitis *f*, Blinddarmentzündung *f*.

**ap·pen·dix** [ə'pendɪks] *pl* **-dix·es, -di·ces** [-dɪsiːz] *s* **1.** Anhang *m* (*e-s Buches*). **2.** Anhängsel *n*, Zubehör *n*. **3.** *aer. tech.* (Füll)Ansatz *m*. **4.** *anat.* Anhang *m*, Fortsatz *m*: (**vermiform**) **~** Wurmfortsatz *m*, Blinddarm *m*.

**ap·per·ceive** [₁æpə(r)'siːv] *v/t psych.* apperzi'pieren (*aktiv ins Bewußtsein aufnehmen*).

**ap·per·cep·tion** [₁æpə(r)'sepʃn] *s psych.* Apperzepti'on *f*, bewußte Wahrnehmung.

**ap·per·son·a·tion** [æ₁pɜːsə'neɪʃn; ə-; *Am.* -₁pɜr-] *s psych.* Apperso'nierung *f* (*Übernahme fremden Erlebens od. Verhaltens als eigenes*).

**ap·per·tain** [₁æpə(r)'teɪn] *v/i* (**to**) **1.** gehören (zu *od. dat*), zugehören (*dat*). **2.** zustehen, gebühren (*dat*).

**ap·pe·tence** ['æpɪtəns], **'ap·pe·ten·cy** *s* **1.** Verlangen *n*, Begierde *f* (**of, for, after** nach). **2.** *Verhaltensforschung:* Appe'tenz *f*, (Na'tur)Trieb *m*.

**ap·pe·tite** ['æpɪtaɪt] *s* **1.** Verlangen *n*, Begierde *f*, Gelüst *n* (**for** nach). **2.** (**for**) Hunger *m* (nach), Neigung *f*, Trieb *m*, Lust *f* (zu): **~ for life** Lebenshunger. **3.** Appe'tit *m* (**for** auf *acc*), Eßlust *f*: **~ comes with eating** der Appetit kommt beim Essen; **a good ~ is the best sauce** Hunger ist der beste Koch; **to give s.o. an ~** j-m Appetit machen; **to have an ~** Appetit haben; **to take away** (*od.* **spoil**) **s.o.'s ~** j-m den Appetit nehmen *od.* verderben; **my ~ is gone** mir ist der Appetit vergangen. **ap·pe·tiz·er** ['æpɪtaɪzə(r)] *s* appe'titanregendes Mittel *od.* Gericht *od.* Getränk, pi'kante Vorspeise, Aperi'tif *m*. **'ap·pe·tiz·ing** *adj* (*adv* **~ly**) **1.** a) appe'titanregend, b) appe'titlich, lecker (*beide a. fig.*). **2.** *fig.* reizvoll, ₁zum Anbeißen'.

**ap·plaud** [ə'plɔːd] **I** *v/i* **1.** applau'dieren, Beifall spenden. **II** *v/t* **2.** beklatschen, *j-m* applau'dieren *od.* Beifall spenden. **3.** *fig.* loben, (*beifällig*) begrüßen, billigen, *j-m* zustimmen. **ap'plaud·er** *s* Applau'dierende(r *m*) *f*, Beifallspender(in).

**ap·plause** [ə'plɔːz] *s* **1.** Ap'plaus *m*, Beifall(klatschen *n*) *m*: **to break into ~** in Beifall ausbrechen; **to the ~ of** unter dem Beifall (*gen*). **2.** *fig.* Beifall *m*, Zustimmung *f*, Anerkennung *f*. **ap'plau·sive** [-sɪv] *adj obs.* **1.** applau'dierend, Beifall klatschend *od.* spendend, Beifalls... **2.** lobend, Lob...

**ap·ple** ['æpl] *s* **1.** *bot.* Apfel *m*: **~ of one's eye** *fig.* Liebling *m*; **there will be trouble (as) sure as (God made) little ~s** *colloq.* es gibt garantiert Ärger; → **discord 3. 2.** apfelartige Frucht. **3. the A~** *Am.* Spitzname für die Stadt New York. **~ blight** *s* **1.** *bot.* Apfelmehltau *m*. **2.** *zo.* (*e-e*) Blutlaus. **~ but·ter** *s* 'Apfelkonfi₁türe *f*. **'~·cart** *s* Apfelkarren *m*: **to upset the** (*od. s.o.'s*) **~** *fig.* alle (*od. j-s*) Pläne über den Haufen werfen. **~ cheese** *s* (gepreßte) Apfeltrester *pl*. **~ dump·ling** *s* 'Apfel *m* im Schlafrock'. **~ frit·ters** *s pl* (in Teig gebackene) Apfelschnitten *pl*. **'~·jack** *s Am.* Apfelschnaps *m*. **~ moth** *s zo.* Apfelwickler *m*. **~ pie** *s* (*warmer*) gedeckter Apfelkuchen. **'~·pie bed** *s* Bett, dessen Laken u. Decken aus Jux so gefaltet sind, daß man sich nicht ausstrecken kann. **'~·pie or·der** *s colloq.* schönste Ordnung: **everything is in ~** alles ist ₁in Butter' *od.* in bester Ordnung. **'~·pol·ish** *v/i Am. colloq.* ₁radfahren'. **~ pol·ish·er** *s Am. colloq.* ₁Radfahrer' *m*, ₁Speichellecker' *m*. **'~·sauce** *s* **1.** Apfelmus *n*. **2.** *Am. sl.* a) ₁Schmus' *m* '(Schmeichelei), b) ₁Quatsch' *m*.

**Ap·ple·ton lay·er** ['æpltən] *s phys.*

Appletonschicht *f* (*Teil der oberen Atmosphäre*).

**ap·ple tree** *s bot.* Apfelbaum *m*.

**ap·pli·ance** [ə'plaɪəns] *s* **1.** Gerät *n*, Vorrichtung *f*, (Hilfs)Mittel *n*. **2.** *engS.* (e'lektrisches) Haushaltsgerät. **3.** Anwendung *f*.

**ap·pli·ca·bil·i·ty** [₁æplɪkə'bɪlətɪ] *s* (**to**) Anwendbarkeit *f* (auf *acc*), Eignung *f* (für). **'ap·pli·ca·ble** [-kəbl] *adj* (*adv* **applicably**) (**to**) anwendbar (auf *acc*) (*a. jur.*), passend, geeignet (für): **to be ~** (**to**) → **apply 7;** **not ~** (*in Formularen*) nicht zutreffend, entfällt.

**ap·pli·cant** ['æplɪkənt] *s* Bewerber(in) (**for** um), Antragsteller(in): **~** (**for a patent** Patent)Anmelder(in): **prior ~** (*Patentrecht*) früherer Anmelder, Voranmelder *m*.

**ap·pli·ca·tion** [₁æplɪ'keɪʃn] *s* **1.** (**to**) Anwendung *f* (auf *acc*), Verwendung *f*, Gebrauch *m* (für): **many ~s** viele Verwendungszwecke; **point of ~** *phys.* Angriffspunkt *m*. **2.** (Nutz)Anwendung *f*: **the ~ of a theory. 3.** Anwendung *f*, An-, Verwendbarkeit *f*: **words of varied ~;** **area** (*od.* **scope**) **of ~** Anwendungs-, Geltungsbereich *m* (*e-s Gesetzes etc*); **~s satellite** Nutzsatellit *m*. **4.** (**to**) Anwendung *f* (auf *acc*), Beziehung *f* (zu), Bedeutung *f* (für): **to have no ~** (**to**) keine Anwendung finden (bei), nicht zutreffen (auf *acc*), in keinem Zs.-hang stehen (mit). **5.** *med.* a) Applikati'on *f*, Anwendung *f*, Anlegung *f*: **the ~ of a poultice,** b) Mittel *n*, Verband *m*, 'Umschlag *m*. **6.** (**for**) Bitte *f*, Gesuch *n*, Ersuchen *n* (um), Antrag *m* (auf *acc*): **on the ~ of** auf Antrag (*gen*); **on ~** auf Ersuchen *od.* Verlangen *od.* Wunsch; **payable on ~** zahlbar bei Bestellung; **~ blank,** *~* **form** Antrags-, Bewerbungs-, Anmeldungsformular *n*. **7.** Bewerbung *f* (**for** um): (**letter of**) **~** Bewerbungsschreiben *n*; → **invite 6. 8.** (Pa'tent)Anmeldung *f*: **to file an ~ for a patent** e-e Patentanmeldung einreichen, ein Patent anmelden. **9.** *econ. Br.* Zeichnung *f* (**for shares** von Aktien). **10.** Fleiß *m*, 'Hingabe *f*, Eifer *m* (**in, to** bei). **11.** *astr.* Annäherung *f* (*e-s Planeten an e-n Aspekt*).

**ap·pli·ca·tor** ['æplɪkeɪtə(r)] *s med. tech.* **1.** Appli'kator *m*, Anwendungsgerät *n*, -vorrichtung *f*: **~** (**nozzle**) Auftrags-, Sprühdüse *f*; **~ roll** Auftragswalze *f*. **2.** Strahlungsgerät *n* (*Röntgen*). **3.** Salbenspatel *m*. **'ap·pli·ca·to·ry** [-kətərɪ; -keɪtərɪ; *Am.* -kə₁təʊri; -₁tɔː-] *adj* praktisch, anwendbar.

**ap·plied** [ə'plaɪd] *adj* angewandt: **~ linguistics (psychology,** *etc*); **~ energy** *phys.* aufgewendete Energie; **~ music** *Am.* praktische Musik; **~ research** angewandte Forschung, Zweckforschung *f*.

**ap·pli·qué** [æ'pliːkeɪ; *Am.* ₁æplə'keɪ] **I** *adj* **1.** appli'ziert, aufgelegt, -genäht: **~ work** Applikation(sstickerei) *f*. **2.** *tech.* aufgelegt (*Metallarbeit*). **II** *s* **3.** Applikati'on(en *pl*) *f*. **4.** Applikati'onsstück *n*. **III** *v/t* **5.** a) mit Applikati'onen versehen, b) appli'zieren: **~d pockets** aufgesetzte Taschen.

**ap·ply** [ə'plaɪ] **I** *v/t* **1.** (**to**) auflegen, -tragen, legen (auf *acc*), anbringen (an, auf *dat*): **to ~ a plaster to a wound** un Pflaster auf e-e Wunde kleben; **to ~ a varnish coating** e-n Lacküberzug aufbringen *od.* -tragen. **2.** *die Bremsen etc* betätigen: **to ~ the brakes** bremsen. **3.** (**to**) a) verwenden (auf *acc*, für), b) anwenden (auf *acc*): **to ~ all one's energy** s-e ganze Energie aufbieten; **to ~ a lever** e-n Hebel ansetzen; **to ~ drastic measures** drastische Maßnahmen anwenden *od.* ergreifen; **to**

~ **money** Geld verwenden; **to** ~ **a voltage** electr. e-e Spannung anlegen; **applied to modern conditions** auf moderne Verhältnisse angewandt; **the force is applied to the longer lever arm** phys. die Kraft greift am längeren Hebelarm an. **4.** anwenden od. beziehen (**to** auf acc). **5.** (**to**) den Sinn richten (auf acc), beschäftigen (mit). **6.** ~ **o.s.** sich widmen (**to** dat): **to** ~ **o.s. to a task.** **II** v/i **7.** (**to**) Anwendung finden (bei), zutreffen od. sich anwenden lassen (auf acc), passen (auf acc, zu), anwendbar sein od. sich beziehen (auf acc), gelten (für): **the law does not** ~ das Gesetz findet keine Anwendung od. ist nicht anwendbar; **this applies to all cases** dies gilt für alle Fälle, dies läßt sich auf alle Fälle anwenden. **8.** sich wenden (**to an** acc; **for** wegen): **to** ~ **to the manager. 9.** (**for**) beantragen (acc), e-n Antrag stellen (auf acc), einkommen od. nachsuchen (um), (a. zum Patent) anmelden (acc): **to** ~ **for shares** econ. Br. Aktien zeichnen. **10.** sich bewerben (**for** um): **to** ~ **for a job. 11.** bitten, ersuchen (**to** acc; **for** um).

**ap·pog·gia·tu·ra** [əˌpɒdʒəˈtuərə; Am. əˌpɑ-] s mus. Appoggia'tur f, Vorschlag m.

**ap·point** [əˈpɔɪnt] v/t **1.** ernennen, machen zu, berufen, an-, bestellen, j-n od. e-n Ausschuß einsetzen: **to** ~ **s.o. governor** j-n zum Gouverneur bestellen od. ernennen, j-n als Gouverneur berufen od. einsetzen; **to** ~ **s.o. guardian** j-n zum Vormund bestellen; **to** ~ **an heir** or **s.o. one's heir** j-n als Erben einsetzen; **to** ~ **s.o. to a chair** j-n auf e-n Lehrstuhl berufen. **2.** anordnen, vorschreiben. **3.** festsetzen, bestimmen, verabreden: **the** ~**ed day** der festgesetzte Tag od. Termin, der Stichtag; **to** ~ **a day for trial** e-n Termin (zur Verhandlung) anberaumen. **4.** ausstatten, einrichten (**with** mit): **the house is well** ~**ed. 5.** obs. bestimmen, beschließen (**to do** zu tun). **ap·poin·tee** [əpɔɪnˈtiː; ˌæp-] s Ernannte(r m) f, (zu e-m Amt) Berufene(r m) f. **ap·point·ive** adj bes. Am. **1.** Ernennungs..., Anstellungs... **2.** durch Ernennung zu besetzen(d): **an** ~ **office.**

**ap·point·ment** [əˈpɔɪntmənt] s **1.** Ernennung f, An-, Bestellung f, Berufung f: ~ **of trustees**; **by** ~ **to her Majesty** Königlicher Hoflieferant. **2.** jur. Einsetzung f (e-s Erben etc, a. e-s Ausschusses), Bestellung f (e-s Vormunds), Ernennung f (des Nutznießers). **3.** Amt n, Stellung f: **to hold an** ~ e-e Stelle innehaben. **4.** Festsetzung f, Bestimmung f, Anberaumung f (bes. e-s Termins). **5.** Verabredung f, Zs.-kunft f, (geschäftlich, beim Arzt etc) Ter'min m: **by** ~ nach Vereinbarung; **to make an** ~ a) e-e Verabredung treffen, b) e-n Termin vereinbaren; **he has made an** ~ **for her to see him at 10 o'clock** er hat sie für 10 Uhr bestellt; **to keep** (**break**) **an** ~ e-e Verabredung (nicht) einhalten; ~ **book** (od. **pad**) Terminkalender m. **6.** Anordnung f, Bestimmung f. **7.** meist pl Ausstattung f, Einrichtung f: ~**s for a hotel.**

**ap·por·tion** [əˈpɔː(r)ʃn; Am. a. əˈpəʊr-] v/t (**to** dat) e-n Anteil, a. e-e Aufgabe zuteilen, Lob erteilen, zollen, Schuld beimessen, Zeit zumessen. **2.** (proportio'nal od. gerecht) zu- od. auf- od. verteilen: **to** ~ **the costs** die Kosten umlegen. **ap·por·tion·ment** s **1.** (proportio'nale od. gerechte) Ver- od. Zuteilung: ~ **of costs** Kostenumlage f. **2.** jur. pol. Am. Verteilung der zu wählenden Abgeordneten od. der direkten Steuern auf die einzelnen Staaten.

**ap·po·site** [ˈæpəʊzɪt] adj (adv ~**ly**) passend, angemessen (**to** dat), angebracht,

treffend: **an** ~ **answer.** **ˈap·po·site·ness** s Angemessenheit f.

**ap·po·si·tion** [ˌæpəʊˈzɪʃn] s **1.** Bei-, Hinˈzufügung f, Bei-, Zusatz m. **2.** ling. Apposiˈtion f, Beifügung f. **3.** biol. med. Apposiˈtion f, Auflagerung f. **ˌap·poˈsi·tion·al** [-ʃənl] → **appositive I.**

**ap·pos·i·tive** [əˈpɒzɪtɪv; Am. əˈpɑ-] ling. **I** adj appositioˈnell, beigefügt. **II** s Apposiˈtion f.

**ap·prais·al** [əˈpreɪzl] s **1.** (Ab)Schätzung f, Taˈxierung f (a. fig.). **2.** bes. ped. Bewertung f. **3.** fig. Beurteilung f, Würdigung f. **ap·praise** [əˈpreɪz] v/t **1.** (ab)schätzen, taˈxieren (a. fig.): ~**d value** Schätzwert m. **2.** bes. ped. bewerten. **3.** fig. einschätzen, beurteilen, würdigen. **apˈpraise·ment** → **appraisal.** **apˈprais·er** s Schätzer m.

**ap·pre·ci·a·ble** [əˈpriːʃəbl] adj (adv **appreciably**) nennenswert, merklich, spürbar.

**ap·pre·ci·ate** [əˈpriːʃɪeɪt] **I** v/t **1.** (hoch-)schätzen, richtig einschätzen, würdigen, zu schätzen od. zu würdigen wissen: **to** ~ **s.o.'s ability. 2.** schätzen, aufgeschlossen sein für, Gefallen finden an (dat), Sinn haben für: **to** ~ **music. 3.** (dankbar) anerkennen, dankbar sein für, zu schätzen wissen: **to** ~ **a gift. 4.** (richtig) beurteilen od. einschätzen, (voll u. ganz) erkennen od. einsehen, sich bewußt sein (gen): **to** ~ **a difficulty. 5.** bes. econ. Am. a) den Wert od. Preis (e-r Sache) erhöhen, b) aufwerten. **II** v/i **6.** im Wert od. Preis steigen.

**ap·pre·ci·a·tion** [əˌpriːʃɪˈeɪʃn] s **1.** (Ab-, Ein)Schätzung f, Würdigung f. **2.** Wertschätzung f, Anerkennung f. **3.** Verständnis n, Aufgeschlossenheit f, Sinn m (**of, for** für): ~ **of music** Musikverständnis. **4.** (klares) Einsehen, (richtige) Beurteilung, Erkennen n. **5.** kritische Würdigung, (bes. günstige) Kriˈtik. **6.** (dankbare) Anerkennung, Dankbarkeit f (**of** für). **7.** econ. a) Wertsteigerung f, -zuwachs m, Preiserhöhung f, b) bes. Am. Aufwertung f. **ap·pre·ci·a·tive** [əˈpriːʃjətɪv; Am. -ʃə-] adj (adv ~**ly**), **apˈpre·ci·a·to·ry** [-ʃjətərɪ; Am. -ʃəˌtɔːrɪ; -ˌtəʊ-] adj (adv **appreciatorily**) anerkennend, würdigend, achtungsvoll, verständnisvoll, empfänglich: **to be** ~ **of** → **appreciate 1–4.**

**ap·pre·hend** [ˌæprɪˈhend] v/t **1.** ergreifen, fassen, festnehmen, verhaften: **to** ~ **a thief. 2.** fig. etwas wahrnehmen. **3.** fig. begreifen, erfassen. **4.** fig. vorˈaussehen, (be)fürchten.

**ap·pre·hen·si·ble** [ˌæprɪˈhensəbl] adj **1.** faßlich, begreiflich. **2.** wahrnehmbar. **ap·pre·hen·sion** [ˌæprɪˈhenʃn] s **1.** Festnahme f, Ergreifung f, Verhaftung f: ~ **warrant** 6. **2.** fig. Begreifen n, Erfassen n: **stimulus of** ~ biol. Erfassungsreiz m. **3.** Auffassungsvermögen n, -gabe f, -kraft f, Verstand m. **4.** Begriff m, Ansicht f, Vorstellung f: **according to popular** ~. **5.** Besorgnis f, Befürchtung f, (Vor)Ahnung f: **in** ~ **of s.th.** etwas befürchtend. **6.** psych. Apprehensiˈon f. **ap·pre·hen·sive** [ˌæprɪˈhensɪv] adj (adv ~**ly**) **1.** leicht begreifend, schnell auffassend. **2.** empfindlich, empfindsam. **3.** besorgt (**for** um; **that** daß), ängstlich: **to be** ~ Bedenken hegen; **to be** ~ **for one's life** um sein Leben besorgt sein; **to be** ~ **of dangers** sich vor Gefahren fürchten. **ˌap·preˈhen·sive·ness** s **1.** schnelles Auffassungsvermögen. **2.** Furcht f, Besorgnis f.

**ap·pren·tice** [əˈprentɪs] **I** s **1.** a) Auszubildende(r m) f, Lehrling m (a. fig.): **bricklayer's** ~ b) Prakti'kant(in), Volon'tär(in), E'leve m: **actor's** ~ Schauspielschüler(in); ~ **teacher** Jungleh-

rer(in), Lehramtskandidat(in). **2.** fig. Anfänger(in), Neuling m. **3.** meist ~ **seaman** ˈSeekaˌdett m. **II** v/t **4.** in die Lehre geben: **to be** ~**d to** in die Lehre kommen zu, in der Lehre sein bei. **apˈpren·tice·ship** s **1.** a. fig. Lehrjahre pl, -zeit f, Lehre f: **articles** (od. **contract**) **of** ~ Ausbildungsvertrag m, Lehrvertrag m; **to serve one's** ~ in der Lehre sein, e-e Lehre durchmachen (**with** bei). **2.** Lehrstelle f, Ausbildungsplatz m.

**ap·prise[1]** [əˈpraɪz] v/t benachrichtigen, in Kenntnis setzen (**of** von). **ap·prise[2]** → **apprize[1]. ap·prize[1]** [əˈpraɪz] v/t Br. obs. od. Am. (ab)schätzen, taˈxieren. **ap·prize[2]** → **apprise[1].**

**ap·pro** [ˈæprəʊ] s: **on** ~ econ. colloq. zur Probe, zur Ansicht.

**ap·proach** [əˈprəʊtʃ] **I** v/i **1.** sich nähern, näherkommen, herˈannahen, -rücken, nahen. **2.** fig. (**to**) nahekommen, ähnlich od. fast gleich sein (dat), grenzen (an acc). **3.** aer. anfliegen. **4.** Golf: e-n Annäherungsschlag machen.

**II** v/t **5.** sich nähern (dat): **to** ~ **the city**; **to** ~ **the end**; **to** ~ **a limit** math. sich e-m Grenzwert nähern. **6.** fig. nahekommen (dat), (fast) erreichen: **to** ~ **a certain standard. 7.** herˈangehen an (acc), e-e Aufgabe etc anpacken: **to** ~ **a task. 8.** a) an j-n herˈantreten, sich an j-n wenden, b) bes. contp. sich an j-n herˈanmachen: **to** ~ **a customer**; **to** ~ **a girl**; **to** ~ **s.o. for a loan** j-n um ein Darlehen bitten od. angehen. **9.** zu sprechen kommen auf (acc), ein Thema etc anschneiden. **10.** näherbringen, (an)nähern.

**III** s **11.** (Herˈan)Nahen n (a. e-s Zeitpunkts), (Her)ˈAnrücken n, Annäherung f, Anmarsch m (a. mil.), aer. Anflug m: ~ **beacon** aer. Gleitweg-, Landungsbake f; ~ **flight** Zielanflug m; ~ **path** Anflugweg m, -ebene f; ~ **navigation** Annäherungsnavigation f; ~ **shot** (Golf) Annäherungsschlag m. **12.** a) Zugang m, Ein-, Zu-, Auffahrt f, b) a. ~ **road** Zufahrtstraße f. **13.** Skisport: Anlauf-Bahn f) m. **14.** fig. Annäherung f (**to** an acc), Nahekommen n: **a fair** ~ **to accuracy** ziemliche Genauigkeit; **an** ~ **to truth** annähernd die Wahrheit. **15.** Ähnlichkeit f (**to** mit): **an** ~ **to a smile** der Versuch e-s Lächelns. **16.** mar. a) Ansteuerung f, b) Reˈvier n (Seegebiet in Hafennähe). **17.** pl mil. a) Laufgräben pl, Apˈprochen pl, b) Vormarschstraße f. **18.** fig. erster Schritt, (erster) Versuch (**to** zu). **19.** oft pl fig. Annäherung f, Herˈantreten n (**to** s.o. an j-n): ~**es** Annäherungsversuch (e pl) m. **20.** a. **method** (od. **line**) **of** ~ (**to**) a) Art f u. Weise f (etwas) anzupacken, Meˈthode f, Verfahren n, b) Auffassung f (gen), Betrachtungsweise f (gen), Einstellung f (zu), Verhalten n (gegenˈüber), c) Behandlung f (e-s Themas etc), d) philos. etc Ansatz m. **21.** fig. (**to**) Einführung f (in acc), Weg m, Zugang m (zu). **ap·proach·a·ble** [əˈprəʊtʃəbl] adj zugänglich (a. fig.).

**ap·pro·bate** [ˈæprəʊbeɪt; -rə-] v/t bes. Am. (amtlich) billigen, genehmigen. **ˌap·proˈba·tion** s **1.** (amtliche) Billigung, Genehmigung f. **2.** Zustimmung f, Beifall m. **3.** obs. Bewährung f. **ap·pro·ba·to·ry** [ˈæprəʊbəˌteɪtərɪ; -prəˈb-; Am. ˈæprəbəˌtəʊri:; -ˌtɔː-; əˈprəʊ-] adj **1.** billigend. **2.** beifällig.

**ap·pro·pri·ate I** adj [əˈprəʊprɪət] (adv ~**ly**) **1.** (**to, for**) passend (zu), geeignet (für, zu), angemessen, dienlich (dat): **at the** ~ **time** zur gegebenen Zeit; **if** ~ sofern es zweckdienlich erscheint, gegebenenfalls. **2.** eigen, j-m zukommend. **II** v/t [-eɪt] **3.** a) verwenden, bestimmen, b) bes.

*parl. Geld* bewilligen, bereitstellen (**to** zu; **for** für). **4.** sich aneignen.

**ap·pro·pri·a·tion** [əˌprəʊprɪˈeɪʃn] *s* **1.** Bestimmung *f*, Verwendung *f* (*bes. von zweckgebundenen Geldern*). **2.** *a. parl.* (Geld)Bewilligung *f*, (*zweckgebundene*) Bereitstellung: ~**s** (bereitgestellte) Mittel; ~ **bill** *parl.* a) *Br.* Ausgabebudget *n*, b) *Am.* Gesetzesvorlage *f* zur Bewilligung von Geldern; ~ **committee** Bewilligungs-, Haushaltsausschuß *m*. **3.** Aneignung *f*, Besitznahme *f*, -ergreifung *f*.

**ap'pro·pri·a·tive** [-ətɪv; *Am.* -ˌeɪtɪv] *adj* aneignend; geneigt, sich (*etwas*) anzueignen. **ap'pro·pri·a·tor** [-eɪtə(r)] *s* j-d, der sich etwas aneignet.

**ap·prov·a·ble** [əˈpruːvəbl] *adj* **1.** zu billigen(d). **2.** anerkennenswert, löblich.

**ap·prov·al** [əˈpruːvl] *s* **1.** a) Billigung *f*, Genehmigung *f*, b) *bes. tech.* Zulassung *f*: **with the** ~ **of** mit Genehmigung (*gen*); **to give** ~ **to** billigen (*acc*); **on** ~ *econ.* zur Ansicht, zur Probe. **2.** Anerkennung *f*, Beifall *m*: → **meet** 20. ~**rate** *s*: **his** ~ **is 52 per cent** 52% der Bevölkerung erklärten sich mit s-r Politik einverstanden.

**ap·prove** [əˈpruːv] **I** *v/t* **1.** billigen, gutheißen, anerkennen, *e-e Dissertation* annehmen. **2.** (*formell*) bestätigen, genehmigen. **3.** ~ **o.s.** sich erweisen (**as** als), sich bewähren. **II** *v/i* **4.** (**of**) billigen, anerkennen, gutheißen, genehmigen (*acc*), zustimmen (*dat*): **to** ~ **of s.o.** j-n akzeptieren; **to be** ~**d of** Anklang finden; **he** ~**d** er billigte es, er war einverstanden. **ap'proved** *adj* **1.** erprobt, bewährt: **an** ~ **friend.** **2.** anerkannt: ~ **bill** anerkannter Wechsel; ~ **school** *Br. hist.* staatliche Erziehungsanstalt. **ap'prov·er** *s* **1.** Billiger *m*, Beipflichtende(r *m*) *f*. **2.** *jur. Br.* Kronzeuge *m*. **ap'prov·ing** *adj* (*adv* ~**ly**) zustimmend, beifällig.

**ap·prox·i·mate I** *adj* [əˈprɒksɪmət; *Am.* əˈprɑ-] **1.** annähernd, ungefähr, *bes. math.* approxima'tiv, annähernd richtig, Näherungs...: ~ **calculation** Näherungsrechnung *f*; ~ **formula** Näherungs-, Faustformel *f*; ~ **value** → **4. 2.** *biol.* dicht zs.-stehend, eng anein'anderwachsend. **3.** *fig.* sehr ähnlich, annähernd gleich. **II** *s* [-mət] **4.** *math.* Näherungswert *m*. **III** *v/t* [-meɪt] **5.** *math. u. fig.* sich (*e-m Wert etc*) nähern, nahekommen (*dat*), fast erreichen, annähernd gleich sein (*dat*). **6.** *fig.* (an)nähern, angleichen. **IV** *v/i* [-meɪt] **7.** sich nähern (**to** *dat*): a) nahe *od.* näher kommen, b) *fig.* nahe-, näherkommen. **ap'prox·i·mate·ly** [-mətlɪ] *adv* annähernd, ungefähr, etwa.

**ap·prox·i·ma·tion** [əˌprɒksɪˈmeɪʃn; *Am.* əˌprɑ-] *s* **1.** *a. fig.* Annäherung *f* (**to** an *acc*): **an** ~ **to the truth** annähernd die Wahrheit. **2.** *bes. math.* (An)Näherung *f* (**to** an *acc*): ~ **method** Näherungsverfahren *n*. **3.** *math.* Näherungswert *m*. **4.** *fig.* annähernde Gleichheit. **ap'prox·i·ma·tive** [-mətɪv; *Am.* -ˌmeɪtɪv] *adj* approxima'tiv, annähernd.

**ap·pur·te·nance** [əˈpɜːtɪnəns; *Am.* əˈpɜrtn-] *s* **1.** Zubehör *n*. **2.** *meist pl jur.* zugehöriges Recht, Re'alrecht *n* (*aus Eigentum an Liegenschaften*). **3.** *meist pl* Zubehör *n*, Ausrüstung *f*, Appara'tur(en *pl*) *f*. **ap'pur·te·nant** *adj* **1.** (**to**) zugehörig (*dat*), gehörig (zu). **2.** *jur.* anhaftend, zustehend: ~ **rights**.

**a·prax·i·a** [əˈpræksɪə; *bes. Am.* eɪ-] *s med.* Apra'xie *f* (*zentral bedingte Unfähigkeit, sinnvolle u. zweckmäßige Bewegungen auszuführen*).

**a·près-ski** [ˌæpreɪˈskiː; ˌɑː-] **I** *adj* Après-Ski... **II** *s* Après-'Ski *n* (*Vergnügen*).

**a·pri·cot** [ˈeɪprɪkɒt; *Am.* ˈæprɪˌkɑt; ˈeɪ-] *s* **1.** *bot.* a) Apri'kose *f*, b) Apri'kosenbaum *m*. **2.** Apri'kosenfarbe *f*, Rotgelb *n*.

**A·pril** [ˈeɪprəl] *s* A'pril *m*: **in** ~ im April; ~ **fool** Aprilnarr *m*; **to make an** ~ **fool of s.o.** j-n in den April schicken; ~ **Fools' Day** der erste April.

**a pri·o·ri** [ˌeɪpraɪˈɔːraɪ; ˌɑːprɪˈɔːriː; *Am.* *bes.* -ˈəʊriː] *adj u. adv* **1.** *philos.* a pri'ori: a) deduk'tiv, von Ursache auf Wirkung schließend, b) unabhängig von aller Erfahrung, c) von vornherein. **2.** *colloq.* mutmaßlich, ohne (Über)'Prüfung. **ˌa·pri'o·rism** *s* Apri'orismus *m*, Apri'orik *f*. **ˌa·pri'o·rist** *s philos.* Apri'oriker *m*, Apri'orist *m*.

**a·pron** [ˈeɪprən] **I** *s* **1.** Schürze *f*. **2.** Schurz(fell *n*) *m*. **3.** Schurz *m* (*von englischen Bischöfen od. Freimaurern*). **4.** *tech.* a) Schutzblech *n*, -haube *f* (*an Maschinen*), b) *mot.* Wind-, Blechschutz *m*, c) Schutzleder *n*, Kniedecke *f*, -leder *n* (*an Fahrzeugen*). **5.** *mar.* a) Schutzleiste *f*, -brett *n* (*e-s Bootes*), b) Binnenvorsteven *m* (*e-s Schiffes*). **6.** *tech.* Trans'portband *n*. **7.** *aer.* Vorfeld *n* (*vor den Hangars etc*). **8.** *thea.* Vorbühne *f*. **9.** *mil. hist.* Zündlochkappe *f*. **10.** *zo.* a) deckelförmiger 'Hinterleib (*der Krabben*), b) Bauchhaut *f* (*der Gans od. Ente*). **11.** *Golf:* Vorgrün *f*. **II** *v/t* **12.** *j-m* e-e Schürze 'umbinden. **13.** mit e-m Schurz versehen. ~ **con·vey·or** → **apron** 6. ~ **lin·ing** *arch.* Beschalung *f* der Treppenbalken. ~ **stage** *s thea.* Bühne *f* mit Vorbühne. ~ **strings** *s pl* Schürzenbänder *pl*, *fig.* Gängelband *n*: **to be tied to one's mother's** ~ an Mutters Schürzenzipfel hängen; **to be tied to one's wife's** ~ unter dem Pantoffel stehen.

**ap·ro·pos** [ˈæprəpəʊ; ˌæprəˈpəʊ] **I** *adv* **1.** angemessen, zur rechten Zeit: **he arrived very** ~ er kam gerade zur rechten Zeit *od.* wie gerufen. **2.** 'hinsichtlich (**of** *gen*): ~ **of our talk.** apro'pos, was ich (noch) sagen wollte, neben'bei bemerkt. **II** *adj* **4.** passend, (zu)treffend.

**apse** [æps] *s* **1.** *arch.* Apsis *f* (*halbkreisförmige Altarnische*): ~ **aisle** Apsisschiff *n*. **2.** → **apsis** 1 *u.* 2.

**ap·si·dal** [ˈæpsɪdl] *adj* **1.** *astr.* Apsiden... **2.** *arch.* Apsis...

**ap·sis** [ˈæpsɪs] *pl* **ap·si·des** [æpˈsaɪdiːz; ˈæpsɪdiːz] *s* **1.** *astr.* Ap'side *f*, Kehr-, Wendepunkt *m* (*e-s Planeten*). **2.** *math.* Ex'trempunkt *m* e-r Kurve (*in Polarkoordinaten*). **3.** → **apse** 1.

**apt** [æpt] *adj* (*adv* ~**ly**) **1.** passend, geeignet. **2.** treffend: **an** ~ **remark**; **as he so** ~**ly said. 3.** neigend, geneigt (**to do** zu tun): **he is** ~ **to believe it** er wird wahrscheinlich glauben; ~ **to be overlooked** leicht zu übersehen; ~ **to rust** rostanfällig. **4.** (**at**) geschickt (in *dat*), begabt (für); aufgeweckt: **an** ~ **pupil.**

**ap·ter·al** [ˈæptərəl] *adj* **1.** → **apterous. 2.** *arch.* an den Seiten säulenlos. **ap·ter·ous** [ˈæptərəs] *adj* **1.** *orn.* flügellos. **2.** *bot.* ungeflügelt.

**ap·ti·tude** [ˈæptɪtjuːd; *Am. a.* -ˌtuːd] *s* **1.** (**for**) Begabung *f*, Befähigung *f* (für), Ta'lent *n* (für, zu), Geschick *n* (für, in *dat*), b) *ped. psych.* Sonderbegabung *f*: ~ **test** Eignungsprüfung *f*, *ped.* Test *m* für e-e Sonderbegabung. **2.** Neigung *f*, Hang *m* (**for** zu). **3.** Auffassungsgabe *f*, Intelli'genz *f*. **4.** → **aptness** 1.

**apt·ness** [ˈæptnɪs] *s* **1.** Angemessenheit *f*, Eignung *f*, Tauglichkeit *f* (**for** für, zu). **2.** Neigung *f*, Hang *m* (**for, to** zu). **3.** (**for, to**) Begabung *f*, Eignung *f* (für, zu), Geschick *n* (für, in *dat*). **4.** Eigenschaft *f*, Ten'denz *f*.

**aq·ua** [ˈækwə] *pl* **aq·uae** [-wiː] *od.* **aq·uas** [ˈækwə] *s* **1.** *Wasser n.* **2.** *chem. obs.* Flüssigkeit *f*. **3.** *chem.* Lösung *f* (*bes. in Wasser*). **4.** Blaugrün *n*.

**aq·ua·belle** [ˈækwəbel] *s* Badeschönheit *f*.

**aq·ua·cade** [ˈækwəˌkeɪd] *s Am.* 'Wasserbal,lett *n*.

**aq·ua·cul·ture** [ˈækwəkˌʌltʃə(r)] *s* 'Aquakul,tur *f* (*systematische Bewirtschaftung des Meeres*).

**aq·ua·farm** [ˈækwəfɑː(r)m] *s* künstlich angelegter See etc zur Aufzucht von Fischen, Austern u. anderen Wassertieren.

**aq·ua for·tis** [ˌækwəˈfɔː(r)tɪs] *s obs.* **1.** *chem.* Scheidewasser *n*, Sal'petersäure *f*. **2.** Ätzen *n* mit Sal'petersäure.

**aq·ua·lung** [ˈækwəlʌŋ] *s* Taucherlunge *f*, (Unter'wasser)Atmungsgerät *n*.

**aq·ua·ma·rine** [ˌækwəməˈriːn] *s* **1.** *min.* Aquama'rin *m*. **2.** Aquama'rinblau *n*.

**aq·ua·naut** [ˈækwənɔːt] *s* Aqua'naut(in).

**ˌaq·ua'nau·tics** [-tɪks] *s pl* (*als sg konstruiert*) Aqua'nautik *f*.

**aq·ua·plane** [ˈækwəpleɪn] **I** *s* **1.** *Wassersport:* Monoski *m*. **II** *v/i* **2.** *Wassersport:* Monoski laufen. **3.** *mot.* a) aufschwimmen (*Reifen*), b) auf regennasser Straße die Bodenhaftung verlieren. **'aq·ua·ˌplan·ing** *s* **1.** *Wassersport:* Monoskilauf *m*. **2.** *mot.* Aqua'planing *n*.

**aq·ua re·gi·a** [ˌækwəˈriːdʒɪə; -ʒə; *Am. a.* -dʒə] *s chem.* Königs-, Scheidewasser *n*.

**aq·ua·relle** [ˌækwəˈrel] *s* **1.** Aqua'rell *n* (*Bild*). **2.** Aqua'rellmale,rei *f*. **ˌaq·ua'rel·list** *s* Aqua'rellmaler(in), Aquarel'list(in).

**a·quar·i·a** [əˈkweərɪə] *pl von* **aquarium. A·quar·i·an** [əˈkweərɪən] *s astr.* Wassermann *m* (*Person*): **to be an** ~ Wassermann sein.

**a·quar·i·um** [əˈkweərɪəm] *pl* **-i·ums** *od.* **-i·a** [-ɪə] *s* A'quarium *n*.

**A·quar·i·us** [əˈkweərɪəs] *s astr.* Wassermann *m* (*Sternbild u. Tierkreiszeichen*): **to be** (**an**) ~ Wassermann sein.

**aq·ua·show** [ˈækwəʃəʊ] *s Br.* 'Wasserbal,lett *n*.

**aq·ua·stat** [ˈækwəstæt] *s* 'Wassertempera,turregler *m*.

**aq·ua·tel** [ˈækwətel] *s* Aqua'tel *n* (*Hotel, das an Stelle von Zimmern Hausboote vermietet*).

**a·quat·ic** [əˈkwætɪk] **I** *adj* **1.** auf dem *od.* im Wasser lebend *od.* betrieben, Wasser...: ~ **plants** Wasserpflanzen; ~ **fowls** Wasservögel; ~ **sports** → **3. II** *s* **2.** *biol.* Wassertier *n od.* -pflanze *f*. **3.** *pl* (*a. als sg konstruiert*) Wassersport *m*.

**aq·ua·tint** [ˈækwətɪnt] *s* **1.** Aqua'tinta(ma,nier) *f*, 'Tuschma,nier *f*. **2.** Aqua-'tintastich *m*, -abdruck *m*: ~ **engraving** Kupferstich *m* in Tuschmanier. **II** *v/t* **3.** in Aqua'tinta- *od.* 'Tuschma,nier ausführen.

**aq·ua·vit** [ˈækwəvɪt; *Am.* ˈɑːkwəˌviːt] *s* Aqua'vit *m* (*mit Kümmel aromatisierter, farbloser Branntwein*).

**aq·ua vi·tae** [ˌækwəˈvaɪtiː] *s* **1.** *chem. obs.* Alkohol *m*. **2.** Branntwein *m*.

**aq·ue·duct** [ˈækwɪdʌkt] *s* **1.** Aquä'dukt *m, a. n.* **2.** *anat.* Ka'nal *m*.

**a·que·ous** [ˈeɪkwɪəs; ˈæk-] *adj* wässerig, wäßrig, wasserartig, -haltig: ~ **ammonia** Ammoniakwasser *n*; ~ **solution** wäßrige Lösung; ~ **humo(u)r** *med.* Humor aqueus *m* des Auges, Kammerwasser *n*.

**aq·ui·cul·ture** [ˈækwɪkˌʌltʃə(r)] *s* 'Hydrokul,tur *f* (*Anbau ohne Erde in Nährlösungen*).

**Aq·ui·la** [ˈækwɪlə; *Br. a.* əˈkwɪlə] *s astr.* Adler *m* (*Sternbild*).

**aq·ui·le·gi·a** [ˌækwɪˈliːdʒə; -ɪə; *Am. a.* -dʒə] *s bot.* Ake'lei *f*.

**aq·ui·line** [ˈækwɪlaɪn; *Am. a.* -lən] *adj* **1.** Adler..., adlerartig. **2.** gebogen, Adler..., Habichts..., Haken...: ~ **nose.**

**Ar·ab** [ˈærəb] **I** *s* **1.** Araber(in). **2.** *zo.*

Araber *m*, a'rabisches Pferd. **3.** → **street** Arab. **II** *adj* 4. a'rabisch.

**ar·a·besque** [ˌærə'besk] **I** *s art, a. mus. u. Ballett*: Ara'beske *f*. **II** *adj* ara'besk.

**A·ra·bi·an** [ə'reɪbjən; -bɪən] **I** *adj* a'rabisch: The ~ **Nights** Tausendundeine Nacht. **II** *s* → **Arab** 1 *u.* 2. ~ **bird** *s* Phönix *m*. ~ **cam·el** *s zo.* Drome'dar *n*.

**Ar·a·bic** ['ærəbɪk] **I** *adj* a'rabisch: ~ **figures** (*od.* **numerals**) arabische Zahlen *od.* Ziffern; ~ **gum** Gummiarabikum *n*. **II** *s ling.* A'rabisch *n*, das Arabische.

**a·rab·i·nose** [ə'ræbɪnəʊs; -z] *s chem.* Arabi'nose *f*, Gummizucker *m*.

**Ar·ab·ist** ['ærəbɪst] *s* Ara'bist *m* (*Kenner der arabischen Sprache u. Literatur*).

**ar·a·ble** ['ærəbl] **I** *adj* pflügbar, urbar, anbaufähig: ~ **land** → **II**. **II** *s* Ackerland *n*.

**Ar·a·by** ['ærəbɪ] *s poet.* A'rabien *n*.

**a·rach·nid** [ə'ræknɪd], **a'rach·ni·dan** [-dən] *zo.* **I** *s* spinnenartiges Tier. **II** *adj* spinnenartig.

**a·rach·noid** [ə'ræknɔɪd] **I** *adj* 1. spinnweb(e)artig. **2.** *zo.* spinnenartig. **3.** *anat.* Spinnwebenhaut... **II** *s* 4. *zo.* spinnenartiges Tier. **5.** *anat.* Spinnwebenhaut *f* (*des Gehirns*).

**ar·ach·nol·o·gy** [ˌæræk'nɒlədʒɪ; *Am.* -ˈnɑl-] *s* Arachnolo'gie *f*, Spinnenkunde *f*.

**a·ra·li·a** [ə'reɪljə; -lɪə] *s bot.* A'ralie *f*. **2.** *pharm.* A'ralienwurzel *f*.

**Ar·a·m(a)e·an** [ˌærə'miːən] **I** *s* 1. Ara'mäer(in). **2.** *ling.* Ara'mäisch *n*, das Aramäische. **II** *adj* 3. ara'mäisch.

**a·ra·ne·id** [ə'reɪnɪɪd], ˌærə'niːɪd] *s zo.* (Webe)Spinne *f*. **ar·a·ne·i·dan** [ˌærə'niːɪdən] *zo.* **I** *s* (Webe)Spinne *f*. **II** *adj* zu den (Webe)Spinnen gehörig.

**A·rau·can** [ə'rɔːkən; *Am.* əˈraʊ-] *s ling.* Arau'kanisch *n*, das Araukanische. **Arau·ca·ni·an** [ˌærɔː'keɪnjən; -ɪən; *Am.* bes. əˌraʊ'kɑːnɪən] **I** *s* Arau'kaner(in). **II** *adj* arau'kanisch.

**ar·au·ca·ri·a** [ˌærɔː'keərɪə] *s bot.* Zimmertanne *f*, Arau'karie *f*.

**ar·ba·lest** ['ɑː(r)bəlɪst] *s mil. hist.* Armbrust *f*. **'ar·ba·lest·er** *s* Armbrustschütze *m*.

**ar·ba·list**, *etc* → **arbalest**, *etc.*

**ar·bi·ter** ['ɑː(r)bɪtə(r)] *s* 1. Schiedsrichter *m*, Schiedsmann *m*, 'Unpar,teiische(r) *m*. **2.** Herr *m*, Gebieter *m* (of über *acc*): ~ **of our fate**; **to be the ~ of fashion** die Mode bestimmen *od.* diktieren. **3.** *fig.* Richter. *m*. ~ **e·le·gan·ti·ae** [ˌelɪ'gænʃiː], ~ ˌe·le·gan·ti·a·rum** [-'eərəm; -'eɪrəm] (*Lat.*) *s* Arbiter *m* eleganti'arum.

**ar·bi·tra·ble** ['ɑː(r)bɪtrəbl] *adj* schiedsrichterlich beilegbar *od.* zu entscheiden(d), schiedsgerichtsfähig: ~ **case** Schiedssache *f*.

**ar·bi·trage** [ˌɑːbɪ'trɑːʒ; *Am.* 'ɑːrbəˌtrɑːʒ] *s econ.* Arbi'trage *f* (*Nutzung der Kursunterschiede*): ~ **dealer** → **arbitrager**; ~ **dealings** Arbitragegeschäfte; ~ **in securities** (*od.* **stocks**) Effektenarbitrage; **currency** ~ Devisenarbitrage. **ar·bi·trag·er**, **ar·bi·tra'geur** [*Am.* -'ʒɜr] *s* Arbitra'geur *m*, Arbi'tragehändler *m*. **'ar·bi·tral** [-trəl] *adj* schiedsrichterlich: ~ **award** Schiedsspruch *m*; ~ **case** Schiedssache *f*; ~ **jurisdiction** Schiedsgerichtsbarkeit *f*; ~ **body** (*od.* **court** *od.* **tribunal**) Schiedsgericht *n*, -instanz *f*. **ar·bit·ra·ment** [ɑː(r)'bɪtrəmənt] *s* 1. *obs.* schiedsrichterliche Gewalt, Entscheidungsgewalt *f*. **2.** Schiedsspruch *m*. **3.** *obs.* freier Wille.

**ar·bi·trar·i·ness** ['ɑː(r)bɪtrərɪnɪs; *Am.* -ˌtreriːnəs] *s* 1. Willkür *f*, Eigenmächtigkeit *f*. **2.** *math.* Beliebigkeit *f*.

**ar·bi·trar·y** ['ɑː(r)bɪtrərɪ; *Am.* -ˌtreriː] *adj* (*adv* **arbitrarily**) 1. willkürlich: a) beliebig (*a. math.*): ~ **constant** will-

kürliche Konstante, b) eigenmächtig: ~ **action** eigenmächtige Handlung, Willkürakt *m*, c) des'potisch, ty'rannisch: ~ **ruler**. **2.** launenhaft, unvernünftig.

**ar·bi·trate** ['ɑː(r)bɪtreɪt] **I** *v/t* 1. a) (als Schiedsrichter *od.* durch Schiedsspruch *od.* schiedsrichterlich) entscheiden, schlichten, beilegen, b) über *e-e* Sache schiedsrichterlich verhandeln. **2.** e-m Schiedsspruch unter'werfen. **II** *v/i* 3. als Schiedsrichter fun'gieren, vermitteln. **4.** *econ.* Arbi'tragegeschäfte machen.

**ar·bi·tra·tion** [ˌɑː(r)bɪ'treɪʃn] *s* 1. Schieds(gerichts)verfahren *n*. **2.** a) (schiedsrichterliche) Entscheidung, Schiedsspruch *m*, b) Schlichtung *f*: ~ **agreement** (*od.* **treaty**) Schiedsvertrag *m*; ~ **board** *Am.* Schlichtungs-, Schiedsstelle *f*; ~ **clause** Schieds(gerichts)klausel *f*; ~ **committee** Schlichtungs-, Vermittlungsausschuß *m*; **court of** ~ Schiedsgericht *n*, Schieds(gerichts)hof *m*; **to submit to** ~ e-m Schiedsgericht unterwerfen. **3.** ~ **of exchange** *econ.* 'Wechselarbi,trage *f*. **'ar·bi·tra·tor** [-tə(r)] *s bes. econ. jur.* a) Schiedsrichter *m*, -mann *m*, b) Schlichter *m*.

**ar·bor¹** *s bes. Br.* **ar·bour** ['ɑː(r)bə(r)] *s* 1. Laube *f*, Laubengang *m*. **2.** *obs.* a) Rasen *m*, b) (Obst)Garten *m*.

**ar·bor²** ['ɑː(r)bə(r)] *s* 1. [*Br. bes.* 'ɑːbɔː] *pl* **'ar·bo·res** [-riːz] *bot.* Baum *m*. **2.** *pl* **'ar·bors** *tech.* a) Balken *m*, Holm *m*, b) Achse *f*, Welle *f*, c) Spindel *f*, (Aufsteck)Dorn *m*.

**ar·bo·ra·ceous** [ˌɑː(r)bə'reɪʃəs] → **arboreal**.

**Ar·bor Day** *s Am.* Tag *m* des Baumes, Baumpflanz(ungs)tag *m*.

**ar·bo·re·al** [ɑː(r)'bɔːrɪəl; *Am. a.* -ˈbəʊ-] *adj* 1. baumartig, Baum... **2.** auf Bäumen lebend.

**ar·bo·re·an** [ɑː(r)'bɔːrɪən] → **arboreal**.

**ar·bored**, *bes. Br.* **ar·boured** ['ɑː(r)bə(r)d] *adj* 1. mit e-r Laube *od.* Lauben (versehen), laubenartig. **2.** mit Bäumen besetzt *od.* um'säumt.

**ar·bo·re·ous** [ɑː(r)'bɔːrɪəs; *Am. a.* -ˈbəʊ-] *adj* 1. baumreich, waldig, bewaldet. **2.** → **arboreal**. **3.** → **arborescent**.

**ar·bo·res** ['ɑː(r)bəriːz; *Br. bes.* -bɔːr-] *pl* von **arbor²** 1.

**ar·bo·res·cent** [ˌɑː(r)bə'resnt] *adj* 1. baumartig wachsend *od.* verzweigt *od.* sich ausbreitend. **2.** *bes. min.* mit baumartiger Zeichnung.

**ar·bo·ri·cul·tur·al** [ˌɑː(r)bərɪˈkʌltʃərəl] *adj* Baumzucht... **'ar·bo·ri·cul·ture** *s* Baumzucht *f*. **ar·bo·ri·cul·tur·ist** *s* Baumzüchter(in), -gärtner(in).

**ar·bor·i·za·tion** [ˌɑː(r)bəraɪ'zeɪʃn; *Am.* -rəˈz-] *s* 1. baumförmige Bildung. **2.** Den'drit *m*: a) *min.* den'dritenartige Bildung, b) *anat.* baumartige Verzweigung.

**ar·bor·ous** ['ɑː(r)bərəs] *adj* Baum..., aus Bäumen bestehend.

**ar·bor vi·tae** ['vaɪtiː] *s anat. bot.* Lebensbaum *m*.

**'ar·bour**, **'ar·boured** *bes. Br. für* **arbor¹**, **arbored**.

**ar·bu·tus** [ɑː(r)'bjuːtəs] *s bot.* 1. Erdbeerbaum *m*. **2.** a. **trailing** ~ *Am.* Kriechende Heide.

**arc** [ɑː(r)k] **I** *s* 1. Bogen *m* (*a. tech.*). **2.** *math.* Bogen *m* (*e-s Kreises etc*), Arkus *m*: ~ **hyperbolic function** inverse Hyperbelfunktion; ~ **secant** Arkussekans *m*; ~ **sine** Arkussinus *m*; ~ **trigonometric** inverstrigonometrisch. **3.** *astr.* a) Bogen *m*, (Tag-Nacht)Kreis *m*, b) Winkelgeschwindigkeitsmaß *n*. **4.** *electr.* (Licht)Bogen *m*: ~ **ignition** Lichtbogenzündung *f*; ~ **spectrum** Bogenspektrum *n*; ~ **welding** Lichtbogen-

schweißen *n*. **II** *v/i pret u. pp* **arc(k)ed**, *pres p* **arc(k)·ing** *5. a.* ~ **over** *electr.* e-n (Licht)Bogen bilden, 'funken': **to** ~ **back** rückzünden (*Gleichrichter*), 'feuern' (*elektrische Maschine*).

**ar·cade** [ɑː(r)'keɪd] *s* 1. *arch.* Ar'kade *f*: a) Säulen-, Bogen-, Laubengang *m*, b) Bogen(reihe *f*) *m*. **2.** 'Durchgang *m*, Pas'sage *f*. **ar'cad·ed** *adj* mit e-r Ar'kade (versehen), Arkaden...

**Ar·ca·di·a** [ɑː(r)'keɪdjə; -dɪə] *npr u. s* Ar'kadien *n* (*a. fig.*).

**Ar·ca·di·an¹** [ɑː(r)'keɪdjən; -dɪən] **I** *s* Ar'kadier(in). **II** *adj* ar'kadisch: a) aus Ar'kadien, b) *fig.* i'dyllisch.

**Ar·ca·di·an²** [ɑː(r)'keɪdjən; -dɪən] *adj* *arch.* mit e-r Ar'kade (versehen), Arkaden...

**Ar·ca·dy** ['ɑː(r)kədɪ] *s poet.* Ar'kadien *n*.

**ar·ca·na** [ɑː(r)'keɪnə] *pl von* **arcanum**.

**ar·cane** [ɑː(r)'keɪn] *adj* geheim, geheimnisvoll, verborgen.

**ar·ca·num** [ɑː(r)'keɪnəm] *pl* **-na** [-nə] *s* 1. *meist pl* Geheimnis *n*, My'sterium *n*. **2.** *pharm. hist.* Ar'kanum *n*, Eli'xier *n*.

**ar·ca·ture** ['ɑː(r)kəˌtjʊə; *bes. Am.* -ˌtʃʊə(r); -tʃə(r)] *s arch.* 1. kleine Ar'kade (*als Balustrade etc*). **2.** Blendar,kade *f*.

**arc|back** *s electr.* Bogenrückschlag *m*. ~ **flame** *s electr.* Flammenbogen *m*, (Licht)Bogenflamme *f*. ~ **gen·er·a·tor** *s* 'Lichtbogengene,rator *m*.

**arch¹** [ɑː(r)tʃ] **I** *s* 1. *arch.* (Brücken-, Fenster-, Gewölbe-, Schwib)Bogen *m*. **2.** *arch.* über'wölbter (Ein-, 'Durch-) Gang, Gewölbe *n*. **3.** Bogen *m*, Wölbung *f*: **the** ~ **of her eyebrow**; ~ **of the in·step** *anat.* Fußgewölbe *n*; ~ **support** Senkfußeinlage *f*; ~ **of the cranium** *anat.* Hirnschädelgewölbe *n*; → **fallen arches**. **4.** *fig. poet.* Himmelsbogen *m*: a) Regenbogen *m*, b) Himmelsgewölbe *n*. **5.** *metall.* a) Vorofen *m*, b) Feuer-, Schmelzofen *m*. **6.** *Phonetik*: Gaumenbogen *m*. **II** *v/t* 7. mit Bogen versehen *od.* über'spannen: **to** ~ **over** überwölben. **8.** wölben, krümmen: **to** ~ **one's back** e-n Buckel machen (*bes. Katze*). **III** *v/i* **9.** sich wölben.

**arch²** [ɑː(r)tʃ] *adj* erst(er, es), oberst(er, e, es), größt(er, e, es), Haupt..., Ur..., Erz...; Riesen...: ~ **rogue** Erzschurke *m*.

**arch³** [ɑː(r)tʃ] *adj* (*adv* ~**ly**) 1. schelmisch, schalkhaft, spitzbübisch, durch'trieben. **2.** schlau.

**-arch** [ɑː(r)k] *Wortelement mit der Bedeutung* Herrscher: **oligarch**.

**arch-** [ɑː(r)tʃ] *Wortelement bei Titeln etc mit der Bedeutung* erst, oberst, Haupt..., Erz...

**Ar·chae·an** [ɑː(r)'kiːən] *geol.* **I** *adj* a'zoisch, ar'chäisch. **II** *s* A'zoikum *n*.

**ar·chae·o·log·ic** [ˌɑː(r)kɪə'lɒdʒɪk; *Am.* -ˈlɑ-] *adj*; **ar·chae·o'log·i·cal** [-kl] *adj* (*adv* ~**ly**) archäo'logisch, Altertums... **ar·chae'ol·o·gist** [-ˈɒlədʒɪst; *Am.* -ˈɑl-] *s* Archäo'loge *m*, Altertumsforscher *m*. **ar·chae'ol·o·gy** *s* 1. Archäolo'gie *f*, Altertumskunde *f*, -wissenschaft *f*. **2.** Altertümer *pl*, Kul'turreste *pl*.

**ar·chae·om·e·try** [ˌɑː(r)kɪ'ɒmɪtrɪ; *Am.* -ˈɑmə-] *s* Archäome'trie *f* (*wissenschaftliche Altersbestimmung archäologischer Funde*).

**ar·cha·ic** [ɑː(r)'keɪɪk] *adj* (*adv* ~**ally**) ar'chaisch: a) frühzeitlich, altertümlich (*Kunst etc*), b) *ling.* veraltet, altmodisch, c) *psych.* regres'siv. **ar'cha·i·cism** [-sɪzəm] → **archaism**.

**ar·cha·ism** ['ɑː(r)keɪɪzəm; *Am. a.* -kiː₁ɪ-] *s* 1. Archa'ismus *m*: a) veraltete Ausdrucksweise, b) veralteter Ausdruck. **2.** (*etwas*) Altertümliches, Veraltetes, alte Sitte. **'ar·cha·ize I** *v/t* archai'sieren. **II** *v/i* alte Formen *od.* Gebräuche nachahmen.

**arch·an·gel** [ˈɑː(r)kˌeɪndʒəl] s **1.** Erzengel m. **2.** bot. Anˈgelika f, Engelwurz f.
**arch'bish·op** s relig. Erzbischof m.
**arch'bish·op·ric** s **1.** Erzbistum n. **2.** Erzbischofsamt n, -würde f.
**arch│brace** s arch. Bogenstrebe f. ~ **bridge** s tech. Bogen-, Jochbrücke f.
**arch'dea·con** s relig. Archidiaˈkon m.
**arch'dea·con·ry** [-rɪ], **arch'deacon·ship** s Archidiakoˈnat n, ˈErzdiakoˌnat n.
**arch'di·o·cese** s relig. ˈErzdiöˌzese f.
**arch'du·cal** adj erzherzoglich. **arch'duch·ess** s Erzherzogin f. **arch'duch·y** s Erzherzogtum n. **arch'duke** s Erzherzog m. **arch'dukedom** s Erzherzogtum n.
**Ar·che·an** [ɑː(r)ˈkiːən] bes. Am. für Archaean.
**ar·che·bi·o·sis** [ˌɑː(r)kɪbaɪˈəʊsɪs] s Urzeugung f.
**arched** [ɑː(r)tʃt] adj gewölbt, überˈwölbt: ~ **charge** mil. gewölbte Ladung; ~ **roof** Tonnendach n.
**arch'en·e·my** [ˌɑː(r)tʃ-] → archfiend.
**ar·chen·ter·on** [ɑː(r)ˈkentərɒn; Am. -ˌrɑn; -rən] s biol. Arˈchenteron n, Urdarm m.
**ar·che·o·log·ic**, etc bes. Am. für archaeologic, etc.
**ar·che·om·e·try** bes. Am. für archaeometry.
**arch·er** [ˈɑː(r)tʃə(r)] s **1.** Bogenschütze m. **2.** A~ astr. Schütze m (Sternbild u. Tierkreiszeichen): **to be (an) A~** Schütze sein.
**arch·er·y** s **1.** Bogenschießen n. **2.** Ausrüstung f e-s Bogenschützen. **3.** collect. Bogenschützen pl.
**ar·che·typ·al** [ˈɑː(r)kɪtaɪpl] adj **1.** bes. philos. psych. archeˈtypisch: a) urbildlich, b) mustergültig. **2.** Muster...
**ar·che·type** [ˈɑː(r)kɪtaɪp] s **1.** Archeˈtyp(us) m: a) philos. etc Urbild n, Urform f, Vorbild n, Origiˈnal n, Muster n, b) bor. zo. Urform f, c) Urhandschrift f, erster Druck. **2.** psych. Archeˈtypus m (bei C. G. Jung).
**arch'fiend** [ˌɑː(r)tʃ-] s Erzfeind m: a) Todfeind m, b) oft A~ (der) Satan.
**archi-** [ɑː(r)kɪ] Wortelement mit der Bedeutung a) Haupt..., Ober..., oberst, erst, b) biol. ursprünglich, primitiv.
**ar·chi·bald** [ˈɑː(r)tʃɪbɔːld; -bəld] → archie.
**ar·chi·blast** [ˈɑː(r)kɪblæst] s biol. **1.** Eiplasma n. **2.** äußeres Keimblatt (des Embryos).
**ar·chi·di·ac·o·nal** [ˌɑː(r)kɪdaɪˈækənl] adj relig. archidiaˈkonisch.
**ar·chie** [ˈɑː(r)tʃɪ] s mil. Br. sl. Flak(geschütz n) f.
**ar·chi·e·pis·co·pa·cy** [ˌɑː(r)kɪɪˈpɪskəpəsɪ] s relig. ˈKirchenreˌgierung f durch Erzbischöfe. **ar·chi·e'pis·co·pal** adj erzbischöflich. **ar·chi·e'pis·co·pate** [-pɪt; -peɪt] s **1.** Amt n od. Würde f e-s Erzbischofs. **2.** Erzbistum n.
**ar·chil** [ˈɑː(r)tʃɪl] s **a)** Orˈseille f: **a)** bot. Färberflechte f, b) tech. ein Farbstoff.
**Ar·chi·me·de·an** [ˌɑː(r)kɪˈmiːdjən; -ɪən; -mɪˈdiːən] adj archiˈmedisch: ~ **screw** tech. archimedische Schraube, Wasser-, Förderschnecke f.
**ar·chi·pel·a·go** [ˌɑː(r)kɪˈpelɪgəʊ] pl **-gos, -goes** s Archiˈpel m, Inselmeer n, -gruppe f.
**ar·chi·plasm** [ˈɑː(r)kɪplæzəm] s biol. Urplasma n.
**ar·chi·tect** [ˈɑː(r)kɪtekt] s **1.** Archiˈtekt m: ~**'s scale** Reißbrettlineal n. **2.** fig. Schöpfer m, Urheber m, Gründer m: **everyone is the ~ of his own fortune** jeder ist s-s Glückes Schmied.
**ar·chi·tec·ton·ic** [ˌɑː(r)kɪtekˈtɒnɪk; Am. -ˈtɑ-] **I** adj (adv ~ally) **1.** architekˈtonisch,

baulich. **2.** Bau... **3.** konstrukˈtiv, schöpferisch. **4.** planvoll, struktuˈrell, systeˈmatisch. **5.** mus. philos. systematiˈsierend, klar u. logisch aufgebaut. **6.** art tekˈtonisch. **II** s meist pl (als sg konstruiert) **7.** Architekˈtonik f, Architekˈtur f (als Wissenschaft). **8.** Strukˈtur f, Aufbau m, Anlage f.
**ar·chi·tec·tur·al** [ˌɑː(r)kɪˈtektʃərəl] adj (adv ~ly) Architektur..., Bau..., architekˈtonisch, baulich: ~ **acoustics** Raumakustik f; ~ **design** Raumgestaltung f; ~ **engineering** Hochbau m.
**ar·chi·tec·ture** [ˈɑː(r)kɪtektʃə(r)] s **1.** Architekˈtur f: a) Baukunst f: **school of** ~ Bauschule f, Bauakademie f, b) Bauart f, Baustil m. **2.** a. fig. (Auf)Bau m, Strukˈtur f, Anlage f, Konstruktiˈon f. **3.** a) Bau(werk n) m, Gebäude n, b) collect. Gebäude pl, Bauten pl. **4.** poet. Schöpferkunst f.
**ar·chi·trave** [ˈɑː(r)kɪtreɪv] s arch. **1.** Archiˈtrav m, Quer-, Tragbalken m. **2.** archiˈtravähnliche (Tür- etc)Einfassung.
**ar·chi·val** [ɑː(r)ˈkaɪvl] adj Archiv... **ar·chive** [ˈɑː(r)kaɪv] s meist pl Arˈchiv n (Sammlung u. Einrichtung). **'ar·chi·vist** [-kɪ-] s Archiˈvar(in).
**ar·chi·volt** [ˈɑː(r)kɪvəʊlt] s arch. Archiˈvolte f, Bogeneinfassung f.
**arch·ness** [ˈɑː(r)tʃnɪs] s Schalkhaftigkeit f, Schelmeˈrei f, Durchˈtriebenheit f.
**arch'priest** [ˌɑː(r)tʃ-] s relig. hist. Erzpriester m.
**arch│way** [ˈɑː(r)tʃweɪ] s arch. **1.** Bogengang m, überˈwölbter Torweg. **2.** Bogen m (über e-m Tor etc). **'~wise** adv bogenartig.
**-archy** [ɑː(r)kɪ; ə(r)kɪ] Wortelement mit der Bedeutung Herrschaft: monarchy.
**arc·ing** [ˈɑː(r)kɪŋ] s electr. Lichtbogenbildung f: ~ **over** Überschlagen n von Funken; ~ **contact** Abreißkontakt m; ~ **voltage** Überschlagsspannung f.
**arc│lamp** s electr. Bogen(licht)lampe f: **enclosed** ~ Dauerbrandbogenlampe, geschlossene Bogenlampe. ~ **light** s electr. **1.** Bogenlichtlampe f. **2.** Bogenlicht n.
**Arc·ta·li·a** [ɑː(r)kˈteɪljə; -lɪə] s Tiergeographie: arktischer Seebereich.
**arc·ti·an** [ˈɑː(r)kʃən; -tɪən] → arctiid.
**arc·tic** [ˈɑː(r)ktɪk] **I** adj **1.** arktisch, nördlich, Nord..., Polar...: A~ **Ocean** Nördliches Eismeer; A~ **Circle** nördlicher Polarkreis; ~ **fox** Polarfuchs m; ~ **front** meteor. Arktikfront f; ~ **seal** Seal-Imitation f aus Kaninchenfell. **2.** fig. (eis)kalt, eisig. **II** s **3.** meist pl Am. gefütterte, wasserdichte ˈÜberschuhe pl.
**arc·ti·id** [ˈɑː(r)ktɪɪd] s zo. **I** s Bärenspinner m. **II** adj zu den Bärenspinnern gehörig.
**Arc·to·g(a)e·a** [ˌɑː(r)ktəˈdʒiːə] s Tiergeographie: nördliche Halbkugel.
**Arc·tu·rus** [ɑː(r)kˈtjʊərəs; Am. a. -ˈtʊ-] s astr. Arkˈtur(us) m, Bärenhüter m (Stern).
**ar·cu·ate** [ˈɑː(r)kjʊɪt; -eɪt; Am. -jəwət; -ˌweɪt], **'ar·cu·at·ed** [-eɪtɪd] adj bogenförmig, gebogen.
**arc│weld** v/t electr. mit dem Lichtbogen od. eˈlektrisch schweißen. ~ **weld·ing** s electr. Lichtbogenschweißen n.
**ar·den·cy** [ˈɑː(r)dənsɪ] → ardor.
**ar·dent** [ˈɑː(r)dənt] adj (adv ~ly) **1.** heiß, brennend, feurig, glühend (alle a. fig.): ~ **love**; ~ **fever** hitziges Fieber; ~ **spirits** hochprozentige Spirituosen. **2.** fig. inbrünstig, leidenschaftlich, heftig, innig: ~ **wish**; ~ **admirer** glühender Verehrer; ~ **loathing** heftiger Abscheu. **3.** fig. eifrig, begeistert: ~ **supporter**.

**ar·dor**, bes. Br. **ar·dour** [ˈɑː(r)də(r)] s **1.** Hitze f, Glut f. **2.** fig. Leidenschaft (-lichkeit) f, Heftigkeit f, Inbrunst f, Glut f, Feuer n. **3.** fig. Eifer m, Begeisterung f (for für).
**ar·du·ous** [ˈɑː(r)djʊəs; Am. ˈɑː(r)dʒəwəs] adj (adv ~ly) **1.** schwierig, schwer, anstrengend, mühsam: **an** ~ **task**. **2.** emsig, ausdauernd, zäh, eˈnergisch: **an** ~ **worker**; ~ **efforts** große Anstrengungen. **3.** steil: **an** ~ **mountain**. **4.** streng, hart: **an** ~ **winter**. **'ar·du·ous·ness** s Schwierigkeit f.
**are**[1] [ɑː(r); unbetont ə(r)] pl u. 2. sg pres von be.
**are**[2] [ɑː(r); Am. a. eər] s Ar n, a. m (Flächenmaß = 100 qm = 119,6 square yards).
**a·re·a** [ˈeərɪə] s **1.** (begrenzte) Fläche, Flächenraum m, Boden-, Grundfläche f. **2.** Gebiet n, Zone f, Gegend f (alle a. anat.), Raum m: (culture) ~ Kulturgebiet, -bereich m; **in the Chicago** ~ im Raum (von) Chicago; ~ **of low pressure** meteor. Tiefdruckgebiet. **3.** (freier) Platz. **4.** Grundstück n. **5.** fig. Bereich m, Gebiet n: **the** ~ **of foreign policy; within the** ~ **of possibility** im Bereich des Möglichen. **6.** math. Flächeninhalt m, -raum m, (Grund)Fläche f, Inhalt m: ~ **of a circle** Kreisfläche f. **7.** math. phys. tech. (Ober-)Fläche f: ~ **of contact** Begrenzungs-, Berührungsfläche f. **8.** anat. (Gehör-, Seh-, Sprach- etc)Zentrum n (in der Gehirnrinde etc). **9.** arch. lichter Raum. **10.** mil. Abschnitt m, Operatiˈonsgebiet n: ~ **back** Etappe f; **forward** ~ Kampfgebiet n; ~ **command** Am. Militärbereich m; ~ **bombing** Bombenflächenwurf m. **11.** → areaway. ~ **code** s teleph. Am. Vorwählnummer f, Vorwahl(nummer) f.
**a·re·al** [ˈeərɪəl] adj Flächen(inhalts)... ~ **lin·guis·tics** s pl (als sg konstruiert) Areˈallinguˌistik f, Neolinguˈistik f.
**a·rear** [əˈrɪə(r)] adv a) hinten, b) nach hinten.
**a·re·a│re·ha·bil·i·ta·tion** s ˈFlächensaˌnierung f. ~ **vec·tor** s math. ˈVektorproˌdukt n. **'~way** s Kellervorhof m, Lichthof m, -schacht m.
**ar·e·ca (palm)** [ˈærɪkə; əˈriːkə] s bot. Aˈrekapalme f.
**a·re·na** [əˈriːnə] s Aˈrena f: a) antiq. Kampfplatz m, b) sport Kampfbahn f, Stadion n, c) Am. Sporthalle f, d) (ˈZirkus)Maˌnege f, ~ f. Schauplatz m, Stätte f, Szene f, Bühne f: **the political** ~; **to descend into the** ~ fig. sich in die Arena od. Schlacht begeben; ~ **theater** (bes. Br. **theatre**) Rundum-Theater n (mit Zentralbühne).
**ar·e·na·ceous** [ˌærɪˈneɪʃəs] adj **1.** sandig, sandartig, -haltig. **2.** bot. in sandigem Boden wachsend.
**a·re·o·la** [əˈrɪəʊlə; bes. Am. əˈriːələ] pl **-lae** [-liː], **-las** s **1.** biol. Areˈole f, Feldchen n, Spielzelle f. **2.** anat. a) Areˈole f, Hof m, b) Brustwarzenhof m, -ring m, c) entzündete Hautring, d) Teil der Iris, der an die Pupille grenzt. **a're·o·lar** [-lə(r)] adj anat. areoˈlar, zellig, netzförmig: ~ **tissue** Zell(en)gewebe n.
**ar·e·om·e·ter** [ˌærɪˈɒmɪtə(r); Am. -ˈɑm-] s phys. Aräoˈmeter n, Tauch-, Senkwaage f. **ˌar·e'om·e·try** [-trɪ] s Aräoˈmetrie f.
**a·rête** [æˈreɪt; əˈ-] s (Berg)Kamm m, (Fels)Grat m.
**ar·gent** [ˈɑː(r)dʒənt] **I** s bes. her. Silber (-farbe) f) n. **II** adj silbern, silberfarbig. **ar'gen·tal** [-ˈdʒentl] adj silbern, silberhaltig: ~ **mercury** Silberamalgam n.
**ar·gen·tic** [ɑː(r)ˈdʒentɪk] adj chem. silberhaltig: ~ **chloride** Silberchlorid n.
**ar·gen·tif·er·ous** [ˌɑː(r)dʒənˈtɪfərəs] adj min. silberführend, -haltig.

**ar·gen·tine**[1] [ˈɑː(r)dʒəntaɪn; *Am. a.* -tiːn] **I** *adj* **1.** silberartig, -farben, silbern. **2.** *fig.* silberrein, -hell. **II** *s* **3.** Neusilber *n.* **4.** *tech.* Silberfarbstoff *m.*

**Ar·gen·tine**[2] [ˈɑː(r)dʒəntaɪn; -tiːn] **I** *adj* argenˈtinisch. **II** *s* Argenˈtinier(in).

**ar·gen·tite** [ˈɑː(r)dʒəntaɪt] *s min.* Argenˈtit *m,* Silberglanz *m.*

**ar·gen·tum** [ɑː(r)ˈdʒentəm] *s chem.* Silber *n.*

**ar·gil** [ˈɑː(r)dʒɪl] *s* Ton *m,* Töpfererde *f.*

**ˌar·gilˈla·ceous** [-ˈleɪʃəs] *adj geol.* tonartig, -haltig, Ton...

**ar·gle-bar·gle** [ˌɑː(r)glˈbɑː(r)gl] → argy-bargy.

**ar·gol** [ˈɑː(r)gɒl] *s chem.* roher Weinstein.

**ar·gon** [ˈɑːgɒn; *Am.* ˈɑːrˌgɑn] *s chem.* Argon *n.*

**Ar·go·naut** [ˈɑː(r)gənɔːt; *Am. a.* -ˌnɑːt] *s* **1.** *myth.* Argonaut *m.* **2.** *Am.* Goldsucher *m* in Kaliˈfornien (*1848–49*). **3.** a~ *zo.* → paper nautilus. **ˌAr·goˈnau·tic** *adj* argoˈnautisch.

**ar·got** [ˈɑː(r)gəʊ; *Am. a.* -gət] *s* Arˈgot *n,* Jarˈgon *m,* Slang *m,* bes. Gaunersprache *f.*

**ar·gu·a·ble** [ˈɑː(r)gjʊəbl; *Am.* ˈɑːrgjəwəbəl] *adj (adv* **arguably**) **1.** zweifelhaft, fraglich. **2.** it is ~ that man kann durchaus der Meinung vertreten, daß. **3.** his latest book is arguably his best sein letztes Buch ist wohl sein bestes.

**ar·gue** [ˈɑː(r)gjuː] **I** *v/i* **1.** argumenˈtieren, Gründe (für u. wider) anführen: to ~ for s.th. a) für etwas eintreten (*Person*), b) für etwas sprechen (*Sache*); to ~ against s.th. a) gegen etwas Einwände machen, b) gegen etwas sprechen (*Sache*). **2.** streiten, rechten, polemiˈsieren (with mit): don't ~! keine Widerrede! **3.** sprechen, dispuˈtieren (about über *acc;* for für; against gegen; with mit). **4.** folgen (from aus). **II** *v/t* **5.** be-, erweisen, zeigen. **6.** (das Für u. Wider) erörtern (von), diskuˈtieren: to ~ s.th. away etwas (hin)wegdiskutieren. **7.** geltend machen, vorbringen, behaupten (that daß). **8.** *j-n* überˈreden, bewegen: to ~ s.o. into s.th. j-n zu etwas überreden; to ~ s.o. out of s.th. j-n von etwas abbringen. **9.** schließen, folgern (from aus; that daß). **10.** beweisen, verraten, anzeigen, zeugen von.

**ar·gu·fy** [ˈɑː(r)gjʊfaɪ] *colloq.* **I** *v/i* **1.** hartnäckig argumenˈtieren, streiten. **II** *v/t* **2.** *j-n* (mit Argumenten) bearbeiten. **3.** streiten über (*acc*).

**ar·gu·ment** [ˈɑː(r)gjʊmənt] *s* **1.** Arguˈment *n,* (Beweis)Grund *m,* Behauptung *f,* Einwand *m:* **beyond ~** einwandfrei. **2.** Beweisführung *f,* Schlußfolgerung *f,* Erhärtung *f:* **~ from design** *philos.* Beweis *m* aus der Zweckmäßigkeit, teleologischer Gottesbeweis. **3.** Erörterung *f,* Deˈbatte *f:* **to hold an ~** diskutieren. **4.** Streitfrage *f.* **5.** *jur.* Vorbringen *n,* meist *pl* (Beweis-, Rechts)Ausführung(en *pl*) *f:* **closing ~s** Schlußanträge. **6.** Wortwechsel *m,* Auseinˈandersetzung *f.* **7.** Thema *n,* Gegenstand *m.* **8.** (Haupt-)Inhalt *m.* **9.** *math.* a) Arguˈment *n,* unabhängige Variˈable, b) Leerstelle *f,* c) Anoˈmaˈlie *f* (*komplexe Zahlen etc*). **10.** *philos.* mittlerer Teil e-s Sylloˈgismus.

**ar·gu·men·ta·tion** [ˌɑː(r)gjʊmənˈteɪʃn; -mən-] *s* **1.** Argumentatiˈon *f,* Beweisführung *f,* Schlußfolgerung *f.* **2.** Erörterung *f.*

**ar·gu·men·ta·tive** [ˌɑː(r)gjʊˈmentətɪv] *adj (adv* **arguably**) **1.** streitsüchtig. **2.** strittig, umˈstritten. **3.** ˈhinweisend (of auf *acc*): **it is ~ of his guilt** es deutet auf s-e Schuld hin. **4.** folgerichtig. **ˌar·guˈmen·ta·tive·ness** *s* **1.** Streitlust *f.* **2.** Folgerich-

tigkeit *f.* **ˈar·gu·men·ta·tor** [-teɪtə(r)] *s* **1.** Poˈlemiker *m.* **2.** Beweisführer *m.*

**Ar·gus** [ˈɑː(r)gəs] **I** *npr* **1.** *myth.* Argus *m.* **II** *s* **2.** *fig.* Argus *m,* wachsamer Hüter. **3.** *orn.* → argus pheasant. **ˌ~-ˈeyed** *adj* argusäugig, mit Argusaugen, wachsam.

**a~ pheas·ant** *s orn.* ˈPfauaˌfasan *m,* Arguspfau *m.* **a~ shell** *s zo.* Argus-, Porzelˈlanschnecke *f.*

**ar·gute** [ɑː(r)ˈgjuːt] *adj (adv* **~ly**) **1.** scharf, schrill. **2.** scharfsinnig. **3.** verschmitzt.

**ar·gy-bar·gy** [ˌɑː(r)dʒɪˈbɑːdʒɪ; *Am.* ˌɑːrgiːˈbɑːrgiː] *s bes. Br. colloq.* Wortwechsel *m,* Auseinˈandersetzung *f.*

**ar·gyr·i·a** [ɑː(r)ˈdʒɪrɪə] *s med.* Argyˈrie *f,* Silbervergiftung *f.*

**a·ri·a** [ˈɑːrɪə; *Am. a.* ˈeərɪə] *s mus.* Arie *f.*

**Ar·i·an** [ˈeərɪən] *relig.* **I** *adj* ariˈanisch. **II** *s* Ariˈaner(in). **ˈAr·i·an·ism** *s* Ariaˈnismus *m.*

**ar·id** [ˈærɪd] *adj (adv* **~ly**) **1.** dürr, trocken, unfruchtbar. **2.** *fig.* trocken, nüchtern. **a·rid·i·ty** [æˈrɪdətɪ; ə-] *s* **1.** Dürre *f,* Trockenheit *f,* Unfruchtbarkeit *f.* **2.** *fig.* Trockenheit *f,* Nüchternheit *f.*

**Ar·i·el**[1] [ˈeərɪəl] *s astr.* Ariel *m* (*Uranusmond*). [Gaˈzelle.]

**ar·i·el**[2] [ˈeərɪəl] *s zo.* (*e-e*) aˈrabische

**A·ries** [ˈeəriːz; -rɪːz] *s astr.* Widder *m,* Aries *m* (*Sternbild u. Tierkreiszeichen*): **to be (an)** ~ Widder sein.

**a·right** [əˈraɪt] *adv* **1.** recht, richtig, zu Recht: **to set** ~ richtigstellen. **2.** *obs.* gerade(swegs), diˈrekt. [mantel *m.*]

**ar·il** [ˈærɪl] *s bot.* Aˈrillus *m,* Samen-)

**a·rise** [əˈraɪz] *pret* **a·rose** [əˈrəʊz] *pp* **a·ris·en** [əˈrɪzn] *v/i* **1.** (**from, out of**) entstehen, -springen, herˈvorgehen (aus), ˈherrühren, kommen, stammen, die Folge sein (von). **2.** entstehen, sich erheben, auftauchen, -kommen, -treten: **new problems** ~; **the question ~s** die Frage erhebt *od.* stellt sich. **3.** aufstehen, sich erheben (*aus dem Bett etc, a. fig. Volk*), auferstehen (*von den Toten*), aufkommen, sich erheben (*Wind etc*), aufgehen (*Sonne etc*), aufsteigen (*Nebel etc*), sich erheben (*Lärm etc*).

**a·ris·ta** [əˈrɪstə] *pl* **-tae** [-tiː] *s bot.* Granne *f.* **aˈris·tate** [-teɪt] *adj bot.* Grannen tragend.

**ar·is·toc·ra·cy** [ˌærɪˈstɒkrəsɪ; *Am.* -ˈstɑː-] *s* **1.** Aristokraˈtie *f:* a) Adelsherrschaft *f,* b) *collect.* Adel *m,* (die) Adligen *pl,* c) *fig.* Adel *m,* Eˈlite *f.* **2.** Herrschaft *f* der Eˈlite.

**a·ris·to·crat** [ˈærɪstəkræt; əˈrɪstə-] *s* Aristoˈkrat(in): a) Adlige(r *m*) *f,* b) *fig.* Herr *m,* Dame *f,* vornehmer Mensch.

**a·ris·to·crat·ic** [ˌærɪstəˈkrætɪk; *Am. bes.* əˌrɪstəˈkr-] *adj,* **a·ris·toˈcrat·i·cal** [-kl] *adj (adv* **~ly**) aristoˈkratisch, adlig.

**ar·is·toc·ra·tism** [ˌærɪˈstɒkrətɪzəm; *Am.* -ˈstɑː-; əˈrɪstəˌkræt-] *s* Aristoˈkratentum *n.*

**Ar·is·to·phan·ic** [ˌærɪstəʊˈfænɪk; -təˈf-; *Am. bes.* æˌrɪstəˈf-] *adj* aristoˈphanisch, geistreich-spöttisch.

**Ar·is·to·te·le·an, Ar·is·to·te·li·an** [ˌærɪstəʊˈtiːljən; -ɪən] **I** *adj* aristoˈtelisch: ~ **logic.** **II** *s* Aristoˈteliker *m.* **ˌAr·is·toˈte·li·an·ism,** *Am.* **ˌArˈis·tot·e·lism** [ˈærɪstəˌtɒtəlɪzəm; *Am.* -ˌstɑː-] *s* Aristoteˈlismus *m,* aristoˈtelische Philoˈsophie.

**a·rith·me·tic**[1] [əˈrɪθmətɪk] *s* **1.** Arithˈmetik *f.* **2.** Rechnen *n:* **business** ~, **commercial** ~ kaufmännisches Rechnen; → **mental**[2] 1. **3.** Arithˈmetik-, Rechenbuch *n.*

**ar·ith·met·ic**[2] [ˌærɪθˈmetɪk], **ˌar·ithˈmet·i·cal** [-kl] *adj* arithˈmetisch, Rechen...: **arithmetic element** (*od.* **unit**) Rechenwerk *n* (*in e-r Rechenmaschine*); **arithmetical progression** (**series**)

arithmetische Progression (Reihe); ~ **operation** Rechenoperation *f.*

**a·rith·me·ti·cian** [əˌrɪθməˈtɪʃn] *s* Arithˈmetiker *m,* Rechner *m.*

**ark** [ɑː(r)k] *s* **1.** Arche *f:* **Noah's** ~ Arche Noah(s). **2.** *a.* ~ **of refuge** *fig.* Zufluchtsort *m.* **3.** Schrein *m:* ~ **of the Covenant** *Bibl.* Bundeslade *f.* **4.** *obs. od. dial.* Truhe *f,* Kiste *f,* Korb *m.* **5.** *hist. Am.* Flachboot *n.*

**ar·kose** [ˈɑː(r)kəʊs] *s geol.* Arˈkose *f,* feldspatreicher Sandstein.

**ark shell** *s zo.* Arche(nmuschel) *f.*

**arm**[1] [ɑː(r)m] **I** *v/t* **1.** am Arm führen. **2.** *obs.* umˈarmen. **II** *v/i* **3.** *bot.* Seitentriebe bilden. **III** *s* **4.** *anat. zo.* Arm *m:* → *Bes. Redew.* **5.** *bot.* Ast *m,* großer Zweig. **6.** Fluß-, Meeresarm *m.* **7.** *physiol.* Abzweigung *f* (*von Adern etc*). **8.** Arm-, Seitenlehne *f* (*e-s Stuhles etc*). **9.** Ärmel *m.* **10.** *tech.* a) Arm *m* (*e-s Hebels, e-r Maschine etc, a. mar. e-s Ankers etc*), Ausleger *m,* b) Zeiger *m,* Stab *m:* ~ **of a balance** Waagebalken *m.* **11.** *mar.* (Rah)Nock *f.* **12.** *electr.* a) Zweig *m* (*e-r Meßbrücke*), b) Schenkel *m* (*e-s Magneten*), c) Tonarm *m* (*am Plattenspieler*). **13.** *fig.* Arm *m,* Macht *f:* **the** ~ **of the law** der Arm des Gesetzes.

*Besondere Redewendungen:*

**at** ~**'s length** a) auf Armeslänge (entfernt), b) *fig.* in angemessener Entfernung; **to keep s.o. at** ~**'s length** *fig.* sich j-n vom Leibe halten; **within** ~**'s reach** in Reichweite; **with open** ~**s** mit offenen Armen; **to fly into s.o.'s** ~**s** j-m in die Arme fliegen; **to hold out one's** ~**s to s.o.** j-m die Arme entgegenstrecken; **to lend s.o. one's** ~ j-m den Arm reichen; **to make a long** ~ *colloq.* a) den Arm ausstrecken, b) *fig.* sich anstrengen; **to take s.o. in one's** ~**s** j-n in die Arme nehmen *od.* schließen; **child** (*od.* **infant** *od.* **babe**) **in** ~**s** kleines Kind, Wickelkind *n,* Säugling *m.*

**arm**[2] [ɑː(r)m] **I** *v/t* **1.** (o.s. sich) (be)waffnen. **2.** *mil. tech.* arˈmieren, bewehren, (ver)stärken, (mit Metall etc) beschlagen, schützen. **3.** *mil.* Munition etc scharf machen. **4.** zuˈrechtmachen, vorbereiten: **to** ~ **a hook in angling.** **5.** (o.s. sich) rüsten, wappnen, vorbereiten, bereit machen. **II** *v/i* **6.** sich (be)waffnen, sich wappnen, sich rüsten. **III** *s* **7.** *meist pl mil. u. fig.* Waffe(n *pl*) *f:* ~**s control** Rüstungskontrolle *f;* ~**s dealer** Waffenhändler *m;* ~**s race** Wettrüsten *n,* Rüstungswettlauf *m.* **8.** *mil.* a) Waffen-, Truppengattung *f,* b) Wehrmachtsteil *m:* **the naval** ~ die Kriegsmarine. **9.** *pl* a) Miliˈtärdienst *m,* b) Kriegswissenschaft *f.* **10.** *pl her.* Wappen(schild) *n.*

*Besondere Redewendungen:*

**in** ~**s** in Waffen, bewaffnet, gerüstet; ~**s of courtesy** stumpfe Waffen; **to** ~**s!** zu den Waffen!, ans Gewehr!; **under** ~**s** unter Waffen, kampfbereit; **up in** ~**s** a) kampfbereit, b) in (vollem) Aufruhr, c) *fig.* in Harnisch, in hellem Zorn; **to bear** ~**s** a) Waffen tragen, b) als Soldat dienen, c) ein Wappen führen; **pile** ~**s!** setzt die Gewehre zusammen!; **port** ~**s!** fällt das Gewehr!; **present** ~**s!** präsentiert das Gewehr!; **shoulder** ~**s!** Gewehr an Schulter!; **slope** ~**s!** das Gewehr über!; **to take up** ~**s** die Waffen ergreifen; → **force** 1, **lay down** 2, **passage at arms.**

**ar·ma·da** [ɑː(r)ˈmɑːdə] *s* **1.** Kriegsflotte *f.* **A**~ *hist.* Arˈmada *f.* **3.** Luftflotte *f,* Geschwader *n.*

**ar·ma·dil·lo** [ˌɑː(r)məˈdɪləʊ] *pl* **-los** *s zo.* **1.** Armaˈdill *n,* Gürteltier *n.* **2.** Apoˈthekerassel *f.*

**Ar·ma·ged·don** [ˌɑː(r)məˈgedn] *s*

**1.** *Bibl.* a) Arma'geddon *n*, b) letzter Kampf zwischen Gut u. Böse. **2.** *fig.* Entscheidungskampf *m*, Weltkrieg *m*.
**ar·ma·ment** ['ɑː(r)məmənt] *s mil.*
**1.** Kriegsstärke *f*, Mili'tärmacht *f* (*e-s Landes*). **2.** Streitmacht *f*: **naval ~** Seestreitkräfte *pl*. **3.** Bewaffnung *f*, Bestückung *f*, Feuerstärke *f* (*e-s Kriegsschiffes, e-r Befestigung etc*): **~ officer** Waffenoffizier *m* (*der Luftwaffe*).
**4.** a) (Kriegs)Ausrüstung *f*, b) (Kriegs-)Rüstung *f*, Aufrüstung *f*: **~ order** Rüstungsauftrag *m*; **~ race** Wettrüsten *n*, Rüstungswettlauf *m*.
**ar·ma·ture** ['ɑː(r)məˌtjʊə; *bes. Am.* ˌtʃʊə(r); -tʃə(r)] *s* **1.** *obs.* a) Rüstung *f*, Panzer *m*, b) Bewaffnung *f*, Waffen *pl*. **2.** *mar. tech.* Panzer *m*, Panzerung *f*, Ar'mierung *f* (*a.* Kabel)Bewehrung *f*, (Me'tall)Beschlag *m*. **3.** *fig.* Waffe *f*, Schutz *m*. **4.** *arch.* Arma'tur *f*, Verstärkung *f*. **5.** Gerüst *n* (*e-r Skulptur*). **6.** *electr.* a) Anker *m* (*a. e-s Magneten*), Läufer *m*, Rotor *m*, Re'lais *n*, b) *Radio:* pri'mär schwingender Teil e-s Lautsprechers: **~ coil** Ankerwicklung *f*, -spule *f*; **~ current** Läufer-, Ankerstrom *m*; **~ shaft** Ankerwelle *f*.
**arm͟ band** *s* Armbinde *f*. **~ͮchair I** *s* **1.** Arm-, Lehnstuhl *m*, (Lehn)Sessel *m*: **to put o.s. into s.o.'s ~** *fig.* sich in j-n hineinversetzen. **II** *adj* **2.** theo'retisch, vom grünen Tisch. **3.** Salon..., Stammtisch...: **~ politician** Stammtischpolitiker *m*. **~ drag** *s Ringen:* Armzug *m*.
**armed**[1] [ɑː(r)md] *adj* mit ... Armen, ...armig: **one-~**; **bare-~** mit bloßen Armen.
**armed**[2] [ɑː(r)md] *adj* **1.** *bes. mil.* bewaffnet: **~ conflict** bewaffnete Auseinandersetzung; **~ eye** bewaffnetes Auge; **~ forces, ~ services** (Gesamt)Streitkräfte, Wehrmacht *f*; **~ neutrality** bewaffnete Neutralität; **~ robbery** *jur.* bewaffneter Raubüberfall; **~ service** Dienst *m* mit der Waffe; → **hilt I, tooth 1. 2.** *mil. tech.* gepanzert, bewehrt, ar'miert (*a. zo.*). **3.** *mil.* scharf, zündfertig (*Munition etc*). **4.** *phys.* mit Arma'tur (versehen): **~ magnet. 5.** *her.* mit (andersfarbigen) Füßen *od.* Hörnern *od.* Spitzen (versehen).
**Ar·me·ni·an** [ɑː(r)'miːnjən; -nɪən] **I** *adj* **1.** ar'menisch. **II** *s* **2.** Ar'menier(in). **3.** *ling.* Ar'menisch *n*, das Armenische.
**ar·met** ['ɑː(r)met; -ɪt] *s mil.* Sturmhaube *f*.
**arm·ful** ['ɑː(r)mfʊl] *s* Armvoll *m*: **an ~ of books** ein Armvoll Bücher.
**'arm·hole** *s* **1.** → **armpit 1. 2.** Ärmel-, Armloch *n*.
**ar·mi·ger** ['ɑː(r)mɪdʒə(r)] *s* Wappenträger *m*.
**arm·ing** ['ɑː(r)mɪŋ] *s* **1.** Bewaffnung *f*, (Aus)Rüstung *f*. **2.** Ar'mierung *f*. **3.** *her.* Wappen *n*. **4.** *phys.* Arma'tur *f* (*e-s Magneten*). **5.** *mar.* Talgbeschickung *f* beim Handlot.
**ar·mi·stice** ['ɑː(r)mɪstɪs] *s* Waffenstillstand *m* (*a. fig.*). **A~ Day** *s Br.* Jahrestag *m* des Waffenstillstandes vom 11. No-'vember 1918.
**arm·less**[1] ['ɑː(r)mlɪs] *adj* armlos.
**arm·less**[2] ['ɑː(r)mlɪs] *adj* unbewaffnet.
**arm·let** ['ɑː(r)mlɪt; -lət] *s* **1.** kleiner (Meeres- *od.* Fluß)Arm. **2.** *bes. mil.* Armbinde *f*.
**arm͟ le·ver** *s Ringen:* Armhebel *m*. **~ͮlock** *s Ringen:* Armschlüssel *m*.
**ar·mor**, *bes. Br.* **ar·mour** ['ɑː(r)mə(r)] **I** *s* **1.** Rüstung *f*, Panzer *m*. **2.** *fig.* Schutz *m*, Panzer *m*: **the ~ of virtue. 3.** *mil. tech.* Panzer(ung *f*), Ar'mierung *f*, (*a.* Kabel)Bewehrung *f*. **4.** Taucheranzug *m*. **5.** *bot. zo.* Panzer *m*, Schutz(decke *f*, -mittel *n*) *m*. **6.** *collect. mil.* a) Panzer

(-fahrzeuge) *pl*, b) Panzertruppen *pl*. **II** *v/t* **7.** a) (be)waffnen, (aus)rüsten, b) mit Panzerfahrzeugen ausrüsten. **8.** panzern.
**'~ͮbear·er** *s hist.* Waffenträger *m*, Schildknappe *m*. **'~ͮclad I** *adj* gepanzert, Panzer... **II** *s* Panzerschiff *n*.
**ar·mored**, *bes. Br.* **ar·moured** ['ɑː(r)mə(r)d] *adj mil. tech.* gepanzert, Panzer..., bewehrt, ar'miert: **~ attack** Panzerangriff *m*; **~ cable** bewehrtes *od.* armiertes Kabel, Panzerkabel *n*; **~ car** a) Panzerkampfwagen *m*, b) gepanzertes Fahrzeug (*für Geldtransporte etc*); **~ concrete** armierter Beton, Eisenbeton *m*; **~ cruiser** Panzerkreuzer *m*; **~ infantry** Panzergrenadiere *pl*; **~ train** Panzerzug *m*.
**ar·mor·er**, *bes. Br.* **ar·mour·er** ['ɑː(r)mərə(r)] *s* **1.** *mar. mil.* Waffenmeister *m*. **2.** *hist.* Waffenschmied *m*.
**ar·mo·ri·al** [ɑː(r)'mɔːrɪəl; *Am. a.* -'məʊ-] **I** *adj* Wappen..., he'raldisch: **~ bearings** Wappen(schild *m*, *n*) *n*. **II** *s* Wappenbuch *n*.
**Ar·mor·ic** [ɑː'mɒrɪk; *Am.* ɑː'mɔːrɪk; -'mɑr-] *adj* ar'morisch, bre'tonisch. **'mor·i·can I** *s* **1.** Armori'kaner(in). **2.** *ling.* Bre'tonisch *n*, das Bretonische. **II** *adj* → **Armoric**.
**ar·mor·ied** ['ɑː(r)mərɪd] *adj* mit Wappen bedeckt. **'ar·mor·ist** *s* He'raldiker *m*.
**'ar·mor͟-ͮpierc·ing**, *bes. Br.* **'ar·mour-ͮpierc·ing** *adj mil.* panzerbrechend, Panzer(spreng)...: **~ ammunition** a) Panzer(spreng)munition *f*, b) Gewehr: Stahlkernmunition *f*. **'~ͮplat·ed**, *bes. Br.* **'ar·mour-ͮplat·ed** → **armor-clad I.**
**ar·mor·y**[1] ['ɑː(r)mərɪ] *s* He'raldik *f*, Wappenkunde *f*.
**ar·mor·y**[2], *bes. Br.* **ar·mour·y** ['ɑː(r)mərɪ] *s* **1.** Rüst-, Waffenkammer *f*, Waffenmeiste'rei *f*, Zeughaus *n*, Arse'nal *n* (*a. fig.*). **2.** 'Waffenfaˌbrik *f*. **3.** Exer'zierhalle *f*.
**ar·mour**, *etc bes. Br. für* armor, *etc*.
**ar·mour·y** *bes. Br. für* armory[2].
**'arm͟·pit** *s* **1.** *anat.* Achselhöhle *f*. **2.** **the ~ of** *Am. colloq.* das dreckigste Loch von (*od. gen*). **'~ͮrest** *s* Armlehne *f*, -stütze *f*. **'~ͮscye** [-saɪ] *s* Ärmelausschnitt *m*. **~ stroke** *s Schwimmen:* Armzug *m*. **~ twist·ing** *s fig.* Druckausübung *f*.
**ar·mure** ['ɑː(r)mjʊə(r)] *s* (*ein*) Woll- *od.* Seidenstoff *m* mit eingewebten Reli'ef-mustern.
**arm wres·tling** *s* Armdrücken *n*.
**ar·my** ['ɑː(r)mɪ] *s* **1.** Ar'mee *f*, Heer *n*, Landstreitkräfte *pl*: **~ contractor** Heereslieferant *m*; **~ group** Heeresgruppe *f*; **~ kitchen** Feldküche *f*; **A~ List, Am. A~ Register** Rangordnung *f* (*des Heeres*); **~ manual, ~ regulation** Heeresdienstvorschrift *f*; **~ post office** Feldpostamt *n*; **~ service area** rückwärtiges Armeegebiet. **2.** Ar'mee *f* (*als militärische Einheit*). **3.** Mili'tär *n*: **in the ~** beim Militär; *Br.* der Militärdienst; **to join the ~** Soldat werden. **4.** *fig.* Heer *n*, Menge *f*, große (An)Zahl. **~ ant** → **driver ant.**
**chap·lain** *s mil.* Mili'tärseelsorger *m*, -geistliche(r) *m*. **~ com·mis·sar·y** *s mil.* Heeresverpflegungsamt *n*. **~ corps** *s mil.* Ar'meekorps *n*. **~ host·ess** *s mil. Am.* Sol'datenbetreuerin *f*. [büffel *m*.]
**ar·na** ['ɑː(r)nɑː] *s zo.* Arni *m*, Riesen-ͥ
**ar·ni·ca** ['ɑː(r)nɪkə] *s bot. pharm.* Arnika *f*: → **tincture 1.**
**ar·oid** ['æroɪd] *bot.* **I** *adj* zu den Aronstabgewächsen gehörig. **II** *s* Aronstab *m*.
**a·roint thee** [ə'rɔɪnt] *interj poet.* fort!
**a·rol·la** [ə'rɒlə; *Am.* ə'rɑlə; ə'rəʊlə] *s bot.* Arve *f*, Zirbelkiefer *f*.
**a·ro·ma** [ə'rəʊmə] *s* **1.** A'roma *n*, Duft *m*,

Würze *f*, Blume *f* (*des Weines*). **2.** *fig.* Würze *f*, Reiz *m*.
**ar·o·mat·ic** [ˌærəʊ'mætɪk; -rə'm-] **I** *adj* aro'matisch (*a. chem.*), würzig, duftig: **~ bath** *med.* Kräuterbad *n*. **II** *s* aro'matische Sub'stanz *od.* Pflanze. **a·ro·ma·tize** [ə'rəʊmətaɪz] *v/t* aromati'sieren, A'roma *od. fig.* Reiz verleihen (*dat*).
**a·rose** [ə'rəʊz] *pret von* arise.
**a·round** [ə'raʊnd] **I** *adv* **1.** (rings)her-'um: a) (rund)her'um, im Kreise, b) ringsum'her, überall('hin), nach *od.* auf allen Seiten. **2.** um'her, (in der Gegend) her'um: **to travel ~**; **to look ~** a) sich umsehen, b) zurückschauen. **3.** *colloq.* a) in der Nähe, da'bei: **the man was standing ~**, b) da, zur Hand: **she was always ~**; **stick ~!** bleib da *od.* in der Nähe!; **still ~?** du bist ja noch da! **II** *prep* **4.** um, um ... herum, rund um. **5.** in (*dat*) ... her'um: **to travel ~ the country. 6.** *colloq.* ungefähr, etwa, um ... her'um: **~ two thousand tons. 7.** *colloq.* (nahe) bei, in (*dat*) ... her'um: **to stay ~ the house** sich im *od.* beim Hause aufhalten, zu Hause bleiben.
**a͟round-the-ͥclock** *adj* den ganzen Tag dauernd, 24stündig, 'durchgehend, Dauer...
**a·rouse** [ə'raʊz] *v/t* **1.** j-n (auf)wecken, aus dem Schlaf reißen, wachrütteln. **2.** *fig.* auf-, wachrütteln, *Gefühle etc* wachrufen, wecken, erregen.
**ar·peg·gio** [ɑː(r)'pedʒɪəʊ; -dʒəʊ] *pl* **-gios** *s mus.* Ar'peggio *n*.
**ar·que·bus** ['ɑː(r)kwɪbəs; *Am. a.* -kəbəs] → **harquebus.**
**ar·rack** ['ærək] *s* Arrak *m*.
**ar·rah** ['ærə] *interj Ir.* aber!
**ar·raign** [ə'reɪn] *v/t* **1.** *jur.* a) vor Gericht stellen, b) zur Anklage vernehmen. **2.** *a. weitS.* anklagen, beschuldigen. **3.** *fig.* rügen. **ar'raign·ment** *s* **1.** *jur.* Vernehmung *f* zur Anklage. **2.** *a. weitS.* Anklage *f*, Beschuldigung *f*.
**ar·range** [ə'reɪndʒ] **I** *v/t* **1.** arran'gieren, (an)ordnen, aufstellen, in Ordnung bringen, (ein)richten: **to ~ one's affairs** s-e Angelegenheit ordnen *od.* regeln; **to ~ in layers** *tech.* schichten; **~d in tandem** *tech.* hintereinander angeordnet. **2.** *a. math.* gliedern, grup'pieren, einteilen: **to be ~d** sich gliedern. **3.** festsetzen, -legen, vorbereiten, planen. **4.** Vorkehrungen treffen für, in die Wege leiten, arran'gieren: **to ~ a meeting. 5.** verabreden, vereinbaren, ausmachen: **as ~d** wie vereinbart. **6.** *etwas* erledigen, 'durchführen. **7.** *e-n Streit* schlichten, beilegen. **8.** **~ o.s.** sich einrichten *od.* vorbereiten (**for** auf *acc*). **9.** *mus.* arran'gieren, *a. thea. etc* einrichten, bearbeiten. **II** *v/i* **10.** sich verständigen *od.* einigen, ins reine kommen, e-n Vergleich schließen (**with** s.o. **about** s.th. mit j-m über etwas): **to ~ with a creditor about one's debts. 11.** Vorkehrungen treffen (**for**, **about** für, zu; **to** *inf* zu *inf*), es einrichten, dafür sorgen (**that** daß): **I will ~ for the car to be there.**
**ar·range·ment** [ə'reɪndʒmənt] *s* **1.** (An)Ordnung *f*, Aufbau *m*, Auf-, Zs.-stellung *f*, Dispositi'on *f*, Ein-, Verteilung *f*, Grup'pierung *f*, Einrichtung *f*, Gliederung *f*: **~ of chromosomes** *biol.* Chromosomenanordnung *f*. **2.** *math.* a) Ansatz *m* (*e-r Gleichung*), Einteilung *f*, Anordnung *f*, Gliederung *f*, b) Kom'plexi'on *f*. **3.** Festsetzung *f*. **4.** Vereinbarung *f*, Verabredung *f*, Über'einkunft *f*, Abkommen *n*, Absprache *f*, Arrange-'ment *n*: **to make an ~** (*od.* **to enter into an ~**) **with s.o.** mit j-m e-e Vereinbarung *etc* treffen; **salary by ~** Gehalt nach Vereinbarung. **5.** a) Beilegung *f*, Schlich-

tung f, b) Vergleich m (mit Gläubigern): **to come to an ~** e-n Vergleich schließen, sich vergleichen. **6.** Erledigung f, 'Durchführung f. **7.** pl Vorkehrungen pl, Vorbereitungen pl: **to make ~s** Vorkehrungen od. Vorbereitungen treffen. **8.** pl Veranstaltungen pl. **9.** mus. Arrange-'ment n, a. thea. Einrichtung f, Bearbeitung f. **10.** Arrange'ment n, Zs.-stellung f: **an ~ in red and white.**

**ar·rang·er** s **1.** Arran'geur m, (An-) Ordner(in). **2.** mus. Arran'geur m, a. thea. etc Bearbeiter(in).

**ar·rant** ['ærənt] adj (adv ~ly) **1.** völlig, ausgesprochen, 'kom'plett': **an ~ fool;** ~ **nonsense. 2.** abgefeimt, Erz...: ~ **rogue** Erzgauner m.

**ar·ras** ['ærəs] s **1.** gewirkter Teppich, gewirkte Ta'pete. **2.** Wandbehang m.

**ar·ray** [ə'reɪ] **I** v/t **1.** Truppen etc aufstellen. **2.** (o.s. sich) kleiden, (her'aus-) putzen, schmücken, 'ausstaf fieren. **3.** fig. aufbieten, ins Feld führen (**against** gegen). **4.** jur. a) die Geschworenenliste aufstellen: **to ~ the panel,** b) die Geschworenen aufrufen. **II** s **5.** mil. Schlachtordnung f. **6.** fig. Phalanx f, (stattliche) Reihe, Menge f, Schar f, Aufgebot n (**of** von). **7.** Kleidung f, Tracht f, Aufmachung f, Staat m. **8.** a. math. Anordnung f. **9.** jur. a) (Aufstellung f der) Geschworenenliste f, b) (die) Geschworenen pl, c) Aufruf m der Geschworenen.

**ar·rear** [ə'rɪə(r)] s meist pl Rückstand m, Rückstände pl: a) ausstehende Forderungen pl, Schulden pl, b) (etwas) Unerledigtes: **~s in** (od. **of**) **rent** rückständige Miete; **~s of interest** rückständige Zinsen; **~s on interest** Verzugszinsen; **~s of work** Arbeitsrückstände; **to be in ~(s) for** (od. **in**) **s.th.** mit etwas im Rückstand od. Verzug sein.

**ar·rest** [ə'rest] **I** s **1.** An-, Aufhalten n, Hemmung f, Stockung f: ~ **of development** biol. Entwicklungshemmung; ~ **of growth** biol. Wachstumsstillstand m; ~ **of judg(e)ment** jur. Urteilssistierung f, Vertagung f des Urteils (wegen Verfahrensmängel). **2.** jur. a) Verhaftung f, Festnahme f: **you are under ~!** Sie sind verhaftet!; → **warrant** 6, b) Haft f, Ar-'rest m: **under ~** in Haft, c) Beschlagnahme f. **II** v/t **3.** an-, aufhalten, hemmen, hindern, zum Stillstand bringen: **~ed growth** biol. Wachstumsstillstand m; **~ed tuberculosis** med. inaktive Tuberkulose. **4.** fig. (j-n, j-s Aufmerksamkeit etc) fesseln, bannen. **5.** jur. a) festnehmen, verhaften, b) beschlagnahmen, c) **to ~ judg(e)ment** das Urteil (wegen Verfahrensmängel) vertagen. **6.** tech. arre'tieren, sperren, feststellen, bloc'kieren: **~ing cam** Auflaufnocken m; **~ing gear** Sperrgetriebe n, Arretierung f.

**ar·rest·er** [ə'restə(r)] s **1.** j-d, der verhaftet od. beschlagnahmt. **2.** electr. a) Blitzableiter m, b) Funkenlöscher m. **3.** tech. Filtervorrichtung f (in Fabrikschornsteinen etc). ~ **ca·ble,** ~ **gear** s aer. mil. Fangkabel n. ~ **hook** s aer. mil. Fanghaken m.

**ar·rest·ing** adj (adv ~ly) a) fesselnd, eindrucksvoll, interes'sant, b) verblüffend.

**ar·res·tive** adj fesselnd.

**ar·rest·ment** s **1.** → arrest 1. **2.** jur. a) Beschlagnahme f, b) Scot. Verhaftung f. **ar·res·tor** [-tə(r)] → arrester.

**ar·rêt** [æ're; æ'reɪ] s **1.** jur. Urteil(sspruch m) n. **2.** hist. Erlaß m.

**ar·rhyth·mi·a** [eɪ'rɪðmɪə; ə-; æ-] s a. **cardiac** ~ med. Herzrhythmusstörung(en pl) f.

**ar·ride** [ə'raɪd] v/t obs. erfreuen.

**ar·rière|-ban** [ˌæriːə(r)'bæn] s hist. a)

---

Aufruf m od. Proklamati'on f zum Waffendienst, b) Heerbann m. **~-pen·sée** [ˌ-'pɒnseɪ; Am. -pɑn'seɪ] s 'Hintergedanke m.

**ar·ris** ['ærɪs] pl **-ris, -ris·es** s bes. arch. (scharfe) Kante, Grat(linie f) m. ~ **fil·let** s arch. Gratleiste f. ~ **gut·ter** s arch. spitzwink(e)lige Dachrinne.

**ar·riv·al** [ə'raɪvl] s **1.** Ankunft f (a. aer. rail. etc), Eintreffen n: **the day of ~; on his ~** bei od. gleich nach s-r Ankunft. **2.** Erscheinen n, Auftauchen n. **3.** a) Ankömmling m, b) (etwas) Angekommenes: **new ~** Neuankömmling, colloq. a. Familienzuwachs m. **4.** pl ankommende Züge pl. Schiffe pl od. Flugzeuge pl. **5.** fig. Gelangen n (**at** zu): ~ **at a conclusion. 6.** oft pl econ. Eingänge pl, Zufuhr f: ~ **of goods** Wareneingang m; **on ~ of goods** bei Eingang od. Eintreffen der Ware.

**ar·rive** [ə'raɪv] **I** v/i **1.** (an)kommen, eintreffen, anlangen (**at, in** an od. in dat). **2.** erscheinen, auftauchen. **3.** fig. (**at**) erreichen (acc), kommen od. gelangen (zu): **to ~ at a decision** (understanding, etc). **4.** kommen: **the time has ~d. 5.** colloq. Erfolg haben, ,es schaffen', es (in der Welt) zu etwas bringen. **6.** obs. geschehen (**to s.o.** j-m). **II** v/t **7.** poet. erreichen.

**ar·ri·vé** [æri've] **I** s Arri'vierte(r m) f, Em'porkömmling m, Parve'nü m. **ar·ri·viste** [ˌæri'viːst] s **1.** Karri'eremacher(in), Erfolgsmensch m. **2.** → arrivé.

**ar·ro·gance** ['ærəgəns] s Arro'ganz f, Dünkel m, Anmaßung f, Über'heblichkeit f: **the ~ of power** pol. die Anmaßung der Macht. **'ar·ro·gant** adj (adv ~ly) arro'gant, anmaßend, hochmütig, über-'heblich.

**ar·ro·gate** ['ærəʊgeɪt; -rəg-] v/t **1. to ~ s.th. to o.s.** a) etwas für sich in Anspruch nehmen, b) sich etwas anmaßen. **2.** zuschreiben, zuschieben, zusprechen (**s.th. to s.o.** etwas j-m). **ˌar·ro'ga·tion** s Anmaßung f (**of** gen).

**ar·row** ['ærəʊ] s **1.** Pfeil m. **2.** Pfeil(zeichen n) m (als Richtungsweiser). **3.** surv. Zähl-, Mar'kierstab m. **4.** bot. Spitze f des Hauptstengels vom Zuckerrohr. ~ **grass** s bot. Dreizack m. '~·head s **1.** Pfeilspitze f. **2.** Pfeil m (in e-r technischen Zeichnung etc). **3.** bot. Pfeilkraut n. '~·head·ed adj in Form e-r Pfeilspitze. '~·root s bot. **1.** Pfeilwurz f. **2.** Arrowroot m, Pfeilwurzstärke f. '~·type adj tech. pfeilförmig, Pfeil...: ~ **wing.**

**ar·row·y** ['ærəʊɪ; Am. 'ærəwiː] adj **1.** pfeilförmig, Pfeil... **2.** fig. pfeilschnell.

**ar·roy·o** [ə'rɔɪə; -əʊ] pl **-os** s Am. **1.** Wasserlauf m. **2.** Trockental n. **3.** geol. Erosi'onsrinne f.

**arse** [ɑːs] Br. vulg. **I** s **1.** ,Arsch' m: **park your blooming ~!** setz dich (endlich) auf d-n Arsch! **2.** ,Arschloch' n. **3.** fig. contp. ,Arschloch' n. **4.** (piece of) ~ a) ,Mieze' f, b) ,Nummer' f (Geschlechtsverkehr): **to have an ~** e-e Nummer machen od. schieben. **II** v/i **5.** ~ **about** (od. **around**) a) her'umblödeln, b) her-'umgammeln. '~·hole s Br. vulg. ,Arschloch' n (a. fig. contp.): **his ~ was hanging out** fig. ,ihm ging der Arsch mit Grundeis'. ~ **lick·er** s Br. vulg. ,Arschkriecher(in)'. '~·lick·ing Br. vulg. **I** adj ,arschkriecherisch'. **II** s ,Arschkriecherei' f.

**ar·se·nal** ['ɑː(r)sənl] s **1.** Arse'nal n (a. fig.), Zeughaus n, Waffenlager n. **2.** 'Waffen-, Muniti'onsfa,brik f.

**ar·se·nate** ['ɑː(r)sənət; Am. bes. 'ɑːrsnət] s chem. ar'sensaures Salz.

**ar·se·nic I** s ['ɑː(r)snɪk] chem. **1.** Ar'sen n. **2.** weißes Ar'senik. **II** adj [ɑː(r)'senɪk]

---

**3.** ar'senhaltig, Arsen(ik)...: ~ **acid** Arsensäure f; ~ **poisoning** Arsenvergiftung f. **ar'sen·i·cal** [-'senɪk] → arsenic 3. **ar'sen·i·cate** [-keɪt] v/t chem. mit Ar'sen verbinden od. behandeln.

**ar·se·nide** ['ɑː(r)sənaɪd] s chem. Ar'sen-me,tall n, -verbindung f.

**ar·se·ni·ous** [ɑː(r)'siːnjəs; -ɪəs] adj chem. **1.** ar'senig, Arsen..., dreiwertiges Ar'sen enthaltend. **2.** Arsenik...: ~ **acid** Arsensäure f.

**ar·se·nite** ['ɑː(r)sənaɪt] s chem. ar'senigsaures Salz.

**ar·sine** ['ɑː(r)siːn; ɑː(r)'siːn] s chem. Ar-'senwasserstoff m.

**ar·sis** ['ɑː(r)sɪs] pl **-ses** [-siːz] s **1.** metr. a) hist. unbetonter Teil e-s Versfußes, b) Hebung f, Arsis f. **2.** mus. Arsis f, unbetonter Taktteil.

**ar·son** ['ɑː(r)sn] s jur. Brandstiftung f. **'ar·son·ist** s Brandstifter(in).

**art¹** [ɑː(r)t] **I** s **1.** (bes. bildende) Kunst: **the ~ of painting** (die Kunst der) Malerei f; **work of ~** Kunstwerk n; **brought to a fine ~** fig. zu e-r wahren Kunst entwickelt; → **fine arts. 2.** collect. Kunstwerke pl, Kunst f. **3.** Kunst(fertigkeit) f, Geschicklichkeit f: **the ~ of the painter. 4.** Kunst f (als praktische Anwendung von Wissen u. Geschick): **the ~ of building; the ~ of navigation; the ~ of cooking** die Hohe Schule des Kochens; ~ **and part** Entwurf u. Ausführung; **to be ~ and part in s.th.** planend u. ausführend an etwas beteiligt sein; **applied** (od. **industrial**) ~**s and crafts** Kunstgewerbe n. **5.** a) Wissenszweig m, b) Patentrecht: Fachgebiet n, a. Technik f: **person skilled in the ~** Fachmann m; **term of** ~ Fachausdruck m; → **prior¹** 1, state 6. **6.** pl a) Geisteswissenschaften pl, b) hist. (die) freien Künste pl (des Mittelalters): **Faculty of A~s,** Am. A~s Department philosophische Fakultät; → **bachelor** 2, **liberal arts, master** 12. **7.** meist pl Kunstgriff m, Kniff m, Trick m. **8.** List f, Verschlagenheit f, Tücke f. **9.** Künstlichkeit f, 'Unna,türlichkeit f, Affek'tiertheit f.

**II** adj **10.** Kunst...: ~ **ballad** Kunstballade f; ~ **critic** Kunstkritiker m; ~ **dealer** Kunsthändler m; ~ **director** a) thea. etc Bühnenmeister m, b) Art-director m (künstlerischer Leiter des Layouts in e-r Werbeagentur); ~ **gallery** Gemälde-, Bildergalerie f; ~ **historian** Kunsthistoriker m; ~ **lover** Kunstfreund m, -liebhaber m; ~ **paper** Kunstdruckpapier n; ~ **song** Kunstlied n; ~ **theater** Am. Filmkunsttheater n; ~ **artwork. 11.** künstlerisch, dekora'tiv: ~ **pottery.**

**art²** [ɑː(r)t] obs. 2. sg pres von be.

**ar·te·fact** → artifact.

**ar·te·ri·a** [ɑː(r)'tɪərɪə] pl **-ri·ae** [-iː] (Lat.) s anat. Ar'terie f, Puls-, Schlagader f. **ar'te·ri·al** adj **1.** anat. arteri'ell, Arterien..., Puls..., Schlagader... **2.** fig. e-e (Haupt)Verkehrsader betreffend: ~ **road,** Am. a. ~ **highway** Hauptverkehrs-, Durchgangs-, Ausfallstraße f, a. Fernverkehrsstraße f; ~ **railroad** (bes. Br. **railway**) Hauptstrecke f.

**ar·te·ri·ole** [ɑː(r)'tɪərɪəʊl] s anat. Arteri-'ole f, kleine Ar'terie.

**ar·te·ri·o·scle·ro·sis** [ɑː(r)ˌtɪərɪəʊsklə-'rəʊsɪs; bes. Am. -sklə'r-] s med. Ar,terioskle'rose f, Ar'terienverkalkung f.

**ar·te·ri·ot·o·my** [ɑː(r)ˌtɪərɪ'ɒtəmɪ; Am. -'ɑt-] s med. Ar,terioto'mie f, opera'tive Ar'terien(er)öffnung.

**ar·te·ri·tis** [ɑː(r)tə'raɪtɪs] s med. Arteri-'itis f, Ar'terienentzündung f.

**ar·ter·y** ['ɑː(r)tərɪ] s **1.** anat. Ar'terie f, Puls-, Schlagader f. **2.** fig. (Haupt)Verkehrsader f, bes. a) Hauptstraße f,

b) Hauptwasserstraße *f*: ~ of trade Haupthandelsweg *m*. **3.** *fig.* Weg *m*.
**ar·te·sian well** [ɑː(r)'tiːzjən; *bes. Am.* -ʒən] *s* **1.** ar'tesischer Brunnen. **2.** *Am.* tiefer Brunnen.
**'art·ful** *adj* (*adv* ~ly) **1.** schlau, listig, verschlagen, raffi'niert. **2.** gewandt, geschickt. **3.** *selten* kunstvoll. **4.** künstlich.
**'art·ful·ness** *s* **1.** List *f*, Schläue *f*, Verschlagenheit *f*. **2.** Gewandtheit *f*.
**ar·thral·gi·a** [ɑː(r)'θrældʒə; -dʒɪə] *s med.* Arthral'gie *f*, Gelenkschmerz *m*.
**ar·thrit·ic** [ɑː(r)'θrɪtɪk] *med.* **I** *adj* ar'thritisch. **II** *s* Ar'thritiker(in).
**'thrit·i·cal** → arthritic I. **ar'thri·tis** [-'θraɪtɪs] *s med.* Ar'thritis *f*, Gelenkentzündung *f*.
**ar·thro·pod** ['ɑː(r)θrəʊpɒd; -rə-; *Am.* -ˌpɑd] *s zo.* Gliederfüßer *m*.
**ar·thro·spore** ['ɑː(r)θrəʊspɔː(r); -rə-; *Am.* -ˌspəʊər] *s bot.* Arthro'spore *f*, Gliederspore *f*.
**Ar·thu·ri·an** [ɑː(r)'θjʊərɪən; *Am. a.* -'θʊr-] *adj* (König) Arthur *od.* Artus betreffend, Arthur..., Artus...
**ar·tic** [ɑː'tɪk] *s Br. colloq.* Sattelschlepper *m*.
**ar·ti·choke** ['ɑː(r)tɪtʃəʊk] *s bot.* Arti'schocke *f*.
**ar·ti·cle** ['ɑː(r)tɪkl] **I** *s* **1.** (*Zeitungs- etc*) Ar'tikel *m*, Aufsatz *m* (*in e-r Zeitung etc*). **2.** Ar'tikel *m*, Gegenstand *m*, Sache *f*: the real ~ *sl.* das Richtige. **3.** *bes. econ.* (Ge'brauchs-, 'Handels)Ar'tikel *m*, Ware *f*, Warenposten *m*, Fabri'kat *n*: ~ of clothing (*od.* dress) (Be)Kleidungsstück *n*; ~ of consumption Bedarfsartikel, Gebrauchsgegenstand *m*. **4.** *ling.* Ar'tikel *m*, Geschlechtswort *n*. **5.** Ar'tikel *m*, Para'graph *m*, Abschnitt *m*, Absatz *m*, Satz *m* (*e-s Gesetzes, Schriftstückes etc*): the Thirty-Nine A~s die 39 Glaubensartikel (der anglikanischen Kirche). **6.** a) Ar'tikel *m*, Punkt *m*, Klausel *f* (*e-s Vertrages etc*), b) *pl* Vertrag *m*: to serve one's ~s in der Lehre sein, e-e Lehre machen (with bei); ~s of association (*Am.* incorporation) Satzung *f* (*e-r Aktiengesellschaft*); ~s of partnership Gesellschaftsvertrag *m*; according (contrary) to the ~s satzungsgemäß (-widrig); → apprenticeship 1, shipping articles. **7.** *Am. sl.* Kerl *m*, ‚Knülch' *m*. **8.** Augenblick *m*: in the ~ of death. **II** *v/t* **9.** ar'tikelweise abfassen, Punkt für Punkt darlegen. **10.** in die Lehre geben (to bei). **11.** *obs.* anklagen (for wegen).
**ar·ti·cled** ['ɑː(r)tɪkld] *adj* **1.** vertraglich gebunden. **2.** in der Lehre (to bei): ~ clerk *jur. Br.* Anwaltsgehilfe *m*.
**ar·tic·u·lar** [ɑː(r)'tɪkjʊlə(r)] *adj anat. biol.* Glied(er)..., Gelenk...
**ar·tic·u·late I** *adj* [ɑː(r)'tɪkjʊlət] (*adv* ~ly) **1.** klar (erkennbar *od.* her'vortretend), deutlich, (genau) gegliedert. **2.** artiku'liert, klar *od.* deutlich ausgesprochen, verständlich (*Wörter etc*). **3.** a) fähig(, deutlich) zu sprechen, b) *weitS.* fähig, sich klar auszudrücken. **4.** a) deutlich, vernehmlich, b) sich Gehör verschaffend: to make ~ → 7. **5.** *bot. zo.* gegliedert, Glieder..., Gelenk...: ~ animal Gliedertier *n*. **II** *v/t* [-leɪt] **6.** artiku'lieren: a) (deutlich) aussprechen: to ~ a word, b) *Phonetik:* in e-r Laut bilden. **7.** a) äußern, Ausdruck verleihen (*dat*), b) *etwas* zur Sprache bringen, Gehör verschaffen (*dat*). **8.** verbinden, zs.-fügen, durch Glieder *od.* Gelenke verbinden, *tech.* anlenken. **9.** (with) abstimmen (auf *acc*), koordi'nieren (mit). **III** *v/i* [-leɪt] **10.** zs.-passen, *Phonetik:* artiku'lieren. **11.** (with) sich eingliedern (in *acc*), sich verbinden (mit).

**ar·tic·u·lat·ed** [ɑː(r)'tɪkjʊleɪtɪd] *adj* **1.** gegliedert. **2.** *Phonetik:* artiku'liert. **3.** *tech.* angelenkt, gelenkig, Gelenk...: ~ coupling Gelenkkupplung *f*; ~ lorry (*bes. Am.* truck) Sattelschlepper *m*; ~ train *rail.* Gliederzug *m*; ~ vehicle Gelenkfahrzeug *n*.
**ar·tic·u·late·ness** [ɑː(r)'tɪkjʊlətnɪs] *s* Artiku'liertheit *f*, Deutlichkeit *f*.
**ar·tic·u·la·tion** [ɑː(r)ˌtɪkjʊ'leɪʃn] *s* **1.** *bes. ling.* Artikulati'on *f* (*a. mus.*), (deutliche) Aussprache, Lautbildung *f*. **2.** *ling.* artiku'lierter Laut, *bes.* Konso'nant *m*. **3.** Deutlichkeit *f*, Verständlichkeit *f* (*a. teleph.*). **4.** Zs.-, Anein'anderfügung *f*, Verbindung *f*. **5.** Koordinati'on *f*. **6.** *anat. tech.* a) Gelenk(verbindung *f*) *n*: ~ piece Gelenkstück *n*, b) Gliederung *f*. **7.** *bot.* Knoten *m*, Stengelglied *n*.
**ar·ti·fact** ['ɑː(r)tɪfækt] *s* **1.** Arte'fakt *n*: a) Gebrauchsgegenstand *m*, Werkzeug *n od.* Gerät *n* (*bes. primitiver od. prähistorischer Kulturen*), b) *med.* 'Kunstpro,dukt *n*. **2.** *biol.* durch den Tod *od.* ein Re'agens her'vorgerufene Struk'tur in Geweben *od.* Zellen.
**ar·ti·fice** ['ɑː(r)tɪfɪs] *s* **1.** *obs.* Kunst(fertigkeit) *f*, Geschick(lichkeit) *f*. **2.** List *f*, Verschlagenheit *f*. **3.** Kunstgriff *m*, Kniff *m*, Trick *m*. **ar·tif·i·cer** [ɑː(r)'tɪfɪsə(r); 'ɑː(r)tɪ-] *s* **1.** → artisan. **2.** *mil.* a) Feuerwerker *m*, b) Kompa'niehandwerker *m*. **3.** *fig.* Urheber(in).
**ar·ti·fi·cial** [ɑː(r)tɪ'fɪʃl] **I** *adj* (*adv* ~ly) **1.** Kunst..., künstlich: ~ flower (insemination, kidney, respiration, *etc*) künstliche Blume (Befruchtung, Niere, Beatmung *etc*); ~ fertilizer Kunstdünger *m*; ~ gem synthetischer Edelstein; ~ horizon *aer. astr.* künstlicher Horizont; ~ intelligence (*Computer*) künstliche Intelligenz; ~ language Kunstsprache *f*, Welthilfssprache *f*; ~ limb *med.* künstliches Glied, Kunstglied *n*, Prothese *f*; ~ pacemaker *med.* Herzschrittmacher *m*; ~ person juristische Person; ~ selection *biol.* künstliche Zuchtwahl; ~ silk Kunstseide *f*; ~ teeth falsche *od.* künstliche Zähne. **2.** gekünstelt, unecht, falsch. **3.** 'unna,türlich, affek'tiert. **4.** *biol.* 'unor,ganisch. **5.** *bot.* gezüchtet. **II** *s* **6.** *Am.* a) 'Kunstpro,dukt *n*, b) *bes. pl* Kunstdünger *m*.
**ar·ti·fi·ci·al·i·ty** [ˌɑː(r)tɪfɪʃɪ'ælətɪ] *s* **1.** Künstlichkeit *f*. **2.** (*etwas*) Künstliches *od.* Gekünsteltes.
**ar·til·ler·ist** [ɑː(r)'tɪlərɪst] *s* **1.** Artille'rist *m*. **2.** Kano'nier *m*.
**ar·til·ler·y** [ɑː(r)'tɪlərɪ] *s* **1.** Artille'rie *f*: a) Geschütze *pl*, Ka'nonen *pl*, b) Artille'riekorps *n*. **2.** Artille'riefeuer *n*. **3.** *Am. sl.* ‚Ka'nonen' *pl*, Schießeisen *pl*. **4.** *hist.* 'Kriegsma,schinen *pl*, Wurfgeschütze *pl*.
**ar·til·ler·y·man** [-mən] *s irr* → artillerist.
**ar·ti·o·dac·tyl** [ˌɑː(r)tɪəʊ'dæktɪl] *zo.* **I** *adj* paarzehig, spalthufig. **II** *s* Paarzeher *m*, -hufer *m*.
**ar·ti·san** [ɑː(r)tɪ'zæn; *Am.* 'ɑːrtəzən] *s* (Kunst)Handwerker *m*.
**art·ist** ['ɑː(r)tɪst] *s* **1.** (bildender) Künstler, (bildende) Künstlerin. **2.** Künstler(in) (*ausübend*): a) Musiker(in), b) Sänger(in), c) Tänzer(in), d) Schauspieler(in), e) Ar'tist(in), Künstler(in), Könner(in). **4.** *obs.* a) Gelehrte(r) *m*, b) → artisan.
**ar·tiste** [ɑː(r)'tiːst] → artist 1–3.
**ar·tis·tic** [ɑː(r)'tɪstɪk] *adj;* **ar'tis·ti·cal** [-kl] *adj* (*adv* ~ly) **1.** Kunst..., Künstler..., künstlerisch: artistic works Kunstwerke. **2.** künstlerisch: a) kunstvoll, geschmackvoll, b) kunstverständig, c) Bohemien..., Künstler...
**art·ist·ry** ['ɑː(r)tɪstrɪ] *s* **1.** Künstlertum *n*.

**2.** künstlerische Leistung *od.* Wirkung *od.* Voll'endung. **3.** Kunstfertigkeit *f*.
**art·less** ['ɑː(r)tlɪs] *adj* (*adv* ~ly) **1.** *fig.* aufrichtig, arglos, offen, ohne Falsch. **2.** ungekünstelt, na'türlich, schlicht, einfach, na'iv. **3.** unkünstlerisch, stümperhaft. **4.** ungebildet. **'art·less·ness** *s* **1.** Arglosigkeit *f*, Offenheit *f*. **2.** Na'türlichkeit *f*, Einfachheit *f*. **3.** Kunstlosigkeit *f*. **4.** Ungebildetheit *f*.
**Art Nou·veau** [ˌɑː(r)nuː'vəʊ] *s* Art nou'veau (*Jugendstil in England u. Frankreich*).
**'art·work** *s* **1.** a) Kunstgewerbe *n*, b) kunstgewerbliche Ar'tikel *pl*. **2.** künstlerische Ausgestaltung. **3.** Artwork *n*: a) künstlerische Gestaltung, Illustrati'on(en *pl*) *f*, Grafik *f*, b) (grafische *etc*) Gestaltungsmittel *pl*.
**art·y** ['ɑː(r)tɪ] *adj colloq.* **1.** a) gewollt bohemi'enhaft (*Person*): he is the ~ type ‚er macht auf Künstler', b) dilet'tantisch, ‚kunstbeflissen', ‚mit künstlerischen Ambiti'onen': ~ women. **2.** künstlerisch aufgemacht: ~ furniture. ‚(-and)-'craft·y** *adj colloq.* **1.** gewollt künstlerisch. **2.** → arty 1 b.
**ar·um** ['eərəm] *s bot.* **1.** Aronstab *m*. **2.** Feuerkolben *m*. **3.** Drachenwurz *f*. ~ **lil·y** *s bot.* Weiße Gartenlilie.
**Ar·y·an** ['eərɪən; 'ɑː-] **I** *s* **1.** Arier *m*, Indoger'mane *m*. **2.** *ling.* a) arische Sprachengruppe, b) indoger'manische Sprachen *pl*. **3.** Arier *m*, Nichtjude *m* (*in der Nazi-Ideologie*). **II** *adj* **4.** arisch. **5.** *ling.* a) arisch, indoi'ranisch, b) indoger'manisch. **6.** arisch, nichtjüdisch. **'Ar·y·an·ize** *v/t* ari'sieren.
**ar·yl** ['ærɪl] *s chem.* A'ryl *n*.
**ar·y·te·noid** [ˌærɪ'tiːnɔɪd] *anat.* **I** *adj* gießbeckenförmig. **II** *s* Gießbeckenknorpel *m od.* -muskel *m*.
**as** [æz; *unbetont* əz; z] **I** *adv* **1.** so, ebenso, geradeso: ~ good ~ gold *fig.* kreuzbrav, musterhaft; I ran ~ fast ~ I could ich lief so schnell ich konnte; just ~ good ebenso gut; twice ~ large zweimal so groß. **2.** wie (zum Beispiel): statesmen, ~ Churchill.
**II** *conj* **3.** (gerade) wie, so wie: ~ often ~ they wish sooft (wie) sie wünschen; ~ you wish wie Sie wünschen; ~ is the case wie es der Fall ist; ~ it is (so) wie die Dinge liegen; (~) soft ~ butter butterweich; ~ requested wunschgemäß; ~ I said before wie ich vorher *od.* schon sagte; ~ was their habit wie es ihre Gewohnheit war. **4.** ebenso wie, genauso wie: you will reap ~ you sow wie man sät, so erntet man. **5.** als, während, in'dem: ~ he entered als er eintrat, bei s-m Eintritt. **6.** ob'wohl, ob'gleich, wenn auch, wie sehr, sosehr, wie: late ~ he was, he attended the session trotz s-r Verspätung nahm er noch an der Sitzung teil; old ~ I am so alt wie ich bin; try ~ he would sosehr er sich auch mühte. **7.** da, weil: ~ you are sorry I'll forgive you. **8.** (als *od.* so) daß: so clearly guilty ~ to leave no doubt so offensichtlich schuldig, daß kein Zweifel bleibt.
**III** *pron* **9.** der, die, das, welch(er, e, es) (*nach such od.* same): such ~ need our help diejenigen, welche unsere Hilfe brauchen; the same man ~ was here yesterday derselbe Mann, der gestern hier war. **10.** was, welche Tatsache, was: his health is not good, ~ he himself admits s-e Gesundheit läßt zu wünschen übrig, was er selbst zugibt.
**IV** *prep* **11.** als: to appear ~ Hamlet; he is ~ a father to me er ist zu mir wie ein Vater.
*Besondere Redewendungen:*
as ... as (eben)so ... wie; ~ sweet ~ can

be so süß wie nur möglich; ~ **cheap** ~ **fifty pence the bottle** für nur fünfzig Pence die Flasche; ~ **recently** ~ **last week** erst letzte Woche; ~ **far** ~ **can be ascertained** soweit es sich feststellen läßt; → **far** *Bes. Redew.*; ~ **at** an *od. econ.* zu (*e-m Zeitpunkt*); → **follow** 9; ~ **for** was ... anbetrifft; ~ **from** von *e-m Zeitpunkt* an, ab (*1. April etc*); → **good** 33, if 1; ~ **is** im gegenwärtigen Zustand; **the car was sold** ~ **is** der Wagen wurde, so wie er war, verkauft; ~ **it were** sozusagen, gewissermaßen, gleichsam; → **long**[1] 20, **much** *Bes. Redew.*; ~ **per** *econ.* a) laut, gemäß (*dat*), b) nach dem Stande vom (*1. Januar etc*); ~ **to** a) was ... (an)betrifft, im Hinblick auf (*acc*), b) nach, gemäß (*dat*); ~ **to this question** was diese Frage betrifft; **he is taxed** ~ **to his earnings** er wird nach s-m Verdienst besteuert; → **invoice** I, **kind**[2] 1, **usual** I, **well**[1] 12, **yet** 1; ~ **you were!** *mil.* Kommando zurück.

**as·a·f(o)et·i·da** [ˌæsəˈfetɪdə; -ˈfiː-] *s pharm.* Asaˈfötida *f*, Teufelsdreck *m*.

**as·a·ra·bac·ca** [ˌæsərəˈbækə] *s bot.* Haselwurz *f*.

**as·bes·ti·form** [æzˈbestɪfɔː(r)m; æs-] *adj min.* asˈbestförmig, -artig. **as'bes·tine** [-tiːn; -tɪn] *adj* **1.** asˈbestartig, Asbest... **2.** feuerfest, unverbrennbar.

**as·bes·tos** [æzˈbestɒs; æs-; *bes. Am.* -təs] *s min. tech.* Asˈbest *m*: ~ **board** Asbestpappe *f*.

**as·bes·to·sis** [ˌæsbesˈtəʊsɪs; ˌæz-] *s med.* Asbesˈtose *f*.

**as·ca·rid** [ˈæskərɪd] *s zo.* Askaˈride *f*, Spulwurm *m*.

**as·cend** [əˈsend] **I** *v/i* **1.** (auf-, emˈpor-, hinˈauf)steigen. **2.** ansteigen, (schräg) in die Höhe gehen. **3.** *fig.* sich erheben, aufsteigen. **4.** *fig.* (*zeitlich*) reichen, zuˈrückgehen (**to**, **into** bis in *acc*, bis auf *acc*). **5.** *mus.* an-, aufsteigen. **6.** *math.* steigen, zunehmen: ~**ing powers** steigende Potenzen. **II** *v/t* **7.** be-, ersteigen: **to** ~ **a hill**; **to** ~ **the throne den** Thron besteigen. **8.** *e-n Fluß* hinˈauffahren.

**as'cend·a·ble** *adj* be-, ersteigbar.

**as·cend·ance** [əˈsendəns], **as'cend·an·cy** [-sɪ] *s* ˈÜbergewicht *n*, Überˈlegenheit *f*, (bestimmender) Einfluß (**over** über *acc*): **to rise to** ~ **zur** Macht kommen; **to gain** ~ **over a country** bestimmenden Einfluß auf ein Land gewinnen.

**as·cend·ant** [əˈsendənt] **I** *s* **1.** *astr.* Aszenˈdent *m*, Aufgangspunkt *m* (*e-r Gestirnbahn*): **in the** ~ *fig.* im Aufsteigen (begriffen), im Kommen. **2.** *fig.* → **ascendance**. **3.** Aszenˈdent *m*, Vorfahr *m od.* Verwandte(r) *m* in aufsteigender Linie. **4.** *arch.* Tür-, Fensterpfosten *m*. **II** *adj* **5.** *astr.* aufgehend, -steigend. **6.** (auf)steigend. **7.** *fig.* überˈlegen (**over** *dat*), (vor)herrschend. **8.** *bot.* aufwärts wachsend.

**as·cend·en·cy,** *etc* → **ascendancy,** *etc.*

**as·cend·er** [əˈsendə(r)] *s print.* **1.** (Klein-) Buchstabe *m* mit Oberlänge. **2.** Oberlänge *f* (*e-s Buchstabens*).

**as·cend·i·ble** [əˈsendɪbl] → **ascendable.**

**as·cend·ing** [əˈsendɪŋ] *adj* **1.** (auf)steigend (*a. fig.*). **2.** (an)steigend. **3.** *fig.* nach oben strebend. **4.** aufsteigend (*Stammbaum*). **5.** *bot.* a) schräg *od.* krumm aufwärts wachsend, b) razeˈmos. ~ **air cur·rent** *s phys.* Aufwind *m*. ~ **cloud** *s phys.* Aufgleitwolke *f*. ~ **con·vec·tion cur·rent** *s phys.* thermischer Aufwind. ~ **gust** *s phys.* Steigbö *f*. ~ **let·ter** → **ascender** 1. ~ **se·ries** *s irr math.* steigende Reihe.

**as·cen·sion** [əˈsenʃn] *s* **1.** Aufsteigen *n* (*a. astr.*), Aufstieg *m*, Besteigung *f*. **2. the A**~ die Himmelfahrt Christi,

Christi Himmelfahrt, Himmelfahrtstag *m*.

**as·cent** [əˈsent] *s* **1.** Aufstieg *m*. **2.** *tech.* Aufwärtshub *m*. **3.** *fig.* Be-, ˈporkommen *n*. **4.** Be-, Ersteigung *f*: **the** ~ **of Mount Everest**; **the** ~ **to the top** der Aufstieg auf den Gipfel. **5.** *bes. math. tech.* Steigung *f*, Gefälle *n*. **6.** Anstieg *m*, Hang *m*, Höhe *f*. **7.** a) Auffahrt *f*, Rampe *f*, b) (Treppen)Aufgang *m*. **8.** *mus.* Ansteigen *n*, Anstieg *m*.

**as·cer·tain** [ˌæsə(r)ˈteɪn] *v/t* **1.** feststellen, ermitteln, in Erfahrung bringen. **2.** *obs.* a) festsetzen, bestimmen, b) ~ **o.s.** sich vergewissern (**of** *gen*), c) sichern. **ˌas·cer'tain·a·ble** *adj* feststellbar, ermittelbar, zu ermitteln(d). **ˌas·cer'tain·ment** *s* Feststellung *f*, Ermittlung *f*.

**as·cet·ic** [əˈsetɪk] **I** *adj* (*adv* ~**ally**) asˈketisch, Asketen... **II** *s* Asˈket *m*. **as'cet·i·cism** [-sɪzəm] *s* Asˈkese *f*.

**as·ci** [ˈæsaɪ; ˈæskaɪ] *pl von* **ascus.**

**as·cid·i·an** [əˈsɪdɪən] *s zo.* **1.** Asˈzidie *f*, Seescheide *f*. **2.** Manteltier *n*.

**as·ci·tes** [əˈsaɪtiːz] *s med.* Asˈzites *m*, Bauchwassersucht *f*. [piadean.]

**As·cle·pi·ad**[1] [æˈskliːpɪæd] → **Ascle-**

**As·cle·pi·ad**[2] [æˈskliːpɪæd] *s bot.* Seidenpflanze(ngewächs *n*) *f*.

**As·cle·pi·a·de·an** [æˌskliːpɪəˈdiːən] *metr.* **I** *adj* asklepiaˈdeisch. **II** *s* Asklepiaˈdeus *m*, asklepiaˈdeischer Vers.

**as·cle·pi·as** [æˈskliːpɪæs] *s bot.* Seidenpflanze *f*.

**a·scor·bic ac·id** [əˈskɔː(r)bɪk; æ-; *Am.* a. eɪ-] *s chem.* Ascorˈbinsäure *f*, Vitaˈmin *n* C.

**As·cot** [ˈæskət] **I** *npr* Ascot (*Pferderennbahn bei Windsor*). **II** *adj* Ascot...: ~ **week**. **III** *s* a~ breite Kraˈwatte, Plaˈstron *n*.

**as·crib·a·ble** [əˈskraɪbəbl] *adj* zuzuschreiben(d), beizumessen(d) (**to** *dat*).

**as·cribe** [əˈskraɪb] *v/t* (**to**) **1.** zuˈrückführen (auf *acc*), zuschreiben (*dat*): **his death was** ~**d to an accident**. **2.** zuschreiben (*dat*): **omnipotence is** ~**d to God** Gott wird Allmacht zugeschrieben.

**as·crip·tion** [əˈskrɪpʃn] *s* (**to**) Zuˈrückführen *n* (auf *acc*), Zuschreiben *n* (*dat*).

**as·cus** [ˈæskəs] *pl* **as·ci** [ˈæskaɪ; ˈæskaɪ] *s bot.* Sporenschlauch *m*, Askus *m*.

**as·dic** [ˈæzdɪk] (*abbr. für* **A**nti-**S**ubmarine **D**etection **I**nvestigation **C**ommittee) *s* **sonar.**

**-ase** [eɪs; eɪz] Wortelement mit der Bedeutung Enzym.

**a·se·i·ty** [eɪˈsiːətɪ; ə-] *s philos.* Aseiˈtät *f*: a) *Existenz durch Selbsterschaffung*, b) *die absolute Selbständigkeit Gottes.*

**a·sep·sis** [æˈsepsɪs; eɪ-; ə-] *s med.* Aˈsepsis *f*, Keimfreiheit *f*, b) → **asepticism.**

**a'sep·tic** [-tɪk] **I** *adj* (*adv* ~**ally**) aˈseptisch, keimfrei, steˈril. **II** *s* aˈseptische Subˈstanz.

**a·sep·ti·cism** [æˈseptɪsɪzəm; eɪ-; ə-] *s med.* Aˈseptik *f*, keimfreie Wundbehandlung. **a'sep·ti·cize** [-saɪz] *v/t* **1.** keimfrei *od.* aˈseptisch machen, steriliˈsieren. **2.** aˈseptisch behandeln.

**a·sex·u·al** [eɪˈseksjʊəl; *Am.* eɪˈsekʃəwəl; -ʃəl] *adj* (*adv* ~**ly**) **1.** *biol.* aˈsexuˌal (*i. weitS.*), ungeschlechtlich, geschlechtslos. **2.** ungeschlechtlich: ~ **generation** Ammengeneration *f*, ungeschlechtliche Generation; ~ **organism** Amme *f*.

**ash**[1] [æʃ] **I** *s* **1.** *bot.* Esche *f*: ~ **key** geflügelter Samen der Esche; ~ **tree** Eschenbaum *m*. **2.** Eschenholz *n*. **II** *adj* → **ashen**[1].

**ash**[2] [æʃ] *s* **1.** a. *chem.* Asche *f*: → **ashes.** **2.** Aschgrau *n*.

**a·shamed** [əˈʃeɪmd] *adj* beschämt, schamerfüllt: **to be** (*od.* **feel**) ~ **of** sich

schämen für (*od. gen*); **to be** (*od.* **feel**) ~ **to do** (*od.* **of doing**) **s.th.** sich schämen, etwas zu tun; **you ought to** (*od.* **should**) **be** ~ (**of yourself**)! du solltest dich schämen!, schäm dich! **a'sham·ed·ly** [-ɪdlɪ] *adv* beschämt.

**ash|bin** *s bes. Am.* **1.** Abfall-, Mülleimer *m*. **2.** Abfall-, Mülltonne *f*. **'~-blonde** *adj* aschblond. **'~-cake** *s Am.* in Asche gebackener (Mais)Kuchen. **~·can** *Am.* → **ash bin.** ~ **con·crete** *s tech.* 'Löschbeˌton *m*.

**ash·en**[1] [ˈæʃn] *adj* eschen, aus Eschenholz, Eschen(holz)...

**ash·en**[2] [ˈæʃn] *adj* **1.** Aschen... **2.** aschfarben. **3.** aschfahl, -grau.

**ash·es** [ˈæʃɪz] *s pl* **1.** Asche *f*: **to burn to** (*od.* **lay in**) ~ einäschern, niederbrennen, in e-n Aschenhaufen verwandeln. **2.** a) Asche *f*, (sterbliche) ˈÜberreste *pl*, b) Trümmer *pl*: **to rise from the** ~ *fig.* aus den Trümmern wieder auferstehen, wie ein Phönix aus der Asche steigen, c) Staub *m*. **3.** Totenblässe *f*: **a face of** ~ ein aschfahles Gesicht. **4.** *geol.* Vulˈkanasche *f*. **5. to win the A**~ (*Kricket*) gegen Australien gewinnen.

**ash·et** [ˈæʃet; -ɪt] *s bes. Scot.* (Serˈvier-) Platte *f*.

**ash| fur·nace** *s tech.* Glasschmelz-, Frittofen *m*. **~-'gray**, *bes. Br.* **~-'grey** *adj* aschgrau, -farben.

**a·shine** [əˈʃaɪn] *pred adj* leuchtend.

**Ash·ke·naz·im** [ˌæʃkəˈnæzɪm; -ˈnɑː-] *s pl* (*sg*-ˌch)keˈnasim *pl* (*Juden in Mittel- u. Osteuropa*).

**ash·lar** [ˈæʃlə(r)] *s arch.* **1.** Quaderstein *m*. **2.** Haustein-, Quadermauer *f*. **'ash·lar·ing** *s* **1.** → **ashlar** 2. **2.** (innere) Dachverschalung.

**a·shore** [əˈʃɔː(r); *Am.* a. əˈʃəʊər] *adv u. pred adj mar.* an Land od. am Ufer *od.* Land: **to go** ~ an Land gehen; **to run** ~ a) auflaufen, stranden, b) auf Strand setzen.

**'ash|pan** *s* Aschenkasten *m*. **'~-pit** *s* Aschengrube *f*. ~ **re·mov·al** *s tech.* Entaschung *f*. **'~-tray** *s* Aschenbecher *m*, Ascher *m*. **A**~ **Wednes·day** *s* Ascherˈmittwoch *m*.

**ash·y** [ˈæʃɪ] *adj* **1.** aus Asche (bestehend), Aschen... **2.** mit Asche bedeckt. **3.** → **ashen**[2] 2 u. 3.

**A·sian** [ˈeɪʃn; -ʒn] **I** *adj* asiˈatisch: ~ **flu. II** *s* Asiˈat(in). **ˌA·si'an·ic** [-ʃiˈænɪk; -sɪ-; *bes. Am.* -ʒiˈænɪk; -zɪ-; -ʃɪ-] *adj ling.* asiˈanisch, die ˈkleinasiˌatische Sprachengruppe betreffend. **A·si·at·ic** [ˌeɪʃɪˈætɪk; -sɪ-; *bes. Am.* -ʒiˈætɪk; -ʒɪ-; -zɪ-] → **Asian. ˌA·si'at·i·cism** [-ɪsɪzəm] *s* asiˈatische Eigentümlichkeit (*Sitte, Stil etc*).

**a·side** [əˈsaɪd] **I** *adv* **1.** beiˈseite, auf die Seite, seitwärts: **to step** ~ zur Seite treten. **2.** beiˈseite, weg: **to lay** ~. **3.** *thea.* für sich, leise, beiˈseite: **to speak** ~. **4.** ~ **from** *bes. Am.* abgesehen von. **II** *s* **5.** *thea.* Aˈparte *n*, beiˈseite gesprochene Worte *pl*. **6.** Nebenbemerkung *f*. **7.** geflüsterte Bemerkung.

**as·i·nine** [ˈæsɪnaɪn] *adj* **1.** eselartig, Esels... **2.** *fig.* eselhaft, dumm. **ˌas·i·'nin·i·ty** [-ˈnɪnətɪ] *s* Dummheit *f*.

**ask** [ɑːsk; *Am.* æsk] **I** *v/t* **1.** *j-n* fragen, *j-m* e-e Frage stellen. **2.** *j-n* fragen nach, sich bei *j-m* nach *etwas* erkundigen: **to** ~ **s.o. the way**; **to** ~ **s.o.** (**for**) **his name** j-n nach s-m Namen fragen; **to** ~ **s.o.'s opinion** j-n um s-e Meinung fragen; **may I** ~ **you a question?** darf ich Sie etwas fragen? **3.** *etwas* erfragen: **to** ~ **the time** fragen, wie spät es ist; **to** ~ **a question of s.o.** e-e Frage an j-n stellen *od.* richten, j-m e-e Frage stellen. **4.** a) bitten um, *etwas* erbitten: **to** ~ **advice** e-n Rat erbitten, b) *j-n* bitten *od.* fragen *od.*

ersuchen um: **to** ~ **s.o. in** j-n hereinbitten; **to** ~ **s.o. out** j-n ausführen; ~ **him for advice** fragen Sie ihn um Rat; **we were** ~**ed to believe** man wollte uns glauben machen; → **favor** 10. **5.** verlangen, fordern: **to** ~ **a high price for s.th.**; **that's** ~**ing too much** das ist zuviel verlangt; ~**ed** (*Börse*) Brief; ~**ed price** (*Börse*) Briefkurs *m*. **6.** *fig.* erfordern. **7.** einladen, bitten, auffordern: **to** ~ **s.o. to dinner**; **to be** ~**ed out** eingeladen sein. **8.** *Brautleute* aufbieten: **to be** ~**ed in church** *colloq.* aufgeboten werden. **II** *v/i* **9.** fragen, sich erkundigen (**for**, **about**, **after** nach): **to** ~ **around** herumfragen, sich umhören. **10.** bitten (**for** um): **to** ~ **for help**; **he** ~**ed for it** (*od.* **for trouble**) *colloq.* er wollte es ja so haben, er hat es herausgefordert *od.* selbst heraufbeschworen. **11.** *fig.* verlangen, erfordern (**for** *acc*): **the matter** ~**s for great care. 12. to** ~ **for s.o.** j-n *od.* nach j-m verlangen, nach j-m fragen, j-n zu sprechen wünschen.

**a·skance** [əˈskæns], *selten* **a·skant** [əˈskænt] *adv*: **to look** ~ **at s.o.** a) j-n von der Seite ansehen, b) *fig.* j-n schief *od.* mißtrauisch ansehen.

**a·skew** [əˈskjuː] *adv* **1.** schief: **to go** ~ *fig.* schiefgehen. **2. to look** ~ **at s.o.** *fig.* j-n verächtlich ansehen.

**ask·ing** [ˈɑːskɪŋ; *Am.* ˈæs-] *s* **1.** Fragen *n*, Bitten *n*, Bitte *f*: **to be had for the** ~ umsonst *od.* leicht *od.* mühelos zu haben sein. **2.** Verlangen *n*, Fordern *n*. **3.** (Ehe)Aufgebot *n*. **ˈask·ing·ly** *adv* **1.** fragend. **2.** flehentlich.

**a·slant** [əˈslɑːnt; *Am.* əˈslænt] **I** *adv u. pred adj* schräg, schief, quer. **II** *prep* quer über *od.* durch.

**a·sleep** [əˈsliːp] *adv u. pred adj* **1.** schlafend, im *od.* in den Schlaf: **to be** ~ schlafen (*a. fig.*); **to be fast** ~ fest schlafen; **to drop** (*od.* **fall**) ~ einschlafen (*a. fig.*); **to put** ~ einschläfern. **2.** *fig.* entschlafen (*tot*). **3.** *fig.* untätig, unaufmerksam, träge, teilnahmslos. **4.** *fig.* eingeschlafen (*Glied*). [schüssig.\

**a·slope** [əˈsləʊp] *adv u. pred adj* ab-\
**a·so·cial** [eɪˈsəʊʃl] *adj* **1.** *psych. sociol.* ungesellig, eigenbrötlerisch, konˈtaktfeindlich. **2.** ego'istisch. **3.** → **antisocial.**

**asp¹** [æsp] *s zo. u. poet.* Natter *f*, Viper *f*, Giftschlange *f*.

**asp²** [æsp] *poet. für* **aspen** I.

**as·par·a·gus** [əˈspærəgəs] *s bot.* Spargel *m*: ~ **tips** Spargelspitzen. ~ **stone** *s min.* Spargelstein *m*.

**as·pect** [ˈæspekt] *s* **1.** Aussehen *n*, Erscheinung *f*, Anblick *m*, Form *f*, Gestalt *f*. **2.** Miene *f*, Gesicht(sausdruck *m*) *n*: **serious in** ~ mit ernster Miene. **3.** *fig.* Aˈspekt *m* (*a. astr.*), Seite *f*, Gesichts-, Blickpunkt *m*: **both** ~**s of a question**; **from a different** ~; **in its true** ~ im richtigen Licht. **4.** Beziehung *f*, 'Hinsicht *f*, Bezug *m*. **5.** Aussicht *f*, Lage *f*: **the house has a southern** ~ das Haus liegt nach Süden. **6.** Seite *f*, Fläche *f*, Teil *m*: **the dorsal** ~ **of a fish. 7.** *Radar:* Sichtwinkel *m*. **8.** *ling.* Akti'onsart *f* (*des Verbs*), Aˈspekt *m*. **9.** *tech.* Ansicht *f* von der Seite *od.* von oben. **10.** *fig.* Aˈspekt *m* (*Aussehen von Pflanzen in e-r bestimmten Jahreszeit*). ~ **ra·tio** *s* **1.** *tech.* a) Flächen-, Streckenverhältnis *n*, b) Schlankheitsgrad *m*. **2.** *aer. tech.* Längen-, Streckungsverhältnis *n*. **3.** *TV* (Bild)Seitenverhältnis *n*.

**as·pec·tu·al** [æˈspektjʊəl; -tʃʊəl; *Am.* -tʃəwəl] *adj ling.* auf die Akti'onsart *od.* auf den Aˈspekt bezüglich.

**as·pen** [ˈæspən] **I** *s bot.* Espe *f*, Zitterpappel *f*. **II** *adj* espen, aus Espenholz, Espen...: **to tremble like an** ~ **leaf** *fig.* wie Espenlaub zittern.

**as·per** [ˈæspə(r)] *s ling.* Spiritus *m* asper.
**as·per·gill** [ˈæspə(r)dʒɪl], **as·per·gil·lum** [-ˈdʒɪləm] *pl* **-lums**, **-la** [-lə] *s relig.* Asperˈgill *n*, Weih(wasser)wedel *m*.
**as·per·i·ty** [æˈsperətɪ; ə-] *s* **1.** a) Rauheit *f*, Unebenheit *f*, b) *pl* Unebenheiten *pl*. **2.** *fig.* Rauheit *f*, Strenge *f* (*des Charakters etc*, *a. des Klimas*), Schärfe *f*, Schroffheit *f* (*des Benehmens etc*). **3.** Härte *f*, 'Widerwärtigkeit *f*, Schwierigkeit *f*. **4.** Herbheit *f*, Strenge *f* (*des Stils etc*).
**as·perse** [əˈspɜːs; *Am.* əˈspɜrs] *v/t* **1.** verleumden, mit Schmutz bewerfen, verunglimpfen, mit Schmähungen über'häufen. **2.** *relig.* besprengen.
**as·per·sion** [əˈspɜːʃn; *Am.* əˈspɜrʒən; -ʃən] *s* **1.** Verleumdung *f*, Verunglimpfung *f*, Schmähung *f*, *pl a.* Anwürfe *pl*: **to cast** ~**s on** → **asperse** 1. **2.** *relig.* Aspersi'on *f*, Besprengung *f*.
**as·per·so·ri·um** [ˌæspə(r)ˈsɔːrɪəm; *Am.* a. -ˈsəʊr-] *s relig.* Asper'sorium *n*, Weihwasserkessel *m*.
**as·phalt** [ˈæsfælt; *Am. bes.* ˈæsˌfɔːlt] **I** *s min. tech.* As'phalt *m*. **II** *adj* Asphalt...: ~ **jungle. III** *v/t* asphal'tieren. ~ **phal·tene** [-tiːn] *s* Asphal'ten *n*. **as·phal·tic** *adj* Asphalt...: ~ **roofing board** Dachpappe *f*.
**as·pho·del** [ˈæsfədel] *s bot.* **1.** Affo'dill *m*. **2.** *poet.* Narˈzisse *f*.
**as·phyx·i·a** [æsˈfɪksɪə; əs-] *s med.* Asphy'xie *f*, Erstickung(stod *m*) *f*. **as·phyx·i·ant** **I** *adj* **1.** erstickend. **II** *s* **2.** Erstickung her'vorrufendes Gift. **3.** *mil.* erstickender Kampfstoff.
**as·phyx·i·ate** [əsˈfɪksɪeɪt; æs-] *med.* **I** *v/t* ersticken: **to be** ~**d** ersticken. **II** *v/i* ersticken. **as·phyx·i·a·tion** *s* a) Erstickungszustand *m*, b) Erstickung *f*. **2.** *bot.* (*durch Luftmangel verursachte*) (Pflanzen)Verbildung.
**as·pic¹** [ˈæspɪk] *s bot.* (Breitblättriger) La'vendel, Spike *f*.
**as·pic²** [ˈæspɪk] *s gastr.* A'spik *m*, Ge'lee *n*.
**as·pic³** [ˈæspɪk] → **asp¹.**
**as·pir·ant** [əˈspaɪərənt; ˈæspɪrənt] **I** *adj* → **aspiring. II** *s* (**to**, **after**, **for**) Aspi'rant(in), Kandi'dat(in) (für), Bewerber (-in) (um): ~ **officer** Offiziersanwärter *m*.
**as·pi·rate** [ˈæspərət] **I** *s ling.* **1.** Aspi'rata *f*, Hauchlaut *m*. **2.** Spiritus *m* asper. **II** *adj* **3.** *ling.* aspi'riert. **III** *v/t* [-reɪt] **4.** *ling.* aspi'rieren. **5.** *med. tech.* aspi'rieren, ab-, an-, aufsaugen.
**as·pi·ra·tion** [ˌæspəˈreɪʃn] *s* **1.** (Ein)Atmen *n*, Atemzug *m*. **2.** *fig.* (**for**, **after**, **to·ward**[**s**]) Streben *n*, Bestrebung *f*, Trachten *n*, Sehnen *n* (nach), *a. pl* Ambiti'onen *pl* (auf *acc*). **3.** *ling.* a) Aspirati'on *f*, Behauchung *f*, b) Hauchlaut *m*. **4.** *med. tech.* Aspirati'on *f*, Ab-, An-, Aufsaugen *n*.
**as·pi·ra·tor** [ˈæspəreɪtə(r)] *s med. tech.* Aspi'rator *m*, 'Saugappaˌrat *m*.
**as·pire** [əˈspaɪə(r)] *v/i* **1.** streben, trachten, verlangen (**to**, **after** nach; **to** *inf* zu *inf*): **to** ~ **to** (*od.* **after**) **s.th.** *a.* etwas erstreben. **2.** sich erheben, aufsteigen.
**as·pi·rin** [ˈæspərɪn; ˈæsprɪn] *s pharm.* Aspi'rin *n*: **two** ~(**s**) zwei Aspirin(tabletten).
**as·pir·ing** [əˈspaɪərɪŋ] *adj* (*adv* ~**ly**) **1.** strebend, trachtend *od.* verlangend (**to**, **after** nach). **2.** ehrgeizig, strebsam. **3.** auf-, em'porstrebend.
**as·por·ta·tion** [ˌæspɔː(r)ˈteɪʃn; *Am. bes.* -pər't-] *s jur.* ('widerrechtliche) Wegnahme.
**a·sprawl** [əˈsprɔːl] *adv u. pred adj* lang ausgestreckt.
**asp tree** → **aspen** I.
**a·squat** [əˈskwɒt; *Am.* əˈskwɑt] *pred adj* hockend.
**a·squint** [əˈskwɪnt] *adv*: **to look** ~ **at s.o.** j-n aus den Augenwinkeln *od.* verstohlen anschauen.

**ass¹** [æs] *s* **1.** *zo.* Esel *m*. **2.** *fig.* Esel *m*, Dummkopf *m*: **to make an** ~ **of s.o.** j-n zum Narren halten; **to make an** ~ **of o.s.** sich blamieren *od.* lächerlich machen.
**ass²** [æs], *etc Am. vulg. für* **arse**, *etc.*
**as·sa·f(o)et·i·da** → **asaf(o)etida.**
**as·sai¹** [ˈæsaɪ; ɑːˈsɑːiː] *s* **1.** *bot.* As'saipalme *f*. **2.** Getränk *n od.* Würze *f* aus den Früchten der As'saipalme.
**as·sai²** [ˈæsaɪ; ɑːˈsɑːiː] *adv mus.* as'sai, sehr: **allegro** ~ sehr lebhaft.
**as·sail** [əˈseɪl] *v/t* **1.** angreifen: a) 'herfallen über (*acc*) (*a. fig.*), anfallen, b) *mil.* bestürmen: **to** ~ **a town. 2.** *fig.* j-n bestürmen: **to** ~ **s.o. with questions**; **he was** ~**ed by dark thoughts**; ~**ed by fear** von Furcht gepackt; **to** ~ **s.o.'s ears** an j-s Ohr schlagen *od.* dringen. **3.** *e-e Aufgabe etc* in Angriff nehmen, anpakken. **as·sail·a·ble** *adj* angreifbar (*a. fig.*). **as·sail·ant** *s* **1.** *a. fig.* Angreifer *m*, Gegner *m*. **2.** *fig.* Kritiker *m*.
**as·sart** [əˈsɑː(r)t] *s jur. hist.* **I** *s* **1.** Ausroden *n* (*von Bäumen*), Urbarmachen *n*. **2.** Rodung *f*, Lichtung *f*. **II** *v/t* **3.** Bäume ausroden, *e-n Wald* lichten.
**as·sas·sin** [əˈsæsɪn] *s* **1.** *bes.* po'litischer Mörder, Attentäter *m*. **2.** A~ *hist.* Assas'sine *m* (*Mitglied des mohammedanischen Assassinenbundes*).
**as·sas·si·nate** [əˈsæsɪneɪt] **I** *v/t* **1.** *bes. pol.* ermorden: **to be** ~**d** e-m Attentat *od.* Mordanschlag zum Opfer fallen. **2.** *fig.* j-s Ruf morden, j-m die Ehre abschneiden. **3.** *fig.* vernichten. **II** *s* **4.** *obs.* Mörder *m*. **as·sas·si·na·tion** *s* (of) *bes.* po'litischer Mord, Ermordung *f* (*gen*), (geglücktes) Atten'tat (auf *acc*), (geglückter) Mordanschlag (auf *acc*): **to be on the** ~ **list** auf der Abschußliste stehen. **as·sas·si·na·tor** [-tə(r)] → **assassin** 1.
**as·sault** [əˈsɔːlt] **I** *s* **1.** *a. fig.* Angriff *m*, At'tacke *f*, 'Überfall *m* (**upon**, **on** auf *acc*). **2.** *mil.* Sturm *m*: **to carry** (*od.* **take**) **by** ~ erstürmen, im Sturm nehmen; ~ **boat** *a.* **craft** Landungsboot *n*, Sturmlandefahrzeug *n*; ~ **echelon** Sturmwelle *f*; ~ **gap** Sturmgasse *f*; ~ **gun** Sturmgeschütz *n*; ~ **ship** großes Landungsfahrzeug; ~ **troops** Angriffs-, Stoßtruppen. **3.** *jur.* a) (unmittelbare) Bedrohung, b) tätlicher Angriff, Gewaltanwendung *f*, c) *a.* ~ **and battery** tätliche Beleidigung; **criminal** (*od.* **indecent**) ~ unzüchtige Handlung (*unter Androhung od. Anwendung von Gewalt*). **4.** *fenc.* Freigefecht *n*. **5.** *euphem.* Vergewaltigung *f*. **II** *v/t* **6.** *a. fig.* angreifen, über'fallen, 'herfallen über (*acc*). **7.** *mil.* stürmen. **8.** *jur.* tätlich *od.* schwer beleidigen. **9.** *euphem.* vergewaltigen. **III** *v/i* **10.** angreifen.
**as·say** **I** *s* [əˈseɪ; æ-; *Am.* ˈæseɪ; æˈseɪ] **1.** *chem. tech.* Probe *f*, Prüfung *f*, Ana'lyse *f*, Unter'suchung *f* (*von Metallen, Drogen etc nach Gewicht, Qualität etc*): ~ **balance** Probier-, Goldwaage *f*; ~ **crucible** Probiertiegel *m*; ~ **office** Prüfungsamt *n*; ~ **ton** Probiertonne *f* (= 29,166 *Gramm*). **2.** *chem. tech.* (*bes.* Me'tall- *od.* Münz-)Probe *f* (*Prüfstück*): ~ **sample** Probe (-stück *n*). **3.** *chem. tech.* a) Prüfungsergebnis *n*, b) Gehalt *m* (*an Edelmetall etc*). **II** *v/t* [əˈseɪ; æ-; *Am.* ˈæseɪ] **4.** *bes.* Metall etc prüfen, unter'suchen. **5.** *fig.* (über)'prüfen. **6.** *fig.* etwas versuchen, pro'bieren. **III** *v/i* **7.** *chem. tech. Am.* ~ **in** *Edelmetall* enthalten. **as·say·er** *s chem. tech.* Prüfer *m*.
**as·sem·blage** [əˈsemblɪdʒ] *s* **1.** Versammeln *n*, Zs.-bringen *n*. **2.** *Am.* Zs.-legung *f* (*von Grundstücken*). **3.** Ansammlung *f*, Schar *f*, Menge *f*, Gruppe *f* (*von Personen u. Sachen*). **4.** Versammlung *f*: **a political** ~. **5.** *tech.* → **assembly** 4 a. **6.** [*a.* ˌæsəmˈblɑːʒ] *art* Assemˈblage *f*.

**as·sem·ble** [əˈsembl] **I** v/t **1.** versammeln: a) zs.-bringen, b) mil. bereitstellen, zs.-ziehen. **2.** e-e Mannschaft etc, a. Tatsachen etc zs.-stellen: to ~ a crew; to ~ data. **3.** tech. monˈtieren, zs.-setzen, -bauen. **4.** Computer: assemˈblieren. **II** v/i **5.** sich versammeln, zs.-kommen, parl. etc zs.-treten: right to ~ jur. Versammlungsrecht n. **asˈsem·bler** s **1.** j-d, der zs.-bringt od. -stellt od. (ver)sammelt. **2.** tech. Monˈteur m. **3.** Computer: Asˈsembler(proˌgramm n) m, Assemˈblierproˌgramm n, Assemˈblierer m: ~ **language** Assembler(sprache f) m, Assemblier(er)sprache f. **as·sem·bly** [əˈsemblɪ] s **1.** Versammlung f, Zs.-kunft f, Gesellschaft f: **unlawful** ~ jur. Zs.-rottung f, Auflauf m; **place of** ~ Versammlungsort m, Treffpunkt m; **right of** ~ jur. Versammlungsrecht n; ~ **room** a) Gesellschafts-, Kur-, Ballsaal m, b) Versammlungssaal m, Aula f. **2.** relig. (Art) Syˈnode f (der reformierten Kirchen). **3.** pol. a) beratende od. gesetzgebende Körperschaft, b) A~ Am. ˈUnterhaus n (in einigen Staaten): → **general assembly** 2; A~man Abgeordnete(r) m. **4.** tech. a) Monˈtage f, Zs.-bau m, -setzen n: ~ **drawing** Montagezeichnung f; ~ **instructions** Montageanleitung f; ~ **line** Fließband n (a. fig.), Montageband n; ~-**line** production Fließbandfertigung f; ~ **shop** Montagehalle f, -werkstatt f, b) Baugruppe f (a. Computer): **assemblies** zs.-gesetzte Bauteile; ~ **language** Assembler(sprache f) m, Assemblier(er)sprache f. **5.** mil. Bereitstellung f: ~ **area** Bereitstellungs-, Versammlungsraum m. **6.** mil. Siˈgnal n zum Sammeln.

**as·sent** [əˈsent] **I** v/i (**to**) **1.** zustimmen, beipflichten (dat). **2.** einwilligen (in acc), billigen, genehmigen (acc). **II** s **3.** Zustimmung f, Beipflichtung f. **4.** Einwilligung f, Billigung f, Genehmigung f, Einverständnis n: **Royal** ~ pol. königliche Genehmigung. **asˈsent·er** s Beipflichtende(r m) f. **asˈsen·tient** [-ˈsenʃɪənt; -ʃənt] **I** adj **1.** zustimmend, beipflichtend. **2.** genehmigend. **II** s **3.** Beipflichtende(r m) f. **asˈsen·tor** [-tə] s pol. Br. Unterˈstützer m e-s Wahlvorschlages.

**as·sert** [əˈsɜːt; Am. -ˈsɜrt] v/t **1.** behaupten, erklären. **2.** behaupten, geltend machen, bestehen auf (dat): **to ~ a claim** e-n Anspruch geltend machen. **3.** verteidigen, einstehen für. **4.** ~ o.s. a) sich behaupten od. ˈdurchsetzen, b) sich zu viel anmaßen, sich vordrängen. **asˈsert·er** → **assertor**. **asˈser·tion** s **1.** Behauptung f, Erklärung f: **to make an** ~ e-e Behauptung aufstellen. **2.** Behauptung f, Geltendmachung f: ~ **of a right**. **asˈser·tive** adj (adv ~ly) **1.** positiv, bestimmt, ausdrücklich. **2.** dogˈmatisch. **3.** math. philos. asserˈtorisch. **4.** anmaßend. **asˈser·tive·ness** s selbstbewußtes od. anmaßendes Wesen od. Vorgehen, Anmaßung f. **asˈser·tor** [-tə(r)] s j-d, der etwas behauptet. **2.** Verfechter(in). **asˈser·to·ry** adj behauptend.

**as·sess** [əˈses] v/t **1.** e-e Entschädigungssumme, e-e Geldstrafe, Kosten festsetzen: **to ~ damages. 2.** (at) Einkommen etc (zur Steuer) veranlagen (mit), (ab-, ein)schätzen, taˈxieren, bewerten (auf acc): ~ed **value** Einheits-, Steuerwert m. **3.** a) besteuern (acc), b) Steuern, Geldstrafe etc auferlegen (**on, upon** dat). **4.** fig. ab-, einschätzen, (be)werten, beurteilen, würdigen: **to ~ the facts. 5.** Am. e-n Beitrag in Höhe von ... fordern von (Vereinsmitgliedern etc). **asˈsess·a·ble** adj (adv assessably). **1.** (ab)schätzbar. **2.** steuer-, abgabepflichtig: ~ **to income tax** einkommensteuerpflichtig.

**as·sess·ee** [ˌæseˈsiː; əˌseˌsiː] s Am. Zahlungspflichtige(r m) f. **as·sess·ment** [əˈsesmənt] s **1.** Festsetzung f (e-r Entschädigung etc): ~ **of damages. 2.** (Steuer)Veranlagung f, Taˈxierung f, (Ab-, Ein)Schätzung f, Bewertung f: ~ **of** (od. **on**) **property** Veranlagung zur Vermögenssteuer; ~ **of income tax** Einkommensteuerveranlagung f; ~ **of value** math. Wertermittlung f. **3.** a) Steuer(betrag m) f, Abgabe f, b) Besteuerung f, c) ˈSteuertaˌrif m. **4.** fig. Einschätzung f, (Be)Wertung f, Beurteilung f. **5.** Am. (einmaliger) Beitrag, ˈUmlage f. **6. stock** ~ econ. Am. a) Aufforderung f zu Nachschußzahlungen auf Aktien, b) Zahlungsaufforderung f an Aktienzeichner. **as·ses·sor** [əˈsesə(r)] s **1.** Steuereinschätzer m. **2.** jur. Br. sachverständiger Beisitzer, Sachverständige(r) m. **3.** Br. Schadenssachverständige(r) m (e-r Versicherung). **4.** obs. a) Ratgeber m, b) Amtsbruder m.

**as·set** [ˈæset] s **1.** econ. a) Akˈtivposten m: **to enter on the** ~ **side** aktivieren, b) Vermögenswert m, -gegenstand m, c) pl Akˈtivseite f (der Bilanz), d) pl Akˈtiva pl, (Akˈtiv-, Betriebs-, Gesellschafts-) Vermögen n, Vermögenswerte pl, Guthaben n od. pl, Kapiˈtalanlagen pl: ~ **account** Anlagenkonto n; ~**s and liabilities** Aktiva u. Passiva; → **fixed** 6, **foreign** 2, **frozen** 6. **2.** pl jur. a) Vermögen(smasse f) n (bes. zur Deckung von Schulden), b) Nachlaß m, c) Konˈkursmasse f. **3.** fig. a) Vorzug m, Wert m, wichtiger Faktor, Plus n, Gewinn m, Akˈtivposten m: **shorthand an** ~, **not essential** (in Annoncen) Stenographie erwünscht, aber nicht Bedingung, b) Gewinn m (to für), wertvolle Kraft, guter Mitarbeiter etc.

**as·sev·er·ate** [əˈsevəreɪt] v/t beteuern, versichern, feierlich erklären. **asˌsev·erˈa·tion** s Beteuerung f. **as·sib·i·late** [əˈsɪbɪleɪt] v/t ling. assibiˈlieren, mit e-m Zischlaut aussprechen. **asˌsib·iˈla·tion** s ling. Assibiˈlierung f. **as·si·du·i·ty** [ˌæsɪˈdjuːətɪ; Am. a. -ˈduː-] s **1.** Emsigkeit f, Fleiß m, Eifer m. **2.** Beharrlichkeit f, Unverdrossenheit f. **3.** Aufmerksamkeit f, Dienstbeflissenheit f. **4.** meist pl beharrliche Aufmerksamkeit. **as·sid·u·ous** [əˈsɪdjʊəs; Am. -dʒəwəs] adj (adv ~ly) **1.** emsig, fleißig, eifrig. **2.** beharrlich, unverdrossen. **3.** aufmerksam, dienstbeflissen. **asˈsid·u·ous·ness** → **assiduity.**

**as·sign** [əˈsaɪn] **I** v/t **1.** e-n Anteil, e-e Aufgabe etc zuweisen, anweisen, zuteilen (**to** dat). **2.** ein Amt, e-e Aufgabe etc überˈtragen, anvertrauen (**to s.o.** j-m). **3.** (**to**) j-n bestimmen, einsetzen, -teilen (zu, für e-e Aufgabe etc), j-n betrauen, beauftragen (mit). **4.** e-e Aufgabe, e-n Zeitpunkt etc festsetzen, bestimmen: **to ~ a day for trial. 5.** e-n Grund etc anführen: **to ~ a reason. 6.** etwas e-r Person, Zeit etc zuschreiben: **to ~ s.th. to an epoch** (author). **7.** math. a) zuordnen: **to ~ a coordinate to each point**, b) beilegen: **to ~ a meaning to a constant. 8.** jur. abtreten, überˈtragen, -ˈeignen, zeˈdieren. **II** s **9.** jur. Zessioˈnar m, Rechtsnachfolger(in) (durch Abtretung). **asˈsign·a·ble** adj **1.** bestimmbar, zuweisbar, zuzuschreiben(d) (Zahl, Zeit etc). **2.** anführbar (Grund). **3.** jur. überˈtragbar.

**as·sig·na·tion** [ˌæsɪgˈneɪʃn] s **1.** → **assignment** 1, 2, 4, 6. **2.** (etwas) Zugewiesenes, (Geld)Zuwendung f. **3.** (bes. heimliches od. verbotenes) Treffen (e-s Liebespaares).

**as·sign·ee** [ˌæsɪˈniː; -saɪ-] s jur. **1.** → **assign** 9. **2.** Bevollmächtigte(r) m, Treuhänder m: ~ **in bankruptcy** Konkursverwalter m. **as·sign·ment** [əˈsaɪnmənt] s **1.** An-, Zuweisung f (**to** an acc). **2.** Bestimmung f, Festsetzung f. **3.** bes. Am. Aufgabe f, Arbeit f (beide a. ped.), Auftrag m. **4.** Zuschreibung f. **5.** Angabe f, Anführen n: **an** ~ **of reasons.** **6.** econ. jur. Überˈtragung f, -ˈeignung f, Abtretung f, Zessiˈon f. **7.** jur. Abtretungsurkunde f. **as·sign·or** [ˌæsɪˈnɔː(r); Am. bes. əˈsaɪnər; əˌsaɪˈnɔːr] s jur. Abtretende(r) m, Zeˈdent m. **as·sim·i·la·ble** [əˈsɪmɪləbl] adj **1.** assiˈmilierbar. **2.** vergleichbar (**to** mit). **as·sim·i·late** [əˈsɪmɪleɪt] **I** v/t **1.** assiˈmilieren: a) angleichen (a. ling.), anpassen (**to, with** dat, an acc), b) biol. Nahrung einverleiben, ˈumsetzen, c) bes. sociol. aufnehmen, absorˈbieren, a. gleichsetzen (**to, with** mit). **II** v/i **3.** gleich od. ähnlich werden, sich anpassen od. angleichen (**to, with** dat). **4.** biol. sociol. sich assimiˈlieren. **as·sim·i·la·tion** [əˌsɪmɪˈleɪʃn] s (**to**) Assimilatiˈon f (an acc): a) a. psych. sociol. Angleichung f, Anpassung f (an acc), Gleichsetzung f (mit), b) biol. sociol. Einverleibung f, Aufnahme f (in acc), c) bot. Photosynˈthese f, d) ling. Assimiˈlierung f. **asˈsim·i·la·tive** [-lətɪv; Am. bes. -ˌleɪtɪv], **asˈsim·i·la·to·ry** [-lətərɪ; Am. -ˌtɔːrɪ; -ˌtəʊrɪ; -ˌtɔː-] adj **1.** (sich leicht) assimiˈlierend, Assimilierungs... **2.** Assimilations... **3.** assimiˈlierbar.

**as·sist** [əˈsɪst] **I** v/t **1.** helfen (dat), j-m beistehen, j-n unterˈstützen: ~**ed person** jur. Br. Partei, der das Armenrecht od. kostenlose Rechtsberatung zugebilligt ist. **2.** fördern, (a. finanziell) unterˈstützen: ~**ed immigration** Einwanderung f mit (staatlicher) Beihilfe; ~**ed take-off** aer. Abflug m mit Starthilfe; **to ~ the voltage** die Spannung erhöhen. **II** v/i **3.** (aus)helfen, Hilfe leisten, mitarbeiten, -helfen (**in** bei): **to ~ in doing a job** bei e-r Arbeit (mit)helfen. **4.** (**at**) beiwohnen (dat), zuˈgegen sein (bei), teilnehmen (an dat): **to ~ at a meeting. III** s **5.** Am. ~ **assistance. 6.** Eishockey: Vorlage f. **as·sist·ance** [əˈsɪstəns] s Hilfe(leistung) f, Beistand m, (a. finanzielle) Unterˈstützung od. Beihilfe, Mitwirkung f: **to afford** (od. **lend, render**) ~ Hilfe leisten od. gewähren; **economic** ~ Wirtschaftshilfe, wirtschaftliche Unterˈstützung; **judicial** ~ jur. Rechtshilfe; **medical** ~ ärztliche Versorgung; **social** ~ Sozialhilfe; **in need of** ~ hilfsbedürftig. **as·sist·ant** [əˈsɪstənt] **I** adj **1.** behilflich (**to** dat), assiˈstierend, stellvertretend, Hilfs..., Unter...: ~ **adjutant** mil. zweiter Adjutant; ~ **driver** Beifahrer m; ~ **editor** Redaktionsassistent m; ~ **judge** jur. Beisitzer m, (Gerichts)Assessor m; ~ **manager** stellvertretender Leiter, zweiter Geschäftsführer; ~ **professor** univ. Am. (etwa) Lehrbeauftragte(r) m; ~ **secretary** pol. Am. Ministerialdirektor m. **II** s **3.** Assiˈstent(in), Gehilfe m, Gehilfin f, Hilfskraft f, Mitarbeiter(in). **4.** Angestellte(r m) f: (**shop**) ~ Br. Verkäufer(in). **5.** univ. Am. Assiˈstent(in) (Hilfslehrkraft). **6.** fig. Hilfe f, Hilfsmittel n.

**as·size** [əˈsaɪz] **I** s **1.** hist. Verfügung f, Eˈdikt n. **2.** hist. Gesetz n zur Festsetzung der Preise, Maße u. Gewichte. **3.** jur. Scot. a) Schwurgericht n, b) (die) Geschworenen pl. **4.** meist pl jur. Br. hist. a) ~ **court of** ~ Asˈsisengericht n, periˈodisches Geschworenengericht, b) Sitzung f des **court of assize** in den einzelnen Grafschaften, c) Zeit f od. Ort m zur

Abhaltung der As¦sisen. **5.** *fig.* Gericht *n*: → **great assize. II** *v/t* **6.** *hist. Preise, Maße etc* festsetzen. **as¦siz·er** *s hist.* Marktmeister *m*.

**as·so·ci·a·ble** [ə¦səʊʃjəbl; -ʃɪəbl; -sɪ-] *adj* **1.** (gedanklich) vereinbar (**with** mit), asso¦zi¦ierbar. **2.** *physiol.* sym¦pathisch.

**as·so·ci·ate I** *v/t* [ə¦səʊʃɪeɪt; -sɪ-] **1.** (**with**) (**o.s.** sich) vereinigen, -binden, zs.-schließen, assozi¦ieren (mit), zugesellen, angliedern, anschließen, hin¦zufügen (*dat*): **to ~ o.s. with a party** sich e-r Partei anschließen; **to ~ o.s. with s.o.'s views** sich j-s Ansichten anschließen; **~d company** *econ. Br.* Schwester-, Konzerngesellschaft *f*; **~d state** *pol.* assoziierter Staat. **2.** *bes. psych.* assozi¦ieren, (gedanklich) verbinden, in Verbindung *od.* Zs.-hang bringen, verknüpfen (**with** mit). **3.** *chem.* (lose) verbinden, assozi¦ieren. **4.** *math.* zuordnen. **II** *v/i* [-ʃɪeɪt; -sɪ-] **5.** (**with**) sich anschließen (an *j-n*), verkehren, ¦Umgang pflegen (mit). **6.** (**with**) sich verbinden *od.* zs.-tun (mit), sich anschließen (*dat*). **III** *adj* [-ʃɪət; -sɪɪt; -sɪeɪt] **7.** a) eng verbunden, b) verwandt (**with** mit), zugehörig. **8.** beigeordnet, Mit...: **~ counsel** Mitanwalt *m*; **~ editor** Mitherausgeber *m*; **~ judge** beigeordneter Richter, Beisitzer *m*; **A~ Justice** *Am.* (beisitzender) Richter am Obersten Gerichtshof. **9.** außerordentlich: **~ member**; **~ professor** *univ. Am.* (*etwa*) planmäßiger außerordentlicher Professor. **10.** *math.* assozi¦iert. **IV** *s* [-ʃɪət; -ʃɪɪt; -ʃɪeɪt] **11.** *econ.* Teilhaber *m*, Gesellschafter *m*. **12.** Gefährte *m*, Genosse *m*, Freund *m*, *iro. contp.* Spießgeselle *m*, Kom¦plize *m*. **13.** Kol-¦lege *m*, Mitarbeiter *m*. **14.** *fig.* Begleiterscheinung *f*. **15.** außerordentliches Mitglied, Beigeordnete(r) *m* (*e-r Akademie etc*). **16.** *univ. Am.* Lehrbeauftragte(r) *m*. **17.** *psych.* Assozi¦ationswort *n od.* -¦idee *f*: **paired ~s** Paarassoziationen.

**as·so·ci·a·tion** [ə¸səʊsɪ¦eɪʃn; -ʃɪ¦eɪʃn] *s* **1.** Vereinigung *f*, -bindung *f*, Zs.-schluß *m*, Anschluß *m*. **2.** Bund *m*. **3.** Verein(igung *f*) *m*, Gesellschaft *f* (*des bürgerlichen Rechts*). **4.** *econ.* Genossenschaft *f*, (Handels)Gesellschaft *f*, Verband *m*. **5.** Freundschaft *f*, Kame¦radschaft *f*. **6.** ¦Umgang *m*, Verkehr *m*. **7.** *psych.* (I¦deen-, Ge¦danken)Assoziati¦on *f*, Gedankenverbindung *f*: **~ of ideas**; **free ~s** freie Assoziationen. **8.** Beziehung *f*, Verknüpfung *f*, Zs.-hang *m*. **9.** *biol.* Vergesellschaftung *f*: **~ type** Gesellschaftseinheit *f*. **10.** Assoziati¦on *f*: a) *bot.* Pflanzengesellschaft *f*, b) *chem.* das Zs.-treten gleichartiger Moleküle zu e-m losen Verband. **11.** *Statistik:* Abhängigkeit *f*. **~ foot·ball** *s sport Br.* (Verbands)Fußball(spiel *n*) *m* (*Ggs. Rugby*).

**as·so·ci·a·tive** [ə¦səʊʃjətɪv; -sjə-; *Am.* -ʃɪeɪtɪv; -sɪ¸eɪ-; -¦ʃətɪv] *adj* **1.** (sich) vereinigend *od.* verbindend. **2.** *math. psych.* assozia¦tiv.

**as·soil** [ə¦sɔɪl] *v/t obs.* j-n los-, freisprechen (**of**, **from** von).

**as·so·nance** [¦æsəʊnəns; -sən-] *s* **1.** Asso¦nanz *f*: a) vo¦kalischer Gleichklang, b) Halbreim *m*. **2.** *fig.* ungefähre Entsprechung *f*, Ähnlichkeit *f*. **¦as·so·nant I** *adj* asso¦nierend, anklingend. **II** *s* asso-¦nierendes Wort. **¦as·so¦nan·tal** [-¦næntl] → **assonant I**. **¦as·so·nate** [-neɪt] *v/i* asso¦nieren.

**as·sort** [ə¦sɔː(r)t] **I** *v/t* **1.** sor¦tieren, ordnen, grup¦pieren, aussuchen, (passend) zs.-stellen: **to ~ samples. 2.** ein-, zuordnen, klassifi¦zieren. **3.** *econ.* assor-¦tieren, mit e-m Sorti¦ment ausstatten, *ein Lager* ergänzen, auffüllen: **to ~ a cargo** e-e Ladung (aus verschiedenen Sorten) zs.-stellen. **II** *v/i* **4.** (**with**) passen (zu), über¦einstimmen (mit). **5.** verkehren, ¦Umgang haben (**with** mit). **as-¦sort·a·tive** [-ətɪv] *adj* **1.** ordnend. **2.** zs.-passend. **3.** auswählend: **~ mating** *biol.* Gattenwahl *f*. **as¦sort·ed** *adj* **1.** sor¦tiert, geordnet. **2.** assor¦tiert, zs.-gestellt, gemischt, verschiedenartig, allerlei: **a curiously ~ pair** ein seltsames *od.* ungleiches Paar. **as¦sort·ment** *s* **1.** Sor¦tieren *n*, Ordnen *n*. **2.** Assor¦tieren *n*, Zs.-stellen *n*. **3.** Zs.-stellung *f*, Sammlung *f*. **4.** *bes. econ.* (of) Sorti¦ment *n* (von), Auswahl *f* (an *dat*), Kollekti¦on *f* (von).

**as·suage** [ə¦sweɪdʒ] *v/t* **1.** lindern, mildern: **to ~ grief. 2.** stillen: **to ~ one's thirst. 3.** besänftigen, beruhigen. **as-¦suage·ment** *s* **1.** Linderung *f*, Milderung *f*. **2.** Stillung *f*. **3.** Besänftigung *f*, Beruhigung *f*. **4.** Beruhigungsmittel *n*.

**as·sum·a·ble** [ə¦sjuːməbl; *bes. Am.* ə¦suːm-] *adj* (*adv* **assumably**) anzunehmen(d).

**as·sume** [ə¦sjuːm; *bes. Am.* ə¦suːm] *v/t* **1.** (*als wahr od. erwiesen*) annehmen, vor¦aussetzen, unter¦stellen: **assuming that** vorausgesetzt *od.* angenommen, daß; **this ~s that** dies setzt voraus, daß. **2.** *ein Amt, Schulden, e-e Verantwortung etc* über¦nehmen, a. *e-e Gefahr* auf sich nehmen, *e-e Verbindlichkeit* eingehen: **to ~ an office. 3.** *e-e Eigenschaft, e-e Gestalt etc* annehmen, bekommen: **to ~ a different look. 4.** annehmen, sich angewöhnen: **to ~ new habits. 5.** an-, einnehmen: **to ~ a pose. 6.** vorgeben, täuschen. **7.** sich aneignen *od.* anmaßen: **to ~ a right (to o.s.). 8.** *Kleider* anlegen, anziehen, *Hut, Brille etc* aufsetzen. **as-¦sumed** *adj* **1.** (*nur*) angenommen, vor¦ausgesetzt. **2.** angemaßt. **3.** vorgetäuscht. **4.** angenommen, unecht, Schein..., Deck...: **~ name** Deckname *m*. **as¦sum·ed·ly** [-ɪdlɪ] *adv* vermutlich, mutmaßlich. **as¦sum·ing** *adj* (*adv* **~ly**) anmaßend.

**as·sump·sit** [ə¦sʌmpsət; ə¦sʌmsət] *s jur. Am.* **1.** formloses (Leistungs)Versprechen. **2.** (**action of**) **~** Schadenersatzklage *f* wegen Nichterfüllung (*bei formlosen Verträgen*).

**as·sump·tion** [ə¦sʌmpʃn] *s* **1.** Annahme *f*, Vor¦aussetzung *f*, Vermutung *f*: **on the ~ that** in der Annahme *od.* unter der Voraussetzung, daß; → **proceed 7.** **2.** ¦Übernahme *f*, Annahme *f*: (**unlawful**) **~ of authority** Amtsanmaßung *f*; **~ of power** Machtübernahme. **3.** (¦widerrechtliche) Aneignung. **4.** Anmaßung *f*, Arro¦ganz *f*. **5.** **A~** (**Day**) *R.C.* Ma¦riä Himmelfahrt *f* (*15. August*). **as¦sump·tive** [ə¦sʌmptɪv] *adj* **1.** → **assumed 1. 2.** kri¦tiklos. **3.** anmaßend. **4.** **~ arms** *her.* (rechtmäßig) angenommenes Wappen.

**as·sur·ance** [ə¦ʃʊərəns] *s* **1.** Zu-, Versicherung *f*, Beteuerung *f*, Versprechen *n*. **2.** Bürgschaft *f*, Sicherheit *f*, Garan¦tie *f*. **3.** *bes. Br.* (Lebens)Versicherung *f*: **industrial ~** Kleinlebensversicherung. **4.** Sicherheit *f*, Gewißheit *f*. **5.** Zuversicht(lichkeit) *f*. **6.** Selbstsicherheit *f*, -vertrauen *n*, sicheres Auftreten. **7.** Dreistigkeit *f*, Anmaßung *f*. **8.** *relig.* Gewißheit *f* göttlicher Gnade.

**as·sure** [ə¦ʃʊə(r)] *v/t* **1.** j-m versichern (**that** daß): **to ~ s.o. of s.th.** j-n e-r Sache versichern. **2.** (**o.s.** sich) über¦zeugen (**of** von). **3.** sichern (**from**, **against** gegen), sicherstellen, bürgen für, garan¦tieren: **this ~s the success of your work. 4.** *j-m* Sicherheit verleihen, *j-m* Zuversicht einflößen, *j-n* beruhigen. **5.** *bes. Br.* j-s *Leben* versichern: **to ~ one's life with** e-e Lebensversicherung abschließen bei. **6.** *j-m etwas* zusichern: **to ~ s.o. of a definite salary.**

**as·sured** [ə¦ʃʊə(r)d] **I** *adj* **1.** (**of**) versichert (*gen*), über¦zeugt (von), gewiß (*gen*): **to be ~ of s.th.**; **be** (*od.* **rest**) **~ that** Sie können sicher sein *od.* sich darauf verlassen, daß. **2.** beruhigt, ermutigt. **3.** sicher, gewiß, unzweifelhaft. **4.** gesichert: **our future is ~. 5.** zuversichtlich. **6.** selbstsicher, -bewußt. **7.** anmaßend, dreist. **II** *s* **8.** *bes. Br.* Versicherungsnehmer (-in), Versicherte(r *m*) *f*. **as·sur·ed·ly** [ə¦ʃʊərɪdlɪ] *adv* sicherlich, ganz gewiß. **as¦sured·ness** → **assurance 4–6. as-¦sur·er, as¦sur·or** *s bes. Br.* Versicherer *m*.

**As·syr·i·an** [ə¦sɪrɪən] **I** *adj* **1.** as¦syrisch. **II** *s* **2.** As¦syrer(in). **3.** *ling.* As¦syrisch *n*, das Assyrische.

**a·sta·ble** [eɪ¦steɪbl] *adj* **1.** ¦insta¸bil. **2.** *electr.* ¦asta¸bil.

**a·stare** [ə¦steə(r)] *pred adj* starrend, mit großen Augen: **with eyes ~** mit weitaufgerissenen Augen.

**a·start** [ə¦stɑː(r)t] *adv* plötzlich, mit ¦einem Ruck.

**a·stat·ic** [æ¦stætɪk; eɪ-] *adj* **1.** veränderlich, ¦insta¸bil. **2.** *phys.* a¦statisch. **a¦stat·i·cism** [-sɪzəm] *s phys.* a¦statischer Zustand.

**as·ta·tine** [¦æstətiːn; -tɪn] *s chem.* Asta-¦tin *n*.

**as·ter** [¦æstə(r)] *s* Aster *f*: a) *bot.* Sternblume *f*, b) *biol.* Teilungsstern *m* zu Beginn der Mi¦tose.

**as·te·ri·at·ed** [æ¦stɪərɪeɪtɪd] *adj min.* sternförmig, strahlig, Stern...

**as·ter·isk** [¦æstərɪsk] *s print.* Sternchen *n*. **II** *v/t* mit (e-m) Sternchen kennzeichnen.

**as·ter·ism** [¦æstərɪzəm] *s* **1.** *astr.* Sterngruppe *f*. **2.** *min.* Aste¦rismus *m* (*sternförmige Lichtbrechung*). **3.** *print.* (Gruppe *f* von) drei Sternchen *pl*.

**a·stern** [ə¦stɜːn; *Am.* ə¦stɜrn] *adv mar.* **1.** achtern, hinten: **~ of the ship** hinter dem Schiff. **2.** nach achtern *od.* hinten, achteraus, rückwärts, zu¦rück.

**as·ter·oid** [¦æstərɔɪd] **I** *adj* **1.** sternartig, -förmig. **2.** *bot.* asterblütig. **II** *s* **4.** *astr.* Astero¦id *m*, Planeto¦id *m*. **5.** *zo.* seesternartiges Tier.

**as·the·ni·a** [æs¦θiːnjə; -nɪə] *s med.* Asthe-¦nie *f*: a) Kraftlosigkeit *f*, Schwächlichkeit *f*, b) krankheitsbedingter) Kräfteverfall. **as·then·ic** [æs¦θenɪk] **I** *adj* a¦sthenisch: a) *med.* kraftlos, b) *physiol.* schlank-, schmalwüchsig. **II** *s* A¦stheniker(in).

**as·the·no·pi·a** [¸æsθɪ¦nəʊpjə; -pɪə] *s med.* Astheno¦pie *f*, rasche Ermüdung der Augen (bem Nahelesen).

**as·the·no·sphere** [æs¦θiːnə¸sfɪə(r); *bes. Am.* æs¦θenə-] *s geol.* Astheno¦sphäre *f* (*in etwa 100 bis 200 km Tiefe gelegener Bereich des Erdmantels*).

**asth·ma** [¦æsmə; *Am.* ¦æzmə] *s med.* Asthma *n*, Atemnot *f*, Kurzatmigkeit *f*. **asth¦mat·ic** [-¦mætɪk] **I** *adj* (*adv* **~ally**) asth¦matisch: a) *med.* kurzatmig, Asthma...: **~ attack**, b) *fig.* keuchend: **an ~ engine. II** *s med.* Asth¦matiker(in).

**as·tig·mat·ic** [¸æstɪg¦mætɪk] *adj*; **¸as·tig¦mat·i·cal** [-kl] *adj* (*adv* **~ly**) *med. phys.* astig¦matisch. **a·stig·ma·tism** [æ¦stɪgmətɪzəm] *s* Astigma¦tismus *m* a) *phys. Abbildungsfehler von Linsen*, b) *med. Sehstörung infolge krankhafter Veränderung der Hornhautkrümmung*.

**a·stir** [ə¦stɜː; *Am.* ə¦stɜr] *pred adj* **1.** auf den Beinen: a) in Bewegung, b) auf(gestanden), aus dem Bett, munter. **2.** belebt: **to be ~ with** wimmeln von; **the streets were ~ with people** auf den

Straßen wimmelte es von Menschen. **3.** in Aufregung (at, **with** über *acc*, wegen).

**a·stom·a·tous** [æˈstɒmətəs; ⁃ˈstəʊ-; *Am.* eɪˈstɑmətəs; ⁃ˈstəʊ-], **as·to·mous** [ˈæstəʊməs; -stə-] *adj zo.* mundlos.

**as·ton·ied** [əˈstɒnɪd; *Am.* əˈstɑn-] *adj obs.* (wie) betäubt, bestürzt.

**as·ton·ish** [əˈstɒnɪʃ; *Am.* əˈstɑn-] *v/t* **1.** in Erstaunen *od.* Verwunderung setzen: **to be** ~**ed** erstaunt *od.* überrascht sein (**at** über *acc*; **to** *inf* zu *inf*), sich wundern (**at** über *acc*). **2.** verblüffen, über'raschen, befremden. **3.** *obs.* erschrecken. **as'ton·ish·ing** *adj* (*adv* ~**ly**) erstaunlich, über'raschend. **as'ton·ish·ment** *s* **1.** Verwunderung *f*, (Er)Staunen *n*: **to cause** ~ Staunen erregen; **to fill** (*od.* **strike**) **with** ~ → **astonish** 1. **2.** Über'raschung *f*, Befremden *n*. **3.** Über'raschung *f*, Ursache *f od.* Gegenstand *m* des (Er-) Staunens.

**as·tound** [əˈstaʊnd] **I** *v/t* verblüffen, in Staunen *od.* Schrecken versetzen, äußerst über'raschen. **II** *adj obs.* verblüfft. **as'tound·ing** *adj* (*adv* ~**ly**) verblüffend, höchst erstaunlich.

**as·tra·chan** → **astrakhan**.

**a·strad·dle** [əˈstrædl] → **astride**.

**as·tra·gal** [ˈæstrəgəl; *Am.* -strɪ-] *s* **1.** Astra'gal *m*: a) *anat.* Sprungbein *n*, b) *arch.* Rundstab *m*, Ring *m* (*an e-r Säule*). **2.** *mil.* Ring *m* (*am Geschützrohr*).

**as·tra·khan** [ˌæstrəˈkæn; *Am.* ˈæstrəkən] *s* Astrachan *m* (*Pelzart od. Plüschgewebe*).

**as·tral** [ˈæstrəl] *adj* **1.** Stern(en)..., Astral...: ~ **lamp** Astrallampe *f*; ~ **spirits** Astralgeister. **2.** sternförmig. **3.** gestirnt, sternig. **4.** *biol.* a'stral (*den Teilungsstern bei der Mitose betreffend*). **5.** *Parapsychologie*: a'stral, Astral...: ~ **body** Astralleib *m*; ~ **excursion** Astralreise *f*, -wanderung *f*.

**a·stray** [əˈstreɪ] **I** *adv*: **to go** ~ a) vom Weg abkommen, b) *fig.* auf Abwege geraten, vom rechten Weg abkommen, c) *fig.* irre-, fehlgehen, d) *sport* das Ziel verfehlen (*Schuß etc*), nicht ankommen (*Paß etc*); **to lead** ~ *fig.* irreführen, verleiten. **II** *pred adj fig.* irrig, falsch.

**as·trict** [əˈstrɪkt] *v/t* **1.** *obs. für* **astringe** 1. **2.** *med.* a) abbinden, b) verstopfen. **3.** *fig.* beschränken (**to** auf *acc*). **as'tric·tion** *s* **1.** Zs.-ziehen *n*. **2.** *med.* a) Abbinden *n*, b) Verstopfung *f*. **3.** *fig.* Beschränkung *f*. **as'tric·tive** → **astringent** 1 *u.* 3.

**a·stride** [əˈstraɪd] *adv u. prep u. pred adj* **1.** rittlings, mit gespreizten Beinen: ~ **of** reitend auf (*dat*); **to ride** ~ im Herrensitz reiten; ~ (**of**) **a horse** zu Pferde. **2.** quer über (*acc*), über (*acc*).

**as·tringe** [əˈstrɪndʒ] *v/t* **1.** zs.-ziehen, zs.-pressen, festbinden. **2.** *med.* adstrin'gieren, zs.-ziehen. **as'trin·gen·cy** [-dʒənsɪ] *s* **1.** zs.-ziehende Eigenschaft *od.* Kraft. **2.** *fig.* Härte *f*, Strenge *f*. **as'trin·gent I** *adj* (*adv* ~**ly**) **1.** *med.* adstrin'gierend, zs.-ziehend. **2.** *fig.* streng, hart. **II** *s* **3.** *med.* Ad'stringens *n*.

**as·tri·on·ics** [ˌæstrɪˈɒnɪks; *Am.* -ˈɑn-] *s pl* (*als sg od. pl konstruiert*) Astri'onik *f*, 'Raumfahrtelek͵tronik *f*.

**astro-** [ˈæstrəʊ; -trə] *Wortelement mit der Bedeutung* (Welt)Raum.

**as·tro·bi·ol·o·gy** *s* 'Astrobiolo͵gie *f*.

**as·tro·bleme** [ˈæstrəʊbliːm] *s* Meteo'ritenkrater *m*.

**as·tro·bot·a·ny** *s* 'Astrobo͵tanik *f*.

**as·tro·com·pass** *s aer. astr.* Astrokompaß *m*.

**as·tro·cyte** [ˈæstrəʊsaɪt] *s anat. biol.* Astro'zyte *f*, Sternzelle *f*.

**as·tro·dome** *s aer.* Astrokuppel *f*.

**as·tro·dy·nam·ics** *s pl* (*oft als sg konstruiert*) 'Astrody͵namik *f*.

**as·tro·ge·ol·o·gy** *s* 'Astrogeolo͵gie *f*.

**as·tro·graph** [ˈæstrəʊgrɑːf; *bes. Am.* -græf] *s astr.* Astro'graph *m* (*Fototeleskop*). **as·trog·ra·phy** [æˈstrɒgrəfɪ; *Am.* -ˈstrɑ-] *s* Astrogra'phie *f*, Sternbeschreibung *f*.

**as·tro·labe** [ˈæstrəʊleɪb] *s astr. hist.* Astro'labium *n* (*Instrument zur lagemäßigen Bestimmung von Gestirnen*).

**as·trol·o·ger** [əˈstrɒlədʒə(r); *Am.* -ˈstrɑ-] *s* Astro'loge *m*. **as·tro·log·ic** [ˌæstrəˈlɒdʒɪk; *Am.* -ˈlɑ-] *adj*, **as·tro·log·i·cal** *adj* (*adv* ~**ly**) astro'logisch. **as·trol·o·gy** [-dʒɪ] *s* Astrolo'gie *f*, Sterndeutung *f*.

**as·trom·e·try** [æˈstrɒmɪtrɪ; *Am.* əˈstrɑ-] *s* Astrome'trie *f* (*Sternmessung*).

**as·tro·naut** [ˈæstrənɔːt; *Am. a.* -͵nɑːt] *s* (Welt)Raumfahrer *m*, Astro'naut *m*. **'as·tro·naut·ess** *s* (Welt)Raumfahrerin *f*, Astro'nautin *f*. **as·tro·naut·ic I** *adj* (*adv* ~**ly**) astro'nautisch. **II** *s pl* (*meist als sg konstruiert*) Astro'nautik *f*, (Wissenschaft *f* von der) Raumfahrt *f*. **as·tro·nau·ti·cal** *adj* (*adv* ~**ly**) → **astronautic** I.

**as·tron·o·mer** [əˈstrɒnəmə(r); *Am.* əˈstrɑ-] *s* Astro'nom *m*. **as·tro·nom·ic** [ˌæstrəˈnɒmɪk; *Am.* -ˈnɑ-] → **astronomical**. **as·tro·nom·i·cal** *adj* (*adv* ~**ly**) astro'nomisch: a) Stern..., Himmels...: ~ **chart** Himmels-, Sternkarte *f*; ~ **clock** astronomische Uhr; ~ **year** Sternjahr *n*, b) *fig.* riesig, ungeheuer: ~ **figures** astronomische Zahlen. **as·tron·o·my** *s* Astrono'mie *f*, Stern-, Himmelskunde *f*.

**as·tro·pho·tog·ra·phy** *s* Astrofotogra'fie *f*.

**as·tro·phys·ics** *s pl* (*als sg konstruiert*) Astrophy'sik *f*.

**as·tute** [əˈstjuːt; *Am. a.* əˈstuːt] *adj* (*adv* ~**ly**) **1.** scharfsinnig, klug. **2.** schlau, gerissen, raffi'niert. **as'tute·ness** *s* **1.** Scharfsinn(igkeit *f*) *m*, Klugheit *f*. **2.** Schlauheit *f*.

**a·sun·der** [əˈsʌndə(r)] **I** *adv* ausein'ander, ent'zwei, in Stücke: **to cut s.th.** ~. **II** *pred adj* (vonein'ander) getrennt, ausein'ander(liegend), *fig. a.* verschieden.

**a·swarm** [əˈswɔː(r)m] *adv u. pred adj* wimmelnd (**with** von): **the market place is** ~ **with people** auf dem Marktplatz wimmelt es von Menschen.

**a·sy·lum** [əˈsaɪləm] *s* **1.** *obs.* (Pflege)Anstalt *f*, *bes.* Irrenanstalt *f*: ~ **for the blind** Blindenanstalt. **2.** A'syl *n*: a) Freistätte *f*, Zufluchtsort *m*, b) *fig.* Zuflucht *f*, Schutz *m*. **3.** (po'litisches) A'syl: (**right of**) ~ Asylrecht *n*; **to ask for** ~ um (politisches) Asyl bitten *od.* nachsuchen; **to give s.o.** ~ j-m (politisches) Asyl gewähren.

**a·sym·met·ric** [ˌæsɪˈmetrɪk; ͵eɪ-] *adj*; **a·sym·met·ri·cal** *adj* (*adv* ~**ly**) 'asym͵metrisch, 'unsym͵metrisch (*beide a. electr.*), ungleichmäßig: **asymmetric bars** (*Turnen*) Stufenbarren *m*. **a·sym·me·try** [æˈsɪmətrɪ; eɪ-] *s* Asymme'trie *f*.

**as·ymp·tote** [ˈæsɪmptəʊt; -sɪmt-] *s math.* Asym'ptote *f*. **as·ymp·tot·ic** [-'tɒtɪk; *Am.* -'tɑ-] *adj*; **as·ymp·tot·i·cal** *adj* (*adv* ~**ly**) asym'ptotisch.

**a·syn·chro·nous** [æˈsɪŋkrənəs; eɪ-] *adj* asyn'chron, Asynchron...: ~ **generator**.

**as·yn·det·ic** [ˌæsɪnˈdetɪk] *adj ling.* asyn'detisch, verbindungslos. **a·syn·de·ton** [æˈsɪndɪtɒn; *Am.* əˈsɪndə͵tɑn] *pl* **-ta** [-tə] *s* A'syndeton *n* (*Auslassung der Konjunktionen*).

**as·y·ner·gi·a** [ˌæsɪˈnɜːdʒɪə; -dʒə; *Am.* ͵eɪsɪˈnɜr-], **a·syn·er·gy** [æˈsɪnə(r)dʒɪ; *Am. bes.* eɪ-] *s med.* Asyner'gie *f*, Koordinati'onsstörung *f*.

**a·sys·to·le** [æˈsɪstəlɪ; *Am. bes.* eɪ-], **a·sys·to·lism** [-lɪzəm] *s med.* Asysto-

**·lie** *f* (*Kontraktionsstörung des Herzens*).

**at**[1] [æt] *prep* **1.** (*Ort, Stelle*) in (*dat*), an (*dat*), bei, zu, auf (*dat*) (*in Verbindung mit Städtenamen steht* **at** *im allgemeinen bei kleineren Städten, bei größeren Städten nur dann, wenn sie bloß als Durchgangsstationen, bes. auf Reisen, betrachtet werden; bei London u. der Stadt, in der der Sprecher wohnt, ebenso nach* **here**, *steht stets* **in**, *nie* **at**): ~ **a ball** auf e-m Ball; ~ **the baker's** beim Bäcker; ~ **the battle of N.** in der Schlacht bei N.; ~ **court** bei Hofe; ~ **the door** an der Tür; **he lives** ~ **48, Main Street** er wohnt Main Street Nr. 48; **he was educated** ~ **Christ's College** er hat am Christ's College studiert. **2.** (*Richtung etc*) auf (*acc*), gegen, nach, bei, durch: **he threw a stone** ~ **the door** er warf e-n Stein gegen die Tür. **3.** (*Beschäftigung etc*) bei, beschäftigt mit, in (*dat*): **he is still** ~ **it** er ist noch dabei *od.* d(a)ran *od.* damit beschäftigt. **4.** (*Art u. Weise, Zustand, Lage*) in (*dat*), bei, zu, unter (*dat*), nach, vor: ~ **all** überhaupt; **not** ~ **all** überhaupt *od.* durchaus *od.* gar nicht, keineswegs; **not** ~ **all!** *colloq.* nichts zu danken!, gern geschehen!; **nothing** ~ **all** gar nichts, überhaupt nichts; **no doubts** ~ **all** überhaupt *od.* gar keine Zweifel, keinerlei Zweifel; **is he** ~ **all suitable?** ist er überhaupt geeignet? **5.** (*Ursprung, Grund, Anlaß*) über (*acc*), bei, von, aus, auf (*acc*), anläßlich (*gen*). **6.** (*Preis, Wert, Verhältnis, Anzahl, Grad etc*) für (*acc*), auf (*acc*), mit, bei: ~ **6 dollars** für *od.* zu 6 Dollar. **7.** (*Zeit, Alter*) um, bei, zu, im Alter von, auf (*dat*), an (*dat*): ~ **21 mit 21** (*Jahren*), im Alter von 21 Jahren; ~ **3 o'clock** um 3 Uhr; ~ **his death** bei s-m Tod. (*Siehe weitere Verbindungen bei den entsprechenden Stichwörtern.*)

**a·tac·tic** [əˈtæktɪk; æ-; eɪ-] → **ataxic**.

**at·a·man** [ˈætəmən; *Am. bes.* -͵mæn] *pl* **-mans** *s hist.* Ata'man *m* (*frei gewählter Stammesführer u. militärischer Führer der Kosaken*).

**at·a·rax·i·a** [ˌætəˈræksɪə], **at·a·rax·y** [ˈætəræksɪ] *s* Atara'xie *f*, Unerschütterlichkeit *f*, Seelenruhe *f*.

**a·taunt** [əˈtɔːnt; *Am. a.* əˈtɑːnt], **a'taun·to** [-təʊ] *adv adj* **1.** *mar.* vollständig aufgetakelt, aufgeriggt. **2.** *fig.* vollkommen in Ordnung.

**at·a·vism** [ˈætəvɪzəm] *s* **1.** Ata'vismus *m*: a) *biol.* das Wiederauftreten von Merkmalen der Vorfahren, die in den unmittelbar vorhergehenden Generationen fehlen, b) entwicklungsgeschichtlich als überholt geltendes, unvermittelt wieder auftretendes körperliches od. geistig-seelisches Merkmal. **at·a·vis·tic** *adj* (*adv* ~**ally**) ata'vistisch.

**a·tax·i·a** [əˈtæksɪə] *s med.* Ata'xie *f*, Koordinati'onsstörung *f*. **a'tax·ic** *adj med.* a'taktisch.

**a·tax·y** [əˈtæksɪ] → **ataxia**.

**ate**[1] [et; *bes. Am.* eɪt] *pret von* **eat**.

**A·te**[2] [ˈɑːtɪ; *Am.* ˈeɪtɪ] **I** *npr* Ate *f* (*griechische Göttin der Verblendung*). **II** *s* **a**~ *fig.* Verblendung *f*.

**at·e·lec·ta·sis** [ˌætɪˈlektəsɪs] *s med.* Atelek'tase *f* (*Luftverknappung od. -leere in der Lunge*).

**at·el·ier** [ˈætəlɪeɪ; æˈtel-; *Am. bes.* ͵ætlˈjeɪ] *s* Ateli'er *n*.

**Ath·a·na·sian** [ˌæθəˈneɪʃn; *Am. bes.* -ʒən] *relig.* **I** *adj* athanasi'anisch. **II** *s* Athanasi'aner *m*. ~ **Creed** *s relig.* Athanasi'anisches Glaubensbekenntnis.

**a·the·ism** [ˈeɪθɪɪzəm] *s* **1.** Athe'ismus *m*, Gottesleugnung *f*. **2.** *obs.* Gottlosigkeit *f*. **'a·the·ist** *s* **1.** Athe'ist(in), Gottesleugner(in). **2.** *obs.* gottloser Mensch. **a·the·is·tic** *adj*; **a·the·is·ti·cal** *adj*

**(adv ~ly) 1.** athe'istisch. **2.** obs. gottlos.

**ath·el·ing** ['æθəlɪŋ] s hist. Edeling m, Fürst m (der Angelsachsen), bes. Thronerbe m.

**a·the·mat·ic** [ˌæθɪ'mætɪk; ˌeɪ-] adj **1.** bes. mus. 'athe₁matisch. **2.** ling. 'athe₁matisch, ohne 'Themavo₁kal gebildet: ~ verb.

**ath·e·n(a)e·um** [ˌæθɪ'niːəm] s Athe-'näum n: a) Institut zur Förderung von Literatur u. Wissenschaft, b) Lesesaal, Bibliothek, c) literarischer od. wissenschaftlicher Klub, d) A~ antiq. Hadrianische Schule (in Rom), e) A~ antiq. Heiligtum der Athene.

**A·the·ni·an** [ə'θiːnjən; -ɪən] **I** adj a'thenisch. **II** s A'thener(in).

**a·ther·ma·nous** [æ'θɜːmənəs; eɪ-; Am. -'θɜr-] adj phys. ather'man, 'wärme₁un₁durchlässig.

**ath·er·o·ma** [ˌæθə'rəʊmə] pl **-mas**, **-ma·ta** [-tə] s med. Athe'rom n: a) Talgdrüsen-, Haarbalggeschwulst f, b) atheromatöse Veränderung der Gefäßwände. **ˌath·er'om·a·tous** [-'rəʊmətəs] adj atheroma'tös.

**ath·er·o·scle·ro·sis** [ˌæθərəʊsklɪə'rəʊsɪs; bes. Am. -sklə'r-] s med. Atheroskle'rose f, Arterioskle'rose f.

**a·thirst** [ə'θɜːst; Am. ə'θɜrst] pred adj **1.** obs. durstig. **2.** begierig (for nach).

**ath·lete** ['æθliːt] s **1.** Ath'let(in): a) Wettkämpfer(in), Sportler(in), b) Kraftmensch m. **2.** Br. 'Leichtath₁let(in).

**ath·lete's| foot** s med. Fußpilz(erkrankung f) m. ~ **heart** s med. Sportherz n.

**ath·let·ic** [æθ'letɪk] **I** adj (adv ~ally) **1.** ath'letisch: a) Sport...: ~ field Sportplatz m; ~ foot → athlete's foot; ~ heart → athlete's heart; ~ supporter → jockstrap, b) von ath'letischem Körperbau, musku'lös: man of ~ build Athlet m, c) sportlich (gewandt). **2.** Br. 'leichtath₁letisch. **3.** fig. spannkräftig, a'gil: an ~ mind. **II** s pl **4.** (a. als sg konstruiert) Sport m. **5.** (meist als sg konstruiert) Br. 'Leichtath₁letik f. **6.** (meist als sg konstruiert) → athleticism.

**ath·let·i·cism** [æθ'letɪsɪzəm] s Sportlichkeit f: a) sportliche Betätigung, b) sportliche Gewandtheit, c) Sportbegeisterung f.

**ath·o·dyd** ['æθədɪd; 'æθəʊdaɪd] s aer. tech. Strahldüse f, Lorin-Triebwerk n.

**at-home** [ət'həʊm] s a) (zwangloser) Besuchs-, Empfangstag, b) (zwangloser) Empfang: to give an ~.

**a·thwart** [ə'θwɔː(r)t] **I** adv **1.** quer, schräg (hin'durch), kreuzweise. **2.** mar. dwars('über). **3.** fig. verkehrt, schief: to go ~ schiefgehen. **II** prep **4.** (quer) über (acc), (quer) durch. **5.** mar. dwars (über acc). **6.** fig. (ent)gegen. **a'thwart-hawse** [-hɔːz] adj u. adv mar. quer vor dem Bug (e-s anderen vor Anker liegenden Schiffes): ~ sea Dwarssee f. **a'thwart-ship** adj u. adv mar. quer- od. dwarsschiffs.

**a·tilt** [ə'tɪlt] adv u. pred adj **1.** vorgebeugt, vorn'übergeneigt, -kippend. **2.** hist. mit eingelegter Lanze: to run (od. ride) ~ at s.o. a) mit eingelegter Lanze auf j-n losgehen, b) fig. gegen j-n e-e Attacke reiten.

**a·tip·toe** [ə'tɪptəʊ] adv a) auf (den) Zehenspitzen, b) fig. neugierig, gespannt.

**At·lan·te·an** [ˌætlæn'tiːən; ət'læntɪən] adj **1.** at'lantisch, den Halbgott Atlas betreffend. **2.** fig. gi'gantisch, mächtig. **3.** at'lantisch, (die sagenhafte Insel) At'lantis betreffend.

**at·lan·tes** [ət'læntiːz; æt-] pl von atlas[1] 5.

**At·lan·tic** [ət'læntɪk; Am. a. æt-] **I** adj **1.** at'lantisch, Atlantik...: ~ cable Kabel n für transozeanischen Verkehr. **2.** das Atlasgebirge betreffend, Atlas... **II** s

**3.** At'lantik m, At'lantischer Ozean. ~ **Char·ter** s pol. At'lantik-Charta f (vom 14.8.1941). **~ (stand·ard) time** s At'lantische (Standard)Zeit (im Osten Kanadas). **~ States** s pl Am. Bundesstaaten pl der USA an der At'lantikküste.

**at·las[1]** ['ætləs] s **1.** geogr. Atlas m (Kartenwerk). **2.** (Fach)Atlas m (der Anatomie etc), (Bild)Tafelwerk n. **3.** anat. Atlas m (oberster Halswirbel). **4.** A~ myth. Atlas m (a. fig.). **5.** pl **at·lan·tes** [ət'læntiːz; æt-] arch. At'lant m, Atlas m, Gebälkträger m. **6.** a. ~ **folio** print. 'Atlasfor₁mat n. **7.** großes Papierformat (0,84 × 0,66 m).

**at·las[2]** ['ætləs] s Atlas(seide f) m.

**at·mol·y·sis** [æt'mɒlɪsɪs; Am. -'mɑ-] pl **-ses** [-siːz] s phys. Atmo'lyse f. **at·mo·lyze** ['ætməlaɪz] v/t Gase durch Atmo-'lyse trennen.

**at·mom·e·ter** [æt'mɒmɪtə(r); Am. -'mɑ-] s phys. Atmo'meter n, Verdunstungsmesser m.

**at·mos·phere** ['ætmə₁sfɪə(r)] s **1.** astr. Atmo'sphäre f, Lufthülle f. **2.** chem. Gashülle f (allgemein). **3.** Luft f: a moist ~. **4.** tech. Atmo'sphäre f (Druckeinheit: 1 kp/cm²). **5.** fig. Atmo'sphäre f: a) Um'gebung f, b) Stimmung f: to clear the ~ die Atmosphäre reinigen.

**at·mos·pher·ic** [ˌætməs'ferɪk; Am. a. -'sfɪr-] **I** adj (adv ~ally) **1.** atmo'sphärisch, Luft...: ~ conditions Wetterlage f; ~ electricity atmosphärische Elektrizität, Luftelektrizität f; ~ pressure atmosphärischer Druck, Luftdruck m. **2.** Witterungs..., Wetter... **3.** tech. mit (Luft-) Druck betrieben, (Luft)Druck... **4.** fig. stimmungsvoll: very ~ atmosphärisch dicht. **II** s pl **5.** tech. atmo'sphärische Störungen pl. **6.** fig. (bes. freundliche) Atmo'sphäre. **ˌat·mos'pher·i·cal** adj (adv ~ly) → atmospheric I.

**at·om** ['ætəl; Am. 'æ₁tɒl] s A'toll n.

**at·om** ['ætəm] s **1.** phys. A'tom n: ~ bomb. **2.** fig. A'tom n, winziges Teilchen, Spur f, Fünkchen n: not an ~ of truth.

**a·tom·ic** [ə'tɒmɪk; Am. a. -'tɑ-] **I** adj (adv ~ally) **1.** chem. phys. ato'mar, a'tomisch, Atom...: ~ age Atomzeitalter n. **2.** fig. a'tomisch, winzig. **II** s pl (als sg konstruiert) **3.** a'tomisch. **a'tom·i·cal** [-kl] adj (adv ~ly) → atomic I.

**a·tom·ic| base** s mil. Abschußbasis f für A'tomra₁keten. ~ **bomb** s mil. A'tombombe f. ~ **clock** s A'tomuhr f. **de·cay**, ~ **dis·in·te·gra·tion** s phys. A'tomzerfall m. ~ **dis·place·ment** s chem. A'tomverschiebung f. ~ **en·er·gy** s phys. A'tomener₁gie f. ~ **heat** s phys. A'tomwärme f. ~ **hy·dro·gen weld·ing** s tech. Arca'tomschweißen n, Wasserstoff-Lichtbogenschweißen n. ~ **in·dex** → atomic number.

**at·o·mic·i·ty** [ˌætə'mɪsətɪ; -təm-] s **1.** chem. a) Va'lenz f, Wertigkeit f, b) A'tomzahl f e-s Mole'küls. **2.** chem. phys. Bestehen n aus A'tomen.

**a·tom·ic| link·age** s chem. A'tomverkettung f. ~ **mass** s chem. phys. A'tommasse f. ~ **nu·cle·us** s bes. irr phys. A'tomkern m. ~ **num·ber** s chem. phys. A'tom-, Ordnungszahl f. ~ **pile** s phys. A'tomre₁aktor m. ~ **pow·er** s phys. A'tomkraft f.

**a'tom·ic|-pow·ered** adj mit A'tomkraft betrieben: ~ submarine Atomunterseeboot n. ~ **pow·er plant** s tech. A'tomkraftwerk n.

**a·tom·ic| the·o·ry** s phys. A'tomtheo₁rie f. ~ **war(·fare)** s mil. A'tomkrieg (-führung f) m. ~ **war·head** s mil. A'tomsprengkopf m. ~ **waste** s A'tommüll m. ~ **weight** s chem. phys. A'tom-

gewicht n. ~ **yield** s phys. Detonati'onswert m (e-r Atombombe).

**at·om·ism** ['ætəmɪzəm] s philos. Ato-'mismus m. **'at·om·ist I** s Ato'mist m, Anhänger m des Ato'mismus. **II** adj ato'mistisch. **at·om·is·tic** [ˌætəʊ'mɪs-tɪk; -tə'm-] adj (adv ~ally) ato'mistisch.

**at·om·i·za·tion** [ˌætəʊmaɪ'zeɪʃn; Am. ₁ætəmə'z-] s tech. Atomi'sierung f, Zerstäubung f.

**at·om·ize** ['ætəʊmaɪz; -təm-] v/t **1.** atomi'sieren: a) zerstäuben: to ~ a liquid, b) in A'tome auflösen, c) weitS. u. fig. in s-e Bestandteile auflösen, zerstückeln: ~d society pluralistische Gesellschaft. **2.** a) mit A'tombomben belegen, b) durch A'tombomben od. -waffen vernichten. **'at·om·iz·er** s tech. Zerstäuber m.

**at·om| smash·er** s phys. Teilchenbeschleuniger m. ~ **smash·ing** s phys. A'tomzertrümmerung f. ~ **split·ting** s phys. A'tom(kern)spaltung f.

**at·o·my[1]** ['ætəmɪ] s obs. **1.** A'tom n. **2.** fig. Knirps m.

**at·o·my[2]** ['ætəmɪ] s Gerippe n: to waste away to an ~ zum Gerippe od. bis auf die Knochen abmagern.

**a·ton·al** [eɪ'təʊnəl; æ-] adj mus. ato'nal. **a'ton·al·ism** [-nəlɪzəm] s Atona'lismus m, Atonali'tät f (als Prinzip). **ˌa·to'nal·i·ty** [-'nælətɪ] s Atonali'tät f.

**a·tone** [ə'təʊn] v/i (for) büßen (für Verbrechen etc), sühnen, wieder'gutmachen (acc), Ersatz leisten (für). **a'tone·ment** s **1.** Buße f, Sühne f, Genugtuung f, Ersatz m (für für): to make ~ (for) → atone; Day of A~ relig. Versöhnungstag m (jüdischer Feiertag). **2.** relig. Sühneopfer n (Christi). **3.** Christian Science: Exemplifikati'on f der Einheit des Menschen mit Gott.

**a·ton·ic** [æ'tɒnɪk; Am. eɪ'tɑ-] **I** adj **1.** med. a) a'tonisch, abgespannt, schlaff, kraftlos, b) schwächend. **2.** ling. a) unbetont, b) stimmlos. **II** s ling. **3.** unbetonte Silbe, unbetontes Wort. **4.** stimmloser Konso'nant.

**at·o·ny** ['ætənɪ] s **1.** med. Ato'nie f, Schwäche f. **2.** ling. Unbetontheit f.

**a·top** [ə'tɒp; Am. ə'tɑp] **I** adv u. pred adj oben('auf), zu'oberst. **II** prep a. ~ of (oben) auf (dat).

**a·tox·ic** [eɪ'tɒksɪk; Am. -'tɑ-] adj med. a'toxisch, ungiftig.

**at·ra·bil·i·ous** [ˌætrə'bɪljəs] adj **1.** melan'cholisch, schwermütig. **2.** schlechtgelaunt, mürrisch.

**a·trem·ble** [ə'trembl] adv u. pred adj zitternd.

**a·tri·a** ['ɑːtrɪə; 'eɪ-] pl von atrium.

**a·trip** [ə'trɪp] adv u. pred adj mar. **1.** gelichtet (Anker). **2.** steifgeheißt u. klar zum Trimmen (Segel).

**a·tri·um** ['ɑːtrɪəm; 'eɪ-] pl **a·tri·a** [-ə] s Atrium n: a) antiq. Hauptraum m, b) anat. (bes. Herz)Vorhof m, Vorkammer f.

**a·tro·cious** [ə'trəʊʃəs] adj (adv ~ly) **1.** ab'scheulich, scheußlich, gräßlich, grauenhaft, entsetzlich, fürchterlich (alle a. colloq.). **2.** grausam. **3.** mörderisch. **a'tro·cious·ness** → atrocity 1.

**a·troc·i·ty** [ə'trɒsətɪ; Am. ə'trɑ-] s **1.** Ab'scheulichkeit f, Scheußlichkeit f, Gräßlichkeit f. **2.** Greueltat f, Greuel m. **3.** colloq. a) Ungeheuerlichkeit f (grober Verstoß), b) 'Greuel' m, (etwas) Scheußliches.

**at·ro·phied** ['ætrəfɪd] adj **1.** ausgemergelt, abgezehrt. **2.** med. atro'phiert, geschrumpft, verkümmert (a. fig.).

**at·ro·phy** ['ætrəfɪ] **I** s med. Atro'phie f, Schwund m, Rückbildung f, Verkümmerung f (a. fig.). **II** v/t aus-, abzehren, absterben od. schwinden od. verkümmern lassen. **III** v/i schwinden, verkümmern (a. fig.), absterben.

**at·ro·pine** ['ætrəpɪn; *bes. Am.* -piːn] *s chem.* Atro'pin *n*.

**at·ta·boy** ['ætəbɔɪ] *interj bes. Am. colloq.* so ist's recht!, bravo!

**at·tach** [ə'tætʃ] **I** *v/t* **1.** (to) befestigen, anbringen (an *dat*), anheften, anbinden, ankleben (an *acc*), beifügen (*dat*), verbinden (mit): → **hereto** 1. **2.** *fig.* j-n gewinnen, fesseln, für sich einnehmen: **to ~ o.s. to** sich anschließen (*dat od.* an *acc*); **to be ~ed to** s.o. j-m zugetan sein, an j-m hängen. **3.** (to) zuteilen, angliedern, zur Verfügung stellen (*dat*), *mil. a.* ('ab)kom·man‚dieren (zu), unter'stellen (*dat*). **4.** *fig. Bedeutung, Schuld etc* beimessen (to *dat*): → **importance** 1. **5.** *magische Kräfte etc* zuschreiben (to *dat*). **6.** *fig.* e-n Sinn *etc* verknüpfen *od.* verbinden (**to** mit): **to ~ conditions to** Bedingungen knüpfen an (*acc*); **a curse is ~ed to this treasure** ein Fluch liegt auf diesem Schatz. **7.** *jur.* a) j-n verhaften (*für Zwecke des Zivilprozesses*), b) (gerichtlich) beschlagnahmen, e-e *Forderung, ein Konto, Schulden etc* pfänden: **to ~ a claim**. **II** *v/i* **8.** (to) anhaften (*dat*), verknüpft od. verbunden sein (mit): **no condition ~es (to it)** keine Bedingung ist damit verknüpft; **no blame ~es to him** ihn trifft keine Schuld. **9.** *jur.* (als Rechtsfolge) eintreten: **liability ~es; the risk ~es** das Risiko beginnt.

**at·tach·a·ble** [ə'tætʃəbl] *adj* **1.** *jur.* a) zu verhaften(d), b) beschlagnahmefähig, pfändbar. **2.** *fig.* (to) a) verknüpfbar (mit), b) zuzuschreiben(d) (*dat*). **3.** anfügbar, an-, aufsteckbar, mon'tierbar.

**at·ta·ché** [ə'tæʃeɪ; *Am.* ‚ætə'ʃeɪ] *s* Atta'ché *m*. **~ case** [ə'tæʃkeɪs; *bes. Am.* -ʃeɪ-] *s* Aktentasche *f od.* -koffer *m*.

**at·tached** [ə'tætʃt] *adj* **1.** befestigt, fest (-angebracht). **2.** *zo.* unbeweglich, fest. **3.** *biol.* festgewachsen, festsitzend. **4.** anhänglich, zugetan. **5. to be already ~** schon vergeben sein, ‚in festen Händen sein' (*Mädchen etc*).

**at·tach·ment** [ə'tætʃmənt] *s* **1.** Befestigung *f*, Anbringung *f*. **2.** (*etwas*) An- *od.* Beigefügtes, Anhängsel *n*, Beiwerk *n*. **3.** *tech.* Zusatzgerät *n*: ~s Zubehörteile, Ausrüstung *f*; ~ **plug** *electr.* Zwischenstecker *m*. **4.** Band *n*, Verbindung *f*: ~s of **a muscle** *anat.* Muskelbänder. **5.** *fig.* (to, for) a) Treue *f* (zu, gegen), Anhänglichkeit *f* (an *acc*), b) Bindung *f* (an *acc*), (Zu)Neigung *f*, Liebe *f* (zu). **6.** (to) a) Angliederung *f* (an *acc*), b) Zugehörigkeit *f* (zu). **7.** *jur.* a) Verhaftung *f* (e-s *Schuldners etc*), b) Beschlagnahme *f*, Pfändung *f*, dinglicher Ar'rest: ~ **of a debt** Forderungspfändung, → **warrant** 6, c) Eintritt *m* (e-r *Rechtsfolge*).

**at·tack** [ə'tæk] **I** *v/t* **1.** angreifen (*a. mil. sport Schach etc*), anfallen, über'fallen. **2.** *fig.* angreifen, 'herfallen über (*acc*), attac'kieren, scharf kriti'sieren. **3.** *fig.* e-e *Arbeit etc* in Angriff nehmen, anpacken, über e-e *Mahlzeit etc* 'herfallen. **4.** *fig.* a) befallen (*Krankheit*), b) *chem.* angreifen, anfressen: **acid ~s metal**. **5.** *mus.* den *Ton* (*od. genau*) ansetzen, einsetzen mit. **II** *v/i* **6.** angreifen (*a. sport etc*). **7.** *mus.* ein-, ansetzen. **III** *s* **8.** Angriff *m* (*a. mil. sport Schach etc*), 'Überfall *m* (**on** auf *acc*): ~ **is the best form of defence** (*Am.* **defense**) Angriff ist die beste Verteidigung; ~ **in waves** *mil.* rollender Angriff; ~ **transport** *mil.* Landungsschiff *n*; ~**ing zone** (*Eishockey*) Angriffsdrittel *n*, -zone *f*. **9.** *fig.* Angriff *m*, At'tacke *f*, (scharfe) Kri'tik: **under ~** ‚unter Beschuß'. **10.** *med.* At'tacke *f*, Anfall *m*. **11.** *fig.* In'angriffnahme *f* (e-r *Arbeit etc*). **12.** *chem.* Angriff *m*, Einwirkung *f* (**on** auf *acc*): **the ~ of acids**. **13.** *mus.* (*sicherer*

*od. genauer*) Ein- *od.* Ansatz, (*Jazz*) At'tacke *f*. **at'tack·er** *s* Angreifer(in).

**at·tain** [ə'teɪn] **I** *v/t* ein *Ziel etc* erreichen, erlangen, gelangen *od.* kommen zu *od.* an (*acc*): **to ~ the opposite shore;** **to ~ an age** ein Alter erreichen; **after ~ing an age of 21 (years)** nach Vollendung des 21. Lebensjahres. **II** *v/i* ~ **to** → I: **to ~ to knowledge** Wissen erlangen. **at'tain·a·ble** *adj* erreichbar, zu erlangen(d).

**at·tain·der** [ə'teɪndə(r)] *s jur. hist.* Verlust *m* der bürgerlichen Ehrenrechte u. Einziehung *f* des Vermögens (*als Folge e-r Verurteilung wegen Kapitalverbrechen od. Hochverrat*): **bill of ~** parlamentarischer Strafbeschluß (*der ohne vorhergehende Gerichtsverhandlung zum* **attainder** *führte*).

**at·tain·ment** [ə'teɪnmənt] *s* **1.** Erreichung *f*, Erlangung *f*, Aneignung *f*. **2.** (*das*) Erreichte, Errungenschaft *f*. **3.** *meist pl* Kenntnisse *pl*, Fertigkeiten *pl*, (geistige) Errungenschaften *pl*.

**at·taint** [ə'teɪnt] **I** *v/t* **1.** *jur. hist.* zum Tode u. zur Ehrlosigkeit verurteilen, dem **attainder** aussetzen. **2.** *obs.* befallen (*Krankheit*). **3.** *fig. obs.* anstecken, vergiften. **4.** *fig. obs.* beflecken, entehren. **II** *s* **5.** *jur. hist.* → **attainder**. **6.** *fig. obs.* Schandfleck *m*, Makel *m*.

**at·tar** ['ætə(r)] *s* 'Blumenes‚senz *f*, *bes.* Rosenöl *n*: ~ **of roses**.

**at·tem·per** [ə'tempə(r)] *v/t obs.* **1.** (*durch Mischung*) schwächen, mildern. **2.** *Luft etc* tempe'rieren. **3.** *fig.* dämpfen, mildern. **4.** (to) anpassen (*dat*, an *acc*), in Einklang bringen (mit).

**at·tempt** [ə'tempt; ə'temt] **I** *v/t* **1.** versuchen, pro'bieren (**to do, doing** zu tun): **~ed murder** Mordversuch. **2.** es versuchen mit, sich machen *od.* wagen an (*acc*), in Angriff nehmen: **to ~ a problem**. **3.** zu über'wältigen suchen, angreifen: **to ~ s.o.'s life** e-n Mordanschlag *od.* ein Attentat auf j-n verüben. **II** *s* **4.** Versuch *m* (*a. jur.*) (**to do, doing** zu tun): ~ **at explanation** Versuch e-r Erklärung, Erklärungsversuch; **an ~ at a novel** ein Versuch zu e-m Roman. **5.** Unter'nehmen *n*, Bemühung *f*. **6.** Angriff *m* (*a. mil. obs.*), Anschlag *m*: **an ~ on s.o.'s life** ein Mordanschlag *od.* Attentat *n* auf j-n.

**at·tend** [ə'tend] **I** *v/t* **1.** bedienen, pflegen, warten, über'wachen: **to ~ machinery**. **2.** *Kranke* a) pflegen, b) (ärztlich) behandeln. **3.** a) (als Diener *od.* dienstlich) begleiten, b) j-m aufwarten. **4.** *fig.* begleiten: **to be ~ed by** (*od.* **with**) nach sich ziehen, zur Folge haben; **to be ~ed with great difficulties** mit großen Schwierigkeiten verbunden sein. **5.** beiwohnen (*dat*), anwesend sein bei, teilnehmen an (*dat*), *die Kirche, Schule, e-e Versammlung etc* besuchen, *e-e Vorlesung* hören. **6.** *obs.* → **7. II** *v/i* **7.** (to) beachten (*acc*), achten, merken (auf *acc*): **these directions**. **8.** (to) a) sich kümmern (um), sich befassen (mit), sich widmen (*dat*), b) erledigen, besorgen (*acc*): **to ~ to a matter**. **9.** *econ.* bedienen, abfertigen (**to a customer** e-n Kunden): **are you being ~ed to?** werden Sie schon bedient? **10.** zu'gegen *od.* anwesend sein (**at** bei, **in** *dat*), sich einfinden, erscheinen (**in court** vor Gericht). **11.** (**on, upon**) begleiten (*acc*), folgen (*dat*). **12.** (**on, upon**) (j-n) bedienen, pflegen, (j-m) aufwarten, zur Verfügung stehen.

**at·tend·ance** [ə'tendəns] *s* **1.** Dienst *m*, Bereitschaft *f*, Aufsicht *f*: ~ **physician** in· diensthabender Arzt; **hours of ~** Dienststunden (→ 3); ~ **centre** *jur. Br.* Heim *n* für Freizeitarrest (*straffälliger Jugendlicher*); → **dance** 4. **2.** Bedienung *f*, (Auf-)

Wartung *f*, Pflege *f* (**on, upon** *gen*), Dienstleistung *f*: → **medical** 1 a. **3.** Anwesenheit *f*, Erscheinen *n*, Besuch *m*: **to be in ~ at** anwesend sein bei; ~ **list** (*od.* **record**) Anwesenheitsliste *f*; ~ **teacher** *Am. Schulbeamter, der Fälle von häufigem unentschuldigtem Fehlen untersucht*; **hours of ~** Besuchszeit *f* (→ 1). **4.** a) Besucher *pl*, Teilnehmer *pl*, b) Besucherzahl *f*, Besuch *m*, Beteiligung *f*, Erscheinen *n* (at bei). **5.** Begleitung *f*, Gefolge *n*, Dienerschaft *f*.

**at·tend·ant** [ə'tendənt] **I** *adj* **1.** (**on, upon**) a) begleitend (*acc*), b) im Dienst stehend (bei). **2.** abhängig (**on** von). **3.** *fig.* (**on, upon**) verbunden (mit), folgend (auf *acc*): ~ **circumstances** Begleitumstände; ~ **expenses** Nebenkosten. **4.** anwesend. **5.** *mus.* nächstverwandt (*Tonarten*). **II** *s* **6.** Begleiter(in), Gefährte *m*, Gefährtin *f*, Gesellschafter(in). **7.** Diener(in), Bediente(r *m*) *f*. **8.** *pl* Dienerschaft *f*, Gefolge *n*. **9.** Aufseher(in). **10.** *tech.* Bedienungsmann *m*, Wart *m*. **11.** *fig.* Begleiterscheinung *f*, Folge *f* (**of, on, upon** *gen*). ~ **phe·nom·e·non** *s irr phys.* Nebenerscheinung *f*.

**at·ten·tion** [ə'tenʃn] *s* **1.** Aufmerksamkeit *f*: **to attract** ~ Aufmerksamkeit erregen; **to bring to the ~ of s.o.** j-m zur Kenntnis bringen, j-n (von *e-r Sache*) unterrichten; **to call** (*od.* **draw**) ~ **to** die Aufmerksamkeit lenken auf (*acc*), aufmerksam machen auf (*acc*); → **catch** 15; **to come to the ~ of s.o.** j-m zur Kenntnis gelangen; **to pay ~ to** j-m *od.* e-r Sache Beachtung schenken, s-e Aufmerksamkeit zuwenden (*dat*), achtgeben auf (*acc*); **to pay close ~, to be all ~** ganz Ohr sein, ganz bei der Sache sein; **(for the) ~ of** zu Händen von (*od. gen*). **2.** Beachtung *f*, Erledigung *f*: **for immediate ~!** zur sofortigen Veranlassung!; **to give a matter prompt ~** e-e Sache rasch erledigen. **3.** a) Aufmerksamkeit *f*, Gefälligkeit *f*, Freundlichkeit *f*, b) *pl* Aufmerksamkeiten *pl*: **to pay one's ~s to s.o.** j-m den Hof machen. **4.** *mil.* Grundstellung *f*: **to stand to ~** stillstehen; ~! Stillgestanden!, Achtung! **5.** *tech.* Wartung *f*, Bedienung *f*.

**at·ten·tive** [ə'tentɪv] *adj* (*adv* ~**ly**) **1.** achtsam, aufmerksam: **to be ~ to s.th.** auf etwas achten. **2.** *fig.* (to) aufmerksam (gegen), höflich (zu). **at'ten·tive·ness** *s* Aufmerksamkeit *f* (*a. weitS. Gefälligkeit*).

**at·ten·u·ate** [ə'tenjʊeɪt; *Am.* -jə‚weɪt] **I** *v/t* **1.** dünn *od.* schlank machen. **2.** *bes. chem.* verdünnen. **3.** *fig.* vermindern, (ab)schwächen. **4.** *med.* die Viru'lenz (*gen*) vermindern. **5.** *electr.* dämpfen, her'unterregeln, -teilen: **to ~ the voltage** die Spannung herabsetzen. **II** *v/i* **6.** dünner *od.* schwächer werden, sich vermindern. **III** *adj* [-jʊɪt; *Am.* -jəwət] **7.** verdünnt, vermindert, abgeschwächt. **8.** *bot.* zugespitzt. **9.** *biol.* verjüngt.

**at·ten·u·a·tion** [ə‚tenjʊ'eɪʃn; *Am.* -jə‚w-] **I** *s* **1.** Verminderung *f*. **2.** *bes. chem.* Verdünnung *f*. **3.** *med.* Schwächung *f*, Abmagerung *f*. **4.** *electr.* Dämpfung *f*. **5.** *fig.* (Ab)Schwächung *f*. **II** *adj* **6.** *electr.* Dämpfungs...

**at·ten·u·a·tor** [ə'tenjʊeɪtə(r); *Am.* -jə‚w-] *s electr.* (regelbarer) Abschwächer, Dämpfungsglied *n*, Spannungsteiler *m*.

**at·test** [ə'test] **I** *v/t* **1.** bezeugen, beglaubigen, bescheinigen, atte'stieren, amtlich bestätigen *od.* beglaubigen *od.* beurkunden: ~**ed copy** beglaubigte Abschrift; ~**ed will** von Zeugen unterzeichnetes Testament. **2.** zeugen von, bestätigen, erweisen, zeigen. **3.** vereidigen (*Br. a.*

*mil.*). **4.** *mil. Rekruten* einstellen. **II** *v/i*
**5.** zeugen (**to** für). **6.** *mil.* sich (zum
Wehrdienst) melden. **at·tes·ta·tion**
[ˌæteˈsteɪʃn] *s* **1.** a) Bezeugung *f* (*der Er-
richtung e-r Urkunde etc*), b) Beglaubi-
gung *f* (*durch Unterschrift*), c) Bescheini-
gung *f*, At'test *n*: **~ clause** Beglaubi-
gungsvermerk *m*. **2.** Zeugnis *n*, Beweis *m*.
**3.** Eidesleistung *f*, Vereidigung *f* (*Br. a.
mil.*). **at'tes·tor** [-tə(r)] *s* Beglaubiger *m*,
Zeuge *m*.
**at·tic¹** [ˈætɪk] *s arch.* **1.** Attika *f*. **2.** a) *a. pl*
Dachgeschoß *n*, b) Dachstube *f*, Man-
'sarde *f*.
**At·tic²** [ˈætɪk] *adj* attisch: a) aˈthenisch,
b) *fig.* (rein) klassisch: **~ base** *arch.*
attischer Säulenfuß; **~ order** *arch.* atti-
sche Säulenordnung; **~ salt** (*od.* **wit**) *fig.*
attisches Salz, feiner (beißender) Witz.
**At·ti·cism, a-** [ˈætɪsɪzəm] *s* **1.** Vorliebe *f*
für Aˈthen. **2.** Attiˈzismus *m*, attischer
Stil *od.* Ausdruck. **3.** *fig.* Eleˈganz *f od.*
Reinheit *f* der Sprache.
**at·tire** [əˈtaɪə(r)] **I** *v/t* **1.** (be)kleiden, an-
ziehen: **~d in** angetan in (*dat*) *od.* mit.
**2.** schmücken, putzen. **II** *s* **3.** Kleidung *f*,
Gewand *n*: **official ~** Amtstracht *f*.
**4.** Putz *m*, Schmuck *m*.
**at·ti·tude** [ˈætɪtjuːd; *Am. a.* -ˌtuːd] *s*
**1.** (Körper)Haltung *f*, Stellung *f*, Posiˈtur
*f*: **a threatening ~** e-e drohende Hal-
tung; **to strike an ~** → **attitudinize** 1 a.
**2.** Haltung *f*: a) Verhalten *n*: **~ of mind**
Geisteshaltung, b) Standpunkt *m*, Stel-
lung(nahme) *f*, Einstellung *f*, Posiˈtion *f*
(**to**, **towards** zu, gegenˈüber). **3.** *a.* **~ of
flight** *aer.* Fluglage *f*.
**at·ti·tu·di·nize** [ˌætɪˈtjuːdɪnaɪz; *Am. a.*
-ˈtuː-] *v/i* **1.** a) e-e theaˈtralische Haltung
*od.* e-e Pose annehmen, b) *a. fig.* sich in
Posiˈtur setzen, poˈsieren. **2.** sich affek-
ˈtiert benehmen, affektiert reden *od.*
schreiben. **at·ti·tu·di·niz·er** *s* Po-
ˈseur *m*.
**at·torn** [əˈtɜːn; *Am.* əˈtɔrn] **I** *v/i* **1.** *hist.*
a) e-n neuen Lehnsherrn anerkennen,
b) huldigen u. dienen (**to** *dat*). **2.** *jur. j-n*
als (den neuen) Eigentümer *od.* Vermie-
ter anerkennen. **II** *v/t* **3.** *hist. die Lehns-
pflicht etc* auf e-n anderen Lehnsherrn
überˈtragen.
**at·tor·ney** [əˈtɜːnɪ; *Am.* əˈtɜrnɪ] *s* **1.** *jur.
bes. Am.* a) *a.* **~ at law** (Rechts)Anwalt *m*:
**~ for the defense** *Am.* Anwalt der be-
klagten Partei, (*im Strafprozeß*) Vertei-
diger *m*; **~ district attorney**, b) *a.* **~ in
fact** Bevollmächtigte(r) *m*, gesetzlicher
Vertreter. **2.** *jur.* Bevollmächtigung *f*,
Vollmacht *f*: **letter** (*od.* **warrant**) **of ~**
schriftliche Vollmacht; **power of ~**
a) Vollmacht *f*, b) Vollmachtsurkunde *f*;
**by ~** in Vertretung, in Vollmacht, im
Auftrag; **~ full¹** 11. **~ gen·er·al** *od.* **~
gen·er·al** *od.* **~ gen·er·als** *s jur.* **1.** *Br.*
erster Kronanwalt. **2.** *Am.* Juˈstizmiˌni-
ster *m*.
**at·tract** [əˈtrækt] **I** *v/t* **1.** anziehen. **2.** *fig.
Kunden, Touristen etc* anziehen, an-
locken, *j-n* fesseln, reizen, gewinnen, für
sich einnehmen: **to ~ new members**
neue Mitglieder gewinnen; **to be ~ed to**
sich hingezogen fühlen zu. **3.** *fig. j-s
Interesse, Blicke etc* auf sich ziehen, *j-s
Mißfallen etc* a. erregen: → **attention** 1.
**II** *v/i* **4.** Anziehung(skraft) ausüben (*a.
fig.*). **5.** *fig.* anziehend wirken *od.* sein.
**at·trac·tion** [əˈtrækʃn] *s* **1.** *fig.* a) An-
ziehungskraft *f*, Reiz *m*, b) Attrakˈtion *f*,
(*etwas*) Anziehendes, *thea. etc* Zugnum-
mer *f*, -stück *n*. **2.** *phys.* Attrakˈtion *f*,
Anziehung(skraft) *f*: **~ of gravity** Gra-
vitationskraft *f*. **3.** *ling.* Attrakˈtion *f*.
**at·trac·tive** [əˈtræktɪv] *adj* (*adv* **~ly**)
**1.** anziehend: **~ force** (*od.* **power**) *phys.*
Anziehungskraft *f*. **2.** *fig.* attrakˈtiv:

a) anziehend, reizvoll: **to be ~ to women**
auf Frauen anziehend wirken, b) einneh-
mend: **an ~ appearance**, c) zugkräftig:
**~ offers**. **at'trac·tive·ness** *s* **1.** anzie-
hendes Wesen. **2.** (*das*) Anziehende *od.*
Reizende. **3.** → **attraction** 1 a.
**at·trib·ut·a·ble** [əˈtrɪbjʊtəbl] *adj* zuzu-
schreiben(d) (**to** *dat*).
**at·trib·ute I** *v/t* [əˈtrɪbjuːt; *Am.* -bjət]
**1.** (**to** *dat*) zuschreiben, beilegen, -mes-
sen, *contp.* ˈunterschieben, unterˈstellen.
**2.** zuˈrückführen (**to** auf *acc*). **II** *s*
[ˈætrɪbjuːt] **3.** Attriˈbut *n*, Eigenschaft *f*,
(wesentliches) Merkmal: **mercy is an ~
of God**; **statistical ~** *math.* festes Merk-
mal. **4.** Attriˈbut *n*, (Kenn)Zeichen *n*,
Sinnbild *n*. **5.** *ling.* Attriˈbut *n*. **at·tri-
bu·tion** [ˌætrɪˈbjuːʃn] *s* **1.** Zuschreibung
*f*, Beilegung *f* (**to** *dat*). **2.** beigelegte Eigen-
schaft. **3.** zuerkanntes Recht, (erteilte)
Befugnis.
**at·trib·u·tive** [əˈtrɪbjʊtɪv] **I** *adj* (*adv*
**~ly**) **1.** zuerkennend. **2.** zugeschrieben,
beigelegt. **3.** *ling.* attribuˈtiv. **II** *s* **4.** *ling.*
Attriˈbut *n*.
**at·trit** [əˈtrɪt] *v/t mil. Am. Gegner*
durch Abnutzung schwächen. **at·trit·
ed** [əˈtraɪtɪd] *adj* abgenutzt, zermürbt.
**at·tri·tion** [əˈtrɪʃn] *s* **1.** a) Ab-, Zerrei-
bung *f*, b) *a. fig.* Aufreibung *f*, Abnutzung
*f*, Verschleiß *m*. **2.** *fig.* Zermürbung *f*:
**war of ~** *mil.* Abnutzungs-, Zermür-
bungskrieg *m*. **3.** *relig.* unvollkommene
Reue.
**at·tune** [əˈtjuːn; *Am. a.* əˈtuːn] *v/t* **1.** *mus.*
(ein-, ab)stimmen (**to** auf *acc*). **2.** *fig.* **to**
ein-, abstimmen, einstellen (auf *acc*), an-
passen (*dat*), in Einklang bringen (mit).
**a·typ·i·cal** [ˌeɪˈtɪpɪkl] *adj* aˈtypisch (**of**
für).
**au·baine** [əʊˈbeɪn] *s a.* **right of ~** *jur. hist.*
Heimfallsrecht *n*.
**au·ber·gine** [ˈəʊbə(r)ʒiːn; -dʒiːn] *s bot.*
Auberˈgine *f*.
**au·burn** [ˈɔːbə(r)n] **I** *adj* **1.** kaˈstanien-
braun (*Haar*). **2.** *obs.* hellbraun. **II** *s* **3.**
Kaˈstanienbraun *n* (*Farbe*).
**auc·tion** [ˈɔːkʃn] **I** *s* Auktiˈon *f*, (öffent-
liche) Versteigerung: **to sell by** (*Am.* **at**)
**~** versteigern; **to put up for** (*Am.* **at**) **~**
zur Versteigerung anbieten; **sale by** (*Am.* **at**)
**~**, **~ sale** Versteigerung; **~ bridge** Auk-
tionsbridge *n*; **~ law** *jur.* Gantrecht *n*; **~
mart** (*od.* **room**) Auktionslokal *n*; →
**Dutch auction**. **II** *v/t meist* **~ off** ver-
steigern.
**auc·tion·eer** [ˌɔːkʃəˈnɪə(r)] *s* Auktio-
ˈnator *m*, Versteigerer *m*: **~s** Auktions-
haus *n*; **~'s fees** Auktionsgebühren.
**II** *v/t* versteigern.
**au·da·cious** [ɔːˈdeɪʃəs] *adj* (*adv* **~ly**)
**1.** kühn, verwegen, waghalsig. **2.** dreist,
unverfroren. **au'da·cious·ness** → **au-
dacity**.
**au·dac·i·ty** [ɔːˈdæsətɪ] *s* **1.** Kühnheit *f*,
Verwegenheit *f*, Waghalsigkeit *f*. **2.** Drei-
stigkeit *f*, Unverfrorenheit *f*.
**au·di·bil·i·ty** [ˌɔːdɪˈbɪlətɪ] *s* Hörbarkeit
*f*, Vernehmbarkeit *f*. **'au·di·ble** [-dəbl]
*adj* (*adv* **audibly**) hör-, vernehmbar, ver-
nehmlich (**to** für), *tech. a.* aˈkustisch.
**'au·di·ble·ness** → **audibility**.
**au·di·ence** [ˈɔːdjəns; -dɪ-; *Am.* ˈɑːd-] *s*
**1.** *a. jur.* Anhörung *f*, Gehör *n*: **to give ~
to s.o.** j-m Gehör schenken, j-n anhören;
**right of ~** *jur.* rechtliches Gehör.
**2.** *fig.* Anˈhörenz *f* (**of**, **with** bei): **to have an ~
of the Queen**; **to be received in ~** in
Audienz empfangen werden; **~ cham-
ber** Audienzzimmer *n*; **A~ Court** *jur.
relig.* Audienzgericht *n*. **3.** Publikum *n*:
a) Zuhörer(schaft *f*) *pl*, b) Zuschauer *pl*,
c) Besucher *pl*, d) Leser(kreis *m*) *pl*.
**4.** Anhänger(schaft *f*) *pl*.
**audio-** [ˈɔːdɪəʊ] *Wortelement mit der Be-*

deutung a) Hör..., Ton..., akustisch,
b) *electr.* audio..., Hör-, Ton-, Nieder-
frequenz..., c) Rundfunk-, Fernseh- u.
Schallplatten..., *bes.* High-Fidelity-...,
Hi-Fi-...
**au·di·o| am·pli·fi·er** *s electr. phys.*
ˈTonfreˌquenz-, ˈNiederfreˌquenzverstär-
ker *m*. **~ con·trol en·gi·neer** *s* ˈTon-
ingeniˌeur *m*, -meister *m*. **~ de·tec-
tor** *s* NF-Gleichrichter *m*. **~ fre·quen-
cy** *s* ˈAudio-, ˈNieder-, ˈTon-, ˈHörfre-
ˌquenz *f*. **~ˌlin·gual** *adj ped.* audiolin-
guˈal (*vom gesprochenen Wort ausge-
hend*).
**au·di·ol·o·gy** [ˌɔːdɪˈɒlədʒɪ; *Am.* -ˈɑl-] *s
med.* Audioloˈgie *f* (*Teilgebiet der Medi-
zin, das sich mit den Funktionen u. den
Erkrankungen des Gehörs befaßt*).
**au·di·om·e·ter** [ˌɔːdɪˈɒmɪtə(r); *Am.*
-ˈɑm-] *s electr. med.* Audioˈmeter *n*, Ge-
hörmesser *m*. **au·di'om·e·try** [-trɪ] *s*
**1.** *med.* Audiomeˈtrie *f*, Gehörmessung *f*:
**puretone ~** Tonaudiometrie; **speech ~**
Sprechaudiometrie. **2.** *electr.* ˈTonfre-
ˌquenzmessung *f*.
**'au·di·oˌmix·er** *s TV* (Ton)Mischtafel *f*.
**au·di·on** [ˈɔːdɪən] *s Radio:* Audion *n*: **~
valve** (*Am.* **tube**) Audionröhre *f*.
**au·di·oˌphile** [ˈɔːdɪəʊfaɪl] *s* Hi-Fi-Fan
*m*. **~ range** *s electr.* ˈHör-, ˈTonfre-
ˌquenzbereich *m*. **~ sig·nal** *s* **1.** *tech.*
aˈkustisches Siˈgnal. **2.** *electr.* ˈTon(fre-
ˌquenz)siˌgnal *n*. **~ stage** *s* ˈNiederfre-
ˌquenzstufe *f*, NF-Stufe *f*. **'~ˌtape** *s*
Tonband *n*. **'~ˌtyp·ist** *s* Phonotyˈpistin
*f*. **'~ˌvis·u·al I** *adj* audiovisuˈell: **~ aids**
→ **II**; **~ instruction** audiovisueller Un-
terricht. **II** *s pl* audiovisuˈelle ˈUnter-
richtsmittel *pl*.
**au·di·phone** [ˈɔːdɪfəʊn] *s med.* Audi-
ˈphon *n*, ˈHörappaˌrat *m*.
**au·dit** [ˈɔːdɪt] **I** *s* **1.** *econ.* a) (Buch-,
Rechnungs-, Wirtschafts)Prüfung *f*, (ˈBü-
cher-, ˈRechnungs)Revisiˈon *f*, b) Schluß-
rechnung *f*, Biˈlanz *f*: **personal ~** *psych.
Am.* Persönlichkeitstest *m*, -analyse *f* (*für
Angestellte*); **~ office** *Br.* Rechnungsprü-
fungsamt *n*; **~ year** Prüfungs-, Revisions-
jahr *n*. **2.** *fig.* Rechenschaft(slegung) *f*. **3.**
*obs.* Zeugenverhör *n*. **II** *v/t* **4.** *econ.* (amt-
lich) prüfen, reviˈdieren: **to ~ the books**.
**5.** *univ. Am.* e-n Kurs *etc* als Gasthörer(in)
besuchen.
**au·dit·ing** [ˈɔːdɪtɪŋ] *s econ.* → **audit** 1 a:
**~ of accounts** Rechnungsprüfung *f*;
**external ~** außerbetriebliche Revision
(*durch betriebsfremde Prüfer*); **internal ~**
betriebsinterne Revision. **~ com·pa·ny**
*s econ.* Revisiˈonsgesellschaft *f*. **~ de·
part·ment** *s econ.* Revisiˈonsabˌtei-
lung *f*.
**au·di·tion** [ɔːˈdɪʃn] **I** *s* **1.** *physiol.* Hör-
vermögen *n*, Gehör *n*. **2.** Hören *n*. **3.** Zu-,
Anhören *n*. **4.** *mus. thea.* a) Vorspiel(en) *n*
(*e-s Instrumentalisten*), b) Vorsingen *n*,
c) Vorsprechen *n*, d) Anhörprobe *f* (*durch
Theaterleitung etc*). **II** *v/t u. v/i* **5.** *mus.
thea.* vorspielen *od.* vorsingen *od.* vor-
sprechen (lassen).
**au·di·tive** [ˈɔːdɪtɪv] → **auditory** 3.
**au·di·tor** [ˈɔːdɪtə(r)] *s* **1.** (Zu)Hörer(in).
**2.** *univ. Am.* Gasthörer(in). **3.** *econ.* Wirt-
schafts-, Rechnungs-, Buchprüfer *m*,
(ˈBücher)Reˌvisor *m*.
**au·di·to·ri·um** [ˌɔːdɪˈtɔːrɪəm; *Am. a.*
-ˈtəʊr-] *pl* **-ums**, **-ri·a** [-ə] *s* **1.** Audiˈto-
rium *n*, Zuhörer- *od.* Zuschauerraum *m*.
**2.** *Am.* Vortragssaal *m*, Vorführungs-
raum *m*, *a.* Konˈzerthalle *f*, (*a.* ˈFilm-)
Theˌater *m*.
**au·di·tor·ship** [ˈɔːdɪtə(r)ʃɪp] *s econ.*
Rechnungsprüfer-, Reˈvisoramt *n*.
**au·di·to·ry** [ˈɔːdɪtərɪ; -trɪ; *Am.* ˌtəʊrɪ;
ˌtɔː-] **I** *s* **1.** *obs.* Zuhörer(schaft *f*) *pl*.
**2.** *obs.* für **auditorium**. **II** *adj* **3.** *anat.*

Gehör..., Hör...: ~ **nerve** Gehörnerv *m*.
**au fait** [ˌəʊˈfeɪ] *pred adj* auf dem laufenden: **to put s.o.** ~ **of** (*od.* **with**) **s.th.** j-n mit etwas vertraut machen.
**Au·ge·an** [ɔːˈdʒiːən] *adj* **1.** *myth. u. fig.* Augias...: **to clean** (*od.* **cleanse**) **the** ~ **stables** den Augiasstall reinigen. **2.** *fig.* a) 'überaus schmutzig, b) äußerst schwierig: **an** ~ **task**.
**au·gend** [ˈɔːdʒend; ɔːˈdʒend] *s math.* Au'gend *m*, erster Sum'mand.
**au·ger** [ˈɔːgə(r)] *s tech.* **1.** großer Bohrer, Vor-, Schneckenbohrer *m*. **2.** Erdbohrer *m*. **3.** Löffelbohrer *m*. **4.** Förderschnecke *f*: ~ **conveyor** Schneckenförderer *m*. ~ **bit** *s tech.* **1.** Bohreisen *n*. **2.** Löffel-, Hohlbohrer *m*.
**Au·ger ef·fect** [ˈəʊʒeɪ; əʊˈʒeɪ] *s phys.* Au'ger-Ef｜fekt *m*.
**aught** [ɔːt; *Am. a.* ɑːt] *obs. od. poet.* **I** *pron* (irgend) etwas: **for** ~ **I care** meinetwegen; **for** ~ **I know** soviel ich weiß. **II** *adv* irgendwie.
**au·gite** [ˈɔːgaɪt; *Am. bes.* ˈɔːdʒaɪt] *s min.* Au'git *m*.
**aug·ment** [ɔːgˈment] **I** *v/t* **1.** vermehren, -größern, steigern. **2.** *mus.* **ein Thema** vergrößern. **II** *v/i* **3.** sich vermehren, zunehmen, (an)wachsen. **III** *s* [ˈɔːgmənt; *Am.* -ˌment] **4.** *ling.* Aug'ment *n*.
**aug·men·ta·tion** [ˌɔːgmenˈteɪʃn; -mən-] *s* **1.** Vergrößerung *f*, -mehrung *f*, Wachstum *n*, Zunahme *f*: ~ **factor** *phys.* Wachstumsfaktor *m*. **2.** Zuwachs *m*. **3.** *her.* besonderes hin'zugefügtes Ehrenzeichen. **4.** *mus.* Augmentati'on *f*, Vergrößerung *f* (*e-s Themas*).
**aug·men·ta·tive** [ɔːgˈmentətɪv] **I** *adj* vermehrend, -stärkend, Verstärkungs... **II** *s ling.* Verstärkungsform *f*.
**au gra·tin** [ˌəʊˈgrætæŋ; *Am.* -ˈgrætn] *adj gastr.* au gra'tin, über'backen.
**au·gur** [ˈɔːgə(r)] **I** *s* **1.** *antiq.* Augur *m*. **2.** Wahrsager *m*, Pro'phet *m*. **II** *v/t* **3.** vor'aus-, weissagen, ahnen lassen, verheißen, prophe'zeien. **III** *v/i* **4. to** ~ **ill** (**well**) a) ein schlechtes (gutes) Zeichen *od.* Omen sein (**for** für), b) Böses (Gutes) erwarten (**of** von; **for** für). **'au·gu·ral** [-gjʊrəl; *Am. a.* -gə-] *adj* **1.** Auguren... **2.** vorbedeutend. **au·gu·ry** [ˈɔːgjʊrɪ; *Am. a.* -gə-] *s* **1.** Wahrsagen *n*. **2.** Weissagung *f*, Prophe'zeiung *f*. **3.** Vorbedeutung *f*, Vor-, Anzeichen *n*, Omen *n*. **4.** Vorahnung *f* (**of** von).
**au·gust**[1] [ɔːˈgʌst] *adj* (*adv* ~**ly**) erhaben, hehr, herrlich, erlaucht, hoheitsvoll.
**Au·gust**[2] [ˈɔːgəst] *s* Au'gust *m*: **in** ~ im August.
**Au·gus·tan** [ɔːˈgʌstən] **I** *adj* **1.** den Kaiser Au'gustus betreffend, augu'steisch. **2.** *relig.* Augu'stanisch, Augsburgisch (*Konfession*). **3.** klassisch. **II** *s* **4.** Schriftsteller *m* des Augu'steischen Zeitalters. ~ **age** *s* **1.** Augu'steisches Zeitalter. **2.** klassisches Zeitalter, Blütezeit *f* (*e-r nationalen Literatur*; *in England Zeitalter der Königin Anna*).
**Au·gus·tine** [ɔːˈgʌstɪn] **I** *npr* Augu'stin(us) *m*. **II** *s a.* ~ **friar** (*od.* **monk**) Augu'stiner(mönch) *m*. **III** *adj* augu'stinisch.
**Au·gus·tin·i·an** [ˌɔːgəˈstɪnɪən] *relig.* **I** *s* **1.** Anhänger *m* des Augusti'nismus. **2.** Augu'stiner(mönch) *m*. **II** *adj* **3.** augu'stinisch.
**au·gust·ness** [ɔːˈgʌstnɪs] *s* Erhabenheit *f*, Hoheit *f*.
**auk** [ɔːk] *s orn.* Alk *m*.
**auld** [ɔːld] *adj Scot. alt.* ~ **lang syne** [ˌlæŋˈsaɪn] *s Scot.* die gute alte Zeit.
**au·lic** [ˈɔːlɪk] *adj* höfisch, Hof...
**aunt** [ɑːnt; *Am.* ænt] *s* Tante *f* (*a. fig.*): **my** ~! *colloq.* a) du liebe Zeit!, b) ,von wegen!'
**'aunt·ie** [-tɪ] *s* Tantchen *n*.

**Aunt Sal·ly** [ˈsælɪ] *s* **1.** Spiel auf Jahrmärkten, bei dem e-e Frauengestalt mit Bällen od. Stöcken umgeworfen werden muß. **2.** a~ s~ *Br. colloq.* gute Zielscheibe.
**aunt·y** [ˈɑːntɪ; *Am.* ˈæntɪ] → **auntie**.
**au pair** [ˌəʊˈpeə] *Br.* **I** *s a.* ~ **girl** Au-'pair-Mädchen *n*. **II** *adv* als Au-'pair-Mädchen: **to work** ~. **III** *v/i* als Au-'pair-Mädchen arbeiten.
**au·ra** [ˈɔːrə] *pl* -**rae** [-riː], -**ras** *s* **1.** Hauch *m*, Duft *m*. **2.** A'roma *n*. **3.** *med.* Aura *f*, Vorgefühl *n* vor (epi'leptischen *etc*) Anfällen. **4.** *fig.* Aura *f*: a) Fluidum *n*, Ausstrahlung *f*, b) Atmo'sphäre *f*, c) Nimbus *m*. **5.** *Parapsychologie:* Aura *f*.
**au·ral** [ˈɔːrəl] *adj* **1.** Ohr..., Ohren..., Gehör...: ~ **surgeon** *med.* Ohrenarzt *m*. **2.** *phys. tech.* a'kustisch, Hör..., Ton...: ~ **carrier** *TV* Tonträger *m*.
**au·rate** [ˈɔːreɪt; *Am. bes.* -rət] *s chem.* 'Gold｜xydsalz *n*: ~ **of ammonia** Knallgold *n*.
**au·re·ate** [ˈɔːriːt; -ieɪt] *adj* golden.
**au·re·li·a** [ɔːˈriːljə; -lɪə] *s zo.* **1.** *obs.* Puppe *f* (*bes. e-s Schmetterlings*). **2.** Ohrenqualle *f*.
**au·re·o·la** [ɔːˈriəʊlə] → **aureole**.
**au·re·ole** [ˈɔːrɪəʊl] *s* Aure'ole *f*: a) Strahlenkrone *f*, Heiligen-, Glorienschein *m*, b) *fig.* Nimbus *m*, Ruhmeskranz *m*, c) *astr.* Hof *m* (*um Sonne u. Mond*).
**au·ric** [ˈɔːrɪk] *adj* **1.** Gold... **2.** *chem.* aus Gold gewonnen.
**au·ri·cle** [ˈɔːrɪkl] *s* **1.** *anat.* äußeres Ohr, Ohrmuschel *f*. **2.** *a.* ~ **of the heart** *anat.* Herzvorhof *m*, Herzohr *n*. **3.** *bot.* Öhrchen *n* (*am Blattgrund*).
**au·ric·u·la** [əˈrɪkjʊlə; *bes. Am.* ɔː-] *pl* -**lae** [-liː], -**las** *s* **1.** *bot.* Au'rikel *f*. **2.** → **auricle** 2, 3.
**au·ric·u·lar** [ɔːˈrɪkjʊlə(r)] *adj* **1.** das Ohr betreffend, Ohren..., Hör...: ~ **canal** *anat.* Ohrkanal *m*; ~ **nerves** *anat.* Ohrennerven; ~ **tube** *anat.* äußerer Gehörgang. **2.** ins Ohr geflüstert, Ohren...: ~ **confession** Ohrenbeichte *f*; ~ **tradition** mündliche Überlieferung; ~ **witness** Ohrenzeuge *m*. **3.** *anat.* a) zu den Herzohren gehörig, b) auriku'lär, ohrförmig.
**au·ric·u·late** [ɔːˈrɪkjʊlət], **au'ric·u·lat·ed** [-leɪtɪd] *adj* **1.** *zo.* geohrt. **2.** ohrförmig.
**au·rif·er·ous** [ɔːˈrɪfərəs] *adj* goldhaltig.
**au·ri·form** [ˈɔːrɪfɔː(r)m] *adj* ohrförmig.
**Au·ri·ga** [ɔːˈraɪgə] *gen* -**gae** [-dʒiː] *s astr.* Au'riga *m*, Fuhrmann *m*.
**au·ri·scalp** [ˈɔːrɪskælp] *s* **1.** Ohrlöffel *m*. **2.** *med.* Ohrsonde *f*.
**au·ri·scope** [ˈɔːrɪskəʊp] *s med.* Auri-'skop *n*, Ohrenspiegel *m*.
**au·rist** [ˈɔːrɪst] *s med.* Ohrenarzt *m*.
**au·rochs** [ˈɔːrɒks; *Am.* -ˌɑks; ˈaʊər-] *pl* -**rochs** *s zo.* Auerochs *m*, Ur *m*.
**au·ro·ra** [ɔːˈrɔːrə; *Am. a.* əˈrɔʊrə] *pl* -**ras,** *selten* -**rae** [-riː] *s* **1.** *poet.* Au'rora *f*, Morgen(röte *f*) *m*. **2.** A~ Au'rora *f* (*Göttin der Morgenröte*). **3.** → **aurora borealis.** ~ **aus·tra·lis** [ɒˈstreɪlɪs; *Am.* ɔː-; *s phys.* Po'lar-, Südlicht *n.* ~ **bo·re·al·is** [ˌbɔːrɪˈeɪlɪs; *Am. a.* -ˈælɪs] *phys.* Nordlicht...
**au·ro·ral** [ɔːˈrɔːrəl; *Am. a.* əˈrɔʊ-] *adj* **1.** a) die Morgenröte betreffend, b) rosig (glänzend). **2.** Nordlicht...
**au·rous** [ˈɔːrəs] *adj* **1.** goldhaltig. **2.** *chem.* Gold..., Goldoxydul...
**au·rum** [ˈɔːrəm] *s chem.* Gold *n*.
**aus·cul·tate** [ˈɔːskəlteɪt] *v/t med.* auskul-'tieren, abhorchen. **ˌaus·cul'ta·tion** *s med.* Auskultati'on *f*, Abhorchen *n*. **'aus·cul·ta·tive** *adj med.* auskulta-'tiv, Hör... **'aus·cul·ta·tor** [-tə(r)] *s med.* **1.** auskul'tierender Arzt. **2.** Stetho-'skop *n*.
**aus·pi·cate** [ˈɔːspɪkeɪt] *v/t* unter gün-

stigen Vorzeichen beginnen *od.* einführen, inaugu'rieren.
**aus·pice** [ˈɔːspɪs] *s* **1.** *antiq.* Au'spizium *n*. **2.** *pl fig.* (günstiges) An- *od.* Vorzeichen, Au'spizien *pl*. **3.** *pl fig.* Au'spizien *pl*, Schirmherrschaft *f*: **under the** ~**s of** s.o.
**aus·pi·cious** [ɔːˈspɪʃəs] *adj* (*adv* ~**ly**) günstig: a) vielversprechend, b) glücklich: **to be** ~ unter e-m günstigen Stern stehen. **aus'pi·cious·ness** *s* günstige *od.* verheißungsvolle Aussicht, Glück *n*.
**Aus·sie** [ˈɒzɪ; ˈɒsɪ; *Am.* ˈɒsiː; ˈɑːsiː] *colloq.* **I** *s* Au'stralier(in). **II** *adj* au'stralisch.
**aus·ter** [ˈɒstə(r)] *s poet.* Südwind *m*.
**aus·tere** [ɒˈstɪə(r); *Am.* ɔː-] *adj* (*adv* ~**ly**) **1.** streng, ernst: **an** ~ **person. 2.** a) as'ketisch, enthaltsam, b) dürftig, karg. **3.** herb, rauh, hart, streng. **4.** streng, nüchtern, schmucklos: **an** ~ **room; an** ~ **style. aus·ter·i·ty** [ɒˈsterətɪ; *Am.* ɔː-] *s* **1.** Ernst *m*, Strenge *f*. **2.** a) As'kese *f*, Enthaltsamkeit *f*, b) Dürftigkeit *f*, Kargheit *f*. **3.** Herbheit *f*, Rauheit *f*. **4.** Strenge *f*, Nüchternheit *f*, Schmucklosigkeit *f*. **5.** *econ. pol.* wirtschaftliche Einschränkung, Sparmaßnahmen *pl* in Notzeiten: ~ **budget** Sparbudget *n*; ~ **program(me)** Sparprogramm *n*.
**Aus·tin** [ˈɒstɪn; *Am.* ˈɒ-; ˈɑː-] → **Augustine**.
**aus·tral** [ˈɒstrəl; *Am. a.* ˈɑː-] *adj* südlich, Süd...: ~ **wind**.
**Aus·tral·a·sian** [ˌɒstrəˈleɪʒn; *Am.* ˌɔː-] **I** *adj* au'stral｜asisch. **II** *s* Au'stral-｜asier(in).
**Aus·tral·ian** [ɒˈstreɪljən; *Am.* ɔː-; ɑː-] **I** *adj* **1.** au'stralisch. **II** *s* **2.** Au'stralier(in). **3.** au'stralisches Englisch. ~ **bal·lot** *s pol. Am.* nach australischem Muster eingeführter Stimmzettel, auf dem alle Kandidaten verzeichnet stehen u. der völlig geheime Wahl sichert.
**Aus·tri·an** [ˈɒstrɪən; *Am.* ˈɒ-; ˈɑː-] **I** *adj* österreichisch. **II** *s* Österreicher(in).
**Austro-** [ˈɒstrəʊ; *Am.* ˈɔː-; ˈɑː-] *Wortelement mit der Bedeutung* österreichisch, Austro...: ~-**Hungarian Monarchy** Österreichisch-Ungarische Monarchie.
**Aus·tro·ne·sian** [ˌɒstrəʊˈniːzjən; *Am.* ˌɔːstrəˈniːʒən; ˌɑː-] *adj ling.* austro'nesisch.
**au·ta·coid** [ˈɔːtəkɔɪd] *s physiol.* Autako'id *n*, In'kret *n*, *bes.* Hor'mon *n*.
**au·tar·chic** [ɔːˈtɑː(r)kɪk], **au'tar·chi·cal** [-kl] *adj* **1.** 'selbstre｜gierend, souve-'rän, Selbstregierungs... **2.** → **autarkic. 'au·tarch·y** *s* **1.** 'Selbstre｜gierung *f*, volle Souveräni'tät. **2.** → **autarky**.
**au·tar·kic** [ɔːˈtɑː(r)kɪk], **au'tar·ki·cal** [-kl] *adj econ.* au'tark, wirtschaftlich unabhängig. **'au·tar·kist** *s econ.* Anhänger(in) der Autar'kie. **'au·tar·ky** *s econ.* Autar'kie *f*, wirtschaftliche Unabhängigkeit, 'starkes 'Wirtschaftssy｜stem.
**au·teur** [əʊˈtɜː; *Am.* əʊˈtɜːr] *s* 'Filmregis-｜seur *m* mit e-m ausgeprägten Stil.
**au·then·tic** [ɔːˈθentɪk; *Am. a.* ə-] *adj* (*adv* ~**ally**) **1.** au'thentisch: a) echt, unverfälscht, verbürgt, b) glaubwürdig, zuverlässig, c) origi'nal, urschriftlich: ~ **text** maßgebender Text, authentische Fassung. **2.** *jur.* gültig, rechtskräftig, urkundlich beglaubigt *od.* belegt. **3.** wirklich. **4.** *mus.* au'thentisch.
**au·then·ti·cate** [ɔːˈθentɪkeɪt; *Am. a.* ə-] *v/t* **1.** beglaubigen, rechtskräftig *od.* -gültig machen, legali'sieren. **2.** die Echtheit (*gen*) bescheinigen. **au｜then·ti'ca·tion** *s* **1.** Beglaubigung *f*, Legali'sierung *f*. **2.** Bescheinigung *f* der Echtheit.
**au·then·tic·i·ty** [ˌɔːθenˈtɪsətɪ] *s* **1.** Authentizi'tät *f*: a) Echtheit *f*, b) Glaubwürdigkeit *f*. **2.** *jur.* Gültigkeit *f*, Rechtskräftigkeit *f*.
**au·thor** [ˈɔːθə(r)] **I** *s* **1.** Urheber(in) (*a.*

*contp.*), Schöpfer(in), Begründer(in). **2.**
Ursache *f*. **3.** Autor *m*, Au'torin *f*, Verfasser(in), *a. allg.* Schriftsteller(in): ~'s
**correction** Autor(en)korrektur *f*; ~'s
**edition** im Selbstverlag herausgegebenes Buch; ~'s **rights** Verfasser-, Urheberrechte. **4.** *pl* (*als sg konstruiert*) *Am. ein
Kartenspiel*. **II** *v/t* **5.** schreiben, verfassen. **6.** schaffen, kre'ieren. **'au·thor·ess**
*s* Au'torin *f*, Verfasserin *f*, *a. allg.* Schriftstellerin *f*.
**au·thor·i·tar·i·an** [ɔːˌθɒrɪˈteərɪən; *Am.*
ɔːˌθɑrə-] *adj* autori'tär. **auˌthor·i'tar·
i·an·ism** *s pol.* Autorita'rismus *m*.
**au·thor·i·ta·tive** [ɔːˈθɒrɪtətɪv; *Am.*
əˈθɑrəˌteɪtɪv] *adj* (*adv* ~ly) **1.** gebieterisch,
herrisch. **2.** autorita'tiv, maßgebend,
-geblich. **3.** amtlich.
**au·thor·i·ty** [ɔːˈθɒrɪtɪ; *Am.* əˈθɑr-] *s* **1.**
Autori'tät *f*, (Amts)Gewalt *f*: **on one's
own** ~ aus eigener Machtbefugnis; **to be
in** ~ die Gewalt in Händen haben; **misuse of** ~ Mißbrauch *m* der Amtsgewalt.
**2.** Autori'tät *f*, Ansehen *n* (**with** bei),
Einfluß *m* (**over** auf *acc*). **3.** Nachdruck
*m*, Gewicht *n*: **to add** ~ **to the story. 4.**
Vollmacht *f*, Ermächtigung *f*, Befugnis *f*:
**by** ~ mit amtlicher Genehmigung; **on
the** ~ of im Auftrage *od.* mit Genehmigung (*gen*) (→ 6); **to have full** ~ **to act**
volle Handlungsvollmacht besitzen; ~
**to sign** Unterschriftsvollmacht, Zeichnungsberechtigung *f*. **5.** *meist pl* a) Re'gierung *f*, Obrigkeit *f*, b) (Verwaltungs-)
Behörde *f*: **the local authorities** die
Ortsbehörden; **competent** ~ zuständige
Behörde *od.* Dienststelle. **6.** Autori'tät *f*,
Zeugnis *n* (*e-r Persönlichkeit*, *e-s Schriftstellers etc*), Gewährsmann *m*, Quelle *f*,
Beleg *m*, Grundlage *f* (**for** für): **on good
(the best)** ~ aus glaubwürdiger (bester)
Quelle; **on the** ~ **of** a) nach Maßgabe *od.*
auf Grund (*gen*), b) mit ... als Gewährsmann (→ 4). **7.** Autori'tät *f*, Kapazi'tät *f*,
Sachverständige(r) *m*, (Fach)Größe *f*: **to
be an** ~ **on a subject** e-e Autorität auf
e-m Gebiet sein. **8.** *jur.* a) Vorgang *m*,
Präze'denzfall *m*, b) bindende Kraft (*e-r
gerichtlichen Vorentscheidung*). **9.** Glaubwürdigkeit *f*: **of unquestioned** ~ unbedingt glaubwürdig.
**au·thor·iz·a·ble** [ˈɔːθəraɪzəbl] *adj* **1.** autori'sierbar. **2.** gutzuheißen(d).
**au·thor·i·za·tion** [ˌɔːθəraɪˈzeɪʃn; *Am.*
-rəˈz-] *s* **1.** Autorisati'on *f*, Ermächtigung
*f*, Bevollmächtigung *f*, Befugnis *f*. **2.** Genehmigung *f*. **'au·thor·i·ze** [-raɪz] *v/t*
**1.** autori'sieren, ermächtigen, bevollmächtigen, berechtigen, beauftragen.
**2.** gutheißen, billigen, genehmigen. **'au·
thor·ized** [-raɪzd] *adj* **1.** autori'siert,
bevollmächtigt, befugt, verfügungsberechtigt, beauftragt: ~ **agent** *econ.*
(Handlungs)Bevollmächtigte(r) *m*, (bevollmächtigter) Vertreter; ~ **capital**
*econ.* autorisiertes (*zur Ausgabe genehmigtes*) Kapital; A~ **Version** englische
Bibelversion von 1611; ~ **person** Befugte(r *m*) *f*; ~ **to sign** unterschriftsbevollmächtigt, zeichnungsberechtigt. **2.** *jur.*
rechtsverbindlich.
**'au·thor·less** *adj* ohne Verfasser, ano'nym.
**'au·thor·ship** *s* **1.** Urheberschaft *f*.
**2.** Autor-, Verfasserschaft *f*: **of unknown** ~ e-s unbekannten Verfassers.
**3.** Schriftstellerberuf *m*.
**au·tism** [ˈɔːtɪzəm] *s psych.* Au'tismus *m*.
**au·to** [ˈɔːtəʊ; ˈɑːtəʊ] *Am. colloq.* **I** *pl* **-tos** *s*
Auto *n*. **II** *v/i* (im Auto) fahren.
**auto-** [ɔːtəʊ; ɔːtə] Wortelement mit den
*Bedeutungen* a) Eigen..., Selbst..., b) automatisch.
**au·to·ag'gres·sive** *adj*: ~ **disease**
*med.* Autoaggressionskrankheit *f*.

**au·to·an·ti·bod·y** *s biol. chem.* Autoantikörper *m*.
**au·to·bahn** [ˈɔːtəʊbɑːn; -təb-; ˈaʊt-] *pl*
**-bahns, -ˌbah·nen** [-nən] *s* Autobahn *f*.
**au·to·bi·og·ra·pher** *s* Autobio'graph
(-in). **ˈau·to·bi·o'graph·ic** *adj*; **ˈau·
toˌbi·o'graph·i·cal** *adj* (*adv* ~ly) autobio'graphisch. **ˌau·to·bi·og·ra·phy** *s*
Autobiogra'phie *f*, 'Selbstbiographie *f*.
**'au·toˌbus** *s Am.* Autobus *m*.
**au·to·cade** [ˈɔːtəʊˌkeɪd] *Am. für* motorcade.
**ˌau·to·ca'tal·y·sis** *s chem.* Autokatalyse *f*.
**'au·toˌchang·er** *s* Plattenwechsler *m*.
**'au·to·chrome** *s phot.* Auto'chromplatte *f*.
**au·toch·tho·nous** [ɔːˈtɒkθənəs; *Am.*
-ˈtɑk-] *adj* auto'chthon: a) alteingesessen,
bodenständig (*Völker, Stämme*), b) *biol.
geol.* am Fundort entstanden *od.* vorkommend.
**au·to·cide¹** [ˈɔːtəʊsaɪd] *s* Selbstzerstörung *f*.
**au·to·cide²** [ˈɔːtəʊsaɪd] *s* Selbstmord *m*
durch e-n absichtlich her'beigeführten
Autounfall.
**ˌau·to'clas·tic** *adj geol.* auto'klastisch.
**au·to·clave** [ˈɔːtəʊkleɪv] **I** *s* **1.** Auto'klav
*m*: a) *Druckapparat in der chemischen
Technik*, b) *Apparat zum Sterilisieren von
Lebensmitteln etc*, c) *Rührapparat bei der
Härtung von Speiseölen.* **2.** Schnell-,
Dampfkochtopf *m*. **II** *v/t* **3.** autokla'vieren, mit dem Auto'klav erhitzen.
**au·to court** *Am. colloq. für* motel.
**au·toc·ra·cy** [ɔːˈtɒkrəsɪ; *Am.* ɔːˈtɑ-] *s
pol.* Autokra'tie *f*. **au·to·crat** [ˈɔːtəʊkræt] *s* Auto'krat *m*: a) *pol.* dikta'torischer Al'leinherrscher, b) selbstherrlicher Mensch. **ˌau·to'crat·ic** *adj*; **ˌau·
to'crat·i·cal** *adj* (*adv* ~ly) auto'kratisch: a) *pol.* 'unum,schränkt, b) selbstherrlich.
**'au·to·cross** *s sport* Auto-Cross *n*.
**'au·to·cue** *s TV Br.* „Neger" *m* (*Texttafel
als Gedächtnisstütze*).
**au·to·da·fé** [ˌɔːtəʊdɑːˈfeɪ; *Am.* ˌaʊtədəˈfeɪ] *pl* **ˌau·tos·da·'fé** *s hist.* Autoda'fé
*n*, Ketzergericht *n od.* -verbrennung *f*.
**au·to·di·dact** [ˈɔːtəʊdɪˌdækt; *Am.*
ˌɔːtəʊˈdaɪˌdækt] *s* Autodi'dakt(in). **ˌau·
to·di'dac·tic** *adj* autodi'daktisch.
**au·to·drome** [ˈɔːtədrəʊm; *Am. a.* ˈɑː-] *s
Motorsport:* Moto-, Auto'drom *n*.
**au·to·dyne** [ˈɔːtəʊdaɪn] *s Radio:* Auto'dyn *n*, 'Selbstüber,lagerer *m*: ~ **receiver**
Überlagerungsempfänger *m*; ~ **reception** Autodynempfang *m*.
**ˌau·to·e'rot·ic** *adj* (*adv* ~ally) *psych.*
autoe'rotisch. **ˌau·to·e'rot·i·cism,** *bes.
Am.* **ˌau·to'er·o·tism** *s* Autoe'rotik *f*,
Autoero'tismus *m*.
**au·tog·a·mous** [ɔːˈtɒgəməs; *Am.* -ˈtɑ-]
*adj bot.* auto'gam, selbstbefruchtend.
**au'tog·a·my** *s bot.* Autoga'mie *f*,
Selbstbefruchtung *f*.
**ˌau·to'gen·e·sis** *s* Selbstentstehung *f*.
**ˌau·to'gen·ic** *adj med.* auto'gen: ~
**training. au·tog·e·nous** [ɔːˈtɒdʒɪnəs;
*Am.* -ˈtɑ-] *adj* **1.** (von) selbst entstanden.
**2.** *med.* auto'gen, im Orga'nismus selbst
erzeugt: ~ **vaccine** Autovakzin *n*. **3.**
*tech.* auto'gen: ~ **welding** Autogenschweißen *n*.
**au·to·ges·tion** [ˌɔːtəʊˈdʒestʃn] *s econ.*
Betriebsselbstverwaltung *f*.
**ˌau·to'gi·ro** *pl* **-ros** *s aer.* Auto'giro *n*,
Hub-, Tragschrauber *m*.
**au·to·graph** [ˈɔːtəgrɑːf; *bes. Am.* -græf]
**I** *s* **1.** Auto'gramm *n*, eigenhändige 'Unterschrift. **2.** eigene Handschrift. **3.** Auto'graph *n*, Urschrift *f*. **4.** *print. hist.*
auto'graphischer Abdruck. **II** *adj*

**5.** auto'graphisch, eigenhändig geschrieben *od.* unter'schrieben: ~ **letter** Handschreiben *n*. **6.** Autogramm...: ~ **album**
(collector, hunter, *etc*). **III** *v/t* **7.** eigenhändig (unter)'schreiben. **8.** sein Auto'gramm schreiben in (*acc*) *od.* auf (*acc*),
*Buch etc* si'gnieren. **9.** *print. hist.* autogra'phieren. **ˌau·to'graph·ic** [-ˈgræfɪk]
*adj*; **ˌau·to'graph·i·cal** *adj* (*adv* ~ly) **1.**
→ **autograph** 5. **2.** *electr. tech.* a) 'selbstregi,strierend, b) von e-m Regi'strierinstru,ment aufgezeichnet. **'au·to·
graph·ing** *adj*: ~ **session** Autogrammstunde *f*; **to hold an** ~ **session**
e-e Autogrammstunde geben.
**au·tog·ra·phy** [ɔːˈtɒgrəfɪ; *Am.* -ˈtɑ-] *s*
**1.** Handschriftenkunde *f*. **2.** → autograph 2 *u.* 3. **3.** *print. hist.* Autogra'phie *f*.
**au·to grave·yard** *s Am. colloq.* Autofriedhof *m*.
**ˌau·to'gy·ro** → autogiro.
**'au·to·harp** *s mus.* Klavia'turzither *f*.
**ˌau·to·hyp'no·sis** *s med.* Autohyp'nose
*f*, 'Selbsthyp,nose *f*.
**ˌau·to·ig'ni·tion** *s tech.* Selbstzündung *f*.
**ˌau·to·im'mune** *adj*: ~ **disease** *med.*
Autoimmunkrankheit *f*.
**'au·to·inˌtox·i'ca·tion** *s med.* Autointoxikati'on *f*, Selbstvergiftung *f*.
**au·to·ist** [ˈɔːtəʊɪst; ˈɑː-] *s Am. colloq.*
Autofahrer(in).
**'au·toˌload·ing** *adj* Selbstlade..., selbstladend (*Pistole etc*).
**au·tol·y·sis** [ɔːˈtɒlɪsɪs; *Am.* -ˈtɑ-] *s biol.*
Auto'lyse *f* (*Abbau von Organeiweiß ohne
Bakterienhilfe*).
**'au·toˌmak·er** *s Am. colloq.* Automo'bilˌhersteller *m*.
**au·to·mat** [ˈɔːtəʊmæt] *s* **1.** *bes. Am.*
Auto'matenrestau,rant *n*. **2.** (Ver'kaufs)Auto,mat *m*. **3.** *tech.* → automatic 2.
**au·tom·a·ta** [ɔːˈtɒmətə; *Am.* -ˈtɑ-] *pl von*
automaton.
**au·to·mate** [ˈɔːtəmeɪt] *v/t* automati'sieren: ~d vollautomatisiert.
**au·to·mat·ic** [ˌɔːtəˈmætɪk] **I** *adj* (*adv*
~ally) **1.** *allg.* auto'matisch: a) *a. tech.*
selbsttätig, Selbst..., b) zwangsläufig: ~
**change,** c) *mil.* Repetier..., Selbstlade...:
~ **pistol** → 3a; ~ **rifle** → 3b, d) unwillkürlich, me'chanisch: an ~ **gesture. II** *s*
**2.** *tech.* Auto'mat *m*, auto'matische Ma'schine. **3.** a) 'Selbstladepi,stole *f*, b)
Selbstladegewehr *n*. **4.** *mot.* Auto *n* mit
Auto'matik(getriebe). **ˌau·to'mat·i·
cal** *adj* (*adv* ~ly) → automatic I.
**au·to·mat·ic choke** *s mot.* 'Startauto,matik *f*. ~ **cirˑcuit break·er** *s electr.*
Selbstausschalter *m*. ~ **gun** *s mil.* auto'matisches Geschütz, Schnellfeuergeschütz *n*. ~ **lathe** *s tech.* 'Drehauto,mat
*m*. ~ **maˑchine** *s tech.* Auto'mat *m*,
auto'matische Ma'schine. ~ **penˑcil** *s*
Druck(blei)stift *m*. ~ **piˑlot** *s* ~ autopilot. ~ **startˑer** *s tech.* Selbstanlasser
*m*. ~ **telˑeˑphone** *s electr.* 'Selbst,wähltele,fon *n*. ~ **trans·mis·sion** *s tech.*
auto'matisches Getriebe. ~ **vol·ume
con·trol** *s electr.* (selbsttätiger)
Schwundausgleich. ~ **writ·ing** *s Parapsychologie:* auto'matisches Schreiben.
**au·to·ma·tion** [ˌɔːtəˈmeɪʃn] *s* **1.** Automati'on *f*. **2.** Automati'sierung *f*.
**au·tom·a·tism** [ɔːˈtɒmətɪzəm; *Am.*
-ˈtɑ-] *s* **1.** Unwillkürlichkeit *f*, Auto'matik
*f*. **2.** auto'matische *od.* unwillkürliche
Tätigkeit *od.* Handlung *od.* Reakti'on.
**3.** *med. psych.* Auto'matismus *m*. **4.**
*philos.* Lehre von der rein mechanischkörperlichen Bestimmtheit der Handlungen von Menschen u. Tieren.
**au·tom·a·tize** [ɔːˈtɒmətaɪz; *Am.* -ˈtɑ-]
*v/t* automati'sieren.

**au·tom·a·ton** [ɔːˈtɒmətən; *Am.* -ˈtɑ-] *pl* **-ta** [-tə], **-tons** *s* Autoˈmat *m*, Roboter *m* (*a. fig.*).

**au·to·mo·bile** [ˈɔːtəm-əubiːl; -məb-; ˌ-ˈməubiːl; *Am. bes.* ˌ-məuˈbiːl] *s* Auto *n*, Automoˈbil *n*, Kraftwagen *m*, Kraftfahrzeug *n*: ~ (**liability**) **insurance** Kraftfahrzeugversicherung *f*.

**au·to·mo·bil·ism** [ˌɔːtəməuˈbiːlɪzəm; ˌ-tɔˈməubil-] *s* Kraftfahrwesen *n*. **au·to·mo·bil·ist** *s* Kraftfahrer(in).

**au·to·mo·tive** [ˌɔːtəˈməutɪv] *adj* **1.** selbstfahrend, -getrieben, mit Eigenantrieb. **2.** kraftfahrtechnisch, Kraftfahrzeug..., Auto...: ~ **engineering** Kraftfahrzeugtechnik *f*; ~ **industry** Automobilindustrie *f*; ~ **manufacturer** Automobilhersteller *m*.

**au·to·nom·ic** [ˌɔːtəˈnɒmɪk; *Am.* ˌɔːtəˈnɑ-] *adj* (*adv* ~ally) autoˈnom: a) selbständig, unabhängig, sich selbst reˈgierend, nach eigenen Gesetzen lebend, b) *physiol.* selbständig funktioˈnierend, c) *biol.* durch innere Vorgänge verursacht.

**au·ton·o·mist** [ɔːˈtɒnəmɪst; *Am.* -ˈtɑ-] *s* Autonoˈmist *m*, Verfechter *m* der Autonoˈmie. **au·ton·o·mous** *adj* autoˈnom, sich selbst reˈgierend. **au·ton·o·my** *s* Autonoˈmie *f*: a) Eigengesetzlichkeit *f*, Selbständigkeit *f*, b) *philos.* sittliche Selbstbestimmung.

**au·to·nym** [ˈɔːtənɪm] *s* Autoˈnym *n* (*Buch, das unter dem wirklichen Verfassernamen erscheint*).

**au·to·phyte** [ˈɔːtəfaɪt] *s bot.* autoˈtrophe Pflanze.

**au·to·pi·lot** *s aer.* Autopiˈlot *m*, autoˈmatische Steuerungsanlage. **au·to·plast** [ˈɔːtəplæst] *s biol.* durch Selbstbildung entstandene (Embryo)Zelle.

**au·to·plas·ty** *s biol. med.* Autoˈplastik *f*.

**au·top·sy** [ˈɔːtəpsɪ; *Br. a.* ɔːˈtɒpsɪ; *Am. a.* ˈɔːˌtɑpsiː] **I** *s* **1.** perˈsönliche Inˈaugenscheinnahme. **2.** *fig.* kritische Anaˈlyse. **3.** *med.* Autopˈsie *f*, Obduktiˈon *f*, Leichenöffnung *f*: to **conduct** (*od.* **carry out**) an ~ e-e Autopsie vornehmen. **II** *v/t* **4.** *med.* e-e Autopˈsie vornehmen an (*dat*).

**au·to·ra·di·o·graph** *s phys.* Autoradioˈgramm *n*. **au·to·ra·di·og·ra·phy** *s* Autoradiograˈphie *f* (*Methode zur Sichtbarmachung der räumlichen Anordnung radioaktiver Stoffe*).

**au·to·sled** *s* Motorschlitten *m*.

**au·to·some** [ˈɔːtəsəum] *s biol.* Autoˈsom *n*, Euchromoˈsom *n*.

**au·to·sug·ges·tion** *s psych.* Autosuggestiˈon *f*. **au·to·sug·ges·tive** *adj* autosuggeˈstiv.

**au·to·tim·er** *s* Vorwahluhr *f* (*e-s Herds*).

**au·tot·o·my** [ɔːˈtɒtəmɪ; *Am.* -ˈtɑ-] *s zo.* Autotoˈmie *f* (*Abwerfen von meist später nachwachsenden Körperteilen*).

**au·to·troph** [ˈɔːtəutrɒf; *Am.* ˈɔːtəˌtrəuf; -ˌtrɑf] *s bot.* autoˈtrophe Pflanze. **au·to·troph·ic** *adj* autoˈtroph (*sich von anorganischen Stoffen ernährend*). **au·tot·ro·phy** [ɔːˈtɒtrəfɪ; *Am.* -ˈtɑ-] *s* Autotroˈphie *f*.

**au·to·type** [ˈɔːtəutaɪp] *phot. print.* **I** *s* **1.** Autotyˈpie *f*: a) Rasterätzung *f*, b) Rasterbild *n*. **2.** Fakˈsimileabdruck *m*. **II** *v/t* **3.** mittels Autotyˈpie vervielfältigen. **au·to·typ·ic** [-ˈtɪpɪk] *adj* autoˈtypisch, Autotyp... **au·to·ty·pog·ra·phy** [-taɪˈpɒgrəfɪ; *Am.* -ˈpɑ-] *s print.* Autotypograˈphie *f*, autoˈgraphischer Buchdruck. **au·to·typ·y** [-ˌtaɪpɪ] → **autotype** 1.

**au·to·vac** [ˈɔːtəuvæk] *s tech.* ˈUnterdruckförderer *m*.

**au·to·vac·cine** [ˌɔːtəuˈvæksiːn; *Am.* ˈɔːtə-]

---

vækˌsiːn] *s med.* Autovakˈzine *f*, Eigenimpfstoff *m*.

**au·tumn** [ˈɔːtəm] **I** *s* Herbst *m* (*a. fig.*): the ~ **of life**; in ~ im Herbst. **II** *adj* Herbst...

**au·tum·nal** [ɔːˈtʌmnəl] *adj* herbstlich, Herbst... (*a. fig.*): → **equinox** 1.

**aux·e·sis** [ɔːkˈsiːsɪs; ɔːɡˈziː-] *s biol.* ˈÜberentwicklung *f* (*von Zellen*).

**aux·il·ia·ry** [ɔːɡˈzɪljərɪ; *Am. a.* -lərɪ] **I** *adj* **1.** helfend, mitwirkend, Hilfs...: ~ **cruiser** *mar.* Hilfskreuzer *m*; ~ **equation** *math.* Hilfsgleichung *f*; ~ **variable** *math.* Nebenveränderliche *f*; ~ **troops** → 4; ~ **verb** → 5. **2.** *tech.* Hilfs..., Zusatz..., Behelfs..., Ersatz..., *mil. a.* Ausweich...: ~ **drive** Nebenantrieb *m*; ~ **engine** Hilfsmotor *m*; ~ **jet** Hilfs-, Zusatzdüse *f*; ~ **tank** Reservetank *m*. **II** *s* **3.** Helfer(in), Hilfskraft *f*, *pl a.* ˈHilfspersoˌnal *n*. **4.** *pl mil.* Hilfstruppen *pl*. **5.** *ling.* Hilfsverb *n*. **6.** *math.* Hilfsgröße *f*. **7.** *mar.* Hilfsschiff *n*.

**a·vail** [əˈveɪl] **I** *v/t* **1.** nützen (*dat*), helfen (*dat*), fördern. **2.** to ~ o.s. of s.th. sich e-r Sache bedienen, sich etwas zuˈnutze machen, etwas benutzen, Gebrauch machen von e-r Sache. **II** *v/i* **3.** nützen, helfen: what ~s it? was nützt es? **III** *s* **4.** Nutzen *m*, Vorteil *m*, Gewinn *m*: **of no** ~ nutzlos, erfolglos; **of what** ~ is it? was nützt es?; **of little** ~ von geringem Nutzen; **to no** ~ vergebens, vergeblich. **5.** *pl econ. Am.* Ertrag *m*, Erlös *m*.

**a·vail·a·bil·i·ty** [əˌveɪləˈbɪlətɪ] *s* **1.** Vorˈhandensein *n*. **2.** Verfügbarkeit *f*. **3.** *Am.* verfügbare Perˈson *od.* Sache. **4.** *jur.* Gültigkeit *f*: **period of** ~ Gültigkeitsdauer *f*. **5.** *pol. Am.* Erfolgschance *f* (*e-s Kandidaten*).

**a·vail·a·ble** [əˈveɪləbl] *adj* (*adv* **availably**) **1.** verfügbar, vorˈhanden, zur Verfügung *od.* zu Gebote stehend: to **make** ~ zur Verfügung stellen, bereitstellen; ~ **power** *tech.* verfügbare Leistung; ~ (**machine**) **time** (*Computer*) nutzbare Maschinenzeit, verfügbare Benutzerzeit. **2.** verfügbar, anwesend, erreichbar (**on** unter *e-r* Telefonnummer), abkömmlich: he was ~. **3.** *econ.* lieferbar, vorrätig, erhältlich. **4.** zugänglich, benutzbar (**for** für). **5.** *jur.* a) zulässig, statthaft, b) gültig. **6.** *pol. Am.* a) a. ~ **for nomination** bereit zu kandiˈdieren, b) aussichtsreich (*Kandidat*).

**a·val** [æˈvæl] *s jur.* Aˈval *m*, Wechselbürgschaft *f*.

**av·a·lanche** [ˈævəlɑːnʃ; *Am.* -ˌlæntʃ] **I** *s* **1.** Laˈwine *f* (*a. electr. phys. u. fig.*): **dry** ~ Staublawine; **wet** ~ Grundlawine; ~ (**of electrons**) Elektronenlawine. **2.** *fig.* Unmenge *f*, Flut *f*: an ~ **of letters**. **II** *v/i* **3.** wie e-e Lawine herˈabstürzen. **III** *v/t* **4.** *fig.* überˈschütten (**with** mit).

**a·vale·ment** [əˈvælmənt] *s* Skisport: Jet-Schwung *m*.

**a·vant|-garde** [ˌævɑ̃ːŋˈɡɑː(r)d; *Am.* ˌɑːˌvɑːn-] **I** *s fig.* Aˈvantgarde *f*. **II** *adj* avantgarˈdistisch. **~·ˈgard·ist(e)** [-ˈɡɑː(r)dɪst] *s fig.* Avantgarˈdist(in).

**av·a·rice** [ˈævərɪs] *s* Geiz *m*, Habsucht *f*. **av·a·ri·cious** [-ˈrɪʃəs] *adj* (*adv* ~ly) geizig (of nach), habsüchtig.

**a·vast** [əˈvɑːst; *Am.* əˈvæst] *interj mar.* fest!

**av·a·tar** [ˌævəˈtɑː; *bes. Am.* ˈævətɑː(r)] *s* **1.** *Hinduismus:* Avaˈtara *m* (*Verkörperung göttlicher Wesen beim Herabsteigen auf die Erde*). **2.** Offenˈbarung *f*.

**a·vaunt** [əˈvɔːnt; *Am.* əˈvɑːnt] *interj obs.* fort!

**a·ve** [ˈɑːvɪ; ˈɑːveɪ] **I** *interj* **1.** sei gegrüßt! **2.** leb wohl! **II** *s* **3.** **A~** *relig.* Ave *n*. **A~ Ma·ri·a** [məˈrɪə] *s relig.* **1.** ˈAve-Maˈria *n*, Englischer Gruß. **2.** Zeit *f* des Ave-Betens.

---

**a·venge** [əˈvendʒ] *v/t* **1.** j-n rächen: to ~ o.s., to be ~d sich rächen (on s.o. for s.th. an j-m für etwas). **2.** etwas rächen (on, upon an *dat*): **avenging angel** Racheengel *m*. **a·veng·er** *s* Rächer(in).

**av·ens** [ˈævɪnz] *pl* **-ens** *s bot.* Nelkenwurz *f*.

**a·ven·tu·rin(e)** [əˈventjurɪn; *Am.* -tʃəˌriːn; -rən] **I** *s* **1.** *min.* Aventuˈrin *n*, Glimmerquarz *m*. **2.** *tech.* Aventuˈringlas *n*. **3.** Aventuˈrin-, Gold(siegel)lack *m*. **II** *adj* **4.** aventuˈrinartig: ~ **glass** → 2.

**av·e·nue** [ˈævənjuː; *Am. bes.* -ˌnuː] *s* **1.** *meist fig.* Zugang *m*, Weg *m* (**to, of** zu): an ~ **to fame** ein Weg zum Ruhm. **2.** Alˈlee *f*. **3.** a) Bouleˈvard *m*, Hauptstraße *f*, b) *bes. Am.* Straße *f* (*in bestimmter Richtung verlaufend, Ggs.* Street): 5th A~ **of New York**.

**a·ver** [əˈvɜː] *v/t* **1.** behaupten, als Tatsache ˈhinstellen (**that** daß). **2.** beweisen.

**av·er·age** [ˈævərɪdʒ; ˈævrɪdʒ] **I** *s* **1.** Durchschnitt *m*, Mittelwert *m*: **above** (**the**) ~ über dem Durchschnitt; **below** (**the**) ~ unter dem Durchschnitt; **on** (**an** *od.* **the**) ~ im Durchschnitt, durchschnittlich; **rough** ~ annähernder Durchschnitt; ~ **of** ~s Oberdurchschnitt; **calculation of** ~s Durchschnittsrechnung *f*; **to strike an** ~ → 5. **2.** *jur. mar.* Havaˈrie *f*, Seeschaden *m*: ~ **adjuster** Dispacheur *m*; ~ **bond** Havarieschein *m*; ~ **statement** Dispache *f*, (Aufmachung *f* der) Schadensberechnung *f*; **to make** ~ havarieren; **to adjust** (*od.* **make up** *od.* **settle**) **the** ~ die Dispache aufmachen; **free from** ~ frei von Havarie, nicht gegen Havarie versichert; **ship under** ~ havariertes Schiff; → **general** (**particular, petty**) **average**. **3.** *Börse: Am.* Aktienindex *m*.

**II** *adj* **4.** ˈdurchschnittlich, Durchschnitts...: ~ **earnings** (**price, speed,** *etc*); **the** ~ **Englishman** der Durchschnittsengländer; **to be only** ~ nur Durchschnitt sein.

**III** *v/t* **5.** a. ~ **out** den ˈDurchschnitt schätzen (**at** auf *acc*) *od.* ermitteln *od.* nehmen von (*od. gen*). **6.** *econ.* anteil(s)mäßig aufteilen (**among** unter *dat*). **7.** ˈdurchschnittlich betragen *od.* ausmachen *od.* haben *od.* leisten *od.* erreichen *etc*: **to** ~ **sixty miles an hour** e-e Durchschnittsgeschwindigkeit von 100 km pro Stunde fahren *od.* erreichen; **to** ~ **more than** im Durchschnitt über (*dat*) liegen.

**IV** *v/i* **8.** e-n ˈDurchschnitt erzielen: **to** ~ **out at** → 7.

**a·ver·ment** [əˈvɜːmənt; *Am.* əˈvɜːr-] *s* **1.** Behauptung *f*. **2.** *jur.* Beweisangebot *n*, Tatsachenbehauptung *f*.

**a·verse** [əˈvɜːs; *Am.* əˈvɜːrs] *adj* (*adv* ~ly) **1.** (**to**, *bes. Br. a.* **from**) abgeneigt (*dat*), voller Abneigung (gegen): **to be** ~ **to** verabscheuen (*acc*); **to be** ~ **to doing** s.th. abgeneigt sein, etwas zu tun. **2.** *bot.* von der Mittelachse abgewendet.

**a·ver·sion** [əˈvɜːʃn; *Am.* əˈvɜːrʒən; -ʃən] *s* **1.** (**to, for, from**) ˈWiderwille *m*, Abneigung *f*, Aversiˈon *f* (gegen), Abscheu *m*, *f* (*vor dat*): **to take an** ~ **to** e-e Abneigung fassen gegen. **2.** Unlust *f*, Abgeneigtheit *f* (**to do** zu tun). **3.** Gegenstand *m* des Abscheus: **beer is my pet** ~ *colloq.* gegen Bier habe ich e-e besondere Abneigung, Bier ist mir ein wahrer Greuel. **~ ther·a·py** *s psych.* Aversiˈonstheraˌpie *f*.

**a·vert** [əˈvɜːt; *Am.* əˈvɜːrt] *v/t* **1.** abwenden, wegkehren (**from** von): **to** ~ **one's face**. **2.** *fig.* abwenden, verhüten.

**av·gas** [ˈævˌɡæs] *s aer. Am. colloq.* ˈFlugbenˌzin *n*.

**a·vi·an** [ˈeɪvjən; -vɪən] *adj orn.* Vogel...
**a·vi·ar·ist** [ˈeɪvjərɪst; -vɪə-] *s* Vogelzüchter *m.*
**a·vi·ar·y** [ˈeɪvjərɪ; *Am.* ˈeɪviˌeri:] *s* Vogelhaus *n,* Aviˈarium *n.*
**a·vi·ate** [ˈeɪvɪeɪt; *Am. a.* ˈæ-] *v/i aer.* fliegen.
**a·vi·a·tion** [ˌeɪvɪˈeɪʃn; *Am. a.* ˌæv-] *s aer.* **1.** Luftfahrt *f,* Flugwesen *n,* Luftschiffahrt *f,* Fliegen *n,* Fliegeˈrei *f:* civil ~ Zivilluftfahrt; ~ **gasoline** *Am.* Flugbenzin *n;* ~ **cadet** *mil. Am.* Fliegeroffiziersanwärter *m;* ~ **industry** Flugzeugindustrie *f;* ~ **medicine** Luftfahrtmedizin *f.* **2.** *mil. Am.* Flugzeug(e *pl*) *n.* **3.** Flugzeugbau *m,* -technik *f.*
**a·vi·a·tor** [ˈeɪvɪeɪtə(r); *Am. a.* ˈæv-] *s obs.* Flieger *m,* Piˈlot *m.*
**a·vi·cul·ture** [ˈeɪvɪkʌltʃə(r); *Am. a.* ˈæv-] *s* Vogelzucht *f.* **ˌa·viˈcul·tur·ist** *s* Vogelzüchter *m.*
**av·id** [ˈævɪd] *adj (adv* ~ly) **1.** (be)gierig (for, *a.* of nach): ~ **for fame** ruhmsüchtig. **2.** begeistert, leidenschaftlich: **an** ~ **gardener.**
**a·vid·i·ty** [əˈvɪdətɪ; æ-] *s* **1.** Gier *f,* Begierde *f* (for, *a.* of nach). **2.** Begeisterung *f.* **3.** *chem.* betonte Affiniˈtät.
**a·vi·fau·na** [ˌeɪvɪˈfɔːnə] *s orn.* Vogelwelt *f* (*e-s Bezirks*).
**av·i·ga·tion** [ˌævəˈgeɪʃn] *s aer. Am.* ˈFlugnavigatiˌon *f.*
**a·vi·on·ics** [ˌeɪvɪˈɒnɪks; *Am.* -ˈɑn-; *a.* ˌæv-] *s pl (als sg konstruiert)* Aviˈonik *f,* ˈFlugelekˌtronik *f.*
**a·vir·u·lent** [æˈvɪrʊlənt; eɪ-] *adj med.* aviruˈlent, nicht viruˈlent.
**a·vi·so** [əˈvaɪzəʊ] *pl* **-sos** *s* **1.** Aˈviso *n,* Benachrichtigung *f.* **2.** *mar.* Aˈviso *m,* Meldeboot *n.*
**a·vi·ta·min·o·sis** [æˌvɪtəmɪˈnəʊsɪs; eɪ-; *Am.* ˌeɪˌvaɪ-] *s med.* Avitamiˈnose *f,* Vitaˈminmangelkrankheit *f.*
**av·o·ca·do** [ˌævəʊˈkɑːdəʊ; -vəˈk-] *pl* **-dos** *s a.* ~ **pear** *bot.* Avoˈcato(birne) *f.*
**av·o·ca·tion** [ˌævəʊˈkeɪʃn; -vəˈk-] *s obs.* **1.** (Neben)Beschäftigung *f.* **2.** (Haupt-)Beruf *m.* **3.** Zerstreuung *f.*
**A·vo·ga·dro|con·stant** [ˌævəˈgɑːdrəʊ] *s phys.* Avoˈgadro-Konˌstante *f.* ~ **number** *s phys.* Avoˈgadro-Zahl *f.*
**a·void** [əˈvɔɪd] *v/t* **1.** (ver)meiden, j-m *od.* e-r *Sache* ausweichen *od.* aus dem Wege gehen, *e-e Pflicht od. Schwierigkeit um-* ˈgehen, *e-r Gefahr* entgehen, -rinnen: to ~ **s.o.** j-n meiden; to ~ **doing s.th.** es vermeiden, etwas zu tun. **2.** *jur.* a) aufheben, annulˈlieren, b) anfechten. **aˈvoid·a·ble** *adj* **1.** vermeidbar, vermeidlich. **2.** *jur.* a) annulˈlierbar, b) anfechtbar.
**aˈvoid·ance** *s* **1.** Vermeidung *f,* Umˈgehung *f* (of s.th. e-r *Sache*), Meidung *f* (of s.o. e-r *Person*): **in** ~ **of** um zu vermeiden. **2.** *jur.* a) Aufhebung *f,* Annulˈlierung *f,* Nichtigkeitserklärung *f,* b) Anfechtung *f.* **3.** Freiwerden *n,* Vaˈkanz *f* (*e-s Amtes etc*).
**av·oir·du·pois** [ˌævə(r)dəˈpɔɪz] *s* **1.** *econ. a.* ~ **weight** gesetzliches Handelsgewicht (*1 Pfund = 16 Unzen, 1 Unze = 16 Drams;* *für alle Waren außer Edelsteinen, Edelmetallen u. Arzneien*): ~ **pound** Handelspfund *n.* **2.** *colloq.* ‚Lebendgewicht‘ *n* (*e-r Person*).
**a·vouch** [əˈvaʊtʃ] *obs.* **I** *v/t* **1.** behaupten, versichern. **2.** verbürgen. **3.** anerkennen, eingestehen. **II** *v/i* **4.** einstehen, garanˈtieren (for für).
**a·vow** [əˈvaʊ] *v/t* **1.** (offen) bekennen, (ein)gestehen: to ~ **o.s. (to be) the author** sich als Autor bekennen. **2.** anerkennen. **aˈvow·al** *s* (offenes) Bekenntnis *od.* Geständnis, Erklärung *f.* **aˈvowed** *adj* erklärt, offen ausgesprochen *od.* anerkannt: **his** ~ **principle; he**

**is an** ~ **Jew** er bekennt sich offen zum Judentum. **aˈvow·ed·ly** [-ɪdlɪ] *adv* eingestandenermaßen, offen. **aˈvow·ry** [əˈvaʊrɪ] *s* Eingeständnis *n* (*a. jur.*).
**a·vun·cu·lar** [əˈvʌŋkjʊlə(r)] *adj* **1.** Onkel... **2.** onkelhaft.
**a·wait** [əˈweɪt] *v/t* **1.** erwarten, warten auf (acc), entgegensehen (dat): ~ing **your answer** in Erwartung Ihrer Antwort; to ~ **instructions** Anweisungen abwarten; to ~ **trial** *jur.* auf s-n Prozeß warten. **2.** *j-n* erwarten (*Dinge*): **a lavish dinner** ~ed **them.**
**a·wake** [əˈweɪk] *pret* **a·woke** [əˈwəʊk], **aˈwaked,** *pp* **aˈwaked, aˈwok·en I** *v/t* **1.** (*aus dem Schlaf*) (auf)wecken. **2.** *fig.* (*zur Tätigkeit etc*) erwecken, wach-, aufrütteln (from aus): to ~ **s.o. to s.th.** j-m etwas zum Bewußtsein bringen. **II** *v/i* **3.** auf-, erwachen. **4.** *fig.* (*zu neuer Tätigkeit etc*) erwachen: to ~ **to s.th.** sich e-r Sache (voll) bewußt werden. **III** *adj* **5.** wach: **wide** ~ a) hellwach (*a. fig.*), b) *fig.* aufgeweckt, ‚hell‘: to be ~ **to s.th.** sich e-r Sache (voll) bewußt sein. **6.** *fig.* aufmerksam, auf der Hut, wachsam.
**a·wak·en** [əˈweɪkən] → **awake** 1–4. **aˈwak·en·ing** [-knɪŋ] *s* **1.** Erwachen *n:* **a rude** ~ *fig.* ein unsanftes *od.* böses Erwachen. **2.** (Er-, Auf)Wecken *n.* **3.** *fig.* (*bes. religiˈöse*) Erweckung.
**a·ward** [əˈwɔː(r)d] **I** *v/t* **1.** (durch *Urteilsod. Schiedsspruch*) zuerkennen *od.* zusprechen: **he was** ~ed **the prize** der Preis wurde ihm zuerkannt; to ~ **damages against s.o.** *jur.* j-n zur Leistung von Schadenersatz verurteilen; **to be** ~ed **damages** Schadenersatz zugesprochen bekommen; **they were** ~ed **a penalty kick** (*Fußball*) sie bekamen e-n Strafstoß zugesprochen. **2.** *allg.* gewähren, erteilen, verleihen, zukommen lassen. **II** *s* **3.** Urteil *n,* bes. Schiedsspruch *m.* **4.** Zuerkennung *f,* econ. Zuschlag *m* (*auf ein Angebot*), Vergabe *f* (*von Aufträgen*). **5.** (zuerkannte) Belohnung *od.* Auszeichnung, (*a. Film- etc*)Preis *m,* (*Ordens- etc*)Verleihung *f.* **6.** *econ.* Prämie *f.* **7.** *bes. univ.* Stiˈpendium *n.*
**a·ware** [əˈweə(r)] *adj* (of) gewahr (gen), unterˈrichtet (von): **to be** ~ **of s.th.** von etwas wissen *od.* Kenntnis haben, etwas kennen, sich e-r Sache bewußt sein; **I am well** ~ that ich weiß wohl, daß; ich bin mir darüber im klaren, daß; **to become** ~ **of s.th.** etwas gewahr werden *od.* merken; **not that I am** ~ **of** nicht daß ich wüßte; **to make s.o.** ~ **of s.th.** j-m etwas bewußtmachen. **aˈware·ness** *s* Bewußtsein *n,* Kenntnis *f:* ~ **of a problem** Problembewußtsein.
**a·wash** [əˈwɒʃ; *Am. a.* əˈwɑʃ] *adv u. pred adj mar.* **1.** mit der Wasseroberfläche abschneidend (*Sandbänke etc*), in gleicher Höhe (with mit). **2.** überˈflutet, unter Wasser. **3.** überˈfüllt (with von). **4.** *colloq.* betrunken.
**a·way** [əˈweɪ] **I** *adv u. pred adj* **1.** weg, hinˈweg, fort (from von): **to go** ~ weg-, fortgehen; ~ **with you!** fort mit dir!; ~ ~ **from the question** nicht zur Frage *od.* Sache gehörend. **2.** (weit) entfernt, (weit) weg (*örtlich u. zeitlich*): **six miles** ~ sechs Meilen entfernt. **3.** fort, abwesend, außer Hause, verreist: **he is** ~; ~ **on business** geschäftlich unterwegs; ~ **on leave** auf Urlaub. **4.** weg, zur Seite, in andere(r) Richtung. **5.** weithin. **6.** fort, weg (*aus j-s Besitz, Gebrauch etc*): **to** ~ d(a)raufˈlos, immer weiter, immerˈzu. **8.** *Am.* weit, bei weitem: ~ **below the average.** **9.** *poet. abbr. für* **go** ~ *od.* **hasten** ~: **I must** ~ ich muß fort. **10.** *sport* auswärts: **our next game is** ~ unser nächstes Spiel findet

**auswärts statt. II** *adj* **11.** *sport* Auswärts...: ~ **defeat** (game, win, *etc*); ~ **strength** Auswärtsstärke *f;* ~ **weakness** Auswärtsschwäche *f.* **III** *s* **12.** *sport* a) Auswärtsspiel *n,* b) Auswärtssieg *m.*
**awe¹** [ɔː] **I** *s* **1.** (Ehr)Furcht *f,* (heilige) Scheu: **to hold s.o. in** ~, **to inspire** (*od.* **strike**) **s.o. with** ~ j-m (Ehr)Furcht *od.* (ehrˈfürchtige) Scheu *od.* großen Respekt einflößen (of vor dat); **to stand in** ~ **of** a) e-e (heilige) Scheu haben *od.* sich fürchten vor (dat), b) e-n gewaltigen Respekt haben vor (dat); **to be struck with** ~ von Scheu ergriffen werden. **2.** *obs.* ehrfurchtgebietende Größe *od.* Macht, Majeˈstät *f.* **II** *v/t* **3.** (Ehr)Furcht einflößen (dat). **4.** einschüchtern: **to be** ~d **into obedience** so eingeschüchtert werden, daß man gehorcht.
**awe²** [ɔː] *s tech.* Schaufel *f* e-s ˈunterschlächtigen Wasserrads.
**a·wea·ried** [əˈwɪərɪd] *adj poet.* müde. **aˈwea·ry** *adj* müde, ˈüberdrüssig (of gen).
**a·weath·er** [əˈweðə(r)] *adv u. pred adj mar.* luvwärts.
**a·weigh** [əˈweɪ] *adv u. pred adj mar.* los, aus dem Grund (*Anker*): **to be** ~ Anker auf sein.
**ˈawe-inˌspir·ing** *adj* ehrfurchtgebietend, erhaben, ehrwürdig, eindrucksvoll.
**awe·less** *bes. Br. für* **awless.**
**awe·some** [ˈɔːsəm] *adj (adv* ~ly) **1.** furchteinflößend, schrecklich. **2.** → **awe-inspiring. 3.** ehrfürchtig.
**ˈawe-ˌstrick·en, ˈawe-struck** *adj* von Ehrfurcht *od.* Scheu ergriffen.
**ˈaw·ful I** *adj* **1.** furchtbar, schrecklich. **2.** *colloq.* furchtbar, schrecklich: a) riesig, kolosˈsal: **an** ~ **lot** e-e riesige Menge, b) scheußlich, entsetzlich, gräßlich: **an** ~ **noise. 3.** *obs. für* awe-inspiring. **4.** *obs.* ehrfurchtsvoll. **II** *adv* **5.** *colloq.* → **awfully.** **ˈaw·ful·ly** *adv colloq.* furchtbar, schrecklich: a) riesig: ~ **nice;** ~ **cold** furchtbar kalt; **thanks** ~! tausend Dank!, b) scheußlich, entsetzlich, gräßlich: ~ **bad** furchtbar schlecht. **ˈaw·ful·ness** *s* **1.** Schrecklichkeit *f.* **2.** *obs.* Ehrwürdigkeit *f,* Erhabenheit *f.*
**a·while** [əˈwaɪl] *adv* e-e Weile.
**awk·ward** [ˈɔːkwə(r)d] *adj (adv* ~ly) **1.** ungeschickt, unbeholfen, linkisch: **to be** ~ **with s.th.** ungeschickt mit etwas umgehen. **2.** tölpelhaft. → **squad** 1. **3.** verlegen: **an** ~ **silence.** 4. peinlich, unangenehm: **an** ~ **situation; to ask** ~ **questions. 5.** unhandlich, schwer zu handhaben(d), sperrig. **6.** unangenehm: a) schwer zu behandeln(d): **an** ~ **customer,** b) schwierig, c) lästig, d) gefährlich. **7.** ungeschickt‘, ,ungˈschickt‘, ‚dumm‘ (*Zeitpunkt etc*). **ˈawk·ward·ness** *s* **1.** Ungeschicklichkeit *f,* Unbeholfenheit *f,* Linkischees Wesen. **2.** Verlegenheit *f.* **3.** Peinlichkeit *f,* Unannehmlichkeit *f.* **4.** Unhandlichkeit *f.* **5.** Lästigkeit *f.*
**awl** [ɔːl] *s* **1.** *tech.* Ahle *f,* Pfriem(e *f*) *m.* **2.** *mar.* Marlspieker *m.*
**aw·less,** *bes. Br.* **awe·less** *adj* **1.** unehrerbietig. **2.** furchtlos. **3.** *obs.* keine Ehrfurcht einflößend.
**awn** [ɔːn] *s bot.* Granne *f.* **awned** *adj* mit Grannen versehen(e), grannig.
**awn·ing** [ˈɔːnɪŋ] *s* **1.** Zeltbahn *f,* (*a.* Wagen)Plane *f.* **2.** Marˈkise *f,* Baldachin *m.* **3.** *mar.* Sonnenzelt *n,* -segel *n:* ~ **deck** Sturmdeck *n.* **4.** Vorzelt *n.*
**awn·y** [ˈɔːnɪ] *adj bot.* grannig.
**a·woke** [əˈwəʊk] *pret u. pp von* awake.
**aˈwok·en** *pp von* awake.
**a·wry** [əˈraɪ] *adv u. pred adj* **1.** schief, krumm: **his hat was all** ~ sein Hut saß

ganz schief. **2.** schielend: **to look** ~ a) schielen, b) *fig.* schief *od.* scheel blicken. **3.** *fig.* verkehrt, schief: **to go** ~**fehlgehen**, (sich) irren (*Person*), schiefgehen (*Sache*). **4.** *fig.* schief, entstellt, unwahr.

**ax, axe** [æks] **I** *s* **1.** Axt *f*, Beil *n*: **to have an** ~ **to grind** *fig.* eigennützige Zwecke verfolgen; **to lay the** ~ **to** *a. fig.* die Axt legen an (*acc*); **to put the** ~ **in the helve** *fig.* die Sache klären. **2.** Henkersbeil *n*. **3.** *colloq.* a) rücksichtslose Sparmaßnahme *od.* Streichung(en *pl*) (*von Staatsausgaben etc*), b) Abbau *m* (*von Dienststellen, Beamten etc*), c) Entlassung *f*: **he got the** ~ er ist ‚rausgeflogen'. **4.** *mus. Am. sl.* Instru'ment *n*. **II** *v/t* **5.** mit der Axt bearbeiten *od.* niederschlagen. **6.** *colloq.* a) rücksichtslos kürzen *od.* (zs.-)streichen *od.* abschaffen, b) *Beamte, Dienststellen* abbauen, *Leute* entlassen, ‚feuern'.

**ax·el** [ˈæksl] *s* Eis-, Rollkunstlauf: Axel *m*.

**ax·es¹** [ˈæksɪz] *pl von* **ax(e)**.

**ax·es²** [ˈæksiːz] *pl von* **axis¹**.

**ax·i·al** [ˈæksɪəl] *adj* (*adv* ~**ly**) *math. tech.* axi'al, Achsen...: ~**-flow turbine** Axialturbine *f*; ~ **force** *phys.* Längsdruck *m*; ~ **symmetry** *math.* Achsensymmetrie *f*; ~ **thrust** *tech.* Axialschub *m*.

**ax·il** [ˈæksl] *s bot.* (Blatt)Achsel *f*.

**ax·ile¹** [ˈæksaɪl; -sɪl] *adj bot.* achselständig.

**ax·ile²** [ˈæksaɪl; -sɪl] → **axial**.

**ax·il·la** [ækˈsɪlə; *Am. a.* ægˈz-] *pl* **-lae** [-liː], **-las** *s anat.* A'xilla *f*, Achselhöhle *f*.

**ax·il·lar·y** [ækˈsɪlərɪ; *Am.* ˈæksəˌleriː] *adj* **1.** *anat.* Achsel...: ~ **gland** Achsellymphdrüse *f*. **2.** *bot.* blattachselständig.

**ax·i·ol·o·gy** [ˌæksɪˈɒlədʒɪ; *Am.* -ˈɑl-] *s philos.* Axiolo'gie *f*, Wertlehre *f*.

**ax·i·om** [ˈæksɪəm] *s* **1.** Axi'om *n*, Grundsatz *m* (*der keines Beweises bedarf*): ~ **of continuity** *math.* Stetigkeitsaxiom; ~ **of law** Rechtsgrundsatz. **2.** allgemein anerkannter Grundsatz. — **ax·i·o'mat·ic** [-ˈmætɪk] *adj*; **ax·i·o'mat·i·cal** *adj* (*adv* ~**ly**) **1.** axio'matisch, einleuchtend, ‚unumˌstößlich, von vornherein sicher, selbstverständlich. **2.** aphoˈristisch: ~ **wisdom**.

**ax·is¹** [ˈæksɪs] *pl* **¹ax·es** [-siːz] *s* **1.** *bot. math. min. phys. tech.* Achse *f*, Mittellinie *f*: ~ **of a balance**; ~ **of the earth** Erd-

achse; ~ **of incidence** Einfallslot *n*. **2.** *anat. zo.* a) Dreher *m*, zweiter Halswirbel, b) Achse *f*: **cardiac** ~ Herzachse; **vertical** ~ Körperlängsachse. **3.** *aer.* Leitlinie *f*. **4.** *paint. etc* Bild-, Zeichnungsachse *f*. **5.** *pol.* Achse *f* (*Bündnis zwischen Großmächten*): **the A**~ die Achse (Berlin-Rom-Tokio) (*vor dem u. im 2. Weltkrieg*); **the A**~ **powers** die Achsenmächte.

**ax·is²** [ˈæksɪs] *s a.* ~ **deer** *zo.* Axis(hirsch) *m*, Gangesreh *n*.

**ax·is| of ab·scis·sas** *s math.* Abˈszissenachse *f*, x-Achse *f*. ~ **of cur·va·ture** *s* Poˈlare *f*, Krümmungsachse *f*. ~ **of or·di·nates** *s* Ordiˈnatenachse *f*, y-Achse *f*. ~ **of os·cil·la·tion** *s* Mittellinie *f* e-r Schwingung. ~ **of sup·ply** *s mil.* Nachschub-, Versorgungsachse *f*. ~ **of the bore** *s mil.* Seelenachse *f*.

**ax·le** [ˈæksl] *s tech.* **1.** (Rad)Achse *f*, Welle *f*. **2.** Angel(zapfen *m*) *f*. ~ **arm** *s tech.* Achszapfen *m*. ~ **bed** *s* Achsfutter *n*. ~ **box** *s* **1.** Achs-, Schmierbüchse *f*. **2.** Achsgehäuse *n*. ~ **end** *s* Wellenzapfen *m*. ~ **jour·nal** *s* Achsschenkel *m*. ~ **load** *s* Achslast *f*. ~ **swiv·el** *s* Achsschenkel *m*. **¹**~**tree** → **axle** 1.

**Ax·min·ster (car·pet)** [ˈæksmɪnstə(r)] *s* Axminsterteppich *m*.

**ax·o·nom·e·try** [ˌæksəʊˈnɒmɪtrɪ; *Am.* ˌæksəˈnɑ-] *s math.* Axonomeˈtrie *f* (*geometrisches Verfahren, räumliche Gebilde durch Parallelprojektion auf e-e Ebene darzustellen*).

**ay¹** [eɪ] *interj obs. od. poet.* ach!, oh!

**ay²** [eɪ] *adv obs. od. poet.* immer, ewig: **for ever and** ~ für immer u. ewig.

**ay³** → **aye¹**.

**a·yah** [ˈaɪə; ˈɑːjə] *s Br. Ind.* Aja *f*, indisches Kindermädchen.

**aye¹** [aɪ] **I** *interj* **1.** *mar. od. dial.* ja: ~, ~, **Sir!** *mar.* jawohl!, zu Befehl! **2.** *parl.* ja (*bei Abstimmungen*). **II** *s* **3.** Ja *n*, bejahende Antwort. **4.** *parl.* Jastimme *f*: **the** ~**s have it** der Antrag ist angenommen.

**aye²** → **ay²**.

**aye-aye** [ˈaɪaɪ] *s zo.* Fingertier *n*.

**Ayr·shire** [ˈeə(r)ʃə(r); -ˌʃɪə(r)] *s zo.* Ayrshire-Rind *n*.

**ˌA-ˈZ** *adj* vollständig, umˈfassend (*Bericht etc*).

**a·za·le·a** [əˈzeɪljə] *s bot.* Azaˈlee *f*.

**a·ze·o·trope** [əˈziːətrəʊp; eɪ-] *s chem.* azeoˈtropes Gemisch.

**az·i·muth** [ˈæzɪməθ] *s astr.* Aziˈmut *m*, Scheitelkreis *m*: ~ **angle** (*Artillerie*) Seitenwinkel *m*; ~ **circle** a) *astr.* Azimutkreis *m*, b) *mil.* Seitenrichtskala *f*; ~ **reading** *mil.* Nadelzahl *f*; ~ **value** (*Radar*) Azimutwert *m*. — **az·iˈmuth·al** [-ˈmʌθəl] *adj* azimuˈtal, Azimutal..., scheitelwinklig.

**az·o·ben·zene** [ˌeɪzəʊˈbenziːn; -benˈziːn; ˌæz-], **ˌaz·oˈben·zol** [-zɒl; *Am. a.* -ˌzəʊl] *s chem.* ˈAzobenˌzol *n*.

**az·o dye** [ˈeɪzəʊ; ˈæzəʊ] *s chem.* Azofarbstoff *m*.

**a·zo·ic** [əˈzəʊɪk; æ-; eɪ-] *adj geol.* aˈzoisch, ohne Lebewesen: ~ **age** Azoikum *n*.

**az·ole** [əˈzəʊl; ˈæzəʊl; ˈeɪ-] *s chem.* Aˈzol *n*.

**az·on** [ˈæzɒn; ˈeɪ-; *Am.* -ˌzəʊn; -ˌzɑn] *s a.* ~ **bomb** *aer. mil.* ferngesteuerte Bombe.

**az·ote** [əˈzəʊt; ˈæzəʊt; ˈeɪ-] *s chem. obs.* Stickstoff *m*.

**az·o·te·mi·a** [ˌæzəʊˈtiːmɪə; ˌeɪ-] *s med.* Azotäˈmie *f* (*Stickstoffüberschuß im Blut*).

**az·oth** [ˈæzɒθ; *Am. a.* ˈæˌzəʊθ; ˈæˌzɑθ] *s* Alchimie: Aˈzoth *n*: a) Quecksilber *n*, b) Univerˈsalmittel *n*.

**az·o·tize** [ˈæzətaɪz; ˈeɪ-] *v/t chem.* azoˈtieren, mit Stickstoff verbinden.

**a·zo·to·bac·ter** [əˈzəʊtəʊˌbæktə(r); eɪ-ˈzəʊtə-] *s biol.* Azotoˈbakter *m, n*.

**Az·tec** [ˈæztek] **I** *adj* **1.** azˈtekisch. **II** *s* **2.** Azˈteke *m*, Azˈtekin *f*. **3.** *ling.* Nahuatl *n*.

**az·ure** [ˈæʒə(r); ˈeɪ-] **I** *adj* **1.** aˈzur-, himmelblau: ~ **spar** *min.* Lazulith *m*, Blauspat *m*; ~ **stone** → **azurite**. **2.** aˈzurn (*Himmel*). **II** *s* **3.** Aˈzur-, Himmelblau *n*. **4.** blauer Farbstoff, *bes.* Kobaltblau *n*. **5.** *poet.* Aˈzur *m*, Blau *n* des Himmels. **6.** *her.* blaues Feld. **III** *v/t* **7.** himmelblau färben.

**az·u·rite** [ˈæʒʊraɪt; -ʒər-] *s min.* Azuˈrit *m*, Laˈsurstein *m*.

**az·y·gos, az·y·gous** [ˈæzɪgəs] *adj anat.* aˈzygisch, unpaar(ig).

**az·ym** [ˈæzɪm], **az·yme** [ˈæzaɪm; -zɪm] *s relig.* Azymon *n*, ungesäuertes Brot.

# B

**B, b** [biː] **I** *pl* **B's, Bs, b's, bs** [biːz] *s* **1.** B, b *n* (*Buchstabe*). **2.** *mus.* H, h *n* (*Tonbezeichnung*): **B flat** B, b *n*; **B sharp** His, his *n*; **B double flat** Heses, heses *n*; **B double sharp** Hisis, hisis *n*. **3.** b *math.* b (*2. bekannte Größe*). **4.** B *ped.* Zwei *f*, Gut *n* (*Note*). **5.** B B *n*, B-förmiger Gegenstand. **II** *adj* **6.** zweit(er, e, es): **company B. 7.** B B-..., B-förmig. **8.** B *electr.* Anoden...: **B battery.**

**ba** [baː] *s relig.* die unsterbliche Seele (*im Glauben der alten Ägypter*).

**baa** [baː] **I** *s* Blöken *n*. **II** *v/i* blöken. **III** *interj* bäh!

**Baal** ['beɪəl] *pl* '**Baa·lim** [-lɪm], **Baals I** *npr Bibl.* Baal *m*. **II** *a.* b~ *s* Baal *m*, Götze *m*. '**Ba·al·ism** *s* Baals-, Götzendienst *m*.

**baas** [baːs] *s S.Afr.* Baas *m*, Herr *m*.

**bab·bitt[1]** ['bæbɪt] *tech.* **I** *s* **1.** *a.* B~ metal 'Babbit-, 'Weiß-, 'Lagerme₁tall *n*. **2.** Lager(futter) *n* aus 'Babbitme₁tall. **II** *v/t* **3.** mit 'Weißme₁tall ausgießen.

**Bab·bitt[2]** ['bæbət] *s Am.* selbstzufriedener Spießer. '**Bab·bitt·ry** [-tri] *s Am.* selbstzufriedenes Spießertum.

**bab·ble** ['bæbl] **I** *v/i* **1.** stammeln, lallen. **2.** plappern, schwatzen. **3.** plätschern, murmeln (*Bach etc*). **II** *v/t* **4.** *etwas* stammeln. **5.** plappern, schwatzen. **6.** ausplaudern: **to ~ (out) a secret. III** *s* **7.** Geplapper *n*, Geschwätz *n*. **8.** Geplätscher *n*, Gemurmel *n*. '**bab·ble·ment** → **babble** III. '**bab·bler** *s* **1.** Schwätzer(in). **2.** Plaudertasche *f*: **he is a ~** er plaudert (immer) alles gleich aus, er kann nichts für sich behalten. **3.** *orn.* (*ein*) Schwätzer *m*.

**babe** [beɪb] *s* **1.** kleines Kind, Baby *n* (*beide a. fig. naiver Mensch*): **~ in the woods** *fig.* großes Kind, 'Dummerchen' *n*; → **arm[1]** *Bes. Redew.* **2.** *bes. Am. sl.* 'Puppe' *f* (*Mädchen*).

**Ba·bel** ['beɪbl] **I** *npr Bibl.* **1.** Babel *n*, Babylon *n*. **II** *s* *oft* b~ **2.** a) Wirrwarr *m*, Durchein'ander *n*, b) Stimmengewirr *n*. **3.** grandi'oser Plan, großer Traum.

**Bab·ism** ['baːbɪzəm] *s relig.* Ba'bismus *m* (*religiöse Bewegung des persischen Islams im 19. Jh.*).

**ba·boo** ['baːbuː] *pl* **-boos** → **babu**.

**ba·boon** [bə'buːn; *Am.* bæ-] *s* **1.** *zo.* Pavian *m*. **2.** *colloq.* 'Go'rilla' *m*. **ba'boon·er·y** [-nərɪ] *s colloq.* go'rilla-haftes Getue.

**ba·bu** ['baːbuː] *s Br. Ind.* Babu *m*: a) Herr *m* (*bei den Hindus*) (*a. Titel*), b) *oft contp.* Inder *m* mit oberflächlicher englischer Bildung.

**ba·bul** ['baːbuːl; *Am.* bə-] *s bot.* **1.** (*e-e*) A'kazie, *bes.* Babul *m*. **2.** Babulrinde *f od.* -schoten *pl* (*Kopftuch*.)

**ba·bush·ka** [bə'buːʃkə] *s* (dreieckiges)ʃ

**ba·by** ['beɪbɪ] **I** *s* **1.** Baby *n*, Säugling *m*, kleines Kind: **from a ~** von frühester Kindheit an; **to throw the ~ out with the bath water** *fig.* das Kind mit dem Bad ausschütten; **to be left holding the ~** *colloq.* die Sache ausbaden müssen, der Dumme sein; **to pass the ~ over to s.o.** *colloq.* j-m den Schwarzen Peter zuschieben; (**as**) **smooth as a ~'s bottom** glatt wie ein Kinderpopo. **2.** (*der, die, das*) Jüngste, 'Benjamin' *m* (*a. fig.*): **the ~ of the family. 3.** *contp.* a) 'Kindskopf' *m*, kindische Per'son, b) 'Heulsuse' *f*. **4.** *sl.* 'Bier' *n* (*Angelegenheit*): **it's your ~!** **5.** *sl.* a) 'Puppe' *f* (*Mädchen*), b) Schatz *m*, Baby..., Säuglings... **7.** kindlich, Kinder...: **a ~ face. 8.** kindisch. **9.** *colloq.* klein, Klein... **III** *v/t* **10.** wie ein Baby behandeln, (ver)hätscheln. **11.** *colloq. etwas* sorgsam *od.* liebevoll behandeln. **~ beef** *s Am.* **1.** Jungrind *n*. **2.** Jungrindfleisch *n*. **~ bond** *s econ. Am.* 'Kleinobligati₁on *f*, kleingestückelte Schuldverschreibung (*bis zu 100 Dollar*). **~ boom** *s* Babyboom *m*. **~ bot·tle** *s* (Saug)Flasche *f*. **~ bug·gy** *s* **1.** *Br.* Sportwagen *m* (*für Kinder*). **2.** *Am. colloq.* Kinderwagen *m*. **~ car** *s* Kleinwagen *m*. **~ car·riage** *s Am.* Kinderwagen *m*. **~ con·vert·er** *s tech.* kleine Thomasbirne, Kleinbirne *f*. **~ farm** *s meist contp.* Säuglingsheim *n*. **~ farm·er** *s meist contp.* Frau, die gewerbsmäßig Kinder in Pflege nimmt. **~ grand** *s mus.* Stutzflügel *m*.

**'ba·by·hood** *s* frühe Kindheit, Säuglingsalter *n*.

**'ba·by·ish** *adj* **1.** kindisch. **2.** kindlich.

**Bab·y·lon** ['bæbɪlən; *Am. a.* -₁lɑn] **I** *npr* Babylon *n*. **II** *s* b~ *fig.* (Sünden)Babel *n*.

**Bab·y·lo·ni·an** [₁bæbɪ'ləʊnjən; -nɪən] **I** *adj* **1.** baby'lonisch: **~ captivity** Babylonische Gefangenschaft. **2.** *fig.* a) üppig, luxuri'ös, b) verderbt. **II** *s* **3.** Baby'lonier(in). **4.** *ling.* Baby'lonisch *n*, das Babylonische.

**'ba·by-₁mind·er** *s Br.* Tagesmutter *f*. '**~-₁sit** *v/i irr* babysitten. '**~-₁sit·ter** *s* Babysitter(in). **~ snatch·er** *s* **1.** Kindesentführer(in). **2.** *colloq.* a) Mann, der mit e-m Mädchen ein Verhältnis hat od. der ein Mädchen heiratet, dessen Vater er sein könnte, b) Frau, die mit einem Mann ein Verhältnis hat od. e-n Mann heiratet, dessen Mutter sie sein könnte: **I'm not a ~!** ich vergreif' mich doch nicht an kleinen Kindern! **~ spot** *s* Baby-Spot *m* (*kleiner Suchscheinwerfer*). **~ talk** *s* kindlich(tuend)es Gebabbel. **~ tooth** *s irr* Milchzahn *m*.

**bac** [bæk] *s* Brauerei *etc*: Kühlschiff *n*.

**bac·ca·lau·re·ate** [₁bækə'lɔːrɪət; *Am. a.* -'lɑ-] *s univ.* **1.** → **bachelor** 2. **2.** *bes. Am.* a) Promoti₁onsgottesdienst *m*, b) *a.* ~ **sermon** Abschiedspredigt *f* an die promo'vierten Stu'denten.

**bac·ca·rat,** *a.* **bac·ca·ra** ['bækərɑː;

---

*Am.* ₁baːkə'rɑː] *s* Bakkarat *n* (*Glücksspiel*).

**bac·cate** ['bækeɪt] *adj bot.* **1.** beerenartig. **2.** beerentragend.

**bac·cha·nal** ['bækənl] **I** *s* **1.** Bac'chant(in). **2.** ausgelassener *od.* trunkener Zecher. **3.** *oft pl* Baccha'nal *n*, Orgie *f*, wüstes Gelage. **II** *adj* **4.** bacchisch. **5.** bac'chantisch. **Bac·cha·na·li·a** [₁bækə'neɪljə] *s pl* **1.** *antiq.* Baccha'nal *n*, Bacchusfest *n*. **2.** b~ *of* bacchanal 3. **₁bac·cha'na·li·an I** *adj* → **bacchanal** II. **II** *s* → **bacchanal** 2.

**bac·chant** ['bækənt; *Am. a.* bə'kænt; bə'kɑːnt] **I** *pl* **-chants, -chan·tes** [-tiːz] *s* **1.** *antiq.* Bac'chant *m*. **2.** *fig.* wüster Trinker *od.* Schwelger. **II** *adj* **3.** bac'chantisch. **bac·chan·te** [bə'kæntɪ; *Am. a.* -'kɑːn-] *s* Bac'chantin *f*. **bac'chan·tic** *adj* bac'chantisch.

**Bac·chic** ['bækɪk] *adj* bac'chantisch: a) bacchisch, b) *meist* b~ *fig.* ausschweifend, ausgelassen.

**bac·cif·er·ous** [bæk'sɪfərəs] *adj bot.* beerentragend.

**bac·cy** ['bækɪ] *s colloq.* Tabak *m*.

**bach** [bætʃ] *v/i oft* **~ it** *Am. sl.* ein Strohwitwerdasein führen.

**bach·e·lor** ['bætʃələ(r)] *s* **1.** Junggeselle *m*: **~ flat** *Br.* Junggesellenwohnung *f*; **~ girl** Junggesellin *f*. **2.** *univ.* Bachelor *m*, Bakka'laureus *m* (*Inhaber des niedrigsten akademischen Grades*): **B~ of Arts** Bakkalaureus der philosophischen Fakultät; **B~ of Science** Bakkalaureus der Naturwissenschaften. **3.** *hist.* Knappe *m* niedrigsten Ranges. **4.** *zo.* Tier *n* (*bes. junger Seehund*) ohne Weibchen während der Brunstzeit. **₁bach·e·lor'ette** [-'ret] *s* Junggesellin *f*. '**bach·e·lor·hood** *s* **1.** Junggesellenstand *m*. **2.** *univ.* Bakkalaure'at *n* (*niedrigster akademischer Grad*).

**bach·e·lor's | but·ton** *s* **1.** *bot.* a) Kornblume *f*, b) 'Kugelama₁rant *m*, c) Scharfer Hahnenfuß. **2.** Pa'tentknopf *m*. **~ de·gree** → **bachelorhood**.

**'bach·e·lor·ship** → **bachelorhood**.

**ba·cil·la·ry** [bə'sɪlərɪ; *Am. a.* 'bæsə₁leri:] *adj* **1.** stäbchenförmig. **2.** *med.* bazil'lär, Bazillen...

**ba·cil·li** [bə'sɪlaɪ] *pl von* bacillus. **ba₁cil·lo'pho·bi·a** [bə₁sɪləʊ-] *s med.* Bazillopho'bie *f*, Ba'zillenangst *f*. **ba·cil·lus** [bə'sɪləs] *pl* **-li** [-laɪ] *s med.* **1.** Ba'zillus *m*, 'Stäbchenbak₁terie *f*. **2.** Bak'terie *f*.

**back[1]** [bæk] **I** *s* **1.** *anat. zo.* a) Rücken *m*, b) Rückgrat *n*, Kreuz *n*: **at the ~ of** hinter (*dat*), hinten in (*dat*); **to be at the ~ of** s.th. hinter etwas stecken; (**in**) **~ of** *Am.* hinter (*dat*); **behind s.o.'s ~** *fig.* a) hinter j-s Rücken, b) in j-s Abwesenheit; **on one's ~** a) auf dem Leib (*Kleidungsstück*), b) *a.* **flat on one's ~** bettlägerig, krank, c) *a.* **flat on one's ~** hilflos, 'aufge-

schmissen'; **to have s.o. on one's ~** j-n auf dem Hals haben; **with one's ~ to the wall** mit dem Rücken zur Wand; **to have one's ~ to the wall** mit dem Rücken zur Wand stehen; **to spend every penny on one's ~** sein ganzes Geld für Kleidung ausgeben; **to break one's ~** sich abplagen; **to break s.o.'s ~** a) j-m das Kreuz brechen (*a. fig.*), b) *fig.* j-n ,fertigmachen' *od.* zugrunde richten; **to break the ~ of s.th.** das Schwierigste e-r Sache hinter sich bringen; **we have broken the ~ of it** wir sind über den Berg; **to put** (*od.* **get**) **s.o.'s ~ up** j-n ,auf die Palme bringen'; **to put one's ~ into s.th.** sich bei e-r Sache ins Zeug legen, sich in e-e Sache ,hineinknien'; **to be glad** (*od.* **pleased**) **to see the ~ of s.o.** froh sein, j-n los zu sein; **to turn one's ~ on s.o.** a) j-m den Rücken zuwenden, b) *fig.* j-m den Rücken kehren, j-n fallenlassen; **to make a ~** e-n Buckel machen, sich bücken; **to ~** j-m Rücken an Rücken; **he has a strong ~** er hat e-n breiten Rücken *od.* Buckel (*a. fig.*); → **scratch** 12. **2.** 'Hinter-, Rückseite *f* (*des Kopfes, Hauses, Briefes, e-r Tür etc*), 'Unterseite *f* (*e-s Blattes*), (*Buch-, Berg-, Hand-, Messer- etc*)Rücken *m*, Kehrseite *f* (*e-s Bildes etc*), (Rück)Lehne *f* (*e-s Stuhls*), linke Seite (*des Tuches*), Boden *m* (*e-s Saiteninstruments*). **3.** hinterer *od.* rückwärtiger *od.* entferntgelegener Teil, 'Hintergrund *m*: **~ of the head** Hinterkopf *m*; **~ of the house** rückwärtiger *od.* hinterer Teil des Hauses; **at the ~ of** beyond *fig. bes. Br.* am Ende *od.* ,Arsch' der Welt; **to have s.th. at the ~ of one's mind** a) sich dunkel an etwas erinnern, b) insgeheim an etwas denken; **at the ~ of the stage** im Hintergrund der Bühne; **in the ~ of the car** auf dem Rücksitz *od.* im Fond des Autos. **4.** Rückenteil *m* (*e-s Kleidungsstückes*): **to have one's pullover on ~ to front** den Pullover verkehrt herum anhaben. **5.** 'Hinterstück *n*: **~ of a roe** *gastr.* Rehziemer *m*. **6.** *arch.* Hauptdachbalken *m*. **7.** → **backyard. 8.** *sport* Verteidiger *m*.
**II** *adj* **9.** rückwärtig, letzt(er, e, es), hinter(er, e, es), Hinter..., Rück..., Nach...: **~ entrance** Hintereingang *m*; **~ pass** *sport* a) Rückpaß *m*, b) Rückgabe *f* (*zum Tormann*). **10.** fern, abgelegen: **~ country** Hinterland *n*; **~ province** finster(st)e Provinz. **11.** *ling.* hinten im Mund geformt: **a ~ vowel** ein dunkler Vokal. **12.** rückläufig: **a ~ current. 13.** rückständig: **~ rent**; **~ wages. 14.** alt, zu'rückliegend: **~ issue** alte Ausgabe *od.* Nummer (*e-r Zeitung etc*).
**III** *adv* **15.** zu'rück, rückwärts: **~ and forth** hin u. her, vor u. zurück; **to move ~** zurückgehen; **two miles ~** zwei Meilen zurück *od.* weiter hinten; (*siehe die Verbindungen mit den entsprechenden Verben*). **16.** (wieder) zu'rück: **he is ~** (**again**) er ist wieder da; **~ home** a) wieder zu Hause, b) *Am.* daheim, bei uns (zulande). **17.** zu'rück, vorher: **20 years ~** vor 20 Jahren; **~ in 1900** (damals *od.* noch *od.* schon) im Jahre 1900. **18.** *colloq.* zu'rück, im Rückstand: **to be ~ in one's rent** mit der Miete im Rückstand sein.
**IV** *v/t* **19.** *a.* **~ up** *j-n od.* etwas unter'stützen, eintreten für, *j-m* den Rücken stärken, *j-n* decken, *etwas* bekräftigen, unter'mauern, *econ.* die Währung *etc* stützen, *Noten* decken. **20.** *a.* **~ up** zu'rückbewegen, *e-n Wagen, e-e Maschine, ein Pferd etc* rückwärts fahren. laufen lassen: **~ one's car up** mit dem Auto rückwärts fahren *od.* zurückstoßen; **to ~ the car out of the garage** den Wagen rückwärts aus der Garage fahren; **to ~**

**water** a) *mar.* ein Schiff rückwärtsrudern, rückwärts fahren, b) *Am. colloq.* e-n Rückzieher machen. **21.** wetten *od.* setzen auf (*acc*): → **horse 1. 22.** a) *ein Pferd etc* besteigen, b) *ein Pferd* zureiten. **23.** *a.* **~ up** *ein Buch etc* mit e-m Rücken versehen, an der Rückseite verstärken, *e-n Stuhl* mit e-r Lehne *od.* Rückenverstärkung versehen. **24.** *tech.* beschichten, mit e-m 'Überzug versehen. **25.** *tech., a.* *ein Tuch etc* füttern. **26.** *econ.* e-n Scheck indos'sieren, gegenzeichnen, *e-n Wechsel* als Bürge unter'schreiben, ava'lieren. **27.** auf der Rückseite beschreiben *od.* bedrucken. **28.** den 'Hintergrund (*gen*) bilden, hinten grenzen an (*acc*). **29.** *colloq.* auf dem Rücken tragen, auf den Rücken nehmen. **30.** *hunt.* hinter u. mit (*dem Leithund*) (vor)stehen (*Meute*).
**V** *v/i* **31.** *oft* **~ up** sich zu'rückbewegen, sich rückwärts bewegen, zu'rückgehen *od.* -treten *od.* -fahren, *mot. a.* zu'rückstoßen. **32.** links 'umspringen, rückdrehen (*Wind*). **33. to ~ and fill** a) *mar.* back u. voll brassen, la'vieren, b) *fig.* unschlüssig sein.
*Verbindungen mit Adverbien*:
**back| down** (*od.* **off**) (**from**), **~ out** (**of**) *v/i* zu'rücktreten *od.* sich zu'rückziehen *od.* ,abspringen' (von), ,aussteigen' (aus), ausweichen (*dat*), ,sich drücken' (um), ,kneifen' (vor *dat*). **~ up** → **back** 19, 20, 23, 31.
**back²** → **bac.**
'**back·ache** *s med.* Rückenschmerzen *pl*. **~ al·ley** *s Am.* finsteres Seitengäßchen. '**~band** *s* Kreuzriemen *m*, Rückengurt *m* (*e-s Pferdes*). **~ bas·ket** *s* Kiepe *f*, Rückentragkorb *m*. **~ bench** *s parl. Br.* a) hintere Sitzreihe, b) 'Hinterbänkler *pl*. '**~bench** *adj parl. Br.* der 'Hinterbänkler: **~ support for the plan** . '**~bench·er** *s parl. Br.* 'Hinterbänkler *m*. '**~bend** *s sport* Brücke *f* (aus dem Stand). '**~bite** *v/t irr* verleumden (**to bei** *j-m*). '**~bit·er** *s* Verleumder(in). '**~bit·ing I** *adj* verleumderisch. **II** *s* Verleumdung *f*. '**~board** *s* **1.** Rücken-, Lehnbrett *n* (*hinten im Boot, Wagen etc*). **2.** *med.* Geradehalter *m*. **3.** Basketball: Korb-, Spielbrett *n*. **4.** *tech.* Gegenschlagbug *m*. '**~bone** *s* **1.** Wirbelsäule *f*, Rückgrat *n*: **to the ~** *fig.* bis auf die Knochen, durch u. durch. **2.** Hauptgebirgszug *m*. **3.** (Buch)Rücken *m*. **4.** *fig.* Rückgrat *n*: a) Cha'rakter(stärke *f*) *m*, Mut *m*, b) Hauptstütze *f*. '**~break·ing** *adj* erschöpfend, zermürbend, ,mörderisch': **a ~ job.** '**~burn·er** *s*: **to put s.th. on the ~** etwas (als nebensächlich *od.* zweitrangig) zu'rückstellen. '**~-burn** *adj* nebensächlich, zweitrangig. '**~chat** *s colloq.* **1.** freche Antwort(en *pl*). **2.** *bes. Am.* schlagfertiges Hin u. Her. **~ cloth** *s bes. Br. für* **backdrop** 1. '**~comb** *v/t Haar* tou'pieren. '**~-cou·pled** *adj electr.* rückgekoppelt. **~ court** *s Tennis: bes. Am.* 'Hinterfeld *n*. '**~cross I** *v/t* rückkreuzen. **II** *s* Rückkreuzung *f*. '**~date** *v/t* **1.** (zu)'rückda,tieren. **2.** rückwirkend in Kraft setzen: **the wage increases are to be ~d to April 1** die Lohnerhöhungen sollen rückwirkend ab 1. April gelten. **~ door** *s* **1.** 'Hintertür *f*. **2.** *fig.* 'Hintertürchen *n*. '**~-door** *adj* geheim, heimlich. '**~down** *s* ,Rückzieher' *m* (**on** von). '**~drop** *s* **1.** *thea.* Pro'spekt *m*. **2.** *fig.* 'Hintergrund *m*: **to be the ~ for** den Hintergrund (*gen*) bilden; **against the ~ of** vor dem Hintergrund (*gen*).
**backed** [bækt] *adj* **1.** mit Rücken, Lehne *etc* versehen, ...rückig, ...lehnig. **2.** gefüttert: **a curtain ~ with satin. 3.** *in Zssgn* mit (e-m) ... Rücken: **straight-~.**
**back| e·lec·tro·mo·tive force** *s electr.*

e'lektromo₁torische Gegenkraft, Gegen-EMK *f*. **~ end** *s* **1.** letzter Teil. **2.** *Br. dial.* (Spät)Herbst *m*.
'**back·er** *s* **1.** Unter'stützer(in), Förderer *m*, Helfer(in). **2.** *econ.* 'Hintermann *m*, Geldgeber *m*. **3.** *econ.* Wechselbürge *m*, Ava'list *m*. **4.** Wetter *m*: **his ~s** diejenigen, die auf ihn gesetzt haben *od.* hatten.
'**back|·fall** *s tech.* Sattel *m*, Kropf *m* (*e-s Papierhollanders*). '**~field** *s American Football:* a) hinteres Feld, b) *collect.* 'Hinterfeld(spieler *pl*) *n*. **~fire I** *v/i* [₁bæk'f-; *Am.* '-f-] **1.** *tech.* früh-, fehlzünden. **2.** *electr. tech.* zu'rückschlagen. **3.** *fig.* fehlschlagen, ,ins Auge gehen': **his plan ~d on him** der Schuß ging nach hinten los. **II** *s* ['bæk₁f-] **4.** *tech.* a) Früh-, Fehlzündung *f*, b) (Auspuff)Knall *m*. **5.** *electr. tech.* (Flammen)Rückschlag *m*. **6.** *fig. Am.* heftige Reakti'on. '**~flash I** *s* **1.** → **flashback. II** *v/i* **2.** → **backfire** 2. **3.** → **flash** 23. **~ for·ma·tion** *s ling.* Rückbildung *f*. **~ freight** *s econ.* Rückfracht *f*. '**~gam·mon** *s* Backgammon *n*. **~ gear** *s tech.* Vorgelegerad *n*: **~s** Vorgelege *n*. '**~-gear shaft** *s tech.* Vorgelegewelle *f*. '**~ground** *s* **1.** 'Hintergrund *m* (*a. fig.*): **against the ~ of** vor dem Hintergrund (*gen*); **to form a ~ to s.th.** e-n Hintergrund für etwas bilden; **to keep** (*od.* **stay**) **in the ~** im Hintergrund bleiben; **~ projection** (*Film*) Hintergrundprojektion *f*. **2.** *fig.* a) 'Hintergrund *m*, 'Umstände *pl*: **~ information** Hintergrundinformationen *pl*, b) 'Umwelt *f*, Mili'eu *n*, c) Werdegang *m*, Vorgeschichte *f*, d) Erfahrung *f*, Wissen *n*: **educational** ~ Vorbildung *f*, Bildungsgang *m*, e) Anhaltspunkte *pl*, Grundlage *f*. **3.** Musik-, Ge'räuschku,lisse *f*: **~ music** musikalischer Hintergrund, Hintergrundmusik *f*. **4.** *a.* **~ noise** (*Radio etc*) Hintergrundgeräusch *n*. **5.** *a.* **~ brightness** *TV* Grundhelligkeit *f*: **~ control** Steuerung *f* der mittleren Helligkeit. '**~ground·er** *s Am.* inoffizielle Pressekonferenz, auf der Journalisten *od.* e-m Regierungsvertreter mit Hintergrundinformationen versorgt werden. '**~hand I** *s* **1.** nach links geneigte Handschrift. **2.** *sport* Rückhand *f*: **he took the ball with his ~** a) er nahm den Ball mit der Rückhand, b) Rückhandschlag *m*. **II** *adj* → **backhanded I. III** *adv* → **backhanded II.** '**~hand·ed I** *adj* (*adv* **~ly**) **1.** *sport* Rückhand... **2.** mit dem Handrücken (*Schlag*). **3.** nach links geneigt (*Schrift*). **4.** 'indi₁rekt: **~ censorship. 5.** ,krumm', unredlich: **~ methods. 6.** zweifelhaft, zweischneidig: **~ compliment. 7.** schüchtern, scheu. **II** *adv* **8.** *sport* mit der Rückhand. **9.** mit Handrücken. '**~hand·er** *s* **1.** *sport* Rückhandschlag *m*. **2.** Schlag *m* mit dem Handrücken. **3.** *colloq.* 'indi₁rekter Angriff. **4.** *colloq.* ,Schmiergeld' *n* (*Bestechungsgeld*): **to give s.o. a ~** j-n schmieren. '**~house** *s* **1.** 'Hinterhaus *n*. **2.** *Am. colloq.* ,Häus-chen' *n* (*primitive Toilette außerhalb des Hauses*).
'**back·ing** *s* **1.** Unter'stützung *f*, Hilfe *f*. **2.** *collect.* Hintermänner *pl*, Geldgeber *pl*. **3.** *tech.* versteifende Ausfütterung, Verstärkung *f*. **4.** (*Rock- etc*)Futter *n*. **5.** *tech.* Belag *m*, 'Überzug *m*. **6.** *phot.* Lichthof-Schutzschicht *f*. **7.** *econ.* a) Wechselbürgschaft *f*, Gegenzeichnung *f*, A'val *n*, b) Deckung *f* (*der Banknoten*), c) Stützungskäufe *pl*. **8.** *mus.* Begleitung *f* (*bes. e-s Popsängers*). **~ met·al** *s tech.* Hinter'gießme,tall *n*. '**~-off lathe** *s tech.* 'Hinterdrehbank *f*. **~ stor·age** *s Computer:* Ergänzungsspeicher *m*.
'**back|·kick** *s* **1.** *tech.* Rückschlag *m*. **2.** *electr.* Rückentladung *f*. **~ land** *s*

'Hinterland n. '~**lash** s **1.** tech. toter Gang, (Flanken)Spiel n. **2.** verwickelte Angelschnur an der Haspel. **3.** Rückprall m. **4.** fig. Gegenschlag m, (heftige) Reakti'on (**to** auf acc): (**white**) ~ Am. Widerstand konservativer Weißer gegen die Integration der Schwarzen.

'**back·less** adj rückenfrei (Kleid).

'**back**ǀ**light·ing** s 'Hintergrundbeleuchtung f. '~**log** s **1.** bes. Am. großes Scheit im Ka'min (um das Feuer zu unterhalten). **2.** (Arbeits-, Auftrags- etc)Rückstand m, 'Überhang m (of an dat), Re'serve f (of an dat, von): ~ of (unfilled) **orders** Auftragsüberhang m od. -polster n; ~ **demand** Nachholbedarf m. ~ **matter** s print. Endbogen m. ~ **num·ber** s **1.** alte Nummer (e-r Zeitschrift etc). **2.** colloq. (etwas) Über'holtes, rückständige od. altmodische Per'son od. Sache. '~**pack** s bes. Am. 'Rucksack m. '~ǀ**pack·ing** s bes. Am. 'Rucksacktou,rismus m. ~ **pay** s econ. rückständiger Lohn, Lohn-, Gehaltsnachzahlung f. ~ǀ~-'**ped·al** v/i pret u. pp -**aled**, bes. Br. -**alled 1.** rückwärtstreten (Radfahrer). **2.** zu'rückweichen, ,den Rückwärtsgang einlegen' (bes. Boxer). **3.** fig. e-n Rückzieher machen. '~ǀ~**ped·al brake** s tech. Rücktrittbremse f. ~ **pres·sure** s tech. Gegendruck m. ~ǀ~**pres·sure valve** s tech. 'Rückschlagven,til n. ~ **pro·jec·tion** s Film: 'Hintergrundprojekti,on f. '~**rest** s Rückenstütze f, -lehne f. ~ **room** s 'Hinterzimmer n. '~-**room boy** s bes. Br. colloq. Wissenschaftler, der an Ge'heimpro,jekten arbeitet. '~**saw** s tech. Fuchsschwanz m mit Rückenschiene. '~ǀ**scat·ter** s electr. Rückstreuung f. ~ **scratch·ing** s colloq. gegenseitige Unter'stützung. ~ **seat** s **1.** Rücksitz m. **2.** colloq. 'untergeordnete Stellung: **to take a** ~ in den Hintergrund treten (**to gegen**'über) (a. Sache). '~-**seat driv·er** s colloq. **1.** mot. besserwisserischer Mitfahrer. **2.** fig. Besserwisser m. '~**set** s **1.** Rückschlag m. **2.** mar. Gegenströmung f.

**back·sheesh, back·shish** → **baksheesh.**

ǀ**back**ǀ'**side** s **1.** Kehr-, Rückseite f, hintere od. linke Seite. **2.** colloq. 'Hinterteil n, ,Hintern' m. '~**sight** s **1.** a) tech. Vi'sier n, b) surv. 'Standvi,sier n. **2.** mil. Kimme f, 'Klappvi,sier n. ~ **slang** 'Umkehrung f der Wörter (beim Sprechen). '~**slap·per** s bes. Am. colloq. **1.** jovi'aler od. leutseliger Mensch. **2.** plump-vertraulicher Mensch. '~**slide** v/i irr **1.** relig. abtrünnig werden. '~**slid·er** s **1.** relig. Abtrünnige(r m) f. **2.** Rückfällige(r m) f. '~**space key** s '~**spac·er** s Rücktaste f (der Schreibmaschine). '~**spin** s sport Backspin m, 'Rückef,fet m. '~**stage** thea. **I** s **1.** Garde'robenräume pl u. Bühne f (hinter dem Vorhang). **II** adj **2.** hinter dem Vorhang od. (a. fig.) den Ku'lissen. **III** adv [,~'st-] **3.** (hinten) auf der Bühne. **4.** hinter dem Vorhang od. (a. fig.) den Ku'lissen, in den Garde'roben. '~**stair** → **backstairs** II. ~ǀ**stairs I** s pl **1.** 'Hintertreppe f. **II** adj **2.** ~ **gossip** (od. **talk**) (bösartige) Anspielungen pl (**about** auf acc). **3.** ~ **influence** Protektion f. '~**stitch** s Steppstich m: ~ **seam** Steppnaht f. '~**stop** s **1.** Kricket: Feldspieler m, Fänger m. **2.** a) Baseball etc: Netz n hinter dem Fänger, b) Tennis: Zaun m hinter der Grundlinie. **3.** Am. Kugelfang m (im Schießstand). **4.** tech. rückwärtiger Anschlag. ~ **straight** → **backstretch.** ~ **street** s Seitenstraße f. '~-**street** adj heimlich: ~ **abortion** illegale Abtreibung; ~ **abortionist** Engelmacher(in). '~**stretch** s sport Gegen-

gerade f. '~**stroke** s **1.** sport a) Rückschlag m (des Balls), b) Rückenschwimmen n. **2.** tech. Rückschlag m, -lauf m, -hub m. '~**swept** adj nach hinten zu'rückgenommen od. verjüngt: ~ **hair** zurückgekämmtes Haar; ~ **wing** aer. pfeilförmige Tragfläche. '~**swing** s Golf: Aufschwung m. ~ **talk** s bes. Am. colloq. freche Antwort(en pl). ,~-**to**-'**back** adj **1.** Rücken an Rücken. **2.** aufein'anderfolgend: ~ **method** electr. Rückarbeitsverfahren n; ~ **rectifier** Gegentaktgleichrichter m. ,~-**to**-'**work** adj: ~ **order** jur. gerichtliche Verfügung, die Streikende zur Wiederaufnahme der Arbeit zwingt. '~**trace** v/t teleph. Anrufer ermitteln, feststellen. '~**track** v/i **1.** den'selben Weg zu'rückgehen od. -verfolgen. **2.** fig. a) e-n Rückzieher machen, sich zu'rückziehen (**from** von), b) e-e Kehrtwendung machen. '~**up I** s **1.** → backing 1, 3. **2.** Verstopfung f (e-s Rohrs etc). **3.** mot. Am. (Rück)Stau m. **4.** fig. Rückstau m (**on** 'hinsichtlich). **5.** tech. Er'satzgerät n, -ma,schine f. **II** adj **6.** Unterstützungs..., Hilfs...: ~ **troops. 7.** tech. Ersatz..., Reserve... **8.** ~ **light** mot. Am. Rückfahrscheinwerfer m.

**back·ward** ['bækwə(r)d] **I** adj **1.** rückwärts gerichtet, Rück(wärts)...: ~ **flow** Rückfluß m; a ~ **glance** ein Blick zurück od. nach hinten; ~ **pass** sport a) Rückpaß m, b) Rückgabe f (zum Tormann). **2.** hinten gelegen, Hinter... **3.** 'umgekehrt. **4.** a) langsam, träge: **to be** ~ **in one's duty** s-e Pflicht vernachlässigen, b) (geistig) schwerfällig. **5.** (in der Entwicklung etc) zu'rück(geblieben) (Kind etc), 'unterentwickelt (a. Land etc), spät reifend (Früchte), spät eintretend (Jahreszeit). **6.** rückständig: a ~ **country**; a ~ **person; to be** ~ **in one's work** mit s-r Arbeit im Rückstand sein. **7.** zögernd, 'widerwillig. **8.** colloq. a. ~ **in coming forward** zu'rückhaltend, schüchtern, scheu. **II** adv **9.** rückwärts, zu'rück, nach hinten: ~ **and forward** hin u. her, vor u. zurück. **10.** rücklings, verkehrt. **11.** zu'rück, in die Vergangenheit: **to look** ~ fig. zurückblicken. **12.** zu'rück, zum Schlechten: **to go** ~ fig. sich verschlechtern.

**back·ward·a·tion** [,bækwə(r)'deɪʃn] s Börse: Br. De'port m, Kursabschlag m.

'**back·ward·ness** s **1.** Langsamkeit f, Trägheit f. **2.** Rückständigkeit f. **3.** 'Widerwilligkeit f. **4.** Schüchternheit f.

**back·wards** ['bækwə(r)dz] → **backward.**

'**back·wash** s **1.** Rückströmung f, mar. a. Bugwellen pl od. Kielwasser n. **2.** fig. Aus-, Nachwirkung(en pl) f. '~**wa·ter** s **1.** → **backwash 1. 2.** Stauwasser n. **3.** totes Wasser. **4.** fig. Ort m od. Zustand m der Rückständigkeit u. Stagnati'on, Pro'vinz f, (kultu'relles) Notstandsgebiet. '~**woods I** s pl **1.** unerschlossenes Waldgebiet, abgelegene Wälder pl. **2.** contp. Pro'vinz f. **II** adj **3.** contp. 'hinterwäldlerisch, Provinz... '~**woods·man** [-mən] s irr **1.** contp. 'Hinterwäldler m. **2.** Mitglied n des brit. Oberhauses, das nur selten erscheint. '~**yard** s **1.** Br. 'Hinterhof m. **2.** Am. Garten m hinter dem Haus. **3. in our own** ~ fig. bei uns, unter uns.

**ba·con** ['beɪkən] s Speck m: **to bring home the** ~ colloq. a) die ,Brötchen' verdienen, b) (bei e-m Unternehmen etc) Erfolg haben; **to bring home the** ~ **on a contract** e-n Vertrag unter Dach u. Fach bringen; **to save one's** ~ Br. colloq. mit heiler Haut davonkommen.

**Ba·co·ni·an the·o·ry** [beɪ'kəʊnjən; -nɪən] s 'Bacon-Theo,rie f (Theorie, nach der Francis Bacon Shakespeares Dramen verfaßt habe).

**bac·te·ri·a** [bæk'tɪərɪə] pl von **bacterium.**

**bac·te·ri·al** [bæk'tɪərɪəl] adj bakteri'ell.

**bac·te·ri·cid·al** [bæk,tɪərɪ'saɪdl] adj med. bakteri'zid, bak'terientötend.

**bac'te·ri·cide** [-saɪd] s Bakteri'zid n.

**bac·te·rin** ['bæktərɪn] s med. Bak'terienvak,zin n.

**bac·te·ri·o·log·i·cal** [bæk,tɪərɪə'lɒdʒɪkl; Am. -'lɑ-] adj (adv ~ly) bakterio'logisch, Bakterien...: ~ **warfare.** **bac,te·ri'ol·o·gist** [-'blɒdʒɪst; Am. -'ɑ-] s Bakterio'loge m. **bac,te·ri'ol·o·gy** s Bakteriolo'gie f, -forschung f.

**bac·te·ri·ol·y·sis** [bæk,tɪərɪ'ɒlɪsɪs; Am. -'ɑ-] s med. Bakterio'lyse f (Zerstörung von Bakterien durch Antikörper).

**bac·te·ri·o·phage** [bæk'tɪərɪəfeɪdʒ] s med. Bakterio'phage m (virenähnliches Kleinstlebewesen, das Bakterien zerstört).

**bac·te·ri·o·sta·sis** [bæk,tɪərɪəʊ'steɪsɪs] s med. Bakterio'stase f (Hemmung des Wachstums u. der Vermehrung von Bakterien).

**bac·te·ri·um** [bæk'tɪərɪəm] pl **-ri·a** [-ə] s biol. Bak'terie f.

**bac·ter·oid** ['bæktərɔɪd] **I** adj bak'terienähnlich. **II** s biol. Bakterio'id n.

**Bac·tri·an cam·el** ['bæktrɪən] s zo. Zweihöckeriges Ka'mel.

**bad¹** [bæd] **I** adj comp **worse** [wɜːs; Am. wɜrs] sup **worst** [wɜːst; Am. wɜrst] (adv → **badly**). **1.** allg. schlecht. **2.** böse, schlimm, arg, schwer: **a** ~ **mistake** ein schwerer Fehler. **3.** böse, ungezogen: a ~ **boy. 4.** verdorben, lasterhaft: **a** ~ **woman. 5.** unanständig, unflätig: ~ **language** a) unanständige Ausdrücke pl, b) (gottes-)lästerliche Reden pl, c) beleidigende Äußerungen pl; **a** ~ **word** ein häßliches Wort. **6.** falsch, fehlerhaft, schlecht: **his** ~ **English** sein schlechtes Englisch; ~ **grammar** grammatisch falsch od. schlecht. **7.** unbefriedigend, schlecht: **a** ~ **plan** (**harvest, year, etc**); **not** ~ **fun** ganz amüsant. **8.** ungünstig, schlecht: ~ **news**; **to be** ~ **news** colloq. ein Ärgernis sein (Person od. Sache). **9.** schädlich, ungesund, schlecht (**for** für): ~ **for the eyes**; ~ **for you**; ~ **for one's health** ungesund. **10.** unangenehm, ärgerlich: **that's too** ~ das ist (zu) schade, das ist (doch) zu dumm. **11.** schlecht (Qualität, Zustand): ~ **teeth**; **a** ~ **repair job; in** ~ **condition**; ~ **trip** sl. ,Bad Trip' m (Drogenrausch mit Angstzuständen). **12.** ungültig (Anspruch, Münze etc), gefälscht (Scheck): ~ **debts** econ. zweifelhafte Forderungen; ~ **title** jur. mangelhafter Rechtstitel; ~ **shot** sport ungültiger Schuß od. Schlag. **13.** schlecht, verdorben: ~ **meat; to go** ~ schlecht werden, verderben. **14.** schlecht, angegriffen: ~ **health. 15.** a) unwohl, krank: **she is** (od. **feels**) **very** ~ **today** es geht ihr heute sehr schlecht; **he is in a** ~ **way** (a. weitS.) es geht ihm schlecht, er ist übel dran, b) niedergeschlagen: **he felt** ~ **at** (od. **about**) **it** er war (sehr) deprimiert darüber. **16.** schlimm, böse, arg, heftig: **a** ~ **cold**; **a** ~ **shock**; **a** ~ **finger** ein böser od. schlimmer Finger. **17.** widerlich, schlecht: **a** ~ **smell. 18.** schlecht, schwach (**at** in dat). **II** s **19.** (das) Schlechte, (das) Böse, Unglück n: **to go from** ~ **to worse** immer schlimmer werden; **to take the** ~ **with the good** (auch) die Nachteile od. die schlechten Seiten in Kauf nehmen; **to go to the** ~ auf die schiefe Bahn geraten. **20.** econ. Defizit n: **to be** $ **25 to the** ~ ein Defizit od. e-n Verlust von 25 Dollar haben. **21.** colloq. **to be in** ~ **with** schlecht angeschrieben sein bei; **to get in** ~ **with** sich unbeliebt machen bei. **III** adv colloq. für **badly.**

**bad²** [bæd] *obs. pret von* **bid.**
**bad³** [bæd] *obs. pret von* **bide.**
**bad·der·locks** [ˈbædə(r)lɒks; *Am.* -ˌlɑks] *s bot.* (*eßbarer*) arktischer Seetang.
**bad·die** [ˈbædɪ] *s TV, Film etc: colloq.* Bösewicht *m*, Schurke *m*.
**bad·dish** [ˈbædɪʃ] *adj* ziemlich schlecht.
**bad·dy** → **baddie.**
**bade¹** [bæd; beɪd] *pret u. pp von* **bid.**
**bade²** [bæd] *pret von* **bide.**
**badge** [bædʒ] *s* **1.** Abzeichen *n.* **2.** *mil.* a) Dienstgrad-, Rangabzeichen *n*, b) (Ehren)Spange *f*, Auszeichnung *f.* **3.** *fig.* Ab-, Kennzeichen *n*, Merkmal *n*, Stempel *m.*
**badg·er** [ˈbædʒə(r)] **I** *s* **1.** *zo.* Dachs *m.* **2.** B~ *Am.* (*Spitzname für e-n*) Bewohner von Wis'consin: B~ State Wisconsin *n.* **II** *v/t* **3.** hetzen. **4.** *fig.* plagen, *j-m* zusetzen: to ~ *s.o.* for s.th. j-m wegen etwas keine Ruhe lassen; to ~ *s.o.* into doing s.th. j-m so lange zusetzen, bis er etwas tut. ~ **bait·ing** *s* Dachshetze *f.* ~ **dog** *s* Dachshund *m.* ~ **draw·ing** *s* Dachshetze *f.* ~ **game** *s Am. colloq.* abgekartetes Spiel, bei dem ein Mann von e-r Frau in e-e verfängliche Situation gelockt u. anschließend von e-m Komplizen, der sich als Ehemann ausgibt, erpreßt wird.
**ba·di·geon** [bəˈdɪdʒən] *s tech.* Gips-, Stuckmörtel *m.*
**bad·i·nage** [ˈbædɪnɑːʒ; ˌbædɪˈnɑːʒ] *s* Schäke'rei *f*, Necke'rei *f.*
**ˈbad·lands** *s pl* Ödland *n.*
**ˈbad·ly** *adv* **1.** schlecht, schlimm: he is ~ off es geht ihm sehr schlecht. **2.** schlecht, mangelhaft, mise'rabel: to do ~ schlecht fahren (in bei, mit). **3.** dringend, sehr: ~ needed dringend nötig (*od.* benötigt). **4.** schwer: ~ wounded.
**bad·min·ton** [ˈbædmɪntən] *s* **1.** a) *sport* Badminton *n*, b) *Freizeitsport:* Federball(spiel) *n*) *m.* **2.** *a.* ~ cup Erfrischungsgetränk aus Rotwein, Sodawasser u. Zucker.
**ˈbad-ˌmouth** *v/t Am. colloq.* j-n *od.* etwas schlechtmachen, 'herziehen über (*acc*).
**ˈbad·ness** *s* **1.** Verdorbenheit *f*, Lasterhaftigkeit *f.* **2.** Schädlichkeit *f.* **3.** schlechter Zustand, schlechte Beschaffenheit.
**ˌbad-ˈtem·pered** *adj* schlechtgelaunt, übellaunig.
**Bae·de·ker** [ˈbeɪdɪkə(r)] *s* **1.** Baedeker *m*, Reiseführer *m.* **2.** *allg.* Handbuch *n.*
**baf·fle** [ˈbæfl] **I** *v/t* **1.** verwirren, -blüffen, narren, täuschen, *j-m* ein Rätsel sein: the police are ~d die Polizei steht vor e-m Rätsel; it ~s (all) description es spottet jeder Beschreibung. **2.** e-n Plan etc durch'kreuzen, vereiteln. **3.** *tech.* a) ablenken, b) dämpfen, bremsen. **II** *s* **4.** → bafflement. **5.** *tech.* Ablenkplatte *f*, Schutzschirm *m*, *bes.* Schallwand *f*, -schirm *m.* **ˈbaf·fle·ment** *s* **1.** Verwirrung *f.* **2.** Vereit(e)lung *f.*
**baf·fle plate** *s tech.* Prall-, Ablenkplatte *f*, *mot.* Schlingerwand *f.*
**ˈbaf·fling** *adj* (*adv* -ly) **1.** verwirrend, verblüffend, verträckt: a ~ problem. **2.** vereitelnd, hinderlich. **3.** unstet (*Wind*).
**bag** [bæg] **I** *s* **1.** (a. Post-, Schlaf- *etc*)Sack *m*, Beutel *m*, (Schul-, Reise-, Hand- *etc*) Tasche *f:* ~ and baggage (mit) Sack u. Pack, mit allem Drum u. Dran; ~s under the eyes a) Ringe unter den Augen, b) Tränensäcke; ~s of *colloq.* jede Menge (*Geld etc*); to give s.o. the ~ *colloq.* j-n ,feuern' (*entlassen*); to be left holding the ~ *Am. colloq.* die Sache ausbaden müssen, der Dumme sein; it's in the ~ *colloq.* das haben wir in der Tasche *od.* sicher; the whole ~ of tricks *colloq.* der ganze Krempel; → bone¹ 1, cat Bes. Redew., nerve 1. **2.** *tech.* (*Zellophanetc*)Beutel *m* (*zur Verpackung*): inner ~

Innenbeutel. **3.** Tüte *f.* **4.** Sack *m* (*als Maß*). **5.** Geldbeutel *m.* **6.** *hunt.* a) Jagdtasche *f*, b) Jagdbeute *f*, Strecke *f.* **7.** *zo.* a) Euter *n*, b) Honigmagen *m* (*e-r Biene*). **8.** *Boxen:* (Sand)Sack *m.* **9.** *Baseball:* a) Mal *n*, b) Sandsack *m* (*um das Mal zu bezeichnen*). **10.** *sl.* a) ,Nutte' *f* (*Prosti-tuierte*), b) *a.* old ~ alte Schlampe. **11.** *colloq.* a) ,Sack' *m*, weites Kleidungsstück, b) *pl* a. pair of ~s *bes. Br.* Hose *f.* **12.** *colloq.* Briefchen *n* (*Rauschgift*). **13.** *colloq.* (Gemüts)Zustand *m*, (-)Verfassung *f.* **14.** *colloq.* a) Geschmack *m*, b) Stärke *f.* **II** *v/t* **15.** a) in e-n Sack *od.* e-e Tasche stecken, einsacken, b) in (*Zellophanetc*)Beutel verpacken *od.* abfüllen. **16.** *hunt.* zur Strecke bringen, fangen (*a. fig.*). **17.** *colloq.* a) (sich) etwas schnappen, einsacken, b) ,klauen', stehlen, c) *j-n* ,in die Tasche stecken', schlagen, besiegen. **18.** aufbauschen, ausdehnen: ~ged → baggy.
**III** *v/i* **19.** sich sackartig ausbauchen, sich bauschen. **20.** her'unterhängen wie ein Sack (*Kleidungsstück*).
**bag·a·telle** [ˌbægəˈtel] *s* **1.** Baga'telle *f*, Kleinigkeit *f.* **2.** *mus.* Baga'telle *f* (*kurzes Musikstück*). **3.** Tivolispiel *n.*
**bag·ful** [ˈbægfʊl] *s* (*ein*) Sack(voll) *m* (*a. fig. Menge*).
**bag·gage** [ˈbægɪdʒ] *s* **1.** *bes. Am.* (Reise-)Gepäck *n.* **2.** *mil.* Gepäck *n*, Troß *m.* **3.** *fig.* *Am.* Bal'last *m.* **4.** *contp.* ,Luder' *n*, ,Flittchen' *n.* **5.** *colloq. humor.* ,Fratz' *m* (*Mädchen*). ~ **al·low·ance** *s aer. bes. Am.* Freigepäck *n.* ~ **car** *s rail. bes. Am.* Gepäckwagen *m.* ~ **check** *s bes. Am.* Gepäckschein *m.* ~ **com·part·ment** *s aer. rail. bes. Am.* Gepäckraum *m.* ~ **in·sur·ance** *s bes. Am.* Reisegepäckversicherung *f.* ~ **lock·er** *s bes. Am.* Gepäckschließfach *n* (*auf Bahnhöfen etc*). ~ **rack** *s rail. bes. Am.* Gepäcknetz *n.* ~ **train** *s mil.* Troß *m.*
**bag·ging** [ˈbægɪŋ] **I** *s* **1.** Sack-, Packleinwand *f.* **2.** a) Einsacken *n*, b) Verpackung *f od.* Abfüllung *f* in (*Zellophanetc*)Beutel. **3.** Aufbauschung *f.* **II** *adj* → baggy.
**bag·gy** [ˈbægɪ] *adj* **1.** sackartig. **2.** bauschig. **3.** sackartig her'unterhängend: ~ clothes; ~ cheeks Hängebacken. **4.** ausgebeult: ~ trousers.
**bag·|man** [ˈbægmən] *s irr* **1.** *bes. Br. colloq.* (Handels)Vertreter *m.* **2.** *Am. colloq.* Kas'sierer *m od.* Verteiler *m* von Schutzgeldern *od.* Schmiergeldern.
**bag·nio** [ˈbɑːnjəʊ; *Am. a.* ˈbæn-] *pl* -gnios *s* **1.** Bor'dell *n.* **2.** *obs.* türkisches Badehaus. **3.** *obs.* Gefängnis *n* (*im Orient*).
**ˈbag·|pipe** *s meist pl mus.* Dudelsack *m.* ˈ~pip·er *s* Dudelsackpfeifer *m.* ˈ~reef *s mar.* 'Unterreff *n.* ˈ~snatch·er *s* Handtaschenräuber *m.* ˈ~wig *s hist.* Pe'rücke *f* mit Haarbeutel. ˈ~worm *s zo.* Raupe *f* des Sackträgers: ~ moth Sackträger *m.*
**bah** [bɑː] *interj contp.* bah!
**Ba·ha·i** [bəˈhɑːɪ; *Am. a.* bɑː-] *relig.* **I** *s* Ba'hai *m.* **II** *adj* Bahaismus *m.* **Ba·ha·ism** *s* Baha'ismus *m* (*aus dem Babismus entstandene universale Religion*).
**bail¹** [beɪl] *jur.* **I** *s* **1.** *nur sg* Bürge(n *pl*) *m:* to find ~ sich (e-n) Bürgen verschaffen. **2.** Bürgschaft *f*, Sicherheitsleistung *f*, ('Haft)Kauti,on *f:* to admit to ~ → 5; to allow (*od.* grant) ~ → 5, b) Sicherheitsleistung *od.* Kaution zulassen; to be out on ~ gegen Kaution auf freiem Fuß sein; to forfeit one's ~ (*bes. wegen Nichterscheinens vor Gericht*) die Kaution verlieren; to furnish (*od.* give) ~ Sicherheit leisten, Kaution stellen; to go (*od.* stand)

~ for s.o. für j-n Sicherheit leisten *od.* Kaution stellen; to jump ~ *Am. colloq.* die Kaution ,sausen lassen', flüchtig werden; to refuse ~ gegen Kaution *od.* Sicherheitsleistung verweigern; release (*Br. a.* remand) on ~ → 3; to release (*Br. a.* remand) on ~ → 5; to save (*od.* surrender to) one's ~ vor Gericht erscheinen. **3.** Freilassung *f od.* Entlassung *f* aus der Unter'suchungshaft gegen Kauti'on *od.* Sicherheitsleistung. **II** *v/t* **4.** *meist* ~ out *j-s* Freilassung *od.* Entlassung aus der Unter'suchungshaft gegen Kauti'on *od.* Sicherheitsleistung erwirken. **5.** gegen Kauti'on *od.* Sicherheitsleistung freilassen *od.* aus der Unter'suchungshaft entlassen. **6.** *Güter* (*zur treuhänderischen Verwahrung*) über-'geben (to *dat*). **7.** *meist* ~ out *fig.* j-n retten, *j-m* (her'aus)helfen ([out] of aus *dat*).
**bail²** [beɪl] **I** *v/t* **1.** *meist* ~ out a) *Wasser etc* ausschöpfen, b) *ein Boot* ausschöpfen. **II** *v/i* **2.** Wasser ausschöpfen. **3.** ~ out *aer.* ,aussteigen', (mit dem Fallschirm) abspringen. **4.** ~ out *fig. colloq.* ,aussteigen' (of aus *dat*).
**bail³** [beɪl] *s* **1.** Bügel *m*, Henkel *m*, (Hand)Griff *m.* **2.** Reif *m*, Halbreifen *m* (*z. B. e-s Planwagendaches*).
**bail⁴** [beɪl] *s* **1.** *bes. Br.* Schranke *f* (*im Stall*). **2.** *Kricket:* Querstab *m* (*über den stumps*). **3.** äußere Burgmauer.
**ˈbail·a·ble** *adj jur.* kauti'onsfähig.
**bail bond** *s jur. schriftliche Verpflichtungserklärung e-s Untersuchungsgefangenen od. Angeschuldigten u. s-s Bürgen anstelle von Zahlung e-r Kaution.*
**bail·ee** [ˌbeɪˈliː] *s jur.* Deposi'tar *m* (*e-r beweglichen Sache*), (*treuhänderischer*) Verwahrer *m*, *z. B.* Frachtführer *m*, Spedi'teur *m.*
**bai·ley** [ˈbeɪlɪ] *s* **1.** Außenmauer *f* (*e-r Burg*). **2.** Burghof *m:* → Old Bailey.
**bail·ie** [ˈbeɪlɪ] *s Scot.* Stadtverordnete(r) *m.*
**bail·iff** [ˈbeɪlɪf] *s* **1.** *jur.* a) *Br.* Gerichtsvollzieher *m*, Hilfsbeamte(r) *m* e-s sheriffs, b) *Am.* Ju'stizwachtmeister *m*, c) *Am.* Voll'streckungsbeamte(r) *m.* **2.** *Br.* (Guts)Verwalter *m.*
**bail·i·wick** [ˈbeɪlɪwɪk] *s* **1.** *jur.* Amtsbezirk *m* e-s bailiff. **2.** *fig.* Spezi'algebiet *n.*
**ˈbail·ment** *s jur.* **1.** a) (vertragliche) Hinter'legung (*e-r beweglichen Sache*), Verwahrung(svertrag *m*) *f*, b) Beförderungsvertrag *m* in bezug auf hinter'legte Sachen *pl*, anvertrautes Gut. **2.** → bail¹ 3.
**bail·or** [ˈbeɪlə(r); beɪˈlɔː(r)] *s jur.* Hinter'leger *m* (*e-r beweglichen Sache*), Depo-'nent *m.*
**bails·man** [ˈbeɪlzmən] *s irr jur.* Bürge *m.*
**bairn** [beə(r)n] *s Scot.* Kind *n.*
**bait** [beɪt] **I** *s* **1.** Köder *m* (*a. fig.*): live ~ lebender Köder; to rise to (*od.* swallow, take) the ~ anbeißen, *fig. a.* sich ködern lassen. **2.** *obs.* Erfrischungspause *f*, Rast *f* (*auf der Reise*). **3.** *obs.* Füttern *n* u. Tränken *n* (*der Pferde etc*). **II** *v/t* **4.** mit e-m Köder versehen. **5.** *fig.* ködern, (an)locken. **6.** *hunt.* (mit Hunden) hetzen. **7.** *fig.* quälen, peinigen, ,piesacken'. **8.** *obs.* Pferde etc (*bes. auf der Reise*) füttern u. tränken. **III** *v/i* **9.** *obs.* einkehren, Rast machen. **10.** *obs.* fressen.
**ˈbait·er** *s fig.* Quäler *m.*
**ˈbait·ing** *s fig.* Quäle'rei *f.* **2.** → bait 2. **3.** → bait 3.
**baize** [beɪz] **I** *s* **1.** Boi *m* (*Art Flanell od. Fries, meist grün*). **2.** 'Tisch,überzug *m etc* aus Boi. **II** *v/t* mit Boi über'ziehen.
**bake** [beɪk] **I** *v/t* **1.** backen, im (Back-) Ofen braten: ~d beans Baked Beans (*in Tomatensoße gekochte Bohnen*); ~d po-tatoes a) ungeschälte, im Ofen gebackene Kartoffeln, b) Folienkartoffeln. **2.** a) dör-

ren, härten, austrocknen, b) *Ziegel* brennen, c) *tech. Lack* einbrennen: **to ~ on** aufbrennen. **II** *v/i* **3.** backen, braten (*a. fig. in der Sonne*), gebacken werden (*Brot etc*). **4.** dörren, hart werden. **5.** zs.- *od.* festbacken. **III** *s* **6.** *Scot.* Keks *m, n.* **7.** *Am.* gesellige Zs.-kunft, bei der e-e Backspezialität als Hauptgericht serviert wird. '**~house** *s* Backhaus *n*, -stube *f.*
**Ba·ke·lite, b~** [ˈbeɪkəlaɪt] (*TM*) *s tech.* Bakeˈlit *n.*
'**bak·er** *s* **1.** Bäcker *m:* → **dozen** 2. **2.** tragbarer Backofen.
**bak·er·y** [ˈbeɪkərɪ] *s* **1.** Bäckeˈrei *f.* **2.** → bakehouse.
**bakh·shish** → baksheesh.
'**bak·ing** *s* **1.** Backen *n.* **2.** Schub *m* (*Brote etc*). **3.** *tech.* a) Brennen *n* (*von Ziegeln*), b) Einbrennen *n* (*von Lack*). ,**~·'hot** *adj* glühendheiß (*Tag etc*). ~ **pow·der** *s* Backpulver *n.* ~ **so·da** *s* 'Natrium‚bikarbo‚nat *n.*
**bak·sheesh, bak·shish** [ˈbækʃiːʃ; ‚–ˈʃiːʃ] *s* (*ohne art*) Bakschisch *n.*
**Ba·laam** [ˈbeɪlæm; -ləm] **I** *npr Bibl.* Bileam *m.* **II b~** *s print. Am. colloq.* Füller *m.*
**Ba·la·cla·va (hel·met)** [‚bæləˈklɑːvə] *s* (wollener) Kopfschützer.
**ba·la·lai·ka** [‚bæləˈlaɪkə] *s mus.* Bala-'laika *f.*
**bal·ance** [ˈbæləns] **I** *s* **1.** Waage *f* (*a. fig.*). **2.** Gleichgewicht *n:* a) Baˈlance *f,* b) *a.* ~ **of mind** Fassung *f,* Gemütsruhe *f;* **in the ~** *fig.* in der Schwebe; **to hang** (*od.* **tremble) in the ~** *fig.* auf Messers Schneide stehen; **to hold the ~** *fig.* das Zünglein an der Waage bilden; **to keep one's ~** a) das Gleichgewicht halten, b) *fig.* sich nicht aus der Fassung bringen lassen; **to lose one's ~** das Gleichgewicht *od.* (*fig.*) die Fassung verlieren; **off ~** aus dem Gleichgewicht; **to throw s.o. off (his) ~** *fig.* j-n aus der Fassung bringen; ~ **of power** (politisches) Gleichgewicht, Gleichgewicht der Kräfte. **3.** (*zu*) *bes. fig.* Gegengewicht *n* (*zu*), Ausgleich *m* (*für*). **4.** *bes. fig.* 'Übergewicht *n.* **5.** *fig.* Abwägen *n:* **on ~** wenn man alles berücksichtigt, alles in allem genommen. **6.** *art* harˈmonisches Verhältnis, Ausgewogenheit *f* (*a. e-s Fernsehprogramms etc*). **7.** *econ.* a) Biˈlanz *f,* b) Rechnungsabschluß *m,* c) (Konten-, Rechnungs)Saldo *m,* Kontostand *m,* Bestand *m,* Guthaben *n,* d) Restbetrag *m,* -summe *f:* ~ **at** (*od.* **in) the bank** Banksaldo, -guthaben; ~ **of accounts** Kontenabschluß *m;* ~ **of payments** Zahlungsbilanz; ~ **of the books** Abschluß *m* der Bücher; ~ **due** Debetsaldo, geschuldeter Restbetrag; ~ **in your favo(u)r** Saldo zu Ihren Gunsten; ~ **in** (*od.* **on) hand** Bar-, Kassenbestand; **to show a ~** e-n Saldo aufweisen; **to strike a ~** den Saldo *od.* (*a. fig.*) (die) Bilanz ziehen; **on ~** per Saldo. **8.** *Am. colloq.* Rest *m.* **9.** Baˈlance *f* (*Tanzschritt*). **10.** *tech.* Unruh *f* (*der Uhr*). **11.** *electr.* (Null)Abgleich *m* (*e-r Meßbrücke*). **12.** *phys.* Ausgleich *m,* Kompensatiˈon *f.* **13.** *physiol.* (*Stickstoff- etc*)Gleichgewicht *n:* **thyroid** ~ Schilddrüsengleichgewicht, normales Funktionieren der Schilddrüse. **14.** **B~** *astr.* Waage *f.*
**II** *v/t* **15.** wiegen. **16.** *fig.* (ab-, er-) wägen: **to ~ one thing against another** e-e Sache gegen e-e andere abwägen. **17.** (*o.s.* sich) im Gleichgewicht halten, balanˈcieren. **18.** ins Gleichgewicht bringen, ausgleichen, 'ausbalan‚cieren. **19.** *electr.* a) abgleichen, abkoppeln, neutraliˈsieren, c) symmeˈtrieren. **20.** *tech.* Räder etc auswuchten. **21.** *econ.* Konten *od.* Rechnungen aus-, begleichen, salˈdieren, abschließen: **to ~ one item against another** e-n Posten gegen e-n anderen

aufrechnen; **to ~ our account** zum Ausgleich unserer Rechnung; **to ~ the ledger** das Hauptbuch (ab)schließen; **to ~ the cash** Kasse(nsturz) machen. **22.** *econ.* gleichstehen mit: **the expenses ~ the receipts. 23.** *art* harˈmonisch gestalten.
**III** *v/i* **24.** sich im Gleichgewicht halten (*a. fig.*), balanˈcieren: **to ~ with** ein Gegengewicht bilden zu, *etwas* ausgleichen. **25.** sich (hin u. her) wiegen, wippen. **26.** *a.* ~ **out** *tech.* (sich) einspielen (*Zeiger etc*). **27.** *econ.* sich ausgleichen (*Rechnungen*).
**bal·ance| ac·count** *s econ.* Ausgleichskonto *n.* ~ **beam** *s* **1.** Waagearm *m,* -balken *m.* **2.** *Turnen:* Schwebebalken *m.* ~ **card** *s econ.* Bestandskarte *f.*
**bal·anced** [ˈbælənst] *adj* **1.** im Gleichgewicht befindlich, 'ausbalan‚ciert. **2.** *fig.* ausgewogen, ausgeglichen: ~ **budget;** ~ **diet** ausgeglichene Kost; ~ **team** *sport* ausgeglichene Mannschaft. **3.** *fig.* wohlerwogen: ~ **judg(e)ment. 4.** *electr.* ausgeglichen, symˈmetrisch: ~ **aerial** (*bes. Am.* **antenna**) Ausgleichsantenne *f;* ~ **circuit** symmetrische Schaltung; ~ **voltage** (erd)symmetrische Spannung. **5.** *tech.* ausgewuchtet: ~ **wheels.**
'**bal·anc·er** *s* **1.** Balanˈcierkünstler(in). **2.** *tech.* Auswuchtgerät *n.*
**bal·ance| sheet** *s econ.* **1.** (*aufgestellte*) Biˈlanz, Rechnungsabschluß *m:* **first** (*od.* **opening) ~** Eröffnungsbilanz; ~ **item** Bilanzposten *m.* **2.** *fig.* Biˈlanz *f.* ~ **spring** *s tech.* Unruhfeder *f* (*der Uhr*). ~ **wheel** *s* **1.** *tech.* Hemmungsrad *n,* Unruh *f.* **2.** *fig.* ausgleichendes Moˈment.
**bal·as** [ˈbæləs] *s min.* 'Balasru‚bin *m.*
**bal·co·nied** [ˈbælkənɪd] *adj* mit e-m Balˈkon (versehen), mit Balˈkonen. '**bal·co·ny** *s* Balˈkon *m, thea. a.* zweiter Rang.
**bald** [bɔːld] **I** *adj* (*adv* **~ly**) **1.** kahl (-köpfig), glatzköpfig: **to go ~** e-e Glatze bekommen, kahl werden. **2.** kahl (*ohne Haar, Federn, Laub, Pflanzenwuchs*). **3.** (*völlig*) abgefahren (*Reifen*). **4.** *fig.* kahl, schmucklos, armselig, dürftig. **5.** *fig.* nackt, unverhüllt, unverblümt: ~ **egotism; a ~ statement** e-e knappe Erklärung; **to put it ~ly** um es ganz offen zu sagen. **6.** weißköpfig (*Vogel*), weißfleckig (*Pferde: bes. am Kopf*): ~ **eagle** Weißköpfiger Seeadler (*Wappentier der USA*). **II** *v/i* **7.** *Am.* kahl werden, e-e Glatze bekommen.
**bal·da·chin, a. bal·da·quin** [ˈbɔːldə‚kɪn; *Am. a.* ˈbæl-] *s* Baldachin *m* (*a. arch.*), Thron-, Traghimmel *m.*
**bal·der·dash** [ˈbɔːldə(r)dæʃ] *s* ‚Quatsch' *m,* Unsinn *m.*
**bald| face** *s Am.* **1.** Blesse *f* (*Pferd*). **2.** *sl.* ‚Fusel' *m* (*schlechter Whisky*). '**~·head** *s* **1.** Kahl-, Glatzkopf *m.* **2.** *orn.* (e-e) Haustaube. ‚**~·'head·ed I** *adj* kahl, glatzköpfig. **II** *adv:* **to go ~** *colloq.* a) blindlings losgehen (**at, for** *auf acc*), b) blindlings rennen (**into** *in acc*).
'**bald·ing** *adj* kahl (*od.* schütter) werdend: **he is ~** er bekommt langsam e-e Glatze; **a ~ head** schütteres Haar.
'**bald·ness** *s* **1.** Kahlheit *f* (*a. fig.*). **2.** *fig.* Schmucklosigkeit *f,* Dürftigkeit *f.* **3.** *fig.* Unverblümtheit *f.*
'**bald·pate** *s* **1.** Kahl-, Glatzkopf *m.* **2.** *orn.* Amer. Pfeifente *f.* ‚**~·'pat·ed** *adj* kahl(köpfig), glatzköpfig.

**bal·dric** [ˈbɔːldrɪk] *s* (Horn-, Degen-, Wehr)Gehenk *n.*
'**bald·y** *s Am. colloq.* Glatzkopf *m.*
**bale**[1] [beɪl] **I** *s econ.* Ballen *m:* ~ **goods** Ballenware *f;* **in ~s** ballenweise. **II** *v/t* in Ballen verpacken.
**bale**[2] [beɪl] *s obs. od. poet.* **1.** Unheil *n.* **2.** Leid *n,* Weh *n.*
**bale**[3] → bail[2].
**ba·leen** [bəˈliːn] *s* Fischbein *n.*
'**bale‚fire** *s obs.* **1.** Siˈgnalfeuer *n.* **2.** Freudenfeuer *n.* **3.** Scheiterhaufen *m* (*zur Feuerbestattung*).
'**bale·ful** *adj* (*adv* **~ly**) **1.** *Person:* a) bösartig, b) rachsüchtig. **2.** haßerfüllt (*Blick*). **3.** verderblich (*Einfluß*). **4.** unheilvoll. **5.** niedergeschlagen, depriˈmiert.
'**bal·er** *s* Ballen-, Packpresse *f.*
**Ba·li·nese** [‚bɑːlɪˈniːz] **I** *s* **1.** Baliˈnese *m,* Baliˈnesin *f.* **2.** *ling.* Baliˈnesisch *n,* das Balinesische. **II** *adj* Baliˈnesisch.
**balk** [bɔːk] **I** *s* **1.** Hindernis *n.* **2.** Enttäuschung *f.* **3.** *Am. obs.* Auslassung *f.* **4.** *agr.* (Furchen)Rain *m.* **5.** *arch.* Haupt-, Zug-, Spannbalken *m.* **6.** *Billard:* Quarˈtier *n,* Kessel *m:* ~ **line** Feldlinie *f;* **~-line game** Karreespiel *n.* **7.** *Baseball:* vorgetäuschter Wurf (*des Werfers*) (*Regelverstoß*). **8.** *sport* mißˈglückter Versuch. **9.** Haupttau *n* (*e-s Fischernetzes*). **II** *v/i* **10.** stokken, stutzen, nicht weiter wollen. **11.** scheuen (**at** *vor dat*) (*Pferd*), *Reitsport:* verweigern. **12.** (**at**) a) sich sträuben (gegen), b) zuˈrückschrecken (**vor** *dat*). **III** *v/t* **13.** (ver)hindern, durchˈkreuzen, vereiteln. **14.** verfehlen, sich entgehen lassen: **~ed landing** *aer.* Fehllandung *f.* **15.** *fig.* umˈgehen, sich drücken vor (*dat*): **to ~ a topic.**
**Bal·kan** [ˈbɔːlkən] **I** *adj* Balkan... **II** *s* **the ~s** *pl* die Balkanstaaten *pl,* der Balkan. '**Bal·kan·ize** *v/t Gebiet* balkaniˈsieren.
'**balk·y** [ˈbɔːkɪ] *adj* störrisch (*Pferd etc*).
**ball**[1] [bɔːl] **I** *s* **1.** Ball *m,* Kugel *f,* kugelförmiger Körper, Knäuel *m, n* (*Garn etc*), Ballen *m,* Klumpen *m,* (*Fleisch- etc*)Kloß *m.* **2.** Kugel *f* (*zum Schießen*), *a. collect.* Kugeln *pl,* Blei *n:* **to load with ~** scharf laden. **3.** *anat.* Ballen *m:* ~ **of the eye** Augapfel *m;* ~ **of the foot** Fußballen; ~ **of the thumb** Handballen. **4.** → ballot 1 a. **5.** (Spiel)Kugel *f.* **6.** *sport* a) (Spiel)Ball *m:* **tennis ~,** b) *Am.* Ballspiel *n, bes.* Baseball(spiel *n*) *m,* c) Ball *m,* (*Kricket etc*) Wurf *m,* (*Tennis etc*) Schlag *m,* (*Fußball etc*) Schuß *m:* **a fast ~** ein scharfer Ball; **no ~!** (*Kricket*) der Ball gilt nicht; ~ **no-ball,** d) *Baseball:* ungültiger Wurf *od.* Ball. **7.** *astr.* Himmelskörper *m.* **8.** *Tischlerei:* Poˈlierwachs *n.* **9.** *metall.* Luppe *f.* **10.** *vet.* große Pille (*für Pferde*). **11.** → balls.
*Besondere Redewendungen:*
**to be on the ~** *colloq.* ‚auf Draht' sein; **to have the ~ at one's feet** *Br.* s-e große Chance haben; **to have a lot on the ~** *Am. colloq.* ‚e-e Menge auf dem Kasten haben'; **to keep the ~ rolling** das Gespräch *od.* die Sache in Gang halten; **the ~ is with you** (*od.* **in your court**) du bist an der Reihe *od.* dran *od.* am Zug; **to play ~** a) den Ball spielen, b) *colloq.* mitmachen, ‚spuren'; **to set** (*od.* **start) the ~ rolling** den Stein ins Rollen bringen; **to take the ~ away from s.o.** *Am. colloq.* j-m die Sache (*e-e Aufgabe etc*) aus der Hand nehmen.
**II** *v/t* **12.** zs.-ballen, zu Kugeln *od.* Ballen formen. **13.** ~ **up** *Am. sl.* a) (*völlig*) durcheinˈanderbringen, b) **to get ~ed up** → 16, b) ‚versauen', verpfuschen.
**III** *v/i* **14.** sich (zs.-)ballen. **15.** ~ **up** *metall.* Luppen bilden. **16.** ~ **up** *Am. sl.* (*völlig*) durcheinˈanderkommen (**on** bei).
**ball**[2] [bɔːl] **I** *s* **1.** Ball *m,* Tanzveranstal-

tung *f*: **to open the ~** a) den Ball eröff-
nen, b) *fig.* den Reigen eröffnen; **to have
a ~** → 2; **to get a ~ out of** *bes. Am. colloq.*
Spaß haben an (*dat*). **II** *v/i* **2.** *bes. Am.
colloq.* sich köstlich amü'sieren. **3.** *bes.
Am. vulg.* ,bumsen', ,vögeln' (*miteinander
schlafen*). **III** *v/t* **4.** *bes. Am. vulg.*
,bumsen', ,vögeln'.
**bal·lad** ['bæləd] *s* **1.** Bal'lade *f*. **2.** Bänkel-
lied *n*.
**bal·lade** [bæ'lɑːd; *Am. a.* bə-] *s* **1.** Bal-
'lade *f* (*Gedichtform aus meist drei Stro-
phen mit je 7, 8 od. 10 Versen u. Refrain*).
**2.** *mus.* Bal'lade *f*. **~ roy·al** *s* Ballade mit
Strophen von 7 od. 8 zehnsilbigen Zeilen.
**'bal·lad|,mon·ger** *s* **1.** Bänkelsänger *m*.
**2.** *contp.* Dichterling *m*. **~ op·er·a** *s*
Singspiel *n*.
**bal·lad·ry** ['bælədrɪ] *s* Bal'ladendich-
tung *f*.
**ball|am·mu·ni·tion** *s* *mil.* 'Vollmuni-
ti,on *f*. **~ and chain** *s* **1.** Kugel- u.
Kettenfessel *f*. **2.** *fig.* ,Klotz *m* am Bein'.
**3.** *sl.* ,Hauskreuz' *n* (*Ehefrau*). **,~-and-
-'sock·et joint** *s* *anat. tech.* Kugel-
gelenk *n*.
**bal·last** ['bæləst] **I** *s* **1.** *bes. aer. mar.*
Ballast *m*: **in ~** in Ballast, nur mit Ballast
beladen. **2.** *fig.* (sittlicher) Halt, Grund-
sätze *pl*. **3.** *tech.* Steinschotter *m*, *rail.*
'Bettungsmateri,al *n*. **II** *v/t* **4.** *bes. aer.
mar.* mit Ballast beladen. **5.** *fig.* j-m Halt
geben. **6.** beschottern.
**bal·last|con·crete** *s* *tech.* 'Schotterbe-
,ton *m*. **~ port** *s* *mar.* Ballastpforte *f* (*an
der Schiffsseite*). **~ re·sis·tor** *s* *electr.*
'Ballast,widerstand *m*.
**ball|bear·ing** *s* *tech.* **1.** Kugellager *n*.
**2.** Kugellagerkugel *f*. **~ boy** *s* *sport* Ball-
junge *m*. **~ car·tridge** *s* *mil.* 'Voll-
'Kugelpa,trone *f*. **~ check valve** *s* *tech.*
'Kugel,rückschlagven,til *n*. **~ cock** *s* *tech.*
'Schwimmerhahn *m*, -ven,til *n*. **~ con-
trol** *s* *sport* 'Ballkon,trolle *f*. **~ dress** *s*
Ballkleid *n*.
**bal·le·ri·na** [,bælə'riːnə] *s* **1.** Balle'rina *f*,
Bal'lettänzerin *f*. **2.** *Am.* Primaballe'rina *f*.
**bal·let** ['bæleɪ; *Am. a.* bæ'leɪ] *s* Bal'lett *n*:
a) Bal'lettkunst *f*, -stil *m*, b) Bal'lettauf-
führung *f*, c) Bal'lettkorps *n*, d) Bal'lett-
mu,sik *f*. **~ danc·er** *s* Bal'lettänzer(in).
**bal·let·ic** [bæ'letɪk] *adj* **1.** Ballett...
**2.** tänzerisch (*Bewegungen*).
**bal·let mas·ter** *s* Bal'lettmeister *m*.
**bal·let·o·mane** ['bælɪtəʊmeɪn; *Am.* bæ-
'letə,meɪn] *s* Bal'lettfa,natiker(in).
**bal·let skirt** *s* Bal'lettröckchen *n*.
**'ball|,flow·er** *s* *arch.* Ballenblume *f* (*go-
tische Verzierung*). **~ game** *s* **1.** *sport*
a) Ballspiel *n*, b) *Am.* Baseballspiel *n*.
**2.** *bes. Am. colloq.* ,Chose' *f*, Sache *f*:
**that's a completely different ~** das
ist etwas ganz anderes. **3.** *Am. colloq.*
Schauplatz *m*, Ort *m* der Handlung od.
des Geschehens: **to be in the ~** an Ort u.
Stelle sein. **4.** *Am. colloq.* Sachlage *f*,
Situati'on *f*.
**bal·lis·tic** [bə'lɪstɪk] *adj* (*adv* **~ally**) *mil.
phys.* ballistisch: **~ curve** *s* **~ cap** *mil.*
Geschoßhaube *f*; **~ missile** *mil.* ballisti-
sche Rakete; **~ parabola** *phys.* Wurf-
parabel *f*. **bal·lis·ti·cian** [,bælɪ'stɪʃn] *s*
Bal'listiker *m*. **bal'lis·tics** *s pl* (*meist als
sg konstruiert*) *mil. phys.* Bal'listik *f*.
**ball| joint** *s* *anat. tech.* Kugelgelenk *n*. **~
light·ning** *s* Kugelblitz *m*.
**bal·locks** ['bæləks] → **bollocks**.
**bal·lo·net** [,bælə'net; *Am.* -'neɪ] *s* *aer.*
Luftsack *m* (*im Gasraum des Luftschiffs*).
**bal·loon** [bə'luːn] **I** *s* **1.** *aer.* ('Frei-,
'Fessel)Bal,lon *m*: **the ~ goes up** *colloq.*
,die Sache steigt', es geht los; **to shoot
~s** *Am. colloq.* wilde Theorien aufstellen.
**2.** 'Luftbal,lon *m* (*Kinderspielzeug*). **3.**
*arch.* (Pfeiler)Kugel *f*. **4.** *chem.* Bal'lon

---

*m*, Rezipi'ent *m*. **5.** (*in Comics etc*)
Sprech-, Denkblase *f*. **6.** *Weberei*:
Trockenhaspel *f*. **7.** *a.* **~ glass** Kognak-
glas *n*, -schwenker *m*. **8.** *sport Br. colloq.*
a) *Fußball*: ,Kerze' *f* (*steil in die Luft
geschossener Ball*), b) *Kricket*: vom Schlä-
ger in steilem Winkel geschlagener Ball. **II**
*v/i* **9.** *aer.* (*bei der Landung*) springen
(*Flugzeug*). **10.** im Bal'lon aufsteigen *od.*
fliegen. **11.** sich blähen. **12.** *sport Br.
colloq.* a) *Fußball*: ,e-e Kerze fabri'zie-
ren', b) *Kricket*: den Ball in steilem
Winkel schlagen. **13.** *econ. Am.* in die
Höhe schnellen (*Kosten, Preise*). **III** *v/t*
**14.** aufblähen, ausdehnen (*a. med.*). **15.**
**to ~ the ball** → 12. **16.** *econ. Am.* Ko-
sten, Preise in die Höhe treiben. **IV** *adj*
**17.** bal'lonförmig, aufgebläht, aufge-
bauscht: **~ sleeve** Puffärmel *m*. **~ as-
tron·o·my** *s* *astr.* Bal'lonastrono,mie *f*,
Stratosko'pie *f*. **~ bar·rage** *s* *mil.* Bal-
'lonsperre *f*.
**bal'loon·ist** *s* Bal'lonfahrer(in).
**bal·loon|jib** *s* *mar. obs.* 'Kreuzbal,lon *m*.
**~ sail** *s* *mar. obs.* Bal'lon(segel *n*) *m*. **~
tire**, *bes. Br.* **~ tyre** *s* *tech.* Bal'lonreifen
*m*. **~ vine** *s* *bot.* Bal'lonrebe *f*.
**bal·lot** ['bælət] **I** *s* **1.** a) *hist.* Wahlkugel *f*,
b) Wahl-, Stimmzettel *m*. **2.** Gesamtzahl *f*
der abgegebenen Stimmen: **large ~** hohe
Wahlbeteiligung. **3.** Geheimwahl *f*: **vot-
ing is by ~** die Abstimmung ist geheim.
**4.** (*bes. geheime*) Wahl *od.* Abstimmung:
**to have** (*od.* **hold, take**) **a ~** abstimmen
(**on** über *acc*). **5.** Wahlgang *m*: **second ~**
zweiter Wahlgang, Stichwahl *f*. **6.** Aus-
losung *f*. **II** *v/i* **7.** (**for**) stimmen (für),
(*bes.* in geheimer Wahl) wählen (*acc*). **8.**
abstimmen (**on** über *acc*). **9.** losen: **to ~
for s.th.** etwas auslosen. **III** *v/t* **10.**
abstimmen lassen (**on** über *acc*). **11.** j-n abstimmen
lassen (**on** über *acc*). **12.** auslosen. **~ box**
*s pol.* Wahlurne *f*. **~ card, ~ pa·per** →
ballot 1 b.
**ball|park** *s* *Am.* **1.** *sport* Baseballstadion
*n*. **2. to be in the right ~** *colloq.* ungefähr
hinkommen (*Zahl etc*). **'~park** *adj* **~
figure** *Am. colloq.* ungefähre Zahl. **~
pen** *s* Kugelschreiber *m*. **'~,play·er** *s*
*sport* **1.** Ballspieler *m*. **2.** *Fußball*: *Br.*
'Ballar,tist *m*. **3.** *Am.* Baseballprofi *m*.
**'~point (pen)** *s* Kugelschreiber *m*. **~
race** *s* *tech.* Kugellager-, Laufring *m*.
**'~room** *s* Tanzsaal *m*: **~ dancing**
Gesellschaftstanz *m*, -tänze *pl*.
**balls** [bɔːlz] *vulg.* **I** *s pl* ,Eier' *pl* (*Hoden*):
**to have s.o. by the ~** j-n (fest) in der
Hand haben. **II** *interj* ,Scheiße!' **III** *v/t*:
**~ up** *Br.* für **ball1** 13. **'~-up** *Br. vulg.* für
ballup.
**ball·sy** ['bɔːlzɪ] *adj Am. colloq.* **1.** drauf-
gängerisch. **2.** aggres'siv.
**ball| tap** → **ball cock**. **~ thrust bear-
ing** *s* *tech.* Druckkugellager *n*. **'~,up** *s*
*Am. sl.* **1.** Durchein'ander *n*. **2. to make a
~ of s.th.** etwas ,versauen' *od.* verpfu-
schen. **~ valve** *s* *tech.* 'Kugelven,til *n*.
**bal·ly** ['bælɪ] → **bloody** 4, 5.
**bal·ly·hack** ['bælɪ,hæk] *s Am. sl.* Hölle *f*:
**go to ~!** geh zum Teufel!
**bal·ly·hoo** [,bælɪ'huː; *Am.* 'bælɪ,huː]
*colloq.* **I** *s* **1.** ,Wirbel' *m*, ,Tam'tam' *n*,
Getue *n* (**about** um). **2.** Ballyhoo *n*,
marktschreierische Re'klame. **II** *v/t*
**3.** *Am.* marktschreierisch anpreisen.
**bal·ly·rag** ['bælɪræg] → **bullyrag**.
**balm** [bɑːm; *Am. a.* bɑlm] *s* **1.** Balsam *m*:
a) aro'matisches Harz, b) wohlriechende
Salbe, c) *fig.* Wohltat *f*. **2.** bal'samischer
Duft. **3.** *bot.* Me'lisse *f*. **4. ~ of Gilead** *bot.*
a) Balsamstrauch *m*, b) *dessen aromati-
sches Harz*.
**bal·mor·al** [bæl'mɒrəl; *Am. a.* -'mɑ-] *s*
**1.** Schnürstiefel *m*. **2.** (*Art*) Schotten-
mütze *f*. **3. B~** *hist.* wollener 'Unterrock.

---

**'balm·y** *adj* **1.** bal'samisch, wohlrie-
chend. **2.** lind, mild (*Wetter*). **3.** heilend.
**4.** *bes. Am. sl.* ,bekloppt', verrückt: **to go
~** überschnappen.
**bal·ne·al** ['bælnɪəl] *adj* Bade...
**bal·ne·ol·o·gy** [,bælnɪ'ɒlədʒɪ; *Am.* -ˈɑ-] *s*
*med.* Balneolo'gie *f*, Bäderkunde *f*.
**ba·lo·ney** → **boloney**.
**bal·sa** ['bɔːlsə; 'bɒlsə] *s* **1.** *bot.* Balsabaum
*m*: **~ wood** Balsaholz *n*. **2.** *Am.* leichtes
Brandungsfloß.
**bal·sam** ['bɔːlsəm] *s* **1.** → **balm** 1. **2.** *bot.*
Springkraut *n*. **3.** *bot.* a) **~ fir** Balsam-
tanne *f*, b) *a.* **~ poplar** *Am.* Balsam-
pappel *f*.
**bal·sam·ic** [bɔːl'sæmɪk] *adj* **1.** bal'sa-
misch, Balsam... **2.** bal'samisch, wohl-
riechend. **3.** lindernd, heilend.
**Balt** [bɔːlt] *s* **1.** Balte *m*, Baltin *f*.
**2.** *Austral.* neueingetroffener Einwanderer
aus Mitteleuropa. **'Bal·tic I** *adj* **1.** bal-
tisch. **2.** Ostsee... **II** *s* **3.** *a.* **~ Sea** Ostsee *f*.
**4.** *ling.* Baltisch *n*, das Baltische.
**,Balto-'Slav·ic** [,bɔːltəʊ-], **,Bal·to-
Sla'von·ic I** *adj* balto'slawisch. **II** *s*
*ling.* Balto'slawisch *n*, das Baltoslawi-
sche.
**bal·un** ['bælən] *s* *electr.* Symme'trierglied
*n*.
**bal·us·ter** ['bæləstə(r)] *s* *arch.* Geländer-
säule *f* (*e-r Treppe*): **~s** Balustrade *f*,
Treppengeländer *n*.
**bal·us·trade** [,bælə'streɪd] *s* *arch.* Balu-
'strade *f*, Treppen-, Brückengeländer *n*,
Brüstung *f*.
**bam·bi·no** [bæm'biːnəʊ; *Am. a.* bɑm-] *pl*
**-nos, -ni** [-niː] *s* Bam'bino *m*:
a) *colloq.* kleines Kind, kleiner Junge,
b) *art* Jesuskind *n*.
**bam·boo** [bæm'buː] *pl* **-boos** *s* **1.** *bot.*
Bambus(rohr *n*) *m*: **B~ Curtain** *pol.*
Bambusvorhang *m* (*von Rotchina*).
**2.** Bambusstock *m*.
**bam·boo·zle** [bæm'buːzl] *v/t* *colloq.*
**1.** prellen, betrügen (**out of** um), ,übers
Ohr hauen': **to ~ s.o. into doing s.th.** j-n
so ,einwickeln', daß er etwas tut. **2.** irre-
machen, verwirren.
**ban** [bæn] **I** *v/t* **1.** verbieten: **to ~ a play**;
**to ~ a political party**; **to ~ s.o. from
speaking** j-m Rede- *od.* Sprechverbot
erteilen. **2.** *relig.* auf den Index setzen.
**3.** *sport* sperren. **4.** *obs.* verfluchen. **II** *s*
**5.** (*amtliches*) Verbot (**on** gen), Sperre *f*
(*a. sport*): **import ~** Einfuhrverbot,
-sperre; **to place a ~ on** → 1. **6.** (*gesell-
schaftliches*) Ächtung, Ablehnung *f* (*und
die öffentliche Meinung*): **under (a) ~**
geächtet, allgemein mißbilligt. **7.** *relig.*
(Kirchen)Bann *m*: **under the ~** a) *hist.* in
Acht u. Bann, b) exkommuniziert. **8.** *obs.*
Fluch *m*. **9.** *obs.* öffentliche Aufforde-
rung *od.* Bekanntmachung. **9.** *pl* →
banns.
**ba·nal** [bə'nɑːl; 'beɪnl] *adj* ba'nal, ab-
gedroschen, seicht.
**ba·nal·i·ty** [bə'nælətɪ] *s* Banali'tät *f*: a)
Abgedroschenheit *f*, b) Gemeinplatz *m*.
**ba·nal·ize** [bə'nɑːlaɪz] *v/t* banali'sieren,
ins Ba'nale ziehen.
**ba·na·na** [bə'nɑːnə; *Am.* -'næ-] *s* **1.** *bot.*
Ba'nane *f* (*Pflanze u. Frucht*). **2.** *sl.* **to be
~s** ,bekloppt' *od.* verrückt sein; **to go ~s**
überschnappen. **~ oil** *s* **1.** *chem.* A'myl-
ace,tat *n*. **2.** *Am. sl.* a) ,Quatsch' *m*,
b) verlogenes Zeug. **~ plug** *s* *electr.*
Ba'nanenstecker *m*. **~ re·pub·lic** *s* Ba-
'nanenrepu,blik *f*.
**banc** [bæŋk] *s* *jur.* Richterbank *f*: **sitting
in ~** (*a.* **in banco**) Plenarsitzung *f*, Sit-
zung als Kollegialgericht.
**ban·co1** ['bæŋkəʊ] *pl* **-cos** *s* *econ.* Pa-
'pier-, Rechnungsgeld *n*.
**ban·co2** ['bæŋkəʊ] → **banc**.
**band1** [bænd] **I** *s* **1.** Schar *f*, Gruppe *f*.

**2.** *mus.* a) (Mu'sik-, *bes.* 'Blas)Ka¡pelle *f*, ('Tanz-, Unter'haltungs)Or¡chester *n*, (Jazz-, Rock- *etc*)Band *f*, b) *mil.* Mu'sikkorps *n*, c) (Instru'menten)Gruppe *f* (*im Orchester*): big ~ Big Band *f*, → **beat**¹ 22. **3.** bewaffnete Schar, (*bes. Räuber*)Bande *f*. **4.** *zo. Am.* a) Herde *f*, b) (*Insekten-, Vogel*)Schwarm *m*. **5.** *fig. Am.* Reihe *f*, Anzahl *f*. **II** *v/t* **6.** *meist* ~ *together* zu e-r Gruppe, Bande *etc* vereinigen. **III** *v/i* **7.** *meist* ~ **together** a) sich zs.-tun, b) sich zs.-rotten.

**band²** [bænd] **I** *s* **1.** (flaches) Band, (Heft)Schnur *f*: → **rubber**¹ 3. **2.** Band *n* (*an Kleidern*), Gurt *m*, Binde *f*, (*Hosenetc*)Bund *m*. **3.** (*andersfarbiger od. andersartiger*) Streif(en). **4.** *zo.* Querstreifen *m* (*z. B. beim Zebra*). **5.** *anat.* (Gelenk)Band *n*: → **of connective tissue** Bindegewebsbrücke *f*. **6.** *med.* → **bandage** 1. **7.** *Radio*: (Fre'quenz)Band *n*: ~ **filter** Bandfilter *n*, *m*. **8.** Ring *m* (*a. e-s Vogels*): **wedding** ~ Ehe-, Trauring *m*. **9.** *tech.* a) Treibriemen *m*, b) Band *n*. **10.** *pl* Beffchen *n* (*der Richter, Geistlichen etc*). **11.** *arch.* Band *n*, Borte *f*, Leiste *f*. **12.** Band *n*, Ring *m* (*zur Verbindung od. Befestigung*). **13.** *tech.* (Rad)Schiene *f*. **14.** *Bergbau:* Zwischenschicht *f*. **15.** Bauchbinde *f* (*e-r Zigarre*). **16.** *meist pl fig.* Band *n*, Bande *pl*, Bindung *f*. **17.** *obs. od. fig.* Fessel *f*. **II** *v/t* **18.** mit e-m Band zs.-binden *od.* kennzeichnen, *Bäume* mit e-r (Leim)Binde versehen. **19.** mit (e-m) Streifen versehen. **20.** *Vogel* beringen.

**band·age** ['bændɪdʒ] **I** *s* **1.** *med.* a) Ban'dage *f* (*a. des Boxers etc*), b) Verband *m*, c) Binde *f*. **2.** Binde *f*, Band *n*. **II** *v/t* **3.** a) banda'gieren, b) verbinden.

**ban·da·la** [bæn'dælə] *s* Ma'nilahanf *m*.

**ban·dan·(n)a** [bæn'dænə] *s* großes, buntes Taschen- *od.* Halstuch.

**ban·dar** ['bʌndə(r)] *s zo.* Rhesusaffe *m*. **'~·log** *s* seichter Schwätzer.

**'band**‖**·box** *s* Hutschachtel *f*: **she looked as if she had come out of the ~** sie sah aus wie aus dem Ei gepellt. **~·brake** *s tech.* Band- *od.* Riemenbremse *f*. **~·con·vey·or** *s tech.* Förderband *n*.

**ban·deau** [bæn'dəʊ] *pl* **-deaux** [-'dəʊz] *s* Haar-, Stirnband *n*.

**ban·de·ril·la** [¡bændə'riːljə; -'riːjə] *s* Bande'rilla *f* (*mit Bändern geschmückter Spieß mit Widerhaken*). **¡ban·de·ril'le·ro** [-'jeərəʊ] *pl* **-ros** *s* Banderil'lero *m* (*Stierkämpfer, der mit den Banderillas den Stier reizt*).

**ban·de·rol(e)** ['bændərəʊl] *s* **1.** (langer) Wimpel, Fähnlein *n*. **2.** *arch.* Inschriftenband *n*. **3.** Trauerfahne *f*.

**ban·dit** ['bændɪt] *pl* **-dits** *u.* **-dit·ti** [-'dɪtɪ] *s* **1.** a) Ban'dit *m*, (Straßen)Räuber *m*, b) Gangster *m*. **2.** *pl* **-dits** *aer. sl.* Feindflugzeug *n*. **'ban·dit·ry** [-rɪ] *s* Ban'ditenunwesen *n*.

**'band**‖**·lead·er** *s mus.* Bandleader *m*. **'~·mas·ter** *s mus.* **1.** Ka'pellmeister *m*. **2.** *mil.* Mu'sikmeister *m*. **'~·moll** *s Am. sl.* Groupie *n* (*e-r Rockband*).

**ban·dog** ['bændɒg] *s* Kettenhund *m*.

**ban·do·leer**, *a.* **ban·do·lier** [¡bændəʊ'lɪə(r); -də-] *s mil.* (*um die Brust geschlungener*) Pa'tronengurt, Bande'lier *n*.

**ban·dore** ['bændɔː(r); *Am.* -¡dəʊər] *s mus.* Ban'dura *f* (*alte Lautenart*).

**'band**‖**·pass fil·ter** *s Radio:* Band-, Paßfilter *n*, *m*. **~·pul·ley** *s tech.* Riemenscheibe *f*, Schnurrad *n*. **~·saw** *s tech.* 'Bandsäge(ma¡schine) *f*. **~·shell** *s* (muschelförmiger) Or'chesterpavillon *m*.

**bands·man** ['bændzmən] *s irr mus.* Mitglied *n* e-r (Mu'sik)Ka¡pelle.

**band**‖**·spec·trum** *s phys.* Band-, Streifenspektrum *n*. **~·spread** *s Radio:* Bandspreizung *f*. **'~·stand** *s* **1.** Mu'sikpavil-

lon *m*. **2.** Mu'sikpodium *n*. **'~·string** *s* **1.** Buchbinderei: Heftschnur *f*. **2.** *hist.* Halskrausenband *n*. **~ switch** *s Radio:* Wellenschalter *m*, Fre'quenz(band)umschalter *m*. **'~·wag·(g)on** *s* **1.** Wagen *m* mit e-r Mu'sikka¡pelle (*bes. bei e-m Straßenumzug*). **2.** *colloq.* a) erfolgreiche Seite *od.* Par'tei: **to climb** (*od.* **get, jump**) **on the ~** zur erfolgreichen Partei übergehen; **to get on s.o.'s ~** sich an j-n anhängen, b) gewaltiger (po'litischer) Appa'rat, c) (laut)starke (po'litische *etc*) Bewegung, d) 'Welle' *f*, Mode *f*. **~·wheel** *s tech.* **1.** Riemenscheibe *f*. **2.** Bandsägenscheibe *f*. **~·width** *s Radio:* Bandbreite *f*.

**ban·dy¹** ['bændɪ] **I** *v/t* **1.** sich e-n Ball *etc* zuwerfen. **2.** sich *Geschichten etc* erzählen. **3.** sich *Beleidigungen etc* an den Kopf werfen, sich (gegenseitig) *Komplimente, Vorwürfe* machen: **to ~ blows** sich prügeln *od.* schlagen; **to ~ words** sich streiten; **they bandied words** ein Wort gab das andere. **4.** *a.* **~ about** (*od.* **around**) *Gerüchte etc* a) in 'Umlauf setzen, b) weitererzählen, -tragen. **5.** *meist* **~ about** (*od.* **around**) *j-s Namen* immer wieder nennen: **he has his name bandied about** a) sein Name fällt dauernd (**in connection with** in Zs.-hang mit), b) er ist ins Gerede gekommen. **II** *s* **6.** *sport* a) Bandy *n* (*Abart des Eishockeys mit Ball statt Puck*), b) *Stock für dieses Spiel*.

**ban·dy²** ['bændɪ] *adj* **1.** krumm, nach außen gebogen: **~ legs** Säbelbeine, O-Beine. **2.** → **bandy-legged**.

**ban·dy³** ['bændɪ] *s* (Ochsen)Wagen *m* (*in Indien*).

**'ban·dy-leg·ged** *adj* säbel-, O-beinig.

**bane** [beɪn] **I** *s* **1.** Vernichtung *f*, Tod *m*, *bes.* (tödliches) Gift (*obs. außer in Zssgn*): **rats~**. **2.** *fig. poet.* Verderben *n*, Ru'in *m*, Plage *f*: **the ~ of his life** (*od.* **existence**) der Fluch s-s Lebens, ein Nagel zu s-m Sarg. **II** *v/t* **3.** *obs.* töten, *bes.* vergiften. **'bane·ful** *adj* (*adv* **~ly**) **1.** tödlich, *bes.* giftig. **2.** *fig. poet.* verderblich: **~ in·fluence.** **'bane·ful·ness** *s* Giftigkeit *f*. **'bane·wort** *s bot.* Tollkirsche *f*.

**bang¹** [bæŋ] **I** *s* **1.** heftiger *od.* knallender Schlag: **he gave the ball a ~** er drosch den Ball weg. **2.** Bums *m*, Krach *m*, Knall *m*: **to close** (*od.* **shut**) **the door with a ~** die Tür zuschlagen *od.* zuknallen. **3.** *colloq.* a) 'Paukenschlag' *m*, Sensati'on *f*: **it started with a ~**; **to go off** (*Am.* **over**) **with a ~** großartig 'ankommen' (*Schallplatte etc*), b) Schwung *m*, E'lan *m*, c) *Am.* (Nerven)Kitzel *m*, Spaß *m*: **to get a ~ out of s.th.** an e-r Sache mächtig Spaß haben. **4.** *sl.* 'Schuß' *m* (*Heroin etc*). **5.** *vulg.* 'Nummer' *f* (*Geschlechtsverkehr*): **to have a ~** e-e Nummer machen *od.* schieben. **II** *v/t* **6.** dröhnend schlagen, knallen mit, krachen lassen, *e-e Tür etc* zuschlagen, zuknallen, *Ball etc* dreschen: **to ~ one's fist on the table** mit der Faust auf den Tisch schlagen; **to ~ one's head against** (*od.* **on**) sich den Kopf anschlagen an (*dat*), mit dem Kopf stoßen gegen; **to ~ one's head against a brick wall** *fig.* mit dem Kopf gegen die Wand rennen; **to ~ off** losknallen mit *e-m Gewehr etc, ein Musikstück* (auf dem Klavier) herunterhämmern; **to ~ out** *e-n Artikel etc* (schnell) herunterschreiben, 'hinwerfen'; **to ~ sense into s.o.** *fig.* j-m Vernunft einhämmern *od.* einbleuen; **to ~ up** ruinieren, *bes. Auto* zuschanden fahren. **7.** **~ about** (*od.* **around**) *fig.* j-n her'umstoßen. **8.** *colloq. obs.* 'vermöbeln', verprügeln. **9.** *vulg.* 'bumsen', 'vögeln' (*schlafen mit*). **III** *v/i* **10.** knallen: a) krachen, b) zuschlagen (*Tür etc*), c) 'bal-

lern', schießen: **to ~ away** drauflosknallen (→ 11); **to ~ into** *od.* stoßen *od.* prallen *od.* 'bumsen' gegen *od.* an (*acc*), zs.-stoßen mit, b) *fig. colloq.* zufällig treffen: **to ~ about** (*od.* **around**) herumpoltern (*in dat*) (→ 12). **11.** ~ **away** *colloq.* schuften; **to ~ away at** sich 'klemmen' hinter (*acc*). **12.** ~ **about** (*od.* **around**) *Am. colloq.* sich her'umtreiben (*in dat*). **13.** *sl.* sich e-n Schuß (*Heroin etc*) setzen *od.* drücken. **14.** *vulg.* 'bumsen', 'vögeln' (*Geschlechtsverkehr haben*). **IV** *adv* **15.** 'bums', mit lautem *etc* Krach *od.* Knall, krachend: **to go ~** explodieren. **16.** 'bums', auf 'einmal: ~ **went the money** *bums* war das Geld weg!; ~ **in the eye** 'peng' ins Auge. **17.** (ganz) genau: ~ **on time** auf die Sekunde pünktlich. **V** *interj* **18.** peng!, bum(s)!

**bang²** [bæŋ] **I** *s* **1.** *meist pl* Pony *m*, 'Ponyfri¡sur *f*. **II** *v/t* **2.** *das Haar* an der Stirn kurz abschneiden. **3.** *den Schwanz* stutzen.

**bang³** → **bhang**.

**ban·ga·lore** (**tor·pe·do**) [¡bæŋgə'lɔː(r); *Am. a.* -'ləʊər] *s mil.* gestreckte Ladung.

**'bang-bang** *s colloq.* **1.** Knalle'rei *f*, Schieße'rei *f*. **2.** **there is a lot of ~ in that film** in dem Film wird ganz schön gerauft (u. geschossen).

**'bang·er** *s Br.* **1.** Feuerwerks-, Knallkörper *m*. **2.** *colloq.* (alter) Klapperkasten (*Auto*). **3.** *colloq.* (Brat)Wurst *f*, Würstchen *n*.

**ban·gle** ['bæŋgl] *s* Armring *m*, -reif *m*, -band *n*, (*a.* Fuß)Spange *f*, -ring *m*. **'ban·gled** *adj* mit Armreifen *etc* geschmückt.

**'bang-up** *adj bes. Am. colloq.* 'prima': **you've done a ~ job** das hast du prima gemacht.

**ban·ian** ['bænɪən; -jən] *s* **1.** Banjan *m* (*Händler od. Kaufmann, der zur Vaischyakaste der Hindus gehört*). **2.** loses (Baumwoll)Hemd, lose Jacke (*in Indien*).

**ban·ish** ['bænɪʃ] *v/t* **1.** verbannen, ausweisen (**from** aus), des Landes verweisen. **2.** *fig.* (ver)bannen, verscheuchen, -treiben: **to ~ care.** **'ban·ish·ment** *s* **1.** Verbannung *f* (*a. fig.*), Ausweisung *f*: **to go into ~** in die Verbannung gehen. **2.** *fig.* Vertreiben *n*.

**ban·is·ter** ['bænɪstə(r)] *s* **1.** Geländersäule *f*. **2.** *pl* Treppengeländer *n*.

**ban·jax** ['bændʒæks] *v/t sl.* **1.** (nieder-, zs.-)schlagen. **2.** **to be ~ed** 'baff' *od.* sprachlos sein.

**ban·jo** ['bændʒəʊ] *pl* **-jos**, **-joes** *s mus.* Banjo *n*. **'ban·jo·ist** *s* Banjospieler *m*.

**bank¹** [bæŋk] **I** *s* **1.** *econ.* Bank(haus *n*) *f*: ~ **of deposit** Depositenbank; ~ **of issue** (*od.* **circulation**) Noten-, Emissionsbank; **the B~** *Br.* die Bank von England; **at the ~** auf der Bank; **to deposit money in** (*od.* **at**) **a ~** Geld in e-r Bank deponieren. **2.** (*bes.* Kinder)Sparbüchse *f*. **3.** Bank *f* (*bei Glücksspielen*): **to be** (*od.* **keep**) **the ~** die Bank halten; **to break the ~** die Bank sprengen. **4.** *med.* (Blut*etc*)Bank *f*. **5.** Vorrat *m*, Re'serve *f* (*of an dat*). **II** *v/i* **6.** *econ.* Bankgeschäfte machen. **7.** *econ.* ein Bankkonto haben (**with** bei), Geld auf der Bank haben: **where do you ~?** welche Bankverbindung haben Sie?, bei welcher Bank haben Sie Ihr Konto? **8.** Geld auf die Bank bringen. **9.** die Bank halten (*bei Glücksspielen*). **10.** ~ (**up**)**on** bauen *od.* sich verlassen auf (*acc*): **to ~ on s.o.('s) doing** (*od.* **on s.o. to do**) **s.th.** fest damit rechnen, daß j-d etwas tut. **III** *v/t* **11.** *econ.* Geld bei e-r Bank einzahlen *od.* deponieren. **12.** *med.* Blut *etc* konser'vieren u. aufbewahren.

**bank²** [bæŋk] **I** s **1.** Erdwall m, Damm m, Wall m. **2.** (Straßen- etc)Böschung f. **3.** Über¹höhung f (e-r Straße etc in Kurven). **4.** Abhang m. **5.** oft pl Ufer n (e-s Flusses etc). **6.** (Fels-, Sand)Bank f, Untiefe f. **7.** Bank f, Wand f, Wall m, Zs.-ballung f: ~ of clouds Wolkenbank; ~ of snow Schneewall, -wächte f. **8.** geol. Bank f, Steinlage f (in Steinbrüchen). **9.** Bergbau: a) bearbeitetes Kohlenlager, b) Tagesfläche f des Grubenfeldes. **10.** aer. Querneigung f, Schräglage f (in der Kurve): angle of ~ Querneigungswinkel m. **11.** Billard: Bande f. **II** v/t **12.** eindämmen, mit e-m Wall um¹geben. **13.** e-e Straße etc (in der Kurve) über¹höhen: ~ed curve überhöhte Kurve. **14.** ~ up aufhäufen, zs.-ballen. **15.** aer. in die Kurve legen, in Schräglage bringen. **16.** ein Feuer mit Asche belegen (um den Zug zu vermindern). **III** v/i **17.** a. ~ up sich aufhäufen, sich zs.-ballen. **18.** über¹höht sein (Straße, Kurve). **19.** e-e Bank bilden (Wolken etc). **20.** aer. in die Kurve gehen.

**bank³** [bæŋk] **I** s **1.** tech. a) Gruppe f, Reihe f (z. B. Tastatur der Schreibmaschine): ~ of capacitors electr. Kondensator(en)batterie f; ~ lights Lampenaggregat n; ~ transformers Gruppentransformatoren f) Reihenanordnung f. **2.** hist. a) Ruderbank f (in e-r Galeere), b) Reihe f von Ruderern. **II** v/t **3.** in (e-r) Reihe anordnen.

**'bank·a·ble** adj **1.** econ. bankfähig, diskon¹tierbar: ~ securities bankmäßige Sicherheiten. **2.** fig. zuverlässig, verläßlich (Freund etc): a ~ promise ein Versprechen, auf das man sich verlassen kann.

**bank|** **ac·cept·ance** s econ. 'Bankak-zept n. **~** **ac·count** s Bankkonto n, -guthaben n. **~an·nu·i·ties** → consols. **~ bill** s **1.** Bankwechsel m. **2.** Am. Banknote f, Geldschein m. **'~book** s Kontobuch n, a. Sparbuch n. **~ card** s Scheckkarte f. **~ check,** Br. **~ cheque** s Bankscheck m. **~ clerk** s Bankangestellte(r m) f. **~ de·pos·it** s Bankeinlage f. **~ discount** s 'Bankdis¡kont m. **~ draft** s Bankwechsel m, -tratte f.

**'bank·er¹** s **1.** econ. Banki¹er m: his ~s s-e Bank; ~'s acceptance, etc → bank acceptance, etc; ~'s card Scheckkarte f; ~'s discretion Bankgeheimnis n; ~'s order Br. Dauerauftrag m (e-s Kunden). **2.** Bankhalter m (bei Glücksspielen). **3.** a. ~ and broker ein Kartenglücksspiel.

**'bank·er²** s Maßbrett n (der Maurer), Model¹lierbank f (der Bildhauer).

**ban·ket** ['bæŋkɪt] s geol. goldhaltiges Konglome¹rat (Südafrika).

**'bank|-,fund·ed** adj econ. 'bankfinan-¡ziert (Bauprojekt etc). **~ group** s 'Bankenkon,sortium n. **~ hold-up** s 'Bank-¡überfall m. **~ hol·i·day** s Br. Bankfeiertag m.

**'bank·ing¹** econ. **I** s Bankwesen n, -geschäft(e pl) n. **II** adj Bank...

**'bank·ing²** s aer. Querneigung f, Schräglage f (in der Kurve).

**bank·ing| ac·count** s econ. Bankkonto n. **~ doc·trine** s Br. Doktrin, daß nur ein Drittel Deckung durch Edelmetall für umlaufende Banknoten vorhanden sein muß. **~ hours** s pl Öffnungszeiten pl, Geschäftsstunden pl (e-r Bank). **~ house** s Bank (-haus n) f.

**bank|** **mon·ey** s econ. Gi¹ral-, Buchgeld n. **~ night** s Am. Kinovorstellung f mit Lotte¹rie. **~ note** s econ. Banknote f, Geldschein m.

**ban·ko ware** ['bæŋkəʊ] s ja¹panisches ¹ungla,siertes Steingut.

**bank|** **pa·per** s econ. 'Bankpa¡pier n,

-wechsel m. **~** **pass·book** s Kontobuch n, a. Sparbuch n. **~** **post bill** s Br. Solawechsel m der Bank von England. **~** **raid** s 'Bank,überfall m, -raub m. **~** **raid·er** s Bankräuber m. **~** **rate** s econ. Dis¹kontsatz m. **~** **rob·ber** s Bankräuber m. **~** **rob·ber·y** s Bankraub m. **'~roll** bes. Am. **I** s **1.** Bündel n Banknoten od. Geldscheine. **2.** Geld(mittel pl) n. **II** v/t **3.** colloq. a) finanzi¹ell unter¹stützen, b) finan¹zieren.

**bank·rupt** ['bæŋkrʌpt; -rəpt] **I** s **1.** jur. Zahlungsunfähige(r m) f, Kon¹kurs-, Gemeinschuldner m: (un)discharged ~ (noch nicht) entlasteter Gemeinschuldner; ~'s creditor Konkursgläubiger m; ~'s estate (od. property) Konkursmasse f. **2.** (betrügerischer) Bankrot¹teur. **3.** fig. (politisch etc) bank¹rotter od. (sittlich etc) her¹untergekommener Mensch. **II** adj **4.** jur. a) bank¹rott, zahlungsunfähig: to become (od. go) ~ in Konkurs gehen od. geraten, Bankrott machen; → declare 1, Konkurs... **5.** fig. a) am Ende (in, of an dat): to be ~ in ideas keine Ideen (mehr) haben, b) bank¹rott, rui-¹niert: morally ~ moralisch bankrott, sittlich heruntergekommen; he is politically ~ er ist politisch erledigt od. am Ende, er hat als Politiker abgewirtschaftet; a ~ career e-e zerstörte Karriere. **III** v/t **6.** jur. bank¹rott machen. **7.** fig. zu-¹grunde richten, rui¹nieren: to ~ of (gänzlich) berauben (gen).

**'bank·rupt·cy** s **1.** jur. Bank¹rott m, Kon¹kurs m: act of ~ Konkurshandlung f, -grund m; B~ Act Konkursordnung f; court of ~ Konkursgericht n; notice of ~ Zahlungsaufforderung f mit Konkursandrohung; petition in ~, ~ petition Konkursantrag m; ~ proceedings Konkursverfahren n; to initiate (od. institute) ~ proceedings den Konkurs od. das Konkursverfahren eröffnen; to terminate ~ proceedings den Konkurs aufheben od. einstellen; referee in ~ Konkursrichter m; trustee in ~ (von Gläubigern ernannter) Konkursverwalter; to go into ~ Konkurs anmelden; → declare 1, declaration 6. **2.** fig. Bankrott m, Schiffbruch m, Ru¹in m.

**bank state·ment** s econ. **1.** Bank-, Kontoauszug m. **2.** Am. Bankausweis m.

**ban·ner** ['bænə(r)] **I** s **1.** a) Stan¹darte f, b) Banner n, Heeres-, Reichsfahne f. **2.** Vereins-, Kirchenfahne f: the ~ of freedom das Banner der Freiheit. **3.** Banner n (am Inschrift), Spruchband n, Transpa¹rent n (bei politischen Umzügen). **4.** bot. Fahne f (oberstes Blatt der Schmetterlingsblüten). **5.** a. ~ headline (Zeitung) 'Balken,überschrift f, breite Schlagzeile. **II** adj **6.** Am. erstklassig, her¹vorragend.

**'ban·nered** adj mit Bannern (versehen), ein Banner führend.

**ban·ner·et¹** ['bænərɪt; Am. a. ,bænə¹ret] s hist. Bannerherr m.

**ban·ner·et²,** **ban·ner·ette** [,bænə¹ret; Am. a. 'bænərət] s kleines Banner, Fähnlein n.

**ban·nock** ['bænək] s Br. Hafer- od. Gerstenmehlkuchen m.

**banns** [bænz] s pl relig. Aufgebot n (des Brautpaares vor der Ehe): to ask (od. publish, put up) the ~ of ein Brautpaar (kirchlich) aufbieten; to forbid the ~ Einspruch gegen die Eheschließung erheben.

**ban·quet** ['bæŋkwɪt] **I** s **1.** Ban¹kett n, Festessen n: ~ hall, ~ room Bankettsaal m; at the ~ auf dem Bankett. **2.** obs. a) Nachtisch m, b) Zwischenmahlzeit f. **II** v/t **3.** festlich bewirten. **III** v/i **4.** tafeln, schmausen. **'ban·quet·eer** [-¹tɪə(r)], **'ban·quet·er** s Teilnehmer(-in) an e-m Ban¹kett.

**ban·quette** [bæŋ¹ket] s **1.** mil. Ban¹kett n, Wallbank f, Schützenauftritt m. **2.** Am. a) erhöhter Fußweg, b) Bürgersteig m. **3.** tech. Ban¹kett n, steile Böschung. **4.** bes. Am. gepolsterte Bank.

**ban·shee** [bæn¹ʃiː] s Ir. Todesfee f.

**bant** [bænt] v/i e-e Banting-Kur machen.

**ban·tam** ['bæntəm] **I** s **1.** meist B~ orn. Bantam-, Zwerghuhn n, -hahn m. **2.** fig. kleiner Kampfhahn, draufgängerischer Knirps. **3.** → bantamweight I. **4.** mil. mot. Jeep m. **II** adj **5.** Zwerg...: ~ rooster. **6.** fig. a) klein, tech. Klein..., b) handlich: a ~ edition. **7.** aggres¹siv, streitlustig. **8.** → bantamweight II. **'~weight** sport **I** s Bantamgewicht(ler m) n. **II** adj Bantamgewichts...

**ban·ter** ['bæntə(r)] **I** v/t **1.** necken. **2.** Am. her¹ausfordern (for, to zu). **II** v/i **3.** necken. **III** s **4.** Necke¹rei f, neckisches Geplänkel. **'ban·ter·ing** adj (adv ~ly) neckend.

**bant·ing** ['bæntɪŋ], **'bant·ing·ism** s hist. Banting-Kur f (e-e Abmagerungskur durch fett- u. kohlehydratarme Diät).

**bant·ling** ['bæntlɪŋ] s contp. obs. Balg m, n, Bankert m (Kind).

**ban·tu** [,bæn¹tuː] **I** pl -tu od. -tus **1.** a) Bantu m, f, Bantuneger(in), b) pl Bantu pl. **2.** ling. Bantu n. **II** adj **3.** Bantu...

**ban·zai** [bɑːn¹zaɪ] **I** interj Bansai!, Banzai! (japanischer Hoch- od. Schlachtruf). **II** adj: ~ attack (od. charge) mil. selbstmörderischer Massenangriff.

**ba·o·bab** ['beɪəʊbæb; Am. a. 'baʊ-] s bot. Baobab m, Affenbrotbaum m.

**bap** [bæp] s Br. weiche Semmel.

**bap·tism** ['bæptɪzəm] s **1.** relig. Taufe f: ~ of blood Blutzeugenschaft f, Märtyrertod m; ~ of fire relig. u. mil. Feuertaufe (a. fig.). **2.** Christian Science: Reinigung f durch den Geist. **bap·tis·mal** [-¹tɪzml] adj relig. Tauf...: ~ water; ~ font Taufstein m, -becken n.

**Bap·tist** ['bæptɪst] relig. **I** s **1.** Bap-¹tist(in). **2.** b~ Täufer m: John the B~ Johannes der Täufer. **II** adj **3.** bap¹tistisch, Baptisten... **'bap·tis·ter·y** [-tɪstərɪ; Am. -təstrɪ] s relig. **1.** Bapti¹sterium n, 'Taufka,pelle f. **2.** a) Taufbecken n, Taufstein m, b) 'Taufbas,sin n (der Baptisten). **bap'tis·tic** adj relig. **1.** Tauf... **2.** B~ → Baptist 3. **'bap·tist·ry** [-trɪ]→ baptistery.

**bap·tize** [bæp¹taɪz; Am. a. 'bæp,taɪz] v/t **1.** relig. u. fig. taufen: to ~ s.o. John j-n (auf den Namen) John taufen. **2.** fig. reinigen, läutern.

**bar** [bɑː(r)] **I** s **1.** Stange f, Stab m: ~s Gitter; behind ~s fig. hinter Gittern, hinter Schloß u. Riegel, hinter schwedischen Gardinen; to put behind ~s fig. hinter Schloß u. Riegel bringen. **2.** Riegel m, Querbalken m, -holz n, -stange f. **3.** Schranke f, Barri¹ere f, Sperre f: the ~ (of the House) parl. die Schranke (bes. im brit. Unterhaus, bis zu der geladene Zeugen vortreten dürfen). **4.** fig. Hindernis n (für), Schranke f (gegen): to be a ~ to progress dem Fortschritt im Wege stehen; to let down the ~s alle (moralischen) Beschränkungen fallen lassen, Am. die polizeiliche Überwachung (bes. des Nachtlebens) lockern. **5.** Riegel m, Stange f: a ~ of soap ein Riegel od. Stück Seife; a ~ of chocolate, a chocolate ~ ein Riegel (weitS. e-e Tafel) Schokolade; ~ copper Stangenkupfer n; ~ soap Stangenseife f. **6.** Brechstange f. **7.** econ. tech. (Gold- etc)Barren m. **8.** tech. a) allg. Schiene f, b) Zugwaage f (am Wagen), c) Maschinenbau: Leitschiene f od. -stange f, d) Schieber m, Schubriegel m, e) La¹melle f. **9.** Barren m, Stange f

(*als Maßeinheit*). **10.** Band *n*, Streifen *m*, Strahl *m* (*von Farbe, Licht etc*). **11.** *mar.* Barre *f*, Sandbank *f* (*am Hafeneingang*). **12.** a) (dicker) Strich: **a vertical ~**, b) her. (horizon'taler) Balken, c) *TV* Balken *m* (*auf dem Bildschirm*). **13.** *mus.* a) Taktstrich *m*, b) (*ein*) Takt *m*: **~ rest** (Ganz-)Taktpause *f*. **14.** a) Bar *f*, b) Bar *f*, Schanktisch *m*, Theke *f*, c) Schankraum *m*, d) Lo'kal *n*, Imbißstube *f*. **15.** *jur.* a) Hindernis *n* (**to** für), Ausschließungsgrund *m*, b) Einrede *f*: **defence** (*Am.* **defense**) **in ~** perem(p)torische Einrede; **~ to marriage** Ehehindernis; **as a ~ to, in ~ of** *etwas* ausschließend, zwecks Ausschlusses (*gen*). **16.** *jur.* (Gerichts-)Schranke *f*: **at the ~** vor Gericht; **case at ~** *Am.* zur Verhandlung stehender Fall; **prisoner at the ~** Angeklagte(r *m*) *f*; **trial at ~** Verhandlung *f* vor dem Gericht in vollständiger Besetzung; **to be called within the ~** *Br.* zum **King's** (**Queen's**) **Counsel** ernannt werden. **17.** *jur.* (*das tagende*) Gericht. **18.** *fig.* Gericht *n*, Tribu'nal *n*, Schranke *f*: **at the ~ of public opinion** vor den Schranken *od.* vor dem Tribunal der öffentlichen Meinung. **19.** *jur.* a) Schranke *f* in den **Inns of Court**, b) Anwaltsberuf *m*, c) *collect.* (*die gesamte*) Anwaltschaft, *Br.* (*der*) Stand der **barristers: admission** (*Br.* **call** [-ing]) **to the ~** Zulassung *f* als Anwalt (*Br.* **barrister**); **to be admitted** (*Br.* **called**) **to the ~** als Anwalt (*Br.* **barrister**) zugelassen werden; **to go to the ~** *Br.* **barrister** werden; **to read for the ~** *Br.* Jura studieren; **B~ Association** *Am.* Anwaltskammer *f*, -vereinigung *f*; **B~ Council** *Br.* Standesrat *m* der barristers. **20.** *phys.* Bar *n* (*Maßeinheit des Drucks*). **21.** a) Schaumstange *f* (*e-s Stangengebisses*), b) Träger *pl* (*Teile des Pferdegaumens*), c) *pl* Sattelbäume *pl*, Stege *pl*. **22.** (Quer)Band *n* an e-r Me'daille, (Ordens)Spange *f*. **23.** *sport* a) (Reck)Stange *f*, b) (Barren)Holm *m*, c) (Tor-, Quer-)Latte *f*, d) (Sprung)Latte *f*.

**II** *v/t* **24.** zu-, verriegeln: → **barred**. **25.** *a.* **~ up** vergittern, mit Schranken um'geben. **26.** *a.* **~ in** einsperren: **to ~ out** aussperren. **27.** versperren: **~ red the way. 28.** *jur.* e-e Klage, den Rechtsweg *etc* ausschließen. **29.** a) (ver)hindern, hemmen, b) (**from**) hindern (an *dat*), abhalten (von), c) *j-n od. etwas* ausschließen (**from** aus): → **barring. 30.** verbieten, unter'sagen: → **hold²** 3. **31.** mit Streifen versehen. **32.** *mus.* mit Taktstrichen unter'teilen, in Takte einteilen.

**III** *prep* **33.** außer, ausgenommen, abgesehen von: **~ one** außer einem; **~ none** (alle) ohne Ausnahme, ausnahmslos.

**barb¹** [bɑ:(r)b] **I** *s* **1.** a) 'Widerhaken *m* (*e-s Pfeils etc*), b) Stachel *m* (*von Stacheldraht etc*). **2.** *fig.* a) Stachel *m*: **the ~ of remorse**, b) Spitze *f*, spitze *od.* bissige Bemerkung. **3.** *bot. zo.* Bart. *m*. **4.** *orn.* Fahne *f* (*e-r Feder*). **5.** *ichth.* Bartfaden *m* (*e-s Fisches*). **6.** *pl vet.* Frosch *m* (*wildes Fleisch unter der Zunge von Pferden etc*). **7.** gefältelte Hals- u. Brustbedeckung aus weißem Leinen (*bes. der Nonnen*). **8.** *her.* Kelchblatt *n*. **II** *v/t* **9.** mit 'Widerhaken *etc* versehen.

**barb²** [bɑ:(r)b] *s zo.* Berberpferd *n*.

**barb³** [bɑ:(r)b] → **barbarian 2.**

**barb⁴** [bɑrb] *Am. colloq.* für **barbiturate.**

**bar·bar·i·an** [bɑ:(r)'beərɪən] **I** *s* **1.** Bar'bar(in): a) Angehörige(r *m*) *f* e-s 'unzivili,sierten Volkes, b) ungebildeter *od.* ungesitteter Mensch, c) Unmensch *m*. **2.** *univ. Am. sl.* Student(in), der/die keiner **fraternity** *od.* **sorority** angehört. **II** *adj* **3.** bar'barisch: a) 'unzivili,siert, b) un-

gebildet, ungesittet, c) roh, grausam. **4.** fremd(ländisch).

**bar·bar·ic** [bɑ:(r)'bærɪk] *adj* **1.** → **barbarian 3** *u.* **4. 2.** *art* bar'barisch, primi'tiv.

**bar·ba·rism** ['bɑ:(r)bərɪzəm] *s* **1.** *ling.* Barba'rismus *m*, Sprachwidrigkeit *f*. **2.** Barba'rei *f*, 'Unkul,tur *f*.

**bar·bar·i·ty** [bɑ:(r)'bærəti] *s* **1.** Barba'rei *f*, Roheit *f*, Grausamkeit *f*, Unmenschlichkeit *f*. **2.** *art* Barba'rismus *m*.

**bar·ba·rize** ['bɑ:(r)bəraɪz] **I** *v/t* **1.** in den Zustand der Barba'rei versetzen, verrohen *od.* verwildern lassen. **2.** *Sprache, Kunst etc* barbari'sieren, durch Stilwidrigkeiten *etc* verderben. **II** *v/i* **3.** in Barba'rei versinken, verrohen. **'bar·ba·rous** *adj* (*adv* **~ly**) **1.** → **barbarian 3** *u.* **4. 2.** bar'barisch: a) sprachwidrig, unklassisch, b) rauh(klingend), wild (*Sprache, Musik*). **'bar·ba·rous·ness** → **barbarity.**

**Bar·ba·ry** *ape* ['bɑ:(r)bərɪ] *s zo.* Magot *m* (*Affe*). **~ horse** *s* Berberpferd *n*.

**bar·be·cue** ['bɑ:(r)bɪkju:] **I** *v/t* **1.** (auf dem Rost *od.* am Spieß über offenem Feuer) im ganzen *od.* in großen Stücken braten, *bes. Am.* kleine Fleisch- *od.* Fischstücke in stark gewürzter (Essig-)Soße zubereiten. **2.** auf dem Rost braten, grillen. **4.** *Am.* a) dörren, b) räuchern. **II** *s* **5.** am Spieß *od.* auf dem Rost gebratenes Tier (*bes. Ochse, Schwein*). **6.** Barbecue *n*: a) Gartenfest, bei dem ganze Tiere gebraten werden, b) Grillfest, c) Bratrost *m*, Grill *m*, d) auf dem Rost *od.* Grill gebratenes Fleisch. **7.** *bes. Am.* in stark gewürzter (Essig)Soße zubereitete kleine Fleisch- *od.* Fischstücke.

**barbed** [bɑ:(r)bd] *adj* **1.** mit 'Widerhaken *od.* Stachel(n) versehen, Stachel... **2.** stachelartig. **3.** *fig.* spitz, bissig: **a ~ remark.** **~ wire** *s* Stacheldraht *m*.

**bar·bel** ['bɑ:(r)bl] *s* **1.** *ichth.* (Fluß)Barbe *f*. **2.** → **barb¹** 5 *u.* 6.

**'bar·bell** [-bel] *s* Gewichtheben: Hantel *f*.

**bar·bel·late** ['bɑ:(r)bəleɪt; bɑ:(r)'belɪt] *adj bot.* gebärtet.

**bar·ber** ['bɑ:(r)bə(r)] **I** *s* ('Herren)Fri,seur *m*. **II** *v/t* a) ra'sieren, b) fri'sieren.

**bar·ber·ry** ['bɑ:(r)bərɪ; *Am.* -,beri:] *s bot.* Berbe'ritze *f*.

**'bar·ber·shop I** *s bes. Am.* Fri'seurladen *m*. **II** *adj:* **~ singing** *Am.* (zwangloses) Singen im Chor.

**bar·ber's | itch** *s med.* Bartflechte *f*. **~ pole** *s* spiralig bemalte Stange als Geschäftszeichen der Friseure. **~ rash** *s med.* Bartflechte *f*. **~ shop** *Br.* für **barbershop I.**

**bar·bet** ['bɑ:(r)bɪt] *s zo.* **1.** kleiner, langhaariger Pudel. **2.** (*ein*) Bartvogel *m*.

**bar·bi·can¹** ['bɑ:(r)bɪkən] *s mil.* Außenwerk *n*, Vorwerk *n*. [Bartvogel *m*.]

**bar·bi·can²** ['bɑ:(r)bɪkən] *s orn.* (*ein*)]

**bar·bi·tal** ['bɑrbətɔ:l] *s chem. med. pharm. Am.* Barbi'tal *n*. **~ so·di·um** *s chem. Am.* Natriumsalz *n* von Barbi'tal.

**bar·bi·tone** ['bɑ:(r)bɪtəʊn] *s chem. med. pharm. Br.* Barbi'tal *n*.

**bar·bi·tu·rate** [bɑ:(r)'bɪtjʊrət; *Am.* -tʃə-] *s chem. med. pharm.* Barbitu'rat *n*.

**bar·bi·tu·ric ac·id** [,bɑ:(r)bɪ'tjʊərɪk; *Am. a.* -'tʊ-] *s chem.* Barbi'tursäure *f*.

**bar·bo·la** (**work**) [bɑ:(r)'bəʊlə] *s* Verzierung *f* (*kleiner Gegenstände*) durch Aufkleben bunter Plastikblumen *etc*.

**'barb,wire** *Am.* für **barbed wire.**

**bar·ca·rol(l)e** ['bɑ:(r)kərəʊl] *s mus.* Barka'role *f*, Barke'role *f* (*Gondellied*).

**bar code** *s* Strichcode *m*.

**bard¹** [bɑ:(r)d] *s* **1.** Barde *m* (*keltischer Sänger*). **2.** *obs. od. poet.* Barde *m*, Sänger *m* (*Dichter*): **the B~** (**of Avon**) Shakespeare.

**bard²** [bɑ:(r)d] *s mil. hist.* **1.** Panzer *m* e-s Rosses. **2.** *pl* Plattenpanzer *m*.

**'bar·dic, 'bard·ish** *adj* bardisch, Barden...

**bard·ol·a·try** [bɑ:(r)'dɒlətrɪ; *Am.* -'dɑ-] *s* Shakespeare-Vergötterung *f*.

**bare¹** [beə(r)] **I** *adj* (*adv* → **barely**) **1.** nackt, unbekleidet, bloß, entblößt: **~ feet** bloße Füße; **on one's ~ feet** barfüßig, barfuß; **with ~ hands** mit bloßer Hand (*unbewaffnet*); **in one's ~ skin** nackt; **~ to the waist** mit nacktem Oberkörper. **2.** barhäuptig, unbedeckt. **3.** kahl, leer, nackt, bloß: **~ walls** kahle Wände; **the ~ boards** der nackte Fußboden; **~ pile** (Atom)Reaktor *m* ohne Reflektor; **~ sword** bloßes *od.* blankes Schwert; **~ wire** *tech.* blanker Draht. **4.** *bot. zo.* kahl. **5.** klar, unverhüllt: **~ nonsense** barer *od.* blanker Unsinn; **to lay ~** → 11 *u.* 12. **6.** *fig.* nackt, bloß, ungeschminkt: **the ~ facts** die nackten Tatsachen. **7.** abgetragen, fadenscheinig, schäbig. **8.** (**of**) dürftig, arm (an *dat*), leer, entblößt (von), ohne: **~ of vegetation** vegetationslos. **9.** bloß, kaum 'hinreichend, knapp: **to earn a ~ living** knapp das Nötigste zum Leben verdienen; **~ majority** hauchdünne *od.* (ganz) knappe Mehrheit; **~ majority of votes** *pol.* einfache Stimmenmehrheit; **~ the necessities of life** das Notwendigste (zum Leben). **10.** bloß, al'lein: **the ~ thought** der bloße (*od.* allein der, schon der) Gedanke; **~ words** bloße Worte. **II** *v/t* **11.** entblößen, -hüllen, frei machen, *weitS.* die Zähne zeigen, blecken: **to ~ the end of a wire** *electr.* e-n Draht abisolieren. **12.** *fig.* enthüllen, bloßlegen, offen'baren.

**bare²** [beə(r)] *obs. pret von* **bear¹.**

**'bare·back** *adj u. adv* ungesattelt, ohne Sattel: **to ride ~**; **~ rider** (*Zirkus*) Voltigeur *m*, Voltigierer *m*. **'~-backed** → **bareback.** **'~-faced** *adj* **1.** bartlos. **2.** mit unverhülltem Gesicht, ohne Maske. **3.** *fig.* unverhüllt, unverschämt, schamlos, frech: **~ lie; that's ~ robbery!** das ist ja der reinste Wucher! **'~-fac·ed·ly** [-feɪsɪdlɪ; -feɪstlɪ] *adv*. **'~-fac·ed·ness** [-feɪsɪdnɪs; -feɪstnɪs] *s fig.* Frechheit *f*, Unverschämtheit *f*. **'~-foot** *adj u. adv* barfuß, barfüßig: **~ doctor** Barfußarzt *m*, -doktor *m*. **'~'foot·ed** → **barefoot.**

**ba·rege, ba·rège** [bə'reʒ] *s* Ba'rège *m* (*durchsichtiges Seidengewebe*).

**'bare'hand·ed** *adj u. adv* mit bloßer Hand (*unbewaffnet*). **'~'head·ed** *adj u. adv* barhäuptig, ohne Kopfbedeckung. **'~'leg·ged** *adj* nacktbeinig, mit nackten Beinen.

**'bare·ly** *adv* **1.** kaum, knapp, gerade (noch), bloß: **~ enough food** kaum genug zu essen; **he ~ escaped** er kam gerade noch *od.* mit knapper Not davon; **I ~ know her** ich kenne sie kaum. **2.** ärmlich, spärlich: **~ furnished rooms.**

**'bare·ness** *s* **1.** Nacktheit *f*, Entblößtheit *f*, Blöße *f*. **2.** Kahlheit *f*. **3.** Dürftigkeit *f*. **4.** Knappheit *f*.

**bare·sark** ['beə(r)sɑ:(r)k] *hist.* **I** *s* Ber'serker *m*. **II** *adv* ohne Rüstung.

**barf** [bɑrf] *Am. sl.* **I** *v/i* ,kotzen' (*sich übergeben*). **II** *s* ,Kotze' *f*.

**'bar·fly** *s bes. Am. colloq.* Kneipenhocker *m*.

**bar·gain** ['bɑ:(r)gɪn] **I** *s* **1.** Vertrag *m*, Abmachung *f*. **2.** Kauf(vertrag) *m*, Handel *m*, Geschäft *n* (*a. fig.*): **a good** (**bad**) **~** ein gutes (schlechtes) Geschäft. **3.** vorteilhafter Kauf *od.* Verkauf, vorteilhaftes Geschäft. **4.** Gelegenheit(skauf *m*) *f*, Sonderangebot *n*, preisgünstige Ware.

günstiges 'Kaufob,jekt. **5.** *Börse: Br. (einzelner)* Abschluß: ~ **for account** Termingeschäft *n.*
*Besondere Redewendungen:*
a ~'s a ~! abgemacht ist abgemacht!; **it's a** ~! abgemacht!; **into the** ~ obendrein, noch dazu; **to strike a** ~ e-n Handel abschließen, e-e Vereinbarung treffen, handelseinig werden; **to make the best of a bad** ~ sich so gut wie möglich aus der Affäre ziehen; → **drive** 25.
**II** *v/i* **6.** handeln, feilschen (**for** um). **7.** verhandeln (**for** über *acc*): **to** ~ **on** übereinkommen über (*acc*), vereinbaren (*acc*); **as** ~**ed for** wie verabredet; ~**ing chip** (*bes. bei Verhandlungen*) a) Trumpf *m,* b) Druckmittel *n;* ~**ing point** Verhandlungspunkt *m;* ~**ing position** Verhandlungsposition *f;* ~ **collective bargaining. 8.** (**for**) rechnen (mit), gefaßt sein (auf *acc*), erwarten (*acc*) (*meist neg*): **we did not** ~ **for that!** darauf waren wir nicht gefaßt!; **it was more than we** ~**ed for!** damit hatten wir nicht gerechnet! **9.** ~ **on** sich verlassen auf (*acc*), zählen auf (*acc*).
**III** *v/t* **10.** (ein)tauschen: **to** ~ **one horse for another. 11.** verkaufen: **to** ~ **away** a) verschachern (*a. fig.*), b) (ohne entsprechende Gegenleistungen) verzichten auf (*Freiheit, Rechte etc*). **12.** ~ **down** her'unterhandeln, -feilschen. **13.** aushandeln, durch Verhandlungen erreichen.
**bar·gain| and sale** *s jur. Am.* Kaufvertrag *m* (*bes. bei Grundstücksverkäufen*). ~ **base·ment** *s* 'Niedrigpreisab,teilung *f* im Tiefgeschoß (*e-s Kaufhauses*). ~ **count·er** *s* Verkaufstisch *m* für Sonderangebote, 'Wühltisch' *m.*
**bar·gain·ee** [,bɑːgə'niː] *s jur. Am.* Käufer(in).
'**bar·gain·er** *s* **1. to be a good** ~ a) (gut) handeln *od.* feilschen können, b) (gut) verhandeln können. **2.** → **bargainor.**
**bar·gain hunt·er** *s* j-d, der (ständig) auf der Suche nach Sonderangeboten ist.
**bar·gain·or** [,bɑːgə'nɔː] *s jur. Am.* Verkäufer(in) (*bes. bei Grundstückstransaktionen*).
**bar·gain| price** *s* Gelegenheits-, Sonderpreis *m.* ~ **sale** *s* **1.** Verkauf *m* zu her·'abgesetzten Preisen. **2.** Ausverkauf *m.*
**barge** [bɑː(r)dʒ] **I** *s* **1.** *mar.* flaches Flußod. Ka'nalboot, Last-, Schleppkahn *m,* Leichter *m,* Prahm *m.* **2.** *mar.* Scha'luppe *f.* **3.** *mar.* (Offi'ziers)Bar,kasse *f.* **4.** (geschmücktes) Gala(ruder)boot. **5.** Hausboot *n.* **6.** *sport Am.* zu Trainingszwecken benutztes breites, schweres Rennruderboot. **7.** *colloq. contp.* (alter) Kahn. **8.** *colloq.* Rempler *m,* Stoß *m.* **II** *v/i* **9.** sich schwerfällig (da'her)bewegen, trotten. **10.** *colloq.* (**into**) stoßen, prallen, 'bumsen' (gegen, an *acc*), zs.-stoßen (mit). **11.** ~ **in(to)** *colloq.* a) hereinplatzen (**in** *acc*): **to** ~ **into the room,** b) sich einmischen (**in** *acc*): **to** ~ **into the conversation. 12.** ~ **through** *colloq.* sich ,boxen' *od.* drängen durch. **III** *v/t* **13.** mit Schleppkähnen *etc* befördern. **14.** *colloq.* j-m e-n Rempler *od.* Stoß geben. **15. to** ~ **one's way through** *colloq.* → 12. '~**board** *s arch.* Giebelschutzbrett *n.* ~ **course** *s arch.* **1.** Firstpfette *f.* **2.** Ortschicht *f.*
**bar·gee** [bɑː'dʒiː] *s mar. Br.* Kahnführer *m:* **to swear like a** ~ fluchen wie ein Droschkenkutscher.
'**barge|man** [-mən] *s irr mar. Am.* Kahnführer *m.* '~**pole** *s* Bootsstange *f:* **I wouldn't touch him (it) with a** ~ *Br. colloq.* a) den (das) würde ich nicht einmal mit e-r Feuerzange anfassen, b) mit dem (damit) möchte ich nichts zu tun haben. ~ **stone** *s arch.* Giebelstein *m.*

**bar girl** *s bes. Am.* **1.** Ani'mierdame *f.* **2.** Prostitu'ierte, die sich ihre Kunden in Bars sucht.
**bar·ic**[1] ['beərɪk; 'bærɪk] *adj chem.* Barium...
**bar·ic**[2] ['bærɪk] *adj phys.* baro'metrisch, Gewichts...
**ba·ril·la** [bə'rɪlə; *Am.* bə'riːljə] *s* **1.** *bot.* Ba'rillakraut *n.* **2.** *econ.* Ba'rilla *f,* rohe Soda.
**bar i·ron** *s tech.* Stabeisen *n.*
**bar·ite** ['beəraɪt] *s min.* Ba'ryt *m,* Schwerspat *m.*
**bar·i·tone** ['bærɪtəʊn] *mus.* **I** *s* **1.** Bariton *m:* a) Baritonstimme *f,* b) Baritonsänger *m,* c) 'Baritonpar,tie *f.* **2.** Baryton *n:* a) B- *od.* C-Saxhorn *n,* b) *hist.* Vi'ola *f* di bor'done. **II** *adj* **3.** Bariton...
**bar·i·um** ['beərɪəm] *s chem.* Barium *n.* ~ **chlo·ride** *s* 'Bariumchlo,rid *n.* ~ **ox·ide** *s* 'Bariumo,xid *n.*
**bark**[1] [bɑː(r)k] **I** *s* **1.** *bot.* (Baum)Rinde *f,* Borke *f.* **2.** ~ **Peruvian bark. 3.** (Gerber)Lohe *f.* **4.** *colloq.* Haut *f,* 'Fell' *n.* **II** *v/t* **5.** Bäume a) abrinden, b) ringeln. **6.** mit Rinde bedecken. **7.** *tech.* lohgerben. **8.** abschürfen: **to** ~ **one's knees.**
**bark**[2] [bɑː(r)k] **I** *v/i* **1.** bellen, kläffen (*beide a. fig.*): **to** ~ **at** anbellen, *fig.* j-n anschnauzen; ~**ing dogs never bite** Hunde, die bellen, beißen nicht; **to** ~ **up the wrong tree** *colloq.* a) ,auf dem Holzweg sein', b) ,an der falschen Adresse sein'. **2.** *colloq.* ,bellen' (*husten*). **3.** ,bellen' (*Geschütz etc*). **II** *v/t* **4.** *meist* ~ **out** Worte ,bellen', barsch her'vorstoßen. **5.** *colloq.* Ware marktschreierisch *od.* reißerisch anpreisen. **III** *s* **6.** Bellen *n,* Kläffen *n,* Gebell *n, fig. a.* Gebelfer *n:* **his** ~ **is worse than his bite** *fig.* er bellt nur(, aber beißt nicht). **7.** *colloq.* ,Bellen' *n* (*Husten*). **8.** ,Bellen' *n* (*von Geschützen etc*).
**bark**[3] [bɑː(r)k] *s mar.* **1.** Barke *f.* **2.** *poet.* Schiff *n.* **3.** Bark(schiff *n*) *f* (*ein dreimastiges Segelschiff*).
'**bar|keep** *s Am. colloq. für* **barkeeper.** '~**keep·er** *s* Barkeeper *m:* a) Barbesitzer *m,* b) Barmann *m,* Barmixer *m.*
**bark·en·tine** ['bɑː(r)kəntiːn] *s mar.* Schonerbark *f.*
'**bark·er** *s* **1.** Beller *m,* Kläffer *m.* **2.** *colloq.* a) Marktschreier *m,* b) ,Anreißer' *m* (*e-s Clubs etc*), c) *Am.* Fremdenführer *m.*
**bark| house** *s* Gerberei: Lohhaus *n.* ~ **mill** *s* **1.** Gerberei: Lohmühle *f.* **2.** Ent'rindungsma,schine *f.* ~ **pit** *s* Gerberei: Lohgrube *f.* ~ **tree** *s bot.* Chinarindenbaum *m.*
'**bark·y** *adj* borkig, rindig.
**bar lathe** *s tech.* Prismendrehbank *f.*
**bar·ley** ['bɑː(r)lɪ] *s bot.* Gerste *f.* '~**bree** [-briː], '~**broo** [-bruː] *s bes. Scot.* **1.** a) Ale *m,* b) Bier *n.* **2.** Whisky *m.* '~**corn** *s* **1.** Gerstenkorn *n:* (**Sir**) **John B**~ *scherzhaft* Personifikation der Gerste als Grundstoff von Bier *od.* Whisky. **2.** altes Längenmaß (= *8,5 mm*). ~ **sug·ar** *s* Gerstenzucker *m.* ~ **wa·ter** *s* Gerstenextrakt, *meist mit* Orangen- *od.* Zitronengeschmack. ~ **wine** *s* ein extrem starkes Bier.
**bar line** *s mus.* Taktstrich *m.*
**bar·low** ['bɑː,ləʊ] *s Am.* großes einschneidiges Taschenmesser.
**barm** [bɑː(r)m] *s* Bärme *f,* (Bier)Hefe *f.*
**bar| mag·net** *s phys.* Stabma,gnet *m.* '~**maid** *s bes. Br.* Bardame *f.* '~**man** [-mən] *s irr* Barmann *m,* Barkeeper *m,* Barmixer *m.*
**barm·brack** ['bɑː(r)mbræk] *s Ir.* (ein) Ro'sinenkuchen *m.*
**bar mitz·va** [,bɑː(r)'mɪtsvə] *relig.* **I** *s* **1.** Bar-'Mizwa *n* (*Einführung e-s 13jähri-*

gen Jungen in die jüdische Glaubensgemeinschaft). **2.** Junge, der Bar-Mizwa feiert. **II** *v/t* **3.** Jungen in die jüdische Glaubensgemeinschaft einführen.
'**barm·y** *adj* **1.** heftig gärend, schaumig. **2.** *sl.* ,bekloppt', verrückt: **to go** ~ überschnappen.
**barn**[1] [bɑː(r)n] *s* **1.** Scheune *f,* Schuppen *m* (*beide a. contp. Gebäude*). **2.** (Vieh)Stall *m.* **3.** *Am.* (Straßenbahn- *etc*)De'pot *n.*
**barn**[2] [bɑː(r)n] *s phys.* Barn *n* (*Einheit des Wirkungsquerschnitts*).
**Bar·na·by** ['bɑː(r)nəbɪ] *npr* Barnabas *m:* ~ **day,** ~ **bright** Barnabastag *m* (*11. Juni*).
**bar·na·cle**[1] ['bɑː(r)nəkl] *s* **1.** *zo.* Rankenfußkrebs *m, bes.* Entenmuschel *f.* **2.** *fig.* a) ,Klette' *f* (*lästiger Mensch*), b) (*lästige*) Fessel, *bes.* ,alter Zopf'. **3.** *a.* ~ **goose** *orn.* Ber'nikel-, Ringelgans *f.*
**bar·na·cle**[2] ['bɑː(r)nəkl] *s* **1.** *meist pl a.* **pair of** ~**s** Nasenknebel *m* (*für unruhige Pferde*). **2.** *pl a.* **pair of** ~**s** *Br. dial.* Brille *f.*
**barn| dance** *s* **1.** ein dem Schottischen ähnlicher Tanz. **2.** *Am.* Tanzveranstaltung *f* mit ländlichem Mu'sik. ~ **door** *s* **1.** Scheunentor *n:* (**as**) **big as a** ~ *colloq.* so groß wie ein Scheunentor, nicht zu verfehlen. **2.** *TV, Film: sl.* Lichtschirm *m.* '~**door fowl** *s orn.* Haushuhn *n.*
**bar·ney**[1] ['bɑː(r)nɪ] *s Br. colloq.* **1.** ,Krach' *m,* Streit *m.* **2.** Raufe'rei *f,* Schläge'rei *f.*
**bar·ney**[2] ['bɑː(r)nɪ] *s Bergbau:* kleiner Karren.
**barn| owl** *s orn.* Schleiereule *f.* '~**storm** *bes. Am.* **I** *v/i* ,auf die Dörfer gehen': a) her'umreisen u. auf dem Land The'ateraufführungen veranstalten, auf (e-e) Kon'zert- *od.* 'Vortrags)Tour,nee durch die Pro'vinz gehen, b) *pol.* von Ort zu Ort reisen u. Wahlreden halten. **II** *v/t* e-e Gegend bereisen *od.* e-n Ort besuchen u. dort The'ater spielen *etc* (→ I). '~**storm·er** *s* **1.** Wander-, *bes.* Schmierenschauspieler(in). **2.** Wahlredner(in) *od.* Kandi'dat(in) auf Rundreise. ~ **swal·low** *s orn.* Rauchschwalbe *f.* '~**yard** *s* Scheunenhof *m:* ~ **fowl** *orn.* Haushuhn *n;* ~ **humo(u)r** derber Humor.
**bar·o·gram** ['bærəʊgræm; -rə-] *s meteor.* Baro'gramm *n.*
**bar·o·graph** ['bærəʊgrɑːf; -rə-; *bes. Am.* -græf] *s meteor.* Baro'graph *m.*
**ba·rom·e·ter** [bə'rɒmɪtə; *Am.* -'rɑmətər] *s* Baro'meter *n:* a) *phys.* Luftdruckmesser *m,* Wetterglas *n,* b) *fig.* Grad-, Stimmungsmesser *m.* ~ **ga(u)ge** *s* **1.** 'Niederdruckmano,meter *n.* **2.** *aer.* (baro'metrisches) Höhenmeßgerät.
**bar·o·met·ric** [,bærəʊ'metrɪk; -rə-] *adj* (*adv* ~**ally**) *phys.* baro'metrisch, Barometer...: ~ **cell** Druckdose *f;* ~ **column** Quecksilbersäule *f;* ~ **height** Barometerhöhe *f;* ~ **level(l)ing** barometrische Höhenmessung; ~ **maximum** *meteor.* Hoch(druckgebiet) *n;* ~ **pressure** Luft-, Atmosphärendruck *m.* **bar·o·met·ri·cal** *adj* (*adv* ~**ly**) → **barometric.**
**ba·rom·e·try** [bə'rɒmɪtrɪ; *Am.* -'rɑmə-] *s phys.* Barome'trie *f,* Luftdruckmessung *f.*
**bar·on** ['bærən] *s* **1.** *Br.* a) *hist.* Pair *m,* Ba'ron *m,* b) (*heute*) Ba'ron *m* (*niedrigster Titel des höheren brit. Adels*). **2.** (*nichtbrit.*) Ba'ron *m,* Freiherr *m.* **3.** (Indu'strieetc)Ba,ron *m,* Ma'gnat *m:* **beer** ~ Bierkönig *m.* **4.** *her. jur.* Ehemann *m.* **5.** *gastr.* ungeteilte Lendenstücke *pl:* ~ **of beef.** '**bar·on·age** [-ɪdʒ] *s* **1.** *collect.* (Gesamtheit *f* der) Ba'rone *pl.* **2.** Verzeichnis *n* der Ba'rone. **3.** Rang *m od.* Würde *f* e-s Ba'rons. '**bar·on·ess** *s* **1.** a) Ba'ronin *f,* b) Baro'neß *f,* Ba'ronesse *f.* **2.** (*nichtbrit.*) Ba'ronin *f,* Freifrau *f.*
**bar·on·et** ['bærənɪt] **I** *s* Baronet *m* (*Angehöriger des niederen brit. Adels.*

zwischen **knight** *u.* **baron** *stehend*). **II** *v/t*
zum Baronet ernennen. **'bar·on·et·**
**age** [-ɪdʒ] *s* **1.** collect. (Gesamtheit *f* der)
Baronets *pl.* **2.** Verzeichnis *n* der Baro-
nets. **3.** Rang *m od.* Würde *f* e-s Baronets.
**'bar·on·et·cy** → baronetage **3.**

**ba·ro·ni·al** [bə'rəʊnjəl; -nɪəl] *adj* **1.** Ba-
rons... **2.** prunkvoll, großartig. **bar·o·**
**ny** ['bærənɪ] *s* **1.** Baro'nie *f*: a) Herr-
schaftsgebiet *n* e-s Ba'rons, b) Rang *m*
*od.* Würde *f* e-s Ba'rons. **2.** Macht- *od.*
Einflußbereich *m* e-s (Indu'strie- *etc*)Ba-
ʳrons.

**ba·roque** [bə'rɒk; bə'rəʊk; *Am. a.*
bə'rak] **I** *adj* **1.** *art etc* ba'rock, Barock...
**2.** *fig.* ba'rock: a) über'laden, prunkvoll,
b) über'steigert, c) verschnörkelt, d) bi-
ʳzarr, seltsam. **3.** ba'rock, schiefrund
(*Perlen*). **II** *s* **4.** Ba'rock *n, m:* a) Ba'rock-
stil *m,* b) Ba'rockzeitalter *n.* **5.** ba'rockes
Kunstwerk. **6.** Ba'rockperle *f.*

**bar·o·scope** ['bærəskəʊp] *s phys.* Baro-
ʳskop *n,* Schweremesser *m.*

**ba·rouche** [bə'ruːʃ] *s* Landauer *m,* (vier-
sitzige) Ka'lesche.

**bar par·lour** *s Br.* Schank-, Gaststube *f.*

**barque** → bark[3].

**bar·quen·tine** → barkentine.

**bar·rack[1]** ['bærək] **I** *s* **1.** Ba'racke *f,*
Hütte *f.* **2.** *meist pl* (*aber meist als sg*
*konstruiert*) *mil.* Ka'serne *f:* ~(s) bag
Kleidersack *m;* ~(s) square (*od.* yard)
Kasernenhof *m;* ~s stores *Br.* Unter-
kunftsgerät *n.* **3.** *meist pl* (*aber meist als sg*
*konstruiert*) *contp.* 'Mietska,serne *f.* **II** *v/t*
**4.** in Ba'racken *od.* Ka'sernen 'unter-
bringen, kaser'nieren.

**bar·rack[2]** ['bærək] *Br. u. Austral. colloq.*
**I** *v/t* **1.** ausbuhen, auspfeifen, *Redner a.*
niederbrüllen, -schreien. **II** *v/i* **2.** buhen,
pfeifen. **3.** ~ **for** schreien für, (lautstark)
anfeuern.

**bar·ra·cou·ta** [ˌbærə'kuːtə] *pl* **-tas,** *bes.*
*collect.* **-ta,** **ˌbar·ra'cu·da** [-'kjuːdə;
*Am.* -ʲkuː-] *pl* **-das,** *bes. collect.* **-da**
*ichth.* Barra'kuda *m,* Pfeilhecht *m.*

**bar·rage[1]** ['bærɑːʒ; *Am.* bə'rɑːʒ] *s* **1.** *mil.* a) Sperrfeuer *n,* b) (Bal'lon-,
Minen- *etc*)Sperre *f:* ~ **balloon** Sperr-
ballon *m;* ~ **jamming** (*Radar*) Teppich-,
Sperrstörung *f;* ~ **reception** (*Radio*)
Richtempfang *m;* ~ **creeping bar-**
**rage,** *etc.* **2.** (Pfeil-, Stein- *etc*)Hagel *m.*
**3.** *fig.* Hagel *m,* (Wort-, Rede)Schwall *m:*
**a** ~ **of questions** ein Schwall von Fragen.
**II** *v/t* **4.** *mil.* mit Sperrfeuer belegen.
**5.** *fig.* bombar'dieren, eindecken (**with**
mit *Fragen etc*). **III** *v/i* **6.** *mil.* Sperrfeuer
schießen.

**bar·rage[2]** ['bærɑːʒ; *Am.* 'bɑːrɪdʒ] *s tech.*
Damm *m, bes.* Talsperre *f,* Staudamm *m.*

**bar·ran·ca** [bə'ræŋkə], **bar·ran·co**
[-kəʊ] *pl* **-cos** *s geol. Am.* Wasserriß *m,*
tiefe Schlucht.

**bar·ra·tor,** *a.* **bar·ra·ter** ['bærətə(r)] *s*
**1.** *mar.* j-d, der e-e Baratte'rie (→
**barratry** 1) begeht. **2.** *jur.* schika'nöser
Pro'zeßstifter, Queru'lant *m.* **3.** j-d, der
öffentliche *od.* geistliche Ämter kauft *od.*
verkauft.

**bar·ra·try** ['bærətrɪ] *s* **1.** *mar.* Baratte'rie
*f* (*Veruntreuung durch Schiffsführer od.*
*Besatzung gegenüber dem Reeder od.*
*Charterer*). **2.** *jur.* a) schika'nöses Prozes-
ʳsieren, b) Anstiftung *f* zu mutwilliger
Klageführung. **3.** Kauf *m od.* Verkauf *m*
von öffentlichen *od.* geistlichen Ämtern,
*relig. a.* Simo'nie *f.*

**barred** [bɑː(r)d] *adj* **1.** (ab)gesperrt, ver-
riegelt. **2.** vergittert, Gitter...: ~ **win-**
**dows. 3.** gestreift. **4.** *mus.* mit Takt-
strichen unter'teilt.

**bar·rel** ['bærəl] **I** *s* **1.** Faß *n,* Tonne *f* (*a.*
*als Maß*), (*als Rohölmaß meist*) Barrel *n:* ~
**cargo** Faßladung *f;* **by the** ~ faßweise;

---

**to have s.o. over a** ~ *colloq.* j-n in der
Hand haben; **to scrape the** ~ *colloq.* auf
dem letzten Loch pfeifen. **2.** Faß(voll) *n.*
**3.** *colloq.* „Haufen" *m,* große Menge: **a** ~
(*od.* ~**s**) **of money; we had a** ~ **of fun** wir
hatten jede Menge Spaß. **4.** *tech.* a) Walze
*f,* Rolle *f,* Trommel *f,* b) Lauf-, Zy'linder-
büchse *f,* c) (Gewehr)Lauf *m,* (Geschütz-)
Rohr *n,* d) Federgehäuse *n* (*der Uhr*),
e) Stiefel *m,* Kolbenrohr *n* (*e-r Pumpe*), f)
Rumpf *m* (*e-s Dampfkessels*), g) Tinten-
behälter *m* (*e-r Füllfeder*), h) Glocken-
körper *m,* i) Walze *f* (*der Drehorgel*),
j) (rundes) Gehäuse. **5.** *med.* Zy'linder *m*
(*der Spritze*). **6.** *orn.* Kiel *m* (*e-r Feder*).
**7.** Rumpf *m* (*e-s Pferdes od. Ochsen*).
**II** *v/t pret u. pp* **-reled,** *bes. Br.* **-relled**
**8.** in Fässer packen *od.* füllen. **9.** *Am.*
*colloq.* a) schnell befördern, b) rasen mit:
**he** ~**ed his car to the nearest hospital.**
**III** *v/i* **10.** *meist* ~ **along** *Am. colloq.*
(da'hin)rasen. ~ **burst** *s mil.* 'Rohrkre-
ˌpierer *m.* ~ **chair** *s* Wannensessel *m.* **'**~**-**
**-ˌchest·ed** *adj* mit gewölbter Brust: **to**
**be** ~ e-e gewölbte Brust haben. ~ **com-**
**pass** *s tech.* Trommelkompaß *m.*

**bar·reled,** *bes. Br.* **bar·relled** ['bæ-
rəld] *adj* **1.** faßförmig. **2.** in Fässer ge-
füllt: ~ **beer** Faßbier *n.* **3.** *in Zssgn*
...läufig (*Gewehr etc*): **double-**~. **4.** ge-
wölbt: ~ **road.**

**bar·rel·ful** ['bærəlfʊl] *s* Faß(voll) *n.*

**'bar·rel·house** *s Am. colloq.* Spe'lunke *f,*
Kneipe *f.*

**'bar·relled** *bes. Br. für* **barreled.**

**'bar·relˌmak·er** *s* Faßbinder *m.* ~ **or-**
**gan** *s* **1.** Orgelwalze *f* (*mechanische*
*Orgel*). **2.** Drehorgel *f,* Leierkasten *m.* ~
**roll** *s aer.* Rolle *f* (*im Kunstflug*). **'**~**-roll**
*v/i aer.* e-e Rolle ausführen. ~ **roof** *s arch.*
Tonnendach *n.* **'**~**-roofed** *adj arch.* mit
Tonnendach: ~ **vault** Tonnengewölbe *n.*
~ **saw** *s tech.* zy'linderförmige Rund-
säge. ~ **shut·ter** *s phot.* Trommelver-
schluß *m.* ~ **switch** *s electr.* Walzen-
schalter *m.* ~ **vault** *s arch.* Tonnen-
gewölbe *n.*

**bar·ren** ['bærən] **I** *adj* (*adv* ~**ly**) **1.** un-
fruchtbar: a) ste'ril (*Mensch, Tier, Pflan-*
*ze*), b) öde, dürr, kahl, 'unproduk,tiv
(*Land*). **2.** *fig.* a) öde, trocken, 'uninteres-
ʳsant, b) seicht, c) dürftig, armselig. **3.** *fig.*
(*geistig*) 'unprodukˌtiv: **a** ~ **phase. 4.** *fig.*
leer, arm (**of** an *dat*): **his speech was** ~
**of wit** s-r Rede fehlte der *od.* jeglicher
Witz. **5.** nutzlos: **a** ~ **conquest;** ~ **capital**
*econ.* totes Kapital; **a** ~ **title** ein leerer
Titel. **6.** milchlos (*Kuh*). **7.** *geol.* taub
(*Gestein*). **II** *s* **8.** *meist pl Am.* Ödland *n.*

**'bar·ren·ness** *s* **1.** Unfruchtbarkeit *f*
(*a. fig.*). **2.** *fig.* Trockenheit *f,* 'Uninteres-
ʳsantheit *f.* **3.** *fig.* (*geistige*) 'Unproduk-
ˌtivi,tät. **4.** *fig.* Armut *f* (**of** an *dat*).

**bar·ri·cade** [ˌbærɪ'keɪd; *Am. a.* 'bærə-
ˌkeɪd] **I** *s* **1.** Barri'kade *f* (*a. fig.*): **to go to**
(*od.* **mount**) **the** ~**s** *fig.* auf die Barrika-
den gehen *od.* steigen. **2.** Hindernis *n.*
**3.** *fig.* Schutzwall *m.* **II** *v/t* **4.** barrika-
ka'dieren, verrammeln: **to** ~ **o.s.** (**in**) sich
verbarrikadieren; **to** ~ **off** *Straße etc*
durch Barrikaden versperren; **his mind**
**was** ~**d against new ideas** *er war* neuen
Ideen gegenüber (völlig) unzugänglich.

**bar·ri·er** ['bærɪə(r)] *s* **1.** Schranke *f* (*a.*
*fig.*), Barri'ere *f,* Sperre *f.* **2.** Schlag-,
Grenzbaum *m.* **3.** *phys.* Schwelle *f,*
(Schall)Mauer *f.* **4.** *a.* ~ **bar,** ~ **beach**
*geol.* der Küste vorgelagerte Barri'ere,
freier Strandwall. **5.** *oft* **B**~ *geogr.* 'Eis-
barriˌere *f* der Ant'arktis. **6.** *Pferderen-*
*nen:* 'Startmaˌschine *f.* **7.** *Verpackungs-*
*technik:* Iso'lierung *f* (*gegen Hitze etc*). **8.**
*fig.* Hindernis *n* (**to** für). **9.** *fig.* Mauer *f:*
**a** ~ **of distrust. 10.** Grenze *f.* **11.** *pl hist.*
Turnier, bei dem über e-e Schranke hin-

---

*weg gekämpft wurde.* ~ **cream** *s* Schutz-
creme *f.* ~ **gear** *s mil.* Fangvorrichtung *f*
(*auf e-m Flugzeugträger*). **'**~**-grid stor-**
**age tube** *s electr.* Sperrgitterröhre *f.*

**bar·ring** ['bɑːrɪŋ] *prep* abgesehen von,
ausgenommen: ~ **rain** falls *od.* wenn es
nicht regnet; ~ **errors** Irrtümer vorbe-
halten.

**bar·ris·ter** ['bærɪstə(r)] *s jur.* **1.** *Br.* Bar-
rister *m* (*vor den höheren Gerichten plä-*
*dierender Rechtsanwalt; voller Titel:* ~**-at-**
**-law;** *Ggs.* solicitor). **2.** *Am. allg.*
Rechtsanwalt *m.*

**'bar,room** *Am. für* **bar parlour.**

**bar·row[1]** ['bærəʊ] *s* **1.** (Obst- *etc*)Karre(n
*m*) *f* (*e-s Straßenhändlers*). **2.** Handkar-
re(n *m*) *f.* **3.** Schubkarre(n *m*) *f.* **4.** Ge-
päckkarre(n *m*) *f.*

**bar·row[2]** ['bærəʊ] *s* **1.** *Archäologie:*
Tumulus *m,* Hügelgrab *n.* **2.** Hügel *m.*

**bar·row[3]** ['bærəʊ] *s agr.* Bork *m,* Borg *m*
(*im Ferkelalter kastriertes Schwein*).

**bar·row boy** *s,* **'**~**-man** [-mən] *s irr*
Straßenhändler *m.*

**bar shoe** *s tech.* Ringeisen *n* (*hinten*
*geschlossenes Hufeisen*). ~ **shot** *s mil.*
*hist.* Stangenkugel *f.* ~ **sight** *s mil.* 'Stan-
genviˌsier *m.* ~ **sin·is·ter** *s* **1.** *her.*
Schräg'linksbalken *m* (*als Zeichen un-*
*ehelicher Geburt*). **2.** *fig.* Stigma *n,*
Schandfleck *m.* ~ **spring** *s tech.* Stab-
feder *f.* ~ **steel** *s tech.* Stangenstahl *m.*
**'**~**stool** *s* Barhocker *m.* **'**~**tend·er** *s*
*bes. Am.* Barmann *m,* Barkeeper *m,*
Barmixer *m.*

**bar·ter** ['bɑː(r)tə(r)] **I** *v/i* **1.** Tauschhan-
del treiben. **2.** verhandeln: **to** ~ **for**
**peace** über e-n Frieden verhandeln. **II**
*v/t* **3.** (im Handel) (ein-, 'um)tauschen,
austauschen (**for, against** gegen): **to** ~
**away** a) im Tausch weggeben, b) ver-
schleudern, -schachern (*a. fig.*), c) (ohne
entsprechende Gegenleistung) ver-
zichten auf (*Freiheit, Rechte etc*). **III** *s* **4.**
Tausch(handel *m,* -geschäft *n*) *m* (*a. fig.*):
~ **shop** (*bes. Am.* **store**) Tauschladen *m;*
~ **transaction** *econ.* Tausch-, Kompen-
sationsgeschäft *n.* **5.** Tauschobˌjekt *n.*
**'bar·ter·er** *s* Tauschhändler *m.*

**Bar·tho·lin's glands** ['bɑː(r)θəlɪnz;
*Am. a.* 'bɑːrtlənz] *s pl anat.* Bartholin-
Drüsen *pl.*

**Bar·thol·o·mew** [bɑː(r)'θɒləmjuː; *Am.*
-'θɑ-] *npr Bibl.* Bartholo'mäus *m:* (**St.**) ~**'s**
**Day,** ~**tide** Bartholomäustag *m* (*24.*
*August*).

**bar·ti·zan** ['bɑː(r)tɪzən; ˌbɑː(r)tɪ'zæn] *s*
*arch.* Erkertürmchen *n.*

**bar·ton** ['bɑːtn] *Br. obs. für* **farmyard.**

**bar trac·er·y** *s arch.* Maßwerk *n* in
Querstrichen.

**bar wind·ing** *s electr.* Stabwicklung *f.*
**'**~**-wise** *adv her.* horizon'tal. **'**~**-wound**
**ar·ma·ture** *s electr.* Stabanker *m,*
Anker *m* mit Stabwicklung.

**'bar·yˌcen·ter,** *bes. Br.* **bar·yˌcen-**
**tre** ['bærɪ-] *s phys.* Baryzentrum *n,*
Schwerpunkt *m.*

**bar·y·on** ['bærɪɒn; *Am.* -ˌɑn] *s phys.*
Baryon *n* (*Elementarteilchen, dessen Mas-*
*se mindestens so groß ist wie die e-s*
*Protons*).

**'bar·yˌsphere** ['bærɪ-] *s geol.* Bary-
ʳsphäre *f* (*innerster Teil der Erde*).

**ba·ry·ta** [bə'raɪtə] *s chem.* 'Barium-
oˌxid *n.*

**ba·ry·tes** [bə'raɪtiːz] *pl* **-tes** *s min.* Ba'ryt
*m,* Schwerspat *m.*

**ba·ryt·ic** [bə'rɪtɪk] *adj min.* Baryt...

**bar·y·tone** → baritone.

**bas·al** ['beɪsl] *adj* (*adv* ~**ly**) **1.** an der Ba-
sis *od.* Grundfläche befindlich, ba'sal,
Grund... **2.** *fig.* grundlegend, fundamen-
'tal, Grund... **3.** *biol.* ba'sal, basisständig,
Basal... ~ **bod·y** *s biol.* Ba'salkörperchen

*n.* ~ **cell** *s biol.* Grund-, Ba'salzelle *f.* ~ **leaf** *s irr bot.* grundständiges Blatt. ~ **met·a·bol·ic rate** *s med.* 'Grund,umsatz *m.* **~me·tab·o·lism** *s med.* Grundstoffwechsel *m.*

**ba·salt** ['bæsɔ:lt; bə'sɔ:lt] *s* **1.** *geol.* Ba'salt *m.* **2.** Ba'saltgut *n* (*schwarzes Steingut*). **ba·sal·tic** [bə'sɔ:ltɪk] *adj geol.* ba'saltisch, Basalt...

**bas·an** ['bæzən] *s* Ba'sane *f* (*für Buchein-bände verwendetes* [*braunes*] *Schafleder*). **bas·a·nite** ['bæsənatt; -zə-] *s min.* Basa-'nit *m.*

**bas·cule** ['bæskju:l] *s tech.* Hebebaum *m:* ~ **bridge** Hub-, Klappbrücke *f.*

**base**[1] [beɪs] I *s* **1.** *a. fig.* Basis *f,* Grundlage *f,* Funda'ment *n* (*a. arch.*). **2.** *fig.* Ausgangspunkt *m,* -basis *f.* **3.** Grund-, Hauptbestandteil *m* (*e-r Arznei etc*), Grundstoff *m.* **4.** *chem.* Base *f.* **5.** *arch.* Basis *f,* Sockel *m,* Posta'ment *n* (*e-r Säule etc*). **6.** *math.* a) Basis *f,* Grundlinie *f od.* -fläche *f,* b) Träger *m* (*e-r Punktreihe*), c) Basis *f,* Grundzahl *f* (*e-s Logarithmen-od. Zahlensystems od. e-r Potenz*), d) Bezugsgröße *f.* **7.** *surv.* Standlinie *f.* **8.** *biol.* a) Befestigungspunkt *m* (*e-s Organs*), b) Basis *f,* 'Unterteil *n, m:* ~ **of the brain** *anat.* Gehirnbasis. **9.** *mil.* a) Standort *m,* b) (Operati'ons- *od.* Versorgungs)Basis *f,* Stützpunkt *m,* c) *aer.* Flugbasis *f,* d) (Flieger)Horst *m,* d) E'tappe *f.* **10.** *Base-ball:* Mal *n:* **to be off ~** *Am. colloq.* auf dem Holzweg sein; **to catch s.o. off ~** *Am. colloq.* j-n überraschen *od.* -rumpeln; **to get to first ~** *Am. colloq.* e-n ersten (erfolgreichen) Schritt tun; **he didn't get to first ~ with her** *Am. colloq.* er hat bei ihr überhaupt nichts erreicht; **to touch ~ with** *Am. colloq.* sich in Verbindung setzen mit. **11.** *bei verschiedenen Spielen:* a) Start(punkt) *m,* b) Ziel (-punkt *m*) *n.* **12.** *ling.* Stamm *m.* **13.** *tech.* a) Mon'tage-, Grundplatte *f,* Sockel *m,* Gestell *n,* b) (Ge'häuse-, Ma'schinen-) ,Unterteil *n, m,* c) Funda'ment *n,* 'Unterlage *f,* Bettung *f,* d) Sohle *f* (*e-r Mauer*), e) Trägerstoff *m* (*z. B. für Magnetschicht*), f) *mil.* (Geschoß)Boden *m.* **14.** *electr.* (Lampen-, Röhren)Sockel *m,* (-)Fassung *f.* **15.** *Färberei:* Beize *f.* **16.** *geol.* (*das*) Liegende. \
**II** *v/t* **17.** stützen, gründen (**on, upon** auf *acc*): **to be ~d on** beruhen *od.* basieren auf (*dat*); **to ~ o.s. on** sich verlassen auf (*acc*); → **based** 1. **18.** *mil.* statio'nieren: → **based** 3 a. **19.** e-e Basis bilden für. \
**III** *adj* **20.** als Basis dienend, Grund..., Ausgangs...

**base**[2] [beɪs] *adj* (*adv* **~ly**) **1.** gemein, niedrig, niederträchtig. **2.** minderwertig. **3.** unedel: ~ **base metal** 1. **4.** falsch, unecht: ~ **coin** a) *Br.* Falschgeld *n,* b) *Am.* Scheidemünze *f.* **5.** *ling.* unrein, unklassisch. **6.** *jur. Br. hist.* dienend: ~ **estate** durch gemeine Dienstleistungen erworbenes Lehen. **7.** *mus. obs.* Baß...: ~ **tones** Baßtöne. **8.** *obs.* niedrigen Standes. \
**base**| **an·gle** *s* **1.** *mil.* Grundrichtungswinkel *m.* **2.** *math.* Basiswinkel *m.* **'~·ball** *s sport* **1.** Baseball(spiel *n*) *m.* **2.** Baseball *m.* **'~·board** *s arch.* *Am.* Fuß-, Scheuerleiste *f.* **'~·born** → **base**[2] 8. ~ **camp** *mount.* Basislager *n.* ~ **charge** *s* Hauptladung *f* (*Munition*). ~ **cir·cle** *s tech.* Grundkreis *m* (*von Zahnrädern*).

**based** [beɪst] *adj* **1.** (**on**) gegründet *od.* gestützt (auf *acc*), beruhend (auf *dat*). **2.** *fig.* mit e-r (*fundierten etc*) Basis: **a soundly ~ argument** ein stichhaltiges Argument. **3.** (*in Zssgn*) a) *mil.* mit ... (*dat*) als Stützpunkt, statio'niert in (*dat*): **a London-~ unit,** b) *econ.* mit Sitz in (*dat*): **a Liverpool-~ firm.**

**base**| **de·pot** *s mil.* 'Hauptde,pot *n.* ~ **ex·change** *s chem.* Basenaustausch *m.* ~ **hos·pi·tal** *s Austral.* Krankenhaus *m* in e-m großen ländlichen Versorgungsgebiet. **'base·less** *adj* grundlos, unbegründet. **base**| **line** *s* **1.** Grundlinie *f.* **2.** *surv.* Standlinie *f.* **3.** *mil.* a) *bes. Radar:* Basislinie *f,* b) Grundrichtungslinie *f.* **4.** *sport* a) *Baseball:* Verbindungslinie zwischen den Malen, b) *Tennis:* Grundlinie *f.* **'~-line** *adj Tennis:* Grundlinien...: ~ **duel** (player, etc). **'~·lin·er** *s Tennis:* Grundlinienspieler(in). ~ **load** *s electr.* Grundlast *f,* -belastung *f.* **'~·man** [-mən] *s irr Baseball:* Malhüter *m.* **'base·ment** *s arch.* **1.** Kellergeschoß *n.* **2.** Grundmauer(n *pl*) *f.* **base**| **met·al** *s tech.* **1.** unedles Me'tall. **2.** Hauptbestandteil *m* (*e-r Legierung*). **~'mind·ed** → **base**[2] 1. **'base·ness** *s* **1.** Gemeinheit *f,* Niedrigkeit *f,* Niederträchtigkeit *f.* **2.** Minderwertigkeit *f.* **3.** Unechtheit *f.* **4.** *obs.* Niedrigkeit *f* (*der Geburt*). **5.** *obs.* Unehelichkeit *f.* **base**| **pin** *s electr.* Sockelstift *m.* ~ **plate** → **base**[1] 13 a. ~ **price** *s econ.* Grundpreis *m.* ~ **rate** *s econ. Br.* Eckzins *m.* **ba·ses** ['beɪsi:z] *pl von* **basis.** **base**| **time** *s econ.* (für e-n Arbeitsvorgang benötigte) Grundzeit (*ohne Erholungszuschläge etc*). ~ **wal·lah** *s mil. Br. sl.* ,E'tappenschwein' *n.*

**bash** [bæʃ] *colloq.* **I** *v/t* **1.** heftig schlagen, j-n verprügeln: **he ~ed his finger with a hammer** er drosch sich mit dem Hammer auf den Finger; **she ~ed him on the head with her umbrella** sie schlug ihm den Schirm über den Kopf; **to ~ one's head against** sich den Kopf anschlagen an (*dat*), mit dem Kopf ,knallen' gegen; **to ~ down** Tür einschlagen; **to ~ in** a) *Fenster etc* einschlagen, b) *Kotflügel etc* ein-, verbeulen; **to ~ s.o.'s head in** j-m den Schädel einschlagen; **to ~ up** a) *j-n* zs.-schlagen, zs.-schlagen, Karambolagereif schlagen, b) *Auto etc* zu Schrott fahren. **II** *v/i* **2.** ~ **into** ,knallen' *od.* krachen gegen: **the car ~ed into a tree.** **III** *s* **3.** *bes. Br.* ,Pfund' *n* (*heftiger Schlag*): **give s.o. a ~** (**on the nose**) j-m ,ein Ding (auf die Nase) verpassen'. **4.** *bes. Br.* Beule *f* (*am Auto etc*): **my car has had a ~** mein Auto hat etwas *od.* e-e Beule abgekriegt. **5.** *Br.* ausgelassene Party. **6.** *Br.* Versuch *m:* **to have a ~ at s.th.** es mit etwas wagen; **to have a ~ at s.th.** es mit etwas probieren.

**ba·shaw** [bə'ʃɔ:] *s hist. u. fig.* Pascha *m.* **'bash·ful** *adj* (*adv* **~ly**) schüchtern, verschämt, scheu. **'bash·ful·ness** *s* Schüchternheit *f,* Scheu *f.*

**bas·ic**[1] [beɪsɪk] **I** *adj* (*adv* → **basically**) **1.** grundlegend, Grund...: ~ **driving** *bes. mil.* elementare Fahrschulung; ~ **facts** grundlegende Tatsachen, Grundlagen; ~ **flying training** *aer.* fliegerische Grundausbildung; ~ **material** *tech.* Ausgangsmaterial *n,* Grundstoff *m;* ~ **position** *Grammatik:* → **knowledge** 2. **2.** *biol. chem. geol. min.* basisch. **3.** *metall.* im Thomasverfahren 'hergestellt, Thomas... **4.** *electr.* ständig (*Belastung*). **II** *s.* *pl* Grundlagen *pl.* **6.** *Am.* → **basic training.** **BAS·IC**[2] ['beɪsɪk] *s Computer:* BASIC *n* (*e-e Computersprache*). **'bas·i·cal·ly** *adv* **1.** im Grunde. **2.** im wesentlichen. **bas·ic**| **Bes·se·mer con·vert·er steel** *s tech.* Thomas(fluß)stahl *m.* ~ **Bes·se·mer pro·cess** → **basic process.** **B. Eng·lish** *s* Basic Englisch *n* (*auf 850 Grundwörtern beschränktes u. in der Grammatik vereinfachtes Englisch; von C. K. Ogden*). ~ **food** *s,* ~ **food-**

**stuffs** *s pl* Grundnahrungsmittel *pl.* ~ **for·mu·la** *s a. irr math.* Grundformel *f.* ~ **in·dus·try** *s* 'Grund(stoff)-, 'Schlüsselindu,strie *f.* **ba·sic·i·ty** [beɪ'sɪsətɪ] *s chem.* **1.** Basei'tät *f,* Basizi'tät *f* (*e-r Säure*). **2.** basischer Zustand. **bas·ic**| **law** *s pol.* Grundgesetz *n.* ~ **load** *s electr.* ständige Grundlast. ~ **op·er·a·tion** *s math.* 'Grundrechnung *f,* -operati,on *f.* ~ **pro·cess** *s metall.* basisches Verfahren, Thomasverfahren *n.* ~ **pro·te·in** *s biol.* Al'kalieiweiß *n.* ~ **re·search** *s* Grundlagenforschung *f.* ~ **sal·a·ry** *s econ.* Grundgehalt *n.* ~ **set** *s* Zwölftonmusik: Reihe *f.* ~ **size** *s tech.* Sollmaß *n.* ~ **steel** *s tech.* Thomasstahl *m.* ~ **train·ing** *s mil.* Grundausbildung *f.* ~ **wage** *s meist pl econ.* Grundlohn *m.* **ba·si·fy** ['beɪsɪfaɪ] *v/t chem.* basisch machen.

**bas·il** ['bæzl; *Am. a.* 'beɪ-] *s bot.* a) **sweet ~** Ba'silienkraut *n,* Ba'silikum *n,* b) *a.* ~ **bush, lesser ~** Kleine 'Nelkenba,silie.

**bas·i·lar** ['bæsɪlə(r)] *adj* **1.** *bot.* grundständig, Grund... **2.** *med.* basi'lar, die Schädelbasis betreffend. **3.** grundlegend, Grund...: ~ **instinct** Grundtrieb *m.*

**ba·sil·i·ca** [bə'zɪlɪkə; -'sɪ-] *s arch.* Ba'silika *f.*

**bas·i·lisk** ['bæzɪlɪsk; *Am. a.* -sə-] **I** *s* **1.** Basi'lisk *m* (*Fabeltier*). **2.** *zo.* Basi'lisk *m,* Kroneidechse *f.* **II** *adj* **3.** Basilisken...: ~ **eye.**

**ba·sin** ['beɪsn] *s* **1.** (Wasser-, Wasch-etc)Becken *n,* Schale *f.* **2.** Becken(voll) *n.* **3.** (*einzelne*) Waagschale. **4.** *Bassin n,* Wasserbecken *n,* -behälter *m,* a) Teich *m,* b) *mar. tech.* Dock(raum *m*) *n,* f) Schwimmbecken *n,* Bas'sin *n.* **5.** *opt.* Schleifschale *f.* **6.** Einsenkung *f,* Vertiefung *f.* **7.** *geol.* a) Bas'sin *n,* Becken *n,* b) (Senkungs)Mulde *f,* Kessel *m,* c) (Fluß-, See)Becken *n,* Stromgebiet *n.* **8.** *anat.* a) dritte Gehirnhöhle, b) (Rumpf- etc)Becken *n.*

**bas·i·net** ['bæsɪnet; *Am.* ,bæsə'net] *s mil. hist.* Kesselhaube *f.*

**'ba·sin·ful** [-fʊl] *s* Becken(voll) *n:* **to have had a ~ of** *colloq.* ,die Nase voll haben' von.

**ba·sis** ['beɪsɪs] *pl* **-ses** [-si:z] *s* **1.** *bes. arch.* Basis *f,* Grund *m,* Funda'ment *n.* **2.** → **base**[1] 3 *u.* 8 b. **3.** *mil.* (Operati'ons)Basis *f,* Stützpunkt *m.* **4.** *fig.* Basis *f,* Grundlage *f:* **on the ~ of** auf der Basis von (*od. gen*); ~ **of discussion** Diskussionsgrundlage; ~ **of comparison** Vergleichsbasis; **to form** (*od.* lay) **the ~ of s.th.** den Grund zu etwas legen; **to take as a ~** etwas zugrunde legen. **5.** *math.* a) Grund-, Basisfläche *f,* b) Grundlinie *f,* Basis *f.*

**bask** [bɑ:sk; *Am.* bæsk] *v/i* **1.** sich (wohlig) wärmen, sich aalen, sich sonnen (*a. fig.*): **to ~ in the sun(shine)** ein Sonnenbad nehmen; **to ~ in s.o.'s admiration** *fig.* sich in j-s Bewunderung sonnen. **2.** *fig.* (in) schwelgen (in *dat*), genießen (*acc*).

**bas·ket** ['bɑ:skɪt; *Am.* 'bæskət] **I** *s* **1.** Korb *m* (*a. als Maß*): **what's left in the ~** was übrigbleibt, der schäbige Rest; → **egg**[1] 1, **pick**[1] 4. **2.** Korb(voll) *m:* **a ~ of potatoes. 3.** a) *pol.* Korb *m,* Pa'ket *n,* b) Gruppe *f,* Reihe *f.* **4.** *Basketball:* a) Korb *m,* b) Treffer *m,* Korb *m.* **5.** *mil. hist.* Säbelkorb *m.* **6.** *aer.* (Ballon-) Korb *m,* Gondel *f.* **7.** *bes. Bergbau:* Fördergefäß *n.* **8.** (Typen)Korb *m* (*der Schreibmaschine*). **9.** *colloq.* Blödmann *m,* Idi'ot *m.* **II** *v/t* **10.** in e-n Korb *od.* Körbe legen *od.* verpacken. **'~·ball** *s sport* **1.** Basketball(spiel *n*) *m.* **2.** Basket-**

ball *m*. **~ case** *s Am*. **1.** 'Arm- u. 'Bein-
ampu,tierte(r *m*) *f*. **2.** *sl*. Nervenbündel *n*.
**~ chair** *s* Korbsessel *m*. **~ din·ner** *s Am*.
Picknick *n*.
**'bas·ket·ful** [-fʊl] *s* Korb(voll) *m*.
**'bas·ket|-,han·dle** *s arch*. Korbhen-
kel-, Stichbogen *m*. **~ hilt** *s mil. hist*.
Säbelkorb *m*. **~ lunch** *s Am*. Picknick *n*.
**~ mak·er** *s* **1.** Korbmacher *m*, -flechter
*m*. **2.** B~ M~ Korbflechter *m* (*prähisto-
rischer Bewohner der südwestl. USA u.
angrenzender Gebiete Mexikos*). **~ o·sier**
*s bot*. Korbweide *f*.
**bas·ket·ry** ['bɑːskɪtrɪ; *Am*. 'bæs-] *s*
Korbwaren *pl*.
**'bask·ing shark** *s ichth*. Riesenhai *m*.
**bas·oid** ['beɪsɔɪd] *agr*. **I** *adj* al'kalisch.
**II** *s* al'kalischer Boden.
**Basque** [bæsk] **I** *s* **1.** Baske *m*, Baskin *f*.
**2.** *ling*. Baskisch *n*, das Baskische. **II** *adj*
**3.** baskisch.
**bas-re·lief** ['bæsrɪˌliːf; *bes. Am.* ˌbɑːrɪ-
'liːf] *s art* 'Bas-, 'Flachreliˌef *n*.
**bass¹** [beɪs] *mus*. **I** *s* (*Bass m*: a) Baßstimme
*f*, b) Baßsänger *m*, Bas'sist *m*, c) 'Baß-
par,tie *f*, d) 'Baßinstru,ment *n*, *bes*.
Streich-, Kontrabaß *m*. **II** *adj* tief, Baß...
**bass²** [bæs] *pl* **'bass·es**, *bes. collect*.
**bass** *s ichth*. (Fluß- *od*. See)Barsch *m*.
**bass³** [bæs] *s* **1.** (Linden)Bast *m*. **2.** →
**basswood**. **3.** Bastmatte *f*.
**bass| bar** [beɪs] *s mus*. (Baß)Balken *m*. **~
clar·i·net** *s mus*. 'Baßklariˌnette *f*. **~
clef** *s mus*. Baßschlüssel *m*. **~ con·trol** *s
Radio*: Baßregler *m*. **~ drum** *s mus*.
große Trommel, Baßtrommel *f*.
**bas·set¹** ['bæsɪt] *s zo*. Basset *m*.
**bas·set²** ['bæsɪt] *Bergbau* **I** *s* Ausgehen-
de(s) *n* e-s Flözes. **II** *adj* (zu Tage) aus-
gehend.
**bas·set| horn** *s mus. hist*. Bas'setthorn *n*.
**~ hound** → **basset¹**.
**bass| gui·tar** [beɪs] *s mus*. 'Baßgiˌtarre *f*.
**~ horn** *s mus*. **1.** Baßtuba *f*. **2.** (Eng-
lisch)Baßhorn *n*.
**bas·si** ['bæsi; *Am*. 'bɑːsiː] *pl von* **basso**.
**bas·si·net** [ˌbæsɪ'net] *s* a) Korbwiege *f*,
b) Korbkinderwagen *m* (*mit Verdeck*),
c) *Am*. Korbkindertrage *f*.
**bass·ist** ['beɪsɪst] *s* Bas'sist *m* (*Sänger u.,
bes. in e-r Jazzband, Instrumentalist*).
**bas·so** ['bæsəʊ; *Am*. 'bɑː-] *pl* **-sos, -si**
['bæsi; *Am*. 'bɑːsiː] *s* Bas'sist *m*, Baß-
sänger *m*. **~ con·tin·u·o** *pl* **-so -os** *s
mus*. Gene'ralbaß *m*.
**bas·soon** [bə'suːn] *s mus*. Fa'gott *n*. **bas-
'soon·ist** *s* Fagot'tist *m*.
**bas·so| pro·fun·do** [prəʊ'fʌndəʊ] *pl*
**-si -di** [-dɪ], **-so -dos** *s mus*. (sehr tiefer Baß
(*Stimme od. Sänger*). **,~·re'lie·vo** [ˌ-rɪ-
'liːvəʊ] → **bas-relief**.
**bass| trom·bone** [beɪs] *s mus*. 'Baß-
poˌsaune *f*. **~ vi·ol** *s mus*. **1.** Gambe *f*.
**2.** Kontrabaß *m*.
**'bass·wood** ['bæs-] *s bot*. **1.** (*bes*.
Schwarz)Linde *f*. **2.** Linde(nholz *n*) *f*.
**bast** [bæst] *s* **1.** *bot*. Bast *m*. **2.** Bastmatte *f*.
**bas·tard** ['bɑːstə(r)d; *bes. Am*. 'bæs-] **I** *s*
**1.** Bastard *m*: a) Bankert *m*, uneheliches
Kind, b) *biol*. Mischling *m*. **2.** *fig*.
a) Nachahmung *f*, Fälschung *f*,
b) Scheußlichkeit *f*. **3.** *sl*. a) *contp*.
,Schwein' *n*, ,Scheißkerl' *m*, b) Kerl *m*,
Bursche *m*: a fine **~**; a poor **~** ein armer
Hund, ein armes Schwein, c) that job is a
real **~** diese Arbeit ist einfach ,beschis-
sen'; this **~** of a headache diese ver-
fluchten Kopfschmerzen. **4.** unreiner,
grober Braunzucker. **II** *adj* **5.** unehelich.
**6.** *biol*. Bastard..., Mischlings..., falsch.
**7.** *fig*. nachgemacht, unecht, verfälscht,
Bastard..., Zwitter..., Pseudo... **8.** *fig*.
ab'norm, von der Norm abweichend: **~
size** *tech*. Abmaß *n*, Maßabweichung *f*.
**bas·tard| a·ca·cia** *s bot*. Ro'binie *f*,

Falsche A'kazie. **~ file** *s tech*. Bastard-,
Vorfeile *f*.
**bas·tard·ize** ['bæstə(r)daɪz] **I** *v/t* **1.** *jur*.
für unehelich erklären. **2.** verfälschen,
verderben. **3.** entarten lassen. **II** *v/i*
**4.** entarten. **'bas·tard·ized** *adj* ent-
artet, Mischlings..., Bastard...
**bas·tard| ribs** *s pl anat*. kurze, falsche
Rippen *pl*. **~ rock·et** *s bot*. Ackersenf *m*.
**~ ti·tle** *s print*. Schmutztitel *m*. **~ type** *s
print*. Bastardschrift *f*.
**'bas·tard·y** *s* uneheliche Geburt: **~** pro-
cedure Verfahren *n* zur Feststellung der
(unehelichen) Vaterschaft u. Unterhalts-
pflicht.
**baste¹** [beɪst] *v/t* **1.** (ver-, 'durch)prügeln,
(ver)hauen. **2.** *fig*. beschimpfen, 'herfal-
len über (*j-n*).
**baste²** [beɪst] *v/t* e-n Braten mit Fett
begießen.
**baste³** [beɪst] *v/t* (an)heften.
**bas·ti·na·do** [ˌbæstɪ'neɪdəʊ; -'nɑː-] **I** *pl*
**-does** *s* Basto'nade *f* (*Stockschläge auf
die Fußsohlen*). **II** *v/t j-m* die Basto'nade
geben.
**'bast·ing¹** *s* (Tracht *f*) Prügel *pl*.
**'bast·ing²** *s* **1.** Heften *n*. **2.** a) Heftfaden
*m*, b) Heftnaht *f*.
**bas·tion** ['bæstɪən; *Am*. 'bæstʃən] *s mil*.
Basti'on *f*, Ba'stei *f*, Bollwerk *n* (*a. fig.*).
**bat¹** [bæt] **I** *s* **1.** *bes. Baseball u. Kricket*:
Schlagholz *n*, Schläger *m*: to carry one's
**~** (*Kricket*) noch im Spiel sein; off one's
own **~** *colloq*. auf eigene Faust; (right)
off the **~** *Am. colloq*. auf Anhieb, prompt.
**2.** *Tischtennis etc*: Schläger *m*. **3.** *Kricket*:
Schläger *m*, Schlagmann *m*. **4.** Schlagen
*n*: to be at (the) **~** → 11 b; to go to **~** for
s.o. a) (*Baseball*) für j-n einspringen, b)
*fig*. → 12. **5.** Knüttel *m*, Keule *f*, Stock *m*.
**6.** *colloq*. Stockhieb *m*. **7.** *tech*. Schlegel
*m*. **8.** *Br. colloq*. Tempo *n*: a at fair **~** mit
e-m ganz schönen ,Zahn'. **9.** *Am. sl*.
,Saufe'rei' *f*: to go on a **~** e-e ,Sauftour'
machen. **II** *v/t* **10.** *bes. den Ball* schlagen:
to **~** s.th. around *Am. colloq*. etwas
,bequatschen' *od*. diskutieren; to **~** s.th.
out *Am. colloq*. etwas ,hinhauen' (*schnell
schreiben etc*); to **~** s.th. out on the
typewriter *Am. colloq*. etwas herunter-
tippen. **III** *v/i* **11.** *Baseball, Kricket*:
a) (*gut etc*) schlagen, b) am Schlagen *od*.
dran sein. **12.** (to go to) **~** for *fig*. für j-n
eintreten, sich für *j-n* einsetzen. **13. ~**
around *Am. colloq*. sich her'umtreiben.
**bat²** [bæt] *s* **1.** *zo*. Fledermaus *f*: to be (as)
blind as a **~** stockblind sein; to have **~s**
in the belfry *colloq*. ,e-n Vogel haben',
verrückt sein. **2.** B~ *aer. mil*. radargelenk-
te Gleitbombe. **3.** *Am. sl*. a) ,Nutte' *f*
(*Prostituierte*), b) Schlampe *f*.
**bat³** [bæt] *v/t* mit (*den Augen*) blinzeln *od*.
zwinkern: to **~** one's eyes; without
**~ting an eyelid** ohne mit der Wimper zu
zucken; I never **~ted an eyelid** ich habe
(*in der Nacht*) kein Auge zugetan.
**bat⁴** [bæt] *s Br. Ind. colloq*. Jar'gon *m* der
Eingeborenen (*ursprünglich Indiens*): to
sling the **~** die (Umgangs)Sprache der
Einheimischen sprechen.
**ba·ta·ta** [bə'tɑːtə] *s bot*. Ba'tate *f*, 'Süß-
karˌtoffel *f*.
**Ba·ta·vi·an** [bə'teɪvjən; -vɪən] **I** *adj*
**1.** *hist*. ba'tavisch. **2.** *obs. od. poet*. hol-
ländisch. **II** *s* **3.** *hist*. Ba'tavier(in). **4.** *obs.
od. poet*. Holländer(in).
**batch** [bætʃ] **I** *s* **1.** Schub *m* (*auf einmal
gebackene Menge Brot*): **a ~ of bread** ein
Schub Brot. **2.** Schub *m*, Schwung *m*:
a) Gruppe *f* (*von Personen*): **a ~ of
prisoners** ein Trupp Gefangener, b)
Satz *m* (*Muster etc*), Stapel *m*, Stoß *m*
(*Briefe etc*), Par'tie *f*, Posten *m* (*gleicher
Dinge*): in **~es**, **~wise** schubweise. **3.**
*Computer*: Stapel *m*. **4.** *tech*. a) in 'einem

Arbeitsgang erzeugte Menge, Schub *m*,
b) für 'einen Arbeitsgang erforderliches
Materi'al, Satz *m*, Charge *f*, Füllung *f*,
z. B. Gieße'rei: (Beschickungs)Schicht *f*,
*Glasfabrikation*: (Glas)Satz *m*. **II** *v/t* **5.**
schub- *od*. stoßweise verarbeiten *od*. zu-
messen, in Schübe *od*. Gruppen einteilen.
**6.** → batch-process. **'~·,pro·cess** *v/t
Computer*: stapelweise verarbeiten. **~
pro·cess·ing** *s Computer*: Stapelver-
arbeitung *f*, -betrieb *m*.
**bate¹** [beɪt] **I** *v/t* **1.** *fig*. schwächen, ver-
mindern, *j-s* Neugier etc mäßigen, *Preis*,
e-e Forderung etc her'absetzen, den Atem
anhalten: **with ~d breath** mit angehal-
tenem Atem, gespannt. **2.** *obs*. a) etwas
ausnehmen: → **bating**, b) berauben (s.o.
s.th. j-n e-r Sache). **II** *v/i* **3.** *dial*. sich
vermindern, abnehmen.
**bate²** [beɪt] (*Gerberei*) **I** *s* Beizbrühe *f*,
Ätzlauge *f*. **II** *v/t* in die Beizbrühe legen.
**bate³** [beɪt] *v/i* (*unruhig*) um'herflattern
(*Falke*).
**bate⁴** [beɪt] *s Br. colloq*. a) schlechte
Laune, b) Wut *f*.
**ba·teau** [bæ'təʊ] *pl* **-teaux** [-'təʊ; -'təʊz]
*s Am. Canad*. leichtes flaches Flußboot. **~
bridge** *s Am. Canad*. Pon'tonbrücke *f*.
**'bate·ment** *s arch*. Maßwerk *n*: **~ light**
Maßwerklichte *f*.
**Bath¹** [bɑːθ] *npr* Bath *n* (*Stadt u. Badeort
in England*).
**bath²** [bɑːθ; *Am*. bæθ] **I** *pl* **baths** [-ðz] *s* **1.**
(Wannen)Bad *n*: to take a **~** a) to have
a **~** baden, ein Bad nehmen, b) *Am. sl*.
(*finanziell*) ,baden gehen' (on bei).
**2.** Badewasser *n*. **3.** (Bade)Wanne *f*.
**4.** Bad *n*, Badezimmer *n*. **5.** *meist pl* Bad
*n*: a) Badeanstalt *f*, b) Heil-, Kurbad *n*,
Badeort *m*. **6.** *chem. phot*. a) Bad *n* (*Be-
handlungsflüssigkeit*), b) Behälter *m* da-
für. **7.** the (Order of the) B~ *Br*. der
Bathorden; Knight of the B~ Ritter *m*
des Bathordens; Knight Commander
of the B~ Komtur *m* des Bathordens. **II**
*v/t* **8.** *Br. ein Kind etc* baden. **III** *v/i* **9.** *Br*.
ein Bad nehmen.
**Bath| brick** *s* Putzstein *m*. **~ bun** *s*
Kuchen-, Ro'sinenbrötchen *n*. **~ chair** *s
Br*. Rollstuhl *m* (*für Kranke*). **~ chap** *s gastr*.
Schweinebacke *f*.
**bathe** [beɪð] **I** *v/t* **1.** e-e Wunde etc, *bes*.
*Am*. ein Kind etc baden: → o.s. → 6.
**2.** waschen. **3.** befeuchten, benetzen.
**4.** *fig*. baden, (ein)tauchen (in in *acc*):
**~d in sunlight** sonnenüberflutet, in
Sonnenlicht getaucht; **~d in sweat** in
Schweiß gebadet, schweißgebadet; **~d in
tears** in Tränen aufgelöst, tränenüber-
strömt. **5.** *poet*. bespülen. **II** *v/i* **6.** *bes.
Am*. baden, ein Bad nehmen. **7.** baden,
schwimmen. **8.** (Heil)Bäder nehmen. **9.**
*fig*. sich baden, eingetaucht *od*. versun-
ken sein, *a*. schwelgen (in in *dat*). **III** *s*
**10.** *Br*. Bad *n* (*im Freien*): to have (*od*.
take) a **~** → 7.
**ba·thet·ic** [bə'θetɪk] *adj* **1.** trivi'al, platt.
**2.** kitschig. **3.** voll von falschem Pathos.
**'bath·house** *s* **1.** Bad *n*, Badeanstalt *f*.
**2.** *Am*. Umkleidekaˌbinen *pl*.
**bath·ing** ['beɪðɪŋ] *s* Baden *n*. **~ ac·ci-
dent** *s* Badeunfall *m*. **~ beau·ty** *obs*.
**~ belle** *s* Badeschönheit *f*. **~ cap** *s*
Bademütze *f*, -kappe *f*. **~ cos·tume** *s*,
**dress** *s bes. Br*. Badeanzug *m*. **~ ma-
chine** *s hist*. Badekarren *m* (*fahrbare
Umkleidekabine*). **~ suit** *s* Badean-
zug *m*.
**bath mat** *s* Badematte *f*, -vorleger *m*.
**Bath met·al** *s metall*. Tombak *m*.
**bath·o·lite** ['bæθəlaɪt], **'bath·o·lith**
[-lɪθ] *s geol*. Batho'lit *m*.
**Bath Ol·i·ver** *s Br*. (*ein*) ungesüßter
Keks.
**ba·thom·e·ter** [bə'θɒmɪtə(r); *Am*. -'θɑ-]

Batho'meter *n*, (Meeres)Tiefenmesser *m* (*Gerät*), Tiefseelot *n*.

**Bath·o·ni·an** [bəˈθəʊnjən; -nɪən] **I** *s* Bewohner(in) von Bath (*England*). **II** *adj* aus *od.* von Bath.

'**bat·horse** *s mil.* Packpferd *n*.

**ba·thos** ['beɪθɒs; *Am.* -ˌθɑs] *s* **1.** 'Übergang *m* vom Erhabenen zum Lächerlichen *od.* Trivi'alen. **2.** Gemeinplatz *m*, Plattheit *f*. **3.** falsches Pathos. **4.** Kitsch *m*. **5.** Null-, Tiefpunkt *m*: the ~ of stupidity der Gipfel der Dummheit.

**Bath| pa·per, ~ post** *s* feines 'Briefpaˌpier.

'**bath|·robe** *s* **1.** Bademantel *m*. **2.** *Am.* Morgen-, Schlafrock *m*. '**~room** *s* **1.** Badezimmer *n*: ~ cabinet Badezimmerschrank *m*, *a. f.* **2.** *Am.* Toi'lette *f*. **~salts** *s pl* Badesalz *n*. **B~ stone** *s geol.* Muschelkalkstein *m*. **~ tow·el** *s* Badetuch *n*. '**~tub** *s* **1.** Badewanne *f*. **2.** *Skisport: Am.* ˌBadewanne' *f*.

**bath·y·al** ['bæθɪəl] *adj* bathy'al, Tiefsee...

**ba·thym·e·try** [bəˈθɪmətrɪ] *s* **1.** Tiefenmessung *f*. **2.** Tiefseemessung *f*.

**bath·y·scaphe** ['bæθɪskæf; *Am. a.* -ˌskeɪf] *s* Bathy'skaph *m*, *n* (*Tiefseetauchgerät*).

**bath·y·sphere** ['bæθɪˌsfɪə(r)] *s tech.* Tiefseetaucherkugel *f*.

**ba·tik** ['bætɪk; *Am. a.* bəˈtiːk] *s* **1.** Batik (-druck) *m*, *a. f.* **2.** gebatikter Stoff.

**bat·ing** ['beɪtɪŋ] *prep* abgerechnet, abgesehen von, ausgenommen.

**ba·tiste** [bæˈtiːst; bə-] *s* Ba'tist *m*.

**bat·man** ['bætmən] *s irr mil.* Br. Offi-'ziersbursche *m*, Putzer *m*.

**ba·ton** ['bætən; *Am.* bəˈtɑn] *s* **1.** (Amts-, Kom'mando)Stab *m*: Field Marshal's ~ Marschall(s)stab. **2.** *mus.* Taktstock *m*, (Diri'genten)Stab *m*. **3.** *Leichtathletik:* (Staffel)Stab *m*, (-)Holz *n*. **4.** Schlagstock *m*, Gummiknüppel *m* (*der Polizei*). **5.** *her.* (schmaler) Schrägbalken. **6.** *Am.* a) langes Brot, b) Käsestange *f*. **~ charge** *s* Schlagstockeinsatz *m*: to make a ~ → baton-charge. '**~charge** *v/t* mit dem Schlagstock vorgehen gegen.

'**ba·toned** *adj* **1.** mit e-m Schlagstock ausgerüstet (*Polizist*). **2.** *her.* mit e-m Schrägbalken (versehen).

**ba·tra·chi·an** [bəˈtreɪkjən; -ɪən] *zo.* **I** *adj* frosch-, krötenartig. **II** *s* Ba'trachier *m*, Froschlurch *m*.

**bats** [bæts] → batty.

**bats·man** ['bætsmən] *s irr* **1.** *Kricket:* Schläger, Schlagmann *m*. **2.** *aer.* Marshaler *m*.

'**bats·wing burn·er** *s tech.* Fledermausbrenner *m*.

**bat·tal·ion** [bəˈtæljən] *s mil.* Bataill'lon *n* (*a. fig.*).

**bat·tels** ['bætlz] *s pl univ.* Br. Collegerechnung *f* für Lebensmittel u. sonstige Einkäufe (*Oxford*).

**bat·ten¹** ['bætn] *v/i* **1.** (on) a) sich gütlich tun (an *dat*), b) sich 'vollfressen' (an *dat*, mit). **2.** (on) a) sich mästen (mit), b) *meist fig.* dick u. fett werden (auf Kosten *gen*).

**bat·ten²** ['bætn] **I** *s* **1.** Latte *f*, Leiste *f*. **2.** *mar.* a) achteres Schalstück (*der Rahen*), b) Per'senningleiste *f*: ~ of the hatch Schalkleiste *f*. **3.** Diele *f*, (Fußboden)Brett *n*. **4.** *Weberei:* Lade *f*. **II** *v/t* **5.** *a.* ~ down, ~ up (mit Latten) verkleiden *od.* befestigen. **6.** *mar.* verschalken: to ~ down the hatches a) die Luken dicht machen, b) *fig.* alles dicht machen.

**bat·ter¹** ['bætə(r)] **I** *v/t* **1.** a) wieder'holt mit heftigen Schlägen bearbeiten: to ~ down (*od.* in, open) Tür einschlagen, b) *Ehefrau, Kind etc* (wieder'holt) schlagen *od.* miß'handeln: ~ed wives' refuge Frauenhaus *n*. **2.** um'peitschen (*Sturm etc*), schlagen gegen (*Wellen etc*). **3.** ab-

nutzen. **4.** (arg) lä'dieren *od.* zerbeulen, *a. fig.* arg in Mitleidenschaft ziehen: **a ~ed old car; our ~ed democracy** unsere stark angeschlagene Demokratie. **5.** *mil.* wieder'holt bombar'dieren: **to ~ down** zerbomben, zs.-schießen. **II** *v/i* **6.** wieder'holt heftig schlagen *od.* stoßen (**against** gegen; **at** an *acc*): **to ~ (away) at the door** gegen die Tür hämmern. **III** *s* **7.** Eierkuchenteig *m* (*a. zum Fritieren*). **8.** *print.* beschädigte Type, de'fekter Schriftsatz.

**bat·ter²** ['bætə(r)] *arch.* **I** *v/i* sich nach oben verjüngen (*Mauer*). **II** *v/t* einziehen, verjüngen. **III** *s* Böschung *f*, Verjüngung *f*, Abdachung *f*.

**bat·ter³** ['bætə(r)] *s Baseball, Kricket:* Schläger *m*, Schlagmann *m*.

'**bat·terˌcake** *s Am.* (*Art*) Pfannkuchen *m*.

'**bat·tered** *adj* **1.** zerschmettert, zerschlagen. **2.** a) abgenutzt, zerbeult, b) *a. fig.* arg mitgenommen, übel zugerichtet.

'**bat·ter·ing** *adj mil. hist.* a) Sturm..., Angriffs..., b) Belagerungs...: **~ ram** *s mil. hist.* (Belagerungs)Widder *m*, Sturmbock *m*.

**bat·ter rule** *s tech.* Bleilot *n*.

**bat·ter·y** ['bætərɪ] *s* **1.** *mil. hist.* Angriff *m* (mit dem Sturmbock etc). **2.** *jur.* tätlicher Angriff, tätliche Beleidigung, *a.* Körperverletzung *f*. **3.** *mil. a) Am.* Batte'rie *f*, b) *Br.* Artille'rieabˌteilung *f*, -batailˌlon *n*, c) *mar.* Geschützgruppe *f*. **4.** *mil. Am.* Schußbereitschaft *f* (*e-s Gewehrs*): **in ~** schußfertig. **5.** *electr.* Batte'rie *f*. **6.** Batte'rie *f* (*von Flaschen, Scheinwerfern, Maschinen etc*), *a. opt.* Reihe *f*, Satz *m*, *opt.* 'Linsen- u. 'Prismensyˌstem *m*. **7.** *agr.* 'Legebatteˌrie *f*. **8.** *fig.* Batte'rie *f*, Phalanx *f*, Reihe *f*. **9.** *Baseball:* Werfer *m* u. Fänger *m* (zusammen). **10.** *mus.* Batte'rie *f*, Schlagzeuggruppe *f*. **11.** *psych.* Test (-reihe *f*) *m*. **~ ac·id** *s electr.* Akkumula-'toren-, Sammlersäure *f*. **~ cell** *s* Sammlerzelle *f*, Batte'rieleˌment *n*. **~ charg·er** *s* (Batte'rie)Ladesatz *m*, -gerät *n*. '**~ˌcharg·ing sta·tion** *s* Batte'rieladestelle *f*. **~ e·lim·i·na·tor** *s* 'Netzanˌode *f*. '**~fed** *adj* battery-operated. **~ hen** *s agr.* Batte'riehenne *f*. **~ ig·ni·tion** *s mot.* Batte'riezündung *f*. '**~ˌop·er·at·ed** *adj* batte'riegespeist, -betrieben, Batterie...

**bat·tik** → batik.

**bat·ting** ['bætɪŋ] *s* **1.** Schlagen *n* (bes. von Rohbaumwolle zu Watte). **2.** *Baseball, Kricket:* Schlagen *n*, Schlägerspiel *n*: ~ average Durchschnitt(sleistung *f*) *m* (*a. fig.*). **3.** (Baumwoll)Watte *f*.

**bat·tle** ['bætl] **I** *v/i* **1.** *bes. fig.* kämpfen, streiten (**with** mit; **for** um; **against** gegen); **to ~ it (out)** es auskämpfen; **to ~ for breath** nach Atem ringen. **2.** ~ **through** sich (durch)kämpfen durch; **to ~ through the crowd** (through difficulties, *etc*). **II** *v/t* **3.** *Am.* kämpfen gegen, bekämpfen (*a. fig.*). **4.** **to ~ one's way through** → 2. **III** *s* **5.** Schlacht *f* (of *meist* bei), *a.* Gefecht *n*: ~ **of Britain** (Luft)Schlacht um England (2. Weltkrieg); **line of ~** Schlacht-, Gefechtslinie *f*; **~ of words** Wortgefecht *n*; **~ bulge** 1. **6.** *fig.* Kampf *m*, Ringen *n*, Schlacht *f* (for um). **7.** Zweikampf *m*: **trial by ~** *hist.* Gottesurteil *n* durch Zweikampf; ~ **of wits** *fig.* geistiges Duell. **8.** *mil. hist.* a) Heer *n*, Schlachtreihe *f*, b) *a.* **main** ~ Haupttreffen *n*.

*Besondere Redewendungen:*

**to do ~** kämpfen, sich schlagen; **to do ~ for s.o., to fight s.o.'s ~** j-s Sache verfechten; **to give** (*od.* join) ~ sich zum Kampf stellen; **to have the ~** den Sieg davontragen; **to be killed in ~** fallen;

**the ~ is to the strong** der Sieg gehört den Starken; **that is half the ~** damit ist schon viel gewonnen, ,das ist schon die halbe Miete'; **a good start is half the ~** frisch gewagt ist halb gewonnen.

**bat·tle| ar·ray** → battle order 1. '**~-ax(e)** *s* **1.** *mil. hist.* a) Streitaxt *f*, b) Helle'barde *f*. **2.** *colloq.* alter ,Drachen' (*bösartige Frau*). ~ **clasp** *s mil.* Erinnerungsspange *f* (*für Schlachtteilnehmer*). ~ **cruis·er** *s mar.* Schlachtkreuzer *m*. ~ **cry** *s* Schlachtruf *m* (*a. fig.*).

**bat·tle·dore** ['bætldɔː(r); *Am. a.* -ˌdəʊər] *s* **1.** *hist.* Waschschlegel *m*. **2.** *sport hist.* a) *a.* ~ **and shuttlecock** Vorläufer des Federballspiels, b) der dabei verwendete Schläger. **3.** Bäckerschaufel *f*. **4.** *hist.* (Kinder)Fibel *f*.

**bat·tle| dress** *s mil.* Dienst-, Feldanzug *m* (*Uniform*). ~ **fa·tigue** *s mil. psych.* 'Kriegsneuˌrose *f*. '**~field,** '**~ground** *s* Schlachtfeld *n* (*a. fig.*).

'**bat·tle·ment** *s mil.* (Brustwehr *f* mit) Zinnen *pl.* '**bat·tle·ment·ed** [-məntɪd; *Am.* -ˌmen-] *adj* mit Zinnen (versehen).

**bat·tle| or·der** *s mil.* **1.** Schlachtordnung *f*, Gefechtsgliederung *f*. **2.** Gefechtsbefehl *m*. ~ **piece** *s* Schlachtenszene *f* (*in Malerei, Literatur etc*). '**~plane** *s aer. mil.* Kampf-, Kriegsflugzeug *n*. ~ **roy·al** *pl* **-tles -al, -tle -als** *s* **1.** Handgemenge *n*, Massenschläge'rei *f*. **2.** *fig.* heftige Ausein'andersetzung, erregte Diskussi'on. '**~ship** *s mar.* Schlachtschiff *n*. ~ **sight** *s mil.* 'Standviˌsier *n*. '**~ˌwag·(g)on** *s mil. sl.* **1.** *mar.* ,großer Pott', Schlachtschiff *n*. **2.** *aer.* schwerer Bomber.

**bat·tue** [bæˈtuː; bæˈtjuː] *s* **1.** Treibjagd *f*. **2.** (auf e-r Treibjagd erlegte) Strecke. **3.** geschäftiges *od.* reges Treiben. **4.** Gemetzel *n*, Metze'lei *f*.

**bat·ty** ['bætɪ] *adj sl.* ,bekloppt'.

'**bat·wing I** *s* **1.** Fledermausflügel *m*. **2.** *a.* ~ **burner** *tech.* Fledermaus-, Flächenbrenner *m*. **II** *adj* **3.** Fledermausflügel..., Fächer...: ~ **sleeve** Fledermausärmel *m*.

**bau·ble** ['bɔːbl; *Am.* -ˌbɑː-] *s* **1.** Nippsache *f*. **2.** (Kinder)Spielzeug *n*. **3.** *fig.* Spiele'rei *f*. **4.** *hist.* Narrenzepter *n*. **5.** *obs.* Kindskopf *m*, Narr *m*.

**baud** [bɔːd; *Am. a.* bəʊd] *s electr.* Baud *n*: a) *Einheit der Telegrafiergeschwindigkeit*, b) *Computer: Einheit der Schrittgeschwindigkeit*.

**baulk** → balk.

**Bau·mé scale** [bəʊˈmeɪ] *s phys.* Bau'mé-Skala *f*.

**baux·ite** ['bɔːksaɪt] *s min.* Bau'xit *m*.

**Ba·var·i·an** [bəˈveərɪən] **I** *adj* bay(e)-risch. **II** *s* Bayer(in).

**baw·cock** ['bɔːkɒk; *Am.* -ˌkɑk] *s colloq. obs.* feiner Kerl.

**bawd** [bɔːd] *s obs.* **1.** Kuppler(in). **2.** Bor'dellwirt(in). **3.** Hure *f*. '**bawd·ry** [-rɪ] *s obs.* **1.** Kuppe'lei *f*. **2.** Unzucht *f*, Hure'rei *f*. **3.** Unflätigkeit *f*, Obszöni'tät *f*. '**bawd·y I** *adj* unzüchtig, unflätig, obˈszön. **II** *s* Zoten *pl:* **to talk ~** Zoten reißen. '**~house** *s obs.* Bor'dell *n*.

**bawl** [bɔːl] **I** *v/t* **1.** *oft* ~ **out** (her'aus-) schreien, (-)brüllen: **to ~ out an order**. **2.** ~ **out** *colloq.* j-n anbrüllen, ,anschnauzen'. **II** *v/i* **3.** schreien, brüllen: **to ~ at s.o.** j-n anbrüllen; **to ~ for help** um Hilfe schreien. **4.** *colloq.* laut ,flennen' *od.* ,heulen' (*weinen*). **III** *s* **5.** Schrei *m*.

**bawn** [bɔːn] *s Ir.* **1.** befestigter Schloßhof. **2.** (Vieh)Gehege *n*.

**bay¹** [beɪ] *s* **1.** *a.* ~ **tree, ~ laurel** *bot.* Lorbeer(baum) *m*. **2.** *meist pl* a) Lorbeerkranz *m*, *fig.* Ehren *pl.*

**bay²** [beɪ] *s* **1.** Bai *f*, Bucht *f*. **2.** Talmulde *f*. **3.** *Am.* Prä'riearm *m* (zwischen Wäldern).

**bay**³ [beɪ] *s* **1.** *arch.* Lücke *f*, (*Mauer-, Tür*)Öffnung *f*. **2.** *arch.* Joch *n*, Fach *n*, Ab'teilung *f* (*zwischen Pfeilern u. Balken*): **~ of a bridge** Brückenjoch. **3.** *arch.* Feld *n*, Kas'sette *f* (*e-r Balkendecke*). **4.** *arch.* a) Fensternische *f*, b) Erker(fenster *n*) *m*. **5.** Banse(nfach *n*) *f* (*e-r Scheune*). **6.** *aer.* a) Ab'teilung *f* zwischen den Streben u. Schotten, b) (Rumpf)Zelle *f*: → **bomb bay**. **7.** *mar.* 'Schiffsslaza,rett *n*. **8.** *rail. Br.* Seitenbahnsteig *m*, *bes.* 'Endstati,on *f* e-r Nebenlinie. **9.** *tech.* Gestell *n*.

**bay**⁴ [beɪ] **I** *v/i* **1.** (dumpf) bellen, Laut geben (*Hund*): **to ~ at** anbellen (*acc*), *fig.* anschreien (*acc*); → **moon** 1. **II** *v/t* **2.** anbellen. **3.** (*von Jagdhunden*) a) *Wild* stellen, b) jagen, hetzen. **4.** *e-n Befehl etc* ,bellen' *od.* schreien. **5.** a) *j-n* in Schach halten, b) *ein Feuer, e-e Seuche etc* ein-dämmen, unter Kon'trolle halten. **III** *s* **6.** (dumpfes) Gebell (*der Meute*): **to be** (*od.* **stand**) **at ~** a) gestellt sein (*Wild*), b) *fig.* in die Enge getrieben sein; **to bring to ~** a) *Wild* stellen, b) *fig.* in die Enge treiben; **to hold** (*od.* **keep**) **at ~** → 5.

**bay**⁵ [beɪ] **I** *adj* rötlich-, ka'stanienbraun (*Pferd etc*): **~ horse** → II. **II** *s* Braune(r) *m* (*Pferd*).

**bay**⁶ [beɪ] *s zo.* Eissprosse *f* (*am Geweih*).

**bay·ber·ry** ['beɪbərɪ; *Am.* -,berɪ] *s bot.* **1.** Frucht *f* des Lorbeerbaumes. **2.** *Am.* Frucht *f* der Wachsmyrthe. **3.** Pi'mentbaum *m*.

**bay leaf** *s irr* Lorbeerblatt *n*.

**bay·o·net** ['beɪənɪt] *mil.* **I** *s* Bajo'nett *n*, Seitengewehr *n*: **to take** (*od.* **carry**) **at the point of the ~** mit dem Bajonett *od.* im Sturm nehmen; **the ~ at the charge** mit gefälltem Bajonett; **to fix the ~** das Bajonett aufpflanzen. **II** *v/t pret u. pp* **-net·ed**, *bes. Br.* **-net·ted** mit dem Bajo'nett angreifen *od.* erstechen. **~ catch**, **~ joint** *s tech.* Bajo'nettver-schluß *m*. **~ sock·et** *s tech.* Bajo'nettfassung *f*.

**bay·ou** ['baɪəʊ; -u:] *s Am.* **1.** Altwasser *n*, Ausfluß *m* aus e-m See. **2.** sumpfiger Flußarm.

**bay| rum** *s* Pi'mentöl *n*. **~ salt** *s* Seesalz *n*. **B. State** *s Am.* (*Beiname für den Staat*) Massa'chusetts *n*. **~ win·dow** *s* **1.** Erkerfenster *n*. **2.** *Am. humor.* ,Vorbau' *m*, Bauch *m*. **'~·wood** *s* Kam'pescheholz *n*. **'~·work** *s arch.* Fachwerk *n*.

**ba·zaar**, *a.* **ba·zar** [bə'zɑː(r)] *s* **1.** Ba'sar *m*, Markt *m* (*im Orient*). **2.** *econ.* Kaufhaus *n*. **3.** (Wohltätigkeits)Ba'sar *m*.

**ba·zoo·ka** [bə'zuːkə] *s* **1.** *mil.* a) Ba'zooka *f* (*Panzerabwehrwaffe*), b) *aer.* Ra'keten-abschußvorrichtung *f* (*unter den Tragflächen*). **2.** *Radio: sl.* Symme'trierkopf *m*.

**B bat·ter·y** *s electr. Am.* An'odenbatte-,rie *f*.

**BB gun** *s Am. colloq.* Luftgewehr *n*.

**bdel·li·um** ['delɪəm] *s* **1.** *a.* **~ shrub** *bot.* (*ein*) Balsamstrauch *m*. **2.** *chem.* Bdellium *n* (*Gummiharz von* 1). **3.** *Bibl.* Bel'dellion *n*.

**be** [biː] *I. sg pres* **am** [æm], *2. sg pres* **are** [ɑː(r)], *obs.* **art** [ɑː(r)t], *3. sg pres* **is** [ɪz], *pl pres* **are** [ɑː(r)], *I. u. 3. sg pret* **was** [wɒz; wəz; *Am.* wɑz], *2. sg pret* **were** [wɜː; *Am.* wɜr], *pl pret* **were** [wɜː; *Am.* wɜr], *pp* **been** [biːn; bɪn], *pres p* **be·ing** ['biːɪŋ] **I** *v/aux* **1.** sein (*dient dem pp zur Bildung der zs.-gesetzten Zeiten von intransitiven Verben zur Bezeichnung e-s dauernden Zustandes*): **he is gone** er ist weg; **I am come** ich bin da. **2.** werden (*dient dem pp zur Bildung des pass*): **the register was signed** das Protokoll wurde unterzeichnet; **we were appealed to** man wandte sich an uns; **you will be sent for** man wird Sie holen lassen. **3.** (*mit to u. inf*) sollen, müssen, dürfen, können: **he is to be pitied** er ist zu bedauern; **he is to die**

er muß *od.* soll sterben; **it is not to be seen** es ist nicht zu sehen; **he was to become a great writer** er sollte ein großer Schriftsteller werden; **it was not to be** es sollte nicht sein *od.* sich nicht erfüllen; **if I were to die** wenn ich sterben sollte. **4.** (*mit dem pres p e-s anderen Verbs zur Bildung der Verlaufs-form*): **he is reading** er ist beim Lesen (eben *od.* gerade), er ist beim Lesen; **he was working when the teacher entered** er arbeitete (gerade), als der Lehrer hereinkam; **the house is building** *od.* **is being built** das Haus ist im Bau. **5.** → **go**¹ 49. **6.** (*als Kopula*) sein: **he is my father**.

**II** *v/i* **7.** (*Zustand od. Beschaffenheit bezeichnend*) sein, sich befinden, der Fall sein: **be it so, so be it, let it be so gut so, so sei es**; **be it that** gesetzt den Fall (*daß*); **how is it that ...?** wie kommt es, daß ...?; **it is I** (*od. colloq.* **me**) ich bin es. **8.** (*vor'handen*) sein, bestehen, exi'stieren: **I think, therefore I am** ich denke, also bin ich; **he is no more** er ist (*lebt*) nicht mehr; **to be or not to be: that is the question** Sein oder Nichtsein, das ist die Frage. **9.** a) geschehen, stattfinden, vor sich gehen, sein: **when will the meeting be?** wann findet die Versammlung statt?, b) gehen, fahren (*Bus etc*): **when is the next bus?** **10.** (*beruflich*) werden: **I'll be an engineer** ich werde Ingenieur (*wenn ich erwachsen bin*). **11.** (*e-e bestimmte Zeit*) her sein: **it is ten years since he died** es ist zehn Jahre her, daß er starb; er starb vor zehn Jahren. **12.** (aus)gegangen sein (*mit Formen der Vergangenheit u. Angabe des Zieles der Bewegung*): **he had been to town** er war in die Stadt gegangen; **he had been bathing** er war baden (gegangen); **I won't be long** ich werde nicht lange wegbleiben. **13.** (*mit dem Possessiv*) gehören: **this book is my sister's**. **14.** stammen: **he is from Liverpool** er ist *od.* stammt aus Liverpool. **15.** kosten: **how much are the gloves?** was kosten die Handschuhe? **16.** bedeuten: **what is that to me?** was kümmert mich es? **17.** *zur Bekräftigung der bejahenden od. verneinenden Antwort*: **are these your horses? yes, they are** gehören diese Pferde Ihnen? Ja. **18.** dauern: **the performance is approximately two hours; it will probably be some time before ...**

*Besondere Redewendungen:*
**it is they that have seen him** 'sie haben ihn gesehen; **to be an hour in going to ...** e-e Stunde brauchen, um nach ... zu gehen; **has any one been?** *colloq.* ist jemand dagewesen?; **the government that is (was)** die gegenwärtige (vergangene) Regierung; **my wife that is to be** m-e zukünftige Frau; **he is dead, is he not** (*od.* **isn't he**)? er ist tot, nicht wahr?; **he is not dead, is he?** er ist doch nicht (etwa) tot?; **have you ever been to Rome?** sind Sie schon einmal in Rom gewesen?; **we have been into the matter** wir haben uns damit (bereits) befaßt.

**be-** [bɪ] *Wortelement mit der Bedeutung* be..., an..., ver..., um..., über... *etc*.

**beach** [biːtʃ] **I** *s* (flacher) (Meeres)Strand, flaches Ufer: **on the ~** am Strand; **to be on the ~** *sl.* gestrandet *od.* heruntergekommen sein; **to run on the ~** → II a. **II** *v/t mar. ein Schiff* a) auf den Strand laufen lassen, auf den Strand setzen *od.* ziehen, b) stranden lassen. **III** *v/i mar.* (*absichtlich*) auf den Strand laufen, stranden. **~ ball** *s* Wasserball *m*. **~ bug·gy** *s mot.* Strandbuggy *m*. **'~·comb·er** [-,kəʊ-

mə(r)] *s* **1.** a) Strandläufer *m*, Strandguträuber *m*, b) Her'umtreiber *m od.* Gelegenheitsarbeiter *m* (*bes. Weißer auf e-r pazifischen Insel*). **2.** *Am.* Feriengast *m* an der See. **3.** *fig.* Nichtstuer *m*. **4.** breite Strandwelle. **'~·head** *s* **1.** *mil.* Lande-, Brückenkopf *m*. **2.** *fig.* (Ausgangs)Basis *f*. **'~·mas·ter** *s* **1.** *mar.* 'Strandkomman-,dant *m*, 'Landungsoffi,zier *m*. **2.** *zo.* männlicher Seehund. **~ tow·el** *s* Bade-, Strandlaken *n*. **~ um·brel·la** *s* Sonnenschirm *m*. **~ wag·on** *s mot. Am.* Kombiwagen *m*. **'~·wear** *s* Strandkleidung *f*.

**'beach·y** *adj* **1.** kieselig. **2.** sandig.

**bea·con** ['biːkən] **I** *s* **1.** Leucht-, Si'gnalfeuer *n*. **2.** Leuchtturm *m*, -feuer *n*, (Feuer)Bake *f*, (landfestes) Seezeichen. **3.** *aer.* Funkfeuer *n*, -bake *f*, Leitstrahlsender *m*: **~ course** (*Radar*) Bakenkurs *m*. **4.** *Br.* Aussichtshügel *m*. **5.** *fig.* a) Fa'nal *n*, b) Leitstern *m* (**to, for** für). **6.** a) (Verkehrs)Ampel *f*, b) → **Belisha bea·con**. **II** *v/t* **7.** *mar.* mit Baken mar'kieren. **8.** erleuchten (*a. fig.*). **III** *v/i* **9.** leuchten (*a. fig.*).

**bead** [biːd] **I** *s* **1.** (Glas-, Holz-, Stick-) Perle *f*. **2.** *relig.* a) Rosenkranzperle *f*, b) *pl* Rosenkranz *m*: **to say** (*od.* **tell**) **one's ~s** den Rosenkranz beten. **3.** (Schaum)Bläs-chen *n*, (Tau-, Schweiß-*etc*)Perle *f*, Tröpfchen *n*. **4.** (Blei- *etc*) Kügelchen *n*. **5.** *arch.* a) perlartige Verzierung, Perle *f*, b) → **beading** 2. **6.** *tech.* Wulst *m*, Randversteifung *f*, *bes.* a) (e'lastischer) Wulst (*Gummireifen*), b) Schweißnaht *f*, c) Bördelrand *m*, d) (Borax)Perle *f* (*vor dem Lötrohr*): **~ of rim** Felgenrand *m*. **7.** *meist* **~ sight** *mil.* (Perl)Korn *n* (*am Gewehr*): **to draw** (*od.* **take**) **a ~ on** a) zielen auf (*acc*), b) *fig.* sich *j-n* herauspicken. **II** *v/t* **8.** mit Perlen *od.* perlartiger Verzierung *etc* versehen. **9.** (*wie Perlen*) aufziehen, aufreihen. **10.** *tech.* bördeln, falzen. **III** *v/i* **11.** perlen, Perlen bilden.

**bead·ed** ['biːdɪd] *adj* **1.** mit Perlen (versehen *od.* verziert). **2.** perlschnurförmig. **3.** *tech.* mit Wulst. **~ screen** *s tech. Film:* Perlwand *f*, Kri'stall-Projekti,onsleinwand *f*. **~ tire**, *bes. Br.* **~ tyre** *s tech.* Wulstreifen *m*.

**'bead·ing** *s* **1.** Perlsticke'rei *f*. **2.** *bes. arch.* Perl-, Rundstab(verzierung *f*) *m*. **3.** *tech.* a) Wulst *m*, b) Bördelrand *m*. **~ ma·chine** *s tech.* 'Sickenma,schine *f*. **~ plane** *s tech.* Rundhobel *m*.

**bea·dle** ['biːdl] *s* **1.** *obs.* Kirchendiener *m*. **2.** *univ. Br.* uniformierter Angestellter, der Umzüge anführt, für Ordnung sorgt *etc*. **3.** *obs.* Gerichtsbote *m*, Büttel *m*. **'bea·dle·dom** *s* sture Bürokra'tie, Pedan-te'rie *f*.

**bead| mo(u)ld·ing** *s arch.* Perl-, Rundstab *m*. **'~·roll** *s* **1.** *relig.* *hist.* Liste *f* der Per'sonen, die ins Fürbittgebet mit eingeschlossen werden sollen. **2.** *fig.* (Namens- *etc*)V erzeichnis *n*. **3.** *relig.* Rosenkranz *m*. **4.** *Buchbinderei:* Punk'tierlinie *f*.

**beads·man** ['biːdzmən] *s irr hist.* **1.** *relig.* Fürbitter *m*. **2.** Armenhäusler *m* (*bes. e-r, der für die Stifter des Hauses beten mußte*).

**bead| weld** *s tech.* Schweißraupe *f*. **'~·work** *s* **1.** Perlsticke'rei *f*, Perlarbeit *f*. **2.** → **beading** 2.

**'bead·y** *adj* **1.** klein, rund u. glänzend (*Augen*). **2.** perlend.

**bea·gle** ['biːgl] *s zo.* Beagle *m*.

**beak**¹ [biːk] *s* **1.** a) Schnabel *m* (*der Vögel*), b) schnabelartiges Mundwerkzeug *n* (*einiger Tiere*), c) (Stech)Rüssel *m* (*der Insekten*). **2.** *tech.* Fortsatz *m*. **3.** Schnabel *m*, schnabelförmiges Ende. **4.** *colloq.* ,Zinken' *m* (*große, unförmige Nase*). **5.** *tech.* a) Tülle *f*, Ausguß *m* (*an e-m Gefäß*), b) Schnauze *f*, Nase *f*,

Röhre *f.* **6.** *mar. hist.* Schiffsschnabel *m,* (Ramm)Sporn *m.*

**beak²** [bi:k] *s Br. sl.* **1.** ‚Kadi' *m (Richter).* **2.** *ped.* ‚Direx' *m (Direktor).*

**beaked** [bi:kt] *adj* **1.** mit (e-m) Schnabel, geschnäbelt, schnabelförmig, Schnabel... **2.** vorspringend, spitz.

**beak·er** [ˈbiːkə(r)] *s* **1.** Becher *m.* **2.** *chem.* Becherglas *n.*

**ˈbeak·head** *s* **1.** *mar.* a) Vordeck *n,* b) *hist.* Schiffsschnabel *m,* Galiˈon(sfiˌgur *f) n.* **2.** *arch.* Schnabelkopf *m (Verzierung an e-m Fries).*

**ˈbe-all** *s:* the ~ and end-all *colloq.* das A u. O, das Wichtigste; **sport is the ~ and end-all** Sport ist sein ein u. alles.

**beam** [bi:m] **I** *s* **1.** *arch.* a) Balken *m,* b) Tragbalken *m,* c) *pl* Gebälk *n,* ˈUnterzug *m:* the ~ in one's own eye *Bibl. u. fig.* der Balken im eigenen Auge. **2.** *tech.* a) Brückenbalken *m,* b) Hebebalken *m (e-r Zugbrücke),* c) Weberei: (Weber-)Kamm *m,* d) *agr.* Pflugbaum *m,* e) Waagebalken *m,* f) Spindel *f (e-r Drehbank),* g) Deichsel *f (am Wagen),* h) Holm *m (a. aer.),* Querstange *f,* i) Triebstange *f,* Balanˈcier *m:* ~ and scales Balkenwaage *f.* **3.** *mar.* a) Deckbalken *m,* b) Ladebaum *m,* c) Ankerrute *f,* d) größte Schiffsbreite: before the ~ im Vorschiff; in the ~ breit, in der Breite *(bei Längenmaßen);* to be broad in the ~ *colloq.* breit um die Hüften sein; on the starboard ~ querab an Steuerbord. **4.** *zo.* Stange *f (am Hirschgeweih).* **5.** *poet.* Baum *m.* **6.** (Licht)Strahl *m, electr. phys.* Strahl *m,* Bündel *n:* ~ of rays *phys.* Strahlenbündel; full *(od.* high, main) ~ *mot.* Fernlicht *n;* ~ of hope Hoffnungsstrahl. **7.** *electr.* a) Peilstrahl *m,* b) (Funk)Leit-, Richtstrahl *m:* to come in on the ~ auf den Peil- *od.* Leitstrahl ein- *od.* anfliegen *(aer.) od.* einkommen *(mar.);* to ride the ~ genau auf dem Leitstrahl steuern; to be off (the) ~ a) *aer. mar.* vom Kurs abgekommen sein, b) *colloq.* ‚auf dem Holzweg sein', ‚danebenliegen'; to be on (the) ~ a) *aer. mar.* auf Kurs sein, b) *colloq.* ‚richtig liegen'. **8.** strahlendes Lächeln. **II** *v/t* **9.** mit Balken versehen. **10.** *Weberei:* die Kette aufbäumen. **11.** ausstrahlen *(a. phys.).* **12.** *Rundfunk, TV:* Programm ausstrahlen (to nach *London etc,* für *Frauen etc).* **13.** *Werbung etc* zuschneiden (at auf *acc):* this campaign is ~ed at sportsmen dieser Werbefeldzug wendet sich speziell an den Sportler. **III** *v/i* **14.** strahlen *(a. fig.* with vor *dat):* to ~ on s.o. j-n anstrahlen, j-n strahlend anblicken; ~ing with joy freudestrahlend.

**beam| aer·i·al** *s electr. bes. Br.* ˈRicht-(ˌstrahl)anˌtenne *f,* Richtstrahler *m.* ~ **a·lign·ment** *s TV* (ˈBündel)Zenˌtrierung *f.* ~ **an·ten·na** *bes. Am. für* beam aerial. ~ **ant·lers** *s pl* zo. drittes u. viertes Ende des Hirschgeweihes. ~ **com·pass** *s tech.* Stangenzirkel *m.*

**beamed** [bi:md] *adj* **1.** (meist *in Zssgn)* mit (e-m) Balken (versehen). **2.** *zo.* mit e-m Geweih *od.* Gehörn.

**ˌbeam|-'ends** *s pl* **1.** Waagebalkenenden *pl.* **2.** *mar.* Balkenköpfe *pl:* the vessel is (laid *od.* thrown) on her ~ das Schiff hat starke Schlagseite *od.* liegt zum Kentern; to be on one's ~ *fig.* ‚auf dem letzten Loch pfeifen'. ~ **pow·er valve** *s electr.* Bremsfeldröhre *f,* ˈStrahlelekˌtrode *f.* ˈ~ˌrid·er guid·ance *s aer.* Leitstrahlsteuerung *f.* ~ **scale** *s tech.* Hebelwaage *f.* ~ **trans·mis·sion** *s Radio:* Richtsendung *f.* ~ **trans·mit·ter** *s Radio:* Richt(strahl)sender *m.* ~ **volt·age** *s electr.* Anˈodenspannung *f.*

**ˈbeam·y** *adj* **1.** wuchtig, schwer. **2.** *zo.* mit vollem Geweih *(Hirsch).* **3.** *mar.* breit *(Schiff).* **4.** strahlend *(a. fig.* with vor *dat).*

**bean** [bi:n] *s* **1.** *bot.* Bohne *f:* not to know ~s about *bes. Am. colloq.* keine Ahnung *od.* keinen ‚Dunst' haben von; to be full of ~s *colloq.* a) ‚aufgekratzt' sein, b) voller Leben(skraft) stecken; to spill the ~s *colloq.* alles ausplaudern; I don't care a ~ *(od.* ~s) for that *Am. colloq.* ‚das kann mir gestohlen bleiben'; to give s.o. ~s *colloq.* j-m ‚Saures' geben *(j-n schlagen, schimpfen, strafen etc).* **2.** bohnenartige Pflanze. **3.** bohnenförmiger Samen, (Kaffee- *etc)*Bohne *f.* **4.** *Am. sl.* a) ‚Birne' *f (Kopf),* b) ‚Grips' *m (Verstand).* **5.** *sl.* Geldstück *n,* Pfennig *m, Am. a.* Dollar *m:* not to have *(od.* to be without) a ~ ‚keinen roten Heller haben'; ~s ‚Zaster' *m,* ‚Moneten' *pl (Geld).* **6.** old ~! *obs. Br. colloq.* ‚altes Haus!' ~ **bag** *s* Sitzsack *m.* ~ **curd** *s* ˈBohnengalˌlerte *f (als Nahrungsmittel in Ostasien).*

**bean·er·y** [ˈbiːnərɪ] *s colloq.* billiges Restauˈrant.

**ˈbean·feast** *s colloq.* **1.** *Br.* jährliches Festessen e-s Arbeitgebers für s-e Belegschaft. **2.** *bes. Br.* (feucht)fröhliches Fest.

**bean·ie** [ˈbiːnɪ] *s bes. Am.* kleiner, runder (Damen)Hut.

**bean·o** [ˈbiːnəʊ] *pl* **-os** → beanfeast 2.

**bean|pod** *s bot.* Bohnenhülse *f.* ~ **pole** *s* Bohnenstange *f (a. fig. colloq. Person).* ˈ~ˌshoot·er *s Am.* Blas-, Pusterohr *n.*

**ˈbean·y** *adj colloq.* temperaˈmentvoll, *(Pferd a.)* feurig.

**bear¹** [beə(r)] *pret* **bore** [bɔː(r); *Am. a.* ˈbəʊər] *obs.* **bare** [beə(r)], *pp* **borne** [bɔː(r)n; *Am. a.* ˈbəʊərn; *bei 4* **born** [bɔː(r)n; *Am. a.* ˈbəʊərn] **I** *v/t* **1.** Lasten *etc* tragen, befördern. **2.** *fig.* Kosten, e-n Verlust, die Verantwortung, die Folgen *etc* tragen: to ~ a loss; to ~ the consequences. **3.** Blumen, Früchte, a. Zinsen *etc* tragen: → fruit 1, interest 11 *(u. andere Verwendungen mit Substantiven).* **4.** *(pp* borne *od.* born; *letzteres nur in der passiven Bedeutung:* geboren [werden], sofern nicht by ... von ... folgt) zur Welt bringen, gebären: to ~ a child a) ein Kind gebären, b) ein Kind (unter dem Herzen) tragen; the children borne to him by this woman die ihm von dieser Frau geborenen Kinder; he was born into a rich family er kam als Kind reicher Eltern zur Welt. **5.** e-n Namen, e-n Titel, a. Waffen *etc* tragen, führen: to ~ arms against Krieg führen gegen; → arm² *Bes. Redew.* **6.** ein Amt *etc* innehaben, ausüben. **7.** ein Datum, e-n Stempel, ein Zeichen *etc* tragen, aufweisen: to ~ a proportion to in e-m Verhältnis stehen zu; → resemblance 2. **8.** e-e Bedeutung etc haben, in sich schließen: to ~ a sense. **9.** ein Gefühl hegen: → grudge 5, will² 6. **10.** e-e Rolle spielen (in bei): to ~ a part. **11.** Schmerzen *etc* ertragen, (er)dulden, (er)leiden. **12.** aushalten, e-r Prüfung *etc* standhalten: → comparison 1, repeat 13. *(meist neg)* ausstehen, leiden: I cannot ~ him (it) ich kann ihn (es) nicht ausstehen *od.* (v)ertragen. **14.** e-e Nachricht *etc* überˈbringen. **15.** *Gehorsam etc* leisten, *Lob* zollen (to *dat):* to ~ s.o. a hand j-m helfen *od.* zur Hand gehen; → company 1. **16.** *Zeugnis* ablegen: to ~ witness *(od.* evidence) zeugen (to für). **17.** ~ o.s. sich betragen, sich benehmen. **II** *v/t* **18.** tragen, (sicher) halten *(Balken, Eis etc).* **19.** (on, upon) schwer lasten *od.* liegen (auf *dat),* drücken, e-n Druck ausüben (auf *acc).* **20.** (against) drücken, sich lehnen (gegen), anliegen (an *dat).* **21.** (on, upon) a) einwirken, Einfluß haben (auf *acc),* b) sich beziehen, Bezug

haben (auf *acc),* im Zs.-hang stehen (mit), betreffen *(acc):* to bring to ~ (up)on a) einwirken lassen auf *(acc),* b) richten *od.* anwenden auf *(acc);* to ~ hard on sehr zusetzen *(dat),* hart treffen, arg mitnehmen; → pressure 5. **22.** e-e Richtung einschlagen, sich halten: to ~ (to the) left sich links halten; to ~ to a star *aer. mar.* ein Gestirn anpeilen; the beacon ~s 240 degrees die Bake liegt bei *od.* auf 240°. **23.** *mar.* a) abfahren, absegeln (to nach), b) abfallen. **24.** sich erstrecken. **25.** ~ with Nachsicht üben mit, (geduldig) ertragen *(acc).* **26.** *bot.* (Früchte) tragen. **27.** *zo.* tragen, trächtig sein *(Tier).* **28.** *mil.* tragen *(Geschütz):* to ~ on beschießen *(acc).*

*Verbindungen mit Adverbien:*

**bear|a·way I** *v/t* **1.** forttragen, fort-, mitreißen *(a. fig.).* **2.** *fig.* den Sieg *etc* daˈvontragen. **II** *v/i* → bear 23 a. ~ **down I** *v/t* **1.** zu Boden drücken. **2.** überˈwinden, -ˈwältigen, *Widerstand* brechen. **II** *v/i* **3.** ~ (up)on a) sich (schnell) nähern *(dat),* zusteuern auf *(acc),* b) sich wenden gegen, sich stürzen auf *(acc),* c) herˈabstoßen auf *(acc) (Raubvogel),* d) *fig.* lasten auf *(dat),* bedrücken *(acc),* e) *e-r Sache* zu Leibe gehen. **4.** a) sich anstrengen, b) *(bei der Geburt)* pressen. ~ **in I** *v/t* meist pass j-m etwas klarmachen: it was borne in (up)on him die Erkenntnis drängte sich ihm auf, es wurde ihm klar (that daß). **II** *v/i mar.* zusegeln, zuhalten (with auf *acc).* ~ **off I** *v/t* **1.** wegtragen, -schaffen, *den Sieg etc* daˈvontragen. **2.** abhalten *(a. mar.),* entfernt halten. **3.** paˈrieren, abwehren. **II** *v/i* **4.** *mar. (vom Lande)* abhalten. ~ **out** *v/t* **1.** eintreten für, unterˈstützen. **2.** bestätigen, erhärten, bekräftigen: to bear s.o. out j-m recht geben. ~ **up I** *v/t* **1.** tragen, stützen. **2.** *fig.* aufrechterhalten, ermutigen. **II** *v/i* **3.** (against, under) (tapfer) standhalten *(dat),* die Stirn bieten *(dat),* sich behaupten (gegen), (tapfer) ertragen *(acc).* **4.** *Br.* Mut fassen, (wieder) fröhlich werden: ~! Kopf hoch!, laß den Kopf nicht hängen!

**bear²** [beə(r)] **I** *s* **1.** *zo.* Bär *m:* he's like a ~ with a sore head today er ist heute unausstehlich. **2.** *fig.* a) Bär *m,* Tolpatsch *m,* b) ‚Brummbär' *m,* ‚Ekel' *n, od. Am.* ‚Kaˈnone' *f (at in dat).* **3.** *econ.* Baissiˈer *m,* ˈBaissespekuˌlant *m:* to sell a ~ → 6. **4.** *astr.* a) the Greater *(od.* Great) B~ der Große Bär, b) the Lesser *(od.* Little) B~ der Kleine Bär. **5.** *metall.* Eisenklumpen *m,* Bodensau *f.* **II** *v/i* **6.** *econ.* auf Baisse spekuˈlieren, fixen. **7.** to ~ the market *econ.* die Kurse drücken *od.* zu drücken versuchen. **IV** *adj* **8.** *econ.* a) flau *(Markt),* fallend *(Preise),* b) Baisse...: ~ campaign Angriff *m* der Baissepartei; ~ market Baisse *f;* ~ operation Baissespekulation *f;* ~ sale Leerverkauf *m.*

**ˈbear·a·ble** *adj (adv* bearably) erträglich, zum Aushalten.

**bear| an·i·mal·cule** *s zo.* Bärtierchen *n.* ˈ~ˌbait·ing *s hist.* Bärenhetze *f.* ˈ~ˌber·ry *[-bərɪ; Am.* ˌberɪ] *s bot.* Bärentraube *f.* ~ **cat** *s* **1.** *zo.* → binturong. **2.** *Am. colloq.* a) ‚Kaˈnone' *f (at in dat),* b) ‚Wucht' *f,* ‚prima Sache'.

**beard** [bɪə(r)d] **I** *s* **1.** Bart *m (a. von Tieren):* to laugh in one's ~ sich ins Fäustchen lachen. **2.** *bot.* Grannen *pl,* Fasern *pl.* **3.** *zo. u. ichth.* Bartfäden *pl,* Barteln *pl,* b) Barten *pl (des Wals)* Bart *m (der Auster etc).* **4.** *tech.* a) ˈWiderhaken *m (an Pfeilen, Angeln etc),* b) *print.* Grat *m (e-r Type),* c) Schlosserei: Bart *m,* Angriff *m,* d) Gußnaht *f.* **II** *v/t* **5.** beim Bart fassen. **6.** *fig.* Trotz bieten, (mutig) entgegentreten *(dat):* to ~ the lion in his

den sich in die Höhle des Löwen wagen. **'beard·ed** *adj* **1.** bärtig. **2.** *bot. zo.* mit Grannen *etc* (versehen): ~ **wheat** Grannenweizen *m*. **3.** mit (e-m) 'Widerhaken (*Angelhaken, Pfeil etc*). **4.** *poet.* geschweift (*Komet*). **'beard·less** *adj* **1.** bartlos. **2.** *fig.* jugendlich, unreif. **3.** *bot. zo.* ohne Grannen.

**bear·er** ['beərə(r)] *s* **1.** Träger(in). **2.** (Amts)Träger *m*. **3.** Über'bringer(in): ~ **of this letter**. **4.** *econ.* Inhaber(in) (*e-s Wertpapiers*), Über'bringer(in) (*e-s Schecks etc*): **check** (*Br.* **cheque**) **to** ~ Inhaberscheck *m*; **payable to** ~ zahlbar an Überbringer, auf den Inhaber lautend (*Scheck*). **5.** *tech.* a) ('Unter)Zug *m*, Stütze *f*, Träger *m*, b) Auflageknagge *f*, c) *print.* Schmitz-, Druckleiste *f*. **6.** *bot.* fruchttragender Baum: **a good** ~ ein Baum, der gut trägt. **7.** *her.* Schildhalter *m*. ~ **bond** *s econ.* 'Inhaberobligati‚on *f*, -schuldverschreibung *f*. ~ **check**, *Br.* ~ **cheque** *s econ.* Inhaberscheck *m*. ~ **clause** *s econ.* Über'bringerklausel *f*. ~ **se·cu·ri·ties** *pl econ.* 'Inhaberpa‚piere *pl*. ~ **share**, *bes. Am.* ~ **stock** *s econ.* Inhaberaktie *f*.

**bear gar·den** *s* **1.** Bärenzwinger *m*. **2.** *fig.* 'Tollhaus' *n*. ~ **hug** *s colloq.* heftige *od.* ungestüme Um'armung.

**'bear·ing I** *adj* **1.** tragend: ~ **4 per cent** *econ.* vierprozentig. **2.** *chem. min.* ...haltig. **II** *s* **3.** Tragen *n*, Stützen *n*. **4.** *bot. zo.* Tragen *n*: **past** ~ a) *bot.* keine Früchte mehr tragend, b) *zo.* nicht mehr gebärend. **5.** *fig.* Ertragen *n*, Erdulden *n*: **past** (*od.* **beyond**) ~ unerträglich, nicht zum Aushalten. **6.** Betragen *n*, Verhalten *n*. **7.** (Körper)Haltung *f*. **8.** *fig.* (**on**) a) Einfluß *m* (auf *acc*), b) Zs.-hang *m* (mit), c) Verhältnis *n*, Beziehung *f* (zu), d) Tragweite *f*, Bedeutung *f*: **to have no** ~ **on** keinen Einfluß haben auf (*acc*), in keinem Zs.-hang stehen mit, nichts zu tun haben mit. **9.** *aer. mar.* Lage *f*, Positi‚on *f*, Richtung *f*, (*a. Funk*)Peilung *f*, *a. fig.* Orien'tierung *f*: **to take one's** ~ *aer. mar.* e-e Peilung vornehmen, die Richtung *od.* Lage feststellen, *a. fig.* sich orientieren; **to take a** ~ **of s.th.** *aer. mar.* etwas anpeilen; **to lose one's** ~**(s)** a) *aer. mar.* die Orientierung verlieren, sich verirren, b) *fig.* in Verlegenheit geraten; **to find** (*od.* **get**) **one's** ~**s** sich zurechtfinden; **to bring s.o. to his** ~**s** *fig.* j-m den Kopf zurechtsetzen; **true** ~**(s)** a) *mar.* rechtweisende Peilung, b) *fig.* wahrer Sachverhalt; **to consider a question in all its** ~**s** e-e Frage von allen Seiten beleuchten. **10.** Vi'sierlinie *f*: ~ **of the compass** Kompaßstrich *m*. **11.** *mar.* (Tief)Ladelinie *f*. **12.** *astr. geogr.* Abweichung *f* (**from** von). **13.** *arch.* Tragweite *f*, freitragende Länge. **14.** *tech.* a) (Achsen-, Wellen-, Zapfen)Lager *n*, Auflager *n*, Lagerung *f*, b) Lager(schale *f*) *n*. **15.** *meist pl her.* Wappenbild *n*.

**bear·ing| an·gle** *s mar.* Peilwinkel *m*. ~ **brack·et** *s tech.* Lagerbock *m*. ~ **com·pass** *s mar.* Peilkompaß *m*. ~ **fric·tion loss** *s tech.* (Lager)Reibungsverluste *pl*. ~ **met·al** *s tech.* 'Lagerme‚tall *n*. ~ **note** *s mus.* Ausgangston *m*. ~ **plate** *s tech.* **1.** *aer. mar.* Peilscheibe *f*. **2.** Grundplatte *f*. ~ **pres·sure**, ~ **re·ac·tion** *s tech.* Auflager-, Stauchdruck *m*.

**'bear·ish** *adj* **1.** bärenhaft. **2.** *fig.* a) tolpatschig, b) bru̧mmig, unfreundlich. **3.** *econ.* a) 'baissetendenzi‚ös, fallend, b) Baisse...: ~ **tendency** (~ **tone**) Baissetendenz *f*. **4.** pessi'mistisch: **to be** ~ **on s.th.** etwas pessimistisch sehen.

**bear lead·er** *s hist.* Bärenführer *m* (*a. fig.*).

**'bear's|-breech** → acanthus 1. **'~-ear**

*s bot.* Au'rikel *f*. **'~-foot** *s irr bot.* Stinkende Nieswurz.

**'bear|-skin** *s* **1.** Bärenfell *n*. **2.** Kal'muck *m* (*langhaariger Wollstoff*). **3.** *mil. Br.* Bärenfellmütze *f*. **'~-wood** *s bot.* Kreuz-, Wegdorn *m*.

**beast** [bi:st] *s* **1.** (*bes. vierfüßiges*) Tier: ~ **of burden** Lasttier; ~ **of chase** Jagdwild *n*; ~**s of the forest** Waldtiere. **2.** (*wildes*) Tier, Bestie *f*: ~ **of prey** Raubtier; **the** ~ **(with)in us** das Tier(ische) in uns. **3.** *agr.* Vieh *n*, *bes.* Mastvieh *n*. **4.** *fig.* a) bru'taler Mensch, Rohling *m*, Bestie *f*, Vieh *n*, b) *colloq.* 'Biest' *n*, 'Ekel' *n*. **5.** *colloq.* (*etwas*) Scheußliches: **a** ~ **of a day** ein scheußlicher Tag; **a** ~ **of a job** e-e 'ekelhafte' Arbeit. **6. the B** ~ *relig.* das Tier, der Antichrist.

**beast·ings** *Am. für* beestings.

**beast·li·ness** ['bi:stlinis] *s* **1.** Bestiali'tät *f*, Roheit *f*. **2.** *colloq.* 'Ekelhaftigkeit' *f*, Gemeinheit *f*. **3.** *colloq.* Scheußlichkeit *f*. **'beast·ly I** *adj* **1.** viehisch, tierisch, besti'alisch, roh. **2.** *colloq.* 'ekelhaft', 'eklig', 'garstig', gemein. **3.** *colloq.* ab'scheulich, scheußlich: ~ **weather** 'Sauwetter' *n*. **4.** tierähnlich, tierisch. **II** *adv* **5.** *colloq.* scheußlich, 'verflucht', 'verdammt': **it was** ~ **hot**.

**beat¹** [bi:t] **I** *s* **1.** (*bes. regelmäßig wiederholter*) Schlag, *z.B.* Herz-, Puls-, Trommelschlag *m*, Pochen *n*, Klopfen *n* (*des Herzens etc*), Ticken *n* (*der Uhr*), (An-) Schlagen *n* (*der Wellen*). **2.** *sport* (Ruder-) Schlag *m*, Schlagzahl *f* (*pro Minute*). **3.** *fenc.* Bat'tuta *f*. **4.** *mus.* a) Takt(schlag) *m*: **in** ~ im Takt; **out of** ~, **off (the)** ~ aus dem Takt, b) Schlag(zeit *f*) *m*, Taktteil *m*, c) Jazz: Beat *m*, rhythmischer Schwerpunkt, d) 'Beat(mu‚sik *f*) *m*. **5.** *metr.* Hebung *f*, Ton *m*. **6.** *electr. phys.* Radio: Schwebung *f*. **7.** *Am. colloq.* a) **I never heard the** ~ **of that** das schlägt *od.* übersteigt alles, was ich je gehört habe, b) (sensatio'nelle) Al'lein- *od.* Erstmeldung (*e-r Zeitung*). **8.** → **beatnik**. **9.** Runde *f*, Re'vier *n* (*e-s Schutzmanns etc*): **to be on one's** ~ s-e *od.* die Runde machen; **to be off** (*od.* **out of**) **one's** ~ *fig.* nicht in s-m Element sein; **that is out of my** ~ das liegt nicht in mein Fach. **10.** *hunt.* Treiben *n*.

**II** *adj* **11.** *colloq.* 'wie erschlagen', 'fix u. fertig', völlig erschöpft. **12.** *mus.* Beat...: ~ **club** (**fan**, **group**, **music**, *etc*). **13.** Beatnik...: ~ **philosophy**; **the B** ~ **Generation** die Beat generation. **14.** *phys.* Radio: Schwebungs...

**III** *v/t pret* **beat** *pp* **'beat·en**, *obs. dial.* **beat 15.** schlagen, (ver)prügeln, verhauen: **to** ~ **s.th. into s.o.('s head)** j-m etwas einbleuen; → **air¹** 1. **16.** (*regelmäßig od. häufig*) schlagen, *z.B.* a) e-n Teppich *etc* klopfen, *Kleider etc* (aus-) klopfen, b) *Metall* hämmern *od.* schmieden, c) *Steine* klopfen, d) *Eier etc* (zu Schaum *od.* Schnee) schlagen. **17.** den Takt, die Trommel schlagen: **to** ~ **the charge** *mil.* das Signal zum Angriff geben; **to** ~ **the drum for s.o.** (**s.th.**) *fig.* für j-n (etwas) die Trommel rühren; → **retreat** 1. **18.** peitschen, schlagen gegen (*Wind, Wellen, Regen etc*): ~**en by storms** sturmgepeitscht. **19.** schlagen mit den Flügeln (*od.* mit): **to** ~ **the wings**; **to** ~ **one's hands** (in die Hände) klatschen. **20.** *e-n Weg* stampfen, treten, (sich) bahnen: **to** ~ **one's way** *Am. colloq.* 'per Anhalter' reisen, trampen; **to** ~ **it** *colloq.* 'abhauen', 'verduften'. **21.** *hunt. u. weitS.* *ein Revier* durch'stöbern, -'streifen, e-n Rundgang machen um. **22.** *fig.* schlagen, besiegen: **to** ~ **s.o. at swimming** j-n im Schwimmen schlagen; **to** ~ **s.o. into second place** j-n auf den

zweiten Platz verweisen; **I'll not be** ~**en** *fig.* ich lasse mich nicht unterkriegen; **to** ~ **s.o. to it** (*od.* **to the punch**) *colloq.* j-m zuvorkommen; **to** ~ **the band** *bes. Am. colloq.* a) alles übertreffen, b) (*als Wendung*) mit (aller) Macht, wie toll; **she was screaming to** ~ **the band** *colloq.* sie schrie aus Leibeskräften; **he was sleeping to** ~ **the band** *colloq.* er schlief wie ein Murmeltier; **to** ~ **the deadline** *colloq.* noch rechtzeitig fertig werden, die Frist einhalten; → **gun¹** 3, **hollow** 4. **23.** *fig.* schlagen, über'treffen, -'bieten: **to** ~ **a record** e-n Rekord brechen; **that** ~**s all** (*od.* **everything**)! das ist doch der Gipfel *od.* die Höhe!; **that** ~**s everything I've ever heard** das ist das Tollste, was ich je gehört habe; **can you** ~ **it** (*od.* **that**)! *colloq.* das darf doch nicht wahr sein! **24.** *fig.* verblüffen: **that** ~**s me** 'das ist mir zu hoch', da komme ich nicht mehr mit. **25.** *colloq.* erschöpfen, 'fertigmachen': **the journey quite** ~ **him**. **26.** *print.* abklopfen: **to** ~ **a proof** e-n Bürstenabzug machen.

**IV** *v/i* **27.** (*heftig*) schlagen, pochen, klopfen (*Herz*), ticken (*Uhr*): ~ **at** (*od.* **on**) **the door** gegen die Tür hämmern *od.* schlagen. **28.** schlagen, peitschen (**against** gegen): **the rain** ~**s against the house. 29.** schlagen, (er)tönen (*Trommel etc*). **30.** *mar.* la'vieren, kreuzen: **to** ~ **against the wind**, **to** ~ **windward** (luvwärts) kreuzen, abfallen. **31.** *hunt.* e-e Treibjagd veranstalten: → **bush¹** 1.

*Verbindungen mit Adverbien:*

**beat| back** *v/t* e-n Gegner zu'rückschlagen, -treiben, abwehren. ~ **down I** *v/t* **1.** *fig.* niederschlagen, unter'drücken. **2.** *econ.* a) **den Preis** drücken, her'unterhandeln, b) j-n her'unterhandeln (**to** auf *acc*). **II** *v/i* **3.** a) her'unterbrennen (**on** auf *acc*) (*Sonne*), b) her'unter-, niederprasseln (**on** auf *acc*) (*Regen*). ~ **in** *v/t* Tür einschlagen: **to beat s.o.'s head in** j-m den Schädel einschlagen. ~ **off** *v/t* e-n Angriff, e-n Gegner zu'rückschlagen, abwehren. ~ **out** *v/t* **1.** *Metall etc* aushämmern *od.* ausschmieden: **to beat s.o.'s brains out** j-m den Schädel einschlagen; → **brain** 2. **2.** e-n Plan etc ausarbeiten, 'ausknobeln'. **3.** *colloq.* j-n ausstechen, j-m das Nachsehen geben. **4.** *Feuer* ausschlagen. **5.** e-e Melodie etc trommeln (**on** auf *dat*). ~ **up I** *v/t* **1.** aufrütteln (*a. fig.*). **2.** → **beat¹** 16 d. **3.** *mil.* Rekruten werben. **4.** zs.-schlagen, krankenhausreif schlagen. **II** *v/i* **5.** *mar.* aufkreuzen.

**beat²** [bi:t] *s Br.* Flachs- *od.* Hanfbündel *n*.

**beat board** *s Turnen:* Sprungbrett *n*.

**beat·en** ['bi:tn] **I** *pp von* **beat¹**. **II** *adj* **1.** geschlagen, besiegt. **2.** *tech.* gehämmert: ~ **gold** Blattgold *n*. **3.** 'erledigt', 'fertig', erschöpft. **4.** a) abgetragen, abgenutzt: **a** ~ **suit**, b) zerfleddert: **a** ~ **book**, c) rampo'niert, zerbeult: **a** ~**(-up) old car** ein alter Klapperkasten. **5.** a) vielbegangen (*Weg*), b) *fig.* gewohnt, abgedroschen: **the** ~ **track** das ausgefahrene Geleise; **off the** ~ **track** abgelegen, *fig.* ungewohnt, ungewöhnlich. ~ **bis·cuit** *s Am.* (*Art*) Blätterteiggebäck *n*. ~ **zone** *s mil.* bestrichener Raum.

**'beat·er** *s* **1.** *hunt.* Treiber *m*. **2.** *tech.* a) Stampfe *f*, b) Rammeisen *n*, c) Stößel *m*, d) Schlegel *m*, e) Klopfer *m*. **3.** *gastr.* Schneebesen *m*.

**be·a·tif·ic** [‚bi:ə'tifik] *adj*; **‚be·a'tif·i·cal** [-kl] *adj* (*adv* ~**ly**) **1.** (glück)selig. **2.** beseligend, seligmachend: **beatific vision** *relig.* beseligende Gottesschau. **3.** glückstrahlend. **be·at·i·fi·ca·tion**

[biːˌætɪˈkeɪʃn] *s* **1.** (Glück)Seligkeit *f.* **2.** *R.C.* Seligsprechung *f*, Beatifikatiˈon *f.*
**be·at·i·fy** [biːˈætɪfaɪ] *v/t* **1.** beseligen, glücklich machen. **2.** *R.C.* seligsprechen, beatifiˈzieren.
**ˈbeat·ing** *s* **1.** Schlagen *n.* **2.** a) Prügel *pl*, b) *fig.* Niederlage *f*: to give s.o. a good (*od.* sound) ~ j-m e-e tüchtige Tracht Prügel verabreichen, *fig.* j-m e-e böse Schlappe zufügen; to take a ~ Prügel beziehen, *fig.* e-e Schlappe erleiden. **3.** (rhythmisches) Schlagen *od.* Klopfen *od.* Pochen: ~ of the heart Herzschlag *m.*
**be·at·i·tude** [biːˈætɪtjuːd; *Am. a.* -ˌtuːd] *s* **1.** (Glück)Seligkeit *f.* **2.** *relig.* a) the ~s *pl* die Seligpreisungen *pl* (*Christi in der Bergpredigt*), b) B~ (Eure) Seligkeit (*Anrede e-s Patriarchen etc*).
**beat·nik** [ˈbiːtnɪk] *s* Beatnik *m*: a) *Angehöriger der Beat generation*, b) *j-d, der sich in Kleidung u. Verhalten gegen die gesellschaftliche Konvention stellt.*
**beat| note** *s electr. phys.* Schwebungs-, Interfeˈrenzton *m.* ~ re·ceiv·er *s electr.* Superhet *m*, Überˈlagerungsempfänger *m.* ˈ~-up *adj bes. Am. colloq. für* beaten 4.
**beau** [bəʊ] *pl* **beaus, beaux** [bəʊz] *s obs.* **1.** Beau *m*, Stutzer *m.* **2.** ‚Kavaˈlier‘ *m*, Liebhaber *m.*
**Beau·fort scale** [ˈbəʊfə(r)t] *s* Beaufortskala *f* (*Windskala*).
**beau i·de·al** *s* **1.** vollˈkommene Schönheit, Schönheit *f* in höchster Vollˈendung. **2.** *pl* **-als** (ˈSchönheits)Ideˌal *n*, Vorbild *n.*
**Beau·jo·lais** [ˈbəʊʒəleɪ; *Am.* ˌbəʊʒəʊˈleɪ] *s* Beaujoˈlais *m* (*Wein*).
**beaut** [bjuːt] *bes. Am. u. Austral. sl. für* beauty 3.
**beau·te·ous** [ˈbjuːtjəs; -tɪəs] *adj* (*adv* ~ly) **1.** schön. **2.** wunderbar.
**beau·ti·cian** [bjuːˈtɪʃn] *s* Kosˈmetiker(in).
**beau·ti·ful** [ˈbjuːtəfʊl; -tɪ-] **I** *adj* (*adv* ~ly) **1.** schön: the ~ people die Schickeria. **2.** wunderbar, prächtig. **II** *s* **3.** the ~ das Schöne.
**beau·ti·fy** [ˈbjuːtɪfaɪ] **I** *v/t* **1.** schön(er) machen, verschön(er)n. **2.** ausschmükken, verzieren. **II** *v/i* **3.** sich verschöne(r)n.
**beau·ty** [ˈbjuːtɪ] *s* **1.** Schönheit *f.* **2.** *colloq.* (*das*) Schön(st)e: the ~ of it is that das Schöne daran ist, daß; that is the ~ of it all das ist das Schönste an der ganzen Sache. **3.** *colloq.* (of von) ‚Gedicht‘ *n*, Prachtstück *n*, (*a. iro.*) ˈPrachtexemˌplar *n* (*a. Person, Tier etc*). **4.** Schönheit *f* (*bes. Frau*). ~ com·pe·ti·tion, ~ con·test *s* Schönheitswettbewerb *m.* ~ cream *s* Schönheitscreme *f.* ~ farm *s* Schönheitsfarm *f.* ~ par·lo(u)r *s* ˈSchönheitssaˌlon *m.* ~ patch *s* beauty spot 1. ~ queen *s* Schönheitskönigin *f.* ~ sa·lon, *Am.* ~ shop → beauty parlo(u)r. ~ sleep *s colloq.* Schlaf *m* vor Mitternacht. ~ spot *s* **1.** Schönheitspflästerchen *n.* **2.** Schönheits-, Leberfleck *m.* **3.** *colloq.* Schönheitsfehler *m.* **4.** schönes Fleckchen Erde, lohnendes Ausflugsziel.
**beaux** [bəʊz] *pl von* beau.
**beaux es·prits** [ˌbəʊzəˈspriː] *pl von* bel esprit.
**bea·ver**[1] [ˈbiːvə(r)] **I** *s* **1.** *zo.* Biber *m*: to work like a ~ arbeiten wie ein Pferd. **2.** Biberpelz *m.* **3.** *hist. a.* ~ hat a) Biber-, Kastorhut *m*, b) Filz-, Seidenhut *m*, Zyˈlinder *m.* **4.** Biber *m*, *n* (*filziger Wollstoff*). **5.** *colloq. obs.* ‚Biber‘ *m*: a) Vollbart *m*, b) Mann *m* mit Vollbart. **II** *v/i* **6.** *meist* ~ away *Br. colloq.* schuften, schwer *od.* hart arbeiten.
**bea·ver**[2] [ˈbiːvə(r)] *s mil. hist.* **1.** Kinnschutz *m* (*am Helm*). **2.** Viˈsier *n.*
**ˈbea·ver·board** *s* Hartfaserplatte *f.*

**bea·ver| rat** *s zo.* **1.** Auˈstralische Schwimmratte. **2.** Bisam-, Zibetratte *f.* ~ tree, ˈ~·wood *s bot.* Virˈginische Maˈgnolie, Biberbaum *m.*
**be·call** *v/t obs.* beschimpfen.
**be·calm** *v/t* **1.** beruhigen, besänftigen, beschwichtigen. **2.** *mar.* bekalmen: to be ~ed a) in e-e Flaute geraten, b) blind liegen.
**be·came** [bɪˈkeɪm] *pret von* become.
**be·cause** [bɪˈkɒz; *Am.* bɪˈkɔːz] **I** *conj* **1.** weil, da. **2.** *obs.* daˈmit. **II** *prep* **3.** ~ of wegen (*gen*), inˈfolge von (*od. gen*).
**bé·cha·mel (sauce)** [ˌbeɪʃəˈmel] *s gastr.* Béchaˈmelsoße *f.*
**be·chance** → befall.
**be·charm** *v/t* be-, verzaubern.
**bêche-de-mer** [ˌbeʃdəˈmeə(r); ˌbeɪʃ-] *s* **1.** *zo.* Eßbare Holoˈthurie, Trepang *m.* **2.** Bêche-de-mer *n*, Beach-la-mar *n* (*dem Pidgin-Englisch ähnliche Verkehrssprache in West-Ozeanien*). ~-le·mar [-lə-ˈmɑː(r)] → bêche-de-mer 2.
**beck**[1] [bek] *s* Wink *m*, Zeichen *n*: to be at s.o.’s ~ and call j-m auf den leisesten Wink gehorchen, nach j-s Pfeife tanzen.
**beck**[2] [bek] *s Br.* (Wild)Bach *m.*
**beck·on** [ˈbekən] **I** *v/t* **1.** j-m (zu)winken, zunicken, ein Zeichen geben. **2.** j-n herˈanwinken. **3.** *fig.* (an)locken. **II** *v/i* **4.** winken. **5.** *fig.* locken, rufen.
**be·cloud** *v/t* **1.** umˈwölken, verdunkeln (*a. fig.*). **2.** *fig.* vernebeln: to ~ the issue.
**be·come** [bɪˈkʌm] *pret* **be·came** [-ˈkeɪm] *pret* **be·come** **I** *v/i* **1.** werden: what has ~ of him? a) was ist aus ihm geworden?, b) *colloq.* wo steckt er nur?; to ~ better besser werden. **II** *v/t* **2.** anstehen (*dat*), sich (ge)ziemen *od.* schicken für: → ill 8. **3.** j-m stehen, passen zu, j-n kleiden.
**be·com·ing** **I** *adj* (*adv* ~ly) **1.** passend, kleidsam: a most ~ coat ein äußerst kleidsamer Mantel; this dress is very ~ to you dieses Kleid steht Ihnen sehr gut. **2.** schicklich, geziemend: as is ~ wie es sich gebührt; with ~ respect mit geziemender Hochachtung. **II** *s* **3.** (*das*) Passende *od.* Schickliche. **be·com·ing·ness** *s* **1.** Kleidsamkeit *f.* **2.** Schicklichkeit *f.*
**bed** [bed] **I** *s* **1.** Bett *n*: a) Bettstelle *f*, b) (*Feder- etc*)Bett *n*: ~ and bedding Bett u. Zubehör (*Bettzeug etc*). **2.** Lager(statt *f*) *n* (*a. e-s Tieres*): ~ of straw Strohlager; ~ of oysters Bett *n* junger Austern; ~ of snakes Nest *n* (*junger*) Schlangen. **3.** letzte Ruhestätte, Grab *n.* **4.** ˈUnterkunft *f*: ~ and breakfast (*in Gasthöfen*) Zimmer *n* mit Frühstück. **5.** (Ehe)Bett *n*: → separation 4. **6.** (Garten)Beet *n.* **7.** (Fluß-, Strom)Bett *n.* **8.** *geol. u. Bergbau:* Lage(r *n*) *f*, Bett *n*, Schicht *f*, (*Kohlen*)Flöz *n*: ~ of ore Erztrum *n*, Bank *f*; ~ of sand Sandschicht. **9.** *tech.* ˈUnterlage *f*, Bett(ung *f*) *n*, Fundaˈment *n*, Schicht *f*, *z.B.* a) Bett *n* (*e-r Werkzeugmaschine*), b) *rail.* ˈUnterbau *m*, Kies-, Schotterbett *n*, c) (*Pflaster- etc*) Bettung *f*, d) *print.* Zurichtung *f* (*Druckform*), e) *Schriftguß:* Sattel *m*, f) untere Backe, Maˈtrize *f* (*e-r Stanz- od. Lochmaschine*), g) innere, schräge Fläche (*des Hobels*), h) *mar.* Schiffsschlitten *m* (*auf der Werft*), i) *mil.* Bettungs-, Bodenplatte *f* (*e-s Geschützes*).
*Besondere Redewendungen:*
his life is no ~ of roses er ist nicht (gerade) auf Rosen gebettet; marriage is not always a ~ of roses die Ehe hat nicht nur angenehme Seiten; ~ of state Prunkbett; his life was a ~ of thorns (*od.* nails) er mußte in s-m Leben allerhand durchmachen; to be brought to ~ entbunden werden (of von); to die in

one’s ~ e-s natürlichen Todes sterben; to get out of ~ on the wrong side mit dem verkehrten *od.* linken Fuß (zuerst) aufstehen; to go to ~ a) ins *od.* zu Bett gehen, b) ˌins Bett gehen‘ (with mit); to keep one’s ~ das Bett hüten; to lie in the ~ one has made die Suppe auslöffeln müssen, die man sich eingebrockt hat; to make the ~ das Bett machen; as you make your ~ so you must lie on it wie man sich bettet, so liegt man; to put to ~ j-n zu Bett bringen; to take to one’s ~ sich (krank) ins Bett legen.
**II** *v/t* **10.** zu *od.* ins Bett bringen. **11.** to be ~ded bettlägerig sein: to be ~ded for a week with influenza e-e Woche mit Grippe im Bett liegen. **12.** *meist* ~ down a) *Gäste etc* für die Nacht ˈunterbringen, b) *j-m* das Bett machen, c) *ein Pferd etc* mit Streu versorgen. **13.** ˌins Bett gehen‘ mit *j-m.* **14.** in ein Beet pflanzen: to ~ out auspflanzen, -setzen. **15.** *meist* ~ in (ein)betten, (ein-, auf-) lagern.
**III** *v/i* **16.** ins *od.* zu Bett gehen. **17.** *meist* ~ down sein Nachtlager aufschlagen. **18.** ˌins Bett gehen‘ (with mit).
**be·dab·ble** *v/t* bespritzen: ~d with blood blutbespritzt.
**ˌbed-and-ˈbreak·fast ho·tel** *s* Hoˈtel *n* garˈni.
**be·daub** *v/t* beschmieren: ~ed with clay lehmbeschmiert.
**be·daz·zle** *v/t* blenden (*a. fig.*).
**ˈbed| bug** *s zo.* Wanze *f.* ~ bun·ny *s colloq.* ‚Betthäs-chen‘ *n.* ˈ~·cham·ber *s* Schlafzimmer *n*, Schlafgemach *n* (*obs. außer in*): Gentleman of the B~ königlicher Kammerjunker; → Lady (Lord) of the Bedchamber. ˈ~·clothes *s pl* Bettwäsche *f.* ˈ~·cov·er *s* Bettdecke *f.*
**bed·da·ble** [ˈbedəbl] *adj*: she’s quite ~ *colloq.* die wär’ was fürs Bett.
**bed·der** [ˈbedə(r)] *s* **1.** *univ. Br.* Aufwärter(in) (*der Collegestudenten in Cambridge*). **2.** *bot.* Freilandsetzling *m.*
**bed·ding** [ˈbedɪŋ] **I** *s* **1.** Bettzeug *n.* **2.** (Lager)Streu *f* (*für Tiere*). **3.** *tech.* a) Betten *n*, b) Bettung *f*, Lager *n*, c) Auflagefläche *f.* **4.** *arch.* Fundaˈment *n*, ˈUnterlage *f.* **5.** *geol. tech.* Schichtung *f.* **II** *adj* **6.** Beet..., Freiland...: ~ plants.
**be·deck** *v/t* zieren, schmücken.
**be·del(l)** [beˈdel; bəˈ-] *obs. für* beadle 2.
**be·dev·il** *v/t pret u. pp* **-iled,** *bes. Br.* **-illed 1.** *bes. fig.* be-, verhexen. **2.** *fig.* a) durcheinˈanderbringen, verwirren, b) verderben, -pfuschen. **3.** a) plagen, peinigen, b) bedrücken, belasten. **be·ˈdev·il·ment** *s* **1.** Besessenheit *f.* **2.** Verwirrung *f.*
**be·dew** *v/t* betauen, benetzen: her face was ~ed with tears ihr Gesicht war tränenfeucht.
**ˈbed| fast** *adj obs.* bettlägerig. ˈ~·fellow *s* **1.** Bettgenosse *m*, ˈSchlafkameˌrad *m.* **2.** Verbündete(r) *m*, Genosse *m*: adversity (*od.* misfortune) makes strange ~s das Unglück bringt die verschiedensten Leute zusammen. ˈ~·gown *s* (Frauen)Nachtgewand *n.*
**be·dight** [bɪˈdaɪt] *pret u. pp* **be·dight, be·dight·ed** *v/t obs. od. poet.* **1.** ausrüsten. **2.** schmücken.
**be·dim** *v/t* verdunkeln, trüben. **2.** *fig.* vernebeln: to ~ the issue.
**be·diz·en** [bɪˈdaɪzn] *v/t obs.* geschmacklos herˈausputzen.
**bed·lam** [ˈbedləm] *s* **1.** Aufruhr *m*, Tuˈmult *m*: to cause ~ e-n Tumult auslösen. **2.** Gewirr *n*: a ~ of alleys. **3.** *obs.* a) Irren-, Tollhaus *n* (*a. fig.*): the classroom was a regular ~ im Klassenzimmer ging es zu wie in e-m Tollhaus, b) Irre(r *m*) *f.* **bed·lam·ite** *s obs.* Irre(r *m*) *f.*

**bed│lift** s Stellkissen n (*für Kranke*). ~ **lin·en** s Bettwäsche f.

**Bed·ling·ton (ter·ri·er)** [ˈbedlɪŋtən] s zo. Bedlingtonterrier m.

**ˈbed·mate** → bedfellow 1.

**Bed·ou·in** [ˈbeduɪn; Am. ˈbedəwən] **I** pl **-ins, -in** s Bedu'ine m, Bedu'inin f. **II** adj bedu'inisch, Beduinen...

**ˈbed│·pan** s **1.** Wärmpfanne f, -flasche f. **2.** med. Stechbecken n, Bettpfanne f, -schüssel f. **ˈ~·plate** s tech. Bett-, Grund-, 'Unterlagsplatte f, Funda'mentplatte f, -rahmen m. **ˈ~·post** s Bettpfosten m: → between 2.

**be·drag·gled** [bɪˈdrægld] adj **1.** a) durch-ˈnäßt, b) verdreckt. **2.** fig. a) her'untergekommen: **a ~ house**, b) ungepflegt: **~ appearance.**

**ˈbed│·rail** s Seitenteil n des Bettes. **~·rest** s Bettruhe f. **ˈ~·rid·den** adj bettlägerig. **ˈ~·rock** **I** s **1.** geol. Grund-, Muttergestein n, gewachsener Fels. **2.** fig. a) Grundlage f, Funda'ment n: **to get down to the ~ of a matter** e-r Sache auf den Grund gehen, b) (sachlicher) Kern (*e-s Problems etc*), c) Tiefpunkt m: **at ~** auf dem Tiefpunkt. **II** adj **3.** colloq. a) grundlegend, b) (felsen)fest, c) sachlich, kon'kret, d) econ. äußerst, niedrigst: **~ price.** **ˈ~·roll** s zs.-gerolltes Bettzeug. **ˈ~·room** s Schlafzimmer n: **~ eyes** humor. „Schlafzimmeraugen, -blick" m; **~ scene** (*Film etc*) Bettszene f; **~ suburb** (*od. town*) „Schlafstadt" f. **~ sheet** s Bettlaken n. **ˈ~·side** s Seite f des Bettes: **at the ~** am (*a. Kranken*)Bett; **the doctor has a good ~ manner** der Arzt kann gut mit Kranken umgehen; **~ lamp** Nachttischlampe f; **~ rug** Bettvorleger m; **~ table** Nachttisch(chen n) m; **~ teaching** Unterricht m am Krankenbett. **ˈ~·sit** Br. **I** s → bed-sitter. **II** v/i irr ein mö'bliertes Zimmer od. ein Ein'zimmera,partment bewohnen. **ˈ~·ˈsit·ter, ˈ~-ˈsit·ting room** s Br. **1.** mö'bliertes Zimmer. **2.** Ein'zimmera,partment n. **ˈ~·sore** s med. wundgelegene Stelle. **ˈ~·space** s „Bettenzahl f, -kapazi,tät f (*in Klinik, Hotel etc*). **ˈ~·spread** s Tagesdecke f. **ˈ~·stead** s Bettstelle f, -gestell n. **ˈ~·straw** s bot. **1.** Labkraut n. **2.** Wandelklee m. **ˈ~·tick** s Inlett n. **ˈ~·time** s Schlafenszeit f: **~ reading** Bettlektüre f; **~ story** Gutenachtgeschichte f; **it's past ~** es ist höchste Zeit zum Schlafengehen; **it's long past your ~** du müßtest schon längst im Bett sein. **~ wet·ting** s med. Bettnässen n.

**bee¹** [biː] s **1.** zo. Biene f: **(as) busy as a ~** bienenfleißig, emsig wie e-e Biene; **to have a ~ in one's bonnet** colloq. e-n ˈFimmel' od. ˌTick' haben. **2.** fig. Biene f (*fleißiger Mensch*). **3.** Am. colloq. Grille f, Ma'rotte f. **4.** bes. Am. a) Treffen n (*von Freunden*) zur Gemeinschaftshilfe od. Unter'haltung: **sewing ~** Nähkränzchen n, b) Wettbewerb m.

**bee²** [biː] s mar. Backe f, Klampe f.

**bee³** [biː] s B, b n (*Buchstabe*).

**Beeb** [biːb] s: **the ~** Br. colloq. die BBC.

**beech** [biːtʃ] s **1.** bot. (Rot)Buche f. **2.** Buchenholz n. **ˈbeech·en** adj buchen, aus Buchenholz, Buchen...

**beech│ fern** s bot. Buchenfarn m. **~ mar·ten** s zo. Stein-, Hausmarder m. **~ mast** s Buchmast f, -eckern pl. **ˈ~·nut** s Buchecker f, Buchel f.

**bee eat·er** s orn. Bienenfresser m.

**beef** [biːf] **I** s **1.** pl **beeves** [biːvz], a. **beefs** Mastbulle m, -ochse m, -rind n. **2.** Rindfleisch n. **3.** colloq. a) Fleisch n (*am Menschen*), b) (Muskel)Kraft f: **put some ~ into it!** fig. streng dich ein bißchen an! **4.** pl **beefs** sl. „Mecke'rei' f, Nörge'lei f, Beschwerde f. **II** v/i **5.** sl.

,meckern', nörgeln, sich beschweren (**about** über acc). **III** v/t **6.** ~ **up** Am. colloq. Streitkräfte etc verstärken. **ˈ~·bur·ger** [-,bɜːɡə; Am. -,bɜrɡər] s gastr. Hamburger m. **ˈ~·cake** s sl. Zur'schaustellung f von Muskelkraft (*bes. auf Fotografien*). **ˈ~·eat·er** s Br. Beefeater m, Tower-Wächter m (*in London*).

**ˌbeef│·steak** s Beefsteak n. **~ tea** s (Rind)Fleisch-, Kraftbrühe f, Bouil'lon f. **ˈ~·wit·ted** adj dumm, schwer von Begriff.

**ˈbeef·y** adj **1.** fleischig: **~ cattle.** **2.** colloq. bullig, kräftig, vierschrötig.

**bee│ glue** s Bienenharz n. **~ hawk** s orn. Wespenbussard m. **ˈ~·hive** s **1.** Bienenstock m, -korb m. **2.** fig. a) Bienenhaus n, ,Taubenschlag' m, b) emsiges Gewühl. **3.** etwas Bienenkorbförmiges: **~ (hairdo)** toupierte Hochfrisur. **4.** mil. Hohl(raum)ladung f. **ˈ~·keep·er** s Bienenhaus n. **ˈ~·keep·er** s Bienenzüchter m, Imker m. **ˈ~·keep·ing** s Bienenzucht f, Imke'rei f. **~ kill·er** s zo. Bienentöter m. **ˈ~·line** s fig. kürzester Weg: **to make a ~ for s.th.** schnurstracks auf etwas los- od. zugehen; **he made a ~ for his dinner** er stürzte sich sofort auf sein Essen.

**Be·el·ze·bub** [biːˈelzɪbʌb] **I** npr Bibl. Be'elzebub m. **II** s Teufel m (*a. fig.*).

**bee│ mar·tin** s orn. Königsvogel m. **ˈ~·mas·ter** s → beekeeper.

**been** [biːn; bɪn] pp von be.

**bee│ net·tle** s bot. **1.** Hanfnessel f. **2.** Bienensaug m. **~ or·chis** s bot. Bienenragwurz f.

**beep** [biːp] **I** s a. **~ signal** a) mot. Hupen n, 'Hupsi,gnal n, b) Tuten n (*e-r Schiffssirene etc*), c) electr. kurzes Summerzeichen, Piepton m. **II** v/t: **to ~ one's horn** mot. hupen. **III** v/i a) mot. hupen, b) tuten (*Schiffssirene etc*). **ˈbeep·er** s **1.** Si'gnalgeber m, -gerät n (*für ferngesteuerte Flugkörper*). **2.** Fernsteuerungsgerät n.

**beer¹** [bɪə(r)] s **1.** Bier n: **two ~s** zwei (Glas) Bier; **life is not all ~ and skittles** colloq. das Leben besteht nicht nur aus Vergnügen; **~ small beer.** **2.** bierähnliches Getränk (*aus Pflanzen*): → ginger beer.

**beer²** [bɪə(r)] s Weberei: Kettfadenbündel n.

**beer│ bust** s Am. colloq. Bierparty f. **~ cel·lar** s Bierkeller m. **~ en·gine** s Bierpumpe f. **ˈ~·gar·den** s Biergarten m. **ˈ~·house** s Br. Bierstube f, -schenke f. **~ mat** s Bierfilz m, -deckel m. **~ pump** s Bierpumpe f. **~ stone** s Bierstein m (*Ablagerung*).

**ˈbeer·y** adj **1.** bierartig, Bier... **2.** bierselig. **3.** nach Bier riechend: **~ breath** ,Bierfahne'.

**bee skep** s Bienenkorb m, -stock m.

**beest·ings** [ˈbiːstɪŋz] s pl (*oft als sg konstruiert*) Biest(milch f) m (*erste Milch nach dem Kalben*).

**ˈbees·wax** **I** s Bienenwachs n. **II** v/t mit Bienenwachs einreiben. **ˈ~·wing** s feines Häutchen (*auf altem Wein*).

**beet** [biːt] s **1.** bot. Bete f, bes. Runkelrübe f, Mangold m, Am. a. Rote Bete od. Rübe. **2.** a. ~ **greens** Mangoldgemüse n.

**bee·tle¹** [ˈbiːtl] **I** s zo. Käfer m: **(as) blind as a ~** stockblind. **II** v/i colloq. hasten, sausen: **to ~ off** ,abschwirren'.

**bee·tle²** [ˈbiːtl] s **1.** Holzhammer m, Schlegel m. **2.** tech. a) Erdstampfe f, b) 'Stampfka,lander m (*für Textilien*). **II** v/t **3.** mit e-m Schlegel bearbeiten, (ein)stampfen. **4.** tech. Textilien ka'landern.

**bee·tle³** [ˈbiːtl] **I** adj 'überhängend. **II** v/i vorstehen, 'überhängen.

**ˈbee·tle│-browed** adj **1.** mit buschigen

(Augen)Brauen. **2.** finster blickend. **ˈ~·ˌcrush·er** s sl. **1.** ,Elbkahn' m, ,Kindersarg' m (*riesiger Schuh*). **2.** mil. ,Landser' m (*Infanterist*).

**ˈbeet·root** s bot. **1.** Br. Wurzel f der (Roten) Bete. **2.** Am. für beet 1. **~ sug·ar** s Rübenzucker m.

**beeves** [biːvz] pl von beef 1.

**beez·er** [ˈbiːzə(r)] s sl. ,Gurke' f (*Nase*).

**be·fall** pret **be·fell**, pp **be·fall·en** obs. od. poet. **I** v/i sich ereignen, sich zutragen. **II** v/t j-m zustoßen, wider'fahren, begegnen.

**be·fit** v/t anstehen (dat), sich (ge)ziemen od. schicken für: → ill 8. **be·fit·ting** adj (adv ~ly) geziemend, schicklich.

**be·fog** v/t **1.** in Nebel hüllen. **2.** fig. vernebeln: **to ~ the issue.**

**be·fool** v/t **1.** zum Narren haben od. halten, täuschen. **2.** obs. als Narren behandeln.

**be·fore** [bɪˈfɔː(r); Am. a. bɪˈfəʊər] **I** adv **1.** (*räumlich*) vorn, vor'an: **to go ~** vorangehen. **2.** (*zeitlich*) vorher, zu'vor, vormals, früher (schon), bereits, schon: **an hour ~** e-e Stunde vorher od. früher; **long ~** lange vorher od. zuvor; **the year ~** das vorhergehende od. das vorige Jahr; **he had been in Paris ~** er war schon (früher) einmal in Paris; **never ~** noch nie(mals). **II** prep **3.** (*räumlich*) vor (acc od. dat): **my eyes** vor m-n Augen; **he sat ~ me** er saß vor mir; **the question ~ us** die (uns) vorliegende Frage; **he has the world ~ him** ihm steht die Welt offen. **4.** vor (dat), in Gegenwart von (*od. gen*): **~ witnesses** vor Zeugen. **5.** (*zeitlich*) vor (dat): **the week ~ last** vorletzte Woche; **~ long** in Kürze, bald; **what is ~ us** was (in der Zukunft) vor uns liegt; **three minutes ~ nine** Am. drei Minuten vor neun. **6.** (*Reihenfolge, Rang*) vor'aus, vor (acc od. dat): **to be ~ the others** den anderen (*in der Schule etc*) voraus sein. **III** conj **7.** bevor, ehe: **not ~** nicht früher od. eher als bis, erst als, erst wenn. **8.** lieber od. eher ..., als daß: **I would die ~ I lied** (*od.* **~ lying**) eher od. lieber will ich sterben als lügen. **be·fore·hand I** adv **1.** zu'vor, (im) vor'aus: **to know s.th. ~** etwas im voraus wissen. **2.** zu'vor, früher. **3.** zu früh, verfrüht. **II** adj **4.** a. **~ with the world** gut versorgt: **to have nothing ~** nichts in Reserve haben. **5.** **to be ~ with** a) j-m od. e-r Sache zu'vorkommen, b) etwas vor'wegnehmen. **be·fore·men·tioned** adj oben-, vorerwähnt. **be·fore-tax** adj econ. vor Abzug der Steuern, a. Brutto...

**be·for·tune** v/t befall.

**be·foul** v/t besudeln, beschmutzen (*a. fig.*): **to ~ one's own nest** sein eigenes Nest beschmutzen.

**be·friend** v/t j-m behilflich sein, sich j-s annehmen.

**be·fud·dle** v/t **1.** ,benebeln', berauschen. **2.** verwirren.

**beg** [beg] **I** v/t **1.** etwas erbitten (**of s.o.** von j-m), bitten um: **to ~ leave** (**of s.o.**) (j-n) um Erlaubnis bitten; → pardon 4. **2.** erbetteln, betteln od. bitten um: **to ~ a meal. 3.** j-n bitten (**to do s.th.** etwas zu tun). **4.** (*ohne Beweis*) als gegeben annehmen: → question 1. **5.** ~ **off** j-n entschuldigen. **II** v/i **6.** betteln: **to go ~ging** a) betteln gehen, b) fig. keinen Interessenten od. Abnehmer finden: **this post is going ~ging** fig. niemand will den Posten übernehmen. **7.** (*dringend*) bitten, flehen (**for um**): **I ~ of you** ich bitte Sie; **to ~ off** sich entschuldigen (lassen), absagen. **8.** sich erlauben od. gestatten (**to do s.th.** etwas zu tun): **I ~ to differ** ich erlaube mir, anderer Meinung zu sein; **I ~ to inform you** econ. obs. ich

erlaube mir, Ihnen mitzuteilen. **9.** schön-machen, Männchen machen (*Hund*).

**be·gad** [bɪˈgæd] *interj colloq. obs.* bei Gott!

**be·gan** [bɪˈgæn] *pret von* **begin**.

**be·get** bɪˈget] *pret* **be'got** [-ˈgɒt; *Am.* -ˈgɑt], *obs.* **be'gat** [-ˈgæt], *pp* **be'got-ten** [-ˈgɒtn; *Am.* -ˈgɑtn] *obs.* **be·got** *v/t* **1.** *Kinder* zeugen. **2.** *fig.* erzeugen, her-'vorbringen. **be'get·ter** *s* **1.** Erzeuger *m*, Vater *m*. **2.** *fig.* Urheber *m*.

**beg·gar** [ˈbegə(r)] **I** *s* **1.** Bettler(in). **2.** *fig.* Arme(r *m*) *f*, Bedürftige(r *m*) *f*: ~s can't be choosers in der Not darf man nicht wählerisch sein. **3.** *humor. od. contp.* Kerl *m*, Bursche *m*: lucky ~ Glückspilz *m*; a naughty little ~ ein kleiner Frechdachs. **II** *v/t* **4.** an den Bettelstab bringen, arm machen. **5.** *fig.* entwerten. **6.** *fig.* über-'steigen: it ~s description a) es läßt sich nicht mit Worten beschreiben, b) es spottet jeder Beschreibung.

**beg·gar·li·ness** [ˈbegə(r)lɪnɪs] *s* **1.** Bettelarmut *f*. **2.** *fig.* Armseligkeit *f*. **'beg·gar·ly** *adj* **1.** bettelarm. **2.** *fig.* armselig, lumpig, erbärmlich, kümmerlich: a ~ salary.

**beg·gar-my-'neigh·bo(u)r** [-mɪ-] *s* Bettelmann *m* (*Kartenspiel*).

**beg·gar·y** [ˈbegərɪ] *s* Bettelarmut *f*.

**beg·ging** [ˈbegɪŋ] **I** *adj* **1.** bettelnd: ~ letter Bettelbrief *m*. **II** *s* **2.** Bette'lei *f*. **3.** Bitten *n*.

**be·gin** [bɪˈgɪn] *pret* **be'gan** [-ˈgæn] *pp* **be'gun** [-ˈgʌn] **I** *v/t* **1.** beginnen, anfangen: when did you ~ (to learn *od.* learning) English? wann hast du mit dem Englisch angefangen (angefangen, Englisch zu lernen)?; he began his lecture by saying that ... er leitete s-n Vortrag mit den Worten ein, daß ...; to ~ the world ins Leben treten. **2.** (be)gründen: to ~ a dynasty. **II** *v/i* **3.** beginnen, anfangen: he began by saying that ... er sagte einleitend, daß ...; to ~ with s.th. (s.o.) anfangen mit etwas (bei j-m); to ~ with (*adverbiell*) a) zunächst (einmal), fürs erste, b) erstens (einmal), um es gleich zu sagen; to ~ on s.th. etwas in Angriff nehmen; to ~ on a new bottle e-e neue Flasche anbrechen; not to ~ to do s.th. nicht entfernt *od.* im entferntesten daran denken, etwas zu tun; he does not even ~ to try er versucht es nicht einmal; it began to be put into practice, es wurde langsam aber sicher in die Praxis umgesetzt; well begun is half done gut begonnen ist halb gewonnen. **4.** entstehen, ins Leben gerufen werden. **be'gin·ner** *s* Anfänger(in), Neuling *m*: ~s luck Anfängerglück *n*. **be'gin·ning** *s* **1.** Anfang *m*, Beginn *m*: at (*od.* in) the ~ am *od.* im *od.* zu Anfang, anfangs; from the (very) ~ (ganz) von Anfang an; from ~ to end von Anfang bis Ende; the ~ of the end der Anfang vom Ende. **2.** *pl* (erste) Anfangsgründe *pl*, b) (erste) Anfänge *pl*, Ursprung *m*. **3.** *pl* (erste) Anfangsstadium *n*.

**be·gird** [bɪˈgɜːd] *pret u. pp* **be'girt** *od.* **be'gird·ed** *v/t* **1.** um'gürten. **2.** um'geben.

**be·gone** [bɪˈgɒn; *Am. a.* -ˈgɑn] *interj obs. od. poet.* fort!, (scher dich) weg!

**be·go·ni·a** [bɪˈgəʊnjə] *s bot.* Be'gonie *f*.

**be·gor·ra** [bɪˈgɒrə; *Am. a.* -ˈgɑ-] *interj Ir. colloq.* bei Gott!

**be·got** [bɪˈgɒt; *Am.* -ˈgɑt] *pret u. pp von* **beget.**

**be·got·ten** [bɪˈgɒtn; *Am.* -ˈgɑtn] **I** *pp von* **beget. II** *adj* gezeugt: the first ~ der Erstgeborene; God's only ~ son Gottes eingeborener Sohn.

**be'grime** *v/t* besudeln, beschmutzen (*a. fig.*).

**be'grudge** *v/t* **1.** miß'gönnen (s.o. s.th.

j-m etwas): to ~ s.o. the shirt on his back j-m nicht das Schwarze unterm Nagel *od.* das Weiße im Auge gönnen. **2.** nur ungern geben (s.o. s.th. j-m etwas). **3.** to ~ doing s.th. etwas nur widerwillig *od.* ungern tun.

**be'guile** *v/t* **1.** betrügen (of, out of um), täuschen, hinter'gehen. **2.** verleiten, -locken (into doing zu tun). **3.** sich *die* Zeit (angenehm) vertreiben *od.* verkürzen (by, with mit). **4.** *fig.* betören, berücken. **be'guile·ment** *s* Hinter'ge-hung *f*, Betrug *m*, Täuschung *f*.

**be·gun** [bɪˈgʌn] *pp von* **begin.**

**be·half** [bɪˈhɑːf; *Am.* bɪˈhæf] *s*: on (*Am. a.* in) ~ of a) zugunsten von (*od.* gen), für j-n, b) im Namen *od.* im Auftrag von (*od. gen*), für j-n, namens (*gen*); on one's own ~ in eigenem Namen, in eigener Sache; on ~ of s.th. mit Rücksicht auf e-e Sache.

**be·have** [bɪˈheɪv] **I** *v/i* **1.** sich (gut) benehmen, sich zu benehmen wissen: please ~! bitte benimm dich!; he can't ~ er kann sich nicht (anständig) benehmen. **2.** sich verhalten *od.* benehmen (to, toward[s] gegen *j-n*, gegen'über *j-m*). **3.** sich verhalten (*Sache*), arbeiten, funktio'nieren (*Maschine etc*). **II** *v/t* **4.** ~ o.s. sich (gut) benehmen: ~ yourself! benimm dich! **be'haved** *adj* (*meist in Zssgn*) *von* gutem *etc* Benehmen: → well-behaved, *etc*.

**be·hav·ior,** *bes. Br.* **be·hav·iour** [bɪˈheɪvjə(r)] *s* **1.** Benehmen *n*, Betragen *n*, Verhalten *n*, *jur.* Führung *f* (*e-s Strafgefangenen*): during good ~ *Am.* auf Lebenszeit (*ernannt od. gewählt*); to be in office on (one's) good ~ *Am.* auf Bewährung innehaben; to be on one's best ~ sich von s-r besten Seite zeigen; to put s.o. on his good ~ j-m einschärfen, sich (ja) gut zu benehmen; ~ disorder *psych.* Verhaltensstörung *f*; investigation of ~ *psych.* Verhaltensforschung *f*; ~ modification *psych.* Verhaltensmodifikation *f*; ~ therapy *psych.* Verhaltenstherapie *f*; → pattern 11. **2.** *chem. math. phys. tech.* Verhalten *n*. **be'hav·io(u)r·al** *adj psych.* Verhaltens...: ~ disturbance; ~ science Verhaltensforschung *f*; ~ scientist Verhaltensforscher(in). **be'hav·io(u)r·ism** *s psych.* Behavio'rismus *m*. **be'hav·io(u)r·ist** *s* Behavio'rist *m*. **II** *adj* behavio'ristisch. **be,hav·io(u)r'is·tic** *adj* (*adv* ~ally) behavio'ristisch.

**be'head** [bɪˈhed] *v/t* enthaupten, köpfen. **be'head·al** [-dl], **be'head·ing** *s* Enthauptung *f*.

**be·held** [bɪˈheld] *pret u. pp von* **behold.**

**be·he·moth** [bɪˈhiːmɒθ; *Am.* -məθ] *s* **1.** *Bibl.* Behemoth *m*. **2.** *colloq.* a) Ko'loß *m*, Riese *m* (*Mensch*), b) Ungetüm *n*, Monstrum *n* (*Sache*).

**be·hen·ic ac·id** [bɪˈhenɪk; -ˈhiː-] *s chem.* Bensäure *f*.

**be·hen·ol·ic ac·id** [ˌbiːhəˈnɒlɪk; *Am.* -ˈnɑ-] *s chem.* Behensäure *f*.

**be·hest** [bɪˈhest] *s* **1.** *obs. od. poet.* Geheiß *n*, Befehl *m*: at the ~ of auf Befehl von (*od. gen*); land of ~ Land *n* der Verheißung. **2.** Forderung *f*. **3.** Veranlassung *f*. **4.** dringende Bitte.

**be·hind** [bɪˈhaɪnd] **I** *prep* **1.** (*räumlich u. zeitlich*) hinter (*acc od. dat*): ~ the tree hinter dem *od.* den Baum; he looked ~ him er blickte hinter sich; he has the majority ~ him er hat die Mehrheit hinter sich; to get s.th. ~ one etwas hinter sich bringen; his schooldays are ~ him s-e Schulzeit liegt hinter ihm; what is ~ all this? was steckt dahinter? **2.** (*Reihenfolge, Rang*) hinter (*acc od. dat*): to be ~ s.o. j-m nachstehen, hinter

j-m zurück sein (in in *dat*). **II** *adv* **3.** hinten, da'hinter, hinter'her, -'drein, hinten'nach: to walk ~ hinten gehen, hinterhergehen. **4.** nach hinten, zu'rück: to look ~ zurückblicken. **III** *pred adj* **5.** zu'rück, im Rückstand: to be ~ in (*od.* with) one's work mit s-r Arbeit im Rückstand *od.* im Verzug sein; to remain ~ zurückbleiben. **6.** *fig.* da'hinter, verborgen: there is more ~ da steckt (noch) mehr dahinter. **IV** *s* **7.** *colloq.* 'Hinterteil *n*, ,Hintern' *m*. **be'hind-hand** *adv u. pred adj* **1.** im Rückstand, im Verzug (with mit). **2.** verschuldet, in schlechten Verhältnissen. **3.** verspätet: to be ~ Verspätung haben. **4.** rückständig. **5.** to be ~ with s.o. in j-m nachstehen (in *dat*). **be,hind-the-'scenes** *adj fig.* hinter den Ku'lissen.

**be·hold** [bɪˈhəʊld] **I** *v/t pret u. pp* **be'held** [-ˈheld], *obs. pp* **be'hold·en** sehen, erblicken, anschauen. **II** *interj* siehe (da)! **be'hold·en** *adj* (zu Dank) verpflichtet, dankbar (to dat). **be'hold·er** *s* Betrachter(in), Zuschauer(in).

**be·hoof** [bɪˈhuːf] *pl* **be'hooves** [-ˈhuːvz] *s* Vorteil *m*, Nutzen *m*.

**be·hoove** [bɪˈhuːv], *bes. Br.* **be'hove** [-ˈhəʊv] *v/t impers* erforderlich sein für, sich schicken für: it ~s you a) es obliegt dir *od.* ist d-e Pflicht (to do zu tun), b) es gehört sich für dich.

**be·hooves** [bɪˈhuːvz] *pl von* **behoof.**

**be·hove** [bɪˈhəʊv] *bes. Br. für* **behoove.**

**beige** [beɪʒ] **I** *adj* **1.** beige, sandfarben. **II** *s* **2.** Beige *f* (*Wollstoff*). **3.** Beige *n* (*Farbton*).

**'be-in** *s* zwangloses Bei'sammensein (*bes. im Freien*).

**be·ing** [ˈbiːɪŋ] *s* **1.** (Da)Sein *n*, Exi'stenz *f*: in ~ existierend, wirklich (vorhanden); to call into ~ ins Leben rufen; to come into ~ entstehen. **2.** *j-s* Wesen *n*, Na'tur *f*. **3.** (Lebe)Wesen *n*, Geschöpf *n*.

**be'jew·el** *v/t pret u. pp* **-eled**, *bes. Br.* **-elled** mit Edelsteinen *od.* Ju'welen schmücken.

**bel** [bel] *s electr.* Bel *n* (*logarithmische Verhältniseinheit bei Spannungen u. Leistungen*).

**be'la·bor,** *bes. Br.* **be'la·bour** *v/t* **1.** *obs.* verprügeln. **2.** *fig.* (mit Worten) ,bearbeiten', j-m zusetzen.

**be·lat·ed** [bɪˈleɪtɪd] *adj* **1.** verspätet: ~ best wishes nachträglich herzlichen Glückwunsch. **2.** *obs.* von der Nacht *od.* Dunkelheit über'rascht.

**be·laud** [bɪˈlɔːd] *v/t* preisen, rühmen.

**be·lay** [bɪˈleɪ] **I** *v/t* **1.** *mar.* festmachen, ein Tau belegen. **2.** *mount.* j-n sichern. **II** *v/i* **3.** ~ there! *mar.* Schluß!, genug (jetzt)! **III** *s* **4.** *mount.* Sichern *n*.

**bel can·to** [bel ˈkæntəʊ; *Am.* -ˈkɑn-] *s mus.* Bel'canto *m*, Bel'kanto *n*.

**belch** [beltʃ] **I** *v/i* **1.** aufstoßen, rülpsen. **2.** quellen (from aus) (*Rauch etc*). **II** *v/t* **3.** a. ~ out (*od.* forth) *Feuer, Rauch etc* speien, (a. *fig. Beleidigungen etc*) ausstoßen. **III** *s* **4.** a) Aufstoßen *n*, Rülpsen *n*, b) Rülpser *m*. **5.** *fig.* (Rauch-, Flammen- *etc*)Stoß *m*. **6.** *fig.* Schwall *m* (*von Beleidigungen etc*).

**'bel·cher** *s* (buntes) Halstuch.

**bel·dam(e)** [ˈbeldəm] *s* **1.** a) alte Frau, b) *obs.* Großmutter *f*. **2.** (böse) Hexe, alte Vettel.

**be·lea·guer** [bɪˈliːgə(r)] *v/t* **1.** *mil.* belauern. **2.** *fig.* um'geben. **3.** *fig.* quälen, plagen.

**B-e'lec·trode** *s electr.* Dreielek'trodenröhre *f*, Tri'ode *f*.

**bel·em·nite** [ˈbeləmnaɪt] *s geol.* Belem'nit *m*, Donnerkeil *m*.

**bel es·prit** [ˌbel esˈpriː] *pl* **beaux esprits** [ˌbəʊzəˈspriː] *s* Schöngeist *m*.

**bel·fry** [ˈbelfrɪ] s **1.** a) Glockenturm m, b) Glockenstuhl m, -gehäuse n: → **bat²** 1. **2.** mil. hist. (beweglicher) Belagerungsturm.

**Bel·gian** [ˈbeldʒən] **I** s Belgier(in). **II** adj belgisch.

**Be·li·al** [ˈbiːljəl; -lɪəl] npr Bibl. Belial m, Teufel m: **man of ~** Verworfene(r) m.

**be·lie** v/t **1.** obs. Lügen erzählen über (acc), falsch darstellen. **2.** j-n od. etwas Lügen strafen. **3.** wider'sprechen (dat). **4.** hin'wegtäuschen über (acc). **5.** e-e Hoffnung etc enttäuschen, e-r Sache nicht entsprechen.

**be·lief** [bɪˈliːf] s **1.** relig. Glaube m, Religi'on f. **2.** (in) a) Glaube m (an acc): **beyond ~** unglaublich, b) Vertrauen n (auf e-e Sache od. zu j-m). **3.** Meinung f, Anschauung f, Über'zeugung f: **to the best of my ~** nach bestem Wissen u. Gewissen. **4.** B~ relig. das Apo'stolische Glaubensbekenntnis.

**be·liev·a·ble** [bɪˈliːvəbl] adj **1.** glaublich, glaubhaft. **2.** glaubwürdig.

**be·lieve** [bɪˈliːv] **I** v/i **1.** glauben (in an acc). **2.** (in) vertrauen (auf acc), Vertrauen haben (zu). **3.** viel halten (in von): **I do not ~ in sports** ich halte nicht viel von Sport. **II** v/t **4.** glauben, meinen, denken: **do not ~ it** glaube es nicht; **~ it or not!** ob Sie es glauben oder nicht!; **would you ~ it!** ist das denn die Möglichkeit!; **he made me ~ it** er machte es mich glauben; **I wouldn't have ~d it of him** das hätte ich nicht von ihm geglaubt od. gedacht. **5.** Glauben schenken (dat), glauben (dat): **~ me** glaube mir. **be·liev·er** s **1.** relig. Gläubige(r m) f: **true ~** Rechtgläubige(r). **2.** to be a great **~ in** fest glauben an (acc), viel halten von.

**be·liev·ing** adj (adv ~ly) relig. gläubig.

**be·like** [bɪˈlaɪk] adv obs. **1.** (höchst)wahrscheinlich. **2.** vielleicht.

**Be·lim·i·na·tor** s electr. 'Umformer m, Netzgerät n.

**Be·lish·a bea·con** [bɪˈliːʃə] s Br. gelbes Blinklicht an Fußgängerüberwegen.

**be·lit·tle** v/t **1.** a) verkleinern, b) klein erscheinen lassen. **2.** fig. herab'setzen, schmälern: **to ~ o.s.** sein Licht unter den Scheffel stellen. **3.** fig. verharmlosen, bagatelli'sieren.

**bell¹** [bel] s **I** s **1.** Glocke f, Klingel f, Schelle f: **to bear** (od. **carry away**) **the ~** den Preis od. Sieg davontragen; **(as) clear as a ~** glockenhell, -rein; **(as) sound as a ~** a) ohne Sprung, ganz (Geschirr), b) kerngesund, gesund wie ein Fisch im Wasser; **that rings a ~** colloq. das kommt mir bekannt vor, das erinnert mich an etwas. **2.** Glockenzeichen n, Läuten n, Klingeln n. **3.** teleph. Wecker m. **4.** mar. a) Schiffsglocke f, b) Glasen pl (halbstündiges Schlagen): **eight ~s** acht Glasen. **5.** mus. a) Glockenspiel n, b) Becher m, Stürze f (e-s Blasinstruments). **6.** bot. glockenförmige Blumenkrone, Kelch m. **7.** arch. Glocke f, Kelch m (am Kapitell). **8.** Taucherglocke f. **9.** tech. a) metall. Gichtglocke f, b) Tiefbau: Fangglocke f, c) konischer Teil (der Ziehdüse), d) Muffe f (an Röhren), e) 'Schweißman,schette f. **II** v/t **10.** mit e-r Glocke etc versehen: **to ~ the cat** fig. der Katze die Schelle umhängen.

**bell²** [bel] **I** v/i rö(h)ren (Hirsch). **II** s Rö(h)ren n.

**bel·la·don·na** [ˌbeləˈdɒnə; Am. -ˈdɑː-] s **1.** Bella'donna f: a) bot. Tollkirsche f, b) med. pharm. aus der Tollkirsche gewonnenes Arzneimittel.

**'bell·bind·er** s bot. Zaunwinde f. **'~·bot·tomed** adj unten weit ausladend: **~ trousers** Hose f mit Schlag. **'~·boy** s bes. Am. (Ho'tel)Page m. **~**

**buoy** s mar. Glockenboje f. **~ but·ton** s electr. Klingelknopf m. **~ cage** s arch. Glockenstuhl m. **~ cap·tain** s Am. Leiter m des Ho'telpagendienstes. **~ clap·per** s tech. Glockenklöppel m. **~ cord** s Glocken-, Klingelzug m. **~ cot** s arch. Giebeltürmchen n (für ein od. zwei Glocken).

**belle** [bel] s Schöne f, Schönheit f: **~ of the ball** Ballkönigin f.

**belles-let·tres** [ˌbelˈletrə] s pl (als sg konstruiert) Belle'tristik f, Unter'haltungslitera,tur f.

**bel·let·rist** [belˈletrɪst] s Belle'trist m. **,bel·le·tris·tic** adj belle'tristisch.

**'bell·flow·er** s bot. Glockenblume f. **~ found·er** s Glockengießer m. **~ found·ry** s Glockengieße'rei f. **~ glass** s Glasglocke f. **~ heath·er** s bot. Glockenheide f. **'~·hop** s Am. (Ho'tel)Page m.

**bel·li·cose** [ˈbelɪkəʊs] adj (adv ~ly) **1.** kriegslustig, kriegerisch. **2.** → belligerent 3. **,bel·li'cos·i·ty** [-ˈkɒsətɪ; Am. -ˈkɑ-] s **1.** Kriegslust f. **2.** → belligerence 2.

**bel·lied** [ˈbelɪd] adj **1.** bauchig. **2.** (in Zssgn) ...bauchig, ...bäuchig: → potbellied, etc.

**bel·lig·er·ence** [bɪˈlɪdʒərəns] s **1.** Kriegführung f. **2.** Streit-, Kampf(es)lust f, Aggressivi'tät f. **bel·lig·er·en·cy** [-sɪ] s **1.** Kriegszustand m. **2.** → belligerence.

**bel·lig·er·ent I** adj (adv ~ly) **1.** → bellicose 1. **2.** kriegführend: **the ~ powers;** ~ **occupation** kriegerische Besetzung; ~ **rights** Rechte e-s kriegführenden Staates. **3.** fig. streit-, kampflustig, aggres'siv. **II** s **4.** kriegführender Staat.

**bell jar** s phys. tech. Glas-, Vakuumglocke f. **~ lap** s sport letzte Runde (e-s Rennens). **~ ly·ra** s mus. Schellenbaum m. **'~·man** [-mən] s irr **1.** hist. öffentlicher Ausrufer. **2.** Am. (Ho'tel)Page m. **~ mare** s Stute f mit Glocke (als Leittier). **~ met·al** s tech. 'Glockenme,tall n, -speise f.

**Bel·lo·na** [bəˈləʊnə] **I** npr Bel'lona f (Kriegsgöttin). **II** s fig. 'Wal'küre' f, gebieterische Frau.

**bel·low** [ˈbeləʊ] **I** v/i **1.** brüllen (with vor dat). **2.** grölen. **II** v/t a. **~ out 3.** Befehl etc brüllen. **4.** Lied etc grölen. **III** s **5.** Brüllen n. **6.** Grölen n.

**bel·lows** [ˈbeləʊz] s pl (a. als sg konstruiert) **1.** tech. a) Gebläse n, b) a. **pair of ~** Blasebalg m. **2.** Am. colloq. Lunge f. **3.** phot. Balg m.

**'bell·pull** s Klingelzug m. **~ push** s electr. Klingeltaste f, -knopf m. **~ ring·er** s **1.** Glöckner m. **2.** Glockenspieler m. **3.** Am. colloq. 'Schlager' m, 'Knüller' m. **~ rope** s **1.** Glockenstrang m. **2.** Klingelzug m. **'~·shaped** adj glockenförmig: **~ curve** math. Glockenkurve f; **~ insulator** electr. Glockenisolator m. **~ tent** s Rundzelt n. **~ tow·er** s Glockenturm m. **'~·weth·er** s Leithammel m (a. fig., meist contp.). **~ wire** s electr. Klingeldraht m.

**bel·ly** [ˈbelɪ] **I** s **1.** Bauch m: **to go ~ up** → 10. **2.** Magen m. **3.** fig. a) Appe'tit m, b) Schlemme'rei f. **4.** Bauch m, (das) Innere: **the ~ of a ship. 5.** Bauch m, Ausbauchung f (e-r Flasche etc). **6.** mus. a) Decke f (e-s Saiteninstruments), b) Reso'nanzboden m (des Klaviers etc). **7.** fig. 'Unterseite f. **II** v/i **8.** a. **~ out** sich (aus)bauchen, (an)schwellen. **9.** robben, auf dem Bauch kriechen. **10.** ~ **up** sl. a) 'e-n kalten Arsch kriegen' (sterben), b) 'Pleite machen'. **III** v/t **11.** a. **~ out** (an)schwellen lassen, (auf)bauschen. **'~·ache I** s colloq. Bauchweh n, -schmerzen pl. **II** v/i sl. 'meckern', nörgeln, quengeln (**about** über acc). **'~·band** s Bauchriemen m, Sattelgurt m.

**'~·bust** Am. → belly-flop. **~ bust(·er)** Am. → belly flop(per). **~ but·ton** s colloq. 'Bauchknöpfchen' n (Nabel). **~ clear·ance** s mot. tech. Bodenfreiheit f. **~ dance** s Bauchtanz m. **'~·dance** v/i bauchtanzen. **~ danc·er** s Bauchtänzerin f. **'~·flop** v/i Schwimmen: colloq. e-n 'Bauchklatscher' machen. **~ flop (-per)** s Schwimmen: colloq. 'Bauchklatscher' m: **to do a ~** e-n Bauchklatscher machen.

**bel·ly·ful** [ˈbelɪfʊl] s **1. to have a ~ of** colloq. sich den Bauch 'vollschlagen' mit. **2. to have had a** (od. **one's**) **~ of** colloq. 'die Nase voll haben' von.

**bel·ly god** s colloq. obs. Schlemmer m. **'~·hold** s aer. Gepäckraum m (im Flugzeugrumpf). **'~·land** v/i u. v/t aer. e-e Bauchlandung machen (mit). **~ land·ing** s aer. Bauchlandung f. **~ laugh** s colloq. dröhnendes Lachen. **~ tank** s aer. Rumpfabwurfbehälter m.

**be·long** [bɪˈlɒŋ] v/i **1.** gehören (**to** dat): **this ~s to me. 2.** gehören (**to** zu): **this lid ~s to another pot; where does this book ~?** wohin gehört dieses Buch?; **a dictionary ~s in every office** ein Lexikon gehört in jedes Büro. **3.** an-, zugehören (**to** dat): **to ~ to a club. 4.** da'zugehören, am richtigen Platz sein: **he does not ~** er gehört nicht hierher, er ist fehl am Platze; **do you ~ here?** wohnen Sie hier? **5.** sich gehören od. schicken (**to, for** für). **6.** Am. a) gehören (**to** zu), verbunden sein (**with** mit), b) das Wohnrecht haben (**in** in dat). **be·long·ing** s **1.** Zugehörigkeit f. **2.** pl a) Habseligkeiten pl, Habe f, b) Zubehör n, c) colloq. Angehörige pl.

**be·lov·ed** [bɪˈlʌvd; -vɪd] **I** adj (innig) geliebt (**of, by** von). **II** s Geliebte(r m) f.

**be·low** [bɪˈləʊ] **I** adv **1.** unten, mar. unter Deck: **as stated ~** wie unten aufgeführt od. angegeben; **a few houses ~** ein paar Häuser weiter unten; **he is ~** er ist unten (im Haus). **2.** hin'unter, hin'ab, nach unten, mar. unter Deck. **3.** meist **here ~** poet. hie'nieden, auf Erden. **4.** in der Hölle. **5.** (dar)'unter, niedriger, tiefer: **the court ~** jur. die Vorinstanz; **the judge ~** der Richter der Vorinstanz; **the rank ~** der nächstniedere Rang. **II** prep **6.** unter (acc od. dat), 'unterhalb (gen): ~ **s.o.** unter j-s Rang, Würde etc. **be·low·-ground** adv u. adj **1.** a) 'unterirdisch, b) Bergbau: unter Tage. **2.** unter der Erde, tot. **be·low·stairs** adv unten, par'terre.

**belt** [belt] **I** s **1.** Gürtel m: **to hit below the ~** a) Boxen: tief schlagen, j-m e-n Tiefschlag versetzen (a. fig.), b) fig. sich (j-m gegenüber) unfair verhalten; **under one's ~** colloq. a) im Magen, b) fig. 'in der Tasche', c) fig. hinter sich; → **tighten** 2. **2.** mil. Koppel n, Gehenk n. **3.** (Anschnall-, Sicherheits)Gurt m. **4.** Boxen: (Meisterschafts)Gürtel m. **5.** mil. (Ma'schinengewehr-, Pa'tronen)Gurt m. **6.** mar. Panzergürtel m (e-s Kriegsschiffes). **7.** Gürtel m, Gebiet n, Zone f: → **black belt, green belt. 8.** geogr. Meerenge f, Belt m: **the Great (Little) B~** der Große (Kleine) Belt. **9.** tech. a) (Treib)Riemen m, b) Gürtel m, c) Förderband n. **10.** arch. Gurt(gesims n) m. **11.** colloq. Schlag m: **to give s.o. a ~** j-m e-e 'knallen'. **12.** Am. sl. 'bang' **3** c. **II** v/t **13.** um'gürten, mit Riemen od. Gurten befestigen: **to ~ on** an-, umschnallen. **14.** a. ~ **up** den Gürtel (gen) zumachen. **15.** zs.-halten. **16.** colloq. a) j-n verprügeln, b) j-m e-e 'knallen', c) Ball etc 'knallen', 'dreschen'. **17.** a. ~ **out** colloq. ein Lied etc schmettern. **III** v/i **18.** ~ **up** mot. etc sich anschnallen. **19.** a. ~ **along** bes. mot.

*colloq.* (da'hin)rasen. **20.** ~ **up** (*meist imp*) *sl.* ,die Schnauze halten'.
**belt|con·vey·or** *s tech.* Bandförderer *m*, Förderband *n.* ~ **cou·pling** *s tech.* Riemenkupplung *f.* ~ **course** *s arch.* **1.** Eckbindesteine *pl.* **2.** Gurt *m.* ~ **drive** *s tech.* Riemenantrieb *m.* '~–¡driv·en *adj tech.* mit Riemenantrieb (versehen).
**belt·ed** ['beltɪd] *adj* **1.** mit e-m Gürtel (versehen). **2.** *bes. zo.* gestreift.
**belt|gear·ing** *s tech.* Riemenvorgelege *n.* ~ **high·way** *s Am.* Um'gehungsstraße *f* (*um e-e Stadt*).
'**belt·ing** *s* **1.** a) 'Gürtelmateri¡al *n*, b) *collect.* Gürtel *pl.* **2.** *colloq.* (Tracht *f*) Prügel *pl*: **to give s.o. a good** ~ j-m e-e gehörige Tracht Prügel verpassen.
**belt|line** *s Am.* Verkehrsgürtel *m* (*um e-e Stadt*). ~ **pul·ley** *s tech.* Riemenscheibe *f.* '~–¡sand·ing ma·chine *s tech.* 'Bandschleifma¡schine *f.* ~ **saw** *s tech.* Bandsäge *f.* ~ **tight·en·er** *s tech.* Riemenspanner *m.* '~**way** → belt highway.
**be·lu·ga** [bə'luːgə] *s ichth.* Be'luga *f*: a) Hausen *m*, b) Weißwal *m.* ·
**bel·ve·dere** ['belvɪ¡dɪə(r)] *s* Gebäude *n* mit schönem Ausblick.
**be·mazed** [bɪ'meɪzd] *adj obs.* verwirrt.
**be·mean** [bɪ'miːn] *v/t* erniedrigen.
**be'mire** *v/t* beschmutzen.
**be'moan** *v/t* **1.** beklagen, beweinen, betrauern. **2.** *obs.* j-n bedauern.
**be'mock** *v/t* verhöhnen.
**be'mud·dle** *v/t* verwirren.
**be·muse** [bɪ'mjuːz] *v/t* **1.** verwirren, benebeln. **2.** betäuben. **3.** nachdenklich stimmen. **be'mused** *adj* **1.** verwirrt. **2.** betäubt. **3.** gedankenverloren.
**ben**[1] [ben] *Scot.* **I** *adv* **1.** (dr)innen. **2.** her'ein, hin'ein: **come** ~ komm herein (*ins Wohnzimmer*). **II** *prep* **3.** in den *od.* im Innen- *od.* Wohnraum von (*od. gen*). **III** *adj* **4.** inner(er, e, es). **IV** *s* **5.** Innen-, Wohnraum *m.*
**ben**[2] [ben] *s Scot. Ir.* Berggipfel *m.*
**be'name** *pret u. pp* **be'named**, *pp a.*
**be·nempt** [bɪ'nempt] *v/t obs.* (be)nennen.
**bench** [bentʃ] **I** *s* **1.** (Sitz)Bank *f*: **to play to empty** ~**es** *thea.* vor leeren Bänken spielen. **2.** *sport* (Teilnehmer-, Auswechsel-, Re'serve)Bank *f*: **to be on the** ~ a) auf der Bank sitzen, b) auf s-n Einsatz warten. **3.** *meist* B~ *jur.* a) Richtersitz *m*, -bank *f*, b) Gericht *n*, c) *fig.* Richteramt *n*, d) *collect.* Richter(schaft *f*) *pl*: B~ **and Bar** Richter u. Anwälte; **to be on the** ~ Richter sein, den Vorsitz *od.* die Verhandlung führen; **to be raised to the** ~ zum Richter ernannt werden; → **King's Bench (Division). 4.** Sitz *m* (*im Parlament etc*), (Abgeordneten-, Zeugen- *etc*) Bank *f.* **5.** Werk-, Arbeitsbank *f*, -tisch *m*: **carpenter's** ~ Hobelbank. **6.** a) Plattform, auf der Tiere, *bes. Hunde, ausgestellt werden*, b) Hundeausstellung *f.* **7.** *Bergbau*: horizon'tale Schicht, Bank *f.* **8.** *tech.* Bank *f*, Reihe *f* (*von Geräten, Retorten etc*). **9.** *geogr. Am.* ter'rassenförmiges Flußufer. **10.** *mar.* Ruderbank *f.* **II** *v/t* **11.** mit Bänken versehen. **12.** *bes. Hunde* ausstellen. **13.** *Am.* abstufen, terras'sieren. **14.** *sport* Spieler auf die Re'servebank verbannen. ~ **coal** *s* Bank-, Flözkohle *f.*
'**bench·er** *s* **1.** *Br.* Vorstandsmitglied *n* e-r Anwaltsinnung: ~ **of an Inn of Court. 2.** *parl. Br.* (*in Zssgn*) Parla'mentsmitglied *n*: → **backbencher**, **frontbencher.**
**bench|lathe** *s tech.* Me'chaniker-, Tischdrehbank *f.* '~**mark** *s tech.* **1.** *surv.* Abrißpunkt *m.* **2.** *fig.* Bezugspunkt *m*, -größe *f*: ~ **problem** (*Computer*) Be-

wertungsaufgabe *f.* ~ **plane** *s tech.* Bankhobel *m.* ~ **sci·en·tist** *s* La'borwissenschaftler *m.* ~ **seat** *s mot.* Sitzbank *f* (*im Auto*). ~ **warm·er** *s sport Am. colloq.* Ersatzmann *m* (*der nur selten zum Einsatz kommt*). ~ **war·rant** *s jur.* (*vom Verhandlungsrichter erlassener*) Haftbefehl.
**bend** [bend] **I** *s* **1.** Biegung *f*, Krümmung *f*, (*e-r Straße a.*) Kurve *f*: **round the** ~ *Br. colloq.* ,bekloppt', übergeschnappt; **to drive s.o. round the** ~ *Br. colloq.* j-n (noch) wahnsinnig *od.* verrückt machen. **2.** Knoten *m*, Schlinge *f.* **3.** *tech.* Krümmer *m*, Rohr(stück, -bogen *m*) *n.* **4.** *her.* Schrägbalken *m.* **5.** die ~**s** *pl* (*a. als sg konstruiert*) *med.* Luftdruck-, Cais'sonkrankheit *f.*
**II** *v/t pret u. pp* **bent** [bent], *obs.* **bend·ed** ['bendɪd] **6.** ('um-, 'durch-, auf)biegen, krümmen: **to** ~ **at (right) angles** *tech.* abkanten; **to** ~ **on edge** *tech.* hochkantbiegen; **to** ~ **out of line** *tech.* verkanten; **to** ~ **out of shape** verbiegen. **7.** beugen, neigen: **to** ~ **one's head** vor dem Kopf neigen; **to** ~ **one's knee** a) das Knie beugen, b) *fig.* sich unterwerfen, c) beten; **on** ~**ed knees** kniefällig, auf Knien; → **knee** 1. **8.** *e-n Bogen, e-e Feder etc* spannen. **9.** *mar.* festmachen. **10.** *fig.* beugen, unter'werfen: **to** ~ **the law** *jur.* das Recht beugen (**to s.o.'s convenience** zu j-s Gunsten); **to** ~ **s.o. to one's will** sich j-n gefügig machen. **11.** *s-e Blicke, Gedanken etc* richten, *a. s-e Anstrengungen etc* konzen'trieren (**on, to, upon** auf *acc*): **to** ~ **one's energies on s.th.** s-e ganze Kraft auf etwas verwenden; **to** ~ **o.s. (one's mind) to a task** sich (s-e Aufmerksamkeit) e-r Aufgabe widmen; → **bent**[1] 2.
**III** *v/i* **12.** sich krümmen, sich ('um-, 'durch-, auf)biegen. **13.** *a.* ~ **down** a) sich bücken, b) sich neigen, sich nach unten biegen (*Ast etc*), c) sich verbeugen (**to, before** vor *dat*): **to** ~ **over** sich beugen *od.* neigen über (*acc*), sich nach vorn beugen. **14.** *e-e Biegung machen* (*Fluß*), (*Straße a.*) *e-e Kurve machen*: **to** ~ **left** e-e Linkskurve machen. **15.** *fig.* sich beugen (**before, to** *dat*). **16.** neigen, ten'dieren (**toward[s]** zu).
'**bend·er** *s* **1.** *tech.* 'Biegema¡schine *f od.* -zange *f.* **2.** *colloq.* ,Saufe'rei' *f*: **to go (out) on a** ~ e-e ,Sauftour' machen.
'**bend·ing fa·tigue strength** *s phys.* Biegeschwingungsfestigkeit *f.* ~ **pres·sure** *s phys.* Biegedruck *m*, -beanspruchung *f*, -spannung *f.* ~ **re·sist·ance** *s phys.* Biegesteifigkeit *f.* ~ **strain** → bending pressure. ~ **strength** → bending resistance. ~ **stress** → bending pressure. ~ **test** *s tech.* Biegeprobe *f.*
**bend sin·is·ter** *s her.* Schräg'linksbalken *m.*
'**bend·y** *adj* **1.** biegsam. **2.** kurvenreich: **a** ~ **road.**
**be·neath** [bɪ'niːθ] **I** *adv* **1.** unten: **on the earth** ~ *poet.* hienieden. **2.** dar'unter, (*weiter*) unten drunter, (*weiter*) unten. **II** *prep* **3.** unter (*dat od. acc*), 'unterhalb (*gen*): ~ **the same roof** unter demselben Dach; ~ **him** (*his dignity*) *fig.* unter s-r Würde; **he is** ~ **notice** er verdient keine Beachtung; → **contempt** 1.
**ben·e·dic·i·te** [¡benɪ'daɪsɪtɪ; *Am.* -'dɪ-] (*Lat.*) *s* **1.** B~ *R.C.* Bene'dicite *n* (*Danklied*). **2.** Segnung *f.*
**ben·e·dick** ['benɪdɪk], *a.* '**ben·e·dict** [-dɪkt] *s* frischgebackener Ehemann (*bes. e-r, der lange Junggeselle war*).
**Ben·e·dic·tine** [¡benɪ'dɪktɪn] **I** *s* **1.** *relig.* Benedik'tiner(in). **2.** [-tiːn] Benedik'tiner *m* (*Likör*). **II** *adj* **3.** *relig.* Benediktiner...
**ben·e·dic·tion** [¡benɪ'dɪkʃn] *s relig.*

**1.** Benedikti'on *f*, Segnung *f.* **2.** Segen(swunsch) *m* (*a. fig.*). **3.** Danksagungsgottesdienst *m*, Dankgebet *n.*
'**ben·e'dic·tion·al** [-ʃənl] *relig.* **I** *s* Segensformelbuch *n.* **II** *adj* Segens...
**ben·e·fac·tion** [¡benɪ'fækʃn] *s* **1.** Wohltat *f.* **2.** Wohltätigkeit *f*, Spende *f*, wohltätige Gabe *od.* Stiftung. '**ben·e·fac·tor** [-tə(r)] *s* Wohltäter *m.* '**ben·e·fac·tress** [-trɪs] *s relig.* Wohltäterin *f.*
**ben·e·fice** ['benɪfɪs] *s* **1.** *relig.* Pfründe *f.* **2.** *hist.* Lehen *n.* '**ben·e·ficed** *adj* im Besitz e-r Pfründe *etc.*
**be·nef·i·cence** [bɪ'nefɪsns; bə-] *s* **1.** Wohltätigkeit *f.* **2.** Wohltat *f.* **3.** Schenkung *f*, Stiftung *f.* **be'nef·i·cent** *adj* (*adv* ~**ly**) **1.** wohltätig. **2.** → beneficial 1.
**ben·e·fi·cial** [¡benɪ'fɪʃl] *adj* (*adv* ~**ly**) **1.** (*to*) nützlich, förderlich, zuträglich (*dat*), vorteilhaft, günstig, gut, wohltuend, heilsam (*für*). **2.** *jur.* nutznießend: ~ **interest** materieller Eigentumsanspruch; ~ **owner** (*wahrer*) Eigentümer. ¡**ben·e'fi·cial·ness** *s* Nützlichkeit *f*, Zuträglichkeit *f.*
**ben·e·fi·ci·ar·y** [¡benɪ'fɪʃərɪ; *Am. a.* -ʃɪ¡eriː] **I** *adj* **1.** *relig.* Pfründen... **2.** *hist.* Leh(e)ns... **II** *s* **3.** *relig.* Pfründner *m.* **4.** *hist.* Leh(e)nsmann *m.* **5.** *jur. allg.* (Bezugs)Berechtigte(r *m f*), Begünstigte(r *m*) *f*, Empfänger(in), *z. B.* a) Nutznießer (-in), Nießbraucher(in), b) Versicherungsnehmer(in): ~ **of an insurance policy** Begünstigte(r) aus e-m Versicherungsvertrag, c) Vermächtnisnehmer (-in): ~ **under a will** Testamentserbe *m*, d) Kre'ditnehmer(in), e) Unter'stützungsempfänger(in).
**ben·e·fi·ci·ate** [¡benɪ'fɪʃɪeɪt] *v/t metall.* Erz etc redu'zieren.
**ben·e·fit** ['benɪfɪt] **I** *s* **1.** Vorteil *m*, Nutzen *m*, Gewinn *m*: **to be of** ~ **to** *j-m*, *e-r Sache* nützen; **for the** ~ **of** zugunsten *od.* zum Besten *od.* im Interesse (*gen*); **to derive** ~ (**from**) → 10; **to give s.o. the** ~ **of s.th.** j-n in den Genuß e-r Sache kommen lassen, j-m etwas gewähren. **2.** Vergünstigung *f.* **3.** *econ.* Zuwendung *f*, Beihilfe *f*: a) (*Sozial-, Versicherungs- etc*) Leistung *f*: **cash** ~ Barleistung; ~ **in kind** Sachleistung, b) (*Alters-, Invaliden-, Unfall- etc*)Rente *f*, c) (*Arbeitslosen- etc*) Unterstützung *f*, d) (*Kranken-, Sterbeetc*)Geld *n.* **4.** *jur.* a) Vorrecht *n*: ~ **of clergy** *hist.* Vorrecht des Klerus (*sich nur vor geistlichen Gerichten verantworten zu müssen*); **to live together without** ~ **of clergy** ohne kirchlichen Segen zs.-leben, b) Rechtswohltat *f*: ~ **of counsel** Rechtswohltat der Vertretung durch e-n Anwalt; ~ **of the doubt** Rechtswohltat des Grundsatzes „im Zweifel für den Angeklagten"; **to give s.o. the** ~ **of the doubt** im Zweifelsfalle zu j-s Gunsten entscheiden. **5.** Bene'fiz(vorstellung *f*, *sport* -spiel *n*) *n*, Wohltätigkeitsveranstaltung *f.* **6.** *obs.* Wohltat *f*, Gefallen *m.* **7.** *Lotterie: obs.* Treffer *m.* **II** *v/t pret u. pp* **-ed**, *bes. Am.* **-ted 8.** nützen, zu'gute kommen (*dat*), fördern (*acc*), im Inter'esse (*gen*) sein *od.* liegen: **the sea air will** ~ **you** die Seeluft wird dir guttun. **9.** begünstigen. **III** *v/i* **10.** (**by, from**) Vorteil haben (von, durch), Nutzen ziehen (aus): **you will** ~ **by the sea air** die Seeluft wird dir guttun. ~ **clause** *s* Begünstigungsklausel *f* (*in e-r Lebensversicherung*). ~ **fund** *s econ.* Versicherungsfonds *m.* ~ **game**, ~ **match** *s sport* Bene'fizspiel *n.* ~ **so·ci·e·ty** *s* **1.** Wohltätigkeits-, Unter'stützungsverein *m.* **2.** *econ. bes. Br.* Versicherungsverein *m* auf Gegenseitigkeit.
**be·nempt** [bɪ'nempt] *pp von* bename.
**be·nev·o·lence** [bɪ'nevələns] *s* **1.** Wohl-, Mildtätigkeit *f.* **2.** Wohlwollen *n.* **3.**

Wohltat *f.* **4.** *Br. hist.* (*königliche*) Zwangsanleihe.

**be·nev·o·lent** [bɪˈnevələnt] *adj* (*adv* ~ly) **1.** wohl-, mildtätig, gütig. **2.** wohlwollend. ~ **fund** *s* Unterˈstützungsfonds *m*, -kasse *f.* ~ **so·ci·e·ty** *s* Hilfs-, Unterˈstützungsverein *m* (auf Gegenseitigkeit).

**Ben·gal** [ˌbenˈɡɔːl; ˌben-] *adj* benˈgalisch: ~ **light** (*od.* **fire**) bengalisches Feuer; ~ **tiger** *zo.* Bengalischer Tiger.

**Ben·ga·lee, Ben·ga·li** [benˈɡɔːliː; ben-] **I** *s* **1.** Benˈgale *m*, Benˈgalin *f.* **2.** *ling.* Benˈgali *n*, das Benˈgalische. **II** *adj* **3.** benˈgalisch.

**be·night·ed** [bɪˈnaɪtɪd] *adj* **1.** *obs.* von der Nacht *od.* Dunkelheit überˈrascht. **2.** *obs. od. poet.* a) unbedarft: ~ **minds**, b) rückständig: **a** ~ **country**.

**be·nign** [bɪˈnaɪn] *adj* (*adv* ~ly) **1.** gütig, freundlich. **2.** günstig, vorteilhaft. **3.** mild: ~ **climate. 4.** *med.* gutartig: ~ tumo(u)r.

**be·nig·nan·cy** [bɪˈnɪɡnənsɪ] *s* **1.** Güte *f*, Milde *f.* **2.** *med.* Gutartigkeit *f.* **beˈnig·nant** *adj* (*adv* ~ly) → **benign. beˈnig·ni·ty** [-nətɪ] *s* **1.** Wohlwollen *n.* **2.** → **benignancy.**

**ben·i·son** [ˈbenɪzn; -sn] *s obs. od. poet.* **1.** Segen *m.* **2.** Segnung *f.*

**ben·ja·min[1]** [ˈbendʒəmɪn] *npr* Benjamin *m* (*a. fig.* jüngstes Kind).

**ben·ja·min[2]** [ˈbendʒəmɪn] → **benzoin.**

**ben·ja·min tree** *s bot.* Benˈzoebaum *m.*

**ben·net** [ˈbenɪt] *s bot.* **1.** Beneˈdiktenkraut *n.* **2.** Gänseblümchen *n.* **3.** ˈBockspeterˌsilie *f.*

**bent[1]** [bent] **I** *pret u. pp von* bend. **II** *adj* **1.** gebeugt, gebogen, gekrümmt: ~ (**at right angles**) *tech.* gekröpft; ~ **lever** Winkelheber *m*; ~ **thermometer** Winkelthermometer *n.* **2.** a) entschlossen (**on doing** zu tun), b) erpicht (**on** auf *acc*), darauf aus *od.* versessen (**on doing** zu tun). **3.** *Br. sl.* a) betrügerisch, b) bestechlich, korˈrupt. **4.** *Br. sl.* ˌbekloppt', verrückt. **5.** *Br. sl.* ˌschwul' (*homosexuell*). **III** *s* **6.** *fig.* Neigung *f*, Hang *m* (**for** zu): **to follow one's** ~ s-r Neigung folgen; **to the tup of one's** ~ nach Herzenslust. **7.** Veranlagung *f*: **to have a** ~ **for art** künstlerisch veranlagt sein; ~ **for languages** Sprachbegabung *f.*

**bent[2]** [bent] *s* **1.** *bot.* a) ~ **grass** (*ein*) Straußgras *n*, b) Heidekraut *n*, c) Teichbinse *f*, d) Sandsegge *f.* **2.** *Br. dial.* Heide (-moor *n*) *f.*

**Ben·tham·ism** [ˈbentəmɪzəm; -θə-] *s philos.* Benthaˈmismus *m*, Utilitaˈrismus *m* Jeremy Benthams (*mit dem Prinzip des größten Glücks der größten Zahl als sittlichem Maßstab*). **ˈBen·tham·ite** [-maɪt] *s* Anhänger(in) (der Lehre) Benthams.

**ben·thos** [ˈbenθɒs; *Am.* -ˌθɑs] *s biol.* **1.** Benthal *n* (*die Region des Gewässergrundes od. Meeresbodens*). **2.** Benthos *n* (*die Fauna u. Flora des Meeresbodens*).

**ben·ton·ite** [ˈbentənaɪt] *s geol.* Bentoˈnit *m.*

**ˈbent·wood** *s* Bugholz *n* (*für Stuhllehnen, Tennisschläger etc*): ~ **chair** Wiener Stuhl *m.*

**be·numb** *v/t* betäuben: a) gefühllos machen, erstarren lassen, b) *fig.* lähmen. **beˈnumbed** *adj* betäubt: a) gefühllos, erstarrt: **my fingers were** ~ **with cold** m-e Finger waren starr vor Kälte, b) *fig.* gelähmt.

**benz·al·de·hyde** [benˈzældɪhaɪd] *s chem.* Benzaldeˈhyd *m.*

**Ben·ze·drine** [ˈbenzədriːn] (*TM*) *s pharm.* Benzeˈdrin *n.*

**ben·zene** [ˈbenziːn] *s chem.* Benˈzol *n*: ~ **ring** Benzolring *m*, -kern *m.*

**ben·zi·dine** [ˈbenzɪdiːn] *s chem.* Benzi-

**ben·zine** [ˈbenziːn] *s chem.* **1.** ˈLeichtbenˌzin *n.* **2.** *bes. Austral.* Benˈzin *n.*

**ben·zo·ate** [ˈbenzəʊeɪt; *Am.* -zəˌweɪt] *s chem.* Benzoˈat *n*, benˈzoesaures Salz.

**ben·zo·ic** [benˈzəʊɪk] *adj chem.* Benzoe...: ~ **acid** Benzoesäure *f.*

**ben·zo·in** [ˈbenzəʊɪn; *Am.* -zəwən] *s* **1.** *chem.* Benzoˈin *n.* **2.** a) ~ **gum** (*od.* **resin**) *tech.* Benˈzoe(harz *n*) *f.*

**ben·zol(e)** [ˈbenzɒl; *Am. a.* -ˌzəʊl] → **benzene.**

**ben·zo·yl** [ˈbenzəʊɪl] *s chem.* Benzoˈyl *n.*

**ben·zyl** [ˈbenzɪl; -ziːl] *s chem.* Benˈzyl *n*: ~ **alcohol** Benzylalkohol *m.*

**ben·zyne** [ˈbenzaɪn] *s chem.* Benˈzyn *n*, Aˈrin *n.*

**be·queath** [bɪˈkwiːð; -θ] *v/t* **1.** *jur.* hinterˈlassen, (*testamenˈtarisch*) vermachen (**s.th. to s.o.** j-m etwas). **2.** *fig.* überˈliefern, vererben.

**be·quest** [bɪˈkwest] *s* **1.** *jur.* Vermächtnis *n*, Leˈgat *n.* **2.** *a. fig.* Hinterˈlassenschaft *f*, Erbe *n.*

**be·rate** [bɪˈreɪt] *v/t* ausschelten, auszanken (**about, for** wegen).

**Ber·ber** [ˈbɜːbə; *Am.* ˈbɜrbər] **I** *s* **1.** Berber(in). **2.** *ling.* Berbersprache(n *pl*) *f.* **II** *adj* **3.** Berber...

**ber·ber·ine** [ˈbɜːbəriːn; *Am.* ˈbɜr-] *s chem.* Berbeˈrin *n.*

**ber·ber·is** [ˈbɜːbərɪs; *Am.* ˈbɜr-], **ber·ber·ry** [ˈbɜːbərɪ; *Am.* ˈbɜrˌberɪ] → **barberry.**

**be·reave** [bɪˈriːv] *pret u. pp* **beˈreaved** *od.* **beˈreft** [-ˈreft] *v/t* berauben (**s.o. of s.th.** j-n e-r Sache): **an accident** ~**d him of his wife** er verlor s-e Frau bei e-m Unfall; **indignation bereft him of speech** die Empörung raubte ihm die Sprache; ~**d** durch den Tod beraubt, hinterblieben; **the** ~**d** der *od.* die Hinterbliebene, die Hinterbliebenen. **beˈreave·ment** *s* **1.** Beraubung *f*, schmerzlicher Verlust (*durch Tod*). **2.** Trauerfall *m.*

**be·reft** [bɪˈreft] **I** *pret u. pp von* **bereave. II** *adj meist fig.* beraubt (**of** *gen*): ~ **of all hope;** ~ **of one's senses** von Sinnen.

**be·ret** [ˈbereɪ; *Am.* bəˈreɪ] *s* **1.** Baskenmütze *f.* **2.** *mil. Br.* ˈFelduniˌformmütze *f.*

**berg** [bɜːɡ; *Am.* bɜrɡ] *s* **1.** Eisberg *m.* **2.** *bes. S. Afr.* Berg *m*, Hügel *m.*

**ber·ga·mot** [ˈbɜːɡəmɒt; *Am.* ˈbɜrɡəˌmɑt] *s* **1.** *bot.* Bergaˈmottenbaum *m.* **2.** a) **essence of** ~, ~ **oil** *chem.* Bergaˈmottöl *n.* **3.** Bergaˈmotte *f* (*Birnensorte*). **4.** *bot.* a) Ziˈtronenminze *f*, b) Pfefferminze *f.*

**berg·mehl** [ˈberkmeːl] (*Ger.*) *s geol.* Bergmehl *n.* ~**schrund** [-ˌʃrʊnt] (*Ger.*) *s geol.* Randspalte *f* (*e-s Gletschers*).

**be·rib·boned** *adj* mit (Ordens)Bändern geschmückt.

**ber·i·ber·i** [ˌberɪˈberɪ] *s med.* Beriˈberi *f*, Reisesserkrankheit *f.*

**berk** → **burk.**

**Berke·le·ian** [bɑːˈkliːən; *Am.* ˈbɑrkl-; ˈbɜr-] *philos.* **I** *adj* die Lehre Berkeleys betreffend. **II** *s* Anhänger(in) (des subjekˈtiven Ideaˈlismus) Berkeleys.

**berke·li·um** [ˈbɜːklɪəm; *Am.* ˈbɜr-] *s chem.* Berˈkelium *n.*

**ber·lin** [bɜːˈlɪn; *Am.* bɜr-] *s* **1.** Berˈline *f* (*zweisitziger Reisewagen im 17. u. 18. Jh.*). **2.** *mot.* Limouˈsine *f* mit Glasscheibe zwischen Fahrersitz u. Wagenfond. **B~ black** *s tech.* schwarzer Eisenlack. **B~ blue** *s* Berˈliner Blau *n.*

**ber·line** [bɜːˈliːn; *Am.* bɜr-] → **berlin.**

**Ber·lin' gloves** *s pl* Strickhandschuhe *pl.* ~ **wool** *s* feine St(r)ickwolle.

**berm(e)** [bɜːm; *Am.* bɜrm] *s* **1.** Berme *f*: a) *mil.* Böschungsstütze *f*, Wall *m*, b) Banˈkett *n* (*waagrechter Absatz e-r Böschung*). **2.** (*Straßen*)Banˈkett *n.*

**Ber·mu·da grass** [bə(r)ˈmjuːdə] *s bot.* Berˈmuda-, Hundszahngras *n.*

**Ber·mu·das** [bə(r)ˈmjuːdəz] *s pl a.* **pair of** ~ Berˈmudas *pl* (*Bermudashorts*).

**Ber·mu·da shorts** *s pl a.* **pair of** ~ Berˈmudashorts *pl.*

**Ber·mu·di·an** [bə(r)ˈmjuːdɪən] **I** *s* Bewohner(in) der Berˈmudainseln. **II** *adj* zu den Berˈmudainseln gehörig.

**Ber·nard·ine** [ˈbɜːnə(r)dɪn; -diːn; *Am.* ˈbɜr-] *relig.* **I** *adj* Bernhardiner..., Zisterzienser... **II** *s* Bernharˈdiner(in), Zisterziˈenser(in).

**Ber·nese** [ˌbɜːˈniːz; *Am.* ˌbɜr-] **I** *adj* aus Bern, Berner...: ~ **Alps** Berner Alpen. **II** *s* a) Berner(in), b) *pl* Berner *pl.*

**ber·ried** [ˈberɪd] *adj* **1.** beerenförmig. **2.** *bot.* beerentragend. **3.** *zo.* a) eiertragend (*Hummer*), b) rogentragend (*Fisch*).

**ber·ry** [ˈberɪ] *s* **1.** *bot.* a) Beere *f*, b) Korn *n*, Kern *m* (*beim Getreide*). **2.** jede kleine Frucht, *bes.* Hagebutte *f.* **3.** Kaffeebohne *f.* **4.** *zo.* Ei *n* (*vom Hummer od. Fisch*). **II** *v/i* **5.** *bot.* Beeren tragen *od.* ansetzen. **6.** Beeren sammeln *od.* suchen.

**ber·serk** [bəˈsɜːk; *Am.* bərˈsɜrk] **I** *adj* wütend, rasend: ~ **rage** Berserkerwut *f*; **to go** ~ a) wild werden, b) Amok laufen. **II** *s* ~ **berserker. berˈserk·er** *s hist.* Berˈserker *m* (*a. fig.*).

**berth** [bɜːθ; *Am.* bɜrθ] **I** *s* **1.** *mar.* Seeraum *m*: **to give a wide** ~ **to** a) weit abhalten von (*der Küste etc*), b) *fig.* e-n (großen) Bogen machen um, j-m aus dem Weg gehen. **2.** *mar.* Liege-, Ankerplatz *m.* **3.** *mar.* (Schlaf)Koje *f*, Kaˈjütenbett *n*, *allg.* Schiffsplatz *m.* **4.** (Schlafwagen)Bett *n od.* (-)Platz *m.* **5.** *colloq.* Stellung *f*, ˌPöstchen' *n*: **he has a good** ~. **II** *v/t* **6.** *mar.* am Kai festmachen, vor Anker legen. **7.** j-m e-e (Schlaf)Koje *od.* ein (Schlafwagen)Bett zuweisen. **III** *v/i* **8.** *mar.* festmachen, anlegen: **to** ~ **in the dock** docken.

**ber·tha** [ˈbɜːθə; *Am.* ˈbɜrθə] *s* Bert(h)e *f* (*Spitzeneinfassung am Ausschnitt e-s Kleides*).

**ˈberth·age** *s mar.* **1.** Kaigebühr *f.* **2.** → **berth 2.**

**Berth·on boat** [ˈbɜːθɒn; *Am.* ˈbɜrˌθɑn] *s mar.* Faltboot *n.*

**ber·yl** [ˈberɪl] *s* **1.** *min.* Beˈryll *m.* **2.** Beˈryllfarbe *f*, helles Meergrün.

**be·ryl·li·um** [beˈrɪljəm; -ɪəm] *s chem.* Beˈryllium *n.*

**be·seech** [bɪˈsiːtʃ] *pret u. pp* **beˈsought** [bɪˈsɔːt] *u.* **beˈseeched** *v/t* **1.** inständig *od.* flehentlich bitten, anflehen (**for** um; **to do** zu tun). **2.** inständig *od.* flehentlich bitten um: ~ **s.o. of s.th.** etwas von j-m erflehen. **beˈseech·ing** *adj* flehend, bittend. **beˈseech·ing·ly** *adv* flehentlich.

**be·seem** [bɪˈsiːm] *obs. od. poet.* **I** *v/t* sich ziemen *od.* schicken für: → **ill 8. II** *v/i* sich ziemen, sich schicken. **beˈseem·ing·ly** *adv* auf schickliche Art, geziemend.

**be·set** [bɪˈset] *pret u. pp* **beˈset** *v/t* **1.** a) *mil.* einschließen, belagern, b) anfallen, attacˈkieren. **2.** j-n (von allen Seiten) bedrängen. **3.** *fig.* a) heimsuchen, peinigen: **he was** ~ **by doubts**, b) *etwas* (*mit Problemen etc*) überˈhäufen *od.* behaften: **a task** ~ **with difficulties** e-e mit vielen Schwierigkeiten verbundene Aufgabe. **4.** *e-e Straße etc* blocˈkieren, versperren. **5.** *obs.* besetzen: **to** ~ **with pearls. beˈset·ting** *adj* **1.** hartnäckig, eingefleischt, unausrottbar, ständig: ~ **sin** Gewohnheitslaster *n.* **2.** ständig drohend: ~ **danger.**

**be·shrew** [bɪˈʃruː] *v/t* verfluchen (*obs. außer in*): ~ **it!** hol's der Teufel!

**be·side** [bɪˈsaɪd] *prep* **1.** neben (*acc od. dat*), dicht bei: **sit** ~ **me** setzen Sie sich

neben mich. **2.** außerhalb (gen): → **point** 19. **3.** außer: **to be** ~ **o.s.** außer sich sein (**with** vor Freude etc).

**be·sides** [bɪˈsaɪdz] **I** adv **1.** außerdem, ferner, überˈdies, noch daˈzu. **2.** neg sonst. **II** prep **3.** außer, neben (dat). **4.** über ... (acc) hinˈaus.

**be·siege** [bɪˈsiːdʒ] v/t **1.** mil. belagern (a. fig.). **2.** fig. bestürmen, bedrängen.

**beˈslob·ber** v/t **1.** begeifern. **2.** contp. j-m lobhudeln.

**beˈsmear** v/t **1.** beschmieren. **2.** fig. besudeln, beflecken: **to** ~ **s.o.'s reputation.**

**beˈsmirch** v/t besudeln, beschmutzen, fig. a. in den Schmutz ziehen: **to** ~ **s.o.'s name.**

**be·som** [ˈbiːzəm] s (bes. Reisig)Besen m.

**be·sot·ted** [bɪˈsɒtɪd; Am. -ˈsɑ-] adj **1.** töricht, dumm. **2.** (about, on, with) betört (von), vernarrt (in acc). **3.** betrunken, berauscht (with von) (a. fig.).

**be·sought** [bɪˈsɔːt] pret u. pp von **beseech.**

**be·spake** [bɪˈspeɪk] obs. pret von **bespeak.**

**beˈspan·gle** v/t mit Flitter schmücken od. besetzen: **the grass is ~d with dewdrops** auf dem Gras glitzern Tautropfen.

**beˈspat·ter** v/t **1.** bespritzen (**with** mit bes. Schmutz). **2.** fig. überˈschütten (**with** mit Vorwürfen etc). **3.** fig. den Wert (gen) mindern.

**be·speak** [bɪˈspiːk] pret **beˈspoke** [-ˈspəʊk] obs. pp **beˈspoke**, **beˈspo·ken** v/t **1.** a) im voraus bitten um: **to** ~ **the reader's patience,** b) (vorˈaus)bestellen: **to** ~ **a seat** e-n Platz bestellen. **2.** mit Beschlag belegen. **3.** zeugen von: **this** ~**s a kindly heart. 4.** obs. ankündigen. **5.** poet. anreden.

**beˈspec·ta·cled** adj bebrillt, brillentragend.

**be·spoke** [bɪˈspəʊk] **I** pret von **bespeak**. **II** adj Br. nach Maß od. Bestellung angefertigt, Maß...: ~ **suit** Maßanzug m; ~ **tailor** Maßschneider m. **beˈspo·ken** pp von **bespeak.**

**beˈsprin·kle** v/t **1.** besprengen, bespritzen. **2.** bestreuen.

**Bes·se·mer** [ˈbesɪmə(r)] abbr. für **Bessemer converter** u. **Bessemer steel.** ~ **con·vert·er** s tech. ˈBessemerbirne f, -konˌverter m.

**Bes·se·mer·ize** [ˈbesɪməraɪz] v/t tech. bessemern.

**Bes·se·mer| pro·cess** s tech. ˈBessemerproˌzeß m, -verfahren n. ~ **steel** s tech. Bessemerstahl m.

**best** [best] **I** (sup von **good**) adj **1.** best(er, e, es): **to be** ~ **at** hervorragend sein in (dat); ~ **evidence** jur. primärer Beweis; **the** ~ **of wives** die beste aller Frauen; **the** ~ **families** die besten od. feinsten Familien; → **bet** 2, **foot** 1. **2.** best(er, e, es), geeignetst(er, e, es), passendst(er, e, es): **the** ~ **thing to do** das Beste(, was man tun kann). **3.** größt(er, e, es), meist(er, e, es), höchst(er, e, es): **the** ~ **part of the week** der größte Teil der Woche. **II** (sup von **well**[1]) adv **4.** am besten, am meisten, am vorteilhaftesten, am passendsten: **the** ~**-hated man of the year** colloq. der meistgehaßte Mann des Jahres; **as** ~ **they could** so gut sie konnten, nach besten Kräften; **you had** ~ **go** es wäre das beste, wenn Sie gingen. **III** v/t **5.** überˈtreffen. **6.** colloq. überˈvorteilen, übers Ohr hauen. **IV** s **7.** (der, die, das) Beste: **all the** ~**!** alles Gute!, viel Glück! **8.** colloq. ‚bestes Stück' (bester Anzug etc).

Besondere Redewendungen:

**at** ~ bestenfalls, höchstens; **with the** ~ (mindestens) so gut wie jeder andere; **the**

~ **of it is** ... das Beste daran od. der Witz dabei ist ...; **to be at one's** ~ a) in Hochod. Höchstform sein, b) in s-m Element sein; **to do one's** ~ sein möglichstes tun; **to do s.th. for the** ~ etwas in bester Absicht tun; **to have** (od. **get**) **the** ~ **of s.o.** → **best** 5, 6; **to have** (od. **get**) **the** ~ **of it** am besten dabei wegkommen; **to look one's** ~ am vorteilhaftesten od. besonders gut aussehen; **to make the** ~ **of** a) sich zufriedengeben mit, b) sich abfinden mit (etwas Unabänderlichem), c) etwas bestens od. voll ausnutzen, d) e-r Sache die beste Seite abgewinnen, das Beste machen aus; **he meant it for the** ~ er hat es (doch nur) gut gemeint; → **ability** 1, **belief** 3, **job**[1] 5, **knowledge** 1, **memory** 1, **recollection** 1.

**'best-ball match** s Golf: Bestball(spiel n) m.

**be·stead** [bɪˈsted] obs. **I** v/t pret u. pp **beˈstead·ed** pp a. **beˈstead** **1.** j-m a) helfen, beistehen, b) nützen. **II** adj **2.** in e-r schwierigen od. gefährlichen Lage. **3.** bedrängt: **ill** ~, **hard** ~ schwer bedrängt.

**be·sted** → **bestead** II.

**bes·tial** [ˈbestjəl; Am. -tʃəl; a. ˈbiːs-] adj (adv ~**ly**) **1.** tierisch (a. fig.). **2.** fig. bestialisch, entmenscht, viehisch. **3.** gemein.

**ˌbes·tiˈal·i·ty** [-tiˈælətɪ; Am. -tʃɪ-] s **1.** Bestialiˈtät f; a) tierisches Wesen, b) fig. bestiˈalische Grausamkeit, c) Greueltat f. **2.** Sodoˈmie f. **'bes·tial·ize** [-tjəlaɪz; Am. -tʃə-] v/t j-n zum Tier machen, entmenschlichen.

**bes·ti·ar·y** [ˈbestɪərɪ; Am. ˈbestʃiˌeri-; a. ˈbiːs-] s hist. Bestiˈarium n (Tierbuch).

**beˈstir** v/t anspornen: **to** ~ **o.s. to do s.th.** sich dazu aufraffen, etwas zu tun.

**best man** s irr Freund des Bräutigams, der bei der Ausrichtung der Hochzeit e-e wichtige Rolle spielt.

**be·stow** [bɪˈstəʊ] v/t **1.** etwas, a. s-e Aufmerksamkeit schenken, e-n Preis, e-n Titel verleihen, e-e Gunst, ein Lob gewähren, e-e Ehre erweisen, zuˈteil werden lassen, Zeit widmen (s.th. [up]on s.o. j-m etwas). **2.** obs. ˈunterbringen (a. beherbergen), aufspeichern, verstauen. **3.** obs. zur Ehe geben. **beˈstow·al** s **1.** a) Gabe f, b) Schenkung f, Verleihung f. **2.** obs. ˈUnterbringung f.

**beˈstrad·dle** → **bestride.**

**be·strew,** pret **beˈstrewed** pp **beˈstrewed** u. **beˈstrewn** v/t **1.** bestreuen. **2.** verstreuen. **3.** verstreut liegen auf (dat).

**be·strid** [bɪˈstrɪd] pret u. pp von **bestride. beˈstrid·den** pp von **bestride.**

**be·stride** [bɪˈstraɪd] pret **beˈstrode** [-ˈstrəʊd], a. **beˈstrid** [-ˈstrɪd] pp **beˈstrid·den** [-ˈstrɪdn], a. **beˈstrid** od. **beˈstrode** v/t **1.** rittlings sitzen auf (dat). **2.** mit gespreizten Beinen stehen auf od. über (dat). **3.** fig. sich wölben od. spannen über (acc od. dat), überˈspannen (acc). **4.** sich mit gespreizten Beinen stellen auf od. über (acc). **5.** obs. (hinˈweg)schreiten über (acc). **6.** beherrschen.

**be·strode** [bɪˈstrəʊd] pret u. pp von **bestride.**

**best| sell·er** s **1.** Bestseller m, Verkaufsschlager m (Buch, Schallplatte etc). **2.** Bestsellerautor m. **'~-ˌsell·ing** adj a) meistverkauft: ~ **novel** Bestseller m, b) Bestseller...: ~ **author.**

**bet** [bet] **I** s **1.** Wette f: **to make** (od. **lay**) **a** ~ **on** wetten od. setzen auf (acc). **2.** Gegenstand m der Wette: **the best** ~ colloq. die sicherste Methode; das Beste, was man tun kann. **3.** Wetteinsatz m, gewetteter Betrag od. Gegenstand. **II** v/t u. v/i pret u. pp **bet** od. **'bet·ted 4.** wetten, setzen

(**on** auf acc), einsetzen: **I** ~ **you ten pounds** ich wette mit Ihnen (um) zehn Pfund; **you** ~**!** colloq. und ob!, aber sicher!; **you can** ~ **your boots** (od. **bottom dollar, life, shirt**) **on that!** colloq. darauf kannst du Gift nehmen!

**be·ta** [ˈbiːtə; Am. ˈbeɪtə] s Beta n: a) griechischer Buchstabe, b) astr. math. phys. Symbol für 2. Größe, c) der (die, das) Zweite, d) ped. Br. Zwei f, Gut n (Note).

**be·ta| block·er** s med. pharm. Betablocker m. ~ **de·cay** s phys. Betazerfall m.

**be·ta·ine** [ˈbiːtəiːn] s chem. Betaˈin n.

**be·take** [bɪˈteɪk] pret **beˈtook** [-ˈtʊk] pp **beˈtak·en** v/t: **to** ~ **o.s.** (**to**) obs. od. poet. a) sich begeben (nach), b) s-e Zuflucht nehmen (zu); **to** ~ **o.s. to flight** die Flucht ergreifen.

**be·ta|par·ti·cle** s phys. Betateilchen n. ~ **rays** s pl phys. Betastrahlen pl.

**be·ta·tron** [ˈbiːtətrɒn; Am. ˈbeɪtəˌtran] s phys. Betatron n (Elektronenschleuder).

**be·tel** [ˈbiːtl] s **1.** a. ~ **pepper** bot. Betelpfeffer m. **2.** Betel m (Kaumittel).

**Be·tel·geuse, Be·tel·geuze** [ˌbiːtlˈʒɜːz; Am. ˈbiːtlˌdʒuːs] s astr. Betelˈgeuze n.

**be·tel| nut** s bot. Betel-, Aˈrekanuß f. ~ **palm** s bot. Betel-, Aˈrekapalme f.

**bête noire** [ˌbeɪtˈnwɑː; Am. ˌbetnəˈwɑːr; ˌbeɪt-] pl **bêtes noires** [-(r)z] s fig. a) Greuel m, b) Schreckgespenst n (beide Person od. Sache).

**Beth·el** [ˈbeθl] **I** npr Bibl. **1.** Bethel n. **II** s b~ **2.** Disˈsenterkaˌpelle f. **3.** Kirche f für Maˈtrosen.

**be·think** [bɪˈθɪŋk] pret u. pp **beˈthought** [-ˈθɔːt] obs. **I** v/t **1.** sich etwas ins Gedächtnis zuˈrückrufen. **2.** ~ **o.s.** a) sich besinnen (**of** gen), b) sich erinnern (**of** an acc), c) sich vornehmen, beschließen (**to do** zu tun). **II** v/i **3.** überˈlegen.

**be·thought** [bɪˈθɔːt] pret u. pp von **bethink.**

**be·tide** [bɪˈtaɪd] v/t u. v/i j-m geschehen, j-m widerˈfahren: **whatever may** ~ was auch immer geschehen mag; → **woe** II.

**be·times** [bɪˈtaɪmz] adv **1.** obs. beiˈzeiten, rechtzeitig. **2.** obs. früh(zeitig). **3.** obs. bald. **4.** Am. dial. gelegentlich.

**be·to·ken** [bɪˈtəʊkən] v/t obs. **1.** bezeichnen, bedeuten. **2.** anzeigen, verkünden.

**bet·o·ny** [ˈbetənɪ] s bot. Rote Beˈtonie.

**be·took** [bɪˈtʊk] pret von **betake.**

**be·tray** [bɪˈtreɪ] v/t **1.** verraten, Verrat begehen an (dat): **to** ~ **s.o. to** j-n verraten (dat) od. an (acc). **2.** verraten, im Stich lassen, (j-m) die Treue brechen: **to** ~ **one's principles** s-n Prinzipien untreu werden. **3.** j-n hinterˈgehen: **to** ~ **s.o.'s trust** j-s Vertrauen mißbrauchen. **4.** fig. verraten, offenˈbaren, zeigen: **to** ~ **o.s.** sich verraten. **5.** verleiten, (hinto, in) **to** ~ zu). **6.** ein Mädchen etc verführen u. dann sitzenlassen. **beˈtray·al** s Verrat m, Treubruch m.

**be·troth** [bɪˈtrəʊð; Am. bɪˈtrɑːθ; bɪˈtrɔːθ] v/t obs. j-n (od. **o.s.** sich) verloben (**to** mit). **be·troth·al** s obs. Verlobung f. **be·trothed** obs. **I** adj verlobt. **II** s Verlobte(r m) f.

**bet·ter**[1] [ˈbetə(r)] **I** (comp von **good**) adj **1.** besser: **I am** ~ es geht mir (gesundheitlich) besser; **I am none the** ~ **for it** das hilft mir auch nicht; **it is no** ~ **than it should be** man könnte nicht mehr erwarten; **to be** ~ **than one's word** mehr tun, als man versprach; **to get** ~ a) besser werden, sich bessern, b) sich erholen; **to go one** ~ **than s.o.** j-n (noch) übertrumpfen. **my** ~ **half** humor. m-e bessere Hälfte; → ~ **safe** 1. **2.** größer: **upon** ~ **acquaintance** bei näherer Bekanntschaft. **3.** (das) Bessere, (das) Vorˈzüglichere: **for** ~ **for worse** a) in Freud u. Leid, in guten wie in schlechten Tagen

(*Trauformel*), b) was auch (immer) geschieht; **I** expected ~ ich habe (etwas) Besseres erwartet; → **change** 8, 17, **turn**[1] 8. **4.** Vorteil *m*: **to get the ~ of** a) die Oberhand gewinnen über (*j-n*), *j-n* besiegen *od.* ausstechen, b) *etwas* überwinden. **5.** *meist pl* (*die*) Vorgesetzten *pl*, (*im Rang*) Höherstehende *pl*, (*finanziell*) Bessergestellte *pl*: **his ~s** die ihm (*geistig etc*) Überlegenen. **III** (*comp von* **well**[1]) *adv* **6.** besser: ~ **off** a) besser daran, b) (*finanziell*) bessergestellt; **to think ~ of** it sich e-s Besseren besinnen, es sich anders überlegen; **so much the ~** desto besser; **you had ~** (*Am. colloq.* **you ~**) go es wäre besser, du gingest: **you had ~** (*Am. colloq.* **you ~**) **not!** laß das lieber sein!; → **know** 7. **7.** mehr: ~ **loved**; ~ **than** 10 **miles** über *od.* mehr als 10 Meilen; → **like**[2] 1. **IV** *v/t* **8.** *Beziehungen, Lebensbedingungen, e-n Rekord etc* verbessern. **9.** über'treffen. **10.** den Spieleinsatz erhöhen. **11.** ~ **o.s.** a) sich (*finanziell*) verbessern, b) sich weiterbilden. **V** *v/i* **12.** besser werden, sich (ver)bessern.

**bet·ter**[2] ['betə(r)] *s* Wettende(r *m*) *f*, Wetter(in).

**'bet·ter·ment** *s* **1.** a) Verbesserung *f*, b) *econ.* Wertsteigerung *f*, Meliorati'on *f* (*an Grundstücken*): ~ **tax** Wertzuwachssteuer *f*. **2.** Besserung *f*.

**'bet·ting** *s* Wetten *n*. ~ **man** *s irr* (regelmäßiger) Wetter. ~ **of·fice**, *Br.* ~ **shop** *s* 'Wettbü₁ro *n*.

**bet·tor** → **better**[2].

**be·tween** [bɪ'twiːn] **I** *prep* **1.** (*räumlich u. zeitlich*) zwischen (*dat od. acc*): ~ **meals** zwischen den Mahlzeiten; **the relations ~ them** die Beziehungen zwischen ihnen, ihr Verhältnis zueinander; → **devil** 1, **stool** 1. **2.** unter (*dat od. acc*): ~ **ourselves** unter uns (gesagt); ~ **you and me** (**and the bedpost** *od.* **gatepost** *od.* **lamppost**) *colloq.* unter uns *od.* im Vertrauen (gesagt), „unter uns Pastorentöchtern'; **they bought it ~ them** sie kauften es gemeinschaftlich; **we have only one pound ~ us** wir haben zusammen nur ein Pfund; **they shared the money ~ them** sie teilten das Geld unter sich. **II** *adv* **3.** da'zwischen: **few and far ~** a) (ganz) vereinzelt, b) (ganz) selten; **the space ~** der Zwischenraum; **in ~** dazwischen. ~ **decks** *s pl* (*als sg konstruiert*) *mar.* Zwischendeck *n*.

**be'tween·times**, **be'tween·whiles** *adv* zwischen'durch.

**be·twixt** [bɪ'twɪkst] **I** *adv*: ~ **and between** zwischendrin, halb u. halb, weder das e-e noch das andere. **II** *obs. für* **between**.

**bev·a·tron** ['bevətrɒn; *Am.* -₁trɑn] *s phys.* Bevatron *n* (*großes Protonensynchrotron an der University of California*).

**bev·el** ['bevl] **I** *s tech.* **1.** Schräge *f*, (Ab-)Schrägung *f*: **on a ~** schräg; ~ **edge** abgeschrägte Kante, Facette *f*. **2.** schräger Ausschnitt, Fase *f*. **3.** Winkelpasser *m*, Schmiege *f*, Schrägmaß *n*. **4.** Fase *f*, Konus *m*. **5.** Böschung *f*. **II** *v/t pret u. pp* **-eled**, *bes. Br.* **-elled 6.** abkanten, abschrägen, gehren, facet'tieren; ~(l)ed **cutter** Kegelfräser *m*; ~(l)ed **gear** → **bevel gear**; ~(l)ed **glass** facettiertes Glas; ~(l)ing **plane** Schräghobel *m*. **III** *v/i* **7.** schräg verlaufen. **IV** *adj* **8.** schräg, abgeschrägt: ~ **cut** Schräg-, Gehrungsschnitt *m*. **9.** konisch, kegelig. **bev·el gear** *s tech.* **1.** Kegel(zahn)rad *n*. **2.** *pl* a) Kegelrad-, Winkelgetriebe *n*, konisches Getriebe, b) Schrägverzahnung *f*. **'~gear drive** *s tech.* Kegelradantrieb *m*. ~ **gear·ing** → **bevel gear** 2. ~ **pin·ion** *s tech.* konisches Getrieberad, (kegelförmiges) Ritzel. ~

**sec·tion** *s math.* Schrägschnitt *m*. ~ **square** → **bevel** 3. ~ **wheel** *s tech.* Kegelrad *n*.

**bev·er·age** ['bevərɪdʒ] *s* Getränk *n* (*außer Wasser*).

**bev·y** ['bevɪ] *s orn.* Flug *m*, Schar *f*, Schwarm *m* (*a. fig. bes. Mädchen*).

**be'wail I** *v/t* beklagen, beweinen. **II** *v/i* wehklagen.

**be·ware** [bɪ'weə(r)] *v/i u. v/t* sich in acht nehmen, sich hüten *od.* vorsehen (**of** *vor dat*; **lest** daß nicht): **to ~** (**of**) **doing s.th.** sich (davor) hüten, etwas zu tun; **~!** Vorsicht!, Achtung!; ~ **of pickpockets** (**of the dog**)! vor Taschendieben wird gewarnt (Warnung vor dem Hunde)!

**be·wil·der** [bɪ'wɪldə(r)] *v/t* **1.** *obs.* irreführen. **2.** verblüffen, verwirren, irremachen. **3.** bestürzen. **be'wil·dered** *adj* **1.** verblüfft, verwirrt, kon'fus, verdutzt. **2.** bestürzt. **be'wil·der·ing** *adj* (*adv* ~**ly**) **1.** *obs.* irreführend. **2.** verblüffend, verwirrend. **be'wil·der·ment** *s* **1.** Verwirrung *f*: **in ~** → **bewildered**.

**be·witch** [bɪ'wɪtʃ] *v/t* **1.** behexen, verzaubern. **2.** bezaubern, bestricken, berükken, becircen, *j-m* den Kopf verdrehen. **be'witch·ing** *adj* (*adv* ~**ly**) bezaubernd, berückend, bestrickend, entzükkend. **be'witch·ment** *s* **1.** Zauber *m*. **2.** Verzauberung *f*.

**be·wray** [bɪ'reɪ] *obs. für* **betray** 4.

**bey** [beɪ] *s* Bei *m* (*Titel e-s höheren türkischen Beamten*).

**be·yond** [bɪ'jɒnd; *Am.* bi:'ɑnd] **I** *adv* **1.** dar'über hin'aus, jenseits. **2.** weiter weg. **II** *prep* **3.** jenseits. **4.** außer. **5.** über … (*acc*) hin'aus: **that is ~ me** *colloq.* das ist mir zu hoch, das geht über m-n Horizont *od.* Verstand. **III** *s* **6.** *a.* (**Great**) **B~** (*das*) Jenseits. **7.** → **back**[1] 3.

**bez·ant** ['bezənt] *s* **1.** *hist.* Byzan'tiner *m* (*Goldmünze*). **2.** *her.* runde Scheibe.

**bez·el** ['bezl; *Am. a.* 'bi:-] *s* **1.** *tech.* zugeschärfte Kante, Schneide *f* (*e-s Meißels*). **2.** Schräg-, bes. Rautenfläche *f* (*e-s Edelsteins*). **3.** Ringkasten *m* (*zur Einfassung e-s Edelsteins*).

**be·zique** [bɪ'ziːk; bə-] *s* Bé'zigue *n*: a) *Kartenspiel*, b) *Bézigue von Pikdame u. Karobube in diesem Spiel*.

**be·zoar** [bɪ'zɔː(r); *Am. a.* -₁zəʊər] *s zo.* Bezo'ar *m*, Magenstein *m*.

**be·zo·ni·an** [bɪ'zəʊnɪən] *s obs.* Schurke *m*.

**'B~girl** *s Am. colloq.* Ani'mierdame *f*, -mädchen *n*.

**Bha·ga·vad-Gi·ta** [₁bʌgəvəd'giːtə; *Am.* ₁bɑːgɑːvɑːd' gita *f* (*indisches religionsphilosophisches Gedicht*).

**bhak·ti** ['bʌktɪ] *s Hinduismus*: Bhakti *f* (*liebende Hingabe an Gott*).

**bhang** [bæŋ] *s Br. Ind.* **1.** *bot.* Hanfpflanze *f*. **2.** Bhang *n*, Haschisch *n*.

**bi-** [baɪ] *Vorsilbe mit der Bedeutung* zwei(fach, -mal), doppel(t).

**bi** [baɪ] *adj colloq.* ₁bi' (*bisexuell*).

**₁bi'an·nu·al** *adj* zweimal jährlich vorkommend *od.* erscheinend.

**bi·as** ['baɪəs] **I** *s* **1.** schiefe Seite, schräge Fläche *od.* Richtung. **2.** schräger Schnitt: **cut on the ~** diagonal geschnitten. **3.** *fig.* (**toward[s]** *zu*) Hang *m* (zu), Neigung *f* (für). **4.** *fig.* Vorurteil *n*, *jur.* Befangenheit *f*: **free from ~** unvoreingenommen, vorurteilsfrei; **to challenge for ~** e-n Richter etc wegen Befangenheit ablehnen. **5.** *Rasenbowling*: a) 'Überhang *m* (*der einseitig beschwerten Kugel*), b) Neigung *f* (*der Kugel*), schräg zu laufen, c) Kurve, die diese Kugel beschreibt. **6.** *electr.* a) (Gitter)Vorspannung *f* (*e-r Elektronenröhre*), b) 'Gitter(ableit)₁widerstand *m*. **7.** *Schneiderei*: Schrägstreifen *m*. **II** *adj u. adv* **8.** schräg, schief,

diago'nal. **III** *v/t pret u. pp* **-ased**, **-assed 9.** auf 'eine Seite lenken. **10.** *fig.* 'hinlenken, richten (**toward[s]** auf *acc*, nach). **11.** *fig.* (*meist ungünstig*) beeinflussen, *j-n* einnehmen (**against** gegen).

**bi·as(s)ed** ['baɪəst] *adj* voreingenommen, *bes. jur.* befangen.

**bi'ath·lete** *s sport* 'Biath₁let *m*, Biathlonkämpfer *m*. **bi·ath·lon** [baɪ'æθlən] *s* Biathlon *n*.

**₁bi'ax·i·al** *adj* zweiachsig.

**bib** [bɪb] **I** *s* **1.** Lätzchen *n*. **2.** Schürzenlatz *m*: **best ~ and tucker** *colloq.* Sonntagsstaat *m*. **3.** *ichth.* (*ein*) Schellfisch *m*. **II** *v/t u. v/i obs.* **4.** (unmäßig) trinken, 'bechern'.

**bi·ba·cious** [bɪ'beɪʃəs; baɪ-] *adj* dem Trunk ergeben.

**₁bi'bas·ic** *adj chem.* zweibasisch, -basig.

**'bib·ber** *s* (Gewohnheits)Trinker(in), Säufer(in).

**'bib·cock** *s tech.* Zapfhahn *m*.

**bi·be·lot** ['bɪbləʊ; *Am.* 'biːbə₁ləʊ] *s* Nippsache *f*.

**bi·bi** ['biːbiː] *s Br. Ind.* Dame *f*.

**'bi'va·lent** *adj chem. phys.* in zwei 'biva₁lente I'onen zerfallend (*Elektrolyt*).

**Bi·ble** ['baɪbl] *s* **1.** *relig.* Bibel *f*: **I don't know my ~ very well** ich bin nicht bibelfest. **2.** *b~ fig.* Bibel *f*, Evan'gelium *n* (*maßgebendes Buch etc*). ~ **bash·er** *colloq.* schwärmerischer *od.* aggres'siver Bibelverfechter. ~ **clerk** *s* (*in Oxford*) Student, der in der College-Kapelle die Bibeltexte verliest. ~ **oath** *s* Eid *m* auf die Bibel. ~ **pa·per** *s* 'Dünndruckpa₁pier *n*. **'~thump** *v/i colloq.* Mo'ral predigen, morali'sieren. ~ **thump·er** *s colloq.* Mo'rala₁postel *m*, -prediger *m*.

**bib·li·cal** ['bɪblɪkl] *adj* (*adv* ~**ly**) biblisch, Bibel... ~ **crit·i·cism** *s* 'Bibelkri₁tik *f*. **B~ Lat·in** *s ling.* 'Bibella₁tein *n*.

**Bib·li·cism** ['bɪblɪsɪzəm] *s* **1.** Bibli'zismus *m* (*pietistische Richtung der evangelischen Theologie, die nur die Bibel als göttliche Offenbarung gelten läßt*). **2.** Bibelkunde *f*. **'Bib·li·cist** *s* **1.** Bibli'zist *m*. **2.** Bib'list *m*, Bibelkundige(r *m*) *f*.

**biblio-** [bɪblɪəʊ; bɪblɪə] *Wortelement mit der Bedeutung* Buch.

**bib·li·o·clasm** ['bɪblɪəʊklæzəm] *s* Bücherzerstörung *f*.

**'bib·li·o·film** *s tech.* Mikrofilm *m*, Mikroko'pie *f* (*von Buchseiten*), *a.* Mi'krat *n* (*bei sehr starker Verkleinerung*).

**bib·li·og·ra·pher** [₁bɪblɪ'ɒgrəfə(r); *Am.* -'ɑ-] *s* Biblio'graph *m*, Verfasser *m* e-r Bibliogra'phie. **₁bib·li·o'graph·ic** [-əʊ'græfɪk], **₁bib·li·o'graph·i·cal** *adj* (*adv* ~**ly**) biblio'graphisch. **bib·li·og·ra·phy** *s* Bibliogra'phie *f*: a) Bücher-, Litera'turverzeichnis *n*, b) Bücherkunde *f*.

**bib·li·o·la·ter** [₁bɪblɪ'ɒlətə(r); *Am.* -'ɑ-], *a.* **bib·li'ol·a·trist** [-trɪst] *s* **1.** Bücherverehrer *m*. **2.** Bibelverehrer *m*. **bib·li·'ol·a·try** [-trɪ] *s* Bibiola'trie *f*, Bücherod. Bibelverehrung *f*.

**bib·li·o·log·i·cal** [₁bɪblɪəʊ'lɒdʒɪkl; *Am.* -'lɑ-] *adj* biblio'logisch. **bib·li'ol·o·gy** [-'ɒlədʒɪ; *Am.* -'ɑ-] *s* Biblio'gie *f*, Bücherkunde *f*.

**bib·li·o·man·cy** ['bɪblɪəʊmænsɪ] *s* Biblioman'tie *f*, Wahrsagen *n* aus der Bibel.

**bib·li·o'ma·ni·a** *s* Biblioma'nie *f*, (krankhafte) Bücherleidenschaft. **₁bib·li·o'ma·ni·ac I** *s* Biblio'mane *m*, Büchernarr *m*. **II** *adj* biblio'manisch, biblioman'narrisch, -wütig. **₁bib·li·o·ma'ni·a·cal** → **bibliomaniac** II.

**bib·li·o·phile** ['bɪblɪəʊfaɪl], *a.* **'bib·li·o·phil** [-fɪl] *s* Biblio'phile *m*, Bücherfreund *m*. **₁bib·li·o'phil·ic** [-'fɪlɪk] *adj* biblio'phil. **₁bib·li'oph·i·lism** [-'ɒfɪlɪzəm; *Am.* -'ɑ-] *s* Bibliophi'lie *f*, Bücherliebhabe'rei *f*.

**bib·li·o·pole** ['bɪblɪəʊpəʊl] s Buchhändler m (bes. mit wertvollen Büchern).

**bib·li·o·the·ca** [ˌbɪblɪəʊ'θiːkə] pl **-cas**, **-cae** [-kiː; Am. a. -ˌsiː] s 1. Biblio'thek f (Bücherei u. Büchersammlung). 2. 'Bücherkataˌlog m, -liste f.

**ˌbib·li·o'ther·a·py** s psych. Bibliotheˈrapie f (Verfahren, durch ausgewählte Lektüre die Heilung zu fördern).

**bib·li·ot·ics** [ˌbɪblɪ'ɒtɪks; Am. -'ɑ-] s pl (a. als sg konstruiert) Wissenschaft f von der 'Handschriftenanaˌlyse u. Prüfung der Echtheit von Manu'skripten.

**Bib·list** ['bɪblɪst] s 1. Bibelgläubige(r m) f. 2. → Biblicist.

**bib·u·lous** ['bɪbjʊləs] adj (adv ~ly) 1. aufsaugend. 2. schwammig. 3. a) trunksüchtig, b) feuchtfröhlich.

**bi·cam·er·al** [baɪ'kæmərəl] adj pol. Zweikammer...

**bi'car·bon·ate** s chem. 'Bikarboˌnat n: ~ of soda doppel(t)kohlensaures Natrium, Natriumbikarbonat.

**ˌbi'car·bu·ret·(t)ed** adj chem. zwei A'tome Kohlenstoff enthaltend.

**bice** [baɪs] s 1. a. ~ blue A'zurblau n. 2. a. ~ green Mala'chitgrün n.

**ˌbi·cen'te·nar·y** I adj 1. zweihundertjährig. 2. alle 200 Jahre eintretend. II s 3. Zweihundert'jahrfeier f. **ˌbi·cen·'ten·ni·al** bes. Am. für bicentenary.

**ˌbi·ce'phal·ic**, **bi'ceph·a·lous** adj biol. zweiköpfig.

**bi·ceps** ['baɪseps] pl **-ceps**, **-ceps·es** s anat. Bizeps m.

**ˌbi'chlo·rid**, **ˌbi'chlo·ride** s chem. 'Bichloˌrid n.

**ˌbi'chro·mate** I s chem. 'Bichroˌmat n: ~ of potash Kaliumbichromat. II v/t phot. mit 'Bichroˌmat behandeln.

**bick·er** ['bɪkə(r)] I v/i 1. (sich) zanken od. streiten (about, over um). 2. poet. a) plätschern (Wasser), prasseln (Regen), b) zucken, huschen: a smile ~ed across her face. II s 3. Streit m, Zank m. **'bick·er·ing** s Gezänk n.

**ˌbi'col·o(u)r(ed)** adj zweifarbig, Zweifarben...

**ˌbi·con'cave** adj phys. bikon'kav.

**ˌbi·con'vex** adj phys. bikon'vex.

**bi·cy·cle** ['baɪsɪkl] I s Fahrrad n: ~ kick (Fußball) Scherenschlag m; ~ pump Fahrradpumpe f. II v/i a) radfahren, b) mit dem Rad fahren. **'bi·cy·cler** bes. Am., **'bi·cy·clist** [-klɪst] s Radfahrer(in).

**bid¹** [bɪd] I s 1. a) econ. Gebot n (bei Versteigerungen), b) econ. Angebot n (bei Ausschreibungen), c) econ. Am. (Lieferungs)Angebot n, Kostenvoranschlag m, d) Börse: Geld, e) fig. Bewerbung f (for um), Versuch m (to do zu tun): first ~ Erstgebot; highest ~ Meistgebot; invitation for ~s Ausschreibung f; to invite ~s for ein Projekt ausschreiben; ~ for power Griff m nach der Macht; to make a (strong) ~ for s.th. sich (sehr) um etwas bemühen, etwas (unbedingt) erringen wollen; to make a ~ for power nach der Macht greifen. 2. Kartenspiel: Reizen n, Melden n: no ~! (ich) passe! 3. obs. Einladung f (to zu). II v/t pret **bid, bade** [bæd; beɪd], obs. **bad** [bæd], pp **bid, 'bid·den**, a. **bade** 4. econ. bieten (bei Versteigerungen): to ~ up den Preis (e-r Sache) in die Höhe treiben. 5. Kartenspiel: reizen, melden. 6. e-n Gruß entbieten, j-m e-n guten Morgen etc wünschen: to ~ s.o. good morning; to ~ farewell Lebewohl sagen. 7. j-m etwas gebieten, befehlen, j-n heißen (to do zu tun): to ~ s.o. (to) go j-n gehen heißen. 8. obs. einladen (to zu). III v/i 9. econ. a) (bei Versteigerungen) bieten, ein Gebot abgeben, b) Am. ein (Lieferungs)Angebot od. e-n Kostenvoranschlag machen, c) an e-r Ausschreibung teilnehmen: invitation to ~ Ausschreibung f. 10. Kartenspiel: melden, reizen. 11. sich bewerben od. bemühen (for um). 12. sich gut etc anlassen: → fair¹ 18.

**bid²** [bɪd] obs. pp von bide.

**bid·den¹** ['bɪdn] pp von bid¹.

**bid·den²** ['bɪdn] obs. pp von bide.

**'bid·der** s 1. Bieter m (bei Versteigerungen): highest (od. best) ~ Meistbietende(r m) f. 2. Bewerber m (bei Ausschreibungen). 3. obs. Einladende(r m) f.

**'bid·ding** s 1. → bid¹ 1 a u. 2. 2. Geheiß n, Befehl m: to do s.o.'s ~ tun, was j-d will. ~ price s econ. Erstgebot n. [Henne f.]

**bid·dy¹** [bɪdɪ] s dial. Küken n, [Hühnchen]

**bid·dy²** ['bɪdɪ] s colloq. altes klatschsüchtiges od. aufdringliches Weib.

**bide** [baɪd] I v/t pret **bode** [bəʊd], **'bid·ed**, a. **bade** [bæd; beɪd], obs. **bad** [bæd], pp **'bid·ed**, obs. **bid** [bɪd], **'bid·den** 1. er-, abwarten: to ~ one's time ein den rechten Augenblick abwarten od. abpassen. 2. obs. e-r Sache trotzen. 3. obs. od. dial. ertragen. II v/i 4. obs. od. dial. bleiben.

**bi·det** ['biːdeɪ; Am. bɪ'deɪ] s Bi'det n.

**bi·don·ville** [ˌbiːdaʊn'viːl] s Bidon'ville n, Elendsviertel n.

**Bie·der·mei·er** ['biːdə(r)ˌmaɪə(r)] adj 1. Biedermeier...: ~ furniture. 2. fig. a) eintönig, langweilig, fad, b) phiˈlisterhaft, spießbürgerlich.

**bi·en·ni·al** [baɪ'enɪəl] I adj 1. zweijährlich. 2. zweijährig, bot. a. bi'enn. II s 3. bot. Bi'enne f, zweijährige Pflanze. 4. art etc Bien'nale f. **bi'en·ni·al·ly** adv alle zwei Jahre.

**bier** [bɪə(r)] s (Toten)Bahre f.

**bier·kel·ler** ['bɪəˌkelə] (Ger.) s Br. Bierkeller m.

**biest·ings** → beestings.    [teilig.]

**bi·far·i·ous** [baɪ'feərɪəs] adj bot. zwei-]

**biff** [bɪf] sl. I v/t ,hauen', schlagen: to ~ s.o. on the nose j-m eins auf die Nase geben. II s Schlag m, Hieb m.

**bif·fin** ['bɪfɪn] s Br. roter Kochapfel.

**bi·fi·lar** [ˌbaɪ'faɪlə(r)] electr. tech. I adj bifi'lar, zweifädig. II s a. ~ micrometer Bifi'larmikroˌmeter n.

**ˌbi'fo·cal** I adj 1. Bifokal..., Zweistärken..., mit zwei Brennpunkten (Linse). II s 2. Bifo'kal-, Zwei'stärkenglas n od. -linse f. a. pair of ~s Bifo'kal-, Zwei'stärkenbrille f.

**ˌbi'fo·li·ate** adj bot. zweiblättrig.

**bi·fur·cate** ['baɪfə(r)keɪt] I v/t gabeln, gabelförmig teilen. II v/i sich gabeln. III adj [a. -kɪt] gegabelt, gabelförmig, zweiästig. **'bi·fur·cat·ed** → bifurcate. III. **ˌbi·fur'ca·tion** s Gabelung f.

**big** [bɪg] I adj 1. groß, dick, stark: a ~ fellow; the ~gest party die stärkste Partei; the win might have been ~ger sport der Sieg hätte höher ausfallen können; to earn ~ money colloq. ,das große Geld verdienen'. 2. groß, breit, weit: this coat is too ~ for me dieser Mantel ist mir zu groß; to get too ~ for one's boots (od. breeches, bes. Am. pants) colloq. größenwahnsinnig werden. 3. groß, hoch: ~ trees. 4. groß, erwachsen. 5. a) (with) voll, schwer, strotzend (von), beladen (mit), reich (an dat): ~ with fate schicksalsschwer, -schwanger; ~ with rage wutentbrannt, b) ausgiebig, reichlich (Mahlzeit). 6. trächtig (Tier), (hoch)schwanger (Frau): ~ with child (hoch)schwanger. 7. colloq. aufgeblasen, eingebildet: to have ~ ideas ,große Rosinen im Kopf haben'; what's the ~ idea? was soll denn das?; ~ talk ,große Töne', Angeberei f. 8. voll, laut: a ~ voice. 9. colloq. a) groß, hoch(-stehend), wichtig, bedeutend, b) bes. Am. sehr popu'lär. 10. großzügig, ,nobel': that's very ~ of you. 11. groß, ,Mords...': a ~ rascal ein Erzgauner; a ~ eater ein starker Esser. 12. to be ~ on colloq. ,stehen auf' (acc), begeistert sein von. II adv 13. colloq. ,mächtig', ,mordsmäßig'. 14. colloq. teuer: to pay ~. 15. colloq. großspurig: to talk ~ ,große Töne spucken', angeben. 16. Am. colloq. tapfer.

**big·a·mist** ['bɪgəmɪst] s Biga'mist(in).

**'big·a·mous** adj (adv ~ly) biga'mistisch: a) bi'gamisch, in Biga'mie lebend, b) die Doppelehe betreffend: ~ marriage Doppelehe f. **'big·a·my** s Biga'mie f.

**Big Ap·ple** s Am. 1. the ~ Spitzname für die Stadt New York. 2. b~ a~ fig. a) Mittelpunkt m, b) Hauptanliegen n.

**big·ar·reau** ['bɪgərəʊ], Br. a. **ˌbig·a·roo(n)** [-'ruː(n)] s bot. Weiße Herzkirsche.

**big| bang** s Kosmologie: Urknall m. **~-'bang the·o·ry** s Kosmologie: 'Urknalltheoˌrie f. **B~ Ben** s Big Ben m (Glocke im Uhrturm u. Uhrturm des brit. Parlamentsgebäudes). **B~ Ber·tha** s mil. colloq. Dicke Bertha (deutscher 42-cm-Mörser im 1. Weltkrieg). **B~ Board** s Am. colloq. (die) New Yorker (Wertpaˌpier)Börse. **~-boned** adj grobknochig. **~-bore** adj 'großkaˌlibrig: ~ gun. ~ **broth·er** s 1. großer Bruder (a. fig. Freund). 2. **B~** pol. a) der große Bruder (Diktator), ,Nineteen Eighty-Four' von George Orwell). ~ **bug** → bigwig. ~ **busi·ness** s econ. Big Business n: a) monopolartige Ballung von Großkapital u. Industrieorganisationen, b) die Geschäftswelt der Großunternehmen. ~ **C** s: the ~ med. colloq. Krebs m. ~ **chief** → bigwig. **~-cir·cu·la·tion** adj auflagenstark (Zeitung etc). ~ **dip·per** s 1. Achterbahn f. 2. **B~ D~** Am. → bear² 4 a.

**bi·ge·ner** ['baɪdʒɪnə(r)] s biol. Gattungsbastard m. **ˌbi·ge'ner·ic** [-'nerɪk] adj biol. bige'nerisch.

**big| game** s 1. hunt. Großwild n. 2. fig. a) hochgestecktes Ziel, b) ris'kante, aber lohnende Sache. **~-'game hunt·ing** s Großwildjagd f.

**big·gie** ['bɪgɪ] Am. → bigwig.

**big·gish** ['bɪgɪʃ] adj ziemlich groß.

**big gun** s colloq. 1. → bigwig. 2. ,grobes od. schweres Geschütz': to bring out (od. up) the (od. one's) ~s schwere Geschütze auffahren..

**big·gy** ['bɪgɪ] Am. → bigwig.

**'big|head** s colloq. 1. eingebildeter Kerl. 2. Am. Einbildung f. **~-head** adj colloq. eingebildet. **~-heart·ed** adj großherzig, -mütig. **~-horn** pl **-horns**, bes. collect. **-horn** s zo. Am. Dickhornschaf n. **~-house** s Am. sl. 1. ,Kittchen' n (Gefängnis). 2. Herrschaftshaus n, bes. Haus n e-r Lo'kalgröße.

**bight** [baɪt] s 1. Bucht f. 2. Einbuchtung f. 3. geol. Krümmung f. 4. mar. Bucht f (im Tau).

**big| lau·rel** s bot. 1. Großblütige Magnolie. 2. Große Alpenrose. **~-mouth** colloq. I s 1. Großmaul n. 2. a) Plaudertasche f: he's a ~ er plaudert (immer) alles gleich aus, er kann nichts für sich behalten, b) Klatschmaul n. II adj → bigmouthed. **~-mouthed** adj 1. großmäulig. 2. klatschmäulig. ~ **name** s colloq. Berühmtheit f, Größe f (Person). **~-name** adj colloq. 1. berühmt. 2. mit berühmten Leuten od. mit großen Namen (besetzt): ~ committee.

**'big·ness** s Größe f, Dicke f, 'Umfang m.

**big noise** → bigwig.

**big·no·ni·a** [bɪgˈnəʊnɪə] *s bot.* Biˈgnonie *f*, Tromˈpetenbaum *m*.

**big·ot** [ˈbɪgət] *s* **1.** selbstgerechte *od.* ˈintoleˌrante Perˈson. **2.** Frömmler(in), Betbruder *m*, Betschwester *f*, biˈgotte Perˈson. **ˈbig·ot·ed** *adj* **1.** selbstgerecht, ˈintoleˌrant. **2.** biˈgott, frömmlerisch, frömmelnd. **ˈbig·ot·ry** [-trɪ] *s* **1.** Selbstgerechtigkeit *f*, ˈIntoleˌranz *f*. **2.** Bigotteˈrie *f*, Frömmeˈlei *f*.

**big** │ **screen** *s colloq.* Kino *n*. ~ **shot** *bes. Am.* → **bigwig**. ~ **stick** *s bes. mil. pol. colloq.* Gewalt(androhung) *f*. ~-**'stick pol·i·cy** *s* Poliˈtik *f* der Stärke *od.* des Säbelrasselns. ~ **time** *s bes. Showbusineß, sport: sl.* a) Eˈlite *f*, b) Groß-, Spitzenverdiener *pl*: **to be in the** ~ zur Elite gehören; zu den Groß- *od.* Spitzenverdienern gehören, ›das große Geld verdienen‹. **ˈ~-time** *adj sl.* **1.** erstklassig: **a** ~ **performance**. **2.** Elite...: **a** ~ **actor** a) ein Eliteschauspieler *m*, b) ein Spitzenverdiener unter den Schauspielern; **a** ~ **boxer** ein Boxer mit ›dicken‹ *od.* ›fetten‹ Börsen. **ˈ~-ˌtim·er** *s sl.* a) Eliteschauspieler(in), -sportler(in), b) Groß-, Spitzenverdiener(in). ~ **top** *s* **1.** Hauptzelt *n* (*e-s Zirkus*). **2.** Zirkus *m*. ~ **wheel** *s* **1.** *Br.* Riesenrad *n*. **2.** *bes. Am.* → **bigwig**. **ˈ~-wig** *s colloq.* ›großes *od.* hohes Tier‹, *bes.* Parˈteibonze *m*.

**bi·jou** [ˈbiːʒuː] **I** *pl* -**joux** [-ʒuːz] *s* Biˈjou *m*, *n*. **II** *adj* klein, aber geschmackvoll (ausgestattet *od.* eingerichtet): **a** ~ **theatre**.

**bike** [baɪk] *colloq.* **I** *s* a) Rad *n* (*Fahrrad*): **on your** ~! ›hau ab!‹, ›verschwinde!‹, b) ›Maˈschine‹ *f* (*Motorrad*). **II** *v/i* a) radeln, b) Motorrad fahren, c) mit dem Motorrad fahren. **ˈbik·er** *s colloq.* a) Radler (-in), b) Motorradfahrer(in) (*bes. Mitglied e-r Motorradbande*).

**ˈbikeˌway** *s Am. colloq.* Rad(fahr)weg *m*.

**bi·ki·ni** [bɪˈkiːnɪ] *s* Biˈkini *m*.

**ˌbi·la·bi·al** **I** *adj* **1.** *ling.* bilabiˈal, mit beiden Lippen gebildet. **2.** → **bilabiate**. **II** *s* **3.** Bilabiˈal(laut) *m*. **ˌbi·la·bi·ate** *adj bot.* zweilippig.

**ˌbiˈlat·er·al** *adj* (*adv* ~**ly**) **1.** bilateˈral, zweiseitig: a) *jur.* beiderseitig verbindlich, gegenseitig: ~ **agreement**, b) *biol.* beide Seiten betreffend, c) *bot.* bisymˈmetrisch. **2.** soˈwohl auf väterliche wie mütterliche Vorfahren zuˈrückgehend. **3.** *tech.* doppelseitig: ~ **drive**; ~ **symmetry** *math.* bilaterale Symmetrie.

**bil·ber·ry** [ˈbɪlbərɪ; *Am.* -ˌberɪ] *s bot.* Heidel-, Blaubeere *f*.

**bil·bo** [ˈbɪlbəʊ] *pl* -**boes** *s hist.* **1.** *pl* a. -**bos** gutgehärtetes Schwert. **2.** *pl* Fußfesseln *pl*.

**Bil·dungs·ro·man** [ˈbɪldʊŋzroˌmaːn] *pl* -ˌ**ma·ne** [-ˌmaːnə], -**mans** (*Ger.*) *s* ˈBildungsroˌman *m*.

**bile** [baɪl] *s* **1.** *physiol.* Galle(nflüssigkeit) *f*. **2.** *fig.* a) Gereiztheit *f*, schlechte Laune, b) Reizbarkeit *f*. ~ **cal·cu·lus** *s anat.* → irr *physiol.* Gallenstein *m*. ~ **cyst** *s anat.* Gallenblase *f*. ~ **duct** *s anat.* Gallengang *m*. **ˈ~ˌstone** *s physiol.* Gallenstein *m*.

**bilge** [bɪldʒ] *s* **1.** Bauch *m* (*des Fasses*). **2.** *mar.* a) Kielraum *m* (*unterster Teil des Schiffsrumpfes*), Bilge *f*, Kimm *f*, b) Flach *n* (*Boden in der Mitte des Schiffes*). **3.** → **bilge water** 1. **4.** *colloq.* ›Quatsch‹ *m*, ›Mist‹ *m*, ›Käse‹ *m*, dumme Redensarten *pl*. ~ **keel** *s* Schlingerkiel *m*. ~ **line** *s* Lenzleitung *f*. ~ **pipe** *s* Bilgenrohr *n*. ~ **pump** *s* Bilgen-, Lenzpumpe *f*. ~ **wa·ter** *s* **1.** Bilgen-, Schlagwasser *n*. **2.** → **bilge** 4. ~ **ways** *s pl* Schlittenbalken *pl*.

**bil·i·ar·y** [ˈbɪljərɪ; *Am.* ˈbɪliˌerɪ] *adj* biliˈar, Gallen...

**ˌbiˈlin·e·ar** *adj* **1.** doppellinig. **2.** *math.* bilineˈar.

**bi·lin·gual** [baɪˈlɪŋgwəl] *adj* zweisprachig (*Person od. Text*). **biˈlin·gual·ism** *s* Zweisprachigkeit *f*. **biˈlin·guist** *s* Zweisprachige(r *m*) *f*; j-d, der zwei Sprachen spricht.

**bil·ious** [ˈbɪljəs] *adj* (*adv* ~**ly**) **1.** *med.* biliˈös: a) gallig, gallenartig, b) Gallen...: ~ **attack** Gallenkolik *f*; ~ **complaint** Gallenleiden *n*. **2.** *fig.* a) gereizt, schlechtgelaunt, b) reizbar. **3.** *fig.* widerlich (*bes. Farbe*). **ˈbil·ious·ness** *s* **1.** *med.* Gallenbeschwerden *pl*, -krankheit *f*. **2.** → **bile** 2.

**bilk** [bɪlk] **I** *v/t* **1.** etwas verhindern, durchˈkreuzen, vereiteln. **2.** *e-n Gläubiger* betrügen, prellen ([out] of um). **3.** *j-m* entwischen. **II** *s* **4.** Betrug *m*. **5.** Betrüger(in). **ˈbilk·er** → **bilk** 5.

**bill¹** [bɪl] **I** *s* **1.** *zo.* a) Schnabel *m*, b) schnabelähnliche Schnauze. **2.** Schnabel *m*, Spitze *f* (*am Anker, Zirkel etc*). **3.** *agr.* Hippe *f*. **4.** *geogr.* spitz zulaufende Halbinsel, Spitze *f*: Portland B~. **5.** *hist.* a) Helleˈbarde *f*, Pike *f*, b) Hellebarˈdier *m*. **II** *v/i* **6.** *a.* ~ **and coo** wie die Turteltauben miteinˈander schnäbeln, (miteinˈander) turteln.

**bill²** [bɪl] **I** *s* **1.** *pol.* (Gesetzes)Vorlage *f*, (-)Antrag *m*, Gesetzentwurf *m*: B~ **of Rights** Bill *f* of Rights: a) *Br.* Staatsgrundgesetz von 1689, b) *Am.* die 1791 in Kraft getretenen 10 ersten Zusatzartikel zur Verfassung von 1787. **2.** *jur.* (An)Klageschrift *f*, Schriftsatz *m*: ~ **of particulars** a) den Tatbestand spezifizierender Schriftsatz, b) Klageantrag *m*; **to find a true** ~ die Anklage für begründet erklären; → **attainder**, **indictment** 2 b. **3.** *a.* ~ **of exchange** *econ.* Wechsel *m*, Tratte *f*: ~**s payable** Wechselschulden; ~ **receivable** Wechselforderungen; ~ **after date** Datowechsel; ~ **of credit** Kreditbrief *m*; → **sight** 5. **4.** *econ. etc* Rechnung *f*: **waiter, the** ~, **please!** (*Herr*) Ober, bitte zahlen!; ~ **of costs** Kostenberechnung *f*, b) *jur. Br.* Gebührenrechnung des Solicitors, c) *jur. Am.* Prozeßkostenaufstellung *f* (*des Gerichts*), d) *jur. Am.* (*der obsiegenden Partei zu erstattende*) (Gerichts)Kosten *pl*; ~ **of parcels** Faktura *f*, (spezifizierte) Warenrechnung *f*; **to fill the** ~ *fig.* den Ansprüchen genügen (*a. Person*), den Zweck erfüllen. **5.** Liste *f*, Aufstellung *f*: ~ **of fare** Speisekarte *f*; **there are two sonatas on the** ~ **of fare** *Am.* auf dem Programm stehen zwei Sonaten; ~ **of materials** Stückliste, Materialaufstellung. **6.** Bescheinigung *f*: ~ **of delivery** *econ.* Lieferschein *m*; ~ **of health** a) *mar.* Gesundheitsattest *n*, -paß *m*, b) *fig.* Unbedenklichkeitsbescheinigung *f*: **to give s.o. a clean** ~ **of health** a) j-m (gute) Gesundheit bescheinigen, b) *fig.* j-m Unbedenklichkeit bescheinigen, c) *econ.* j-m Zahlungsfähigkeit bescheinigen; ~ **of lading** *econ.* Konnossement *n*, (See-) Frachtbrief *m*, *Am. a. allg.* Frachtbrief *m*; **air** ~ **of lading** *Am.* Luftfrachtbrief *m*; **on board** ~ **of lading** Bordkonnossement *n*; **straight** ~ **of lading** *Am.* Namenskonnossement *n*; ~ **of sale** *jur.* Verkaufsurkunde *f* (*über bewegliche Sachen*); ~ **of sale by way of security** *jur. Br.* Urkunde *f* über Sicherungsübereignung; ~ **of sight** *econ.* schriftliche Warenbeschreibung (*des Importeurs*), vorläufige Zollangabe; ~ **of store(s)** *econ. Br.* Genehmigung *f* zur zollfreien Wiedereinfuhr (*zollfrei ausgeführter Waren*); ~ **of sufferance** *econ. Br.* Zollpassierschein *m*. **7.** Plaˈkat *n*, Anschlag(zettel) *m*: **stick no** ~**s!** Plakate ankleben verboten! **8.** *thea. etc* a) Proˈgramm(zettel *m*) *n*, b) *weitS.* Proˈgramm *n*, Darbietung(en *pl*) *f*: **who's on the** ~ **tonight?** wer tritt

heute abend auf?; **to head** (*od.* **top**) **the** ~ der Star des Programms sein, die Hauptattraktion sein. **9.** *Am.* Banknote *f*, (Geld)Schein *m*. **II** *v/t* **10.** *econ.* a) *j-m* e-e Rechnung ausstellen: **to** ~ **s.o. for s.th.** j-m etwas berechnen *od.* in Rechnung stellen, b) *j-m* e-e Rechnung schicken. **11.** eintragen, buchen. **12.** (*durch Plaˈkate etc*) ankündigen *od.* bekanntgeben: **he's** ~**ed** (**to appear**) **as Hamlet** er wird den Hamlet spielen. **13.** *thea. etc Am.* Darsteller, Programm etc bringen.

**bil·la·bong** [ˈbɪləbɒŋ; *Am. a.* -ˌbɑŋ] *s Austral.* **1.** Seitenarm *m* (*e-s Flusses*). **2.** stehendes Wasser.

**ˈbill·board** *s bes. Am.* a) Reˈklametafel *f*, b) Film, TV: Vorspann *m*. ~ **book** *s econ.* Wechselbuch *n*. ~ **case** *s econ. Br.* ˈWechselporteˌfeuille *n* (*e-r Bank*). ~ **discount** *s econ.* ˈWechseldisˌkont *m*.

**bil·let¹** [ˈbɪlɪt] **I** *s* **1.** *mil.* a) Quarˈtierschein *m*, b) (Priˈvat)Quarˌtier *n*: **in** ~**s** privat einquartiert, in Ortsunterkunft; **every bullet has its** ~ jede Kugel hat ihre Bestimmung. **2.** ˈUnterkunft *f*. **3.** *colloq.* ›Job‹ *m*, Posten *m*. **4.** *obs.* Bilˈlett *n*, Briefchen *n*. **II** *v/t* **5.** *mil.* einquarˌtieren (**with, on** bei). **6.** ˈunterbringen. **III** *v/i* **7.** *mil.* ˈeinquarˌtiert sein. **8.** (*bes.* vorˈübergehend) wohnen.

**bil·let²** [ˈbɪlɪt] *s* **1.** Holzscheit *m*, -klotz *m*. **2.** *her.* Schindel *f*. **3.** *arch.* Spannkeil *m*. **4.** *metall.* Knüppel *m*. **5.** *Kunststoffherstellung:* Puppe *f*.

**bil·let-doux** [ˌbɪleɪˈduː] *pl* **bil·lets--doux** [-eɪˈduːz] *s obs. od. humor.* Liebesbrief *m*.

**ˈbillˌfold** *s Am.* a) Scheintasche *f*, b) Brieftasche *f*. **ˈ~head** *s* **1.** gedrucktes ˈRechnungsformular. **2.** gedruckter Firmenkopf (*e-r Rechnung*). **ˈ~ˌhold·er** *s econ.* Wechselinhaber *m*. **ˈ~hook** *s agr. electr.* Hippe *f*.

**bil·liard** [ˈbɪljə(r)d] **I** *s* **1.** *pl* (*meist als sg konstruiert*) Billard(spiel) *n*. **2.** *Billard:* *Am.* Karamboˈlage *f*. **II** *adj* **3.** Billard... ~ **ball** *s* Billardkugel *f*. ~ **cue** *s* Queue *n*, Billardstock *m*. ~ **ta·ble** *s* Billardtisch *m*.

**ˈbill·ing** *s* **1.** *econ.* Faktuˈrierung *f*, Rechnungserstellung *f*: ~ **machine** *econ.* Fakturiermaschine *f*. **2.** Buchung *f*: a) Eintragung *f*, b) (Vorˈaus)Bestellung *f*. **3.** *Am.* Geˈsamtbudˌget *n od.* -ˌumsatz *m* (*bes. e-r Werbeagentur*). **4.** *thea. etc. Am.* a) Ankündigung *f*, b) Reˈklame *f*, c) Bewertung *f* (*e-s Darstellers etc*): **to get top** ~ an erster Stelle genannt werden.

**Bil·lings·gate** [ˈbɪlɪŋzgɪt] **I** *npr* Fischmarkt in London. **II** *s* **b~** wüstes Geschimpfe, Unflat *m*.

**bil·lion** [ˈbɪljən] *s* **1.** Milliˈarde *f* ($10^9$). **2.** *Br. obs.* Billiˈon *f* ($10^{12}$).

**bill** │ **job·ber** *s econ. Br.* Wechselreiter *m*. ~ **job·bing** *s* Wechselreiteˈrei *f*. **ˈ~man** [-mən] *s irr Am.* → **billposter** 1.

**bil·lon** [ˈbɪlən] *s* **1.** Bilˈlon *m*, *n* (*Silberlegierung mit hohem Kupfer-, Zinn- od. Zinkgehalt*). **2.** Scheidemünze *f* aus Bilˈlon.

**bil·low** [ˈbɪləʊ] **I** *s* **1.** Woge *f*. **2.** (Nebel-, Rauch)Schwaden *m*. **II** *v/i* **3.** wogen. **4.** *a.* ~ **out** sich bauschen *od.* blähen (*Segel, Vorhänge etc*). **III** *v/t* **5.** bauschen, blähen. **ˈbil·low·y** *adj* **1.** wogend. **2.** in Schwaden ziehend. **3.** gebauscht, gebläht.

**ˈbillˌpost·er** *s* **1.** Plaˈkatkleber *m*. **2.** (Reˈklame)Plaˌkat *n*. **ˈ~ˌstick·er** → **billposter** 1.

**bil·ly** [ˈbɪlɪ] *s* **1.** *Am.* (Poliˈzei)Knüppel *m*. **2.** Feldkessel *m*. **3.** → **billy goat**. **4.** *tech.* Bezeichnung verschiedener Maschinen u. Geräte, *bes.* ˈVorspinnmaˌschine *f*. **ˈ~boy** *s mar. Br. colloq.* (*Art*) Fluß- u. Küstenbarke *f*. **ˈ~can** → **billy** 2. **ˈ~cock** (**hat**) *s Br. colloq.* ›Meˈlone‹ *f*

(*steifer runder Filzhut*). **~ gate** *s tech.* Spindelwagen *m* (*der Vorspinnmaschine*). **~ goat** *s* Ziegenbock *m*.

**bil·ly-(h)o** [ˈbɪlɪ(h)əʊ] *s*: **like ~** *bes. Br. colloq.* ˌwie verrückt', ˌmordsmäßig'.

**ˌbi·lo'ca·tion** *s Parapsychologie:* Bilokatiˈon *f.*

**bil·tong** [ˈbɪltɒŋ; *Am. a.* -ˌtɑŋ], **ˈbiltongue** [-tʌŋ] *s S. Afr.* Biltongue *n*, bukaˈniertes Fleisch.

**bim·bo** [ˈbɪmbəʊ] *pl* **-bos, -boes** *s sl.* **1.** ˌKnülch', Kerl *m*. **2.** ˌFlittchen' *n* (*leichtes Mädchen*).

**ˌbi·me'tal·lic** *adj* ˈbimeˌtallisch (*a. econ.*). **ˌbi'met·al·lism** [-ˈmetəlɪzəm] *s* Bimetalˈlismus *m*, Doppelwährung *f.*

**ˌbi'mod·al** *adj math.* zweigipfelig (*Häufigkeitskurven*).

**ˌbi·mo'lec·u·lar** *adj chem.* ˈbimolekuˌlar.

**ˌbi'month·ly I** *adj u. adv* **1.** zweimonatlich, alle zwei Monate (ˈwiederkehrend *od.* erscheinend). **2.** zweimal im Monat (erscheinend). **II** *s* **3.** zweimonatlich erscheinende Veröffentlichung. **4.** zweimal ˋim ˍMonat erscheinende Veröffentlichung.

**ˌbi'mo·tored** *adj aer.* ˈzweimoˌtorig.

**bin** [bɪn] **I** *s* **1.** (großer) Behälter: a) → bread bin, b) → dustbin, c) → litterbin, d) (Getreide)Silo *m, n,* (-)Speicher *m*. **2.** (Karˈtoffel- *etc*)Keller *m*. **3.** *colloq.* ˌKlapsmühle' *f* (*Nervenheilanstalt*). **II** *v/t* **4.** Kartoffeln, Wein *etc* einlagern.

**bi·na·ry** [ˈbaɪnərɪ] **I** *adj* **1.** *chem. math. phys. tech.* biˈnär, aus zwei Eleˈmenten bestehend. **II** *s* **2.** → binary number. **3.** → binary star. **~ad·der** *s* Biˈnäradˌdierer *m*. **~ cell** *s Computer:* biˈnäre Speicherzelle, Biˈnärzelle *f*, -eleˌment *n*. **~ code** *s Computer:* Biˈnärcode *m*. **~ col·o(u)r** *s phys.* biˈnäre Farbe. **~ com·pound** *s chem.* biˈnäre Verbindung, Zweifachverbindung *f*. **~ dig·it** *s Computer:* Biˈnär-, Duˈalziffer *f*. **~ fis·sion** *s biol.* Zweiteilung *f*. **~no·ta·tion** *s Computer:* Biˈnärdarstellung *f*, biˈnäre Schreibweise. **~ num·ber** *s math.* Biˈnär-, Duˈalzahl *f*. **~ op·er·a·tion** *s math.* Biˈnäroperatiˌon *f*. **~ scale** *s Computer:* Biˈnär-, Duˈal-, ˈZweiersyˌstem *n*. **~ star** *s astr.* Doppelstern *m*. **~ sys·tem** *s* **1.** → binary scale **2.** → binary star. **ˌ~-to-ˈdec·i·mal con·ver·sion** *s Computer:* Biˈnär-Deziˌmal-ˌUmsetzung *f*.

**bin·au·ral** [ˌbaɪnˈɔːrəl] *adj* binauˈral: a) beide Ohren betreffend, beidohrig, b) für beide Ohren (*Stethoskop, Kopfhörer*), c) *electr.* ˈzweikaˌnalig (*Schallübertragungen*), Stereo...: **~ hearing** Raumhören *n*.

**bind** [baɪnd] **I** *s* **1.** a) Band *n*, b) Bindfaden *m*. **2.** *mus.* a) Haltebogen *m*, b) Bindebogen *m*, c) Klammer *f*, d) Querbalken *m*. **3.** *min.* eisenhaltige Tonerde. **4.** *fenc.* Bindung *f*. **5.** → bine. **6.** *colloq.* to **be (a bit of) a ~** recht lästig sein; **to be in a ~** in ˌSchwulitäten' sein. **II** *v/t pret u. pp* **bound** [baʊnd] *obs. pp* **ˈbound·en 7.** (an-, ˌum-, fest)binden, knoten, knüpfen: **to ~ to a tree** an e-n Baum binden. **8.** (ein)binden, verbinden, umˈwickeln. **9.** *e-n Saum etc* einfassen. **10.** *ein Rad etc* beschlagen. **11.** fesseln, binden (*a. fig.* **to** an *acc*). **12.** *fenc.* die Klinge des Gegners binden. **13.** *chem. etc* (mit e-m Bindemittel) binden. **14.** *fig.* behindern. **15.** hart machen. **16.** *med.* verstopfen. **17.** *fig.* (*a. vertraglich*) binden, verpflichten (**to** s.th. zu etwas): **to ~ o.s. to do s.th.; to ~ a bargain** e-n Handel (durch Anzahlung) verbindlich machen; **to ~ s.o. (as an) apprentice** j-n in die Lehre geben (**to** bei); → **bound**[1] 2 *u.* 4. **18.** *ein Buch*

(ein)binden. **III** *v/i* **19.** *chem. etc* binden. **20.** fest *od.* hart werden. **21.** *med.* stopfen. **22.** *fig.* binden(d sein), verpflichten.

*Verbindungen mit Adverbien:*

**bind| off** *v/t tech.* kette(l)n. **~ out** *v/t* in die Lehre geben (**to** bei). **~ o·ver** *v/t jur.* **1.** zum Erscheinen verpflichten (**to** vor *e-m Gericht*). **2.** *Br.* **to bind s.o. over (to keep the peace)** j-n auf Bewährung entlassen; **he was bound over for a year** er erhielt e-e einjährige Bewährungsfrist. **~ to·geth·er** *v/t* zs.-binden (*a. fig.*). **~ up** *v/t* **1.** aneinˈander-, zs.-binden. **2.** *e-e Wunde* verbinden. **3.** *meist pass* **to be bound up** a) (**with**) eng verknüpft sein (mit), b) (**with, in**) ganz aufgehen (in *dat*), ganz in Anspruch genommen werden (von).

**ˈbind·er** *s* **1.** (*Buch-, Garben- etc*)Binder(in). **2.** Garbenbinder *m* (*Maschine*). **3.** a) Band *n*, b) Bindfaden *m*. **4.** Einband *m*, (Akten-*etc*)Deckel *m*, Hefter *m*, ˈUmschlag *m*. **5.** *med.* a) Leibbinde *f* (*für Wöchnerinnen*), b) Nabelbinde *f* (*für Säuglinge*). **6.** *chem.* Bindemittel *n*. **7.** *tech.* ˈTrägermeˌtall *n*. **8.** *arch.* Binder *m*: a) Bindestein *m*, b) Bindebalken *m*. **9.** *jur. Am.* Vor(verkaufs)vertrag *m* (*bei Grundstückskauf*), b) Quittung *f* für e-e Anzahlung *f*. **10.** *econ.* Deckungszusage *f* (*vor Aushändigung der Police*).

**bind·er·y** [ˈbaɪndərɪ] *s* (Buch)Bindeˈrei *f*.

**ˈbind·ing I** *adj* (*adv* **~ly**) **1.** bindend, verbindlich ([up]on für): **legally ~** rechtsverbindlich; **~ authority** (*od.* **force**) *jur.* bindende Kraft; **~ law** zwingendes Recht; **not ~ offer** unverbindliches *od.* freibleibendes Angebot. **II** *s* **2.** (Buch)Einband *m*. **3.** Einfassung *f*, Borte *f*. **4.** (Meˈtall)Beschlag *m*: **~ of a wheel. 5.** *sport* (Ski)Bindung *f*. **6.** *chem. etc* Bindemittel *n*. **~ a·gent** *s* binding 6. **~ course** *s arch.* Binderschicht *f*. **~ en·er·gy** *s chem. phys.* ˈBindungsenerˌgie *f*. **ˈ~-head screw** *s tech.* Setzschraube *f*. **~ joist** *s arch.* Binderbalken *m*. **~ nut** *s tech.* Kontermutter *f*. **~ post** *s electr.* Klemmschraube *f*, (Pol-, Anschluß)Klemme *f*.

**bin·dle** [ˈbɪndl] *s Am. sl.* **1.** Bündel *n* (*Kleider u. Kochgerät*). **2.** a) Briefchen *n* (*Kokain etc*), b) Prise *f*. **~ stiff** *s Am. sl.* ˌTippelbruder' *m*.

**ˈbind·weed** *s bot.* (*e-e*) Winde.

**bine** [baɪn] *s bot.* **1.** Ranke *f*. **2.** Rankengewächs *n*.

**binge** [bɪndʒ] *s colloq.* ˌSauf- *od.* Freßgelage' *n*: **to go (out) on a ~** e-e ˌSauf- *od.* Freßtour' machen; **to go on a buying** (*od.* **shopping, spending**) **~** wie verrückt einkaufen.

**bin·go** [ˈbɪŋgəʊ] **I** *s* Bingo *n* (*ein Glücksspiel*). **II** *interj colloq.* zack!

**bin·na·cle** [ˈbɪnəkl] *s mar.* Kompaßhaus *n*.

**bin·oc·u·lar** *adj* [ˌbaɪˈnɒkjʊlə(r); *Am.* -ˈnɑ-] *phys.* binokuˈlar, beidäugig: **~ microscope** Binokularmikroskop *n*; **~ telescope** Doppelfernrohr *n*; **~ vision** binokulares Sehen. **II** [bɪˈn-] *meist pl a.* **pair of ~s** Feldstecher *m*, Opern-, Fernglas *n*.

**bi·node** [ˈbaɪnəʊd] *s electr.* Biˈnode *f*, Verbundröhre *f*.

**bi·no·mi·al** [ˌbaɪˈnəʊmjəl; -ɪəl] **I** *adj* **1.** *math.* biˈnomisch, zweigliedrig. **2.** *biol.* → binominal. **II** *s* **3.** *math.* biˈnom *n*, zweigliedriger Ausdruck. **4.** *biol.* Doppelname *m*. **~ char·ac·ter** *s math.* Zweigliedrigkeit *f*. **~ co·ef·fi·cient** *s math.* Binomiˈalkoeffiziˌent *m*. **~ dis·tri·bu·tion** *s Wahrscheinlichkeitsrechnung:* Binomiˈalverteilung *f*. **~ the·o·rem** *s math.* biˈnomischer Lehrsatz.

**bi·nom·i·nal** [ˌbaɪˈnɒmɪnl; *Am.* -ˈnɑ-]

*adj biol.* zweinamig: **~ nomenclature** binäre Nomenklatur.

**bint** [bɪnt] *s sl. contp.* Weib *n* (*Frau od. Mädchen*).

**bin·tu·rong** [ˈbɪntjʊrɒŋ; *Am.* bɪnˈtuːˌrɔːŋ] *s zo.* Binturong *m* (*Schleichkatze*).

**ˌbi'nu·cle·ar**, *a.* **ˌbi'nu·cle·ate** *adj biol. phys.* zweikernig.

**bio-** [baɪəʊ; baɪə] *Wortelement mit den Bedeutungen* a) Lebens..., b) leiblich: **~mother.**

**ˌbi·o'ac·tive** *adj* bioakˈtiv. **ˌbi·o·acˈtiv·i·ty** *s* Bioaktiviˈtät *f.*

**ˌbi·o·as'say** *s med.* Erprobung *f* e-r Droge, e-s Horˈmons *od.* e-s Vitaˈmins an e-m lebenden Orgaˈnismus.

**ˈbi·oˌbib·li'og·ra·phy** *s* Biobibliograˈphie *f* (*Bibliographie, die das über e-e Person erschienene Schrifttum verzeichnet*).

**bi·o·blast** [ˈbaɪəʊblɑːst; *Am.* -ˌblæst] → biophor(e).

**ˌbi·o'cat·a·lyst** *s chem.* Biokatalyˈsator *m.*

**bi·o·ce·nol·o·gy** [ˌbaɪəʊsɪˈnɒlədʒɪ; *Am.* -ˈnɑ-] *s* Biozänoloˈgie *f* (*Wissenschaft von den biologischen Lebensgemeinschaften*).

**ˌbi·o'chem·i·cal I** *adj* (*adv* **~ly**) bioˈchemisch. **II** *s* Biochemiˈkalie *f*. **ˌbi·o'chem·ist** *s* Bioˈchemiker(in). **ˌbi·o'chem·is·try** *s* Biocheˈmie *f.*

**bi·o·cide** [ˈbaɪəʊsaɪd] *s* Bioˈzid *n*, Schädlingsbekämpfungsmittel *n.*

**ˈbi·oˌcli·ma'tol·o·gy** *s* Bioklimatoloˈgie *f* (*Wissenschaft von den Einwirkungen des Klimas auf das Leben*).

**ˈbi·oˌcy·ber'net·ics** *s pl* (*als sg konstruiert*) Biokyberˈnetik *f* (*Wissenschaft, die die Steuerungs- u. Regelungsvorgänge in biologischen Systemen untersucht*).

**ˌbi·o·de'grad·a·ble** *adj* bioˈlogisch abbaubar.

**ˌbi·o·dy'nam·ic**, **ˌbi·o·dy'nam·i·cal** *adj* biodyˈnamisch. **ˌbi·o·dy'nam·ics** *s pl* (*als sg konstruiert*) Biodyˈnamik *f* (*Wissenschaft von den Wirkungen verschiedener Außeneinflüsse auf Organismen*).

**ˌbi·o·e'col·o·gy** *s biol.* Bioökoloˈgie *f.*

**ˌbi·oˌen·er'get·ics** *s pl* (*als sg konstruiert*) Bioenerˈgetik *f* (*Lehre von der Anwendung der Energiegesetze auf die Lebensvorgänge*).

**ˈbi·oˌen·gi'neer·ing** *s* Bioˈtechnik *f* (*technische Nutzbarmachung biologischer Vorgänge*).

**ˌbi·o'eth·ics** *s pl* (*als sg konstruiert*) Bioˈethik *f* (*Untersuchung der jüngsten Erkenntnisse der Biologie u. medizinischen Verfahrenstechnik unter die humanitäre, soziale, ethische u. religiöse Relevanz hin*).

**ˌbi·o'feed·back** *s physiol. psych.* Bioˈfeedback(meˌthode) *f* (*e-e Technik, durch Konzentration automatische Vorgänge wie Herzschlag u. Atmung zu beeinflussen*).

**ˌbi·o'gen·e·sis** *s biol.* **1.** Biogeˈnese *f* (*Entwicklung[sgeschichte] der Lebewesen*). **2.** Rekapitulatiˈonstheoˌrie *f*. **ˌbi·o·ge'net·ic**, *a.* **ˌbi·o·ge'net·i·cal** *adj* (*adv* **~ly**) bioˈgenetisch: **biogenetic law** biogenetisches Grundgesetz. **bi·og·e·nous** [baɪˈɒdʒənəs; *Am.* -ˈɑ-] *adj* bioˈgen: a) *durch Tätigkeit von Lebewesen entstanden*, b) *aus abgestorbenen Lebewesen gebildet*. **bi'og·e·ny** *s* Biogeˈnie *f* (*Entwicklungsgeschichte der Lebewesen*).

**bi·o·ge'og·ra·phy** *s* Biogeograˈphie *f.*

**bi·og·ra·pher** [baɪˈɒgrəfə(r); *Am.* -ˈɑ-] *s* Bioˈgraph *m*. **bi·o'graph·ic** [ˌbaɪəʊˈgræfɪk; -əˈg-] *adj*, **bi·o'graph·i·cal** *adj* (*adv* **~ly**) bioˈgraphisch. **bi'og·ra·phy** *s* Biograˈphie *f*, Lebensbeschreibung *f.*

**bi·o·lith** [ˈbaɪəʊlɪθ], *a.* **ˈbi·o·lite** [-laɪt] *s geol.* Bioˈlith *m* (*aus abgestorbenen Lebewesen entstandenes Sediment*).

**bi·o·log·ic** [ˌbaɪəʊˈlɒdʒɪk; *Am.* -ˈlɑ-] *adj* (*adv* ~ally) *obs. für* biological I. ˌ**bi·o·ˈlog·i·cal I** *adj* (*adv* ~ly) bioˈlogisch: ~ **clock** biologische *od.* innere *od.* physiologische Uhr; ~ **shield** *phys. tech.* biologischer Schild; ~ **species** ökologische Art; ~ **warfare** biologische Kriegsführung, Bakterienkrieg *m.* **II** *s med. pharm.* bioˈlogisches Präpaˈrat (*z. B. Serum*).

**bi·ol·o·gist** [baɪˈɒlədʒɪst; *Am.* -ˈɑ-] *s* Bioˈloge *m*, Bioˈlogin *f.* **bi·ˈol·o·gy** *s* Bioloˈgie *f.*

ˈ**bi·oˌlu·mi·nes·cence** *s* Biolumiˈneszenz *f* (*auf biochemischen Vorgängen beruhende Lichtausstrahlung vieler Lebewesen*).

**bi·ol·y·sis** [baɪˈɒlɪsɪs; *Am.* -ˈɑl-] *s biol.* Bioˈlyse *f:* a) *Tod u. Auflösung e-s lebenden Organismus,* b) *chemische Zersetzung organischer Substanz durch lebende Organismen.*

ˈ**bi·o·mass** *s* Biomasse *f* (*Gesamtmasse der in e-m Lebensraum vorkommenden Lebewesen*).

**bi·ome** [ˈbaɪəʊm] *s* Biˈom *n* (*Lebensgemeinschaft von Tieren u. Pflanzen in e-m größeren geographischen Raum*).

**bi·o·met·rics** [ˌbaɪəʊˈmetrɪks] *s pl* (*als sg konstruiert*), **bi·ˈom·e·try** [-ˈɒmɪtrɪ; *Am.* -ˈɑ-] *s* **1.** Bioˈmetrik *f*, Biomeˈtrie *f* (*Erfassung u. Bearbeitung von Meß- u. Zählwerten in der Biologie*). **2.** *statistische Berechnung der wahrscheinlichen Dauer des menschlichen Lebens.*

**bi·on·ics** [baɪˈɒnɪks; *Am.* -ˈɑ-] *s pl* (*als sg konstruiert*) Bioˈnik *f* (*Wissenschaft, die technische, bes. elektronische Probleme nach dem Vorbild der Funktionen von Körperorganen zu lösen sucht*).

**bi·o·nom·ics** [ˌbaɪəʊˈnɒmɪks; *Am.* -ˈnɑ-] *s pl* (*a. als sg konstruiert*) *biol.* Ökoloˈgie *f.*

**bi·o·phor(e)** [ˈbaɪəfɔː(r); *Am.* -ˌfəʊər] *s biol.* Bioˈphor *m* (*früher angenommene Elementareinheit des Zellplasmas*).

ˌ**bi·o·ˈphys·ics** *s pl* (*als sg konstruiert*) Biophyˈsik *f.*

ˈ**bi·oˌphys·i·og·ra·phy** *s biol.* beschreibende Bioloˈgie.

ˈ**bi·o·plasm** *s* Bioˈplasma *n* (*a. Parapsychologie*).

**bi·op·sy** [ˈbaɪɒpsɪ; *Am.* -ˌɑp-] *s med.* Biopˈsie *f* (*Untersuchung von Gewebe etc, das dem lebenden Organismus entnommen ist*).

ˈ**bi·oˌrhythm** *s* Biorhythmus *m.*

ˈ**bi·o·sphere** *s biol.* Bioˈsphäre *f* (*Zone des Erdballs, die Lebewesen beherbergt*).

ˌ**bi·o·ˈstat·ics** *s pl* (*als sg konstruiert*) *biol.* Bioˈstatik *f*, Stoffwechsellehre *f.*

ˌ**bi·o·ˈsyn·the·sis** *s* Biosynˈthese *f:* a) *Aufbau chemischer Verbindungen in den Zellen des lebenden Organismus,* b) *Herstellung organischer Substanzen mit Hilfe von Mikroorganismen.*

**bi·o·ta** [baɪˈəʊtə] *s* Fauna *f u.* Flora *f* (*e-s Gebiets od. e-r Periode*).

ˌ**bi·o·techˈnol·o·gy** *s* → ergonomics.

**bi·ot·ic** [baɪˈɒtɪk; *Am.* -ˈɑ-] *adj* biˈotisch, Lebens...

**bi·o·tin** [ˈbaɪətɪn] *s chem.* Bioˈtin *n*, Vitaˌmin *n* ˈH.

**bi·o·tite** [ˈbaɪətaɪt] *s min.* Bioˈtit *m.*

**bi·o·tope** [ˈbaɪətəʊp] *s* Bioˈtop *m*, *n:* a) *durch bestimmte Pflanzen- u. Tiergesellschaften gekennzeichneter Lebensraum,* b) *Lebensraum e-r einzelnen Art.*

ˈ**bi·o·type** *s biol.* Bioˈtyp(us) *m*, reiner Typ, reine Linie.

ˌ**bi·par·ti·san** *adj bes. pol.* **1.** zwei Parˈteien vertretend. **2.** aus Mitgliedern zweier Parˈteien bestehend, Zweiparˈteien... **3.** von zwei Parˈteien getragen: ~ **foreign policy.** ˌ**bi·par·ti·ˈsan·ship** *s* **1.** Zugehörigkeit *f* zu zwei Parˈteien.

---

**2.** von zwei Parˈteien getragene (*bes.* ˈAußen)Poliˌtik.

ˌ**bi·ˈpar·tite** *adj* **1.** zweiteilig, Zweier..., Zwei... **2.** *jur. pol.* a) zweiseitig: ~ **contract,** b) in doppelter Ausfertigung: ~ **document.** ˌ**bi·par·ˈti·tion** *s* Zweiteilung *f.*

**bi·ped** [ˈbaɪped] *zo.* **I** *s* Zweifüßer *m*, zweifüßiges Tier. **II** *adj* zweifüßig. **bi·ped·al** [-ˌpedl; *Am.* ˌ-ˈpedl] → biped II.

ˌ**bi·ˈphen·yl** *s chem.* Dipheˈnyl *n.*

**bi·plane** [ˈbaɪpleɪn] *s aer.* Doppel-, Zweidecker *m.*

**bi·pod** [ˈbaɪpɒd; *Am.* -ˌpɑd] *s* Zweifuß *m.*

ˌ**bi·ˈpo·lar** *adj* zweipolig (*a. electr.*), bipoˈlar (*a. anat. math.*).

ˌ**bi·ˈquad·rate** *s math.* ˈBiquaˌdrat *n*, vierte Poˈtenz. ˌ**bi·ˈquad·rat·ic I** *adj* biquaˈdratisch: ~ **equation** → II. **II** *s* biquaˈdratische Gleichung, Gleichung vierten Grades.

**birch** [bɜːtʃ; *Am.* bɜrtʃ] **I** *s bot.* a) Birke *f*, b) Birkenholz *n*, c) Birkenreis *n*, -rute *f.* **II** *adj* birken. **III** *v/t* (mit der Rute) züchtigen. ˈ**birch·en** *adj bot.* birken, Birken... ˈ**birch·ing** *s* Züchtigung *f* (mit der Rute): **to get a** ~ gezüchtigt werden. **birch oil** *s* Birkenöl *n.* ~ **rod** *s* Birkenrute *f.*

**bird** [bɜːd; *Am.* bɜrd] *s* **1.** Vogel *m.* **2.** a) *hunt.* Jagdvogel *m*, *bes.* Rebhuhn *n*, b) *Skeet-, Trapschießen: colloq.* Taube *f.* **3.** *colloq.* a) ˈKnülch' *m*, Bursche *m*, b) ˈTante' *f*, Mädchen *n:* **queer** ~ komischer Kauz; **a cunning old** ~ ein alter Fuchs. **4.** *Br. colloq.* ˈBiene' *f*, ˌPuppe' *f* (*Mädchen, bes. Freundin*). **5.** *aer. colloq.* a) ˌVogel' *m* (*Flugzeug*), b) Raˈkete *f* (*a. mil.*). **6.** *mil. Am. colloq.* Adlerabzeichen *e-s* Obersten *etc.* **7.** *Am. colloq.* a) ˌtoller' Kerl, b) ˌtolles' Ding. **8.** *Federballspiel: colloq.* (Feder)Ball *m.* **9.** *Br. colloq.* ˌKnast' *m* (*Haftstrafe*): **to do** ~ Knast schieben.

*Besondere Redewendungen:*

**a** ~ **in the hand is worth two in the bush** besser ein Spatz *od.* Sperling in der Hand als e-e Taube auf dem Dach; **a little** ~ **told me** a) das hat mir mein kleiner Finger gesagt, b) das hat mir j-d ˌgeflüstert'; **to tell a child about the** ~s **and the bees** ein Kind aufklären; **that's (strictly) for the** ~s *colloq.* a) das ist ˌfür die Katz', b) das taugt nichts, c) das soll glauben, wer mag; **to give s.o. the** ~ *colloq.* a) j-n ausˈpfeifen *od.* auszischen *od.* ausbuhen, b) j-n ˌabfahren' lassen, c) j-m den ˌLaufpaß' geben (*entlassen*); → **early** 5, **feather** 1, **fly**[1] 9, **kill** 1.

ˈ**bird·brain** *s:* **to be a** ~ ein Spatzen(ge)hirn haben. ˈ**~-brained** *adj:* **to be** ~ → birdbrain. ˈ**~·cage** *s* Vogelbauer *n*, *a. m.* -käfig *m.* ~ **call** *s* **1.** Vogelruf *m.* **2.** Locke *f*, ˈLockinstruˌment *n*, *bes.* Lockpfeife *f.* ˈ**~·catch·er** *s* Vogelfänger *m*, -steller *m.* ~ **dog** *s Am.* **1.** *hunt.* Vorstehhund *m.* **2.** *fig.* a) ˌSpürnase' *f* (*Person*), b) *bes. sport* Taˈlentsucher *m.* ˈ**~-ˌdog** *v/t Am. colloq.* j-m nachspüren.

ˈ**bird·er** *s* **1.** Vogelbeobachter *m.* **2.** Vogelfänger *m*, -steller *m.*

ˈ**bird·house** *s* **1.** Nistkasten *m.* **2.** Vogelhaus *n.*

**bird·ie** [ˈbɜːdɪ; *Am.* ˈbɜrdi-] **I** *s* **1.** Vögelchen *n.* **2.** ˌTäubchen' *n* (*Kosename*). **3.** *Golf:* Birdie *n* (*1 Schlag unter Par*). **II** *v/t* **4.** **to** ~ **the 12th hole** (*Golf*) am 12. Loch ein Birdie spielen.

ˈ**bird·ing** *s* **1.** Vogelbeobachtung *f.* **2.** Vogelfang *m.*

**bird life** *s* Vogelleben *n*, -welt *f.* ˈ**~-like** *adj* vogelartig. ˈ**~·lime** *s* Vogelleim *m.* ˈ**~·man** [-mən] *s irr* **1.** a) Vogelfänger *m*, b) Vogelkenner *m*, c) ˈVogelpräpaˌrator

---

*m.* **2.** *aer. colloq. obs.* Flieger *m.* ~ **mi·gra·tion** *s* Vogelzug *m.* ~ **of free·dom** *s Am.* Weißköpfiger Seeadler (*Wappentier der USA*). ~ **of Jove** *s orn.* Adler *m.* ~ **of Ju·no** *s orn.* Pfau *m.* ~ **of par·a·dise** *s orn.* Paraˈdiesvogel *m.* (*a. fig.*). ~ **of peace** *s* Friedenstaube *f.* ~ **of prey** *s* Raubvogel *m.* ~ **pep·per** *s bot.* Caˈyenne-Pfeffer *m.* ~ **sanc·tu·a·ry** *s* Vogelschutzgebiet *n.* ˈ**~·seed** *s* Vogelfutter *n.*

ˈ**bird's-eye I** *s* **1.** *bot.* a) Aˈdonisröschen *n*, b) Gaˈmander-Ehrenpreis *m*, c) Mehlprimel *f.* **2.** a) Pfauen-, Vogelauge *n* (*Stoff*), b) Pfauenaugen-, Vogelaugenmuster *n.* **II** *adj* **3.** aus der ˈVogelperspekˌtive (gesehen): ~ **view** a) (Blick *m* aus der) Vogelschau *f*, b) *fig.* allgemeiner Überblick (*of über acc*); ~ **perspective** Vogelperspektive *f.* **4.** mit Pfauenaugen- *od.* Vogelaugenmuster.

**bird shot** *s* Vogeldunst *m* (*Schrot*).

**bird's nest** *s* **1.** (*a. eßbares*) Vogelnest. **2.** *bot.* a) Nestwurz *f*, b) Fichtenspargel *m*, c) Mohrrübe *f.* ˈ**~-nest I** *adj:* ~ **soup** *gastr.* Schwalbennestersuppe *f.* **II** *v/i* Vogelnester ausnehmen.

**bird strike** *s aer.* Zs.-stoß *m* zwischen e-m Flugzeug u. e-m Vogel(schwarm). ~ **watch·er** *s* Vogelbeobachter *m.*

ˌ**bi·rec·tan·gu·lar** *adj math.* mit zwei rechten Winkeln.

**bi·reme** [ˈbaɪriːm] *s mar. antiq.* Biˈreme *f* (*Zweiruderer*).

**bi·ret·ta** [bɪˈretə] *s* Biˈrett *n* (*Kopfbedeckung röm.-kath. Geistlicher*).

**bi·ro** [ˈbaɪərəʊ] *pl* **-ros** (*TM*) *s Br.* Kugelschreiber *m.*

**birth** [bɜːθ; *Am.* bɜrθ] *s* **1.** Geburt *f:* **at** ~ bei der Geburt; **a musician by** ~ ein geborener Musiker; **from** (*od.* **since**) (**one's**) ~ von Geburt an; **on** (*od.* **at**) **one's** ~ bei s-r Geburt; **to give** ~ **to** gebären, zur Welt bringen (→ 4). **2.** *zo.* Wurf *m.* **3.** (*a. vornehme od. adlige*) Abstammung *f od.* Ab-, ˈHerkunft: **he's a man of (good)** ~ er stammt aus gutem Hause; **she's English by** ~ sie ist gebürtige Engländerin; → **high** 8. **4.** Ursprung *m*, Entstehung *f:* **to give** ~ **to** hervorbringen, -rufen, gebären (→ 1).

**cer·tif·i·cate** *s* Geburtsurkunde *f.* ~ **con·trol** *s* Geburtenregelung *f*, -beschränkung *f.* ˈ**~·day I** *s* Geburtstag *m:* **when is your** ~? wann hast du Geburtstag?; **happy** ~! alles Gute *od.* herzlichen Glückwunsch zum Geburtstag! **II** *adj* Geburtstags...: ~ **party;** ~ **present;** ~ **honours** *Br.* Titelverleihungen anläßlich des Geburtstags des Königs *od.* der Königin; **in one's** ~ **suit** *colloq. humor.* im Adams- *od.* Evaskostüm. ˈ**~·mark** *s* Muttermal *n.* ~ **pill** *s med. pharm.* Antiˈbabypille *f.* ˈ**~·place** *s* Geburtsort *m.* ~ **rate** *s* Geburtenziffer *f:* **falling** ~, **decline of** (*od.* **in**) **the** ~ Geburtenrückgang *m.* ˈ**~·right** *s* (Erst)Geburtsrecht *n.*

**bis** [bɪs] (*Lat.*) *adv* **1.** zweimal. **2.** *mus.* bis, noch einmal.

**bis·cuit** [ˈbɪskɪt] **I** *s* **1.** *Br.* Keks *m*, *n:* **to take the** ~ *colloq.* ˌden Vogel abschießen'; **that (really) takes the** ~! *colloq.* a) das ist (einsame) Spitze!, b) *contp.* das ist (wirklich) das Allerletzte! **2.** *Am.* kleines weiches Brötchen. **3.** → biscuit ware. **4.** a) Rehbraun *n*, b) Beige *n.* **II** *adj* **5.** a) rehbraun, b) beige. ~ **ware** *s tech.* Bisˈkuit(porzelˌlan) *n* (*zweimal gebranntes Porzellan*).

**bi·sect** [baɪˈsekt; *Am. a.* ˈbaɪˌsekt] **I** *v/t* **1.** in zwei Teile (zer)schneiden *od.* teilen. **2.** *math.* halˈbieren: ~**ing line** → bisector. **II** *v/i* **3.** sich teilen *od.* gabeln. **bi·ˈsec·tion** *s math.* Halˈbierung *f.* **bi·ˈsec·tor** [-tə(r)] *s math.* Halˈbierungs-

linie f, Hal'bierende f. **bi'sec·trix** [-trɪks] pl **-tri·ces** [-trɪsi:s] s math. min. 'Winkelhal₁bierende f, Mittellinie f.

₁**bi'sex·u·al** adj bisexu'ell: a) biol. doppelgeschlechtig, zwitterhaft, b) mit beiden Geschlechtern sexuell verkehrend, c) auf beide Geschlechter gerichtet (Sexualtrieb).

**bish** [bɪʃ] s Br. sl. Fehler m.

**bish·op** ['bɪʃəp] s **1.** relig. Bischof m. **2.** Schach: Läufer m. **3.** Bischof m (Getränk aus Rotwein, Zucker u. Pomeranzenschalen). '**bish·op·ric** [-rɪk] s Bistum n, Diö'zese f.

**Bis·marck her·ring** ['bɪzmɑ:(r)k] s gastr. Bismarckhering m.

**bis·muth** ['bɪzməθ] s chem. min. Wismut n. '**bis·muth·ate** [-θeɪt] s chem. wismutsaures Salz.

**bi·son** ['baɪsn] pl **-sons**, bes. collect. **-son** s zo. **1.** Bison m, Amer. Büffel m. **2.** Euro'päischer Wisent.

**bisque**[1] [bɪsk] s Golf, Tennis: Vorgabe f (bes. e-e, die bei Bedarf in Anspruch genommen werden kann).

**bisque**[2] [bɪsk] s **1.** a) Krebs- od. Geflügelcremesuppe f, b) (Gemüse)Cremesuppe f: tomato ~. **2.** Nußeis n.

**bisque**[3] [bɪsk] → **biscuit ware**.

**bis·sex·tile** [bɪ'sekstaɪl] **I** s Schaltjahr n. **II** adj Schalt...: ~ **day** Schalttag m.

₁**bi'sta·ble** adj electr. tech. 'bista₁bil.

**bis·ter**, bes. Br. **bis·tre** ['bɪstə(r)] s Bister m, n (aus Holzruß hergestellte bräunliche Wasserfarbe).

**bis·tort** ['bɪstɔ:(r)t] s bot. Natterwurz f.

**bis·tou·ry** ['bɪstʊrɪ] s med. Bi'stouri n (langes, schmales Skalpell mit auswechselbarer Klinge).

**bis·tre** bes. Br. für **bister**.

**bis·tro** ['bi:strəʊ] pl **-tros** s Bistro n.

₁**bi'sul·fate**, bes. Br. ₁**bi'sul·phate** s chem. Bisul'fat n, saures Sul'fat n: ~ **of pot·ash** s chem. 'Kaliumbisul₁fat n.

₁**bi'sul·fite**, bes. Br. ₁**bi'sul·phite** s chem. Bisul'fit n, doppeltschwefligsaures Salz.

**bit**[1] [bɪt] **I** s **1.** Gebiß n (am Pferdezaum): **to take the ~ between** (od. **in**) **one's teeth** a) durchgehen (Pferd), b) fig. störrisch werden, c) fig. ,sich reinknien', sich mächtig anstrengen; → **chafe** 4, **champ**[1] 3. **2.** fig. Zaum m, Zügel m u. pl, Kan'dare f: **to bite on the** ~ a) s-n Ärger verbeißen, b) sich e-e Äußerung etc verkneifen. **3.** tech. schneidender od. packender Werkzeugteil: a) Bohrer(spitze f) m, Stich m, Meißel m, Schneide f, b) Hobeleisen n, c) Backe f, Maul n (der Zange etc), d) (Schlüssel)Bart m. **4.** Mundstück n (e-r Tabakspfeife, Zigarettenspitze etc). **II** v/t **5.** e-m Pferd das Gebiß anlegen. **6.** fig. zügeln.

**bit**[2] [bɪt] s **1.** Bissen m, Happen m, Stück(chen) n. **2.** a. fig. Stück(chen) n: **to fall to ~s** entzweigehen, zerbrechen; **to pull** (od. **pick, tear**) **to ~s** a) in Stücke reißen, b) fig. e-e Äußerung etc zerpflücken; **a ~** ein bißchen, ein wenig, etwas; **a ~ dull** ziemlich langweilig. **3.** colloq. Augenblick m, Mo'ment m: **wait a ~; after a ~** nach e-m Weilchen. **4.** colloq. kleine Münze: **twopenny ~; → two bits. 5.** a. **part** thea. etc kleine (Neben)Rolle. **6.** Am. sl. ,Knast' m (Freiheitsstrafe). **7.** sl. contp. Weib n (Mädchen od. Frau).

Besondere Redewendungen:
**a ~ of all right** bes. Br. colloq. a) ,schwer in Ordnung', ein ,prima' Kerl, e-e ,prima' Sache, b) ein ,sexy Zahn'; **he is a ~ of a comedian** er hat etwas von e-m Komödianten (an sich); **a ~ of a coward** ziemlich feig(e); **a ~ of a fool** ein bißchen dumm; **a ~ of good luck** ein glücklicher Zufall; **a ~ of a mystery** e-e ziemlich rätselhafte Geschichte; **not a ~** keine

Spur, ganz u. gar nicht, nicht im geringsten, überhaupt nicht; **not a ~!** keine Spur!; **a good ~** ein tüchtiges Stück; **quite a ~** ziemlich viel; ~ **by** ~, **a ~ at a time** Stück für Stück, nach u. nach, allmählich; **to do one's ~** a) s-e Pflicht (u. Schuldigkeit) tun, b) s-n Beitrag leisten; **he's doing the boss** er spielt sich als Boß auf; **you misunderstood every** ~ of it das hast du ganz u. gar mißverstanden; **every ~ as good** ganz genauso gut; **one's ~s and pieces** s-e Siebensachen; **to have a ~ on the side** colloq. e-n Freund/e-e Freundin haben, fremdgehen; → **mind** 4.

**bit**[3] [bɪt] s Computer: Bit n.

**bit**[4] [bɪt] pret u. obs. od. colloq. pp von **bite**.

₁**bi'tan·gent** s math. 'Doppeltan₁gente f.

**bitch** [bɪtʃ] **I** s **1.** zo. Hündin f. **2.** zo. Weibchen n: ~ (**fox**) Füchsin f; ~ (**wolf**) Wölfin f. **3.** sl. a) Schlampe f, b) ,Miststück' n, ,Mistweib' n: → **son** 2. **4.** Am. sl. ,Mistding' n, (etwas) Scheußliches: **he had a ~ of a time** ihm ist es ganz schön dreckig gegangen. **5.** sl. ,Mecke'rei' f. **II** v/t **6.** a. ~ **up** sl. ,versauen', verpfuschen. **7.** sl. ,meckern' über (acc). **III** v/i **8.** sl. ,meckern' (**about** über acc).

'**bitch·y** adj gemein, gehässig (Frau).

**bite** [baɪt] **I** v/t pret **bit** [bɪt] pp **bit·ten** ['bɪtn], obs. od. colloq. **bit** 1. beißen: **to ~ the hand that feeds one** Gutes mit Schlechtem vergelten; **to ~ one's nails** a) an den Nägeln kauen, b) fig. nervös od. unruhig sein; **to ~ the dust** (Am. a. **ground**) colloq. a) ,ins Gras beißen' (umkommen), b) ,abgeschmettert' werden (Plan etc), c) ,dran glauben müssen' (getrunken werden, ausrangiert werden); **what's biting you?** colloq. was ist mit dir los?; **to ~ back** e-e Äußerung etc verkneifen; **to ~ off** abbeißen; **to ~ off more than one can chew** colloq. sich zuviel zumuten; → **bitten** II, **head** Bes. Redew., **lip** 1, **tongue** 1. **2.** beißen, stechen (Insekt). **3.** a) beißen in (dat): **smoke ~s the eyes**, b) j-m schneiden in (acc): **the wind was biting his face**. **4.** schneiden in (acc) (Säge). **5.** chem. beizen, ätzen, zerfressen, angreifen. **6.** fig. (nur pass) angreifen, in Mitleidenschaft ziehen: **badly bitten** schwer mitgenommen. **7.** colloq. (nur pass) betrügen: **to be bitten** hereingefallen sein; **the biter bit** der betrogene Betrüger; **the biter will be bitten** wer andern e-e Grube gräbt, fällt selbst hinein.
**II** v/i **8.** (a. ~ **into** od. ~ **on**) beißen (**in** acc), b) → 4, 5; s.th. **to** ~ **on** a) etwas zum Beißen, b) fig. etwas Konkretes. **9.** anbeißen (a. fig.), schnappen (**at** nach). **10.** beißen, stechen (Insekt). **11.** beißen (Rauch, Gewürz etc), schneiden (Wind, Kälte etc). **12.** fassen, greifen (Rad, Schraube etc). **13.** fig. beißend od. verletzend sein. **14.** sich (bes. negativ) auswirken (Maßnahme).
**III** s **15.** Beißen n, Biß m: **to put the** ~ **on** s.o. Am. sl. j-n unter Druck setzen. **16.** Biß m, Stich m (e-s Insekts). **17.** Biß(wunde f) m. **18.** Bissen m, Happen m (a. weitS. Imbiß od. Nahrung): **not a ~ to eat. 19.** (An)Beißen n (der Fische): **he hasn't had a single ~ yet** bei ihm hat noch kein einziger Fisch angebissen. **20.** Fassen n, Greifen n (von Rädern, Schrauben etc): **these screws have plenty of** ~ diese Schrauben fassen od. greifen sehr gut; s.th. **has lost its** ~ fig. etwas greift od. zieht nicht mehr. **21.** chem. Beizen n, Ätzen n. **22.** Schärfe f: **the** ~ **of a spice. 23.** fig. a) Bissigkeit f, Schärfe f, b) Würze f, Geist m, c) sport Biß m.

'**bit·er** s Beißende(r m) f: → **bite** 7.

'**bite-shaped** adj mundgerecht.

'**bit·ing** adj (adv ~**ly**) beißend (Rauch, Kälte etc), schneidend (Wind, Kälte etc) (beide a. Worte etc).

**bitt** [bɪt] mar. **I** s Poller m. **II** v/t e-e Trosse um e-n Poller nehmen.

**bit·ten** ['bɪtn] **I** pp von **bite**. **II** adj gebissen: **once ~ twice shy** (ein) gebranntes Kind scheut das Feuer; **to be ~ with** s.th. colloq. von etwas angesteckt od. gepackt sein.

**bit·ter** ['bɪtə(r)] **I** adj (adv ~**ly**) **1.** bitter (Geschmack): → **pill** 1. **2.** bitterkalt (Nacht, Wind etc). **3.** fig. bitter (Schicksal, Wahrheit, Tränen, Worte etc), schmerzlich, hart: **to weep** ~**ly** bitterlich weinen; **to the** ~ **end** bis zum bitteren Ende. **4.** fig. scharf, heftig (Kritik etc). **5.** fig. a) erbittert (Feinde etc), b) verbittert (about wegen). **II** adv **6.** bitter (nur in Verbindungen wie): ~ **cold** bitterkalt. **III** s **7.** Bitterkeit f. **8.** fig. (das) Bittere: **the ~s of life** die Widrigkeiten des Lebens; **to take the ~ with the sweet** Leben so nehmen, wie es ist. **9.** meist pl bitteres (alko'holisches) Getränk, (Magen)Bitter m. **10.** Br. stark gehopftes (Faß)Bier. **IV** v/t u. v/i **11.** bitter machen (werden). ~ **al·mond** s a) Bittermandel f, b) bittere Mandeln (Samen). ₁~**'al·mond oil** s Bittermandelöl n. ~ **earth** s chem. Bittererde f, Ma'gnesiumo₁xyd n.

**bit·ter·ling** ['bɪtə(r)lɪŋ] s ichth. Euro'päischer Bitterling: ~ **test** med. ein Schwangerschaftstest.

**bit·tern**[1] ['bɪtə(r)n] s orn. Rohrdommel f.

**bit·tern**[2] ['bɪtə(r)n] s **1.** chem. Mutterlauge f. **2.** Bitterstoff m (für Bier).

'**bit·ter·ness** s **1.** (das) Bittere, Bitterkeit f, bitterer Geschmack. **2.** fig. Bitterkeit f, Schmerzlichkeit f, Härte f. **3.** fig. a) Erbitterung f, b) Verbitterung f.

'**bit·ter·nut** s bot. (e-e) amer. Hickorynuß. ~ **salt** s chem. Bittersalz n, Ma'gnesiumsalz n. ~ **spar** s min. Bitterspat m, Magne'sit m. '~**sweet I** adj bittersüß. **II** s bot. Bittersüß n. '~**wood** s Bitter-, Quassiaholz n. '~**wort** s bot. Goldenzian m.

**bit·ty** ['bɪtɪ] adj oft contp. (bunt) zs.-gewürfelt.

**bi·tu·men** ['bɪtjʊmɪn; Am. bə'tju:mən; -'tu:-; a. baɪ-] s **1.** min. Bi'tumen n, Erdpech n, As'phalt m. **2.** geol. Bergteer m. **lig·nite** s ölreiche Braunkohle. ~ **road** s As'phaltstraße f. ~ **slate** s Brandschiefer m. ~ **tar** s Braunkohlenteer m.

**bi·tu·mi·nize** [bɪ'tju:mɪnaɪz; Am. a. -'tu:-] v/t **1.** bitumi'nieren. **2.** asphal'tieren: ~**d road** Asphaltstraße f.

**bi·tu·mi·nous** [bɪ'tju:mɪnəs; Am. a. -'tu:-; a. baɪ-] adj min. tech. bitumi'nös, as'phalt-, pechhaltig. ~ **coal** s Stein-, Fettkohle f.

'**bi₁va·lent I** s **1.** biol. Geminus m, Chromo'somenpaar n. **II** adj **2.** chem. zweiwertig. **3.** biol. 'doppelchromo₁somig.

'**bi·valve** zo. **I** s zweischalige Muschel. **II** adj zweischalig.

**biv·ou·ac** ['bɪvʊæk; 'bɪvwæk] bes. mil. mount. **I** s Biwak n. **II** v/i biwa'kieren.

₁**bi'week·ly I** adj u. adv **1.** zweiwöchentlich, vierzehntägig, halbmonatlich, Halbmonats... **2.** zweimal in der Woche (erscheinend). **II** s **3.** Halbmonatsschrift f. **4.** zweimal in der Woche erscheinende Veröffentlichung.

**biz** [bɪz] colloq. für **business**.

**bi·zarre** [bɪ'zɑ:(r)] **I** adj bi'zarr, seltsam, ab'sonderlich, phan'tastisch. **II** s bot. buntgestreifte Nelken- od. Tulpenart.

**bi'zon·al** adj bizo'nal.

**blab** [blæb] **I** v/t **1.** oft ~ **out** (aus)plappern, ausplaudern, verraten. **II** v/i **2.** plappern, schwatzen. **3.** ,plaudern', die

Sache verraten. **III** s **4.** Geschwätz n.
**5.** Schwätzer(in), Klatschbase f. **'blab-ber** → blab. **'blab·ber·mouth** s
colloq. Plappermaul n.

**black** [blæk] **I** adj **1.** schwarz (a. Kaffee,
Tee): (as) ~ as coal (od. pitch od. the
devil od. ink od. night) schwarz wie die
Nacht, kohlraben-, pechschwarz; the
house went ~ im ganzen Haus ging das
Licht aus. **2.** schwärzlich, dunkel(far-ben): ~ in the face dunkelrot im Gesicht
(vor Aufregung etc); to beat s.o. ~ and
blue j-n grün u. blau schlagen; he was ~
and blue all over er hatte am ganzen
Körper blaue Flecken; → black eye.
**3.** dunkel, dunkel(häutig): ~ man
Schwarze(r) m, Neger m. **4.** schwarz,
schmutzig: ~ hands. **5.** fig. finster,
düster, schwarz: to look ~ düster
blicken; things are looking ~, the out-look is ~ es sieht schlimm aus (for mit,
für); ~ despair völlige Verzweiflung.
**6.** böse, schwarz: a ~ deed e-e schlimme
Tat; ~ humo(u)r schwarzer Humor; a ~
look ein böser Blick; to look ~ at s.o., to
give s.o. a ~ look j-n (böse) anfunkeln;
not so ~ as he is painted besser als sein
Ruf. **7.** Am. hist. negerfreundlich. **8.** pol.
a) ‚schwarz', kleri'kal, b) fa'schistisch. **9.**
schwarz, ungesetzlich: ~ payments. **10.**
econ. bes. Br. boykot'tiert.
**II** s **11.** Schwarz n (a. bei Brettspielen),
schwarze Farbe: dressed in ~ schwarz
od. in Schwarz gekleidet. **12.** (etwas)
Schwarzes: in the ~ of the night in
tiefster Nacht. **13.** oft B~ Schwarze(r m) f,
Neger(in). **14.** pol. a) ‚Schwarze(r)' m,
Kleri'kale(r) m, b) Fa'schist m. **15.**
Schwärze f, schwarzer Farbstoff. **16.**
Schwarz n, schwarze Kleidung, Trauer-kleidung f: to be in (od. wear) ~ Trauer
(-kleidung) tragen. **17.** meist pl print.
Spieß m. **18.** to be in the ~ econ. a) mit
Gewinn arbeiten, b) aus den roten Zah-len heraussein. **19.** econ. bes. Br. Boy-
'kott m.
**III** v/t **20.** → blacken 1, 3. **21.** Schuhe
(schwarz) wichsen. **22.** to ~ s.o.'s eye j-m
ein ‚blaues Auge' od. ein ‚Veilchen' schla-gen. **23.** econ. bes. Br. boykot'tieren.
**IV** v/i **24.** → blacken 4.
Verbindungen mit Adverbien:
**black| out** **I** v/t **1.** (völlig) abdunkeln,
a. mil. verdunkeln: to ~ the windows.
**2.** Geschriebenes schwarz über'malen.
**3.** Nachrichten etc unter'drücken. **4.** e-e
Funkstation (durch Störgeräusche) aus-schalten, Sendungen über'decken. **5.** TV
a) (durch Streik) die Ausstrahlung e-s
Programms verhindern: to ~ a pro-gram(me); the television techni-cians blacked out last night's pro-gram(me)s durch s-n Streik brachte das
technische Fernsehpersonal gestern
abend den Sendebetrieb zum Erliegen,
b) ein Gebiet ausdunkeln. **6.** a) j-n be-wußtlos machen, b) tech. u. fig. etwas
außer Betrieb setzen, ausschalten. **II** v/i
**7.** sich verdunkeln. **8.** ein Blackout ha-ben. **9.** bewußtlos od. ohnmächtig wer-den. **10.** tech. u. fig. ausfallen. ~ up v/i
thea. sich als Neger schminken.
**black|Af·ri·ca** s pol. Schwarzafrika n. ~
**Af·ri·can** **I** adj 'schwarzafri,kanisch.
**II** s 'Schwarzafri,kaner(in).
**black·a·moor** ['blækə,mʊə(r)] s obs. od.
humor. Neger(in), Mohr(in).
**black|-and-'blue** adj dunkelblau (ver-färbt) (Körperstelle). ~ **and tan** pl
**black and tans** s **1.** zo. Manchester-terrier m. **2.** Br. Mischgetränk aus Stout
od. Porter u. Ale. **B~ and Tans** pl
mil. hist. brit. Truppen, die 1920–21 gegen
Irland eingesetzt wurden. ,~-and-'tan
**I** adj **1.** schwarz mit hellbraunen Flek-

ken: ~ terrier → black and tan 1. **2.**
Am. a) Schwarze u. Weiße zu'sammen
betreffend, b) von Schwarzen u. Weißen
besucht: ~ bar. **II** s **3.** Am. von Schwar-zen u. Weißen besuchte Bar. ~ **and
white** pl **black and whites** s **1.** (et-was) Gedrucktes od. Geschriebenes: in
~ schwarz auf weiß, schriftlich. **2.**
Schwarz'weißbild n, -zeichnung f. **3.** fig.
to depict s.th. in ~ etwas schwarzweiß-malen; he always sees things in ~ für
ihn gibt es nur Schwarz od. Weiß. ,~-
-and-'white adj **1.** schriftlich. **2.** art,
Film etc: Schwarzweiß... (a. fig.): ~
photograph (television, etc); ~ depic-tion fig. Schwarzweißmalerei f. ~ **art** →
black magic. '~ball **I** s **1.** ~ schwarze
Wahlkugel, b) fig. Gegenstimme f. **II** v/t
**2.** stimmen gegen. **3.** a) j-n (aus der
Gesellschaft, aus e-m Berufsverband etc)
ausstoßen, b) j-n boykot'tieren. ~ **bear** s
zo. Schwarzbär m. ~ **bee·tle** s zo. Kü-chenschabe f. ~ **belt** s Am. **1.** Zone f
mit vorwiegend schwarzer Bevölkerung.
**2.** Zone f mit schwarzerdigem, frucht-barem Boden. '~ber·ry [-bərɪ; Am.
-,berɪ] s bot. Brombeere f. '~bird s
**1.** orn. Amsel f, Schwarzdrossel f. **2.** hist.
sl. gefangener Südseeinsulaner, der – bes.
nach Australien – als Sklave verkauft wur-de. ~ **blende** s min. U'ranpechblende f.
'~board s (Schul-, Wand)Tafel f: ~
jungle a) Schule f mit aufsässigen u.
rowdyhaften Schülern, b) die Verhältnisse
an e-r solchen Schule. '~bod·y s phys.
schwarzer Strahler od. Körper: ~ radia-tion schwarze Strahlung. ~ **box** s
**1.** Kybernetik: Black box f (Teil e-s
Systems, dessen Aufbau u. innerer Ablauf
aus den Reaktionen auf eingegebene
Signale erst erschlossen werden muß).
**2.** aer. colloq. Flugschreiber m. ~ **cap** s
hist. Br. schwarze Kappe (der Richter bei
Todesurteilen). '~cap s orn. a) Schwarz-köpfige Grasmücke f, b) Kohlmeise f,
c) Schwarzköpfige Lachmöwe. ~ **cat** s
zo. Ka'nadischer Marder. ~ **cat·tle** s
ursprünglich schwarze Rinderrasse aus
Schottland u. Wales. ~ **cin·der** s tech.
Rohschlacke f. ~ **coal** s Stein-, Schwarz-kohle f. ~ **coat** s meist contp. Schwarz-rock' m, Geistliche(r) m. '~coat·ed adj
Br. Büro...: ~ proletariat ‚Stehkragen-proletariat' n; ~ worker (Büro)Ange-stellte(r m) f. '~cock s orn. Birkhahn m.
**B~ Code** s Am. hist. die Neger (bes. die
Negersklaven vor der Befreiung) betref-fende Gesetzessammlung. ~ **com·e·dy** s
thea. schwarze Ko'mödie. **B~ Coun-try** s (das kohlen- u. eisenreiche) Indu-'striegebiet von Staffordshire und War-wickshire (in England). '~damp s Berg-bau: Ferch m, (Nach)Schwaden m, Stick-wetter n. **B~ Death** s (der) Schwarze
Tod, (die) Pest. ~ **di·a·mond** s **1.** Kar-bo'nado m (grauschwarze Diamantenab-art). **2.** pl schwarzes Gold (Kohle). ~ **dog**
s colloq. ‚miese' Stimmung, Katzenjam-mer m. ~ **ea·gle** s orn. Steinadler m. ~
**earth** s geol. (Steppen)Schwarzerde f.
'**black·en** **I** v/t **1.** schwarz machen,
schwärzen. **2.** → black 21. **3.** fig. to ~
s.o.'s character j-n verunglimpfen; to ~
s.o.'s name (od. reputation) j-n
schlechtmachen; to ~ the picture a)
etwas Negatives sagen, b) schwarzmalen.
**II** v/i **4.** schwarz od. dunkel werden.
**Black Eng·lish** s von schwarzen Ame-ri'kanern gesprochenes Englisch.
**black| eye** s ‚blaues Auge', ‚Veilchen' n:
to give s.o. a ~ a) j-m ein blaues Auge
schlagen, b) fig. j-m e-e Abfuhr erteilen.
'~face s **1.** a) als Neger geschminkter
Schauspieler, b) schwarze Schminke:
in ~ schwarzgeschminkt. **2.** print. (halb-)

fette Schrift. '~fel·low s Au'stralneger
m. ~ **flag** s schwarze (Pi'raten)Flagge. ~
**flux** s tech. schwarzer Fluß (Schmelz-od. Flußmittel aus Kohle u. Pottasche). ~
**fly** s zo. **1.** (-e-) Kriebelmücke. **2.**
Schwarze Blattlaus. '**B~foot** s irr
'Schwarzfuß(indi,aner) m. **B~ Fri·ar** s
relig. Domini'kaner m. ~ **frost** s strenge,
aber trockene Kälte. ~ **game** s orn.
Schwarzes Rebhuhn. ~ **grouse** s orn.
Birkhuhn n.
**black·guard** ['blægɑ:(r)d; Am. a.
'blægərd] **I** s **1.** Lumpenpack n, Gesindel
n. **2.** gemeiner Kerl, Lump m, Schuft m.
**3.** obs. 'Küchenperso,nal n. **II** adj
**4.** gemein, schuftig. **5.** unflätig (Sprache).
**6.** unflätig 'herziehen über (acc). **III** v/t
**6.** unflätig 'herziehen über (acc).
'**black·guard·ism** s **1.** Lumpe'rei(en
pl) f. **2.** Unflat m. '**black·guard·ly** →
blackguard II.
'**black|head** s med. Mitesser m. ,~-
'**heart·ed** adj boshaft, gemein. ~ **hole** s
**1.** astr. schwarzes Loch. **2.** mil. ‚Bau' m,
‚Loch' n. ~ **ice** s Glatteis m.
'**black·ing** s **1.** schwarze (Schuh)Wichse:
shining ~ Glanzwichse. **2.** (Ofen-)
Schwärze f. ~ **brush** s Wichsbürste f.
**black i·ron plate** s tech. Schwarzblech
n.
'**black·ish** adj schwärzlich: ~-blue bläu-lichschwarz.
'**black|jack** **I** s **1.** a. ~ oak bot. Am.
Schwarzeiche f. **2.** → black flag. **3.** min.
Christo'phit m. **4.** 'Siebzehnund'vier n
(Kartenglücksspiel). **5.** bes. Am. Totschlä-ger m (Waffe). **II** v/t **6.** bes. Am. mit e-m
Totschläger zs.-schlagen. **7.** to ~ s.o. into
doing s.th. bes. Am. j-n durch Drohun-gen dazu zwingen, etwas zu tun. ~ **lead**
[led] s min. Reißblei n, Gra'phit m.
,~'lead pow·der s Eisenschwärze f.
'**black·leg** **I** s **1.** a) Falschspieler m,
b) Wettbetrüger m. **2.** bes. Br. Streik-brecher m. **II** v/i **3.** bes. Br. sich als
Streikbrecher betätigen. '**black,leg-ger·y** s bes. Br. Betätigung f als Streik-brecher.
**black|let·ter** s print. Frak'tur f, gotische
Schrift. ,~'let·ter day s schwarzer
Tag, Unglückstag m. ~ **lev·el** s TV
Schwarzwert m, -pegel m. '~list **I** s
schwarze Liste. **II** v/t j-n auf die schwar-ze Liste setzen. ~ **mag·ic** s Schwarze
Ma'gie. '~mail **I** s **1.** jur. Erpressung f.
**2.** Erpressungsgeld n. **II** v/t **3.** j-n er-pressen (over s.th. mit etwas), Geld
erpressen von (j-m): to ~ s.o. into doing
s.th. j-n durch Erpressung dazu zwingen,
etwas zu tun. '~mail·er s Erpresser(in).
**B~ Ma·ri·a** s colloq. ‚grüne Minna'
(Gefangenentransportwagen). ~ **mark** s
fig. Minuspunkt m: to be a ~ against ein
Hindernis sein für. ~ **mar·ket** s schwar-zer Markt, Schwarzmarkt m, -handel m.
,~'mar·ket **I** v/i Schwarzhandel trei-ben. **II** v/t auf dem schwarzen Markt
verkaufen. ~ **mar·ket·eer** s Schwarz-händler(in). ,~'mar·ket·eer → black-market 1. ~ **mass** s Schwarze Messe,
Teufelsmesse f. ~ **mea·sles** s pl (meist als
sg konstruiert) med. hämor'rhagische
Masern pl. ~ **mon·ey** s schwarzes Geld
(das nicht versteuert wird). **B~ Monk** s
relig. Benedik'tiner(mönch) m. **B~
Mus·lim** s Black Muslim m (Mitglied
e-r radikalen mohammedanischen Sekte,
bes. in den USA).
'**black·ness** s **1.** Schwärze f. **2.** → negri-tude. **3.** schwarzer Hu'mor.
'**black|out** s **1.** bes. mil. Blackout m, n,
Verdunk(e)lung f. **2.** thea. Blackout n, m:
a) plötzliches Verdunkeln der Szene bei
Bildschluß, b) kleinerer Sketch, der mit e-r
scharfen Pointe u. plötzlichem Verdunkeln
endet. **3.** med. Blackout n, m: a) zeitweili-

ger *Ausfall des Sehvermögens unter der Einwirkung hoher Beschleunigung od. bei Kreislaufstörungen,* b) plötzlich auftretender, kurz dauernder *Verlust des Bewußtseins, Erinnerungsvermögens etc.* **4.** *med.* Ohnmacht *f,* Bewußtlosigkeit *f.* **5.** Blackout *n, m:* a) *phys. Aussetzen des Kurzwellenempfangs durch den Einfluß von Röntgenstrahlen der Sonne,* b) *Raumfahrt: Unterbrechung des Funkkontaktes zwischen Raumschiff u. Bodenstation.* **6.** *TV* a) *(streikbedingter)* Pro'grammausfall, Stilllegung *f* des Sendebetriebs, b) Ausdunk(e)lung *f (e-s Gebiets).* **7.** *TV Am.* Austasten *n:* ~ **signal** Austastsignal *n.* **8.** *(bes.* Nachrichten)Sperre *f:* **to draw a** ~ **over** e-e Nachrichtensperre verhängen über *(acc).* **9.** a) *tech. u. fig.* Ausfall *m,* b) Blackout *n, m,* to'taler Stromausfall. **B~ Pope** *s R.C.* Schwarzer Papst *(der Jesuitengeneral).* ~ **pop·lar** *s bot.* Schwarzpappel *f.* ~ **pow·er** *s* Black Power *f (Bewegung nordamerikanischer Schwarzer gegen die Rassendiskriminierung).* **B~ Prince** *s (der)* Schwarze Prinz *(Eduard, Prinz von Wales).* ~ **pud·ding** *s* Blutwurst *f.* **B~ Rod** *s* **1.** oberste(r) Dienstbeamte(r) des englischen Oberhauses. **2.** erster Zere'monienmeister bei Ka'piteln des Hosenbandordens *(voller Titel:* **Gentleman Usher of the ~).** ~ **rot,** ~ **rust** *s bot.* Schwarz(trocken)fäule *f.* ~ **sheep** *s fig.* ,schwarzes Schaf': **the** ~ **of the family.** ~ **sheet** *s tech.* Schwarzblech *n.* '**B~shirt** *s pol.* **1.** *hist.* Schwarzhemd *n (italienischer Faschist).* **2.** *allg.* Fa'schist *m.* ~ **sil·ver** *s min.* Stepha'nit *m.* '~**smith** *s* (Grob-, Huf)Schmied *m:* ~('s) shop Schmiede *f.* '~**snake** *s* **1.** *zo.* Kletternatter *f.* **2.** *a.* ~ whip *Am.* lange, geflochtene Lederpeitsche. ~ **spot** *s* **1.** *bot.* Schwarzfleckigkeit *f (bei Rosen).* **2.** schwarzer Punkt *(Gefahrenstelle e-r Straße).* '~**strap** *s* **1.** *Am.* a) schwarzer Sirup *aus Rum u. Sirup,* b) *colloq.* roter Tischwein *aus dem Mittelmeergebiet.* **2.** *tech.* schwarzes Schmieröl. '~**thorn** *s bot.* Schwarz-, Schlehdorn *m.* ~ **tie** *s* **1.** schwarze Fliege. **2.** Smoking *m.* ,~'**tie** *adj:* ~ **reception** Empfang, bei dem Smoking vorgeschrieben ist *bes. Am.* a) As'phaltbelag *m,* b) As'phaltstraße *f.* ~ **var·nish** *s* As'phaltlack *m,* Teerfirnis *m.* ~ **vel·vet** *s Getränk aus Stout u. Sekt.* ~ **vom·it** *s med.* **1.** Gelbfiebersputum *n.* **2.** *colloq.* Gelbfieber *n.* **B~ Watch** *s mil. Br.* (das) 42. 'Hochländerregi,ment. '~**wa·ter fe·ver** *s med.* Schwarzwasserfieber *n.* ,~'**white control** *s electr.* Hell'dunkelsteuerung *f.* ~ **wid·ow** *s zo.* Schwarze Witwe *(giftige Spinne).* '~**wood** *s* **1.** Schwarzholz *n.* **2.** *bot.* a) Schierlingstanne *f,* b) Schwarze Man'grove.
'**black·y** *s sl.* Schwarze(r *m*) *f,* Neger(in).
**blad·der** ['blædə(r)] *s* **1.** *anat. zo.* Blase *f, engS. anat.* Harnblase *f, zo.* Schwimmblase *f.* **2.** Blase *f:* **football** *s.* **3.** *med.* Bläs-chen *n (auf der Haut).* **4.** *fig.* Schaumschläger *m,* aufgeblasener Mensch. ~ **cam·pi·on** *s bot.* Gemeines Leimkraut. ~ **cher·ry** *s bot.* Judenkirsche *f.* ~ **wrack** *s bot.* Blasentang *m.*
**blade** [bleɪd] **I** *s* **1.** *bot.* Blatt *n,* Spreite *f (e-s Blattes),* Halm *m:* ~ **of grass** Grashalm; **in the** ~ auf dem Halm. **2.** *tech.* Blatt *n (der Säge, Axt, Schaufel, des Ruders).* **3.** *tech.* a) Flügel *m (des Propellers),* b) Schaufel *f (des Schiffsrades od. der Turbine).* **4.** *tech.* Klinge *f (des Degens, Messers etc).* **5.** *phot.* Blendenflügel *m.* **6.** *electr.* 'Messer(kon,takt *m*) *n:* ~ **switch** Messerschalter *m.* **7.** a) *agr.* Pflugschar *f,* b) *tech.* Pla'nierschild *m (e-r Planierraupe etc).* **8.** *arch.* Hauptdachbalken *m.*

**9.** *math.* Schiene *f.* **10.** *poet.* Degen *m,* Klinge *f.* **11.** *poet.* Kämpfer *m,* Streiter *m.* **12.** *obs.* forscher Kerl. **13.** *ling.* Rücken *m (der Zunge).* **II** *v/t* **14.** mit e-m Blatt *od.* e-r Klinge *etc* versehen. **15.** *tech.* Schutt *etc* mit e-r Pla'nierraupe (weg)räumen.
**blad·ed** ['bleɪdɪd] *adj* **1.** *bot.* behalmt, beblättert. **2.** *(in Zssgn)* a) mit e-m Blatt *etc* (versehen), b) ...klingig: **two-~** zwei-, doppelklingig.
**blae·ber·ry** ['bleɪbərɪ; *Am.* -,berɪ:] *bes. Scot. für* bilberry.
**blag** [blæg] *s Br. sl.* bewaffneter 'Raub,-überfall.
**blague** [blɑːg] *s* Schaumschläge'rei *f.*
**blah[1]** [blɑː], *a* ,**blah'blah** *colloq.* **I** *s* ,Bla'bla' *n,* ,Geschwafel' *n.* **II** *v/i* ,schwafeln'. **III** *v/t* Parolen *etc* wieder'holen.
**blah[2]** [blɑː] *colloq.* **I** *adj* fad, langweilig. **II** *s pl Am.* a) Langeweile *f,* b) Unbehagen *n,* c) allgemeine Unzufriedenheit: **to have the ~s** sich langweilen; sich unbehaglich fühlen.
**blain** [bleɪn] *s med.* Pustel *f,* Eiterbläschen *n.*
**blam·a·ble** ['bleɪməbl] *adj (adv* **blamably)** **1.** tadelnswert, zu tadeln(d). **2.** schuldig.
**blame** [bleɪm] **I** *v/t* **1.** tadeln, rügen *(for* wegen). **2.** *(for)* verantwortlich machen (für), j-m *od.* e-r *Sache* die Schuld geben *od.* zuschreiben (an *dat):* **to** ~ **s.o. for s.th.;** he is to ~ for it er ist daran schuld; **he ~d it on his brother** er gab s-m Bruder die Schuld daran, er lastete es s-m Bruder an; **he has only himself to** ~ er hat sich selbst zuzuschreiben; **I can't** ~ **him** ich kann es ihm nicht ver-übeln; **to** ~ **the other fellow** die Schuld auf andere schieben. **3.** *bes. Am. euphem.* ~ **this rainy weather!** dieses verdammte Regenwetter!; ~ **it!** verflucht noch mal! **II** *s* **4.** Tadel *m,* Vorwurf *m,* Rüge *f:* **beyond all** ~ über jeden Tadel erhaben, untadelig. **5.** Schuld *f,* Verantwortung *f:* **to lay** *(od.* put, cast) **the** ~ **on s.o** j-m die Schuld geben *od.* zuschieben; **to bear** *(od.* take) **the** ~ die Schuld auf sich nehmen. **6.** Fehler *m,* Vergehen *n.* **III** *adj* → **blamed.** **blamed** *adj bes. Am. euphem.* verdammt, verflucht. '**blameful** *adj (adv* **~ly)** → **blamable.** '**blameless** *adj (adv* **~ly) 1.** untadelig, makellos: ~ **past.** **2.** schuldlos (of an *dat).* '**blame-,wor·thy** → blamable.
**blanch** [blɑːntʃ; *Am.* blæntʃ] **I** *v/t* **1.** bleichen, weiß machen. **2.** *agr.* Pflanzen *(durch Ausschluß von Licht)* bleichen: **to** ~ **celery. 3.** *gastr.* blan'chieren, brühen. **4.** *tech.* weiß sieden. **5.** *tech.* verzinnen. **6.** *oft* ~ **over** *fig.* beschönigen. **7.** er-bleichen lassen. **II** *v/i* **8.** erblassen, er-bleichen, bleich werden (with vor *dat).* '**blanch·er** *s* **1.** Bleicher(in). **2.** *tech.* Weißsalerei *m.* **3.** *chem.* Bleichmittel *n.*
**blanc·mange** [blə'mɒnʒ; *Am.* -'mɑːndʒ] *s* Pudding *m.*
**bland** [blænd] *adj (adv* **~ly) 1.** a) mild *(a. Wetter),* sanft, b) verbindlich, höflich, c) (ein)schmeichelnd. **2.** gleichgültig. **3.** fad, langweilig.
**blan·dish** ['blændɪʃ] *v/t j-m* schmeicheln, schöntun. '**blan·dish·ment** *s meist pl* Schmeiche'lei *f.*
**blank** [blæŋk] **I** *adj (adv* **~ly) 1.** *obs.* weiß. **2.** leer: a) unbeschrieben, unbedruckt: **a** ~ **sheet (of paper);** ~ **leaf** leere Seite, Leerblatt *n,* b) ~ **space** freier *od.* leerer Raum, Lücke *f:* **to leave** ~ frei lassen, b) unbespielt: ~ **tape** Leerband *n.* **3.** *econ. jur.* unausgefüllt, unausgefertigt, Blanko...: → **signature** Blankounterschrift *f;* ~ **form** → 11 b; **in** ~ blanko; → **blank acceptance,** *etc.* **4.** *arch.* 'undurch,bro-chen, glatt *(Mauer),* blind *(Fenster, Tür):*

~ **wall** *fig.* unüberwindliche Barriere. **5.** *fig.* a) inhaltslos, leer, unausgefüllt: ~ **life; my mind went** ~ plötzlich konnte ich mich an nichts ~ mehr erinnern, b) trüb: **her future looks** ~, c) ausdruckslos: ~ **face; to keep one's face** ~ sich nichts anmerken lassen. **6.** a) verdutzt, verblüfft, b) verständnislos: **a** ~ **look. 7.** *mil.* ~ **ammunition** 'Übungsmunition *f;* ~ **cartridge** Platzpatrone *f;* ~ **fire,** ~ **practice** blindes Schießen. **8.** völlig, bar, rein: ~ **astonishment** sprachloses Erstaunen; ~ **despair** helle Verzweiflung; ~ **idiot** *colloq.* Vollidiot *m;* ~ **terror** nackte Angst. **9.** *metr.* reimlos: → **blank verse.**
**II** *s* **10.** freier *od.* leerer Raum, Lücke *f:* **to leave a** ~ *(beim Schreiben etc)* Platz *od.* e-n freien Raum lassen. **11.** a) unbe-schriebenes Blatt *(a. fig.),* Leerblatt *n,* b) (unausgefülltes) Formu'lar *od.* Form-blatt, Vordruck *m.* **12.** Leerstelle *f,* unge-lochte Stelle *(e-r Lochkarte etc).* **13.** Ge-dankenstrich *m (an Stelle e-s verpönten Wortes etc),* ,Pünktchen' *pl.* **14.** Leere *f,* Lücke *f (beide a. fig.):* **his mind was a** ~ a) in s-m Kopf herrschte völlige Leere, b) er hatte alles vergessen. **15.** *Lotterie:* Niete *f:* **to draw a** ~ a) e-e Niete ziehen *(a. fig.),* b) *fig.* kein Glück haben. **16.** *mil.* 'Platzpa,trone *f.* **17.** *arch.* blindes Fen-ster, blinde Tür. **18.** *fig.* Öde *f,* Nichts *n.* **19.** *(das)* Schwarze *(der Zielscheibe).* **20.** *tech.* a) ungeprägte Münzplatte, b) rohes Formstück, Rohling *m,* c) aus-gestanztes Stück, Stanzteil *n.*
**III** *v/t* **21.** *meist* ~ **out** a) aus-, 'durch-streichen, b) *fig.* verhindern, vereiteln. **22.** ~ **out** *print.* gesperrt drucken. **23.** *ein* verpöntes Wort *etc* durch einen Gedanken-strich *od.* durch ,Pünktchen' ersetzen. **24.** *colloq.* verfluchen: ~ **him!** zum Hen-ker mit ihm!; ~**ed!** verflucht!, verdammt! **25.** (aus)stanzen. **26.** *TV* austasten.
**blank| ac·cept·ance** *s econ.* 'Blanko-ak,zept *n.* ~ **bill** *s econ.* Blankowechsel *m.* '~**book** *s econ.* No'tizbuch *n.* ~ **check,** *Br.* ~ **cheque** *s* **1.** *econ.* Blankoscheck *m,* 'Scheckformu,lar *n.* **2.** *colloq.* Blanko-vollmacht *f:* **to give s.o.** a ~ j-m (völlig) freie Hand lassen. ~ **cred·it** *s econ.* 'Blankokre,dit *m.* ~ **en·dorse·ment** *s econ.* 'Blankoindossa,ment *n.*
**blan·ket** ['blæŋkɪt] **I** *s* **1.** (wollene) Decke, Bettdecke *f (Pferde-, Esels)Dek-*ke *f:* **to get between the ~s** *colloq.* ,in die Federn kriechen'; **to be born on the wrong side of the** ~ *Br. obs.* unehelich (geboren) sein; → **wet blanket. 2.** *a.* ~ **cloth** *Am.* Frot'tee *n, m (Stoff).* **3.** *fig.* Decke *f,* Hülle *f:* ~ **of snow (clouds)** Schnee-(Wolken)decke; ~ **security** um-fassende Sicherheitsmaßnahmen *pl.* **4.** *tech.* 'Filz,unterlage *f.*
**II** *v/t* **5.** zudecken: ~**ed** (od. with) **fog** in Nebel eingehüllt. **6.** *hist.* prellen *(auf e-r Decke hochschleudern).* **7.** *mar.* e-m Segelschiff den Wind abfangen. **8.** *Feuer, Gefühle* ersticken. **9.** *Radio:* stö-ren, über'lagern. **10.** *electr., a. sport* Ge-genspieler abschirmen. **11.** um'fassen, ganz erfassen. **12.** *mil. (durch künstlichen Nebel)* abschirmen.
**III** *adj* **13.** gemeinsam, allgemein, gene'rell, um'fassend, General..., Ge-samt..., Pauschal...
**blan·ket| clause** *s econ.* Gene'ralklausel *f.* ~ **coat·ing** *s tech.* 'Mulltuch-Streichverfahren *n.* ~ **In·di·an** *s Am.* Indi'aner, der den alten Bräuchen treu bleibt.
'**blan·ket·ing** *s* **1.** a) Deckenstoff *m,* b) Decken(vorrat *m*) *pl.* **2.** *electr.* Über-'lagerung *f* von Emp'fangssi,gnalen.
**blan·ket| in·sur·ance** *s econ.* Kollek-

ˈtivversicherung f. ~ **mort·gage** s econ. Geˈsamthypoˌthek f. ~ **or·der** s econ. Blankoauftrag m. ~ **pol·i·cy** s Geneˈral-, Pauˈschalpoˌlice f. ~ **price** s econ. Am. Pauˈschalpreis m. ~ **roll** s Am. Torˈnisterrolle f. ~ **sheet** s Zeitung f in Großfolio. ~ **stitch** s Einfaßstich m.

**ˈblan·ket·y(-blank)** adj u. adv euphem. verflixt.

**ˈblank·ing| pulse** s TV ˈAustastimˌpuls m. ~ **sig·nal** s TV ˈAustastsiˌgnal n. ~ **tool** s tech. Stanzwerkzeug n.

**blank| line** s print. blinde Zeile. ~ **ma·te·ri·al** s print. ˈBlindmateriˌal n, Ausschluß m. ~ **verse** s metr. 1. Blankvers m (reimloser fünffüßiger Jambus). 2. allg. reimloser Vers.

**blare** [bleə(r)] **I** v/i 1. dial. heulen, plärren, brüllen. 2. a. ~ **out** a) schmettern (Trompete), b) brüllen, plärren (Radio etc). 3. grell leuchten (Farben etc). **II** v/t 4. a. ~ **out** a) Befehl etc brüllen, b) Musikstück etc schmettern. 5. Lärm machen mit: to ~ the horn laut hupen. 6. a. ~ **out** fig. ˈauspoˌsaunen. **III** s 7. a) Schmettern n, b) Brüllen n, Plärren n, c) Lärm m: a ~ of horns lautes Hupen. 8. grelles Leuchten. 9. (Reklame- etc) Rummel m.

**blar·ney** [ˈblɑː(r)nɪ] **I** s Schmeicheˈlei f: he's kissed the B~ Stone colloq. er ist ein großer Schmeichler. **II** v/t u. v/i (j-m) schmeicheln.

**bla·sé** [ˈblɑːzeɪ; Am. blɑːˈzeɪ] adj 1. gleichgültig, gelangweilt: he was ~ about his success sein Erfolg ließ ihn kalt. 2. abgestumpft.

**blas·pheme** [blæsˈfiːm] **I** v/t 1. Gott od. etwas Heiliges lästern. 2. allg. j-n, etwas schmähen. **II** v/i 3. Gott lästern: to ~ against → 1, 2. **blasˈphem·er** s (Gottes)Lästerer m. **blas·phe·mous** [ˈblæsfəməs] adj (adv ~ly) 1. gotteslästerlich. **ˈblas·phe·my** s 1. Blaspheˈmie f, (Gottes)Lästerung f. 2. allg. Schmähung f.

**blast** [blɑːst; Am. blæst] **I** s 1. (starker) Windstoß. 2. Blasen n, Schmettern n, Schall m (e-s Blasinstruments), Siˈgnal n, (Heul-, Pfeif)Ton m, ˈHupsiˌgnal n, Tuten n: a ~ of the trumpet ein Trompetenstoß. 3. fig. Fluch m, verderblicher Einfluß. 4. bot. a) Brand m, Mehltau m, b) Verdorren n. 5. a) ausgeatmete od. beim Husten herˈausgepreßte Luft, b) poet. Atem m, Hauch m: winter's chilly ~. 6. fig. colloq. heftiger Angriff (against gegen). 7. tech. Gebläse(luft f) n: (at) full ~ tech. u. fig. auf Hochtouren (laufen od. arbeiten); the radio was playing (at) full ~ das Radio war voll aufgedreht; to play a record (at) full ~ e-e Schallplatte mit voller Lautstärke abspielen; at half ~ tech. u. fig. mit halber Kraft; out of ~ außer Betrieb (Hochofen). 8. a) Exploˈsion f, Detonatiˈon f, b) Druckwelle f. 9. a) Sprengung f, b) Sprengladung f. 10. Am. sl. Party f. **II** v/t 11. bot. a) durch Brand od. Mehltau vernichten, b) verdorren lassen. 12. sprengen: to ~ **away** wegsprengen. 13. colloq. a) mil. unter Beschuß nehmen, beschießen, b) oft ~ **down** ˌniederknallen' (niederschießen). 14. fig. zuˈnichte machen, vereiteln. 15. fig. colloq. j-n, etwas heftig attacˈkieren. 16. sport Am. colloq. ˌvernaschen', ˌüberfahren' (hoch schlagen). 17. sl. verfluchen: ~ed! verdammt!, verflucht!; ~ it (all)! verdammt (nochmal)!; ~ him! der Teufel soll ihn holen!; a ~ed idiot ein Vollidiot. 18. to ~ off (into space) Rakete, Astronauten in den Weltraum schießen.

**III** v/i 19. a) sprengen, b) fig. Himmel u. Hölle in Bewegung setzen. 20. colloq.

ˌknallen' (schießen): to ~ **away at** a) ˌballern' auf (acc), b) fig. j-n, etwas heftig attacˈkieren. 21. Am. sl. ˌkiffen' (Marihuana rauchen). 22. ~ **off** abheben, starten (Rakete).

**blas·te·ma** [blæˈstiːmə] s biol. Keimstoff m, ˈKeimmateriˌal n, Blaˈstem n.

**blast| fur·nace** s tech. Hochofen m. **~ hole** s tech. Sprengloch n.

**ˈblast·ing| cap** s tech. Sprengkapsel f. ~ **car·tridge** s ˈSprengpaˌtrone f. ~ **charge** s mil. Sprengladung f. ~ **gel·a·tin** s ˈSprenggelaˌtine f. ~ **nee·dle** s tech. 1. Bergbau: Schieß-, Räumnadel f. 2. Bohreisen n, -nadel f. ~ **oil** s tech. Sprengöl n, Nitroglyzeˈrin n.

**blast lamp** s Stich-, Lötlampe f.

**blas·to·cyst** [ˈblæstəʊsɪst; -tə-] s biol. Keimbläs·chen n. **ˈblas·to·derm** [-dɜːm; Am. -ˌdɜrm] s biol. Blastoˈderm n, Keimhaut f. **ˈblast-off** s Start m (e-r Rakete). **blas·to·gen·e·sis** [ˌblæstəʊˈdʒenɪsɪs] s biol. Blastogeˈnese f (ungeschlechtliche Vermehrung durch Knospung od. Sprossung). **ˈblas·to·mere** [-mɪə(r)] s biol. Blastoˈmere f, Furchungszelle f. **ˈblas·to·pore** [-pɔː(r); Am. a. -ˌpəʊər] s biol. Blastoˈporus m, Urmund m. **ˈblas·to·sphere** [-ˌsfɪə(r)] → blastula.

**blast| pipe** s tech. 1. Düse(nrohr n) f. 2. Bergbau: Windleitung f. 3. Abblasrohr n. ~ **pres·sure** s tech. Gebläse- od. Exploˈsionsdruck m. ~ **tube** s aer. Strahlrohr n (e-r Rakete).

**blas·tu·la** [ˈblæstjʊlə; Am. -tʃə-] pl **-lae** [-liː], **-las** s biol. Blastula f, Blasenkeim m.

**blat** [blæt] Am. **I** v/i blöken (Schaf, Rind). **II** v/t → blat.

**bla·tan·cy** [ˈbleɪtənsɪ] s Aufdringlichkeit f. **ˈbla·tant** adj (adv ~ly) 1. lärmend, laut, plärrend. 2. a) marktschreierisch, b) aufdringlich. 3. offenkundig, ekaˈtant: a ~ lie; a ~ discrepancy e-e krasse Diskrepanz.

**blath·er** [ˈblæðə(r)] **I** v/i Unsinn reden, ˌblöd daˈherreden od. quatschen'. **II** s dummes Geschwätz, ˌGequatsche', ˌQuatsch' m. **ˈblath·er·skite** [-skaɪt] s 1. ˌQuatschkopf' m, Schwätzer(in). 2. → blather II.

**blaze** [bleɪz] **I** s 1. (lodernde) Flamme, loderndes Feuer, Lohe f: to be in a ~ in hellen Flammen stehen. 2. pl colloq. Hölle f: go to ~s! scher dich zum Teufel!; like ~s wie verrückt, wie toll; what the ~s is the matter? was zum Teufel ist denn los? 3. blendender (Licht)Schein, Leuchten n, Strahlen n, Glanz m (a. fig.): in the ~ of day am hellichten Tag; ~ of fame Ruhmesglanz; ~ of colo(u)rs Farbenpracht f, -meer n; the ~ of publicity das grelle Licht der Öffentlichkeit. 4. fig. plötzlicher Ausbruch, Anfall m: ~ of anger Wutanfall. 5. Blesse f (weißer Stirnfleck bei Pferden od. Rindern). 6. Anschlag m, Marˈkierung f (an Bäumen). **II** v/i 7. lodern: in a blazing temper fig. in heller Wut. 8. a. fig. leuchten, glühen, strahlen: to ~ with anger a) vor Zorn glühen (Wangen), b) vor Zorn funkeln (Augen); to ~ above fig. überstrahlen. 9. brennen, glühen (Sonne). 10. to ~ into prominence in kometenhaften Aufstieg erleben. **III** v/t 11. verbrennen, -sengen. 12. Bäume anschalmen, e-n Weg marˈkieren: → trail 21. 13. strahlen od. leuchten vor (dat). 14. s-e Verärgerung etc deutlich zeigen (to s.o. j-m). 15. → blaze abroad.

Verbindungen mit Adverbien:

**blaze| a·broad** v/t verkünden, verbreiten, contp. ˈauspoˌsaunen. ~ **a·way I** v/i 1. lodern. 2. (wild) draufˈlosschießen

(at auf acc). 3. ~ **about** colloq. a) etwas mit Nachdruck vertreten, b) ˈherziehen über (acc). **II** v/t 4. Munition verschießen. ~ **down** v/i herˈunterbrennen (on auf acc) (Sonne). ~ **out** v/i 1. aufflammen, -flackern, -lodern. 2. fig. (wütend) auffahren (at bei e-r Beleidigung etc). ~ **up** v/i 1. aufflammen, -flackern, -lodern, fig. a. entflammen, -brennen: the fight blazed up again. 2. → blaze out 2.

**ˈblaz·er** s Blazer m, Klub-, Sportjacke f. **ˈblaz·ing** adj 1. flammend, (hell) glühend. 2. auffällig, schreiend, offenkundig, ekaˈtant, unerhört: ~ colo(u)rs grelle Farben; a ~ lie e-e freche Lüge; ~ scent hunt. warme Fährte. 3. colloq. verteufelt: ~ **star** s Gegenstand m allgemeiner Bewunderung (Person od. Sache).

**bla·zon** [ˈbleɪzn] **I** s 1. a) Wappen(schild m, n) n, b) heˈraldische Erklärung e-s Wappens. 2. fig. a) Darstellung f, b) Herˈausstellung f, -streichung f. **II** v/t 3. Wappen a) heˈraldisch erklären, b) ausmalen. 4. schmücken, verzieren. 5. fig. herˈausstellen, -streichen (as als). 6. meist → abroad ~ blaze abroad. **ˈbla·zon·er** s Wappenkundige(r m) f od. -maler(in). **ˈbla·zon·ry** [-rɪ] s 1. → blazon 1 b. 2. fig. a) künstlerische od. prächtige Gestaltung, b) künstlerische Verzierung.

**bleach** [bliːtʃ] **I** v/t 1. bleichen. 2. fig. reinigen, läutern. **II** v/i 3. bleichen. **III** s 4. Bleichen n: to give s.th. a ~ etwas bleichen. 5. Bleichmittel n: ~ **liquor** Bleichlauge f. **ˈbleach·er** s 1. Bleicher(in). 2. bes. sport Am. a) meist pl (a. als sg konstruiert) ˈunberˌdachte Triˈbüne (meist mit unnumerierten Plätzen), b) pl ˈunberˌdachte Triˈbünenplätze pl, c) pl (die) ˈunberˌdachte Triˈbüne, (die) Zuschauer pl auf den unüberdachten Tribünenplätzen. **ˈbleach·er·ite** [-ˌraɪt] s bes. sport Am. Zuschauer(in) auf e-m ˈunˌüberdachten Triˈbünenplatz. **ˈbleach·ing** s Bleichen n: chemical ~ Schnellbleiche f; ~ **powder** chem. Bleichpulver n, Chlorkalk m.

**bleak**[1] [bliːk] s ichth. Ukeˈlei m.

**bleak**[2] [bliːk] adj (adv ~ly) 1. kahl, öde. 2. ungeschützt, windig, zugig. 3. rauh, kalt: ~ **weather**; a ~ wind. 4. fig. trostfreudlos (Dasein etc), trüb, düster (Aussichten etc): the future looks ~ die Zukunft sieht düster aus. **ˈbleak·ness** s 1. Kahlheit f, Öde f. 2. Rauheit f, Kälte f. 3. fig. Trostlosigkeit f, Düsterheit f.

**blear** [blɪə(r)] **I** adj 1. → bleary 1-3. **II** v/t 2. den Blick trüben. 3. bes. to ~ the eyes of obs. j-n hinters Licht führen. **ˈ~-eyed**, **ˌ~witˈted** → bleary-eyed.

**blear·y** [ˈblɪərɪ] adj 1. trübe, verschwommen. 2. trüb, (durch Tränen od. Müdigkeit) getrübt (Augen). 3. trüb, dunkel, nebelhaft. 4. (völlig) erschöpft. **ˈ~-eyed** adj 1. a) mit trüben Augen: she looked at him ~ sie sah ihn durch e-n Tränenschleier an, b) verschlafen (Person). 2. fig. a) einfältig, b) kurzsichtig.

**bleat** [bliːt] **I** v/i 1. blöken (Schaf, Kalb), meckern (Ziege). 2. in weinerlichem Ton reden. **II** v/t 4. oft ~ **out** etwas plärren. 5. oft ~ **out** etwas in weinerlichem Ton sagen. **III** s 6. Blöken n, Meckern n. 7. Plärren n.

**bleb** [bleb] s 1. Bläs·chen n, Luftblase f. 2. med. (Haut)Bläs·chen n.

**bled** [bled] pret u. pp von bleed.

**bleed** [bliːd] **I** v/i pret u. pp **bled** [bled] 1. bluten (a. Pflanze): to ~ to death verbluten; to ~ for j-n od. ein Blut vergießen, sterben (for für). 3. my heart ~s for him a) ich empfinde tiefes Mitleid mit ihm, b) iro. ich fang' gleich an zu weinen, mir kom-

men gleich die Tränen. **4.** *colloq.* ‚bluten‘, ‚blechen‘ (*zahlen*): **to ~ for** s.th. für etwas schwer bluten müssen. **5.** ver-, auslaufen (*Farbe*). **6.** *tech.* zerlaufen (*Asphalt etc*). **7.** schwitzen (*Mauer etc*). **8.** *tech.* leck sein, lecken. **9.** *print.* a) angeschnitten *od.* bis eng an den Druck beschnitten sein (*Buch, Bild*), b) über den Rand gedruckt sein (*Illustration*). **II** *v/t* **10.** *med.* zur Ader lassen. **11.** a) *e-m Baum* Saft abzapfen, b) Gas *od.* e-e Flüssigkeit ablassen aus: **to ~ a brake** *mot.* e-e Bremse entlüften. **12.** *colloq.* ‚bluten lassen‘, ‚schröpfen‘: **to ~** s.o. **white** j-n bis zum Weißbluten auspressen; **to ~** s.o. **for £1,000** j-m 1000 Pfund ‚abknöpfen‘. **13.** *Färberei:* den Farbstoff entziehen (*dat*). **14.** a) den Rand (*e-r Illustration etc*) abschneiden, b) über den Rand drucken. **III** *s* **15.** *print.* angeschnittene Seite.

ˈbleed·er *s* **1.** *med.* Bluter *m:* ~'s disease Bluterkrankheit *f.* **2.** *colloq.* ‚Blutsauger‘ *m.* **3.** *sl.* a) Kerl *m:* **lucky ~** Glückspilz *m;* **poor (old) ~** armer Hund, armes Schwein, b) Gauner *m* (*a. humor.*): **you old ~!,** c) *Br.* ‚Scheißkerl‘ *m,* d) *Br.* ‚Scheißding *n,* -sache‘ *f:* **that job is a real ~** diese Arbeit ist einfach ‚beschissen‘; **a ~ of a headache** verfluchte Kopfschmerzen. **4.** *tech.* ˈAblaßvenˌtil *n.* **5.** *electr.* ˈVorbelastungsˌwiderstand *m:* ~ current Vorbelastungsstrom *m;* ~ (resistor) *TV* Nebenschlußwiderstand.

ˈbleed·ing **I** *s* **1.** *med.* a) Blutung *f,* b) Aderlaß *m:* ~ of the nose Nasenbluten *n.* **2.** Auslaufen *n* (*von Farbe*). **3.** *tech.* Zerlaufen *n* (*von Asphalt etc*). **4.** Entlüften *n* (*der Bremsen*). **II** *adj u. adv* **5.** *sl.* verdammt, verflucht: ~ idiot Vollidiot *m;* ~ beautiful wahnsinnig schön. ~ heart *s bot.* Flammendes Herz.

bleed valve *s tech.* ˈAblaßvenˌtil *n.*

bleep [bliːp] **I** *s* **1.** Piepton *m.* **2.** *colloq.* ‚Piepser‘ *m* (*Funkrufempfänger*). **3.** piepen. **III** *v/t* **4.** *TV etc* ein anstößiges Wort *etc* durch e-n Piepton ersetzen. **5.** j-n ‚anpiepsen‘ (*mit j-m über e-n Funkrufempfänger Kontakt aufnehmen*).

ˈbleep·er → bleep 2.

blem·ish [ˈblemɪʃ] **I** *v/t* **1.** entstellen, verunstalten. **2.** *fig.* beflecken, schänden, (*dat*) schaden. **II** *s* **3.** Fehler *m,* Mangel *m,* Verunstaltung *f,* Schönheitsfehler *m* (*a. fig.*). **4.** *fig.* Makel *m.* **5.** *tech.* Fehlstelle *f.*

blench¹ [blentʃ] **I** *v/i* **1.** verzagen, den Mut verlieren. **2.** zuˈrückschrecken (at vor *dat*). **II** *v/t* **3.** *obs.* (ver)meiden.

blench² [blentʃ] → blanch 8.

blend [blend] **I** *v/t pret u. pp* ˈblend-ed, *obs. od. poet.* blent [blent] **1.** a) vermengen, (ver)mischen, verschmelzen, b) *Flüssigkeiten* mischen, c) *Kartoffeln etc* püˈrieren. **2.** mischen, e-e (Tee-, Tabak-, Whisky- *etc*)Mischung zsˈstellen aus, *Wein* verschneiden. **3.** *Farben* ineinˈander übergehen lassen. **4.** *Pelze* dunkel färben. **5.** *in electr. tech.* überˈblenden. **II** *v/i* **6.** a. ~ in (with) sich vermischen, sich (harˈmonisch) verbinden (mit), gut passen (zu). **7.** verschmelzen, ineinˈander übergehen (*Farben, Klänge, Kulturen etc*): **to ~ into** sich vereinigen zu (*e-m Ganzen etc*). **8.** *biol.* sich mischen (*Vererbungsmerkmale*). **III** *s* **9.** Mischung *f,* (harˈmonische) Zs.-stellung (*Getränke, Farben etc*), Verschnitt *m* (*Spirituosen*). **10.** Verschmelzung *f* (*von Klängen etc*). **11.** *biol.* Vermischung *f.* **12.** *ling.* Kurzwort *n* (*z. B.* smog *aus* smoke *u.* fog).

blende [blend] *s min.* (engS. Zink-)Blende *f.*

ˈblend·er *s* Mixer *m,* Mixgerät *n.*

blend word → blend 12.

blen·noid [ˈblenɔɪd] *adj med.* schleim-

ähnlich. ˌblen·norˈrh(o)e·a [-nəˈriːə] *s med.* Blennorˈrhö(e) *f,* eitrige Bindehautentzündung.

blen·ny [ˈblenɪ] *s ichth.* (ein) Schleimfisch *m.*

blent [blent] *obs. od. poet.* pret *u.* pp von blend.

bles·bok [ˈblesbɒk; -bʌk; *Am.* -ˌbɑk] *pl* -boks, *bes. collect.* -bok *s zo.* Bläßbock *m.*

bless [bles] pret *u.* pp blessed, *a.* blest [blest] *v/t* **1.** segnen, den Segen sprechen über (*acc*). **2.** *Hostie, Reliquie* weihen, segnen. **3.** *Gott* beneˈdeien, lobpreisen. **4.** glücklich machen, beseligen: **a child ~ed the union** dem Ehepaar wurde ein Kind beschert; **to be ~ed with** gesegnet sein mit (*Talenten, Reichtum etc*). **5.** glücklich preisen: **to ~** o.s. sich glücklich preisen *od.* schätzen; **I ~ the day when** ich segne *od.* preise den Tag, an dem; → star 3. **6.** a) *obs.* behüten (from vor *dat*), b) das Kreuz machen über (*acc*): **to ~** o.s. sich bekreuzigen. **7.** *euphem.* verwünschen: ~ him! der Teufel soll ihn holen! *Besondere Redewendungen:* (God) ~ you! a) alles Gute!, b) Gesundheit!; well, I'm blest! *colloq.* na, so was!; ~ me!, ~ my heart!, ~ my soul! *colloq.* du m-e Güte!; ~ you! *iro.* o nein, mein Verehrtester!; Mr Brown, ~ him *iro.* Herr Brown, der Gute; I am ~ed if I know ich weiß es wirklich nicht; ~ that boy, what is he doing there? *colloq.* was zum Kuckuck stellt der Junge dort an?; he hasn't a penny to ~ himself with er hat keinen roten Heller.

bless·ed [ˈblesɪd] **I** *adj* **1.** gesegnet, selig, glücklich: ~ event *humor.* freudiges Ereignis (*Geburt e-s Kindes*); of ~ memory seligen Angedenkens; the whole ~ day den lieben langen Tag; → bless 4. **2.** gepriesen. **3.** selig, heilig: the B~ Virgin die heilige Jungfrau (Maria); to declare ~ seligsprechen. **4.** *euphem.* verwünscht, verflixt: not a ~ day of sunshine aber auch nicht ein einziger Sonnentag; not a ~ soul keine Menschenseele. **II** *s* **5.** the ~ die Seligen; → island 1. ˈbless·ed·ly *adv* glücklicherweise. ˈbless·ed·ness *s* **1.** (Glück)Seligkeit *f,* Glück *n:* single ~ *humor.* Junggesellendasein *n;* to live in single ~ Junggeselle sein. **2.** Seligkeit *f,* Heiligkeit *f.*

ˈbless·ing *s* Segen *m:* a) Segensspruch *m,* Segnung *f,* b) Wohltat *f,* Gnade *f* (to für): to ask a ~ das Tischgebet sprechen; what a ~ that I was there! welch ein Segen, daß ich da war!; it turned out to be a ~ in disguise es stellte sich im nachhinein als Segen heraus; maybe it is a ~ in disguise wer weiß, wofür es gut ist; to count one's ~s dankbar sein für alles, was er-m beschert wurde; to give one's ~ to *fig.* s-n Segen geben zu, *etwas* absegnen; → mixed blessing.

blest [blest] **I** pret *u.* pp von bless. **II** *s:* → isle.

blet [blet] **I** *v/i* teigig werden (*Obst*). **II** *s* (Innen)Fäule *f.*

bleth·er [ˈbleðə(r)] → blather. ˈbleth-er·skite [-skaɪt] → blatherskite.

blew [bluː] pret von blow¹ *od.* blow³.

blight [blaɪt] **I** *s* **1.** *bot.* a) Pflanzenkrankheit *f,* b) (Trocken)Fäule *f,* Brand *m,* Mehltau *m,* b) Schädling(sbefall) *m.* **2.** *bes. Br.* Blutlaus *f.* **3.** *fig.* a) Gift-, Pesthauch *m,* schädlicher *od.* verderblicher Einfluß, b) Vernichtung *f,* Vereitelung *f,* c) Fluch *m:* the ~ of poverty; to cast (*od.* put) a ~ on s.o.'s life j-m das Leben vergällen. **4.** a) Verwahrlosung *f* (*e-r Wohngegend*): area of ~ → b, b) verwahrloste Wohngegend. **5.** *med. Austral.* schmerzhafte Entzündung der

Augenlider. **II** *v/t* **6.** (durch Brand *etc*) vernichten, verderben, zerstören, vereiteln (*a. fig.*): to ~ s.o.'s life j-m das Leben vergällen. **7.** *fig.* im Keim ersticken, zuˈnichte machen, zerstören, vereiteln.

ˈblight·er *s Br. colloq.* a) Kerl *m:* lucky ~ Glückspilz *m;* poor ~ armer Hund, b) ‚Mistkerl‘ *m,* c) ‚Mistding‘ *n:* that job is a real ~ diese Arbeit ist verdammt schwer; a ~ of a headache ekelhafte Kopfschmerzen *pl.*

Blight·y [ˈblaɪtɪ] *s mil. Br. sl.* **1.** die Heimat, England *n:* back to ~. **2.** *a.* ~ one ‚Heimatschuß‘ *m.* **3.** Heimaturlaub *m.*

bli·mey [ˈblaɪmɪ] *interj bes. Br. sl.* a) Mensch Meier! (*überrascht*), b) verdammt!

blimp¹ [blɪmp] *s tech.* **1.** unstarres Kleinluftschiff *n.* **2.** Schallschutzhülle *f* (*e-r Filmkamera*).

Blimp² [blɪmp] *s a.* Colonel ~ *bes. Br.* selbstgefällige(r) ˈErzkonservaˌtive(r).

blind [blaɪnd] **I** *adj* (adv ~ly) **1.** blind, Blinden...: ~ in one eye auf ˈeinem Auge blind; to strike ~ blenden (*a. fig.*); to be struck ~ mit Blindheit geschlagen sein *od.* werden (*a. fig.*). **2.** *fig.* blind (to gegenˈüber), verständnislos: love is ~ Liebe macht blind; ~ to one's own defects den eigenen Fehlern gegenüber blind; ~ with fury blind vor Wut; ~ rage blinde Wut; ~ side ungeschützte *od. fig.* schwache Seite; to turn a ~ eye a) ein Auge zudrücken, b) sich den Tatsachen verschließen; to turn a ~ eye to s.th. a) bei etwas ein Auge zudrücken, b) etwas bewußt ignorieren. **3.** *fig.* blind, unbesonnen, wahllos: ~ bargain unüberlegter Handel; ~ chance blinder Zufall; ~ faith blinder Glaube. **4.** ~ (ohne nähere Kenntnisse): ~ interpretation, ~ rating (*Statistik etc*) blinde Auswertung. **5.** zwecklos, ziellos, leer: ~ excuse faule Ausrede; ~ pretence (*Am.* pretense) Vorwand *m.* **6.** verdeckt, verborgen, geheim, *a. econ. tech.* kaˈschiert: ~ staircase Geheimtreppe *f;* ~ vein (*Bergbau*) blinde Erzader. **7.** schwererkennbar *od.* -verständlich: ~ copy *print.* unleserliches Manuskript; ~ corner unübersichtliche Kurve *od.* Ecke; ~ hole (*Golf*) Blind Hole *n* (*Loch, dessen Grün man beim Annäherungsschlag nicht sehen kann*); ~ letter unzustellbarer Brief. **8.** *arch.* blind, durchˈbrochen: ~ arch Bogenblende *f;* ~ door blinde (*zugemauerte*) Tür. **9.** *bot.* blütenlos, taub. **10.** *phot.* nur gegen blaues u. vioˈlettes u. ˈultravioˌlettes Licht empfindlich: ~ film. **11.** matt, nicht poˈliert. **12.** *colloq.* ‚blau‘. **13.** *colloq.* he didn't take a ~ bit of notice er nahm nicht die geringste Notiz davon; he hasn't done a ~ bit of work yet er hat noch keinen (Hand)Schlag *od.* Strich getan; it's not a ~ bit of use es hat überhaupt keinen Zweck.

**II** *v/t* **14.** blenden (*a. fig.*), blind machen: his left eye was ~ed er wurde auf dem linken Auge blind; to ~ s.o. with one's knowledge j-n mit s-m Wissen stark beeindrucken. **15.** *fig.* die Augen verbinden. **16.** *fig.* mit Blindheit schlagen, verblenden, blind machen (to für, gegen): to ~ o.s. to facts sich den Tatsachen verschließen. **17.** verdunkeln, das Licht nehmen (*dat*). **18.** verbergen, -hehlen, -tuschen: to ~ a trail e-e Spur verwischen. **19.** *mil.* verblenden, mit e-r Blende versehen. **20.** *Straßenbau:* mit Kies *od.* Erde ausfüllen. **21.** *tech.* matˈtieren. **III** *v/i* **22.** *mot. Br. sl.* wie ein Verrückter rasen.

**IV** *s* **23.** the ~ die Blinden. **24.** a) Rolladen *m,* b) Rouˈleau *n,* Rollo *n,* c) *bes. Br.* Marˈkise *f:* → Venetian 1. **25.** *pl*

Scheuklappen *pl.* **26.** *fig.* a) Vorwand *m,* b) (Vor)Täuschung *f,* c) Tarnung *f.* **27.** *colloq.* Strohmann *m.* **28.** → **blindage.** **29.** *hunt. bes. Am.* Deckung *f.* **30.** *Br. sl.* ‚Saufe'rei' *f.* **31.** → **blind tooling.**
**V** *adv* **32.** blind: → **fly¹** 10. **33.** blindlings, sinnlos: **to go it ~** *colloq.* blind (-lings) drauflosgehen; **~ drunk** *colloq.* ‚sternhagelvoll'.
**'blind·age** *s mil. hist.* Blin'dage *f (Deckwand gegen Splitter im Festungsbau).*
**blind| al·ley** *s* Sackgasse *f (a. fig.):* **to lead up a ~** in e-e Sackgasse führen. **͵~'al·ley** *adj* zu nichts führend: **~** occupation Stellung *f* ohne Aufstiegsmöglichkeiten. **~ ap·proach** *s aer.* Blindanflug *m.* **͵~ap'proach** *adj:* **~** beacon Blindlandefeuer *n;* **~ beam system** impulsgesteuerte Navigationsbake *(zum Ansteuern der Landebahn).* **~** blind tooling. **~ coal** *s* Taubkohle *f,* Anthra'zit *m.* **~ date** *s colloq.* a) Rendez-'vous *n* mit e-r *od.* e-m Unbekannten, b) *unbekannter Partner bei e-m solchen Rendezvous.*
**'blind·er** *s* **1.** *pl Am.* Scheuklappen *pl (a. fig.).* **2.** *Br. sl.* a) ‚Saufe'rei' *f,* b) ‚Sauftour' *f:* **to go on a ~** e-e Sauftour machen.
**blind| flight** *s aer.* Blind-, Instru'mentenflug *m.* **'~·fold** *v/t* **1.** mit verbundenen Augen: **~ chess** Blindschach *n.* **2.** *fig.* blind: **~ rage.** **II** *adv* **3.** *fig.* blindlings. **III** *v/t* **4.** *j-m* die Augen verbinden. **5.** *fig.* blind machen. **IV** *s* **6.** Augenbinde *f.* **B~ Fred·die** *s:* **~ could see that!** *Austral. colloq.* das sieht doch ein Blinder! **~ gut** *s anat.* Blinddarm *m.*
**blind·man's| buff** [-mænz] *s* Blindekuh(spiel *n) f.* **~ hol·i·day** *s obs.* Zwielicht *n,* Abenddämmerung *f.*
**'blind·ness** *s* **1.** Blindheit *f (a. fig.).* **2.** *fig.* Verblendung *f.*
**blind| net·tle** *s bot.* Weiße Taubnessel. **~ shell** *s mil.* **1.** Gra'nate *f* ohne Sprengladung. **2.** Blindgänger *m.* **~ spot** *s* **1.** *med.* blinder Fleck *(auf der Netzhaut).* **2.** *fig.* schwacher *od.* wunder Punkt. **3.** *tech.* tote Zone, Totpunkt *m.* **4.** *mot.* toter Winkel *(im Rückspiegel).* **5.** *electr.* Schattenstelle *f,* Empfangsloch *n (e-s Senders).* **'~·stamp** *v/t bes.* Bucheinband blindprägen. **~ stitch** *s* blinder *(unsichtbarer)* Stich. **~ tool·ing** *s* Buchbinderei: Blindpressung *f,* Blind(rahmen)prägung *f.* **'~·worm** *s zo.* Blindschleiche *f.*
**blink** [blɪŋk] **I** *v/i* **1.** blinzeln, zwinkern: **to ~ at** a) *j-m* zublinzeln, b) → **2** *u.* **6.** **2.** erstaunt *od.* verständnislos dreinblicken: **to ~ at** *fig.* sich maßlos wundern über *(acc).* **3.** a) schimmern, flimmern, b) blinken. **II** *v/t* **4.** **to ~ one's eyes** (mit den Augen) zwinkern. **5. to ~ away** one's tears s-e Tränen wegblinzeln. **6.** *a.* **~ away** *fig.* igno'rieren: **there is no ~ing the fact** es läßt sich nicht bestreiten, es ist nicht zu leugnen **(that** daß**). 7.** blinken, durch 'Lichtsi͵gnale mitteilen. **8.** *Am.* erkennen: **to ~ the truth. III** *s* **9.** Blinzeln *n.* **10.** *bes. Br.* flüchtiger Blick. **11.** a) (Licht)Schimmer *m,* b) Blinken *n.* **12.** Augenblick *m.* **13.** → **iceblink. 14.** **on the ~** *sl.* nicht in Ordnung.
**'blink·er I** *s* **1.** *pl* Scheuklappen *pl (a. fig.).* **2.** *pl* a. **pair of ~s** *colloq.* Schutzbrille *f.* **3.** *colloq.* ‚Gucker' *m (Augen).* **4.** a) Blinklicht *n (an Straßenkreuzungen etc),* b) *mot.* Blinker *m.* **5.** a) 'Lichtsi͵gnal *n,* Blinkspruch *m,* b) Blinkgerät *n,* Si-'gnallampe *f:* **~ beacon** Blinkfeuer *m.* **II** *v/t* **6.** e-m *Pferd* Scheuklappen anlegen: **~ed** mit Scheuklappen *(a. fig.).* **7.** → **blink 7.**
**'blink·ing** *adj u. adv Br. colloq.* verdammt: **~ good; ~ idiot** Vollidiot *m.*
**blip** [blɪp] **I** *s* **1.** Klicken *n.* **2.** *Radar:*

---

'Echoim͵puls *m,* -si͵gnal *n.* **II** *v/i* **3.** klikken. **III** *v/t* **4.** *TV etc* ein anstößiges Wort *etc* durch e-n Piepton ersetzen.
**bliss** [blɪs] *s* Seligkeit *f (a. relig.),* Glück (-'seligkeit *f) n,* Wonne *f.* **'bliss·ful** *adj (adv ~ly)* (glück)'selig: **~ ignorance** *iro.* selige Unwissenheit. **'bliss·ful·ness** → **bliss.**
**blis·ter** ['blɪstə(r)] **I** *s* **1.** *med.* a) (Brand-, Wund)Blase *f,* b) (Haut)Bläs·chen *n,* Pustel *f.* **2.** *med.* Zugpflaster *n.* **3.** *tech.* a) Gußblase *f,* b) Glasblase *f,* c) Blase *f (auf Holz etc).* **4.** *bot.* Kräuselkrankheit *f.* **5.** *aer. colloq.* a) Bordwaffen- *od.* Beobachterstand *m (Kuppel),* b) Radarkuppel *f.* **6.** *mar.* Tor'pedowulst *m.* **7.** *rail. Am.* Aussichtskuppel *f.* **II** *v/t* **8.** *med.* Blasen her'vorrufen auf *(dat).* **9.** *fig. j-n* heftig attac'kieren. **III** *v/i* **10.** Blasen ziehen: **his hands ~** easily er bekommt leicht Blasen an den Händen. **11.** *metall. etc* Blasen werfen. **'blis·tered** *adj med.* mit Blasen bedeckt, blasig *(a. metall. etc).*
**blis·ter gas** *s mil.* ätzender Kampfstoff.
**'blis·ter·ing** *adj* **1.** *med.* blasenziehend. **2.** brennend *(a. fig.):* **~ sun; a ~ issue. 3.** *fig.* a) heftig: **a ~ attack; ~ pace** mörderisches Tempo, b) scharf, ätzend: **a ~ letter. 4.** *sl.* verdammt, verflucht.
**blithe** [blaɪð; *Am. a.* blaɪθ] *adj (adv ~ly)* **1.** fröhlich, munter, vergnügt. **2.** unbekümmert.
**blith·er·ing** ['blɪðərɪŋ] *adj Br. colloq.* verdammt: **~ idiot** Vollidiot *m.*
**blitz** [blɪts] **I** *s* **1.** heftiger (Luft)Angriff: **the B~** die deutschen Luftangriffe auf London *(1940/41).* **2.** → **blitzkrieg** I. **II** *v/t* **3.** a) e-n Blitzkrieg führen gegen, b) Großangriffe fliegen *od.* machen auf *(acc),* schwer bombar'dieren: **~ed area** zerbombtes Gebiet. **4.** *fig.* über'rumpeln, (blitzartig *od.* mas'siv) attac'kieren. **'~·krieg** [-kri:g] **I** *s* **1.** Blitzkrieg *m.* **2.** *fig.* Über'rumpelung *f.* **II** *v/t* → **blitz** 3 a.
**bliz·zard** ['blɪzə(r)d] *s* Blizzard *m,* Schneesturm *m.*
**bloat¹** [bləʊt] **I** *v/t* **1.** *meist* **~ up** aufblasen, -blähen *(a. fig.).* **II** *v/i* **2.** *a.* **~ out** auf-, anschwellen. **III** *s* **3.** aufgeblasene Per-'son. **4.** *sl.* Säufer *m.* **5.** *vet.* Blähsucht *f.*
**bloat²** [bləʊt] *v/t bes. Heringe* räuchern: **~ herring** → **bloater.**
**bloat·ed** ['bləʊtɪd] *adj* aufgeblasen *(a. fig. Person),* (an)geschwollen, aufgebläht *(a. fig. Budget etc),* aufgedunsen *(Gesicht etc):* **~ with pride** stolzgeschwellt.
**'bloat·er** *s* Räucherhering *m,* Bückling *m.*
**blob** [blɒb] *s* **1.** *a.* **~ of** *(Farb-, Tin-ten)*Klecks *m, (Wachs- etc)*Tropfen *m:* **a ~ of jam** ein Klecks Marmelade. **2.** etwas Undeutliches *od.* Formloses: **small ~s of** satire satirische Ansätze. **3.** *Kricket: sl.* null Punkte *pl.* **II** *v/t* **4.** beklecksen.
**bloc** [blɒk; *Am.* blɑk] *s econ. pol.* Block *m.*
**block** [blɒk; *Am.* blɑk] **I** *s* **1.** a) Block *m,* Klotz *m (aus Stein, Holz, Metall etc),* b) *arch.* (hohler) Baustein, c) Baustein *m,* (Bau)Klötzchen *n (für Kinder).* **2.** Hackklotz *m.* **3. the ~** der Richtblock: **to go to the ~** das Schafott besteigen; **to send s.o. to the ~** *j-n* aufs Schafott schicken. **4.** *(Schreib-, Notiz- etc)*Block *m.* **5.** *Buchbinderei:* Prägestempel *m.* **6.** Pe'rückenstock *m.* **7.** *colloq.* ‚Birne' *f (Kopf).* **8.** Hutstock *m.* **9.** *Schuhmacherei:* a) Lochholz *n,* b) Leisten *m.* **10.** *print.* a) Kli'schee *n,* Druckstock *m,* b) Ju'stierblock *m (für Stereotypieplatten),* c) Farbstein *m (für Klischees).* **11.** *tech.* Block *m,* Kloben *m,* Rolle *f:* **~ and pulley, ~ and fall, ~ and tackle** Flaschenzug *m.* **12.** *tech.* (Auflage)Block *m,* Sockel *m,* Gestell *n.* **13.** *mot.* (Motor-, Zylinder-) Block *m.* **14.** *tech.* Block *m (dicke Platte von Kunststoffhalbzeug).* **15.** *rail.* Block-

---

strecke *f.* **16.** a) *a.* **~ of flats** *Br.* Wohnhaus *n,* b) → **office block,** c) *Am.* Zeile *f (Reihenhäuser),* d) *bes. Am.* (Häuser-) Block *m:* **three ~s from here** drei Straßen weiter. **17.** Bauland *n.* **18.** a) *bes. Austral.* Siedlungsgrundstück *n,* b) *oft* **B~** *Austral.* Stadtprome͵nade *f.* **19.** *bes. Am.* (Ausstellungs)Sockel *m (für Maschinen etc):* **to put on the ~** zur Versteigerung anbieten. **20.** *sport (Start)*Block *m.* **21.** *fig.* Block *m,* Gruppe *f,* Masse *f, z. B.* a) *a.* **~ of shares** *(bes. Am.* **stocks)** *econ.* 'Aktienpa͵ket *n,* b) *a.* **~ of seats** Zuschauerblock *m,* Sitzreihe(n *pl) f, c) a.* **~ of information** *(Computer)* Datenblock *m,* d) *Statistik:* Testgruppe *f.* **22.** *med.* Blok-'kierung *f,* Block *m: mental* ~ *fig.* (geistige) Sperre. **23.** a) Hindernis *n,* b) Absperrung *f,* c) Verstopfung *f,* (Verkehrs-) Stockung *f,* (-)Stauung *f:* **traffic ~; there was a ~ in the pipe** das Rohr war verstopft. **24.** Dummkopf *m.* **25.** *sport* Abblocken *n (e-s Gegenspielers, Schlags etc).* **26.** *Volleyball:* Block *m:* **three-man ~** Dreierblock.
**II** *v/t* **27.** (auf e-n Block) formen: **to ~ a** hat. **28.** *Buchbinderei:* (mit Prägestempeln) pressen. **29.** *tech.* a) sperren, b) aufbocken. **30.** a) hemmen, hindern *(a. fig.),* b) *fig.* verhindern, durch'kreuzen: **to ~ a bill** *parl. Br.* die Annahme e-s Gesetzentwurfes *(durch Hinausziehen der Beratung)* verhindern. **31.** (ab-, ver)sperren, bloc'kieren, verstopfen: **road ~ed** Straße gesperrt; **my nose is ~ed** =e Nase ist verstopft *od.* zu. **32.** *econ.* Konten sperren, *Geld* einfrieren, bloc'kieren: **~ed account** Sperrkonto *n;* **~ed credit** eingefrorener Kredit. **33.** *chem.* blok-'kieren, *Säuren* neutrali'sieren, *Katalysator* inakti'vieren. **34.** *sport Gegenspieler, Schlag etc* abblocken.
**III** *v/i* **35.** *sport* s-n Gegenspieler, den Schlag *etc* abblocken. **36.** *(unerwünscht)* zs.-kleben *(Papier).* **37.** *tech.* bloc'kieren *(Rad etc).*
*Verbindungen mit Adverbien:*
**block| in** *v/t* **1.** entwerfen, skiz'zieren. **2.** *Fenster etc* zumauern. **~ out** *v/t* **1.** → **block in** 1. **2.** *Licht* nehmen *(Bäume etc).* **3.** *phot.* Teil e-s Negativs abdecken. **~ up** → **block** 31.
**block ad·dress** *s Computer:* 'Block-a͵dresse *f.*
**block·ade** [blɒ'keɪd; *Am.* blɑ-] **I** *s* **1.** Bloc'kade *f:* **economic ~** Wirtschaftsblockade; **to break** *(od.* **run) a ~** e-e Blockade brechen. **2.** a) Hindernis *n,* b) Sperre *f,* Barri'kade *f.* **II** *v/t* **3.** e-e Bloc'kade verhängen über *(acc).* **4.** blok-'kieren, ab-, versperren.
**block·ad·er** *s* Bloc'kadeschiff *n.*
**block·ade-͵run·ner** *s* Bloc'kadebrecher *m.*
**'block·age** *s* **1.** Bloc'kierung *f.* **2.** Verstopfung *f:* **there was a ~ in the pipe** das Rohr war verstopft.
**block| brake** *s tech.* Backenbremse *f.* **'~·bust·er** *s colloq.* **1.** *mil.* Minenbombe *f.* **2.** ‚Knüller' *m (Sache),* (*a. Person)* ‚Wucht' *f.* **3.** *Am. Immobilienspekulant, der den Bewohnern e-r weißen Wohngegend einredet, ihr Gebiet werde von Angehörigen rassischer Minderheiten überschwemmt, damit sie unter Wert verkaufen.* **~ cap·i·tals** *s* block letter 2. **~ chain** *s tech.* **1.** Kette *f* ohne Ende. **2.** Flaschenzugkette *f.* **~ di·a·gram** *s tech.* 'Blockdia͵gramm *n, electr. meist* Blockschaltbild *n.* **'~·head** *s* Dummkopf *m.* **'~·head·ed** *adj* dumm, einfältig. **'~·house** *s* Blockhaus *n.*
**'block·ish** *adj* dumm, einfältig.
**block| let·ter** *s print.* **1.** Holztype *f.* **2.** *pl* Blockschrift *f.* **~ plan** *s* skiz'zierter Plan.

**~ plane** *s tech.* Stirnhobel *m.* **~ print** *s*
**1.** Holz-, Li¹nolschnitt *m.* **2.** Kat¹tun-,
Tafel-, Handdruck *m.* **~ print·ing** *s*
**1.** Handdruck *m* (*Verfahren*). **2.** Drucken
*n od.* Schreiben *n* in Blockschrift. **~ sig-nal** *s rail.* ¹Blocksi₍gnal *n.* **~ sys-tem** *s* **1.** *rail.* ¹Blocksy₍stem *n.* **2.** *electr.*
Blockschaltung *f.* **~ tin** *s tech.* Blockzinn
*n.* **~ vote** *s* Sammelstimme *f* (*wobei ein
Abstimmender e-e ganze Gruppe vertritt*).
**bloke** [bləʊk] *s bes. Br. colloq.* Kerl *m.*
**blond** [blɒnd; *Am.* blɑnd] **I** *s* **1.** Blonde(r)
*m.* **II** *adj* **2.** blond (*Haar*), hell (*Haut, Au-gen*). **3.** blond(haarig). **blonde** [blɒnd;
*Am.* blɑnd] **I** *s* **1.** Blon¹dine *f.* **2.** *a.* **~ lace**
Blonde *f* (*Spitze aus Rohseide*). **II** *adj* →
**blond II.**
**blood** [blʌd] **I** *s* **1.** Blut *n*: **to give one's ~**
(**for**) sein Blut *od.* sein Leben lassen (für);
**to have English ~ in one's veins** eng-lisches Blut in den Adern haben; **to taste
~** Blut lecken; **to inject fresh ~ into** *fig.*
frisches Blut zuführen (*dat*); **his ~ froze**
(*od.* **ran cold**) das Blut erstarrte ihm in
den Adern; **~ and thunder** *fig.* ,Mord u.
Totschlag‘ *m* (*in der Literatur etc*). **2.** *fig.*
Blut *n*, Tempera¹ment *n*: **it made his ~
boil** es brachte ihn in Rage; **his ~ was
up** sein Blut war in Wallung; **to breed**
(*od.* **make**) **bad** (*od.* **ill**) **~** böses Blut ma-chen *od.* schaffen (**between** zwischen
*dat*); **one cannot get ~ out of a stone**
man kann von herzlosen Menschen kein
Mitgefühl erwarten; → **cold blood. 3.**
(*edles*) Blut, Geblüt *n*, Abstammung *f*:
**prince of the ~ royal** Prinz *m* von
königlichem Geblüt; **a gentleman of ~**
ein Herr aus adligem Haus; → **blue
blood. 4.** Blutsverwandtschaft *f*, Fa¹mi-lie *f*, Geschlecht *n*: **allied** (*od.* **related**)
**by ~** blutsverwandt; **~ will out** Blut
bricht sich Bahn; **~ is thicker than
water** Blut ist dicker als Wasser; **it runs
in the ~** es liegt im Blut *od.* in der Familie.
**5.** *zo.* Vollblut *n* (*bes. Pferd*). **6.** (*bes.* roter)
Saft: **~ of grapes** Traubensaft. **7.** Blut-vergießen *n*, Mord *m*: **his ~ be on us** *Bibl.*
sein Blut komme über uns. **8.** *obs.* Leben
*n*, Lebenskraft *f*: **in ~** kraftvoll, gesund
(*Tier*). **9.** *obs.* Lebemann *m*, Dandy *m.* **10.**
*Br. colloq.* ,Reißer‘ *m* (*Roman*). **II** *v/t* **11.**
*hunt.* e-n Hund an Blut gewöhnen. **12.** j-n
s-e Feuertaufe (*im Krieg u. fig.*) erleben
lassen, *fig.* j-n *od.* etwas ,taufen‘ *od.* ein-weihen.
**blood| al·co·hol** *s med.* Blutalkohol *m*:
**~ concentration** Blutalkoholgehalt *m*,
,Promille‘ *pl.* **~-and-¹thun·der** *adj*: **~
novel** ,Reißer‘ *m.* **~ bank** *s med.* Blut-bank *f.* **¹~-bath** *s* Blutbad *n.* **~ blis·ter** *s
med.* Blutblase *f.* **~ bond** *s* Blutsbande *pl.*
**~ broth·er** *s* **1.** leiblicher Bruder. **2.**
Blutsbruder. *m.* **~ broth·er·hood** *s*
Blutsbrüderschaft *f.* **~ cell** *s physiol.*
Blutzelle *f*, *bes.* rotes Blutkörperchen. **~
clot** *s med.* Blutgerinnsel *n*, Thrombus
*m.* **~ count** *s med.* Blutkörperchenzäh-lung *f*, Blutbild *n.* **~ cri·sis** *s med.* Blut-krise *f.* **¹~-cur·dler** *s colloq.* ,Reißer‘ *m*
(*Roman od. Theaterstück*). **¹~-cur·dling**
*adj* grauenhaft. **~ do·na·tion** *s* Blut-spende *f.* **~ do·nor** *s med.* Blutspender
(-in).
**blood·ed** [¹blʌdɪd] *adj* **1.** reinrassig,
Vollblut... (*Tier*). **2.** (*in Zssgn*) ...blütig: →
**pureblooded,** *etc.*
**blood| feud** *s* Blutfehde *f.* **~ gland** *s
physiol.* endo¹krine Drüse. **~ group** *s
med.* Blutgruppe *f.* **~ group·ing** *s med.*
Blutgruppenbestimmung *f.* **¹~-guilt,
¹~-guilt·i·ness** *s* Blutschuld *f.* **¹~-
¹guilt·y** *adj* mit Blutschuld beladen. **~
heat** *s physiol.* Blutwärme *f*, ¹Körper-tempera₍tur *f.* **~ horse** *s* Vollblut(pferd)
*n*, Vollblüter *m.* **¹~-hound** *s* Bluthund *m*

(*a. fig.*). **~-is·lands** *s pl med.* Blutinseln *pl*
(*des Embryos*).
**¹blood·less** *adj* **1.** blutlos, -leer (*a. fig.*
*leblos*). **2.** bleich. **3.** gefühllos, kalt.
**4.** unblutig, ohne Blutvergießen: **~
revolution;** ~ **victory.**
**¹blood|₍let·ting** *s* **1.** *med.* Aderlaß *m* (*a.
fig.*). **2.** Blutvergießen *n* (*bes. bei e-r Blut-fehde*). **¹~-line** *s biol. zo.* Blutlinie *f* (*Ab-stammungsverlauf*). **~ meal** *s agr.* Blut-mehl *n.* **¹~-mo₍bile** [-məʊ₍biːl] *s med.
Am.* fahrbare Blutspenderstelle. **~
mon·ey** *s* Blutgeld *n.* **~ or·ange** *s* ¹Blut-o₍range *f.* **~ pic·ture** *s med.* Blutbild *n.* **~
plas·ma** *s physiol.* Blutflüssigkeit *f*,
-plasma *n.* **~ poi·son·ing** *s med.* Blut-vergiftung *f.* **~ pres·sure** *s med.* Blut-druck *m.* **~ pud·ding** *s* Blutwurst *f.*
**₍~-¹red** *adj* blutrot. **~ re·la·tion** *s* Bluts-verwandte(r *m*) *f.* **~ re·la·tion·ship** *s*
Blutsverwandtschaft *f.* **~ rel·a·tive** *s*
Blutsverwandte(r *m*) *f.* **~ re·venge** *s*
Blutrache *f.* **¹~-root** *s bot.* Blutwurz *f.* **~
sam·ple** *s med.* Blutprobe *f.* **~ sau-sage** *s bes. Am.* Blutwurst *f.* **~ se·rum**
*s physiol.* Blutserum *n.* **¹~-shed, ¹~-
₍shed·ding** *s* Blutvergießen *n.* **¹~-shot**
*adj* ¹blutunter₍laufen. **~ spav·in** *s vet.*
Blutspat *m* (*Pferd*). **~ spec·i·men** *s med.*
Blutprobe *f.* **~ sport** *s hunt.* Hetz-, *bes.*
Fuchsjagd *f.* **¹~-stain** *s* Blutfleck *m.*
**¹~-stained** *adj* blutbefleckt. **¹~-stock** *s*
Vollblutpferde *pl.* **¹~-stone** *s min.* **1.** Blut-stein *m*, Häma¹tit *m.* **2.** Helio¹trop *m* (*e-e
Quarz-Abart*). **~ stream** *s* **1.** *physiol.*
Blutstrom *m*, -kreislauf *m.* **2.** *fig.* Lebens-strom *m.* **¹~-suck·er** *s zo.* Blutsauger *m*
(*a. fig.*). **~ sug·ar** *s physiol.* Blutzucker *m*,
Glu¹kose *f.* **~ test** *s med.* ¹Blutprobe *f*,
-unter₍suchung *f.* **¹~-thirst, ¹~-thirst-i·ness** *s* Blutdurst *m.* **¹~-thirst·y** *adj*
blutdürstig. **~ trans·fu·sion** *s med.*
¹Bluttransfusi₍on *f*, -über₍tragung *f.* **~
type** *s med.* Blutgruppe *f.* **¹~-type** *v/t*
*med.* die Blutgruppe (*gen*) bestimmen. **~
typ·ing** *s med.* Blutgruppenbestim-mung *f.* **¹~-₍vas·cu·lar** *adj anat.* Blut-gefäß...: **~ system;** ~ **gland** Blut-, Hor-mondrüse *f.* **~ ven·geance** *s* Blutrache
*f.* **~ ves·sel** *s anat.* Blutgefäß *n.* **¹~-wort** *s
bot.* **1.** Blutampfer *m.* **2.** Attich *m.* ¹Zwerg-ho₍lunder *m.* **3.** (*e-e*) ¹Blutnar₍zisse.
**4.** (*ein*) Tausend¹güldenkraut *n.* **5.** Schaf-garbe *f.* **6.** Ruprechtskraut *n.*
**¹blood·y I** *adj* **1.** blutig, blutbefleckt.
**2.** Blut...: **~ feud;** ~ **flux** *med.* rote Ruhr.
**3.** blutdürstig, -rünstig, mörderisch,
grausam: **a ~ battle** e-e blutige Schlacht.
**4.** *Br. sl.* verdammt, verflucht (*oft nur
verstärkend*): **~ fool** Vollidiot *m*; **not a ~
soul** kein Schwanz‘. **II** *adv* **5.** *Br. sl.*
verdammt, verflucht: **~ awful** saumäßig,
ganz fürchterlich; **not ~ likely!** kommt
überhaupt nicht in Frage!; **he can ~ well
wait** der Kerl kann ruhig warten. **III** *v/t*
**6.** blutig machen, mit Blut beflecken.
**7.** j-n blutig schlagen. **B~ Ma·ri·a** *s Am.*
Getränk aus Tequila u. Tomatensaft. **B~
Ma·ry** *s* Getränk aus Wodka u. Tomaten-saft. **₍~-¹mind·ed** *adj Br. colloq.* **1.** stur.
**2.** boshaft, niederträchtig. **~ shirt** *s*: **to
wave the ~** *Am.* hetzen, Haßgesänge
anstimmen.
**bloo·ey** [¹bluːiː] *adj*: **to go ~** *Am. sl.*
schief-, danebengehen.
**bloom¹** [bluːm] **I** *s* **1.** Flaum *m*, Hauch *m*
(*auf Früchten u. Blättern*), Schmelz *m* (*a.
fig.*). **2.** *poet.* Blume *f*, Blüte *f*, Flor *m*: **to
be in full ~** in voller Blüte stehen. **3.**
Blüte(zeit) *f*, Jugend(frische) *f*, Glanz *m*:
**the ~ of youth** die Jugendblüte; **the ~ of
her cheeks** das rosige Frische ihrer
Wangen. **4.** *Brauerei:* Gärungsschaum
*m.* **5.** Wolkigkeit *f* (*des Firnisses*).
**6.** Fluores¹zenz *f* (*von Petroleum*). **7.** *TV*

Über¹strahlung *f.* **8.** *min.* Blüte *f.* **II** *v/i*
**9.** blühen, in Blüte stehen (*a. fig.*).
**10.** (er)blühen, (*in Jugendfrische, Schön-heit etc*) (er)strahlen.
**bloom²** [bluːm] *s metall.* **1.** Vor-, Walz-block *m.* **2.** Puddelluppe *f*: **~ steel** Lup-penstahl *m.*
**bloom·er** [¹bluːmə(r)] *s bes. Br. colloq.*
grober Fehler, Schnitzer *m.*
**bloom·ers** [¹bluːmə(r)z] *s pl a.* **pair of ~**
**1.** *hist.* (Damen)Pumphose *f.* **2.** *Am.*
Schlüpfer *m* mit langem Bein.
**¹bloom·ing¹** *adj* **1.** blühend (*a. fig.*).
**2.** *colloq.* (*a. adv*) verflixt.
**¹bloom·ing²** *s metall.* Luppenwalzen *n.*
**bloop** [bluːp] *colloq.* **I** *s* Film etc: Kleb-stellengeräusch *n.* **II** *v/i Radio:* heulen.
**bloop·er** [¹bluːpə(r)] *s bes. Am. colloq.*
**1.** grober Fehler, Schnitzer *m.* **2.** pein-licher Irrtum.
**blos·som** [¹blɒsəm; *Am.* ¹blɑ-] **I** *s*
**1.** *a*) (*bes. fruchtbildende*) Blüte, *b*) Blü-tenstand *m*, -fülle *f*: **to be in full ~** in
voller Blüte stehen. **2.** *fig.* Blüte(zeit) *f.*
**3.** *fig.* ,Perle‘ *f* (*hervorragende Sache od.
Person*). **4.** Pfirsichfarbe *f.* **II** *v/i* **5.** blü-hen: *a*) Blüten treiben (*a. fig.*), *b*) *fig.*
gedeihen: **to ~** (**out**) *fig.* erblühen, gedei-hen (**into** zu).
**blot** [blɒt; *Am.* blɑt] **I** *s* **1.** (*Farb-, Tinten-*)
Klecks *m.* **2.** *fig.* (Schand)Fleck *m*, Makel
*m*: **to cast a ~ upon s.o.** j-n verunglimp-fen; → **escutcheon 1. 3.** Verunstaltung *f*,
Schönheitsfehler *m.* **II** *v/t* **4.** (*mit Tinte
etc*) beklecksen: → **copybook 1. 5.** *fig.*
*a*) beflecken, *b*) verunglimpfen. **6.** *oft* **~
out** Schrift aus-, ¹durchstreichen. **7.** *oft* **~
out** e-e Familie etc, *a. fig.* Erinnerungen
auslöschen. **8.** *den* Himmel verdunkeln
(*Wolken*), Berge etc einhüllen (*Nebel*).
**9.** (*mit Löschpapier*) (ab)löschen.
**10.** *print.* unsauber abziehen. **III** *v/i*
**11.** klecksen, schmieren.
**blotch** [blɒtʃ; *Am.* blɑtʃ] **I** *s* **1.** (*Farb-,
Tinten-*)Klecks *m.* **2.** *fig.* Makel *m*,
(Schand)Fleck *m.* **3.** *med.* Hautfleck *m.* **4.**
*bot. allg.* Fleckenkrankheit *f.* **II** *v/t* **5.** (*mit
Tinte etc*) beklecksen. **II** *v/i* **6.** klecksen,
schmieren. **¹blotch·y** *adj* **1.** klecksig.
**2.** *med.* fleckig (*Haut*).
**blot·ter** [¹blɒtə; *Am.* ¹blɑtər] *s* **1.** (Tin-ten-)Löscher *m.* **2.** *Am.* *a*) Eintragungs-buch *n*, Kladde *f*, *b*) → **police blotter.**
**blot·tesque** [blɒ¹tesk; *Am.* blɑ-] *adj*
*paint.* mit schweren (Pinsel)Strichen aus-geführt.
**blot·ting|book** *s* ¹Löschpa₍pierblock *m.*
**~ pad** *s* ¹Schreib₍unterlage *f od.* Block *m*
aus ¹Löschpa₍pier. **~ pa·per** *s* Lösch-pa₍pier *n.*
**blot·to** [¹blɒtəʊ; *Am.* ¹blɑ-] *adj sl.* (*stink-*)
besoffen, ,sternhagelvoll‘.
**blouse** [blaʊz; *Am.* blaʊs] *s* **1.** Bluse *f.* **2.**
*a*) *bes. mil.* Uni¹formjacke *f*, *b*) *mil.* Feld-bluse *f.*
**blow¹** [bləʊ] **I** *s* **1.** Blasen *n*, Wehen *n.*
**2.** *a*) *mar.* steife Brise, *b*) Luftzug *m*,
frischer Wind: **to go for a ~** an die frische
Luft gehen. **3.** Blasen *n*, Stoß *m* (*in ein
Instrument*): **a ~ on a whistle** ein Pfiff.
**4.** *a*) Schnauben *n*, *b*) (Nase)Schneuzen
*n*: **to give one's nose a ~** sich die Nase
putzen, sich schneuzen. **5.** *Am. colloq.*
*a*) Angabe *f*, Angebe¹rei *f*, *b*) Angeber *m.*
**6.** Eierlegen *n*, Schmeiß *m* (*der Fliegen*).
**7.** *tech.* *a*) undichte Stelle, Leck *n*,
*b*) Damm-, Deichbruch *m.* **8.** *metall.*
Chargengang *m* (*Hochofen*), Schmelze *f*
(*Konverterbetrieb*). **9.** Verschnauf-, Atempause *f.* **10.** → **blow-out 4.**
**II** *v/i pret* **blew** [bluː] *pp* **blown**
[bləʊn] **11.** blasen, wehen, pusten: **it is
~ing hard** es weht ein starker Wind; **to ~
hot and cold** *fig.* unbeständig *od.* wet-

terwendisch sein. **12.** *mus.* a) blasen, spielen (**on** auf *dat*), b) *Am. sl.* Jazz spielen. **13.** ertönen (*Pfiff etc*), (er)schallen (*Trompete etc*). **14.** keuchen, schnaufen, pusten. **15.** zischen (*Schlange*). **16.** spritzen, blasen (*Wal, Delphin*). **17.** Eier legen (*Schmeißfliege*). **18.** *Am. colloq.* angeben. **19.** *sl.* ,verduften', ,abhauen'. **20.** *tech.* a) quellen (*Zement*), b) Blasen bilden (*Papier etc*). **21.** (*aus dem Bohrloch*) 'unkontrol₁liert ausbrechen (*Erdgas, Erdöl*). **22.** a) explo'dieren, in die Luft fliegen, b) platzen (*Reifen etc*), c) *electr.* 'durchbrennen (*Sicherung*).
**III** *v/t* **23.** blasen, wehen, (auf)wirbeln, treiben (*Wind*). **24.** Rauch etc blasen, pusten: → **kiss** 1. **25.** *Suppe etc* blasen, *Feuer* anfachen, *den Blasebalg* treten *od.* ziehen. **26.** *die Trompete etc* blasen, ertönen lassen: **to ~ the horn** a) *das Horn* blasen, ins Horn stoßen, b) *mot.* hupen; **to ~ one's own horn** *Am. fig.* sein eigenes Lob(lied) singen; → **trumpet** 1, **whistle** 6. **27.** *bes. ein Pferd* a) außer Atem bringen, b) verschnaufen lassen. **28.** aufblasen, -blähen: **to ~ bubbles** Seifenblasen machen; **to ~ glass** Glas blasen. **29.** a) → **blow up** 1, b) he blew a fuse *electr.* ihm ist die Sicherung durchgebrannt (*a. fig. colloq.*); **to ~ a gasket**, **to ~ one's cool** (*od.* **lid, stack, top**) *colloq.* ,an die Decke gehen' (*vor Wut*), e-n ,Tobsuchtsanfall bekommen'; **to ~ s.o.'s mind** j-s Bewußtsein verändern (*Droge*), *fig.* j-n vom Stuhl hauen'. **30.** *sl.* a) ,verpfeifen', verraten, b) enthüllen, aufdecken: → **gaff³** 2, **lid** 1. **31.** aus-, 'durchblasen: **to ~ one's nose** sich die Nase putzen, sich schneuzen; **to ~ an egg** ein Ei ausblasen; **to ~ an oil well** *tech.* die Ölquelle durch Sprengung löschen. **32.** *sl. e-e Droge* a) rauchen: **to ~ grass** ,kiffen', b) ,schnüffeln', ,sniffen' (*inhalieren*). **33.** *sl. Geld* ,verpulvern' (**on** für). **34.** *Am. sl.* **to ~ s.o. to s.th.** j-m etwas spendieren; **to ~ o.s. to s.th.** sich etwas leisten. **35.** *sl.* a) *Klassenarbeit etc* ,versauen', b) *sport Chance* vergeben. **36.** *sl.* ,verduften' *od.* ,abhauen' von *od.* aus (*e-r Stadt etc*). **37.** **to ~ s.o.** *vulg.* j-m e-n ,blasen' (*j-n fellationieren*). **38.** (*pp* **blowed**) *colloq.* verfluchen: ~ **it!** verdammt!; **I'll be ~ed if** der Teufel soll mich holen, wenn; ~ **the expense!**, expense be ~ed! Kosten spielen keine Rolle! **39.** *Damespiel:* e-n *Stein* wegnehmen.
*Verbindungen mit Adverbien:*
**blow| a·way** *v/t* **1.** fort-, wegblasen, -fegen (*a. fig.*): → **cobweb** 1. **2.** *fig.* verjagen. ~ **down I** *v/t* **1.** um-, her'unterwehen. **II** *v/i* **2.** um-, her'untergeweht werden. ~ **in I** *v/t* **1.** *Scheiben* eindrücken (*Wind*). **2.** *tech.* den *Hochofen* anblasen. **II** *v/i* **3.** eingedrückt werden. **4.** *colloq.* ,her'einschneien' (*Besucher*). ~ **off I** *v/t* **1.** → **blow away** 1 *u.* 2. **2.** *tech.* Dampf *od.* Gas ablassen: → **steam** 1. **II** *v/i* **3.** abtreiben (*Schiff*). **4.** ausströmen (*Dampf etc*). **5.** *Am. colloq.* ,meckern', schimpfen (**about** über *acc*). **6.** *Br. sl.* ,e-n fahren lassen'. ~ **out I** *v/t* **1.** *Licht* ausblasen, a. *Feuer* (aus)löschen. **2.** *tech.* den *Hochofen* ausblasen. **3.** *electr.* *Funken etc* löschen. **4.** a) *Rohr etc* 'durch-, ausblasen, b) etwas her'ausblasen. **5.** her'aussprengen, -treiben: **to ~ one's brains** *colloq.* sich e-e Kugel durch den Kopf jagen. **6.** *e-n Reifen etc* platzen lassen: **he blew out a** tire(*bes. Br.* **tyre**) ihm *od.* an s-m Wagen platzte ein Reifen. **7.** → **blow¹** 29 b. **8.** to blow itself out → 13. **II** *v/i* **9.** ausgeblasen werden, verlöschen. **10.** her'ausgetrieben werden. **11.** → **blow¹** 22 b u. c. **12.** verpuffen (*Sprengladung*). **13.** sich austoben (*Sturm*). **14.** →

**blow¹** 21. ~ **o·ver I** *v/t* **1.** 'umwehen. **II** *v/i* **2.** 'umgeweht werden. **3.** sich legen (*Sturm*) (*a. fig.*). ~ **up I** *v/t* **1.** a) (in die Luft) sprengen, b) vernichten, zerstören, c) zur Explosi'on bringen. **2.** aufblasen, -pumpen. **3.** a) *ein Foto* vergrößern, b) *fig.* aufbauschen (**into** zu). **4.** *colloq.* a) sich negativ auswirken auf (*acc*), b) *j-s Ruf etc* rui'nieren. **5.** *colloq.* j-n ,anschnauzen'. **II** *v/i* **6.** a) in die Luft fliegen, b) explo'dieren (*a. fig. colloq.*): **to ~ at s.o.** j-n ,anschnauzen'. **7.** sich aufblasen *od.* aufpumpen lassen. **8.** losbrechen (*Sturm etc*), ausbrechen (*Streit etc*). **9.** *colloq.* rui'niert werden (*Ruf etc*). **10.** *fig. colloq.* auf-, eintreten.

**blow²** *s* **1.** Schlag *m*, Streich *m*, Hieb *m*, Stoß *m*: **at one** (*od.* **a [single]**) ~ mit 'einem Schlag; **without (striking) a** ~ a) ohne jede Gewalt(anwendung), b) mühelos; **to come to ~s** handgemein *od.* handgreiflich werden; **to strike a ~ against** e-n Schlag versetzen (*dat*) (*a. fig.*); **to strike a ~ for** j-e. sich einsetzen für, e-e Lanze brechen für; ~ **by** ~ *fig.* genau, minuti'ös, detailliert. **2.** *fig.* (Schicksals)Schlag *m*: **it was a great** (*od.* **heavy**) ~ **to his pride** es traf ihn schwer in s-m Stolz.

**blow³** [bləʊ] **I** *v/i pret* **blew** [bluː] *pp* **blown** [bləʊn] (auf-, er)blühen. **II** *s* Blüte(zeit) *f*: **to be in full** ~ in voller Blüte stehen.

**'blow·back** *s mil. tech.* Rückstoß *m*: ~ (**-operated gun**) Gasdrucklader *m*. **'~ball** *s bot.* Pusteblume *f*. **~-by--'blow** *adj* genau, minuti'ös, detail'liert. **'~dry** *v/t* a) *j-m die Haare* fönen: **to ~ s.o.'s hair**, b) *j-m* die Haare fönen: **to ~ s.o.** ~ **dry·er** *s* Haartrockner *m*, Fön *m* (*TM*).

**blowed** [bləʊd] *pp von* **blow¹** 38.
**'blow·er I** *s* **1.** Bläser *m*: ~ **of a horn** Hornist *m*. **2.** *tech.* Gebläse *n*. **3.** *mot.* Vorverdichter *m*, Auflader *m*. **4.** *Am. colloq.* Angeber *m*. **5.** *Br. colloq.* Tele'fon *n*: **to get on the** ~ ,sich an die Strippe hängen'; **to get on the** ~ **to s.o.** j-n anrufen. **II** *adj* **6.** *tech.* Gebläse...: **cooling** Gebläsekühlung *f*. **7.** *mot.* Vorverdichtungs...: **~(-type) supercharger** Aufladegebläse *n*.
**'blow·fly** *s zo.* Schmeißfliege *f*, *bes.* Blauer Brummer. ~ **form·ing** *s tech.* Blasverformung *f* (*von Folien*). **'~gun** *s* **1.** Blasrohr *n*. **2.** *tech.* 'Spritzpi₁stole *f*. **'~hard** *s Am. colloq.* Angeber *m*. **'~hole** *s* **1.** Luft-, Zugloch *n*. **2.** Nasenloch *n* (*Wal*). **3.** Loch *n* im Eis (*zum Atmen für Wale etc*). **4.** *metall.* (Luft)Blase *f* (*im Guß*), Lunker *m*. ~ **job** *s*: **to do a** ~ **on s.o.** *vulg.* j-m e-n ,blasen' (*j-n fellationieren*). **'~lamp** *s tech.* Lötlampe *f*. **'~mo₁bile** [-məʊˌbiːl] *s Am.* Motorschlitten *m* mit Pro'pellerantrieb.
**blown** [bləʊn] **I** *pp von* **blow¹**. **II** *adj* **1.** ~ **film** *tech.* Blasfolie *f*. **2.** außer Atem.
**blown²** [bləʊn] *pp von* **blow³**.
**'blow·off** *s* **1.** *tech.* Ablassen *n* (*von Dampf etc*). **2.** *tech.* Ablaßvorrichtung *f*: ~ **cock** Ablaßhahn *m*; ~ **pipe** Ablaß-, Aufblaserohr *n*. **3.** *Am. colloq.* a) ,Knalleffekt' *m*, Höhepunkt *m*, b) ,Kladderadatsch' *m* (*Skandal*), c) ,Schlager' *m*, Zugnummer *f*, d) → **blowout** 4. **'~out** *s* **1.** a) Zerplatzen *n* (*e-s Behälters*), b) Sprengloch *n*, c) Reifenpanne *f*. **2.** Blowout *m* (*unkontrollierter Ausbruch von Erdgas od. Erdöl aus e-m Bohrloch*). **3.** *electr.* a) 'Durchbrennen *n* der Sicherung: **he had a** ~ ihm ist die Sicherung durchgebrannt (*a. fig. colloq.*), b) a. **magnetic** ~ ma'gnetische Bogenbeeinflussung: ~ **coil** (Funken)Löschspule *f*; ~ **fuse** Durchschlagsicherung *f*. **4.** *colloq.*

,Freß- *od.* Saufgelage' *n*: **to go (out) for a** ~ e-e ,Freß- *od.* Sauftour' machen. **'~pipe** *s* **1.** *tech.* Lötrohr *n*, Schweißbrenner *m*: ~ **analysis** Lötrohranalyse *f*; ~ **proof** Lötrohrprobe *f*. **2.** → **blowtube** 2. **3.** Blasrohr *n*. **'~torch** *s* **1.** *tech.* Lötlampe *f*. **2.** *aer. sl.* Düsentriebwerk *n*. **'~tube** *s* **1.** → **blowgun** 1. **2.** Glasbläserpfeife *f*. **'~up** *s* **1.** Explosi'on *f* (*a. fig. colloq.*). **2.** *fig. colloq.* ,Krach' *m*: **they had a** ~ sie hatten Krach (miteinander). **3.** *phot.* Vergrößerung *f*.
**'blow·y** *adj* windig.
**blowzed** [blaʊzd], **'blowz·y** *adj* **1.** (drall u.) rotgesichtig (*Frau*). **2.** schlampig (*bes. Frau*).
**blub** [blʌb] *Br. sl. für* **blubber** II, III.
**blub·ber** ['blʌbə(r)] **I** *s* **1.** Tran *m*, Speck *m*. **2.** *colloq.* Schwabbelspeck *m* (*an Menschen u. Tieren*). **3.** Flennen *n*, Geplärr *n*. **II** *v/i* **4.** flennen, plärren, schluchzen. **III** *v/t* **5.** *oft* ~ **out** schluchzen(d sagen). **IV** *adj* **6.** wulstig: ~ **lips**. **'~-cheeked** *adj* pausbäckig.
**blu·cher** ['bluːtʃə(r), -kə(r)] *s hist.* fester Halbschuh zum Schnüren.
**bludg·eon** ['blʌdʒən] **I** *s* **1.** Knüppel *m*, Keule *f*, b) Totschläger *m*. **2.** *fig.* a) heftige Angriffe *pl*, heftige Kri'tik, b) 'Holzhammermeₜthode *f*. **II** *v/t* **3.** mit e-m Knüppel *etc* schlagen, niederknüppeln. **4.** *fig.* tyranni'sieren, drangsa'lieren. **5.** **to ~ s.o. into doing s.th.** j-n zwingen, etwas zu tun.
**blue** [bluː] **I** *adj* **1.** blau: **you can wait till you are ~ in the face** du kannst warten, bis du schwarz wirst; → **moon** 1. **2.** bläulich, fahl (*Licht, Haut etc*). **3.** (grau)blau, dunstig: ~ **distance** blaue Ferne. **4.** *colloq.* melan'cholisch, traurig, bedrückt, depri'miert: **to look** ~ a) traurig dreinblicken (*Person*), b) trüb aussehen (*Umstände*); **a ~ lookout** trübe Aussichten *pl*. **5.** *pol. Br.* konserva'tiv. **6.** blau(gekleidet). **7.** *Am.* (*moralisch*) streng, puri'tanisch: ~ **blue laws**. **8.** *bes. contp.* intellektu'ell (*Frau*). **9.** a) unanständig, gewagt, nicht sa'lonfähig, schlüpfrig: ~ **jokes**, b) Porno...: ~ **film**. **10.** wüst, ordi'när (*Rede*): **to turn the air** ~ lästerlich fluchen. **11.** *colloq.* schrecklich (*oft nur verstärkend*): ~ **despair** helle Verzweiflung; ~ **fear** Heidenangst *f*; → **funk¹** 1, 2, **murder** 1.
**II** *s* **12.** Blau *n*, blaue Farbe: **dressed in** ~ blau *od.* in Blau gekleidet; **chemical** ~ Chemischblau *n*, Indigoschwefelsäure *f*; **constant** ~ Indigokarmin *n*. **13.** blauer Farbstoff, Waschblau *n*. **14.** a) *Student von Oxford od. Cambridge, der bei Wettkämpfen s-e Universität vertritt od. vertreten hat*: **an Oxford** ~ in cricket, b) *blaue Mütze zum Zeichen dafür, daß man s-e Universität bei Wettkämpfen vertritt od. vertreten hat*: **to get** (*od.* **win**) **one's** ~ in die Universitätsmannschaft berufen werden. **15.** *pol. Br.* Konserva'tive(r) *m*. **16.** **the** ~ *poet.* a) der (blaue) Himmel: **out of the** ~ *fig.* aus heiterem Himmel, völlig unerwartet, b) die (weite) Ferne, c) das (blaue) Meer. **17.** *colloq. bes. contp.* Blaustrumpf *m*. **18.** *pl* (*a. als sg konstruiert*) *colloq.* Melancho'lie *f*: **to have the ~s**, **to be in the ~s** ,den Moralischen haben'. **19.** *pl mus.* → **blues**. **2. 20.** *Austral. colloq.* a) ,Krach' *m*, b) Schläge'rei *f*.
**III** *v/t* **21.** blau färben *od.* streichen, *Wäsche* bläuen. **22.** *metall.* blau anlaufen lassen. **23.** *Br. colloq. Geld* ,verpulvern', ,verjuxen', verprassen.
**IV** *v/i* **24.** blau werden.
**blue| ash·es** *s pl* (*meist als sg konstruiert*) *tech.* Kupferblau *n*. ~ **ba·by** *s med.* Blue baby *n* (*Kind mit ausgeprägter Blausucht*

bei angeborenem Herzfehler). '**B**⌐**beard** s (Ritter) Blaubart m (Frauenmörder). '**⌐bell** s bot. **1.** (bes. Rundblättrige) Glockenblume. **2.** Nickende 'Sternhya-ˌzinthe. **3.** 'Traubenhyaˌzinthe f. **4.** Gemeine Akeˈlei. '**⌐ber·ry** [-ˌbərɪ; Am. -ˌberiː] s bot. Blau-, Heidelbeere f. '**⌐bird** s orn. e-e dem Rotkehlchen verwandte Drossel. ⌐**black** adj blauschwarz. ~ **blood** s **1.** blaues Blut, alter Adel. **2.** Aristoˈkrat(in), Adlige(r m) f. ⌐'**blood·ed** adj blaublütig, adlig. ~ **book** s **1.** oft B~ B~ pol. Blaubuch n. **2.** oft B~ B~ colloq. bes. Am. Verzeichnis prominenter Persönlichkeiten. **3.** univ. Am. a) Prüfungsheft n, b) Prüfung f. '**⌐bot·tle** s **1.** zo. Schmeißfliege f, bes. Blauer Brummer. **2.** bot. a) Kornblume f, b) (e-e) 'Traubenhyaˌzinthe. **3.** Br. colloq. ‚Bulle' m (Polizist). ~ **box** s TV, Film: Blue box f (Gerät für ein Projektionsverfahren, bei dem künstliche Hintergründe in Aufnahmestudios geschaffen werden können). ~ **cheese** s Blauschimmelkäse m. ~ **chip** s **1.** Poker: blaue Spielmarke (von hohem Wert). **2.** econ. erstklassiges 'Wertpaˌpier. '**⌐coat** s (Am. ‚Bulle' m (Polizist). ⌐'**col·lar work·er** s (Faˈbrik)Arbeiter(in). ~ **dev·il** s colloq. **1.** pl Säuferwahn m. **2.** pl ~ blue **18. 3.** bot. (e-e) Aster. **B~ En·sign** s Flagge der brit. Marinereserve. ⌐'**eyed** adj **1.** blauäugig. **2.** ~ **boy** colloq. Liebling m (des Chefs etc). **3.** Am. colloq. (bes. von Schwarzen gebraucht) weiß: ~ **devil** contp. Weiße(r m) f. ~ **fox** s zo. Blaufuchs m. '**⌐grass** s bot. Am. (bes. Wiesen)Rispengras m. '**B~ grass State** s Am. (Spitzname für den Staat) Kenˈtucky n. ~ **hel·met** s mil. pol. Blauhelm m (Mitglied der UN-Friedenstruppe). ~ **i·ron earth** s min. Eisenblau n. ~ **i·ron ore** s min. Blaueisenstein m. ~ '**⌐jack·et** s Blaujacke f, Maˈtrose m. ~ **jeans** s pl Blue jeans pl. ~ **laws** s pl Am. strenge, puriˈtanische Gesetze pl, bes. Sonntagsgesetze pl (gegen Entheiligung der Sonn- u. Feiertage). **B~ Man·tle** s Name e-s der 4 Wappenherolde von England. ~ **met·al** s min. blauer Konzentratiˈonsstein (60% Kupfer enthaltend).

'**blue·ness** s **1.** Bläue f, blaue Farbe. **2.** pol. Br. konservaˈtive Einstellung.

'**blue**⌐**nose** s colloq. **1.** Am. Puriˈtaner(in), sittenstrenge Perˈson. **2.** B~ Einwohner(in) von Neuˈschottland. ~ **note** s mus. Blue note f (erniedrigter 3. u. 7. Ton der Durtonleiter im Blues). ~ **pen·cil** s **1.** Blaustift m. **2.** fig. Rotstift m, Zenˈsur f. ⌐'**pen·cil** v/t pret u. pp **-ciled,** bes. Br. **-cilled 1.** Manuskript etc (mit Blaustift) korriˈgieren od. zs.-streichen. **2.** fig. zenˈsieren. ~ **pe·ter** s mar. blauer Peter (Abfahrtssignalflagge). '**⌐print** s **1.** phot. Blaupause f. **2.** fig. Plan, Entwurf m: ~ **stage** Planungsstadium n. **II** v/t **3.** e-e Blaupause machen von (etwas). **4.** e-n (genauen) Plan ausarbeiten für, planen, entwerfen. '**⌐print·er** s Blaudrucker m (Arbeiter u. Maschine). ~ **rib·bon** s **1.** blaues Band: a) Br. des Hosenbandordens, b) Am. als Abzeichen von Mäßigkeitsvereinen, c) bes. sport Auszeichnung für Höchstleistungen: **the B~ R~** mar. das Blaue Band (des Ozeans). **2.** fig. erster Preis, Lorbeer m. '**⌐rib·bon** adj Am. **1.** erstklassig. **2.** herˈausragend. ~ **jury** → special jury.

**blues** [bluːz] s pl **1.** → blue **18. 2.** (a. als sg konstruiert) mus. Blues m.

**blue**⌐**shark** s ichth. Blau-, Menschenhai m. ~ **shift** s phys. astr. Blau-, Vioˈlettverschiebung f. ⌐'**sky law** s Am. Gesetz n zur Verhütung unlauterer Manipulatiˈonen im 'Wertpaˌpierhandel.

'**blues·man** [-mən] s irr mus. **1.** Bluessänger m. **2.** Bluesmusiker m.

**blue**⌐ **spar** s min. Blauspat m, Lazuˈlith m. '**⌐⌐stock·ing** s bes. contp. Blaustrumpf m.

**blu·et** ['bluːɪt] s bot. **1.** Am. (ein) Engelsauge n. **2.** (e-e) Heidelbeere.

'**blue**·**throat** s orn. Blaukehlchen n. '**⌐tit** s orn. Blaumeise f. ~ **vit·ri·ol** s chem. 'Kupfersulˌfat n.

**bluff¹** [blʌf] **I** v/t **1.** a) j-n bluffen: **to** ~ **s.o. into doing** s.th. j-n durch e-n Bluff dazu bringen, etwas zu tun, b) **to** ~ **it out** sich herausreden: **to** ~ **one's way out of** sich herausreden aus. **2.** etwas vortäuschen. **II** v/i **3.** bluffen. **III** s **4.** Bluff m: **to call s.o.'s** ~ j-n zwingen, Farbe zu bekennen. **5.** → bluffer. **6.** pl Am. Scheuklappen pl.

**bluff²** [blʌf] **I** adj **1.** mar. breit (Bug). **2.** schroff, steil (Felsen, Küste). **3.** fig. ehrlich-grob, gutmütig-derb; rauh, aber herzlich. **II** s **4.** Steil-, Felsufer n, Klippe f. **5.** Am. Baumgruppe f.

'**bluff·er** s Bluffer m.

'**bluff·ness** s **1.** Steilheit f. **2.** rauhe Herzlichkeit.

**blu·ing** ['bluːɪŋ] s **1.** Bläuen n (von Wäsche). **2.** (Wasch)Blau n. **3.** bläuliches (Haar)Tönungsmittel. '**blu·ish** adj bläulich.

**blun·der** ['blʌndə(r)] **I** s **1.** (grober) Fehler od. ‚Schnitzer', (gesellschaftlich) Faux-ˈpas m: **to make a** ~ → **2. II** v/i **2.** e-n (groben) Fehler od. ‚Schnitzer' machen, ‚e-n Bock schießen', (gesellschaftlich) e-n Fauxˈpas begehen. **3.** (grobe) Fehler od. ‚Schnitzer' machen, pfuschen, stümpern. **4.** unbesonnen handeln. **5.** stolpern, tappen (beide a. fig.): **he** ~**ed into a dangerous situation; to** ~ **on** a) blind darauflostappen, b) fig. weiterwursteln; **to** ~ **upon** s.th. zufällig auf etwas stoßen. **III** v/t **6.** verpfuschen, verderben, ‚verpatzen'. **7.** meist ~ **out** herˈausplatzen mit.

'**blun·der·buss** [-bʌs] s **1.** mil. hist. Donnerbüchse f. **2.** colloq. für blunderer.

'**blun·der·er** s **1.** Stümper m, Pfuscher m. **2.** Tölpel m.

'**blun·der·head** s Tölpel m. '**⌐⌐head·ed** adj tölpelhaft.

'**blun·der·ing** adj (adv ~ly) **1.** stümperhaft, ungeschickt. **2.** tölpelhaft.

**blunt** [blʌnt] **I** adj **1.** stumpf: ~ **edge; instrument** jur. stumpfer Gegenstand (unidentifizierte Mordwaffe). **2.** fig. abgestumpft, unempfindlich (to gegen). **3.** fig. ungeschliffen, ungehobelt: ~ **manners. 4.** barsch, grob, rauh(beinig). **5.** offen, schonungslos. **6.** dumm, beschränkt. **7.** schlicht. **II** v/t **8.** stumpf machen, abstumpfen (a. fig. to gegen). **9.** fig. die Schärfe od. Spitze nehmen (dat), (ab)schwächen. **III** v/t **10.** stumpf werden, sich abstumpfen. **IV** s **11.** stumpfe Seite (e-r Klinge etc). **12.** pl kurze Nähnadeln pl. **13.** sl. obs. ‚Moˈneten' pl (Geld). '**blunt·ly** adv frei herˈaus, mit schonungsloser Offenheit: **to put it** ~ um es ganz offen zu sagen; **to refuse** ~ glatt ablehnen. '**blunt·ness** s **1.** Stumpfheit f. **2.** fig. Abgestumpftheit f (to gegen). **3.** Grobheit f.

**blur** [blɜː; Am. blɜr] **I** v/t **1.** verwischen: a) Schrift etc verschmieren, b) a. opt. u. fig. undeutlich od. verschwommen machen. **2.** phot. TV verwackeln. **3.** Sinne etc trüben. **4.** besudeln, entstellen. **II** v/i **5.** schmieren. **6.** opt. etc verschwimmen (a. Töne; a. fig. Eindruck etc). **7.** fig. sich verwischen (Unterschiede etc). **III** s **8.** Fleck m, verwischte Stelle. **9.** fig. Makel m, Schandfleck m. **10.** undeutlicher od. nebelhafter Eindruck, verschwommene Vorstellung: **a** ~ **in one's**

memory e-e nebelhafte Erinnerung. **11.** Schleier m od. pl (vor den Augen). **12.** Geräusch n: ~ **of engines** Motorengeräusch.

**blurb** [blɜːb; Am. blɜrb] colloq. **I** s **1.** a) ‚Waschzettel' m, Klappentext m, b) ‚Bauchbinde' f, Reˈklamestreifen m (um ein Buch). **2.** allg. (über'triebene) Anpreisung. **II** v/t **3.** ein Buch mit Waschzettel etc versehen, weitS. Reˈklame machen für (ein Buch etc), anpreisen.

**blurred** [blɜːd; Am. blɜrd], '**blur·ry** adj **1.** unscharf, verschwommen, verwischt (alle a. phot. TV). **2.** fig. nebelhaft.

**blurt** [blɜːt; Am. blɜrt] v/t oft ~ **out** a) herˈausplatzen mit, b) Worte ausstoßen.

**blush** [blʌʃ] **I** v/i **1.** erröten, rot werden (at bei): **to** ~ **for** (od. **with**) **shame** schamrot werden. **2.** fig. sich schämen (for für). **3.** meist poet. sich röten, in rötlichem Glanze erstrahlen. **4.** tech. wolkig od. trübe werden (Lack etc). **II** s **5.** Erröten n, (Scham)Röte f: **to put s.o. to the** ~ j-n zum Erröten od. in Verlegenheit bringen; ~ **spare 1. 6.** a) Röte f, rötlicher Glanz, b) rosiger Hauch. **7. at first** ~ obs. od. poet. auf den ersten Blick. '**blush·er** s Rouge n. '**blush·ing I** s **1.** → blush 5. **II** adj (adv ~ly) **1.** errötend. **3.** schamhaft, züchtig.

**blus·ter** ['blʌstə(r)] **I** v/i **1.** brausen, toben (Wind). **2.** fig. a) poltern, toben, ‚donnern', b) Drohungen ausstoßen, c) (laut) prahlen, sich aufblasen: ~**ing fellow** Großmaul n. **II** v/t **3.** a. ~ **out** a) poltern(d äußern), ‚donnern', b) ‚tönen'. **4.** j-n (durch Drohungen) zwingen (into doing zu tun) od. abbringen (out of von). **III** s **5.** Brausen n, Toben n. **6.** fig. a) Poltern n, Toben n, b) ‚große Töne' pl, Prahlen n, c) Drohung(en pl) f. '**bluster·ing** adj (adv ~ly) **1.** stürmisch (Wetter etc). **2.** fig. a) polternd, b) prahlerisch, c) drohend.

**B mi·nus** s electr. Minuspol m (der Anodenstromversorgung).

**bo¹** [bəʊ] interj huh! (um andere zu erschrecken): **he wouldn't** (od. **couldn't, won't**) **say** ~ **to a goose** er ist ein Hasenfuß.

**bo²** [bəʊ] s Am. sl. alter Knabe (als Anrede).

**bo³** [bəʊ] pl **boes** s Am. sl. Landstreicher m, Tippelbruder m.

**bo·a** ['bəʊə] s **1.** zo. Boa f, Riesenschlange f. **2.** Mode: Boa f. ~ **con·stric·tor** s zo. Boa f conˈstrictor, Königsschlange f.

**boar** [bɔː(r); Am. a. 'bəʊər] s zo. Eber m, (Wildschwein) Keiler m.

**board¹** [bɔː(r)d; Am. a. 'bəʊərd] **I** s **1.** a) Brett n, Diele f, Planke f, b) Leichtathletik: Balken m. **2.** Tisch m, Tafel f (nur noch in festen Ausdrücken): → **above-board, separation 4. 3.** fig. Kost f, Beköstigung f, Verpflegung f, 'Unterhalt m: ~ **and lodging** Kost u. Logis, Wohnung u. Verpflegung, Vollpension f; **to put out to** ~ in Kost geben. **4.** (Beratungs-, Gerichts)Tisch m. **5.** oft B~ Gesˈ. a) Ausschuß m, Kommissiˈon f, b) Amt n, Behörde f, c) Miniˈsterium n: **B~ of Arbitration** econ. Br. Schlichtungsstelle f; ~ **of examiners** Prüfungskommission; **B~ of Health** Gesundheitsbehörde, -amt f; **of directors** econ. Verwaltungsrat m (e-r Aktiengesellschaft); ~ **of management** econ. Vorstand m (e-r Aktiengesellschaft); ~ **of governors** (Schul- etc)Behörde; **B~ of Inland Revenue** econ. Br. oberste Steuerbehörde; **B~ of Trade** Br. Handelsministerium, Am. Handelskammer f; ~ **of trustees** Treuhänderausschuß m; **to be on the** ~ im Verwaltungsrat etc sitzen; → admiralty **2. 6.** (Anschlag-)

Brett *n.* **7.** *ped.* (Wand)Tafel *f.* **8.** (Schach-, Bügel)Brett *n*: **to sweep the ~** a) alles gewinnen, b) überlegen siegen. **9.** *pl thea.* Bretter *pl*, Bühne *f*: **on the ~s** a) beim *od.* am Theater, b) auf der Bühne; **to tread** (*od.* **walk**) **the ~s** ‚auf den Brettern' stehen, Schauspieler(in) sein. **10.** *sport* a) (Surf)Board *n*, b) *pl* ‚Bretter' *pl*, Skier *pl.* **11.** *pl* Eishockey: Bande *f.* **12.** a) Kar'ton *m*, Pappe *f*, Pappdeckel *m*, b) Buchdeckel *m*: **(bound) in ~s** kartoniert, c) *tech.* Preßspan *m.* **13.** *econ. Am.* Börse *f.* **II** *v/t* **14.** dielen, täfeln, mit Brettern belegen *od.* absperren, verschalen: **~ed ceiling** getäfelte Decke; **~ed floor** Bretter(fuß)boden *m.* **15.** beköstigen, in Kost nehmen *od.* geben, Tier in Pflege nehmen *od.* geben (**with** bei). **III** *v/i* **16.** sich in Kost *od.* Pensi'on befinden, wohnen, lo'gieren (**with** bei). *Verbindungen mit Adverbien:* **board | a·round** *v/i Am.* abwechselnd bei j-m anderen speisen. **~ in** → **board up. ~ out I** *v/t* in Kost *od.* Pflege geben. **II** *v/i* auswärts essen. **~ up** *v/t* mit Brettern vernageln.

**board²** [bɔː(r)d; *Am. a.* ˈbəʊərd] **I** *s* **1.** Seite *f*, Rand *m* (*nur noch in Zssgn*): → **seaboard. 2.** *mar.* Bord *m*, Bordwand *f* (*nur in festen Ausdrücken*): **on ~** a) an Bord (*e-s Schiffes, Flugzeugs*), b) im Zug *od.* Bus; **on ~** (a) **ship** an Bord e-s Schiffes; **to go on ~** a) an Bord gehen, b) einsteigen; **to go by the ~** a) über Bord gehen *od.* fallen (*a. fig.*), b) *fig.* zunichte werden (*Hoffnungen, Pläne etc*), c) *fig.* kleingeschrieben werden, nicht mehr gefragt sein (*Höflichkeit etc*). **3.** *mar.* Gang *m*, Schlag *m* (*beim Kreuzen*): **good ~** Schlagbug *m*; **long** (**short**) **~s** lange (kurze) Gänge; **to make ~s** lavieren, kreuzen. **II** *v/t* **4.** a) an Bord (*e-s Schiffes od. Flugzeugs*) gehen, *mar. mil.* entern, b) einsteigen in (*e-n Zug od. Bus*). **III** *v/i* **5.** *mar.* la'vieren.

**board·er** *s* **1.** a) Kostgänger(in), b) Pensi'onsgast *m.* **2.** *ped. Br.* Inter'natsschü-ler(in). **3.** *mar. mil.* Enterer *m*: **~s** Entermannschaft *f.*

**board game** *s* Brettspiel *n.*

**board·ing** *s* **1.** Verschalen *n*, Dielen *n*, Täfeln *n.* **2.** Bretterverkleidung *f*, Verschalung *f*, Dielenbelag *m*, Täfelung *f.* **3.** *pl* Schalbretter *pl.* **4.** Kost *f*, Verpflegung *f.* **~ card** *s aer.* Bordkarte *f.* **~ house** *s* **1.** Pensi'on *f*, Fremdenheim *n.* **2.** *Br.* Wohngebäude *n* e-s Inter'nats. **~ joist** *s tech.* Dielenbalken *m.* **~ of·fi·cer** *s mar.* 'Prisenoffi₁zier *m.* **~ pass** → **boarding card. ~ school** *s* Inter'nat *n*, Pensio'nat *n.*

**board | lot** *s* Börse: *Am.* handlungsfähige Nomi'nalgröße (*z.B. in New York: 100 Stück*). **~man** [-mən] *s irr econ. Am.* Börsenvertreter *m*, -makler *m* (*e-r Firma*). **~meas·ure** *s* Ku'bikmaß *n* (*Raummaß im Holzhandel*). **~meet·ing** *s econ.* Verwaltungsrats-, Vorstandssitzung *f.* **~ room** *s* **1.** Sitzungssaal *m.* **2.** *econ.* Zimmer in e-m Maklerbüro, in dem die Börsennotierungen angeschlagen sind. **~ school** *s Br. hist.* Volksschule *f.* **~ wag·es** *s pl* Kostgeld in (*des Personals*). **~walk** *s* **1.** *Am.* a) Plankenweg *m*, b) (*bes.* hölzerne) 'Strandprome₁nade. **2.** *bes. mil.* Knüppeldamm *m.*

**boar·ish** *adj fig.* a) schweinisch, b) grausam, c) geil.

**boart** → **bort.**

**boast¹** [bəʊst] **I** *s* **1.** Prahle'rei *f*: a) Großtue'rei *f*, b) prahlerische *od.* stolze Behauptung: **to make a ~ of s.th.** sich e-r Sache rühmen. **2.** Stolz *m* (*Gegenstand des Stolzes*): **he was the ~ of his age** er war das Stolz s-r Zeit. **II** *v/i* **3.** (**of, about**)

sich rühmen (*gen*), prahlen, großtun (mit), stolz sein (auf *acc*): **it is not much to ~ of** damit ist es nicht weit her; **he ~s of being strong** er ist stolz darauf, stark zu sein. **III** *v/t* **4.** sich des Besitzes (*e-r Sache*) rühmen (können), aufzuweisen haben, besitzen: **the town ~s the largest stadium of the country.**

**boast²** [bəʊst] *v/t* **1.** Steine roh behauen. **2.** *Bildhauerei:* aus dem Groben arbeiten.

**'boast·er** *s* Prahler *m.*

**'boast·ful** *adj* (*adv* **~ly**) prahlerisch.

**boat** [bəʊt] **I** *s* **1.** Boot *n*, Kahn *m*, Nachen *m*: **to be in the same ~** *fig.* im selben Boot sitzen; **to burn one's ~s** (**behind one**) *fig.* alle Brücken hinter sich abbrechen; **to push the ~ out** *Br. colloq.* ‚ein Faß aufmachen'; **to take to the ~s** *mar.* in die (Rettungs)Boote gehen; → **miss²** 1, **rock²** 2. **2.** Schiff *n* (*jeder Art*), (*Br. a.* Ka'nal)Dampfer *m.* **3.** (bootförmiges) Gefäß, (*bes.* Soßen)Schüssel *f.* **II** *v/i* **4.** (in e-m) Boot fahren, rudern, segeln: **to go ~ing** e-e Bootsfahrt machen. **III** *v/t* **5.** in e-m Boot befördern *od.* transpor'tieren: **to ~ s.o. across the river** j-n übersetzen. **6.** in ein Boot verladen: → **oar** *Bes. Redew.*

**'boat·age** *s* **1.** Beförderung *f od.* Transport *m* mit e-m Boot. **2.** (Boot)Frachtgebühr *f.*

**'boat | build·er** *s* Bootsbauer *m.* **'~build·ing** *s* Bootsbau *m.* **~deck** *s mar.* Bootsdeck *n.* **~drill** *s mar.* Rettungsübung *f.*

**boa·tel** → **botel.**

**'boat·er** *s* **1.** Bootsfahrer *m*, Ruderer *m*, Segler *m.* **2.** *bes. Br.* steifer Strohhut, ‚Kreissäge' *f.*

**'boat | hook** *s* Bootshaken *m.* **'~house** *s* Bootshaus *n*, -schuppen *m.*

**'boat·ing** *s* **1.** Bootfahren *n*, Ruder-, Segelsport *m.* **2.** Bootsfahrt *f.*

**'boat | load** *s* **1.** *mar.* Bootsladung *f.* **2.** *fig. colloq.* Masse *f*, Haufen *m.* **'~man** [-mən] *s irr* **1.** *mar.* Bootsführer *m.* **2.** Bootsverleiher *m.* **~ race** *s* Bootrennen *n.*

**boat·swain** [bəʊsn] *s mar.* Bootsmann *m*: **~ 1st class** Oberbootsmann; **~ 2nd class** Bootsmann; **~ 3rd class** Unterbootsmann; **~'s mate** Bootsmannsmaat *m.*

**boat train** *s* Zug *m* mit Schiffsanschluß.

**bob¹** [bɒb; *Am.* bab] **I** *s* **1.** *allg.* baumelnder rundlicher Körper, *bes.* a) (Haar-)Knoten *m*, (-)Büschel *n*, b) Quaste *f*, c) Anhänger *m*, (Ohr)Gehänge *n*, d) (Pendel)Gewicht *n*, e) Senkblei *n* (*der Lotleine*), f) Laufgewicht *n* (*der Schnellwaage*). **2.** kurzgestutzter Pferdeschwanz. **3.** kurzer Haarschnitt, 'Bubikopf(fri₁sur *f*) *m.* **4.** *a.* **~ wheel** *tech.* Schwabbelscheibe *f.* **5.** *bes. Br. colloq. hist.* Schilling *m*: **five ~; a ~ a nob** e-n Schilling pro Kopf. **6.** a) → **bobsled**, b) Kufe(npaar *n*) *f.* **7.** kurze, ruckartige Bewegung, Ruck *m*: **a ~ of the head** ein Hochwerfen des Kopfes. **8.** Knicks *m.* **9.** (*Art*) har'monisches Wechselgeläute. **10.** *obs.* (*kurzer*) Kehrreim, Re'frain *m.* **II** *v/t* **11.** ruckweise (hin u. her *od.* auf u. ab) bewegen: **to ~ one's head into the room** den Kopf kurz ins Zimmer stecken; **to ~ a curts(e)y** e-n Knicks machen. **12.** Haare, Pferdeschwanz etc kurz schneiden, stutzen: **to have one's hair ~bed** sich en Bubikopf schneiden lassen. **13.** *tech.* mit e-r Schwabbelscheibe po'lieren. **14.** *Langholz* auf e-m Doppelschlitten transpor'tieren. **III** *v/i* **15.** sich auf u. ab *od.* hin u. her bewegen, hüpfen, springen, tanzen, schnellen. **16.** a) knicksen (**at, before, to** vor *dat*), b) (kurz) nicken. **17.** haschen,

schnappen (**for** nach). **18.** **~ up** (plötzlich) auftauchen (*a. fig.*): **to ~ up like a cork** sich nicht unterkriegen lassen, (wie ein Stehaufmännchen) immer wieder hochkommen. **19.** *sport* Bob fahren.

**Bob²** [bɒb; *Am.* bab] *npr*: **~'s your uncle!** *colloq.* ‚fertig ist die Laube!'

**bobbed** [bɒbd; *Am.* babd] *adj* kurzgeschnitten, gestutzt: **~ hair** Bubikopf (-frisur *f*) *m.*

**bob·bin** [ˈbɒbɪn; *Am.* ˈbɑ-] *s* **1.** Spule *f*, Garnrolle *f.* **2.** Klöppel(holz *n*) *m.* **3.** dünne Schnur. **4.** *electr.* Indukti'onsrolle *f*, Spule *f.*

**bob·bi·net** [₁bɒbɪˈnet; *Am.* ˈbɑbəˌnet] *s* Bobinet *m*, englischer Tüll.

**bob·bin lace** *s* Klöppelspitze *f.*

**bob·ble** [ˈbɒbl; *Am.* ˈbɑbəl] **I** *s* **1.** ruckartige (Hinund'her- *od.* Aufund'ab)Bewegung. **2.** Bommel *f*, Troddel *f.* **3.** *bes. sport Am. colloq.* ‚Patzer' *m*, Fehler *m.* **II** *v/i* **4.** → **bob¹** 15. **5.** *bes. sport Am. colloq.* ‚patzen'. **III** *v/t* **6.** *bes. sport Am. colloq.* ‚verpatzen'.

**bob·by** [ˈbɒbɪ; *Am.* ˈbɑ-] *s* **1.** *Br. colloq.* ‚Bobby' *m* (*Polizist*). **2.** *a.* **~ calf** *Austral.* Kalb *n* von weniger als 100 Pfund Lebendgewicht. **~ pin** *s bes. Am.* Haarklammer *f*, Haarklemme *f.* **~ sock** *pl* **socks, sox** *s pl* Söckchen *n* (*bes. hist. der* bobby-sockers). **'~₁sock·er, '~₁sox·er** [-₁sɑksər] *s Am. colloq. hist.* Backfisch *m*, junges Mädchen.

**'bob·cat** *s zo.* Rotluchs *m.*

**bob·let** [ˈbɒblɪt; *Am.* ˈbɑb-] *s sport* Zweierbob *m.*

**bob·o·link** [ˈbɒbəˌlɪŋk] *s orn. Am.* Reisstärling *m.*

**'bob | sled, '~sleigh I** *s* **1.** Doppelschlitten *m* (zum Langholztransport). **2.** *sport* Bob *m.* **II** *v/i* **3.** *sport* Bob fahren. **'~stay** *s mar.* Wasserstag *n.* **'~tail I** *s* **1.** Stutzschwanz *m.* **2.** Pferd *n od.* Hund *m* etc mit Stutzschwanz. **3.** *Am. colloq.* a) *mot.* ('Anhänger)Zugma₁schine *f*, b) *rail.* Ran'gierlokomo₁tive *f.* **4.** *mil. Am. sl.* unehrenhafte Entlassung. **II** *adj* **5.** mit gestutztem Schwanz (*Tier*). **III** *v/t* **6.** e-m Tier den Schwanz stutzen. **7.** (ab-, ver-) kürzen.

**bock (beer)** [bɒk; *Am.* bak] *s* Bock(bier *n*) *n*, *a. m.*

**bod** [bɒd] *s Br. colloq.* Kerl *m*: **a queer ~** ein komischer Kauz.

**bod biz** [bɒd] *s psych. Am. colloq.* Sensitivi'tätstraining *n.*

**bode¹** [bəʊd] *pret von* **bide.**

**bode²** [bəʊd] **I** *v/t* bedeuten, ahnen lassen: **this ~s him no good** das bedeutet nichts Gutes für ihn. **II** *v/i*: **to ~ ill** Unheil verkünden; **to ~ well** Gutes versprechen.

**'bode·ful** *adj* unheilvoll.

**bodge** [bɒdʒ; *Am.* badʒ] → **botch** II, III.

**bod·ice** [ˈbɒdɪs; *Am.* ˈbɑd-] *s* **1.** Mieder *n*: a) *Teil der Unterkleidung für Frauen mit stützender u. formender Wirkung*, b) *eng-anliegendes, ärmelloses Oberteil e-s Trachtenkleids*. **2.** Oberteil *n* (*e-s Kleids etc*).

**bod·ied** [ˈbɒdɪd; *Am.* ˈbɑ-] *adj* **1.** (*in Zssgn*) ... gebaut, von ... Gestalt *od.* Körperbau: **small-~** klein von Gestalt. **2.** *tech.* verdickt: **~ paint.**

**bod·i·less** [ˈbɒdɪlɪs; *Am.* ˈbɑ-] *adj* **1.** körperlos, unkörperlich, wesenlos.

**bod·i·ly** [ˈbɒdɪlɪ; *Am.* ˈbɑ-] **I** *adj* **1.** körperlich, leiblich, physisch: **~ harm** (*od.* **injury**) *jur.* Körperverletzung *f*; **~ needs** (*od.* **wants**) leibliche Bedürfnisse; → **grievous** 2, **serious** 3. **II** *adv* **2.** leib'haftig, per'sönlich. **3.** a) als Ganzes, b) geschlossen: **the audience rose ~.**

**bod·kin** [ˈbɒdkɪn; *Am.* ˈbɑd-] *s* **1.** *tech.* Ahle *f*: a) Pfriem *m*, b) *print.* Punk'turspitze *f*, c) 'Durchzieh-, Schnürnadel *f.*

**2.** *obs.* lange Haarnadel. **3.** *obs.* Dolch *m*.
**Bod·lei·an(Li·brar·y)**[bɒdˈliːən; *Am.*
bɑd-] *s* Bodley'anische Biblio'thek (*in Oxford*).
**bod·y** [ˈbɒdɪ; *Am.* ˈbɑ-] **I** *s* **1.** Körper *m*, Leib *m* (*a. relig.*): ~ **and soul** mit Leib u. Seele; **to keep** ~ **and soul together** Leib u. Seele zs.-halten; → **heir. 2.** *oft* dead ~ Leiche *f*, Leichnam *m*: **over my dead** ~ *colloq.* nur über m-e Leiche. **3.** *engS.* Rumpf *m*, Leib *m*. **4.** Rumpf *m*, Haupt-(bestand)teil *m*, Mittel-, Hauptstück *n*, Zentrum *n, z. B.* a) (Schiffs-, Flugzeug-) Rumpf *m*, b) *mil.* (Geschoß)Hülle *f*, c) Bauch *m* (*e-r Flasche etc*), d) *mus.* (Schall)Körper *m*, Reso'nanzkasten *m*, e) (ˈAuto-, ˈWagen)Karosse̦rie *f, f*) Hauptgebäude *n, g*) (Kirchen)Schiff *n, h*) *mil.* Hauptfestung *f*. **5.** *mil.* Truppen-körper *m*: ~ **of horse** Kavallerieeinheit *f*; ~ **of men** Trupp *m*, Abteilung *f*; the **main** ~ das Gros. **6.** (*die*) große Masse, (*das*) Gros. **7.** (gegliedertes) Ganzes, Gesamtheit *f*, Sy'stem *n*: **in a** ~ zusammen, wie ˈein Mann; ~ **corporate** a) juristische Person, Körperschaft *f*, b) Gemeinwesen *n*, Gemeinde *f*; ~ **of facts** Tatsachenmaterial *n*; ~ **of history** Geschichtswerk *n*; ~ **of laws** Kodex *m*, Gesetz(es)sammlung *f*; ~ **politic** a) juristische Person, b) organisierte Gesellschaft, c) Staat(skörper) *m*. **8.** Körper (-schaft *f*) *m*, Gesellschaft *f*, Gruppe *f*, Orˈgan *n*, Gremium *n*: **student** ~ Studentenschaft *f*; → **administrative** 1, **diplomatic** 1, **governing** 1. **9.** *fig.* Kern *m*, eigentlicher Inhalt, Subˈstanz *f*, (*das*) Wesentliche: ~ **of a speech**. **10.** Hauptteil *m*, Text(teil) *m*: ~ **of an advertisement**; ~ **of a letter. 11.** *phys.* (ˈdreidimensio̦naler) Körper, Masse *f* (*Menge*). **12.** *chem.* Subˈstanz *f*, Stoff *m*. **13.** *anat.* Körper *m*, Stamm *m*: ~ **of the uterus** Gebärmutterkörper *m*. **14.** *geogr.* Masse *f*: ~ **of water** Wasserfläche *f*, stehendes Gewässer; ~ **of cold air** kalte Luftmasse. **15.** *fig.* Körper *m*, Gehalt *m* (*von Wein*), Stärke *f* (*von Papier etc*), Deckfähigkeit *f* (*von Farbe*), Dichtigkeit *f*, Güte *f* (*von Gewebe etc*), (Klang)Fülle *f*. **16.** *colloq.* Perˈson *f*, Mensch *m*: **a curious (old)** ~ ein komischer (alter) Kauz; **not a (single)** ~ keine Menschenseele. **17.** *Töpferei*: Tonmasse *f*. **18.** *electr.* Isoˈlier-, Halteteil *m*.
**II** *v/t* **19.** *meist* ~ **forth** verkörpern: a) versinnbildlichen, b) darstellen.
**bod·y**|**blow** *s* Boxen: Körperschlag *m*. **2.** *fig.* harter *od.* schwerer Schlag (**to** für). ~ **build** *s biol.* Körperbau *m*. ~ **build·er** *s* Bodybuilder *m*. ~ **build·ing** *s* Bodybuilding *n*. ~ **cav·i·ty** *s biol.* Körperhöhle *f*. ˈ~**check** (*Eishockey*) **I** *s* Bodycheck *m*. **II** *v/t* checken. ~ **clock** *s* innere Uhr. ~ **coat** *s tech.* Grunˈdierung *f*. ~ **col·o(u)r** *s* Deckfarbe *f*. ~ **con·tact** *s electr.* Körperschluß *m*. ~ **danc·ing** *s* Tanzen *n* mit ˈKörperkon̦takt. ~ **flu·id** *s physiol.* Körperflüssigkeit *f*. ~ **guard** *s* **1.** Leibwächter *m*. **2.** Leibgarde *f*, -wache *f*. ~ **lan·guage** *s* Körpersprache *f*. ~ **louse** *s irr zo.* Kleiderlaus *f*. ˈ~**mak·er** *s tech.* Karosse̦riebauer *m*. ~ **o·do(u)r** *s* (*bes.* unangenehmer) Körpergeruch *m*. ~ **plasm** *s biol.* Körperplasma *n*, Somato-ˈplasma *n*. ~ **search** *s* ˈLeibesvisitati̦on *f*. ~ **seg·ment** *s biol.* ˈKörper-, ˈRumpf-seg̦ment *n*. ~ **serv·ant** *s* Leib-, Kammerdiener *m*. ~ **shop** *s* **1.** *tech.* Karosse̦riewerkstatt *f*. **2.** *Am. sl.* a) ˌPuffˈ *m, a. n* (*Bordell*), b) *Unternehmen, das Claqueure, Demonstrationsteilnehmer etc vermietet.* ~ **slam** *s* Ringen: Körperwurf *m*. ˈ**snatch·er** *s hist.* Leichenräuber *m*. ~ **snatch·ing** *s hist.* Leichenraub *m*. ~

**stock·ing** *s* Bodystocking *m* (*enganliegende, einteilige Unterkleidung* [*mit angearbeiteten Strümpfen*]). ~ **type** *s print.* Werk-, Grundschrift *f* (*Hauptschrift, in der ein Buch gesetzt ist*). ˈ~**work** *s tech.* Karosse̦rie *f*.
**Boehm·ite** [ˈbɜːmaɪt; *Am.* ˈbeɪm-] *s min.* Böh'mit *m*.
**Boer** [ˈbəʊə(r)] **I** *s* Bur(e) *m*, Boer *m* (*Südafrika*). **II** *adj* burisch: ~ **War** Burenkrieg *m*.
**bof·fin** [ˈbɒfɪn] *s Br. colloq.* Wissenschaftler *m*, Forscher *m* (*bes. auf dem Gebiet der Militärwissenschaft*).
**bog** [bɒg; *Am. a.* bɑg] **I** *s* **1.** Sumpf *m*, Moˈrast *m* (*beide a. fig.*), (Torf)Moor *n*. **2.** *Br. u. Austral. vulg.* ˌScheißhausˈ *n*. **3.** *Austral. vulg.* ˌScheißenˈ *n*: **to have (go for) a** ~ scheißen (gehen). **II** *v/t* **4. to get** ~**ged (down)** → 6 a; **to** ~ **down** *fig.* zum Stocken bringen. **5.** ~ **up** *colloq.* durcheinˈanderbringen. **III** *v/i* **6.** *oft* ~ **down** a) im Schlamm *od.* Sumpf versinken, b) *a. fig.* sich festfahren, steckenbleiben. **7.** ~ **in** *Austral. colloq.* a) ˌsich hinˈeinknien: **to** ~ **into a task** sich in e-e Arbeit knien, b) (*beim Essen*) ˌreinhauenˈ: **to** ~ **into s.th.** sich etwas schmecken lassen. ˈ~**ber·ry** [-bərɪ; *Am.* ˌberiː] *s bot.* **1.** Moosbeere *f*. **2.** *Am.* (*e-e*) Himbeere. ~ **but·ter** *s min.* Sumpfbutter *f*. ~ **earth** *s min.* Moorerde *f*.
**bo·gey** [ˈbəʊgɪ] **I** *s* **1.** *Golf:* a) *bes. Br.* Par *n*, b) Bogey *m*. **2.** *sl.* Popel *m*. **3.** *sl.* a) *mil.* ˈunidentifi̦ziertes *od.* feindliches Flugzeug, b) UFO *n*, Ufo *n*. **4.** → **bogie** 1–4. **5.** → **bogy** 1, 2. **II** *v/t* **6.** → **to the 12th hole** (*Golf*) am 12. Loch ein Bogey spielen.
**bog·gle** [ˈbɒgl; *Am.* ˈbɑgəl] **I** *v/i* **1.** a) erschrecken, zs.-fahren, b) zuˈrückschrecken, c) scheuen (*Pferd*) (**at** vor *dat*). **2.** stutzen, zögern, schwanken. **3.** Schwierigkeiten machen (*Person*). **4.** überˈwältigt *od.* fassungslos sein, ˌBauklötzeˈ staunen: **imagination** (*od.* **the mind**) ~**s at the thought** es wird e-m schwindlig bei den (bloßen) Gedanken. **5.** *Am.* pfuschen, stümpern. **II** *v/t* **6.** *Am.* verpfuschen. ˈ**bog·gler** *s* **1.** *fig.* Angsthase *m*. **2.** *Am.* Pfuscher(in).
**bog·gy** [ˈbɒgɪ; *Am. a.* ˈbɑ-] *adj* sumpfig, moˈrastig.
**bo·gie** [ˈbəʊgɪ] *s* **1.** *tech. Br.* a) Blockwagen *m* (*mit beweglichem Radgestell*), b) *rail.* Dreh-, Rädergestell *n*. **2.** *Bergbau:* Förderkarren *m* (*zum Befahren von Kurven*). **3.** *mot.* *Am.* Drehschemel *m* (*am Großlaster*). **4.** → **bogie wheel** 5. **5.** → **bogey** 1–3. **6.** → **bogy** 1, 2. ~ **en·gine** *s tech.* (*e-e*) Geˈlenklokomo̦tive. ~ **wheel** *s* (Ketten)Laufrad *n* (*am Panzerwagen*).
**bog**|**i·ron (ore)** *s min.* Raseneisenerz *n*. ˈ~**land** *s* Marsch-, Sumpf-, Moorland *n*. ~**moss** *s bot.* Torfmoos *n*. ~**myr·tle** *s bot.* Heidemyrte *f*. ~ **ore** → bog iron (ore). ~ **spav·in** *s vet. zo.* Spat *m* (*beim Pferd*). ˈ~**trot·ter** *s contp.* Ire *m*, Irländer *m*, *bes.* irischer Bauer. ˈ~**up** *s*: **to make a** ~ **of s.th.** *colloq.* etwas durcheinanderbringen.
**bo·gus** [ˈbəʊgəs] **I** *adj* **1.** nachgemacht, falsch, unecht. **2.** Schein..., Schwindel...: ~ **bill** *econ.* Kellerwechsel *m*; ~ **company** Schwindelgesellschaft *f*. **II** *s* **3.** *Am.* Geˈtränk aus Rum u. Sirup. **4.** *Am. sl.* ˈFüll-ar̦tikel *m* (*in Zeitungen*).
**bo·gy** [ˈbəʊgɪ; *Am. a.* ˈboʊ-] *s* **1.** (*der*) Teufel. **2.** a) Kobold *m*, b) (Schreck)Gespenst *n* (*a. fig.*): **the** ~ **of war**; ~ **team** *sport* Angstgegner *m*. **3.** → **bogey** 1–3. **4.** → **bogie** 1–4. ˈ~**man** [-mən] *s irr* Butzemann *m*, (*der*) schwarze Mann (*Kindersprache*).
**Bo·he·mi·a** [bəʊˈhiːmjə; -mɪə] *s* a) Bo-

ˈheme *f* (*Künstlerwelt*), b) Künstlerviertel *n*. **Bo**ˈ**he·mi·an I** *s* **1.** Böhme *m*, Böhmin *f*. **2.** Ziˈgeuner(in). **3.** *fig.* Bohemien *m*. **II** *adj* **4.** böhmisch. **5.** *fig.* a) ˈunkonventio̦nell, unbürgerlich: ~ **life**, b) Künstler...: ~ **circles** (**quarters**, *etc*). **Bo**ˈ**he·mi·an·ism** *s* ˈunkonventio̦nelle *od.* unbürgerliche Lebensweise.
**bo·hunk** [ˈbəʊˌhʌŋk] *s Am. sl.* **1.** *contp.* (*bes. aus Süd- od. Osteuropa eingewanderter*) Arbeiter. **2.** (blöder) Kerl.
**boil**[1] [bɔɪl] *s med.* Geschwür *n*, Fuˈrunkel *m, n*, Eiterbeule *f*.
**boil**[2] [bɔɪl] **I** *s* **1.** Kochen *n*, Sieden *n*: **to be on the** ~ kochen; **to bring to the** ~ zum Kochen bringen; **to come to the** ~ a) zu kochen anfangen, b) *a.* **to be brought to the** ~ *colloq.* s-n Höhepunkt erreichen; **to go off the** ~ zu kochen aufhören; **he went off the** ~ *colloq.* sein Interesse kühlte ab, er verlor die Lust; **to keep on the** ~ a) kochen lassen, b) *colloq.* hinhalten, vertrösten. **2.** Brodeln *n*, Tosen *n* (*des Meeres etc*). **II** *v/i* **3.** kochen, sieden: **the kettle (the water) is** ~**ing** der Kessel (das Wasser) kocht; → **pot**[1] 2. **4.** brodeln, tosen (*Meer etc*). **5.** *fig.* kochen, schäumen (**with rage** vor Wut). **III** *v/t* **6.** kochen (lassen): **to** ~ **eggs** Eier kochen; **to** ~ **clothes** Wäsche (aus)kochen.
*Verbindungen mit Adverbien:*
**boil**| **a·way I** *v/i* **1.** a) → boil[2] 3, b) weiterkochen. **2.** verdampfen. **3.** *fig.* abkühlen (*Interesse etc*). **II** *v/t* **4.** verdampfen lassen. ~ **down I** *v/t* **1.** einkochen lassen. **2.** *fig.* zs.-fassen (**to a few sentences** in ein paar Sätzen). **II** *v/i* **3.** einkochen. **4.** *fig.* sich (*gut*) zs.-fassen lassen. **5.** ~ **to** (*letzten Endes*) hinˈauslaufen auf (*acc.*). ~ **off** *v/t* **1.** aus-, abkochen. **2.** *tech.* Seide degumˈmieren. ~ **out** → boil off. ~ **o·ver** *v/i* **1.** ˈüberkochen. **-laufen. 2.** *fig.* vor Wut kochen, schäumen. **3.** *fig. Situation etc*: a) außer Konˈtrolle geraten, b) sich auswachsen (**into** zu). ~ **up** *v/i* **1.** aufkochen: **anger was boiling up in him** Wut stieg in ihm auf. **2.** *Austral.* Tee machen. **3.** *fig.* sich zs.-brauen (*Unheil etc*).
ˈ**boil**|**down** *s fig.* Kurz-, Zs.-fassung *f*. **boiled** [bɔɪld] *adj* **1.** gekocht. **2.** *Am. sl.* ˌstinkbesoffenˈ. ~ **din·ner** *s Am.* Eintopf(gericht *n*) *m*. ~ **shirt** *s colloq.* Frackhemd *n*. ~ **sweet** *s Br.* Bonˈbon *m, n*. ˈ**boil·er** *s* **1.** (*meist in Zssgn*) Sieder *m*: **soap** ~. **2.** (Heiz-, Koch-, Siede-, *Br.* Wasch)Kessel *m*, Kochtopf *m*. **3.** *tech.* Dampfkessel *m*. **4.** Boiler *m*, Heißwasserspeicher *m*. **5.** *Zuckerfabrikation*: Siedepfanne *f*. **6. to be a good** ~ sich (*gut*) zum Kochen eignen. **7.** Suppenhuhn *n*. ˈ~**house** *s* Kesselhaus *n*. ˈ~ˌ**mak·er** *s* Kesselschmied *m*. ~ **plate** *s tech.* **1.** Kesselblech *n*. **2.** *Zeitungswesen*: *Am.* Platte *f* e-s Materndienstes. ~ **suit** *s* Overall *m*.
**boil·er·y** [ˈbɔɪlərɪ] *s tech.* Siedeˈrei *f*.
ˈ**boil·ing I** *adj* **1.** siedend, kochend: ~ **heat** Siedehitze *f*; ~ **spring** heiße Quelle. **2.** *fig.* kochend, schäumend (**with rage** vor Wut). **II** *adj* **3.** kochend: ~ **hot** kochend-, glühendheiß. **4.** *Am. colloq.* ˌmordsmäßigˈ: ~ **drunk** ˌstinkbesoffenˈ; **they got** ~ **mad** sie wurden ˌstinkwütendˈ. **III** *s* **5.** Kochen *n*, Sieden *n*. ~ **point** *s* Siedepunkt *m* (*a. fig.*): **to reach** ~ den Siedepunkt erreichen; *a. fig.* den Siedepunkt steigen. ˈ~ˌ**wa·ter re·ac·tor** *s Atomenergie:* ˈSiedewasserre̦aktor *m*.
**bois·ter·ous** [ˈbɔɪstərəs] *adj* (*adv* ~**ly**) **1.** stürmisch (*Meer, Wetter etc*). **2.** lärmend, laut. **3.** ausgelassen, wild (*Person, Party etc*). ˈ**bois·ter·ous·ness** *s* Ausgelassenheit *f*.

**bo·la** [ˈbəʊlə] s Bola f, Wurfschlinge f.

**bold** [bəʊld] **I** adj (adv ~ly) **1.** kühn: a) mutig, beherzt, verwegen, unerschrocken, b) keck, dreist, frech, unverschämt, anmaßend: **to make ~ to** sich erdreisten od. sich die Freiheit nehmen od. es wagen zu; **to make ~ (with)** sich Freiheiten herausnehmen (gegen); **(as) ~ as brass** colloq. frech wie Oskar, unverschämt. **2.** kühn: a) gewagt, mutig: **a ~ plan**; **a ~ speech**, b) fortschrittlich: **a ~ design. 3.** scharf herˈvortretend, ins Auge fallend, deutlich, ausgeprägt: **in ~ outline** in deutlichen Umrissen; **with a few ~ strokes of the brush** mit ein paar kühnen Pinselstrichen. **4.** steil, abschüssig. **5.** → **bold-face. II** s → **bold face. ~ face** s print. (halb)fette Schrift. '**~-face** adj print. (halb)fett: **~ type** (halb)fette Schrift. '**~-faced** adj **1.** → **bold 1** b. **2.** → **bold-face.**

'**bold·ness** s **1.** Kühnheit f: a) Mut m, Beherztheit f, b) Keckheit f, Dreistigkeit f. **2.** fig. Kühnheit f. **3.** Steilheit f.

**bole**[1] [bəʊl] s **1.** Baumstamm m. **2.** Rolle f, Walze f. **3.** mar. kleines Boot (für hohen Seegang).

**bole**[2] [bəʊl] s min. Bolus m, Siegelerde f.

**bo·le·ro** [bəˈleərəʊ] pl **-ros** s Boˈlero m: a) spanischer Tanz, b) [Br. ˈbɒlərəʊ] kurzes Jäckchen.

**bo·le·tus** [bəʊˈliːtəs] pl **-tus·es, -ti** [-taɪ] s bot. Boˈletus m, Röhrenpilz m.

**bo·lide** [ˈbəʊlaɪd] s astr. Boˈlid m, Feuerkugel f.

**boll** [bəʊl] s bot. Samenkapsel f (Baumwolle, Flachs).

**bol·lard** [ˈbɒlə(r); Am. ˈbɑ-] s **1.** mar. Poller m (am Kai). **2.** Br. Poller m, Sperrpfosten m (e-r Verkehrsinsel etc).

**bol·lix** [ˈbɒlɪks] Am. → **bollocks.**

**bol·locks** [ˈbɒləks; Am. ˈbɑ-] vulg. **I** s pl ‚Eier' pl (Hoden): ~! ‚Scheiße!' **II** v/t meist ~ **up** e-e Prüfung etc ‚versauen'.

**boll| wee·vil** s zo. Baumwollkapselkäfer m. '**~·worm** s zo. Larve e-s Eulenfalters (Baumwollschädling).

**Bo·lo·gna| flask, ~ phi·al** [bəˈləʊnjə] s phys. Boloˈgneser Flasche. **~ sau·sage** [Am. meist bəˈləʊni:] s bes. Am. Mortaˈdella f.

**bo·lo·graph** [ˈbəʊləgrɑːf; Am. -ˌgræf] s phys. boloˈmetrische Aufzeichnung.

**bo·lom·e·ter** [bəʊˈlɒmɪtə(r); Am. -ˈlɑ-] s phys. Boloˈmeter n (Strahlungsmeßgerät mit temperaturempfindlichem elektrischem Widerstand).

**bo·lo·ney** [bəˈləʊnɪ] s colloq. **1.** ‚Quatsch' m, Geschwafel n. **2.** bes. Am. Mortaˈdella f.

**Bol·she·vik, b~** [ˈbɒlʃɪvɪk; Am. a. ˈbəʊlʃə-; ˈbalʃə-] **I** s **1.** Bolscheˈwik m, Bolscheˈwist m. **2.** Kommuˈnist m. **3.** contp. Radiˈkale(r) m, bes. Revolutioˈnär m. **II** adj **4.** bolscheˈwistisch. **5.** kommuˈnistisch. **6.** contp. radiˈkal, bes. revolutioˈnär. '**Bol·she·vism, b~** s Bolscheˈwismus m. '**Bol·she·vist, b~** I s → Bolshevik I. **II** adj → Bolshevik II. ˌ**Bol·she·ˈvis·tic, b~** → Bolshevik II. ˌ**Bol·she·viˈza·tion, b~** s Bolscheˈwiˈsierung f. '**Bol·she·vize, b~** v/t bolscheˈwiˈsieren.

**Bol·shie, b~,** a. **Bol·shy, b~** [ˈbɒlʃɪ; Am. a. ˈbɒl-; ˈbal-] colloq. **I** s **1.** → Bolshevik I. **II** adj **2.** → Bolshevik II. **3.** Br. colloq. aufsässig. **4.** Br. colloq. stur.

**bol·ster** [ˈbəʊlstə(r)] **I** s **1.** a) Keilkissen n, b) Nackenrolle f. **2.** Polster n, Kissen n, ˈUnterlage f (a. tech.). **3.** tech. a) allg. Lager(ung f) n, b) Achsschemel m (am Wagen), c) Scheibe f zwischen Angel u. Klinge (des Messers), d) Endplatte f (am Heft e-s Taschenmessers). **4.** arch. a) **~of cent(e)ring** Schalbrett n e-s Lehrgerü-

stes, b) Polster n (zwischen den Voluten e-s ionischen Kapitells), c) Sattel-, Trummholz n. **II** v/t **5.** j-m Kissen ˈunterlegen. **6.** (aus)polstern. **7.** meist ~ **up** e-e Sache unterˈstützen, e-e Währung stützen, j-m den Rücken stärken: **to ~ up** s.o.'s **morale** j-m Mut machen.

**bolt**[1] [bəʊlt] **I** s **1.** Bolzen m: **to shoot one's ~** e-n letzten Versuch machen; **he has shot his ~** er hat sein Pulver verschossen; **a fool's ~ is soon shot** Narrenwitz ist bald zu Ende. **2.** Blitz(strahl) m, Donnerkeil m: **a ~ from the blue** fig. ein Blitz aus heiterem Himmel. **3.** (Wasser- etc)Strahl m. **4.** tech. (Tür-, Schloß-) Riegel m. **5.** tech. (Schrauben)Bolzen m, Schraube f (mit Mutter): ~ **nut** Schraubenmutter f. **6.** tech. Dorn m, Stift m. **7.** mil. tech. Bolzen m, (Gewehr- etc) Schloß n. **8.** Buchbinderei: noch unaufgeschnittener Druckbogen. **9.** (Stoff)Ballen m, (Taˈpeten)Rolle f. **10.** bot. a) Butterblume f, b) (bes. Knolliger) Hahnenfuß. **11.** plötzlicher Satz od. Sprung, (blitzartiger) Fluchtversuch: **he made a ~ for the door** er machte e-n Satz zur Tür; **to make a ~ for it** → 15. **12.** pol. Am. Weigerung f, die Poliˈtik od. e-n Kandiˈdaten der eigenen Parˈtei zu unterˈstützen.

**II** adv **13.** ~ **upright** bolzen-, kerzengerade.

**III** v/i **14.** rasen, stürmen, stürzen (**from, out of** aus). **15.** ˈdurchbrennen, daˈvonlaufen, ausreißen, sich aus dem Staub machen. **16.** scheuen, ˈdurchgehen (Pferd). **17.** a. ~ **up** (erschreckt) hochfahren (**from** aus). **18.** pol. Am. den Beschlüssen der eigenen Parˈtei zuˈwiderhandeln od. die Zustimmung verweigern. **19.** agr. vorzeitig in Samen schießen.

**IV** v/t **20.** Worte herˈvorstoßen, herˈausplatzen mit. **21.** hunt. Hasen etc aufstöbern, aus dem Bau treiben. **22.** oft ~ **down** Essen hinˈunterschlingen, ein Getränk hinˈunterstürzen. **23.** e-e Tür etc ver-, zuriegeln. **24.** tech. mit Bolzen befestigen, verbolzen, ver-, festschrauben: **~ed connection, ~ed joint** Schraubverbindung f, Verschraubung f. **25.** Stoff in Ballen od. Tapeten in Rollen wickeln. **26.** obs. fig. fesseln. **27.** pol. Am. die eigene Partei od. ihre Kandidaten nicht unterˈstützen, sich von s-r Partei lossagen.

**bolt**[2] [bəʊlt] v/t **1.** Mehl sieben, beuteln. **2.** fig. unterˈsuchen, sichten.

**bol·tel** [ˈbəʊltl] s arch. starker Rundstab, Wulst m.

'**bolt·er** s **1.** ˈDurchgänger m (Pferd). **2.** pol. Am. j-d, der (den Beschlüssen) s-r Parˈtei zuˈwiderhandelt, Abtrünnige(r m) f.

'**bolt|han·dle** s tech. **1.** Handgriff m des Schubriegels (an Türen etc). **2.** mil. Kammerstengel m (am Gewehr). '**~·head** s **1.** tech. Schrauben-, Bolzenkopf m. **2.** chem. hist. (Destilˈlier)Kolben m. '**~·hole** s **1.** tech. Bolzenloch n. **2.** Bergbau: Wetterloch n: **to cut ~s** e-n Gang verschrämen. **3.** Schlupfloch m. '~·**po·si·tion** s mil. Riegelstellung f. '**~·rope** s mar. Liek n (a. am Ballon), Saum m (am Segel): ~ **line** Liekleine f. '**~·screw** s tech. Bolzenschraube f.

**Boltz·mann's con·stant** [ˈbəʊltsmənz; -mɑːnz] s phys. ˈBoltzmann-Konˈstante f.

**bo·lus** [ˈbəʊləs] s **1.** vet. pharm. Bolus m, große Pille. **2.** runder Klumpen, Kloß m. **3.** → **bole**[2].

**bomb** [bɒm; Am. bam] **I** s **1.** Bombe f: **the ~** die (Atom)Bombe; **to go like a ~** Br. colloq. a) ein Bombenerfolg sein (Party etc), b) e-e richtige Rakete sein (Wagen); **to go down a ~** Br. colloq. Riesenanklang finden (**with** bei). **2.** tech.

a) Gasflasche f, b) Zerstäuberflasche f (für Schädlingsbekämpfung etc). **3.** Br. colloq. ‚Heidengeld' n: **to cost (make, spend) a ~. 4.** thea. etc Am. colloq. ‚Flop' m, ‚ˈDurchfall' m. **II** v/t **5.** mit Bomben belegen, bombarˈdieren, zerbomben: **~ed out** ausgebombt; **~ed site** Ruinengrundstück n. **6.** ~ **up** Bomber etc mit Bomben beladen. **III** v/i **7.** thea. etc Am. colloq. ‚durchfallen'. **~ a·lert** s ˈBombenaˌlarm m.

**bom·bard I** s [ˈbɒmbɑːd; Am. ˈbamˌbard] **1.** mil. hist. Bomˈbarde f (altes Steingeschütz). **2.** mus. a) hist. Bomˈbard(e f) m, (Baß)Pommer m (a. Orgelregister), b) Kontrabaßtuba f. **II** v/t [bɒmˈbɑː(r)d; Am. bam-] **3.** bombarˈdieren, beschießen (beide a. phys.), Bomben werfen auf (acc). **4.** fig. bombarˈdieren, bestürmen (**with** mit): **to ~ with blows** (Boxen) mit Schlägen eindecken.

**bom·bar·dier** [ˌbɒmbə(r)ˈdɪə(r); Am. ˌbam-] s mil. **1.** Br. Artilleˈrieˌunteroffiˌzier m. **2.** aer. Bombenschütze m. **3.** obs. Kanoˈnier m.

**bom·bard·ment** s Bombardeˈment n, Bombarˈdierung f, Beschießung f (alle a. phys.).

**bom·bar·don** [bɒmˈbɑː(r)dn; Am. bam-; a. ˈbambə(r)dən] s mus. Bombarˈdon n, Helikon n.

**bom·bast** [ˈbɒmbæst; Am. ˈbam-] s **1.** fig. Bomˈbast m, Wortschwall m, Schwulst m. **2.** obs. a) rohe Baumwolle, b) Watˈtierung f. **bom·ˈbas·tic** adj (adv ~ally) bomˈbastisch, hochtrabend, schwülstig.

**bomb at·tack** s Bombenanschlag m.

**Bom·bay duck** [ˈbɒmbeɪ; Am. ˈbam-] s **1.** ichth. indischer Seewels m. **2.** Delikatesse aus getrockneten ostindischen Seefischen.

**bomb| bay** s aer. Bombenschacht m. ~ **cal·o·rim·e·ter** s phys. ˈBombenkaloriˌmeter m. ~ **car·pet** s Bombenteppich m. ~ **dis·pos·al** s Bombenräumung f. '**~-disˌpos·al squad** s ˈBombenräum-, ˈSprengkomˌmando n. ~ **door** s aer. Bombenklappe f.

**bombe** [bɔːmb; Am. bam] s gastr. Eisbombe f.

**bombed** [bɒmbd; Am. bambd] adj sl. **1.** ‚besoffen'. **2.** ‚high' (im Drogenrausch).

'**bomb·er** s **1.** Bomber m, Bombenflugzeug n. **2.** Bombenleger m.

**bomb| ketch** s mar. hist. Bombarˈdierfahrzeug n, -schiff n. ~ **lance** s mar. Harˈpune f mit Sprenggeschoß. '**~-proof** mil. **I** adj bombensicher: ~ **shelter** → II. **II** s Bunker m. ~ **rack** s aer. Bombenaufhängevorrichtung f. '**~-reˌlease tel·e·scope** s aer. (Bomben)Abwurffernrohr n. ~ **scare** s Bombendrohung f. '**~-shell** s **1.** Bombe f: **the news was a ~** die Nachricht schlug wie e-e Bombe ein. **2.** a blonde ~ colloq. e-e blonde ‚Sexbombe'. '**~-sight** s aer. Bombenzielgerät n. ~ **site** s Ruˈinengrundstück n. ~ **threat** s Bombendrohung f.

**bom·by·cid** [ˈbɒmbɪsɪd; Am. ˈbam-] s zo. Spinner m (Nachtschmetterling).

**bo·na| fi·de** [ˌbəʊnəˈfaɪdɪ; Am. a. ˈbəʊnəˌfaɪd] adj u. adv **1.** ehrlich, aufrichtig: ~ **friends. 2.** echt: **a ~ manuscript. 3.** jur. gutgläubig, in gutem Glauben: **to act ~; ~ possessor** gutgläubiger Besitzer. **4.** econ. soˈlid: **a ~ offer.** ~ **fi·des** [-ˈfaɪdiːz] (Lat.) s **1.** jur. guter Glaube. **2.** a) Ehrlichkeit f, Aufrichtigkeit f, b) ehrliche Absicht.

**bo·nan·za** [bəʊˈnænzə; bə-] **I** s **1.** geol. min. Am. reiche Erzader (bes. Edelmetalle). **2.** fig. Goldgrube f. **3.** fig. Fülle f, Reichtum m, große Menge. **II** adj **4.** sehr einträglich od. lukraˈtiv: **a ~ enterprise** e-e Goldgrube.

**bon·bon** ['bɒnbɒn; *Am.* 'bɑnˌbɑn] *s* Bon-
bon *m, n.*
**bonce** [bɒns] *s Br. sl.* ‚Birne' *f,* ‚Rübe' *f*
(*Kopf*).
**bond**[1] [bɒnd; *Am.* bɑnd] **I** *s* **1.** *pl obs. od.
poet.* Fesseln *pl,* Ketten *pl,* Bande *pl:* in ~s
a) in Fesseln, gefangen, b) versklavt; **to
burst one's ~s** s-e Ketten sprengen. **2.** *pl
fig.* Bande *pl:* **the ~s of love. 3.** Bund *m,*
Verbindung *f.* **4.** *econ.* Zollverschluß *m:*
**in ~** unter Zollverschluß, unverzollt; **to
place under** (*od.* **into**) ~s in Zollver-
schluß legen; **to release from ~** aus
dem Zollverschluß nehmen, verzollen.
**5.** *econ.* a) *allg.* (gesiegelte) Schuldur-
kunde, Schuld-, Verpflichtungsschein *m,*
(urkundliche) Verpflichtung *f:* festver-
zinsliches 'Wertpaˌpier, (*öffentliche*)
Schuldverschreibung, Obligatiˈon *f,*
(Schuld-, Staats)Anleihe *f,* c) *meist*
**mortgage ~** (Hypoˈtheken)Pfandbrief
*m;* **industrial** (**municipal**) ~ Industrie-
(Kommunal)anleihe *f;* c) **creditor** Obli-
gations-, Pfandbriefgläubiger *m;* ~
**debtor** Obligations-, Pfandbriefschuld-
ner *m;* **to enter** (**into**) ~s (durch Ur-
kunde) e-e Verpflichtung eingehen. **6.** a)
Bürge *m,* b) Bürgschaft *f,* Sicherheit *f,* (*a.*
'Haft)Kautiˌon *f:* **to furnish a ~** Kaution
stellen, Sicherheit leisten; **his word is as
good as his ~** sein ist ein Mann von Wort.
**7.** *chem.* a) Bindung *f:* ~ **energy** *chem.
phys.* Bindungsenergie *f,* b) Wertigkeit *f.*
**8.** *tech.* Bindemittel *n:* ~ **strength** Haft-
festigkeit *f.* **9.** *electr.* Strombrücke *f* (*an
Schienenstößen*). **10.** *arch.* (Holz-, Mau-
er-, Stein)Verband *m.* **11.** → **bond paper.
II** *v/t* **12.** *econ.* a) verpfänden, b) durch
Schuldverschreibung sichern, c) mit Obli-
gatiˈonen belasten. **13.** *econ.* unter Zoll-
verschluß legen. **14.** *econ. tech.* binden.
**15.** *Steine etc* in Verband legen, einbinden.
**III** *v/i* **16.** *tech.* binden.
**bond**[2] [bɒnd; *Am.* bɑnd] *adj hist.* in
Knechtschaft, leibeigen.
**'bond·age** *s* **1.** *hist.* Knechtschaft *f,* Skla-
veˈrei *f* (*a. fig.*), Leibeigenschaft *f:* **to be
in the ~ of vice** dem Laster verfallen
sein. **2.** Gefangenschaft *f.* **3.** Zwang *m.*
**4.** *Sadomasochismus:* Fesseln *n.*
**bond·ed** ['bɒndɪd; *Am.* 'bɑn-] *adj* **1.** *econ.*
verpfändet. **2.** *econ.* durch Schuldver-
schreibung gesichert: ~ **claim** Forde-
rung *f* aus Schuldverschreibung; ~ **debt**
Obligations-, Anleiheschuld *f.* **3.** *econ.*
unter Zollverschluß (befindlich): ~
**goods**, ~ **warehouse** Zollspeicher *m*
(*für unverzollte Güter*); ~ **value** unver-
zollter Wert; ~ **to destination** Verzol-
lung *f* am Bestimmungsort. **4.** ~ **fabrics**
Vlies-, Faserverbundstoffe.
**'bond·er** → **bondstone.**
**bond·er·ize** ['bɒndəraɪz; *Am.* 'bɑn-] *v/t
Stahl* bondern (*mittels Phosphatlösung
korrosionsfest machen*).
**'bondˌhold·er** *s econ.* Obligatiˈonsin-
haber *m.*
**'bond·ing** *s chem. tech.* Bindung *f:* ~
**agent** Bindemittel *n.*
**bond| is·sue** *s econ.* Obligatiˈonsaus-
gabe *f,* 'Anleiheemissiˌon *f.* **'~·man**
[-mən] *s irr hist.* **1.** Leibeigene(r) *m,*
Sklave *m.* **2.** Fronpflichtige(r) *m.*
**mar·ket** *s econ.* Rentenmarkt *m.* ~
**pa·per** *s* Bankpost *f,* 'Post-, 'Bankno-
tenpaˌpier *n.* **~ serv·ant** → bondman 1.
**bonds·man** ['bɒndzmən; *Am.* 'bɑndz-] *s
irr* **1.** *jur.* a) Bürge *m,* b) j-d, der gewerb-
lich Kautiˈon(en) stellt. **2.** → **bondman 1.**
**'bond·stone** *s arch.* Binder *m,* Anker-
stein *m.*
**bone**[1] [bəʊn] **I** *s* **1.** Knochen *m:* **to make
no ~s about** (*od.* **of**) a) nicht viel Feder-
lesens machen mit, nicht lange fackeln
mit, b) keine Skrupel haben hinsichtlich

(*gen*), c) kein Hehl machen aus; **to be
near** (*od.* **close**) **to the ~** a) gewagt sein
(*Witz etc*), b) am Hungertuch nagen; **to
feel s.th. in one's ~s** etwas in den
Knochen *od.* instinktiv spüren; **to have
a ~ to pick with s.o.** mit j-m ein Hühn-
chen zu rupfen haben; **chilled** (*od.*
**frozen**) **to the ~** völlig durchgefroren;
**cut to the ~** aufs äußerste reduziert (*Preis
etc*); **bred in the ~** angeboren; **bag of ~s**
‚Gerippe' *n,* dürre Person; **to make old
~s** alt werden, lange leben; **the** (**bare**)
**~s** die wesentlichen Punkte; → **conten-
tion 1. 2.** *pl* Gebein(e *pl*) *n.* **3.** Skeˈlett *n,*
Gerippe *n.* **4.** *pl* Würfel *pl:* **my old ~. 5.**
(Fisch)Gräte *f.* **6.** *pl* Würfel *pl:* **to rattle
the ~s** würfeln. **7.** *pl* Dominosteine *pl.* **8.** *pl* Kastaˈgnetten
*pl.* **9.** (Fischbein)Stäbchen *n,* Korˈsett-
stange *f.* **10.** *vulg.* ‚Ständer' *m* (*erigierter
Penis*). **II** *v/t* **11.** a) die Knochen herˈaus-
nehmen aus, ausbeinen, b) e-n Fisch ent-
gräten. **12.** (Fischbein)Stäbchen einar-
beiten in (*ein Korsett*). **13.** *agr.* mit Kno-
chenmehl düngen. **14.** *Br. sl.* ‚klauen'
(*stehlen*). **III** *v/i* **15. to ~ up on s.th.**
*colloq.* etwas ‚pauken' *od.* ‚büffeln' *od.*
‚ochsen'. **IV** *adj* **16.** beinern, knöchern.
**bone**[2] [bəʊn] *v/t tech.* nivelˈlieren.
**bone| ash** *s* Knochenasche *f.* **~ bed** *s
geol.* (*diluviales*) Knochenlager. **~ black** *s*
**1.** *chem.* Knochenkohle *f.* **2.** *paint.* Bein-
schwarz *n* (*Farbe*). **~ brec·ci·a** *s geol.*
Knochenbrekzie *f* (*durch Kalk verkittete
diluviale Knochenablagerung*). **~ car·ti-
lage** *s zo.* Knochenknorpel *m.* **~ chi·na**
*s* 'Knochenporzeˌlan *n.*
**boned** [bəʊnd] *adj* **1.** (*in Zssgn*) ...kno-
chig: → **strong-boned. 2.** *gastr.* a) ohne
Knochen, ausgebeint, b) entgrätet: ~
**fish. 3.** mit (Fischbein)Stäbchen (ver-
sehen) (*Korsett*).
**bone|-'dry** *adj* **1.** knochen-, staub-,
strohtrocken. **2.** *Am. colloq.* völlig
‚trocken': a) streng 'antialkoˌholisch,
b) ohne jeden Alkohol: **a ~ party. ~ dust**
→ **bone meal. ~ earth** → **bone ash. ~
glue** *s* Knochenleim *m.* **'~·head** *s colloq.*
‚Holzkopf' *m,* Dummkopf *m.* **'~-head-
ed** *adj colloq.* dumm. **,~-'i·dle** → bone-
lazy. **~ lace** *s* Klöppelspitze *f.* **,~-'la-
zy** *adj* ‚stinkfaul'.
**'bone·less** *adj* **1.** ohne Knochen *od.*
Gräten. **2.** *fig.* rückgratlos.
**bone| meal** *s* Knochenmehl *n.* **~ oil** *s
chem.* Knochenöl *n.*
**bon·er** ['bəʊnə(r)] *s bes. Am. sl.* (grober)
Fehler, ‚Schnitzer' *m.*
**'bone|ˌset·ter** *s* Knocheneinrichter *m.*
**'~·shak·er** *s colloq.* ‚Klapperkasten' *m*
(*Bus etc*). **~ spav·in** *s vet.* Hufspat *m* (*des
Pferdes*). **~ tar** *s chem.* Knochenteer *m.*
**'~·yard** *s Am.* **1.** Abdeckeˈrei *f.* **2.** *sl.*
Friedhof *m.* **3.** *colloq.* ‚(Auto- etc)Fried-
hof' *m,* Parkplatz *m.*
**bon·fire** ['bɒnˌfaɪə(r); *Am.* 'bɑn-] *s*
**1.** Freudenfeuer *n.* **2.** a) Feuer *n* im
Freien (*Unkrautverbrennen etc*); **to
make a ~ of s.th.** etwas vernichten.
**bong**[1] [bɒŋ; *Am. a.* bɑŋ] **I** *v/i* dröhnen.
**II** *s* Dröhnen *n.*
**bong**[2] [bɒŋ; *Am. a.* bɑŋ] *s* Haschisch-,
Marihuˈanapfeife *f.*
**bon·go**[1] ['bɒŋgəʊ; *Am. a.* 'bɑŋ-] *pl* **-gos,**
*bes. collect.* **-go** *s zo.* Bongo *m.*
**bon·go**[2] ['bɒŋgəʊ; *Am. a.* 'bɑŋ-] *pl* **-gos,
-goes** *s mus.* Bongo *n, f.*
**bon·go**[3] ['bɒŋgəʊ; *Am. a.* 'bɑŋ-] *pl* **-gos,
-goes** *s sl.* Kopfverletzung *f.*
**bon·go drum** *s mus.* Bongotrommel *f.*
**bon·ho(m)·mie** ['bɒnɒmiː; *Am.* ˌbɑnə-
'miː; ˌbɒ-] *s* Gutmütigkeit *f,* Jovialiˈtät *f.*
**bon·i·fi·ca·tion** [ˌbɒnɪfɪˈkeɪʃn; *Am.*
ˌbɑ-] *s* **1.** *agr.* Bodenverbesserung *f,* Me-
lioratiˈon *f.* **2.** Saˈnierung *f* (*e-s Bezirks*).

**'bon·ing** *tech.* **I** *s* Nivelˈlieren *n.* **II** *adj*
Nivellier...
**bon·kers** ['bɒŋkə(r)z; *Am. a.* 'bɑŋ-] *adj sl.*
‚übergeschnappt', verrückt: **to go ~**
überschnappen.
**bon mot** [bɒnˈməʊ; *Am.* bɒʊn-] *pl* **bons
mots** [bɒnˈməʊ; -ˈməʊz; *Am.* bɒʊn-] *s*
Bonˈmot *n.*
**bonne** [bɒn; *Am.* bɔːn] *s* Hausangestellte
*f, bes.* Kindermädchen *n.*
**bon·net** ['bɒnɪt; *Am.* 'bɑ-] **I** *s* **1.** (*bes.*
Schotten)Mütze *f,* Kappe *f:* → **bee**[1] **1.
2.** (Damen)Hut *m,* (Damen- *od.* Kinder-)
Haube *f* (*meist randlos u. mit Bändern
unter dem Kinn befestigt*). **3.** Kopf-
schmuck *m* (*der Indianer*). **4.** *tech. allg.*
(Schutz)Kappe *f,* Haube *f, z. B.* a) e-s
offenen Kamins, b) *rail.* Funkenfänger *m,*
c) *rail.* (Plattform)Dach *n,* d) *Bergbau:*
Schutzplatte *f* (*im Schacht*), e) *mot. Br.*
Motorhaube *f,* f) Schutzkappe *f* (*für Ven-
tile, Zylinder, Hydranten etc*). **5.** *zo.* zwei-
ter Magen, Haube *f* (*der Wiederkäuer*).
**II** *v/t* **6.** j-m e-e Mütze *od.* Haube auf-
setzen. **7.** mit e-r Schutzkappe *etc* ver-
sehen. **8.** j-m den Hut über die Augen
drücken. **~ mon·key** *s zo.* Hutaffe *m.* ~
**piece** *s Scot. hist.* schottische Gold-
münze.
**bon·ny** ['bɒnɪ; *Am.* 'bɑ-] *adj bes. Scot.*
**1.** hübsch, schön, nett (*alle a. iro.*), nied-
lich, ‚süß': **a ~ girl; my ~ lad!** *iro.* (mein)
Freundchen! **2.** prächtig, ‚prima'. **3.**
drall, rosig. **4.** gesund. **5.** *obs.* lustig.
**bon·sai** ['bɒnsaɪ; *Am.* bɒʊnˈsaɪ] *pl* **-sai** *s*
Bonsai *n:* a) *die japanische Kunst, Zwerg-
bäume zu ziehen,* b) Bonsaibaum *m.*
**bo·nus** ['bəʊnəs] **I** *s* **1.** *econ.* Bonus *m,*
Prämie *f,* Sondervergütung *f,* (Sonder-)
Zulage *f:* ~ **issue** (*bei Kapitalerhöhung
ausgegebene*) Gratisaktie; ~ **share** *Br.*
(*z. B. anstelle e-r Bardividende ausgege-
bene*) Gratisaktie; ~ **system** (*od.* **plan**)
Prämiensystem *n* (*für geleistete Über-
soll*). **2.** Gratifikatiˈon *f:* **Christmas ~.**
**3.** *econ. bes. Br.* 'Extradiviˌdende *f,* Son-
derausschüttung *f.* **4.** *Br.* Gewinnanteil *m*
(*Erhöhung der Lebensversicherungssum-
me durch Ausschüttung*). **5.** *econ. Am.*
Subventiˈon *f,* staatlicher Zuschuß.
**6.** *Am.* Dreingabe *f:* **two steak knives
as a ~. 7.** *allg.* Vergünstigung *f.*
**8.** *euphem. Br.* Bestechungsgeschenk *n,*
Schmiergeld *n.* **II** *v/t* **9.** Prämien *etc*
gewähren (*dat*). **10.** *econ. Am.* subventio-
ˈnieren.
**bon vi·vant** [ˌbɒnviːˈvɒŋt; *Am.* ˌbɑnviː-
ˈvɑnt] *pl* **bons vi·vants** [-t; -ts] *s* Bon-
viˈvant *m,* Lebemann *m.*
**bon·y** ['bəʊnɪ] *adj* **1.** knöchern, Kno-
chen...: ~ **process** Knochenfortsatz *m.*
**2.** (stark-, grob)knochig. **3.** a) voll(er)
Knochen, b) voll(er) Gräten (*Fisch*).
**4.** knochendürr.
**bonze** [bɒnz; *Am.* bɑnz] *s* Bonze *m*
(*buddhistischer Mönch od. Priester*).
**boo**[1] [buː] **I** *interj* **1.** huh! (*um j-n
zu erschrecken*): **he wouldn't** (*od.*
**couldn't, won't**) **say ~ to a goose** er ist
ein Hasenfuß. **2.** buh! (*Ausruf der Ver-
achtung*). **3. the baby didn't say ~ all
through church** das Baby gab während
des gesamten Gottesdienstes keinen ein-
zigen Laut von sich. **II** *s* **4.** Buh(ruf *m*) *n:*
**greeted by ~s. III** *v/i* **5.** buhen. **IV** *v/t*
**6.** j-n ausbuhen: **to ~ a team off the field**
*sport* e-e Mannschaft mit Buhrufen ver-
abschieden.
**boo**[2] [buː] *s Am. sl.* Marihuˈana *n.*
**boob** [buːb] *sl.* **I** *s* **1.** ‚Blödmann' *m,* ‚Idiˈot'
*m.* **2.** *Br.* (grober) Fehler, ‚Schnitzer' *m.*
**3.** *pl* ‚Titten' *pl* (*Busen*). **II** *v/i* **4.** *Br.* e-n
‚Schnitzer' machen. **III** *v/t* **5.** ‚ver-
arschen', veralbern. **6.** *Br.* Prüfung *etc*
‚versauen'.

**'boo-boo** s bes. Am. sl. (grober) Fehler, ‚Schnitzer‘ m.

**boob tube** s bes. Am. sl. a) ‚Glotzkasten m, -kiste‘ f, ‚Glotze‘ f (Fernseher), b) Fernsehen n.

**boo·by** [ˈbuːbɪ] s **1.** Trottel m, Dummkopf m. **2.** sport etc Letzte(r m) f, Schlechteste(r m) f. **3.** orn. (ein) Tölpel m (Seevogel). **4.** → boob 3. **~hatch** s **1.** mar. Schiebeluke f. **2.** Am. sl. ‚Klapsmühle‘ f (Nervenheilanstalt). **~ prize** s sport etc Scherzpreis für den Letzten od. Schlechtesten. **~ trap** s **1.** a) versteckte Bombe od. Sprengladung, b) Auto etc, in dem e-e Bombe od. Sprengladung versteckt ist. **2.** fig. grober Scherz, ‚Falle‘ f (bes. über e-r halbgeöffneten Tür angebrachter Wassereimer). **3.** fig. Falle f. **'~-trap** v/t a) e-e Bombe od. Sprengladung verstecken in (dat), b) durch e-e versteckte Bombe od. Sprengladung e-n Anschlag verüben auf (acc).

**boo·dle** [ˈbuːdl] bes. Am. sl. **I** s **1.** → caboodle. **2.** bes. pol. Schmier-, Korrupti'onsgeld(er pl) n. **3.** ‚Blüten‘ pl, Falschgeld n. **4.** a) ‚Zaster‘ m (Geld), b) (ein) Haufen m Geld. **5.** allg. Beute f. **II** v/t **6.** prellen, betrügen. **7.** ‚schmieren‘, bestechen. **III** v/i **8.** Schmiergelder (an-) nehmen. **9.** Schmiergelder zahlen.

**boo·gie** [ˈbuːgɪ; Am. a. ˈbʊ-] sl. **I** s 'Diskomu₁sik f. **II** v/i zu 'Diskomu₁sik tanzen. **~-woo·gie** [ˈ₁wuːgɪ; ₁ˈwuːgɪ; Am. a. -ˈwʊ-] **I** s Boogie-Woogie m (Musikstil u. Tanz). **II** v/i Boogie-Woogie tanzen.

**boo·hoo** [₁buːˈhuː] **I** pl **-hoos** s oft pl lautes Geschluchze. **II** v/i laut schluchzen.

**book** [bʊk] **I** s **1.** Buch n: the ~ of life fig. das Buch des Lebens; a closed ~ fig. ein Buch mit sieben Siegeln (to für); as far as I am concerned the affair is a closed ~ für mich ist die Angelegenheit erledigt; an open ~ fig. ein offenes Buch. aufgeschlagenes Buch (to für); to be at one's ~s über s-n Büchern sitzen; in my ~ colloq. m-r Meinung od. Erfahrung nach, für mich; without ~ a) aus dem Gedächtnis, b) unbefugt; one for the ~(s) colloq. ein ‚Knüller‘ od. Schlager, e-e großartige Leistung. **5.** to read him like a ~ er ist wie ein aufgeschlagenes Buch für mich; to speak (od. talk) like a ~ geschraubt od. gestelzt reden; to suit s.o.'s ~ j-m passen od. recht sein; → hit 10, leaf 4, reference 8. **2.** Buch n (als Teil e-s literarischen Gesamtwerkes od. der Bibel): the ~s of the Old Testament. **3.** the B~, a. the ~ of ~s, the divine ~, the ~ of God die Bibel: → kiss 4, swear 1. **4.** fig. Vorschrift f, Kodex m: to follow the ~ sich an die Vorschriften halten; according to the ~ ganz vorschriftsmäßig; by the ~ a) ganz genau od. korrekt, b) ‚nach allen Regeln der (Kriegs)Kunst‘; every trick in the ~ jeder nur denkbare Trick; he knows every trick in the ~ er ist mit allen Wassern gewaschen. **5.** to throw the ~ at s.o. a) jur. j-n zur Höchststrafe verurteilen, b) jur. j-n aller einschlägigen Verbrechen beschuldigen od. anklagen, c) colloq. j-m ‚gehörig den Kopf waschen‘. **6.** obs. (bes. 'Grundbesitzüber₁tragungs)Urkunde f. **7.** Liste f, Verzeichnis n: to be on the ~s auf der (Mitglieder- etc)Liste stehen, eingetragenes Mitglied sein. **8.** pl univ. Liste f der Immatriku'lierten. **9.** econ. Geschäftsbuch n: ~ of accounts Kontobuch; ~s of account Geschäftsbücher; ~ account Buchkonto n; ~ of charges Ausgabe(n)-, Unkostenbuch; ~ of rates Zolltarif m; ~ of sales Warenverkaufsbuch; to close (od. balance) the ~s die Bücher abschließen; to shut the ~s das Geschäft(s-

unternehmen) aufgeben; to keep the ~s die Bücher führen; to get (od. run) into s.o.'s ~s bei j-m Schulden machen; to be deep in s.o.'s ~s bei j-m tief ‚in der Kreide stehen‘; to call (od. bring) s.o. to ~ fig. j-n zur Rechenschaft ziehen. **10.** a) No'tizbuch n, -block m, b) (Schreib-, Schul)Heft n: to be in s.o.'s good (bad od. black) ~s fig. bei j-m gut (schlecht) angeschrieben sein. **11.** Wettbuch n: to make ~ a) Wetten annehmen od. abschließen (on über acc), b) wetten; you can make ~ on it that ich möchte wetten, daß. **12.** a) thea. Text m, b) mus. Textbuch n, Li'bretto n, c) mus. bes. Am. Reper'toire n (e-s Orchesters od. Musikers). **13.** Heft(chen) n: ~ of stamps (tickets) Marken-(Fahrschein)heft (-chen); ~ of matches Streichholz-, Zündholzbriefchen n. **14.** Whist u. Bridge: Buch n (die ersten 6 Stiche).

**II** v/t **15.** econ. a) (ver)buchen, eintragen, b) e-n Auftrag no'tieren. **16.** aufschreiben, no'tieren, sport a. verwarnen: to ~ s.o. for wreckless driving j-n wegen rücksichtslosen Fahrens aufschreiben (Polizei). **17.** j-n verpflichten, enga'gieren: to ~ a band. **18.** j-n als (Fahr)Gast, Teilnehmer etc einschreiben, vormerken: to ~ s.o. into (od. in at) bes. Br. j-m ein Zimmer reservieren lassen in (dat). **19.** e-n Platz, ein Zimmer etc (vor)bestellen, e-e Reise etc buchen, e-e Eintritts- od. Fahrkarte lösen: to ~ a seat (od. ticket) to London e-e Fahr-(Schiffs-, Flug)karte nach London lösen; to ~ in advance im voraus bestellen, thea. a. im Vorverkauf besorgen; ~ed-up ausgebucht (Künstler), (Hotel etc a.) belegt, (Veranstaltung etc a.) ausverkauft. **20.** e-n Termin ansetzen. **21.** Gepäck aufgeben (to nach). **22.** ~ out bes. Br. sich ein Buch etc (aus e-r Bibliothek etc) (aus-) leihen.

**III** v/i **23.** Br. a. ~ up e-e (Fahr-, Schiffs-, Flug)Karte lösen (to, for nach): to ~ through durchlösen (to bis, nach). **24.** sich (für e-e Fahrt etc) vormerken lassen, e-n Platz etc bestellen, buchen. **25.** ~ in bes. Br. sich (im Hotel) eintragen: to ~ in at absteigen in (dat). **26.** ~ out bes. Br. sich (im Hotel etc) abmelden.

**'book·a·ble** adj im Vorverkauf erhältlich.

**book·a·te·ri·a** → booketeria.

**'book₁bind·er** s Buchbinder m. **'~bind·er·y** s Buchbinde'rei f. **'~bind·ing** s **1.** Buchbinden n. **2.** Buchbinderhandwerk n, Buchbinde'rei f. **~burn·ing** s Bücherverbrennung f. **'~case** s **1.** 'Bücherschrank m, -re₁gal n. **2.** Buchdeckel m. **~ claim** s econ. Buchforderung f, buchmäßige Forderung. **~ clamp** s Bücherpreßlade f. **~ cloth** s Buchbinderleinwand f. **~ club** s Buchgemeinschaft f. **~ debt** s econ. Buchschuld f, buchmäßige Schuld. **~ end** s Bücherstütze f.

**book·e·te·ri·a** [₁bʊkəˈtɪərɪə] s bes. Am. Buchhandlung f mit Selbstbedienung.

**'book₁hold·er** s Buchstütze f.

**'book·ie** [ˈbʊkɪ] colloq. für bookmaker 2.

**'book₁ing** s **1.** Buchen n, (Vor)Bestellung f: to make a ~ buchen; onward (return) ~ aer. Reservierung f für den Weiterflug (Rückflug). **2.** (Karten)Ausgabe f. **3.** econ. (Ver)Buchung f, Eintragung f. **~ clerk** s Schalterbeamte(r) m, Fahrkartenverkäufer m. **~ hall** s Schalterhalle f. **~ of·fice** s **1.** (Fahrkarten)Schalter m. **2.** Am. Gepäckschalter m, -annahme f. **3.** (Thea'ter- etc)Kasse f, Vorverkaufsstelle f. **~ or·der** s econ. Bestellzettel m.

**'book·ish** adj (adv ~ly) **1.** Buch..., Bücher...: ~ knowledge Bücherweisheit f; ~ person a) Büchermensch m, -narr m,

b) Stubengelehrte(r) m. **2.** voll Bücherweisheit: ~ style papierener Stil. **3.** a) belesen, b) gelehrt. **'book·ish·ness** s trockene Gelehrsamkeit.

**book₁ jack·et** s 'Schutz₁umschlag m, Buchhülle f (aus Papier). **'~keep·er** s econ. Buchhalter(in). **'~keep·ing** s econ. Buchhaltung f, -führung f: ~ by single (double) entry einfache (doppelte) Buchführung; ~ department Buchhaltung(sabteilung) f. **~ knowl·edge** s Buchwissen n, -gelehrsamkeit f, Bücherweisheit f. **'~learn·ed** → bookish 3. **~ learn·ing** → book knowledge.

**book·let** [ˈbʊklɪt] s Büchlein n, Bro'schüre f.

**'book·lore** → book knowledge. **~ loss** s econ. Buchverlust m, buchmäßiger Verlust. **~ louse** s irr zo. Bücherlaus f. **'~lov·er** s Bücherliebhaber(in), -freund (-in). **'~mak·er** s **1.** Bücherschreiber m, bes. Kompi'lator m. **2.** Buchmacher m. **'~mak·ing** s **1.** Bücherschreiben n, bes. Kompilati'on f. **2.** Buchmache'rei f. **'~man** [-mən] s irr **1.** Büchermensch m, (Stuben)Gelehrte(r) m. **2.** Buchhändler m. **'~mark**, **~mark·er** s Lesezeichen n. **'~mo₁bile** [-məʊ₁biːl] s Am. 'Wander-, 'Autobüche₁rei f. **~ mus·lin** s Buchbinderei: Or'gandy m. **B~ of Common Prayer** s Gebetbuch n der Angli'kanischen Kirche. **'~plate** s Ex'libris n. **~ post** s econ. Büchersendung f: to send s.th. by ~ etwas als Büchersendung schicken. **~ prof·it** s econ. Buchgewinn m, buchmäßiger Gewinn. **'~rack** s **1.** 'Büchergestell n, -re₁gal n. **2.** a) Lesepult n, b) Buchstütze f. **'~rest** s → bookrack 2 a. **~ re·view** s Buchbesprechung f, 'Buchkri₁tik f. **~ re·view·er** s Buchkritiker m. **'~sell·er** s Buchhändler(in). **'~sell·ing** s Buchhandel m. **'~shelf** s irr 'Bücherre₁gal n. **'~shop** s Buchhandlung f. **'~stack** s 'Bücherre₁gal n. **'~stall** s **1.** Bücherstand m. **2.** bes. Br. Zeitungskiosk m, -stand m. **'~store** s bes. Am. Buchhandlung f.

**book·sy** [ˈbʊksɪ] adj Am. colloq. contp. ,hochgestochen‘, ‚auf intellektu'ell machend‘.

**book₁ to·ken** s Br. Büchergutschein m. **~ trade** s Buchhandel m. **~ truck** → bookmobile. **~ val·ue** s econ. Buchwert m, buchmäßiger Wert. **'~work** s **1.** print. Werk-, Buchdruck m. **2.** Bücherstudium n. **'~worm** s zo. u. fig. Bücherwurm m.

**Bool·e·an al·ge·bra** [ˈbuːlɪən] s math. Boolesche Algebra.

**boom¹** [buːm] **I** s **1.** Dröhnen n (e-r Stimme), (Geschütz- etc)Donner m, Brausen n (der Wellen etc). **2.** Schrei m (der Rohrdommel etc). **II** v/i **3.** dröhnen (Stimme etc), donnern (Geschütz etc), brausen (Wellen etc). **4.** schreien (Rohrdommel etc). **III** v/t **5.** meist ~ out dröhnen(d äußern).

**boom²** [buːm] s **1.** mar. Baum m, Ausleger m (als Hafen- od. Flußsperrgerät). **2.** mar. Baum m, Spiere f: fore ~ Schonerbaum. **3.** pl mar. Barring f. **4.** Am. Schwimmbaum m (zum Auffangen des Floßholzes). **5.** tech. Ausleger m (e-s Krans), Ladebaum m. **6.** Film, TV: (Mikrophon)Galgen m.

**boom³** [buːm] **I** s **1.** econ. Boom m: a) 'Hochkonjunk₁tur f, b) Börse: Hausse f, c) (plötzlicher) (wirtschaftlicher od. geschäftlicher) Aufschwung: ~ market Haussemarkt m; to curb (od. check) the ~ die Konjunktur bremsen. **2.** bes. Am. plötzliches Entstehen u. ra'pideEntwicklung (e-r Stadt etc). **3.** bes. Am. a) Re'klamerummel m, (aufdringliche) Propa'ganda, Stimmungsmache f (bes. für

*e-n Wahlkandidaten*), b) anwachsende Stimmung für e-n Kandi'daten. **4.** *bes. Am.* a) ko'metenhafter Aufstieg, b) Blüte(zeit) *f*, große Zeit, *a.* (Zeit *f* der) Populari'tät *f*. **II** *v/i* **5.** e-n ra'piden Aufschwung nehmen, flo'rieren, blühen: **~ing** florierend, im Aufschwung (begriffen). **6.** in die Höhe schnellen, ra'pide (an)steigen (*Kurse, Preise*). **7.** *bes. Am.* sehr rasch an Populari'tät gewinnen (*Person*). **III** *v/t* **8.** hochpeitschen, zu e-r ra'piden (Aufwärts)Entwicklung zwingen, *Preise* (künstlich) in die Höhe treiben. **9.** *bes. Am.* die Werbetrommel rühren für.

**ˌboom-and-'bust** *s econ. Am. colloq.* Zeit *f* außergewöhnlichen Aufstiegs, der e-e ernste Krise folgt.

**'boom·er** *s* **1.** *Am. colloq.* Wanderarbeiter *m*. **2.** *zo.* a) *Austral.* männliches Riesenkänguruh, b) Ka'nadischer Biber.

**boom·er·ang** ['buːməræŋ] **I** *s* **1.** Bumerang *m* (*a. fig.*). **2.** *thea. Am.* Hebebühne *f* (*für Bühnenmaler*). **II** *v/i* **3.** *fig.* sich als Bumerang erweisen (**on** für).

**boon¹** [buːn] *s* **1.** *obs.* Gunst *f*, Gnade *f*. **2.** *fig.* Segen *m* (**to** für).

**boon²** [buːn] *adj* **1.** *obs.* a) gefällig, b) wohlgesinnt. **2. ~ companion** lustiger Kumpan.

**'boonˌdocks** *s pl Am. sl.* **1.** Wildnis *f*. **2.** finsterste Pro'vinz. **'~ˌdog·gle** [-ˌdɑgəl] *Am.* **I** *s* **1.** einfacher, handgemachter Gebrauchsgegenstand (*bes. aus Leder od. Weide*). **2.** *colloq.* a) nutzlose u. aufwendige Angelegenheit od. Scheinbeschäftigung *f* (*bes. im öffentlichen Dienst*). **II** *v/i* **3.** *colloq.* sich mit nutzlosen u. aufwendigen Angelegenheiten beschäftigen, b) e-r Scheinbeschäftigung nachgehen.

**boon·ies** [ˈbuːniːz] *s pl* → **boondocks**.

**boor** [bʊə(r)] *s* **1.** *contp.* ‚Bauer‘ *m*, ungehobelter Kerl. **2. B~** → **Boer I**. **'boor·ish** *adj* (*adv* **~ly**) *contp.* bäu(e)risch, ungehobelt. **'boor·ish·ness** *s contp.* bäu(e)risches *od.* ungehobeltes Benehmen *od.* Wesen.

**boost** [buːst] **I** *v/t* **1.** e-n Kletternden von unten hochschieben, *j-m od. e-r Sache* nachhelfen (*a. fig.*). **2.** *econ. colloq.* die *Preise* in die Höhe treiben. **3.** *colloq.* fördern, Auftrieb geben (*dat*), *die Produktion etc* ankurbeln, steigern: **to ~ business** *econ.* die Wirtschaft ankurbeln; **to ~ morale** die (*Arbeits- etc*)Moral heben. **4.** *bes. Am. colloq.* Re'klame machen *od.* die Werbetrommel rühren für. **5.** *tech.* a) *Flüssigkeiten etc* unter erhöhten Druck setzen, b) *den Druck* erhöhen, c) durch erhöhten Druck regu'lieren. **6.** *electr.* a) *die Spannung* verstärken, anheben, b) *e-e Batterie* verstärken. **7.** *aer. mot.* aufladen. **8.** *Am. sl.* ‚klauen‘ (*stehlen*) (*bes. in e-m Laden*). **II** *s* **9.** *colloq.* Förderung *f*, ‚Spritze‘ *f*, Schützenhilfe *f*. **10.** *colloq.* Auftrieb *m*, Belebung *f*. **11.** *colloq.* (*Lohn-, Preis-, Produktions-etc*)Erhöhung *f*, Steigerung *f*: **~ in salary** Gehaltserhöhung. **12.** *electr. tech.* Verstärkung *f* (*a. fig.*). **13.** *aer. mot.* Aufladung *f*, Ladedruck *m*. **14.** *bes. Am. colloq.* Re'klame *f*.

**'boost·er** *s* **1.** *colloq.* Förderer *m*. **2.** *colloq.* Preistreiber *m*. **3.** *bes. Am. colloq.* Re'klamemacher *m*. **4.** *tech.* Verstärker *m*, Verstärkung *f*, 'Zusatz(aggreˌgat *n*) *m*. **5.** *electr.* a) *a.* **~ dynamo** 'Zusatzdyˌnamo *m*, b) Servomotor *m*, c) *a.* **~ amplifier** Zusatzverstärker *m*. **6.** *a.* **~ charge** *mil. tech.* Über'tragungsladung *f*. **7.** *tech.* Kom'pressor *m*. **8.** *a.* **~ pump** *tech.* Förderpumpe *f*. **9.** Raketentechnik: a) 'Antriebsaggreˌgat *n*, b) erste Stufe, Zündstufe *f*. **10.** → **booster shot**.

**11.** *mil.* 'Trägerraˌkete *f*. **12.** *sl.* (*bes.* Laden)Dieb *m*. **~ coil** *s electr.* Anlaßspule *f*. **~ re·lay** *s electr.* 'Hilfsreˌlais *n*. **~ rock·et** *s* 'Startraˌkete *f*. **~ shot** *s med.* Wieder'holungsimpfung *f*.

**boot¹** [buːt] **I** *s* **1.** Stiefel *m*: **the ~ is on the other foot** (*od. leg*) a) der Fall liegt umgekehrt, b) die Verantwortung liegt (jetzt) bei der anderen Seite; **his courage** (*od.* **heart**) **sank in(to) his ~s** ihm fiel (vor Angst) das Herz in die Hose; **I'll eat my ~s if** ... *colloq.* ich fresse e-n Besen, wenn ...; **to hang up the ~s** *colloq.* s-n Beruf, die Fußballschuhe *etc* an den Nagel hängen; **to put the ~ in** *bes. Br. colloq.* a) e-n wehrlos am Boden Liegenden mit (Fuß)Tritten traktieren, b) *fig.* j-n vollends fertigmachen; **the ~ of Italy** *geogr. humor.* der italienische ‚Stiefel‘; → **bet 4, die¹, lick 1. 2.** *hist.* spanischer Stiefel (*Folterinstrument*). **3.** *hist.* Beinharnisch *m*. **4.** Hufstiefel *m* (*für Pferde*). **5.** *orn.* Beinfedern *pl* (*von Geflügel*). **6.** *Br.* a) *hist.* Kutschkasten *m* (*für Gepäck*), b) *mot.* Kofferraum *m*. **7.** *tech.* a) Schutzkappe *f*, b) ('Autoreifen)Unterˌlegung *f*. **8.** *obs.* Trinkschlauch *m*. **9.** Strumpfbein *n*. **10.** *sl.* (Fuß)Tritt *m*: **to give s.o. a ~** j-m e-n Fußtritt geben *od.* versetzen, b) *sl.* Rausschmiß *m, bes.* Entlassung *f*: **to get the ~** rausgeschmissen (*bes. entlassen*) werden; **to give s.o. the ~** → **16. 11.** *Am. sl.* a) *mil.* Re'krut *m* (*bes. der Marine[-infanterie]*), b) Anfänger *m*. **12.** *Br. sl.* a) ‚Schreckschraube‘ *f* (*häßliche Frau*), b) ‚Hexe‘ *f* (*bösartige Frau*): **you old ~! 13.** *Baseball: sl.* ‚Patzer‘ *m*. **II** *v/t* **14.** j-m (die) Stiefel anziehen. **15.** *colloq.* a) e-n (Fuß-)Tritt geben *od.* versetzen (*dat*), b) *bes. Fußball:* **den Ball** treten, kicken. **16.** *meist* **~ out** *sl.* j-n rausschmeißen, *bes.* entlassen.

**boot²** [buːt] *s* **1.** *obs.* Vorteil *m*, Gewinn *m*, Nutzen *m*. **2. to ~** obendrein, noch dazu. **II** *v/i u. v/t* **3.** *obs.* (*j-m*) nützen: **what ~s it to complain?**

**boot³** [buːt] *s obs.* Beute *f*.

**'boot·black** *s* Schuhputzer *m*.

**boot·ed** ['buːtɪd] *adj* gestiefelt: **~ and spurred** gestiefelt u. gespornt.

**boot·ee** ['buːtiː; ˌbuːˈtiː] *s* **1.** Damenhalbstiefel *m*. **2.** gestrickter Babyschuh.

**Bo·ö·tes** [bəʊˈəʊtiːz] *s astr.* Bärenhüter *m* (*Sternbild*).

**booth** [buːð; *Am. bes.* buːθ] *s* **1.** (Markt-, Schau)Bude *f*, (Messe)Stand *m*. **2.** a) (Tele'fon-, Fernsprech)Zelle *f*, b) ('Wahl-)Kaˌbine *f*, (-)Zelle *f*. **3.** a) *Rundfunk, TV:* ('Über'tragungs)Kaˌbine *f*, b) ('Abhör-)Kaˌbine *f* (*in e-m Schallplattengeschäft*). **4.** Sitzgruppe *f* (*im Restaurant*).

**'boot·lace** *s* Stiefelknecht *m*. **'~·lace** *s* Schnürsenkel *m*: **to pull o.s. up by one's (own) ~s** *colloq.* es aus eigener Kraft zu etwas bringen.

**'boot·leg I** *s* 'illeˌgal 'hergestellte, schwarz verkaufte *od.* geschmuggelte Spiritu'osen *pl*. **II** *v/t bes. Spirituosen* 'illeˌgal 'herstellen, schwarz verkaufen *od.* schmuggeln. **III** *v/i Spiritu'osen* 'illeˌgal 'herstellen, (*bes. Alkohol*)Schmuggel *od.* (-)Schwarzhandel treiben. **IV** *adj* 'illeˌgal, geschmuggelt, Schmuggel...: **~ whisky** geschmuggelter Whisky; **~ radio station** Schwarzsender *m*. **'boot·leg·ger** *s* (*bes. Alkohol*)Schmuggler *m*, (-)Schwarzhändler *m*. **'boot·leg·ging** *s* (*bes. Alkohol-*)Schmuggel *m*, (-)Schwarzhandel *m*.

**'boot·less** *adj* nutzlos.

**'boot·lick** *colloq.* **I** *v/t u. v/i* ‚kriechen‘ (*vor j-m*). **II** → **bootlicker**. **'~ˌlick·er** *s colloq.* ‚Kriecher‘ *m*. **'~ˌload·er** *s Computer:* a) 'Urleseproˌgramm *n*, b) 'Ureingabeproˌgramm *n*.

**boots** [buːts] *pl* **boots** *s Br.* Hausdiener *m* (*im Hotel*).

**'boot·strap I** *s* **1.** Stiefelstrippe *f*, -schlaufe *f*: **to pull o.s. up by one's (own) ~s** *colloq.* es aus eigener Kraft zu etwas bringen; **~ circuit** *electr.* Bootstrap-Schaltung *f*. **2.** *Computer:* Ureingabe *f*: **~ loader** a) 'Urladeprogramm *n*, b) 'Ureingabeprogramm *n*. **II** *v/t* **3.** *Computer:* durch Ureingabe laden. **~ top** *s* Stiefelstulpe *f*. **~ tree** *s* Stiefelleisten *m*.

**boot·y** ['buːtɪ] *s* **1.** (Kriegs)Beute *f*, Beutegut *n*, Raub *m*: **to play ~** a) sich mit e-m anderen Spieler zur Ausplünderung e-s Dritten zs.-tun u. anfangs absichtlich verlieren, b) *fig.* sich listig verstellen. **2.** *fig.* (Aus)Beute *f*, Fang *m*.

**booze** [buːz] *colloq.* **I** *v/i* ‚saufen‘, (gewohnheits- *od.* 'übermäßig) trinken: **~d** ‚blau‘ (*betrunken*). **II** *s* **1.** a) ‚Zeug‘ *n* (*alkoholisches Getränk*), b) ‚Saufe'rei‘ *f*: **to go on** (*od.* **hit**) **the ~** ‚saufen‘, c) ‚Sauftour‘ *f*: **to go on a ~** e-e Sauftour machen, d) ‚Besäufnis‘ *n*. **'~ˌhound** *s Am. colloq.* Säufer *m*.

**'booz·er** *s colloq.* **1.** Säufer *m*. **2.** *Br.* Kneipe *f*.

**'booze-up** *s Br. colloq.* → **booze II c, d**.

**booz·y** ['buːzɪ] *adj colloq.* **1.** ‚versoffen‘. **2.** Sauf...: **a ~ party** ein ‚Besäufnis‘.

**bop** [bɒp; *Am. bɑp*] *colloq.* **I** *s* **1.** Schlag *m*: **to give s.o. a ~ on the nose** j-m eins auf die Nase geben. **II** *v/t* j-n schlagen.

**bo·peep** [ˌbəʊˈpiːp] *s* Guck-guck-Spiel *n*. **'bop·per** → **teeny-bopper**.

**bo·ra** ['bɔːrə; *Am. a.* 'bəʊrə] *s* Bora *f* (*trocken-kalter Fallwind*).

**bo·rac·ic** [bəˈræsɪk] *adj chem.* boraxhaltig, Bor...: **~ acid** Borsäure *f*.

**bo·ra·cite** ['bɔːrəsaɪt; *Am. a.* 'bəʊ-] *s min.* Bora'cit *m*.

**bor·age** ['bɒrɪdʒ; *Am. a.* 'bɑ-] *s bot.* Borretsch *m*, Gurkenkraut *n*.

**bo·rate** ['bɔːreɪt] *s chem.* borsaures Salz: **~ of lead** Bleiborat *n*.

**bo·rax** ['bɔːræks; *Am. a.* 'bəʊ-] *s chem.* Borax *m*.

**bor·dar** ['bɔːdə] *s Br. hist.* Kätner *m*.

**Bor·deaux** [bɔː(r)ˈdəʊ] *s* Bor'deaux(-wein) *m*. **~ mix·ture** *s agr. chem.* Borde'laiser Brühe.

**bor·del** ['bɔː(r)dl] *s obs.* Bor'dell *n*.

**bor·del·lo** [bɔː(r)ˈdeləʊ] *pl* **-los** *s* Bor'dell *n*.

**bor·der** ['bɔː(r)də(r)] **I** *s* **1.** Rand *m*. **2.** Einfassung *f*, Saum *m*, Um'randung *f*, Borte *f*, Randverzierung *f*, *a. print.* Rand-, Zierleiste *f*. **3.** Grenze *f*. Landesgrenze *f*: **on the ~** an der Grenze; **crossing point** Grenzübergang(sstelle *f*) *m*; **~ incident** Grenzzwischenfall *m*; **~ war** Grenzkrieg *m*. **4.** *a.* **~ area** Grenzgebiet *n*: **the B~** die Grenze *od.* das Grenzgebiet zwischen England u. Schottland; **north of the B~** in Schottland. **5.** *agr.* Rain *m*. **6.** *Gartenbau:* Ra'batte *f*, Randbeet *n*. **7.** *pl* → **borderlights**. **II** *v/t* **8.** einfassen. **9.** (um)'säumen: **a lawn ~ed by trees**. **10.** begrenzen, (an)grenzen an (*acc*). **11.** *tech.* rändern, (um)'bördeln. **III** *v/i* **12.** a)(an)grenzen, (an)stoßen (**on, upon** *an acc*): **it ~s on insolence** *fig.* es grenzt an Unverschämtheit.

**bor·de·reau** [ˌbɔː(r)dəˈrəʊ] *pl* **-reaux** [-ˈrəʊ; -ˈrəʊz] *s Bankwesen:* Borde'reau *m, n* (*Verzeichnis eingelieferter Wertpapiere, bes. von Wechseln*).

**bor·der·er** *s* Grenzbewohner *m* (*Br.* Bewohner des Grenzgebiets zwischen England u. Schottland).

**'bor·der·ing** *s* **1.** Einfassung *f*, Besatz *m*. **2.** Materi'al *n* (*Stoff etc*) zum Einfassen *od.* Besetzen. **3.** *tech.* Bördeln *n*, Rändelung *f*.

**'bor·der|·land** s 1. Grenzland n, -gebiet n. 2. fig. a) Grenzland n, b) Randgebiet n, c) Niemandsland n. **'∼lights** s pl thea. Sof'fittenlichter pl. **'∼line I** s 1. Grenzlinie f. 2. fig. Grenze f. **II** adj 3. auf od. an der Grenze (a. fig.): ∼ **case** Grenzfall m; ∼ **disease** med. latente Krankheit; ∼ **joke** nicht mehr ganz salonfähiger Witz; ∼ **state** Zwischenstadium n. **∼ stone** s 1. Bord-, Randstein m. 2. Grenzstein m.

**bor·dure** ['bɔːˌdjʊə; Am. 'bɔːrdʒər] s her. 'Schild-, 'Wappenumˌrandung f.

**bore¹** [bɔː(r); Am. a. 'bəʊər] **I** s 1. tech. Bohrung f: a) Bohrloch n, b) 'Innenˌdurchmesser m. 2. Bergbau: Bohr-, Schieß-, Sprengloch n. 3. mil. tech. Bohrung f, Seele f, Ka'liber n: ∼ **of a gun**. 4. geol. Ausflußöffnung f (e-s Geysirs). **II** v/t 5. (bes. aus)bohren, durch bohren. 6. durch dringen, sich 'durchbohren durch: **to** ∼ **one's way (into, through)** sich (mühsam) e-n Weg bahnen (in dat od. acc, durch). 7. sport sl. ein anderes Rennpferd abdrängen. **III** v/i 8. bohren, Bohrungen machen, Bergbau: schürfen (**for** nach). 9. tech. a) (bei Holz) (ins Volle) bohren, b) (bei Metall) (aus-, auf)bohren. 10. fig. 'durch-od. vordringen, sich e-n Weg bahnen (**to** bis, zu, nach), sich (hin'ein)bohren (**into** in acc).

**bore²** [bɔː(r); Am. a. 'bəʊər] **I** s 1. a) langweilige od. stumpfsinnige od. fade Sache: **the book is a** ∼ **to read** das Buch ist langweilig, b) bes. Br. unangenehme od. lästige Sache: **what a** ∼! wie dumm!, wie lästig! 2. a) Langweiler m, fader Kerl, b) bes. Br. lästiger Kerl. **II** v/t 3. langweilen: **to** ∼ **stiff** (od. **to tears**) colloq. j-n ˌzu Tode' langweilen; **to be** ∼**d** sich langweilen. 4. bes. Br. j-m lästig sein od. auf die Nerven gehen.

**bore³** [bɔː(r); Am. a. 'bəʊər] s Springflut f, Flutwelle f.

**bore⁴** [bɔː(r); Am. a. 'bəʊər] pret von **bear¹**.

**bo·re·al** ['bɔːrɪəl; Am. a. 'bəʊ-] adj 1. bore'al: a) nördlich, b) dem nördlichen Klima Eu'ropas, Asiens u. A'merikas zugehörend. 2. Nordwind...

**Bo·re·as** ['bɔːrɪæs; Am. 'bəʊrɪəs; 'bɔː-] **I** npr Boreas m (Gott des Nordwindes). **II** s poet. Boreas m ([kalter] Nordwind).

**'bore·dom** s 1. Lang(e)weile f, Gelangweiltsein n. 2. Langweiligkeit f.

**'bor·er** s 1. tech. Bohrer m. 2. Bohrarbeiter m. 3. zo. (ein) Bohrer m (Insekt).

**bo·ric** ['bɔːrɪk; Am. a. 'bəʊ-] adj chem. Bor...: ∼ **acid** Borsäure f.

**bo·ride** ['bɔːraɪd; Am. a. 'bəʊ-] s chem. Bo'rid n.

**'bor·ing¹** **I** s 1. Bohren n, Bohrung f. 2. Bohrloch n. 3. pl Bohrspäne pl. **II** adj 4. bohrend, Bohr...

**'bor·ing²** adj langweilig.

**'bor·ing|** **bar** s tech. Bohrstange f. ∼ **head** s tech. Bohrkopf m. ∼ **ma·chine** s tech. 'Bohrmaˌschine f. ∼ **tool** s tech. Innendrehmeißel m.

**born** [bɔː(r)n] **I** pp von **bear¹** 4. **II** adj 1. geboren: ∼ **of** geboren von, Kind des od. der; ∼ **again** wiedergeboren; **an Englishman** ∼ **and bread** ein (wasch-)echter Engländer; **a** ∼ **fool** ein völliger Narr; **never in all my** ∼ **days** noch nie in m-m Leben. 2. geboren, bestimmt (**to** zu): ∼ **a poet**, **a** ∼ **poet** zum Dichter geboren, ein geborener Dichter. 3. angeboren: ∼ **dignity**.

**borne** [bɔː(r)n] **I** pp von **bear¹**. **II** adj 1. (in Zssgn) getragen von, befördert mit od. auf (dat) od. in (dat): **lorry-**∼ mit (e-m) Lastwagen befördert; → **air-borne**, etc. 2. geboren (von).

**bor·né** [bɔː(r)'neɪ] adj bor'niert.

**Born·holm dis·ease** ['bɔː(r)nhɒlm;

Am. -ˌhəʊlm; -ˌhəʊm] s med. Born'holmer Krankheit f.

**born·ite** ['bɔː(r)naɪt] s min. Bor'nit m, Buntkupferkies m.

**bo·ron** ['bɔːron; Am. 'bɔːrˌɒn; a. 'bəʊər-] s chem. Bor n.

**bo·ro·si·lic·ic ac·id** [ˌbəʊərəʊsɪ'lɪsɪk] s chem. Borkieselsäure f.

**bor·ough** ['bʌrə; Am. 'bɜːrəʊ; 'bʌ-] s 1. Br. hist. Burg(flecken m) f. 2. Br. a) Stadt f (mit Selbstverwaltung), b) a. **parliamentary** ∼ Stadt f od. städtischer Wahlbezirk mit eigener Vertretung im Parla'ment, c) Stadtteil m (von Groß-London). 3. Am. a) Stadt- od. Dorfgemeinde f (in einigen Staaten), b) Stadtbezirk m (in New York). **B. Coun·cil** s Br. Stadtrat m. **∼ 'Eng·lish** s jur. hist. Vererbung f auf den jüngsten Sohn.

**bor·row** ['bɒrəʊ; Am. a. 'bɑ-] **I** v/t 1. (sich) etwas borgen (a. math.) od. (ent-)leihen (**from** von): ∼**ed funds** econ. Fremdmittel; **he lives on** ∼**ed time** a) s-e Tage sind gezählt, b) s-e Uhr ist abgelaufen. 2. fig. entlehnen, -nehmen, iro. (sich) etwas ˌborgen': **to** ∼ **a phrase from Shaw**; **to** ∼ **trouble** sich unnötigen Ärger einhandeln; ∼**ed word** ling. Lehnwort n. 3. euphem. ˌmitgehen lassen' (stehlen). **II** v/i 4. borgen, econ. a. Geld od. Darlehen od. Kre'dit aufnehmen: **to** ∼ **on securities** Effekten lombardieren. **'bor·row·er** s 1. Entleiher(in), Borger(in): ∼**'s ticket** Leihkarte f. 2. econ. Geld-, Darlehens-, Kre'ditnehmer(in). 3. fig. Entlehner(in) (**from** von). **'bor·row·ing** s 1. Borgen n, (Ent)Leihen n. 2. econ. Geld-, Darlehens-, Kre'ditaufnahme f: ∼ **power** Kreditfähigkeit f.

**Bor·stal** ['bɔːstl] s a. ∼ **Institution** Br. erzieherisch gestaltete Strafanstalt für die Altersgruppe 15–21; ∼ **training** Strafvollzug in e-m Borstal.

**bort** [bɔː(r)t] s 1. Dia'mantenschleifpulver n. 2. min. unreiner, farbiger, bes. schwarzer Dia'mant.

**bor·zoi** ['bɔː(r)zɔɪ] s Bar'soi m (russischer Windhund).

**bos·cage** → **boskage**.

**bosh¹** [bɒʃ; Am. bɑʃ] s metall. 1. Kohlensack m, Rast f (am Hochofen). 2. Löschtrog m.

**bosh²** [bɒʃ; Am. bɑʃ] s a. interj colloq. ˌQuatsch' m, Blödsinn m.

**bosk** [bɒsk; Am. bɑsk] s poet. Gehölz n.

**bos·kage** ['bɒskɪdʒ; Am. 'bɑs-] s poet. 1. Gebüsch n, Buschwerk n, Dickicht n. 2. 'Unterholz n. **'bosk·y** adj poet. buschig.

**bos'n**, **bo's'n** → **boatswain**.

**bos·om** ['bʊzəm] **I** s 1. Busen m: **to take to one's** ∼ → 6. 2. fig. Busen m, Herz n (als Sitz der Gefühle etc): **to conceal** (od. **lock**) **in one's** ∼ → 7; ∼ **friend** Busenfreund(in). 3. fig. Schoß m: **in the** ∼ **of one's family** (**the Church**) im Schoße der Familie (der Kirche); → **Abraham**. 4. Tiefe f, (das) Innere: **the** ∼ **of the earth** das Erdinnere. 5. Brustteil m (e-s Kleides etc), bes. Am. (Hemd)Brust f. **II** v/t 6. j-n ans Herz drücken. 7. fig. etwas in s-m Busen verschließen. **'bos·omed** adj 1. (in Zssgn) ...busig. 2. fig. (in) um'geben (von), eingebettet (in acc). **'bos·om·y** adj vollbusig.

**bos·on** ['bəʊzɒn; Am. -ˌzɑn] s phys. Boson n, Bose-Teilchen n.

**bos·quet** ['bɒskɪt; Am. 'bɑs-] → **bosk**.

**boss¹** [bɒs; Am. a. bas] **I** s 1. (An)Schwellung f, Beule f, Höcker m. 2. runde erhabene Verzierung, (a. Schild)Buckel m, Knauf m, Knopf m. 3. arch. Bossen m. 4. tech. a) Rad-, Pro'peller-, Kolben-etc)Nabe f, b) Hals m, Verstärkung f (e-r Welle), c) Nocken m. 5. tech. (Streich-)

Ballen m, (Auftrags)Kissen n (für Farbe). 6. geol. Lakko'lith m, säulenförmiger Gesteinsblock. **II** v/t 7. mit Buckeln etc verzieren od. besetzen. 8. tech. bossen, treiben.

**boss²** [bɒs] colloq. **I** s 1. Chef m, Boß m, Vorgesetzte(r) m, Meister m. 2. fig. ˌMacher' m, Tonangebende(r) m, ˌObermimer' m: **who is the** ∼ **in the house?** wer ist der Herr im Haus?, wer hat die Hosen an? 3. pol. bes. Am. (Par'tei-, Gewerkschafts)Bonze m, (-)Boß m. **II** adj 4. erstklassig, ˌSuper...': **a** ∼ **player**. 5. Haupt... **III** v/t 6. Herr sein über (acc), komman'dieren, leiten: **to** ∼ **the show** der Chef vom Ganzen sein, ˌden Laden schmeißen'; **to** ∼ **about** (od. **around**) herumkommandieren, ˌschurigeln'.

**bos·sa no·va** [ˌbɒsə'nəʊvə; Am. ˌbɑ-] s mus. Bossa Nova m.

**'boss-eyed** adj colloq. schielend: **to be** ∼ schielen, ˌe-n Knick im Auge od. in der Linse od. in der Optik haben'.

**'boss·ism** s pol. Am. po'litisches Bonzentum od. Cliquenwesen.

**'boss·y¹** adj mit Buckeln etc verziert (→ **boss¹**).

**'boss·y²** adj colloq. 1. herrisch, herrschsüchtig, dikta'torisch. 2. rechthaberisch.

**Bos·ton** ['bɒstən] s 1. hist. Boston n (Kartenspiel). 2. Boston m (langsamer Walzer). ∼ **bag** s Am. (e-e) Tragetasche. ∼ **baked beans** s pl gastr. Am. Gericht aus Bohnen, gepökeltem Schweinefleisch u. Sirup. ∼ **rock·er** s Am. (ein) Schaukelstuhl m. ∼ **ter·ri·er** s ein kleiner, glatthaariger Hund (Kreuzung zwischen Bulldogge u. Bullterrier).

**bo·sun** → **boatswain**.

**bo·tan·ic** [bə'tænɪk] adj (adv ∼**ally**) → **botanical**. **bo'tan·i·cal** [-kl] **I** adj bo'tanisch, Pflanzen...: ∼ **drug** → II; ∼ **garden(s)** botanischer Garten. **II** s med. Pflanzenheilmittel n. **bot·a·nist** ['bɒtənɪst; Am. 'bɑ-] s Bo'taniker(in). **'bot·a·nize I** v/i botani'sieren, Pflanzen (zu Studienzwecken) sammeln. **II** v/t bo'tanisch erforschen. **'bot·a·ny** s Bo'tanik f, Pflanzenkunde f.

**botch** [bɒtʃ; Am. batʃ] **I** s 1. fig. Flickwerk n, -schuste'rei f. 2. Pfusch(arbeit f) m: **to make a** ∼ **of** s.th. etwas verpfuschen. **II** v/t 3. fig. zs.-flicken, zs.-stoppeln, zs.-schustern. 4. verpfuschen. **III** v/i 5. pfuschen.

**'botch·er¹** s 1. fig. Flickschuster m. 2. Pfuscher m.

**'botch·er²** s junger Lachs.

**'botch·y** adj fig. zs.-geflickt, zs.-gestoppelt, zs.-geschustert.

**bo·tel** ['bəʊtel] s Bo'tel n (als Hotel ausgebautes verankertes Schiff).

**bot·fly** ['bɒtflaɪ; Am. 'bat-] s zo. Pferdebremse f.

**both** [bəʊθ] **I** adj u. pron beide, beides: ∼ **my brothers** m-e beiden Brüder; ∼ **daughters** beide Töchter; ∼ **of them** sie od. alle beide; **they have** ∼ **gone** sie sind beide gegangen; **look at it** ∼ **ways** betrachte es von beiden Seiten; **you can't have it** ∼ **ways** du kannst nicht beides haben, du kannst nur e-s von beiden haben; **I met them** ∼ ich traf sie beide. **II** adv od. conj: ∼ ... **and** so'wohl ... als (auch); nicht nur ..., sondern auch.

**both·er** ['bɒðə(r); Am. 'bɑ-] **I** s 1. Belästigung f, Störung f, Plage f, Mühe f, Schere'rei f, Ärger m, Verdruß m, Kummer m: **this boy is a great** ∼ der Junge ist e-e große Plage; **don't put yourself to any** ∼ machen Sie sich keine Umstände; **we had quite a lot of** ∼ (**in**) **getting here** es war ziemlich schwierig für uns hierherzukommen. 2. Lärm m, Aufregung f, Getue n, ˌWirbel' m. **II** v/t

**3.** belästigen, quälen, stören, beunruhigen, ärgern, plagen: don't ~ me! laß mich in Ruhe!; it won't ~ me mir soll's recht sein; to be ~ed about s.th. über etwas beunruhigt sein; I can't be ~ed with it now ich kann mich jetzt nicht damit abgeben; to ~ one's head about s.th. sich über etwas den Kopf zerbrechen. **III** v/i **4.** (about) a) sich befassen, sich abgeben (mit), sich kümmern (um), b) sich aufregen (über acc): I shan't ~ about it ich werde mich nicht damit abgeben od. mir keine Sorgen darüber machen; don't ~! bemühen Sie sich nicht! **IV** interj colloq. **5.** verflixt!, Mist!: ~ it! zum Kuckuck damit! ,**both·er·**'**a·tion** colloq. **I** s → bother 1. **II** interj → bother 5.

**both·er·some** [ˈbɒðə(r)səm; Am. ˈbɑ-] adj lästig, unangenehm.

**both·y** [ˈbɒθɪ] s Scot. Schutzhütte f.

**bo tree** [bəʊ] s **1.** bot. Heiliger Feigenbaum. **2.** B~ T~ relig. (der) heilige (Feigen)Baum (Buddhas).

**bot·ry·oid** [ˈbɒtrɪɔɪd; Am. ˈbɑ-], ,**bot·ry**'**oi·dal** adj biol. etc traubenförmig.

**bot·ry·ose** [ˈbɒtrɪəʊs; Am. ˈbɑ-] → botryoid.

**bot·tle¹** [ˈbɒtl; Am. ˈbɑtl] **I** s **1.** Flasche f (a. Inhalt): to bring up on the ~ e-n Säugling mit der Flasche aufziehen; over a ~ bei e-r Flasche (Wein etc); to break (od. crack) a ~ e-r Flasche den Hals brechen; he is fond of the ~, he likes his ~ er trinkt gern; to be on the ~ trinken; → hit 8. **2.** tech. (Gas)Flasche f. **3.** Br. sl. 'Mumm' m (Mut): his ~ is all over the shop er hat keinen Mumm mehr in den Knochen. **II** v/t **4.** in Flaschen abfüllen, auf Flaschen ziehen. **5.** Br. Früchte etc in Gläser einmachen, einwecken. **6.** ~ up fig. Gefühle etc unter'drücken: ~d-up emotions aufgestaute Emotionen. **7.** ~ up bes. mil. einschließen: to ~ up the enemy troops. **8.** colloq. j-m e-e Flasche über den Kopf schlagen.

**bot·tle²** [ˈbɒtl] s dial. Br. (Heu-, Stroh-)Bündel n, Bund n.

**bot·tle**| **ba·by** s Flaschenkind n. '~**brush** s bot. a) Ackerschachtelhalm m, b) Tannenwedel m, c) (e-e) Banksie, (ein) Eisenholzbaum m. **bot·tled** [ˈbɒtld; Am. ˈbɑtld] adj **1.** flaschenförmig. **2.** in Flaschen od. Br. (Einmach)Gläser (ab)gefüllt: ~ beer Flaschenbier n; ~ gas Flaschengas n. '**bot·tle**|**-feed** v/t irr Kind, Tier aus der Flasche ernähren: bottle-fed child Flaschenkind n. ~ **gourd** s bot. Flaschenkürbis m. ~ **green** s Flaschen-, Dunkelgrün n. '~**head** pl **-heads**, bes. collect. **-head** s zo. (ein) Schnabelwal m. '~**hold·er** s **1.** Boxen: Sekun'dant m. **2.** colloq. Helfer m. ~ **imp** s Flaschenteufelchen n. '~**neck** I s Flaschenhals m, Engpaß m (e-r Straße) (a. fig.). **II** v/t u. v/i Am. fig. hemmen. '~**nose** s zo. **1.** verschiedene Wale: a) Großer Tümmler, Flaschennase f, b) → bottlehead, c) (ein) Grindwal m. **2.** Am. (ein) 'nordameri·ˌkanischer Karpfenfisch. ~ **nose** s Säufernase f. ~ **o·pen·er** s Flaschenöffner m. ~ **par·ty** s Bottle-Party f (zu der die Gäste die Getränke selbst mitbringen). ~ **post** s Flaschenpost f. '**bot·tler** s **1.** a) Abfüller m, b) 'Abfüllmaˌschine f. **2.** Abfüllbetrieb m. **bot·tle**| **tree** s bot. Au'stralischer Flaschenbaum. ~ **wash·er** s **1.** a) Flaschenreiniger m, b) 'Flaschenspülmaˌschine f. **2.** colloq. Fak'totum n, Mädchen n für alles. '**bot·tling** s Flaschenfüllung f, Abziehen n auf Flaschen: ~ machine Abfüllmaschine f.

**bot·tom** [ˈbɒtəm; Am. ˈbɑ-] **I** s **1.** unterster Teil, Boden m (Gefäß, Faß, Glas etc), Fuß m (Berg, Druckseite, Treppe etc), Sohle f (Brunnen, Schacht, Graben, Tal etc), 'Unterseite f: ~! (Aufschrift auf Behältern) Unten!; to start at the ~ of the ladder (beruflich) klein od. ganz unten anfangen; at the ~ of the page unten auf der Seite; at the ~ of the road am Ende der Straße; at the ~ of the table a) am Fuße od. untersten Ende der Tafel, b) sport am Tabellenende; from the ~ up fig. von Grund auf; from the ~ of my heart fig. aus Herzensgrund, aus tiefstem Herzen; ~s up! colloq. ex! **2.** Boden m, Grund m (von Gewässern): the ~ of the sea der Meeresboden od. -grund; to go to the ~ versinken; to send to the ~ auf den Grund schicken, versenken; to touch the ~ auf Grund geraten, fig. den Tiefpunkt erreichen (Preis etc). **3.** Grund(lage f) m: to stand on one's own ~ fig. auf eigenen Beinen od. Füßen stehen; to be at the ~ of der (wahre) Grund sein für, hinter e-r Sache stecken; to get to the ~ of s.th. e-r Sache auf den Grund gehen od. kommen; to knock the ~ out of s.th. e-r Sache den Boden entziehen, etwas gründlich widerlegen; the ~ has fallen out of the market der Markt hat e-n Tiefstand erreicht; at ~ im Grunde. **4.** meist pl geol. Schwemmland n (Fluß), Tiefland n. **5.** mar. a) Schiffsboden m: ~ up(wards) kieloben, b) weitS. untersten Laderaum m od. Sitz m. **7.** meist pl 'Unterteil n (e-s Kleidungsstücks, bes. Py'jamahose f. **8.** unterste (Spiel)Karte. **9.** meist pl tech. Bodenrückstand m (in e-m Öltank). **10.** colloq. 'Hintern' m, 'Po'po' m. **11.** fig. Ausdauer f (bes. bei Hunden u. Pferden). **II** adj unterst(er, e, es), niedrigst(er, e, es), Tiefst...: ~ drawer bes. Br. colloq. Aussteuer(truhe) f; ~ line letzte od. unterste Zeile; ~ price niedrigster od. äußerster Preis; ~ view Ansicht f von unten; → gear 3 b. **13.** fig. zu'grundeliegend, grundlegend, Grund...: the ~ idea. **14.** letzt(er, e, es): ~ bet 4. **III** v/t **15.** mit e-m Boden od. (Stuhl)Sitz versehen. **16.** fig. ergründen. **17.** als 'Unterlage dienen (dat). **18.** tech. grun'dieren. **19.** fig. etwas gründen (on, upon auf dat): ~ed on beruhend auf (dat). **IV** v/i **20.** tech. den Boden erreichen. **21.** fußen (on, upon auf dat). **22.** meist ~ out fig. den Tiefpunkt erreichen (Preis etc).

**bot·tom land** → bottom 4.

'**bot·tom·less** adj (adv ~ly) **1.** bodenlos (a. fig.). **2.** fig. a) unergründlich, b) unerschöpflich, unbegrenzt, c) jeder Grundlage entbehrend.

**bot·tom·ry** [ˈbɒtəmrɪ; Am. ˈbɑ-] s mar. Bodme'rei(geld n) f, Schiffsverpfändung(svertrag m) f: ~ bond econ. Bodmereibrief m.

**bot·u·lism** [ˈbɒtjʊlɪzəm; Am. ˈbɑtʃəˌl] s med. Botu'lismus m (bakterielle Lebensmittelvergiftung).

**bou·chée** [buːˈʃeɪ] s Bou'chée f (gefülltes Pastetchen als warme Vorspeise).

**bou·cher·ize** [ˈbuːʃəraɪz] v/t tech. boucheri'sieren.

**bou·clé** [ˈbuːkleɪ; Am. a. buːˈkleɪ] s **1.** Bou'clé n (Garn). **2.** Bou'clé m (Gewebe).

**bou·doir** [ˈbuːdwɑː(r)] s Bou'doir n, (ele'gantes) Damenzimmer.

**bouf·fant** [ˈbuːfɔ̃ː; Am. buːˈfɑːnt; ˈbuːˌf] **1.** gebauscht, Puff... (Ärmel etc). **2.** tou'piert (Haare).

**bou·gain·vil·l(a)e·a** [ˌbuːɡənˈvɪlɪə] s bot. Bougain'villea f.

**bough** [baʊ] s Ast m, Zweig m.

**bought** [bɔːt] pret u. pp von buy.

**bou·gie** [ˈbuːʒiː] s **1.** Wachslicht n. **2.** med. Bou'gie f, Dehnsonde f.

**bouil·la·baisse** [ˈbuːjəbes; Am. ˌbeɪs] s Bouilla'baisse f (würzige Fischsuppe).

**bouil·lon** [ˈbuːjɔ̃ː; Am. ˈbuːˌjɑːn; ˈbʊl-] s Bouil'lon f, Fleischbrühe f.

**boul·der** [ˈbəʊldə(r)] s **1.** Fluß-, Kopfstein m: ~ing Kopfsteinpflaster n. **2.** geol. er'ratischer Block, Findling m. **3.** min. (Erz)Klumpen m (Ggs. Erzader). ~ **clay** s geol. Geschiebelehm m. ~ **drift** s geol. er'ratisches Geschiebe. ~ **field** s geol. Felsen-, Blockmeer n. ~ for·ma·tion → boulder drift. B~ **pe·ri·od** s geol. Eiszeit f.

**bou·le·vard** [ˈbuːlvɑː; Am. ˈbʊləˌvɑːrd] s **1.** Boule'vard m (breite [Ring]Straße), Am. a. Hauptverkehrsstraße f. **2.** Am. Grünstreifen m e-s Boule'vards.

**boult** → bolt 2.

**boul·ter** [ˈbəʊltə(r)] s lange Angelschnur mit mehreren Haken.

**bounce** [baʊns] **I** s **1.** Aufprall(en n) m, Aufspringen n (e-s Balles etc): on the ~ beim Aufspringen. **2.** a) Elastizi'tät f (von Gummi etc), b) the ball has plenty of ~ der Ball springt sehr gut. **3.** Sprung m, Satz m, Schwung m. **4.** colloq. ,Schwung' m, ,Schmiß' m (Lebenskraft, -freude). **5.** colloq. ,Rausschmiß' m (Entlassung): to give s.o. the ~ j-n rausschmeißen; to get the ~ rausgeschmissen werden. **6.** fig. a) ,Angabe' f, b) freche Lüge, c) Unverfrorenheit f. **II** v/t **7.** e-n Ball etc aufprallen od. aufspringen lassen. **8.** (her'um)schmeißen, (-)schleudern. **9.** bes. Br. colloq. j-n drängen (into zu). **10.** colloq. j-n ,rausschmeißen' (a. entlassen). **III** v/i **11.** aufprallen, aufspringen (Ball etc): ~ off abprallen (von). **12.** a) federn, e'lastisch sein (Gummi etc), b) springen (Ball). **13.** springen, e-n Satz machen, (hoch)schnellen, hüpfen: to ~ over a fence; to ~ about (od. around) herumhüpfen; to ~ into the room ins Zimmer platzen od. stürzen; he ~d out of his chair er schnellte von s-m Stuhl in die Höhe. **14.** colloq. ,platzen' (ungedeckter Scheck). **15.** ~ back colloq. a) sich rasch wieder fangen, b) rasch wieder auf die Beine kommen, c) Am. sich als Bumerang erweisen (on für). **16.** bes. Br. ,angeben', ,aufschneiden'.

**bounce pass** s Basketball: Bodenpaß m. '**bounc·er** s **1.** the ball is a good ~ der Ball springt gut. **2.** Br. ,Angeber' m. **3.** colloq. ,Rausschmeißer' m (in e-m Nachtklub etc). **4.** colloq. ungedeckter Scheck. **5.** Am. sl. 'Prachtexem,plar n: a) ,Mordssache' f, b) ,Mordskerl' m, c) ,Prachtweib' n. '**bounc·ing** adj **1.** aufprallend, aufspringend (Ball etc): ~ shot (Fußball) Aufsetzer m. **2.** ,stramm' (kräftig): a ~ baby boy; a ~ girl. **3.** munter, lebhaft. '**bounc·y** adj **1.** → bouncing 2, 3. **2.** federnd, e'lastisch.

**bound¹** [baʊnd] **I** pret u. pp von bind. **II** adj **1.** a. chem. electr. ling. gebunden. **2.** verpflichtet: he is ~ to tell me er muß es mir sagen; ~ by contract vertraglich verpflichtet; → honor 9. **3.** to be ~ to do s.th. (zwangsläufig) etwas tun müssen; he is ~ to come er kommt bestimmt; he is ~ to be late er muß zu spät kommen; the plan was ~ to fail der Plan mußte fehlschlagen; it is ~ to happen one day es e-s Tages passiert es bestimmt. **4.** I'll be ~! colloq. darauf möchte ich wetten!, da bin ich mir ganz sicher! **5.** entschlossen (on doing, to do zu tun). **6.** → bind up in Zssgn festgehalten durch: ~ snowbound, etc.

**bound²** [baʊnd] adj bestimmt, unter-

'wegs (**for** nach) (*bes. Schiff*): ~ **for London**; **homeward** (**outward**) ~ *mar.* auf der Heimreise (Ausreise) befindlich; **outward** ~ **course** *Br.* Abenteuerkurs *m*; **outward** ~ **school** Kurzschule *f*; **where are you** ~ **for?** wohin reisen *od.* gehen Sie?

**bound³** [baʊnd] **I** *s* **1.** *meist pl* Grenze *f*, *fig. a.* Schranke *f*: **least upper** ~ **of a sequence** *math.* obere Grenze e-r Folge; **to keep s.th. within** ~s etwas in (vernünftigen) Grenzen halten; **to know no** ~s keine Grenzen kennen; **to set** ~s **to s.th.** e-r Sache e-e Grenze setzen, etwas in Schranken halten; **beyond all** ~s über alle Maßen, maßlos, grenzenlos; **out of** ~s *sport* aus, im *od.* ins Aus; **the park is out of** ~s **(to)** das Betreten des Parks ist (für *od. dat*) verboten; **the village is out of** ~s das Dorf ist Sperrgebiet. **2.** *meist pl* Bereich *m*: **within the** ~s **of possibility** im Bereich des Möglichen. **3.** *meist pl* eingegrenztes Land. **II** *v/t* **4.** be-, eingrenzen. **5.** *fig.* beschränken, in Schranken halten. **6.** die Grenze bilden von.

**bound⁴** [baʊnd] **I** *s* **1.** Sprung *m*, Satz *m*, Schwung *m*: → **leap** 9. **2.** Aufprall(en *n*) *m*, Aufspringen *n* (*e-s Balles etc*): **on the** ~ beim Aufspringen. **3.** *mil.* Sprung *m* (*beim sprungweisen Vorgehen*). **II** *v/i* **4.** springen, e-n Satz machen, hüpfen. **5.** aufprallen, aufspringen (*Ball etc*).

**bound·a·ry** [ˈbaʊndərɪ] *s* **1.** Grenze *f*, Grenzlinie *f*, Rand *m*. **2.** *Kricket:* a) Spielfeldgrenze *f*, b) Schlag *m* über die Spielfeldgrenze hin'aus. **3.** *math. phys.* a) Be-, Abgrenzung *f*, b) Rand *m*, c) 'Umfang *m*. **4.** *tech.* Um'randung *f*. **5.** *mil.* Nahtstelle *f*. ~ **con·di·tion** *s math.* Grenzbedingung *f*. ~ **light** *s aer.* Grenzlichtbake *f*, (Platz)Randfeuer *n*. ~ **light·ing** *s aer.* (Platz)Randbefeuerung *f*. ~ **line** *s math.* Grenz-, Begrenzungslinie *f*. ~ **val·ue** *s math.* Randwert *m*.

**bound·en** [ˈbaʊndən] **I** *adj* **1.** *obs. fig.* a) gebunden, b) verpflichtet (**to** *dat*). **2.** verpflichtend: **my** ~ **duty** m-e Pflicht u. Schuldigkeit. **II** *obs. pp* von **bind**.

**bound·er** *s bes. Br. colloq. obs.* Lump *m*, Schurke *m*.

**bound·less** *adj* (*adv* ~**ly**) **1.** *a. fig.* grenzenlos, unbegrenzt. **2.** un-, übermäßig.

**boun·te·ous** [ˈbaʊntɪəs] *adj* (*adv* ~**ly**) → **bountiful**.

**boun·ti·ful** [ˈbaʊntɪfʊl] *adj* (*adv* ~**ly**) **1.** freigebig (**of** mit; **to** gegen), mild(tätig): → **Lady Bountiful**. **2.** reichlich, ('über)reich.

**boun·ty** [ˈbaʊntɪ] *s* **1.** Mildtätigkeit *f*, Freigebigkeit *f*. **2.** großzügige Gabe *od.* Spende. **3.** Belohnung *f*, Prämie *f*. **4.** *mil.* Handgeld *n*. **5.** *econ.* Prämie *f* (*zur Förderung e-r Industrie etc*), Zuschuß *m* (**on** auf *acc*, für): ~ **on exports** Ausfuhrprämie. ~**-fed** *adj econ.* subventio'niert.

**bou·quet** [bʊˈkeɪ; boːˈʊ-] *s* **1.** Bu'kett *n*, (Blumen)Strauß *m*. **2.** A'roma *n*, *bes.* Blume *f* (*von Wein*). **3.** Kompli'ment *n*.

**Bour·bon¹** [ˈbʊə(r)bən; *Am. a.* ˈbɔːr-] *s* **1.** *pol. Am.* Reaktio'när *m*, 'Stockkonserva'tive(r) *m*. **2.** *bot.* Bour'bon-Rose *f*.

**bour·bon²** [ˈbɜːbən; *Am.* ˈbɜr-] *s* Bourbon *m* (*amer. Whiskey aus Mais*).

**bour·don¹** [ˈbʊə(r)dn] *s mus.* Bor'dun *m*: a) Brummbaß *m*, -ton *m*, b) *gedacktes* Orgelregister, c) Brummer *m* (*des Dudelsacks*), d) Schnarrseite *f*.

**bour·don²** [ˈbʊə(r)dn] *s obs.* (*bes.* Pilger)Stab *m*.

**Bour·don ga·(u)ge** [ˈbʊə(r)dn] *s tech.* 'Röhrenfedermano,meter *n*. ~ **spring** *s* Bour'donfeder *f*.

**bourg** [bʊə(r)g] *s* **1.** Marktflecken *m* (*in Frankreich*). **2.** Stadt *f*.


**bour·geois¹** [ˈbʊə(r)ʒwɑː] *sociol. contp.* **I** *s* Bour'geois *m*, eta'blierter, konventio'nell ausgerichteter Bürger. **II** *adj* bour'geois, konventio'nell ausgerichtet.

**bour·geois²** [bɜːˈdʒɔɪs; *Am.* bɜr-] *print. hist.* **I** *s* Borgis *f* (*Schriftgrad*). **II** *adj* in Borgislettern gedruckt.

**bour·geoi·sie** [ˌbʊə(r)ʒwɑːˈziː] *s* Bourgeoi'sie *f*: a) *sociol. contp.* etabliertes, konventionell ausgerichtetes Bürgertum, b) (*Marxismus*) herrschende Grundklasse der kapitalistischen Gesellschaft, die im Besitz der Produktionsmittel ist.

**bourn(e)¹** [bʊə(r)n; bɔː(r)n; *Am. a.* ˈbaʊərn] *s* (Gieß)Bach *m*.

**bourn(e)²** [bʊə(r)n; bɔː(r)n; *Am. a.* ˈbaʊərn] *s* **1.** Ziel *n*. **2.** Grenze *f*.

**bourse** [bʊə(r)s] *s econ.* **1.** Börse *f*. **2.** B~ Pa'riser Börse *f*.

**bouse** [baʊz] *v/t mar.* anholen.

**bou·sou·ki** → **bouzouki**.

**bout** [baʊt] *s* **1.** a) *fenc.* Gefecht *n*, b) *Boxen, Ringen:* Kampf *m*. **2.** a) (lange) Sitzung, b) (Verhandlungs)Runde *f*. **3.** *med.* Anfall *m*: ~ **of rheumatism** Rheumaanfall. **4.** (Trink)Gelage *n*. **5.** *mus.* Bügel *m* (*e-s Streichinstruments*).

**bou·tique** [buːˈtiːk] *s* Bou'tique *f*.

**bou·ton·ni·ere** [ˌbuːtɒnˈjeə(r); *Am. bes.* ˌbuːtnˈjɛr] *s bes. Am.* Knopflochsträußchen *n*.

**bou·zou·ki** [bʊˈzuːkɪ] *pl* **-ki·a** [-kɪə], *a.* **-kis** *s mus.* Bu'suki *f*, Bou'zouki *f*.

**bo·vine** [ˈbəʊvaɪn] **I** *adj* **1.** *zo.* Rinder... **2.** (*fig. geistig*) träge, schwerfällig. **II** *s* **3.** *zo.* Rind *n*.

**bov·ver** [ˈbɒvə] *Br. sl.* **I** *s* Straßenkämpfe *pl* (*bes. unter Rockerbanden*). **II** *adj:* ~ **boots** schwere Stiefel, mit denen Rocker aufeinander eintreten; ~ **boy** Rocker *m*. **III** *v/i* sich Straßenkämpfe liefern (**with** mit).

**bow¹** [baʊ] **I** *s* **1.** Verbeugung *f*, Verneigung *f*: **to make one's** ~ a) sich verbeugen *od.* verneigen (**to** *vor dat*), b) sich vorstellen, c) → **bow out** II; **to take a** ~ sich verbeugen, sich für den Beifall bedanken; **a** ~ **to** *fig.* e-e Reverenz an (*acc*). **II** *v/t* **2.** beugen, neigen: **to** ~ **one's head** den Kopf neigen; **to** ~ **the neck** den Nacken beugen; **to** ~ **one's thanks** dankend verneigen; ~**ed with age** vom Alter gebeugt; ~**ed with grief** gramgebeugt; → **knee** l. **3.** biegen. **III** *v/i* **4.** (**to** sich verbeugen *od.* verneigen (**vor** *dat*), grüßen (*acc*): **to** ~ **back to s.o.** j-s Gruß erwidern; ~**ing acquaintance** oberflächliche(r) Bekannte(r), Kenntnisbekanntschaft *f*, flüchtige Bekanntschaft; **to have a** ~**ing acquaintance with s.o.** j-n flüchtig kennen; **we are on** ~**ing terms** wir stehen auf dem ,Grüßfuß'; **to** ~ **and scrape** katzbuckeln. **5.** *fig.* sich beugen *od.* unter'werfen (**to** *dat*): **to** ~ **to the inevitable** sich in das Unvermeidliche fügen.

*Verbindungen mit Adverbien:*

**bow down** *v/i* **1.** → **bow¹** 4. **2.** → **bow¹** 1. **II** *v/t* j-n unter Verbeugungen hin'eingeleiten *od.* -komplimen,tieren. ~ **out I** *v/t* **1.** j-n unter Verbeugungen hin'ausgeleiten *od.* -komplimen,tieren. **II** *v/i* **2.** sich verabschieden *od.* (unter Verbeugungen) zu'rückziehen. **3.** *fig.* a) aussteigen (**of** aus), b) sich ins Pri'vatleben zu'rückziehen (**of** aus *der Politik etc*).

**bow²** [bəʊ] **I** *s* **1.** a) (Schieß)Bogen *m*: **to have more than one string to one's** ~ *fig.* mehrere Eisen im Feuer haben; **to draw the long** ~ *fig.* aufschneiden, über'treiben, b) Bogenschütze *m*. **2.** *mus.* a) (Vio'lin- *etc*)Bogen *m*, b) (Bogen-)Strich *m*. **3.** *math.* Bogen *m*, Kurve *f*. **4.** *tech.* a) Gradbogen *m*, b) 'Bogenlineal


*n*, c) *pl* a. **pair of** ~s Bogenzirkel *m*. **5.** *tech.* Bügel *m*. **6.** *electr.* Bügel *m*, Wippe *f* (*zur Stromabnahme*). **7.** *Am.* a) (Brillen-)Gestell *n*, b) (Brillen)Bügel *m*. **8.** *arch.* Erker *m*. **9.** Knoten *m*, Schleife *f* (*a. vom Halstuch*). **II** *v/t* **10.** *mus.* (mit dem Bogen) streichen *od.* spielen *od.* geigen. **III** *v/i* **11.** *mus.* den Bogen führen.

**bow³** [baʊ] *s mar.* **1.** a) *pl* (Schiffs)Bug *m*: **at the** ~ am Bug; **on the starboard (port)** ~ an Steuerbord (Backbord) vor'aus. **2.** a) Bugmann *m*, b) Bugriemen *m*.

**bow·back** [ˈbəʊ-] *s ichth.* Seehering *m*, Weißfisch *m* (*Nordamerika*). **B~ bells** [bəʊ] *s pl* Glocken *pl* der Kirche St. Mary le Bow (*in der City von London*): **to be born within the sound of** ~ ein echter Cockney sein. ~ **chas·er** [bəʊ] *s mar. mil.* Heckgeschütz *n*. ~ **col·lec·tor** [bəʊ] *s tech.* Bügel(strom)abnehmer *m*. ~ **com·pass** [bəʊ] *s math. tech.* Bogenzirkel *m*.

**Bow·den ca·ble** [ˈbəʊdn; ˈbaʊdn] *s tech.* Bowdenzug *m*.

**bowd·ler·ism** [ˈbaʊdlərɪzəm; *Am. a.* ˈbəʊd-] *s* Sucht *f*, Bücher von anstößig erscheinenden Stellen zu reinigen. **bowd·ler·i·za·tion** *s* **1.** Reinigung *f* von anstößig erscheinenden Stellen. **2.** *fig.* Verwässerung *f*. **bowd·ler·ize** *v/t* **1.** *Bücher* von anstößig erscheinenden Stellen reinigen. **2.** *fig.* verwässern.

**bow drill** [bəʊ] *s tech.* Bogenbohrer *m*.

**bowed¹** [baʊd] *adj* gebeugt: → **bow¹** 2.

**bowed²** [bəʊd] *adj* **1.** bogenförmig. **2.** mit e-m Bügel *etc* (versehen).

**bow·el** [ˈbaʊəl] **I** *s* **1.** *anat.* a) *meist pl* Darm *m*, b) *pl* Eingeweide *pl*, Gedärm *n*: **to move** (*od.* **open**) **the** ~s abführen; **to have open** ~s regelmäßig(en) Stuhlgang haben. **2.** *pl* (*das*) Innere, Mitte *f*: **the** ~s **of the earth** das Erdinnere. **3.** *pl obs. fig.* a) Sitz *m*: **the** ~s **of compassion**, b) Herz *n*, (Mit)Gefühl *n*. **II** *v/t* → **disembowel**. ~**move·ment** *s physiol.* a) Stuhlgang *m*, b) Stuhl *m*.

**bow·er¹** [ˈbaʊə(r)] **I** *s* **1.** (Garten)Laube *f*, schattiges Plätzchen. **2.** i'dyllisch gelegenes Landhaus. **3.** *hist.* Frauengemach *n*, Bou'doir *n*. **II** *v/t* **4.** einschließen.

**bow·er²** [ˈbaʊə(r)] *s mar.* Buganker *m*.

**bow·er·bird** *s orn.* Laubenvogel *m*.

**bow·er·y¹** [ˈbaʊərɪ] *adj* **1.** laubenähnlich. **2.** voller Lauben, schattig.

**bow·er·y²** [ˈbaʊərɪ] *s* **1.** *Am. hist.* Farm *f*, Pflanzung *f* (*e-s holländischen Siedlers im Staat New York*). **2.** **the B~** die Bowery (*Straße u. Gegend in New York mit billigem Amüsierbetrieb*).

**bow·grace** [ˈbaʊ-] *s mar.* Eisschutz *m* (*am Schiffsbug*). ~ **hand** [bəʊ] *s mus.*, *Bogenschießen:* Bogenhand *f*. **~head** [ˈbəʊ-] *s zo.* Grönlandwal *m*.

**bow·ie knife** [ˈbəʊɪ; *Am. a.* ˈbuːiː] *s irr* Bowiemesser *n* (*langes Jagdmesser*). **B~ State** *s Am.* (*Spitzname für den Staat*) Ar'kansas *f*.

**bowl¹** [bəʊl] **I** *s* **1.** a) Schüssel *f*, b) (Obst- *etc*) Schale *f*, c) (Zucker)Dose *f*, d) Napf *m* (*für Tiere etc*), e) (Trink)Schale *f*, f) Bowle *f* (*Gefäß*). **2.** (Wasch)Becken *n*. **3.** (Klo-sett)Becken *n*, (-)Schüssel *f*. **4.** ausgehöhlter *od.* schalenförmiger Teil, *bes.* a) (Pfeifen)Kopf *m*, b) (Waag-, Leuchter- *etc*) Schale *f*, c) Höhlung *f* (*vom Löffel etc*). **5.** *geogr.* Becken *n*. **6.** *Am.* Stadion *n*.

**bowl²** [bəʊl] **I** *s* **1.** a) (Bowling-, Bowls-, Kegel)Kugel *f*, b) → **bowls** 1, c) Wurf *m* (*a. Kricket*). **2.** *Scot.* a) Murmel *f*, b) → **bowls** 2. **3.** *obs.* Kugel *f*, *tech.* Walze *f* (*der Tuchpresse*). **II** *v/t* **5.** *allg.* rollen (lassen), b) e-n Reifen rollen, treiben, c) *Bowling etc:* die Kugel werfen, d) *Kricket:* den Ball werfen. **6.** *Bowling etc:* ein Ergebnis erzielen. **7.** → **bowl out** 1.

**III** v/i **8.** a) bowlen, Bowls spielen, b) bowlen, Bowling spielen, c) kegeln. **9.** *Bowling, Kricket etc*: werfen. **10.** → bowl along.
*Verbindungen mit Adverbien*:
**bowl| a·long** v/i **1.** da'hinrollen (*Wagen etc*). **2.** ,laufen' (*Arbeit etc*). **~ down** → bowl out **2.** **~ out** v/t **1.** *Kricket*: den Schlagmann (*durch Treffen des Dreistabs*) ,ausmachen'. **2.** *fig. bes. Br.* j-n ,erledigen', aus dem Rennen werfen, schlagen. **~ o·ver** v/t **1.** 'umwerfen (*a. fig.*), 'umstoßen. **2.** 'umfahren. **3.** *fig.* j-m die Sprache verschlagen.
**'bow·leg·ged** ['bəʊ-] *adj* O-beinig. **'~legs** s pl O-Beine pl.
**'bowl·er** s **1.** a) Bowlsspieler(in), b) Bowlingspieler(in). **2.** a) Bowlingspieler(in), b) *Kricket*: Werfer m. **4.** *a.* ~ hat *bes. Br.* Bowler m, ,Me'lone' f.
**bow·line** ['bəʊlɪn; *Am. a.* ˌ-laɪn] s mar. Bu'lin f: on a ~ dicht beim Wind gebraßt. **~ knot** s einfacher Palstek.
**'bowl·ing** s **1.** Bowling n (*Kugelspiel auf Rasenplätzen*). **2.** a) Bowling n, b) Kegeln n. **~ al·ley** s a) Bowlingbahn f, b) Kegelbahn f (*beide a. Gebäude*). **~ green** s Bowling, Bowls: (Rasen)Platz m.
**bowls** [bəʊlz] s pl (*als sg konstruiert*) **1.** a) Bowls n (*dem Boccia entsprechendes Spiel*), b) → bowling 2. **2.** *Scot.* Murmelspiel n.
**bow·man** ['bəʊmən] s irr Bogenschütze m. [säge f] **bow saw** [bəʊ] s tech. Bogen-, Bügel-[
**bowse** [baʊz] → bouse.
**'bow·shot** ['bəʊ-] s Bogenschußweite f. **~sprit** ['bəʊsprɪt; *Am. a.* 'baʊ-] s mar. Bugspriet n.
**'bow·string** ['bəʊ-] **I** s Bogensehne f. **II** v/t irr mit e-r Bogensehne erdrosseln. **~bridge** s arch. tech. Bogenbrücke f mit Zugband.
**bow| tie** [bəʊ] s (Frack)Schleife f, Fliege f. **~ win·dow** s arch. Erkerfenster n.
**bow-wow I** interj [ˌbaʊ'waʊ] **1.** wau-'wau! **II** s ['baʊwaʊ] **2.** Wauwau n (*Hundegebell*). **3.** *Kindersprache*: Wauwau m (*Hund*): to go to the ~s Am. colloq. vor die Hunde gehen. **III** v/i **4.** bellen. **~the·o·ry** s onomato'poe'tische 'Sprachtheoˌrie.
**box¹** [bɒks; *Am.* baks] **I** s **1.** Kasten m, Kiste f (*a. colloq. Sarg*): to be in a ~ Am. colloq. ,in der Klemme' sein od. sitzen od. stecken. **2.** Schachtel f: ~ of chocolates Bonbonniere f. **3.** Büchse f, Dose f, Kästchen n, Etu'i n. **4.** Behälter m, (a. Buch-, Film- etc)Kas'sette f. **5.** tech. Gehäuse n, Kapsel f, Muffe f, Hülse f. **6.** mot. (Schrank)Koffer m. **7.** Fach n (*für Briefe etc*). **8.** a) Briefkasten m, b) Postfach n. **9.** (Wahl)Urne f. **10.** (Tele'fon-, Fernsprech)Zelle f. **11.** → Christmas box. **12.** → box junction. **13.** *Br.* (Jagd)Hütte f. **14.** hist. a) Kutschkasten m, b) Wagenkasten m. **15.** a) rail. Si'gnalhäus-chen n, b) mil. Schilderhäus-chen n. **16.** Box f (*in e-m Restaurant etc*). **17.** thea. etc Loge f. **18.** jur. a) Zeugenstand m, b) Geschworenenbank f. **19.** Box f: a) Pferdestand in dem sich das Pferd frei bewegen kann, b) durch Zwischenwände abgeteilter Einstellplatz in e-r Großgarage. **20.** mar. Bootsführerplatz m. **21.** print. a) Fach n (*im Schriftkasten*), b) Kasten m (*vom Haupttext abgesetzt eingerahmter Text*), c) Kästchen n (*auf Formularen, zum Ankreuzen*), d) Bild(einheit f) n (*in Comic strips*), e) → box number, f) allg. Ru'brik f, Feld n. **22.** Gießerei: Form-, Gießkasten m. **23.** tech. Bohrspindel f (*e-s Vollbohrers*). **24.** tech. (Pumpen)Stiefel m, Röhre f. **25.** tech. Weberschiffchenkasten m. **26.** mar. Kompaßgehäuse n.

**27.** *Baseball*: a) Wurfmal n, b) Schlägerbox f. **28.** Aushöhlung f (e-s Baumes) (*zum Saftsammeln*). **29.** *Fußball*: colloq. Strafraum m. **30.** colloq. a) ,Kasten' m (*Fernseher*), b) Fernsehen n: on the ~ im Fernsehen.
**II** v/t **31.** oft ~ in, ~ up in Schachteln od. Kästen etc packen od. legen, ver-, einpacken. **32.** oft ~ up einschließen, -sperren: to feel ~ed up sich beengt fühlen. **33.** oft ~ in (od. up) a) sport Läufer etc einschließen, b) parkendes Fahrzeug einklemmen. **34.** oft ~ off abteilen, abtrennen (from von). **35.** Farben etc von Dose zu Dose mischen. **36.** meist ~ up, ~ up arch. (mit Holz) verschalen. **37.** Blumen etc in Kästen od. Kübel pflanzen. **38.** Bäume anzapfen. **39.** tech. ausbuchsen, mit e-r Achsbuchse versehen. **40.** to ~ the compass a) mar. die Kompaßpunkte der Reihe nach aufzählen, b) fig. e-e völlige Kehrtwendung machen. **41.** → boxhaul.
**box²** [bɒks; *Am.* baks] **I** s **1.** ~ on the ear Ohrfeige f. **II** v/t **2.** to ~ s.o.'s ears j-n ohrfeigen. **3.** sport boxen mit j-m od. gegen j-n. **III** v/i **4.** sport boxen.
**box³** [bɒks; *Am.* baks] s **1.** bot. Buchs (-baum) m. **2.** Buchsbaumholz n.
**box| bar·rage** s mil. Abriegelungsfeuer n. **~ beam** s tech. **1.** Doppel-T-Träger m. **2.** Kastenbalken m. **~ bed** s Klappbett n. **'~board** s Schachtelpappe f, Kar'ton m. **~ bod·y** s mot. Kastenaufbau m. **~ calf** s Boxkalf n (Leder). **~ cam·er·a** s phot. Box(kamera) f. **'~car** s rail. Am. geschlossener Güterwagen.
**'box·er¹** s **1.** sport Boxer m. **2.** zo. Boxer m (Hunderasse).
**'Box·er²** s hist. Boxer m (*Anhänger e-s chinesischen Geheimbundes um 1900*).
**'box|·haul** v/t mar. das Schiff backhalsen. **'~head** s **1.** print. a) 'Überschrift f e-s um'randeten Ar'tikels, b) umrandete Überschrift, c) Ta'bellenkopf m. **2.** electr. Dosenendverschluß m. **~ head·ing** → boxhead 1.
**'box·ing¹** s Boxen n, Boxsport m.
**'box·ing²** s **1.** Ver-, Einpacken n. **2.** collect. Kisten pl, Schachteln pl, Ver'packungsmateri̱al n. **3.** arch. (Ver-)'Schalung(smateri̱al n) f. **4.** mar. Laschung f. **5.** Schuhmacherei: Kappenversteifung f.
**box·ing| bout** → boxing match. **B~ Day** s Br. mar. das 2. Weihnachtsfeiertag m. **~ gloves** s pl Boxhandschuhe pl. **~ match** s Boxkampf m. **~ ring** s Boxring m.
**box| i·ron** s Bolzen(bügel)eisen n. **~ junc·tion** s Br. gelbmarkierte Kreuzung, in die bei stehendem Verkehr nicht eingefahren werden darf. **'~keep·er** s thea. Logenschließer(in). **~ key** s box wrench. **~ kite** s Kastendrachen m. **lev·el** s tech. 'Dosenli̱belle f. **~ num·ber** s Chiffre(nummer) f (*in Zeitungsannoncen*). **~ nut** s tech. 'Überwurfmutter f. **~ of·fice** s thea. etc **1.** Kasse f. **2.** to be good ~ ein Kassenerfolg od. -schlager sein; to be a ~ ,beim Publikum durchfallen. **3.** Einspielergebnis n, -summe f. **'~of·fice** adj: ~ success Kassenerfolg m, -schlager m. **'~pleat** s Kellerfalte f (*an Kleidern*). **'~room** s Abstellraum m. **~ score** s sport Am. tabel'larischer Ergebnisbericht e-s kom'pletten Spiels. **~ span·ner** → box wrench. **~ stall** s box¹ 19 a. **~ switch** s electr. Dosen-Drehschalter m. **'~thorn** s bot. Bocksdorn m. **~ tool** s tech. **1.** Hau'sierer m. **2.** contp. Handlungsreisende(r) m. **'~wood** → box³ 2. **~ wrench** s tech. (Auf)Steck-, Ringschlüssel m.
**boy** [bɔɪ] **I** s **1.** Knabe m, Junge m, Bursche m (*a. als vertrauliche Anrede*): ~'s

name männlicher Vorname; a German ~ ein junger Deutscher; he has been with us from a ~ er ist schon von Kindheit an bei uns; ~s will be ~s es wird eben immer so bleiben; the (od. our) ~s unsere Jungs (z. B. Soldaten); jobs for the ~s colloq. Vetternwirtschaft f; ~! ,Mann!'; oh ~! ,au weia!'; ach, du Schreck!; → old boy. **2.** colloq. Sohn m: my ~ mein Junge. **3.** colloq. Freund m (*e-s Mädchens*). **4.** Diener m, Boy m, (*bes. eingeborener od. farbiger*) Angestellter. **5.** Laufbursche m. **6.** bes. Am. colloq. Bursche m, ,Knülch' m, ,Heini' m: the ~s collect. die ,Bande', der ,Verein'; the science ~s humor. die Wissenschaftler.
**II** adj **7.** männlich, Knaben...: ~ child Knabe m, Junge m, Kind n männlichen Geschlechts; ~ singer Sängerknabe m; ~ wonder Wunderkind n, -knabe m.
**boy·cott** ['bɔɪkət; *Am.* ˌ-kɑt] **I** v/t boykot'tieren. **II** s Boy'kott m: to put under a ~, to put a ~ on den Boykott verhängen über (acc), mit Boykott belegen.
**'boy·friend** s Freund m (e-s Mädchens).
**'boy·hood** s Knabenjahre pl, -zeit f, Jugend(zeit) f: during his ~ in s-r Jugend.
**'boy·ish** adj (adv ~ly) **1.** jungenhaft: his ~ laughter; b) knabenhaft: her ~ movements. **2.** Jungen...: ~ games.
**'boy·ish·ness** s a) Jungenhaftigkeit f, b) Knabenhaftigkeit f.
**'boy|-meets-'girl** adj trivi'al (*Liebesgeschichte etc*). **~ scout** s Pfadfinder m: B~ S~s Pfadfinder(bewegung f) pl.
**'boy's-love** s bot. Eberraute f.
**bo·zo** ['bəʊzəʊ] pl **-zos** s Am. sl. Kerl m (*bes. e-r, der mehr Muskeln als Verstand hat*).
**B| plus** s electr. Pluspol m (*der Anodenstromversorgung*). **~ pow·er sup·ply** s electr. Ener'gieversorgung f des An'odenkreises.
**bra** [brɑː] s colloq. B'H m (Büstenhalter).
**brab·ble** ['bræbl] **I** s Zänke'rei f, Streit m. **2.** (lautes) Geschwätz, Geplapper n. **II** v/i **3.** schwatzen, plappern.
**bra burn·er** s colloq. contp. mili'tante Femi'nistin.
**brac·cate** ['brækeɪt] adj orn. an den Füßen gefiedert.
**brace** [breɪs] **I** s **1.** tech. Band n, Bügel m, Halter m, Strebe f, Stütze f. **2.** arch. tech. a) Winkel-, Tragband n, Gurt m, b) Strebe f, Verstrebung f, c) Anker m, Klammer f, d) Stützbalken m, Versteifung f. **3.** Spannschnur f (e-r Trommel). **4.** tech. Griff m der Bohrleier: ~ and bit Bohrleier f, -kurbel f. **5.** pl. a) pair of ~s Br. Hosenträger pl. **6.** print. geschweifte Klammer. **7.** mus. Klammer f. **8.** med. a) meist pl (Zahn)Klammer f, (-)Spange f, b) Stützband n, engS. Bruchband n. **9.** mar. a) Brasse f (*Tau an beiden Rahen-Enden*), b) Ruderöse f. **10.** (pl brace) Paar n (*zwei Tiere, bes. Hunde u. Kleinwild, od. Dinge gleicher Art; iro. contp. a. von Personen*): a ~ of pistols ein Paar Pistolen; a ~ of thieves ein Diebespaar. **11.** hist. Armschiene f (*der Rüstung*). **12.** Am. aufrechte od. mil. stramme Haltung.
**II** v/t **13.** tech. verstreben, -steifen, -ankern, stützen, klammern. **14.** mus. e-e Trommel etc spannen. **15.** a) erfrischen, b) kräftigen, stärken. **16.** oft ~ up fig. j-s Kräfte, s-n Mut zs.-nehmen: to ~s. (up) → 22; to ~ o.s. for sich gefaßt machen auf (acc). **17.** zs.-heften. **18.** mus. print. Noten(reihen) mit Klammern versehen, zs.-klammern. **19.** mar. brassen: to ~ back (a. v/i) backbrassen, -holen; to ~ about (a. v/i) rundbrassen; to ~ by (a. v/i) anbrassen; to ~ in (od. to) (a. v/i) auf-, zurückbrassen. **20.** Am. colloq. a) zur

Rede stellen (**for** wegen), b) ,in die Mangel nehmen‘.
**III** v/i **21.** → 15. **22.** oft ~ **up** fig. a) sich zs.-nehmen od. -reißen, s-e Kräfte od. s-n Mut zs.-nehmen (**for** für), b) sich aufraffen od. -schwingen (**to** zu).

**brace·let** [ˈbreɪslɪt] s **1.** Armband n (a. für Uhren etc), Armreif m, -spange f: ~ **watch** kleine (bes. Damen)Armbanduhr. **2.** pl colloq. ,Armbänder‘ pl, ,Man-schetten‘ pl (Handschellen). **3.** → brace 11.

**ˈbrac·er** s **1.** sport Armschutz m. **2.** colloq. etwas, was die Lebensgeister weckt: a) anregendes Getränk, bes. ,Schnäps·chen‘ n, b) fig. Ermunterung f.

**bra·chi·al** [ˈbreɪkjəl; -kɪəl] adj anat. brachi·al, Arm...

**bra·chi·ate** [ˈbreɪkɪɪt; -eɪt] adj bot. paarweise gegenständig.

**bra·chi·o·pod** [ˈbreɪkɪəpɒd; Am. -ˌpɑd] pl ˌbra·chi·ˈop·o·da [-ˈɒpədə; Am. -ˈɑ-] s zo. Brachi·o'pode m, Armfüßer m.

**brach·y·ce·phal·ic** [ˌbrækɪˈfælɪk; -se-] adj brachyze'phal, kurzköpfig. ˌbrach·y·ˈceph·a·lism [-ˈkefəlɪzəm; -ˈse-] s Brachyzepha'lie f, Kurzköpfigkeit f. ˌbrach·y·ˈceph·a·lous → brachycephalic.

**bra·chyl·o·gy** [bræˈkɪlədʒɪ] s ling. Brachylo'gie f, gedrängte Ausdrucksweise.

**bra·chyp·ter·ous** [bræˈkɪptərəs] adj zo. kurzflügelig.

**brach·y·u·ral** [ˌbrækɪˈjʊərəl], ˌbrach·y·ˈu·rous adj zo. kurzschwänzig.

**ˈbrac·ing I** adj **1.** stärkend, kräftigend. **2.** erfrischend. **II** s **3.** arch. tech. a) Verankerung f, b) Verstrebung f, Verspannung f, Versteifung f: ~ **cable** Spannkabel n.

**brack·en** [ˈbrækən] s bot. bes. Br. **1.** Adlerfarn m, Farnkraut n. **2.** Farndickicht n, -gestrüpp n.

**brack·et** [ˈbrækɪt] **I** s **1.** tech. a) Träger m, Halter m, Stützarm m, Stütze f, Kon'sole f, b) Gabel f, Gestell n, c) (Wand)Arm m (e-r Leuchte etc), d) electr. Iso'lator-, Winkelstütze f. **2.** arch. tech. a) Kon'sole f, Krag-, Tragstein m, b) Stützbalken m (im Dachstuhl), c) Schwingbaum m (e-r Brücke). **3.** kurzes Wandbrett. **4.** mil. Gabel f (beim Einschießen): long ~ große od. weite Gabel; short ~ kleine od. enge Gabel. **5.** math. print. (meist eckige) Klammer: in ~s; (angle ~) broken od. pointed) ~ spitz(ig)e Klammer; round ~s runde Klammern, Parenthese f; square ~s eckige Klammern. **6.** Ru'brik f (durch Klammer verbundener Teil e-r Liste etc). **7.** (soziologische) Schicht, (statistische) Katego'rie, (bes. Alters-, Steuer)Klasse f, (Einkommens- etc-) Gruppe f, (-)Stufe f. **II** v/t **8.** einklammern, in Klammern setzen od. schreiben. **9.** a. ~ **together** a) in die'selbe Katego'rie einordnen, in 'eine Gruppe zs.-fassen, b) auf 'eine od. die gleiche Stufe stellen (**with** mit). **10.** oft ~ **off** fig. ausklammern. **11.** mil. das Ziel eingabeln.

**brack·ish** [ˈbrækɪʃ] adj **1.** brackig, leicht salzig: ~ **water** Brackwasser n. **2.** a) ungenießbar, b) fig. ekelhaft.

**bract** [brækt] s **1.** bot. Hochblatt n. **2.** Trag-, Deckblatt n (e-r Blüte). **ˈbrac·te·ate** [-tɪɪt; -eɪt] **I** adj **1.** bot. mit Hochblättern. **2.** aus dünnem Me'tall geprägt (Münze). **II** s **3.** hist. Brakte'at m (nur auf e-r Seite geprägte Münze).

**brad** [bræd] s tech. **1.** Nagel m ohne Kopf, (Draht)Stift m. **2.** Boden-, Lattennagel m. **ˈ~awl** s tech. Vorstech-, Bindeahle f, Spitzbohrer m.

**Brad·shaw** [ˈbrædʃɔ:] s rail. Br. Kursbuch n (1839–1961).

**brad·y·car·di·a** [ˌbrædɪˈkɑ:(r)dɪə; Am. a. ˌbreɪ-] s med. Bradykar'die f, langsame Herztätigkeit.

**brae** [breɪ] s Scot. a) Hügel m, b) Abhang m.

**brag** [bræg] **I** s **1.** Prahle'rei f. **2.** → boast[1] 2. **3.** → braggart I. **4.** hist. pokerähnliches Kartenspiel. **II** v/i **5.** (**about,** of) prahlen, aufschneiden (mit), sich rühmen (gen).

**brag·ga·do·ci·o** [ˌbrægəˈdəʊtʃɪəʊ; Am. -ˌiː;əʊ, -siː-; -ˈʃəʊ] pl **-os** s **1.** → braggart I. **2.** Prahle'rei f.

**brag·gart** [ˈbrægə(r)t] **I** s Prahler m, Prahlhans m, Aufschneider m. **II** adj prahlerisch.

**Bragg's law** [brægz] s phys. Braggsche Gleichung.

**brah·ma** [ˈbrɑ:mə; Am. a. ˈbreɪ-; ˈbræ-] → brahmapootra.

**Brah·man** [ˈbrɑ:mən] s **1.** Brah'mane m (Angehöriger der Priesterkaste der Inder). **2.** [a. ˈbreɪ-; ˈbræ-] zo. Am. Zebu n.

**Brah·ma·nee** [ˈbrɑ:məniː], ˈBrah·ma·ni [-nɪ] s Brah'manin f. **Brah·man·ic** [-ˈmænɪk], **Brah·man·i·cal** adj brah'manisch. **ˈBrah·man·ism** s Brahma'nismus m, Lehre f der Brah-'manen.

**brah·ma·poo·tra** [ˌbrɑ:məˈpuːtrə] s orn. Brahma'putra-Huhn n.

**Brah·min** [ˈbrɑ:mɪn] **I** s **1.** → Brahman. **2.** Am. gebildete, kulti'vierte Per'son. **3.** Am. iro. (eingebildeter) Intellektu'eller. **4.** Am. kulti'viertes, konserva'tives Mitglied e-r alteingesessenen Fa'milie in Boston od. New England. **II** adj **5.** brah-'manisch: ~ **bull** heiliges Zebu. **ˈBrah·mi·nee** [-niː] → Brahmanee. **Brah·min·ic** [-ˈmɪnɪk], **Brah·min·i·cal** → Brah-manic. **ˈBrah·min·ism** → Brahmanism.

**braid** [breɪd] **I** v/t **1.** bes. Haar, Bänder flechten. **2.** mit Litze od. Borte besetzen od. schmücken. **3.** tech. Draht etc um-'spinnen, -'klöppeln. **II** s **4.** (Haar)Flechte f. **5.** Borte f, Litze f, bes. mil. Tresse f: **gold** ~ goldene Tresse(n pl). **6.** Um-'klöppelung f. **ˈbraid·ed** adj **1.** geflochten. **2.** mit Litze etc besetzt. **3.** tech. um'sponnen: ~ **wire**.

**brail** [breɪl] **I** s **1.** mar. Geitau n (beim Gaffelsegel). **2.** Riemen m (zum Festbinden der Fittiche e-s Falken). **II** v/t **3.** die Fittiche des Falken binden. **4.** ~ **up** mar. aufgeien.

**Braille** [breɪl] **I** s Braille-, Blindenschrift f. **II** v/t in Brailleschrift (ˈum)schreiben.

**brain** [breɪn] **I** s **1.** anat. Gehirn n. **2.** oft pl fig. colloq. Gehirn n, Hirn n, Verstand m, Intelli'genz f, Kopf m, ,Köpfchen‘ n, ,Grips‘ m: **to have** ~**s** gescheit sein, Köpfchen haben; **to beat** (**out**) (od. **cudgel** od. **rack**) **one's** ~**s** sich das Hirn zermartern, sich den Kopf zerbrechen; **he's got sex on the** ~ er hat nur Sex im Kopf, er denkt immer nur an Sex; **to pick** (od. **suck**) **s.o.'s** ~ a) geistigen Diebstahl an j-m begehen, b) j-n ,ausholen‘, j-m ,die Würmer aus der Nase ziehen‘; **to turn s.o.'s** ~ j-m den Kopf verdrehen; ~ **blow out** 5. colloq. a) kluger Kopf, Ge'nie n (Person): **he's no big** ~ er ist nicht besonders intelligent, b) meist pl Kopf m, Gehirn n, contp. ,Drahtzieher‘ m. **II** v/t **4.** j-m den Schädel einschlagen. **5. to** ~ **s.o. with s.th.** colloq. j-m etwas über den Schädel schlagen. **ˈ~case** s anat. Hirnschale f, Schädeldecke f. **~ child** s irr colloq. ,Geistespro,dukt‘ n. **~ death** s med. Hirntod m. **~ drain** s Brain-Drain m (Abwanderung von Wissenschaftlern ins Ausland). **ˈ~ -drain** v/i ins Ausland abwandern

(Wissenschaftler). **~ drain·er** s ins Ausland abwandernder od. abgewanderter Wissenschaftler.

**brained** [breɪnd] adj (in Zssgn) ...köpfig, mit e-m ... Gehirn: **feeble-**~ schwachköpfig.

**ˈbrain·fag** s geistige Erschöpfung. ~ **fe·ver** s med. a) Gehirnentzündung f, b) Hirnhautentzündung f.

**ˈbrain·less** adj fig. a) hirn-, geistlos, dumm, blöd(e), b) töricht, gedankenlos.

**ˈbrain·pan** → braincase. ~ **pow·er** s Geisteskraft f, Intelli'genz f. **ˈ~sick** adj geisteskrank, verrückt. ~ **stem** s anat. Hirnstamm m. **ˈ~storm** s **1.** med. Anfall m von Geistesstörung. **2. to have a** ~ Br. colloq. geistig weggetreten sein. **3.** Am. colloq. a) verrückter Einfall, hirnverbrannte I'dee, b) → brain wave 2. **ˈ~·ˌstorm·ing** s Brainstorming n (Verfahren, durch Sammeln von spontanen Einfällen die beste Lösung e-s Problems zu finden).

**brains trust** [breɪnz] s Br. **1.** Teilnehmer pl an e-r 'Podiumsdiskussi,on. **2.** → brain trust.

**ˈbrain·ˌteas·er** → brain twister. ~ **trust** s Am. ,Gehirntrust‘ m, Brain-Trust m (bes. politische od. wirtschaftliche Beratergruppe). ~ **trust·er** s Am. Brain-truster m, Mitglied n e-s Brain-Trust. ~ **tu·mo(u)r** s med. Gehirntumor m. ~ **twist·er** s colloq. ,harte Nuß‘ (schwieriges Problem). **ˈ~wash I** v/t **1.** bes. pol. j-n e-r Gehirnwäsche unter'ziehen. **2. to** ~ **s.o. into doing s.th.** so lange bearbeiten, bis er etwas tut. **II** s → brainwashing. **ˈ~ˌwash·ing** s bes. pol. Gehirnwäsche f. **~ wave** s **1.** med. Hirnwelle f. **2.** colloq. Geistesblitz m, guter Einfall, ,tolle I'dee‘. **ˈ~work** s Geistes-, Kopfarbeit f. **ˈ~ˌwork·er** s Geistes-, Kopfarbeiter m.

**ˈbrain·y** adj colloq. gescheit, intelli'gent (a. Vorschlag etc).

**braise** [breɪz] v/t schmoren: ~**d beef** Schmorbraten m.

**brake[1]** [breɪk] obs. pret von break[1].

**brake[2]** [breɪk] s **1.** Dickicht n, Gestrüpp n. **2.** a. → **fern** bot. Farnkraut n.

**brake[3]** [breɪk] **I** s Flachs-, Hanfbreche f. **II** v/t Flachs etc brechen.

**brake[4]** [breɪk] **I** s **1.** mar. Bremse f: **to put on** (od. **apply**) **the** ~**s** die Bremse ziehen (a. fig.), mot. auf die Bremse treten, bremsen (a. fig.); **to put a** ~ **on s.th.,** **to apply** (od. **put**) **the** ~ **on s.th.** e-r Sache Einhalt gebieten. **2.** tech. a) Bremsvorrichtung f, -anlage f, b) Hemm-, Radschuh m. **3.** tech. Pumpenschwengel m. **4.** Bobsport: Bremser m. **5.** hist. Folter(bank) f, Streckfolter f. **6.** mot. Br. Kombiwagen m. **7.** rail. Br. Bremswagen m. **II** v/t **8.** bremsen (a. fig.). **III** v/i **9.** bremsen. **10.** Bergbau: die 'Förderma,schine bedienen. **IV** adj **11.** tech. Brems...: ~ **cylinder** (**disk, drum, fluid, hose, light, pedal, test,** etc).

**brake chute** → brake parachute. ~ **flap** s aer. Lande-, Bremsklappe f. ~ **horse·pow·er** s tech. Nutzleistung f (e-s Verbrennungsmotors). ~ **line** s tech. Bremsleitung f. **ˈ~ lin·ing** s tech. Bremsbelag m. **ˈ~load** s **1.** Bremslast f, -gewicht n. **2.** Belastung f der Bremse(n). **ˈ~man** [-mən] Am. → brakesman. ~ **pad** s tech. Bremsklotz m. ~ **par·a·chute** s aer. Bremsfallschirm m. ~ **pow·er** → brake horsepower. ~ **shoe** s tech. Bremsbacke f.

**brakes·man** [ˈbreɪksmən] s irr bes. Br. **1.** rail. etc Bremser m. **2.** Bergbau: 'Fördermaschi,nist m.

**brake valve** s tech. 'Bremsven,til n. ~ **van** s rail. Br. Bremswagen m.

'**brak·ing** *s tech.* Bremsen *n,* Bremsung *f.* **~ dis·tance** *s mot. etc* Bremsweg *m.* **~ force** *s tech.* Bremsleistung *f.* **~rock·et** *s Raumfahrt:* 'Bremsra₁kete *f.*

'**bra·less** *adj colloq.* ohne B'H: she's~ sie hat keinen BH an.

**bram·ble** ['bræmbl] *s* **1.** *bot. bes. Br.* a) Brombeerstrauch *m,* b) Brombeere *f.* **2.** Dornenstrauch *m.* '**~ber·ry** [-bərɪ; *Am.* -₁beri:] *s bot. bes. Br.* Brombeere *f.* **~ finch** → brambling. **~ rose** → dog rose.

**bram·bling** ['bræmblɪŋ] *s orn.* Bergfink *m.*

**bran** [bræn] *s* Kleie *f.*

**branch** [braːntʃ; *Am.* bræntʃ] **I** *s* **1.** Ast *m,* Zweig *m.* **2.** *fig.* Zweig *m,* Linie *f* (*e-r Familie*). **3.** *fig.* a) Zweig *m,* ('Unter)Ab₁teilung *f,* Sparte *f* (*e-r Wissenschaft etc*), b) Branche *f,* Wirtschafts-, Geschäftszweig *m,* c) *a.* **~ of service** *mil.* Waffen-, Truppengattung *f,* d) *zo.* 'Hauptab₁teilung *f* (*des Tierreichs*). **4.** *a.* **~ establishment, ~ house** *econ.* Außen-, Zweig-, Nebenstellle *f,* Fili'ale *f,* (Zweig)Niederlassung *f,* Zweiggeschäft *n:* **main ~** Hauptfiliale; **network of ~es** Filialnetz *n;* **~ manager** Filialleiter *m.* **5.** *rail.* Zweigbahn *f,* Nebenlinie *f.* **6.** *geogr.* a) Arm *m* (*e-s Gewässers*), b) Ausläufer *m* (*e-s Gebirges*), c) *Am.* Nebenfluß *m,* d) *Am.* Flüßchen *n.* **7.** *math.* Zweig *m od.* Ast *m* (*e-r Kurve*). **8.** *electr.* Abzweigleitung *f.* **9.** *tech.* Zweigrohr *n,* (Rohr)Abzweigung *f.* **10.** *Computer:* (Pro'gramm)Verzweigung *f:* **~ program(me)** Verzweigungsprogramm *n.* **11.** *arch.* (gotische) Zweigrippe. **12.** Arm *m* (*e-s Leuchters etc*). **13.** Sprosse *f,* Stange *f* (*am Hirschgeweih*). **II** *adj* **14.** Zweig..., Tochter..., Filial..., Neben... **III** *v/i* **15.** Zweige *od.* Äste treiben. **16.** *oft* **~ off, ~ out** a) sich verzweigen *od.* verästeln, b) abzweigen *od.* sich gabeln (*Straße etc*). **17.** ('her)stammen (**from** von). **18.** 'übergehen, auslaufen (**into** in *acc*). **IV** *v/t* **19.** in Zweige *od.* 'Unterab₁teilungen *etc* teilen. *Verbindungen mit Adverbien:* **branch| off** *v/i* **1.** → branch 16. **2.** abbiegen (*Fahrer*). **3.** → branch out 4. **~ out** *v/i* **1.** → branch 16. **2.** *econ.* die Produkti'on *od.* das Sorti'ment erweitern (**into** auf *acc*), das Angebot vergrößern. **3.** **to ~ on one's own** sich selbständig machen. **4.** (vom Thema) abschweifen, sich verlieren (**into** in *acc*).

**branch| bank** *s econ.* 'Bankfili₁ale *f,* Fili'albank *f.* **~ cir·cuit** *s electr.* **1.** Verzweigungsleitung *f.* **2.** Teilschaltung *f.*

**bran·chi·a** ['bræŋkɪə] *pl* **-chi·ae** [-kiːiː] *s zo.* Kieme *f.* '**bran·chi·al** *adj zo.* Kiemen...: **~ cleft** Kiemenöffnung *f.* '**bran·chi·ate** [-kɪeɪt; -kɪɪt] *adj zo.* kiementragend.

'**branch·ing I** *adj* **1.** zweige-, ästetragend. **2.** sich verzweigend *od.* verästelnd (*a. fig.*). **II** *s* **3.** Verzweigung *f,* Verästelung *f* (*a. fig.*).

**bran·chi·o·pod** ['bræŋkɪəpɒd; *Am.* -₁pɑd] *zo.* **I** *pl* ₁**bran·chi'op·o·da** [-'ɒpədə; *Am.* -ɑ-] *s* Blatt-, Kiemenfüßer *m.* **II** *adj* kiemenfüßig.

**branch·let** ['braːntʃlɪt; *Am.* 'bræntʃ-] *s* Ästchen *n.*

**branch| line** *s* **1.** *rail.* Neben-, Zweiglinie *f.* **2.** Seitenlinie *f* (*e-r Familie*). **3.** *electr.* Anschlußleitung *f.* **~ of·fice** → branch 4. **~ point** *s* **1.** *math.* Verzweigungspunkt *m.* **2.** *electr. phys.* Abzweigpunkt *m.* **~ road** *s Am.* Nebenstraße *f.* '**branch·y** *adj* **1.** zweige-, ästetragend. **2.** verästelt, verzweigt.

**brand** [brænd] *s* **1.** *econ.* a) (Handels-,

Schutz)Marke *f,* Warenzeichen *n,* b) *a.* **~ name** Markenbezeichnung *f,* -name *m,* c) 'Markenₐartikel *m,* d) Sorte *f,* Klasse *f* (*e-r Ware*). **2.** *fig.* ,Sorte' *f,* Art *f:* **his ~ of humo(u)r.** **3.** Brandmal *n,* eingebranntes Zeichen (*auf Fässern, Vieh etc*). **4.** → branding iron. **5.** *fig.* Schandfleck *m,* -mal *n:* **the ~ of Cain** Kainszeichen *n.* **6.** *bot.* Brand *m* (*Pflanzen-, bes. Getreidekrankheit*). **7.** (Feuer)Brand *m* (*angebranntes, brennendes od. schon ausgelöschtes Stück Holz*). **8.** *poet.* a) Fackel *f,* b) (sengender Sonnen-, Blitz)Strahl, c) Schwert *n.* **II** *v/t* **9.** ein Zeichen *od.* Mal einbrennen (**into, on** *dat od.* in *acc*). **10.** *fig.* unauslöschlich einprägen (**on** s.o.'s mind j-m, j-s Gedächtnis). **11.** mit e-m Brandmal *od.* Warenzeichen *od.* versehen: **~ed goods** Markenartikel. **12.** *fig.* brandmarken.

'**brand·ing i·ron** *s* Brand-, Brenneisen *n.*

**bran·dish** ['brændɪʃ] **I** *v/t* (*bes.* drohend) schwingen. **II** *s* (*bes.* drohendes) Schwingen.

**brand·ling** ['brændlɪŋ] *s* **1.** *ichth.* junger Lachs. **2.** *zo.* Mistwurm *m.*

₁**brand-'new** *adj* (funkel)nagelneu.

**bran·dreth** ['brændrɪθ] *s* **1.** hölzerne Einfassung (*e-s Brunnens*). **2.** Gestell *n,* Stütze *f.*

**bran·dy** ['brændɪ] *s* **1.** Weinbrand *m,* Kognak *m,* Brandy *m.* **2.** Obstwasser *n:* **plum ~** Zwetschgenwasser. **II** *v/t* **3.** mit Weinbrand versetzen. **4.** *Obst* in Weinbrand einlegen: **brandied peaches** Pfirsiche in Weinbrand. '**~ball** *s Br.* 'Weinbrandbon₁bon, *n.* **~ mint** *s Br.* Pfefferminze *f.* **~ paw·nee** *s Br. Ind.* Kognak *m* mit Wasser. **~ snap** *s oft* mit Schlagsahne gefülltes Gebäckröllchen aus mit Ingwer gewürztem Teig.

**bran-new** [₁bræn'njuː; *Am.* -'nuː] → brand-new.

**brant** [brænt] *bes. Am.* → brent.

**brash** [bræʃ] **I** *s* **1.** *geol.* Trümmergestein *n.* **2.** *mar.* Eistrümmer *pl.* **3.** Abfall(haufen) *m, bes.* Heckenschnitzel *pl.* **4.** *med.* Sodbrennen *n.* **II** *adj* (*adv* **~ly**) **5.** *Am.* → brashy. **6.** a) ungestüm, b) draufgängerisch, c) 'unüber₁legt, d) taktlos, ungezogen, e) frech, unverfroren. **7.** a) aufdringlich, laut (*Musik etc*), b) grell, schreiend (*Farben*). '**brash·y** *adj* a) bröckelig (*Gestein*), b) morsch (*Holz*).

**bra·sier** → brazier[2].

**brass** [braːs; *Am.* bræs] **I** *s* **1.** Messing *n.* **2.** *hist.* 'Kupferle₁gierung *f,* Bronze *f,* Erz *n:* **the age of ~** *fig.* das eherne Zeitalter. **3.** a) Messinggegenstand *m od.* -verzierung *f,* b) *a. pl* Messinggerät *n,* -ware *f:* **to clean** (**od. do**) **the ~(es)** das Messing putzen. **4.** *Br.* Grabplatte *f,* Gedenktafel *f* (*aus Bronze od. Messing*). **5.** **the ~** *mus.* das Blech (*im Orchester*), die Blechbläser *pl.* **6.** *tech.* Lagerschale *f.* **7.** *colloq. collect.* ,hohe Tiere' *pl* (*bes. hohe Offiziere*): **the top~** a) *mil.* die höchsten Offiziere, b) *allg.* ,höchste Tiere' (*e-s Konzerns etc*). **8.** *Br. colloq.* ,Moos' *n,* ,Kies' *m* (*Geld*). **9.** *colloq.* Frechheit *f,* Unverschämtheit *f:* → bold 1. *II adj* **10.** Messing... **III** *v/t* **11.** a) mit Messing über'ziehen, b) bron'zieren.

**bras·sard** ['bræsɑː(r)d; *Am.* a. brə-'sɑːrd], *a.* **bras·sart** ['bræsərt; *Am.* a. brə'sɑːrt; 'bræ₁-] *s* **1.** *hist.* Armrüstung *f,* -schiene *f.* **2.** Armbinde *f* (*als Abzeichen*).

**brass| band** *s mus.* 'Blaska₁pelle *f,* -or₁chester *n.* '**~bound** *adj* **1.** messingbeschlagen. **2.** *fig.* a) starr (*Traditionen etc*), b) (streng) konserva'tiv, c) kompro'mißlos.

**brassed** [braːst] *adj:* **to be ~ off with s.th.** *Br. colloq.* ,die Nase voll' haben von etwas.

**brass hat** *s colloq.* ,hohes Tier' (*bes. hoher Offizier*).

**bras·si·ca** ['bræsɪkə] *s bot.* Kohl *m.*

**brass·ie** ['bræsɪ; *Br. a.* 'braː-] *s Golf:* Brassie *m* (*Holzschläger Nr. 2*).

**bras·siere, bras·sière** ['bræsɪə; *Am.* brə'zɪər] *s* Büstenhalter *m.*

**brass| knob** *s* Messinggriff *m:* **the same to you with ~s on!** *colloq. iro.* danke gleichfalls! **~ knuck·les** *s pl* (*a. als sg konstruiert*) *Am.* Schlagring *m.* **~ tacks** *s pl colloq.* Hauptsache *f:* **to get down to ~** zur Sache *od.* auf den Kern der Sache kommen.

'**brass·y I** *adj* (*adv* **brassily**) **1.** messingartig. **2.** messingfarben. **3.** blechern (*Klang*). **4.** *colloq.* unverschämt, frech. **5.** unangenehm laut (*Musik etc, a. Person, bes. Frau*). **II** *s* → brassie.

**brat**[1] [bræt] *s contp.* Balg *m, n,* Gör *n* (*Kind*).

**brat**[2] [bræt] *s Br. dial.* a) Schürze *f,* b) Kittel *m.*

**brat·tice** ['brætɪs] *s* **1.** *hist.* a) hölzerne Brustwehr, b) Wehrgang *m* (*e-r Festung*). **2.** *Bergbau:* Bretter(scheide)wand *f.*

**brat·wurst** ['braːtwəst; *Am.* -wɜrst] *s* Bratwurst *f.*

**braun·ite** ['braunaɪt] *s min.* Brau'nit *m.*

**Braun tube** [braun] *s phys.* Braunsche Röhre, Ka'thodenstrahlröhre *f.*

**bra·va·do** [brə'vaːdəʊ] *pl* **-does** *od.* **-dos** *s* **1.** a) gespielte Tapferkeit, prahlerisches *od.* her'ausforderndes Benehmen, b) prahlerische Drohung. **2.** *obs.* Prahler *m,* Maulheld *m.*

**brave** [breɪv] **I** *adj* (*adv* **~ly**) **1.** tapfer, mutig, unerschrocken. **2.** *obs.* prächtig: a) stattlich, ansehnlich, b) glänzend, prunkhaft. **II** *s* **3.** *poet.* Tapfere(r) *m.* **4.** (indi'anischer) Krieger. **III** *v/t* **5.** mutig begegnen, die Stirn bieten, trotzen (*dat*): **to ~ death; to ~ it out** es durchstehen.

**brav·er·y** ['breɪvərɪ] *s* **1.** Tapferkeit *f,* Mut *m.* **2.** *obs.* a) Pracht *f,* b) Gepränge *n,* Putz *m,* Staat *m.* **3.** *obs. für* bravado 1.

**bra·vo**[1] [₁braː'vəʊ] **I** *interj* bravo! **II** *pl* **-vos** *s* Bravo(ruf *m*) *m.*

**bra·vo**[2] ['braːvəʊ] *pl* **-voes** *od.* **-vos** *s* Bravo *m,* (gedungener Meuchel)Mörder *m.*

**bra·vu·ra** [brə'vʊərə; -'vjʊə-] **I** *s mus. u. fig.* **1.** Bra'vour *f,* Meisterschaft *f.* **2.** Bra'vourstück *n.* **II** *adj* **3.** bravou'rös, Bravour...: **~ performance.**

**brawl** [brɔːl] **I** *s* **1.** laute Ausein'andersetzung. **2.** Raufe'rei *f,* Schläge'rei *f.* **3.** Tosen *n,* Rauschen *n* (*e-s Flusses etc*). **4.** *Am. colloq.* (*bes.* Sauf)Party *f.* **II** *v/i* **5.** e-e laute Ausein'andersetzung haben. **6.** raufen, sich schlagen. **7.** tosen, rauschen (*Fluß etc*). '**brawl·er** *s* Raufbold *m.* '**brawl·ing** *s* **1.** → brawl 1-3. **II** *adj* **2.** rauflustig. **3.** tosend, rauschend (*Fluß etc*).

**brawn** [brɔːn] *s* **1.** a) Muskeln *pl,* b) musku'löser Teil (*des Armes, Beines etc*). **2.** Muskelkraft *f:* **brains against ~; ~ drain** Abwanderung *f* von Arbeitern, Sportlern *etc* ins Ausland. **3.** *gastr. Br.* (Schweine)Sülze *f,* Preßkopf *m.* '**brawn·y** *adj* musku'lös, kräftig.

**bray**[1] [breɪ] **I** *s* **1.** Schrei *m* (*e-s Esels, a. e-r Person*): **~ of protest** Protestschrei. **2.** a) Schmettern *n* (*e-r Trompete*), b) Lärmen *n,* Tosen *n* (*des Verkehrs etc*). **II** *v/i* **3.** a) schreien (*Esel, a. Person*): **to ~ at s.o.** j-n anschreien, b) schmettern (*Trompete*), c) lärmen, tosen (*Verkehr etc*). **III** *v/t* **4.** *oft* **~ out** (hin'aus)schreien.

**bray**[2] [breɪ] *v/t* (*bes. im Mörser*) (zer-)stoßen, (-)reiben, (-)stampfen.

'**bray·er** *s* **1.** Mörserkeule *f,* Stößel *m.* **2.** *print.* a) (Farb)Läufer *m,* b) Reibwalze *f.*

**braze**[1] [breɪz] v/t mit Messing verzieren.
**braze**[2] [breɪz] tech. **I** v/t hartlöten. **II** s Hartlötstelle f.
**bra·zen** ['breɪzn] **I** adj (adv ~ly) **1.** Messing...: ~ **age** fig. ehernes Zeitalter. **2.** me'tallisch (Klang). **3.** fig. unverschämt, unverfroren, schamlos, frech. **II** v/t **4.** to ~ it out sich mit großer Unverfrorenheit behaupten. '~-**faced** → brazen 3.
'**bra·zen·ness** s fig. Unverschämtheit f, Unverfrorenheit f, Schamlosigkeit f, Frechheit f.
**bra·zier**[1] ['breɪzjə; bes. Am. -ʒə(r)] s **1.** Messingarbeiter m. **2.** tech. Gelb-, Rotgießer m.
**bra·zier**[2] ['breɪzjə; bes. Am. -ʒə(r)] s **1.** (große) flache Kohlenpfanne, (korbförmiger) Rost. **2.** mil. Bunkerofen m.
**bra·zil** [brə'zɪl] → brazilwood.
**Bra·zil·ian** [brə'zɪljən] **I** s Brasili'aner(in). **II** adj brasili'anisch.
**Bra·zil nut** [brə'zɪl] s bot. Paranuß f.
**bra·zil·wood** s **1.** Indisches Rotholz. **2.** Bra'silien-, Pernam'bucoholz n. **3.** Ba'hama-, Brasi'lettholz n.
'**braz·ing** s tech. Hartlöten n: ~ **solder** Hartlot n.
**breach** [briːtʃ] **I** s **1.** fig. Bruch m, Über-'tretung f, Verletzung f. **2.** a) Bruch m, Riß m, Sprung m, b) Lücke f. **3.** fig. Bruch m, Zwiespalt m, Zwist m. **4.** mil. Bresche f (a. fig.): to blow a ~ in fig. e-e Bresche schlagen in (acc); to fill (od. fling o.s. into, step into, throw o.s. into) the ~ fig. in die Bresche springen (for für); to stand in the ~ a) mil. die Hauptlast des Angriffs tragen, b) fig. die Hauptarbeit leisten. **5.** mar. Brechen n, Einbruch m (der Wellen). **6.** tech. 'Durchbruch m. **7.** fig. a) Kluft f (between zwischen), b) Unter'brechung f, Lücke f. **II** v/t **8.** mil. a) e-e Bresche schlagen in (acc), b) durch'brechen (a. fig.). **9.** e-n Vertrag etc brechen, verletzen.
*Besondere Redewendungen:*
~ **of close** jur. unbefugtes Betreten fremden Besitztums; ~ **of confidence** (od. faith) Vertrauensbruch m; ~ **of contract**; ~ **of covenant** jur. Vertragsbruch m; ~ **of etiquette** Verstoß m gegen den guten Ton; ~ **of the peace** jur. (Land)Friedensbruch m, öffentliche Ruhestörung m; ~ **of prison** Ausbruch m aus dem Gefängnis; ~ **of the rules** Verstoß m gegen die Regeln; ~ **of trust** jur. Vertrauensbruch m, Veruntreuung f; → duty 1, promise 1.
**bread** [bred] **I** s **1.** Brot n. **2.** a. daily ~ fig. (tägliches) Brot, 'Lebens‚unterhalt m: ~ riot Hungerrevolte f; to earn (od. make) one's ~ sein Brot verdienen; out of ~ without ~ brotlos. **3.** (ein) Stollen m: Easter ~. **4.** relig. Hostie f: ~ and wine das (heilige) Abendmahl. **5.** sl. ‚Kies' m, ‚Moos' n (Geld). **II** v/t **6.** gastr. pa'nieren.
*Besondere Redewendungen:*
~ **and butter** a) Butterbrot n, b) colloq. Lebensunterhalt m; writing is his ~ and butter colloq. er verdient sich s-e ‚Brötchen' mit Schreiben; to butter one's ~ on both sides colloq. zwei Einnahmequellen haben, zweimal abkassieren; to quarrel with one's ~ and butter colloq. a) sich s-m Los hadern, b) sich ins eigene Fleisch schneiden; to know which side one's ~ is buttered (on) colloq. s-n Vorteil (er)kennen; ~ and cheese a) Käsebrot n, b) bescheidenes Mahl; ~ and circuses Brot u. Spiele; to be the greatest (od. best) thing since sliced ~ colloq. einfach ‚klasse' sein; to cast one's ~ upon the waters uneigennützig handeln; man cannot live by ~ alone der Mensch lebt nicht vom Brot allein; to

be put on ~ and water auf Wasser u. Brot gesetzt werden; to take the ~ out of s.o.'s mouth j-n brotlos machen.
**bread|-and-'but·ter** adj colloq. **1.** a) ~ **job** Stellung, die ihren Mann (er)nährt; ~ **education** Brotstudium n, b) ~ **play** thea. Stück, das immer ‚zieht'. **2.** ~ **questions** Fragen, die die Grundbedürfnisse des täglichen Lebens betreffen. **3.** praktisch, sachlich: ~ **arguments**. **4.** ('grund)so‚lide: a ~ **player**. **5.** ~ **letter** Dankesbrief m für erwiesene Gastfreundschaft. '~**bas·ket** s **1.** Brotkorb m. **2.** fig. Kornkammer f (e-s Landes). **3.** sl. Magen m. ~ **bin** s Brotkasten m. '~**board** s **1.** a) Brett n zum Kneten von (Brot)Teig, b) Brotschneidebrett n. **2.** electr. La'borschaltbrett n: ~ **assembly** → breadboarding. '~**board·ing** s electr. La'bor-, Brettaufbau m. ~ **crumb** s **1.** Brotkrume f, -krümel m: ~s Paniermehl n. **2.** Krume f (das weiche Innere des Brotes). '~**crumb** v/t gastr. pa'nieren. '~**fruit** s bot. **1.** Brotfrucht f. **2.** Brotfruchtbaum m. '~**grain** s Brotgetreide n. ~ **knife** s irr Brotmesser n. '~**line** s Schlange von Bedürftigen vor e-r Nahrungsmittelausgabestelle: to be on the ~ fig. nur das Allernotwendigste zum Leben haben. ~ **sauce** s Brottunke f. '~**stuff** s **1.** a) Brotmehl n, b) Brotgetreide n. **2.** Brot n.
**breadth** [bredθ] s **1.** Breite f, Weite f (beide a. fig.): ten yards in ~ 10 Yards breit. **2.** fig. Ausdehnung f, Größe f, Spannweite f, 'Umfang m. **3.** fig. Großzügigkeit f. **4.** art großzügige Wirkung, Breite f u. Geschlossenheit f. **5.** tech. Bahn f, Breite f: a ~ of silk. '~**ways**, '~**wise** adv der Breite nach, in der Breite.
**bread| tree** → breadfruit 2. '~**win·ner** s **1.** Ernährer m, (Geld)Verdiener m (e-r Familie). **2.** Beruf m, Verdienstquelle f. '~**win·ning** s Broterwerb m, Verdienst m.
**break**[1] [breɪk] **I** s **1.** (Ab-, Zer-, 'Durch-, Entzwei)Brechen n, Bruch m. **2.** Bruch (-stelle f) m, 'Durchbruch m, Riß m, Spalt m, Bresche f, Öffnung f, Zwischenraum m, Lücke f (a. fig.). **3.** fig. Bruch m (from, with mit; between zwischen), Abbruch m (von Beziehungen etc): a ~ with tradition; she made a ~ from her family sie brach mit ihrer Familie. **4.** (Wald)Lichtung f. **5.** Pause f (Br. a. ped.), Unter-'brechung f (a. electr.): without a ~ ununterbrochen; to have (od. take) a ~ ausspannen; to take a ~ for a cigarette e-e Zigarettenpause machen. **6.** fig., a. metr. Zä'sur f, Einschnitt m. **7.** Ausbrechen n (e-s Gefangenen), Fluchtversuch m: to make a ~ for it (od. for freedom) das Weite suchen, flüchten; to make a ~ for the woods zum Wald hin flüchten. **8.** Einbruch m. **9.** (plötzlicher) Wechsel, 'Umschwung m: ~ in the weather Wetterumschlag m; at ~ of day bei Tagesanbruch. **10.** econ. (Preis-, Kurs)Sturz m, Kurseinbruch m. **11.** mus. a) Re'gisterwechsel m, b) Jazz: Break n (kurzes Zwischensolo). **12.** mus. a) Versagen n (im Ton), b) Versager m (Ton). **13.** Richtungswechsel m. **14.** Billard: a) Serie f, b) Abweichen n (des Balles) (a. Kricket). **15.** Boxen: 'Trennkom‚mando n. **16.** Pferderennen: Start m. **17.** colloq. a) bad ~ ‚Pech' n; lucky ~ ‚Dusel' m, ‚Schwein' n; to get (all) the ~s e-n ‚Mordsdusel' haben, ein Glückspilz sein, b) Chance f: to give s.o. a ~. **18.** Tennis: Break n (Punktgewinn bei gegnerischem Aufschlag): he had a ~ er schaffte ein Break, ihm gelang ein Break.
**II** v/t pret **broke** [brəʊk] obs. **brake**

[breɪk], pp **bro·ken** ['brəʊkən] obs. **broke 19.** ab-, auf-, 'durchbrechen, (er-, zer)brechen: to ~ one's arm sich den Arm brechen; to ~ s.o.'s head j-m den Schädel einschlagen; to ~ a glass ein Glas zerbrechen; to ~ jail aus dem Gefängnis ausbrechen; ~ a leg, John! colloq. bes. thea. Hals- u. Beinbruch!; to ~ a record fig. e-n Rekord brechen; to ~ a seal ein Siegel erbrechen; to ~ s.o.'s service (Tennis) j-s Aufschlag durch-'brechen; → heart Bes. Redew. **20.** zerreißen, -schlagen, -trümmern, ka'puttmachen. **21.** phys. Licht, Strahlen, weitS. Wellen, Wind brechen; e-n Stoß od. Fall abfangen, dämpfen, a. fig. abschwächen. **22.** ab-, unter'brechen, trennen, aufheben, sprengen: to ~ company a) auseinandergehen, b) sich wegstehlen; to ~ a journey e-e Reise unterbrechen; to ~ the silence das Schweigen brechen; a cry broke the silence ein Schrei zerriß die Stille; to ~ a set a) e-n Satz (z. B. Gläser durch Zerbrechen e-s einzelnen Teiles) unvollständig machen, b) e-n Satz (z. B. Briefmarken) auseinanderreißen; to ~ a siege e-e Belagerung aufheben; → camp 1, fast[3] 2, ice 1. **23.** electr.: to ~ a circuit a) e-n Stromkreis od. Kontakt unter'brechen, e-n Kontakt öffnen, b) ab-, ausschalten. **24.** aufgeben, ablegen: to ~ a custom mit e-r Tradition od. Gewohnheit brechen, sich etwas abgewöhnen; to ~ s.o. of s.th. j-m etwas abgewöhnen; → habit 1. **25.** a) Speise, Ware, Geldschein anbrechen: → bottle[1] 1, b) Geldschein kleinmachen, wechseln. **26.** fig. j-s Macht, Willen etc brechen, j-n zerbrechen, j-m das Kreuz brechen; to ~ s.o.'s resistance j-s Widerstand brechen. **27.** Tiere zähmen, abrichten, ein Pferd zureiten, einfahren, a. fig. gewöhnen (to an acc): to ~ a horse to harness (to rein) ein Pferd einfahren (zureiten); → break in 4 b u. c. **28.** das Gesetz, e-n Vertrag, sein Versprechen etc brechen, e-e Regel verletzen, e-e Vorschrift über'treten, verstoßen gegen: to ~ a contract (the law, a rule, one's promise); to ~ bounds die erlaubten Grenzen überschreiten. **29.** fig. vernichten, (a. finanziell) rui'nieren od. zu'grunde richten, e-e Ehe etc zerrütten: to ~ a will jur. ein Testament (durch gerichtliches Verfahren) aufheben; → bank[1] 3. **30.** mil. a) entlassen, kas'sieren, b) degra'dieren (to zu). **31.** eröffnen, kundtun: to ~ the bad news gently to s.o. j-m die schlechte Nachricht schonend beibringen. **32.** Am. colloq. e-e Unternehmung starten: to ~ a sales campaign. **33.** foltern, auf der od. die Folter strecken: → wheel 6. **34.** a) e-n Code etc ‚knacken', entschlüsseln, b) e-n Fall lösen. **35.** ~ (the) ground agr. ein Brachfeld 'umbrechen, -pflügen; → ground[1] 1. **36.** mus. a) e-n Akkord brechen, b) Notenwerte zerlegen.
**II** v/i **37.** brechen: to ~ into a) in ein Haus etc einbrechen, b) allg. u. fig. eindringen od. einbrechen in (acc): to ~ into the best social circles; c) etwas unterbrechen, hineinplatzen in (acc), d) → 53, e) → 25 a; to ~ with mit j-m, e-r Tradition etc brechen. **38.** (zer)brechen, zerspringen, -reißen, platzen, ka'putt-, entzweigehen: the rope broke das Seil riß. **39.** unter'brochen werden. **40.** (plötzlich) auftauchen (Fisch, U-Boot). **41.** sich (zer)teilen (Wolken). **42.** zersprengt werden, in Unordnung geraten, weichen (Truppen), sich auflösen (Heer). **43.** med. aufgehen, -platzen, -springen, -reißen (Wunde, Geschwür). **44.** fig. brechen (Herz, Kraft, Mut). **45.** nachlassen, abnehmen, gebrochen od. zerrüttet werden, verfallen (Geist od. Gesundheit), (a. see-

*lisch)* zs.-brechen. **46.** 'umschlagen, mu-'tieren *(Stimme):* **his voice broke** a) er befand sich im Stimmbruch, er mutierte, b) ihm brach die Stimme *(vor Rührung etc).* **47.** *sport* a) die Gangart wechseln *(Pferd),* b) *bes. Baseball u. Kricket:* die Flugrichtung ändern *(Ball).* **48.** sich brechen, branden *(Wellen).* **49.** brechen *(Eis).* **50.** 'umschlagen *(Wetter).* **51.** anbrechen *(Tag).* **52.** los-, ausbrechen *(over über dat):* **the storm broke** der Sturm brach los. **53.** *fig. in Gelächter, Tränen etc* ausbrechen: **to ~ into laughter. 54.** eröffnet werden, bekanntgegeben werden *(Nachricht).* **55.** *econ.* plötzlich im Preis *od.* Kurs fallen *(Ware, Wertpapier).* **56.** *econ.* rui'niert werden, bank'rott machen *od.* gehen, fal'lieren. **57.** *Boxen:* sich trennen *(aus dem Clinch gehen):* **~! break! 58.** rennen, hasten: **to ~ for cover** hastig in Deckung gehen. **59.** *Pferderennen:* starten. **60.** e-e Pause machen. **61.** sich zersetzen. **62.** *bes. Am. colloq.* sich entwickeln: **things are ~ing well.**

*Verbindungen mit Adverbien:*

**break|a·way I** *v/t* **1.** ab-, losbrechen, wegreißen (from von). **II** *v/i* **2.** los-, abbrechen, absplittern (from von) (a. *fig.).* **3.** (from von) a) *a. fig.* sich losmachen *od.* -reißen, b) *fig.* sich lossagen *od.* trennen: **to ~ from a habit** mit e-r Gewohnheit brechen, sich etwas abgewöhnen. **4.** a) sich da'vonmachen, fortstürzen, b) *sport* sich absetzen (from, of von), sich freimachen, *(bes. Radsport)* ausreißen, c) **they broke away** *sport* ihnen gelang ein Break. **5.** *sport Am.* e-n Fehl- *od.* Frühstart verursachen. **6.** *tech.* losbrechen *(Maschine).* **~ clear → break away** 4 b. **~ down I** *v/t* **1.** ein-, niederreißen, ein Haus abbrechen, abreißen. **2.** *fig.* j-n, j-s Widerstand etc brechen, zermürben, über'winden. **3.** *tech.* e-e Maschine (in ihre Bestandteile) zerlegen. **4.** a) aufgliedern, aufschlüsseln, analy-'sieren. **5.** *chem.* aufspalten, auflösen. **II** *v/i* **6.** zs.-brechen (a. *fig.).* **7.** versagen *(Maschine, Stimme, Schüler beim Examen),* ka'puttgehen, steckenbleiben, *mot. a.* e-e Panne haben. **8.** zerbrechen, in die Brüche gehen (a. *fig.).* **9.** scheitern *(Ehe, Verhandlungen etc):* **their marriage is irretrievably broken down** *jur. Br.* unheilbar zerrüttet. **10.** *fig.* zerfallen (in einzelne Gruppen, Teile etc). **~ e·ven I** *v/i* *econ.* kostendeckend arbeiten. **~ forth** *v/i* **1.** her'vorbrechen. **2.** sich plötzlich erheben *(Geschrei etc).* **~ in I** *v/i* **1.** einbrechen, -dringen: **to ~** (up)on s.o. hereinplatzen bei j-m. **2. ~** (up)on sich einmischen in *(acc),* e-e Unterhaltung etc unter'brechen. **II** *v/t* **3.** einschlagen, e-e Tür aufbrechen. **4.** a) **→ break¹** 27, b) *Auto etc* einfahren, neue Schuhe einlaufen, austreten, c) *j-n* einarbeiten, anlernen. **~ loose I** *v/t* **1.** los-, abbrechen (from von). **II** *v/i* **2.** losgehen, abbrechen (from von). **3.** sich befreien, sich losreißen (from von). **4.** *(aus der Haft)* ausbrechen, -reißen. **5.** *mar.* abtreiben. **~ off I** *v/t* **1.** ein Stück abbrechen *(from* von). **2.** *e-e Rede, e-e Freundschaft etc* abbrechen, *Schweigen etc* (unter)'brechen, Schluß machen mit: **to ~ an engagement** e-e Verlobung (auf)lösen; **to ~ negotiations** die Verhandlungen abbrechen; **to break it off** sich entloben. **3. to ~ work** die Arbeit unterbrechen, e-e Pause machen. **II** *v/i* **4.** abbrechen *(from* von). **5.** *in der Rede etc* (plötzlich) abbrechen. **6.** die Arbeit unter'brechen, e-e Pause machen: **to ~ for tea** e-e Teepause machen. **~ o·pen I** *v/t* e-e Tür etc aufbrechen. **II** *v/i* aufspringen, -platzen. **~**

**out I** *v/t* **1.** (her)'aus-, losbrechen. **2.** etwas gebrauchsfertig *od.* einsatzbereit machen, *mar. die Boote* klarmachen. **3.** *Speisen, Getränke* auspacken. **4.** *e-e Flagge* hissen. **II** *v/i* **5.** ausbrechen *(Feuer, Krankheit, Krieg, Gefangener etc):* **to ~ of prison** aus dem Gefängnis ausbrechen; **to ~ in a rash** *(od.* **in spots)** Ausschlag bekommen; **to ~ with measles** die Masern bekommen; **he broke out in a sweat** ihm brach der Schweiß aus. **7.** *fig.* ausbrechen (**in laughter,** **laughing** in Gelächter; **in tears** in Tränen). **~ through I** *v/t* **1.** durch'brechen, e-e Schwierigkeit etc über'winden. **II** *v/i* **2.** 'durchbrechen, *(Sonne a.)* her'vorkommen. **3.** *fig.* den 'Durchbruch schaffen. **~ up I** *v/t* **1.** abbrechen, *e-e Sitzung etc* aufheben, beenden, schließen, *e-e Versammlung* auflösen, sprengen. **2.** *e-n Haushalt etc* auflösen. **3.** *e-e Ehe, die Gesundheit etc* zerrütten. **4.** *Wild* aufbrechen, zerlegen. **5.** *Straße, Eis etc* aufbrechen. **6.** *Holz etc* zerkleinern, *Schiff* abwracken. **7.** *sport e-e siegreiche Mannschaft etc* ausein'anderreißen. **8. ~ break¹** 35. **II** *v/i* **9.** a) aufgehoben werden *(Sitzung etc),* sich auflösen *(Versammlung),* b) *ped. bes. Br.* aufhören: **when do you ~?, when does your school ~?** wann beginnen bei euch die Ferien? **10.** a) zerbrechen, ausein'andergehen *(Ehe etc),* b) sich trennen *(Ehepaar etc),* c) zerfallen *(Reich etc).* **11.** sich zerteilen *od.* auflösen *(Nebel),* aufklaren, sich aufklären *(Wetter, Himmel),* nachlassen *(Frost).* **12.** *(körperlich od. seelisch)* zs.-brechen. **13.** aufbrechen *(Straße, Eis etc).* **14.** zerschellen *(Schiff).*

**break²** [breik] *s* **1.** Break *m, n (Art Kremser mit zwei Längssitzen).* **2.** Wagen *m* zum Transport von Pferden.

**'break·a·ble I** *adj* zerbrechlich. **II** *s* zerbrechlicher Gegenstand: **~s** zerbrechliche Ware. **'break·age** *s* **1.** (Zer-)Brechen *n,* Bruch *m.* **2.** a) Bruch(stelle) *m,* b) Bruch(schaden) *m.* **3.** *econ.* Re-'faktie *f,* Entschädigung *f* für Bruchschaden.

**'break·a·way I** *s* **1.** (from) Lossagung *f,* Trennung *f* (von), Bruch *m* (mit). **2.** *sport* a) *(bes. Radsport)* Ausreißen *n,* b) Break *n (Durchbruch aus der Verteidigung heraus).* **3.** *sport Am.* Fehl-, Frühstart *m.* **4.** *tech.* Losbrechen *n (e-r Maschine).* **5.** *thea. etc* Requisit *n, das bei Raufszenen etc besonders leicht zerbricht.* **II** *adj* **6.** *Br.* Splitter...: **~ group. 7.** *thea. etc* besonders leicht zerbrechlich *(Requisiten).* **8.** *tech.* mit Soll-Bruchstelle.

**'break·down** *s* **1.** Zs.-bruch *m (a. fig.):* **nervous ~** Nervenzusammenbruch. **2.** *tech.* a) Panne *f,* Fahrzeug-, Ma'schinenschaden *m,* (Betriebs)Störung *f,* b) *electr.* Zs.-bruch *m (der Spannung),* c) *electr.* (erster) 'Durchschlag. **3.** Scheitern *n (e-r Ehe, von Verhandlungen etc):* **irretrievable ~ of marriage** *jur. Br.* unheilbar Zerrüttung der Ehe. **4.** *fig.* Aufgliederung *f,* Aufschlüsselung *f,* Ana-'lyse *f.* **5.** *chem.* Aufspaltung *f,* Auflösung *f.* **~ ser·vice** *s mot. Br.* Pannen-, Straßendienst *m.* **~ strength** *s electr.* 'Durchschlagsfestigkeit *f.* **~ truck,** **van** *s mot. Br.* Abschleppwagen *m.* **volt·age** *s electr.* 'Durchschlagspannung *f.*

**'break·er** *s* **1.** *(bes. in Zssgn)* Brecher *m (Person od. Gerät):* **coal-~. 2.** *Br. mot.* Verschrotter *m, mar. a.* 'Abwrackunternehmer *m.* **3.** Abrichter *m,* Dres'seur *m,* Zureiter *m.* **4.** *mar.* Sturzwelle *f,* Brecher *m.* **5.** *electr.* Unter'brecher *m.* **6.** *tech.* Name für verschiedene Geräte, bes. a) *Kürschnerei:* Schabmesser *n,* b) *Pa-*

*pierherstellung:* Halbzeugholländer *m.* **~ arm** *s electr.* Im'pulskon,takt *m.* **'break-'e·ven point** *s econ.* Rentabili-'tätsgrenze *f,* Gewinnschwelle *f.*

**'break·fast** ['brekfəst] **I** *s* Frühstück *n:* **to have ~** frühstücken. **II** *v/i* frühstücken: **to ~ on s.th.** etwas frühstücken, etwas zum Frühstück haben. **III** *v/t* j-m das Frühstück ser'vieren *od.* machen. **~ food** *s* Frühstücksnahrung *f (z. B. Cornflakes).* **~ tel·e·vi·sion** *s* Frühstücksfernsehen *n.*

**'break-in** *s* **1.** *jur.* Einbruch *m.* **2.** a) Abrichten *n (von Tieren),* Zureiten *n (von Pferden),* b) Einfahren *n (von Autos etc),* c) Einlaufen *n (von neuen Schuhen),* d) Einarbeitung *f,* Anlernen *n (von Personen).*

**'break·ing** *s* **1.** Brechen *n,* Bruch *m (etc;* **→ break¹):* **~ of the voice** Stimmbruch *m;* **~ and entering** *jur.* Einbruch *m.* **2.** *ling.* Brechung *f (Diphthongierung).* **~ cur·rent** *s electr.* 'Öffnungs(indukti,ons)strom *m.* **~ de·lay** *s* Abfallverzögerung *f:* a) *aer.* vom Fallschirm, b) *electr. e-s Relais.* **~ fac·tor** *s phys. tech.* Bruchfaktor *m.* **~ load** *s phys.* Bruchlast *f.* **~ point** *s phys. tech.* Bruch-, Zerreißgrenze *f:* **he has reached** *(od.* **is at)** **~** er steht *(körperlich od. seelisch)* kurz vor dem Zs.-bruch; **to work to ~** bis zur Erschöpfung arbeiten. **~ strain →** **breaking stress. ~ strength** *s phys. tech.* Bruchfestigkeit *f.* **~ stress,** **ten·sion** *s tech.* Bruchbeanspruchung *f,* Zerreißspannung *f.* **~ test** *s tech.* Bruchprobe *f.*

**break|key** *s electr.* Unter'brechertaste *f.* **'~neck** *adj* a) halsbrecherisch: **~ speed,** b) lebensgefährlich steil: **~ stairs. '~off** *s* Abbruch *m (von Verhandlungen etc).* **'~out** *s* Ausbruch *m (aus dem Gefängnis etc).* **~ spark** *s electr.* Abreißfunke *m.* **'~through** *s bes. mil. u. fig.* 'Durchbruch *m.* **'~up** *s* **1.** Aufhebung *f (e-r Sitzung etc),* Auflösung *f (e-r Versammlung, e-s Haushalts etc).* **2.** Zerrüttung *f (e-r Ehe, der Gesundheit etc).* **3.** *(körperlicher od. seelischer)* Zs.-bruch. **4.** Zerfall *m (e-s Reichs etc).* **'~wa·ter** *s* Wellenbrecher *m.*

**bream** [bri:m] *pl* **bream** *s ichth.* Brassen *m.*

**breast** [brest] **I** *s* **1.** a) Brust *f (von Mensch u. Tier):* **to beat one's ~** sich an die Brust schlagen, sich Vorwürfe machen; **~ of chicken** *gastr.* Hühnerbrust, b) *(weibliche)* Brust, Busen *m:* **to give the ~ to a baby** e-m Kind die Brust geben. **2.** *fig.* Brust *f,* Herz *n,* Busen *m,* Gemüt *n:* **to make a clean ~ of s.th.** sich etwas von der Seele reden, etwas offen eingestehen. **3.** Wölbung *f:* **the ~ of a hill. 4.** *agr.* Streichbrett *n (des Pfluges).* **5.** *arch.* a) Brüstung *f,* b) Brandmauer *f,* c) unterer Teil *(e-s Geländers).* **6.** Brust(teil *m) f:* **the ~ of a jacket. II** *v/t* **7.** mutig auf etwas losgehen, *Br. e-n Berg* angehen. **8.** sich gegen etwas stemmen, trotzen *(dat),* die Stirn bieten *(dat),* gegen etwas ankämpfen: **to ~ the waves** gegen die Wellen ankämpfen. **9.** *sport das Zielband* durch'reißen. **'~beat·ing** *s* Selbstvorwürfe *pl.* **'~bone** *s anat.* Brustbein *n.* **~'deep** *adj* brusttief, -hoch. **~ drill** *s tech.* Brustbohrer *m.*

**breast·ed** ['brestid] *adj (in Zssgn)* ...brüstig: **narrow-~** engbrüstig.

**'breast|-feed** *v/t u. v/i irr* stillen: **breast-fed child** Brustkind *n.* **~'high** *adj* brusthoch, -tief. **~ milk** *s* Muttermilch *f.* **'~pin** *s* **1.** Brosche *f,* Anstecknadel *f.* **2.** Kra'wattennadel *f.* **'~plate** *s* **1.** Brustharnisch *m.* **2.** *zo.* Bauchplatte *f,* -schild *m (der Schildkröte).* **3.** Brustgurt

*m* (*am Pferdegeschirr*). **4.** *tech.* Brust-platte *f* (*der Handbohrmaschine*). '**~plough,** *bes. Am.* '**~plow** *s agr.* Ab-stech-, Rasenpflug *m.* **~ pock·et** *s* Brust-tasche *f.* '**~stroke** *s sport* Bruststil *m,* -schwimmen *n.*

'**breast·sum·mer** ['bresəmə(r)] → bressumer.

**breast| wall** *s arch.* **1.** Stützmauer *f* (*am Fuße e-s Abhanges*). **2.** Brustwehr *f,* Ge-länder *n.* '**~work** *s arch. u. mil.* Brust-wehr *f.*

**breath** [breθ] *s* **1.** Atem(zug) *m:* **bad ~** schlechter Atem, Mundgeruch *m;* **to have bad ~** aus dem Mund riechen; **to be out of ~** außer Atem sein; **to catch** (*od.* **hold**) **one's ~** den Atem anhalten; **to draw** Atem holen; **to draw one's first ~** das Licht der Welt erblicken; **to draw one's last ~** den letzten Atemzug tun (*sterben*); **to gasp for ~** nach Luft schnappen; **to get one's ~** (**again** *od.* **back**) wieder zu Atem kommen; **to go out for a ~ of fresh air** an die frische Luft gehen, frische Luft schnappen gehen; **to have no ~ left** (völlig) außer Atem sein; **to lose one's ~** außer Atem kommen; **save your ~!** spare dir d-e Worte!; **to take ~** Atem schöpfen, ver-schnaufen (*a. fig.*); **to take s.o.'s ~ away** j-m den Atem verschlagen; **to take a deep ~** tief Luft holen; **to waste one's ~** in den Wind reden; **you are wasting your ~** du kannst dir die Worte sparen; **short of ~** kurzatmig; **under** (*od.* **below**) **one's ~** im Flüsterton, leise; **with his last ~** mit s-m letzten Atemzug; **in the same ~** im gleichen Atemzug. **2.** *fig.* Hauch *m,* Spur *f,* Anflug *m:* **not a ~ of suspicion** nicht der geringste Verdacht. **3.** Lufthauch *m,* Lüftchen *n:* **there wasn't a ~ of air** kein Lüftchen rührte *od.* regte sich. **4.** Duft *m:* **a ~ of roses. 5.** *ling.* stimmloser Hauch.

**breath·a·lyse** ['breθəlaɪz] *bes. Br.,* '**breath·a·lyze** *Am.* **I** *v/t* Verkehrsteil-nehmer (ins ,Röhrchen') blasen *od.* pu-sten lassen. **II** *v/i* (ins ,Röhrchen') blasen *od.* pusten. '**breath·a·lys·er** *bes. Br.,* '**breath·a·lyz·er** *s Am.* Alkoholtest-gerät *n,* ,Röhrchen'.

**breathe** [bri:ð] **I** *v/i* **1.** atmen, *weitS.* leben: **to ~ in** (**out**) ein-(aus)atmen; **to ~ down s.o.'s neck** *a*) *bes. sport* j-m im Nacken sitzen, *b*) j-m auf die Finger schauen; **to ~ heavily** schwer atmen, keuchen. **2.** Atem holen *od.* schöpfen: **to** (**be able to**) **~ again** (*od.* **freely**) (er-leichtert) aufatmen. **3.** (sich) verschnau-fen, sich erholen. **4.** wehen (*Lüftchen etc*). **5.** *obs.* duften, riechen (**of** nach). **6.** *tech.* atmen (*Leder etc*). **II** *v/t* **7.** *etwas* atmen: **to ~ in** a) einatmen, b) *Worte etc* begierig aufnehmen; **to ~ out** ausatmen; **to ~ fire** a) Feuer speien *od.* spucken (*Drache*), b) *fig.* Gift u. Galle speien *od.* spucken; **to ~ new life into** neues Leben bringen in (*acc*); **to ~ vengeance** Rache schnau-ben; → **last**[1] *Bes. Redew.* **8.** *fig.* atmen, ausströmen. **9.** flüstern, hauchen: **to ~ a wish; to ~ a sigh** leise (auf)seufzen. **10.** verlauten lassen: **not to ~ a word** (**of it**) kein Sterbenswörtchen (davon) sagen. **11.** verschnaufen lassen: **to ~ a horse. 12.** *ling.* stimmlos aussprechen: **~d** stimmlos. **13.** *tech.* entlüften.

'**breath·er** *s* **1.** j-d, der (*schwer etc*) atmet: **to be a heavy ~** e-n schweren Atem haben; **to be a mouth ~** durch den Mund atmen. **2.** *colloq.* Atem-, Ver-schnaufpause *f:* **to give s.o. a ~** j-n verschnaufen lassen; **to have** (*od.* **take**) **a ~** (sich) verschnaufen. **3.** *sport Am. colloq.* ,Spa'ziergang' *m* (*leichtes Spiel*). **4.** *Am. colloq.* Stra'paze *f.* **5.** *tech.* Ent-

---

lüfter *m:* **~ valve** Druckausgleichs-ventil *n.*

'**breath·ing I** *s* **1.** Atmen *n,* Atmung *f:* **heavy ~** Keuchen *n.* **2. → breather** 2. **3.** Lufthauch *m,* Lüftchen *n.* **4. → breather** 4. **5.** *ling.* Hauchlaut *m.* **6.** *tech.* Entlüftung *f.* **II** *adj* **7.** Atem...: **~ exercise; ~ difficulties** Atembeschwer-den. **8.** lebenswahr (*Bild etc*). **9.** *tech.* atmungsak,tiv (*Leder etc*). **~ ap·pa·ra·tus** *s tech.* Atem-, Sauerstoffgerät *n.* **~ mark** *s mus.* Atemzeichen *n.* **~ space** *s* **1.** Platz *m,* um arbeiten *od.* sich be-wegen zu können *etc: the train was so crowded that there was hardly ~* daß man kaum Luft bekam. **2.** Atem-, Ver-schnaufpause *f.*

'**breath·less** *adj* (*adv* **~ly**) **1.** atemlos (*a. fig.*), außer Atem: **with ~ attention** mit atemloser Spannung. **2.** atemberaubend: **~ speed. 3.** windstill: **a ~ day.** '**breath|tak·ing** *adj* (*adv* **~ly**) atembe-raubend. **~ test** *s Br.* (*an e-m Verkehrs-teilnehmer vorgenommener*) Alkoholtest. '**~test** *Br.* → breathalyse I.

**brec·ci·a** ['bretʃɪə] *s geol.* Breccie *f,* Brekzie *f,* Trümmergestein *n.*

**bred** [bred] *pret u. pp von* breed.

**breech** [bri:tʃ] *s* **1.** 'Hinterteil *n,* Gesäß *m.* **2.** hinterer Teil, Boden *m, bes.* a) Hosen-boden *m,* b) Verschluß *m* (*e-s Hinter-laders od. Geschützes*). **3.** *tech.* unterster Teil e-s Flaschenzuges. **4. → breech delivery. 5.** *pl* **→ breeches.** '**~block** *s* **1.** *mil.* Verschlußstück *n* (*an Hinterla-dern*), (Geschütz)Verschlußblock *m.* **2.** *tech.* Verschluß *m.* '**~cloth,** '**~clout** *s* Lendenschurz *m.* **~ de·liv·er·y** *s med.* Steißgeburt *f.*

**breeched** [bri:tʃt] *adj* behost.

**breech·es** ['brɪtʃɪz] *s pl* **a.** pair of **~** Breeches(hose *f*) *pl,* Kniebund-, Reit-hose(n *pl*) *f:* → wear[1] 1. **~ buoy** *s mar.* Hosenboje *f.*

'**breech|load·er** *s* 'Hinterlader *m.* **~ pres·en·ta·tion** *s med.* Steißlage *f.*

**breed** [bri:d] **I** *v/t pret u. pp* **bred** [bred] **1.** erzeugen, her'vorbringen, gebären. **2. a**) *Tiere* züchten: **to ~ cattle; to ~ in** (**out**) *e-e Eigenschaft* hinein-(weg)züch-ten, **b**) *e-e Kuh etc* decken lassen. **3.** *Pflanzen* züchten, ziehen: **to ~ roses. 4.** *fig.* her'vorrufen, verursachen, führen zu: → blood 2. **5.** auf-, erziehen, ausbil-den: **to ~ s.o. a scholar** j-n zum Gelehr-ten heranziehen. **II** *v/i* **6.** Nachkom-menschaft zeugen, sich fortpflanzen, sich vermehren: **to ~ like rabbits** *colloq.* *contp.* sich wie die Kaninchen vermeh-ren; → in-and-in. **7.** brüten. **8.** *fig.* aus-gebrütet werden, entstehen, sich bilden. **III** *s* **9.** Rasse *f,* Zucht *f,* Brut *f:* **~ of horses** Zucht Pferde, Gestüt *n.* **10.** Art *f,* (Menschen)Schlag *m.*

'**breed·er** *s* **1.** Züchter *m.* **2. a**) Zuchttier *n,* b) Zuchtpflanze *f.* **3. rabbits are persistent ~s** Kaninchen vermehren sich immer wieder. **4.** *phys.* Brüter *m.*

'**breed·ing** *s* **1.** Fortpflanzung *f.* **2.** Aus-bildung *f,* Erziehung *f.* **3.** (gutes) Be-nehmen, (gute) ,Kinderstube' *od.* Ma-'nieren *pl.* **4.** Züchten *n,* (Auf)Zucht *f,* Züchtung *f* (*von Tieren u. Pflanzen*): → in-and-in. **5.** *phys.* (Aus)Brüten *n.* **~ ground** *s* Brutplatz *m,* -stätte *f* (*a. fig.*). **~ mare** *s* Zuchtstute *f.* **~ place** *s* **→ breeding ground. ~ sea·son** *s* **1.** Brut-zeit *f.* **2.** Fortpflanzungszeit *f.*

**breeze[1]** [bri:z] **I** *s* **1.** Brise *f,* leichter Wind. **2.** *Br. colloq.* Krach *m:* a) Lärm *m,* b) Streit *m.* **3. to bat** (*od.* **shoot**) **the ~** *Am. colloq.* a) plaudern, b) ,quatschen', Unsinn reden, c) über-treiben. **4.** *Am. colloq.* ,Kinderspiel' *n* (*leichte Sache*). **II** *v/i* **5.** wehen (*Wind*).

---

**6.** *colloq.* a) schweben, tänzeln (*Person*): **to ~ in** hereinwehen, hereingeweht kom-men, b) sausen, flitzen, c) ,abhauen'. **7. ~ through** a) über'fliegen: **to ~ through a report,** b) sich nur oberflächlich be-schäftigen mit.

**breeze[2]** [bri:z] *s zo. Br. obs. od. dial.* Viehbremse *f.*

**breeze[3]** [bri:z] *s tech.* Lösche *f,* Kohlen-klein *n.*

**breeze block** *s tech. Br.* **1.** Abschluß-block *m* (*e-s Hochofens mit Schlacken-öffnung*). **2.** Schlackenstein *m.*

**breez·i·ness** ['bri:zɪnɪs] *s* **1.** Windigkeit *f.* **2.** Heiterkeit *f,* Unbeschwertheit *f.*

**breez·y** ['bri:zɪ] *adj* (*adv* breezily) **1.** luftig, windig. **2.** heiter, unbeschwert: **his ~ nature. 3.** *colloq.* oberflächlich, seicht: **a ~ conversation.**

**breg·ma** ['bregmə] *pl* **-ma·ta** [-mətə] *s anat.* Scheitel(höhe *f*) *m,* Bregma *n.*

**Bre·hon** ['bri:hən; *Am.* -ˌhan] *s hist.* irischer Richter: **~ law** *jur.* altirisches (Gewohnheits)Recht (*vor 1650*).

**brek·ky** ['brekɪ] *s bes. Austral. colloq.* Frühstück *n.*

**Bren (gun)** [bren] *s mil.* (*ein*) leichtes Ma'schinengewehr.

**brent** [brent] *pl* **brents,** *bes. collect.* **brent** *s,* **a. brent goose** *s irr orn.* (*e-e*) Meergans.

**bres·sum·mer** ['bresəmə(r)] *s tech.* Ober-, Trägerschwelle *f.*

**breth·ren** ['breðrən] *pl von* brother 2.

**Bre·ton** ['bretən] **I** *adj* **1.** bretonisch. **II** *s* **2.** Bre'tone *m,* Bre'tonin *f.* **3.** *ling.* Bre'tonisch *n,* das Bretonische.

**Bret·wal·da** [bret'wɔ:ldə] *s Br. hist.* Herrscher *m* über alle Briten.

**breve** [bri:v; *Am.* a. brev] *s* **1.** *ling.* Kürzezeichen *n.* **2.** *mus.* Brevis *f.* **3.** *R.C.* (päpstliches) Breve.

**bre·vet** ['brevɪt; *Am.* brɪ'vet] *mil.* **I** *s* Bre'vet *n* (*Offizierspatent, das nur e-n höheren Rang, aber keine höhere Besol-dung etc mit sich bringt*). **II** *adj* Brevet...: **~ major** Hauptmann *m* im Rang e-s Majors; **~ rank** Titularrang *m.* **III** *v/t pret u. pp* **-ed,** *bes. Br.* **-ted** durch Bre'vet befördern *od.* ernennen.

**bre·vi·a·ry** ['bri:vjərɪ; *Am.* a. 'bri:viˌeri:] *s relig.* Bre'vier *n.*

**bre·vier** [brə'vɪə(r)] *s print.* Pe'titschrift *f.* ,**brev·i'fo·li·ate** [ˌbrevɪ-] *adj bot.* kurz-blättrig. ,**brev·i'lin·gual** *adj zo.* kurz-züngig. ,**brev·i'ros·trate** *adj zo.* kurz-schnäblig, -schnäuzig.

**brev·i·ty** ['brevətɪ] *s* Kürze *f.*

**brew** [bru:] **I** *v/t* **1.** Bier brauen. **2.** *ein Getränk, a.* Tee brauen, (zu)bereiten. **3.** *fig.* aushecken, ausbrüten. **II** *v/i* **4.** brauen, Brauer sein. **5. ~ up** *Br. colloq.* sich e-n Tee machen. **6.** *fig.* sich zs.-brauen, im Anzug sein, in der Luft liegen (*Gewitter, Unheil*). **III** *s* **7.** Gebräu *n* (*a. fig.*), Bräu *n.* '**brew·er** *s* (Bier)Brauer *m:* **~'s yeast** Bierhefe *f;* **he's suffering from ~'s droop** *Br. colloq.* er säuft so viel *od.* hat so viel gesoffen, daß bei ihm (*sexuell*) nichts mehr geht.

'**brew·er·y** ['bruərɪ] *s* Braue'rei *f.*

**Brezh·nev Doc·trine** ['breʒnef] *s pol.* 'Breschnew-Dok,trin *f.*

**bri·ar → brier.**

**brib·a·ble** ['braɪbəbl] *adj* bestechlich.

**bribe** [braɪb] **I** *v/t* bestechen: **to ~ s.o. into silence** j-n bestechen, damit er nichts sagt; **j-m** Schweigegeld zahlen. **II** *v/i* Bestechungsgelder zahlen. **III** *s* Beste-chung *f,* Bestechungsgeld *n,* -summe *f,* -geschenk *n:* **to accept** (*od.* **take**) **~s** sich bestechen lassen; **accepting** (*od.* **tak-ing**) **of ~s** passive Bestechung; **to give s.o. a ~** j-n bestechen; **giving of ~s** aktive Bestechung; **to offer s.o. a ~** j-n be-

stechen wollen. '**brib·er** s Bestechende(r) m. '**brib·er·y** s Bestechung f: open to ~ bestechlich.

**bric·a·brac** ['brɪkəbræk] s **1.** Antiqui'täten pl. **2.** Nippsachen pl.

**brick** [brɪk] **I** s **1.** Ziegel(stein) m, Backstein m: to come down on s.o. like a ton of ~s colloq. j-m ganz gewaltig ,aufs Dach steigen'; to drop a ~ Br. colloq. ins Fettnäpfchen treten; to hit s.o. like a ton of ~s colloq. bei j-m wie e-e Bombe einschlagen (Nachricht etc); to shit ~s (od. a ~) vulg. sich vor Aufregung fast in die Hosen ,scheißen'; to swim like a ~ humor. schwimmen wie e-e bleierne Ente. **2.** Br. Baustein m, (Bau)Klötzchen n (für Kinder): box of ~s Baukasten m. **3.** colloq. ,Pfundskerl' m, feiner Kerl. **II** adj **4.** Ziegel..., Backstein..., gemauert. **5.** ziegelförmig. **III** v/t **6.** mit Ziegeln etc belegen od. pflastern od. einfassen: to ~ up (od. in) zumauern. **7.** ziegelartig über-'malen. '**~bat** s **1.** Ziegelbrocken m (bes. als Wurfgeschoß). **2.** fig. ,schwerer Brocken' (abfällige Bemerkung etc): the critic threw several ~s at the singer der Kritiker ließ kaum ein gutes Haar an dem Sänger; he was at the receiving end of a lot of ~s er mußte einiges einstecken, er mußte sich einiges anhören (for wegen). '**~built** → brick 4. ~ **cheese** s Am. (Art) Backsteinkäse m. ~ **clay** s Ziegelton m. ~ **earth** s Ziegelerde f. '**~field** s Ziege'lei f. '**~kiln** s Ziegelofen m, Ziege'lei f. '**~lay·er** s Maurer m. ~ **lin·ing** s (Ziegel)Ausmauerung f, Mauerausbau m. '**~mak·er**, '**~ma·son** s Ziegelbrenner m. ~ **red** s Ziegelrot n (Farbton). ~ **tea** s (chinesischer) Ziegeltee. ~ **wall** s Backsteinmauer f: → bang[1] 6, knock 5, run 104. '**~work** s **1.** Mauerwerk n. **2.** pl (oft als sg konstruiert) Ziege'lei f.

**bri·cole** [brɪ'kəʊl] s Billard: Bri'kole f, Bandenstoß m.

**brid·al** ['braɪdl] **I** adj a) Braut...: ~ dress (veil, etc), b) Hochzeits...: ~ ceremony (dress, etc); ~ suite Appartement n für Hochzeitsreisende. **II** s abs. Hochzeit f.

**bride** [braɪd] s Braut f (am u. kurz vor dem Hochzeitstag), neuvermählte Frau: to give away the ~ die Braut zum Altar führen; ~ of Christ relig. Braut Christi. '**bride·groom** s Bräutigam m, ,frischgebackener' Ehemann. '**brides·maid** s Brautjungfer f. [fängnis n.] '**bride·well** ['braɪdwəl; -wel] s Ge-]

**bridge[1]** [brɪdʒ] **I** s **1.** Brücke f, (Brükken)Steg m: golden ~ fig. goldene Brücke; ~ of boats Pontonbrücke; to burn one's ~s (behind one) fig. alle Brücken hinter sich abbrechen; don't cross your ~s before you come (od. get) to them fig. laß doch die Dinge (einfach) auf dich zukommen; a lot of water has flowed under the ~ since then seitdem ist schon sehr viel Wasser die Isar etc heruntergeflossen. **2.** mar. a) (Kom'mando)Brücke f, b) Landungsbrücke f. **3.** fig. Brücke f, Über'brückung f, 'Überleitung f (a. mus.). **4.** ('Straßen-)Über,führung f. **5.** anat. (Nasen)Rücken m: ~ of the nose. **6.** (Brillen)Steg m. **7.** med. (Zahn)Brücke f. **8.** chem. Brücke f. **9.** electr. a) (Meß)Brücke f, b) Brük-ke(nschaltung) f. **10.** mus. a) Steg m (e-s Streichinstruments), b) Saitenhalter m (bei Zupfinstrumenten u. beim Klavier). **11.** Ringen, Turnen: Brücke f. **II** v/t **12.** e-e Brücke schlagen über (acc): to ~ a river. **13.** electr. u. fig. über'brücken: to ~ over a difficulty; this money will ~ you over till next month dieses Geld wird dich bis zum nächsten Monat über Wasser halten.

**III** v/i **14.** Ringen, Turnen: in die Brücke gehen.

**bridge[2]** [brɪdʒ] s Bridge n (Kartenspiel).

**bridge| bond** s chem. Brückenbindung f. '**~build·er** s Brückenbauer m (a. fig.). ~ **cir·cuit** → bridge 9 b. ~ **crane** s tech. Brückenkran m. ~ **head** s mil. Brückenkopf m. ~ **rec·ti·fi·er** s electr. Graetz-, Brückengleichrichter m. ~ **toll** s Brük-kenmaut f. '**~way** s Am. **1.** Brük-kengang m od. -fahrbahn f. **2.** Verbindungsbrücke f (zwischen zwei Gebäuden). '**~work** s **1.** Brückenbau m. **2.** → bridge 7.

'**bridg·ing loan** s econ. Über'brük-kungskre,dit m.

**bri·dle** ['braɪdl] **I** s **1.** a) Zaum m, Zaumzeug n, b) Zügel m (a. fig.): driving ~ Fahrleine f; to give a horse the ~ e-m Pferd die Zügel schießen lassen; to put a ~ on ~ 4. **2.** anat. Sehnenband n. **II** v/t **3.** ein Pferd (auf)zäumen. **4.** a) ein Pferd zügeln, im Zaum halten (a. fig.), b) fig. bändigen, (be)zähmen. **III** v/i **5.** oft ~ up a) (verächtlich od. stolz) den Kopf zu-'rückwerfen, b) (at) Anstoß nehmen (an dat), sich beleidigt fühlen (durch), c) rebel'lieren (against gegen). ~ **hand** s Zügelhand f. ~ **path** s schmaler Saum-pfad, Reitweg m. ~ **port** s mar. obs. Bugpforte f. ~ **rein** s Zügel m.

**bri·doon** [brɪ'du:n] s Trense f.

**Brie (cheese)** [bri:] s Brie(käse) m.

**brief** [bri:f] **I** adj (adv ~ly) **1.** kurz: a ~ interruption; let me be ~! fasse dich kurz! to make ~ of s.th. etwas rasch erledigen. **2.** kurz(gefaßt), gedrängt, knapp: a ~ speech. **3.** kurz angebunden: to be ~ with s.o. **4.** knapp: a ~ bikini. **II** s **5.** kurze Zs.-fassung. **6.** R.C. (päpstliches) Breve. **7.** jur. a) (kurzer) Schriftsatz, b) Br. schriftliche Beauftragung u. Informati'on (des Barristers durch den Solicitor) zur Vertretung des Falles vor Gericht, weitS. Man'dat n: to abandon (od. give up) one's ~ sein Mandat niederlegen, c) a. trial ~ Verhandlungs-schriftsatz m (des Anwalts), d) Am. In-formati'on (des Gerichts (durch den Anwalt), e) Br. sl. Anwalt m. **8.** to hold a ~ for j-n od. j-s Sache vor Gericht vertreten, a. fig. als Anwalt auftreten für, fig. sich einsetzen für, e-e Lanze brechen für. **9.** mil. → briefing 2. **10.** pl → briefs. **III** v/t **11.** kurz zs.-fassen, in gedrängter Form darstellen. **12.** a. mil. e-n Anwalt od. j-n genaue Anweisungen geben. **13.** jur. Br. a) e-n Barrister mit der Vertretung des Falles betrauen, b) den Anwalt über den Sachverhalt in-for'mieren. **IV** s **14.** in ~ kurz(um). '**~case** s Aktentasche f.

'**brief·ing** s **1.** (genaue) Anweisung(en pl), Instrukti'on(en pl) f (a. mil.). **2.** mil. Lage-, Einsatzbesprechung f. **3.** jur. Br. Beauftragung f (e-s Barristers).

'**brief·less** adj Br. unbeschäftigt, ohne Kli'enten (Barrister).

'**brief·ness** s Kürze f.

**briefs** [bri:fs] s pl a. pair of ~ Slip m (kurze Unterhose).

**bri·er** ['braɪə(r)] s **1.** bot. Dornstrauch m. **2.** collect. Dorngebüsch n, -gestrüpp m. **3.** bot. Wilde Rose. **4.** a. Bruy'ère f (Wurzel der Baumheide), b) a. ~ pipe Bruy'èrepfeife f. '**bri·er·y** adj voller Dornen(sträucher), dornig, stachelig.

**brig[1]** [brɪg] s mar. Brigg f, zweimastiges Segelschiff.

**brig[2]** [brɪg] s Am. **1.** mar. Schiffsgefängnis n. **2.** mil. colloq. ,Bau' m, ,Bunker' m (Arrestlokal).

**bri·gade** [brɪ'geɪd] **I** s **1.** mil. Bri'gade f. **2.** (zu e-m bestimmten Zweck gebildete) Organisati'on, (meist unifor'mierte) Ver-

einigung: → fire brigade. **II** v/t **3.** mil. e-e Bri'gade for'mieren aus. **4.** zu e-r Gruppe vereinigen.

**brig·a·dier** [ˌbrɪgə'dɪə(r)] s mil. a) Br. Bri'gadekomman,deur m, b) a. ~ general Am. Bri'gadegene,ral m.

**brig·and** ['brɪgənd] s Ban'dit m, (Straßen)Räuber m. '**brig·and·age** s Räuberunwesen n.

**brig·an·dine** ['brɪgəndaɪn; -di:n] s hist. Panzerhemd n, Schuppenpanzer m.

**brig·an·tine** ['brɪgəntaɪn; -ti:n] s mar. Brigan'tine f, Brigg f.

**Briggs log·a·rithms** [brɪgz] s pl math. Briggsche Loga'rithmen pl, 'Zehnerloga-,rithmen pl.

**bright** [braɪt] **I** adj (adv ~ly) **1.** hell, glänzend, leuchtend, strahlend (with von, vor): a ~ day ein strahlender Tag; ~ eyes glänzende od. strahlende Augen; a ~ face ein strahlendes Gesicht; a ~ red ein leuchtendes Rot; to be (as) ~ as a button colloq. ein ,heller' Kopf sein. **2.** hell, me'tallisch: a ~ sound. **3.** tech. blank: ~ **wire**; ~ **annealing** Blankglühen n; ~ **steel** Blankstahl m. **4.** electr. lichtstark, helleuchtend. **5.** heiter: ~ **weather**; to look on (at) the ~ **side of things** fig. das Leben von s-r heiteren Seite betrachten. **6.** lebhaft, munter. **7.** klar: ~ **water**. **8.** gescheit, intelli'gent, klug, ,hell': a ~ **boy**. **9.** glorreich, glänzend: a ~ **victory**. **10.** günstig, vielversprechend: ~ **prospects**. **II** adv **11.** hell etc: the fire was burning ~. **12.** ~ and early in aller Frühe. **III** s **13.** pl mot. Am. colloq. Fernlicht n.

'**bright·en I** v/t oft ~ up **1.** hell(er) machen, auf-, erhellen (a. fig.). **2.** fig. a) heiter(er) machen, beleben: to ~ a party (a room, etc), b) j-n fröhlich stimmen, aufheitern, c) noch mehr Glanz verleihen (dat): to ~ an already famous name. **3.** po'lieren, blank putzen, glänzend machen. **II** v/i oft ~ up **4.** hell(er) werden, sich aufhellen (Gesicht, Wetter etc), aufleuchten (Augen): his face ~ed sein Gesicht erhellte sich. **5.** fig. sich beleben, lebhafter werden. **6.** besser od. erfreulicher werden: prospects ~ed die Aussichten besserten sich.

'**bright-'eyed** adj **1.** hell·äugig. **2.** mit strahlenden (Kinder)Augen: ~ and bushy-tailed colloq. quietschvergnügt. ~ **lev·el** s TV Hellspannung(swert m) f. ~ **lights** s pl colloq. (die) Vergnügungsstätten pl (e-r Stadt). '**~line spectrum** s phys. Hellinienspektrum n.

'**bright·ness** s **1.** Helligkeit f, Glanz m. **2.** Heiterkeit f. **3.** Lebhaftigkeit f, Munterkeit f. **4.** oft iro. Gescheitheit f, Intelli'genz f. **5.** phys. tech. Leuchtdichte f. **6.** TV Helligkeit f: ~ **contrast** Helligkeitskontrast m; ~ **control** Helligkeitssteuerung f.

**Bright's dis·ease** [braɪts] s med. Nierenentzündung f, Brightsche Krankheit.

**brill** [brɪl] pl **brills**, bes. collect. **brill** s ichth. Glattbutt m.

**bril·liance** ['brɪljəns], '**bril·lian·cy** s **1.** Leuchten n, Glanz m, Helligkeit f. **2.** fig. a) funkelnder Geist, b) ,durchdringender Verstand, b) (das) Glänzende od. Her'vorragende, Bril'lanz f. **3.** TV Helligkeit f: ~ **control** Helligkeitssteuerung f.

'**bril·liant I** adj (adv ~ly) **1.** leuchtend, glänzend, hell, glitzernd. **2.** fig. glänzend, her'vorragend, bril'liant: a ~ **speaker** (scientist); a ~ **victory** ein glänzender Sieg. **II** s **3.** a) Bril'lant m (geschliffener Diamant), b) a. ~ **cut** Bril'lantschliff m. **4.** print. Bril'lant f (Schriftgrad von rund 3 Punkt).

**bril·lian·tine** [ˌbrɪljən'ti:n] s **1.** Brillan-

ˈtine f, ˈHaarpoˌmade f. **2.** bes. Am. alˈpakaartiger Webstoff.

**brim** [brɪm] **I** s **1.** Rand m (bes. e-s Gefäßes): full to the ~ randvoll. **2.** (Hut-) Krempe f. **II** v/i **3.** voll sein: to ~ over a) übervoll sein (**with** von) (a. fig.), b) überfließen, -sprudeln (**with** von) (a. fig.): her eyes were ~ming (over) with tears ihre Augen schwammen in Tränen; he is ~ming (over) with health er strotzt von od. vor Gesundheit. **III** v/t **4.** bis zum Rand füllen.

ˌbrimˈful(l) [-ˈfʊl] adj randvoll: her eyes were ~ of tears ihre Augen schwammen in Tränen; he is ~ of health er strotzt von od. vor Gesundheit. ˈbrim·less adj ohne Rand od. Krempe.

**brimmed** [brɪmd] adj **1.** mit Rand od. Krempe. **2.** randvoll. ˈbrim·mer s randvolles Glas. ˈbrim·ming adj randvoll.

**brim·stone** [ˈbrɪmstən; Am. -ˌstəʊn] s **1.** Schwefel m. **2.** obs. colloq. ‚Drachen' m (böses Weib). **3.** a. ~ butterfly zo. (ein) Ziˈtronenfalter m.

**brin·dle** [ˈbrɪndl] **I** s gestreifte od. scheckige Farbe. **II** adj → brindled. ˈbrin·dled adj gestreift, scheckig.

**brine** [braɪn] **I** s **1.** a) Sole f, b) Lake f, Salzbrühe f. **2.** Salzwasser n. **3.** meist poet. Meer n. **II** v/t **4.** (ein)salzen, (ein)pökeln. ~ **bath** s Solbad n.

**Bri·nell| ma·chine** [brɪˈnel] s metall. Briˈnellappaˌrat m, Härteprüfgerät n. ~ **num·ber** s tech. Briˈnellzahl f.

**brine| pan** s Salzpfanne f. ~ **pit** s Salzgrube f, Solquelle f.

**bring** [brɪŋ] pret u. pp **brought** [brɔːt] v/t **1.** bringen, ˈmit-, ˈherbringen, herˈbeischaffen, überˈbringen: ~ him (it) with you bringe ihn (es) mit; to ~ s.th. upon o.s. sich etwas einbrocken, etwas auf sich laden; what ~s you here? was führt Sie zu mir?; → account 7, bear¹ 21, book 9, light¹ 9, low¹ 1. **2.** herˈvorbringen, Ehre, e-n Gewinn etc (ein)bringen: to ~ a profit. **3.** (mit sich) bringen, nach sich ziehen, bewirken: to ~ a change; to ~ relief from pain den Schmerz lindern. **4.** e-e Fähigkeit etc mitbringen (to zu): to ~ a rich experience to one's task. **5.** Publikum anziehen, (an)locken (to zu). **6.** j-n dazu bringen od. bewegen, verˈanlassen, überˈreden (to do zu tun): I can't ~ myself to do it ich kann mich nicht dazu durchringen od. ich bringe es (einfach) nicht fertig, es zu tun. **7.** Beweise, Gründe etc vorbringen: → action 12, suit 4.

Verbindungen mit Adverbien:

**bring| a·bout** v/t **1.** bewerkstelligen, zuˈstande bringen. **2.** bewirken, verursachen. **3.** mar. wenden. ~ **a·long** v/t **1.** mitbringen. **2.** → bring on 4. ~ **a·round** → bring round 1, 4. ~ **a·way** v/t Eindrücke, Erinnerungen mitnehmen. ~ **back** v/t **1.** zuˈrückbringen. **2.** a) Erinnerungen wachrufen (**of** an acc), b) Erinnerungen wachrufen an (acc). **3.** die Todesstrafe etc wiederˈeinführen. **4.** to ~ to life a) j-n wieder zu(m) Bewußtsein bringen, b) to ~ to health j-n wieder gesund machen od. wiederherstellen. ~ **down** v/t **1.** a. Flugzeug herˈunterbringen. **2.** hunt. Wild erlegen, schießen. **3.** aer. mil. ein Flugzeug abschießen, herˈunterholen. **4.** bes. Fußball: zu Fall bringen, ‚legen'. **5.** Regierung etc zu Fall bringen, stürzen. **6.** den Preis etc herˈabsetzen, senken. **7.** to ~ s.o.'s anger (od. fury, wrath) (up)on one's head sich j-s Zorn zuziehen. **8.** to ~ the house colloq. a) stürmischen Beifall auslösen, b) Lachstürme entfesseln. ~ **forth** v/t **1.** a) allg. herˈvorbringen, b) Kinder gebären, c) zo.

Junge werfen, d) Früchte tragen. **2.** verˈursachen, bewirken, zeitigen. **3.** fig. ans Tageslicht bringen. ~ **for·ward** v/t **1.** Wissen etc vorˈanbringen, fördern. **2.** e-n Antrag, e-e Entschuldigung etc vorbringen. **3.** econ. e-n Betrag überˈtragen: amount (od. balance) brought forward Übertrag m, (Saldo)Vortrag m. **4.** a) Versammlung etc vorverlegen (**to** auf acc), b) die Uhr vorstellen (**one hour** um e-e Stunde). ~ **home** v/t **1.** nach Hause bringen: → bacon. **2.** → home 17. ~ **in** v/t **1.** herˈeinbringen, Ernte einbringen: to ~ capital econ. Kapital einbringen; brought-in capital eingebrachtes Kapital, Geschäftseinlage f. **2.** e-n Gewinn etc ein-, erbringen, erzielen. **3.** parl. e-n Gesetzentwurf einbringen: to ~ a bill. **4.** j-n einschalten. **5.** j-n beteiligen (**on** an e-m Entscheidungsprozeß etc). **6.** jur. e-n Spruch fällen (Geschworene): to ~ a verdict of guilty e-n Schuldspruch fällen. ~ **off** v/t **1.** bes. Schiffbrüchige retten. **2.** etwas zuˈstande bringen, fertigbringen, ‚schaffen'. **3.** vulg. j-n (sexuell) befriedigen. ~ **on** v/t **1.** herˈan-, herˈbeibringen. **2.** bes. Krankheit herˈbeiführen, verursachen. **3.** a) → bring forward 1, b) in Gang bringen. **4.** Ernte etc gut gedeihen lassen (Wetter). **5.** sport Spieler bringen, einwechseln. ~ **out** v/t **1.** herˈausbringen. **2.** econ. ein Buch, Theaterstück, Auto etc herˈausbringen. **3.** fig. ans Licht bringen. **4.** vorbringen, aussprechen. **5.** herˈvorheben, betonen. **6.** zum Ausdruck bringen, erkennen lassen. **7.** den Sinn e-s Gedichts etc herˈausarbeiten. **8.** e-e junge Dame in die Gesellschaft einführen. **9.** econ. Beschäftigte zum Streiken bringen. **10.** to bring s.o. out (of himself) j-m s-e Hemmungen nehmen; j-n dazu bringen, etwas aus sich herauszugehen. **11.** to bring s.o. out in a rash med. bei j-m e-n Ausschlag verursachen. ~ **o·ver** v/t **1.** herˈüberbringen. **2.** → bring round 4. ~ **round** v/t **1.** ˈher-, vorˈbeibringen. **2.** mar. wenden. **3.** a) e-n Ohnmächtigen wieder zu sich bringen, b) e-n Kranken wieder auf die Beine bringen. **4.** j-n ˈumstimmen, überˈreden, bekehren, ˌherˈumkriegen': to bring s.o. round to one's side j-n auf s-e Seite bringen. **5.** das Gespräch bringen (**to** auf acc). ~ **through** v/t e-n Kranken ˈdurchbringen. ~ **to I** v/t **1.** → bring round 3 a. **2.** mar. stoppen. **II** v/i **3.** mar. stoppen. ~ **up** v/t **1.** herˈaufbringen. **2.** ein Kind a) auf-, großziehen, b) erziehen: to bring s.o. up to do s.th. j-n dazu erziehen, etwas zu tun. **3.** zur Sprache bringen. **4.** Truppen herˈanführen. **5.** e-e Zahl etc hinˈaufsetzen, erhöhen, e-n Betrag bringen (**to** auf acc). **6.** etwas (er)brechen: to ~ one's lunch. **7.** zum Stillstand od. zum Halten bringen: to ~ one's car; to bring s.o. up short (od. sharply) j-n innehalten lassen. **8.** jur. vor Gericht stellen (**for** wegen). **9.** to bring s.o. up against s.th. j-n mit etwas konfrontieren.

ˈbring·er s (Über)ˈBringer(in).

ˌbring·ing-ˈup s **1.** Auf-, Großziehen n. **2.** Erziehung f.

**brink** [brɪŋk] s **1.** Rand m (a. fig.): to be on the ~ of doing s.th. nahe daran sein, etwas zu tun; to be on the ~ of the grave mit e-m Fuß im Grab stehen; to be on the ~ of tears den Tränen nahe sein; to be on the ~ of war am Rande e-s Krieges stehen; to bring s.o. to the ~ of ruin j-n an den Rand des Ruins bringen; to be on the ~ of collapse vor dem Zs.-bruch stehen. **2.** Ufer n.

**brink·man·ship** [ˈbrɪŋkmənʃɪp] s pol. Poliˈtik f des äußersten Risikos.

**brin·y** [ˈbraɪnɪ] **I** adj salzig, solehaltig. **II** s: the ~ Br. colloq. die See.

**bri·o** [ˈbriːəʊ] s Schwung m, Feuer n (a. mus.).

**bri·oche** [briːˈɒʃ; -ˈəʊʃ] s Briˈoche f (feines Hefegebäck in Brötchenform).

**bri·o·lette** [ˌbriːəʊˈlet] s Brioˈlette f (Diamant mit Dreieckschliff).

**bri·quet, bri·quette** [brɪˈket] **I** s Briˈkett n. **II** v/t briketˈtieren.

**bri·sance** [ˈbriːzəns; Am. brɪˈzɑːnts] s Briˈsanz f, Sprengkraft f.

**brisk** [brɪsk] **I** adj (adv ~ly) **1.** rasch, flott: a ~ walk. **2.** lebhaft, flott: a) munter, frisch, b) eˈnergisch. **3.** frisch (Luft, Wetter), kräftig: a ~ wind. **4.** a) frisch (im Geschmack): ~ tea, b) prickelnd, schäumend: ~ wine. **5.** lebhaft, lustig (Feuer). **6.** econ. lebhaft, rege: a ~ demand; a ~ trade. **II** v/t **7.** meist ~ up anregen, beleben. **III** v/i **8.** meist ~ up sich beleben, (wieder) aufleben. ˈbrisk·en → brisk 7 u. 8.

**bris·ket** [ˈbrɪskɪt] s gastr. Brust(stück n) f.

ˈbrisk·ness s **1.** Lebhaftigkeit f, Munterkeit f, Flottheit f. **2.** Frische f.

**bris·ling** [ˈbrɪslɪŋ; -z-] s ichth. Brisling m, Sprotte f.

**bris·tle** [ˈbrɪsl] **I** s **1.** a) Borste f (a. bot.), b) (Bart)Stoppel f. **II** v/i **2.** a. ~ up sich sträuben (Borsten, Haare, Stacheln). **3.** a. ~ up a) e-e drohende Haltung annehmen, b) zornig od. böse werden: to ~ with anger vor Wut schnauben. **4.** starren, strotzen, voll sein (**with** von): to ~ with mistakes von Fehlern strotzen od. wimmeln; to ~ with weapons von Waffen starren. **III** v/t **5.** a. ~ up Borsten, Haare etc sträuben, aufrichten. **6.** mit Borsten versehen. ˈbris·tled adj borstig.

**bris·tle fern** s bot. Hautfarn m.

ˈbris·tly adj **1.** a) borstig, b) stopp(e)lig, Stoppel...: ~ beard. ~ chin. **2.** fig. kratzbürstig.

**Bris·tol| board** [ˈbrɪstl] s ˈBristolkarˌton m, feiner (ˈZeichen)Karˌton. ~ **pa·per** s ˈBristol-, ˈZeichenpaˌpier n.

**bris·tols** [ˈbrɪstlz] s pl Br. sl. ‚Titten' pl (Brüste).

**Brit** [brɪt] s colloq. Brite m, Britin f.

**Bri·tan·ni·a (met·al)** [brɪˈtænjə] s tech. Briˈtanniameˌtall n.

**Bri·tan·nic** [brɪˈtænɪk] adj briˈtannisch (bes. in): His (od. Her) ~ Majesty.

**Brit·i·cism** [ˈbrɪtɪsɪzəm] s ling. Britiˈzismus m.

**Brit·ish** [ˈbrɪtɪʃ] **I** adj britisch: ~ English ling. britisches Englisch; the best of ~ (luck)! Br. colloq. na, dann mal viel Glück! **II** s: the ~ pl die Briten pl. ˈBrit·ish·er s Am. Brite m, Britin f, Engländer(in).

**Brit·on** [ˈbrɪtn] s **1.** Brite m, Britin f. **2.** hist. Briˈtannier(in).

**brit·tle** [ˈbrɪtl] adj **1.** spröde, zerbrechlich (a. fig.). **2.** brüchig (Metall etc) (a. fig.). **3.** fig. scharf, hart, schneidend: ~ voice. **4.** a) hart, kalt, b) schwierig: a ~ personality, c) reizbar: to have a ~ temper leicht aufbrausen, jähzornig sein. **II** s **3.** (ˈNuß)Kroˌkant m. ~ **i·ron** s sprödes Eisen.

ˈbrit·tle·ness s **1.** Sprödigkeit f, Zerbrechlichkeit f. **2.** Brüchigkeit f.

**broach** [brəʊtʃ] **I** s **1.** Stecheisen n, Ahle f, Pfriem m. **2.** tech. Räumahle f. **3.** Bratspieß m. **4.** (achteckige) Turmspitze f. **II** v/t **5.** ein Faß anstechen. **6.** anzapfen. **7.** tech. ausräumen. **8.** ein Thema anschneiden. **9.** Am. ankündigen.

**broad** [brɔːd] **I** adj (adv → broadly) **1.** breit: it is as ~ as it is long fig. es ist gehupft wie gesprungen. **2.** weit, ausgedehnt: ~ plains. **3.** hell: → daylight 1.

**4.** weitreichend, weitgehend: ~ sympathies; in the ~est sense im weitesten Sinne. **5.** breit, stark: a ~ accent. **6.** großzügig, tole'rant, libe'ral: to have~ views on s.th. **7.** a) derb, b) anstößig, schlüpfrig: a ~ joke. **8.** klar, deutlich: → hint 1. **9.** allgemein (*Ggs. detailliert*): a ~ agreement; a ~ rule; the ~ facts die allgemeinen Tatsachen, die wesentlichen Punkte; in ~ outline in großen Zügen, in groben Umrissen. **10.** ~ tuning (*Radio*) unscharfe *od.* breite Einstellung. **II** *adv* **11.** ~ awake hellwach. **III** *s* **12.** breiter Teil (*e-r Sache*): ~ of the hand Handfläche *f.* **13.** *pl Br.* System von Seen u. Flüssen (*im Südosten Englands*): the Norfolk B~s. **14.** Film, TV: 'Lampenaggre,gat *m*, Beleuchtungsbühne *f*. **15.** *bes. Am. sl.* a) 'Frauenzimmer' *n*, 'Weib(sbild)' *n*, b) 'Nutte' *f*. '~ax(e) *s* Breitbeil *n*. '~band am·pli·fi·er *s electr.* Breitbandverstärker *m*. ~ **beam** *s electr.* Breitstrahler *m*. ~ **bean** *s bot.* Saubohne *f*. '~brim *s* **1.** breitrandiger (*bes.* Quäker)Hut. **2.** *humor.* Quäker *m*. ~ '~brimmed *adj* breitrandig, -krempig. '~brush *adj* grob, 'überschlägig (*Schätzung*).

**broad·cast** ['brɔːdkaːst; *Am.* ,·kæst] **I** *v/t pret u. pp* **-cast** *od.* **-cast·ed 1.** breitwürfig säen. **2.** *fig.* e-e Nachricht verbreiten, *iro.* 'auspo,saunen. **3.** a) durch den Rundfunk *od.* das Fernsehen verbreiten, im Rundfunk *od.* Fernsehen bringen, b) ausstrahlen, senden, c) über'tragen. **II** *v/i* **4.** im Rundfunk *od.* Fernsehen sprechen *od.* auftreten. **5.** senden. **III** *s* **6.** *agr.* Breitsaat *f*. **7.** a) Rundfunk-, Fernsehsendung *f*, b) Über'tragung *f*. **IV** *adj* **8.** im Rundfunk *od.* Fernsehen gesendet *od.* über'tragen, Rundfunk..., Fernseh...: ~ **advertising** Rundfunk-, Fernsehwerbung *f*, Werbefunk *m*, -fernsehen *n*. **9.** (weit)verstreut, (*nachgestellt*) nach allen Richtungen. '**broad·cast·er** *s* **1.** a) Rundfunk-, Fernsehsprecher(in), b) beim Rundfunk *od.* Fernsehen Beschäftigte(r *m*) *f*: ~**s** Rundfunk-, Fernsehleute. **2.** 'Rundfunk-, 'Fernsehstati,on *f*, (-)Sender *m*, Sendeanstalt *f*. **3.** *agr.* 'Breitsäma,schine *f*. '**broad·cast·ing** *s* **1.** → **broadcast** 7. **2.** Sendebetrieb *m*. **3.** Rundfunk *m*, Fernsehen *n*: in the early days of ~. ~ **ar·e·a** *s* Sendegebiet *n*, -bereich *m*. ~ **sat·el·lite** *s* 'Rundfunk-, 'Fernsehsatel,lit *m*. ~ **sta·tion** → **broadcaster** 2. ~ **stu·di·o** *s* Senderaum *m*, Studio *n*.

**Broad| Church** *s relig.* Broad-Church *f* (*liberale Richtung in der anglikanischen Kirche*). ,B~'Church *adj relig.* Broad-Church..., der Broad-Church. ,B~-'Church·man *s irr relig.* Anhänger *m* der Broad-Church. '~cloth *s* feiner Wollstoff.

**broad·en** ['brɔːdn] **I** *v/t* breiter machen, verbreitern, erweitern (*a. fig.*): to ~ one's horizon(s) (*od.* mind, outlook) s-n Horizont erweitern; travel(l)ing ~s the mind Reisen bildet. **II** *v/i a.* ~ out breiter werden, sich verbreitern (into zu), sich erweitern (*a. fig.*): his face ~ed into a grin auf s-m Gesicht machte sich ein Grinsen breit.

**broad| ga(u)ge** *s rail.* Breitspur *f*. '~-ga(u)ge *adj* Breitspur... ~ **jump** *s Leichtathletik: Am.* Weitsprung *m*. ~ **jump·er** *s Leichtathletik: Am.* Weitspringer(in). '~loom car·pet *s* nahtloser, auf breitem Webstuhl gewebter Teppich.

'**broad·ly** *adv* **1.** weitgehend (*etc;* → broad I). **2.** allgemein (gesprochen). **3.** in großen Zügen. ,**broad|-'mind·ed** *adj* großzügig, libe-

'ral (gesinnt), tole'rant. ,~-'mind·ed·ness *s* Großzügigkeit *f*, Tole'ranz *f*.

**Broad·moor pa·tient** ['brɔːd,mʊə] *s Br.* geisteskranker Krimi'neller.

'**broad·ness** *s* **1.** → breadth 1–3. **2.** Derbheit *f*.

'**broad|-piece** *s hist. Br.* Zwanzig-'Schilling-Münze *f* (*aus Gold; 17. Jh.*). ~ **seal** *s* Staatssiegel *n*. '~sheet *s* **1.** *print.* Planobogen *m*. **2.** *hist.* große, einseitig bedruckte Flugschrift. '~side **I** *s* **1.** *mar.* Breitseite *f*: a) *alle Geschütze auf e-r Schiffsseite:* to fire a ~ e-e Breitseite abfeuern, b) *Abfeuern e-r Breitseite:* ~ on breitseitig. **2.** *fig.* Breitseite *f*, mas'sive At'tacke. **3.** → broadsheet. **II** *adv* **4.** *mar.* breitseitig. **5.** in 'einer Salve. **6.** *fig.* alle zu'sammen. **7.** *fig.* wahllos. '~sword *s* breites Schwert, Pallasch *m*. '~tail *s zo.* Breitschwanzschaf *n*. '**B~,way** *npr* Broadway *m* (*Hauptstraße u. Theaterviertel in New York*): on~ auf dem Broadway.

'**broad·ways**, '**broad·wise** *adv* der Breite nach, in der Breite.

**bro·cade** [brəʊ'keɪd] **I** *s* **1.** Bro'kat *m*. **2.** → brocatel(le). **II** *v/t* Bro'katmuster verzieren. **bro·cad·ed** *adj* **1.** bro'katen. **2.** mit Bro'kat geschmückt. **3.** wie Bro'kat gemustert. **4.** in Bro'kat gekleidet.

**bro·card** ['brəʊkə(r)d; -kɑː(r)d] *s* elemen'tarer Grundsatz.

**broc·a·tel(le)** [,brɒkə'tel; *Am.* ,brɑ-] *s* Broka'tell(e *f*) *m* (*mittelschweres Baumwoll- od. Halbseidengewebe mit plastisch hervortretenden Mustern*).

**broc·co·li** ['brɒkəlɪ; *Am.* 'brɑ-] *s pl* Brokkoli *pl*, Spargelkohl *m*.

**broch** [brɒk; brʌk] *s Scot.* Broch *m*, runder Steinturm.

**bro·ché** [brəʊ'ʃeɪ] *adj* bro'chiert (*mit eingewebtem, stickereiartig wirkendem Muster*).

**bro·chure** [brəʊ'ʃə; *Am.* brəʊ'ʃʊər] *s* Bro'schüre *f*, Pro'spekt *m*.

**brock·et** ['brɒkɪt; *Am.* 'brɑ-] *s hunt.* Spießer *m*, zweijähriger Hirsch.

**bro·die** ['brəʊdɪ] *s Am. sl.* **1.** Todessprung *m* (*bes. von e-r Brücke*): to do a ~ sich in selbstmörderischer Absicht in die Tiefe stürzen. **2.** a) 'Schnitzer' *m*, (grober) Fehler: to pull a ~ e-n Schnitzer machen, b) 'Pleite' *f*, 'Reinfall' *m*.

**bro·gan** ['brəʊgən] *s* geschnürter Arbeitsstiefel.

**brogue**[1] [brəʊg] *s* derber Straßenschuh.

**brogue**[2] [brəʊg] *s ling.* **1.** irischer Ak'zent (*des Englischen*). **2.** *allg.* (stark) dia'lektisch gefärbte Aussprache.

**broil**[1] [brɔɪl] **I** *v/t* **1.** (auf dem Rost) braten, grillen. **2.** to get ~ed vor Hitze fast umkommen. **II** *v/i* **3.** (auf dem Rost) braten, grillen. **4.** to be ~ing in the sun a) sich in der Sonne braten lassen, b) in der Sonne schmoren. **5.** vor Wut kochen. **III** *s* **6.** Gebratenes *n*, Gegrilltes *n*.

**broil**[2] [brɔɪl] **I** *s* laute Ausein'andersetzung. **II** *v/i* e-e laute Ausein'andersetzung haben.

'**broil·er** *s* **1.** (Brat)Pfanne *f*, Bratrost *m*. **2.** Bratofen *m* mit Grillvorrichtung. **3.** *a.* ~ chicken Brathühnchen *n* (*bratfertig*). **4.** *colloq.* glühendheißer Tag.

'**broil·ing I** *adj* glühendheiß: a ~ day. **II** *adv:* ~ hot glühend heiß.

**broke**[1] [brəʊk] *pret u. obs. pp von* break[1].

**broke**[2] [brəʊk] *adj colloq.* 'pleite': a) 'abgebrannt', 'blank' (*ohne Geld*), b) bank'rott: to go ~ pleite gehen; to go for ~ den Bankrott riskieren.

**broke**[3] [brəʊk] *s tech.* (Pa'pier)Ausschuß *m*, Kollerstoff *m*.

**bro·ken** ['brəʊkən] **I** *pp von* break[1]. **II** *adj* (*adv* → **brokenly**) **1.** zerbrochen, entzwei, ka'putt. **2.** gebrochen: a ~ leg; a ~ promise. **3.** zerrissen. **4.** unter'brochen, gestört: ~ sleep. **5.** (*seelisch od. körperlich*) gebrochen: a ~ man. **6.** zerrüttet: ~ marriage; ~ health; ~ home zerrüttete Familienverhältnisse. **7.** ruï'niert, bank'rott. **8.** gezähmt, *bes.* zugeritten: ~ horse. **9.** *mil.* a) degra'diert, b) kas'siert. **10.** *meteor.* a) unbeständig: ~ weather, b) fast bedeckt. **11.** a) uneben, holp(e)rig: ~ ground, b) zerklüftet: ~ country, c) bewegt: ~ sea. **12.** unvollständig. **13.** *ling.* a) gebrochen: to speak ~ English gebrochen Englisch sprechen, b) gebrochen, diphthon'giert. **14.** gebrochen: ~ colo(u)r. ~ **coal** *s* Bruchkohle *f* (*Anthrazit*). ,~'**down** *adj* **1.** verbraucht, erschöpft. **2.** a) (*a. gesundheitlich*) her'untergekommen, b) rui'niert, ka'putt. **3.** (*seelisch*) gebrochen. ,~'**heart·ed** *adj* (*adv* ~**ly**) gebrochen, verzweifelt, untröstlich. ~ **line** *s* unter'brochene Linie (*a. im Straßenverkehr*), gestrichelte *od.* punk'tierte Linie. '**bro·ken·ly** *adv* **1.** stoßweise. **2.** mit Unter'brechungen. **3.** mit gebrochener Stimme.

**bro·ken| num·ber** *s math.* gebrochene Zahl, Bruch *m*. ~ **stone** *s* Schotter *m*, Splitt *m*. ~ **wind** *s vet.* Dämpfigkeit *f* (*von Pferden*). ,~'**wind·ed** *adj vet.* dämpfig.

**bro·ker** ['brəʊkə(r)] *s* **1.** *econ.* a) Makler *m*, b) (*Börse*) Broker *m* (*der im Kundenauftrag Geschäfte tätigt*). **2.** (*a.* Heirats-) Vermittler *m*: honest ~ ehrlicher Makler. '**bro·ker·age** *s* **1.** Maklerberuf *m*, Maklergeschäft *n*. **2.** Maklergebühr *f*, Cour'tage *f*.

**brol·ly** ['brɒlɪ] *s Br. colloq.* (Regen-)Schirm *m*.

**bro·mate** ['brəʊmeɪt] *chem.* **I** *s* Bro'mat *n*, bromsaures Salz. **II** *v/t* mit bromsaurem Salz versetzen.

**brome (grass)** [brəʊm] *s bot.* Trespe *f*.

**bro·mic** ['brəʊmɪk] *adj chem.* bromhaltig: ~ **acid** Bromsäure *f*.

**bro·mide** ['brəʊmaɪd] *s* **1.** *chem. pharm.* Bro'mid *n*: ~ **paper** *phot.* Bromsilberpapier *n*. **2.** *fig.* a) Langweiler *m*, fader Kerl, b) Gemeinplatz *m*, Plattheit *f*.

**bro·mid·ic** [brəʊ'mɪdɪk] *adj* **1.** langweilig. **2.** abgedroschen, platt.

**bro·mine** ['brəʊmiːn] *s chem.* Brom *n*. '**bro·min·ism** [-mɪnɪzəm], '**bro·mism** *s med.* Bro'mismus *m*, Bromvergiftung *f*.

**bron·chi** ['brɒŋkaɪ; *Am.* 'brɑŋ-], '**bron·chi·a** [-kɪə] *s pl anat.* Bronchien *pl*. '**bron·chi·al** [-kjəl; -kɪəl] *adj* bronchi'al: ~ **asthma** Bronchialasthma *n*; ~ **tube** Bronchie *f*.

**bron·chi·ec·ta·sis** [,brɒŋkɪ'ektəsɪs; *Am.* ,brɑŋ-] *s med.* Bronchiekta'sie *f* (*krankhafte Erweiterung der Bronchien*).

**bron·chi·ole** ['brɒŋkɪəʊl; *Am.* 'brɑŋ-] *s anat.* Bronchi'ole *f* (*feinere Verzweigung der Bronchien in den Lungenläppchen*).

**bron·chi·tis** [brɒŋ'kaɪtɪs; *Am.* brɑŋ-] *s* Bron'chitis *f*, Bronchi'alka,tarrh *m*.

,**bron·cho·pneu'mo·ni·a** [,brɒŋkəʊ-; *Am.* ,brɑŋ-] *s med.* Bronchopneumo'nie *f* (*Lungenentzündung mit diffusen Infiltrationsherden*).

**bron·cho·scope** ['brɒŋkəskəʊp; *Am.* 'brɑŋ-] *s med.* Broncho'skop *n* (*Spiegelgerät zur Untersuchung der Bronchien*). **bron'chos·co·py** [-'kɒskəpɪ; *Am.* -'kɑ-] *s med.* Bronchosko'pie *f*.

**bron·chot·o·my** [brɒŋ'kɒtəmɪ; *Am.* brɑŋ'kɑ-] *s med.* Bronchoto'mie *f* (*operative Öffnung der Bronchien*).

**bron·chus** ['brɒŋkəs; *Am.* 'brɑŋ-] *pl*

**-chi** [-kaɪ] s anat. Bronchus m: a) Hauptast m der Luftröhre, b) Bronchie f.

**bron·co** ['brɒŋkəʊ; Am. 'braŋ-] pl **-cos** s **1.** kleines, halbwildes Pferd (des nordamer. Westens). **2.** allg. wildes Pferd, Mustang m. '~**bust·er** s Am. Zureiter m (von wilden Pferden).

**Bronx** [brɒŋks] **I** npr Stadtteil von New York City. **II** s Cocktail aus Wermut, Gin u. Orangensaft. ~ **cheer** s Am. sl. → raspberry 4.

**bronze** [brɒnz; Am. branz] **I** s **1.** Bronze f. **2.** 'Bronze,gierung f. **3.** (Statue f etc aus) Bronze f. **4.** Bronzefarbe f. **II** v/t **5.** bron'zieren. **6.** Haut etc bräunen. **III** v/i **7.** bräunen, braun werden (Haut etc). **IV** adj **8.** a) bronzen, bronzefarben, b) Bronze...: ~ **age**, meist **B~ Age** hist. Bronzezeit f; ~ **medal** bes. sport Bronzemedaille f; ~ **medal(l)ist** bes. sport Bronzemedaillengewinner(in). **bronzed** adj **1.** bron'ziert. **2.** (sonnen)gebräunt, braun.

**brooch** [brəʊtʃ; Am. a. bru:tʃ] s Brosche f, Spange f.

**brood** [bru:d] **I** s **1.** zo. Brut f, Hecke f. **2.** Nachkommenschaft f, Art f, Sippe f. **3.** contp. Brut f, Horde f. **II** v/t **4.** Eier ausbrüten. **5.** fig. ausbrüten. **III** v/i **6.** brüten (Henne). **7.** fig. a) (**on**, **over**, **about**) brüten (über dat), grübeln (über acc od. dat), b) (dumpf) vor sich 'hinbrüten, **8.** (**over**) a) hängen (über dat) (dunkle Wolken etc), b) lasten (auf dat) (Schwierigkeiten etc). **IV** adj **9.** brütend. **10.** Brut...: ~ **hen**; ~ **bud** biol. Brutknospe f; ~ **pouch** biol. Bruttasche f. **11.** Zucht...: ~ **mare** Zuchtstute f.

'**brood·er** s **1.** 'Brutappa,rat m, -kasten m. **2.** fig. Grübler m.

'**brood·y** adj **1.** brütig (Henne): **to be** ~ a) glucken, b) colloq. gern ein Kind haben wollen (Frau). **2.** fig. a) grüblerisch, b) niedergeschlagen, trübsinnig.

**brook¹** [brʊk] s Bach m.

**brook²** [brʊk] v/t ertragen, erdulden (meist neg): it ~s no delay es duldet keinen Aufschub.

**brook·ite** ['brʊkaɪt] s min. Broo'kit m.

'**brook·let** ['brʊklɪt] s Bächlein n.

**brook trout** s ichth. 'Bachfo,relle f.

**broom** [bru:m; brʊm] **I** s **1.** Besen m: a new ~ sweeps clean neue Besen kehren gut. **2.** bot. a) Besenginster m, b) Geißklee m, c) (ein) Ginster m. **II** v/t **3.** kehren, fegen: to ~ up auf-, zs.-kehren. '~**corn** s bot. **1.** Besenhirse f, Sorghum n. **2.** Kaffern-, Zuckerhirse f. '~**rape** s bot. (ein) Sommerwurzgewächs n. '~**stick** s Besenstiel m.

**broth** [brɒθ] s Suppe f, (Kraft-, Fleisch-) Brühe f: **clear** ~ klare Brühe; **a** ~ **of a boy** Ir. colloq. ein Prachtkerl.

**broth·el** ['brɒθl; Am. a. 'brɑθəl] s Bor'dell n.

**broth·er** ['brʌðə(r)] **I** s **1.** Bruder m: ~**s and sisters** Geschwister; **Smith B~s** econ. Gebrüder Smith. **2.** relig. pl **brethren** Bruder m: a) Nächste(r) m, b) Glaubensgenosse m, Mitglied n e-r religi'ösen Gemeinschaft, c) R.C. (Laien-) Bruder m. **3.** Amtsbruder m, Kol'lege m, Genosse m, Gefährte m, Kame'rad m: ~ **in affliction** (od. **distress**) Leidensgefährte, -genosse; ~ **in arms** Waffenbruder m, Kampfgenosse. **II** adj **4.** Bruder...: ~ **officer** Regimentskamerad m; ~ **scientist** wissenschaftlicher Kollege; ~ **student** Kommilitone m, Studienkollege m. **III** interj **5.** colloq. Freund(chen)!, ,Kumpel!' **6.** colloq. Mann!, Mensch!: ~ **was I sick!** '~**-ger·man** pl '~**s-ger·man** s leiblicher Bruder.

'**broth·er·hood** s **1.** relig. Bruderschaft

f. **2.** brüderliches Verhältnis. **3.** Brüderlichkeit f.

'**broth·er-in-law** pl '**broth·ers-in-law** s Schwager m.

**Broth·er Jon·a·than** s bes. Br. obs. humor. Bruder Jonathan (Amerikaner).

'**broth·er·less** adj bruderlos, ohne Bruder od. Brüder. '**broth·er·ly** adj brüderlich: ~ **love** Bruderliebe f.

**brough·am** ['bru:əm] s **1.** Brougham m (geschlossener vierrädriger, zweisitziger Wagen). **2.** hist. Limou'sine f mit offenem Fahrersitz.

**brought** [brɔ:t] pret u. pp von bring.

**brou·ha·ha** [bru:'hɑ:hɑ:; Am. a. 'bru:-,hɑ:,hɑ:] s colloq. Getue n, Wirbel m, Lärm m.

**brow** [braʊ] s **1.** (Augen)Braue f. **2.** Stirn f. **3.** Miene f, Gesichtsausdruck m. **4.** Vorsprung m, Rand m (e-s Abhangs). ~ **ant·ler** s zo. Augsprosse f (beim Hirschgeweih). '~**beat** v/t irr **1.** ein-, verschüchtern: to ~ s.o. into doing s.th. j-n so einschüchtern, daß er etwas tut. **2.** tyranni'sieren.

**brown** [braʊn] **I** adj **1.** braun: to do s.o. ~ Br. colloq. j-n ,reinlegen' od. ,anschmieren' (betrügen); to do s.th. up ~ Am. colloq. etwas (sehr) gründlich tun. **2.** brü'nett, bräunlich (Gesichtsfarbe etc): (**as**) ~ **as a berry** braun wie e-e Kastanie. **II** s **3.** Braun n, braune Farbe. **4.** hunt. Schar f Vögel. **III** v/t **5.** Haut etc bräunen, Fleisch etc (an)bräunen. **6.** tech. brü'nieren. **7.** ~ **off** colloq. verärgern: to be ~ed off with s.th. ,die Nase voll' haben von etwas, etwas satt haben; to be ~ed off at s.o. auf j-n ,sauer' sein. **IV** v/i **8.** braun werden, bräunen.

**brown| al·gae** s pl bot. Braunalgen pl. ~ **bear** s zo. Braunbär m. ~ **Bess** [bes] s mil. hist. Kuhfuß m (altes Steinschloßgewehr). ~ **Bet·ty** ['beti] s gastr. Am. Auflauf aus geschichteten Apfelstücken u. Brotkrumen. ~ **bread** s a) Mischbrot n, b) Vollkornbrot n, c) Schwarzbrot n. ~ **coal** s Braunkohle f.

**brown·ie** s **1.** ['braʊni] **1.** Heinzelmännchen n. **2.** bes. Am. kleiner Schokoladenkuchen mit Nüssen. **3.** B~ ,Wichtel' m (Pfadfinderin, Br. im Alter von 8 bis 11 Jahren, Am. im Alter von 7 bis 9 Jahren).

**Brown·ing** ['braʊnɪŋ] s Browning m (e-e Pistole).

'**brown·ish** adj bräunlich.

'**brown|·nose** v/t bes. Am. vulg. j-m ,in den Arsch kriechen'. '~**nos·er** s bes. Am. vulg. ,Arschkriecher' m. '~**out** s bes. Am. **1.** teilweise Verdunkelung. **2.** Stromeinschränkung f (bes. für Straßenbeleuchtung, Leuchtreklame etc). ~ **owl** s orn. Waldkauz m. ~ **pa·per** s 'Packpa,pier n. ~ **rat** s zo. Hausratte f. '**B~shirt** s pol. Braunhemd n: a) hist. Mitglied von Hitlers Sturmabteilung, b) Natio'nalso,zialist m. ~ **spar** s min. Braunspat m. '~**stone** Am. **I** s **1.** rötlichbrauner Sandstein. **2.** a. ~ **front** (Reihen)Haus n aus rötlichbraunem Sandstein (bes. in New York City). **II** adj **3.** fig. obs. wohlhabend, vornehm. ~ **sug·ar** s brauner Zucker.

**browse** [braʊz] **I** s **1.** junge Sprößlinge pl (als Rinderfutter). **2.** Grasen n. **3.** to have a ~ sich umsehen; to have a ~ through a book in e-m Buch stöbern; to have a ~ in (od. around) a shop (bes. Am. store) sich (unverbindlich) in e-m Laden umschauen. **II** v/t **4.** abfressen, Weide etc abgrasen. **5.** a) schmökern od. blättern in (e-m Buch etc), b) sich (unverbindlich) 'umsehen in (e-m Laden etc). **III** v/i **6.** grasen, weiden. **7.** a. ~ **around** sich 'umsehen: to ~ through a book in e-m Buch schmökern od. blät-

tern; to ~ in (od. **around**) a shop (bes. Am. **store**) sich (unverbindlich) in e-m Laden umsehen.

**bru·cel·lo·sis** [,bru:sɪ'ləʊsɪs] s med. vet. Brucel'lose f, Maltafieber n.

**bru·cine** ['bru:si:n] s chem. Bru'cin n.

**bru·in** ['bru:ɪn] s Meister m Petz (Bär in Märchen u. Fabeln).

**bruise** [bru:z] **I** v/t **1.** e-n Körperteil quetschen, j-m Prellungen zufügen, j-n grün u. blau schlagen. **2.** etwas übel zurichten, Früchte anstoßen. **3.** (zer)quetschen, zerstampfen, Malz etc schroten. **4.** j-n kränken, a. j-s Gefühle verletzen. **II** v/i **5.** e-e Quetschung od. e-n blauen Fleck bekommen. **6.** fig. (leicht etc) verletzt od. gekränkt sein. **III** s **7.** med. Quetschung f, Prellung f, blauer Fleck, Bluterguß m. **8.** Druckstelle f (auf Obst). '**bruis·er** s colloq. **1.** (Berufs)Boxer m. **2.** a) ,Schläger' m (Raufbold), b) ,Schrank' m (großer Kerl).

**bruit** [bru:t] **I** v/t **1.** meist ~ **about** Br. obs. od. Am. Gerüchte aussprengen, verbreiten. **II** s **2.** obs. Lärm m. **3.** obs. Gerücht n.

**Brum** [brʌm] → Brummagem I.

**bru·mal** ['bru:məl] adj winterlich.

**brume** [bru:m] s Nebel m.

**Brum·ma·gem** ['brʌmədʒəm] colloq. **I** npr **1.** Birmingham n (Stadt in England). **II** s **2.** b~ billiger Kitsch, Schund m, Talmi n. **III** adj b~ **3.** billig, kitschig, wertlos. **4.** unecht.

**Brum·mie** ['brʌmɪ] s colloq. Einwohner(in) von Birmingham.

**bru·mous** ['bru:məs] adj neblig.

**brunch** [brʌntʃ] s colloq. Brunch m (spätes reichliches Frühstück, das das Mittagessen ersetzt). ~ **coat** s (Damen)Hausmantel m.

**bru·nette**, Am. a. **bru·net** [bru:'net] **I** adj brü'nett. **II** s Brü'nette f (Frau).

**brunt** [brʌnt] s Hauptstoß m, volle Wucht (e-s Angriffs) (a. fig.): to bear the ~ (of the costs) die Hauptlast (der Kosten) tragen; the main ~ of his criticism fell on me s-e Kritik entlud sich hauptsächlich über mich.

**brush¹** [brʌʃ] **I** s **1.** Bürste f. **2.** Pinsel m. **3.** paint. a) Pinsel m, b) Pinselstrich m, c) Stil m, d) Maler m, e) the ~ die Malerei. **4.** Bürsten f (Tätigkeit): to give s.th. a ~ etwas ab- od. ausbürsten. **5.** buschiger Schwanz, Rute f, Lunte f: the ~ of a fox. **6.** electr. a) (Kon'takt)Bürste f, b) → brush discharge. **7.** electr. tech. (Abtast)Bürste f (für Lochkarten). **8.** electr. phys. Strahlen-, Lichtbündel n. **9.** (Vor'bei)Streifen n. **10.** mil. u. fig. Schar'mützel n, kurzer Zs.-stoß: to have a ~ with s.o. mit j-m aneinandergeraten. **11.** → brushoff. **II** v/t **12.** a) bürsten, b) fegen, kehren: to ~ **away** (od. **off**) wegbürsten, abwischen, abstreifen (a. mit der Hand) (→ 16, 17); to ~ **down** abbürsten; to ~ **up** aufkehren (→ 18). **13.** tech. Farbe etc auftragen, -bürsten. **14.** Stoff rauhen. **15.** a) streifen, leicht berühren, b) fig. j-n (innerlich) berühren. **16.** ~ **aside** a) zur Seite schieben, wegschieben, b) fig. (mit e-r Handbewegung) abtun, wegwischen. **17.** ~ **off** sl. a) j-n ,abwimmeln', loswerden, b) j-m e-n ,Korb' geben od. e-e Abfuhr erteilen. **18.** ~ **up** Kenntnisse ,aufpo,lieren', auffrischen. **III** v/i **19.** ~ **off** sich wegbürsten od. abwischen lassen. **10.** ~ **past s.o.** a) j-n streifen od. leicht berühren, b) an j-m vorbeihuschen, an j-m (gerade noch) vorbeikommen. **21.** ~ **up on** → 18.

**brush²** [brʌʃ] s **1.** Gebüsch n, Strauchwerk n, Gestrüpp n, Dickicht n, 'Unterholz n, Niederwald m. **2.** Busch(land n) m,

'Hinterwald *m* (*in USA u. Australien*). **3.** Reisig *n*.

**brush| coat·ing** *s tech.* Bürstenauftrag *m.* **~ dis·charge** *s electr.* Büschel-, Sprühentladung *f.* '**~fire war** *s mil.* begrenzter *od.* lo'kaler Kon'flikt.

**brush·ings** ['brʌʃɪŋz] *s pl* Kehricht *m.*

'**brush·land** → brush[2] 2.

'**brush·less** *adj* **1.** ohne Bürste. **2.** ohne Schwanz.

'**brush|·off** *s sl.* Abfuhr *f,* ,Korb' *m:* to give s.o. the **~** → brush[1] 17. '**~up** *s colloq.* ,Aufpo,lierung' *f,* Auffrischung *f:* to give one's English a **~** s-e Englischkenntnisse ,aufpolieren', **~wood** *s* brush[2]. '**~work** *s paint.* Pinselführung *f,* Stil *m,* Technik *f.*

**brusque** [brʊsk; *bes. Am.* brʌsk] *adj (adv ~ly)* brüsk, barsch, schroff, kurz (angebunden). '**brusque·ness** *s* Schroffheit *f,* brüske Art.

**Brus·sels| car·pet** ['brʌslz] *s* Brüsseler Teppich *m.* **~ lace** *s* Brüsseler Spitzen *pl.* **~ sprouts** *s pl bot.* Rosenkohl *m.*

**bru·tal** ['bruːtl] *adj (adv ~ly)* **1.** tierisch, viehisch. **2.** bru'tal, roh, viehisch, unmenschlich. **3.** scheußlich, ,grausam': **~** heat; the **~** truth die bittere Wahrheit. '**bru·tal·ism** *s arch.* Bruta'lismus *m.* **bru·tal·i·ty** [-'tæləti] *s* Brutali'tät *f,* Roheit *f.* ,**bru·tal·i'za·tion** *s* Verrohung *f.* '**bru·tal·ize** *v/t* **1.** zum Tier machen, verrohen lassen. **2.** bru'tal behandeln. **II** *v/i* **3.** vertieren, zum Tier werden.

**brute** [bruːt] **I** *s* **1.** (*unvernünftiges*) Tier, Vieh *n.* **2.** *fig.* Untier *n,* Vieh *n,* Scheusal *n,* Rohling *m:* the **~** in him das Tier in ihm. **II** *adj* **3.** tierisch: a) unvernünftig, ohne Verstand, b) triebhaft, c) → brutal 2: by **~** force (*od.* strength) mit roher Gewalt. **4.** seelenlos. **5.** hirnlos, dumm. **6.** ungeschlacht, roh, primi'tiv. **7.** hart, ungeschminkt: the **~** facts die nackten Tatsachen. '**brut·ish** *adj (adv ~ly)* → brute II.

**bry·ol·o·gy** [braɪ'ɒlədʒɪ; *Am.* -'ɑ-] *s bot.* Bryolo'gie *f,* Mooskunde *f.*

**bry·o·ny** ['braɪənɪ] *s bot.* Zaunrübe *f.*

**bry·o·phyte** ['braɪəfaɪt] *s bot.* Bryo'phyt *m,* Moospflanze *f.*

**bry·o·zo·an** [,braɪə'zəʊən] *s zo.* Bryo-'zoon *n,* Moostierchen *n.*

**Bryth·on** ['brɪθən] *s hist.* cymbrischer Angehöriger der brit. Kelten. **Bry·thon·ic** [brɪ'θɒnɪk; *Am.* -'θɑ-] *hist.* **I** *s ling.* Bry'thonisch *n,* Ursprache *f* der Kelten in Wales, Cornwall u. der Bre-'tagne. **II** *adj* bry'thonisch.

**bub** [bʌb] *interj Am. colloq.* Freund (-chen)! [(*Brüste*).\]

**bub·bies** ['bʌbɪz] *s pl vulg.* ,Titten' *pl\*

**bub·ble** ['bʌbl] **I** *s* **1.** (Luft-, Gas-, Seifen)Blase *f.* **2.** *bes. sport Am.* Traglufthalle *f.* **3.** *fig.* Seifenblase *f.* **4.** *fig.* Schwindel(geschäft *n*) *m:* to prick the **~** den Schwindel auffliegen lassen; **~** company Schwindelfirma *f.* **5.** a) Sprudeln *n,* Brodeln *n,* (Auf)Wallen *n,* b) Perlen *n.* **II** *v/i* **6.** a) sprudeln, brodeln, (auf)wallen (*kochendes Wasser etc*), b) sprudeln, perlen (*Sekt etc*), c) Blasen bilden (*Gas*): to **~ up** aufsprudeln (*Sekt etc*), in Blasen aufsteigen (*Gas*); to **~ over** übersprudeln (with *vor dat*) (*a. fig.*). **~ and squeak** *s gastr.* Eintopfgericht aus Kohl, Kartoffeln (*u. Fleisch*). **~ bath** *s* Schaumbad *n (a. Badezusatz).* **~ can·o·py** *s aer.* stromlinienförmiger Baldachin *m.* **~ cap** *s phys. tech.* Frakti'onierbodenglocke *f.* **~ car** *s mot.* **1.** *Br.* Kleinstwagen *m,* Ka'binenroller *m.* **2.** Wagen *m* mit e-m 'durchsichtigen, kugelsicheren Aufsatz. **~ cham·ber** *s Atomphysik:* Blasenkammer *f.* **~ dance** *s* Nackttanz *m* hinter

'Luftbal,lons. **~gum** *s* **1.** Bubble-gum *m,* Bal'lon-, Knallkaugummi *m.* **2.** *mus. colloq.* ,Teenyrock' *m.* '**~gum mu·sic** → bubble gum 2. '**~head·ed** *s Am. colloq.* albern. **~ lev·el** *s tech.* Li'belle *f,* Wasserwaage *f.* **~ mem·o·ry** *s Computer:* (Ma'gnet)Blasenspeicher *m.*

'**bub·bler** *s* Trinkwasserbrunnen *m.*

**bub·ble| top** *s* **1.** 'durchsichtiger, kugelsicherer Aufsatz (*auf e-m Wagen*). **2.** → bubble umbrella. **~ um·brel·la** *s* 'durchsichtiger, stark gewölbter (Regen)Schirm.

'**bub·bly I** *adj* **1.** sprudelnd. **2.** blasenförmig. **3.** *fig.* tempera'mentvoll. **II** *s* **4.** *bes. Br. colloq.* ,Schampus' *m (Sekt).*

**bu·bo** ['bjuːbəʊ] *pl* **-boes** *s med.* Bubo *m,* Lymphknotenschwellung *f.*

**bu·bon·ic plague** [bjuː'bɒnɪk; *Am.* -'bɑ-] *s med.* Beulenpest *f.*

**buc·cal** ['bʌkəl] *adj anat.* a) buk'kal, Wangen...: **~** gland Wangendrüse *f,* b) Mund...: **~** cavity Mundhöhle *f.*

**buc·ca·neer** [,bʌkə'nɪə(r)] **I** *s* Pi'rat *m,* Seeräuber *m,* Freibeuter *m (a. fig.), hist. a.* Buka'nier *m.* **II** *v/i* Seeräube'rei betreiben.

**Buch·man·ism** ['bʊkmənɪzəm] *s relig.* Oxfordgruppenbewegung *f,* Mo'ralische Aufrüstung *f.*

**buck[1]** [bʌk] **I** *s* **1.** *zo.* (Hirsch-, Ziegenetc)Bock *m, engS.* Rehbock *m, allg.* Männchen *n, bes.* a) Rammler *m (Hase, Kaninchen),* b) Widder *m.* **2.** *zo.* Anti'lope *f.* **3.** *Br.* Stutzer *m,* Geck *m.* **4.** Draufgänger *m,* (toller) Kerl. **5.** *Am. contp.* a) Nigger *m,* b) Rothaut *f.* **6.** Bocken *n (vom Pferd).* **7.** *Am.* (Sägeetc)Bock *m.* **8.** *Turnen:* Bock *m.* **9.** *Poker:* Gegenstand, der e-n Spieler daran erinnern soll, daß er am Geben ist: to pass the **~** *colloq.* den Schwarzen Peter weitergeben; to pass the **~** to s.o. *colloq.* j-m den Schwarzen Peter zuschieben *od.* zuspielen. **II** *v/i* **10.** bocken (*Pferd etc*). **11.** *bes. Am. colloq.* a) bocken, ,meutern', sich auflehnen *od.* sträuben (**against** gegen), b) bocken, sich ruckweise fortbewegen (*Auto*), c) angehen (**against** gegen). **12.** to **~ for s.th.** *Am. colloq.* sich (rücksichtslos) um etwas bemühen, etwas unbedingt haben wollen. **13.** *electr.* entgegenwirken. **14. ~ up** *colloq.* aufleben: **~ up!** Kopf hoch! **15. ~ up** *colloq.* sich ranhalten. **III** *v/t* **16.** den Reiter durch Bocken abzuwerfen versuchen: to **~** (off) *j-n* abwerfen. **17.** *bes. Am. colloq.* a) sich auflehnen *od.* sträuben gegen, b) angehen gegen. **18. ~ up** *colloq. j-n* aufmuntern. **19. ~ up** *colloq.* j-m Dampf machen. **20.** to **~** one's ideas up *colloq.* sich zs.-reißen. **21.** *Am. colloq.* weiterreichen (to an *acc*) (*a. fig.*). **22.** *American Football:* (mit dem Ball) anstürmen gegen. **23.** *Am. colloq.* setzen *od.* wetten gegen. **24.** *electr.* kompen'sieren. **25.** männlich. **26.** *mil. Am. sl.* einfach: **~** private einfacher Soldat.

**buck[2]** [bʌk] *Am. sl.* Dollar *m:* to make big **~** ein ,Schweinegeld' verdienen; to make a quick **~** ,auf die schnelle' ein paar Dollar verdienen.

**buck·a·roo** [,bʌkə'ruː] *s Am.* Cowboy *m.*

'**buck·board** *s Am.* (ein) leichter, vierrädriger Wagen *m.*

**buck·et** ['bʌkɪt] **I** *s* **1.** Eimer *m,* Kübel *m:* to kick the **~** *colloq.* ,den Löffel weglegen' (*sterben*). **2.** *tech.* a) Schaufel *f (e-s Schaufelrades),* b) Förderkübel *m,* Eimer *m (e-s Baggers),* c) Flügelrad *n.* **3.** *tech.* (Pumpen)Kolben *m.* **4.** (Leder)Behälter *m (für Peitsche, Karabiner etc).* **5.** → bucketful. **6.** a) ,Eimer' *m (Schiff),* b) ,Karre' *f (Auto).* **7.** *Am. sl.* ,Kittchen' *n (Gefängnis).* **II** *v/t* **8.** schöp-

fen: to **~** out ausschöpfen. **9.** *Br. sein* Pferd (ab)hetzen *od.* zu'schanden reiten. **III** *v/i* **10.** it's **~ing** (down), the rain's **~ing** (down) *Br. colloq.* es gießt wie aus *od.* mit Kübeln. **11.** a. **~** along (da'hin-)rasen. **12.** *colloq.* holpern (*Fahrzeug*). **13.** *Am. colloq.* (**about, around** in *dat*) a) her'umschlendern, b) her'umgondeln. **~ con·vey·or** *s tech.* Becherförderer *m,* -werk *n.* **~ dredg·er** *s tech.* Löffel-, Eimerbagger *m.* **~ el·e·va·tor** → bucket conveyor.

'**buck·et·ful** [-fʊl] *s* (ein) Eimer(voll) *m:* in **~s** eimerweise.

**buck·et| seat** *s* **1.** *mot.* Schalensitz *m.* **2.** *aer. mot.* Klapp-, Notsitz *m.* **~ shop** *s* **1.** 'unre,elle Maklerfirma. **2.** *Am.* kleine ,windige' Firma. **~ wheel** *s tech.* Schöpfrad *n.*

'**buck|eye** *s Am.* **1.** *bot.* (e-e) 'Roßka-,stanie. **2.** *colloq.* Bewohner(in) O'hios. **3.** *zo.* Nordamer. Pfauenauge *n (Schmetterling).* **~ fe·ver** *s hunt. u. weitS.* Lampenfieber *n.* '**~horn** *s* Hirschhorn *n.* '**~hound** *s* Jagdhund *m.*

'**buck·ish** *adj Br. obs.* stutzerhaft.

'**buck jump·er** *s* störrisches Pferd.

**buck·le** ['bʌkl] **I** *s* **1.** Schnalle *f,* Spange *f.* **2.** *mil.* Koppelschloß *n.* **3.** verbogene *od.* verzogene Stelle (*bes. in Metall*). **II** *v/t* **4.** a. **~ up** zu-, festschnallen: to **~** on anschnallen; to **~** o.s. into one's seat *mot. aer.* sich anschnallen. **5.** *bes. Metall* verbiegen, verziehen. **6.** to **~** o.s. to a task *colloq.* a) sich auf e-e Aufgabe vorbereiten, b) sich hinter e-e Aufgabe ,klemmen'. **III** *v/i* **7.** mit e-r Schnalle *od.* Spange geschlossen werden. **8.** a. **~** up sich (leicht *etc*) zu- *od.* festschnallen lassen. **9. ~ up** *mot. aer.* sich anschnallen. **10.** sich verbiegen *od.* verziehen (*Metall etc*). **11.** *oft* **~ up** einknicken, nachsacken, nachgeben (**under** unter *dat*). **12.** *fig.* zs.-brechen (**under** unter *dat*). **13.** *meist* **~ down** *colloq.* ,sich da'hinterklemmen': to **~** down to a task → 6 b. **14. ~ to** *colloq.* ,sich am Riemen reißen'.

'**buck·led** *adj* mit e-r Schnalle versehen *od.* befestigt, Schnallen...

'**buck·ler** *s* **1.** kleiner runder Schild. **2.** *zo.* Schild *m.* **3.** *fig.* a) Schutz *m,* b) Beschützer(in).

'**buck·ling| load** *s tech.* Knicklast *f.* **~ re·sist·ance, ~ strength** *s tech.* Knickfestigkeit *f.*

**buck·o** ['bʌkəʊ] **I** *pl* **-oes** *s Am. für* bully[2]. **II** *interj bes. Ir.* Freund(chen)!

'**buck-pass·ing** *s colloq.* Drückeberge-'rei *f.*

**buck·ram** ['bʌkrəm] **I** *s* **1.** Buckram *m, a. n,* Buchbinderleinwand *f.* **2.** *fig. obs.* Steifigkeit *f.* **II** *v/t* **3.** mit Buckram füttern, versteifen. **III** *adj* **4.** *fig. obs.* steif, for'mell.

'**buck·saw** *s* Bocksäge *f.*

**buck·shee** [,bʌk'ʃiː] *adj u. adv Br. colloq.* gratis, um'sonst: **~** ticket Freikarte *f.*

'**buck|·shot** *s hunt.* grober Schrot, Rehposten *m.* '**~skin** *s* **1.** Wildleder *n.* **2.** *a.* pair of **~s** *Am.* Lederhose. **3.** Buckskin *m (geköperter Wollstoff).* **4.** *Am. hist.* 'Hinterwäldler *m.* **5.** *Am.* Falbe *m.* '**~slip** *s Am.* innerbetriebliche Mitteilung, 'Aktenno-,tiz *f.* '**~thorn** *s bot.* Weg-, Kreuzdorn *m.* '**~tooth** *s irr* vorstehender Zahn. '**~wheat** *s bot.* (ein) Buchweizen *m.*

**bu·col·ic** [bjuː'kɒlɪk; *Am.* -'kɑ-] **I** *adj* **1.** bu'kolisch: a) Hirten..., b) ländlich, i'dyllisch. **II** *s* **2.** *humor.* Landmann *m,* Bauer *m.* **3.** I'dylle *f,* Hirtengedicht *n.* **bu·col·i·cal** → bucolic I.

**bud[1]** [bʌd] **I** *s* **1.** *bot.* Knospe *f,* Auge *n:* to be in **~** knospen, Augen treiben. **2.** *zo.* Keim *m:* a) Anfangsstadium *n,* b) erste Ansätze *pl,* (zaghafter) Beginn: to nip in the **~** im

Keim ersticken. **4.** *zo.* Knospe *f*, Keim *m*. **5.** *biol.* in der Entwicklung befindliches Or'gan. **6.** ‚junges Blut‘ (*Knabe*, *Mädchen*). **7.** *Am. colloq.* für **debutante**. **8.** (noch) ‚in den Kinderschuhen stekkende‘ Sache. **II** *v/i* **9.** knospen, keimen, sprossen. **10.** *a.* ~ **out**, ~ **up** sich entwickeln *od.* entfalten, her'anreifen: **a** ~**ding lawyer** ein angehender Jurist; **to** ~ **off (from)** erwachsen (aus *dat*). **III** *v/t* **11.** *agr.* oku'lieren.

**bud²** [bʌd] → **buddy** II.

**Bud·dhism** [ˈbʊdɪzəm] *s* Bud'dhismus *m*. **'Bud·dhist I** *s* Bud'dhist *m*. **II** *adj* bud'dhistisch. **Bud'dhis·tic** *adj* bud'dhistisch.

**bud·dy** [ˈbʌdɪ] *bes. Am. colloq.* **I** *s* ‚Kumpel‘ *m*, Kame'rad *m*, „Spezi‘ *m*. **II** *interj* (*bes. drohend*) Freund(chen)! **ˌbud·dy-'bud·dy** *adj*: **to be** ~ **with s.o.** *bes. Am. colloq.* mit j-m ‚dick‘ befreundet sein.

**budge¹** [bʌdʒ] *meist neg* **I** *v/i* sich regen, sich (von der Stelle) rühren, sich (im geringsten) bewegen: **he didn't** ~; **to** ~ **from one's opinion** von s-r Meinung abrücken *od.* abgehen. **II** *v/t* (*vom Fleck*) bewegen: **to** ~ **s.o. from his opinion** j-n von s-r Meinung abbringen.

**budge²** [bʌdʒ] *s* (gegerbtes) Lammfell.

**budg·er·i·gar** [ˈbʌdʒərɪɡɑː(r)] *s orn.* Wellensittich *m*.

**budg·et** [ˈbʌdʒɪt] **I** *s* **1.** *bes. pol.* Bud'get *n*, Haushaltsplan *m*, (Staats)Haushalt *m*, E'tat *m*: *bill Am.* Haushaltsvorlage *f*; ~ **cut** Etatkürzung *f*; ~ **grant** bewilligte Haushaltsmittel *pl*; **according to** ~ etatmäßig; **to make a** ~ e-n Haushaltsplan aufstellen; **to open the** ~ das Budget vorlegen. **2.** Bud'get *n*, E'tat *m*, Fi'nanzen *pl*: **family** ~; **for the low** ~ für den schmalen Geldbeutel; ~ **account** Kundenkonto *n*; ~**conscious** preisbewußt; ~**priced** preis-, kostengünstig; ~ **dress** preisgünstiges Kleid. **3.** Bündel *n*: **a** ~ **of letters. 4.** Vorrat *m*, Menge *f*: **a** ~ **of news** ein Sackvoll Neuigkeiten. **II** *v/t* **5.** a) *Mittel* bewilligen *od.* vorsehen, b) *e-e Ausgabe* einplanen. **6.** haushalten mit, gut einteilen. **III** *v/i* **7.** planen, ein Bud'get machen: **to** ~ **for** die Kosten für *etwas* veranschlagen, e-e Ausgabe *von* ... vorsehen. **'budg·et·a·ry** [-təri; *Am.* ˌteri:] *adj* **1.** *bes. pol.* Budget..., Etat... **2.** Finanz...

**budg·ie** [ˈbʌdʒɪ] *colloq. für* **budgerigar.**

**buff¹** [bʌf] **I** *s* **1.** starkes Ochsen- (*ursprünglich* Büffel)Leder. **2.** Lederbraun *n*, Lederfarbe *f*. **3.** *colloq.* bloße Haut: **in the** ~ im Adams- *od.* Evaskostüm; **to strip to the** ~ a) sich nackt ausziehen, b) alle Hüllen fallen lassen. **4.** *tech.* Schwabbelscheibe *f*. **II** *adj* **5.** aus starkem Leder. **6.** lederfarben. **III** *v/t* **7.** *tech.* schwabbeln, po'lieren.

**buff²** [bʌf] *s colloq.* (*in Zssgn*) ...fan *m*: film ~.

**buff³** [bʌf] *s obs.* Puff *m*, Schlag *m*.

**buf·fa·lo** [ˈbʌfələʊ] *pl* **-loes, -los,** *bes. collect.* **-lo** *s* **1.** *zo.* (ein) Büffel *m*, bes. a) Indischer Arni-Büffel, Kerabau *m*, b) Büffel *m*, Nordamer. Bison *m*. **2.** Büffelfell *n* (*als Reisedecke*). **3.** *mil.* am'phibischer Panzerwagen. **II** *v/t* **4.** *Am. colloq.* a) j-n ‚reinlegen‘, täuschen, b) j-n ins Bockshorn jagen, einschüchtern, c) j-n verwirren, aus der Fassung bringen. ~ **chips** *s pl* getrockneter Büffelmist (*als Brennstoff*). ~ **grass** *s bot.* Büffelgras *n*. ~ **robe** *s* buffalo 2.

**'buff·er¹ I** *s* **1.** *tech.* a) Stoßdämpfer *m*, b) Puffer *m* (*a. fig.*), c) Prellbock *m* (*a. fig.*), d) *mil.* (Rohr)Rücklaufbremse *f*. **2.** *electr.* a) Puffer *m*, Entkoppler *m*, b) Trennkreis *m*, -stufe *f*. **3.** *Computer*: Puffer *m*. **4.** *chem.* a) Puffer *m*, b) Puffer-

lösung *f*. **5.** *pol.* Pufferstaat *m*. **II** *v/t* **6.** *Stöße* (ab)dämpfen, als Puffer wirken gegen. **7.** *Computer*: puffern, zwischenspeichern. [mann *m*.)

**'buff·er²** *s*: (old) ~ *Br. colloq.* Blöd-⟩

**buff·er|bar** *s tech.* **1.** *rail.* Kopfschwelle *f*. **2.** Stoßstange *f*. ~ **mem·o·ry** *s Computer*: Pufferspeicher *m*. ~ **so·lu·tion** *s chem.* Pufferlösung *f*. ~ **stage** *s electr.* Trennstufe *f*. ~ **state** *s pol.* Pufferstaat *m*. ~**stock** *s econ.* Ausgleichs-, Puffervorrat *m*. ~ **zone** *s mil.* Pufferzone *f*.

**buf·fet¹** [ˈbʌfɪt] **I** *s* **1.** a) (Faust)Schlag *m*, b) Ohrfeige *f*. **2.** *fig.* (Schicksals)Schlag *m*: ~**s of fate. II** *v/t* **3.** a) j-m e-n (Faust-) Schlag versetzen, b) j-m e-e Ohrfeige geben. **4.** *a.* ~ **about** ‚durchrütteln, -schütteln‘. **5.** ankämpfen gegen (*acc*). **6. to** ~ **one's way through the crowd** sich durch die Menge (hindurch)kämpfen. **III** *v/i* **7.** kämpfen: **to** ~ **against** ankämpfen gegen (*acc*); **to** ~ **through the crowd** → 6. **8.** *aer.* flattern (*Leitwerk*).

**buf·fet²** [ˈbʌfɪt; *Am.* bəˈfeɪ] *s* **1.** Bü'fett *n*, Anrichte *f*. **2.** [*Br.* ˈbʊfeɪ] Bü'fett *n*: a) Theke *f*, b) *Tisch mit Speisen u. Getränken*: ~ **dinner,** ~ **luncheon** kaltes Büfett. ~ **car** *s* Bü'fettwagen *m*.

**'buf·fet·ing** *s aer.* Flatterschwingung *f* (*des Leitwerks*).

**buf·fi** [ˈbʊfɪ] *pl von* **buffo.**

**'buf·fing wheel** *s tech.* Schwabbelscheibe *f*.

**buf·fo** [ˈbʊfəʊ] *mus.* **I** *pl* **-fos,** *a.* **-fi** [-fɪ] *s* Buffo *m*. **II** *adj* Buffo...: ~ **aria.**

**buf·foon** [bəˈfuːn] *s* Possenreißer *m*, Hans'wurst *m* (*a. fig. contp.*): **to play the** ~ den Hanswurst spielen. **buf'fooner·y** [-ərɪ] *s* Possen(reißen *n*) *pl.*

**bug¹** [bʌɡ] **I** *s* **1.** *zo.* a) Wanze *f*, b) *bes. Am. allg.* In'sekt *n* (*Käfer, Spinne, Fliege etc*). **2.** *colloq.* a) Ba'zillus *m* (*a. fig.*): **I must have picked up a** ~ **somewhere** ich muß mir irgendwo e-n Bazillus ‚eingehandelt‘ haben, b) *fig.* Leidenschaft *f*, Spleen *m*, ‚Fieber‘ *n*: **bitten by the golf** ~ von der Golfleidenschaft gepackt; **he got bitten by** (*od.* **he's got**) **the** ~ ihn hat's gepackt. **3.** *Am. colloq.* a) Fa'natiker(in), (*Foto-, Ski- etc*)Fex *m*, (-)Narr *m*: **camera** ~; **ski** ~, b) Verrückte(r *m*) *f*. **4.** *colloq.* a) (technischer) De'fekt, *pl* ‚Mucken‘ *pl*, b) *Computer*: Program'mierfehler *m*. **5.** *colloq.* a) *Am.* A'larmanlage *f*, b) *teleph. Am.* Abhörvorrichtung *f*, c) Wanze‘ *f*, ‚Minispi‚on‘ *m*. **II** *v/t* **6.** *Am. colloq.* a) ärgern, wütend machen, b) nerven, j-m ‚auf den Wecker fallen‘. **7.** *colloq.* a) *Am.* e-e A'larmanlage einbauen in (*acc od. dat*), b) *Am. Telefongespräche* abhören, ‚Wanzen‘ anbringen in (*dat*). **III** *v/i* **8.** ~ **off** *colloq.* (*bes. imp*) ‚abhauen‘, verschwinden. **9.** *Am. colloq.* her'vortreten, -quellen (*Augen*).

**bug²** [bʌɡ] *s obs.* → **bugaboo.**

**bug·a·boo** [ˈbʌɡəbuː] *s* (Schreck)Gespenst *n* (*a. fig.*).

**'bug·bear** *s* Popanz *m*, (Schreck)Gespenst *n*. ~**bite** *s* Wanzen-, *bes. Am.* In'sektenstich *m*.

**bug·ger** [ˈbʌɡə(r); *Am. a.* ˈbʊ-] **I** *s* **1.** a) j-d, der A'nalverkehr prakti'ziert, b) Homosexu'elle(r) *m*, c) Sodo'mit *m*. **2.** *vulg.* a) ‚Scheißkerl‘ *m*, b) *allg.* Bursche *m*, Kerl *m*: **a poor** ~ ein armer Hund, ein armes Schwein, c) **that job is a real** ~ diese Arbeit ist einfach ‚beschissen‘; **this** ~ **of a headache** diese verfluchten Kopfschmerzen. **II** *interj vulg.* ~ **you**, ‚Scheiße‘! **III** *v/t* **4.** a) a'nal verkehren mit, b) Sodo'mie treiben mit. **5.** *vulg.* j-n ‚fertigmachen‘: **we were completely** ~**ed** wir waren ‚fix u. fertig‘. **6.** *vulg.* ~ **it!** ‚Scheiße!‘; ~ **him!** ‚al dieser ‚Scheißkerl‘!,

b) der soll mich mal am Arsch lecken! **7.** ~ **about** (*od.* **around**) *vulg. Br.* a) j-n wie e-n Deppen behandeln, b) j-n ‚verarschen‘. **8.** *meist* ~ **up** *vulg.* etwas ‚versauen‘: ~**ed up** ‚im Arsch‘. **IV** *v/i* **9.** ~ **about** (*od.* **around**) *vulg. Br.* a) her'umgammeln, b) her'umspielen (**with** mit). **10.** ~ **off** *vulg. Br.* (*meist imp*) ‚sich verpissen‘. **'bug·ger·y** [-ərɪ] *s* a) A'nalverkehr *m*, b) Sodo'mie *f*.

**bug·gy¹** [ˈbʌɡɪ] *adj* **1.** a) verwanzt, b) *bes. Am.* von In'sekten befallen. **2.** *Am. sl.* verrückt.

**bug·gy²** [ˈbʌɡɪ] *s* **1.** Buggy *m*: a) *leichter, einspänniger Wagen, vierrädrig in den USA, zweirädrig in England,* b) *mot. geländegängiges Freizeitauto mit offener Kunststoffkarosserie.* **2.** → **baby buggy.**

**'bug·house** *Am. sl.* **I** *s* ‚Klapsmühle‘ *f* (*Nervenheilanstalt*). **II** *adj* verrückt.

**bu·gle¹** [ˈbjuːɡl] **I** *s* **1.** (Wald-, Jagd)Horn *n*. **2.** *mil.* Si'gnalhorn *n*: **to sound the** ~ ein Hornsignal blasen; ~ **call** Hornsignal *n*. **II** *v/t u. v/i* **3.** auf dem Horn blasen.

**bu·gle²** [ˈbjuːɡl] *s* Glas-, Schmelzperle *f*.

**bu·gle³** [ˈbjuːɡl] *s bot.* Günsel *m*.

**'bu·gler** *s* Hor'nist *m*.

**build** [bɪld] **I** *v/t pret u. pp* **built** [bɪlt] **1.** (er)bauen, errichten, erstellen: **to** ~ **a house; to** ~ **a railroad** e-e Bahnlinie bauen; **to** ~ **a fire** (ein) Feuer machen; **to** ~ **on** anbauen. **2.** bauen: a) konstru'ieren, machen, b) 'herstellen, fertigen: **to** ~ **cars**; **to** ~ **in(to)** einbauen (in *acc*) (*a. fig.*); → **built-in. 3.** ~ **up** a) zu-, vermauern, zubauen, b) *Gelände* bebauen: **to** ~ **up an area;** → **built-up area. 4.** ~ **up** aufbauen, schaffen, gründen: **to** ~ **up an empire; to** ~ **up a business; to** ~ **up an existence** (sich) e-e Existenz aufbauen; **to** ~ **up a reputation** sich e-n Namen machen; **to** ~ **up one's health** s-e Gesundheit festigen. **5.** gestalten, bilden. **6.** zs.-stellen, -tragen, (an)sammeln, *e-e Briefmarkensammlung etc* aufbauen: **to** ~ **up a case** (Beweis)Material zs.-tragen. **7.** ~ **up** vergrößern, steigern, erhöhen. **8.** ~ **up** *fig.* j-n (*in der Presse etc*) ‚aufbauen‘, lan'cieren, groß her'ausstellen, Re'klame machen für. **9.** **to** ~ **one's hope on** s-e Hoffnung setzen auf (*acc*). **10.** ~ **up** *electr. phys.* einschwingen, aufschaukeln. **II** *v/i* **11.** bauen. **12.** *fig.* bauen, sich verlassen (**on, upon** auf *acc*). **13. to be** ~**ing** im Bau (begriffen) sein. **14.** ~ **up** zunehmen, sich vergrößern *od.* steigern *od.* erhöhen, (*Musik etc*) anschwellen (**to** zu). **15.** ~ **up** sich bilden: **traffic queues built up. III** *s* **16.** Bauart *f*, Form *f*, Gestalt *f*. **17.** Körperbau *m*, Fi'gur *f*, Sta'tur *f*. **18.** Schnitt *m* (*Kleid*). **19.** *Am.* Steigerung *f*, Intensi'vierung *f*. **'build·er** *s* **1.** Erbauer *m* **2.** 'Bauunter,nehmer *m*: ~'s labo(u)rer Bauhilfsarbeiter *m*. **3.** Bauhandwerker *m*.

**'build·ing** *s* **1.** (Er)Bauen *n*, Errichten *n*. **2.** a) Bauwesen *n*, b) *a.* ~ **construction** Hochbau *m*. **3.** Gebäude *n*, Bau(werk) *n*. ~ **and loan as·so·ci·a·tion** *s Am.* → **building society.** ~ **block** *s* **1.** (Ze'ment- *etc*)Block *m* für Bauzwecke. **2.** *tech. u. fig.* Baustein *m*: ~ **system** *tech.* Bausteinsystem *n*. **3.** Baustein *m*, (Bau-) Klötzchen *n* (*für Kinder*). ~ **con·trac·tor** → **builder 2.** ~ **freeze** *s* Baustopp *m*. ~ **in·dus·try** *s*, -wirtschaft *f.* ~ **lease** *s jur. Br.* Baupacht(vertrag *m*) *f* (*mit Bau- u. Nutzungsrecht des Pächters*). ~ **line** *s tech.* Bauflucht(linie) *f*, Fluchtlinie *f*. ~ **lot** → **building plot.** ~ **own·er** *s* Bauherr *m*. ~ **plot** *s* Bauplatz *m*, -grundstück *n*. ~ **site** *s* **1.** → **building plot. 2.** Baustelle *f*. ~ **so·ci·e·ty** *s Br.* Bausparkasse *f*. ~**up**

**pro·cess** s electr. phys. Aufschaukel-vorgang m.

'**build·up** s 1. Aufbau m. 2. fig. (starker) Zuwachs, Zunahme f. 3. Re'klame f, Propa'ganda f, Publizi'tät f: to give s.o. a ~ → build 8.

**built** [bɪlt] **I** pret u. pp von build. **II** adj gebaut, konstru'iert, geschaffen, geformt: well ~ gut gebaut; ~ for geschaffen für; he is ~ that way colloq. so ist er eben. ~'in **I** adj arch. tech. eingebaut (a. fig.), Einbau...: ~ furniture Einbaumöbel pl. **II** s meist pl Einbaumöbel n. '~-up ar·e·a s bebautes Gelände od. Gebiet, Verkehr: geschlossene Ortschaft.

**bulb** [bʌlb] **I** s 1. bot. a) Knolle f, Zwiebel f (e-r Pflanze), b) Zwiebelgewächs n. 2. zwiebelförmiger Gegenstand, ('Glasetc)Bal,lon m, Birne f, bes. a) (Thermo-'meter)Kugel f, b) electr. Glühbirne f, -lampe f, c) electr. (Röhren)Kolben m, d) phot. Bal'lonauslöser m. 3. anat. zwiebelförmiger ana'tomischer Teil (Zahnwurzel etc). 4. med. Schwellung f e-s Or'gans (Harnröhre etc). **II** v/i 5. a. ~ out anschwellen. 6. bot. Knollen od. Zwiebeln bilden. **bulbed** adj 1. knollenförmig, knollig, wulstig. 2. zwiebelförmig, zwiebelartig. '**bulb·i·form** [-bɪfɔː(r)m] → bulbed 1.

**bulb·ous** ['bʌlbəs] adj → bulbed: ~ nose Knollennase f. ~ **root** s bot. Knollenwurzel f.

**Bul·gar** ['bʌlgɑː(r); Am. a. 'bʊl-] → Bulgarian 1. **Bul'gar·i·an** [-'geərɪən] **I** s 1. Bul'gare m, Bul'garin f. 2. ling. Bul'garisch n, das Bulgarische. **II** adj 3. bul'garisch.

**bulge** [bʌldʒ] **I** s 1. (Aus)Bauchung f, (a. mil. Front)Ausbuchtung f, Vorsprung m, Wulst m, Anschwellung f, Beule f, Buckel m: Battle of the B~ Ardennenschlacht f (1944); to fight the battle of the ~ humor. gegen sein Übergewicht ankämpfen; ~ electrode Bauchelektrode f. 2. Rundung f, Bauch m (vom Faß etc). 3. mar. a) → bilge 2, b) mil. Tor'pedowulst m. 4. to get the ~ on Am. colloq. die Oberhand gewinnen über (acc). 5. fig. Anschwellen n, Anwachsen n, Zunahme f. 6. econ. (plötzlicher) Preisanstieg. 7. ra'pide Zunahme: population ~ Bevölkerungsexplosion f. **II** v/i 8. a. ~ out sich (aus)bauchen, bauchig her'vortreten, her'vorquellen (a. Augen), sich blähen od. bauschen: his eyes will ~ colloq. er wird ‚Stielaugen' machen. 9. sich (plötzlich od. schwerfällig) schieben (into in acc): to ~ into vision. 10. ~ with strotzen von, (fast) platzen vor (dat), (zum Bersten) voll sein von od. mit. **III** v/t 11. s-e Backen aufblähen. 12. s-e Taschen vollstopfen (with mit). '**bulg·er** s Golf: Bulger m (Holzschläger mit stark konvexer Schlagfläche). '**bulg·y** adj bauchig (her'vortretend), geschwollen.

**bu·lim·i·a** [bjuː'lɪmɪə] s med. Buli'mie f, Gefräßigkeit f.

**bulk** [bʌlk] **I** s 1. 'Umfang m, Vo'lumen n, Größe f, Masse f, Menge f. 2. große od. massige Gestalt, (hochragende od. dunkle od. schwere) Masse. 3. 'Körper,umfang m, -fülle f. 4. (der) größere Teil, Großteil m, Hauptteil m, -masse f, (die) Mehrheit: the ~ of our property; the ~ of the citizens. 5. lose od. unverpackte (Schiffs)Ladung: in ~ econ. a) lose, unverpackt, b) in großen Mengen, en gros; to sell in ~ (by the) ~ im ganzen od. in Bausch u. Bogen verkaufen; to break ~ mar. zu löschen anfangen; ~ **manufacture** Massenfertigung f. **II** v/i 6. 'umfangreich od. massig od. sperrig od. (fig.) wichtig sein: to ~ large fig. e-e große od.

wichtige Rolle spielen. 7. oft ~ up a) (an-, auf)schwellen, b) hochragen. **III** v/t 8. Am. a) bes. Tabak aufstapeln, b) Teesorten mischen. ~ **buy·ing** s econ. Massenankauf m, Mengen-, Großeinkauf m. ~ **car·go** s econ. Schüttgut n. ~ **e·ras·er** s tech. Löschspule f. ~ **goods** s pl → bulk cargo. '~**head** s 1. mar. Schott n. 2. tech. a) Schutzwand f, b) Spant m.

**bulk·i·ness** ['bʌlkɪnɪs] s 1. Größe f, Umfang m. 2. (das) Massige.

**bulk| mail** s Am. Postwurfsendung f. ~ **mort·gage** s Am. Verpfändung f ganzer Bestände. ~ **pur·chase** → bulk buying. ~ **sale**, ~ **sell·ing** s econ. Massenverkauf m. ~ **stor·age** s Computer: Großraumspeicher m.

'**bulk·y** adj 1. sehr 'umfangreich, massig. 2. unhandlich, sperrig: ~ goods sperrige Güter, Sperrgut n; ~ refuse (od. waste) Sperrmüll m.

**bull¹** [bʊl] **I** s 1. zo. Bulle m, (Zucht)Stier m: to take the ~ by the horns den Stier bei den Hörnern packen; like a ~ in a china shop wie ein Elefant im Porzellanladen. 2. (Ele'fanten-, Elch-, Wal-, etc)Bulle m, Männchen n (großer Säugetiere). 3. colloq. Bulle m, bulliger od. ungeschlachter Kerl. 4. econ. Haussi'er m, 'Haussespeku,lant m: to go a ~ → 12. 5. Am. sl. ‚Bulle' m (Polizist). 6. B~ astr. Stier m (Sternbild). 7. → bull's-eye 3 a. **II** v/t 8. econ. a) die Preise für (etwas) in die Höhe treiben, b) die Kurse in die Höhe treiben. 9. die Kuh decken (Stier). 10. to ~ one's way through the crowd sich durch die Menge (hindurch)kämpfen. **III** v/i 11. den Stier annehmen (Kuh). 12. econ. auf Hausse speku'lieren. 13. im Preis steigen. **IV** adj 14. männlich (Tier). 15. econ. a) steigend (Preise), b) Hausse...: ~ **campaign** Kurstreiberei f, Angriff m der Haussepartei; ~ **market** Hausse f; ~ **operation** Haussespekulation f.

**bull²** [bʊl] s (päpstliche) Bulle f.

**bull³** [bʊl] s colloq. 1. a) ‚Quatsch' m, Blödsinn m, b) Schnitzer m, (grober) Fehler, c) komisch wirkende logische Ungereimtheit. 2. to shoot the ~ Am. colloq. a) schwatzen, b) ‚große Töne spucken', angeben.

**bul·lace** ['bʊlɪs] s bot. Pflaumenschlehe f.

**bull| calf** s irr zo. Stier-, Bullenkalb n. '~,**dag·ger** s sl. ‚kesser Vater' (Lesbierin, die sich betont männlich kleidet u. gibt). '~**dike** → bulldagger. '~**dog** **I** s 1. zo. Bulldogge f, Bullenbeißer m. 2. fig. a) mutiger Kerl, b) zäher od. hartnäckiger Bursche. 3. univ. Br. Begleiter m des Proctors. 4. 'großka,librige Pi'stole mit kurzem Lauf. **II** adj 5. a) mutig, b) zäh, hartnäckig. **III** v/t 6. Am. e-n Stier den Hörnern packen u. werfen. '~**dog e·di·tion** s Am. Frühausgabe f (e-r Zeitung). '~**doze** v/t 1. colloq. a) einschüchtern, terrori'sieren, b) j-n zwingen (into doing s.th. etwas zu tun). 2. colloq. to ~ a bill through parliament e-e Vorlage im Parlament durchpeitschen; to ~ one's way through the crowd sich e-n Weg durch die Menge bahnen. 3. tech. (mit e-r Planierraupe) pla'nieren, räumen. '~**doz·er** s 1. tech. Pla'nierraupe f, Bulldozer m. 2. → bully² 1 a, b. '~**dyke** → bulldagger.

**bul·let** ['bʊlɪt] s (Gewehr-, Pi'stolen-) Kugel f: to bite (on) the ~ colloq. in den sauren Apfel beißen; to give s.o. the ~ colloq. j-n ‚feuern' (entlassen); to get the ~ colloq. ‚gefeuert' werden. '~**head** s 1. Rundkopf m. 2. Am. colloq. Dickkopf m. '~**,head·ed** adj 1. rundköpfig. 2. Am. colloq. dickköpfig.

**bul·le·tin** ['bʊlɪtɪn] s 1. Bulle'tin n:

a) Tagesbericht m (a. mil.), b) med. Krankenbericht m, c) offizi'elle Bekanntmachung. 2. Mitteilungsblatt n. 3. Rundfunk, TV: Kurznachricht(en pl) f. ~ **board** s Am. Schwarzes Brett, Anschlagtafel f.

'**bul·let·,proof** **I** adj 1. kugelsicher: ~ vest; ~ glass Panzerglas n. 2. fig. Am. hieb- u. stichfest (Argument etc). **II** v/t 3. kugelsicher machen. ~ **trap** s Kugelfang m. ~ **wound** s Schußwunde f, -verletzung f.

'**bull| fight** s Stierkampf m. '~,**fight·er** s Stierkämpfer m. '~**finch** s orn. (ein) Dompfaff m, (bes. Gemeiner) Gimpel. '~**frog** s zo. Ochsenfrosch m. '~**head** s 1. fig. a) Dummkopf m, b) Dickkopf m. 2. ichth. a) (ein) Kaulkopf m, b) (ein) Katzenwels m. '~**,head·ed** adj dickköpfig. '~**horn** s Am. Mega'phon n.

**bul·lion** ['bʊljən] s 1. ungemünztes Gold od. Silber. 2. Gold-, Silberbarren m: ~ **point** econ. Goldpunkt m. 3. a. ~ **fringe** Gold-, Silbertroddel f, -schnur f, -litze f. '**bul·lion·ism** s econ. Metal'lismus m. '**bul·lion·ist** s Anhänger m der reinen Me'tallwährung.

'**bull·ish** adj 1. bullenartig, bullig. 2. dickköpfig. 3. econ. a) 'haussetenden-zi,ös, steigend, b) Hausse...: ~ **tendency** (od. **tone**) Haussetendenz f. 4. opti'mistisch: to be ~ on s.th. etwas optimistisch sehen.

**bull| moose** s zo. Amer. Elchbulle m. '~**necked** adj stiernackig. ~ **nose** s abgerundete Kante. '~**nosed** adj mit abgerundeten Kanten.

**bull·ock** ['bʊlək] s zo. Ochse m.

**bull| pen** s Am. colloq. 1. große Zelle (für Untersuchungshäftlinge). 2. Baseball: Übungsplatz m für Werfer. 3. 'Großraumbü,ro n. '~**ring** s 'Stierkampf,arena f. '~**roar·er** s (Kinder-) Rassel f. ~ **ses·sion** s Am. colloq. angeregtes Männergespräch.

**bull's-eye** ['bʊlzaɪ] s 1. arch. mar. Bullauge n, rundes Fensterchen. 2. a. ~ **pane** Ochsenauge n, Butzenscheibe f. 3. a) Zentrum n, (das) Schwarze (der Zielscheibe): to hit the ~ ins Schwarze treffen (a. fig.), b) a. fig. Schuß m ins Schwarze, Volltreffer m. 4. a) Kon'vexlinse f, b) ('Blend)La,terne f (mit Kon-'vexlinse). 5. kugelförmiger Bon'bon.

'**bull·shit** vulg. **I** s ‚Scheiß' m: to talk ~ → II. **II** v/i a. irr ‚Scheiß' reden.

**bull ter·ri·er** s zo. Bullterrier m.

**bul·ly¹** ['bʊlɪ] s Rinderpökelfleisch n.

**bul·ly²** ['bʊlɪ] **I** s 1. a) bru'taler Kerl, ‚Schläger' m, b) Ty'rann m, (Kame'ra-den)Schinder m, c) Maulheld m. 2. obs. Zuhälter m. **II** v/t 3. tyranni'sieren, drangsa'lieren, schika'nieren, ‚piesacken', einschüchtern: to ~ s.o. about (od. around) j-n herumkommandieren; to ~ s.o. into doing s.th. j-n so einschüchtern, daß er etwas tut. **III** adj u. interj 4. ‚prima': ~ for you! a) na und?, b) iro. gratuliere!

**bul·ly³** ['bʊlɪ] (Hockey) **I** s Bully n. **II** v/t: to ~ (Br. a. ~ off) the ball → III. **III** v/i Br. a. ~ off das Bully ausführen.

**bul·ly| beef** → bully¹. '~**rag** v/t colloq. mit j-m Schindluder treiben.

**bul·rush** ['bʊlrʌʃ] s 1. a. great ~ Binse f. 2. große ~ Binse.

**bul·wark** ['bʊlwə(r)k] s 1. a. fig. Bollwerk n, Wall m. 2. Hafendamm m, Mole f. 3. mar. Schanzkleid n.

**bum¹** [bʌm] s bes. Br. colloq. ‚Hintern' m.

**bum²** [bʌm] bes. Am. colloq. **I** s 1. a) Tagedieb m, ‚fauler Hund', b) Her'umtreiber m, (junger) Gammler. 2. a) Tippelbruder m, b) um'herziehender Gelegenheitsarbeiter. 4. Säufer m. 5. ‚Saukerl' m. 6. (in

*Zssgn*) ...narr *m*: **baseball** ~. **7. to give s.o the ~'s rush** j-n ‚rausschmeißen'; **to get the ~'s rush** ‚rausgeschmissen' werden. **8.** ‚Schnorren' *n*, ‚Nassauern' *n*: **to come to s.o. on the ~** zu j-m zum Schnorren kommen. **9.** Tippeln *n*: **to be on the ~** tippeln. **10.** ‚Saufe'rei' *f*. **11. on the ~** kaputt, ‚im Eimer'. **II** *v/i* **12.** *meist* ~ **around** (*od.* **about**) a) in den Tag hin'ein leben, b) her'umgammeln. **13.** ‚schnorren', ‚nassauern' (off bei). **14.** tippeln (**through** durch). **III** *v/t* **15.** *etwas* ‚schnorren' (off bei, von): **he ~med a lift** er schaffte es, (im Auto) mitgenommen zu werden. **IV** *adj* **16.** ‚mies', schlecht. **17.** ka'putt (*a. Knie etc*).

'**bum·bail·iff** *s hist. Br. contp.* Büttel *m*.

**bum·ble[1]** ['bʌmbl] **I** *v/i* **1.** a) stümpern, pfuschen, ‚patzen', b) stottern: **he ~d through his speech** er stotterte s-e Rede herunter. **2.** stolpern, taumeln, wanken. **II** *v/t* **3.** verpfuschen, ‚verpatzen'. **III** *s* **4.** ‚Patzer' *m*. **5.** Pfusch(arbeit *f*) *m*.

**bum·ble[2]** ['bʌmbl] *v/i* summen.

**bum·ble[3]** ['bʌmbl] *s Br.* kleiner wichtigtuerischer Beamter.

'**bum·ble·bee** *s zo.* Hummel *f*.

'**bum·ble·dom** *s* Wichtigtue'rei *f* der kleinen Beamten.

'**bum·ble·pup·py** *s* Spiel, bei dem ein angebundener Ball um e-n Pfosten geschlagen wird.

**bum·bo** ['bʌmbəʊ] *s* Rum- *od.* Ginpunsch *m*.

'**bum·boat** *s mar.* Bumboot *n* (*Proviantboot*).

**bumf** [bʌmf] *s Br. colloq.* **1.** *contp. collect.* ‚Pa'pierkram' *m* (*Akten etc*). **2.** ‚Klopa,pier' *n*.

**bum·kin** ['bʌmkɪn] → **bumpkin[2]**.

**bum·mer** ['bʌmə(r)] *s colloq.* **1.** → **bum[1]** 1, 2. **2.** ‚Bad Trip' *m* (*Drogenrausch mit Angstzuständen*). **3.** unangenehme Sache *od.* Situati'on. **4.** ‚Reinfall' *m*, ‚Pleite' *f*.

**bump** [bʌmp] **I** *v/t* **1.** (heftig) stoßen. **2.** rennen mit (*etwas*) (**against** gegen), zs.-stoßen mit, *etwas* rammen, auf *ein Auto* auffahren: **to ~ a car**; **to ~ one's head against the door** mit dem Kopf gegen die Tür rennen *od.* ‚knallen'. **3.** *tech. Am.* Kotflügel *etc* ausbeulen. **4.** ~ **off** *colloq.* ‚umlegen', ‚kaltmachen', 'umbringen. **5.** *mil. Am. sl.* degra'dieren (**to** zu). **6.** ~ **up** *colloq.* a) *Preise etc* hochtreiben, b) *Gehalt, Ergebnis etc* aufbessern. **II** *v/i* **7.** (**against, into**) stoßen, prallen, ‚bumsen' (gegen, an *acc*), zs.-stoßen (mit): **to ~ into** *fig.* j-n zufällig treffen. **8.** rumpeln, holpern (*Fahrzeug*). **9.** *meist* ~ **and grind** *bes. Am. colloq.* mit den Hüften wackeln (*Stripteasetänzerin etc*). **III** *s* **10.** heftiger Ruck *od.* Stoß, Bums *m*. **11.** Beule *f*. **12.** Unebenheit *f*. **13.** a) *Phrenologie:* Höcker *m* am Schädel, b) Fähigkeit *f*, Sinn *m*, Or'gan *n* (**of** für): → **locality** 1. **14.** *Am. colloq.* ‚Rundung' *f* (*Busen*). **15.** *Am. colloq. fig.* Hindernis *n*. **16.** *mil. Am. sl.* Degra'dierung *f* (**to** zu). **17.** *aer.* Steigbö *f*.

'**bump·er[1]** **I** *s* **1.** randvolles Glas, randvoller Becher. **2.** *etwas* Riesiges. **II** *adj* **3.** riesig: ~ **crop** Rekordernte *f*. **III** *v/t* **4.** *Glas, Becher* bis zum Rand füllen.

'**bump·er[2]** *s* **1.** *mot.* Stoßstange *f*: **to drive ~ to ~** Stoßstange an Stoßstange fahren. **2.** *rail. etc Am.* a) Rammbohle *f*, b) Puffer *m*.

'**bump·er[3]** *s Austral. colloq.* (Ziga'retten)Kippe *f*.

**bump·er| car** *s* (Auto)Skooter *m*. ~ **guard** *s mot.* Stoßstangenhorn *n*. ~ **stick·er** *s* Autoaufkleber *m*.

**bumph** → **bumf**.

'**bump·ing race** *s univ. Br.* Ruderrennen

---

*mit gestaffeltem Start, bei dem jedes Boot das nächstvordere einzuholen u. anzustoßen versucht, um beim nächsten Rennen dessen Platz einzunehmen.*

**bump·kin[1]** ['bʌmpkɪn] *s a.* **country ~** *contp.* ‚Bauer' *m*, ‚Pro'vinzler' *m*.

**bump·kin[2]** ['bʌmpkɪn] *s mar.* Butenluv *n*.

**bump| start** *s Br.* Anschieben *n*. '~-**start** *v/t Br. ein Auto* anschieben.

**bump·tious** ['bʌmpʃəs] *adj* (*adv* ~**ly**) *colloq.* aufgeblasen, wichtigtuerisch.

'**bump·y** *adj* **1.** holperig, uneben. **2.** *aer.* unruhig (*Flug*). **3. we are having a ~ time** (**of it**) *colloq.* uns geht es mal so, mal so; uns geht es ‚durchwachsen'.

**bum| steer** *s bes. Am. sl.* falsche *od.* irreführende Informati'on: **to give s.o. a ~** j-n ‚anschmieren'. '~**suck·er** *s Br. vulg.* ‚Arschkriecher(in)'. '~**suck·ing** *Br. vulg.* **I** *s* ‚Arschkrieche'rei' *f*. **II** *adj* ‚arschkriecherisch'.

**bun** [bʌn] *s* **1.** süßes Brötchen: **she has a ~ in the oven** *colloq.* bei ihr ist was unterwegs. **2.** (Haar)Knoten *m*: **she wears her hair in a ~** sie trägt e-n Knoten.

**bu·na** ['bjuːnə; 'buːnə] *s* (*TM*) *m* Buna (*synthetischer Kautschuk*).

**bunch** [bʌntʃ] **I** *s* **1.** Bündel *n*, Bund *n*, *m*, Büschel *n*, Traube *f*: ~ **of flowers** Blumenstrauß *m*; ~ **of grapes** Weintraube *f*; ~ **of keys** Schlüsselbund *m*, *n*; ~ **of fives** *colloq.* Faustschlag *m*. **2.** *electr. phys.* (*Leitungs-, Strahlen*)Bündel *n*. **3.** Anzahl *f*, Pack *m*, Haufen *m*: **a ~ of orders**; **a ~ of partridges** e-e Kette Rebhühner; → **pick[1]** 4. **4.** *colloq.* ‚Verein' *m*, ‚Haufen' *m*, ‚Blase' *f*. **II** *v/t* **5.** a. ~ **up** bündeln (*a. electr.*), zs.-fassen, binden: ~**ed circuit** *electr.* Leitungsbündel *n*. **III** *v/i* **6.** ~ **out** her'vortreten (*Muskeln etc*). **7.** *oft* ~ **up** (*od.* **together**) Grüppchen *od.* Haufen bilden: **don't ~ up!** nicht alle auf e-n Haufen! '**bunch·ing** *s electr.* Bündelung *f*, Im'pulsbildung *f*.

'**bunch·y** *adj* **1.** büschelig, buschig, traubenförmig. **2.** bauschig.

**bun·co** ['bʌnkəʊ] *Am. colloq.* **I** *pl* -**cos** *s* **1.** Bauernfängerspiel *n*. **2.** Schwindel *m*, Betrug *m*: ~ **steerer** Schwindler *m*, Betrüger *m*. **II** *v/t* **3.** j-n ‚reinlegen'.

**bun·combe** *bes. Am.* → **bunkum**.

**bun·dle** ['bʌndl] **I** *s* **1.** Bündel *n*, Bund *n*, Pa'ket *n*, Ballen *m*: **by ~s** bündelweise; ~ **of rays** *phys.* Strahlenbündel; ~ **of pillar** *arch.* Bündelpfeiler *m*. **2.** *colloq.* a) (*Kraft-, Nerven- etc*)Bündel *n*: **a ~ of energy**, b) Menge *f*, Haufen *m*, c) ‚Batzen' *m* (*Geld*). **3.** (*Papier- etc*)Rolle *f*. **4.** *anat.* Fas'cilus *m*: ~ **sheath** Gefäßbündelscheide *f*. **5. to go a ~ on** *colloq. etwas* wahnsinnig gern mögen. **II** *v/t* **6.** *oft* ~ **up** in (ein) Bündel binden, bündeln, zs.-binden, -packen. **7.** stopfen: **we ~d everything into a drawer. 8. to ~ o.s. up against the cold** sich warm anziehen. **9.** *meist* ~ **off** j-n *od. etwas* eilig *od.* ohne viel Federlesens fortschaffen, j-n abschieben: **he was ~d into a taxi** er wurde in ein Taxi gepackt *od.* verfrachtet. **III** *v/i* **10. to ~ up against the cold** → 8. **11.** *meist* ~ **off** sich packen *od.* eilig da'vonmachen. **12.** *hist.* angekleidet im gleichen Bett liegen (*alte Sitte bei Verlobten in Wales u. Neuengland*).

**bung** [bʌŋ] **I** *s* **1.** a) Spund(zapfen) *m*, Stöpsel *m*, b) → **bunghole**. **2.** *mil.* Mündungspfropfen *m* (*am Geschütz*). **3.** *Töpferei:* Kapselstoß *m*. **II** *v/t* **4.** *ein Faß* a) verspunden, b) verfüllen. **5.** *meist* ~ **up** *colloq.* e-e Öffnung *etc* verstopfen: **my nose is ~ed up** m-e Nase ist zu; **to be ~ed up** an Verstopfung leiden. **6.** *colloq.* ‚schmeißen', werfen: **to ~ out** raus-

---

schmeißen. **7.** *meist* ~ **up** *Am. colloq.* a) j-n grün u. blau schlagen, b) *ein Auto etc* schwer beschädigen *od.* verbeulen. **III** *v/t* **8. to go ~** *Austral. colloq.* a) ‚den Löffel weglegen' (*sterben*), b) ‚pleite gehen'.

**bun·ga·low** ['bʌŋgələʊ] *s* Bungalow *m*.

'**bung·hole** *s* Spund-, Zapfloch *n*.

**bun·gle** ['bʌŋgl] **I** *v/i* **1.** stümpern, pfuschen, ‚patzen'. **II** *v/t* **2.** verpfuschen, ‚verpatzen'. **III** *s* **3.** Stümpe'rei *f*, Pfusch(arbeit *f*) *m*: **to make a ~ of s.th.** → 2. **4.** (grober) Fehler, ‚Schnitzer' *m*. '**bun·gler** [-lə(r)] *s* Stümper *m*, Pfuscher *m*. '**bun·gling** [-lɪŋ] *adj* (*adv* ~**ly**) ungeschickt, stümperhaft.

**bun·ion** ['bʌnjən] *s med.* entzündeter Fußballen.

**bunk[1]** [bʌŋk] **I** *s* a) *mar.* (Schlaf)Koje *f*, b) → **bunk bed**, c) *colloq.* Schlafstelle *f*, Bett *n*, ‚Falle' *f*. **II** *v/i* a) in e-r Koje *etc* schlafen, b) *oft* ~ **down** *colloq.* ‚kam'pieren': **to ~ in** im Bett bleiben.

**bunk[2]** [bʌŋk] → **bunkum**.

**bunk[3]** [bʌŋk] *Br. colloq.* **I** *v/i* ‚verduften', ‚türmen'. **II** *s*: **to do a ~** → I.

**bunk bed** *s* E'tagenbett *n*.

**bunk·er** ['bʌŋkə(r)] **I** *s* **1.** *mar.* (*bes.* Kohlen)Bunker *m*: ~ **coal** Bunkerkohle *f*; ~ **oil** Bunkeröl *n*. **2.** *mil.* Bunker *m*, bombensicherer 'Unterstand. **3.** *Golf:* Bunker *m*, Sandhindernis *n*. **II** *v/i* **4.** *mar.* bunkern, Kohle *etc* über'nehmen. **III** *v/t* **5.** *Golf:* **den Ball** in e-n Bunker schlagen: **he is ~ed** er hat den Ball in e-n Bunker geschlagen. **6.** *Am. colloq.* a) *etwas* zum Erliegen bringen, b) j-n in ‚Schwuli'täten' bringen.

'**bunk,house** *s Am.* 'Schlafba,racke *f*.

**bun·ko** → **bunco**.

**bun·kum** ['bʌŋkəm] *s* Blödsinn *m*, ‚Quatsch' *m*, ‚Blech' *n*, Gewäsch *n*.

**bun·ny** ['bʌnɪ] *s* **1.** a. ~ **rabbit** (*Kosename für*) Häs·chen *n*. **2.** *colloq.* ‚Häs·chen' *n* (*attraktives Mädchen*).

**Bun·sen burn·er** ['bʌnsn; *Am.* 'bʌnsən] *s chem. tech.* Bunsenbrenner *m*.

**bunt[1]** [bʌnt] *s mar.* **1.** Buk *m*, Bauch *m* (*e-s Segels*). **2.** Mittelteil *m* e-r Raa.

**bunt[2]** [bʌnt] **I** *v/t u. v/i* **1.** mit den Hörnern *od.* dem Kopf stoßen (*Ziege etc*). **2.** *Baseball:* (**den Ball**) kurz *od.* leicht schlagen. **II** *s* **3.** Stoß *m* mit dem Kopf *od.* den Hörnern.

**bunt[3]** [bʌnt] *s bot.* Weizenstein-, Stinkbrand *m*.

**bun·ting[1]** ['bʌntɪŋ] *s bes. mar.* **1.** Flaggentuch *n*. **2.** *collect.* Flaggen *pl*.

**bun·ting[2]** ['bʌntɪŋ] *s orn.* Ammer *f*.

**buoy** [bɔɪ] **I** *s* **1.** *mar.* Boje *f*, Bake *f*, Seezeichen *n*. **2.** Rettungsboje *f*. **II** *v/t* **3.** *meist* ~ **up** a) aufbojen, flott erhalten, b) über Wasser halten. **4.** a. ~ **off** (*od.* **out**) ausbojen, *e-e Fahrrinne* durch Bojen mar'kieren. **5.** *meist* ~ **up** *fig.* Auftrieb geben (*dat*), beleben: ~**ed up** von neuem Mut erfüllt. '**buoy·age** *s mar.* **1.** *collect.* (ausgelegte) Bojen *pl*. **2.** Mar'kierung *f* durch Bojen.

**buoy·an·cy** ['bɔɪənsɪ] *s* **1.** *phys.* Schwimm-, Tragkraft *f* (*schwimmender Körper*). **2.** *aer.* Auftrieb *m*. **3.** *fig.* a) Lebens-, Spannkraft *f*, b) Schwung *m*, Lebhaftigkeit *f*, Heiterkeit *f*. **4.** *econ.* Lebhaftigkeit *f*.

**buoy·ant** ['bɔɪənt] *adj* **1.** schwimmend, tragend (*Wasser etc*). **2.** federnd (*Schritt*). **3.** *fig.* schwungvoll, lebhaft. **4.** *econ.* lebhaft. ~ **gas** *s tech.* Traggas *n*.

**bur** [bɜː; *Am.* bɜr] *s* **1.** *bot.* Klette *f* (*a. fig.*): **to cling** (*od.* **stick**) **to s.o. like a ~** an j-m wie e-e Klette hängen. **2.** *bot.* rauhe *od.* stachelige Samenschale (*z. B. Igel der Kastanie*). **3.** *zo.* Knotenbildung *f* (*z. B. Rose am Hirschgeweih*). **4.** *tech.* → **burr[1]** 1–3.

**bur·ble** [ˈbɜːbl; *Am.* ˈbɜrbəl] **I** *v/i* **1.** plätschern. **2.** *oft* ~ away (*od.* on) plappern. **II** *s* **3.** *aer. tech.* Wirbel *m.* **~ point** *s aer.* Grenzschichtablösungspunkt *m.*

**bur·bot** [ˈbɜːbət; *Am.* ˈbɜr-] *pl* **-bots,** *bes. collect.* **-bot** *s zo.* (Aal)Quappe *f.*

**burd** [bɜːd; *Am.* bɜrd] *s poet.* (junge) Dame.

**bur·den**[1] [ˈbɜːdn; *Am.* ˈbɜrdn] **I** *s* **1.** Last *f,* Ladung *f:* **to bear a ~** e-e (schwere) Last tragen. **2.** (*seelische od. finanzielle*) Last, Bürde *f,* Belastung *f,* Druck *m:* ~ **of years** Last der Jahre; **to be a ~ to** (*od.* on) j-m zur Last fallen; **to throw off a ~** e-e Last abschütteln; **the ~ of proof rests with him** die Beweislast trifft ihn. **3.** *econ.* Gemeinkosten *pl.* **4.** *tech.* a) (Trag)Last *f,* b) Druck *m,* c) *Hochofen:* Möller *m,* Gicht *f.* **5.** *mar.* a) Tragfähigkeit *f,* Tonnengehalt *m:* **a ship of 1,000 tons** ~ ein Schiff von 1000 Tonnen, b) Gewicht *n* der Schiffsladung. **II** *v/t* **6.** belasten (*a. fig.*): **to ~ s.o. with s.th.** j-m etwas aufbürden.

**bur·den**[2] [ˈbɜːdn; *Am.* ˈbɜrdn] *s* **1.** *mus.* a) Baß *m,* tiefe Begleitung, b) → bourdon[1] c. **2.** Reˈfrain *m,* Kehrreim *m.* **3.** ˈHauptiˌdee *f,* -punkt *m,* -gedanke *m,* Kern *m.*

**ˈbur·den·some** [-səm] *adj* lästig, beschwerlich, drückend.

**bur·dock** [ˈbɜːdɒk; *Am.* ˈbɜrˌdɑk] *s bot.* (bes. Große) Klette.

**bu·reau** [ˈbjʊərəʊ] *pl* **-reaus, -reaux** [-rəʊz] *s* **1.** *Br.* Schreibtisch *m,* -pult *n.* **2.** *Am.* (*bes.* ˈSpiegel)Komˌmode *f.* **3.** Büˈro *n,* Geschäfts-, Amtszimmer *n.* **4.** a) Abˈteilung *f* (*e-s Staatsamtes*), b) Amt *n,* Dienststelle *f.* **5.** Auskunfts- *od.* Vermittlungsstelle *f.* **buˈreau·ra·cy** [-ˈrɒkrəsɪ; *Am.* -ˈrɑ-] *s* **1.** Bürokraˈtie *f.* **2.** büroˈkratisches Reˈgierungsˌsystem. **3.** *collect.* (Berufs)Beamtentum *n.* **ˈbu·reau·crat** [-kræt] *s* Büroˈkrat *m.* **ˌbu·reau·craˈtese** [-krəˈtiːz] *s* Amts-, Beamtenstil *m,* -sprache *f.* **ˌbu·reau·ˈcrat·ic** *adj* (*adv* ~ally) büroˈkratisch. **buˈreau·cra·tism** [-ˈrɒkrətɪzəm; *Am.* -ˈrɑ-] *s* Bürokraˈtismus *m.* **buˈreau·cra·tist** *s* **1.** Büroˈkrat *m.* **2.** Verfechter *m* des Bürokraˈtismus. **buˈreau·cra·tize** *v/t* büroˈkratiˈsieren.

**bu·rette** [bjʊəˈret] *s* **1.** *chem.* Büˈrette *f,* Meßröhre *f.* **2.** verzierte Kanne (*bes. für Meßwein*).

**burg** [bɜːg; *Am.* bɜrg] *s* **1.** *hist.* befestigte Stadt. **2.** *Am. colloq.* Stadt *f.*

**bur·gee** [ˈbɜːdʒiː; *Am.* bɜrˈdʒiː] *s* **1.** *mar.* Doppelstander *m* (*Wimpel*). **2.** *tech. Br.* e-e kleine Kohlensorte.

**bur·geon** [ˈbɜːdʒən; *Am.* ˈbɜr-] **I** *s* **1.** *bot.* Knospe *f,* Auge *n.* **2.** *zo.* Keim *m.* **II** *v/i* **3.** *oft* ~ **forth** (*od.* out) knospen (*a. fig.*): **sich entwickeln** *od.* entfalten.

**burg·er** [ˈbɜːgə; *Am.* ˈbɜrgər] *s gastr. bes. Am. colloq.* Hamburger *m.*

**bur·gess** [ˈbɜːdʒɪs; *Am.* ˈbɜrdʒəs] *s hist.* **1.** *Br.* (freier) Bürger. **2.** *Br.* Abgeordnete(r) *m.* **3.** *Am.* Abgeordneter der Volksvertretung in Maryland *od.* Virginia.

**burgh** [ˈbʌrə; *Am.* ˈbɜrəʊ] *s* **1.** *Scot. für* borough 2 a. **2.** *obs. für* borough 2 b.

**burgh·er** [ˈbɜːgə; *Am.* ˈbɜrgər] *s* **1.** Städter *m.* **2.** (etaˈblierter, konventioˈnell ausgerichteter) Bürger.

**bur·glar** [ˈbɜːglə; *Am.* ˈbɜrglər] *s* Einbrecher *m:* **we had ~s last night** bei uns wurde letzte Nacht eingebrochen. **~ a·larm** *s* Aˈlarmanlage *f.*

**bur·glar·i·ous** [bɜːˈgleərɪəs; *Am.* bɜr-] *adj* (*adv* ~ly) einbrecherisch, Einbrecher..., Einbruchs...: ~ **attempt;** ~ **tools.** **bur·glar·ize** [ˈbɜrgləˌraɪz] *Am. für* burgle.

**ˈbur·glar·proof** *adj* einbruch(s)sicher.

---

**bur·gla·ry** [ˈbɜːglərɪ; *Am.* ˈbɜr-] *s* Einbruch(sdiebstahl) *m.*

**bur·gle** [ˈbɜːgl; *Am.* ˈbɜrgəl] *v/t u. v/i* einbrechen (in *acc od. dat*): **he was ~d** bei ihm wurde eingebrochen.

**bur·go·mas·ter** [ˈbɜːgəʊˌmɑːstə; *Am.* ˈbɜrgəˌmæstər] *s* Bürgermeister *m* (*in Belgien, Deutschland, den Niederlanden u. Österreich*).

**bur·go·net** [ˈbɜːgənet; *Am.* ˈbɜrgənət] *s hist.* Sturmhaube *f.*

**bur·grave** [ˈbɜːgreɪv; *Am.* ˈbɜr-] *s hist.* (deutscher) Burggraf.

**Bur·gun·dy** [ˈbɜːgəndɪ; *Am.* ˈbɜr-] *s a.* ~ **wine** Burˈgunder *m.*

**bur·i·al** [ˈberɪəl] *s* Begräbnis *n,* Beerdigung *f,* Beisetzung *f.* ~ **ground** *s* Friedhof *m.* ~ **mound** *s* Grabhügel *m.* ~ **place** *s* Grab(stätte *f*) *n.* ~ **ser·vice** *s* Trauerfeier *f.*

**bu·rin** [ˈbjʊərɪn; *Am. a.* ˈbɜrən] *s tech.* Grabstichel *m.*

**burk** [bɜːk] *s Br. sl.* Idiˈot *m,* Trottel *m.*

**burke** [bɜːk; *Am.* bɜrk] *v/t* **1.** erwürgen. **2.** *fig.* vertuschen. **3.** *fig.* umˈgehen, vermeiden.

**burl** [bɜːl; *Am.* bɜrl] **I** *s* **1.** Knoten *m* (*in Tuch od. Garn*). **2.** *bot.* Auswuchs *m,* Knoten *m* (*an Bäumen*). **II** *v/t* **3.** Tuch belesen, noppen: ~**ing irons** Noppzange *f;* ~ **machine** Zeugsichtemaschine *f.*

**bur·lap** [ˈbɜːlæp; *Am.* ˈbɜr-] *s* Rupfen *m,* Juteleinen *n,* Sackleinwand *f.*

**bur·lesque** [bɜːˈlesk; *Am.* bɜr-] **I** *adj* **1.** burˈlesk, possenhaft. **II** *s* **2.** Burˈleske *f,* Posse *f,* Persiˈflage *f.* **3.** *fig.* Karikaˈtur *f.* **4.** *Am.* Tingeltangel *n,* Varieˈté *n.* **III** *v/t* **5.** persiˈflieren. **6.** *fig.* kariˈkieren.

**bur·ly** [ˈbɜːlɪ; *Am.* ˈbɜrliː] *adj* stämmig.

**Bur·man** [ˈbɜːmən; *Am.* ˈbɜr-] → Burmese 2 a.

**Bur·mese** [ˌbɜːˈmiːz; *Am.* ˌbɜr-] **I** *adj* **1.** birˈmanisch. **II** *s* **2.** a) Birˈmane *m,* Birˈmanin *f,* b) Birˈmanen *pl.* **3.** *ling.* Birˈmanisch *n,* das Birmanische.

**burn**[1] [bɜːn; *Am.* bɜrn] **I** *s* **1.** verbrannte Stelle. **2.** *med.* Brandwunde *f,* Verbrennung *f.* **3.** *tech.* Zündung *f* (*e-r Rakete*). **4. to do a ~** → slow burn. **II** *v/i pret u. pp* **burned** *u.* **burnt 5.** (ver)brennen, in Flammen stehen: **the house is ~ing** das Haus brennt. **6.** brennen (*Ofen, Licht etc*). **7.** *fig.* brennen (with *vor dat*): **to ~ with impatience;** ~**ing with anger** wutentbrannt; ~**ing with love** von Liebe entflammt; **to be ~ing to do s.th.** darauf brennen, etwas zu tun. **8.** ver-, anbrennen, versengen: **the meat is ~t** das Fleisch ist angebrannt. **9.** brennen (*Gesicht, Wunde etc*): **his face ~ed;** → **ear**[1] Bes. Redew. **10. you are ~ing!** (*bes. bei Rätsel- od. Suchspielen*) heiß! **11.** *chem.* verbrennen, oxyˈdieren. **12.** a) in den Flammen ˈumkommen, verbrennen, b) verbrannt werden, den Feuertod erleiden, c) *Am. sl.* auf dem eˈlektrischen Stuhl ˈhingerichtet werden. **13.** *fig.* sich (unauslöschlich) einbrennen (into *dat od.* in *acc*): **her words ~ed into his memory. III** *v/t* **14.** verbrennen: **his house was ~t** sein Haus brannte ab; **to be ~t to death** → 12 a; → **bridge**[1] 1, **candle** 1, **midnight** II. **15.** ab-, verbrennen, versengen, durch Feuer *od.* Hitze beschädigen, *Speise* anbrennen (lassen): **to ~ one's fingers** sich die Finger verbrennen (*a. fig.*); **to ~ a hole** ein Loch brennen (in *in acc*); **to ~ the throat** im Hals brennen. **16.** *tech.* (*Holz*)Kohle, Ziegel, Kalk, Porzellan brennen. **17.** a) heizen mit, *Kohle etc* verwenden: **we ~ gas this winter,** b) *bes. mar.* betrieben werden *od.* fahren mit. **18.** *Am. sl.* auf dem eˈlektrischen Stuhl ˈhinrichten. **19.** *Am. sl.* e-n *Ball etc* ,pfeffern', schmeißen.

---

*Verbindungen mit Adverbien:*

**burn| a·way I** *v/i* **1.** (vor sich hin) brennen. **2.** herˈunterbrennen (*Kerze etc*). **3.** verbrennen. **II** *v/t* **4. to be burnt away** *med.* wegbrennen (*Haut etc*). ~ **down I** *v/i* **1.** ab-, niederbrennen: **to be burnt down** → 2. **II** *v/i* **2.** ab-, niederbrennen. **3.** herˈunterbrennen (*Feuer, Kerze etc*). ~ **in** *v/t* **1.** *Farben etc* einbrennen. **2.** *phot.* nachbelichten. ~ **off** *v/t Farbe etc* abbrennen. ~ **out I** *v/i* **1.** ausbrennen (*Feuer, Kerze etc, a. tech. Rakete*). **2.** *agr.* ausgelaugt werden (*Boden*). **3.** *electr.* ˈdurchbrennen. **II** *v/t* **4.** to be burnt out ausbrennen (*Haus, Fahrzeug etc*): **they were burnt out of their home** ihr Haus brannte ab. **5.** to burn itself out → 1. **6.** to burn o.s. out a) sich (*gesundheitlich*) ruinieren, sich kaputtmachen, b) *bes. sport* sich völlig verausgaben. **7.** *feindliche Truppen etc* ausräuchern. ~ **up I** *v/i* **1.** auflodern. **2.** a) verbrennen, b) verglühen (*Rakete etc*). **3.** *Am. colloq.* wütend werden. **II** *v/t* **4.** *Abfall etc* verbrennen. **5.** *Am. colloq.* j-n wütend machen.

**burn**[2] [bɜːn] *s Scot.* Bach *m.*

**ˈburn·er** *s* Brenner *m* (*Person u. Gerät*).

**bur·net** [ˈbɜːnɪt; *Am.* ˈbɜr-] *s bot.* **1.** Wiesenknopf *m.* **2.** ~ **rose** *s bot.* Biberˈnellrose *f.* ~ **sax·i·frage** *s pharm.* Biberˈnellwurz *f.*

**Burn·ham scale** [ˈbɜːnəm] *s Br.* Gehaltsskala für Lehrer an staatlichen Schulen.

**ˈburn·ing I** *adj* **1.** brennend (*a. fig.*), (*Kohle a.*) glühend: a ~**question;** **to take a ~ing interest in** brennend interessiert sein an (*dat*); ~ **sensation** *med.* Brennen *n.* **2.** ungeheuer (*Schande etc*). **II** *s* **3.** Brennen *n* (*a. tech.*). **4.** *tech.* Überˈhitzung *f.* ~ **bush** *s Bibl.* brennender Dornbusch. ~ **glass** *s* Brennglas *n.* ~ **life** *s* Brenndauer *f* (*e-r Glühlampe etc*).

**bur·nish** [ˈbɜːnɪʃ; *Am.* ˈbɜr-] **I** *v/t* **1.** poˈlieren, blank reiben. **2.** *Metall* brüˈnieren, glanzschleifen, (*preß*)poˈlieren. **3.** *hunt. das Geweih* fegen (*Hirsch*). **II** *v/i* **4.** glänzend *od.* blank werden. **III** *s* **5.** Glanz *m,* Poliˈtur *f.* **ˈbur·nish·er** *s* **1.** Poˈlierer *m.* **2.** Brüˈnierer *m.* **3.** *tech.* Poˈlierstahl *m.*

**bur·noose, bur·nous** [bɜːˈnuːs; *Am.* bɜr-], **ˈbur·nouse** [-ˈnuːz] *s* **1.** Burnus *m* (*Kapuzenmantel der Beduinen*). **2.** burnusähnlicher Damenmantel.

**ˈburn·out** *s* **1.** *electr.* ˈDurchbrennen *n.* **2.** *tech.* Brennschluß *m* (*e-r Rakete*).

**burnt** [bɜːnt; *Am.* bɜrnt] *pret u. pp von* burn[1]. ~ **al·monds** *s pl* gebrannte Mandeln *pl.* ~ **lime** *s* Atzkalk *m,* gebrannter Kalk. ~ **of·fer·ing** *s* **1.** *Bibl.* Brandopfer *n.* **2.** *humor.* angebranntes Essen.

**ˈburn·up** *s Atomphysik:* Abbrand *m.*

**burp** [bɜːp; *Am.* bɜrp] *colloq.* **I** *s* a) Rülpsen *n,* b) Rülpser *m,* (*e-s Babys*) ,Bäuerchen' *n:* ~ **gun** *mil. Am.* Maschinenpistole *f.* **II** *v/i* rülpsen, aufstoßen, (*Baby*) ein ,Bäuerchen' machen. **III** *v/t* ein *Baby* ein ,Bäuerchen' machen lassen.

**burr**[1] [bɜː; *Am.* bɜr] *s* **1.** *tech.* (Bohr-, Stanz-, Walz-*etc*)Grat *m* (*rauhe Kante od. Naht*). **2.** *tech.* kleine Beilagscheibe. **3.** *med.* (Zahn)Bohrer *m.* **4.** → bur 1-3. **II** *v/t* **5.** *tech.* abgraten.

**burr**[2] [bɜː; *Am.* bɜr] **I** *s* **1.** *ling.* Zäpfchenaussprache *f* des R. **2.** schnarrende Aussprache. **3.** Schnarrton *m.* **II** *v/i* **4.** rauh *od.* guttuˈral *od.* undeutlich sprechen. **5.** schnarren. **III** *v/t* **6.** guttuˈral aussprechen, schnarren: **he ~s his r's.**

**burr**[3] [bɜː; *Am.* bɜr] *s* **1.** Mühlstein *m.* **2.** Wetzstein *m.*

**burr drill** *s tech.* Drillbohrer *m.*

**bur·ro** [ˈbɜrəʊ; ˈbʊ-] *pl* **-ros** *s Am.* kleiner (Pack)Esel.

**bur·row** [ˈbɜrəʊ; *Am. a.* ˈbɜrəʊ] **I** *s* **1.** (*Fuchs-* etc)Bau *m*, Höhle *f*, Erdloch *n*. **2.** Fraßgang *m*, (*Wurm-* etc)Loch *n*. **3.** ‚Loch' *n*, (notdürftiger) ˈUnterschlupf. **II** *v/i* **4.** e-e Höhle *od.* e-n Gang graben. **5.** sich eingraben *od.* verkriechen (**into** in *acc*). **6.** *fig.* (**into**) a) sich vertiefen (in *acc*): **he** ˷ed **into his records,** b) graben *od.* wühlen (in *dat*): **he** ˷ed **into his pockets. 7.** sich schmiegen (**against** an *acc*). **III** *v/t* **8.** *ein Loch etc* graben. **9. to** ˷ **one's head into s.o.'s shoulder** s-n Kopf an j-s Schulter schmiegen.

**ˈbur·row·ing owl** *s orn.* Höhleneule *f*.

**bur·sa** [ˈbɜrsə; *Am.* ˈbɜrsə] *pl* **-sae** [-siː] *od.* **-sas** *s* Bursa *f*: a) *zo.* Tasche *f*, Beutel *m*, b) *anat.* Schleimbeutel *m*.

**bur·sar** [ˈbɜrsə; *Am.* ˈbɜrsər] *s univ.* **1.** Quästor *m*, Fiˈnanzverwalter *m*. **2.** *Scot.* Stipendiˈat *m.* **ˈbur·sar·ship** → **bursary.** **ˈbur·sa·ry** *s univ.* **1.** Quäˈstur *f.* **2.** *Scot.* Stiˈpendium *n*.

**bur·si·tis** [bɜrˈsaɪtɪs; *Am.* bɜr-] *s med.* Burˈsitis *f*, Schleimbeutelentzündung *f*.

**burst** [bɜrst; *Am.* bɜrst] **I** *v/i pret u. pp* **burst 1.** a) bersten (*Eis, Mauer etc*), (zer)platzen (*Luftballon, Reifen etc*), brechen (*Damm etc*), b) a.˷ **open** aufplatzen (*Knospe, Wunde etc*), aufspringen (*Knospe, Tür etc*): **she was** ˷ing **out of her dress** sie platzte fast aus ihrem Kleid. **2.** exploˈdieren, (*Granate etc a.*) kreˈpieren. **3.** zerbrechen, zersplittern. **4.** *fig.* ausbrechen (**into** in *acc*): **to** ˷ **out laughing,** **to** ˷ **into laughter** in Gelächter ausbrechen, loslachen, ‚herausplatzen'; **to** ˷ **into tears** in Tränen ausbrechen; **to** ˷ **into bloom** plötzlich erblühen; **to** ˷ **into flame(s)** in Flammen aufgehen; **to** ˷ **into rage** plötzlich in Wut geraten. **5.** ˷ **out** ‚herˈausplatzen': ‚**I don't believe it!' he** ˷ **out. 6.** zum Bersten voll sein (**with** von): **barns** ˷ing **with grain;** **to** ˷ **with health (energy)** *fig.* von *od.* vor Gesundheit (Energie) strotzen. **7.** *fig.* (*vor Neugierde, Neid etc*) bersten, platzen: **to** ˷ **with curiosity (envy);** **to** ˷ **with laughter** sich vor Lachen schütteln; **I am** ˷ing **to tell you** ich brenne darauf, es dir zu sagen. **8.** ˷ **in** (**out**) herˈein-(hinˈaus)stürmen: **to** ˷ **into the room** ins Zimmer platzen *od.* stürzen; **to** ˷ **in** (**up**)**on** a) hereinplatzen bei (*j-m*), b) sich einmischen in (*acc*), *e-e Unterhaltung etc* unterbrechen. **9. to** ˷ **into view** (*od.* **sight**) plötzlich sichtbar werden; **to** ˷ **forth** hervorbrechen, -sprudeln; **to** ˷ **through** durchbrechen (*Sonne etc*); **to** ˷ **upon s.o.** j-m plötzlich klar werden. **II** *v/t* **10.** (auf)sprengen, zum Platzen bringen: **to** ˷ **open** aufbrechen; **I have** ˷ **a blood vessel** mir ist e-e Ader geplatzt; **to** ˷ **a hole into s.th.** ein Loch in etwas sprengen; **the car** ˷ **a tire** (*bes. Br.* **tyre**) ein Reifen am Wagen platzte; **the river** ˷ **its banks** der Fluß trat über die Ufer *od.* durchbrach die Dämme; → **side** 4. **III** *s* **11.** Bersten *n*, Platzen *n*. **12.** Explosiˈon *f*. **13.** Bruch *m*, Riß *m*. **14.** *fig.* Ausbruch *m*: ˷ **of applause** Beifallssturm *m*; ˷ **of hospitality** plötzliche Anwandlung von Gastfreundschaft; ˷ **of laughter** Lachsalve *f*. **15.** *a.* ˷ **of fire** Feuerstoß *m*, Salve *f* (*e-s Maschinengewehrs etc*). **16.** *electr. phys.* a) (Strom)Stoß *m*, Imˈpuls *m*, b) Ionisatiˈonsstoß *m.* **17.** *a.* ˷ **of speed** *sport* (Zwischen)Spurt *m*.

**ˈburst·ing point** *s* **1.** *mil.* Sprengpunkt *m.* **2.** *fig.* Siedepunkt *m*: **at** ˷ zum Zerreißen gespannt (*Nerven*). ˷ **strength** *s tech.* Berst-, Bruchfestigkeit *f*.

**bur·then** [ˈbɜrðn; *Am.* ˈbɜrðən] *obs. für* **burden**[1].

**bur·ton** [ˈbɜrtn; *Am.* ˈbɜrtn] *s* **1.** *mar.* ein leichter Flaschenzug. **2. to have gone for a** ˷ *Br. colloq.* a) ‚im Eimer' (*kaputt od. gescheitert*) sein, b) ‚futsch' (*weg*) sein, c) ‚den Löffel weggelegt haben' (*gestorben sein*).

**bur·y** [ˈberɪ] *v/t* **1.** ver-, eingraben, (ver)senken, *electr. tech.* in die Erde verlegen: **to** ˷ **one's face in the pillows** sein Gesicht in die Kissen vergraben; **to** ˷ **o.s.** (**away** *od.* **alive**) **in the country** *fig.* sich auf dem Land vergraben; **buried cable** *tech.* Erdkabel *n*; **buried wire** *electr.* Unterputzleitung *f*; → **hatchet** 2, **head** *Bes. Redew.* **2.** begraben, beerdigen, bestatten: **she has buried three husbands** sie hat drei Männer überlebt. **3.** verschütten, begraben: **buried under an avalanche; to be buried in** (*od.* **under**) **work** bis über den Hals in Arbeit stecken. **4.** *fig.* begraben, vergessen: **to** ˷ **a quarrel; to** ˷ **the past** e-n Schlußstrich unter die Vergangenheit ziehen. **5.** ˷ **o.s.** sich vertiefen *od.* versenken (**in** in *acc*): **to be buried in** vertieft sein in (*acc*); **to be buried in thought(s)** gedankenversunken *od.* in Gedanken versunken sein.

**ˈbur·y·ing bee·tle** *s zo.* (ein) Totengräber(käfer) *m.* ˷ **ground** *s* Friedhof *m*.

**bus** [bʌs] **I** *pl* **-es, -ses** *s* **1.** Omnibus *m*, (Auto)Bus *m*: → **miss**[2] 1. **2.** *colloq.* ‚Kiste' *f*: a) Auto *n*, b) Flugzeug *n*. **II** *v/i pret u. pp* **bused, bussed 3.** mit dem Bus fahren. **4.** *Am.* als Hilfskellner arbeiten. **III** *v/t* **5.** mit Bussen befördern od. fahren. **6.** *Am.* Schulkinder mit Bussen in andere Bezirke befördern, um in den Klassen ein rassisches Gleichgewicht zu erzielen. ˷ **bar** *s electr.* Strom-, Sammelschiene *f.* ˷ **boy** *s Am.* Hilfskellner *m*.

**bush**[1] [bʊʃ] **I** *s* **1.** Busch *m*, Strauch *m*: **to beat about** (*od.* **around**) **the** ˷ *fig.* wie die Katze um den heißen Brei herumgehen, um die Sache herumreden. **2.** Gebüsch *n*, Dickicht *n*. **3.** a) (*australischer od.* ) Busch, b) Waldland *n*. **4.** ˷ **of hair** (Haar)Schopf *m*. **5.** a) *obs.* Buschen *m* (*zur Kennzeichnung e-r Buschenschenke*), b) Wirtshausschild *n*, c) Reˈklame *f*: **it needs no** ˷. **II** *adj* → **bush-league**.

**bush**[2] [bʊʃ] *tech.* **I** *s* Buchse *f*, Büchse *f*. **II** *v/t* ausbuchsen.

**bushed** [bʊʃt] *adj colloq.* (tod)müde, (völlig) ‚groggy'.

**bush·el**[1] [ˈbʊʃl] *s* **1.** Bushel *m*, Scheffel *m* (*Br.* 36,37 l, *Am.* 35,24 l): → **light**[1] 4. **2.** *fig.* Haufen *m*.

**bush·el**[2] [ˈbʊʃəl] *v/t pret u. pp* **-eled** *Am. Kleidung* a) ausbessern, flicken, b) ändern.

**ˈbush|fight·er** *s Am.* Gueˈrilla(kämpfer) *m.* ˷**ham·mer** *s tech.* Stockhammer *m.* ˷**har·row** *s* Buschegge *f*.

**ˈbush·ing** *s* **1.** *tech.* a) → **bush**[2] I, b) Muffe *f*, Spannhülse *f*. **2.** *electr.* ˈDurchführungshülse *f*.

**ˈbush|jack·et** *s* Buschhemd *n.* ˷ **league** *s bes. Baseball: Am. colloq.* a) untere Spielklasse, b) Proˈvinzliga *f.* ˷**·league** *adj Am. colloq.* a) diletˈtantisch, Schmalspur..., b) Provinz..., c) minderwertig. **leagu·er** *s Am. colloq.* **1.** Spieler *m* in e-r bush league. **2.** Diletˈtant *m.* ˈ**B**˷**man** [-mən] *s irr* **1.** Buschmann *m* (*Südafrikas*). **2.** *Am. Austral.* j-d, der im Wald od. Busch lebt. **3.** b˷ *Am.* ˈHinterwäldler *m.* ˷**mas·ter** *s zo.* Buschmeister *m* (*amer. Giftschlange*). ˷ **met·al** *s tech.* Hartguß *m.* ˷**rang·er** *s* **1.** *Austral.* entsprungener Strafgefangener, der im Busch lebt. **2.** *Am.* ˈHinterwäldler *m.* ˷ **shirt** *s* Buschhemd *n.* ˷ **tel·e·graph** *s* ˈUrwaldteleˌfon *n*: **I heard it on the** ˷ *colloq.*

ich hab' so etwas läuten hören. ˷|**whack I** *v/i* **1.** *Am. Austral.* im Wald *od.* Busch leben *od.* herˈumstreichen. **2.** *Am.* a) als Gueˈrilla kämpfen, b) Gueˈrillakampf führen. **II** *v/t* **3.** *Am.* aus e-m *od.* dem ˈHinterhalt überˈfallen. ˷|**whack·er** *s* **1.** *Am. Austral.* j-d, der im Wald *od.* Busch lebt *od.* herumstreicht. **2.** *Am.* Gueˈrilla(kämpfer) *m*.

**ˈbush·y** *adj* buschig. ˷**-tailed** *adj zo.* mit buschigem Schwanz: → **bright-eyed** 2.

**busi·ness** [ˈbɪznɪs] *s* **1.** Geschäft *n*, Beruf *m*, Tätigkeit *f*, Gewerbe *n*, Arbeit *f*: **to carry on** ˷ **as an estate agent** als Grundstücksmakler tätig sein; **on** ˷ geschäftlich, beruflich, in Geschäften, in e-r geschäftlichen Angelegenheit; **to discuss** ˷ über geschäftliche Dinge reden; **he knows his** ˷ er versteht sein Geschäft; **on the way to** ˷ auf dem Weg zur Arbeit(sstätte). **2.** a) Kaufmannsberuf *m*, b) Geschäftsleben *n*, Handel *m*: **to be in** ˷ Geschäftsmann *od.* Kaufmann sein, ein Geschäft haben; **to go into** ˷ Kaufmann werden; **to go out of** ˷ das Geschäft *od.* s-n Beruf aufgeben; ˷ **is** ˷ Geschäft ist Geschäft. **3.** *econ.* Geschäft(sgang *m*) *n*, Geˈschäftsvoˌlumen *n*, ˈUmsatz *m*: **how is** ˷? wie gehen die Geschäfte?; ˷ **is slack** das Geschäft ist flau; ˷ **done** (*Börse*) Umsatz(betrag) *m*, (tatsächlich getätigte) Abschlüsse *pl*; **no** ˷ (**done**) (*Börse*) ohne Umsatz; **to do good** ˷ (**with**) gute Geschäfte machen (mit); **to lose** ˷ Kundschaft *od.* Aufträge verlieren. **4.** *econ.* Geschäft *n*, (Geˈschäfts)Unterˌnehmen *n*, (-)Betrieb *m*, Firma *f*. **5.** (Laden)Geschäft *n*. **6.** Arbeit *f*, Tätigkeit *f*, Beschäftigung *f*: ˷ **before pleasure** erst die Arbeit, dann das Vergnügen. **7.** *a.* ˷ **of the day** Tagesordnung *f*. **8.** Sache *f*, Aufgabe *f*, Pflicht *f*: **that's your** ˷ (**to do**) das (zu tun) ist d-e Aufgabe; **to make it one's** ˷ **to do s.th.,** **to make a** ˷ **of doing s.th.** es sich zur Aufgabe machen, etwas zu tun. **9.** Angelegenheit *f*, Sache *f*: **to get down to** ˷ zur Sache kommen; **that's my** ˷ das ist m-e Sache; **this is none of your** ˷, **that is no** ˷ **of yours** das geht Sie nichts an; **the whole** ˷ die ganze Sache; **I'm trying to keep out of this demonstration** ˷ *colloq.* ich versuche, mich aus der ganzen Demonstriererei herauszuhalten; **to send s.o. about his** ˷ j-m heimleuchten; **to do s.o.'s** ˷, **to give s.o. the** ˷ *colloq.* ‚fertigmachen', ‚es j-m besorgen'; → **mean**[1] 1, **mind** 10. **10.** Anliegen *n*: **what is your** ˷? was haben Sie auf dem Herzen? **11.** Anlaß *m*, Grund *m*, Berechtigung *f*: **you have no** ˷ **doing** (*od.* **to do**) **that** Sie haben kein Recht, das zu tun; **what** ˷ **had he to say that?** wie kam er dazu, das zu sagen? **12.** *thea.* Aktiˈon *f* (*stumme Szenen, Bewegungen etc; Ggs. Sprechtext*). **13.** ‚Geschäft' *n* (*Notdurft*): **to do one's** ˷ sein Geschäft erledigen *od.* machen *od.* verrichten.

**busi·ness|ac·tiv·i·ty** → **business** 3. ˷ **ad·dress** *s* Geˈschäftsaˌdresse *f.* ˷ **a·gent** *s* **1.** Handelsvertreter *m*. **2.** *Am.* Geˈwerkschaftsfunktioˌnär *m.* ˷ **cap·i·tal** *s econ.* Beˈtriebs-, Geˈschäftskapiˌtal *n.* ˷ **card** *s* Geschäftskarte *f.* ˷ **cir·cles** *s pl* Geschäftskreise *pl.* ˷ **col·lege** *s* Wirtschaftsoberschule *f.* ˷ **con·sult·ant** *s econ.* Betriebsberater *m.* ˷ **cy·cle** *s econ. bes. Am.* Konjunkˈturzyklus *m.* ˷ **end** *s colloq.* wesentlicher Teil (*e-r Sache*), z. B. Spitze *f* (*e-s Bohrers od. Dolchs*), Mündung *f od.* Lauf *m* (*e-r Pistole etc*). ˷ **hours** *s pl* Geschäftsstunden *pl*, -zeit *f*: **after** ˷ nach Geschäftsschluß. ˷ **in·come** *s econ.* a) Geschäftseinkommen *n*,

b) gewerbliche Einkünfte *pl*, c) Unter-ˈnehmensgewinn *m*. **~ letter** *s* Geschäftsbrief *m*. **ˈ~like** *adj* **1.** geschäftsmäßig, geschäftlich, sachlich, nüchtern. **2.** (geschäfts)tüchtig, praktisch. **~ lunch** *s* Geschäftsessen *n*. **~ machine** *s* Büromaˌschine *f*. **ˈ~man** [-mæn] *s irr* Geschäftsmann *m*: he is a good **~** er ist geschäftstüchtig. **~ outlook** *s econ.* Geschäftsaussichten *pl*. **~ partner** *s econ.* Geschäftspartner *m*. **~ practices** *s pl* Geschäftsgebaren *n*. **~ premises** *s pl* Geschäftsräume *pl*. **~ relations** *s pl* Geschäftsbeziehungen *pl*. **~ reply card** *s* Werbeantwortkarte *f*. **~ research** *s econ.* Konjunkˈturforschung *f*. **~ secret** *s* Betriebs-, Geschäftsgeheimnis *n*. **~ suit** *s* Straßenanzug *m*. **~ trip** *s* Geschäftsreise *f*. **ˈ~woman** *s irr* Geschäftsfrau *f*: she is a good **~** sie ist geschäftstüchtig. **~ year** *s econ.* Geschäftsjahr *n*.

**ˈbus·ing** *s Am.* Busbeförderung von Schulkindern in andere Bezirke, um in den Klassen ein rassisches Gleichgewicht zu erzielen.

**busk**[1] [bʌsk] *s* Korˈsettstäbchen *n*.

**busk**[2] [bʌsk] *v/i Br.* auf der Straße musiˈzieren, singen *od.* akroˈbatische Kunststücke *etc* vorführen.

**ˈbusk·er** *s Br.* a) ˈStraßenmusiˌkant(in), b) Straßensänger(in), c) j-d, der auf der Straße akrobatische Kunststücke *etc* vorführt.

**bus·kin** [ˈbʌskɪn] *s* **1.** geschnürter (Halb-)Stiefel. **2.** *antiq. thea.* Koˈthurn *m*. **3.** Traˈgödie *f*, Trauerspiel *n*.

**ˈbusǀload** *s* Busladung *f*. **ˈ~man** [-mən] *s irr* Omnibusfahrer *m*: **~'s holiday** Urlaub, der mit der üblichen Berufsarbeit verbracht wird.

**buss**[1] [bʌs] **I** *s* Kuß *m*. **II** *v/t* küssen.

**buss**[2] [bʌs] *s mar.* Büse *f*, Heringsfischerboot *n*.

**bus|ser·vice** *s* Busverbindung *f*. **~ shel·ter** *s* Wartehäus-chen *n*.

**bus·sing** → busing.

**bus stop** *s* Bushaltestelle *f*.

**bust**[1] [bʌst] *s* **1.** Büste *f*: a) Brustbild *n* (aus Stein, Bronze etc), b) Busen *m*. **2.** *Schneiderei:* ˈBrustˌumfang *m*.

**bust**[2] [bʌst] *colloq.* **I** *v/i pret u. pp* **ˈbust·ed, bust 1.** a) ˈkaˈputtgehen': and if I **~** und wenn es mich umbringt, b) (zer)platzen. **2.** ˌpleite' gehen. **3.** **~ up** a) ˈKrach' haben, b) sich ˈverkrachen'. **4.** **~ out** *ped. Am.* ˌˈdurchrasseln', ˌˈdurchrauschen'. **II** *v/t* **5.** a) **~ up** a) *etwas, a. fig.* e-e Ehe ˌkaˈputtmachen', b) zum Platzen bringen, c) e-n Safe, *mil.* e-n Panzer knacken, d) *Am.* sich *etwas* brechen: he **~**ed his arm, e) e-e Versammlung etc sprengen. **6.** ˌpleite' machen. **7.** a) festnehmen, verhaften (for wegen), b) e-e Razzia machen in (dat), c) durchˈsuchen. **8.** *mil. Am.* degraˈdieren (to zu). **9.** *Am.* ein Pferd zureiten. **10.** *bes. Am.* j-m e-n (Faust)Schlag versetzen: he **~**ed him on the jaw m-e ˈverpaßte' ihm ein Kinnhaken. **III** *s* **11.** ˌPleite' *f, a. weitS.* ˌReinfall' *m*. **12.** a) Festnahme *f*, Verhaftung *f*, b) Razzia *f*, c) Durchˈsuchung *f*. **13.** *mil. Am.* Degraˈdierung *f*. **14.** *bes. Am.* (Faust)Schlag *m*: to give s.o. a **~** on the jaw j-m e-n Kinnhaken ˌverpassen'. **15.** a) ˌSaufeˈrei' *f*, b) ˌSauftour' *f*: to go on a **~** e-e Sauftour machen. **IV** *adj* **16.** ˌkaˈputt', ˌim Eimer'. **17.** ˌpleite': to go **~** pleite gehen.

**bus·tard** [ˈbʌstə(r)d] *s orn.* Trappe *m, a. f.*

**ˈbust·er** *s colloq.* **1.** a) ˌMordsding' *n*, b) ˌMordskerl' *m*. **2.** *oft* B**~** *bes. Am.* (als Anrede) ˌChef!', ˌMeister!', (drohend) Freundchen! **3.** (in Zssgn) ...knacker *m*:

**safe ~** Geldschrankknacker *m*; → **tank buster. 4.** *Am.* Zureiter *m*. **5.** *Am.* a) → **bust**[2] 15, b) ˈGröler *m*. **6.** *Austral.* heftiger, kalter Südwind.

**bus·tle**[1] [ˈbʌsl] **I** *v/i* **1.** a. **~ about** (od. around) a) sich tummeln hin u. her eilen. **2.** a) sich beeilen, b) eilen, hasten. **3.** the streets are bustling with life auf den Straßen herrscht geschäftiges Treiben. **II** *v/t* **4.** **~ up** antreiben, hetzen. **III** *s* **5.** a) Geschäftigkeit *f*, b) geschäftiges Treiben.

**bus·tle**[2] [ˈbʌsl] *s hist.* Tourˈnüre *f* (unter dem Kleid getragenes Gesäßpolster).

**ˈbus·tler** *s* geschäftiger Mensch. **ˈbustling** *adj* **1.** geschäftig. **2.** belebt (Straße etc).

**ˈbust-up** *s colloq.* ˌKrach' *m*: to have a **~** → **bust**[2] 3.

**bus·y** [ˈbɪzɪ] **I** *adj (adv* busily) **1.** beschäftigt, tätig: he was **~** sorting the books er war damit beschäftigt, die Bücher zu ordnen. **2.** geschäftig, emsig, rührig, fleißig: get **~**! an die Arbeit!, ˌran!'; → **bee**[1] 1. **3.** Straßen etc: a) belebt, b) verkehrsreich, stark befahren. **4.** arbeitsreich: a **~** day; I had a **~** day yesterday ich hatte gestern viel zu tun. **5.** ˈüber-, diensteifrig, auf-, zudringlich, lästig. **6.** *teleph. bes. Am.* besetzt. **7.** unruhig (Muster, Tapete etc). **II** *v/t* **8.** (o.s. sich) beschäftigen (with mit): to **~** o.s. doing s.th. sich damit beschäftigen, etwas zu tun. **III** *s* **9.** *Br. sl.* ˌGschaftlhuber' *m*, ˈÜbereifrige(r *m*) *f*, aufdringlicher Mensch.

**ˈbus·y·ness** *s* Geschäftigkeit *f*.

**bus·y signal** *s teleph. bes. Am.* Besetztzeichen *n*.

**but** [bʌt] **I** *adv* **1.** nur, bloß: **~** a child; there is **~** one way es gibt nur ˈeinen Ausweg; I did **~** glance ich blickte nur flüchtig hin. **2.** erst, gerade: he left **~** an hour ago er ist erst vor e-r Stunde gegangen. **3.** wenigstens, immerˈhin: you could **~** try. **4.** all **~** fast, beinahe, ˌum ein Haar': he all **~** died er wäre fast gestorben.

**II** *prep* **5.** außer: all **~** him alle außer ihm; the last **~** one der vorletzte; the last **~** two der drittletzte; nothing **~** nonsense nichts als Unsinn; **~** that außer daß; es sei denn, daß. **6. ~ for** ohne: **~** for my parents wenn m-e Eltern nicht (gewesen) wären.

**III** *conj* **7.** (nach Negativen od. Interrogativen) außer, als: what can I do **~** refuse was bleibt mir anderes übrig als abzulehnen; he could not **~** laugh er mußte einfach lachen. **8.** ohne daß: he never comes **~** he causes trouble er kommt nie, ohne Unannehmlichkeiten zu verursachen. **9.** *a.* **~** that, **~** what (nach Negativen) daß nicht: you are not so stupid **~** (od. **~** that, **~** what) you can learn that du bist nicht so dumm, daß du das nicht lernen könntest. **10. ~** that daß: you cannot deny **~** that you did it. **11. ~** that wenn nicht: I would do it **~** that I am busy. **12.** aber, jeˈdoch: you want to do it **~** you cannot du willst es tun, aber du kannst es nicht; small **~** select klein, aber fein; **~** then a) aber schließlich, b) aber andererseits, c) immerhin. **13.** dennoch, nichtsdestoˈweniger: **~** yet, **~** for all that (aber) trotzdem. **14.** sondern: not only ... **~** also nicht nur ..., sondern auch.

**IV** *neg rel pron* **15.** der od. die od. das nicht: there is no one **~** knows about it es gibt niemanden, der es nicht weiß; few of them **~** rejoiced es gab nur wenige, die sich nicht freuten.

**V** *s* **16.** Aber *n*, Einwand *m*, ˈWiderrede *f*: → if 5.

**VI** *v/t* **17. ~** me no buts! hier gibt es kein Aber!, keine Widerrede!

**bu·ta·di·ene** [ˌbjuːtəˈdaɪiːn] *s chem.* Butadiˈen *n*.

**bu·tane** [ˈbjuːteɪn] *s chem.* Buˈtan *n*.

**bu·ta·nol** [ˈbjuːtənɒl; *Am. a.* -ˌnəʊl] *s chem.* Butaˈnol *n*, Buˈtylalkohol *m*.

**bu·ta·none** [ˈbjuːtənəʊn] *s chem.* Butaˈnon *n*.

**butch** [bʊtʃ] *sl.* **I** *s* **1.** a) Mannweib *n*, b) ˌkesser Vater' (Lesbierin, die sich betont männlich kleidet u. gibt). **2.** *Br.* Schläger (-typ) *m*. **II** *adj* **3.** maskulin: **~** woman a) → 1 a, b) → 1 b; to be **~** ˌauf kesser Vater machen'. **4.** *Br.* gewalttätig.

**butch·er** [ˈbʊtʃə(r)] *s* **1.** Fleischer *m*, Metzger *m*, Schlachter *m*. **2.** *fig.* a) (Menschen)Schlächter *m*, bruˈtaler Mörder *m*, b) ˌHenker' *m* (Richter, der wegen s-r Bluturteile berüchtigt ist), c) General etc, der sinnlos Blut vergießt. **3.** Pfuscher *m*. **4.** *Am.* Verkäufer *m* (von Süßigkeiten etc bes. in Zügen od. Theatern). **II** *v/t* **5.** schlachten. **6.** abschlachten, niedermetzeln. **7.** verpfuschen. **ˈbutch·er·ly** *adj* grausam, blutdürstig.

**butch·er's (hook)** *s Br. sl.* Blick *m*: to have a **~** at e-n Blick werfen auf (acc).

**ˈbutch·er·y** *s* **1.** Fleischer-, Metzger-, Schlachterhandwerk *n*. **2.** Schlachthaus *n*, -hof *m*. **3.** *fig.* a) Metzeˈlei *f*, Gemetzel *n*, b) Abschlachten *n*, Niedermetzeln *n*.

**bu·tene** [ˈbjuːtiːn] *s chem.* Buˈten *n*.

**but·ler** [ˈbʌtlə(r)] *s* **1.** Kellermeister *m*. **2.** Butler *m*.

**butt**[1] [bʌt] **I** *s* **1.** (dickes) Ende (e-s Werkzeugs etc). **2.** (Gewehr- etc)Kolben *m*. **3.** a) (Ziˈgarren-, Zigaˈretten-, Kerzen-)Stummel *m*, (Zigaˈretten)Kippe *f*, b) *Am. colloq.* ˌGlimmstengel' *m* (Zigarette). **4.** *bot.* unteres Ende (vom Stiel od. Stamm). **5.** *tech.* a) Stoß *m* (Berührungsstelle von Bauteilen), b) → **butt joint. 6.** a) Kugelfang *m*, b) meist *pl* Schießstand *m*. **7.** *fig.* Zielscheibe *f* (des Spottes etc). **8.** a) Kopfstoß *m* (a. Boxen), b) Stoß *m* mit den Hörnern. **9.** *sl.* ˌHintern' *m*, ˌArsch' *m*. **10.** *obs.* Ziel *n*. **II** *v/t* **11.** *tech.* stumpf aneinˈanderfügen. **12.** a) j-m e-n Kopfstoß versetzen (a. Boxen), b) j-m e-n Stoß mit den Hörnern versetzen. **13.** Zigarre, Zigarette ausdrücken. **III** *v/i* **14. ~** in *colloq.* sich einmischen (on in acc): to **~** into sich einmischen in (acc). **15.** (an)stoßen, (an)grenzen (on, against an acc): to **~** out vorspringen. **16.** a) mit dem Kopf stoßen (a. Boxen), b) mit den Hörnern stoßen.

**butt**[2] [bʌt] *s* **1.** a) Wein-, Bierfaß *n*, b) Regentonne *f*. **2.** Butt *m* (englisches Flüssigkeitsmaß = 108 gallons).

**butte** [bjuːt] *s geol. Am.* Spitzkuppe *f*.

**butt end** *s* **1.** dickes Endstück *n*. **2.** *tech.* Plankenende *n*.

**but·ter** [ˈbʌtə(r)] **I** *s* **1.** Butter *f*: melted **~** zerlassene Butter; run **~** Butterschmalz *n*; he looks as if **~** would not melt in his mouth er sieht aus, als könnte er nicht bis drei zählen od. als könnte er kein Wässerchen trüben; → **bread** Bes. Redew. **2.** butterähnliche Masse: → cocoa butter, peanut butter. **3.** *colloq.* ˌSchmus' *m*, Schmeicheˈlei *f*, Schöntueˈrei *f*. **II** *v/t* **4.** buttern, mit Butter bestreichen: **~**ed Toast mit Butter. **5.** mit Butter zubereiten. **6. ~** up *colloq.* j-m schöntun, j-m schmeicheln. **III** *v/i* **7. ~** up to → 6. **ˈ~ball** *s* (Butter)Dickerchen *n*. **ˈ~bean** *s bot.* Wachsbohne *f*. **~ boat** *s* kleine Sauciˈere (für zerlassene Butter). **~ churn** *s* Butterfaß *n* (zum Buttern). **~ cup** *s bot.* Butterblume *f*, Hahnenfuß *m*. **~ dish** *s* Butterdose *f*, -schale *f*. **ˈ~fat** *s* Butterfett *n*. **ˈ~fingered** *adj*: he's **~** *colloq.* er ist tol-

patschig, ihm rutscht alles aus der Hand. '~₁**fin·gers** *s pl* (*als sg konstruiert*) *colloq.* Tolpatsch *m.*

'**but·ter·fly** *s* **1.** *zo.* Schmetterling *m,* Tagfalter *m:* **to have butterflies in one's stomach** *colloq.* ein flaues Gefühl in der Magengegend haben; → **wheel** 6. **2.** *fig.* a) ‚Schmetterling' *m,* flatterhafter, oberflächlicher Mensch, b) ‚Papa¦gei' *m* (*auffällig u. geschmacklos gekleideter Mensch*), c) vergnügungssüchtiger Mensch. **3.** a. ~ **stroke** (*Schwimmen*) Schmetterlingsstil *m,* Butterfly(stil) *m.* ~ **bomb** *s mil.* Flügelsprengbombe *f.* ~ **nut** *s tech.* Flügelmutter *f.* ~ **screw** *s tech.* Flügelschraube *f.* ~ **valve** *s tech.* Drossel-, Absperrklappe *f.*

**but·ter·ine** [ˈbʌtəriːn] *s* Kunstbutter *f.*

'**but·ter¦milk** *s* Buttermilch *f.* ~**moun·tain** *s econ.* Butterberg *m.* ~**mus·lin** *s* locker gewebter Musse¦lin *s.* '~**nut** *s* **1.** *bot.* a) Grauer Walnußbaum, b) Graunuß *f.* **2.** *Am. hist. sl.* Spitzname für e-n Soldaten der Südstaaten im Bürgerkrieg. '~**scotch** *s* Kara¦melbon¦bon *m, n.* '~**wort** *s bot.* Fettkraut *n.*

'**but·ter·y** *I adj* **1.** butterartig, Butter... **2.** mit Butter bestrichen. **3.** *colloq.* schöntuerisch, schmeichlerisch. **II** *s* **4.** Speisekammer *f.* **5.** *univ. Br.* Kan¦tine *f.*

**butt¦joint** *s tech.* Stoßverbindung *f,* -fuge *f.* '~**-joint** *v/t tech.* stumpf stoßen. '~₁**leg·ging** *s Am. colloq.* '**ille¦**galer Verkauf von unversteuerten Ziga¦retten.

**but·tock** [ˈbʌtək] *s* **1.** Gesäßbacke *f, zo.* '**Hinterbacke** *f.* **2.** *pl* Gesäß *n, colloq. od. zo.* '**Hinterteil** *n.* **3.** *meist pl mar.* Heck *n.*

**but·ton** [ˈbʌtn] *I s* **1.** (Kleider)Knopf *m:* **not worth a** ~ *colloq.* keinen Pfifferling wert; **to be a** ~ **short** *colloq.* nicht alle Tassen im Schrank haben); → **care** 8. **2.** (Klingel-, Licht-, Druck-, Schalt-) Knopf *m,* (Druck)Taste *f.* **3.** Knopf *m,* knopfähnlicher Gegenstand, *z.B.* a) (¦Ansteck)Pla¦kette *f,* (-)Nadel *f,* Abzeichen *n,* b) *fenc.* Spitzenschutz *m,* c) *mus.* (Re¦gister)Knopf *m,* d) *mus.* (Spiel-) Knopf *m* (*der Ziehharmonika*), e) *electr.* (Mikro¦phon)Kapsel *f,* f) '¦Rundkopf-mar¦kierung *f* (*im Straßenverkehr*). **4.** *bot.* knotenartige Bildung bei *Pflanzen:* a) Auge *n,* Knospe *f,* b) Fruchtknoten *m,* c) kleine *od.* verkümmerte Frucht, d) junger Pilz. **5.** *pl* (*als sg konstruiert*) *Br. colloq.* Ho¦telpage *m.* **6.** *Boxen: colloq.* ‚Punkt' *m* (*Kinnspitze*): **his answer was right on the** ~ *s-e* Antwort traf genau ins Schwarze. **II** *v/t* **7.** *meist* ~ **up** zuknöpfen: **to** ~ **s.th. up** etwas unter Dach u. Fach bringen; **to** ~ **up one's lip** (*od.* **mouth**) *colloq.* den Mund halten; ~**ed** mit Knöpfen (versehen), (zu)geknöpft; ~**ed up** *colloq.* a) ‚zugeknöpft', zurückhaltend, b) unter Dach u. Fach. **III** *v/i* **8.** sich knöpfen lassen, *hinten etc* geknöpft werden. '~**hole** *I s* **1.** Knopfloch *n.* **2.** *bes. Br.* Knopflochsträußchen *s,* Blume *f* im Knopfloch. **II** *v/t* **3.** a) j-n ‚abfangen' (u. auf ihn einreden), b) *Am.* j-n aufhorchen lassen. **4.** Knopflöcher nähen in (*acc*). **5.** mit Knopflöchern nähen. '~**hole stitch** *s* Knopflochstich *m.* '~**hook** *s* Stiefelknöpfer *m.* ~ **switch** *s tech.* Druckknopfschalter *m.*

**but·tress** [ˈbʌtrɪs] *I s* **1.** *arch.* Strebe-, Stützpfeiler *m.* **2.** *fig.* Stütze *f.* **3.** vorspringender Teil. **II** *v/t* a. ~ **up** **4.** (durch Strebepfeiler) stützen. **5.** *fig.* (unter-) '**stützen.**

**butt¦shaft** *s mil. hist.* Pfeil *m.* ~ **strap** *s tech.* Stoßblech *n,* Lasche *f.* ~ **weld** *s tech.* Stumpf(schweiß)naht *f.* '~**-weld** *v/t* stumpfschweißen. ~ **weld·ing** *s* Stumpfschweißen *n.*

---

**bu·tyl** [ˈbjuːtɪl] *s chem.* Bu¦tyl *n.* ~ **al·co·hol** *s chem.* Bu¦tylalkohol *m.*

**bu·tyl·ene** [ˈbjuːtɪliːn] *s chem.* Buty¦len *n.*

**bu·tyr·a·ceous** [ˌbjuːtɪˈreɪʃəs] *adj chem.* butterartig *od.* -haltig.

**bu·tyr·al·de·hyde** [ˌbjuːtɪˈrældɪhaɪd] *s chem.* Bu¦tyralde¦hyd *n.*

**bu·tyr·ate** [ˈbjuːtɪreɪt] *s chem.* Buty¦rat *n.*

**bu·tyr·ic** [bjuːˈtɪrɪk] *adj chem.* Butter...: ~ **acid** Buttersäure *f.*

**bux·om** [ˈbʌksəm] *adj* drall.

**buy** [baɪ] *I s* **1.** *colloq.* Kauf *m,* (*das*) Gekaufte: **a good** ~ ein guter Kauf. **II** *v/t pret u. pp* **bought** [bɔːt] **2.** (ein)kaufen, beziehen (**of, from** von; **at** bei): **to** ~ **s.th. from s.o.** j-m etwas abkaufen; **all that money can** ~ alles, was für Geld zu haben ist; **$1,000 will** ~ **that car** für 1 000 Dollar bekommt man diesen Wagen; **he's bought it** *Br. colloq.* ‚ihn hat's erwischt' (*er ist umgekommen*). **3.** *e-e Fahrkarte etc* lösen. **4.** *econ.* **to** ~ **o.s. into** sich einkaufen in (*acc*). **to** ~ **insurance** sich versichern lassen. **5.** *fig.* a) *e-n Sieg etc* erkaufen (**with** mit): **dearly bought** teuer erkauft, b) *Zeit* gewinnen. **6.** *j-n* ‚kaufen', bestechen. **7.** *relig.* erlösen. **8.** *bes. Am. colloq.* a) etwas glauben: **I won't** ~ **that!** ‚das kauf ich dir *etc* nicht ab!', b) *etwas* akzep¦tieren. **III** *v/i* **9.** kaufen. **10.** **to** ~ **into** → 4.

*Verbindungen mit Adverbien:*

**buy¦back** *v/t* zu¦rückkaufen. ~ **in I** *v/t* **1.** sich eindecken mit. **2.** (*auf e-r Auktion*) zu¦rücknehmen. **3.** **to buy o.s. in** *econ.* sich einkaufen. **II** *v/i* **4.** sich eindecken (**for** für). **5.** → 3. ~ **off** *v/t* → **buy** 6. ~ **out** *v/t* **1.** *Teilhaber etc* abfinden, auszahlen. **2.** *Firma etc* aufkaufen. **3.** *mil.* los-, freikaufen (**of** von). ~ **o·ver** *v/t* → **buy** 6. ~ **up** *v/t* aufkaufen.

'**buy·er** *s* **1.** Käufer(in), Abnehmer(in): ~**s** (*Börse*) Geld *n;* ~**-up** Aufkäufer *m;* ~**s'** **market** *econ.* Käufermarkt *m;* ~**'s option** Kaufoption *f,* (*Börse*) Vorprä-mie(ngeschäft *n*) *f;* ~**s' strike** Käuferstreik *m.* **2.** *econ.* Einkäufer(in).

'**buy·ing** *I s* (Ein-, Ab)Kauf *m.* **II** *adj* (Ein)Kauf(s)...: ~ **agent** Einkaufsvertreter *m,* Einkäufer *m;* ~ **brokerage** Einkaufsprovision *f;* ~ **department** Einkauf(sabteilung *f*) *m;* ~ **order** Kaufauftrag *m;* (**excessive**) ~ **power** (über-schüssige) Kaufkraft.

**buzz** [bʌz] *I v/i* **1.** summen, surren, brummen, schwirren: **to** ~ **about** (*od.* **around**) herumschwirren (*a. fig.*); **to** ~ **off** *colloq.* (*meist imp*) ‚abschwirren', ‚abhauen'. **2.** **to** ~ **for s.o.** j-n mit dem Summer rufen. **3.** *fig.* dröhnen (**with** von): **my ears are** ~**ing** mir dröhnen die Ohren; ~**ing with excitement** in heller Aufregung. **II** *v/t* **4.** a. ~ **abroad** *Gerücht etc* verbreiten, in ¦Umlauf setzen. **5.** surren lassen. **6.** *Am.* mit e-r Kreissäge schneiden. **7.** a) j-n mit dem Summer rufen, b) *teleph. colloq.* j-n anrufen. **8.** *aer.* a) in geringer Höhe über¦fliegen, b) (bedrohlich nahe) her¦anfliegen *an ein Flugzeug etc.* **III** *v/i* **9.** Summen *n,* Brummen *n,* Surren *n,* Schwirren *n:* **to give s.o. a** ~ a) j-n mit dem Summer rufen, b) *teleph. colloq.* j-n anrufen. **10.** Gemurmel *n,* Stimmengewirr *n.* **11.** Gerede *n,* Gerücht *n.*

**buz·zard** [ˈbʌzə(r)d] *s* **1.** *orn.* a) Bussard *m,* b) *Amer.* Truthahngeier *m,* c) Fischadler *m.* **2.** *meist* **old** ~ *colloq.* ‚alter Gauner'.

**buzz bomb** → **flying bomb.**

'**buzz·er** *s* **1.** Summer *m,* Brummer *m, bes.* summendes In¦sekt. **2.** Summer *m,* Summpfeife *f.* **3.** *electr.* Summer *m:* **at the** ~ beim Ertönen des Summers, b) Unter¦brecher *m.* **4.** *Am. sl.* Poli¦zeimarke *f.*

---

**buzz¦saw** *s tech. Am.* Kreissäge *f.* ~ **track** *s Film:* Geräuschspur *f.* ~ **word** *s* Schlagwort *n.*

**by¹** [baɪ] **I** *prep* **1.** (*örtlich*) (nahe *od.* dicht) bei *od.* an (*dat*), neben (*dat*): **a house** ~ **the river** ein Haus beim *od.* am Fluß; **side** ~ **side** Seite an Seite. **2.** vor¦bei *od.* vor¦über an (*dat*), an (*dat*) ... entlang: **he went** ~ **the church. 3.** über (*acc*): **to go** ~ **London. 4.** auf (*dat*), entlang (*acc*) (*Weg etc*): **to come** ~ **another road** e-e andere Straße entlangkommen. **5.** per, mit, mittels, durch (*ein Verkehrsmittel*): → **air¹** 1, **post³** 1, *etc.* **6.** (*zeitlich*) bis zu, bis um, bis spätestens: **be here** ~ **4.30** sei um 4 Uhr 30 hier; ~ **that time** a) bis dahin, unterdessen, b) um diese Zeit, (*ungefähr*) zu diesem Zeitpunkt; ~ **now** *Bes. Redew.* **7.** während, bei (*Tageszeit*): → **day** *Bes. Redew. etc.* **8.** nach, ...weise: **sold** ~ **the meter** (*Br.* **metre**) meterweise verkauft; → **hour,** *etc.* **9.** nach, gemäß: **it is ten** ~ **my watch** nach *od.* auf m-r Uhr ist es zehn. **10.** von: → **nature** 2, **trade** 4. **11.** von, durch (*Urheberschaft*): **she has a son** ~ **him** sie hat e-n Sohn von ihm; **a play** ~ **Shaw** ein Stück von Shaw; **it was settled** ~ **him** es wurde durch ihn *od.* von ihm erledigt; → **oneself** 1. **12.** mittels, mit Hilfe von, mit, durch: **written** ~ **pencil** mit Bleistift geschrieben; ~ **listening** durch Zuhören; ~ (**his**) **talking rapidly** dadurch, daß er schnell redete; → **force** 1, 3, 4, **letter¹** 2. **13.** um (*bei Größenverhältnissen*): (**too**) **short** ~ **an inch** um e-n Zoll zu kurz. **14.** *math.* a) mal: **3** ~ **4; the size is 9 feet** ~ **6** die Größe ist 9 auf 6 (*od.* 9 × 6) Fuß; → **multiply** 2, b) durch: **6** ~ **2;** → **divide** 7 a. **15.** an (*dat*), bei: → **root¹** 1, **seize** 1 a.

**II** *adv* **16.** nahe, da(¦bei): ~ **and large** im großen u. ganzen; ~ **and** ~ a) bald, demnächst, b) nach u. nach; → **close** 28, **hard** 26. **17.** vor¦bei, vor¦über: → **go by, pass by,** *etc.* **18.** bei¦seite: → **put by,** *etc.*

**by²** → **bye¹** II.

**by-** [baɪ] *Wortelement mit den Bedeutungen* a) (nahe) dabei *od.* vorbei, b) Neben..., Seiten..., c) geheim.

'**by¦-and-'by** *s Am.* (nahe) Zukunft. '~**-blow** *s* **1.** versehentlicher Schlag. **2.** *obs.* uneheliches Kind. '~**-¦by** *Am.* → **bye-bye.** '~**-¦cor·ner** *s* abgelegener Ort.

**bye** [baɪ] **I** *s* **1.** Nebensache *f:* **by the** ~ übrigens, nebenbei (bemerkt). **2.** *Kricket:* durch e-n vor¦beigelassenen Ball ausgelöster Lauf. **3.** *sport* Freilos *n:* **to draw a** ~ ein Freilos ziehen. **II** *adj* **4.** seitlich, Seiten... **5.** Neben...

**bye²** [baɪ] → **bye-bye** III.

**bye-** → **by-.**

**bye-bye I** *s* [ˈbaɪbaɪ] *meist pl* ‚Heia' (*Kindersprache für Bett od. Schlaf*): **to go to** ~(**s**) a) in die Heia gehen, b) einschlafen. **II** *adv* → **bye-bye.** **III** *interj* [ˌbaɪˈbaɪ] *colloq.* a) ¦Wiedersehen!, Tschüs!, b) *teleph.* ¦Wiederhören! '**bye-bye**s *adv:* **to go** ~ a) in die ‚Heia' gehen, b) einschlafen.

'**bye-e¦lec·tion** → **by-election.** '**bye-law** → **bylaw.**

'**by-ef¦fect** *s* Nebenwirkung *f.* '**by--e¦lec·tion** *s* Nachwahl *f.* '**by-gone I** *adj* vergangen. **II** *s* (*das*) Vergangene: **let** ~**s be** ~**s** laß(t) das Vergangene ruhen, sprechen wir nicht mehr davon. '**by-law** *s* **1.** *bes. Br.* ¦Ortssta¦tut *n,* städtische Verordnung, Gemeindesatzung *f:* **building** ~ örtliche Bauvorschriften. **2.** a) Sta¦tuten *pl,* Satzung *f* (*e-r Körperschaft des öffentlichen Rechts*), b) *pl econ. Am.* Satzung *f* (*e-r Aktiengesellschaft, bes. das Innenverhältnis betreffend*). **3.** ¦Durchführungsverordnung *f,* Ergänzungsgesetz *n.*

**'by-line** s **1.** rail. Nebenlinie f. **2.** Nebenbeschäftigung f. **3.** Verfasserzeile f, -angabe f (unter der Überschrift e-s Zeitungsartikels). **'by·name** s **1.** Beiname m. **2.** Spitzname m.

**'by·pass I** s **1.** 'Umleitung f, Um'gehungsstraße f. **2.** tech. Bypass m, Nebenleitung f. **3.** 'Seiten-, 'Nebenka,nal m. **4.** electr. Nebenschluß m, Shunt m. **5.** Gasbrenner: Dauerflamme f. **6.** med. Bypass m: a) vorübergehende Blutumleitung e-s Gefäßes während e-r Operation an diesem Gefäß, b) Überbrückung e-s krankhaft veränderten Blutgefäßabschnitts durch Einpflanzung e-s Venenstücks etc. **II** v/t **7.** um'gehen (a. fig.). **8.** vermeiden. **9.** fig. über'gehen. **10.** ab-, 'umleiten. **11.** electr. a) shunten, vor'beileiten, b) über'brücken. **~con·dens·er** s electr. Über'brückungskonden,sator m. **~ op·er·a·tion** s med. 'Bypassoperati,on f.

**'by·path** → byway. **'by·play** s thea. bes. Am. Nebenspiel n. **'by-plot** s Nebenhandlung f (im Drama etc). **'by--,prod·uct** s 'Nebenpro,dukt n (a. fig.), Nebenerzeugnis n.

**byre** ['baɪə] s Br. Kuhstall m.

**byr·nie** ['bɜːnɪ; Am. 'bɜrni:] s hist. Brünne f.

**'by·road** s Seiten-, Nebenstraße f.

**By·ron·ic** [baɪ'rɒnɪk; Am. -'rɑ-] adj (adv ~ally) **1.** Byronsch(er, e, es). **2.** by'ronisch, sa'tirisch-melan'cholisch.

**'by,stand·er** s 'Umstehende(r m) f, Zuschauer(in).

**'by·street** s Seiten-, Nebenstraße f.

**byte** [baɪt] s Computer: Byte n, Bi'närwort n.

**'by·way** s **1.** Seiten-, Nebenstraße f. **2.** fig. a) 'Nebena,spekt m, b) Nebengebiet n.

**'by·word** s **1.** Sprichwort n. **2.** (for) Innbegriff m (gen), Musterbeispiel (für): to be a ~ for stehen für, gleichbedeutend sein mit. **3.** fig. Gespött n, Gegenstand m der Verachtung. **4.** (bes. verächtlicher) Beiname. **5.** stehende Redensart, Schlagwort n.

**Byz·an·tine** [bɪ'zæntaɪn; bes. Am. 'bɪzənti:n; -taɪn] **I** adj byzan'tinisch. **II** s Byzan'tiner(in).

# C

C,c [siː] I pl C's, Cs, c's, cs [siːz] s 1. C, c n (*Buchstabe*). 2. *mus.* C, c n (*Tonbezeichnung*): C flat Ces, ces n; C sharp Cis, cis n; C double flat Ceses, ceses n; C double sharp Cisis, cisis n. 3. *mus.* C n (*Taktzeichen des Viervierteltakts*). 4. C ped. Drei f, Befriedigend n (*Note*). 5. C *Am. sl.* Hundert'dollarschein m. 6. C C n, C-förmiger Gegenstand. II *adj* 7. dritt(er, e, es): Company C. 8. C C-..., C-förmig.

C 3 *adj Br. colloq.* 1. I'm C 3 mir geht es (*gesundheitlich*) nicht besonders (gut). 2. minderwertig.

**cab** [kæb] I s 1. a) Droschke f, b) Taxi n. 2. a) Führerstand m (*Lokomotive*), b) Fahrerhaus n (*Lastkraftwagen*), (a. *Kran*) Führerhaus n. II *v/i* 3. mit dem Taxi od. der Droschke fahren.

**ca·bal** [kə'bæl] I s 1. Ka'bale f, Kom'plott n, Verschwörung f, In'trige f. 2. Clique f, Verschwörergruppe f. 3. exklu'siver (*literarischer etc*) Zirkel. II *v/i* 4. sich verschwören. 5. intri'gieren.

**ca·ba·la** [kə'baːlə; *Am. a.* 'kæbələ] s Kabbala f: a) *jüdische Geheimlehre*, b) *allg.* Geheimlehre f.

**cab·a·lism** ['kæbəlɪzəm] s Kabba'listik f, Geheimwissenschaft f. **cab·a·lis·tic** *adj*; **cab·a·lis·ti·cal** *adj* (*adv* ~ly) kabba'listisch.

**cab·a·line** ['kæbəlaɪn; -lɪn] *adj* Pferde...: ~ fountain (*od.* spring) *poet.* Hippokrene f, Musenquell m.

**ca·ba·na** [kə'baːnə; *Am.* kə'bænə] s *bes. Am.* Bade-, 'Umkleidezelt n.

**cab·a·ret** ['kæbəreɪ; *Am.* ˌkæbə'reɪ] s 1. a. ~ show Varie'tédarbietungen pl (*in e-m Restaurant od. Nachtklub*). 2. *bes. Am.* Restau'rant n od. Nachtklub m mit Varie'tédarbietungen.

**cab·bage** ['kæbɪdʒ] I s 1. *bot.* a) Kohl m, -pflanze f, b) Kohlkopf m. 2. a. palm ~ *bot.* Palmkohl m. 3. *Br. colloq.* ,geistiger Kleinrentner od. -gärtner'. 4. a. ~ leaves pl *Am. sl.* ,Lappen' pl (*Papiergeld, Geldscheine*). II *v/i* 5. stehlen, sti'bitzen. ~ but·ter·fly s zo. Großer Kohlweißling. ~ fly s zo. (*e-e*) Kohlfliege. '~head s 1. Kohlkopf m. 2. *colloq.* → cabbage 3. let·tuce s *bot.* 'Kopfsa₁lat m. ~ palm s *bot.* Kohlpalme f. ~ rose s *bot.* Hundertblättrige Rose, Zenti'folie f. ~ tree s *bot.* Kohlpalme f (*verschiedene Palmarten mit eßbaren Knospen*). ~ white → cabbage butterfly.

**cab·ba·la, cab·ba·lism, cab·ba·lis·tic(al)** → cabala, *etc.*

**cab·bie, cab·by** ['kæbɪ] *colloq. für* cabdriver.

'**cab₁driv·er** s 1. Taxifahrer m. 2. Droschkenkutscher m.

**ca·ber** ['keɪbə] s *Scot.* Baumstamm m: tossing the ~ Baumstammwerfen n.

**cab·in** ['kæbɪn] I s 1. Häus-chen n, Hütte f. 2. *mar.* Ka'bine f, Ka'jüte f. 3. *aer.* Ka'bine f: a) Fluggastraum m, b) Kanzel f. 4. Ka'bine f (*Seilbahn etc*). 5. *Br.* → cab 2 b. 6. *rail. Br.* Stellwerk n. II *v/t* 7. einpferchen. III *v/i* 8. a) beengt hausen, b) in e-r Hütte wohnen. ~ boy s *mar.* junger Ka'binensteward. ~ class s *mar.* Ka'binen-, Ka'jütsklasse f. ~ cruis·er s *mar.* Ka'binenkreuzer m.

**cab·i·net** ['kæbɪnɪt] s 1. *oft* C~ *pol.* Kabi'nett n: ~ crisis Regierungskrise f; ~ list Kabinettsliste f; ~ meeting Kabinettssitzung f; ~ minister Kabinettsminister m; ~ question Kabinettsfrage f; ~ reshuffle Kabinettsumbildung f. 2. *pol. obs.* Beratungs-, Sitzungszimmer n. 3. kleiner Raum, Ka'bine f. 4. *obs.* Pri'vat-, Stu'dierzimmer n. 5. Vi'trine f, Kabi'nett-, Sammlungsschrank m. 6. (Bü'ro-, Kar'tei-, La'bor- *etc*) Schrank m, (Wand)Schränkchen n. 7. Scha'tulle f, kleine Truhe. 8. Radio etc: Gehäuse n, Schrank m. 9. a) → cabinet photograph, b) → cabinet size. ~ at·tend·ant s *aer.* Flugbegleiter(in). ~ e·di·tion s biblio'phile Ausgabe (*Buch*). '~mak·er s Kunst-, Möbeltischler m. '~mak·ing s Kunst-, Möbeltischle'rei f. ~ paint·ing s Kabi'nettmale₁rei f. ~ pho·to·graph s Fotogra'fie f im Kabi'nettfor₁mat. ~·pi·an·o s *mus.* Pia'nino n. ~ pud·ding s *gastr.* Süßspeise aus Brot od. Kuchen, Trockenobst, Eiern u. Milch. ~ saw s *tech.* zweischneidige Handsäge. ~ size s *phot.* Kabi'nettfor₁mat n (100 × 140 mm). ~ var·nish s 'Möbelpoli₁tur f, -lack m. '~work s Kunsttischlerarbeit f.

**ca·ble** ['keɪbl] I s 1. Kabel n, Tau n, (Draht)Seil n. 2. *mar.* Ankertau n, -kette f: to slip the ~ a) das Ankertau schießen lassen, b) *colloq.* ,den Löffel weglegen' (*sterben*). 3. *electr.* (Leitungs)Kabel n. 4. *arch.* Schiffstauverzierung f. 5. → cablegram. 6. → cable transfer. II *v/t* 7. mit e-m Kabel versehen od. befestigen. 8. Drähte etc ka'blieren, zu e-m Kabel zs.-drehen. 9. a) j-m etwas telegra'fieren, b) j-n tele'grafisch benachrichtigen. 10. j-m Geld tele'grafisch anweisen od. über'weisen. 11. *arch.* e-n Säulenschaft seilförmig winden. III *v/i* 12. telegra'fieren. ~ ad·dress s Tele'gramm₁adresse f. ~ box s *electr.* Kabelabzweiger m, -kasten m. ~ bridge s Seil(hänge)brücke f. ~ car s 1. *Seilbahn:* a) Ka'bine f, b) Wagen m. 2. Wagen m (→ cable railway 2). '~cast [-kɑːst, *Am.* -ˌkæst] I *v/t pret u. pp* -cast *od.* -ˌcast·ed s per Kabelfernsehen über'tragen. II s per Kabelfernsehen über'tragene Sendung. ~ con·trol s *tech.* Seil(zug)steuerung f. **ca·ble·gram** ['keɪblgræm] s ('Übersee-)Tele₁gramm n.

**ca·ble joint** s *tech.* a) Seilschloß n,

b) Seilverbindung f. 2. *electr.* Kabelverbindung f. '~laid *adj tech.* kabelartig gedreht: ~ rope Kabeltrosse f. ~ length → cable's length. ~ mo(u)ld·ing s *arch.* Schiffstauverzierung f. ~ rail·way s 1. (Draht)Seilbahn f. 2. Straßenbahn in San Francisco, deren Wagen durch unter der Straße liegende Drahtseile gezogen werden. ~ re·lease s *phot.* Drahtauslöser m.

**ca·blese** [keɪ'bliːz] s Tele'grammstil m.

**ca·ble's length** ['keɪblz] s *mar.* Kabellänge f (*Br.* 185,3 m, *Am.* 219,5 m).

**ca·ble stitch** s Kettenstich m, Zopfmuster n.

**ca·blet** ['keɪblɪt] s *tech.* kleines Kabel (*mit e-m Umfang von unter 25 cm*).

**ca·ble tel·e·vi·sion** s Kabelfernsehen n. ~ tier ['tɪə(r)] s *mar.* Kabelgatt n. ~ trans·fer s *Am.* tele'grafische 'Geldüber₁weisung. '~way s *tech.* Seilförderanlage f.

**ca·bling** ['keɪblɪŋ] s *arch.* Schiffstauverzierung(en pl) f.

**cab·man** [-mən] s *irr* → cabdriver.

**ca·boo·dle** [kə'buːdl] s: the whole (kit and) ~ *colloq.* a) (*von Sachen*) der ganze Plunder od. Kram, b) (*von Leuten*) die ganze ,Blase' od. Sippschaft.

**ca·boose** [kə'buːs] s 1. *mar.* Kom'büse f. 2. *rail. Am.* Dienstwagen m.

**cab·o·tage** [kə'bɒtɑːʒ; -tɪdʒ] s Land-, See-, Luftverkehr: Kabo'tage f (*die meist den eigenen Staatsangehörigen e-s Staats vorbehaltene Erbringung von Beförderungsleistungen zwischen zwei Punkten des Inlands*).

**cab rank** s *Br.* → cabstand.

**cab·ri·ole** ['kæbrɪəʊl] s; *bes. Am.* 'kæbrɪˌəʊl] s geschwungenes, verziertes (Stuhl- *etc*)Bein.

**cab·ri·o·let** [ˌkæbrɪəʊ'leɪ] s Kabrio'lett n: a) *zweirädriger Einspänner mit Klappdach*, b) *obs. Auto mit Klappverdeck.*

'**cab₁stand** s 1. Taxistand m. 2. Droschkenstand m. '~track s Ka'binentaxi n.

**ca·can·ny** [kɑː'kænɪ; kɔː-] s *econ. Scot.* Bummelstreik m.

**ca·ca·o** [kə'kɑːəʊ; kə'keɪəʊ; *Am. a.* kə'kaʊ] s 1. *bot.* Ka'kaobaum m. 2. → cacao bean. ~ bean s Ka'kaobohne f. ~ but·ter s Ka'kaobutter f.

**cach·a·lot** ['kæʃəlɒt; *Am.* -ˌlɑt; -ˌləʊ] s zo. Pottwal m.

**cache** [kæʃ] I s 1. Versteck n, geheimes (Waffen- od. Provi'ant)Lager. 2. versteckte Vorräte pl. II *v/t* 3. verstecken.

**ca·chec·tic** [kə'kektɪk] *adj med.* ka'chektisch, 'hinfällig.

**cache·pot** ['kæʃpɒt; kæʃ'pəʊ; *Am.* 'kæʃˌpɑt; -ˌpəʊ] s 'Übertopf m.

**ca·chet** ['kæʃeɪ] s 1. Siegel n: to place one's ~ upon *fig.* e-e Sache billigen. 2. *fig.* Stempel m, Merkmal n, Gepräge n.

**3.** Pre'stige *n*, Ansehen *n.* **4.** *pharm.* (Ob'laten)Kapsel *f.* **5.** *mail* a) Sonderstempel *m*, b) Werbeaufdruck *m.*

**ca·chex·i·a** [kə'keksɪə], **ca·chex·y** [kə'keksɪ] *s med.* Kache'xie *f*, (starker) Kräfteverfall.

**cach·in·nate** ['kækɪneɪt] *v/i* vor Lachen brüllen.

**ca·chou** ['kæʃuː; kæ'ʃuː] *s* **1.** → catechu. **2.** Ca'chou *n* (*Pille gegen Mundgeruch*).

**ca·cique** [kæ'siːk; kə-] *s* **1.** Ka'zike *m*: a) *südamerikanischer Indianerhäuptling*, b) *Ortsvorsteher in Südamerika.* **2.** *orn.* (*ein*) Stirnvogel *m.*

**cack-hand·ed** [ˌkæk'hændɪd] *adj colloq.* **1.** linkshändig. **2.** ungeschickt, tolpatschig.

**cack·le** ['kækl] **I** *v/i* gackern (*Huhn*), schnattern (*Gans*), *fig. a.* gackernd lachen. **II** *v/t Worte etc* (her'vor)schnattern, gackern. **III** *s* Gegacker *n*, Geschnatter *n, fig. a.* gackerndes Lachen: cut the ~! *colloq.* Schluß mit dem Geschnatter! '**cack·ling** → cackle III.

**cac·o·ep·y** ['kækəʊepɪ; *Am.* ˈkækəˌwepiː] *s* schlechte *od.* fehlerhafte Aussprache.

**cac·o·gen·ics** [ˌkækəʊ'dʒenɪks; -kə'dʒ-] *s pl* (*als sg konstruiert*) *sociol.* Erforschung *f* der Rassenschädigungen.

**ca·cog·ra·phy** [kæ'kɒgrəfɪ; *Am.* kæ'kɑ-] *s* Kakogra'phie *f*: a) schlechte Handschrift, b) fehlerhafte Schreibweise.

**ca·col·o·gy** [kæ'kɒlədʒɪ; *Am.* kæ'kɑ-] *s* Kakolo'gie *f*: a) fehlerhafte Ausdrucksweise, b) schlechte Aussprache.

**cac·o·phon·ic** [ˌkækəʊ'fɒnɪk; *Am.* ˌkækə'fɑnɪk], **ca·coph·o·ni·cal** → cacophonous. **ca·coph·o·nous** [kæ'kɒfənəs; *Am.* kæ'kɑ-] *adj* 'mißtönend, kako'phon. **ca·coph·o·ny** *s* Kakopho'nie *f*: a) *mus.* 'Mißklang *m*, Disso'nanz *f*, b) *ling.* schlecht klingende Folge von Lauten.

**cac·ta·ceous** [kæk'teɪʃəs] *adj bot.* **1.** kaktusartig. **2.** zu den Kak'teen gehörend, Kaktus...

**cac·tus** ['kæktəs] *pl* **-ti** [-taɪ], **-tus·es** *s bot.* Kaktus *m.*

**ca·cu·mi·nal** [kæ'kjuːmɪnl; kə-] *ling.* **I** *adj* Kakuminal... **II** *s* Kakumi'nal *n* (*mit der Zungenspitze am Gaumendach gebildeter Laut*).

**cad** [kæd] *s obs.* Schuft *m*, Schurke *m.*

**ca·das·ter** → cadastre.

**ca·das·tral** [kə'dæstrəl] *adj* Kataster...

**ca·das·tre** [kə'dæstə(r)] *s* Ka'taster *m, n*, Flur-, Grundbuch *n.*

**ca·dav·er** [kə'deɪvə; *Am.* kə'dævər] *s med.* Leichnam *m.*

**ca·dav·er·ic** [kə'dævərɪk] *adj* leichenhaft, Leichen... **ca'dav·er·ous** *adj* **1.** → cadaveric. **2.** a) leichenblaß, b) ab-, ausgezehrt.

**cad·die** ['kædɪ] (*Golf*) **I** *s* a) Caddie *m* (*Schlägerträger*), b) → **caddie cart.** **II** *v/i* Caddie sein. **~ cart** *s* Caddie(-cart) *m* (*kleiner Wagen zum Transport der Golftasche*).

**cad·dis** ['kædɪs] *s a.* **~ bait, ~ worm** *zo.* Larve *f* der Köcherfliege. **~ fly** *s zo.* (*e-e*) Köcherfliege.

**cad·dish** ['kædɪʃ] *adj obs.* schuftig, schurkisch.

**cad·dy¹** ['kædɪ] *s* (*bes.* Tee)Büchse *f.*

**cad·dy²** → caddie.

**cade** [keɪd] *adj* von Menschen aufgezogen (*Jungtier*).

**ca·dence** ['keɪdəns] *s* **1.** (Vers-, Sprech-)Rhythmus *m.* **2.** Takt(schlag) *m*, Rhythmus *m* (*a. fig.*). **3.** *mus.* a) Ka'denz *f*, Schluß(fall) *m*, b) Schlußphrase *f*, c) Schlußverzierung *f*: **half ~, imperfect ~** Halbschluß. **4.** a) Sinken(lassen) *n*, b) Tonfall *m*, Modulati'on *f* (*der Stimme*), c) (besonderer) Ak'zent (*e-r Sprache*). **5.** *mil.* Zeitmaß *n*, Gleichschritt *m*

(*Marsch*). '**ca·denced** *adj mus.* kaden'ziert. '**ca·den·cy** *s* **1.** → cadence. **2.** *her.* Abstammung *f* von e-r jüngeren Linie.

**ca·den·za** [kə'denzə] *s mus.* Ka'denz *f*: a) (*eingeschaltete*) 'Solopas,sage, b) Kon'zertka,denz *f.*

**ca·det** [kə'det] *s* **1.** *mil.* Ka'dett *m*: **~ corps** *Br.* Kadettenkorps *n.* **2.** (*Poli'zei-etc*)Schüler *m*: **~ nurse** Schwesternschülerin *f.* **3.** jüngerer Sohn *od.* Bruder: **~ branch** jüngere Linie (*e-r Familie*).

**cadge** [kædʒ] **I** *v/i* **1.** ,schnorren‘, ,nassauern‘ (from bei). **II** *v/t* **2.** erbetteln, ,schnorren‘, ,nassauern‘ (from bei, von). **III** *s* **3. to be on the ~** *Br. colloq.* ,schnorren‘, ,nassauern‘. **4.** *Br.* → cadger. '**cadg·er** *s* ,Schnorrer‘ *m*, ,Nassauer‘ *m.*

**ca·di** ['kɑːdɪ; 'keɪdɪ] *s* Kadi *m*, Bezirksrichter *m* (*im Orient*).

**Cad·me·an vic·to·ry** [kæd'miːən] *s* Pyrrhussieg *m.*

**cad·mi·um** ['kædmɪəm] *s chem.* Kadmium *n.* **~ or·ange** *s* 'Kadmiumo,range *n.* '**~-plate** *v/t tech.* kad'mieren.

**ca·dre** [kə'dɜː; *Am.* 'kædriː] *s* **1.** *econ. mil. pol.* Kader *m.* **2.** *econ. pol.* Kader *m* (*Mitglied e-s Kaders*). **3.** 'Rahmenorganisati,on *f.* **4.** *fig.* Grundstock *m*, Rahmen *m.*

**ca·du·ce·us** [kə'djuːsjəs; -sɪəs; *Am.* a. -'duː-; -ʃəs] *pl* **-ce·i** [-sjaɪ; -sɪaɪ] *s myth.* Mer'kurstab *m*, a. Äsku'lapstab *m.*

**ca·du·ci·ty** [kə'djuːsətɪ; *Am.* a. -'duː-] *s* **1.** Flüchtigkeit *f*, Vergänglichkeit *f.* **2.** a) Senili'tät *f*, b) Greisenalter *n.* **3.** *jur.* a) Erlöschen *n* (*von Ansprüchen*), b) Verfall *m*, Heimfall *m* (*e-s Rechts*), c) Ablauf *m* (*e-s Vertrags*). **ca'du·cous** [-kəs] *adj* **1.** flüchtig, vergänglich. **2.** *bot.* leicht *od.* frühzeitig abfallend. **3. to be ~** *zo.* abgestoßen *od.* abgeworfen werden. **4.** *jur.* a) erloschen, b) verfallen, heimgefallen, c) abgelaufen.

**cae·ca** ['siːkə] *pl von* caecum.

**cae·cal** ['siːkəl] *adj anat.* Blinddarm...

**cae·cum** ['siːkəm] *pl* **-ca** [-kə] *s anat.* Blinddarm *m.*

**Cae·sar** ['siːzə(r)] *s* **1.** Cäsar *m* (*Titel der römischen Kaiser*). **2.** *a.* **c~** Auto'krat *m.* **3.** *fig.* weltliche Gewalt.

**Cae·sar·e·an, Cae·sar·i·an** [siː-'zeərɪən] **I** *adj* **1.** cä'sarisch. **2.** *a.* **c~** *med.*: **~ operation** (*od.* **section**) → 3; **she had a ~ birth** sie hatte e-n Kaiserschnitt. **II** *s* **3.** *a.* **c~** *med.* Kaiserschnitt *m.*

**Cae·sar·ism** ['siːzərɪzəm] *s* Cäsa'rismus *m*, Autokra'tie *f.*

**cae·su·ra** [siː'zjʊərə; *Am.* sɪ'zʊrə; -'ʒʊrə] *s* Zä'sur *f*: a) *metr.* (Vers)Einschnitt *m*, b) *mus.* Ruhepunkt *m.*

**ca·fé** ['kæfeɪ; -fɪ; *Am.* kæ'feɪ; kə-] *s* **1.** Ca'fé *n.* **2.** Restau'rant *n.* **3.** *Am.* a) Kneipe *f*, b) Nachtklub *m.* **4.** Kaffee *m.* **~ au lait** [əʊ'leɪ] *s* Milchkaffee *m.* **~ fil·tre** ['fɪltə(r)] *s* Filterkaffee *m.* **~ noir** [nwɑː(r)] *s* schwarzer Kaffee *m.*

**caf·e·te·ri·a** [ˌkæfɪ'tɪərɪə] *s* Cafete'ria *f*, 'Selbstbedienungsrestau,rant *n*, *a.* Kan'tine *f*, *univ.* Mensa *f.* **~ car** *s rail. Am.* Bü'fettwagen *m.*

**caff** [kæf] *s Br. sl.* → café 1, 2.

**caf·fein, caf·feine** ['kæfiːn; *Am. a.* kæ'fiːn] *s chem.* Koffe'in *n*, Kaffe'in *n.* **caf·fein·ism** *s med.* Koffe'invergiftung *f.*

**Caf·fer, Caf·fre** → Kaf(f)ir.

**caf·tan** ['kæftæn; kæf'tæn] *s* Kaftan *m.*

**cage** [keɪdʒ] **I** *s* **1.** (Tier-, Vogel)Käfig *m*, Vogelbauer *n*, *a. m.* **2.** *fig.* Käfig *m*, Gefängnis *n.* **3.** a) Gitterzelle *f*, b) *mil.* Kriegsgefangenenlager *n.* **4.** a) Ka'bine *f* (*e-s Aufzugs*), b) Bergbau: Förderkorb *m.* **5.** *tech.* a) Käfig *m* (*e-s Kugellagers*),

b) Stahlgerüst *n* (*a. arch. e-s Hochhauses*): **~ construction** *arch.* (Stahl)Skelettbau *m.* **6.** *electr.* Käfig(schutz) *m.* **7.** *colloq.* a) *Baseball:* Fanggitter *n*, b) *Basketball:* Korb *m*, c) *Eishockey:* Tor *n.* **II** *v/t* **8.** in e-n Käfig sperren, einsperren: **to feel ~d** in sich eingesperrt fühlen, sich wie in e-m Käfig *od.* Gefängnis fühlen. **9.** *Eishockey: die Scheibe im Tor* 'unterbringen. **~ aer·i·al**, *bes. Am.* **~ an·ten·na** *s Radio:* 'Käfig-, 'Reusenan,tenne *f.* **~ bird** *s* Käfig-, Stubenvogel *m.*

**caged** [keɪdʒd] *adj* (in e-n Käfig) eingesperrt, hinter Gittern: **~ bird** → cage bird. **~ valve** *s tech.* hängendes Ven'til.

**cage·ling** ['keɪdʒlɪŋ] → cage bird.

**cag·ey** ['keɪdʒɪ] *adj colloq.* **1.** verschlossen: **to be very ~ about** ein großes Geheimnis machen aus. **2.** vorsichtig. **3.** *Am.* schlau, ,gerissen‘.

**ca·hoot** [kə'huːt] *s bes. Am. colloq.* **to be in ~s (with)** gemeinsame Sache machen (mit), unter 'einer Decke stecken (mit); **to be in ~s with the devil** mit dem Teufel im Bunde stehen; **to go into ~s** sich zs.-tun (with mit).

**cai·man** → cayman.

**Cain** [keɪn] *s*: **to raise ~** *colloq.* a) Krach machen, lärmen, b) ,Krach machen *od.* schlagen‘.

**cai·no·zo·ic** [ˌkaɪnəʊ'zəʊɪk; ˌkeɪ-] → cenozoic.

**cairn** [keə(r)n] *s* **1.** Steinhaufen *m*, -hügel *m*: a) Grenzmal *n*, b) Hügelgrab *n.* **2.** *a.* **~ terrier** *zo.* Cairn Terrier *m.*

**cairn·gorm** [ˌkeə(r)n'gɔː(r)m], *a.* **~ stone** *s min.* Rauchquarz *m.*

**cais·son** [kə'suːn; *bes. Am.* 'keɪsən] *s* **1.** *tech.* a) Cais'son *m*, Senkkasten *m* (*im Tiefbau*), b) 'Schleusenpon,ton *m*, c) → camel 2. **2.** *mil.* a) Muniti'onswagen *m*, b) kistenförmige Mine. **~ dis·ease** *s med.* Cais'son-, Druckluftkrankheit *f.*

**cai·tiff** ['keɪtɪf] *s obs. od. poet.* Schurke *m.*

**ca·jole** [kə'dʒəʊl] *v/t* **1.** *j-m* schmeicheln, ,um den Bart gehen‘, schöntun. **2.** *j-n* beschwatzen, *j-m* gut zureden (**into doing** zu tun): **to ~ s.o. out of s.th.** j-m etwas ausreden; **to ~ s.th. out of s.o.** j-m etwas abbetteln. **ca'jole·ment, ca'jol·er·y** [-ərɪ] *s* **1.** Schmeiche'lei *f*, schmeichlerische Worte *pl.* **2.** gutes Zureden.

**cake** [keɪk] **I** *s* **1.** Kuchen *m*, Torte *f*: **marriage is not always ~s and ale** die Ehe hat nicht nur angenehme Seiten; **to go (od. sell) like hot ~s** ,weggehen wie warme Semmeln‘ (*Waren*); **to take the ~** *colloq.* ,den Vogel abschießen‘; **that (really) takes the ~!** *colloq.* a) das ist (einsame) Spitze!, b) *contp.* das ist (wirklich) das Allerletzte!; **you can't have your ~ and eat it!**, *a.* **you can't eat your ~ and have it!** du kannst nur eines von beiden tun *od.* haben!, entweder – oder!; **a share in** (*od.* **a slice of**) **the ~** *colloq.* ein Stück vom Kuchen; **~ piece** 1. **2.** Fladen *m*, ungesäuertes Brot, *bes. Scot.* Haferkuchen *m.* **3.** ('Fleisch-, 'Fisch)Frika,delle *f.* **4.** kuchen- *od.* laibförmige Masse, *z. B.* Tafel *f* Schokolade, Riegel *m* Seife. **5.** Kruste *f*: **~s of dirt.** **II** *v/t* **6.** mit e-r Kruste *von Schmutz etc* über'ziehen: **~d** *in* (*od.* **with**) **mud** schmutzverkrustet. **III** *v/i* **7.** sich zs.-ballen, (in Klumpen) zs.-backen, klumpen. '**~-eat·er** *s Am. colloq.* Sa'lonlöwe *m.* '**~-hole** *s sl.* ,Fresse‘ *f* (*Mund*). '**~ mix** *s* Back-, Teigmischung *f.* **~ serv·er** *s* Tortenheber *m*, -schaufel *f.* **~ tin** *s* Kuchenblech *n.* '**~ walk** *s mus.* Cakewalk *m.* **II** *v/i* Cakewalk tanzen.

**cak·ey, cak·y** ['keɪkɪ] *adj* a) klumpend, b) klumpig.

**cal·a·bash** [ˈkæləbæʃ] *s* **1.** *bot.* a) Flaschenkürbis *m*, b) *a.* ~ **tree** Kaleˈbassenbaum *m*. **2.** Kaleˈbasse *f*: a) *bot.* Frucht *des Kalebassenbaums*, b) *aus der Schale des Flaschenkürbis od. der Frucht des Kalebassenbaums hergestelltes Gefäß.*

**cal·a·boose** [ˈkæləˌbuːs] *s Am.* ‚Kittchen‘ *n* (*Gefängnis*).

**cal·a·mar·y** [ˈkæləmərɪ; *Am.* -ˌmerɪ] → **squid** 1.

**cal·a·mi** [ˈkæləmaɪ] *pl von* **calamus**.

**cal·a·mine** [ˈkæləmaɪn] *s min. obs.* Galˈmei *m*: a) *Br.* Zinkspat *m*, b) *Am.* Kieselzinkerz *n*.

**cal·a·mint** [ˈkæləmɪnt], *a.* ~ **balm** *s bot.* Kölle *f*, Bergminze *f*.

**cal·a·mite** [ˈkæləmaɪt] *s geol.* Kalaˈmit *m* (*fossiler Schachtelhalm*).

**ca·lam·i·tous** [kəˈlæmɪtəs] *adj* (*adv* ~**ly**) verheerend, katastroˈphal. **ca·lam·i·ty** [-mətɪ] *s* **1.** großes Unglück, Kataˈstrophe *f*: **in the** ~ bei der Katastrophe; ~ **of nature** Naturkatastrophe; ~ **howler** *bes. Am.* Schwarzseher(in), Panikmacher(in); **C~ Jane** Pechmarie *f*. **2.** Elend *n*, Miˈsere *f*.

**cal·a·mus** [ˈkæləməs] *pl* -**mi** [-maɪ] *s* **1.** *bot.* Gemeiner Kalmus. **2.** *antiq.* Calamus *m* (*Schreibgerät aus Schilfrohr*). **3.** *zo.* Calamus *m* (*hohler Teil des Federkiels*).

**ca·lash** [kəˈlæʃ] *s* **1.** Kaˈlesche *f* (*leichte vierrädrige Kutsche*). **2.** *hist.* (*e-e*) (Frauen)Haube.

**cal·ca·ne·us** [kælˈkeɪnɪəs] *pl* -**ne·i** [-nɪaɪ] *s anat.* Calˈcaneus *m*, Fersenbein *n*.

**cal·car·e·ous** [kælˈkeərɪəs] *adj chem.* **1.** kalkartig. **2.** kalkig, Kalk...

**cal·ce·o·lar·i·a** [ˌkælsɪəˈleərɪə] *s bot.* Panˈtoffelblume *f*.

**cal·ces** [ˈkælsiːz] *pl von* **calx**.

**cal·cic** [ˈkælsɪk] *adj* Kalk..., Kalzium...

**cal·ci·cole** [ˈkælsɪkəʊl] *s bot.* kalziˈphile *od.* kalkliebende Pflanze.

**cal·cif·er·ous** [kælˈsɪfərəs] *adj chem.* **1.** kalkhaltig. **2.** kohlensauren Kalk enthaltend.

**cal·cif·ic** [kælˈsɪfɪk] *adj* kalkbildend. **cal·ci·fi·ca·tion** *s* **1.** *med.* Verkalkung *f*. **2.** Kalkbildung *f*. **3.** *geol.* Kalkablagerung *f*.

**cal·ci·fy** [ˈkælsɪfaɪ] *v/t u. v/i* verkalken.

**cal·ci·mine** [ˈkælsɪmaɪn] **I** *s* Kalkanstrich *m*. **II** *v/t* kalken.

**cal·ci·na·tion** [ˌkælsɪˈneɪʃn] *s chem.* Kalziˈnierung *f*. **cal·cine** [ˈkælsaɪn] **I** *v/t* kalziˈnieren. **II** *v/i* kalziˈniert werden.

**cal·cite** [ˈkælsaɪt] *s min.* Calˈcit *m*, Kalkspat *m*.

**cal·ci·um** [ˈkælsɪəm] *s chem.* Kalzium *n*. ~ **car·bide** *s* ˈKalziumˌKarˌbId *n*. ~ **car·bon·ate** *s* ˈKalziumkarboˌnat *n*. ~ **chlo·ride** *s* ˈKalziumchloˌrid *n*, Chlorkalzium *n*. ~ **hy·drox·ide** *s* gelöschter Kalk, ˈKalziumˌhydroˌxyd *n*. ~ **light** *s* ~ **limelight** 1. ~ **ox·ide** *s* ˈKalziumoˌxid *n*, Ätzkalk *m*, gebrannter Kalk. ~ **phos·phate** *s* ˈKalziumphosˌphat *n*.

**calc|-ˌsin·ter** [ˈkælk-] *s geol.* Kalksinter *m*, Traverˈtin *m*. **~-spar** *s min.* Kalkspat *m*. **~-ˌtu·fa**, *a.* **~-tuff** *s geol.* Kalktuff *m*.

**cal·cu·la·ble** [ˈkælkjʊləbl] *adj* **1.** berechen-, kalkuˈlierbar: ~ **risk** kalkulierbares Risiko. **2.** verläßlich.

**cal·cu·late** [ˈkælkjʊleɪt] **I** *v/t* **1.** berechnen, ausrechnen: **to** ~ **that ...** damit rechnen, daß ... **2.** *econ.* Preise etc kalkuˈlieren. **3.** Entfernung etc kalkuˈlieren, berechnen, abschätzen. **4.** *s-e Chancen etc* abwägen. **5.** a) *s-e Worte* abwägen, b) *die Wirkung s-r Worte* kalkuˈlieren, berechnen. **6.** *meist pass* berechnen, planen: → **calculated** 2. **7.** *Am. colloq.*

vermuten, denken, glauben (**that** daß). **II** *v/i* **8.** rechnen, e-e Berechnung anstellen. **9.** *econ.* kalkuˈlieren. **10.** ~ **(up)on** rechnen mit *od.* auf (*acc*), zählen auf *od.* sich verlassen auf (*acc*): **you can't** ~ **on his coming** du kannst nicht damit rechnen, daß er kommt. **'cal·cu·lat·ed** *adj* **1.** berechnet (**for** auf *acc*), gewollt, beabsichtigt: **a** ~ **indiscretion** e-e gezielte Indiskretion; **a** ~ **insult** e-e bewußte Beleidigung; **a** ~ **risk** ein kalkuliertes Risiko. **2.** gedacht, bestimmt (**for** für; **to do** zu tun): **it was** ~ **to impress** es sollte Eindruck machen. **'cal·cu·lat·ing** *adj* **1.** (kühl) überˈlegend *od.* abwägend. **2.** a) berechnend, b) schlau, ‚gerissen‘. **3.** Rechen...: ~ **machine**; ~ **punch** Rechenlocher *m*. **ˌcal·cu·la·tion** *s* **1.** Berechnung *f*, Ausrechnung *f*: **to be out in one's** ~ sich verrechnet haben. **2.** *econ.* Kalkulatiˈon *f*: ~ **of profits** Gewinnkalkulation, Rentabilitätsrechnung *f*. **3.** Überˈlegung *f*: **after much** ~ nach reiflicher Überlegung. **4.** a) Berechnung *f*, b) Schläue *f*, ‚Gerissenheit‘ *f*. **'cal·cu·la·tive** [-lətɪv; *bes. Am.* -ˌleɪtɪv] *adj* berechnend. **'cal·cu·la·tor** [-tə(r)] *s* **1.** *econ.* Kalkuˈlator *m*. **2.** ˈRechenˌtabelle *f*. **3.** Rechner *m* (*Gerät*).

**cal·cu·li** [ˈkælkjʊlaɪ] *pl von* **calculus**[1], [2].

**cal·cu·lous** [ˈkælkjʊləs] *adj med.* **1.** steinkrank. **2.** Stein...

**cal·cu·lus**[1] [ˈkælkjʊləs] *pl* -**li** [-laɪ], -**lus·es** *s med.* (Blasen-, Gallen- etc)Stein *m*: **renal** ~ Nierenstein.

**cal·cu·lus**[2] [ˈkælkjʊləs] *pl* -**li** [-laɪ], -**lus·es** *s math.* Kalˈkül *n*: a) Rechnungsart *f*, (*Differential- etc*)Rechnung *f*, b) höhere Aˈnalysis, des. Infinitesiˈmalˌkalˌkül *n*: ~ **of probabilities** Wahrscheinlichkeitsrechnung *f*.

**cal·dron** → **cauldron**.

**ca·lèche, ca·leche** [kəˈlæʃ; kəˈleʃ] → **calash**.

**Cal·e·do·ni·an** [ˌkælɪˈdəʊnjən] *poet.* **I** *adj* kaleˈdonisch (*schottisch*). **II** *s* Kaleˈdonier *m* (*Schotte*).

**cal·e·fa·cient** [ˌkælɪˈfeɪʃnt] *adj u. s* erwärmend(es Mittel). **ˌcal·e·fac·tion** [-ˈfækʃn] *s* **1.** Erwärmung *f*. **2.** ˈUmweltschädigung *f* durch Wärme.

**ca·lem·bour** [ˈkæləmˌbʊə(r)] *s* Wortspiel *n*.

**cal·en·dar** [ˈkælɪndə(r)] **I** *s* **1.** Kaˈlender *m*. **2.** Jahrbuch *n*, Almanach *m*. **3.** *fig.* Kaˈlender *m*, Zeitrechnung *f*. **4.** Liste *f*, Reˈgister *n*, (Urkunden)Verzeichnis *n*. **5.** a) *a. econ. jur.* Terˈminkaˌlender *m*, b) *Am.* ˈSitzungskaˌlender *m*. **6.** *obs.* Vorbild *n*, Muster *n*. **II** *adj* **7.** Kalender...: ~ **month**; ~ **year**; ~ **clock** (*od.* **watch**) Kalender-, Datumsuhr *f*. **III** *v/t* **8.** in e-n Kaˈlender eintragen. **9.** regiˈstrieren.

**cal·en·der**[1] [ˈkælɪndə(r)] *tech.* **I** *s* Kaˈlander *m*, Satiˈniermaˌschine *f*. **II** *v/t* kaˈlandern, satiˈnieren.

**cal·en·der**[2] [ˈkælɪndə(r)] *s* Derwisch *m*.

**cal·ends** [ˈkælɪndz; ˈkeɪləndz] *s pl* (*a. als sg konstruiert*) *antiq.* Kaˈlenden *pl* (*1. Tag des altrömischen Monats*): **on the Greek** ~ *fig.* am St. Nimmerleinstag.

**cal·en·ture** [ˈkæləntjʊə; *bes. Am.* -ˌtʃʊə(r)] *s med.* hitziges Fieber, Tropenfieber *n*.

**calf**[1] [kɑːf; *Am.* kæf] *pl* **calves** [-vz] *s* **1.** Kalb *n* (*bes. der Kuh, a. vom Elefanten, Seehund, Wal, Hirsch etc*): **with** (*od.* **in**) ~ trächtig (*Kuh*). **2.** Kalb(s)leder *n*. **3.** *a.* ~ **binding** (*Buchbinderei*) Franz-, Lederband *m*. **4.** *colloq.* ‚Kalb‘ *m*, ‚Schafskopf‘ *m*. **5.** treibende Eisscholle.

**calf**[2] [kɑːf; *Am.* kæf] *pl* **calves** [-vz] *s* Wade *f* (*Bein, Strumpf etc*).

**'calf|-bound** *adj* in Kalb(s)leder gebun-

den. **~-love** *s colloq.* jugendliche Schwärmeˈrei.

**'calf's-foot jel·ly** [ˈkɑːvzfʊt; *Am.* ˈkævz-] *s gastr.* Kalbsfußsülze *f*.

**'calf-skin** *s* a) Kalb(s)fell *n*, b) Kalb(s)leder *n*.

**Cal·i·ban** [ˈkælɪbæn] *s* Kaliban *m*, Unhold *m*.

**cal·i·ber**, *bes. Br.* **cal·i·bre** [ˈkælɪbə(r)] *s* **1.** *mil.* Kaˈliber *n*: ~ **of a gun**; ~ **of a shell**. **2.** (innerer) ˈDurchmesser: ~ **of a cylinder**. **3.** *tech.* Kaˈliber(lehre *f*) *n* (*Meßwerkzeug*). **4.** *fig.* Kaˈliber *n*, Format *n*: **a man of his** ~. **'cal·i·bered**, *bes. Br.* **'cal·i·bred** *adj* ...kalibrig.

**cal·i·brate** [ˈkælɪbreɪt] *v/t tech.* kaliˈbrieren: a) eichen, b) mit e-r Gradeinteilung versehen. **'cal·i·brat·ed** *adj* graduˈiert. **ˌcal·i·bra·tion** *s tech.* Kaliˈbrierung *f*, Eichung *f*.

**cal·i·bre, cal·i·bred** *bes. Br. für* **caliber**, **calibered**.

**cal·i·ces** [ˈkeɪlɪsiːz; ˈkæ-] *pl von* **calix**.

**cal·i·co** [ˈkælɪkəʊ] **I** *pl* -**cos**, -**coes** *s* **1.** *bes. Am.* Kaliko *m*, (bedruckter) Katˈtun. **2.** *Br.* weißer *od.* ungebleichter Baumwollstoff. **II** *adj* **3.** *bes. Am.* Kattun... **4.** *Am. colloq.* bunt, scheckig.

**ca·lif, ca·lif·ate** → **caliph**, **caliphate**.

**Cal·i·for·ni·an** [ˌkælɪˈfɔː(r)njən] **I** *adj* kaliˈfornisch. **II** *s* Kaliˈfornier(in).

**cal·i·for·ni·um** [ˌkælɪˈfɔː(r)nɪəm] *s chem.* Caliˈfornium *n* (*stark radioaktives, künstlich hergestelltes Metall*).

**cal·i·pash** [ˈkælɪpæʃ] *s* (*eßbare*) Galˈlerte an der oberen Platte der Schildkröte.

**cal·i·pee** [ˈkælɪpiː] *s* (*eßbare*) Galˈlerte am Bauchschild der Schildkröte.

**cal·i·per**, *bes. Br.* **cal·li·per** [ˈkælɪpə(r)] **I** *s* **1.** *tech. meist pl, a.* **pair of ~s** Greif-, Tastzirkel *m*, Taster *m*: **inside ~s** Innen-, Lochtaster; **outside ~s** Außentaster. **2.** *med.* (Geh)Schiene *f*. **3.** *tech.* Bremssattel *m*. **II** *v/t* **4.** *tech.* mit e-m Greifzirkel messen. **~-rule** *s tech.* (Werkstatt)Schieblehre *f*. **~-slide** *s tech.* Schublehre *f*.

**ca·liph** [ˈkælɪf; ˈkeɪ-] *s* Kaˈlif *m*. **ca·liph·ate** [ˈkælɪfeɪt; -fɪt] *s* Kaliˈfat *n*.

**cal·is·then·ic**, *bes. Br.* **cal·lis·then·ic** [ˌkælɪsˈθenɪk], **ˌcal·is·then·i·cal**, *bes. Br.* **ˌcal·lis·then·i·cal** [-kl] *adj* gymˈnastisch, Gymnastik... **ˌcal·is·then·ics**, *bes. Br.* **ˌcal·lis·then·ics** *s pl* **1.** (*meist als sg konstruiert*) Gymˈnastik (-lehre) *f*. **2.** (*als pl konstruiert*) Gymˈnastik *f*, Freiübungen *pl*.

**ca·lix** [ˈkeɪlɪks; ˈkælɪks] *pl* **'cal·i·ces** [-lɪsiːz] *s anat. zo., a. relig.* Kelch *m*.

**calk**[1] [kɔːk] *v/t* **1.** *mar.* kalˈfatern, (*a. allg. Ritzen*) abdichten. **2.** *tech.* verstemmen.

**calk**[2] [kɔːk] **I** *s* **1.** Stollen *m* (*am Hufeisen*). **2.** *bes. Am.* Griffeisen *n*, Gleitschutzbeschlag (*an der Schuhsohle*). **II** *v/t* **3.** mit Stollen *etc* versehen.

**calk**[3] [kælk] *v/t* (ab-, ˈdurch)pausen.

**cal·kin** [ˈkælkɪn] *s* → **calk**[2].

**call** [kɔːl] **I** *s* **1.** Ruf *m*, Schrei *m* (**for** nach): ~ **for help** Hilferuf; **within** ~ in Rufweite; **they came at my** ~ sie kamen auf mein Rufen hin; **the doctor had a** ~ **this morning** der Arzt wurde heute morgen zu e-m Patienten gerufen. **2.** (Lock)Ruf *m* (*e-s Tieres*). **3.** *fig.* Lockung *f*, Ruf *m*: **the** ~ **of the sea** (**of nature**); **that's the** ~ **of nature** das ist etwas ganz Natürliches; **he felt a** ~ **of nature** *euphem. humor.* er verspürte ein menschliches Rühren. **4.** Siˈgnal *n*: ~ **to quarters** *mil. Am.* Zapfenstreich *m*. **5.** *fig.* Berufung *f*, Missiˈon *f*. **6.** Ruf *m*, Berufung *f* (**to** auf e-n Lehrstuhl, an e-e Universität, in ein Amt); → **bar**[1] 19. **7.** Aufruf *m* (*a. für e-n Flug u. Computer*), Aufforderung *f*, Beˈfehl *m*: **to make a** ~ **for s.th.** zu etwas aufrufen; **to make a** ~ **on** e-e Auffor-

derung richten an (*acc*); ~ **to arms** *mil.* Einberufung *f.* **8.** *thea.* Her'ausruf *m* (*vor den Vorhang*). **9.** (*kurzer*) Besuch (**on s.o.**, **at s.o.'s** [**house**] bei j-m; **at the hospital** im Krankenhaus): **to make a** ~ e-n Besuch machen (*a. Arzt*); **to make** (*od.* **pay**) **a** ~ **on s.o.** j-n besuchen, j-m e-n Besuch abstatten; **mailman's** (*bes. Br.* **postman's**) ~ (*das*) Eintreffen der Post. **10.** *mar.* Anlaufen *n* (*e-s Hafens*), aer. Anfliegen *n* (*e-s Flughafens*): **to make a** ~ **at a port** e-n Hafen anlaufen; → **port**[1] 1. **11.** *neg* a) Veranlassung *f*, Grund *m*: **there is no** ~ **for you to worry** du brauchst dir keine Sorgen zu machen, b) Recht *n*, Befugnis *f* (*von Geldern*): **I had no** ~ **to do that. 12.** In'anspruchnahme *f*: **to make many** ~**s on s.o.'s time** j-s Zeit oft in Anspruch nehmen. **13.** → roll call. **14.** *teleph.* Anruf *m*, Gespräch *n*: **to give s.o. a** ~ j-n anrufen; **I had three** ~**s** ich wurde dreimal angerufen; **to make a** ~ ein Gespräch führen, telefonieren. **15.** *Kartenspiel*: a) Ansage *f*, b) *Poker*: Aufforderung *f*, s-e Karten auf den Tisch zu legen. **16.** *econ.* a) Zahlungsaufforderung *f*, b) Abruf *m*, Kündigung *f* (*von Geldern*): **at** (*od.* **on**) ~ auf Abruf (bereitstehend), auf tägliche Kündigung; **money at** ~ tägliches Geld, Tagesgeld *n*, c) Einlösungsaufforderung *f* (*auf Schuldverschreibungen*), d) Nachfrage *f* (**for** nach). **17.** *Börse*: 'Kaufopti,on *f*, Vorprämie *f*: **to have the first** ~ *fig.* den Vorrang haben. **18.** *sport* Entscheidung *f* (*des Schiedsrichters*).
**II** *v/t* **19.** j-n (her'bei)rufen, *Arzt, Auto etc* kommen lassen: **to** ~ **to arms** zu den Waffen rufen; → **attention** 1, **being** 1, *etc.* **20.** *zu etwas* aufrufen: **to** ~ **a strike. 21.** befehlen, anordnen: → **halt**[1] 1. **22.** *Versammlung etc* einberufen, zs.-rufen: **to** ~ **a meeting. 23.** j-n wecken: ~ **me at 7 o'clock. 24.** *Tiere* (an)locken. **25.** *teleph.* j-n anrufen. **26.** *Namen etc* verlesen: → **roll** 2. **27.** a) *jur. Streitsache, Zeugen* aufrufen: **to** ~ **a case**, b) *Computer*: *Programm* aufrufen. **28.** *econ. Schuldverschreibung etc* einfordern, kündigen. **29.** j-n berufen, ernennen (**to** zu); → **bar** 16, 19. **30.** j-n *od. etwas* rufen, nennen: **to** ~ **s.o.** Peter; **to be** ~**ed** heißen, genannt werden (**after** nach); **a man** ~**ed** **Smith** ein Mann namens Smith; **to** ~ **s.th.** **one's own** etwas sein eigen nennen; **to** ~ **a thing by its name** e-e Sache beim richtigen Namen nennen; → **spade**[1] 1. **31.** (be)nennen, bezeichnen (als): **what do you** ~ **this?** wie heißt *od.* nennt man das? **32.** nennen, finden, heißen, halten für: **I** ~ **that stupid. 33.** j-n *etwas* schimpfen, heißen, schelten: **to** ~ **s.o. a fool**; → **name** 11. **34.** *Kartenspiel*: *Farbe* ansagen: **to** ~ **diamonds**; **to** ~ **s.o.'s hand** (*Poker*) j-n auffordern, s-e Karten auf den Tisch zu legen. **35. the umpire** ~**ed the ball out** (*Tennis*) der Schiedsrichter gab den Ball aus.
**III** *v/i* **36.** rufen: **to** ~ **to s.o.** j-m zurufen. **37.** *a. fig.* rufen, schreien, dringend verlangen (**for** nach): **to** ~ **for help** um Hilfe rufen; **the situation** ~**s for courage** die Lage erfordert Mut; **duty** ~**s** die Pflicht ruft; **nature** ~**ed** *euphem. humor.* er *etc* verspürte ein menschliches Rühren; **not** ~**ed** *for* unnötig. **38.** vorsprechen, e-n (kurzen) Besuch machen (**on s.o.**, **at s.o.'s** [**house**] bei j-m; **at the hospital** im Krankenhaus): **to** ~ **on s.o.** j-n besuchen, j-m e-n Besuch abstatten; **has he** ~**ed yet?** ist er schon dagewesen?; **to** ~ **for** a) *etwas* anfordern, bestellen, b) j-n, *etwas* abholen; **to be** ~**ed for** postlagernd; → **leave**[1] 3. **39.** ~ **at** a) *mar.* anlegen in (*dat*): **to** ~ **at a port** e-n

Hafen anlaufen, b) *rail.* halten in (*dat*), c) *aer. e-n Flughafen* anfliegen. **40.** ~ (**up**)**on** a) sich wenden an (*acc*) (**for s.th.** um etwas *od.* wegen e-r Sache), appel'lieren an (*acc*) (**to do** zu tun): **to be** ~**ed upon to do s.th.** aufgefordert sein, etwas zu tun; **I feel** ~**ed upon** ich fühle mich genötigt (**to do** zu tun), b) j-n bitten (**to do** zu tun). **41.** anrufen, telefo'nieren.
*Verbindungen mit Adverbien*:
**call a·side** *v/t* bei'seite rufen, auf die Seite nehmen. ~ **a·way** *v/t* **1.** wegrufen (**from** von): **they were called away from the meeting** sie wurden aus der Sitzung gerufen; **the doctor has been called away** (**to an accident**) der Arzt ist zu e-m Patienten (zu e-m Unfall) gerufen worden. **2.** *fig. Gedanken etc* ablenken (**from** von). ~ **back I** *v/t* **1.** *a. teleph.* zu'rückrufen. **2.** *defekte Autos etc* (in die Werkstatt) zu'rückrufen. **3.** wider'rufen. **II** *v/i* **4.** *a. teleph.* zu'rückrufen. **5.** noch einmal vorsprechen *od.* vor'beikommen. ~ **down** *v/t* **1.** *Segen etc* her'abflehen, -rufen. **2.** *sich j-s Zorn etc* zuziehen. **3.** *colloq. Theaterstück etc* ,verreißen'. **4.** *Am. colloq.* ,her'unterputzen', ausschimpfen (**for** wegen). ~ **forth** *v/t* **1.** her'vorrufen, auslösen, *Fähigkeiten etc* wachrufen. **2.** *fig. Willen, Kraft etc* aufbieten. ~ **in I** *v/t* **1.** her'ein-, hin'einrufen. **2.** *Geld* einziehen, außer 'Umlauf setzen, *defekte Ware* aus dem Verkehr ziehen. **3.** *Sachverständigen, Arzt etc* (hin)'zuziehen, zu Rate ziehen. **4.** *Schulden* einfordern, *Forderungen etc* einziehen. **5.** *Kredit etc* kündigen. **II** *v/i* **6.** (kurz) vor'beischauen (**on s.o.**, **at s.o.'s** [**house**] bei j-m; **at the hospital** im Krankenhaus). **7.** *to* ~ **sick** *Am.* sich (tele'fonisch) krank melden. ~ **off** *v/t* **1.** *Hund etc* zu'rückrufen. **2.** j-n (von s-m Posten) abberufen. **3.** *Aufmerksamkeit etc* ablenken (**from** von). **4.** *Streik etc* a) absagen, b) abbrechen. ~ **out I** *v/t* **1.** ausrufen, *Namen etc* aufrufen. **2.** *Militär, Polizei etc* a) aufbieten, b) alar'mieren. **3.** *Fähigkeiten etc* wachrufen, wecken. **4.** zum Streik aufrufen. **II** *v/i* **5.** rufen, (auf)schreien: **to** ~ **for help** um Hilfe rufen. ~ **o·ver** *v/t Namen, Liste etc* verlesen. ~ **round** → **call in** 6. ~ **up I** *v/t* **1.** j-n her'auf-, hin'aufrufen. **2.** *teleph.* anrufen. **3.** *Geister etc* beschwören. **4.** *Erinnerungen etc* wachrufen, wecken. **5.** *mil.* a) einberufen, b) mobili'sieren. **II** *v/i* **6.** *teleph.* anrufen.
**call·a·ble** ['kɔːləbl] *adj econ.* **1.** einforderbar (*Schulden*), einziehbar (*Forderungen etc*). **2.** kündbar (*Kredit etc*).
**'call·back** *v/t* (in die Werkstatt), 'Rückrufakti,on *f*. ~ **bell** *s* Tisch-, Rufglocke *f*. ~ **bird** *s* Lockvogel *m*. ~ **box** *s* **1.** *Br.* Tele'fon-, Fernsprechzelle *f*. **2.** *mail Am.* Postfach *n* (*aus dem man die Post ausgehändigt bekommt*). **3.** *Am.* a) Notrufsäule *f*, b) Feuermelder *m*. **'~·boy** *s* **1.** *Am.* 'telpage *m*. **2.** *thea.* Inspizi'entengehilfe *m* (*der die Schauspieler zu ihrem Auftritt ruft*). ~ **but·ton** *s* Klingelknopf *m*. ~ **card** *s Am.* Bücherbestellkarte *f* (*in Leihbibliotheken*). ~ **day** *s jur. Br.* Zulassungstag *m* (*für* **barristers**). ~ **duck** *s hunt.* Lockente *f*.
**call·er**[1] ['kɔːlə(r)] *s* **1.** Rufer(in). **2.** *teleph.* Anrufer(in): (*unübersetzt in Sätzen wie*) **I'm sorry,** ~, **their telephone seems to be broken. 3.** Besucher(in).
**cal·ler**[2] ['kælə(r)] *adj Scot.* **1.** frisch (*Nahrungsmittel, bes. Fisch*). **2.** frisch, kühl (*Brise etc*).
**call girl** *s* Callgirl *n*: ~ **ring** Callgirlring *m*.
**cal·li** ['kælaɪ] *pl von* **callus**.
**cal·lig·ra·pher** [kə'lɪɡrəfə(r)] *s* Kalli-

'graph *m.* **cal·li·graph·ic** [,kælɪ'ɡræfɪk] *adj* kalli'graphisch. **cal'lig·ra·phist** → **calligrapher**. **cal'lig·ra·phy** *s* **1.** Kalligra'phie *f*, Schönschreibkunst *f.* **2.** (*schöne*) Handschrift.
**'call-,in** *Am.* → **phone-in**.
**call·ing** ['kɔːlɪŋ] **I** *s* **1.** Rufen *n.* **2.** Beruf *m*, Gewerbe *n*: **what is his** ~? was ist er von Beruf? **3.** *bes. relig.* Berufung *f*: **he had a** ~ **to become a priest** er fühlte sich berufen, Priester zu werden. **4.** Einberufung *f* (*e-r Versammlung*). **5.** Aufruf *m.* **6.** *mil.* a) Einberufung *f*, b) Mobili'sierung *f.* **II** *adj* **7.** rufend. **8.** *teleph.* (An)Ruf... **9.** Besuchs... ~ **card** *s Am.* **1.** Vi'sitenkarte *f.* **2.** Kre'ditkarte *f* (*e-r Telefongesellschaft*).
**Cal·li·o·pe** [kə'laɪəpɪ] **I** *npr myth.* Kal'liope *f* (*Muse der epischen Dichtung*). **II** *s* c~ *mus. Am.* Dampf(pfeifen)orgel *f.*
**cal·li·per** *bes. Br. für* **caliper**.
**cal·lis·then·ic**, *etc bes. Br. für* **calisthenic**, *etc.*
**cal·li·thump** ['kæləθʌmp] *s Am. colloq.* 'Katzenmu,sik *f.*
**call let·ters** *s pl bes. Am.* → **call sign.** ~ **loan** *s econ.* täglich kündbares Darlehen. ~ **mark** → **call number.** ~ **mon·ey** *s econ.* tägliches Geld, Tagesgeld *m.* ~ **num·ber** *s* **1.** *teleph.* Rufnummer *f* (*a. Computer*). **2.** Standnummer *f*, Signa'tur *f* (*e-s Buches in e-r Bibliothek*).
**cal·los·i·ty** [kæ'lɒsətɪ; kə-; *Am.* -'lɑ-] *s* **1.** Schwiele *f*, harte (Haut)Stelle, Hornhautbildung *f.* **2.** *bot. med.* → **callus. 3.** *fig.* Gefühllosigkeit *f*, Abgestumpftheit *f* (**to** gegen'über).
**cal·lous** ['kæləs] **I** *adj* (*adv* ~**ly**) **1.** *med.* schwielig, verhärtet. **2.** *fig.* abgestumpft, gefühllos (**to** gegen'über). **II** *v/t u. v/i* **3.** hart *od.* schwielig machen (werden), (sich) verhärten. **4.** *fig.* gefühllos machen (werden), abstumpfen (**to** gegen'über).
**'cal·lous·ness** *s* **1.** Schwieligkeit *f.* **2.** *fig.* Gefühllosigkeit *f*, Abgestumpftheit *f* (**to** gegen'über).
**cal·low** ['kæləʊ] **I** *adj* **1.** *orn.* ungefiedert, nackt. **2.** dünn, leicht (*Bart, Flaum etc*). **3.** *fig.* ,grün', unreif, unerfahren: **a** ~ **youth. 4.** *Br. dial.* brach, kahl: ~ **land. 5.** *Ir.* tiefliegend, sumpfig: ~ **meadow. II** *s* **6.** *Ir.* Niederung *f.*
**call rate** *s econ.* Zinsfuß *m* für tägliches Geld. ~ **sign,** ~ **sig·nal** *s* Kennung *f* (*e-s Senders etc*). ~ **slip** *s* Bücherbestellzettel *m* (*in Leihbibliotheken*). ~ **·up** *s mil.* a) Einberufung *f*: **there was a large** ~ es wurden sehr viele Wehrpflichtige einberufen, b) Mobili'sierung *f.*
**cal·lus** ['kæləs] *pl* **-lus·es**, *Am.* **-li** [-laɪ] *s* **1.** *med.* a) Kallus *m*, Knochennarbe *f*, b) Schwiele *f*, Hornhaut *f.* **2.** *bot.* Kallus *m*: a) Gewebewulst, Zellwucherung *an Wundflächen*, b) Belag älterer Siebplatten.
**calm** [kɑːm] **I** *s* **1.** Stille *f*, Ruhe *f* (*a. fig.*): **the** ~ **before the storm** ~ (*of mind*) Gelassenheit *f*, Gemütsruhe *f.* **2.** *mar.* Windstille *f*: **dead** ~ völlige Windstille, Flaute *f.* **II** *adj* (*adv* ~**ly**) **3.** still, ruhig. **4.** windstill. **5.** *fig.* ruhig, gelassen: ~ **and collected** ruhig u. gefaßt. **6.** unverschämt, unverfroren: **a** ~ **liar. III** *v/t* **7.** *oft* ~ **down** beruhigen, besänftigen, beschwichtigen. **IV** *v/i oft* ~ **down 8.** sich beruhigen. **9.** sich legen (*Sturm, Zorn etc*).
**cal·ma·tive** ['kælmətɪv; *bes. Am.* 'kɑːm-] **I** *s med. pharm.* Beruhigungsmittel *n.* **II** *adj* beruhigend.
**calm·ness** ['kɑːmnɪs] → **calm** 1.
**cal·o·mel** ['kæləʊmel] *s chem. med.* Kalomel *n*, 'Quecksilber-'I-Chlo,rid *n.*
**cal·o·res·cence** [,kælə'resns] *s phys.*

Kalores'zenz f (Übergang von Wärme-
strahlen in Lichtstrahlen).
**Cal·or gas** ['kælə(r)] (TM) s Flaschen-,
Bu'tangas m.
**ca·lor·ic** [kə'lɒrɪk; 'kælərɪk; Am. a.
kə'lɑ-] **I** s 1. phys. obs. Wärme f. 2. hist.
Wärmestoff m. **II** adj 3. phys. ka'lo-
risch, Wärme...: ~ **engine** Heißluftma-
schine f.
**cal·o·rie** ['kælərɪ] s chem. phys. Kalo'rie f.
'~·con·scious adj kalo'rienbewußt.
**ca·lor·i·fa·cient** [kə,lɒrɪ'feɪʃnt; Am. a.
-,lɑ-] adj Wärme erzeugend. **cal·o·rif·ic**
[,kælə'rɪfɪk] adj 1. Wärme erzeugend.
2. Erwärmungs..., Wärme...: ~ **capacity**
phys. spezifische Wärme; ~ **value** Heiz-
wert m.
**cal·o·rim·e·ter** [,kælə'rɪmɪtə(r)] s phys.
Kalori'meter m, Wärmemesser m. ,**cal·**
**o'rim·e·try** [-trɪ] s Kalorime'trie f,
Wärmemessung f.
**cal·o·ry** → calorie.
**ca·lotte** [kə'lɒt; Am. kə'lɑt] s 1. R.C.
Ka'lotte f, Scheitelkäppchen n. 2. Schnee-
kuppe f (e-s Berges). 3. math. Ka'lotte f
(gekrümmte Fläche e-s Kugelabschnitts).
4. arch. Ka'lotte f, flache Kuppel.
**cal·trop**, a. **cal·trap** ['kæltrəp] s 1. mil.
hist. Fußangel f. 2. bot. a) Stern-, Wege-
distel f, b) Wassernuß f.
**cal·u·met** ['kæljʊmet] s Kalu'met n,
(indi'anische) Friedenspfeife.
**ca·lum·ni·ate** [kə'lʌmnɪeɪt] v/t ver-
leumden. **ca,lum·ni·a·tion** s Ver-
leumdung f. **ca'lum·ni·a·tor** [-tə(r)] s
Verleumder(in). **ca'lum·ni·a·to·ry**
[-nɪətərɪ; Am. -nɪə,təʊrɪ; -,tɔː-], **ca·**
'**lum·ni·ous** adj verleumderisch. **cal·**
**um·ny** ['kæləmnɪ] s Verleumdung f.
**cal·u·tron** ['kæljʊtrɒn; Am. -jə,trɑn] s
phys. Calu'tron n (Trennanlage für Iso-
tope).
**Cal·va·dos** ['kælvədɒs; Am. ,-'dəʊs] s
Calvados m.
**cal·var·i·a** [kæl'veərɪə] s anat. Schädel-
dach n, -decke f.
**Cal·va·ry** ['kælvərɪ] s 1. Bibl. Golgotha
n. 2. c~ relig. art Ka'varienberg m,
Kreuzigungsgruppe f. 3. c~ fig. Mar'ty-
rium n.
**calve** [kɑːv; Am. kæv] **I** v/i 1. a. ~ **down**
kalben, Junge werfen. 2. geol. kalben
(Eisberg, Gletscher etc). **II** v/t 3. Junge
zur Welt bringen. 4. Stücke abstoßen.
**calves** [kɑːvz; Am. kævz] pl von calf[1] u. [2].
**Cal·vin·ism** ['kælvɪnɪzəm] s Kalvi'nis-
mus m. '**Cal·vin·ist** s Kalvi'nist(in).
**II** adj kalvi'nistisch. ,**Cal·vin'is·tic**,
,**Cal·vin'is·ti·cal** adj kalvi'nistisch.
**calx** [kælks] pl '**calx·es**, '**cal·ces** [-siːz]
→ calcium oxide.
**cal·y·ces** ['keɪlɪsiːz; 'kæl-] pl von calyx.
**cal·y·cif·er·ous** [,kælɪ'sɪfərəs] adj bot.
kelchtragend.
**ca·lyp·so** [kə'lɪpsəʊ] pl -**sos** s mus.
Ca'lypso m.
**ca·lyx** ['keɪlɪks; 'kæl-] pl '**ca·lyx·es**
[-ksiːz], '**cal·y·ces** [-lɪsiːz] s 1. anat. bot.
Kelch m. 2. anat. Nierenkelch m.
**cam** [kæm] s tech. Nocken m, Kurven-
scheibe f: ~**-controlled** nockenge-
steuert; ~ **gear** Kurvengetriebe n; ~
**lever** Nocken-, Kipphebel m.
**ca·ma·ra·de·rie** [,kæmə'rɑːdərɪ; Am.
a. ,kɑː-] s 1. Kame'radschaft(lichkeit) f. 2.
Kumpa'nei f.
**cam·a·ril·la** [,kæmə'rɪlə] s Kama'rilla f
(Clique in unmittelbarer Umgebung e-s
Herrschers, die auf diesen e-n unkontrol-
lierbaren Einfluß ausübt).
**cam·ber** ['kæmbə(r)] **I** v/t 1. biegen,
krümmen, wölben, schweifen. **II** v/i
2. sich wölben od. krümmen. **III** s
3. leichte kon'vexe Krümmung. 4. (leich-
te) Wölbung. 5. mot. Sturz m. 6. aer.

Pro'filwölbung f. ~ **beam** s arch.
Krumm-, Kehlbalken m.
**cam·bered** ['kæmbə(r)d] adj gekrümmt,
gewölbt, geschweift. ~ **ax·le** s tech. ge-
stürzte Achse. ~ **wheel** s mot. gestürztes
Rad.
**cam·bist** ['kæmbɪst] s 1. econ. a) Wech-
selmakler m, b) De'visenhändler m.
2. 'Umrechnungsta,bellen pl.
**Cam·bo·di·an** [kæm'bəʊdjən; -ɪən] **I** s
Kambo'dschaner(in). **II** adj kambo-
'dschanisch.
**Cam·bri·an** ['kæmbrɪən] **I** s 1. Wa'li-
ser(in). 2. geol. kambrische Formati'on,
Kambrium n. **II** adj 3. wa'lisisch. 4. geol.
kambrisch.
**cam·bric** ['keɪmbrɪk] s Kambrik m,
Cambric m (lockeres, feinfädiges Zell-
woll- od. Baumwollgewebe).
**Cam·bridge blue** ['keɪmbrɪdʒ] s Hell-
blau n.
**came** [keɪm] pret von come.
**cam·el** ['kæml] s 1. zo. Ka'mel n. 2. mar.
tech. Ka'mel n, Hebeleichter m. '~·**back** s
mot. etc Runderneuerungsgummi m, n. ~
**driv·er** s Ka'meltreiber m.
**cam·el·eer** [,kæmɪ'lɪə(r); -mə-] s Ka-
'meltreiber m.
**cam·el hair** → camel's hair.
**ca·mel·li·a** [kə'miːljə] s bot. Ka'melie f.
**cam·el·ry** ['kæmlrɪ] s mil. Ka'meltruppe f.
**cam·el's hair** ['kæmlz] s 1. Ka'melhaar
n. 2. Ka'melhaar(stoff m) m. '~·**hair** adj
1. Kamelhaar... 2. paint. aus Eichhörn-
chenhaaren (Pinsel).
**cam·el spin** s Eis-, Rollkunstlauf: 'Waa-
gepirou,ette f.
**Cam·em·bert** ['kæməmbeə(r)] s gastr.
Camembert m (französischer Käse).
**cam·e·o** ['kæmɪəʊ] pl -**os** s 1. Ka'mee f
(Edelstein mit erhabener figürlicher Dar-
stellung). 2. kurzes literarisches Werk od.
Bühnenstück, das e-e Person, e-n Ort od.
ein Ereignis in den Mittelpunkt stellt.
3. thea. etc von e-m bekannten Schauspie-
ler od. e-r bekannten Schauspielerin ge-
spielte kleine Nebenrolle od. kurze Szene.
**cam·e·ra** ['kæmərə; 'kæmrə] pl -**er·as**,
(für 4 u. 5) -**er·ae** [-riː] s 1. Kamera f,
'Fotoappa,rat m: **the** ~ **cannot lie** das
Auge der Kamera ist unbestechlich. 2.
Film-, Fernsehkamera f: ~ **crane** Ka-
merakran m; ~ **tube** TV Aufnahme-,
Abtaströhre f; **to be on** ~ a) vor der
Kamera stehen, b) im Bild sein. 3. →
camera obscura. 4. jur. Richterzimmer
n: **in** ~ a) unter Ausschluß der Öffentlich-
keit, b) fig. geheim. 5. arch. Gewölbe n. 6.
Apo'stolische Kammer (päpstliche Ver-
mögensverwaltung). ~ **lu·ci·da** ['luːsɪdə]
pl -**ra** -**das** s opt. Zeichenprisma n.
'~·**man** [-mæn] s irr 1. Kameramann m.
2. 'Pressefoto,graf m. 3. Fotohändler m. ~
**ob·scu·ra** [ɒb'skjʊərə; Am. əb'skjʊərə]
pl -**ra** -**ras** s Camera ob'scura, Loch-
kamera f. '~·**shy** adj kamerascheu.
**cam·i·knick·ers** [,kæmɪ'nɪkəz] s pl Br.
hist. (Damen)Hemdhose f.
**cam·i·on** ['kæmɪən] s Last(kraft)wagen
m.
**cam·i·sole** ['kæmɪsəʊl] s 1. Bett-, Mor-
genjäckchen n. 2. Mieder n (e-s Trachten-
kleids etc).
**cam·let** ['kæmlɪt] s Kame'lott m (feines
Kammgarngewebe).
**cam·o·mile** ['kæməmaɪl] s bot. Ka'mille
f. ~ **tea** s Ka'millentee m.
**cam·ou·flage** ['kæməflɑːʒ; -məˌ-] **I** s
mil. zo. Tarnung f, fig. a. Verschleierung
f: ~ **measures** Verschleierungsmaßnah-
men; ~ **paint** Tarnfarbe f, -anstrich m.
**II** v/t mil. tarnen, fig. a. verschleiern.
**camp**[1] [kæmp] **I** s 1. (Zelt-, Ferien-,
Mili'tär)Lager n, Lager(platz m) n, Camp
n (alle a. collect. Personen): ~ **bed** (Am. a.

**cot**) a) Feldbett n, b) Campingliege f; ~
**chair** Klapp-, Campingstuhl m; ~ **dis-**
**ease** Fleckfieber n, Lagerseuche f; **to**
**pitch one's** ~ sein Lager aufschlagen; **to**
**break** (od. **strike**) ~ das Lager abbre-
chen. 2. Sol'datenleben n. 3. fig. Lager n,
Par'tei f, Anhänger pl (e-r Richtung): **the**
**rival** ~ das gegnerische Lager. 4. Am.
Siedlung f, bes. 'Goldgräberkolo,nie f.
**II** v/i 5. sein Lager aufschlagen, kam-
'pieren: **to** ~ **on** s.o.'s **trail** Am. colloq.
unablässig hinter j-m her sein. 6. oft ~ **out**
zelten, campen. 7. ~ **out** colloq. a) bei-
'übergehend wohnen (**in** in dat; **with**
bei), b) primi'tiv hausen (**in** in dat).
**III** v/t 8. a) in e-m Lager 'unterbringen,
b) vor'übergehend 'unterbringen (**in** in
dat).
**camp**[2] [kæmp] colloq. **I** adj 1. a) lächer-
lich altmodisch, b) unfreiwillig komisch,
na'iv wirkend, c) bewußt na'iv, d) künst-
lich, gewollt, e) ,aufgemotzt', thea. etc a.
über'zogen. 2. tuntenhaft. **II** s 3. etwas
lächerlich Altmodisches etc (→ 1).
4. tuntenhaftes Benehmen. 5. Tunte f
(betont femininer Homosexueller). **III** v/i
6. a) sich tuntenhaft benehmen, b) (tun-
tenhaft) tänzeln od. trippeln. **IV** v/t
7. etwas in lächerlich altmodischer Weise
etc (→ 1) darbieten od. darstellen. 8. **to** ~
**it up** a) → 6, b) die Sache ,aufmotzen',
thea. etc a. über'ziehen.
**cam·paign** [kæm'peɪn] **I** s 1. mil. Feld-
zug m. 2. fig. Kam'pagne f, Feldzug m,
Akti'on f: → advertising campaign,
etc. 3. pol. Wahlkampf m: ~ **button** Wahl-
kampfplakette f; ~ **pledge** (od. **prom-**
**ise**) Wahlversprechen n. 4. metall. Hüt-
ten-, Ofenreise f. 5. obs. 'Landpar,tie f. **II**
v/i 6. mil. an e-m Feldzug teilnehmen,
kämpfen. 7. fig. kämpfend zu Felde
ziehen (**for** für; **against** gegen). 8. pol.
a) sich am Wahlkampf beteiligen, im
Wahlkampf stehen, b) Wahlkampf ma-
chen (**for** für), c) Am. kandi'dieren (**for**
für). **cam'paign·er** s 1. mil. Feldzug-
teilnehmer m: **old** ~ a) Veteran m, b) fig.
alter Praktikus. 2. fig. Kämpfer m (**for**
für; **against** gegen).
**cam·pa·ni·le** [,kæmpə'niːlɪ] pl -**les**, -**li**
[-liː] s Kampa'nile n, Campa'nile m, frei
stehender Glockenturm.
**cam·pan·u·la** [kəm'pænjʊlə; Am.
kæm-] s bot. Glockenblume f.
**Camp·bell·ite** ['kæmbəlaɪt; 'kæməˌl-] s
relig. Am. Mitglied n der Sekte ,Jünger
Christi' (Disciples of Christ).
**cam·pea·chy wood** [kæm'piːtʃɪ],
**cam·pe·che wood** [kɑːm'petʃe] s
Cam'peche-, Blauholz n.
**camp·er** ['kæmpə(r)] s 1. Zeltler(in),
Camper(in). 2. Am. a) Wohnanhänger m,
-wagen m, b) 'Wohnmo,bil n.
'**camp**|**fire** s 1. Lagerfeuer n. 2. fig.
Treffen n: ~ **girl** Am. (Art) Pfadfinderin f.
~ **fol·low·er** s 1. Sol'datenprostitu,ierte
f. 2. pol. etc Mitläufer m, Sympathi'sant
m. '~·**ground** s 1. Lagerplatz m. 2. Zelt-,
Campingplatz m.
**cam·phire** ['kæmfaɪə(r)] obs. für henna 1.
**cam·phol** ['kæmfɒl; Am. a. -ˌfəʊl] s chem.
Borne'ol n.
**cam·phor** ['kæmfə(r)] s chem. Kampfer
m: ~ **ball** Mottenkugel f. '**cam·phor·**
**ate** [-reɪt] chem. **I** v/t kampfern. **II** s
kampfersaures Salz. **cam·phor·ic**
[kæm'fɒrɪk; Am. a. -ˈfɑ-] adj chem.
1. kampferhaltig. 2. Kampfer...: ~ **acid**.
**cam·phor**|**ice** s chem. Kampfereis n. ~
**oil** s chem. Kampferöl n. ~ **tree** s bot.
Kampferbaum m. '~·**wood** s Kampfer-
holz n.
**camp·ing** ['kæmpɪŋ] s Zelten n, Cam-
ping n. ~ **ground**, ~ **site** → camp-
ground.

**cam·pi·on** [ˈkæmpjən; -ɪən] s bot. Feuer-, Lichtnelke f.

**camp meet·ing** s bes. Am. (oft mehrtägige) religiˈöse Versammlung im Freien od. im Zelt.

**cam·po·ree** [ˌkæmpəˈriː] s regioˈnales Pfadfindertreffen.

**ˈcampǀshed** v/t Br. Ufermauer durch Bohlen verstärken. **ˈ⁓ˌshed·ding, ˈ⁓ˌsheet·ing, ˈ⁓shot** s Br. Bohlenverstärkung f (e-r Ufermauer). **ˈ⁓site** → campground. **ˈ⁓stool** s Klapp-, Campinghocker m.

**cam·pus** [ˈkæmpəs] s **1.** a) Campus m (Gesamtanlage e-r Universität, e-s College od. e-r Schule), b) Rasenfläche in der Mitte e-s Universitäts-, College- od. Schulgeländes. **2.** bes. Am. a) ein von den Hauptgebäuden entfernt liegender Teil e-r Universität, b) ein in sich abgeschlossener Teil e-r Universität mit eigenem Lehrkörper, der mit der Universität durch e-n gemeinsamen Rektor verbunden ist.

**camp·y** [ˈkæmpɪ] → camp² I.

**campyl(o)-** [kæmpɪl(əʊ)-] bot. Wortelement mit der Bedeutung gebogen, gekrümmt.

**ˈcamǀshaft** s tech. Nockenwelle f. **⁓ switch** s tech. Nockenschalter m. **⁓ wheel** s tech. Nockenrad n, Exˈzentrik f. **ˈ⁓wood** s Kamholz n.

**can¹** [kæn; unbetont kən] inf u. pp fehlen, 2. sg pres obs. **canst** [kænst] 3. sg pres **can** neg **can·not**, pret **could** [kʊd; unbetont kəd] v/aux (mit folgendem inf ohne to) **1.** ich, er, sie, es kann, du kannst, wir, Sie, sie können, ihr könnt: ⁓ you do it?; I shall do all I ⁓ ich werde alles tun, was ich (tun) kann od. was in m-n Kräften steht; ⁓ he still be living? kann es sein, daß er noch am Leben ist?, ob er wohl noch lebt?; → could. **2.** dürfen, können.

**can²** [kæn] I s **1.** (Blech)Kanne f: to have to carry the ⁓ colloq. den Kopf hinhalten müssen (for für). **2.** (Blech-, Konˈserven)Dose f, (-)Büchse f: ⁓ opener Dosen-, Büchsenöffner m; in the ⁓ colloq. a) ‚gestorben‘, abgedreht (Filmszene), b) ‚im Kasten‘, abgedreht (Film), c) unter Dach u. Fach (Vertrag etc); a ⁓ of worms colloq. e-e ‚harte Nuß‘, e-e komplizierte Geschichte. **3.** Am. (Ein)Weckglas n. **4.** Am. a) Müll-, Abfalleimer m, b) Müll-, Abfalltonne f. **5.** Kaˈnister m. **6.** Al. ‚Kittchen‘ n (Gefängnis). **7.** Am. sl. ‚Klo‘ n, Abˈort m. **8.** sl. ‚Arsch‘ m, ‚Hintern‘ m. **9.** mar. mil. sl. a) Wasserbombe f, b) Am. ‚Eimer‘ m, Zerstörer m. **10.** sl. Unze f Mariˈhuana. **11.** colloq. Kopfhörer m. **II** v/t **12.** konserˈvieren, (in Büchsen) einmachen, eindosen: → canned 1. **13.** tech. einkapseln, herˈmetisch verschließen. **14.** Am. sl. ‚rausschmeißen‘ (entlassen). **15.** Am. sl. aufhören mit: ⁓ it! hör auf damit! **16.** colloq. (auf Band od. Schallplatte) aufnehmen: → canned 2.

**Ca·naan·ite** [ˈkeɪnənaɪt] Bibl. **I** s Kanaaˈniter(in). **II** adj kanaaˈnäisch.

**Ca·na·di·an** [kəˈneɪdjən; -ɪən] **I** adj kaˈnadisch. **II** s Kaˈnadier(in).

**ca·naille** [kəˈneɪl; kəˈnaɪ] s Pöbel m, Gesindel n, Pack n.

**ca·nal** [kəˈnæl] **I** s **1.** Kaˈnal m (für Schiffahrt, Bewässerung etc). **2.** Förde f, Meeresarm m. **3.** anat. zo. Kaˈnal m, Gang m, Röhre f. **4.** astr. ˈMarskaˌnal m. **II** v/t pret u. pp **-naled**, bes. Br. **-nalled** 5. kanaliˈsieren.

**ca·nal·i·za·tion** [ˌkænəlaɪˈzeɪʃn; Am. -ləˈz-] s Kanalisatiˈon f, Kanaliˈsierung f.

**ca·nal·ize** [ˈkænəlaɪz] v/t **1.** kanaliˈsieren. **2.** a) in e-n Kaˈnal verwandeln, b) e-n Fluß kanaliˈsieren, schiffbar machen.

**3.** fig. etwas kanaliˈsieren, (in bestimmte Bahnen) lenken.

**ca·nalǀlock** s Kaˈnalschleuse f. **⁓ rays** pl chem. phys. Kaˈnalstrahlen pl. **C⁓ Zone** s Kaˈnalzone f (am Panamakanal).

**can·a·pé** [ˈkænəpeɪ] s gastr. Appeˈtit-, Cocktailhappen m.

**ca·nard** [kæˈnɑː(r)d; kə-] s **1.** (Zeitungs)Ente f, Falschmeldung f. **2.** aer. Ente(nflugzeug n) f.

**ca·nar·y** [kəˈneərɪ] s **1.** a. ⁓ bird Kaˈnarienvogel m: to have a ⁓ Br. colloq. ‚Zustände kriegen‘. **2.** a. ⁓ yellow Kaˈnariengelb n. **3.** Am. sl. a) (bes. Koloraˈtur)Sopraˌnistin f, b) (Schlager)Sängerin f. ⁓ **creep·er** s bot. Kaˈnarien-, Kapuˈzinerkresse f.

**ca·nas·ta** [kəˈnæstə] s Kaˈnasta n (Kartenspiel).

**ca·nas·ter** [kəˈnæstə(r)] s grober Tabak.

**can buoy** s mar. Stumpftonne f, -boje f.

**can-can** [ˈkænkæn] s mus. Canˈcan m.

**can·cel** [ˈkænsl] **I** v/t pret u. pp **-celed**, bes. Br. **-celled** **1.** (ˈdurch-, aus)streichen. **2.** Erlaubnis etc widerˈrufen, Beschluß etc rückgängig machen, Abonnement etc kündigen, econ. Auftrag etc storˈnieren, mot. Blinker abstellen, ausmachen: to ⁓ a magazine subscription e-e Zeitschrift abbestellen; to ⁓ one’s membership (aus dem Verein etc) austreten; until ⁓(l)ed bis auf Widerruf. **3.** Eintragung, Bandaufnahme etc löschen. **4.** Verabredung etc absagen, Veranstaltung etc ausfallen lassen. **5.** Briefmarke, Fahrschein entwerten. **6.** math. kürzen. **7.** mus. Vorzeichen auflösen, -heben. **8.** a. ⁓ out ausgleichen, kompenˈsieren. **II** v/i **9.** math. sich kürzen lassen. **10.** a. ⁓ out (gegenseitig) aufheben. **III** s **11.** → cancellation. **12.** mus. Auflösungs-, Wiederˈherstellungszeichen n. **13.** pl, a. pair of ⁓s Lochzange f. **ˌcanˈcelˈa·tion** Am. für cancellation. **ˈcan·cel·er**, bes. Br. **ˈcan·cel·ler** [-sələ(r)] s tech. (Briefmarken-, Fahrschein)Entwerter m.

**can·cel·late** [ˈkænsɪleɪt; Am. a. kænˈselət], **ˈcan·cel·lat·ed** [-sɪleɪtɪd] **1.** bot. gegittert, gitterförmig. **2.** med. schwammig.

**can·cel·la·tion**, Am. a. **can·cel·a·tion** [ˌkænsəˈleɪʃn] s **1.** Streichung f. **2.** Widerˈrufung f (e-r Erlaubnis etc), Rückgängigmachung f (e-s Beschlusses etc), Kündigung f (e-s Abonnements etc), econ. Storˈnierung f (e-s Auftrags etc), mot. Abstellen n, Ausmachen n (des Blinkers). **3.** Löschung f (e-r Eintragung, e-r Bandaufnahme etc). **4.** Absage f (e-r Verabredung etc). **5.** Entwertung f (e-r Briefmarke, e-s Fahrscheins). **6.** math. Kürzung f. **7.** mus. Auflösung f, -hebung f (e-s Vorzeichens). [cancelerˌ]

**can·cel·ler** [ˈkænsələ(r)] bes. Br. fürˌ} **can·cel·lous** [ˈkænsɪləs; Am. a. kænˈseləs] cancellate.

**can·cer** [ˈkænsə(r)] **I** s **1.** med. a) Krebs m, b) Karziˈnom n, Krebsgeschwulst f. **2.** fig. Krebsgeschwür n, -schaden m. **3.** C⁓ astr. Krebs m (Sternbild u. Tierkreiszeichen): to be (a) ⁓ Krebs sein; → tropic 1. **II** adj **4.** med. Krebs...: ⁓ cells (clinic, research, etc); ⁓ stick sl. ‚Sargnagel‘ m (Zigarette). **ˈcan·cer·ous** adj med. a) krebsbefallen: a ⁓ lung; a ⁓ man ein Krebskranker; b) Krebs...: ⁓ tumo(u)r Krebsgeschwulst f, c) krebsartig: ⁓ growth fig. Krebsgeschwür n.

**can·croid** [ˈkæŋkrɔɪd] **I** adj **1.** zo. krebsartig. **2.** med. → cancerous b. **II** s **3.** med. Spinaliˈom n, Stachelzellenkrebs m.

**can·de·la** [kænˈdiːlə] s phys. Canˈdela f (Einheit der Lichtstärke).

**can·de·la·bra** [ˌkændɪˈlɑːbrə] s **1.** pl

**-bras** → candelabrum. **2.** pl von candelabrum. **ˌcan·deˈla·brum** [-brəm] pl **-bra** [-brə], **-brums** s Kandeˈlaber m, Armleuchter m.

**can·des·cence** [kænˈdesns] s (Weiß-)Glühen n, (-)Glut f. **canˈdes·cent** adj (adv ⁓ly) (weiß)glühend.

**can·did** [ˈkændɪd] **I** adj (adv ⁓ly) **1.** offen (u. ehrlich), aufrichtig, freimütig. **2.** unvoreingenommen, objekˈtiv: a ⁓ opinion. **3.** phot. ungestellt: ⁓ camera a) Kleinstbildkamera f, b) versteckte Kamera; ⁓ picture Schnappschuß m. **II** s **4.** phot. Schnappschuß m. **ˈcandid·ness** → candor.

**can·di·da·cy** [ˈkændɪdəsɪ] s bes. Am. Kandidaˈtur f, Bewerbung f, Anwartschaft f.

**can·di·date** [ˈkændɪdət; -deɪt] s **1.** (for) Kandiˈdat(in) (für), Anwärter(in) (auf acc) (beide a. iro.), Bewerber(in) (um): to run (bes. Br. stand) as a ⁓ for kandidieren für, sich bewerben um; ⁓ chemicals in Frage kommende od. in engerer Wahl stehende Stoffe. **2.** (ˈPrüfungs)Kandiˌdat(in), Prüfling m. **ˈcan·di·da·ture** [-dətʃə(r); -dəˌtʃʊə(r)] bes. Br. für candidacy.

**can·died** [ˈkændɪd] adj **1.** kanˈdiert, überˈzuckert: ⁓ peel Zitronat n. **2.** kristalliˈsiert (Sirup etc). **3.** fig. honigsüß, schmeichlerisch.

**can·dle** [ˈkændl] **I** s **1.** (Wachs- etc)Kerze f, Licht n: to burn the ⁓ at both ends fig. Raubbau mit s-r Gesundheit treiben, sich übernehmen; not to be fit (od. able) to hold a ⁓ to j-m das Wasser nicht reichen können; the game is not worth the ⁓ die Sache ist nicht der Mühe wert. **2.** phys. hist. Kerze f (Einheit der Lichtstärke). **II** v/t **3.** bes. Eier durchˈleuchten. **ˈ⁓ˌber·ry** s Wachsmyrte(nbeere) f. **ˈ⁓ end** s Kerzenstummel m. **ˈ⁓foot** s irr → foot-candle. **ˈ⁓light** **I** s **1.** Kerzenlicht n: by ⁓ bei Kerzenlicht. **2.** gedämpftes künstliches Licht. **3.** Abenddämmerung f: at early ⁓ am frühen Abend. **II** adj **4.** bei Kerzenlicht: ⁓ dinner. **Can·dle·mas** [ˈkændlməs] s R.C. (Maˈriä) Lichtmeß f. **ˈcan·dleˌpow·er** s phys. hist. Kerzenstärke f. **ˈ⁓stick** s Kerzenleuchter m, -ständer m. **ˈ⁓wick** s **1.** Kerzendocht m. **2.** Gewebe mit chenilleähnlichem Charakter.

**can·dock** [ˈkændɒk; Am. -ˌdɑk] s bot. Gelbe Teichrose.

**can·dor**, bes. Br. **can·dour** [ˈkændə(r)] s **1.** Offenheit f, Aufrichtigkeit f, Freimütigkeit f. **2.** Unvoreingenommenheit f, Objektiviˈtät f.

**can·dy** [ˈkændɪ] **I** s **1.** Kandis(zucker) m. **2.** bes. Am. a) Süßwaren pl, Süßigkeiten pl, Konˈfekt n, b) a. hard ⁓ Bonˈbon m, n. **II** v/t **3.** kanˈdieren, glaˈsieren, mit Zucker überˈziehen od. einmachen. **4.** Zucker etc kristalliˈsieren lassen. **ˈ⁓floss** s Br. **1.** Zuckerwatte f. **2.** Hirngespinste pl. **⁓ store** s Am. Süßwarenladen m, -geschäft n.

**cane** [keɪn] **I** s **1.** Spaˈzierstock m. **2.** (Rohr)Stock m: to give s.o. the ⁓ → 5. **3.** bot. a) (Bambus-, Zucker-, Schilf)Rohr n, b) Schaft m (einiger Palmen), c) Stamm m (des Himbeerstrauchs etc). **4.** collect. spanisches Rohr, Peddigrohr n (für Korbflechtarbeiten). **II** v/t **5.** (mit dem Stock) züchtigen. **6.** a) aus Rohr flechten, b) e-n Stuhl etc mit Rohrgeflecht versehen. **ˈ⁓ˌbot·tomed** adj mit Sitz aus Rohr(geflecht). **⁓ brake** s Am. Rohrdickicht n, Röhricht n. **⁓ chair** s Rohrstuhl m.

**ca·nel·la** [kəˈnelə], **⁓ al·ba** [ˈælbə], **⁓ bark** s Caˈnellarinde f, Kaˈneel m.

**cane|sug·ar** s Rohrzucker m. **~ trash** s Ba¹gasse f. **'~work** s Rohrgeflecht n.
**cang, cangue** [kæŋ] s hist. (schwerer) Holzkragen (chinesisches Strafinstrument).
**Ca·nic·u·la** [kə¹nɪkjʊlə] s astr. Hundsstern m, Sirius m.
**ca·nic·u·lar|** **cy·cle** [kə¹nɪkjʊlə(r)] s astr. ¹Hundssternperi₁ode f. **~ days** s pl Hundstage pl. **~ heat** s Hundstagshitze f.
**ca·nine** [¹keɪnaɪn] **I** adj **1.** Hunde..., Hunds... **2.** contp. hündisch: **~ devotion** hündische Ergebenheit. **II** s **3.** zo. Hund m. **4.** [¹kænaɪn; ¹keɪ-] a. **~ tooth** Augen-, Eckzahn m. **~ mad·ness** s med. vet. Tollwut f.
**can·ing** [¹keɪnɪŋ] s: **to give s.o. a ~** j-n (mit dem Stock) züchtigen.
**Ca·nis|** **Ma·jor** [¹keɪnɪs] s astr. Großer Hund (Sternbild). **~ Mi·nor** s astr. Kleiner Hund (Sternbild).
**can·is·ter** [¹kænɪstə(r)] s **1.** Blechbüchse f, -dose f. **2.** mil. a) Atemeinsatz m (der Gasmaske), b) a. **~ shot** hist. Kar¹tätsche f.
**can·ker** [¹kæŋkə(r)] **I** s **1.** med. a) Soor m, b) Lippengeschwür n. **2.** vet. Strahlfäule f (am Pferdefuß). **3.** bot. Baumkrebs m. **4.** zo. schädliche Raupe. **5.** fig. Krebsgeschwür n. **II** v/t **6.** fig. a) ansteckten, vergiften, b) zerfressen. **III** v/i **7.** fig. a) angesteckt od. vergiftet werden, (langsam) verderben, b) zerfressen werden. **'can·kered** adj **1.** bot. a) vom Baumkrebs befallen, b) von Raupen zerfressen. **2.** fig. a) giftig, bösartig, b) verdrießlich, mürrisch. **'can·ker·ous** adj **1.** bot. a) cankered 1 a, b) von Baumkrebs verursacht. **2.** fig. a) ansteckend, vergiftend, b) zersetzend, zerfressend.
**can·ker|sore** s med. Soor m. **'~worm** s zo. schädliche Raupe.
**can·na·bis** [¹kænəbɪs] s Cannabis m: a) bot. Hanf m, b) Haschisch n (Rauschgift).
**canned** [kænd] adj **1.** konser¹viert, Dosen..., Büchsen...: **~ fruit** Obstkonserven pl; **~ meat** Büchsenfleisch n. **2.** colloq. (auf Band od. Schallplatte) aufgenommen: **~ music** ¸Musik f aus der Kon¹serve'; **~ program(me)** (Rundfunk, TV) ¸Programmkonserve' f. **3.** Am. colloq. abgedroschen. **4.** sl. ¸blau', betrunken.
**can·nel** [¹kænl] s **~ coal** s Kännelkohle f (bituminenhaltige Pechkohle).
**can·nel·lo·ni** [₁kænə¹ləʊni] s pl Cannel¹loni pl.
**can·ne·lure** [¹kænəlʊə(r)] s **1.** arch. Kanne¹lierung f, Auskehlung f. **2.** mil. Führungsrille f (e-r Patrone).
**can·ner** [¹kænə(r)] s **1.** Kon¹servenfabri₁kant m. **2.** Arbeiter(in) in e-r Kon¹servenfa₁brik. **'can·ner·y** s Kon¹servenfa₁brik f.
**can·ni·bal** [¹kænɪbl] s **1.** Kanni¹bale m, Menschenfresser m. **2.** Tier, das s-e Artgenossen frißt. **3.** (Auto-etc)Ausschlachter m. **'can·ni'bal·ic** [-¹bælɪk] adj kanni¹balisch (a. fig. unmenschlich). **'can·ni·bal·ism** [-bəlɪzəm] s **1.** Kanniba¹lismus m (a. fig. Unmenschlichkeit). **2.** zo. Kanniba¹lismus m, Fressen n von Artgenossen. **₁can·ni·bal'is·tic** adj kanni¹balisch. **'can·ni·bal·ize** v/t altes Auto etc ausschlachten.
**can·ning** [¹kænɪŋ] s Kon¹servenfabrika-ti₁on f: **~ factory** (od. **plant**) → cannery.
**can·non** [¹kænən] **I** pl **-nons, -non** s **1.** pl meist **-non** mil. (aer. ¹Bord)Ka₁none f, (-)Geschütz n. **2.** tech. a) Henkel m, Krone f (e-r Glocke), b) sich frei um e-e Welle drehender Zy¹linder. **3.** Gebiß n (des Pferdegeschirrs). **4.** zo. Ka¹nonenbein n (Mittelfußknochen). **5.** Billard: Br. Karambo¹lage f. **6.** Am. sl. ¸Ka¹none' f (Revolver). **7.** Am. sl. Taschendieb m.

**II** v/i **8.** Billard: Br. karambo¹lieren. **9.** (into) rennen, prallen (gegen, an acc), karambo¹lieren, zs.-stoßen (mit). **III** v/t → cannonade 3.
**can·non·ade** [₁kænə¹neɪd] **I** s **1.** mil. Kano¹nnade f, Beschießung f. **2.** Dröhnen n, Donnern n. **II** v/t **3.** mil. mit (aer. ¹Bord)Ka₁nonen beschießen. **III** v/i **4.** dröhnen, donnern.
**'can·non·ball** **I** s **1.** Ka¹nonenkugel f. **2.** Hocksprung m (ins Wasser). **3.** sport a) bes. Fußball: ¸Bombe' f, b) a. **~ service** (Tennis) Ka¹nonenaufschlag m. **II** v/i **4.** a. **~ along** (da¹hin)rasen. **~ bit** → cannon 3. **~ bone** s zo. **1.** → cannon 4. **2.** Sprungbein n.
**can·non·eer** [₁kænə¹nɪə(r)] s mil. (aer. ¹Bord)Ka¹nonier m.
**can·non fod·der** s Ka¹nonenfutter n.
**can·non·ry** [¹kænənrɪ] s mil. **1.** collect. (aer. ¹Bord)Ka₁nonen pl, (-)Geschütze pl. **2.** → cannonade 1.
**can·non shot** s mil. Schußweite f (e-r Kanone).
**can·not** [¹kænɒt; Am. -nat; kə¹nɑt] neg von can¹.
**can·nu·la** [¹kænjʊlə] pl **-las, -lae** [-li:] s med. Ka¹nüle f.
**can·ny** [¹kænɪ] adj (adv cannily) **1.** ¸gerissen', schlau (bes. in Geldangelegenheiten). **2.** bes. Scot. nett. **3. to be ~** Scot. Glück haben.
**ca·noe** [kə¹nu:] **I** s Kanu n (a. sport), Paddelboot n: **~ slalom** Kanuslalom m; **to paddle one's own ~** a) auf eigenen Beinen od. Füßen stehen, b) sich um s-e eigenen Angelegenheiten kümmern. **II** v/i Kanu fahren, paddeln. **ca¹noe·ist** s Ka¹nute m, Ka¹nutin f (beide bes. sport), Kanufahrer(in), Paddler(in).
**can·on¹** [¹kænən] s **1.** Kanon m, Regel f, Richtschnur f, Vorschrift f. **2.** Maßstab m, Wertmesser m. **3.** Grundsatz m: **~s of professional ethics** Standesregeln (der Anwälte, Ärzte etc). **4.** relig. Kanon m: a) maßgebliche Bücher pl (der Bibel), b) C**~** Meßkanon m) Heiligenverzeichnis n. **5.** relig. a) Ordensregeln pl, b) → canon law. **6.** au¹thentische Schriften pl (e-s Autors): **the Chaucer ~. 7.** mus. Kanon m. **8.** print. Kanon(schrift) f.
**can·on²** [¹kænən] s relig. **1.** Chor-, Dom-, Stiftsherr m, Ka¹nonikus m. **2.** hist. Mitglied n e-r klösterlichen Gemeinschaft von Klerikern.
**ca·ñon** → canyon.
**can·on bit** → cannon 3.
**can·on·ess** [¹kænənɪs] s relig. Kano¹nissin f, Stiftsdame f.
**ca·non·i·cal** [kə¹nɒnɪkl; Am. -¹nɑ-] **I** adj (adv **~ly**) **1.** ka¹nonisch, vorschriftsmäßig. **2.** Bibl. ka¹nonisch: **~ books. 3.** anerkannt, autori¹siert. **4.** mus. in Kanonform. **II** s **5.** pl relig. Meßgewänder pl, kirchliche Amtstracht. **~ hours** s pl **1.** relig. ka¹nonische Stunden pl (offizielle Gebetsstunden). **2.** Br. Zeit von 8 bis 18 Uhr, während der in englischen Pfarrkirchen getraut wird.
**can·on·ist** [¹kænənɪst] s Kano¹nist m, Kirchenrechtler m.
**can·on·i·za·tion** [₁kænənaɪ¹zeɪʃn; Am. -nə¹z-] s relig. Kanonisati¹on f, Heiligsprechung f. **'can·on·ize** v/t relig. **1.** heiligsprechen, kanoni¹sieren. **2.** a) sanktio¹nieren, b) unter die ka¹nonischen Bücher aufnehmen.
**can·on law** s ka¹nonisches Recht, Kirchenrecht n.
**can·on·ry** [¹kænənrɪ] s Kanoni¹kat n, Domherrnpfründe f.
**ca·noo·dle** [kə¹nu:dl] v/i sl. ¸knutschen', ¸schmusen' (with mit).
**can·o·pied** [¹kænəpɪd] adj mit e-m Baldachin (über¹dacht).

**can·o·py** [¹kænəpɪ] **I** s **1.** Baldachin m, (Bett-, Thron-, Trag)Himmel m: **~ bed** Himmelbett n; **~ top** mot. Sonnendach n, Verdeck n. **2.** arch. Vordach n. **3.** arch. Baldachin m (Überdachung des Altars etc). **4.** aer. a) Fallschirmkappe f, b) (¹durchsichtige) Ka¹binenhaube, Verglasung f. **5.** electr. ¹Lampenarma₁tur f. **6.** Firma¹ment n. **II** v/t **7.** (mit e-m Baldachin) über¹dachen.
**ca·no·rous** [kə¹nɔ:rəs] adj me¹lodisch.
**canst** [kænst] obs. 2. sg pres von can¹.
**cant¹** [kænt] **I** s **1.** Gewinsel n. **2.** Ar¹got n, Jar¹gon m, Bettler-, Gaunersprache f. **3.** Fach-, Zunftsprache f. **4.** fig. Kauderwelsch n, Gewäsch n. **5.** Frömme¹lei f, frömmlerisches Gerede. **6.** (leere) Phrase(n pl): **the same old ~** die alte Leier. **II** v/i **7.** mit kläglicher Stimme reden. **8.** frömmeln, frömmlerisch reden. **9.** Jar¹gon reden. **10.** Phrasen dreschen.
**cant²** [kænt] **I** s **1.** Schrägung f, geneigte Fläche: **~ of a polygon. 2.** Neigung f. **3.** plötzlicher Ruck, Stoß m. **II** v/t **4.** schräg legen, kanten, kippen: **to ~ over** umstürzen, umkippen. **5.** tech. abschrägen. **III** v/i **6.** a. **~ over** a) sich neigen, sich auf die Seite legen, b) ¹umkippen.
**can't** [kɑ:nt; Am. kænt] colloq. für cannot.
**Can·tab** [¹kæntæb] colloq. für Cantabrigian.
**can·ta·bi·le** [kæn¹tɑ:bɪlɪ; Am. -¹tæb-; a. kɑ:n¹tɑ:bə₁leɪ] adj u. adv mus. can¹tabile, gesangartig.
**Can·ta·brig·i·an** [₁kæntə¹brɪdʒɪən] **I** s **1.** Einwohner(in) von Cambridge (England od. USA). **2.** Stu¹dent(in) an der od. Absol¹vent(in) der Universi¹tät Cambridge (England) od. der Harvard University (USA). **II** adj **3.** von od. aus Cambridge.
**can·ta·loup(e)** [¹kæntəlu:p; Am. -tl₁əʊp] s bot. Kanta¹lupe f, ¹Beutel-, ¹Warzenme₁lone f.
**can·tan·ker·ous** [kæn¹tæŋkərəs] adj (adv **~ly**) giftig, streitsüchtig. **can'tan·ker·ous·ness** s fig. giftiges Wesen, Streitsucht f.
**can·ta·ta** [kæn¹tɑ:tə; kən-] s mus. Kan¹tate f.
**cant dog** s tech. Kanthaken m.
**can·teen** [kæn¹ti:n] s **1.** bes. Br. Kan¹tine f. **2.** mil. a) Feldküche f, b) Me¹nagekoffer m (der Offiziere), c) Feldflasche f, d) Kan¹tine f, e) Kochgeschirr n: **~ cup** Feldbecher m. **3.** Erfrischungsstand m, Bü¹fett n (bei Veranstaltungen). **4.** a) Besteckkasten m, b) Besteck n.
**cant·er¹** [¹kæntə(r)] s **1.** Frömmler(in). **2.** Phrasendrescher(in).
**cant·er²** [¹kæntə(r)] **I** s Kanter m (kurzer, leichter Galopp): **to win at a ~** fig. mühelos gewinnen od. siegen. **II** v/t kantern lassen. **III** v/i kantern.
**can·ter·bur·y** [¹kæntər₁berɪ] s Am. Noten- od. Zeitschriftenständer m. **C~ bell** [¹kæntəbərɪ; -brɪ; Am. -tər₁berɪ:] s bot. (e-e) Glockenblume.
**can·thar·i·des** [kæn¹θærɪdi:z] **1.** pl von cantharis. **2.** pl (a. als sg konstruiert) med. pharm. Kantha¹riden pl (aus getrockneten Weichkäfern zubereitetes Pulver etc). **can·tha·ris** [¹kænθərɪs] pl **can·thar·i·des** [kæn¹θærɪdi:z] s zo. Kantha¹ride m, Weichkäfer m (z.B. Spanische Fliege).
**cant hook** s tech. Kanthaken m.
**can·ti·cle** [¹kæntɪkl] s relig. Lobgesang m (bes. Bibl.): (C**~** of) C**~s** Bibl. (das) Hohelied Salomons, (das) Lied der Lieder.
**can·ti·le·na** [₁kæntɪ¹leɪnə; -¹li:nə] s mus. Kanti¹lene f.
**can·ti·le·ver** [¹kæntɪli:və(r); Am. a.

-ˌlevər] **I** s **1.** arch. Konˈsole f. **2.** tech. freitragender Arm, vorspringender Träger, Ausleger m. **3.** aer. unverspreizte od. freitragende Tragfläche. **II** adj **4.** freitragend. **~ arm, ~ beam** s tech. Ausleger(balken) m. **~ bridge** s tech. Auslegerbrücke f. **~ roof** s arch. Krag-, Auslegerdach n. **~ wing** → cantilever 3.

**cant·ing** [ˈkæntɪŋ] adj **1.** frömmlerisch. **2.** Phrasen dreschend.

**can·tle** [ˈkæntl] s **1.** ˈHinterpausche f, -zwiesel m (des Reitsattels). **2.** Ausschnitt m, Teil m, n, Stück n.

**can·to** [ˈkæntəʊ] pl **-tos** s **1.** Gesang m (Teil e-r größeren Dichtung). **2.** mus. a) Ober-, Soˈpranstimme f (in vokaler Mehrstimmigkeit), b) Meloˈdiestimme f (a. instrumental).

**can·ton I** s **1.** [ˈkænton; Am. ˈkæntən] Kanˈton m (in der Schweiz u. in Frankreich). **2.** [ˈkæntən] a) her. Feld n, b) mar. Gösch f. **II** v/t **3.** [kænˈtɒn; Am. ˈkæntən] oft **~ out** in Kanˈtone einteilen. **5.** [kænˈtuːn; Am. kænˈtəʊn] mil. ˈeinquarˌtieren.

**can·ton·al** [ˈkæntənl] adj kantoˈnal.

**can·ton·ment** [kænˈtuːnmənt; Am. -ˈtəʊn-] s mil. **1.** (ˈOrts)ˌUnterkunft f, Quarˈtier n. **2.** großes Ausbildungslager.

**can·tor** [ˈkæntɔː; Am. -tər] s Kantor m.

**can·trip** [ˈkæntrɪp] s bes. Scot. **1.** Zauber(spruch) m. **2.** (Schelmen)Streich m.

**Ca·nuck** [kəˈnʌk] s contp. a) Am. Kaˈnadier(in), b) Canad. Kaˈnadier(in) franˈzösischer Abstammung.

**can·vas** [ˈkænvəs] **I** s **1.** mar. a) Segeltuch n, b) collect. Segel pl: **under ~** unter Segel (→ 3); **under full ~** mit allen Segeln. **2.** Pack-, Zeltleinwand f. **3.** Zelt n, collect. Zelte pl: **under ~** in Zelten (→ 1). **4.** Kanevas m, Straˈmin m (für Stickereien). **5.** paint. a) Leinwand f, b) (Öl)Gemälde n auf Leinwand. **II** v/t **6.** mit Segeltuch bedecken od. auskleiden. **'~·back** pl **-backs,** bes. collect. **-back** s orn. Kanevasente f.

**can·vass** [ˈkænvəs] **I** v/t **1.** eingehend unterˈsuchen od. erörtern od. prüfen. **2.** j-n ausfragen, sonˈdieren. **3.** pol. a) werben um (Stimmen), b) e-n Wahldistrikt bearbeiten, c) die Stimmung erforschen in (e-m Wahlkreis). **4.** econ. a) e-n Geschäftsbezirk bereisen, bearbeiten, b) Aufträge herˈeinholen, Abonnenten, Inserate sammeln. **5.** um j-n od. etwas werben. **6.** pol. bes. Am. Wahlstimmen prüfen. **II** v/i **7.** pol. e-n Wahlfeldzug veranstalten, Stimmen werben. **8.** werben (for um od. für), econ. a. e-n Werbefeldzug ˈdurchführen. **9.** debatˈtieren, diskuˈtieren. **III** s **10.** eingehende Unterˈsuchung od. Erörterung od. Prüfung. **11.** pol. Wahlfeldzug m. **12.** econ. Werbefeldzug m. **13.** → canvassing 1.

**can·vass·er** [ˈkænvəsə(r)] s **1.** pol. Stimmenwerber m, Wahlhelfer m. **2.** pol. bes. Am. Wahlstimmenprüfer m. **3.** econ. Handelsvertreter m: **advertising ~** Anzeigenvertreter; **insurance ~** Versicherungsagent m.

**can·vas shoes** s pl Segeltuchschuhe pl.

**can·vass·ing** [ˈkænvəsɪŋ] s **1.** econ. (Kunden)Werbung f, Reˈklame f: **~ campaign** Werbefeldzug m. **2.** pol. Stimmenwerbung f. **3.** pol. bes. Am. Wahlstimmenprüfung f.

**can·vas top** s mot. Planverdeck n.

**can·yon** [ˈkænjən] s Cañon m.

**caou·tchouc** [ˈkaʊtʃʊk] s Kautschuk m.

**cap** [kæp] **I** s **1.** Mütze f, Kappe f, Haube f: **~ and bells** Schellen-, Narrenkappe; **~ in hand** demütig, unterwürfig; **to set one's ~ at** (od. **for**) s.o. colloq. j-n zu angeln suchen, hinter j-m hersein, es auf j-n abgesehen haben (Frau): **fit¹** 19, **thinking** 3. **2.** (viereckige) Universiˈtäts-

mütze, Baˈrett n: **~ and gown** Universitätstracht f, Barett n u. Talar m. **3.** a) (Sport-, Stuˈdenten-, Klub-, Dienst-) Mütze f, b) sport Br. Mütze, die ein Spieler anläßlich s-r Berufung in e-e Auswahlmannschaft, bes. in die Nationalmannschaft, erhält: **to get** (od. **win**) **one's ~** in die Nationalmannschaft berufen werden; **he has won three England ~s** er hat schon dreimal in der englischen Nationalmannschaft gespielt, c) sport Br. Auswahl-, bes. Natioˈnalspieler(in): **new ~** (Nationalmannschafts)Neuling m. **4.** bot. Hut m (e-s Pilzes). **5.** Gipfel m, Spitze f. **6.** arch. a) Haubendach n, b) Kapiˈtell n, c) Aufsatz m. **7.** a) mil. u. Bergbau: Zünd-, Sprengkapsel f, b) Zündplättchen n: **~ pistol** Kinderpistole f. **8.** tech. a) (Schutz-, Verschluß-) Kappe f, (Abdeck-, Schutz)Haube f, b) Deckel m, c) Schuhkappe f, -spitze f, d) mot. (Reifen)Auflage f: **full ~** Runderneuerung f. **9.** geol. Deckschicht f. **10.** med. Pesˈsar n. **11.** Kapsel f (Heroin etc).

**II** v/t **12.** Flasche etc verschließen, zumachen. **13.** (mit od. wie mit e-r Kappe) bedecken. **14.** krönen: a) oben liegen auf (dat), b) fig. abschließen. **15.** bes. Scot. j-m e-n akaˈdemischen Grad verleihen. **16.** sport Br. in e-e Auswahl-, bes. in die Natioˈnalmannschaft berufen: **he has been ~ped three times for** (od. **by**) **England** er hat schon dreimal in der englischen Nationalmannschaft gespielt. **17.** obs. vor j-m die Mütze abnehmen od. ziehen. **18.** fig. überˈtreffen, -ˈtrumpfen, schlagen: **to ~ the climax** (od. **everything**) allem die Krone aufsetzen, alles übertreffen; **to ~ it all** als Krönung des Ganzen; → **verse** 1. **19.** Reifen runderneuern.

**ca·pa·bil·i·ty** [ˌkeɪpəˈbɪlətɪ] s **1.** Fähigkeit f (of s.th. zu etwas), Vermögen n. **2.** Tauglichkeit f (for zu). **3.** a. pl Befähigung f, Taˈlent n, Begabung f.

**ca·pa·ble** [ˈkeɪpəbl] adj (adv **capably**) **1.** (leistungs)fähig, tüchtig: **a ~ teacher**. **2.** fähig (of zu od. gen; of doing zu tun), imˈstande (of doing zu tun): **~ of murder** fähig, e-n Mord zu begehen; **do you think he is ~ of murder?** trauen Sie ihm e-n Mord zu? **3.** geeignet, tauglich (for zu). **4.** (of) zulassend (acc), fähig (zu): **~ of being divided** teilbar; **~ of improvement** verbesserungsfähig; **~ of being misunderstood** mißverständlich; **this text is not ~ of translation** dieser Text läßt sich nicht übersetzen. **5.** legally ~ jur. rechts-, geschäftsfähig.

**ca·pa·cious** [kəˈpeɪʃəs] adj (adv **~ly**) **1.** geräumig (Saal, Tasche etc), groß (Flasche, Topf etc). **2.** aufnahmefähig (Verstand), ausgezeichnet (Gedächtnis).

**ca·pa·cious·ness** s Geräumigkeit f, Weite f.

**ca·pac·i·tance** [kəˈpæsɪtəns] s electr. Kapaziˈtät f.

**ca·pac·i·tate** [kəˈpæsɪteɪt] v/t befähigen.

**ca·pac·i·tive** [kəˈpæsɪtɪv] adj electr. kapaziˈtiv: **~ load** kapazitive Belastung; **~ reactance** Kapazitanz f, kapazitiver Widerstand. **ca·ˈpac·i·tor** [-tə(r)] s electr. Kondenˈsator m.

**ca·pac·i·ty** [kəˈpæsətɪ] **I** s **1.** a) Fassungsvermögen n, Kapaziˈtät f: **filled to ~** ganz voll, thea. etc (bis auf den letzten Platz) ausverkauft, b) (Raum)Inhalt m, Voˈlumen n: → **measure** 1. **2.** phys. Aufnahmefähigkeit f. **3.** electr. a) Kapaziˈtät f, b) Leistungsfähigkeit f, Belastbarkeit f. **4.** mar. rail. Ladefähigkeit f. **5.** (Leistungs)Fähigkeit f, Vermögen n: **~ for learning** Lernfähigkeit; **~ for remembering** Erinnerungsvermögen.

**6.** econ. tech. Kapaziˈtät f, Leistungsfähigkeit f, (Nenn)Leistung f: **working to ~** mit Höchstleistung arbeitend, voll ausgelastet. **7.** fig. (geistiges) Fassungsvermögen, Auffassungsgabe f: **that is beyond his ~** damit ist er überfordert, das ist für ihn zu hoch; **the book is well within the ~ of young readers** das Buch können auch junge Leser ohne weiteres verstehen. **8.** Eigenschaft f, Stellung f: **in his ~ as** in s-r Eigenschaft als. **9.** jur. (Geschäfts-, Teˈstier- etc)Fähigkeit f: **criminal ~** strafrechtliche Verantwortlichkeit; **~ to sue and to be sued** Prozeßfähigkeit. **II** adj **10.** maxiˈmal, Höchst...: **~ business** Rekordumsatz m. **11.** **~ audience** thea. etc (bis auf den letzten Platz) ausverkauftes Haus; **~ crowd** sport ausverkauftes Stadion. **12.** electr. kapaziˈtiv.

**cap-a-pie, cap-à-pie** [ˌkæpəˈpiː] adv von Kopf bis Fuß.

**ca·par·i·son** [kəˈpærɪsn] **I** s **1.** Schaˈbracke f (verzierte Pferdedecke). **2.** Aufputz m, reicher Schmuck. **II** v/t **3.** e-e Schaˈbracke breiten über (acc). **4.** j-n herˈausputzen. **5.** fig. s-e Gedanken etc kleiden (in in acc).

**cape¹** [keɪp] s Cape n, ˈUmhang m.

**cape²** [keɪp] s Kap n, Vorgebirge n: **the C~** das Kap der Guten Hoffnung; **C~ doctor** starker Südostwind (in Südafrika); **C~ Dutch** ling. Kapholländisch n; **C~ wine** Kapwein m.

**ca·per¹** [ˈkeɪpə(r)] **I** s **1.** Kapriˈole f: a) Freuden-, Luftsprung m: **to cut ~s** → 4, b) fig. ˈübermütiger Streich. **2.** sl. a) ˌDing n (Verbrechen), b) Gauneˈrei f. **3.** sl. ˌDing n, Sache f. **II** v/i **4.** a) Freudenod. Luftsprünge machen, b) herˈumtollen, -hüpfen.

**ca·per²** [ˈkeɪpə(r)] s **1.** bot. Kapernstrauch m. **2.** Kaper f (Gewürz): **~ sauce** Kapernsoße f.

**cap·er·cail·lie** [ˌkæpə(r)ˈkeɪlɪ; -ˌljɪ], **cap·er·ˈcail·zie** [-ˈkeɪlɪ; -lzɪ] s orn. (Großer) Auerhahn.

**cap·ful** [ˈkæpfʊl] s (e-e) Mützevoll: **a ~ (of wind)** mar. Wind m von kurzer Dauer, e-e ˌMütze Wind.

**ca·pi·as** [ˈkeɪpɪæs; -əs] s a. **writ of ~** jur. Haftbefehl m (bes. im Vollstreckungsverfahren).

**cap·il·lar·i·ty** [ˌkæpɪˈlærətɪ] s phys. Kapillariˈtät f, Kapilˈlaranziehung f. **cap·il·lar·y** [kəˈpɪlərɪ; Am. ˈkæpəˌler-] **I** adj **1.** haarförmig, -fein, kapilˈlar: **~ vessel** → 4. **2.** haarähnlich, Haar... **3.** phys. Kapillar...: **~ action** Kapillareffekt m; **~ attraction** → capillarity. **II** s **4.** anat. Haar-, Kapilˈlargefäß n.

**cap·i·tal¹** [ˈkæpɪtl] s arch. Kapiˈtell n. **cap·i·tal²** [ˈkæpɪtl] **I** s **1.** Hauptstadt f. **2.** Großbuchstabe m: **to write a word with a ~** ein Wort groß (mit großem Anfangsbuchstaben) schreiben; **to write a word in ~s** ein Wort groß (in Großbuchstaben) schreiben. **3.** econ. Kapiˈtal n, Vermögen n: **invested ~** Anlagekapital. **4.** econ. Reinvermögen n. **5.** oft **C~** sociol. Kapiˈtal n, Unterˈnehmer(tum n) pl: **C~ and Labo(u)r** Kapital u. Arbeit. **6.** Vorteil m, Nutzen m: **to make ~ (out) of** s.th. aus etwas Kapital schlagen od. Nutzen ziehen. **II** adj **7.** jur. a) kapiˈtal: **~ crime** Kapitalverbrechen n, b) Tod(es)...: **~ punishment** Todesstrafe f; → **sin** 1. **8.** größt(er, e, es), höchst(er, e, es), äußerst(er, e, es): **of ~ importance**. **9.** Haupt..., wichtigst(er, e, es): **~ city** Hauptstadt f. **10.** verhängnisvoll: **a ~ error** ein Kapitalfehler. **11.** großartig, ausgezeichnet, fabelhaft: **a ~ fellow** ein famoser Kerl; **a ~ joke** ein Mordsspaß. **12.** groß (geschrieben): **~ letter** → 2; **~ B**

großes B; **he is mean with a ~ M** er ist ein furchtbarer Geizhals; **it was murder with a ~ M** es war hundertprozentig Mord.

**cap·i·tal| ac·count** *s econ.* **1.** Kapi'talkonto *n.* **2.** Kapi'talaufstellung *f (e-s Unternehmens).* **~ as·sets** *s pl econ.* **1.** Kapi'talvermögen *n.* **2.** *Bilanz:* Anlagevermögen *n.* **~ ex·pend·i·ture** *s econ.* Investiti'onsaufwand *m,* -ausgaben *pl.* **~ flight** *s econ.* Kapi'talflucht *f.* **~ gain** *s econ.* (Kapi'tal)Veräußerungsgewinn *m.* **~ goods** *s pl econ.* Investiti'onsgüter *pl.* **'~-in₁ten·sive** *adj econ.* kapi-'talinten₁siv. **~ in·vest·ment** *s* **1.** Kapi-'talanlage *f,* Investiti'onen *pl.* **2.** langfristig angelegtes Kapi'tal.

**cap·i·tal·ism** ['kæpɪtəlɪzəm] *s* Kapita-'lismus *m.* **'cap·i·tal·ist** *s* Kapita'list *m (a. contp.).* **II** *adj* kapita'listisch. **₁cap·i·tal'is·tic** *adj (adv ~ally)* kapita'listisch.

**cap·i·tal·i·za·tion** [₁kæpɪtəlaɪ'zeɪʃn; *Am.* -lə'z-] *s* **1.** *econ.* Kapitalisati'on *f,* Errechnung *f* des Kapi'talbetrages aus den Zinsen. **2.** *econ.* Kapitali'sierung *f ·(e-r Gesellschaft).* **3.** Großschreibung *f.* **cap·i·tal·ize** ['kæpɪtəlaɪz] **I** *v/t* **1.** *econ.* a) kapitali'sieren, den Kapi'talbetrag *(gen)* errechnen, b) zum Vermögen schlagen, c) *e-e Gesellschaft* kapitali'sieren, mit Kapi'tal ausstatten. **2.** groß schreiben: a) mit großem Anfangsbuchstaben schreiben, b) mit Großbuchstaben schreiben. **II** *v/i* **3.** Kapi'tal anhäufen. **4.** *econ.* e-n Kapi'talwert haben (at von). **5. ~ on** Kapi'tal schlagen *od.* Nutzen ziehen aus.

**cap·i·tal| lev·y** *s econ.* Vermögens-, Kapi'talabgabe *f.* **~ loss** *s econ.* (Kapi-'tal)Veräußerungsverlust *m.* **~ mar·ket** *s econ.* Kapi'talmarkt *m.* **~ re·turns tax** *s econ.* Kapi'talertragssteuer *f.* **~ ship** *s mar. mil.* Großkampfschiff *n.* **~ stock** *s econ. bes. Am.* 'Aktienkapi₁tal *n.* **~ trans·fer tax** *s econ. Br.* Schenkungs- u. Erbschaftsteuer *f.*

**cap·i·ta·tion** [₁kæpɪ'teɪʃn] *s* **1.** Kopfzählung *f.* **2.** *a.* **~ tax** Kopfsteuer *f.* **3.** Zahlung *f* pro Kopf.

**Cap·i·tol** ['kæpɪtl] *s* Kapi'tol *n:* a) *antiq. im alten Rom,* b) *Kongreßhaus in Washington, a. einzelstaatliches Regierungsgebäude.*

**ca·pit·u·lar** [kə'pɪtjʊlə; *Am.* -tʃələr] *relig.* **I** *adj* kapitu'lar, zu e-m Ka'pitel gehörig. **II** *s* Kapitu'lar *m,* Dom-, Stiftsherr *m.*

**ca·pit·u·late** [kə'pɪtjʊleɪt; *Am.* -tʃə-] *v/i mil.* (to) kapitu'lieren, die Waffen strekken (vor) *(beide a. fig.),* sich ergeben *(dat).* **ca₁pit·u'la·tion** *s* **1.** *mil.* a) Kapitulati'on *f,* 'Übergabe *f,* b) Kapitulati'onsurkunde *f.* **2.** *hist.* Kapitulati'on *f (Vertrag über Exterritorialitätsrechte).*

**ca·pon** ['keɪpən; *Am. a.* -₁pɑn] *s* Ka'paun *m.* **ca·pon·ize** ['keɪpənaɪz] *v/t* ka'paunen, ka'strieren.

**cap·o·ral** [₁kæpə'rɑːl; *Am.* -'ræl; 'kæprəl] *s (ein)* grober Tabak.

**capped** [kæpt] *adj* mit e-r Kappe *od.* Mütze (bedeckt): **~ and gowned** *univ.* in vollem Ornat.

**cap·per** ['kæpər] *s Am. sl.* **1.** Ende *n* (for, to von *od. gen).* **2.** Höhepunkt *m* (for, to *gen).*

**cap·puc·ci·no** [₁kæpʊ'tʃiːnəʊ] *pl* **-nos** *s* Cappuc'cino *m.*

**cap·ric ac·id** ['kæprɪk] *s chem.* Ca'prin-, Ka'prinsäure *f.*

**ca·pric·i·o** [kə'prɪtʃɪəʊ; -tʃəʊ] *pl* **-ci·os,** *a.* **-ci** [-tʃiː] *s* **1.** *mus.* Ca'priccio *n.* **2.** ('übermütiger) Streich. **3.** → caprice **1. ca·pric·ci·o·so** [kə₁prɪtʃɪ'əʊzəʊ; -səʊ] *adj u. adv mus.* capric'cioso, kaprizi'ös.

**ca·price** [kə'priːs] *s* **1.** *mus.* Ca'price *f.*

**2.** Laune *f,* launischer Einfall, Ka'price *f.* **3.** Launenhaftigkeit *f.* **ca·pri·cious** [kə'prɪʃəs] *adj (adv ~ly)* launenhaft, launisch, kaprizi'ös. **ca'pri·cious·ness** *s* Launenhaftigkeit *f.*

**Cap·ri·corn** ['kæprɪkɔː(r)n] *s astr.* Steinbock *m (Sternbild u. Tierkreiszeichen):* **to be (a) ~** Steinbock sein; → tropic 1.

**cap·rine** ['kæpraɪn] *adj zo.* ziegenähnlich, Ziegen...

**cap·ri·ole** ['kæprɪəʊl] *(Hohe Schule)* **I** *s* Kapri'ole *f.* **II** *v/i* e-e Kapri'ole machen.

**ca·pro·ic ac·id** [kə'prəʊɪk] *s chem.* Ca'pron-, Ka'pronsäure *f.*

**ca·pryl·ic ac·id** [kə'prɪlɪk] *s chem.* Ca'pryl-, Ka'prylsäure *f.*

**cap·si·cum** ['kæpsɪkəm] *s* **1.** *bot.* Spanischer Pfeffer. **2.** Kapsikum *n,* spanischer Pfeffer *(Gewürz).*

**cap·size** [kæp'saɪz; *Am. a.* -₁saɪz] *mar.* **I** *v/i* kentern, 'umschlagen. **II** *v/t* zum Kentern bringen.

**cap·stan** ['kæpstən] *s* **1.** *tech.* a) Winde *f* mit senkrechter Welle, Spill *n,* b) *Bergbau:* Schachtwinde *f,* c) Tonrolle *f,* -welle *f (e-s Tonbandgeräts etc):* **~ idler** *s* Andruckrolle *f.* **2.** *mar.* (Gang)Spill *n,* Ankerwinde *f.* **~ en·gine** *s mar.* 'Ankerlichtma₁schine *f.* **~ lathe** *s tech.* 'Sattelre₁volver₁drehma₁schine *f.*

**'cap·stone** *s arch.* (Ab)Deckstein *m,* Schlußstein *m (a. fig.),* Mauerkappe *f.*

**cap·su·lar** ['kæpsjʊlə; *Am.* -sələr] *adj* kapselförmig, Kapsel... **'cap·su·late** [-leɪt; -lət], **'cap·su·lat·ed** [-leɪtɪd] *adj* eingekapselt, verkapselt.

**cap·sule** ['kæpsjuːl; *Am.* -səl; -suːl] **I** *s* **1.** *anat.* Kapsel *f,* Hülle *f,* Schale *f:* **~ articular ~** Gelenkkapsel *f.* **2.** *bot.* a) Kapselfrucht *f,* b) Sporenkapsel *f.* **3.** *pharm.* (Arz'nei)Kapsel *f.* **4.** (Me'tall)Kapsel *f (als Flaschenverschluß).* **5.** (Raum)Kapsel *f.* **6.** *fig.* kurze 'Übersicht, 'Überblick *m:* **~ of history** geschichtlicher Überblick. **7.** *chem.* Abdampfschale *f,* -tiegel *m.* **II** *v/t* **8.** ein-, verkapseln. **9.** *fig.* kurz um'reißen. **III** *adj* **10.** kurz, Kurz...: **~ biography. 'cap·sul·ize** → capsule II.

**cap·tain** ['kæptɪn] **I** *s* **1.** (An)Führer *m,* Oberhaupt *n:* **~ of industry** Industriekapitän *m.* **2.** *mil.* a) Hauptmann *m,* b) *hist.* Rittmeister *m (der Kavallerie).* **3.** *mar.* a) Kapi'tän *m,* Komman'dant *m,* b) *mil.* Kapi'tän *m* zur See, c) 'Unteroffi₁zier *m* mit besonderen Aufgaben: **~ of the gun** Geschützführer *m.* **4.** *sport* ('Mannschafts)Kapi₁tän *m,* Mannschaftsführer *m.* **5.** *Bergbau: bes. Br.* Obersteiger *m.* **6.** *aer.* ('Flug)Kapi₁tän *m.* **7.** *Am.* Poli'zeihauptmann *m.* **8.** *Am.* a) Oberkellner *m,* b) → bell captain. **II** *v/t* **9.** Kapi'tän *(gen)* sein, *Schiff a.* befehligen.

**cap·tain·cy** ['kæptɪnsɪ], **'cap·tain·ship** *s* **1.** *mar. mil.* Stelle *f od.* Rang *m* e-s Hauptmanns *od.* Kapi'täns *etc.* **2.** militärisches Geschick.

**cap·ta·tion** [kæp'teɪʃn] *s* Streben *n* nach Beifall *od.* Gunst.

**cap·tion** ['kæpʃn] **I** *s* **1.** a) 'Überschrift *f,* Titel *m,* Kopf *m:* **~ of an article,** b) 'Bild₁unterschrift *f,* -text *m,* c) 'Untertitel *m (Film).* **2.** *jur.* a) Prä'ambel *f:* **~ of a document,** b) Rubrum *n (Bezeichnung der Prozeßparteien u. des Gerichts),* c) Spalte *f,* Ru'brik *f.* **3.** *obs.* Wegnahme *f.* **II** *v/t* **4.** mit e-r 'Überschrift *etc* versehen, *Film* unter'titeln.

**cap·tious** ['kæpʃəs] *adj (adv ~ly)* **1.** verfänglich: **a ~ question. 2.** spitzfindig, pe'dantisch, krittelig: **a ~ critic.** **'captious·ness** *s* **1.** Verfänglichkeit *f.* **2.** Spitzfindigkeit *f,* Pedante'rie *f.*

**cap·ti·vate** ['kæptɪveɪt] *v/t fig.* gefangennehmen, fesseln, für sich einnehmen,

bestricken, bezaubern: **to be ~d with** s.th. von etwas eingenommen sein. **'cap·ti·vat·ing** *adj (adv ~ly)* fesselnd, bezaubernd, einnehmend. **₁cap·ti'va·tion** *s* Bezauberung *f.*

**cap·tive** ['kæptɪv] **I** *adj* **1.** gefangen, in Gefangenschaft: **~ knights; ~ animals; to hold ~** gefangenhalten *(a. fig.);* **to take ~** gefangennehmen *(a. fig.).* **2.** festgehalten: **~ audience** *(bes. Rundfunk, TV)* unfreiwilliges Publikum; **~ balloon** Fesselballon *m.* **3.** Gefangenen... **4.** *fig.* gefangen, gefesselt (to von). **5.** *tech.* unverlierbar: **~ screw. 6.** *econ. Am.* für den Eigenbedarf *(nicht für den Markt)* bestimmt. **II** *s* **7.** Gefangene(r *m*) *f.* **8.** *fig.* Gefangene(r *m) f,* Sklave *m* (to, of *gen).*

**cap·tiv·i·ty** [kæp'tɪvətɪ] *s* **1.** Gefangenschaft *f.* **2.** *fig.* Unter'drückung *f* (by durch).

**cap·tor** ['kæptə(r)] *s* **1.** j-d, der Gefangene macht: **his ~** der ihn gefangennahm. **2.** *mar.* Kaper *m,* Aufbringer *m (e-s Schiffes).*

**cap·ture** ['kæptʃə(r)] **I** *v/t* **1.** fangen, gefangennehmen. **2.** *mil.* a) erobern, b) erbeuten: **~d property** Beute *f.* **3.** *mar.* kapern, aufbringen. **4.** *fig.* erobern: a) *Macht etc* an sich reißen, b) erlangen, gewinnen: **to ~ a prize,** c) gewinnen, fesseln, für sich einnehmen. **5.** *fig. e-e Stimmung, a. phys. Neutronen* einfangen: **to ~ a mood. II** *s* **6.** Gefangennahme *f.* **7.** *mil.* a) Einnahme *f,* Eroberung *f,* b) Erbeutung *f.* **8.** *mar.* a) Kapern *n,* Aufbringen *n,* b) Beute *f,* Prise *f.* **9.** *fig.* Eroberung *f.*

**cap·u·chin** ['kæpjʊʃɪn; -jʊtʃɪn; *Am. a.* 'kæpəʃɪn] *s* **1.** **C~** *relig.* Kapu'ziner (-mönch) *m.* **2.** Ka'puze *f.* **3.** ('Damen-) ₁Umhang *m* mit Ka'puze. **4.** a) **~ monkey** *zo.* Kapu'zineraffe *m,* b) *orn.* *(e-e)* Lockentaube.

**car** [kɑː(r)] *s* **1.** Auto *n,* Wagen *m:* **by ~** mit dem *(od.* im) Auto. **2.** *rail. Am. allg.* Wagen *m,* Wag'gon *m, Br. (nur in Zssgn)* Per'sonenwagen *m:* **~ dining car,** *etc.* **3.** (Straßenbahn- *etc)*Wagen *m.* **4.** Gondel *f (e-s Ballons etc).* **5.** Ka'bine *f (e-s Aufzugs).* **6.** *poet.* (Kriegs-, Tri'umph-) Wagen *m.*

**car·a·ba·o** [₁kærə'beɪəʊ; *Am.* -'baʊ] *pl* **-os** → buffalo 1 a.

**car·a·bin** ['kærəbɪn], **'car·a·bine** [-baɪn; *Am. a.* -₁biːn] → carbine 1.

**car·a·bi·neer, car·a·bi·nier** [₁kærəbɪ-'nɪə(r)] → carbineer 1.

**car·a·cal** ['kærəkæl] *s zo.* Kara'kal *m,* Wüstenluchs *m.*

**car·a·col** ['kærəkɒl; *Am.* -₁kɑl], **'car·a·cole** [-kəʊl] **I** *s* **1.** *Dressurreiten:* Ka'ra'kole *f,* halbe Wendung. **2.** *arch.* Wendeltreppe *f.* **II** *v/i* **3.** *Dressurreiten:* kara'ko'lieren.

**ca·rafe** [kə'ræf; kə'rɑːf] *s* Ka'raffe *f.*

**car·a·mel** ['kærəmel; -məl] *s* **1.** Kara'mel *m,* gebrannter Zucker. **2.** Kara'melle *f,* 'Sahnebon₁bon *m, n.*

**car·a·pace** ['kærəpeɪs] *s zo.* Schale *f,* Rückenschild *m (der Schildkröte etc).*

**car·at** ['kærət] *s* Ka'rat *n:* a) *Juwelen- u. Perlengewicht (= 200 mg),* b) *Goldfeingehalt:* 18-**~ gold** 18karätiges Gold.

**car·a·van** ['kærəvæn] *s* **1.** Kara'wane *f (a. fig.).* **2.** a) Wohnwagen *m (von Schaustellern etc),* b) *Br.* Caravan, Wohnwagen *m,* Wohnanhänger *m:* **~ site** *(od.* park) Platz *m* für Wohnwagen. **II** *v/i pret u. pp* **-vaned,** *bes. Br.* **-vanned 3.** in e-r Kara'wane reisen *od.* ziehen. **4.** im Wohnwagen *(Br. a.* im Caravan) reisen. **₁car·a·van'eer** [-'nɪə(r)] → caravan-(n)er 1. **'car·a·van·(n)er** *s* **1.** Reisende(r) *m* in e-r Kara'wane. **2.** *Br.* Caravanner *m.* **₁car·a'van·sa·ry** [-sərɪ], *a.*

**ˌcar·a·ˈvan·se·rai** [-raɪ] s **1.** Karawan-
seˈrei f. **2.** großes Gasthaus.
**car·a·vel** [ˈkærəvel] s mar. Karaˈvelle f.
**car·a·way** [ˈkærəweɪ] s bot. Kümmel m
(a. Gewürz). **~ seeds** s pl Kümmelsamen
pl, -körner pl.
**car·bam·ic ac·id** [kɑː(r)ˈbæmɪk] s
chem. Carbaˈmid-, Karbaˈmidsäure f.
**car·bam·ide** [ˈkɑː(r)bəmaɪd; kɑː(r)-
ˈbæmaɪd] s chem. Carbaˈmid n, Karba-
ˈmid n, Harnstoff m.
**car·bide** [ˈkɑː(r)baɪd] s chem. Karˈbid n.
**car·bine** [ˈkɑː(r)baɪn; Am. a. -ˌbiːn] s mil.
Karaˈbiner m. **ˌcar·biˈneer**, **ˌcar·bi-
ˈnier** [-bɪˈnɪə(r)] s mil. Karabiniˈer m.
**car bod·y** s tech. Karosseˈrie f.
**car·bo·hy·drate** [ˌkɑː(r)bəʊˈhaɪdreɪt;
-drɪt] s chem. ˈKohle(n)hyˌdrat n.
**car·bol·ic ac·id** [kɑː(r)ˈbɒlɪk; Am. -ˈbɑ-]
s chem. Karˈbol(säure f), Pheˈnol n.
**car·bo·lize** [ˈkɑː(r)bəlaɪz] v/t chem. mit
Karˈbolsäure behandeln od. tränken.
**car bomb** s Autobombe f.
**car·bon** [ˈkɑː(r)bən] s **1.** chem. Kohlen-
stoff m. **2.** electr. ˈKohle(elekˌtrode) f.
**3.** a) ˈKohlepaˌpier n, b) ˈDurchschlag m,
Koˈpie f.
**car·bo·na·ceous** [ˌkɑː(r)bəʊˈneɪʃəs] adj
**1.** chem. kohlenstoffhaltig, -artig. **2.** geol.
kohlenhaltig. **3.** kohleartig.
**car·bo·na·do** [ˌkɑː(r)bəˈneɪdəʊ; -ˈnɑː-]
pl **-dos, -does** s Karboˈnado m (grau-
schwarze Diamantenabart).
**car·bon·ate** [ˈkɑː(r)bəneɪt; -bənɪt] chem.
**I** s **1.** Karboˈnat n, kohlensaures Salz: ~
of lime Kalziumkarbonat, Kreide f,
Kalkstein m; ~ of soda Natriumkarbo-
nat, kohlensaures Natron, Soda n. **II** v/t
[-neɪt] **2.** mit Kohlensäure od. Kohlen-
ˈdioˌxyd behandeln od. sättigen od. ver-
binden: **~d water** kohlensäurehaltiges
Wasser, Sodawasser n. **3.** karboniˈsieren,
in Karboˈnat ˈumwandeln.
**car·bon black** s Kohlenschwarz n,
(Lampen)Ruß m. **~ brush** s electr. Koh-
lebürste f, Schleifkohle f. **~ but·ton** s
electr. ˈMikroˈphonkapsel f. **~ cop·y** s
**1.** → carbon 3 b. **2.** fig. Ebenbild n.
**~ dat·ing** s Radiokarˈbonmeˌthode f,
ˈC-14-Meˌthode f (zur Altersbestimmung
organischer Reste). **~ di·ox·ide** s chem.
Kohlenˈdioˌxyd n, Kohlensäure f.
**ˈ~-diˌox·ide snow** s tech. Kohlen-
säureschnee m, Trockeneis n. **~ di·sul-
fide, ~ di·sul·phide** s chem. Schwefel-
kohlenstoff m. **~ dust** s electr. Kohlen-
staub m. **ˈ~-dust mi·cro·phone** s
electr. ˈKohlenstaubmikroˌphon n.
**ˈ~-ˈ14 dat·ing** → carbon dating.
**car·bon·ic** [kɑː(r)ˈbɒnɪk; Am. -ˈbɑ-] adj
**1.** chem. kohlenstoffhaltig: **~ acid** Koh-
lensäure f. **2.** Kohlen... **3.** C~ → carbon-
iferous 2 b.
**car·bon·ic|-ˈac·id gas** → carbon
dioxide. **~ ox·ide** s chem. Kohlen-
ˈmonoˌxyd n.
**car·bon·if·er·ous** [ˌkɑː(r)bəˈnɪfərəs]
**I** adj **1.** a) chem. kohlenstoffhaltig,
b) kohlehaltig, kohlig. **2.** geol. a) kohle-
führend, -haltig, b) C~ das Karˈbon be-
treffend, Karbon... **II** s **3.** C~ geol.
a) Karˈbon n, b) Karˈbon n u. Perm n.
**car·bon·i·za·tion** [ˌkɑː(r)bənaɪˈzeɪʃn;
Am. -nəˈz-] s **1.** Verkohlung f. **2.** chem.
tech. Karbonisatiˈon f, Durchˈtränkung f
od. Verbindung f mit Kohlenstoff.
**3.** tech. Verkokung f, Verschwelung f: ~
plant Kokerei f. **4.** Wollverarbeitung:
Karbonisatiˈon f. **5.** geol. Inkohlung f.
**car·bon·ize** [ˈkɑː(r)bənaɪz] **I** v/t **1.** ver-
kohlen. **2.** chem. tech. karboniˈsieren.
**3.** tech. verkoken, verschwelen. **4.** Wolle
karboniˈsieren, aus-, entkohlen. **II** v/i
**5.** verkohlen: **to ~ at low temperature**
schwelen.

**car·bon| lamp** s tech. Kohle(n)faden-
lampe f. **~ mi·cro·phone** s electr. ˈKohl-
lemikroˌphon n. **~ mon·ox·ide** s chem.
Kohlenˈmonoˌxyd n. **~ pa·per** s **1.** ˈKoh-
lepaˌpier n. **2.** phot. Pigˈmentpaˌpier n. **~
print** s print. Kohle-, Pigˈmentdruck m.
**~ pro·cess** s phot. Pigˈmentdruck(ver-
fahren n) m. **~ steel** s metall. Kohlen-
stoff-, Flußstahl m. **~ tet·ra·chlo·ride**
s chem. Tetraˈchlorkohlenstoff m. **~ tis-
sue** → carbon paper 2. **~ trans-
mit·ter** s carbon microphone.
**car·bon·yl** [ˈkɑː(r)bənɪl; Br. a. -naɪl] s
chem. Karboˈnyl n.
**ˈcar·borne** adj **1.** im Auto mitgeführt
(Gegenstand). **2.** to be ~ das Auto be-
nutzen, mit dem Auto fahren.
**car·bo·run·dum** [ˌkɑː(r)bəˈrʌndəm] s
tech. Karboˈrundum n (Schleifmittel).
**car·boy** [ˈkɑː(r)bɔɪ] s Korbflasche f,
(ˈGlas)Balˌlon m (bes. für Säuren).
**car·bun·cle** [ˈkɑː(r)bʌŋkl] s **1.** med. Kar-
ˈbunkel m. **2.** a) rund geschliffener Gra-
ˈnat, b) obs. Karˈfunkel(stein) m.
**car·bu·ra·tion** [ˌkɑː(r)bjʊˈreɪʃn; -bəˈr-]
→ carburetion.
**car·bu·ret** [ˈkɑː(r)bjʊret; -bəret; Am. a.
ˌreɪt] **I** s **1.** chem. obs. Karˈbid n. **II** v/t
pret u. pp **-ret·ed,** bes. Br. **-ret·ted**
**2.** chem. mit Kohlenstoff verbinden.
**3.** tech. karbuˈrieren. **car·bu·ret·er,**
bes. Br. **car·bu·ret·ter** → carburetor.
**car·bu·re·tion** [ˌkɑː(r)bjʊˈreɪʃn; -bəˈr-;
Br. a. -ˈreʃn] s tech. **1.** Karbuˈrierung f. **2.**
a) Vergasung f, b) Vergaseranordnung f.
**car·bu·ret·or,** bes. Br. **car·bu·ret-
tor** [ˌkɑː(r)bjʊˈretə; -bəˈr-; Am. ˈkɑː(r)bə-
ˌreɪtər; -bjə-] s tech. **1.** Vergaser m. **2.**
Karbuˈrator m. **~ float** s tech. Vergaser-
schwimmer m. **~ nee·dle** s tech.
Schwimmernadel f. **~ jet** s tech. Verga-
serdüse f.
**car·bu·ret·ter, car·bu·ret·tor** bes.
Br. für carbureter, carburetor.
**car·bu·rize** [ˈkɑː(r)bjʊraɪz; -bər-] v/t
**1.** → carburet II. **2.** einsatzhärten: **~d
steel** einsatzgehärteter Stahl.
**car·ca·jou** [ˈkɑː(r)kədʒuː; -ʒuː] s zo.
Amer. Vielfraß m.
**car·ca·net** [ˈkɑː(r)kənet; -nɪt] s obs. gol-
denes od. juˈwelenbesetztes Halsband etc.
**car·case, car·cass** [ˈkɑː(r)kəs] s **1.** Ka-
ˈdaver m, Aas n, (Tier-, contp. Men-
schen)Leiche f. **2.** humor. ˌLeichnam m
(Körper). **3.** Rumpf m (e-s ausgeweideten
Tieres): ~ meat frisches (Ggs. konser-
viertes) Fleisch. **4.** Trümmer pl, Wrack n.
**5.** Gerippe n, Skeˈlett n: the ~ of a ship.
**6.** Geˈbäudekörper m, -skeˌlett n. **7.** tech.
Karˈkasse f (e-s Reifens). **8.** mil. hist.
Karˈkasse f, ˈBrandgraˌnate f.
**car| cem·e·ter·y** s Autofriedhof m. **~
chase** s Verfolgungsjagd f im Auto.
**car·cin·o·gen** [kɑː(r)ˈsɪnədʒən; ˈkɑː(r)-
sɪnədʒen] s med. Karzinoˈgen n, Kanze-
roˈgen n. **ˌcar·ci·noˈgen·ic** [-ˈdʒenɪk]
adj med. karzinoˈgen, kanzeroˈgen,
krebserzeugend. **ˌcar·ciˈnol·o·gy**
[-ˈnɒlədʒɪ; Am. -ˈnɑ-] s Karzinoloˈgie f:
a) med. Lehre von den Krebserkrankun-
gen, b) zo. Lehre von den Krebsen. **car-
ci·no·ma** [ˌkɑː(r)sɪˈnəʊmə] pl **-ma·ta**
[-mətə] od. **-mas** s med. Karziˈnom n,
Krebsgeschwulst f. **ˈcar·ci·noˌma·to·
sis** [-ˈtəʊsɪs], **ˌcar·ciˈno·sis** [-ˈnəʊsɪs] s
med. Karziˈnose f (über den ganzen Kör-
per verbreitete Krebsgeschwülste).
**car coat** s Autocoat m.
**card**[1] [kɑː(r)d] s **1.** a) (Spiel)Karte f:
house of ~s Kartenhaus n (a. fig.); a safe
~ fig. e-e sichere Karte, ein sicheres Mit-
tel; he is a safe ~ auf ihn kann man sich
verlassen; it is quite on (Am. a. in) the ~s
fig. es ist durchaus möglich od. ˌdrin'; he
has a ~ up his sleeve fig. er hat

(noch) e-n Trumpf in der Hand; he
holds all the ~s fig. er hat alle Trümpfe
in der Hand; to lay (od. place, put)
one's ~s on the table s-e Karten auf den
Tisch legen (a. fig.); to play one's ~s
well (od. right) fig. geschickt vorgehen;
to play one's best ~ fig. s-n Trumpf
ausspielen; to play one's last ~ fig. die
letzte Karte ausspielen; to show one's
~s s-e Karten aufdecken (a. fig.); to
throw up the ~s fig. aufgeben, sich
geschlagen geben, b) pl (a. als sg kon-
struiert) Kartenspiel n: at ~s beim Kar-
tenspiel. **2.** (Post)Karte f. **3.** (Geschäfts-,
Viˈsiten-, Speise-, Wein-, Hochzeits-,
Einladungs- etc)Karte f: to go through
the (whole) ~ fig. alle Möglichkeiten in
Betracht ziehen od. durchspielen. **4.** tech.
(Loch)Karte f. **5.** Mitgliedskarte f. **6.** pl
(ˈArbeits)Paˌpiere pl: to get one's ~s
entlassen werden. **7.** (Eintritts)Karte f. **8.**
sport Proˈgramm n. **9.** Windrose f (e-s
Kompasses): by the ~ fig. präzise. **10.**
colloq. Spaßvogel m, Witzbold m.
**card**[2] [kɑː(r)d] tech. **I** s **1.** Karˈdätsche f,
Wollkratze f, Krempel f, Karde f.
**2.** ˈKrempelmaˌschine f. **II** v/t **3.** Wolle
karˈdätschen, krempeln: **~ed yarn**
Streichgarn n.
**car·dam·ine** [kɑː(r)ˈdæmɪnɪ] s bot.
Schaumkraut n.
**Car·dan| joint** [ˈkɑː(r)dæn] s tech. Kar-
ˈdan-, Kreuzgelenk n. **~ shaft** s tech.
Karˈdan-, Gelenkwelle f.
**ˈcard·board I** s **1.** Karˈton(paˌpier n) m,
Pappe f, Papp(en)deckel m. **II** adj **2.**
Papp...: ~ box Pappschachtel f, -karton
m. **3.** fig. subˈstanzlos: a ~ smile ein
nichtssagendes Lächeln; a ~ general ein
blasser od. farbloser General. **ˈ~-ˌcar-
ry·ing** adj **1.** eingetragen: a ~ member.
**2.** typisch: a ~ representative of
modern art. **~ cat·a·log(ue)** s ˈZettel-
kataˌlog m, Kartoˈthek f, Karˈtei f. **~
cloth, ~ cloth·ing** s tech. Kratzenleder
n, -tuch n. **ˈ~-conˌtrolled cal·cu·la-
tor** s tech. (loch)kartengesteuerte ˈRe-
chenmaˌschine.
**card·er** [ˈkɑː(r)də(r)] s tech. **1.** Krempler
m, Wollkämmer m. **2.** ˈKrempelma-
ˌschine f.
**card| file** → card catalog(ue). **~ game**
s Kartenspiel n.
**car·di·a** [ˈkɑː(r)dɪə] s anat. **1.** Kardia f,
Magenmund m. **2.** Magengrund m.
**car·di·ac** [ˈkɑː(r)dɪæk] **I** adj **1.** anat. med.
physiol. Herz...: ~ asthma (death, mas-
sage, pacemaker, etc). **2.** anat. die
Kardia od. den Magengrund betreffend.
**II** s **3.** med. pharm. Herzmittel n. **4.** med.
ˈHerzpatiˌent m. **~ ac·tiv·i·ty** s physiol.
Herztätigkeit f. **~ ar·rest** s med. Herz-
stillstand m. **~ in·farct, ~ in·farc·tion**
s med. ˈHerzinˌfarkt m. **~ mur·mur** s
med. Herzgeräusch n. **~ or·i·fice** s anat.
Magenmund m. **~ valve** s anat. Herz-
klappe f.
**car·di·al·gia** [ˌkɑː(r)dɪˈældʒə; -dʒɪə] s
med. **1.** Kardialˈgie f, Herzschmerzen pl.
**2.** Sodbrennen n.
**car·di·gan** [ˈkɑː(r)dɪgən] s Strickjacke f.
**car·di·nal** [ˈkɑː(r)dɪnl] **I** adj (adv **~ly**)
**1.** grundsätzlich, hauptsächlich,
Grund..., Haupt..., Kardinal...: ~ of
importance von grundsätzlicher Be-
deutung; ~ number, ~ numeral → 7; ~
points geogr. (die) vier (Haupt)Him-
melsrichtungen; ~ signs astr. (die)
Hauptzeichen im Tierkreis; ~ virtues
Kardinaltugenden; → humor 6. **2.** R.C.
Kardinals... **3.** scharlachrot: ~ flower
bot. Kardinalsblume f. **II** s **4.** R.C. Kar-
diˈnal m. **5.** a. ~ bird orn. Kardiˈnal(vo-
gel) m. **6.** Scharlachrot n. **7.** Kardiˈnal-,
Grundzahl f. **ˈcar·di·nal·ate** [-nlət;

-nleɪt], **ˈcar·di·nal·ship** s R.C. **1.** Kardiˈnalswürde f. **2.** collect. Kardiˈnalskol̩legium n.

**card| in·dex** → card catalog(ue). **ˈ~·in·dex** v/t **1.** e-e Karˈtei anlegen von, verzetteln. **2.** in e-e Karˈtei eintragen.

**card·ing** [ˈkɑː(r)dɪŋ] s tech. Krempeln n, Karˈdätschen n. **~ ma·chine** s tech. ˈKrempelmaˌschine f.

**car·di·o·gram** [ˈkɑː(r)dɪəʊgræm] s med. Kardioˈgramm n. **ˈcar·di·o·graph** [-grɑːf; bes. Am. -ˌgræf] s med. Kardioˈgraph m (Apparat).

**car·di·oid** [ˈkɑː(r)dɪɔɪd] **I** s math. Kardioˈide f, Herzkurve f. **II** adj herzförmig.

**car·di·ol·o·gy** [ˌkɑː(r)dɪˈɒlədʒɪ; Am. -ˈɑl-] s med. Kardioloˈgie f, Herz(heil)-kunde f.

**car·di·tis** [kɑː(r)ˈdaɪtɪs] s med. Karˈditis f, Herzentzündung f.

**card| punch** s **1.** Computer: (Loch)Kartenstanzer m. **2.** (manueller) Kartenlocher. **~ read·er** s Computer: (Loch)Kartenleser m. **~ room** s Kartenspielzimmer n. **ˈ~·sharp**, **ˈ~·sharp·er** s Falschspieler m. **~ trick** s Kartenkunststück n. **~ vote** s Br. (meist gewerkschaftliche) Abstimmung durch Wahlmänner.

**care** [keə(r)] **I** s **1.** Sorge f, Besorgnis f, Kummer m: to be free from ~(s) keine Sorgen haben; without a ~ in the world völlig sorgenfrei. **2.** Sorgfalt f, Achtsamkeit f, Aufmerksamkeit f, Vorsicht f: my first ~ was for m-e erste Sorge galt (dat); ordinary ~ jur. verkehrsübliche Sorgfalt; with due ~ mit der erforderlichen Sorgfalt; to bestow great ~ (up)on große Sorgfalt verwenden auf (acc); have a ~! Br. colloq. paß (doch) auf!; to take ~ a) vorsichtig sein, aufpassen, b) sich Mühe geben, c) darauf achten od. nicht vergessen (to do zu tun; that daß); take ~! colloq. mach's gut!; to take ~ not to do s.th. sich hüten, etwas zu tun; take ~ not to drop it! paß auf, daß du es nicht fallen läßt!; laß es ja nicht fallen! **3.** a) Obhut f, Schutz m, Fürsorge f, Betreuung f (Kinder- etc, a. Körperetc)Pflege f: to take ~ of aufpassen auf (acc); that takes ~ of that! das wäre (damit) erledigt!; that will take ~ of itself das erledigt sich von selbst; that took ~ of him damit ,hatte er sein Fett weg', b) Aufsicht f, Leitung f: ~ and custody (od. control) jur. Sorgerecht n (to the person of für j-n). **4.** a) Pflicht f: his special ~s, b) → charge 29 a u. b.

**II** v/i u. v/t **5.** sich sorgen (about über acc, um). **6.** ~ for sorgen für, sich kümmern um, betreuen, pflegen: (well) ~d-for (gut)gepflegt; easy to ~ for pflegeleicht; more than I ~d for mehr als mir lieb war. **7.** (for) Interˈesse haben (für), (j-n, etwas) gern haben od. mögen: he doesn't ~ for her er mocht sich nichts aus ihr, er mag sie nicht; he ~s for it die Sache liegt ihm sehr am Herzen. **8.** ~ for (meist neg od. interrog) sich etwas machen aus: I don't ~ for whisky ich mache mir nichts aus Whisky; he ~s a great deal es ist ihm sehr daran gelegen, es macht ihm schon etwas aus; she doesn't really ~ in Wirklichkeit liegt ihr nicht viel daran; I don't ~ a button (od. damn, fig, pin, straw), I couldn't ~ less, Am. colloq. I could ~ less das ist mir völlig gleich(gültig) od. egal od. ,schnuppe' od. ,Wurst'; who ~s? was macht das schon (aus)?, na und?, und wenn schon?; for all I ~ meinetwegen, von mir aus; for all you ~ wenn es nach dir ginge. **9.** (neg od. interrog) Lust haben, es gern haben od. tun od. sehen: would you ~ for a drink? möchtest du etwas zu trinken?; I don't ~ to do it now ich habe

keine Lust, es jetzt zu tun; I don't ~ to be seen with you ich lege keinen Wert darauf, mit dir gesehen zu werden. **10.** (neg od. konditional) etwas daˈgegen haben: we don't ~ if you stay here wir haben nichts dagegen od. es macht uns nichts aus, wenn du hierbleibst; I don't ~ if I do! colloq. von mir aus!

**ca·reen** [kəˈriːn] **I** v/t **1.** mar. Schiff kielholen (auf die Seite legen). **2.** mar. ein Schiff (in dieser Lage) reinigen, ausbessern. **II** v/i **3.** mar. krängen, sich auf die Seite legen. **4.** mar. kielholen, Schiffe reinigen. **5.** fig. (hin u. her) schwanken, (Person a.) torkeln. **ca·reen·age** s mar. **1.** (a. Kosten pl der) Kielholung f. **2.** Kielholplatz m.

**ca·reer** [kəˈrɪə(r)] **I** s **1.** Karriˈere f, Laufbahn f, Werdegang m: to enter upon a ~ e-e Laufbahn einschlagen. **2.** (erfolgreiche) Karriˈere: to make a ~ for o.s. Karriere machen. **3.** Beruf m: ~ change Berufswechsel m; ~ consular officer Berufskonsul m; ~ diplomat Berufsdiplomat m; ~ girl (od. woman) Karrierefrau f. **4.** gestreckter Gaˈlopp, Karriˈere f: in full ~ a) in gestrecktem Galopp, b) weitS. mit Höchstgeschwindigkeit. **II** v/i **5.** galopˈpieren. **6.** rennen, rasen, jagen. **ca·reer·ist** [kəˈrɪərɪst] s Karriˈeremacher m.

**ca·reers| guid·ance** s Br. Berufsberatung f. **~ mas·ter** s Br. mit Berufsberatung befaßter Lehrer. **~ mis·tress** s Br. mit Berufsberatung befaßte Lehrerin. **~ of·fi·cer** s Br. Berufsberater m.

**ˈcare·free** adj sorgenfrei, sorglos.

**ˈcare·ful** adj (adv ~ly) **1.** vorsichtig, achtsam: be ~! paß auf!, gib acht!, nimm dich in acht!; to be ~ to do darauf achten zu tun, nicht vergessen zu tun; to be ~ not to do sich hüten zu tun; be ~ not to drop it! paß auf, daß du es nicht fallen läßt!, laß es ja nicht fallen!; he has to be very ~ what he says about it er muß sich sehr genau überlegen, was er darüber od. dazu sagt. **2.** sorgfältig, gründlich: a ~ study; to be ~ about s.th. sorgfältig mit etwas umgehen. **3.** sorgsam bedacht (of, for, about auf acc), ˈumsichtig, achtsam, behutsam: be ~ of your clothes! sieh dich mit d-r Kleidung vor! **4.** Br. sparsam: to be ~ with one's money sparsam mit s-m Geld umgehen. **ˈcare·ful·ness** s **1.** Vorsicht f, Achtsamkeit f. **2.** Sorgfalt f, Gründlichkeit f.

**care·less** [ˈkeə(r)lɪs] adj (adv ~ly) **1.** nachlässig, unordentlich, liederlich. **2.** ˈunüberˌlegt, unbedacht: a ~ remark; a ~ mistake ein Flüchtigkeitsfehler. **3.** (of, about) unbekümmert (um), gleichgültig (gegen): ~ of nicht achten auf (acc), unachtsam umgehen mit. **4.** unvorsichtig, leichtsinnig, fahrlässig: ~ driving Br. leichtsinnige Fahrweise. **5.** sorglos. **ˈcare·less·ness** s **1.** Nachlässigkeit f. **2.** ˈUnüberˌlegtheit f. **3.** Unachtsamkeit f. **4.** Fahrlässigkeit f, Leichtsinn m.

**ca·ress** [kəˈres] **I** s **1.** Liebkosung f. **II** v/t **2.** liebkosen, streicheln, fig. schmeicheln (dat): this music ~es the ear. **ca·ress·ing** [kəˈresɪŋ] adj (adv ~ly) **1.** liebkosend, zärtlich. **2.** fig. schmeichelnd.

**car·et** [ˈkærət] s Einschaltungszeichen n (für fehlendes Wort im Text).

**ˈcare·tak·er** **I** s **1.** a) Hausmeister m, b) (Haus- etc)Verwalter m. **II** adj Interims...: ~ government geschäftsführende Regierung, Übergangskabinett n. **ˈ~·tak·ing** adj sorgsam. **ˈ~·worn** adj vergrämt, abgehärmt, von Sorgen gezeichnet.

**car·ex** [ˈkeəreks] pl **car·i·ces** [ˈkærɪsiːz] s bot. Segge f, Riedgras n.

**Car·ey Street** [ˈkeərɪ] s Br. Bankˈrott m:

to bring s.o. into ~ j-n bankrott machen; to lead down ~ zum Bankrott führen.

**ˈcar·fare** s Am. Fahrpreis m, -geld n.

**car·fax** [ˈkɑːfæks] s Br. (Straßen)Kreuzung f (bes. von 4 Straßen in e-r Stadt).

**car·fuf·fle** → kerfuffle.

**car·go** [ˈkɑː(r)gəʊ] pl **-goes** od. **-gos** s **1.** Ladung f: to take in ~ (ein)laden. **2.** Fracht(gut n) f. **~ air·craft** s Transˈportflugzeug n. **~ boat** s mar. Frachtschiff n. **~ book** s mar. Ladebuch n. **ˈ~·car·ry·ing** adj Fracht..., Transport... **~ hold** s mar. Laderaum m. **~ lin·er** s mar. Linienfrachtschiff n. **~ par·a·chute** s aer. Lastenfallschirm m. **~ port** s mar. Luke f, Ladepforte f.

**car·hop** [ˈkɑːrˌhɒp] Am. colloq. **I** s Kellner(in) in e-m Drive-ˈin-Restauˌrant. **II** v/i als Kellner(in) in e-m Drive-ˈin-Restauˌrant arbeiten.

**Car·ib** [ˈkærɪb] pl **-ibs**, **-ib** s Kaˈribe m, Kaˈribin f. **Car·ib·be·an** [ˌkærɪˈbiːən; kəˈrɪbɪən] **I** adj kaˈribisch. **II** pl **-ans**, **-an** s → Carib.

**car·i·bou** [ˈkærɪbuː] pl **-bous**, bes. collect. **-bou** s zo. Kariˈbu n (nordamer. Ren).

**car·i·ca·ture** [ˈkærɪkəˌtjʊə(r); -ˌtʃʊə(r); Am. a. -ˌtʊr] **I** s Karikaˈtur f (a. fig.): he is a ~ of a statesman. **II** v/t kariˈkieren. **ˈcar·i·ca·tur·ist** [-ˌtjʊərɪst; -ˌtʃʊə-; Am. a. -ˌtʊr-] s Karikatuˈrist m.

**car·i·ces** [ˈkærɪsiːz] pl von carex.

**car·i·es** [ˈkeəriːz; Am. -riːz] s med. Karies f: a) Knochenfraß m, b) Zahnfäule f.

**car·il·lon** [ˈkærɪljən; kəˈrɪljən; Am. ˈkærəlɑn; -ˌlɑn] s mus. Cariˈllon n: a) (Turm-)Glockenspiel n, b) Stahlspiel n, c) e-e Orgelmixtur, d) ˈGlockenspielmuˌsik f.

**ca·ri·na** [kəˈriːnə; -ˈraɪnə] pl **-nae** [-niː], **-nas** s zo. anat. Kiel m. **car·i·nate** [ˈkærɪneɪt] adj bot. zo. gekielt.

**car·ing** [ˈkeərɪŋ] adj fürsorglich (Charakter etc).

**Ca·rin·thi·an** [kəˈrɪnθɪən] adj kärntnerisch, Kärntner(...).

**car·i·ous** [ˈkeərɪəs] adj med. kariˈös, von Karies befallen.

**car jack** s tech. Wagenheber m.

**cark** [kɑː(r)k] s obs. Kummer m, Sorge f. **ˈcark·ing** adj bedrückend, quälend.

**carl(e)** [kɑː(r)l] s **1.** bes. Scot. Kerl m. **2.** Scot. Flegel m. **3.** Scot. Geizhals m.

**car·li·na** [kɑː(r)ˈlaɪnə], **car·line** [ˈkɑː(r)-lɪn] s bot. Eberwurz f.

**ˈcar·load** s **1.** Wagenladung f. **2.** rail. Am. Wagˈgonladung f: mixed ~ Sammelladung. **3.** econ. rail. Am. Mindestlademenge f (für ermäßigten Frachttarif).

**Car·lo·vin·gi·an** [ˌkɑː(r)ləʊˈvɪndʒɪən; -dʒən] → Carolingian.

**ˈcar·man** [-mən] s irr **1.** Fuhrmann m. **2.** (Kraft)Fahrer m. **3.** Spediˈteur m. **4.** Am. Straßenbahnfahrer m.

**Car·mel·ite** [ˈkɑː(r)mɪlaɪt; -məl-] relig. **I** s Karmeˈliter(in). **II** adj Karmeliter...

**car·min·a·tive** [ˈkɑː(r)mɪnətɪv; Am. -ˌneɪtɪv; kɑː(r)ˈmɪnətɪv] med. pharm. **I** s Karminaˈtivum n, blähungstreibendes Mittel. **II** adj blähungstreibend.

**car·mine** [ˈkɑː(r)maɪn; Am. a. -mən] **I** s **1.** Karˈminrot n. **2.** Karˈmin n (Farbstoff). **II** adj **3.** karˈminrot.

**car·nage** [ˈkɑː(r)nɪdʒ] s Blutbad n, Gemetzel n.

**car·nal** [ˈkɑː(r)nl] adj (adv ~ly) körperlich: a) fleischlich, sinnlich, b) geschlechtlich, sexuˈell: ~ delight Fleisches-, Sinnenlust f; ~ desire sinnliche Begierde; to have ~ knowledge of s.o. bes. jur. mit j-m geschlechtlichen Umgang haben. **car·nal·i·ty** [kɑː(r)ˈnælətɪ] s Fleischeslust f, Sinnlichkeit f. **ˈcar·nal·ize** v/t sinnlich machen.

**car·nall·ite** [ˈkɑː(r)nəlaɪt] s min. Karnalˈlit m.

**ˈcar·nap·per,** Am. a. **ˈcar·nap·er** [-ˌnæpə(r)] s Autodieb m.

**car·nas·si·al** [kɑː(r)ˈnæsɪəl] zo. **I** adj: ~ tooth → II. **II** s Reißzahn m.

**car·na·tion** [kɑː(r)ˈneɪʃn] s **1.** bot. (Garten)Nelke f. **2.** Blaßrot n, Rosa n. **3.** oft pl paint. Fleischfarbe f, -ton m.

**car·nel·ian** [kɑˈniːljən; bes. Am. kɑː(r)-] s min. Karneˈol m.

**car·net** [ˈkɑː(r)neɪ; kɑː(r)ˈneɪ] s mot. Carˈnet n, ˈZollpasˌsierscheinheft n.

**car·ney** → carny.

**car·ni·fi·ca·tion** [ˌkɑː(r)nɪfɪˈkeɪʃn] s med. Karnifikatiˈon f (Umwandlung von entzündlichem Lungengewebe in Bindegewebe).

**car·ni·val** [ˈkɑː(r)nɪvl] s **1.** Karneval m, Fasching m. **2.** Volksfest n. **3.** ausgelassenes Feiern.

**car·niv·o·ra** [kɑː(r)ˈnɪvərə] s pl zo. Fleischfresser pl. **ˈcar·ni·vore** [-vɔː(r); Am. a. -ˌvəʊər] s **1.** zo. fleischfressendes Tier, bes. Raubtier n. **2.** bot. fleischfressende Pflanze. **car·niv·o·rous** adj (adv ~ly) bot. zo. fleischfressend.

**Car·not cy·cle** [ˈkɑː(r)nəʊ; ˌ-ˈnəʊ] s phys. ˈCarˈnot-Proˌzeß m.

**car·no·tite** [ˈkɑː(r)nətaɪt] s min. Carnoˈtit m.

**car·ny** [ˈkɑːnɪ] v/t Br. colloq. **1.** j-m schmeicheln, ‚um den Bart gehen‘, schöntun. **2.** j-n beschwatzen, j-m gut zureden (into doing zu tun): to ~ s.o. out of s.th. j-m etwas ausreden; to ~ s.th. out of s.o. j-m etwas abbetteln.

**car·ob** [ˈkærəb] s bot. **1.** Joˈhannisbrotbaum m. **2.** a. ~ **bean** Joˈhannisbrot n.

**ca·roche** [kəˈrɒʃ; Am. kəˈrəʊtʃ; kəˈrəʊʃ] s hist. Kaˈrosse f, Staatskutsche f.

**car·ol** [ˈkærəl] **I** s **1.** Freuden-, Lobgesang m, Jubellied n. **2.** (Weihnachts)Lied n: ~ singers Weihnachtssänger (Kinder, die am Weihnachtsabend singend von Haus zu Haus ziehen). **II** v/i pret u. pp ~oled, bes. Br. ~olled **3.** fröhlich singen, jubiˈlieren. **4.** Weihnachtslieder singen.

**Car·o·lin·gi·an** [ˌkærəˈlɪndʒɪən; -dʒən] hist. **I** adj karolingisch. **II** s Karolinger m.

**car·om** [ˈkærəm] bes. Am. **I** s **1.** Billard: Karamboˈlage f. **II** v/i **2.** Billard: karamboˈlieren. **3.** abprallen.

**ca·rot·id** [kəˈrɒtɪd; Am. -ˈrɑ-] anat. **I** s Kaˈrotis f, Halsschlag-, Kopfschlagader f. **II** adj die Kaˈrotis betreffend.

**car·o·tin** [ˈkærətɪn] → carotene.

**ca·rous·al** [kəˈraʊzl] s Trinkgelage n, Zecheˈrei f. **ca·rouse** [kəˈraʊz] **I** v/i (lärmend) zechen. **II** s → carousal.

**car·ou·sel** → carrousel.

**carp¹** [kɑː(r)p] v/i (herˈum)nörgeln, (-)kritteln (at an dat).

**carp²** [kɑː(r)p] pl **carps,** bes. collect. **carp** s ichth. Karpfen m.

**car·pal** [ˈkɑː(r)pl] anat. **I** s **1.** Handwurzel f. **2.** Handwurzelknochen m. **II** adj **3.** Handwurzel...: ~ **bone** → 2.

**car park** s bes. Br. **1.** Parkplatz m. **2.** Parkhaus n. ~ **pas·sen·ger** s Autoinsasse m.

**car·pel** [ˈkɑːpel; Am. ˈkɑːrpəl] s bot. Karˈpell n, Fruchtblatt n.

**car·pen·ter** [ˈkɑː(r)pəntə(r)] **I** s (mar. Schiffs)Zimmermann m, (Bau)Tischler m. **II** v/t u. v/i zimmern. ~ **bee** s zo. (e-e) Holzameise. ~ **ant** s zo. (e-e) Holzbiene.

**car·pen·ter·ing** [ˈkɑː(r)pəntərɪŋ; -trɪŋ] s Zimmeˈrei f, Zimmermannsarbeit f.

**car·pen·ter moth** s zo. Holzbohrer m. ~ **scene** s thea. Szene f auf der Vorbühne.

**car·pen·try** [ˈkɑː(r)pəntrɪ] s **1.** Zimmerhandwerk n. **2.** → carpentering.

**car·per** [ˈkɑː(r)pə(r)] s Nörgler(in), Krittler(in).

**car·pet** [ˈkɑː(r)pɪt] **I** s **1.** Teppich m (a. fig.), (Treppen)Läufer m: a ~ of moss ein Moosteppich; to be on the ~ a) zur Debatte stehen, auf dem Tapet sein, b) colloq. ‚zs.-gestaucht‘ werden; to have s.o. on the ~ colloq. j-n ‚zs.-stauchen‘ od. ‚zur Minna machen‘; to pull the ~ (out) from under s.o. fig. j-m den Boden unter den Füßen wegziehen; to sweep (od. brush) s.th. under (-neath) (od. beneath) the ~ fig. etwas unter den Teppich kehren; → red carpet. **II** v/t **2.** mit Teppichen od. e-m Teppich auslegen. **3.** bes. Br. colloq. j-n ‚zs.-stauchen‘, ‚zur Minna machen‘. **~bag** s Reisetasche f. **~bag·ger** s Am. **1.** hist. Spekulant aus dem Norden, der nach dem Bürgerkrieg vom Wiederaufbau im Süden profitieren wollte. **2.** j-d, der sich in die Politik e-r Gegend einmischt, zu der er gar keine echte Beziehung hat. **~beat·er** s Teppichklopfer m. ~ **bomb·ing** s mil. Bombenteppichwurf m. ~ **dance** s zwangloses Tänzchen.

**car·pet·ing** [ˈkɑː(r)pɪtɪŋ] s **1.** ˈTeppichstoff m, -mateˌri·al n. **2.** collect. Teppiche pl.

**car·pet knight** s contp. Saˈlonlöwe m. ~ **moth** s zo. **1.** Taˈpetenmotte f. **2.** Kleidermotte f. **3.** (ein) Blattspanner m. ~ **rod** s (Treppen)Läuferstange f. ~ **slip·per** s Panˈtoffel m, Hausschuh m. ~ **square** s Teppichfliese f. ~ **sweep·er** s ˈTeppichkehrer m, -kehrmaˌschine f. ~ **tile** s Teppichfliese f.

**car·pi** [ˈkɑː(r)paɪ] pl von carpus.

**carp·ing** [ˈkɑː(r)pɪŋ] **I** s Nörgeˈlei f, Kritteˈlei f. **II** adj (adv ~ly) nörgelig, krittelig.

**car·po·lite** [ˈkɑː(r)pəlaɪt] s bot. geol. Karpoˈlith m, Frucht- od. Samenversteinerung f.

**car·pol·o·gy** [kɑː(r)ˈpɒlədʒɪ; Am. -ˈpɑ-] s bot. Karpoloˈgie f, Fruchtlehre f.

**car pool** s **1.** Fahrbereitschaft f, Fuhrpark m. **2.** Fahrgemeinschaft f. **~pool** v/i Am. sich zu e-r Fahrgemeinschaft zs.-schließen.

**car·poph·a·gous** [kɑː(r)ˈpɒfəgəs; Am. -ˈpɑ-] adj zo. fruchtfressend, von Früchten lebend.

**car·po·phore** [ˈkɑː(r)pəfɔː(r); Am. a. -ˌfəʊər] s bot. Karpoˈphor m, Fruchtträger m.

**car·po·phyl** [ˈkɑː(r)pəfɪl] → carpel.

**car·port** s Einstellplatz m (im Freien).

**car·pus** [ˈkɑː(r)pəs] pl **-pi** [-paɪ] (Lat.) s anat. Handgelenk n, -wurzel f.

**car·rel(l)** [ˈkærəl] s kleine Lesenische (in e-r Bibliothek).

**car·riage** [ˈkærɪdʒ] s **1.** Wagen m, Kutsche f, Equiˈpage f: ~ **and pair** Zweispänner m. **2.** rail. Br. (Perˈsonen-) Wagen m. **3.** Beförderung f, Transˈport m (von Waren). **4.** econ. Transˈport-, Beförderungskosten pl, Fracht(gebühr) f, Rollgeld n: bill of ~ (Bahn)Frachtbrief m; to charge for ~ Frachtkosten berechnen; → forward 2 etc. Frachtkosten per Nachnahme; to send s.th. ~ forward etwas per Frachtnachnahme schicken; ~ free (od. paid) frachtfrei. **5.** mil. (Geˈschütz)Laˌfette f. **6.** tech. a) Fahrgestell n (a. aer.), Wagen m (a. e-r Druck- od. Schreibmaschine), b) Laufwerk n, c) Supˈport m, Schlitten m (e-r Werkzeugmaschine). **7.** (Körper)Haltung f: ~ of head Kopfhaltung f. **8.** pol. ˈDurchbringen n (e-r Gesetzesvorlage). **9.** obs. Benehmen n, Auftreten n. **10.** obs. Bürde f. **ˈcar·riage·a·ble** adj **1.** transporˈtierbar. **2.** befahrbar: ~ road.

**car·riage dog** → coach dog. **~horse** s Kutschpferd n. **~way** s Br. Fahrbahn f.

**car·ri·er** [ˈkærɪə(r)] s **1.** Träger m, Überˈbringer m, Bote m. **2.** Spediˈteur m. **3.** a) Frachtführer m, b) mar. Verfrachter m. **4.** med. Keimträger m, (ˈKrankheits-) Überˌträger m. **5.** a) chem. (Über)ˈTräger m, Katalyˈsator m, b) Atomphysik: ˈTräger(subˌstanz f) m. **6.** tech. a) Schlitten m, Transˈport m, b) Mitnehmer m (auf Drehbänken), c) ˈFördermaˌschine f, d) phot. Halterahmen m, e) Leitung f. **7.** a) Gepäckträger m (am Fahrrad), b) mar. Dachgepäckträger m. **8.** Transˈportbehälter m. **9.** electr. a) Trägerstrom m, b) Trägerwelle f. **10.** → aircraft carrier. **11.** → carrier pigeon. **12.** aer. Flug-, Luftverkehrsgesellschaft f. ~ **bag** s Br. Einkaufsbeutel m, -tasche f. **~based,** **~borne** adj mil. (Flugzeug)Träger...: ~ aircraft trägergestütztes Flugzeug. ~ **cur·rent** → carrier 9 a. ~ **fre·quen·cy** s electr. ˈTrägerfreˌquenz f. ~ **pi·geon** s Brieftaube f. ~ **te·leg·ra·phy** s electr. ˈTräger(freˌquenz)telegraˌfie f. ~ **trans·mis·sion** s electr. **1.** ˈTräger(freˌquenz)-überˌtragung f. **2.** Radio: Drahtfunk m. ~ **wave** → carrier 9 b.

**car·ri·on** [ˈkærɪən] **I** s **1.** Aas n. **2.** verdorbenes Fleisch. **3.** fig. Schmutz m. **II** adj **4.** aasfressend. **5.** aasig. **~bee·tle** s zo. Aaskäfer m, Totengräber m. **~crow** s orn. Aas-, Rabenkrähe f.

**car·ron oil** [ˈkærən] s med. Brandöl n.

**car·rot** [ˈkærət] s **1.** bot. Kaˈrotte f, Möhre f, Mohrrübe f, Gelbe Rübe: to hold out (od. offer) a ~ to s.o., to dangle a ~ before s.o. fig. j-n zu ködern versuchen. **2.** colloq. a) pl rotes Haar, b) Rotkopf m. **ˈcar·rot·y** adj **1.** gelbrot. **2.** rothaarig.

**car·rou·sel** [ˌkæruˈzel; ˌkærəˈsel] s **1.** bes. Am. Karusˈsell n. **2.** hist. Reiterspiel n.

**car·ry** [ˈkærɪ] **I** s **1.** Trag-, Schußweite f. **2.** Golf: Flugstrecke f (des Balls). **3.** Am. → portage 3. **II** v/t **4.** tragen: to ~ s.th. in one's hand; he carried his jacket er trug s-e Jacke (über dem Arm); pillars ~ing an arch bogentragende Pfeiler; to ~ one's head high den Kopf hoch tragen; to ~ o.s. well a) sich gut halten, b) sich gut benehmen; to ~ a disease e-e Krankheit weitertragen od. verbreiten; to ~ sails mar. Segel führen; he knows how to ~ his liquor er kann e-e Menge (Alkohol) vertragen; as fast as his legs could ~ him so schnell ihn s-e Beine trugen; to ~ all (od. everything) before one a) auf der ganzen Linie siegen od. erfolgreich sein, b) humor. ‚viel Holz vor der Hütte (e-n großen Busen) haben‘. **5.** fig. tragen, (unter)ˈstützen. **6.** bringen, tragen, führen, schaffen, befördern: to ~ mail Post befördern; the pipes ~ water die Rohre führen Wasser; → coal 4. **7.** Nachricht etc (über)ˈbringen: to ~ a message; he carried his complaint to the manager er trug s-e Beschwerde dem Geschäftsführer vor. **8.** mitführen, mit sich od. bei sich tragen: to ~ arms; to ~ a watch e-e Uhr tragen od. haben; to ~ s.th. in one's head fig. etwas im Kopf haben od. behalten. **9.** fig. im Geiste mit sich herumtragen. **9.** fig. (an sich od. zum Inhalt) haben: to ~ conviction überzeugen(d sein od. klingen); to ~ a moral e-e Moral (zum Inhalt) haben; to ~ weight Gewicht od. Bedeutung haben, viel gelten (with bei); this does not ~ any weight with him das beeindruckt ihn nicht im mindesten. **10.** fig. nach sich ziehen, zur Folge haben: treason carries the death penalty auf Hochverrat steht die Todesstrafe; to ~ consequences Folgen haben. **11.** weiterführen, (hinˈdurch-, hinˈauf- etc)füh-

ren, *e-e Hecke, Mauer etc* ziehen: **to ~ the chimney through the roof** den Schornstein durch das Dach führen. **12.** *fig.* fortreißen, über'wältigen: **to ~ the audience with one** die Zuhörer mitreißen. **13.** *fig.* treiben: **to ~ s.th. too far** (*od.* **to excess**) etwas übertreiben *od.* zu weit treiben; **to ~ it with a high hand** gebieterisch auftreten. **14.** *fig.* a) erreichen, 'durchsetzen: **to ~ into effect** verwirklichen, ausführen; → **point** 22, b) *pol. Antrag etc* 'durchbringen: **to ~ a motion unanimously** e-n Antrag einstimmig annehmen; **the motion was carried** der Antrag ging durch. **15.** *fig.* a) erlangen, erringen, gewinnen: **to ~ a prize,** b) siegreich *od.* erfolgreich her'vorgehen aus: **to ~ an election;** → **day** *Bes. Redew.,* c) *mil.* (ein)nehmen, erobern: **to ~ a fortress. 16.** *Früchte etc* tragen, her'vorbringen. **17.** *Mineralien etc* führen, enthalten. **18.** tragen, unterhalten, ernähren: **the country cannot ~ such a population. 19.** *e-n Bericht etc* bringen: **this newspaper carries no weather forecast; the press carried the statement without comment** die Presse brachte *od.* veröffentlichte die Erklärung kommentarlos. **20.** *econ.* a) *Ware* führen: **to ~ hardware,** b) in den Büchern führen: **to ~ a debt,** c) *Zinsen* tragen: → **interest** 11, d) *Versicherung etc* zahlen: **to ~ insurance** versichert sein. **21.** *hunt. die Spur* festhalten (*Hund*). **22.** *mus. Ton, Melodie* tragen.

**III** *v/i* **23.** tragen (*a. mus. Ton, Stimme*). **24.** den Kopf *gut etc* halten (*Pferd*): **the horse carries well. 25.** tragen, reichen (*Stimme, Schußwaffe etc*): **his voice carries far** s-e Stimme trägt weit. **26.** sich *gut etc* tragen lassen. **27.** fliegen (*Ball etc*). **28.** *bes. Am.* Anklang finden, ,einschlagen' (*Kunstwerk etc*).

*Verbindungen mit Adverbien:*

**car·ry|a·bout** *v/t* her'umtragen: **to ~ with one** mit sich herumtragen, *Paß etc* bei sich haben *od.* führen. **~ a·long** *v/t* **1.** mitnehmen, forttragen. **2.** *fig.* anspornen: **the team was carried along by the enthusiasm of its supporters** die Mannschaft wurde von der Begeisterung ihrer Anhänger getragen. **~ a·way** *v/t* **1.** weg-, forttragen, wegreißen. **2.** wegreißen (*Sturm etc*), (*Flut etc a.*) wegspülen. **3.** *fig.* mitreißen: **to get carried away** in Verzückung geraten. **4.** **to get carried away** *fig.* die Kontrolle über sich verlieren. **~ back** *v/t* **1.** zu'rücktragen, -bringen. **2.** *fig. Gedanken* zu'rücklenken (**to** *auf acc*). **3.** *fig.* zu'rückversetzen (**to** *in acc*): **this carries me back to my youth. ~ down** *v/t* hin'unter-, her'untertragen, -bringen. **~ for·ward** *v/t* **1.** fortsetzen, (erfolgreich) fortführen. **2.** *econ. Summe, Saldo etc* vor-, 'übertragen: **amount** (*od.* **balance**) **carried forward** → **carry-forward. ~ in** *v/t* hin'ein-, her'eintragen, -schaffen. **~ off** *v/t* **1.** forttragen, -schaffen. **2.** abführen (**to prison** ins Gefängnis). **3.** entführen. **4.** *j-n* hin'wegraffen (*Krankheit*). **5.** *Preis etc* gewinnen, erringen. **6. to carry it off well** die Sache gut durchstehen. **~ on I** *v/t* **1.** fortführen, -setzen, weiterführen. **2.** *Geschäft, Prozeß etc* betreiben, führen: **to ~ business as a broker** als Makler tätig sein. **II** *v/i* **4.** weitermachen (**with** mit): **~!** a) weiter!, *mil.* weitermachen! b) nur (immer) zu! **5.** *colloq.* a) ein ,The'ater' *od.* e-e Szene machen (**about** wegen), b) sich ,da'nebenbenehmen', es wild *od.* wüst treiben, c) **~ with** ,es haben' mit, ein (Liebes-) Verhältnis haben mit *j-m*. **6. to ~ with, to**

**be carrying on with** erst einmal, fürs erste: **here's** §10 **to be carrying on with. ~ out** *v/t* **1.** hin'aus-, her'austragen, -schaffen, -bringen. **2.** *Plan etc* aus-, 'durchführen, *Drohung* wahrmachen. **3.** *Vertrag etc* erfüllen. **~ o·ver** *v/t* **1.** hin'über-, her'übertragen, -schaffen, -führen. **2.** auf-, verschieben. **3.** *Waren etc* zu'rück(be)halten. **4.** *econ.* → **carry forward** 2. **5.** *Börse: Br.* prolon'gieren. **~ through** *v/t* **1.** 'durch-, ausführen. **2.** *etwas* 'durchsetzen. **3.** *j-m* 'durchhelfen, *j-n* 'durchbringen. **~ up** *v/t* **1.** hin'auf-, her'aufbringen, -führen, -tragen. **2.** *e-e Mauer etc* hochführen, hochziehen. **3.** *Tatsachen etc* zu'rückverfolgen.

**'carry|·all** *s* **1.** *hist.* leichter, gedeckter Einspänner. **2.** *Am.* Per'sonenkraftwagen *m* mit Längssitzen. **3.** *bes. Am.* Reisetasche *f.* **'~·cot** *s Br.* (Baby)Tragetasche *f,* Kindertrage *f.* **'~-for·ward** *s econ. Br.* (Saldo)Vortrag *m,* 'Übertrag *m.*

**car·ry·ing** ['kærɪŋ] **I** *s* **1.** Tragen *n.* **2.** Trans'port *m,* Beförderung *f.* **II** *adj* **3.** tragend, haltend, Trag(e)...: **~ strap** Tragriemen *m,* -gurt *m.* **4.** Speditions..., Transport...: **~ cost** Transportkosten. **a·gent** *s* Spedi'teur *m.* **~ busi·ness** → **carrying trade. ~ ca·pac·i·ty** *s* **1.** *electr.* Belastbarkeit *f.* **2.** Lade-, Tragfähigkeit *f.* **~·'on** *pl* **~s-'on** *s meist pl colloq.* Treiben *n:* **scandalous carryings-on** skandalöse Geschichten. **~ trade** *s* **1.** Spediti'onsgeschäft *n.* **2.** Spediti'onsgewerbe *n.*

**,car·ry|-'on I** *s* **1.** *aer.* Bordcase *n, m.* **2.** *bes. Br. colloq.* ,The'ater' *n.* **II** *adj* **3.** ~ **baggage** (*bes. Br.* **luggage**) *aer.* Bordgepäck *n.* **~-'o·ver** *s econ.* **1.** → **carry-forward. 2.** *Börse: Br.* Prolongati'on *f.*

**car·sey** → **carzey.**

**'car|·sick** *adj:* **she gets easily ~** ihr wird beim Autofahren leicht übel *od.* schlecht. **~ sick·ness** *s* Übelkeit *f* beim Autofahren. **~ stick·er** *s* Autoaufkleber *m.*

**cart** [kɑ:(r)t] **I** *s* **1.** (*meist zweirädriger*) (Fracht-, Last)Karren, Karre *f:* **~ horse** Zugpferd *n;* **to be in the ~** *Br. colloq.* ,in der Klemme' sein *od.* sitzen *od.* stecken; **to put the ~ before the horse** *fig.* das Pferd beim Schwanz aufzäumen. **2.** zweirädriger Wagen (*für Personen*). **3.** (Hand-) Wagen *m,* Wägelchen *n.* **II** *v/t* **4.** karren, (in e-m Karren) befördern *od.* fahren: **to ~ about** (*od.* **around**) *colloq.* (mit sich) herumschleppen. **cart·age** ['kɑ:(r)tɪdʒ] *s* **1.** Trans'port *m.* **2.** Fuhrlohn *m,* Rollgeld *n.*

**carte** [kɑ:(r)t] *s fenc.* Quart *f.*

**carte blanche** [kɑ:(r)t'blɑ̃:nʃ; -ˌblɑ:nʃ] *pl* **cartes blanches** [ˌkɑ:(r)ts'blɑ̃:nʃ; -ˌblɑ:nʃ] *s* **1.** *econ.* Blan'kett *n.* **2.** *fig.* Carte *f* blanche, unbeschränkte Vollmacht: **to have ~** (völlig) freie Hand haben.

**car·tel** [kɑ:(r)'tel] *s* **1.** *econ.* Kar'tell *n.* **2.** *oft* C~ *pol.* Kar'tell *n* (*festes Bündnis mehrerer Parteien*). **3.** *Völkerrecht:* Abkommen *n* über den Austausch von Kriegsgefangenen. **4.** *hist.* schriftliche Her'ausforderung zum Du'ell. **car·tel·ism** ['kɑ:(r)tlɪzəm; kɑ:(r)'tel-] *s* Kar'tellwesen *n.*

**car·tel·i·za·tion** [ˌkɑ:(r)tlaɪ'zeɪʃn; kɑ:(r)ˌtelaɪ'z-; *Am.* -lə'z-] *s* Kartel'lierung *f.* **car·tel·ize** ['kɑ:(r)tlaɪz; kɑ:(r)'telaɪz] **I** *v/t* kartel'lieren. **II** *v/i* sich zu e-m Kar'tell zs.-schließen.

**cart·er** ['kɑ:(r)tə(r)] *s* Fuhrmann *m.*

**Car·te·sian** [kɑ:(r)'ti:zjən; *Am.* kɑ:(r)'ti:ʒən] **I** *adj* **1.** kar'tesisch, kartesi'anisch: ~ **coordinates** *math.* kartesische Koordinaten. **II** *s* **2.** Kartesi'aner *m.* **3.** ~ **curve** *math.* kar'tesische Kurve. **Car·te·sian·ism** *s philos.* Kartesia'nismus *m,* Lehre *f* des Des'cartes.

**Car·tha·gin·i·an** [ˌkɑ:(r)θə'dʒɪnɪən; -jən] *hist.* **I** *adj* kar'thagisch. **II** *s* Kar'thager(in).

**Car·thu·sian** [*Br.* kɑ:(r)'θju:zjən; -'θu:-; *Am.* kɑ:r'θu:ʒən; -'θju:-] *R.C.* **I** *s* Kar'täuser(mönch) *m.* **II** *adj* Kartäuser...

**car·ti·lage** ['kɑ:(r)tɪlɪdʒ] *s anat. zo.* Knorpel *m:* ~ **operation** *med.* Meniskusoperation *f.* **car·ti·lag·i·nous** [-'lædʒɪnəs] *adj anat. zo.* knorpelig, Knorpel...

**'cart·load** *s* Karren-, Wagenladung *f,* Fuder *n,* Fuhre *f:* **by ~s** fuder-, fuhren-, wagenweise.

**car·to·gram** ['kɑ:(r)təgræm] *s* Karto'gramm *n,* sta'tistische Karte.

**car·tog·ra·pher** [kɑ:(r)'tɒgrəfə(r); *Am.* -'tɑg-] *s* Karto'graph(in). **,car·to·'graph·ic** [-tə'græfɪk], **,car·to·'graph·i·cal** *adj* karto'graphisch: ~ **distance** Entfernung *f* auf der Karte. **car'tog·ra·phy** *s* Kartogra'phie *f.*

**cart·o·man·cy** ['kɑ:(r)təʊmænsɪ] *s* Kartoman'tie *f,* Kartenlegen *n.*

**car·ton** ['kɑ:(r)tən] *s* **1.** (¹Papp)Kar,ton *m,* (Papp)Schachtel *f:* **a ~ of cigarettes** e-e Stange Zigaretten. **2.** (*das*) ,Schwarze' (*der Schießscheibe*).

**car·toon** [kɑ:(r)'tu:n] *s* **1.** Car'toon *m, n,* Karika'tur *f.* **2.** Zeichentrickfilm *m.* **3.** Car'toon *m, n,* Bilderfortsetzungsgeschichte *f* (*in Zeitschriften etc*). **4.** *paint.* Kar'ton *m,* Entwurf *m* (*in natürlicher Größe*). **5.** kari'kieren. **6.** *paint. als* Kar'ton entwerfen. **III** *v/i* **7.** Car'toons *od.* Karika'turen zeichnen. **car'toon·ist** *s* Car'toonist *m,* Karikatu'rist *m.*

**car·touch(e)** [kɑ:(r)'tu:ʃ] *s* **1.** Kar'tusche *f:* a) *arch.* medaillonförmiges Ornamentmotiv, b) *Umrahmung e-r ägyptischen Hieroglyphe, die e-n Königsnamen darstellt.* **2.** a) Sprengkapsel *f* (*e-s Feuerwerkskörpers*), b) *mil.* Pa'pierkar,tuschhülse *f.*

**car·tridge** ['kɑ:(r)trɪdʒ] *s* **1.** *mil.* a) Pa'trone *f,* b) Artillerie: Kar'tusche *f.* **2.** *phot.* (¹Film)Pa,trone *f* (*e-r Kleinbildkamera*), (¹Film)Kas,sette *f* (*e-r Film- od. Kassettenkamera*). **3.** *phys.* Spaltstoffhülse *f.* **4.** Tonabnehmer *m* (*e-s Plattenspielers*). **5.** Pa'trone *f* (*e-s Füllhalters*). **belt** *s mil.* **1.** Pa'tronen-, Ladegurt *m* (*e-s Maschinengewehrs*). **2.** Pa'tronentragegurt *m.* **~ case** *s* Pa'tronenhülse *f:* **~ jacket** Hülsenmantel *m.* **~ clip** *s mil.* Ladestreifen *m.* **~ fuse** *s electr.* Pa'tronensicherung *f.* **~ pa·per** *s tech.* **1.** ¹Kardus-, ¹Linienpa,pier *n.* **2.** Kar'tonpa,pier *n.* **~ pen** *s* Pa'tronenfüllhalter *m.*

**cart|road, ~ track, '~·way** *s* Feldweg *m.* **'~·wheel** *s* **1.** Wagenrad *n.* **2.** *sport* Rad *n:* **to do** (*od.* **turn**) **~s** radschlagen. **3.** *Am. colloq.* Silberdollar *m.* **II** *v/i* **4.** radschlagen. **5.** a) sich mehrmals (seitlich) über'schlagen, b) *aer.* auf e-m Flügelende landen. **'~·wright** *s* Stellmacher *m,* Wagenbauer *m.*

**car·un·cle** ['kærəŋkl; kə'rʌŋkl] *s* **1.** *med.* Ka'runkel *f,* Fleischgeschwulst *f.* **2.** *orn.* Fleischauswuchs *m,* -lappen *m.* **3.** *bot.* Auswuchs *m.*

**carve** [kɑ:(r)v] **I** *v/t* **1.** (*in*) *Holz* schnitzen, (*in*) *Stein* meißeln: **~d work** Schnitzwerk *n,* -arbeit *f.* **2.** ausschnitzen, -meißeln: **to ~ out of stone** aus Stein meißeln *od.* hauen. **3.** einschneiden, -meißeln: **to ~ one's initials on a tree trunk** s-e Initialen in e-n Baumstamm schnitzen. **4.** (*mit Schnitze'reien*) verzieren: **to ~ a stone with figures. 5.** *Fleisch etc* zerlegen, vorschneiden, tran'chieren. **6.** *oft* ~ **out** *fig.* gestalten: **to ~ out a fortune** im Vermögen machen; **to ~ out a career for o.s.** sich e-e Karriere aufbauen, Karriere machen. **7.** *meist* ~ **up** *Gebiet etc* aufteilen. **8.** ~ **up** *colloq. j-n* mit e-m

Messer übel zurichten. **II** *v/i* **9.** schnitzen, meißeln. **10.** (*bei Tisch*) vorschneiden, tran'chieren.

**car·vel** [ˈkɑː(r)vəl] → caravel. **'~-built** *adj mar.* kar'weel-, glattgebaut: ~ **boat** Karweelboot *n*.

**carv·en** [ˈkɑː(r)vən] *adj obs. od. poet.* geschnitzt, gemeißelt.

**carv·er** [ˈkɑː(r)və(r)] *s* **1.** (Holz)Schnitzer *m*, Bildhauer *m*. **2.** Tran'chierer *m*. **3.** Tran'chiermesser *n*: **(pair of)** ~**s** Tranchierbesteck *n*.

**carv·er·y** [ˈkɑː(r)vərɪ] *s bes. Br.* Lokal, *in dem man für e-n Einheitspreis soviel Fleisch essen kann, wie man will.*

**'carve-up** *s* Aufteilung *f* (*e-s Gebiets etc*).

**carv·ing** [ˈkɑː(r)vɪŋ] *s* **1.** Schnitzen *n*, Meißeln *n*. **2.** Schnitze'rei *f*, Schnitzwerk *n*, geschnitztes Bildwerk. **3.** Tran'chieren *n*. ~ **chis·el** *s tech.* Schnitzmeißel *m*, Bos'siereisen *n*. ~ **knife** *s irr* Tran'chiermesser *n*.

**car wash** *s* **1.** Autowäsche *f*. **2.** Waschanlage *f*, -straße *f*.

**car·y·at·id** [ˌkærɪˈætɪd] *pl* **-i·des** [-ɪdiːz], **-ids** *s arch.* Karya'tide *f* (*weibliche Figur als Säule*).

**car·zey** [ˈkɑːzɪ] *s Br. sl.* 'Klo' *n* (*Klosett*).

**ca·sa·ba** [kəˈsɑːbə], *a.* ~ **mel·on** *s bot.* 'Winterme₁lone *f*.

**Cas·a·no·va** [ˌkæzəˈnəʊvə; ˌkæsə-] *s* Casa'nova *m*.

**cas·bah** → kasbah.

**cas·cade** [kæˈskeɪd] **I** *s* **1.** Kas'kade *f*, (*bes. mehrstufiger*) Wasserfall. **2.** *etwas* kaskadenartig Fallendes, *z. B.* Faltenwurf *m*. **3.** (*bes.* 'Spitzen)Ja₁bot *n*. **4.** Kas'kade *f*: a) *chem.* Anordnung über- od. hintereinandergeschalteter Gefäße od. Geräte, b) *electr.* → cascade connection. **II** *v/i* **5.** kas'kadenartig herab'stürzen. **III** *v/t* **6.** *electr.* in Kas'kade schalten: ~**d circuit** Kaskadenschaltung *f*. ~ **am·pli·fi·ca·tion** *s electr.* Kas'kadenverstärkung *f*. ~ **bomb·ing** *s mil.* Kas'kaden-, Mar'kierungsbombenwurf *m*. ~ **con·nec·tion** *s electr.* Kas'kadenschaltung *f*.

**case¹** [keɪs] **I** *s* **1.** Fall *m*: ~ **in point** ein typischer Fall, ein einschlägiges Beispiel; **a clear** ~ **of injustice** ein klarer Fall von Ungerechtigkeit; **it is a** ~ **of** es handelt sich um. **2.** Fall *m*, 'Umstand *m*, Lage *f*: **in any** ~ auf jeden Fall, jedenfalls, sowieso; **in no** ~ auf keinen Fall, keinesfalls; **in** ~ a) in' dem Falle daß, falls, b) für alle Fälle; **in** ~ **of** im Falle von (*od. gen*); **in** ~ **of need** nötigenfalls, im Notfall; **in that** ~ in diesem Falle; **the** ~ **is this** die Sache ist 'die, der Fall liegt 'so; **as the** ~ **may be** je nachdem. **3.** Fall *m*, Tatsache *f*: **that is not the** ~ (**with him**) das ist (bei ihm) nicht der Fall, das trifft (auf ihn) nicht zu; **as is the** ~ **with me** wie es bei mir der Fall ist; **if that is the** ~ wenn das der Fall ist, wenn das zutrifft. **4.** Sache *f*, Angelegenheit *f*, Frage *f*: ~ **of conscience** Gewissensfrage; **that alters the** ~ das ändert die Sache; **to come down to** ~**s** *colloq.* zur Sache kommen. **5.** *jur.* (Streit-, Rechts)Sache *f*, (Rechts)Fall *m*: **the** ~ **of Brown** der Fall Brown; ~ **leading** case. **6.** *bes. jur.* a) (Gesamtheit *f* der) Tatsachen *pl* u. Beweise *pl*, b) (*a.* begründeter) Standpunkt (*e-r Partei*), c) *allg.* Argu'mente *pl*, (triftige) Gründe *pl*: **the** ~ **for the defence** (*Am.* defense) die Verteidigung; **to make out a** ~ s-e Sache beweisen; **to make out one's** ~ triftige Gründe vorlegen, s-e Gründe als stichhaltig beweisen; **to state one's** ~ s-e Klage *od.* Verteidigung *od.* (*a. allg.*) s-e Sache vortragen; **he has a good** (*od.* **strong**) ~ viele Tatsachen sprechen für ihn, er hat gute Beweise, s-e Sache steht gut; **there is a** ~ **for it** es gibt triftige Gründe dafür, vieles spricht für; → **rest¹** 28. **7.** *ling.* Kasus *m*, Fall *m*. **8.** *med.* (Krankheits)Fall *m*, Pati'ent(in): **two** ~**s of typhoid** zwei Fälle von Typhus *od.* zwei Typhuskranke. **9.** *colloq.* komischer Kauz. **10.** *Am. colloq.* Verliebtheit *f*: **they had quite a** ~ **on each other** 'sie waren schrecklich ineinander verknallt'. **II** *v/t* **11.** *Am. sl.* 'ausbaldowern', auskundschaften.

**case²** [keɪs] **I** *s* **1.** Kiste *f*, Kasten *m*: **a** ~ **of wine** e-e Kiste Wein. **2.** *allg.* Behälter *m*, Behältnis *n*, *bes.* a) Schachtel *f*, b) (Schmuck)Kästchen *n*, c) (Brillen-, Zigaretten- *etc*)E'tui *n*, (Brillen-, Messer)Futte'ral *n*, (Schutz)Hülle *f* (*für Bücher, Messer etc*), d) (Akten-, Schreib-) Mappe *f*, e) Koffer *m*, f) (Glas)Schrank *m*, g) (Uhr- *etc*)Gehäuse *n*, h) (Kissen-) Bezug *m*, 'Überzug *m*. **3.** Besteckkasten *m* (*e-s Chirurgen etc*): ~ **of instruments** Besteck *n*. **4.** *arch.* (Tür-, Fenster)Futter *n*, Einfassung *f*. **5.** *Buchbinderei:* Einbanddecke *f*. **6.** *print.* Setzkasten *m*: → **lower** (**upper**) case 1. **7.** *tech.* Verkleidung *f*, Mantel *m*. **8.** *mil.* → case shot. **II** *v/t* **9.** in ein Gehäuse *od.* Futte'ral stecken, mit e-m Gehäuse *od.* e-r Hülle um'geben. **10.** (**in**) einhüllen (*in acc*), um'geben (mit). **11.** *hunt.* Tier abziehen, abbalgen: **to** ~ **a fox. 12.** *Buchbinderei:* Buchblock (in die Einbanddecke) einhängen. **13.** *tech.* verkleiden, um'manteln. **14.** *print.* Lettern in den Setzkasten einordnen.

**case bind·ing** *s* **1.** Einhängen *n* (*des Buchblocks*) in die Einbanddecke. **2.** Einbanddecke *f*. **'~book** *s* **1.** *jur.* kommen'tierte Entscheidungssammlung. **2.** *med.* Pati'entenbuch *n* (*des Arztes*). **'~bound** *adj* gebunden (Buch). ~ **cast·ings** *s pl tech.* Hartguß *m*. ~ **end·ing** *s ling.* Kasusendung *f*. **'~fur·ni·ture** *s* Kastenmöbel *pl*. **'~hard·en** *v/t* **1.** *metall.* einsatzhärten. **2.** *fig.* abhärten. **'~hardened** *adj* **1.** *metall.* im Einsatz gehärtet, schalenhart. **2.** *fig.* abgehärtet, 'hartgesotten'. ~ **his·to·ry** *s* **1.** *bes. jur. sociol.* Vorgeschichte *f* (*e-s Falles*). **2.** *med.* Ana'mnese *f*, Krankengeschichte *f*. **3.** typisches Beispiel.

**ca·sein** [ˈkeɪsiːn; *Am. a.* keɪˈsiːn] *s chem.* Kase'in *n*.

**case knife** *s irr* Dolch *m*, Hirschfänger *m*. ~ **law** *s jur.* Fallrecht *n* (*auf Präzedenzfällen beruhend*). ~ **load** *s* Gesamtheit der von e-m Arzt, Gericht etc zu behandelnden Fälle: **to have a heavy** ~ viele Fälle (zu behandeln) haben.

**case·mate** [ˈkeɪsmeɪt] *s mar. mil.* Kase'matte *f*.

**case·ment** [ˈkeɪsmənt] *s arch.* a) Fensterflügel *m*: ~ **cloth** Gardinenstoff *m*, b) *a.* ~ **window** Flügelfenster *n*, c) Hohlkehle *f*.

**ca·se·ous** [ˈkeɪsɪəs] *adj* käsig, käseartig.

**ca·sern(e)** [kəˈzɜːn; *Am.* kəˈzɜrn] *s mil. obs.* Ka'serne *f*.

**case shot** *s mil.* Schrap'nell *n*, Kar'tätsche *f*. ~ **stud·y** *s sociol.* (Einzel)Fallstudie *f*. ~ **sys·tem** *s jur.* ('Rechts-) 'Unterricht *m* an Hand von Präze'denzfällen u. praktischen Beispielen. **'~work¹** *s* **1.** *Buchbinderei:* 'Herstellen *n* der Buchdecken. **2.** *print.* Handsatz *m*. **'~work²** *s* Einzelfallhilfe *f*, sozi'ale Einzelarbeit. **'~work·er** *s* Sozi'alarbeiter(in) (*der/die individuelle Fälle betreut*).

**cash¹** [kæʃ] **I** *s* **1.** (Bar)Geld *n*: → **hard cash. 2.** *econ.* Barzahlung *f*, Kasse *f*: **for** ~, ~ **down** gegen bar *od.* Barzahlung; ~ **in advance** gegen Vorauszahlung; ~ **in bank** Bankguthaben *n*; ~ **in hand** Bar-, Kassenbestand *m*; ~ **with order** zahlbar bei Bestellung; **in** ~ per Kassa, bar; **to be in** (**out of**) ~ (nicht) bei Kasse sein; **short of** ~ knapp bei Kasse; **to turn into** ~ zu Geld machen, einlösen; → **delivery** 1, **prompt** 4, **ready** 7. **II** *v/t* **3.** Scheck etc einlösen. **4.** zu Geld machen.

*Verbindungen mit Adverbien:*

**cash in** **I** *v/t* **1.** Scheck etc einlösen: → **chip** 4. **2.** zu Geld machen. **II** *v/i* **3.** *Am. sl.* 'den Löffel weglegen' (*sterben*). **4.** ~ **on** *colloq.* a) profi'tieren von, Nutzen ziehen *od.* Kapi'tal schlagen aus, b) ausnutzen (*a. contp.*). ~ **up** *v/i Br.* Kasse machen.

**cash²** [kæʃ] *pl* **cash** *s* Käsch *n* (*ost- u. südasiatische Münze*).

**cash ac·count** *s econ.* Kassenkonto *n*. ~ **ad·vance** *s* Barvorschuß *m*. ~ **and car·ry** *econ.* **I** *s* **1.** Selbstabholung *f* gegen Barzahlung. **2.** Cash-and-carry-Geschäft *n*. **II** *adv* **3.** (nur) gegen Barzahlung u. Selbstabholung. **~-and-'car·ry** *adj econ.* Cash-and-carry-...

**ca·shaw** [kəˈʃɔː] *s bot.* Me'lonenkürbis *m*.

**cash bal·ance** *s econ.* Kassenbestand *m*, -saldo *m*, Barguthaben *n*. **'~book** *s econ.* Kassenbuch *n*. **'~box** *s* 'Geldkas₁sette *f*. ~ **busi·ness** *s econ.* Bar(zahlungs)-, Kassageschäft *n*. ~ **cheque** *s econ. Br.* Barscheck *m*. ~ **crop** *s* für den Verkauf bestimmte Anbaufrucht. ~ **desk** *s* Kasse *f* (*im Warenhaus etc*). ~ **dis·count** *s econ.* (Kassa)Skonto *m*, *n*, 'Barzahlungsra₁batt *m*. ~ **dis·pens·er** *s* 'Geldauto₁mat *m*, Banko'mat *m*.

**ca·shew** [kæˈʃuː; kə-; ˈkæʃuː] *s bot.* **1.** Aca'jou-, Ca'shew-, Nierenbaum *m*. **2.** *a.* ~ **nut** Aca'jou-, Ca'shewnuß *f*.

**cash flow** *s econ.* Cash-flow *m*, Kassenzufluß *m*.

**cash·ier¹** [kæˈʃɪə(r)] *s* Kas'sierer(in), Kassenverwalter(in): ~**'s check** *econ. Am.* Bankscheck *m*; ~**'s desk** (*od.* **office**) Kasse *f*.

**cash·ier²** [kəˈʃɪə(r); kæˈʃ-] *v/t* **1.** *mil.* (unehrenhaft) entlassen. **2.** verwerfen.

**cash·less** [ˈkæʃlɪs] *adj* bargeldlos.

**cash·mere** [kæʃˈmɪə(r); ˈkæʃˌmɪə(r); *Am. a.* ˈkæʒ-] *s* **1.** Kaschmirwolle *f*. **2.** Kaschmir *m* (*Gewebe*).

**cash note** *s econ.* Kassen-, Auszahlungsanweisung *f*.

**cash-o-mat** [ˈkæʃəʊmæt] *s* 'Geldauto₁mat *m*, Banko'mat *m*.

**cash pay·ment** *s* Barzahlung *f*. **'~point** *s* cash dispenser. ~ **price** *s* Bar(zahlungs)preis *m*. ~ **pur·chase** *s* Barkauf *m*. ~ **reg·is·ter** *s* Regi'strier-, Kon'trollkasse *f*. ~ **sale** *s* Barverkauf *m*. ~ **sur·ren·der val·ue** *s* Rückkaufswert *m* (*e-r Police*). ~ **vouch·er** *s* Kassenbeleg *m*, -zettel *m*.

**cas·i·mere** → cassimere.

**cas·ing** [ˈkeɪsɪŋ] *s* **1.** *tech.* a) Verkleidung *f*, Um'mantelung *f*, (Schutz)Hülle *f*, (Ver)Schalung *f*, b) Gehäuse *n*. **2.** *tech.* Ver'schalung, Be'kleidungsmateri₁al *n*. **3.** (Fenster-, Tür)Futter *n*. **4.** *mot.* (Reifen)Mantel *m*. **5.** *tech.* Futterrohr *n* (*e-s Bohrloches etc*). **6.** (Wurst)Darm *m*, (-)Haut *f*.

**ca·si·no** [kəˈsiːnəʊ; *-'*ziː-] *pl* **-nos** *s* **1.** Ka'sino *n*: a) Gebäude mit Räumen für gesellige Zs.-künfte, b) 'Spielka₁sino *n*, -bank *f*. **2.** → cassino.

**cask** [kɑːsk; *Am.* kæsk] **I** *s* Faß *n*: **a** ~ **of wine.** **II** *v/t* in ein Faß *od.* in Fässer füllen.

**cas·ket** [ˈkɑːskɪt; *Am.* ˈkæs-] **I** *s* **1.** Scha'tulle *f*, Kästchen *n*. **2.** *bes. Am.* Sarg *m*. **II** *v/t* **3.** in e-e Scha'tulle legen. **4.** *bes. Am.* einsargen. [pisch.)

**Cas·pi·an** [ˈkæspɪən] *adj geogr.* Kas-)

**casque** [kæsk] *s poet.* Helm *m*. **casqued** [-kt] *adj poet.* behelmt.

**cas·sa·ba** → casaba.

**Cas·san·dra** [kəˈsændrə] *s fig.* Kas'sandra *f* (*Unglücksprophetin*).

**cas·sa·ta** [kə'sɑ:tə] *s* Cas'sata *f* (*Eisspezialität*).

**cas·sa·tion** [kæ'seɪʃn; kə's-] *s jur.* Kassati'on *f*, Aufhebung *f*: **Court of C~** Kassationshof *m*.

**cas·se·role** ['kæsərəʊl] **I** *s* **1.** Kasse'rolle *f*, Schmortopf *m*. **2.** in der Kasse'rolle ser'viertes Gericht. **II** *v/t* **3.** schmoren.

**cas·sette** [kæ'set; kə-] *s* ('Film-, 'Band-*etc*)Kas,sette *f*. **~ deck** *s* Kas'settendeck *n*. **~ ra·di·o** *s* 'Radio,recorder *m*. **~ re·cord·er** *s* Kas'settenre,corder *m*. **~ tel·e·vi·sion** *s* Kas'settenfernsehen *n*.

**cas·sia** ['kæsɪə; *Am.* 'kæʃə] *s* **1.** *bot.* Kassie *f*. **2.** *a.* **~ tree** *bot.* Kassia-Zimtbaum *m*. **~ bark** *s* Kassiarinde *f*.

**cas·si·mere** ['kæsɪ,mɪə(r); *Am. a.* 'kæzə-] *s* Kasimir *m* (*feines, weiches Wollgewebe*).

**cas·si·no** [kə'si:nəʊ] *s* Ka'sino *n* (*Kartenspiel*).

**cas·sit·er·ite** [kə'sɪtəraɪt] *s min.* Kassite'rit *m*, Zinnstein *m*.

**cas·sock** ['kæsək] *s relig.* Sou'tane *f*.

**cast** [kɑ:st; *Am.* kæst] **I** *s* **1.** Wurf *m* (*a. mit Würfeln*): **~ of fortune** Zufall *m*. **2.** Wurfweite *f*. **3.** a) Auswerfen *n* (*der Angel etc*), b) Angelhaken *m*, Köder *m*. **4.** a) Gewölle *n* (*von Raubvögeln*), b) (*von Würmern aufgeworfenes*) Erdhäufchen, c) abgestoßene Haut (*e-s Insekts*). **5.** (*bes. seitwärts gerichteter*) Blick, (*Augen*)Fehler *m*: **to have a ~ in one eye** auf einem Auge schielen. **6.** *thea.* Besetzung *f*: a) Rollenverteilung *f*, b) En'semble *n*, (*die*) Mitwirkenden *pl*: **with the full ~** in voller Besetzung. **7.** Faltenwurf *m* (*auf Gemälden*). **8.** Anlage *f* (*e-s Werkes*), Form *f*, Zuschnitt *m*. **9.** Schat'tierung *f*, (Farb-)Ton *m*, Anflug *m* (*a. fig.*): **to have a slight ~ of blue** ins Blaue spielen; **green ~** *phot.* Grünstich *m*. **10.** Gesichtsschnitt *m*. **11.** *tech.* Guß(form *f*, -stück *n*) *m*. **12.** *tech.* Abdruck *m*, Mo'dell *n*, Form *f*. **13.** *med.* Gipsverband *m*. **14.** (*angeborene*) Art: **~ of mind** Geistesart *f*. **15.** Typ *m*, Gattung *f*, Schlag *m*. **16.** a) Berechnung *f*, b) Aufrechnung *f*, Additi'on *f*.

**II** *v/t pret u. pp* **cast 17.** werfen: **to ~ a burden (up)on** *fig.* j-m e-e Last aufbürden; → **blame** 5, **die²** 1, **dust** 1, **lot** 1, **slur¹** 3, **spell²** 2, **tooth** 1. **18.** *Angel, Anker, Lot, Netz etc* auswerfen. **19.** *zo.* a) *Haut, Gehörn* abwerfen, *Zähne* verlieren, b) *Junge* (vorzeitig) werfen, gebären. **20.** *Stimmzettel* abgeben: **to ~ one's vote** s-e Stimme abgeben. **21.** *Blicke* werfen, *sein Auge* richten (**at, on, upon** auf *acc*). **22.** *Licht, Schatten etc* werfen (**on** auf *acc*; **over** über *acc*). **23.** *jur.* j-n e-n Pro'zeß verlieren lassen. **24.** *meist* **~ up** zs.-zählen, ausrechnen: **to ~ accounts** *econ.* Abrechnung machen, Saldo ziehen; → **horoscope** 25. *tech. Metall, Glas, Statue etc* gießen, formen. **26.** *fig.* formen, bilden, gestalten: → **mold¹** 1. **27.** (*thea. etc a.*) *Stück etc* besetzen, b) (*to*) *Rollen* verteilen (**an** *acc*), zuweisen (*dat*): **the play is perfectly ~** das Stück ist ausgezeichnet besetzt; **to ~ s.o. as Othello** j-m die Rolle des Othello geben; **he was badly ~** er war e-e Fehlbesetzung.

**III** *v/i* **28.** sich werfen, krumm werden (*Holz*), sich (ver)ziehen (*Stoff*). **29.** die Angel auswerfen. **30.** *tech.* a) sich gießen *od.* (*a. fig.*) formen lassen, b) sich formen. **31.** *mar.* abfallen.

*Verbindungen mit Adverbien:*

**cast a·bout**, **~ a·round** *v/i* **1. ~ for** suchen (nach), *fig. a.* sich 'umsehen nach. **2.** *mar.* um'herla,vieren. **~ a·side** *v/t* **1.** *Möbel etc* 'ausran,gieren, *Kleidung a.* ablegen. **2.** *Gewohnheit etc* ablegen, *Freund etc* fallenlassen. **~ a·way** *v/t* **1.** wegwerfen. **2.** verschwenden, vergeuden. **3. to be ~** *mar.* verschlagen werden.

**~ back I** *v/t*: **to ~ one's mind** (*od.* **thoughts**) s-e Gedanken zurückschweifen lassen (**to** an *acc*). **II** *v/i* zu'rückdenken (**to an** *acc*). **~ down** *v/t* **1.** j-n erniedrigen. **2.** entmutigen: **to be ~** niedergeschlagen *od.* deprimiert sein. **3.** *die Augen* niederschlagen: **to ~ one's eyes. 4.** *die Stimmung* dämpfen. **~ in** *v/t*: → **lot** 1. **~ off I** *v/t* **1.** *Kleidungsstück* abwerfen. **2.** *Kleidung* ablegen, 'ausran,gieren. **3.** *Freund etc* fallenlassen. **4.** (*beim Stricken*) *Maschen* abnehmen. **5.** *print.* den 'Umfang (*e-s Buchs etc*) berechnen. **6.** *mar.* losmachen. **II** *v/i* **7.** *mar.* ablegen, losmachen. **~ on** *v/t* (*beim Stricken*) *die ersten Maschen* aufnehmen. **~ out** *v/t* verstoßen, vertreiben (**from** aus), *Dämonen etc* austreiben. **~ up** *v/t* **1.** *die Augen* aufschlagen: **to ~ one's eyes. 2.** → **cast** 24. **3.** anspülen, an Land spülen.

**cas·ta·net** [,kæstə'net] *s* Kasta'gnette *f*.

**cast·a·way I** *s* **1.** (*von der Gesellschaft*) Ausgestoßene(r *m*) *f*. **2.** *mar.* Schiffbrüchige(r *m*) *f*. **3.** etwas 'Ausran,giertes, *bes.* abgelegtes Kleidungsstück. **II** *adj* **4.** ausgestoßen. **5.** 'ausran,giert (*Möbel etc*), (*Kleidung a.*) abgelegt. **6.** *mar.* schiffbrüchig.

**caste** [kɑ:st; *Am.* kæst] *s* **1.** (*indische*) Kaste: **~ feeling** Kastengeist *m*; **~ mark** Kastenzeichen *n*. **2.** Kaste *f*, Gesellschaftsklasse *f*. **3.** gesellschaftliche Stellung, Rang *m*, Ansehen *n*: **to lose ~** an gesellschaftlichem Ansehen verlieren (**with, among** bei).

**cas·tel·lan** ['kæstɪlən] *s* Kastel'lan *m*, Burg-, Schloßvogt *m*.

**cas·tel·lat·ed** ['kæstəleɪtɪd] *adj* **1.** burgartig (gebaut), mit Türmen u. Zinnen (versehen). **2.** burgengekrönt. **3.** burgenreich.

**cast·er** ['kɑ:stə; *Am.* 'kæstər] *s* **1.** Berechner(in): **~ of horoscopes** Horoskopsteller(in). **2.** *tech.* a) Gießer *m*, b) Walzrad *n*, c) Lenkrad *n*, d) → **castor²**. **3.** → **castor⁵**.

**cas·ti·gate** ['kæstɪgeɪt] *v/t* **1.** züchtigen. **2.** *fig.* geißeln, scharf kriti'sieren. **3.** *fig. literarischen Text* verbessern, berichtigen. **cas·ti'ga·tion** *f*. **1.** Züchtigung *f*. **2.** Geißelung *f*, scharfe Kri'tik. **3.** Textverbesserung *f*. **'cas·ti·ga·tor** [-tə(r)] *s* **1.** Züchtiger *m*. **2.** Geißler *m*, scharfer Kritiker. **3.** Emen'dator *m*.

**Cas·tile** [kæ'sti:l] *s a.* **~ soap** O'livenölseife *f*. **Cas·til·ian** [-'stɪlɪən; -ljən] **I** *s* **1.** Ka'stilier(in). **2.** *ling.* Ka'stilisch *n*, das Kastilische, Spanisch *n*. **II** *adj* **3.** ka'stilisch.

**cast·ing** ['kɑ:stɪŋ; *Am.* 'kæs-] **I** *s* **1.** *tech.* a) Guß *m*, Gießen *n*, b) Gußstück *n*, c) Gußeisen *n*, d) *pl* Gußwaren *pl*. **2.** *Maurerei:* (roher) Bewurf, Kalkverputz: **~ rough ~. 3.** *thea.* → **cast** 6 a. **II** *adj* **4.** Wurf... **~ bot·tle** *s* Par'fümzerstäuber *m*. **~ burr** *s tech.* Gußnaht *f*. **~ gate** *s tech.* Gußtrichter *m*. **~ la·dle** *s tech.* Gießkelle *f*. **~ net** *s* Wurfnetz *n*. **~ shop** *s tech.* Gieße'rei *f*. **~ vote** *s* (*die*) entscheidende Stimme: **he shall have ~** die *e-e* Stimme entscheidet.

**cast i·ron** *s tech.* Guß-, Roheisen *n*. **cast-'i·ron** *adj* **1.** gußeisern: **~ castings** Grauguß(stücke) *m*. **2.** *fig.* eisern, unbeugsam (*Wille*), eisern (*Konstitution*), unempfindlich (*Magen*), hart (*Gesetze etc*), hieb- u. stichfest (*Alibi*).

**cas·tle** ['kɑ:sl; *Am.* 'kæsl] **I** *s* **1.** Ka'stell *n*, Burg *f*, Schloß *n*: **to build ~s in the air** (*od.* **in Spain**) *fig.* Luftschlösser bauen. **2.** *Schach:* Turm *m*. **II** *v/i* **3.** *Schach:* ro'chieren. **'~-build·er** *s* Phan'tast *m*. **~ nut** *s tech.* Kronenmutter *f*.

**cas·tling** ['kɑ:slɪŋ; *Am.* 'kæsəlɪŋ] *s Schach:* Ro'chade *f*.

**cast·off** *s* **1.** abgelegtes *od.* 'ausran,giertes Kleidungsstück. **2.** *print.* 'Umfangsberechnung *f*.

**cast-'off** *adj* abgelegt, 'ausran,giert (*Kleidungsstück*).

**Cas·tor¹** ['kɑ:stə; *Am.* 'kæstər] *s* **1.** *astr.* Kastor *m* (*Stern*). **2.** *meteor.* Elmsfeuer *n*.

**cas·tor²** ['kɑ:stə; *Am.* 'kæstər] *s* (schwenkbare) Laufrolle.

**cas·tor³** ['kɑ:stə; *Am.* 'kæstər] *s* **1.** *zo.* Biber *m*. **2.** *med. pharm.* Bibergeil *n*. **3.** → **beaver¹** 3.

**cas·tor⁴** ['kɑ:stə; *Am.* 'kæstər] *s vet.* Spat *m*.

**cas·tor⁵** ['kɑ:stə; *Am.* 'kæstər] *s* **1.** (*Salz-etc*)Streuer *m*. **2.** *pl* Me'nage *f*, Gewürzständer *m*.

**cas·tor oil** *s med. pharm.* Rizinus-, Kastoröl *n*. **~ sug·ar** *s bes. Br.* Kastorzucker *m*, feinkörniger Kri'stallzucker.

**cas·trate** [kæ'streɪt; *bes. Am.* 'kæstreɪt] *v/t* **1.** ka'strieren: a) *med.* entmannen, b) *vet.* verschneiden, c) *vet.* die Eierstöcke (*gen*) entfernen. **2.** *fig.* kraftlos machen, abschwächen. **3.** *Buch etc* zen'sieren, die anstößigen Stellen entfernen aus. **cas·tra·ti** [kæ'strɑ:ti:] *pl von* **castrato. cas·tra·tion** [kæ'streɪʃn] *s* Ka'strierung *f*, Kastrati'on *f*. **cas·tra·to** [kæ'strɑ:təʊ] *pl* **-ti** [-ti:], **-tos** *s mus.* hist. Ka'strat *m*.

**Cas·tro·ism** ['kæstrəʊɪzəm] *s pol.* Castro'ismus *m*, Ca'strismus *m*.

**cast steel** *s tech.* Gußstahl *m*.

**cas·u·al** ['kæʒʊəl; -ʒʊl; *Am.* 'kæʒəwəl; -ʒəl] **I** *adj* (*adv* **~ly**) **1.** zufällig: **a ~ visit; a ~ observer. 2.** gelegentlich, unregelmäßig: **~ customer** Laufkunde *m*; **~ labo(u)rer** → 7 a. **3.** beiläufig: **a ~ remark; a ~ glance** ein flüchtiger Blick. **4.** lässig: a) gleichgültig, nachlässig, b) zwanglos, sa'lopp: **his ~ manner. 5.** sportlich, sa'lopp (*Kleidung*): **~ wear** Freizeitkleidung *f*. **II** *s* **6.** a) sportliches *od.* sa'loppes Kleidungsstück, b) *pl* Slipper(s) *pl* (*Schuhe mit flachen Absätzen*). **7.** a) Gelegenheitsarbeiter *m*, b) gelegentlicher Besucher, Laufkunde *m*. **8.** *pl mil. Am.* 'Durchgangsperso,nal *n*. **'cas·u·al·ism** *s philos.* Kasua'lismus *m*, Zufallsglaube *m*. **'cas·u·al·ness** *s* Nachlässigkeit *f*, Gleichgültigkeit *f*.

**cas·u·al·ty** ['kæʒʊəltɪ; -ʒʊ- *Am.* 'kæʒəl-ti:] *s* **1.** Unfall *m*. **2.** a) Verunglückte(r *m*) *f*, Opfer *n*, b) *mil.* Verwundete(r) *m od.* Gefallene(r) *m*: **casualties** Opfer *pl* (*e-r Katastrophe etc*), *mil. meist* Verluste *pl*; **~ list** Verlustliste *f*. **3.** *a.* **~ ward** (*od.* **department**) 'Unfallstati,on *f*.

**cas·u·ist** ['kæzjʊɪst; 'kæʒjʊɪst; *Am.* 'kæʒəwəst] *s* Kasu'ist *m* (*a. fig.* Wortverdreher, Haarspalter). **cas·u·is·tic** *adj*; **,cas·u·is·ti·cal** *adj* (*adv* **~ly**) kasu'istisch (*a. fig.* spitzfindig, haarspalterisch). **'cas·u·ist·ry** [-trɪ] *s* Kasu'istik *f* (*a. fig.* Wortdreherei, Haarspalterei).

**ca·sus bel·li**, *pl* **ca·sus bel·li** [,kɑ:sʊs-'beli:; ,keɪsəs'belaɪ] (*Lat.*) *s* Casus *m* belli.

**cat** [kæt] **I** *s* **1.** *zo.* Katze *f*: (domestic) **~** Hauskatze *f*. **2.** *fig.* Katze *f*, falsches Frauenzimmer: **old ~** boshafte Hexe. **3.** → **cat-o'-nine-tails. 4.** *mar.* Katt *f*. **5.** *colloq.* → **caterpillar** 2. **6.** *sl.* Kerl *m*. **7.** → **hepcat. II** *v/t* **8.** (aus)peitschen. **9.** *mar. den Anker* katten. **III** *v/i* **10.** *Br. sl.* 'kotzen' (*sich übergeben*). *Besondere Redewendungen:* **to be like a ~ on hot bricks** (*bes. Am.* **on a hot tin roof**) furchtbar nervös sein; **when the ~ is away the mice will play** wenn die Katze aus dem Haus ist, tanzen die Mäuse (auf dem Tisch); **all ~s are**

**gray** (*bes. Br.* **grey**) **in the dark** in der Nacht sind alle Katzen grau; **not to have** (*od.* **stand**) **a ~ in hell's chance** *colloq.* nicht die Spur e-r Chance haben; **has the ~ got your tongue?** *colloq.* hat es dir die Rede *od.* Sprache verschlagen?; **to let the ~ out of the bag** die Katze aus dem Sack lassen; **a ~ may look at a king** schaut die Katz' den Kaiser an!; **look what the ~'s brought** (*od.* **dragged**) **in!** *colloq.* wie schaust denn du aus!; **to live like ~ and dog** wie Hund und Katze leben; **it's enough to make a ~ laugh** *colloq.* da lachen ja die Hühner!; **to play ~ and mouse with** Katz u. Maus spielen mit; **to put** (*od.* **set**) **the ~ among the pigeons** für helle Aufregung sorgen; **it is raining ~s and dogs** es gießt in Strömen; **to see which way the ~ jumps** sehen, wie der Hase läuft; **to think one is the ~'s whiskers** (*od.* **pyjamas**) *colloq.* sich für etwas Besonderes halten; **to wait for the ~ to jump** die Entwicklung der Ereignisse abwarten.

**ca·tab·o·lism** [kə'tæbəlɪzəm] *s biol.* Kataboˈlismus *m*, Abbau *m*.

**cat·a·chre·sis** [ˌkætə'kriːsɪs] *s ling.* Kataˈchrese *f*, Bildbruch *m*. **ˌcat·a·'chres·tic** [-'krestɪk] *adj*, **ˌcat·a·'chres·ti·cal** *adj* (*adv* ~ly) kataˈchrestisch.

**cat·a·clysm** ['kætəklɪzəm] *s* **1.** *geol.* Kataˈklysmus *m*, erdgeschichtliche Kataˈstrophe. **2.** Überˈschwemmung *f*. **3.** *fig.* ˈUmwälzung *f*, ˈUmbruch *m*. **ˌcat·a·'clys·mic** [-'klɪzmɪk] *adj* **1.** *geol.* kataˈklystisch. **2.** *fig.* ˈumwälzend.

**cat·a·comb** ['kætəkuːm; *bes. Am.* -kəʊm] *s meist pl* Kataˈkombe *f*.

**cat·a·cous·tics** [ˌkætə'kuːstɪks] *s pl* (*meist als sg konstruiert*) *phys.* Kataˈkustik *f*.

**cat·a·falque** ['kætəfælk] *s* **1.** Kataˈfalk *m*. **2.** offener Leichenwagen.

**Cat·a·lan** ['kætələn; -læn] **I** *s* **1.** Kataˈlane, Kataˈlanin *f*. **2.** *ling.* Kataˈlanisch *n*, das Katalanische. **II** *adj* **3.** kataˈlanisch.

**cat·a·lec·tic** [ˌkætə'lektɪk] *adj metr.* kataˈlektisch, unvollständig (*Vers*).

**cat·a·lep·sis** [ˌkætə'lepsɪs], **'cat·a·lep·sy** [-sɪ] *s med. psych.* Katalepˈsie *f*, Starrkrampf *m*.

**cat·a·logue,** *Am. a.* **cat·a·log** ['kætəlɒg; *Am.* ˌkætl'ɔːg; -ˌɑg] **I** *s* **1.** Kataˈlog *m*. **2.** Verzeichnis *n*, (Preis- *etc*)Liste *f*. **3.** *univ. Am.* Vorlesungsverzeichnis *n*. **4.** Kataˈlogpreis *m*, -wert *m*. **II** *v/t* **5.** in e-n Kataˈlog aufnehmen, katalogiˈsieren. **III** *v/i* **6.** an e-m Kataˈlog arbeiten, e-n Katalog erstellen. **7.** ~ **at** e-n Kataˈlogpreis haben von, im Katalog stehen mit.

**ca·tal·pa** [kə'tælpə] *s bot.* Kaˈtalpa *f*, Kaˈtalpe *f*, Trompetenbaum *m*.

**cat·a·lyse** ['kætəlaɪz] *v/t chem. Br.* kataly'sieren, beschleunigen (*beide a. fig.*).

**'cat·a·lys·er** *Br.* → catalyst. **ca·tal·y·sis** [kə'tælɪsɪs] *s* → **cat·a·lyst** ['kætəlɪst] *s* Kata'lysator *m* (*a. fig.*).

**cat·a·lyt·ic** [ˌkætə'lɪtɪk] *adj* kataˈlytisch (*a. fig.*): ~ **converter** *mot. tech.* Katalysator *m*. **'cat·a·lyze** *Am.* → catalyse. **'cat·a·lyz·er** *Am.* → catalyst.

**cat·a·ma·ran** [ˌkætəmə'ræn] *s* **1.** (primiˈtives) Floß. **2.** *mar.* Katamaˈran *m*. **3.** *colloq.* ˈKratzbürste' *f*, Xanˈthippe *f*.

**cat·a·me·ni·a** [ˌkætə'miːnɪə] *s physiol.* Kataˈmenien *pl*, Menstruatiˈon *f*.

**cat·a·mite** ['kætəmaɪt] *s* Lustknabe *m*.

**cat·am·ne·sis** [ˌkætəm'niːsɪs] *s med.* Kataˈmnese *f* (*abschließender Krankheitsbericht*).

**cat·a·mount** ['kætəmaʊnt] *s zo.* **1.** → cougar. **2.** → lynx 1. **3.** → catamountain.

**cat·a·moun·tain** [ˌkætə'maʊntɪn] *s zo.* a) (euroˈpäische) Wildkatze, b) → leopard 1.

**ˌcat-and'-'dog** *adj*: **to lead a ~ life** wie Hund u. Katze leben. **ˌ~'-'mouse** *adj*: **to play a ~ game with** Katz u. Maus spielen mit.

**cat·a·phyll** ['kætəfɪl] *s bot.* Keim-, Niederblatt *n*.

**cat·a·plasm** ['kætəplæzəm] *s med.* Kataˈplasma *n*, heißer ˈBreiˌumschlag.

**cat·a·plex·y** ['kætəpleksɪ] *s* Katapleˈxie *f*, Schrecklähmung *f*, -starre *f*.

**cat·a·pult** ['kætəpʌlt] **I** *s* **1.** Kataˈpult *n*, *a. m*: a) *mil. hist.* ˈWurf-, ˈSchleudermaˌschine *f*, b) *Br.* (Stein)Schleuder *f*, c) *aer.* Startschleuder *f*: ~ **seat** Schleudersitz *m*; ~ **take-off** Katapultstart *m*. **II** *v/t* **2.** schleudern, katapulˈtieren (*beide a. aer.*): **she was ~ed to stardom** overnight sie wurde über Nacht zum Star. **3.** *Br.* mit der Schleuder beschießen. **III** *v/i* **4.** geschleudert *od.* katapulˈtiert werden (*a. aer.*).

**cat·a·ract** ['kætərækt] *s* **1.** Kataˈrakt *m*: a) Wasserfall *m*, b) Stromschnelle *f*, c) *fig.* Flut *f*, rasche Aufeinˈanderfolge. **2.** *med.* Kataˈrakt *f*, grauer Star.

**ca·tarrh** [kə'tɑː(r)] *s med.* Kaˈtarrh *m*, Schnupfen *m*. **ca'tarrh·al** *adj* katarˈrhalisch, Schnupfen...

**ca·tas·ta·sis** [kə'tæstəsɪs] *pl* **-ses** [-siːz] *s thea.* Kataˈstase *f*, Höhepunkt *m*.

**ca·tas·tro·phe** [kə'tæstrəfɪ] *s* **1.** Kataˈstrophe *f* (*a. im Drama*), Verhängnis *n*. **2.** *geol.* erdgeschichtliche Kataˈstrophe. **cat·a·stroph·ic** [ˌkætə'strɒfɪk; *Am.* -strɑ-] *adj*, **ˌcat·a·'stroph·i·cal** *adj* (*adv* ~ly) katastroˈphal.

**'cat·bird** *s orn.* (*e-e*) amer. Spottdrossel. **'~·boat** *s mar.* Catboot *n* (*kleines Segelboot mit Mast am Bug*). **~ bur·glar** *s* Fasˈsadenkletterer *m*, Einstiegdieb *m*. **'~·call I** *s* a) Buh(ruf *m*) *n*, b) Pfiff *m*. **II** *v/i* a) buhen, b) pfeifen. **III** *v/t* a) j-n ausbuhen, b) auspfeifen.

**catch** [kætʃ] **I** *s* **1.** Fangen *n*. **2.** Fang *m*, Beute *f* (*beide a. fig.*): **a good ~** a) ein guter Fang (*beim Fischen od. fig.*), b) *colloq.* e-e gute Partie (*Heirat*); **no ~** *colloq.* kein (gutes) Geschäft. **3.** *Baseball, Kricket*: a) Fang *m* (*e-s Balles*), b) Fänger *m*. **4.** Stocken *n* (*des Atems*): **there was a ~ in his voice** s-e Stimme stockte. **5.** Halt *m*, Griff *m*. **6.** *tech.* a) Haken *m*, Schnäpper *m*, (Tür)Klinke *f*: ~ **of a lock** Schließhaken, b) Sperre *f*, Sicherung *f*, Verschluß *m* (*e-r Brosche etc*), c) Knagge *f*, Mitnehmer *m*, d) *arch.* Halter *m*. **7.** *fig.* Haken *m*: a) Falle *f*, Kniff *m*, b) Schwierigkeit *f*: **there must be a ~ somewhere** die Sache muß irgendwo e-n Haken haben; **~-22,** *Am. a.* **~-23** gemeiner Trick, böse Falle. **8.** ~ Brocken *m*, Bruchstück *n*: **by ~es** stückchenweise, b) Pause *f*, kurze Unterˈbrechung. **9.** *Am.* Keimen *n*, Ausschlagen *s*. **10.** *mus.* Kanon *m*.

**II** *v/t pret u. pp* **caught** [kɔːt] **11.** a) e-n Ball *etc* fangen, a. e-n Blick auffangen, (er)haschen, *ein Tier etc* (ein)fangen, *Flüssigkeiten* auffangen, b) *allg.* ˈkriegen', bekommen, erwischen: **to ~ a thief** e-n Dieb fassen *od.* ˌschnappen'; **to ~ a train** e-n Zug (noch) kriegen *od.* erwischen; → breath 1, crab[1] 1, glimpse 1, sight 2, Tartar[1] 2. **12.** j-n einholen. **13.** über'raschen, erwischen, ertappen (*s.o. at s.th.* j-n bei etwas; *s.o. doing* j-n dabei, wie er etwas tut): **I caught myself lying** ich ertappte mich bei e-r Lüge; **let me ~ you at it again!** laß dich ja nicht mehr dabei erwischen!; **they were caught in a storm** sie wurden vom Sturm überrascht, sie gerieten in ein

Unwetter; ~ **me** (**doing that**)! *Br. colloq.* (das) fällt mir nicht im Traum ein!, ˌdenkste!'; ~ **him!** der läßt sich nicht erwischen!; **he caught himself** (*beim Sprechen*), er fing sich (gerade noch); → nap[1] 2, unawares 2. **14.** *a. fig.* packen, ergreifen, erfassen: **she caught her child to herself** sie riß ihr Kind an sich; **the fire caught the curtains** das Feuer erfaßte die Vorhänge; **he caught** (*od.* **was caught with**) **the general enthusiasm** er wurde von der allgemeinen Begeisterung erfaßt *od.* angesteckt; → hold[2] 1. **15.** *fig.* **to ~ the ear** ans Ohr dringen; **to ~ the eye** ins Auge fallen; **to ~ s.o.'s eye** (*od.* **attention**) j-s Aufmerksamkeit auf sich lenken; → fancy 7, speaker 2. **16.** erfassen, verstehen, ˌmitkriegen': **she did not ~ his name. 17.** *fig.* einfangen: **he caught the atmosphere well; caught from life** dem Leben abgelauscht. **18.** sich *e-e Krankheit etc* holen, sich *e-e Erkältung etc*, *a. e-e Strafe etc* zuziehen, bekommen: **to ~** (**a**) **cold** sich erkälten; **to ~ a bullet in one's leg** e-n Schuß ins Bein abbekommen; **to ~ it** *sl.* ˌsein Fett (ab)kriegen', ˌeins aufs Dach kriegen'; → fire 1, hell 1, packet 5. **19.** *fig.* Gewohnheit, Aussprache annehmen. **20.** a) streifen *od.* stoßen an (*acc*), b) hängenbleiben *od.* sich verfangen mit *etwas*: **to ~ one's foot in s.th.** mit dem Fuß in etwas hängenbleiben; **my fingers were caught in the door** ich klemmte mir die Finger in der Tür. **21.** *sl.* a) e-n Schlag versetzen (*dat*): **to ~ s.o. a blow,** b) treffen: **the blow caught him on the chin.**

**III** *v/i* **22.** fassen, greifen: **to ~ at** greifen *od.* schnappen nach, (*fig. Gelegenheit gern*) ergreifen; → shadow 5, straw 1. **23.** *tech.* ineinˈander- *od.* eingreifen (*Räder*), einschnappen, -rasten (*Schloß etc*). **24.** sich verfangen, hängenbleiben: **her dress caught on a nail; the plane caught in the trees. 25.** klemmen, festsitzen: **the bolt ~es somewhere. 26.** sich ausbreiten (*Feuer*). **27.** anspringen (*Motor*). **28.** *gastr.* anbrennen. **29.** *Am.* keimen, ausschlagen.

*Verbindungen mit Adverbien:*

**catch** | **on** *v/i colloq.* **1.** kaˈpieren, verstehen (**to s.th.** etwas). **2.** einschlagen, Anklang finden, popuˈlär werden. **~ out** *v/t* **1.** a) ertappen, b) ˌüber'führen. **2.** *Kricket:* den Schläger (durch Fangen des Balles) ˌaus' machen. **~ up I** *v/t* **1.** unter'brechen. **2.** *Br.* einholen (*a. bei der Arbeit*). **3.** (schnell) ergreifen, *a. Kleid* aufraffen. **4. to be caught up in** a) vertieft sein in (*acc*), b) verwickelt sein in (*acc*). **II** *v/i* **5.** aufholen: **to ~ with** einholen (*a. bei der Arbeit*); **to ~ on** (*od.* **with**) e-n Arbeitsrückstand *etc* aufholen; **to ~ on one's sleep** Schlaf nachholen.

**'catch·all** *s bes. Am.* **1.** Tasche *f od.* Behälter *m* für alles mögliche. **2.** *fig.* Sammelbezeichnung *f*: ~ **term** Sammelbegriff *m*. **'~-as-ˌcatch-'can** *s sport* Catch-as-catch-can *n*, Catchen *n*: ~ **wrestler** Catcher *m*. **~ ba·sin** *Am.* → catch pit. **~ bolt** *s tech.* Riegel *m* mit Feder. **~ crop** *s agr.* Zwischenfrucht *f*. **'~·cry** *s* Schlagwort *n*.

**catch·er** ['kætʃə(r)] *s* Fänger *m* (*a. Trapezkünstler*).

**'catch·fly** *s bot.* **1.** (*bes.* Garten)Leimkraut *n*. **2.** Pechnelke *f*.

**catch·ing** ['kætʃɪŋ] *adj* (*adv* ~ly) **1.** *med.* ansteckend (*a. fig. Lachen etc*). **2.** *fig.* anziehend, fesselnd (**to** für). **3.** → catchy 1. **4.** ~ **bargain** *jur.* a) Rechtsgeschäft *n* (*bes.* Darlehen *n*) zu unfairen *od.* wuche-

rischen Bedingungen, b) Ablistung *f* des Erbanteils.

**catch·ment** ['kæt∫mənt] *s* **1.** (Auf)Fangen *n* (*von Wasser*). **2.** *geol.* Auffangbehälter *m*, Reser'voir *n*. → **a·re·a** *s* **1.** *geol.* Einzugsgebiet *n* (*e-s Flusses*). **2.** *fig.* Einzugsbereich *m*, -gebiet *n* (*e-s Krankenhauses etc*). ~ **ba·sin** → catchment area 1.

'**catch**|**pen·ny** I *adj* wertlos, Schund..., auf Kundenfang berechnet: ~ title reißerischer Titel. **II** *s* Schund(ware *f*) *m*, 'Lock-, 'Schleuderar₁tikel *m*. '~**phrase** *s* Schlagwort *n*. ~ **pit** *s tech.* Auffangbehälter *m*. '~**pole**, '~**poll** *s jur. hist.* Büttel *m*, Gerichtsdiener *m*. '~**quo·ta** *s* Fischfang: Fangquote *f*. '~**up** *bes. Am.* → ketchup. '~**waist spin** *s* Eis-, Rollkunstlauf: 'Waagepirou₁ette *f* (*im Paarlauf*). '~**weed** *s bot.* (*ein*) Labkraut *n*. '~**weight** *s sport* durch keinerlei Regeln beschränktes Wettkampfteilnehmers. '~**word** *s* **1.** Stichwort *n* (*im Lexikon etc*) (*a. thea.*). **2.** Schlagwort *n*. **3.** *print.* a) *hist.* Kustos *m*, b) Ko'lumnentitel *m*.

**catch·y** ['kætʃı] *adj* **1.** eingängig: ~ tune. **2.** → catching 2. **3.** unregelmäßig: ~ breathing. **4.** a) schwierig, b) Fang...: ~ question.

**cate** [keɪt] *s obs.* **1.** *pl* Lebensmittel *pl.* **2.** *meist pl* Leckerbissen *m*.

**cat·e·che·sis** [₁kætı'ki:sıs] *s relig.* Kate'chese *f*. ₁**cat·e**'**chet·ic** [-¹ketık] *adj*; ₁**cat·e**'**chet·i·cal** *adj* (*adv* ~ly) kate'chetisch.

**cat·e·chin** ['kætəkın] *s chem.* Kate'chin *n*.

**cat·e·chism** ['kætıkızəm] *s* **1.** *relig.* Kate'chismus *m*. **2.** *fig.* Reihe *f* od. Folge *f* von Fragen. '**cat·e·chist** *s relig.* Kate'chet(in), Religi'onslehrer(in). ₁**cat·e**'**chis·tic** *adj*; ₁**cat·e**'**chis·ti·cal** *adj* (*adv* ~ly) *relig.* kate'chetisch, Katechismus... '**cat·e·chize** *v/t* **1.** *relig.* katechi'sieren, durch Frage u. Antwort unter'richten. **2.** ausfragen, ausforschen.

**cat·e·chol** ['kætıkɒl; -kəʊl; -tıtʃ-] *s chem. phot.* 'Brenzkate₁chin *n*.

**cat·e·chu** ['kætıtʃu:] *s chem.* Katechu *n*, Katschu *n*.

**cat·e·chu·men** [₁kætı'kju:men] *s* **1.** *relig. bes. hist.* Katechu'mene *m* (*Taufbewerber im Vorbereitungsunterricht*). **2.** *fig.* Neuling *m*, Anfänger(in).

**cat·e·gor·i·cal** [₁kætı'gɒrıkl; *Am.* a. -¹gɑːr-] *adj* (*adv* ~ly), a. ₁**cat·e**'**gor·ic** *adj* (*adv* ~ally) **1.** *philos.* kate'gorisch: categorical imperative. **2.** *fig.* kate'gorisch, bestimmt. '**cat·e·go·rize** [-gəraız] *v/t* kategori'sieren, nach Katego'rien ordnen. **cat·e·go·ry** ['kætıgərı; *Am.* 'kætə₁gəʊrı; -₁gɔː-] *s* Kate'gorie *f*: a) *philos.* Begriffsklasse *f*, b) *fig.* Art *f*, Klasse *f*, Gruppe *f*.

**ca·te·na** [kə'ti:nə], *pl* **-nae** [-ni:], **-nas** *s* **1.** Reihe(nfolge) *f*, Kette *f*. **2.** *relig.* Ka'tene *f* (*Sammlung von Auslegungen der Kirchenväter zu Bibelstellen*). **3.** *geogr.* Ca'tena *f*, Standortreihe *f*. **cat·e·nar·i·an** [₁kætı'neərıən] *adj math.* zu *e-r* Kettenlinie gehörig. **cat·e·nar·y** [kə'ti:nərı; *Am.* 'kætə₁nerı:] **I** *adj* Ketten...: ~ bridge Hängebrücke *f*. **II** *s math.* Kettenlinie *f*. **cat·e·nate** ['kætıneıt] *v/t* verketten, anein'anderreihen.

**ca·ter** ['keıtə(r)] **I** *v/i* **1.** (*for*) Speisen u. Getränke liefern (für). **2.** sorgen (for für). **3.** *fig.* (for, to) befriedigen (*acc*), etwas bieten (*dat*): to ~ to popular taste. **II** *v/t* **4.** Speisen u. Getränke liefern für, mit Speisen u. Getränken beliefern.

**cat·er·an** ['kætərən] *s* **1.** *mil. hist.* (*schottischer*) Irregu'lärer *m*. **2.** Ban'dit *m*, Räuber *m*.

**cat·er·cor·ner(ed)** [₁kætiː'kɔːrnər(d)] *adj Am. colloq.* diago'nal.

'**ca·ter-₁cous·in** ['keıtə(r)-] *s obs.* Busenfreund(in).

**ca·ter·er** ['keıtərə(r)] *s* Liefe'rant *m od.* Lieferfirma *f* für Speisen u. Getränke.

**cat·er·pil·lar** ['kætə(r)pılə(r)] *s* **1.** *zo.* Raupe *f*. **2.** (*TM*) *tech.* Raupenfahrzeug *n*.

**cat·er·waul** ['kætə(r)wɔːl] **I** *s* **1.** Jaulen *n*. **2.** *fig.* Keifen *n*. **II** *v/i* **3.** jaulen (*Katze*). **4.** *fig.* (sich an)keifen. **5.** *contp.* geil sein.

'**cat**|**-eyed** *adj* **1.** katzenäugig. **2.** to be ~ im Dunkeln sehen können. '~**fall** *s mar.* Kattläufer *m*. '~**fish** *s ichth.* **1.** Kat-, Katzenfisch *m*, Wels *m*. **2.** Petermännchen *n*. **3.** Gemeiner Seewolf. '~**gut** *s* **1.** Darmsaite *f*. **2.** *med.* Katgut *n*. **3.** (*Art*) Steifleinen *n*.

**ca·thar·sis** [kə'θɑː(r)sıs] *s* **1.** *Ästhetik:* Katharsis *f*. **2.** *med.* Abführung *f*. **3.** *Psychotherapie:* Katharsis *f*, 'Abreakti₁on *f*. **ca'thar·tic** [-tık] **I** *s* **1.** *med. pharm.* Abführmittel *n*. **II** *adj* (*adv* ~ally) **2.** *med. pharm.* abführend: ~ drug (*od.* agent) → **1. ca'thar·ti·cal** *adj* (*adv* ~ly) → cathartic II.

**ca·the·dra** [kə'θiːdrə] *s relig.* Cathedra *f*, Bischofsstuhl *m*.

**ca·the·dral** [kə'θiːdrəl] **I** *s* **1.** Kathe'drale *f*, Dom *m*. **II** *adj* **2.** Dom...: ~ city (*od.* town); ~ church → **1. 3.** autorita'tiv, maßgebend, maßgeblich.

**cath·er·ine wheel** ['kæθərın; -θrın] *s* **1.** Katha'rinenrad *n*: a) *arch.* ein Radfenster, b) *her.* Rad mit Spitzen *od.* Haken am Kranz. **2.** Feuerrad *n* (*Feuerwerkskörper*). **3.** *sport* Rad *n*: to turn ~s radschlagen.

**cath·e·ter** ['kæθıtə(r)] *s med.* Ka'theter *m*. '**cath·e·ter·ize** *v/t* katheteri'sieren, ka'thetern.

**cath·o·dal** [kæ'θəʊdl; 'kæθəʊdl] *adj electr.* Kathoden...

**cath·ode** ['kæθəʊd] *s electr.* Ka'thode *f*. ~ **cur·rent** *s electr.* **1.** Ka'thodenstrom *m* (*bei Elektronenröhren etc*). **2.** Entladungsstrom *m* (*bei Gasentladungsgefäßen*). '~**-ray tube** *s* Ka'thodenstrahlröhre *f*, Braunsche Röhre.

**ca·thod·ic** [kæ'θɒdık; *Am.* -'θɑ-] *adj electr.* ka'thodisch.

**cath·o·lic** ['kæθəlık; -θlık] **I** *adj* **1.** ('all-) um₁fassend, univer'sal: a man with ~ interests ein vielseitig interessierter Mann. **2.** vorurteilslos. **3.** großzügig, tole'rant. **4.** C~ *relig.* (*bes. römisch-*) ka'tholisch. **II** *s* **5.** C~ *relig.* Katho-'lik(in). **Ca·thol·i·cism** [kə'θɒlısızəm; *Am.* -'θɑ-] *s relig.* Katholi'zismus *m*. **cath·o·lic·i·ty** [₁kæθə'lısıtı; -θə'l-] *s* **1.** Universali'tät *f*. **2.** Großzügigkeit *f*, Tole'ranz *f*. **3.** ka'tholischer Glaube. **4.** C~ Katholizi'tät *f* (*Gesamtheit der katholischen Kirche*). **ca·thol·i·cize** [kə'θɒlısaız; *Am.* -'θɑ-] *v/t u. v/i* ka'tholisch machen (werden), katholi'sieren.

'**cat**|**house** *s Am. colloq.* ₁Puff' *m*, a. *n* (*Bordell*). ~ **ice** *s* dünne Eisschicht.

**cat·i·on** ['kætaıən] *s chem. phys.* Kation *n* (*positiv geladenes Ion*).

**cat·kin** ['kætkın] *s bot.* (Blüten)Kätzchen *n* (*der Weiden etc*).

'**cat**|**lick** *s colloq.* „Katzenwäsche' *f*: to have a ~ Katzenwäsche machen. '~**like** *adj* katzenartig.

**cat·ling** ['kætlıŋ] *s* **1.** *obs.* Kätzchen *n*. **2.** *med.* feines zweischneidiges Amputati'onsmesser. **3.** Darmsaite *f*.

**cat**|**lit·ter** *s* Katzenstreu *f*. '~**mint** → catnip. '~**nap** **I** *v/i* ein Schläfchen *od.* Nickerchen machen. **II** *s* Schläfchen *n*, Nickerchen *n*: to have (*od.* take) a ~ → I. ~**nip** ['kætnıp], *a.* '~**nep** [-nep] *s bot.* Echte Katzenminze.

**cat-o'-moun·tain** [₁kætə'maʊntın] → catamountain.

₁**cat-o'-nine-tails** *s sg u. pl* neunschwänzige Katze (*Peitsche*).

**ca·top·tric** [kə'tɒptrık; *Am.* -'tɑp-] *phys.* **I** *adj* kat'optrisch, Spiegel... **II** *s pl* (*als sg konstruiert*) Kat'optrik *f* (*Lehre von der Reflexion der Lichtstrahlen*).

**cat's**| **cra·dle** *s* Abnehme-, Fadenspiel *n*. '~**ear** *s bot.* Ferkelkraut *n*. '~**eye** *s* **1.** *min.* Katzenauge *n*. **2.** *bot.* (*ein*) Ehrenpreis *m*. **3.** *tech.* a) Katzenauge *n*, Rückstrahler *m*, b) Leuchtnagel *m*. '~**foot** *s irr bot.* **1.** Katzenpfötchen *n*. **2.** Gundermann *m*. '~**paw** *s* **1.** Katzenpfote *f*. **2.** *fig.* Handlanger *m*, *j-s* Werkzeug *n*.

**cat suit** *s* einteiliger Hosenanzug.

**cat·sup** ['kætsəp; 'ketʃəp; 'kætʃəp] *bes. Am.* → ketchup.

**ca·ta·lo** ['kætələʊ] *pl* **-los** *od.* **-loes** *s* Kreuzung zwischen amer. Büffel u. Hausrind.

**cat·ti·ness** ['kætınıs] *s* Bosheit *f*. '**cat·tish** *adj* (*adv* ~ly) **1.** katzenhaft. **2.** *fig.* boshaft, gehässig.

**cat·tle** ['kætl] *s collect.* (*meist als pl konstruiert*) **1.** (Rind)Vieh *n*: ten head of ~ zehn Stück Vieh, zehn Rinder. **2.** *contp.* Viehzeug *n* (*Menschen*). ~ **car** *s rail. Am.* Viehwagen *m*. ~ **lift·er** *s* Viehdieb *m*. '~**man** [-mən] *s irr* **1.** *bes. Am.* Viehzüchter *m*. **2.** Viehknecht *m*. ~ **pen** *s* Viehgehege *n*, Pferch *m*. ~ **plague** *s vet.* Rinderpest *f*. ~ **range** *s* Weideland *n*, Viehtrift *f*.

**cat tray** *s* 'Katzenklo₁sett *n*.

**cat·ty¹** ['kætı] → cattish.

**cat·ty²** ['kætı] *s* Katt(i) *m* (*ostasiatisches Gewicht, etwa ein Pfund*).

**cat·ty-cor·ner(ed)** → cater-corner(ed).

'**cat**|**walk** *s* **1.** *tech.* Laufplanke *f*, Steg *m*. **2.** Laufsteg *m* (*bei Modeschauen*). ~ **whisk·er** *s electr.* De'tektornadel *f*.

**Cau·ca·sian** [kɔː'keızjən; -ʒjən; *Am.* kɔː'keızən; -¹kæʒən] **I** *adj* kau'kasisch. **II** *s* Kau'kasier(in).

**cau·cus** ['kɔːkəs] *pol.* **I** *s* **1.** *bes. Am.* Wahlversammlung *f* (*e-r Partei zur Benennung von Kandidaten etc*). **2.** *bes. Am.* Versammlung *f* von Par'teiführern, Par-'teikonfe₁renz *f*. **3.** *Br.* örtlicher Par'teiausschuß. **II** *v/i* **4.** *bes. Am.* e-e Wahl- *od.* Par'teiversammlung abhalten.

**cau·dal** ['kɔːdl] *adj zo.* Schwanz..., Steiß...: ~ fin *ichth.* Schwanzflosse *f*. '**cau·date** *adj zo.* geschwänzt.

**cau·dle** ['kɔːdl] *s* Getränk aus erwärmtem Ale *od.* Wein mit Brot *od.* Haferschleim u. Gewürzen.

**caught** [kɔːt] *pret u. pp von* catch.

**caul** [kɔːl] *s* **1.** Haarnetz *n* (*bes. e-r Haube*). **2.** *anat.* a) großes Netz, b) Glückshaube *f* (*der Neugeborenen*).

**caul·dron** ['kɔːldrən] *s* großer Kessel (*a. fig.*): witches' ~ Hexenkessel.

**cau·li·flow·er** ['kɒlı₁flaʊə(r); *Am.* a. 'kɑlı-] *s bot.* Blumenkohl *m*. ~ **ear** *s Boxen:* Blumenkohlohr *n*.

**cau·li·form** ['kɔːlıfɔː(r)m] *adj bot.* stengelförmig. '**cau·line** [-lın; *bes. Am.* -laın] *adj* Stengel..., stengelständig.

**caulk** → calk¹.

**cau·lome** ['kɔːləʊm] *s bot.* Caulom *n*, (blättertreibende) Achse.

**caus·al** ['kɔːzl] *adj* (*adv* ~ly) **1.** ursächlich, kau'sal: ~ connection Kausalzusammenhang *m*; ~ law Kausalgesetz *n*. **2.** verursachend: ~ agent Verursacher *m* (*e-r Krankheit etc*). **cau·sal·i·ty** [kɔː-'zælıtı] *s* **1.** Ursächlichkeit *f*, Kausali'tät *f*: law of ~ Kausalgesetz *n*. **2.** Kau-zu₁sammenhang *m*, Kau'salnexus *m*.

**cau·sa·tion** [kɔː'zeı∫n] *s* **1.** Verur-

sachung *f*: **chain of ~** Kausalzusammenhang *m*. **2.** Ursache *f*. **3.** Ursächlichkeit *f*. **4.** *philos.* Kau'salprin‚zip *n*.
**cau·sa·tion·ism** → causation 4.
**caus·a·tive** ['kɔːzətɪv] **I** *adj* **1.** kau'sal, begründend, verursachend (**of** *acc*). **2.** *ling.* kausativ. **II** *s* **3.** *ling.* Kausativ *n*.
**cause** [kɔːz] **I** *s* **1.** Ursache *f*: **~ of death** Todesursache; **~ and effect** Ursache u. Wirkung *f*. **2.** Grund *m*, Anlaß *m*, Veranlassung *f* (**for** zu): **to give s.o. ~ for** j-m Anlaß geben zu; **you have no ~ for complaint** (*od.* **to complain**) Sie haben keinen Grund zur Klage (*od.*, sich zu beklagen); **for ~** *jur.* aus wichtigem Grunde; **without ~** ohne triftigen Grund. **3.** (gute) Sache: **to work for a good ~**; **to fight for one's ~**; **to make common ~ with** gemeinsame Sache machen mit; **in the ~ of** zum Wohle (*gen*), für. **4.** *jur.* a) Sache *f*, Rechtsstreit *m*, Pro'zeß *m*: **lost ~** *fig.* verlorene *od.* aussichtslose Sache, b) Gegenstand *m*, Grund *m* (*e-s Rechtsstreits*): **~ of action** Klagegrund; **to show ~** s-e Gründe darlegen, dartun (**why** warum). **5.** Sache *f*, Angelegenheit *f*, Frage *f*: **living ~s** aktuelle Fragen *od.* Angelegenheiten. **II** *v/t* **6.** veranlassen: **to ~ s.o. to do s.th.** j-n etwas tun lassen; j-n veranlassen, etwas zu tun; **to ~ s.th. to be done** etwas veranlassen; **he ~d the man to be arrested** er ließ den Mann verhaften; er veranlaßte, daß der Mann verhaftet wurde. **7.** verursachen, her'vorrufen, bewirken. **8.** bereiten, zufügen: **to ~ s.o. trouble** j-m Mühe *od.* Schwierigkeiten bereiten.
**cause cé·lè·bre** [‚kəʊzseˈlebrə; *Am.* -seɪ-] *pl* **caus·es cé·lè·bres** [*wie sg oder* ‚kəʊzɪz-] *s jur.* Cause *f* cé'lèbre, berühmter Rechtsstreit.
**cause·less** ['kɔːzlɪs] *adj* (*adv* **~ly**) unbegründet, grundlos, ohne Grund.
**cause list** *s jur.* Ter'min-, Pro'zeßliste *f*.
**cau·se·rie** ['kəʊzəriː; *Am. bes.* ‚kəʊzəˈriː] *s* Plaude'rei *f*.
**cause·way** ['kɔːzweɪ] *s* **1.** erhöhter Fußweg, Damm *m* (*durch e-n See od. Sumpf*). **2.** *obs.* Chaus'see *f*.
**caus·tic** ['kɔːstɪk] **I** *adj* (*adv* **~ally**) **1.** *chem.* kaustisch, ätzend, beizend, brennend. **2.** *fig.* beißend, ätzend, sar-'kastisch: **~ humo(u)r**; **a ~ reply**. **3.** *phys.* kaustisch. **II** *s* **4.** Beiz-, Ätzmittel *n*. **5.** *phys.* → a) **caustic curve**, b) **caustic surface**. **~ curve** *s phys.* Brennlinie *f*, kaustische Kurve.
**caus·tic·i·ty** [kɔːˈstɪsətɪ] *s* **1.** Ätz-, Beizkraft *f*. **2.** *fig.* Sar'kasmus *m*, Schärfe *f*.
**caus·tic** **lime** *s chem.* Ätzkalk *m*. **~ pot·ash** *s chem.* Ätzkali *n*. **~ so·da** *s chem.* Ätznatron *n*. **~ sur·face** *s phys.* Brennfläche *f*.
**cau·ter·i·za·tion** [‚kɔːtəraɪˈzeɪʃn; *Am.* -rəˈz-] *s med. tech.* **1.** Kauterisati'on *f*, (Aus)Brennen *n*. **2.** Ätzen *n*, Ätzung *f*.
**cau·ter·ize** [-raɪz] *v/t med. tech.* kauteri'sieren, (aus)brennen, (ver)ätzen. **2.** *fig. Gefühl, Gewissen* abtöten, abstumpfen. **cau·ter·y** ['kɔːtərɪ] **s 1.** cauterization. **2.** *med.* a) a. **actual ~** Kauter *m*, Brenneisen *n*, b) a. **chemical ~** Ätzmittel *n*, -stift *m*.
**cau·tion** ['kɔːʃn] **I** *s* **1.** Vorsicht *f*, Behutsamkeit *f*: **to act** (*od.* **proceed**) **with ~** Vorsicht walten lassen; **~!** *mot. etc* Vorsicht! **2.** a) Verwarnung *f*, b) Warnung *f*. **3.** *jur.* a) Rechtsmittel- *od.* Eidesbelehrung *f*, b) (poli'zeiliche) (Verwarnung, c) Vormerkung *f* (*zur Sicherung von Grundstücksrechten*), d) bes. *Scot.* Kauti'on *f*, Bürgschaft *f*. **4.** *mil.* 'Ankündigungskom‚mando *n*. **5.** *colloq.* a) (*etwas*) Origi'nelles, drollige *od.* ‚tolle' Sache, b) Origi'nal *n*, ‚ulkige Nummer'

(*Person*), c) unheimlicher Kerl. **II** *v/t* **6.** warnen (**against** vor *dat*): **to ~ o.s.** sich in acht nehmen. **7.** verwarnen. **8.** *jur.* belehren (**as to** über *acc*). **cau·tion·ar·y** ['kɔːʃnərɪ; *Am.* -ʃəˌneriː] *adj* warnend, Warn..., Warnungs...: **~ command** **~ caution** 4; **~ signal** Warnsignal *n*; **~ tale** Geschichte *f* mit e-r Moral.
**cau·tion mon·ey** *s bes. univ. Br.* Kauti'on *f*, (hinter'legte) Bürgschaft (*für eventuell verursachte Schäden*).
**cau·tious** ['kɔːʃəs] *adj* (*adv* **~ly**) **1.** vorsichtig, behutsam, auf der Hut. **2.** achtsam. **3.** verhalten, gedämpft (*Optimismus etc*). **cau·tious·ness** *s* Vorsicht *f*, Behutsamkeit *f*.
**cav·al·cade** [‚kævlˈkeɪd; '-keɪd] *s* Kaval-'kade *f*, Reiterzug *m*, *weitS. a.* Zug *m* von Autos *etc*.
**cav·a·lier** [‚kævəˈlɪə(r)] **I** *s* **1.** *hist.* Ritter *m*, Edelmann *m*. **2.** Kava'lier *m*: a) ritterlicher Mensch, b) Verehrer *m od.* Begleiter *m* (*e-r Dame*). **3.** C~ *hist.* Kava'lier *m*, Roya'list *m* (*Anhänger Karls I. von England*). **II** *adj* **4.** arro'gant, anmaßend, rücksichtslos. **5.** unbekümmert, lässig. **6.** C~ *hist.* roya'listisch: **the C~ Poets** die Kavalierdichter.
**cav·al·ry** ['kævlrɪ] *s mil.* a) *bes. hist.* Kavalle'rie *f*, Reite'rei *f*: **two hundred ~** 200 Mann Kavallerie, b) Panzertruppe(n *pl*) *f*. **~·man** [-mən] *s irr mil.* a) *bes. hist.* Kavalle'rist *m*, b) Angehörige(r) *m* e-r Panzertruppe.
**cav·a·ti·na** [‚kævəˈtiːnə] *pl* **-nas, -ne** [-nɪ] *s mus.* Kava'tine *f*.
**cave**[1] [keɪv] **I** *s* **1.** Höhle *f*. **2.** *pol. Br. hist.* a) Absonderung *f*, Sezessi'on *f* (*e-s Teils e-r Partei*), b) Sezessi'onsgruppe *f*: **to form a ~**. **II** *v/t* **3.** aushöhlen. **4.** *meist* **~ in** eindrücken, zum Einsturz bringen. **III** *v/i* **5.** *meist* **~ in** einbrechen, -stürzen, -sinken. **6.** *meist* **~ in** *colloq.* a) (*vor Erschöpfung*) ‚zs.-klappen', ‚schlappmachen', b) nachgeben (**to** *dat*), klein beigeben. **7.** *pol. Br. hist.* sich (in e-r bestimmten Frage von der Partei) absondern.
**ca·ve**[2] ['keɪvɪ] (*Lat.*) *ped. Br. sl.* **I** *interj* Vorsicht!, Achtung! **II** *s*: **to keep ~** ‚Schmiere stehen', aufpassen.
**ca·ve·at** ['kævæt; 'keɪ-] *s jur.* **1.** Einspruch *m*: **to file** (*od.* **enter**) **a ~** Einspruch erheben, Verwahrung einlegen (**against** gegen). **2.** a) *Am.* (vorläufige) Pa'tentanmeldung, b) *Br.* Einspruch *m* gegen ein Pa'tenterneuerung.
**cave** **bear** *s zo.* Höhlenbär *m*. **~ dwell·er** *s* Höhlenbewohner(in). **~·in** *s* Einsturz *m*, Senkung *f* (*des Bodens*). **~ man** *s irr* **1.** Höhlenbewohner *m*, -mensch *m*. **2.** *colloq.* a) Na'turbursche *m*, b) ‚Tier' *n*.
**cav·en·dish** ['kævəndɪʃ] *s* Cavendish *m* (*in Täfelchen gepreßter Tabak*).
**cav·ern** ['kævə(r)n] *s* (große) Höhle. **cav·ern·ous** *adj* **1.** voller Höhlen. **2.** po'rös. **3.** tiefliegend (*Augen*). **4.** hohl, eingefallen (*Wangen etc*). **5.** höhlenartig. **6.** *anat.* kaver'nös: **~ body** Schwellkörper *m*.
**cav·es·son** ['kævɪsən] *s* Kappzaum *m*.
**cav·i·ar(e)** ['kævɪɑː(r); *Am. a.* 'kɑː-] *s* Kaviar *m*: **~ to the general** *fig.* Kaviar fürs Volk.
**cav·il** ['kævɪl] **I** *v/i pret u. pp* **-iled**, *bes. Br.* **-illed** nörgeln, kritteln: **to ~ at** (*od.* **about**) a.n etwas herumnörgeln, etwas bekritteln. **II** *s* Nörge'lei *f*, Krittelei *f*. **cav·il·(l)er** *s* Nörgler(in), Krittler(in). **cav·il·(l)ing** *adj* nörglerisch, kritteligsch.
**cav·i·ty** ['kævətɪ] *s* **1.** (Aus)Höhlung *f*,

Hohlraum *m*. **2.** *Kunststoffverarbeitung*: a) (Ma'trizen)Hohlraum *m*, b) Ma'trize *f*, 'Form‚unterteil *n*: **multiple ~** mo(u)ld Mehrfachform *f*. **3.** *anat.* Höhle *f*, Raum *m*, Grube *f*: **abdominal ~** Bauchhöhle; → **oral** 2, **pelvic.** **4.** *med.* a) Ka'verne *f*, b) Loch *n* (im Zahn) (*bei Karies*).
**ca·vort** [kəˈvɔː(r)t] *v/i colloq.* her'umhüpfen, -tanzen.
**ca·vy** ['keɪvɪ] *s zo.* (*bes. Gemeines*) Meerschweinchen *n*.
**caw** [kɔː] **I** *s* Krächzen *n*. **II** *v/i* krächzen (*Rabe, Krähe*).
**Cax·ton** ['kækstən] *s* **1.** Caxton *m* (*von William Caxton gedrucktes Buch*). **2.** C~ *print.* Caxton *f* (*altgotische Schrift*).
**cay** [keɪ; kiː] *s* **1.** Riff *n*. **2.** Sandbank *f*.
**cay·enne** [keɪˈen; *Am. a.* kaɪ-], *a.* **~ pep·per** ['keɪen; *Am. a.* 'kaɪ-] *s* Cay'ennepfeffer *m*.
**cay·man** ['keɪmən; *Am.* keɪˈmæn; kaɪ-] *pl* **-mans,** *bes. collect.* **-man** *s zo.* Kaiman *m* (*ein Alligator*).
**ca·zique** [kəˈziːk; -] → **cacique.**
**C clef** *s mus.* C-Schlüssel *m*.
**ce** → **cee.**
**cease** [siːs] **I** *v/i* **1.** aufhören, zu Ende gehen, enden: **the noise ~d** der Lärm verstummte. **2.** *obs.* ablassen (**from** von). **3.** *obs.* (aus)sterben. **II** *v/t* **4.** aufhören (**to do** *od.* **doing** *v/i*): **they ~d to work** sie hörten auf zu arbeiten, sie stellten die Arbeit ein; **to ~ fire** *mil.* das Feuer einstellen; **to ~ payment** *econ.* die Zahlungen einstellen; **~ and desist order** *econ. jur. Am.* Unterlassungsbefehl *m*. **III** *s* **5.** *obs.* Aufhören *n* (*nur in*): **without ~** unaufhörlich, ohne Unterlaß. **~·fire** *s mil.* **1.** (Befehl *m* zur) Feuereinstellung *f*. **2.** Waffenruhe *f*, (zeitweiliger) Waffenstillstand.
**cease·less** ['siːslɪs] *adj* (*adv* **~ly**) unaufhörlich, fortwährend, unablässig.
**ce·cal** → **caecal.**
**ce·cum** → **caecum.**
**ce·dar** ['siːdə(r)] **I** *s bot.* **1.** Zeder *f*: **~ of Lebanon** Echte Zeder, Libanonzeder; **~ of Atlas** Atlas-, Silberzeder. **2.** verschiedene zedernähnliche Bäume, *z.B.* a) Wa-'cholder *m*: **red ~** Rote *od.* Falsche Zeder, b) Lebensbaum *m*. **3.** Zedernholz *n*. **II** *adj* **4.** aus Zedernholz, Zedern...: **~ nut** Zirbelnuß *f*; **~ pine** (*e-e*) amer. Kiefer. **ce·darn** ['siːdə(r)n] *adj poet.* Zedern...
**cede** [siːd] **I** *v/t* **1.** (to) abtreten, abgeben (*dat od. an acc*), über'lassen (*dat*): **to ~ a right** ein Recht abtreten. **2.** (to) **a point** in e-m Punkt nachgeben. **II** *v/i* **3.** *obs.* nachgeben (**to** *dat*).
**ce·dil·la** [sɪˈdɪlə] *s ling.* Ce'dille *f*.
**ce·drate** ['siːdreɪt] *s* Zitro'nat *n*.
**cee** [siː] **I** *s* C, *c n* (*Buchstabe*). **II** *adj* C-..., C-förmig.
**ceil** [siːl] *v/t* **1.** *Zimmerdecke* täfeln *od.* verputzen. **2.** e-e Decke einziehen in (*e-n Raum*).
**cei·lidh** ['keɪlɪ] *s* schottischer *od.* irischer Unterhaltungsabend, bei dem musiziert u. getanzt wird u. Gedichte vorgetragen werden.
**ceil·ing** ['siːlɪŋ] *s* **1.** Decke *f*, Pla'fond *m* (*e-s Raumes*): **to hit the ~** *colloq.* ‚an die Decke gehen'. **2.** *mar.* Wegerung *f*, Innenbeplankung *f*. **3.** a) Maximum *n*, Höchstmaß *n*, b) *econ.* Höchstgrenze *f* (*von Preisen etc*), Pla'fond *m* (*e-s Kredits*): **~ price** Höchstpreis *m*. **4.** *aer.* Gipfelhöhe *f*: **service ~** Dienstgipfelhöhe, Gipfelhöhe unter normalen Betriebsbedingungen; → **absolute ceiling.** **5.** *aer. phys.* Wolkenhöhe *f*, 'Wolken‚untergrenze *f*: **unlimited ~** unbegrenzte Wolkenhöhe *od.* Sicht.

**cel·a·don** [ˈselədɒn; *Am.* -ˌdɑn] *s* Blaß-grün *n.*

**cel·an·dine** [ˈselʌndaɪn] *s bot.* **1.** *a.* greater ~ Schöllkraut *n.* **2.** *a.* lesser ~ Scharbockskraut *n.*

**cel·e·brant** [ˈselɪbrənt] *s* **1.** *relig.* Zele-ˈbrant *m.* **2.** Feiernde(r *m*) *f.*

**cel·e·brate** [ˈselɪbreɪt] **I** *v/t* **1.** Fest etc feiern, (festlich) begehen. **2.** *j-n* feiern, preisen. **3.** *relig. Messe etc* zeleˈbrieren, abhalten, feiern, lesen. **II** *v/i* **4.** feiern. **5.** *relig.* zeleˈbrieren. ˈ**cel·e·brat·ed** *adj* **1.** gefeiert, berühmt (for für, wegen). **2.** (berühmt-)berüchtigt. ˌ**cel·e**ˈ**bra·tion** *s* **1.** Feier *f.* **2.** Feiern *n*, Begehen *n* (*e-s Festes*): in ~ of zur Feier (*gen*). **3.** Verherrlichung *f.* **4.** *relig.* Zeleˈbrieren *n*, Lesen *n* (*der Messe*). ˈ**cel·e·bra·tor** [-tə(r)] *s* Feiernde(r *m*) *f.*

**ce·leb·ri·ty** [sɪˈlebrətɪ] *s* Berühmtheit *f:* a) *berühmte* Perˈson, b) Ruhm *m.*

**ce·ler·i·ac** [sɪˈlerɪæk] *s bot.* Knollensellerie *m, f.*

**ce·ler·i·ty** [sɪˈlerətɪ] *s* Schnelligkeit *f*, Geschwindigkeit *f.*

**cel·er·y** [ˈselərɪ] *s bot.* Sellerie *m, f.*

**ce·les·ta** [sɪˈlestə] *s mus.* Ceˈlesta *f*, ˈStahl(platten)klaˌvier *n.*

**ce·leste** [sɪˈlest] *s* **1.** Himmelblau *n.* **2.** *mus.* a) Vox *f* ceˈlestis (*Orgelregister*), b) leises (Klaˈvier)Peˌdal.

**ce·les·tial** [sɪˈlestjəl; *Am.* -tʃəl] **I** *adj* (*adv* ~ly) **1.** himmlisch, Himmels..., göttlich: C~ City *relig.* Himmlisches Jerusalem. **2.** *astr.* Himmels...: ~ equator; ~ light Himmels-, Astrallicht *n*; ~ navigation Astronavigation *f.* **3.** C~ *humor.* chiˈnesisch: C~ Empire *hist.* Reich *n* des Himmels (*China*). **II** *s* **4.** Himmelsbewohner(in), Selige(r *m*) *f.* **5.** C~ *humor.* Chiˈnese *m*, Chiˈnesin *f.* **6.** *a.* ~ blue Himmelblau *n.*

**cel·es·tine** [ˈselɪstaɪn; *Am. a.* -ˌstiːn; səˈlestən], **cel·es·tite** [ˈselɪstaɪt; *Am. a.* səˈles-] *s min.* Zöleˈstin *m.*

**ce·li·ac** [ˈsiːlɪæk] *adj anat. Am.* Bauch...

**cel·i·ba·cy** [ˈselɪbəsɪ] *s* Zöliˈbat *n, m*, Ehelosigkeit *f.* ˌ**cel·i·ba**ˈ**tar·i·an** [-ˈteərɪən] *adj* **1.** unverheiratet. **2.** das Zöliˈbat befürwortend. ˈ**cel·i·bate** [-bət] **I** *s* Unverheiratete(r *m*) *f.* **II** *adj* unverheiratet.

**cell** [sel] *s* **1.** (Kloster-, Gefängnis- *etc*) Zelle *f.* **2.** *allg.* Zelle *f* (*a. pol.*), Kammer *f* (*a. physiol., im Gewebe*), Fach *n* (*a. bot., des Fruchtknotens*). **3.** *biol.* Zelle *f:* ~ division Zellteilung *f;* ~ fluid Zellsaft *m;* ~ membrane Plasmahaut *f;* ~ nucleus Zellkern *m;* ~ therapy *med.* Zelltherapie *f;* ~ wall Zellwand *f.* **4.** *electr.* a) Zelle *f*, Eleˈment *n* (*e-r Batterie*), b) Speicherzelle *f* (*e-r Rechenmaschine*), c) Schaltzelle *f.* **5.** *chem. phys.* elektroˈlytische Zelle. **6.** *aer.* a) Flügel u. Verspannungsglieder *auf e-r Seite des Rumpfes*, b) Gaszelle *f.*

**cel·lar** [ˈselə(r)] **I** *s* **1.** Keller *m.* **2.** a) Weinkeller *m*, b) Weinvorrat *m:* he keeps a good ~ er hat gute Weine. **3.** → saltcellar 1. **II** *v/t* **4.** *a.* ~ in einkellern. ˈ**cel·lar·age** *s* **1.** *collect.* Keller(räume) *pl.* **2.** Kellermiete *f.* **3.** Einkellerung *f.* ˈ**cel·lar·et** [ˌseləˈret] *s* Wein-, Flaschenschränkchen *n.* ˈ**cel·lar·man** [-mən] *s irr* Kellermeister *m.*

**-celled** [seld] *adj* (*in Zssgn*) ...zellig.

**cel·list** [ˈtʃelɪst] *s mus.* Celˈlist(in).

**cel·lo** [ˈtʃeləʊ] *pl* **-los** *s mus.* (Violon-)ˈCello *n.*

**cel·lo·phane** [ˈseləfeɪn] *s tech.* Zelloˈphan *n*, Zellglas *n:* ~ package Zellophan-, Klarsichtpackung *f.*

**cel·lu·lar** [ˈseljʊlə(r)] *adj* zelluˈlar, zellig, Zell(en)...: ~ shirt Netzhemd *n;* ~ therapy *med.* Zelltherapie *f;* ~ tissue *biol.* Zellgewebe *n.* **cel·lule** [ˈseljuːl]

kleine Zelle. **cel·lu·li·tis** [ˌseljʊˈlaɪtɪs] *s med.* Zelluˈlitis *f*, Zellgewebsentzündung *f.* ˈ**cel·lu·loid** [-ljɔɪd; *Am. a.* -ləˌlɔɪd] *s tech.* Zelluˈloid *n.* ˈ**cel·lu·lose** [-ljʊləʊs] **I** *s* **1.** Zelluˈlose *f*, Zellstoff *n.* **II** *adj* **2.** Zellulose...: ~ nitrate Nitrozellulose *f.* **3.** zelluˈlar. ˌ**cel·lu**ˈ**los·i·ty** [-jʊˈlɒsɪtɪ; *Am.* -ˈlɑ-] *s* zelluˈlare Beschaffenheit.

**Cel·si·us** [ˈselsjəs; -sɪəs], *a.* ~ ther-mom·e·ter *s phys.* ˈCelsiusthermoˌmeter *n:* 20° Celsius 20° Celsius.

**celt[1]** [selt] *s hist.* Kelt *m*, Faustkeil *m.*

**Celt[2]** [kelt; *Am. bes.* selt] *s* Kelte *m*, Keltin *f.* **Celt·ic** [ˈkeltɪk; *Am. bes.* ˈsel-] **I** *adj* keltisch. **II** *s ling.* Keltisch *n*, das Keltische. **Celt·i·cism** [ˈkeltɪsɪzəm; *Am. bes.* ˈsel-] *s* Keltiˈzismus *m:* a) *keltischer Brauch*, b) *ling. keltische Spracheigentümlichkeit.*

**cel·tuce** [ˈseltɪs] *s ein Gemüse, das den Geschmack von Kopfsalat u. Sellerie in sich vereinigt.*

**cem·ba·lo** [ˈtʃembələʊ] *pl* **-li** [-lɪ], **-los** *s mus.* Cembalo *n.*

**ce·ment** [sɪˈment] **I** *s* **1.** Zeˈment *m*, (Kalk)Mörtel *m.* **2.** Klebstoff *m*, Kitt *m.* **3.** Bindemittel *n.* **4.** *fig.* Bindung *f*, Band *n.* **5.** a) *biol.* ˈZahnzeˌment *m*, b) Zeˈment *m* zur Zahnfüllung. **II** *v/t* **6.** zemenˈtieren. **7.** (ver)kitten, einkitten. **8.** *metall.* harteinsetzen. **9.** *fig.* festigen, ˈzemenˈtieren'. ˌ**ce·men·ta·tion** [ˌsiːmenˈteɪʃn] *s* **1.** Zemenˈtierung *f.* **2.** (Ver)Kitten *n.* **3.** *a.* ~ process *metall.* Einsatzhärtung *f.* **4.** *fig.* Festigung *f.* **ce·ment mix·er** *s* Beˈtonmischmaˌschine *f.*

**cem·e·ter·y** [ˈsemɪtrɪ; *Am.* -əˌterɪ:] *s* Friedhof *m.*

**cen·o·bite** [ˈsiːnəʊbaɪt; *Am.* ˈsenəbaɪt] *s relig.* Zönoˈbit *m*, Klostermönch *m.* ˌ**cen·o**ˈ**bit·ic** [-ˈbɪtɪk], ˌ**cen·o**ˈ**bit·i·cal** *adj* klösterlich, Kloster...

**cen·o·taph** [ˈsenəʊtɑːf; *Am.* ˈsenəˌtæf] *s* Zenoˈtaph *n*, (leeres) Ehrengrabmal: the C~ *das brit. Ehrenmal in London für die Gefallenen beider Weltkriege.*

**Ce·no·zo·ic** [ˌsiːnəˈzəʊɪk; *Am. a.* ˌsen-] *geol.* Känoˈzoikum *n* (*Periode zwischen Tertiär u. Jetztzeit*).

**cense** [sens] *v/t* beräuchern. ˈ**cen·ser** [-sə(r)] *s relig.* (Weih)Rauchfaß *n.*

**cen·sor** [ˈsensə(r)] **I** *s* **1.** Zensor *m* (*a. psych.*). **2.** *antiq.* Zensor *m*, Sittenrichter *m* (*in Rom*). **II** *v/t* **3.** zenˈsieren.

**cen·so·ri·ous** [senˈsɔːrɪəs; *Am. a.* -ˈsəʊr-] *adj* (*adv* ~ly) **1.** kritisch, streng. **2.** tadelsüchtig, krittelig (of gegenˈüber). **cen**ˈ**so·ri·ous·ness** *s* Tadelsucht *f*, Kritteˈlei *f.*

**cen·sor·ship** [ˈsensə(r)ʃɪp] *s* Zenˈsur *f* (*a. psych.*): ~ of the press Pressezensur.

**cen·sur·a·ble** [ˈsenʃərəbl] *adj* tadelnswert, sträflich.

**cen·sure** [ˈsenʃə(r)] **I** *s* **1.** Tadel *m*, Verweis *m*, Rüge *f:* vote of ~ Mißtrauensvotum *n.* **2.** (of) Kriˈtik *f* (an *dat*), ˈMißbilligung *f* (*gen*). **3.** *obs.* Urteil *n*, Meinung *f.* **II** *v/t* **4.** tadeln: to ~ s.o. for being lazy *j-n* wegen s-r Faulheit tadeln. **5.** kritiˈsieren, mißˈbilligen.

**cen·sus** [ˈsensəs] *s* Zensus *m*, (*bes.* Volks-)Zählung *f*, Erhebung *f:* C~ Bureau *Am.* Statistisches Bundesamt; ~ of opinion Meinungsbefragung *f;* livestock ~ Viehzählung *f;* traffic ~ Verkehrszählung; to take a ~ *e-e* Zählung vornehmen.

**cent** [sent] *s* **1.** Hundert *n* (*nur noch in Wendungen wie*): at five per ~ zu 5 Prozent; ~ per ~ hundertprozentig (*a. fig.*). **2.** *Am.* Cent *m* (¹/₁₀₀ *Dollar*). **3.** *colloq.* Pfennig *m*, Heller *m:* not worth a ~ keinen Heller wert.

**cen·tal** [ˈsentl] *s* Zentner *m* (*45,3 kg*).

**cen·taur** [ˈsentɔː(r)] *s myth.* Zenˈtaur *m.*

**Cen·tau·rus** [senˈtɔːrəs] *s astr.* Zenˈtaur *m* (*Sternbild*).

**cen·tau·ry** [ˈsentɔːrɪ] *s bot.* **1.** (*e-e*) Flockenblume. **2.** Tausendˈgüldenkraut *n.* **3.** Bitterling *m.*

**cen·te·nar·i·an** [ˌsentɪˈneərɪən] **I** *adj* hundertjährig, 100 Jahre alt. **II** *s* Hundertjährige(r *m*) *f.* **cen·te·nar·y** [senˈtiːnərɪ; -ˈten-; *Am.* ˌsentəˌnerɪ:; senˈtenərɪ:] **I** *adj* **1.** hundertjährig, von 100 Jahren. **2.** hundert betragend. **II** *s* **3.** Jahrˈhundert *n*, Zeitraum *m* von 100 Jahren. **4.** Hundertˈjahrfeier *f*, hundertjähriges Jubiˈläum.

**cen·ten·ni·al** [senˈtenjəl; -nɪəl] **I** *adj* hundertjährig. **II** *s bes. Am.* → centenary 4.

**cen·ter**, *bes. Br.* **cen·tre** [ˈsentə(r)] **I** *s* **1.** *math. mil. phys. etc, a. fig.* Zentrum *n*, Mittelpunkt *m:* ~ of attraction a) *phys.* Anziehungsmittelpunkt, b) *fig.* Hauptanziehungspunkt *m;* ~ of gravity *phys.* a) Schwerpunkt *m* (*a. fig.*), b) Gleichgewichtspunkt *m;* ~ of gyration (*od. motion*) *phys.* Drehpunkt *m;* ~ of inertia (*od. mass*) Massen-, Trägheitszentrum *n;* ~ of interest Hauptinteresse *n*, Mittelpunkt (*des Interesses*): to be the ~ of interest im Mittelpunkt des Interesses stehen; ~ of trade Handelszentrum. **2.** Zenˈtrale *f*, Zenˈtralstelle *f*, (Haupt)Sitz *m*, Hauptgebiet *n:* research ~ Forschungszentrum *n;* training ~ Ausbildungszentrum *n;* → shopping II. **3.** *fig.* Herd *m:* the ~ of the revolt; → storm center. **4.** *pol.* a) (die) Mitte, b) ˈZentrums-, ˈMittelparˌtei *f.* **5.** *physiol.* (Nerven)Zentrum *n.* **6.** *Basketball:* Center *m.* **7.** *bes. Fußball:* Flanke *f.* **8.** *tech.* a) (Dreh-, Körner)Spitze *f* (*e-r Drehbank*), b) Bogenlehre *f*, -gerüst *n.* **II** *v/t* **9.** in den Mittelpunkt stellen (*a. fig.*). **10.** *fig.* richten, konzenˈtrieren (on auf *acc*). **11.** *tech.* a) zenˈtrieren, einmitten: to ~ the bubble die Libelle (*der Wasserwaage*) einspielen lassen, b) ankörnen. **12.** *math.* den Mittelpunkt (*gen*) finden. **13.** to ~ the ball (*bes. Fußball*) flanken. **III** *v/i* **14.** im Mittelpunkt stehen. **15.** sich richten *od.* konzenˈtrieren (on auf *acc*), sich drehen (round um). **16.** *fig.* sich gründen (on auf *dat*). **17.** *bes. Fußball:* flanken. ~ **bit** *s tech.* Zentrumbohrer *m.* ~**board** *s mar.* **1.** Kielschwert *n.* **2.** Schwertboot *n.* ~ **court** *s Tennis:* Centre Court *m.* ~ **drill** *s tech.* Zenˈtrierbohrer *m.* ~ **for·ward** *s Fußball etc:* Mittelstürmer *m:* at ~ auf dem Mittelstürmerposten. ~ **half** *s bes. Fußball:* Vorstopper *m.*

**cen·ter·ing**, *bes. Br.* **cen·tre·ing** [ˈsentərɪŋ], ˈ**cen·tring** [-trɪŋ] *s tech.* **1.** Zenˈtrierung *f*, Einmitten *n.* **2.** Lehr-, Bogen-, Wölbgerüst *n.* ~ **lathe** *s tech.* Spitzendrehbank *f.* ~ **ma·chine** *s tech.* Zenˈtriermaˌschine *f.*

ˌ**cen·ter**ˈ**-left**, *bes. Br.* ˌ**cen·tre**ˈ**-left** *adj pol.* Mitte-Links-...: ~ coalition. ~ **line** *s* **1.** Mitte *f*, Mittellinie *f.* **2.** *mar.* Mittschiffslinie *f.* ~**piece** *s* **1.** Mittelteil *m, n*, -stück *n.* **2.** (*mittlerer*) Tafelaufsatz. ~ **punch** *s tech.* Körner *m.* ~**right** *adj pol.* Mitte-Rechts-...: ~ coalition. ~ **second** *s* Zenˈtralsekunde(nzeiger *m*) *f.*

**cen·tes·i·mal** [senˈtesɪml] *adj* (*adv* ~ly) **1.** hundertst(er, e, es). **2.** zentesiˈmal, hundertteilig.

**cen·ti·are** [ˈsentɪeə(r)] *s* Quaˈdratmeter *m, n.*

**cen·ti·grade** [ˈsentɪgreɪd] *adj* hundertteilig, -gradig: ~ thermometer Celsiusthermometer *n;* 20 degrees ~ 20 Grad Celsius.

**cen·ti·gram(me)** [ˈsentɪgræm] *s* Zentigramm *n.*

**cen·ti·li·ter**, bes. Br. **cen·ti·li·tre** [ˈsentɪˌliːtə(r)] s Zentiliter m, n.

**cen·ti·me·ter**, bes. Br. **cen·ti·me·tre** [ˈsentɪˌmiːtə(r)] s Zentimeter m, n. **'~-ˌgram-'sec·ond** s phys. Zentiˈmeter-ˌGramm-Seˌkunde f.

**cen·ti·pede** [ˈsentɪpiːd] s zo. Hundertfüßer m.

**cent·ner** [ˈsentnə(r)] s **1.** Zentner m (50 kg, in Großbritannien etc 45,3 kg). **2.** Doppelzentner m (100 kg).

**cen·tral** [ˈsentrəl] **I** adj (adv ~ly) **1.** zenˈtral (gelegen), zentrisch. **2.** Mittel(punkts)..., **3.** Haupt..., Zentral...: ~ **bank** econ. Zentralbank f; ~ **figure** Schlüssel-, Hauptfigur f; ~ **idea** Hauptgedanke m; ~ **question** Schlüsselfrage f. **II** s **4.** (Am. Teleˈfon)Zenˌtrale f. **C~ A·mer·i·can** adj zenˈtral-, ˈmittelameriˌkanisch. ~ **com·mit·tee** s pol. Zenˈtralkomiˌtee n. **C~ Crim·i·nal Court** s jur. Br. oberster Strafgerichtshof. **C~ Eu·ro·pe·an Time** s ˈmitteleuroˌpäische Zeit. ~ **heat·ing** s Zenˈtralheizung f.

**cen·tral·ism** [ˈsentrəlɪzəm] s Zentraˈlismus m, (Poliˈtik f der) Zentraliˈsierung f. **ˈcen·tral·ist** s Zentraˈlist m. **cen·tral·i·ty** [-ˈtrælətɪ] s Zentraliˈtät f, zenˈtrale Lage. **ˌcen·tral·iˈza·tion** s Zentraliˈsierung f. **ˈcen·tral·ize** **I** v/t zentraliˈsieren. **II** v/i sich zentraliˈsieren.

**cen·tral** lock·ing s mot. Zenˈtralverˌrieg(e)lung f. ~ **lu·bri·ca·tion** s tech. Zenˈtralschmierung f. ~ **ner·vous sys·tem** s physiol. Zenˈtralˌnervensyˌstem n. ~ **point** s **1.** math. Mittelpunkt m. **2.** electr. Nullpunkt m. **C~ Pow·ers** s pl pol. hist. Mittelmächte pl (bes. Deutschland u. Österreich-Ungarn). ~ **pro·cess·ing u·nit** s Computer: Zenˈtraleinheit f. ~ **re·serve**, a. ~ **res·er·va·tion** s Br. Mittelstreifen m (e-r Autobahn). ~ **sta·tion** s **1.** mar. (ˈBord)Zenˌtrale f. **2.** Haupt-, Zenˈtralbahnhof m. **3.** electr. Zenˈtral-, ˈHauptstatiˌon f. ~ **u·nit** s Computer: Zenˈtraleinheit f.

**cen·tre** bes. Br. für **center**. ~ **bit**, etc bes. Br. für **center bit**, etc.

**cen·tre·ing** [ˈsentərɪŋ] bes. Br. für **centering**.

**cen·tric** [ˈsentrɪk] adj; **ˈcen·tri·cal** [-kl] adj (adv ~ly) zenˈtral, zentrisch, mittig, im Mittelpunkt befindlich. **cen·tric·i·ty** [-ˈtrɪsətɪ] s zenˈtrale Lage.

**cen·trif·u·gal** [senˈtrɪfjʊɡl] adj (adv ~ly) phys. zentriˈfuˌgal (a. physiol. Nerven). ~ **blow·er** s tech. Schleudergebläse n. ~ **brake** s tech. Zentriˈfuˌgal-, Fliehkraftbremse f. ~ **clutch** s tech. Fliehkraftkupplung f. ~ **force** s phys. Flieh-, Zentriˈfuˌgalkraft f. ~ **gov·er·nor** s tech. Fliehkraft-, Zentriˈfuˌgalregler m.

**cen·trif·u·gal·ize** [senˈtrɪfjʊɡəlaɪz], **cen·ˈtrif·u·gate** [-ɡeɪt] → **centri·fuge** II.

**cen·tri·fuge** [ˈsentrɪfjuːdʒ] tech. **I** s Zentriˈfuge f, Trennschleuder f. **II** v/t schleudern, zentrifuˈgieren.

**cen·tring** [ˈsentrɪŋ] bes. Br. für **centering**.

**cen·trip·e·tal** [senˈtrɪpɪtl] adj phys. zentriˈpeˌtal: ~ **force** Zentripetalkraft f.

**cen·tu·ple** [ˈsentjʊpl; Am. a. -tʊpl] **I** adj hundertfach. **II** v/t verhundertfachen. **III** s (das) Hundertfache. **cen·tu·pli·cate** [senˈtjuːplɪkət; Am. a. -ˈtuː-] **I** adj **1.** hundertfach. **II** v/t [-keɪt] **2.** verhundertfachen. **3.** in hundertfacher Ausfertigung anfertigen. **III** s **4.** (das) Hundertfache. **5.** hundertfache Ausfertigung: in ~.

**cen·tu·ri·on** [senˈtjʊərɪən; Am. a. -ˈtʊr-] s antiq. mil. Zenˈturio m (Hauptmann e-r römischen Zenturie).

**cen·tu·ry** [ˈsentʃʊrɪ; -tʃərɪ] s **1.** Jahr-

ˈhundert n: **centuries-old** jahrhundertealt. **2.** Satz m od. Gruppe f von hundert: a) sport 100 Punkte pl, b) Rennsport: 100 Meilen pl, c) Kricket: 100 Läufe pl. **3.** print. e-e Typenart. **4.** antiq. Zenˈturie f. ~ **plant** s bot. (e-e) Aˈgave.

**ceorl** [ˈtʃeɔːrl; ˈtʃeɪ-; Br. a. ˈtʃeəl] s hist. Freie(r) m (der untersten Stufe bei den Angelsachsen).

**ce·phal·ic** [keˈfælɪk; bes. Am. sɪ-] adj anat. Schädel..., Kopf...: ~ **index** Schädelindex m.

**ceph·a·lo·pod** [ˈsefələʊpɒd; Am. -ləˌpɑd] s zo. Kopffüßer m.

**-cephalous** [sefələs] Wortelement mit der Bedeutung ...köpfig.

**-cephaly** [sefəlɪ] Wortelement mit der Bedeutung ...köpfigkeit.

**Ce·pheus** [ˈsiːfjuːs; -fɪəs] s astr. Kepheus m (Sternbild).

**ce·ram·ic** [sɪˈræmɪk; səˈr-] **I** adj **1.** keˈramisch. **II** s **2.** Keˈramik f (einzelnes Erzeugnis). **3.** pl (meist als sg konstruiert) Keˈramik f (Technik). **4.** pl Keˈramik f, keˈramische Erzeugnisse pl. **cer·a·mist** [ˈserəmɪst; səˈræm-] s Keˈramiker(in).

**cer·a·toid** [ˈserətɔɪd] adj hornig.

**Cer·be·re·an** [sɜː(r)ˈbɪərɪən; Am. bes. ˌsɜːrbəˈriːən] adj Zerberus..., zerberusgleich.

**Cer·ber·us** [ˈsɜːbərəs; -brəs; Am. ˈsɜːr-] s **1.** fig. Zerberus m, (bes. grimmiger) Wächter: → **sop** 6. **2.** astr. Zerberus m (Sternbild).

**cere** [sɪə(r)] **I** s orn. Wachshaut f (am Schnabel). **II** v/t e-e Leiche etc in ein Wachstuch einhüllen.

**ce·re·al** [ˈsɪərɪəl] **I** adj **1.** Getreide... **II** s **2.** Zereˈalie f, Getreidepflanze f, Kornfrucht f. **3.** Getreide n. **4.** Getreideflocken(gericht n) pl, Frühstückskost f (aus Getreide).

**cer·e·bel·lar** [ˌserɪˈbelə(r)] adj anat. Kleinhirn... **ˌcer·e·ˈbel·lum** [-ləm] pl **-lums, -la** [-lə] s Zereˈbellum n, Kleinhirn n.

**cer·e·bra** [ˈserɪbrə; Am. a. səˈriː-] pl von **cerebrum**.

**cer·e·bral** [ˈserɪbrəl; Am. a. səˈriː-] **I** adj **1.** anat. zereˈbral, Gehirn...: ~ **death** med. Hirntod m; ~ **function** (od. **activity**) Gehirntätigkeit f. **2.** ling. Kakuminal... **3.** a) (rein) geˈistig, vergeistigt, b) humor. durchˈgeistigt, vergeistigt. **II** s **4.** ling. Kakumiˈnallaut m, Zereˈbral m. **ˌcer·e·ˈbra·tion** [-ˈbreɪʃn] s Denken n, Gehirntätigkeit f.

**cer·e·bro·spi·nal** [ˌserɪbrəʊˈspaɪnl; Am. a. səˌriːbrəʊˈsp-] adj med. zerebrospiˈnal, Gehirn u. Rückenmark betreffend: ~ **meningitis** (od. **fever**) zerebrospinale Meningitis, Genickstarre f.

**cer·e·brum** [ˈserɪbrəm; Am. a. səˈriː-] pl **-brums, -bra** [-brə] s anat. Großhirn n.

**ˈcere·cloth** s Wachstuch n, -leinwand f, bes. als Leichentuch n.

**cere·ment** [ˈsɪə(r)mənt; Am. a. ˈserə-] s meist pl **1.** → **cerecloth**. **2.** Totenhemd n.

**cer·e·mo·ni·al** [ˌserɪˈməʊnjəl; -nɪəl] **I** adj **1.** zeremoniˈell, feierlich. **2.** → **ceremonious** 2 u. 3. **II** s **3.** Zeremoniˈell n. **ˌcer·e·ˈmo·ni·al·ism** s Vorliebe f für Zeremoˈnien.

**cer·e·mo·ni·ous** [ˌserɪˈməʊnjəs; -nɪəs] adj (adv ~ly) **1.** feierlich. **2.** zeremoniˈös, förmlich. **3.** rituˈell. **4.** ˈumständlich, steif. **ˌcer·e·ˈmo·ni·ous·ness** s **1.** Feierlichkeit f. **2.** Förmlichkeit f. **3.** ˈUmständlichkeit f.

**cer·e·mo·ny** [ˈserɪmənɪ; Am. ˈserəˌməʊnɪ] s **1.** Zeremoˈnie f, Feier(lichkeit) f, feierlicher Brauch: **master of ceremonies** a) Zeremonienmeister m, b) thea. etc bes. Am. Conférencier m. **2.** Förmlichkeit(en pl) f: **without ~** ohne

Umstände (zu machen); → **stand on** 1. **3.** Höflichkeitsgeste f.

**ce·re·ous** [ˈsɪərɪəs] adj wächsern.

**cer·iph** → **serif**.

**ce·rise** [səˈriːz; səˈriːs] **I** adj kirschrot, ceˈrise. **II** s Kirschrot n.

**ce·ri·um** [ˈsɪərɪəm] s chem. Cer n. ~ **met·als** s pl Ceˈrite pl.

**ce·rog·ra·phy** [sɪˈrɒɡrəfɪ; Am. səˈrɑɡ-] s Zeroˈgraˈphie f, ˈWachsgraˌvierung f.

**ce·ro·type** [ˈsɪərəʊtaɪp; Am. a. ˈser-] s print. Wachsdruckverfahren n.

**cert** [sɜːt] s Br. colloq. sichere Sache: **it's a dead ~ that he'll come** er kommt hundertprozentig od. todsicher.

**cer·tain** [ˈsɜːtn; Am. ˈsɜːrtn] adj **1.** allg. sicher: a) (meist von Sachen) gewiß, bestimmt: **it is ~ that** es ist sicher, daß; **it is ~ to happen** es wird mit Sicherheit geschehen; **for ~** ganz gewiß, mit Sicherheit; **I don't know for ~** ich weiß nicht sicher, b) (meist von Personen) überˈzeugt, gewiß: **to be** (od. **feel**) ~ **of s.th.** e-r Sache sicher od. gewiß sein; **to make ~ of s.th.** sich e-r Sache vergewissern, c) verläßlich, zuverlässig: **a ~ remedy** ein sicheres Mittel; **the news is quite ~** die Nachricht ist durchaus zuverlässig. **2.** bestimmt: **a ~ day** ein (ganz) bestimmter Tag. **3.** gewiß, unbestimmt: **a ~ charm**; **a ~ Mr. Brown** ein gewisser Herr Brown; **in a ~ sense** in gewissem Sinne; **to a ~ extent** bis zu e-m gewissen Grade, gewissermaßen; **for ~ reasons** aus bestimmten Gründen; ~ **something** 1. **cer·tain·ly** adv **1.** sicher, gewiß, zweifellos, bestimmt. **2.** (in Antworten) sicherlich, aber sicher, bestimmt, naˈtürlich.

**cer·tain·ty** [ˈsɜːtntɪ; Am. ˈsɜːr-] s **1.** Sicherheit f, Bestimmtheit f, Gewißheit f: **to know for** (a. **of**, to) ~ mit Sicherheit wissen; **it is a ~ that he will come** er kommt mit Sicherheit od. bestimmt. **2.** Überˈzeugung f.

**cer·tes** [ˈsɜːtɪz; Am. ˈsɜːrtɪz; sɜːrts] adv obs. sicherlich.

**cer·ti·fi·a·ble** [ˌsɜːtɪˈfaɪəbl; Am. ˈsɜːrtəˌf-] adj (adv **certifiably**) **1.** zu bescheinigen(d). **2.** a) in e-m Zustand, der die Einweisung in e-e Heilanstalt rechtfertigt (Geisteskranker), b) (an)meldepflichtig (Krankheit), c) colloq. verrückt.

**cer·tif·i·cate I** s [səˈr)tɪfɪkət] **1.** Bescheinigung f, Atˈtest n, Schein m, Zertifiˈkat n; Urkunde f: ~ **of baptism** Taufschein; ~ **of** (**good**) **conduct** Führungs-, Leumundszeugnis n; ~ **of deposit** Depotschein (Bank); ~ **of incorporation** econ. jur. Gründungsbescheinigung; ~ **of indebtedness** econ. a) Schuldschein, b) Am. Schatzanweisung f; ~ **of origin** econ. Ursprungszeugnis n; ~ **of stock** econ. Am. Aktienzertifikat n. **2.** ped. Zeugnis n: **General C~ of Education** Br. a) a. **General C~ of Education ordinary level** (etwa) mittlere Reife, b) a. **General C~ of Education advanced level** (etwa) Abitur(zeugnis) n, Reifeprüfung f od. -zeugnis; ~ **school** → **school** ~. **3.** Gutachten n. **4.** econ. a) Geleitzettel m (Zollbehörde), b) Am. Papiergeld mit dem Vermerk, daß Gold od. Silber als Gegenwert hinterlegt wurde. **5.** mar. Befähigungsschein m (Handelskapitän). **II** v/t [-keɪt] **6.** etwas bescheinigen, e-e Bescheinigung od. ein Zeugnis ausstellen über (acc). **7.** j-m e-e Bescheinigung od. ein Zeugnis geben: **~d** a) (amtlich) bescheinigt, b) diplomiert; **~d bankrupt** jur. Br. rehabilitierter Konkursschuldner; **~d engineer** Diplomingenieur m.

**cer·ti·fi·ca·tion** [ˌsɜːtɪfɪˈkeɪʃn; Am. ˌsɜːr-] s **1.** (Ausstellen n e-r) Beschei-

nigung *f.* **2.** → certificate 1. **3.** a) (amt-
liche) Beglaubigung, b) beglaubigte Er-
klärung. **4.** *econ.* Bestätigung *f* (*e-s
Schecks durch e-e Bank*). **cer·tif·i·ca-
to·ry** [sə(r)'tɪfɪkətərɪ; *Am.* ¸tɔːrɪ:; ¸tɔː'] *adj* bescheinigend, Beglaubigungs...

**cer·ti·fied** ['sɜːtɪfaɪd; *Am.* 'sɜr-] *adj*
**1.** bescheinigt, beglaubigt: → copy 1.
**2.** garan'tiert. **3.** (*amtlich*) für geistes-
krank erklärt. **~ ac·count·ant** *s econ.
Br.* a) konzessio'nierter Buchprüfer, b)
konzessionierter Steuerberater. **~check**
*s econ. Am.* (*als gedeckt*) bestätigter
Scheck. **~ mail** *s Am.* eingeschriebene
(*aber unversicherte*) Sendung(en *pl*). **~
milk** *s* amtlich geprüfte Milch. **~
pub·lic ac·count·ant** *s econ. Am.*
amtlich zugelassener Wirtschaftsprüfer.
**cer·ti·fi·er** ['sɜːtɪfaɪə(r); *Am.* 'sɜr-] *s*
Aussteller *m* e-r Bescheinigung.
**cer·ti·fy** ['sɜːtɪfaɪ; *Am.* 'sɜr-] **I** *v/t*
**1.** bescheinigen, versichern, atte'stieren:
this is to **~** that es wird hiermit beschei-
nigt, daß. **2.** beglaubigen, beurkunden:
→ copy 1. **3.** *econ. Am.* Scheck (*als
gedeckt*) bestätigen (*Bank*). **4.** j-n ver-
sichern (**of** *gen*). **5.** j-n (*amtlich*) für gei-
steskrank erklären. **6.** *jur. e-e Sache* ver-
weisen (**to an** *ein anderes Gericht*). **II** *v/i*
**7. ~ to** *etwas* bezeugen.
**cer·ti·o·ra·ri** [¸sɜːtɪɔː'reəraɪ; *Am.* ¸sɜrʃɪə-
'reərɪ; ¸'rɑːrɪ:] *s jur.* Aktenanforderung *f*
(*durch ein übergeordnetes Gericht*).
**cer·ti·tude** ['sɜːtɪtjuːd; *Am.* 'sɜrtə¸tjuːd;
*a.* ¸tuːd] *s* Sicherheit *f*, Bestimmtheit *f*,
Gewißheit *f*.
**ce·ru·le·an** [sɪ'ruːljən; -lɪən] *adj poet.*
himmel-, tiefblau.
**ce·ru·men** [sɪ'ruːmen] *s physiol.* Ze'ru-
men *n*, Ohrenschmalz *n*.
**ce·ruse** ['sɪərʊs; sɪ'ruːs] *s* **1.** *chem.* Blei-
weiß *n*. **2.** (*e-e*) weiße Schminke.
**ce·ru(s)·site** ['sɪərəsaɪt; *Am. a.* sə'rʌsaɪt]
*s min.* Zerus'sit *m*.
**cer·ve·lat** ['sɜːvəlæt; -lɑːt; *Am.* ¸] *s*
Zerve'latwurst *f*.
**cer·vi·cal** [sɜː'vaɪkl; 'sɜːvɪkl; *Am.* 'sɜr-
vɪkəl] *anat.* **I** *adj* zervi'kal: a) Hals...,
Nacken..., b) Gebärmutterhals...: **~ smear**
*med.* Abstrich *m*. **II** *s* Halswirbel *m*.
**cer·vi·ces** ['sɜːvɪsɪz; sə'vaɪ-; *Am.* 'sɜrvə-
¸siːz; sər'vaɪ-] *pl von* cervix.
**cer·vine** ['sɜːvaɪn; *Am.* 'sɜr-] *adj* **1.** *zo.*
Hirsch... **2.** schwarzbraun.
**cer·vix** ['sɜːvɪks; *Am.* 'sɜr-] *pl* **-vi·ces**
['sɜːvɪsɪz; sə'vaɪ-; *Am.* 'sɜrvə¸siːz; sər-
'vaɪ-] *od.* **-vix·es** [-vɪksɪz] *s anat.* **1.** Hals
*m, bes.* Genick *n*. **2.** (*bes.* Gebärmutter-)
Hals *m*.
**Ce·sar·e·an, Ce·sar·i·an** *Am.* →
Caesarean 2, 3.
**ce·sar·e·vitch** [sɪ'zɑːrəvɪtʃ] *s hist.* Za-
'rewitsch *m*.
**ce·si·um** *Am.* → caesium.
**cess**[1] [ses] *s Scot.* Grundsteuer *f*.
**cess**[2] [ses] *s Ir. colloq.* Glück *n* (*bes. in*):
**bad ~ to you!** der Teufel soll dich holen!
**cess**[3] [ses] → cesspool.
**ces·sa·tion** [se'seɪʃn] *s* Aufhören *n*, Ein-
stellung *f*: **~ of hostilities.**
**ces·ser** ['sesə(r)] *s jur.* Einstellung *f, a.*
Ablauf *m* (*e-s Zeitraums etc*).
**ces·sion** ['seʃn] *s* Zessi'on *f*, Abtretung *f*.
**ces·sion·ar·y** ['seʃnərɪ; *Am.* 'seʃə¸neri:]
*s* Zessio'nar *m*.
**'cess·pit** [-] → cesspool 1. **'~pool** *s* **1.**
Jauche(n)-, Senkgrube *f*. **2.** *fig.* Pfuhl *m*: **a
~ of iniquity** ein Sündenpfuhl.
**ces·tode** ['sestəʊd], **ces·toid** ['sestɔɪd] *s
zo.* Bandwurm *m*.
**ce·su·ra** → caesura.
**ce·ta·cean** [sɪ'teɪʃjən; *Am.* -ʃən] *zo.* **I** *s*
Wal *m*. **II** *adj* Wal... **ce'ta·ceous** [-ʃəs;
*Am.* -ʃəs] *adj zo.* walartig, Wal...
**ce·tane** ['siːteɪn] *s chem.* Ce'tan *m*. **~**

---

**num·ber, ~ rat·ing** *s chem.* Ce'tan-
zahl *f.*
**Ce·tus** ['siːtəs] *s astr.* Cetus *m*, Walfisch *m*
(*Sternbild*).
**ce·vi·tam·ic ac·id** [¸siːvɪ'tæmɪk; *bes.
Am.* -vaɪ't-] *s chem.* Ascor'binsäure *f*,
Vita'min *n* C.
**chab·a·zite** ['kæbəzaɪt] *s min.* Chaba'sit
*m.*
**chab·lis** ['ʃæbliː] *s* Cha'blis *m* (*Wein*).
**cha·cha(-cha)** ['tʃɑːtʃɑː; (¸tʃɑːtʃɑː'tʃɑː)]
**I** *s mus.* Cha-Cha-Cha *m.* **II** *v/i* Cha-
Cha-Cha tanzen.
**chafe** [tʃeɪf] **I** *v/t* **1.** warmreiben, frot-
'tieren. **2.** (auf-, durch)reiben, scheuern,
wund reiben: **clothing that ~s one's
skin** Kleidung, die auf der Haut
scheuert. **3.** *fig.* ärgern, reizen. **II** *v/i*
**4.** (sich durch)reiben, scheuern, scha-
ben: **to ~ at the bit to do s.th.** *fig.* es
kaum mehr erwarten können, etwas zu
tun. **5.** sich reiben (**against** an *dat*).
**6.** sich ärgern (**at, against** über *acc*).
**III** *s* **7.** wund- *od.* 'durchgescheuerte
Stelle. **8.** *obs.* Ärger *m.*
**chaf·er** ['tʃeɪfə(r)] *s zo.* (*bes.* Mai)Käfer
*m.*
**chaff**[1] [tʃɑːf; *bes. Am.* tʃæf] *s* **1.** Spreu *f*,
Kaff *n*: **to separate the grain** (*od.*
**wheat**) **from the ~** die Spreu vom Wei-
zen trennen. **2.** Häcksel *m, n.* **3.** wertloses
Zeug. **4.** *mil.* Düppel(streifen) *pl*, Stan-
ni'olstreifen *m* (*zur Radarstörung*).
**chaff**[2] [tʃɑːf; *bes. Am.* tʃæf] *colloq.* **I** *v/t*
necken, ,aufziehen' (**about** wegen). **II** *s*
Necke'rei *f.*
**'chaff¸cut·ter** *s agr.* **1.** Häckselschnei-
der *m.* **2.** Häckselbank *f.*
**chaf·fer** ['tʃæfə(r)] **I** *v/t* **1.** Handeln *n*,
Feilschen *n.* **II** *v/i* **2.** handeln, feilschen
(**over** um). **3.** *Br.* schwatzen. **III** *v/t* **4. ~
down** *Preis etc* her'unterhandeln (**to** auf
*acc*).
**chaf·finch** ['tʃæfɪntʃ] *s orn.* Buchfink *m.*
**chaf·ing** ['tʃeɪfɪŋ] *s* **1.** ('Durch-, Wund-)
Reiben *n*, Scheuern *n.* **2.** Ärger *m.* **~ dish**
*s* Re'chaud *n.*
**cha·grin** ['ʃægrɪn; *Am.* ʃə'grɪn] **I** *s* **1.**
Ärger *m*, Verdruß *m*: **to his ~** zu s-m
Verdruß. **II** *v/t* **2.** (ver)ärgern, verdrie-
ßen. **3.** kränken.
**chain** [tʃeɪn] **I** *s* **1.** Kette *f* (*a. tech.*): **a ~ is
(only) as strong as its weakest link**
jede Kette ist (nur) so stark wie das
schwächste ihrer Glieder; **~ of office**
Amtskette. **2.** Kette *f*, Fessel *f* (*beide a.
fig.*): **in ~s** gefangen, in Ketten; **the ~s of
poverty** die Last *od.* Bürde der Armut.
**3.** *fig.* Kette *f*, Reihe *f*: **the ~ of events; a
link in the ~ of evidence** ein Glied in
der Beweiskette. **4.** a. **~ of mountains**
Gebirgskette *f.* **5.** *econ.* (Laden- *etc*)Kette
*f.* **6.** *chem.* Kette *f* (*von Atomen des glei-
chen Elementes*). **7.** *tech.* a) Meßkette *f*, b)
Maßeinheit (66 *Fuß = 20,12 m*). **8.** *Webe-
rei:* Kette *f*, Zettel *m.* **II** *v/t* **9.** (an)ketten,
mit *e-r* Kette befestigen (**to an** *dat*): **to ~
(up) a dog** e-n Hund anketten *od.* an die
Kette legen; **~ed to his wife** *fig.* an s-e
Frau gekettet. **10.** *e-n Gefangenen* in Ket-
ten legen, fesseln: **to ~ a prisoner.** **11.**
*Land* mit der Meßkette messen. **12.** *math.*
verketten.
**chain¦ ar·gu·ment** *s philos.* Ketten-
schluß *m.* **~ ar·mo(u)r** *s* Kettenpanzer
*m.* **~ belt** *s* **1.** *tech.* endlose Kette.
**2.** Kettengürtel *m.* **~ bridge** *s* Ketten-,
Hängebrücke *f.* **~ dredg·er** *s tech.*
Eimerkettenbagger *m.* **~ drive** *s tech.*
Kettenantrieb *m.* **'~¸driv·en** *adj tech.*
mit Kettenantrieb. **~ gang** *s Am.* Trupp
*m* anein'andergeketteter Sträflinge. **~
gear** *s tech.* Kettengetriebe *n.*
**chain·less** ['tʃeɪnlɪs] *adj* kettenlos.
**chain¦ let·ter** *s* Kettenbrief *m.* **~ mail** *s*

---

Kettenpanzer *m.* **~ pump** *s* Kettenpum-
pe *f*, Pater'nosterwerk *n.* **~ re·ac·tion** *s
phys.* 'Kettenreakti¸on *f* (*a. fig.*).
**'~-smoke** *v/i* Kette rauchen, e-e (Zi-
ga'rette) nach der anderen rauchen. **~
smok·er** *s* Kettenraucher(in). **~ stitch**
*s Nähen:* Kettenstich *m.* **~ store** *s* Ket-
tenladen *m.*
**chair** [tʃeə(r)] **I** *s* **1.** Stuhl *m*, Sessel *m*: **to
take a ~** Platz nehmen, sich setzen; **on a ~**
auf e-m Stuhl; **in a ~** in e-m Sessel. **2.** *fig.*
a) Amtssitz *m*, b) Richterstuhl *m*,
c) Vorsitz *m*: **to be in the ~, to take the ~**
den Vorsitz führen *od.* übernehmen; **to
leave the ~** die Sitzung aufheben,
d) Vorsitzende(r *m*) *f*: **to address the ~**
sich an den Vorsitzenden wenden; **~, ~!**
*parl. Br.* zur Ordnung! **3.** Lehrstuhl *m*,
Profes'sur *f* (**of** für): **~ of Natural
History.** **4.** *Am. colloq.* (der) e'lektrische
Stuhl. **5.** *tech.* a) *rail.* Schienenstuhl *m*,
b) Glasmacherstuhl *m.* **6.** Sänfte *f.* **II** *v/t*
**7.** bestuhlen, mit Stühlen versehen. **8.** in
ein Amt *od.* auf e-n Lehrstuhl *etc* beru-
fen, einsetzen. **9.** *bes. Br.* (im Tri'umph)
auf den Schultern tragen. **10.** den Vorsitz
haben *od.* führen bei: **a committee ~ed
by ...** ein Ausschuß unter dem Vorsitz
von ... **~ back** *s* Stuhl-, Sessellehne *f.*
**'~¸borne** *adj*: **to be ~** *colloq.* e-n Schreib-
tischjob haben. **~ bot·tom** *s* Stuhlsitz *m.*
**~ car** *s rail. Am.* **1.** Sa'lonwagen *m.* **2.**
Wagen *m* mit verstellbaren Sitzen. **'~¸la-
dy** *s* Vorsitzende *f.* **~ lift** *s* Sessellift *m.*
**chair·man** ['tʃeə(r)mən] *s irr* **1.** Vorsit-
zende(r) *m*, Präsi'dent *m.* **2.** j-d, der e-n
Rollstuhl schiebt. **'chair·man·ship** *s*
Vorsitz *m*: **under the ~ of** unter dem
Vorsitz von.
**chair·o·plane** ['tʃeərəpleɪn] *s* 'Ketten-
karus¸sell *n.*
**'chair¸wom·an** *s irr* Vorsitzende *f.*
**chaise** [ʃeɪz] *s* Chaise *f*, Ka'lesche *f.* **~
longue** *pl* **~(s) longues** [¸-'lɔ̃ːŋg] *s*
Chaise'longue *f*, Liegesofa *n.*
**cha·la·za** [kə'leɪzə] *pl* **-zas, -zae** [-ziː] *s*
Cha'laza *f*: a) *bot.* Nabel-, Keimfleck *m*,
b) *zo.* Hagelschnur *f* (*im Ei*).
**chal·ced·o·ny** [kæl'sedənɪ] *s min.* Chal-
ce'don *m.*
**chal·co·cite** ['kælkəsaɪt] *s min.* Chalko-
'zit *m*, Kupferglanz *m.*
**chal·cog·ra·pher** [kæl'kɒgrəfə(r); *Am.*
-'kɑ-], **chal·cog·ra·phist** *s* Kupfer-
stecher *m.*
**chal·dron** ['tʃɔːldrən] *s ein englisches
Hohlmaß = 1,30 m[3].*
**cha·let** ['ʃæleɪ; *Am. a.* ʃæ'leɪ] *s* Cha'let *n*:
a) Sennhütte *f*, b) Landhaus *n.*
**chal·ice** ['tʃælɪs] *s* **1.** *poet.* (Trink)Becher
*m.* **2.** *relig.* (Abendmahls)Kelch *m.*
**chalk** [tʃɔːk] **I** *s* **1.** *min.* Kreide *f*, Kalk *m.*
**2.** Zeichenkreide *f*, Kreidestift *m*: **col-
o(u)red ~** Pastell-, Bunt-, Farbstift; **to
give ~ for cheese** Gutes mit Schlechtem
vergelten; **(as) different** (*od.* **like**) **as ~
and cheese** verschieden wie Tag u.
Nacht; **he doesn't know** (*od.* **can't tell**)
**~ from cheese** er hat keine blasse Ah-
nung. **3.** Kreidestrich *m*: **to be still able
to walk the ~** → **chalk line.** **4.** *Br.*
a) (angekreidete) Schuld, b) Plus-, Ge-
winnpunkt *m* (*bei Spielen*): **that is one ~
to me!** *colloq.* das ist ein Punkt für
mich!; **not by a long ~** *colloq.* bei weitem
nicht. **II** *v/t* **5.** mit Kreide behandeln.
**6.** mit Kreide schreiben *od.* zeichnen *od.*
mar'kieren, ankreiden: **to ~ s.th. up**
*colloq.* etwas rot im Kalender anstrei-
chen. **7.** kalken, weißen: **to ~ a wall.** **8. ~
up** a) anschreiben, auf die Rechnung
setzen, b) no'tieren: **to ~ s.th. up against
s.o.** j-m etwas ankreiden; **to ~ s.th. up to**
*fig.* etwas j-m *od.* e-r Sache zuschreiben.
**9.** entwerfen, skiz'zieren: **to ~ out a plan.**

**~bed** s geol. Kreideschicht f. **~board** s Am. (Schul-, Wand)Tafel f. **~cut·ter** s Kreidegräber m. **~ line** s tech. Schlagschnur f: to be still able to walk the ~ noch auf dem (Kreide)Strich gehen können (noch nüchtern sein). **~talk** s Am. Vortrag, bei dem der Redner Illustrationen an die Tafel zeichnet.

**chal·lenge** ['tʃælɪndʒ] **I** s **1.** Her'ausforderung f (to gen od. an acc) (a. sport u. fig.), Kampfansage f. **2.** fig. (to) a) Angriff m (auf acc), b) Pro'test m, Einwand m (gegen). **3.** fig. Pro'blem n, (schwierige od. lockende) Aufgabe, Probe f: the ~ now is jetzt gilt es (to do zu tun). **4.** mil. a) Anruf m (durch Wachtposten), b) Radar: Abfragung f. **5.** hunt. Anschlagen n (der Hunde). **6.** jur. a) Ablehnung f (e-s Geschworenen od. Richters), b) Anfechtung f (e-s Beweismittels etc). **7.** Aufforderung f zur Stellungnahme. **8.** med. Immuni'tätstest m. **II** v/t **9.** (zum Kampf etc) her'ausfordern. **10.** auf·, her'ausfordern (to do zu tun). **11.** a) jur. e-n Geschworenen od. Richter ablehnen, b) etwas od. die Gültigkeit e-r Sache anfechten. **12.** etwas stark anzweifeln, angreifen, in Frage stellen. **13.** Aufmerksamkeit etc fordern, in Anspruch nehmen, Bewunderung abnötigen, j-n locken od. reizen od. fordern (Aufgabe). **14.** in scharfen Wettstreit treten mit. **15.** mil. a) anrufen, b) (Radar) abfragen. **III** v/i **16.** anschlagen (Hund). **'chal·lenge·a·ble** adj anfechtbar.

**chal·lenge cup** s bes. sport 'Wanderpo‚kal m.

**'chal·leng·er** s bes. sport Her'ausforderer m.

**chal·lenge tro·phy** s bes. sport Wanderpreis m.

**chal·leng·ing** ['tʃælɪndʒɪŋ] adj (adv ~ly) **1.** her'ausfordernd, provo'zierend. **2.** lockend: a ~ task. **3.** schwierig.

**cha·lyb·e·ate** [kə'lɪbɪət] **I** adj min. stahl-, eisenhaltig: ~ spring Stahlquelle f. **II** s med. pharm. Stahlwasser n.

**chal·y·bite** ['kælɪbaɪt] s geol. Eisenspat m, Spateisenstein m.

**cham·ber** ['tʃeɪmbə(r)] **I** s **1.** obs. (bes. Schlaf)Zimmer n, Stube f, Kammer f, Gemach n: bridal ~ Brautgemach n. **2.** pl Br. a) (zu vermietende) Zimmer pl: to live in ~s privat wohnen, b) Geschäftsräume pl. **3.** (Empfangs)Zimmer n, Raum m (in e-m Palast od. e-r Residenz): audience ~. **4.** parl. a) Ple'narsaal m, b) Kammer f, gesetzgebende Körperschaft. **5.** Kammer f, Amt n: ~ of commerce Handelskammer. **6.** jur. Amtszimmer n des Richters: in ~s in nichtöffentlicher Sitzung. **7.** pl jur. 'Anwaltszimmer pl, -bü‚ros pl (bes. in den Inns of Court). **8.** obs. Schatzamt n. **9.** tech. Kammer f (a. e-s Gewehrs etc od. e-r Schleuse). **10.** anat. zo. Kammer f: ~ of the eye Augenkammer. **11.** → chamber pot. **II** v/t **12.** a. Gewehr etc mit e-r Kammer versehen. **~ con·cert** s mus. 'Kammerkon‚zert n. **~ coun·sel** s Rechtsberater m (der nur privat berät u. nicht vor Gericht plädiert). **cham·ber·er** ['tʃeɪmbərə(r)] s obs. a) Stubenmädchen n, b) Diener m, c) Ga'lan m, Hofmacher m.

**cham·ber·lain** ['tʃeɪmbə(r)lɪn] s **1.** Kammerherr m: Lord Great C~ of England Großkämmerer m (Vorsteher des Hofstaates); → Lord Chamberlain (of the Household). **2.** Stadtkämmerer m. **3.** Haushofmeister m (in adligem Haushalt). **4.** Schatzmeister m.

**'cham·ber|·maid** s Zimmermädchen n (im Hotel). **~mu·sic** s 'Kammermu‚sik f. **~or·ches·tra** s 'Kammeror‚chester n. **~or·gan** s Zimmerorgel f. **~pot** s Nacht-

geschirr n, -topf m. **~ prac·tice** s (private) Rechtsanwaltspraxis.

**cha·me·leon** [kə'miːljən] s **1.** zo. Cha'mäleon n (a. fig. Mensch). **2.** C~ astr. Cha'mäleon n (Sternbild).

**cham·fer** ['tʃæmfə(r)] **I** s **1.** arch. Auskehlung f, Hohlrinne f, Kanne'lierung f (e-r Säule). **2.** tech. a) abgeschrägte Kante, Schrägkante f (Tisch), b) Abschrägung f, Fase f. **II** v/t **3.** arch. auskehlen, kanne'lieren. **4.** tech. a) abkanten, schräg abstoßen od. abschrägen, c) riffeln, abfasen, verjüngen.

**cham·fron** ['tʃæmfrən; Am. a. 'ʃæm-] s hist. Stirnschild m (e-s Streitrosses).

**cham·ois** ['ʃæmwɑː; Am. 'ʃæmi] s **1.** zo. Gemse f. **2.** a. ~ leather [meist 'ʃæmɪ] Sämischleder n. **3.** tech. Po'lierleder n.

**cham·o·mile** → camomile.

**champ**[1] [tʃæmp] **I** v/t **1.** (heftig od. geräuschvoll) kauen. **2.** kauen auf (dat), beißen auf (acc) (z. B. Pferde auf das Zaumgebiß). **II** v/i **3.** kauen: to ~ at the bit a) am Gebiß kauen (Pferd), b) fig. ungeduldig sein, es kaum mehr erwarten können (to do zu tun). **III** s **4.** Kauen n.

**champ**[2] [tʃæmp] colloq. für champion 3, 4.

**cham·pagne** [‚ʃæm'peɪn] s **1.** a) Cham'pagner m, b) Sekt m, Schaumwein m. **2.** Cham'pagnerfarbe f. **~ buck·et** s Sektkübel m.

**cham·pers** ['ʃæmpə(r)z] colloq. für champagne.

**cham·per·ty** ['tʃæmpə‚tɪ; Am. -pərti:] s jur. Unterstützung einer Prozeßpartei gegen Zusicherung eines Teils des Prozeßgewinns.

**cham·pi·gnon** [tʃæm'pɪnjən; ʃæm-] s bot. Wiesenchampignon m.

**cham·pi·on** ['tʃæmpjən; -pɪən] **I** s **1.** obs. Krieger m, Kämpe m. **2.** (of) Streiter m (für), Verfechter m, Fürsprecher m (von od. gen). **3.** Sieger m (bei e-m Wettbewerb etc). **4.** sport Meister m. **II** v/t **5.** Sache, Idee etc verfechten, eintreten für, verteidigen. **III** adj **6.** Meister...: ~ team. **'cham·pi·on·ship** s **1.** sport etc a) Meisterschaft f, -titel m, b) pl Meisterschaftskämpfe m, Meisterschaften pl. **2.** (of) Verfechten n (gen), Eintreten n (für).

**chance** [tʃɑːns; Am. tʃæns] **I** s **1.** Zufall m: a lucky ~; game of ~ Glücksspiel n; by ~ durch Zufall, zufällig; by the merest ~ rein zufällig; to leave it to ~ es dem Zufall überlassen; as ~ would have it wie es der Zufall wollte. **2.** Schicksal m. **3.** Möglichkeit f, Wahr'scheinlichkeit f: all ~s of error alle denkbaren Fehlerquellen; on the (off) ~ a) auf die (entfernte) Möglichkeit hin, für den Fall (of s.o.'s doing s.th. daß j-d etwas tut), b) auf gut Glück; the ~s are that es besteht Aussicht, daß; aller Wahrscheinlichkeit nach. **4.** Chance f: a) (günstige) Gelegenheit, (sich bietende) Möglichkeit, Chance (Tor)Gelegenheit f: the ~ of a lifetime e-e einmalige Gelegenheit, 'die Chance s-s etc Lebens; give him a ~! gib ihm e-e Chance!, versuch's mal mit ihm!; → main chance, b) Aussicht f (of auf acc): a good ~ of success gute Erfolgschancen; to stand a ~ Aussichten od. e-e Chance haben; the ~s are against you die Umstände sind gegen dich; ~ would be a fine thing! colloq. schön wär's! **5.** Risiko n: to take a ~ es darauf ankommen lassen, es riskieren; to take no ~s nichts riskieren (wollen), kein Risiko eingehen (wollen). **6.** obs. 'Mißgeschick n. **7.** Am. dial. Menge f, Anzahl f. **II** v/i **8.** (unerwartet) eintreten od. geschehen: it ~d that es fügte sich (so), daß; I ~d to meet her zufällig traf ich sie. **9.** ~ (up)on

a) zufällig begegnen (dat) od. treffen (acc), b) zufällig stoßen auf (acc) od. finden (acc). **III** v/t **10.** es ankommen lassen auf (acc), ris'kieren: to ~ defeat; to ~ missing him es riskieren, ihn zu verfehlen; to ~ one's arm Br. etwas riskieren; to ~ it colloq. es darauf ankommen lassen. **IV** adj **11.** zufällig, Zufalls...: a ~ acquaintance; ~ customers Laufkundschaft f; ~ hit Zufallstreffer m. **~ child** s uneheliches Kind.

**chan·cel** ['tʃɑːnsl; Am. 'tʃænsəl] s relig. Al'tarraum m, hoher Chor: ~ table Altar m, Abendmahlstisch m.

**chan·cel·ler·y** ['tʃɑːnsələrɪ; Am. 'tʃæn-] s **1.** Amt n e-s Kanzlers. **2.** Kanz'lei f. **3.** Am. 'Botschafts-, Ge'sandtschafts-, Konsu'latskanz‚lei f.

**chan·cel·lor** ['tʃɑːnsələ; Am. 'tʃænslər] s **1.** Kanzler m: a) Vorsteher m e-r 'Hofkanz‚lei, b) (Art) Sekre'tär m, Kanz'leivorstand m (an Konsulaten etc). **2.** pol. Kanzler m (Regierungschef in Deutschland etc). **3.** Br. Titel hoher Staatswürdenträger: C~ of the Exchequer Schatzkanzler m, Finanzminister m; → Lord Chancellor. **4.** univ. a) Br. Kanzler m (Ehrentitel des höchsten Gönners od. Protektors an verschiedenen Universitäten), b) Am. Rektor m. **5.** jur. Am. Vorsitzende(r) m od. Richter m e-s chancery court. **'chan·cel·lor·ship** s **1.** Kanzleramt n. **2.** Kanzlerschaft f.

**‚chance-'med·ley** s **1.** jur. Totschlag m (in Notwehr od. Affekt). **2.** reiner Zufall.

**chan·cer·y** ['tʃɑːnsərɪ; Am. 'tʃæn-] s **1.** Kanz'lei f. **2.** jur. a) hist. Br. Gericht des Lordkanzlers bis 1873, b) Am. → chancery court. **3.** jur. Billigkeitsrecht n. **4.** gerichtliche Verwaltung: in ~ a) unter gerichtlicher (Zwangs)Verwaltung, b) Ringen etc: ‚im Schwitzkasten'; to be in ~ ‚in der Klemme' sein od. stecken; → ward 5 a. **~ court** s jur. Am. Gericht, das nach Billigkeitsgrundsätzen urteilt. **C~ Di·vi·sion** s jur. Br. für Grundstücks-, Erbschaftssachen etc zuständige Abteilung des High Court of Justice.

**chan·cre** ['ʃæŋkə(r)] s med. Schanker m. **'chan·croid** [-krɔɪd] s weicher Schanker.

**chanc·y** ['tʃɑːnsɪ; Am. 'tʃænsi:] adj colloq. unsicher, ris'kant.

**chan·de·lier** [‚ʃændə'lɪə(r)] s Kronleuchter m, Lüster m.

**chan·delle** [ʃæn'del] s aer. Chan'delle f (hochgezogene Kehrtkurve).

**chan·dler** ['tʃɑːndlə; Am. 'tʃændlər] s **1.** Kerzengießer m, -macher m, -zieher m. **2.** Händler m: → ship chandler.

**change** [tʃeɪndʒ] **I** v/t **1.** (ver)ändern, 'umändern, verwandeln (into in acc): to ~ one's address (od. lodgings) umziehen, verziehen; to ~ colo(u)r die Farbe wechseln (erbleichen, erröten); to ~ one's note (od. tune) colloq. e-n anderen Ton anschlagen, andere Saiten aufziehen; to ~ one's position die Stellung wechseln, sich (beruflich) verändern; → subject 1. **2.** wechseln, (ver)tauschen: to ~ one's shoes andere Schuhe anziehen, die Schuhe wechseln; to ~ places with s.o. mit j-m den Platz od. die Plätze tauschen; to ~ trains umsteigen; to ~ ends sport die Seiten wechseln; → hand Bes. Redew., mind 4, etc. **3.** a) Bettzeug etc wechseln, Bett frisch beziehen, b) Baby trockenlegen, wickeln. **4.** Geld wechseln: can you ~ this note?; to ~ dollars into francs Dollar in Francs umwechseln. **5.** tech. Teile (aus)wechseln, Öl wechseln. **6.** mot. tech. schalten: to ~ over a) umschalten, b) Maschine, a. Industrie etc umstellen (to

auf *acc*); → **gear** 3 b. **7.** *electr.* kommu'tieren.

**II** *v/i* **8.** sich (ver)ändern, wechseln: **the moon is changing** der Mond wechselt; **the prices have ~d** die Preise haben sich geändert; **to ~ for the better (worse)** besser werden, sich bessern (sich verschlimmern *od.* verschlechtern). **9.** sich verwandeln (**to**, **into** in *acc*). **10.** 'übergehen (**to** zu): **he ~d to cigars. 11.** sich 'umziehen (**for dinner** zum Abendessen): **she ~d into a dress** sie zog ein Kleid an. **12.** *rail. etc* 'umsteigen. **13.** wechseln, 'umspringen (**from** ... **to** von ... auf [*acc*]) (*Verkehrsampel*). **14.** *mot. tech.* schalten: **to ~ up (down)** hinauf-(herunter)schalten; → **gear** 3 b. **15.** **~ over** *Rundfunk, TV:* 'umschalten (**to** auf *acc*). **16.** *sport bes. Br.* die Seiten wechseln.

**III** *s* **17.** (Ver)Änderung *f*, Wechsel *m*, (Ver)Wandlung *f*, *weitS. a.* 'Umschwung *m*, Wendung *f*: **in case of ~ of address** falls verzogen; **~ of air** Luftveränderung; **~ for the better (worse)** Besserung *f* (Verschlimmerung *f*, Verschlechterung *f*); **~ of course** *aer. mar.* Kurswechsel (*a. fig.*); **~ of ends** *sport* Seitenwechsel; **~ of front** *fig.* Frontenwechsel; **~ of heart** Sinnesänderung *f*; **~ of life** *physiol.* a) Wechseljahre *pl*, b) Menopause *f*; **~ of the moon** Mondwechsel; **~ of scenery** *fig.* Tapetenwechsel; **~ in thinking** Umdenken *n*; **~ of voice** Stimmwechsel, -bruch *m*; **~ in weather** Witterungsumschlag *m*. **18.** (Aus)Tausch *m*. **19.** (*etwas*) Neues, Abwechslung *f*: **for a ~** zur Abwechslung. **20.** a) Wechsel *m* (*Kleidung etc*): **~ of clothes** Umziehen *n*, b) Kleidung *f* zum Wechseln, frische Wäsche. **21.** a) Wechselgeld *n*, b) Kleingeld *n*, c) her'ausgegebenes Geld: **to get (give) ~** Geld herausbekommen (herausgeben) (**for a pound** auf ein Pfund); **to get no ~ out of s.o.** *fig.* nichts aus j-m herausholen können. **22.** **C~** *econ. Br. colloq.* Börse *f*. **23.** *mus.* a) (Tonart-, Takt-, Tempo-)Wechsel *m*, b) Vari'ierung *f*, c) (*enharmonische*) Verwechslung, d) *meist pl* Wechsel(folge *f*) *m* (*beim Wechselläuten*): **to ring the ~s** wechselläuten, *Br. fig.* für Abwechslung sorgen.

**change·a·bil·i·ty** [ˌtʃeɪndʒəˈbɪlətɪ] *s* **1.** Wankelmut *m*, Unbeständigkeit *f*, Wandelbarkeit *f*. **2.** Veränderlichkeit *f*, Unbeständigkeit *f*. **'change·a·ble** *adj* (*adv* **changeably**) **1.** wankelmütig, unbeständig, wandelbar (*Mensch*). **2.** veränderlich, unbeständig (*Wetter*). **3.** chan'gierend (*Stoff*). **'change·a·ble·ness** → changeability. **'change·ful** *adj* (*adv* **~ly**) veränderlich, wechselvoll.

**change gear** *s tech.* Wechselgetriebe *n*. **change·less** [ˈtʃeɪndʒlɪs] *adj* unveränderlich, beständig, ohne Wechsel. **change·ling** [ˈtʃeɪndʒlɪŋ] *s* **1.** Wechselbalg *m*, 'untergeschobenes Kind. **2.** *obs.* wankelmütiger Mensch. **'change·o·ver** *s* **1.** *electr. tech.* 'Umschaltung *f*: **~ switch** Umschalter *m*, Polwender *m*. **2.** *tech. u. fig.* 'Umstellung *f* (*e-r Maschine, Industrie etc*). **3.** *sport bes. Br.* Seitenwechsel *m*. **chang·er** [ˈtʃeɪndʒə(r)] *s* **1.** (Ver)Änderer *m*. **2.** *in Zssgn* (Platten- *etc*)Wechsler *m*. **change ring·ing** *s* Wechselläuten *n*. **~ˈspeed gear** *s tech.* Wechsel-, Schaltgetriebe *n*. **chang·ing** [ˈtʃeɪndʒɪŋ] **I** *adj* veränderlich (*a. Wetter*), wechselnd. **II** *s* Wechsel *m*, Veränderung *f*: **~ of the guard** Wachablösung *f*; **~ of gears** Schalten *n* (der Gänge). **~ room** *s* 'Umkleideraum *m*. **chan·nel** [ˈtʃænl] **I** *s* **1.** Flußbett *n*.

---

**2.** Fahrrinne *f*, Ka'nal *m*. **3.** (breite Wasser)Straße: **the English C~**, *bes. Br.* **the C~** der (Ärmel)Kanal. **4.** *mar.* a) schiffbarer Wasserweg (*der 2 Gewässer verbindet*), b) Seegatt *n*, c) Rüst *f*. **5.** Zufahrtsweg *m*, (Hafen)Einfahrt *f*. **6.** Rinne *f*, Gosse *f*. **7.** *fig.* Ka'nal *m*, Bahn *f*, Weg *m*: **to direct a matter into** (*od.* **through**) **other ~s** e-e Angelegenheit in andere Bahnen lenken; **~s of distribution** Absatzwege; **~s of supply** Versorgungswege; **through official ~s** auf dem Dienst- *od.* Instanzenweg; **~s of trade** Handelswege. **8.** *electr.* Fre'quenzband *n*, (*Fernseh- etc*)Ka'nal *m*, (-)Pro'gramm *n*: **to switch ~s** umschalten; **~ selector** Kanalwähler *m*. **9.** *tech.* 'Durchlaßröhre *f*. **10.** *arch.* Auskehlung *f*, Kanne'lierung *f*. **11.** *tech.* Nut *f*, Furche *f*, Riefe *f*. **12.** *a.* **~ iron** *tech.* U-Eisen *n*. **II** *v/t pret u. pp* **-neled**, *bes. Br.* **-nelled 13.** rinnenförmig aushöhlen, furchen. **14.** *arch.* auskehlen, kannelieren. **15.** *tech.* nuten, furchen. **16.** *fig.* kanali'sieren, lenken.

**chant** [tʃɑːnt; *Am.* tʃænt] **I** *s* **1.** Gesang *m*, Weise *f*, Melo'die *f*. **2.** *relig.* a) (*rezitierender*) Kirchengesang, *bes.* Psalmo'die *f*, b) 'Kirchenmelo,die *f*. **3.** Singsang *m*, mono'toner Gesang *od.* Tonfall. **4.** Sprechchor *m*. **II** *v/t* **5.** singen. **6.** besingen, preisen. **7.** ('her-, her'un-ter)leiern. **8.** in Sprechchören rufen. **III** *v/i* **9.** singen, *relig. a.* psalmo'dieren. **10.** Sprechchöre anstimmen. **'chant·er** *s* **1.** a) (Kirchen)Sänger(in), b) Kantor *m*, Vorsänger *m*. **2.** *mus.* Melo'diepfeife *f* (*des Dudelsacks*).

**chan·te·relle**[1] [ˌtʃæntəˈrel; ˌʃæn-] *s bot.* Pfifferling *m*.
**chan·te·relle**[2] [ˌtʃæntəˈrel; ˌʃæn-] *s mus.* E-Saite *f*, Sangsaite *f*.
**chant·ey** [ˈʃæntɪ; ˈtʃæn-] *s bes. Am.* Shanty *n*, Seemannslied *n*.
**chan·ti·cleer** [ˌtʃæntɪˈklɪə(r); ˌʃæn-] *s poet.* Hahn *m*.
**chan·try** [ˈtʃɑːntrɪ; *Am.* ˈtʃæn-] *s relig.* **1.** Stiftung *f* von Seelenmessen. **2.** Vo'tivka,pelle *f od.* -al,tar *m*.
**chant·y** → chantey.
**cha·os** [ˈkeɪɒs; *Am.* -,ɑs] *s* Chaos *n*: a) Urzustand *m* (*vor der Schöpfung*), b) *fig.* Wirrwarr *m*, Durchein'ander *n*: **to throw into ~** ein Chaos auslösen in (*dat*); **the room is in a state of ~** in dem Zimmer herrscht ein furchtbares Durcheinander. **cha·ot·ic** [-'ɒtɪk; *Am.* -'ɑt-] *adj* (*adv* **~ally**) cha'otisch, wirr.

**chap**[1] [tʃæp] *s colloq.* Bursche *m*, Junge *m*, Kerl *m*: **old ~** ,alter Knabe'.
**chap**[2] [tʃæp] *s* Kinnbacke(n *m*) *f*, Kiefer *m od. pl*, Maul *n* (*e-s Tieres*).
**chap**[3] [tʃæp] **I** *v/t* **1.** *Holz* spalten. **2.** Risse verursachen in *od.* auf (*dat*), *die Haut* rissig machen. **II** *v/i* **3.** aufspringen, rissig werden (*Haut*): → chapped. **III** *s* **4.** Riß *m*, Sprung *m*.
**'chap·book** *s* **1.** *hist.* Volksbuch *n*, Bal'ladenbüchlein *n*. **2.** kleines (Unter'hal-tungs)Buch.
**chape** [tʃeɪp] *s* **1.** *mil.* a) Ortband *n* (*e-r Degenscheide*), b) Schuh *m* (*e-r Säbel-scheide*). **2.** Schnallenhaken *m*. **3.** *Br.* 'Durchziehschlaufe *f*.
**chap·el** [ˈtʃæpl] *s* **1.** Ka'pelle *f*: a) *Teil e-r Kirche*, b) *Privatkapelle e-s Schlosses, Klosters etc*, c) *a.* **~ of ease** Fili'alkirche *f*. **2.** Gottesdienst *m* (*in e-r Kapelle*). **3.** Gotteshaus *n*: a) *e-r Universität etc*, b) *Br. der Dissenters:* **he is ~** *colloq.* er ist ein Dissenter. **4.** *mus.* a) Or'chester *n od.* Chor *m* e-r Ka'pelle, b) ('Hof-, 'Haus)Ka,pelle *f*. **5.** *print.* a) Drucke'rei *f*, b) gewerkschaftliche Gruppe *od.* Zelle (*in e-r Druckerei*), c) *Versammlung e-r solchen*

---

Gruppe. **'chap·el·ry** [-rɪ] *s relig.* Sprengel *m*.
**chap·er·on** [ˈʃæpərəʊn] **I** *s* **1.** Anstandsdame *f*. **2.** 'Aufsichts-, Be'gleiter,son *f*. **II** *v/t* **3.** (*als Anstandsdame*) begleiten. **4.** beaufsichtigen. **'chap·er·on·age** *s* **1.** Begleitung *f*. **2.** Beaufsichtigung *f*.
**chap·fall·en** [ˈtʃæpˌfɔːlən] *adj* entmutigt, niedergeschlagen, bedrückt.
**chap·i·ter** [ˈtʃæpɪtə(r)] *s arch.* Kapi'tell *n*.
**chap·lain** [ˈtʃæplɪn] *s* **1.** Ka'plan *m*, Geistliche(r) *m* (*an e-r Kapelle*). **2.** Hof-, Haus-, Anstaltsgeistliche(r) *m*. **3.** Mili'tär- *od.* Ma'rinegeistliche(r) *m*: **army ~**; **navy ~**. **'chap·lain·cy** *s* Ka'plansamt *n*, -würde *f*, -pfründe *f*.
**chap·let** [ˈtʃæplɪt] *s* **1.** Kranz *m*. **2.** Perlenschnur *f*, -kette *f*. **3.** *relig.* (*verkürzter*) Rosenkranz.
**chap·man** [ˈtʃæpmən] *s irr Br. obs.* Hausierer *m*, Händler *m*.
**chapped** [tʃæpt] *adj* aufgesprungen, rissig (*bes. Haut*): **~ hands**.
**chap·pie** [ˈtʃæpɪ] *s colloq.* Kerlchen *n*.
**chap·py** [ˈtʃæpɪ] → chapped.
**chap·ter** [ˈtʃæptə(r)] *s* **1.** Ka'pitel *n* (*e-s Buches u. fig.*): a) *Abschnitt*, weitS. a) Kapitel u. Vers (*Angabe e-r Bibelstelle*), b) genaue Einzelheiten; **he knows ~ and verse of** er weiß genau Bescheid über (*acc*); **to the end of the ~** bis ans Ende; **a ~ of accidents** e-e Unfallserie. **2.** *Br.* Titel der einzelnen Parlamentsbeschlüsse e-r Sitzungsperiode. **3.** *relig.* Zweig *m* e-r religi'ösen Gesellschaft. **4.** *relig.* a) 'Domka,pitel *n*, b) 'Ordenska,pitel *n*, c) Vollversammlung *f* der Ka'pitelherren e-r Pro'vinz. **5.** *bes. Am.* Ortsgruppe *f* (*e-s Vereins etc*). **6.** *pl* römische Zahlen *pl* (*bes. auf dem Zifferblatt*). **II** *v/t* **7.** in Ka'pitel einteilen. **~ house** *s* **1.** *relig.* 'Domka,pitel *n*, Stift(shaus) *n*. **2.** *Am.* Klubhaus *n* (*e-r Studentenverbindung*).
**char**[1] [tʃɑː(r)] **I** *v/t* **1.** verkohlen, -koken: **a ~red body** e-e verkohlte Leiche. **2.** anbrennen. **II** *v/i* **3.** verkohlen. **III** *s* **4.** Holz-, Knochen-, Tierkohle *f*.
**char**[2] [tʃɑː(r)] *s ichth.* 'Rotfo,relle *f*.
**char**[3] [tʃɑː(r)] *s* **1.** *Br. colloq. für* charlady, charwoman. **2.** Putzen *n* (*als Lebensunterhalt*). **II** *v/i* **3.** putzen: **to go out ~ring** putzen gehen.
**char**[4] [tʃɑː] *s Br. sl.* Tee *m*.
**char-à-banc** [ˈʃærəˌbæŋ] *pl* **-bancs** [-z] *s* **1.** Kremser *m*. **2.** *Br.* Ausflugsomnibus *m*.
**char·ac·ter** [ˈkærəktə(r); -rɪk-] **I** *s* **1.** *allg.* Cha'rakter *m*: a) Wesen *n*, Art *f* (*e-s Menschen etc*): **bad ~**; **a man of noble ~**, b) guter Charakter: **(strong) ~** Charakterstärke *f*; **he has** (*od.* **is a man of**) **~** er hat Charakter, d) (*ausgeprägte*) Per'sönlichkeit: **he is an odd ~** er ist ein merkwürdiger Mensch *od.* Charakter; **he is (quite) a ~** *colloq.* er ist (schon) ein Original *od.* ein komischer Kerl, d) Eigenschaft(en *pl*) *f*, (charakte'ristisches) Kennzeichen, Gepräge *n*, *a. biol.* Merkmal *n*: **the ~ of the landscape** der Landschaftscharakter; → generic 1. **2.** a) Ruf *m*, Leumund *m*, b) Zeugnis *n* (*bes. für Personal*): **to give s.o. a good ~** j-m ein gutes Zeugnis ausstellen (*a. fig.*). **3.** Eigenschaft *f*, Rang *m*, Stellung *f*: **in his ~ of ambassador** in s-r Eigenschaft als Botschafter. **4.** Fi'gur *f*, Gestalt *f* (*e-s Romans etc*): **the ~s of the play** die Charaktere des Stückes; → imaginary 1. **5.** *thea.* Rolle *f*: **in ~** a) der Rolle gemäß, b) *fig.* (*zum Charakter des Ganzen*) passend; **it is in ~** es paßt dazu, zu ihm *etc*; **it is out of ~** es paßt nicht dazu, es fällt aus dem Rahmen. **6.** Schrift(zeichen *n*) *f*, Buchstabe *m*: **in Greek ~s**; **in large ~s** mit großen Buchstaben; **to**

know s.o.'s ~s j-s Handschrift kennen. **7.** Ziffer f, Zahl(zeichen n) f. **8.** Geheimzeichen n. **II** adj **9.** Charakter...: ~ **actor** thea. etc Charakterdarsteller m, -schauspieler m; ~ **assassination** Rufmord m; ~ **building** Charakterbildung f; ~ **dance** a) Ausdruckstanz m, b) (typischer) Nationaltanz m; ~ **defect** Charakterfehler m; ~ **part** (od. **role**) thea. etc Charakterrolle f; ~ **piece** mus. Charakterstück n; ~ **study** Charakterstudie f; ~ **trait** Charakterzug m; ~ **witness** jur. Leumundszeuge m.

**'char·ac·ter·ful** adj cha'raktervoll.

**char·ac·ter·is·tic** [ˌkærəktə'rɪstɪk; -rɪk-] **I** adj **1.** charakte'ristisch, bezeichnend, eigentümlich, typisch (**of** für): ~ **curve** tech. Leistungskurve f, -kennlinie f; ~ **note** mus. Leitton m. **II** s **2.** charakte'ristisches Merkmal, Eigentümlichkeit f, Kennzeichen n. **3.** math. Index m e-s Loga'rithmus, Kennziffer f. **char·ac-ter·is·ti·cal** → **characteristic I.** **char·ac·ter·is·ti·cal·ly** adv in charakte'ristischer Weise, typischerweise.

**char·ac·ter·i·za·tion** [ˌkærəktəraɪ'zeɪʃn; -rɪk-; Am. -rə'z-] s Charakterisierung f.

**char·ac·ter·ize** ['kærəktəraɪz; -rɪk-] v/t charakteri'sieren: a) beschreiben, schildern, b) kennzeichnen.

**char·ac·ter·less** ['kærəktə(r)lɪs; -rɪk-] adj **1.** cha'rakterlos. **2.** nichtssagend.

**char·ac·ter·ol·o·gy** [ˌkærəktə'rɒlədʒɪ; -rɪk-; Am. -'rɑ-] s psych. Charakterolo'gie f, Cha'rakterkunde f.

**cha·rade** [ʃə'rɑːd; Am. ʃə'reɪd] s **1.** Scha'rade f. **2.** bes. Br. Farce f.

**'char·broil** v/t auf Holzkohle grillen.

**char·coal** ['tʃɑː(r)kəʊl] s **1.** Holz-, Knochenkohle f. **2.** (Reiß-, Zeichen)Kohle f, Kohlestift m. **3.** Kohlezeichnung f. ~ **burn·er** s Köhler m, Kohlenbrenner m. ~ **draw·ing** s **1.** Kohlezeichnung f. **2.** Kohlezeichnen n (als Kunst).

**chard** [tʃɑː(r)d] s **1.** Blattstiele pl der Arti'schocke. **2.** a) bot. Mangold m, b) Mangold(gemüse n) m.

**charge** [tʃɑː(r)dʒ] **I** v/t **1.** beladen, (a. fig. sein Gedächtnis etc) belasten. **2.** (an)füllen, etc. a. beschicken. **3.** Gewehr, Mine etc laden: **to** ~ **a rifle. 4.** electr. Batterie etc (auf)laden. **5.** chem. sättigen, ansetzen (**with** mit). **6.** ~ **with** fig. j-m etwas aufbürden. **7.** j-n beauftragen (**with** mit): **to** ~ **s.o. with a task** j-n mit e-r Aufgabe betrauen; **to** ~ **s.o. to be careful** j-m einschärfen, vorsichtig zu sein. **8.** belehren, j-m Weisungen geben: **to** ~ **the jury** jur. den Geschworenen Rechtsbelehrung erteilen. **9.** (**with**) j-m (etwas) zur Last legen od. vorwerfen od. anlasten, a. jur. j-n (e-r Sache) beschuldigen od. anklagen od. bezichtigen: **to** ~ **s.o. with murder. 10.** (**with**) econ. j-n belasten (mit e-m Betrag), j-m (etwas) in Rechnung stellen: **to** ~ **an amount to s.o.'s account** j-s Konto mit e-m Betrag belasten. **11.** berechnen, (als Preis) fordern: **how much do you** ~ **for it?** wieviel berechnen od. verlangen Sie dafür?; **he** ~**d me 3 dollars for it** er berechnete mir 3 Dollar dafür; ~**d at** berechnet mit. **12.** mil. a) angreifen, b) stürmen. **13.** sport e-n Gegenspieler ,angreifen', rempeln. **14.** mil. Waffe zum Angriff fällen.

**II** v/i **15.** stürmen: **to** ~ **at s.o.** auf j-n losgehen.

**III** s **16.** bes. fig. Last f, Belastung f, Bürde f. **17.** Fracht(ladung) f. **18.** tech. a) Beschickung(sgut n) f, Füllung f, metall. Charge f, Gicht f, b) Ladung f (e-r Schußwaffe, Batterie etc), (Pulver-, Spreng-) Ladung f. **19.** fig. Explo'sivkraft f, Dy-'namik f: **emotional** ~. **20.** (finanzi'elle)

Belastung od. Last: ~ **on an estate** Grundstücksbelastung, Grundschuld f. **21.** fig. (**on, upon**) Anforderung f (an acc), Beanspruchung f (gen). **22.** a) Preis m, Kosten pl, b) Forderung f, in Rechnung gestellter Betrag, c) Gebühr f, d) a. pl Unkosten pl, Spesen pl: ~ **for admission** Eintrittspreis; **at s.o.'s** ~ auf j-s Kosten; **free of** ~ kostenlos, gratis; **what is the** ~? was kostet es?; **there is no** ~s kostet nichts. **23.** econ. Belastung f (**to an account** e-s Kontos). **24.** Beschuldigung f, Vorwurf m, jur. a. (Punkt m der) Anklage f: **to be on a** ~ **of murder** unter Mordanklage stehen; **to return to the** ~ fig. auf das alte Thema zurückkommen. **25.** mil. a) Angriff m, b) Sturm m. **26.** mil. Si'gnal n zum Angriff: **to sound the** ~ zum Angriff blasen. **27.** Verantwortung f: a) Aufsicht f, Leitung f, b) Obhut f, Verwahrung f: **the person in** ~ die verantwortliche Person, der od. die Verantwortliche; **to be in** ~ **of** verantwortlich sein für, die Aufsicht od. den Befehl führen über (acc), leiten, befehligen (acc); **to be in s.o.'s** ~, **to be in** (od. **under**) **the** ~ **of s.o.** unter j-s Obhut stehen, von j-m betreut werden; **to have** ~ **of** in Obhut od. Verwahrung haben, betreuen; **to place** (od. **put**) **s.o. in** ~ (od. j-m die Leitung (gen) od. Aufsicht (über acc) übertragen; **to take** ~ die Leitung etc übernehmen, die Sache in die Hand nehmen; → **drunk 1. 28.** Br. (poli'zeilicher) Gewahrsam: **to give s.o. in** ~ j-n der Polizei übergeben. **29.** a) Schützling m, Pflegebefohlene(r) m, Mündel m, n, b) j-m anvertraute Sache, c) relig. Gemeinde(glied n) f (e-s Seelsorgers), ,Schäflein' n od. pl. **30.** Befehl m, Anweisung f. **31.** jur. Rechtsbelehrung f (an die Geschworenen). **32.** her. Wappenbild n.

**charge·a·ble** ['tʃɑː(r)dʒəbl] adj (adv chargeably) **1.** (**to**) anrechenbar, anzurechnen(d) (dat), zu Lasten gehend (von). **2.** anzuklagen(d), belangbar (**for** wegen): ~ **offence** (Am. **offense**) gerichtlich zu belangendes Vergehen.

**charge ac·count** s econ. **1.** 'Kundenkreˌditkonto n. **2.** Abzahlungskonto n (bei Teilzahlungen).

**char·gé d'af·faires** [ˌʃɑː(r)ʒeɪdæ'feə(r)] pl **char·gés d'af·faires** [-ʒeɪ-] s Char'géd'affaires m, Geschäftsträger m.

**charge nurse** s med. Br. Oberschwester f.

**charg·er¹** ['tʃɑː(r)dʒə(r)] s **1.** a) mil. bes. hist. Chargen-, Dienstpferd n (e-s Offiziers), b) poet. (Schlacht)Roß n. **2.** a. ~ **strip** mil. Ladestreifen m. **3.** electr. Ladegerät n. **4.** tech. Aufgeber m.

**charg·er²** ['tʃɑː(r)dʒə(r)] s obs. Ta'blett n, Platte f.

**charge sheet** s **1.** a) Poli'zeireˌgister n (der Verhafteten u. der gegen sie erhobenen Beschuldigungen), b) poli'zeiliches Aktenblatt (über den Einzelfall). **2.** mil. Tatbericht m.

**charg·ing** ['tʃɑː(r)dʒɪŋ] s **1.** Beladung f. **2.** tech. Beschickung f (e-r Anlage). **3.** electr. (Auf)Ladung f. **4.** econ. Belastung f, Auf-, Anrechnung f. ~ **ca·pac-i·tor** s electr. 'Ladekondenˌsator m. ~ **floor** s tech. Gichtbühne f. ~ **hole** s tech. Einschüttöffnung f. ~ **or·der** s jur. Br. Beschlagnahmeverfügung f.

**char·i·ness** ['tʃeərɪnɪs] s **1.** Vorsicht f, Behutsamkeit f. **2.** Sparsamkeit f.

**char·i·ot** ['tʃærɪət] s **1.** antiq. zweirädriger Streit- od. Tri'umphwagen. **2.** leichter vierrädriger Wagen. **char·i·ot·eer** [-'tɪə(r)] s bes. poet. Wagen-, Rosselenker m.

**cha·ris·ma** [kə'rɪzmə] s Charisma n: a) relig. göttliche Gnadengabe, b) fig. Ausstrahlung(skraft) f. **char·is·mat·ic** [ˌkærɪz'mætɪk] adj charis'matisch.

**char·i·ta·ble** ['tʃærətəbl] adj (adv charitably) **1.** wohltätig, mild(tätig), karita-'tiv: ~ **society** Wohltätigkeitsverein m. **2.** gütig, nachsichtig (**to** j-m gegen'über): **to take a** ~ **view of s.th.** e-e Sache mit Nachsicht beurteilen. **'char·i·ta·ble·ness** → **charity 2** u. **3. char·i·ty** ['tʃærətɪ] **I** s **1.** (christliche) Nächstenliebe: **Brother of** ~ barmherziger Bruder. **2.** Wohl-, Mildtätigkeit f (**to the poor** gegen die Armen): ~ **begins at home** zuerst kommt einmal die eigene Familie od. das eigene Land; (**as**) **cold as** ~ fig. hart wie Stein. **3.** Liebe f, Güte f, Milde f, Nachsicht f: **to practice** (bes. Br. **practise**) ~ **toward(s) s.o.** j-m gegenüber Milde od. Nachsicht üben. **4.** Almosen n, milde Gabe. **5.** gutes Werk. **6.** wohltätige Einrichtung od. Stiftung, 'Wohlfahrtsinstiˌtut n. **II** adj **7.** Wohltätigkeits...: ~ **bazaar**; ~ **stamp** mail Wohlfahrtsmarke f.

**cha·ri·va·ri** [ˌʃɑːrɪ'vɑːrɪ; Am. ˌʃɪvə'riː; 'ʃɪvəˌriː] s **1.** 'Katzenmuˌsik f (bes. als Ständchen für Neuvermählte). **2.** Getöse n, Lärm m.

**char·la·dy** ['tʃɑː(r)ˌleɪdɪ] Br. für **charwoman.**

**char·la·tan** ['tʃɑː(r)lətən] s Scharlatan m: a) Quacksalber m, Kurpfuscher m, b) Schwindler m. **char·la'tan·ic** [-'tænɪk], **char·la'tan·i·cal** adj quacksalberisch, pfuscherhaft. **'char·la·tan·ism**, **'char·la·tan·ry** [-rɪ] s Scharlatane'rie f.

**Charles·ton** ['tʃɑː(r)lstən] **I** s mus. Charleston m. **II** v/i a. **c~** Charleston tanzen.

**char·ley horse** ['tʃɑːlɪ] s Am. colloq. Muskelkater m.

**char·lie** ['tʃɑːlɪ] s colloq. **1.** Br. Trottel m. **2.** Austral. ,Puppe' f (Mädchen).

**char·lock** ['tʃɑːlɒk; Am. 'tʃɑːrˌlɑk] s bot. Ackersenf m, Hederich m.

**char·lotte** ['tʃɑː(r)lət] s gastr. Char'lotte f (Süßspeise).

**charm** [tʃɑː(r)m] **I** s **1.** Charme m, Zauber m, bezauberndes Wesen, (Lieb)Reiz m: **feminine** ~**s** weibliche Reize; ~ **of style** gefälliger Stil; **to turn on the** (od. **one's**) ~ colloq. s-n (ganzen) Charme spielen lassen. **2.** a) Zauberformel f, -mittel n, b) Zauber m: **to be under a** ~ unter e-m Bann stehen; **like a** ~ fig. wie Zauberei, fabelhaft. **3.** Talisman m, Amu'lett n. **II** v/t **4.** bezaubern, entzücken: ~**ed by** (od. **with**) bezaubert od. entzückt von; **to be** ~**ed to meet s.o.** entzückt sein, j-n zu treffen. **5.** be-, verzaubern, behexen, Schlangen beschwören: ~**ed against s.th.** gegen etwas gefeit; **to have a** ~**ed life** e-n Schutzengel haben; **to** ~ **away** wegzaubern, Sorgen etc zerstreuen. **III** v/i **6.** bezaubern(d wirken), entzücken.

**'charm·er** s **1.** Zauberer m, Zauberin f. **2.** a) bezaubernder Mensch, Char'meur m, b) reizvolles Geschöpf, ,Circe' f (Frau). **3.** Schlangenbeschwörer m.

**charm·ing** ['tʃɑː(r)mɪŋ] adj (adv ~**ly**) char'mant, bezaubernd, entzückend, reizend. **'charm·ing·ness** s bezauberndes Wesen.

**char·nel** ['tʃɑː(r)nl] **I** s → **charnel house. II** adj Leichen... ~ **house** s hist. Leichen-, Beinhaus n.

**char·qui** ['tʃɑː(r)kɪ] s in Streifen geschnittenes, getrocknetes Rindfleisch.

**chart** [tʃɑː(r)t] **I** s **1.** Ta'belle f: **genealogical** ~. **2.** a) graphische Darstellung, z.B. (Farb)Skala f, (Fieber)Kurve f, (Wetter)Karte f, b) bes. tech. Plan m, Dia'gramm n, Tafel f, Schaubild n, Kurve(nblatt n) f. **3.** (bes. See-, Himmels-)Karte f: **admiralty** ~ Admiralitätskarte;

→ astronomical. **4.** *pl* Charts *pl*, Hitliste(n *pl*) *f*: **to get into the** ~**s** in die Charts kommen. **II** *v/t* **5.** auf e-r Karte *etc* einzeichnen *od.* verzeichnen. **6.** graphisch darstellen, skiz'zieren. **7.** *fig.* entwerfen, planen.

**char·ter** ['tʃɑː(r)tə(r)] **I** *s* **1.** Urkunde *f*, Freibrief *m*. **2.** Privi'leg *n* (von Freiheiten u. Rechten). **3.** Gnadenbrief *m*. **4.** a) urkundliche Genehmigung seitens e-r Gesellschaft etc zur Gründung e-r Filiale, Tochtergesellschaft etc, b) Gründungsurkunde *f* (e-r juristischen Person des öffentlichen od. privaten Rechts), c) *Am.* Satzung *f* (e-r Aktiengesellschaft), d) Konzessi'on *f*. **5.** *pol.* Charta *f*, Verfassung(surkunde) *f*: **the C**~ **of the United Nations. 6.** a) Chartern *n*, b) → **charter party. II** *v/t* **7.** *Bank etc* konzessio'nieren. **8.** chartern: a) *Schiff, Flugzeug etc* mieten, b) *mar.* (durch Chartepartie) befrachten. **'char·ter·age** *s mar.* Befrachtung *f*, Charter *f*.

**char·tered** ['tʃɑː(r)tə(r)d] *adj* **1.** konzessio'niert: ~ **accountant** *Br.* a) konzessionierter Buchprüfer, b) konzessionierter Steuerberater; ~ **company** *Br.* (königlich) privilegierte (Handels)Gesellschaft; ~ **corporation** staatlich konzessionierte juristische Person. **2.** gechartert: a) gemietet, Charter...: ~ **aircraft**, ~ **flight**, b) *mar.* befrachtet. **'char·ter·er** *s mar.* Befrachter *m*.

**char·ter|flight** *s* Charterflug *m*. ~ **mem·ber** *s* Gründungsmitglied *n*. ~ **par·ty** *s mar.* 'Charteparˌtie *f*, Befrachtungsvertrag *m*.

**Chart·ism** ['tʃɑː(r)tɪzəm] *s hist. Br.* Char'tismus *m* (politische Bewegung 1830–48).

**char·tog·ra·pher**, *etc* → **cartographer**, *etc*.

**char·treuse** [ʃɑː'trɜːz; *Am.* ʃɑːr'truːz] *s* **1.** Char'treuse *m* (Kräuterlikör). **2.** *a.* ~ **green** hellgrüne Farbe. **3.** *gastr.* Char'treuse *f* (Gericht aus Gemüse od. Teigwaren u. Fleisch).

**'chart·room** *s mar.* Kartenzimmer *n*, -haus *n*, Navigati'onsraum *m*.

**char·wom·an** ['tʃɑː(r)ˌwʊmən] *s irr* Putzfrau *f*, Raumpflegerin *f*.

**char·y** ['tʃeəri] *adj* (*adv* **charily**) **1.** vorsichtig, behutsam (**in, of** in *dat*, bei). **2.** wählerisch. **3.** sparsam, zu'rückhaltend (**of** mit).

**chase¹** [tʃeɪs] **I** *v/t* **1.** a) jagen, Jagd machen auf (*acc*), nachjagen (*dat*) (*a. fig. e-m Traum etc*), b) *colloq. e-m Mädchen etc* nachlaufen. **2.** *hunt.* hetzen, jagen. **3.** *a.* ~ **away** verjagen, -treiben: **go (and)** ~ **yourself!** *colloq.* hau ab! **II** *v/i* **4.** jagen: ~ **after s.o.** j-m nachjagen. **5.** *colloq.* rasen, rennen. **III** *s* **6.** a) *hunt. u. fig.* (Hetz)Jagd *f*: **to go in** ~ **of** the fox hinter dem Fuchs herjagen, b) *fig.* Verfolgung(sjagd) *f*: **to give** ~ die Verfolgung aufnehmen; **to give** ~ **to s.o. (s.th.)** j-n (etwas) verfolgen, j-m (e-r Sache) nachjagen. **7.** gejagtes Wild (*a. fig.*) *od.* Schiff *etc*. **8.** *Br.* a) 'Jagd(reˌvier *n*) *f*, b) *jur.* Jagdrecht *n*.

**chase²** [tʃeɪs] **I** *s* **1.** *print.* Formrahmen *m*. **2.** Kupferstecherrahmen *m*. **3.** Rinne *f*, Furche *f*. **4.** *mil.* langes, gezogenes Feld (e-s Geschützrohres). **II** *v/t* **5.** zise'lieren, ausmeißeln: ~**d work** getriebene Arbeit. **6.** *tech.* a) punzen, b) Gewinde strehlen, strählen.

**chase gun** *s mar.* Buggeschütz *n*.

**chas·er¹** ['tʃeɪsə(r)] *s* **1.** Jäger *m*, Verfolger *m*. **2.** *mar.* a) Jagd machendes Schiff, (*bes.* U-Boot-)Jäger *m*, b) Jagdgeschütz *n*. **3.** *aer.* Jagdflugzeug *n*, Jäger *m*. **4.** *Am. colloq.* 'Schluck *m* zum Nachspülen' (Schnaps auf Kaffee etc). **5.** *Am.*

*colloq.* ˌ'Rausschmeißer' *m* (letzter Tanz etc). **6.** *colloq.* Schürzenjäger *m*.

**chas·er²** ['tʃeɪsə(r)] *s* **1.** Zise'leur *m*. **2.** *tech.* Gewindestahl *m*, -strähler *m*. **3.** *tech.* Treibpunzen *m*.

**chas·ing lathe** ['tʃeɪsɪŋ] *s tech.* Drück-(dreh)bank *f*.

**chasm** ['kæzəm] *s* **1.** Kluft *f*, Abgrund *m* (*a. fig.*). **2.** Schlucht *f*, Klamm *f*. **3.** Riß *m*, Spalte *f*. **4.** *fig.* Lücke *f*.

**chas·sé** ['ʃæseɪ; *Am.* ʃæ'seɪ] **I** *s* gleitender Tanzschritt. **II** *v/i pret u. pp* -**séd** chas'sieren.

**chas·seur** [ʃæ'sɜː; *Am.* ʃæ'sɜr] *s* **1.** *mil.* Jäger *m* (in der französischen Armee). **2.** li'vrierter La'kai. **3.** Jäger *m*.

**chas·sis** ['ʃæsɪ; *Am.* -sɪs] *s* **1.** Chas'sis *n*: a) *aer. mot.* Fahrgestell *n*, b) *Radio:* Grundplatte *f*. **2.** *mil.* La'fettenrahmen *m*.

**chaste** [tʃeɪst] *adj* (*adv* ~**ly**) **1.** keusch: a) rein, unschuldig, b) züchtig, tugendhaft, sittsam, zu'rückhaltend. **2.** stilrein, von edler Schlichtheit: **a** ~ **design. 3.** bescheiden, schlicht: **a** ~ **meal. chas·ten** ['tʃeɪsn] *v/t* **1.** züchtigen, strafen. **2.** *fig.* reinigen, läutern, *Stil etc* verfeinern. **3.** *fig.* a) mäßigen, dämpfen, b) ernüchtern, nachdenklich stimmen. **'chaste·ness** *s* Keuschheit *f*.

**chas·tise** [tʃæ'staɪz] *v/t* **1.** züchtigen, (be)strafen. **2.** *fig.* geißeln, scharf tadeln. **chas·tise·ment** ['tʃæstɪzmənt; tʃæ'staɪz-] *s* Züchtigung *f*, Strafe *f*.

**chas·ti·ty** ['tʃæstətɪ] *s* **1.** Keuschheit *f*: ~ **belt** *hist.* Keuschheitsgürtel *m*. **2.** Reinheit *f*, Unschuld *f*. **3.** Schlichtheit *f*.

**chas·u·ble** ['tʃæzjʊbl; *Am.* -zəbəl] *s relig.* Kasel *f*, Meßgewand *n*.

**chat¹** [tʃæt] **I** *v/i* plaudern, plauschen, schwatzen. **II** *v/t* ~ **up** *Br. colloq.* a) einreden auf (*acc*), b) sich ˌranmachen' an (*ein Mädchen etc*), ˌanquatschen'. **III** *s* Plaude'rei *f* (*a. im Radio etc*), Schwätzchen *n*, Plausch *m*: **to have a** ~ **with s.o.** mit j-m plaudern.

**chat²** [tʃæt] *s orn.* Steinschmätzer *m*.

**chat·e·lain** ['ʃætəleɪn] *s* Kastel'lan *m*. **chat·e·laine** ['ʃætəleɪn] *s* **1.** Kastel'lanin *f*. **2.** Schloßherrin *f*. **3.** Chate'laine *f*, (Gürtel)Kette *f*.

**chat|show** *s Br.* Talk-Show *f*. **'**~**-show host** *s Br.* Talkmaster *m*.

**chat·ter** ['tʃætə(r)] **I** *v/i* **1.** schnattern (*Affen*), krächzen (*Elstern etc*). **2.** schnattern: a) schwatzen, plappern, b) klappern: **his teeth** ~**ed with cold** er klapperte vor Kälte (mit den Zähnen). **3.** rattern, klappern (*Blech etc*). **4.** plätschern. **II** *v/t* **5.** (da'her)plappern. **III** *s* **6.** Geschnatter *n*, Geplapper *n*, Geschwätz *n*. **7.** Klappern *n*, Rattern *n*. **'**~**box** *s* Plaudertasche *f*, Plappermaul *n*.

**chat·ter·er** ['tʃætərə(r)] *s* Schwätzer(in).

**chat·ti·ness** ['tʃætɪnɪs] *s* Gesprächigkeit *f*, Redseligkeit *f*.

**chat·ty** ['tʃætɪ] *adj* (*adv* **chattily**) **1.** geschwätzig, redselig, gesprächig. **2.** plaudernd, im Plauderton (geschrieben *etc*), unter'haltsam: **a** ~ **letter.**

**chauf·feur** ['ʃəʊfə(r); ʃəʊ'fɜː; *Am.* -'fɜr] **I** *s* Chauf'feur *m*, Fahrer *m*. **II** *v/t* chauf'fieren, fahren: ~**ed** mit Chauffeur. **III** *v/i* ~ **for** als Chauf'feur angestellt sein bei.

**chauf·feuse** [ʃə'fɜːz] *s* Fahrerin *f*.

**chau·vi** ['ʃəʊvi] *s colloq.* ˌ'Chauvi' *m* (männlicher Chauvinist).

**chau·vin·ism** ['ʃəʊvɪnɪzəm] *s* Chauvi-

'nismus *m*: **male** ~ männlicher Chauvinismus. **'chau·vin·ist** *s* Chauvi'nist *m*: **male** ~ männlicher Chauvinist; **male** ~ **pig** *colloq. contp.* ˌ'Chauvischwein' *n*. **ˌchau·vin·'is·tic** *adj* (*adv* ~**ally**) chauvi'nistisch. [*s Priem m.*]

**chaw** [tʃɔː] *dial.* **I** *v/t* *Priem* kauen. **II** **chaw·dron** ['tʃɔːdrən] *s obs.* Kal'daunen *pl*, (Tier)Eingeweide *pl*.

**cheap** [tʃiːp] **I** *adj* (*adv* ~**ly**) **1.** billig, preiswert: ~ **flights** Billigflüge; ~ **rate** *teleph. etc* Billigtarif *m*; **to hold s.th.** ~ e-e geringe Meinung von etwas haben; (**as**) ~ **as dirt** *colloq.* spottbillig; **it is** ~ **at that price** für diesen Preis ist es billig. **2.** *fig.* billig: a) mühelos: ~ **glory**, b) minderwertig, kitschig: ~ **finery. 3.** *fig.* a) schäbig, gemein: ~ **conduct** schäbiges Benehmen, b) billig, ordi'när: **a** ~ **girl. 4.** *Br.* verbilligt, ermäßigt: **a** ~ **fare. II** *adv* **5.** billig: **to buy s.th.** ~. **III** *s* **6. on the** ~ *colloq.* billig. **'cheap·en I** *v/t* **1.** verbilligen, (im Preis) her'absetzen. **2.** *fig.* schlechtmachen. **3.** *fig.* ordi'när erscheinen lassen: **to** ~ **o.s.** sich herabwürdigen. **II** *v/i* **4.** billiger werden.

**'cheap·jack I** *s* billiger Jakob. **II** *adj* Ramsch...

**cheap·ness** ['tʃiːpnɪs] *s* Billigkeit *f*.

**'cheap·skate** *s colloq.* ˌ'Knicker' *m*, ˌGeizkragen' *m*, Geizhals *m*.

**cheat** [tʃiːt] **I** *s* **1.** Betrüger(in), Schwindler(in), ˌMogler(in)'. **2.** Betrug *m* (*a. jur.*), Schwindel *m*, ˌMoge'lei' *f*. **II** *v/t* **3.** betrügen (*a. fig. um e-e Möglichkeit etc*), beschwindeln, ˌbemogeln' (**of, out of** um): **to** ~ **s.o. into doing s.th.** j-n dazu verleiten, etwas zu tun; **to** ~ **s.o. into believing that** j-m weismachen, daß. **4.** ein Schnippchen schlagen, sich entziehen (*dat*): **to** ~ **justice. III** *v/i* **5.** betrügen, schwindeln, ˌmogeln': **to** ~ **at cards** beim Kartenspiel mogeln. **6.** ~ **on** *colloq. s-e Frau etc* betrügen. **'cheat·er** *s* **1.** → **cheat** 1. **2.** *pl, a.* **pair of** ~**s** *Am. sl.* Brille *f*. **3.** *pl Am. sl.* Schaumgummieinlagen *pl* (*im Büstenhalter*). **'cheater·y** [-ərɪ] (→ **cheat** 2.

**cheat sheet** *s ped.* Spickzettel *m*.

**cheat·ing pack** *s* Mogelpackung *f*.

**check** [tʃek] **I** *s* **1.** Schach(stellung *f*) *n*: **~ im Schach** (stehend); **to give** ~ Schach bieten; **to hold** (*od.* **keep**) **in** ~ *fig.* in Schach halten. **2.** Hemmnis *n*, Hindernis *n* (*Person od. Sache*) (**on** für): **without a** ~ ungehindert; **to put a** ~ (**up**)**on s.o.** j-m e-n Dämpfer aufsetzen, j-n zurückhalten. **3.** Einhalt *m*, Unter'brechung *f*, Rückschlag *m*: **to give a** ~ **to** Einhalt gebieten (*dat*). **4.** Kon'trolle *f*, Über'prüfung *f*, Nachprüfung *f*, Über'wachung *f*: **to keep a** ~ (**up**)**on s.th.** etwas unter Kontrolle halten. **5.** *Am.* Kon'trollzeichen *n*, *bes.* Häkchen *n* (*auf Listen etc*). **6.** *econ. Am.* Scheck *m* (= *Br.* **cheque**) (**for** über *acc*). **7.** *bes. Am.* Kassenschein *m*, -zettel *m*, Rechnung *f* (*im Kaufhaus od. Restaurant*). **8.** Kon'trollabschnitt *m*, -marke *f*, -schein *m*. **9.** *bes. Am.* Aufbewahrungsschein *m*: a) Garde'robenmarke *f*, Gepäckschein *m*. **10.** (*Essensetc*)Bon *m*, Gutschein *m*. **11.** a) Schachbrett-, Würfel-, Karomuster *n*, b) Karo *n*, Viereck *n*, c) ka'rierter Stoff. **12.** Spielmarke *f* (*z. B. beim Pokerspiel*): **to pass** (*od.* **hand**) **in one's** ~**s** *Am. colloq.* ˌden Löffel weglegen' (*sterben*). **13.** *tech.* Arre'tiervorrichtung *f*, -feder *f*. **14.** kleiner Riß *od.* Spalt (*in Holz, Stahl etc*). **15.** *Eishockey:* Check *m*. **16. to come to a** ~ von der Fährte abkommen (*Jagdhund*). **II** *interj* **17.** Schach! **18.** *Am. colloq.* klar! **III** *v/t* **19.** Schach bieten (*dat*). **20.** hemmen, hindern, zum Stehen bringen, auf-

halten, eindämmen. **21.** *tech.*, *a. fig. econ.*
*etc* drosseln, bremsen. **22.** zu'rückhalten,
zügeln: **to ~ o.s.** sich beherrschen. **23.**
*Eishockey*: checken. **24.** checken, kon-
trol'lieren, über'prüfen, nachprüfen (**for**
auf *e-e Sache* hin): **to ~ against** verglei-
chen mit. **25.** *Am.* (*auf e-r Liste etc*)
abhaken, ankreuzen. **26.** *bes. Am.* a) (zur
Aufbewahrung *od.* in der Garde'robe)
abgeben, b) (als Reisegepäck) aufgeben.
**27.** *bes. Am.* a) (zur Aufbewahrung) an-
nehmen, b) zur Beförderung (als Reise-
gepäck) über'nehmen *od.* annehmen.
**28.** ka'rieren, mit e-m Karomuster ver-
sehen. **29.** *a. ~* **out** *Am.* Geld mittels
Scheck abheben. **30.** *Br.* Karte lochen.
**31.** *obs. j-n* rügen, tadeln.
**IV** *v/i* **32.** *bes. Am.* a) (sich als richtig
erweisen, stimmen, b) (**with**) genau ent-
sprechen (*dat*), über'einstimmen (mit).
**33.** *oft ~* **up** (**on**) (*e-e Sache*) nachprüfen,
(*e-e Sache od. j-n*) über'prüfen. **34.** *Am.*
e-n Scheck ausstellen (**for** über *acc*).
**35.** (plötzlich) inne- *od.* anhalten, stut-
zen. **36.** *tech.* rissig werden.
*Verbindungen mit Adverbien*:
**check|back** *v/i* rückfragen (**with** bei).
**~ in I** *v/i* **1.** sich (*in e-m Hotel*) anmelden.
**2.** einstempeln. **3.** *aer.* einchecken. **II** *v/t*
**4.** (*in e-m Hotel*) anmelden. **5.** *aer.* ein-
checken. **~ off** → check 25. **~ out I** *v/t*
**1.** → check 24. **2.** → check 29. **3.** sich
erkundigen nach, sich infor'mieren über
(*acc*). **II** *v/i* **4.** (*aus e-m Hotel*) abreisen.
**5.** ausstempeln. **6.** *Am. sl.* ,abkratzen'
(*sterben*). **~ o•ver** → check 24. **~ up** →
check 33.
**check•a•ble** ['tʃekəbl] *adj* kontrol'lier-
bar, nachprüfbar.
**'check|•back** *s* Rückfrage *f.* **~ bit** *s*
*Computer*: Prüf-, Kon'trollbit *n.*
**'~‚book,** *Br.* **'cheque•book** *s* Scheck-
buch *n,* -heft *n.* **~ card,** *Br.* **cheque
card** *s* Scheckkarte *f.* **~ col•lar** *s* **1.** (*Art*)
Kummet *n* (*zum Einfahren von Pferden*).
**2.** Dres'surhalsband *n* (*für Hunde*).
**checked** [tʃekt] *adj* **1.** ka'riert: **~ pattern**
Karomuster *n.* **2.** *ling.* auf e-n Konso-
'nanten endend (*Silbe*).
**check•er¹,** *bes. Br.* **cheq•uer** ['tʃekə(r)]
**I** *s* **1.** *Am.* a) (Dame)Stein *m,* b) *pl* (*als sg
konstruiert*) Damespiel *n*: **to play** (**at**) **~s**
Dame spielen. **2.** *obs.* Schachbrett *n.*
**3.** Karomuster *n.* **II** *v/t* **4.** ka'rieren.
**5.** *fig.* vari'ieren, bunt *od.* wechselvoll
gestalten.
**check•er²** ['tʃekə(r)] *s bes. Am.* **1.** Kas-
'siererin *f* (*bes. im Supermarkt*). **2.** Gar-
de'robenfrau *f.* **3.** *rail.* Angestellte(r *m*) *f*
in e-r Gepäckaufbewahrung.
**'check•er‚board,** *bes. Br.* **'cheq•uer-
board I** *s* Schach- *od.* Damebrett *n.*
**II** *adj* → checkered 1.
**check•ered,** *bes. Br.* **cheq•uered**
['tʃekə(r)d] *adj* **1.** ka'riert, gewürfelt,
schachbrettartig. **2.** bunt (*a. fig.*). **3.** *fig.*
wechselvoll, bewegt: **a ~ history** (past).
**'check•er‚work,** *bes. Br.* **'cheq•uer-
work** *s* schachbrettartig ausgelegte
Arbeit, Schachbrettmuster *n.*
**'check•in** *s* **1.** Anmeldung *f* (*in e-m Hotel*).
**2.** Einstempeln *n.* **3.** *aer.* Einchecken *n*: **~
counter** Abfertigungsschalter *m.*
**check•ing| ac•count** ['tʃekɪŋ] *s econ.
Am.* Girokonto *n.* **~ slip** *s* Kon'troll-
abschnitt *m.*
**check| list** *s* Check-, Kon'troll-, Ver-
gleichsliste *f.* **~ lock** *s* kleines Sicher-
heitsschloß. **'~•mate I** *s* **1.** (Schach-)
'Matt *n,* Mattstellung *f.* **2.** *fig.* Niederlage
*f.* **II** *v/t* **3.** (schach)'matt setzen (*a. fig.*).
**III** *interj* **4.** schach'matt! **~ nut** *s tech.*
Gegenmutter *f.* **'~•off** *s Am.* Einbehal-
tung *f* der Gewerkschaftsbeiträge durch
den Betrieb. **'~•out** *s* **1.** a) Abreise *f* (*aus*

*e-m Hotel*), b) *a. ~* **time** Zeit, zu der ein
Hotelzimmer geräumt sein muß: **~ is at 10**
die Zimmer müssen um 10 geräumt sein.
**2.** Ausstempeln *n.* **3.** *a. ~* **counter** Kasse *f*
(*bes. im Supermarkt*). **4.** *tech.* Bestehen *n*
e-s Tauglichkeitstests: **~ test** Tauglich-
keitstest *m.* **'~-‚o•ver** → checkup 1.
**'~•point** *s* **1.** *mil.* Bezugs-, Orien'tie-
rungspunkt *m.* **2.** *electr. tech.* Kon'troll-,
Eichpunkt *m.* **3.** *pol.* Kon'trollpunkt *m*
(*an der Grenze*). **~ rail** *s rail.* Radlenker
*m.* **'~‚rein** *s Am.* Ausbindezügel *m.*
**'~•room** *s bes. Am.* **1.** *rail.* Gepäckauf-
bewahrung(sstelle) *f.* **2.** Garde'robe(n-
raum *m*) *f.* **~s and bal•anc•es** *s pl pol.
bes. Am.* gegenseitige Kon'trolle (*zur Ver-
hinderung von Machtmißbrauch*). **'~•up** *s*
**1.** Über'prüfung *f,* Kon'trolle *f.* **2.** *med.*
Check-up *m,* ('umfangreiche) 'Vorsorge-
unter‚suchung. **~ valve** *s tech.* **1.** 'Ab-
sperrven‚til *n.* **2.** 'Rückschlagven‚til *n.*
**'~‚weigh•er** *s tech.* **1.** Wiegemeister *m.*
**2.** Kon'trollwaage *f.*
**Ched•dar (cheese)** ['tʃedə(r)] *s* Ched-
darkäse *m.*
**cheek** [tʃi:k] **I** *s* **1.** Backe *f,* Wange *f*: **to be
~ by jowl** Tuchfühlung haben (**with** mit)
(*a. fig.*). **2.** *colloq.* ,Backe' (*Gesäßhälfte*).
**3.** *colloq.* Frechheit *f,* Unverfrorenheit *f*:
**to have the ~ to do** s.th. die Frechheit
*od.* Stirn besitzen, etwas zu tun; **he had
the ~ to** *sl.* er hatte die Frechheit zu spät.
**4.** *tech.* Backe *f* (*Seitenteil e-s Schraub-
stocks etc*): **~s of a vice. 5.** a) Knebel *m*
(*am Trensengebiß e-s Pferdes*), b) *pl*
Backenteile *pl* (*des Pferdegeschirrs*).
**II** *v/t* **6.** *colloq.* frech sein zu. **'~•bone** *s*
Backenknochen *m.*
**cheeked** [tʃi:kt] *adj in Zssgn* ...wangig:
hollow-~; rosy-~ *a.* rotbäckig.
**cheek•i•ness** ['tʃi:kɪnɪs] *s colloq.* Frech-
heit *f.*
**'cheek|•piece** *s* Backenriemen *m* (*am
Pferdegeschirr*). **~ pouch** *s zo.* Backen-
tasche *f.* **~ tooth** *s irr* Backenzahn *m.*
**cheek•y** ['tʃi:kɪ] *adj* (*adv* **cheekily**)
*colloq.* frech, unverschämt (**to** zu).
**cheep** [tʃi:p] **I** *v/t u. v/i* piepsen. **II** *s*
a) Piepsen *n,* b) Pieps(er *m*) (*a. fig.*): **we
didn't get a ~ out of him** er hat nicht
piep gesagt. **'cheep•er** *s orn.* junger
Vogel, Küken *n.*
**cheer** [tʃɪə(r)] **I** *s* **1.** Beifall(sruf) *m,*
Hur'ra(ruf *m*) *n,* Hoch(ruf *m*) *n*: **three ~s
for him!** ein dreifaches Hoch auf ihn!, er
lebe hoch, hoch, hoch!; **to give three ~s
for s.o.** ein dreifaches Hoch auf j-n
ausbringen, j-n dreimal hochleben las-
sen; **to the ~s** of unter dem Beifall *etc*
(*gen*). **2.** Auf-, Ermunterung *f,* Aufheite-
rung *f,* Trost *m*: **words of ~** aufmuntern-
de Worte; **~s!** → cheerio. **3.** a) gute
Laune, vergnügte Stimmung, Frohsinn
*m,* Fröhlichkeit *f,* b) Stimmung *f*: **good ~**
→ a; **to be of good ~** guter Laune *od.*
Dinge sein, vergnügt *od.* froh sein; **be of
good ~!** sei guten Mutes!; **to make good
~** sich amüsieren, *a.* gut essen u. trinken.
**4.** *obs.* Speise *f* u. Trank *m.* **II** *v/t* **5.**
Beifall spenden (*dat*), zujubeln (*dat*), mit
Hoch- *od.* Bravorufen begrüßen, hochle-
ben lassen. **6.** *a. ~* **on** anspornen, an-
feuern: **to ~ on a football team. 7.** *a. ~*
**up** j-n er-, aufmuntern, aufheitern. **III**
*v/i* **8.** Beifall spenden, hoch *od.* hur'ra
rufen, jubeln. **9.** *meist ~* **up** Mut fassen,
(wieder) fröhlich werden: **~ up!** Kopf
hoch!, laß den Kopf nicht hängen!
**'cheer•ful** *adj* **1.** fröhlich, vergnügt,
munter. **2.** freundlich (*Raum, Wetter etc*).
**3.** fröhlich (*Lied etc*). **4.** bereitwillig (ge-
geben). **'cheer•ful•ly** *adv* **1.** → cheer-
ful. **2.** *iro.* ,quietschvergnügt', ganz ge-
mütlich. **'cheer•ful•ness, cheer•i-
ness** ['tʃɪərɪnɪs] *s* Fröhlichkeit *f.*

**cheer•i•o** [‚tʃɪərɪ'əʊ] *interj bes. Br. colloq.*
**1.** mach's gut!, tschüs! **2.** prost!
**'cheer‚lead•er** *s sport* Einpeitscher *m.*
**cheer•less** ['tʃɪə(r)lɪs] *adj* (*adv* **~ly**)
**1.** freudlos, trüb(e), trostlos. **2.** unfreund-
lich (*Raum, Wetter etc*). **'cheer•y** *adj*
(*adv* **cheerily**) fröhlich, vergnügt, mun-
ter.
**cheese¹** [tʃi:z] *s* Käse *m*: **say ~!** *phot.* bitte
recht freundlich!; **hard ~!** *sl.* Künstler-
pech!; **the ~** *sl.* das Richtige, das
einzig Wahre; **that's the ~!** genau!
**cheese²** [tʃi:z] *v/t sl.* **1.** **~ it!** a) ,hau ab!',
b) ,halt die Klappe!', c) hör auf (damit)!
**2.** **~ off** *Br.* anöden: **I'm ~d off with him**
er ödet mich an.
**'cheese|‚burg•er** *s* Cheeseburger *m.*
**'~•cake** *s* **1.** (*ein*) Käsekuchen *m.* **2.** *sl.*
Zur'schaustellung *f* weiblicher Reize
(*bes. auf Fotografien*). **'~•cloth** *s* Mull *m,*
Gaze *f.* **~ cov•er** *s* Käseglocke *f.* **~ knife**
*s irr* **1.** Käsefabrikation: Käsespachtel *m,*
*f.* **2.** Käsemesser *n* (*a. humor. Säbel etc*). **~
mite** *s zo.* Käsemilbe *f.* **'~‚mon•ger** *s*
Käsehändler *m.* **'~‚par•ing I** *s* **1.** Käse-
rinde *f.* **2.** wertlose Sache. **3.** Knause'rei *f.*
**II** *adj* **4.** knauserig. **~ ren•net** *s bot.*
Echtes Labkraut. **~ scoop** *s* Käsestecher
*m.* **~ screw** *s tech.* Zy'linderschraube *f.* **~
spread** *s* Streich-, Schmelzkäse *m.* **~
stick, ~ straw** *s* Käsestange *f* (*Gebäck*).
**chees•y** ['tʃi:zɪ] *adj* **1.** käsig. **2.** *Am. sl.*
a) mise'rabel, b) piekfein.
**chee•tah** ['tʃi:tə] *s zo.* Gepard *m.*
**chef** [ʃef] *s* Küchenchef *m.* **~ de cui•sine**
[‚ʃefdəkwi:'zi:n] *pl* **chefs de cui•sine**
[‚ʃefs-] → chef. **~ d'œu•vre** *pl* **chefs
d'œu•vre** [‚ʃeɪ'dɜ:vrə] *s* Meisterwerk *n.*
**Che•ka** ['tʃekə; *Am.* 'tʃeɪkə] *s hist.*
Tscheka *f* (*sowjetrussische Geheimpoli-
zei*).
**che•la¹** ['ki:lə] *pl* **-lae** [-li:] *s zo.* Schere *f.*
**che•la²** ['tʃeɪlə] *s Br. Ind.* Schüler *m,*
Jünger *m* (*e-s Mahatmas etc*).
**che•loid** → keloid.
**che•lo•ni•an** [kɪ'ləʊnjən, -nɪən] *zo.* **I** *adj*
schildkrötenartig. **II** *s* Schildkröte *f.*
**chem•ic** ['kemɪk] *obs.* **I** *adj* **1.** alchi'mi-
stisch. **2.** chemisch. **II** *s* **3.** Alchi'mist *m.*
**4.** Chemiker(in).
**chem•i•cal** ['kemɪkl] **I** *adj* (*adv* **~ly**) **1.**
chemisch: **~ changes;** **~ laboratory;** **~
fiber** (*bes. Br.* fibre) Chemie-, Kunst-
faser *f.* **2.** *mil.* chemisch, Kampfstoff...: **~
agent** Kampfstoff *m;* **~ projector** Gas-
werfer *m.* **II** *s* **3.** Chemi'kalie *f,* chemi-
sches Präpa'rat. **~ bond** *s* chemische
Bindung. **~ clos•et** *s* 'Trockenklo‚sett *n,*
chemisches Klo'sett *n.* **~ en•gi•neer** *s*
Chemo'techniker *m.* **~ en•gi•neer•ing**
*s* Indu'striechemie *f.* **~ war•fare** *s* che-
mische Kriegsführung.
**che•mise** [ʃə'mi:z] *s* (Damen)Hemd *n.*
**chem•i•sette** [‚ʃemi'zet] *s* Chemi'sett
*n,* Chemi'sette *f,* Einsatz *m* (*im Kleid*).
**chem•ism** ['kemɪzəm] *s* Che'mismus *m*
(*chemische Wirkung od. Zs.-setzung*).
**chem•ist** ['kemɪst] *s* **1.** *a.* **analytical ~**
Chemiker(in). **2.** *Br.* Apo'theker(in),
Dro'gist(in): **~'s shop** Apotheke *f,* Dro-
gerie *f.* **'chem•is•try** [-trɪ] *s* **1.** Che'mie
*f.* **2.** chemische Eigenschaften *pl od.* Zs.-
setzung. **3.** *fig.* Wesen *n,* Na'tur *f.*
**chem•i•type** ['kemɪtaɪp] *s print.* Chemi-
ty'pie *f.*
**chem•o•ther•a•peu•tics** [‚keməʊ-
‚θerə'pju:tɪks] *s pl* (*als sg konstruiert*),
**‚chem•o'ther•a•py** *s* Chemothera'pie
*f.*
**chem•ur•gy** ['kemɜ:dʒɪ; *Am.* -‚ɜr-, -ər-] *s*
Chemur'gie *f* (*Gewinnung chemischer
Produkte aus land- u. forstwirtschaftlichen
Erzeugnissen*).
**che•nille** [ʃə'ni:l] *s* **1.** Che'nille *f.* **2.** Stoff
*m* mit eingewebter Che'nille.

**cheque** *Br. für* check 6. ~ **ac·count** *s econ. Br.* Girokonto *n.*

**chequ·er, chequ·uered** *bes. Br. für* checker, checkered.

**cher·ish** [ˈtʃerɪʃ] *v/t* **1.** (wert)schätzen, hochhalten: to ~ s.o.'s memory j-s Andenken in Ehren halten. **2.** zugetan sein (*dat*), zärtlich lieben. **3.** sorgen für, (hegen u.) pflegen. **4.** *Gefühle etc* hegen: to ~ hope; to ~ no resentment keinen Groll hegen. **5.** *fig.* festhalten an (*dat*): to ~ an idea.

**che·root** [ʃəˈruːt] *s* Stumpen *m* (*Zigarre ohne Spitzen*).

**cher·ry** [ˈtʃerɪ] **I** *s* **1.** a) *bot.* Kirsche *f*, b) → **cherry tree**, c) → **cherrywood.** **2.** kirschenähnliche Pflanze *od.* Beere. **3.** Kirschrot *n.* **4.** *tech.* Kugelfräser *m.* **5.** *sl.* a) Jungfräulichkeit *f*, b) Jungfernhäutchen *n.* **II** *adj* **6.** kirschfarben, -rot. ~ **bounce** *s* **1.** *Br.* → **cherry brandy.** **2.** *Am.* ˈKirschlikör *auf Whiskey-od. Rumbasis.* ~ **bran·dy** *s* Cherry Brandy *m*, ˈKirschliˌkör *m.* ~ **coal** *s* weiche, nicht backende Kohle. ~ **lau·rel** *s bot.* Kirschlorbeer *m.* ~ **pie** *s* **1.** Kirschtorte *f.* **2.** *bot.* (*ein*) Helioˈtrop *m.* ~ **pit** *Am. für* cherry stone. ~ˈred *adj* **1.** kirschrot. **2.** rotglühend: ~ heat volle Rotgluthitze. ~ **reds** *s pl Br. sl.* schwere Stiefel, mit denen Rocker aufeinander eintreten. ~ **stone** *s* Kirschkern *m*, -stein *m.* ~ to·ma·to *s* ˈZucker-, ˈKirschtoˌmate *f.* ~ **tree** *s* Kirschbaum *m.* ˈ~wood *s* Kirschbaum(holz *n*) *m.*

**cher·so·nese** [ˈkɜːsəniːs; -niːz; *Am.* ˈkɑr-] *s* Halbinsel *f.*

**chert** [tʃɜːt; *Am.* tʃɑrt] *s min.* Kieselsäuregestein *n.*

**cher·ub** [ˈtʃerəb] *pl* **-ubs, -u·bim** [-əbɪm] *s* **1.** Cherub *m*, Engel *m.* **2.** geflügelter Engelskopf. **3.** *pl* **-ubs** *fig.* Engel (-chen *n*) *m* (*Kind*). **4.** *pl* **-ubs** pausbäckige Perˈson (*bes. Kind*). **che·ru·bic** [tʃeˈruːbɪk; tʃə-] *adj* (*adv* ~ally) engelhaft.

**cher·vil** [ˈtʃɜːvɪl; *Am.* ˈtʃɜrvəl] *s bot.* Kerbel *m.*

**Chesh·ire** [ˈtʃeʃə(r)] | **cat** *s*: to grin (*od.* to wear a grin) like a ~ breit grinsen. ~ **cheese** *s* Chesterkäse *m.*

**chess**[1] [tʃes] *s* Schach(spiel) *n*: a game of ~ e-e Partie Schach, e-e Schachpartie.

**chess**[2] [tʃes] *pl* **chess·es** *s* Bohle *f*, Planke *f* (*e-r Pontonbrücke*).

**chess**[3] [tʃes] *s bot. Am.* Roggentrespe *f.*

ˈchess|·board *s* Schachbrett *n.* ˈ~man [-mæn] *s irr*, ~ **piece** *s* ˈSchachfiˌgur *f.* ~ **play·er** *s* Schachspieler(in). ~ **prob·lem** *s* Schachaufgabe *f.*

**chess·sy·lite** [ˈtʃesɪlaɪt; *Am.* ˈʃesə-] *s min.* Azuˈrit *m.*

**chest** [tʃest] **I** *s* **1.** Kiste *f*, Kasten *m*, Truhe *f*: tool ~ Werkzeugkasten; ~ (of drawers) Kommode *f*; ~on~ Kommode *f* mit Aufsatz. **2.** *anat.* Brust(kasten *m*) *f*: ~ expander *sport* Expander *m*; ~ freezer Gefrier-, Tiefkühltruhe *f*; ~ note, ~ tone *mus.* Brustton *m*; ~ trouble *med.* Lungenleiden *n*; ~ voice, ~ register *mus.* Bruststimme *f*; to beat one's ~ sich an die Brust schlagen, sich Vorwürfe machen; to have a cold in one's ~ es auf der Brust haben, e-n Bronchialkatarrh haben; to get s.th. off one's ~ *colloq.* sich etwas von der Seele reden, etwas loswerden. **3.** Kasse *f*, Fonds *m.* **II** *v/t* **4.** to ~ down the ball (*Fußball*) den Ball von der Brust abtropfen lassen.

**chest·ed** [ˈtʃestɪd] *adj* (*in Zssgn*) ...brüstig: narrow~ engbrüstig.

**Ches·ter** → Cheshire cheese.

**ches·ter·field** [ˈtʃestə(r)fiːld] *s* **1.** Chesterfield *m* (*eleganter Herrenmantel mit verdeckter Knopfleiste*). **2.** Polstersofa *n.*

**chest·nut** [ˈtʃesnʌt; ˈtʃest-] **I** *s* **1.** Ka-

---

ˈstanie *f*: a) *bot.* ˈEdel- *od.* ˈRoßkaˌstanie *f*: to pull the ~s out of the fire (for s.o.) *fig.* (für j-n) die Kastanien aus dem Feuer holen, b) *bot.* Kaˈstanienbaum *m*, c) Kaˈstanienholz *n*, d) Kaˈstanienbraun *n.* **2.** *colloq.* ˈalte *od.* olle Kaˈmelle', alter Witz. **3.** a) Braune(r) *m* (*Pferd*), b) *vet.* Kaˈstanie *f*, Hornwarze *f.* **II** *adj* **4.** kaˈstanienbraun.

**chest·y** [ˈtʃestɪ] *adj* (*adv* chestily) **1.** *colloq.* ˈmit viel Holz vor der Hütte' (*mit großem Busen*). **2.** *colloq.* tiefsitzend (*Husten*). **3.** *sl.* eingebildet, arroˈgant.

**che·val|-de-frise** [ʃəˌvældəˈfriːz] *pl* **che·vaux-de-ˈfrise** [ʃəˌvəu-] *s mil.* spanischer Reiter. ~ **glass** *s* Drehspiegel *m.*

**chev·a·lier** [ˌʃevəˈliə(r)] *s* **1.** (Ordens)Ritter *m*: ~ of the Legion of Hono(u)r Ritter der Ehrenlegion. **2.** Chevaliˈer *m* (*französischer Adliger*). **3.** *fig.* Kavaˈlier *m.*

**che·vaux-de-frise** [ʃəˌvəudəˈfriːz] *pl von* cheval-de-frise.

**che·vet** [ʃəˈveɪ] *s arch.* Apsis *f.*

**Chev·i·ot** [ˈtʃeviət; ˈtʃiː-] *s* **1.** *zo.* Bergschaf *n.* **2.** *meist* **c~** [*Am.* ˈʃeviət] Cheviot (-stoff) *m.*

**chev·ron** [ˈʃevrən] *s* **1.** *her.* Sparren *m.* **2.** *mil.* Winkel *m* (*Rangabzeichen*). **3.** *arch.* Zickzackleiste *f.*

**chev·ro·tain** [ˈʃevrəteɪn; -tɪn] *s zo.* Kant(s)chil *m*, Zwergböckchen *n.*

**chev·y** [ˈtʃevɪ] **I** *s* **1.** *Br. obs.* Ruf bei der (*Hetz*)Jagd. **2.** *Br.* (Hetz)Jagd *f.* **3.** *Br.* Barlauf(spiel *n*) *m.* **II** *v/t* **4.** *Br.* jagen. **5.** j-n herˈumhetzen, -jagen, *weitS.* piesacken, schikaˈnieren. **III** *v/i* **6.** *Br.* herˈumrennen.

**chew** [tʃuː] **I** *v/t* **1.** (zer)kauen: to ~ one's nails an den Nägeln kauen; → cud 1, fat 6, rag[1] 1. **2.** *fig.* sinnen auf (*acc*), brüten: to ~ revenge. **II** *v/i* **3.** kauen: to ~ on herumkauen auf (*dat*). **4.** Tabak kauen. **5.** nachsinnen, grübeln (on, over über *acc*): to ~ on s.th. herumkauen auf (*dat*). **6.** Kauen *n*: to have a ~ on (*das*) Gekaute, (a. ~ of tobacco) Priem *m.*

**chew·ing** [ˈtʃuːɪŋ] → chew 6. ~ **gum** *s* Kaugummi *m*, a. *n.*

**chi** [kaɪ] *s* Chi *n* (*griechischer Buchstabe*).

**chi·an·ti** [kɪˈæntɪ; kɪˈɑːntɪ] *s* Chiˈanti *m.*

**chi·a·ro·scu·ro** [kɪˌɑːrəˈskuərəu] *pl* **-ros** *s paint.* **1.** Chiaroˈscuro *n*, Helldunkel *n.* **2.** Verteilung *f* von Licht u. Schatten.

**chi·as·mus** [kaɪˈæzməs] *pl* **-mi** [-maɪ] *s* Chiˈasmus *m.*

**chic** [ʃiːk; ʃɪk] *colloq.* **I** *s* Schick *m*, Eleˈganz *f*, Geschmack *m.* **II** *adj* (*adv* ~ly) schick, eleˈgant, geschmackvoll.

**chi·cane** [ʃɪˈkeɪn] **I** *s* **1.** → chicanery. **2.** *Bridge*: Blatt *n* ohne Trümpfe. **3.** *Motorsport*: Schiˈkane *f.* **II** *v/t* **4.** j-n überˈvorteilen, betrügen (out of um). **5.** herˈumnörgeln an (*dat*), bekritteln. **III** *v/i* **6.** Schlichkniffe anwenden. **chi·can·er·y** [-ərɪ] *s* Schiˈkane *f*, Rechtskniff *m*, -verdrehung *f.*

**Chi·ca·no** [tʃɪˈkɑːnəu] *pl* **-nos** *s* Ameriˈkaner(in) mexiˈkanischer Abstammung.

**chic·co·ry** *s* → chicory.

**chi·chi** [ˈʃiːʃiː] *adj colloq.* **1.** (tod)schick. **2.** *contp.* auf lackschick gemacht.

**chick** [tʃɪk] *s* **1.** Küken *n*, junger Vogel. **2.** *colloq.* Kleine(s) *n* (*Kind*; *oft als Anrede*). **3.** *sl.* ˈBiene' *f*, ˈPuppe' *f* (*Mädchen*).

**chick·a·ree** [ˈtʃɪkəriː] *s zo. Am.* Rotes Nordamer. Eichhörnchen.

**chick·en** [ˈtʃɪkɪn] *s* **1.** Küken *n*, Hühnchen *n*, Hähnchen *n*: to count one's ~s before they are hatched das Fell des Bären verkaufen, ehe man ihn hat. **2.** Huhn *n.* **3.** Hühnerfleisch *n.* **4.** *colloq.*

---

ˌKüken' *n* (*junge Person*): she is no ~ sie ist auch nicht mehr die Jüngste. **5.** *colloq.* Feigling *m.* **6.** *mil. sl.* Schiˈkane *f*, ˌSchleifen' *n*: to give s.o. ~ j-n ˌschleifen', mit j-m ˌSchlitten fahren'. **II** *adj* **7.** *colloq.* feig: he is ~; to get ~ → 8. **III** *v/i* **8.** *colloq.* ˌSchiß' bekommen: to ~ out ˌkneifen' (of, on vor *dat*). ~ **breast** *s med.* Hühnerbrust *f.* ˈ~-**breast·ed** *adj* hühnerbrüstig. ~ **broth** *s gastr.* Hühnerbrühe *f.* ~ **farm·er** *s* Geflügelzüchter *m.* ~ **feed** *s* **1.** Hühnerfutter *n.* **2.** *sl. contp.* ˌein paar Pfennige' *pl*, *a.* Hungerlohn *m*: a thousand pounds is no ~ sind kein Pappenstiel. ˈ~-**heart·ed**, ˈ~-**liv·ered** *adj* furchtsam, feige. ~ **pest** *s vet.* Hühnerpest *f.* ~ **pox** *s med.* Windpocken *pl.* ~ **run** *s* Hühnerhof *m*, Auslauf *m.* ~ **wire** *s* feinmaschiges Drahtgeflecht.

ˈchick|-pea *s bot.* Kichererbse *f.* ˈ~-**weed** *s bot.* Vogelmiere *f.*

**chi·cle** [ˈtʃɪkl; *Am. a.* -kliː], *a.* ~ **gum** *s* Chicle(gummi) *m* (*für Kaugummi*).

**chic·o·ry** [ˈtʃɪkərɪ] *s bot.* **1.** Chicorée *f*, *a. m.* **2.** Ziˈchorie *f* (*als Kaffeezusatzmittel*).

**chide** [tʃaɪd] *pret* **chid** [tʃɪd], **chid·ed** [ˈtʃaɪdɪd] *pp* **chid**, **chid·ed** *od.* **chid·den** [ˈtʃɪdn] **I** *v/t* (aus)schelten, tadeln (for wegen). **II** *v/i* zanken, tadeln, schelten.

**chief** [tʃiːf] **I** *s* **1.** (Ober)Haupt *n*, (An-)Führer *m*, Chef *m*, Vorgesetzte(r) *m*, Leiter *m*: ~ of a department, department ~ Abteilungsleiter. **2.** Häuptling *m*: Red Indian ~ Indianerhäuptling; ~ of the tribe Stammeshäuptling. **3.** *mil. Am.* Inspizi̍ent *m.* **4.** *her.* Schildhaupt *n* (*Wappenbild*). **5.** Hauptteil *m*, *n*, wichtigster Teil. **II** *adj* (*adv* → chiefly) **6.** erst(er, e, es), oberst(er, e, es), höchst(er, e, es), Ober..., Haupt...: ~ accountant *econ.* Hauptbuchhalter *m*; ~ cameraman (*Film*) Aufnahmeleiter *m*; ~ designer Chefkonstrukteur *m*; ~ meal Hauptmahlzeit *f*; ~ problem Hauptproblem *n.* **7.** hauptsächlich, wichtigst(er, e, es): the ~ thing to remember was man sich vor allem merken muß. **III** *adv obs.* **8.** hauptsächlich. ~ **clerk** *s* a) Büˈrovorsteher *m*, b) erster Buchhalter. ~ **con·sta·ble** *s Br.* Poliˈzeipräsiˌdent *m* (*e-r Stadt od. Grafschaft*). ~ **en·gi·neer** *s* **1.** ˈChefingeniˌeur *m.* **2.** *mar.* erster Maschiˈnist. **3.** *mil.* leitender Ingeniˈeur *od.* Pioˈnieroffiˌzier *m.* ~ **ex·am·in·er** *s* Patentrecht: Oberprüfer *m.* **C~ Ex·ec·u·tive** *s Am.* oberster Reˈgierungsbeamter *m*: a) Präsiˈdent *m* (*der USA*), b) Gouverˈneur *m* (*e-s Bundesstaates*). ~ **jus·tice** *s* **1.** *jur.* Oberrichter *m*, Präsiˈdent *m* e-s mehrgliedrigen Gerichtshofes. **2.** *Am.* Vorsitzende(r) *des* Supreme Court *u. anderer hoher Gerichte*: C~ J~ of the United States.

**chief·ly** [ˈtʃiːflɪ] *adv* hauptsächlich, vor allem, in der Hauptsache.

**chief of staff** *s mil.* **1.** (Geneˈral)Stabschef *m*, Chef *m* des (Geneˈral)Stabes. **2.** *Am.* Inspekˈteur *m u.* Geneˈralstabschef *m* (*e-r Teilstreitkraft*). ~ **of state** *s* Staatschef *m*, -oberhaupt *n.* ~ **pet·ty of·fi·cer** *s mar.* **1.** *Am.* Stabsbootsmann *m.* **2.** *Br.* Oberbootsmann *m.*

**chief·tain** [ˈtʃiːftən; -tɪn] *s* **1.** Häuptling *m* (*e-s Stammes*). **2.** Anführer *m* (*e-r Bande*). ˈchief·tain·cy, ˈchief·tain·ship *s* Amt *n od.* Würde *f* e-s Häuptlings.

**chiff·chaff** [ˈtʃɪftʃæf] *s orn.* Weidenlaubsänger *m*, Zilpzalp *m.*

**chif·fon** [ˈʃɪfɒn; *Am.* ʃɪˈfɑn] *s* **1.** Chiffon *m* (*Gewebe*). **2.** *pl colloq.* Garniˈtur *f* (*an Damenkleidern*).

**chif·fo·nier** [ˌʃɪfəˈnɪə(r)] *s* Chiffoniˈere *f* (*Kommode, oft mit Spiegel*).

**chig·ger** [ˈtʃɪgə(r)] *s zo.* **1.** parasitische

Larve einiger Herbst- od. Erntemilben.
**2.** → chigoe.

**chi·gnon** [ˈʃiːnjɔ̃ːŋ; *Am.* -ˌjɑːn] *s* Chiˈgnon *m*, Nackenknoten *m*.

**chig·oe** [ˈtʃɪɡəʊ] *pl* **-oes** *s zo.* Sandfloh *m*.

**chi·hua·hua** [tʃɪˈwɑːwɑ; -wɑː] *s zo.* Chihuˈahua *m* (*dem Zwergpinscher ähnlicher Hund*).

**chil·blain** [ˈtʃɪlbleɪn] *s* Frostbeule *f*. **ˈchil·blained** *adj* mit Frostbeulen bedeckt.

**child** [tʃaɪld] *pl* **chil·dren** [ˈtʃɪldrən] *s* **1.** Kind *n*: with ~ schwanger; to get with ~ schwängern; from a ~ von Kindheit an; be a good ~! sei artig!; that's ~'s play (compared to [*od.* with]) a) das ist ein Kinderspiel *od.* kinderleicht (verglichen mit), b) das ist harmlos (verglichen mit); ~ bride kindliche *od.* (sehr) junge Braut; ~ labo(u)r Kinderarbeit *f*. **2.** *fig.* Kind *n*, kindliche *od.* (*contp.*) kindische Perˈson: don't be such a ~! sei doch nicht so kindisch!; he's a ~ in such (*od.* these) matters er ist in solchen Dingen ziemlich unerfahren. **3.** Kind *n*, Nachkomme *m*: the children of Israel die Kinder Israels; the children of light a) *Bibl.* die Kinder des Lichtes, b) die Quäker. **4.** *obs. od. poet.* Jüngling *m* vornehmer Abkunft, Junker *m*. **5.** *fig.* Jünger *m*, Schüler *m*. **6.** *fig.* Kind *n*, Proˈdukt *n*. ~ a·buse *s jur.* ˈKindesmißˌhandlung *f*. ~ al·low·ance *s* Kinderfreibetrag *m*. ~ˌbear·ing *s* Gebären *n*: of ~ age im gebärfähigen Alter. ~ˌbed *s* Kind-, Wochenbett *n*: to be in ~ im Wochenbett liegen; ~ fever *med.* Kindbettfieber *n*. ~ ben·e·fit *s Br.* Kindergeld *n*. ~ˌbirth *s* Geburt *f*, Niederkunft *f*, Entbindung *f*: to die in ~ bei der Entbindung sterben. ~ care *s* **1.** Kinderbetreuung *f*. **2.** *Br.* Kinderfürsorge *f*.

**childe** → child 4.

**Chil·der·mas** [ˈtʃɪldə(r)mæs] *s relig. obs.* Fest *n* der Unschuldigen Kinder (*28. Dezember*).

**child guid·ance** *s* ˈheilpädaˌgogische Betreuung (von Kindern).

**child·hood** [ˈtʃaɪldhʊd] *s* Kindheit *f*: from ~ von Kindheit an; → second childhood.

**child·ish** [ˈtʃaɪldɪʃ] *adj* (*adv* ~ly) **1.** kindlich. **2.** kindisch. **ˈchild·ish·ness** *s* **1.** Kindlichkeit *f*. **2.** kindisches Wesen, Kindeˈrei *f*.

**child·less** [ˈtʃaɪldlɪs] *adj* kinderlos.

**ˈchild·like** *adj* kindlich.

**child**|**ˌmind·er** *s* Tagesmutter *f*. ~ por·nog·ra·phy *s* ˈKinderpornoˌgraphie *f*. ~ prod·i·gy *s* Wunderkind *n*. ~ˌproof *adj* kindersicher: ~ lock *mot.* Kindersicherung *f*.

**chil·dren** [ˈtʃɪldrən] *pl von* child: ~'s clinic Kinderklinik *f*; ~'s home Kinderheim *n*. C~ Act *s jur.* Kinderschutzgesetz *n*.

**chil·dren·ese** [ˌtʃɪldrəˈniːz; -s] *s Am.* kindertümliche *od.* kindgemäße Sprache.

**child**|**ˌsteal·ing** *s jur.* Kindesraub *m*. ~ wel·fare *s* Jugendfürsorge *f*, -hilfe *f*: ~ worker Jugendfürsorger(in). ~ˌwife *s irr* Kindweib *n*, (sehr) junge Ehefrau.

**chil·e** → chili.

**Chil·e·an** [ˈtʃɪlɪən] **I** *s* Chiˈlene *m*, Chiˈlenin *f*. **II** *adj* chiˈlenisch.

**Chil·e**|**ni·ter**, *bes. Br.* **ˌni·tre** [ˈtʃɪlɪ] → Chile saltpeter. ~ salt·pe·ter, *bes. Br.* ~ salt·pe·tre *s chem.* ˈChilesalˌpeter *m*.

**chil·i** [ˈtʃɪlɪ] *pl* **chil·ies** *s bot.* Chili *m* (*a.* Cayennepfeffer): ~ sauce Chili(soße *f*) *m*.

**chil·i·ad** [ˈkɪlɪæd] *s* **1.** Tausend *n*. **2.** Jahrˈtausend *n*. **chil·i·asm** [ˈkɪlɪæzəm] *s relig.* Chiliˈasmus *m*, Lehre *f* vom tausendjährigen Reich Christi.

---

**chill** [tʃɪl] **I** *s* **1.** Kältegefühl *n*, Frösteln *n*, (*a.* Fieber)Schauer *m*: ~s (and fever) *Am.* Schüttelfrost *m*; a ~ of fear ein Angstschauder. **2.** Kälte *f*, Kühle *f* (*beide a. fig.*): autumn ~ in the air; to take the ~ off *etwas* leicht anwärmen,überschlagen lassen. **3.** Erkältung *f*: to catch a ~ sich erkälten; she's got a ~ on the bladder *colloq.* sie hat sich die Blase erkältet. **4.** *fig.* Gefühl *n* der Entmutigung, gedrückte Stimmung: to cast a ~ upon → 11. **5.** *metall.* a) Koˈkille *f*, Abschreck-, Gußform *f*, b) Abschreckstück *n*. **II** *adj* **6.** *a. fig.* kalt, frostig, kühl: a ~ night; a ~ reception ein kühler Empfang. **7.** frostelnd. **8.** *fig.* bedrückend, entmutigend. **III** *v/i* **9.** abkühlen. **IV** *v/t* **10.** a) *j-n* frösteln lassen, b) abkühlen (lassen), kalt machen, *Lebensmittel etc* kühlen: ~ed gekühlt; ~ed cargo Kühlgut *n*, gekühlte Ladung; ~ed meat Kühlfleisch *n*. **11.** *fig.* abschrecken, dämpfen. **12.** *metall.* a) abschrecken, härten: ~ed iron Hartguß *m*, b) in Koˈkille (ver)gießen. **ˈ~ˌcast** *adj metall.* in Koˈkillen gegossen, abgeschreckt. ~ˈcast·ing *s metall.* Koˈkillen-, Hartguß *m*.

**chil·li** *pl* **-lies** → chili.

**chill·i·ness** [ˈtʃɪlɪnɪs] *s* Kälte *f*, Frostigkeit *f* (*beide a. fig.*).

**chill·ing** [ˈtʃɪlɪŋ] **I** *s* **1.** Abkühlung *f* (*a. fig.*). **2.** *tech.* Abschrecken. **3.** *tech.* Kühlen *n*. **II** *adj* → chill 6 *u.* 7.

**ˈchill·room** *s* Kühlraum *m*.

**chill·y**[1] [ˈtʃɪlɪ] *adj* a) kalt, frostig, kühl (*alle a. fig.*), b) fröstelnd: to feel ~ frösteln.

**chil·ly**[2] → chili.

**Chil·tern Hun·dreds** [ˈtʃɪltən] *s pl Br.* Kronamt *n* (*dessen Verwaltung der Form halber zurücktretenden Parlamentariern übertragen wird*): to apply for the ~ s-n Sitz im Parlament aufgeben.

**chi·mae·ra** [kaɪˈmɪərə; kɪˈm-] *s* **1.** *zo.* a) Chiˈmäre, Seehase *m*, b) Seedrachen *m*. **2.** → chimera.

**chimb** → chime[2].

**chime**[1] [tʃaɪm] **I** *s* **1.** *oft pl* Glockenspiel *n*. **2.** *oft pl mus.* Glocken-, Stahlspiel *n* (*des Orchesters*). **3.** Satz *m* Glocken u. Hämmer (*wie bei Spieluhren etc*). **4.** *fig.* Einklang *m*, Harmoˈnie *f*. **5.** *oft pl* harˈmonisches Geˈläute. **6.** (Glocken-)Schlag *m*. **II** *v/i* **7.** a) läuten (*Glocken*), b) schlagen (*Uhr*). **8.** ertönen, erklingen. **9.** *fig.* harmoˈnieren, überˈeinstimmen (with mit). **10.** ~ in sich (ins Gespräch) einmischen, (*a. mus.*) einfallen: to ~ in with a) zustimmen, beipflichten (*dat*), b) überˈeinstimmen mit. **III** *v/t* **11.** Glocken läuten, *a. e-e Melodie* erklingen lassen. **12.** *die Stunde* schlagen: Big Ben ~s the hours. **13.** rhythmisch *od.* meˈchanisch ˈhersagen.

**chime**[2] [tʃaɪm] *s* Zarge *f* (*e-s Fasses*).

**chim·er** [ˈtʃaɪmə(r)] *s* Glockenspieler *m*.

**chim·er** [ˈtʃaɪmə(r); ˈʃaɪmə(r)] → chimere.

**chi·me·ra** [kaɪˈmɪərə; kɪˈm-] *s* **1.** *myth.* Chiˈmära *f* (*Ungeheuer*). **2.** *fig.* a) Schreckgespenst *n*, b) Schiˈmäre *f*, Hirngespinst *n*, Trugbild *n*. **3.** *bot.* Chiˈmäre *f* (*Pflanze aus Geweben von zwei genotypisch verschiedenen Arten*).

**chi·mere** [tʃɪˈmɪə(r); ʃɪˈm-] *s relig.* Saˈmarie *f*, Siˈmare *f* (*Obergewand*).

**chi·mer·ic** [kaɪˈmerɪk; kɪ-] *adj*; **chiˈmer·i·cal** *adj* (*adv* ~ly) **1.** schiˈmärisch, trügerisch. **2.** schiˈmärenhaft, phanˈtastisch.

**chim·ney** [ˈtʃɪmnɪ] *s* **1.** Schornstein *m*, Schlot *m*, Kaˈmin *m*, Rauchfang *m*: to smoke like a ~ *fig.* rauchen wie ein Schlot. **2.** (ˈLampen)Zyˌlinder *m*.

---

**3.** a) *geol.* Vulˈkanschlot *m*, b) *mount.* Kaˈmin *m* (*Felsspalt*). **4.** Kaˈmin *m*, Herd *m*, Esse *f*: open ~ offener Kamin. ~ breast *s* **1.** Kaˈminvorsprung *m*. **2.** → chimneypiece. ~ flue *s* ˈRauchkaˌnal *m*, Schornsteinzug *m*. ~ˌpiece *s* Kaˈminsims *m*, *n*. ~ pot *s* Kaˈmin-, Schornsteinkappe *f*. ~ stack *s* Schornsteinkasten *m* (*mehrerer Schornsteinröhren*). ~ swal·low *s orn.* Rauchschwalbe *f*. ~ sweep(·er) *s* Schornsteinfeger *m*, Kaminkehrer *m*.

**chimp** [tʃɪmp] *colloq. für* chimpanzee.

**chim·pan·zee** [ˌtʃɪmpənˈziː; -pæn-; *Am.* a. tʃɪmˈpænzɪ] *s zo.* Schimˈpanse *m*.

**chin** [tʃɪn] **I** *s* Kinn *n*: up to the ~ a) bis zum Kinn, b) *fig.* bis über die Ohren; to take it (right) on the ~ *colloq.* a) schwer einstecken müssen, e-e böse ,Pleite' erleben, b) es standhaft ertragen, es mit Fassung tragen; (keep your) ~ up! Kopf hoch!, halt der Ohren steif!; to stick one's ~ out viel riskieren, den Kopf hinhalten (for für). **II** *v/t* to ~ o.s. (up), to ~ the bar e-n Klimmzug machen. **III** *v/i Am. colloq.* schwatzen, plappern.

**chi·na** [ˈtʃaɪnə] **I** *s* **1.** Porzelˈlan *n*. **2.** (Porzelˈlan)Geschirr *n*. **II** *adj* **3.** aus Porzelˈlan, Porzelˈlan... **C~ as·ter** *s bot.* China-, Garten-, Sommeraster *f*. ~ bark *s bot.* Chinarinde *f*. ~ blue *s chem.* Kobaltblau *n*. **C~ clay** *s* Kaoˈlin *n*, *m*, Porzelˈlanerde *f*. **C~ ink** *s* chiˈnesische Tusche. [*contp.* Chiˈnese *m*.] **Chi·na·man** [ˈtʃaɪnəmən] *s irr meist* **ˈchi·na·root** *s bot.* Chinawurzel *f*. **C~ rose** *s bot.* **1.** Chiˈnesischer Roseneibisch. **2.** Monatsrose *f*. **ˈC~ˌtown** *s* Chiˈnesenviertel *n*. **ˈ~ˌware** *s* Porzelˈlan(waren *pl*) *n*.

**chinch** [tʃɪntʃ] *s zo. Am.* **1.** Bettwanze *f*. **2.** *a.* ~ bug Getreidewanze *f*.

**chin·chil·la** [tʃɪnˈtʃɪlə] *s* **1.** *zo.* Chinˈchilla *f*. **2.** Chinˈchilla(pelz) *m*.

**chin-chin** [ˌtʃɪnˈtʃɪn; *Am.* ˈ-ˌtʃɪn] *interj colloq.* **1.** a) (guten) Tag!, b) tschüs!, adiˈeu! **2.** chin-chin!, prosit!, prost!

**chine**[1] [tʃaɪn] *s Br. dial.* Klamm *f*, tiefe, enge Schlucht.

**chine**[2] [tʃaɪn] *s* **1.** Rückgrat *n*, Kreuz *n*. **2.** Kamm-, Lendenstück *n* (*vom Schlachttier*). **3.** (Berg)Kamm *m*, Grat *m*. **4.** *mar.* Kimme *f*.

**Chi·nee** [tʃaɪˈniː] *s colloq.* Chiˈnese *m*.

**Chi·nese** [ˌtʃaɪˈniːz] **I** *adj* **1.** chiˈnesisch. **II** *s* **2.** a) Chiˈnese *m*, Chiˈnesin *f*, b) *pl* Chiˈnesen *pl*. **3.** *ling.* Chiˈnesisch *n*, das Chiˈnesische. ~ cab·bage *s bot.* Chinakohl *m*. ~ lan·tern *s* Paˈpierlaˌterne *f*, Lampiˈon *m*, *n.* ~ puz·zle *s* **1.** (*ein*) Geduld(s)spiel *n*. **2.** kompliˈzierte Angelegenheit. ~ red *s* Zinˈnoberrot *n*. ~ stud·ies *s pl* Sinoloˈgie *f.* ~ white *s* Zinkweiß *n*.

**Chink**[1] [tʃɪŋk] *s sl. contp.* Chiˈnese *m*.

**chink**[2] [tʃɪŋk] **I** *s* **1.** Riß *m*, Ritze *f*, Spalt *m*, Spalte *f*: the ~ in s.o.'s armo(u)r *fig.* j-s schwacher Punkt; ~ glottal. **2.** ~ of light schmaler Lichtstrahl *od.* -streifen. **II** *v/t* **3.** *bes. Am.* die Ritzen *etc* schließen von *od.* in (*dat*).

**chink**[3] [tʃɪŋk] **I** *v/t* klingen *od.* klirren lassen, klimpern mit (*Geld etc*), mit *den Gläsern* anstoßen. **II** *v/i* klimpern, klingeln. **III** *s* Klingen *n*, Klirren *n*, Klimpern *n*.

**chink·y** [ˈtʃɪŋkɪ] *adj* rissig.

**chin·less** [ˈtʃɪnlɪs] *adj* **1.** to be ~ a) ein fliehendes Kinn haben, b) *Br. colloq.* willensschwach sein. **2.** ~ wonder *Br. colloq.* Trottel *m*, *bes.* vertrottelter Vertreter der Oberschicht.

**Chi·no-** [ˈtʃaɪnəʊ] *Wortelement mit der Bedeutung* chinesisch.

**Chi·nook** [tʃɪˈnʊk; *Am. a.* ʃə-] *s* **1.** *pl*

**-nook, -nooks** Chiˈnook(indiˌaner) *m.*
**2.** *ling.* Chiˈnook *n.* **3.** c~ *Am.* Chiˈnook *m,* föhnartiger Wind.

**chin strap** *s* Kinn-, Sturmriemen *m.*

**chintz** [tʃɪnts] *s* Chintz *m,* ˈMöbelkatˌtun *m.* ˈ**chintz·y** *adj colloq.* **1.** schmuck. **2.** *Am.* ˌbillig', geschmacklos.

ˈ**chin·wag** *colloq.* **I** *s* **1.** Plaudeˈrei *f,* Schwätzchen *n,* Plausch *m.* **2.** Klatsch *m,* Tratsch *m.* **II** *v/i* **3.** plaudern, schwatzen, plauschen. **4.** klatschen, tratschen.

**chip** [tʃɪp] *s* **1.** (Holz- *od.* Meˈtall)Splitter *m,* Span *m,* Schnitzel *n, m,* Abfall *m:* **he is a ~ of the old block** *fig.* er ist ganz der Vater; **to have a ~ on one's shoulder** *colloq.* a) sich ständig angegriffen fühlen, b) e-n Komplex haben (**about** wegen). **2.** angeschlagene Stelle (**an** *Geschirr etc*). **3.** *gastr.* a) Scheibchen *n:* orange ~s, b) *pl Br.* Pommes ˈfrites *pl,* c) *pl Am.* (Karˈtoffel)Chips *pl.* **4.** Spielmarke *f:* **to be in the** ~s *Am. colloq.* ˌZaster haben', reich sein; **to cash in one's** ~s *bes. Am. colloq.* ˌden Löffel weglegen' (*sterben*); **the** ~s **are down** *colloq.* jetzt geht es um die Wurst; **when the** ~s **are down** *colloq.* wenn es hart auf hart geht; **to have had one's** ~s *Br. colloq.* ausgespielt haben. **5.** *Golf:* Chip (shot) *m* (*kurzer Annäherungsschlag, bei dem der Ball so auf das Grün gehoben wird, daß er noch rollen kann*). **6.** (geschliffener Brilˈlant- *etc*) Splitter. **7.** Holz- *od.* Strohfasern *pl* (*für Korbflechter etc*). **8.** *electr.* Chip *m* (*Siliziumplättchen mit gedruckten Schaltungen*). **II** *v/t* **9.** (mit der Axt *od.* dem Meißel *etc*) behauen. **10.** abraspeln, abschnitzeln. **11.** abbrechen. **12.** *Kanten, Ecken von Geschirr etc* an-, abschlagen. **III** *v/i* **13.** abbrechen, abbröckeln. **14.** *Golf:* chippen, e-n Chip schlagen *od.* spielen.

*Verbindungen mit Adverbien:*

**chip| in I** *v/i* **1.** *Am.* (ein)setzen (*beim Spiel*). **2.** *colloq.* dazu beisteuern, e-n Beitrag leisten (**to** ~ **with** → **5. 3.** *colloq.* sich (*in ein Gespräch*) einmischen. **II** *v/t* **4.** (*im Gespräch*) einwerfen. **5.** *Geld etc* beisteuern. ~ **off I** *v/t* abbrechen. **II** *v/i* abbröckeln, abblättern.

**chip|ax(e)** *s* Schlichtbeil *n.* ~ **bas·ket** *s* Spankorb *m.* ~ **bird** *s orn.* (ein) amer. Sperling *m.* ˈ~**board** *s* **1.** (Holz)Spanplatte *f.* **2.** Graupappe *f.* ˈ~**munk** *s zo. Am.* gestreiftes Eichhörnchen. ~ **pan** *s* Friˈteuse *f.*

**chipped** [tʃɪpt] *adj* **1.** angeschlagen (*Geschirr etc*). **2.** abgebröckelt.

**Chip·pen·dale** [ˈtʃɪpəndeɪl] *s* Chippendale *m* (*Möbelstil*).

**chip·per¹** [ˈtʃɪpə(r)] *adj bes. Am. colloq.* lebhaft, munter, vergnügt.

**chip·per²** [ˈtʃɪpər] *v/i Am.* **1.** zwitschern. **2.** schwatzen, plappern.

**chip·ping** [ˈtʃɪpɪŋ] *s* **1.** Absplittern *n,* Abbröckeln *n* (*e-s Stückes*). **2.** *tech.* Ab-, Grobmeißeln *n.* **3.** a) Span *m,* Schnitzel *m, n,* abgesprungenes *od.* abgeschlagenes Stück, b) angestoßene Ecke. **4.** *pl tech.* a) Bohrspäne *pl,* b) (Straßen)Splitt *m.*

**chip·py** [ˈtʃɪpɪ] *s* **1.** *Am. sl.* ˌFlittchen' *n,* ˌleichtes Mädchen'. **2.** → **chip bird.** **II** *adj* **3.** angeschlagen (*Geschirr etc*). **4.** *fig.* trocken, fad. **5.** *Am. sl.* verkatert.

**chip shot** → **chip 5.**

**chirk** [tʃɜrk] *Am. colloq.* **I** *adj* → **chipper¹. II** *v/t* ~ **up** aufheitern, aufmuntern.

**chi·rog·ra·pher** [kaɪəˈrɒgrəfə(r); *Am.* -ˈrɑ-] *s* **1.** Schönschreiber *m.* **2.** *Br. hist.* (Amts)Schreiber *m.* **chi·rog·ra·phy** *s* **1.** Schönschreibkunst *f.* **2.** Handschrift *f.*

**chi·ro·man·cer** [ˈkaɪərəʊmænsə(r)] *s* Chiroˈmant *m,* Handliniendeuter *m.*

ˈ**chi·ro·man·cy** *s* Chiromanˈtie *f,* Handlesekunst *f.*

**chi·rop·o·dist** [kɪˈrɒpədɪst; ʃɪˈr-; *Am.* -ˈrɑ-] *s* Fußpfleger(in), Pediˈküre *f.* **chi·rop·o·dy** *s* Fußpflege *f,* Pediˈküre *f.*

**chi·ro·prac·tic** [ˌkaɪərəʊˈpræktɪk] *s med.* Chiroˈpraktik *f.* ˈ**chi·ro·prac·tor** [-tə(r)] *s* Chiroˈpraktiker *m.*

**chirp** [tʃɜːp; *Am.* tʃɜrp] **I** *v/t u. v/i* **1.** a) zirpen (*Grille etc*), b) zwitschern, piepsen (*Vogel*) (*alle a. fig. Person etc*). **II** *s* **2.** a) Gezirp *n,* b) Zwitschern *n,* Piepsen *n.* **3.** Piepser *m.* ˈ**chirp·y** *adj* (*adv* chirpily) *colloq.* ˌquietschvergnügt', munter.

**chirr** [tʃɜː; *Am.* tʃɜr] *v/i* zirpen (*Grille*). **II** *s* Zirpen *n.*

**chir·rup** [ˈtʃɪrəp; *Am. a.* ˈtʃɜrəp] **I** *v/i* **1.** (*a. v/t*) → **chirp I. 2.** mit der Zunge schnalzen. **II** *s* **3.** → **chirp II. 4.** (Zungen)Schnalzer *m.*

**chis·el** [ˈtʃɪzl] **I** *s* **1.** Meißel *m.* **2.** *tech.* (Stech)Beitel *m,* Stemmeisen *n.* **II** *v/t pret u. pp* **-eled,** *bes. Br.* **-elled 3.** (aus dem Meißel bearbeiten, (aus)meißeln. **4.** *fig.* stiˈlistisch ausfeilen. **5.** *sl.* a) ˌreinlegen', betrügen (**out, of** um) b) ergaunern. **III** *v/i* **6.** meißeln. **7.** *sl.* ˌkrumme Sachen machen'. ˈ**chis·el(l)ed** *adj* **1.** (aus)gemeißelt, geformt. **2.** *fig.* scharfgeschnitten: ~ **face;** a **finely** ~ **mouth** ein feingeschnittener Mund. **3.** *fig.* a) ausgefeilt, geschliffen: ~ **style,** b) durchˈdacht: ~ **idea.** ˈ**chis·el·(l)er** *s sl.* Gauner(in), Betrüger(in).

**chi-square| dis·tri·bu·tion** [ˈkaɪskweə(r)] *s Statistik:* ˈChi-Quaˌdrat-Verteilung *f.* ~ **test** *s Statistik:* ˈChi-Quaˌdrat-Test *m.*

**chit¹** [tʃɪt] *s* Kind *n:* **a ~ of a girl** a) ein junges Ding, b) *contp.* ein Fratz.

**chit²** [tʃɪt] *s* **1.** vom Barzeichnete Speisen- *od.* Getränkerechnung (*e-s Clubs etc*). **2.** Rechnung *f,* Quittung *f.* **3.** a) kurzer Brief, (kurze) Noˈtiz, b) beschriebener Zettel. **4.** Zeugnis *n* (*für Hausangestellte etc*).

**chit·chat** [ˈtʃɪttʃæt] **I** *s* **1.** Plaudeˈrei *f,* Plausch *m.* **2.** Klatsch *m,* Tratsch *m.* **II** *v/i* **3.** plaudern, plauschen. **4.** klatschen, tratschen.

**chit·ter·lings** [ˈtʃɪtə(r)lɪŋz] *s pl* Inneˈreien *pl,* Gekröse *n* (*bes. vom Schwein*).

**chiv** → **chive².**

**chiv·al·resque** [ˌʃɪvlˈresk], **chiv·al·ric** [ˈʃɪvlrɪk; *Am.* ʃəˈvæl-] *adj* ritterlich, gaˈlant, chevaleˈresk. ˈ**chiv·al·rous** *adj* (*adv* ~**ly) 1.** → **chivalresque. 2.** a) tapfer, b) loyˈal, c) großzügig. ˈ**chiv·al·ry** [-rɪ] *s* **1.** Ritterlichkeit *f,* ritterliches *od.* gaˈlantes Benehmen: **the age of ~ is not dead yet** es gibt noch immer Kavaliere. **2.** ritterliche Tugend. **3.** *hist.* a) Rittertum *n,* -wesen *n,* b) Ritterstand *m,* c) Gruppe *f* von Rittern.

**chive¹** [tʃaɪv] *s bot.* Schnittlauch *m.*

**chive²** [tʃɪv] *sl.* **I** *s* Messer *n.* **II** *v/t* a) mit dem Messer verletzen, b) erstechen.

**chive gar·lic** → **chive¹.**

**chiv·y, chiv·vy** [ˈtʃɪvɪ] → **chevy.**

**chlo·ral** [ˈklɔːrəl] *s chem.* Chloˈral *n:* ~ **(hydrate)** Chloralhydrat *n.* ˈ**chlo·ral·ism** *s med.* Chloraˈlismus *m,* Chloˈralvergiftung *f.*

**chlo·rate** [ˈklɔːreɪt] *s chem.* Chloˈrat *n,* chlorsaures Salz. ˈ**chlo·ric** *adj chem.* chlorhaltig, Chlor..., chlorsauer: ~ **acid** Chlorsäure *f.* ˈ**chlo·ride** [-raɪd] *s chem.* Chloˈrid *n,* Chlorverbindung *f:* ~ **of lime** Chlorcalcium *n.* ˈ**chlo·rin·ate** [-rɪneɪt] *v/t* **1.** *chem.* chloˈrieren, mit Chlor verbinden *od.* behandeln: ~**d lime** Chlorkalk *m.* **2.** *Wasser etc* chloren. ˈ**chlo·rine** [-riːn] *s chem.* Chlor *n.*

**chlo·rite¹** [ˈklɔːraɪt] *s min.* Chloˈrit *m.*

**chlo·rite²** [ˈklɔːraɪt] *s chem.* chlorigsaures Salz.

**chlo·ro·form** [ˈklɒrəfɔː(r)m; *Am. a.* ˈkləʊ-] **I** *s chem. med.* Chloroˈform *n.* **II** *v/t* a) chloroforˈmieren, b) *Tier durch* Chloroˈform *töten.*

**chlo·ro·phyll,** *Am. a.* **chlo·ro·phyl** [ˈklɒrəfɪl; *Am. a.* ˈkləʊ-] *s bot.* Chloroˈphyll *n,* Blattgrün *n.*

**chlo·ro·plast** [ˈklɒrəplæst; *Am. a.* ˈkləʊ-] *s bot.* Chloroˈplast *n,* Farbstoffträger *m.*

**chlo·ro·sis** [kləˈrəʊsɪs] *s bot.* Chloˈrose *f, med. a.* Bleichsucht *f.* **chloˈrot·ic** [-ˈrɒtɪk; *Am.* -ˈrɑ-] *adj bot.* chloˈrotisch, *med. a.* bleichsüchtig.

**chlo·rous** [ˈklɔːrəs; *Am. a.* ˈkləʊrəs] *adj chem.* chlorig: ~ **acid** Chlorsäure *f.*

**chock** [tʃɒk; *Am.* tʃɑk] **I** *s* **1.** (Brems-, Hemm)Keil *m.* **2.** *mar.* (Boots)Klampe *f.* **II** *v/t* **3.** festkeilen. **4.** *meist* ~ **up** vollstopfen (**with** mit). **III** *adv* **5.** möglichst nahe, dicht: ~ **against the wall** dicht an die Wand **stellen** *etc.* ~**-a-ˈblock** *adj* **1.** *mar.* Block an Block. **2.** *fig.* vollgestopft (**with** mit). ~**-ˈfull** *adj* zum Bersten *od.* ˌgerammelt' voll (**of** mit).

**choc·o·late** [ˈtʃɒkələt; *Am.* ˈtʃɑk-] **I** *s* **1.** Schokoˈlade *f* (*a. als Getränk*). **2.** Praˈline *f:* ~**s** Pralinen, Konfekt *n.* **3.** Schokoˈlade(n)braun *n.* **II** *adj* **4.** schokoˈladen, Schokolade(n)... **5.** schokoˈlade(n)braun. ~**cream** *s* ˈCremepraˌline *f.*

**choice** [tʃɔɪs] **I** *s* **1.** *allg.* Wahl *f:* a) Auswahl *f:* **to have the ~** die Wahl haben; **to make a ~** wählen, e-e Wahl treffen; **to take one's ~** s-e Wahl treffen, sich etwas aussuchen; **his ~ fell on me** s-e Wahl fiel auf mich; **colo(u)r of ~** bevorzugte Farbe; ~ **of ends** *sport* Seiten-, Platzwahl *f,* b) freie Wahl: **at ~** nach Belieben; **of one's own free ~** aus eigener freier Wahl; **for** (*od.* **by) ~** am liebsten, vorzugsweise; **to give s.o. his ~** j-m die Wahl lassen; → **Hobson's choice,** c) gewählte *od.* auserwählte Perˈson *od.* Sache: **you are his ~** s-e Wahl ist auf Sie gefallen; **it was his ~** er wollte es ja so *od.* nicht anders, d) Alternaˈtive *f,* andere Möglichkeit: **I have no ~** ich habe keine andere Wahl (**but to do** als zu tun), *a.* es ist mir einerlei. **2.** (große *od.* reichhaltige) Auswahl (**of** an *dat*): **a wide** (*od.* **big) ~ of products. 3.** Auslese *f,* (*das*) Beste, (*die*) Eˈlite: **the ~ of everything** das Beste, was es gibt; **the ~ of our troops** unsere Kerntruppen. **II** *adj* (*adv* ~**ly) 4.** auserlesen, ausgesucht (gut): ~ **quality;** a ~ **dinner** ein erlesenes *od.* vorzügliches Mahl; ~ **goods** ausgesuchte *od.* ausgesucht gute Waren; **in ~ words** in gewählten Worten. **6.** *humor.* deftig (*Sprache*): ~ **word** Kraftausdruck *m.* ˈ**choice·ness** *s* Auserlesenheit *f,* Gewähltheit *f.*

**choir** [ˈkwaɪə(r)] **I** *s* **1.** *mus.* a) (*bes.* Kirchen)Chor *m,* b) Stimmgruppe *f* (*e-s Chors*), c) Instruˈmentengattung *f* (*Orchester*), d) Gruppe *f,* Chor *m* (*gleicher Instrumente od.* Orgelregister). **2.** *arch.* Chor *m:* a) Chor-, Alˈtarraum *m,* b) ˈChoremˌpore *f.* **II** *v/i* **3.** im Chor singen. ˈ~**boy** *s* Chor-, Sängerknabe *m.* ~**loft** *s* ˈChoremˌpore *f* (*Kirche*). ˈ~**mas·ter** *s* ˈChordiriˌgent *m,* -leiter *m.* ~ **or·gan** *s* Chorˈorgel *f.*

**choke** [tʃəʊk] **I** *s* **1.** Würgen *n.* **2.** *mot.* Choke *m,* Luftklappe *f:* **to pull out the ~** den Choke ziehen. **3.** *electr.* Drosselspule *f.* **4.** → **chokebore 1. 5.** *Judo:* Würgegriff *m.* **II** *v/t* **6.** würgen. **7.** e-n Erstickungsanfall herˈvorrufen bei *j-m.* **8.** erwürgen, erdrosseln, (*a. weitS. Feuer*) ersticken: **the smoke almost ~d me** ich bin an dem Rauch fast erstickt; **rage ~d him** er brachte vor Wut kein Wort her-

aus. **9.** *a.* **~ back** (*od.* **down**) *fig.* Bemer-kung, Ärger *etc* unter'drücken, hin'unter-schlucken, Tränen zu'rückhalten. **10.** *tech.* Motor a) drosseln, b) *colloq.* ,abwürgen'. **11.** *electr.* Strom drosseln. **12.** *a.* **~ back** *fig.* Konjunktur *etc* drosseln, dämpfen: **to ~ (back) the building boom. 13.** *a.* **~ off** *fig.* a) Diskussion *etc* abwürgen, b) *j-s* Redefluß stoppen. **14.** *a.* **~ up** a) ver-stopfen, b) vollstopfen. **III** *v/i* **15.** wür-gen. **16.** ersticken (**on** an *dat*): **he was choking with anger** er erstickte fast vor Wut. **17.** e-n Erstickungsanfall haben. **18.** *a.* **~ up** sich verstopfen. **19. the words ~d in his throat** die Worte blieben ihm im Hals stecken. **20. he ~d up** es schnürte ihm die Kehle zu(sammen). **21.** ~ **up** verkrampfen (*Sportler etc*). **'~·bore** *s tech.* **1.** Choke-bohrung *f.* **2.** Schrotflinte *f* mit Choke-bohrung. **~ coil** *s* **1.** *electr.* Drosselspule *f.* **2.** *tech.* Abflachungsdrossel *f.* **'~·damp** *s Bergbau:* Ferch *m*, (Nach-)Schwaden *m*, Stickwetter *n.* **~·'full** → chock-full.

**chok·er** ['tʃəʊkə(r)] *s colloq.* a) ,Vater-mörder' *m* (enger *od.* hoher Kragen), b) enge Kette, enges Halsband.

**chok·ing** ['tʃəʊkɪŋ] *adj* **1.** erstickend: ~ **air** stickige Luft. **2.** *fig.* (vor Bewegung, Zorn etc) erstickt: **to speak with a ~ voice.**

**chok·y**[1] ['tʃəʊkɪ] *adj* stickig: ~ **air.**

**chok·y**[2] ['tʃəʊkɪ] *s* **1.** *Br. Ind.* 'Post-, 'Zollstati₁on *f.* **2.** *Br. sl.* ,Kittchen' *n.*

**chol·er** ['kɒlə; *Am.* 'kɑlər] *s* **1.** *obs.* Galle *f.* **2.** *fig.* Zorn *m*: **to raise s.o.'s ~** j-s Zorn erregen.

**chol·er·a** ['kɒlərə; *Am.* 'kɑ-] *s med. vet.* Cholera *f.*

**chol·er·ic** ['kɒlərɪk; *Am.* 'kɑ-] *adj* (*adv* ~**ally**) cho'lerisch, aufbrausend, jähzor-nig.

**chol·er·ine** ['kɒlərɪn; -raɪn; *Am.* 'kɑ-] *s med.* Chole'rine *f*, 'Brech₁durchfall *m.*

**cho·les·ter·in** [kə'lestərɪn], **cho·les·ter·ol** [kə'lestərɒl; *Am.* -₁rəʊl] *s physiol.* Choleste'rin *n.*

**choo-choo** ['tʃuːtʃuː] *s Kindersprache:* Puff-Puff *f* (*Eisenbahn*).

**choose** [tʃuːz] *pret u. obs. pp* **chose** [tʃəʊz] *pp* **cho·sen** ['tʃəʊzn] **I** *v/t* **1.** (aus)wählen, aussuchen: ~ **a hat; to ~ s.o. as** (*od.* **for** *od.* **to be**) **one's leader** j-n zum Führer wählen; → **chosen II. 2.** *a. iro.* belieben, (es) vorziehen, be-schließen (**to do** zu tun): **he chose to run** er zog es vor davonzulaufen; **he did not ~ to answer** er geruhte nicht zu antworten; **to do as one ~s** tun, wie es e-m beliebt; **stay as long as you ~** bleibe so lange, wie du willst *od.* wie es dir gefällt. **II** *v/i* **3.** wählen: **you have chosen well** Sie haben e-e gute Wahl getroffen. **4.** die Wahl haben, wählen (können): **there are three versions to ~ from** es stehen drei Ausführungen zur (Aus)Wahl; **there is not much to ~ between them** es ist kaum ein Unter-schied zwischen ihnen; **he cannot ~ but come** er hat keine andere Wahl als zu kommen; es bleibt ihm nichts anderes übrig, als zu kommen. **'choos·er** *s* (Aus)Wählende(r *m*) *f*: → **beggar 2.** **'choos·ey** → choosy. **'choos·ing** *s* Auswahl *f*: **it is all of your ~** Sie wollten es ja so *od.* nicht anders. **'choos·y** *adj colloq.* wählerisch, heikel.

**chop**[1] [tʃɒp; *Am.* tʃɑp] **I** *s* **1.** Hieb *m*, Schlag *m* (*a. Karate*): **he got the ~** *colloq.* er ist ,rausgeflogen' (*entlassen worden*). **2.** Chop *m*: a) (*Boxen*) kurzer, nach unten gerichteter Schlag, b) (*Tennis*) Schlag, bei dem sich Schlägerbahn u. Schlagfläche in e-m Winkel von mehr als 45° schneiden.

**3.** *gastr.* Kote'lett *n.* **4.** *agr.* gehäckseltes Futter. **5.** *pl* kurzer, unregelmäßiger Wel-lenschlag. **II** *v/t* **6.** (zer)hacken, hauen, spalten, in Stücke hacken: **to ~ wood** Holz hacken; → **logic 2. 7.** *Tennis:* den Ball choppen. **8.** *aer. Am.* (ab)drosseln. **III** *v/i* **9.** hacken. **10.** sich einmischen (**in**[**to**] in *ein Gespräch*). **11.** schnappen (**at** nach). **12.** *Tennis:* choppen. *Verbindungen mit Adverbien:* **chop| a·way I** *v/t* abhacken. **II** *v/i* (munter) drauf'loshacken. **~ down** *v/t* **1.** fällen. **2.** *Fußball:* 'umsäbeln. **~ in** *v/i* sich (**in** *ein Gespräch*) einmischen. **~ off** *v/t* **1.** abhacken. **2.** *tech.* Metall abschro-ten, schruppen. **~ up** *v/t* zer-, klein-hacken.

**chop**[2] [tʃɒp; *Am.* tʃɑp] **I** *v/i* **1.** *oft* ~ **about,** ~ **round** sich drehen u. wenden, plötzlich 'umschlagen (*Wind etc*): **to ~ and change** *fig.* dauernd s-e Meinung *od.* s-e Pläne ändern, hin u. her schwanken. **II** *v/t* **2.** ~ **logic** (*bes.* haarspalterisch) dispu'tieren (**with** mit). **3.** *Br. obs.* → barter 3. **III** *s* **4.** *meist pl* Wechsel *m*: ~**s and changes** ewiges Hin u. Her.

**chop**[3] [tʃɒp; *Am.* tʃɑp] *s* **1.** *meist pl* (Kinn)Backen *pl.* **2.** *pl humor.* Mund *m*: **to lick one's ~s** sich die Lippen lecken. **3.** *pl fig.* Maul *n*, Rachen *m*, Mündung *f* (*e-r Kanone etc*).

**chop**[4] [tʃɒp; *Am.* tʃɑp] *s* (*in Indien u. China*) **1.** (Amts)Stempel *m.* **2.** amtlich gestempeltes Doku'ment, Pas'sierschein *m*: **grand ~** Zollschein. **3.** (*bes. in China*) Handelsmarke *f.* **4.** Quali'tät *f*: **first ~** a) erste Sorte, b) erstklassig.

**₁chop-'chop** (*Pidgin-English*) **I** *adv* schnell. **II** *interj* hopphopp!

**'chop·house**[1] *s* Steakhaus *n.*

**'chop·house**[2] *s* (*China*) Zollhaus *n.*

**chop·per** ['tʃɒpə; *Am.* 'tʃɑpər] **I** *s* **1.** (Holz- *etc*)Hacker *m.* **2.** Hackmesser *n*, -beil *n*, Häckselmesser *n.* **3.** *electr.* Zer-hacker *m.* **4.** *pl sl.* ,Beißerchen' *pl* (*Zähne*). **5.** *colloq.* Hubschrauber *m.* **6.** *bes. Am. sl.* Ma'schinengewehr *n.* **7.** *bes. Br. sl.* ,Schwanz' *m* (*Penis*). **II** *v/t* **8.** *colloq.* mit dem Hubschrauber transpor'tieren *od.* befördern. **III** *v/i* **9.** *colloq.* mit dem Hubschrauber fliegen.

**chop·ping** ['tʃɒpɪŋ; *Am.* 'tʃɑ-] **I** *adj* **1.** unruhig, ungleichmäßig, gegenein'an-derlaufend (*Wellen etc*): ~ **sea** kabbelige See. **2.** plötzlich 'umschlagend, böig (*Wind etc*). **II** *s* **3.** Wechsel *m*: ~ **and changing** ewiges Hin u. Her. **chop·ping| block** *s* Hackblock *m*, -klotz *m.* **~ knife** *s irr* Hack-, Wiegemesser *n.* **chop·py** ['tʃɒpɪ; *Am.* 'tʃɑ-] *adj* **1.** *mar.* unruhig, kabbelig: ~ **sea. 2.** böig (*Wind*). **3.** *fig.* a) abgehackt: ~ **style**, b) zu'sam-menhang(s)los.

**'chop·stick** *s* Eßstäbchen *n* (*der Chine-sen etc*). **~ su·ey** ['suːɪ] *s gastr.* Chop Suey *n* (*chinesisches Gericht aus verschiedenen Gemüsen mit Hühner- od. Schweine-fleisch*).

**cho·ra·gus** [kɒ'reɪgəs; *bes. Am.* kə'r-] *pl* **-gi** [-dʒaɪ], **-gus·es** *s* **1.** *antiq.* Cho'reg *m*, Chorführer *m.* **2.** *mus.* a) Chorleiter *m*, b) 'Chordi₁rektor *m* (*Kirche*).

**cho·ral** ['kɒːrəl] *adj* (*adv* ~**ly**) Chor-, chorartig: ~ **concert** Chorkonzert *n*; ~ **service** Chorgottesdienst *m*; ~ **society** Gesangverein *m*, Chor *m.* **cho·ral(e)** [kɒ'rɑːl; *Am.* kə'ræl; kə'rɑːl] *s* Cho-'ral *m.*

**chord**[1] [kɒː(r)d] *s* **1.** *mus.* Saite *f.* **2.** *fig.* Saite *f*, Ton *m*: **to strike the right ~** den richtigen Ton treffen; **does that strike a ~?** erinnert dich das an etwas? **3.** *math.* Sehne *f.* **4.** *tech.* a) Kämpferlinie *f*, b) Spannweite *f.* **5.** *anat.* a) Band *n*, b) Strang *m.* **6.** *aer.* (Pro'fil)Sehne *f.*

**chord**[2] [kɒː(r)d] *s mus.* Ak'kord *m*: **to break into a ~** *sl.* e-n Tusch blasen.

**chor·di·tis** [kɒː(r)'daɪtɪs] *s med.* **1.** Chor-'ditis *f*, Stimmbandentzündung *f.* **2.** Sa-menstrangentzündung *f.*

**chore** [tʃɔː(r)] **I** *s* **1.** *pl* Hausarbeit *f*: **to do the ~s** den Haushalt machen, die Haus-arbeit erledigen. **2.** schwierige *od.* unan-genehme Aufgabe. **II** *v/i* **3.** *Am.* den Haushalt machen, die Hausarbeit erle-digen.

**cho·re·a** [kɒ'rɪə; *Am.* kə'riːə] *s med.* Cho'rea *f*, Veitstanz *m.*

**cho·re·o·graph** ['kɒrɪəgræf; *Am.* -₁kəʊ-] *v/t Ballett* choreogra'phieren.

**cho·re·og·ra·pher** [₁kɒrɪ'ɒgrəfə; *Am.* ₁kəʊrɪ'ɑgrəfər] *s* Choreo'graph(in).

**₁cho·re·o·'graph·ic** [-rɪə'græfɪk] *adj* (*adv* ~**ally**) choreo'graphisch. **₁cho·re-**'**og·ra·phy** *s* Choreogra'phie *f*: a) Tanzschrift *f*, b) Bal'lett-, Tanzgestal-tung *f.*

**cho·ri·amb** ['kɒrɪæmb; -æm; *Am. a.* 'kəʊ-], **cho·ri·am·bus** [₁kɒrɪ'æmbəs; *Am. a.* ₁kəʊ-] *pl* **-bus·es, -bi** [-baɪ] *s metr.* Chori'ambus *m* (*aus Trochäus und Jambus*).

**cho·ric** ['kɒrɪk; *Am. a.* 'kəʊ-; 'kɑ-] *adj* Chor..., chorisch.

**cho·ri·oid** ['kɔːrɪɔɪd; *Am. a.* 'kəʊ-] *s anat.* Chorio'idea *f*, Aderhaut *f* des Auges.

**cho·ri·on** ['kɔːrɪɒn; *Am.* 'kəʊrɪ₁ɑn] *s biol.* Chorion *n*, Ei-, Fruchthaut *f.*

**chor·is·ter** ['kɒrɪstə(r); *Am. a.* 'kəʊ-; 'kɑ-] *s* **1.** (*bes.* Kirchen)Chorsänger(in), *bes.* Chorknabe *m.* **2.** *Am.* Kirchenchor-leiter *m.*

**cho·rog·ra·phy** [kɒ'rɒgrəfɪ; *Am.* kə'rɑ-] *s* **1.** Chorogra'phie *f*, Land(schafts)be-schreibung *f.* **2.** karto'graphische Dar-stellung e-s Landstrichs.

**cho·roid** ['kɔːrɔɪd; *Am. a.* 'kəʊ-] → chorioid.

**cho·rol·o·gy** [kə'rɒlədʒɪ; *Am.* -'rɑl-] *s biol.* Chorolo'gie *f*, Studium *n* der ört-lichen Verbreitung von Lebewesen.

**chor·tle** ['tʃɔː(r)tl] **I** *v/t u. v/i* **1.** glucksen (**with** vor *Vergnügen etc*). **II** *s* **2.** Gluck-sen *n.* **3.** Gluckser *m.*

**cho·rus** ['kɔːrəs; *Am. a.* 'kəʊrəs] **I** *s* **1.** *antiq.* Chor *m* (*im Drama*). **2.** *thea.* a) (Sänger)Chor *m*, b) Tanzgruppe *f* (*bes. e-r Revue*). **3.** *mus.* Chor *m*: a) 'Chorpar-₁tie *f*, b) 'Chorkompositi₁on *f*, c) ('Chor-)Re₁frain *m*, Kehrreim *m.* **4.** *hist.* Chorus *m*, Chorsprecher *m* (*bes. im Elisabetha-nischen Drama*). **5.** *fig.* Chor *m*: ~ **of protest** Protestgeschrei *n*: **in ~** im Chor, alle gemeinsam. **6.** Mix'turenchor (*e-r Orgel*). **7.** *Jazz:* Chorus *m*, Variati'ons-thema *n od.* -peri₁ode *f.* **II** *v/t u. v/i* **8.** im Chor singen *od.* sprechen *od.* rufen. **~ girl** *s* (Re'vue)Tänzerin *f.* **~ mas·ter** *s thea.* Chorleiter *m.*

**chose**[1] [tʃəʊz] *pret u. obs. pp von* choose.

**chose**[2] [ʃəʊz] *s jur.* Sache *f*, 'Rechtsob-₁jekt *n*: ~ **in action** a) obligatorischer Anspruch (*auf Eigentum, das nur auf gerichtlichem Wege zu erlangen ist*), b) unkörperlicher Rechtsgegenstand; ~ **in possession** im unbestrittenen Besitz befindliches Rechtsobjekt.

**cho·sen** ['tʃəʊzn] **I** *pp von* choose. **II** *adj* ausgesucht, auserwählt: **the ~ people** *Bibl.* das auserwählte Volk (*die Juden*). **III** *s* **the ~** die Auserwählten.

**chough** [tʃʌf] *s orn.* (ein) Rabenvogel *m*: **alpine ~** Alpendohle *f*; **Cornish ~** Al-penkrähe *f*, Steindohle *f.*

**choux pas·try** [ʃuː] *s gastr.* Brandteig *m.*

**chow** [tʃaʊ] *s* **1.** *zo.* Chow-Chow *m* (*chi-nesischer Hund*). **2.** *sl.* ,Futter' *n*, Essen *n.*

**chow-chow** [tʃaʊ'tʃaʊ] *s* **1.** (*China u. Indien*) a) Konfi'türe *f* aus gemisch-ten Früchten, b) gemischtes Allerlei.

**2.** zerkleinerte Mixed Pickles *pl* in Senfsoße. **3.** → chow 1.

**chow·der** [ˈtʃaʊdə(r)] *s gastr. bes. Am.* dicke Suppe aus Meeresfrüchten.

**chre·ma·tis·tics** [ˌkriːməˈtɪstɪks; *Am. a.* ˌkremə-] *s pl* (*als sg konstruiert*) *econ.* Chremaˈtistik *f* (*Lehre von der Gütererwerbung u. -erhaltung*).

**chres·tom·a·thy** [kreˈstɒməθɪ; *Am. -ˈstɑ-*] *s* Chrestomaˈthie *f* (*für den Unterricht bestimmte Sammlung ausgewählter Texte aus den Werken bekannter Autoren*).

**chrism** [ˈkrɪzəm] *relig.* **I** *s* **1.** Chrisam *n*, *m*, Chrisma *n*, geweihtes Salböl. **2.** Salbung *f*. **II** *v/t* **3.** salben.

**chris·om** [ˈkrɪzəm] *s* **1.** → chrism I. **2.** Taufkleid *n*. **3.** *obs.* Täufling *m*.

**Christ** [kraɪst] **I** *s Bibl.* der Gesalbte, Christus *m*: before ~ vor Christi Geburt. **II** *interj sl.* verdammt noch mal!, Herrgott noch mal!

**christ·cross** [ˈkrɪskrɒs; -krɔːs] *s obs.* Zeichen *n* des Kreuzes.

**chris·ten** [ˈkrɪsn] *v/t* **1.** taufen. **2.** *j-n, a. Schiff etc* (auf den Namen ...) taufen: **he was ~ed John** er wurde John getauft. **3.** *colloq.* ˈeinweihen‘.

**Chris·ten·dom** [ˈkrɪsndəm] *s* **1.** *obs.* Christenheit *f*. **2.** die christliche Welt: **in ~** *fig.* auf Gottes Erde.

**chris·ten·ing** [ˈkrɪsnɪŋ] **I** *s* Taufe *f*. **II** *adj* Tauf...

**Christ·er** [ˈkraɪstər] *s Am. sl.* Frömmler *m*, Betbruder *m*.

**Christ·hood** [ˈkraɪsthʊd] *s* Sendung *f od.* Amt *n* des Mesˈsias.

**Chris·tian** [ˈkrɪstjən; *bes. Am.* ˈkrɪstʃən] **I** *adj* (*adv* ~ly) **1.** christlich. **2.** *colloq.* anständig, menschlich, menschenfreundlich. **II** *s* **3.** Christ(in). **4.** Christ(enmensch) *m*, guter Mensch. **5.** *bes. Am. dial.* Mensch *m* (*Ggs. Tier*). **~ E·ra** *s* christliche Zeitrechnung.

**Chris·tian·ism** [ˈkrɪstjənɪzəm; *bes. Am.* ˈkrɪstʃə-] *s* Christentum *n*, christlicher Glaube.

**Chris·ti·an·i·ty** [ˌkrɪstɪˈænɪtɪ; *Am. a.* -tʃiˈæ-; krɪsˈtʃæn-] *s* **1.** Christenheit *f*. **2.** Christentum *n*, christlicher Glaube. **3.** christliches Denken *od.* Handeln.

**Chris·tian·ize** [ˈkrɪstjənaɪz; *bes. Am.* -tʃə-] **I** *v/t* christianiˈsieren, zum Christentum bekehren. **II** *v/i* sich zum Christentum bekennen. [*adj* christlich.)

**Chris·tian·like,** **Chris·tian·ly** [ˈkrɪstjən] **name** *s* Vorname *m.* ~ **Sci·ence** *s* Christian Science *f* (*e-e christliche Gemeinschaft*). **~Sci·en·tist** *s* Anhänger(in) der Christian Science.

**Christ·mas** [ˈkrɪsməs] *s* **1.** Weihnachtsfest *n*, Weihnachten *n u. pl*: **at ~** zu Weihnachten; → **merry** 1. **2.** Weihnachtszeit *f.* → **bo·nus** *s econ.* ˈWeihnachtsgratifikatiˌon *f.* ~ **box** *s Br.* Geldgeschenk *n* zu Weihnachten (*für Briefträger etc*). ~ **card** *s* Weihnachtskarte *f.* ~ **car·ol** *s* Weihnachtslied *n.* ~ **Day** *s* der erste Weihnachtsfeiertag. ~ **Eve** *s* Heiliger Abend, Heiligabend *m*, Weihnachtsabend *m.* ~ **flow·er** *s bot.* **1.** Christrose *f.* **2.** Winterling *m.* **3.** Weihnachtsstern *m*, Poinˈsettie *f.* ~ **pud·ding** *s Br.* Plumpudding *m.* ~ **rose** *s bot.* Christrose *f.* ~ **sea·son** *s* Weihnachtszeit *f.*

**Christ·mas·sy** [ˈkrɪsməsɪ] *adj colloq.* weihnachtlich.

**Christ·mas·tide,** **~·time** *s* Weihnachtszeit *f.* ~ **tree** *s* **1.** Christ-, Weihnachtsbaum *m.* **2.** *tech.* Erupti*ˈ*onskreuz *n* (*Erdöl-, Erdgasbohrung*).

**Christ·mas·y** → Christmassy.

**Christ's-thorn** *s bot.* Christusdorn *m.*

**chro·ma** [ˈkrəʊmə] *s phys.* **1.** Far-

benreinheit *f.* **2.** ˈFarbenintensiˌtät *f.*

**chro·mate** [ˈkrəʊmeɪt] *s chem.* Chroˈmat *n*, chromsaures Salz.

**chro·mat·ic** [krəʊˈmætɪk] *adj* (*adv* ~ally) **1.** *phys.* chroˈmatisch, Farben... **2.** *mus.* a) chroˈmatisch, b) alteˈriert, c) (stark) moduˈlierend: ~ **sign** Versetzungs-, Vorzeichen *n.* **chro·mat·ics** *s pl* (*als sg konstruiert*) **1.** *phys.* Chroˈmatik *f*, Farbenlehre *f.* **2.** *mus.* Chroˈmatik *f.*

**chro·ma·tid** [ˈkrəʊmətɪd] *s biol.* Chromaˈtid *n*, Chromoˈsomenspalthälfte *f.* **ˈchro·ma·tin** [-tɪn] *s biol.* Chromaˈtin *n* (*Zustandsform der Chromosomen zwischen zwei Kernteilungen*). **ˈchro·ma·tism** *s* **1.** Chromaˈtismus *m*, Färbung *f.* **2.** *bot.* ˈunnaˌtürliche Färbung einzelner Pflanzenteile. **3.** *phys.* Farbenzerstreuung *f.*

**chro·ma·tog·ra·phy** [ˌkrəʊməˈtɒɡrəfɪ; *Am. -ˈtɑ-*] *s chem.* Chromatograˈphie *f* (*Verfahren zur Trennung chemisch nahe verwandter Stoffe*). **chro·ma·to·phore** [ˈkrəʊmətəfɔː(r); krəʊˈmætə-] *s* **1.** Chromatoˈphor *n*: a) *zo.* Farbstoffzelle *f*, b) *bot.* Farbstoffträger *m.*

**chrome** [krəʊm] **I** *s* **1.** → chromium. **2.** *tech.* ˈKaliumˌdichroˌmat *n* (*gelber Farbstoff*). **3.** *a.* ~ **yellow** Chromgelb *n.* **4.** *a.* ~ **leather** Chromleder *n.* **II** *v/t* **5.** *a.* ~**plate** *tech.* verchromen. ~ **red** *s* Chromrot *n.* ~ **steel** *s* Chromstahl *m.*

**chro·mic** [ˈkrəʊmɪk] *adj chem.* chromsäurehaltig: ~ **acid** Chromsäure *f.*

**chro·mite** [ˈkrəʊmaɪt] *s min.* Chromeisenerz *n*, Chroˈmit *m.*

**chro·mi·um** [ˈkrəʊmjəm; -mɪəm] *s chem.* Chrom *n.* ~**plate** *v/t tech.* verchromen. ~**plat·ing** *s* Verchromung *f.* ~ **steel** *s* Chromstahl *m.*

**chro·mo·gen** [ˈkrəʊmədʒən] *s chem.* Farbenerzeuger *m*, Chromoˈgen *n.*

**chro·mo·lith·o·graph** [ˌkrəʊməʊˈlɪθəʊɡrɑːf; *bes. Am.* ˌkrəʊməˈlɪθəɡræf] *s* Chromolithograˈphie *f*, Mehrfarbensteindruck *m* (*Bild*). **ˌchro·mo·li·ˈthog·ra·phy** [-lɪˈθɒɡrəfɪ; *Am. -lɪˈθɑɡ-*] *s* Chromolithograˈphie *f*, Mehrfarbensteindruck *m* (*Verfahren*).

**chro·mo·mere** [ˈkrəʊməˌmɪə(r)] *s biol.* Chromoˈmer *n* (*Träger bestimmter Erbfaktoren*).

**chro·mo·plasm** [ˈkrəʊməˌplæzəm] *s biol.* Chromoˈplasma *n.* **ˈchro·mo·plast** [-plæst] *s biol.* Chromoˈplast *m*, Pigˈmentzelle *f.*

**chro·mo·some** [ˈkrəʊməsəʊm] *s biol.* Chromoˈsom *n*, Kernschleife *f.*

**chro·mo·sphere** [ˈkrəʊməˌsfɪə(r)] *s astr.* Chromoˈsphäre *f* (*glühende Gasschicht um die Sonne*).

**chro·mo·type** [ˈkrəʊməʊtaɪp] *s* **1.** Farbdruck *m.* **2.** Chromotyˈpie *f*, ˈFarbfotograˌfie *f* (*Bild u. Verfahren*).

**chron·ic** [ˈkrɒnɪk; *Am. ˈkrɑ-*] *adj;* **ˈchron·i·cal** *adj* (*adv* ~ly) **1.** ständig, (an)dauernd, ˈewig‘: ~ **unemployment** Dauerarbeitslosigkeit *f.* **2.** a) eingewurzelt, b) unverbesserlich, eingefleischt: a ~ grumbler. **3.** *bes. med.* chronisch, langwierig: ~ **disease;** ~ **carrier** Dauerausscheider *m.* **4.** *Br. colloq.* scheußlich, miseˈrabel.

**chron·i·cle** [ˈkrɒnɪkl; *Am.* ˈkrɑnɪkəl] **I** *s* **1.** Chronik *f:* ~ **play** Geschichtsdrama *n*, historisches Drama. **2.** C~s *pl Bibl.* Chronik *f*, Bücher *pl* der Chronika. **II** *v/t* **3.** aufzeichnen. **ˈchron·i·cler** [-klə(r)] *s* Chroˈnist *m.*

**chron·o·bi·ol·o·gy** [ˌkrɒnəʊbaɪˈɒlədʒɪ; *Am.* ˌkrɑnəbaɪˈɑl-; krəʊ-] *s* Chronobioloˈgie *f* (*Fachgebiet der Biologie, auf dem die zeitlichen Gesetzmäßigkeiten im Ablauf von Lebensvorgängen erforscht werden*).

**chron·o·gram** [ˈkrɒnəʊɡræm; *Am.*

ˈkrɑnə-; ˈkrəʊnə-] *s* Chronoˈgramm *n*: a) *Inschrift* (*in lateinischer Sprache*), in der hervorgehobene Großbuchstaben als Zahlzeichen die Jahreszahl eines geschichtlichen Ereignisses ergeben, auf das sich der Satz bezieht, b) Aufzeichnung *f* e-s Chronoˈgraphen. **ˈchron·o·graph** [-grɑːf; *bes. Am.* -græf] *s* Chronoˈgraph *m*, Zeitmesser *m*, -schreiber *m.*

**chro·nol·o·ger** [krəˈnɒlədʒə(r); *Am.* -ˈnɑl-] *s* Chronoˈloge *m*, Zeitforscher *m.* **chron·o·log·i·cal** [ˌkrɒnəˈlɒdʒɪkl; *Am.* ˌkrɑnlˈɑdʒɪkəl; ˌkrəʊnl-] *adj* (*adv* ~ly) chronoˈlogisch: ~ **order** chronologische Reihenfolge. **chro·nol·o·gist** → chronologer. **chro·nol·o·gize** *v/t* chronologiˈsieren, nach der Zeitfolge ordnen. **chro·nol·o·gy** *s* **1.** Chronoloˈgie *f*, Zeitbestimmung *f*, -rechnung *f.* **2.** Zeittafel *f.* **3.** chronoˈlogische Aufstellung.

**chro·nom·e·ter** [krəˈnɒmɪtə; *Am.* -ˈnɑmətər] *s* Chronoˈmeter *n*, Zeitmesser *m*, Präzisiˈonsuhr *f.* **chron·o·met·ric** [ˌkrɒnəʊˈmetrɪk; *Am.* ˌkrɑnə-; ˌkrəʊnə-] *adj;* **ˌchron·o·ˈmet·ri·cal** *adj* (*adv* ~ly) chronoˈmetrisch. **chro·nom·e·try** [-trɪ] *s* Chronomeˈtrie *f*, Zeitmessung *f.*

**chron·o·scope** [ˈkrɒnəskəʊp; *Am.* ˈkrɑ-; ˈkrəʊ-] *s* Chronoˈskop *n*, regiˈstrierender Zeitmesser.

**chrys·a·lid** [ˈkrɪsəlɪd] *zo.* **I** *adj* puppenartig. **II** *s* → chrysalis. **chrys·a·lis** [ˈkrɪsəlɪs] *pl* **ˈchrys·a·lis·es** *od.* **chry·sal·i·des** [krɪˈsælɪdiːz] *s zo.* Schmetterlingspuppe *f.*

**chrys·an·the·mum** [krɪˈsænθəməm] *s bot.* Chrysˈanthemum *n*, Chrysanˈtheme *f.*

**chrys·o·lite** [ˈkrɪsəʊlaɪt] *s min.* Chrysoˈlith *m.*

**chtho·ni·an** [ˈθəʊnjən; -nɪən], **chthon·ic** [ˈθɒnɪk; *Am.* ˈθɑ-] *adj* chthonisch, ... der ˈUnterwelt.

**chub** [tʃʌb] *pl* **chubs,** *bes. collect.* **chub** *ichth.* Döbel *m.*

**chub·bi·ness** [ˈtʃʌbɪnɪs] *s* a) Rundlichkeit *f*, b) Pausbäckigkeit *f.* **ˈchub·by** *adj* a) dicklich, rundlich: ~ **cheeks** Pausbacken, b) pausbäckig.

**chuck**[1] [tʃʌk] *s* **1.** *colloq.* Wurf *m.* **2.** zärtlicher Griff unters Kinn. **3. to give s.o. the ~** *Br. colloq.* j-n ˌrausschmeißen‘ (*entlassen*). **II** *v/t* **4.** *colloq.* werfen, ˌschmeißen‘: → **weight** 3. **5.** *colloq.* a) Schluß machen mit (*e-r Freundin etc*): ~ **it!** laß das!, b) → **chuck up. 6. to** ~ **s.o. under the chin** j-n *od.* j-m zärtlich unters Kinn fassen.

*Verbindungen mit Adverbien:*

**chuck a·way** *v/t colloq.* **1.** ˌwegschmeißen‘: **to chuck o.s. away on s.o.** sich an j-n wegschmeißen. **2.** Geld verschwenden. **3.** *Gelegenheit etc* verpassen, verschenken. ~ **in** → chuck up. ~ **out** *v/t colloq.* j-n ˌrausschmeißen‘, *etwas Altes etc a.* ˌwegschmeißen‘. ~ **up** *v/t colloq.* Job etc ˌhinschmeißen‘.

**chuck**[2] [tʃʌk] **I** *s* **1.** Glucken *n* (*der Henne*). **2.** *obs.* ˌSchnucki‘ *m* (*Kosewort*). **II** *v/t u. v/i* **3.** glucken. **III** *interj* **4.** put, put! (*Lockruf für Hühner*).

**chuck**[3] [tʃʌk] *tech.* **I** *s* **1.** Spann-, Klemmfutter *n* (*e-s Werkzeuges*). **2.** Spannvorrichtung *f.* **3.** ˈBohr(maˌschinen)futter *n.* **II** *v/t* **4.** in das Futter einspannen.

**chuck·er-out** [ˌtʃʌkərˈaʊt] *s colloq.* ˌRausschmeißer‘ *m* (*in e-m Nachtclub etc*).

**chuck lathe** *s tech.* Futterdrehbank *f.*

**chuck·le** [ˈtʃʌkl] **I** *v/i* **1.** glucksen: **to** ~ (**to o.s.**) (*stillvergnügt*) in sich hineinlachen. **2.** glucken (*Henne*). **II** *s* **3.** Glucksen *n*, leises Lachen. **ˈ~·head** *s colloq.* Dummkopf *m.* **ˌ~·head·ed** *adj colloq.* dumm, blöd.

**chud·dah** [ˈtʃʌdə], **chud·dar** [ˈtʃʌ-də(r)] s Br. Ind. ¹Umhängetuch n (für Frauen).

**chu·fa** [ˈtʃuːfə] s bot. Erdmandel f.

**chuff¹** [tʃʌf] s contp. ‚Bauer‘ m, ungehobelter Kerl.

**chuff²** [tʃʌf] **I** s Puffen n (der Lokomotive). **II** v/i puffen.

**chuff³** [tʃʌf] v/t: ~ up Br. colloq. aufmuntern.

**chuffed** [tʃʌft] adj Br. colloq. froh, glücklich (about über acc).

**chug** [tʃʌg] **I** s **1.** Tuckern n (des Motors). **II** v/i **2.** tuckern. **3.** tuckern(d fahren): to ~ along dahintuckern.

**chuk·ka** [ˈtʃʌkə], **chuk·ker** [ˈtʃʌkə(r)] s Polo: Chukker m (Spielabschnitt).

**chum¹** [tʃʌm] colloq. **I** s **1.** obs. Stubengenosse m. **2.** ‚Kumpel‘ m, Kameˈrad m: to be great ~s ‚dicke‘ Freunde sein. **II** v/i **3.** obs. ein Zimmer teilen (with mit). **4.** ‚dick‘ befreundet sein: to ~ up with s.o. enge Freundschaft mit j-m schließen.

**chum²** [tʃʌm] s bes. Am. Fisch- od. Fleischreste pl (als Fischköder).

**chum·my** [ˈtʃʌmɪ] adj (adv **chummily**) colloq. **1.** gesellig. **2.** ‚dick‘ befreundet: don't get ~ with me! keine plumpe(n) Vertraulichkeit(en)!

**chump** [tʃʌmp] s **1.** Holzklotz m. **2.** dickes Ende (z. B. der Hammelkeule). **3.** colloq. Trottel m, Dummkopf m. **4.** Br. sl. ‚Birne‘ f, Kopf m: to be off one's ~ ‚e-n Vogel haben‘.

**chunk** [tʃʌŋk] s colloq. **1.** a) (Holz)Klotz m, b) (dickes) Stück: a ~ of bread ein ‚Runken‘. **2.** Am. a) ‚Bulle‘ m, vierschrötiger Kerl, b) (bes. kleines) strammiges Tier (bes. Pferd). **3.** fig. ‚Batzen‘ m, ‚großer Brocken‘. **'chunk·y** adj colloq. **1.** Am. unterˈsetzt, stämmig, vierschrötig. **2.** klobig, klotzig.

**Chun·nel** [ˈtʃʌnl] s geplanter Tunnel unter dem Ärmelkanal zwischen Frankreich u. England.

**church** [tʃɜːtʃ; Am. tʃɜrtʃ] **I** s **1.** Kirche f. **2.** Kirche f, Gottesdienst m: in ~ in der Kirche; to go to ~ in die Kirche gehen; to attend ~ am Gottesdienst teilnehmen; ~ is over die Kirche ist aus. **3.** Kirche f, bes. Christenheit f. **4.** Glaubens-, Reliˈgionsgemeinschaft f. **5.** Geistlichkeit f: to enter the ~ Geistlicher werden. **II** v/t **6.** (zur Taufe etc) in die Kirche bringen. **7.** Br. e-n Dankgottesdienst abhalten für (e-e Wöchnerin). **III** adj **8.** Kirchen..., kirchlich: ~ court. **C~ Ar·my** s kirchlich-soziale Laienbewegung der anglikanischen Kirche. **'~ıgo·er** s Kirchgänger(in). ~ **in·vis·i·ble** s unsichtbare Kirche, Gemeinschaft f der (irdischen u. überirdischen) Gläubigen. ~ **law** s Kirchenrecht n. **'~ıman** [-mən] s irr **1.** Geistliche(r) m. **2.** Mitglied n e-r Glaubensgemeinschaft. ~ **mil·i·tant** s (die) streitende Kirche (auf Erden). ~ **mode** s mus. Kirchenton(art f) m. ~ **mouse** s irr: (as) poor as a ~ arm wie e-e Kirchenmaus. **C~ of Eng·land** s englische Staatskirche, angliˈkanische Kirche. **C~ of (Je·sus Christ of) Lat·ter-Day Saints** s Morˈmonenkirche f. **C~ of Scot·land** s schottische Staatskirche. ~ **rate** s Kirchenabgabe f. ~ **reg·is·ter** s ¹Kirchenbuch n, -reˌgister n. **'~ıscot, '~ıshot** s. Kirchenabgabe f. ~ **text** s **1.** altenglische Kirchenschrift. **2.** print. Angelsächsisch f (Schrifttyp). ~ **tri·um·phant** s (die) triumˈphierende Kirche, himmlische Gemeinde. **'~ıward·en** s **1.** Br. Kirchenvorsteher m. **2.** Am. Verwalter m der weltlichen Angelegenheiten e-r Kirche od. Gemeinde. **3.** Br. colloq. langstielige Tonpfeife. ~ **wed·ding** s

kirchliche Trauung. **'~ıwom·an** s irr weibliches Mitglied e-r Glaubensgemeinschaft.

**church·y** [ˈtʃɜːtʃɪ; Am. ¹tʃɜr-] adj colloq. kirchlich (gesinnt).

**'church·yard** s Kirchhof m, Friedhof m: → cough 1.

**churl** [tʃɜːl; Am. tʃɜrl] s **1.** Flegel m, Grobian m. **2.** Bauer m. **3.** Geizhals m. **4.** Br. hist. freier Mann (niedersten Ranges). **'churl·ish** adj (adv ~ly) **1.** fig. grob, ungehobelt, flegelhaft. **2.** mürrisch. **3.** geizig, knauserig.

**churn** [tʃɜːn; Am. tʃɜrn] **I** s **1.** ¹Butterfaß n, -maˌschine f. **2.** Br. Milchkanne f. **II** v/t **3.** buttern: to ~ cream; to ~ out fig. am laufenden Band produzieren, ausstoßen. **4.** a. ~ up Flüssigkeiten heftig schütteln, aufschäumen, die Wellen aufwühlen, peitschen. **III** v/i **5.** buttern. **6.** schäumen. **7.** sich heftig bewegen: ideas ~ed in his head Gedanken schwirrten ihm im Kopf herum. ~ **drill** s tech. **1.** Seilbohrer m. **2.** Schlagbohrer m. **'~ımilk** s bes. Am. dial. Buttermilch f.

**churr** [tʃɜː; Am. tʃɜr] v/i surren, schwirren.

**chute** [ʃuːt] **I** s **1.** a) Stromschnelle f, b) Wasserfall m. **2.** Rutsche f, Rutschbahn f (auf Spielplätzen etc). **3.** tech. a) Rutsche f, (Förder)Rinne f, b) Schacht m, c) Müllschlucker m. **4.** sport Rodelbahn f. **5.** colloq. für parachute I. **II** v/t **6.** auf e-r Rutsche befördern. **7.** colloq. für parachute II. **III** v/i **8.** rutschen. **9.** e-e Rutsche benützen. **10.** colloq. für parachute III.

**chut·ist** [ˈʃuːtɪst] colloq. für parachutist.

**chut·nee, chut·ney** [ˈtʃʌtnɪ] s gastr. Chutney n (scharf gewürzte Paste aus Früchten).

**chut·tie, chut·ty** [ˈtʃʌtɪ] s Austral. colloq. Kaugummi m, n.

**chutz·pa(h)** [ˈhʊtspə] s Am. colloq. Chutzpe f, Frechheit f, Unverschämtheit f.

**chyle** [kaɪl] s physiol. Chylus m (milchig trüber Inhalt der Darmlymphgefäße).

**chyme** [kaɪm] s physiol. Chymus m (nicht zu Ende verdauter Speisebrei im Magen).

**ci·bo·ri·um** [sɪˈbɔːrɪəm; Am. a. sɪˈbəʊ-] pl **-ri·a** [-rɪə], **-ri·ums** s relig. a) Ziˈborium n (Gefäß für die geweihte Hostie), b) Taberˈnakel n, m, c) Alˈtarbaldachin m.

**ci·ca·da** [sɪˈkɑːdə; -ˈkeɪ-] pl **-dae** [-diː], **-das** s zo. Ziˈkade f, Baumgrille f.

**cic·a·trice** [ˈsɪkətrɪs] s Narbe f (a. bot.). **'cic·a·triced** adj med. vernarbt. **ıcic·a'tri·cial** [-ˈtrɪʃl] adj Narben... **ˈcic·a·tri·cle** [-trɪkl] s **1.** bot. a) Samenkkeim m, b) Blattnarbe f. **2.** zo. Hahnentritt m (im Ei). **'cic·a·trix** [-trɪks] pl **ıcic·a'tri·ces** [-ˈtraɪsiːz] s **1.** Narbe f. **2.** → cicatricle. **'cic·a·trize** v/i u. v/t vernarben (lassen).

**cic·e·ro** [ˈsɪsərəʊ] s print. Cicero f (Schriftgrad von 12 Punkt).

**ci·ce·ro·ne** [ˌtʃɪtʃəˈrəʊnɪ; ˌsɪsə-] pl **-ni** [-niː], **-nes** s Ciceˈrone m, Fremdenführer m.

**Cic·e·ro·ni·an** [ˌsɪsəˈrəʊnjən; -ɪən] adj ciceˈronisch, redegewandt.

**ci·cu·ta** [sɪˈkjuːtə] s bot. Schierling m.

**ci·der** [ˈsaɪdə(r)] s (Am. hard ~) Apfelwein m: (sweet) ~ Am. Apfelmost m, -saft m. ~ **press** s Apfelpresse f.

**C.I.F., cif** [sɪf] (abbr. von cost, insurance, freight) econ. Kosten, Versicherung, Fracht (zum benannten Bestimmungshafen): ~ New York cif New York; ~ price cif-Preis m; ~ landed Verkäufer übernimmt außer den cif-Verpflichtungen auch die Abladekosten.

**cig** [sɪg] s colloq. ‚Glimmstengel‘ m (Zigarette).

**ci·gar** [sɪˈgɑː(r)] s ¹Ziˈgarre f. ~ **box** s ¹Ziˈgarrenkiste f, -schachtel f. ~ **case** s

Ziˈgarrenˌetui n. ~ **cut·ter** s Ziˈgarrenabschneider m.

**cig·a·rette**, Am. a. **cig·a·ret** [ˌsɪgəˈret; Am. a. ˈsɪgəˌret] s Zigaˈrette f. ~ **card** s Zigaˈrettenbild n. ~ **case** s Zigaˈrettenˌetui n. ~ **end** s Zigaˈrettenstummel m. ~ **hold·er** s Zigaˈrettenspitze f. ~ **light·er** s Feuerzeug n. ~ **pa·per** s Zigaˈrettenpaˌpier n.

**ci·gar hold·er** s Ziˈgarrenspitze f (Halter).

**cig·a·ril·lo** [ˌsɪgəˈrɪləʊ] pl **-los** s Zigaˈrillo m, n.

**ci·gar light·er** s mot. Ziˈgarren-, Zigaˈrettenanzünder m.

**cig·gy** [ˈsɪgɪ] → cig.

**cil·i·a** [ˈsɪlɪə] pl von cilium.

**cil·i·ar·y** [ˈsɪlɪərɪ; Am. -lɪˌeriː] adj anat. Wimper...: ~ **movement**; ~ **muscle** Linsen-, Ziliarmuskel m (des Augapfels).

**cil·i·ate** [ˈsɪlɪət; -lɪeɪt] I adj anat. bewimpert. **II** s zo. Wimpertierchen n.

**cil·i·at·ed** [ˈsɪlɪeɪtɪd] → ciliate I.

**cil·ice** [ˈsɪlɪs] s härenes Hemd.

**cil·i·um** [ˈsɪlɪəm] pl **cil·i·a** [-ə] s **1.** anat. (Augen)Wimper f. **2.** bot. zo. Wimper f, Cilium n.

**Cim·me·ri·an** [sɪˈmɪərɪən] adj **1.** antiq. kimˈmerisch. **2.** dunkel: ~ **darkness** kimmerische Finsternis.

**cinch** [sɪntʃ] s **1.** Am. Sattel-, Packgurt m. **2.** sl. a) ‚todsichere‘ Sache, b) Leichtigkeit f, ‚Kinderspiel‘ n. **II** v/t **3.** to ~ (up) a horse Am. den Sattelgurt anziehen. **4.** sl. sicherstellen.

**cinch²** [sɪntʃ] s ein Kartenspiel.

**cin·cho·na** [sɪŋˈkəʊnə] s **1.** bot. China-, Fieberrindenbaum m. **2.** ~ **bark** China-, Fieberrinde f. **'cin·cho·nine** [-kəniːn; -nɪn] s chem. Cinchoˈnin n. **'cin·cho·nism** s med. Chiˈninvergiftung f.

**cinc·ture** [ˈsɪŋktʃə(r)] **I** s **1.** Gürtel m. **2.** arch. (Säulen)Kranz m. **II** v/t **3.** gürten. **4.** umˈgeben, einschließen.

**cin·der** [ˈsɪndə(r)] s **1.** Zinder m, a. metall. Schlacke f, ausgeglühte Kohle: burnt to a ~ verkohlt, verbrannt. **2** Asche f. ~ **block** s tech. Am. **1.** Abschlußblock m (e-s Hochofens mit Schlackenöffnung). **2.** Schlackenstein m. ~ **con·crete** s ¹Aschen-, ¹Löschbeton m. ~ **cone** s geol. vulˈkanischer Aschenkegel.

**Cin·der·el·la** [ˌsɪndəˈrelə] s Aschenbrödel n, -puttel n (a. fig.).

**cin·der path** s **1.** Weg m mit Schlackenschüttung. **2.** → cinder track. ~ **pig** s metall. Schlackenroheisen n. ~ **track** s sport Aschenbahn f.

**cin·der·y** [ˈsɪndərɪ] adj schlackig.

**cin·e·aste** [ˈsɪnɪæst] s Cineˈast m, begeisterter Kinogänger.

**cin·e·cam·er·a** [ˈsɪnɪˌkæmərə] s (Schmal)Filmkamera f. **'cin·e·film** s Schmalfilm m.

**cin·e·ma** [ˈsɪnəmə] s **1.** bes. Br. Kino n, ¹Film-, ¹Lichtspielˌtheater n. **2.** the ~ der Film, die Filmkunst. **'cin·e·maıgo·er** s bes. Br. Kinobesucher(in), -gänger(in). **ıcin·e·ma'theque** [-ˈtek] s bes. Br. Werkraumkino n. **ıcin·e'mat·ic** [-nˈmætɪk] adj (adv **~ally**) Film..., filmisch. **ıcin·e'mat·o·graph** [ˈmætəgrɑːf; bes. Am. -græf] bes. Br. **I** s hist. Kinematoˈgraph m (Apparat zur Aufnahme u. Wiedergabe bewegter Bilder). **II** v/t obs. (ver)filmen. **III** v/i obs. filmen. **ıcin·e·ma'tog·ra·pher** [-məˌtɒgrəfə(r); Am. -ˈtɑ-] s phot. Kameramann m. **ıcin·e·mat·o'graph·ic** [-mætəˈgræfɪk] adj (adv **~ally**) kinematoˈgraphisch, Film... **ıcin·e·ma'tog·ra·phy** s Kinematograˈphie f: a) hist. Verfahren zur Aufnahme u. Wiedergabe bewegter Bilder, b) Filmkunst f, -technik f.

**ci·né·ma vé·ri·té** [ˌsɪnəməˈverɪteɪ] *s* Ciné'ma-véri'té *n* (*um extreme Authentizität bemühte Stilrichtung der Filmkunst*).

**cin·e·phile** [ˈsɪnəfaɪl] *s bes. Br.* Film-liebhaber(in).

**cin·e·rar·i·um** [ˌsɪnəˈreərɪəm] *pl* **-i·a** [-ə] *s* **1.** Urnenfriedhof *m.* **2.** Urnennische *f.*

**cin·er·ar·y** [ˈsɪnərərɪ; *Am.* ˌreri-] *adj* Aschen... **~ urn** *s* Urne *f.*

**cin·er·a·tor** [ˈsɪnəreɪtə(r)] *s bes. Am.* Leichenverbrennungsofen *m* (*im Krematorium*).

**cin·e·re·cord** [ˌsɪnɪrɪˈkɔː(r)d] *v/t* filmen, mit der (Schmal)Filmkamera aufnehmen.

**ci·ne·re·ous** [sɪˈnɪərɪəs] *adj* aschgrau.

**ci·né·vé·ri·té** [ˌsɪneɪˈverɪteɪ] → **cinéma vérité**.

**Cin·ga·lese** → **Singhalese.**

**cin·na·bar** [ˈsɪnəbɑː(r)] *s* **1.** *min.* Zin'nober *m.* **2.** zin'noberroter Farbstoff. **3.** Zin'noberrot *n.*

**cin·nam·ic** [sɪˈnæmɪk] *adj chem.* Zimt...: **~ acid.**

**cin·na·mon** [ˈsɪnəmən] **I** *s* **1.** *bot.* Zimtbaum *f.* **2.** Zimt *m,* Ka'neel *m.* **3.** Zimtfarbe *f.* **II** *adj* **4.** zimtfarben. **~ bark** *s* Zimtrinde *f.* **~ bear** *s zo.* Baribal *m,* Amer. Schwarzbär *m.* **~ stick** *s* Stangenzimt *m.*

**cinque** [sɪŋk] *s* Fünf *f* (*auf Würfeln od. Spielkarten*).

**cin·que·cen·to** [ˌtʃɪŋkwɪˈtʃentəʊ] *s* Cinque'cento *n* (*italienischer Kunststil des 16. Jahrhunderts*).

**cinque·foil** [ˈsɪŋkfɔɪl] *s* **1.** *bot.* (*ein*) Fingerkraut *n.* **2.** *arch. her.* Fünfblattro,sette *f.* **C~ Ports** *s pl* Cinque Ports *pl* (*ursprünglich die 5 Seestädte Hastings, Sandwich, Dover, Romney u. Hythe*).

**ci·on** → **scion.**

**ci·pher** [ˈsaɪfə(r)] **I** *s* **1.** *math.* Null *f* (*Ziffer*). **2.** (a'rabische) Ziffer, Zahl *f.* **3.** *fig.* a) Null *f* (*unbedeutende Person*), b) Nichts *n* (*unbedeutende Sache*). **4.** a) Chiffre *f,* Geheimschrift *f:* **in ~** chiffriert, b) chif'frierter Text, c) Schlüssel *m* (*zu e-r Geheimschrift*). **5.** Mono'gramm *n.* **II** *v/i* **6.** rechnen. **III** *v/t* **7.** chif'frieren, verschlüsseln. **8. ~ out** a) be-, ausrechnen, b) entziffern, dechif'frieren, c) *colloq.* ,ausknobeln', ,austüfteln'. **~ clerk** *s* (De)Chif'freur *m.* **~ key** *s* cipher 4c. **~ text** *s* Schlüsseltext *m.*

**cir·ca** [ˈsɜːkə; *Am.* ˈsɜrkə] **I** *adv* zirka, ungefähr, etwa. **II** *prep* um ... her'um: **~ 1850** um das Jahr 1850.

**cir·ca·di·an** [sɜːˈkeɪdɪən; *Am.* sɜr-; *a.* -ˈkæ-] *adj biol.* circadi'an, zirkadi'an (*e-n 24-Stunden-Rhythmus aufweisend*).

**Cir·cas·sian** [sɜːˈkæsɪən; -ʃən; *Am.* sɜrˈkæʃən] **I** *s* **1.** Tscher'kesse, Tscher'kessin *f.* **2.** *ling.* Tscher'kessisch *n,* das Tscherkessische. **3. c~** Zirkas *m* (*Wollstoff*). **II** *adj* **4.** tscher'kessisch.

**Cir·ce** [ˈsɜːsɪ; *Am.* ˈsɜrsi] *npr myth.* Circe *f* (*a. fig. Verführerin*). **Cir·ce·an** [-ˈsiːən] *adj* verführerisch, betörend.

**cir·cle** [ˈsɜːkl; *Am.* ˈsɜrkəl] **I** *s* **1.** *math.* a) Kreis *m,* b) Kreisfläche *f,* -inhalt *m,* c) 'Kreis,umfang *m:* **~ of curvature** Krümmungskreis; **to go** (*od.* **run**) **round in ~s** *fig.* sich im Kreis bewegen; **to square the ~** den Kreis quadrieren (*a. fig. das Unmögliche vollbringen*); **to come full ~** *fig.* sich schließen (*Zyklus etc*); **things have come full ~** *fig.* der Kreis hat sich geschlossen. **2.** Kreis *m,* Kranz *m,* Ring *m* (*von Dingen*). **3.** 'Zirkusma,nege *f.* **4.** *thea.* Rang *m:* **upper ~** zweiter Rang; → **dress circle. 5.** Wirkungskreis *m,* Einflußsphäre *f.* **6.** *fig.* Kreislauf *m:* **the ~ of the seasons** der Zyklus der Jahreszeiten. **7.** *philos.* Zir-

kelschluß *m:* **to argue in a ~** im Kreis argumentieren; → **vicious circle. 8.** Serie *f,* Zyklus *m,* Ring *m.* **9.** a) Zirkel *m:* **theatrical ~s,** b) (Gesellschafts)Kreis *m:* **business ~s** Geschäftskreise; **court ~s** Hofkreise; **to have a large ~ of friends** e-n großen Freundeskreis haben. **10.** (Verwaltungs)Kreis *m.* **11.** 'Umkreis *m.* **12.** *mar.* (Längen- *od.* Breiten-) Kreis *m:* **~ of longitude** (**latitude**). **13.** *astr.* a) Bahn *f od.* Um'drehungsperi,ode *f* (*e-s Himmelskörpers*), b) Hof *m* (*bes. des Mondes*). **14.** Krone *f,* Dia'dem *n.* **15.** *Hockey:* (Schuß)Kreis *m.* **II** *v/t* **16.** um'geben, um'ringen. **17.** um'kreisen. **18.** einkreisen, -schließen, um'zingeln. **19.** um'winden. **20.** kreisförmig machen. **III** *v/i* **21.** kreisen (*a. aer.*), sich im Kreis bewegen, die Runde machen (*a. Pokal*). **22.** *mil.* e-e Schwenkung ausführen.

**cir·clet** [ˈsɜːklɪt; *Am.* ˈsɜr-] *s* **1.** kleiner Kreis. **2.** Reif *m,* Ring *m.* **3.** Dia'dem *n.*

**circs** [sɜːks; *Am.* sɜrks] *s pl bes. Br. colloq.* 'Umstände *pl.*

**cir·cuit** [ˈsɜːkɪt; *Am.* ˈsɜr-] **I** *s* **1.** a) Kreisbewegung *f,* b) 'Um-, Kreislauf *m.* **2.** 'Umfang *m,* 'Umkreis *m:* **10 miles in ~** im Umfang. **3.** Bereich *m,* Gebiet *n.* **4.** Runde *f,* Rundreise *f:* **to make the ~ of** die Runde *od.* e-e Rundreise machen in (*dat*). **5.** *jur.* a) *Br.* Rundreise *f* von Richtern (*zur Abhaltung von Gerichtstagen*): **to go on ~** auf Rundreise gehen, b) Gerichtsbezirk *m.* **6.** *aer.* Rundflug *m:* **to do a ~** e-e Platzrunde fliegen. **7.** The'ater- *od.* 'Kinokon,zern *m,* -ring *m.* **8.** 'Umweg *m* (*a. fig.*): **to make a ~. 9.** *electr.* a) Strom-, Schaltkreis *m:* **in ~** angeschlossen; **to put in ~** anschließen; **to close** (**open**) **the ~** den Stromkreis schließen (öffnen); → **closed 1, control circuit, integrated 1, short circuit,** b) Schaltung *f,* 'Schaltsy,stem *n* (*e-s Gerätes etc*), c) → **circuit diagram,** d) Wechselsprechanlage *f.* **10.** *phys.* ma'gnetischer Kreis. **11.** *Motorsport:* *bes. Br.* Rennbahn *f.* **12.** *sport* Zirkus *m:* **the international tennis ~. 13.** *Am.* (Per'sonen)Kreis *m,* ,Verein' *m.* **II** *v/t* **14.** um'kreisen, die Runde machen um. **~ break·er** *s electr.* Unter'brecher *m* (*a. mot.*), Leistungsschalter *m.* **~ clos·er** *s electr.* Einschalter *m.* **~ court** *s jur.* **1.** *Br.* Bezirksgericht *n* (*das in verschiedenen Orten Gerichtstage abhält*). **2.** *Am.* ordentliches Gericht, *z. B.* a) (*etwa*) Landgericht *n,* b) (*etwa*) Oberlandesgericht *n.* **~ di·a·gram** *s electr.* Schaltplan *m.* **~ log·ic** *s electr.* Schaltkreislogik *f.*

**cir·cu·i·tous** [sə(r)ˈkjuːɪtəs] *adj* (*adv* **~ly**) **1.** e-n 'Umweg machend *od.* bedeutend: **by a ~ route** auf e-m Umweg; **the river's ~ course** der gewundene Flußlauf. **2.** weitschweifig, 'umständlich.

**cir·cuit·ry** [ˈsɜːkɪtrɪ; *Am.* ˈsɜr-] *s electr.* **1.** Schaltungen *pl.* **2.** Schaltungsanordnung *f.* **3.** Schaltungsbauteile *pl.*

**cir·cuit train·ing** *s sport* Zirkel-, Circuittraining *n.*

**cir·cu·i·ty** [sə(r)ˈkjuːətɪ] *s* 'Umständlichkeit *f,* 'Umschweife *pl.*

**cir·cu·lar** [ˈsɜːkjʊlə; *Am.* ˈsɜrkjələr] **I** *adj* (*adv* **~ly**) **1.** (kreis)rund, kreisförmig. **2.** a) Kreis...: **~ motion,** b) Rund...: **dance,** c) Ring...: **~ road. 3.** peri'odisch, (im Kreislauf) 'wiederkehrend. **4.** 'umständlich. **5.** Umlauf..., Rund, Zirkular...: **~ order** Runderlaß *m.* **II** *s* **6.** a) Rundschreiben *n,* -brief *m,* b) 'Umlauf *m,* c) (Post)Wurfsendung *f.* **~ cone** *s math.* Kreiskegel *m.* **~ func·tion** *s math.* 'Kreisfunkti,on *f.* **~ in·san·i·ty** *s med.* manisch-depres'sives Irresein.

**cir·cu·lar·i·ty** [ˌsɜːkjʊˈlærətɪ; *Am.* ˌsɜrkjə-] *s* Kreisförmigkeit *f.*

**cir·cu·lar·ize** [ˈsɜːkjʊləraɪz; *Am.* ˈsɜrkjə-] *v/t* **1.** rund machen. **2.** Rundschreiben, *a.* (Post)Wurfsendungen verschicken an (*acc*). **3.** a) Fragebogen schicken an (*acc*), b) befragen. **4.** durch (Post)Wurfsendungen werben für.

**cir·cu·lar let·ter** → **circular 6a.** **~ let·ter of cred·it** *s* 'Reisekre,ditbrief *m.* **~ meas·ure** *s math.* (Kreis)Bogenmaß *n.* **~ note** *s* **1.** Zirku'larnote *f,* diplo'matisches Rundschreiben. **2.** *econ.* 'Reisekre,ditbrief *m.* **~ num·ber** *s math.* Zirku'larzahl *f.* **~ pitch** *s tech.* Zahnteilung *f* im Teilkreis. **~ saw** *s tech.* Kreissäge *f.* **~ skirt** *s* Tellerrock *m.* **~ stair(·case)** *s Am.* Wendeltreppe *f.* **~ tick·et** *s* Rundreisefahrschein *m.* **~ tour** *s* Rundreise *f,* -fahrt *f.* **~ track** *s mil.* (Dreh)Kranz *m.* **~ tri·an·gle** *s math.* sphärisches Dreieck.

**cir·cu·late** [ˈsɜːkjʊleɪt; *Am.* ˈsɜrkjə-] **I** *v/i* **1.** zirku'lieren: a) 'umlaufen, kreisen, b) im 'Umlauf sein, kur'sieren (*Geld, Nachricht etc*), (*Gerücht etc a.*) 'umgehen. **2.** her'umreisen, -gehen. **II** *v/t* **3.** in 'Umlauf setzen (*a. fig.*), zirku'lieren lassen, *Wechsel* gi'rieren.

**cir·cu·lat·ing** [ˈsɜːkjʊleɪtɪŋ; *Am.* ˈsɜrkjə-] *adj* **1.** zirku'lierend: a) 'umlaufend, kreisend, kur'sierend. **2.** *math.* peri'odisch: **~ fraction. ~ cap·i·tal** *s econ.* 'Umlauf-, Be'triebskapi,tal *n.* **~ dec·i·mal** *s math.* peri'odischer Dezi'malbruch. **~ li·brar·y** *s* 'Leihbüche,rei *f.* **~ me·di·um** *s econ.* **1.** Tauschmittel *n.* **2.** 'Umlaufs-, Zahlungsmittel *n.* **~ mem·o·ry** *s Computer:* 'Umlaufspeicher *m.* **~ pump** *s tech.* 'Umlauf-, 'Umwälzpumpe *f.*

**cir·cu·la·tion** [ˌsɜːkjʊˈleɪʃn; *Am.* ˌsɜrkjə-] *s* **1.** Kreislauf *m,* Zirkulati'on *f.* **2.** *physiol.* (Blut)Kreislauf *m,* 'Blutzirkulati,on *f.* **3.** *econ.* a) 'Umlauf *m,* Verkehr *m:* **~ of bills** Wechselverkehr, -umlauf; **~ of capital** Kapitalverkehr; **to be in ~** in Umlauf sein, zirkulieren (*Geld etc*) (*a. fig.*); **to bring** (*od.* **put**) **into ~** in Umlauf setzen (*a. fig.*), in den Verkehr bringen; **out of ~** außer Kurs (gesetzt); **to withdraw from ~** aus dem Verkehr ziehen; **she's back in ~** *colloq.* sie ist wieder frei, b) im 'Umlauf befindliche Zahlungsmittel *pl.* **4.** *econ.* a) Verbreitung *f,* Absatz *m* (*e-s Artikels*), b) Auflage *f,* Auflagenhöhe *f,* -ziffer *f* (*e-s Buches, e-r Zeitung etc*), c) (Fernseh- *etc*)Teilnehmer *pl,* d) Verbreitung *f,* Zahl *f* der (durch Werbung) angesprochenen Per'sonen. **5.** Strömung *f,* 'Durchzug *m,* -fluß *m.* **6.** *arch.* Verbindungsräume *pl* (*Treppen, Gänge etc*). **~ heat·ing** *s tech.* 'Umlaufheizung *f.*

**cir·cu·la·tive** [ˈsɜːkjʊlətɪv; *Am.* ˈsɜrkjə-ˌleɪtɪv] → **circulatory.**

**cir·cu·la·tor** [ˈsɜːkjʊleɪtə(r); *Am.* ˈsɜrkjə-] *s* **1.** Verbreiter(in): **~ of scandal. 2.** *tech.* Zirkulati'onsvorrichtung *f.* **cir·cu·la·to·ry** [ˌsɜːkjʊˈleɪtərɪ; ˈsɜːkjʊlətərɪ; *Am.* -ˌtɔːri-] *adj* **1.** zirku'lierend, 'umlaufend, kreisend, Kreis...: **~ motion. 2.** Umlaufs..., Zirkulations..., *physiol.* (Blut)Kreislauf...: **~ collapse** *med.* Kreislaufkollaps *m;* **~ disturbance** *med.* Kreislaufstörung *f;* **~ system** *physiol.* Kreislauf *m.*

**cir·cum·am·bi·ent** [ˌsɜːkəmˈæmbɪənt; *Am.* ˌsɜr-] *adj* um'gebend, um'schließend, einschließend (*a. fig.*). **cir·cum·am·bu·late** [-ˈæmbjʊleɪt] **I** *v/t* **1.** her'umgehen um. **II** *v/i* **2.** her'um-, um'hergehen. **3.** *fig.* um die Sache her'umreden. **cir·cum·ben·di·bus** [-ˈbendɪbəs] *s humor. fig.* 'Umschweife *pl,* 'umständliche Ausdrucksweise. **cir·cum·cen·ter,** *bes. Br.* **cir·cum·cen·tre** [-ˈsentə(r)] *s math.* 'Umkreismittelpunkt *m.*

**cir·cum·cise** [ˈsɜːkəmsaɪz; *Am.* ˈsɜr-] *v/t*
**1.** *med. relig.* beschneiden. **2.** *fig.* reinigen, läutern. ˌ**cir·cum**ˈ**ci·sion** [-ˈsɪʒn] *s*
**1.** *med. relig.* Beschneidung *f.* **2.** *fig.*
Reinigung *f*, Läuterung *f.* **3.** C~ *relig.*
Fest *n* der Beschneidung Christi (*am 1.
Januar*). **4.** the ~ *Bibl.* die Beschnittenen
*pl* (*Juden*).

**cir·cum·fer·ence** [sə(r)ˈkʌmfərəns] *s
math.* ˈUmkreis *m*, (ˈKreis)ˌUmfang *m*,
Peripheˈrie *f.* **cir·cum·fe·ren·tial**
[-fəˈrenʃl] *adj* periˈpherisch, Umfangs...

**cir·cum·flex** [ˈsɜːkəmfleks; *Am.* ˈsɜr-] *s*
**I** *s* **1.** *a.* ~ **accent** *ling.* Zirkumˈflex *m.*
**II** *adj* **2.** *ling.* mit e-m Zirkumˈflex (versehen) (*Laut*). **3.** *anat.* gebogen, gekrümmt (*bes. Blutgefäß*). **III** *v/t* **4.** *ling.*
mit (e-m) Zirkumˈflex schreiben.

**cir·cum·fuse** [ˌsɜːkəmˈfjuːz; *Am.* ˌsɜr-]
*v/t* **1.** umˈfließen, (mit Flüssigkeit) umˈgeben. **2.** *fig.* umˈgeben. ˌ**cir·cum**ˈ**ja·cent** [-ˈdʒeɪsnt] *adj* ˈumliegend, umˈgebend. ˌ**cir·cum·lo**ˈ**cu·tion** [-ləˈkjuːʃn;
*Am.* -ləʊ-] *s* **1.** Umˈschreibung *f.*
**2.** a) ˈUmschweife *pl* (*beim Reden*),
b) Weitschweifigkeit *f*, ˈumständliche
Ausdrucksweise. ˌ**cir·cum·loc·u·to·ry** [-ˈlɒkjʊtərɪ; *Am.* -ˈlɑkjəˌtəʊriː; -ˌtɔː-]
*adj* **1.** umˈschreibend. **2.** weitschweifig.
ˌ**cir·cum·lu·nar** *adj* den Mond umˈkreisend: ~ **flight** Mondumkreisung *f*,
-umrundung *f.* ˌ**cir·cum**ˈ**nav·i·gate**
[-ˈnævɪgeɪt] *v/t* umˈschiffen, umˈsegeln.
ˈ**cir·cum**ˌ**nav·i**ˈ**ga·tion** *s* Umˈschiffung *f*, Umˈseg(e)lung *f*: ~ **of the globe**
Weltumseglung. ˌ**cir·cum**ˈ**nav·i·ga·tor** *s* Umˈsegler *m*: ~ **of the globe**
Weltumsegler.

**cir·cum·scribe** [ˈsɜːkəmskraɪb; *Am.*
ˈsɜr-] *v/t* **1.** e-e Linie ziehen um. **2.** begrenzen, einschränken. **3.** a) (*a. math.
e-e Figur*) umˈschreiben, b) defiˈnieren.
ˌ**cir·cum**ˈ**scrip·tion** [-ˈskrɪpʃn] *s* **1.**
Beschränkung *f*, Begrenzung *f.* **2.** Umˈschreibung *f.* **3.** a) Umˈgrenzung *f*, b)
umˈgrenzte Fläche. **4.** ˈUmschrift *f* (*e-r
Münze etc*).

**cir·cum·spect** [ˈsɜːkəmspekt; *Am.* ˈsɜr-]
*adj* (*adv* ~**ly**) **1.** ˈumsichtig, wohlerwogen:
**a ~ plan.** **2.** vorsichtig, behutsam:
**behavio(u)r.** ˌ**cir·cum**ˈ**spec·tion** *s*
**1.** ˈUmsicht *f.* **2.** Vorsicht *f*, Behutsamkeit *f.* ˌ**cir·cum**ˈ**spec·tive** → **circumspect.**

**cir·cum·stance** [ˈsɜːkəmstəns; -stæns;
*Am.* ˈsɜr-] *s* **1.** ˈUmstand *m*: a) Beˈgleitˌumstand *m*, b) Tatsache *f*, c) Einzelheit *f*,
d) Ereignis *n*: **a fortunate** ~ ein glücklicher Umstand; **a victim of** ~ ein Opfer
der Umstände. **2.** *meist pl* (Sach)Lage *f*,
Sachverhalt *m*, ˈUmstände *pl*, Verhältnisse *pl*: **in** (*od.* **under**) **no** ~**s** unter
keinen Umständen, auf keinen Fall; **in**
(*od.* **under**) **the** ~**s** unter diesen Umständen. **3.** *pl* Verhältnisse *pl*, Lebenslage
*f*: **in easy** (**reduced**) ~**s** in gesicherten
(beschränkten) Verhältnissen *leben*.
**4.** ˈAusführlichkeit *f*, Weitschweifigkeit *f*,
ˈUmständlichkeit *f.* **5.** Zeremoniˈell *n*,
Formaliˈtät(en *pl*) *f*, ˈUmstände *pl*: **without any** ~ ohne alle Umstände. ˈ**cir·cum·stanced** *adj* **1.** in e-r *guten etc*
Lage, (*gut- etc*)situˈiert: **to be poorly** ~ in
ärmlichen Verhältnissen leben. **2.** gelagert (*Sache*): **well timed and** ~ zur
rechten Zeit und unter günstigen Umständen.

**cir·cum·stan·tial** [ˌsɜːkəmˈstænʃl; *Am.*
ˌsɜr-] *adj* (*adv* ~**ly**) **1.** durch die ˈUmstände
bedingt. **2.** nebensächlich, zufällig.
**3.** ausführlich, detailˈliert. **4.** ˈumständlich, weitschweifig. ~ **ev·i·dence** *s jur.*
Inˈdizien(beweis *m*) *pl.*

**cir·cum·stan·ti·al·i·ty** [ˈsɜːkəmˌstænʃɪˈælɪtɪ; *Am.* ˌsɜr-] *s* **1.** Ausführ-

---

lichkeit *f.* **2.** ˈUmständlichkeit *f.* **3.** Einzelheit *f*, Deˈtail *n.* ˌ**cir·cum**ˈ**stan·ti·ate** [-eɪt] *v/t* **1.** genau beschreiben *od.*
darstellen. **2.** *jur.* durch Inˈdizien beweisen.

**cir·cum·val·la·tion** [ˌsɜːkəmvæˈleɪʃn;
-væl-; *Am.* ˌsɜr-] *s bes. mil.* Umˈwallung *f.*

**cir·cum·vent** [ˌsɜːkəmˈvent; *Am.* ˌsɜr-]
*v/t* **1.** umˈzingeln. **2.** überˈlisten, hinterˈgehen, täuschen. **3.** vereiteln, verhindern. **4.** ausweichen (*dat*), umˈgehen: **to** ~
**a rule.** ˌ**cir·cum**ˈ**ven·tion** *s* **1.** Umˈzingelung *f.* **2.** Überˈlistung *f.* **3.** Vereitelung *f.* **4.** Umˈgehung *f.* ˌ**cir·cum**ˈ**ven·tive** *adj* betrügerisch, raffiˈniert.

**cir·cum·vo·lu·tion** [ˌsɜːkəmvəˈljuːʃn;
-ˈluː-; *Am.* ˌsɜrˌkʌmvəˈluːʃən; ˌsɜrkəmvəˈʊl-] *s* **1.** (ˈUm)Drehung *f.* **2.** ˈUmwälzung *f.* **3.** Windung *f.*

**cir·cus** [ˈsɜːkəs; *Am.* ˈsɜr-] *s* **1.** a) Zirkus
*m*, b) Zirkus(truppe *f*) *m*, c) Zirkusvorstellung *f*, d) ˈZirkusaˌrena *f*: ~ **parade**
(festlicher) Umzug e-s Zirkus; ~ **rider**
Zirkusreiter(in). **2.** kreisförmige Anordnung von Bauten. **3.** *Br.* runder,
von Häusern umˈschlossener Platz (*von
dem strahlenförmig Straßen ausgehen*).
**4.** *antiq. u. fig.* Amˈphitheˌater *n.* **5.** *mil.
Br. sl.* a) im Kreis fliegende Flugzeugstaffel, b) ˌfliegende* motoriˈsierte Truppeneinheit. **6.** *Am. sl.* ˌMordsspaß‘ *m.*
**7.** *colloq.* ˌRummel‘ *m*, ˌZirkus‘ *m.*

**cirl bun·ting** [sɜːl; *Am.* sɜrl] *s orn.*
Zaunammer *f.*

**cirque** [sɜːk; *Am.* sɜrk] *s* **1.** *geol.* Kar *n*,
naˈtürliches Amˈphitheˌater: ~ **lake**
Karsee *m.* **2.** Ring *m*, kreisförmige Aufstellung.

**cir·rho·sis** [sɪˈrəʊsɪs] *s med.* Zirˈrhose *f*,
(*bes. Leber*)Schrumpfung *f.*

**cir·ri** [ˈsɪraɪ] *pl von* **cirrus.**                    [*m.*

**cir·ri·ped** [ˈsɪrɪped] *s zo.* Rankenfüßer⌡

**cir·ro·cu·mu·lus** [ˌsɪrəʊˈkjuːmjʊləs] *s
irr meteor.* Zirrokumulus *m*, Schäfchenwolke *f.*

**cir·rose** [ˈsɪrəʊs; sɪˈrəʊs] *adj* **1.** *bot.* mit
Ranken. **2.** *zo.* mit Haaren *od.* Fühlern.
**3.** federartig.

**cir·ro·stra·tus** [ˌsɪrəʊˈstrɑːtəs; *bes. Am.*
-ˈstreɪ-; *Am. a.* -ˈstræ-] *s irr meteor.* Zirrostratus *m*, Schleierwolke *f.*

**cir·rous** [ˈsɪrəs] → **cirrose.**

**cir·rus** [ˈsɪrəs] *pl* -**ri** [-aɪ] *s* **1.** *bot.* Ranke
*f.* **2.** *zo.* a) Wimper *f*, b) Rankenfuß *m.*
**3.** *meteor.* Zirrus *m*, Federwolke *f.*

**cis-** [sɪs] *Vorsilbe mit der Bedeutung*
a) diesseits, b) nahe (*im Zeitpunkt*).

**cis·al·pine** [sɪsˈælpaɪn] *adj* zisalˈpin(isch), diesseits der Alpen (*von Rom
aus*).

**cis·at·lan·tic** [ˌsɪsətˈlæntɪk] *adj* diesseits
des Atˈlantischen Ozeans.

**cis·mon·tane** [sɪsˈmɒnteɪn; *Am.* -ˈmɑn-]
*adj* diesseits der Berge.

**cis·soid** [ˈsɪsɔɪd] *math.* **I** *s* Zissoˈide *f*,
Efeulinie *f.* **II** *adj* zissoˈid.

**cis·sy** → **sissy.**

**cist** [sɪst] *s antiq.* **1.** Kiste *f*, Truhe *f.*
**2.** keltisches Steingrab.

**Cis·ter·cian** [sɪˈstɜːʃən; -ʃn; *Am.* sɪsˈtɜrʃən] *s relig.* Zisterziˈenser(mönch) *m.* **II**
*adj* Zisterziˈensisch, Zisterzienser...

**cis·tern** [ˈsɪstə(r)n] *s* **1.** Wasserbehälter
*m*, (*in der Toilette*) Spülkasten *m*: ~ **barometer** *phys.* Gefäßbarometer *n.* **2.** Zisterne *f*, ˈunterirdischer Regenwasserspeicher *m.* **3.** *anat.* Lymphraum *m.*

**cis·tus** [ˈsɪstəs] *pl* -**ti** [-aɪ] *s bot.* Zistrose *f.*

**cit·a·ble** [ˈsaɪtəbl] *adj* anführbar, ziˈtierbar.

**cit·a·del** [ˈsɪtədl; -del] *s mil.* **1.** Zitaˈdelle *f*
(*a. fig.*). **2.** *mar.* Zitaˈdelle *f*, gepanzerte
Mittelaufbauten *pl.*

**ci·ta·tion** [saɪˈteɪʃn] *s* **1.** Ziˈtieren *n*, Anführung *f.* **2.** a) Ziˈtat *n* (*zitierte Stelle*),

---

b) *jur.* (**of**) Berufung *f* (auf *e-e* Grundsatzentscheidung *etc*), Herˈanziehung *f*
(*gen*). **3.** a) Vorladung *f* (*vor Gericht etc*),
b) *Br.* Streitverkündung *f* (*im Zivilprozeß
vor dem High Court*). **4.** Aufzählung *f.*
**5.** a) (lobende) Erwähnung, b) *mil.* lobende Erwähnung (*z. B. im Tagesbefehl*).

**cite** [saɪt] *v/t* **1.** ziˈtieren. **2.** (als Beispiel
*od.* Beweis) anführen, vorbringen, sich
berufen auf (*acc*). **3.** vorladen, ziˈtieren
(*vor Gericht etc*). **4.** *poet.* auffordern,
aufrufen. **5.** *mil.* lobend (*in e-m Bericht*)
erwähnen.

**cith·a·ra** [ˈsɪθərə] *s antiq. mus.* Kithara *f*
(*dreieckige Leier*).

**cith·er** [ˈsɪθə(r); *Am. a.* ˈsɪðər], ˈ**cith·ern**
[-ə(r)n] *s mus.* **1.** → **cithara.** **2.** → **zither.**

**cit·i·fy** [ˈsɪtɪfaɪ] *v/t* verstädtern.

**cit·i·zen** [ˈsɪtɪzn] *s* **1.** Bürger(in):
a) Staatsbürger(in), Staatsangehörige(r
*m*) *f*: ~ **of the world** Weltbürger,
b) Einwohner(in) e-r Stadt: ~**s' initiative
group** Bürgerinitiative *f*; ~**s' band** CB-
Funk *m.* **2.** Stadtbewohner(in), Städter(in). **3.** *jur.* Bürger *m* im Genuß der
Bürgerrechte. **4.** Ziviˈlist *m.* ˈ**cit·i·zen·ry** [-rɪ] *s* Bürgerschaft *f.* ˈ**cit·i·zen·ship**
*s* **1.** Staatsbürgerschaft *f.* **2.** Bürgerrecht *n.*

**cit·ral** [ˈsɪtrəl; -træl] *s chem.* Ziˈtral *n.*

**cit·rate** [ˈsɪtreɪt; -rət; ˈsaɪt-] *s chem.* Ziˈtrat *n.*

**cit·re·ous** [ˈsɪtrɪəs] *adj* ziˈtronengelb.

**cit·ric ac·id** [ˈsɪtrɪk] *s chem.* Ziˈtronensäure *f*; ~ **cycle** (*Biochemie*) Zitronensäurezyklus *m.*

**cit·ri·cul·ture** [ˈsɪtrɪkʌltʃə(r)] *s* Anbau
*m* von Zitrusfrüchten.

**cit·rin** [ˈsɪtrɪn] *s chem.* Ziˈtrin *n*, Vitaˈmin
*n* P.

**cit·rine** [ˈsɪtrɪn] **I** *adj* **1.** ziˈtronengelb.
**II** *s* **2.** *min.* Ziˈtrin *m.* **3.** Ziˈtronengelb *n.*

**cit·ron** [ˈsɪtrən] *s* **1.** *bot.* Gemeiner Ziˈtronenbaum. **2.** Ziˈtroˈnat *n.*

**cit·ron·el·la** [ˌsɪtrəˈnelə] *s* **1.** *bot.* Ziˈtronengras *n.* **2.** *a.* ~ **oil** Zitroˈnell-Öl *n.*

ˈ**cit·ron·wood** *s* **1.** Ziˈtronenbaumholz
*n.* **2.** Sandarakholz *n.*

**cit·rus** [ˈsɪtrəs] *bot.* **I** *s* Zitrus(gewächs *n*)
*f.* **II** *adj* Zitrus...: ~ **fruit.**

**cit·tern** [ˈsɪtə(r)n; *Am.* -tərn] *s mus. hist.*
ˈLautengiˌtarre *f.*

**cit·y** [ˈsɪtɪ] *s* **1.** (Groß)Stadt *f*: C~ **of God**
*relig.* Reich *n* Gottes. **2.** *Br.* inkorpoˈrierte Stadt (*meist mit Kathedrale*). **3.** the
C~ die (Londoner) City: a) *Altstadt von
London,* b) Geschäftsviertel in *der City,*
c) *fig.* Londoner Geschäftswelt. **4.** *Am.*
inkorpoˈrierte Stadtgemeinde (*unter e-m
Bürgermeister u. Gemeinderat*). **5.** *Canad.*
Stadtgemeinde *f* erster Ordnung (*mit
großer Einwohnerzahl*). **6.** *antiq.* Stadtstaat *m.* C~ **ar·ti·cle** *s econ. Br.* Börsenbericht *m* (*in e-r Zeitung*). C~-**born** *adj* in
e-r (Groß)Stadt geboren. ˈ**~-bred** *adj* in
der Stadt aufgewachsen: ~ **person**
Großstadtkind *n.* ~-**cen·tre** *s Br.* Innenstadt *f*, City *f.* ~-**child** *s Br.* Großstadtkind *n.* C~-**Com·pa·ny** *s e-e der großen
Londoner Gilden.* ~ **coun·cil** *s* Stadtrat
*m.* ~-**coun·cil·(l)or** *s* Stadtrat(smitglied
*n*) *m.* ~-**desk** *s* **1.** *Am.* Loˈkalredaktiˌon *f.*
**2.** *Br.* ˈWirtschaftsredaktiˌon *f.* ~ **ed·i·tor** *s* **1.** *Am.* Loˈkalredakˌteur *m.* **2.** *Br.*
ˈWirtschaftsredakˌteur *m.* ~-**fa·ther** *s*
Stadtrat *m*: ~**s** Stadtväter. ˈ**~-folk** *s*
Städter *pl*, Stadtbevölkerung *f.* ~ **hall** *s*
**1.** Rathaus *n.* **2.** *bes. Am.* Stadtverwaltung *f.* C~ **man** *s irr Br.* Fiˈnanz- *od.*
Geschäftsmann *m* der City. ~ **man·ag·er** *s Am.* (*vom Stadtrat ernannter*)
ˈStadtdiˌrektor. ~-**plan·ning** *s* Städte-,
Stadtplanung *f*, städtebauliche Planung. ~-**re·cord·er** *s* Stadtsyndikus *m.*
ˈ**~-scape** [-skeɪp] *s* Stadtbild *n.* ~
**slick·er** *s colloq.* **1.** ˌGroßstadtpflanze‘

f. **2.** ‚Schlitzohr' *n.* ~ **state** *s* Stadt-staat *m.*

**civ·et** [ˈsɪvɪt] *s zo.* **1.** Zibet *m* (*moschus-artiges Sekret*). **2.** *a.* ~ **cat** Zibetkatze *f.*

**civ·ic** [ˈsɪvɪk] **I** *adj* (*adv* ~ally) **1.** (*a.* staats)bürgerlich, Bürger...: ~ **duties**; ~ **pride**; ~ **action campaign** Bürgerini-tiative *f*; ~ **action group** Bürgerinitiative *f*; ~ **rights** → **civil rights**. **2.** städtisch, Stadt...: ~ **centre** (*Am.* **center**) Behör-denviertel *n*; ~ **problems** städtische Probleme. **II** *s pl* (*als sg konstruiert*) **3.** *bes. ped.* Staatsbürgerkunde *f.*

**civ·ies** →**civvies**.

**civ·il** [ˈsɪvl; -vɪl] *adj* (*adv* ~ly) **1.** staatlich, Staats...: ~ **institutions**; ~ **affairs** Ver-waltungsangelegenheiten. **2.** (*a.* staats-)bürgerlich, Bürger...: ~ **duties**; ~ **life** bürgerliches Leben; ~ **society** bürger-liche Gesellschaft; ~ **civil rights**. **3.** ziˈvil, Zivil... (*Ggs. militärisch, kirchlich etc*): ~ **aviation**; → **civil marriage**. **4.** *obs.* ziviliˈsiert. **5.** höflich: a ~ **answer**; → **tongue** 1. **6.** staatlich festgesetzt (*Zeit-rechnung*). **7.** *jur.* a) ziˈvil-, priˈvatrecht-lich, bürgerlich-rechtlich: ~ **case** (*od.* **suit**) Zivilsache *f*, -prozeß *m*, b) gemäß römischem Recht. ~ **death** bürger-licher Tod (*Verlust der Rechtsfähigkeit*). ~ **de·fence**, *Am.* ~ **de·fense** *s* Ziˈvil-schutz *m*, -verteidigung *f*: ~ **corps** Zivil-schutz(korps *n*). ~ **dis·o·be·di·ence** *s* ziˈviler Ungehorsam. ~ **en·gi·neer** *s* ˈTiefbau-ingenieur *m*. ~ **en·gi·neer·ing** *s* Tiefbau *m.* ~ **gov·ern·ment** *s* Ziˈvil-re‚gierung *f.*

**ci·vil·ian** [sɪˈvɪljən] **I** *s* **1.** Ziviˈlist *m.* **2.** *jur.* Kenner *m* des römischen *od.* des bürgerlichen Rechts. **II** *adj* **3.** ziˈvil, Zivil...: ~ **government** (**life, popula-tion**, *etc*); ~ **casualties** Verluste unter der Zivilbevölkerung; **in** ~ **clothes** in Zivil. **ci‚vil·ian·iˈza·tion** [-naɪˈzeɪʃn; *Am.* -nəˈz-] *s* ˈUmwandlung *f* (*e-r Garni-son etc*) zur ziˈvilen Verwendung.

**ci·vil·i·ty** [sɪˈvɪlətɪ] *s* **1.** Höflichkeit *f* (*a. Bemerkung etc*): **in** ~ anständiger-, höf-licherweise. **2.** *oft pl* Gefälligkeit *f.*

**civ·i·liz·a·ble** [ˈsɪvɪlaɪzəbl] *adj* zivili-ˈsierbar. ‚**civ·i·liˈza·tion** *s* **1.** Zivilisa-tiˈon *f*, Kulˈtur *f*: **disease of** ~ *med.* Zivilisationskrankheit *f.* **2.** ziviliˈsierte Welt. **ˈciv·i·lize** *v/t* ziviliˈsieren. ˈ**civ-i·lized** *adj* **1.** ziviliˈsiert, gebildet, kulti-ˈviert: ~ **nations** Kulturvölker. **2.** höf-lich.

**civ·il| jus·tice** *s jur.* Ziˈvilgerichtsbar-keit *f.* ~ **law** *s jur.* **1.** römisches Recht (*Ggs.* **common law**). **2.** Ziˈvil-, Priˈvat-recht *n*, bürgerliches Recht. ~ **list** *s parl. Br.* Zivilliste *f* (*die zur Bestreitung des königlichen Haushaltes bewilligten Beträ-ge*). **C~ Lord** *s Br.* ziˈviles Mitglied der Admiraliˈtät. ~ **mar·riage** *s* Ziˈvil-trauung *f*, -ehe *f*, standesamtliche Trauung. ~ **rights** *s pl* bürgerliche Eh-renrechte *pl*, (Staats)Bürgerrechte *pl*: **loss of** ~ *jur.* Verlust *m* der bürgerlichen Ehrenrechte; ~ **activist** Bürgerrecht-ler(in); ~ **movement** Bürgerrechtsbe-wegung *f.* ~ **ser·vant** *s* Staatsbeam-te(r) *m*, Beamte(r) *m* im öffentlichen Dienst. ~ **ser·vice** *s* **1.** Staatsdienst *m*, öffentlicher Dienst. **2.** Beamtenschaft *f.* ~ **war** *s* **1.** Bürgerkrieg *m.* **2.** C~ W~ a) amer. Sezessiˈonskrieg *m* (*1861–65*), b) Krieg *m* zwischen den englischen Royaˈlisten u. dem Parlaˈment (*1642 bis 1652*). ~ **wrong** *s jur.* unerlaubte Hand-lung.

**civ·ism** [ˈsɪvɪzəm] *s* Bürgersinn *m.*

**civ·vies** [ˈsɪvɪz] *s pl sl.* ‚Ziˈvilkla‚motten' *pl.*

**civ·vy street** [ˈsɪvɪ] *s mil. Br. sl.* Ziˈvil-leben *n*: **in** ~ im Zivilleben.

---

**clach·an** [ˈklaxən; ˈklæ-] *s Scot. od. Ir.* kleines Dorf, Weiler *m.*

**clack** [klæk] **I** *v/i* **1.** klappern. **2.** knallen (*Peitsche*). **3.** schnattern (*Gans*), gackern, glucken (*Henne*). **4.** plappern, ‚gackern'. **II** *v/t* **5.** plappern. **6.** knallen lassen. **7.** knallen mit (*e-r Peitsche etc*). **III** *s* **8.** Klappern *n*, Geklapper *n*, Rasseln *n.* **9.** Klapper *f.* **10.** Geplapper *n.* **11.** *sl.* ‚Klappe' *f* (*Mund*). **12.** *tech.* Venˈtilklappe *f.* ~ **valve** *s* ˈKlappenven‚til *n.*

**clad** [klæd] **I** *pret u. pp von* **clothe**. **II** *adj* **1.** gekleidet. **2.** *tech.* (ˈnichtgal‚vanisch) platˈtiert.

**claim** [kleɪm] **I** *v/t* **1.** (*ein Recht od. als Recht*) fordern, beanspruchen, verlan-gen, geltend machen, Anspruch erheben auf (*acc*): **to** ~ **compensation** Ersatz fordern; **to** ~ **back** zurückfordern. **2.** *fig.* in Anspruch nehmen, (er)fordern: **to** ~ **attention**. **3.** *fig.* Todesopfer, Leben for-dern: **the plague** ~**ed thousands of lives**. **4.** a) behaupten (**s.th.** etwas; **that** daß), b) (von sich) behaupten (**to be** zu sein), für sich in Anspruch nehmen, An-spruch erheben auf (*acc*): **to** ~ **victory**, c) aufweisen (können), haben, d) sich bekennen zu, die Verantwortung über-ˈnehmen für (*e-n Terroranschlag etc*). **5.** zuˈrück-, einfordern, (*als sein Eigentum*) abholen. **II** *v/i* **6.** ~ **against** Klage er-heben gegen. **III** *s* **7.** Anspruch *m*, For-derung *f* (**on, against** gegen): **to lay** ~ **to** → 1, 4 b; **to make a** ~ e-e Forderung erheben *od.* geltend machen; **to make** (**many**) ~**s** (**up**)**on** *fig.* j-n, j-s Zeit (stark) in Anspruch nehmen. **8.** a) (Rechts)An-spruch *m*, Anrecht *n* (**to, up**)**on** auf *acc*, **against** gegen): ~ **for damages** Schadenersatz-anspruch; **to put in** (*od.* **enter**) **a** ~ e-e Forderung erheben, e-n Anspruch gel-tend machen, b) (Zahlungs)Forderung *f*, c) (Paˈtent)Anspruch *m.* **9.** Behauptung *f*, Anspruch *m.* **10.** *Am.* a) Stück *n* Staats-land (*das von Ansiedlern abgesteckt u. beansprucht wird*), b) Claim *m* (*Anteil an e-m Goldgräberunternehmen*). **11.** *Berg-bau*: Mutung *f*, Grubenanteil *m.* ˈ**claim-a·ble** *adj* zu beanspruchen(d). ˈ**claim-ant**, ˈ**claim·er** *s* **1.** Beanspruchende(r *m*) *f*, Antragsteller(in): **rightful** ~ An-spruchsberechtigte(r *m*) *f.* **2.** Präten‚dent *m.* **3.** Anwärter(in) (**to** auf *acc*).

**clair·voy·ance** [kleəˈvɔɪəns] *s* **1.** Hell-sehen *n.* **2.** ungewöhnlicher Scharfsinn. **clair·voy·ant** **I** *adj* hellseherisch. **II** *s* Hellseher(in).

**clam** [klæm] **I** *s* **1.** *zo.* eßbare Muschel: **hard** ~, **round** ~ Venusmuschel; **long** ~ Sand- *od.* Schwertmuschel; (**as**) **close as a** ~ *colloq.* ‚knickerig'. **2.** *colloq.* ‚zuge-knöpfter' Mensch. **II** *v/i* **3.** *bes. Am.* Muscheln suchen. **4.** ~ **up** *colloq.* den Mund zumachen, nichts mehr sagen.

**clam**[2] [klæm] → **clamp**[1].

**cla·mant** [ˈkleɪmənt; *Am. a.* ˈklæ-] *adj* **1.** lärmend, schreiend (*a. fig.*): **a** ~ **wrong**. **2.** dringend.

**clam·bake** [ˈklæm‚beɪk] *s Am.* **1.** Pick-nick *n* (*bes. am Strand*). **2.** *sl.* große Party. **3.** *Rundfunk, TV: sl.* verpatzte Sendung.

**clam·ber** [ˈklæmbə(r)] **I** *v/i* (mühsam) klettern. **II** *v/t* erklettern. **III** *s* Klettern *n.*

**clam·mi·ness** [ˈklæmɪnɪs] *s* feuchtkalte Klebrigkeit.

**clam·my** [ˈklæmɪ] *adj* (*adv* clammily) feuchtkalt (u. klebrig), klamm.

**clam·or**, *bes. Br.* **clam·our** [ˈklæmə(r)] **I** *s* **1.** Lärm *m*, lautes Geschrei, Tuˈmult *m.* **2.** *bes. fig.* (Weh)Geschrei *n*, laut-starker Proˈtest (**against** gegen), (*for-dernder*) Schrei (**for** nach). **II** *v/i* **3.** (laut) schreien, lärmen, toben. **4.** *fig.* schreien: a) wütend *od.* lautstark verlangen (**for** nach), b) Lärm schlagen, heftig prote-

---

ˈstieren (**against** gegen). **III** *v/t* **5.** etwas schreien. **6.** ~ **down** j-n niederbrüllen. ˈ**clam·or·ous** *adj* (*adv* ~ly) **1.** lärmend, schreiend, tobend. **2.** lärmerfüllt, tosend. **3.** *fig.* lautstark: ~ **demands**.

**clamp**[1] [klæmp] **I** *s* **1.** *tech.* a) Klemme *f*, Klampe *f*, Klammer *f*, Krampe *f*, Zwinge *f*, b) Klemmschraube *f*, -schelle *f*, Ein-spannkopf *m*, c) *electr.* Erdungsschelle *f*, d) Hirnleiste *f*, e) Haspe *f*, Angel *f*, f) Halterung *f*, g) Schraubstockklemm-stück *n*, h) Einschiebeleiste *f.* **2.** *For-merei:* Formkastenpresse *f.* **3.** *bes. hist.* Strammer *m* (*e-r Skibindung*). **II** *v/t* **4.** *tech.* festklemmen, mit Klammer(n) *etc* befestigen. **5.** ~ **down** *fig.* als Strafe auferlegen, anordnen. **6.** *mar.* Deck rei-nigen. **III** *v/i* **7.** ~ **down** *fig. colloq.* zuschlagen, scharf vorgehen *od.* ein-schreiten (**on** gegen).

**clamp**[2] [klæmp] **I** *s* **1.** Haufen *m*, Stapel *m.* **2.** *Br.* (Karˈtoffel- *etc*)Miete *f.* **II** *v/t* **3.** *Br.* (auf)stapeln.

**clamp**[3] [klæmp] **I** *v/i* schwerfällig auf-treten, trampeln. **II** *s* schwerer Tritt.

**clamp| bolt** *s tech.* Klemmbolzen *m.* ~ **bush·ing** *s* Klemmbuchse *f.* ~ **cou-pling** *s* Klemm-, Schalenkupplung *f.* ˈ~**down** *colloq.* scharfes Vorgehen (**on** gegen).

**clamp·ing** [ˈklæmpɪŋ] *adj tech.* Spann..., Klemm...: ~ **lever**; ~ **screw**. ~ **cir·cuit** *s electr.* Klemmschaltung *f.* ~ **col·lar**, ~ **ring** *s tech.* Klemmring *m*, Schelle *f.* ~ **sleeve** *s* Spannhülse *f.*

**ˈclam·shell** *s* **1.** *zo.* Muschelschale *f.* **2.** *a.* ~ **bucket** *Am.* Greifbaggereimer *m.*

**clan** [klæn] *s* **1.** Clan *m*: a) *Scot.* Stamm *m*, b) *allg.* Sippe *f*, Geschlecht *n*: **gathering of the** ~**s** Sippentag *m.* **2.** *Gruppe inner-halb e-s Stammes mit gemeinsamen Vor-fahren in der weiblichen od. männlichen Linie.* **3.** Gruppe *f*, *bes. contp.* Clique *f.*

**clan·des·tine** [klænˈdestɪn] *adj* (*adv* ~ly) heimlich, verborgen, verstohlen: ~ **trade** Schleichhandel *m.*

**clang** [klæŋ] **I** *v/i* schallen, klingen, klir-ren, rasseln. **II** *v/t* laut schallen *od.* er-klingen lassen. **III** *s* (lauter, meˈtalli-scher) Klang *od.* Ton, Geklirr *n.*

**clang·er** [ˈklæŋə] *s Br. colloq.* Schnitzer *m*: **to drop a** ~ ins Fettnäpfchen treten.

**clang·or**, *bes. Br.* **clang·our** [ˈklæŋ-gə(r); ˈklæŋə(r)] → **clang** III. ˈ**clang-or·ous** *adj* (*adv* ~ly) **1.** schallend, schmetternd. **2.** klirrend.

**clank** [klæŋk] **I** *s* Klirren *n*, Geklirr *n*, Gerassel *n*: ~ **of arms** Waffengeklirr; ~ **of chains** Kettengerassel. **II** *v/i u. v/t* klir-ren *od.* rasseln (mit).

**clan·nish** [ˈklænɪʃ] *adj* (*adv* ~ly) **1.** zu e-m Clan gehörig, Sippen...: ~ **pride** Sippen-stolz *m.* **2.** stammesbewußt, stammes-verbunden. **3.** (unter sich) zs.-haltend, *bes. contp.* cliquenhaft. ˈ**clan·nish-ness** *s* **1.** Stammesverbundenheit *f.* **2.** Zs.-halten *n*, *bes. contp.* Cliquenwesen *n.*

**clan·ship** [ˈklænʃɪp] *s* **1.** Vereinigung *f* in e-m Clan. **2.** Stammesbewußtsein *n.*

**clans·man** [ˈklænzmən] *s irr* Stammes-mitglied *n*, Mitglied *n* e-s Clans.

**clap**[1] [klæp] **I** *s* **1.** (*a.* Hände-, Beifall-) Klatschen *n.* **2.** leichter Schlag, Klaps *m.* **3.** Krachen *n*, Schlag *m*: ~ **of thunder** ein Donnerschlag. **II** *v/t* **4.** schlagen *od.* klappen *od.* klatschen mit, (*hörbar*) zs.-schlagen: **to** ~ **one's hands** in die Hände klatschen; **to** ~ **the wings** mit den Flü-geln schlagen. **5.** Beifall klatschen, ap-plauˈdieren (*dat*). **6.** klopfen (**s.o. on the shoulder** j-m auf die Schulter). **7.** hastig *od.* eˈnergisch hinstellen, -setzen, -wer-fen: **to** ~ **on one's hat** sich den Hut aufstülpen; **to** ~ **eyes on** zu Gesicht

bekommen, erblicken; **to ~ to** die Tür etc zuschlagen; **to ~ up** a) j-n einsperren, b) *etwas* zs.-pfuschen. **8.** *fig.* ‚aufbrummen‘, auferlegen: **to ~ import duties on s.th.** etwas mit Einfuhrzoll belegen. **III** *v/i* **9.** klatschen, schlagen. **10.** (Beifall) klatschen, applau'dieren.

**clap²** [klæp] *s med. sl.* Tripper *m*.

**clap·board** ['klæpbɔː(r)d; 'klæbə(r)d] **I** *s* Schindel *f*. **II** *v/t* mit Schindeln decken *od.* verkleiden, schindeln.

**Clap·ham** ['klæpəm] *s*: **the man on the ~ omnibus** *Br. colloq.* der Mann auf der Straße, der Durchschnittsbürger, der gewöhnliche Sterbliche.

**'clap·net** *s* Schlagnetz *n*.

**'clapped-out** *adj Br. colloq.* **1.** baufällig. **2.** schäbig, verwahrlost. **3.** schrottreif. **4.** ‚ka'putt‘, erschöpft.

**clap·per** ['klæpə(r)] *s* **1.** Beifallklatscher *m*. **2.** Klöppel *m* (*Glocke*): **to drive like the ~s** *Br. colloq.* wie ein Verrückter fahren. **3.** Klapper *f* (*a. tech. der Mühle*). **4.** *colloq.* Zunge *f*, Mundwerk *n*. **5.** ~ **clapper board. ~·board** *s Am. meist pl Film*: (Syn'chron)Klappe *f*. **'~·claw** *v/t obs.* **1.** zerkratzen. **2.** ausschelten.

**'clap·trap I** *s* **1.** Ef‚fekthasche'rei *f*. **2.** Phrasendresche'rei *f*, Gewäsch *n*. **II** *adj* **3.** ef‚fekthaschend. **4.** phrasenhaft.

**claque** [klæk] *s* Claque *f*, Cla'queure *pl*. **cla·queur** [klæ'kɜː; *Am.* -'kɜr] *s* Cla'queur *m*.

**clar·ence** ['klærəns] *s* vierrädrige, geschlossene Kutsche (*für 4 Personen*).

**clar·en·don** ['klærəndən] *s print.* halbfette Egypti'enne.

**clar·et** ['klærət] **I** *s* **1.** roter Bor'deaux (-wein). **2.** *allg.* Rotwein *m*. **3.** *a.* ~ **red** Weinrot *n*. **4.** *bes. Boxen: sl.* Blut *n*. **II** *adj* **5.** weinrot. ~ **cup** *s* gekühlte Rotweinbowle.

**clar·i·fi·ca·tion** [ˌklærɪfɪ'keɪʃn] *s* **1.** (Er-, Auf)Klärung *f*, Klarstellung *f*. **2.** *tech.* (Abwasser)Klärung *f*, (Ab)Läuterung *f*, Abklärung *f*: ~ **plant** Kläranlage *f*. **clar·i·fy** ['klærɪfaɪ] **I** *v/t* **1.** *fig.* (auf-, er)klären, erhellen, klarstellen. **2.** *tech.* (ab)klären, (ab)läutern, reinigen. **II** *v/i* **3.** *fig.* sich (auf)klären, klar werden. **4.** sich (ab)klären (*Flüssigkeit etc*).

**clar·i·net** [ˌklærɪ'net] *s mus.* Klari'nette *f* (*a. Orgelregister*). **clar·i·net·(t)ist** [ˌklærɪ'net‚tist(in)] Klarinet'tist(in).

**clar·i·on** ['klærɪən] **I** *s* **1.** *mus.* Cla'rino *n*, Clai'ron *n*: a) 'Bachtrom‚pete *f*, b) *Zungenstimme der Orgel*. **2.** *poet.* heller Trom'petenton: ~ **call** *fig.* (Weck)Ruf *m*; ~ **voice** *fig.* Trompetenstimme *f*. **II** *v/t* **3.** laut verkünden.

**clar·i·o·net** [ˌklærɪə'net] *obs.* → **clarinet**.

**clar·i·ty** ['klærətɪ] *s allg.* Klarheit *f*.

**cla·ro** ['klɑːrəʊ] *pl* -**roes** *s* helle, milde Zi'garre.

**clar·y** ['kleərɪ] *s bot.* **1.** Muska'tellersalbei *m*. **2.** Scharlachsalbei *m*.

**clash** [klæʃ] **I** *v/i* **1.** klirren, rasseln. **2.** klirrend anein'anderstoßen *od.* -schlagen. **3.** prallen, stoßen (**into** gegen), (*a. feindlich*) zs.-prallen, zs.-stoßen (**with** mit). **4.** *fig.* (**with**) kolli'dieren: a) anein'andergeraten (mit), b) im 'Widerspruch stehen (zu), unver'einbar sein (mit), c) (*zeitlich*) zs.-fallen (mit). **5.** nicht zs.-passen *od.* harmo'nieren (**with** mit): **these colo(u)rs ~** diese Farben ‚beißen sich‘. **II** *v/t* **6.** klirrend *od.* rasseln mit. **7.** klirrend anein'anderschlagen. **III** *s* **8.** Geklirr *n*, Gerassel *n*. **9.** (*a. feindlicher*) Zs.-stoß, Zs.-prall *m*, Kollisi'on *f* (*a. fig.*). **10.** ~ **of interests** Interessenkollision. **11.** (*zeitliches*) Zs.-fallen.

**clasp** [klɑːsp; *Am.* klæsp] **I** *v/t* **1.** ein-, zuhaken, zu-, festschnallen, mit Schnallen *od.* Haken befestigen *od.* schließen. **2.** mit Schnallen *od.* Haken *etc* versehen. **3.** ergreifen, um'klammern, (fest) um'fassen: ~ **s.o.'s hand** a) j-m die Hand drücken, b) j-s Hand umklammern; **to ~ s.o. to one's breast** j-n an die Brust drücken. **II** *s* **4.** Klammer *f*, Haken *m*, Schnalle *f*, Spange *f*: ~ **and eye** Haken u. Öse. **5.** Schloß *n*, Schließe *f* (*-s Buches, e-r Handtasche etc*). **6.** *mil.* Ordensspange *f*. **7.** Um'klammerung *f*, Um'armung *f*: **by ~ of hands** durch Händedruck *od.* Handschlag. **'clasp·er** *s* **1.** (Haken-, Schnallen)Verschluß *m*. **2.** *pl zo.* a) Haltezange *f*, b) 'Haftor‚gan *n*. **3.** *bot.* Ranke *f*. **clasp|knife** *s irr* Klapp-, Taschenmesser *n*. **~ lock** *s* Schnappschloß *n*.

**class** [klɑːs; *Am.* klæs] **I** *s* **1.** Klasse *f* (*a. biol.*), Gruppe *f*, Katego'rie *f*, Art *f*. **2.** (Wert)Klasse *f*: **in the same ~ with** gleichwertig mit; **in a ~ by oneself** *od.* **of one's own** einer Klasse für sich; **no ~** *colloq.* minderwertig. **3.** (Güte)Klasse *f*, Quali'tät *f*. **4.** *rail. etc* Klasse *f*. **5.** a) gesellschaftlicher Rang, sozi'ale Stellung, b) (Gesellschafts)Klasse *f*, (Bevölkerungs)Schicht *f*: **to pull ~ on s.o.** *colloq.* j-n s-e gesellschaftliche Überlegenheit fühlen lassen. **6.** *colloq.* ‚Klasse‘ *f*, Erstklassigkeit *f*: **he (it) has ~** er (es) ist (große) Klasse. **7.** *ped.* a) (Schul)Klasse *f*: **to be at the top of one's ~** der Klassenerste sein, b) ('Unterrichts)Stunde *f*: **to attend ~es** am Unterricht teilnehmen. **8.** Kurs *m*. **9.** *univ. Am.* a) Stu'denten-, b) e-s Jahrgangs, Stu'dentenjahrgang *m*, b) Promoti'onsklasse *f*, c) Semi'nar *n*: **Spanish ~**. **10.** *univ. Br.* a) → **honors degree**, b) Stufe *f*, Gruppe *f*, Klasse *f* (*Einteilung der Kandidaten nach dem Resultat der honours-Prüfung*): **to take a ~** e-n honours degree erlangen. **11.** *mil.* Re'krutenjahrgang *m*. **12.** *math.* Aggre'gat *n*, mehrgliedrige Zahlengröße. **II** *v/t* **13.** klassifi'zieren: a) in Klassen einteilen, b) in e-e Klasse einteilen, einordnen, einstufen: **to ~ with** gleichstellen mit, rechnen zu; **to be ~ed** a) angesehen werden (**as** als), b) *univ. Br.* e-n honours degree verliehen bekommen. **III** *v/i* **14.** angesehen werden (**as** als). **'~·book** *s ped. Am.* Klassenbuch *n*. **~ con·flict** *s* 'Klassenauseinander‚setzung *f*, -kon‚flikt *m*. **'~-‚con·scious** *adj* klassenbewußt. **~ con·scious·ness** *s* Klassenbewußtsein *n*. **~ day** *s ped. univ. Am.* Abschlußfeier *f*. **~ dis·tinc·tion** *s* 'Klassen‚unterschied *m*.

**clas·ses** ['klæsɪz] *pl von* **classis**.

**'class|fel·low** *s* 'Klassenkame‚rad(in), Mitschüler(in). **~·ha·tred** *s* Klassenhaß *m*. **~ hour** *s ped.* 'Unterrichtsstunde *f*.

**clas·sic** ['klæsɪk] **I** *adj* (*adv* ~**ally**) **1.** erstklassig, ausgezeichnet. **2.** klassisch, mustergültig, voll'endet: ~ **prose**; **a ~ example** ein klassisches Beispiel. **3.** klassisch: a) das klassische Altertum betreffend, b) die klassische Litera'tur *etc* betreffend, c) (durch e-n Schriftsteller *od.* ein geschichtliches Ereignis) berühmt: ~ **districts of London**. **4.** klassisch: a) 'herkömmlich, traditio'nell: **a ~ method**, b) typisch, c) zeitlos: **a ~ dress**. **II** *s* **5.** Klassiker *m* (*Literatur od. Kunst*). **6.** klassisches Werk. **7.** *pl* klassische Philolo'gie. **8.** Jünger(in) der Klassik, Verehrer(in) der Klassik. **9.** (*das*) Klassische (*Stil, Kunst etc*). **10.** *sport* Klassiker *m*. **11.** *Am.* klassisches Beispiel (**of** für).

**clas·si·cal** ['klæsɪkl] *adj* (*adv* ~**ly**) **1.** → **classic** 2, 3 a, b, 4. **2.** klassisch, dem an'tiken Stil entsprechend: ~ **architec-**

ture a) klassischer *od.* antiker Baustil, b) klassizistischer Baustil. **3.** klassisch: a) huma'nistisch gebildet, b) die klassische Kunst *od.* Litera'tur betreffend: ~ **education** klassische *od.* humanistische (Aus)Bildung; **the ~ languages** die alten Sprachen; ~ **scholar** Altphilologe *m*, Humanist *m*. **4.** klassisch (*Musik*).

**clas·si·cism** ['klæsɪsɪzəm] *s* **1.** a) Klassik *f*, b) Klassi'zismus *m*. **2.** klassische Bildung. **3.** klassische Redewendung *od.* Bezeichnung. **'clas·si·cist** *s* Kenner *m od.* Anhänger *m* des Klassischen u. der Klassiker. **'clas·si·cize I** *v/t* klassisch machen. **II** *v/i* dem klassischen Stil entsprechen.

**clas·si·fi·a·ble** ['klæsɪfaɪəbl] *adj* klassifi'zierbar. **ˌclas·si·fi·ca·tion** *s* **1.** Klassifikati'on *f*: a) Einteilung *f*, Anordnung *f*, Aufstellung *f*, b) *bot. zo.* Sy'stem *n*, Gruppeneinteilung *f*. **3.** *mil. pol.* Geheimhaltungsstufe *f*. **clas·si·fi·ca·to·ry** [ˌklæsɪ'fɪkeɪtərɪ; *Am.* 'klæsəfəkəˌtəʊri:; -ˌtɔː-; klæ'sɪ-] *adj* klassifi'zierend, klassifikations... **'clas·si·fied** [-faɪd] *adj* **1.** klassifi'ziert, (in *od.* nach Klassen *od.* Gruppen) eingeteilt: ~ **ad(vertisement)** Kleinanzeige *f*; ~ **directory** Branchenverzeichnis *n*. **2.** *mil. pol.* geheim: ~ **matter** *mil.* Verschlußsache *f*. **'clas·si·fy** [-faɪ] *v/t* **1.** klassifi'zieren, (ein)grup‚pieren, (in *od.* nach Klassen *od.* Gruppen) einteilen. **2.** einstufen. **3.** *math.* (aus)gliedern. **4.** *tech.* sor'tieren, klas'sieren. **5.** *mil. pol.* für geheim erklären.

**clas·sis** ['klæsɪs] *pl* -**ses** [-siːz] *s relig.* 'Kreissyn‚ode *f* (*in einigen reformierten Kirchen*).

**class·less** ['klɑːslɪs; *Am.* 'klæs-] *adj* klassenlos: ~ **society**.

**class| lim·it** *s math.* Klassenende *n*, Grenzpunkt *m*. **~ list** *s univ. Br.* Benotungsliste *f* (*der Kandidaten, die nicht nach den Ergebnissen der honours-Prüfung in 3 Gruppen eingeteilt werden*). **'~·mate** → **classfellow. ~ mean·ing** *s ling.* Bedeutung *f* e-r gram'matischen Katego'rie. **'~·num·ber** *s Bibliothek*: Signa'tur *f*, Kennummer *f*. **'~·room** *s* Klassenzimmer *n*. **~ strug·gle, ~ war** *s* Klassenkampf *m*.

**class·y** ['klɑːsɪ; *Am.* 'klæsi:] *adj sl.* ‚Klasse‘, ‚Klasse...‘, erstklassig.

**clas·tic** ['klæstɪk] **I** *adj* **1.** zerlegbar (*bes. anatomisches Modell*). **2.** *geol.* klastisch. **II** *s* **3.** *pl geol.* sekun'däre Gesteine *pl*.

**clat·ter** ['klætə(r)] **I** *v/i* **1.** klappern, rasseln. **2.** poltern, klappern, trappen: **to ~ about** (*od.* **around**) herumtrampeln. **3.** *fig.* plappern, schwatzen. **II** *v/t* **4.** klappern *od.* rasseln mit. **III** *s* **5.** Geklapper *n*, Gerassel *n*. **6.** Getrappel *n*, Getrampel *n*. **7.** Krach *m*, Lärm *m*. **8.** Geplapper *n*.

**clause** [klɔːz] *s* **1.** *ling.* Satz(teil *m*, -glied *n*) *m*. **2.** *jur.* a) Klausel *f*, Vorbehalt *m*, Bestimmung *f*, b) Abschnitt *m*, Absatz *m*.

**claus·tral** ['klɔːstrəl] *adj* klösterlich, Kloster...

**claus·tro·pho·bi·a** [ˌklɔːstrə'fəʊbjə; -bɪə] *s med.* Klaustropho'bie *f*, ‚Platzangst‘ *f*.

**clave** [kleɪv] *obs. pret von* **cleave¹**.

**clav·i·a·ture** ['klævjətjʊə; *bes. Am.* -ˌtʃʊə(r); -tʃə(r)] *s mus.* **1.** Klavia'tur *f*. **2.** Kla'vierfingersatz *m*.

**clav·i·chord** ['klævɪkɔː(r)d] *s mus.* Klavi'chord *n*.

**clav·i·cle** ['klævɪkl] *s* **1.** *anat.* Schlüsselbein *n*. **2.** *bot.* kleine Ranke *f*.

**cla·vic·u·lar** [klə'vɪkjʊlə(r); klæ-] *adj anat.* Schlüsselbein...

**cla·vier** ['klævɪə(r); *Am. a.* klə'vɪər] *s mus.* **1.** Klavia'tur *f*. **2.** [*Br.* klə'vɪə; 'klævɪə] 'Tasten-, Kla'vierinstru-

ˌment *n.* **3.** (*stumme*) ˈÜbungsklavia-
tur.
**claw** [klɔ:] **I** *s* **1.** *zo.* a) Klaue *f*, Kralle *f*
(*beide a. fig.*), b) Schere *f* (*Krebs etc*): **to
get one's ~s into s.o.** *fig.* j-n in s-e
Klauen bekommen; **to pare s.o.'s ~s** *fig.*
j-m die Krallen beschneiden. **2.** *fig.*
ˌKlaue' *f*, ˌPfote' *f* (*Hand*). **3.** Kratzwunde
*f.* **4.** *bot.* Nagel *m* (*an Blütenblättern*). **5.**
*tech.* a) Klaue *f*, Kralle *f*, Haken *m*,
Greifer *m*, b) gespaltene Finne (*des Ham-
mers*). **II** *v/t* **6.** die Krallen schlagen in
(*acc*). **7.** (zer)kratzen, zerkrallen, zerrei-
ßen: **to ~ s.o.'s face** j-m das Gesicht
zerkratzen. **8.** umˈkrallen, packen. **9. ~
off** sich entledigen (*gen*), loswerden. **III**
*v/i* **10.** kratzen. **11.** (mit den Krallen)
reißen, zerren (**at** an *dat*). **12.** packen,
greifen (**at** nach). **13.** *oft* **~ off** *mar.* wind-
wärts vom Ufer abhalten. **~ bar** *s tech.*
lange Nagelklaue, Brecheisen *n* mit Fin-
ne. **~ clutch** *s tech.* Klauenkupplung *f.*
**clawed** [klɔ:d] *adj zo.* mit Klauen.
**claw·ham·mer** *s* **1.** *tech.* Splitt-, Klau-
enhammer *m.* **2.** *a.* **claw-hammer coat**
*humor.* Frack *m.* **~ wrench** *s tech.* Na-
gelzieher *m.*
**clay** [kleɪ] **I** *s* **1.** Ton(erde *f*) *m*, Lehm *m*,
Mergel *m*: **baked ~** gebrannte Erde.
**2.** (feuchte) Erde, zäher Lehm. **3.** *fig.*
Erde *f*, Staub *m* u. Asche *f*, irdische Hülle
(*Leib*): → **wet** 15. **4.** → **clay pipe. II** *v/t*
**5.** mit Ton *od.* Lehm behandeln, ver-
schmieren. **6.** *tech.* Zucker decken, ter-
ˈrieren. **ˈ~bank** *s* **1.** *geol.* Tonschicht *f.*
**2.** *Am.* lehmfarben, gelblich-braun. **~
brick** *s tech.* **1.** Lehmstein *m*, unge-
brannter Ziegel. **2.** Luftziegel *m.* **~court**
*s Tennis:* Rotgrantplatz *m.*
**clay·ey** [ˈkleɪɪ] *adj* tonig, lehmig, Ton...,
Lehm...
**clay marl** *s geol.* Tonmergel *m.*
**clay·more** [ˈkleɪmɔ:] *s Scot.* **1.** *hist.* Zwei-
händer *m*, Breitschwert *n.* **2.** Säbel *m* mit
Korbgriff.
**clay·pi·geon** *s sport* Ton-, Wurftaube *f.*
**~ pipe** *s* Tonpfeife *f* (*zum Rauchen*). **~ pit**
*s* Ton-, Lehmgrube *f.* **~ slate** *s* Ton-
schiefer *m.* **~ soil** *s* Lehm-, Tonboden *m.*
**~ sug·ar** *s* gedeckter Zucker.
**clean** [kli:n] **I** *adj* (*adv* → **cleanly** II)
**1.** rein, sauber: **~ room** ein sauberer
(*sterilisierter*) Raum; → **breast** 2, **heel¹**
*Bes. Redew.* **2.** sauber, frisch (*gewa-
schen*). **3.** reinlich, stubenrein: **the dog
is ~. 4.** unvermischt, rein: **~ gold.
5.** einwandfrei: **~ food. 6.** rein, makellos
(*Edelstein etc*; *a. fig.*): **~ record** tadellose
Vergangenheit. **7.** (*moralisch*) rein, lau-
ter, schuldlos: **a ~ conscience** ein reines
Gewissen. **8.** anständig, sauber: **a ~
story; keep it~!** laß dich nicht~; **~
living!** bleib sauber!; **Mr C~** Herr Sau-
bermann; → **liver². 9.** unbeschrieben,
leer: **a ~ sheet. 10.** sauber, ohne Kor-
rekˈturen (*Schrift*): → **copy** 1. **11.** an-
ständig, fair: **a ~ fighter; ~ rivalry.
12.** klar, sauber: **a ~ set of fingerprints.
13.** glatt, sauber, tadellos (*ausgeführt*),
fehlerfrei: **a ~ leap** ein glatter Sprung
(*über ein Hindernis*). **14.** glatt, eben: **~ cut**
glatter Schnitt; **~ wood** astfreies Holz.
**15.** restlos, gründlich: **a ~ miss** ein glat-
ter Fehlschuß; **to make a ~ break with
the past** völlig mit der Vergangenheit
brechen. **16.** *mar.* a) mit gereinigtem Kiel
u. Rumpf, b) leer, ohne Ladung,
c) scharf, spitz zulaufend, mit gefälligen
Linien. **17.** klar, ebenmäßig, ˈwohlpro-
porˌtioˌniert: **~ features** klare Gesichts-
züge. **18.** *sl.* ,clean' (*nicht mehr drogen-
abhängig*). **19.** *sl.* ,sauber' (*unbewaffnet*).
**II** *adv* **20.** rein(lich), sauber, sorgfältig:
**to sweep ~** a) rein ausfegen, b) *fig.* völlig
hinwegfegen, vollständig aufräumen mit

(*etwas*); **to come ~** *colloq.* (alles) geste-
hen; → **broom** 1. **21.** anständig, fair: **to
fight~. 22.** rein, glatt, völlig, ganz u. gar,
toˈtal: **to go ~ off one's head** *colloq.*
völlig den Kopf verlieren; **to forget ~
about s.th.** *colloq.* etwas total vergessen;
**the bullet went~ through the door** die
Kugel durchschlug glatt die Tür; **~ gone**
*colloq.* a) spurlos verschwunden, b) ,total
übergeschnappt'.
**III** *v/t* **23.** reinigen, säubern, *Fenster,
Schuhe, Silber, Zähne* putzen: **to ~ house**
*Am. fig. colloq.* gründlich aufräumen, e-e
Säuberungsaktion durchführen. **24.** wa-
schen. **25.** freimachen von, leerfegen. **26.**
→ **clean out. 27.** → **clean up** I.
*Verbindungen mit Adverbien:*
**clean| down** *v/t* gründlich reinigen,
*Auto etc* waschen, *Wand etc* abwaschen. **~
off** abputzen. **~ out** *v/t* **1.** gründlich reinigen,
*Stall* ausmisten. **2.** *colloq.* j-n ,ausneh-
men', schröpfen. **3.** *colloq. Kasse etc*
leer machen, *Vorräte etc* erschöpfen.
**4.** *colloq. Laden etc* leer kaufen. **5.** *colloq.
Bank etc* ,ausräumen' (*Einbrecher etc*).
**6.** *Am. colloq.* ,rausschmeißen', hinˈaus-
werfen. **~ up** **I** *v/t* **1.** gründlich reini-
gen. **2.** in Ordnung bringen, aufräumen. **3.** *fig.
Stadt etc* säubern. **4.** *bes. Am. colloq.
Profit* einheimsen. **II** *v/i* **5.** *bes. Am.
colloq.* ,abkasˌsieren'.
**clean·a·ble** [ˈkli:nəbl] *adj* gut zu reini-
gen(d), waschbar.
**clean| ac·cept·ance** *s econ.* bedin-
gungsloses Akˈzept, vorbehaltlose An-
nahme. **~ and jerk** *s Gewichtheben:*
Stoßen *n.* **~ bill** *s* **1.** *econ.* reine Tratte: **~
of lading** echtes Konnossement. **2.** →
**bill²** 6. **ˈ~bred** *adj* reinrassig. **ˌ~ˈcut**
*adj* **1.** klar, scharfgeschnitten: **~ fea-
tures. 2.** *fig.* klar umˈrissen, klar, deut-
lich. **3.** wohlgeformt. **4.** anständig, sau-
ber (*Person*).
**clean·er** [ˈkli:nə(r)] *s* **1.** a) Reiniger *m*
(*Person od. Vorrichtung*), ˈReinigungs-
maˌschine *f*, b) *pl* Reinigung(sanstalt) *f*:
**~'s naphtha** Waschbenzin *n*; **to take to
the ~** a) zur Reinigung bringen, b) →
**clean out** 2. Reinigungsmittel *n.* **3.**
Staubsauger *m.* **4.** Rein(e)machefrau *f,*
(*Fenster- etc*)Putzer *m.*
**ˌclean-ˈfin·gered** *adj* **1.** *fig.* ehrlich. **2.**
geschickt. **ˌ~ˈhand·ed** *adj fig.* schuldlos.
**clean·ing** [ˈkli:nɪŋ] **I** *s:* **to do the ~**
saubermachen, putzen. **II** *adj* Reini-
gungs...: **~ cloth; ~ woman** (*od.* **lady**)
Rein(e)machefrau *f.*
**ˌclean-ˈlimbed** *adj* ˈwohlproportio-
niert, gutgebaut.
**clean·li·ness** [ˈklenlɪnɪs] *s* Reinlichkeit *f.*
**ˌclean-ˈliv·ing** *adj* mit einwandfreiem
Lebenswandel, sittlich rein, sauber.
**clean·ly** [ˈklenlɪ] **I** *adj* reinlich: a) sauber,
b) sauberkeitsliebend. **II** *adv* [ˈkli:nlɪ]
**clean·ness** [ˈkli:n-
nɪs] *s* Sauberkeit *f*, Reinheit *f.*
**ˈclean·out** *s* **1.** Reinigung *f*, Säuberung *f:*
**to give s.th. a ~** etwas reinigen *od.*
säubern. **2.** Reinigungsöffnung *f.*
**cleanse** [klenz] *v/t* **1.** *a. fig.* reinigen,
säubern, reinwaschen (**of**, **from** von).
**2.** *obs.* heilen. **3.** befreien, frei-, los-
sprechen (**of**, **from** von). **ˈcleans·er** *s*
**1.** Reiniger *m.* **2.** Reinigungsmittel *n.*
**ˌclean-ˈshav·en** *adj* ˈglattraˌsiert.
**cleans·ing** [ˈklenzɪŋ] *adj* Reinigungs...: **~
cream; ~ tissue** Reinigungstuch *n.*
**ˈclean-up** *s* **1.** gründliche Reinigung: **to
give s.th. a ~** → **clean up** 1. **2.** *fig.*
ˈSäuberung(sakti̯on) *f.* **3.** *bes. Am. colloq.*
,Schnitt' *m*, (*großer*) Proˈfit.
**clear** [klɪə(r)] **I** *adj* (*adv* → **clearly**)
**1.** klar, hell: **~ day** (*oder* ** hell**, *day* (*week,
etc*)); **(as) ~ as mud** *colloq.* ,klar wie
Kloßbrühe'. **2.** klar, ˈdurchsichtig, rein:

→ **crystal** 1. **3.** klar, heiter: **~ sky; ~
weather. 4.** rein, flecken-, makellos: **~
skin. 5.** klar, rein, hell: **~ voice;** → **bell¹**
1. **6.** *fig.* klar, hell, scharf: **a ~ head** ein
klarer *od.* heller Kopf. **7.** klar, unver-
mischt: **~ soup** *gastr.* klare Suppe. **8.**
*Funk etc:* unverschlüsselt: **~ text** → 23. **9.**
ˈübersichtlich, klar: **~ design. 10.** klar,
verständlich, deutlich: **~ speech; to
make s.th. ~ (to s.o.)** (j-m) etwas klar-
machen; **to make it ~ that** klipp u. klar
sagen, daß; **to make o.s. ~** sich klar
ausdrücken, sich verständlich machen.
**11.** klar, offensichtlich: **a ~ case of
bribery; a ~ victory** ein klarer Sieg; **to
be ~ about s.th.** sich über etwas im
klaren sein; **for no ~ reason** ohne er-
sichtlichen Grund. **12.** klar: a) sicher,
b) in Ordnung: **all ~** alles klar. **13.** frei (*of*
von), unbehindert, offen: **~ road** freie
Straße; **~ of snow** schneefrei. **14.** (*of*) frei
(von *Schulden etc*), unbelastet (von): **~ of
debt** schuldenfrei; **~ title** einwandfreier
Rechtstitel; **a ~ conscience** ein reines
Gewissen. **15.** *econ.* netto, Netto...,
Rein...: **~ gain** (*od.* **profit**) Reingewinn
*m*; **~ loss** Nettoverlust *m*, reiner Verlust.
**16.** glatt, voll, ganz: **a ~ ten minutes;** a
15 **yards. 17.** *tech.* licht: **~ height; ~
width.**
**II** *adv* **18.** hell, klar. **19.** klar, deutlich: **to
speak ~. 20.** *colloq.* völlig, ganz, glatt: **to
jump ~ over the fence** glatt über den
Zaun springen; **~ free**, los, weg (**of** von):
**to keep ~ of** sich fernhalten von, meiden
(*acc*); **to be ~ of s.th.** etwas los sein; **to get
~ of** loskommen von; **to jump ~** wegsprin-
gen; **to see
one's way~** freie Bahn haben; → **steer¹** 4.
**III** *s* **22.** freier Raum: **in the ~** a) frei,
*sport* freistehend, b) *fig.* aus der Sache
heraus, *bes.* vom Verdacht gereinigt.
**23.** *Funk etc:* Klartext *m:* **in the ~** im
Klartext.
**IV** *v/t* **24.** *oft* **~ away** wegräumen,
-schaffen (**from** von), *Geschirr* abräu-
men. **25.** *e-e Straße etc* freimachen, *e-n
Saal etc*, *econ. a.* (*Waren*)*Lager* räumen.
**26.** **den Tisch** etc, abdecken. **27.** *Land, Wald* roden. **28.** reinigen, säu-
bern: **to ~ one's throat** sich räuspern; →
**air¹** 1, **atmosphere** 5. **29.** leeren, ent-
laden. **30.** *Schulden* tilgen, bezahlen, be-
reinigen. **31.** von Schulden befreien: **to ~
an estate. 32.** *econ.* a) *e-n Scheck* ein-
lösen, b) *e-n Scheck etc* durch ein
Clearinghaus verrechnen lassen, c) als
Reingewinn erzielen. **33.** frei-, lossspre-
chen, entlasten: **to ~ o.s. (s.o.) of** a *crime*
sich (j-n) vom Verdacht e-s Verbrechens
reinigen; **to ~ one's conscience** sein
Gewissen entlasten; **to ~ one's
name** s-n Namen reinwaschen. **34.** *et-
was* (auf)klären. **35.** *allg.* abfertigen, *bes.
mar.* a) *Waren* deklaˈrieren, verzollen,
b) *das Schiff* ˈausklaˌrieren, c) aus *dem
Hafen* auslaufen, d) *die Ladung* löschen,
e) von *der Küste* freikommen: **to ~ the
decks (for action)** das Schiff gefechts-
klar machen, *fig.* sich bereit- od. fertig-
machen. **36.** a) *ein Hindernis* (glatt) neh-
men, über *e-e Hecke etc* setzen, springen,
b) *sport* *die Latte, e-e Höhe* über-
ˈspringen. **37.** (knapp *od.* heil) vorˈbei-
kommen an (*dat*): **his car just ~ed the
bus. 38.** *to ~ the ball sport* klären.
**V** *v/i* **39.** sich klären (*Wein etc*), klar *od.*
hell werden. **40.** aufklaren, sich aufhellen
(*Wetter*). **41.** *oft* **~ away** sich lichten
(*Nebel etc*). **42.** *econ. mar.* a) die ˈZoll-
formaliˌtäten erledigen, b) ˈausklaˌrieren,
den Hafen nach Erledigung der ˈZoll-
formaliˌtäten verlassen.
*Verbindungen mit Adverbien:*
**clear| in** *v/i mar.* ˈeinklaˌrieren. **~ off** **I**

*v/t* **1.** (weg)räumen, beseitigen. **2.** → clear 30. **II** *v/i* → clear out 4. **~out I** *v/t* **1.** (aus)räumen, leeren. **2.** vertreiben. **II** *v/i* **3.** *mar.* 'auskla,rieren. **4.** *colloq.* ,sich verziehen', ,abhauen'. **~ up I** *v/t* **1.** aufräumen, in Ordnung bringen. **2.** (auf)klären, erklären, lösen. **3.** → clear 30. **4.** *Arbeit* erledigen. **II** *v/i* **5.** aufräumen. **6.** → clear 39.

**clear·ance** ['klıərəns] *s* **1.** Räumung *f*, Beseitigung *f*, Freimachung *f*. **2.** Leerung *f*. **3.** a) Abholzung *f*, Rodung *f*, b) Lichtung *f*. **4.** *tech.* a) lichter Abstand, Zwischenraum *m*, b) lichte Höhe, c) Spiel (-raum *m*) *n*, Luft *f*, d) *mot. etc* Bodenfreiheit *f*, e) → clearance angle. **5.** *econ.* a) Tilgung *f*, volle Bezahlung, b) Verrechnung *f* (im Clearingverkehr), c) → clearance sale. **6.** *mar.* a) 'Auskla,rierung *f*, Zollabfertigung *f*, b) Zollschein *m*: ~ (papers) Zollpapiere *pl*. **7.** *allg.* Abfertigung *f*, *bes.* a) *aer.* Freigabe *f*, Start- *od.* 'Durchflugerlaubnis *f*, b) *mar.* Auslaufgenehmigung *f*. **8.** *allg.* Erlaubnis *f*, Genehmigung *f*. **9.** *jur. pol. etc* Unbedenklichkeitsbescheinigung *f*. **~ an·gle** *s tech.* Freiwinkel *m*. **~ fit** *s tech.* Spielpassung *f*. **~ light** *s aer.* seitliches Begrenzungslicht. **~ sale** *s* Räumungs-, Ausverkauf *m*. **~ space** *s mot.* Verdichtungsraum *m*.

**'clear|-,chan·nel sta·tion** *s tech. Sender, der auf s-m eigenen Frequenzkanal mit maximaler Stärke senden kann.* **~'cut** *adj* **1.** scharfgeschnitten. **2.** klar um'rissen. **3.** klar, deutlich, bestimmt. **~ -'eyed** *adj* **1.** mit scharfen Augen. **2.** *fig.* scharfblickend, -sichtig. **~'head·ed** *adj* klardenkend, intelli'gent.

**clear·ing** ['klıərıŋ] *s* **1.** (Auf-, Aus)Räumen *n*. **2.** Säuberung *f*. **3.** Aufklärung *f*. **4.** Lichtung *f*, Schlag *m*, Rodung *f* (*im Wald*). **5.** *econ.* a) Clearing *n*, Verrechnungsverkehr *m*, b) *pl* Verrechnungssumme *f* (*im Clearingverkehr*). **~ check**, *Br.* **~ cheque** *s econ.* Verrechnungsscheck *m*. **'~·house** *s econ.* Clearinghaus *n*, Verrechnungsstelle *f*. **~ sta·tion** *s mil. Am.* Truppen-, Hauptverbandsplatz *m*. **~ sys·tem** *s econ.* Clearingverkehr *m*.

**clear·ly** ['klıə(r)lı] *adv* **1.** klar, deutlich. **2.** offensichtlich, zweifellos. **'clear·ness** *s* **1.** Klarheit *f*: a) Helle *f*, b) Deutlichkeit *f*. **2.** Reinheit *f*. **3.** *phot. etc* (Bild-) Schärfe *f*.

**clear| ob·scure** *s paint.* Helldunkel *n*. **~ -'sight·ed** → clear-eyed. **'~·starch** *v/t Wäsche* stärken. **'~-,think·ing** *adj* klardenkend. **'~-up** *s* Aufräumen *n*: to have a ~ aufräumen. **'~·way** *s Br.* Schnellstraße *f*.

**cleat** [kli:t] *s* **1.** Keil *m*, Pflock *m*. **2.** *mar.* Klampe *f* (*Verstärkungsleiste*). **3.** *tech.* Kreuzholz *n*, Querleiste *f*. **4.** *electr.* Iso'lierschelle *f*. **5.** breitköpfiger Schuhnagel. **II** *v/t* **6.** mit Klampen *etc* befestigen.

**cleav·age** ['kli:vıdʒ] *s* **1.** Spaltung *f* (*a. chem. u. fig.*), (Auf-, Zer)Teilung *f*. **2.** Spalt *m*. **3.** *biol.* (Zell)Teilung *f*. **4.** (Ei)Furchung *f*. **5.** *min.* a) Spaltbarkeit *f* (*Kristalle*), b) a. ~ face Spaltebene *f*. **6.** *geol.* Schieferung *f*. **7.** Brustansatz *m* (*im Dekolleté*).

**cleave¹** [kli:v] *pret* **cleft** [kleft], **cleaved, clove** [kləuv], *obs.* **clave** [kleıv], *pp* **cleft, cleaved, clo·ven** ['kləuvn] **I** *v/t* **1.** (zer)spalten, (zer)teilen. **2.** ab-, lostrennen. **3.** *Luft, Wasser etc* durch'schneiden, *e-n Weg* bahnen: to ~ a path. **II** *v/i* **5.** sich spalten.

**cleave²** [kli:v] *v/i* **1.** (an)kleben, hängenbleiben (to an *dat*). **2.** *fig.* (to) treu bleiben (*dat*), halten (zu).

**cleav·er** ['kli:və(r)] *s* Hackmesser *n*, Hackbeil *n*.

**cleav·ers** ['kli:və(r)z] *s pl* (*meist als sg konstruiert*) *bot.* (*ein*) Labkraut *n*.

**clef** [klef] *s mus.* (Noten)Schlüssel *m*.

**cleft¹** [kleft] *pret u. pp von* cleave¹.

**cleft²** [kleft] **I** *s* **1.** Spalt *m*, Spalte *f*, Schlitz *m*, Ritze *f*: ~ of a rock Felsspalte. **2.** Kluft *f*. **3.** *zo.* a) Spalt *m* (*im Pferdehuf*), b) Zehe *f* (*Spalthufer*). **4.** *vet.* Hornspalte *f* (*am Pferdehuf*). **II** *adj* **5.** gespalten, geteilt. **~ -'foot·ed** *adj zo.* mit Spalthuf: ~ animal Spalthufer *m*. **~ pal·ate** *s med.* Gaumenspalte *f*, Wolfsrachen *m*. **~ stick** *s*: to be in a ~ ,in der Klemme' sein *od.* sitzen *od.* stecken.

**cleis·tog·a·my** [klaı'stɒgəmı; *Am.* -|sta-] *s bot.* Kleistoga'mie *f*, Selbstbestäubung *f* bei geschlossener Blüte.

**clem** [klem] *v/i u. v/t Br. dial.* verschmachten (lassen).

**clem·a·tis** ['klemətıs] *s bot.* Waldrebe *f*, Kle'matis *f*.

**clem·en·cy** ['klemənsı] *s* **1.** Milde *f*, Gnade *f*, Nachsicht *f*: ~ board Gnadenbehörde *f*. **2.** Milde *f* (*des Wetters etc*).

**clem·ent** ['klemənt] *adj* (*adv* ~ly) **1.** mild, nachsichtig, gnädig. **2.** mild (*Wetter*).

**clench** [klentʃ] **I** *v/t* **1.** *die Lippen etc* (fest) zs.-pressen: to ~ one's fist die Faust ballen; to ~ one's teeth die Zähne zs.-beißen. **2.** fest packen *od.* anfassen. **3.** → clinch 1–3. **4.** *fig. Nerven, Geist etc* anspannen: with ~ed attention mit gespannter Aufmerksamkeit. **II** *v/i* **5.** → clinch 5. **III** *s* **7.** Festhalten *n*, fester Griff, Zs.-pressen *n*. **'clench·er** → clincher.

**clep·to·ma·ni·a, etc** → kleptomania, etc.

**clere·sto·ry** ['klıə(r)stərı; *bes. Am.* -|stɔː:ri] *s* **1.** *arch.* Lichtgaden *m*, Fenstergeschoß *n* (*am Hauptschiff e-r Kirche*). **2.** *rail.* Dachaufsatz *m* (*mit Fenstern*).

**cler·gy** ['klɜ:dʒı; *Am.* 'klɜr-] *s relig.* Geistlichkeit *f*, Klerus *m*, (*die*) Geistlichen *pl*. **'~·man** [-mən] *s irr* **1.** Geistliche(r) *m*. **2.** ordi'nierter Priester.

**cler·ic** ['klerık] *s* **1.** Geistliche(r) *m*, Kleriker *m*. **2.** ordi'nierter Priester. **II** *adj* → clerical I. **'cler·i·cal** [-kl] **I** *adj* (*adv* ~ly) **1.** kleri'kal, geistlich. **2.** Schreib..., Büro...: ~ error Schreibfehler *m*; ~ work Büroarbeit *f*. **II** *s* **3.** → cleric 1. **4.** *pol.* Kleri'kale(r) *m*. **5.** *pl* Priestertracht *f*. **'cler·i·cal·ism** *s pol.* Klerika'lismus *m*.

**cler·i·hew** ['klerıhju:] *s* Clerihew *n* (*vierzeiliger humoristischer Vers*).

**clerk** [klɑːk; *Am.* klɑrk] **I** *s* **1.** Schriftführer *m*, Sekre'tär *m*, Schreiber *m* (*in öffentlichen Ämtern*): ~ of the court *jur.* Urkundsbeamte(r) *m*, Protokollführer *m*. **2.** kaufmännische(r) Angestellte(r) *m*, (Bü'ro-, a. Bank-, Post)Angestellte(r *m*) *f*, (Bank-, Post)Beamte(r) *m*, (-)Beamtin *f*: bookkeeping ~ Buchhalter(in); signing ~ Prokurist(in); → chief clerk. **3.** *Br.* Vorsteher *m*, Leiter *m*: ~ of (the) works Bauleiter; the ~ of the weather *fig.* der Wettergott, Petrus. **5.** *Am.* (Laden)Verkäufer(in). **6.** *Am.* Empfangschef *m* (*im Hotel*). **7.** *relig.* a) → cleric 1 u. 2, b) Kirchenbeamte(r) *m*. **8.** *obs.* a) Schreibkundige(r) *m*, b) Gelehrte(r) *m*. **II** *v/i* **9.** als Schreiber *od. Am.* als Verkäufer(in) tätig sein. **'clerk·ly** *adj* **1.** Schreiber..., Sekretärs..., Angestellten...: a ~ hand e-e schöne Handschrift. **2.** *obs.* gelehrt. **'clerk·ship** *s* Stellung *f* e-s Buchhalters *etc*; → clerical 1.

**clev·er** ['klevə(r)] *adj* (*adv* ~ly) **1.** clever: a) geschickt, gewandt, tüchtig (at in *dat*): a ~ artisan, b) ,gerissen', raffi'niert (a. *Gerät etc*): a ~ salesman: a ~ trick; ~ dick *bes. Br. sl.* ,Schlaumeier'. **2.** gescheit: a) klug, intelli'gent, b) geistreich:

a ~ remark. **3.** → clever-clever. **4.** begabt (at in *dat*, für). **'~-'clev·er** *adj colloq.* ,oberschlau'.

**'clev·er·ness** *s* **1.** Cleverness *f*: a) Geschick(lichkeit *f*) *n*, Gewandtheit *f*, Tüchtigkeit *f*, b) Gerissenheit *f*, Raffi'niertheit *f*. **2.** Gescheitheit *f*, Klugheit *f*.

**clev·is** ['klevıs] *s tech.* **1.** U-förmige Zugstange, Bügel *m* (*an der Wagendeichsel etc*). **2.** Haken *m*.

**clew** [klu:] **I** *s* **1.** (Woll-, Garn- *etc*-)Knäuel *m, n.* **2.** → clue 1 u. 2. **3.** *myth. fig.* (Leit)Faden *m* (*im Labyrinth etc*). **4.** *mar.* Schothorn *n.* **II** *v/t* **5.** (auf)wickeln, knäueln. **6.** *mar.* a) ~ down *Segel* streichen, b) ~ up *Segel* aufgeien. **~ gar·net** *s mar.* Geitau *n* (*des Haupt- od. Focksegels*). **~ line** *s* Geitau *n* (*der kleinen Segel*).

**cli·ché** ['kli:ʃeı; *Am.* kli:'ʃeı] *s* **1.** *print.* Kli'schee *n*, Druckstock *m*. **2.** *fig.* Kli'schee *n*, Gemeinplatz *m*, abgedroschene Phrase *od.* Sache. **cli·chéd** ['kli:ʃeıd; *Am.* kli:'ʃeıd] *adj* kli'scheehaft.

**click** [klık] **I** *s* **1.** Klicken *n*, Knipsen *n*, Knacken *n*, Ticken *n.* **2.** Einschnappen *n* (*der Türklinke etc*). **3.** Schnappvorrichtung *f.* **4.** *tech.* a) Sperrklinke *f*, -vorrichtung *f*: ~ spring Sperrfeder *f*, b) *electr.* Schaltklinke *f.* **5.** a) *ling.* Schnalzlaut *m*, b) Schnalzer *m* (*mit der Zunge*). **6.** *Ringen*: Beinausheber *m.* **II** *v/i* **7.** klicken, knacken, ticken. **8.** (*mit der Zunge*) schnalzen. **9.** klappern. **10.** zu-, einschnappen (*Klinke, Schloß*): to ~ into place a) einrasten, b) *fig.* sein (richtiges) Plätzchen finden; to ~ shut ins Schloß fallen (*Tür etc*). **11.** *colloq.* über'einstimmen (with mit). **12.** it ~ed when I heard her name *colloq.* bei mir ,klingelte' es. **13.** *colloq.* einschlagen, Erfolg haben (with bei). **14.** *colloq.* a) so'fort Gefallen anein'ander finden, b) sich so'fort ineinander ,verknallen' (*verlieben*): they ~ed (with each other) as soon as they met bei ihnen ,funkte' es vom ersten Augenblick an. **III** *v/t* **15.** klicken *od.* knacken *od.* einschnappen lassen: to ~ the door (to) die Tür zuklinken; to ~ one's heels die Hacken zs.-schlagen. **16.** to ~ glasses anstoßen. **17.** schnalzen mit (*der Zunge*). **'~·clack** *s* Klippklapp *n*.

**click·er** ['klıkə(r)] *s* **1.** Ausstanzer *m* (*von Schuhoberteilen etc*). **2.** *print.* Met'teur *m.*

**cli·ent** ['klaıənt] *s* **1.** *jur.* Kli'ent(in), Man'dant(in) (*e-s Anwalts*). **2.** Kunde *m*, Kundin *f*, Auftraggeber(in). **3.** Abhängige(r *m*) *f*, Va'sall *m.* **4.** a. ~ state *pol.* abhängiger Staat. **'cli·ent·age** *s* → clientele. **'cli·en·tele** *f.* Kli'entschaft *f*. **cli·en·tele** [ˌkliːɑ:n'tel; *Am.* ˌklaıən'tel; ˌkliːɒn-] *s* **1.** Klien'tel *f*, Kli'enten(kreis *m*) *pl* (*e-s Anwalts*). **2.** Pati'enten(kreis *m*) *pl* (*e-s Arztes*). **3.** *econ.* Kunden(kreis *m*) *pl*, Kundschaft *f*. **4.** Gefolgschaft *f*.

**cliff** [klıf] *s* **1.** Klippe *f*, Felsen *m.* **2.** steiler Abhang, (Fels)Wand *f*. **~ dwell·er** *s* **1.** Felsenbewohner *m* (*Vorfahre der Puebloindianer*). **2.** *Am. sl.* Bewohner(in) e-r 'Mietska,serne. **~ dwell·ing** *s* **1.** Felsenwohnung *f*. **2.** *Am. sl.* 'Mietska,serne *f.* **'~·hang** *v/i irr* in der Schwebe sein. **'~·hang·er** *s* a) spannender 'Fortsetzungsro,man (*der immer im spannendsten Moment aufhört*), b) Rundfunk, TV: spannender Mehrteiler. **2.** *fig.* spannende Sache: the election was a ~ die Wahl war spannend bis zum Schluß. **'~·hang·ing** *adj* spannend.

**cliff·y** ['klıfı] *adj* felsig, steil, schroff.

**cli·mac·ter·ic** [klaı'mæktərık; ˌklaımæk-'terık] **I** *adj* (*adv* ~ally) **1.** *physiol.* klimak'terisch. **2.** entscheidend, kritisch. **3.** → climactic. **II** *s* **4.** entscheidende *od.* kritische Zeit. **5.** *physiol.* Klimak'terium *n*,

Wechseljahre *pl*, kritisches Alter. ‚cli-mac'ter·i·cal → climacteric 1 *u*. 2.
cli·mac·tic [klaɪ'mæktɪk] *adj* sich steigernd, sich zuspitzend.
cli·mate ['klaɪmɪt] *s* 1. Klima *n*. 2. Himmelsstrich *m*, Gegend *f*. 3. *fig*. Klima *n*, Atmo'sphäre *f*: ~ of opinion(s) herrschende Ansichten; ~ of the workplace Arbeitsklima. cli'mat·ic [-'mætɪk] *adj* (*adv* ~ally) kli'matisch, Klima... ‚cli-ma·to'log·ic [-mətə'lɒdʒɪk; *Am*. -'lɑ-] *adj*; ‚cli·ma·to'log·i·cal *adj* (*adv* ~ly) klimato'logisch. ‚cli·ma'tol·o·gist [-mə'tɒlədʒɪst; *Am*. -'tɑ-] *s* Klimato'loge *m*. ‚cli·ma'tol·o·gy *s* Klimatolo'gie *f*, Klimakunde *f*. ‚cli·ma'tom·e·ter [-mə'tɒmətər] *s* Klimato-'meter *n* (*Instrument zur Messung der Temperaturschwankungen*).
cli·max ['klaɪmæks] **I** *s* 1. *Rhetorik*: Klimax *f*, Steigerung *f*. 2. Gipfel *m*, Höhepunkt *m*: to reach a ~ e-n Höhepunkt erreichen. 3. *physiol*. Höhepunkt *m*, Or'gasmus *m*. **II** *v/t* 4. steigern, auf den Höhepunkt bringen. 5. *Laufbahn etc* krönen: to ~ one's career. **III** *v/i* 6. sich steigern. 7. den Höhepunkt erreichen.
climb [klaɪm] **I** *s* 1. Aufstieg *m* (*a. fig.*), Besteigung *f*. 2. 'Kletterpar‚tie *f*, Berg-, Klettertour *f*. 3. *aer*. Steigen *n*, Steigflug *m*: rate of ~ Steiggeschwindigkeit *f*. 4. *mot*. Berg'auffahrt *f*. **II** *v/i* 5. klettern: to ~ up (down) a tree auf e-n Baum klettern (von e-m Baum herunterklettern). 6. (auf-, em'por)steigen (*a. Rauch etc*), sich emporarbeiten (*a. fig.*). 7. (an-)steigen (*Straße, Weg*). 8. *bot*. klettern, sich hin'aufranken. 9. (hoch)klettern (*Preise etc*). **III** *v/t* 10. er-, besteigen, erklettern, klettern auf (*acc*).
*Verbindungen mit Adverbien*:
climb| down *v/i* 1. hin'unter-, her-'untersteigen, -klettern. 2. *colloq*. klein beigeben, e-n Rückzieher machen. ~ up *v/t* hin'auf-, her'aufsteigen.
climb·a·ble ['klaɪməbl] *adj* ersteigbar.
‚climb|-and-'dive in·di·ca·tor → climb indicator. '~down *s colloq*. ‚Rückzieher' *m*, Nachgeben *n*.
climb·er ['klaɪmə(r)] *s* 1. Kletterer *m* (*a. Radrennfahrer*), *engS*. Bergsteiger *m*: a good ~ ein guter Bergsteiger *od*. Kletterer. b) *mot*. ein bergfreudiger Wagen. 2. *bot*. Schling-, Kletterpflanze *f*. 3. *orn*. Klettervogel *m*. 4. Steigeisen *n*. 5. → social climber.
climb in·di·ca·tor *s aer*. Stato'skop *n*.
climb·ing|a·bil·i·ty [klaɪmɪŋ] *s* 1. *aer*. Steigvermögen *n*. 2. *mot*. Steigfähigkeit *f*. ~ i·ron *s* Steigeisen *n*. ~ rose *s bot*. Kletterrose *f*.
climb mill·ing *s tech*. Gleichlauffräsen *n*.
clime [klaɪm] *s poet*. 1. Gegend *f*, Landstrich *m*: to seek milder ~s Gegenden mit milderem Klima aufsuchen. 2. *fig*. Gebiet *n*, Sphäre *f*.
clinch [klɪntʃ] **I** *v/t* 1. (vollends) entscheiden: to ~ the game; that ~ed it damit war die Sache entschieden; to ~ the argument den Streit für sich entscheiden; to ~ s.o.'s suspicion j-s Verdacht endgültig bestätigen. 2. *tech*. a) sicher befestigen, b) (ver)nieten, c) *Nagel etc* stauchen. 3. *mar*. Tau mit Ankerstich befestigen. 4. *Boxen*: um'klammern. **II** *v/i* 5. *Boxen*: clinchen, in den Clinch gehen. **III** *s* 6. *tech*. a) Vernietung *f*, Niet *m*, b) Haspe *f*. 7. fester Halt (*a. fig.*). 8. Griff *m*. 9. *Boxen*: Clinch *m* (*a. sl. Umarmung*). 10. *mar*. Ankerstich *m*.
clinch·er ['klɪntʃə(r)] *s* 1. *tech*. a) Klammer *f*, Klampe *f*, b) Niet(nagel) *m*. 2. *colloq*. a) entscheidendes Argu'ment, Trumpf *m*, b) entscheidender 'Umstand:

that's the ~ damit ist der Fall erledigt *od*. die Sache entschieden. '~built → clinker-built. ~ rim *s tech*. Wulstfelge *f*. ~ tire, *bes*. *Br*. ~ tyre *s tech*. Wulstreifen *m*.
clinch nail *s tech*. Niet(nagel) *m*.
cline [klaɪn] *s biol*. Ableitung *f*, Progressi'on *f* (*Fortschrittslinie e-s Verwandtschaftsmerkmals*).
cling [klɪŋ] *v/i* pret *u*. *pp* clung [klʌŋ] 1. (fest) haften, kleben (to an *dat*): to ~ together aneinanderhaften, -hängen, zs.-halten (*a. fig.*); the wet dress clung to her body klebte ihr am Leib. 2. *a. fig*. (to) hängen (an *dat*), anhaften (*dat*): the smell clung to his clothes der Geruch setzte sich in s-r Kleidung fest; the nickname clung to him der Spitzname haftete ihm an *od*. blieb an ihm hängen. 3. *a. fig*. (to) sich klammern (an *e-e Sache*, *j-n*, *e-e Hoffnung etc*), festhalten (an *e-r Meinung, Sitte etc*): to ~ to a hope (an opinion, a custom); to ~ to the text sich eng an den Text halten, am Text ‚kleben'. 4. sich anschmiegen (to an *acc*). ~ film *s* Frischhaltefolie *f*. '~stone **I** *s* 1. am Fleisch haftender (*Pfirsich*)Stein. 2. Pfirsich *m* mit haftendem Stein. **II** *adj* 3. mit haftendem Stein.
cling·y ['klɪŋɪ] *adj* 1. haftend. 2. zäh, klebrig.
clin·ic ['klɪnɪk] **I** *s* 1. *allg*. Klinik *f*, Krankenhaus *n*. 2. a) Klinik *f*, Universi-'tätskrankenhaus *n*, b) Klinikum *n*, klinischer 'Unterricht. 3. Poliklinik *f*, Ambu'lanz *f*. 4. *relig*. *hist*. auf dem Sterbebett Getaufte(r *m*) *f*. **II** *adj* → clinical.
clin·i·cal ['klɪnɪkl] *adj* (*adv* ~ly) 1. *med*. *allg*. klinisch: ~ death; ~ diagnosis; ~ instruction Unterweisung *f* (der Studenten) am Krankenbett; ~ thermometer Fieberthermometer *n*; to do one's ~ clerkship sein Klinikum machen. 2. *fig*. nüchtern (*a. Einrichtung etc*), kühl analy-'sierend. 3. *relig*. am Kranken- *od*. Sterbebett gespendet (*Sakrament*): ~ baptism Taufe *f* am Sterbebett.
clin·i·car ['klɪnɪkɑː(r)] *s* Notarztwagen *m*.
cli·ni·cian [klɪ'nɪʃn] *s* Kliniker *m*.
clink[1] [klɪŋk] **I** *v/i* klingen, klimpern, klirren. **II** *v/t* klingen *od*. klirren lassen: to ~ glasses (mit den Gläsern) anstoßen. **III** *s* Klingen *n*, Klimpern *n*, Klirren *n*.
clink[2] [klɪŋk] *s sl*. ‚Kittchen' *n*: in ~ im ‚Knast'.
clink·er[1] ['klɪŋkə(r)] *s* 1. Klinker(stein) *m*, Hartziegel *m*. 2. verglaster Backstein. 3. Schlacke *f*. 4. sich bei der Härtung von Stahl bildende Kruste.
clink·er[2] ['klɪŋkə(r)] *s bes*. *Am*. *sl*. a) Schnitzer *m*, ‚Patzer' *m* (*Fehler*), b) ‚Pleite' *f* (*Mißerfolg*).
clink·er| brick → clinker[1] 1. '~built *adj mar*. klinkergebaut.
clink·ing ['klɪŋkɪŋ] *adj u. adv sl*. ‚prima', ‚Klasse', e'norm.
cli·noid pro·cess ['klaɪnɔɪd] *s anat*. Sattelfortsatz *m*.
cli·nom·eter [klaɪ'nɒmɪtə; *Am*. -'nɑːmətər] *s* 1. Klino'meter *n*, Neigungsmesser *m*. 2. *math*. Winkelmesser *m*. 3. *mil*. 'Winkelqua‚drant *m*.
clin·quant ['klɪŋkənt] **I** *adj* goldflimmernd. **II** *s* Flitter(gold *n*) *m*.
Cli·o ['klaɪəʊ] *pl* -os *s* Clio *f* (*alljährlich verliehene Statuette für die beste Werbespotproduktion, die beste schauspielerische Leistung in e-m Werbespot etc im amerikanischen Fernsehen*).
clip[1] [klɪp] *v/t* 1. (be)schneiden, stutzen (*a. fig.*): to ~ a hedge; to ~ s.o.'s wings *fig*. j-m die Flügel stutzen. 2. *fig*. kürzen, beschneiden: to ~ s.o.'s power; to ~ wages. 3. *a*. ~ off abschneiden: he ~ped three seconds off the record *sport* *od*. verbesserte den Rekord um 3 Sekunden

4. *aus der Zeitung* ausschneiden. 5. *Haare* schneiden. 6. *Schaf etc* scheren. 7. *Wolle* beim Scheren abwerfen (*Schaf*). 8. *Münze* beschneiden. 9. *Silben* verschlucken, *Worte* verstümmeln: ~ped speech knappe *od*. schneidige Sprechweise. 10. *colloq*. j-m e-n Schlag ‚verpassen'. 11. *sl*. a) j-n ‚erleichtern' (for um *Geld*), b) j-n ‚neppen'. 12. *Fahrkarte etc* lochen. **II** *v/i* 13. schneiden. 14. *colloq*. ‚sausen', (da'hin)jagen. **III** *s* 15. (Be)Schneiden *n*, Stutzen *n*. 16. Haarschnitt *m*. 17. Schur *f*. 18. Wollertrag *m* (*e-r Schur*). 19. Ausschnitt *m*. 20. *pl, a*. pair of ~s (Faust)Schlag *m*. 21. *colloq*. (Faust)Schlag *m*. 22. *colloq*. (hohes) Tempo: to go at a good ~ einen ziemlichen ‚Zahn drauf haben'.
clip[2] [klɪp] **I** *v/t* 1. festhalten, mit festem Griff packen. 2. *a*. ~ on befestigen, anklammern. 3. *American Football*: *Gegner* (regelwidrig) von hinten zu Fall bringen. 4. *obs. od. dial*. um'fassen, um'armen. **II** *s* 5. (Heft-, Bü'ro- *etc*)Klammer *f*, Klipp *m*, Spange *f*. 6. *tech*. a) Klammer *f*, Lasche *f*, b) Kluppe *f*, c) Schelle *f*, Bügel *m*. 7. *electr*. Halterung *f*, Clip *m*. 8. *mil*. a) Pa'tronenrahmen *m*, b) Ladestreifen *m*.
clip joint *s sl*. ‚Nepplo‚kal' *n*.
clip·per ['klɪpə(r)] *s* 1. (*Tier*)Scherer *m*. 2. *pl, a*. pair of ~s (*Nagel- etc*)Schere *f*, 'Haarschneidema‚schine *f*. 3. Renner *m*, schnelles Pferd. 4. *mar. bes. hist*. Klipper *m* (*Schnellsegler*). ~ cir·cuit *s* TV Clipper *m*, Ampli'tudensepa‚rator *m*.
clip·pie ['klɪpɪ] *s Br. colloq*. (Bus)Schaffnerin *f*.
clip·ping ['klɪpɪŋ] **I** *s* 1. (Be)Schneiden *n*, Stutzen *n*. 2. Schur *f*. 3. *bes. Am*. (Zeitungs)Ausschnitt *m*: ~ bureau Zeitungsausschnittbüro *n*. 4. *meist pl* Schnitzel *pl*, Abfälle *pl*. **II** *adj* 5. *colloq*. schnell: a ~ pace ein scharfes *od*. hohes Tempo.
clique [kliːk; klɪk] *s* Clique *f*, Klüngel *m*. 'cli·quey, 'cli·quish → cliquy. 'cli·quism *s* Cliquenwesen *n*. 'cli·quy *adj* cliquenbildend, cliquenhaft.
clit [klɪt] *s anat. colloq*. Kitzler *m*.
cli·to·ris ['klɪtərɪs; 'klaɪ-] *s anat*. Klitoris *f*, Kitzler *m*.
clo·a·ca [kləʊ'eɪkə] *pl* -cae [-kiː] *s* 1. Klo'ake *f*: a) 'Abzugska‚nal *m*, Senkgrube *f*, b) *anat. zo*. Endabschnitt des *Darmkanals*, c) *fig*. mo'ralischer Sumpf, Pfuhl *m*. 2. A'bort *m*. clo'a·cal *adj* Kloaken..., klo'akenhaft.
cloak [kləʊk] **I** *s* 1. (loser) Mantel, Cape *n*, 'Umhang *m*. 2. *fig*. Deckmantel *m*: the ~ of secrecy der Schleier des Geheimnisses; under the ~ of unter dem Deckmantel *od*. Vorwand (gen), im Schutz (*der Nacht etc*). 3. *zo*. Mantel *m* (*der Weichtiere*). **II** *v/t* 4. (wie) mit e-m Mantel bedecken *od*. einhüllen. 5. *fig*. bemänteln, verhüllen. '~and-'dag·ger *adj* 1. Mantel-u.-Degen-...: ~ drama. 2. Spionage... '~and-'sword *adj* 'abenteuer-lich-ro'mantisch: ~ play. '~room *s* 1. Garde'robe(nraum *m*) *f*, Kleiderablage *f*: ~ attendant Garderobenfrau *f*; ~ ticket (*bes. Am. check*) Garderobenmarke *f*, -zettel *m*. 2. *Br. euphem*. Toi'lette *f*.
clob·ber[1] ['klɒbə; *Am*. 'klɑbər] *s* 1. Lederpaste *f*. 2. *Br. sl*. a) ‚Kla'motten' *pl* (*Kleider*), b) ‚Kla'motten' *pl*, ‚Plunder' *m*, ‚Kram' *m*.
clob·ber[2] ['klɒbə; *Am*. 'klɑbər] *v/t sl*. 1. zs.-schlagen, ‚fertigmachen' (*a. fig.*). 2. *sport* ‚über'fahren', ‚vernaschen' (*hoch besiegen*).
cloche [kləʊʃ; *Br. a*. klɒʃ; *Am. a*. klɑʃ; klɔːʃ] *s* 1. Glasglocke *f* (*für Pflanzen*). 2. *hist*. Glocke *f* (*Damenhut*).
clock[1] [klɒk; *Am*. klɑk] **I** *s* 1. (Wand-,

Turm-, Stand)Uhr *f*: **(a)round the ~**
a) rund um die Uhr, vierundzwanzig
Stunden (lang), b) *fig.* ununterbrochen;
**five o'** fünf Uhr; **to know what o'~ it is**
a) wissen, wieviel Uhr es ist, b) *fig.*
wissen, wieviel es geschlagen hat; **to put**
(*od.* **turn**) **the ~ back** *fig.* das Rad der
Zeit zurückdrehen. **2.** *colloq.* a) Kon-
'troll-, Stoppuhr *f*, b) Fahrpreisanzeiger
*m* (*Taxi*). **3.** *colloq.* Pusteblume *f* (*Frucht-
stand des Löwenzahns*). **4.** *Br. sl.* ‚Vi'sage'
*f*, ‚Fresse' *f* (*Gesicht*). **II** *v/t* **5.** *bes. sport*
a) (ab)stoppen, die Zeit (*e-s Läufers etc*)
nehmen, b) *a.* **~ up** *e-e* Zeit erreichen (**for**
über *e-e Distanz*). **6.** *Arbeitszeit an der
Stechuhr, Geschwindigkeit, Zahlen etc* re-
gi'strieren. **7.** **~ up** *Geschwindigkeit,
Strecke* fahren. **8.** **~ up** *colloq.* a) *Erfolg*
verbuchen, b) *Schulden* machen. **9. to ~**
**s.o. one** *Br. sl.* j-m *e-e* ‚scheuern' *od.*
‚kleben'. **III** *v/i* **10. to ~ in** (*od.* **on**)
einstempeln; **to ~ out** (*od.* **off**) ausstem-
peln.

**clock²** [klɒk; *Am.* klɑk] *s* eingewebte *od.*
eingestickte Verzierung (*am Strumpf*).

**clock| card** *s* Stechkarte *f*. **~ cy·cle** *s*
Taktzyklus *m* (*e-r Rechenmaschine*).
‚**~·face** *s* Zifferblatt *n*. **~ gen·er·a·tor** *s*
*Rechenmaschine*: 'Takt,pulsgeber *m*. **~**
**hour** *s* volle Stunde. ‚**~·mak·er** *s* Uhr-
macher *m*. ‚**~·ra·di·o** *s* Radiowecker *m*. **~**
**watch** *s* Taschenuhr *f* mit Schlagwerk. **~**
**watch·er** *s* *colloq.*: **to be a ~** bei der
Arbeit immer wieder auf die Uhr sehen.
‚**~·wise** *adj* im Uhrzeigersinn, rechtsläu-
fig, Rechts...: **~ rotation.** ‚**~·work** *s* *tech.*
Lauf-, Gehwerk *n*, *a. fig.* Uhr-, Räder-
werk *n*: **~ fuse** *mil.* Uhrwerkszünder *m*; **~**
**toy** Spielzeug *n* zum Aufziehen, mecha-
nisches Spielzeug; **like ~** a) wie am
Schnürchen, wie ‚geschmiert', b) (pünkt-
lich) wie die Uhr.

**clod** [klɒd; *Am.* klɑd] *s* **1.** Klumpen *m*.
**2.** Erdklumpen *m*, Scholle *f*. **3.** *fig.* Kör-
per *m* (*Ggs. Seele*). **4.** Dummkopf *m*,
Trottel *m*. **5.** Teil *m, n* der Rindsschulter.
‚**clod·dish**, ‚**clod·dy** *adj* klumpig.
‚**clod**|**hop·per** *s* **1.** *colloq.* a) ‚Bauer' *m*,
ungehobelter Kerl, b) Tolpatsch *m*. **2.** *pl*
schwere, klobige Schuhe *pl*. ‚**~·hop·**
**ping** *adj* *colloq.* ungehobelt. ‚**~·pate**,
‚**~·poll** [-pəʊl] → clod 4.

**clog** [klɒg; *Am.* klɑg] **I** *s* **1.** (Holz)Klotz *m*.
**2.** *fig.* Hemmschuh *m*, Hemmnis *n*, Klotz
*m* am Bein. **3.** fester Arbeitsschuh mit
Holzsohle, Holzschuh *m*, Pan'tine *f*.
**4.** *tech.* Verstopfung *f*. **5.** → clog dance.
**II** *v/t* **6.** (be)hindern, hemmen, belasten.
**7.** *a.* **~ up** verstopfen. **8.** *Schuhe* mit
Holzsohlen versehen. **III** *v/i* **9.** sich ver-
stopfen. **10.** klumpig werden, sich zs.-
ballen. **11.** *Fußball: colloq.* ‚holzen'. **~**
**dance** *s* Holzschuhtanz *m*.

**cloi·son·né** [klwɑː'zɒneɪ; *Am.* ˌklɔɪzn'eɪ]
**I** *s a.* **~ enamel** Cloison'né *n*, Gold-
zellenschmelz *m*. **II** *adj* Cloisonné...

**clois·ter** ['klɔɪstə(r)] **I** *s* **1.** Kloster *n*.
**2.** *arch.* a) Kreuzgang *m*, b) gedeckter
(Säulen)Gang (*um e-n Hof*), Ar'kade *f*.
**II** *v/t* **3.** in ein Kloster stecken. **4.** *fig.* (*a.
o.s.* sich) von der Welt abschließen, ein-
sperren. ‚**clois·tered** *adj* **1.** *arch.* mit
e-m Kreuzgang (versehen). **2.** *fig.* a) ein-
sam, zu'rückgezogen, klösterlich, b)
weltfremd.

**clois·tral** ['klɔɪstrəl] *adj* klösterlich,
Kloster...

**clon** [klɒn; kləʊn], **clone** [kləʊn] *biol.* **I** *s* Klon *m* (*durch
ungeschlechtliche Fortpflanzung entstan-
dener erbgleicher Stamm*). **II** *v/t* klonen.

**clon·ic** ['klɒnɪk; *Am.* 'klɑ-] *adj* *med.* klo-
nisch: **~ spasm** → clonus.

**clonk** [klɒŋk; *Am. a.* klɑŋk] **I** *v/i*
**1.** plumpsen. **II** *v/t* *colloq.* j-n schla-

gen. **III** *s* **3.** Plumps *m*. **4.** *colloq.*
Schlag *m*.

**clo·nus** ['kləʊnəs] *s* *med.* Klonus *m*,
Schüttelkrampf *m*.

**cloot** [kluːt] *s* *bes. Scot.* **1.** a) Zehe *f* (*e-s
gespaltenen Hufes*), b) Huf *m*. **2.** **C~s** *pl*
(*als sg konstruiert*) → Clootie. '**Cloot·ie**
[-tɪ] *s* *bes. Scot.* (Ritter *m* mit dem)
Pferdefuß *m*, Teufel *m*.

**clop** [klɒp; *Am.* klɑp] **I** *v/i* trappeln. **II** *s*
Getrappel *n*.

**close I** *adj* [kləʊs] (*adv* → **closely**) **1.** ver-,
geschlossen, (*nur pred*) zu. **2.** *obs.* von
Mauern *etc* um'geben. **3.** zu'rückgezo-
gen, abgeschieden. **4.** verborgen, geheim.
**5.** dumpf, schwül, stickig, drückend: **~**
**atmosphere. 6.** *fig.* verschlossen,
-schwiegen, zu'rückhaltend. **7.** geizig,
knauserig. **8.** knapp, beschränkt: **~**
**money is ~** das Geld ist knapp. **9.** nicht
zugänglich, nicht öffentlich, geschlos-
sen. **10.** dicht, fest: **~ texture. 11.** eng,
(dicht)gedrängt: **~ handwriting** enge
Schrift. **12.** knapp, kurz, bündig: **~ style.**
**13.** kurz (*Haar*). **14.** eng(anliegend): **~**
**dress. 15.** (*wort*)getreu, genau: **~ trans-**
**lation. 16.** stark: **~ resemblance. 17.**
nah, dicht: **~ combat** *mil.* Nahkampf *m*;
**~ fight** Handgemenge *n*, *weitS.* zähes
Ringen, harter Kampf; **~ proximity**
nächste Nähe; **~ together** dicht bei-
einander; **~ to** a) nahe *od.* dicht bei, b)
(*zeitlich*) dicht vor (*dat*), nahe (*dat*), c) *fig.*
(*j-m*) nahestehend, vertraut mit, d) *fig.*
eng verwandt *od.* verbunden mit; **~ to**
**tears** den Tränen nahe; **a speed ~ to**
**that of sound** *e-e* Geschwindigkeit, die
dicht an die Schallgrenze herankommt.
**18.** eng, vertraut: **~ friends; he was a ~**
**friend of mine** wir waren eng befreun-
det. **19.** nah: **~ relatives. 20.** *fig.* knapp:
→ **shave** 11, **squeak** 8, **squeeze** 22.
**21.** *fig.* scharf, hart, knapp: **~ victory**
knapper Sieg; **~ election** knapper Wahl-
ausgang; **~ finish** scharfer Endkampf.
**22.** gespannt: **~ attention. 23.** gründlich,
eingehend, scharf, genau: **~ investiga-**
**tion** gründliche *od.* eingehende Unter-
suchung; **~ observer** scharfer Beobach-
ter; **~ questioning** strenges Verhör. **24.**
streng, scharf: **~ arrest** strenge Haft; **~**
**prisoner** streng bewachter Gefangener;
**in ~ custody** unter scharfer Bewachung;
**to keep a ~ watch on** scharf im Auge
behalten (*acc*). **25.** streng, logisch, lücken-
los (*Beweisführung etc*): **~ reasoning. 26.**
*ling.* geschlossen: **~ sound; ~ syllable;**
→ **punctuation I. 27.** *mus.* eng: **~**
**harmony** enger Satz.

**II** *adv* [kləʊs] **28.** eng, nahe, dicht: **~ by**
a) nahe *od.* dicht dabei, ganz in der Nähe,
b) nahe *od.* dicht bei, neben (*dat*); **~ at**
**hand** nahe bevorstehend; **~ on two hun-**
**dred** fast *od.* annähernd zweihundert; **to**
**fly ~ to the ground** dicht am Boden
fliegen; **to come ~ to** *fig.* dicht heran-
kommen *od.* -reichen an (*acc*), fast ...
sein; **to cut ~** ganz kurz schneiden; **to**
**keep ~** in der Nähe bleiben; **to lie** (*od.*
**keep**) **~** sich verborgen halten; **to press**
**s.o. ~** j-n hart bedrängen; **to run s.o. ~**
j-m dicht auf den Fersen sein; **if you**
**look ~r** wenn du näher *od.* genauer
hinsiehst.

**III** *s* [kləʊz] **29.** (Ab)Schluß *m*, Ende *n*:
**to come** (*od.* **draw**) **to a ~** sich dem Ende
nähern. **30.** Schlußwort *n*. **31.** Brief-
schluß *m*. **32.** *mus.* Ka'denz *f*, Schluß(fall)
*m*. **33.** Handgemenge *n*, Kampf *m*. **34.**
[kləʊs] *Br.* a) Einfriedung *f*, Hof *m* (*e-r
Kirche, Schule etc*), b) Gehege *n*, c) *jur.*
(eingefriedetes) Grundstück: → **breach**
*Bes. Redew.* **35.** [kləʊs] *Br.* (kurze, um-
'baute) Sackgasse. **36.** [kləʊs] *Scot.*
'Haus,durchgang *m* zum Hof.

**IV** *v/t* [kləʊz] **37.** (ab-, ver-, zu)schlie-
ßen, zumachen: → **closed**, **door** *Bes.
Redew.*, **eye** 1, **gap** 6, **heart** *Bes. Redew.*,
**mind** 2, **rank¹** 7. **38.** verstopfen: **to ~ a**
**hole. 39.** *e-n Betrieb, colloq.* schließen. **40.** *ein Gelände, e-e Straße*
(ab)sperren: **to ~ a road to traffic** *e-e*
Straße für den Verkehr sperren. **41.** *die*
*Hand* schließen, *die Faust* ballen. **42.** *die
Sicht* versperren: **to ~ the view.**
**43.** *electr.* den Stromkreis schließen.
**44.** *fig.* beenden, be-, abschließen: **to ~ a**
**career** (**debate, speech, war**, *etc*); **to ~**
**the court** *jur.* die Verhandlung schlie-
ßen; **to ~ an issue** *e-e* (strittige) Sache
erledigen; **to ~ a procession** *e-n* Zug
beschließen; **to ~ one's days** *s-e* Tage
beschließen (*sterben*). **45.** *econ.* ein Konto,
*e-e* Rechnung abschließen: **to ~ an ac-**
**count**; → **book** 9. **46.** *e-n Handel, ein
Geschäft* abschließen: **to ~ a bargain.**
**47.** *e-e Strecke* zu'rücklegen: **to ~ a**
**distance. 48.** *mar.* näher her'angehen an
(*acc*): **to ~ the wind** an den Wind gehen.
**49.** *econ. Am.* → **close out** 2.

**V** *v/i* [kləʊz] **50.** *a.* (sich) schließen (*a.
Lücke, Wunde etc*). **51.** geschlossen wer-
den. **52.** schließen, zumachen: **schools**
**~d for the holiday; the shop ~s at 5**
**o'clock. 53.** enden, aufhören, zu Ende
gehen. **54.** schließen (**with the words**
mit den Worten). **55.** *Börse:* abschließen
(at mit). **56.** her'anrücken, sich nähern:
**to ~ (a)round** (*od.* **about**) **s.o.** j-n ein-
schließen, j-n umzingeln. **57. to ~ with**
**s.o.** mit j-m (handels)einig werden, sich
mit j-m einigen (**on** über *acc*). **58. to ~**
**with s.o.** mit j-m handgemein werden *od.*
anein'andergeraten. **59.** sich verringern
(*Abstand, Strecke*): **the distance ~d.**

*Verbindungen mit Adverbien:*

**close| down I** *v/t* **1.** *ein Geschäft etc*
schließen, aufgeben, *e-n Betrieb* stillegen.
**II** *v/i* **2.** schließen, zumachen, stillgelegt
werden. **3.** *Rundfunk, TV: Br.* das Pro-
'gramm beenden, Sendeschluß haben.
**4.** *fig.* scharf vorgehen (**on**): **to ~**
**on gambling dens. ~ in** *v/i* **1.** sich
her'anarbeiten (**on, upon** an *acc*).
**2.** kürzer werden (*Tage*). **3.** her'einbre-
chen (*Dunkelheit, Nacht*). **~ out** *Am.* **I** *v/t*
**1.** ausschließen. **2.** *econ. Waren etc* (im
Ausverkauf *etc*) abstoßen, verkaufen.
**3.** außer Betrieb stellen, stillegen.
**4.** (plötzlich) beenden. **II** *v/i* **5.** *econ.* e-n
Ausverkauf machen. **~ up I** *v/t* **1.** →
**close** 37–39. **II** *v/t* **2.** *fig.* abschließen, be-
enden, erledigen. **II** *v/i* **3.** → **close down** 2.
**4.** *mil. etc* die Reihen schließen. **5.** auf-
schließen, -rücken (**on** zu).

‚**close|-'bod·ied** *adj* enganliegend (*Klei-
dungsstück*). **~ bor·ough** *s* *Br. hist.*
Wahlbezirk *m* mit engbegrenzter Zahl
von Wahlberechtigten. **~ col·umn** *s* *mil.*
(auf)geschlossene 'Marschko,lonne
(*Fahrzeuge*). **~ com·pa·ny** *s* *econ. Br.* →
**close corporation** 1. **~ cor·po·ra-**
**tion** *s* **1.** *econ. Am.* (Aktien)Gesellschaft
*f* mit geschlossenem Mitgliederkreis
(*entspricht etwa der deutschen GmbH*). **2.**
*fig.* exklu'siver Zirkel. ‚**~-cropped** *adj*
kurzgeschoren.

**closed** [kləʊzd] *adj* **1.** geschlossen (*a.
electr. tech. u. ling.*), *pred* zu: **behind ~**
**doors** hinter verschlossenen Türen; **~**
**circuit** *electr.* geschlossener Stromkreis,
Ruhestromkreis *m*; **~ current** *electr.*
Ruhestrom *m*; **to sit in ~ court** *jur.* unter
Ausschluß der Öffentlichkeit verhan-
deln; → **book** 1. **2.** ge-, versperrt: **~ to**
**vehicles** für Fahrzeuge gesperrt. **3.** ge-
heim: **a ~ file. 4.** geschlossen, exklu'siv: **a**
**~ circle; ~ company** *Br.* → **close**
**corporation** 1; **~ corporation** → **close**
**corporation. 5.** in sich geschlossen,

au'tark: ~ **economy**. '~¬**cir·cuit tel·e·vi·sion** s 'Fernsehüber,tragung f im Kurzschlußverfahren, z. B. Betriebsfernsehen n. '~**door** adj hinter verschlossenen Türen. '~**end fund** s econ. In'vestmentfonds m mit begrenzter Emissi'onshöhe.

'**close-down** s **1.** Schließung f, Stillegung f. **2.** Rundfunk, TV: Sendeschluß m. **closed**| **schol·ar·ship** s ped. univ. Br. nur bestimmten Kandi'daten gewährtes Sti'pendium. ~ **ses·sion** s pol. Sitzung f unter Ausschluß der Öffentlichkeit. ~ **shop** s econ. gewerkschaftspflichtiger Betrieb.

¬**close**|'**fist·ed** adj geizig, knauserig. ¬'**fist·ed·ness** s Geiz m, Knause'rei f. ~ **fit** s **1.** enge Paßform. **2.** tech. Feinpassung f. ¬'**fit·ting** adj enganliegend (Kleidungsstück). ¬'**grained** adj feinkörnig (Holz, Stein etc). ¬'**hauled** adj mar. hart am Wind. ~ **in·ter·val** s mil. Tuchfühlung f. '~**knit** adj fig. eng od. fest zs.-gewachsen, eng verbunden. ¬'**lipped** adj fig. verschlossen, schweigsam. **close·ly** ['kləʊslɪ] adv **1.** genau, eingehend. **2.** scharf, streng. **3.** fest, dicht, eng. **4.** nah. **5.** aus der Nähe.

¬**close**'**mouthed** → close-lipped. **close·ness** ['kləʊsnɪs] s **1.** Nähe f: ~ of relationship enge Beziehung; ~ to life Lebensnähe. **2.** Knappheit f. **3.** Festigkeit f, Dichtheit f. **4.** Genauigkeit f. **5.** Verschwiegenheit f, Verschlossenheit f. **6.** Schwüle f, Stickigkeit f. **7.** Schärfe f, Strenge f. **8.** Geiz m. **close**| **or·der** s mil. geschlossene Ordnung. '~**out** ['kləʊz-] s a. ~ sale Ausverkauf m wegen Geschäftsaufgabe. ~ **quar·ters** s pl **1.** Nahkampf m, Handgemenge n: **to come to** ~ handgemein werden. **2.** Beengtheit f, beengte Lage. **3.** Nähe f, enger Kon'takt: **at** ~ **in** (od. aus) nächster Nähe.

**clos·er** ['kləʊzə(r)] s **1.** Schließer(in). **2.** tech. Verschlußvorrichtung f. **3.** arch. Schlußstein m, Kopfziegel m. **4.** abschließende (Pro'gramm)Nummer.

¬**close**|-'**range** adj aus nächster Nähe, Nah... ~ **sea·son** s hunt. Schonzeit f. **clos·et** ['klɒzɪt; Am. a. 'klɑzət] **I** s **1.** (Wand-, Einbau-, Vorrats)Schrank m. **2.** Kabi'nett n, Gelaß n, Kammer f, Geheimzimmer n: ~ **drama** bes. Am. Lesedrama n. **3.** ('Wasser)Klo,sett n. **II** adj **4.** pri'vat, vertraulich, geheim: ~ **homosexual** (colloq. **queen, queer**) heimlicher Homosexueller od. 'Schwuler'. **5.** Am. theo'retisch, wirklichkeitsfern. **III** v/t **6.** in e-n Raum (zwecks Beratung etc) einschließen: **to be** ~**ed together with s.o.** mit j-m geheime Besprechungen führen. **7.** einschließen, verbergen. **close**| **time** → close season. ¬-'**tongued** → close-lipped. '~**up** s **1.** phot. Film: Nah-, Großaufnahme f. **2.** fig. a) genaue Betrachtung, b) genaues Bild. **clos·ing** | **cer·e·mo·ny** ['kləʊzɪŋ] s bes. sport 'Schlußzeremo,nie f. ~ **date** s letzter Ter'min (**for applicants** für Bewerbungen). ~ **price** s Börse: 'Schlußno,tierung f. ~ **scene** s thea. etc Schlußszene f. ~ **speech** s jur. 'Schlußplädo,yer n. ~ **time** s a) Laden-, Geschäftsschluß m, b) Ende n der Schalterstunden (e-r Bank etc), c) Poli'zeistunde f (e-s Pubs).

**clo·sure** ['kləʊʒə(r)] **I** s **1.** (Zu-, Ver-)Schließen n. **2.** Schließung f, Stillegung f (e-s Betriebs). **3.** Abgeschlossenheit f. **4.** tech. Verschluß(vorrichtung f) m. **5.** Schluß m, Beendigung f (e-r Debatte etc): **to apply** (od. **move**) **the** ~ parl. Br. den Antrag auf Schluß der Debatte (mit anschließender Abstimmung) stellen.

---

**II** v/t **6.** parl. Br. e-e Debatte zum Abschluß bringen.

**clot** [klɒt; Am. klɑt] **I** s **1.** Klumpen m, Klümpchen n: ~ **of blood, blood** ~ med. Blutgerinnsel n. **2.** Br. colloq. Trottel m. **II** v/i **3.** gerinnen. **4.** Klumpen bilden: → clotted.

**cloth** [klɒθ; klɔːθ] **I** pl **cloths** [-θs; -ðz] s **1.** Tuch n, Gewebe n, (engS. Woll)Stoff m: **American** ~ (Art) Wachstuch; ~ **of state** Baldachin m, Thronhimmel m; ~ **coat** 1. **2.** Tuch n, Lappen m. **3.** (Tisch-)Tuch n, (-)Decke f: **to lay the** ~ den Tisch decken. **4.** (bes. geistliche) Tracht: **the** ~ der geistliche Stand, die Geistlichkeit. **5.** mar. a) Segeltuch n, b) Segel pl. **6.** pl thea. Soff'fitten pl. **7.** (Buchbinder)Leinwand f: **bound in** ~, ~**bound** in Leinen (gebunden). **II** adj **8.** aus Tuch, bes. Leinen...: ~ **board** Leinwanddeckel m (e-s Buches); ~ **binding** Leineneinband m. '~**cap** adj Br. colloq. Arbeiterklassen...

**clothe** [kləʊð] pret u. pp **clothed** [kləʊðd] od. **clad** [klæd] v/t **1.** (an-, be)kleiden. **2.** einkleiden, mit Kleidung versehen. **3.** mit Stoff beziehen. **4.** fig. um'hüllen, einhüllen: **mist** ~**d the hills. 5.** in Worte kleiden, fassen.

¬**cloth**-'**eared** adj colloq. schwerhörig. ~ **ears** s pl colloq. Schwerhörigkeit f: **to have** ~ schwerhörig sein. **clothes** [kləʊðz; kləʊz] s pl **1.** Kleider pl, Kleidung f: **a suit of** ~ ein Anzug; **to change one's** ~ sich umziehen; **to put on one's** ~ sich ankleiden od. anziehen; **with one's** ~ **on** (**off**) angezogen (ausgezogen). **2.** Wäsche f: **to wash** ~. **3.** Bettwäsche f. ~ **bas·ket** s Wäschekorb m. ~ **brush** s Kleiderbürste f. ~ **hang·er** s Kleiderbügel m. '~**horse** s **1.** Wäscheständer m. **2.** colloq. a) Modepuppe f, b) Modenarr m. '~**line** s Wäscheleine f. ~ **moth** s zo. **1.** Kleidermotte f. **2.** Pelzmotte f. ~ **peg** s Br., '~**pin** s Am. Wäscheklammer f. '~**press** s Kleiderod. Wäscheschrank m. ~ **tree** s Garde'roben-, Kleiderständer m.

**cloth hall** s hist. Tuchbörse f.

**cloth·ier** ['kləʊðɪə(r); -jə(r)] s 'Tuch-, 'Kleiderfabri,kant m od. -händler m.

**cloth·ing** ['kləʊðɪŋ] s **1.** (Be)Kleidung f: ~ **industry** Bekleidungsindustrie f. **2.** Um'hüllung f, Hülle f, Decke f. **3.** mar. Segel pl, Take'lage f. ~ **wool** s Kratz-, Streichwolle f.

**cloth**| **pa·per** s 'Glanzpa,pier n (zum Appretieren). ~ **wheel** s tech. (mit Tuch überzogenes) Po'lier-, Schmirgelrad. '~**work·er** s Tuchmacher m, -wirker m. ~ **yard** s hist. Tuchelle f.

**clot·ted** ['klɒtɪd; Am. 'klɑ-] adj **1.** geronnen. **2.** klumpig: ~ **cream** (Art) verdickte Sahne; ~ **hair** verklebtes od. verfilztes Haar. '**clot·ting** [-tɪŋ] s **1.** med. (Blut-)Gerinnung f. **2.** Klumpenbildung f. '**clot·ty** adj klumpig.

**clo·ture** ['kləʊtʃər] Am. für closure 5 u. 6.

**clou** [kluː] s Clou m, Höhepunkt m.

**cloud** [klaʊd] **I** s **1.** Wolke f: ~ **of dust** Staubwolke; **to have one's head in the** ~**s** fig. a) in höheren Regionen schweben, b) in Gedanken vertieft sein; **to be on** ~ **nine** colloq. im siebten Himmel schweben; → **silver lining. 2.** Schwarm m, Haufe(n) m: ~ **of insects;** ~ **of electrons** phys. Elektronenwolke, -schwarm; ~ **track** phys. Nebelspur f. **3.** Wolke f (a. in Flüssigkeiten), dunkler Fleck, Fehler m (in Edelsteinen, Holz etc). **4.** (dunkler) Fleck (z. B. auf der Stirn e-s Pferdes). **5.** fig. a) (drohende) Wolke: **the** ~**s of war,** b) Schatten m, Trübung f: **to cast a** ~ **on s.th.** e-n Schatten auf etwas werfen, etwas trüben; **under a** ~ unter

---

dem Schatten e-s Verdachtes, in Verruf, in Ungnade; ~ **on title** jur. (geltend gemachter) Fehler im Besitz. **II** v/t **6.** be-, um'wölken. **7.** Glas etc, a. j-s Verstand, Urteil etc trüben: **to** ~ **the issue** die Sache vernebeln od. unklar machen. **8.** fig. verdunkeln, trüben, e-n Schatten werfen auf (acc): **a** ~**ed future** e-e trübe Zukunft. **9.** Ruf etc beflecken. **10.** ädern, flecken. **11.** tech. a) Seide moi'rieren, b) Stoff, a. Stahl flammen. **III** v/i a. ~ **over 12.** sich bewölken. **13.** sich verdunkeln od. trüben, sich um'wölken (a. fig.). **14.** (sich) beschlagen (Glas). ~ **bank** s Wolkenbank f. '~**built** adj fig. phan'tastisch, unwirklich. '~**burst** s Wolkenbruch m. '~**capped** adj wolkenverhangen, pred in Wolken. ~ **cham·ber** s phys. Nebelkammer f. '~¬**cuck·oo-land** s Wolken'kuckucksheim n. ~ **drift** s **1.** Wolkenzug m. **2.** Verstäuben von Insektenvertilgungsmitteln vom Flugzeug aus. **cloud·ed** ['klaʊdɪd] adj **1.** be-, um'wölkt. **2.** trübe, wolkig (Flüssigkeit). **3.** beschlagen (Glas). **4.** fig. a) düster, trübe, b) um'wölkt, getrübt (Verstand etc). **5.** wolkig (Edelstein). **cloud·i·ness** ['klaʊdɪnɪs] s **1.** Bewölkung f. **2.** tech. Trübung f, Schleier m. '**cloud·ing** s **1.** Wolkigkeit f. **2.** Wolken-, Moi'rémuster n (auf Seidenstoffen). **3.** Um'wölkung f, Trübung f (a. fig.).

'**cloud·land** s **1.** 'Wolkenregi,on f. **2.** Phanta'sieland n. '**cloud·less** adj (adv ~**ly**) **1.** wolkenlos, klar. **2.** fig. ungetrübt. '**cloud·let** [-lɪt] s Wölkchen n.

'**cloud·y** ['klaʊdɪ] adj (adv **cloudily**) **1.** wolkig, bewölkt. **2.** wolkenartig, Wolken... **3.** wolkig (Edelstein etc). **4.** moi'riert (Stoff). **5.** wolkig, trübe (Flüssigkeit). **6.** fig. düster, um'wölkt (Stirn). **7.** fig. nebelhaft, unklar.

**clough** [klʌf] s (Berg)Schlucht f.

**clout** [klaʊt] **I** s **1.** colloq. Schlag m (a. Baseball): **to give s.o. a** ~ j-m eins ,runterhauen' od. ,schmieren'. **2.** Bogenschießen: a) Zentrum n (der Zielscheibe), b) Treffer m. **3.** bes. pol. Am. colloq. Macht f, Einfluß m. **II** v/t **4.** colloq. schlagen, Ball a. ,dreschen': **to** ~ **s.o. one** j-m e-e ,runterhauen' od. ,schmieren'. ~ **nail** s tech. Schuhnagel m.

**clove**[1] [kləʊv] s **1.** (Gewürz)Nelke f. **2.** bot. Gewürznelkenbaum m.

**clove**[2] [kləʊv] s **1.** Brut-, Nebenzwiebel f (des Knoblauchs, Schnittlauchs etc): ~ **of garlic** Knoblauchzehe f. **2.** Teilfrucht f.

**clove**[3] [kləʊv] pret von cleave[1].

**clove**[4] [kləʊv] s Am. (Berg)Schlucht f.

**clove hitch** s mar. Webeleinstek m (Knoten).

**clo·ven** ['kləʊvn] pp von cleave[1]. ~ **foot** s irr → cloven hoof 2. ~ **hoof** s **1.** zo. Huf m der Paarzeher. **2.** Pferdehuf m (des Teufels): **the** ~ fig. der (Ritter mit dem) Pferdefuß, der Teufel; **to show the** ~ den Pferdefuß (od. sein wahres Gesicht) zeigen. ¬-'**hoofed** adj zo. paarzehig. **2.** fig. mit e-m Pferdefuß, teuflisch.

**clove pink** s **1.** bot. (e-e) Gartennelke. **2.** Nelkenrot n.

**clo·ver** ['kləʊvə(r)] s bot. Klee m, bes. Kopf-, Wiesenklee m: **to be** (od. **to live**) **in** ~ wie Gott in Frankreich leben. '~**leaf** s irr **1.** Kleeblatt n. **2.** mot. Kleeblatt n (Autobahnkreuzung). **II** adj **3.** kleeblattförmig: ~ **aerial** (bes. Am. **antenna**) Kleeblattantenne f; ~ **intersection** → cloverleaf 2.

**clown** [klaʊn] **I** s **1.** Clown m, Hans'wurst m, Possenreißer m, Kasper m (alle a. fig.). **2.** contp. 'Bauer' m, ungehobelter Kerl. **3.** obs. Bauer m. **II** v/i **4.** a. ~ **about** (od. **around**) her'umkaspern. '**clown·er·y**

[-ərı] *s* **1.** Clowne'rie *f*, clownisches Benehmen. **2.** Posse *f*. '**clown·ish** *adj* (*adv* ~ly) **1.** clownisch. **2.** ungehobelt.
**cloy** [klɔı] **I** *v/t* **1.** über'sättigen, -'laden. **2.** anwidern. **II** *v/i* **3.** Über'sättigung verursachen. **4.** unangenehm werden. '**cloy·ing** *adj* unangenehm, widerlich.
**club** [klʌb] **I** *s* **1.** Keule *f*, Knüppel *m*, Prügel *m*. **2.** *sport* a) Schlagholz *n*, b) (Golf)Schläger *m*, c) → Indian club. **3.** Klumpen *m*, Knoten *m*. **4.** *hist.* Haarknoten *m* (*der Herren im 18. Jh.*). **5.** *zo.* keulenförmiger Fühler. **6.** a) Klub *m*, Verein *m*, Gesellschaft *f*: *sports* → Sportverein; **to be in the ~** *colloq.* ein Kind ,kriegen'; **to put a girl in the ~** *colloq.* e-m Mädchen ein Kind ,machen'; **join the ~!** *bes. Br. colloq.* du auch?, b) → clubhouse. **7.** *Spielkarten:* a) *pl* Kreuz *n*, Eichel *f (Farbe)*, b) Karte *f* der Kreuzfarbe, c) Kreuzansage *f*. **II** *v/t* **8.** einknüppeln auf (*acc*), (nieder)knüppeln. **9.** zs.-fassen, -ballen. **10.** vereinigen: **to ~ efforts** sich gemeinsam bemühen. **11.** sich teilen in (*acc*), gemeinsam aufkommen für (*Kosten*), Geld *etc* beisteuern *od.* zs.-legen. **III** *v/i* **12.** *meist* **~ together** sich zs.-tun: a) e-n Verein *etc* bilden, b) (Geld) zs.-legen. **13.** sich zs.-ballen. **14.** *oft* **~ down** *mar.* vor schleppendem Anker mit dem Strom treiben (*Schiff*). '**club·(b)a·ble** *adj colloq.* **1.** klubfähig. **2.** gesellig. **clubbed** [klʌbd] *adj* **1.** keulenförmig. **2.** klumpig, Klump... '**club·ber** *s Am.* Klubmitglied *n*. '**club·by** *adj colloq.* gesellig.
**club|car** *s rail. Am.* Sa'lonwagen *m*. **~ chair** *s* Klubsessel *m*. **~ com·pass** *s* Kolbenzirkel *m*. ~'**foot** *s irr med.* Klumpfuß *m*. ~'**foot·ed** *adj* klumpfüßig. **~ grass** → club rush. **2.** '**~house** *s* Klub (-haus *n*) *m*, Vereinshaus *n*. '**~land** *s* Klubviertel *n* (*bes. in London*). '**~man** [-mən] *s irr* **1.** Klubmitglied *n*. **2.** Klubmensch *m*. '**~mo·bile** [-mə͜biːl] *s* Erfrischungswagen *m*, -fahrzeug *n* (*für Arbeiter etc*). **~moss** *s bot.* Bärlapp *m*. **~rush** *s bot.* **1.** Simse *f*. **2.** Breitblättriger Rohrkolben. **~sand·wich** *s bes. Am.* Sandwich *n* (*meist aus drei Lagen Toast, kaltem Geflügel, grünem Salat u. Mayonnaise bestehend*). **~steak** *s gastr.* Clubsteak *n*. **~sus·pen·sion** *s sport* ver'einsin͜terne Sperre. **~swing·ing** *s Gymnastik:* Keulenschwingen *n*.
**cluck** [klʌk] **I** *v/i* **1.** a) gackern, b) glukken. **2.** schnalzen. **3.** ~ **over** *fig.* Inter'esse an (*dat*) *od.* Besorgnis über (*acc*) äußern. **II** *v/t* **4.** gluckend locken (*Henne*). **5.** **to ~ one's tongue** mit der Zunge schnalzen. **III** *s* **6.** a) Gackern *n*, b) Glucken *n*. **7.** Schnalzen *n*. **8.** *Am. sl.* a) Trottel *m*, b) Na'ivling *m*.
**clue** [kluː] **I** *s* **1.** (*to*) 'Hinweis *m* (auf *acc*), Anhaltspunkt *m* (für), Fingerzeig *m*. **2.** Schlüssel *m* (**to** zu *e-m Rätsel etc*): **I haven't a ~** *colloq.* ich hab' keinen Schimmer. **3.** Faden *m* (*e-r Erzählung etc*). **4.** → clew 1, 3, 4. **II** *v/t* **5.** ~ **up** infor'mieren, ins Bild setzen.
**clum·ber (span·iel)** ['klʌmbə(r)] *s zo.* Clumberspaniel *m* (*englischer Jagdhund*).
**clump** [klʌmp] **I** *s* **1.** Büschel *n*. **2.** *bes. Baum- od. Häuser*)Gruppe *f*: **a ~ of trees** e-e Baumgruppe. **3.** (Holz)Klotz *m*, (Erd- *etc*)Klumpen *m*. **4.** Haufen *m*, Masse *f*. **5.** Trampeln *n*. **6.** Trampeln *n*. **7.** Doppelsohle *f*. **8.** *colloq.* Schlag *m*. **9.** *pl* Frage- u. Antwortspiel *n*. **II** *v/i* **10.** trampeln: **to ~ about** (*od.* **around**) a) herumtrampeln, b) herumstapfen. **11.** sich zs.-ballen. **III** *v/t* **12.** zs.-ballen, aufhäufen. **13.** doppelt besohlen. **14.** *colloq.* j-m e-n Schlag ,verpassen'.
**clum·si·ness** ['klʌmzınıs] *s* Plumpheit *f*:

---

a) Ungeschick(lichkeit *f*) *n*, Unbeholfenheit *f*, b) Schwerfälligkeit *f*, c) Taktlosigkeit *f*, d) Unförmigkeit *f*. '**clum·sy** *adj* (*adv* **clumsily**) *allg.* plump: a) ungeschickt, unbeholfen; **~ hands** ungeschickte Hände; **a ~ excuse** e-e plumpe Ausrede; **a ~ forgery** e-e plumpe Fälschung, b) schwerfällig: **a ~ man**; **a ~ style**, c) taktlos: **a ~ joke**, d) unförmig.
**clung** [klʌŋ] *pret u. pp von* cling.
**Clu·ni·ac** ['kluːnıæk] *relig.* **I** *s* Klunia'zenser *m*. **II** *adj* klunia'zensisch.
**Clu·ny lace** ['kluːnı] *s* Clu'nyspitze *f*.
**clu·pe·id** ['kluːpııd] *s ichth.* Hering(sfisch) *m*. '**clu·pe·oid** *adj* heringsartig. **II** *s* heringsartiger Fisch.
**clus·ter** ['klʌstə(r)] **I** *s* **1.** *bot.* Büschel *n*, Traube *f*: **a ~ of grapes** e-e Weintraube. **2.** Haufen *m*, Menge *f*, Schwarm *m*, Anhäufung *f*, Gruppe *f*: **a ~ of bees** ein Bienenschwarm; **a ~ of trees** e-e Baumgruppe. **3.** *astr.* Sternhaufen *m*. **4.** *a. tech.* traubenförmige Anordnung, Bündel *n* (*von Bomben, Lampen etc*). **5.** *mil.* Spange *f* (*am Ordensband*). **II** *v/i* **6.** e-e Gruppe *od.* Gruppen bilden, sich versammeln *od.* scharen *od.* drängen (**round** um). **7.** trauben- *od.* büschelartig wachsen, sich ranken (**round** um). **8.** sich (zs.-)ballen (*Schnee*). **III** *v/t* **9.** in Büscheln sammeln, häufen, bündeln. **10.** mit Büscheln *etc* bedecken. **~ bomb** *s mil.* Streubombe *f*.
'**clus·tered** *adj* **1.** büschel- *od.* traubenförmig, gebündelt. **2.** mit Büscheln bedeckt.
**clus·ter|gear** *s tech.* Zahnradblock *m*. **~ pine** *s bot.* Strandkiefer *f*.
**clutch¹** [klʌtʃ] **I** *v/t* **1.** packen, (er)greifen. **2.** um'klammern, um'krampfen, krampfhaft festhalten: **to ~ to one's breast** an die Brust pressen. **3.** *a. fig.* an sich reißen. **4.** *tech.* kuppeln. **II** *v/i* **5.** ~ **at** (heftig *od.* gierig) greifen nach: → straw 1. **III** *s* **6.** (krampfhafter *od.* gieriger) Griff: **to make a ~ at** → 5. **7.** a) *zo.* Klaue *f*, Kralle *f* (*beide a. fig.*): **to have s.o. (s.th.) in one's ~** j-n (etwas) in s-n Fängen halten, b) *fig.* Hand *f*, Gewalt *f*: **in s.o.'s ~es** in j-s Klauen *od.* Gewalt. **8.** *tech.* a) Greifer *m*, Klaue *f*, b) Kupplungshebel *m*, c) (Ausrück-, Schalt)Kupplung *f*: **to let in** (*od.* **engage**) **the ~** (ein)kuppeln.
**clutch²** [klʌtʃ] *s* **1.** Brut *f* (*junger Hühner*). **2.** Nest *n* (*mit Eiern*), Gelege *n*. **3.** *colloq.* Gruppe *f*, Haufen *m*.
**clutch|cou·pling** *s tech.* Kupplungsgelenk *n*. **~ disk** *s* Kupplungsscheibe *f*. **~ fac·ing**, **~ lin·ing** *s* Kupplungsbelag *m*. **~ ped·al** *s* 'Kupplungspe͜dal *n*.
**clut·ter** ['klʌtə(r)] **I** *v/t* **1.** *a.* ~ **up** (unordentlich) vollstopfen, über'häufen. **2.** durchein'anderwerfen, her'umstreuen. **II** *v/i* **3.** durchein'anderlaufen. **III** *s* **4.** Wirrwarr *m*, Durchein'ander *n*. **5.** Unordnung *f*. **6.** *Radar:* Störflecke *pl*. **7.** Lärm *m*.
**Clydes·dale** ['klaıdzdeıl] *s e-e* Rasse schwerer, ursprünglich schottischer Zugpferde. **~ter·ri·er** *s zo.* Seidenpinscher *m*.
**clyp·e·ate** ['klıpıət; -peıt], '**clyp·e·i·form** [-pııf(r)m] *adj biol.* schildförmig. '**clyp·e·us** [-əs] *pl* **-e·i** [-aı] *s zo.* Kopfschild *m* (*der Insekten*).
**clys·ter** ['klıstə(r)] *med. obs.* **I** *s* Kli'stier *n*, Einlauf *m*. **II** *v/t j-m* e-n Einlauf geben.
**C mi·nus** *s electr.* Minuspol *m* (*e-r Gitterbatterie*).
**coach** [kəʊtʃ] **I** *s* **1.** (*große, geschlossene*) Kutsche: **~ and four** Vierspänner *m*. **2.** *rail. Br.* (Per'sonen)Wagen *m*. **3.** *Br.* Omnibus *m*, *bes.* Reisebus *m*. **4.** *Am.* geschlossenes Auto, Limou'sine *f* (*meist mit zwei Türen*). **5.** *mot.* Karosse'rie *f*. **6.** Einpauker *m*, Nachhilfe-, Hauslehrer

---

*m*. **7.** *sport* Trainer *m*: **football ~**. **8.** *fig.* Lehrmeister *m*. **9.** *Am.* kurzer Leitfaden. **II** *v/t* **10.** *j-m* 'Nachhilfe͜unterricht geben: **to ~ s.o. in s.th.** j-m etwas einpauken, j-n in e-e Sache einarbeiten. **11.** *j-m* Anweisungen geben, *j-n* instru'ieren. **12.** *sport* trai'nieren. **III** *v/i* **13.** in e-r Kutsche reisen, kut'schieren. **14.** a) 'Nachhilfe͜unterricht geben, b) 'Nachhilfe͜unterricht haben (**with** bei). **~ box** *s* Kutschbock *m*, Kutschersitz *m*. '**~build·er** *s* **1.** Stellmacher *m*. **2.** *mot. Br.* Karosse'riebauer *m*. **~ dog** *s zo.* Dalma'tiner *m*.
**coach·ee** ['kəʊtʃiː] *s* Kutscher *m*.
**coach·er** ['kəʊtʃə(r)] *s* **1.** Einpauker *m*. **2.** *sport* Trainer *m*. **3.** Kutschpferd *n*.
**coach|horse** *s* Kutschpferd *n*. **~ house** *s* Wagenschuppen *m*, Re'mise *f*.
**coach·ing** ['kəʊtʃıŋ] *s* **1.** 'Nachhilfe͜unterricht *m*, Einpauken *n*. **2.** Unter'weisung *f*, Anleitung *f*.
'**coach|man** [-mən] *s irr* **1.** Kutscher *m*. **2.** *Angeln:* Kutscher *m* (*künstliche Fliege*). '**~whip** *s* **1.** Kutscherpeitsche *f*. **2.** *zo.* Peitschenschlange *f*. '**~work** *s mot.* Karosse'rie *f*.
**co·ac·tion** [kəʊˈækʃn] *s* **1.** Zs.-wirken *n*. **2.** Zwang *m*. **co·ac·tive** *adj* **1.** zs.-wirkend. **2.** zwingend.
**co·ad·ju·tor** [kəʊˈædʒʊtə(r); *Am. a.* ͜kəʊəˈdʒuːtər] *s* **1.** Gehilfe *m*, Assi'stent *m*. **2.** *relig.* Koad'jutor *m* (*e-s Bischofs*).
**co·ag·u·la·ble** [kəʊˈægjʊləbl] *adj* gerinnbar. **co·ag·u·lant** *s* Koagu'lans *n*, Gerinnungsmittel *n*. **co·ag·u·late** [-leıt] **I** *v/i* gerinnen, koagu'lieren. **II** *v/t* gerinnen lassen. **co·ag·u·la·tion** *s* Gerinnung *f*, Koagulati'on *f*. **co·ag·u·la·tive** [-lətıv; *bes. Am.* -͜leıtıv] *adj* Gerinnung verursachend. **co·ag·u·lum** [-ləm] *pl* **-la** [-lə] *s* **1.** geronnene Masse, Gerinnsel *n*. **2.** Blutgerinsel *n*, -klumpen *m*.
**coal** [kəʊl] *s* **1.** *min.* a) Kohle *f*, b) *engS.* Steinkohle *f*, c) (*ein*) Stück *n* Kohle. **2.** Holzkohle *f*. **3.** (glühendes) Stück Kohle *od.* Holz: **to drop s.o. like hot ~s** *fig.* j-n fallenlassen wie e-e heiße Kartoffel. **4.** *pl Br.* Kohle *f*, Kohlen *pl*, Kohlenvorrat *m*: **to lay in ~s** sich mit Kohlen eindecken; **to carry** (*od.* **take**) **~s to Newcastle** *fig.* Eulen nach Athen tragen; **to haul** (*od.* **drag**) **s.o. over the ~s** *fig.* j-m die Hölle heiß machen; **to heap ~s of fire on s.o.'s head** *fig.* feurige Kohlen auf j-s Haupt sammeln. **5.** *chem.* Schlacke *f*. **II** *v/t* **6.** zu Kohle brennen. **7.** *mar.* bekohlen, mit Kohle versorgen. **III** *v/i* **8.** *mar. rail.* Kohle einnehmen, bunkern. **C~ and Steel Com·mu·ni·ty** *s econ.* Mon'tanuni͜on *f*. **~ bed** *s* Kohlenflöz *n*. '**~bin** *s* **1.** Verschlag *m* (*im Keller*) für Kohlen. **2.** *tech.* Kohlenbunker *m*. ͜~'**black** *adj* kohlschwarz. **~ black·ing** *s* schwarzer Eisenlack. **~ brass** *s geol.* Schwefelkiesminen *pl*.
**coal·er** ['kəʊlə(r)] *s* a) Kohlenschlepper *m*, b) 'Kohlenwag͜gon *m*, -zug *m*.
**co·a·lesce** [͜kəʊəˈles] *v/i* verschmelzen, zs.-wachsen, sich vereinigen *od.* verbinden (*alle a. fig.*). **co·a'les·cence** *s* Verschmelzung *f*, Vereinigung *f*. ͜**co·a'les·cent** *adj* verschmelzend.
'**coal|field** *s* 'Kohlenre͜vier *n*. '**~fish** *s ichth.* **1.** Köhler *m*. **2.** Kerzenfisch *m*. **~ gas** *s* **1.** Kohlengas *n*. **2.** Leuchtgas *n*. **~ heav·er** *s* Kohlenträger *m*.
**coal·ing sta·tion** [ˈkəʊlıŋ] *s mar.* 'Bunker-, 'Kohlenstati͜on *f*.
**co·a·li·tion** [͜kəʊəˈlıʃn] **I** *s* **1.** *pol.* Koaliti'on *f*: **to form a ~** e-e Koalition eingehen *od.* bilden, koalieren. **2.** Bündnis *n*, Zs.-schluß *m*. **II** *adj* **3.** *pol.* Koalitions...: **~ crisis (government,**

partner, *etc*). ˌco·a'li·tion·ist *s* Koalitio'nist *m.*

**coal** | **mas·ter** *s* Besitzer *m od.* Pächter *m* e-s Steinkohlenbergwerks. ~ **meas·ures** *s pl geol.* Kohlengebirge *n.* ~ **mine** *s* Kohlenbergwerk *n,* Kohlengrube *f,* -zeche *f.* ~ **min·er** *s* Grubenarbeiter *m,* Bergmann *m,* -arbeiter *m.* ~ **min·ing** *s* Kohlenbergbau *m.* '**~mouse** *s irr orn.* Tannenmeise *f.* ~ **oil** *s Am.* Pe'troleum *n.* ~ **own·er** → **coal master**. '**~pit** *s* **1.** Kohlengrube *f.* **2.** *Am.* Holzkohlenmeiler *m.* ~ **plant** *s geol.* Pflanzenabdruck *m* in Steinkohlen. ~ **pow·er sta·tion** *s* Kohlekraftwerk *n.* ~ **screen** *s* Kohlensieb *n.* ~ **scut·tle** *s* Kohleneimer *m,* -behälter *m,* -kiste *f.* ~ **seam** *s geol.* Kohlenflöz *n.* ~ **tar** *s* Steinkohlenteer *m.* ~ **tit**(**·mouse**) → **coalmouse**. ~ **wharf** *s mar.* Bunkerkai *m.*

**coam·ing** ['kəʊmɪŋ] *s meist pl mar.* Süll *n,* Lukenkimming *f.*

**co·ap·ta·tion** [ˌkəʊæp'teɪʃn] *s* **1.** Zs.-passen *n* (*von Teilen*). **2.** *med.* Einrichten *n* (*gebrochener Knochenteile*).

**coarse** [kɔː(r)s; *Am. a.* 'kəʊərs] *adj* (*adv* ~**ly**) **1.** *allg.* grob: a) rauh: ~ **skin;** ~ **linen** Grobleinwand *f;* ~ **fare** grobe *od.* einfache Kost, b) grobkörnig: ~ **sand;** ~ **bread** Schrotbrot *n;* ~ **fodder** *agr.* Rauhfutter *n,* c) derb: ~ **face. 2.** grob, ungenau (*adjustment tech.* Grobeinstellung *f.* **3.** *fig.* grob, derb, roh, ungehobelt: **a** ~ **fellow;** ~ **language** derbe Ausdrucksweise; ~ **manners** ungehobeltes Benehmen. **4.** gemein, unanständig. '**~-grained** *adj* **1.** *tech.* a) grobkörnig, b) grobfaserig. **2.** *fig.* rauh, ungehobelt.

**coars·en** ['kɔː(r)sn; *Am. a.* 'kəʊərsn] **I** *v/t* grob machen, vergröbern (*a. fig.*). **II** *v/i* grob werden, sich vergröbern. '**coarse·ness** *s* **1.** Grobheit *f,* grobe Quali'tät. **2.** *fig.* a) Grob-, Derbheit *f,* b) Gemeinheit *f,* Unanständigkeit *f.*

**coast** [kəʊst] **I** *s* **1.** Küste *f,* Gestade *n,* Meeresufer *n:* **the ~ is clear** *fig.* die Luft ist rein. **2.** Küstenlandstrich *m.* **3. the C~** *Am.* die (Pa'zifik)Küste. **4.** *Am.* a) Rodelbahn *f,* b) (Rodel)Abfahrt *f.* **II** *v/i* **5.** *mar.* a) die Küste entlangfahren, b) Küstenschiffahrt treiben. **6.** *Am.* rodeln. **7.** *mit e-m Fahrzeug* (berg'ab) rollen, im Leerlauf (*Auto*) *od.* im Freilauf (*Fahrrad*) fahren. **8.** *tech.* leerlaufen (*Maschine, Motor*). **9.** sich ohne Anstrengung (*unter Ausnutzung e-s Schwungs*) fortbewegen: **to ~ to victory** mühelos siegen. **10.** ~ **on** *sl.* ˌreisen' auf (*e-n Trick etc*). **III** *v/t* **11.** an der Küste entlangfahren von (*od. gen*). '**coast·al** *adj* Küsten...: ~ **road** (*strip, etc*).

**coast ar·til·ler·y** *s mil. Am.* 'Küstenartille,rie *f.*

**coast·er** ['kəʊstə(r)] *s* **1.** *mar.* a) Küstenfahrer *m* (*bes. Schiff*), b) Küstenfahrzeug, das nur Inlandshäfen anläuft. **2.** Küstenbewohner(in). **3.** *Am.* (Rodel)Schlitten *m.* **4.** Berg-u.-Tal-Bahn *f* (*im Vergnügungspark*). **5.** Ta'blett *n, bes.* Ser'viertischchen *n.* **6.** 'Untersatz *m* (*für Gläser etc*). **7.** Fußstütze *f* (*an der Vordergabel des Fahrrads*). ~ **brake** *s* Rücktrittbremse *f.*

**coast guard** *s* **1.** *Br.* Küstenwache *f* (*a. mil.*), Küstenzollwache *f.* **2.** **C~ G~** *Am.* (staatlicher) Küstenwach- u. Rettungsdienst. **3.** Angehörige(r) *m* der Küsten(zoll)wache *od.* des Küstenwachdienstes.

**coast·ing** ['kəʊstɪŋ] *s* **1.** Küstenschiffahrt *f.* **2.** *Am.* Rodeln *n.* **3.** Berg'abfahren *n* (*ohne Arbeitsleistung, im Freilauf od. bei abgestelltem Motor*). ~ **trade** *s* Küstenhandel *m.*

**coast** | **line** *s* Küstenlinie *f,* -strich *m.* '**~ˌwait·er** *s Br.* Beamte(r) *m* der Zollaufsicht über den Küstenhandel. '**~**

---

**wise I** *adv* an der Küste entlang, längs der Küste. **II** *adj* Küsten...

**coat** [kəʊt] **I** *s* **1.** Rock *m,* Jacke *f,* Jac'kett *n* (*des Herrenanzugs*): **to cut one's ~ according to one's cloth** sich nach der Decke strecken; **to wear the king's ~** *hist.* des Königs Rock tragen, Soldat sein. **2.** Mantel *m:* **to turn one's ~** *fig.* sein Mäntelchen nach dem Wind hängen; → **trail 1. 3.** Damenjacke *f:* ~ **and skirt** (Schneider)Kostüm *n.* **4.** *meist pl Br. dial.* a) 'Unterrock *m,* b) Frauenrock *m.* **5.** *zo.* a) Pelz *m,* Fell *n,* b) Haut *f,* c) Gefieder *n.* **6.** Haut *f,* Schale *f,* Hülle *f.* **7.** (Farb-, Metall- *etc*)'Überzug *m,* Anstrich *m,* Schicht *f,* (Gips)Bewurf *m:* **to apply a second ~ of paint** e-n zweiten Anstrich auftragen. **8.** → **coat of arms. II** *v/t* **9.** mit e-m Mantel *od.* e-r Jacke bekleiden. **10.** mit e-m 'Überzug (*von Farbe etc*) versehen, (an)streichen, über'streichen, -'ziehen, beschichten: **to ~ with silver** mit Silber plattieren. **11.** bedecken, um'hüllen, um'geben (**with** mit). ~ **ar·mor,** *bes. Br.* ~ **ar·mour** *s* **1.** Fa'milienwappen *n.* **2.** *obs. für* **coat of arms.** ~ **dress** *s* Mantelkleid *n.*

**coat·ed** ['kəʊtɪd] *adj* **1.** (*a. in Zssgn*) mit e-m (...) Rock *od.* Mantel bekleidet, ...röckig: **black-~** schwarzgekleidet; **rough-~ dog** rauhhaariger Hund. **2.** (mit ...) über'zogen *od.* gestrichen *od.* bedeckt *od.* beschichtet: **sugar-~** mit Zuckerüberzug; ~ **tablet** Dragée *n.* **3.** *tech.* a) gestrichen: ~ **paper,** b) imprä'gniert: ~ **fabric. 4.** *med.* belegt (*Zunge*).

**coat·ee** ['kəʊti:; ˌkəʊ'ti:] *s* enganliegender, kurzer (*bes.* Waffen-, Uni'form-) Rock.

**coat** | **hang·er** *s* Kleiderbügel *m.* ~ **hook** *s* Kleiderhaken *m.*

**co·a·ti** [kəʊ'ɑːtɪ; kə'wɑːtɪ] *s zo.* Nasenbär *m.*

**coat·ing** ['kəʊtɪŋ] *s* **1.** Mantelstoff *m,* -tuch *n.* **2.** *tech.* → **coat 7. 3.** *tech.* a) Futter *n,* b) Beschlag *m.*

**coat** | **of arms** *s* Wappen(schild *m od. n*) *n.* ~ **of mail** *s* Harnisch *m,* Panzer(hemd *n*) *m.* ~ **peg** *s* Kleiderhaken *m.* '**~ˌtail** *s* Rockschoß *m.* '**~ˌtrail·ing I** *adj* provo'zierend, provoka'tiv. **II** *s* Provoka'tion *f.*

**co·au·thor** [ˌkəʊ'ɔːθə(r)] *s* Mitautor *m.*

**coax** [kəʊks] **I** *v/t* **1.** (*durch Schmeicheln*) über'reden, beschwatzen, bewegen (**s.o. to do** *od.* **into doing s.th.** j-n zu etwas), (*j-m* gut *od.* schmeichelnd zureden. **2.** sich erschmeicheln: **to ~ s.th. out of s.o.** j-m etwas abschwatzen. **3.** *etwas* ganz vorsichtig *od.* mit Gefühl *in* e-n bestimmten *Zustand* bringen: **he ~ed the fire to burn** ˌmit Geduld u. Spucke' brachte er das Feuer in Gang. **4.** *obs.* schmeicheln (*dat*), liebkosen. **II** *v/i* **5.** schmeicheln, Über'redungskunst aufbieten.

**co·ax·al** [ˌkəʊ'æksl] → **coaxial.**

**coax·er** ['kəʊksə(r)] *s* Schmeichler(in), Über'redungskünstler(in).

**co·ax·i·al** [ˌkəʊ'æksɪəl] *adj math. tech.* koaxi'al, kon'zentrisch: ~ **cable** *electr.* Koaxialkabel *n.*

**coax·ing** ['kəʊksɪŋ] *adj* (*adv* ~**ly**) schmeichelnd, über'redend.

**cob¹** [kɒb; *Am.* kab] *s* **1.** *zo.* männlicher Schwan. **2.** kleines, gedrungenes Pferd. **3.** *Am.* Pferd *n* mit außergewöhnlich hohem Tritt. **4.** Klumpen *m,* Stück *n* (*Kohle etc*). **5.** Maiskolben *m.* **6.** *Br.* 'Baumateri,al *n* (*für Wellerbau, Strohlehm etc*). **7.** → **cobloaf. 8.** → **cobnut. 9.** *obs. od. dial.* bedeutender Mann.

**cob²** [kɒb; *Am.* kab] *s orn.* (*e-e*) Seemöwe, *bes.* Mantelmöwe *f.*

**co·balt** [kəʊ'bɔːlt; *bes. Am.* 'kəʊbɔːlt] *s*

---

**1.** *chem. min.* Kobalt *n* (*Zeichen: Co*): **~-60** $^{60}$**Co** (*künstlich erzeugtes radioaktives Isotop*); ~ **bomb** a) *mil.* Kobaltbombe *f,* b) *med.* Kobaltkanone *f.* **2.** → **cobalt blue. ~ blue** *s* **1.** Kobaltblau *n.* **2.** Schmalt *m,* Schmelzblau *n.*

**co·bal·tic** [kəʊ'bɔːltɪk], **co·balt·if·er·ous** [kəʊbɔːl'tɪfərəs] *adj* kobalthaltig. **co·bal·tite** [kəʊ'bɔːltaɪt; 'kəʊbɔːltaɪt] *s min.* Kobaltglanz *m.*

**cob·ble¹** ['kɒbl; *Am.* 'kabəl] **I** *s* **1.** Kopfstein *m,* runder Pflasterstein. **2.** *pl* Kopfsteinpflaster *n.* **3.** *pl* → **cob coal. 4.** Klumpen *m* Abfalleisen. **II** *v/t* **5.** mit Kopfsteinen pflastern: **~d street** Straße *f* mit Kopfsteinpflaster.

**cob·ble²** ['kɒbl; *Am.* 'kabəl] **I** *v/t* **1.** Schuhe flicken. **2.** *a.* ~ **up** zs.-pfuschen, zs.-schustern. **II** *v/i* **3.** Schuhe flicken.

**cob·bler** ['kɒblə; *Am.* 'kablər] *s* **1.** (Flick-) Schuster *m.* **2.** *obs.* Pfuscher *m,* Stümper *m.* **3.** Cobbler *m* (*Cocktail aus Wein, Rum od. Whisky u. Zucker*). **4.** *Am.* 'Fruchtpaˌstete *f.* **5.** *pl Br. sl.* ˌScheiß' *m: I've never heard* such a load of old ~s so e-n Scheiß. **6.** *pl Br. vulg.* ˌEier' *pl* (*Hoden*). '**cob·bler·fish** *s ichth.* (*e-e*) 'Stachelmaˌkrele.

'**cob·ble·stone** → **cobble¹ 1.**

**cob coal** *s bes. Br.* Nuß-, Stückkohle *f.*

**Cob·den·ism** ['kɒbdənɪzəm; *Am.* 'kab-] *s econ. hist.* Manchestertum *n,* Freihandelslehre *f.*

**co·bel·lig·er·ent** [ˌkəʊbɪ'lɪdʒərənt] **I** *s* mitkriegführender Staat (*ohne Bestehen e-s Bündnisvertrages*). **II** *adj* mitkriegführend.

**co·ble** ['kəʊbl; *Br. a.* 'kɒbl; *Am. a.* 'kabəl] *s* flaches Fischerboot.

'**cob** | **loaf** *s irr* rundes Brot, runder Laib Brot. '**~nut** *s* **1.** *bot.* Haselnuß *f.* **2.** *ein Kinderspiel mit an Schnüren befestigten Nüssen.*

**Co·bol** ['kəʊbɒl] *s* COBOL *n* (*Computersprache*).

**co·bra** ['kəʊbrə] *s zo.* **1.** Kobra *f:* a) (*e-e*) Hutschlange, b) → **cobra de capello. 2.** Mamba *f.* ~ **de ca·pel·lo** [dɪːkə'peləʊ] *s zo.* Indische Brillenschlange, Kobra *f.*

**cob swan** *s zo.* männlicher Schwan.

**co·burg** ['kəʊbɜːg; *Am.* -ˌbɜrg] *s* ein dünner Kleiderstoff aus Kammgarn mit Baumwolle od. Seide.

'**cob·web** *s* **1.** Spinn(en)gewebe *n,* Spinnwebe *f:* **to go for a walk to blow the ~s away** *collog.* um e-n klaren Kopf zu bekommen. **2.** Spinnenfaden *m.* **3.** feines, zartes Gewebe (*a. fig.*). **4.** *fig.* Netz *n,* Schlinge *f.* **5.** *fig.* Staub *m.* '**cob·webbed** *adj* voller Spinnweben. '**cob·web·by** *adj* **1.** spinnwebartig, zart. **2.** → **cobwebbed.**

**co·ca** ['kəʊkə] *s* **1.** *bot.* (*e-e*) Koka. **2.** getrocknete Kokablätter *pl.*

**co·cain(e)** [kəʊ'keɪn; *Am. a.* 'kəʊˌkeɪn] *s chem.* Koka'in *n.*

**co·cain·ism** [kəʊ'keɪnɪzəm; 'kəʊkə-] *s med.* Koka'invergiftung *f,* Koka'insucht *f.* **co·cain·ize** [kəʊ'keɪnaɪz; 'kəʊkənaɪz] *v/t med.* kokaini'sieren, mit Koka'in örtlich betäuben.

**coc·ci** ['kɒkaɪ; -ksaɪ; *Am.* 'kɑ-] *pl von* **coccus.**

**coc·cid** ['kɒksɪd; *Am.* 'kɑ-] *s zo.* Schildlaus *f.*

**coc·coid** ['kɒkɔɪd; *Am.* 'kɑ-] *adj bot. med.* kokkenähnlich.

**coc·cous** ['kɒkəs; *Am.* 'kɑ-] *adj bot.* aus Kokken bestehend.

**coc·cus** ['kɒkəs; *Am.* 'kɑ-] *pl* **-ci** ['kɒkaɪ; -ksaɪ; *Am.* 'kɑ-] *s* **1.** *med.* (Mikro)Kokkus *m,* Kokke *f.* **2.** *bot.* a) Kokke *f* (*runde Teilfrucht*), b) Sporenmutterzelle *f.*

**coc·cyg·e·al** [kɒk'sɪdʒɪəl; *Am.* kɑk-; -dʒəl] *adj anat.* Steißbein...: ~ **bone** →

**coccyx** 1. **coc·cyx** [ˈkɒksɪks; *Am.* ˈka-] *pl* **-cy·ges** [-sɪdʒiːz; *a.* -ˈsaɪdʒiːz] *s* **1.** *anat.* Steißbein *n.* **2.** *zo.* Schwanzfortsatz *m.*

**Co·chin, c~** [ˈkɒtʃɪn; *bes. Am.* ˈkəʊ-], *a.* ˌCo·chin-ˈChi·na, ˌc~-ˈc~ *s orn.* Kotschin'chinahuhn *n.*

**coch·i·neal** [ˈkɒtʃɪniːl; *Am.* ˈkɑtʃəˌniːl; ˈkəʊ-] *s* **1.** Kosche'nille(farbe *f,* -rot *n*) *f.* **2.** *a.* ~ **insect** *zo.* Kosche'nille(schildlaus) *f.*

**coch·le·a** [ˈkɒklɪə; *Am.* ˈkəʊ-; ˈka-] *pl* **-le·ae** [-lɪiː] *s anat.* Cochlea *f,* Schnecke *f* (*im Ohr*).

**cock¹** [kɒk; *Am.* kak] **I** *s* **1.** *orn.* Hahn *m:* ~ **of the north** Bergfink *m;* ~ **of the wood** Schopfspecht *m;* **old** ~**!** *Br. colloq.* alter Knabe! **2.** Männchen *n,* Hahn *m* (*von Vögeln*). **3.** a) Hahnenschrei *m,* b) Zeit *f* des ersten Hahnenschreis. **4.** Turmhahn *m,* Wetterhahn *m.* **5.** *colloq.* (An)Führer *m:* ~ **of the school** Erste(r) *m od.* Anführer unter den Schülern; ~ **of the walk** (*od.* **roost**) *oft contp.* der Größte. **6.** *tech.* (Absperr-, Wasser-, Gas)Hahn *m.* **7.** a) (Gewehr-, Pi'stolen)Hahn *m,* b) Hahnstellung *f:* **at full** ~ mit gespanntem Hahn; **at half** ~ mit Hahn in Ruh; → **half cock.** **8.** a) (vielsagendes *od.* verächtliches) (Augen)Zwinkern, b) Hochtragen *n* (*des Kopfes, der Nase*), c) keckes Schiefsetzen (*des Hutes*): **to give one's hat a saucy** ~ s-n Hut keck aufs Ohr setzen, d) Spitzen *n* (*der Ohren*), e) Aufrichten *n* (*des Schweifs*). **9.** aufgebogene Hutkrempe. **10.** *tech.* Unruhscheibe *f* (*der Uhr*). **11.** *vulg.* ‚Schwanz' *m* (*Penis*). **12.** *Br. colloq.* ‚Quatsch' *m,* Blödsinn *m:* I've never heard such a load of ~ so e-n Quatsch. **II** *v/t* **13.** **den Gewehrhahn** spannen. **14.** aufrichten, schiefstellen: **to** ~ (**up**) **one's head** herausfordernd den Kopf heben; **to** ~ **one's ears** die Ohren spitzen; **to** ~ **one's eye at** s.o. in schräg ansehen; **to** ~ **one's hat** den Hut schief aufsetzen; → **snook.** **15.** Hutkrempe aufstülpen. **16.** ~ **up** *Br. sl.* ‚versauen', verpfuschen. **III** *v/i* **17.** *obs.* ein'herstol'zieren, großspurig auftreten. **IV** *adj* **18.** *meist orn.* männlich: ~ **canary** Kanarienhähnchen *n;* ~ **lobster** männlicher Hummer. **19.** *colloq.* Ober..., Haupt...

**cock²** [kɒk; *Am.* kak] **I** *s* kleiner Heu-, Getreide-, Dünger-, Torfhaufen. **II** *v/t* **Heu** *etc* in Haufen setzen.

**cock³** [kɒk; *Am.* kak] *obs. für* **cockboat.**

**cock·ade** [kɒˈkeɪd; *Am.* kɑˈk-] *s* Ko'karde *f.* **cock'ad·ed** *adj* mit e-r Ko'karde.

**cock-a-doo·dle-doo** [ˌkɒkəduːdlˈduː; *Am.* ˈkɑkəˌduːdlˈduː] *s* **1.** Kikeri'ki *n* (*Krähen des Hahns*). **2.** *humor.* Kikeri'ki *m* (*Hahn*).

**cock-a-hoop** [ˌkɒkəˈhuːp; *Am.* ˌkɑ-] *adj u. adv* **1.** trium'phierend. **2.** prahlerisch, arro'gant. **3.** ausgelassen, fi'del.

**Cock·aigne** [kɒˈkeɪn; *Am.* kɑˈk-] *s* Schla'raffenland *n.*

**cock-a-leek·ie** [ˌkɒkəˈliːkɪ; *Am.* ˌkɑkɪ-] *s* Hühnersuppe *f* mit Lauch. **cock·a'lo·rum** [-əˈlɔːrəm] *s* (kleiner) Gernegroß.

**ˌcock·aˈma·mie,** ˌcock·aˈma·my** [-ˈmeɪmɪ; *Am. sl.* **I** *adj* blödsinnig. **II** *s* ‚Quatsch' *m,* Blödsinn *m.*

**ˌcock-and-ˈbull sto·ry** *s colloq.* Ammenmärchen *n,* Lügengeschichte *f.* **ˌ~-and-ˈhen** *adj colloq.* gemischt: **a** ~ **party.**

**cock·a·too** [ˌkɒkəˈtuː; *Am.* ˈkɑkəˌtuː] *s orn.* Kakadu *m.*

**cock·a·trice** [ˈkɒkətraɪs; -trɪs; *Am.* ˈkɑ-] *s* **1.** *myth.* Basi'lisk *m.* **2.** *fig.* Schlange *f,* tückische Per'son.

**Cock·ayne** → **Cockaigne.**

**ˈcock·boat** *s mar.* kleines Boot, *bes.* Beiboot *n.* **ˈ~ˈchaf·er** *s zo.* Maikäfer *m.* **ˈ~crow, ˈ~crow·ing** *s* **1.** Hahnenschrei *m.* **2.** *fig.* Tagesanbruch *m.*

**cocked** [kɒkt; *Am.* kakt] *adj* **1.** aufwärts gerichtet. **2.** aufgestülpt (*Hutkrempe*). **3.** gespannt (*Gewehrhahn*): ~ **hat** *s* Dreispitz *m* (*Hut*): **to knock** (*od.* **beat**) **into a** ~ *sl.* a) *sport* ‚überfahren', ‚vernaschen' (*hoch schlagen*), b) j-n, etwas weit in den Schatten stellen, c) e-n Plan *etc* völlig ‚über den Haufen werfen'.

**cock·er¹** [ˈkɒkə; *Am.* ˈkakər] *s* **1.** → **cocker spaniel. 2.** a) Kampfhahnzüchter *m,* b) Liebhaber *m* von Hahnenkämpfen.

**cock·er²** [ˈkɒkə; *Am.* ˈkakər] *v/t* verhätscheln, verwöhnen: **to** ~ **up** aufpäppeln.

**Cock·er³** [ˈkɒkə; *Am.* ˈkakər] *npr nur in:* **according to** ~ nach Adam Riese, genau.

**cock·er·el** [ˈkɒkərəl; *Am.* ˈka-] *s* **1.** junger Hahn. **2.** *fig.* junger Mann.

**cock·er span·iel** *s zo.* Cockerspaniel *m.*

**cock·et** [ˈkɒkɪt] *s Br. hist.* a) königliches Zollsiegel, b) Zollplombe *f.*

**ˈcock·eye** *s* **1.** *colloq.* Schielauge *n.* **2.** *tech.* Kara'binerhaken *m* (*am Pferdegeschirr*). **ˈ~eyed** *adj colloq.* **1.** schielend: **to be** ~ schielen. **2.** (krumm u.) schief. **3.** ‚blöd', verrückt. **4.** ‚blau' (*betrunken*). ~ **feath·er** *s* Feder *f* (*am Pfeil*). **ˈ~fight, ˈ~fight·ing** *s* Hahnenkampf *m:* **that beats cockfighting** *colloq.* ‚das ist 'ne Wucht'. **ˌ~horse I** *s* **1.** a) Schaukel-, Steckenpferd *n,* b) Knie *n* (*auf dem man ein Kind reiten läßt*): **a**~ → **II. II** *adj u. adv* **2.** hoch zu Roß. **3.** *fig.* hochmütig, stolz.

**ˈcock·i·ness** [ˈkɒkɪnɪs; *Am.* ˈka-] *s colloq.* Großspurigkeit *f,* Anmaßung *f.*

**cock·ish** [ˈkɒkɪʃ; *Am.* ˈka-] *adj colloq.* **1.** wie ein Hahn. **2.** → **cocky.**

**cock·le¹** [ˈkɒkl; *Am.* ˈkakəl] *s* **1.** *zo.* (*bes.* eßbare) Herzmuschel: **that warms the** ~**s of my heart** *fig.* das tut m-m Herzen wohl, dabei wird mir warm ums Herz. **2.** → **cockleshell. 3.** Runzel *f,* Falte *f.* **II** *v/i* **4.** runz(e)lig werden. **5.** sich kräuseln *od.* werfen. **III** *v/t* **6.** runzeln. **7.** kräuseln.

**cock·le²** [ˈkɒkl; *Am.* ˈkakəl] → **corn cockle.**

**cock·le³** [ˈkɒkl; *Am.* ˈkakəl] *s* **1.** *a.* ~ **stove** Kachelofen *m.* **2.** *a.* ~ **oast** Hopfendarrofen *m.*

**ˈcock·le·boat** → **cockboat. ˈ~bur** *s bot.* Spitzklette *f.* **ˈ~shell** *s* **1.** Muschelschale *f.* **2.** ‚Nußschale' *f,* kleines Boot.

**ˈcock·loft** *s* Dachkammer *f.* **ˈ~mas·ter** → **cocker¹ 2.** ~ **met·al** *s tech.* ‚Graume,tall *n.*

**cock·ney** [ˈkɒknɪ; *Am.* ˈkaknɪ] *s* **1.** *oft* C~ Cockney *m,* waschechter Londoner (*bes. aus dem* East End). **2.** *oft* C~ 'Cockney(dia,lekt *m,* -aussprache *f*) *n.* **3.** *obs.* verhätscheltes Kind. **4.** *obs.* Städter *m.* **II** *adj* **5.** Cockney... **ˈcock·ney·dom** *s* **1.** Gegend, in der die Cockneys wohnen (*bes. das* East End). **2.** *collect.* die Cockneys *pl.* **ˈcock·ney·fy** [-faɪ] *v/t u. v/i* zum Cockney machen (werden). **ˈcock·ney·ism** *s* **1.** Cockneyausdruck *m.* **2.** Cockneyeigenart *f.*

**ˈcock·pit** *s* **1.** *aer. mar.* Cockpit *n* (*a. e-s Rennwagens*). **2.** *mar. obs.* a) Raumdeck *n* für jüngere Offi'ziere, b) Verbandsplatz *m.* **3.** Hahnenkampfplatz *m.* **4.** *fig.* Kampfplatz *m.*

**ˈcock·roach** *s zo.* (Küchen)Schabe *f.*

**ˈcocks·comb** [ˈkɒkskəʊm; *Am.* ˈka-] *s* **1.** *zo.* Hahnenkamm *m.* **2.** Narrenkappe *f,* **3.** *bot.* a) Ko'rallenbaum *m,* b) (ein) Hahnenkamm *m.* **4.** *obs.* Stutzer *m,* Geck *m.* **ˈ~foot** *s irr bot.* Band-, Knäuelgras *n.*

**ˈcock·shy** [-ʃaɪ] *s* **1.** (ein) Wurfspiel *n.* **2.** Wurf *m* auf ein Ziel. **3.** Zielscheibe *f* (*a.*

*fig.*). **ˈ~spur** *s* **1.** *zo.* Hahnensporn *m.* **2.** *bot.* a) Hahnensporn-Weißdorn *m,* b) Stachelige Pi'sonie. **ˈ~sure** *adj* (*adv* ~**ly**) **1.** ganz sicher, todsicher, vollkommen über'zeugt (**of, about** von). **2.** über'trieben selbstsicher, anmaßend. **3.** *obs.* ganz ohne Gefahr.

**cock·sy** [ˈkɒksɪ; *Am.* ˈka-] → **cocky.**

**ˈcock·tail** *s* **1.** a) Cocktail *m:* ~ **cherry** (**dress,** *etc*); ~ **belt** Prominentenvorstadt *f,* b) Austern-, Hummer-, Krabbencocktail *m,* c) Fruchtcocktail *m,* gemischte Fruchtschale. **2.** a) Pferd *n* mit gestutztem Schweif, b) Halbblut *n* (*Pferd*). **ˈ~tailed** *adj* mit gestutztem Schweif.

**ˈcock·up** *s Br. sl.* Pfusch *m:* **to make a** ~ **of** → **cock¹ 16.**

**cock·y** [ˈkɒkɪ; *Am.* ˈka-] *adj colloq.* großspurig, anmaßend.

**cock·y-leek·y** [ˌkɒkɪˈliːkɪ; *Am.* ˌka-] → **cockaleekie.**

**cock·y·ol·(l)y bird** [ˌkɒkɪˈɒlɪ; *Am.* ˌkakiːˈɑliː] *s humor.* Piepvögelchen *n.*

**co·co** [ˈkəʊkəʊ] **I** *pl* **-cos** *s* **1.** *bot.* a) Kokospalme *f,* b) Kokosnuß *f.* **2.** *sl.* ‚Nuß' *f* (*Kopf*). **II** *adj* **3.** aus Kokosfasern 'hergestellt, Kokos...: ~ **matting** Kokosmatte *f.*

**co·coa** [ˈkəʊkəʊ] **I** *s* **1.** a) Ka'kao(pulver *n) m,* b) Ka'kao *m* (*Getränk*). **2.** *fälschlich* für coco. ~ **bean** *s* Ka'kaobohne *f.* ~ **but·ter** *s* Ka'kaobutter *f.*

**co·con·scious** [kəʊˈkɒnʃəs; *Am.* -ˈkan-] *adj psych.* nebenbewußt. **co'con·scious·ness** *s psych.* Nebenbewußtsein *n.*

**co·co·nut** [ˈkəʊkənʌt] **I** *s* **1.** Kokosnuß *f:* **that accounts for the milk in the** ~ *humor.* ‚daher der Name!' **2.** *sl.* ‚Nuß' *f* (*Kopf*). **II** *adj* → **coco 3.** ~ **but·ter** *s* Kokosbutter *f.* ~ **milk** *s* Kokosmilch *f.* ~ **oil** *s* Kokosöl *n.* ~ **palm,** ~ **tree** *s bot.* Kokospalme *f.*

**co·coon** [kəˈkuːn] **I** *s* **1.** *zo.* a) Ko'kon *m,* Puppe *f* (*der Seidenraupe*), b) Gespinst *n,* Schutzhülle *f* (*bes. für Egel, Spinnen, Fische*). **2.** *mil.* Schutzhülle *f* (*aus Plastik, für Geräte*). **II** *v/t* **3.** einspinnen. **4.** *mil. Gerät* ‚einmotten'. **5.** *fig.* einhüllen. **III** *v/i* **6.** sich (in e-n Ko'kon) einspinnen. **co'coon·er·y** [-ərɪ] *s* (Gebäude *n od.* Raum *m* für) Seidenraupenzucht *f.*

**co·co palm** → **coconut palm.**

**co·cotte** [kɒˈkɒt; kəʊ-; *Am. a.* kəʊˈkat] *s* **1.** Ko'kotte *f.* **2.** Kasse'rolle *f.*

**cod¹** [kɒd; *Am.* kad] *pl* **cods,** *bes. collect.* **cod** *s ichth.* Kabeljau *m,* Dorsch *m:* **dried** ~ Stockfisch *m;* **cured** ~ Klippfisch *m.*

**cod²** [kɒd; *Am.* kad] *s* **1.** *dial.* Hülse *f,* Schote *f.* **2.** *obs.* Beutel *m,* Tasche *f.*

**cod³** [kɒd; *Am.* kad] *v/t u. v/i* foppen.

**co·da** [ˈkəʊdə] *s mus.* Coda *f,* Schlußteil *m* (*e-s Satzes*).

**cod·dle** [ˈkɒdl; *Am.* ˈkadl] *v/t* **1.** langsam kochen lassen. **2.** verhätscheln, verzärteln: **to** ~ **up** aufpäppeln.

**code** [kəʊd] **I** *s* **1.** *jur.* Kodex *m,* Gesetzbuch *n,* Gesetzessammlung *f.* **2.** Kodex *m,* Regeln *pl:* ~ **of hono(u)r** Ehrenkodex *m.* **3.** *mar. mil.* (Tele'gramm)Schlüssel *m.* **5.** a) Code *m,* Schlüsselschrift *f,* b) Chiffre *f:* ~ **name** Deckname *m;* ~ **number** Code-, Kennziffer *f;* ~ **word** Code-, Schlüsselwort *n,* c) Code *m,* Schlüssel *m.* **II** *v/t* **6.** kodifi'zieren. **7.** in Code *od.* Schlüsselschrift 'umsetzen, verschlüsseln, co'dieren, chif'frieren: ~**d message** verschlüsselte *od.* chiffrierte Nachricht; ~**d instruction** (*Computer*) co'dierter Befehl.

**co·de·fend·ant** [ˌkəʊdɪˈfendənt] *s jur.* a) (*Zivilrecht*) Mitbeklagte(r *m*) *f,* b) (*Strafrecht*) Mitangeklagte(r *m*) *f.*

**code flag** *s mar.* Si'gnalflagge *f.*

**co·de·ine** ['kəʊdiːn; -diːn] *s med. pharm.* Kode'in *n.*

**code plug** *s electr.* Schlüsselstecker *m.*

**'co·de·ter·mi'na·tion** *s econ.* Mitbestimmung(srecht *n*) *f.*

**co·dex** ['kəʊdeks] *pl* **co·di·ces** ['kəʊdisiːz] *s* Kodex *m,* alte Handschrift.

**'cod·fish** → cod[1]. **'·fish·er** *s* **1.** Kabeljaufänger *m,* -fischer *m.* **2.** Boot *n* zum Kabeljaufang.

**codg·er** ['kɒdʒə; *Am.* 'kɑdʒər] *s colloq.* komischer (alter) Kauz.

**co·di·ces** ['kəʊdisiːz] *pl von* codex.

**cod·i·cil** ['kɒdisil; *Am.* 'kɑdə-] *s jur.* **1.** Kodi'zill *n,* Testa'mentsnachtrag *m.* **2.** Zusatz *m,* Anhang *m.* **,cod·i'cil·la·ry** [-ləri] *adj* Kodizill...

**cod·i·fi·ca·tion** [,kəʊdifi'keiʃn; ,kɒd-; *Am.* ,kɑd-] *s* Kodifi'zierung *f.* **'cod·i·fy** [-fai] *v/t* **1.** *jur.* kodifi'zieren. **2.** in ein Sy'stem bringen. **3.** *Nachricht etc* verschlüsseln.

**co·di·rec·tion·al** [,kəʊdi'rekʃənl; -dai-] *adj* die'selbe Richtung habend.

**cod·lin** ['kɒdlin; *Am.* 'kɑd-] → codling[2].

**cod·ling[1]** ['kɒdliŋ; *Am.* 'kɑd-] *s ichth.* junger Kabeljau *od.* Dorsch.

**cod·ling[2]** ['kɒdliŋ] *s Br. (ein)* Kochapfel *m.*

**cod·ling moth** *s zo.* Apfelwickler *m.*

**'cod·,liv·er oil** *s* Lebertran *m.*

**'cod·piece** *s hist.* Hosenbeutel *m.*

**co·driv·er** [,kəʊ'draivə(r)] *s* Beifahrer *m.*

**cods·wal·lop** ['kɒdz,wɒləp; *Am.* 'kɑdz-,wɑ-] *s bes. Br. sl.* ‚Quatsch' *m,* Blödsinn *m.*

**co·ed** [,kəʊ'ed; 'kəʊed] *ped. colloq.* **I** *s* **1.** *Am.* Stu'dentin *f od.* Schülerin *f* e-r gemischten Schule. **2.** *Br.* gemischte Schule, Koedukati'onsschule *f.* **II** *adj* **3.** gemischt, Koedukations-.

**co·ed·u·ca·tion** [,kəʊedju'keiʃn; *Am.* -,edʒə'k-] *s ped.* Koedukati'on *f,* Gemeinschaftserziehung *f.* **,co·ed·u'ca·tion·al** [-ʃənl] *adj:* ~ school gemischte Schule, Koedukationsschule *f;* ~ teaching → coeducation.

**co·ef·fi·cient** [,kəʊɪ'fiʃnt] **I** *s* **1.** *math. phys.* Koeffizi'ent *m.* **2.** mitwirkende Kraft, Faktor *m.* **II** *adj* **3.** mit-, zs.-wirkend. **~ of fric·tion** *s phys.* 'Reibungskoeffizi,ent *m.* **~ of meas·ure** *s math.* Maßzahl *f.*

**coe·horn** ['kəʊhɔː(r)n] *s mil. hist.* kleiner tragbarer Mörser (*18. Jh.*).

**coe·len·ter·ate** [sɪ'lentəreit; -rət] *s zo.* Hohltier *n.* **coe'len·ter·on** [-ron; *Am.* -,ran] *pl* **-ter·a** [-rə] *s zo.* **1.** Ga'stralraum *m (der Hohltiere).* **2.** Darmleibeshöhle *f.*

**coe·li·ac** *bes. Br.* → celiac.

**co·emp·tion** [kəʊ'empʃn] *s obs.* Ankauf *m* des gesamten Vorrats (*e-r Ware*).

**coe·no·bi·a** [sɪ'nəʊbɪə] *pl von* coenobium.

**coe·no·bite** → cenobite.

**coe·no·bi·um** [sɪ'nəʊbɪəm] *pl* **-bi·a** [-ə] *s* **1.** Kloster(gemeinschaft *f*) *n.* **2.** *biol.* 'Zellkolo,nie *f.* **3.** *bot.* Klause *f (einsamige Teilfrucht).*

**co·en·zyme** [kəʊ'enzaim] *s med.* Koen'zym *n,* 'Konfer,ment *n.*

**co·e·qual** [kəʊ'iːkwəl] **I** *adj (adv* ~ly) ebenbürtig, gleichrangig, -gestellt. **II** *s* Rang-, Standesgenosse *m,* Ebenbürtige(r *m*) *f.*

**co·erce** [kəʊ'ɜːs; *Am.* -'ɜrs] *v/t* **1.** zu'rückhalten. **2.** zwingen, nötigen (**into doing** zu tun). **3.** erzwingen: to ~ **obedience**. **co·er·ci·ble** *adj (adv* coercibly) **1.** erzwingbar, zu erzwingen(d). **2.** *phys.* kompri'mierbar.

**co·er·cion** [kəʊ'ɜːʃn; *Am.* -'ɜrʃən] *s* **1.** Einschränkung *f.* **2.** Zwang *m,* Gewalt

*f:* **by** ~ → coercively. **3.** *pol.* 'Zwangsre,gierung *f,* -re,gime *n.* **4.** *jur.* Nötigung *f.* **co'er·cion·ist** *s* Anhänger(in) der 'Zwangspoli,tik.

**co·er·cive** [kəʊ'ɜːsiv; *Am.* -'ɜr-] **I** *adj* **1.** zwingend, Zwangs...: ~ **measure** Zwangsmaßnahme *f.* **2.** über'zeugend, zwingend: ~ **reasons. 3.** *phys.* koerzi'tiv: ~ force Koerzitivkraft *f.* **II** *s* **4.** Zwangsmittel *n.* **co'er·cive·ly** *adv* durch Zwang, zwangsweise. **co'er·cive·ness** *s (das)* Zwingende.

**co·es·sen·tial** [,kəʊɪ'senʃl] *adj* wesensgleich.

**co·e·ta·ne·ous** [,kəʊɪ'teinjəs; -nɪəs] → coeval I.

**co·e·val** [kəʊ'iːvl] **I** *adj (adv* ~ly) **1.** zeitgenössisch: to be ~ with aus der gleichen Zeit stammen wie. **2.** gleichalt(e)rig. **3.** von gleicher Dauer. **II** *s* **4.** Zeitgenosse *m.* **5.** Altersgenosse *m.*

**co·ex·ec·u·tor** [,kəʊɪg'zekjʊtə(r)] *s jur.* 'Mitvoll,strecker *m (e-s Testaments).*

**co·ex·ist** [,kəʊɪg'zist] *v/i* gleichzeitig *od.* nebenein'ander bestehen *od.* leben, koexi'stieren. **,co·ex'ist·ence** *s* gleichzeitiges Bestehen, Nebenein'anderleben *n,* Koexi'stenz *f:* **peaceful** ~ *pol.* friedliche Koexistenz. **,co·ex'ist·ent** *adj* gleichzeitig *od.* nebenein'ander bestehend, koexi'stent.

**co·fac·tor** [,kəʊ'fæktə(r)] *s math.* Ad'junkte *f,* Faktor *m.*

**coff** [kɒf] *v/t pret u. pp* **coffed, coft** [kɒft] *Scot.* kaufen.

**cof·fee** ['kɒfi; *Am. a.* 'kɑ-] *s* **1.** Kaffee *m (Getränk).* **2.** Kaffee(bohnen *pl*) *m:* **ground (roasted)** ~ gemahlener (gebrannter) Kaffee. **3.** *bot.* Kaffeebaum *m.* **4.** Kaffeebraun *n.* **~ bar** *s Br.* a) Ca'fé *n,* b) Imbißstube *f.* **~ bean** *s* Kaffeebohne *f.* **~ ber·ry** *s* Kaffeebeere *f.* **~ break** *s* Kaffeepause *f.* **~ cup** *s* Kaffeetasse *f.* **~ grind·er** *s* Kaffeemühle *f.* **~ grounds** *s pl* Kaffeesatz *m.* **'~house** *s* Kaffeehaus *n,* Ca'fé *n.* **~ klat(s)ch** [klætʃ] *s colloq.* Kaffeeklatsch *m.* **~ ma·chine** *s* 'Kaffeeauto,mat *m.* **'~,mak·er** *s* 'Kaffeema,schine *f.* **~ mill** *s* Kaffeemühle *f.* **'~pot** *s* Kaffeekanne *f.* **~ roast·er** *s* **1.** Kaffeebrenner *m.* **2.** Kaffeetrommel *f.* **~ roy·al** *s* Kaffee *m* mit Schuß. **~ set** *s* 'Kaffee,service *n.* **~ shop** *s Am.* für coffee bar. **~ ta·ble** *s* Couchtisch *m.* **'~-,ta·ble** *adj* 'großfor,matig u. reichbebildert: ~ book Bildband *m.* **~ tree** *s bot.* **1.** Kaffeebaum *m.* **2.** Schusserbaum *m.* **~ urn** *s* ('Groß),Kaffeema,schine *f.* **~ whit·en·er** *s* Kaffeeweißer *m.*

**cof·fer** ['kɒfə(r); *Am. a.* 'kɑ-] **I** *s* **1.** Kasten *m,* Kiste *f,* Truhe *f (bes. für Geld, Schmuck etc).* **2.** *pl* a) Schatz *m,* Schätze *pl,* Gelder *pl,* b) Schatzkammer *f,* Tre'sor *m.* **3.** *tech.* a) *Brückenbau:* Fangdamm *m,* b) Kammer *f (e-r Schleuse).* **4.** *arch.* Deckenfeld *n,* Kas'sette *f.* **II** *v/t* **5.** (in e-r Truhe) verwahren. **6.** *arch.* kasset'tieren: ~ed **ceiling** Kassettendecke *f.* **'~dam** *s* **1.** → coffer 3. **2.** *mar.* Kofferdamm *m.* **3.** *mar.* Cais'son *m (zur Reparatur von Schiffen unter der Wasserlinie).*

**cof·fin** ['kɒfin] **I** *s* **1.** Sarg *m.* **2.** Pferdehuf *m.* **3.** *print.* Karren *m.* **II** *v/t* **4.** einsargen. **5.** ein-, wegschließen. **~ bone** *s zo.* Hufbein *n (des Pferdes).* **~ cor·ner** *s American Football:* Spielfeldecke *f* zwischen Mal- u. Marklinie. **~ joint** *s zo.* Hufgelenk *n (des Pferdes).* **~ nail** *s* Sargnagel *m (a. bes. Am. sl. Zigarette).*

**cof·fle** ['kɒfl; *Am. a.* 'kɑfəl] *s* Zug *m* anein'andergeketteter Menschen (*bes. Sklaven*) *od.* Tiere.

**coft** [kɒft] *pret u. pp von* coff.

**cog[1]** [kɒg; *Am.* kɑg] *s tech.* a) (Rad)Zahn *m,* Kamm *m,* b) Zahnrad *n:* he's just a ~

in the machine (*od.* wheel) er ist nur ein Rädchen im Getriebe.

**cog[2]** [kɒg; *Am.* kɑg] *v/t colloq.* **1.** Würfel mit Blei beschweren: to ~ the dice beim Würfeln betrügen. **2.** ,übers Ohr hauen'.

**cog[3]** [kɒg; *Am.* kɑg] *s mar.* **1.** *hist.* Kogge *f,* Handelssegler *m.* **2.** → cockboat.

**co·gen·cy** ['kəʊdʒənsi] *s* zwingende Kraft, Beweiskraft *f,* Triftigkeit *f.* **'co·gent** *adj (adv* ~ly) zwingend, über'zeugend, triftig: ~ **arguments.**

**cogged** [kɒgd; *Am.* kɑgd] *adj* **1.** *tech.* gezahnt: ~ **wheel** Kammrad *n;* ~ **railway** *bes. Am.* Zahnradbahn *f.* **2.** ~ **dice** *colloq.* (mit Blei) beschwerte *od.* falsche Würfel *pl.*

**cog·ging joint** ['kɒgiŋ; *Am.* 'kɑ-] *s tech.* verzahnte Verbindung. **~ mill** *s tech.* Vor-, Blockwalzwerk *n.*

**cog·i·ta·ble** ['kɒdʒitəbl; *Am.* 'kɑdʒətəbəl] *adj* denkbar. **'cog·i·tate** [-teit] **I** *v/t* **1.** nachdenken *od.* (nach)sinnen *od.* medi'tieren über (*acc*), über'legen (*acc*). **2.** ersinnen. **II** *v/i* **3.** (nach)denken, (nach)sinnen: to ~ (up)on → cog·i·ta·tion 1. **,cog·i'ta·tion** *s* **1.** (Nach)Sinnen *n.* **2.** Denkfähigkeit *f.* **3.** Gedanke *m,* Über'legung *f.* **'cog·i·ta·tive** ['kɒdʒətətiv; *Am.* 'kɑdʒə,teit-] *adj (adv* ~ly) **1.** (nach)sinnend. **2.** nachdenklich. **3.** Denk...: ~ **faculty** Denkfähigkeit *f,* denkfähig, denkend.

**co·gnac** ['kɒnjæk; *bes. Am.* 'kəʊn-] *s* **1.** Cognac *m (französischer Weinbrand).* **2.** *weitS.* Kognak *m,* Weinbrand *m.*

**cog·nate** ['kɒgneit; *Am.* 'kɑg-] **I** *adj* **1.** (bluts)verwandt. **2.** *fig.* (art)verwandt. **3.** *ling.* a) gleichen Ursprungs, verwandt: ~ **words,** b) sinnverwandt, aus dem-'selben Stamm: ~ **object** Objekt *n* des Inhalts. **II** *s* **4.** *jur.* (Bluts)Verwandte(r *m*) *f.* **5.** *fig. (etwas)* Verwandtes. **6.** *ling.* verwandtes Wort. **cog'na·tion** *s* (Bluts-)Verwandtschaft *f.*

**cog·ni·tion** [kɒg'niʃn; *Am.* kɑg'n-] *s* **1.** Erkennen *n.* **2.** Erkenntnis *f.* **3.** Erkennungsvermögen *n.* **4.** a) Wahrnehmung *f,* b) Begriff *m.* **5.** Kenntnis *f,* Wissen *n.* **6.** *jur. bes. Scot.* gerichtliches Erkenntnis. **'cog·ni·tive** *adj* kogni'tiv, erkenntnismäßig.

**cog·ni·za·ble** ['kɒgnizəbl; 'kɒni-; *Am.* 'kɑgnəzəbəl; kɑg'nai-] *adj (adv* cognizably) **1.** a) erkenn-, b) wahrnehmbar. **2.** *jur.* a) der Gerichtsbarkeit e-s (bestimmten) Gerichts unter'worfen, b) gerichtlich verfolgbar, c) zu verhandeln(d).

**cog·ni·zance** ['kɒgnizəns; 'kɒni-; *Am.* 'kɑgnə-] *s* **1.** Erkenntnis *f,* Kenntnis (-nahme) *f:* to **have** ~ **of s.th.** von etwas Kenntnis haben, (um) etwas wissen; to **take** ~ **of s.th.** von etwas Kenntnis nehmen. **2.** *jur.* a) gerichtliches Erkenntnis, b) (Ausübung *f* der) Gerichtsbarkeit *f,* Zuständigkeit *f,* c) Einräumung *f od.* Anerkennung *f* der Klage: to **fall under the** ~ **of a court** unter die Zuständigkeit e-s Gerichts fallen; to **have** ~ **over** zuständig sein für (*a. weitS.*); to **take (judicial)** ~ **of** sich zuständig mit e-m Fall befassen; **beyond my** ~ außerhalb m-r Befugnis (→ 3). **3.** Erkenntnissphäre *f:* **beyond his** ~ außerhalb s-s Wissensbereichs (liegend). **4.** *bes. her.* Ab-, Kennzeichen *n.* **'cog·ni·zant** *adj* **1.** unter'richtet (**of** über *acc od.* von): to **be** ~ **of s.th.** von etwas Kenntnis haben, (um) etwas wissen (→ 3). **2.** *jur.* zuständig. **3.** erkennend: to **be** ~ **of s.th.** etwas erkennen (→ 1).

**cog·nize** [kɒg'naiz; '-naiz; *Am.* kɑg'n-] *v/t* erkennen.

**cog·no·men** [kɒg'nəʊmen; *Am.* kɑg-'nəʊmən] *pl* **-mens, -nom·i·na** [-'nɒminə; -nəʊ-; *Am.* -'na-] *s* **1.** Fa'milien-, Zuname *m.* **2.** Spitz-, Beiname *m.*

**cog·nosce** [kɒgˈnɒs] v/t jur. Scot. **1.** unterˈsuchen. **2.** entscheiden. **3.** → certify 5.
**co·gno·scen·te** [kɒnjəʊˈʃentɪ; Am. ˌkɑnjə-] pl **-ti** [-tiː] s (bes. Kunst)Kenner m.
**cog·nos·ci·ble** [kɒgˈnɒsəbl; Am. kɑgˈnɑsəbəl] adj erkennbar.
**cog·no·vit** [kɒgˈnəʊvɪt; Am. kɑgˈn-] s jur. Anerkennung f e-r klägerischen Forderung seitens des Beklagten.
**ˈcogˌrail** s tech. Zahnschiene f. **~ railway, ˈ~way** s bes. Am. Zahnradbahn f. **ˈ~wheel** s tech. Zahn-, Kammrad n: **~ drive** Zahnradantrieb m.
**co·hab·it** [kəʊˈhæbɪt] v/i (unverheiratet) zs.-leben, jur. in e-m eheähnlichen Verhältnis zs.-leben. **coˈhab·it·ant** s Lebensgefährte m, -gefährtin f. **co·hab·i·ta·tion** [kəʊˌhæbɪˈteɪʃn; kəʊˌhæbɪˈt-] s **1.** Zs.-leben n. **2.** Beischlaf m, Beiwohnung f.
**co·heir** [ˌkəʊˈeə(r)] s Miterbe m. **coˈheir·ess** [-ˈeərɪs] s Miterbin f.
**co·here** [kəʊˈhɪə(r)] v/i **1.** zs.-hängen, -kleben. **2.** fig. zs.-hängen, in (logischem) Zs.-hang stehen. **3.** zs.-halten, -gehalten werden. **4.** fig. (with) zs.-passen (mit), übərˈeinstimmen (mit), passen (zu). **5.** Radio: fritten.
**co·her·ence** [kəʊˈhɪərəns], **coˈher·en·cy** s **1.** Zs.-halt m (a. fig.): family ~. **2.** phys. Kohäˈrenz f (Eigenschaft von Wellen, e-e feste Phasenbeziehung zu besitzen). **3.** Radio: Frittung f. **4.** (logischer) Zs.-hang: ~ of speech Klarheit f der Rede. **5.** Überˈeinstimmung f. **coˈher·ent** adj (adv ~ly) **1.** zs.-hängend, -haftend, verbunden. **2.** phys. kohäˈrent. **3.** (logisch) zs.-hängend, einheitlich, klar, verständlich: to be ~ in one's speech sich klar ausdrücken (können). **4.** übərˈeinstimmend, zs.-passend. **coˈher·er** s Radio: Fritter(empfänger) m.
**co·he·sion** [kəʊˈhiːʒn] s **1.** Zs.-halt m, -hang m. **2.** Bindekraft f. **3.** phys. Kohäsiˈon f (durch die Molekularkräfte bedingter Zs.-halt der Moleküle e-s Stoffes). **co·he·sive** [-sɪv] adj **1.** Kohäsions..., Binde...: ~ force → cohesiveness 1. **2.** fest zs.-haltend od. -hängend. **coˈhe·sive·ness** s **1.** Kohäsiˈons-, Bindekraft f. **2.** Festigkeit f.
**co·hort** [ˈkəʊhɔː(r)t] s **1.** antiq. mil. Koˈhorte f. **2.** Gruppe f, Schar f (Krieger etc). **3.** Statistik: (Perˈsonen)Gruppe f mit e-m gleichen staˈtistischen Faktor.
**co·hune** [kəʊˈhuːn], a. **~ palm** s bot. Coˈhunepalme f.
**coif** [kɔɪf] I s **1.** Kappe f, (a. Nonnen-) Haube f. **2.** jur. hist. Br. weiße Kappe der Anwälte, bes. der serjeants at law: to take the ~ zum serjeant at law befördert werden. II v/t **3.** mit e-r Kappe etc bekleiden.
**coif·feur** [kwɑːˈfɜː; Am. -ˈfɜr] s Friˈseur m.
**coif·fure** [kwɑːˈfjʊə(r)] I s **1.** Friˈsur f, Haartracht f. **2.** obs. Kopfputz m. II v/t **3.** friˈsieren.
**coign** [kɔɪn] s Ecke f, Eckstein m. **~ of van·tage** s fig. a) günstiger (Angriffs-)Punkt m, vorteilhafte Stellung b), b) (hohe) Warte f.
**coil¹** [kɔɪl] I v/t **1.** a. **~ up** aufrollen, (auf)wickeln: to ~ o.s. up sich zs.-rollen. **2.** mar. Tau aufschießen, in Ringen übereinˈanderlegen. **3.** spiˈralenförmig winden. **4.** umˈschlingen. **5.** electr. wickeln. II v/i **6.** a. ~ up sich winden, sich zs.-rollen. **7.** sich winden od. wickeln, sich schlingen (about, around um). **8.** sich (daˈhin)schlängeln. III s **9.** Rolle f, Spiˈrale f. **10.** mar. Tauwerks-, Seilrolle f. **11.** Rolle f, Spule f: ~ of wire; ~ of yarn Garnknäuel m, n. **12.** tech. a) Spiˈrale f, (a. einzelne) Windung, b) (Rohr)Schlange f, c) electr. Spule f, Wicklung f. **13.** Haarrolle f. **14.** a) Rolle f von Briefmarken (→

coil stamps), b) Briefmarke in e-r solchen Rolle. **15.** med. Spiˈrale f (Pessar).
**coil²** [kɔɪl] s obs. od. poet. a) Tuˈmult m, Wirrwarr m, b) Plage f: mortal ~ Drang m od. Mühsal f des Irdischen.
**coil | ig·ni·tion** s electr. Batteˈriezündung f. **ˈ~·load** v/t electr. pupiniˈsieren, bespulen. **~ spring** s tech. Schraubenfeder f. **~ stamps** s pl Briefmarken pl in perfoˈrierten, zs.-gerollten Bogen (zu 500 Stück).
**coin** [kɔɪn] I s **1.** Münze f: a) Geldstück n, b) (gemünztes) Geld, Meˈtallgeld n: to pay s.o. back in his own (od. in the same) ~ fig. es j-m mit od. in gleicher Münze heimzahlen; the other side of the ~ fig. die Kehrseite der Medaille. **2.** → coign. II v/t **3.** a) Metall münzen, b) Münzen schlagen, prägen: to ~ money colloq. Geld wie Heu verdienen. **4.** fig. Wort prägen. **5.** fig. zu Geld machen. III v/i **6.** münzen, Geld prägen. **~·age** s **1.** Prägen n, (Aus)Münzen n: ~ metal Münzmetall n. **2.** collect. Münzen pl, (gemünztes) Geld. **3.** ˈMünzsyˌstem n: decimal ~ Dezimalmünzsystem. **4.** Münzrecht n. **5.** fig. Prägung f (von Wörtern etc).
**ˈcoin|-box tel·e·phone** s Münzfernsprecher m. **~·chang·er** s Münzwechsler m (Automat).
**co·in·cide** [ˌkəʊɪnˈsaɪd] v/i **1.** (örtlich od. zeitlich) zs.-treffen, -fallen (with mit). **2.** übərˈeinstimmen, sich decken (with mit): they ~d in opinion sie waren der gleichen Meinung.
**co·in·ci·dence** [kəʊˈɪnsɪdəns] s **1.** (örtliches od. zeitliches) Zs.-treffen, Zs.-fallen n. **2.** zufälliges Zs.-treffen, Zufall m: not a mere ~ kein bloßer Zufall; by mere ~ rein zufällig. **3.** Überˈeinstimmung f. **co·in·ci·dent** adj (adv ~ly) **1.** zs.-fallend, -treffend (örtlich u. zeitlich), gleichzeitig (with mit). **2.** (with) genau übərˈeinstimmend (mit), sich deckend (mit), genau entsprechend (dat). **co·in·ci·denˈtal** [-ˈdentl] adj **1.** → coincident 2. **2.** zufällig. **3.** tech. zwei Arbeitsvorgänge gleichzeitig ausführend.
**coin·er** [ˈkɔɪnə(r)] s **1.** Münzschläger m, Präger m. **2.** fig. Präger m. **3.** bes. Br. Falschmünzer m. **ˈcoin·ing** adj Münz..., Präge...: ~ die Münz-, Prägestempel m.
**coin|-op** [ˈkɔɪnɒp; Am. -ˌnɑp] s colloq. **1.** ˈWaschsaˌlon m. **2.** Münztankstelle f. **ˈ~·ˌoper·at·ed** adj mit Münzbetrieb, Münz...: ~ ring s Münzring m.
**co·in·stan·ta·ne·ous** [ˌkəʊɪnstənˈteɪnjəs; -nɪəs] adj (adv ~ly) (genau) gleichzeitig.
**co·in·sur·ance** [ˌkəʊɪnˈʃʊərəns] s econ. **1.** Mitversicherung f. **2.** Rückversicherung f.
**coir** [ˈkɔɪə(r)] s Coˈir n, f (Kokosfasergarn).
**cois·trel** [ˈkɔɪstrəl], **ˈcois·tril** [-trɪl] s obs. **1.** Stallknecht m. **2.** Schuft m.
**co·i·tal** [ˈkəʊɪtl] adj (den) Geschlechtsverkehr betreffend: ~ position Stellung f.
**co·i·tion** [kəʊˈɪʃn], **co·i·tus** [ˈkəʊɪtəs] s Koitus m, Geschlechtsverkehr m. **co·i·tus in·ter·rup·tus** [ˌɪntəˈrʌptəs] pl **-tus -ti** [-taɪ] s Koitus m interˈruptus.
**co·ju·ror** [kəʊˈdʒʊərə(r)] s jur. hist. Eideshelfer m.
**coke¹** [kəʊk] tech. I s Koks m: ~ breeze Koksgrus m; ~ iron Kokseisen n. II v/t verkoken (lassen). III v/i verkoken.
**coke²** [kəʊk] s sl. „Koks“ m (Kokain).
**Coke³** [kəʊk] (TM) „Coke“ n, „Cola“ n, f, „Coca“ n, f (Coca-Cola).
**co·ker·nut** [ˈkəʊkə(r)nʌt] → coconut.
**col** [kɒl; Am. kɑl] s **1.** Gebirgspaß m, Joch n. **2.** meteor. schmales Tief.
**co·la¹** [ˈkəʊlə] → kola.
**co·la²** [ˈkəʊlə] pl von colon¹ u. colon² 2.

**col·an·der** [ˈkʌləndə(r)] I s Sieb n, Seiher m. II v/t ˈdurchseihen, (ˈdurch)sieben.
**co·la nut** → kola 1.
**col·at·i·tude** [kəʊˈlætɪtjuːd; Am. a. -ˌtuːd] s astr. Kompleˈment n der Breite e-s Gestirns, Diffeˈrenz f zwischen e-r angegebenen Breite u. 90°.
**col·can·non** [kɒlˈkænən; Am. kɑlˈk-] s gastr. Eintopf aus Kartoffeln u. Kohl.
**col·chi·cum** [ˈkɒltʃɪkəm; ˈkɒlkɪ-; Am. ˈkɑl-] s **1.** bot. Herbstzeitlose f. **2.** Herbstzeitlosensamen pl od. -knollen pl. **3.** pharm. Colchiˈcin n.
**cold** [kəʊld] I adj (adv ~ly) **1.** kalt: (as) ~ as ice eiskalt; ~ fury fig. kalte Wut; → cold blood, meat 4, shoulder 1, sweat 18, water Bes. Redew. **2.** kalt, frierend: I feel (od. am) ~ mir ist kalt, ich friere, mich friert; to get ~ feet colloq. „kalte Füße“ (Angst) bekommen. **3.** tot: he lay ~ in his coffin. **4.** fig. kalt, kühl: a) frostig, unfreundlich: a ~ welcome, b) nüchtern, sachlich: the ~ facts die nackten Tatsachen; in ~ print schwarz auf weiß, c) ˈunperˌsönlich: ~ style, d) ruhig, gelassen: it left me ~ es ließ mich kalt, e) gefühllos, gleichgültig, teilnahmslos (to gegen): ~ comfort ein schwacher Trost; → charity 2. **5.** (gefühls)kalt, friˈgid: a ~ woman. **6.** lau, wenig interesˈsiert: a ~ audience. **7.** fig. a) alt, überˈholt, „abgestanden“: ~ news, b) fad, langweilig, trocken. **8.** kalt (unvorbereitet od. noch nicht in Schwung): a ~ player; a ~ motor; ~ start mot. Kaltstart m. **9.** hunt. u. fig. kalt: ~ scent kalte Fährte. **10.** colloq. „kalt“ (im Suchspiel): you're still ~ a) immer noch kalt, b) fig. du bist noch weit davon entfernt. **11.** „kalt“: ~ colo(u)rs; a ~ room. **12.** colloq. bewußtlos: to knock s.o. ~ a) j-n bewußtlos schlagen, b) fig. j-n „glatt umhauen“. **13.** Am. sl. betrügerisch: ~ check gefälschter Scheck.
II adv **14.** Am. sl. (tod)sicher: to know s.th. ~.
III s **15.** Kälte f. **16.** Kälte f, kalte Witterung: to be left out in the ~ fig. a) kaltgestellt sein, ignoriert werden, leer ausgehen, b) schutzlos dastehen. **17.** med. Erkältung f: (common) ~, ~ (in the head) Schnupfen m; → catch 18.
**cold | blood** s fig. kaltes Blut, Kaltblütigkeit f: to murder s.o. in ~ j-n kaltblütig od. kalten Blutes ermorden. **ˈ~·ˌblood·ed** adj **1.** zo. kaltblütig: ~ animal Kaltblüter m. **2.** fig. a) kaltblütig, gefühllos, b) kaltblütig (begangen): ~ murder. **3.** colloq. kälteempfindlich. **~ cash** s Am. flüssige Mittel pl, Bargeld n. **~ cath·ode** s electr. ˈKaltkaˌthode f. **~ chis·el** s tech. Kalt-, Schrotmeißel m. **~ cream** s Cold Cream f, n (pflegende, kühlende Hautcreme). **ˈ~·drawn** adj tech. **1.** kaltgezogen (Metall). **2.** kaltgepreßt (Öl). **~·duck** s kalte Ente (Getränk). **~ e·mis·sion** s phys. kalte Elekˈtronenemissiˌon. **~ frame** s Frühbeet n. **~ front** s meteor. Kaltfront f. **ˈ~·ˈham·mer** v/t tech. kalthämmern, -schmieden. **ˈ~·ˈheart·ed** adj (adv ~ly) kalt-, hartherzig. **ˈ~·ˈheart·ed·ness** s Kalt-, Hartherzigkeit f. **[kalt.]**
**cold·ish** [ˈkəʊldɪʃ] adj ziemlich od. etwas **cold·ness** [ˈkəʊldnɪs] s Kälte f (a. fig.).
**cold | pack** s med. kalte Packung. **ˈ~·pack** method v/t tech. Kaltverfahren n (beim Konservieren). **~ press** s tech. Kaltpresse f. **ˈ~·reˌsist·ant** adj kältebeständig. **~ room** s Kühlraum m. **~ rub·ber** s tech. ˈTieftempeˌratur-kautschuk m, Cold Rubber m. **~ saw** s tech. **1.** Kaltsäge f. **2.** Trennsäge f. **ˈ~·ˈshort** adj tech. kaltbrüchig. **ˈ~·ˈshoul·der** v/t colloq. j-m die kalte Schulter zeigen, j-n kühl od. abweisend behandeln. **~ sore** s

*med.* Lippen-, Gesichtsherpes *m*, Fieber-bläs-chen *pl*. **~ steel** *s* blanke Waffe (*Messer, Bajonett etc*). **~ stor·age** *s* Kühlraum-, Kaltlagerung *f*: **to put s.th. into ~** *fig.* etwas ‚auf Eis legen' (*aufschieben*). **‚~'stor·age room** *s* Kühlraum *m*. **~store** *s* Kühlhalle *f*, -haus *n*. **~ tur·key** *s sl.* radi'kale Entziehung(skur). **~ war** *s pol.* ‚kalter Krieg'. **~ war·ri·or** *s pol.* ‚kalter Krieger'. **‚~'wa·ter cure** *s med.* Kalt'wasser-, Kneippkur *f*. **~ wave** *s* **1.** *meteor.* Kältewelle *f*. **2.** Kaltwelle *f* (*Frisur*). **'~-‚weld·ing** *s tech.* Kaltschwei-ßen *n*. **'~-‚work·ing** *s tech.* Kaltverfor-mung *f*, Kaltrecken *n*.

**cole** [kəʊl] *s bot.* (*ein*) Kohl *m*, *bes.* Raps *m*.

**co·le·op·ter·ist** [ˌkɒlɪ'ɒptərɪst; *Am.* ˌkəʊlɪ'ɑp-] *s* Käferkenner *m*. **‚co·le'op-ter·on** [-rən] *pl* **-ter·a** [-rə] *s* Käfer *m*. **‚co·le'op·ter·ous** *adj* zu den Käfern gehörig, Käfer...

**co·le·o·rhi·za** [ˌkɒlɪə'raɪzə; *Am.* ˌkəʊ-] *pl* **-zae** [-zi:] *s bot.* (Keim)Wurzelscheide *f*.

**'cole·seed** *s bot.* **1.** Rübsamen *m*. **2.** Raps *m*, Rübsen *m*. **'~slaw** *s* 'Kohl-sa‚lat *m*.

**co·le·us** ['kəʊlɪəs] *s bot.* Buntlippe *f*.

**'cole·wort** → **cole**.

**co·li·ba·cil·lus** [ˌkɒlɪbə'sɪləs; *Am.* ˌkəʊ-; ˌkɑ-] *s irr med.* 'Koliba‚zillus *m*, Ba'zillus *m* Coli.

**col·ic** ['kɒlɪk; *Am.* 'kɑ-] *med.* **I** *s* **1.** Kolik *f*: **renal ~** Nierenkolik. **II** *adj* **2.** → **colicky**. **3.** Dickdarm... **'col·ick·y** *adj* **1.** kolik-artig, Kolik... **2.** Kolik verursachend.

**col·i·se·um** [ˌkɒlɪ'sɪəm; *Am.* ˌkɑlə'si:əm] *s* **1.** Am'phithe‚ater *n*. **2.** *sport* a) Sport-halle *f*, b) Stadion *n*. **3.** **C~** Kolos'seum *n* (*in Rom*).

**co·li·tis** [kɒ'laɪtɪs; *bes. Am.* kəʊ'l-; kə'l-] *med.* Ko'litis *f*, Dickdarmentzündung *f*.

**col·la** ['kɒlə; *Am.* 'kɑlə] *pl von* **collum**.

**col·lab·o·rate** [kə'læbəreɪt] *v/i* **1.** zs.-, mitarbeiten: **to ~ with s.o. in s.th.** mit j-m an e-r Sache zs.-arbeiten. **2.** zs.-gehen, sich zs.-tun (*with* mit). **3.** *pol.* mit dem Feind zs.-arbeiten, kollabo'rieren. **col·lab·o·ra·tion** *s* **1.** Zs.-arbeit *f* (*in* bei e-r Sache): **in ~ with** gemeinsam mit. **2.** *pol.* Kollaborati'on *f*. **col·lab·o·ra-tion·ist** *s pol.* Kollabora'teur *m*. **col-'lab·o·ra·tive** [-rətɪv; *Am.* -ˌreɪtɪv] *adj* zs.-arbeitend, Gemeinschafts... **col-'lab·o·ra·tor** [-tə(r)] *s* **1.** Mitarbei-ter(in). **2.** *pol.* Kollabora'teur *m*.

**col·lage** [kɒ'lɑːʒ; kə'l-] *art* **I** *s* Col'lage *f*. **II** *v/t* Material zu e-r Col'lage verar-beiten.

**col·laps·a·ble** → **collapsible**.

**col·lapse** [kə'læps] **I** *v/i* **1.** zs.-brechen, einfallen, -stürzen. **2.** *fig.* zs.-brechen, scheitern: **the whole plan ~d**. **3.** *fig.* (*moralisch od. physisch*) zs.-brechen, ‚zs.-klappen'. **4.** *med.* e-n Kol'laps erleiden, (*a. Lunge*) kolla'bieren. **5.** *tech.* zs.-legbar sein, sich zs.-klappen lassen. **II** *v/t* **6.** Einsturz *m*: **~ of a house**. **7.** *fig.* Zs.-bruch *m*, Fehlschlag *m*: **~ of a bank** Bankkrach *m*; **~ of prices** (tiefer) Preis-sturz. **8.** *fig.* (*moralischer od. physischer*) Zs.-bruch. **9.** *med.* Kol'laps *m*: **nervous ~** Nervenzusammenbruch. **col'laps·i-ble** *adj* zs.-klappbar, Klapp..., Falt...: **~ boat** Faltboot *n*; **~ chair** Klappstuhl *m*; **~ roof** Klapp-, Rollverdeck *n*.

**col·lar** ['kɒlə; *Am.* 'kɑlər] **I** *s* **1.** (Hemd-, Rock-, Pelz- *etc*)Kragen *m*: **to take s.o. by the ~** j-n beim Kragen nehmen *od.* packen. **2.** (*Hunde- etc*)Halsband *n*: **to slip the** (*od. Lunge*) **one's)** ~ a) sich (von s-m Halsband) befreien, b) *fig.* den Kopf aus der Schlinge ziehen. **3.** Kummet *n* (*Pferdegeschirr*): **to work against the ~** *fig.* schuften wie ein Pferd. **4.** Hals-, Amts-, Ordenskette *f*: **~ of SS** (*od.* **Esses**).

*Br.* a) *hist.* Insignien *pl* des Hauses Lancaster, b) *heute*: Kette *f* des Lord Justice von England. **5.** Kolli'er *n*: **a ~ of pearls** Perlenkollier, -halsband *n*. **6.** *Am. hist.* eisernes Halsband (*für Sklaven*): **he wears no man's ~** *pol.* er ist unabhängig *od.* kein Parteigänger. **7.** *zo.* a) Hals-streifen *m*, -kragen *m*, b) Mantelwulst *m*. **8.** *tech.* a) Bund *m*, Kragen *m* (*bei Wellen od. Achsen*), b) Ring *m*, Einfassung *f*, c) Zwinge *f*, d) Bohrlochöffnung *f*, e) runde 'Unterlegscheibe, f) → **collar beam**. **II** *v/t* **9.** mit e-m Kragen versehen. **10.** *sport* den Gegner stoppen *od.* angehen. **11.** j-n beim Kragen packen. **12.** *colloq.* schnap-pen: a) j-n festnehmen, b) etwas ‚ergat-tern', erwischen. **13.** *Br.* Fleisch *etc* rollen u. zs.-binden. **~ beam** *s arch.* Quer-, Kehlbalken *m*. **'~bone** *s anat.* Schlüssel-bein *n*. **~ but·ton** *s Am.* Kragenknopf *m*.

**col·lar·et(te)** [ˌkɒlə'ret; *Am.* ˌkɑ-] *s* klei-ner (Spitzen- *etc*)Kragen.

**col·lar| in·sig·ni·a** *s pl mil.* Kragenab-zeichen *pl*. **~ nut** *s tech.* Ringmutter *f*. **~ patch** *s mil.* Kragenspiegel *m*. **~ stud** *s Br.* Kragenknopf *m*. **~ work** *s* **1.** Fahrt *f* berg'auf. **2.** *fig.* harte Arbeit, Schinde'rei *f*.

**col·late** [kɒ'leɪt; *Am.* kə'l-; *a.* 'kɒl-] *v/t* **1.** Texte *etc* kollatio'nieren: a) *mit dem Original vergleichen*, b) *print. auf richtige Zahl u. Anordnung überprüfen*. **2.** Texte zs.-stel-len (*u. vergleichen*). **3.** *electr. tech.* Loch-karten *etc* mischen. **4.** *relig.* (*in e-e Pfrün-de*) einsetzen.

**col·lat·er·al** [kɒ'lætərəl; *bes. Am.* kə'l-] **I** *adj* (*adv* **~ly**) **1.** seitlich, Seiten... **2.** paral'lel (laufend). **3.** *bot.* nebenstän-dig. **4.** begleitend, Neben...: **~ circum-stances** Begleit-, Nebenumstände. **5.** zu-sätzlich, Neben...: **~ insurance**. **6.** 'indi-‚rekt. **7.** gleichzeitig (auftretend). **8.** in der Seitenlinie (verwandt): **~ descent** Abstammung *f* von e-r Seitenlinie. **II** *s* **9.** *econ.* Nebensicherheit *f*, -bürgschaft *f*. **10.** Seitenverwandte(r *m*) *f*. **~ cir·cu·la-tion** *s med.* Kolla'te‚ral-, Um'gehungs-kreislauf *m*. **~ loan** *s econ.* Lom'bard-darlehen *n*, -kre‚dit *m*. **~ se·cu·ri·ty** → **collateral** 9. **~ sub·ject** *s ped.* Neben-fach *n*. **~ trust bond** *s econ. Am.* Schuld-verschreibung, die durch Deponierung von Effekten als Treuhandgut gesichert ist.

**col·la·tion** [kɒ'leɪʃn; *Am.* kə-] *s* **1.** (Text)Vergleichung *f*, Kollati'on *f*. **2.** Zs.-stellen *n* (*von Texten etc*) zum Verglei-chen. **3.** Über'prüfung *f*. **4.** Beschreibung *f* der technischen Einzelheiten e-s Buches (*Format, Seitenzahl etc*). **5.** Verifi'zierung *f* (*e-r Ausgabe durch Wiederholung*). **6.** *relig.* Verleihung *f* e-r Pfründe. **7.** *relig.* Zs.-kunft *f* (*zu erbaulicher Lektüre*). **8.** Imbiß *m*. **col'la·tor** [-tə(r)] *s* **1.** Kolla-tio'nierende(r *m*) *f*. **2.** *relig.* Verleiher *m*.

**col·league** ['kɒliːg; *Am.* 'kɑ-] *s* Kol'lege *m*, Kol'legin *f*, Mitarbeiter(in). **II** *v/i* sich zs.-tun.

**col·lect**[1] [kə'lekt] *v/t* **1.** Briefmarken *etc* sammeln: **to ~ stamps**. **2.** (ein)sammeln: **to ~ the letters** den Briefkasten leeren. **3.** auflesen, aufsammeln. **4.** versammeln. **5.** (an)sammeln, zs.-bringen, zs.-tragen: **to ~ facts**. **6.** etwas *od.* j-n abholen. **7.** Geld, Rechnungsbetrag *etc* (*ein*)kas-‚sieren: **to ~ an insurance benefit** e-e Versicherungsleistung beziehen *od.* er-halten; **to ~ a fine** e-e Geldstrafe ein-treiben; **to ~ taxes** Steuern erheben *od.* einziehen. **8.** *Gedanken etc* sammeln: **to ~ o.s.** sich sammeln *od.* fassen; **to ~ one's thoughts** s-e Gedanken zs.-nehmen, sich konzentrieren. **9.** *ein Pferd* fest in die Hand nehmen. **10.** folgern, schließen (*from* aus). **II** *v/i* **11.** sich (ver)sammeln. **12.** sich (an)sammeln, sich (an)häufen. **13.** sammeln. **III** *adj* **14.** *Am.* Nach-

nahme..., bei Lieferung zu bezahlen(d): **~ call** *teleph.* R-Gespräch *n*. **IV** *adv* **15.** *a.* **~ on delivery** *Am.* per Nachnahme; **to call ~** *teleph. Am.* ein R-Gespräch führen.

**col·lect**[2] ['kɒlekt; *Am.* 'kɑlɪkt] *s relig.* Kol'lekte *f*, Kirchengebet *n*.

**col·lect·a·ble** → **collectible**.

**col·lec·ta·ne·a** [ˌkɒlek'teɪnjə; *Am.* ˌkɑl-‚ek'teɪniːə] *s pl* Lesefrüchte *pl* (*gesammelte Auszüge*).

**col·lect·ed** [kə'lektɪd] *adj* (*adv* **~ly**) **1.** gesammelt: **~ works**. **2.** *fig.* a) gefaßt, gesammelt, ruhig, b) konzen'triert. **col-'lect·ed·ness** *s fig.* Gefaßtheit *f*, Fas-sung *f*, Sammlung *f*. **col'lect·i·ble I** *adj* **1.** sammelbar. **2.** *econ.* einzieh-, eintreib-, einlösbar. **II** *s* **3.** 'Sammelob‚jekt *n*.

**col·lect·ing** [kə'lektɪŋ] **I** *s* **1.** Sammeln *n*. **2.** *econ.* Einziehung *f*, -treibung *f*, In-'kasso *n*. **II** *adj* **3.** Sammel... **~ a·gent** *s econ.* In'kassoa‚gent *m*. **~ bar** *s electr.* Sammelschiene *f*. **~ cen·ter**, *bes. Br.* **~ cen·tre** *s* Sammelstelle *f*. **~ e·lec·trode** *s* 'Fangelek‚trode *f*. **~ sta·tion** *s mil.* Truppensammelplatz *m*.

**col·lec·tion** [kə'lekʃn] *s* **1.** (Ein)Sammeln *n*. **2.** (Briefmarken- *etc*)Sammlung *f*: **~ stamp**. **3.** Kol'lekte *f*, (Geld)Sammlung *f*. **4.** *econ.* In'kasso *n*, Ein-, Beitreibung *f*: **forcible ~** Zwangsbeitreibung; **~ at source** Steuererhebung *f* an der Quelle; **~ department** Inkassoabteilung *f*. **5.** *econ.* ('Muster)Kollekti‚on *f*, Auswahl *f*, Sorti'ment *n*: **winter ~** Winterkollek-tion. **6.** Beschaffung *f*, Einholung *f*: **~ of news**; **~ of statistics** statistische Er-hebung(en *pl*). **7.** Abholung *f*. **8.** Leerung *f* des Briefkastens. **9.** Ansammlung *f*, Anhäufung *f*. **10.** *fig.* Fassung *f*, Samm-lung *f*, Gefaßtheit *f*. **11.** *pl univ. Br.* Schlußprüfung *f* am Ende e-s Tri'mesters (*Oxford*). **12.** *Br.* Sammelbezirk *m*.

**col·lec·tive** [kə'lektɪv] **I** *adj* (*adv* → **col-lectively**) **1.** gesammelt, vereint, zs.-gefaßt. **2.** kollek'tiv: a) e-e ganze Gruppe betreffend, gesamt: **~ interests** Gesamt-interessen, b) gemeinsam: **~ ownership**, c) Gemeinschafts..., gemeinschaftlich: **~ consciousness** *psych.* Kollektivbe-wußtsein *n*, d) um'fassend, zs.-fassend. **3.** Sammel... (*a. bot.*), Gemeinschafts...: **~ number** *teleph.* Sammelnummer *f*, -an-schluß *m*; **~ order** *econ.* Sammelbestel-lung *f*. **II** *s* **4.** *ling.* Kollek'tivum *n*, Sam-melbegriff *m*. **5.** Gemeinschaft *f*, Gruppe *f*. **6.** *pol.* a) Kollek'tiv *n*, Produkti'ons-gemeinschaft *f* (*in kommunistischen Län-dern*), b) → **collective farm**. **~ a·gree-ment** *s econ.* Kollek'tivvertrag *m*, Ta-'rifabkommen *n*. **~ bar·gain·ing** *s econ.* Ta'rifverhandlungen *pl* (*zwischen Arbeitgeber[n] u. Gewerkschaften*). **~ be·hav·io(u)r** *s sociol.* Kollek'tivver-halten *n*. **~ farm** *s* Kol'chose *f* (*UdSSR*), landwirtschaftliche Produkti'onsgenos-senschaft (*DDR*).

**col·lec·tive·ly** [kə'lektɪvlɪ] *adv* **1.** ge-meinsam, zu'sammen, gemeinschaftlich. **2.** insgesamt.

**col·lec·tive| mort·gage** *s econ.* Ge-'samthypo‚thek *f*. **~ noun** → **collective** 4. **~ se·cu·ri·ty** *s pol.* kollek'tive Sicher-heit.

**col·lec·tiv·ism** [kə'lektɪvɪzəm] *s* Kollek-ti'vismus *m*: a) Lehre, die mit Nachdruck den Vorrang des gesellschaftlichen Ganzen vor dem Individuum betont, b) *econ. pol.* kollek'tive Wirtschaftslenkung, c) *econ. pol.* Vergesellschaftung *f* des Pri'vatei-gentums. **col'lec·tiv·ist** *s* Kollekti-'vist(in). **II** *adj* kollekti'vistisch.

**col·lec·tiv·i·ty** [ˌkɒlek'tɪvətɪ; *Am.* ˌkɑ-] *s* **1.** Kollektivi'tät *f*, kollek'tiver Cha'rakter. **2.** (*die*) Gesamtheit, (*das*) Ganze. **3.** (*die*) Gesamtheit des Volkes.

**col·lec·tiv·i·za·tion** [kə‚lektɪvaɪˈzeɪʃn; *Am.* -və'z-] *s econ. pol.* Kollekti'vierung *f.*
**col'lec·tiv·ize** *v/t* kollekti'vieren.
**col·lec·tor** [kəˈlektə(r)] *s* **1.** Sammler(in): ~'s item (*Br. a.* piece) Sammlerstück *n.* **2.** Kas'sierer *m,* (*Steuer- etc*)Einnehmer *m.* **3.** Einsammler *m.* **4.** *electr.* a) Stromabnehmer *m,* b) 'Auffangelek‚trode *f.* **5.** *tech.* Sammelscheibe *f.* **6.** *Br. Ind.* oberste(r) Verwaltungsbeamte(r) e-s Bezirkes. ~ **ring** *s electr.* Schleifring *m.*
**col·leen** [ˈkɒliːn; kɒˈliːn] *s Ir.* Mädchen *n.*
**col·lege** [ˈkɒlɪdʒ; *Am.* ˈkɑ-] *s* **1.** *Br.* College *n* (*Wohngemeinschaft von Dozenten u. Studenten innerhalb e-r Universität*): to enter (*od.* go to) ~ e-e Universität beziehen. **2.** *Br.* höhere (*zu e-r Universität gehörende*) Lehranstalt: University C~ (*in London*); ~ of education pädagogische Hochschule. **3.** *Am.* a) College *n,* höhere Lehranstalt (*selbständig od. vereinigt mit e-r Universität; mit meist vierjährigem Lehrplan den Übergang bildend zwischen der High-School u. dem Universitäts- od. Berufsstudium*), b) Insti'tut *n* (*für Sonderausbildung*): medical ~. **4.** höhere Lehranstalt, Akade'mie *f:* a) *Br.* e-e der großen Public Schools wie Eton etc, b) Lehranstalt für besondere Studienzweige: Naval C~ Marineakademie. **5.** College(gebäude) *n.* **6.** Kol'legium *n:* a) organisierte Vereinigung von Personen mit gemeinsamen Pflichten u. Rechten, b) Ausschuß *m:* → electoral 1. **7.** *relig.* (*Kardinals- etc*)Kol'legium *n.* **8.** a) Gemein-, Gesellschaft *f,* b) Schwarm *m* (*Bienen*). **9.** *bes. Br. sl. obs.* „Kittchen' *n* (*Gefängnis*). ~ **liv·ing** *s Br.* Pfründe *f* für e-n (*meist theologischen*) Gelehrten an e-m College. C~ **of Arms** → **Heralds'** College. C~ **of Jus·tice** *s jur. Scot.* oberstes Gericht für Zi'vilsachen. ~ **pud·ding** *s Br.* (*Art*) Plumpudding *m.*
**col·leg·er** [ˈkɒlɪdʒə(r); *Am.* ˈkɑ-] *s* **1.** *Br.* (*im College wohnender*) Stipendi'at (*Eton*). **2.** *Am.* Stu'dent *m* e-s College.
**col·lege wid·ow** *s Am. colloq.* „ewige Stu'dentenbraut'.
**col·le·gi·al** [kəˈliːdʒɪəl; *Am. a.* -dʒəl] = **collegiate.** **col'le·gi·an** [-dʒən; -dʒɪən; *Am. a.* -dʒən] *s* Mitglied *n od.* Stu'dent *m* e-s College.
**col·le·gi·ate** [kəˈliːdʒɪət; *Am. a.* -dʒət] *adj* College..., Hochschul..., aka'demisch, Studenten...: ~ **dictionary** Schulwörterbuch *n.* ~ **church** *s relig.* **1.** *Br.* Kollegi'at-, Stiftskirche *f.* **2.** *Am.* Vereinigung *f* mehrerer ehemals unabhängiger Kirchen. **3.** *Scot.* Kirche *f od.* Gemeinde *f* mit mindestens zwei ranggleichen Pa'storen.
**col·let** [ˈkɒlɪt; *Am.* ˈkɑlət] *s tech.* **1.** Me'tallring *m,* Spannhülse *f,* Zwinge *f.* **2.** Fassung *f* (*e-s Edelsteins*).
**col·lide** [kəˈlaɪd] *v/i* **1.** (with) kolli'dieren (mit): a) zs.-stoßen (mit) (*a. fig.*), b) stoßen (gegen), c) *fig.* im 'Widerspruch stehen (zu).
**col·lie** [ˈkɒlɪ; *Am.* ˈkɑlɪ] *s zo.* Collie *m* (*langhaariger, schottischer Schäferhund*).
**col·lier** [ˈkɒlɪə; *Am.* ˈkɑljər] *s* **1.** Kohlenarbeiter *m,* Bergmann *m.* **2.** *mar.* a) Kohlendampfer *m,* -schiff *n,* b) Ma'trose *m* auf e-m Kohlenschiff. **3.** *obs.* Kohlenträger *m,* -händler *m.* **'col·lier·y** [-ljərɪ] *s* Kohlengrube *f,* (Kohlen)Zeche *f.*
**col·li·gate** [ˈkɒlɪgeɪt; *Am.* ˈkɑ-] *v/t* **1.** *philos.* Tatsachen logisch verbinden. **2.** verbinden, vereinigen.
**col·li·mate** [ˈkɒlɪmeɪt; *Am.* ˈkɑ-] *v/t astr. phys.* **1.** zwei Linien etc zs.-fallen lassen. **2.** Teleskop etc richten, einstellen. **col·li·ma·tion** *s astr. phys.* **1.** Kollimati'on *f* (*Übereinstimmung od. Parallelität zweier Richtungen an e-m Meßgerät*): ~ **error**

Kollimationsfehler *m;* ~ **line** Sehlinie *f.* **2.** genaues Einstellen (*Meßgerät*). **'col·li·ma·tor** [-tə(r)] *s astr. phys.* TV Kolli'mator *m.*
**col·lin·e·ar** [kɒˈlɪnjə; *Am.* kəˈlɪniːər] *adj math.* kolline'ar (*auf derselben Geraden liegend*).
**col·lins** [ˈkɒlɪnz; *Am.* ˈkɑ-] *s* Getränk aus Gin, Wodka, Rum etc, vermischt mit Fruchtsaft, Sodawasser u. Zucker.
**col·li·qua·tion** [‚kɒlɪˈkweɪʃn; *Am.* ‚kɑ-; *a.* -ʒən] *s med.* Kolliquati'on *f,* Zersetzung *f* (*von Geweben*).
**col·li·sion** [kəˈlɪʒn] *s* **1.** Zs.-stoß *m,* Zs.-prall *m,* Kollisi'on *f* (*alle a. fig.*): to come into ~ with s.th. mit etwas zs.-stoßen; to be on a ~ **course** auf Kollisionskurs sein. **2.** *fig.* 'Widerspruch *m,* -streit *m,* Kon'flikt *m,* Gegensatz *m:* to bring s.o. into ~ with the law j-n mit dem Gesetz in Konflikt bringen.
**col·lo·cate** [ˈkɒləʊkeɪt; *Am.* ˈkɑlə-] *v/t* zs.-stellen, ordnen. **‚col·lo'ca·tion** *s* **1.** Zs.-stellung *f.* **2.** *ling.* Kollokati'on *f.*
**col·loc·u·tor** [ˈkɒləkjuːtə(r); kəˈlɒkjʊ-; *Am.* ˈkɑlə-; kəˈlɑkjə-] *s* Gesprächspartner(in).
**col·lo·di·on** [kəˈləʊdjən; -ɪən] *chem.* **I** *s* Kol'lodium *n.* **II** *adj* Kollodium...: ~ **cotton** *tech.* Schießbaumwolle *f.* **col'lo·di·on·ize** *v/t* mit Kol'lodium behandeln.
**col·lo·di·um** [kəˈləʊdjəm; -ɪəm] → **collodion.**
**col·logue** [kəˈləʊg] *v/i* sich beraten (**with** mit).
**col·loid** [ˈkɒlɔɪd; *Am.* ˈkɑ-] *chem.* **I** *s* Kollo'id *n,* gallertartiger Stoff. **II** *adj* → **colloidal** 1. **col'loi·dal** *adj* **1.** *chem.* kolloi'dal, gallertartig. **2.** *min.* a)'morph.
**col·lop** [ˈkɒləp; *Am.* ˈkɑ-] *s* **1.** kleine Scheibe Speck *od.* Fleisch. **2.** Stückchen *n.*
**col·lo·qui·a** [kəˈləʊkwɪə] *pl von* **colloquium.**
**col·lo·qui·al** [kəˈləʊkwɪəl] *adj* (*adv* ~ly) 'umgangssprachlich, famili'är, Umgangs...: ~ **English** Umgangsenglisch *n;* ~ **expression** → **colloquialism.** **col'lo·qui·al·ism** *s* Ausdruck *m* der 'Umgangssprache. **col'lo·qui·al·ize** *v/t* 'umgangssprachlich abfassen.
**col·lo·quist** [ˈkɒləkwɪst; *Am.* ˈkɑ-] → **collocutor.**
**col·lo·qui·um** [kəˈləʊkwɪəm] *pl* **-qui·ums, -qui·a** [-kwɪə] *s* Kol'loquium *n.*
**col·lo·quy** [ˈkɒləkwɪ; *Am.* ˈkɑ-] *s* Unter'redung *f,* Gespräch *n.*
**col·lo·type** [ˈkɒləʊtaɪp; *Am.* ˈkɑlə-] *phot.* **I** *s* **1.** Lichtdruckverfahren *n.* **2.** Farbenlichtdruck *m.* **3.** Lichtdruckplatte *f* (*mit Chromgelatineschicht überzogen*). **II** *v/t* **4.** im Lichtdruckverfahren 'herstellen.
**col·lude** [kəˈluːd; *Br. a.* kəˈljuːd] *v/i* in heimlichem Einverständnis stehen *od.* handeln, unter e-r Decke stecken.
**col·lum** [ˈkɒləm; *Am.* ˈkɑ-] *pl* **-la** [-lə] *s anat. bot.* Hals *m,* halsähnlicher Teil.
**col·lu·sion** [kəˈluː-; *Am.* -ˈljuː-] *s jur.* Kollusi'on *f:* a) geheimes *od.* betrügerisches Einverständnis, Absprache *f:* to act in ~ in geheimem Einverständnis handeln, b) Verdunkelung *f:* risk (*od.* danger) of ~ Verdunkelungsgefahr *f.* **2.** abgekartete Sache, Schwindel *m.* **col'lu·sive** [-sɪv] *adj* (*adv* ~ly) heimlich verabredet, abgekartet.
**col·lyr·i·um** [kəˈlɪərɪəm; *Br. a.* kɒ-] *pl* **-i·a** [-ə], **-i·ums** *s med.* Augenwasser *n.*
**col·ly·wob·bles** [ˈkɒlɪˌwɒblz; *Am.* ˈkɑlɪˌwɑbəlz] *s pl* (*als sg od. pl konstruiert*): to have the ~ *colloq.* ein flaues Gefühl in der Magengegend haben.
**col·o·en·ter·i·tis** [ˌkəʊləʊˌentəˈraɪtɪs] *s med.* Enteroko'litis *f,* Entzündung *f* des Dünn- u. Dickdarms.

**co·logne** [kəˈləʊn], *a.* ~ **wa·ter** *s* Kölnischwasser *n,* Eau *n,* *f* de Co'logne.
**Co·lom·bi·an** [kəˈlɒmbɪən; *bes. Am.* -ˈlʌm-] **I** *adj* kolumbi'anisch, ko'lumbisch. **II** *s* Kolumbi'aner(in), Ko'lumbier(in).
**co·lon¹** [ˈkəʊlən] *pl* **-lons, -la** [-lə] *s anat.* Colon *n,* Dickdarm *m.*
**co·lon²** [ˈkəʊlən] *s ling.* **1.** Doppelpunkt *m.* **2.** *pl* **-la** [-lə] 'Hauptab‚teilung *f* e-r rhythmischen Peri'ode.
**co·lon³** [ˈkəʊlən; kə-] *pl* **-lons, -lo·nes** [-neɪs] *s* Co'lon *m* (*Währungseinheit in Costa Rica u. El Salvador*).
**colo·nel** [ˈkɜːnl; *Am.* ˈkɜrnl] *s* **1.** *mil.* Oberst *m:* → **Blimp²**. C~ *Am.* Ehrentitel für prominente Bürger. **II** *v/t* **3.** *mil.* zum Oberst befördern. **'colo·nel·cy** *s* Stelle *f od.* Rang *m* e-s Obersten.
**colo·nel gen·er·al** *pl* **colo·nels gen·er·al** *od.* **colo·nel gen·er·als** *s mil.* Gene'ral oberst *m.*
**'colo·nel-in-chief** *pl* **'colo·nels-in-chief** *od.* **'colo·nel-in-chiefs** *s mil.* Regi'mentschef *m* (*ehrenhalber*).
**co·lo·nes** [kəʊˈləʊneɪs; kə-] *pl von* **colon³**.
**co·lo·ni·al** [kəˈləʊnjəl; -nɪəl] **I** *adj* (*adv* ~ly) **1.** koloni'al, Kolonial...: ~ **masters** Kolonialherren; ~ **system** → **colonialism** 2. **2.** *Am.* a) die dreizehn brit. Kolo'nien betreffend (*die sich als Vereinigte Staaten selbständig machten*), b) die Zeit vor 1776 *od.* (*weitS.*) das 18. Jh. betreffend. **3.** *biol.* kolo'nienbildend, gesellig. **4.** C~ *arch.* den Koloni'alstil (*des 18. Jhs.*) betreffend. **II** *s* → **colonist.**
**co·lo·ni·al·ism** *s* **1.** (*ein*) für e-e Kolo'nie typischer Zug (*in Sitte, Ausdrucksweise etc*). **2.** *pol.* Kolonia'lismus *m,* Koloni'alsystem *n,* -poli‚tik *f.*
**Co·lo·ni·al of·fice** *s pol. Br.* Koloni'alministerium *n.* ~ **Sec·re·tar·y** *s* Koloni'almi‚nister *m.*
**co·lon·ic** [kəʊˈlɒnɪk; kə-; *Am.* -ˈlɑ-] *adj anat.* Dickdarm...
**col·o·nist** [ˈkɒlənɪst; *Am.* ˈkɑ-] *s* Kolo'nist(in), (An)Siedler(in). **‚col·o·ni'za·tion** [-naɪˈzeɪʃn; *Am.* -nəˈz-] *s* **1.** Kolonisati'on *f,* Besiedlung *f* (*a. biol.*). **2.** *pol.* vor'übergehende Ansiedlung von Wählern in e-m Wahlbezirk (*um Stimmen zu gewinnen*). **'co·lo·nize** [-naɪz] **I** *v/t* **1.** koloni'sieren, besiedeln. **2.** ansiedeln. **II** *v/i* **3.** sich ansiedeln. **4.** e-e Kolo'nie bilden. **'col·o·niz·er** *s* **1.** Koloni'sator *m.* **2.** colonist.
**col·on·nade** [ˌkɒləˈneɪd; *Am.* ˌkɑ-] *s* **1.** *arch.* Kolon'nade *f,* Säulengang *m.* **2.** Al'lee *f.*
**col·o·ny** [ˈkɒlənɪ; *Am.* ˈkɑ-] *s allg.* Kolo'nie *f:* a) Koloni'al-, Siedlungsgebiet *n:* the Colonies *hist.* die dreizehn brit. Kolonien (*die sich als Vereinigte Staaten von Amerika selbständig machten*), b) Siedlung *f,* c) Gruppe *f* von Ansiedlern, d) ('Ausländer-, 'Fremden)Kolo‚nie *f:* the German ~ in Rome; a ~ of artists e-e Künstlerkolonie, e) *biol.* (Bak'terien-, 'Pflanzen- *od.* 'Tier)Kolo‚nie *f.*
**col·o·phon** [ˈkɒləfɒn; *Am.* ˈkɑ-] *s* Kolo'phon *m* (*Schlußinschrift alter Druckwerke*).
**co·loph·o·ny** [kɒˈlɒfənɪ; *Am.* kəˈlɑ-; ˈkɑləˌfəʊniː] *s* Kolo'phonium *n,* Geigenharz *n.*
**col·or**, *bes. Br.* **col·our** [ˈkʌlə(r)] **I** *s* **1.** *bes. chro*'matische) Farbe: what ~ is it? welche Farbe hat es? **2.** (*a. gesunde*) Gesichtsfarbe: to have ~ gesund aussehen; to lose ~ die Farbe verlieren, erbleichen, blaß werden; she has little ~ sie ist blaß; → **change** 1. **3.** (*bes. dunkle*) Hautfarbe: gentleman of ~ Farbige(r) *m;* people of ~ Farbige; ~ **problem**

Rassenfrage f. **4.** (Gesichts)Röte f: her ~ came and went sie wurde abwechselnd rot u. blaß. **5.** fig. Farbe f, Kolo'rit n: a novel with a great deal of local ~ ein Roman mit viel Lokalkolorit; **to add** (od. **lend**) ~ to etwas beleben, lebendig od. realistisch machen. **6.** paint. tech. Farbe f, Farbstoff m: ~ **additive** Farbstoffzusatz m; **to lay on the ~s too thickly** fig. zu dick auftragen; **to paint in bright (dark) ~s** etwas in rosigen (düsteren) Farben schildern. **7.** a) Farbgebung f, b) Farbwirkung f. **8.** mus. Klangfarbe f. **9.** fig. Färbung f, Ton m, Cha'rakter m, Stimmung f. **10.** Farbe f, farbiges Band etc. Abzeichen (e-r Schule, e-s Jockeys etc): **to get one's** ~ sein Mitgliedsabzeichen (als neues Mitglied) erhalten. **11.** pl mil. Fahne f: **to call to the ~s** einberufen; **to join the ~s** zur Fahne eilen, Soldat werden; **to come off with flying ~s** e-n glänzenden Sieg od. Erfolg erringen; **he passed his examination with flying ~s** er hat s-e Prüfung glänzend bestanden. **12.** pl mar. Flagge f: **to lower one's ~s** die Flagge streichen (a. fig.); **to nail one's ~s to the mast** sich unwiderruflich festlegen; **to stick to one's ~s** standhaft bleiben, nicht kapitulieren (wollen); **to sail under false ~s** unter falscher Flagge segeln (a. fig.); **to come out in one's true ~s** s-n wahren Charakter zeigen; **to show one's true ~s** a) sein wahres Gesicht zeigen, b) Farbe bekennen, sich erklären. **13.** Anschein m, Anstrich m: ~ **of truth**; **to give ~ to the story** der Geschichte den Anstrich der Wahrscheinlichkeit geben, die Geschichte glaubhaft machen; ~ **of office** jur. Amtsanmaßung f; ~ **of title** jur. Am. (zu Unrecht) behaupteter Rechtstitel. **14.** Deckmantel m, Vorwand m: **under the ~ of charity** unter dem Vorwand der Mäntelchen der Nächstenliebe. **15.** Art f, Sorte f: **a man of his ~** ein Mann s-s Schlages. **16.** colloq. Spur f: **he will not see the ~ of my money** von mir bekommt er keinen Pfennig. **17.** Kartenspiel: rote u. schwarze Farbe. **18.** her. Wappenfarbe f. **19.** ausgewaschenes Goldteilchen.
**II** v/t **20.** färben, kolo'rieren, anstreichen, anmalen. **21.** fig. färben: a) e-n Anstrich geben (dat), gefärbt darstellen, entstellen: **a ~ed report** ein gefärbter Bericht, b) schönfärben, beschönigen. **22.** fig. abfärben auf (acc), beeinflussen. **III** v/i **23.** sich (ver)färben, (e-e) Farbe annehmen. **24.** a. ~ **up** erröten, rot werden.

**col·or·a·ble**, bes. Br. **col·our·a·ble** ['kʌlərəbl] adj (adv colo[u]rably) **1.** färbbar. **2.** plau'sibel, glaubhaft. **3.** vorgeblich, fin'giert: ~ **imitation** jur. täuschend ähnliche Nachahmung (e-s Warenzeichens); ~ **title** jur. unzureichender Anspruch auf Eigentumsrecht.

**Col·o·ra·do (po·ta·to) bee·tle** [ˌkɒləˈrɑːdəʊ; Am. ˌkɑləˈrædəʊ; -ˈrɑ-] s zo. Kar'toffelkäfer m.

**col·or·ant** ['kʌlərənt] s Farbstoff m, Färbemittel m.

**col·or·a·tion** [ˌkʌləˈreɪʃn] s **1.** Färben n, Kolo'rieren n. **2.** Farb(en)gebung f, 'Farbzuˌsammenstellung f. **3.** biol. Färbung f.

**col·o·ra·tu·ra** [ˌkɒlərəˈtʊərə; -ˈtjʊərə; Am. ˌkʌl-] s mus. **1.** Kolora'tur f. **2.** virtu'ose Mu'sik. **3.** Kolora'tursängerin f. ~ **so·pra·no** s a) Kolora'tursoˌpran m, b) Kolora'tursopraˌnistin f.

**col·or| bar**, bes. Br. **col·our| bar** s Rassenschranke f. **'~ˌbear·er** s mil. Fahnenträger m. **'~-ˌblind** adj **1.** med. farbenblind. **2.** Am. fig. blind (to für). **3.**

---

fig. frei von Rassenvorurteilen. **~blind·ness** s med. Farbenblindheit f. ~ **cast** s Farbfernsehsendung f. ~ **chart** s Farbenskala f. **'~-code** v/t durch verschiedene Farben kennzeichnen.

**col·ored**, bes. Br. **col·oured** ['kʌlə(r)d] **I** adj **1.** farbig, bunt (beide a. fig.), kolo'riert: ~ **pencil** Bunt-, Farbstift m; ~ **plate** Farbenkunstdruck m. **2.** farbig: a ~ **man** ein Farbiger; ~ **people** Farbige; a ~ **school** e-e Schule für Farbige. **3.** fig. gefärbt: a) beschönigt, b) nicht objek'tiv, tendenzi'ös: ~ **account**, c) beeinflußt: **politically ~**. **4.** fig. angeblich, falsch: a ~ **ally**. **5.** in Zssgn ...farbig, ...farben. **II** s **6.** Farbige(r m) f: **the ~**; a school for ~s.

**'col·or·fast**, bes. Br. **'col·our·fast** adj farbecht. ~ **film** s phot. Farbfilm m. ~ **fil·ter** s phot. Farbfilter m, n.

**'col·or·ful**, bes. Br. **'col·our·ful** adj **1.** farbenfreudig, -prächtig, bunt. **2.** fig. farbig, bunt, lebhaft, abwechslungsreich: a ~ **pageant**; a ~ **description** e-e anschauliche Beschreibung. **3.** fig. auffallend, interes'sant: a ~ **personality**.

**col·or guard**, bes. Br. **col·our guard** s mil. Fahnenwache f, -abordnung f.

**col·or·if·ic** [ˌkɒləˈrɪfɪk; bes. Am. ˌkʌl-] adj **1.** farbgebend. **2.** obs. a) Farb..., b) farbenfreudig.

**col·or·im·e·ter** [ˌkɒləˈrɪmɪtə(r); bes. Am. ˌkʌl-] s phys. Kolori'meter n, Farbenmesser m.

**col·or·ing**, bes. Br. **col·our·ing** ['kʌlərɪŋ] **I** s **1.** Färben n. **2.** Farbe f, Färbemittel n. **3.** Färbung f, Kolo'rit n, Farbe f, Farbgebung f. **4.** Gesichtsfarbe f. **5.** fig. äußerer Anstrich, Schein m. **6.** fig. Schönfärbe'rei f, Beschönigung f. **7.** fig. Färbung f, Ten'denz f. **II** adj **8.** Farb...: ~ **book** Malbuch n; ~ **matter** Farbstoff m.

**'col·or·in·ten·sive**, bes. Br. **'col·our·in·ten·sive** adj 'farbinten₁siv.

**col·or·ist**, bes. Br. **col·our·ist** ['kʌlərɪst] s paint. Farbenkünstler m, engS. Kolo'rist m.

**'col·or-key**, bes. Br. **'col·our-key** → color-code.

**col·or·less**, bes. Br. **col·our·less** ['kʌlə(r)lɪs] adj (adv ~ly) **1.** farblos (a. fig. nichtssagend). **2.** fig. neu'tral, 'unparˌteiisch.

**col·or| line**, bes. Br. **col·our| line** s Rassenschranke f. **'~-man** [-mən] s irr Br. Farbenhändler m. **~ or·gan** s Lichtorgel f. ~ **pho·tog·ra·phy** s 'Farbfotograˌfie f. ~ **plate** s Farben(kunst)druck m. ~ **prej·u·dice** s Rassenvorurteil n. ~ **print** s print. Farbendruck m (Bild). ~ **print·ing** s print. Bunt-, Farbendruck m (Verfahren). ~ **prob·lem** s 'Rassenproˌblem n. **~ sa·lute** s mil. Flaggengruß m. ~ **scheme** → coloration 2. ~ **screen** s tech. Farbschirm m. ~ **ser·geant** s mil. (etwa) Oberfeldwebel m. ~ **set** s Farbfernseher m. ~ **sup·ple·ment** s Farbbeilage f (e-r Zeitung). ~ **tel·e·vi·sion** s Farbfernsehen n.

**co·los·sal** [kəˈlɒsl; Am. kəˈlɑsəl] adj kolos'sal, riesig, Riesen..., ungeheuer (alle a. fig. colloq.): a ~ **mistake**; a ~ **statue** e-e Kolossalstatue.

**co·los·se·um** [ˌkɒləˈsɪəm; Am. ˌkɑ-] → coliseum.

**co·los·si** [kəˈlɒsaɪ; Am. -ˈlɑ-] pl von colossus.

**Co·los·sians** [kəˈlɒʃnz; Am. -ˈlɑ-] s pl Bibl. (Brief m des Paulus an die) Ko'losser pl.

**co·los·sus** [kəˈlɒsəs; Am. -ˈlɑ-] pl **-si** [-saɪ], **-sus·es** s Ko'loß m: a) Riese m, b) (etwas) Riesengroßes, c) Riesenstandbild n.

**co·los·to·my** [kəˈlɒstəmɪ; Am. -ˈlɑ-] s

---

med. Kolosto'mie f (Anlegung e-r Dickdarmfistel).

**co·los·trum** [kəˈlɒstrəm; Am. -ˈlɑ-] s biol. Vormilch f.

**col·our, col·our·a·ble, col·our bar,** etc → color, colorable, color bar, etc.

**col·pi·tis** [kɒlˈpaɪtɪs] s med. Kol'pitis f, Scheidenentzündung f.

**col·por·tage** ['kɒlpɔː(r)tɪdʒ; Am. 'kɑlp-] s Kolpor'tage f. **col·por·teur** [-tə(r)] s Kolpor'teur m, Hau'sierer m mit (bes. religiösen) Büchern od. Zeitschriften.

**colt**[1] [kəʊlt] **I** s **1.** Füllen n, Fohlen n: (as) sound as a ~ gesund wie ein Fisch im Wasser. **2.** fig. ,Grünschnabel' m, ,junger Dachs'. **3.** sport 'unroutiˌnierter Spieler. **4.** mar. Tauende n. **II** v/t **5.** mar. mit dem Tauende verprügeln.

**Colt**[2] [kəʊlt] (TM) s Colt m (Revolver).

**col·ter**, bes. Br. **coul·ter** ['kəʊltə(r)] s agr. Kolter n (am Pflug).

**colt·ish** ['kəʊltɪʃ] adj **1.** fohlenartig. **2.** ausgelassen, 'übermütig.

**'colts·foot** pl **-foots** s bot. Huflattich m.

**colt's tooth** s irr **1.** zo. a) Milchzahn m, b) Wolfszahn m (beim Pferd). **2.** (jugendlicher) 'Übermut': **to cast** (od. **shed**) **one's ~** sich die Hörner abstoßen.

**Co·lum·bi·an**[1] [kəˈlʌmbɪən] adj **1.** poet. ameri'kanisch. **2.** Ko'lumbus betreffend.

**Co·lum·bi·an**[2] [kəˈlʌmbɪən] s print. Tertia f (16 Punkt; Schriftgröße).

**co·lum·bic ac·id** [kəˈlʌmbɪk] s chem. Co'lumbium-, Ni'obsäure f.

**col·um·bine**[1] ['kɒləmbaɪn; Am. 'kɑ-] adj **1.** taubenartig, Tauben... **2.** taubengrau.

**col·um·bine**[2] ['kɒləmbaɪn; Am. 'kɑ-] s bot. Ake'lei f.

**Col·um·bine**[3] ['kɒləmbaɪn; Am. 'kɑ-] s thea. Kolom'bine f (Geliebte des Harlekin).

**co·lum·bite** [kəˈlʌmbaɪt] s min. Kolum'bit m. **co·lum·bi·um** [-bɪəm] → niobium.

**col·umn** ['kɒləm; Am. 'kɑləm] s **1.** arch. Säule f, Pfeiler m. **2.** tech. a) Ständer m, Pfosten m, Stütze f, b) Ko'lonne f, säulenförmiger Destil'lierappaˌrat. **3.** fig. (Rauch-, Wasser- etc)Säule f: ~ **of smoke**; ~ **of mercury** phys. Quecksilbersäule; → **spinal column**. **4.** print. Ko'lumne f, (Satz-, Zeitungs)Spalte f: **printed in double ~s** zweispaltig gedruckt. **5.** Zeitung: Ko'lumne f (regelmäßig an bestimmter Stelle veröffentlichter Meinungsbeitrag). **6.** math. Ko'lonne f, senkrechte (Zahlen)Reihe. **7.** Feld n, Ru'brik f (e-r Tabelle). **8.** mil. ('Marsch-)Ko'lonne f: ~ **left**, marsch! links schwenkt, marsch!; → **fifth column**.

**co·lum·nar** [kəˈlʌmnə(r)] adj **1.** säulenartig, -förmig. **2.** Säulen... **3.** in Spalten gedruckt od. angeordnet. **col·um·nat·ed** ['kɒləmneɪtɪd; Am. 'kɑ-], **'col·umned** adj **1.** mit Säulen (versehen), von Säulen getragen, Säulen... **2.** a. columnar. **col·um·nist** ['kɒləmnɪst; -mɪst; Am. 'kɑ-] s Zeitung: Kolum'nist(in).

**co·lure** [kəˈljʊə; Am. 'kəʊl-] s astr. Ko'lur m, Deklinati'onskreis m.

**col·za** ['kɒlzə; Am. 'kɑl-; 'kəʊl-] s bot. Raps m: ~ **oil** Rüb-, Rapsöl n.

**co·ma**[1] ['kəʊmə] s **1.** med. Koma n, tiefe Bewußtlosigkeit f: **to be in a ~** im Koma liegen; **to fall** (od. **go**) **into a ~** ins Koma fallen. **2.** Apa'thie f, Stumpfheit f.

**co·ma**[2] ['kəʊmə] pl **-mae** [-miː] s **1.** bot. a) Schopf m, b) Haarbüschel n (an Samen). **2.** Koma f: a) astr. Nebelhülle um den Kern e-s Kometen, b) phys. Linsenfehler.

**Co·man·che** [kəˈmæntʃɪ] s **1.** Ko'mantsche m, Ko'mantschin f. **2.** ling. Ko'mantschensprache f.

**Co·man·che·an** [kəˈmæntʃɪən] s e-e

nordamer. *geologische Periode* (*zwischen Jura- u. Kreidezeit*).

**co·ma·tose** [ˈkəʊmətəʊs; *Am. a.* ˈkɑm-] *adj* **1.** *med.* komaˈtös. **2.** aˈpathisch, stumpf.

**comb** [kəʊm] **I** *s* **1.** a) Kamm *m*, b) Kämmen *n*: *your hair needs a good* ~ du mußt dich mal richtig kämmen. **2.** (Pferde)Striegel *m*. **3.** *tech.* Kamm *m*, bes. a) Wollkamm *m*, b) (Flachs)Hechel *f*, c) Gewindeschneider *m* (*an e-r Drehbank*), d) *electr.* (Kamm)Stromabnehmer *m*. **4.** *zo.* Kamm *m* (*des Hahnes etc*): **to cut s.o.'s** ~ *fig.* j-n demütigen. **5.** (Berg- *od.* Wellen)Kamm *m*. **6.** Honigwabe *f*. **II** *v/t* **7.** *Haar* kämmen. **8.** *a.* ~ **out** a) *Wolle* auskämmen, krempeln, b) *Flachs* hecheln. **9.** *Pferd* striegeln. **10.** *fig. Gegend* ˈdurchkämmen, absuchen, durchˈsuchen. **11.** *meist* ~ **out** *fig.* a) sieben, sichten, b) aussondern, -suchen, c) *mil.* ausmustern.

**com·bat** [ˈkɒmbæt; *Am.* ˈkɑm-] **I** *v/t* **1.** bekämpfen, kämpfen gegen. **II** *v/i* **2.** kämpfen. **III** *s* **3.** Kampf *m*. **4.** *mil.* (Entscheidungs)Kampf *m*, Gefecht *n*, (Kampf)Einsatz *m*. **IV** *adj* **5.** Kampf...: ~ **dress** ~ **sport**; ~ **airfield** Feldflugplatz *m*.

**com·bat·ant** [ˈkɒmbətənt; *Am.* ˈkɑm-; *a.* kəmˈbætnt] **I** *s* **1.** Kämpfer *m*. **2.** Angehörige(r) *m* der Kampftruppen, Frontkämpfer *m*. **II** *adj* **3.** kämpfend. **4.** *mil.* zur Kampftruppe gehörig, Kampf...

**com·bat** | **car** *s mil. Am.* Kampfwagen *m*. ~ **ef·fi·cien·cy** *s mil.* Kampfwert *m*. ~ **fa·tigue** *s mil. psych.* ˈKriegsneuˌrose *f*. ~ **group** *s mil.* Kampfgruppe *f*.

**com·ba·tive** [ˈkɒmbətɪv; *Am.* kəmˈbætɪv] *adj* (*adv* ~**ly**) **1.** kampfbereit. **2.** aggresˈsiv.

**com·bat** | **or·der** *s mil.* Gefechtsbefehl *m*. ˈ~-**read·y** *adj mil.* einsatz-, gefechtsbereit. ~ **team** *s mil. Am.* Kampfgruppe *f*. ~ **train·ing** *s mil.* Gefechtsausbildung *f*. ~ **troops** *s pl mil.* Kampftruppen *pl*. ~ **u·nit** *s mil. Am.* Kampfverband *m*.

**combe** → **coomb(e)**.

**comb·er** [ˈkəʊmə(r)] *s* **1.** a) Wollkämmer *m*, Krempler *m*, b) Flachshechler *m*. **2.** *tech.* a) ˈKrempelmaˌschine *f*, b) ˈHechelmaˌschine *f*. **3.** *mar.* Sturzwelle *f*, Brecher *m*.

**comb hon·ey** *s* Scheibenhonig *m*.

**com·bi·na·tion** [ˌkɒmbɪˈneɪʃn; *Am.* ˌkɑmbəˈneɪʃən] *s* **1.** Verbindung *f*, Vereinigung *f*, Verknüpfung *f*, Kombinatiˈon *f* (*a. Sport, Schach etc*). **2.** Zs.-stellung *f*. **3.** Vereinigung *f*, Verbindung *f*, Interˈessengemeinschaft *f* (*von Personen*). **4.** a) Gewerkschaft *f*, b) Konˈzern *m*, c) Karˈtell *n*, Ring *m*. **5.** Zs.-schluß *m*, Bündnis *n*, Absprache *f*: ~ **in restraint of trade** Abkommen *n* zur Monopolisierung des Handels. **6.** *mus.* Combo *f*, (kleine) Jazzband. **7.** *tech.* Kombinatiˈon *f*, kombiˈniertes Gerät. **8.** Motorrad *n* mit Beiwagen, ˈBeiwagenmaˌschine *f*, *bes. sport* Gespann *n*. **9.** *chem.* Verbindung *f*. **10.** *math.* Kombinatiˈon *f*. **11.** *tech.* a) (ˈBuchstaben)Kombinatiˈon *f* (*Vexierschloß*), b) Mechaˈnismus *m* e-s Veˈxierschlosses. **12.** *meist pl* Kombinatiˈon *f*: a) Hemdhose *f* mit langem Bein, b) (einteiliger) Schutzanzug, Monˈtur *f*. ~ **fuse** *s tech.* Kombiˈnierter Zünder, Doppelzünder *m*. ~ **lock** *s tech.* Kombinatiˈons-, Veˈxierschloß *n*. ~ **pli·ers** *s pl* (*a. als sg konstruiert*) Kombi(natiˈons)zange *f*. ~ **room** *s Br.* Gemeinschaftsraum *m* (*der Fellows e-s College der Universität Cambridge*).

**com·bi·na·tive** [ˈkɒmbɪnətɪv; -neɪtɪv; *Am.* ˈkɑmbəˌneɪtɪv; kəmˈbaɪnə-] *adj* **1.** verbindend. **2.** Verbindungs...

**com·bi·na·to·ri·al** [ˌkɒmbɪnəˈtɔːrɪəl; *Am.* ˌkɑmbənəˈtɔʊriːəl; kəmˌbaɪnəˈt-] *adj math.* kombinaˈtorisch. ~ **a·nal·y·sis** *s math.* Kombinatiˈons- u. Permutatiˈonslehre *f*.

**com·bi·na·to·rics** [ˌkɒmbɪnəˈtɔːrɪks; *Am.* ˌkɑmbənəˈtɔʊriks; kəmˌbaɪnəˈt-] *s pl* (*als sg konstruiert*) *math.* Kombinaˈtorik *f*, Kombinatiˈonslehre *f*.

**com·bine** [kəmˈbaɪn] **I** *v/t* **1.** verbinden (*a. chem.*), vereinigen, zs.-setzen, kombiˈnieren: **to** ~ **business with pleasure** das Nützliche mit dem Angenehmen verbinden; **to** ~ **forces** die Kräfte vereinigen. **2.** in sich vereinigen, *Eigenschaften etc* gleichzeitig besitzen. **II** *v/i* **3.** sich verbinden (*a. chem.*), sich vereinigen. **4.** sich zs.-schließen, sich verbünden. **5.** zs.-wirken: **everything** ~**d against him** alles verschwor sich gegen ihn. **6.** e-e Einheit bilden. **III** *s* [ˈkɒmbaɪn; *Am.* ˈkɑm-] **7.** Verbindung *f*, Vereinigung *f*. **8.** a) poˈlitische *od.* wirtschaftliche Interˈessengemeinschaft *f*, *econ.* Verband *m*, Konˈzern *m*, Karˈtell *n*: ~ **price** Verbandspreis *m*. **9.** *a.* ~ **harvester** *agr.* Mähdrescher *m*. **10.** *art* ˈBildobˌjekt *n*.

**com·bined** [kəmˈbaɪnd] *adj* **1.** vereinigt: **all his talents** ~ all s-e Talente zusammen. **2.** verbündet. **3.** *chem.* verbunden. **4.** gemeinsam, gemeinschaftlich: ~ **efforts** gemeinsame Bemühungen. **5.** *mil.* verbunden (*mehrere Truppengattungen*), kombiˈniert, ˈinteralliˌiert (*mehrere Alliierte*). ~ **arms** *s pl mil.* verbundene Waffen *pl*, gemischte Verbände *pl*. ~ **e·vent** *s sport* Mehrkampf *m*. ~ **op·er·a·tion** *s mil.* Operatiˈon *f* verbundener Waffen.

**comb·ing** [ˈkəʊmɪŋ] *s* **1.** (Aus)Kämmen *n*. **2.** *pl* ausgekämmte Haare *pl*. ~ **works** *s pl* (*oft als sg konstruiert*) *tech.* Kämmeˈrei *f*.

**com·bin·ing form** [kəmˈbaɪnɪŋ] *s ling.* in Zs.-setzungen verwendete Wortform (*wie Anglo-* etc).

**com·bo** [ˈkɒmbəʊ; *Am.* ˈkɑm-] *pl* -**bos** → **combination** 6.

ˈ**comb-out** *s* **1.** Auskämmen *n*. **2.** *fig.* Siebung *f*, Sichtung *f*.

**com·bus·ti·bil·i·ty** [kəmˌbʌstəˈbɪlətɪ] *s* (Ver)Brennbarkeit *f*, Entzündlichkeit *f*.

**com·bus·ti·ble I** *adj* (*adv* combustibly) **1.** (ver)brennbar, (leicht)entzündlich. **2.** *fig.* erregbar, jähzornig. **II** *s* **3.** ˈBrennstoff *m*, -materiˌal *n*.

**com·bus·tion** [kəmˈbʌstʃən] *s* **1.** Verbrennung *f* (*a. biol. chem.*). **2.** *fig.* Erregung *f*, Aufruhr *m*, Tuˈmult *m*. ~ **cham·ber** *s tech.* Verbrennungskammer *f*, -raum *m*, Brennkammer *f*. ~ **en·gine** *s tech.* Verˈbrennungs(ˌkraft)maˌschine *f*, Verbrennungsmotor *m*.

**com·bus·tive** [kəmˈbʌstɪv] *adj* **1.** entzündend, Zünd... **2.** Verbrennungs..., Brenn..., Entzündungs... **com·ˈbus·tor** [-tə(r)] → **combustion chamber**.

**come** [kʌm] **I** *v/i pret* **came** [keɪm] *pp* **come 1.** kommen: *s.o.* **is coming** es kommt j-d; **to be long in coming** lange auf sich warten lassen; **to** ~ **before the judge** vor den Richter kommen; **he came to see us** er besuchte uns, er suchte uns auf; **no work has** ~ **his way** er hat (noch) keine Arbeit gefunden; **that** ~**s on page 4** das kommt auf Seite 4; **the message has** ~ die Nachricht ist gekommen *od.* eingetroffen; **ill luck came to him** ihm widerfuhr (*ein*) Unglück; **I was coming to that** darauf wollte ich gerade hinaus. **2.** (dran)kommen, an die Reihe kommen: **who** ~**s first? 3.** kommen, erscheinen, auftreten: **to** ~ **and go** a) kommen u. gehen, b) erscheinen u. verschwinden; **love will** ~ **in time** mit der Zeit wird sich die Liebe einstellen. **4.** reichen, sich erstrecken: **the dress** ~**s to her knees** das Kleid reicht ihr bis zu den Knien. **5.** kommen, gelangen (**to** zu): **to** ~ **to the throne** den Thron besteigen; **to** ~ **into danger** in Gefahr geraten; **when we** ~ **to die** wenn es zum Sterben kommt, wenn wir sterben müssen; **how came it to be yours?** wie kamen *od.* gelangten Sie dazu? **6.** kommen, abstammen (**of, from** von): **he** ~**s of a good family** er kommt *od.* stammt aus gutem Hause; **to** ~ **from Leeds** stamme aus Leeds. **7.** kommen, ˈherrühren (**of** von): **that's what** ~**s of your hurry** das kommt von d-r Eile; **nothing came of it** es wurde nichts daraus. **8.** kommen, geschehen, sich entwickeln, sich ereignen: ~ **what may** (*od.* **will**) komme, was da wolle. **9.** sich erweisen: **it** ~**s expensive** es kommt teuer; **the expenses** ~ **rather high** die Kosten kommen recht hoch. **10.** ankommen (**to s.o** j-n): **it** ~**s hard** (**easy**) **to me** es fällt mir schwer (leicht). **11.** (*vor inf*) werden, sich entwickeln, dahin *od.* dazu kommen: **he has** ~ **to be a good musician** er ist ein guter Musiker geworden, aus ihm ist ein guter Musiker geworden; **it has** ~ **to be the custom** es ist Sitte geworden; **to** ~ **to know s.o.** j-n kennenlernen; **to** ~ **to know s.th.** etwas erfahren; **I have** ~ **to believe that** ich bin zu der Überzeugung gekommen, daß; **how did you** ~ **to do that?** wie kamen Sie dazu, das zu tun? **12.** (*bes. vor adj*) werden, sich entwickeln: **to** ~ **true** sich bewahrheiten *od.* erfüllen, eintreffen; **to** ~ **all right** in Ordnung kommen; **the butter will not** ~ die Butter bildet sich nicht *od.* ˌwird' nicht. **13.** *agr. bot.* (herˈaus)kommen, sprießen, keimen. **14.** auf den Markt kommen, erhältlich sein: **these shirts** ~ **in three sizes** diese Hemden gibt es in drei Größen. **15.** **to** ~ (*als adj gebraucht*) (zu)künftig, kommend: **the life to** ~ das zukünftige Leben; **for all time to** ~ für alle Zukunft; **in the years to** ~ in den kommenden Jahren. **16.** *sl.* ˌkommen' (*e-n Orgasmus haben*).

**II** *v/t* **17.** *colloq.* sich aufspielen als, j-n *od.* etwas spielen, herˈauskehren: **don't try to** ~ **the great scholar over me!** versuche nicht, mir gegenüber den großen Gelehrten zu spielen!; **don't** ~ **that dodge over me!** mit dem Trick kommst du bei mir nicht an!

**III** *interj* **18.** na (hör mal)!, komm!, bitte!: ~, ~! a) ~ **now!** nanu!, nicht so wild!, immer langsam!, b) (*ermutigend*) na komm schon!, auf geht's!

**IV** *s* **19.** Kommen *n*: **the** ~ **and go of the years** das Kommen u. Gehen der Jahre. **20.** *vulg.* ˌSoße' *f* (*Sperma*).

*Besondere Redewendungen:*

~ **again!** *colloq.* sag's nochmal!; ~ **to that** *colloq.* was das betrifft; **as stupid as they** ~ *colloq.* dumm wie Bohnenstroh; **how** ~**s it that?**, *colloq.* **how** ~ **that?** wie kommt es, daß?; **how** ~? *colloq.* wieso (denn)?, wie das?; **a year ago** ~ **March** *colloq.* im März vor e-m Jahr; **came Christmas** *obs.* dann kam Weihnachten; **he is coming nicely** *colloq.* er macht sich recht gut; **to** ~ **to o.s.** (wieder) zu sich kommen; **to** ~ **it** *Br. colloq.* ˌes schaffen'; **he can't** ~ **that** *Br. colloq.* das schafft er nicht; (*siehe a. die Verbindungen mit den entsprechenden Substantiven etc*).

*Verbindungen mit Präpositionen:*

**come** | **a·cross** *v/i* **1.** zufällig treffen *od.* finden *od.* sehen, stoßen auf (*acc*). **2.** j-m in den Sinn kommen: **the thought came across my mind that** mir kam der Gedanke, daß. ~ **af·ter** *v/i* **1.** j-m

folgen, hinter *j-m* ᴵhergehen. **2.** *etwas* holen kommen. **3.** suchen, sich bemühen um. **~ at** *v/i* **1.** erreichen, bekommen, erlangen, *Wahrheit etc* herᴵausfinden. **2.** angreifen, auf *j-n* losgehen. **~ be·tween** *v/i fig.* zwischen (*Personen od. Dinge*) treten. **~ by** *v/i* **1.** kommen zu *etwas*, erlangen, bekommen, sich *e-e Verletzung etc* holen. **2. → come across** 1. **~ for** *v/i* **1.** *etwas* abholen kommen, kommen wegen. **2.** *j-n* attacᴵkieren, losgehen auf (*acc*). **~ in·to** *v/i* **1.** eintreten in (*acc*). **2.** *e-m Klub etc* beitreten. **3.** (*rasch od. unerwartet*) zu *etwas* kommen: **to ~ a fortune** ein Vermögen erben; **→ fashion** 1, *own Bes. Redew.*, use 10. **~ near** *v/i* **1.** *fig.* nahekommen (*dat*). **2.** **to ~ doing s.th.** etwas beinahe tun. **~ off** *v/i* **1.** herᴵunterfallen von (*Pferd, Rad etc*). **2.** **~ it!** *colloq.* hör schon auf damit! **~ on → come upon. ~ o·ver** *v/i* **1.** überᴵkommen, beschleichen, befallen: **what has ~ you?** was ist mit dir los?, was fällt dir ein? **2.** *colloq.* *j-n* reinlegen. **3.** **~ come** 17. **~ through** *v/i Krankheit etc* überᴵstehen, -ᴵleben. **~ to** *v/i* **1.** *j-m* zufallen (*bes. durch Erbschaft*). **2.** *j-m* zukommen, zustehen: **all the credit that's coming to him; he had it coming to him** *colloq.* er hatte das längst verdient. **3.** *zum Bewußtsein etc* kommen, zur Besinnung kommen. **4.** kommen *od.* gelangen zu: **what are things coming to?, I don't know what the world's coming to** wo soll das denn nur hinführen?; **when it comes to paying** wenn es ans Bezahlen geht. **5.** sich belaufen auf (*acc*): **it comes to £100. ~ un·der** *v/i* **1.** kommen *od.* fallen unter (*acc*): **to ~ a law. 2.** geraten unter (*acc*). **~ up·on** *v/i* **1.** *j-n* befallen, überᴵkommen, *j-m* zustoßen. **2.** über *j-n* ᴵherfallen. **3. → come across** 1. **4.** *j-m* zur Last fallen. **~ with·in → come under.**

*Verbindungen mit Adverbien:*

**come|a·bout** *v/i* **1.** geschehen, passᴵieren, entstehen. **3.** *mar.* umspringen (*Wind*). **~ a·cross** *v/i* **1.** herᴵüberkommen. **2.** a) verstanden werden, b) ᴵanᴵkommen', ᴵrüberkommen' (*Rede etc*). **3.** *colloq.* daᴵmit ᴵherᴵausrücken': **to ~ with** a) mit *Informationen* herausrücken, b) *Geld* herausrücken. **~ a·long** *v/i* **1.** mitkommen, -gehen: **~!** *colloq.* ᴵdalliᴵ!, komm schon! **2.** kommen, sich ergeben (*Chance etc*). **3.** *colloq.* vorwärtskommen, Fortschritte machen: **how is your English coming along?** wie kommst du mit d-m Englisch voran? **~ a·part** *v/i* auseinᴵanderfallen, in Stücke gehen. **~ a·way** *v/i* **1.** sich lösen, ab-, losgehen (*Knopf etc*). **2.** weggehen (*Person*). **~ back** *v/i* **1.** a) zuᴵrückkommen, ᴵwiederkehren: **to ~ to s.th.** auf *e-e Sache* zurückkommen, b) wieder in Mode kommen, c) wieder eingeführt werden. **2.** ein Comeback feiern. **3.** wieder einfallen (**to s.o.** *j-m*). **4.** (schlagfertig) antworten: **she came back at him with an angry remark** sie entgegnete ihm mit e-r wütenden Bemerkung. **~ by** *v/i* vorᴵbeikommen, ᴵreinschauen' (*Besucher*). **~ down** *v/i* **1.** herᴵab-, herᴵunterkommen, (*Regen, Schnee*) fallen. **2.** (ein)stürzen, (-)fallen. **3.** *aer.* niedergehen. **4.** *a.* **~ in the world** *fig.* herᴵunterkommen (*Person*): **she has ~ quite a bit** sie ist ganz schön tief gesunken. **5.** *ped. univ. Br.* a) die Universiᴵtät verlassen, b) in die Ferien gehen. **6.** überᴵliefert werden. **7.** *colloq.* herᴵuntergehen, sinken (*Preis*), billiger werden (*Dinge*). **8.** nachgeben, kleinlaut werden: **→ peg** 1. **9.** **~ on** a) sich stürzen auf (*acc*), b) ᴵherfallen über (*acc*), *j-m* ᴵaufs Dach steigen': **→ brick** 1. **10.** **~ with** *colloq.*

*Geld* herᴵausrücken: **to ~ handsomely** sich spendabel zeigen. **11.** **~ with** erkranken an (*dat*). **12.** **~ to** a) hinᴵauslaufen auf (*acc*), b) ankommen auf (*acc*). **~ forth** *v/i* **1.** herᴵvorkommen. **2.** **nothing new came forth** es gab keine neuen Erkenntnisse. **~ for·ward** *v/i* **1.** an die Öffentlichkeit treten, herᴵvortreten: **to ~ as a candidate** als Kandidat auftreten. **2.** sich (freiwillig) melden, sich anbieten. **home** *v/i* **1.** nach Hause kommen, heimkommen. **2.** **to ~ to s.o.** *j-m* schmerzlich klar werden. **~ in** *v/i* **1.** hereinᴵkommen: **~!** a) herein!, b) (*Funk*) (bitte) kommen! **2.** eingehen, -treffen (*Nachricht, Geld etc*), *mar. sport* einkommen, *rail.* einlaufen: **to ~ second** *sport* den zweiten Platz belegen. **3.** aufkommen, in Mode kommen: **long skirts ~ again. 4.** an die Macht *od.* ans Ruder kommen. **5.** an die Reihe kommen. **6.** sich als *nützlich etc* erweisen: **this will ~ useful; → handy** 5. **7.** Berücksichtigung finden: **where do I ~?** wo bleibe ich?; **that's where you ~** da bist dann du dran; **where does the joke ~?** was ist daran so witzig? **8.** **~ for** *Bewunderung etc* erregen, auf *Kritik etc* stoßen. **9.** **~ on** mitmachen bei, sich beteiligen an (*dat*). **~ off** *v/i* **1.** ab-, losgehen, sich lösen. **2.** herᴵunterfallen (*vom Rad etc*). **3.** auslaufen (*Stück*), enden (*Ausstellung*). **4.** *colloq.* stattfinden, ᴵüber die Bühne gehen'. **5.** *colloq.* a) abschneiden: **he came off best,** b) erfolgreich verlaufen, glücken. **6.** *sl.* ᴵkommen' (*e-n Orgasmus haben*). **~ on** *v/i* **1.** herᴵankommen: **~!** a) komm mit!, b) komm her!, c) na, komm schon!; los!, d) *colloq.* na, na! nur sachte! **2.** beginnen, einsetzen: **it came on to rain** es begann zu regnen. **3.** an die Reihe kommen. **4.** *thea.* a) auftreten, b) aufgeführt werden. **5.** stattfinden: **it comes on next week. 6.** a) wachsen, gedeihen, b) vorᴵankommen, Fortschritte machen. **7.** *jur.* verhandelt werden (*Fall*). **~ out** *v/i* **1.** herᴵaus-, herᴵvorkommen, sich zeigen. **2.** *a.* **~ on strike** *bes. Br.* streiken. **3.** herᴵauskommen: a) erscheinen (*Buch*), b) bekanntwerden, an den Tag kommen (*Wahrheit etc*). **4.** ausgehen (*Haare, Farbe*), herᴵausgehen (*Fleck etc*). **5.** *colloq.* werden, sich *gut etc* entwickeln. **6.** ausbrechen (*Ausschlag*): **to ~ in a rash** e-n Ausschlag bekommen. **7.** debüᴵtieren: a) zum ersten Male auftreten (*Schauspieler*), b) in die Gesellschaft eingeführt werden. **8.** *phot. etc* a) *gut etc* werden (*Bild*), b) *gut etc* herᴵauskommen (in auf *dat*) (*Person*). **9.** **~ with** *colloq.* a) mit *der Wahrheit etc* ᴵherᴵausrücken', b) *Flüche etc* ᴵvom Stapel lassen'. **10.** **~ against** a) sich aussprechen gegen, b) den Kampf ansagen (*dat*). **11.** sich offen zu s-r Homosexualiᴵtät bekennen. **~ o·ver** *v/i* **1.** herᴵüberkommen. **2.** ᴵübergehen (**to** zu). **3.** *Br.* werden, sich fühlen: **to ~ faint. ~ round** *v/i* **1.** ᴵvorᴵbeikommen' (*Besucher*). **2.** ᴵwiederkehren (*Fest, Zeitabschnitt*). **3.** **to ~ to s.o.'s way of thinking** sich zu *j-s* Meinung bekehren. **4.** a) wieder zu sich kommen, das Bewußtsein ᴵwiedererlangen, b) sich erholen. **5.** a) sich wieder beruhigen, b) sich wieder vertragen. **6.** **to ~ to doing s.th.** dazu kommen, etwas zu tun. **~ through** *v/i* **1.** ᴵdurchkommen (*Funkspruch etc*): **to ~ on the telephone** telefonisch durchkommen. **2.** ᴵdurchkommen (*Patient etc*): **to ~ without a scratch** ohne e-n Kratzer davonkommen. **~ to** *v/i* **1. → come round** 4. **2.** *mar.* vor Anker gehen. **~ up** *v/i* **1.** herᴵaufkommen. **2.** herᴵankommen: **to ~ to s.o.** an *j-n* herantreten. **3.** aufgehen (*Sonne*). **4.** *jur.* verhandelt werden (*Fall*). **5.** *a.* **~ for discussion** zur Sprache

kommen, angeschnitten werden: **the question came up. 6. ~ for** zur *Abstimmung, Entscheidung* kommen. **7.** gezogen werden, gewinnen (*Los etc*): **he came up on the football pools** er gewann im Fußballtoto. **8.** aufkommen, Mode werden. **9.** *Br.* sein Studium aufnehmen, zu stuᴵdieren anfangen. **10.** **if a vacancy comes up** falls *e-e* Stelle frei wird. **11.** *Br.* nach London kommen. **12.** **~ to** a) reichen bis an (*acc*) *od.* b) erreichen (*acc*), c) *fig.* herᴵanreichen an (*acc*): **→ expectation** 1, **scratch** 5. **13. ~ with** a) *j-n* einholen, b) Schritt halten mit, c) *fig.* es *j-m* gleichtun. **14.** **his supper came up again** das Abendessen kam ihm wieder hoch. **15.** **~ with** ᴵdaᴵherkommen' mit, ᴵauftischen': **to ~ with a solution** e-e Lösung präsentieren.

**come-at-a·ble** [ˌkʌmˈætəbl] *adj colloq.* erreichbar, zugänglich.

ᴵ**come-back** *s* **1.** Comeᴵback *n*: **to stage** (*od.* **make**) **a ~** ein Comeback feiern. **2.** (schlagfertige) Antwort.

**co·me·di·an** [kəˈmiːdjən; -ɪən] *s* **1.** a) Koᴵmödienschauspieler *m*, b) Komiker *m* (*a. contp.*). **2.** Koᴵmödien-, Lustspieldichter *m*. **3.** Spaßvogel *m*, Witzbold *m* (*beide a. contp.*). **co·me·di·enne** [kəˌmeɪdɪˈen; kəˌmiː-] *s* a) Koᴵmödienschauspielerin *f*, b) Komikerin *f*. **co·me·di·et·ta** [-ˈetə] *s* kurzes Lustspiel, Posse *f*.

**com·e·dist** [ˈkɒmɪdɪst; *Am.* ˈkɑ-] *s* Koᴵmödien-, Lustspieldichter *m*.

**com·e·do** [ˈkɒmɪdəʊ; *Am.* ˈkɑ-] *pl* **-do·nes** [ˌ-ˈdəʊniːz], **-dos** *s med.* Mitesser *m*.

ᴵ**come-down** *s fig.* **1.** Niedergang *m*, Abstieg *m*. **2.** *colloq.* Enttäuschung *f*.

**com·e·dy** [ˈkɒmɪdɪ; *Am.* ˈkɑ-] *s* **1.** *thea.* Koᴵmödie *f*, Lustspiel *n*: **light ~** Schwank *m*; **~ of character** Charakterkomödie; **~ of manners** Sittenstück *n*; **~ of mistaken identity** Verwechslungskomödie. **2.** *fig.* ᴵKoᴵmödie' *f*, komische Sache. **3.** Komik *f*. **~·wright** *s* comedian 2.

ˌ**come-ᴵhith·er** *adj colloq.* einladend: **a ~ look.**

**come·li·ness** [ˈkʌmlɪnɪs] *s* Attraktiviᴵtät *f*, Schönheit *f*. **come·ly** *adj* **1.** attrakᴵtiv, schön. **2.** *obs.* schicklich.

ᴵ**come|-off** *s colloq.* **1.** Vorwand *m*, Ausflucht *f*. **2.** Ausgang *m*, Ende *n*. ᴵ**~-on** *s colloq.* **1.** Lockvogelangebot *n*, Köder *m* (*bes. für Käufer*). **2.** Schwindler *m*. **3.** leichtes Opfer, Gimpel *m*. **4.** **to give s.o. the ~** *j-n* ᴵanmachen' (*bes. Frau*).

**com·er** [ˈkʌmə(r)] *s* **1.** Ankömmling *m*: **the ~s and goers** die Ankommenden u. die Abreisenden; **to watch the ~s and goers** das Kommen u. Gehen der Leute beobachten; **first ~** Zuerstkommende(r *m) f*, wer zuerst kommt, *weitS.* (*der od. die*) erstbeste; **all ~s** jedermann. **2.** *bes. Am. colloq.* vielversprechende Perᴵson *od.* Sache: **he is a ~** er ist der kommende Mann.

**co·mes·ti·ble** [kəˈmestɪbl] **I** *adj* eßbar, genießbar. **II** *s pl* Eßwaren *pl*, Nahrungs-, Lebensmittel *pl*.

**com·et** [ˈkɒmɪt; *Am.* ˈkɑmət] *s* **1.** *astr.* Koᴵmet *m*. **2.** *fig.* Senkrechtstarter, der schnell wieder in der Versenkung verschwindet.

**come-up·pance** [ˌkʌmˈʌpəns] *s colloq.* wohlverdiente Strafe.

**com·fit** [ˈkʌmfɪt] *s obs.* Konᴵfekt *n*, Zuckerwerk *n*, kanᴵdierte Früchte *pl.*

**com·fort** [ˈkʌmfə(r)t] **I** *v/t* **1.** trösten, *j-m* Trost zusprechen *od.* spenden. **2.** beruhigen. **3.** erfreuen. **4.** *j-m* Mut zusprechen. **5.** *obs.* unterᴵstützen, helfen. **II** *s* **6.** Trost *m*, Tröstung *f*, Erleichterung *f* (**to** für): **to derive** (*od.* **take**) **~ from s.th.** aus etwas Trost schöpfen; **to give ~ to → 1**; **what a ~!** Gott sei Dank!, welch ein Trost!; **he was a great ~ to**

her er war ihr ein großer Trost *od.* Beistand; **a few words of** ~ ein paar tröstliche Worte; → **cold** 4 e. **7.** Wohltat *f,* Labsal *n,* Erquickung *f* (to für). **8.** Behaglichkeit *f,* Wohlergehen *n:* **to live in** ~ ein behagliches u. sorgenfreies Leben führen. **9.** *a. pl* Kom'fort *m:* **a hotel with every modern** ~ (*od.* **all modern** ~**s**) ein Hotel mit allem Komfort; ~ **station** (*od.* **room**) *Am.* öffentliche Bedürfnisanstalt. **10.** *a.* soldiers' ~**s** *pl* Liebesgaben *pl* (für Sol-'daten). **11.** *obs.* Hilfe *f.*

**com·fort·a·ble** ['kʌmfə(r)təbl; 'kʌmftəbl] *adj* (*adv* **comfortably**) **1.** komfor-'tabel, bequem, behaglich, gemütlich: **to make o.s.** ~ es sich bequem machen; **are you** ~? haben Sie es bequem?, sitzen *od.* liegen *etc* Sie bequem?; **to feel** ~ sich wohl fühlen; **the patient is** ~ der Patient hat keine Beschwerden. **2.** bequem, sorgenfrei: **to live in** ~ **circumstances** in angenehmen Verhältnissen leben. **3.** ausreichend, recht gut: **a** ~ **income. 4.** tröstlich. **5.** angenehm, wohltuend. **6.** *bes. sport* beruhigend (*Vorsprung, Führung*).

**com·fort·er** ['kʌmfə(r)tə(r)] *s* **1.** Tröster *m:* **the C**~ *relig.* der Tröster (*der Heilige Geist*); → **Job²**. **2.** *bes. Br.* Wollschal *m.* **3.** *Am.* Steppdecke *f.* **4.** *bes. Br.* Schnuller *m* (*für Babys*). **'com·fort·ing** *adj* tröstlich, ermutigend. **'com·fort·less** *adj* **1.** unbequem. **2.** trostlos. **3.** unerfreulich.

**com·frey** ['kʌmfrɪ] *s bot.* Schwarzwurz *f.*
**com·fy** ['kʌmfɪ] *colloq.* → **comfortable** l.

**com·ic** ['kɒmɪk; *Am.* 'kɑ-] **I** *adj* (*adv* → **comically**) **1.** komisch, Komödien..., Lustspiel...: ~ **actor** a) Komödienschauspieler *m,* b) Komiker *m;* ~ **tragedy** Tragikomödie *f* (*a. fig.*); ~ **writer** Komödien-, Lustspieldichter *m.* **2.** komisch, humo'ristisch: ~ **book** *Am.* buntes (Monats)Heft mit Bildergeschichten; ~ **paper** → 5 a. **3.** → **comical** l. **II** *s* **4.** comedian l. **5.** *colloq.* a) Witzblatt *n,* b) *pl* → **comic strips. 6.** 'Filmko,mödie *f.* **7.** → **comicality. 'com·i·cal** *adj* (*adv* → **comically**) **1.** komisch, ulkig, spaßig. **2.** *colloq.* komisch, sonderbar. **,com·i·**'**cal·i·ty** [-'kælətɪ] *s* Komik *f,* (*das*) Komische, Spaßigkeit *f.* **'com·i·cal·ly** *adv* komisch(erweise). **'com·i·cal·ness** → comicality.

**com·ic| op·er·a** *s mus.* komische Oper. ~ **strips** *s pl* Comics *pl.*

**com·ing** ['kʌmɪŋ] **I** *adj* **1.** kommend: a) (zu)künftig: **the** ~ **man** der kommende Mann, b) nächst(er, e, es): ~ **week. II** *s* **2.** Kommen *n,* Nahen *n,* Ankunft *f.* **3.** Eintritt *m* (*e-s Ereignisses*): ~ **of age** Mündigwerden *n.* **4. C**~ *relig.* Ad'vent *m,* Kommen *n* (*Christi*). ~ **in** *pl* ~**s in** *s* **1.** Anfang *m,* Beginn *m.* **2.** *pl* Einkommen *n,* Einnahmen *pl.*

**com·i·ty** ['kɒmə; *Am.* 'kɑm-; -tɪ] *s* **1.** Freundlichkeit *f,* Höflichkeit *f.* **2.** ~ **of nations** *jur.* gutes Einvernehmen der Nati'onen.

**com·ma** ['kɒmə; *Am.* 'kɑmə] *s* **1.** Komma *n* (*a. mus.*), Beistrich *m.* **2.** *pl a.* **-ma·ta** [-mətə] *metr.* a) Halbvers *m* (*des Hexameters*), b) Zä'sur *f.* **3.** *fig.* (kurze) Pause. ~ **ba·cil·lus** *s irr med.* 'Kommaba,zillus *m.*

**com·mand** [kə'mɑ:nd; *Am.* kə'mænd] **I** *v/t* **1.** befehlen, gebieten (*dat*): to ~ **s.o. to come** j-m befehlen zu kommen. **2.** gebieten, fordern, (gebieterisch) verlangen: **to** ~ **silence** sich Ruhe erbitten. **3.** beherrschen, gebieten über (*acc*), unter sich haben. **4.** *mil.* komman'dieren: a) j-m befehlen, b) Truppe befehligen, führen. **5.** *Gefühle, a. die Lage* beherrschen: **to** ~ **o.s.** (*od.* **one's temper**) sich beherrschen. **6.** zur Verfügung haben,

---

verfügen über (*acc*): **to** ~ **a sum;** **to** ~ **s.o.'s services. 7.** *Mitgefühl, Vertrauen etc* einflößen: **to** ~ **sympathy;** **to** ~ **(s.o.'s) admiration** (j-m) Bewunderung abnötigen, (j-s) Bewunderung verdienen; **to** ~ **respect** Achtung erzielen. **8.** (*durch strategisch günstige Lage*) beherrschen: **this hill** ~**s a wide area. 9.** *Aussicht* gewähren, bieten: **this window** ~**s a fine view. 10.** *arch.* den einzigen Zugang bilden zu (*e-m Gebäudeteil etc*). **11.** *econ.* a) *Preis* einbringen, erzielen, b) *Absatz* finden. **12.** *obs.* bestellen.

**II** *v/i* **13.** befehlen, gebieten. **14.** *mil.* komman'dieren, das Kom'mando führen, den Befehl haben. **15.** Ausblick gewähren: **as far as the eye** ~**s** soweit das Auge reicht.

**III** *s* **16.** Befehl *m* (*a. Computer*), Gebot *n:* **at s.o.'s** ~ auf j-s Befehl. **17.** *fig.* Herrschaft *f,* Gewalt *f* (of über *acc*): **to lose** ~ **of one's temper** die Beherrschung verlieren. **18.** Verfügung *f:* **to be at s.o.'s** ~ j-m zur Verfügung stehen; **to have at** ~ → 6. **19.** Beherrschung *f,* Kenntnis *f* (*e-r Sprache etc*): **to have** ~ **of a** *Fremdsprache etc* beherrschen; **his** ~ **of English** s-e Englischkenntnisse; ~ **of language** Sprachbeherrschung *f,* Redegewandtheit *f.* **20.** *mil.* Kom'mando *n:* a) (Ober)Befehl *m,* Führung *f:* **to be in** ~ das Kommando führen; **in** ~ **of** befehligend; **to take** ~ **of an army** das Kommando über e-e Armee übernehmen; **the higher** ~ *Br.* die höhere Führung, b) (volle) Kom'mandogewalt, Befehlsbefugnis *f,* c) Befehl *m:* ~ **of execution** Ausführungskommando, d) Befehlsbereich *m.* **21.** *mil.* Kom'mandobehörde *f,* Führungsstab *m,* 'Oberkom,mando *n.* **22.** *(strategische)* Beherrschung (*e-s Gebiets etc*). **23.** Sichtweite *f,* Aussicht *f.* **24.** *Br.* königliche Einladung.

**com·man·dant** [,kɒmən'dænt; -'dɑ:nt; *Am.* 'kɑmən,d-] → **commander** l b.
**com·mand car** *s mil. Am.* Befehlsfahrzeug *n,* Kübelwagen *m.*
**com·man·deer** [,kɒmən'dɪə(r); *Am.* ,kɑ-] *v/t* **1.** zum Mili'tärdienst zwingen. **2.** *mil.* requi'rieren, beschlagnahmen. **3.** *colloq.* 'organi,sieren', sich aneignen.
**com·mand·er** [kə'mɑ:ndə(r); *Am.* -'mæn-] *s* **1.** *mil.* Truppen-, Einheitsführer *m:* a) Komman'deur *m* (*vom Bataillon bis einschließlich Korps*), Befehlshaber *m* (*e-r Armee*), b) Komman'dant *m* (*e-r Festung od. e-s Panzers od. Flugzeugs*), c) (Zug)Führer *m,* (Kompa'nie-)Chef *m,* d) ~ **in chief** *pl* ~**s in chief** Oberbefehlshaber *m.* **2.** *mar.* dem. **3. C**~ **of the Faithful** *hist.* Beherrscher *m* der Gläubigen (*Sultan der Türkei*). **4.** Kom'tur *m,* Komman'deur *m* (*e-s Verdienstordens*). **5.** *hist.* Kom'tur *m* (*e-s Ritterordens*): **Grand C**~ Großkomtur. **com·mand·er·y** *s* **1.** *hist.* Komman'drei *f.* **2.** *mil.* Komman-dan'tur *f* (*Bezirk*).
**com·mand| file** *s Computer:* Kom-'mandoda,tei *f.* ~ **func·tion** *s Computer:* Kom'mandofunkti,on *f.*
**com·mand·ing** [kə'mɑ:ndɪŋ; *Am.* -'mænd-] *adj* (*adv* ~**ly**) **1.** herrschend, domi'nierend, gebietend, befehlend. **2.** achtunggebietend, impo'nierend, eindrucksvoll. **3.** herrisch, gebieterisch. **4.** *mar. mil.* komman'dierend, befehlshabend: ~ **general** e-e akademischen General, (Armee)Befehlshaber *m;* ~ **officer** Kommandeur *m,* Einheitsführer *m.* **5.** (*die Gegend*) beherrschend. **6.** weit: ~ **view.**
**com·mand·ment** [kə'mɑ:ndmənt; *Am.* -'mænd-] *s* **1.** Gebot *n,* Gesetz *n,* Vor-

---

schrift *f:* **the Ten C**~**s** *Bibl.* die Zehn Gebote. **2.** Befehlsgewalt *f.*
**com·mand mod·ule** *s Raumfahrt:* Kom'mandokapsel *f.*
**com·man·do** [kə'mɑ:ndəʊ; *Am.* -'mæn-] *pl* **-dos, -does** *mil.* **1.** Kom'mando *n:* ~ **attack** Kommandounternehmen *n;* ~ **squad** (*od.* **unit**) Kommandotrupp *m,* -einheit *f.* **2.** Angehörige(r) *m* e-s Kom-'mandos.
**com·mand| pa·per** *s parl. Br.* (*dem Parlament vorgelegter*) Kabi'nettsbeschluß. ~ **per·form·ance** *s thea.* Aufführung *f* auf königlichen Befehl *od.* Wunsch. ~ **post** *s mil.* Befehls-, Gefechtsstand *m.*
**com·ma·ta** ['kɒmətə; *Am.* 'kɑ-] *pl von* **comma** 2.
**com·mem·o·rate** [kə'meməreɪt] *v/t* **1.** erinnern an (*acc*): **a monument to** ~ **a victory** ein Denkmal zur Erinnerung an e-n Sieg. **2.** e-e Gedenkfeier abhalten für, *j-s* Gedächtnis (ehrend) gedenken (*gen*). **com,mem·o'ra·tion** *s* **1.** (ehrendes) Gedenken, Erinnerung *f,* Gedächtnis *n:* **in** ~ **of** zum Gedenken *od.* Gedächtnis an (*acc*). **2.** Gedenk-, Gedächtnisfeier *f.*
**com·mem·o·ra·tive** [kə'memərətɪv; -reɪtɪv], **com'mem·o·ra·to·ry** [-rətə-rɪ; *Am.* -rə,təʊri:; -,tɔ:-] *adj* **1. to be** ~ **of** erinnern an (*acc*). **2.** Gedenk..., Gedächtnis..., Erinnerungs...: ~ **issue** Gedenkausgabe *f* (*Briefmarken etc*); ~ **plaque** Gedenktafel *f.*
**com·mence** [kə'mens] **I** *v/i* **1.** beginnen, anfangen. **2.** *bes. Br.* e-n akademischen Grad erwerben: **to** ~ **M.A.** zum M.A. promovieren. **II** *v/t* **3.** beginnen, anfangen. **4.** *jur.* e-e *Klage* anhängig machen, *e-n Prozeß* einleiten *od.* anstrengen. **com'mence·ment** *s* **1.** Anfang *m,* Beginn *m.* **2.** *bes. Am.* (Tag *m* der) Feier *f* der Verleihung aka'demischer Grade. **com'menc·ing** *adj* Anfangs...: ~ **salary.**
**com·mend** [kə'mend] *v/t* **1.** empfehlen: **to** ~ **o.s.** sich (*als geeignet*) empfehlen (*a. Sache*); ~ **me to your parents** empfehlen Sie mich Ihren Eltern. **2.** loben. **3.** empfehlen, anvertrauen (to *dat*): **to** ~ **one's soul to God** s-e Seele Gott befehlen. **com'mend·a·ble** *adj* (*adv* **commendably**) **1.** empfehlenswert. **2.** lobenswert, löblich.
**com·men·dam** [kə'mendæm] *s relig.* Kom'mende *f.*
**com·men·da·tion** [,kɒmen'deɪʃn; *Am.* ,kɑmən'd-] *s* **1.** Empfehlung *f.* **2.** Lob *n.* **3.** *relig.* Sterbegottesdienst *m,* Toten-, Seelenmesse *f.* **com·men·da·tor** [-tə(r)] *s relig.* Verwalter *m* e-r Kom-'mende. **com·mend·a·to·ry** [kə'mendətəri; *Am.* -də,təʊri:; -,tɔ:-] *adj* **1.** empfehlend, Empfehlungs...: ~ **letter. 2.** lobend, anerkennend.
**com·men·sal** [kə'mensl] **I** *s* **1.** Tischgenosse *m.* **2.** *biol.* Kommen'sale *m* (*e-m anderen in Ernährungsgemeinschaft lebender Organismus*). **II** *adj* **3.** am gleichen Tisch essend. **4.** *biol.* kommen'sal.
**com·men·su·ra·bil·i·ty** [kə,menʃərə-'bɪlətɪ] *s* **1.** Kommensurabili'tät *f* (*a. math. phys.*), Vergleichbarkeit *f.* **2.** richtiges Verhältnis. **com'men·su·ra·ble** *adj* (*adv* **commensurably**) **1.** (with) kommensu'rabel (mit) (*a. math. phys.*), vergleichbar (mit), mit dem'selben Maß meßbar (wie). **2.** angemessen, im richtigen Verhältnis. **II** *s* **3.** *math.* kommensu'rable Größe.
**com·men·su·rate** [kə'menʃərət] *adj* (*adv* ~**ly**) **1.** gleich groß, von gleicher Dauer, von gleichem 'Umfang *od.* (Aus-)Maß (**with** wie). **2.** (**with, to**) im Ein-

klang stehend (mit), entsprechend *od.* angemessen (*dat*). **3.** → **commensurable.**
**com·men·su'ra·tion** *s* **1.** Anpassung *f.* **2.** Gleichmaß *n.* **3.** richtiges Verhältnis.
**com·ment** ['kɔment; *Am.* 'ka-] **I** *s* **1.** (**on**, **upon**) Kommen'tar *m* (zu): a) Bemerkung *f*, Erklärung *f*, Stellungnahme *f* (zu): **no ~!** kein Kommentar!, b) (kritische *od.* erklärende) Erläuterung, Anmerkung *f* (zu), Deutung *f* (*gen*): **fair ~** (**on a matter of public interest**) *jur.* sachliche Kritik. **2.** Kri'tik *f*, kritische Bemerkungen *pl.* **3.** Gerede *n*: **to give rise to much ~** viel von sich reden machen. **II** *v/i* (**on**, **upon**) **4.** e-n Kommen'tar abgeben (zu), Erläuterungen *od.* Anmerkungen machen (zu), Stellung nehmen (zu): **to ~ on s.th.** etwas kommentieren. **5.** (kritische) Bemerkungen machen *od.* sich kritisch äußern (über *acc*). **6.** reden, klatschen (über *acc*). **III** *v/t* **7.** bemerken: **he ~ed that** er wies darauf hin, daß.
**com·men·tar·y** ['kɔməntəri; -tri; *Am.* 'kɑmən‚teri:] *s* **1.** Kommen'tar *m* (**on** zu *Texten etc*): **a ~ on the Bible** ein Bibelkommentar. **2.** Kommen'tar *m*, erläuternder Bericht: **radio ~** Rundfunkkommentar. **3.** → **comment** 1. **4.** *pl* Kommen'tare *pl*, tagebuchartige Bemerkungen *pl*, Denkschriften *pl.* '**com·men·tate I** *v/t* e-n Text *etc* kommen'tieren. **II** *v/i* ~ (**up**)**on** (*Rundfunk, TV*) kommen'tieren (*acc*). ‚**com·men·ta·tion** *s* Kommen'tierung *f.* '**com·men·ta·tor** [-mentertə(r); -mən-] *s* **1.** Kommen'tator *m*, Erläuterer *m.* **2.** *Rundfunk, TV*: Kommen'tator *m*, Re-'porter *m.* **3.** Berichterstatter *m.*
'**com·ment·less** *adj* kommen'tarlos.
**com·merce** ['kɔmɜːs; *Am.* 'kɑmərs; -‚mɜrs] *s* **1.** Handel *m*, Handelsverkehr *m*: **domestic** (*od.* **internal**) **~** *Am.* Binnenhandel; **foreign ~** *Am.* Außenhandel. **2.** (gesellschaftlicher) Verkehr, 'Umgang *m*: **to have no ~ with** *fig.* nichts zu tun haben mit. **3.** *obs.* Geschlechtsverkehr *m.* **4.** (Gedanken)Austausch *m.*
**com·mer·cial** [kə'mɜːʃl; *Am.* -'mɜrʃəl] **I** *adj* (*adv* **~ly**) **1.** Handels..., Geschäfts..., kommerzi'ell, kaufmännisch, geschäftlich. **2.** handeltreibend. **3.** für den Handel bestimmt, Handels... **4.** a) in großen Mengen erzeugt *od.* vorkommend, b) abbauwürdig (*Ölvorkommen etc*), c) mittlerer *od.* niederer Quali'tät, d) nicht (ganz) rein (*Chemikalien*). **5.** handelsüblich: **~ quality. 6.** *Rundfunk, TV*: Werbe..., Reklame...: **~** **broadcasting** a) Werbefunk *m*, b) kommerzieller Rundfunk, **~ television** a) Werbefernsehen *n*, b) kommerzielles Fernsehen. **7.** a) kommerzi'ell, auf finanzi'ellen Gewinn abzielend: **a ~ drama** ein kommerzielles Stück, b) finanzi'ell: **a ~ success. II** *s* **8.** *Rundfunk, TV*: a) Werbespot *m*, b) von e-m Sponsor finan'zierte Sendung. **~ a·gen·cy** *s* **1.** 'Handelsauskunf‚tei *f.* **2.** 'Handelsagen‚tur *f*, -vertretung *f.* **~ al·co·hol** *s* handelsüblicher Alkohol, Sprit *m.* **~ art** *s* Gebrauchs-, Werbegraphik *f.* **~ at·ta·ché** *s* 'Handelsatta‚ché *m.* **~ a·vi·a·tion** *s* Handels-, Verkehrsluftfahrt *f.* **~ col·lege** *s* Wirtschafts(ober)schule *f.* **~ cor·re·spond·ence** *s* 'Handels-, Ge-'schäftskorrespon‚denz *f.* **~ court** *s jur.* Handelsgericht *n.* **~ cred·it** *s* 'Waren-, 'Handels-, Ge'schäftskre‚dit *m.* **~ di·rec·to·ry** *s* 'Handelsa‚dreßbuch *n.* **~ fer·ti·liz·er** *s* Handelsdünger *m.* **~ ge·og·ra·phy** *s* 'Wirtschaftsgeogra‚phie *f.* **~ ho·tel** *s* Ho'tel *n* für Handlungsreisende.
**com·mer·cial·ism** [kə'mɜːʃəlɪzəm;

*Am.* -'mɜr-] *s* **1.** Handelsgeist *m.* **2.** Handelsgepflogenheit *f.* **3.** kommerzi'elle Ausrichtung. **com·mer·cial·ist** *s* **1.** Handeltreibende(r) *m.* **2.** kommerzi'ell denkender Mensch. **com·mer·cial·i·za·tion** [-laɪˈzeɪʃn; *Am.* -lə'z-] *s* Kommerziali'sierung *f*, Vermarktung *f.* **com·mer·cial·ize** *v/t* **1.** kommerziali'sieren, vermarkten. **2.** in den Handel bringen.
**com·mer·cial law** *s jur.* Handelsrecht *n.* **~ let·ter** *s* Geschäftsbrief *m.* **~ let·ter of cred·it** *s* Akkredi'tiv *n.* **~ loan** *s* 'Warenkre‚dit *m.* **~ man** *s irr* Geschäftsmann *m.* **~ pa·per** *s* kurzfristiges 'Handelspa‚pier (*bes. Wechsel*). **~ school** *s* Handelsschule *f.* **~ tim·ber** *s* Nutzholz *n.* **~ trav·el·(l)er** *s* Handlungsreisende(r) *m.* **~ trea·ty** *s* Handelsvertrag *m*, -abkommen *n.* **~ val·ue** *s* Handels-, Marktwert *m.* **~ ve·hi·cle** *s* Nutzfahrzeug *n.*
**com·mie, C~** ['kɔmi; *Am.* 'kami:] *s colloq.* Kommu'nist(in).
**com·mi·na·tion** [‚kɔmɪ'neɪʃn; *Am.* ‚ka-] *s* **1.** Drohung *f* (mit e-r Strafe *od.* mit Rache). **2.** *relig.* (*anglikanische Kirche*) a) Androhung *f* göttlicher Strafe, b) Bußgottesdienst *m.*
**com·min·gle** [kɔ'mɪŋgl; *Am.* kɑ-] *v/t u. v/i* (sich) vermischen.
**com·mi·nute** ['kɔmɪnjuːt; *Am.* 'ka-; *a.* -‚nuːt] *v/t* **1.** zerreiben, pulveri'sieren. **2.** zerkleinern, zersplittern: **~d fracture** *med.* Splitterbruch *m.* ‚**com·mi'nu·tion** *s* **1.** Zerreibung *f*, Pulveri'sierung *f.* **2.** Zerkleinerung *f.* **3.** Abnutzung *f.* **4.** *med.* (Knochen)Splitterung *f.*
**com·mis·er·ate** [kə'mɪzəreɪt] **I** *v/t* j-n bemitleiden, bedauern. **II** *v/i* Mitleid empfinden (**with** mit). **com·mis·er·a·tion** *s* Mitleid *n*, Bedauern *n.* **com·mis·er·a·tive** [-rətɪv; *Am.* -‚reɪtɪv] *adj* mitleidsvoll.
**com·mis·sar** [‚kɔmɪ'sɑː; 'kɔmɪsɑː; *Am.* 'kaməˌsɑːr] *s* Kommis'sar *m* (*bes. in der Sowjetunion*): **People's C~** *pol. obs.* Volkskommissar. ‚**com·mis'sar·i·al** [-'seərɪəl] *adj* kommis'sarisch, Kommissar... ‚**com·mis'sar·i·at** [-'seərɪət] *s* **1.** *mil.* a) Intendan'tur *f*, b) Ver'pflegungsorganisati‚on *f*, c) Lebensmittelversorgung *f.* **2.** *pol. obs.* 'Volkskommissari‚at *n.*
**com·mis·sar·y** ['kɔmɪsəri; *Am.* 'kaməˌseri:] *s* **1.** (*relig.* bischöflicher) Kommis'sar, Beauftragte(r) *m.* **2.** *pol.* (*obs.* 'Volks)Kommis‚sar *m.* **3.** *jur.* a) *Scot.* Richter *m* e-s Grafschaftsgerichts, b) *Br.* Universi'tätsrichter *m* (*Oxford, Cambridge*). **4.** Ver'pflegungsstelle *f*, -maga‚zin *n.* **5.** *mil.* Verpflegungsausgabestelle *f.* **~ gen·er·al** *s* Gene'ralkommis‚sar *m.*
**com·mis·sion** [kə'mɪʃn] *s* **I** *s* **1.** 'Über'tragung *f* (to auf *acc*). **2.** Auftrag *m*, Anweisung *f.* **3.** Bevollmächtigung *f*, Beauftragung *f*, Vollmacht *f* (*a. als Urkunde*). **4.** a) Ernennungsurkunde *f*, b) *mil.* Offi'zierspa‚tent *n*: **to hold a ~** e-e Offiziersstelle innehaben. **5.** Kommissi'on *f*, Ausschuß *m*: **to be on the ~** Mitglied der Kommission sein; **~ of inquiry** Untersuchungsausschuß. **6.** kommis'sarische Stellung *od.* Verwaltung: **in ~** a) bevollmächtigt, beauftragt (*Person*), b) in kommissarischer Verwaltung (*Amt etc*). **7.** (über'tragenes) Amt: **in ~** in amtlicher Stellung. **8.** über'tragene Aufgabe, Auftrag *m.* **9.** *econ.* a) (Geschäfts)Auftrag *m*, b) Kommissi'on *f*, Geschäftsvollmacht *f*: **on ~** in Kommission, c) Provisi'on *f*, Kommissi'ons-, 'Vermittlungsgebühr *f*: **to sell on ~** gegen Provision verkaufen; **on a ~ basis** auf Provisionsbasis; **~**

**agent** Kommissionär *m*, Provisionsvertreter *m*, d) Cour'tage *f*, Maklergebühr *f.* **10.** Verübung *f*, Begehung *f*: **~ of a crime. 11.** a) *mar.* Dienst *m* (*e-s Schiffes*), b) *colloq.* Betrieb(sfähigkeit *f*) *m*: **to put** (*od.* **place**) **a ship in** (*od.* **into**) **~** ein Schiff (wieder) in Dienst stellen; **to put out of ~** Schiff außer Dienst stellen, *colloq.* etwas 'außer Gefecht setzen', 'kaputtmachen'; **out of ~** außer Betrieb, 'kaputt'. **II** *v/t* **12.** bevollmächtigen, beauftragen. **13.** a) j-m e-n Auftrag *od.* e-e Bestellung geben, b) etwas in Auftrag geben: **to ~ a statue;** **~ed work** Auftragswerk *n*, -arbeit *f.* **14.** *mar. mil.* j-m ein Offi'zierspa‚tent verleihen, j-n zum Offi'zier ernennen: **~ed officer** (durch Patent bestallter) Offizier. **15.** *mar. Schiff* in Dienst stellen. **16.** j-m ein Amt über-'tragen.
**com·mis·sion·aire** [kə‚mɪʃə'neə(r)] *s* **1.** *bes. Br.* (li'vrierter) Porti'er (*Theater, Hotel etc*). **2.** *Am.* (Handels)Vertreter *m*, *bes.* (Auslands)Einkäufer *m.*
**com·mis·sion·er** [kə'mɪʃnə(r)] *s* **1.** Bevollmächtigte(r) *m*, Beauftragte(r) *m.* **2.** (Re'gierungs)Kommis‚sar *m*: **High C~** Hochkommissar (*diplomatischer Vertreter e-s Commonwealth-Landes*). **3.** *bes. Am.* Leiter des Amtes (**of** für) (*das e-m Ministerium unterstellt ist*): **~ of patents** Leiter des Patentamts; **~ of police** Polizeichef *m.* **4.** Mitglied *n* e-r (Re'gierungs)Kommissi‚on, Kommis'sar *m.* **5.** *pl* Re'gierungskommissi‚on *f.* **6.** **~ of deeds** *jur. Am.* (etwa) No'tar *m*; **~ for oaths** *jur. Br.* (etwa) Notar *m.*
**com·mis·sion| mer·chant** *s econ.* Kommissio'när *m*, 'Handelsa‚gent *m*, Inhaber *m* e-s Kommissi'onsgeschäfts. **~of the peace** *s Br.* Friedensrichteramt *n.*
**com·mis·sure** ['kɔmɪsjʊə; *Am.* 'kaməˌʃʊər] *s* **1.** Naht *f*, Verbindungsstelle *f.* **2.** *anat.* Verbindung *f*, *bes.* a) Nervenverbindungsstrang *m*, b) Fuge *f*, (Knochen)Naht *f.*
**com·mit** [kə'mɪt] *v/t* **1.** anvertrauen, über'geben, -'tragen, -'antworten (**to** *dat*): **to ~ s.th. to s.o.'s care** etwas j-s Fürsorge anvertrauen; **to ~ one's soul to God** s-e Seele Gott befehlen; **to ~ to the grave** der Erde übergeben, beerdigen. **2.** festhalten (**to** auf, in *dat*): **to ~ to paper** (*od.* **to writing**) zu Papier bringen; **to ~ to memory** auswendig lernen. **3.** *jur.* a) j-n einweisen (**to prison** in e-e Strafanstalt; **to an institution** in e-e Heil- u. Pflegeanstalt), b) j-n über'geben: **to ~ s.o. for trial** j-n dem zuständigen Gericht zur Hauptverhandlung überstellen. **4.** *parl.* Gesetzesantrag *etc* an e-n Ausschuß über'weisen. **5.** *ein Verbrechen etc* begehen, verüben: **to ~ murder; to ~ a sin** (**folly**) e-e Sünde (Dummheit) begehen; **~ foul** 16, **suicide** 1. **6.** (**to**) j-n (*od. o.s.* sich) verpflichten (zu), binden (an *acc*), festlegen (auf *acc*): **to ~ o.s. to s.th.** sich für e-e Sache verschreiben; **to be ~ted** sich festgelegt haben; **~ted writer** engagierter Schriftsteller. **7.** kompromit'tieren, gefährden: **to ~ o.s.** sich e-e Blöße geben, sich kompromittieren. **8.** *mil. Truppen* einsetzen.
**com·mit·ment** [kə'mɪtmənt] *s* **1.** Über-'tragung *f*, -'antwortung *f*, 'Übergabe *f* (**to** an *acc*). **2.** *jur.* a) → **committal** 2, b) Verhaftung *f*, c) schriftlicher Haftbefehl *m.* **3.** *parl.* Über'weisung *f* an e-n Ausschuß. **4.** Begehung *f*, Verübung *f*: **~ of a crime. 5.** (**to**) Verpflichtung *f* (zu), Festlegung *f* (auf *acc*), Bindung *f* (an *acc*), *a.* (*politisches etc*) Engage'ment: **to undertake a ~** e-e Verpflichtung eingehen; **without any ~** ganz unverbindlich.

**6.** *econ.* a) Verbindlichkeit *f*, (finanzi'elle) Verpflichtung, b) *Am. Börse:* Engage'ment *n*.

**com·mit·ta·ble** [kə'mɪtəbl] *adj* leicht zu begehen(d): ~ **mistake. com'mit·tal** *s* **1.** → commitment 1-5. **2.** *jur.* Über'stellung *f*, Einlieferung *f*, Einweisung *f* (**to** in *e-e Strafanstalt od. e-e Heil- u. Pflegeanstalt*): ~ **to prison**; ~ **order** Einweisungsbeschluß *m*. **3.** Beerdigung *f*: ~ **service** Bestattungsfeier *f*.

**com·mit·tee** [kə'mɪtɪ] *s* **1.** Komi'tee *n*, Ausschuß *m*, Kommissi'on *f* (**on** für): **to be** (*od.* **sit**) **on a** ~ in e-m Ausschuß sein; **standing** ~ ständiger Ausschuß; **the House goes into C**~ (*od. Br.* **resolves itself into a C**~) *parl.* das Abgeordnetenhaus konstituiert sich als Ausschuß; ~ **of the whole** (**House**) *parl.* das gesamte als Ausschuß zs.-getretene Haus; **C**~ **of Supply** *Br.* Staatsausgaben-Bewilligungsausschuß; **C**~ **of Ways and Means** *bes. Br.* Finanz-, Haushaltsausschuß; ~**man**, ~**woman** *bes. Am.* Komiteemitglied *n*; ~ **stage** Stadium *n* der Ausschußberatung (*zwischen 2. u. 3. Lesung e-s Gesetzentwurfs*). **2.** [,Br. ,kɒmɪ'ti:] *jur. obs.* Vormund *m* (*e-s Entmündigten*).

**com·mix** [kɒ'mɪks; *Am.* kə'm-; kɑ'm-] *v/t u. v/i* (sich) (ver)mischen. **com'mix·ture** [-t∫ə(r)] *s* **1.** (Ver)Mischung *f*. **2.** Gemisch *n*.

**com·mode** [kə'məʊd] *s* **1.** ('Wasch-) Kom,mode *f*. **2.** hoher Nachtstuhl. **3.** *hist.* Faltenhaube *f*.

**com·mo·di·ous** [kə'məʊdjəs; -dɪəs] *adj* (*adv* ~**ly**) **1.** geräumig. **2.** *obs.* (zweck)dienlich, geeignet. **com'mo·di·ous·ness** *s* **1.** Geräumigkeit *f*. **2.** *obs.* Zweckdienlichkeit *f*.

**com·mod·i·ty** [kə'mɒdətɪ; *Am.* -'mɑ-] *s* **1.** *econ.* Ware *f*, ('Handels)Ar,tikel *m*, Gebrauchsgegenstand *m*. **2.** *econ.* Roh-, Grundstoff *m*. **3.** Vermögensgegenstand *m*. **4.** *obs.* Vorteil *m*, Nutzen *m*. ~ **dol·lar** *s econ. Am.* Warendollar *m* (*vorgeschlagene Währungseinheit, deren Goldgehalt sich der jeweiligen Warenindexziffer anpassen würde*). ~ **ex·change** *s econ.* Warenbörse *f*. ~ **mar·ket** *s econ.* **1.** Warenmarkt *m*. **2.** Rohstoffmarkt *m*. ~ **mon·ey** *s econ. Am.* auf der commodity dollar fußende Währung. ~ **pa·per** *s econ.* Doku'mententratte *f*.

**com·mo·dore** ['kɒmədɔː(r); *Am.* 'kɑ-] *s mar.* **1.** Kommo'dore *m:* a) *Am. Kapitän zur See mit Admiralsrang,* b) *Br. Kapitän zur See, Geschwaderkommandant (kein offizieller Dienstgrad),* c) *rangältester Kapitän mehrerer (Kriegs)Schiffe,* d) *Ehrentitel für verdiente Kapitäne der Handelsmarine.* **2.** Präsi'dent *m* e-s Jachtklubs. **3.** Kommo'doreschiff *n*.

**com·mon** ['kɒmən; *Am.* 'kɑ-] **I** *adj* (*adv* → commonly) **1.** gemeinsam, gemeinschaftlich: **our** ~ **interest;** ~ **to all** allen gemeinsam; **to be on** ~ **ground with s.o.** j-s Ansichten teilen, mit j-m e-r Meinung sein; **that was** ~ **ground in yesterday's debate** darüber waren sich in der gestrigen Debatte alle einig; **to be** ~ **ground between the parties** *jur.* von keiner der Parteien bestritten werden; → **cause** 3. **2.** allgemein, öffentlich: **by** ~ **consent** mit allgemeiner Zustimmung; ~ **crier** *bes. hist.* öffentlicher Ausrufer. **3.** Gemeinde..., Stadt... **4.** no'torisch, berüchtigt: ~ **criminal. 5.** allgemein (bekannt), all'täglich, gewöhnlich, nor'mal, vertraut: **it is a** ~ **belief** es wird allgemein geglaubt; **it is** ~ **knowledge** (**usage**) es ist allgemein bekannt (üblich); **a very** ~ **name** ein sehr häufiger Name; ~ **sight** alltäglicher *od.* vertrauter Anblick; ~ **talk** Stadtgespräch *n*. **6.** üb

lich, allgemein gebräuchlich: ~ **salt** gewöhnliches Salz, Kochsalz *n*. **7.** *bes. biol.* gemein (*die häufigste Art bezeichnend*): ~ **or garden** *colloq.* ,Feld-Wald-u.-Wiesen-...'; → **cold** 15. **8.** allgemein zugänglich, öffentlich: ~ **woman** Prostituierte *f*. **9.** gewöhnlich, minderwertig, zweitklassig. **10.** abgedroschen: **a** ~ **phrase. 11.** *colloq.* gewöhnlich, ordi'när: ~ **manners. 12.** gewöhnlich, ohne Rang: **the** ~ **people** das einfache Volk; ~ **soldier** einfacher Soldat. **13.** *math.* gemeinsam: → **denominator** 1.

**II** *s* **14.** All'mende *f*, Gemeindeland *n* (*heute oft Parkanlage in der Ortsmitte*). **15.** *a.* **right of** ~ Mitbenutzungsrecht *n* (*of an dat*): ~ **of pasture** Weiderecht; ~ **fishery** 5, **piscary** 5. **16.** Gemeinsamkeit *f*: (**to act**) **in** ~ gemeinsam (vorgehen); **in** ~ **with** (genau) wie; **to have in** ~ **with** gemein haben mit; **to hold in** ~ gemeinsam besitzen. **17.** (*das*) Gewöhnliche, Norm *f*: **out of the** ~ außergewöhnlich, -ordentlich. **18.** → **commons.**

**com·mon·a·ble** ['kɒmənəbl; *Am.* 'kɑ-] *adj* **1.** in gemeinsamem Besitz (*Land*), Gemeinde... **2.** *hist.* Gemeindeweide...: ~ **cattle.** '**com·mon·age** *s* **1.** gemeinsames Nutzungsrecht (*von Weideland etc*). **2.** gemeinsamer Besitz. ,**com·mon·al·i·ty** [-'nælətɪ] → commonalty 1. '**com·mon·al·ty** [-nltɪ] *s* **1.** (*das*) gemeine Volk, Allge'meinheit *f*. **2.** (Mitglieder e-r) Körperschaft *f*.

**com·mon| car·ri·er** *s* **1.** öffentliche Verkehrs- *od.* Trans'portgesellschaft. **2.** 'Fuhrunter,nehmer *m*, Spedi'teur *m*, Spediti'on *f*. ~ **coun·cil** *s* Gemeinderat *m* (*in USA u. London*). ~ **di·vi·sor** *s math.* gemeinsamer Teiler.

**com·mon·er** ['kɒmənə(r); *Am.* 'kɑ-] *s* **1.** Bürger(liche[r]) *m*, Nichtadlige(r) *m*. **2.** *Br.* Stu'dent, der s-n 'Unterhalt selbst bezahlt. **3.** **C**~ *Br.* a) *parl.* 'Unterhausabgeordnete(r) *m*, b) Mitglied *n* des Londoner Stadtrats.

**com·mon| frac·tion** *s math.* gemeiner Bruch. ~ **gen·der** *s ling.* doppeltes Geschlecht. ~**law** *s jur.* **1.** (ungeschriebenes englisches) Gewohnheitsrecht (*Ggs.* statute law). **2.** das gesamte anglo-amerikanische Rechtssystem (*Ggs.* civil law). **3.** das von den früheren Gerichten in England angewandte strengere Recht (*Ggs.* equity (law)). '~**law** *adj jur.* gewohnheitsrechtlich: ~ **marriage** eheähnliches Zs.-leben (*ohne kirchliche od. Ziviltrauung*), Konsensehe *f*; ~ **wife** Lebensgefährtin *f*.

**com·mon·ly** ['kɒmənlɪ; *Am.* 'kɑ-] *adv* gewöhnlich, im allgemeinen, nor'malerweise.

**Com·mon| Mar·ket** *s econ. pol.* Gemeinsamer Markt. **c**~ **meas·ure** *s* **1.** → common divisor. **2.** *mus.* gerader Takt, *bes.* Vier'viertaltakt *m*. **c**~ **mul·ti·ple** *s math.* gemeinsames Vielfaches. **c**~ **name** *s* Gattungsname *m*.

**com·mon·ness** ['kɒmənnɪs; *Am.* 'kɑ-] *s* **1.** Gemeinsamkeit *f*. **2.** Gewöhnlichkeit *f*, All'täglichkeit *f*, Häufigkeit *f*. **3.** *colloq.* Gewöhnlichkeit *f*, or'dinäre Art.

**com·mon|night·shade** *s bot.* Schwarzer Nachtschatten. ~ **noun** *s ling.* Gattungsname *m*, -wort *n*.

**com·mon·place** ['kɒmənpleɪs; *Am.* 'kɑ-] **I** *s* **1.** Gemeinplatz *m*, Binsenwahrheit *f*, Plati'tüde *f*. **2.** All'täglichkeit *f*, Abgedroschenheit *f*. **3.** all'tägliche (*uninteressante*) Sache. **4.** Lesefrucht *f*, Aufzeichnung *f* (*aus e-m Buch*): ~ **book** Kollektaneen-, Notizbuch *n*. **II** *adj* **5.** all'täglich, Alltags..., abgedroschen, *pred a.* gang u. gäbe.

**com·mon|pleas** *s pl jur. Br. hist.* Zi'vil

rechtsklagen *pl.* **C**~ **prayer** *s relig.* **1.** angli'kanische Litur'gie. **2.** (**Book of**) ~ Gebetbuch *n* der angli'kanischen Kirche. ~ **room** *s* **1.** Gemeinschaftsraum *m*: **junior** (**senior**) ~ *univ. Br.* Gemeinschaftsraum für Studenten (für den Lehrkörper *od.* die Fellows). **2.** *ped.* Lehrerzimmer *n*.

**com·mons** ['kɒmənz; *Am.* 'kɑ-] *s pl* **1.** (*das*) gemeine Volk, (*die*) Gemeinen *pl od.* Bürgerlichen *pl.* **2.** **the C**~ *parl.* a) die 'Unterhausabgeordneten *pl*, b) a. **House of C**~ Unterhaus *n* (*in GB u. Kanada*). **3.** *Br.* a) Gemeinschaftsessen *n* (*bes. in Colleges*): **to eat at** ~ am gemeinsamen Mahl teilnehmen, b) tägliche Kost, Essen *n*, Rati'on *f*: **kept on short** ~ auf schmale Kost gesetzt.

**com·mon| school** *s Am.* staatliche (Volks)Schule. ~ **sense** *s* gesunder Menschenverstand, praktischer Sinn: **in** ~ vernünftigerweise. '~**sense** *adj* vernünftig (denkend), verständig, dem gesunden Menschenverstand entsprechend. ~ **ser·geant** *s* Richter *m* u. Rechtsberater *m* der City of London. ~ **stock** *s econ. Am.* Stammaktie *f*. ~ **time** *s* **1.** → common measure 2. '~**weal** *s* **1.** Gemeinwohl *n*, (*das*) allgemeine Wohl. **2.** *obs.* → commonwealth.

'**com·mon·wealth** *s* **1.** Gemeinwesen *n*, Staat *m*, Nati'on *f*. **2.** Freistaat *m*, Repu'blik *f*. **3.** **C**~ *Br. hist.* Repu'blik *f*, Commonwealth *n* (*unter Cromwell 1649-60*). **4.** *Am.* a) offizielle Bezeichnung für e-n der Staaten Massachusetts, Pennsylvania, Virginia u. Kentucky, b) *hist.* Bundesstaat der USA. **5.** Commonwealth *n*, Staatenbund *m:* **the British C**~ **of Nations** das Commonwealth; **the C**~ **of Australia** der Australische Bund; **C**~ **Day** *Br.* Commonwealth-Feiertag *m* (*am 24. Mai, dem Geburtstag der Queen Victoria*); **the** ~ **of learning** *fig.* die Gelehrtenwelt. **6.** *obs.* Gemeinwohl *n*.

**com·mo·tion** [kə'məʊʃn] *s* **1.** heftige Bewegung, Erschütterung *f*. **2.** Erregung *f*, Aufregung *f*. **3.** *pol. u. fig.* Aufruhr *m*, Tu'mult *m*. **4.** Durchein'ander *n*, Wirrwarr *m*.

**com·mu·nal** ['kɒmjʊnl; *bes. Am.* kə'mju:nl; *Am. a.* 'kɑmjənl] *adj* **1.** Gemeinde..., Kommunal... **2.** gemeinschaftlich, Gemeinschafts...: ~ **aerial** (*Am.* antenna) *TV* Gemeinschaftsantenne *f*. **3.** einfach, Volks...: ~ **poetry** Volksdichtung *f*. **4.** ~ **living** *sociol.* Leben *n* in Kommunen. **com·mu·nal·ism** *s* Kommuna'lismus *m* (*Regierungssystem in Form von fast unabhängigen, verbündeten kommunalen Bezirken*). **com·mu·nal·i·za·tion** [-laɪ'zeɪʃn; *Am.* -lə'z-] *s* Kommunali'sierung *f*. **com·mu·nal·ize** ['kɒmjʊnlaɪz; *bes. Am.* kə'mju:nl-; *Am. a.* 'kɑmjənl-] *v/t* kommunali'sieren, in Gemeindebesitz *od.* -verwaltung 'überführen.

**com·mu·nard** ['kɒmjʊnɑːd; *Am.* ,kɑmjʊ'nɑːrd] *s sociol.* Kommu'narde *m*. **com·mune¹** *v/i* [kə'mju:n] **1.** sich (vertraulich) unter'halten, sich besprechen, Gedanken austauschen (**with** mit): ~ **with o.s.** mit sich zu Rate gehen. **2.** *relig.* kommuni'zieren, das heilige Abendmahl empfangen. **II** *s* ['kɒmju:n; *Am.* 'kɑ-] **3.** Gespräch *n*.

**com·mune²** ['kɒmju:n; *Am.* 'kɑ-] *s* Gemeinde *f*, Kom'mune *f* (*a. sociol.*).

**com·mu·ni·ca·bil·i·ty** [kə,mju:nɪkə'bɪlətɪ] *s* **1.** Mitteilbarkeit *f*. **2.** Über'tragbarkeit *f*. **3.** *obs.* Mitteilsamkeit *f*. **com'mu·ni·ca·ble** *adj* (*adv* commu'nicably) **1.** mitteilbar: ~ **knowledge.** **2.** über'tragbar: ~ **disease** *med.* übertragbare *od.* ansteckende Krankheit.

**3.** *obs.* kommunika'tiv, mitteilsam. **com'mu·ni·ca·ble·ness** → communicability. **com'mu·ni·cant** [-kənt] **I** *s* **1.** *relig.* a) Kommuni'kant(in), b) (*kommunizierendes*) Kirchenmitglied. **2.** Mitteilende(r *m*) *f*, Gewährsmann *m*. **II** *adj* **3.** mitteilend. **4.** teilhabend.

**com·mu·ni·cate** [kə'mju:nɪkeɪt] **I** *v/t* **1.** mitteilen (**s.th. to s.o.** j-m etwas). **2.** über'tragen (**to** auf *acc*): **to ~ a disease; to ~ itself (to)** sich mitteilen (*dat*) (*Erregung etc*). **3.** *obs.* teilnehmen an (*dat*). **II** *v/i* **4.** kommuni'zieren, sich besprechen, Gedanken *od.* Informati'onen *od.* Briefe *etc* austauschen, in Verbindung stehen (**with** mit). **5.** sich in Verbindung setzen (**with** s.o. mit j-m). **6.** mitein'ander in Verbindung stehen *od.* (durch e-e Tür *etc*) verbunden sein, zs.-hängen: **these two rooms ~** diese beiden Zimmer haben e-e Verbindungstür; **communicating door** Verbindungstür *f*. **7.** *relig.* → **commune¹** 2.

**com·mu·ni·ca·tion** [kə‚mju:nɪ'keɪʃn] *s* **1.** (**to**) *allg.* Mitteilung *f* (an *acc*): a) Verständigung *f* (*gen od.* von), b) Über'mittlung *f* (*e-r Nachricht*) (an *acc*), c) Nachricht *f*, Botschaft *f* (an *acc*), d) Kommunikati'on *f* (*von Ideen etc*). **2.** *a. med. phys.* Über'tragung *f* (**to** auf *acc*): **~ of motion** Bewegungsfortpflanzung *f*; **~ of power** Kraftübertragung. **3.** Gedanken-, Meinungsaustausch *m*, (Brief-, Nachrichten)Verkehr *m*, Schriftwechsel *m*, Verbindung *f*: **to be in ~ with s.o.** mit j-m in Verbindung stehen; **to break off all ~** jeglichen Verkehr abbrechen. **4.** Verbindung *f*, Verkehrsweg *m*, 'Durchgang *m*. **5.** *pl bes. mil.* Fernmeldewesen *n*: **~ officer** Fernmeldeoffizier *m*; **~ system** Fernmeldenetz *n*. **6.** *pl mil.* Nachschublinien *pl*, Verbindungswege *pl*. **7.** Versammlung *f* (*Freimaurerloge*). **~ cen·ter,** *bes. Br.* **~ cen·tre** *s mil.* 'Fernmeldestelle *f*, -meldezen‚trale *f*. **~ cord** *s rail. Br.* Notbremse *f*: **to pull the ~. ~ en·gi·neer·ing** *s* Fernmelde-, Nachrichtentechnik *f*. **~ serv·ice** *s* Nachrichtensy‚stem *n*, -dienst *m*. **~ sat·el·lite** *s* 'Nachrichtensatel‚lit *m*.

**com·mu·ni·ca·tive** [kə'mju:nɪkətɪv, -keɪtɪv] *adj* (*adv* **~ly**) **1.** mitteilsam, gesprächig, kommunika'tiv. **2.** Mitteilungs... **com'mu·ni·ca·tive·ness** *s* Mitteilsamkeit *f*. **com'mu·ni·ca·tor** [-keɪtə(r)] *s* **1.** Mitteilende(r) *m*. **2.** *tel.* (Zeichen)Geber *m*. **com'mu·ni·ca·to·ry** [-kətərɪ; *Am.* -kə‚təʊrɪ:, -‚tɔ:-] *adj* mitteilend.

**com·mun·ion** [kə'mju:njən] *s* **1.** Teilhaben *n*. **2.** gemeinsamer Besitz: **~ of goods** Gütergemeinschaft *f*. **3.** Gemeinschaft *f* (*von Personen*): **C~ of Saints** Gemeinschaft der Heiligen. **4.** Verkehr *m*, Verbindung *f*, 'Umgang *m*, (enge) Gemeinschaft: **to have** (*od.* **hold**) **~ with s.o.** mit j-m Umgang pflegen; **to hold ~ with o.s.** Einkehr bei sich selbst halten. **5.** *relig.* Religi'onsgemeinschaft *f*: **to receive into the ~ of the Church** in die Gemeinschaft der Kirche aufnehmen. **6.** **C~** *relig.* (heiliges) Abendmahl, *R.C.* (heilige) Kommuni'on: **to go to C~** zum Abendmahl gehen; **C~ cup** Abendmahlskelch *m*; **C~ rail** Altargitter *n*; **C~ service** Abendmahlsgottesdienst *m*; **C~ table** Abendmahlstisch *m*.

**com·mu·ni·qué** [kə'mju:nɪkeɪ] *s* Kommuni'qué *n*.

**com·mu·nism** ['kɒmjʊnɪzəm; *Am.* 'kɑmjə-] *s* **1.** *econ. pol.* Kommu'nismus *m*. **2.** *biol.* Kommensa'lismus *m*. **'com·mu·nist, C~ I** *s* Kommu'nist(in). **II** *adj* kommu'nistisch. ‚**com·mu'nis·tic** *adj* (*adv* **~ally**) kommu'nistisch.

**com·mu·ni·ty** [kə'mju:nətɪ] *s* **1.** Ge-

---

meinschaft *f*: **the ~ of saints; ~ of heirs** Erbengemeinschaft; **~ singing** gemeinsames Singen; **~ spirit** Gemeinschaftsgeist *m*. **2.** (organi'sierte po'litische *od.* sozi'ale) Gemeinschaft. **3.** Gemeinde *f*. **4. the ~** die Allge'meinheit, die Öffentlichkeit, das Volk. **5.** Staat *m*, Gemeinwesen *n*. **6.** *relig.* (*nach e-r bestimmten Regel lebende*) Gemeinschaft. **7.** in Gütergemeinschaft lebende (Per'sonen-) Gruppe. **8.** *bot. zo.* Gemein-, Gesellschaft *f*. **9.** Gemeinschaft *f*, Gemeinsamkeit *f*, gemeinsamer Besitz: **~ of goods** Gütergemeinschaft; **~ of interests** Interessengemeinschaft; **~ property** *jur.* (eheliches) Gemein-, Gesamtgut; **~ aerial** (*bes. Am.* **antenna**) *TV* Gemeinschaftsantenne *f*. **10.** *jur.* eheliche Gütergemeinschaft. **~ cen·ter,** *bes. Br.* **~ cen·tre** *s* Gemeinschaftszentrum *n*. **~ chest, ~ fund** *s Am.* (öffentlicher) Wohlfahrtsfonds. **~ home** *s Br.* Erziehungsheim *n*.

**com·mu·ni·za·tion** [‚kɒmjʊnaɪ'zeɪʃn; *Am.* ‚kɑmjənə'z-] *s* Über'führung *f* in Gemeinbesitz. **'com·mu·nize** *v/t* **1.** in Gemeinbesitz 'überführen, verstaatlichen. **2.** kommu'nistisch machen.

**com·mut·a·ble** [kə'mju:təbl] *adj* **1.** austauschbar. **2.** 'umwandelbar (*a. jur.*), ablösbar.

**com·mu·tate** ['kɒmju:teɪt; *Am.* 'kɑmjə-] *v/t electr.* a) *Strom* wenden, 'umpolen, b) *Wechselstrom* in Gleichstrom verwandeln, gleichrichten: **commutating pole** Wendepol *m*.

**com·mu·ta·tion** [‚kɒmju:'teɪʃn; *Am.* ‚kɑmjə-] *s* **1.** (Um-, Aus)Tausch *m*, 'Umwandlung *f*. **2.** a) Ablösung *f* (*durch Geld*), Abfindung *f*, b) Ablöse(summe) *f*. **3.** *jur.* ('Straf)Umwandlung *f*, (-)Milderung *f*. **4.** *rail. etc* Pendeln *n*, Pendelverkehr *m*: **~ ticket** *Am.* Dauer-, Zeitkarte *f*. **5.** *electr.* Kommutati'on *f*, Stromwendung *f*. **6.** *astr. math.* Kommutati'on *f*.

**com·mu·ta·tive** [kə'mju:tətɪv; *Br. a.* 'kɒmju:teɪtɪv; *Am. a.* 'kɑmjə‚teɪtɪv] *adj* (*adv* **~ly**) **1.** auswechselbar, Ersatz... **2.** Tausch... **3.** gegen-, wechselseitig. **4.** *math.* kommuta'tiv, vertauschbar.

**com·mu·ta·tor** ['kɒmju:teɪtə(r); *Am.* 'kɑmjə-] *s electr.* a) Kommu'tator *m*, Pol-, Stromwender *m*, b) Kol'lektor *m*, c) *mot.* Zündverteiler *m*. **~ bar** *s electr.* Kommu'tator-, Kol'lektorsegment *n*. **~ pitch** *s electr.* Kommu'tatorteilung *f*. **~ switch** *s electr.* Wendeschalter *m*.

**com·mute** [kə'mju:t] **I** *v/t* **1.** aus-, 'umtauschen, auswechseln. **2.** eintauschen (**for** für). **3.** (**to, into**) *jur. Strafe* 'umwandeln (in *acc*), mildern (zu). **4.** *Verpflichtungen etc* 'umwandeln (**into** in *acc*), ablösen (**for, into** durch). **5.** *electr.* → **commutate. II** *v/i* **6.** *rail. etc* pendeln. **III** *s* **7.** Pendlerfahrt *f*. **com'mut·er** *s* **1.** a) *Am.* Zeitkarteninhaber(in), b) Pendler(in): **~ belt** Einzugsgebiet *n* (*e-r Stadt*); **~ train** Pendler-, Vorort-, Nahverkehrszug *m*. **2.** → **commutator.**

**comp** [kɒmp; *Am.* kʌmp; kɑmp] *colloq.* **I** *s* **1.** (Schrift)Setzer *m*. **2.** *mus.* a) Begleiter(in), b) Begleitung *f*. **3.** Wettbewerb *m*. **II** *v/t* **4.** *mus.* begleiten.

**com·pact¹** ['kɒmpækt; *Am.* 'kɑm-] *s* Vertrag *m*, Pakt *m*.

**com·pact²** [kəm'pækt] **I** *adj* (*adv* **~ly**) **1.** kom'pakt, fest, dicht, gedrängt, raumsparend: **~ car** → 10; **~ cassette** Kom'paktkassette *f*. **2.** *geol.* dicht, mas'siv. **3.** gedrungen: **~ figure.** **4.** *fig.* knapp, gedrängt: **~ style.** **II** *v/t* **5.** kom'pakt machen, zs.-drängen, -pressen, fest mitein'ander verbinden, verdichten: **~ed →** I; **~ed of** zs.-gesetzt aus. **6.** konsoli'dieren, festigen. **III** *s* ['kɒmpækt] **7.** kom-

---

'pakte Masse. **8.** *tech.* Preßling *m* (*aus Metallstaub etc*). **9.** Puderdose *f*. **10.** *mot. Am.* Kom'paktauto *n*, -wagen *m*. **com'pact·ness** [kəm'pæktnɪs] *s* **1.** Kom'paktheit *f*. **2.** *fig.* Knappheit *f*, Gedrängtheit *f* (*des Stils etc*).

**com·pan·ion¹** [kəm'pænjən] **I** *s* **1.** Begleiter(in) (*a. astr. u. fig.*). **2.** Kame'rad(in), Genosse *m*, Genossin *f*, Gefährte *m*, Gefährtin *f*: **~ in arms** Waffengefährte; **~ in misfortune** Leidensgefährte, -genosse. **3.** Gesellschafterin *f*. **4.** Gegenstück *n*, Pen'dant *n*. **5.** Handbuch *n*, Leitfaden *m*. **6.** Ritter *m* (*unterste Stufe*): **C~ of the Bath** Ritter des Bath-Ordens. **7.** *obs.* Kum'pan *m*, Kerl *m*. **II** *v/t* **8.** *j-n* begleiten. **III** *v/i* **9.** verkehren (**with** mit). **IV** *adj* **10.** dazu passend, da'zugehörig: **~ piece →** 4; **~ volume** Begleitband *m*.

**com·pan·ion²** [kəm'pænjən] *s mar.* **1.** Ka'jütskappe *f* (*Überdachung der Kajütstreppe*). **2.** Ka'jütstreppe *f*, Niedergang *m*. **3.** Deckfenster *n*.

**com·pan·ion·a·ble** [kəm'pænjənəbl] *adj* (*adv* **companionably**) 'umgänglich, gesellig, leutselig. **com·pan·ion·a·ble·ness** *s* 'Umgänglichkeit *f*.

**com·pan·ion·ate** [kəm'pænjənɪt] *adj* kame'radschaftlich: **~ marriage** Kameradschaftsehe *f*.

**com·pan·ion¦ crop** *s agr.* Zwischenfrucht *f*. **~ hatch →** companion² 1. **~ hatch·way, ~ lad·der →** companion² 2.

**com·pan·ion·ship** [kəm'pænjənʃɪp] *s* **1.** Begleitung *f*, Gesellschaft *f*. **2.** Gesellschaft *f*, Gemeinschaft *f*. **3.** *print. Br.* Ko'lonne *f* (*von Setzern*).

**com·pan·ion·way →** companion² 2.

**com·pa·ny** ['kʌmpənɪ; -pnɪ] **I** *s* **1.** Gesellschaft *f*: **in ~** (**with**) in Gesellschaft *od.* Begleitung (*gen od.* von), zusammen (mit); **to be in good ~** sich in guter Gesellschaft befinden; **I sin in good ~** ich befinde mich in guter Gesellschaft (*wenn ich das tue*); **to keep** (*od.* **bear**) **s.o. ~** j-m Gesellschaft leisten; **to cry for ~** mitweinen; **to part ~ with s.o.** a) sich von j-m trennen, b) *fig.* sich von j-m lossagen, c) *fig.* anderer Meinung sein als j-d (**over, on** in *dat*); **he is good ~** er ist nett, mit ihm zu-sein; **two is ~, three is none** (*od.* **three is a crowd**) zu zweit ist es gemütlich, ein Dritter stört; → **break¹** 22. **2.** Gesellschaft *f*: **to see much ~** a) viel in Gesellschaft gehen, b) oft Gäste haben; **to be fond of ~** die Gesellheit lieben; **to be on one's ~ manners** s-e besten Manieren zur Schau tragen. **3.** Gesellschaft *f*, 'Umgang *m*, Verkehr *m*: **to keep good ~** guten Umgang pflegen; **to keep ~ with** verkehren *od.* Umgang haben mit. **4.** Besuch *m*, Gast *m od.* Gäste *pl*: **to have ~ for tea** Gäste zum Tee haben; **present ~ excepted!** Anwesende ausgenommen! **5.** *econ.* (Handels)Gesellschaft *f*, Firma *f*: **~ car** Firmenwagen *m*; **~ name** Firmenname *m*; **~ pension** Betriebsrente *f*; **~ physician** Betriebsarzt *m*. **6.** *econ.* (in Firmennamen) Teilhaber *m od. pl*: **Brown & C~** (*abbr.* **Co.**) Brown u. Kompanie *od.* Kompagnon (*abbr.* **& Co.**). **7.** *colloq.* (*meist contp.*) Genossen *pl*, Kum'pane *pl*, Kon'sorten *pl*. **8.** (The'ater)Truppe *f*. **9.** *mil.* Kompa'nie *f*. **10.** *mar.* Mannschaft *f*, Besatzung *f*. **11.** Anzahl *f*, Menge *f*. **12.** *hist.* Zunft *f*, Innung *f*. **II** *v/i* **13.** *obs.* verkehren (**with** mit). **III** *v/t* **14.** *obs.* begleiten.

**com·pa·ny¦law** *s* Gesellschaftsrecht *n*. **~ man** *s irr Am. contp.* a) Betriebsspitzel *m*, b) ‚Radfahrer' *m*. **~ of·fi·cer** *s mil.* Kompa'nie-, Subal'ternoffi‚zier *m*. **~ ser·geant ma·jor** *s mil.* Hauptfeld-

webel m. **~ store** s Am. firmeneigenes (Laden)Geschäft, Firmenladen m. **~ time** s: on ~ während der Arbeitszeit (private Arbeit etc). **~ un·ion** s bes. Am. Betriebsgewerkschaft f.

**com·pa·ra·bil·i·ty** [ˌkɒmpərəˈbɪlətɪ; Am. ˌkɑm-] → comparableness. **'com·pa·ra·ble** adj (adv comparably) vergleichbar (to, with mit). **'com·pa·ra·ble·ness** s Vergleichbarkeit f.

**com·par·a·tist** [kəmˈpærətɪst] s vergleichender Literaturwissenschaftler.

**com·par·a·tive** [kəmˈpærətɪv] I adj **1.** vergleichend: ~ advertising; ~ (study of) literature vergleichende Literaturwissenschaft, Komparatistik f; → law¹ 5. **2.** Vergleichs... **3.** verhältnismäßig, relativ. **4.** beträchtlich, ziemlich: with ~ speed. **5.** ling. komparativ, Komparativ...: ~ degree → 6. II s **6.** ling. Komparativ m. **com'par·a·tive·ly** adv verhältnismäßig, ziemlich.

**com·par·a·tor** [kəmˈpærətə(r)] s Komparator m (Gerät zum Vergleich u. zur genauen Messung von Längenmaßen).

**com·pare** [kəmˈpeə(r)] I v/t **1.** vergleichen (with, to mit): (as) ~d with im Vergleich zu, gegenüber (dat). **2.** vergleichen, gleichsetzen, -stellen (to mit): not to be ~d to (od. with) nicht zu vergleichen mit. **3.** Vergleiche anstellen zwischen (dat), miteinander vergleichen, nebeneinanderstellen: to ~ notes Meinungen od. Erfahrungen austauschen, sich beraten. **4.** ling. steigern. II v/i **5.** sich vergleichen (lassen), e-n Vergleich aushalten (with mit): to ~ favo(u)rably with den Vergleich mit ... nicht zu scheuen brauchen, (noch) besser sein als. III s **6.** Vergleich m: beyond ~, without ~ unvergleichlich.

**com·par·i·son** [kəmˈpærɪsn] s **1.** Vergleich m: by ~ vergleichsweise, im Vergleich dazu; in ~ with im Vergleich mit od. zu; to draw (od. make) a ~ e-n Vergleich anstellen od. ziehen; to bear (od. stand) ~ with e-n Vergleich aushalten mit; points of ~ Vergleichspunkte; without ~, beyond (all) ~ unvergleichlich. **2.** ling. Komparation f, Steigerung f. **3.** rhet. Gleichnis n. **~ shop·ping** s preisbewußtes Einkaufen.

**com·part·ment** [kəmˈpɑː(r)tmənt] I s **1.** Abteilung f, Fach n, Kammer f. **2.** rail. ('Wagen)Ab,teil n, Cou'pé n. **3.** Fläche f, Feld n, Abschnitt m. **4.** arch. (abgeteiltes) Fach, Kas'sette f. **5.** mar. → watertight compartment. **6.** pol. Br. Abschnitt m der Tagesordnung (für dessen Diskussion von der Regierung e-e bestimmte Zeitspanne angesetzt wird). **7.** fig. a) Sektor m, b) abgegrenzte Gruppe. II v/t **8.** aufteilen, unterteilen. **com·part·men·tal** [ˌkɒmpɑː(r)tˈmentl; Am. ˌkɑm-] adj **1.** Abteilungs... **2.** aufgeteilt. **3.** fach-, felderartig.

**com·pass** [ˈkʌmpəs] I s **1.** phys. Kompaß m: point of the ~ Himmelsrichtung f; → box¹ 40. **2.** meist pl, a. pair of ~es math. tech. (Einsatz)Zirkel m. **3.** 'Umkreis m, 'Umfang m, Ausdehnung f (a. fig.): in ~ an Umfang; within the ~ of a year innerhalb e-s Jahres; within the ~ of the law im Rahmen des Gesetzes; the ~ of the eye der Gesichtskreis; this is beyond my ~ das geht über m-n Horizont. **4.** Grenzen pl, Schranken pl: to keep within ~ in Schranken halten; narrow ~ enge Grenzen. **5.** Bereich m, Sphäre f: the ~ of man's imagination. **6.** mus. 'Umfang m (der Stimme etc). **7.** a) Kreis m, Ring m, b) Kreisbewegung f. **8.** C...es pl astr. → Compass (Sternbild). **9.** obs. 'Umweg m. II v/t **10.** → encompass. **11.** her'umgehen um, um'kreisen.

**12.** (geistig) begreifen, erfassen. **13.** vollbringen, Ziel erreichen, Ergebnis erzielen. **14.** planen. **15.** Plan aushecken, anzetteln. **16.** biegen. III adj **17.** bogenförmig. **~ bear·ing** s mar. Kompaßpeilung f. **~ box** s mar. Kompaßgehäuse n. **~ card** s mar. Kompaßrose f.

**com·pas·sion** [kəmˈpæʃn] I s Mitleid n, Mitgefühl n, Erbarmen n (for mit): out of ~ aus Mitleid; to have (od. take) ~ (up)on s.o. Mitleid mit j-m empfinden od. haben; to look at s.o. in (od. with) ~ j-n mitleidig ansehen. II v/t → compassionate II. **com'pas·sion·ate** I adj [-ʃənət] (adv ~ly) mitfühlend, mitleidsvoll, mitleidig: ~ allowance gesetzlich nicht verankerte Beihilfe in Härtefällen; ~ case Härtefall m; ~ leave mil. bes. Br. Urlaub m aus dringenden familiären Gründen. II v/t bemitleiden, Mitleid empfinden od. haben mit. **com'pas·sion·ate·ness** s **1.** mitfühlendes Wesen. **2.** Mitleid n.

**com·pass| nee·dle** s Kompaß-, Ma'gnetnadel f. **~ plane** s tech. Rund-, Schiffshobel m. **~ plant** s bot. Kompaßpflanze f. **~ rose** s mar. Windrose f. **~ saw** s tech. Schweif-, Loch-, Stichsäge f. **~ win·dow** s arch. Rundbogenfenster n.

**com·pat·i·bil·i·ty** [kəmˌpætəˈbɪlətɪ] s **1.** Vereinbarkeit f, Kompatibili'tät f. **2.** Verträglichkeit f. **com'pat·i·ble** adj (adv compatibly) **1.** vereinbar: a) 'widerspruchsfrei, b) kompa'tibel (Ämter). **2.** verträglich: a) zs.-passend (a. Personen): to be ~ (with) sich vertragen (mit), zs.-passen, passen (zu), b) med. kompa'tibel (Blutgruppen, Arzneimittel): ~ blood Blut n der entsprechenden Gruppe. **3.** Nachrichtentechnik: kompa'tibel, austauschbar (Wiedergabesysteme). **com'pat·i·ble·ness** → compatibility.

**com·pa·tri·ot** [kəmˈpætrɪət; Am. -ˈpeɪt-] I s Landsmann m, -männin f. II adj landsmännisch. **com,pa·tri'ot·ic** [-'ɒtɪk, -'ɑt-] → compatriot II.

**com·peer** [kɒmˈpɪə; ˈkɒmˌpɪə; Am. ˈkɑm-ˌpɪər; kəmˈp-] s **1.** Gleichgestellte(r m) f, Standesgenosse m: to have no ~ nicht seinesgleichen haben. **2.** Kame'rad(in).

**com·pel** [kəmˈpel] v/t **1.** zwingen, nötigen: to be ~led to do (od. into doing) gezwungen sein, etwas zu tun; etwas tun müssen. **2.** etwas erzwingen. **3.** a. Bewunderung etc abnötigen (from s.o. j-m): to ~ s.o.'s respect j-m Respekt abnötigen. **4.** unter'werfen (to dat), bezwingen. **com'pel·la·ble** adj **1.** zu zwingen(d) (to zu). **2.** erzwingbar.

**com·pel·ling** [kəmˈpelɪŋ] adj (adv ~ly) **1.** zwingend: ~ reason. **2.** 'unwider,stehlich.                                    [compendium.\

**com·pend** [ˈkɒmpend; Am. ˈkɑm-] I → **com·pen·di·a** [kəmˈpendɪə] pl von compendium.

**com·pen·di·ous** [kəmˈpendɪəs] adj (adv ~ly) kurz(gefaßt), gedrängt. **com'pen·di·ous·ness** s Kürze f, Gedrängtheit f. **com'pen·di·um** [-əm] pl **-ums, -a** [-ə] s **1.** Kom'pendium n, Leitfaden m, Handbuch n, Grundriß m. **2.** Abriß m, Zs.-fassung f.

**com·pen·sate** [ˈkɒmpenseɪt; -pən-; Am. ˈkɑm-] I v/t **1.** kompen'sieren (a. psych.), ausgleichen, aufwiegen, wettmachen. **2.** a) j-n entschädigen (for für), b) Am. j-n bezahlen, entlohnen, c) etwas ersetzen, vergüten, für etwas Ersatz leisten (to s.o. j-m). **3.** phys. tech. a) aufheben, ausgleichen, kompen'sieren, b) auswuchten. II v/i **4.** Ersatz bieten od. leisten, entschädigen (for für). **5.** ~ for → 1.

**com·pen·sat·ing** [ˈkɒmpenseɪtɪŋ; -pən-;

Am. ˈkɒm-] adj ausgleichend, Ausgleichs..., Kompensations... **~ con·dens·er** s electr. 'Ausgleichskonden,sator m. **~ er·rors** s pl sich gegenseitig aufhebende Fehler pl. **~ gear** s tech. Ausgleichs-, bes. Differenti'algetriebe n.

**com·pen·sa·tion** [ˌkɒmpenˈseɪʃn; -pən-; Am. ˌkɑm-] s **1.** a. chem. electr. tech. Kompensati'on f, Ausgleich m: in ~ for als Ausgleich für. **2.** econ. jur. a) Vergütung f, (Rück)Erstattung f, b) gegenseitige Abrechnung, c) Vergütung f, Entgelt n, (Schaden)Ersatz m, Entschädigung f: to pay ~ Schadenersatz leisten; as (od. by way of) ~ als Ersatz; (workmen's) ~ (Betriebs)Unfallentschädigung. **3.** jur. Kompensati'on f: a) Abfindung f, b) Aufrechnung f. **4.** Am. Bezahlung f, Gehalt n, Lohn m. **5.** psych. Kompensati'on f, Ersatzhandlung f. **com·pen·sa·tion·al** [-ʃənl] adj Kompensations..., Ersatz..., Ausgleichs... **com·pen·sa·tion| bal·ance** s tech. Kompensati'onsunruh f (der Uhr). **~ in·sur·ance** s econ. wechselseitige Versicherung.

**com·pen·sa·tive** [ˈkɒmpensətɪv; Br. a. ˈkɒmpenseɪtɪv; -pən-; Am. a. ˈkɑmpənˌseɪtɪv; -pen-] adj **1.** kompen'sierend, ausgleichend. **2.** entschädigend, vergütend, Entschädigungs... **3.** Ersatz...

**com·pen·sa·tor** [ˈkɒmpenseɪtə(r); -pən-; Am. ˈkɑm-] s tech. Kompen'sator m, Ausgleichsvorrichtung f. **com·pen·sa·to·ry** [kəmˈpensətərɪ; Am. -ˌtəʊriː; -ˌtɔː-] adj **1.** → compensative. **2.** ~ lengthening ling. Ersatzdehnung f.

**com·père, com·pere** [ˈkɒmpeə(r); Am. ˈkɑm-] bes. Br. I s Conférenci'er m, Ansager(in). II v/t konfe'rieren, ansagen. III v/i konfe'rieren, als Conférenci'er fun'gieren.

**com·pete** [kəmˈpiːt] v/i **1.** in Wettbewerb treten, sich (mit)bewerben (for s.th. um etwas). **2.** econ. u. weitS. konkur'rieren (with mit): competing business (product) Konkurrenzgeschäft n (-erzeugnis n). **3.** wetteifern, sich messen (with mit). **4.** sport a) am Wettkampf teilnehmen, b) a. weitS. kämpfen (for um; against gegen).

**com·pe·tence** [ˈkɒmpɪtəns; Am. ˈkɑmpə-], **'com·pe·ten·cy** s **1.** Fähigkeit f, Tüchtigkeit f. **2.** a. weitS. Zuständigkeit f, Kompe'tenz f, b) Zulässigkeit f, c) Geschäftsfähigkeit f. **3.** (gutes etc) Auskommen: to enjoy a ~ sein Auskommen haben. **'com·pe·tent** adj (adv ~ly) **1.** fähig (to do zu tun), tüchtig. **2.** fach-, sachkundig, qualifi'ziert. **3.** gut(gemacht), gekonnt. **4.** jur. a) a. weitS. kompe'tent, zuständig (Gericht etc): a ~ judge ein zuständiger Richter, fig. ein sachkundiger Beurteiler, ein Kenner, b) zulässig (Beweise, Zeuge), c) geschäftsfähig. **5.** (for) ausreichend (für), angemessen (dat): a ~ answer e-e zufriedenstellende Antwort. **6.** geol. kompe'tent, tek'tonisch verformbar (Gestein).

**com·pe·ti·tion** [ˌkɒmpɪˈtɪʃn; Am. ˌkɑmpə-] s **1.** allg. Wettbewerb m, -kampf m, -streit m (for um). **2.** Konkur'renz f: a) econ. Wettbewerb m: free (unfair) ~ freier (unlauterer) Wettbewerb; ~ clause Konkurrenzklausel f; to enter into ~ with in Konkurrenz treten mit, konkurrieren mit, b) econ. Konkur'renz(firma f, -firmen pl, c) weitS. Gegner pl, Ri'valen pl. **3.** sport Wettkampf m, Konkur'renz f, Veranstaltung f: ~ rules Wettkampfbestimmungen. **4.** Preisausschreiben n, Wettbewerb m. **5.** biol. Exi'stenzkampf m.

**com·pet·i·tive** [kəmˈpetətɪv] adj (adv ~ly) **1.** konkur'rierend, wetteifernd,

**2.** Wettbewerbs..., Konkurrenz..., auf Wettbewerb eingestellt *od.* beruhend, *econ. a.* konkur'renz-, wettbewerbsfähig: ~ **advantage** Vorteil *m* gegenüber der Konkurrenz; ~ **career** *sport* aktive Laufbahn; ~ **examination** Ausleseprüfung *f*; ~ **position** (*od.* capacity) *econ.* Konkurrenzfähigkeit *f*; ~ **pressure** *econ.* Wettbewerbszwang *m*; ~ **prices** *econ.* konkurrenzfähige Preise; ~ **sports** *econ.* Wettkampfsport *m*; **on a** ~ **basis** *econ.* auf Wettbewerbsgrundlage. **com'pet·i·tive·ness** *s econ.* Konkur'renz-, Wettbewerbsfähigkeit *f*. **com'pet·i·tor** [-ɪ-tə(r)] *s* **1.** Mitbewerber(in) (for um). **2.** *bes. econ.* Konkur'rent *m*, Konkur'renz (-firma) *f*. **3.** *bes. sport* (Wettbewerbs-) Teilnehmer(in), Ri'vale *m*, Ri'valin *f*.

**com·pi·la·tion** [ˌkɒmpɪ'leɪʃn; *Am.* ˌkɑmpə-] *s* Kompilati'on *f*: a) Zs.-stellen *n*, Sammeln *n*, b) Sammlung *f*, Sammelwerk *n* (*Buch*). **com·pil·a·to·ry** [kəm'pɪlətərɪ; -'paɪl-; *Am.* -ˌtəʊri; -ˌtɔ:-] *adj* kompila'torisch.

**com·pile** [kəm'paɪl] *v/t* **1.** *ein Verzeichnis etc* kompi'lieren, zs.-stellen, sammeln, *Material* zs.-tragen. **2.** *Computer:* kompi'lieren. **com'pil·er** *s* **1.** Kompi'lator *m*. **2.** *Computer:* Com'piler *m*, Kompi-'lierer *m*.

**com·pla·cence** [kəm'pleɪsns], **com-'pla·cen·cy** *s* **1.** 'Selbstzu,friedenheit *f*, -gefälligkeit *f*. **2.** *obs.* a) Zu'friedenheit *f*, b) Quelle *f* der Zu'friedenheit *f*. **3.** *obs.* → complaisance. **com'pla·cent** *adj* (*adv* ~ly) **1.** 'selbstzu,frieden, selbstgefällig. **2.** *obs.* zu'frieden. **3.** *obs.* → complaisant.

**com·plain** [kəm'pleɪn] *v/i* **1.** sich beklagen, sich beschweren, Klage *od.* Beschwerde führen (**of, about** über *acc*; **to** bei): **we have nothing to** ~ **of** wir können uns nicht beklagen. **2.** klagen *od.* über *acc*: **he** ~**ed of a sore throat.** **3.** *jur.* a) klagen, b) (Straf)Anzeige erstatten (**of** gegen). **4.** *econ.* rekla'mieren: **to** ~ **about** *etwas* reklamieren *od.* beanstanden. **com'plain·ant** *s* **1.** Beschwerdeführer(in). **2.** *jur.* Kläger(in). **com'plain·er** *s* **1.** Nörgler(in). **2.** *jur. Scot.* Kläger(in).

**com·plaint** [kəm'pleɪnt] *s* **1.** Klage *f*, Beschwerde *f* (**about** über *acc*): ~ **book** Beschwerdebuch *n*; **to make a** ~ (**about**) → **complain 1; we have no cause** (*od.* **grounds**) **for** ~ wir können uns nicht beklagen. **2.** *econ.* Reklamati'on *f*, Beanstandung *f*, Mängelrüge *f*. **3.** *jur.* a) (Zivil)Klage *f*, b) Klageschrift *f*, c) Beschwerde *f*, d) Beschwerdeschrift *f*, e) (Straf)Anzeige *f*. **4.** *med.* (chronisches) Leiden, *pl a.* Beschwerden *pl*.

**com·plai·sance** [kəm'pleɪzəns; *Am. a.* -'pleɪs-; ˌkɑmplɪ'zæns] *s* Gefälligkeit *f*, Entgegenkommen *n*, Höflichkeit *f*, Zu-'vorkommenheit *f*. **com'plai·sant** *adj* (*adv* ~ly) gefällig, höflich, zu'vor-, entgegenkommend (**to** gegen).

**com·pla·nate** ['kɒmplənət; -nət; *Am.* 'kɑm-] *adj* abgeplattet, abgeflacht.

**com·ple·ment I** *s* ['kɒmplɪmənt; *Am.* 'kɑmplə-] **1.** a) Ergänzung *f* (**to** gen), b) Vervollkommnung *f* (**to** gen). **2.** Ergänzungsstück *n*. **3.** *obs.* Voll'kommenheit *f*. **4.** Vollständigkeit *f*, -zähligkeit *f*. **5.** *a.* **full** ~ volle (An)Zahl *od.* Menge *od.* Besetzung, *bes. a) mar.* vollzählige Besatzung, b) *mil.* (volle) Stärke, Sollstärke *f*. **6.** *ling.* Ergänzung *f*. **7.** *math.* Komple'ment *n*. **8.** *mus.* Er'gänzung(sinter,vall *n*) *f*. **9.** *Serologie:* Komple'ment *n*, Ale'xin *n*. **II** *v/t* [-ment] **10.** a) ergänzen, b) vervollkommnen, abrunden: **a wide range of wines to** ~ **your food.** ˌcom·ple'men·tal [-'mentl] → **complementary.**

**com·ple·men·ta·ry** [ˌkɒmplɪ'mentərɪ;

-trɪ; *Am.* ˌkɑmplə-] *adj* **1.** ergänzend, komplemen'tär: **to be** ~ **to s.th.** *etwas* ergänzen. **2.** sich gegenseitig ergänzend. ~ **an·gle** *s math.* Komplemen'tär-, Ergänzungswinkel *m*. ~ **col·o(u)rs** *s pl* Komplemen'tärfarben *pl*.

**com·plete** [kəm'pli:t] **I** *adj* (*adv* ~ly) **1.** kom'plett, vollständig, voll'kommen, völlig, ganz, to'tal: ~ **combustion** vollständige Verbrennung; ~ **defeat** vollständige Niederlage; ~ **edition** Gesamtausgabe *f*; ~ **outfit** komplette Ausstattung; **he is a** ~ **stranger to me** er ist mir völlig unbekannt; **it was a** ~ **surprise to me** es war *od.* kam für mich völlig überraschend. **2.** vollzählig, kom'plett. **3.** beendet, voll'endet, fertig. **II** *v/t* **5.** vervollständigen, ergänzen. **6.** voll'enden, abschließen, beendigen, fertigstellen: **to** ~ **a contract** e-n Vertrag erfüllen; **to** ~ **one's sentence** *jur.* s-e Strafe verbüßen. **7.** *fig.* voll'enden, vervollkommnen: **that** ~**d his happiness** das machte sein Glück vollkommen. **8.** *ein Formular* ausfüllen. **9.** *e-e Telefonverbindung* 'herstellen. **com'plete·ness** *s* Vollständigkeit *f*, Voll'kommenheit *f*. **com'ple·tion** [-ʃn] *s* **1.** Vervollständigung *f*, Ergänzung *f*: ~ **test** *psych.* Lückentest *m*. **2.** Voll'endung *f*, Beendigung *f*, Fertigstellung *f*: **to bring to** ~ zum Abschluß bringen; ~ **date** Fertigstellungstermin *m*. **3.** Erfüllung *f* (*e-s Vertrags*). **4.** Ausfüllen *n* (*e-s Formulars*).

**com·plex I** *adj* ['kɒmpleks; *Am.* kam-'pleks; 'kam,pleks] (*adv* ~ly) **1.** zs.-gesetzt: ~ **word**; → **sentence** 1. **2.** kom-'plex, vielschichtig: ~ **problem**. **3.** *math.* kom'plex: ~ **fraction** komplexer Bruch, Doppelbruch *m*. **II** *s* ['kɒmpleks; *Am.* 'kam-] **4.** Kom'plex *m*, (*das*) Ganze, Gesamtheit *f*. **5.** (*Gebäude- etc*)Kom'plex *m*: ~ **of buildings**; **industrial** ~ Industriekomplex. **6.** *psych.* Kom'plex *m* (*a. weitS.* Phobie, fixe Idee). **7.** *chem.* Kom'plex-verbindung *f*.

**com·plex·ion** [kəm'plekʃn] *s* **1.** Gesichtsfarbe *f*, Teint *m*. **2.** *fig.* Aussehen *n*, Cha'rakter *m*, Zug *m*: **to put a fresh** ~ **on s.th.** e-r Sache e-n neuen Anstrich geben; **that puts a different** ~ **on it** dadurch bekommt die Sache (freilich) ein (ganz) anderes Gesicht. **3.** allgemeines Aussehen, Farbe *f*. **4.** *fig.* Cou'leur *f*, (po'litische) Richtung: **people of all political** ~**s.** **com'plex·ioned** *adj* (*meist in Zssgn*) mit (*hellem etc*) Teint, von (*blasser etc*) Gesichts- *od.* Hautfarbe: **dark-**~.

**com·plex·i·ty** [kəm'pleksətɪ] *s* **1.** Komplexi'tät *f* (*a. math.*), Vielschichtigkeit *f*. **2.** (*etwas*) Kom'plexes.

**com·pli·ance** [kəm'plaɪəns] *s* **1.** (**with**) a) Einwilligung *f* (**in** *acc*), Gewährung *f*, Erfüllung *f* (*gen*), b) Befolgung *f*, Einhaltung *f* (*gen*): **in** ~ **with** e-r Vorschrift, e-m Wunsche etc gemäß. **2.** Willfährigkeit *f*, Unter'würfigkeit *f*. **com'pli·an·cy** → **compliance 2. com'pli·ant** *adj* (*adv* ~ly) willfährig, unter'würfig.

**com·pli·ca·cy** ['kɒmplɪkəsɪ; *Am.* 'kam-] *s* Kompli'ziertheit *f*. **'com·pli·cate I** *adj* [-kət] **1.** kompli'ziert. **2.** *bot. zo.* längsgefaltet. **II** *v/t* [-keɪt] **3.** kompli'zieren. **'com·pli·cat·ed** *adj* **1.** kompli'ziert. **2.** *math.* verschlungen.

ˌcom·pli'ca·tion *s* **1.** Komplikati'on *f* (*a. med.*). **2.** Kompli'ziertheit *f*. **3.** *math.* Verschlingung *f*.

**com·plic·i·ty** [kəm'plɪsətɪ] *s* Mitschuld *f*, Mittäterschaft *f*, Teilnahme *f* (**in** an *dat*): ~ **in murder** *jur.* Beihilfe *f* zum Mord; **a look of** ~ ein komplizenhafter *od.* verständnisinniger Blick.

**com·pli·ment I** *s* ['kɒmplɪmənt; *Am.*

'kɑmplə-] **1.** Kompli'ment *n*, Höflichkeiten *pl*, Schmeiche'lei *f*: **to pay s.o. a** ~ j-m ein Kompliment machen (**on** wegen). **2.** Lob *n*, Ausdruck *m* der Bewunderung: **in** ~ **to** zu Ehren (*gen*); **he paid you a high** ~ er hat dir ein großes Lob gespendet; **to do** (*od.* **pay**) **s.o. the** ~ **of doing s.th.** j-m die Ehre erweisen, etwas zu tun. **3.** Empfehlung *f*, Gruß *m*: **my best** ~**s** m-e besten Empfehlungen; **with the** ~**s of the season** mit den besten Wünschen zum Fest. **4.** *obs.* Geschenk *n*. **II** *v/t* [-ment] **5.** (**on**) a) j-m ein Kompli'ment *od.* Komplimente machen (wegen), b) j-m gratu'lieren (zu). **6.** j-n beehren, auszeichnen (**with** mit). ˌcom·pli'men·ta·ry [-'mentərɪ; -trɪ] *adj* **1.** höflich, Höflichkeits...: ~ **close** Gruß-, Schlußformel *f* (*in Briefen*). **2.** schmeichelhaft. **3.** Ehren...: ~ **dinner** Festessen *n*; ~ **ticket** Ehren-, Freikarte *f*. **4.** Frei..., Gratis...: ~ **copy** Freiexemplar *n* (*Buch*), Werbenummer *f* (*Zeitschrift*).

**com·plin** ['kɒmplɪn; *Am.* 'kam-], **'com·pline** [-ɪn; -aɪn] *s relig.* Kom'plet *f* (*Tagesschlußgebet*).

**com·plot I** *s* ['kɒmplɒt; *Am.* 'kam,plat] Kom'plott *n*, Verschwörung *f*. **II** *v/t* [kəm'plɒt; *Am.* -'plat] anzetteln. **III** *v/i* sich verschwören.

**com·ply** [kəm'plaɪ] *v/i* (**with**) a) einwilligen (**in** *acc*), sich fügen (*dat*), b) (*e-m Wunsche od. Befehl*) nachkommen *od.* entsprechen *od.* Folge leisten, erfüllen (*acc*): ~ **with a wish** (**an order**), c) (*e-e Anordnung*) befolgen, einhalten: **to** ~ **with an instruction**; **to** ~ **with the law** sich an die Gesetze halten; **he complied** er fügte sich.

**com·po** ['kɒmpəʊ; *Am.* 'kam-] *pl* **-pos** **1.** *tech.* Kompositi'on *f*: a) Me'tallkompositi,on *f*, b) Putz *m* (*aus Harz, Leim etc zu Wandverzierungen*), c) Gips *m*, Mörtel *m*. **2.** *econ.* Abfindungssumme *f* (*an Gläubiger*).

**com·po·nent** [kəm'pəʊnənt] **I** *adj* **1.** e-n Teil bildend, Teil...: ~ **sentence** Teilaussage *f*; ~ **part** Bestandteil *m*. **II** *s* **2.** (Bestand)Teil *m*, *a. math. phys.* Kompo'nente *f*, *electr. tech.* 'Bauele,ment *n*. **3.** *fig.* Baustein *m*.

**com·po·ra·tion** *s mil.* 'Sammelrati,on *f*.

**com·port** [kəm'pɔː(r)t] **I** *v/t* ~ **o.s.** sich betragen, sich benehmen, sich verhalten: **to** ~ **o.s. as if** auftreten, als ob. **II** *v/i* (**with**) sich vertragen (mit), passen (zu). **III** *s obs.* Betragen *n*, Benehmen *n*. **com'port·ment** *s* **1.** Betragen *n*, Benehmen *n*. **2.** Verhalten *n*. **3.** Haltung *f* (*des Körpers*).

**com·pose** [kəm'pəʊz] **I** *v/t* **1.** zs.-setzen *od.* -stellen: **to be** ~**d of** bestehen *od.* sich zs.-setzen aus. **2.** bilden: ~ **a sentence**. **3.** *Schriften etc* ab-, verfassen, aufsetzen: **to** ~ **a speech**. **4.** dichten, *ein Gedicht etc* verfassen. **5.** *mus.* kompo'nieren. **6.** *Gemälde etc* entwerfen. **7.** *print.* (ab)setzen. **8.** besänftigen: **to** ~ **o.s.** sich beruhigen, sich fassen. **9.** *Streit etc* beilegen, schlichten. **10.** a) in Ordnung bringen, regeln, b) ordnen, zu'rechtlegen: **to** ~ **one's thoughts** s-e Gedanken sammeln. **11.** ~ **o.s.** sich anschicken (**to** zu). **II** *v/i* **12.** schriftstellern, schreiben, dichten. **13.** *mus.* kompo'nieren. **14.** (*als Künstler etc*) Entwürfe machen. **15.** *print.* setzen. **com'posed** *adj*, **com'pos·ed·ly** [-zɪdlɪ] *adv* ruhig, gelassen, gesetzt. **com-'pos·ed·ness** [-ɪdnɪs] *s* Gelassenheit *f*, Ruhe *f*. **com'pos·er** *s* **1.** *mus.* Kompo'nist *m*. **2.** Verfasser(in). **3.** Schlichter(in). **com·pos·ing** [kəm'pəʊzɪŋ] **I** *s* **1.** Kompo'nieren *n*, Dichten *n*. **2.** Schriftsetzen *n*. **II** *adj* **3.** beruhigend, Beruhigungs...: ~ **draught** Schlaftrunk *m*. ~ **ma·chine** *s*

print. 'Setzma,schine f. ~ **room** s print. Setze'rei f, Setzersaal m. ~ **rule** s print. Setzlinie f. ~ **stick** s print. Winkelhaken m.

**com·pos·ite** ['kɒmpəzɪt; Am. kam-'pazət; kəm-] **I** adj **1.** zs.-gesetzt (a. math. Zahl), gemischt (of aus): ~ arch Spitzbogen m; ~ **candle** (Art) Stearinkerze f; ~ **construction** tech. Gemischtbauweise f. **2.** bot. Kompositen..., Korbblüter... **II** s **3.** Zs.-setzung f, Mischung f. **4.** bot. Korbblüter m, Kompo'site f. ~ **con·nec·tion** s tech. Doppelbetriebsschaltung f. ~ **in·dex num·ber** s math. Hauptmeßzahl f. ~ **ma·te·ri·al** s Verbund(werk)stoff m. ~ **met·al** s Ver'bundme,tall n. ~**pho·to·graph** n. Kompo'sitfotogra,fie f (Fotomontage etc).

**com·po·si·tion** [,kɒmpə'zɪʃn; Am. ,kam-] s **1.** Zs.-setzung f, Bildung f. **2.** Abfassung f, Entwurf m (e-r Schrift etc). **3.** Schrift(stück n) f, (Schrift)Werk n, Dichtung f. **4.** ped. a) (Schul)Aufsatz m, b) Stilübung f. **5.** ling. a) ('Wort)Zusammensetzung f, b) 'Satzkonstrukti,on f. **6.** Kompositi'on f: a) Mu'sikstück n, b) (künstlerische) Anordnung od. Gestaltung, Aufbau m. **7.** Zs.-setzung f, Verbindung f, Struk'tur f, Syn'these f: chemical ~ chemisches Präparat; ~ metal Kupferlegierung f. **8.** print. a) Setzen n, Satz m, b) Walzenmasse f. **9.** Beschaffenheit f, Na'tur f, Anlage f, Art f. **10.** jur. Kompro'miß m, Vergleich m (mit Gläubigern etc): ~ **in bankruptcy** Zwangsvergleich im Konkursverfahren; ~ **proceedings** (Konkurs)Vergleichsverfahren n. **11.** Über'einkunft f, Abkommen n. **12.** Ablöse(-summe) f.

**com·pos·i·tor** [kəm'pɒzɪtə; Am. kəm-'pazətər] s (Schrift)Setzer m.

**com·pos men·tis** [,kɒmpəs'mentɪs; Am. ,kam-] (Lat.) adj **1.** jur. geistig gesund, zurechnungsfähig. **2.** colloq. ,voll da'.

**com·post** ['kɒmpɒst; Am. 'kam,pəʊst] **I** s Kom'post m: ~ **heap.** **II** v/t kompo'stieren: a) zu Kom'post verarbeiten, b) mit Kom'post düngen.

**com·po·sure** [kəm'pəʊʒə(r)] s (Gemüts-)Ruhe f, Fassung f, Gelassenheit f.

**com·pote** ['kɒmpɒt; -pəʊt; Am. 'kam-,pəʊt] s **1.** Kom'pott n. **2.** Kom'pottschale f.

**com·pound¹** ['kɒmpaʊnd; Am. 'kam-] s **1.** Lager n. **2.** Gefängnishof m. **3.** (Tier)Gehege n.

**com·pound²** [kəm'paʊnd; Am. a. kam-] **I** v/t **1.** zs.-setzen, (ver)mischen. **2.** zs.-setzen, zs.-stellen. **3.** 'herstellen, bilden. **4.** a) Streit beilegen, b) Sache gütlich od. durch Vergleich regeln. **5.** econ. jur. a) Schulden durch Vergleich tilgen, b) laufende Verpflichtungen durch einmalige Zahlung ablösen, c) Gläubiger befriedigen, d) Zinseszinsen zahlen. **6.** jur. e-e Straftat wegen erhaltener Entschädigung nicht anzeigen. **7.** Am. steigern, bes. verschlimmern. **8.** electr. compoun'dieren. **II** v/i **9.** sich vergleichen, sich einigen (with mit; for über acc). **10.** fig. sich vereinigen (into zu). **III** adj ['kɒmpaʊnd; Am. 'kam-; a. kam'paʊnd] **11.** allg. zs.-gesetzt. **12.** med. kompli'ziert. **13.** electr. tech. Verbund... **IV** s ['kɒmpaʊnd; Am. 'kam-] **14.** Zs.-setzung f, Mischung f. **15.** Mischung f, Masse f: cleaning ~ Reinigungsmasse. **16.** chem. Verbindung f, Präpa'rat n. **17.** ling. Kom'positum n, zs.-gesetztes Wort.

**com·pound| an·i·mal** s zo. Tierstock m. ~**∼·com·plex sen·tence** s ling. zs.-gesetzter Satz m mit e-m Nebensatz od. mehreren Nebensätzen. ~ **du·ty** s econ.

Mischzoll m. ~ **en·gine** s **1.** aer. Compoundtriebwerk n. **2.** tech. Ver'bund-, 'Compoundma,schine f. ~ **eye** s zo. Netz-, Fa'cettenauge n. ~ **flow·er** s bot. zs.-gesetzte Blüte. ~ **frac·tion** s math. kom'plexer Bruch, Doppelbruch m. ~ **frac·ture** s med. kompli'zierter Bruch. ~ **fruit** s bot. Sammelfrucht f. ~ **in·ter·est** s econ. Staffel-, Zinseszinsen pl. ~ **mo·tor** s electr. Verbund-, Compoundmotor m. ~ **noun** s ling. Kom'positum n, zs.-gesetztes Hauptwort. ~ **nu·cle·us** s bes. irr Atomphysik: Verbund-, Compoundkern m. ~ **num·ber** s math. **1.** zs.-gesetzte Zahl (keine Primzahl). **2.** benannte Zahl. ~ **oil** s Compoundöl n. ~ **op·tion** s econ. Doppelprämiengeschäft n. ~**sen·tence** s ling. zs.-gesetzter Satz. ~ **steel** s Verbundstahl m. ~ **tense** s ling. zs.-gesetzte Zeit(form). ~**∼-wound dy·na·mo** s electr. Ver'bunddy,namo m.

**com·preg** ['kɒmpreg; Am. 'kam-] s tech. Kunstharzpreßholz n.

**com·pre·hend** [,kɒmprɪ'hend; Am. ,kam-] v/t **1.** um'fassen, einschließen, in sich fassen. **2.** begreifen, erfassen, verstehen. ~**com·pre,hen·si'bil·i·ty** [-sə-'bɪlətɪ] s Faßlichkeit f. ~**com·pre'hen·si·ble** adj begreiflich, verständlich, faßlich. ~**com·pre'hen·si·bly** adv verständlicherweise.

**com·pre·hen·sion** [,kɒmprɪ'henʃn; Am. ,kam-] s **1.** Einbeziehung f. **2.** 'Umfang m. **3.** → comprehensiveness. **4.** Begriffsvermögen n, Fassungskraft f, Verstand m, Einsicht f: it is beyond my ~ das geht über m-n Horizont; past ~ unfaßbar, unfaßlich. **5.** (of) Begreifen n (gen), Verständnis n (für): to be quick (slow) of ~ schnell (langsam) begreifen. **6.** philos. Inhalt m-s Begriffes. **7.** relig. Einbeziehung f der 'Nonkonfor,misten in die angli'kanische Kirche. **com·pre'hen·sive** [-sɪv] **I** adj (adv ∼ly) **1.** um'fassend, weit: ~ law allgemeines Gesetz; ~ **insurance** Vollkaskoversicherung f; ~ **school** bes. Br. Gesamtschule f. **2.** in sich fassend (of acc). **3.** inhaltsreich. **4.** Begriffs...: ~ **faculty** Fassungskraft f, Begriffsvermögen n. **II** s **5.** bes. Br. Gesamtschule f. **com·pre'hen·sive·ness** s 'Umfang m, Reichhaltigkeit f, (das) Um'fassende. **com·pre'hen·si·vize** v/t bes. Br. a) e-e Schule in e-e Gesamtschule 'umwandeln, b) das Schulwesen auf Gesamtschulen 'umstellen.

**com·press I** v/t [kəm'pres] zs.-drücken, -pressen, phys. tech. kompri'mieren (a. fig.), verdichten. **II** s ['kɒmpres; Am. 'kam-] med. Kom'presse f.

**com·pressed** [kəm'prest] adj **1.** zs.-gedrückt, -gepreßt, phys. tech. kompri-'miert (a. fig.), verdichtet: ~ **air** Preß-, Druckluft f; ~**-air brake** Druckluftbremse f; ~ **steel** Preßstahl m. **2.** bot. zs.-gedrückt. **3.** zo. schmal.

**com·press·i·bil·i·ty** [kəm,presə'bɪlətɪ] s Zs.-drückbarkeit f, phys. tech. Kompri'mierbarkeit f, Verdichtbarkeit f. **com·press·i·ble** adj (adv compressibly) zs.-drückbar, phys. tech. kompri'mier-, verdichtbar.

**com·pres·sion** [kəm'preʃn] s **1.** Zs.-pressen n, -drücken n. **2.** fig. knappe Formu'lierung. **3.** phys. tech. a) (Dampf etc)Druck m, b) Kompressi'on f, Verdichtung f (bei Explosionsmotoren), c) Druckbeanspruchung f. ~**cham·ber** s mot. Kompressi'ons-, Verdichtungsraum m. ~ **cup** s tech. Preßöler m, Schmierbüchse f. ~ **pres·sure** s tech. Verdichtungsdruck m. ~ **ra·tio** s tech. Verdichtungsverhältnis n. ~ **spring** s tech. Druckfeder f. ~ **stroke** s mot. Kompressi'onshub m.

**com·pres·sive** [kəm'presɪv] adj zs.--drückend, -pressend, Preß..., Druck...: ~ **strength** Druckfestigkeit f; ~ **stress** Druckspannung f.

**com·pres·sor** [kəm'presə(r)] s **1.** anat. Preß-, Schließmuskel m. **2.** med. a) Gefäßklemme f, (Ader)Presse f, b) Druckverband m. **3.** tech. Kom'pressor m, Verdichter m. **4.** mar. Kettenkneifer m.

**com·pris·al** [kəm'praɪzl] s **1.** Um'fassung f, Einschließung f. **2.** Zs.-fassung f. **com'prise** **I** v/t **1.** einschließen, um'fassen, enthalten. **2.** sich zs.-setzen aus, bestehen aus. **II** v/i **3.** ~ **of** Am. → 1.

**com·pro·mise** ['kɒmprəmaɪz; Am. 'kam-] **I** s **1.** Kompro'miß m: to make a ~ e-n Kompro'miß schließen. **2.** jur. (gütlicher od. obs. schiedsrichterlicher) Vergleich. **3.** Konzessi'on f, Zugeständnis n. **4.** Kompro'miß m, Mittelding n. **II** v/t **5.** durch e-n Kompro'miß regeln od. beilegen od. schlichten. **6.** Ruf, Leben etc gefährden, aufs Spiel setzen. **7.** (o.s. sich) bloßstellen, kompromit'tieren. **III** v/i **8.** a) e-n Kompro'miß od. (a. fig. contp.) Kompro'misse schließen, b) jur. sich (gütlich) vergleichen (on über acc). **9.** Entgegenkommen zeigen (on in dat). ~ **for·mu·la** s a. irr Kompro'mißformel f. ~ **set·tle·ment,** ~ **so·lu·tion** s Kompro'mißlösung f.

**Comp·ton ef·fect** ['kʌmptən; 'kɒmp-; Am. 'kamp-] s phys. 'Comptonef,fekt m.

**comp·trol·ler** [kən'trəʊlə(r)] s (staatlicher) Rechnungsprüfer (Beamter): C∼ **General** a) Am. Präsident m des Rechnungshofes, b) Br. Präsident m des Patentamtes; C∼ **of the Currency** Am. Kontrolleur m der Umlaufmittel.

**com·pul·sion** [kəm'pʌlʃn] s **1.** Zwang m: under ~ unter Zwang od. Druck, gezwungen, zwangsweise. **2.** psych. Zwang m, 'unwider,stehlicher Drang. **com·pul·sive** [-sɪv] adj (adv ∼ly) **1.** zwingend, Zwangs... **2.** psych. zwanghaft.

**com·pul·so·ry** [kəm'pʌlsərɪ; -srɪ] adj (adv compulsorily) **1.** zwangsweise, gezwungen, Zwangs...: ~ **measures** pl, ~ **auction** Zwangsversteigerung f; ~ **purchase** Br. Zwangsenteignung f. **2.** obli'ga'torisch, zwingend (vorgeschrieben), Pflicht...: ~ **dives** (Kunstspringen) Pflichtsprünge; ~ **education** allgemeine Schulpflicht; ~ **military service** allgemeine Wehrpflicht; ~ **subject** ped. univ. Pflichtfach n.

**com·punc·tion** [kəm'pʌŋkʃn] s a) Gewissensbisse pl, b) Reue f, c) Bedenken pl: without ~. **com·punc·tious** adj (adv ∼ly) reuevoll, reuig.

**com·pur·ga·tion** [,kɒmpɜː'geɪʃn; Am. ,kam,pərˈ-; -pərˈg-] s jur. **1.** Reinwaschung f, Schuldlossprechung f, Rechtfertigung f. **2.** hist. Reinigung f durch Eideshilfe. **com·pur·ga·tor** [-geɪ-tə(r)] s jur. hist. Eideshelfer m.

**com·put·a·ble** [kəm'pjuːtəbl] adj berechenbar, zu berechnen(d).

**com·pu·ta·tion** [,kɒmpjuː'teɪʃn; Am. ,kampjʊ't-] s **1.** (Be)Rechnen n, Kalku'lieren n. **2.** Berechnung f. **3.** Anschlag m, 'Überschlag m, Kalkulati'on f, Schätzung f.

**com·pute** [kəm'pjuːt] **I** v/t **1.** berechnen. **2.** schätzen, veranschlagen (at auf acc). **II** v/i **3.** rechnen (by nach).

**com'put·er** s **1.** (Be)Rechner m, Kalku'lator m. **2.** electr. Com'puter m, Rechner m. ~ **age** s Com'puterzeitalter n. ~ **cen·ter,** bes. Br. ~ **cen·tre** s Rechenzentrum n.

**com'put·er-con,trolled** adj com'putergesteuert.

**com'put·er| crim·i·nal·i·ty** s Com'puterkriminali,tät f. ~ **dat·ing** s Hei-

**ratsvermittlung** f mit Hilfe e-s Com'puters. ~ **di·ag·nos·tics** s pl (als sg kon-struiert) med. Com'puterdia,gnostik f.

**com·put·er·ese** [kəm,pjuːtə'riːz] s **1.** Jar'gon m der Com'puterfachleute. **2.** Com'putersprache f.

**com·put·er fore·cast** s Hochrech-nung f. ~ **graph·ics** s pl (als sg kon-struiert) Com'putergraphik f.

**com·put·er·ize** [kəm'pjuːtəraɪz] v/t a) Werk, Industrie mit Com'putern ausstat-ten, auf Computer 'umstellen, b) System, Verfahren mit e-m Com'puter 'durchfüh-ren, c) mit Hilfe e-s Com'puters errech-nen od. zs.-stellen. [sprache f.]

**com·put·er lan·guage** s Com'puter-]

**com·put·er·man** [-mæn] s irr Com-'puterspezia,list m.

**com·put·er pre·dic·tion** s Hoch-rechnung f. ~ **sci·ence** s Infor'matik f. ~ **sci·en·tist** s **1.** Com'puterspezia,list m. **2.** Infor'matiker m. ~ **sim·u·la·tion** s Com'putersimulati,on f.

**com'put·er-sup,port·ed** adj com'pu-tergestützt.

**com·rade** ['kɒmreɪd; -rɪd; Am. 'kam-,ræd] s **1.** Kame'rad m, Genosse m, Ge-fährte m: ~ **in arms** Waffengefährte m. **2.** pol. (Par'tei)Genosse m. **'com·rade-ly** adj kame'radschaftlich. **'com·rade-ship** s Kame'radschaft f.

**com·sat** ['kɒmsæt; Am. 'kam-] s 'Nach-richtensatel,lit m.

**com·stock·er·y** ['kʌm,stɒkəri] s Am. über'trieben strenge Zen'sur (gegen Immorali'tät in Kunst u. Litera'tur).

**Com·ti·an** ['kɔːntɪən; Am. 'kamptɪən] adj Comtesch(er, e, es) (A. Comte od. s-e Lehre betreffend). **'Comt·ism** s philos. Positi'vismus m.

**con¹** [kɒn; Am. kɑn] v/t lernen, sich etwas einprägen.

**con²** → conn.

**con³** [kɒn; Am. kɑn] I s **1.** Nein-Stimme f, Stimme f da'gegen. **2.** 'Gegenargu,ment n: → **pro¹** 2. **3.** colloq. Gegner(in). II adv **4.** (da)'gegen.

**con⁴** [kɒn; Am. kɑn] sl. I adj betrügerisch: ~ **man** a) Betrüger m, b) Hochstapler m; ~ **game** a) aufgelegter Schwindel, b) Hoch-stapelei f. II v/t ,reinlegen', betrügen.

**con⁵** [kɒn; Am. kɑn] s sl. Sträfling m.

**co·nar·i·um** [kəʊ'neərɪəm] pl **-ri·a** [-ə] s anat. Zirbeldrüse f.

**co·na·tion** [kəʊ'neɪʃn] s philos. psych. Willenstrieb m, Begehren n. **co·na·tive** ['kəʊnətɪv] adj Begehrens..., triebhaft.

**con·cat·e·nate** [kɒn'kætɪneɪt; Am. kɑn-] v/t verketten, verknüpfen: ~**d** connec-tion electr. Kaskadenschaltung f. **con-,cat·e'na·tion** s **1.** Verkettung f. **2.** Kette f.

**con·cave** I adj [,kɒn'keɪv; 'kɒnkeɪv; Am. kɑn'k-; 'kɑn,k-] (adv ~ly) kon'kav: a) hohl, ausgehöhlt, b) tech. hohlgeschliffen, Hohl...: ~ **brick** Hohlziegel m; ~ **lens** Zerstreuungslinse f; ~ **mirror** Hohlspie-gel m. II s [,kɒn'keɪv; 'kɒnkeɪv; Am. 'kɑn,k-] (Aus)Höhlung f, Wölbung f, Hohlrundung f, kon'kave Fläche. III v/t [,kɒn'keɪv; Am. kɑn'k-; 'kɑn,k-] kon-'kav formen. **con'cav·i·ty** [-'kævətɪ] s **1.** hohle Beschaffenheit, Konkavi'tät f. **2.** → concave II. **con·ca·vo-con·cave** [kɒn,keɪvəʊkɒn'keɪv; Am. kɑn,keɪvəʊ-kɑn'keɪv] adj 'bikon,kav, auf beiden Seiten hohl. **con,ca·vo-con'vex** [-kɒn-'veks; Am. -kɑn'v-] adj kon'kavkon,vex, hohlerhaben.

**con·ceal** [kən'siːl] v/t (**from** vor dat) **1.** allg. verbergen: a) a. tech. verdecken, ka'schieren: ~**ing power** Deckkraft f (von Farben), b) verstecken, c) verborgen halten, geheimhalten, verschleiern: **to** ~

the true state of affairs; ~**ed assets** econ. (Konkursrecht) verschleierte Ver-mögenswerte, (Buchführung) unsichtba-re Aktiva; ~**ed damage** verborgener od. latenter Schaden, d) verschweigen, ver-hehlen, verheimlichen. **2.** mil. verschlei-ern, tarnen: **to** ~ **by smoke** vernebeln. **con'ceal·er** s Verberger(in), (Ver)Heh-ler(in). **con'ceal·ment** s **1.** Verbergung f, Verheimlichung f, Verschweigung f, Geheimhaltung f. **2.** Verborgenheit f, Versteck n: **to stay in** ~ sich verborgen halten. **3.** mil. Deckung f, Tarnung f.

**con·cede** [kən'siːd] **I** v/t **1.** zugestehen, einräumen: a) gewähren, bewilligen (s.o. s.th. j-m etwas): **to** ~ **a privilege** ein Vorrecht einräumen, b) anerkennen, zu-geben, zubilligen (a. that daß): **to** ~ **the battle** mil. sport. → 5; **to** ~ **a right** ein Recht anerkennen; **to** ~ **a goal** sport ein Tor hinnehmen müssen od. zulassen; **to** ~ **a point** in e-m Punkt nachgeben, sport e-n Punkt abgeben (**to** gegen). **2.** abtreten (**to** dat). **3.** **to** ~ **an election** s-e (Wahl)Nie-derlage eingestehen. **II** v/i **4.** nachgeben, Zugeständnisse machen. **5.** mil. pol. sport sich geschlagen geben. **con'ced·ed·ly** [-dɪdlɪ] adv zugestandenermaßen.

**con·ceit** [kən'siːt] **I** s **1.** Eingebildetheit f, Einbildung f, (Eigen)Dünkel m, Selbst-gefälligkeit f, Eitelkeit f. **2.** günstige Mei-nung (nur noch in): **out of** ~ **with** über-drüssig (gen); **to put s.o. out of** ~ **with s.th.** j-m die Lust an etwas nehmen. **3.** obs. Gedanke m, Vorstellung f, I'dee f. **4.** obs. guter Einfall, Witz m. **5.** a) obs. seltsamer Einfall, Ma'rotte f, b) gesuchte Me'tapher. **6.** obs. per'sönliche Meinung: **in my own** ~ m-r Ansicht nach. **7.** obs. Begriffsvermögen n. **II** v/t **8.** obs. glau-ben, denken (of von): **well** ~**ed** gut aus-gedacht; **to** ~ **o.s. to be s.th.** sich ein-bilden, etwas zu sein. **con'ceit·ed** adj (adv ~ly) selbstgefällig, dünkelhaft, eitel, eingebildet (**about**, **of** auf acc).

**con·ceiv·a·bil·i·ty** [kən,siːvə'bɪlətɪ] s Begreiflichkeit f. **con'ceiv·a·ble** adj **1.** begreiflich, faßlich. **2.** denkbar, vor-stellbar: **the best plan** ~ der denkbar beste Plan; **it is hardly** ~ **to me that** ich kann mir kaum vorstellen, daß. **con-'ceiv·a·ble·ness** → conceivability. **con'ceiv·a·bly** [-blɪ] adv denkbar: **he may** ~ **be wrong** es ist durchaus denk-bar, daß er sich irrt.

**con·ceive** [kən'siːv] **I** v/t **1.** biol. ein Kind empfangen. **2.** begreifen, sich vorstellen, sich denken, sich e-n Begriff od. e-e Vorstellung machen von. **3.** planen, er-sinnen, ausdenken, entwerfen: **to** ~ **an idea** auf e-n Gedanken kommen; **a badly** ~**d project** e-e Fehlplanung. **4.** e-e Neigung etc fassen (**for** zu): **to** ~ **an affection for s.o.**; **to** ~ **a desire** e-n Wunsch hegen. **5.** in Worten ausdrücken. **II** v/i **6.** ~ **of** → 2. **7.** biol. a) empfangen, schwanger werden (Mensch), b) aufneh-men, trächtig werden (Tier).

**con·cen·trate** ['kɒnsəntreɪt; Am. 'kɑn-] **I** v/t **1.** konzen'trieren (**on**, **upon** auf acc): a) zs.-ziehen, zs.-ballen, vereinigen, sammeln, mas'sieren: **to** ~ **troops**; ~**d fire** mil. konzentriertes od. zs.-gefaßtes Feuer, b) Anstrengungen etc richten: **to** ~ **one's thoughts upon s.th.** s-e Gedan-ken auf etwas richten, sich auf etwas konzentrieren. **2.** fig. zs.-fassen (**in** in dat). **3.** chem. Lösung etc a) sättigen, konzen'trieren, b) verstärken, bes. metall. anreichern. **II** v/i **4.** sich konzen'trieren (etc; → 1). **5.** sich (an e-m Punkt) sam-meln. **III** s **6.** chem. Konzen'trat n. **'con-cen·trat·ed** adj konzen'triert.

**con·cen·tra·tion** [,kɒnsən'treɪʃn; Am. ,kɑn-] s **1.** Konzen'trierung f, Konzen-

trati'on f: a) Zs.-fassung f, Zs.-ziehung f, (Zs.-)Ballung f, Mas'sierung f, (An-)Sammlung f (alle a. mil.): ~ **area** mil. Bereitstellungsraum m, Aufmarschge-biet n; ~ **camp** pol. Konzentrationslager n, b) 'Hinlenkung f auf 'einen Punkt, c) fig. (geistige) Sammlung, gespannte Aufmerksamkeit: **power of** ~ Konzen-trationsfähigkeit f. **2.** chem. Konzentra-ti'on f, Dichte f, Sättigung f. **3.** metall. Anreicherung f. **4.** biol. Konzentrati'on f der erblichen Veranlagung.

**con·cen·tra·tive** ['kɒnsənreɪtɪv; Am. 'kɑn-] adj konzen'trierend.

**con·cen·tric** [kɒn'sentrɪk; bes. Am. kən-; Am. a. kɑn-] adj; **con'cen·tri·cal** adj (adv ~ly) kon'zentrisch. **con·cen-tric·i·ty** [,kɒnsen'trɪsətɪ; Am. ,kɑn,sen-] s Konzentrizi'tät f.

**con·cept** ['kɒnsept; Am. 'kɑn-] s **1.** philos. (allgemeiner logischer) Begriff. **2.** Gedan-ke m, Auffassung f, Konzepti'on f. ~ **art** s Concept-Art f (moderne Kunstrichtung, in der das Konzept das fertige Kunstwerk ersetzt).

**con·cep·tion** [kən'sepʃn] s **1.** biol. Emp-fängnis f: **(statutory) period of** ~ jur. (gesetzliche) Empfängniszeit. **2.** a) Be-greifen n, b) Begriffsvermögen n, Ver-stand m, c) (philos. logischer) Begriff, Vorstellung f (of von): **in my** ~ nach m-r Auffassung, d) Konzepti'on f, I'dee f. **3.** Entwurf m, Kon'zept n, Plan m, Anlage f. **4.** (Geistes)Schöpfung f. **con'cep-tion·al** [-ʃənl] adj begrifflich, ab'strakt.

**con·cep·tive** [-tɪv] adj **1.** begreifend, empfänglich: ~ **power** Begriffsvermö-gen n. **2.** med. empfängnisfähig. **con-'cep·tu·al** [-tjʊəl; -tʃʊəl; Am. -tʃəwəl; -tʃəl] adj begrifflich, Begriffs...: ~ **art** Conceptual art f (moderne Kunstrichtung, in der das Konzept das fertige Kunstwerk ersetzt); ~ **artist** → conceptualist 2. **con'cep·tu·al·ism** s philos. Konzep-tua'lismus m (scholastische Lehre, die dem Allgemeinen nur ein Sein im Begriff, aber nicht in der Realität zugesteht). **con'cep-tu·al·ist** s **1.** philos. Konzeptua'list m. **2.** Künstler m auf dem Gebiet der Concep-tual art. **con'cep·tu·al·ize** I v/t in Begriffe fassen. II v/i begrifflich denken.

**con·cern** [kən'sɜːn; Am. -'sɜrn] I v/t **1.** betreffen, angehen, sich beziehen auf (acc): **it does not** ~ **me** es betrifft mich nicht, es geht mich nichts an; **as far as I am** ~**ed** soweit es mich betrifft, was mich anbelangt; **To Whom It May C**~ an alle, die es angeht (Überschrift auf Attesten etc). **2.** von Wichtigkeit od. Belang od. Inter'esse sein für, angehen: **this prob-lem** ~**s us all** dieses Problem geht uns alle an od. ist für uns alle wichtig; **your reputation is** ~**ed** es geht um d-n Ruf. **3.** beunruhigen: **don't let that** ~ **you** mache dir deswegen keine Sorgen; **to be** ~**ed about** (od. **at**) sich Sorgen machen wegen; **to be** ~**ed for s.o.'s safety** um j-s Sicherheit besorgt sein; → **concerned** 5. **4.** interes'sieren, beschäftigen: **to** ~ **o.s. with** sich beschäftigen od. befassen mit; **to be** ~**ed in a plot** in e-e Verschwörung verwickelt sein; → **concerned** 2, 3. II s **5.** Angelegenheit f, Sache f: **that is your** ~ das ist Ihre Sache; **that is no** ~ **of mine** das geht mich nichts an; **the** ~**s of the nation** die Belange der Nation. **6.** Ge-schäft n, Firma f, Unter'nehmen n: **first** ~ Firma, die noch in den Händen der Gründer ist; **a going** ~ a) ein gutgehen-des Unternehmen, b) fig. e-e gut funk-tionierende Sache. **7.** Unruhe f, Sorge f, Besorgnis f (**at**, **about**, **for** wegen, um): **there is** ~ es herrscht Besorgnis. **8.** Wichtigkeit f: **to be of no small** ~ nicht ganz unbedeutend sein, sehr wich-

**tig sein;** a matter of national ~ ein nationales Anliegen. **9.** Beziehung *f* (with zu): to have no ~ with a matter mit e-r Sache nichts zu tun haben. **10.** (at, about, for, in, with) Teilnahme *f* (an *dat*), Rücksicht *f* (auf *acc*), Anteil *m* (an *dat*), Inter'esse *n* (für): to feel a ~ for Teilnahme empfinden für, sich interes- sieren für. **11.** *colloq.* ‚Ding‘ *n*, Sache *f*, ‚Geschichte‘ *f*. **con·cerned** [kən'sɜːnd; *Am.* -'sɜːrnd] *adj* **1.** betroffen, betreffend: the matter ~. **2.** (in) beteiligt, interes'siert (an *dat*), *contp.* verwickelt (in *acc*): the parties ~ die Beteiligten. **3.** (with, in) a) befaßt *od.* beschäftigt (mit), b) handelnd (von). **4.** bemüht (to do zu tun). **5.** (about, at, for) a) besorgt (um), beunruhigt (wegen), in Unruhe *od.* Sorge (um, wegen), b) bekümmert, betrübt (über *acc*). **6.** (po'litisch *od.* enga'giert. **con-'cern·ed·ly** [-nɪdlɪ] *adv.* **con'cern·ing** *adj* betreffend (*acc*), betreffs (*gen*), 'hin- sichtlich, bezüglich, wegen (*gen*), über (*acc*): ~ me was mich (an)betrifft *od.* anbelangt.

**con·cern·ment** [kən'sɜːnmənt; *Am.* -'sɜːrn-] *s* **1.** Wichtigkeit *f*, Bedeutung *f*, Inter'esse *n*: of general ~. **2.** Beteiligung *f*, Anteil *m*. **3.** Besorgtheit *f*, Sorge *f* (for um *acc*, wegen *gen*).

**con·cert** ['kɒnsət; *Am.* 'kɑnsərt; -ˌsɜrt] I *s* **1.** *mus.* a) Kon'zert *n*: ~ hall Konzertsaal *m*; ~ overture Konzertouvertüre *f*; ~ pianist Konzertpianist(in); ~ tour Konzertreise *f*, -tournee *f*, b) har'monische Über'einstimmung. **2.** [*Br.* 'kɒnsɜːt] Ein- vernehmen *n*, Einverständnis *n*, Über- 'einstimmung *f*, Harmo'nie *f*: in ~ with im Einvernehmen *od.* in Übereinstim- mung mit. **3.** [*Br.* 'kɒnsɜːt] Zs.-wirken *n*: to act in ~ with s.o. gemeinsam mit j-m vorgehen. II *v/t* [kən'sɜːt; *Am.* -'sɜrt] **4.** *etwas* verabreden, abmachen, abspre- chen, aufein'ander abstimmen: to ~ measures. **5.** planen. III *v/i* **6.** zs.- arbeiten. **con'cert·ed** *adj* **1.** gemein- sam (geplant *od.* ausgeführt): ~ action a) gemeinsames Vorgehen, b) *econ. pol.* konzertierte Aktion. **2.** *mus.* mehrstim- mig (arran'giert). **'con·cert|go·er** *s* Kon'zertbesucher(in). ~ **grand** *s mus.* Kon'zertflügel *m*. **con·cer·ti** [kən'tʃeətɪ; *Am.* -'tʃerti] *pl von* concerto. **con·cer·ti·na** [ˌkɒnsə'tiːnə; *Am.* ˌkɑn- sər-] I *s* Konzer'tina *f*, (sechseckige) 'Ziehhar,monika: ~ door Falttür *f*. II *v/t u. v/i* 'ziehhar,monikaförmig zs.-drücken *od.* -falten (zs.-gedrückt *od.* -gefalten werden). **con·cer·ti·no** [ˌkɒntʃə(r)'tiːnəʊ; *Am.* ˌkɑn-] *pl* **-nos, -ni** [-nɪ] *s mus.* Concer'ti- no *n*: a) kleines ('Solo)Kon,zert, b) So- listengruppe im Concerto grosso. **con·cer·tize** ['kɒnsətaɪz; *Am.* 'kɑnsər-] *v/i* Kon'zerte geben (*bes.* Solist *od.* Diri- gent). **'con·cert,mas·ter** *s mus. Am.* Kon'zert- meister *m*. **con·cer·to** [kən'tʃeətəʊ; *Am.* -'tʃer-] *pl* **-tos, -ti** [-tɪ] *s mus.* ('Solo)Kon,zert *n* (*mit Orchesterbegleitung*): piano (violin) ~ Klavier-(Violin)konzert. **con·cert of Eu·rope** *s pol. hist.* Euro- 'päisches Kon'zert. **con·cer·to gros·so** ['grɒsəʊ; *Am.* 'grɔʊ- sɔʊ] *pl* **-ti -si** [-sɪ], **-to -sos** *s mus.* Con'certo *n* grosso. **con·cert per·form·ance** *s mus.* konzer- 'tante Aufführung (e-r *Oper etc*). ~ **pitch** *s mus.* Kammer-, Kon'zertton *m*: to be at ~ *colloq.* a) in Höchst- *od.* Bestform sein, b) *mil.* in Alarmbereit- schaft stehen.

**con·ces·sion** [kən'seʃn] *s* **1.** Konzessi'on *f*, Entgegenkommen *n*, (*econ. a.* Zoll-) Zugeständnis *n*: to make a ~ of a right ein Recht einräumen; to make no ~(s) keine Konzessionen machen (to s.o. j-m; to s.th. hinsichtlich e-r Sache). **2.** Aner- kennung *f*, Zugeständnis *n* (der Berech- tigung e-s Standpunkts). **3.** Genehmigung *f*, Bewilligung *f*. **4.** (amtliche *od.* staat- liche) Konzessi'on, Privi'leg *n*: ~ of a mine Bergwerkskonzession. **5.** a) be- hördliche Über'lassung von Grund u. Boden, b) *Am.* Konzessi'on *f*, Gewerbe- erlaubnis *f*, c) über'lassenes Stück Land. **6.** Über'lassung *f* von Grund u. Boden an e-e fremde Macht. **con·ces·sion·aire** [-ʃə'neə(r)] *s* Konzessi'ons,inha- ber(in). **con·ces·sion·ar·y** [-ʃnərɪ; *Am.* -ʃəˌneri:] I *adj* **1.** Bewilligungs..., Konzes- sions... **2.** konzessio'niert, bewilligt. II *s* → concessionaire. **con'ces·sive** [-sɪv] *adj* **1.** Zugeständnisse machend. **2.** *ling.* konzes'siv: ~ clause einräumen- der Satz, Konzessivsatz *m*.

**conch** [kɒntʃ; kɒŋk; *Am.* kaŋk; kantʃ] *pl* **-s** [-ks] *od.* **con·ches** ['kɒntʃɪz; *Am.* 'kaŋ-] *s* **1.** *zo.* Muschel(schale) *f*. **2.** *zo.* (e-e) See- *od.* Schneckenmuschel. **3.** → concha 2. **4.** *Am. bes. contp.* Landbewoh- ner im Süden der USA, bes. in Florida. **con·cha** ['kɒŋkə; *Am.* 'kaŋ-] *pl* **-chae** [-kiː] *s* **1.** *anat.* Ohrmuschel *f*. **2.** *arch.* Kuppeldach *n* (e-r Apsis). **'con·choid** [-kɔɪd] *s math.* Koncho'ide *f*, Schnecken- linie *f*. **con·chy** ['kɒntʃɪ; *Am.* 'kantʃi:] *sl. für* conscientious objector. **con·cil·i·ar** [kən'sɪlɪə(r)] *adj relig.* Kon- zil... **con·cil·i·ate** [kən'sɪlɪeɪt] *v/t* **1.** aus-, versöhnen, j-n versöhnlich stimmen. **2.** *Gunst etc* gewinnen. **3.** in Einklang bringen, auf e-n gemeinsamen Nenner bringen. **con,cil·i'a·tion** *s econ.* Aus-, Ver- söhnung *f*: ~ committee Schlichtungs- ausschuß *m*; ~ hearing *jur.* Sühnetermin *m* (in *Scheidungssachen*). **con'cil·i·a- tive** [-lɪətɪv; *Am.* -lɪeɪtɪv] → concilia- tory. **con'cil·i·a·tor** [-eɪtə(r)] *s* Schlichter *m*, Vermittler *m*. **con'cil·i- a·to·ry** [-lɪətərɪ; *Am.* -lɪəˌtɔːriː; -ˌtoʊ-] *adj* versöhnlich, vermittelnd, Versöh- nungs...: ~ proposal Vermittlungsvor- schlag *m*.

**con·cise** [kən'saɪs] *adj* (*adv* ~ly) kurz, bündig, prä'gnant, prä'zis(e), knapp: ~ dictionary Handwörterbuch *n*. **con- 'cise·ness** *s* Kürze *f*, Prä'gnanz *f*. **con- 'ci·sion** [-'sɪʒn] *s* **1.** → conciseness. **2.** *obs.* Verstümmelung *f*. **con·clave** ['kɒnkleɪv; *Am.* 'kan-] *s* **1.** *obs.* Beratungszimmer *n*. **2.** *R.C.* Kon'klave *n*. **3.** geheime Versammlung *od.* Sitzung. **con·clude** [kən'kluːd] I *v/t* **1.** a. e-e Rede *etc* beenden, (be-, ab)schließen (with mit): to be ~d Schluß folgt. **2.** *Vertrag etc* (ab)schließen. **3.** *etwas* folgern, schließen (from aus). **4.** beschließen, entscheiden. II *v/i* **5.** schließen, enden, aufhören (with mit): he ~d by saying zum Schluß sagte er. **6.** sich entscheiden *od.* entschließen (to do zu tun). **con'clud·ing** *adj* ab- schließend, End..., Schluß...: ~ scene Schlußszene *f*; ~ words Schlußworte.

**con·clu·sion** [kən'kluːʒn] *s* **1.** (Ab-) Schluß *m*, Ende *n*: to bring to a ~ zum Abschluß bringen; in ~ zum Schluß, schließlich, endlich. **2.** Abschluß *m* (e-s Vertrages *etc*): ~ of peace Friedens- schluß. **3.** (logischer) Schluß, (Schluß-) Folgerung *f*: to come to (*od.* arrive at) the ~ that zu dem Schluß *od.* der Über- zeugung kommen, daß; to draw a ~ e-n Schluß ziehen; to jump at (*od.* to) ~s, to leap to ~s, to rush at ~s voreilig(e)

Schlüsse ziehen. **4.** Beschluß *m*, Entschei- dung *f*. **5.** *jur.* a) bindende Verpflichtung, b) (*prozeßhindernde*) Einrede, c) Aus- spruch *m*, Entscheidung *f*, d) Schlußaus- führungen *pl*. **6.** Erfolg *m*, Folge *f*, Aus- gang *m*. **7.** to try ~s *Br.* es versuchen, sich *od.* s-e Kräfte messen (with mit). **8.** *ling.* A'podosis *f* (*Nachsatz e-s Bedingungssat- zes*). **9.** *math.* Rückschluß *m*. **con·clu·sive** [kən'kluːsɪv] *adj* (*adv* ~ly) **1.** abschließend, Schluß... **2.** endgültig. **3.** über'zeugend, schlüssig: ~ evidence. **con'clu·sive·ness** *s* **1.** Endgültigkeit *f*. **2.** (*das*) Entscheidende *od.* Endgültige *od.* Über'zeugende. **3.** Schlüssigkeit *f*, Trif- tigkeit *f*, Beweiskraft *f*. **con·coct** [kən'kɒkt; *Am.* -'kakt; *a.* kan-] *v/t* **1.** (zs.-)brauen (*a. fig.*). **2.** *fig.* aus- hecken, -brüten, sich ausdenken: to ~ a plan. **con'coc·tion** *s* **1.** (Zs.-)Brauen *n*. **2.** *med.* Absud *m*, zs.-gemischter Trank. **3.** *a. contp. u. fig.* Gebräu *n*. **4.** *fig.* Ausbrüten *n*, -hecken *n*: ~ of a plan (story). **5.** *fig.* (*das*) Zs.-gebraute *od.* Ausgeheckte, Erfindung *f*. **con·com·i·tance** [kən'kɒmɪtəns; *Am.* -'kam-; *a.* kan'k-], **con'com·i·tan·cy** *s* **1.** Zs.-bestehen *n*, gleichzeitiges Vor'han- densein. **2.** *relig.* Konkomi'tanz *f*. **con- 'com·i·tant** I *adj* (*adv* ~ly) begleitend, gleichzeitig: ~ circumstances Begleit- umstände. II *s* Be'gleiterscheinung *f*, -,umstand *m*. **con·cord** ['kɒŋkɔː(r)d; *Am.* 'kan-] *s* **1.** Einmütigkeit *f*, Eintracht *f*, Einklang *m*, (*ling.* syn'taktische) Über'einstim- mung. **2.** *mus.* a) Zs.-klang *m*, Harmo'nie *f*, b) Konso'nanz *f*. **3.** Vertrag *m*, Über- 'einkommen *n*. **con·cord·ance** [kən'kɔː(r)dəns] *s* **1.** Über'einstimmung *f* (in mit). **2.** Kon- kor'danz *f* (*alphabetisches Wörter- od. Sachverzeichnis etc*): C~ to the Bible Bibelkonkordanz. **3.** *geol. tech.* Konkor- 'danz *f*. **con'cord·ant** *adj* (*adv* ~ly) **1.** (with, to) über'einstimmend (mit), entsprechend (*dat*). **2.** har'monisch. **con·cor·dat** [kɒn'kɔː(r)dæt; *bes. Am.* kən'k-] *s* **1.** Über'einkommen *n*, Vertrag *m*. **2.** *relig.* Konkor'dat *n*. **con·course** ['kɒŋkɔː(r)s; *Am.* 'kan-] *s* **1.** a) *allg.* Zs.-treffen *n*, b) Zs.-fluß *m*: a ~ of streams. **2.** (Menschen)Auflauf *m*, (-)Menge *f*, Ansammlung *f*, Schar *f*. **3.** a) *Am.* Bahnhofshalle *f*, b) freier Platz (*für Versammlungen etc*). **4.** *jur.* Konkur- 'renz *f*, Klagenhäufung *f*. **con·cres·cence** [kən'kresns] *s biol.* **1.** Verwachsung *f* von Or'ganen *od.* Zel- len. **2.** Zs.-wachsen *n* embryo'naler Teile. **con·crete** I *v/t* [kən'kriːt; *Am.* kan'kriːt; kan'k-] **1.** zu e-r kom'pakten Masse for- men *od.* verbinden. **2.** *fig.* vereinigen (with mit). **3.** konkreti'sieren. **4.** *fig.* festigen. **5.** [*Br.* 'kɒnkriːt] *tech.* beto'nie- ren: to ~ s.th. over etwas zubetonieren. II *v/i* **6.** sich zu e-r kom'pakten Masse vereinigen, fest werden. III *adj* [*Br.* 'kɒnkriːt] (*adv* ~ly) **7.** fest, dicht, massig, kom'pakt. **8.** *tech.* beto'niert, Beton...: ~ construction Betonbau *m*; ~ jungle Betonwüste *f*; ~ mixer Betonmischma- schine *f*; ~ pile Betonklotz *m*, -silo *m*; ~ steel Stahlbeton *m*. **9.** kon'kret (*a. ling. philos.; Ggs. abstrakt*), greifbar, wirklich, gegenständlich, 'festum,rissen: ~ noun *ling.* Konkretum *n*; ~ proposals kon- krete Vorschläge. **10.** *math.* benannt. **11.** *mus.* Literatur: kon'kret: ~ music (poem, poet); ~ poetry konkrete Literatur *od.* Dichtung. IV *s* [*Br.* 'kɒnkriːt] **12.** *philos.* kon'kreter Ge- danke *od.* Begriff: in the ~ im kon- kreten Sinne, in Wirklichkeit. **13.** feste *od.* kom'pakte Masse. **14.** *tech.* Be'ton

*m.* **15.** *Am.* Be¹tondecke *f* (*e-r Straße etc*).

**con·crete·ness** [ˈkɒnkriːtnɪs; *Am.* kənˈk-; ˈkanˌk-] *s* Konˈkretheit *f.*

**con·cre·tion** [kənˈkriːʃn; *Am. a.* kɑnˈk-] *s* **1.** Zs.-wachsen *n*, Verwachsung *f.* **2.** Festwerden *n.* **3.** feste *od.* komˈpakte Masse. **4.** Verhärtung *f*, Häufung *f*, Knoten *m.* **5.** *geol.* Konkretiˈon *f.* **6.** *med.* Konkreˈment *n:* **bronchial** ~ Bronchienstein *m;* **gouty** ~ Gichtknoten *m.*

**con·cret·ism** [ˈkɒnkriːtɪzəm; *Am.* kənˈkriːt-; ˈkanˌk-] *s* konˈkrete Literaˈtur *od.* Dichtung. **con·cret·ist** *s* konˈkreter Dichter.

**con·cu·bi·nage** [kɒnˈkjuːbɪnɪdʒ; *Am.* kən-] *s* Konkubiˈnat *n*, wilde Ehe. **con·cu·bi·nar·y** [-bɪnərɪ; *Am.* ˌneri-] *adj* **1.** Konkubinats... **2.** im Konkubiˈnat lebend. **con·cu·bine** [ˈkɒŋkjubaɪn; *Am.* ˈkɑŋ-] *s* **1.** *obs.* Konkuˈbine *f*, Mäˈtresse *f.* **2.** Nebenfrau *f.*

**con·cu·pis·cence** [kənˈkjuːpɪsəns; *Am. a.* kɑn-] *s* Lüsternheit *f*, sinnliche Begierde, Sinnlichkeit *f.* **con·cu·pis·cent** *adj* lüstern.

**con·cur** [kənˈkɜː; *Am.* -ˈkɜr; *a.* kɑn-] *v/i* **1.** zs.-fallen, -treffen (*Ereignisse etc*). **2.** *relig.* aufeinˈanderfallen (*Feste*). **3.** (**with** s.o., **in** s.th.) überˈeinstimmen (mit j-m, in e-r Sache), beipflichten, -stimmen (j-m, e-r Sache). **4.** mitwirken, beitragen (**to** zu). **5.** zs.-wirken. **6.** *jur.* gemeinsam mit anderen Gläubigern Ansprüche auf e-e Konˈkursmasse erheben.

**con·cur·rence** [kənˈkʌrəns; *Am.* -ˈkɜr-] *s* **1.** Zs.-treffen *n.* **2.** Überˈein-, Zustimmung *f*, Einverständnis *n.* **3.** Mitwirkung *f.* **4.** Zs.-wirken *n.* **5.** *math.* Schnittpunkt *m.* **6.** *jur.* Konˈflikt *m*, Kollisiˈon *f:* ~ **of rights.** **con·cur·ren·cy** → concurrence 1–5.

**con·cur·rent** [kənˈkʌrənt; *Am.* -ˈkɜr-] **I** *adj* (*adv* ~ly) **1.** gleichlaufend, nebeneinˈander bestehend, gleichzeitig (**with** mit). **2.** zs.-fallend (**with** mit). **3.** zs.-, mitwirkend. **4.** *jur.* a) gleichberechtigt, b) gleich zuständig, c) gleichzeitig abgeschlossen (*Pacht, Versicherung etc*). **5.** überˈeinstimmend (**with** mit). **6.** *math.* durch den¹selben Punkt gehend: ~ **lines. II** *s* **7.** mitwirkender ¹Umstand, Be¹gleitˌumstand *m.* **8.** *obs.* Konkurˈrent *m.*

**con·cuss** [kənˈkʌs] *v/t* **1.** erschüttern: **he was** ~**ed** *med.* er erlitt e-e Gehirnerschütterung. **2.** einschüchtern, durch Drohung zwingen. **con·cus·sion** [-ʃn] *s* Erschütterung *f:* ~ (**of the brain**) *med.* Gehirnerschütterung; ~ **fuse** *mil.* Erschütterungszünder *m;* ~ **spring** *tech.* Stoßdämpfer *m.* **con·cus·sive** [-sɪv] *adj* erschütternd.

**con·cy·clic** [kɒnˈsaɪklɪk; *Am.* kɑn-] *adj* *math.* konˈzyklisch.

**con·demn** [kənˈdem] *v/t* **1.** verdammen, verurteilen, verwerfen, mißˈbilligen, tadeln (**as** als; **for, on** account of wegen): **to** ~ **as untrustworthy** als unglaubwürdig verwerfen. **2.** a) *jur. u. fig.* verurteilen (**to death** zum Tode): ~**ed cell** Todeszelle *f*, b) *fig.* verdammen (**to** zu): **his own words** ~ **him** er hat sich selbst das Urteil gesprochen; **his very looks** ~ **him** sein bloßes Aussehen verrät ihn. **3.** *jur.* a) Schmuggelware *etc* als verfallen erklären, beschlagnahmen, Am. enteignen. **4.** für unbrauchbar *od.* unbewohnbar *od.* gesundheitsschädlich erklären: **to** ~ **a building** (**a food product**). **5.** *mar.* a) *ein Schiff* kondemˈnieren (*für seeuntüchtig erklären*), b) als Prise erklären, mit Beschlag belegen. **6.** *e-n Kranken* aufgeben, für unheilbar erklären. **con·dem·na·ble** [-ˈdemnəbl; -ˈdeməbl] *adj* verdammenswert, zu verdammen(d).

**con·dem·na·tion** [ˌkɒndemˈneɪʃn; *Am.* ˌkɑn-] *s* **1.** *jur. u. fig.* Verurteilung *f.* **2.** *fig.* Verdammung *f*, ¹Mißˈbilligung *f*, Verwerfung *f*, Tadel *m:* **his conduct was sufficient** ~ sein Betragen genügte (als Grund), um ihn zu verurteilen. **3.** *mar.* Kondemˈnierung *f.* **4.** *jur. a) mar.* Beschlagnahme *f*, b) *Am.* Enteignung *f.* **con·dem·na·to·ry** [kənˈdemnətəri; *Am.* -ˌtəʊriː; -ˌtɔː-] *adj* **1.** *jur.* verurteilend. **2.** *fig.* verdammend.

**con·den·sa·bil·i·ty** [kənˌdensəˈbɪlətɪ] *s* *phys.* Kondenˈsierbarkeit *f.* **con·den·sa·ble** *adj* *phys.* kondenˈsierbar, verdichtbar. **con·den·sate** [kənˈdenseɪt; *Am. a.* ˈkɑndən-] → condensation 1 c.

**con·den·sa·tion** [ˌkɒndenˈseɪʃn; *Am.* ˌkɑn-] *s* **1.** *phys.* a) Kondensatiˈon *f* (*a. chem.*), Verdichtung *f:* ~ **of gases,** b) Konzentratiˈon *f:* ~ **of light,** c) Konden¹sat *n*, Kondensatiˈonsproˌdukt *n:* ~ **trail** *aer.* Kondensstreifen *m.* **2.** *psych.* ¹Wiedergabe *f* (*zweier od. mehrerer Gedanken etc*) durch ein Wort *od.* Wortbild (*in Allegorien, Träumen etc*). **3.** Zs.-drängung *f*, Anhäufung *f:* ~ **point** *math.* Häufungspunkt *m.* **4.** *fig.* Zs.-fassung *f*, (Ab-)Kürzung *f*, bündige Darstellung. **5.** gekürzte Fassung (*e-s Romans etc*).

**con·dense** [kənˈdens] **I** *v/t* **1.** *tech.* kondenˈsieren, verdichten (*beide a. chem.*), kompriˈmieren, zs.-pressen. **2.** *phys.* a) *Gase etc* niederschlagen, b) konzenˈtrieren: **to** ~ **light rays. 3.** kürzen, zs.-fassen, gedrängt darstellen. **II** *v/i* **4.** sich verdichten, kondenˈsiert werden. **5.** flüssig werden.

**con·densed** [kənˈdenst] *adj* **1.** verdichtet, kompriˈmiert (*Gase etc*). **2.** gekürzt, zs.-gedrängt. **3.** *print.* schmal. ~ **milk** *s* kondenˈsierte Milch, Konˈdensmilch *f.* ~ **type** *s print.* schmale Drucktype.

**con·dens·er** [kənˈdensə(r)] *s* **1.** *phys. tech.* a) Konden¹sator *m* (*a. electr.*), Verdichter *m*, b) Verflüssiger *m*, c) Vorlage *f* (*bei Destillationseinrichtungen*). **2.** *opt.* Konˈdensor(linse *f*) *m*, Sammellinse *f.* ~ **aer·i·al,** *bes. Am.* ~ **an·ten·na** *s* Radio: Konden¹satoranˌtenne *f.* ~ **mi·cro·phone** *s* *electr.* Konden¹satormikroˌphon *n.*

**con·dens·ing** [kənˈdensɪŋ] **coil** *s* *tech.* Kühlschlange *f.* ~ **lens** → condenser 2.

**con·de·scend** [ˌkɒndɪˈsend; *Am.* ˌkɑn-] *v/i* **1.** *a. iro.* sich herˈablassen, geruhen, belieben (**to do** s.th. etwas zu tun): **to** ~ **to s.th.** sich zu etwas herablassen. **2.** *contp.* sich (soweit) erniedrigen (**to do** zu tun). **3.** gönnerhaft *od.* herˈablassend tun (**to** gegen). **4.** ~ **upon** *Scot. od. obs.* (besonders) erwähnen. **con·de·scend·ing** *adj* (*adv* ~ly) gönnerhaft, herˈablassend.

**con·de·scen·sion** [-ˈsenʃn] *s* Herˈablassung *f*, gönnerhafte Art.

**con·dign** [kənˈdaɪn; *Am. a.* ˈkɑnˌd-] *adj* (*adv* ~ly) gebührend, angemessen (*bes. Strafe*).

**con·di·ment** [ˈkɒndɪmənt; *Am.* ˈkɑndə-] *s* Würze *f*, Gewürz *n.*

**con·di·tion** [kənˈdɪʃn] **I** *s* **1.** *a. jur.* Bedingung *f:* a) Abmachung *f*, b) *jur.* Bestimmung *f*, Klausel *f*, Vertragspunkt *m*, Vorbehalt *m:* **peace** ~**s** Friedensbedingungen; (**up**)**on** ~ **that** unter der Bedingung, daß; vorausgesetzt, daß; **on** ~ freibleibend; **on** ~ **of his leaving** unter der Bedingung, daß er abreist; **on no** ~ unter keinen Umständen, keinesfalls; **to make s.th. a** ~ etwas zur Bedingung machen. **2.** *a. philos.* Vorˈaussetzung *f*, (Vor)Bedingung *f.* **3.** *ling.* Bedingung *f*, (vorgestellter) Bedingungssatz. **4.** Verfassung *f:* a) Zustand *m*, Beschaffenheit *f*, b) (körperlicher od. Gesundheits)Zustand, *sport* Konditiˈon *f*, Form *f:* **in good** ~; **out of** ~

in schlechter Verfassung, in schlechtem Zustand; **the** ~ **of her health** ihr Gesundheitszustand. **5.** *med.* Leiden *n:* **heart** ~. **6.** Lage *f:* **in every** ~ **of life** in jeder Lebenslage. **7.** Fiˈnanz-, Vermögenslage *f.* **8.** Rang *m*, (gesellschaftliche) Stellung, (*a.* Faˈmilien)Stand *m:* **persons of** ~ hochgestellte Persönlichkeiten; **to change one's** ~ heiraten. **9.** *ped. Am.* (Gegenstand *m* der) Nachprüfung *f* (*bei Nichterreichen des Studienzieles*). **10.** *pl* (Lebens)Bedingungen *pl*, Verhältnisse *pl*, ¹Umstände *pl:* **living** ~**s; weather** ~**s** Witterungs-, Wetterverhältnisse.

**II** *v/t* **11.** zur Bedingung machen, sich ausbedingen, festsetzen, aus-, abmachen, die Bedingung stellen (**that** daß). **12.** die Vorˈaussetzung sein für, bedingen: ~**ed by** bedingt durch. **13.** abhängig machen (**of** von): **to be** ~**ed on** abhängen von. **14.** *univ. Am.* a) *e-m Studenten* e-e Nachprüfung (*od. sonstige Bedingung*) auferlegen, b) e-e Nachprüfung ablegen müssen in (*e-m Fach*). **15.** *tech.* etwas auf s-n Zustand *od.* s-e Beschaffenheit prüfen, *Textilien* konditioˈnieren. **16.** in den richtigen *od.* gewünschten Zustand bringen: → **air-condition. 17.** *fig.* a) formen, b) anpassen, c) beeinflussen. **18.** *fig.* j-n programˈmieren (**to, for** auf *acc*).

**con·di·tion·al** [kənˈdɪʃənl] **I** *adj* (*adv* ~ly) **1.** bedingt (**on, upon** durch), abhängig (**on, upon** von), eingeschränkt: ~ **acceptance** *econ.* bedingte Annahme; ~ **discharge** *jur.* bedingte Entlassung; ~ **offer** *econ.* bedingtes Angebot; ~ **sale** *econ.* Verkauf *m* mit Eigentumsvorbehalt; **to be** ~ (**up**)**on** abhängen von; **to make** ~ (**up**)**on** abhängig machen von. **2.** *ling.* konditioˈnal, Bedingungs...: ~ **clause** (*od.* **sentence**) → 5 a; ~ **mood** → 5 b. **3.** *philos.* a) hypoˈthetisch, b) e-e hypoˈthetische Präˈmisse enthaltend: ~ **proposition** → 6. **II** *s* **4.** bedingender Ausdruck. **5.** *ling.* a) Bedingungs-, Konditioˈnalsatz *m*, Bedingung *f*, b) Bedingungsform *f*, Konditioˈnal(is) *m*, c) Beˈdingungsparˌtikel *f.* **6.** *philos.* hypoˈthetischer Satz. **con·di·tion·al·i·ty** [-ˈnælətɪ] *s* Bedingtheit *f.*

**con·di·tioned** [kənˈdɪʃnd] *adj* **1.** bedingt, abhängig: ~ **reflex** *med.* bedingter Reflex; → **condition** 12 u. 13. **2.** beschaffen, geartet. **3.** in gutem Zustand, in guter Verfassung. **con·di·tion·er** *s* **1.** *tech.* Konditioˈnierappaˌrat *m.* **2.** Klimaanlage *f.* **3.** *agr.* Bodenverbesserer *m.* **4.** *sport* (Konditiˈons)Trainer *m.*

**con·do** [ˈkɒndəʊ] *pl* **-dos** *s Am. colloq.* Eigentumswohnung *f.*

**con·do·la·to·ry** [kənˈdəʊlətəri; *Am.* -ˌtəʊriː; -ˌtɔː-] *adj* Beileid bezeigend, Beileids..., Kondolenz... **con·dole** *v/i* sein Beileid bezeigen *od.* ausdrücken, kondoˈlieren (**with** s.o. **on** s.th. j-m zu etwas).

**con·do·lence** *s* Beileid(sbezeigung *f*) *n*, Kondoˈlenz *f:* **please accept my** ~**s** mein herzliches *od.* aufrichtiges Beileid; **letter of** ~ Beileidsbrief *m;* **register of** ~ Kondolenzliste *f;* **visit of** ~ Kondolenzbesuch *m.*

**con·dom** [ˈkɒndəm; *Am.* ˈkʌm-; ˈkɑn-] *s med.* Konˈdom *n, m*, Präservaˈtiv *n.*

**con·do·min·i·um** [ˌkɒndəˈmɪnɪəm; *Am.* ˌkɑn-] *s* **1.** *pol.* Kondoˈminium *n.* **2.** *Am.* a) Eigentumswohnanlage *f*, b) *a.* ~ **apartment** Eigentumswohnung *f.*

**con·do·na·tion** [ˌkɒndəʊˈneɪʃn; *Am.* ˌkɑn-] *s* Verzeihung *f* (*a. jur. e-s ehelichen Fehltritts*), Vergebung *f.* **con·done** [kənˈdəʊn] *v/t* verzeihen, vergeben.

**con·dor** [ˈkɒndɔː(r); -də(r); *Am.* ˈkɑn-] *s orn.* Kondor *m.*

**con·duce** [kən'dju:s; *Am. a.* -'du:s] *v/i* (to, toward[s]) beitragen (zu), dienlich *od.* förderlich sein, dienen (*dat*). **con'du·cive** *adj* (to) dienlich, förderlich (*dat*), nützlich, ersprießlich (für).

**con·duct[1]** I *s* ['kɒndʌkt; -dəkt; *Am.* 'kɑn-] 1. Führung *f:* a) Leitung *f,* Verwaltung *f,* b) Handhabung *f,* 'Durchführung *f:* ~ of state Staatsverwaltung; ~ of war Kriegführung. 2. Geleit *n,* Begleitung *f:* → safe-conduct. 3. *fig.* Führung *f,* Betragen *n,* Benehmen *n,* Verhalten *n,* Haltung *f:* good ~ gute Führung; line of ~ Lebensführung; → certificate 1. 4. *obs.* Schutzgeleit *n.* 5. *paint. etc* Ausführung *f.* II *v/t* [kən'dʌkt] 6. führen, geleiten, begleiten: to ~ed tour (of) a) Führung *f* (durch), b) Gesellschaftsreise *f* (durch). 7. *ein Geschäft* führen, betreiben, leiten, verwalten: to ~ a campaign (a lawsuit) e-n Feldzug (e-n Prozeß) führen; to ~ war Krieg führen. 8. *mus. ein Orchester* leiten, diri'gieren. 9. ~ o.s. sich betragen, sich benehmen, sich (auf)führen, sich verhalten. 10. *phys. Wärme, Elektrizität etc* leiten. III *v/i* 11. *phys.* leiten, als Leiter wirken. 12. *mus.* diri'gieren.

**con·duct[2]** ['kɒndʌkt] *s Br.* Geistliche(r) *m* am Eton College.

**con·duct·ance** [kən'dʌktəns] *s electr.* Leitfähigkeit *f,* Wirkleitwert *m.* **con·duct·i·bil·i·ty** *s phys.* Leitvermögen *n.* **con'duct·i·ble** *adj phys.* leitfähig.

**con·duct·ing** [kən'dʌktɪŋ] *adj electr. phys.* leitfähig, leitend.

**con·duc·tion** [kən'dʌkʃn] *s* 1. Leitung *f* (*a. phys. von Wärme etc*). 2. *phys.* Leitvermögen *n.* 3. *physiol.* Über'tragung *f* von Im'pulsen (*durch das Nervensystem*). 4. *bot.* Saftsteigen *n.* **con·duc·tiv·i·ty** [ˌkɒndʌk'tɪvətɪ; *Am.* ˌkɑn-] *s phys.* (*electr.* spe'zifisches) Leitvermögen.

**con·duc·tor** [kən'dʌktə(r)] *s* 1. Führer *m,* (*a.* Reise)Leiter *m,* Begleiter *m.* 2. Leiter *m,* Verwalter *m.* 3. a) (Omnibus-, Straßenbahn)Schaffner *m,* b) *rail. Am.* Zugbegleiter *m.* 4. *mus.* (Or'chester)Diri'gent *m,* (Chor)Leiter *m.* 5. *phys.* Leiter *m.* 6. *electr.* a) (Strom)Leiter *m,* Leitung *f,* b) Blitzableiter *m,* c) (Kabel)Ader *f,* Seele *f:* ~ circuit Leiterkreis *m;* ~ rail Leit(ungs)-schiene *f.* **con'duc·tor·ship** *s* 1. Amt *n od.* Tätigkeit *f* e-s Leiters *od.* Diri'genten *etc.* 2. Leitung *f.* **con'duc·tress** [-trɪs] *s* 1. Leiterin *f,* Führerin *f.* 2. Schaffnerin *f.* 3. *mus.* Diri'gentin *f.*

**con·duit** ['kɒndɪt; *Am.* 'kɑnˌdu:ət; -ˌdjuːət] *s* 1. (Leitungs)Rohr *n,* Röhre *f,* Rohrleitung *f,* Ka'nal *m* (*a. fig.*). 2. [*Br. a.* 'kɒndjʊt; -dwɪt] *electr.* a) Rohrkabel *n,* b) Iso'lierrohr *n* (*für Leitungsdrähte*). 3. *geol.* Vul'kanschlot *m.* ~ **box** *s electr.* Abzweigdose *f.* ~ **pipe** *s* Leitungsrohr *n.*

**con·dyle** ['kɒndɪl; *Am.* 'kɑnˌdaɪl] *s anat.* Gelenkhöcker *m,* -knorren *m.*

**cone** [kəʊn] I *s* 1. *math. u. fig.* Kegel *m:* blunt (*od.* truncated) ~ stumpfer Kegel, Kegelstumpf *m;* ~ of fire Feuergarbe *f;* luminous ~, ~ of light *tech.* Lichtkegel; ~ of silence (*Radar*) Null-, Schweigekegel *m.* 2. *bot.* (Tannen- etc)Zapfen *m.* 3. kegelförmiger Gegenstand, z. B. a) Waffeltüte *f* (*für Speiseeis*), b) Py'lon *m,* Py'lone *f,* Leitkegel *m.* 4. *tech.* Konus *m,* Kegel *m.* 5. Bergkegel *m.* 6. *anat.* Zapfen *m,* Zäpfchen *n* (*in der Netzhaut des Auges*). 7. *geol.* Butze *f* (*Erzkegel im Taubgestein*). II *v/t* 8. kegelförmig machen *od.* ausschleifen *od.* ausdrehen. 9. ~ off mit Leitkegeln absperren. ~ **bearing** *s tech.* Kegellager *n.* ~ **brake** *s tech.* Kegelbremse *f.* ~ **clutch** *s tech.* Kegel-, Konuskupplung *f.*

**coned** [kəʊnd] *adj* 1. kegelförmig. 2. *bot.* zapfentragend.

**cone** | (loud·)speak·er *s* Konuslautsprecher *m.* ~ **pul·ley** *s tech.* Stufenscheibe *f.* ~**-shaped** *adj* kegelförmig. ~**-shell** *s zo.* Kegelschnecke *f,* Tüte *f.* ~ **sug·ar** *s* Hutzucker *m.* ~ **valve** *s tech.* 'Kegelven,til *n.*

**co·ney** ['kəʊnɪ] → cony.

**con·fab** ['kɒnfæb; kɒn'fæb; *Am.* kən'fæb; 'kɑnˌfæb] *colloq. für* confabulate *u.* confabulation. **con·fab·u·late** [kən'fæb-jʊleɪt] *v/i* sich (vertraulich) unter'halten, plaudern. **conˌfab·u'la·tion** *s* 1. Plaude'rei *f.* 2. *psych.* Konfabulati'on *f.*

**con·fect** I *v/t* [kən'fekt] 1. 'herstellen, (zu)bereiten, mischen. 2. → confection 5. 3. *obs.* einmachen, einpökeln. II *s* ['kɒnfekt; *Am.* 'kɑn-] → confection 2.

**con·fec·tion** [kən'fekʃn] I *s* 1. Zubereitung *f,* Mischung *f.* 2. a) (mit Zucker) Eingemachtes *n:* ~s Konfitüren, b) Kon'fekt *n,* Süßwaren *pl,* c) *pharm.* Lat'werge *f.* 3. 'Damenmode-, Konfekti'onsˌartikel *m.* II *v/t* 4. Damenkleider *etc* fa'brikmäßig 'herstellen, konfektio'nieren. 5. (mit Zucker) einmachen. **con'fec·tion·ar·y** [-ʃənərɪ; *Am.* -ˌneriː] I *s* 1. *bes. Am.* Kondito'rei *f.* 2. Kon'fekt *n.* II *adj* 3. *bes. Am.* Konditor-. **con'fec·tion·er** *s* Kon'ditor *m:* ~'s sugar *Am.* Puderzucker *m.* **con'fec·tion·er·y** [-ʃənərɪ; *Am.* -ˌneriː] *s* 1. Süßigkeiten *pl,* Süß-, Kondito'reiwaren *pl.* 2. Kondito'reiˌgewerbe *n.* 3. Kondito'rei *f,* Süßwarengeschäft *n.*

**con·fed·er·a·cy** [kən'fedərəsɪ; -drəsɪ] *s* 1. Bündnis *n,* Bund *m.* 2. (Staaten)Bund *m:* C~ *Am. hist.* Konföderation *f* (*der Südstaaten im Sezessionskrieg*). 3. Kom'plott *n,* Verschwörung *f.*

**con·fed·er·ate** [kən'fedərət; -drət] I *adj* 1. verbündet, verbunden, konföde'riert (with mit), Bundes... C~ *Am. hist.* zu den Konföde'rierten Staaten von A'merika gehörig: C~ States of America. II *s* 3. Verbündete(r) *m,* Bundesgenosse *m.* 4. Kom'plize *m,* Mitschuldige(r) *m,* Helfershelfer *m.* 5. *Am. hist.* Konföde'rierte(r) *m,* Südstaatler *m.* III *v/t u. v/i* [-reɪt] 6. (sich) verbünden *od.* (zu e-m Bund) vereinigen *od.* zs.-schließen.

**con·fed·er·a·tion** [kənˌfedə'reɪʃn] *s* 1. Bund *m,* Bündnis *n,* (födera'tiver) Zs.-schluß: Articles of C~ *Am. hist.* Bundesartikel (*von 1777, die erste Verfassung der 13 Kolonien*). 2. (Staaten)Bund *m:* Germanic C~ Deutscher Bund; Swiss C~ (*die*) Schweizer Eidgenossenschaft. **con'fed·er·a·tive** [-dərətɪv; -drə-; *Am.* -dəˌreɪtɪv] *adj* födera'tiv, Bundes...

**con·fer** [kən'fɜː; *Am.* -'fɜr] I *v/t* 1. *ein Amt, e-n Titel etc* verleihen, über'tragen, erteilen (on, upon *dat*): to ~ a degree (up)on s.o. j-m e-n (akademischen) Grad verleihen; to ~ a favo(u)r upon s.o. j-m e-e Gefälligkeit erweisen. 2. *im Imperativ:* vergleiche (*abbr.* cf.). II *v/i* 3. sich beraten, konfe'rieren, Rücksprache nehmen (with mit). **con·fer·ee** [ˌkɒnfə'riː; *Am.* ˌkɑn-] *s* 1. Konfe'renzteilnehmer(in). 2. Empfänger(in) (*e-s Titels etc*).

**con·fer·ence** ['kɒnfərəns; *Am.* 'kɑn-] *s* 1. Konfe'renz *f:* a) Beratung *f,* Besprechung *f,* Verhandlung *f,* b) Tagung *f,* Zs.-kunft *f,* Sitzung *f:* ~ call *teleph.* Sammel-, Konferenzgespräch *n;* ~ **interpreter** Konferenzdolmetscher(in); ~ **room** Besprechungszimmer *n,* Sitzungssaal *m;* at the ~ auf der Konferenz *od.* Tagung; in ~ with in Beratung mit; he is in ~ er ist in e-r Besprechung. 2. *parl.* Verhandlung *f* zwischen Ausschüssen gesetzgebender Körperschaften: ~ **committee** *Am.* Vermittlungsausschuß *m.* 3. *sport Am.* a) Verband *m,* b)

Liga *f.* **conˌfer·en·tial** [-'renʃl] *adj* Konferenz...

**con·fer·ment** [kən'fɜːmənt; *Am.* -'fɜr-] *s* Verleihung *f* (on, upon an *acc*). **con'fer·ra·ble** *adj* über'tragbar.

**con·fess** [kən'fes] *v/t* 1. bekennen, (ein-)gestehen: to ~ a crime; to ~ a debt e-e Schuld anerkennen. 2. zugeben, (zu)gestehen, einräumen (*a.* that daß): to ~ o.s. guilty of s.th. sich e-r Sache schuldig bekennen. 3. *bes. relig.* a) beichten, b) j-s Beichte abnehmen *od.* hören: to ~ s.o. 4. *Bibl. u. poet.* offen'baren, kundtun. II *v/i* 5. (to) (ein)gestehen (*acc*), sich schuldig bekennen (zu), beichten (*acc*), sich bekennen (zu): to ~ to doing s.th. (ein)gestehen, etwas getan zu haben; he has ~ed *jur.* er hat gestanden, er ist geständig. 6. *relig.* a) beichten (to s.o. j-m), b) die Beichte abnehmen *od.* hören. **con'fessed** *adj* zugestanden, erklärt: a ~ **enemy** ein erklärter Gegner. **con'fess·ed·ly** [-ɪdlɪ] *adv* zugestandenermaßen, eingestandenermaßen.

**con·fes·sion** [kən'feʃn] *s* 1. Geständnis *n* (*a. jur.*), Bekenntnis *n,* (*Zivilrecht*) (förmliches) Anerkenntnis *n:* to make a full ~ ein volles Geständnis ablegen; by (*od.* on) his own ~ nach s-m eigenen Geständnis. 2. Einräumung *f,* Zugeständnis *n.* 3. *jur.* Anerkenntnis *n,* Anerkennung *f* (*e-s Rechts etc*). 4. *relig.* Beichte *f,* Sündenbekenntnis *n:* to go to ~ zur Beichte gehen; → auricular 2, dying 2. 5. *relig.* Konfessi'on *f:* a) Glaubensbekenntnis *n,* b) Glaubensgemeinschaft *f.* 6. *arch. relig.* Grabmal *n od.* Al'tar *m* e-s Bekenners. **con'fes·sion·al** [-ʃənl; -ʃnəl] I *adj* 1. konfessio'nell, Konfessions..., Bekenntnis...: ~ **school.** 2. Beicht... II *s* 3. *relig.* Beichtstuhl *m:* secret of the ~ Beichtgeheimnis *n.* **con'fes·sion·ar·y** [-ʃnərɪ; *Am.* -ʃəˌneriː] *adj relig.* Beicht... **con·fes·sor** [kən'fesə(r)] *s* 1. *relig.* Beichtvater *m.* 2. Bekenner *m,* Glaubenszeuge *m:* Edward the C~ Eduard der Bekenner (*König Eduard III.*).

**con·fet·ti** [kən'fetɪ] *s pl* (*als sg konstruiert*) 1. Kon'fetti *n.* 2. a) Bon'bons *pl,* b) Kon'fekt *n,* Pra'linen *pl.*

**con·fi·dant** [ˌkɒnfɪ'dænt; *Am.* 'kɑnfəˌdænt] *s* Vertraute(r) *m,* Mitwisser *m.* ˌ**con·fi'dante** [-'dænt] *s* Vertraute *f,* Mitwisserin *f.*

**con·fide** [kən'faɪd] I *v/i* 1. sich anvertrauen (in *dat*). 2. vertrauen (in *dat od.* auf *acc*): to ~ in s.o. j-m vertrauen, j-m Vertrauen schenken. II *v/t* 3. *j-m etwas* anvertrauen: a) vertraulich mitteilen, b) zu treuen Händen über'geben, c) *j-n* betrauen mit *od.* e-r Aufgabe *etc.*

**con·fi·dence** ['kɒnfɪdəns; *Am.* 'kɑnfə-] *s* 1. (in) Vertrauen *n* (auf *acc,* zu), Zutrauen *n* (zu): vote of ~ *parl.* Vertrauensvotum *n;* vote of no ~ *parl.* Mißtrauensvotum *n;* to pass a vote of no ~ in s.o. *parl.* j-m das Mißtrauen aussprechen; to have (*od.* place) ~ in s.o. zu j-m Vertrauen haben, in j-n Vertrauen setzen; to take s.o. into one's ~ j-n ins Vertrauen ziehen; to be in s.o.'s ~ j-s Vertrauen genießen; in ~ im Vertrauen, vertraulich. 2. Selbstvertrauen *n,* -bewußtsein *n,* Zuversicht *f.* 3. Dreistigkeit *f.* 4. vertrauliche Mitteilung, Geheimnis *n.* 5. feste Über'zeugung. ~ **course** *s mil.* Hindernisbahn *f.* ~ **game** *Am.* → confidence trick. ~ **lim·its** *s pl statistics* Konfidenzgrenzen *pl* (*zur Feststellung e-r Bevölkerungseigenschaft*). ~ **man** *s irr* a) Betrüger *m,* b) Hochstapler *m.* ~ **trick** *s* a) aufgelegter Schwindel, b) Hochstape'lei *f.* ~ **trick·ster** → confidence man.

**con·fi·dent** ['kɒnfɪdənt; *Am.* 'kɑnfə-] I *adj* (*adv* ~ly) 1. (of, that) über'zeugt

(von, daß), gewiß, sicher (*gen*, daß): ~ **of victory** siegesgewiß, -sicher. **2.** zuversichtlich. **3.** selbstsicher, -bewußt. **4.** anmaßend, dreist. **II** *s* **5.** Vertraute(r) *m*.

**con·fi·den·tial** [ˌkɒnfɪˈdenʃl; *Am.* ˌkɑnfə-] *adj* **1.** vertraulich, geheim, priˈvat: **private and ~** streng vertraulich. **2.** Vertrauen genießend, vertraut, Vertrauens...: **~ agent** Geheimagent(in); **~ clerk** *econ.* Prokurist(in); **~ person** Vertrauensperson *f*; **~ secretary** Privatsekretär(in). **3.** inˈtim, vertraulich: **~ communication** *jur.* vertrauliche Mitteilung (*an e-e schweigepflichtige Person, z.B. Anwalt*). **con·fi·den·tial·ly** [-ʃəlɪ] *adv* vertraulich, im Vertrauen, priˈvatim.

**con·fid·ing** [kənˈfaɪdɪŋ] *adj* (*adv* ~ly) vertrauensvoll, zutraulich. **conˈfid·ing·ness** *s* Zutraulichkeit *f*.

**con·fig·u·ra·tion** [kənˌfɪɡjʊˈreɪʃn; *Am.* -ˌfɪɡjər-; -ɡjəˈr-] *s* **1.** (*äußere*) Bildung, Gestalt(ung) *f*, Bau *m*, *a. geol.* Strukˈtur *f*: **~ of the skull** Schädelbau. **2.** *astr.* a) Konfiguratiˈon *f*, Aˈspekt(e *pl*) *m*, b) Sternbild *n*. **3.** *phys.* a) Aˈtomanordnung *f* in Moleˈkülen, b) Elekˈtronenanordnung *f*. **4.** *math.* Fiˈgur *f*, Zs.-stellung *f*. **5.** *psych.* Gestalt *f*. **conˈfig·u·ra·tion·ism** *s* Geˈstaltpsycholoˌgie *f*.

**con·fin·a·ble** [kənˈfaɪnəbl] *adj* zu begrenzen(d), zu beschränken(d) (**to** auf *acc*).

**con·fine I** *s* [ˈkɒnfaɪn; *Am.* ˈkɑn-] *meist pl* **1.** Grenze *f*, Grenzgebiet *n*, *fig.* Rand *m*, Schwelle *f*: **on the ~s of death** am Rande des Todes. **2.** [kənˈfaɪn] *obs.* Gebiet *n*. **3.** a) *poet.* Gefangenschaft *f*, b) *obs.* Gefängnis *n*. **II** *v/t* [kənˈfaɪn] **4.** begrenzen, be-, einschränken (**to** auf *acc*): **to ~ o.s. to** sich beschränken auf. **5.** einschließen, einsperren. **6.** *j-s* Bewegungsfreiheit einschränken: **~d to bed** ans Bett gefesselt, bettlägerig; **~d to one's room** ans Zimmer gefesselt; **to be ~d to barracks** Kasernenarrest haben. **7.** *pass* (**of**) niederkommen (mit), entbunden werden (von), entbinden (*acc*): **to be ~d of a boy.**

**con·fined** *adj* **1.** begrenzt, beschränkt, beengt. **2.** im Wochenbett liegend. **conˈfin·ed·ness** [-ɪdnɪs] *s* Beschränktheit *f*, Eingeengtheit *f*, Enge *f*.

**con·fine·ment** [kənˈfaɪnmənt] *s* **1.** Ein-, Beschränkung *f*, Ein-, Beengung *f*. **2.** Bettlägerigkeit *f*. **3.** Beengtheit *f*. **4.** Niederkunft *f*, Entbindung *f*. **5.** Gefangenschaft *f*, Haft *f*, *mil.* Arˈrest(strafe *f*) *m*: **~ to quarters** *mil.* Stubenarrest; **close ~** strenge Haft; **solitary ~** Einzelhaft; **to place under ~** in Haft nehmen.

**con·firm** [kənˈfɜːm; *Am.* -ˈfɜrm] *v/t* **1.** *Nachricht, econ. Auftrag, jur. Urteil etc* bestätigen: **to ~ a contract;** **~ by oath** eidlich bekräftigen; **this ~ed my suspicions** dies bestätigte m-n Verdacht; **she ~ed his words** sie bestätigte die Richtigkeit s-r Aussage. **2.** a) *Entschluß* bekräftigen, b) bestärken (**s.o. in s.th.** j-n in etwas). **3.** *j-s Macht etc* festigen. **4.** *j-n in e-m Amt etc* bestätigen. **5.** *relig.* a) konfirˈmieren, b) *R.C.* firmen. **conˈfirm·a·ble** *adj* zu bestätigen(d), erweisbar. **con·firm·and** [ˈkɒnfəˈmænd; *Am.* ˈkɑn-] *s relig.* a) Konfirˈmand(in), b) *R.C.* Firmling *m*.

**con·fir·ma·tion** [ˌkɒnfəˈmeɪʃn; *Am.* ˌkɑn-] *s* **1.** Bestätigung *f*: **~ of a report** (**theory, treaty**); **in ~ of** in *od.* zur Bestätigung (*gen*). **2.** Bekräftigung *f*, (Be)Stärkung *f*. **3.** Festigung *f*. **4.** *relig.* a) Konfirmatiˈon *f*, b) *R.C.* Firmung *f*: **~ candidate → confirmand. con·firm·a·tive** [kənˈfɜːmətɪv; *Am.* -ˈfɜr-] *adj* (*adv* ~ly); **conˈfirm·a·to·ry** [-tərɪ; *Am.* -ˌtəʊrɪ; -ˌtɔː-] *adj* **1.** bestätigend, bekräftigend, Bestätigungs...

**con·firmed** [kənˈfɜːmd; *Am.* -ˈfɜrmd] *adj* **1.** bestätigt. **2.** bestärkt. **3.** a) fest, eingewurzelt: **a ~ habit** e-e feste Gewohnheit, b) erklärt, überˈzeugt: **~ democrat; a ~ bachelor** ein eingefleischter Junggeselle. **4.** chronisch: **she is a ~ invalid** sie ist chronisch krank. **conˈfirm·ed·ness** [-ɪdnɪs] *s* Eingewurzeltsein *n*.

**con·fis·ca·ble** [kɒnˈfɪskəbl; *bes. Am.* kɑn-] *adj* konfisˈzierbar, einziehbar.

**con·fis·cate** [ˈkɒnfɪskeɪt; *Am.* ˈkɑn-] **I** *v/t* beschlagnahmen, einziehen, konfisˈzieren. **II** *adj* beschlagnahmt, konfisˈziert. **ˈcon·fis·cat·ed** *adj* → **confiscate** II. **ˌcon·fisˈca·tion** *s* Einziehung *f*, Beschlagnahme *f*, Konfisˈzierung *f*. **con·fis·ca·to·ry** [kənˈfɪskətərɪ; *Am.* -ˌtəʊriː; -ˌtɔː-] *adj* **1.** konfisˈzierend, Beschlagnahme... **2.** *colloq.* räuberisch: **~ taxes** ruinöse Steuern.

**con·fla·grate** [ˈkɒnfləɡreɪt; *Am.* ˈkɑn-] **I** *v/t* in Flammen setzen. **II** *v/i* Feuer fangen (*a. fig.*). **ˌcon·flaˈgra·tion** *s* (*bes.* Groß)Brand *m*.

**con·flate** [kənˈfleɪt] *v/t bes. zwei Textversionen* verschmelzen, vereinigen (**into** in *acc*). **conˈfla·tion** *s* Verschmelzung *f*.

**con·flict I** *s* [ˈkɒnflɪkt; *Am.* ˈkɑn-] **1.** Konˈflikt *m* (*a. im Drama etc*): a) (feindlicher) Zs.-stoß, Zs.-prall *m*, Auseinˈandersetzung *f*, Kampf *m*, Kontroˈverse *f*: **~ area** *mil.* Kampfgebiet *n*, Konfliktzone *f*; **~ research** Konfliktforschung *f*; → **armed**[2] 1, **wordy** 1, b) Widerstreit *m*, -spruch *m*: **to come into ~ with s.o.** mit j-m in Konflikt geraten; **~ of ideas** Ideenkonflikt; **~ of interests** Interessenkonflikt *m*, -kollision *f*; **~ of laws** *jur.* Gesetzeskollision *f*, *weitS.* internationales Privatrecht; **inner ~** innerer *od.* seelischer Konflikt. **II** *v/i* [kənˈflɪkt] **(with)** in Konˈflikt stehen, kolliˈdieren (mit), im Widerspruch *od.* Gegensatz stehen (zu): **~ing claim** (*Patentrecht*) entgegenstehender *od.* kollidierender Anspruch; **~ing emotions** Widerstreit *m* der Gefühle; **~ing laws** einander widersprechende Gesetze. **conˈflict·ing** *adj* widersprüchlich: → **conflict** II.

**con·flu·ence** [ˈkɒnflʊəns; *Am.* ˈkɑn-] *s* **1.** Zs.-fluß *m*: **the ~ of two rivers. 2.** Zs.-strömen *n*, Zustrom *m* (*von Menschen*). **3.** (Menschen)Auflauf *m*, Gewühl *n*, Menge *f*. **4.** *physiol.* Zs.-wachsen *n*. **5.** *tech.* Konfluˈenz *f*. **con·flu·ent** [-ˈflʊənt] *adj* zs.-fließend, -laufend. **II** *s* Nebenfluß *m*.

**con·flux** [ˈkɒnflʌks; *Am.* ˈkɑn-] → **confluence** 1–3.

**con·form** [kənˈfɔː(r)m] **I** *v/t* **1.** anpassen, -gleichen (**to** *dat od.* an *acc*): **to ~ o.s. (to)** → 3. **2.** in Einklang bringen. **II** *v/i* **3.** (**to**) sich anpassen *od.* angleichen (*dat*), sich richten (nach). **4.** überˈeinstimmen. **5.** sich fügen (**to** *dat*). **6.** *relig. Br.* sich in den Rahmen der angliˈkanischen Staatskirche einfügen. **con·form·a·bil·i·ty** *s* Gleichförmigkeit *f*, Überˈeinstimmung *f*. **conˈform·a·ble** *adj* (*adv* conformably) **1.** (**to, with**) überˈeinstimmend, gleichförmig (mit), entsprechend, gemäß (*dat*): **to be ~ to** entsprechen (*dat*), übereinstimmen mit. **2.** fügsam. **3.** *geol.* gleichstreichend, -gelagert. **conˈform·al** *adj math.* konˈform, winkeltreu: **~ projection. conˈform·ance** *s* **1.** Überˈeinstimmung *f*: **in ~ with** in Übereinstimmung mit, gemäß (*dat*). **2.** Anpassung *f*.

**con·for·ma·tion** [ˌkɒnfɔː(r)ˈmeɪʃn; -fə(r)m-; *Am.* ˌkɑn-] *s* **1.** Angleichung *f*, Anpassung *f* (**to** an *acc*). **2.** Gestaltung *f*: a) Gestalt *f*, Strukˈtur *f*, Anordnung *f*, (*a. Körper*)Bau *m*, b) Formgebung *f*.

**con·form·er** [kənˈfɔː(r)mə(r)], **con·form·ist** *s* **1.** j-d, der sich anpaßt *od.* fügt. **2.** *relig. Br.* Konforˈmist(in), Anhänger(in) der englischen Staatskirche. **conˈform·i·ty** *s* **1.** Gleichförmigkeit *f*, Überˈeinstimmung *f* (**with** mit): **to be in ~ with s.th.** mit e-r Sache übereinstimmen; **in ~ with** in Übereinstimmung *od.* übereinstimmend mit, gemäß (*dat*); **~ with law** *math.* Gesetzlichkeit *f*. **2.** (**to**) Anpassung *f* (an *acc*), Fügsamkeit *f* (gegenˈüber), Befolgung *f* (*gen*). **3.** überˈeinstimmender Punkt, Ähnlichkeit *f*: **conformities in style** Ähnlichkeiten des Stils. **4.** *relig. Br.* Konforˈmismus *m*, Zugehörigkeit *f* zur englischen Staatskirche.

**con·found** [kənˈfaʊnd] *v/t* **1.** verwechseln, vermengen, durcheinˈanderbringen (**with** mit). **2.** *j-n od. etwas* verwirren, durcheinˈanderbringen. **3.** vernichten, vereiteln. **4.** widerˈlegen, (*im Streitgespräch*) e-e Abfuhr erteilen (*dat*). **5.** *bes. Bibl.* j-n beschämen. **6.** *als Verwünschung:* **~ him!** zum Teufel mit ihm!; **~ it!** zum Henker!, verdammt!; **~ his cheek!** so e-e Frechheit! **conˈfound·ed I** *adj* (*adv* ~ly) **1.** verwirrt, bestürzt. **2.** *colloq.* (*a. interj u. adv*) verdammt: a) verwünscht, verflucht, verflixt, b) (*als Verstärkung*) ˌtotˈmüde; ˌscheußlich: **~(ly) cold** verdammt *od.* scheußlich kalt.

**con·fra·ter·ni·ty** [ˌkɒnfrəˈtɜːnətɪ; *Am.* ˌkɑnfrəˈtɜr-] *s* **1.** *bes. relig.* Bruderschaft *f*, Gemeinschaft *f*. **2.** Brüderschaft *f*, brüderliche Gemeinschaft. **3.** (Berufs)Genossenschaft *f*. **con·frere** [ˈkɒnfreə(r); *Am.* ˈkɑn-], *Br.* ˈcon·frère *s* Kolˈlege *m*.

**con·front** [kənˈfrʌnt] *v/t* **1.** (*oft feindlich*) gegenˈübertreten, -stehen (*dat*): **to be ~ed with** Schwierigkeiten *etc* gegenüberstehen, sich gegenübersehen (*dat*). **2.** mutig begegnen, sich stellen (*dat*). **3.** *a. jur.* (**with**) konfronˈtieren (mit), gegenˈüberstellen (*dat*): **to ~ s.o. with s.th.** j-m etwas entgegenhalten. **4.** vergleichen. **con·fron·ta·tion** [ˌkɒnfrʌnˈteɪʃn; -frən-; *Am.* ˌkɑn-] *s* Gegenˈüberstellung *f*, Konfrontatiˈon *f* (*a. pol.*). **conˈfron·ta·tion·ist** *adj* **1.** die Konfrontatiˈon suchend. **2.** Konfrontations... **conˈfront·ment** → **confrontation**.

**Con·fu·cian** [kənˈfjuːʃjən; *Am.* -ʃən] **I** *adj* konfuziˈanisch. **II** *s* Konfuziˈaner(in). **Conˈfu·cian·ism** *s* Konfuziaˈnismus *m*.

**con·fuse** [kənˈfjuːz] *v/t* **1.** (miteinˈander) verwechseln, durcheinˈanderbringen (**with** mit): **I've got the two terms ~d** ich habe die beiden Ausdrücke durcheinandergebracht. **2.** verwirren: a) in Unordnung bringen, b) aus der Fassung bringen, verlegen machen. **3.** verworren *od.* undeutlich machen. **conˈfused** *adj* **1.** verwirrt: a) konˈfus, verworren, wirr, b) verlegen, bestürzt. **2.** undeutlich, verworren: **~ noises. conˈfus·ed·ly** [-ɪdlɪ] *adv*. **conˈfus·ed·ness** [-ɪdnɪs] *s* Verworrenheit *f*, Durcheinˈander *n*. **conˈfus·ing** *adj* (*adv* ~ly) verwirrend.

**con·fu·sion** [kənˈfjuːʒn] *s* **1.** Verwirrung *f*, Durcheinˈander *n*, (heillose) Unordnung: **to cause ~** Verwirrung stiften *od.* anrichten; **to throw everything into ~** alles durcheinanderbringen; **my things were lying in ~ on the floor** m-e Sachen lagen wild durcheinander auf dem Boden. **2.** Aufruhr *m*, Lärm *m*. **3.** Verwirrung *f*, Bestürzung *f*, Verlegenheit *f*: **in ~** verwirrt, bestürzt, verlegen; **to put s.o. to ~** j-n in Verlegenheit bringen; **to be in a state of ~** verwirrt *od.* bestürzt sein. **4.** Verwechslung *f*: **~ of names** Namensverwechslung. **5.** geistige Verwirrung. **6.** Verworrenheit *f*. **7.** *als*

*Verwünschung*: ~ **to our enemies!** Tod unseren Feinden! **8.** *jur.* a) Vereinigung *f* (*zweier Rechte*), b) Verschmelzung *f* (*von Gütern*).

**con·fut·a·ble** [kənˈfjuːtəbl] *adj* widerˈlegbar. **con·fu·ta·tion** [ˌkɒnfjuːˈteɪʃn; *Am.* ˌkɑːnfjuː-] *s* Widerˈlegung *f*, Überˈführung *f* (*durch Argumente etc*). **conˈfut·a·tive** [-ətɪv] *adj* widerˈlegend, Widerlegungs...

**con·fute** [kənˈfjuːt] *v/t* **1.** *etwas* widerˈlegen: **to ~ an argument**. **2.** *j-n* widerˈlegen, e-s Irrtums überˈführen: **to ~ an opponent**. **3.** *obs.* zuˈnichte machen.

**con·gé** [ˈkɔ̃ːnʒeɪ; *Am.* kɔʊnˈʒeɪ] *s* **1.** Abschied *m*: a) Verabschiedung *f*, b) Entlassung *f*: **to give s.o. his ~** j-n verabschieden *od.* entlassen; **to make one's ~** sich verabschieden. **2.** (Abschieds)Verbeugung *f*.

**con·geal** [kənˈdʒiːl] *I v/t* **1.** gefrieren *od.* gerinnen *od.* erstarren lassen (*a. fig.*). **II** *v/i* **2.** gefrieren, gerinnen, erstarren (*a. fig. vor Entsetzen*). **3.** *fig.* feste Gestalt annehmen. **conˈgeal·a·ble** *adj* gerinnbar, gefrierbar. **conˈgeal·ment** → congelation.

**con·gee** [ˈkɒndʒiː; *Am.* ˈkɑn-] → congé 1.

**con·ge·la·tion** [ˌkɒndʒɪˈleɪʃn; *Am.* ˌkɑn-] *s* **1.** Gefrieren *n*, Gerinnen *n*, Erstarren *n*: **point of ~** Gefrierpunkt *m*. **2.** gefrorene *od.* geronnene *od.* erstarrte Masse.

**con·ge·ner** [ˈkɒndʒɪnə(r); *Am.* ˈkɑn-; *Br. u. Am. a.* kənˈdʒiːnə(r)] *I s* **1.** *bes. bot. zo.* gleichartiges, verwandtes Ding *od.* Wesen, Gattungsverwandte(r) *m*, -genosse *m*. **2.** Art-, Stammverwandte(r) *m*. **II** *adj* **3.** (art-, stamm)verwandt (to *dat.*). **conˈge·ner·ic** [-ˈnerɪk], **ˌcon·geˈner·i·cal** *adj* gleichartig, verwandt.

**con·gen·ial** [kənˈdʒiːnjəl; -nɪəl] *adj* (*adv ~ly*) **1.** gleichartig, kongeniˈal, (geistes-)verwandt (**with** mit *od. dat.*). **2.** symˈpathisch, angenehm (to *dat.*): **~ manners**. **3.** angenehm, zusagend, entsprechend (to *dat.*): **to be ~ to** s.o. (*od.* to s.o.'s taste) j-m zusagen. **4.** zuträglich (to *dat. od.* für): **~ to one's health** gesund. **5.** freundlich. **con·ge·ni·al·i·ty** [-nɪˈælətɪ] *s* **1.** Geistesverwandtschaft *f*. **2.** Zuträglichkeit *f*.

**con·gen·i·tal** [kənˈdʒenɪtl; *Am. a.* kɑn-] *adj biol.* angeboren (*a. fig.*), ererbt, kongeniˈtal (*a. bot.*): **~ defect** Geburtsfehler *m*; **~ instinct** angeborener *od.* natürlicher Instinkt; **a ~ liar** ein geborener Lügner. **conˈgen·i·tal·ly** [-təlɪ] *adv* **1.** von Geburt (an): **~ deaf**. **2.** von Naˈtur (aus): **~ sceptical**.

**con·ge·ries** [kɒnˈdʒɪərɪːz; *Am.* ˈkɑndʒəriːz] *pl* **-ries** *s* Anhäufung *f*, Masse *f*.

**con·gest** [kənˈdʒest] *I v/t* **1.** ansammeln, anhäufen, zs.-drängen, stauen. **2.** verstopfen, blocˈkieren, (*med.* mit Blut) überˈfüllen: **~ed streets**; **to ~ the market** den Markt überschwemmen. **II** *v/i* **3.** sich ansammeln (*etc*; → I). **conˈgest·ed** *adj* **1.** überˈfüllt (**with** von): **~ area** übervölkertes Gebiet, Ballungsgebiet *n*. **2.** *med.* mit Blut überˈfüllt. **con·ges·tion** [kənˈdʒestʃən] *s* **1.** Ansammlung *f*, Anhäufung *f*, Andrang *m*: **~ of population** Übervölkerung *f*; **~ of traffic** Verkehrsstockung *f*, -stauung *f*, -stau *m*. **2.** *med.* Kongestiˈon *f*, Blutandrang *m* (**of the brain** zum Gehirn): **vascular ~** Gefäßstauung *f*.

**con·glo·bate** [ˈkɒnɡləʊbeɪt; *Am.* kɑnˈɡlɔʊ-] *I adj* [*Am. a.* -bət] (zs.-)geballt, kugelig. **II** *v/t u. v/i* (sich) (zs.-)ballen (**into** zu).

**con·glom·er·ate** *I v/t u. v/i* [kənˈɡlɒməreɪt; *Am.* -ˈɡlɑm-] **1.** (sich) zs.-ballen: a) (sich) fest verbinden (**to** zu), b) (sich) anhäufen *od.* ansammeln. **II** *adj* [-rət] **2.** (zs.-)geballt, geknäult. **3.** *fig.* zs.-

gewürfelt. **III** *s* [-rət] **4.** Konglomeˈrat *n*: a) *geol.* Trümmergestein *n*, b) *fig.* Anhäufung *f*, zs.-gewürfelte Masse, (*a. phys.*) Gemisch *n*. **5.** *econ.* ˈMischkonˌzern *m*. **conˌglom·erˈat·ic** [-ˈrætɪk] *adj geol.* Konglomerat...: **~ rock** Trümmergestein *n*. **conˌglom·erˈa·tion** *s* **1.** Anhäufung *f*, Zs.-würfelung *f*. **2.** → conglomerate 4 b. **3.** *math.* Häufung *f*. **4.** *geol.* Ballung *f*.

**con·glu·ti·nate** [kənˈɡluːtɪneɪt] *I v/t* zs.-leimen, -kitten. **II** *v/i* zs.-kleben, -haften, sich miteinˈander vereinigen, *med.* kongluˈtiˈnieren, verkleben (*rote Blutkörperchen*). **conˌglu·ti·ˈna·tion** *s* Vereinigung *f*, *med.* Konglutinatiˈon *f*.

**Con·go·lese** [ˌkɒnɡəʊˈliːz; *Am.* ˌkɑnɡəˈliːz] *I adj* Kongo..., kongoˈlesisch. **II** *s* Kongoˈlese *m*, Kongoˈlesin *f*.

**Con·goǀpa·per** [ˈkɒnɡəʊ; *Am.* ˈkɑn-] *s* ˈKongoˌpier *n* (*mit Kongorot gefärbtes Reagenzpapier*). **~ pink**, **~ red** *s* Kongorot *n* (*Azofarbstoff*).

**con·grats** [kənˈɡræts] *interj bes. Br. colloq.* gratuˈliere!

**con·grat·u·lant** [kənˈɡrætjʊlənt; -tʃʊ-; *bes. Am.* -tʃə-] *I s* Gratuˈlant(in). **II** *adj* congratulatory. **conˈgrat·u·late** [-leɪt] *v/t j-m* gratuˈlieren, Glück wünschen; *j-n* beglückwünschen (**on** zu): **to ~ o.s. on** s.th. sich zu etwas gratulieren. **conˌgrat·uˈla·tion** *s* Gratulatiˈon *f*, Glückwunsch *m*: **~s!** ich gratuliere!, herzlichen Glückwunsch! **conˈgrat·u·la·tor** [-tə(r)] *s* Gratuˈlant(in). **conˈgrat·u·la·to·ry** [-lətərɪ; *Am.* -ˌtəːriː; -ˌtɔ:-] *adj* Gratulations..., Glückwunsch...: **~ telegram**.

**con·gre·gate** [ˈkɒnɡrɪɡeɪt; *Am.* ˈkɑn-] *v/t u. v/i* (sich) (ver)sammeln.

**con·gre·ga·tion** [ˌkɒnɡrɪˈɡeɪʃn; *Am.* ˌkɑn-] *s* **1.** (Ver)Sammeln *n*. **2.** Ansammlung *f*, Menge *f*. **3.** Versammlung *f*. **4.** *relig.* (Kirchen)Gemeinde *f*. **5.** *R.C.* a) Kardiˈnalskongregatiˈon *f*, b) Kongregatiˈon *f*, Ordensgemeinschaft *f*. **6.** *Bibl.* Gemeinschaft *f* der Juden. **7.** *univ. Br.* a) akaˈdemische Versammlung (*Oxford*), b) Seˈnatsversammlung *f* (*Cambridge*). **8.** *Am. hist.* (Stadt)Gemeinde *f*, Niederlassung *f*. **ˌcon·greˈga·tion·al** [-ʃənl; -ʃnəl] *adj relig.* **1.** Gemeinde..., Versammlungs... **2.** gottesdienstlich. **3.** **C~** indepenˈdent, unabhängig: **C~ chapel** Kapelle *f* der freien Gemeinden. **ˌcon·greˈga·tion·al·ism** *s relig.* **1.** Kongregationaˈlismus *m*, Syˈstem *n* der Selbstverwaltung der Kirchengemeinde. **2.** **C~** Lehre *f* der sich zu e-r Gemeinde vereinigenden Indepenˈdenten. **ˌCon·greˈga·tion·al·ist** *s* Kongregationaˈlist(in), Mitglied *n* e-r Gemeinde von Indepenˈdenten.

**con·gress** [ˈkɒnɡres; *Am.* ˈkɑnɡrəs] *s* **1.** Konˈgreß *m*, Tagung *f*. **2.** Begegnung *f*, Zs.-kunft *f*. **3.** Geschlechtsverkehr *m*. **4.** *Am.* a) (*ohne art*) **C~** Konˈgreß *m*, gesetzgebende Versammlung (*Senat u. Repräsentantenhaus*): **Member of C~** Kongreßabgeordnete(r *m*) *f*, b) gesetzliche Dauer e-s Kongresses. **5.** gesetzgebende Körperschaft (*bes. e-r Republik*). **con·gres·sion·al** [kənˈɡreʃənl; -ʃnəl; *Am.* kɑnˈɡ-] *adj* **1.** Kongreß... **2.** **C~** den amer. Konˈgreß betreffend: **C~ debate** Kongreßdebatte *f*; **C~ district** *Wahlbezirk für die Abgeordneten des Repräsentantenhauses*; **C~ medal** Verdienstmedaille *f*; **C~ Medal of Honor** *mil.* höchste Tapferkeitsauszeichnung. **ˈcon·gress·ist**, **ˈcon·gres·sion·al·ist** *s parl.* Konˈgreßabgeordnete(r *m*) *f*. **ˈcon·gressǀman** [-mən] *s irr parl.* Konˈgreßabgeordnete(r) *m*: **C~** Mitglied *n* des amer. Repräsenˈtantenhauses. **C~ of**

**Vi·en·na** *s hist.* Wiener Konˈgreß *m*. **~wom·an** *s irr parl.* Konˈgreßabgeordnete *f* (→ congressman).

**con·gru·ence** [ˈkɒnɡruəns; *Am.* kənˈɡruːəns; ˈkɑŋɡrəwəns] *s* **1.** Überˈeinstimmung *f*. **2.** *math.* Kongruˈenz *f* (*a. fig.*): a) Deckungsgleichheit *f*: **to be in ~ with** sich decken, kongruent sein, b) Übereinstimmung von zwei Zahlen, die, durch e-e dritte geteilt, gleiche Reste liefern. **con·gru·ent** *adj* **1.** (**to**, **with**) überˈeinstimmend (mit), entsprechend, gemäß (*dat.*). **2.** (**to**, **with**) passend (zu), vereinbar (mit). **3.** *math.* kongruˈent (*a. fig.*). **con·gru·i·ty** [kɒnˈɡruːətɪ; *bes. Am.* kənˈɡ-; *Am. a.* kɑn-] *s* **1.** Überˈeinstimmung *f*. **2.** Folgerichtigkeit *f*. **3.** Angemessenheit *f*. **4.** Kongruiˈtät *f*. **5.** → congruence 2. **con·gru·ous** [ˈkɒnɡruəs; *Am.* ˈkɑŋɡrəwəs] *adj* (*adv ~ly*) **1.** → congruent 1. **2.** folgerichtig. **3.** → congruent 2. **4.** → congruent 3. **ˈcon·gru·ous·ness** → congruity.

**con·ic** [ˈkɒnɪk; *Am.* ˈkɑ-] *adj* **1.** → conical. **II** *s* **2.** → conics. **3.** → conic section 1.

**con·i·cal** [ˈkɒnɪkl; *Am.* ˈkɑ-] *adj* (*adv ~ly*) **1.** konisch, kegelförmig. **2.** verjüngt, kegelig. **~ bear·ing** *s tech.* Spitzenlager *n*. **~ frus·tum** *s a. irr math.* Kegelstumpf *m*. **ˈcon·i·cal·ness**, **co·nic·i·ty** [kəʊˈnɪsətɪ] *s* Kegelform *f*, Koniziˈtät *f*. **ˌcon·i·co-cy·ˈlin·dri·cal** [ˌkɒnɪkəʊ-; *Am.* ˌkɑ-] *adj* konisch-zyˈlindrisch. **ˈcon·i·coid** [-kɔɪd] *I s math.* Fläche *f* zweiter Ordnung. **II** *adj* kegelförmig, kegelig.

**con·ic pro·jec·tion** *s* **1.** Kartographie: Kegelabbildung *f*. **2.** *math.* Kegelprojektiˌon *f*.

**con·ics** [ˈkɒnɪks; *Am.* ˈkɑ-] *s pl* (*als sg konstruiert*) *math.* Lehre *f* von den Kegelschnitten.

**con·ic sec·tion** *s math.* **1.** Kegelschnitt *m*. **2.** *pl* → conics.

**co·ni·fer** [ˈkɒnɪfə(r); ˈkəʊ-; *Am.* ˈkɑ-] *s bot.* Koniˈfere *f*, Nadelbaum *m*. **co·nif·er·ous** [kəʊˈnɪfərəs] *adj bot.* a) zapfentragend, b) Nadel...: **~ tree**; **~ wood**.

**co·ni·form** [ˈkəʊnɪfɔː(r)m] *adj* kegelförmig.

**con·jec·tur·a·ble** [kənˈdʒektʃərəbl] *adj* (*adv* **conjecturably**) zu vermuten(d). **conˈjec·tur·al** *adj* (*adv ~ly*) **1.** auf Vermutungen beruhend, mutmaßlich. **2.** zu Mutmaßungen neigend. **con·jec·ture** [kənˈdʒektʃə(r)] *I s* **1.** Vermutung *f*, Mutmaßung *f*, Annahme *f*: **to make a ~** Mutmaßungen anstellen; **to be reduced to ~** auf Vermutungen angewiesen sein; **this is a matter for pure ~** das kann man nur vermuten. **2.** Theoˈrie *f*, (vage) Iˈdee. **3.** Konjekˈtur *f* (*Textverbesserung*). **II** *v/t* **4.** vermuten, mutmaßen. **III** *v/i* **5.** Vermutungen anstellen, mutmaßen (**of**, **about** über *acc*).

**con·join** [kənˈdʒɔɪn] *v/t u. v/i* (sich) verbinden *od.* vereinigen. **conˈjoined** *adj* **1.** verbunden, verknüpft. **2.** zs.-treffend: **~ events**. **con·joint** [ˈkɒndʒɔɪnt; *bes. Am.* kənˈdʒ-] *adj* **1.** verbunden, vereinigt, gemeinsam. **2.** **~ minister** Mitminister *m*. **3.** *mus.* nebeneinˈander liegend: **~ degree** Nachbarstufe *f*. **con·joint·ly** [ˈkɒndʒɔɪntlɪ; *bes. Am.* kənˈdʒ-] *adv* zuˈsammen, gemeinsam (**with** mit).

**con·ju·gal** [ˈkɒndʒʊɡl; *Am.* ˈkɑndʒɪɡl; kənˈdʒuː-] *adj* (*adv ~ly*) ehelich, Ehe..., Gatten...: **~ bed** Ehebett *n*; **~ life** Eheleben *n*; **~ rights** *jur.* eheliche Rechte. **ˌcon·juˈgal·i·ty** [-ˈɡælətɪ] *s* Ehestand *m*.

**con·ju·gate** [ˈkɒndʒʊɡeɪt; *Am.* ˈkɑndʒə-] *I v/t* **1.** *ling.* konjuˈgieren, beugen. **II** *v/i* **2.** *biol.* sich paaren. **III** *adj* [-dʒəɡɪt; *Am.* -dʒɪɡət] **3.** (paarweise) verbunden, gepaart. **4.** *ling.* stammverwandt. **5.** *math.*

(ein|ander) zugeordnet, konju|giert: ~ **axis**; ~ **lines**; ~ **number**. **6.** *bot.* paarweise stehend, paarig. **7.** *chem. med.* konju|giert, assozi|iert. **IV** *s* [-dʒʊɡɪt; *Am.* -dʒɪɡət] **8.** *ling.* stammverwandtes Wort. **9.** *chem.* konju|giertes Radi|kal. **'con·ju·gat·ed** *adj chem.* **1.** durch Koppelung von Verbindungen *od.* Radi|kalen gebildet. **2.** konju|gierte Doppelbindungen enthaltend. **ˌcon·juˈga·tion** *s* **1.** Vereinigung *f.* **2.** *ling.* Konjugati|on *f:* a) Beugung *f,* b) Konjugati|onsgruppe *f:* **first** ~ erste Konjugation. **3.** *biol.* Konjugati|on *f (von Geschlechtszellen).* **4.** *chem.* Konjugati|on *f (der Doppelbindungen od. π-Elektronen).*

**con·junct** [kən|dʒʌŋkt] *adj (adv* ~**ly**) **1.** verbunden, vereint, gemeinsam (**with** mit): ~ **consonant** *(Sanskrit)* Ligatur *f;* ~ **degree** *mus.* Nachbarstufe *f.* **2.** *jur.* befangen. **con·junc·tion** [kən|dʒʌŋkʃn] *s* **1.** Verbindung *f,* Vereinigung *f (a. fig.):* **in** ~ **with** in Verbindung *od.* zusammen mit; **taken in** ~ **with** zs.-genommen *od.* -gefaßt mit. **2.** Zs.-treffen *n:* **a** ~ **of events**. **3.** *ling.* Konjunkti|on *f,* Bindewort *n.* **4.** *astr.* Konjunkti|on *f.* **con·junc·tion·al** [-ʃənl] *adj* **1.** *astr.* konjunktio|nal. **2.** *ling.* Konjunktions...

**con·junc·ti·va** [ˌkɒndʒʌŋkˈtaɪvə; *Am.* ˌkɑn-] *pl* **-vas, -vae** [-viː] *s anat.* Bindehaut *f.*

**con·junc·tive** [kən|dʒʌŋktɪv] **I** *adj* **1.** (eng) verbunden. **2.** verbindend, Verbindungs...: ~ **tissue** *anat.* Bindegewebe *n;* ~ **word** *ling.* Bindewort *n,* Konjunktion *f.* **3.** *ling. Am.* konjunktivisch: ~ **mood** → **5. 4.** *math.* konjunk|tiv. **II** *s* **5.** *ling. Am.* Konjunktiv *m.* **con·junc·tive·ly** *adv* gemeinsam, vereint.

**con·junc·ti·vi·tis** [kənˌdʒʌŋktɪˈvaɪtɪs] *s med.* Konjunkti|vitis *f,* Bindehautentzündung *f.*

**con·junc·ture** [kən|dʒʌŋktʃə(r)] *s* **1.** Verbindung *f.* **2.** a) Zs.-treffen *n,* b) Zs.-treffen *n* von *(bes. ungünstigen)* |Umständen. **3.** *astr.* Konjunkti|on *f.*

**con·ju·ra·tion** [ˌkɒndʒʊəˈreɪʃn; *Am.* ˌkɑn-] *s* **1.** Beschwörung *f:* a) feierliche Anrufung: ~ **of spirits**, b) Verzauberung *f.* **2.** Zauberformel *f.* **3.** Zaube|rei *f.* **4.** *obs.* Verschwörung *f.*

**con·jure** [ˈkʌndʒə(r)] **I** *v/t* **1.** [kən|dʒʊə(r)] beschwören, inständig bitten (um). **2. den Teufel** *etc* beschwören, (an)rufen: **to** ~ **up** heraufbeschwören *(a. fig.),* zitieren (→ **3**). **3.** be-, verhexen: **to** ~ **away** wegzaubern, bannen; **to** ~ **up** hervorzaubern *(a. fig.)* (→ **2**). **II** *v/i* **4.** zaubern, hexen: **a name to** ~ **with** ein Name, der Wunder wirkt. **5.** Geister beschwören.

**con·jur·er** [ˈkʌndʒərə(r)] *s* **1.** Zauberer *m,* Geisterbeschwörer *m:* **I'm not a** ~! ich kann (auch) nicht hexen! **2.** Zauberkünstler *m.*

**con·jur·ing trick** [ˈkʌndʒərɪŋ] *s* Zauberkunststück *n,* Zaubertrick *m.*

**con·jur·or¹** [ˈkʌndʒərə(r)] → **conjurer**.

**con·jur·or²** [kən|dʒʊərə(r); *Am.* ˌkɑn-] *s obs.* Mitverschworene(r) *m.*

**conk¹** [kɒŋk] *sl.* **I** *s* **1.** a) 'Riecher' *m (Nase),* b) 'Birne' *f (Kopf).* **II** *v/t* **2.** a) j-m eins auf die Nase geben, b) j-m 'eins über die Birne ziehen'. **3.** *Am. Haar* entkräuseln.

**conk²** [kɑŋk] *s bot. Am.* **1.** Holzfäule *f.* **2.** kon|solenförmiger Pilz-Fruchtkörper *pl (an fauligen Stämmen).*

**conk³** [kɒŋk; *Am. a.* kɑŋk] *v/i sl. meist* ~ **out 1.** 'streiken', 'den Geist aufgeben' *(Fernseher etc),* 'absterben' *(Motor).* **2.** a) |umkippen' *(ohnmächtig werden),* b) 'zs.-klappen' *(vor Erschöpfung),* c) *a.* ~ **off**

---

,einpennen' *(einschlafen).* **3.** ,den Löffel weglegen' *(sterben).*

**conk·er** [ˈkɒŋkə(r); *Am.* ˈkɑ-] *s* Ka|stanie *f:* ~**s** *pl (als sg konstruiert) Br. Spiel, bei dem die Teilnehmer mit e-r an e-r Schnur befestigten Kastanie versuchen, die des Partners zu zerschlagen.*

**'conk·out** *s Am. sl. (Motor- etc)*Panne *f.*

**conn** [kɒn; *Am.* kɑn] *mar.* **I** *v/t* **ein Schiff** führen. **II** *v/i* **das Steuern** über|wachen.

**con·nate** [ˈkɒn-; *Am.* kɑˈn-] *adj* **1.** angeboren. **2.** gleichzeitig geboren *od.* entstanden. **3.** (abstammungs-, art)verwandt. **4.** gleichgeartet. **5.** *biol.* verwachsen.

**con·nat·u·ral** [kɒˈnætʃrəl; *Am.* kɑˈn-] *adj (adv* ~**ly**) **(to)** von gleicher Na|tur (wie), eingeboren *(dat).*

**con·nect** [kəˈnekt] **I** *v/t* **1.** *a. fig.* verbinden, verknüpfen, e-e Verbindung |herstellen (**with** mit). **2.** *fig.* in Zs.-hang *od.* in Verbindung bringen: **to** ~ **ideas** Gedanken verknüpfen; **to become** ~**ed** (**with**) a) in Verbindung treten (mit), b) in verwandtschaftliche Beziehungen treten (zu). **3.** (**to**) *tech.* verbinden, koppeln, fügen (mit), *Wagen etc* anhängen, ankuppeln (an *acc*). **4.** (**to**) *electr.* anschließen (an *acc*), verbinden (mit), (zu)schalten (*dat*), Kon|takt |herstellen zwischen (*dat*). **5.** *j-n* (tele|fonisch) verbinden (**to**, **with** mit): **to** ~ **s.o. further** j-n weiterverbinden; **to be** ~**ed** verbunden sein. **II** *v/i* **6.** in Verbindung treten *od.* stehen. **7.** in (logischem) Zs.-hang stehen (**with** mit). **8.** *rail. etc* Anschluß haben (**with an** *acc*). **9.** *Boxen etc: colloq.* treffen: **to** ~ **with a blow** e-n Schlag ,landen'.

**con·nect·ed** [kəˈnektɪd] *adj* **1.** verbunden, verknüpft. **2.** (logisch) zs.-hängend: **the two deaths may be** ~ zwischen den beiden Todesfällen besteht möglicherweise ein Zs.-hang. **3.** verwandt: **to be well** ~ einflußreiche Verwandte *od.* gute Beziehungen haben; ~ **by marriage** verschwägert. **4.** (**with**) verwickelt (in *acc*), beteiligt (an *dat*): **to be** ~ **with an affair**. **5.** *tech.* gekoppelt. **6.** *electr.* angeschlossen, (zu)geschaltet: ~ **load** Anschlußwert *m.* **con|nect·ed·ly** *adv* (logisch) zs.-hängend: **to think** ~. **con|nect·ed·ness** *s* (logischer) Zs.-hang. **con|nect·er** → **connector**.

**con·nect·ing** [kəˈnektɪŋ] *adj* Binde..., Verbindungs..., Anschluß... ~ **cord** *s electr.* Verbindungsschnur *f.* ~ **door** *s* Verbindungstür *f.* ~ **flange** *s tech.* Anschlußflansch *m.* ~ **link** *s* Binde-, Zwischenglied *n.* ~ **mem·brane** *s biol.* Verbindungshaut *f.* ~ **piece** *s tech.* Verbindungs-, Anschlußstück *n,* Stutzen *m.* ~ **plug** *s electr.* Stecker *m.* ~ **re·lay** *s electr.* |Durchschalte|re,lais *n.* ~ **rod** *s tech.* Pleuel-, Kurbel-, Schubstange *f.* ~ **shaft** *s tech.* Transmissi|onswelle *f.*

**con·nec·tion,** *bes. Br. a.* **con·nex·ion** [kəˈnekʃn] *s* **1.** Verbindung *f.* **2.** *tech. allg. electr. rail. teleph. etc),* Verbindungs-, Bindeglied *n, electr.* Schaltung *f.* Schaltverbindung *f:* ~ **(piece)** → **connecting piece;** ~ **fee** *teleph.* Anschlußgebühr *f;* **hot-water** ~**s** Heißwasseranlage *f;* **pipe** ~ Rohranschluß *m;* ~ **plug** Anschlußstecker *m.* **3.** Zs.-hang *m,* Beziehung *f:* **in this** ~ in diesem Zs.-hang; **in** ~ **with this** im Zs.-hang damit. **4.** per|sönliche Beziehung, Verbindung *f:* **to enter into** ~ **with s.o.** mit j-m in Verbindung treten. **5.** a) *(geschäftliche etc)* Verbindung, *(einflußreicher)* Bekannter *od.* Verwandter, b) *pl (gute, nützliche, geschäftliche etc)* Beziehungen *pl od.* Verbindungen *pl,* Bekannten-, Kundenkreis *m,* Verwandtschaft *f:* **business** ~**s;** **business with first-rate** ~**s** Geschäft *n* mit erstklassigem Kun-

---

denkreis. **6.** religi|öse *od.* po|litische Gemeinschaft. **7.** *nur* **connexion** *Br.* Metho|distengemeinschaft *f.* **8.** Geschlechtsverkehr *m.*

**con·nec·tive** [kəˈnektɪv] **I** *adj (adv* ~**ly**) verbindend: ~ **tissue** *anat.* Binde-, Zellgewebe *n.* **II** *s ling.* Bindewort *n.*

**con·nec·tor** [kəˈnektə(r)] *s* **1.** *tech.* Verbindungsglied *n,* Anschlußstück *n.* **2.** *electr.* Klemmverbindung *f,* Stecker *m.*

**con·ning| bridge** [ˈkɒnɪŋ; *Am.* ˈkɑ-] *s mar.* Kom|mandobrücke *f.* ~ **tow·er** *s mar. mil.* Kom|mandoturm *m.*

**con·nip·tion** [kəˈnɪpʃən], *a.* ~ **fit** *s Am. colloq.* (Wut-, Lach)Anfall *m,* ,Rappel' *m:* **to throw a** ~ e-n ,Anfall' bekommen.

**con·niv·ance** [kəˈnaɪvəns] *s* **1.** stillschweigende Einwilligung *od.* Duldung, bewußtes Über|sehen (**at, in, with** *gen od.* von). **2.** *jur.* a) Begünstigung *f,* strafbares Einverständnis, b) *(stillschweigende)* Duldung ehebrecherischer Handlungen des Ehepartners.

**con·nive** [kəˈnaɪv] *v/i* **1.** (**at**) ein Auge zudrücken (bei), stillschweigend dulden, geflissentlich über|sehen (*acc*). **2.** *a. jur.* (stillschweigend) Vorschub leisten (**with s.o.** j-m; **at s.th.** [bei] e-r Sache). **3.** *a. jur.* im geheimen Einverständnis stehen, ,zs.-arbeiten' (**with** mit). **4.** *Am.* ein Kom|plott schmieden. **5.** *biol.* konver|gieren. **con·niv·ence** → **connivance**.

**con·nois·seur** [ˌkɒnəˈsɜː; *Am.* ˌkɑnəˈsɜr] *s (Kunst- etc)*Kenner *m:* ~ **of wines** Weinkenner. **ˌcon·noisˈseur·ship** *s* Kennerschaft *f.*

**con·no·ta·tion** [ˌkɒnəʊˈteɪʃn; *Am.* ˌkɑnəˈt-] *s* **1.** Mitbezeichnung *f.* **2.** Konnotati|on *f,* Nebenbedeutung *f,* Beiklang *m.* **3.** *ling. philos.* Begriffsinhalt *m,* (Wort-)Bedeutung *f.* **con·no·ta·tive** [ˈkɒnəʊteɪtɪv; kəˈnəʊtətɪv; *Am.* ˈkɑnə-] *adj* **1.** mitbedeutend. **2.** logisch um|fassend. **3.** Nebenbedeutungen habend. **con·note** [kɒˈnəʊt; *Am.* kəˈnəʊt; kɑ-] *v/t* mitbezeichnen, (zu|gleich) bedeuten, in sich schließen, den Beiklang haben von.

**con·nu·bi·al** [kəˈnjuːbjəl; *Am. a.* kəˈnuːbjəl] *adj (adv* ~**ly**) ehelich, Ehe... **con·ˌnu·biˈal·i·ty** [-bɪˈælətɪ] *s* Ehestand *m.*

**co·noid** [ˈkəʊnɔɪd] **I** *adj* **1.** kegelförmig. **2.** *math.* kono|idisch. **II** *s* **3.** *math.* a) Kono|id *n,* b) Kono|ide *f (Fläche).* **co·noi·dal, co·noi·dic, co·noi·di·cal** → **conoid I**.

**con·o·scen·te** [ˌkɒnəʊˈʃentɪ; *Am.* ˌkəʊnəˈʃ-; ˌkɑ-] → **cognoscente**.

**con·quer** [ˈkɒŋkə(r); *Am.* ˈkɑŋ-] **I** *v/t* **1.** erobern: a) *Land etc* einnehmen: **to** ~ **territories from s.o.** j-m Land abgewinnen, b) *fig.* erringen, erkämpfen: **to** ~ **one's independence,** c) *fig.* j-n, j-s *Herz* gewinnen. **2.** a) unter|werfen, besiegen: **to** ~ **the enemy,** b) *a. fig.* über|winden, -|wältigen, bezwingen, Herr werden (*gen*): **to** ~ **one's fear; to** ~ **difficulties; to** ~ **a mountain** e-n Berg bezwingen. **II** *v/i* **3.** Eroberungen machen. **4.** siegen: **to stoop to** ~ sein Ziel durch Zugeständnisse zu erreichen trachten. **'con·quer·a·ble** *adj* **1.** zu erobern(d). **2.** a) besiegbar, b) über|windlich. **'con·quer·ing** *adj (adv* ~**ly**) erobernd, siegreich. **'con·quer·or** [-rə(r)] *s* **1.** Eroberer *m:* **the (William) the** C~ *hist.* Wilhelm der Eroberer. **2.** (Be)Sieger *m.*

**con·quest** [ˈkɒŋkwest; *Am.* ˈkɑŋˌkwest; ˈkɑŋ-] *s* **1.** Eroberung *f:* a) Einnahme *f:* **the** C~ *hist.* die normannische Eroberung, b) erobertes Gebiet, c) *fig.* Errin gung *f:* **the** ~ **of liberty. 2.** a) Besiegung *f,* b) *a. fig.* Über|windung *f,* Bezwingung *f.* **3.** *fig.* ,Eroberung' *f (Person):* **to make a** ~ **of s.o.** j-n erobern *od.* für sich gewin-

nen; **you have made a ~!** Sie haben e-e Eroberung gemacht! **4.** *jur. Scot.* (Güter-)Erwerb *m*.

**con·san·guine** [kɒnˈsæŋgwɪn; *Am.* kɑn-], **ˌcon·sanˈguin·e·ous** [-ɪəs] *adj* blutsverwandt. **ˌcon·sanˈguin·i·ty** *s* Blutsverwandtschaft *f*.

**con·science** [ˈkɒnʃəns; *Am.* ˈkɑn-] *s* **1.** Gewissen *n*: **a good** (**bad, guilty**) ~ ein gutes (böses, schlechtes) Gewissen. **2.** Gewissenhaftigkeit *f*. **3.** *obs.* a) Bewußtsein *n*, b) innerstes Denken. *Besondere Redewendungen:* **a matter of** ~ e-e Gewissensfrage; **in** (**all**) ~ a) sicherlich, wahrhaftig, b) nach allem, was recht u. billig ist; **upon my** ~ auf mein Wort, gewiß; **my** ~! mein Gott!; **for** ~'**s sake** um das Gewissen zu beruhigen; **to have s.th. on one's** ~ Gewissensbisse *od.* ein schlechtes Gewissen haben wegen e-r Sache; **to have the** ~ **to do s.th.** die Frechheit *od.* Stirn besitzen, etwas zu tun; **to speak one's** ~ *obs.* s-e Meinung (unverblümt) sagen; **with a safe** ~ mit ruhigem Gewissen; **to act on** ~ nach s-m Gewissen handeln, s-m Gewissen folgen. **con·science| clause** *s jur.* Gewissensklausel *f*. **~ mon·ey** *s* freiwillige (*bes.* anoˈnyme) Steuernachzahlung. **ˈ~-proof** *adj* ˌabgebrüht', ohne Gewissen(sregungen). **ˈ~-ˌsmit·ten**, **ˈ~-ˌstrick·en** *adj* von Gewissensbissen gepeinigt, reuevoll.

**con·sci·en·tious** [ˌkɒnʃɪˈenʃəs; *Am.* ˌkɑn-] *adj* (*adv* ~**ly**) **1.** gewissenhaft: **a** ~ **worker**; **a** ~ **description** e-e genaue Beschreibung. **2.** Gewissens...: **on** ~ **grounds** aus Gewissensgründen. **ˌcon·sci·en·tious·ness** *s* Gewissenhaftigkeit *f*.

**con·sci·en·tious ob·jec·tor** *s* Kriegsdienstverweigerer *m* (*aus Gewissensgründen*).

**con·scion·a·ble** [ˈkɒnʃnəbl; *Am.* ˈkɑn-] *adj obs.* **1.** gewissenhaft. **2.** gerecht, billig.

**con·scious** [ˈkɒnʃəs; *Am.* ˈkɑn-] *adj* (*adv* ~**ly**) **1.** *pred* bei Bewußtsein: **the patient is** ~. **2.** bewußt: ~ **mind** Bewußtsein *n*; **to be** ~ **of s.th.** sich e-r Sache bewußt sein, sich über e-e Sache im klaren sein, von etwas wissen *od.* Kenntnis haben; **to be** ~ **that** wissen, daß; **she became** ~ **that** es kam ihr zum Bewußtsein *od.* sie wurde sich klar darüber, daß. **3.** denkend: **man is a** ~ **being**. **4.** bewußt (schaffend): ~ **artist. 5.** dem Bewußtsein gegenwärtig, bewußt: ~ **guilt. 6.** befangen. **7.** bewußt, wissentlich, absichtlich: **a** ~ **lie**.

**-conscious** [ˈkɒnʃəs; *Am.* kɑn-] *Wortelement mit den Bedeutungen:* a) aufgeschlossen für, interesˈsiert an (*dat*), ...freudig: **art-~**, b) empfindlich gegen (*etwas Schlechtes*), c) ...bewußt: **class-~**.

**con·scious·ness** [ˈkɒnʃəsnɪs; *Am.* ˈkɑn-] *s* **1.** (*of*) Sichbeˈwußtsein *n* (*gen*), Wissen *n* (von *od.* um). **2.** Bewußtsein(szustand *m*) *n*: **to lose** ~ das Bewußtsein verlieren; **to regain** ~ wieder zu sich kommen, das Bewußtsein wiedererlangen. **3.** (Gesamt-)Bewußtsein *n*, Denken *n*, Empfinden *n*. **ˈ~-exˌpand·ing** *adj* bewußtseinserweiternd (*Droge*). **ˈ~-ˌrais·ing** *s* Bewußtseinsentwicklung *f*.

**con·scribe** [kənˈskraɪb] → conscript 4.

**con·script I** *adj* [ˈkɒnskrɪpt; *Am.* ˈkɑn-] **1.** zwangsverpflichtet: ~ **nurses. 2.** *mil.* einberufen, eingezogen: ~ **soldiers. 3.** ~ **fathers** *antiq.* (die) römischen Senaˈtoren *pl*. **II** *v/t* [kənˈskrɪpt] **4.** *mil.* a) einziehen, -berufen, b) *hist.* Truppen *etc* ausheben. **III** *s* [ˈkɒnskrɪpt; *Am.* ˈkɑn-] **5.** *mil.* a) Wehr(dienst)pflichtige(r) *m*, b) Einberufene(r) *m*.

**con·scrip·tion** [kənˈskrɪpʃn] *s* **1.** *mil.*

---

Einberufung *f*, Einziehung *f*. **2.** *a.* **~ universal** ~ *mil.* allgemeine Wehrpflicht. **3.** *a.* **industrial** ~ Arbeitsverpflichtung *f*. **4.** *a.* ~ **of wealth** (Herˈanziehung *f* zur) Vermögensabgabe *f*.

**con·se·crate** [ˈkɒnsɪkreɪt; *Am.* ˈkɑnsə-] **I** *v/t relig.* weihen: a) *relig.* konseˈkrieren, einsegnen, b) widmen (**to** *dat*): **to** ~ **one's life to an idea**, c) heiligen: **a custom** ~**d by tradition. II** *v/i relig.* konseˈkrieren, die Wandlung vollˈziehen (*in der Messe*). **III** *adj* a) geweiht (**to** *dat*), b) geheiligt. **ˌcon·seˈcra·tion** *s* **1.** *relig.* a) (*a.* Priester)Weihe *f*, Weihung *f*, b) Einsegnung *f*, c) Konsekratiˈon *f*, Wandlung *f*. **2.** Heiligung *f*. **3.** Widmung *f*, ˈHingabe *f* (**to** an *acc*).

**con·se·cu·tion** [ˌkɒnsɪˈkjuːʃn; *Am.* ˌkɑn-] *s* **1.** (Aufeinˈander-, Reihen)Folge *f*: ~ **of tenses** *ling.* Zeitenfolge. **2.** logische Folge.

**con·sec·u·tive** [kənˈsekjʊtɪv; *Am. a.* -kətɪv] *adj* **1.** aufeinˈanderfolgend: **for three** ~ **weeks** drei Wochen hintereinˈander. **2.** (fort)laufend: ~ **numbers. 3.** konsekuˈtiv, abgeleitet: ~ **clause** *ling.* Konsekutiv-, Folgesatz *m*. **4.** *mus.* paralˈlel (fortschreitend) (*Intervalle*). **5.** Folge...: ~ **symptom** *med.* Folgeerscheinung *f*. **conˈsec·u·tive·ly** *adv* **1.** nach-, hintereinˈander. **2.** (fort)laufend: ~ **numbered. conˈsec·u·tive·ness** *s* Aufeinˈanderfolge *f*.

**con·sen·su·al** [kənˈsensjʊəl; -ˈʃʊəl; *Am.* -ˈsenʃəwəl; -ˈsenʃəl] *adj* (*adv* ~**ly**) **1.** *jur.* auf bloßer mündlicher Überˈeinkunft beruhend: ~ **contract** obligatorischer Vertrag. **2.** unwillkürlich, Reflex...: ~ **motion**.

**con·sen·sus** [kənˈsensəs] *s a.* ~ **of opinion** (allgemein) überˈeinstimmende Meinung, (allgemeine) Überˈeinstimmung.

**con·sent** [kənˈsent] **I** *v/i* **1.** (**to**) zustimmen (*dat*), einwilligen (in *acc*). **2.** sich bereit erklären (**to do s.th.** etwas zu tun). **3.** nachgeben. **4.** *obs.* überˈeinstimmen. **II** *s* **5.** (zu) Zustimmung *f*, Einverständnis *n* (zu), Einwilligung *f* (in *acc*), Genehmigung *f* (*gen od.* für): **age of** ~ *jur.* (*bes.* Ehe)Mündigkeit *f*; **with one** ~ einstimmig, einmütig; **with the** ~ **of** mit Genehmigung von (*od. gen*); → **common 2, informed 1. conˌsen·taˈne·i·ty** [-təˈniːətɪ] *s* **1.** Überˈeinstimmung *f*. **2.** Einmütigkeit *f*. **con·sen·ta·ne·ous** [ˌkɒnsenˈteɪnɪəs; *Am.* ˈkɑn-], **con·sen·tient** [kənˈsenʃnt] *adj* (*adv* ~**ly**) **1.** (**to, with**) zustimmend (*dat*), überˈeinstimmend (mit). **2.** einmütig, einstimmig.

**con·se·quence** [ˈkɒnsɪkwəns; *Am.* ˈkɑn-; *a.* -ˌkwens] *s* **1.** Folge *f*, Resulˈtat *n*, Ergebnis *n*, Auswirkung *f*, Konseˈquenz *f*: **bad** ~**s** schlimme Folgen; **in** ~ infolgedessen, folglich, daher; **in** ~ **of** infolge von (*od. gen*); **to take the** ~**s** die Folgen tragen; **with the** ~ **that** mit dem Ergebnis, daß; → **carry 10. 2.** Folgerung *f*, Schluß(satz) *m*. **3.** Bedeutung *f*, Wichtigkeit *f*: **of** (**no**) ~ von (ohne) Bedeutung, (un)bedeutend, (un)wichtig (**to** für); **it is of no** ~ es hat nichts auf sich. **4.** Einfluß *m*, Ansehen *n*: **a person of great** ~ e-e bedeutende *od.* einflußreiche Persönlichkeit. **5.** Würde *f*. **6.** Wichtigtueˈrei *f*.

**con·se·quent** [ˈkɒnsɪkwənt; *Am.* ˈkɑn-; *a.* -ˌkwent] **I** *adj* (*adv* → **consequently**) **1.** (**on, upon**) a) (nach)folgend (*dat*, auf *acc*): **to be** ~ **on s.th.** die Folge von etwas sein, e-r Sache folgen, b) sich ergebend, resulˈtierend, entstehend (aus): **the** ~ **trouble** *a.* die entstandenen Schwierigkeiten. **2.** → **consequential 2. II** *s* **3.** Folge(erscheinung) *f*. **2.** *philos.* logische Folge, Folgerung *f*, Schluß *m*. **5.** *ling.*

---

Nachsatz *m*. **6.** *math.* ˈHinterglied *n*. **ˌcon·seˈquen·tial** [-ˈkwenʃl] *adj* (*adv* ~**ly**) **1.** a) (logisch) folgend (**on, upon** auf *acc*), b) → **consequent 1. 2.** folgerichtig, logisch richtig, konseˈquent. **3.** wichtigtuend, überˈheblich. **4.** mittelbar, ˈindiˌrekt: ~ **damage** *jur.* Folgeschaden *m*. **5.** bedeutend, einflußreich: ~ **people**. **ˈcon·seˌquen·ti·al·i·ty** [-ʃɪˈælətɪ] *s* Wichtigtueˈrei *f*, Überˈheblichkeit *f*. **ˈcon·se·quent·ly** *adv* **1.** als Folge, in der Folge. **2.** folglich, infolgeˈdessen, daher, deshalb.

**con·serv·a·ble** [kənˈsɜːvəbl; *Am.* -ˈsɜr-] *adj* konserˈvierbar. **conˈserv·an·cy** *s* **1.** Erhaltung *f*. **2.** → **conservation 2. 3.** *Br.* Konˈtrollbehörde *f* (*für Flüsse, Häfen, Forste etc*).

**con·ser·va·tion** [ˌkɒnsəˈveɪʃn; *Am.* ˌkɑn-] *s* **1.** Erhaltung *f*, Bewahrung *f*: ~ **of energy** (**mass, matter**) *phys.* Erhaltung der Energie (Masse, Materie). **2.** a) Naˈturschutz *m*: ~ **area**, b) ˈUmweltschutz *m*. **3.** Konserˈvieren *n*, Haltbarmachen *n*. **ˌcon·serˈva·tion·ist** *s* a) Naˈturschützer(in), b) ˈUmweltschützer(in).

**con·serv·a·tism** [kənˈsɜːvətɪzəm; *Am.* -ˈsɜr-] *s* **1.** *a. pol.* Konservaˈtismus *m*: a) konservaˈtive Grundsätze *pl od.* Einstellung, b) C~ *Br.* Grundsätze *pl* u. Ziele *pl* der konservativen Parˈtei. **2.** Vorsicht *f*, Zuˈrückhaltung *f*. **conˈserv·a·tive I** *adj* (*adv* ~**ly**) **1.** *allg.* (*pol. meist* C~) konservaˈtiv: C~ **Party** *pol. Br.* Konservative Partei. **2.** erhaltend, bewahrend, konserˈvierend: ~ **force** erhaltende Kraft. **3.** zuˈrückhaltend, vorsichtig: **a** ~ **estimate**; ~ **investments. II** *s. meist* C~ *pol.* Konservaˈtive(r *m*) *f*, Mitglied *n* der Konservativen Parˈtei. **5.** konservaˈtiver Mensch.

**con·ser·va·toire** [kənˈsɜːvətwɑː(r); *Am.* -ˈsɜr-] *s mus.* Konservaˈtorium *n*.

**con·ser·va·tor** [ˈkɒnsə(r)veɪtə(r); kənˈsɜːvətə(r); *Am.* kɑn-; kənˈsɜrvə-] *s* **1.** Konserˈvator *m*, Muˈseumsdiˌrektor *m*. **2.** *Br.* Mitglied *n* der ˈFlußkonˌtrolleˌhörde: C~ **of the River Thames** *Titel des* **Lord Mayor** *von London als Vorsitzender der* **conservancy. 3.** Erhalter *m*, Beschützer *m*: C~ **of the Peace** Erhalter des Friedens (*Titel des englischen Königs*). **4.** *jur. Am.* Vormund *m*, Pfleger *m*.

**con·serv·a·to·ry** [kənˈsɜːvətrɪ; *Am.* -ˌtɔːriː] **I** *s* **1.** Treib-, Gewächshaus *n*, *bes.* Wintergarten *m*. **2.** → **conservatoire. 3.** *obs.* Aufbewahrungsort *m*. **II** *adj* **4.** erhaltend.

**con·serve** [kənˈsɜːv; *Am.* kənˈsɜrv; *Am.* ˈkɑnsɜrv] **I** *s* **1.** *meist pl* Eingemachtes *n*. **II** *v/t* [kənˈsɜːv; *Am.* -ˈsɜrv] **2.** erhalten, bewahren. **3.** *Obst etc* einmachen. **4.** *fig.* beibehalten, aufrechterhalten: **to** ~ **a custom** e-e Gewohnheit beibehalten.

**con·sid·er** [kənˈsɪdə(r)] **I** *v/t* **1.** nachdenken über (*acc*). **2.** betrachten *od.* ansehen als, halten für: **to** ~ **s.o.** (**to be**) **a fool**; **to** ~ **s.th.** (**to be**) **a mistake**; **to be** ~**ed rich** als reich gelten, für reich gehalten werden; **you may** ~ **yourself lucky** du kannst von Glück sagen *od.* dich glücklich schätzen; ~ **yourself dismissed!** betrachten Sie sich als entlassen! **3.** sich überˈlegen, ins Auge fassen, in Erwägung ziehen, erwägen: **to** ~ **buying a car** den Kauf e-s Wagens erwägen; → **considered. 4.** berücksichtigen, in Betracht ziehen: **all things** ~**ed** wenn man alles erwägt; ~ **his age** bedenken Sie sein Alter; → **considering I. 5.** Rücksicht nehmen auf (*acc*), denken an (*acc*): **he never** ~**s others. 6.** achten, respekˈtieren. **7.** finden, meinen, der Meinung sein, denken (**that** daß). **8.** (eingehend) betrachten. **9.** *obs.* j-n

entschädigen *od.* belohnen. **II** *v/i*
**10.** nachdenken, über'legen. **con'sid·er·a·ble I** *adj* (*adv* **considerably**)
**1.** beachtlich, beträchtlich, erheblich,
ansehnlich. **2.** bedeutend, wichtig (*a.
Person*). **II** *s* **3.** *Am. colloq.* e-e ganze
Menge, viel: *he spent* ~ **of his life** *abroad*
e-n Großteil s-s Lebens. **con'sid·er·a·ble·ness** *s* **1.** Beträchtlichkeit *f.* **2.** Bedeutung *f.*
**con·sid·er·ate** [kən'sɪdərət; -drət] *adj*
(*adv* ~**ly**) **1.** aufmerksam, rücksichtsvoll
(**to, toward[s]** gegen). **2.** taktvoll. **3.** 'umsichtig, besonnen. **4.** ('wohl)über,legt, besonnen. **con'sid·er·ate·ness** *s* **1.**
Rücksichtnahme *f,* Aufmerksamkeit *f.* **2.**
'Umsicht *f,* Besonnenheit *f.*
**con·sid·er·a·tion** [kən,sɪdə'reɪʃn] *s*
**1.** Erwägung *f,* Über'legung *f:* **on** (*od.*
**under**) **no** ~ unter keinen Umständen;
**the matter is under** ~ die Angelegenheit
wird (noch) erwogen; **to give s.th. one's
careful** ~ e-e Sache sorgfältig erwägen;
**to take into** ~ in Erwägung *od.* in Betracht ziehen, berücksichtigen; **to leave
a question out of** ~ e-e Frage ausklammern. **2.** Berücksichtigung *f:* **in** ~ **of** in
Anbetracht (*gen*). **3.** Rücksicht(nahme) *f*
(**for, of** auf *acc*): **lack of** ~ Rücksichtslosigkeit *f;* **out of** ~ **for s.o.** aus Rücksicht auf j-n. **4.** (zu berücksichtigender)
Grund: **that is a** ~ das ist ein triftiger
Grund, das ist von Belang; **money is no**
~ Geld spielt keine Rolle *od.* ist Nebensache. **5.** Entgelt *n,* Entschädigung *f,*
Vergütung *f:* **in** ~ **of** als Entgelt für; **for a**
~ gegen Entgelt. **6.** *jur.* (vertragliche)
Gegenleistung: **concurrent (executed)**
~ gleichzeitige (vorher empfangene) Gegenleistung; **for valuable** ~ entgeltlich.
**7.** (Hoch)Achtung *f:* **a person of** ~ e-e
geachtete Persönlichkeit.
**con·sid·ered** [kən'sɪdə(r)d] *adj a.* **well-**
'wohlüber,legt, -erwogen. **con'sid·er·ing I** *prep* in Anbetracht (*gen*), wenn
man ... (*acc*) bedenkt. **II** *adv colloq.* den
'Umständen entsprechend: **he is quite
well** ~ es geht ihm soweit ganz gut.
**con·sign** [kən'saɪn] *v/t* **1.** über'geben,
ausliefern (**to** *dat*): **to** ~ **to the flames**
den Flammen übergeben, verbrennen; →
**oblivion** 1. **2.** *j-m etwas* anvertrauen.
**3.** *jur. Scot.* Geld hinter'legen. **4.** *etwas*
vorsehen, bestimmen (**for, to** für). **5.** (**to**)
*econ.* Waren a) über'senden, zusenden
(*dat*), b) adres'sieren (an *acc*), c) (*Überseehandel*) in Kommissi'on *od.* Konsignati'on geben (*dat*). **6. to** ~ (**for sale**)
(zur Auktion) einliefern.
**con·sig·na·tion** [,kɒnsaɪ'neɪʃn; *Am.*
,kɑn-; *a.* -sɪg'n-] *s* **1.** → **consignment** 1.
**2.** *jur.* Hinter'legung *f.*
**con·sign·ee** [,kɒnsaɪ'niː; *Am.* ,kɑnsə'niː;
-,saɪ-] *s econ.* **1.** Empfänger *m,* Adres'sat
*m.* **2.** *Überseehandel:* Konsigna'tar *m,*
Ver'kaufskommissio,när *m.*
**con·sign·er** [kən'saɪnə(r)] → **consignor.**
**con·sign·ment** [kən'saɪnmənt] *s* **1.** *econ.*
a) Über'sendung *f,* Zusendung *f:* **bill of** ~,
~ **note** Frachtbrief *m,* b) (*Überseehandel*)
Konsignati'on *f:* ~ **sale** Konsignations-,
Kommissionsverkauf *m;* **in** ~ in Konsignation *od.* Kommission. **2.** *econ.*
a) (Waren)Sendung *f,* b) (*Überseehandel*)
Konsignati'onsware(n *pl*) *f* **3.** *jur. Scot.*
Hinter'legung *f.*
**con·sign·or** [kən'saɪnə; ,kɒnsaɪ'nɔː;
*Am.* ,kɑnsə'nɔːr; -,saɪ'n-] *s* **1.** *econ.*
a) Über'sender *m,* b) (*Überseehandel*)
Konsi'gnant *m.* **2.** *jur. Scot.* Hinter'leger *m.*
**con·sist** [kən'sɪst] *v/i* **1.** ~ **of** bestehen *od.*
sich zs.-setzen aus. **2.** ~ **in** bestehen in
(*dat*): **his task** ~**s mainly in writing
letters** s-e Arbeit besteht hauptsächlich

darin, Briefe zu schreiben. **3.** über'einstimmen, vereinbar sein (**with** mit).
**con·sist·ence** [kən'sɪstəns], **con'sist·en·cy** *s* **1.** Konsi'stenz *f,* Beschaffenheit
*f,* (Grad *m* der) Festigkeit *f od.* Dichtigkeit *f.* **2.** *fig.* a) Konse'quenz *f,* Folgerichtigkeit *f,* b) Gleichmäßigkeit *f,* Unbeirrbarkeit *f.* **3.** *fig.* Über'einstimmung
*f,* Einklang *m.* **4.** *fig.* 'Widerspruchsfreiheit *f,* Konsi'stenz *f.* **con'sist·ent** *adj* **1.**
konsi'stent, fest, dicht. **2.** *fig.* konse-
'quent: a) folgerichtig, b) gleichmäßig,
unbeirrbar (*a. Person*). **3.** *fig.* über'einstimmend, vereinbar, in Einklang stehend (**with** mit). **4.** *fig.* 'widerspruchsfrei, (*bes. Logik a.*) konsi'stent. **5.** *sport
etc* beständig (*Leistung etc*). **con'sist·ent·ly** *adv* **1.** im Einklang (**with** mit). **2.**
'durchweg.
**con·sis·to·ry** [kən'sɪstərɪ; -strɪ] *s* **1.** Kirchenrat *m,* geistliche Behörde, Konsi-
'storium *n.* **2.** *R.C.* Kardi'nalsversammlung *f.* **3.** *a.* **C**~ **Court** bischöfliches
Konsi'storium der angli'kanischen Kirche (*Diözesangericht*). **4.** kirchliche Behörde, 'Presbyterkol,legium *n* (*einiger reformierter Kirchen*). **5.** *obs.* Versammlungsort *m,* Beratungsraum *m.*
**con·so·ci·ate** [kən'səʊʃɪət; -ʃIeIt; -sɪ-]
**I** *adj* verbunden. **II** *s* Genosse *m,* Teilhaber *m.* **III** *v/t u. v/i* [-ʃIeIt; -sɪ-] (sich)
vereinigen, (sich) verbinden. **con,so·ci·'a·tion** [-ʃI'eIʃn; -sɪ-] *s* Vereinigung *f,*
Bund *m.*
**con·so·la·tion** [,kɒnsə'leIʃn; *Am.* ,kɑn-]
*s* Tröstung *f,* Trost *m* (**to** für): **poor** ~
schwacher Trost; **a few words of** ~ ein
paar tröstliche Worte; ~ **goal** *sport*
Ehrentor *n;* ~ **prize** Trostpreis *m.*
**con·sol·a·to·ry** [kən'sɒlətərɪ; -trɪ; *Am.*
kən'səʊlə,təʊrɪ:; -,təː-; -'sɒlə-] *adj* tröstend, tröstlich, Trost...: **a few** ~ **words**
ein paar Worte des Trostes; **to be** ~ **to
s.o.** j-n trösten.
**con·sole¹** ['kɒnsəʊl; *Am.* 'kɑn-] *s* **1.** Kon-
'sole *f:* a) *arch.* Krag-, Tragstein *m,*
b) Wandgestell *n.* **2.** *a.* ~ **table** Kon'soltischchen *n.* **3.** *tech.* Stütze *f,* Strebe *f.*
**4.** *mus.* (Orgel)Spieltisch *m.* **5.** (Fernseh-,
Mu'sik)Truhe *f,* (Radio)Schrank *m.*
**6.** *Computer, electr.* Schalt-, Steuerpult *n,*
Kon'sole *f.*
**con·sole²** [kən'səʊl] *v/t j-n* trösten: **to** ~
**o.s. with s.th.** sich mit etwas trösten; **to** ~
**s.o. for s.th.** j-n über etwas hinwegtrösten.
**con·sol·er** [kən'səʊlə(r)] *s* Tröster(in).
**con·sol·i·date** [kən'sɒlIdeIt; *Am.* -'sɑlə-]
**I** *v/t* **1.** (ver)stärken, festigen (*beide a.
fig.*). **2.** *mil.* a) *Truppen* zs.-ziehen,
b) *Stellung* ausbauen, verstärken. **3.** *econ.*
a) (*bes. Staats*)*Schulden* konsoli'dieren,
fun'dieren, b) *Emissionen* vereinigen,
*Aktien* zs.-legen, c) *Gesellschaften* zs.-
schließen, -legen. **4.** *jur. Klagen* mitein-
'ander verbinden, zs.-legen. **5.** *tech.* verdichten. **II** *v/i* **6.** *tech.* sich verdichten,
fest werden. **7.** *bes. fig.* sich festigen: **to** ~
**into** sich kristallisieren zu e-m Ganzen.
**8.** *econ.* sich zs.-schließen. **III** *adj* →
**consolidated.**
**con·sol·i·dat·ed** [kən'sɒlIdeItId; *Am.*
-'sɑlə-] *adj* **1.** *tech.* fest, dicht, kom'pakt.
**2.** *bes. fig.* gefestigt. **3.** *econ.* vereinigt,
konsoli'diert. ~ **an·nu·i·ties** → **consols.** ~ **bal·ance sheet** *s econ.* konsoli-
'dierte Bi'lanz, Kon'zernbi,lanz *f.* ~
**bonds** *s pl econ.* konsoli'dierte 'Wertpapiere *pl.* **C**~ **Fund** *s econ. Br.* konsoli-
'dierter Staatsfonds. ~ **state·ment** *s
econ. Am.* gemeinsame Gewinn- u. Verlustrechnung (*Konzern*).
**con·sol·i·da·tion** [kən,sɒlI'deIʃn; *Am.*
-,sɑlə'd-] *s* **1.** (Ver)Stärkung *f,* Festigung *f*
(*beide a. fig.*). **2.** *mil.* a) Zs.-ziehung *f,*

b) Ausbau *m.* **3.** *econ.* a) Konsoli'dierung
*f,* Fun'dierung *f,* b) Vereinigung *f,* Zs.-
legung *f,* c) Zs.-schluß *m.* **4.** *jur.* Verbindung *f.* **5.** *tech.* Verdichtung *f.* **6.** *agr.*
Flurbereinigung *f.* **7.** *med.* Indurati'on *f,*
heilende Verhärtung (*bei Tuberkulose
etc*). **8.** *tech.* na'türliche Bodenverdichtung, Sacken *n.*
**con·sols** ['kɒnsɒlz; -sɒlz] *s pl econ. Br.*
Kon'sols *pl,* konsoli'dierte Staatsanleihen *pl.*
**con·som·mé** [kən'sɒmeɪ; 'kɒnsɒmeɪ;
*Am.* ,kɑnsə'meɪ] *s* Consom'mé *f* (*klare
Kraftbrühe*).
**con·so·nance** ['kɒnsənəns; -snəns; *Am.*
'kɑn-] *s* **1.** Zs.-, Gleichklang *m,* Harmo-
'nie *f,* Über'einstimmung *f:* ~ **of words**
Gleichlaut *m;* ~ **of opinions** Meinungsgleichheit *f;* **in** ~ **with** im Einklang mit.
**2.** Konso'nanz *f:* a) *mus.* har'monischer
Zs.-klang, b) *phys.* Mitschwingen *n.*
**con·so·nant I** *adj* (*adv* ~**ly**) **1.** *mus.*
konso'nant, har'monisch zs.-klingend.
**2.** gleichlautend: ~ **words. 3.** über'einstimmend, vereinbar (**with** mit). **4.** (**to**)
passend (zu), gemäß, entsprechend (*dat*).
**5.** *ling.* konso'nantisch. **II** *s* **6.** *ling.* Konso'nant *m,* Mitlaut *m:* ~ **shift(ing)** Lautverschiebung *f.* **con,so·nan·tal**
[-'næntl] *adj ling.* konso'nantisch, Konsonanten...
**con·sort I** *s* ['kɒnsɔː(r)t; *Am.* 'kɑn-]
**1.** Gemahl(in), Gatte *m,* Gattin *f:* **king** ~,
**prince** ~ Prinzgemahl *m.* **2.** Gefährte *m,*
Gefährtin *f:* ~**s** *contp.* Konsorten, Kumpane. **3.** *mar.* Begleit-, Geleitschiff *n.*
**4.** *obs.* Über'einstimmung *f:* **in** ~ **with** im
Einklang mit. **II** *v/i* [kən'sɔː(r)t; *Am. a.*
'kɑn,s-] **5.** (**with**) verkehren, 'umgehen
(mit), sich gesellen (zu). **6.** pak'tieren.
**7.** *fig.* (**with**) über'einstimmen, harmo-
'nieren (mit), passen (zu). **con'sor·ti·um** [-tjəm; -tɪəm; -ʃɪəm] *pl* **-ti·a** [-ə] *s*
**1.** *jur.* (eheliche) Gemeinschaft. **2.** Vereinigung *f,* Kon'sortium *n.* **3.** *econ.* Kon-
'sortium *n:* ~ **of banks** Bankenkonsortium.
**con·spec·tus** [kən'spektəs] *s* **1.** (allgemeine) 'Übersicht. **2.** Zs.-fassung *f.*
**con·spi·cu·i·ty** [,kɒnspɪ'kjuːətɪ; *Am.*
,kɑn-] → **conspicuousness.**
**con·spic·u·ous** [kən'spɪkjʊəs; *Am.*
-jəwəs] *adj* (*adv* ~**ly**) **1.** deutlich sichtbar,
in die Augen fallend. **2.** auffallend, auffällig (*a. contp.*): **to make o.s.** ~ sich
auffällig benehmen, auffallen; ~ **consumption** *econ.* aufwendige Lebenshaltung aus Prestigegründen. **3.** *fig.* bemerkenswert, her'vorragend (**for** wegen): **to be** ~ **by one's absence** durch
Abwesenheit glänzen (*Person*), völlig
fehlen (*Sache*); **to render o.s.** ~ sich
hervortun; ~ **service** *mil.* hervorragende
Dienste. **con'spic·u·ous·ness** *s* **1.** Augenfälligkeit *f,* Deutlichkeit *f.* **2.** Auffälligkeit *f.*
**con·spir·a·cy** [kən'spɪrəsɪ] *s* **1.** Verschwörung *f,* Kom'plott *n,* Konspirati'on
*f:* ~ (**to commit a crime**) *jur.* Verabredung *f* zur Verübung e-r Straftat; ~ **of
silence** verabredetes Stillschweigen.
**2.** *fig.* Zs.-wirken *n,* Verkettung *f:* ~ **of
circumstances. con'spir·a·tor**
[-tə(r)] *s* Verschwörer *m,* Konspi'rant *m.*
**con,spir·a'to·ri·al** [-'tɔːrɪəl; *Am. a.*
-'təʊ-] *adj* (*adv* ~**ly**) verschwörerisch,
Verschwörungs... **con'spir·a·tress** [-trɪs] *s* Verschwörerin *f,*
Konspi'rantin *f.* **con'spire** [-'spaɪə(r)] **I**
*v/i* **1.** sich verschwören, ein Kom'plott
schmieden, konspi'rieren (**against** gegen). **2.** *jur.* sich verabreden: **to** ~ **to
defraud s.o.** 3. *fig.* zs.-wirken, -treffen,
dazu beitragen, sich verschwören:
**everything** ~**d against him** alles hatte

sich gegen ihn verschworen; **all things ~ to make him happy** alles trifft zu s-m Glück zusammen. **II** v/t **4.** (heimlich) planen, aushecken, anzetteln.

**con·spue** [kən'spju:] v/t verachten.

**con·sta·ble** ['kʌnstəbl] s **1.** bes. Br. a) Poli'zist m, Wachtmeister m: → **special 3** u. **5** a, b) (höherer) Poli'zeibeamter: **high ~** (bis 1869) Befehlshaber m e-r Hundertschaft; → **chief constable. 2.** hist. Konne'tabel m, hoher Reichsbeamter: **C~ of France;** → **Lord High Constable. 3.** hist. Schloßvogt m.

**con·stab·u·lar·y** [kən'stæbjʊlərɪ; Am. -ˌleriː] bes. Br. **I** s **1.** Poli'zei(truppe) f (e-s Bezirks). **2.** (Art) Gendarme'rie f, mili'tärisch organi'sierte Schutztruppe. **II** adj **3.** poli'zeilich, Polizei...

**con·stan·cy** ['kʌnstənsɪ; Am. 'kɑn-] s **1.** Beständigkeit f, Unveränderlichkeit f, Kon'stanz f. **2.** Bestand m, Dauer f. **3.** fig. Beständigkeit f, Unerschütterlichkeit f, Standhaftigkeit f. **4.** Treue f.

**con·stant** ['kʌnstənt; Am. 'kɑn-] **I** adj (adv **~ly**) **1.** beständig, unveränderlich, gleichbleibend, kon'stant. **2.** (be)ständig, fortwährend, unaufhörlich, (an)dauernd, stet(ig): **~ change** stetiger Wechsel; **~ rain** amhaltender Regen. **3.** fig. a) beständig, standhaft, beharrlich, fest, unerschütterlich, b) verläßlich, treu: **~ companion** ständiger Begleiter. **4.** electr. math. phys. kon'stant: **~ quantity; ~ speed; ~ value** math. fester Wert; **~ white** chem. Permanentweiß n. **II** s **5.** (das) Beständige. **6.** math. phys. kon'stante Größe, Kon'stante f (beide a. fig.), Koeffizi'ent m, Expo'nent m: **~ of friction** Reibungskoeffizient; **~ of gravitation** Gravitations- od. Erdbeschleunigungskonstante.

**con·stel·late** ['kʌnstəleɪt; Am. 'kɑn-] **I** v/t Sterne (zu e-r Gruppe) vereinigen (a. fig.). **II** v/i sich vereinigen. **con·stel·la·tion** s **1.** Konstellati'on f: a) astr. Sternbild n, b) Stellung f der Pla'neten zuein'ander, c) fig. Anordnung f, Grup'pierung f, d) Zs.-treffen n (von Umständen). **2.** glänzende Versammlung.

**con·ster·nate** ['kʌnstə(r)neɪt; Am. 'kɑn-] v/t bestürzen, verblüffen, verwirren: **~d** konsterniert, bestürzt, verblüfft. **con·ster'na·tion** s Bestürzung f: **to be filled with ~** bestürzt sein; **in ~** konsterniert, bestürzt.

**con·sti·pate** ['kʌnstɪpeɪt; Am. 'kɑn-] v/t med. konsti'pieren, verstopfen. **con·sti'pa·tion** s med. Verstopfung f.

**con·stit·u·en·cy** [kən'stɪtjʊənsɪ; Am. kən'stɪtʃəwənsɪ:] s **1.** Wählerschaft f. **2.** Wahlbezirk m, -kreis m. **3.** Am. colloq. Kundenkreis m. **con'stit·u·ent I** adj **1.** e-n (Bestand)Teil bildend, zs.-setzend: **~ part** → **4;** **~ fact** jur. Tatbestandsmerkmal n. **2.** pol. Wähler..., Wahl...: **~ body** Wählerschaft f. **3.** pol. konstitu'ierend, verfassunggebend: **~ assembly** verfassunggebende Versammlung. **II** s **4.** (wesentlicher) Bestandteil. **5.** jur. Vollmachtgeber(in). **6.** econ. Auftraggeber m. **7.** pol. Wähler(in). **8.** ling. Satzteil m, -ele₁ment n. **9.** chem. phys. Kompo'nente f.

**con·sti·tute** ['kʌnstɪtjuːt; Am. 'kɑn-; a. -ˌtuːt] v/t. **1.** j-n ernennen, einsetzen (in ein Amt etc): **to ~ s.o. a judge** j-n als Richter einsetzen od. zum Richter ernennen; **to ~ o.s. a judge of** sich zum Richter aufwerfen über (acc). **2.** ein Gesetz erlassen, in Kraft setzen. **3.** einrichten, gründen, konstitu'ieren: **to ~ a committee** e-n Ausschuß einsetzen; **to ~ o.s. a committee** sich als Ausschuß konstituieren; **the ~d authorities** die verfassungsmäßigen Behörden. **4.** ausmachen, bilden, darstellen: **this ~s a precedent** dies stellt

e-n Präzedenzfall dar; **to be so ~d that** so beschaffen sein, daß.

**con·sti·tu·tion** [ˌkʌnstɪ'tjuːʃn; Am. ˌkɑn-; a. -ˈtuː-] s **1.** Zs.-setzung f, (Auf-)Bau m, Struk'tur f, Beschaffenheit f. **2.** Konstituti'on f, körperliche Veranlagung, Na'tur f: **strong (weak) ~** starke (schwache) Konstitution; **~ type** Konstitutionstyp m. **3.** Na'tur f, (seelische) Veranlagung, Wesen n: **by ~** von Natur (aus). **4.** Einsetzung f, Bildung f, Errichtung f, Gründung f. **5.** Erlaß m, Verordnung f, Gesetz n. **6.** pol. Verfassung f. **7.** Satzung f (e-s Verbands etc). **con·sti'tu·tion·al** [-ʃnl] **I** adj (adv **~ly**) **1.** med. konstitutio'nell, anlagebedingt: **a ~ disease** e-e Konstitutionskrankheit. **2.** gesundheitsfördernd. **3.** grundlegend, wesentlich. **4.** pol. verfassungsmäßig, Verfassungs..., konstitutio'nell: **~ charter** Verfassungsurkunde f; **~ government** verfassungsmäßige Regierung; **~ law** jur. Verfassungsrecht n; **~ liberty** verfassungsmäßig verbürgte Freiheit; **~ state** Rechtsstaat m; → **monarchy 1. 5.** verfassungstreu. **II** s **6.** colloq. Ver'dauungs- od. Ge'sundheitsspa₁ziergang m. **con·sti'tu·tion·al·ism** [-ʃnəlɪzəm] s pol. Konstitutio'lismus m, konstitutio'nelle Re'gierungsform. **con·sti'tu·tion·al·ist** s pol. **1.** Anhänger m der konstitutio'nellen Re'gierungsform. **2.** Verfassungsrechtler m. **con·sti₁tu·tion·al·i·ty** [-ˈʃəˌnælətɪ] s pol. Verfassungsmäßigkeit f. **con·sti'tu·tion·al·ize** [-ʃnəlaɪz] v/t pol. konstitutio'nell machen.

**con·sti·tu·tive** ['kʌnstɪtjuːtɪv; kən'stɪtjuː-; Am. 'kɑnstə-; a. -₁tuː-; a. kən'stɪtʃətɪv] adj **1.** → **constituent I. 2.** grundlegend, wesentlich. **3.** gestaltend, aufbauend, richtunggebend. **4.** philos. konstitu'tiv, (das Wesen e-r Sache) bestimmend. **5.** begründend, konstitu'ierend.

**con·strain** [kən'streɪn] v/t **1.** j-n zwingen, nötigen, drängen: **to be** (od. **feel**) **~ed to do s.th.** genötigt sein od. sich gezwungen fühlen, etwas zu tun. **2.** etwas erzwingen. **3.** einengen. **4.** einsperren (a. in dat). **5.** fesseln, binden. **6.** bedrücken. **con'strained** adj gezwungen, verlegen, verkrampft, 'unna₁türlich, steif: **a ~ laugh** ein gezwungenes Lachen. **con'strain·ed·ly** [-ɪdlɪ] adv gezwungen.

**con·straint** [kən'streɪnt] s **1.** Zwang m, Nötigung f: **under ~** unter Zwang, gezwungen. **2.** Beschränkung f. **3.** fig. a) Befangenheit f, b) Gezwungenheit f. **4.** Zu'rückhaltung f, (Selbst)Beherrschung f.

**con·strict** [kən'strɪkt] v/t **1.** zs.-ziehen, -pressen, -schnüren, einengen (a. fig.). **2.** fig. beschränken. **con'strict·ed** adj **1.** zs.-gezogen, -geschnürt. **2.** eingeengt, fig. a. beschränkt. **3.** bot. eingeschnürt. **con'stric·tion** s **1.** Zs.-ziehung f, Einschnürung f. **2.** Beengtheit f, Enge f. **con'stric·tive** adj zs.-ziehend, -schnürend, einengend (a. fig.). **con'stric·tor** [-tə(r)] s **1.** anat. Schließmuskel m. **2.** zo. Riesenschlange f.

**con·stru·a·ble** [kən'struːəbl] adj auszulegen(d), auslegbar.

**con·struct I** [kən'strʌkt] **1.** errichten, bauen. **2.** tech. konstru'ieren, bauen. **3.** ling. math. konstru'ieren. **4.** fig. gestalten, entwerfen, formen, ausarbeiten. **II** s ['kʌnstrʌkt; Am. 'kɑn-] **5.** konstru'iertes Gebilde. **6.** philos. (geistige) Konstrukti'on. **con'struct·er** → **constructor. con'struct·i·ble** adj math. konstru'ierbar.

**con·struc·tion** [kən'strʌkʃn] s **1.** Konstrukti'on f, (Er)Bauen n, Bau m, Errich-

tung f: **~ of transformers** Transformatorenbau; **~ engineer** Bauingenieur m; **~ industry** Bauindustrie f; **~ material** Baumaterial n, -stoff m; **~ site** Baustelle f; **under ~** im Bau (befindlich). **2.** Bauweise f, Konstrukti'on f: **steel ~** Stahlbauweise, -konstruktion. **3.** Bau(werk n) m, Baulichkeit f, Anlage f. **4.** fig. Aufbau m, Anlage f, Gestaltung f, Konstrukti'on f. **5.** math. Konstrukti'on f (e-r Figur od. Gleichung). **6.** ling. 'Wort- od. 'Satzkonstrukti₁on f. **7.** fig. Auslegung f, Deutung f: **to put** (od. **place**) **a favo(u)rable (wrong) ~ on s.th.** etwas günstig (falsch) auslegen; **on the strict ~ of** bei strenger Auslegung (gen). **con'struc·tion·al** [-ʃənl] adj **1.** tech. Konstruktions..., Bau..., baulich, konstrukti'onstechnisch: **~ details; ~ engineer** Tiefbauingenieur m. **2.** geol. aufbauend.

**con·struc·tive** [kən'strʌktɪv] adj (adv **~ly**) **1.** schöpferisch, konstruk'tiv: **~ talent; ~ work. 2.** konstruk'tiv (Ggs. destruktiv): **~ criticism. 3.** → **constructional 1. 4.** a) a. jur. gefolgert, abgeleitet, angenommen, b) jur. 'indi₁rekt, mittelbar, for'malju₁ristisch: **~ delivery** symbolische Übergabe (z. B. e-s Schlüssels); **~ fraud** Betrug m kraft gesetzlicher Vermutung; **~ possession** mittelbarer Besitz. **con'struc·tiv·ism** s art Kon'strukti'vismus m. **con'struc·tor** [-tə(r)] s Erbauer m, Konstruk'teur m.

**con·strue** [kən'struː] **I** v/t **1.** ling. a) e-n Satz konstru'ieren, zergliedern, analy'sieren, b) ein Wort konstru'ieren, bilden: **to be ~d with** konstruiert werden mit (e-r Präposition etc), c) obs. Wort für Wort über'setzen. **2.** auslegen, deuten, auffassen (**as** als). **II** v/i **3.** ling. a) e-e 'Satzana₁lyse vornehmen, konstru'ieren, b) sich konstru'ieren lassen (Satz etc). **III** s ['kʌnstruː] **4.** obs. wörtliche Über'setzung.

**con·sub·stan·tial** [ˌkʌnsəb'stænʃl; Am. ˌkɑn-] adj bes. relig. 'eines Wesens: **~ unity** Wesenseinheit f. **con·sub'stan·tial·ism** [-ʃəlɪzəm] s relig. Lehre f von der Wesensgleichheit. **con·sub₁stan·ti'al·i·ty** [-ʃɪ'ælətɪ] s relig. Konsubstantiali'tät f, Wesensgleichheit f (der drei göttlichen Personen). **con·sub₁stan·ti'a·tion** s relig. Konsubstantiati'on f (Mitgegenwart des Leibes u. Blutes Christi beim Abendmahl).

**con·sue·tude** ['kʌnswɪtjuːd; Am. 'kɑn-; a. -₁tuːd] s Gewohnheit f, Brauch m. **con·sue'tu·di·nar·y** [-dɪnərɪ; Am. -dnˌeriː] adj gewohnheitsmäßig, Gewohnheits...: **~ law** jur. Gewohnheitsrecht n.

**con·sul** ['kʌnsəl; Am. 'kɑnsəl] s Konsul m (a. antiq. hist.). **con·su·lar** ['kʌnsjʊlə; Am. 'kɑnsələr; -₁slər] adj Konsulats..., Konsular..., konsu'larisch: **~ agency** Konsularagentur f; **~ agent** Konsularagent m; **~ invoice** econ. Konsulatsfaktura f; **~ officer** Konsularbeamte(r) m, Konsul m; **~ service** Konsulatsdienst m. **con·su·late** ['kʌnsjʊlət; Am. 'kɑnsələt; -₁slət] s **1.** Konsu'lat n. **2.** Konsu'lat(gebäude) n. **~ gen·er·al** pl **-lates -al** s Gene'ralkonsu₁lat n. **con·sul gen·er·al** pl **-suls -al** s Gene'ralkonsul m. **con·sul·ship** s Amt n e-s Konsuls, Konsu'lat n.

**con·sult** [kən'sʌlt] **I** v/t **1.** um Rat fragen, zu Rate ziehen, konsul'tieren (about wegen): **to ~ a doctor; to ~ one's watch** auf die Uhr schauen. **2.** nachschlagen od. -sehen in (e-m Buch): **to ~ a dictionary; to ~ an author** bei e-m Autor nachschlagen. **3.** berücksichtigen, in Erwägung

ziehen, im Auge haben: they ~ed his wishes. **II** *v/i* **4.** (sich) beraten, beratschlagen (**about** über *acc*).

**con·sult·ant** [kən'sʌltənt] *s* **1.** (fachmännischer) Berater, Gutachter *m*: **firm of** ~**s** Beraterfirma *f*. **2.** *med.* a) fachärztlicher Berater, hin'zugezogener zweiter Arzt, b) Facharzt *m* (*an e-m Krankenhaus*). **3.** Ratsuchende(r *m*) *f*.

**con·sul·ta·tion** [ˌkɒnsəl'teɪʃn; *Am.* ˌkɑn-] *s* Beratung *f*, Rücksprache *f*, Konsultati'on *f* (*a. med.*): **on** ~ nach Rücksprache mit; **to be in** ~ **over** (*od.* **on**) sich beraten über (*acc*); ~ **hour** Sprechstunde *f*; ~ **mechanism** *pol.* Konsultationsmechanismus *m*.

**con·sul·ta·tive** [kən'sʌltətɪv], **con-'sul·ta·to·ry** [-tətərɪ; -trɪ; *Am.* -ˌtɔːriː; -ˌtəʊri-] *adj* beratend. **con·sul·tee** [ˌkɒnsʌl'tiː; *Am.* ˌkɑn-] *s* fachlicher Berater.

**con·sult·er** [kən'sʌltə(r)] *s* Ratsuchende(r *m*) *f*. **con'sult·ing** *adj* **1.** beratend: ~ **engineer** technischer (Betriebs)Berater; ~ **fee** Beraterhonorar *n*; ~ **firm** Beraterfirma *n*; ~ **physician** beratender Arzt; ~ **room** Sprechzimmer *n*. **2.** ratsuchend. **con'sul·tive** → consultative.

**con·sum·a·ble** [kən'sjuːməbl; *bes. Am.* -'suːm-] **I** *adj* **1.** zerstörbar. **2.** verbrauchbar, Verbrauchs...: ~ **goods**. **II** *s meist pl* **3.** Verbrauchsgut *n*.

**con·sume** [kən'sjuːm; *bes. Am.* -'suːm] **I** *v/t* **1.** zerstören, vernichten: ~d **by fire** ein Raub der Flammen. **2.** *fig.* verzehren: **to be** ~d **with desire** (**hatred**) von Begierde (Haß) verzehrt werden. **3.** auf-, verzehren, (auf)essen, trinken. **4.** auf-, verbrauchen, konsu'mieren: **this car** ~**s a lot of oil** dieser Wagen verbraucht viel Öl. **5.** verschwenden, vergeuden (**on** für). **6.** *Zeit* aufwenden, 'hinbringen. **7.** *Aufmerksamkeit etc* in Anspruch nehmen. **II** *v/i* **8.** *a.* ~ **away** sich abnutzen, sich verbrauchen, abnehmen, (da'hin-) schwinden. **con'sum·ed·ly** [-ɪdlɪ] *adv obs.* höchst.

**con·sum·er** [kən'sjuːmə(r); *bes. Am.* -'suː-] *s* **1.** Verzehrer(in). **2.** *econ.* Verbraucher(in), Konsu'ment(in): ~ **behavio(u)r** Verbraucherverhalten *n*; ~ **co-operative** Verbrauchergenossenschaft *f*; ~ **credit** Verbraucher-, Kundenkredit *m*; ~ **demand** Verbrauchernachfrage *f*; ~ **durables** Gebrauchsgüter, langlebige Konsumgüter; ~ **education** Verbrauchererziehung *f*; ~ **goods** Konsumgüter; ~ **industry** Verbrauchsgüterindustrie *f*; ~ **market** Konsumgütermarkt *m*; ~ **protection** Verbraucherschutz *m*; ~ **research** Verbraucherbefragung *f*, -forschung *f*; ~ **resistance** Kauflust *f*; ~ **society** Konsumgesellschaft *f*. **con-'sum·er·ism** *s* **1.** Verbraucherschutzbewegung *f*. **2.** kritische Verbraucherhaltung. **con'sum·ing** *adj* **1.** *fig.* verzehrend. **2.** *econ.* verbrauchend, Verbraucher...

**con·sum·mate I** *v/t* ['kɒnsəmeɪt; *Am.* 'kɑn-] **1.** voll'enden, -'bringen, -'ziehen, zum Abschluß bringen. **2.** *die Ehe* vollziehen. **3.** voll'kommen machen. **II** *adj* [kən'sʌmɪt; *Am. a.* 'kɑnsəmət] **4.** voll'endet, voll'kommen, vollständig: ~ **actor** vollendeter *od.* meisterhafter Schauspieler; ~ **cruelty** äußerste Grausamkeit; ~ **fool** ausgemachter Narr; ~ **skill** höchstes Geschick; **with** ~ **art** mit künstlerischer Vollendung.

**con·sum·ma·tion** [ˌkɒnsə'meɪʃn; *Am.* ˌkɑn-] *s* **1.** Voll'endung *f*, Voll'bringung *f*. **2.** (höchstes) Ziel, Ende *n*. **3.** *jur.* Voll'ziehung *f* (*der Ehe*). **'con·sum·ma·tor** [-tə(r)] *s* Voll'ender *m*.

**con·sump·tion** [kən'sʌmpʃn] *s* **1.** Ver-

---

zehrung *f*. **2.** Zerstörung *f*. **3.** Verbrauch *m* (**of** *an dat*): **fuel** ~ Brennstoffverbrauch. **4.** *econ.* Kon'sum *m*, Verbrauch *m*. **5.** Verzehr *m*: (**un**)**fit for human** ~ für den menschlichen Verzehr (un)geeignet; **for public** ~ *fig.* für die Öffentlichkeit bestimmt. **6.** *med. obs.* Schwindsucht *f*: **pulmonary** ~ Lungenschwindsucht. **con'sump·tive I** *adj* (*adv* ~**ly**) **1.** *fig.* verzehrend: ~ **hatred**. **2.** zerstörend, verheerend: ~ **fire**. **3.** verschwendend: ~ **of time** zeitraubend. **4.** *econ.* Verbrauchs... **5.** *med. obs.* schwindsüchtig. **II** *s* **6.** *med. obs.* Schwindsüchtige(r *m*) *f*.

**con·tact** ['kɒntækt; *Am.* 'kɑn-] **I** *s* **1.** a) Kon'takt *m*, Berührung *f* (*a. math.*), b) *mil.* Feindberührung *f*: **to bring in**(**to**) ~ **with** in Berührung bringen mit. **2.** *fig.* Verbindung *f*, Fühlung *f*, Kon'takt *m*: **to be in close** ~ **with** s.o. enge Fühlung mit j-m haben; **to make** ~**s** Verbindungen anknüpfen *od.* herstellen; **business** ~**s** Geschäftsverbindungen. **3.** *electr.* Kon'takt *m*: a) Anschluß *m*, b) Kon'takt-, Schaltstück *n*: **to make** (**break**) ~ Kontakt herstellen, einschalten (unterbrechen, ausschalten). **4.** *med.* Kon'taktper,son *f*, ansteckungsverdächtige Per'son. **5.** Verbindungs-, Kon'taktmann *m* (*a. Geheimagent*), Gewährsmann *m*. **6.** *aer.* Bodensicht *f*. **II** *v/t* [*a.* kən'tækt] **7.** in Berührung bringen (**with** mit). **8.** sich in Verbindung setzen mit, Kon'takt aufnehmen mit, sich wenden an (*acc*): **to** ~ s.o. **by mail**. **9.** Kon'takt haben mit, berühren. **III** *v/i* [*a.* kən'tækt] **10.** *bes. electr.* ein'ander berühren, Kon'takt haben.

**con·tact|ac·id** *s chem.* Kon'taktsäure *f*. ~ **break·er** *s electr.* (Strom)Unter,brecher *m*, Ausschalter *m*. ~ **brush** *s electr.* Kon'taktbürste *f*. ~ **e·lec·tric·i·ty** *s electr.* Kon'takt-, Be'rührungselektrizi,tät *f*. ~ **flight** *s aer.* Flug *m* mit (ständiger) Boden- *od.* Seesicht, Sichtflug *m*. ~ **fuse** *s mil.* Kon'taktzünder *m*. ~ **lens** *s* Haftglas *n*, -linse *f*, -schale *f*, Kon'taktglas *n*, -linse *f*, -schale *f*. ~ **mag·a·zine** *s* Zeitschrift *f* für Kon'taktanzeigen. ~ **mak·er** *s electr.* Kon'taktgeber *m*, Einschalter *m*, Schaltstück *n*. ~ **man** *s irr* → **contact 5.** ~ **mine** *s mil.* Kon'takt-, Tretmine *f*.

**con·tac·tor** ['kɒntæktə(r); *Am.* 'kɑn-; *Br. u. Am. a.* kən't-] *s electr.* (Schalt)Schütz *n*: ~ **control** Schützensteuerung *f*; ~ **controller** Schalt-, Steuerwalze *f*.

**con·tact|pa·per** *s phot.* 'Gaslichtpa,pier *n*. ~ **print** *s phot.* Kon'taktabzug *m*. ~ **rail** *s electr.* Kon'taktschiene *f*.

**con·ta·gi·a** [kən'teɪdʒɪə; -dʒə] *pl von* contagium.

**con·ta·gion** [kən'teɪdʒən] *s* **1.** *med.* a) Ansteckung *f* (*durch Berührung*), b) ansteckende Krankheit, c) Anstekkungsstoff *m*. **2.** *fig.* Verseuchung *f*, Vergiftung *f*, verderblicher Einfluß: **a** ~ **of fear** swept through the crowd unter der Menge machte sich Furcht breit. **3.** *fig.* a) Über'tragung *f* (*e-r Idee etc*), b) (*das*) Ansteckende: **the** ~ **of enthusiasm**. **4.** *poet.* Gift *n*.

**con·ta·gious** [kən'teɪdʒəs] *adj* (*adv* ~**ly**) **1.** *med.* di'rekt über'tragbar, ansteckend: ~ **disease**. **2.** infi'ziert: ~ **matter** Krankheitsstoff *m*. **3.** *fig.* ansteckend: **laughing is** ~ Lachen steckt an. **4.** *obs.* verderblich, schädlich. **con'ta·gi·um** [-dʒɪəm; -dʒəm] *pl* **-gi·a** [-ə] *s med.* Kon'tagium *n*, Ansteckungsstoff *m*.

**con·tain** [kən'teɪn] *v/t* **1.** enthalten: **to be** ~**ed in** enthalten sein in (*dat*). **2.** auf-nehmen, fassen: **each bottle** ~**s the same quantity**. **3.** um'fassen, einschließen. **4.** *fig. Gefühle etc* zügeln, im Zaume

---

halten, zu'rückhalten: **to** ~ **one's rage** s-n Zorn bändigen; **he could hardly** ~ **his laughter** er konnte das Lachen kaum unterdrücken. **5.** ~ **o.s.** (an) sich halten, sich beherrschen. **6.** *math.* enthalten, teilbar sein durch: **twenty** ~**s five four times** 5 ist in 20 viermal enthalten. **7.** enthalten, messen: **one yard** ~**s three feet. 8.** *mil. Feindkräfte* binden, fesseln: ~**ing action** Fesselungsangriff *m*. **9.** *pol.* in Schach halten, eindämmen.

**con·tain·er** *s* **1.** Behälter *m*, (Ben'zin-*etc*)Ka,nister *m*. **2.** *econ.* Con'tainer *m*, (genormter) Großbehälter. **con'tain-er·ize** *v/t* **1.** auf Con'tainerbetrieb 'umstellen. **2.** in Con'tainern transpor'tieren.

**con·tain·er|port** *s* Con'tainerhafen *m*. ~ **ship** *s* Con'tainerschiff *n*.

**con·tain·ment** *s pol.* Eindämmung *f*, In-'Schach-Halten *n*: **policy of** ~ Eindämmungspolitik *f*.

**con·tam·i·nant** [kən'tæmɪnənt] *s* Atom-physik: Verseuchungsstoff *m*.

**con·tam·i·nate** [kən'tæmɪneɪt] *v/t* **1.** verunreinigen. **2.** infi'zieren, vergiften (*beide a. fig.*), (*a. atomar*) verseuchen.

**con·tam·i'na·tion** *s* **1.** Verunreinigung *f*. **2.** *mil.* a) Vergiftung *f* (*mit Kampfstoff*), b) Verseuchung *f* (*mit biologischen Kampfmitteln*). **3.** (*radioak'tive*) Verseuchung: ~ **meter** Geigerzähler *m*. **4.** *ling.* Kontaminati'on *f* (*von Wörtern, Texten etc*).

**con·tan·go** [kən'tæŋɡəʊ] *econ.* (*Londoner Börse*) **I** *pl* **-gos, -goes** *s* Re'port *m* (*Kurszuschlag beim Prolongationsgeschäft*). **II** *v/i* Re'portgeschäfte abschließen.

**con·temn** [kən'tem] *v/t poet.* verachten. **con'tem·nor** [-ə(r); -nə(r)] *s jur.* wegen 'Mißachtung des Gerichts verurteilte Per'son.

**con·tem·plate** ['kɒntempleɪt; -təm-; *Am.* 'kɑn-] **I** *v/t* **1.** (nachdenklich) betrachten. **2.** nachdenken *od.* (nach)sinnen über (*acc*). **3.** erwägen, ins Auge fassen, vorhaben, beabsichtigen (**doing** zu tun): **to** ~ **suicide** sich mit Selbstmordgedanken tragen. **4.** erwarten, rechnen mit. **5.** (*geistig*) betrachten, sich befassen mit. **II** *v/i* **6.** nachdenken, (nach)sinnen.

**con·tem·pla·tion** [ˌkɒntem'pleɪʃn; -təm-; *Am.* ˌkɑn-] *s* **1.** (nachdenkliche) Betrachtung. **2.** Nachdenken *n*, -sinnen *n*. **3.** *bes. relig.* Kontemplati'on *f*, Versunkenheit *f*. **4.** Erwägung *f* (*e-s Vorhabens*): **to be in** ~ erwogen *od.* geplant werden; **to have in** ~ → **contemplate 3**. **5.** Absicht *f*.

**con·tem·pla·tive** ['kɒntempleɪtɪv; -təm-; *Am.* 'kɑn-; *Br. u. Am. a.* kən-'templə-] **I** *adj* (*adv* ~**ly**) **1.** nachdenklich. **2.** *bes. relig.* kontempla'tiv, beschaulich. **II** *s* **3.** *bes. relig.* kontempla'tiver Mensch. **con·tem·pla·tive·ness** *s* Nachdenklichkeit *f*. **'con·tem·pla·tor** [-tə(r)] *s* **1.** nachdenklicher Mensch. **2.** Betrachter *m*.

**con·tem·po·ra·ne·i·ty** [kənˌtempərə-'niːətɪ; -'neɪ-; *Am.* -nɪ-] *s* Gleichzeitigkeit *f*. **con·tem·po'ra·ne·ous** [-pə'reɪnjəs; -nɪəs] *adj* (*adv* ~**ly**) gleichzeitig: **to be** ~ **with** zeitlich zu-,fallen mit; ~ **performance** *jur.* Erfüllung *f* Zug um Zug. **con-ˌtem·po'ra·ne·ous·ness** *s* Gleichzeitigkeit *f*.

**con·tem·po·rar·y** [kən'tempərərɪ; -prərɪ; *Am.* -pəˌreriː] **I** *adj* **1.** zeitgenössisch: a) heutig, unserer Zeit, b) der damaligen Zeit. **2.** ~ **contemporane-ous. 3.** gleichalt(e)rig. **II** *s* **4.** Zeitgenosse *m*, -genossin *f*. **5.** Altersgenosse *m*, -genossin *f*. **6.** gleichzeitig erscheinende Zei-

tung, Konkur'renzblatt n. **con'tem-po-rize** v/i u. v/t zeitlich zs.-fallen (lassen) (with mit).

**con-tempt** [kən'tempt; -'temt] s **1.** Verachtung f, Geringschätzung f: ~ of death Todesverachtung; **to feel** ~ **for s.o.**, **to hold s.o. in** ~ j-n verachten (→ 4); **to bring into** ~ verächtlich machen, der Verachtung preisgeben; **beneath** ~ unter aller Kritik; **his accusations were beneath** ~ s-e Anschuldigungen waren absolut lächerlich. **2.** Schande f, Schmach f: **to fall into** ~ in Schande geraten. **3.** 'Mißachtung f (e-r Vorschrift etc). **4.** jur. a. ~ **of court** 'Mißachtung f des Gerichts (Nichtbefolgung von Gerichtsbefehlen, vorsätzliches Nichterscheinen od. Ungebühr vor Gericht, unberechtigte Aussageverweigerung als Zeuge, Eingriff in ein schwebendes Verfahren durch die Presse etc): **to hold s.o. in** ~ j-n wegen Mißachtung des Gerichts verurteilen. **con'tempt·i·bil·i·ty** s Verächtlichkeit f, Nichtswürdigkeit f. **2.** Gemeinheit f. **con'tempt·i·ble** adj (adv **con'temptibly**) **1.** verächtlich, verachtenswert, nichtswürdig. **2.** gemein, niederträchtig. **con'temp·tu·ous** [-tjʊəs; Am. -tʃəwəs; -tʃəs] adj (adv **~ly**) verächtlich, verachtungsvoll, geringschätzig: **to be** ~ **of s.th.** etwas verachten. **con'temp·tu·ous·ness** s Verächtlichkeit f, Geringschätzigkeit f.

**con-tend** [kən'tend] **I** v/i **1.** kämpfen, ringen (**with** mit; **for** um): **to** ~ **with many difficulties** mit vielen Schwierigkeiten (zu) kämpfen (haben). **2.** a) (mit Worten) streiten, dispu'tieren (**about** über acc), b) sich einsetzen (**for** für). **3.** wetteifern, sich bewerben (**for** um). **II** v/t **4.** a. jur. behaupten, die Behauptung aufstellen (**that** daß). **con'tend·er** s **1.** Kämpfer(in). **2.** Bewerber(in) (**for** um), **con'tend·ing** adj **1.** streitend, kämpfend. **2.** konkur'rierend. **3.** wider'streitend: ~ **claims.**

**con-tent¹** ['kɒntent; Am. 'kɑn-] s **1.** (Raum)Inhalt m, Fassungsvermögen n, Vo'lumen n. **2.** meist pl (stofflicher) Inhalt: **the ~s of my pockets. 3.** pl Inhalt m (e-s Buches etc): **table of ~s** Inhaltsverzeichnis n. **4.** chem. etc Gehalt m (**of** an dat): ~ **of moisture** Feuchtigkeitsgehalt; **gold** ~ Goldgehalt. **5.** fig. (geistiger) Gehalt, Inhalt m, Sub'stanz f. **6.** Wesen n. **7.** fig. Ma'terie f, Stoff m.

**con-tent²** [kən'tent] **I** pred adj **1.** zu'frieden (**with** mit). **2.** bereit, willens (**to do s.th.** etwas zu tun). **3.** parl. (im brit. Oberhaus) einverstanden: **to declare o.s.** (**not**) ~ mit Ja (Nein) stimmen. **II** v/t **4.** befriedigen, zu'friedenstellen. **5.** ~ **o.s.** zu'frieden sein, sich zufrieden geben od. begnügen (**with** mit): **to** ~ **o.s. with doing s.th.** sich damit zufrieden geben, etwas zu tun. **III** s **6.** Zu'friedenheit f, Befriedigung f: → **heart** Bes. Redew. **7.** parl. (im brit. Oberhaus) Ja-Stimme f. **con'tent·ed** adj (adv **~ly**) zu'frieden (**with** mit). **con'tent·ed·ness** s Zu-'friedenheit f.

**con-ten-tion** [kən'tenʃn] s **1.** Streit m, Zank m, Hader m: **bone of** ~ fig. Zankapfel m. **2.** Wettstreit m. **3.** (Wort-, Meinungs)Streit m, Kontro'verse f, Dis'put m. **4.** Argu'ment n, Behauptung f: **my** ~ **is that** ich behaupte, daß. **5.** Streitpunkt m. **con'ten·tious** adj (adv **~ly**) **1.** streitsüchtig, zänkisch. **2.** um'stritten, a. jur. streitig, strittig: ~ **point** Streitpunkt m; ~ **jurisdiction** streitige (Ggs. freiwillige) Gerichtsbarkeit. **con'ten·tious·ness** s Streitsucht f. **con·tent·ment** [kən'tentmənt] s Zu-'friedenheit f.

**con·ter·mi·nal** [kən't3:mınl; Am. kən-'t3:rmnəl; -mənl], **con·ter·mi·nous** adj **1.** (an)grenzend, anstoßend (**with, to** an acc): **to be** ~ e-e gemeinsame Grenze haben. **2.** zeitlich zs.-fallend. **3.** sich deckend.

**con-test I** s ['kɒntest; Am. 'kɑn-] **1.** (Br. a. Wahl)Kampf m, Streit m. **2.** Wettstreit m, a. sport etc Wettkampf m, -bewerb m (**for** um). **3.** Wortwechsel m, -streit m. **4.** Dis'put m, Kontro'verse f, Auseinandersetzung f. **II** v/t [kən'test; Am. a. 'kɒn-] **5.** kämpfen um, streiten um. **6.** wetteifern um, sich bewerben um, kandi'dieren für: **to** ~ **a seat in Parliament; to** ~ **an election** pol. für e-e Wahl kandidieren. **7.** bestreiten, a. jur. e-e Aussage, ein Testament etc anfechten: **to** ~ **an election** pol. ein Wahlergebnis od. e-e Wahl anfechten. **III** v/i **8.** wetteifern (**with, against** mit). **con'test·a·ble** adj (adv **contestably**). **con'test·ant** s **1.** Wettkämpfer(in), (Wettkampf)Teilnehmer(in). **2.** jur. a) streitende Par'tei, b) Anfechter(in) (a. pol. e-r Wahl). **3.** (Wett-, Mit)Bewerber(in), Kandi'dat(in). **con·tes·ta·tion** [ˌkɒntes-'teɪʃn; Am. ˌkɑn-] s **1.** → **contest** I, 4: **in** ~ umstritten, strittig. **2.** Streitpunkt m. **con'test·ed** adj **1.** um'stritten: **a** ~ **decision. 2.** Streit...: ~ **case;** ~ **point** strittiger Punkt, Streitfrage f.

**con·text** ['kɒntekst; Am. 'kɑn-] s **1.** Zs.-hang m, Kontext m (e-r Schriftstelle etc): **to take words from their** ~ Worte aus ihrem Zs.-hang reißen; **in this** ~ in diesem Zs.-hang; **out of** ~ aus dem Zs.-hang gerissen. **2.** Um'gebung f, Mili'eu n. **con·tex·tu·al** [kɒn'tekstjʊəl; -tʃʊəl; Am. kɑn'tekst[əwəl; -tʃəl] adj (adv **~ly**) **1.** dem Zs.-hang entsprechend. **2.** aus dem Zs.-hang od. Kontext ersichtlich. **con'tex·ture** [-tʃə(r)] s **1.** Verwebung f, -knüpfung f. **2.** Gewebe n. **3.** Struk'tur f.

**con·ti·gu·i·ty** [ˌkɒntɪ'gju:ətɪ; Am. ˌkɑn-] s **1.** Anein'andergrenzen n. **2.** (**to**) Angrenzen n (an acc), Berührung f (mit). **3.** Nähe f, Nachbarschaft f. **4.** (zs.-hängende) Masse, Reihe f. **con·tig·u·ous** [kən'tɪgjʊəs; Am. -jəwəs] adj (adv **~ly**) **1.** (**to**) angrenzend, anstoßend (an acc), berührend (acc). **2.** (**to**) nahe (dat od. an dat), benachbart (dat). **3.** math. anliegend: ~ **angles.**

**con·ti·nence** ['kɒntɪnəns; Am. 'kɑntnəns], **con·ti·nen·cy** s **1.** (bes. sexuelle) Enthaltsamkeit, Mäßigkeit f. **2.** med. Konti'nenz f (Fähigkeit, Harn od. Stuhl zurückzuhalten): ~ **of the f(a)eces,** f(a)ecal (od. **rectal**) ~ Stuhlkontinenz; **urinary** ~ Blasen-, Harnkontinenz.

**con·ti·nent** ['kɒntɪnənt; Am. 'kɑntnənt] **I** s **1.** Kontinent m, Erdteil m: **on the** ~ **of Australia** auf dem australischen Kontinent. **2.** Festland n: **the C~** a) Br. das (europäische) Festland, b) hist. der Kontinent: **Kolonien während des Unabhängigkeitskrieges). II** adj (adv **~ly**) **3.** (bes. sexuell) enthaltsam, mäßig. **4.** obs. einschränkend.

**con·ti·nen·tal** [ˌkɒntɪ'nentl; Am. ˌkɑntn-'entl] **I** adj **1.** geogr. kontinen'tal, Kontinental..., Festland...: ~ **climate. 2.** meist **C~** Br. kontinen'tal(-euro,päisch), weitS. ausländisch: ~ **breakfast** kleines Frühstück; ~ **quilt** Federbett n; ~ **tour** Europareise f; **C~ system** Am. Kontinentalsystem n, -sperre f (Napoleons I.). **3.** **C~** hist. (während des Unabhängigkeitskrieges) kontinen'tal (die nordamer. Kolonien betreffend): **C~ Congress** Kontinentalkongreß m (1774-83). **II** s **4.** Festländer(in), Bewohner(in) e-s Kontinents. **5.** **C~** Br. Bewohner(in) des euro'päischen Festlands. **6.** hist. a) **C~** Sol'dat m der

nordamer. Kontinen'talar,mee (1776 bis 1783), b) Banknote während des Unabhängigkeitskriegs: **not worth a** ~ Am. sl. keinen Pfifferling wert.

**con·ti'nen·tal·ism** s Kontinenta'lismus m, charakte'ristischer Zug der Festlandbewohner. **con·ti'nen·tal·ize** v/t kontinen'tal machen, (dat) kontinentalen Cha'rakter geben: **~d**, meist **C~d** Br. ,europäisiert'.

**con·tin·gence** [kən'tɪndʒəns] s **1.** Berührung f, Kon'takt m. **2.** ~ **angle of** ~ math. Berührungswinkel m. **2.** selten für **contingency. con'tin·gen·cy** s **1.** Zufälligkeit f, Abhängigkeit f vom Zufall. **2.** Möglichkeit f, Eventuali'tät f, mögliches od. zufälliges od. 'unvor,hergesehenes Ereignis. **3.** jur. Bedingung f (als Rechtskraft auslösendes Ereignis): (**not**) **happening of the** ~ (Ausfall m) Eintritt m der Bedingung. **4.** pl econ. 'unvor,hergesehene Ausgaben pl: ~ **reserve** Delkredererückstellung f. **5.** Neben-, Folgeerscheinung f. **con'tin·gent I** adj (adv **~ly**) **1.** (**on, upon**) abhängig (von), bedingt (durch): **to be** ~ (**up**)**on** abhängen von; ~ **claim** (od. **right**) jur. bedingter Anspruch. **2.** möglich, eventu'ell, Eventual..., ungewiß: ~ **fee** Am. Eventualhonorar n; ~ **liability** econ. Eventualverbindlichkeit f. **3.** zufallsbedingt, zufällig. **4.** philos. kontin'gent (nicht notwendig, unwesentlich). **II** s **5.** Kontin'gent n, Anteil m, Beitrag m, (Beteiligungs)Quote f. **6.** mil. ('Truppen)Kontin,gent n. **7.** Zufall m, zufälliges Ereignis.

**con·tin·u·a** [kən'tɪnjʊə; Am. -jəwə] pl von **continuum.**

**con·tin·u·a·ble** [kən'tɪnjʊəbl; Am. -jəwəbl] adj fortsetzbar. **con'tin·u·al** adj **1.** fortwährend, 'ununter,brochen, (an)dauernd, unaufhörlich, anhaltend, (be)ständig. **2.** immer 'wiederkehrend, sich wieder'holend: **a** ~ **knocking** ein wiederholtes Klopfen. **3.** math. kontinu'ierlich, stetig: ~ **proportion.** (→ **con'tin·u·al·ly** adv fortwährend (etc; → continual 1). **2.** immer wieder. **con·tin·u·ance** [kən'tɪnjʊəns; Am. -jəwəns] s **1.** → **continuation** 1, 2. **2.** Beständigkeit f. **3.** stetige Folge od. Wieder'holung. **4.** (Ver)Bleiben n: ~ **in office** Am. 5. jur. Am. Vertagung f. **con'tin·u·ant** s **1.** ling. Dauerlaut m. **2.** math. Kontinu'ante f.

**con·tin·u·a·tion** [kənˌtɪnjʊ'eɪʃn; Am. -jə'w-] s **1.** Fortsetzung f (a. e-s Romans etc), Weiterführung f. **2.** Fortbestand m, -dauer f. **3.** Verlängerung(sstück n) f. **4.** Erweiterung f. **5.** Br. für **contango** I: ~ **bill** Prolongationswechsel m. ~ **school** Fortbildungsschule f. ~ **train·ing** s berufliche Fortbildung.

**con·tin·ue** [kən'tɪnju:] **I** v/i **1.** fortfahren, weitermachen: **~!** mil. Weitermachen!; **to** ~ (Redew.) sodann, um fortzufahren. **2.** an-, fortdauern, weitergehen, anhalten: **the rain** ~**d** der Regen hielt an. **3.** (fort)dauern, (fort)bestehen, von Dauer od. Bestand sein. **4.** (ver)bleiben: **to** ~ **in a place** an e-m Ort bleiben; **to** ~ **in office** im Amt bleiben. **5.** be-, verharren (**in** in dat, bei). **6.** a) ~ **to do,** ~ **doing** (auch) weiterhin tun: **to** ~ **to sing** weitersingen; **to** ~ **to be manufactured** weiterhin hergestellt werden; **the boat** ~**d downstream** das Boot fuhr weiter den Fluß hinab, b) ~ **to be,** ~ **being** weiterhin od. immer noch ... sein, bleiben: **to** ~ (**to be**) **unconscious** weiterhin od. immer noch bewußtlos sein. **II** v/t **7.** fortsetzen, -führen, fortfahren mit: **to** ~ **a story; to** ~ **talking** weitersprechen; **to be** ~**d** Fortsetzung folgt. **8.** econ. (Londoner Börse) **in** Re'port nehmen. **9.** beibehalten, er-

halten, *(in e-m Zustand etc)* belassen: **to ~ judges in their posts** Richter auf ihrem Posten belassen. **10.** *Beziehungen etc* aufrechterhalten. **11.** *jur. Am.* vertagen.

**con·tin·ued** *adj* **1.** anhaltend, fortgesetzt, -laufend, stetig, unaufhörlich, kontinu'ierlich: **~ existence** Fortbestand *m*; **~ use** Weiterbenutzung *f*; **~ validity** Fortdauer *f* der Gültigkeit. **2.** in Fortsetzungen erscheinend *(Roman etc).* **bass** [beis] *s mus.* Gene'ralbaß *m.* **~ frac·tion** *s math.* fortlaufender Bruch, Kettenbruch *m.* **~ pro·por·tion** *s math.* fortlaufende, stetige Proporti'on. **~ quan·ti·ty** *s math.* stetige Größe.

**con·ti·nu·i·ty** [ˌkɒntɪ'njuːətɪ; *Am.* ˌkɑntn'uːətɪ; -'juː-] *s* **1.** Kontinui'tät *f*, Stetigkeit *f*, 'ununter,brochenes Fortdauern *od.* -bestehen. **2.** 'ununter,brochener Zs.-hang. **3.** zs.-hängendes Ganzes, kontinu'ierliche Reihe *od.* Folge, *a.* roter Faden *(e-r Erzählung etc).* **4.** *(Film-)* Drehbuch *n, (Rundfunk-, Fernseh)*Manu'skript *n:* **~ writer** a) Drehbuchautor *m,* b) Textschreiber *m;* **~ girl** Scriptgirl *n.* **5.** *Rundfunk:* Zwischenansage *f,* verbindender Text. **6.** → **continuum** 2.

**con·tin·u·o** [kən'tɪnjʊəʊ; -nəəʊ; *Am.* -nəwəʊ; -njəwəʊ] *pl* **-os** *s mus.* Gene'ralbaß *m.*

**con·tin·u·ous** [kən'tɪnjʊəs; *Am.* -jəwəs] *adj (adv* **~ly) 1.** 'ununter,brochen, (fort-, an)dauernd, (fort)laufend, fortwährend, (be)ständig, stetig, unaufhörlich. **2.** *a. math. phys. tech.* kontinu'ierlich: **~ motion, ~ operation** Dauerbetrieb *m,* kontinuierliche Arbeitsweise. **3.** zs.-hängend, 'ununter,brochen: **a ~ line. 4.** *ling.* progres'siv: **~ form** Verlaufsform *f.* **~ cre·a·tion** *s* fortdauernde Schöpfung. **~ cur·rent** *s electr.* Gleichstrom *m.* **~ dash** *s tel.* Dauerstrich *m.* **~ fire** *s mil.* Dauerfeuer *n.*

**con·tin·u·ous-flow pro·duc·tion** *s tech.* 'Herstellung *f* nach dem 'Fließprinˌzip.

**con·tin·u·ous| func·tion** *s math.* kontinu'ierliche Funkti'on. **~ in·dus·try** *s econ.* Indu'strie, die sämtliche Arbeitsphasen *(vom Rohprodukt bis zur Fertigware)* 'durchführt. **~ mill** *s metall.* kontinu'ierliches Walzwerk. **~ per·form·ance** *s* Kino, Varieté *etc:* 'durchgehende Vorstellung. **~ spec·trum** *s irr phys.* kontinu'ierliches Spektrum. **~ wave** *s phys.* ungedämpfte Welle.

**con·tin·u·um** [kən'tɪnjʊəm; *Am.* -jəwəm] *pl* **-u·a** [-jʊə; *Am.* -jəwə], **-u·ums** *s* **1.** → **continuity** 3. **2.** *math.* Kon'tinuum *n,* kontinu'ierliche Größe. **3.** 'ununter,brochener Zs.-hang.

**con·to** ['kɒntəʊ; *Am.* 'kɑn-] *pl* **-tos** *s* Conto de 'Reis *n (Rechnungsmünze):* a) *in Brasilien: 1000 Cruzeiros,* b) *in Portugal: 1000 Escudos.*

**con·tort** [kən'tɔː(r)t] **I** *v/t* **1.** Glieder verdrehen, verrenken. **2.** *das Gesicht* verzerren, verziehen. **3.** *fig.* Tatsachen *etc* verdrehen. **II** *v/i* **4.** sich verzerren *od.* verziehen (with vor *dat*; in a grimace zu e-r Gri'masse). **con'tort·ed** *adj* **1.** verdreht, verrenkt. **2.** verzerrt: **~ with pain** schmerzverzerrt. **3.** *bot.* gedreht: **~ leaves** in the bud. **4.** *fig.* verdreht. **con'tor·tion** *s* **1.** Verrenkung *f:* **mental ~s** geistige Verrenkungen. **2.** Verzerrung *f.* **3.** *fig.* Verdrehung *f.* **con'tor·tion·ist** *s* **1.** Schlangenmensch *m.* **2.** *a.* verbal *~ fig.* Wortverdreher(in).

**con·tour** ['kɒnˌtʊə(r); *Am.* 'kɑn-] **I** *s* **1.** Kon'tur *f,* 'Umriß *m.* **2.** 'Umrißlinie *f.* **3.** *math.* geschlossene Kurve. **4.** → **contour line. II** *v/t* **5.** kontu'rieren, die Kon'turen zeichnen *od.* andeuten von *(a. fig.).* **6.** *e-e Straße etc* der Landschaft

anpassen. **~ chair** *s* körpergerecht geformter Stuhl *od.* Sessel. **~ chas·ing** *s aer. mil.* Ter'rainfolge-, Kon'turenflug *m.* **~ farm·ing** *s agr.* Anbau *m* längs der Höhenlinien *(zur Verhütung der Bodenerosion).* **~ feath·er** *s orn.* Kon'turfeder *f.* **~ line** *s* Kartographie: Höhenlinie *f.* **~ map** *s geogr.* Höhenlinienkarte *f.* **~ plough·ing,** *bes. Am.* **~ plow·ing** *s agr.* Kon'turpflügen *n,* Pflügen *n* längs der Höhenlinien.

**con·tra** ['kɒntrə; *Am.* 'kɑn-] **I** *prep* **1.** gegen, wider, kontra *(acc):* **~ bonos mores** *jur.* sittenwidrig, unsittlich *(Vertrag etc).* **II** *adv* **2.** da'gegen, kontra. **III** *s* **3.** Gegen *n,* Wider *n.* **4.** *econ.* Kreditseite *f:* **(as) per ~** als Gegenleistung *od.* -rechnung; **~ account** Gegenrechnung *f,* -konto *n.*

**con·tra·band** ['kɒntrəbænd; *Am.* 'kɑn-] **I** *s* **1.** *econ.* unter Ein- *od.* Ausfuhrverbot stehende Ware. **2.** Konterbande *f:* a) Schmuggel-, Bannware *f,* b) *a.* **~ of war** Kriegskonterbande *f.* **3.** Schmuggel *m,* Schleichhandel *m.* **II** *adj* **4.** *econ.* unter Ein- *od.* Ausfuhrverbot stehend: **~ goods. 5.** Schmuggel..., 'illeˌgal: **~ trade** → 3. **'con·tra·band·ist** *s* Schmuggler(in).

**con·tra·bass** [ˌkɒntrə'beis; '-beis; *Am.* 'kɑntrəˌbeis] *mus.* **I** *s* Kontrabaß *m,* Baßgeige *f.* **II** *adj* Kontrabaß..., sehr tief. **con·tra·bass·ist** *s mus.* 'Kontrabasˌsist *m,* Baßgeiger *m.*

**con·tra·bas·soon** [ˌkɒntrəbə'suːn; *Am.* ˌkɑn-] *s mus.* 'Kontrafaˌgott *n.*

**con·tra·cep·tion** [ˌkɒntrə'sepʃn; *Am.* ˌkɑn-] *s med.* Empfängnisverhütung *f.* **ˌcon·tra'cep·tive** *adj u. s med.* empfängnisverhütend(es Mittel).

**ˌcon·tra'clock·wise** *Am.* → **anticlockwise.**

**con·tract I** *s* ['kɒntrækt; *Am.* 'kɑn-] **1.** a) *jur.* Vertrag *m,* Kon'trakt *m:* **~ of employment** Arbeitsvertrag; **~ of sale** Kaufvertrag; **to enter into** *(od.* **make) a ~** e-n Vertrag schließen; **by ~** vertraglich; **to be under ~** unter Vertrag stehen (**with, to** bei); **to be under ~ to s.o.** j-m vertraglich verpflichtet sein, b) *a.* **~ to kill** Mordauftrag *m:* **~ killer** professioneller Killer. **2.** *jur.* Vertragsurkunde *f.* **3.** a) Ehevertrag *m,* b) Verlöbnis *n.* **4.** *econ.* a) (Liefer-, Werk)Vertrag *m,* (fester) Auftrag: **~ for services** Dienstvertrag; **under ~** in Auftrag gegeben, b) *Am.* Ak'kord *m:* **to give out work by the ~** Arbeit im Akkord vergeben. **5.** *Kartenspiel:* a) *a.* **~ bridge** Kon'trakt-Bridge *n,* b) höchstes Gebot. **II** *v/t* [kən'trækt] **6.** zs.-ziehen: **to ~ a muscle; to ~ one's eyebrows; to ~ one's forehead** die Stirn runzeln. **7.** *ling.* zs.-ziehen, verkürzen. **8.** einschränken, verringern, verkleinern. **9.** *e-e Gewohnheit* annehmen: **to ~ a habit. 10.** sich *(e-e Krankheit)* zuziehen: **to ~ a disease. 11.** *Schulden* machen: **to ~ debts. 12.** *e-e Verpflichtung* eingehen: **to ~ a liability. 13.** [*Am.* 'kɑnˌtrækt] *e-n Vertrag, e-e Ehe etc* schließen. **14.** *Freundschaft* schließen, *e-e Bekanntschaft* machen. **III** *v/i* **15.** sich zs.-ziehen, (ein)schrumpfen. **16.** sich verkleinern, kleiner werden. **17.** [*Am.* 'kɑnˌtrækt] *jur.* kontra'hieren, e-n Vertrag schließen *od.* eingehen: **capable to ~** geschäftsfähig. **18.** a) sich vertraglich verpflichten **(to do s.th.** etwas zu tun; **for s.th.** zu etwas), b) *(for s.th.)* sich (etwas) ausbedingen: **the fee ~ed for** das vertraglich festgesetzte Honorar.

*Verbindungen mit Adverbien:*

**con·tract| in** *v/i pol. Br.* sich *(schrift-*

*lich)* zur Bezahlung des Par'teibeitrages für die Labour Party verpflichten. **~ out I** *v/i* **1.** sich *(vertraglich)* befreien (of von). **2.** *colloq.* ,aussteigen' **(of** aus). **II** *v/t* **3.** Arbeit im Ak'kord vergeben.

**con·tract·ed** [kən'træktɪd] *adj* **1.** zs.-gezogen, (ein)geschrumpft. **2.** verkürzt. **3.** gerunzelt *(Stirn etc).* **4.** *fig.* engherzig, beschränkt. **con,tract·i'bil·i·ty** *s* Zs.-ziehbarkeit *f.* **con'tract·i·ble** *adj* zs.-ziehbar. **con'trac·tile** [-taɪl; *Am. bes.* -tl] *adj bes. biol.* zs.-ziehbar, kontrak'til. **con·trac·til·i·ty** [ˌkɒntræk'tɪlətɪ; *Am.* ˌkɑn-] *s bes. biol.* Zs.-ziehungsvermögen *n,* Kontraktili'tät *f.* **con'tract·ing** [kən'træktɪŋ] *adj* **1.** (sich) zs.-ziehend. **2.** [*Am.* 'kɑnˌtr-] vertragschließend, Vertrags...: **the ~ parties;** **~-out clause** *(Völkerrecht)* Freizeichnungsklausel *f.*

**con·trac·tion** [kən'trækʃn] *s* **1.** Kontrakti'on *f,* Zs.-ziehung *f.* **2.** *ling.* Zs.-ziehung *f,* Verkürzung *f (Wort),* Kurzwort *n.* **3.** *med.* a) Zuziehung *f:* **~ of a disease,** b) Kontrak'tur *f (dauernde Verkürzung),* c) Wehe *f.* **4.** *econ.* Kontrakti'on *f (Einschränkung des Notenumlaufs).* **con'trac·tive** [-tɪv] *adj* zs.-ziehend.

**contract note** *s econ. Br. (Börse) (von e-m* **broker** *ausgestellter)* Schlußschein.

**con·trac·tor** [kən'træktə(r)] *s* **1.** [*Am.* 'kɑnˌtræktər] *econ.* a) Kontra'hent(in), Vertragschließende(r *m*) *f,* b) Unter'nehmer *m (gemäß e-m Werk- od. Dienstvertrag):* **(building) ~** Bauunternehmer, c) (Ver'trags)Liefeˌrant *m.* **2.** *anat.* Schließmuskel *m.*

**con·trac·tu·al** [kən'træktʃʊəl; -tjʊəl; *Am.* -tʃəwəl; -tʃəl] *adj (adv* **~ly)** vertraglich, vertragsmäßig, Vertrags...: **~ agreement** *(od.* **arrangement)** vertragliche Vereinbarung; **~ capacity** Geschäftsfähigkeit *f;* **to have ~ capacity** geschäftsfähig sein.

**con·trac·ture** [kən'træktʃə(r)] *s med.* Kontrak'tur *f (dauernde Verkürzung).*

**con·tra·dict** [ˌkɒntrə'dɪkt; *Am.* ˌkɑn-] **I** *v/t* **1.** j-m, e-r Sache wider'sprechen, etwas bestreiten. **2.** wider'sprechen *(dat),* im 'Widerspruch stehen zu, unvereinbar sein mit: **his actions ~ his principles. II** *v/i* **3.** wider'sprechen. **ˌcon·tra'dic·tion** *s* **1.** 'Widerspruch *m,* -rede *f:* **spirit of ~** Widerspruchsgeist *m.* **2.** Bestreitung *f (e-r Behauptung etc).* **3.** 'Widerspruch *m,* Unvereinbarkeit *f:* **to be in ~ to** im Widerspruch stehen zu; **~ in terms** Widerspruch in sich (selbst). **ˌcon·tra'dic·tious** *adj (adv* **~ly)** zum 'Widerspruch geneigt, streitsüchtig. **ˌcon·tra'dic·tious·ness** *s* 'Widerspruchsgeist *m.* **con·tra·dic·to·ri·ness** [ˌkɒntrə'dɪktərɪnɪs; -trɪ-; *Am.* ˌkɑn-] *s* (to) 'Widerspruch *m* (zu), Unvereinbarkeit *f* (mit). **ˌcon·tra'dic·to·ry I** *adj (adv* **contradictorily) 1.** (to) wider'sprechend *(dat),* im 'Widerspruch stehend (zu), unvereinbar (mit). **2.** ein'ander *od.* sich wider'sprechend, unvereinbar. **3.** *philos.* kontradik'torisch, wider'sprechend. **4.** rechthaberisch, streitsüchtig. **II** *s* **5.** *philos.* kontradik'torischer Begriff. **6.** 'Widerspruch *m.*

**con·tra·dis·tinc·tion** [ˌkɒntrədɪ'stɪŋkʃn; *Am.* ˌkɑn-] *s* (Unter'scheidung *f* durch) Gegensatz *m:* **in ~ to** im Gegensatz *od.* Unterschied zu. **ˌcon·tra·dis'tinc·tive** *adj* **1.** gegensätzlich. **2.** unter'scheidend, Unterscheidungs... **ˌcon·tra·dis'tin·guish** [-'stɪŋgwɪʃ] *v/t (durch Gegensätze)* unter'scheiden **(from** von).

**con·trail** ['kɒntreɪl; *Am.* 'kɑn-] *s aer.* Kon'densstreifen *m.*

**con·tra·in·di·cat·ed** [ˌkɒntrə'ɪndɪkeɪtɪd; *Am.* ˌkɑn-] *adj med.* 'kontraindiˌziert,

nicht anwendbar. **'con·tra₁in·di'ca-tion** *s med.* 'Kontra-, 'Gegenindikati₁on *f*, Gegenanzeige *f*.

**con·tral·to** [kən'træltəʊ] *pl* **-tos** *s mus.* Alt *m:* a) Altstimme *f*, b) Al'tist(in), c) 'Altpar₁tie *f*.

**con·tra·plex** ['kɒntrəpleks; *Am.* 'kɑn-] *adj tel.* Gegensprech..., Duplex...

**con·tra·prop** ['kɒntrəprɒp; *Am.* 'kɑntrə₁prɑp] *s aer.* zwei einachsige gegenläufige Pro'peller *pl.*

**con·trap·tion** [kən'træpʃn] *s colloq.* (neumodischer *od.* kompli'zierter *od.* ₁komischer') Appa'rat.

**con·tra·pun·tal** [₁kɒntrə'pʌntl; *Am.* ₁kɑn-] *adj mus.* kontra'punktisch. **₁con·tra'pun·tist** *s mus.* Kontra'punktiker *m.*

**con·tra·ri·e·ty** [₁kɒntrə'raɪətɪ; *Am.* ₁kɑn-] *s* **1.** → **contrariness** 1 *u.* 2. **2.** 'Widerspruch *m*, Gegensatz *m* (**to** zu).

**con·tra·ri·ly** ['kɒntrərəlɪ; *Am.* 'kɑn₁trer-] *adv* **1.** entgegen (**to** *dat*). **2.** andererseits. **'con·tra·ri·ness** *s* **1.** Gegensätzlichkeit *f*, 'Widerspruch *m*, Unvereinbarkeit *f*. **2.** Widrigkeit *f*, Ungunst *f*. **3.** [*a.* kən'treərɪnɪs] 'Widerspenstigkeit *f*, Aufsässigkeit *f*.

**con·trar·i·ous** [kən'treərɪəs] *adj* (*adv* ₁ly) widrig, widerwärtig.

**con·tra·ri·wise** ['kɒntrərɪwaɪz; *Am.* 'kɑn₁treri₁waɪz; kən'tr-] *adv* **1.** im Gegenteil. **2.** umgekehrt. **3.** andererseits.

**con·tra·ro·tat·ing** [₁kɒntrərəʊ'teɪtɪŋ] *adj tech.* gegenläufig.

**con·tra·ry** ['kɒntrərɪ; *Am.* 'kɑn₁treri:] **I** *adj* (*adv* → **contrarily**) **1.** entgegengesetzt, wider'sprechend (**to s.th.** e-r Sache): **~ policy**; **~ motion** *mus.* Gegenbewegung *f.* **2.** ein'ander entgegengesetzt, gegensätzlich: **~ opinions**. **3.** ander(er, e, es): **the ~ sex**. **4.** widrig, ungünstig (*Wind, Wetter*). **5.** (*zu*) verstoßend (**gegen**), im 'Widerspruch (**zu**): **~ to orders** befehlswidrig; **his conduct is ~ to rules** sein Benehmen verstößt gegen die Regeln; → **8**. **6.** [*a.* kən'treərɪ] wider'spenstig, -borstig, eigensinnig, aufsässig. **7.** *philos.* kon'trär. **II** *adv* **8.** im Gegensatz, im 'Widerspruch (**to** zu): **~ to expectations** wider Erwarten; **to act ~ to nature** wider die Natur handeln; **to act ~ to one's principles** s-n Grundsätzen zu'widerhandeln; → **5**, **law¹** 1. **III** *s* **9.** Gegenteil *n* (*a. philos.*): **on the ~** im Gegenteil; **to be the ~ to** das Gegenteil sein von; **to the ~** a) gegenteilig, b) *Am.* ungeachtet (*gen*): **proof to the ~** Gegenbeweis *m*; **unless I hear to the ~** falls ich nichts Gegenteiliges höre.

**con·trast I** *s* ['kɒntrɑːst; *Am.* 'kɑn₁træst] **1.** Kon'trast *m* (*a. TV etc*), Gegensatz *m* (**between** zwischen; **to** zu): **to form a ~** e-n Kontrast bilden (**to** zu); **by ~ with** im Vergleich mit, verglichen mit; **in ~ to** (*od.* **with**) im Gegensatz zu; **to be in ~ to s.th.** zu etwas im Gegensatz stehen; **he is a great ~ to his brother** er ist völlig anders als sein Bruder; **~ bath** *med.* Wechselbad *n*; **~ control** *TV* Kontrastregler *m*; **~ medium** *med.* (*Röntgen*) Kontrastmittel *n*. **II** *v/t* [kən'trɑːst; *Am.* -'træst; *a.* 'kɑn₁træst] **2.** (**with**) kontra'stieren, vergleichen (mit), entgegensetzen, gegen'überstellen (*dat*). **III** *v/i* **3.** (**with**) kontra'stieren (mit), sich abheben, abstechen (von, gegen): **~ing colo(u)rs** kontrastierende Farben, Kontrastfarben. **4.** e-n Gegensatz bilden, im Gegensatz stehen (**with** zu).

**con·tra·stim·u·lant** [₁kɒntrə'stɪmjʊlənt; *Am.* ₁kɑn-] *med.* **I** *adj* **1.** reizentgegengesetzt wirkend. **2.** beruhigend. **II** *s* **3.** Beruhigungsmittel *n.*

**con·trast·y** [kən'trɑːstɪ; *Am.* 'kɑn₁træsti:] *adj phot. TV* kon'trastreich.

**con·tra·ten·or** [₁kɒntrə'tenə(r); *Am.* ₁kɑn-] → **countertenor**.

**con·tra·vene** [₁kɒntrə'viːn; *Am.* ₁kɑn-] *v/t* **1.** zu'widerhandeln (*dat*), *Gesetz* über-'treten, verstoßen gegen, verletzen: **to ~ a law**. **2.** im 'Widerspruch stehen zu. **3.** bestreiten. **₁con·tra'ven·tion** [-'venʃn] *s* (**of**) Über'tretung *f* (*von od. gen*), Zu-'widerhandlung *f* (**gegen**): **in ~ of** entgegen (*dat*).

**con·tre·temps** ['kɔ̃ːntrətɑ̃ːŋ] *pl* **-temps** [-z] unglücklicher Zufall, 'Panne' *f.*

**con·trib·ute** [kən'trɪbjuːt; *Am.* -bjət] **I** *v/t* **1.** beitragen, beisteuern (**to** zu). **2.** *Artikel etc* beitragen (**to** zu *e-r Zeitung etc*): **~d work** *Am.* Sammelband *m*, -werk *n* (*mit Beiträgen verschiedener Autoren*). **3.** spenden (**to** für). **4.** *econ.* a) *Kapital* (*in e-e Firma*) einbringen, b) *Br. Geld* nach-schießen (*bei Liquidation*): **to ~ cash** e-e Bareinlage leisten; **liable to ~** beitrags-, *Br.* nachschußpflichtig. **II** *v/i* **5.** (**to**) beitragen, e-n Beitrag leisten, beisteuern (*zu*), mitwirken (**an** *dat*): **to ~ to** (*od.* **toward[s]**) **the expenses** sich an den Unkosten beteiligen; **to ~ to a newspaper** für e-e Zeitung schreiben. **6.** spenden (**to** für).

**con·tri·bu·tion** [₁kɒntrɪ'bjuːʃn; *Am.* ₁kɑn-] *s* **1.** Beitragung *f*, Beisteuerung *f* (**to** zu). **2.** Beitrag *m* (*a. für Zeitschriften etc*), Beisteuer *f* (**to** zu): **toward[s] the expenses** Unkostenbeitrag. **3.** Spende *f* (**to** für): **a small ~, please**. **4.** *econ.* a) Einlage *f:* **~ in cash** (**kind**) Bareinlage (Sacheinlage), b) Nachschuß *m.* **5.** *econ.* Sozi'alversicherungsbeitrag *m:* **employer's ~** Arbeitgeberanteil *m.* **6.** *econ.* anteilmäßiger Beitrag bei Versicherungsschäden. **7.** *mil. bes. hist.* Kontributi'on *f.*

**con·trib·u·tive** [kən'trɪbjʊtɪv] *adj* beisteuernd, mitwirkend. **con'trib·u·tor** [-tə(r)] *s* **1.** Beisteuernde(r *m*) *f*, Beitragsleistende(r *m*) *f*, Beitragende(r *m*) *f.* **2.** Mitwirkende(r *m*) *f*, Mitarbeiter(in) (**to a newspaper** bei *od.* an e-r Zeitung). **con'trib·u·to·ry** [-tərɪ; -trɪ; *Am.* ₁təʊri:; ₁tɔː-] *adj* **1.** beitragend (**to** zu). **2.** a) beitragspflichtig: **~ members**, b) vom Arbeit'geber u. -'nehmer zu gleichen Teilen getragen: **~ insurance**, c) *econ. Br.* nachschußpflichtig: **~ shareholders**. **3.** mitwirkend, mitarbeitend (**to an** *dat*). **4.** *fig.* mitwirkend, fördernd: **~ causes** *bes. jur.* mitverursachende Umstände; **~ negligence** *jur.* mitwirkendes Verschulden, Mitverschulden *n* (*seitens des Geschädigten*). **5.** *obs.* tri'butpflichtig. **II** *s* **6.** → **contributor** 1. **7.** fördernder 'Umstand. **8.** Beitrags- *od.* (*econ. Br.*) Nachschußpflichtige(r *m*) *f.*

**con·trite** ['kɒntraɪt; *Am.* 'kɑn-; *a.* kən'traɪt] *adj* (*adv* ₁ly) zerknirscht, reuig, reumütig. **con·trite·ness, con·tri·tion** [kən'trɪʃn] *s* Zerknirschung *f*, Reue *f.*

**con·triv·a·ble** [kən'traɪvəbl] *adj* **1.** erfind-, erdenkbar. **2.** 'durchführ-, 'herstellbar. **con'triv·ance** *s* **1.** *tech.* a) Ein-, Vorrichtung *f:* **~ adjusting-** Stellvorrichtung, b) Gerät *n*, Appa'rat *m.* **2.** Erfindung *f.* **3.** Erfindungsgabe *f*, Findigkeit *f.* **4.** Bewerkstelligung *f.* **5.** Plan *m.* **6.** Kunstgriff *m*, List *f*, Kniff *m.*

**con·trive** [kən'traɪv] **I** *v/t* **1.** erfinden, ersinnen, (sich) ausdenken, entwerfen: **to ~ ways and means** Mittel u. Wege finden. **2.** *etwas Böses* aushecken, *Pläne* schmieden. **3.** zu'stande bringen, bewerkstelligen. **4.** es fertigbringen, es verstehen, einrichten: **he ~d to make himself popular** er verstand es *od.* es gelang ihm, sich beliebt zu machen. **II** *v/i*

**5.** Pläne schmieden. **6.** Ränke schmieden. **7.** haushalten. **con'trived** *adj* gekünstelt (*Freundlichkeit, Stil etc*).

**con·trol** [kən'trəʊl] **I** *v/t* **1.** beherrschen, die Herrschaft *od.* Kon'trolle haben über (*acc*), etwas in der Hand haben, gebieten über (*acc*): **the company ~s the entire industry** die Gesellschaft beherrscht die gesamte Industrie; **~ling interest** *econ.* maßgebliche Beteiligung, ausschlaggebender Kapitalanteil; **~ling shareholder** (*bes. Am.* **stockholder**) *econ.* Besitzer *m* der Aktienmajorität, maßgeblicher Aktionär. **2.** in Schranken halten, *e-r Sache* Herr werden, Einhalt gebieten (*dat*), (*erfolgreich*) bekämpfen, eindämmen: **to ~ a fire** (**insect pests, an epidemic disease**, *etc*); **to ~ o.s.** (*od.* **one's temper**) sich beherrschen. **3.** kontrol'lieren: a) über'wachen, beaufsichtigen, b) (nach)prüfen: **to ~ an experiment** ein Experiment durch Gegenversuche kontrollieren. **4.** regeln: **vitamin D ~s bone growth**. **5.** leiten, lenken, führen, verwalten. **6.** *econ.* (*staatlich*) bewirtschaften, planen, diri'gieren, *Absatz, Konsum, Kaufkraft etc* lenken, *Preise* binden: **~led economy** gelenkte Wirtschaft, Planwirtschaft *f*; **~led prices** gebundene Preise. **7.** *electr. tech.* steuern, regeln, regu'lieren: **~led by compressed air** druckluftgesteuert; **~led rocket** gesteuerte Rakete; **~led ventilation** regulierbare Lüftung.

**II** *s* **8.** (**of, over**) Beherrschung *f* (*gen*) (*a. fig.*), Macht *f*, Gewalt *f*, Kon'trolle *f*, Herrschaft *f* (*über acc*): **to bring** (*od.* **get**) **under ~** Herr werden (*gen*), unter Kontrolle bringen; **to get ~ over** in s-e Gewalt *od.* in die Hand bekommen; **to get beyond s.o.'s ~** j-m über den Kopf wachsen; **to get out of ~** außer Kontrolle geraten; **circumstances beyond our ~** unvorhersehbare Umstände, Fälle höherer Gewalt; **to have ~ over** a) → **1**, b) Gewalt über *j-n* haben; **to have the situation under ~** Herr der Lage sein, die Lage beherrschen; **to keep under ~** im Zaum halten, fest in der Hand haben; **to lose ~ (over, of)** die Herrschaft *od.* Gewalt *od.* Kontrolle verlieren (*über e-e Partei, ein Auto etc*), **to lose ~ of o.s.** die (Selbst)Beherrschung verlieren. **9.** Selbstbeherrschung *f.* **10.** Körperbeherrschung *f.* **11.** (**of, over**) Aufsicht *f*, Kon'trolle *f* (*über acc*), Über'wachung *f* (*gen*): **government** (*od.* **state**) **~** staatliche Aufsicht; **board of ~** Aufsichtsbehörde *f*, -amt *n*; **to be in ~ of s.th.** etwas leiten *od.* unter sich haben; **to be under s.o.'s ~** j-m unterstehen *od.* unterstellt sein. **12.** Leitung *f*, Verwaltung *f:* **~ of an enterprise**; **traffic ~** Verkehrsregelung *f.* **13.** *econ.* a) (*Kapital-, Konsum-, Kaufkraft- etc*)Lenkung *f*, b) (*Devisen- etc*)Bewirtschaftung *f.* **14.** *jur.* a) Gewahrsam *m*, b) Verfügungsgewalt *f* (**of, over** über *acc*): **~ of s.o.'s property** *od.* a) **parental ~** (**of, over**) elterliche Gewalt (*über acc*), Per'sonensorge *f* (*für*): **to have the ~ of a child**; **to place s.o. under ~** j-n unter Vormundschaft stellen. **15.** Bekämpfung *f*, Eindämmung *f:* **~ of** (**the spread of**) **a disease**. **16.** *tech.* Steuerung *f*, Bedienung *f*, Führung *f:* **~ of a vehicle**. **17.** *meist pl tech.* a) Steuerung *f*, 'Steuervorrichtung *f*, -or₁gan *n*, Be'dienungsele-₁mente *pl*, b) Kon'troll-, Regu'liervorrichtung *f*, Kon'troll-, Betätigungshebel *m:* **to be at the ~s** *fig.* das Sagen haben, an den (Schalt)Hebeln der Macht sitzen. **18.** *electr. tech.* a) Regelung *f*, Regu'lierung *f*, b) Regler *m.* **19.** *pl aer.* Steuerung *f*, Leitwerk *n*, Steuerzüge *pl.* **20.** a) Kon'trolle *f*, Anhaltspunkt *m*, b)

Vergleichswert *m*, c) → **control experiment.**
**con·trol and re·port·ing** *s* mil. Fliegerleit- u. Flugmeldedienst *m*. **~ center,** *bes. Br.* **~ cen·tre** *s* Kon'trollzentrum *m*. **~ chart** *s* **1.** sta'tistische Darstellung der Bevölkerungsdichte. **2.** *tech.* 'Steuerungsdia₁gramm *n*. **~ cir·cuit** *s* *electr.* Regler-, Steuerkreis *m*. **~ column** *s* *electr.* Steuer-, Schaltpult *n*. **2.** *Rundfunk, TV:* Re'giepult *n*. **~ en·gi·neer·ing** *s* Steuerungs-, Regeltechnik *f*. **~ ex·per·i·ment** Kon'troll-, Gegenversuch *m*. **~ gear** *s* **1.** *tech.* Steuergestänge *n*, Schaltgetriebe *n*. **2.** *electr.* Steuergerät *n*. **~ grid** *s electr.* Steuergitter *n*. **~ group** *s* *bes. med.* Kon'trollgruppe *f*. **~ knob** *s* *tech.* Bedienungsknopf *m*, -griff *m*.
**con·trol·la·ble** [kən'trəʊləbl] *adj* **1.** kontrol'lierbar. **2.** der Aufsicht *od.* Gewalt unter'worfen, zu beaufsichtigen(d) (**by** von). **3.** *electr. tech.* steuer-, regel-, regu'lierbar.
**con·trol·ler** [kən'trəʊlə(r)] *s* **1.** a) Kon·trol'leur *m*, Aufseher *m*, b) Aufsichts-, Kon'troll-, Prüfbeamte(r) *m*, c) (staatlicher) Rechnungsprüfer (*Beamter*), d) *Am.* Leiter *m* des Rechnungswesens. **2.** *aer.* a) Kon'trollbeamte(r) *m*, b) *mil.* 'Leitoffi₁zier *m*. **3.** *electr. tech.* Regler *m*, *mot.* Fahrschalter *m*: **automatic ~** (Schalt)Wächter *m*. **4.** *sport* Kon'trollposten *m*.
**con·trol le·ver** *s* **1.** *mot. tech.* Schalthebel *m*. **2.** *aer.* → **control stick. ~ pan·el** *s electr.* Bedienungsfeld *n*. **~ rod** *s* *Kerntechnik:* Steuerstab *m*. **~ room** *s* *electr. tech.* **1.** Kon'trollraum *m*, (*mil.* Be'fehls)Zen₁trale *f*. **2.** *Rundfunk, TV:* Re'gieraum *m*. **~ stick** *s* *aer.* Steuerknüppel *m*. **~ sur·face** *s* *aer.* Leit-, Steuerfläche *f*, Steuerruder *n*. **~ switch** *s* *electr.* Steuerschalter *m*, -wähler *m*. **~ tow·er** *s* *aer.* Kon'trollturm *m*, Tower *m*.
**con·tro·ver·sial** [₁kɒntrə'vɜːʃl; *Am.* ₁kɑntrə'vɜrʃəl, -sɪəl] *adj* (*adv* **~ly**) **1.** strittig, um'stritten, kontro'vers: **a ~ book** ein umstrittenes Buch; **a ~ subject** e-e Streitfrage. **2.** po'lemisch. **3.** streitsüchtig. **,con·tro'ver·sial·ist** [-ʃəlɪst] *s* Po'lemiker *m*. **'con·tro·ver·sy** [-sɪ] *s* **1.** Kontro'verse *f*: a) (Meinungs)Streit *m*, Ausein₁andersetzung *f*, b) Dis'put *m*, Diskussi'on *f*, De'batte *f*: **beyond ~, without ~** fraglos, unstreitig. **2.** *jur.* Rechtsstreit *m*, (Zi'vil)Pro₁zeß *m*: → **matter** 3. **3.** *a.* **point in ~** Streitfrage *f*, -punkt *m*.
**con·tro·vert** ['kɒntrəvɜːt; *Am.* 'kɑntrə₁vɜrt] *v/t* etwas bestreiten, anfechten, *a. j-m* wider'sprechen: **a ~ed doctrine** e-e umstrittene *od.* angefochtene Doktrin. **,con·tro'vert·i·ble** *adj* (*adv* controvertibly) **1.** streitig, strittig. **2.** anfechtbar.
**con·tu·ma·cious** [₁kɒntjʊ'meɪʃəs; *Am.* ₁kɑntjə'm-, -tə'm-] *adj* **1.** aufsässig, 'widerspenstig. **2.** *jur.* (*trotz Vorladung*) nicht erschienen. **,con·tu'ma·cious·ness, con·tu·ma·cy** ['kɒntjʊməsɪ; *Am.* kən'tju:-; *a.* -'tu:-] *s* **1.** Aufsässigkeit *f*, 'Widerspenstigkeit *f*. **2.** *jur.* (absichtliches) Nichterscheinen vor Gericht: **to condemn for ~** gegen *j-n* ein Versäumnisurteil fällen.
**con·tu·me·li·ous** [₁kɒntjʊ'mi:ljəs; *Am.* ₁kɑntjə-; *a.* -tə-] *adj* (*adv* **~ly**) **1.** anmaßend, unverschämt, beleidigend. **2.** schändlich. **,con·tu'me·li·ous·ness, con·tu·me·ly** ['kɒntjuːmlɪ; *Am.* kən'tjuːməlɪ:; *a.* -'tuː-] *s* **1.** Anmaßung *f*, Unverschämtheit *f*. **2.** Beleidigung *f*, Schmähung *f*.
**con·tuse** [kən'tjuːz; *Am. a.* -'tuːz] *v/t med.* quetschen: **~d wound** Quetschwunde *f*.

**con·tu·sion** [-'tjuːʒn; *Am. a.* -'tuːʒən] *s med.* Kontusi'on *f*, Quetschung *f*.
**co·nun·drum** [kə'nʌndrəm] *s* **1.** Scherzfrage *f*, (Scherz)Rätsel *n*: **to set ~s** Rätsel aufgeben. **2.** *fig.* Rätsel *n*.
**con·ur·ba·tion** [₁kɒnɜː'beɪʃn; *Am.* ₁kɑn-₁ɜrb-] *s* Ballungsraum *m*, -zentrum *n*, Stadtgroßraum *m*.
**con·va·lesce** [₁kɒnvə'les; *Am.* ₁kɑn-] *v/i* gesund werden, genesen. **,con·va'les·cence** *s* Rekonvales'zenz *f*, Genesung *f*. **,con·va'les·cent I** *adj* **1.** rekonvales'zent, genesend. **2.** Genesungs...: **~ home** Genesungsheim *n*. **II** *s* **3.** Rekonvales'zent(in), Genesende(r *m*) *f*.
**con·vec·tion** [kən'vekʃn] *s* Konvekti'on *f*: a) *phys.* Mitführung von Energie *od.* elektrischer Ladung durch die kleinsten Teilchen e-r Strömung: **~ current** Konvektionsstrom *m*; **~ heater** → convector 2, b) *meteor.* Zufuhr von Luftmassen in senkrechter Richtung. **con'vec·tion·al** [-ʃnl] *adj* Konvektions... **con'vec·tive** [-tɪv] *adj* konvek'tiv, Konvektions... **con'vec·tor** [-tə(r)] *s* **1.** *phys.* Konvekti'ons(strom)leiter *m*. **2.** Heizlüfter *m*.
**con·ve·nance** [ˈkɔ̃:nvɑ̃:ns; *Am.* kɑn-] *s* **1.** Schicklichkeit *f*. **2.** *pl* Anstandsformen *pl*, Eti'kette *f*.
**con·vene** [kən'viːn] **I** *v/i* **1.** a) zs.-kommen, sich versammeln, b) (*formell*) zs.-treten (*Parlament etc.*). **2.** *fig.* zs.-treffen, -kommen (*Ereignisse*). **II** *v/t* **3.** versammeln, zs.-rufen, *Versammlung* einberufen. **4.** *jur.* vorladen (**before** *vor acc*). **con'ven·er** *s bes. Br.* j-d, der *Versammlungen* einberuft, *bes.* Vorsitzende(r *m*) *f*.
**con·ven·ience** [kən'viːnjəns] *s* **1.** Angemessenheit *f*. **2.** Annehmlichkeit *f*, Bequemlichkeit *f*: **at your ~** nach Belieben, gelegentlich, wenn es Ihnen gerade paßt; **at your earliest ~** so bald wie möglich; **suit your own ~** handeln Sie ganz nach Ihrem Belieben; **~ of operation** leichte Handhabung; **~ outlet** *electr.* Netzsteckdose *f* (*an e-m Gerät*); → **sake**[1]. **3.** Vorteil *m*: **it is a great ~** es ist sehr vorteilhaft; **to make a ~ of s.o.** j-n ausnutzen. **4.** Bequemlichkeit *f*, Kom'fort *m*, (der Bequemlichkeit dienende) Einrichtung: **all (modern) ~s** alle Bequemlichkeiten *od.* aller Komfort (der Neuzeit); **~ food** Fertignahrung *f*; **~ goods** *econ. Am.* Waren des täglichen Bedarfs (*die der Verbraucher in s-r Nachbarschaft erhält*). **5.** *bes. Br.* Klo'sett *n*, Toi'lette *f*. **con'ven·ien·cy** → convenience. **con'ven·ient** *adj* **1.** bequem, praktisch, gut geeignet (**for** zu). **2.** bequem, günstig, passend, gelegen: **it is not ~ for me** es paßt mir schlecht; **when will it be ~ for me to call?** wann paßt Ihnen mein Anruf? **3.** bequem gelegen, leicht zu erreichen(d) (*Ort*): **~ to** in der Nähe von, nahe bei. **4.** handlich: **a ~ tool**. **5.** *obs.* geziemend, angemessen (**to, for** für). **con'ven·ient·ly** *adv* **1.** bequem (*etc*; → **convenient**). **2.** bequemerweise *etc.*
**con·vent** ['kɒnvənt; -vent; *Am.* 'kɑn-] *s* (*bes.* Nonnen)Kloster *n*: **~ (school)** Klosterschule *f*.
**con·ven·ti·cle** [kən'ventɪkl] *s* **1.** Kon'ventikel *n*, (heimliche) Zs.-kunft (*bes. der englischen Dissenters zur Zeit ihrer Unterdrückung*). **2.** Versammlungshaus *n*, *bes.* Andachtsstätte *f* (*der englischen Nonkonformisten od. Dissenters*). **con'venti·cler** *s* Besucher(in) von Konven'tikeln, Sek'tierer(in), *bes.* Dis'senter *m*.
**con·ven·tion** [kən'venʃn] *s* **1.** Zs.-kunft *f*, Tagung *f*, Versammlung *f*, Treffen *n*. **2.** *a) pol. Am.* Par'teiversammlung *f*, -tag *m*: → **national convention.** *b) parl.* verfassunggebende *od.* -ändernde Versammlung, c) Kon'greß *m*, Tagung *f*: ~

center (*bes. Br.* centre) Kongreßzentrum *n*. **3.** *parl. Br. hist.* aus eigenem Recht erfolgte Versammlung: **C~ Parliament** Freiparlament (*das ohne den König zs.-trat; 1660 u. 1668*). **4.** a) (*bilaterales*) Abkommen, b) (*multilaterales*) Über'einkommen, Konventi'on *f*. **5.** (gesellschaftliche) Konventi'on, Sitte *f*, Gewohnheits- *od.* Anstandsregel *f*, (stillschweigende) Gepflogenheit *od.* Über'einkunft. **6.** *oft pl* Traditi'on *f*.
**con·ven·tion·al** [kən'venʃənl; -ʃnəl] *adj* (*adv* **~ly**) **1.** konventio'nell, traditio'nell, 'herkömmlich (*alle a. mil., Ggs. atomar*), üblich: **~ methods**; **~ weapons**; **~ sign** Symbol *n*, (*bes.* Karten)Zeichen *n*; **~ society** bürgerliche Gesellschaft; **the ~ wisdom is that** die allgemeine Meinung geht dahin, daß. **2.** *contp.* scha'blonenhaft, 'unorigi₁nell, abgedroschen. **3.** konventio'nell, förmlich. **4.** *jur.* a) vertraglich vereinbart, vertragsgemäß, Vertrags..., b) gewohnheitsrechtlich. **con'ven·tion·al·ism** [-ʃnəlɪzəm] *s* Konventiona'lismus *m*, Festhalten *n* an Konventi'onen *od.* am 'Hergebrachten. **con·'ven·tion·al·ist** *s* Konventiona'list *m*. **con₁ven·tion·al·i·ty** [-ʃə'nælətɪ] *s* **1.** Konventionali'tät *f*, 'Herkömmlichkeit *f*, Üblichkeit *f*. **2.** *contp.* Scha'blonenhaftigkeit *f*. **3.** → conventionalism. **con·'ven·tion·al·ize** *v/t* konventio'nell machen *od.* (*a. art*) darstellen, den Konventi'onen unter'werfen.
**con·ven·tion·eer** [kən₁venʃə'nɪər] *s Am.* Kon'greßteilnehmer(in).
**con·ven·tu·al** [kən'ventjʊəl; -tʃʊəl; *Am.* -tʃəwəl] **I** *adj* klösterlich, Kloster... **II** *s* Nonne *f*.
**con·verge** [kən'vɜːdʒ; *Am.* -'vɜrdʒ] **I** *v/i* **1.** zs.-laufen (*Straßen, Flüsse*), *math.* konver'gieren (*a. fig.*), konver'gent verlaufen, *fig.* sich (ein'ander) annähern: **to ~ on** von überallher strömen nach. **2.** *math. phys.* sich nähern (**to, toward[s]** *dat*). **3.** *biol.* ein'ander ähnlich sein *od.* werden. **II** *v/t* **4.** *math.* konver'gieren lassen, *fig.* ein'ander annähern. **con'ver·gence, con'ver·gen·cy** *s* **1.** Zs.-laufen *n*. **2.** *math., a. fig.* a) Konver'genz *f* (*a. biol. phys.*), b) Annäherung *f* (**to, toward[s]** *an acc*). **con'ver·gent** *adj math.* konver'gent, *fig. a.* sich (ein'ander) annähernd. **con'verg·ing** *adj* zs.-laufend, *math.* konver'gierend (*a. fig.*), *fig.* sich (ein'ander) annähernd.
**con·vers·a·ble** [kən'vɜːsəbl; *Am.* -'vɜr-] *adj* (*adv* conversably) unter'haltsam, gesprächig, 'umgänglich, gesellig.
**con·ver·sance** [kən'vɜːsəns; *Am.* -'vɜr-], **con'ver·san·cy** [-sɪ] *s* Vertrautheit *f* (**with** mit). **con'ver·sant** *adj* **1.** bekannt, vertraut (**with** mit). **2.** (**with**) geübt, bewandert, erfahren (in *dat*), kundig (*gen*).
**con·ver·sa·tion** [₁kɒnvə(r)'seɪʃn; *Am.* ₁kɑn-] *s* **1.** Konversati'on *f*, Unter'haltung *f*, Gespräch *n*: **by way of ~** gesprächsweise; **in ~ with** im Gespräch mit; **to get into ~ with s.o.** ein Gespräch mit j-m anknüpfen, mit j-m ins Gespräch kommen; **to make ~** Konversation machen; → **subject** 1. **2.** 'Umgang *m*, Verkehr *m*. **3.** *jur.* Geschlechtsverkehr *m*: → **criminal** 1. **4.** *a.* **~ piece** a) *paint.* Genrebild *n*, b) *thea.* Konversati'onsstück *n*. **5.** (ˈioffizi₁elles) diplo'matisches Gespräch. **,con·ver'sa·tion·al** [-ʃənl] *adj* (*adv* **conversationally**) **1.** gesprächig. **2.** Unterhaltungs..., Konversations...: **~ English** Umgangsenglisch *n*; **~ grammar** Konversationsgrammatik *f*; **~ style** Gesprächsstil *m*; **~ tone** Plauderton *m*. **,con·ver'sa·tion·al·ist** *s* gewandter Unter'halter, guter Gesell-

schafter. **₁con·ver'sa·tion·al·ly** adv
**1.** gesprächsweise, in der Unter'haltung.
**2.** im Plauderton. **₁con·ver'sa·tion·ist**
→ conversationalist.

**con·ver·sa·zi·o·ne** [ˌkɒnvəsætsɪˈəʊnɪ;
Am. ˌkɑnvərˌsɑ:t-] pl **-ni** [-ni:], **-nes**
[-nɪz] s **1.** 'Abendunter₁haltung f. **2.** lite-
'rarischer Gesellschaftsabend.

**con·verse¹ I** v/i [kənˈvɜːs; Am. -ˈvɜrs]
**1.** sich unter'halten, sprechen, ein Ge-
spräch führen (**with** mit). **2.** obs. verkeh-
ren (**with** mit). **II** s [ˈkɒnvɜːs; Am. ˈkɑn-
₁vɜrs] **3.** Gespräch n. **4.** obs. 'Umgang m,
Verkehr m.

**con·verse²** [ˈkɒnvɜːs; Am. ˈkɑn₁vɜrs]
**I** adj [Am. a. kənˈvɜrs] gegenteilig, 'um-
gekehrt. **II** s 'Umkehrung f, Gegenteil n
(**of** von).

**con·verse·ly** adv 'umgekehrt.

**con·ver·sion** [kənˈvɜːʃn; Am. -ˈvɜrʒən;
-ʒən] s **1.** allg. 'Umwandlung f, Verwand-
lung f (**into** in acc). **2.** arch. tech. 'Umbau
m (**into** in acc). **3.** tech., a. econ. 'Umstel-
lung f (**to** auf acc): ~ **of a plant to war
production**; ~ **of gas to coke firing**
Umstellung von Gas- auf Koksfeuerung.
**4.** chem. phys. 'Umsetzung f: ~ **of
energy**. **5.** electr. 'Umwandlung f: ~ **of
current**. **6.** math. a) 'Umrechnung f (**into**
in acc): ~ **table** Umrechnungstabelle f,
b) 'Umwandlung f, c) 'Umkehrung f: ~ **of
proportions**, d) Redukti'on f: ~ **of
equations**. **7.** Computer: 'Umsetzung f,
'Umwandlung f. **8.** philos. 'Umkehrung f:
~ **of proposition**. **9.** econ. a) Konver-
'tierung f, Konversi'on f, 'Umwandlung
f: ~ **of securities** (**of debts**); ~ **loan**
Konvertierungs-, Konversionsanleihe f,
b) Zs.-legung f: ~ **of shares**, c) 'Um-
stellung f: ~ **of currency**, d) 'Umrech-
nung f, 'Umwechslung f, e) 'Umwand-
lung f, 'Umgründung f (**into** in acc): ~ **of
a partnership**. **10.** jur. a) ~ **to one's
own use** Veruntreuung f, Unter'schla-
gung f, a. 'widerrechtliche Aneignung,
Besitzentziehung f, b) (Ver'mögens)₁Um-
wandlung f: ~ **of real property into
personal**. **11.** (**to**) Bekehrung f (zu): a)
relig. Konversi'on f, a. pol. etc 'Übertritt
m (zu): **his** ~ **to Communism**, b) Mei-
nungsänderung f (bezüglich gen): **his** ~ **to
Shakespeare**. **12.** psych. Konversi'on f
(Umwandlung unbewältigter starker Er-
lebnisse in körperliche Symptome). **13.**
sport Verwandlung f (e-s Strafstoßes etc
in ein Tor).

**con·vert I** v/t [kənˈvɜːt; Am. -ˈvɜrt]
**1.** allg., a. chem. 'umwandeln, verwan-
deln (**into** in acc), a. electr. 'umformen
(**into** zu): **to** ~ **into power** phys. in
Energie umsetzen; **to** ~ **into cash** flüssig
od. zu Geld machen. **2.** arch. tech. 'um-
bauen (**into** zu). **3.** econ. tech. e-n Betrieb,
e-e Maschine, die Produktion 'umstellen
(**to** auf acc). **4.** tech. a) verwandeln: **to** ~
**into coal** verkohlen; **to** ~ **into steel**
stählen, in Stahl verwandeln, b) metall.
frischen, bessemern, c) Tiegelgußstahl
zemen'tieren. **5.** econ. a) Wertpapiere,
Schulden etc konver'tieren, 'umwandeln:
**to** ~ **debts**, b) Geld 'um-, einwechseln: **to**
~ **money**, c) Aktien zs.-legen: **to** ~
**shares**, d) Währung 'umstellen (**to** auf
acc): **to** ~ **currency**. **6.** math. a) 'umrech-
nen (**into** in acc), b) auflösen, redu'zie-
ren: **to** ~ **equations**, c) 'umkehren: **to** ~
**the proportions**. **7.** Computer: 'umset-
zen, 'umwandeln. **8.** a. ~ **to one's own
use** jur. a) unter'schlagen, veruntreuen,
b) sich 'widerrechtlich aneignen, un-
rechtmäßig für sich verwenden. **9.** relig.
bekehren (**to** zu). **10.** (**to**) (zu e-r anderen
Ansicht) bekehren, zum 'Übertritt (in e-e
andere Partei etc) veranlassen. **11.** sport
verwandeln: **to** ~ **a free kick**. **II** v/i **12.**

'umgewandelt (etc; → I) werden. **13.** sich
verwandeln od. 'umwandeln (**into** in acc).
**14.** sich verwandeln (etc) lassen (**into** in
acc): **the sofa** ~**s into a bed**. **15.** sich
bekehren, relig. a. konver'tieren (**to** zu).
**16.** sport verwandeln, einschießen. **III** s
[ˈkɒnvɜːt; Am. ˈkɑn₁vɜrt] **17.** Bekehrte(r
m) f, relig. a. Konver'tit(in): **to become a**
~ (**to**) → 15. **con'vert·ed** adj 'umge-
wandelt, verwandelt (etc; →convert I).**~
cruiser** mar. Hilfskreuzer m: ~ **apart-
ment** (bes. Br. flat) in Teilwohnungen
umgebaute große Wohnung; ~ **steel**
Zementstahl m. **con'vert·er** s **1.** Be-
kehrer m. **2.** metall. Kon'verter m, (Besse-
mer)Birne f: ~ **process** Thomasverfah-
ren n. **3.** electr. 'Umformer m. **4.** tech.
Bleicher m, Appre'teur m (von Textilien).
**5.** TV Wandler m. **6.** mil. 'Schlüssel-,
Chif'frierma₁schine f. **7.** a. ~ **reactor**
(Kerntechnik) Kon'verter m. **con'vert-
i'bil·i·ty** s **1.** 'Umwandelbarkeit f.
**2.** econ. a) Konver'tierbarkeit f, 'Um-
wandelbarkeit f, b) 'Umwechselbarkeit f,
c) 'Umstellbarkeit f. **3.** math. 'Umrechen-
barkeit f. **con'vert·i·ble I** adj (adv
convertibly) **1.** 'umwandelbar, verwan-
delbar: ~ **aircraft** → convertiplane; ~
**husbandry** agr. Fruchtwechselwirt-
schaft f. **2.** econ. a) konver'tierbar, 'um-
wandelbar: ~ **bond** Wandelschuldver-
schreibung f, b) 'um-, einwechselbar, c)
'umstellbar. **3.** gleichbedeutend: ~
**terms**. **4.** math. 'umrechenbar. **5.** mot.
mit Klappverdeck od. Faltdach: ~ **coupé**
→ 8; ~ **sedan** Am. Cabriolimousine f. **6.**
bekehrbar (**to** zu). **II** s **7.** 'umwandelbare
Sache. **8.** mot. Kabrio'lett n. **con'vert-
i·ble·ness** → convertibility.

**con·vert·i·plane** [kənˈvɜːtəpleɪn; Am.
-ˈvɜr-] s aer. Verwandlungsflugzeug n.

**con·ver·tor** → converter 3.

**con·vex I** adj [kɒnˈveks; Am. kɑn-] **1.**
kon'vex, erhaben, nach außen gewölbt: ~
**lens** Konvex-, Sammellinse f; ~ **mirror**
Konvex-, Wölbspiegel m. **2.** math. aus-
springend: ~ **angle**. **II** s [ˈkɒnveks; Am.
ˈkɑn-] **3.** a) kon'vexer Körper, b) kon-
'vexe Fläche. **con'vex·i·ty** s kon'vexe
Form od. Eigenschaft, Wölbung f.

**con₁vex·o·'con·cave** adj phys. kon'vex-
-kon₁kav. **con₁vex·o·'plane** adj phys.
'plankon₁vex.

**con·vey** [kənˈveɪ] v/t **1.** Waren etc beför-
dern, transpor'tieren (**beide** a. tech.),
(ver)senden, bringen. **2.** tech. zuführen,
fördern: ~**ing capacity** Förderleistung f.
**3.** über'bringen, -'mitteln, -'senden: **to** ~
**greetings**. **4.** jur. Grundstück über'tra-
gen, abtreten (**to** an acc): **to** ~ **real
estate**. **5.** phys. Schall etc fortpflanzen,
über'tragen, a. Elektrizität leiten. **6.**
Krankheit etc über'tragen: **to** ~ **an
infection**. **7.** fig. Ideen etc mitteilen,
vermitteln, Meinung, Sinn ausdrücken:
**to** ~ **a certain meaning** e-n gewissen
Sinn haben; **this word** ~**s nothing to
me** dieses Wort sagt mir nichts.

**con·vey·ance** s **1.** (a. 'Ab-)
Trans'port m, Über'sendung f, Beför-
derung f: ~ **by rail** Eisenbahntransport;
**means of** ~ **2.** Trans'port-, Ver-
kehrsmittel n, Fahrzeug n. **3.** Über'brin-
gung f, -'sendung f. **4.** fig. Vermittlung f,
Mitteilung f: ~ **of ideas**. **5.** jur. a) Über-
'tragung f, Abtretung f, Auflassung f: ~ **of
(title to) land**, b) a. **deed of** ~ Abtre-
tungs-, Auflassungsurkunde f. **6.** electr.
Leitung f: **open-air** ~ Freileitung.
**7.** phys. Über'tragung f, Fortpflanzung f:
~ **of sound**. **8.** tech. a) Zuführung f,
Förderung f, b) → conveyer 3. **con-
'vey·anc·er** s jur. No'tar m für 'Ei-
gentumsüber₁tragungen.

**con·vey·er** [kənˈveɪə(r)] s **1.** Beförderer

m, (Über)'Bringer(in). **2.** Vermittler(in):
~ **of new ideas**. **3.** tech. a) Förderer m,
Fördergerät n, -anlage f, Trans'portein-
richtung f, b) Förderband n. ~ **belt** →
**conveyer** 3 b. ~ **buck·et** s tech. Förder-
kübel m. ~ **chain** s tech. Becher-, Förder-
kette f. ~ **chute** s tech. Förderrutsche f.
**con'vey·er-line pro·duc·tion** s tech.
Fließbandfertigung f.

**con·vey·or** → conveyer.

**con·vey·or·ize** [kənˈveɪəraɪz] v/t **1.** mit
Fördereinrichtung(en) versehen, für
Fließbandarbeit einrichten. **2.** am Fließ-
band 'herstellen.

**con·vict I** v/t [kənˈvɪkt] **1.** jur. a) über-
'führen, für schuldig erklären (**s.o. of
murder** j-n des Mordes), b) verurteilen
(**of** wegen). **2.** über'zeugen (**of** von e-m
Unrecht etc): **to** ~ **s.o. of an error** j-m e-n
Irrtum zum Bewußtsein bringen. **II** s
[ˈkɒnvɪkt; Am. ˈkɑn-] **3.** Verurteilte(r m) f.
**4.** Strafgefangene(r m) f, Sträfling m: ~
**colony** Sträflingskolonie f; ~ **labo(u)r**
Gefangenenarbeit f.

**con·vic·tion** [kənˈvɪkʃn] s **1.** jur.
a) Schuldigsprechung f, Schuldspruch m,
b) Über'führung f, c) Verurteilung f: ~
**summary** ~ Verurteilung im Schnell-
verfahren; → previous 1. **2.** (innere)
Über'zeugung: **by** ~, **from** ~ aus Über-
zeugung; **it is my** ~ **that** bin der
Überzeugung, daß; **to be open to** ~ sich
gern überzeugen lassen; → carry 9.
**3.** (Schuld- etc)Bewußtsein n, (innere)
Gewißheit.

**con·vince** [kənˈvɪns] v/t **1.** (a. o.s. sich)
über'zeugen (**of** von; **that** daß). **2.** zum
Bewußtsein bringen (**s.o. of s.th.** j-m
etwas). **3.** obs. a) über'führen, b) wider'le-
gen, c) über'winden. **con'vinc·ing** adj
**1.** über'zeugend: ~ **proof** schlagender
Beweis; ~ **performance** fig. überzeu-
gende (ausgezeichnete) Darstellung od.
Leistung; **to be** ~ überzeugen; **he is at
his most** ~ **when** er ist am überzeu-
gendsten, wenn. **2.** Überzeugungs...
**con'vinc·ing·ly** adv über'zeugend, in
überzeugender Weise od. Ma'nier. **con-
'vinc·ing·ness** Über'zeugungskraft f.

**con·viv·i·al** [kənˈvɪvɪəl; -vjəl] adj (adv
~ly) gesellig, lustig, heiter. **con'viv·i-
al·ist** s lustiger Gesellschafter. **con-
₁viv·i'al·i·ty** [-vɪˈælətɪ] s Gesellig keit f,
unbeschwerte Heiterkeit.

**con·vo·ca·tion** [ˌkɒnvəˈkeɪʃn; -vəˈk-;
Am. ˌkɑnvəˈk-] s **1.** Ein-, Zs.-berufung f.
**2.** Versammlung f. **3.** relig. a) Provinzi'al-
syn₁ode f (der anglikanischen Kirche, bes.
von Canterbury u. York), b) Episko'pal-
syn₁ode f, Kirchspielversammlung f (der
protestantischen Kirche). **4.** univ. a) ge-
setzgebende Versammlung (Oxford u.
Durham), b) außerordentliche Se'nats-
sitzung (Cambridge), c) Am. Promo-
ti'ons- od. Eröffnungsfeier f.

**con·voke** [kənˈvəʊk] v/t (bes. amtlich)
einberufen, zs.-rufen.

**con·vo·lute** [ˈkɒnvəluːt; Am. ˈkɑn-] adj
bes. bot. (zs.-, überein'ander)gerollt, ge-
wickelt, ringelförmig. **'con·vo·lut·ed**
adj **1.** bes. bot. zs.-gerollt, gewunden,
spi'ralig. **2.** med. knäuelförmig. **₁con-
vo'lu·tion** s **1.** Ein-, Zs.-rollung f,
(Zs.-)Wick(e)lung f. **2.** tech. Windung f,
'Schrauben(₁um)gang m. **3.** anat. (bes.
Gehirn)Windung f.

**con·vol·vu·lus** [kənˈvɒlvjʊləs; Am. a.
-ˈvɑlv-] pl **-lus·es** od. **-li** [-laɪ] s bot.
Winde f.

**con·voy** [ˈkɒnvɔɪ; Am. ˈkɑn-] **I** s **1.** Geleit
n, Begleitung f, Schutz m. **2.** mil. a)
Es'korte f, Bedeckung f, b) allg. ('Wa-
gen)Ko₁lonne f, Kon'voi m, c) (bewach-
ter) Trans'port. **3.** mar. Geleitzug m,
Kon'voi m: **to sail under** ~ im Geleit-

zug fahren. **II** *v/t* [*a.* kənˈvɔɪ] **4.** Geleitschutz geben (*dat*), eskorˈtieren.
**conˈvulse** [kənˈvʌls] **I** *v/t* **1.** erschüttern (*a. fig. pol. etc*), in Zuckungen versetzen: to be ~d with → **4**. **2.** *Muskeln etc* krampfhaft zs.-ziehen: ~d features verzerrte Züge. **3.** in Lachkrämpfe versetzen. **II** *v/i* **4.** ~ with sich krümmen vor (*Lachen, Schmerzen etc*). **conˈvul·sion** *s* **1.** *bes. med.* Krampf *m*, Zuckung *f*, Konvulsiˈon *f*: **nervous** ~s nervöse Zuckungen; to go into ~s, to be seized with ~s Krämpfe bekommen. **2.** *pl* Lachkrampf *m*: **they were all in** ~s sie krümmten sich alle vor Lachen. **3.** *pol.* Erschütterung *f*. **4.** *geol.* Erdstoß *m*, (Boden)Erschütterung *f*. **conˈvul·sion·ar·y** [-ʃnərɪ; *Am.* -ʃəˌnerɪ] **I** *s* **1.** an Zuckungen *od.* Krämpfen Leidende(r *m*) *f*. **2.** C~ *relig. hist.* Janseˈnist *m*. **II** *adj* **3.** → **convulsive** 1. **4.** C~ *relig. hist.* janseˈnistisch.
**conˈvul·sive** [kənˈvʌlsɪv] *adj* (*adv* ~ly) **1.** krampfhaft, -artig, konvulˈsiv. **2.** von Krämpfen geschüttelt. **3.** *fig.* erschütternd.
**co·ny** [ˈkəʊnɪ] *s* **1.** *zo.* (*bes.* ˈWild)Kaninchen *n*: ~ **burrow** Kaninchenbau *m*. **2.** Kaˈninchenfell *n*, *bes.* ˈSealkaˌnin *n* (*Imitation von Sealskin*).
**coo** [kuː] **I** *v/i orn.* gurren (*a. fig.*). **II** *v/t fig.* etwas gurren, säuseln, ˈflöten‘. **III** *s* Gurren *n*. **IV** *interj Br. sl.* Mensch!, Mann!
**coo·ee, coo·ey** [ˈkuːiː; ˈkuːiː] **I** *s* Huhu *n* (*Signalruf*): **within** ~ in Rufweite. **II** *v/i* huhu rufen. **III** *interj* huhu!
**cook** [kʊk] **I** *s* **1.** Koch *m*, Köchin *f*: too many ~s spoil the broth viele Köche verderben den Brei. **II** *v/t* **2.** *Speisen* kochen, zubereiten, braten, backen; → **goose** 1. **3.** *bes. tech.* der Hitze aussetzen, rösten. **4.** *a.* ~ up *colloq.* zs.-brauen, sich ausdenken, erfinden, erdichten: to ~ up a story. **5.** *colloq.* ˈfriˈsieren‘, (ver)fälschen: ~ed accounts *econ.* frisierte *od.* gefälschte Abrechnungen. **6.** (*durch Einführen in e-n Reaktor*) radioakˈtiv machen. **7.** ~ed *colloq.* a) ˈerledigt‘, ˈfertig‘ (*erschöpft od. ruiniert*), b) *Am.* ˈblau‘ (*betrunken*). **III** *v/i* **8.** kochen: to ~ out *Am.* abkochen; now you are ~ing with gas! *sl.* jetzt bist du auf dem richtigen Dampfer!‘ **9.** kochen, gekocht werden (*Speisen*): what's ~ing? *colloq.* was ist los?, was tut sich? **10.** sich *gut etc* kochen lassen.
**ˈcook·book** *s bes. Am.* Kochbuch *n*.
**cook·er** [ˈkʊkə(r)] *s* **1.** a) Kocher *m*, Kochgerät *n*, b) *Br.* Herd *m*. **2.** Kochgefäß *n*. **3.** Kochfrucht *f*, zum Kochen geeignete Frucht, *z. B.* Kochapfel *m*. ~ **hood** *s Br.* Abzugshaube *f*.
**cook·er·y** [ˈkʊkərɪ] *s* **1.** Kochen *n*. **2.** Kochen, Kochkunst *f*. **3.** *Am.* Kochstelle *f*. ~ **book** *s bes. Br.* Kochbuch *n*. ~ **dem·on·stra·tion** *f* Kochvorführung *f*.
**ˌcook-ˈgen·er·al** *pl* **ˌcooks-ˈgen·er·al** *s Br.* Mädchen *n* für alles. **ˈ~house** *s* **1.** *bes. mil.* Feldküche *f*. **2.** *mar.* Komˈbüse *f*, Schiffsküche *f*.
**cook·ie** [ˈkʊkɪ] *s* **1.** *Am.* (süßer) Keks, Plätzchen *n*: ~ **cutter** Ausstech(back)form *f*; ~ **pusher** *colloq.* a) ˌzahmer Salonlöwe‘, b) ˌWaschlappen‘ *m*, c) Karrieremacher *m*; that's the way the ~ **crumbles** *colloq.* so geht's nun mal im Leben, so ist's nun mal; to toss one's ~s *sl.* ˌBröckchen husten‘ (*sich übergeben*). **2.** *Scot.* Brötchen *n*, Semmel *f*. **3.** *bes. mil. colloq.* a) Kerl *m*, Bursche *m*: a smart ~; he's a tough ~ mit ihm ist nicht gut Kirschen essen, b) ˌSüße‘ *f*, Schätzchen *n*.
**cook·ing** [ˈkʊkɪŋ] **I** *s* **1.** Kochen *n*. **2.** Küche *f*, Art *f* zu kochen: Italian ~ die

italienische Küche. **II** *adj* **3.** Koch... ~ **ap·ple** *s* Kochapfel *m*. ~ **plate** *s electr.* Kochplatte *f*. ~ **range** *s* Kochherd *m*. ~ **so·da** *s colloq.* Natron *n*.
**ˈcookˌout** *s Am.* Abkochen *n*. **ˈ~room** *s Am.* **1.** Küche *f*. **2.** → **cookhouse** 2. **ˈ~shop** *s* Speisehaus *n*. **ˈ~stove** *s Am.* Herd *m*.
**cook·y** → **cookie**.
**cool** [kuːl] **I** *adj* (*adv* ~ly) **1.** kühl, frisch: to get ~ sich kühlen; to keep ~ kühl *od.* frisch bleiben. **2.** kühl(end), Kühle ausstrahlend: a ~ dress ein leichtes Kleid. **3.** kühl(end), erfrischend. **4.** fieberfrei. **5.** kühl, ruhig, beherrscht, gelassen, kalt (-blütig): to keep ~ e-n kühlen Kopf behalten; keep ~! reg dich nicht auf!; → **cucumber** 1. **6.** kühl, gleichgültig, lau. **7.** kühl, kalt, abweisend: a ~ reception ein kühler Empfang. **8.** unverschämt, unverfroren, frech: ~ **cheek** *fig.* Frechheit *f*. **9.** *fig. colloq.* glatt, rund: a ~ **thousand dollars** glatte *od.* die Kleinigkeit von tausend Dollar. **10.** kühl, kalt: ~ **colo(u)r** 11. *colloq.* ˌkühl‘, leidenschaftslos, intellektuˈell unterˈkühlt. **12.** *bes. Am. colloq.* ˌklasse‘, ˌprima‘. **II** *s* **13.** Kühle *f*, Frische *f* (*der Luft*): in the ~ of the evening in der Abendkühle. **14.** kühler Ort. **15.** kühle Tageszeit. **16.** *colloq.* (Selbst)Beherrschung *f*: to blow (*od.* lose) one's ~, ˌhochgehen‘, die Beherrschung verlieren; to keep one's ~ ruhig bleiben, die Nerven behalten. **III** *v/t* **17.** (ab)kühlen, kalt werden lassen: to ~ a **bearing** *tech.* ein (*heißgelaufenes*) Lager abkühlen; to ~ a liquid e-e Flüssigkeit abkühlen lassen; to ~ it *colloq.* a) ruhig bleiben, die Nerven behalten, b) sich ˌraushalten‘; ~ it! *colloq.* immer mit der Ruhe!; reg dich ab!; → **heel**[1] *Bes. Redew.* **18.** *fig. Leidenschaften etc* abkühlen, beruhigen. **19.** (ab)kühlen, erfrischen. **IV** *v/i* **20.** kühl werden, sich (ab-)kühlen: to let one's soup ~ s-e Suppe abkühlen lassen. **21.** ~ **down** (*od.* off) *fig.* sich abkühlen, sich legen, nachlassen, sich beruhigen. **22.** ~ **down** *colloq.* a) besonnener werden, b) sich abregen.
**cool·ant** [ˈkuːlənt] *s tech.* Kühlmittel *n*, *bes. mot.* Kühlwasser *n*. [Kühlbox *f.*]
**cool| bag** *s* Kühltasche *f*. ~ **box** *s* **ˈcool·er** *s* **1.** (*Wein- etc*)Kühler *m*. **2.** a) Kühlraum *m*, b) Kühlbehälter *m*. **3.** kühlendes Getränk *od.* Mittel. **4.** *fig.* Dämpfer *m*, ˌkalte Dusche‘: to put a ~ on s.th. e-r Sache e-n Dämpfer aufsetzen. **5.** *sl.* ˌKittchen‘ *n* (*Gefängnis*).
**ˈcool-,ham·mer** *v/t tech.* kalthämmern, -schmieden. **ˈ~ˈhead·ed** *adj* **1.** besonnen, kaltblütig. **2.** leidenschaftslos. **ˈ~house** *s* Kühlhaus *n*.
**coo·lie** [ˈkuːlɪ] *s* Kuli *m*, Tagelöhner *m*.
**cool·ing** [ˈkuːlɪŋ] **I** *adj* **1.** (ab)kühlend. **2.** kühlend, erfrischend. **3.** *tech.* Kühl...: ~ **air**; ~ **liquid**; ~ **tower**; ~ **coil** Kühlschlange *f*; ~ **fin** Kühlrippe *f*; ~ **plant** Kühlanlage *f*. **II** *s* **4.** (Ab)Kühlung *f*. **ˈ~ˈoff** **I** *s bes. fig.* Abkühlung *f*. **II** *adj fig.* zur Beruhigung (der Gemüter): ~ **period** *econ.* Abkühlungsfrist *f*.
**cool·ish** [ˈkuːlɪʃ] *adj* etwas kühl.
**cool·ness** [ˈkuːlnɪs] *s* **1.** Kühle *f*. **2.** *fig.* Kühle *f*, Gelassenheit *f*, Kaltblütigkeit *f*. **3.** Gleichgültigkeit *f*, Lauheit *f*. **4.** Kälte *f*, kalte Förmlichkeit. **5.** Unverfrorenheit *f*.
**cool·ly** → **coolie**.
**coom** [kuːm] *s Br. dial.* **1.** Kohlenstaub *m*, Ruß *m*. **2.** a) Schlacke *f*, b) Asche *f*.
**coomb(e)** [kuːm] *s Br.* enge Talmulde.
**coon** [kuːn] *s* **1.** *zo. colloq.* Waschbär *m*: he is a gone ~ mit ihm ist's aus; for a ~'s **age** *Am.* seit e-r Ewigkeit. **2.** *Am. sl.* a) *contp.* Neger(in): ~ **song** Negerlied *n*, b) ˌschlauer Fuchs‘.

**coon·can** [ˈkuːnˌkæn] *s Am.* (*Art*) Rommé *n* (*Kartenspiel*).
**coop** [kuːp] **I** *s* **1.** Hühnerstall *m*. **2.** Fischkorb *m* (*zum Fischfang*). **3.** *colloq.* ˌKaˈbuff‘ *n*, enger Raum. **4.** *colloq.* Gefängnis *n*, ˌKittchen‘ *n*: to fly the ~ sich aus dem Staub machen. **II** *v/t* **5.** *oft* ~ up, ~ in einsperren, einpferchen.
**co-op** [ˈkəʊɒp; *Am.* ˈkəʊˌɑp; kəʊˈɑp] *s colloq.* Co-op *m* (*Genossenschaft u. Laden*).
**coop·er**[1] [ˈkuːpə(r)] **I** *s* **1.** Faßbinder *m*, Küfer *m*, Böttcher *m*: dry ~ Trockenfaßbinder; white ~ Feinböttcher. **2.** Mischbier *n* (*aus Stout u. Porter*). **II** *v/t* **3.** *Fässer* machen, binden, ausbessern. **4.** *oft* ~ **out**, ~ **up** anfertigen. **5.** *Am. colloq.* ˌvermasseln‘.
**coop·er**[2] → **coper**[1].
**coop·er·age** [ˈkuːpərɪdʒ] *s* **1.** Böttcheˈrei *f*. **2.** Böttcher-, Küferlohn *m*.
**co-op·er·ate** [kəʊˈɒpəreɪt; *Am.* -ˈɑp-] *v/i* **1.** koopeˈrieren, zs.-arbeiten (with mit *j-m*; in bei *e-r Sache*; to, toward[s] zu *e-m Zweck*). **2.** (in) mitwirken (an *dat*), helfen *od.* behilflich sein (bei). **co·opˈer·a·tion** *s* **1.** Kooperatiˈon *f*, Zs.-arbeit *f*. **2.** Mitarbeit *f*, Mitwirkung *f*, Hilfe *f*. **3.** a) genossenschaftlicher Zs.-schluß, b) auf Gegenseitigkeit begründete Zs.-arbeit e-r Genossenschaft. **co·opˈer·a·tion·ist** *s* → **cooperator**. **co·ˈop·er·a·tive** [-rətɪv; *Am. a.* -ˌreɪtɪv] **I** *adj* (*adv* ~ly) **1.** koopeˈrierend, zs.-arbeitend. **2.** mitarbeitend, -wirkend. **3.** kooperaˈtiv, zur Mitarbeit bereit, hilfsbereit. **4.** *econ.* a) Gemeinschafts..., b) genossenschaftlich, Genossenschafts...: ~ **advertising** Gemeinschaftswerbung *f*; ~ **bank** Genossenschaftsbank *f*; ~ **building society** *Br.* Bau(spar)genossenschaft *f*; ~ **buying** (marketing, selling) association Einkaufs-(Absatz-, Verkaufs)genossenschaft *f*; ~ **society** → 5; ~ **store** → 6. **II** *s* **5.** Co-op *m*: a) Genossenschaft *f*, b) Konˈsumverein *m*. **6.** Co-op *m*, Konˈsumladen *m*. **co·ˈop·er·a·tive·ness** *s* **1.** Bereitschaft *f* zur Zs.-arbeit. **2.** Hilfsbereitschaft *f*. **co·ˈop·er·a·tor** [-reɪtə(r)] *s* **1.** Mitarbeiter(in), Mitwirkende(r *m*) *f*. **2.** Genossenschaftsmitglied *n*, Mitglied *n* e-s Konˈsumvereins.
**Coo·per pair** [ˈkuːpə(r)] *s phys.* Cooper-Paar *n*.
**co-opt** [kəʊˈɒpt; *Am.* -ˈɑpt] *v/t* hinzuwählen, -co-ˈop·ta·tion *s* Zuwahl *f*.
**co·or·di·nate** [kəʊˈɔː(r)dɪneɪt; -dneɪt] **I** *v/t* **1.** koordiˈnieren, bei-, gleichordnen, gleichschalten, einheitlich gestalten, (miteinˈander) in Einklang bringen, aufeinˈander abstimmen. **2.** ausrichten, richtig anordnen. **II** *v/i* **3.** sich aufeinˈander abstimmen, harˈmonisch zs.-wirken. **III** *adj* [-dnət; *Am. a.* -dnˌeɪt] (*adv* ~ly) **4.** koordiˈniert, bei-, gleichgeordnet, gleichrangig, -wertig, -artig: ~ **clause** beigeordneter Satz; ~ **court** *jur.* gleichgeordnetes Gericht. **5.** *math.* Koordinaten...: ~ **system**; ~ **geometry** analytische Geometrie. **6.** *ped. univ. Am.* nach Geschlechtern getrennt: ~ **university**. **IV** *s* [-dnət; *Am. a.* -dnˌeɪt] **7.** Beigeordnete *n*, Gleichwertiges *n*, -rangiges *n*. **8.** *math.* Koordiˈnate *f*. **9.** *pl* Coˈordinates *pl* (*in Farbe, Material etc aufeinander abgestimmte Kleidungsstücke*).
**co·or·di·na·tion** [kəʊˌɔː(r)dɪˈneɪʃn; -dnˈeɪʃn] *s* **1.** Koordinatiˈon *f*, Koordiˈnierung *f*, Gleich-, Beiordnung *f*, Gleichstellung *f*, -schaltung *f*, Abstimmung *f* (aufeinˈander). **2.** Ausrichtung *f*. **3.** harˈmonisches Zs.-spiel, Zs.-arbeit *f*, Überˈeinstimmung *f*. **4.** *physiol.* Koordinatiˈon *f* (*harmonisches Zs.-wirken der Muskeln*). ~ **al·low·ance** *s econ. Am.* sich

*über mehrere Monate erstreckende Ausgleichszahlung bei Entlassung.* **~ compound** s *chem.* Koordinati'onsverbindung f.

**co·or·di·na·tive** [kəʊ'ɔː(r)dɪnətɪv; -dnətɪv; *Am. a.* -dɪˌneɪtɪv] *adj* bei-, gleichordnend. **co'or·di·na·tor** [-dɪneɪtə(r); -dn-] s Koordi'nator m.

**coot** [kuːt] s **1.** *orn.* Wasser-, bes. Bläßhuhn n: **(as) bald as a ~** *colloq.* völlig kahl. **2.** *colloq.* Trottel m.

**coot·er** ['kuːtə(r)] s zo. **1.** (e-e) Dosenschildkröte. **2.** (e-e) Schmuckschildkröte. **3.** Alli'gatorschildkröte f.

**coot·ie** ['kuːtiː] s *Am. sl.* Kleiderlaus f.

**cop¹** [kɒp; *Am.* kɑp] s **1.** Spinnerei: a) (Garn)Kötzer m, (Garn)Winde f, b) Garnwickel m, -spule f, -knäuel m. **2.** a) Haufen m, b) (kleiner) Hügel.

**cop²** [kɒp; *Am.* kɑp] sl. **I** v/t **1.** erwischen (*at* bei): **to ~ s.o. doing s.th.** j-n (dabei) erwischen, wie er etwas tut; **to ~ it** ,sein Fett (ab)kriegen'; → **packet** 5. **2.** ,klauen', stehlen. **3. ~ a plea** *bes. Am.* sich wegen e-r kleinen Straftat schuldig bekennen (*um nicht wegen e-r größeren vor Gericht gestellt zu werden*). **II** v/i **4.** ~ **out** je-n Rückzieher machen, ,ausstiegen' (*of, on* aus): **to ~ out on society** aussteigen; b) sich drücken (**of, on** vor *dat*). **III** s **5.** *Br.* Erwischen n: **it's a fair ~** jetzt hat's mich erwischt. **6. no great ~, not much ~** *Br.* ,nicht so toll'. **7.** ,Bulle' m (*Polizist*): **to be on the ~s** bei der Polizei sein.

**co·pa·cet·ic** [ˌkəʊpə'setɪk; -'siː-] *adj Am. sl.* ,klasse', ,prima'.

**co·pal** ['kəʊpəl; -pl; kəʊ'pæl] s *tech.* Ko'pal(harz n) m.

**co·par·ce·nar·y** [ˌkəʊ'pɑːsənərɪ; *Am.* -'pɑːrsnˌeriː] s *jur.* gemeinschaftliches Eigentum (gleichberechtigter gesetzlicher Erben an Grundbesitz). **co'par·ce·ner** s Miterbe m, -erbin f, Miteigentümer(in).

**co·part·ner** [ˌkəʊ'pɑː(r)tnə(r)] s Teilhaber m, Mitinhaber m. **ˌco'part·ner·ship, ˌco'part·ner·y** s econ. **1.** Teilhaberschaft f. **2.** *Br.* Gewinn- od. Mitbeteiligung f (**of labour** der Arbeitnehmer).

**cope¹** [kəʊp] **I** v/i **1.** kämpfen, sich messen, es aufnehmen (**with** mit). **2.** (**with**) gewachsen sein (*dat*), fertig werden (mit), bewältigen, meistern (*acc*): **to ~ with the situation.** **3.** zu Rande kommen, die Lage meistern. **II** v/t **4.** *Br. obs.* a) kämpfen mit, b) j-m begegnen.

**cope²** [kəʊp] **I** s **1.** *relig.* Chor-, Vespermantel m, Chorrock m. **2.** *fig.* Mantel m. **3.** *fig.* Gewölbe n, Zelt n, Dach n: **the ~ of heaven** das Himmelszelt. **4.** → **coping.** **5.** *Gießerei:* obere Formhälfte. **II** v/t **6.** mit e-m Chorrock bekleiden. **7.** *arch.* (be)decken.

**co·peck** → kope(c)k.

**cope·mate** ['kəʊpmeɪt] s *obs.* **1.** Gegner m. **2.** Genosse m.

**Co·pen·ha·gen (blue)** [ˌkəʊpn'heɪɡən] s Graublau n.

**co·pe·pod** ['kəʊpɪpɒd; *Am.* -pəˌpɑd] s zo. Ruderfüßer m, Ruderfußkrebs m.

**cop·er¹** ['kəʊpə(r)] s mar. Branntweinschiff n, Küper m.

**cop·er²** ['kəʊpə(r)] s *Br.* Pferdehändler m.

**Co·per·ni·can** [kəʊ'pɜːnɪkən; *Am.* -'pər-] **I** *adj* koperni'kanisch: **~ system** astr. kopernikanisches (Welt)System. **II** s Koperni'kaner m.

**co·pe·set·ic** → copacetic.

**copes·mate** ['kəʊpsmeɪt] → copemate.

**'cope·stone** s **1.** *arch.* Deck-, Kappenstein m. **2.** *fig.* Krönung f, Schlußstein m.

**co·phas·al** [ˌkəʊ'feɪzl] *adj electr.* gleichphasig.

**cop·i·er** ['kɒpɪə(r); *Am.* 'kɑ-] s **1.** *tech.*

---

Ko'piergerät n, Ko'pierer m. **2.** → copyist.

**co·pi·lot** ['kəʊˌpaɪlət] s aer. 'Kopiˌlot m.

**cop·ing** ['kəʊpɪŋ] s arch. Mauerkappe f, -krönung f. **~ saw** s Laubsäge f. **~ stone** → copestone.

**co·pi·ous** ['kəʊpjəs; -pɪəs] *adj* (*adv* **~ly**) **1.** reich(lich), ausgiebig: **a ~ supply** ein reichlicher Vorrat; **~ footnotes** e-e Fülle von Fußnoten. **2.** gedankenreich. **3.** wortreich, weitschweifig, 'überschwenglich: **~ style.** **4.** produk'tiv, fruchtbar: **~ writer.** **'co·pi·ous·ness** s **1.** Reichlichkeit f, Fülle f, 'Überfluß m. **2.** Weitschweifigkeit f, Wortreichtum m.

**co·plain·tiff** [ˌkəʊ'pleɪntɪf] s jur. Mitkläger(in).

**co·pla·nar** [ˌkəʊ'pleɪnə(r)] *adj math.* kopla'nar.

**co·pol·y·mer** [ˌkəʊ'pɒlɪmə(r); *Am.* -'pɑ-] s *chem.* Copoly'mer n. **co·pol·y·mer·i·za·tion** [kəʊˌpɒlɪmərəˈzeɪʃn; *Am.* -ˌpɑləmərə'-] s Copolymerisati'on f. **co·pol·y·mer·ize** [ˌkəʊ'pɒlɪməraɪz; *Am.* -'pɑ-] v/t gleichzeitig polymeri'sieren.

**'cop-out** s sl. **1.** Vorwand m. **2.** Rückzieher m. **3.** ,Aussteiger(in)'.

**copped** [kɒpt; *Am.* kɑpt] *adj* zugespitzt, spitz.

**cop·per¹** ['kɒpə; *Am.* 'kɑpər] **I** s **1.** *min.* Kupfer n: **~ in rolls** Rollenkupfer; **~ in sheets** Kupferblech n. **2.** Kupfermünze f: **~s** Kupfergeld n. **3.** Kupferbehälter m, -gefäß n. **4.** (Kupfer-, *Br. bes.* Wasch-)Kessel m. **5.** *pl econ. colloq.* Kupferaktien *pl,* -werte *pl.* **6.** Kupferrot n. **II** v/t **7.** *tech.* a) verkupfern, b) mit Kupfer(blech) über'ziehen. **III** *adj* **8.** kupfern, aus Kupfer, Kupfer... **9.** kupferrot.

**cop·per²** ['kɒpə; *Am.* 'kɑpər] s sl. ,Bulle' m (*Polizist*): **~'s nark** *Br.* Polizeispitzel m.

**cop·per·as** ['kɒpərəs; *Am.* 'kɑ-] s chem. 'Eisenvitriˌol n, 'Ferrosulˌfat n.

**cop·per| beech** s bot. Blutbuche f. **~ blue** s Kupferblau n. **~-'bot·tomed** *adj* **1.** mit Kupferboden. **2.** *mar.* mit Kupferbeschlag od. Kupferhaut. **3.** *fig.* a) kerngesund, b) kapi'talkräftig. **~ chlo·ride** s chem. 'Kupferchloˌrid n, Chlorkupfer n. **~ en·grav·ing** s Kupferstich m (*Bild u. Technik*). **~ glance** s min. Kupferglanz m. **'~-head** s zo. Mokassinschlange f. **C~ In·di·an** s Ahteˌna-Indiˌaner m.

**cop·per·ize** ['kɒpəraɪz; *Am.* 'kɑ-] v/t tech. verkupfern, mit Kupfer über'ziehen.

**cop·per| loss** s electr. Kupferverlust m. **'~-nose** s **1.** sl. ,Lötkolben' m, Säufernase f. **2.** *orn.* Trauerente f. **~ ore** s min. Kupfererz n: **azure ~** Kupferlasur f; **green ~** Malachit m; **yellow ~** Kupferkies m. **'~-plate I** s tech. **1.** Kupferplatte f. **2.** Kupferstichdruck f. **3.** Kupferstich m: **like ~** → **6. 4.** gestochene Handschrift. **II** *adj* **5.** Kupferstich... **6.** (wie) gestochen: **~ writing.** **'~-platˌed** *adj* tech. 'kupferplatˌtiert, verkupfert. **'~-platˌing** s tech. (galvanische) Verkupferung, 'Kupferˌüberzug m. **~ py·ri·tes** s min. Kupferkies m. **~ red** s Kupferrot n. **~ rust** s Grünspan m. **'~-smith** s Kupferschmied m.

**cop·per·y** ['kɒpərɪ; *Am.* 'kɑ-] *adj* kupferig: a) kupferhaltig, b) kupferartig od. -farbig.

**cop·pice** ['kɒpɪs; *Am.* 'kɑpəs] s **1.** Niederwald m, 'Unterholz n, Gestrüpp n, Dickicht n. **2.** geschlagenes Holz. **3.** niedriges Wäldchen, Gehölz n. **~ shoot** s bot. Wasser-, Nebenreis n.

**co·pra** ['kɒprə; *Am.* 'kəʊ-; 'kɑ-] s Kopra f.

**cop·ro·la·li·a** [ˌkɒprəʊ'leɪljə; *Am.* ˌkɑprəl'-] s psych. Koprola'lie f (*krankhafte Neigung zum Aussprechen*

---

*obszöner Wörter, meist aus dem Analbereich*).

**cop·ro·lite** ['kɒprəlaɪt; *Am.* 'kɑ-] s geol. Kopro'lith m, Kotstein m. **'cop·ro·lith** [-lɪθ] s med. Kopro'lith m, Darm-, Kotstein m.

**cop·roph·a·gan** [kɒ'prɒfəgən; *Am.* kɑ'prɑ-] s zo. Kopro'phage m, Kotfresser m, bes. Mistkäfer m. **cop'roph·a·gist** [-dʒɪst] s med. psych. Kopro'phage(r m) f. **cop'roph·a·gous** [-gəs] *adj* zo. kopro'phag, kot-, mistfressend. **cop'roph·a·gy** [-dʒɪ] s **1.** zo. Kot-, Mistfressen n. **2.** med. psych. Kopropha'gie f, Kotessen n. **cop·ro·phil·i·a** [ˌkɒprəʊ'fɪlɪə; *Am.* ˌkɑprə'l-] s med. psych. Koprophi'lie f (*krankhaftes Interesse am Kot*). **cop'roph·i·lous** [-fɪləs] *adj* **1.** bot. kopro'phil, auf Mist gedeihend (*Pilze etc*). **2.** zo. kopro'phil, in Mist od. Kot lebend. **3.** med. psych. kopro'phil.

**copse** [kɒps; *Am.* kɑps], **'~-wood** → coppice.

**'cop·shop** s sl. (Poli'zei)Reˌvier n.

**'cops·y** *adj* buschig.

**Copt** [kɒpt; *Am.* kɑpt] s Kopte m, Koptin f.

**cop·ter** ['kɒptə(r); *Am.* 'kɑp-] s colloq. Hubschrauber m.

**Cop·tic** ['kɒptɪk; *Am.* 'kɑ-] **I** s ling. Koptisch n, das Koptische. **II** *adj* koptisch.

**cop·u·la** ['kɒpjʊlə; *Am.* 'kɑ-] *pl* **-las,** a. **-lae** [-liː] s **1.** Bindeglied n. **2.** Kopula f: a) ling. Bindewort n, Satzband n, b) philos. drittes Glied e-s Urteils. **3.** med. a) sero-'logisches Bindeglied, b) Ambo'zeptor m, Im'munkörper m.

**cop·u·late** ['kɒpjʊleɪt; *Am.* 'kɑ-] v/i kopu'lieren: a) koi'tieren, b) zo. sich paaren. **ˌcop·u·la·tion** s **1.** Verbindung f. **2.** ling. Verbindung f (*von Subjekt u. Prädikat*) durch e-e Kopula. **3.** Kopulati'on f: a) Koitus m, b) zo. Paarung f. **'cop·u·la·tive** [-lətɪv; *bes. Am.* -leɪtɪv] **I** *adj* **1.** verbindend, Binde... **2.** ling. verbindend, kopula'tiv (*Wort*). **3.** → copulatory. **II** s **4.** ling. Kopula f. **'cop·u·la·to·ry** [-lətərɪ; *Am.* -ləˌtəʊriː; -ˌtɔː-] *adj* biol. Kopulations...

**cop·y** ['kɒpɪ; *Am.* 'kɑpɪ] **I** s **1.** Ko'pie f, Abschrift f: **certified** (*od.* **exemplified**) **~** beglaubigte Abschrift; **fair** (*od.* **clean**) **~** Reinschrift; **rough** (*od.* **foul**) **~** erster Entwurf, Konzept n, Kladde f; **true ~** (wort)getreue Abschrift. **2.** 'Durchschlag m (*Schreibmaschinentext*). **3.** Pause f, (a. phot.) Abzug m. **4.** *jur.* a) Ausfertigung f (*e-r Urkunde*), b) *Br. hist.* Abschrift f des Zinsbuchs e-s Lehnsherrn, c) → copyhold. **5.** Nachahmung f, -bildung f, Reprodukti'on f, Ko'pie f: **~ of a painting;** **~ of a machine. 6.** Muster n, Mo'dell n, Vorlage f. **7.** *print.* a) (Satz)Vorlage f, druckfertiges Manu'skript, b) Kli'scheevorlage f, c) 'Umdruck m, d) Abklatsch m. **8.** Exem'plar n: **~ of a book. 9.** (Werbe-, Zeitungs- *etc*)Text m. **10.** (lite-'rarisches) Materi'al, Stoff m: **it makes good ~** das gibt e-n guten Stoff ab; **he is good ~** er ,gibt etwas her' (*für die Presse*). **II** v/t **11.** abschreiben, ko'pie anfertigen von, (*Computer*) Daten über'tragen: **to ~ down from the blackboard** von der Tafel abschreiben; **to ~ out** ins reine schreiben, abschreiben. **12.** (*'durch-, ab-*) pausen. **13.** *phot.* ko'pieren, e-n Abzug machen von. **14.** nachbilden, reprodu-'zieren. **15.** nachahmen, -machen, imi-'tieren, ko'pieren: **to ~ from life** nach dem Leben od. der Natur malen *etc.* **16.** j-n, etwas nachahmen, -machen, -äffen. **III** v/i **17.** ko'pieren, abschreiben (**from** von). **18.** *ped.* (vom Nachbarn) abschreiben. **19.** nachahmen.

**'cop·y·book I** s **1.** *bes. hist.* (Schön-)

Schreibheft n (mit Vorlagen): to blot one's ~ bes. Br. colloq. sich od. s-m Ruf schaden. 2. jur. Am. Kopi'albuch n. **II** adj **3.** all'täglich, abgedroschen. '~**cat** colloq. **I** s (bes. sklavischer od. gedankenloser) Nachahmer od. -macher: ~ criminal Nachahmungstäter m. **II** v/t (bes. sklavisch od. gedankenlos) nachahmen od. -machen. ~ **desk** s Redakti'onstisch m. ~ **ed·i·tor** s a) 'Zeitungsredak,teur(in), b) Lektor m, Lek'torin f. '~**hold** s jur. Br. hist. Zinslehen n, -gut n. '~**hold·er** s **1.** jur. Br. hist. Zinslehensbesitzer m. **2.** print. a) Manu'skripthalter m, b) Kor'rektorgehilfe m.

'**cop·y·ing** | **ink** s Ko'piertinte f. ~ **lathe** s tech. Ko'pier,drehma,schine f. ~ **ma-chine** s tech. Ko'piergerät n. ~ **pa·per** s Ko'pierpa,pier n. ~ **pen·cil** s Tintenstift m. ~ **press** s tech. hist. Ko'pierpresse f.

**cop·y·ist** ['kɒpɪɪst; Am. 'kɑ-] s **1.** Abschreiber m, Ko'pist m. **2.** Nachahmer m, Imi'tator m.

'**cop·y**|**read·er** Am. → copy editor. '~**right** jur. **I** s Urheberrecht n, Copyright n (in für od. von): ~ in designs econ. Br. Urheberrecht an Mustern, Musterschutz m. **II** v/t a) das Urheberrecht erwerben für od. von, b) urheberrechtlich schützen: to ~ a book. **III** adj urheberrechtlich geschützt. ~ **test** s Copy-test m (nach dem Copy-testing durchgeführte Untersuchung). ~ **test·ing** s Copy-testing n (werbepsychologische Untersuchungsmethode, die die Qualität e-s Werbemittels durch die Reaktion e-r Personengruppe darauf feststellt). ~ **typ-ist** s Schreibkraft f. '~**writ·er** s Werbetexter m.

**co·quet** [kɒ'ket; bes. Am. kəʊ'ket] v/i **1.** koket'tieren (with mit). **2.** fig. tändeln, spielen, liebäugeln (with mit). **co·quet-ry** ['kɒkɪtrɪ; bes. Am. 'kəʊ-] s **1.** Koket-te'rie f. **2.** Tände'lei f.

**co·quette** [kɒ'ket; bes. Am. kəʊ'ket] s ko'kettes Mädchen, kokette Frau. **co-'quet·tish** adj (adv ~ly) ko'kett.

**co·quille** [kɒ'kɪl; bes. Am. kəʊ'kɪl; a. -'ki:l] s **1.** Co'quille f: a) Muschelschale f, b) darin angerichtete Speise: ~ of turbot Steinbutt m in Muschelschalen. **2.** Stichblatt n: ~ of a sword. **3.** Rüsche f.

**co·qui·to** [kɒ'ki:təʊ; bes. Am. kəʊ'ki-] pl **-tos**, a. ~ **palm** s bot. Ko'quito-, Honigpalme f.

**cor** [kɔː] interj Br. sl. Mensch!, Mann!

**cor·a·cle** ['kɒrəkl; Am. a. 'kɑ-] s Boot aus mit Häuten überzogenem Weidengeflecht.

**cor·a·coid** ['kɒrəkɔɪd; Am. a. 'kɑ-] anat. zo. **I** adj **1.** rabenschnabelförmig. **II** s **2.** a. ~ **bone** Rabenschnabelbein n. **3.** a. ~ **process** Rabenschnabelfortsatz m.

**cor·al** ['kɒrəl; Am. a. 'kɑ-] **I** s **1.** zo. Ko'ralle f: a) (einzelner) Ko'rallenpo,lyp, b) Ko'rallen,stock n, c) Ko'rallenstock m. **2.** Ko'rallenstück n (zu Schmuck verarbeitet). **3.** Beißring m od. Spielzeug n (für Babys) aus Ko'ralle. **4.** Ko'rallenrot n. **5.** unbefruchteter Hummerrogen. **II** adj **6.** Korallen... **7.** ko'rallenrot. ~ **bead** s **1.** Ko'rallenperle f. **2.** pl Ko'rallenkette f. '~**ber·ry** s bot. Peterstrauch m (nordamer. rote Schneebeere). ~ **fish** s ichth. Ko'rallenfisch m. ~ **is·land** s Ko'rallen-insel f.

**cor·al·lif·er·ous** [,kɒrə'lɪfərəs; Am. a. ,kɑ-] adj zo. koralli'gen, ko'rallenbildend.

**cor·al·lin** ['kɒrəlɪn; Am. a. 'kɑ-] → coralline 5.

**cor·al·line** ['kɒrəlaɪn; Am. a. 'kɑ-] **I** adj **1.** geol. Korallen... **2.** ko'rallenähnlich. **3.** ko'rallenrot. **II** s **4.** bot. Ko'rallenalge f. **5.** [-lɪn; -lɪn] chem. Coral'lin n.

---

Ko'rallenske,lett n. **2.** geol. a) versteinerte Ko'ralle, b) Ko'rallenmarmor m. '**cor-al·loid** adj ko'rallenförmig.

**cor·al**| **rag** s geol. Ko'rallenkalk(stein) m. ~ **reef** s Ko'rallenriff n. '~**root** s bot. Ko'rallenwurz f. ~ **snake** s zo. Ko'rallenschlange f. ~ **tree** s bot. Ko'rallenbaum m. '~**wort** s bot. **1.** Zahnwurz f. **2.** → coralroot.

**cor an·glais** [,kɔːr'ɑ:ŋgleɪ; Am. -ɔːn'gleɪ] s mus. Englischhorn n.

**cor·beil** ['kɔː(r)bəl; kɔː(r)'beɪ] s arch. Blumen-, Fruchtkorb m (als Zierat).

**cor·bel** ['kɔː(r)bəl] arch. **I** s Kragstück n, -stein m, Kon'sole f: ~ **table** auf Kragsteinen ruhender Mauervorsprung, Bogenfries m; **pointed-arched** ~ **table** Spitzbogenfries m. **II** v/t pret u. pp **-beled**, bes. Br. **-belled** durch Kragsteine stützen. '**cor·bel·(l)ing** s arch. Vorkragung f.

**cor·bie** ['kɔː(r)bɪ] s Scot. **1.** Rabe m. **2.** Krähe f. ~ **ga·ble** s arch. Staffelgiebel m. '~**step** s arch. Giebelstufe f.

**cor bli·mey** → cor.

**cord** [kɔː(r)d] **I** s **1.** Leine f, Schnur f, Kordel f, Strick m, Strang m, Seil n: ~ fuse Leitfeuer n (Zündschnur). **2.** electr. (Leitungs-, Anschluß)Schnur f, Litze f. **3.** Strang m (des Henkers). **4.** anat. Band n, Strang m, Strang m. **5.** a) Rippe f (e-s Tuches), b) gerippter Stoff, Rips m, dann → corduroy 1, c) pl → corduroy 2. **6.** → cord tire. **7.** Klafter n, f (Raummaß für Holz etc = 3,6 m³). **8.** tech. Meßschnur f. **9.** Rippe f, Schnur f, Bund m (am Buchrücken). **II** v/t **10.** (mit Schnüren) befestigen, festbinden. **11.** ver-, zuschnüren. **12.** mit Schnüren verzieren. **13.** Holz zu Klaftern aufschichten. **14.** Buchrücken rippen. '**cord·age** s mar. Tauwerk n.

**cor·date** ['kɔː(r)deɪt] adj bot. zo. herzförmig (Muschel, Blatt etc).

**cord·ed** ['kɔː(r)dɪd] adj **1.** ge-, verschnürt. **2.** gerippt, gestreift (Stoff). **3.** aus Stricken gemacht: ~ ladder Strickleiter f. **4.** in Klaftern aufgestapelt (Holz).

**Cor·de·lier** [,kɔː(r)dɪ'lɪə(r)] s relig. Franzis'kaner(mönch) m.

**cord grass** s bot. (ein) Spartgras n.

**cor·dial** ['kɔː(r)djəl; Am. 'kɔː(r)dʒəl] **I** adj (adv ~ly) **1.** herzlich, freundlich, warm: a ~ reception. **2.** herzlich, aufrichtig: ~ thanks; to take a ~ dislike to s.o. e-e heftige Abneigung gegen j-n fassen. **3.** med. belebend, stärkend. **II** s **4.** med. pharm. belebendes Mittel, Stärkungsmittel n. **5.** Li'kör m. **6.** fig. Wohltat f, Labsal n (to für). **cor·di·al·i·ty** [,kɔː(r)dɪ'ælətɪ; Am. ,kɔː(r)dʒɪ'ælətɪ; kɔː(r)'dʒæl-], '**cor-dial·ness** s Herzlichkeit f, Wärme f.

**cor·di·er·ite** ['kɔː(r)dɪəraɪt] s min. Cordie'rit m.

**cor·di·form** ['kɔː(r)dɪfɔː(r)m] → cordate.

**cor·dil·le·ra** [,kɔː(r)dɪl'jeərə; Am. ,kɔː(r)dɪl-'jerə; kɔː(r)'dɪlərə] s Kettengebirge n, Kordil'lere f.

**cord·ite** ['kɔː(r)daɪt] s mil. Kor'dit n.

**cor·di·tis** [kɔː(r)'daɪtɪs] s med. Samenstrangzündung f.

**cor·do·ba** ['kɔː(r)dəbə] s Cordoba m (Münze u. Münzeinheit in Nicaragua).

**cor·don** ['kɔː(r)dn] **I** s **1.** Litze f, Kordel f. **2.** Ordensband n. **3.** Kor'don m: a) mil. Postenkette f, ~ of sentries, b) allg. Absperrkette f: ~ of police. **4.** Kette f, Spa'lier n (Personen). **5.** mil. Mauerkranz m: ~ of forts Festungsgürtel m. **6.** arch. Kranz(gesims n) m. **7.** agr. Kor'don m, 'Schnurspa,lierbaum m. **8.** her. (Knoten-)Strick m. **II** v/t **9.** ~ **off** (mit Posten od. Seilen) absperren od. abriegeln.

**cor·don bleu** [,kɔː(r)dɔ̃:m'blɜː] pl

---

**-don(s) bleus** [-dɔ̃:(z)'blɜː] s **1.** hist. Cordon bleu m: a) blaues Band des französischen Ordens vom Heiligen Geist, b) Ritter m des Ordens vom Heiligen Geist. **2.** fig. höchste Auszeichnung. **3.** hochgestellte Per'sönlichkeit. **4.** humor. erstklassiger Koch. **5.** gastr. Cordon bleu n.

**cor·do·van** ['kɔː(r)dəvən] s Korduan(leder) n.

**cord**| **stitch** s tech. Kettenstich m. ~ **tire**, bes. Br. ~ **tyre** s mot. Kordreifen m.

**cor·du·roy** ['kɔː(r)dərɔɪ] **I** s **1.** Kordsamt m, Ripssamt m. **2.** pl, a. ~**s** Kord(samt)hose f. **3.** a. ~ **road** Knüppeldamm m. **II** adj **4.** Kordsamt...

**cord·wain** ['kɔː(r)dweɪn] s obs. Korduan(leder) n. '**cord·wain·er** s **1.** the C~s die Gilde der Schuhmacher (der Londoner City). **2.** obs. Schuhmacher m.

'**cord·wood** s Klafterholz n.

**core** [kɔː(r)] **I** s **1.** bot. a) Kerngehäuse n, b) Kern m (e-r Frucht), c) Kernholz n (vom Baum). **2.** fig. (das) Innerste (e-r Sache), Seele f, Herz n, Mark n, Kern m: the ~ of the problem der Kern des Problems; to the ~ bis ins Innerste, zutiefst; English to the ~ ein Engländer durch u. durch: → rotten 1. **3.** electr. a) Kern m (Elektromagnet, Spule etc), b) Ankerkern m (Dynamo), c) Kabelkern m, Seele f (a. e-s Seils). **4.** tech. a) Furnierarbeit: Blindholz n, b) Bergbau etc: Bohrkern m: ~ drill Kernbohrer m; ~ drilling Bohrprobe f, c) Formerei: (Form)Kern m. **5.** arch. Kern m, Füllung f: ~ of a column. **6.** phys. a) 'Rumpfa,tom n, b) Re'aktorkern m. **7.** med. (Eiter-)Pfropf m (e-s Geschwürs). **II** v/t **8.** Obst entkernen, das Kerngehäuse entfernen von (Äpfeln etc).

**Co·re·an** → Korean.

**cored** [kɔː(r)d] adj **1.** a. tech. mit Kern (versehen): ~ electrode electr. Seelenelektrode f. **2.** entkernt, ohne Kerngehäuse. **3.** tech. hohl: ~ hole Kernloch n.

**co·re·late** [,kɔʊrɪ'leɪt], ,**co·re·la·tion** bes. Br. → correlate, correlation.

**co·re·li·gion·ist** [,kɔʊrɪ'lɪdʒənɪst] s Glaubensgenosse m, -genossin f.

**core mem·o·ry** s Computer: (Ma'gnet-) Kernspeicher m.

**co·re·op·sis** [,kɔʊrɪ'ɒpsɪs; Am. ,kəʊrɪ'ɑp-] s bot. Mädchenauge n.

**cor·er** ['kɔːrə(r)] s Fruchtentkerner m.

**co·re·spond·ent** [,kɔʊrɪ'spɒndənt; Am. -'spɑn-] s jur. Mitbeklagte(r m) f (bes. im Ehescheidungsverfahren).

**core time** s Kernzeit f (Ggs. Gleitzeit).

**corf** [kɔː(r)f] pl **corves** [kɔː(r)vz] s Br. **1.** Bergbau: Förderkorb m, Schlepptrog m. **2.** Fischkorb m (im Wasser).

**cor·gi** ['kɔː(r)gɪ] → Welsh corgi.

**co·ri·a** ['kɔːrɪə; Am. a. 'kəʊ-] pl von corium.

**co·ri·a·ceous** [,kɒrɪ'eɪʃəs; Am. ,kəʊ-] adj Leder..., aus Leder, Leder..., b) zäh.

**co·ri·an·der** [,kɒrɪ'ændə(r); Am. ,kəʊ-] s bot. Kori'ander m.

**co·rinne** [kɔ'rɪn] s zo. Ga'zelle f.

**cor·inth** ['kɒrɪnθ; Am. 'kɑr-] s (ein) roter Farbstoff: Congo ~ Kongo(rot) m.

**Co·rin·thi·an** [kə'rɪnθɪən] **I** adj **1.** ko'rinthisch. **2.** fig. a) reichverziert, b) prezi'ös: ~ style. **3.** fig. ausschweifend. **II** s **4.** Ko'rinther(in). **5.** pl (als sg konstruiert) Bibl. (Brief m des Paulus an die) Ko'rinther pl. **6.** Mann m von Welt.

**Cor·i·o·lis force** [,kɒrɪ'əʊlɪs; Am. a. ,kəʊ-] s phys. Cori'olis-Kraft f.

**co·ri·um** ['kɔːrɪəm; Am. a. 'kəʊ-] **co·ri·va** [-rɪə] s anat. u. zo. Lederhaut f.

**cork** [kɔː(r)k] **I** s **1.** Kork(rinde f) m, Rinde f der Korkeiche. **2.** → cork oak. **3.** Korken m, Kork(stöpsel) m, Pfropfen m. **4.** Gegenstand aus Kork, bes. Angel-

kork *m*, Schwimmer *m*. **5.** *bot.* Kork *m*, Peri'derm *n*. **II** *v/t* **6.** *oft* ~ up zu-, verkorken. **7.** mit gebranntem Kork schwärzen.

**corked** [kɔː(r)kt] *adj* **1.** verkorkt, zugekorkt, verstöpselt. **2.** korkig, nach Kork schmeckend (*Wein*). **3.** *Br. sl.* ,blau' (*betrunken*). '**cork·er** *s* **1.** Verkorker(in). **2.** *sl.* entscheidendes Argu'ment. **3.** *sl.* a) ,Knüller' *m*, ,Schlager' *m*, ,tolles Ding', b) ,Mordskerl' *m*. '**cork·ing** *adj* *sl.* ,prima', ,phan'tastisch'.

**cork**| **jack·et** *s* Kork-, Schwimmweste *f*. ~ **leg** *s colloq.* Holzbein *n*. ~ **oak** *s bot.* Korkeiche *f*.

**cork·screw** ['kɔː(r)kskruː] **I** *s* **1.** Korkenzieher *m*. **II** *v/t colloq.* **2.** ('durch)winden, (-)schlängeln, spi'ralig bewegen. **3.** mühsam (her'aus)ziehen (out of aus): to ~ the truth out of s.o. *fig.* die Wahrheit aus j-m herausziehen. **III** *v/i* **4.** sich winden, sich schlängeln. **IV** *adj* **5.** spi'ralig gewunden, korkenzieherförmig: ~ curl Korkenzieherlocke *f*; ~ staircase Wendeltreppe *f*.

**cork**| **sole** *s* Kork-Einlegesohle *f*. '**~-tipped** *adj* mit Korkfilter (*Zigarette*). ~ **tree** → cork oak. '**~wood** *s bot.* **1.** a) Korkholzbaum *m*, Korkholz *n*. **2.** → balsa 1.

**cork·y** ['kɔː(r)kɪ] *adj* **1.** korkartig, Kork... **2.** *obs.* schrump(e)lig. **3.** → corked 2. **4.** *colloq.* lebhaft, ,kreuzfi'del', ,aufgedreht'.

**corm** [kɔː(r)m] *s bot.* Kormus *m*, beblätterter Sproß.

**cor·mi** ['kɔː(r)maɪ] *pl von* cormus.

**cor·mo·phyte** ['kɔː(r)məfaɪt] *s bot.* Kormus-, Sproßpflanze *f*.

**cor·mo·rant** ['kɔː(r)mərənt] *s* **1.** *orn.* Kormo'ran *m*, Scharbe *f*. **2.** *fig.* a) Vielfraß *m*, b) raffgierige Per'son.

**cor·mus** ['kɔː(r)məs] *pl* **-mi** [-maɪ] *s* **1.** *zo.* Tierstock *m*, Kormus *m*. **2.** *bot.* → corm.

**corn¹** [kɔː(r)n] **I** *s* **1.** (Samen-, Getreide-) Korn *n*: to acknowledge the ~ *Am. colloq.* sich geschlagen geben. **2.** *collect.* Korn(frucht *f*) *n*, Getreide *n*, *bes.* a) *Br.* Weizen *m*, b) *Scot. u. Ir.* Hafer *m*: ~ in the ear Korn in Ähren. **3.** *a.* Indian ~ *Am.* Mais *m*. *Am.* Maisgemüse *n*: ~ on the cob Maiskörner *pl* am Kolben (*als Gemüse serviert*). **5.** → corn whisky. **6.** *sl.* (sentimen'taler) Kitsch, ,Schnulze' *f*. **II** *v/t* **7.** mit Getreide *od. Am.* Mais füttern. **8.** pökeln, einsalzen: → corned 1. **9.** ~ up *sl.* verkitschen. **III** *v/i* **10.** Korn ansetzen (*Getreide*).

**corn²** [kɔː(r)n] *s med.* Hühnerauge *n*: to step (*od.* tread) on s.o.'s ~s *fig.* j-m ,auf die Hühneraugen treten'.

**corn**| **belt** *s* Maisgürtel *m* (*Gebiet in USA, bes. Indiana, Illinois, Iowa, Kansas*). '**~bind** [-baɪnd], *Am.* ~ **bind·weed** *s bot.* Ackerwinde *f*. '**~brash** *s geol.* Rogenstein *m*. '**~bread** *s Am.* Maisbrot *n*. '**~cake** *s Am.* (Pfann)Kuchen *m* aus Maismehl. ~ **chan·dler** *s Br.* Korn-, Saathändler *m*. '**~cob** *s Am.* **1.** Maiskolben *m*. **2.** *a.* ~ pipe aus dem Strunk e-s Maiskolbens gefertigte Tabakspfeife. ~ **cock·le** *s bot.* Kornrade *f*. '**~col·o(u)r** *s* Maisgelb *n*. '**~crack·er** *s Am.* Maisschrotmühle *f*. **2.** *colloq.* Einwohner(in) von Ken'tucky. '**~crake** *s orn.* Wiesenknarre *f*. '**~crib** *s Am.* luftiger Maisspeicher. ~ **dodg·er** *s Am. dial.* a) hartgebackener Maiskuchen, b) Maiskloß *m*.

**cor·ne·a** ['kɔː(r)nɪə] *pl* **-as**, **-ae** [-iː] *s anat.* Kornea *f*, Hornhaut *f* (*des Auges*). '**cor·ne·al** *adj* Hornhaut...

'**corned** [kɔː(r)nd] *adj* **1.** gepökelt, eingesalzen: ~ beef Corned beef *n*, gepökeltes

---

Rindfleisch. **2.** gekörnt, genarbt (*Leder*). **3.** körnig.

**cor·nel** ['kɔː(r)nl] *s bot.* Kor'nelkirsche *f*. **cor·nel·ian¹** [kɔː(r)ni:ljən] *adj:* ~ cherry → cornel.

**cor·nel·ian²** [kɔː(r)ni:ljən] *s min.* Karne'ol *m*.

**cor·ne·ous** ['kɔː(r)nɪəs] *adj* hornig.

**cor·ner** ['kɔː(r)nə(r)] **I** *s* **1.** (Straßen-, Häuser)Ecke *f*, *bes. mot.* Kurve *f*: at the ~ an der Ecke; just (a)round the ~ gleich um die Ecke; to take a ~ *mot.* e-e Kurve nehmen; to turn the ~ um die (Straßen)Ecke biegen; he's turned the ~ *fig.* er ist über den Berg; to cut ~s a) *mot.* die Kurven schneiden, b) *fig.* die Sache abkürzen; to cut off a ~ *bes. Br.* e-e Ecke (*durch e-n Abkürzungsweg*) abschneiden. **2.** Winkel *m*, Ecke *f*: ~ of the mouth Mundwinkel; to look at s.o. from the ~ of one's eye j-n aus den Augenwinkeln (heraus) ansehen; to put a child in the ~ ein Kind in die Ecke stellen. **3.** *fig.* schwierige Lage, ,Klemme' *f*: to drive (*od.* force, put) s.o. into a ~ j-n in die Enge treiben; to be in a tight ~ in der Klemme sein *od.* sitzen *od.* stecken. **4.** entlegene Gegend: from the four ~s of the earth aus der ganzen Welt. **5.** *fig.* Ecke *f*, Ende *n*, Seite *f*: they came from all ~s sie kamen von allen Ecken u. Enden. **6.** (verstärkte) Ecke, Eckenverstärkung *f*: book ~. **7.** *sport* a) Fußball *etc*: Eckball *m*, Ecke *f*, b) Boxen: (Ring-) Ecke *f*. **8.** *econ.* Schwänze *f*, Corner *m*, Korner *m*: a) Aufkäufergruppe *f*, (Spekulati'ons)Ring *m*, b) (Aufkauf *m* zwecks) Mono'polbildung *f*: ~ in cotton Baumwollkorner. **9.** *fig.* Mono'pol *n* (on auf *acc*): a ~ on virtue.

**II** *v/t* **10.** mit Ecken versehen. **11.** in e-e Ecke stellen *od.* treiben. **12.** j-n in die Enge treiben. **13.** a) *econ.* Ware (spekula'tiv) aufkaufen, cornern: to ~ the market den Markt aufkaufen, b) *fig.* mit Beschlag belegen.

**III** *v/i* **14.** *Am.* e-e Ecke *od.* e-n Winkel bilden. **15.** *Am.* an e-r Ecke gelegen sein. **16.** *mot.* e-e Kurve nehmen: to ~ well gut in der Kurve liegen, e-e gute Kurvenlage haben. **17.** *econ.* e-n Corner bilden. '**~boy** *s bes. Br.* Eckensteher *m*. '**~chis·el** *s tech.* Kantbeitel *m*. ~ **cup·board** *s* Eckschrank *m*.

**cor·nered** ['kɔː(r)nə(r)d] *adj* **1.** eckig. **2.** *fig.* in die Enge getrieben: (as) savage as a ~ rat. **3.** *in Zssgn* ...eckig.

**cor·ner**| **flag** *s sport* Eckfahne *f*. ~ **hit** *s Hockey*: Eckschlag *m*. ~ **house** *s* Eckhaus *n*.

**cor·ner·ing** ['kɔː(r)nərɪŋ] *s mot.* Kurvenfahren *n*: ~ stability Kurvenstabilität *f*.

**cor·ner**| **joint** *s tech.* Winkelstoß *m*. ~ **kick** *s Fußball*: Eckstoß *m*. ~ **seat** *s rail. etc* Eckplatz *m*. ~ **shop** *s* Tante-Emma-Laden *m*. ~ **stone** *s* **1.** *arch.* a) Eckstein *m*, b) Grundstein *m*: to lay the ~ den Grundstein legen. **2.** *fig.* Grundstein *m*, Eckpfeiler *m*. ~ **tooth** *s irr zo.* Eck-, Hakenzahn *m* (*des Pferdes*). '**~wise** *adv* **1.** mit der Ecke nach vorn. **2.** diago'nal.

**cor·net** ['kɔːnɪt; *Am.* kɔːr'net] *s* **1.** *mus.* a) (Ven'til-, Pi'ston)Kor,nett *n*, b) *hist.* Zink *m* (*Holzblasinstrument*), c) Kor'nett *n* (*Orgelstimme*), d) Kornet'tist *m*. **2.** (spitze) Tüte. **3.** a) *Br.* Eistüte *f*, b) Cremerolle *f*, -törtchen *n*. **4.** Schwesternhaube *f*. **5.** *hist.* (*e-e*) reichverzierte Frauenhaube. **6.** *mil. hist.* a) Fähnlein *n*, Reitertrupp *m*, b) Kor'nett *m*, Fähnrich *m* (*der Kavallerie*). **~-à-pis·tons** [,kɔː-nɪtə'piːstəns; *Am.* kɔːr,piː-] *pl* **cornets-à-pis·tons** [,kɔːnɪtsə'pɪstənz; *Am.* kɔːr,netsə-] → cornet 1 a.

---

**cor·net·cy** ['kɔː(r)nɪtsɪ] *s mil. hist.* Fähnrichs-, Kor'nettstelle *f*.

**cor·net·ist** ['kɔːnɪtɪst; *Am.* kɔːr'net-], **cor'net·tist** [-'netɪst] *s mus.* Kornet'tist *m*.

**corn**| **ex·change** *s econ. Br.* Getreidebörse *f*. ~ **fac·tor** *s* Kornhändler *m*. '**~fed** *adj* **1.** mit Getreide *od. Am.* Mais gefüttert. **2.** *fig.* gesund u. wohlgenährt. '**~field** *s* **1.** *Br.* Korn-, Getreidefeld *n*. **2.** *Am.* Maisfeld *n*. ~ **flag** *s bot.* **1.** → gladiolus. **2.** Gelbe Schwertlilie. '**~flakes** *pl* Corn-flakes *pl*. ~ **flour** *s Br.* Stärkemehl *n*. '**~flow·er** *s* **1.** *bot.* Kornblume *f*. **2.** *bot.* Kornrade *f*. **3.** Kornblumenblau *n*.

**cor·nice** ['kɔː(r)nɪs] *s* **1.** *arch.* (*Dach- od. Säulen*)Gesims *n*, Sims *m*, Kar'nies *n*. **2.** Kranz-, Randleiste *f* (*an Möbelstücken etc*). **3.** Bilderleiste *f* (*zum Bilderaufhängen*). **4.** (Schnee)Wächte *f*. **II** *v/t* **5.** mit e-m Sims *etc* versehen.

**cor·nif·er·ous** [kɔː(r)'nɪfərəs] *adj geol.* hornsteinhaltig. **cor'nif·ic** *adj* hornbildend. **cor'nig·er·ous** [-'nɪdʒərəs] *adj* gehörnt: ~ animals Hornvieh *n*.

**Cor·nish** ['kɔː(r)nɪʃ] **I** *adj* kornisch, aus Cornwall. **II** *s* Kornisch *n*: a) kornische Sprache, b) *in Cornwall gesprochener englischer Dialekt.* '**~man** [-mən] *s irr* Einwohner *m* von Cornwall.

**Corn**| **Laws** *s pl hist.* Korngesetze *pl* (*in England zwischen 1476 u. 1846*). '**~loft** *s Br.* Getreidespeicher *m*. '**~mar·i·gold** *s bot.* Gelbe Wucherblume. '**~meal** *s Am.* Maismehl *n*. '**~mill** *s* **1.** *Br.* Getreidemühle *f*. **2.** *Am.* 'Maisquetschma,schine *f*.

**corn·no·pe·an** [kə'nəupjən; kɔ:'n-; *Am.* ,kɔ:rnə'pi:ən; kɔ:r'nəupɪən] → cornet 1 a.

**corn**| **oys·ter** *s Am.* (Art) Maispfannkuchen *m*. ~ **pick·er** *s agr. Am.* Maiskolbenpflücker *m* (*Maschine*). '**~pipe** *s* Halmflöte *f*. ~ **plas·ter** *s* Hühneraugenpflaster *n*. ~ **pone** *s Am. dial.* Maisbrot *n* (*oft ohne Milch u. Eier*). ~ **pop·per** *s Am.* Maisröster *m* (*Gerät*). ~ **pop·py** *s bot.* Klatsch-, Feldmohn *m*. '**~rose** *s* **1.** *obs.* → corn poppy. **2.** → corn cockle. ~ **sal·ad** *s bot.* (*ein*) 'Feldsa,lat *m*. '**~snow** *s* Firn *m*. '**~stalk** *s* **1.** *Br.* Getreidehalm *m*. **2.** *Am.* Maisstengel *m*. **3.** *Austral. colloq.* a) ,Bohnenstange' *f* (*lange, dünne Person*), b) *Australier aus Neusüdwales*. '**~starch** *s Am.* Stärkemehl *n*.

**cor·nu** ['kɔː(r)nju:; *Am. a.* -nu:] *pl* **-nu·a** [-njuə; *Am.* -njəwə; -nəwə] *s anat.* **1.** Horn *n*. **2.** Dornfortsatz *m*.

**cor·nu·co·pi·a** [,kɔː(r)nju'kəupjə; -pɪə; *Am.* -nə-] *s* **1.** Füllhorn *n* (*a. fig.*). **2.** *fig.* (of) Fülle *f* (von), Reichtum *m* (an *dat*), 'Überfluß *m* (an *dat*). ,**cor·nu'co·pi·an** *adj* überreichlich.

**cor·nute** [kɔː(r)nju:t; *Am. a.* -'nu:t] **I** *adj biol.* **1.** gehörnt. **2.** hornförmig, -artig. **II** *v/t* **3.** *obs.* zum Hahnrei machen. **cor'nut·ed** → cornute I.

**corn**| **wee·vil** *s zo.* **1.** Kornkäfer *m*. **2.** *Am.* (*ein*) Getreiderüsselkäfer *m*. ~ **whis·key** *s Am.* Maiswhiskey *m*.

**corn·y** ['kɔː(r)nɪ] *adj* **1.** a) *Br.* Korn..., Getreide..., b) *Am.* aus Mais ('hergestellt), Mais... **2.** a) *Br.* korn-, getreidereich, b) *Am.* maisreich (*Gegend*). **3.** körnig. **4.** *sl.* a) sentimen'tal, ,schmalzig', b) kitschig, c) abgedroschen: a ~ joke ein Witz ,mit Bart'.

**co·rol·la** [kə'rɒlə; *Am.* -'rɑ-] *s bot.* Blumenkrone *f*.

**cor·ol·lar·y** [kə'rɒlərɪ; *Am.* 'kɔːrə,leri:; '·kɑ-] **I** *s* **1.** *philos.* Korol'lar(ium) *n* (*Satz, der selbstverständlich aus e-m bewiesenen Satz folgt*). **2.** logische Folge, na'türliche Folge, Ergebnis *n* (of, to von): as a ~ to this als e-e Folge hiervon. **II** *adj* **3.** *philos.* sich als

Korol'lar(ium) ergebend. **4.** na¹türlich folgend, sich logischerweise ergebend.
**cor·ol·late** [ˈkɒrələt; -leɪt; *Am.* kəˈrɑleɪt; ˈkɒːrə-], **ˈcor·ol·lat·ed** [-leɪtɪd], **coroll·lif·er·ous** [-ˈlɪfərəs] *adj bot.* e-e Blumenkrone tragend.

**co·ro·na** [kəˈrəʊnə] *pl* **-nas** *od.* **-nae** [-niː] *s* **1.** *astr.* a) Hof *m*, Kranz *m* (*um Sonne u. Mond*), b) Ko¹rona *f* (*Strahlenkranz der Sonne*). **2.** *arch.* Kranzleiste *f*, -gesims *n*. **3.** *anat.* Kranz *m*. **4.** *med.* (Zahn)Krone *f*. **5.** *bot.* Nebenkrone *f*. **6.** *a.* **~ discharge** *electr.* Ko¹rona *f*, Glimm-, Sprühentladung *f*. **7.** *Phonetik*: a) Zungenspitze *f*, b) oberer Zahnrand. **8.** ringförmiger Kronleuchter (*in Kirchen*). **9.** e-e lange Zigarre. **C~ Aus·tra·lis** [ɒˈstreɪlɪs] *gen* **Co·ro·nae Aus·tra·lis** *s astr.* Südliche Krone (*Sternbild*). **C~ Bo·re·a·lis** [ˌbɔːrɪˈeɪlɪs; *Am.* -ˈæləs] *gen* **Co·ro·nae Bo·re·a·lis** *s astr.* Nördliche Krone (*Sternbild*).
**cor·o·nach** [ˈkɒrənək] *s Scot. u. Ir.* Totenklage *f*.
**co·ro·nae** [kəˈrəʊniː] *pl von* **corona**.
**cor·o·nal** [ˈkɒrənl; *Am. a.* ˈkɑ-] **I** *s* **1.** *poet.* Stirnreif *m*, Dia¹dem *n*. **2.** (Blumen-)Kranz *m*. **3.** *a.* **~ suture** *anat.* Kranznaht *f*. **II** *adj* [a. kəˈrəʊnl] **4.** *bes. anat.* Kron(en)..., Kranz...: **~ artery** → **coronary artery**. **5.** *Phonetik*: a) koro¹nal, b) alveo¹lar (*Laut*).
**cor·o·nar·y** [ˈkɒrənərɪ; *Am.* -ˌnerɪ; *a.* ˈkɑ-] **I** *adj* **1.** Kronen..., Kranz... **2.** *anat.* a) kranzartig angeordnet, b) koro¹nar, die Koro¹nar- *od.* ¹Kranzar¸terie betreffend. **II** *s* → **coronary thrombosis. ~ ar·ter·y** *s anat.* Koro¹nar-, ¹Kranzar¸terie *f*. **~ scle·ro·sis** *s irr med.* Koro¹narskle¸rose *f*. **~ throm·bo·sis** *s irr med.* Koro¹narthrom¸bose *f*. **~ ves·sel** *s anat.* (Herz)Kranz-, Koro¹nargefäß *n*.
**cor·o·nate** [ˈkɒrəneɪt; *Am. a.* ˈkɑ-] *v/t selten* krönen (*a. fig.*). **¸cor·o¹na·tion** *s* **1.** a) Krönung *f* (*a. fig.*), b) Krönungsfeier *f*: **~ oath** Krönungseid *m*; **C~ Stone** Krönungsstein *m* (*im Krönungssessel der englischen Könige*). **2.** Damespiel: Aufein¹andersetzen *n* zweier Steine (*zur Dame*).
**cor·o·ner** [ˈkɒrənə(r); *Am. a.* ˈkɑ-] *s jur.* **1.** Coroner *m* (*richterlicher Beamter zur Untersuchung der Todesursache in Fällen gewaltsamen od. unnatürlichen Todes*): **~'s inquest** gerichtliches Verfahren zur Untersuchung der Todesursache. **2.** *Br. hist.* Beamter für die Verwaltung des Privatvermögens der Krone in e-r Grafschaft.
**cor·o·net** [ˈkɒrənɪt; *Am. bes.* ˌkɒrəˈnet; ˌkɑ-] *s* **1.** kleine Krone, Krönchen *n*. **2.** Adelskrone *f*. **3.** Dia¹dem *n*, Kopfputz *m* (*für Frauen*). **4.** Hufkrone *f* (*des Pferdes*). **cor·o¹net·ed**, *bes. Br.* **cor·o·net·ted** [ˈkɒrənetɪd; ¸-ˈnetɪd; *Am.* ˈkɑ-; ¸kɑ-] *adj* **1.** e-e Krone *od.* ein Dia¹dem tragend. **2.** ad(e)lig. **3.** mit e-r Adelskrone (versehen) (*Briefpapier etc*).
**co·ro·zo** [kəˈrəʊsəʊ] *pl* **-zos**, *a.* **~ palm** *s bot.* **1.** Elfenbeinpalme *f*. **2.** Acro¹comie *f*. **3.** → **cohune**.
**cor·po·ra** [ˈkɔː(r)pərə] *pl von* **corpus**.
**cor·po·ral**[1] [ˈkɔː(r)pərəl; -prəl] **I** *adj* (*adv* **~ly**) **1.** körperlich, leiblich: **~ punishment** körperliche Züchtigung, Prügelstrafe *f*, b) *jur.* Körperstrafe *f*. **2.** persönlich: **~ possession** *a.* **~ oath** *jur.* körperlicher Eid. **II** *s* **3.** *R.C.* Korpo¹rale *n* (*Unterlage für Hostienteller u. Kelch*).
**cor·po·ral**[2] [ˈkɔː(r)pərəl; -prəl] *s* **1.** *mil.* ¹Unteroffi¸zier *m*, *mar. a.* Maat *m*. **2.** Obergefreite(r) *m* (*der US-Marine-Infanterie*).
**cor·po·ral·i·ty** [ˌkɔː(r)pəˈrælətɪ] *s* Körperlichkeit *f*.
**cor·po·rate** [ˈkɔː(r)pərət; -prət] *adj*

**1.** a) *jur.* (*zur Körperschaft*) vereinigt, korpora¹tiv, körperschaftlich, b) *jur.* Körperschafts..., c) *jur.* zu e-r Körperschaft gehörig, inkorpo¹riert, d) *econ. Am.* e-r (Kapi¹tal- *od.* Gesellschaft, Gesellschafts..., Firmen...: **~ body** → **corporation** 1; **~ counsel** *Am.* Syndikus *m* (*e-r Aktiengesellschaft*); **~ member** Vollmitglied *n* e-r Körperschaft *od.* (*Am.*) e-r (Aktien)Gesellschaft; **~ name** a) *Br.* Name *m* e-r juristischen Person, b) *Am.* Firmenname *m*; **~ planning** *Am.* Unternehmensplanung *f*; **~ seal** a) *Br.* Siegel *n* e-r juristischen Person, b) *Am.* Firmensiegel *n*; **~ stock** *Am.* Aktien (*e-r Gesellschaft*); **~ tax** *Am.* Körperschaftssteuer *f*; **~ town** Stadt *f* mit eigenem Recht. **2.** → **corporative** 2. **3.** gemeinsam, kollek¹tiv: **to take ~ action** gemeinsam handeln. **ˈcor·po·rate·ly** *adv* **1.** als Körperschaft, korpora¹tiv. **2.** als Ganzes, gemeinsam.
**cor·po·ra·tion** [ˌkɔː(r)pəˈreɪʃn] *s* **1.** *jur.* Korporati¹on *f*, Körperschaft *f*, ju¹ristische Per¹son: **~ aggregate** *juristische Person, die aus e-r Vereinigung mehrerer natürlicher Personen besteht*; **~ sole** *einzelne Person mit Rechtspersönlichkeit*; **~ tax** Körperschaftssteuer *f*; → **public corporation. 2.** Vereinigung *f*, Gesellschaft *f*. **3.** *a.* **stock ~** *econ. Am.* (Aktien)Gesellschaft *f*; **~ counsel** Syndikus *m*; **~ law** Aktienrecht *n* *od.* -gesetz *n*; → **close corporation** 1, **private** 2. **4.** *Br.* Gilde *f*, Zunft *f*, Innung *f*: **~ of merchants** (*od.* **traders**) Handelsinnung *f*. **5.** *Br.* Stadtbehörde *f*, -verwaltung *f*. **6.** *colloq.* Schmerbauch *m*.
**cor·po·ra·tive** [ˈkɔː(r)pərətɪv; *Am. a.* -pəˌreɪtɪv] *adj* **1.** a) *jur.* korpora¹tiv, körperschaftlich, b) *econ. Am.* Gesellschafts...: **~ investor** investierende Kapitalgesellschaft. **2.** *pol.* korpora¹tiv, Korporativ... (*Staat, System*). **ˈcor·po·ra·tor** [-reɪtə(r)] *s* Mitglied *n* e-r corporation.
**cor·po·re·al** [kɔː(r)ˈpɔːrɪəl; *Am. a.* -ˈpəʊ-] *adj* (*adv* **~ly**) **1.** körperlich, leiblich. **2.** materi¹ell, dinglich, greifbar: **~ hereditament** *jur.* a) *Br.* Grundbesitz *m*, b) *Am.* vererbliche Gegenstände. **cor·po·re·al·i·ty** [-ˈælətɪ] → **corporality**. **corˈpo·re·al·ize** *v/t* verkörperlichen.
**cor·po·re·i·ty** [ˌkɔː(r)pəˈriːətɪ; *Am.* -ˈreɪtɪ] *s* Körperlichkeit *f*, körperliche Sub¹stanz.
**cor·po·sant** [ˈkɔː(r)pəzænt; -zənt; *Am. bes.* -¸sænt] *s* Elmsfeuer *n*.
**corps** [kɔː(r)p] *pl* **corps** [-z] *s* **1.** *mil.* a) *a.* **army ~** [Ar¹mee]Korps *n*, b) Korps *n*, Truppe *f*: **~ of engineers** Pioniertruppe; **volunteer ~** Freiwilligenkorps, -truppe. **2.** Körperschaft *f*, Corps *n*: **~ diplomatic** 1. **3.** Corps *n*, Korporati¹on *f*, stu¹dentische Verbindung (*in Deutschland*). **~ de bal·let** [ˌkɔː(r)dəˈbæleɪ; *Am.* -dəbæˈleɪ] *s* Corps *n* de bal¹let, Bal¹lettgruppe *f*. **~ d'é·lite** [ˌkɔː(r)derˈliːt] *s* **1.** *mil.* E¹litetruppe *f*. **2.** *fig.* E¹lite *f*. **~ di·plo·ma·tique** [ˈkɔː(r)ˌdɪpləməˈtiːk] *s pol.* diplo¹matisches Korps.
**corpse** [kɔː(r)ps] *s* Leichnam *m*, Leiche *f*.
**cor·pu·lence** [ˈkɔː(r)pjʊləns], *a.* **ˈcor·pu·len·cy** *s* Korpu¹lenz *f*, Beleibtheit *f*. **ˈcor·pu·lent** *adj* (*adv* **~ly**) korpu¹lent, beleibt.
**cor·pus** [ˈkɔː(r)pəs] *pl* **ˈcor·po·ra** [-pərə] *s* **1.** Korpus *n*, Sammlung *f*: **literary ~**; **the ~ of English law. 2.** Groß-, Hauptteil *m*, *bes. econ.* ¹Stammkapi¸tal *n* (*Ggs. Zinsen u. Ertrag*). **3.** *obs.* → **corpse**, b) *zo.* Ka¹daver *m*. **C~ Chris·ti** [ˈkrɪstɪ] *s relig.* Fron¹leichnam(sfest *n*) *m*.
**cor·pus·cle** [ˈkɔː(r)pʌsl] *s* **1.** *biol.* (Blut-)

Körperchen *n*. **2.** *chem. phys.* Kor¹puskel *n*, *f*, Elemen¹tarteilchen *n*. **corˈpus·cu·lar** [-ˈpʌskjʊlə(r)] *adj chem. phys.* korpusku¹lar: **~ theory** (**of light**) Korpuskulartheorie *f* (*des Lichtes*). **corˈpus·cule** [-kjuːl] → **corpuscle**.
**cor·pus de·lic·ti** [dɪˈlɪktaɪ] *s jur.* Corpus *n* de¹licti: a) Tatbestand *m*, b) Tatbestandsverwirklichung *f*, c) (*nicht jur.*) Beweisstück *n*, *bes.* Leiche *f* (*des Ermordeten*). **~ ju·ris** [ˈdʒʊərɪs] *s jur.* Corpus *n* juris, Gesetzessammlung *f*.
**cor·ral** [kɔːˈrɑːl; kə-; *Am.* kəˈræl] *bes. Am.* **I** *s* **1.** Kor¹ral *m*, Hürde *f*, Pferch *m*. **2.** *hist.* Wagenburg *f* (*von Siedlern*). **II** *v/t* **3.** Vieh in e-n Pferch treiben. **4.** *fig.* einpferchen, -sperren. **5.** *hist.* Wagen zu e-r Wagenburg zs.-stellen. **6.** *colloq.* mit Beschlag belegen, sich (*etwas*) aneignen *od.* ¸schnappen'.
**cor·rect** [kəˈrekt] **I** *v/t* **1.** (o.s. sich) korri¹gieren, verbessern, berichtigen: **I must ~ this statement** ich muß das richtigstellen. **2.** zu¹rechtweisen, tadeln: **I stand ~ed** ich gebe m-n Fehler zu, *a.* ich nehme alles zurück. **3.** *j-n od. etwas* (be)strafen (**for wegen**). **4.** a) *Fehler etc* abstellen, abschaffen: **to ~ abuses**, b) *mil.* Ladehemmung beheben. **5.** *chem. med. phys.* ausgleichen, neutrali¹sieren. **6.** *electr. phot. TV* entzerren. **7.** *math. phys.* regu¹lieren, ju¹stieren. **II** *adj* (*adv* **~ly**) **8.** kor¹rekt, richtig: a) fehlerfrei, b) wahr, zutreffend: **that is ~** das stimmt; **you are ~ (in saying)** Sie haben recht(, wenn Sie sagen). **9.** genau: **~ time. 10.** kor¹rekt, einwandfrei: **~ behavio(u)r; it is the ~ thing (to do)** es gehört sich so; **it is the ~ thing to get up** es gehört sich aufzustehen.
**cor·rec·tion** [kəˈrekʃn] *s* **1.** Korrek¹tur *f*, Korrekti¹on *f*, Berichtigung *f*, Verbesserung *f*, Richtigstellung *f*: **I speak under ~** ich kann mich natürlich irren; **~ of a river** Flußregulierung *f*; **~ of visual defects** Korrektur von Sehfehlern. **2.** Korrek¹tur *f*, Fehlerverbesserung *f*: **mark of ~** Korrekturzeichen *n*. **3.** Zu¹rechtweisung *f*, Tadel *m*, b) Bestrafung *f*, Strafe *f*, c) *jur.* Besserung *f*: **house of ~** *Am.* (Jugend)Strafanstalt *f*, (-)Gefängnis *n*. **4.** *mil.* Beseitigung *f* (*e-r Ladehemmung*). **5.** *Radar:* Beschickung *f*. **6.** *math. phys.* Korrekti¹onskoeffizi¸ent *m*. **7.** *electr. phot. TV* Entzerrung *f*. **8.** *Navigation:* Vorhalt *m*. **9.** *chem. med. phys.* Ausgleich *m*, Neutrali¹sierung *f*. **10.** *fig.* Abstellung *f*: **~ of abuses. corˈrec·tion·al** [-ʃənl] → **corrective** I.
**cor·rec·ti·tude** [kəˈrektɪtjuːd; *Am. a.* -¸tuːd] *s* Richtigkeit *f*, Kor¹rektheit *f* (*bes. des Benehmens*). **corˈrec·tive I** *adj* (*adv* **~ly**) **1.** korri¹gierend, verbessernd, berichtigend, Verbesserungs..., Berichtigungs..., Korrektur...: **~ action** (*od.* **measure**) Abhilfemaßnahme *f*. **2.** *med.* korrek¹tiv, lindernd. **3.** *chem. med.* ausgleichend, neutrali¹sierend. **4.** *jur.* Besserungs..., Straf...: **~ training** *Am.* Unterbringung *f* in e-m (Jugend)Gefängnis. **II** *s* **5.** (**of, to**) Abhilfe *f* (für), Heil-, Gegenmittel *n* (gegen): **as a ~ of abuses. 6.** a) *med.* Korrek¹tiv *n*, Gegenmittel *n* (of für), b) *pharm.* (Ge¹schmacks)Korrigens *n*. **corˈrect·ness** *s* Kor¹rektheit *f*, Richtigkeit *f*. **corˈrec·tor** [-tə(r)] *s* **1.** Berichtiger *m*, Verbesserer *m*. **2.** Kritiker(in), Tadler(in). **3.** *meist* **~ of the press** *bes. Br.* Kor¹rektor *m*.
**cor·re·late** [ˈkɒrəleɪt; *Am. a.* ˈkɑ-] **I** *v/t* **1.** in Wechselbeziehung bringen (**with** mit), aufein¹ander beziehen. **2.** in Übereinstimmung bringen (**with** mit), aufein¹ander abstimmen, ein¹ander angleichen. **II** *v/i* **3.** in Wechselbeziehung

stehen (**with** mit), sich aufein'ander be-
ziehen. **4.** (**with**) über'einstimmen
(mit), entsprechen (*dat*). **III** *adj* [a. -lət]
**5.** aufein'ander bezüglich, korrela'tiv.
**6.** (ein'ander) entsprechend, über'ein-
stimmend: **to be** ~ (**to**) entsprechen (*dat*).
**IV** *s* [a. -lət] **7.** Korre'lat *n*, Ergänzung *f*,
Wechselbegriff *m*. **8.** Gegenstück *n* (**of**
zu). 'cor·re·lat·ed → correlate III.
cor·re·la·tion [ˌkɒrə'leɪʃn; *Am. a.* ˌkaː-] *s*
**1.** Korrelati'on *f*, Wechselbeziehung *f*,
-wirkung *f*, gegenseitige Abhängigkeit,
Zs.-hang *m*: ~ **computer** *tech.* Korrela-
tionsrechner *m*; ~ **function** *math.* Korre-
lationsfunktion *f*; ~ **ratio** (*Statistik*) Kor-
relationsverhältnis *n*. **2.** Über'einstim-
mung *f* (with mit), Entsprechung *f*.
cor·rel·a·tive [kɒ'relətɪv; *bes. Am.* kə'r-]
**I** *adj* **1.** korrela'tiv, in Wechselbeziehung
stehend, wechselseitig bedingt, vonein-
'ander abhängig, sich gegenseitig ergän-
zend, aufein'ander abgestimmt. **2.** ent-
sprechend. **II** *s* → correlate 7.
cor·re·spond [ˌkɒrɪ'spɒnd; *Am.* ˌkɔːrə-
'spɒnd; *a.* ˌkarə-] *v/i* **1.** (**to, with**) ent-
sprechen (*dat*), passen (zu), über'einstim-
men (mit). **2.** mitein'ander über'einstim-
men, zuein'ander passen. **3.** (**to**) entspre-
chen (*dat*), das Gegenstück sein
(von), ana'log sein (zu). **4.** korrespon-
'dieren, in Briefwechsel stehen (**with**
mit). **5.** *econ. obs.* in Geschäftsbezie-
hungen stehen (**with** mit). **6.** *math.* kor-
respon'dieren.
cor·re·spond·ence [ˌkɒrɪ'spɒndəns;
*Am.* ˌkɔːrə'spɒn-; *a.* ˌkarə-] *s* **1.** Über'ein-
stimmung *f* (**to, with** mit; **between**
zwischen *dat*). **2.** Angemessenheit *f*, Ent-
sprechung *f*, Analo'gie *f*: **to bear** ~ **to**
**s.th.** e-r Sache angemessen *od.* gemäß
sein *od.* entsprechen. **3.** Korrespon'denz
*f*: a) Brief-, Schriftwechsel *m*: **to be in** ~
(**with**) → correspond 4, b) Briefe *pl*.
**4.** *obs.* (*bes. econ.* Geschäfts)Verbindung
*f*: **to break off** ~ **with** die Verbindung
abbrechen mit *od.* zu. **5.** *Zeitungswe-
sen:* Beiträge *pl* (e-s *Korrespondenten*).
**6.** *math.* Zuordnung *f*. ~ **chess** Fern-
schach *n*. ~ **col·umn** *s* Leserbriefspalte
*f*. ~ **course** *s* Fernkurs *m*. ~ **school** *s*
'Fernlehrinsti,tut *n*.
cor·re·spond·en·cy [ˌkɒrɪ'spɒndənsɪ;
*Am.* ˌkɔːrə'spɒn-; *a.* ˌkarə-] → corre-
spondence 1. ˌcor·re'spond·ent **I** *s*
**1.** Briefpartner(in): **to be a good** (**bad**) ~
fleißig schreiben (schreibfaul sein). **2.**
*econ.* (auswärtiger) Geschäftsfreund: ~
**bank** Korrespondenzbank *f*. **3.** Korre-
spon'dent(in), Berichterstatter(in) (*e-r
Zeitung etc*): **foreign** ~ Auslandskorre-
spondent(in). **4.** Gegenstück *n* (**of** zu).
**II** *adj* (*adv* ~**ly**) **5.** entsprechend, gemäß
(**to** *dat*), über'einstimmend (**with** mit).
ˌcor·re'spond·ing *adj* **1.** entspre-
chend, gemäß (**to** *dat*). **2.** korrespon'die-
rend, in Briefwechsel stehend (**with** mit):
~ **member** korrespondierendes Mitglied
(*e-r Gesellschaft etc*). **3.** *math.* (ein'ander)
zugeordnet. ˌcor·re'spond·ing·ly *adv*
entsprechend, demgemäß.
cor·ri·dor ['kɒrɪdɔː; *Am.* 'kɔːrədər; 'ka-]
*s* **1.** Korridor *m*, Gang *m*, Flur *m*. **2.**
Gale'rie *f*. **3.** *rail.* Korridor *m*, (Seiten-)
Gang *m*: ~ **train** D-Zug *m*, Durchgangs-
zug *m*. **4.** *geogr. pol.* Korridor *m*. **5.** *aer.*
Luftkorridor *m*.
cor·rie ['kɒrɪ] *s Scot.* kleiner Talkessel.
cor·ri·gen·dum [ˌkɒrɪ'dʒendəm; *Am. a.*
ˌkarə-] *pl* -**da** [-də] *s* **1.** a) Druckfehler *m*,
b) Berichtigung *f*. **2.** *pl* Korri'genda *pl*,
Druckfehlerverzeichnis *n*.
cor·ri·gi·bil·i·ty [ˌkɒrɪdʒə'bɪlətɪ; *Am. a.*
ˌka-] *s* **1.** Korri'gierbarkeit *f*. **2.** Bes-
serungsfähigkeit *f*. **3.** Lenksamkeit *f*.
'cor·ri·gi·ble *adj* **1.** korri'gierbar, zu

---

verbessern(d). **2.** besserungsfähig. **3.**
fügsam, lenksam: **a** ~ **child**.
cor·rob·o·rant [kə'rɒbərənt; *Am.* -'ra-]
*obs.* **I** *adj* **1.** bekräftigend. **2.** stärkend,
kräftigend (*a. med.*). **II** *s* **3.** Bekräftigung
*f*. **4.** Stärkungs-, Kräftigungsmittel *n* (*a.
med.*). cor'rob·o·rate [-reɪt] *v/t* bekräf-
tigen, bestätigen, erhärten. cor,rob·o-
'ra·tion *s* Bekräftigung *f*, Bestätigung *f*,
Erhärtung *f*: **in** ~ **of** zur Bestätigung von
(*od. gen*). cor'rob·o·ra·tive [-bərətɪv;
-brə-; -bəreɪtɪv], cor'rob·o·ra·to·ry
[-bərətərɪ; -brətrɪ; *Am.* -bərə,təʊrɪ; -,tɔː-]
*adj* bestätigend, bekräftigend, erhärtend.
cor·rob·o·ree, *a.* cor·rob·o·ri [kə-
'rɒbərɪ; *Am.* -'ra-] *s Austral.* **1.** Kor'ro-
bori *m* (*nächtliches Fest der Eingebore-
nen*). **2.** *fig.* lärmende Festlichkeit.
cor·rode [kə'rəʊd] **I** *v/t* **1.** *chem. tech.*
korro'dieren, an-, zerfressen, angreifen,
ätzen. **2.** *tech.* (weg)beizen. **3.** *fig.* zer-
fressen, -stören, unter'graben: **cor-
roding care** nagende Sorge. **II** *v/i*
**4.** *tech.* korro'dieren. **5.** *tech.* rosten: ~d
rostig. **6.** *tech.* korro'dierend wirken,
ätzen, fressen (**into** an *dat*). **7.** sich ein-
fressen (**into** in *acc*). **8.** zerstört werden,
verfallen. cor'rod·ent → corrosive.
cor'rod·i·ble *adj* korro'dierbar.
cor·ro·sion [kə'rəʊʒn] *s* **1.** *chem. tech.*
Korrosi'on *f*. **2.** *fig.* Unter'grabung *f*.
**3.** *tech.* Rostfraß *m*, -bildung *f*. **4.** *tech.*
Beizen *n*. **5.** Korrosi'onspro,dukt *n*, Rost
*m*. ~ **fa·tigue** *s tech.* Korrosi'onsermü-
dung *f*. ~ **pit** *s tech.* Rost-, Korrosi'ons-
narbe *f*.
cor·ro·sion-re,sist·ant *adj tech.* kor-
rosi'onsbeständig, -fest.
cor·ro·sive [kə'rəʊsɪv] **I** *adj* (*adv* ~**ly**)
**1.** *chem. tech.* korro'dierend, zerfressend,
angreifend, ätzend, Korrosions...: ~
**sublimate** *chem.* Ätz-, Quecksilbersub-
limat *n*. **2.** *tech.* beizend: ~ **power** Beiz-
kraft *f*. **3.** *fig.* nagend, quälend. **4.** *fig.*
ätzend. **II** *s* **5.** *chem. tech.* Korrosi'ons-,
Ätzmittel *n*. **6.** *tech.* Beizmittel *n*, Beize *f*.
cor'ro·sive·ness *s fig.* ätzende Schär-
fe.
cor·ru·gate ['kɒrʊgeɪt; *Am.* 'kɔːrə-;
'karə-] **I** *v/t* **1.** runzeln, furchen. **2.** wellen,
riefen. **II** *v/i* **3.** sich runzeln *od.* furchen,
runz(e)lig werden. **4.** sich wellen. **III** *adj*
[-gət; -geɪt] → corrugated. 'cor·ru-
gat·ed *adj* **1.** gerunzelt, runz(e)lig, ge-
furcht. **2.** gewellt, gerippt, geriffelt,
Well...: ~ **brick** Wellstein *m*; ~ **card-
board** Wellpappe *f*; ~ **iron** (*od.* **sheet**)
Wellblech *n*; ~ **lens** *opt.* Riffellinse *f*.
ˌcor·ru'ga·tion *s* **1.** Runzeln *n*, Fur-
chen *n*. **2.** Runz(e)ligkeit *f*, Furchung *f*. **3.**
Wellen *n*, Riffeln *n*. **4.** Welligkeit *f*, Ge-
welltheit *f*. **5.** Runzel *f*, Falte *f*, Furche *f*
(*auf der Stirn*). **6.** (*einzelne*) Welle, Rippe *f*.
cor·rupt [kə'rʌpt] **I** *adj* (*adv* ~**ly**) **1.** (*mo-
ralisch*) verdorben, verderbt, schlecht,
verworfen. **2.** unredlich, unlauter. **3.** kor-
'rupt: a) bestechlich, käuflich: ~ **judges**,
b) Bestechungs...: ~ **practices** Be-
stechungsmethoden, Korruption *f*; **C**~
**Practices Act** *pol. Am.* Bundesgesetz *n*
zur Regulierung des Parteifinanzwesens.
**4.** *obs.* faul, verdorben, schlecht: ~ **food**.
**5.** verfälscht: a) unecht, unrein, b) ver-
derbt, korrum'piert: ~ **text**. **II** *v/t*
**6.** verderben, (*zu Schlechtem*) verleiten,
-führen. **7.** korrum'pieren, bestechen.
**8.** zersetzen, unter'graben, zu'grunde
richten. **9.** *bes. fig.* anstecken. **10.** e-n
*Text* verderben, korrum'pieren. **III** *v/i*
**11.** (*moralisch*) verderben, -kommen.
**12.** (ver)faulen, verderben (*Speisen*).
cor'rupt·ed → corrupt I. cor'rupt-
**er** *s* **1.** Verderber(in), Verführer(in).
**2.** Bestecher(in). cor'rupt·i·ble **I** *adj*
(*adv* **corruptibly**) **1.** verführbar. **2.** kor-

---

'rupt, bestechlich, käuflich. **3.** verderb-
lich (*Speisen*). **II** *s* **4. the** ~ *Bibl.* das
Vergängliche.
cor·rup·tion [kə'rʌpʃn] *s* **1.** Verführung
*f*. **2.** Verderbtheit *f*, Verdorbenheit *f*,
Verworfenheit *f*: ~ **of the blood** *jur. hist.*
Entrechtung *f* (als Folge e-s **attainder**).
**3.** Unredlichkeit *f*, Unlauterkeit *f*. **4.**
verderblicher Einfluß. **5.** Korrupti'on *f*:
a) Kor'ruptheit *f*, Bestechlichkeit *f*,
Käuflichkeit *f*, b) kor'rupte Me'thoden
*pl*, Be'stechung(spoli,tik) *f*: ~ **of wit-
nesses** Zeugenbestechung *f*. **6.** Verfäl-
schung *f*, Korrum'pierung *f*: ~ **of a text**.
**7.** Fäulnis *f*.
cor·rup·tive [kə'rʌptɪv] *adj* **1.** verderb-
lich: ~ **influence**. **2.** *fig.* ansteckend.
cor'rupt·ness → corruption 2 u. 4.
cor·sage [kɔː'sɑːʒ] *s* **1.** Mieder *n*.
**2.** 'Ansteckbu,kett *n*.
cor·sair ['kɔː'seə(r)] *s* **1.** *hist.* Kor'sar *m*,
Seeräuber *m*. **2.** Kaperschiff *n*.
corse [kɔː(r)s] *s obs. od. poet.* Leichnam *m*.
corse·let ['kɔː(r)slɪt] *s* **1.** [*Am. bes.* ˌkɔːr-
sə'let] Korse'lett *n*. **2.** *hist.* Harnisch *m*. **3.**
*zo.* Brustabschnitt *m* (*von Insekten*). cor-
set ['kɔː(r)sɪt] **I** *s* **1.** *a. pl* Kor'sett *n*. **II** *v/t*
**2.** mit e-m Kor'sett einschnüren. **3.** *fig.* in
ein Kor'sett zwängen. 'cor·set·ed *adj*
(ein)geschnürt. 'cor·set·ry [-trɪ] *s* Mie-
derwaren *pl*.
Cor·si·can ['kɔː(r)sɪkən] **I** *adj* **1.** kor-
sisch. **II** *s* **2.** Korse *m*, Korsin *f*. **3.** *ling.*
Korsisch *n*, das Korsische.
cors·let → corselet.
cor·tege, *a.* cor·tège [kɔː(r)'teɪʒ] *s* **1.**
Gefolge *n*, Kor'tege *n* (*e-s Fürsten*). **2.** Zug
*m*, Prozessi'on *f*.
cor·tex ['kɔː(r)teks] *pl* -**ti·ces** [-tɪsiːz] *s*
*anat.* Kortex *m*, (*a. bot.*) Rinde *f*:
**cerebral** ~ Großhirnrinde. 'cor·ti·cal
*adj anat. med.* korti'kal, Rinden...: ~
**blindness** Rindenblindheit *f*. 'cor·ti-
cate [-tɪkət; -keɪt], 'cor·ti·cat·ed
[-keɪtɪd] *adj bes. bot.* berindet. ˌcor·ti-
'ca·tion *s bot.* Rindenbildung *f*.
cor·ti·cos·ter·one [ˌkɔː(r)tɪ'stɪərəʊn;
*Am.* -'kas-] *s med.* Kortikoste'ron *n*
(*Hormon der Nebennierenrinde*).
cor·ti·sone ['kɔː(r)tɪzəʊn; -s-] *s med.*
Korti'son *n* ([*Präparat aus dem*] *Hormon
der Nebennierenrinde*).
co·run·dum [kə'rʌndəm] *s min.* Ko-
'rund *m*.
co·rus·cant [kə'rʌskənt] *adj* **1.** aufblit-
zend. **2.** funkelnd.
cor·us·cate ['kɒrəskeɪt; *Am. a.* 'kɑ-] *v/i*
**1.** aufblitzen. **2.** funkeln, glänzen. **3.** *fig.*
glänzen, brill'ieren. ˌcor·us'ca·tion *s*
**1.** (Auf)Blitzen *n*. **2.** Funkeln *n*. **3.** *fig.*
(Geistes)Blitz(e *pl*) *m*.
cor·veé ['kɔː(r)veɪ] *s* **1.** *hist. u. fig.* Fron-
dienst *m*. **2.** *econ.* (*ganz od. teilweise*)
unbezahlte Arbeit für öffentliche Stellen
(*Straßenbau etc*).
corves [kɔː(r)vz] *pl von* corf.
cor·vette [kɔː(r)'vet], *a.* cor·vet
['kɔː(r)vet] *s mar.* Kor'vette *f*.
cor·vine ['kɔː(r)vaɪn] *adj* **1.** rabenartig.
**2.** zu den Rabenvögeln gehörend. 'Cor-
vus [-vəs] *gen* -**vi** [-vaɪ] *s astr.* Rabe *m*
(*Sternbild*).
cor·y·ban·tic [ˌkɒrɪ'bæntɪk; *Am. a.* ˌkɑ-]
*adj* kory'bantisch, ausgelassen, wild, toll.
co·ryd·a·lis [kə'rɪdəlɪs] *s bot.* Lerchen-
sporn *m*.
Cor·y·don ['kɒrɪdən; -dɒn; *Am.* 'kɑrɪ-
ˌdɑn] *s poet.* Korydon *m* (*Schäfer in Idyl-
len*).
cor·ymb ['kɒrɪmb; -rɪm; *Am. a.* 'kɑ-] *s*
*bot.* Co'rymbus *m*, Ebenstrauß *m*.
cor·y·phae·us [ˌkɒrɪ'fiːəs; *Am. a.* ˌkɑrə-]
*pl* -**phae·i** [-'fiːaɪ] *s* **1.** *antiq.* Kory'phäe
*m*, Chorführer *m* (*im Drama*). **2.** *obs. od.
poet.* Führer *m*, führender Geist, Haupt-

vertreter *m* (*e-r philosophischen Richtung etc*). **co·ry·phee** [ˈkɒrɪfeɪ; ˌkɔːrɪˈfeɪ] *s* Primaballeˈrina *f*.

**co·ry·za** [kəˈraɪzə] *s med.* Schnupfen *m*.

**cos¹** [kɒs; *Am.* kɑs] *s bot.* Römischer Lattich *od.* Saˈlat.

**cos²** [kɒːz; kəz; *Am. a.* kɑz] *conj colloq.* weil, da.

**Co·sa Nos·tra** [ˌkəʊzəˈnɒstrə; *Am. a.* -ˈnɑs-] *s* Cosa *f* Nostra (*kriminelle Organisation in den USA, die vor allem aus Italienern u. Italoamerikanern besteht*).

**co·se·cant** [ˌkəʊˈsiːkənt] *s math.* Kosekans *m*.

**co·seis·mal** [ˌkəʊˈsaɪzməl] *adj phys.* koseisˈmal: ~ **line** Koseismale *f*.

**cosh¹** [kɒʃ] *Br. colloq.* **I** *s* 1. Totschläger *m* (*Waffe*). **2.** Angriff *m* mit e-m Totschläger. **II** *v/t* 3. j-n mit e-m Totschläger angreifen. 4. j-m eins über den Schädel hauen.

**cosh²** [kɒʃ; *Am.* kɑʃ] *s math.* hyperˈbolischer Kosinus.

**cosh·er** [ˈkɒʃə(r); *Am.* ˈkɑ-] *v/t* verhätscheln, -päppeln, -wöhnen.

**co·sig·na·to·ry** [ˌkəʊˈsɪgnətərɪ; -trɪ; *Am.* -ˌtəʊriː; -ˌtɔː-] **I** *s* ˈMitunterˌzeichner(in). **II** *adj* ˈmitunterˌzeichnend.

**co·sine** [ˈkəʊsaɪn] *s math.* Kosinus *m*: ~ **law** Kosinussatz *m*.

**co·si·ness** [ˈkəʊzɪnɪs] *s* Behaglichkeit *f*, Gemütlichkeit *f*.

**cosm-** [kɒzm; *Am.* kɑzm] → **cosmo-**.

**cos·met·ic** [kɒzˈmetɪk; *Am.* kɑz-] **I** *adj* (*adv* ~**ally**) 1. kosˈmetisch, Schönheits...: ~ **surgery** Schönheitschirurgie *f*. 2. *fig.* kosˈmetisch, (nur) oberflächlich. **II** *s* 3. Kosˈmetikum *n*, kosˈmetisches Mittel, Schönheitsmittel *n*. 4. *oft pl obs.* Kosˈmetik *f*, Schönheitspflege *f*. 5. *fig.* Tünche *f*. **cos·me·ti·cian** [-məˈtɪʃn] *s* Kosˈmetiker(in). **cos·met·i·cize** [-saɪz] *v/t* 1. kosˈmetisch behandeln (*a. fig.*). 2. *fig.* überˈtünchen.

**cos·me·tol·o·gist** [ˌkɒzmɪˈtɒlədʒɪst; *Am.* ˌkɑzməˈtɑ-] *s* 1. Kosmetoˈloge *m*, -ˈlogin *f*. 2. Kosˈmetiker(in). **cos·me·tol·o·gy** [-dʒɪ] *s* 1. Kosmetoloˈgie *f* (*Wissenschaft u. Lehre von der Kosmetik*). 2. Kosˈmetik *f*, Schönheitspflege *f*.

**cos·mic** [ˈkɒzmɪk; *Am.* ˈkɑz-] *adj* (*adv* ~**ally**) kosmisch: a) das Weltall betreffend, zum Weltall gehörend: ~ **dust** Weltraumnebel *m*; ~ **rays** kosmische Strahlen, Höhenstrahlen, b) ganzheitlich geordnet, harˈmonisch, c) ˈweltumˌspannend, d) unermeßlich, gewaltig. **cos·mi·cal** *adj* (*adv* ~**ly**) kosmisch, das Weltall betreffend: ~ **constant** *phys.* kosmische Konstante.

**cosmo-** [kɒzməʊ; -mə; *Am.* kɑz-] *Wortelement mit der Bedeutung* (Welt)Raum...

**cos·mo·drome** [ˈkɒzmədrəʊm; *Am.* ˈkɑz-] *s* Kosmoˈdrom *n* ([*sowjetischer*] Startplatz für Weltraumraketen).

**cos·mo·gen·ic** [ˌkɒzməˈdʒenɪk; *Am.* ˌkɑzmə-] *adj* durch kosmische Strahlen herˈvorgerufen.

**cos·mog·o·ny** [kɒzˈmɒgənɪ; *Am.* kɑz-ˈmɑ-] *s* Kosmogoˈnie *f* (*wissenschaftliche Theorie über die Entstehung des Weltalls*). **cos·mog·ra·pher** [kɒzˈmɒgrəfə(r); *Am.* kɑzˈmɑ-] *s obs.* Kosmoˈgraph *m*. **cos·mo·graph·ic** [-məˈgræfɪk; -məˈgr-], **cos·mo·graph·i·cal** *adj* (*adv* ~**ly**) *obs.* kosmoˈgraphisch. **cos·mog·ra·phy** [-mɒgrəfɪ] *s obs.* Kosmograˈphie *f* (*Beschreibung der Entstehung u. Entwicklung des Kosmos*).

**cos·mo·log·ic** [ˌkɒzməˈlɒdʒɪk; *Am.* ˌkɑzməˈlɑ-], **cos·mo·log·i·cal** *adj* (*adv* ~**ly**) kosmoˈlogisch. **cos·mol·o·gy** [-ˈmɒlədʒɪ; *Am.* -ˈmɑ-] *s* Kosmoloˈgie *f* (*Lehre von der Entstehung u. Entwicklung des Weltalls*). **cos·mo·naut** [ˈkɒzmənɔːt; *Am.* ˈkɑz-; *a.*

-ˌnɑt] *s* Kosmoˈnaut *m*, (soˈwjetischer) (Welt)Raumfahrer. **cos·mo·nau·tic** **I** *adj* (*adv* ~**ally**) kosmoˈnautisch. **II** *s pl* (*meist als sg konstruiert*) Kosmoˈnautik *f*, (Wissenschaft *f* von der) Raumfahrt *f* (*in der UdSSR*). **cos·mo·nau·ti·cal** *adj* (*adv* ~**ly**) → **cosmonautic** I.

**cos·mo·plas·tic** *adj* kosmoˈplastisch, weltbildend.

**cos·mop·o·lis** [kɒzˈmɒpəlɪs; *Am.* kɑz-ˈmɑ-] *s* Weltstadt *f*. **cos·mo·pol·i·tan** [-məˈpɒlɪtən; *Am.* -ˈpɑlətn] **I** *adj* kosmopoˈlitisch (*a. biol.*), weltbürgerlich, *weitS.* weltoffen: ~ **city** Weltstadt *f*. **II** *s* → **cosmopolite**. **cos·mo·pol·i·tan·ism** → **cosmopolitism**. **cos·mop·o·lite** [-ˈmɒpəlaɪt; *Am.* -ˈmɑ-] *s* 1. Kosmopoˈlit(in), Weltbürger(in). 2. *biol.* Kosmopoˈlit *m.* **cos·mop·o·lit·ism** [-laɪtɪzəm; -lət-] *s* 1. Kosmopoliˈtismus *m*, Weltbürgertum *n*. 2. Weltoffenheit *f*.

**cos·mo·ra·ma** [ˌkɒzməˈrɑːmə; *Am.* ˌkɑzməˈræmə] *s* Kosmoˈrama *n* (*perspektivisch naturgetreue Darstellung von Landschaften, Städtebildern etc*).

**cos·mos** [ˈkɒzmɒs; *Am.* ˈkɑzməs] *s* 1. Kosmos *m*: a) Weltall *n*, b) (Welt)Ordnung *f*. 2. *a.* sich geschlossenes Syˈstem, Welt *f* für sich. 3. *bot.* Schmuckkörbchen *n*.

**cos·mo·the·ism** *s philos.* Kosmotheˈismus *m* (*Anschauung, die Gott u. Welt als Einheit begreift*).

**Cos·mo·tron** [ˈkɒzmətrɒn; *Am.* ˈkɑzmə-ˌtrɑn] *s Kernphysik:* Kosmotron *n* (*Gerät zur Erzeugung äußerst energiereicher Partikelstrahlungen*).

**co·spe·cif·ic** [ˌkəʊspɪˈsɪfɪk] *adj biol.* artgleich.

**coss** [kɒs; kəʊs] *s indisches Längenmaß* (*2,5–5 km*).

**Cos·sack** [ˈkɒsæk; *Am.* ˈkɑ-] *s* Koˈsak *m*.

**cos·set** [ˈkɒsɪt; *Am.* ˈkɑsət] **I** *s* 1. von Hand aufgezogenes Lamm. 2. *fig.* Liebling *m* (*Kosename*). **II** *v/t* 3. *a.* ~ **up** verhätscheln, -wöhnen, ˈverpäppeln'.

**cost** [kɒst; *Am.* kɔːst] **I** *s* 1. Kosten *pl*, Aufwand *m*, Preis *m*: ~ **of living** Lebenshaltungskosten *pl*; → **count¹** 12. 2. Kosten *pl*, Schaden *m*, Nachteil *m*: **to my** ~ auf m-e Kosten, zu m-m Schaden; **I know to my** ~ ich weiß (es) aus eigener (bitterer) Erfahrung; **at s.o.'s** ~ auf j-s Kosten; **at the** ~ **of his health** auf Kosten s-r Gesundheit. 3. Opfer *n*, Preis *m*: **at all** ~**s**, **at any** ~ um jeden Preis; **at a heavy** ~ unter schweren Opfern. 4. *econ.* (Selbst-, Gestehungs)Kosten *pl*, Einkaufs-, Einstands-, Anschaffungspreis *m*: ~ **abatement** Kostendämpfung *f*; ~ **accounting** → **costing**; ~ **accountant** (Betriebs)Kalkulator *m*; ~ **book** a) Kalkulationsbuch *n*, b) *Br.* Kuxbuch *n*; ~ **control** Kostenlenkung *f*; ~ **increase** Kostensteigerung *f*; ~ **inflation** Kosteninflation *f*; ~ **plus** *bes. Am.* Gestehungskosten plus Unternehmergewinn; ~ **price** Selbstkostenpreis *m*, (Netto)Einkaufspreis *m*; **at** ~ zum Selbstkostenpreis; ~, **insurance, freight** → **C.I.F.**; ~ **of construction** Baukosten; ~ **of production** Produktions-, Herstellungskosten. 5. *pl* (Un-)Kosten *pl*, Auslagen *pl*, Spesen *pl*. 6. *pl jur.* (Gerichts-, Proˈzeß)Kosten *pl*, Gebühren *pl*: **with** ~**s** a) kostenpflichtig, b) nebst Tragung der Kosten; **to condemn** s.o. **in the** ~**s** j-n zu den Kosten verurteilen; → **dismiss** 8.

**II** *v/t pret u. pp* **cost** 7. e-n Preis kosten: **what does it** ~? was kostet es?; **it** ~ **me one pound** es kostete mich ein Pfund. 8. kosten, bringen um: **it almost** ~ **him his life** es kostete ihn *od.* ihn fast das Leben. 9. *etwas Unangenehmes* verursachen, kosten: **it** ~ **me a lot of trouble**

es verursachte mir *od.* kostete mich große Mühe. 10. *pret u. pp* **cost·ed** *econ.* den Preis *od.* die Kosten kalkuˈlieren von (*od. gen*): ~**ed at** mit e-m Kostenanschlag von.

**III** *v/i* 11. zu stehen kommen: **it** ~ **him dearly** *bes. fig.* es kam ihm teuer zu stehen; **it'll** ~ **you** *bes. Br. colloq.* es wird dich ein ˈHeidengeld' kosten.

**cos·ta** [ˈkɒstə; *Am.* ˈkɑ-] *pl* **-tae** [-tiː] *s* 1. *anat.* Costa *f*, Rippe *f*. 2. *bot.* Mittelrippe *f* (*vom Blatt*). 3. *zo.* Ader *f* (*des Insektenflügels*). **cos·tal** [-tl] *adj* 1. *anat.* coˈstal, Rippen... 2. *bot.* (Blatt)Rippen... 3. *zo.* (Flügel)Ader...

**co-star** [ˈkəʊstɑː(r)] **I** *s* e-r der Hauptdarsteller: **X and Y were** ~**s** X u. Y spielten die Hauptrollen. **II** *v/i*: **the film** ~**red X** X spielte in dem Film e-e der Hauptrollen. **III** *v/i* (*mit andern*) zuˈsammen (als Hauptdarsteller) auftreten: **to** ~ **with** die Hauptrolle spielen neben (*dat*).

**cos·tard** [ˈkʌstəd; *Am.* ˈkɑstərd] *s* 1. e-e englische Apfelsorte. 2. *obs. humor.* ˌBirne' *f* (*Kopf*).

**cos·tate** [ˈkɒsteɪt; *Am.* ˈkɑ-], *a.* **cos·tat·ed** *adj* 1. *anat.* mit Rippen (versehen). 2. *bot.* gerippt. 3. *zo.* geädert.

**cost·-ben·e·fit a·nal·y·sis** *s econ.* ˈKosten-ˈNutzen-Anaˌlyse *f*. **~-ˌcon·scious** *adj econ.* kostenbewußt. **~-ˌcov·er·ing** *adj* kostendeckend. **~-ˌcut·ting** *adj* kostensenkend, -dämpfend. **~-ef·fec·tive** *adj econ.* kostenefˈfekˌtiv. **~-ef·fi·cient** *adj econ.* kosteneffiziˌent, wirtschaftlich.

**cos·ter·mon·ger** [ˈkɒstəˌmʌŋgə], *a.* ˈcos·ter *s Br.* Straßenhändler(in) für Obst, Gemüse *etc*.

**cost·ing** [ˈkɒstɪŋ] *s econ. Br.* Kosten(be)rechnung *f*, Kalkulatiˈon *f*.

**cos·tive** [ˈkɒstɪv; *Am.* ˈkɑ-] *adj* (*adv* ~**ly**) 1. *med.* a) verstopft, b) an Verstopfung leidend, hartleibig. 2. *fig.* geizig, knauserig. **cos·tive·ness** *s* 1. *med.* Verstopfung *f*. 2. *fig.* Geiz *m*.

**cost·li·ness** [ˈkɒstlɪnɪs; *Am.* ˈkɔːst-] *s* 1. Kostspieligkeit *f*. 2. Pracht *f*. **cost·ly** *adj* 1. kostspielig, teuer. 2. teuer erkauft: **a** ~ **victory**. 3. prächtig.

**cost·mar·y** [ˈkɒstmeərɪ; *Am. a.* ˈkɑst-] *s bot.* Maˈrien-, Frauenblatt *n*.

**cost·-of-ˈliv·ing al·low·ance, bo·nus** *s econ.* Teuerungszulage *f*. ~ **fig·ure** *s*, ~ **in·dex** *s a. irr econ.* Lebenshaltungs(kosten)index *m*.

**cos·tume** [ˈkɒstjuːm; *Am.* ˈkɑ-; *a.* -ˌtuːm] **I** *s* 1. Koˈstüm *n*, Kleidung *f*, Tracht *f*. 2. (ˈMasken-, ˈBühnen)Koˌstüm *n*. 3. *obs.* Koˈstüm(kleid) *n* (*für Damen*). 4. Badeanzug *m*. **II** *adj* 5. Kostüm...: ~ **ball** Kostümball *m*; ~ **designer** *thea. etc* Koˈstümbildner(in); ~ **jewel(le)ry** Modeschmuck *m*; ~ **piece** *thea.* Kostümstück *n*. **III** *v/t* [*Am.* kɑsˈtuːm; -ˈtjuːm] 6. kostüˈmieren. 7. *thea.* die Koˈstüme entwerfen für: **to** ~ **a play.** **cos·tum·er** [kɒˈstjuːmə; *Am.* ˈkɑsˌtuːmər; -ˌtjuː-] → **costumier. cos·tum·ey** *adj Am.* auffällig, ausgefallen (*Kleidung*). **cos·tum·i·er** [-mɪə(r); *Am. a.* -mɪˌeɪ] *s* 1. Koˈstümverleiher(in). 2. Kostümiˈer *m*, Theaterschneider(in).

**co-sure·ty** [ˌkəʊˈʃʊərətɪ] *s jur.* 1. Mitbürge *m*. 2. Mitbürgschaft *f*.

**co·sy** [ˈkəʊzɪ] **I** *adj* (*adv* **cosily**) behaglich, gemütlich. **II** *s* Wärmer *m*: → **egg cosy, tea cosy. III** *v/t*: ~ **along** j-n in Sicherheit wiegen.

**cot¹** [kɒt; *Am.* kɑt] *s* 1. Feldbett *n*. 2. *Br.* Kinderbett(chen) *n*. 3. leichte Bettstelle. 4. *mar.* Schwingbett *n*.

**cot²** [kɒt; *Am.* kɑt] **I** *s* 1. *obs. od. poet.* Häus·chen *n*, Hütte *f*, Kate *f*. 2. Stall *m*, Häus·chen *n*. 3. (*schützendes*) Gehäuse.

**4.** ˈÜberzug *m*, Futteˈral *n*. **5.** Fingerling *m*. **II** *v/t* **6.** in den Stall bringen.

**co·tan·gent** [kəʊˈtændʒənt] *s math.* Kotangens *m*, ˈKotanˌgente *f*. ˌco·tanˈgen·tial [-ˈdʒenʃl] *adj math.* kotangentiˈal.

**cot death** *s med. Br.* plötzlicher Kindstod.

**cote**[1] [kəʊt] → cot[2].

**cote**[2] [kəʊt] *v/t obs.* überˈholen, -ˈtreffen.

**co·tem·po·ra·ne·ous** [ˌkəʊˌtempəˈreɪnjəs; -ɪəs], **co·tem·po·rar·y** [-pəˌrərɪ; *Am.* -pəˌreri:] → contemporaneous, contemporary.

**co·ten·an·cy** [ˌkəʊˈtenənsɪ] *s jur.* Mitpacht *f.* **ˌco·ten·ant** *s* Mitpächter *m*, -mieter *m*.

**co·te·rie** [ˈkəʊtərɪ] *s* **1.** exkluˈsiver (*literarischer etc*) Zirkel, erlesener Kreis. **2.** Koteˈrie *f*, Klüngel *m*, Clique *f*.

**co·ter·mi·nous** [ˌkəʊˈtɜːmɪnəs; *Am.* -ˈtɜr-] → conterminous.

**co·thurn** [ˈkəʊθɜːn; kəʊˈθɜːn; *Am.* -ɜrn] → cothurnus. **coˈthur·nus** [-nəs] *pl* **-ni** [-naɪ] *s* Koˈthurn *m*: a) *antiq. thea.* hochschliger Bühnenschuh, b) erhabener, paˈthetischer Stil.

**co·tid·al** [ˌkəʊˈtaɪdl] *adj:* ~ lines *mar.* Isorrhachien.

**co·til·lion**, *a.* **co·til·lon** [kəˈtɪljən; *Am.* kəʊ-] *s hist.* Kotilˈlon *m* (*Tanz*).

**cot·ta** [ˈkɒtə; *Am.* ˈkɑtə] *s relig.* Chorhemd *n*.

**cot·tage** [ˈkɒtɪdʒ; *Am.* ˈkɑ-] *s* **1.** Cottage *n*, (kleines) Landhaus. **2.** *Am.* Ferienhaus *n*, -häus-chen *n*. **3.** *Am.* Wohngebäude *n*, (*e-s Krankenhauses etc*) Einzelgebäude *n*, (*e-s Hotels*) Depenˈdance *f*. **4.** *Am.* Wohneinheit *f* (*in e-m Heim mit Familiensystem für verwahrloste od. straffällig gewordene Kinder*). **~ cheese** *s* Hüttenkäse *m*. **~ hos·pi·tal** *s* **1.** *Br.* kleines Krankenhaus (*bes. auf dem Land*). **2.** *Am.* aus Einzelgebäuden bestehendes Krankenhaus. **~ in·dus·try** *s* ˈHeimgewerbe *n*, -induˌstrie *f*. **~ loaf** *s irr Br.* rundes, zweischichtiges Weißbrot. **~ pi·an·o** *s* Piaˈnino *n*. **~ pie** *s gastr. Auflauf aus Hackfleisch u. Kartoffelbrei*. **~ pud·ding** *s ein e-r* heißen, süßen Soße übergossener Kuchen *m*.

**cot·tag·er** [ˈkɒtɪdʒə(r); *Am.* ˈkɑ-] *s* **1.** Cottagebewohner(in). **2.** *Am.* Urlauber(in) in e-m Ferienhaus.

**cot·tar** → cotter[2].

**cot·ter**[1] [ˈkɒtə; *Am.* ˈkɑtər] *tech.* **I** *s* a) (Quer-, Schließ)Keil *m*, b) → cotter pin. **II** *v/t* versplinten.

**cot·ter**[2] [ˈkɒtə; *Am.* ˈkɑtər] *s bes. Scot.* a) Kleinbauer *m*, b) Pachthäusler *m*.

**cot·ter| bolt** *s tech.* a) Bolzen *m* mit Splint, b) Vorsteckkeil *m*. **~ pin** *s tech.* Splint *m*, Vorsteckstift *m*. **~ slot** *s* Keilnut *f*.

**cot·ti·er** [ˈkɒtɪə(r); *Am.* ˈkɑ-] *s* **1.** → cotter[2]. **2.** Pachthäusler *m* (*in Irland*).

**cot·ton** [ˈkɒtn; *Am.* ˈkɑtn] **I** *s* **1.** Baumwolle *f*: carded ~ Kammbaumwolle; → absorbent 3. **2.** *bot.* (*e-e*) Baumwollpflanze. **3.** a) Baumwollstoff *m*, -gewebe *n*, b) *pl* Baumwollwaren *pl*, -kleidung *f*. **4.** (Baumwoll)Garn *n*, (-)Zwirn *m*: knitting ~ Strickgarn. **5.** *bot.* Wolle *f* (*Pflanzensubstanz*). **II** *adj* **6.** baumwollen, aus Baumwolle, Baumwoll... **III** *v/i* **7.** *Am. colloq.* (with) a) gut auskommen (mit), b) Freundschaft schließen, sich anfreunden (mit). **8.** *colloq.* ~ to a) sich anfreunden mit (*e-r Idee etc*); to ~ on to *etwas* ,kapieren', ,schnallen', verstehen.

**cot·ton| belt** *s* Baumwollzone *f* (*im Süden der USA*). **~ cake** *s* Baumwollkuchen *m* (*Tierfutter*). **~ can·dy** *s Am.* Zuckerwatte *f*. **ˈ~-ˌcov·ered** *adj tech.* ˈbaumwollumˌsponnen. **~ gin** *s tech.* Entˈkörnungsmaˌschine *f* (*für Baumwolle*).

**~ grass** *s bot.* Wollgras *n*. **~ grow·er** *s* Baumwollpflanzer *m*.

**cot·ton·ize** [ˈkɒtnaɪz; *Am.* ˈkɑ-] *v/t tech.* Flachs, Hanf cottoniˈsieren.

**cot·ton| mill** *s* Baumwollspinneˈrei *f*. **~ pad** *s* Wattestäbchen *n*. **~ pick·er** *s* Baumwollpflücker *m*. **ˈ~-ˌpick·ing** *adj Am. sl.* verdammt, verflucht. **~ plant** *s* Baumwollstaude *f*. **~ press** *s* Baumwollballenpresse *f* (*Gebäude od. Maschine*). **~ print** *s* bedruckter Katˈtun. **ˈ~-seed** *s bot.* Baumwollsame *m*: ~ cake → cotton cake; ~ oil Baumwollsamen-, Cottonöl *n*. **C~ State** *s* Baumwollstaat *m* (*Spitzname für Alabama*). **ˈ~-tail** *s zo.* (ein) amer. ˈWildkaˌ ninchen *n*. **~ tree** *s bot.* **1.** (ein) Kapok-, Baumwollbaum *m*. **2.** a) (*e-e*) nordamer. Pappel, b) Schwarzpappel *f*. **3.** Maˈjagua *m* (*Australien*). **~ waste** *s* **1.** Baumwollabfall *m*. **2.** *tech.* Putzwolle *f*. **ˈ~-wood** *s* **1.** *bot.* (*e-e*) amer. Pappel, *bes.* Dreieckblättrige Pappel. **2.** Pappelholz *n* (*von* 1). **~ wool** *s* **1.** Rohbaumwolle *f*. **2.** *Br.* (Verband-)Watte *f*: to wrap s.o. in ~ *colloq.* j-n in Watte packen.

**cot·ton·y** [ˈkɒtnɪ; *Am.* ˈkɑ-] *adj* **1.** baumwollartig. **2.** weich, wollig, flaumig.

**cot·y·le·don** [ˌkɒtɪˈliːdən; *Am.* ˌkɑtlˈiːdn] *s* **1.** *bot.* Keimblatt *n*. **2.** *bot.* Nabelkraut *n*. **3.** *zo.* Plaˈzentom *f*.

**cot·y·loid** [ˈkɒtɪlɔɪd; *Am.* ˈkɑtlˌɔɪd] *adj anat. zo.* **1.** schalenförmig. **2.** Hüftpfannen...: ~ cavity Hüftpfanne *f*.

**co·type** [ˈkəʊtaɪp] *s bot. zo.* Cotypus *m*.

**couch**[1] [kaʊtʃ] **I** *s* **1.** Couch *f* (*a. des Psychiaters*), Liege(sofa *n*) *f*. **2.** *poet.* Bett *n*. **3.** Lager(stätte *f*) *n*. **4.** *hunt. obs.* Lager *n*, Versteck *n* (*von Wild*). **5.** *tech.* Grund (-schicht *f*) *m*, Grunˈdierung *f*, erster Anstrich (*von Farbe, Leim etc*). **II** *v/t* **6.** a) etwas (ab)fassen, formuˈlieren, b) *Gedanken etc* in Worte fassen *od.* kleiden, ausdrücken. **7.** Lanze senken, einlegen. **8.** ~ o.s. sich niederlassen: to be ~ed liegen. **9.** besticken (with, of mit): ~ couching. **10.** *tech.* Papier gautschen. **11.** *med.* a) den Star stechen: to ~ a cataract, b) *j-m* den Star stechen. **12.** *obs.* a) einbetten, b) verbergen. **III** *v/i* **13.** ruhen, liegen. **14.** sich (zur Ruhe) ˈhinlegen. **15.** *obs.* sich ducken, kauern. **16.** *obs.* lauern.

**couch**[2] [kuːtʃ; kaʊtʃ] → couch grass.

**couch·ant** [ˈkaʊtʃənt] *adj her.* mit erhobenem Kopf liegend.

**cou·chette** [kuːˈʃet] *s rail.* Platz *m* (im Liegewagen).

**couch grass** *s bot.* Gemeine Quecke.

**couch·ing** [ˈkaʊtʃɪŋ] *s* Plattstickeˈrei *f*.

**Cou·é·ism** [ˈkuːeɪzəm; *Am. bes.* kuːˈeɪ-] *s med. psych.* Couéˈismus *m*, Couˈésches Heilverfahren.

**cou·gar** [ˈkuːgə(r)] *s zo.* Kuguar *m*, Puma *m*, Silberlöwe *m*.

**cough** [kɒf; *Am.* kɔːf] **I** *s* **1.** *med.* Husten *m*: churchyard ~ *colloq.* ,Friedhofsjodler' *m* (*schlimmer Husten*); to have a ~ Husten haben; to give a (slight) ~ hüsteln, sich räuspern. **2.** Husten *n*. **3.** *mot.* Stottern *n*. **4.** Bellen *n*. **II** *v/i* **5.** husten. **6.** *mot.* stottern, husten (*Motor*). **7.** bellen, husten (*Geschütz etc*). **III** *v/t* **8.** *meist* ~ out, ~ up aushusten: to ~ up blood Blut husten. **9.** ~ down e-n Redner niederhusten, durch (absichtliches) Husten zum Schweigen bringen. **10.** ~ up *sl.* a) herˈausrücken mit (*der Wahrheit etc*), b) Geld herausrücken.

**drop** *s* ˈHustenbonˌbon *m*, *n*.

**cough·ing bout** [ˈkɒfɪŋ; *Am.* ˈkɔː-] *s* Hustenanfall *m*.

**cough|loz·enge** *s* ˈHustenbonˌbon *m*, *n*. **~ syr·up** *s* Hustensaft *m*, -sirup *m*.

**could** [kʊd; *unbetont* kəd] *v/aux* (von

**can**[1]) **1.** *pret* ich, er, sie, es konnte, *du* konntest, *wir*, *Sie*, *sie* konnten, *ihr* konntet: **he** ~ **not** come. **2.** (*konditional, vermutend od. fragend*) ich, er, sie, es könnte, *du* könntest, *wir*, *Sie*, *sie* könnten, *ihr* könntet: **I ~ have killed him** ich hätte ihn umbringen können; **that ~ be right** das könnte stimmen.

**couldst** [kʊdst] *obs. od. poet.* 2. *sg* von could.

**cou·lee** [ˈkuːlɪ], *a.* **cou·lée** [ˈkuːleɪ] *s* **1.** *Am.* a) (Felsen)Schlucht *f*, b) *oft* ausgetrockneter Bach. **2.** *geol.* (erstarrter) Lavastrom.

**cou·lisse** [kuːˈliːs] *s* **1.** *tech.* a) Falz *m*, Schnurrinne *f*, b) Kuˈlisse *f*, Gleitbahn *f*. **2.** *thea.* Kuˈlisse *f*.

**cou·loir** [ˈkuːlwɑː; *Am.* kuːˈlwɑr] *s* **1.** Bergschlucht *f*. **2.** *tech.* ˈBaggermaˌschine *f*.

**cou·lomb** [ˈkuːlɒm; *Am.* ˈkuːˌlɑm; kuːˈlɑm] *s electr.* Couˈlomb *n*, Amˈpereseˌkunde *f*: **C~'s law** Coulombsches Gesetz. **ˈcou·lombˌme·ter**, **cou·lom·e·ter** [kuːˈlɒmɪtə(r); *Am.* -ˈlɑ-] *s electr.* Couˈlombmeter *n*, Voltmeter *n*.

**coul·ter** *bes. Br. für* colter.

**coun·cil** [ˈkaʊnsl; -sɪl] *s* **1.** Ratsversammlung *f*, -sitzung *f*: to be in ~ zu Rate sitzen; to meet in ~ e-e (Rats)Sitzung abhalten. **2.** Rat *m*, beratende Versammlung: to be on the ~ im Rat sitzen, Ratsmitglied sein; family ~ Familienrat; ~ of physicians Ärztekollegium *n*. **3.** Rat *m* (*als Körperschaft*): ~ of elders Ältestenrat; C~ of Europe Europarat; C~ of National Defense *Am.* Nationaler Verteidigungsrat; C~ of State Staatsrat; ~ of war Kriegsrat (*a. fig.*). **4.** C~ *Br.* Geheimer Kronrat: the King (Queen, Crown) in C~ der König (die Königin, die Krone) u. der Kronrat. **5.** Gemeinderat *m*: municipal ~ Stadtrat. **6.** ˈVorstand(skomiˌtee) *m* (*e-r Gesellschaft*). **7.** Gewerkschaftsrat *m*. **8.** *relig.* Kon'zil *n*, Synˈode *f*, Kirchenversammlung *f*: → ecumenical. **9.** *Bibl.* Hoher Rat (*der Juden*). **~ board** *s* **1.** Sitzungstisch *m*. **2.** Ratsversammlung *f*. **~ es·tate** *s Br.* soziˈale Wohnsiedlung (*e-r Gemeinde*). **~ house** *s Br.* gemeindeeigenes Wohnhaus (*mit niedrigen Mieten*).

**coun·cil·lor(·ship)** *bes. Br. für* councilor(ship).

**ˈcoun·cil·man** [-mən] *s irr bes. Am.* Stadtrat *m*, -verordnete(r) *m*.

**coun·cil·or** [ˈkaʊnsələr; -slər] *s Am.* Ratsmitglied *n*, -herr *m*, (Stadt)Rat *m*, (-)Rätin *f*. **ˈcoun·cil·orˌship** *s Am.* Ratsherrnwürde *f*.

**coun·cil school** *s Br. bes. hist.* staatliche Schule.

**coun·sel** [ˈkaʊnsl; -səl] **I** *s* **1.** Rat(schlag) *m*: to ask ~ of s.o. j-n um Rat fragen; to take ~ of s.o. von j-m (e-n) Rat annehmen. **2.** (gemeinsame) Beratung, Beratschlagung *f*: to hold (*od.* take) ~ with s.o. a) sich beraten mit j-m, b) sich Rat holen bei j-m; to take ~ together zusammen beratschlagen, sich gemeinsam beraten. **3.** Ratschluß *m*, Entschluß *m*, Absicht *f*, Plan *m*: to be of ~ with die gleichen Pläne haben wie. **4.** *obs.* persönliche Meinung *od.* Absicht: to keep one's (own) ~ s-e Meinung *od.* Absicht für sich behalten; divided ~s geteilte Meinungen. **5.** *jur.* a) *Br.* (Rechts)Anwalt *m* (barrister), b) *Am.* Rechtsberater *m*, -beistand *m*: ~ for the plaintiff *Br.* Anwalt des Klägers; ~ for the prosecution Anklagevertreter *m*; C~ for the Crown *Br.* öffentlicher Ankläger; ~ for the defence (*Am.* defense) (*Zivilprozeß*) Anwalt *od.* Prozeßbevollmächtigte(r) *m* des Beklagten, (*Strafprozeß*) Verteidiger *m*; ~'s opinion Rechtsgut-

achten *n*; ~'s speech *Br.* Anwaltsplädoyer *n*; **leading ~** → **leader** 4 a. **6.** (*als pl* konstruiert) *jur. Am. collect.* ju'ristische Berater *pl* im Pro'zeß. **7.** Berater *m*, Ratgeber *m.* **II** *v/t pret u. pp* **-seled**, *bes. Br.* **-selled 8.** *j-m* raten, *j-m* e-n Rat geben *od.* erteilen. **9.** zu etwas raten: **to ~ s.th. to s.o.** j-m etwas raten *od.* empfehlen; **to ~ delay** e-n Aufschub empfehlen. **10. ~ and procure** *jur.* Beihilfe leisten zu e-r Straftat.

**coun·sel·or** ['kaʊnslə(r); -sələ(r)], *bes. Br.* **'coun·sel·lor** *s* **1.** Berater *m*, Ratgeber *m.* **2.** Rat(smitglied *n*) *m.* **3.** *a.* **~-at-law** *jur. Am.* (Rechts)Anwalt *m.* **4.** Rechtsberater *m* (*e-r diplomatischen Vertretung*): **~ of embassy** Botschaftsrat *m* 1. Klasse. **5.** (Studien-, Berufs)Berater *m.*

**count**[1] [kaʊnt] **I** *s* **1.** Zählen *n*, (Be)Rechnung *f*, (Auf-, Aus-, Ab)Zählung *f*: **~ of the ballots** Stimmenzählung; **to keep ~ of s.th.** a) etwas genau zählen, b) *fig.* die Übersicht über etwas behalten; **to lose ~** a) sich verzählen, b) *fig.* die Übersicht verlieren (**of** über *acc*); **he has lost ~ of his books** er kann s-e Bücher schon nicht mehr zählen; **by this ~** nach dieser Zählung *od.* Berechnung; **to take ~ of s.th.** etwas zählen. **2.** *Boxen:* a) Auszählen *n*, b) Anzählen *n*: **to take the ~**, **to be out for the ~** ausgezählt werden; **to take a ~ of nine** bis neun am Boden bleiben *od.* angezählt werden; **to take** (*od.* **be given**) **a standing ~** stehend angezählt werden. **3.** (Volks)Zählung *f.* **4.** An-, Endzahl *f*, Ergebnis *n.* **5.** *jur.* (An)Klagepunkt *m*: **the accused was found guilty on all ~s** der Angeklagte wurde in allen Anklagepunkten für schuldig befunden; **on this ~** *fig.* in dieser Hinsicht, in diesem Punkt. **6.** Berücksichtigung *f*: **to leave out of ~** unberücksichtigt *od.* außer acht lassen; **to take no ~ of s.th.** etwas nicht berücksichtigen *od.* zählen. **7.** *sport etc* Punktzahl *f*, (erzielte) Punkte *pl.* **8.** *tech.* Zähleranzeige *f*, -stand *m.* **9.** *tech.* (Feinheits-) Nummer *f* (*von Garn*). **10.** → **count-out.**

**II** *v/t* **11.** (ab-, auf-, aus-, zs.-)zählen: **to ~ one's change** sein Wechselgeld nachzählen. **12.** aus-, berechnen: **to ~ the cost** a) die Kosten berechnen, b) *fig.* die Folgen bedenken. **13.** zählen bis: **to ~ ten. 14.** (mit)zählen, mit einrechnen, einschließen, berücksichtigen: **without** (*od.* **not**) **~ing** ohne mitzurechnen, abgesehen von; (**not**) **~ing the persons present** die Anwesenden (nicht) mitgerechnet. **15.** halten für, betrachten als, zählen (**among** zu), schätzen: **to ~ s.o. one's enemy** j-n für s-n Feind halten; **to ~ s.o. among one's best friends** j-n zu s-n besten Freunden zählen; **to ~ o.s. lucky** sich glücklich schätzen; **to ~ s.th. for** (*od.* **as**) **lost** etwas als verloren betrachten *od.* abschreiben; **to ~ of no importance** für unwichtig halten; **to ~ it a great hon·o(u)r** es als große Ehre betrachten. **III** *v/i* **16.** zählen: **~ up to ten** bis 10 zählen; **he ~s among my friends** *fig.* er zählt zu m-n Freunden. **17.** rechnen: **~ing from today** von heute an (gerechnet). **18.** (**on**, **upon**) zählen, sich verlassen (auf *acc*), sicher rechnen (mit): **I ~ on you; I ~ on your being in time** ich verlasse mich darauf, daß Sie pünktlich sind. **19.** zählen: a) von Wert *od.* Gewicht sein, ins Gewicht fallen, b) gelten: **this does not ~** das zählt *od.* gilt nicht, das ist ohne Belang, das fällt nicht ins Gewicht; **he simply doesn't ~** er zählt überhaupt nicht; **to ~ for much** viel gelten *od.* wert sein, große Bedeutung haben; **to ~ against** sprechen gegen; sich nachteilig auswirken auf (*acc*). **20.** zählen, sich

belaufen auf (*acc*): **they ~ed ten** sie waren zehn an der Zahl.
*Verbindungen mit Adverbien:*

**count| down** *v/t* **1.** Geld 'hinzählen. **2.** (*a. v/i*) den Countdown 'durchführen für (*e-e Rakete etc*), *a. weitS.* letzte (Start)Vorbereitungen treffen für. **~ in** *v/t* → **count**[1] 14: **count me in!** ich bin dabei!, da mache ich mit! **~ off** *v/t u. v/i bes. mil.* abzählen. **~ out** *v/t* **1.** Münzen *etc* (langsam) abzählen. **2.** ausschließen, außer acht *od.* unberücksichtigt lassen: **count me out!** ohne mich!, da mache ich nicht mit! **3** *parl. Br.* a) *e-e Gesetzesvorlage* durch Vertagung zu Fall bringen, b) **to count the House out** e-e Sitzung des Unterhauses wegen Beschlußunfähigkeit vertagen. **4.** *pol. Am. sl.* j-n durch Manipulati'on bei der Stimmenzählung um s-n Wahlsieg betrügen. **5.** j-n (*beim Boxen od. Kinderspiel*) auszählen: **to be counted out on one's feet** stehend ausgezählt werden. **~ o·ver** *v/t* nachzählen. **~ up** *v/t* zs.-zählen.

**count**[2] [kaʊnt] *s* Graf *m* (*nicht brit. außer in*): → **count palatine.**

**count·a·ble** ['kaʊntəbl] *adj* (ab)zählbar, berechenbar.

**'count·down** *s* **1.** Countdown *m, n* (*beim Abschuß e-r Rakete etc*), *a. weitS.* letzte (Start)Vorbereitungen *pl.* **2.** *Radar:* Antwortbakenausbeute *f.*

**coun·te·nance** ['kaʊntənəns; *Am. a.* -ntnəns] **I** *s* **1.** Gesichtsausdruck *m*, Miene *f*: **to change one's ~** s-n Gesichtsausdruck ändern, die Farbe wechseln; **to keep one's ~** e-e ernste Miene *od.* die Fassung bewahren. **2.** Fassung *f*, Haltung *f*, Gemütsruhe *f*: **in ~** gefaßt; **to put s.o. out of ~** j-n aus der Fassung bringen; **out of ~** fassungslos. **3.** *obs.* Gesicht *n*, Antlitz *n.* **4.** Ermunterung *f*, (mo'ralische) Unter'stützung: **to give** (*od.* **lend**) **~ to s.o.** j-n ermutigen, j-n unterstützen. **5.** Bekräftigung *f*: **to lend ~ to s.th.** e-r Sache Glaubwürdigkeit verleihen, etwas bekräftigen. **6.** *obs.* Benehmen *n.* **II** *v/t* **7.** j-n ermutigen, ermuntern, *a. etwas* unter'stützen. **8.** *etwas* gutheißen.

**count·er**[1] ['kaʊntə(r)] *s* **1.** Ladentisch *m*: **to sell over the ~** a) im Laden verkaufen, b) *Börse: Am.* im freien Verkehr *od.* freihändig verkaufen; **under the ~** a) unter dem Ladentisch, im Schleichhandel, b) unter der Hand, heimlich; → **nail** 5. **2.** Theke *f* (*im Wirtshaus etc*). **3.** Schalter *m* (*in Bank, Post*). **4.** *econ.* Schranke *f* (*an der Börse*). **5.** *hist. od. obs.* (Schuld)Gefängnis *n.*

**count·er**[2] ['kaʊntə(r)] *s* **1.** Zähler *m.* **2.** *tech.* Zähler *m*, Zählgerät *n*, -vorrichtung *f*, -werk *n*: **~ balance** Zählersaldo *m*; **~ punch exit** Zählerablochung *f*; **~ total exit** Summenwert-Ausgang *m.* **3.** → **scaler** 2. **4.** Spielmarke *f*, Je'ton *m.* **5.** Zählperle *f*, -kugel *f* (*e-r Kinder-Rechenmaschine*).

**count·er**[3] ['kaʊntə(r)] **I** *adv* **1.** in entgegengesetzter Richtung, verkehrt. **2.** *fig.* im 'Widerspruch, im Gegensatz (**to** zu): **~ to** wider (*acc*), zuwider (*dat*), entgegen (*dat*); **to run ~ to s.th.** e-r Sache zuwiderlaufen; **to run ~ to a plan** e-n Plan durchkreuzen; **~ to all rules** entgegen allen *od.* wider alle Regeln. **II** *adj* **3.** Gegen..., entgegengesetzt. **III** *s* **4.** Gegenteil *n.* **5.** *Boxen:* a) Kontern *n*, b) Konter *m.* **6.** *fenc.* 'Konterpa‚rade *f.* **7.** Eis-, Rollkunstlauf: Gegenwende *f.* **8.** *mar.* Gilling *f*, Gillung *f.* **9.** *print.* Bunze *f.* **10.** *vet. zo.* Brustgrube *f* (*des Pferdes*). **11.** → **countershaft. 12.** → **countertenor. 13.** → **counterbalance** 1. **IV** *v/t* **14.** entgegenwirken (*dat*), e-n Plan

durch'kreuzen. **15.** zu'widerhandeln (*dat*). **16.** entgegentreten (*dat*), wider'sprechen (*dat*), entgegnen (*dat*), bekämpfen. **17.** *mil.* abwehren. **18.** *bes. sport* e-n Schlag, Zug *etc* mit e-m Gegenschlag *od.* -zug beantworten, kontern. **19.** → **counterbalance** 4. **V** *v/i* **20.** *bes. sport* kontern.

**coun·ter**[4] ['kaʊntə(r)] *obs. für* encounter.

**counter-** ['kaʊntə(r)] *Wortelement mit der Bedeutung* a) Gegen..., (ent)gegen..., b) gegenseitig, c) Vergeltungs...

**coun·ter'act** *v/t* **1.** entgegenwirken (*dat*): **~ing forces** Gegenkräfte. **2.** e-e Wirkung kompen'sieren, neutrali'sieren. **3.** entgegenarbeiten (*dat*), 'Widerstand leisten (*dat*), bekämpfen. **4.** durch'kreuzen, vereiteln. **coun·ter'ac·tion** *s* **1.** Gegenwirkung *f.* **2.** Oppositi'on *f*, 'Widerstand *m.* **3.** Gegenmaßnahme *f.* **4.** Durch'kreuzung *f*, Vereit(e)lung *f.* **coun·ter'ac·tive** *adj* (*adv* **~ly**) entgegenwirkend, Gegen...

**'coun·ter‚ar·gu·ment** *s* 'Gegenargu‚ment *n.*

**coun·ter·at·tack I** *s* ['kaʊntərə‚tæk] Gegenangriff *m* (*a. fig.*). **II** *v/t* [*a.* -'tæk] e-n Gegenangriff richten gegen. **III** *v/i* e-n Gegenangriff 'durchführen.

**'coun·ter·at‚trac·tion** *s* **1.** *phys.* entgegengesetzte Anziehungskraft. **2.** *fig.* 'Gegenattrakti‚on *f* (**to** zu).

**coun·ter·bal·ance I** *s* ['kaʊntə(r)‚bæləns] **1.** Gegengewicht *n* (**to** zu). **2.** *tech.* Ausgleich *m*, Gegengewicht *n.* **3.** *econ.* Gegensaldo *m.* **II** *v/t* [‚-'bæləns] **4.** *fig.* ein Gegengewicht bilden zu, ausgleichen, aufwiegen, (*dat*) die Waage halten. **5.** *tech.* ausgleichen, *Räder etc* auswuchten. **6.** *econ.* (durch Gegenrechnung) ausgleichen.

**'coun·ter‚blast** *s fig.* heftige Reakti'on.

**'coun·ter‚blow** *s* Gegenschlag *m* (*a. fig.*).

**coun·ter‚bore** *tech.* **I** *s* ['kaʊntə(r)bɔ:(r)] **1.** a) (Kopf-, Hals)Senker *m*, b) Zapfenfräser *m.* **II** *v/t* [*a.* -'bɔ:(r)] **2.** ansenken, ausfräsen. **3.** versenken.

**coun·ter‚charge I** *s* ['kaʊntə(r)tʃɑ:(r)dʒ] **1.** *jur.* 'Wider-, Gegenklage *f.* **2.** *mil.* Gegenstoß *m*, -angriff *m.* **II** *v/t [Am. a.* ‚-'tʃɑ:rdʒ] **3.** *jur.* (e-e) 'Widerklage erheben gegen (**with** wegen). **4.** *mil.* e-n Gegenstoß führen gegen.

**coun·ter‚check I** *s* ['kaʊntə(r)tʃek] **1.** Gegenwirkung *f.* **2.** *fig.* Hindernis *n*: **to be a ~ to s.th.** e-r Sache im Wege stehen. **3.** Gegen-, Nachprüfung *f.* **II** *v/t [Am. a.* ‚-'tʃek] **4.** aufhalten, verhindern. **5.** (*e-r hemmenden Kraft*) entgegenwirken. **6.** gegen-, nachprüfen.

**count·er check** *s econ. Am.* Blankobank-, Kassenscheck *m.*

**coun·ter‚claim I** *s* ['kaʊntə(r)kleɪm] **1.** *econ. jur.* Gegenanspruch *m.* **2.** → **countercharge** l. **II** *v/t [Am. a.* ‚-'kleɪm] **3.** e-e Summe als Gegenforderung beanspruchen. **III** *v/i* **4.** Gegenforderungen stellen. **5.** *jur.* (e-e) 'Widerklage erheben.

**‚coun·ter'clock·wise** *Am.* → anticlockwise.

**‚coun·ter'crit·i·cism** *s* 'Gegenkri‚tik *f.*

**'coun·ter‚cul·ture** *s* 'Gegenkul‚tur *f.*

**'coun·ter‚cur·rent** *s bes. electr.* Gegenstrom *m.*

**'coun·ter‚cy·cli·cal** *adj econ.* konjunk‚turdämpfend.

**‚coun·ter'dem·on·strate** *v/i* **1.** an e-r 'Gegendemonstrati‚on teilnehmen, sich an e-r Gegendemonstration beteiligen. **2.** e-e 'Gegendemonstrati‚on veranstalten. **'coun·ter‚dem·on'stra·tion** *s* 'Gegendemonstrati‚on *f.* **‚coun·ter-**

'dem·on·stra·tor s 'Gegendemon-ₗstrant(in).

'coun·ter·ef₍fect s Gegenwirkung f.

'coun·ter·e₍lec·tro'mo·tive force s phys. 'gegenₑlektromo₍torische Kraft, Gegen-EMK f.

ₗcoun·ter'es·pi·o·nage s 'Gegenspio-ₗnage f, Spio'nageabwehr f.

ₗcoun·ter'ev·i·dence s jur. Gegenbeweis m.

'coun·ter·ex₍am·ple s Gegenbeispiel n.

coun·ter·feit ['kaʊntə(r)fɪt; Br. a. -fiːt] I adj 1. nachgemacht, gefälscht, unecht, falsch: ~ bank notes; ~ coin (od. money) Falschgeld n. 2. fig. vorgetäuscht, falsch. II s 3. Fälschung f. 4. gefälschte Banknote od. Münze, Falschgeld n. 5. obs. a) Nachbildung f, b) Betrüger m. III v/t 6. Geld, Unterschrift etc fälschen. 7. heucheln, vorgeben, vortäuschen, simu'lieren. IV v/i 8. fälschen, Fälschungen (bes. Falschgeld) 'herstellen. 'coun·ter·feit·er s 1. (Banknoten)Fälscher m, Falschmünzer m. 2. Heuchler(in). 'coun·ter·feit·ing s 1. Banknotenfälschung f, Falschmünze'rei f. 2. Heuche'lei f.

'coun·ter·flow en·gine s tech. 'Gegenstrommaₗschine f, -strommotor m.

'coun·ter·foil s bes. Br. 1. (Kon'troll-) Abschnitt m, (-)Zettel m, Ku'pon m (an Scheckheften etc). 2. a) Ku'pon m, Zins-od. Divi'dendenschein m (bei Aktien etc), b) Ta'lon m (Erneuerungsschein).

'coun·ter·fort s arch. Strebe-, Verstärkungspfeiler m.

'coun·ter·fugue s mus. Gegenfuge f.

'coun·ter·glow s astr. Gegenschein m.

'coun·ter₍gov·ern·ment s pol. 'Gegenreₗgierung f.

'coun·ter·in₍sur·ance s Gegen-, Rückversicherung f.

'coun·ter·in₍tel·li·gence s Spio'nageabwehr(dienst m) f.

ₗcoun·ter'ir·ri·tant med. I s 1. Gegenreizmittel n. 2. Gegenmittel n (gegen Reizgifte). II adj 3. e-n Gegenreiz hervorrufend.

'count·er₍jump·er s colloq. ,Ladenschwengel' m (Verkäufer).

coun·ter·mand [ˌkaʊntə(r)'mɑːnd; Am. '-ˌmænd] I v/t 1. e-n Befehl etc widerrufen, rückgängig machen, 'umstoßen, econ. e-n Auftrag zu'rückziehen, stor'nieren: payment ~ed Zahlung gesperrt (bei Schecks; Anweisung an die Bank); until ~ed bis auf Widerruf. 2. Ware abbestellen. II s 3. Gegenbefehl m. 4. Wider'rufung f, Aufhebung f (e-r Anordnung), Stor'nierung f (e-s Auftrags).

'coun·ter·march I s bes. mil. Rückmarsch m. 2. fig. völlige 'Umkehr, Kehrtwendung f. II v/i u. v/t 3. bes. mil. zu'rückmarₗschieren (lassen).

'coun·ter·mark I s Gegen-, Kon'trollzeichen n (für die Echtheit etc). II v/t mit e-m Gegen- od. Kon'trollzeichen versehen.

'coun·ter·meas·ure s Gegenmaßnahme f.

'coun·ter·mine I s 1. mil. Gegenmine f. 2. fig. Gegenanschlag m. II v/t 3. mil. kontermi'nieren. 4. fig. durch e-n Gegenschlag vereiteln.

'coun·ter·mo·tion s 1. Gegenbewegung f. 2. pol. Gegenantrag m.

'coun·ter·move s Gegenzug m.

'coun·ter·move·ment s bes. fig. Gegenbewegung f.

'coun·ter·nut s tech. Kontermutter f.

'coun·ter·of₍fen·sive s mil. 'Gegenoffenₗsive f.

'coun·ter·of·fer s Gegenangebot n.

'coun·ter·or·der s 1. bes. mil. Gegen-

---

befehl m. 2. econ. a) Gegenauftrag m, b) ('Auftrags)Storₗnierung f, c) Abbestellung f.

'coun·ter·pane s Tagesdecke f.

'coun·ter·part s 1. Gegen-, Seitenstück n (to zu). 2. Pen'dant n, genaue Entsprechung. 3. Ebenbild n (Person). 4. jur. Ko'pie f, Dupli'kat n, zweite Ausfertigung. 5. mus. Gegenstimme f, -part m. 6. econ. Gegenwert m.

'coun·ter₍plea s jur. Am. Gegeneinwand m.

'coun·ter·plot I s Gegenanschlag m. II v/t entgegenarbeiten (dat). III v/i e-n Gegenanschlag planen od. ausführen.

'coun·ter·point I s 1. Kontrapunkt m. II adj 2. kontra'punktisch. III v/t 3. kontrapunk'tieren. 4. etwas da'gegenstellen.

'coun·ter·poise I s 1. a. fig. Gegengewicht n (to zu). 2. Gleichgewicht(szustand m) n. 3. Reiten: fester Sitz im Sattel. 4. electr. künstliche Erde, Gegengewicht n. II v/t 5. als Gegengewicht wirken zu, ausgleichen (beide a. fig.). 6. fig. im Gleichgewicht halten, aufwiegen, kompen'sieren. 7. ins Gleichgewicht bringen.

ₗcoun·ter·pro'duc·tive adj 'kontraproduk₍tiv: to be ~ nicht zum gewünschten Ziel führen, das Gegenteil bewirken; tactically ~ taktisch unklug.

'coun·ter·proof s 1. tech. Gegenprobe f. 2. print. Konterabdruck m.

'coun·ter₍prop·a'gan·da s 'Gegenpropaₗganda f.

'coun·ter₍pro·pos·al s Gegenvorschlag m.

'coun·ter·punch s 1. print. tech. Gegenpunzen m. 2. Boxen: Konter m. 'coun·ter₍punch·er s Konterboxer m.

'coun·ter·quote v/i 'Gegenziₗtate bringen.

ₗcoun·ter're·coil s mil. tech. (Rohr)Vorlauf m: ~ cylinder Vorholzylinder m.

'coun·ter·re₍con·nais·sance s mil. Gegenaufklärung f.

'Coun·ter-Ref₍or·ma·tion s relig. hist. 'Gegenreformati₍on f.

'coun·ter·rev·o₍lu·tion s pol. 'Gegen-, 'Konterrevoluti₍on f.

ₗcoun·ter·se'cu·ri·ty s econ. 1. Rückbürgschaft f. 2. Rückbürge m.

'coun·ter·shaft s tech. Vorgelegewelle f. ~ gear s tech. Vorgelege(getriebe) n.

'coun·ter·sign I s 1. bes. mil. Pa'role f, Losungswort n. 2. Gegenzeichen n. 3. → countersignature. II v/t 4. gegenzeichnen, mit unter'schreiben. 5. fig. bestätigen.

'coun·ter₍sig·na·ture s Gegenzeichnung f, 'Mitₗunterschrift f.

'coun·ter·sink tech. I s 1. Spitzsenker m, Versenkbohrer m, Krauskopf m. 2. An-, Versenkung f (für Schraubenköpfe etc). 3. Senkschraube f. II v/t irr 4. ein Loch ansenken, (aus)fräsen. 5. den Schraubenkopf versenken.

'coun·ter·state·ment s Gegenerklärung f.

'coun·ter·strike s fig. Gegenschlag m.

'coun·ter·stroke s Gegenschlag m.

'coun·ter·sunk adj tech. 1. versenkt, Senk...: ~ screw. 2. angesenkt (Loch).

ₗcoun·ter'ten·or s mus. a) sehr hoher Te'nor, b) hist. männlicher Alt.

coun·ter·vail ['kaʊntə(r)veɪl; ˌ-'veɪl] I v/t 1. aufwiegen, ausgleichen. 2. entgegenwirken (dat). II v/i 3. (against) das Gleichgewicht 'herstellen (zu), stark genug sein, ausreichen (gegen): ~ing duty econ. Ausgleichszoll m; ~ing powers ausgleichende Gegenkräfte.

'coun·ter·vi·o·lence s Gegengewalt f.

'coun·ter₍volt·age s electr. Gegenspannung f.

---

ₗcoun·ter'weigh → counterbalance 4.

'coun·ter·weight s Gegengewicht n (a. fig. to zu).

'coun·ter·word s Aller'weltswort n.

'coun·ter·work I s 1. Gegenanstrengung f. 2. mil. Gegenbefestigung f. II v/t 3. entgegenarbeiten, -wirken (dat). vereiteln. III v/i 5. Gegenanstrengungen machen, da'gegenarbeiten.

count·ess ['kaʊntɪs] s 1. Br. Gräfin f (aus eigenem Recht od. als Gemahlin e-s Earls). 2. a) (nicht brit.) Gräfin f, b) Kom'teß f, Kom'tesse f (unverheiratete Tochter e-s nichtbrit. Grafen).

count·ing ['kaʊntɪŋ] I s 1. Zählen n, Rechnen n. 2. (Ab)Zählung f. II adj 3. Zähl..., Rechen... ~ cir·cuit s electr. (Im'puls)Zählschaltung f, Zählkreis m. ~ glass s tech. Zählglas n, -lupe f. '~·house s bes. Br. econ. Kon'tor n, Bü'ro n, 'Buchhaltung(sabₗteilung) f. ~ tube s tech. Zählrohr n.

count·less ['kaʊntlɪs] adj zahllos, unzählig.

'count-out s parl. Br. Vertagung f e-r 'Unterhaussitzung wegen Beschlußunfähigkeit.

count pal·a·tine s Br. hist. Pfalzgraf m.

coun·tri·fied ['kʌntrɪfaɪd] adj 1. ländlich, bäuerlich. 2. contp. verbauert, bäurisch.

coun·try ['kʌntrɪ] I s 1. Gegend f, Landstrich m, Landschaft f, Gebiet n: flat ~ Flachland n; wooded ~ waldige Gegend; unknown ~ unbekanntes Gebiet (a. fig.); this is unknown ~ to me in dieser Gegend bin ich noch nie gewesen; that's quite new ~ to me fig. das ist ein ganz neues Gebiet od. völliges Neuland für mich. 2. Land n, Staat m: from all over the ~ aus dem ganzen Land; in this ~ hierzulande; ~ of birth Geburtsland; ~ of destination econ. Bestimmungsland; → origin 1. 3. Heimat(land n) f, Vaterland n: ~ of adoption Wahlheimat. 4. Bevölkerung f (e-s Staates), (die) Öffentlichkeit, Volk n, Nati'on f: trial by the ~ jur. Am. Geschworenenverhandlung f; → appeal 3, 10. 5. (das) Land, (die) Pro'vinz (Ggs. Stadt): in the ~ auf dem Lande; to go (down) (in)to the ~ (bes. von London) aufs Land gehen. 6. Gelände n, Ter'rain n: rough ~; hilly ~ Hügelland n. 7. Bergbau: a) Feld n, Re'vier n, b) Nebengestein n, Gebirge n. 8. Kricket: die weit von den Toren entfernten Teile des Spielfelds. II adj 9. ländlich, vom Lande, Land..., Provinz... 10. contp. bäurisch, ungehobelt.

coun·try|bank s Land-, Pro'vinzbank f. ~·beam s mot. Am. Fernlicht n. '~·bred adj auf dem Land erzogen od. aufgewachsen. ~ bump·kin s Bauerntölpel m, ,Bauer' m. ~ club s Sport- u. Gesellschaftsklub m auf dem Land (für Städter). ~ cous·in s 1. Vetter m od. Base f vom Lande. 2. ,Unschuld f vom Lande'. '~·folk s Landbevölkerung f, Leute pl vom Land. ~ gen·tle·man s irr 1. Br. hist. Landedelmann m. 2. Gutsbesitzer m. ~ home, ~ house s 1. Landhaus n. 2. Landsitz m. ~ lad s. für country bumpkin. ~ life s Landleben n. '~·man [-mən] s irr 1. a. fellow ~ Landsmann m. 2. a) Landbewohner m, b) Bauer m. ~ mu·sic s Country-music f (Volksmusik der Südstaaten in den USA). ~ par·ty s pol. 1. A'grarierparₗtei f. 2. C~ P~ Br. hist. um 1673 gegründete, gegen den Hof gerichtete Partei. ~ peo·ple → countryfolk. ~ road s Landstraße f. ~ rock s 1. → country 7 b. 2. mus. Country-Rock m (mit Rockelementen durchsetzte Country-music). ~ seat s Landsitz m. '~·side s 1. Landstrich m, (ländliche) Gegend. 2.

Landschaft f. **3.** Bevölkerung f e-s Landstrichs. **~ squire** s Landjunker m, -edelmann m. **~-'wide** adj landesweit, im ganzen Land. **'~wom·an** s irr **1.** a. fellow ~ Landsmännin f. **2.** a) Landbewohnerin f, b) Bäuerin f.

**count·ship** [ˈkaʊntʃɪp] s Grafenwürde f.

**coun·ty¹** [ˈkaʊntɪ] s **1.** Br. County f: a) Grafschaft f (Verwaltungsbezirk), b) (die) (Bewohner pl e-r) Grafschaft. **2.** Br. obs. (die) Aristokra'tie e-r Grafschaft. **3.** Am. County f: a) (Land)Kreis m (einzelstaatlicher Verwaltungsbezirk), b) Kreis(bevölkerung f) m.

**count·y²** [ˈkaʊntɪ] s obs. Graf m.

**coun·ty| at·tor·ney** s jur. Am. Staatsanwalt m. **~ bor·ough** s Br. Grafschaftsstadt f (Stadt mit über 50000 Einwohnern, die e-e eigene Grafschaft bildet). **~ coun·cil** s Br. Grafschaftsrat m (Verwaltungsbehörde). **~ court** s jur. **1.** Br. Grafschaftsgericht n (erstinstanzliches Zivilgericht). **2.** Am. Kreisgericht n (für Zivil- u. Strafsachen geringerer Bedeutung). **~ fam·i·ly** s Br. Adelsfamilie f (mit dem Ahnensitz in e-r Grafschaft). **~ man·ag·er** s Am. oberster Verwaltungsbeamter e-s (Land)Kreises. **~ pal·a·tine** s Br. hist. Pfalzgrafschaft f. **~ seat** s Am. Kreis(haupt)stadt f. **~ town** s Br. Grafschaftshauptstadt f.

**coup** [kuː] s **1.** Coup m, gelungenes Unter'nehmen: to make (od. pull off) a ~ e-n Coup landen od. machen. **2.** a. ~ d'état Staatsstreich m, Putsch m. **3.** Bra'vourstück n. **4.** Billard: di'rektes Einlochen des Balles. **5.** einmalige Um'drehung des Rou'lettrades. **~ de grâce** [ˌkuːdəˈɡrɑːs] pl **coups de grâce** [ˌkuːz-] s Gnadenstoß m (a. fig.). **~ de main** [ˌkuːdəˈmãː]; Am. -ˈmæn] pl **coups de main** [ˌkuːz-] s bes. mil. Gewalt-, Handstreich m. **~ de maî·tre** [ˌkuːdəˈmeɪtə(r)] pl **coups de maî·tre** [ˌkuːz-] s Meisterstück n. **~ d'é·tat** [ˌkuːdeɪˈtɑː; -dəˈtɑː] pl **coups d'é·tat** [ˌkuːz-] → coup 2. **~ de thé·â·tre** [ˌkuːdeɪtə(r)ˈɑːtr] pl **coups de thé·â·tre** [ˌkuːz-] s thea. u. fig. über'raschende Wendung.

**cou·pé** [ˈkuːpeɪ; Am. kuːˈpeɪ] s Cou'pé n: a) [Am. a. kuːp] mot. zweitürige u. meist zweisitzige Limousine, b) geschlossene vierrädrige Kutsche, c) rail. Br. 'Halbab,teil n.

**cou·ple** [ˈkʌpl] I s **1.** Paar n: a ~ of a) zwei, b) colloq. ein paar, zwei oder drei, einige; in ~s paarweise. **2.** (bes. Ehe-, Braut-, Liebes)Paar n, Pärchen n. **3.** Verbindungs-, Bindeglied n. **4.** Koppel m, Riemen m: to go (od. run) in ~s fig. aneinandergebunden sein; to hunt (od. go) in ~s fig. stets gemeinsam handeln. **5.** (pl collect. oft **couple**) Paar n, bes. Koppel f (Jagdhunde). **6.** phys. tech. (Kräfte)Paar n: ~ of forces. **7.** electr. Elek'trodenpaar n. **8.** arch. Dachbund m: main ~ Hauptgebinde n. II v/t **9.** (zs.-)koppeln, verbinden. **10.** zo. paaren. **11.** colloq. ein Paar verheiraten. **12.** tech. (an-, ver)kuppeln: to ~ in einkuppeln. **13.** electr. Kreise koppeln: to ~ back rückkoppeln; to ~ out auskoppeln. **14.** mus. Oktaven etc koppeln. **15.** in Gedanken verbinden, zs.-bringen (with mit). III v/i **16.** zo. sich paaren. **17.** colloq. heiraten.

**cou·pled** [ˈkʌpld] adj **1.** a. fig. gepaart, verbunden (with mit). **2.** tech. gekuppelt. **3.** electr. phys. verkoppelt: ~ circuit. ~ col·umn s arch. gekoppelte Säule.

**cou·pler** [ˈkʌplə(r)] s **1.** j-d, der od. etwas, was (zu e-m Paar) verbindet. **2.** mus. Koppel f (der Orgel). **3.** tech. Kupplung f. **4.** electr. a) Koppel(glied n) f, Kopplungsspule f, b) (Leitungs)Muffe f. **~ plug** s

---

electr. Kupplungs-, Gerätestecker m. **~ sock·et** s electr. Gerätesteckdose f.

**cou·ple skat·ing** s Eis-, Rollkunstlauf: Paarlaufen n, -lauf m.

**cou·plet** [ˈkʌplɪt] s **1.** Vers-, bes. Reimpaar n. **2.** mus. Du'ole f.

**cou·pling** [ˈkʌplɪŋ] s **1.** Verbindung f, -einigung f. **2.** zo. Paarung f. **3.** tech. a) Verbindungs-, Kupplungsstück n, Rohrmuffe f, b) Kupplung f: direct ~ kraftschlüssige Kupplung; **disk** ~ Scheibenkupplung. **4.** electr. a) Kopplung f (von Kreisen), b) a. ~ attenuation Kopplungsdämpfung f. **5.** zo. Mittelhand f (des Pferdes). **~ box** s tech. Kupplungsmuffe f. **~ coil** s electr. Kopplungsspule f. **~ disk** s tech. Kupplungsscheibe f. **~ gear** s tech. Einrückvorrichtung f. **~ grab** s tech. Klauenkette f. **~ nut** s tech. Spannmutter f. **~ pin** s tech. Kupplungsbolzen m, Mitnehmerstift m. **~ rod** s tech. Kupplungsstange f.

**cou·pon** [ˈkuːpɒn; Am. -ˌpɑn] s **1.** econ. Cou'pon m, Ku'pon m, Zinsschein m: (dividend) ~ Dividendenschein m; ~ bond Am. Inhaberschuldverschreibung f mit Zinsschein; ~ sheet Couponbogen m. **2.** a) Gutschein m, Bon m, b) Berechtigungs-, Bezugsschein m. **3.** Ku'pon m, Gutschein m, Bestellzettel m (in Zeitungsinseraten etc). **4.** Br. Abschnitt m (der Lebensmittelkarte etc): to spend (od. surrender) ~s Marken abgeben; ~ goods markenpflichtige Waren. **5.** Kon'trollabschnitt m. **6.** Br. Tippzettel m (Fußballtoto).

**cour·age** [ˈkʌrɪdʒ; Am. ˈkɜr-] s Mut m, Beherztheit f, Kühnheit f, Tapferkeit f: to have the ~ of one's convictions (stets) s-r Überzeugung gemäß handeln, Zivilcourage haben; to lose ~ den Mut verlieren; to muster up (od. pluck up, take) ~ Mut fassen; to screw up (od. summon up) all one's ~, to take one's ~ in both hands s-n ganzen Mut zs.-nehmen, sein Herz in beide Hände nehmen. **cou·ra·geous** [kəˈreɪdʒəs] adj (adv ~ly) mutig, beherzt, tapfer.

**cour·gette** [ˌkʊəˈʒet] s bot. Br. Zuc'chini f.

**cour·i·er** [ˈkʊrɪə; ˈkʌ-; Am. ˈkʊrɪər; ˈkɜr-] s **1.** Eilbote m, (a. diplomatischer) Ku'rier. **2.** Reiseleiter m. **3.** Canad. Postbote m, Briefträger m. **4.** Am. Verbindungsmann m (Agent). **5.** Am. Ku'rierflugzeug n.

**cour·lan** [ˈkʊə(r)lən] s orn. Riesenralle f.

**course** [kɔː(r)s] I s **1.** a) Fahrt f, Reise f, b) Lauf m, Weg m, (eingeschlagene) Richtung f: to take one's ~ s-n Weg verfolgen od. gehen (a. fig.); to keep to one's ~ beharrlich s-n Weg verfolgen (a. fig.). **2.** aer. mar. Kurs m: direct (magnetic, true) ~ gerader (mißweisender, rechtweisender) Kurs; ~ made good aer. richtiger Kurs; on (off) ~ (nicht) auf Kurs; to change one's ~ s-n Kurs ändern (a. fig.); to stand upon the ~ den Kurs halten; to steer a ~ e-n Kurs steuern (a. fig.); ~ computer aer. Kursrechner m; ~ correction Kurskorrektur f; ~ recorder Kursschreiber m; ~-setting device Kursgeber m. **3.** fig. Kurs m, Weg m, Me'thode f, Verfahren n: to adopt a new ~ e-n neuen Kurs od. Weg einschlagen; to take one's own ~ s-n eigenen Weg gehen; → action 1. **4.** Verhaltens-, Lebensweise f: (evil) ~s üble Gewohnheiten. **5.** (zu'rückgelegter) Weg, Strecke f. **6.** sport (Renn)Bahn f, (-)Strecke f, (Golf)Platz m. **7.** (Ver)Lauf m (zeitlich): in the ~ of im (Ver)Lauf (gen), während (gen); in (the) ~ of time im Laufe der Zeit. **8.** Lebenslauf m, -bahn f, Karri'ere f. **9.** (na'türlicher) Lauf, Ab-,

---

Verlauf m, (Fort)Gang m: of ~ (colloq. a. einfach ~) natürlich, selbstverständlich; the ~ of events der Gang der Ereignisse, der Lauf der Dinge; in the ordinary ~ of things normalerweise; ~ of nature natürlicher Verlauf der Dinge; the ~ of a disease der Verlauf e-r Krankheit; the sickness will take its ~ die Krankheit wird ihren Lauf nehmen; to let things run (od. take) their ~ den Dingen ihren Lauf lassen; in ~ of construction im Bau (befindlich); → matter 3. **10.** üblicher Gang od. Verlauf: ~ of business econ. (regelmäßiger od. normaler) Geschäftsgang; ~ of law Rechtsgang, -weg m; → due 9. **11.** (Reihen-, Aufein'ander)Folge f. **12.** Turnus m, regelmäßiger Wechsel (der Dienstzeiten etc). **13.** Gang m, Gericht n (Speisen): a four-~ meal e-e Mahlzeit mit vier Gängen; last ~ Nachtisch m. **14.** Zyklus m, Reihe f, Folge f: a ~ of lectures e-e Vortragsreihe. **15.** a. ~ of instruction Kurs m, Lehrgang m: German ~ Deutschkurs; ~ of study univ. a) Kurs, b) Lehrplan m; training ~ Übungskurs. **16.** med. Kur f: to undergo a ~ of (medical) treatment sich e-r Kur od. e-r längeren Behandlung unterziehen. **17.** econ. obs. (Geld-, Wechsel)Kurs m. **18.** econ. Marktlage f, Ten'denz f. **19.** mar. unteres großes Segel. **20.** arch. Lage f, Schicht f (Ziegel etc): ~ of archstones Wölbschicht. **21.** Stricken: Maschenreihe f. **22.** pl physiol. Menstruati'on f, Peri'ode f, Regel f. **23.** hist. Gang m (im Turnier etc). **24.** geol. Streichen n (Lagerstätte). **25.** Bergbau: Ader f, Gang m, stehendes Flöz: ~ of ore Erzgang. **26.** tech. Bahn f, Strich m, Schlag m.

II v/t **27.** durch'eilen, jagen durch od. über (acc). **28.** Wild, bes. Hasen (mit Hunden) hetzen.

III v/i **29.** rennen, eilen, jagen, stürmen: to ~ through s.th. fig. etwas durcheilen. **30.** strömen (Tränen etc).

**cours·er¹** [ˈkɔː(r)sə(r)] s poet. Renner m (schnelles Pferd).

**cours·er²** [ˈkɔː(r)sə(r)] s hunt. **1.** Jäger m (bei der Hetzjagd). **2.** Jagdhund m.

**cours·er³** [ˈkɔː(r)sə(r)] s orn. Rennvogel m.

**cours·ing** [ˈkɔː(r)sɪŋ] s Hetzjagd f.

**court** [kɔː(r)t] I s **1.** (Innen-, Vor)Hof m. **2.** bes. Br. stattliches Wohngebäude n. **3.** a) kurze Straße od. Sackgasse, b) kleiner Platz. **4.** sport a) Platz m: tennis ~, b) (Spiel)Feld n. **5.** (fürstlicher etc) Hof, Resi'denz f: to be presented at ~ bei Hofe vorgestellt od. eingeführt werden; to have a friend at ~ fig. e-n einflußreichen Fürsprecher haben. **6.** a) fürstlicher Hof od. Haushalt, b) fürstliche Fa'milie, c) Hofstaat m: to hold ~ Hof halten; to keep ~ herrschen. **7.** königliche od. fürstliche Re'gierung. **8.** (Empfang m bei) Hof m. **9.** fig. Hof m, Aufwartung f: to pay (one's) ~ to s.o. a) j-m (bes. e-r Dame) den Hof machen, b) j-m s-e Aufwartung machen. **10.** jur. Gericht n: a) Gerichtshof m, b) (die) Richter pl, c) Gerichtssaal m: ~ of law, ~ of justice Gerichtshof; ~ of hono(u)r Ehrengericht; to appear in ~ vor Gericht erscheinen; the ~ will not sit tomorrow morgen findet keine Gerichtssitzung statt; to bring into ~ vor Gericht bringen, verklagen; to come to ~ vor Gericht od. zur Verhandlung kommen (Klage); to go to ~ vor Gericht gehen, klagen; in and out of ~ gerichtlich u. außergerichtlich; out of ~ fig. a) nicht zur Sache gehörig. b) indiskutabel; to put o.s. out of ~ sich disqualifizieren; to settle a matter out of ~ e-e Sache

außergerichtlich *od.* auf gütlichem Wege beilegen; **to laugh out of** ~ verlachen; → **appeal** 7, **arbitration** 2, **assize** 4a, **equity** 3a, *etc.* **11.** *jur.* (Gerichts)Sitzung *f:* → **open** 10. **12.** *parl.* (gesetzgebende) Versammlung: → **High Court of Parliament. 13.** Rat *m*, Versammlung *f*, Kura'torium *n:* ~ **of assistance** Kirchenrat (*e-r Pfarrei*); ~ **of directors** Direktion *f*, Vorstand *m.* **14.** Ortsgruppe *f, a.* (Freimaurer)Loge *f.* **II** *v/t* **15.** *j-m (bes. e-r Dame)* den Hof machen, um'werben (*a. zo. u. fig.*), werben um. **16.** *fig.* buhlen *od.* werben um: **to** ~ **s.o.'s favo(u)r. 17.** *fig.* sich bemühen um, suchen: **to** ~ **death** mit s-m Leben spielen; **to** ~ **disaster** das Schicksal herausfordern, mit dem Feuer spielen; **to** ~ **sleep** Schlaf suchen. **III** *v/i* **18. to go** ~**ing** auf Freiersfüßen gehen; ~**ing couple** Liebespaar *n.* **19.** *orn.* balzen.

**court**| **ball** *s* Hofball *m.* ~ **bar·on** *pl* **courts bar·on,** *od.* **courts bar·ons** *s jur. Br. hist.* Guts-, Patrimoni'algericht *n.* ~ **card** *s* Kartenspiel: Bild(karte *f*) *n.* **C~ Cir·cu·lar** *s Br.* (tägliche) Hofnachrichten *pl.* ~ **cup·board** *s hist.* Kre'denztisch *m.* ~ **day** *s* Gerichtstag *m.* ~ **dress** *s* (vorschriftsmäßige) Hofkleidung, Hoftracht *f.*

**cour·te·ous** ['kɜːtjəs; *a.* 'kɔː-; *Am.* 'kɜːtɪəs] *adj (adv* ~**ly**) höflich, verbindlich, liebenswürdig. **'cour·te·ous·ness** → **courtesy** 1.

**cour·te·san** [ˌkɔːtɪ'zæn; *Am.* 'kɔːrtəzən; ˌkɔʊr-] *s bes. hist.* Kurti'sane *f.*

**cour·te·sy** ['kɜːtɪsɪ; *a.* 'kɔː-; *Am.* 'kɜːr-] **I** *s* **1.** Höflichkeit *f*, Liebenswürdigkeit *f*, Artigkeit *f (alle a. als Handlung)* (**to, toward[s]** gegen): **by** ~ aus Höflichkeit (→ 2); **to be in** ~ **bound to do s.th.** anstandshalber verpflichtet sein, etwas zu tun; ~ **on the road** Höflichkeit im Straßenverkehr; ~ **of the port** *Am.* Recht *n* auf sofortige Zollabfertigung; ~ **light** *mot.* Innenbeleuchtung *f*; ~ **visit** Höflichkeits-, Anstandsbesuch *m.* **2.** *attr* Höflichkeits...: **title by** ~, ~ **title** Höflichkeits-, Ehrentitel *m*; **by** ~ **of** a) mit freundlicher Genehmigung von (*od. gen*) b) durch, mittels; *the picture was lent to us* **by** ~ **of** *the National Art Collection* freundlicherweise von. **3.** → **curts(e)y.** **II** *v/i* → **curts(e)y** II.

**cour·te·zan** → **courtesan.**

**court**| **fees** *s pl jur.* Gerichtsgebühren *pl*, -kosten *pl.* ~ **guide** *s* 'Hof-, 'Adelskaˌlender *m (Verzeichnis der höfähigen Personen).* ~ **hand** *s hist.* gotische Kanz'leischrift. '~**house** *s* **1.** Gerichtsgebäude *n.* **2.** *Am.* Kreis(haupt)stadt *f.*

**cour·ti·er** ['kɔː(r)tjə(r); -tɪə(r); *Am. a.* -tʃər] *s* Höfling *m.*

**court**| **like** *adj* **1.** höfisch. **2.** höflich. '**court·li·ness** ['kɔːtlɪnɪs] *s* Vornehmheit *f.* '**court·ly I** *adj* **1.** höfisch: ~ **love** *hist.* ritterliche Minne. **2.** vornehm, gepflegt, ele'gant. **3.** höflich. **4.** schmeichlerisch, salbungsvoll. **II** *adv* **5.** höflich.

**court**| **mar·tial** *pl* **court mar·tials, courts mar·tial** *s* Kriegsgericht *n:* **shot by sentence of** ~ standrechtlich erschossen. ~**'mar·tial** *pp* -'**martialed,** *bes. Br.* -'**mar·tialled** *v/t* vor ein Kriegsgericht stellen. ~**'mourn·ing** *s* Hoftrauer *f.* ~**'or·der** *s jur.* Gerichtsbeschluß *m*, richterliche Verfügung. ~ **paint·er** *s* Hofmaler *m.* ~ **plas·ter** *s hist.* ein Heftpflaster *aus Fischleim u. Seide.* ~ **re·por·ter** *s* Ge'richtsstenoˌgraph *m.* '~**room** *s* Gerichtssaal *m.*

**court·ship** ['kɔː(r)tʃɪp] *s* **1.** Hofmachen *n*, Freien *n*, Werben *n:* **days of** ~ Zeit *f* der jungen Liebe. **2.** *fig.* (**of**) Werben *n* (um),

---

Um'werben *n (gen).* **3.** *zo.* Werben *n, orn.* Balz *f.*

**court shoe** *s* Pumps *m.*

'**court·yard** *s* Hof *m.*

**cous·in** ['kʌzn] *s* **1.** a) Cou'sin *m*, Vetter *m*, b) Cou'sine *f*, Ku'sine *f*, Base *f:* **first** (*od.* **full**) ~ → **cousin-german; to be (look) first** ~ **to** *fig.* sehr ähnlich sein (sehen) (*dat*); **second** ~**s** Cousins *od.* Cousinen zweiten Grades; → **removed** 2. **2.** *weitS.* Verwandte(r *m*) *f:* **to call** ~**s** sich auf die Verwandtschaft berufen (**with** mit); **forty-second** ~ entfernter Verwandter. ˌ**cous·in-'ger·man** *pl* ˌ**cous·ins-'ger·man** *s* leiblicher Cou'sin *od.* leibliche Cou'sine.

**cous·in·ly** ['kʌznlɪ] *adj* cou'sin-, cou'sinenhaft.

**cou·ture** [kuː'tjʊə; *Am.* -'tʊər] *s* (Haute) Cou'ture *f.* **cou·tu·ri·er** [kuː'tjʊərɪeɪ; *Am.* -'tʊrɪeɪ] *s* (Haute) Couturi'er *m*, Modeschöpfer *m.* **cou·tu·ri·ère** [kuː-'tjʊərɪeə; *Am.* kuː'tʊrɪər] *s* Modeschöpferin *f.*

**cou·vade** [kuː'vɑːd] *s* Cou'vade *f*, Männerkindbett *n.*

**co·va·lence** [ˌkəʊ'veɪləns], ˌ**co·va·len·cy** *s chem.* Kova'lenz *f.*

**cove¹** [kəʊv] **I** *s* **1.** kleine Bucht. **2.** Schlupfwinkel *m.* **3.** *Scot.* Höhle *f.* **4.** *arch.* a) Wölbung *f*, b) Gewölbebogen *m.* **II** *v/t* **5.** *arch.* (über)'wölben.

**cove²** [kəʊv] *s Br. sl. obs.* Bursche *m.*

**cov·en** ['kʌvn; *Am. a.* 'kəʊvən] *s* Hexensabbat *m.*

**cov·e·nant** ['kʌvənənt] **I** *s* **1.** feierliches Abkommen *od.* (*relig.*) Bündnis. **2.** *jur.* a) (in *e-r Urkunde niedergelegte*) Vertragsabrede, b) bindendes Versprechen, c) Vertragsbestimmung *f*, d) (*vertragliche*) Zusicherung (*bes. bei Grundstücksgeschäften*): **full** ~ **deed** *Am.* Grundstücksübertragungsurkunde *f* mit bestimmten Zusicherungen; **negative** ~ (*vertragliches*) Unterlassungsversprechen. **3.** **C~** *hist.* Covenant *m (Name mehrerer Bündnisse der schottischen Presbyterianer zur Verteidigung ihres Glaubens, bes.*): **The National C~** (*1638*); **The Solemn League and C~** (*1643*). **4.** *Bibl.* a) Bund *m (Gottes mit den Menschen):* **the Old (New)** ~ der Alte (Neue) Bund; **the ark** 3, b) (göttliche) Verheißung: **the land of the** ~ das Gelobte Land. **5.** *jur. pol.* Satzung *f*, Sta'tut *n:* **C~ of the League of Nations** Völkerbundpakt *m* (*1919*). **II** *v/i* **6.** e-n Vertrag schließen, über'einkommen (**with** mit; **for** über *acc*). **7.** sich (vertraglich) verpflichten (**to do** zu tun). **III** *v/t* **8.** (vertraglich) vereinbaren *od.* zusichern. **9.** bindend versprechen. **10.** feierlich geloben. '**cov·e·nant·ed** *adj* **1.** vertraglich festgelegt, vertragsmäßig. **2.** vertraglich gebunden. ˌ**cov·e·nan'tee** [-nən'tiː; *Am. a.* -ˌnæn'tiː] *s jur.* (der) (aus e-m Vertrag) Berechtigte. '**cov·e·nant·er** [-nəntə; *Am.* -ˌnæntər] *s* **1.** (der) (aus e-m Vertrag) Verpflichtete. **2.** **C~** [*Scot.* ˌkʌvə'næntə] *hist.* Covenanter *m (Anhänger des Nation-al* **Covenant**). '**cov·e·nan·tor** [-tə(r)] → **covenanter** 1.

**Cov·en·try** ['kɒvəntrɪ; *Am.* 'kʌv-] *npr* Coventry *n (englische Stadt):* **to send s.o. to** ~ *fig.* a) j-n gesellschaftlich ächten, b) j-n ,schneiden'.

**cov·er** ['kʌvə(r)] **I** *s* **1.** Decke *f.* **2.** *weitS.* (Pflanzen-, Schnee-, Wolken- *etc*)Decke *f.* **3.** Deckel *m.* **4.** a) (Buch)Decke(l *m*) *f*, Einband *m:* **from** ~ **to** ~ von der ersten bis zur letzten Seite, b) 'Umschlag- *od.* Titelseite *f*, c) ('Schutz)ˌUmschlag *m.* **5.** Um'hüllung *f*, Hülle *f*, Futte'ral *n*, Kappe *f.* **6.** 'Überzug *m*, Bezug *m.* **7.** a) *tech.* Schutzhaube *f od.* -platte *f*,

---

b) Abdeckhaube *f (e-s Plattenspielers etc),* c) Schutzmantel *m (von elektrischen Röhren),* d) *mot.* (Reifen)Decke *f*, Mantel *m.* **8.** 'Briefˌumschlag *m*, Ku'vert *n:* **under same** ~ mit gleichem Schreiben, beiliegend; **under separate** ~ mit getrennter Post; **under plain** ~ in neutralem Umschlag. **9. under** ~ **of** unter der (Deck)Adresse von (→ 16). **10.** Faltbrief *m.* **11.** *Philatelie:* Ganzsache *f.* **12.** Schutz *m*, Obdach *n*, Dach *n:* **to get under** ~ sich unterstellen. **13.** Schutz *m* (**from** gegen): **under (the)** ~ **of night** im Schutze der Nacht. **14.** *mil.* a) Deckung *f* (**from** vor *dat*): **to take** ~ in Deckung gehen, Deckung nehmen, b) Sicherung *f*, Abschirmung *f.* **15.** *hunt.* a) Lager *n (von Wild),* b) (schützendes) Dickicht: **to break** ~ ins Freie treten. **16.** *fig.* Tarnung *f*, Deckmantel *m*, Vorwand *m:* **under** ~ **of** unter dem Deckmantel (*gen*), getarnt als (→ 9); **to blow one's** ~ ,auffliegen' (*Agent etc*). **17.** Gedeck *n (bei Tisch).* **18.** *econ.* Deckung *f*, Sicherheit *f:* ~ **funds** Deckungsmittel *pl*; ~ **ratio** Deckungsverhältnis *n (Währung).* **19.** *Versicherungsrecht:* (Schadens)Deckung *f*, Versicherungsschutz *m:* ~ **note** → **covering note.**

**II** *v/t* **20.** be-, zudecken (**with** mit): ~**ed with** voll von; **to remain** ~**ed** den Hut aufbehalten; **to** ~ **o.s. with glory (shame)** *fig.* sich mit Ruhm (Schande) bedecken; **to** ~ **a roof** ein Dach decken. **21.** *e-e Fläche* bedecken, sich über *e-e Fläche, a. e-e Zeitspanne* erstrecken. **22.** *Papier, Seiten* vollschreiben. **23.** über'ziehen, um'wickeln, um'hüllen, um'spinnen: ~**ed buttons** überzogene Knöpfe. **24.** einhüllen, -wickeln, -schlagen (**in, with** in *acc*). **25.** a) verdecken, -bergen (*a. fig.*), b) *oft* ~ **up** *fig.* verhüllen, -hehlen, bemänteln: **to** ~ **(up) one's mistakes; to** ~ **up a scandal** e-n Skandal vertuschen. **26.** (*o.s.* sich) decken, schützen (**from, against** vor *dat*, gegen) (*beide a. fig.*): **to** ~ **o.s.** *fig.* sich absichern. **27.** *mil.* a) decken, schützen, abschirmen, b) **to** ~ **the retreat,** b) (*als Hintermann etc*) decken: **to be** ~**ed** auf Vordermann stehen, c) *ein Gebiet* beherrschen, im Schußfeld haben, d) *Gelände* bestreichen, (mit Feuer) belegen. **28.** zielen auf (*acc*), in Schach halten: **to** ~ **s.o. with a pistol. 29.** *econ.* decken: **to** ~ **expenses; to** ~ **a loss** e-n Verlust decken; **to** ~ **debts** Schulden (ab)decken. **30.** *econ.* versichern, decken. **31.** decken, genügen *od.* ausreichen für: **to** ~ **a requirement. 32.** um'fassen, um-'schließen, einschließen, be'inhalten, enthalten, behandeln: **the book does not** ~ **that period. 33.** *statistisch, mit Radar, Werbung etc* erfassen. **34.** *ein Thema* erschöpfend behandeln. **35.** *Presse, Rundfunk etc:* berichten über (*acc*): **to** ~ **the elections. 36.** *e-e Strecke* zu'rücklegen: **to** ~ **three miles; to** ~ **the ground** *fig.* alles (gründlich) durchnehmen *od.* bearbeiten *od.* behandeln; **to** ~ **much ground** a) e-e große Strecke zurücklegen, b) *fig.* viel umfassen, weit gehen *od.* reichen. **37.** *ein Bezirk* bereisen, bearbeiten: **this salesman** ~**s** Utah. **38.** *ein Gebiet* versorgen, ope'rieren in (*dat*): **the bus line** ~**s this area. 39.** *sport* e-n Gegenspieler decken. **40.** *j-n* beschatten, beobachten. **41.** *zo. ein Weibchen* decken, bespringen, *e-e Stute* beschälen. **42.** *Bibl. e-e Sünde* vergeben, auslöschen.

**III** *v/i* **43.** *tech.* decken: **this paint does not** ~. **44.** *sport* decken. **45.** ~ **for** einspringen für, vertreten.

*Verbindungen mit Adverbien u. Präpositionen:*

**cov·er**| **in** *v/t* **1.** *Grab etc* zuschütten,

auffüllen. **2.** a) *Haus* decken, bedachen, b) *Terrasse etc* über¹dachen. ~ **in·to** *v/t* **1.** transfe¹rieren auf (*acc*), über¹tragen (*dat*). **2.** unter¹stellen (*dat*), einbeziehen in (*acc*). ~ **o·ver** *v/t* **1.** über¹ziehen, -¹dek-ken. **2.** → **cover up** 1. ~ **up I** *v/t* **1.** (ganz) zudecken *od.* verdecken. **2.** verbergen, -heimlichen, -tuschen. **II** *v/i* **3.** **to** ~ **for s.o.** j-n decken. **4.** *Boxen:* die Deckung hochnehmen.

**cov·er ad·dress** *s* ¹Decka₁dresse *f.*

**cov·er·age** [¹kʌvərɪdʒ] *s* **1.** (*statistische etc*) Erfassung. **2.** erschöpfende Behandlung (*e-s Themas*). **3.** a) erfaßtes Gebiet, erfaßte Menge, b) Streuungsdichte *f*, c) Geltungsbereich *m*, Verbreitung *f*, d) erfaßter Per¹sonenkreis (*e-r Werbung*). **4.** Ausstrahlung *f*, Reichweite *f* (*e-s Senders, e-r Werbung etc*). **5.** *Radar:* Auf-faßbereich *m.* **6.** *econ.* ¹Umfang *m* (*e-r Versicherung*), Versicherungsschutz *m*, (Schadens)Deckung *f.* **7.** *econ.* Deckung *f* (*Währung*): **a twenty-per-cent gold ~.** **8.** *Presse, Rundfunk etc:* Berichterstattung *f* (*of über acc*). **9.** *mil.* ¹Luftunter-₁stützung *f.* **10.** *tech.* Ergiebigkeit *f* (*e-s Lacks etc*). **11.** Pflanzendecke *f.*

¹**cov·er**|-₁**all** *adj Am.* um¹fassend. ¹**~₁all** *s meist pl Am.* Overall *m.* ~ **charge** *s pro* Gedeck berechneter Betrag, Gedeck *n.* ~ **crop** *s agr.* Deck-, Schutzfrucht *f.* ~ **de·sign** *s* Titelbild *n.*

**cov·ered** [¹kʌvə(r)d] *adj* be-, gedeckt: ~ **bridge** gedeckte Brücke; ~ **cable** *tech.* umhülltes Kabel; ~ **court** *sport* Hallen-platz *m*; ~ **electrode** *tech.* Mantelelek-trode *f*; ~ **job** *Am.* pflichtversicherte Tätigkeit; ~ **market** Markthalle *f*; ~ **storage space** überdachter Lagerraum; ~ **wag(g)on** a) *Am. hist.* Planwagen *m*, b) *rail. Br.* geschlossener Güterwagen; ~ **wire** *tech.* umsponnener Draht.

**cov·er**| **girl** *s* Covergirl *n*, Titelblatt-mädchen *n.* ~ **glass** *s* **1.** *Diaskop:* Deck-glas *n.* **2.** Deckgläs·chen *n* (*am Mikro-skop*).

**cov·er·ing** [¹kʌvərɪŋ; -vrɪŋ] **I** *s* **1.** → cover 5. **2.** (Be)Kleidung *f.* **3.** Um¹hül-lung *f.* **4.** *aer.* Bespannung *f.* **5.** (Fuß-boden)Belag *m.* **6.** *econ.* Deckungskauf *m.* **7.** *mil.* Abschirmung *f*, Sicherung *f.* **II** *adj* **8.** (be)deckend, Deck... **9.** Schutz... **10.** *mil.* Deckungs..., Sicherungs... ~ **a·gree·ment** *s* Mantelvertrag *m.* ~ **fire** *s mil.* Deckungsfeuer *n*, Feuer-schutz *m.* ~ **force** *s mil.* Sicherungs-, Deckungstruppen *pl.* ~ **let·ter** *s* Be-gleitbrief *m*, -schreiben *n.* ~ **note** *s econ. Br.* Deckungszusage *f* (*für e-e Versiche-rung*). ~ **pow·er** *s* **1.** *tech.* Deckkraft *f* (*von Farbe*). **2.** *phot.* Bildwinkel *m.*

**cov·er·let** [¹kʌvə(r)lɪt] *s* Tagesdecke *f.*

**cov·er**|**note** → covering note. ~ **plate** *s tech.* **1.** Abdeckplatte *f.* **2.** Lasche *f*, Verstärkungsplatte *f.* ~ **shot** *s phot.* To-¹tale *f.* ¹**~slut** *s* ¹Umhang *m*, ¹Überwurf *m.* ~ **sto·ry** *s* Titelgeschichte *f.*

**cov·ert I** *adj* [¹kʌvə(r)t; *Am. a.* ¹kəʊ-] (*adv* ~**ly**) **1.** *obs.* geschützt. **2.** heimlich, ver-borgen, -steckt, -schleiert. **3.** *jur.* verhei-ratet (*Frau*): → **feme covert. II** *s* [*a.* ¹kʌvə(r)] **4.** Deckung *f*, Schutz *m*, Obdach *n.* **5.** Versteck *n*, Schlupfwinkel *m.* **6.** *hunt.* a) Lager *n* (*von Wild*), b) Dickicht *n.* **7.** [¹kʌvə(r)t] *orn.* Deckfeder *f.* ~ **coat** *s Br.* Covercoat *m* (*Sportmantel*).

**cov·er·ture** [¹kʌvə(r)₁tjʊə(r); *bes. Am.* -₁t[ʊə(r); -t[ə(r)] *s* **1.** Decke *f*, Hülle *f.* **2.** Obdach *n*, Schutz *m.* **3.** *fig.* Deck-mantel *m.* **4.** *jur.* Ehestand *m* (*der Frau*).

¹**cov·er-up** *s* Vertuschung *f* (*for gen*).

**cov·et** [¹kʌvɪt] *v/t* begehren: **he ~s** s.th. es gelüstet ihn nach etwas. ¹**cov·et·a·ble** *adj* begehrenswert. ¹**cov·et·ing** *adj* (*adv* ~**ly**) (be)gierig, lüstern. ¹**cov·et·ous** *adj*

(*adv* ~**ly**) **1.** begehrlich, (be)gierig, lüstern (*of nach*): **to be** ~ **of** s.th. etwas begeh-ren. **2.** habsüchtig. ¹**cov·et·ous·ness** *s* **1.** heftiges Verlangen, Gier *f*, Begierde *f.* **2.** Habsucht *f.*

**cov·ey** [¹kʌvɪ] *s* **1.** *orn.* Brut *f* (*Vogelmutter mit Jungen*). **2.** *hunt.* Volk *n*, Kette *f* (*Rebhühner*). **3.** *fig.* Schwarm *m*, Schar *f.*

**cov·in** [¹kʌvɪn] *s* geheimes Einverständ-nis, betrügerische Absprache.

**cov·ing** [¹kəʊvɪŋ] *s arch.* **1.** Wölbung *f.* **2.** überhangendes Obergeschoß. **3.** schräge Seitenwände *pl* (*Kamin*).

**cow¹** [kaʊ] *pl* **cows,** *obs.* **kine** [kaɪn] *s zo.* **1.** Kuh *f* (*a. fig. contp.*): **till the ~s come home** *colloq.* bis in alle Ewigkeit; **to have a ~** *Am. colloq.* ‚Zustände kriegen'. **2.** Kuh *f*, Weibchen *n* (*bes. des Elefanten, Wals*).

**cow²** [kaʊ] *v/t* einschüchtern, ducken: **to ~** s.o. **into** j-n (durch Einschüchterung) zwingen *od.* treiben zu.

**cow·age** [¹kaʊɪdʒ] *s bot.* Afri¹kanische Juckbohne.

**cow·ard** [¹kaʊə(r)d] **I** *s* Feigling *m*, ‚Ha-senfuß' *m*, Memme *f.* **II** *adj* feig(e), ängstlich. ¹**cow·ard·ice** [-dɪs] *s* Feig-heit *f.* ¹**cow·ard·li·ness** *s* Feigheit *f*: a) Ängstlichkeit *f*, b) ¹Hinterhältigkeit *f*, Gemeinheit *f.* ¹**cow·ard·ly** *adj* feig(e): a) ängstlich, b) ¹hinterhältig, gemein. **II** *adv* feig(e).

¹**cow**|**bane** *s bot.* Wasserschierling *m.* ¹**~bell** *s* **1.** Kuhglocke *f.* **2.** *bot. Am.* Gemeines Leimkraut. ¹**~ber·ry** *s bot.* **1.** Preiselbeere *f.* **2.** *Am. (e-e)* Rebhuhn-beere. ¹**~boy** *s* **1.** Cowboy *m.* **2.** Kuh-junge *m*, Kuhhirt *m.* **3.** *colloq.* Pfuscher *m.* ¹**~catch·er** *s* **1.** Schienenräumer *m.* **2.** *Rundfunk, TV: colloq.* Werbespot vor Beginn e-r Sendung, der für ein Neben-produkt des Sponsors wirbt.

**cow·die** [¹kaʊdɪ] → kauri.

**cow·er** [¹kaʊə(r)] *v/i* **1.** kauern, (zs.-ge-kauert) hocken. **2.** *a.* ~ **down** sich ducken (*aus Angst etc*). **3.** sich verkriechen.

¹**cow**|**fish** *s* **1.** *ein kleiner Wal.* **2.** (*ein*) Kofferfisch *m.* **3.** (*e-e*) Rundschwanz-Seekuh, (*ein*) Laman¹tin *m.* ¹**~girl** *s* Cowgirl *n.* ¹**~hand** → cowboy. ¹**~heel** *s gastr.* Kuhfuß-, Kalbsfußsülze *f.* ¹**~herb** *s bot.* Kuhnelke *f.* ¹**~herd** *s* Kuhhirt *m.* ¹**~hide** *s* **1.** Kuhhaut *f.* **2.** Rind(s)leder *n.* **3.** *Am.* Ochsenziemer *m* (*Peitsche*). **4.** *pl Am.* (schwere) Rind(s)lederschuhe *pl od.* -stiefel *pl.* ¹**~house** *s* Kuhstall *m.*

**cowl** [kaʊl] *s* **1.** Mönchskutte *f* (*mit Kapuze*). **2.** Ka¹puze *f.* **3.** *tech.* (drehbare) Schornsteinkappe. **4.** *rail.* Rauchhaube *f.* **5.** *tech.* Funkenrost *m*, Sieb *n.* **6.** *tech.* a) *mot.* Haube *f*, Winddach *n*: ~ **panel** Hauben-, Verkleidungsblech *n*, b) → cowling, c) Verkleidung *f.*

**cowled** [kaʊld] *adj* **1.** mit e-r Mönchs-kutte *od.* Ka¹puze bekleidet. **2.** *bot. zo.* ka¹puzenförmig.

**cowl·ing** [¹kaʊlɪŋ] *s aer.* (stromlinien-förmige, abnehmbare) Motorhaube.

¹**cow·man** [-mən; *Am. a.* -₁mæn] *s irr* **1.** *Am.* Rinderzüchter *m.* **2.** Kuh-, Stall-knecht *m.*

¹**co-₁work·er** [¹kəʊ-] *s* Mitarbeiter(in).

**cow**|**pars·nip** *s bot.* Bärenklau *m, f.* ¹**~pat** *s* Kuhfladen *m.* ¹**~pea** *s bot.* Kuh-bohne *f.* ¹**~pen** *s* Kuhhürde *f.* ~ **po·ny** *s Am. von Cowboys gerittenes Pony.* ¹**~pox** *s med.* Kuh-, Impfpocken *pl.* ¹**~punch-er** *s Am. colloq.* Cowboy *m.*

**cow·rie, cow·ry** [¹kaʊrɪ; ¹kaʊərɪ] *s* **1.** *zo.* (*e-e*) Porzel¹lanschnecke, *bes.* Kauri-schnecke *f.* **2.** Kauri(muschel) *f*, Mu-schelgeld *n.*

**cow**| **shark** *s ichth.* Kuhhaifisch *m.* ¹**~shed** *s* Kuhstall *m.* ¹**~skin** → cow-hide 1–3. ¹**~slip** *s bot.* **1.** *Br.* Schlüssel-

blume *f*, Himmelsschlüssel *m.* **2.** *Am.* Sumpfdotterblume *f.*

**cox** [kɒks; *Am.* kɑks] → coxswain.

**cox·a** [¹kɒksə; *Am.* ¹kɑ-] *pl* **-ae** [-iː] *s* **1.** *anat.* a) Hüfte *f*, Hüftbein *n*, b) Hüft-gelenk *n.* **2.** *zo.* Hüftglied *n* (*von Spinnen etc*). ¹**cox·al** *adj anat.* Hüft...

**cox·comb** [¹kɒkskəʊm; *Am.* ¹kɑ-] *s* **1.** *obs.* Geck *m*, Stutzer *m.* **2.** → cocks-comb. **3.** *obs.* (Hahnenkamm *m* der) Narrenkappe *f.*

**coxed**| **four** [kɒkst; *Am.* kɑkst] *s Ru-dern:* Vierer *m* mit (Steuermann). ~ **pair** *s Rudern:* Zweier *m* mit (Steuermann).

**cox·swain** [¹kɒksn; ¹kɒkswem; *Am.* ¹kɑ-] **I** *s* **1.** *Rudern:* Steuermann *m.* **2.** Boot(s)-führer *m.* **II** *v/t u. v/i* **3.** steuern. ¹**cox-swain·less** *adj Rudern:* ohne Steuer-mann: ~ **four (pair)** Vierer *m* (Zweier *m*) ohne (Steuermann).

**cox·y** [¹kɒksɪ; *Am.* ¹kɑ-] → cocky.

**coy** [kɔɪ] *adj* (*adv* ~**ly**) **1.** schüchtern, bescheiden, scheu: ~ **of speech** wort-karg. **2.** geziert, affek¹tiert, spröde, zim-perlich (*Mädchen*). ¹**coy·ness** *s* **1.** Schüchternheit *f*, Scheu *f.* **2.** Sprödigkeit *f*, Zimperlichkeit *f.*

**coy·ote** [¹kɔɪəʊt; *Am.* ¹kaɪ-] *s zo.* Ko¹jote *m*, Prä¹rie-, Steppenwolf *m.* **C~ State** *s* (*Spitzname für*) ¹Südda₁kota *n* (*in USA*).

**coy·pu** [¹kɔɪpuː] *pl* **-pus,** *bes. collect.* **-pu** *s* **1.** *zo.* Koipu *m*, Nutria *f.* **2.** Nutriapelz *m.*

**coz** [kʌz] *s obs.* **1.** Vetter *m.* **2.** Base *f.*

**coz·en** [¹kʌzn] *v/t u. v/i* **1.** betrügen, prel-len (**of, out of** um). **2.** betören, ködern: **to ~ into doing** s.th. j-n dazu verleiten, etwas zu tun; **to ~** s.th. **out of** s.o. j-m etwas abschmeicheln. ¹**coz·en·er** *s* Be-trüger *m.*

**co·zi·ness,** *etc Am. für* **cosiness,** *etc.*

**C plus** *s electr.* Pluspol *m* (*e-r Gitter-batterie*).

**crab¹** [kræb] **I** *s* **1.** *zo.* a) Krabbe *f*, b) Taschenkrebs *m*: **to catch a ~** (*Ru-dern*) ‚e-n Krebs fangen' (*mit dem Ruder im Wasser hängenbleiben*). **2.** **C~** *astr.* Krebs *m.* **3.** *aer.* Schieben *n* (*durch Seiten-wind*). **4.** *tech.* a) Hebezeug *n*, Winde *f*, b) Laufkatze *f*, c) Befestigungsklammer *f* (*für transportable Maschinen*). **5.** *pl* (*manchmal als sg konstruiert*) niedrigster Wurf (*beim Würfelspiel*): **to turn out ~s** *colloq.* schiefgehen. **6.** → crab louse. **II** *v/i* **7.** Krabben fangen. **8.** *mar.* dwars abtreiben. **III** *v/t* **9.** *ein Flugzeug* schie-ben, im Seitenwind gegensteuern. **10.** *Textilwesen:* krabben, einbrennen.

**crab²** [kræb] *s* **1.** → crab apple. **2.** Knotenstock *m.*

**crab³** [kræb] *colloq.* **I** *s* **1.** a) Nörgler(in), b) Nörge¹lei *f.* **II** *v/i* **2.** nörgeln. **III** *v/t* **3.** (her¹um)nörgeln an (*dat*). **4.** *Am.* ver-derben, -patzen: **to ~ one's act** sich alles verderben.

**crab⁴** [kræb] **I** *v/t* kratzen, krallen (*Falke*). **II** *v/i* raufen (*Falken*).

**crab**| **an·gle** *s aer.* Vorhaltewinkel *m.* ~ **ap·ple** *s* **1.** *bot.* (*ein*) Holzapfelbaum *m.* **2.** Holzapfel *m.*

**crab·bed** [¹kræbɪd] *adj* (*adv* ~**ly**) **1.** gries-grämig, mürrisch, verdrießlich. **2.** bitter, boshaft: ~ **wit. 3.** halsstarrig. **4.** verwor-ren, unklar, kraus: ~ **style. 5.** kritz(e)lig, unleserlich (*Handschrift*). ¹**crab·bed-ness** *s* **1.** Griesgrämigkeit *f.* **2.** Boshaf-tigkeit *f.* **3.** Halsstarrigkeit *f.* **4.** Verwor-renheit *f.* **5.** Unleserlichkeit *f.* ¹**crab·ber** *s Am. colloq.* → crab³ 1 a. ¹**crab·bing** *s Textilwesen:* Krabben *n*, Einbrennen *n*: ~ **machine** Krabb-, Einbrennmaschine *f.* ¹**crab·by** *adj* → crabbed 1 u. 2.

**crab**| **claw** *s tech.* Klaue *f*, Greifer *m.* ~ **louse** *s irr zo.* Filzlaus *f.*

**crack** [kræk] **I** *s* **1.** Krach *m*, Knall *m* (*e-r Peitsche, e-s Gewehrs etc*), (Donner-

Schlag *m*, Knacks *m*, Knacken *n*: **the ~ of doom** die Posaunen des Jüngsten Gerichts; **at the ~ of dawn** im Morgengrauen, in aller Frühe; **in a ~** *colloq.* im Nu; **to give s.o. a fair ~ of the whip** *colloq.* j-m e-e faire Chance geben. **2.** *colloq.* (heftiger) Schlag: **to give s.o. a ~ on the head** j-m eins auf den Kopf geben. **3.** Sprung *m*, Riß *m*. **4.** Spalte *f*, Spalt *m*, Schlitz *m* (*alle a. sl. Vagina*), Ritz *m*, Ritze *f*: **the door was open a ~** die Tür stand e-n Spalt (breit) offen. **5.** *colloq.* a) ,Knacks' *m*, geistiger Defekt, b) → **crackpot I**. **6.** Stimmbruch *m*. **7.** *sl.* Versuch *m*: **to have a ~ at s.th.**, **to give s.th. a ~** es (einmal) mit etwas versuchen. **8.** *sl.* a) Witz *m*: **to make ~s about** Witze machen über (*acc*), b) Seitenhieb *m*, Stiche'lei *f*. **9.** *Br. colloq.* Crack *m*, ,Ka'none' *f*, ,As' *n* (*bes. Sportler*). **10.** *sl. obs.* a) Einbruch *m*, b) Einbrecher *m*.
**II** *adj* **11.** *colloq.* erstklassig, Elite..., Meister..., großartig: **a ~ player** ein Meisterspieler; **a ~ shot** ein Meisterschütze; **a ~ team** *sport* e-e erstklassige Mannschaft; **~ regiment** Eliteregiment *n*.
**III** *interj* **12.** krach!, knacks!
**IV** *v/i* **13.** krachen, knallen, knacken. **14.** (zer)springen, (-)platzen, (-)bersten, (-)brechen, rissig werden, (auf)reißen, e-n Sprung *od.* Sprünge bekommen. **15.** 'überschnappen (*Stimme*): **his voice is ~ing** er ist im Stimmbruch. **16.** *fig.* zs.-brechen: **he ~ed under the strain**. **17.** *sl.* ka'puttgehen, in die Brüche gehen. **18.** *sl.* nachlassen, erlahmen. **19.** **to get ~ing** *colloq.* loslegen: **~ing speed** *colloq.* tolles Tempo. **20.** *bes. Scot.* plaudern. **21.** *chem.* sich (durch Hitze) zersetzen.
**V** *v/t* **22.** knallen mit, knacken *od.* krachen lassen: **to ~ one's fingers** mit den Fingern knacken; **to ~ the whip** a) mit der Peitsche knallen, b) *fig.* zeigen, wer der Herr ist; → **a smile** *colloq.* lächeln; → **joke** 1. **23.** zerbrechen, (zer-)spalten, (zer)sprengen: **to ~ an egg** ein Ei aufschlagen; → **bottle¹** 1. **24.** a) e-n Sprung machen in (*dat*), b) sich *etwas* anbrechen: **to ~ a rib**. **25.** *colloq.* a) schlagen, hauen: **to ~ s.o. over the head** j-m eins auf den Kopf geben, b) ein-, zerschlagen: **to ~ a windowpane**. **26.** *e-e Nuß* (auf)knacken. **27.** *colloq.* (auf)knacken: **to ~ a safe** e-n Geldschrank knacken; **to ~ a code** e-n Kode ,knacken' *od.* entziffern; **to ~ a crib** *sl.* in ein Haus einbrechen; **to ~ a gang** e-e Verbrecherbande auffliegen lassen; **to ~ a problem** ein Problem lösen; **to ~ a society** in e-e Gesellschaft eindringen, einbrechen. **28.** *colloq.* ka'puttmachen, rui'nieren (*a. fig.*). **29.** *colloq.* erschüttern, ,anknacksen': **to ~ s.o.'s pride**. **30.** *tech.* Erdöl kracken.
*Verbindungen mit Adverbien:*
**crack| down** *v/i colloq.* (**on**) scharf vorgehen (gegen), 'durchgreifen (bei). **~ on** *v/t* **1.** *mar.* mehr Segel setzen. **II** *v/i* **2.** *mar.* unter vollem Zeug laufen (*Segelschiff*). **3.** *Br. colloq.* weitermachen. **~ up** *colloq.* **I** *v/i* **1.** (körperlich *od.* seelisch) zs.-brechen. **2.** ausein'anderbrechen, -fallen (*Maschine, a. fig. Organisation etc*). **3.** *Am.* sich vor Lachen krümmen. **II** *v/t* **4.** *ein Fahrzeug* zu Schrott fahren. **5.** ,hochjubeln': **he's not as good as he's cracked up to be** so gut ist er auch wieder nicht.
**crack·a·jack** [ˈkrækəˌdʒæk] *Am.* → **crackerjack**.
**'crack·brained** *adj colloq.* verrückt.
**'~down** *s colloq.* (**on**) scharfes Vorgehen (gegen), 'Durchgreifen *n* (bei).
**cracked** [krækt] *adj* **1.** gesprungen,

---

rissig, geborsten: **the cup is ~** die Tasse hat e-n Sprung. **2.** zersprungen, -brochen. **3.** *colloq.* ,angeknackst': → **reputation**. **4.** *colloq.* verrückt, 'übergeschnappt'.
**crack·er** [ˈkrækə(r)] *s* **1.** Cracker *m*, Kräcker *m*: a) *ungesüßtes, keksartiges Kleingebäck*, b) Schwärmer *m*, Frosch *m* (*Feuerwerkskörper*), c) 'Knallbon,bon *m*, *n*. **2.** *pl* Nußknacker *m*. **3.** *tech.* Brecher *m*, Brechwalze *f*. **4.** *Am.* (*Spitzname für*) Bewohner *m* von Georgia *od.* Florida. **5.** *Br. sl.* ,tolle' Frau.
**'crack·er·jack** *sl.* **I** *s* **1.** ,prima *od.* toller Kerl', ,Mordskerl' *m*, ,Ka'none' *f*. **2.** ,prima *od.* tolle Sache', ,Mordsding' *n*, ,Knüller' *m*. **II** *adj* **3.** ,prima', ,toll', ,bombig'.
**crack·ers** [ˈkrækəz] *adj Br. sl.* 'übergeschnappt', verrückt: **to drive s.o. ~** j-n verrückt machen; **to go ~** überschnappen.
**crack·ing** [ˈkrækɪŋ] **I** *s* **1.** *tech.* Kracken *n*, Krackverfahren *n* (*für Öl*). **2.** *tech.* Haarrißbildung *f*. **II** *adj u. adv sl.* **3.** ,prima', fabelhaft: **~ good** ,phantastisch'.
**'crack·jaw I** *adj* zungenbrecherisch. **II** *s* Zungenbrecher *m*.
**crack·le** [ˈkrækl] **I** *v/i* **1.** knistern, krachen, prasseln (*alle a. Radio etc*), knattern: **to ~ with** *fig.* knistern vor *Spannung etc*, sprühen vor *Witz etc*, pulsieren von *Aktivität etc*. **2.** Risse bilden. **II** *v/t* **3.** knistern *od.* krachen lassen. **4.** *tech. Glas od. Glasur* krake'lieren. **III** *s* **5.** Krachen *n*, Knistern *n*, Prasseln *n*, Knattern *n*. **6.** Krake'lee *f*, *n*: ~ **china** Krakeleeporzellan *n*. **7.** *tech.* a) Haarrißbildung *f*, b) Rissigkeit *f*.
**crack·led** [ˈkrækld] *adj* **1.** krake'liert. **2.** rissig. **3.** mit knuspriger Kruste (*Braten*).
**crack·le| fin·ish** *s tech.* 'Eisblumenlac,kierung *f*. **~ glass** *s* Krake'leeglas *n*.
**crack·ling** [ˈkræklɪŋ] *s* **1.** → **crackle** 5. **2.** a) knusprige Kruste (*des Schweinebratens*), b) *meist pl Am.* Schweinegrieben *pl.* **3.** *Am.* (*Art*) Hundekuchen *m* (*aus Talggrieben*). **'crack·ly** *adj* knusprig.
**crack·nel** [ˈkræknl] *s* **1.** Knusperkeks *m*, *n*. **2.** *pl* → **crackling** 2 a.
**'crack·pot** *colloq.* **I** *s* (*harmloser*) Verrückter, ,Spinner' *m*. **II** *adj* verrückt.
**cracks·man** [ˈkræksmən] *s irr sl.* **1.** Einbrecher *m*. **2.** ,Schränker' *m*, Geldschrankknacker *m*.
**'crack-up** *s colloq.* **1.** (körperlicher *od.* seelischer) Zs.-bruch. **2.** Ausein'anderbrechen *n*, -fallen *n* (*e-r Maschine, a. fig. e-r Organisation etc*).
**crack·y** [ˈkrækɪ] → **cracked** 1 *u.* 4.
**-cracy** [krəsɪ] *Wortelement mit der Bedeutung* Herrschaft.
**cra·dle** [ˈkreɪdl] **I** *s* **1.** Wiege *f* (*a. fig.*): **the ~ of civilization**; **from the ~ to the grave** von der Wiege bis zur Bahre. **2.** *fig.* Wiege *f*, Kindheit *f*, Anfang(sstadium *n*) *m*: **from the ~** von Kindheit *od.* Kindesbeinen an; **in the ~** in den ersten Anfängen. **3.** *wiegenartiges Gerät, bes. tech.* a) Wiegegerüst *n*, Schwingbühne *f* (*für Bauarbeiter*), b) Gründungseisen *n* (*des Graveurs*), c) Räderschlitten *m* (*für Arbeiten unter Autos*), d) Schwingtrog *m* (*der Goldwäscher*), e) (Tele'fon)Gabel *f*. **4.** *agr.* (Sensen)Korb *m*. **5.** *mar.* (Stapel-)Schlitten *m*. **6.** *mil.* Rohrwiege *f*: ~ **carriage** Wiegenlafette *f*. **7.** *med.* a) (Draht)Schiene *f*, b) Schutzgestell *n* (*zum Abhalten des Bettzeuges von Wunden*), c) *vet.* Halsgestell *n* (*für Tiere*). **II** *v/t* **8.** wiegen, schaukeln. **9.** in die Wiege legen. **10.** in den Schlaf wiegen. **11.** betten: **to ~ one's head on one's arms**,

---

**12.** a) hegen, b) pflegen, c) auf-, großziehen. **13.** *agr.* mit der Gerüstsense mähen. **14.** *ein Schiff* durch e-n Stapelschlitten stützen *od.* befördern. **15.** *goldhaltige Erde* im Schwingtrog waschen. **16.** *teleph.* den Hörer auflegen. ~ **cap** *s med.* Kopfschorf *m* (*bei Kindern*). ~ **snatch·er** → **baby snatcher** 2. **'~ song** *s* Wiegenlied *n*. ~ **vault** *s arch.* Tonnengewölbe *n*.
**craft** [krɑːft; *Am.* kræft] **I** *s* **1.** (Hand- *od.* Kunst)Fertigkeit *f*, Geschicklichkeit *f*, Kunst *f*: → **art¹** → **gentle art**, **stagecraft**. **2.** Gewerbe *n*, Beruf *m*, Handwerk *n*: ~ **union** Fachgewerkschaft *f*. **3.** **the C~** die Königliche Kunst, die Freimaurerei. **4.** Innung *f*, Gilde *f*, Zunft *f*: **to be one of the ~** ein Mann vom Fach sein. **5.** → **craftiness**. **6.** *mar.* a) Boot *n*, Schiff *n*, b) (*als pl konstruiert*) Boote *pl*, Schiffe *pl*. **7.** *aer.* a) Flugzeug *n*, b) (*als pl konstruiert*) Flugzeuge *pl*. **8.** a) (Welt)Raumfahrzeug *n*, b) (*als pl konstruiert*) (Welt)Raumfahrzeuge *pl*. **II** *v/t* **9.** (*bes. mit der Hand*) fertigen.
**craft·i·ness** [ˈkrɑːftɪnɪs; *Am.* ˈkræf-] *s* Schlauheit *f*, Verschlagenheit *f*, List *f*.
**crafts·man** [ˈkrɑːftsmən; *Am.* ˈkræfts-] *s irr* **1.** (gelernter) Handwerker. **2.** Kunsthandwerker *m*. **3.** *fig.* Könner *m*, Künstler *m*. **'crafts·man·ship** *s* Kunstfertigkeit *f*, (handwerkliches) Können *n*, Geschick.
**craft·y** [ˈkrɑːftɪ; *Am.* ˈkræf-] *adj* (*adv* **craftily**) **1.** listig, schlau, ,gerieben', verschlagen. **2.** *obs.* geschickt.
**crag** [kræg] *s* **1.** Felsenspitze *f*, Klippe *f*. **2.** **C~** *geol.* Crag *m*. **crag·ged** [ˈkrægɪd] *Am.* → **craggy**. **'crag·ged·ness** *Am.* → **cragginess**. **'crag·gi·ness** *s* **1.** Felsigkeit *f*, Schroffheit *f*. **2.** Rauheit *f*. **'crag·gy** *adj* **1.** felsig, schroff. **2.** a) runz(e)lig, zerfurcht (*Gesicht*), b) knorrig, rauh (*Person*).
**crags·man** [ˈkrægzmən] *s irr* Kletterer *m*, geübter Bergsteiger.
**crake** [kreɪk] **I** *s* **1.** *orn.* (e-e) Ralle, bes. → **corn crake**. **2.** Krächzen *n*. **II** *v/i* **3.** krächzen.
**cram** [kræm] **I** *v/t* **1.** vollstopfen, anfüllen, über'füllen, *a. fig.* vollpacken, -pfropfen (**with** mit): **a book ~med with facts; a ~med schedule** ein übervoller Terminkalender. **2.** (*mit Speisen*) über'füttern, vollstopfen. **3.** *Geflügel* stopfen, mästen. **4.** (hin'ein)stopfen, (-)zwängen (**into** in *acc*): **to ~ one's food** das Essen hinunterschlingen *od.* sich hineinstopfen; **to ~ down** hineinstopfen, -zwängen. **5.** *colloq.* a) mit j-m ,pauken' *od.* ,büffeln', b) *meist* ~ **up** *ein Fach* ,pauken' *od.* ,büffeln'. **II** *v/i* **6.** sich (gierig) vollessen, sich vollstopfen. **7.** *colloq.* (*für e-e Prüfung*) ,pauken', ,büffeln', ochsen': **to ~ up on** → 5 b. **III** *s* **8.** *colloq.* ,Pauken' *n*, ,Büffeln' *n*: ~ **course** ,Paukkurs' *m*.
**cram·bo** [ˈkræmbəʊ] *pl* **-boes** *s* **1.** Reimspiel *n*: **dumb ~** Scharade *f*. **2.** *contp.* Reim(wort *n*) *m*: **nothing but ~** ,Reim-dich-oder-ich-freß-dich'.
**,cram-'full** *adj* vollgestopft (**of** mit), zum Bersten voll.
**cram·mer** [ˈkræmə(r)] *s colloq.* **1.** ,Paukstudio' *n*. **2.** ,Einpauker' *m*. **3.** ,Paukbuch' *n*. **4.** j-d, der für e-e Prüfung ,paukt'.
**cram·oi·sy**, *a.* **cram·oi·sie** [ˈkræmɔɪzɪ] *s obs.* Purpurtuch *n*.
**cramp¹** [kræmp] *med.* **I** *s* Krampf *m*: ~ **in the calf** Wadenkrampf *m*; **to be seized with ~** e-n Krampf bekommen; **~s** *Am.* (Unterleibs)Krämpfe. **II** *v/t* **2.** Krämpfe verursachen *od.* auslösen in (*dat*).
**cramp²** [kræmp] **I** *s* **1.** *tech.* Krampe *f*, Klammer *f*, Schraubzwinge *f*. **2.** Gieß-

zange f. **3.** *Schuh- u. Lederfabrikation*: Formholz n. **4.** *fig.* Zwang m, Einengung f, Fessel f. **II** v/t **5.** *tech.* mit Klammern *etc* befestigen, anklammern, ankrampen. **6.** *Leder* auf dem Formholz zurichten. **7.** *a.* ~ **up** einzwängen, -engen, hemmen: **to be ~ed for space** (*od.* **room**) (zu) wenig Platz haben, räumlich beschränkt sein; **that ~s my style** *fig.* da(bei) kann ich mich nicht recht entfalten. **III** *adj* **8.** verwickelt, -worren. **9.** eng, beengt.
**cramped** [kræmpt] *adj* **1.** verkrampft. **2.** → cramp² 8 u. 9.
**cramp·et(te)** [ˈkræmpɪt] *s mil.* Ortband n (*der Säbelscheide*).
**ˈcramp|·fish** *s* (*ein*) Zitterrochen m. ~ **i·ron** *s* **1.** Haspe f, eiserne Klammer, Krampe f. **2.** *arch.* Steinanker m.
**cram·pon** [ˈkræmpən], **cramˈpoon** [-ˈpuːn] *s* **1.** *tech.* a) Lastengreiferzange f, b) Maueranker m. **2.** *mount.* Steigeisen n.
**cran·ber·ry** [ˈkrænbərɪ, -brɪ; Am. bes. -ˌberɪ] *s bot.* Vacˈcinium n: bes. a) a. **small** ~, **European** ~ Moosbeere f, b) a. **large** ~, **American** ~ Kranbeere f, c) Preiselbeere f, d) a. ~ **tree** (*od.* **bush**) Gewöhnlicher Schneeball.
**crane** [kreɪn] **I** *s* **1.** *orn.* Kranich m. **2.** ~ *astr.* Kranich m (*Sternbild*). **3.** *tech.* Kran m: ~ **truck** Kranwagen m. **4.** *tech.* a) Aufzug m, b) Winde f. **5.** *tech.* Arm m, Ausleger m. **II** v/t **6.** mit e-m Kran heben *od.* hochwinden. **7. to ~ one's neck** e-n langen Hals machen, sich den Hals verrenken (**for** nach), den Hals recken. **III** v/i **8.** *a.* ~ **forward** den Hals recken. **9.** *hunt.* ein Hindernis vor dem Über-'springen abschätzen. **10.** zögern, zaudern. ~ **driv·er** *s tech.* Kranführer m. ~ **fly** *s zo.* (*e-e*) (Erd)Schnake.
**cranes·bill** [ˈkreɪnzbɪl] *s bot.* Storchschnabel m.
**cra·ni·a** [ˈkreɪnjə, -nɪə] *pl von* cranium. **ˈcra·ni·al** *adj anat.* kraniˈal, Schädel...: ~ **index** Schädelindex m.
**cra·ni·ol·o·gy** [ˌkreɪnɪˈɒlədʒɪ; Am. -ˈɑl-] *s* Kranioloˈgie f, Schädellehre f. **cra·ni·om·e·ter** [-ˈɒmɪtə; Am. -ˈɑmətər] *s* Kranioˈmeter n, Schädelmesser m. **cra·ni·o·met·ric** [-nɪəˈmetrɪk; -nɪəˈm-] *adj*, **cra·ni·o·met·ri·cal** *adj* (*adv* ~ly) kranioˈmetrisch. **cra·ni·om·e·try** [-ˈɒmɪtrɪ; Am. -ˈɑmə-] *s* Kraniomeˈtrie f, Schädelmessung f.
**cra·ni·um** [ˈkreɪnjəm, -nɪəm] *pl* **-ni·a** [-ə], **-ni·ums** *s anat.* **1.** Cranium n, (*vollständiger*) Schädel. **2.** Hirnschale f.
**crank** [kræŋk] **I** *s* **1.** *tech.* a) Kurbel f, b) Kurbelkröpfung f (*e-r Welle*), c) Schwengel m. **2.** *hist.* Tretmühle f (*Strafinstrument*). **3.** *colloq.* a) wunderlicher Kauz, ‚Spinner' m, (*harmloser*) Verrückter, b) *Am.* ‚Miesepeter' m. **4.** *colloq.* fixe Iˈdee, Maˈrotte f, Grille f. **5.** *colloq.* Verrücktheit f, Verschrobenheit f. **6.** Wortspiel n, -verdrehung f. **II** v/t **7.** *tech.* a) oft ~ **up** ankurbeln, *den Motor* anwerfen, anlassen: ~ing **speed** Anlaßdrehzahl f, b) *den Motor*, *e-e Maschine* (durch)drehen. **III** v/i **9.** kurbeln. **10.** ~ **up** *Am. colloq.* sich fertigmachen. **IV** *adj* **11.** → cranky 1. **12.** *mar.* rank, leicht kenterbar. ~ **ax·le** *s tech.* Kurbelachse f, -welle f. ~ **brace** *s tech.* Bohrkurbel f. ˈ~**case** *s mot. tech.* Kurbelgehäuse n.
**cranked** [kræŋkt] *adj tech.* **1.** gekröpft: ~ **shaft. 2.** mit e-r Kurbel (versehen *od.* betrieben), Kurbel...
**crank·i·ness** [ˈkræŋkɪnɪs] *s* **1.** Verschrobenheit f, Wunderlichkeit f. **2.** Reizbarkeit f. **3.** Wack(e)ligkeit f, Unsicherheit f. **4.** *mar.* Rankheit f.
**ˈcrank|·pin**, ~ **pin** *s tech.* Kurbelzapfen m. ~ **plane** *s* **1.** *tech.* ˈKurbelhobel(maˌschine f) m. **2.** *phys.* Kurbelebene f.

**ˈ~shaft** *s tech.* Kurbelwelle f. ~ **web** *s tech.* Kurbelarm m.
**crank·y** [ˈkræŋkɪ] *adj* (*adv* **crankily**) **1.** *colloq.* verschroben, wunderlich, grillenhaft, kauzig. **2.** *Am. colloq.* reizbar, schlechtgelaunt. **3.** *colloq.* wack(e)lig, unsicher, baufällig. ˈ**4.** *mar.* → **crank** 12.
**cran·nied** [ˈkrænɪd] *adj* rissig.
**cran·nog** [ˈkrænəg], **ˈcran·noge** [-nədʒ] *s hist. Scot. u. Ir.* Pfahlbau m.
**cran·ny** [ˈkrænɪ] *s* Ritze f, Spalt(e f) m, Riß m: → **nook** 1.
**crap¹** [kræp] **I** *s* **1.** *vulg.* ‚Scheiße' f (*a. fig.*): ~! Scheiße!; **a load of** ~ große Scheiße. **2.** *vulg.* ‚Scheißen' n: **to have** (**go for**) **a** ~ ‚scheißen' (gehen). **3.** *fig. vulg.* ‚Scheiß' m: **to talk** ~. **II** v/i **4.** *vulg.* ‚scheißen'. **5.** *fig.* ‚Scheiß' machen *od.* reden. **6.** ~ **out** *Am. sl.* a) ‚umkippen' (*ohnmächtig werden*), b) (*vor Erschöpfung etc*) einschlafen. **7.** ~ **out** *Am. sl.* sich drücken, ‚kneifen' (**of** vor *dat*). **III** v/t **8.** *fig. vulg.* ‚bescheißen'.
**crap²** [kræp] *Am.* **I** *s* a) Fehlwurf m beim craps, b) → **craps**. **II** v/i e-n Fehlwurf machen.
**crape** [kreɪp] **I** *s* **1.** Krepp m. **2.** Trauerflor m. **II** v/t **3.** mit e-m Trauerflor versehen. **4.** *obs.* Haar kräuseln. ~ **cloth** *s* Wollkrepp m. ˈ~**hang·er** *s Am. sl.* ‚Miesepeter' m.
**crap·per** [ˈkræpə(r)] *s vulg.* ‚Scheißhaus' n. **ˈcrap·py** *adj vulg.* ‚beschissen', ‚Scheiß...'
**craps** [kræps] *s pl* (*meist als sg konstruiert*) *Am.* ein Spiel mit 2 Würfeln: **to shoot** ~ craps spielen.
**crap·u·lence** [ˈkræpjʊləns], **ˈcrap·u·len·cy** *s* Unmäßigkeit f, *bes.* unmäßiger Alkoholgenuß. **ˈcrap·u·lent**, **ˈcrap·u·lous** *adj* unmäßig (*bes. im Alkoholgenuß*).
**cra·ses** [ˈkreɪsiːz] *pl von* crasis.
**crash¹** [kræʃ] **I** v/t **1.** zertrümmern, -schmettern. **2.** *bes.* krachend e-n Weg bahnen. **3.** *aer.* → **crash-land** I. **4.** a) e-n Unfall haben mit, b) *aer.* abstürzen mit. **5.** *colloq.* uneingeladen kommen zu, hin-'einplatzen in (*acc*): **to** ~ **a party** → **to** ~ **the gate** → **gate-crash** I. **6.** *fig. colloq.* e-n Einbruch erzielen in (*acc*), etwas ‚schaffen': **to** ~ **a market**; **to** ~ **the headlines** Schlagzeilen machen. **II** v/i **7.** (krachend) zerbersten, zerbrechen, zerschmettert werden. **8.** *bes. econ.* zs.-krachen. **9.** *bes. econ.* zs.-brechen. **10.** krachen (**against**, **into** gegen): **to** ~ **down** herunterkrachen; **to** ~ **open** krachend auffliegen (*Tür*). **11.** stürmen, platzen, krachen: **to** ~ **in**(**to the room**) hereinplatzen; **to** ~ **in on a party** in e-e Party hineinplatzen. **12.** *mot.* zs.-stoßen, verunglücken. **13.** *aer.* a) abstürzen, b) → **crash-land** II. **14.** *sl.* (*vorübergehend*) schlafen *od.* über'nachten: **he** ~**ed at friends'**. **III** *s* **15.** Krachen(en) m. **16.** Unfall m, Zs.-stoß m. **17.** *bes. econ.* Zs.-bruch m, (Börsen)Krach m. **18.** *aer.* a) Absturz m, b) Bruchlandung f. **19.** *pl Radio*: Krachgeräusche *pl*, atmoˈsphärische Störungen *pl*. **IV** *adj* **20.** Schnell..., Sofort...: ~ **course** Schnell-, Intensivkurs m; ~ **program(me)** Sofortprogramm n. **V** *interj* **21.** krach!
**crash²** [kræʃ] *s* grober Leinendrell.
**crash|·bar·ri·er** *s Br.* Leitplanke f. ~ **boat** *s mar.* Spezialboot zur Rettung der Passagiere e-s ins Meer gestürzten Flugzeugs. ~ **di·et** *s* radiˈkale Schlankheitskur. ~ **dive** *s mar.* Schnelltauchen n (*U-Boot*). **ˈ~dive** *v/i* schnelltauchen (*U-Boot*). ~ **halt** *s mot.* Vollbremsung f. ~ **hel·met** *s* Sturzhelm m.
**ˈcrash·ing** *adj colloq.* ‚fürchterlich': a ~ **hangover**.

**crash|·job** *s* brandeilige Arbeit. ˈ~**land** *aer.* **I** v/t e-e Bruchlandung machen mit e-m Flugzeug. **II** v/i Bruch machen, e-e Bruchlandung machen, bruchlanden. ~ **land·ing** *aer.* Bruchlandung f. ~ **pad** *s* **1.** *mot.* Aufprallkissen n. **2.** *sl.* Ort, an dem man (*vorübergehend*) schlafen *od.* wohnen kann. ~ **test** *s mot.* Crashtest m.
**cra·sis** [ˈkreɪsɪs] *pl* **-ses** [-siːz] *s ling.* Krasis f (*Zs.-ziehung von Vokalen*).
**crass** [kræs] *adj* (*adv* ~ly) **1.** grob, kraß: a ~ **mistake**; **a** ~ **materialist** ein krasser Materialist. **2.** derb, unfein: ~ **behavio(u)r**. **ˈcras·si·tude** [-ɪtjuːd; Am. a. -ˌtuːd], **ˈcrass·ness** *s* **1.** Kraßheit f. **2.** Derbheit f.
**cratch** [krætʃ] *s* Futterkrippe f.
**crate** [kreɪt] **I** *s* **1.** (Latten)Kiste f. **2.** (Bier- etc)Kasten m. **3.** großer Weidenkorb. **4.** *sl.* ‚Kiste' f (*Auto od. Flugzeug*). **II** v/t **5.** in e-e (Latten)Kiste (ver)packen.
**crat·er¹** [ˈkreɪtə(r)] *s* Packer m.
**cra·ter²** [ˈkreɪtə(r)] *s* **1.** *geol.* Krater m: ~ **lake** Kratersee m. **2.** Krater m (*a. med.*), (Bomben-, Graˈnat)Trichter m. **3.** *electr.* Krater m (*der positiven Kohle*).
**cra·ter·i·form** [ˈkreɪtərɪfɔː(r)m; krəˈter-] *adj* krater-, trichterförmig.
**cra·tur** [ˈkreɪtə] *s Scot. u. Ir. für* creature.
**craunch** [krɔːntʃ; krɑːntʃ] *dial. für* crunch.
**cra·vat** [krəˈvæt] *s* **1.** Halstuch n. **2.** *med.* Dreiecktuch n.
**crave** [kreɪv] **I** v/t **1.** etwas ersehnen. **2.** (*inständig*) bitten *od.* flehen um: **may I** ~ **your attention?** darf ich Sie um Ihre (werte) Aufmerksamkeit bitten? **3.** (*dringend*) benötigen, verlangen: **the stomach** ~**s food. II** v/i **4.** sich sehnen (**for**, **after** nach). **5.** ~ **for** → 2.
**cra·ven** [ˈkreɪvən] **I** *adj* (*adv* ~ly) **1.** feig(e), ängstlich. **2. to cry** ~ sich ergeben. **II** *s* **3.** Feigling m, Memme f.
**crav·ing** [ˈkreɪvɪŋ] *s* heftiges Verlangen, Sehnsucht f (**for** nach).
**craw** [krɔː] *s* **1.** *orn.* Kropf m. **2.** *zo.* Magen m.
**craw·fish** [ˈkrɔːfɪʃ] **I** *s bes. Am. für* crayfish. **II** v/i *meist* ~ (**of**) *Am. colloq.* sich drücken (vor *dat*), ‚kneifen' (vor *dat*), e-n Rückzieher machen.
**crawl¹** [krɔːl] **I** v/i **1.** kriechen: a) krabbeln, b) *fig.* sich da'hinschleppen, schleichen (*Arbeit, Zeit etc*): **the hours** ~**ed by** die Stunden schlichen dahin, c) im Schneckentempo gehen *od.* fahren, d) *colloq.* unter'würfig sein: **to** ~ **to s.o.** vor j-m kriechen. **2.** wimmeln (**with** von): **the town is** ~**ing with tourists** in der Stadt wimmelt es von Touristen. **3.** kribbeln: **his flesh was** ~**ing** er bekam e-e Gänsehaut, es überlief ihn kalt; **the sight made her flesh** ~ bei dem Anblick bekam sie e-e Gänsehaut. **4.** (zer)fließen (*Farbe*). **5.** *Schwimmen*: kraulen. **II** v/t **6.** *Schwimmen*: e-e Strecke kraulen. **III** *s* **7.** Kriechen n, Schleichen n: **to go at a** ~ → 1 c. **8.** *Schwimmen*: Kraul(en) n, Kraulstil m: **to swim** (**the**) ~ do the) ~ kraulen.
**crawl²** [krɔːl] *s* ˈSchildkröten-, ˈFisch-, ˈKrebsreserˌvoir n (*am Ufer*).
**crawl·er** [ˈkrɔːlə(r)] *s* **1.** Kriecher(in), Schleicher(in). **2.** Kriechtier n. **3.** *Br. colloq.* Kriecher(in). **4.** *Br. colloq.* (leeres) Taxi auf Fahrgastsuche. **5.** *tech.* a) a. ~ **crane** Gleiskettenkran m, b) a. ~ **tractor** Raupen-, Gleiskettenfahrzeug n. **6.** *Schwimmen*: Krauler(in). **7.** *pl* (einteiliger) Spielanzug (*für Kleinkinder*).
**ˈcrawl·way** *s* niedriger ˈDurchgang.
**ˈcrawl·y** *adj colloq.* grus(e)lig, unheimlich.
**cray·fish** [ˈkreɪfɪʃ] *s zo.* **1.** (ein) Fluß-, Panzerkrebs m. **2.** Lanˈguste f.

**cray·on** [ˈkreɪən; *Br. a.* -ɒn; *Am. a.* -ˌɑn; kræn] **I** *s* **1.** Zeichenkreide *f*. **2.** Zeichen-, Bunt-, Paˈstellstift *m*: **blue** ~ Blaustift; **in** ~ in Pastell. **3.** Kreide- *od.* Paˈstellzeichnung *f*: ~ **board** Zeichenkarton *m*. **II** *v/t* **4.** mit Kreide *etc* zeichnen.

**craze** [kreɪz] **I** *v/t* **1.** verrückt *od.* toll machen. **2.** *Töpferei:* krakeˈlieren. **3.** *obs.* zerschmettern. **II** *s* **4.** Maˈnie *f*, Verrücktheit *f*, ˈFimmelˈ *m*, ˈSpleenˈ *m*, fixe Iˈdee: **it is the** ~ **now** es ist gerade große Mode; **the latest** ~ der letzte (Mode-)Schrei. **5.** Wahn(sinn) *m*. **crazed** *adj* **1.** → **crazy** 1 *u.* 2. **2.** krakeˈliert (*Glasur*). ˈ**cra·zi·ness** [-ɪnɪs] *s* Verrücktheit *f*, Tollheit *f*. ˈ**craz·ing** *s Töpferei:* Krakeˈlierung *f*.

**cra·zy** [ˈkreɪzɪ] *adj* (*adv* crazily) **1.** *a. fig.* verrückt, toll, wahnsinnig (**with pain** vor Schmerzen): **to drive** s.o. ~ j-n wahnsinnig machen. **2.** *colloq.* (**about**) a) (wild) begeistert (von), besessen *od.* ˈhingerissen (von), vernarrt (**in** *acc*), b) versessen *od.* ˈscharfˈ (auf *acc*), wild *od.* verrückt (nach): ~ **to do** s.th. versessen darauf, etwas zu tun; **to be** ~ **about** (*od.* **over, for**) s.o. ganz verrückt nach j-m sein. **3.** *sl.* ˈphanˈtastischˈ, ˌtollˈ. **4.** *obs.* a) rissig, voller Risse, b) baufällig, wack(e)lig. **5.** schief. **6.** krumm, gewunden. **7.** wirr: **a** ~ **pile of equipment**. **8.** Flicken..., zs.-gesetzt, zs.-gestückelt (*Decke etc*). ~ **bone** *Am. für* **funny bone**. ~ **pave·ment**, ~ **pav·ing** *s* Mosaˈikpflaster *n*. ~ **quilt** *s* Flickendecke *f*.

**creak** [kriːk] **I** *v/i* **1.** knarren (*Treppe etc*), quietschen (*Bremsen etc*). **2.** ~ **along** sich daˈhinschleppen (*Handlung etc*). **II** *s* **3.** Knarren *n*, Quietschen *n*. ˈ**creak·y** *adj* (*adv* creakily) knarrend, quietschend.

**cream** [kriːm] **I** *s* **1.** Rahm *m*, Sahne *f* (*der Milch*). **2.** a) Creme(speise) *f*, b) Cremesuppe *f*, c) Rahmsoße *f*. **3.** (*Haut-, Schuhetc*)Creme *f*. **4.** *meist pl* ˈSahnebon,bon *m*, *n*: **chocolate** ~**s** Pralinen. **5.** Cremefarbe *f*. **6.** *fig.* Creme *f*, Auslese *f*, Eˈlite *f*: **the** ~ **of society. 7.** Kern *m*, Poˈinte *f*: **the** ~ **of the joke. II** *v/i* **8.** Sahne ansetzen od. bilden. **9.** schäumen. **10.** *vulg.* ˌspritzenˈ (*ejakulieren*). **III** *v/t* **11.** *a.* ~ **off** abrahmen, absahnen, den Rahm abschöpfen von (*a. fig.*). **12.** Milch Sahne ansetzen lassen. **13.** a) zu Schaum schlagen, b) schaumig rühren. **14.** *e-e Speise* mit Sahne *od.* Rahmsoße zubereiten. **15.** *dem Kaffee od. Tee* Sahne zugießen. **16.** sich *das Gesicht etc* eincremen: **to** ~ **one's face. 17.** *sport bes. Am. sl.* ˌvernaschenˈ, ˌüberˈfahrenˈ (*hoch schlagen*). **IV** *adj* **18.** Sahne..., Rahm... **19.** creme(farben). ~ **cake** *s* Creme- *od.* Sahnetorte *f*. ~ **cheese** *s* Rahm-, Vollfettkäse *m*. ˈ~-ˌcol·o(u)red → cream 19.

**cream·er** [ˈkriːmə(r)] *s* **1.** *bes. Am.* Sahnekännchen *n*, -gießer *m*. **2.** ˈMilchschleuder *f*, -zentriˌfuge *f*. ˈ**cream·er·y** *s* **1.** Molkeˈrei *f*. **2.** Milchgeschäft *n*.

ˌ**cream|-ˈfaced** *adj* blaß, bleich. ~**-ˈlaid** *adj bes. Br.* cremefarben u. gerippt (*Papier*). ~ **nut** *s bot.* Paranuß *f*. ~ **of tar·tar** *s chem.* Weinstein *m*. ~**-of-ˈtar·tar tree** *s bot.* Auˈstralische Adanˈsonie. ~ **puff** *s* **1.** Windbeutel *m* (*Sahnegebäck*). **2.** *colloq.* ˌWaschlappenˈ *m*. ~ **sauce** *s* Rahmsoße *f*. ~ **so·da** *s bes. Am. ein kohlensäurehaltiges Vanillegetränk.* ~**-ˈwove** → cream-laid.

**cream·y** [ˈkriːmɪ] *adj* **1.** sahnig. **2.** weich. **3.** creme(farben).

**crease** [kriːs] **I** *s* **1.** (*a.* Haut)Falte *f*. **2.** Bügelfalte *f*, Kniff *m*. **3.** Falz *m*, Knick *m*, *a.* Eselsohr *n* (*in Papier*). **4.** *Kricket* Aufstellungslinie *f*: → **popping crease**. **5.** *Eishockey:* Torraum *m*. **II** *v/t* **6.** falten,

---

knicken, kniffen, ˈumbiegen. **7.** zerknittern. **8.** a) *hunt. Am. ein Tier* krellen (*durch Streifschuß zeitweilig lähmen*), b) *allg.* streifen, anschießen. **III** *v/i* **9.** Falten bekommen, knittern. **10.** sich falten lassen. **11. to** ~ **up** (**with laughter**) *sl.* sich vor Lachen krümmen.

**creased** [kriːst] *adj* **1.** in Falten gelegt, gefaltet. **2.** mit e-r Bügelfalte, gebügelt. **3.** zerknittert.

ˈ**crease|-proof,** ˈ~**-re,sist·ant** *adj* knitterfrei, -fest (*Stoff*).

**creas·y** [ˈkriːsɪ] *adj* zerknittert.

**cre·ate** [krɪˈeɪt; krɪ-] *v/t* **1.** (er)schaffen: **God** ~**d man. 2.** schaffen, ins Leben rufen, herˈvorbringen, erzeugen: **to** ~ **jobs** Arbeitsplätze schaffen. **3.** herˈvorrufen, verursachen: **to** ~ **a disturbance** (**a scandal, a sensation,** *etc*); **to** ~ **a demand** e-n Bedarf wecken; **to** ~ **an impression** e-n Eindruck machen; **to** ~ **an opportunity** (**a situation**) e-e Gelegenheit (e-e Lage) schaffen. **4.** *econ. jur.* a) gründen, errichten, ins Leben rufen: **to** ~ **a corporation,** b) *e-e Haftung etc* begründen: **to** ~ **a liability,** c) *e-e Hypothek* bestellen: **to** ~ **a mortgage,** d) *Geld, Kredit* schöpfen. **5.** *thea. etc, Mode:* kreˈieren. **6.** *j-n* ernennen: **to** ~ **a peer. 7.** *j-n* erheben zu, machen zu: **to** ~ s.o. **a peer.** **cre·a·tine** [ˈkriːətiːn; -tɪn] *s chem. physiol.* Kreˈatin *n*.

**cre·a·tion** [krɪˈeɪʃn; krɪ-] *s* **1.** (Er)Schaffung *f*, Erzeugung *f*, Herˈvorbringung *f*. **3. the** C~ *relig.* die Schöpfung, die Erschaffung (*der Welt*). **4.** a) Schöpfung *f*, Welt *f*: **the whole** ~ alle Geschöpfe, die ganze Schöpfung od. Welt, b) Geschöpf *n*, Kreaˈtur *f*. **5.** Verursachung *f*. **6.** *econ. jur.* a) Gründung *f*, Errichtung *f*, b) Begründung *f*, c) Bestellung *f*, d) Schöpfung *f*: ~ **of credit** Kreditschöpfung *f*. **7.** *thea. etc, Mode:* Kreˈierung *f*. **8.** (Kunst-, Mode)Schöpfung *f*, (*art a.*) Werk *n*, (*Mode a.*) Kreatiˈon *f*. **9.** Ernennung *f*: **an earl of recent** ~ ein neuernannter Graf. **cre·a·tion·al** *adj* Schöpfungs... **cre·a·tion·ism** *s relig.* **1.** Lehre *f* von der Weltschöpfung durch ein allˈmächtigen Schöpfer. **2.** Kreatiaˈnismus *m* (*Lehre von der Neuerschaffung jeder Einzelseele*).

**cre·a·tive** [krɪˈeɪtɪv; krɪ-] **I** *adj* (*adv* ~ly) **1.** (er)schaffend, Schöpfungs... **2.** schöpferisch, kreaˈtiv. **3.** (**of** s.th. etwas) herˈvorrufend, verursachend, erzeugend. **II** *s* **4.** *Am.* kreaˈtiver Mensch. **cre·a·tive·ness,** ˌ**cre·a·tiv·i·ty** *s* schöpferische Kraft, Kreativiˈtät *f*. **cre·a·tor** [-tə(r)] *s* **1.** (Er)Schöpfer *m*. **2.** Erzeuger *m*. **3.** Urheber *m*, Verursacher *m*. **4. the** C~ der Schöpfer (*Gott*).

**crea·ture** [ˈkriːtʃə(r)] *s* **1.** Geschöpf *n*, (Lebe)Wesen *n*, Kreaˈtur *f*: ~ **of habit** *fig.* Gewohnheitstier *n*. **2.** Kreaˈtur *f*, Tier *n* (*Ggs. Mensch*): **dumb** ~ stumme Kreatur. **3.** *Am.* Haustier *n*. **4.** Geschöpf *n*, Ding *n*: **lovely** ~ süßes Geschöpf (*Frau*); **poor** (**silly**) ~ armes (dummes) Ding. **5.** *j-s* Kreaˈtur *f*: a) Günstling *m*, b) Handlanger *m*, Werkzeug *n*. **6.** Proˈdukt *n*: **a** ~ **of the imagination** ein Phantasieprodukt. ~ **com·forts** *s pl* (*die*) leiblichen Genüsse *pl*, (*das*) leibliche Wohl.

**crea·ture·ly** [ˈkriːtʃə(r)lɪ] *adj* kreaˈtürlich, menschlich.

**crèche** [kreɪʃ; kreʃ] *s* **1.** (Kinder)Krippe *f*. **2.** *Am.* (Weihnachts)Krippe *f*.

**cre·dence** [ˈkriːdəns; -dns] *s* **1.** Glaube *m* (**of** *an acc*): **to give** (*od.* **attach**) ~ **to** s.th. e-r Sache Glauben schenken; **letters of** ~ *pol.* Beglaubigungsschreiben *n*. **2.** *a.* ~ **table** Kreˈdenz *f* (*a. relig.*).

**cre·den·dum** [krɪˈdendəm] *pl* **-da** [-də] *s relig.* ˈGlaubensˌartikel *m*.

---

**cre·den·tials** [krɪˈdenʃlz] *s pl* **1.** Beglaubigungsschreiben *n*. **2.** Empfehlungsschreiben *n*, Refeˈrenzen *pl*. **3.** (Leumunds)Zeugnis *n*, Zeugnisse *pl*. **4.** ˈAusweis(paˌpiere *pl*) *m*.

**cred·i·bil·i·ty** [ˌkredɪˈbɪlətɪ] *s* Glaubwürdigkeit *f*: ~ **gap** Mangel *m od.* Verlust *m* an Glaubwürdigkeit. ˈ**cred·i·ble** *adj* (*adv* credibly) glaubwürdig: ~ **information; a** ~ **witness; to show credibly** *jur.* glaubhaft machen.

**cred·it** [ˈkredɪt] **I** *s* **1.** Glaube(n) *m*: **to give** ~ e-r Sache Glauben schenken; → **worthy** 2. **2.** Ansehen *n*, Achtung *f*, guter Ruf: **to be in high** ~ **with** in hohem Ansehen stehen bei. **3.** Glaubwürdigkeit *f*: **to gain** ~ an Ansehen gewinnen. **4.** Einfluß *m*. **5.** Ehre *f*: **to be a** ~ **to** s.o., **to be to** s.o.ˈs ~, **to do** s.o. ~, **to reflect** ~ **on** s.o. j-m Ehre machen *od.* einbringen, j-m zur Ehre gereichen; **he has not done you** ~ mit ihm haben Sie keine Ehre eingelegt; **with** ~ ehrenvoll; ~ **where** ~ **is due** Ehre, wem Ehre gebührt. **6.** Anerkennung *f*, Lob *n*: **to get** ~ **for** s.th. Anerkennung finden für etwas; **that's very much to his** ~ das ist sehr anerkennenswert *od.* verdienstvoll von ihm. **7.** Verdienst *n*: **to give** s.o. (**the**) ~ **for** s.th. a) j-m etwas hoch *od.* als Verdienst anrechnen, b) j-m etwas zutrauen, c) sich j-m für etwas (dankbar) verpflichtet fühlen; **to take** ~ **to** o.s. **for** s.th., **to take** (**the**) ~ **for** s.th. sich etwas als Verdienst anrechnen, den Ruhm *od.* das Verdienst für etwas in Anspruch nehmen. **8.** *econ.* a) Kreˈdit *m*, b) Zeit *f*, Ziel *n*, c) (*a.* **letter of** ~) Akkrediˈtiv *n*: **on** ~ auf Kredit *od.* Ziel; **at one month's** ~ auf e-n Monat Ziel; ~ **on goods** Warenkredit; ~ **on real estate** Realkredit: **to give** s.o. ~ **for** £1,000 j-m e-n Kredit von 1000 Pfund geben; **to open a** ~ e-n Kredit *od.* ein Akkreditiv eröffnen. **9.** *econ.* Kreˈdit(würdigkeit, -fähigkeit *f*) *m*: ~ **agency** Auskunftei *f* (*über Kreditwürdigkeit*); ~ **rating** (Einschätzung *f* der) Kreditfähigkeit *od.* -würdigkeit; ~ **report** Kreditauskunft *f*. **10.** *econ.* a) Guthaben *n*, ˈKreditposten *m*, b) ˈKredit(seite *f*) *n*, Haben *n*: **your** ~ Saldo zu Ihren Gunsten; **to enter** (*od.* **place, put**) **a sum to** s.o.ˈs ~ j-m e-n Betrag gutschreiben. **11.** *econ. parl.* Dr. Vorgriff *m* auf das Budˈget. **12.** *a. tax. Am.* (Steuer-)Freibetrag *m*, abzugsfähiger Betrag. **13.** *univ. Am.* a) Anrechnungspunkt *m* (*auf ein für den Erwerb e-s akademischen Grades zu erfüllendes Pensum*), b) → **credit hour. 14.** *pl Film, TV:* Vorspann *m od.* Ab-, Nachspann *m*.

**II** *v/t* **15.** Glauben schenken (*dat*), j-m *od.* e-e Sache glauben. **16.** j-m (ver-)trauen. **17. to** ~ s.o. **with** s.th. a) j-m etwas zutrauen, b) j-m etwas zuschreiben. **18.** *econ.* a) e-n Betrag gutschreiben, krediˈtieren (**to** s.o. j-m), b) j-n erkennen (**with, for** für): **to** ~ s.o. **with a sum. 19. to** ~ s.o. **with three hours in history** *univ. Am.* j-m für e-n Geschichtskurs 3 Punkte (aufs Pensum) anrechnen.

**cred·it·a·ble** [ˈkredɪtəbl] *adj* (*adv* creditably) (**to**) rühmlich, ehrenvoll (für), lobens-, anerkennenswert (von), achtbar: **to be a** ~ **to** s.o. j-m Ehre machen.

**cred·it|ac·count** *s econ.* **1.** Konto *n* mit ˈKreditsaldo. **2.** *Br.* ˈKundenkreˌditkonto *n*. **3.** *Br.* Abzahlungskonto *n* (*bei Teilzahlungen*). ~ **bal·ance** *s econ.* ˈKreditsaldo *m*, Guthaben *n*. ~ **bank** *s econ.* Kreˈditbank *f*, -anstalt *f*. ~ **card** *s* Kreˈditkarte *f*. ~ **cur·ren·cy** *s econ.* Kreditgeld *n*. ~ **en·try** *s econ.* Gutschrift *f*. ~ **hour** *s univ. Am.* anrechenbare (Vorlesungs)Stunde. ~ **in·stru·ment** *s econ.*

Kre¦ditinstru¦ment *n* (*Wechsel etc*). ~ **in·sur·ance** *s econ.* Kre¦ditversicherung *f*. ~ **in·ter·est** *s econ.* Habenzinsen *pl*. ~ **line** *s* **1.** *econ. Am.* Kre¦ditgrenze *f*. **2.** ¦Herkunfts-, Quellenangabe *f*. ~ **man** *s irr econ. Am.* Kre¦ditfestsetzer *m*. ~ **mem·o·ran·dum** *Am.* → credit slip 2. ~ **mon·ey** *s econ.* **1.** nicht voll gedeckte Währung. **2.** Kre¦ditgeld *n*. ~ **note** *s econ.* Gutschriftsanzeige *f*.

**cred·i·tor** [¦kredɪtə(r)] *s econ.* **1.** Gläubiger *m*: ~ **of a bankrupt's estate** Massegläubiger; ~**s' committee** Gläubigerausschuß *m*; ~**s' petition** Konkurseröffnungsantrag *m* der Gläubiger. **2.** a) ¦Kredit(seite *f*) *m*, Haben *n*, b) *pl Bilanz*: *Br.* Kre¦ditoren *pl*, Verbindlichkeiten *pl*.

**cred·it|sale** *s econ.* Kre¦dit(ver)kauf *m*, Abzahlungskauf *m*. ~ **side** *s econ.* ¦Kredit-, Habenseite *f*. ~ **slip** *s* **1.** *Br.* Einzahlungsschein *m*. **2.** *econ.* Gutschriftsanzeige *f*. ~ **squeeze** *s econ.* Kre¦ditzange *f*. ~ **ti·tles** → credit 14. '~¦**wor·thi·ness** *s econ.* Kre¦ditwürdigkeit *f*. '~¦**wor·thy** *adj econ.* kre¦ditwürdig.

**cre·do** [¦kriːdəʊ; ¦kreɪ-] *pl* -**dos** *s* **1.** *relig.* Kredo *n*. **2.** → creed 2.

**cre·du·li·ty** [krɪ¦djuːlətɪ; *Am. a.* -¦duː-] *s* Leichtgläubigkeit *f*.

**cred·u·lous** [¦kredjʊləs; *Am.* -dʒələs] *adj* (*adv* ~**ly**) leichtgläubig, vertrauensselig (*of gegen¦über*). '**cred·u·lous·ness** *s* credulity.

**creed** [kriːd] *s* **1.** *relig.* a) Glaubensbekenntnis *n*, b) Glaube *m*, Bekenntnis *n*, Konfessi¦on *f*: **the (Apostles') C~** das Apostolische Glaubensbekenntnis. **2.** *fig.* Über¦zeugung, Kredo *n*, Weltanschauung *f*.

**creek** [kriːk; *Am. a.* krɪk] *s* **1.** *Am.* Bach *m*. **2.** *bes. Br.* kleine Bucht. **3. to be up the ~** *colloq.* a) ‚in der Klemme' sein *od.* sitzen *od.* stecken, b) falsch sein, c) miserabel sein; **his driving is up the ~** er ist ein miserabler Autofahrer.

**creel** [kriːl] *s* Weiden-, Fischkorb *m* (*des Anglers*).

**creep** [kriːp] **I** *v/i pret u. pp* **crept** [krept] **1.** kriechen: a) krabbeln, b) *fig.* sich da¦hinschleppen, schleichen (*Arbeit, Zeit etc*): **the hours crept by** die Stunden schlichen dahin, c) im Schneckentempo gehen *od.* fahren: **to ~ up** langsam steigen (*Preise etc*), d) unter¦würfig sein: **to ~ back** (*demütig*) wieder angekrochen kommen; **to ~ into s.o.'s favo(u)r** sich bei j-m einschmeicheln; **to ~ in** a) (sich) hinein- *od.* hereinschleichen, b) sich einschleichen (*Fehler etc*); **to ~ over s.o.** j-n beschleichen *od.* überkommen (*Gefühl*); **to ~ up** (sich) heranschleichen (**on** *an acc*); **old age ~s upon us** wir werden alt, ohne es zu merken. **3.** kribbeln: **his flesh was ~ing** er bekam e-e Gänsehaut, es überlief ihn kalt; **the sight made her flesh ~** bei dem Anblick bekam sie e-e Gänsehaut. **4.** *bot.* a) kriechen, b) klettern, sich ranken. **5.** *tech.* a) kriechen, (ver)rutschen, wandern, b) sich dehnen *od.* verziehen. **6.** *electr.* nacheilen. **II** *v/t* **7.** *obs.* kriechen über (*acc*). **II** *s* **8.** Kriechen *n*, Schleichen *n*: **to go at a ~** → 1 c. **9.** *pl colloq.* Gänsehaut *f*: **the sight gave me the ~s** bei dem Anblick überlief es mich kalt *od.* bekam ich e-e Gänsehaut. **10.** *geol.* Rutsch *m*, Bodenkriechen *n*. **11.** *tech.* a) Kriechdehnung *f*, b) Kriechen *n*, Wandern *n*. **12.** *electr.* Nacheilen *n*. **13.** *colloq.* Kriecher(in). **14.** *sl.* widerlicher Kerl. **15.** *Am. sl.* a) (*bes.* Ho¦tel)Dieb *m*, b) ‚Schnüffler' *m*.

**creep·age** [¦kriːpɪdʒ] *s* **1.** *electr.* Kriechen *n*: ~ **path** Kriechweg *m*, -strecke *f*. **2.** → creep 11.

**creep·er** [¦kriːpə(r)] *s* **1.** Kriechtier *n*. **2.** *obs. colloq.* Kriecher(in). **3.** *pl Am.* (einteiliger) Spielanzug (*für Kleinkinder*). **4.** *bot.* a) Kriechpflanze *f*, b) Kletterpflanze *f*. **5.** *orn.* (*ein*) Baumläufer *m*. **6.** *mar.* Dragganker *m*, Dragge *f*. **7.** *mount.* Steigeisen *n*. **8.** *tech.* a) Förderband *n*, b) Trans¦portschnecke *f*. **9.** *colloq.* ‚Leisetreter' *m* (*Schuh mit weicher Sohle*). ~ **lane** *s mot. Am.* Kriechspur *f*. ~ **ti·tle** → creeping title.

'**creep·hole** *s* Schlupfloch *n* (*a. fig.*).

**creep·ie-peep·ie** [¦kriːpɪˈpiːpɪ] *s colloq.* tragbare Fernsehkamera.

**creep·ing** [¦kriːpɪŋ] **I** *adj* (*adv* ~**ly**) **1.** kriechend: ~ **inflation** *econ.* schleichende Inflation. **2.** *bot.* a) kriechend, b) kletternd. **3.** kribbelnd: ~ **sensation** gruseliges Gefühl, Gänsehaut *f*. **II** *s* **4.** Kriechen *n*. **5.** → creep 11. ~ **bar·rage** *s mil.* Feuerwalze *f*. ~ **cur·rent** *s electr.* Kriechstrom *m*. ~ **disk** *s zo.* Kriechsohle *f* (*der Schnecken etc*). ~ **ti·tle** *s Film:* Fahrtitel *m*.

**creep·y** [¦kriːpɪ] *adj* **1.** kriechend: a) krabbelnd, b) schleichend, sehr langsam. **2.** grus(e)lig, unheimlich. '~-'**crawl·y** *Br. colloq.* **I** *s* **1.** Krabbeltier *n*. **II** *adj* **2.** krabbelnd. **3.** → creeping 3.

**creese** [kriːs] *s* Kris *m* (*malaiischer Dolch*).

**cre·mains** [krɪ¦meɪnz] *s pl* Asche *f* (*e-r eingeäscherten Leiche*).

**cre·mate** [krɪ¦meɪt; *Am. bes.* ¦kriː¦m-] *v/t bes.* Leichen verbrennen, einäschern. **cre·ma·tion** [krɪ¦meɪʃn] *s* (*bes. Leichen*)Verbrennung *f*, Einäscherung *f*, Feuerbestattung *f*. **cre·ma·tor** [krɪ¦meɪtə(r); *Am. bes.* ¦kriː¦m-] *s* **1.** Leichenverbrenner *m*. **2.** *bes. Br.* Leichenverbrennungsofen *m*. **3.** *Am.* Krema¦torium *n*.

**crem·a·to·ri·um** [ˌkremə¦tɔːrɪəm; ˌkriː¦mətəʊ-] *pl* -**ri·ums**, -**ri·a** [-ə] *s* Krema¦torium *n*. **cre·ma·to·ry** [¦krematərɪ; *Am.* ¦kriːmə¦tɔːrɪ] *bes. Am.* **I** *s* **1.** Krema¦torium *n*. **2.** Leichenverbrennungsofen *m*. **II** *adj* **3.** Feuerbestattungs...

**crème** [kreɪm; *bes. Am.* krem; *Am.* kriːm] *s* **1.** Creme *f*. **2.** Creme(speise) *f*. **3.** ¦Creme¦li¦kör *m*. ~ **de la crème** *s fig.* a) (*das*) Beste vom Besten, Auslese *f*, b) Creme *f* de la crème, E¦lite *f* (*der Gesellschaft*). ~ **de menthe** [-də¦mɑːnt; *Am. bes.* -¦mɪnt; -¦mɒnt] *s* Pfefferminzli¦kör *m*.

**crem·o·carp** [¦kreməʊkɑː(r)p; -mək-; *Am. a.* ¦kriː-] *s bot.* Hängefrucht *f*.

**cre·nate** [¦kriːneɪt], '**cre·nat·ed** *adj anat. bot.* gekerbt, gefurcht. **cre·na·tion** [krɪ¦neɪʃn], **cren·a·ture** [¦krenə¦tjʊə; ¦kriː-; *Am.* -tʃər] *s* Furchung *f*, Kerbung *f*.

**cren·el** [¦krenl] **I** *s mil.* Schießscharte *f*. **II** *v/t* → crenellate I.

**cren·el·ate**, *etc Am.* → crenellate, *etc*.

**cren·el·late** [¦krenəleɪt] **I** *v/t* **1.** krene¦lieren, mit Zinnen versehen. **2.** *arch.* mit e-m zinnenartigen Orna¦ment versehen. **II** *adj* **3.** → crenellated. '**cren·el·lat·ed** *adj* **1.** krene¦liert, mit Zinnen (versehen). **2.** *arch.* mit e-m zinnenartigen Orna¦ment (versehen). **3.** → crenulate. '**cren·el·la·tion** *s* **1.** Krene¦lierung *f*. **2.** Zinne *f*. **3.** Auskerbung *f*, Kerbe *f*. **4.** → crenulation.

**cren·u·late** [¦krenjʊlət; -leɪt], '**cren·u·lat·ed** [-leɪtɪd] *adj bot.* feingekerbt. ˌ**cren·u·la·tion** *s bot.* feine Kerbung.

**cre·ole** [¦kriːəʊl] *s* **1.** Kre¦ole *m*, Kre¦olin *f*. **2.** *ling.* Kre¦olisch *n*, das Kreolische. **II** *adj* **3.** kre¦olisch, Kreolen...

**cre·o·sol** [¦kriːəsɒl; -səʊl] *s chem.* Kreo¦sol *n*.

**cre·o·sote** [¦kriːəsəʊt] *s* **1.** *pharm.* Kreo¦sot *n*. **2.** *chem.* ¦Steinkohlenteerkreo¦sot *n*.

**crepe, crêpe** [kreɪp] **I** *s* **1.** Krepp *m*. **2.** Trauerflor *m*. **3.** → crepe paper. **4.** → crepe rubber. **II** *v/t* **5.** kreppen, kräuseln. ~ **de Chine** [-də¦ʃiːn] *s* Crêpe *m* de Chine (*feinnarbiges Gewebe aus Naturod. Kunstseide*). '~¦**hang·er** *s Am. sl.* ‚Miesepeter' *m*. ~ **pa·per** *s* ¦Kreppa¦pier *n*. ~ **rub·ber** *s* Kreppgummi *m*. ~ **su·zette** [suː¦zet] *pl* **crepes su·zette** [kreɪps], **crepe su·zettes** [suː¦zets] *s* Crêpe *f* Su¦zette (*dünner Eierkuchen, mit Weinbrand od. Likör flambiert*).

**crep·i·tant** [¦krepɪtənt] *adj* knisternd, knackend, Knack... '**crep·i·tate** [-teɪt] *v/i* **1.** knarren, knistern, knacken, rasseln. **2.** *zo.* Ätzflüssigkeit ausspritzen (*Käfer*). ˌ**crep·i·ta·tion** *s* Knarren *n*, Knistern *n*.

**crept** [krept] *pret u. pp von* **creep.**

**cre·pus·cle** [krɪ¦pʌsl; *Br. a.* ¦krepəsl] → crepuscule. **cre·pus·cu·lar** [krɪ¦pʌskjʊlə; -kjələ] *adj* **1.** Dämmerungs... **2.** dämmerig, Dämmer... **3.** *zo.* im Zwielicht erscheinend. **cre·pus·cule** [¦krepəskjuːl; *Am.* **bes.** krɪ¦pʌskjuːl] *s* Zwielicht *n*, (Morgen- *od.* Abend)Dämmerung *f*.

**cre·scen·do** [krɪ¦ʃendəʊ; krə-] **I** *pl* -**dos** *s* **1.** *mus.* Cre¦scendo *n* (*a. weit*S*.*). **II** *adj* **2.** anschwellend, stärker werdend. **III** *adv* **3.** *mus.* cre¦scendo. **4.** anschwellend, mit zunehmender Lautstärke. **IV** *v/i* **5.** anschwellen, stärker werden.

**cres·cent** [¦kresnt] **I** *s* **1.** Halbmond *m*, Mondsichel *f*. **2.** *pol.* Halbmond *m* (*Symbol der Türkei od. des Islams*). **3.** etwas Halbmondförmiges, *bes. Br.* halbmondförmiger Straßenzug: **Pelham C~**. **4.** *mus.* Schellenbaum *m*. **5.** Hörnchen *n* (*Gebäck*). **II** *adj* **6.** halbmond-, sichelförmig. **7.** zunehmend, wachsend.

**cress** [kres] *s bot.* Kresse *f*.

**cres·set** [¦kresɪt] *s* Stocklaterne *f*, Kohlen-, Pechpfanne *f*.

**crest** [krest] **I** *s* **1.** *orn.* a) (Feder-, Haar-) Büschel *n*, Haube *f*, b) (Hahnen)Kamm *m*. **2.** *zo.* Kamm *m* (*des Pferdes etc*). **3.** *zo.* (Pferde- *etc*)Mähne *f*. **4.** Helmbusch *m*, -schmuck *m* (*a. her.*). **5.** *her.* a) Verzierung *f* über dem (Fa¦milien)Wappen, b) Wappen *n*: **family ~**. **6.** Helm *m*. **7.** Gipfel *m* (*e-s Berges etc*). **8.** (Berg-)Kamm *m*, Bergrücken *m*, Grat *m*. **9.** (Wellen)Kamm *m*: **he's riding (along) on the ~ of a wave** *fig.* er schwimmt im Augenblick ganz oben. **10.** *fig.* Krone *f*, Gipfel *m*, Scheitelpunkt *m*: **at the ~ of his fame** auf dem Gipfel s-s Ruhms. **11.** *fig.* Höchst-, Scheitelwert *m*, Gipfel *m*, Spitze *f*: ~ **factor** *phys.* Scheitelfaktor *m*; ~ **voltage** *electr.* Spitzenspannung *f*. **12.** a) Stolz *m*, b) Mut *m*, c) Hochgefühl *n*. **13.** *anat.* (Knochen-) Leiste *f*, Kamm *m*. **14.** *arch.* Krone *f*, Firstkamm *m*: ~ **tile** Kamm-, Firstziegel *m*. **II** *v/t* **15.** mit e-m Kamm *etc* versehen. **16.** krönen. **17.** erklimmen. **III** *v/i* **18.** hoch aufwogen (*Welle*). ~ **clearance** *s tech.* Kopf-, Spitzenspiel *n*.

**crest·ed** [¦krestɪd] *adj* mit e-m Kamm *etc* (versehen), Schopf...: ~ **lark** *orn.* Haubenlerche *f*.

**crest·fall·en** [¦krest¦fɔːlən] *adj* **1.** *fig.* niedergeschlagen, geknickt. **2.** mit seitwärts hängendem Hals (*Pferd*).

**cre·syl·ic** [krɪ¦sɪlɪk] *adj chem.* Kresol...: ~ **acid** ~ **resin** Kresolharz *n*.

**cre·ta·ceous** [krɪ¦teɪʃəs] *adj* **1.** kreidig, kreideartig *od.* -haltig, Kreide... **2.** **C~** *geol.* Kreide...: **C~ formation** → 3 a; **C~ period** → 3 b. **II** *s* **3. C~** *geol.* a) ¦Kreide(formati¦on) *f*, b) Kreidezeit *f*.

**Cre·tan** [¦kriːtn] **I** *adj* kretisch, aus Kreta. **II** *s* Kreter(in). '**cre·tic I** *s metr.* Kretikus *m*. **II** *adj* **C~** → Cretan I.

**cre·tin** [¦kriːtɪn; *bes. Am.* ¦kriː-] *s med.*

Kre¹tin m (a. fig. contp.). **'cre·tin·ism** s
med. Kreti¹nismus m. **'cre·tin·ous** adj
kre¹tinhaft.
**cre·tonne** [¹kretɒn; kre¹tɒn; Am. ¹kri:-
ˌtɒn; krɪ¹tɑn] s Kre¹tonne f (Baumwoll-
gewebe in Leinenbindung).
**cre·vasse** [krɪ¹væs] **I** s **1.** tiefer Spalt od.
Riß. **2.** Gletscherspalte f. **3.** Am. Bruch m
im Deich od. Schutzdamm. **II** v/t **4.** tiefe
Risse verursachen in (dat).
**crev·ice** [¹krevɪs] s Riß m, Spalt m,
(Fels)Spalte f.
**crew**[1] [kru:] s **1.** (Arbeits)Gruppe f, (Bau-
etc)Trupp m, (Arbeiter)Ko¹lonne f. **2.**
allg. tech. (Bedienungs)Mannschaft f.
**3.** a) aer. mar. Besatzung f, b) mar. engS.
Mannschaft f (Ggs. Offiziere). **4.** sport
a) (Boots)Mannschaft f, b) Am. colloq.
(das) Rudern. **5.** Am. Pfadfindergruppe f.
**6.** Belegschaft f, (¹Dienst)Perso¸nal n: ~ of
a train Zugpersonal. **7.** (obs. bewaff-
neter) Haufe, Schar f. **8.** bes. contp.
Bande f.
**crew**[2] [kru:] pret von **crow**[2].
**crew cut** s Bürstenschnitt m (Frisur).
**crew·el** [¹kru:əl] s Crewelgarn n.
**crew neck** s runder Ausschnitt.
**crib** [krɪb] **I** s **1.** Kinderbettchen n.
**2.** a) Hürde f, Pferch m, Stall m, b) Stand
m, Box f (in Ställen), c) (Futter)Krippe f.
**3.** bes. Br. (Weihnachts)Krippe f. **4.** Hüt-
te f, Kate f. **5.** kleiner, enger Raum.
**6.** Geräteraum m. **7.** colloq. ,Bude' f,
,Laden' m (Haus): → **crack** 27. **8.** colloq.
,Puff' m, n (Bordell). **9.** obs. Weidenkorb
m (Fischfalle). **10.** tech. a) Senkkiste f,
b) Latten-, Holzgerüst n, c) Kranz m (zum
Schachtausbau), d) Holzfütterung f
(Schacht), e) Bühne f. **11.** colloq. a) klei-
ner Diebstahl, b) Anleihe f, Plagi¹at n.
**12.** ped. colloq. a) ,Eselsbrücke' f, ,Klat-
sche' f (Übersetzungshilfe), b) Spickzettel
m. **13.** a) Cribbage: für den Geber abge-
legte Karten pl, b) colloq. → **cribbage**.
**II** v/t **14.** ein-, zs.-pferchen. **15.** tech.
a) mit e-m Holzgerüst stützen, b) e-n
Schacht auszimmern. **16.** colloq. ,klauen'
(a. fig. plagiieren). **17.** ped. colloq. ab-
schreiben, spicken. **III** v/i **18.** colloq.
,klauen' (a. fig. plagiieren). **19.** ped. colloq.
abschreiben, spicken.
**crib·bage** [¹krɪbɪdʒ] s Cribbage n (Kar-
tenspiel): ~ **board** Markierbrett n.
**'crib-**ˌ**bit·er** s Krippensetzer m (Pferd).
**~·bit·ing** s Krippensetzen n. **~ death** s
med. plötzlicher Kindstod.
**crib·rate** [¹krɪbrət; -reɪt] adj bot. zo.
siebartig durch¹löchert. **'crib·ri·form**
[-rɪfɔ:(r)m] adj anat. zo. siebförmig.
**'crib·work** s tech. **1.** (¹Bau- od. ¹Stapel-)
Konstrukti¸on f mit längs u. quer über-
ein¹anderliegenden Träger(balken)la-
gen. **2.** Bergbau: Ring- od. Kranzaus-
bau m.
**crick** [krɪk] med. **I** s: a ~ **in one's back**
(neck) ein steifer Rücken (Hals). **II** v/t:
**to ~ one's back** (neck) sich (dat) e-n
steifen Rücken (Hals) holen.
**crick·et**[1] s v/i. (bes. Haus)Grille f,
Heimchen n: → **merry** 1.
**crick·et**[2] [¹krɪkɪt] sport **I** s Kricket n: ~
**bat** Kricketschläger m; ~ **field**, ~
**ground** Kricket(spiel)platz m; ~ **pitch**
Teil m des Kricketplatzes zwischen den
beiden Dreistäben; **not** ~ colloq. nicht
fair od. anständig. **II** v/i Kricket spielen.
**crick·et**[3] [¹krɪkɪt] s tech.
**crick·et·er** [¹krɪkɪtə(r)] s sport Kricket-
spieler m.
**cri·coid** [¹kraɪkɔɪd] anat. **I** adj ringför-
mig: ~ **cartilage** → **II**. **II** s Ringknor-
pel m.
**cri·er** [¹kraɪə(r)] s **1.** Schreier m. **2.** hist.
(öffentlicher) Ausrufer. **3.** Marktschrei-
er m.

**cri·key** [¹kraɪkɪ] interj sl. Mensch!,
Mann!
**crime** [kraɪm] s **1.** jur. a) Verbrechen n,
Straftat f: ~ **against humanity** Verbre-
chen gegen die Menschlichkeit; ~ **novel**
Kriminalroman m; ~ **rate** Zahl f der
Verbrechen; ~ **sheet** mil. Vorstrafenre-
gister n; ~ **syndicate** Verbrechersyndi-
kat n; ~ **wave** Welle f von Verbrechen, b)
collect. Verbrechen pl: ~ **doesn't pay**
Verbrechen zahlen sich nicht aus. **2.** →
**criminality** 1. **3.** Frevel m: a) Übel-,
Untat f: "C~ **and Punishment**" „Schuld
und Sühne" (Dostojewski), b) schwere
Sünde. **4.** colloq. a) ,Verbrechen' n: it
would be a ~ to waste such an oppor-
tunity, b) ,Jammer' m, Zumutung f: it is
a ~ to have to listen to that.
**Cri·me·an** [kraɪ¹mɪən; krɪ¹m-] adj
Krim..., die Krim betreffend: ~ **War**
Krimkrieg m (1853–56).
**crim·i·nal** [¹krɪmɪnl] **I** adj (adv →
**criminally**) **1.** jur. u. allg. (a. fig.) krimi-
¹nell, verbrecherisch: that is not ~ das ist
kein Verbrechen; ~ **act** Straftat f, straf-
bare Handlung; ~ **association** krimi-
nelle Vereinigung; ~ **conversation** Ehe-
bruch m (als Schadenersatzgrund); ~ **negli-**
**gence** grobe Fahrlässigkeit. **2.** jur. straf-
rechtlich, Straf..., Kriminal...: ~ **action**
Strafprozeß m, -verfahren n; ~ **appeal**
Berufung f od. Revision f in Strafsachen;
~ **code** (Am. Bundes)Strafgesetzbuch n;
~ **discretion** Strafmündigkeit f; **C~**
**Investigation Department** oberste
Kriminalpolizeibehörde (im Scotland
Yard); ~ **jurisdiction** Strafgerichtsbar-
keit f, Zuständigkeit f in Strafsachen; ~
**justice** Strafrechtspflege f; ~ **law** Straf-
recht n; ~ **lawyer** Strafrechtler m; ~
**liability** strafrechtliche Verantwortlich-
keit; **to incur** ~ **liability** sich strafbar
machen; ~ **proceedings** Strafprozeß m,
-verfahren n. **II** s **3.** Verbrecher(in), Kri-
mi¹nelle(r m) f.
**crim·i·nal·ism** [¹krɪmɪnlɪzəm] s krimi-
¹nelle Veranlagung. **'crim·i·nal·ist** s
**1.** Krimina¹list m, Strafrechtler m.
**2.** Krimino¹loge m. **'crim·i·nal·is·tics**
s pl (als sg konstruiert) Krimina¹listik f.
**ˌcrim·i·nal·i·ty** [-¹nælətɪ] s **1.** Krimi-
nali¹tät f, Verbrechertum n. **2.** Strafbar-
keit f. **'crim·i·nal·ize** v/t **1.** etwas unter
Strafe stellen. **2.** j-n, etwas kriminali-
¹sieren.
**crim·i·nal·ly** [¹krɪmɪnəlɪ] adv **1.** →
**criminal** I. **2.** in verbrecherischer Weise
od. Absicht. **3.** strafrechtlich.
**crim·i·nate** [¹krɪmɪneɪt] v/t **1.** anklagen,
e-s Verbrechens beschuldigen. **2.** etwas
scharf tadeln, verurteilen. **3.** in ein Ver-
brechen verwickeln. **4.** für schuldig er-
klären. **ˌcrim·i¹na·tion** s jur. An-
klage f, An-, Beschuldigung f. **'crim-**
**i·na·tive** [-nətɪv; Am. -ˌneɪ-], **'crim-**
**i·na·to·ry** [-nətərɪ; Am. -nəˌtɔːrɪ;
-ˌtɔː-] adj anklagend, beschuldigend.
**crim·i·nol·o·gist** [ˌkrɪmɪ¹nɒlədʒɪst;
Am. -¹nɑl-] s Krimino¹loge m. **ˌcrim·i-**
¹**nol·o·gy** s Kriminolo¹gie f.
**crimp**[1] [krɪmp] v/t v/i **1.** kräuseln, krep-
pen, knittern, wellen. **2.** falten, fälteln.
**3.** das Haar (bes. mit der Brennschere)
wellen od. locken. **4.** Leder zu¹rechtbie-
gen. **5.** tech. bördeln, randkehlen, sik-
ken: to ~ **over** umfalzen; **~ed joint** Sicken-
verbindung f. **6.** den Rand der Patronen-
hülse (nach Einbringen der Ladung) an-
würgen. **7.** gastr. Fisch, Fleisch (auf-)
schlitzen (um das Fleisch fester zu ma-
chen). **8.** Am. colloq. behindern, stören.
**II** s **9.** Kräuselung f, Welligkeit f.
**10.** Krause f, Falte f. **11.** Welle f, Locke f
(im Haar). **12.** tech. Falz m. **13.** Am.

colloq. Hindernis n, Behinderung f: **to**
**put a ~ in** → 8.
**crimp**[2] [krɪmp] v/t Matrosen etc gewalt-
sam anwerben, (zum Dienst) pressen.
**crimp·er** [¹krɪmpə(r)] s tech. **1.** ¹Bördel-,
¹Rändel-, ¹Sickenmaˌschine f. **2.** Leder-
presse f. **3.** Arbeiter, der kräuselt etc. ~
**i·ron** s tech. a) Stellschere f, b) Rillen-
stempel m. **~·press** s tech. Bördelpresse f.
**crimp·y** [¹krɪmpɪ] adj lockig, wellig.
**crim·son** [¹krɪmzn] **I** s **1.** Karme¹sin-,
Kar¹min-, Hochrot n. **II** adj **2.** karme-
¹sin-, kar¹min-, hochrot. **3.** puterrot
(from vor Scham, Zorn etc). **4.** fig. blutig,
blutdürstig. **III** v/t **5.** hochrot färben.
**IV** v/i **6.** puterrot werden (im Gesicht)
(from vor od. Scham). ~ **lake** s Kar¹minlack m.
~ **ram·bler** s bot. Crimson Rambler f
(blutrote Kletterrose).
**cringe** [krɪndʒ] **I** v/i **1.** sich (bes. furcht-
sam od. unterwürfig) ducken, sich (zs.-)
krümmen: **to ~ at** zurückschrecken vor
(dat). **2.** fig. kriechen, ,katzbuckeln' (to
vor dat). **II** s **3.** kriecherische Höflichkeit
od. Verbeugung. **'cring·ing I** adj (adv
~ly) kriecherisch, unter¹würfig. **II** s
Kriechen n: ~ **and fawning** krieche-
rische Schmeichelei.
**cri·nite** [¹kraɪnaɪt] adj behaart.
**crin·kle** [¹krɪŋkl] **I** v/i **1.** sich kräuseln.
**2.** Falten werfen. **3.** knittern. **4.** rascheln,
knistern. **II** v/t **5.** krümmen, (wellen-
förmig) biegen. **6.** faltig machen. **7.** zer-
knittern. **8.** kräuseln. **III** s **9.** Falte f, (im
Gesicht) Fältchen n. **'~·cran·kle**
[-ˌkræŋkl] s **1.** Wellenlinie f. **2.** Zickzack
m.
**crin·kly** [¹krɪŋklɪ] adj **1.** gekräuselt,
kraus. **2.** faltig. **3.** zerknittert. **4.** ra-
schelnd, knisternd.
**crin·kum-cran·kum** [ˌkrɪŋkəm-
¹kræŋkəm] s colloq. verzwickte od. kom-
pli¹zierte Sache.
**cri·noid** [¹kraɪnɔɪd; ¹krɪn-] **I** adj **1.** lilien-
artig. **2.** zo. Seelilien... **II** s **3.** zo. Seelilie f,
Haarstern m.
**crin·o·line** [¹krɪnəlɪn; -lɪn; Am. ¹krɪnlən]
s **1.** leichtes Steifleinen. **2.** hist. Krino¹line
f, Reifrock m. **3.** mar. Tor¹pedoabwehr-
netz n.
**cripes** [kraɪps] interj sl. Mensch!, Mann!
**crip·ple** [¹krɪpl] **I** s **1.** Krüppel m (a. fig.):
a mental ~. **2.** fig. Am. ka¹putte od.
verpfuschte Sache. **II** s n (zum
Fensterputzen etc). **II** v/t **4.** a) zum Krüp-
pel machen, b) lähmen. **5.** fig. lähmen,
lahmlegen. **6.** tech. außer Funkti¹on
setzen. **7.** aer. mar. mil. kampf- od. ak-
ti¹onsunfähig machen. **III** v/i **8.** hum-
peln. **'crip·pled** [-pld] adj **1.** a) ver-
krüppelt, b) gelähmt. **2.** fig. gelähmt,
lahmgelegt. **'crip·ple·dom** s a) Krüp-
pelhaftigkeit f, b) Gelähmtsein n. **'crip-**
**pling I** adj **1.** lähmend (a. fig.). **II** s **2.** fig.
Lähmung f, Lahmlegung f. **3.** arch. Stütz-
balken pl.
**cri·sis** [¹kraɪsɪs] pl **-ses** [-siːz] s **1.** Krise f,
Krisis f (beide a. med.): **economic** ~
Wirtschaftskrise; ~ **of confidence** Ver-
trauenskrise; ~ **of conscience** Identi-
tätskrise; ~ **center** (bes. Br. **centre**)
Krisenherd m; ~ **management** Krisen-
management n; ~ **staff** Krisenstab m. **2.**
a. thea. Krise f, Krisis f, Wende-, Höhe-
punkt m. **'~-**ˌ**bat·tered** adj krisenge-
schüttelt.
**crisp** [krɪsp] **I** adj (adv ~ly) **1.** knusp(e)rig,
mürbe (Gebäck etc). **2.** bröck(e)lig,
spröde. **3.** a) drahtig, b) kraus: ~ **hair**.
**4.** neu, steif: ~ **paper**. **5.** frisch, knackig,
fest: ~ **vegetables**. **6.** forsch, schneidig: ~
**manner**. **7.** flott, lebhaft. **8.** knapp,
treffend: a ~ **answer**. **9.** a) le¹bendig,
flott: ~ **dialogue**, b) klar: ~ **style**. **10.**
scharf, frisch: ~ **air**; ~ **breeze**. **II** s

**11.** (*etwas*) Knusp(e)riges. **12.** *pl bes. Br.* (Kar¹toffel)Chips *pl.* **13.** Knusp(e)rigkeit *f:* **done to a ~** a) knusp(e)rig gebacken *od.* gebraten, b) verbrannt (*Toast etc*). **III** *v/t* **14.** knusp(e)rig backen *od.* braten, braun rösten. **15.** *Haar etc* kräuseln. **IV** *v/i* **16.** knusp(e)rig werden. **17.** sich kräuseln.

**cris·pate** [¹krɪspeɪt], **¹cris·pat·ed** *adj* gekräuselt, kraus. **cris¹pa·tion** *s* **1.** Kräuselung *f.* **2.** *med.* leichtes Muskelzucken.

**¹crisp·bread** *s* Knäckebrot *n.*

**crisp·en** [¹krɪspn] → crisp III *u.* IV. **¹crisp·er** *s* Gemüsefach *n* (*im Kühlschrank*).

**crisp·ness** [¹krɪspnɪs] *s* **1.** Knusp(e)rigkeit *f.* **2.** Frische *f*, Festigkeit *f.* **3.** Forschheit *f*, Schneidigkeit *f.* **4.** Knappheit *f.* **5.** Le¹bendigkeit *f.* **6.** Schärfe *f.* **¹crisp·y** → crisp 1–4.

**criss·cross** [¹krɪskrɒs] **I** *adj* **1.** gekreuzt, kreuzweise, kreuz u. quer (laufend), Kreuz... **II** *s* **2.** Netz *n* sich schneidender Linien, Gewirr *n.* **III** *adv* **3.** (kreuz u.) quer, kreuzweise, in die Quere, durchein¹ander. **4.** *fig.* verkehrt, quer: **to go ~** schiefgehen. **IV** *v/t* **5.** (wieder¹holt ¹durch)kreuzen, kreuz u. quer ¹durchstreichen. **6.** kreuz u. quer ziehen durch: **to ~ the world.** **V** *v/i* **7.** sich kreuzen, sich über¹schneiden. **8.** kreuz u. quer (ver)laufen.

**cris·to·bal·ite** [krɪs¹təʊbəlaɪt] *s min.* Cristoba¹lit *m.*

**cri·te·ri·on** [kraɪ¹tɪərɪən] *pl* **-ri·a** [-ə], **-ri·ons** *s* Kri¹terium *n*, Prüfstein *m*, Maßstab *m*, Richtschnur *f*, (Unter¹scheidungs)Merkmal *n:* **that is no ~** das ist nicht maßgebend (**for** für); **what criteria do you use when ...?** welche Maßstäbe legen Sie an, wenn ...?, nach welchen Kriterien ...?

**crit·ic** [¹krɪtɪk] *s* Kritiker(in): a) Beurteiler(in): **he is his own severest ~** er ist selbst sein strengster Kritiker, b) Rezen¹sent(in), c) Krittler(in).

**crit·i·cal** [¹krɪtɪkl] *adj* (*adv* ~ly) kritisch: a) (streng) prüfend, sorgfältig (prüfend), anspruchsvoll, b) ¹mißbilligend, tadelnd (**of** *acc*): **to be ~ of s.th.** an e-r Sache etwas auszusetzen haben, e-r Sache kritisch gegenüberstehen, etwas kritisieren, c) wissenschaftlich erläuternd: ~ **edition** kritische Ausgabe, d) kunstverständig (urteilend), e) entscheidend: **the ~ moment,** f) gefährlich, bedenklich, ernst, brenzlig: ~ **situation;** ~ **altitude** *aer.* kritische Höhe; ~ **angle** *phys.* kritischer Winkel, *aer. a.* ~ **angle of attack** kritischer Anstellwinkel; **he is in (a)** ~ **condition** sein Zustand ist kritisch, er schwebt in Lebensgefahr; ~ **constants** *phys.* kritische Konstanten; ~ **load** Grenzbelastung *f;* ~ **mass** *phys.* kritische Masse; ~ **speed** *aer.* kritische Geschwindigkeit, *tech.* kritische Drehzahl, g) schwierig: ~ **supplies** Mangelgüter. **¹crit·i·cal·ness** *s* (*das*) Kritische. **crit·ic·as·ter** [ˌkrɪtɪ¹kæstə(r); ¹krɪtɪk-] *s* Kriti¹kaster *m.*

**crit·i·cism** [¹krɪtɪsɪzəm] *s* **1.** Kri¹tik *f:* a) kritische Beurteilung, b) Tadel *m*, Vorwurf *m:* **open to ~** anfechtbar; **above ~** über jede Kritik erhaben, jeden Tadel erhaben, c) → critique 1, d) kritische Unter¹suchung (*der Bibel etc*). **2.** *philos.* Kriti¹zismus *m.*

**crit·i·ciz·a·ble** [¹krɪtɪsaɪzəbl] *adj* kriti¹sierbar. **¹crit·i·cize** **I** *v/i* kriti¹sieren: a) Kri¹tik üben, b) kritteln. **II** *v/t* kritisieren: a) kritisch beurteilen, b) Kri¹tik üben an (*dat*), bekritteln, tadeln, rügen: **to ~ s.o. for doing s.th.** j-n kritisieren,

---

weil er etwas getan hat, c) besprechen, rezen¹sieren.

**cri·tique** [krɪ¹tiːk] *s* **1.** Kri¹tik *f*, Rezensi¹on *f*, kritische Abhandlung *od.* Besprechung. **2.** kritische Unter¹suchung, Kri¹tik *f:* "**C~ of Pure Reason**" „Kritik der reinen Vernunft" (*Kant*).

**crit·ter** [¹krɪtər] *Am. dial. für* creature.

**croak** [krəʊk] **I** *v/i* **1.** quaken (*Frosch*). **2.** krächzen (*Rabe etc, a. fig. Mensch*). **3.** *fig.* ¹unken¹, Unglück prophe¹zeien. **4.** *sl.* ¹abkratzen¹, ¹verrecken¹ (*sterben*). **II** *v/t* **5.** etwas krächzen(d sagen). **6.** *sl.* ¹abmurksen¹ (*töten*). **III** *s* **7.** Quaken *n*, Gequake *n.* **8.** Krächzen *n*, Gekrächze *n.* **9.** *fig.* Schwarzseher *m*, ¹Unke¹ *f.* **¹croak·er** *s* **1.** → croak 9. **2.** *Am. sl.* ¹Quacksalber¹ (*Arzt*). **¹croak·y** *adj* (*adv* **croakily**) krächzend.

**Cro·at** [¹krəʊæt; *Am. a.* krəʊt] *s* Kro¹ate *m*, Kro¹atin *f.* **Cro¹a·tian** [-¹eɪʃən] *bes. Am.* -¹eɪʃn] **I** *adj* **1.** kro¹atisch. **II** *s* **2.** → Croat. **3.** *ling.* Kro¹atisch *n*, das Kroatische.

**cro·chet** [¹krəʊʃeɪ, -ʃɪ; *Am.* krəʊ¹ʃeɪ] **I** *s* *a.* ~ **work** Häkelarbeit *f*, Häke¹lei *f:* ~ **hook** Häkelnadel *f.* **II** *v/t u. v/i* häkeln.

**crock¹** [krɒk; *Am.* krɑk] *s* **1.** irdener Topf *od.* Krug: **~s** → crockery. **2.** Topfscherbe *f.*

**crock²** [krɒk; *Am.* krɑk] *sl.* **I** *s* **1.** Klepper *m*, alter Gaul. **2.** a) Wrack *n* (*Person od. Sache*), b) ¹Klapperkasten¹ *m* (*Auto*). **3.** *Am.* a) ¹altes Ekel¹, b) ¹alte Ziege¹ (*Frau*), c) Säufer *m.* **II** *v/i* **4.** *oft* ~ **up** zs.-brechen. **III** *v/t* **5.** ka¹puttmachen.

**crock³** [krɒk; *Am.* krɑk] **I** *s* **1.** *bes. Br. dial.* a) Ruß *m*, b) Schmutz *m.* **2.** abgehende Farbe. **II** *v/t* **3.** *bes. Br. dial.* beschmutzen.

**crocked** [krɑkt] *adj Am. sl.* ¹blau¹ (*betrunken*)

**crock·er·y** [¹krɒkərɪ; *Am.* ¹krɑ-] *s collect.* irdenes Geschirr, Steingut *n*, Töpferware *f.*

**crock·et** [¹krɒkɪt; *Am.* ¹krɑ-] *s arch.* Kriechblume *f*, Krabbe *f* (*Ornament*).

**croc·o·dile** [¹krɒkədaɪl; *Am.* ¹krɑ-] *s* **1.** *zo.* Kroko¹dil *n.* **2.** *Br. colloq.* Zweierreihe *f* (*bes. von Schulmädchen*). **3.** Kroko¹dilleder *n.* **4.** *philos.* Kroko¹dilschluß *m.* ~ **clip** *s tech.* Kroko¹dilklemme *f.* ~ **tears** *s pl* Kroko¹dilstränen *pl.*

**croc·o·dil·i·an** [ˌkrɒkə¹dɪljən; -ɪən; *Am.* ¹krɑ-] *zo.* **I** *s* Kroko¹dil *n.* **II** *adj* zu den Kroko¹dilen gehörig, kroko¹dilartig.

**cro·cus** [¹krəʊkəs] *s* **1.** *bot.* Krokus *m.* **2.** *tech.* Po¹lierrot *n.*

**Croe·sus** [¹kriːsəs] *s* Krösus *m.*

**croft** [krɒft] *s Br.* **1.** kleines Stück Land (*beim Haus*). **2.** kleiner Bauernhof. **¹croft·er** *s Br.* Kleinbauer *m.*

**Crohn's dis·ease** [krəʊnz] *s med.* Crohn-Krankheit *f.*

**crois·sant** [¹krwɑːsãːŋ; *Am.* krəˌwɑː¹sãːŋ] *s* Crois¹sant *n*, Hörnchen *n.*

**Cro-Ma·gnon** [krəʊ¹mænjõːŋ; -jɒn; *bes. Am.* -¹mægnən; -¹mænjən] **I** *adj* Cro-Magnon... **II** *s* Cro-Ma¹gnon-Mensch *m.*

**crom·lech** [¹krɒmlek; *Am.* ¹krɑm-] *s* **1.** Kromlech *m*, dru¹idischer Steinkreis. **2.** → dolmen.

**Crom·wel·li·an** [krɒm¹welɪən; *Am.* krɑm-] **I** *adj* Cromwell betreffend, aus *od.* zu Cromwells Zeit. **II** *s* Anhänger(in) Cromwells.

**crone** [krəʊn] *s* altes Weib.

**cro·ny** [¹krəʊnɪ] *s* alter Freund, alte Freundin, Kum¹pan *m:* **old ~** Busenfreund(in), Intimus *m*, ¹Spezi¹ *m.* **¹cro·ny·ism** *s* Vetternwirtschaft *f.*

**crook** [krʊk] **I** *s* **1.** Häkchen *n*, Haken *m.* **2.** (Schirm)Krücke *f.* **3.** Hirtenstab *m.* **4.** *relig.* Bischofs-, Krummstab *m.* **5.** Kniestück *n.* **6.** Krümmung *f*, Biegung

---

*f.* **7.** *colloq.* a) Gauner *m*, Betrüger *m*, Schwindler *m*, b) Gaune¹rei *f*, Betrug *m*, Schwindel *m:* **on the ~** auf betrügerische Weise, unehrlich, hintenherum. **8.** *mus.* (Stimm)Bogen *m* (*bei Blechblasinstrumenten*). **II** *v/t* **9.** krümmen, biegen. **10.** *Am. colloq.* a) j-n betrügen, b) *etwas* ergaunern. **III** *v/i* **11.** sich krümmen, sich biegen. **IV** *adj* **12.** *Austral. colloq.* a) krank, b) mise¹rabel, c) ¹ka¹putt¹. **13.** *Austral. colloq.* **to go (off) ~** ¹hochgehen¹ (*wütend werden*); **to go ~ at** (*od.* **on**) **s.o.** a) j-m Vorwürfe machen, b) j-n ¹anfahren¹. **¹~·backed** *adj* buck(e)lig.

**crook·ed** [¹krʊkɪd] *adj* (*adv* **~ly**) **1.** gekrümmt, gebogen, gewunden, krumm. **2.** (vom Alter) gebeugt. **3.** buck(e)lig. **4.** *colloq.* unehrlich, betrügerisch: ~ **ways** krumme Wege. **5.** *colloq.* unehrlich erworben, ergaunert. **¹crook·ed·ness** *s* **1.** Gekrümmtheit *f.* **2.** Krümmung *f.* **3.** Buck(e)ligkeit *f.* **4.** *colloq.* Unehrlichkeit *f*, (*das*) Betrügerische.

**Crookes·¦glass** [krʊks] *s tech.* Crookesglas *n* (*ein Filterglas*). **~ space** *s phys.* Crookesscher Dunkelraum.

**croon** [kruːn] **I** *v/t u. v/i* **1.** schmachtend singen. **2.** leise singen *od.* summen. **II** *s* **3.** leises Singen *od.* Summen. **4.** *a.* ~ **song** ¹Schnulze¹ *f*, sentimen¹taler Schlager. **¹croon·er** *s* Schnulzensänger(in).

**crop** [krɒp; *Am.* krɑp] **I** *s* **1.** (Feld)Frucht *f*, *bes.* Getreide *n* auf dem Halm. **2.** Ernte(ertrag *m*) *f:* **the ~s** die (Gesamt-) Ernte; **a heavy ~** e-e reiche Ernte; **tobacco ~** Tabakernte, -ertrag. **3.** *fig.* a) Ertrag *m*, Ernte *f*, Ausbeute *f* (**of** an *dat*), b) große Menge, Masse *f*, Haufen *m*, Schwung *m:* **a ~ of questions** e-e ganze Reihe von Fragen. **4.** Bebauung *f:* **a field in ~** ein bebautes Feld. **5.** (Peitschen-) Stock *m.* **6.** kurze Reitpeitsche mit Schlaufe. **7.** *a.* ~ **hide** (*ganzes*) gegerbtes (Rinder)Fell. **8.** Stutzen *n*, Abschneiden *n.* **9.** Erkennungszeichen *n* am Ohr (*von Tieren; durch Stutzen entstanden*). **10.** a) kurzer Haarschnitt, b) kurzgeschnittenes Haar. **11.** abgeschnittenes Stück. **12.** *Bergbau:* a) (*das*) Anstehende, b) Scheideerz *n.* **13.** *zo.* a) Kropf *m* (*der Vögel od. Insekten*), b) Vormagen *m.* **II** *v/t* **14.** abschneiden. **15.** ernten. **16.** (ab)mähen. **17.** *e-e Wiese etc* abfressen, abweiden. **18.** stutzen, beschneiden. **19.** *das Haar* kurz scheren. **20.** *j-n* kahlscheren. **21.** *die Ohren* stutzen (*dat*). **22.** *fig.* zu¹rechtstutzen. **23.** *ein Feld* bebauen. **III** *v/i* **24.** Ernte tragen: **to ~ heavily** reichen Ertrag bringen, gut tragen. **25.** *meist* ~ **up,** ~ **out** *geol.* zu¹tage ausgehen, anstehen. **26.** *meist* ~ **up,** ~ **out** *fig.* plötzlich auftauchen *od.* zu¹tage treten, sich zeigen, sich ergeben. **27.** grasen, weiden. **~ **dust·ing** *s* Schädlingsbekämpfung *f* (*bes. unter Einsatz von Flugzeugen*). **~¹eared** *adj* **1.** mit gestutzten Ohren. **2.** mit kurzgeschorenem Haar. ~ **fail·ure** *s* ¹Mißernte *f.*

**crop·per** [¹krɒpə; *Am.* ¹krɑpər] *s* **1.** Be-, Abschneider(in). **2.** Schnitter(in). **3.** a) Bebauer *m* (*von Ackerland*), b) *Am.* → sharecropper. **4.** Ertrag liefernde Pflanze, Träger *m:* **a good ~** e-e gut tragende Pflanze. **5.** *colloq.* schwerer Sturz: **to come a ~** schwer stürzen (→ 6). **6.** *colloq.* ¹Mißerfolg *m*, Fehlschlag *m:* **to come a ~** Schiffbruch erleiden (→ 5). **7.** *tech.* ¹Scherma¸schine *f.* **8.** *orn.* Kropftaube *f.* **¹crop·py** *s Br. hist.* Geschorene(r) *m* (*irischer Aufständischer 1798*).

**crop ro·ta·tion** *s agr.* Fruchtwechsel *m.* **cro·quet** [¹krəʊkeɪ; -kɪ; *Am.* krəʊ¹keɪ] *sport* **I** *s* **1.** Krocket *n.* **2.** Kroc¹kieren *n.* **II** *v/t u. v/i* **3.** kroc¹kieren.

**cro·quette** [krɒˈket; *bes. Am.* krəʊ-] *s gastr.* Kroˈkette *f*.

**cro·quis** [krəʊˈkiː] *s* **1.** Skizze *f*. **2.** *mil.* Kroˈki *n*.

**crore** [krɔː(r)] *s Br. Ind.* Kaˈror *m* (*10 Millionen, bes.* Rupien).

**cro·sier** [ˈkrəʊʒə(r)] *s relig.* Bischofs-, Krummstab *m*.

**cross** [krɒs; *Am. bes.* krɔːs] **I** *s* **1.** Kreuz *n*: **to be nailed on** (*od.* **to**) **the ~** ans Kreuz geschlagen *od.* gekreuzigt werden. **2. the C~** das Kreuz (Christi): a) das Christentum, b) das Kruziˈfix: **~ and crescent** Kreuz u. Halbmond, Christentum u. Islam. **3.** Kruziˈfix *n* (*als Bildwerk*). **4.** Kreuzestod *m* (*Christi*). **5.** *fig.* Kreuz *n*, Leiden *n*: **to bear one's ~** sein Kreuz tragen; **to take up one's ~** sein Kreuz auf sich nehmen. **6.** (Gedenk)Kreuz *n* (*Denkmal etc*). **7.** Kreuz(zeichen) *n*: **to make the sign of the ~** sich bekreuzigen. **8.** Kreuz(zeichen) *n* (*als Unterschrift*). **9.** Kreuz *n*, Merkzeichen *n*: **to mark with a ~**, **to put a ~ against** ankreuzen, mit e-m Kreuz bezeichnen. **10.** *her. etc* Kreuz *n*: **~ potent** Krückenkreuz. **11.** (Ordens-, Ehren)Kreuz *n*: **Grand C~** Großkreuz. **12.** Kreuz *n*, kreuzförmiger Gegenstand. **13.** *tech.* Kreuzstück *n*, kreuzförmiges Röhrenstück. **14.** *tech.* Fadenkreuz *n*. **15.** *electr.* Querschuß *m*. **16.** a) Kreuzung *f*, b) Kreuzungspunkt *m*. **17.** ˈWiderwärtigkeit *f*, Unannehmlichkeit *f*, Schwierigkeit *f*. **18.** *biol.* a) Kreuzung *f*, b) ˈKreuzung(sproˌdukt *n*) *f* (**between** zwischen *dat*). **19.** *fig.* Mittel-, Zwischending *n*. **20.** Querstrich *m*. **21.** *sport* Cross *m*: a) (*Fußball etc*) Schrägpaß *m*, b) (*Tennis*) diagonal über den Platz geschlagener Ball, c) (*Boxen*) Schlag, der über den abwehrenden Arm des Gegners auf dessen entgegengesetzte Körperhälfte führt. **22.** *sl.* Gauneˈrei *f*, Schwindel *m*: **on the ~** auf betrügerische Weise, unehrlich, hintenherum. **23.** *bes. sport sl.* Schiebung *f*. **24.** **C~** *astr.* → a) **southern** 1, b) **northern** 1.
**II** *v/t* **25.** bekreuz(ig)en, das Kreuzzeichen machen auf (*acc*) *od.* über (*dat*): **to ~ o.s.** sich bekreuzigen; **to ~ s.o.'s hand** (*od.* **palm**) a) j-m (Trink)Geld geben, b) j-n ˌschmierenˈ *od.* bestechen. **26.** kreuzen, übers Kreuz legen: **to ~ one's arms** a) die Arme kreuzen *od.* verschränken, b) *fig.* die Hände in den Schoß legen; **to ~ one's legs** die Beine kreuzen *od.* über(einander)schlagen; → **finger** 1, **sword** 1. **27.** *e-e* Grenze, *ein* Meer, *die* Straße *etc* überˈqueren, *ein* Land *etc* durchˈqueren, (hinˈüber)gehen *od.* (-)fahren über (*acc*): **to ~ the floor (of the House)** *parl. Br.* zur Gegenpartei übergehen; **to ~ s.o.'s path** *fig.* j-m in die Quere kommen; **to ~ the street** die Straße überqueren, über die Straße gehen; **it ~ed me** (*od.* **my mind**) es fiel mir ein, es kam mir in den Sinn; → **bridge¹** 1. **28.** *fig.* überˈschreiten. **29.** sich erstrecken über (*acc*). **30.** hinˈüberschaffen, -transporˌtieren. **31.** kreuzen, schneiden: **to ~ each other** sich kreuzen *od.* schneiden *od.* treffen. **32.** sich kreuzen mit: **your letter ~ed mine. 33.** ankreuzen. **34.** a) *oft* **~ off**, **~ out** aus-, ˈdurchstreichen, **~ off** *fig.* ˌabschreibenˈ (**as** als). **35.** *e-n* Querstrich ziehen durch: **to ~ a cheque** *Br.* *e-n* Scheck ˌkreuzenˈ (*als Verrechnungsscheck kennzeichnen*); **to ~ a 't'** im (Buchstaben) ˌtˈ den Querstrich ziehen. **36.** *mar. die* Rahen kaien. **37.** a) *e-n* Plan *etc* durchˈkreuzen, vereiteln, b) j-m entgegentreten, j-m in die Quere kommen: **to be ~ed** auf Widerstand stoßen; **to be**

**~ed in love** Unglück in der Liebe haben. **38. ~ up** *Am. colloq.* j-n ˌreinlegenˈ. **39. ~ up** *Am. colloq.* etwas ˌplatzen lassenˈ, ˌvermasselnˈ. **40.** *biol.* kreuzen. **41.** *ein Pferd* besteigen.
**III** *v/i* **42.** quer liegen *od.* verlaufen. **43.** sich kreuzen, sich schneiden. **44.** *oft* **~ over (to)** a) hinˈübergehen, -fahren (zu), ˈübersetzen (nach), b) hinˈüberreichen (bis). **45.** sich kreuzen (*Briefe*). **46.** *biol.* sich kreuzen (lassen). **47. ~ over** a) *biol.* Gene austauschen, b) *thea.* die Bühne überˈqueren.
**IV** *adj* **48.** sich kreuzend, sich (über-) ˈschneidend, kreuzweise angelegt *od.* liegend, quer (liegend *od.* laufend), Quer... **49.** schräg, Schräg... **50.** wechsel-, gegenseitig: **~ payments. 51.** (to) entgegengesetzt (*dat*), im ˈWiderspruch (zu). **52.** Gegen..., Wider... **53.** ˈwiderwärtig, unangenehm, ungünstig. **54.** *colloq.* (**with**) ärgerlich (mit), mürrisch (gegen), böse (auf *acc*, mit), brummig: (**as**) **~ as two sticks** bitterböse, in e-r Stinklaune. **55.** *biol.* Kreuzungs... **56.** *Statistik etc*: Querschnitts..., vergleichend. **57.** *Br. sl.* unehrlich.
**V** *adv* **58.** quer. **59.** überˈkreuz, kreuzweise. **60.** falsch, verkehrt.

**cross·a·ble** [ˈkrɒsəbl] *adj* **1.** überˈschreitbar, über-, durchˈquerbar. **2.** *biol.* kreuzungsfähig.

**cross**|**ac·cept·ance** *s econ.* Wechselreiteˈrei *f*. **~ ac·tion** *s jur.* Gegen-, ˈWiderklage *f*. **~ ap·peal** *s jur.* Anschlußberufung *f*. **~ ax·le** *s tech.* Querhebelachse *f*, ˈdurchlaufende Achse. **~ bar** *s* **1.** Querholz *n*, -riegel *m*, -schiene *f*, -stange *f*: **~ transducer** *electr.* Jochwandler *m*. **2.** *tech.* a) Traˈverse *f*, Querträger *m*, -strebe *f*, b) *Weberei*: Querstock *m*. **3.** a) Querlatte *f*, b) Sprosse *f*. **4.** Riegel *m* (*e-r Fachwand*). **5.** *tech.* oberes Rahmenrohr (*am Fahrrad*). **6.** Querstreifen *m*, -linie *f*. **7.** *sport* a) Tor-, Querlatte *f*, b) Latte *f* (*beim [Stab]Hochsprung*). **~ beam** *s* **1.** *tech.* Querträger *m*, -balken *m*. **2.** *mar.* Dwarsbalken *m*. **~ bear·ing** *s electr. mar.* Kreuzpeilung *f*. **~ bed·ded** *adj geol.* kreuzweise geschichtet. **~ belt** *s* quer über die Brust laufender Gürtel, *bes. mil.* ˈKreuzbandeˌlier *n*. **~ bench** *parl. Br.* **I** *s* Querbank *f* der Parˈteilosen (*im Oberhaus*). **II** *adj* parˈteilos, unabhängig. **~ bench·er** [ˌ-ˈbentʃə(r); ˌ-b-] *s parl. Br.* Parˈteilose(r *m*) *f*, Unabhängige(r *m*) *f*. **~ bill** *s orn.* (ein) Kreuzschnabel *m*. **~ bill** *s jur.* Klagebeantwortung *f*. **2.** *econ.* Gegenwechsel *m*. **~ bones** *s pl* gekreuzte Knochen *pl* (*unter e-m Totenkopf*): → **skull** 2. **~ bow** *s* Armbrust *f*. **~ brace** *s tech.* Kreuz-, Querverstrebung *f*. **~ bred** *biol.* **I** *adj* durch Kreuzung erzeugt, gekreuzt, hyˈbrid. **II** *s* Hyˈbride *f, m*, Mischling *m*, Kreuzung *f*. **~ breed** *biol.* **I** *s* **1.** → **crossbred** II. **2.** Mischrasse *f*. **II** *v/t u. v/i irr* **3.** kreuzen: → **crossbred** I. **~ buck** *s mot. Am.* Warnkreuz *n* (*an Bahnübergängen*). **~ bun** *bes. Br. für* **hot cross bun. ~ but·tock** *s Ringen*: Hüftschwung *mit* Kopfgriff. **~ Chan·nel** *adj* (*bes. den* ˈArmel)Kaˌnal überˈquerend: **~ steamer** Kanaldampfer *m*. **~ check** *v/t* **1.** von verschiedenen Gesichtspunkten aus überˈprüfen. **2.** *Eishockey*: crosschecken. **II** *s* **3.** Überˈprüfung *f* von verschiedenen Gesichtspunkten aus. **4.** *Eishockey*: Crosscheck *m*. **~ claim** *s jur.* Gegenanspruch *m*. **~ com·plaint** *Am.* → **cross action. ~ con·nec·tion** *s* **1.** *tech.* Querverbindung *f*. **2.** *electr.* Querschaltung *f*. **~ coun·try** [ˌ-ˈkʌntrɪ; ˌ-ˈk-] **I** *adj* Querfeldein..., Gelände..., *mot. a.* geländegängig: **~ mobil-**

**ity** Geländegängigkeit *f*; **~ skiing** Skilanglauf *m*; **~ tire** (*bes. Br.* **tyre**) Geländereifen *m*; **~ vehicle** Geländefahrzeug *n*, -wagen *m*; **~ race** → **II. II** *s* a) *Radsport*: Querfeldˈeinrennen *n*, b) *Leichtathletik*: Querfeldein-, Gelände-, Crosslauf *m*. **~ cou·pling** *s electr.* ˈÜbersprechkopplung *f*. **~ cur·rent** *s* Gegenströmung *f* (*a. fig.*).

**cross·cut I** *adj* **1.** *tech.* a) querschneidend, Quer..., b) quergeschnitten. **2.** ˈquerdurchˌschnitten. **II** *s* **3.** Abkürzungsweg *m*. **4.** quer verlaufender Einschnitt, Querweg *m*. **5.** *Bergbau*: Querschlag *m*. **6.** *Holzbearbeitung*: Hirnschnitt *m*. **7.** → a) **crosscut chisel**, b) **crosscut file**, c) **crosscut saw. III** *v/t u. v/i irr* **8.** *tech.* quer ˈdurchschneiden, quersägen. **~ chis·el** *s tech.* Kreuzmeißel *m*. **~ end** *s tech.* Hirn-, Stirnfläche *f* (*bes. von Holz*). **~ file** *s tech.* Doppel-, Kreuzhiebfeile *f*. **~ saw** *s tech.* Ablängsäge *f*. **~ wood** *s tech.* Hirn-, Stirnholz *n*.

**cross-dress·ing** *s* Transveˈstismus *m*, Transvestiˈtismus *m*.

**crosse** [krɒs] *s Lacrosse*: Schläger *m*.

**crossed** *adj* gekreuzt: **~ cheque** *econ. Br.* gekreuzter Scheck, Verrechnungsscheck *m*; **~ generally** (**specially**) *Br.* ohne (mit) Angabe e-r bestimmten Bank u. an e-e beliebige (nur an diese) Bank zahlbar (*Verrechnungsscheck*).

**cross**|**en·try** *s econ.* Gegen-, ˈUmbuchung *f*. **~ ex·am·i·na·tion** *s jur.* Kreuzverhör *n*. **~ ex·am·ine** *jur.* **I** *v/t* ins Kreuzverhör nehmen. **II** *v/i ein* Kreuzverhör vornehmen. **~ eye** *s med.* Innenschielen *n*. **~ eyed** *adj* **1.** (nach innen) schielend: **to be ~** schielen. **2.** *Am. colloq.* ˌblödˈ, voll. **~ fade** (*Film, TV etc*) **I** *v/t* überˈblenden. **II** *s* Überˈblendung *f*. **~ fer·ti·li·za·tion** *s* **1.** *bot. zo.* Kreuzbefruchtung *f*. **2.** *fig.* gegenseitige Befruchtung, Wechselspiel *n*. **~ fer·ti·lize** *v/i* sich kreuzweise befruchten. **~ fire** *s* **1.** *mil.* Kreuzfeuer *n* (*a. fig.*). **2.** *teleph.* (Indukti'ons)Störung *f*. **~ foot·ing** *s math.* Querrechnen *n*. **~ grain** *s* Querfaserung *f*. **~ grained** *adj* **1.** a) quergefasert, b) unregelmäßig gefasert. **2.** *fig.* a) ˈwiderspenstig (*a. Sache*), b) eigensinnig, c) kratzbürstig. **~ hairs** *s pl opt.* Fadenkreuz *n*. **~ hatch** *v/t u. v/i* mit Kreuzlagen schrafˈfieren. **~ hatch·ing** *s* ˈKreuzschrafˌfierung *f*. **~ head** *s* **1.** *tech.* Kreuzkopf *m*. **2.** *tech.* Preßholm *m*. **3.** → **cross heading** 1. **~ head·ing** *s* **1.** ˈZwischenˌüberschrift *f*. **2.** *Bergbau*: Wettertür *f*. **~ im·mu·ni·ty** *s med.* ˈKreuzimmuniˌtät *f*. **~ in·dex** → a) **cross reference**, b) **cross-refer.**

**cross·ing** *s* **1.** Kreuzen *n*, Kreuzung *f*. **2.** Durchˈquerung *f*. **3.** Überˈquerung *f* (*e-r Straße etc*): **~ the line** a) Überˈquerung des Äquators, b) Äquatortaufe *f*. **4.** *mar.* ˈÜberfahrt *f*: **rough ~** stürmische Überfahrt. **5.** (Straßen- *etc*)Kreuzung *f*. **6.** a) ˈStraßenˌübergang *m*, b) *Br.* ˈFußgängerˌüberweg *m*: → **grade** 7, **level** 11. **7.** ˈÜbergangs-, ˈÜberfahrtstelle *f* (*über e-n Fluß etc*). **8.** *rail. tech.* Kreuzungs-, Herzstück *n*. **9.** *arch.* Vierung *f*. **10.** *biol.* Kreuzung *f*. **~ o·ver** *s biol.* Crossing-over *n*, ˈGenˌaustausch *m* zwischen Chromoˈsomenpaaren. **~ point** *s* ˈGrenzˌübergang *m*.

**cross**|**kick** *s Rugby*: Flanke *f*. **~ legged** *adj u. adv* mit ˈüber- *od.* übereinˈandergeschlagenen *od.* gekreuzten Beinen, (*am Boden a.*) im Schneidersitz. **~ li·a·bil·i·ty** *s jur.* beiderseitige Haftpflicht. **~ li·cense** *Am.* Liˈzenz, die (*von e-m Patentinhaber*) im Austausch gegen e-e andere erteilt wird. **~ light** *s* schräg einfallen-

des Licht: **to throw a ~ on** etwas indirekt erhellen. **'~-link, '~-link·age** s chem. Vernetzung f. **'~-lots** adv Am. colloq. querfeldein, über Stock u. Stein. **~ mo·tion** s jur. Gegenantrag m.
**'cross·ness** s colloq. Mürrischkeit f, Brummigkeit f, schlechte Laune.
**'cross,o·ver** s **1.** → crossing 3, 6, 7. **2.** rail. Kreuzungsweiche f. **3.** biol. a) → crossing-over, b) ausgetauschtes Gen. **4.** electr. a) Über'kreuzung f (von Leitungen), b) a. opt. TV Bündelknoten m. **~ net·work** s electr. Fre'quenzweiche f.
**'cross|·patch** s colloq. Brummbär m. **'~·piece** s **1.** tech. Querstück n, -balken m. **2.** mar. a) Dwarsbalken m, b) Netzbaum m, c) Nagelbank f. **'~·ply tire,** bes. Br. **'~·ply tyre** s mot. Diago'nalreifen m. **~·'pol·li·nate** v/t bot. durch Fremdbestäubung befruchten. **'~·,pol·li'na·tion** s bot. Fremdbestäubung f. **~·'pur·pos·es** s pl **1.** Gegenein'ander n: **to be at** ~ einander (unabsichtlich) entgegenarbeiten, sich (gegenseitig) mißverstehen; **to talk at** ~ aneinander vorbeireden. **2.** (als sg konstruiert) (ein) Frage-und-Antwort-Spiel n. **~ 'quar·ters** s pl arch. Vierblatt f. **~·'ques·tion I** s Frage f im Kreuzverhör. **II** v/t → cross-examine I. **~ rate** s econ. 'Kreuzno,tierung f, Kreuzkurs m. **~·'re'fer** v/t (durch e-n Querverweis) verweisen (**to** auf acc). **~ 'ref·er·ence** s Kreuz-, Querverweis m. **'~·road** s **1.** Am. Querstraße f. **2.** Am. Seitenstraße f. **3.** pl (meist als sg konstruiert) a) Straßenkreuzung f: **at a ~s** an e-r Kreuzung, b) Am. fig. Treffpunkt m, c) fig. Scheideweg m: **at the ~s** am Scheidewege. **'~·ruff** s Bridge, Whist: Zwickmühle f. **~ sec·tion** s **1.** math. tech. a) Querschnitt m, b) Querschnittzeichnung f, Querriß m. **2.** fig. Querschnitt m (**of** durch). **3.** Atomphysik: Reakti'onswahr,scheinlichkeit f. **~·'sec·tion I** v/t **1.** e-n Querschnitt machen durch. **2.** im Querschnitt darstellen. **3.** quer durch'schneiden. **II** adj **4.** Querschnitts...: **~ paper** kariertes Papier, Millimeterpapier n. **~·'sec·tion·al** adj Querschnitts...: **~ view** → cross section 1 b. **~ spi·der** s zo. Kreuzspinne f. **'~·stitch I** s Kreuzstich m. **II** v/t u. v/i im Kreuzstich sticken. **~ street** s Querstraße f. **~ suit** s jur. Am. 'Widerklage f. **~ sum** s math. Quersumme f. **~ talk** s **1.** teleph. etc 'Über-, Nebensprechen n. **2.** Ko'pieref,fekt m (auf Tonbändern). **3.** Br. Wortgefecht n. **'~·tie** s tech. **1.** Tra'verse f, Querschwelle f. **2.** Eisenbahnschwelle f. **'~·town** adj u. adv Am. **1.** quer durch die Stadt (gehend od. fahrend od. reichend). **2.** am jeweils anderen Ende der Stadt (wohnend). **'~·tree** s mar. Dwarssaling f. **~ vault, ~ vault·ing** s arch. Kreuzgewölbe n. **~ vein** s **1.** geol. Kreuzflöz n, Quergang m. **2.** zo. Querader f. **'~·,vot·ing** s pol. Abstimmung f über Kreuz (wobei einzelne Abgeordnete mit der Gegenpartei stimmen). **'~·walk** s Am. 'Fußgänger,überweg m. **'~·way** → crossroad 1, 2. **'~·ways** → crosswise. **~ wind** s mar. Seitenwind m. **~ wires** → cross hairs. **'~·wise** adj **1.** quer, kreuzweise. **2.** kreuzförmig. **3.** fig. schief, verkehrt: **to go ~** schiefgehen. **'~·word (puz·zle)** s Kreuzworträtsel n.
**crotch** [krɒtʃ] s **1.** gabelige Stange. **2.** Gabelung f. **3.** a) Schritt m (der Hose od. des Körpers), b) Zwickel m.
**crotch·et** ['krɒtʃɪt; Am. 'krɑ-] s **1.** Haken m, Häkchen n. **2.** zo. Hakenfortsatz m. **3.** fig. Grille f, Ma'rotte f. **4.** Am. Trick m. **5.** mus. bes. Br. Viertelnote f. **'crotch·et·i·ness** s Grillenhaftigkeit f.

**'crotch·et·y** adj **1.** grillenhaft. **2.** colloq. mürrisch, brummig.
**cro·ton** ['krəʊtən] s bot. Kroton m: **~ oil** Krotonöl n (Abführmittel). **C~ bug** s zo. Am. Küchenschabe f.
**crouch** [kraʊtʃ] **I** v/i **1.** a. **~ down** sich bücken, sich (nieder)ducken. **2.** a) hokken, b) (sich zs.-)kauern: **to be ~ed** kauern. **3.** fig. kriechen, sich ducken (**to** vor dat). **II** v/t **4.** ducken. **III** s **5.** Bücken n, Ducken n. **6.** a) kauernde Stellung, b) Hockstellung f, Hocke f. **7.** geduckte Haltung.
**croup¹** [kruːp] s Kruppe f, Kreuz n, 'Hinterteil n (bes. von Pferden).
**croup²** [kruːp] s med. **1.** a. **true ~** Krupp m, 'Kehlkopfdiphthe,rie f. **2.** a. **false ~** Pseudokrupp m.
**crou·pade** [kruː'peɪd] s Hohe Schule: Krup'pade f.
**croupe** → croup¹.
**crou·pi·er** ['kruːpɪə(r); -pɪeɪ] s Croupi'er m.
**crou·ton** ['kruːtɒn; Am. -,tɑn] s Crou'ton m (geröstetes Weißbrotscheibchen).
**crow¹** [krəʊ] s **1.** orn. (e-e) Krähe: **as the ~ flies** a) (in der) Luftlinie, b) schnurgerade; **to eat ~** bes. Am. colloq. zu Kreuze kriechen, 'klein u. häßlich' sein od. werden; **to have a ~ to pluck** (od. **pull, pick**) **with s.o.** colloq. mit j-m ein Hühnchen zu rupfen haben; **stone the ~s!** Br. sl. Mensch!, Mann! **2.** orn. (ein) Rabenvogel m od. rabenähnlicher Vogel, bes. Cornish ~ Steinkrähe f. **3.** → crowbar. **4.** Am. contp. Neger m.
**crow²** [krəʊ] **I** v/i pret **crowed** u. (für 1) **crew** [kruː], pp **crowed**, obs. **crown** [krəʊn] **1.** krähen (Hahn). **2.** (fröhlich) krähen. **3.** jubeln, froh'locken, trium'phieren (over über acc). **4.** protzen, prahlen (over, about mit). **II** v/t **5.** etwas krähen. **III** s **6.** Krähen n. **7.** Jubel (-schrei) m.
**crow³** [krəʊ] s zo. Gekröse n.
**Crow⁴** [krəʊ] pl **Crows,** bes. collect. **Crow** s **1.** 'Kräheníndi,aner(in): **the ~** die Crow. **2.** ling. Crow n (e-e Sioux-Sprache).
**'crow|,bait** s Am. colloq. ,Klepper' m, alter Gaul. **'~·bar** s tech. Brecheisen n, -stange f. **'~·,ber·ry** [-bərɪ; -brɪ; Am. -,berɪ] s bot. Schwarze Krähenbeere. **'~·bill** s med. Kugelzange f.
**crowd¹** [kraʊd] **I** s **1.** dichte (Menschen-) Menge, Masse f, Gedränge n: **~s of people** Menschenmassen; **he would pass in a ~** er ist nicht schlechter als andere. **2. the ~** die Masse, das (gemeine) Volk: **one of the ~** ein Mann aus dem Volk; **to follow** (od. **move with**) **the ~** mit der Masse gehen. **3.** colloq. Gesellschaft f, ,Haufen' m, ,Verein' m, ,Bande' f, Clique f. **4.** Ansammlung f, Haufen m: **a ~ of books**. **II** v/i **5.** (zs.-)strömen, sich drängen (**into** s.th. in etwas; **round s.o.** um j-n). **6.** Am. vorwärtsdrängen. **III** v/t **7.** Straßen etc bevölkern. **8.** zs.-drängen, -pressen: **to** (**on**) **sail** mar. prangen, alle Segel beisetzen; **to ~ on speed** Tempo zulegen. **9.** hin'einpressen, -stopfen, -pferchen (**into** in acc). **10.** vollstopfen (**with** mit). **11.** a) Am. (vorwärts)schieben, stoßen, b) antreiben, hetzen, c) Am. Auto etc abdrängen, d) j-m im Nacken sitzen od. dicht auf den Fersen folgen, e) Am. fast erreichen: **~ing thirty** an die Dreißig (Alter). **12.** Am. fig. a) erdrücken, über'häufen (**with** mit), b) j-s Geduld, sein Glück etc strapa'zieren: **to ~ one's luck**. **13.** colloq. j-n drängen.
Verbindungen mit Adverbien:
**crowd|in** v/i hin'ein-, her'einströmen, sich hin'eindrängen: **to ~** (**up**)**on s.o.** auf j-n eindringen od. einstürmen (Erinne-

rungen etc). **~ out I** v/i **1.** hin'aus-, her'ausdrängen, sich hin'ausdrängen. **II** v/t **2.** a) hin'ausdrängen, b) fig. verdrängen. **3.** (wegen Platzmangels) aussperren. **~ up I** v/i hin'auf-, her'aufströmen, sich hin'aufdrängen. **II** v/t Am. Preise in die Höhe treiben.
**crowd²** [kraʊd] s mus. hist. Crwth f, Crewth f, Crotta f (altkeltisches lyraähnliches Saiteninstrument).
**crowd·ed** ['kraʊdɪd] adj **1.** (**with**) über-'füllt, vollgestopft (mit), voll, wimmelnd (von): **~ to overflowing** zum Bersten voll; **~ profession** überlaufener Beruf; **~ program(me)** übervolles Programm; **~ street** stark befahrene od. verkehrsreiche Straße. **2.** über'völkert. **3.** zs.-gepfercht. **4.** (zs.-)gedrängt, beengt. **5.** fig. voll ausgefüllt, arbeits-, ereignisreich: **~ hours**.
**crowd|,pull·er** s 'Zuschauerma,gnet m. **~ scene** s Film: Massenszene f.
**'crow|·foot** pl **-feet,** für 1 **-foots** s **1.** bot. a) Hahnenfuß m, b) (ein) Storchschnabel m, b) mar. Hahnepot f. **3.** tech. Halterung f. **4.** tech. Merkzeichen n (in Zeichnungen). **5.** → crow's foot. **C~ Jim** s Am. sl. Vorurteile pl der Schwarzen gegen'über den Weißen.
**crown¹** [kraʊn] **I** s **1.** antiq. Sieger-, Lorbeerkranz m (a. fig.), Ehrenkrone f: **the ~ of glory** fig. die Ruhmeskrone. **2.** Krone f, Kranz m: **martyr's ~** Märtyrerkrone. **3.** fig. Krone f, Palme f, ehrenvolle Auszeichnung, sport a. (Meister)Titel m. **4.** a) (Königs- etc)Krone f, b) Herrschermacht f, -würde f: **to succeed to the ~** den Thron besteigen, die Thronfolge antreten. **5. the C~** a) die Krone, der Souve'rän, der König, die Königin, b) der Staat, der Fiskus: **~ cases** jur. Br. Strafsachen; **~ property** Br. fiskalisches Eigentum. **6.** Krone f: a) hist. Crown f (englisches Fünfschillingstück): **half a ~** e-e halbe Krone, 2 Schilling 6 Pence, b) Währungseinheit in Schweden, der Tschechoslowakei etc. **7.** bot. a) (Baum)Krone f, b) Haarkrone f, c) Wurzelhals m, d) Nebenkrone f (bei Narzissen etc). **8.** Scheitel m, Wirbel m (des Kopfes). **9.** Kopf m, Schädel m: **to break one's ~** sich den Schädel einschlagen. **10.** orn. Kamm m, Schopf m, Krönchen n. **11.** a) anat. (Zahn)Krone f, b) Zahnmedizin: Krone f. **12.** höchster Punkt, Scheitel(punkt) m, Gipfel m. **13.** fig. Krönung f, Krone f, Höhepunkt m, Gipfel(punkt) m, Schlußstein m: **the ~ of his life** die Krönung s-s Lebens. **14.** arch. a) Scheitelpunkt m (e-s Bogens), b) Bekrönung f. **15.** mar. a) (Anker)Kreuz n, b) Kreuzknoten m. **16.** tech. a) Haube f (e-r Glocke), b) Gichtmantel m, Ofengewölbe n, c) Kuppel f (Glasofen), d) Schleusenhaupt n, e) (Aufzugs)Krone f (der Uhr), f) (Hut)Krone f, g) → crown cap (glass, lens, saw). **17.** Krone f (oberer Teil des Brillanten). **18.** 'Kronenpa,pier n (Format; USA: 15 × 19 Zoll, England; 15 × 20 Zoll).
**II** v/t **19.** (be)krönen, bekränzen: **to be ~ed king** zum König gekrönt werden. **20.** fig. allg. krönen: a) ehren, auszeichnen: **to ~ s.o. athlete of the year** j-n zum Sportler des Jahres krönen od. küren, b) schmücken, zieren, c) den Gipfel od. den Höhepunkt bilden von (od. gen): **to ~ all** alles überbieten, allem die Krone aufsetzen (a. iro.); **to ~ it all** zu allem Überfluß od. Unglück, d) erfolgreich od. glorreich abschließen: **~ed with success** von Erfolg gekrönt; **to open a bottle of champagne to ~ the feast** zur Krönung des Festes. **21.** Damespiel: zur

Dame machen. **22.** *med.* über'kronen: **to ~ a tooth. 23.** mit e-m Kronenverschluß versehen. **24.** *sl. j-m* ,eins aufs Dach geben': **to ~ s.o. with a beer bottle** j-m e-e Bierflasche über den Schädel schlagen.
**crown²** [kraʊn] *obs. pp von* **crow².**
**crown|ant·ler** *s zo.* oberste Sprosse (e-s Hirschgeweihs). **~ bit** *s tech.* Kronenbohrer *m.* **~ cap** *s* Kronenverschluß *m.* **~ col·o·ny** *s Br.* 'Kronkolo₁nie *f.* **~ cork** *s* Kronenkorken *m.* **~ court** *s jur. Br.* Gericht für Strafsachen höherer Ordnung *u. einige Zivilsachen.*
**crowned** [kraʊnd] *adj* **1.** gekrönt: **~ heads** gekrönte Häupter. **2.** mit e-m Kamm, Schopf *etc* (versehen): **~ heron** Schopfreiher *m.* **3.** *in Zssgn:* **a high-~** hat ein Hut mit hohem Kopf.
**crown|es·cape·ment** *s tech.* Spindelhemmung *f (der Uhr).* **~ glass** *s* **1.** *tech.* Mondglas *n,* Butzenscheibe *f.* **2.** *opt.* Kronglas *n.* **~ head** *s* Damespiel: Damenreihe *f.*
**crown·ing** ['kraʊnɪŋ] **I** *adj* krönend, alles über'bietend, höchst, glorreich, Glanz... **II** *s* Krönung *f (a. fig.).*
**crown| jew·els** *s pl* 'Kronju₁welen *pl,* 'Reichsklein₁odien *pl.* **~ land** *s* **1.** Krongut *n,* königliche *od.* kaiserliche Do'mäne. **2.** 'Staatslände₁reien *pl.* **C~ law** *s jur. Br.* Strafrecht *n.* **~ lens** *s* Kronglaslinse *f.* **~ prince** *s* Kronprinz *m (a. fig.).* **~ prin·cess** *s* 'Kronprin₁zessin *f.* **~ rust** *s bot.* Kronenrost *m.* **~ saw** *s tech.* Zy-'linder-, Trommelsäge *f.* **~ wheel** *s tech.* **1.** Kronrad *n (der Uhr etc).* **2.** Kammrad *n.* **3.** *mot.* Antriebskegelrad *n.* **~ wit·ness** *s jur. Br.* Belastungszeuge *m.*
**crow quill** *s* **1.** (Raben)Kielfeder *f.* **2.** feine Stahlfeder.
**'crow's|-foot** *s irr* **1.** *pl* Krähenfüße *pl,* Fältchen *pl (an den Augen).* **2.** *aer. tech.* Gänsefuß *m (e-e Seilverspannung).* **3.** *Schneiderei:* Fliege *f.* **4.** *mil.* Fußangel *f.* **5.** → **crowfoot** 1–4. **~ nest** *s mar.* Ausguck *m,* Krähennest *n.*
**cro·zier** → **crosier.**
**cru** [kru:] *pl* **crus** *s Weinbau:* Cru *n,* Lage *f.*
**cru·ces** ['kru:si:z] *pl von* **crux.**
**cru·cial** ['kru:ʃl] *adj (adv* **~ly) 1.** kritisch, entscheidend (**to, for** für): **a ~ moment; ~ point** springender Punkt; **~ test** Feuerprobe *f.* **2.** schwierig: **~ problem. 3.** kreuzförmig, Kreuz...
**cru·ci·ate** ['kru:ʃɪət; *bes. Am.* -ʃɪeɪt] *adj* kreuzförmig.
**cru·ci·ble** ['kru:sɪbl] *s* **1.** *tech.* (Schmelz-) Tiegel *m.* **2.** *tech.* Herd *m (e-s Gebläseofens).* **3.** *fig.* Feuerprobe *f.* **~ fur·nace** *s tech.* Tiegelofen *m.* **~ steel** *s tech.* Tiegel-(guß)stahl *m.*
**cru·cif·er·ous** [kru:'sɪfərəs] *adj bot.* zu den Kreuzblütlern gehörend: **~ plant** Kreuzblütler *m.*
**cru·ci·fix** ['kru:sɪfɪks] *s* Kruzi'fix *n.*
**₁cru·ci'fix·ion** [-'fɪkʃn] *s* **1.** Kreuzigung *f.* **2.** **C~** Kreuzigung *f* Christi. **3.** Kreuzestod *m.* **4.** *fig.* Mar'tyrium *n.*
**'cru·ci·form** [-fɔ:(r)m] *adj* kreuzförmig. **'cru·ci·fy** [-faɪ] *v/t* **1.** kreuzigen, ans Kreuz schlagen. **2.** *fig.* Begierden abtöten. **3.** martern, quälen. **4.** *colloq. j-n, ein Stück etc* verreißen.
**crud** [krʌd] *s bes. Am. sl.* **1.** Dreck *m.* **2.** ,Scheißkerl' *m.* **'crud·dy** *adj bes. Am. sl.* dreckig.
**crude** [kru:d] **I** *adj (adv* **~ly) 1.** roh, ungekocht. **2.** roh, unverarbeitet, unbearbeitet, Roh...: **~ metal (oil, ore, rubber, steel, sugar)** Rohmetall *n (-öl n,* -erz *n* -gummi *m,* -stahl *m,* -zucker *m);* **~ lead** Werkblei *n.* **3.** unfertig, grob, nicht ausgearbeitet, 'undurch₁dacht.

**4.** *fig.* roh, unreif. **5.** *fig.* roh, grob, ungehobelt, unfein. **6.** primi'tiv: a) grob, 'unele₁gant, b) bar'barisch, c) simpel: **~ construction; a ~ sketch** e-e rohe Skizze. **7.** *fig.* nackt, ungeschminkt: **~ facts. 8.** grell, geschmacklos. **9.** *Statistik:* roh, Roh..., nicht aufgeschlüsselt: **~ death rates. II** *s* **10.** 'Rohpro₁dukt *n.* **11.** *tech.* a) Rohöl *n,* b) 'Rohdestil₁lat *n* des Steinkohlenteers (Benzol *etc).*
**'crude·ness** → **crudity.**
**cru·di·ty** ['kru:dɪtɪ] *s* **1.** Roheit *f (a. fig.).* **2.** Unfertigkeit *f.* **3.** *fig.* Unreife *f.* **4.** Grobheit *f,* Plumpheit *f.* **5.** *fig.* Ungeschminktheit *f.* **6.** (etwas) Unfertiges.
**cru·el** ['krʊəl] *adj* **1.** grausam (**to** zu, gegen). **2.** unmenschlich, hart, unbarmherzig, roh, gefühllos. **3.** schrecklich, mörderisch: **~ heat; ~ struggle. 'cru·el·ly** *adv* **1.** grausam. **2.** *colloq.* ,grausam', schrecklich, scheußlich: **~ hot.**
**cru·el·ty** ['krʊəltɪ] *s* **1.** (**to**) Grausamkeit *f (zu, gegen):* a) Unmenschlichkeit *f (to* gegen['über]), b) Miß'handlung *f,* Quäle-'rei *f (gen):* **~ to animals** Tierquälerei; **Society for the Prevention of C~ to Animals** Tierschutzverein *m;* **~ to children** Kindesmißhandlung. **2.** *jur.* → **mental cruelty.**
**cru·et** ['kru:ɪt] *s* **1.** a) Essig-, Ölfläschchen *n,* b) a. **~ stand** Me'nage *f,* Gewürzständer *m.* **2.** *R.C.* Meßkännchen *n.*
**cruise** [kru:z] **I** *v/i* **1.** *mar.* kreuzen, e-e Kreuzfahrt *od.* Seereise machen. **2.** *aer. mot.* mit Reisegeschwindigkeit fliegen *od.* fahren: **to ~ at** ... mit e-r Reisegeschwindigkeit von ... fliegen. **3.** her'umfahren, -reisen: **cruising taxi** → **cruiser** 3 a. **II** *v/t* **4.** kreuzen in (*dat*), her'umfahren in (*dat*). **III** *s* **5.** Kreuzen *n.* **6.** Kreuz-, Vergnügungsfahrt *f,* Seereise *f.* **7.** Her-'umfahren *n.* **~ con·trol** *s mot.* Temporegler *m,* Tempo'stat *m.* **~ mis·sile** *s aer. mil.* Marschflugkörper *m.*
**'cruis·er** *s* **1.** her'umfahrendes Fahrzeug, *bes.* kreuzendes Schiff. **2.** *mar.* a) *mil.* Kreuzer *m (a. allg.),* b) Kreuzfahrtschiff *n.* **3.** *Am.* a) her'umfahrendes Taxi auf Fahrgastsuche, b) (Funk)Streifenwagen *m.* **4.** → **timber cruiser. 5.** *Am. sl.* ,Strichmädchen' *n.* **6.** a. **~weight** (Boxen) *bes. Br.* Halbschwergewicht(ler *m*) *n.* **'cruis·ing** *adj aer. mar. mot.* Reise...: **~ altitude** *bes. Br.* Reiseflughöhe *f;* **~ gear** *mot.* Schongang *m;* **~ radius** (*od.* **range**) *aer. mar.* Aktionsradius *m;* **~ speed** a) *aer. mot.* Dauer-, Reisegeschwindigkeit *f,* b) *mar.* Marschfahrt *f.*
**crul·ler** ['krʌlər] *s Am.* (Art) Krapfen *m.*
**crumb** [krʌm] **I** *s* **1.** Krume *f;* a) Krümel *m,* Brösel *m,* b) weicher Teil des Brotes. **2.** *pl gastr.* Streusel *m, n.* **3.** *fig.* Brocken *m:* **a few ~s of information** ein paar Informationsbrocken. **4.** *bes. Am. sl.* ,Scheißkerl' *m.* **II** *v/t* **5.** *gastr.* pa'nieren. **6.** zerkrümeln.
**crum·ble** ['krʌmbl] **I** *v/t* **1.** zerkrümeln, -bröckeln. **II** *v/i* **2.** a. **~ away** zerbröckeln, -fallen. **3.** *fig.* zerfallen, zu-'grunde gehen: **to ~ to dust** (*od.* **nothing**) sich in nichts auflösen. **4.** *econ.* abbröckeln (*Kurse*). **'crum·bling, 'crum·bly** *adj* **1.** krüm(e)lig, bröck(e)lig. **2.** zerbröckelnd, -fallend.
**crumbs** [krʌmz] *interj Br. sl.* Mensch!, Mann!
**crumb·y** ['krʌmɪ] *adj* **1.** voller Krumen. **2.** weich, krüm(e)lig. **3.** → **crummy.**
**crum·horn** ['krʌmhɔ:(r)n] *s mus. hist.* Krummhorn *n.*
**crum·my** ['krʌmɪ] *adj sl.* ,lausig', mise-'rabel.
**crump** [krʌmp] *s* **1.** Knirschen *n.* **2.** *mil.*

*Br. sl.* a) heftiges Krachen, b) ,dicker Brocken' (*Granate etc*).
**crum·pet** ['krʌmpɪt] *s bes. Br.* **1.** (ein) Sauerteigfladen *m.* **2.** *sl.* a) **the ~** *collect.* die ,Miezen' *pl,* b) a bit (*od.* piece) of ~ e-e ,Mieze'.
**crum·ple** ['krʌmpl] **I** *v/t* **1.** a. **~ up** zerknittern, -knüllen. **2.** zerdrücken. **3.** *fig. j-n* 'umwerfen. **II** *v/i* **4.** faltig *od.* zerdrückt werden, knittern, zs.-schrumpeln. **5.** a. **~ up** zs.-brechen (*a. fig.*). **III** *s* **6.** (Knitter)Falte *f.* **~ zone** *s mot.* Knautschzone *f.*
**crunch** [krʌntʃ] **I** *v/t* **1.** knirschend (zer-) kauen. **2.** zermalmen. **II** *v/i* **3.** knirschend kauen. **4.** knirschen. **5.** sich knirschend bewegen. **III** *s* **6.** Knirschen *n.* **7.** *colloq.* ,Klemme' *f:* **to be caught in a ~** in der Klemme sein *od.* sitzen *od.* stecken. **8.** *colloq.* kritischer Mo'ment: **when it comes to the ~** wenn es zur Entscheidung kommt, wenn es hart auf hart geht.
**crup·per** ['krʌpə(r); *Am. a.* 'krʊ-] *s* **1.** Schwanzriemen *m (des Pferdegeschirrs).* **2.** Kruppe *f (des Pferdes).*
**cru·ral** ['krʊərəl] *adj anat.* Schenkel..., Bein...
**cru·sade** [kru:'seɪd] **I** *s hist.* Kreuzzug *m (a. fig.).* **II** *v/i* a) *hist.* e-n Kreuzzug unter'nehmen (*a. fig.*), b) *fig.* zu Felde ziehen, kämpfen (**against** gegen). **cru·'sad·er** *s* **1.** *hist.* Kreuzfahrer *m,* -ritter *m.* **2.** *fig.* Kämpfer *m.*
**crush** [krʌʃ] **I** *s* **1.** (Zer)Quetschen *n:* **~ syndrome** *med.* Quetschsyndrom *n.* **2.** (zermalmender) Druck. **3.** Gedränge *n,* Gewühl *n.* **4.** *colloq.* Party *etc,* auf der es eng zugeht. **5.** *bes. Br.* Getränk aus ausgepreßten Früchten: **orange ~. 6.** *colloq.* a) Schwarm *m,* b) Schwärme'rei *f:* **to have a ~ on s.o.** in j-n ,verknallt' *od.* verliebt sein. **II** *v/t* **7.** zerquetschen, -malmen, -drücken. **8.** zerdrücken, -knittern, -knüllen, heftig drücken. **9.** zerdrücken (into in acc). **10.** *tech.* zerkleinern, -mahlen, -stoßen, schroten, *Erz etc* brechen: **~ed coke** Brechkoks *m;* **~ed stone** Schotter *m.* **11.** (hin'ein)quetschen, (-)pressen (into in acc). **12.** auspressen, -drücken, -quetschen (from aus): **to ~ the juice from a lemon** e-e Zitrone auspressen. **13.** *fig.* a) nieder-, zerschmettern, über'wältigen, vernichten: → **crushing** 3, b) niederwerfen, -schlagen: **to ~ a rebellion. III** *v/i* **14.** zerquetscht *od.* zerdrückt werden. **15.** zerbrechen. **16.** sich drängen (into in acc). **17.** (zer)knittern:

*Verbindungen mit Adverbien:*

**crush| down** → **crush** 7 u. 13. **~ out** *v/t* **1.** e-e Zigarette *etc* ausdrücken, auspressen. **2.** *fig.* zertreten. **~ up** *v/t* **1.** → **crush** 7 u. 10. **2.** zerknüllen.
**crush·a·ble** ['krʌʃəbl] *adj* **1.** knitterfest, -frei (*Stoff*). **2.** **~ zone** *mot.* Knautschzone *f.*
**crush bar·ri·er** *s Br.* Barri'ere *f,* Absperrung *f.*
**crush·er** ['krʌʃə(r)] *s* **1.** *tech.* a) Zer'kleinerungs₁maschine *f,* Brecher *m,* Brechwerk *n,* b) Presse *f,* Quetsche *f.* **2.** *colloq.* a) vernichtender Schlag, b) (etwas) 'Umwerfendes, ,dicker Hund'.
**crush hat** *s* **1.** Klapphut *m,* -zy₁linder *m.* **2.** weicher (Filz)Hut.
**crush·ing** ['krʌʃɪŋ] *adj (adv* **~ly) 1.** zermalmend. **2.** *tech.* Brech..., Mahl...: **~ cylinder** Brech-, Quetschwalze *f;* **~ mill** Brech(walz)-, Quetschwerk *n;* **~ strength** Druckfestigkeit *f.* **3.** *fig.* niederschmetternd, vernichtend: **a ~ blow** ein vernichtender Schlag; **a ~ burden of debts** e-e erdrückende Schuldenlast; **a ~ majority** e-e erdrückende Mehrheit.
**'crush|-re₁sist·ant** → **crushable** 1.

**~ room** *s thea. etc bes. Br.* Fo'yer *n.* **~ sec·tion** *s mot.* Knautschzone *f.*
**crust** [krʌst] **I** *s* **1.** Kruste *f.* **2.** (Brot-)Kruste *f*, (-)Rinde *f.* **3.** Knust *m*, hartes *od.* trockenes Stück Brot: **to earn one's ~** *colloq.* s-n Lebensunterhalt verdienen. **4.** Kruste *f*, Teig *m* (*e-r Pastete*). **5.** *bot. zo.* Schale *f.* **6.** *geol.* (Erd)Kruste *f*, (Erd)Rinde *f.* **7.** *med.* Kruste *f*, Schorf *m.* **8.** Niederschlag *m* (*in Weinflaschen*). **9.** *fig.* Kruste *f*, (harte) Schale. **10.** *sl.* Unverschämtheit *f.* **11. to be off one's ~** *sl.* ,übergeschnappt' sein. **II** *v/t* **12. a. ~ over** mit e-r Kruste über'ziehen. **13.** verkrusten. **III** *v/i* **14.** verkrusten, e-e Kruste bilden: → **crusted. 15.** verharschen (*Schnee*).
**crus·ta·cea** [krʌ'steiʃə; -ʃɪə; -ʃə] *s pl zo.* Krebs-, Krustentiere *pl.* **crus'ta·cean** *zo.* **I** *adj* zu den Krebstieren gehörig, Krebs... **II** *s* Krebs-, Krustentier *n.* **crus'ta·ceous** [-ʃɪəs, -ʃəs, -ʃəs] *adj* **1.** krustenartig. **2.** → **crustacean I.**
**crust·ed** ['krʌstɪd] *adj* **1.** mit e-r Kruste über'zogen, verkrustet, krustig: **~ snow** Harsch(schnee) *m.* **2.** abgelagert (*Wein*). **3.** *fig.* alt: a) alt'hergebracht, b) eingefleischt: **a ~ Conservative.**
**crust·i·ness** ['krʌstɪnɪs] *s* **1.** Krustigkeit *f.* **2.** *fig.* Barschheit *f.* **'crust·y** *adj (adv* **crustily) 1.** → **crusted** 1 *u.* 2. **2.** *fig.* barsch. **3.** *Am. colloq.* unanständig, schmutzig: **~ jokes.**
**crutch** [krʌtʃ] **I** *s* **1.** Krücke *f:* **to go on ~es** → 8. **2.** krückenartige *od.* gabelförmige Stütze. **3.** *tech.* a) Gabel *f*, b) Krücke *f (beim Puddeln).* **4.** Gabelung *f.* **5.** → **crotch** 3. **6.** *fig.* Stütze *f*, Hilfe *f.* **II** *v/t* **7.** stützen. **III** *v/i* **8.** auf *od.* an Krücken gehen.
**crutched** [krʌtʃt] *adj* **1.** auf Krücken gestützt. **2.** eingeklemmt.
**Crutch·ed Fri·ar** ['krʌtʃɪd; krʌtʃt] *s relig. hist.* (ein) Kreuzbruder *m.*
**crux** [krʌks] *pl* **'crux·es, cru·ces** ['kruːsiːz] *s* **1.** Kern *m*, springender Punkt. **2.** a) Schwierigkeit *f*, ,Haken' *m*, b) schwieriges Pro'blem, ,harte Nuß'. **3.** *bes. her.* Kreuz *n.* **4. C~** *astr.* Kreuz *n* des Südens.
**cry** [kraɪ] *s* **1.** Schrei *m*, Ruf *m* (**for** nach): **a ~ for help** ein Hilferuf; **within ~** (**of**) in Rufweite (von); **a far ~ from** *fig.* a) (himmel)weit entfernt von, b) etwas ganz anderes als; **that's still a far ~** das ist noch in weiter Ferne. **2.** Geschrei *n:* **much ~ and little wool** viel Geschrei u. wenig Wolle; **the popular ~** die Stimme des Volkes. **3.** Weinen *n:* **to have a good ~** sich richtig ausweinen. **4.** Bitten *n*, Flehen *n.* **5.** Ausrufen *n*, Geschrei *n (der Straßenhändler):* (**all**) **the ~** *Am. fig.* der letzte Schrei. **6.** (Schlacht)Ruf *m*, Schlag-, Losungswort *n.* **7.** Gerücht *n.* **8.** *hunt.* Anschlagen *n*, Gebell *n (Meute):* **in full ~** in wilder Jagd *od.* Verfolgung. **9.** *hunt.* Meute *f*, Koppel *f.* **10.** *fig.* Meute *f*, Herde *f (Menschen):* **to follow in the ~** mit der Masse gehen. **11.** *tech.* (Zinn-)Geschrei *n.*
**II** *v/i* **12.** schreien (*a. Tiere*). **13.** schreien, (laut) rufen, dringend verlangen (**for** nach): **to ~ for help** um Hilfe rufen; → **moon** 1. **14. ~ for** *fig.* schreien nach, dringend erfordern (*Sache*): **the situation cries for swift action; to ~ for vengeance** nach Rache schreien. **15.** a) weinen (**for joy** vor Freude), b) heulen, jammern (**over** wegen, *über acc*; **for** um): → **milk** 1. **16.** (**against**) murren (gegen), schimpfen (auf *acc*), sich beklagen (über *acc*). **17.** *hunt.* anschlagen, bellen.
**III** *v/t* **18.** etwas schreien, (aus)rufen: **to ~ halves** halbpart verlangen; → **quits.**

**shame** 2, **wolf** 1. **19.** *Waren etc* ausrufen, -bieten, -schreien: **to ~ one's wares. 20.** flehen um, erflehen. **21.** weinen: **to ~ o.s. to sleep** sich in den Schlaf weinen; → **eye** 1, **head** *Bes. Redew.*, **heart** *Bes. Redew.*
*Verbindungen mit Adverbien:*
**cry back** *v/i biol.* (ata'vistisch) rückschlagen. **~ down** *v/t* **1.** her'untersetzen, -machen. **2.** niederschreien. **~ off** *v/t* rückgängig machen, zu'rücktreten von, (plötzlich) absagen. **II** *v/i bes. Br.* zu'rücktreten, absagen. **~ out I** *v/t* ausrufen. **II** *v/i* aufschreien: **to ~ against** heftig protestieren gegen; **to ~ (for)** cry 13 *u.* 14; **for crying out loud!** a) es ist zum Aus-der-Haut-Fahren, b) verdammt nochmal! **~ up** *v/t* rühmen: **he's not all he's cried up to be** so gut ist er auch wieder nicht.
**'cry·ba·by** *s* **1.** kleiner Schreihals. **2.** *contp.* Heulsuse *f.*
**cry·ing** ['kraɪɪŋ] *adj* **1.** weinend (*etc*; → cry II). **2.** a) (himmel)schreiend: **~ shame**, b) dringend: **~ need.**
**cryo-** [kraɪəʊ; kraɪə] *Wortelement mit der Bedeutung* Tieftemperatur..., Kälte...
**cry·o·bi·ol·o·gy** *s* Kryobiolo'gie *f (Teilgebiet der Biologie, das sich mit der Einwirkung sehr tiefer Temperaturen auf Organismen, Organe etc befaßt).*
**cry·o·gen** ['kraɪədʒən] *s tech.* Kältemischung *f*, -mittel *n.* **cry·o'gen·ic** [-'dʒenɪk] **I** *adj* **1.** *tech.* kälteerzeugend. **2.** *Computer:* kryo'genisch: **~ memory. II** *s pl (meist als sg konstruiert)* **3.** *phys.* Kryo'genik *f*, 'Tieftempera,turtechnik *f (Wissenschaft vom Verhalten der Stoffe bei extrem niedrigen Temperaturen).*
**cry·o·lite** ['kraɪəlaɪt] *s min.* Kryo'lith *m.*
**cry·om·e·ter** [kraɪ'ɒmɪtə; *Am.* -'amətər] *s phys.* Kryo'meter *n (Thermometer für tiefe Temperaturen).*
**cry·os·co·py** [kraɪ'ɒskəpɪ; *Am.* -'as-] *s chem.* Kryosko'pie *f (Analyseverfahren, bei dem durch Messung des Erstarrungsverhaltens von chemischen Verbindungen deren Reinheit bestimmt wird).*
**cry·o·stat** ['kraɪəstæt] *s phys.* Kryo'stat *m (Thermostat für tiefe Temperaturen).*
**cry·o·sur·ger·y** *s med.* Kryo-, Kältechirur'gie *f.*
**cry·o·ther·a·py** *s med.* Kryothera'pie *f (Anwendung von Kälte zur Zerstörung von krankem Gewebe).*
**cry·o·tron** ['kraɪətrɒn; *Am.* -,tran] *s Computer:* Kryotron *n (Tieftemperatur-Schaltelement aus zwei verschiedenen Supraleitern).*
**crypt[1]** [krɪpt] *s* **1.** *arch.* Krypta *f*, Gruft *f.* **2.** *anat. zo.* a) Krypta *f*, Grube *f*, b) einfache Drüse.
**crypt[2]** [krɪpt] *Am. sl. für* a) **cryptanalysis**, b) **cryptogram**, c) **cryptography.**
**crypt·a·nal·y·sis** [,krɪptə'næləsɪs] *s* Entzifferung *f* von Geheimschriften.
**crypt·an·a·lyze** *v/t* entziffern.
**cryp·tic** ['krɪptɪk], *a.* **'cryp·ti·cal** *adj (adv* **-ly) 1.** geheim, verborgen. **2.** myste·ri'ös, rätselhaft, dunkel: **~ remarks. 3.** *zo.* Schutz...: **~ colo(u)ring.**
**crypto-** [krɪptə] *Wortelement mit der Bedeutung* krypto..., geheim.
**cryp·to** ['krɪptəʊ] *sl.* **I** *pl* **-tos** *s* verkappter Anhänger, heimliches Mitglied. **II** *adj* verschlüsselt: **~ text.**
**cryp·to·com·mu·nist** *s* verkappter Kommu'nist.
**cryp·to·gam** ['krɪptəʊgæm; -təgæm] *s bot.* Krypto'game *f*, Sporenpflanze *f.* **cryp·to'gam·ic** [-'gæmɪk], **cryp·tog·a·mous** [-'tɒgəməs; *Am.* -'tag-] *adj bot.* krypto'gam(isch). **cryp·tog·a·my** *s bot.* Kryptoga'mie *f.*

**cryp·to·gen·ic** [-'dʒenɪk] *adj biol. med.* krypto'gen, kryptoge'netisch (*unbekannten Ursprungs*).
**cryp·to·gram** [-græm] *s* Text *m* in Geheimschrift, verschlüsselter Text.
**cryp·to·graph** ['krɪptəgrɑːf; -tə-; *bes. Am.* -græf] *s* **1.** → **cryptogram. 2.** Geheimschriftgerät *n.* **cryp·tog·ra·pher** [-'tɒgrəfə(r); *Am.* -'tag-] *s* (Ver-, Ent-)Schlüsseler *m.* **cryp·to·graph·ic** [-'græfɪk] *adj (adv* **-ally) 1.** Verschlüsselungs... **2.** verschlüsselt: **~ text. cryp·tog·ra·phy** *s* **1.** Schlüsselwesen *n.* **2.** Geheimschrift *f.* **3.** → **cryptanalysis. 4.** *psych.* Kryptogra'phie *f (absichtslos entstandene Kritzelzeichnung).* **cryp'tol·o·gist** [-'tɒlədʒɪst; *Am.* -'tal-] → **cryptographer.**
**cryp·to·nym** ['krɪptəʊnɪm; -tə-] *s* Krypto'nym *n*, Deckname *m.*
**crys·tal** ['krɪstl] **I** *s* **1.** Kri'stall *m (a. chem. min. phys.):* (**as**) **clear as ~** a) kristallklar, b) *fig.* sonnenklar. **2.** 'Bergkri,stall *m.* **3.** *a.* **~ glass** *tech.* a) Kri'stall(glas) *n*, b) *collect.* Kri'stall *n*, Glaswaren *pl* aus Kri'stallglas. **4.** Uhrglas *n.* **5.** *electr.* a) (Detektor)Kri'stall *m*, b) → **crystal detector**, c) (Steuer-, Schwing)Quarz *m.* **II** *adj* **6.** kri'stallen: a) Kristall..., b) kri'stallklar, -hell. **7.** *electr.* Kristall..., piezoe'lektrisch: **~ microphone. ~ ball** *s* Kri'stallkugel *f (des Hellsehers).* **'~-con·trolled** *adj electr.* quarzgesteuert, Quarz... **~ de·tec·tor** *s Radio:* (Kri'stall)De,tektor *m.* **~ gaz·er** *s* Hellseher *m (der in e-r Kristallkugel die Zukunft sieht).* **~ gaz·ing** *s* Hellsehen *n.*
**crys·tal·line** ['krɪstəlaɪn; *Am. bes.* -lən] *adj* **1.** kristal'linisch (*a. geol.*), kri'stallen, kri'stallartig, Kristall...: **~ lens** *anat.* (Augen)Linse *f.* **2.** *fig.* kri'stallklar. **'crys·tal·lite** [-laɪt] *s min.* Kri'stall'lit *m.*
**crys·tal·liz·a·ble** ['krɪstəlaɪzəbl] *adj* kristalli'sierbar. **crys·tal·li·za·tion** [-lar'zeɪʃn; *Am.* -lə'z-] *s* Kristallisati'on *f*, Kristalli'sierung *f*, Kri'stallbildung *f.* **'crys·tal·lize I** *v/t* **1.** kristalli'sieren. **2.** *fig.* kon'kreter *od.* feste Form geben **3.** Früchte kan'dieren. **II** *v/i* **4.** kristalli'sieren. **5.** *fig.* kon'krete *od.* feste Form annehmen, sich kristalli'sieren (**into** zu): **to ~ out** sich herauskristallisieren.
**crys·tal·log·ra·pher** [,krɪstə'lɒgrəfə(r); *Am.* -'la-] *s* Kristallo'graph *m.* **crys·tal·log·ra·phy** *s* Kristallogra'phie *f.*
**crys·tal·loid** ['krɪstəlɔɪd] **I** *adj* kri'stallähnlich. **II** *s bot. chem.* Kristallo'id *n.*
**crys·tal set** *s Radio: hist.* (Kri'stall-)De,tektorempfänger *m.* **'~-tuned** *adj Radio:* quarzgesteuert.
**C sup·ply** *s electr.* Gitterstromversorgung *f.*
**cte·noid** ['tiːnɔɪd; 'te-] *adj* **1.** kammartig. **2.** *ichth.* kteno'id, kammschuppig: **~ fish** Kammschupper *m.*
**cte·noph·o·ran** [tɪ'nɒfərən; *Am.* -'na-] *zo.* **I** *adj* Rippenquallen... **II** *s* Rippenqualle *f.*
**cub** [kʌb] **I** *s* **1.** Junge *n (des Fuchses, Bären etc).* **2.** *a.* **unlicked ~** ,grüner' Junge. **3.** Flegel *m*, Bengel *m.* **4.** Anfänger *m:* **~ reporter** (unerfahrener) junger Reporter. **5.** *a.* **~ scout** Wölfling *m (Jungpfadfinder).* **II** *v/t* **6.** Junge werfen. **III** *v/i* **7.** (Junge) werfen. **8.** junge Füchse jagen.
**cub·age** ['kjuːbɪdʒ] → **cubature** 2.
**Cu·ban** ['kjuːbən] **I** *adj* **1.** ku'banisch: **~ tobacco** → 3. **II** *s* **2.** Ku'baner(in). **3.** Kubatabak *m.*
**cu·ba·ture** ['kjuːbətjʊə(r); -,tʃʊə(r); -tʃə(r)] *s math.* **1.** Kuba'tur *f*, Raum(inhalts)berechnung *f.* **2.** Ku'bik-, Rauminhalt *m.*
**cub·by(·hole)** ['kʌbɪ(həʊl)] *s* **1.** behag-

liches Plätzchen; kleiner, gemütlicher Raum. **2.** ‚Ka¹buff' *n*, Kämmerchen *n*, winziger Raum.

**cube** [kju:b] **I** *s* **1.** Würfel *m*: ~ ore *min.* Würfelerz *n*; ~ **sugar** Würfelzucker *m.* **2.** *math.* a) Würfel *m*, Kubus *m*: ~ **root** Kubikwurzel *f*, dritte Wurzel, b) Ku¹bikzahl *f*, dritte Po¹tenz. **3.** *tech.* Pflasterwürfel *m*, -stein *m*. **4.** *phot.* Blitzwürfel *m.* **II** *v/t* **5.** *math.* ku¹bieren: a) zur dritten Po¹tenz erheben: **two ~d** zwei hoch drei (2³), b) den Rauminhalt messen von (*od. gen*). **6.** würfeln, in Würfel schneiden *od.* pressen. **7.** *tech.* (mit Würfeln) pflastern.

**cu·beb** [¹kju:beb] *s pharm.* **1.** Ku¹bebe *f* (*Frucht des Kubebenpfeffers*). **2.** Ku¹bebenziga¹rette *f.*

**cu·bic** [¹kju:bɪk] **I** *adj* (*adv* ~**ally**) **1.** Kubik..., Raum...: ~ **capacity**; ~ **content** → **cubature** 2; ~ **foot** Kubikfuß *m*; ~ **meter** (*bes.* **Br. metre**) Kubik-, Raum-, Festmeter *m*, *n*; ~ **number** → **cube** 2 b. **2.** kubisch, würfelförmig, Würfel...: ~ **niter** (*bes.* **Br. nitre**) *chem.* Würfel-, Natronsalpeter *m.* **3.** *math.* kubisch: ~ **equation** kubische Gleichung, Gleichung *f* dritten Grades. **4.** *min.* iso¹metrisch (*Kristall*). **II** *s* **5.** *math.* kubische Größe *od.* Gleichung *od.* Kurve. **'cu·bi·cal** *adj* (*adv* ~**ly**) → **cubic** I.

**cu·bi·cle** [¹kju:bɪkl] *s* **1.** kleiner abgeteilter (Schlaf)Raum. **2.** Ka¹bine *f.* **3.** *electr.* Schaltzelle *f.*

**cu·bi·form** [¹kju:bɪfɔ:(r)m] *adj* würfelförmig.

**cub·ism** [¹kju:bɪzəm] *s art* Ku¹bismus *m.* **'cub·ist I** *s* Ku¹bist *m.* **II** *adj* ku¹bistisch.

**cu·bit** [¹kju:bɪt] *s* Elle *f* (*altes Längenmaß*). **'cu·bi·tal** *adj* **1.** e-e Elle lang. **2.** *anat.* kubi¹tal: ~ El(len)bogen..., b) Unterarm... **'cu·bi·tus** [-təs] *pl* **-ti** [-taɪ] *s anat.* a) Ell(en)bogen *m*, b) ¹Unterarm *m.*

**cu·boid** [¹kju:bɔɪd] *adj* **1.** annähernd würfelförmig. **2.** *anat.* Würfel...: ~ **bone** Würfelbein *n.*

**cuck·ing stool** [¹kʌkɪŋ] *s hist.* Schandstuhl *m* (*Art Pranger*).

**cuck·old** [¹kʌkəʊld; *bes. Am.* -əld] **I** *s* Hahnrei *m*, betrogener Ehemann. **II** *v/t* zum Hahnrei machen, j-m Hörner aufsetzen. **'cuck·old·ry** [-rɪ] *s* **1.** Hörneraufsetzen *n.* **2.** Hörnertragen *n.*

**cuck·oo** [¹kuku:] *s* **1.** *orn.* Kuckuck *m*: **a ~ in the nest** *fig.* ein ‚Kuckuckskei'. **2.** Kuckucksruf *m.* **3.** *colloq.* ‚Heini' *m*, ‚Spinner' *m.* **II** *v/i* **4.** ‚kuckuck' rufen. **III** *adj* **5.** *colloq.* ‚blöd', ‚plem¹plem'. ~ **clock** *s* Kuckucksuhr *f.* **'~flow·er** *s bot.* **1.** Wiesenschaumkraut *n.* **2.** Kukkucksnelke *f.* ~ **fly** *s zo.* Goldwespe *f.* **'~pint** [-pɪnt] *s bot.* Gefleckter Aronstab. ~ **spit**, ~ **spit·tle** *s zo.* **1.** Kuckucksspeichel *m.* **2.** ¹Schaumzi¸kade *f.*

**cu·cum·ber** [¹kju:kʌmbə(r)] *s* **1.** Gurke *f* (*Frucht von* 2): (**as**) **cool as a** ~ *colloq.* ‚eiskalt', kühl u. gelassen. **2.** *bot.* Gartengurke *f*, Echte Gurke. **3.** → **cucumber tree.** ~ **slic·er** *s* Gurkenhobel *m.* ~ **tree** *s bot. (e-e)* amer. Ma¹gnolie.

**cu·cur·bit** [kju:¹kɜ:bɪt; *Am.* -¹kɜr-] *s* **1.** *bot.* Kürbisgewächs *n.* **2.** *chem.* Destil·lati¹onsflasche *f.*

**cud** [kʌd] *s* **1.** Klumpen *m* ¹wiedergekäuten Futters: **to chew the ~** a) wiederkäuen, b) *fig.* überlegen, nachdenken. **2.** *colloq.* a) Priem *m* (*Kautabak*), b) Streifen *m* (*Kaugummi*).

**cud·bear** [¹kʌdbeə(r)] *s* Or¹seille *f* (*roter Pflanzenfarbstoff*).

**cud·dle** [¹kʌdl] **I** *v/t* **1.** an sich drücken, hätscheln, ‚knuddeln'. **2.** schmusen mit. **II** *v/i* **3.** ~ **up** sich kuscheln: **to ~ up together** sich aneinanderkuscheln. **4.** schmusen. **III** *s*

**5.** enge Um¹armung, Lieb¹kosung *f.* **'cud·dle·some** [-səm], **'cud·dly** *adj* kusch(e)lig, ‚knudd(e)lig'.

**cud·dy¹** [¹kʌdɪ] *s* **1.** *mar.* a) kleine Ka¹jüte, b) Kom¹büse *f* (*e-s kleinen Boots*). **2.** kleiner Raum *od.* Schrank.

**cud·dy²** [¹kʌdɪ] *s bes. Scot.* Esel *m* (*a. fig.*).

**cudg·el** [¹kʌdʒəl] **I** *s* **1.** Knüppel *m*: **to take up the ~s** *fig.* vom Leder ziehen; **to take up the ~s for s.o.** *fig.* für j-n eintreten *od.* e-e Lanze brechen *od.* auf die Barrikaden gehen. **2.** *pl, a.* ~ **play** Stockfechten *n.* **II** *v/t pret u. pp* **-eled**, *bes.* **Br. -elled 3.** prügeln: → **brain** 2.

**cue¹** [kju:] **I** *s* **1.** *thea. etc, a. fig.* Stichwort *n*, *mus.* Einsatz *m*: ~ **card** *TV* ‚Neger' *m*; ~ **light** *TV* Kontrollicht *n*, Signallampe *f*; ~ **sheet** *TV* Mischplan *m*; **to give s.o. his ~** j-m sein Stichwort *od.* (*mus.*) den Einsatz geben; **to miss one's ~** sein Stichwort *od.* (*mus.*) den Einsatz verpassen; (**dead**) **on** ~ a) genau aufs Stichwort, b) *fig.* genau zum rechten Zeitpunkt, wie gerufen. **2.** Wink *m*, Fingerzeig *m*: **to give s.o. his ~** j-m die Worte in den Mund legen; **to take up the ~** den Wink verstehen; **to take the ~ from s.o.** sich nach j-m richten. **3.** Anhaltspunkt *m.* **4.** Rolle *f*, Aufgabe *f.* **5.** *obs.* Stimmung *f*, Laune *f.* **6.** *mus.* Kustos *m* (*kleine Orientierungsnote*). **II** *v/t* **7.** *thea. etc, a. fig.* j-m das Stichwort geben, *mus.* j-m den Einsatz geben. **8.** *a.* ~ **in** *Film, TV*: j-m ‚den Einsatz geben.

**cue²** [kju:] **I** *s* **1.** Queue *n*, Billardstock *m*: ~ **ball** Spiel-, Stoßball *m.* **2.** → **queue** 1. **3.** *Am.* → **queue** 2. **II** *v/t* **4.** → **queue** III. **III** *v/i* **5.** *Am.* → **queue** II.

**cue·ist** [¹kju:ɪst] *s* Billardspieler *m.*

**cues·ta** [¹kwestə] *s geol.* Schicht-, Landstufe *f.*

**cuff¹** [kʌf] *s* **1.** (Ärmel-, *Am. a.* Hosen-)Aufschlag *m*, Stulpe *f* (*a. vom Handschuh*), Man¹schette *f* (*a. tech.*): ~ **link** Manschettenknopf *m*; **off the ~** *colloq.* aus dem Handgelenk *od.* Stegreif; **on the** ~ *Am. colloq.* a) auf Pump, b) gratis. **2.** *pl colloq.* Handschellen *pl.*

**cuff²** [kʌf] **I** *v/t* j-n (mit der flachen Hand) schlagen: **to** ~ **s.o.'s ears** j-n ohrfeigen, b) j-m e-n Klaps geben. **II** *s* a) Schlag *m* (mit der offenen Hand), b) Klaps *m.*

**cui·rass** [kwɪ¹ræs] **I** *s* **1.** *mil. hist.* Küraß *m*, (Brust)Harnisch *m*, Panzer *m.* **2.** Panzerplatte *f.* **3.** *zo.* Panzer *m.* **4.** *med.* a) Gipsverband *m* um Rumpf u. Hals, b) (*ein*) ¹Sauerstoffappa¸rat *m.* **II** *v/t* **5.** *mil. hist.* mit e-m Küraß bekleiden. **6.** panzern. **cui·ras·sier** [¸kwɪrə¹sɪə(r)] *s mil. hist.* Küras¹sier *m.*

**cuish** [kwɪʃ] → **cuisse.**

**cui·sine** [kwi¹zi:n] *s* Küche *f* (*Kochkunst*): **French** ~ die französische Küche.

**cuisse** [kwɪs] *s mil. hist.* **1.** Beinschiene *f.* **2.** *pl* Beinharnisch *m.*

**culch** [kʌltʃ] → **cultch.**

**cul-de-sac** [¸kʊldə¹sæk; ¹kʌldəsæk; *Am. a.* ¸kʌldɪ¹sæk] *pl* **cul-de-sacs** *od.* **culs-de-sac** *s* **1.** Sackgasse *f* (*a. fig.*). **2.** *anat.* Blindsack *m.*

**cu·let** [¹kju:lɪt] *s* **1.** Kü¹lasse *f* (*Unterteil des Brillanten*). **2.** *mil. hist.* Gesäßharnisch *m.*

**cu·lex** [¹kju:leks] *pl* **cu·li·ces** [-lɪsi:z] *s zo.* Stechmücke *f.*

**cu·li·nar·y** [¹kʌlɪnərɪ; *Am.* -¸neri:; *a.* ¹kju:-] *adj* kuli¹narisch, Koch..., Küchen...: ~ **art** Kochkunst *f*; ~ **herbs** Küchenkräuter *pl.*

**cull** [kʌl] **I** *v/t* **1.** pflücken. **2.** auslesen, -suchen. **3.** *Minderwertiges* ¹aussor¸tieren. **4.** das Merzvieh aussondern aus (*e-r Herde*). **II** *s* **5.** (*etwas*) (als minderwertig)

Ausgesondertes. **6.** *pl* a) Ausschuß *m*, b) Merzvieh *n.* **7.** *Am.* Ausschußholz *n.*

**cul·len·der** [¹kʌlɪndə(r); -lən-] → **colander.**

**cul·let** [¹kʌlɪt] *s* Bruchglas *n.*

**cul·lis** [¹kʌlɪs] *s arch.* Dachrinne *f.*

**cul·ly** [¹kʌlɪ] *s sl.* ‚Kumpel' *m.*

**culm¹** [kʌlm] *s* **1.** Kohlenstaub *m*, -klein *n*, Grus *m*: ~ **coke** Fein-, Perlkoks *m.* **2.** *a.* ~ **measures** *geol.* Kulm *n*, unterer Kohlenkalk.

**culm²** [kʌlm] *s bot.* **1.** (*bes.* Gras)Halm *m*, Stengel *m.* **2.** *pl Br.* Malzkeime *pl.*

**cul·mi·nant** [¹kʌlmɪnənt] *adj* **1.** *astr.* kulmi¹nierend. **2.** *fig.* auf dem Gipfelpunkt.

**cul·mi·nate** [¹kʌlmɪneɪt] **I** *v/i* **1.** *astr.* kulmi¹nieren. **2.** den Höhepunkt erreichen (*a. fig.*): **culminating point** Kulminations-, Höhepunkt *m.* **3.** *fig.* gipfeln (**in** *in dat*). **II** *v/t* **4.** krönen, den Höhepunkt bilden von (*od. gen*). **5.** auf den Höhepunkt bringen. **¸cul·mi·na·tion** *s* **1.** *astr.* Kulminati¹on *f.* **2.** *bes. fig.* Gipfel *m*, Höhepunkt *m*, höchster Stand: **to reach the ~ of one's career** den Höhepunkt s-r Laufbahn erreichen.

**cu·lottes** [kju:¹lɒts; *Am.* ¹ku:¸lɑts; ¹kju:-] *s pl* Hosenrock *m.*

**cul·pa·bil·i·ty** [¸kʌlpə¹bɪlətɪ] *s* **1.** Sträflichkeit *f.* **2.** *jur.* Schuldhaftigkeit *f.* **'cul·pa·ble** *adj* (*adv* **culpably**) **1.** tadelnswert, sträflich. **2.** *jur.* strafbar, schuldhaft: ~ **negligence** grobe Fahrlässigkeit.

**cul·prit** [¹kʌlprɪt] *s* **1.** *jur.* a) Angeklagte(r *m*) *f*, Angeschuldigte(r *m*) *f*, b) Täter(in), Schuldige(r *m*) *f.* **2.** *allg.* Missetäter(in).

**cult** [kʌlt] *s* **1.** *relig.* Kult(us) *m*: **the Mithras** ~, **the** ~ **of Mithras** der Mithra(s)kult. **2.** *fig.* Kult *m*: a) (*unmäßige*) Verehrung *od.* Hingabe, b) *dumme* Mode. **3.** Kultgemeinschaft *f.* **4.** *relig.* Sekte *f.*

**cultch** [kʌltʃ] *s* Steine *pl od.* Schalen *pl etc* als Austernbett.

**cult fig·ure** *s* a) ¹Idol *n*, b) Kultbild *n.*

**cult·ic** [¹kʌltɪk] *adj* kultisch, Kult...

**cult·ism** [¹kʌltɪzəm] *s* Kultbegeisterung *f.* **'cult·ist** *s* Anhänger(in) e-s Kults, Kultbegeisterte(r *m*) *f.*

**cul·ti·va·ble** [¹kʌltɪvəbl] *adj* **1.** kulti¹vierbar: a) bebaubar, bestellbar: ~ **soil**, b) anbaufähig, züchtbar: ~ **plants**, c) zivili¹sierbar. **2.** entwicklungsfähig. **'cul·ti·var** [-vɑ:(r)] *s biol.* Kul¹turrasse *f*, Kul¹turvarie¸tät *f.* **'cul·ti·vat·a·ble** [-veɪtəbl] → **cultivable.**

**cul·ti·vate** [¹kʌltɪveɪt] *v/t* **1.** *agr.* a) den Boden kulti¹vieren, bebauen, bestellen, bearbeiten, urbar machen, b) *engS.* mit dem Kulti¹vator bearbeiten, c) *Pflanzen* züchten, ziehen, (an)bauen. **2.** zivili¹sieren. **3.** veredeln, -feinern, entwickeln, fort-, ausbilden. **4.** *e-e Kunst etc* pflegen, betreiben, sich widmen (*dat*). **5.** sich befleißigen (*gen*), Wert legen auf (*acc*): **to** ~ **good manners.** **6.** a) *e-e Freundschaft, Beziehungen etc* pflegen, b) freundschaftlichen Verkehr suchen *od.* pflegen mit, sich *j-m* widmen, sich ‚warmhalten': **to** ~ **s.o.**

**'cul·ti·vat·ed** *adj* **1.** bebaut, bestellt, kulti¹viert, Kultur... **2.** gezüchtet, Kultur...: ~ **plant** Kulturpflanze *f.* **3.** zivili¹siert, verfeinert. **4.** kulti¹viert, gebildet.

**cul·ti·va·tion** [¸kʌltɪ¹veɪʃn] *s* **1.** Kulti¹vierung *f*, Bearbeitung *f*, Bebauung *f*, Urbarmachung *f*: ~ **of the soil**; **area under** ~ Anbau-, Kulturfläche *f.* **2.** Ackerbau *m*, Anbau *m.* **3.** Züchtung *f.* **4.** *fig.* Pflege *f.* **5.** → **culture** 7. **'cul·ti·va·tor** [-tə(r)] *s* **1.** Landwirt *m*, Bauer *m.* **2.** Pflanzer *m*,

Züchter *m*. **3.** *agr.* Kulti'vator *m* (*Gerät*). **4.** *fig.* Pfleger *m*.

**cul·tu·ral** [ˈkʌltʃərəl; ˈkʌltʃrəl] *adj* **1.** a) kultu'rell: ~ activities, b) Kultur...: ~ agreement (anthropology, exchange, heritage, life, pessimism, revolution, scene, *etc*); ~ lag → culture lag. **2.** *biol.* gezüchtet, Kultur...: ~ variety Kulturrasse *f*, -varietät *f*. **'cul·tur·al·ly** *adv* in kultu'reller 'Hinsicht, kultu'rell.

**cul·ture** [ˈkʌltʃə(r)] I *s* **1.** → cultivation 1 *u.* 2. **2.** Anbau *m*, (Pflanzen)Zucht *f*: fruit ~ Obstbau *m*. **3.** Züchtung *f*, (Tier-)Zucht *f*: ~ of bees Bienenzucht. **4.** Kul'tur *f* (*angebaute Pflanzen*). **5.** *biol.* a) Züchtung *f* (*von Bakterien, Gewebe etc*), b) Kul'tur *f*: bacterial ~ Bakterienkultur; ~ of mo(u)lds Pilzkultur. **6.** → cultivation 4. **7.** (*geistige*) Kul'tur: a) (Geistes)Bildung *f*, b) Kulti'viertheit *f*, verfeinerte Lebensweise: he is a man of ~ er hat Kultur, er ist kultiviert. **8.** Kul'tur *f*: a) Kul'turkreis *m*, b) Kul'turstufe *f*. II *v/t* **9.** *biol.* a) Bakterien *etc* züchten, b) e-e Kul'tur züchten in (*dat*). ~ **a·re·a** *s* Kul'turraum *m*. ~ **cen·ter**, *bes. Br.* ~ **cen·tre** *s* Kul'turzentrum *n*. ~ **com·plex** *s* Kom'plex *m* mehrerer gleichgerichteter Kul'turerscheinungen u. -ten,denzen.

**cul·tured** [ˈkʌltʃə(r)d] *adj* **1.** kulti'viert: a) *agr.* bebaut: ~ fields, b) *fig.* gebildet. **2.** gezüchtet, Zucht...: ~ pearl.

**cul·ture| fac·tor** *s sociol.* Kul'turfaktor *m.* ~ **lag** *s sociol.* parti'elle Kul'tur,rückständigkeit. ~ **me·di·um** *s a. irr biol.* Kul'tursub,strat *n*, (künstlichen) Nährboden. ~ **pearl** *s* Zuchtperle *f*. ~ **shock** *s sociol.* Kul'turschock *m*. ~ **vul·ture** *s colloq.* Kul'turhy,äne' *f*.

**cul·tur·ist** [ˈkʌltʃərɪst] *s* **1.** Züchter *m*. **2.** Kul'turbeflissene(r *m*) *f*. **3.** Anhänger(in) e-r bestimmten Kul'tur.

**cul·ver** [ˈkʌlvə(r)] *s orn.* (*bes.* Ringel-) Taube *f*.

**cul·ver·in** [ˈkʌlvərɪn] *s mil. hist.* Feldschlange *f*.

**cul·vert** [ˈkʌlvə(r)t] *s tech.* **1.** ('Bach-) ,Durchlaß *m*. **2.** über'wölbter 'Abzugska,nal. **3.** 'unterirdische (Wasser)Leitung.

**cum¹** [kʌm; kʊm] (*Lat.*) *prep* **1.** (zu'sammen) mit, samt: ~ dividend *econ.* mit Dividende; ~ rights *econ.* mit Bezugsrecht (*auf neue Aktien*). **2.** gleichzeitig, in e-m: kitchen-cum-dining room Eßküche *f*.

**cum²** [kʌm] *s vulg.* ,Soße' *f* (*Sperma*).

**cu·ma·cean** [kjuˈmeɪʃn] *zo.* I *adj* Cumaceen... II *s* Cuma'cee *f* (*Krebs*).

**cu·ma·ceous** [-ʃəs] → cumacean I.

**cu·ma·ra** [ˈkuːmərə], **'cu·ma·ru** [-ruː] *s bot.* Tonkabaum *m*.

**cum·ber** [ˈkʌmbə(r)] I *v/t* **1.** *obs.* zur Last fallen (*dat*). **2.** hemmen, (be)hindern, belasten. II *s* **3.** Behinderung *f*. **4.** Last *f*, Hindernis *n*, Bürde *f*. **'cum·ber·some** [-səm] *adj* (*adv* ~ly) **1.** lästig, hinderlich, beschwerlich. **2.** plump, klobig, schwerfällig: a ~ parcel ein unhandliches Paket. **'cum·ber·some·ness** *s* **1.** Lästigkeit *f*. **2.** Schwerfälligkeit *f*, Plumpheit *f*.

**cum·brance** [ˈkʌmbrəns] *s* **1.** Last *f*, Bürde *f*. **2.** Schwierigkeit *f*.

**Cum·bri·an** [ˈkʌmbrɪən] I *adj* kumbrisch. II *s* Bewohner(in) von Cumbria.

**cum·brous** [ˈkʌmbrəs] *adj* (*adv* ~ly) → cumbersome.

**cum·in** [ˈkʌmɪn] *s bot.* Kreuzkümmel *m*.

**cum·mer·bund** [ˈkʌmə(r)bʌnd] *s* **1.** *Br. Ind.* Schärpe *f*, Leibgurt *m*. **2.** *Mode:* Kummerbund *m*.

---

**cum·min** → cumin.

**cu·mu·lant** [ˈkjuːmjʊlənt] *s math.* Kumu'lant *m*.

**cu·mu·late** [ˈkjuːmjʊleɪt] I *v/t* **1.** (an-, auf)häufen. **2.** *bes. jur.* mehrere Klagen vereinigen. II *v/i* **3.** sich (an-, auf)häufen. III *adj* **4.** (an-, auf)gehäuft. **,cu·mu·la·tion** *s* (An)Häufung *f*.

**cu·mu·la·tive** [ˈkjuːmjʊlətɪv; *Am.* -,leɪtɪv] *adj* **1.** kumula'tiv, Sammel..., Gesamt...: ~ effect Gesamtwirkung *f*. **2.** sich (an)häufend *od.* sum'mierend, anwachsend, sich steigernd. **3.** zusätzlich, (noch) hin'zukommend, verstärkend, Zusatz... **4.** *econ.* kumula'tiv: ~ dividend Dividende *f* auf kumulative Vorzugsaktien; ~ preferred stock, *Br.* ~ preference shares kumulative Vorzugsaktien. ~ ev·i·dence *s jur.* verstärkender Beweis. ~ fre·quen·cy *s Statistik etc:* Summenhäufigkeit *f*: ~ curve Summenkurve *f*. ~ leg·a·cy *s jur.* Zusatzvermächtnis *n*. ~ sen·tence *s jur. Am.* kumulierte Strafzumessung. ~ vot·ing *s* Kumu'lierungssy,stem *n* (*bei Wahlen*).

**cu·mu·li** [ˈkjuːmjʊlaɪ] *pl von* cumulus.

**,cu·mu·lo·'nim·bus** [,kjuːmjʊləʊ-] *s a. irr meteor.* Kumulo'nimbus *m*, Cumulo-'nimbus *m* (*massige, dichte Wolke in Form e-s hohen Berges od. mächtigen Turmes*). **~'stra·tus** *s irr meteor.* Strato'kumulus *m* (*tiefhängendes, aus ein- od. mehrschichtigen Wolken bestehendes Wolkenfeld*).

**cu·mu·lus** [ˈkjuːmjʊləs] *pl* **-li** [-laɪ] *s* **1.** Haufen *m*. **2.** *meteor.* Kumulus *m*, Haufenwolke *f*.

**cu·ne·i·form** [ˈkjuːniːfɔː(r)m; -nɪf-; *Am.* a. kjʊˈniː-] I *adj* **1.** keilförmig, Keil... **2.** Keilschrift...: ~ characters Keilschrift(zeichen *pl*) *f*. II *s* **3.** Keilschrift *f*. **4.** *anat.* a) Keilbein *n*, b) Dreiecksbein *n* (*an Fuß u. Hand*).

**cu·ni·form** [ˈkjuːnɪfɔː(r)m] → cuneiform.

**cun·ni·lin·gus** [,kʌnɪˈlɪŋɡəs] *s* Cunni-'lingus *m* (*orale Befriedigung e-r Frau*).

**cun·ning** [ˈkʌnɪŋ] I *adj* (*adv* ~ly) **1.** klug, geschickt. **2.** schlau, listig, gerissen: (as) ~ as a fox schlau wie ein Fuchs. **3.** *Am. colloq.* a) niedlich, süß: a ~ baby, b) drollig: a ~ frown. II *s* **4.** Klugheit *f*, Geschicklichkeit *f*. **5.** Schlauheit *f*, List(igkeit) *f*, Gerissenheit *f*. **6.** *sport* Spielwitz *m*.

**cunt** [kʌnt] *s vulg.* **1.** ,Fotze' *f*, ,Möse' *f* (*Vagina*). **2.** ,Nummer' *f* (*Koitus*): to have a ~ e-e Nummer machen *od.* schieben. **3.** Frau *f* fürs Bett. **4.** ,Arschloch' *n*, ,Scheißkerl' *m*.

**cup** [kʌp] I *s* **1.** Schale *f* (*a. des Weinglases etc*), Napf *m*. **2.** (Wein- *etc*)Becher *m*, Kelch *m*: to be fond of the ~ gern ,bechern' *od.* trinken; to be in one's ~s betrunken sein; → dreg 1. **3.** a) Tasse *f*, b) (*e-e*) Tasse(voll): a ~ of tea e-e Tasse Tee; that's not my ~ of tea *Br. colloq.* das ist nicht mein Fall. **4.** *sport* Cup *m*, Po'kal *m*: ~ final Pokalendspiel *n*, -spiel *n*; ~ tie Pokalspiel *n*, -paarung *f*; ~ winner Pokalsieger *m*. **5.** Bowle *f*. **6.** *relig.* a) Abendmahlskelch *m*, b) Abendmahlswein *m*. **7.** Schicksal *n*, Kelch *m*: the ~ of happiness der Kelch *od.* Becher der Freude; the ~ of bitterness (*od.* sorrow) der Kelch des Leidens; his ~ is full das Maß s-r Leiden *od.* Freuden ist voll. **8.** *pl obs.* a) Zechen *n*, Trinken *n*, b) Zechgelage *n*, c) (Be)Trunkenheit *f*: to be in one's ~s betrunken sein, zu tief ins Glas geschaut haben. **9.** schalen- *od.* becher- *od.* kelchförmiger Gegenstand. **10.** *bot.* Blüten-, Fruchtbecher *m*, (Blumen)Kelch *m*. **11.** *zo.* Kelch *m*. **12.** *Golf:* a) Me'tallfütterung *f* des Loches, b) Loch

---

*n*. **13.** *med.* → cupping glass. **14.** *anat.* (Gelenk)Pfanne *f*. **15.** *sport* 'Unterleibsschutz *m*, (Boxen) Tiefschutz *m*. **16.** Körbchen *n*, Schale *f* (*des Büstenhalters*). **17.** Mulde *f*. **18.** → cupful. **II** *v/t* **19.** in e-e Schale *etc* legen *od.* gießen. **20.** (mit e-m Becher) schöpfen. **21.** a) die Hand ,hohl' machen, wölben, b) das Kinn *etc* in die (hohle) Hand legen *od.* schmiegen, c) die Hand wölben über (*acc*). **22.** *med.* schröpfen.

**cup| and ball** *s* Fangbecher(spiel *n*) *m*. **~-and-'ball joint** *s tech.* Kugelgelenk *n*. **~-and-'cone bear·ing** *s* Kegelkugellager *n*. ~ **ba·rom·e·ter** *s* Ge-'fäßbaro,meter *n*. **~bear·er** *s* Mundschenk *m*.

**cup·board** [ˈkʌbə(r)d] *s* (Geschirr-, Speise-, *bes. Br. a.* Wäsche-, Kleider-) Schrank *m*. ~ **bed** *s* Schrankbett *n*. ~ **love** *s colloq.* berechnende Liebe.

**'cup·cake** *s* (*Art*) Napfkuchen *m*.

**cu·pel** [ˈkjuːpl; kjuːˈpel] *chem. tech.* I *s* **1.** ('Scheide-, 'Treib)Ka,pelle *f*, Ku'pelle *f*. **2.** Treibherd *m*. II *v/t pret u. pp* **-peled**, *bes. Br.* **-pelled 3.** kupel'lieren, abtreiben.

**cup·ful** [ˈkʌpfʊl] *pl* **-fuls** *s* **1.** (*e-e*) Schale(voll), (*ein*) Becher(voll) *m*, (*e-e*) Tasse(voll). **2.** *gastr. Am.* ¹/₂ Pint *n* (*0,235 l*).

**cup grease** *s tech.* Staufferfett *n*.

**Cu·pid** [ˈkjuːpɪd] *s* **1.** *antiq.* Kupido *m*, Amor *m* (*a. fig. Liebe*). **2.** c~ Amo'rette *f*.

**cu·pid·i·ty** [kjuːˈpɪdətɪ] *s* **1.** Habgier *f*, Gier *f*, Begierde *f*, Gelüst(e) *n*.

**Cu·pid's bow** [ˈkjuːpɪdz] *s* **1.** Amorsbogen *m* (*die klassische Bogenform*). **2.** e-m klassischen Bogen ähnliche Linienführung (*bes. der Lippen*).

**cup in·su·la·tor** *s electr.* 'Glockeniso-,lator *m*.

**cu·po·la** [ˈkjuːpələ] *s* **1.** *arch.* Kuppel (-dach *n*, -gewölbe *n*) *f*. **2.** *a.* ~ furnace *tech.* Ku'pol-, Kuppelofen *m*. **3.** *mar. mil.* Panzerturm *m*.

**cup·ping** [ˈkʌpɪŋ] *s med.* Schröpfen *n*. ~ **glass** *s med.* Schröpfglas *n*, -kopf *m*.

**cu·pre·ous** [ˈkjuːprɪəs; *Am. a.* 'kuː-] *adj* **1.** kupfern. **2.** kupferhaltig. **3.** kupferartig.

**cu·pric** [ˈkjuːprɪk; *Am. a.* 'kuː-] *adj chem.* Kupfer..., Cupri... (*zweiwertiges Kupfer enthaltend*): ~ oxide Kupferoxyd *n*. **cu·'prif·er·ous** [-ˈprɪfərəs] *adj min.* kupferhaltig, Kupfer... **'cu·prite** [-praɪt] *s min.* Cu'prit *m*, Rotkupfer(erz) *n*.

**cu·pro·nick·el** [,kjuːprəʊˈnɪkl; *Am. a.* ,kuː-] *s tech.* Kupfernickel *n*, Nickelkupfer *n*.

**cu·prous** [ˈkjuːprəs; *Am. a.* 'kuː-] *adj chem.* Kupfer..., Cupro... (*einwertiges Kupfer enthaltend*).

**cu·pu·late** [ˈkjuːpjʊlət; -leɪt], **'cu·pu·lar** [-lə(r)] *adj* **1.** becherförmig, -artig. **2.** *bot.* bechertragend.

**cu·pule** [ˈkjuːpjuːl] *s* **1.** *bot.* Blütenbecher *m*. **2.** *zo.* Saugnäpfchen *n*.

**cu·pu·lif·er·ous** [,kjuːpjʊˈlɪfərəs] *adj bot.* **1.** zu den Becherfrüchtlern gehörend. **2.** bechertragend.

**cur** [kɜː; *Am.* kɜr] *s* **1.** Köter *m*. **2.** *fig. contp.* (Schweine)Hund *m*, ,Schwein' *n*.

**cur·a·bil·i·ty** [,kjʊərəˈbɪlətɪ] *s med.* Heilbarkeit *f*. **'cur·a·ble** *adj* heilbar.

**cu·ra·cy** [ˈkjʊərəsɪ] *s relig.* Amt *n* e-s Hilfspfarrers *od.* Ku'raten.

**cu·ra·re, cu·ra·ri** [kjʊˈrɑːrɪ; *Am. a.* kʊ-], **cu·'ra·ra** [-rə] *s* Ku'rare *n* (*Pfeilgift*).

**cu·rate** [ˈkjʊərət] *s relig.* a) Hilfspfarrer *m*, -geistliche(r) *m*, b) *a.* ~-in-charge Ku'rat *m*: it's like the ~'s egg *fig. Br.* es teilweise gar nicht so übel.

**cur·a·tive** [ˈkjʊərətɪv] *adj* heilend, Heil... **II** *s* Heilmittel *n*.

**cu·ra·tor** [ˌkjʊəˈreɪtə(r); *Am. a.* ˈkjʊrətər] *s* **1.** Muˈseums-, Galeˈriediˌrektor *m.* **2.** *univ. Br.* Mitglied *n* des Kuraˈtoriums. **3.** *jur. bes. Scot.* Vormund *m*, Pfleger *m.* **4.** *jur.* Verwalter *m*, Pfleger *m.* **cu·ra·tor·ship** *s* Amt *n* e-s Muˈseumsdiˌrektors *etc.*

**curb** [kɜːb; *Am.* kɜrb] **I** *s* **1.** a) Kanˈdare *f*, b) Kinnkette *f* (*Pferdezaum*). **2.** *fig.* Zaum *m*, Zügel(ung *f*) *m*: to put a ~ (up)on → 10. **3.** *bes. Am.* Bordschwelle *f*, Rand-, Bordstein *m*, Straßenkante *f.* **4.** *Am.* (steinerne) Einfassung. **5.** *Br.* (schwellenartiger) Kaˈminvorsatz. **6.** *arch.* a) Auskleidung *f*, b) Kranz *m* (*am Kuppeldach*). **7.** *tech.* a) Beˈtonkasten *m*, b) Kranz *m* (*der Turbine od. e-r Gußform*), c) (*oberer*) Mühlenkranz. **8.** *econ. Am.* a) Straßenmarkt *m*, b) Freiverkehrsbörse *f*: ~ broker Freiverkehrsmakler *m.* **9.** *vet.* Spat *m*, Hasenfuß *m.* **II** *v/t* **10.** Zügel anlegen (*dat*), zügeln, im Zaum halten, bändigen: to ~ one's imagination; to ~ smuggling dem Schmuggelunwesen Einhalt gebieten; to ~ a boom e-e Konjunktur dämpfen *od.* drosseln; to ~ production die Produktion einschränken *od.* drosseln. **11.** *ein Pferd* an die Kanˈdare nehmen. **12.** a) *bes. Am.* e-n Gehweg mit Randsteinen einfassen, b) *Am.* e-n Brunnen etc einfassen. **13.** *bes. Am.* e-n Hund zum Geschäftmachen in die Rinnstein führen. **~ bit** *s* Kanˈdarenstange *f.* **~ mar·ket** → curb 8. **~ pin** *s* Rückerstift *m* (*Uhr*). **~ pric·es** *s pl econ. Am.* Freiverkehrskurse *pl.* **~ roof** *s arch.* Manˈsard(en)dach *n.* **~ ser·vice** *s econ. Am.* Bedienung *f* im Auto. **~ stocks** *s pl econ. Am.* an der Freiverkehrsbörse noˈtierte Aktien *pl.* **ˈ~ stone I** *s* **1.** → curb 3. **II** *adj* **2.** *econ. Am.* Straßen..., Winkel...: ~ broker Straßenmakler *m.* **3.** *Am. colloq.* ˌSchmalspur...': ~ engineer; ~ opinion unmaßgebliche Ansicht(en).

**cur·cu·ma** [ˈkɜːkjəmə; *Am.* ˈkɜrkjəmə] *s bot.* Kurˈkume *f*, Gelbwurz *f.*

**curd** [kɜːd; *Am.* kɜrd] *s* **1.** *oft pl* geronnene *od.* dicke Milch, Quark *m*: ~ cheese Weiß-, Quarkkäse *m.* **2.** Gerinnsel *n*: ~ soap Kernseife *f.*

**cur·dle** [ˈkɜːdl; *Am.* ˈkɜrdl] **I** *v/t* **1.** *Milch* gerinnen lassen. **2.** *fig.* erstarren lassen: to ~ s.o.'s blood j-m das Blut in den Adern erstarren lassen. **II** *v/i* **3.** gerinnen, dick werden (*Milch*). **4.** *fig.* erstarren: the sight made my blood ~ bei dem Anblick erstarrte mir das Blut in den Adern.

**ˈcurd·y** *adj* **1.** geronnen, dick. **2.** klumpig. **3.** *chem.* (flockig)käsig.

**cure** [kjʊə(r)] **I** *s* **1.** *med.* Kur *f*, Heilverfahren *n*, Behandlung *f* (for gegen): to take a milk ~ e-e Milchkur machen; under ~ in Behandlung. **2.** *med.* Heilung *f*: past ~ a) unheilbar krank (*Person*), b) unheilbar (*Krankheit*), c) *fig.* hoffnungslos (*Lage etc*). **3.** *med.* (Heil)Mittel *n* (for gegen). **4.** *fig.* Mittel *n*, Abhilfe *f*, Reˈzept *n* (for gegen). **5.** Haltbarmachung *f*: a) Räuchern *n*, b) Einpökeln *n*, -salzen *n*, c) Trocknen *n*, d) Beizen *n*, e) (Aus)Härtung *f* (*von Kunststoffen*). **6.** *tech.* Vulkaniˈsieren *n.* **7.** *relig.* a) *a.* ~ of souls Seelsorge *f*, b) Pfarˈrei *f* (*Amt u. Bezirk*). **II** *v/t* **8.** a) *med.* j-n heilen, kuˈrieren (of von) (*a. fig.*): to ~ s.o. of lying j-m das Lügen abgewöhnen; to ~ s.o. of an idea j-n von e-r Idee abbringen, b) *med.* e-e *Krankheit* heilen: to ~ a disease *od. fig.* Mißstände etc abstellen. **9.** haltbar machen: a) räuchern, b) trocknen, c) beizen, d) einpökeln, -salzen, e) *tech.* aushärten. **10.** *tech.* vulkaniˈsieren. **III** *v/i* **11.** Heilung bringen, heilen. **12.** e-e Kur machen.

**ˈcure-all** *s* Allˈheilmittel *n.*
**cure·less** [ˈkjʊə(r)lɪs] *adj* unheilbar.
**cu·ret·tage** [kjʊəˈretɪdʒ; ˌkjʊərɪˈtɑːʒ; *Am.* ˌkjʊərəˈtɑːʒ] *s med.* Auskratzung *f*, Ausschabung *f.* **cuˈrette** [-ˈret] *med.* **I** *s* Küˈrette *f.* **II** *v/t* auskratzen, ausschaben. **cuˈrette·ment** → curettage.

**cur·few** [ˈkɜːfjuː; *Am.* ˈkɜr-] *s* **1.** *hist.* a) Abendläuten *n*, b) Zeit *f* des Abendläutens, c) *a.* ~ bell Abendglocke *f.* **2.** *mil.* Ausgangsverbot *n*, -sperre *f.* **3.** Sperrstunde *f.*

**cu·ri·a** [ˈkjʊərɪə; *Am. a.* ˈkʊ-] *pl* **-ae** [-iː] (*Lat.*) *s* **1.** *antiq. hist. od. R.C.* Kurie *f.* **2.** *hist.* königlicher Gerichts- *od.* Verwaltungshof (*in England*).

**cu·rie** [ˈkjʊərɪ; *Am. a.* kjʊˈriː] *s chem. phys.* Cuˈrie *f* (*Strahlungseinheit*). **C~ con·stant** *s phys.* Cuˈriesche Konˈstante. **Cu·rie's law** *s phys.* Cuˈriesches Gesetz. **cu·ri·o** [ˈkjʊərɪəʊ] *pl* **-os** → curiosity 2 a *u. c.*

**cu·ri·os·i·ty** [ˌkjʊərɪˈɒsɪtɪ; *Am.* -ˈɑs-] *s* **1.** Neugier *f*, Wißbegierde *f*: out of ~ aus Neugier; ~ killed the cat sei nicht so neugierig! **2.** Kuriosiˈtät *f*: a) Rariˈtät *f*, b) Sehenswürdigkeit *f*, c) Kuriˈosum *n*, komische Sache *od.* Perˈson. **3.** *obs.* peinliche Genauigkeit. **~ shop** *s* Antiquiˈtäten-, Rariˈtätenladen *m.*

**cu·ri·ous** [ˈkjʊərɪəs] *adj* (*adv* ~ly) **1.** neugierig, wißbegierig, gespannt: I am ~ to know if ich möchte gern wissen, ob; to be ~ about s.th. auf etwas neugierig sein. **2.** neugierig, schnüffelnd. **3.** kuriˈos, seltsam, merkwürdig: ~ly enough merkwürdigerweise. **4.** *colloq.* komisch, wunderlich. **5.** *obs.* genau, sorgfältig, peinlich, streng.

**curl** [kɜːl; *Am.* kɜrl] **I** *v/t* **1.** *Haar etc* a) locken, b) kräuseln: it's enough to ~ your hair *colloq.* da stehen e-m ja die Haare zu Berge. **2.** (*spiralförmig*) winden, zs.-rollen: to ~ o.s. up → 10; with legs ~ed mit übergeschlagenen Beinen. **3.** *Wasser* kräuseln. **4.** die Nase krausziehen, *die Lippen* (verächtlich) schürzen. **5.** *tech.* bördeln. **II** *v/i* **6.** sich locken *od.* kräuseln (*Haar*): it's enough to make your hair ~ *colloq.* da stehen e-m ja die Haare zu Berge. **7.** sich wellen: to ~ up in Ringen hochsteigen (*Rauch*). **8.** sich (*spiralförmig*) winden. **9.** sich kräuseln, kleine Wellen schlagen (*Wasser*). **10.** *a.* ~ up sich ein- *od.* zs.-rollen: to ~ up on the sofa es sich auf dem Sofa gemütlich machen. **11.** *sport* Curling spielen. **III** *s* **12.** Locke *f*: in ~s gelockt. **13.** (Rauch-)Ring *m*, Kringel *m.* **14.** Windung *f.* **15.** *a. math. phys.* Wirbel *m.* **16.** Kräuseln *n*, Krausziehen *n.* **17.** *bot.* Kräuselkrankheit *f.*

**curl cloud** *s meteor.* Cirrus-, Federwolke *f.*
**curled** [kɜːld; *Am.* kɜrld] *adj* a) gelockt, lockig, b) gekräuselt, kraus.
**curl·er** [ˈkɜːlə; *Am.* ˈkɜrlər] *s* **1.** *sport* Curlingspieler(in). **2.** Lockenwickel *m*, -wickler *m.*
**cur·lew** [ˈkɜːljuː; -luː; *Am.* ˈkɜr-] *s orn.* (ein) Brachvogel *m*, *bes. a.)* common ~ Großer Brachvogel, Brachhuhn *n*, b) *a.* ~ jack Kleiner Brachvogel.
**curl·i·cue** [ˈkɜːlɪkjuː; *Am.* ˈkɜr-] *s* Schnörkel *m.*
**curl·ing** [ˈkɜːlɪŋ; *Am.* ˈkɜr-] *s* **1.** a) Locken *n*, b) Kräuseln *n.* **2.** Winden *n.* **3.** *sport* Curling(spiel) *n.* **~ stone** *s* Curlingstein *m.* **4.** *tech.* Bördeln *n.* **~ i·ron** *s a. pl* (Locken)Brennschere *f.* **~ ma·chine** *s tech.* ˈBördelmaˌschine *f.* **~ tongs** *s pl* → curling iron.
**ˈcurl·pa·per** *s* Paˈpierhaarwickel *m*, -wickler *m.*

**curl·y** [ˈkɜːlɪ; *Am.* ˈkɜr-] *adj* **1.** → curled. **2.** wellig gemasert (*Holz*). **3.** Locken tragend. **ˈ~ head** *s* Locken- *od.* Krauskopf *m* (*Person*). **ˌ~ ˈhead·ed** *adj* a) lockenköpfig, b) krausköpfig. **ˈ~ pate** *colloq.* für curly-head.

**cur·mudg·eon** [kɜːˈmʌdʒən; *Am.* kɜr-] *s* Brummbär *m.* **curˈmudg·eon·ly** *adj* brummig, bärbeißig, mürrisch.
**cur·rach, cur·ragh** [ˈkʌrəx; ˈkʌrə] *Scot. od. Ir.* für coracle.
**cur·rant** [ˈkʌrənt; *Am.* ˈkɜr-] *s* **1.** Koˈrinthe *f* (*kleine Rosine*). **2.** red (white, black) ~ *bot.* rote (weiße, schwarze) Joˈhannisbeere.

**cur·ren·cy** [ˈkʌrənsɪ; *Am.* ˈkɜr-] *s* **1.** ˈUmlauf *m*, Zirkulatiˈon *f*: to give ~ to a rumo(u)r ein Gerücht in Umlauf setzen *od.* verbreiten. **2.** a) (Allgeˈmein)Gültigkeit *f*, allgemeine Geltung, b) Gebräuchlichkeit *f*, Geläufigkeit *f*: ~ of a word, c) Verbreitung *f*: ~ of news. **3.** *econ.* a) ˈGeldˌumlauf *m*, b) ˈumlaufendes Geld, c) Zahlungsmittel *pl*, d) foreign ~ Deˈvisen *pl*, e) Währung *f*: gold ~ Goldwährung. **4.** *econ.* Laufzeit *f* (*e-s Wechsels, a. e-s Vertrags*), Gültigkeitsdauer *f.* **~ ac·count** *s econ.* Währungs-, Deˈvisenkonto *n.* **~ bill** *s econ. Br.* Deˈvisenwechsel *m*, Wechsel *m* in ausländischer Währung. **~ bond** *s econ.* Fremdwährungsschuldverschreibung *f.* **~ con·trol** *s econ.* **1.** ˈWährungskonˌtrolle *f.* **2.** *Am.* Deˈvisenkonˌtrolle *f od.* -bewirtschaftung *f.* **~ doc·trine** *s econ. Br.* Doktrin, nach der volle Deckung durch Edelmetall vorhanden sein muß. **~ note** *s econ. Br.* Schatzanweisung *f* (1914–28). **~ re·form** *s econ.* ˈWährungsreˌform *f.* **~ snake** *s econ.* Währungsschlange *f.*

**cur·rent** [ˈkʌrənt; *Am.* ˈkɜr-] **I** *adj* (*adv* → currently) **1.** laufend (*Jahr, Monat, Konto etc*): ~ business laufende Geschäfte *pl.* **2.** gegenwärtig, jetzig, augenblicklich, aktuˈell: ~ events Tagesereignisse, -politik *f*; ~ price *econ.* Tagespreis *m*; ~ value *econ.* gegenwärtiger Marktwert. **3.** ˈumlaufend, kurˈsierend (*Geld, Gerücht etc*): to be ~ kursieren. **4.** allgemein bekannt *od.* verbreitet. **5.** üblich, geläufig, gebräuchlich: not in ~ use nicht allgemein üblich. **6.** (to pass) ~ allgemein gültig *od.* anerkannt (sein). **7.** *econ.* a) (markt)gängig (*Ware*), b) gültig (*Geld*), c) kurs-, verkehrsfähig, d) → 3. **8.** *obs.* fließend, flüssig, leicht. **II** *s* **9.** Strömung *f*, Strom *m* (*beide a. fig.*): against the ~ gegen den Strom; ~ of air Luftstrom *m od.* -zug *m.* **10.** *fig.* a) Trend *m*, Tenˈdenz *f*, b) (Ver)Lauf *m*, Gang *m.* **11.** *electr.* Strom *m.* **~ ac·count** *s electr.* **1.** laufendes Konto, Kontokorˈrent-, Girokonto *n.* **2.** Zahlungsbilanz: ˈLeistungsbiˌlanz *f.* **~ as·sets** *s pl econ.* laufende Akˈtiva *pl*, ˈUmlaufvermögen *n.* **ˈ~ ˌcar·ry·ing** *adj electr.* stromführend. **~ coin** *s econ.* gängige Münze. **~ col·lec·tor** *s electr.* Stromabnehmer *m*, (Strom)Sammelschiene *f.* **~ den·si·ty** *s electr.* Stromdichte *f.* **~ ex·change** *s econ.* Tageskurs *m*: at the ~ zum Tageskurs. **~ ex·pens·es** *s pl econ.* laufende Ausgaben *pl od.* Unkosten *pl.* **~ li·a·bil·i·ties** *s pl econ.* laufende Verpflichtungen *pl.* **~ lim·it·er** *s electr.* Strombegrenzer *m.* **ˈ~ ˌlim·it·ing** *adj electr.* strombegrenzend: ~ fuse.

**cur·rent·ly** [ˈkʌrəntlɪ; *Am.* ˈkɜr-] *adv* **1.** gegenwärtig, zur Zeit, jetzt, im Augenblick. **2.** *fig.* fließend, flüssig: to read s.th. ~.

**cur·rent me·ter** *s electr.* Stromzähler *m.* **~ mon·ey** *s econ.* ˈumlaufendes Geld. **~ price** *s econ.* Tages-, Marktpreis *m*,

(*Börse*) Tageskurs *m*. **~ re·ceiv·a·bles** *s pl econ. Am.* 'Umlaufvermögen *n*.

**cur·ri·cle** [*Br.* 'kʌrıkl; *Am.* 'kɜrəkl] *s* Karri'ol(e *f*) *n*, zweirädrige Kutsche (*mit 2 Pferden*).

**cur·ric·u·la** [kə'rıkjʊlə] *pl von* curriculum.

**cur·ric·u·lar** [kə'rıkjʊlə(r)] *adj* Lehrplan...

**cur·ric·u·lum** [kə'rıkjʊləm] *pl* **-la** [-lə], **-lums** *s* Studien-, Lehrplan *m*. **~ vi·tae** ['viːtaı; 'vaıtiː] (*Lat.*) *pl* **-la** *- s* Lebenslauf *m*.

**cur·ri·er** ['kʌrıə; *Am.* 'kɜrıər] *s* **1.** (Pferde)Striegler *m*. **2.** Lederzurichter *m*.

**cur·ry**[1] ['kʌrı; *Am.* 'kɜrı:] *v/t* **1.** *ein Pferd* striegeln, abreiben. **2.** *tech. Leder* zurichten, gerben. **3.** *colloq.* verdreschen, verprügeln. **4. to ~ favo(u)r with s.o.** sich bei j-m einschmeicheln *od.* lieb Kind machen (wollen).

**cur·ry**[2] ['kʌrı; *Am.* 'kɜrı:] **I** *s* **1.** Curry *m, n* (*Gewürz*). **2.** Curry *n* (*Gericht*). **II** *v/t* **3.** mit Curry(soße) zubereiten: **curried chicken** Curryhuhn *n*.

**'cur·ry·comb** **I** *s* Striegel *m*. **II** *v/t* striegeln.

**cur·ry pow·der** *s* Currypulver *n*.

**curse** [kɜːs; *Am.* kɜrs] **I** *s* **1.** Fluch *m*: **to lay a ~ upon** → 6 a; **there is a ~ (up)on the house, the house is under a ~** auf dem Haus lastet *od.* liegt ein Fluch. **2.** *relig.* a) Verdammung *f*, b) Bann(fluch) *m*. **3.** Fluch(wort *n*) *m*, Verwünschung *f*. **4.** Fluch *m*, Unglück *n* (**to** für), Geißel *f*. **5. she has the ~** *colloq.* sie hat ihre 'Tage' (*Periode*). **II** *v/t pret u. pp* **cursed**, *obs.* **curst** [kɜːst; *Am.* kɜrst] **6.** verfluchen: a) mit e-m Fluch belegen, b) verwünschen, fluchen auf (*acc*) *od.* über (*acc*): **~ it!** hol's der Teufel!; **~ him!** der Teufel soll ihn holen! **7.** (*meist pass*) strafen, quälen: **to be ~d with s.th.** mit etwas bestraft *od.* geplagt sein. **8.** *relig.* mit dem Bannfluch belegen. **III** *v/i* **9.** fluchen, Flüche ausstoßen.

**curs·ed** ['kɜːsıd; *Am.* 'kɜrs-] *adj* (*adv* **~ly**) verflucht, -wünscht, -dammt (*alle a. colloq.*).

**cur·sive** ['kɜːsıv; *Am.* 'kɜrs-] **I** *adj* **1.** kur'siv, Kursiv... (*Handschrift*): **in ~ characters** *print.* in Schreibschrift (gedruckt). **2.** *fig.* sa'lopp, lässig (*Stil etc*). **II** *s* **3.** kur'siv geschriebenes Manu'skript. **4.** *print.* Schreibschrift *f*.

**cur·sor** ['kɜːsə; *Am.* 'kɜrsər] *s* **1.** *math. tech.* Läufer *m*, Schieber *m* (*am Rechenstab etc*). **2.** Zeiger *m* (*am Meßgerät*). **3.** *Radar:* Peilzeiger *m*. **4.** *Computer:* Positi'onsanzeiger *m* (*auf dem Bildschirm*).

**cur·so·ri·al** [-'soːrıəl; *Am. a.* -'səʊ-] *adj zo.* Lauf...: **~ bird.**

**cur·so·ri·ness** ['kɜːsərınıs; -srı-; *Am.* 'kɜr-] *s* Flüchtigkeit *f*, Oberflächlichkeit *f*. **'cur·so·ry** *adj* (*adv* **cursorily**) flüchtig, oberflächlich.

**curst** [kɜːst; *Am.* kɜrst] *obs. pret u. pp von* curse.

**curt** [kɜːt; *Am.* kɜrt] *adj* (*adv* **~ly**) **1.** kurz(gefaßt), knapp: **a ~ report**. **2.** (**with**) barsch, schroff (gegen), kurz angebunden (zu).

**cur·tail** [kɜː'teıl; *Am.* kɜr-] *v/t* **1.** (ab-, ver)kürzen: **~ed word** Kurzwort *n*. **2.** beschneiden, stutzen. **3.** *fig.* Ausgaben *etc* kürzen, Preise *etc* her'absetzen, *a. j-s Rechte etc* beschneiden, be-, einschränken: **to ~ s.o.'s rights**, *etc*; **~ wages** (*die*) Löhne kürzen *od.* herabsetzen. **cur·'tail·ment** *s* **1.** (Ab-, Ver)Kürzung *f*. **2.** *fig.* Kürzung *f*, Beschneidung *f*. **3.** *fig.* Be-, Einschränkung *f*, Her'absetzung *f* (**in** *gen*).

**cur·tain** ['kɜːtn; *Am.* 'kɜrtn] **I** *s* **1.** Vor-

hang *m*, Gar'dine *f*: **to draw the ~s** die Vorhänge *od.* die Gardine auf- *od.* zuziehen (→ 3). **2.** *fig.* Vorhang *m*, (*a. Regen-, Wolken- etc*)Wand *f*: **a ~ of rain**; **~ of fire** → **curtain fire**. **3.** *fig.* Vorhang *m*, Schleier *m*, Hülle *f*: **security ~** *pol.* (ausgeklügeltes) System von Sicherheitsmaßnahmen; **behind the ~** hinter den Kulissen; **to draw the ~ over s.th.** über etwas den Schleier des Vergessens breiten; **to lift the ~** den Schleier lüften. **4.** *thea.* a) Vorhang *m*: **the ~ rises** der Vorhang geht auf *od.* hoch; **the ~ falls** der Vorhang fällt (*a. fig.*) *od.* senkt sich, b) Auf- *od.* Hochgehen *n* des Vorhangs, Aktbeginn *m*, c) Fallen *n* des Vorhangs, Aktschluß *m*, d) Ta'bleau *n* (*effektvolle Schlußszene*), e) Her'vorruf *m*: **to get** (*od.* **take**) **ten ~s** zehn Vorhänge haben. **5.** 'Schlußmu,sik *f* (*e-r Radiosendung etc*). **6.** *pl colloq.* das Ende: **it was ~s for him** da war es 'Sense' *od.* aus mit ihm. **II** *v/t* **7.** mit Vorhängen versehen: **to ~ off** mit Vorhängen abteilen *od.* abschließen. **8.** *fig.* verhüllen, -schleiern. **~ call** → curtain 4 e. **~ fall** → curtain 4 c. **~ fire** *s mil.* Sperrfeuer *n*, Feuervorhang *m*. **~ lec·ture** *s* Gar'dinenpredigt *f*. **~ rais·er** *s* **1.** *thea.* kurzes Vorspiel. **2.** *fig.* Vorspiel *n*, Ouver'türe *f* (**to** zu). **~ wall** *s arch.* **1.** Zwischenwand *f*, -mauer *f*. **2.** Blendwand *f*.

**cur·ta·na** [kɜː'tɑːnə; -'teınə; *Am.* kɜr-] *s* Cur'tana *f* (*Schwert ohne Spitze, das dem englischen König bei der Krönung vorangetragen wird*).

**cur·te·sy** ['kɜːtəsı:] *s jur. Am.* Nießbrauch *m* des Witwers am Grundbesitz der verstorbenen Ehefrau.

**cur·ti·lage** ['kɜːtılıdʒ; *Am.* 'kɜrtl-] *s* zum Haus gehöriger (um'friedeter) Hof *etc*.

**curt·ness** ['kɜːtnıs; *Am.* 'kɜrt-] *s* **1.** Kürze *f*, Knappheit *f*. **2.** Barschheit *f*, Schroffheit *f*.

**curt·s(e)y** ['kɜːtsı; *Am.* 'kɜrt-] **I** *s* Knicks *m*: **to drop a ~ (to)** → II. **II** *v/i* e-n Knicks machen, knicksen (**to** vor *dat*).

**cur·va·ceous** [kɜː'veıʃəs; *Am.* kɜr-] *adj colloq.* 'kurvenreich' (*Frau*).

**cur·vate** ['kɜːveıt; -vət; *Am.* kɜr-], **'cur·vat·ed** [-veıtıd] *adj* geschweift, geschwungen.

**cur·va·ture** ['kɜːvətʃə; -ˌtʃʊə; -ˌtjʊə; *Am.* 'kɜrvəˌtʃʊr; -tʃər] *s* Krümmung *f* (*a. math.*): **~ of the earth** Erdkrümmung; **~ of field** *TV* Bildfeldwölbung *f*; **~ of the spine** *med.* Rückgratverkrümmung *f*.

**curve** [kɜːv; *Am.* kɜrv] **I** *s* **1.** Kurve *f* (*a. math.*): a) Krümmung *f*, Biegung *f*, b) (Straßen)Kurve *f*, (-)Biegung *f*, c) Rundung *f* (*pl colloq. a. e-r Frau*), d) Statistik *etc:* Schaulinie *f*, e) *fig.* Ten'denz *f:* **~ of pursuit** *math.* Verfolgungskurve; **~ fitting** *math.* Angleichung *f* e-r Kurve. **2.** *tech.* 'Kurvenlin,eal *n*. **3.** *pl Am.* runde Klammern *pl*. **4.** *a. ~ ball* a) (*Baseball*) Effetball *m*, b) *Am. colloq.* Trick *m*, List *f*. **II** *v/t* **5.** biegen, krümmen. **6.** schweifen, runden, wölben. **III** *v/i* **7.** sich biegen *od.* krümmen *od.* wölben. **8.** kurven, e-e Kurve beschreiben. **curved** [kɜːvd; *Am.* kɜrvd] *adj* **1.** gekrümmt, gebogen, krumm: **~ space** *math.* gekrümmter Raum. **2.** *arch.* gewölbt, Bogen... **3.** geschweift, geschwungen. **4.** *mil.* Steil...: **~ fire.**

**curve·some** ['kɜːvsəm; *Am.* 'kɜrv-] → curvaceous.

**cur·vet** [kɜː'vet; *Am.* kɜr-] (*Hohe Schule*) **I** *s* Kur'bette *f*, Bogensprung *m*. **II** *v/i pret u. pp* -'vet·ted, -'vet·ed kurbet'tieren.

**cur·vi·form** ['kɜːvıfɔːm; *Am.* 'kɜrvəˌfɔːrm] *adj* bogen-, kurvenförmig.

**cur·vi·lin·e·ar** [ˌkɜːvı'lınıə(r); *Am.*

ˌkɜrvə-], *a.* ˌcur·vi'lin·e·al [-əl] *adj* krummlinig.

**curv·om·e·ter** [kɜː'vomıtə; *Am.* kɜr'vamətər] *s tech.* Kurvenmesser *m*.

**curv·y** ['kɜːvı; *Am.* 'kɜr-] → curvaceous.

**cu·sec** ['kjuːsek] *s* Ku'bikfuß *m* pro Se'kunde.

**cush·at** ['kʌʃət] *s orn.* Ringeltaube *f*.

**cush·ion** ['kʊʃn] **I** *s* **1.** Kissen *n*, Polster *n*: **~ of moss** Mooskissen, -polster. **2.** *fig.* Polster *n*: **~ against unemployment**; **to sit on one's two-goal ~** *sport* sich auf s-m Zweitorevorsprung ausruhen. **3.** Wulst *m* (*für die Frisur*). **4.** Bande *f* (*Billardtisch*). **5.** *tech.* a) Puffer *m*, Dämpfer *m*, b) Vergolder-, Blattkissen *n*, c) Zwischenlage *f*, Polsterschicht *f od.* -streifen *m* (*bei Luftreifen*), d) Felgenring *m*, e) (Gas-, Dampf- *etc*)Polster *n*, (*Luft-*) Kissen *n*. **6.** *arch.* a) Kämpferschicht *f*, b) Kissen *n*, Ruhestein *m*. **7.** *zo.* a) Fettpolster *n* (*des Pferdehufes*), b) wulstige Oberlippe (*bestimmter Hunde*). **8.** *Rundfunk, TV: Am.* (Pro'gramm)Füllsel *n*. **II** *v/t* **9.** mit Kissen versehen. **10.** durch Kissen schützen. **11.** weich betten. **12.** polstern (*a. fig.*). **13.** e-n Stoß, e-n Fall *etc* dämpfen, auffangen. **14.** *fig.* vertuschen. **15.** *tech.* abfedern, dämpfen. **~ cap·i·tal** *s arch.* **1.** 'Wulstkapi,tell *n*. **2.** 'Würfelkapi,tell *n*. **~·craft** *s* a) Luftkissenfahrzeug *n*, b) Felgenring *m*, (*als pl konstruiert*) Luftkissenfahrzeuge *pl*.

**cush·ioned** ['kʊʃnd] *adj* **1.** gepolstert, Polster... **2.** *fig.* bequem, behaglich. **3.** kissen-, polsterförmig. **4.** *tech.* federnd, stoßgedämpft.

**cush·ion plant** *s bot.* Polsterpflanze *f*. **~ tire**, *bes. Br.* **~ tyre** *s tech.* 'Hochela,stik-, Halbluftreifen *m*.

**cush·y** ['kʊʃı] *adj colloq.* gemütlich, ruhig: **a ~ job.**

**cusp** [kʌsp] *s* **1.** Spitze *f*, spitzes Ende. **2.** *anat. zo.* (Zahn)Höcker *m*. **3.** *anat.* Zipfel *m* (*der Herzklappe*). **4.** *math.* Scheitelpunkt *m* (*e-r Kurve*). **5.** *arch.* Nase *f* (*am gotischen Maßwerk*). **6.** *astr.* Spitze *f*, Horn *n* (*des Halbmonds*).

**cus·pate** ['kʌspeıt; -pıt], **'cus·pat·ed** [-peıtıd], **cusped** [kʌspt] *adj* spitz (zulaufend).

**cus·pid** ['kʌspıd] *s anat.* Eckzahn *m*. **cus·pi·dal** ['kʌspıdl] *adj math.* Spitzen...: **~ curve.** **'cus·pi·date** [-deıt] *adj* **1.** spitz (zulaufend). **2.** *bot.* (stachel)spitzig.

**cus·pi·dor** ['kʌspıdɔː(r)] *s bes. Am.* Spucknapf *m*.

**cuss** [kʌs] *colloq.* **I** *s* **1.** Fluch *m*, Verwünschung *f*: **~ word** Fluchwort *n*; → tinker 1. **2.** *oft humor.* Bursche *m*, 'Nummer' *f*: **a queer ~** ein komischer Kauz. **II** *v/t* **3.** *a.* **~ out** verfluchen, fluchen auf (*acc*) *od.* über (*acc*). **III** *v/i* **4.** fluchen. **'cuss·ed** [-ıd] *adj colloq.* **1.** verflucht, -flixt. **2.** gemein, boshaft. **3.** stur, bockbeinig. **'cuss·ed·ness** *s colloq.* **1.** Bosheit *f*. **2.** Sturheit *f*.

**cus·tard** ['kʌstə(r)d] *s* Eiercreme *f*. **~ ap·ple** *s bot.* (*e-r*) An'none, -pie *s* Sahnetorte *f* (*bes. in Slapstickkomödien*).

**cus·to·di·al** [kʌ'stəʊdjəl; -dıəl] **I** *adj* **1.** Aufsichts...: **~ care** Obhut *f*; **~ sentence** *jur.* Freiheitsstrafe *f*. **2.** *jur. Am.* vormundschaftlich. **II** *s* **3.** *R.C.* a) Cu'stodia *f*, b) Re'liquienkästchen *n*.

**cus·to·di·an** [-ən] *s* **1.** Aufseher *m*, Wächter *m*. **2.** (*Haus- etc*)Verwalter *m*. **3.** Hüter *m* (*der Moral etc*). **4.** Verwahrer *m* (*a. jur.*). **5.** *jur.* (Vermögens)Verwalter *m*. **6.** *jur. Am.* Vormund *m*. **cus'to·di·an·ship** *s* **1.** Amt *n* e-s Verwalters *etc*. **2.** Verwaltung *f*. **3.** *jur. Am.* Vormundschaft *f*.

**cus·to·dy** ['kʌstədı:] *s* **1.** Obhut *f*, Schutz *m*, Bewachung *f*: **in s.o.'s ~** in j-s Obhut. **2.** Aufsicht *f* (**of** über *acc*). **3.** (*Vermögens-*

*etc*)Verwaltung *f.* **4.** *jur.* Gewahrsam *m:* a) tatsächlicher Besitz, b) (*a.* Unter¦su-chungs)Haft *f:* **to take into ~** verhaften, in Gewahrsam nehmen. **5.** *jur.* elterliche Sorge *od.* Gewalt, Sorgerecht *n.* **6.** *econ. Am.* De¦pot *m:* **~ receipt** Depotschein *m.*

**cus·tom** [ˈkʌstəm] **I** *s* **1.** Brauch *m,* Gewohnheit *f,* Sitte *f:* **this is not the ~ here** das ist hier nicht üblich; **~ of** (*od.* **in**) **trade** *econ.* Handelssitte, -brauch, Usance *f;* **~ of the port** *econ.* Hafenbrauch, -usance *f;* **~ of the Realm** *Br.* Landesbrauch. **2.** *collect.* Sitten *pl u.* Gebräuche *pl.* **3.** *jur.* a) fester Brauch, b) Gewohnheitsrecht *n:* **~ of war** Kriegsbrauch *m.* **4.** *pl* Brauchtum *n.* **5.** *hist.* (*durch Gewohnheitsrecht festgelegte*) Abgabe *od.* Dienstleistung. **6.** *econ.* Kundschaft *f:* a) Kunden(kreis *m*) *pl,* b) Kundesein *n:* **to draw** (**get**) **a lot of ~ from** ein gutes Geschäft machen mit; **to take one's ~ elsewhere** woanders hingehen, anderswo Kunde werden; **to have withdrawn one's ~ from** nicht mehr Kunde sein bei. **7.** *pl* Zoll *m:* **~s authorities** → **8. 8.** *pl* Zollbehörde *f,* -amt *n.* **II** *adj* **9.** *bes. Am.* a) **~ custom-made** shoes Maßschuhe; **~ work** Maßarbeit *f,* b) auf Bestellung *od.* für Kunden arbeitend: **~ tailor** Maßschneider *m.*

**cus·tom·ar·i·ly** [ˈkʌstəmərəli; *Am.* ¦-ˈmerəli] *adv* üblicherweise, ¦herkömmlicherweise. **'cus·tom·ar·y** *adj* **1.** gebräuchlich, gewöhnlich, ¦herkömmlich, üblich: **as is ~** wie es üblich ist, wie üblich. **2.** gewohnt, Gewohnheits... **3.** *jur.* gewohnheitsrechtlich: **~ law** Gewohnheitsrecht *n.* **II** *s* **4.** (Sammlung *f* der) Gewohnheitsrechte *pl.*

**ˌcus·tom-'built** *adj* nach Kundenangaben gefertigt, einzeln angefertigt (*Auto etc*).

**cus·tom·er** [ˈkʌstəmə(r)] *s* **1.** Kunde *m,* Kundin *f,* Abnehmer(in), Käufer(in): **~'s check** *Am.* Barscheck *m;* **~ country** Abnehmerland *n;* **~'s loan** Kundenkredit *m;* **~ service** Kundendienst *m.* **2.** *colloq.* Bursche *m,* Kerl *m,* ¦Kunde' *m,* ¦Zeitgenosse' *m.* **3.** Freier *m* (*e-r Prostituierten*). **~ a·gent** *s econ.* Kundenvertreter *m* (*im Exportgeschäft*). **~ own·er·ship** *s econ. Am.* Aktienbesitz *m* der Kundschaft von Versorgungsbetrieben.

**'cus·tom|·house** *s* Zollamt *n:* **~ agent** (*od.* **broker**) Zollagent *m.* **~ in·voice** *s econ.* ¦Zollfak¦tura *f.*

**'cus·tom·ize** *v/t* **1.** Versicherungsprogramm *etc* auf den Kundenbedarf zuschneiden. **2.** *bes.* sein Auto individu¦ell ¦herrichten.

**ˌcus·tom-'made** *adj* nach Maß *od.* auf Bestellung *od.* spezi¦ell angefertigt, maßgefertigt, Maß...: **~ suit.**

**cus·toms**| **clear·ance**, *a.* **clear·ing** *s* Zollabfertigung *f.* **~ dec·la·ra·tion** *s* ¦Zolldeklarati¦on *f,* -erklärung *f.* **~ ex·am·i·na·tion**, **~ in·spec·tion** *s* ¦Zollkon¦trolle *f.* **~ of·fi·cer**, **~ of·fi·cial** *s* Zollbeamte(r) *m.* **~ un·ion** *s* ¦Zolluni¦on *f,* -verein *m.* **~ ware·house** *s* Zollager *n.* **~ war·rant** *s econ.* Zollauslieferungsschein *m.*

**cut** [kʌt] **I** *s* **1.** Schnitt *m.* **2.** Hieb *m:* **~ and thrust** *a.* fenc. Hieb u. Stoß *m,* b) *fig.* (*feindseliges*) Hin u. Her, Widerstreit *m;* **rhetorical ~ and thrust** Wortgefecht *n.* **3.** *fig.* Stich *m,* (Seiten)Hieb *m,* Bosheit *f.* **4.** *colloq.* Schneiden *n:* **to give s.o. the ~ direct** j-n ostentativ schneiden. **5.** (Spaten)Stich *m.* **6.** Haarschnitt *m.* **7.** *tech.* Ein-, Anschnitt *m,* Kerbe *f.* **8.** *tech.* Schnittfläche *f.* **9.** *tech.* Schrot *m* od. *n.* **10.** a) Einschnitt *m,* ¦Durchstich *m* (*im Gelände*), b) Graben *m.* **11.** Schnitte *f,*

---

Stück *n* (*bes. Fleisch*): **cold ~s** Aufschnitt *m.* **12.** *Am. colloq.* Imbiß *m.* **13.** *colloq.* Anteil *m* (**of**, **in an** *dat*): **my ~ is 20%.** **14.** *bes. Am.* a) Mahd *f* (*Gras*), b) Schlag *m* (*Holz*), c) Schur *f* (*Wolle*). **15.** *Film:* Schnitt *m.* **16.** *Film, Rundfunk, TV:* scharfe Über¦blendung, Schnitt *m.* **17.** Abkürzung(sweg *m*) *f,* di¦rekter Weg. **18.** *Tennis etc:* Schnitt *m.* **19.** Stück *n,* Länge *f* (*von Stoff, Tuch*). **20.** (Zu)Schnitt *m,* Fas¦son *f* (*bes. von Kleidung*). **21.** Schnitt *m,* Schliff *m* (*von Edelsteinen*). **22.** *fig.* Art *f,* Schlag *m:* **of quite a different ~** aus ganz anderem Holz geschnitzt. **23.** Gesichtsschnitt *m.* **24.** *colloq.* (*soziale etc*) Stufe: **a ~ above** e-e Stufe höher als. **25.** *print.* a) (Kupfer)Stich *m,* b) Druckstock *m,* c) Kli¦schee *n.* **26.** Holzschnitt *m.* **27.** (*modischer*) Schlitz (*im Kleid*). **28.** Streichung *f,* Auslassung *f,* Kürzung *f* (*in e-m Buch etc*). **29.** *econ.* Kürzung *f,* Senkung *f:* **~ in prices** Preissenkung *od.* -herabsetzung *f;* **~ in salary** Gehaltskürzung. **30.** *ped. univ. colloq.* ¦Schwänzen' *n.* **31.** *Kartenspiel:* a) Abheben *n,* b) abgehobene Karte(n *pl*). **32.** *colloq.* Strohhalm *m* (*zum Losen*): **to draw ~s** Strohhalme ziehen, losen.

**II** *adj* **33.** beschnitten, (zu)geschnitten, gestutzt, gespalten, zersägt: **~ flowers** Schnittblumen; **~ glass** geschliffenes Glas. **34.** *bot.* (ein)gekerbt. **35.** gemeißelt, geschnitzt, behauen. **36.** verschnitten, ka¦striert: **a ~ horse** ein Wallach. **37.** *econ.* her¦abgesetzt, ermäßigt: **~ prices. 38.** *sl.* ¦blau', ¦besoffen'.

**III** *v/t pret u. pp* **cut 39.** (be-, zer-) schneiden, ab-, ¦durchschneiden, e-n Schnitt machen in (*acc*): **to ~ one's finger** sich in den Finger schneiden; **to ~ to pieces** zerstückeln; **to ~ one's teeth** Zähne bekommen, zahnen; → **eyetooth. 40.** abhacken, abschneiden, absägen, *mar.* kappen: **to ~ a book** ein Buch aufschneiden; **to ~ coal** Kohle(n) hauen; **to ~ grass** Gras mähen; **to ~ trees** Bäume fällen; **to ~ turf** Rasen stechen; **to ~ wood** Holz hacken. **41.** *e-e Hecke etc* (be)schneiden, stutzen: **to ~ s.o.'s hair** j-m die Haare schneiden. **42.** *e-e Schnittwunde* beibringen (*dat*), verletzen. **43.** schlagen: **to ~ a horse with a whip. 44.** *Tiere* ka¦strieren, verschneiden. **45.** *ein Kleid etc* zuschneiden, etwas (*zu*)¦rechtschneiden, e-n Schlüssel anfertigen; *e-n Braten* vorschneiden *od.* zerlegen. **46.** *e-n Stein* behauen, *Glas, Edelsteine* schleifen. **47.** (ein)schneiden, einschneiden, -ritzen. **48.** *e-n Weg* ausgraben, -hauen, *e-n Graben* stechen, *e-n Tunnel* bohren: **to ~ one's way** sich e-n Weg bahnen. **49.** *agr. Land* ¦umackern, pflügen. **50.** *math. etc* durch¦schneiden, kreuzen. **51.** *mot.* a) *e-e Kurve* schneiden; → **corner** 1, b) *ein Verkehrszeichen etc* über¦fahren. **52.** *e-n Text etc, a. e-n Betrag etc* kürzen, beschneiden, zs.-streichen (**to** auf *acc*): **to ~ an article** e-n Film schneiden; **to ~ the wages** die Löhne kürzen; **to ~ production** die Produktion einschränken *od.* drosseln. **53.** *econ. Preise* her¦absetzen, senken. **54.** *die Geschwindigkeit* her¦absetzen, verringern. **55.** *econ. e-n Verlust* abschreiben: **I have ~ my losses** a) ich habe m-e Verluste abgeschrieben, b) *fig.* ich habe diese Sache aufgegeben. **56.** a) *chem. tech.* verdünnen, auflösen, b) *colloq.* verwässern. **57.** *tech.* abstoßen, *Metall, a. Gewinde* schneiden, beschroten, fräsen, scheren, schleifen. **58.** *electr. teleph. e-e Verbindung* trennen. **59.** *electr. mot. tech.* a) *den Motor* ab-, ausschalten, b) *den Motor* drosseln. **60.** *Film, Rundfunk, TV:* abbrechen. **61.** (*auf Tonband*) mitschneiden. **62.** *fig. e-e Verbin-*

---

*dung* abbrechen, aufgeben. **63.** *fig.* a) betrüben: **it ~ him to the heart** es tat ihm in der Seele weh, es schnitt ihm ins Herz, b) *j-m* weh tun, *j-n* kränken. **64.** *colloq. j-n* schneiden: **to ~ s.o. dead** j-n völlig ignorieren. **65.** *ped. univ. colloq. e-e Stunde etc* ¦schwänzen'. **66.** *Karten* abheben. **67.** *Tennis etc:* den Ball (an-) schneiden. **68.** *colloq.* Gewinne teilen. **69.** *sport e-n Rekord* brechen. **70.** → **cut out** 9.

**IV** *v/i* **71.** schneiden, hauen (**in**, **into** *acc*), bohren, hauen, sägen, stechen: **it ~s both ways** *fig.* a) es ist ein zweischneidiges Schwert, b) das gilt für beide Teile (gleichermaßen). **72.** einschneiden, drücken (*Kragen etc*). **73.** sich (gut) schneiden lassen. **74.** ¦durchbrechen (*Zähne*). **75.** (auf dem kürzesten Wege) hin¦durcheilen, den kürzesten Weg einschlagen. **76.** *colloq.* a) rasen, flitzen, b) ¦abhauen': **to ~ and run** Reißaus nehmen. **77.** weh tun, kränken. **78.** *Kartenspiel:* abheben. **79.** *sport* den Ball (an-) schneiden. **80.** *Film etc:* a) schneiden, über¦blenden: **to ~ to** um- *od.* hinüberblenden zu, b) abbrechen. **81.** *ped. univ. colloq.* (*die Stunde etc*) ¦schwänzen'. **82.** *paint.* stark her¦vortreten (*Farbe*). **83.** *colloq.* die Gewinne teilen.

*Verbindungen mit Präpositionen:*

**cut|a·cross** *v/i* **1.** quer durch ... gehen (*um abzukürzen*). **2.** *fig.* hin¦ausgehen über (*acc*). **3.** *fig.* wider¦sprechen (*dat*). **4.** *fig. Am.* einbeziehen, einschließen. **~ in·to** *v/i* **1.** Kuchen *etc* anschneiden. **2.** einschneiden in (*acc*) (*a. fig.*): **it ~ his time** es kostete ihn Zeit; **to ~ a market** *econ.* e-n Einbruch in e-n Markt erzielen; **it ~ the value of his house** es verringerte den Wert s-s Hauses; **the new car ~ his savings** riß ein Loch in s-e Ersparnisse. **~ through** *v/t* durch¦schneiden, -¦hauen, -¦stechen, -¦graben.

*Verbindungen mit Adverbien:*

**cut|a·long** *v/i Br. colloq.* sich auf die Beine machen. **~ back I** *v/t* **1.** → **cut** 41, 52, 54. **II** *v/i* **2.** *bes. Am.* (zu)¦rückblenden (**to** auf *acc*) (*Film, Roman etc*). **3.** **~ on** *etwas* einschränken: **to ~ on smoking. ~ down I** *v/t* **1.** abhacken, abhauen, *Bäume* fällen, *e-n Wald* abholzen. **2.** zu-¦rechtschneiden, -stutzen (*a. fig.*): **~ size¹** 3. **3.** a) niederschlagen, b) erschlagen. **4.** *fig.* da¦hin-, wegraffen. **5.** *Kleidungsstück* kleiner machen (*bes. für ein jüngeres Familienmitglied*). **6.** a) *Ausgaben* verringern, einschränken, b) → **cut** 52, 53. **7.** *j-n* her¦unterhandeln (**by** um; **to** auf *acc*). **8.** *electr.* die Spannung redu¦zieren. **9.** *tech.* abdrehen. **II** *v/i* **10.** **~ on** *etwas* einschränken: **to ~ on smoking. ~ in I** *v/t* **5.** j-n einmischen (**on** an *dat*). **II** *v/i* **5.** sich einmischen. **6.** *mot.* sich di¦rekt vor ein anderes Auto setzen: **to ~ on s.o.** j-n schneiden. **7.** *colloq.* (*beim Tanz*) abklatschen. **8.** *Kartenspiel:* (als Partner) einspringen. **9.** *tech. teleph.* sich einschalten. **~ loose** *v/i* **1.** sich lossagen *od.* freimachen (**from** von). **2.** sich gehen lassen. **3.** a) loslegen (**with** mit), b) ¦auf den Putz hauen'. **~ off** *v/t* **1.** abschneiden, abhauen, absägen: **to ~ s.o.'s head** j-n köpfen. **2.** *den Strom etc* absperren, abdrehen, *e-e Verbindung, die Versorgung, den Weg etc* abschneiden: **to ~ the enemy's retreat** dem Feind den Rückzug abschneiden; **he had his electricity ~** ihm wurde der Strom gesperrt. **3.** *teleph. Teilnehmer* trennen. **4.** *electr. tech.* ab-, ausschalten

**5.** *fig.* a) abschneiden, trennen, b) abbrechen, (ab'rupt) beenden. **6.** *j-n* enterben. **7.** *j-n* da'hinraffen. **~ o·pen** *v/t* aufschneiden. **~ out I** *v/t* **1.** (her)'ausschneiden. **2.** *ein Kleid* zuschneiden. **3.** *nur pass* planen, vorbereiten, ausersehen: to be ~ for a job für e-e Aufgabe wie geschaffen sein; → **work** 1. **4.** *e-n Rivalen* ausstechen, verdrängen. **5.** *tech.* a) her'ausnehmen, abkuppeln, b) *a. electr.* ab-, ausschalten. **6.** *mar. ein Schiff* durch Abschneiden von der Küste kapern. **7.** *Am. ein Weidetier* von der Herde absondern. **8.** *colloq.* etwas abstellen, ausschalten, entfernen. **9.** *colloq.* etwas unter'lassen, aufhören mit: cut it out! hör auf (damit)!, laß den Quatsch! **10.** *colloq. j-n* betrügen (*of* um *s-n Anteil*). **II** *v/i* **11.** *mot.* ausscheren. **12.** *Kartenspiel:* ausscheiden. **13.** *tech.* a) sich ausschalten, b) aussetzen, -fallen (*Motor*). **~ o·ver** *v/t Wald* ausforsten, abholzen. **~ un·der** *econ.* **I** *v/t* unter'bieten. **II** *v/i* unter dem Marktpreis verkaufen. **~ up I** *v/t* **1.** zerschneiden, -hauen, -sägen. **2.** zerlegen. **3.** zerreißen ausschlitzen, *den Boden* zerwühlen. **4.** unter-'brechen. **5.** vernichten, dezi'mieren. **6.** *colloq.* ,verreißen', scharf kriti'sieren. **7.** *meist pass* a) tief betrüben: to be ~ tief betrübt sein, b) kränken. **II** *v/i* **8.** *Br. colloq.* sich benehmen: to ~ rough ,massiv' *od.* grob werden. **9.** *Am. colloq.* a) ,angeben', b) Unsinn treiben.

**¡cut¦-and-'come-a·gain** *s bot.* 'Sommerlev¡koje f. **¡~-and-'dried**, **¡~-and-'dry** *adj* **1.** planmäßig, festgelegt. **2.** rou'tinemäßig. **¡~-and-'try** *adj* em-'pirisch.

**cu·ta·ne·ous** [kju:'teɪnjəs; -nɪəs] *adj anat.* ku'tan, Haut...

**'cut·a·way I** *adj* **1.** schneidend. **2.** beschnitten. **3.** weggeschnitten. **4.** mit steigendem Revers (*Jacke*). **5.** Schnitt..., im Ausschnitt: ~ model Schnittmodell *n*; ~ view Ausschnitt(darstellung *f*) *m*. **II** *s* **6.** *a.* ~ coat 'Cut(a¡way) *m*.

**'cut·back** *s* **1.** *Film etc:* bes. *Am.* Rückblende *f.* **2.** Kürzung *f*, Beschneidung *f*, Zs.-streichung *f.* **3.** Her'absetzung *f*, Verringerung *f.*

**cute** [kju:t] *adj* (*adv* **~ly**) *colloq.* **1.** schlau, clever. **2.** niedlich, ,süß'. **'cute·ness** *s colloq.* **1.** Schlauheit *f*, Cleverness *f.* **2.** Niedlichkeit *f.*

**cu·ti·cle** ['kju:tɪkl] *s* **1.** Ku'tikula *f*: a) *anat.* (Ober)Häutchen *n*, Epi'dermis *f*, b) zellfreie Abscheidung der Oberhaut, c) *bot.* äußerste Schicht der Oberhaut. **2.** Deck-, Oberhaut *f*, *bes.* Nagelhaut *f*: ~ scissors Nagelschere *f.* **3.** Häutchen *n* (*auf Flüssigkeiten*).

**cut·ie** ['kju:tɪ], *a.* **'cut·ey** *colloq.* **1.** *bes. Am.* ,süße Biene'. **2.** *sport Am.* ,Stra'tege' *m*, ,alter Hase'.

**'cut-in I** *adj* **1.** eingeschaltet. **II** *s* **2.** *Film etc:* a) Einschalt(szene *f*) *m*, b) zwischengeschaltete 'Durchsage. **3.** *Film, Zeitung:* Zwischentitel *m.*

**cu·tis** ['kju:tɪs] *s anat.* Kutis *f*, Lederhaut *f.*

**cut·las(s)** ['kʌtləs] *s* **1.** *mar. hist.* Entermesser *n.* **2.** Ma'chete *f.*

**cut·ler** ['kʌtlə(r)] *s* Messerschmied *m.*

**'cut·ler·y** *s* **1.** Messerschmiedehandwerk *n.* **2.** *collect.* Messerwaren *pl.* **3.** (Tisch-, Eß)Besteck *n.*

**cut·let** ['kʌtlɪt] *s* **1.** Schnitzel *n.* **2.** Hacksteak *n.*

**'cut-off** *s* **1.** *bes. Am.* Abkürzung(sweg *m*) *f.* **2.** *geol.* a) Mä'anderabschnürung *f* (*e-s Flusses*), b) na'türlich abgeschnürte Flußschlinge. **3.** *Wasserbau:* 'Stichka¡nal *m.* **4.** *electr. tech.* a) (Ab)Sperrung *f*, Abschaltung *f*, b) Ausschalt(zeit)punkt

*m*, c) 'Sperr-, 'Abschaltperi¡ode *f*, -zeit *f*, d) Ausschalt-, Sperrvorrichtung *f*, e) *a.* ~ point Sperrpunkt *m*, -stelle *f* (*in e-m Stromkreis*). **5.** Brennschluß *m* (*bei Raketen*). **6.** *fig.* a) (ab'rupte) Beendigung, b) letzter Ter'min, Stichtag *m.* **~ current** *s electr.* Ausschaltspitzenstrom *m.* **~ key** *s electr.* Trenntaste *f.* **~ valve** *s tech.* 'Absperrven¡til *n.*

**'cut-out** *s* **1.** Ausschnitt *m.* **2.** 'Ausschneidefi¡gur *f* (*bes. für Kinder*). **3.** *electr. tech.* a) *a.* ~ switch Ausschalter *m*, Unter'brecher *m*, b) 'Sicherung(sauto¡mat *m*) *f*: ~ box Schalt-, Sicherungskasten *m.* **'~o·ver I** *adj* abgeholzt (*Forstland*). **II** *s* Kahlschlag *m.* **~'price** *f.* für cut-rate. **'~purse** *s* Taschendieb(in). **~'rate** *adj Am.* **1.** *econ.* a) ermäßigt, her'abgesetzt: ~ articles; ~ prices; ~ offer Billigangebot *n*, b) zu her'abgesetzten Preisen verkaufend: ~ shop (*bes. Am.* store) Discountgeschäft *n*, -laden *m*, c) (Fahrpreis- *etc*)Ermäßigung(en) genießend: ~ passengers. **2.** *fig. colloq.* ,billig', ,nachgemacht'.

**cut·ter** ['kʌtə(r)] *s* **1.** (Blech-, Holz-) Schneider *m*, Zuschneider *m* (*a. von Tuch*), (Stein)Hauer *m*, (Glas-, Dia-'mant)Schleifer *m.* **2.** *tech.* a) 'Schneide¡ma¡schine *f*, -werkzeug *n*, b) Fräser *m*, c) Stichel *m*, Meißel *m*, Stahl *m*, d) Bohrer *m*, e) Paral'lelschere *f.* **3.** a) Schneiddose *f*, b) Schneidstichel *m* (*für Schallplatten*). **4.** *Bergbau:* a) 'Schrämma¡schine *f*, b) Hauer *m* (*Person*). **5.** *gastr.* Ausstechform *f.* **6.** *tech.* (*Art*) weicher Backstein. **7.** *Film:* Cutter(in). **8.** *Am.* leichter (Pferde)Schlitten. **9.** *mar.* a) Kutter *m*, b) (Bei)Boot *n* (*von Kriegsschiffen*), c) *a.* coast guard ~ *Am.* Küstenwachfahrzeug *n.* **~ bar** *s tech.* **1.** Bohrspindel *f*, -welle *f.* **2.** Schneidebalken *m*, -stange *f* (*e-r Mähmaschine*). **'~head** *s tech.* **1.** Bohr-, Messerkopf *m.* **2.** Fräs(spindel)kopf *m.* **3.** Hobelmesser *n.*

**'cut·throat I** *s* **1.** a) Mörder *m*, b) (professio'neller) Killer. **2.** *orn.* Bandfink *m.* **3.** *zu dritt gespieltes Kartenspiel.* **4.** *a.* ~ razor Ra'siermesser *n.* **II** *adj* **5.** mörderisch, grausam, Mörder... **6.** *fig.* halsabschneiderisch, mörderisch: ~ competition mörderischer *od.* unbarmherziger Konkurrenzkampf; ~ price Wucherpreis *m.* **7.** zu dritt gespielt: ~ bridge.

**cut·ting** ['kʌtɪŋ] **I** *s* **1.** (Ab-, Aus-, Be-, Zu)Schneiden *m* (*etc*; → cut III). **2.** → cut 7, 15, 16. **3.** *bes. Br.* (Zeitungs)Ausschnitt *m.* **4.** *tech.*, *bes. rail. bes. Br.* Einschnitt *m*, 'Durchstich *m.* **5.** *tech.* a) Fräsen *n*, Schneiden *n*, spanabhebende Bearbeitung, Zerspanung *f*, b) Kerbe *f*, Schlitz *m*, c) *pl* (Dreh-, Hobel)Späne *pl*, d) *pl* Abfall *pl*, Schnitzel *pl.* **6.** *bot.* Ableger *m*, Steckling *m*, Setzling *m.* **II** *adj* (*adv* **~ly**) **7.** Schneid(e)..., Schnitt..., schneidend (*a. fig. Schmerz, Wind*). **8.** *fig.* schneidend, beißend, scharf: a ~ remark *e-e* tech. Schneide-, Schnittwinkel *m.* **blow·pipe** *s tech.* Schneidbrenner *m.* **~ die** *s tech.* Schneideisen *n*, 'Stanzscha¡blone *f.* **~ edge** *s* Schneide *f*, Schnittkante *f.* **~ ma·chine** *s tech.* 'Fräsma¡schine *f.* **~ nip·pers** *s pl*, *a.* pair of ~ Kneifzange *f.* **~ oil** *s tech.* Kühlöl *n.* **~ press** *s tech.* Schnittpresse *f.* **~ punch** *s tech.* Locheisen *n*, Schnittstempel *m.* **~ sty·lus** *s a. irr* → cutter 3 b. **~ torch** → cutting blowpipe.

**cut·tle** ['kʌtl] → cuttlefish. **'~bone** *s ichth.* Blackfischbein *n*, Kalkschulp *m.* **'~fish** *s* (*ein*) Kopffüßer *m* *bes.* Gemeiner Tintenfisch, Kuttelfisch *m.*

**cut·ty** ['kʌtɪ] *bes. Scot.* **I** *adj* **1.** kurz(geschnitten). **II** *s* **2.** Stummelpfeife *f.*

**3.** a) kleines, unter'setztes Mädchen, b) ,Flittchen' *n.* **~ stool** *s bes. Scot. hist.* Arme'sünderstuhl *m.*

**'cut¡up** *s Am. colloq.* **1.** ,Angeber' *m.* **2.** ,Kasper' *m*, Witzbold *m.*

**cut¦vel·vet** *s* Voile- *od.* Chif'fonstoff *m* mit Samtmuster. **'~wa·ter** *s* **1.** *mar.* Schegg *m* (*e-r Brücke*). **2.** Pfeilerkopf *m*, Gali'on *n.* **'~work** *s* Stickerei: 'Durchbrucharbeit *f.*

**cy·an·am·ide** [saɪ'ænəmaɪd; -mɪd] *s chem.* **1.** Zyana'mid *n.* **2.** Kalkstickstoff *m.* **'cy·a·nate** [-əneɪt] *s chem.* Zya'nat *n.*

**cy·an·ic** [saɪ'ænɪk] *adj* **1.** zy'anblau. **2.** *chem.* Zyan...: ~ acid.

**cy·a·nide** ['saɪənaɪd] **I** *s chem.* Zya'nid *n*: ~ of copper Zyankupfer *n*; ~ of potash Zyankali *n.* **II** *v/t metall.* a) zemen'tieren, b) im Zya'nidverfahren bearbeiten.

**cy·a·nin** ['saɪənɪn] *s chem.* Zya'nin *n.*

**'cy·a·nite** [-naɪt] *s min.* Zya'nit *m*, Kya'nit *m.*

**cy·an·o·gen** [saɪ'ænədʒɪn; -dʒən] *s chem.* **1.** Zy'an *n* (*Radikal*). **2.** 'Zyan¡gas *n.*

**cy·a·no·sis** [¡saɪə'nəʊsɪs] *s med.* Zya'nose *f*, Blausucht *f.*

**cy·ber·net·ic** [¡saɪbə(r)'netɪk] **I** *adj* (*adv* **~ally**) kyber'netisch. **II** *s pl* (*als sg konstruiert*) *biol. sociol. tech.* Kyber'netik *f* (*Wissenschaft von den Steuerungs- u. Regelungsvorgängen*). **cy·ber·net·i·cist** [-ɪsɪst], *a.* **¡cy·ber·ne'ti·cian** [-nɪ'tɪʃn] *s* Kyber'netiker *m.* **¡cy·ber·'net·ist** *s* Kyber'netiker *m.*

**cy·borg** ['saɪbɔː(r)g] *s* Cyborg *m* (*menschlicher Körper, der in technische Geräte als Ersatz od. zur Unterstützung nicht ausreichend leistungsfähiger Organe integriert sind*). [Suca'ryl *n.*]

**cy·cla·mate** ['saɪkləmeɪt; 'sɪk-] *s chem.* **cy·cla·men** ['saɪkləmən; *Am. bes.* 'saɪk-] *s bot.* Alpenveilchen *n.*

**cyc·la·mine** ['saɪkləmiːn; -mɪn; 'sɪk-] *s chem.* zyklisches A'min.

**cy·cle** ['saɪkl] **I** *s* **1.** Zyklus *m*, Kreis(lauf) *m*, 'Umlauf *m.* **2.** Peri'ode *f*: in ~s periodisch (wiederkehrend). **3.** *astr.* Himmelskreis *m.* **4.** Zeitalter *n*, Ära *f.* **5.** Zyklus *m*: a) (Gedicht-, Lieder-, Sagen)Kreis *m*, b) Folge *f*, Reihe *f*, Serie *f* (*von Schriften*). **6.** a) Fahr(rad)weg *m*; ~ lane (*od. path*) Rad(fahr)weg *m*; ~ race *sport* Radrennen *n*, b) Dreirad *n*, c) Motorrad *n.* **7.** *electr. phys.* ('Schwingungs)Peri¡ode *f*: ~s per second Hertz. **8.** *tech.* a) (Arbeits)Spiel *n*, Arbeitsgang *m*, b) (Motor-)Takt *m*: four-stroke ~ Viertakt; four-~ engine Viertaktmotor *m.* **9.** *Thermodynamik:* 'Kreispro¡zeß *m.* **10.** *chem.* Ring *m.* **11.** *math.* a) Kreis *m*, b) → cyclic permutation. **12.** *bot.* Quirl *m*, Wirtel *m.* **13.** *zo.* Zyklus *m*, Entwicklungsgang *m.* **II** *v/i* **14.** e-n Kreislauf 'durchmachen. **15.** peri'odisch 'wiederkehren. **16.** radfahren, radeln. **III** *v/t* **17.** e-n Kreislauf 'durchmachen lassen. **18.** *a. tech.* peri'odisch wieder'holen. **'~car** *s Am.* (*oft dreirädriges*) Kleinstauto, -wagen *m.*

**cy·cler** ['saɪklər; 'sɪk-] *Am. für* cyclist.

**'cy·cle·way** *s* Rad(fahr)weg *m.*

**cy·clic** ['saɪklɪk; 'sɪk-] *adj*; **cy·cli·cal** [-kl] *adj* (*adv* **~ly**) **1.** zyklisch: a) Kreislauf..., kreisläufig, b) peri'odisch, c) *chem.* Zyklo..., Ring..., d) *bot.* wirtelig (*Blüte*). **2.** *econ.* konjunk'turpo¡litisch, -bedingt, konjunktu'rell, Konjunktur...: ~ policy. **3.** *Literatur:* zyklisch: ~ poet zyklischer Dichter, Zykliker *m.* **4.** *psych.* zyklisch: ~ insanity zyklisches (manisch-depressives) Irresein.

**cy·clic¦per·mu·ta·tion** *s math.* zyklische Permutati'on. **~ rate** *s mil.* Feuergeschwindigkeit *f.*

**cy·cling** ['saɪklɪŋ; *Am. a.* 'sɪk-] *s* **1.** Radfahren *n*: ~ tour Radtour *f.* **2.** *sport*

Radrennsport *m.* **'cy·clist** *s* a) Radfahrer(in), b) Motorradfahrer(in).

**cy·clo-cross** ['saɪkləʊkrɒs; *Am.* -ˌkrɔːs] *s Radsport*: Querfeld'einfahren *n*: ~ **rider** Querfeldeinfahrer *m.*

**cy·cloid** ['saɪklɔɪd] **I** *s* **1.** *math.* Zyklo'ide *f*, Radlinie *f*, -kurve *f*. **2.** *psych.* zyklo'ider Mensch. **II** *adj* **3.** kreisähnlich. **4.** *ichth.* a) zyklo'id-, rundschuppig (*Fisch*), b) zyklo'id, rund. **5.** *psych.* zyklo'id. **cy'cloi·dal** *adj* **1.** *phys.* Zykloiden...: ~ **pendulum. 2.** → cycloid II.

**cy·clom·e·ter** [saɪ'klɒmɪtə; *Am.* -'klamətər] *s* **1.** *math.* Zyklo'meter *n*, Kreisberechner *m* (*Instrument*). **2.** *tech.* Wegmesser *m*, Um'drehungszähler *m.*

**cy·clone** ['saɪkləʊn] *s* **1.** *meteor.* a) Zy'klon *m*, Wirbelsturm *m*, b) Zy'klone *f*, Tief(druckgebiet) *n*, c) *fig.* Or'kan *m*: **a ~ of laughter** orkanartiges Gelächter. **2.** *tech.* a) Zentri'fuge *f*, Schleuder *f*, b) Zy'klon(entstauber) *m* (*für Luft od. Gas*).

**cy·clo·pae·di·a**, *etc* → cyclopedia, *etc.*

**Cy·clo·pe·an** [saɪ'kləʊpjən; -pɪən; ˌsaɪkləʊ'piːən] *adj* **1.** Zyklopen... **2.** *a.* **c~** zy'klopisch, gi'gantisch. **3. c~** *arch.* mega'lithisch.

**cy·clo·pe·di·a** [ˌsaɪkləʊ'piːdjə; -dɪə] *s* **1.** Enzyklopä'die *f*. **2.** allgemeines Lehrbuch (*e-r Wissenschaft*). **cy·clo'pe·dic,** ˌcy·clo'pe·di·cal *adj* enzyklo'pädisch, univer'sal, um'fassend: ~ **knowledge.**

**Cy·clo·pes** [saɪ'kləʊpiːz] *pl von* **Cyclops.**

**Cy·clop·ic** [saɪ'klɒpɪk; *Am.* -'klɑ-] → Cyclopean.

**cy·clo-pousse** ['saɪkləʊpuːs] *s* a) Fahrradrikscha *f*, b) Motorradriksscha *f*.

**Cy·clops** ['saɪklɒps; *Am.* -ˌklɑps] *pl* **-clo·pes** [saɪ'kləʊpiːz] *s myth.* Zy'klop *m.*

**cy·clo·ra·ma** [ˌsaɪklə'rɑːmə; *Am.* -'ræmə] *s* **1.** Rundgemälde *n*. **2.** 'Rundhoriˌzont *m.*

**cy·clo·style** ['saɪkləʊstaɪl] **I** *s* Zyklo'styl *m.* **II** *v/t* durch Zyklo'styl vervielfältigen.

**cy·clo·thyme** ['saɪkləʊθaɪm] *s psych.* zyklo'thymer Mensch.

**cy·clo·tron** ['saɪklətrɒn; *Am.* -ˌtran] *s phys.* Zyklotron *n*, (Teilchen)Beschleuniger *m.*

**cy·der** *bes. Br. für* cider.

**cyg·net** ['sɪgnɪt] *s orn.* junger Schwan.

**cyl·in·der** ['sɪlɪndə(r)] *s* **1.** *print. tech.* Zy'linder *m*, Walze *f* (*beide a. math.*), Rolle *f*, Trommel *f*: **six-~ car** Sechszylinderwagen *m.* **2.** *tech.* a) (Re'volver-) Trommel *f*, b) Bohrung *f*, Seele *f*, c) Gas-, Stahlflasche *f*, d) 'Meßzyˌlinder *m*, e) Stiefel *m* (*e-r Pumpe*). **3.** *bot.* Zen'tralzyˌlinder *m*. **4.** *Archäologie*: 'Siegelzyˌlinder *m*, Rollsiegel *n*. ~ **bar·rel** *s tech.* Zy'lindermantel *m.* ~ **block** *s tech.* Zy-

'linderblock *m.* ~ **bore** *s tech.* Zy'linderbohrung *f.*

**cyl·in·dered** ['sɪlɪndə(r)d] *adj tech.* ...zylindrig: **four-~ engine** Vierzylindermotor *m.*

**cyl·in·der**| **es·cape·ment** *s tech.* Zy'linderhemmung *f* (*Uhr*). ~ **glass** *s tech. Am.* geblasenes Flachglas. ~ **head** *s tech.* Zy'linderkopf *m.* ~ **press** *s tech.* ('Druck)Zyˌlinder(schnell)presse *f.* ~ **saw** *s tech.* Trommelsäge *f.*

**cy·lin·dri·cal** [sɪ'lɪndrɪkl], *a.* **cy'lin·dric** *adj* (*adv ~ally*) *math.* zy'lindrisch, Zylinder..., *tech. a.* walzenförmig.

**cy·lin·dri·cal**| **co·or·di·nates** *s pl math.* Zy'linderkoordiˌnaten *pl.* ~ **func·tions,~ har·mon·ics** *s pl math.* Zy'linderfunktiˌonen *pl*, Besselsche Funkti'onen *pl.*

**cy·lin·dri·form** [sɪ'lɪndrɪfɔː(r)m] *adj* zy'linderförmig.

**cyl·in·droid** ['sɪlɪndrɔɪd] **I** *s math.* Zylindro'id *n.* **II** *adj* zylindro'id.

**cy·ma** ['saɪmə] *pl* **-mae** [-miː], **-mas** *s* **1.** *arch.* Kyma *n* (*Schmuckleiste*). **2.** *bot.* → cyme.

**cy·mar** → simar.

**cym·bal** ['sɪmbl] *s mus.* **1.** *meist pl* Becken *n* (*Schlaginstrument*). **2.** Zimbel *f* (*Orgelregister*). **'cym·bal·ist** [-bəlɪst] *s mus.* Beckenschläger *m.* **'cym·ba·lo** [-bələʊ] *pl* **-los** *s mus.* Hackbrett *n.*

**cyme** [saɪm] *s bot.* a) Zyma *f*, Gabel-Blütenstand *m*, b) Trugdolde *f.*

**Cym·ric** ['kɪmrɪk] **I** *adj* kymrisch, *bes.* wa'llisisch. **II** *s ling.* Kymrisch *n*, das Kymrische. **'Cym·ry** *s collect.* Kymren *pl*, *bes.* Wa'liser *pl.*

**cyn·ic** ['sɪnɪk] **I** *s* **1.** Zyniker *m.* **2. C~** *antiq. philos.* Kyniker *m.* **II** *adj* (*adv ~ally*) **3.** → cynical. **4. C~** *antiq. philos.* kynisch. **'cyn·i·cal** *adj* (*adv ~ly*) zynisch. **'cyn·i·cism** [-sɪzəm] *s* **1.** Zy'nismus *m.* **2.** Zy'nismus *m*, zynische Bemerkung. **3. C~** *antiq. philos.* Ky'nismus *m.*

**'cyn·i·cist** → cynic 1.

**cy·no·sure** ['sɪnəˌzjʊə; -ˌʒjʊə; 'saɪnə-; *Am.* 'saɪnəˌʃʊr; 'sɪnə-] *s* **1.** *fig.* Anziehungspunkt *m*, Gegenstand *m* der Bewunderung. **2. C~** *astr.* a) Kleiner Bär (*Sternbild*), b) Po'larstern *m.*

**cy·pher** → cipher.

**cy pres** [ˌsiː'preɪ; *Am. a.* ˌsaɪ-] *adj u. adv jur.* im Absichten des Erb-lassers so-'weit wie möglich entsprechend.

**cy·press**[1] ['saɪprəs; -prɪs] *s bot.* **1.** Zy'presse *f.* **2.** (*ein*) zy'pressenartiger Baum, *bes.* a) (*e-e*) 'Lebensbaum-, 'Scheinzyˌpresse, b) Vir'ginische 'Sumpfzyˌpresse, c) Yaccabaum *m* (*Mittelamerika*). **3.** Zy'pressenholz *n.*

**cy·press**[2] ['saɪprəs; -prɪs] *s* feiner Ba'tist (*bes. für Trauerkleidung*).

**Cyp·ri·an** ['sɪprɪən] **I** *adj* **1.** zyprisch. **2.** *obs.* lasterhaft. **II** *s* **3.** → Cypriote I. **4.** *obs.* lasterhafte Per'son, *bes.* Hure *f.*

**cy·pri·nid** [sɪ'praɪnɪd; 'sɪprɪ-] *ichth.* **I** *s* Karpfen *m.* **II** *adj* karpfenartig.

**Cyp·ri·ote** ['sɪprɪəʊt], *a.* **'Cyp·ri·ot** [-ət] **I** *s* **1.** Zyprer(in). **2.** *ling.* Zyprisch *n*, zyprischer Dia'lekt. **II** *adj* **3.** zyprisch.

**cy·prus** ['saɪprəs] → cypress[2].

**Cy·ril·lic** [sɪ'rɪlɪk] *adj* ky'rillisch.

**cyst** [sɪst] *s* **1.** Zyste *f*: a) *med.* Sackgeschwulst *f*, b) *biol.* Ruhezelle *f*, c) Blase *f.* **2.** Kapsel *f*, Hülle *f.*

**cyst·ic** ['sɪstɪk] *adj* **1.** *bes. med.* zystisch: ~ **kidney** Zystenniere *f.* **2.** *anat.* (Gallen-, Harn)Blasen...

**cys·ti·tis** [sɪs'taɪtɪs] *s med.* Zy'stitis *f*, 'Blasenentzündung *f*, -ka'tarrh *m.*

**cys·to·cele** ['sɪstəʊsiːl] *s med.* Zysto'zele *f*, Blasenvorfall *m.*

**cys·to·scope** ['sɪstəskəʊp] *s med.* Zysto-'skop *n*, Blasenspiegel *m.* **cys'tos·co·py** [-'stɒskəpɪ; *Am.* -'sta-] *s med.* Zysto'skopie *f.* **cys'tot·o·my** [-'stɒtəmɪ; *Am.* -'sta-] *s med.* Zystoto'mie *f*, Blaseneinschnitt *m.*

**cy·to·blast** ['saɪtəʊblæst] *s biol.* Zyto-'blast *m*, Zellkern *m.* **'cy·to·chrome** [-krəʊm] *s biol.* Zyto'chrom *n*, Zellfarbstoff *m.*

**cy·tode** ['saɪtəʊd] *s biol.* Zy'tode *f.*

**cy·to·ge·net·ics** [ˌsaɪtəʊdʒɪ'netɪks] *s pl* (*als sg konstruiert*) *biol.* Zytoge'netik *f* (*Erforschung der zellphysiologischen Grundlagen der Vererbung*). **cy'tog·e·nous** [-'tɒdʒɪnəs; *Am.* -'tɑ-] *adj biol.* zyto'gen, zellbildend.

**cy·tol·o·gy** [saɪ'tɒlədʒɪ; *Am.* -'tɑ-] *s biol.* Zytolo'gie *f*, Zellenlehre *f.*

**cy·tol·y·sis** [saɪ'tɒlɪsɪs; *Am.* -'tɑ-] *s med.* Zyto'lyse *f*, Zellauflösung *f*, -zerfall *m.*

**cy·to·plasm** ['saɪtəʊplæzəm] *s biol.* Zyto'plasma *n*, Proto'plasma *n.* **'cy·to·plast** [-plɑːst; *bes. Am.* -plæst] *s biol.* Zyto'plasma *n*, Zellkörper *m* (*ohne Kern*).

**czar** [zɑː(r)] *s* **1.** *meist* **C~** *hist.* Zar *m.* **2.** *fig.* Herrscher *m*, Dik'tator *m.*

**czar·das** ['tʃɑː(r)dæʃ] *s mus.* Csárdás *m.*

**czar·dom** ['zɑː(r)dəm] *s* **1.** Zarenreich *n.* **2.** Zarenwürde *f.* **3.** *fig.* (auto'kratische) Herrschaft.

**czar·e·vitch** ['zɑːrəvɪtʃ] *s* Za'rewitsch *m.*

**cza·ri·na** [-'riːnə] *s* Zarin *f.* **'czar·ism** *s* Zarentum *n.* **czar·is·tic** *adj* za'ristisch, Zaren... **cza'rit·za** [-'rɪtsə] → czarina.

**Czech** [tʃek] **I** *s* **1.** Tscheche *m*, Tschechin *f.* **2.** *ling.* Tschechisch *n*, das Tschechische. **II** *adj* **3.** tschechisch. **'Czech·ic** → Czech II.

**Czech·o·slo·vak** [ˌtʃekəʊ'sləʊvæk], *a.* **'Czech·o·slo'vak·i·an** [-sləʊ'vækɪən; -'vɑ-] **I** *s* Tschechoslo'wake *m*, -slo'wakin *f.* **II** *adj* tschechoslo'wakisch.

# D

**D, d** [di:] **I** _pl_ **D's, Ds, d's, ds** [di:z] _s_
**1.** D, d _n_ (_Buchstabe_). **2.** _mus._ D, d _n_
(_Note_): D flat Des, des _n_; D sharp Dis,
dis _n_; D **double flat** Deses, deses _n_; D
**double sharp** Disis, disis _n_. **3.** d _math._ d
(_4. bekannte Größe_). **4.** D _ped._ Vier _f_,
Ausreichend _n_ (_Note_). **5.** D D _n_, D-
-förmiger Gegenstand. **II** _adj_ **6.** viert(er,
e, es): **Company D. 7.** D-..., D-förmig.
**'d** [d] _colloq. für_ had, should, would:
**you'd.**
**dab¹** [dæb] **I** _v/t_ **1.** leicht schlagen _od._
klopfen, antippen. **2.** be-, abtupfen.
**3.** _Fläche_ bestreichen. **4.** _a._ on _Farbe etc_
auftragen. **5.** _print._ kli'schieren, abklat-
schen. **6.** _bes. Br. sl._ Fingerabdrücke
machen von. **II** _v/i_ **7.** ~ at → 1 _u._ 2. **III** _s_
**8.** Klaps _m_, leichter Schlag. **9.** Klecks _m_,
Spritzer _m_. **10.** → dabber. **11.** _bes. Br. sl._
Fingerabdruck _m_.
**dab²** [dæb] _s ichth._ **1.** Dab _m_, Kliesche _f_.
**2.** Scholle _f_.
**dab³** [dæb] _s bes. Br. colloq._ Könner _m_,
Ex'perte _m_, „Künstler‘ _m_: **to be a ~ at**
**s.th.** etwas aus dem Effeff können; **a ~ at**
**tennis** ein Tennis-As.
**dab·ber** [ˈdæbə(r)] _s a_) _print._ Farbballen
_m_, b) _Stereotypie:_ Klopfbürste _f_.
**dab·ble** [ˈdæbl] **I** _v/t_ **1.** besprengen, be-
spritzen. **2.** betupfen. **II** _v/i_ **3.** (_im Was-_
_ser_) plan(t)schen, plätschern. **4.** _fig._ sich
oberflächlich _od._ aus Liebhabe'rei _od._
_contp._ in dilet'tantischer Weise befassen
_od._ beschäftigen (**at, in** mit): **to ~ in**
**writing** (so) nebenbei ein bißchen
schriftstellern. **'dab·bler** _s_ Ama'teur _m_,
_contp._ Dilet'tant _m_: **a ~ at** (_od._ **in**) **writing**
ein literarischer Dilettant.
**dab hand** → dab³.
**dab·ster** [ˈdæbstə(r)] _s_ **1.** _Br. dial. für_
dab³. **2.** _Am. colloq._ Pfuscher _m_, Stüm-
per _m_.
**da ca·po** [dɑːˈkɑːpəʊ] _adv mus._ da capo,
noch einmal.
**dace** [deɪs] _pl_ **dac·es**, _bes. collect._ **dace** _s_
_ichth._ **1.** Häsling _m_, Hasel _m_ (_europäischer_
_Karpfenfisch_). **2.** _ein nordamer. Süßwas-_
_ser-Karpfenfisch._
**da·cha** [ˈdætʃə; _Am._ ˈdɑː-] _s_ Datscha _f_
(_russisches Sommerhaus_).
**dachs·hund** [ˈdæks(h)ʊnd; _Am._ ˈdɑːks-
ˌhʊnt] _s zo._ Dackel _m_.
**da·coit** [dəˈkɔɪt] _s_ Ban'dit _m_ (_in Indien u._
_Birma_).
**dac·ry·o·cyst** [ˈdækrɪəʊsɪst] _s med._ Trä-
nensack _m_.
**dac·tyl** [ˈdæktɪl; _Am._ -tl] _s_ **1.** _metr._ Dak-
tylus _m_ (_Versfuß aus e-r langen, betonten u._
_zwei kurzen, unbetonten Silben_). **2.** _zo._ a)
Finger _m_, b) Zehe _f_.
**dac·tyl·ic** [dækˈtɪlɪk] _adj u. s metr._ dak-
'tylisch(er Vers).
**dac·tyl·o·gram** [dækˈtɪləʊɡræm] _s bes._
_Am._ Fingerabdruck _m_. ˌ**dac·ty'log-**
**ra·phy** [-ˈlɒɡrəfɪ; _Am._ -ˈlɑ-] _s bes. Am._

Daktylograˈphie _f_. ˌ**dac·ty'lol·o·gy**
[-ˈlɒlədʒɪ; _Am._ -ˈlɑ-] _s_ Daktyloloˈgie _f_
(_Finger- u. Gebärdensprache der Taub-_
_stummen u. Gehörlosen_).
**dad** [dæd] _s colloq._ Vati _m_, Pa'pa _m_.
**Da·da·ism** [ˈdɑːdəɪzəm; -dɑː-] _s art_
Dadaˈismus _m_. ˈ**Da·da·ist I** _s_ Dadaˈist
_m_. **II** _adj_ dadaˈistisch.
**dad·dy** [ˈdædɪ] _s_ **1.** → dad: **he's the ~ of**
**them all** _bes. Am. sl._ er ist der Größte.
**2.** → sugar daddy. ~ **long-legs** _pl_
**-dy -legs** _s zo. colloq._ **1.** Schnake _f_.
**2.** _Am._ Kanker _m_, Weberknecht _m_.
**da·do** [ˈdeɪdəʊ] _pl_ **-does** _od._ **-dos** _s_
**1.** _arch._ Postaˈmentwürfel _m_. **2.** a) untere
Wand, b) untere Wandverkleidung.
**II** _v/t_ **3.** _tech._ auskehlen, langlochen.
**dae·dal** [ˈdiːdl], **Dae·da·le·an, Dae-**
**da·li·an** [dɪˈdeɪljən; -lɪən] _adj_ **1.** däˈda-
lisch: a) geschickt, b) kunstvoll (gearbei-
tet), c) ingeniˈös, sinn-
reich. **3.** kompliˈziert.
**dae·mon** [ˈdiːmən] **I** _s_ **1.** _antiq._ Dämon _m_
(_niedere Gottheit_). **2.** _fig._ Geist _m_, Genius
_m_, höhere Macht. **3.** Daiˈmonion _n_,
innere Stimme. **4.** (_das_) Däˈmonische (_im_
_Menschen_). **5.** → demon 2, 3. **II** _adj_ →
**demon** 4, 5.
**daff** [dæf] _colloq. für_ daffodil.
**daf·fo·dil** [ˈdæfədɪl] _s_ **1.** _bot._ Gelbe Nar-
ˈzisse, Osterblume _f_, -glocke _f_. **2.** Kad-
miumgelb _n_.
**daff·y** [ˈdæfɪ] → daft 1, 2.
**daft** [dɑːft; _Am._ dæft] _adj_ (_adv_ ~**ly**) _colloq._
**1.** „doof‘, trottelhaft, dämlich. **2.** ‚be-
kloppt‘, verrückt. **3. to be ~ about** ver-
rückt sein nach. **'daft·ness** _s colloq._
**1.** Dämlichkeit _f_. **2.** Verrücktheit _f_.
**dag** [dæɡ] _s_ **1.** Zottel(l) _f_, Zipfel _m_, Fetzen
_m_. **2.** _Br. für_ daglock.
**dag·ger** [ˈdæɡə(r)] _s_ **1.** Dolch _m_: **to be at**
~**s drawn** _fig._ auf Kriegsfuß stehen (**with**
**mit**); **to look** ~**s at s.o.** j-n mit Blicken
durchbohren; **to speak** ~**s** scharfe u.
verletzende Worte sprechen. **2.** _print._
Kreuz(zeichen) _n_ (†).
**dag·lock** [ˈdæɡlɒk; _Am._ -ˌlɑk] _s_ Woll-
klumpen _m_.
**da·go** [ˈdeɪɡəʊ] _pl_ **-gos** _od._ **-goes** _s_
Schimpfwort für Italiener, Spanier u. Por-
tugiesen.
**da·guerre·o·type** [dəˈɡerəʊtaɪp; -rə-;
_Am._ _a._ -rɪə-] _phot. hist._ **I** _s_ **1.** Daguerreo-
ˈtyp _n_ (_Lichtbild auf Silberplatte_). **2.** Da-
guerreotyˈpie _f_. **II** _v/t_ **3.** daguerreoty-
ˈpieren. **da'guerre·o·typ·y** _s_ → da-
guerreotype 2.
**dahl·ia** [ˈdeɪljə; _Am._ ˈdæljə; ˈdɑːljə] _s_
**1.** _bot._ Dahlie _f_, Georˈgine _f_. **2.** Dahlia _n_,
Meˈthylvio₁lett _n_ (_Farbstoff_).
**Dail Eir·eann** [ˌdaɪlˈeərən; ˌdɔɪl-], _a._
**Dail** _s_ Abgeordnetenhaus _n_ (_von Eire_).
**dai·ly** [ˈdeɪlɪ] **I** _adj_ **1.** täglich, Tage(s)...:
**our ~ bread** unser täglich(es) Brot; ~
**experience** alltägliche Erfahrung; ~

**help** → 6; ~ **newspaper** → 5; ~ **press**
Tagespresse _f_; ~ **wages** Tag(e)lohn _m_; →
**dozen** 2. **2.** _fig._ all'täglich, ständig: **to be**
**a ~ occurrence** an der Tagesordnung
sein. **II** _adv_ **3.** täglich. **4.** immer, ständig.
**III** _s_ **5.** Tageszeitung _f_. **6.** _Br._ Putzfrau _f_
(_die jeden Tag kommt_).
**dain·ti·fy** [ˈdeɪntɪfaɪ] _v/t_ verfeinern,
zierlich (_etc_, → dainty) machen. **'dain-**
**ti·ness** _s_ **1.** Zierlichkeit _f_. **2.** wähle-
risches Wesen, Verwöhntheit _f_. **3.** Zim-
perlichkeit _f_, Geziertheit _f_. **4.** Schmack-
haftigkeit _f_.
**dain·ty** [ˈdeɪntɪ] **I** _adj_ (_adv_ **daintily**)
**1.** zierlich, niedlich, fein, nett, reizend.
**2.** exquiˈsit, köstlich, erlesen. **3.** wähle-
risch, verwöhnt (_bes. im Essen_). **4.** zart
(-fühlend). **5.** zart, sanft: **none too**
**daintily** ziemlich unsanft, in wenig zar-
ter Weise. **6.** geziert, zimperlich. **7.** deli-
ˈkat, schmackhaft, lecker. **II** _s_ **8.** Lecker-
bissen _m_: a) Delikaˈtesse _f_, b) _fig._ Genuß
_m_, Köstlichkeit _f_.
**dai·qui·ri** [ˈdaɪkɪrɪ] _s bes. Am._ Cocktail
aus Rum, Limonen- _od._ Zitronensaft u.
Zucker.
**dair·y** [ˈdeərɪ] _s_ **1.** Molke'rei _f_. **2.** Mol-
keˈreibetrieb _m_, Milchwirtschaft _f_. **3.**
Milchgeschäft _n_. **4.** _a._ ~ **cattle** _collect._
Milchvieh _n_. ~ **bar** _s Am._ Milchbar _f_. ~
**farm** _s_ auf Milchwirtschaft speziali-
ˈsierter Bauernhof. ~ **hus·band·ry** _s_
Milchwirtschaft _f_.
**'dair·y·ing I** _s_ Milchwirtschaft _f_, Mol-
keˈreiwesen _n_. **II** _adj_ Molkerei...
**dair·y‖ lunch** _s Am._ Milchbar _f_.
**'~maid** _s_ **1.** Melkerin _f_. **2.** Molke'rei-
angestellte _f_. **'~man** [-mən] _s irr_
**1.** Milchmann _m_. **2.** Melker _m_, Schweizer
_m_. **3.** Molke'reiangestellte(r) _m_. ~ **prod-**
**uce** _s_ Molke'reipro₁dukte _pl_.
**da·is** [ˈdeɪɪs] _s_ **1.** Podium _n_. **2.** _obs._ Balda-
chin _m_. [blümchen.]
**dai·sied** [ˈdeɪzɪd] _adj_ voller Gänse-ʃ
**dai·sy** [ˈdeɪzɪ] _s_ **1.** _bot._ Gänseblümchen
_n_, Maßliebchen _n_, Tausendschön(chen)
_n_: **to be (as) fresh as a ~** sich quick-
lebendig fühlen; **to push up the daisies**
_sl._ ‚sich die Radies-chen von unten an-
sehen _od._ betrachten‘ (_tot sein_).
**2.** _a._ oxeye ~ _bot._ Margeˈrite _f_. **3.** _sl._
a) ˈPrachtexem₁plar _n_, b) Prachtkerl _m_.
**II** _adj_ **4.** _sl._ erstklassig, ‚prima‘. ~ **chain**
_s_ **1.** Gänseblumenkränzchen _n_, -kette _f_.
**2.** _fig._ Reigen _m_, Kette _f_: ~ **of events.** ~
**cut·ter** _s sl._ **1.** Pferd _n_ mit schleppendem
Gang. **2.** _sport_ Flachschuß _m_. **3.** _mil. Am._
Splitterbombe _f_. ~ **wheel** _s tech._ Typen-
rad _n_ (_e-r Schreibmaschine_).
**dak** [dɔːk; dɑːk] _s Br. Ind._ **1.** Post _f_: ~ **boat**
Postboot _n_. **2.** Reˈlaistrans₁port _m_: ~
**bungalow** Herberge _f_.
**da·koit** → dacoit.
**Da·lai La·ma** [ˌdælaɪˈlɑːmə; ˌdɑː-] _s_
_relig._ Dalai-Lama _m_.

**dale** [deɪl] *s bes. dial. od. poet.* Tal *n.*
**dales·man** ['deɪlzmən] *s irr* Talbewohner *m* (*bes. der nordenglischen Flußtäler*).
**da·li** ['dɑːlɪ] *s bot.* Talg-, Mus'katnuß (-baum *m*) *f.*
**dal·li·ance** ['dælɪəns] *s* 1. Tröde'lei *f,* Bumme'lei *f.* 2. Verzögerung *f.* 3. Tände-'lei *f:* a) Spiele'rei *f,* b) Liebe'lei *f,* Geschäker *n.* '**dal·li·er** *s* 1. Bummler *m.* 2. Tändler *m,* Schäker *m.*
**dal·ly** ['dælɪ] **I** *v/i* 1. (with mit) a) scherzen, schäkern, b) spielen: to ~ with s.o.'s **affections.** 2. spielen, liebäugeln (with mit): to ~ with an idea; to ~ with danger mit der Gefahr spielen. 3. her-'umtrödeln, bummeln, die Zeit vertän-deln. **II** *v/t* 4. ~ away a) die Zeit vertän-deln od. vertrödeln, b) *Gelegenheit* verpassen, verspielen. '**dal·ly·ing** *adj* 1. scherzend, schäkernd. 2. tändelnd.
**Dal·ma·tian** [dæl'meɪʃjən; *bes. Am.* -ʃən] **I** *adj* 1. dalma'tinisch, dal'matisch. **II** *s* 2. Dalma'tiner(in). 3. *a.* ~ **dog** Dalma'tiner *m* (*Hunderasse*).
**dal·mat·ic** [dæl'mætɪk] *s relig.* Dal'matik(a) *f* (*liturgisches Obergewand*).
**dal se·gno** [dæl'senjəʊ; dɑːl'semjəʊ] *adv mus.* dal segno, vom Zeichen an wieder-'holen.
**dal·ton** ['dɔːltən] *s chem. phys.* Dalton *n* (*Atommasseeinheit*).
**dal·ton·ism** ['dɔːltənɪzəm] *s med.* Dalto'nismus *m,* Farbenblindheit *f.*
**dam[1]** [dæm] **I** *s* 1. (Stau)Damm *m,* Deich *m,* Wehr *n,* Talsperre *f.* 2. Stausee *m,* -gewässer *n.* 3. *fig.* Damm *m.* **II** *v/t* 4. *a.* ~ up a) mit e-m Damm versehen, b) stauen, (ab-, ein)dämmen (*a. fig.*), c) (ab)sperren, hemmen, bloc'kieren (*a. fig.*): to ~ back one's tears die Tränen zurückhalten.
**dam[2]** [dæm] *s zo.* Mutter(tier *n*) *f.*
**dam·age** ['dæmɪdʒ] **I** *s* 1. Schaden(n) *m,* (Be)Schädigung *f* (to an *dat*): to do ~ Schaden anrichten; to do ~ to → 5; the ~ is done now jetzt ist es schon passiert; ~ by sea *mar.* Seeschaden, Havarie *f;* to suffer (*od.* sustain) ~ at sea *mar.* havarieren; ~ caused by fire Brandschaden; → personal 1, property 1. 2. Verlust *m,* Einbuße *f.* 3. *pl jur.* a) Schadensbetrag *m,* b) Schadenersatz *m:* to pay ~s Schadenersatz leisten; to seek ~s auf Schadenersatz klagen; to sue ~s for ~s, to seek ~s against s.o. j-n auf Schadenersatz verklagen; → action 12, award 1, exemplary 2, punitive 4. 4. *colloq.* Preis *m,* Rechnung *f,* ,Zeche' *f:* what's the ~? was macht's?, was kostet's? **II** *v/t* 5. beschädigen: men~d by war Kriegsbeschädigte. 6. *j-m, j-s Ruf etc* schaden, Schaden zufügen, *j-n* schädigen. **III** *v/i* 7. Schaden nehmen, beschädigt werden. '**dam·age·a·ble** [-əbl] *adj* empfindlich, leicht zu beschädigen(d). '**dam·aged** *adj* beschädigt, schadhaft, de'fekt: in a ~ condition in beschädigtem Zustand. '**dam·ag·ing** *adj* (*adv* ~ly) schädlich, nachteilig (to für).
**Dam·a·scene** ['dæməsiːn] **I** *adj* 1. damas'zenisch, Damas'zener. 2. d~ *tech.* Damaszener..., damas'ziert. **II** *s* 3. Damas'zener(in). 4. d~ Damas'zenerarbeit *f,* Damas'zieren *n.* 5. d~ → damson. **III** *v/t* 6. d~ *Metall* damas'zieren. '**dam·a·scened** *adj* damas'ziert.
**Da·mas·cus| blade** [də'mɑːskəs; *bes. Am.* -'mæs-] *s* Damas'zener Klinge *f.* ~ **steel** → damask steel. ~ **sword** *s* Damas'zener Schwert *n.*
**dam·ask** [dæm] **I** *s* 1. Da'mast *m* (*Stoff*). 2. Da'mast *m,* Damas'zierung *f* (*Stahl*). 3. → damask steel. 4. *a.* ~ **rose** *bot.* Damas'zener-, Portlandrose *f.* 5. (ein) Rosa *n* (*Farbe*). **II** *adj* 6. → Damascene 1. 7. da'masten. 8. aus

Da'maststahl. 9. mit Da'mast(muster), damas'ziert. 10. rosarot. **III** *v/t* 11. *Metall* damas'zieren. 12. *Stoff* damas'zieren, mustern. 13. (bunt) verzieren. **dam·a·skeen** [ˌdæmə'skiːn] → damask 11.
**dam·ask steel** *s* Da'maststahl *m.*
**dame** [deɪm] *s* 1. D~ *Br.* a) Freifrau *f* (*Titel der Ehefrau e-s* baronet *od.* baronet), b) *der dem* knight *entsprechende Titel der weiblichen Mitglieder des* Order of the British Empire (*vor dem Vornamen*): D~ Diana X. 2. *obs.* Ma'trone *f,* alte Dame: D~ Nature Mutter Natur. 3. *ped.* a) Schulleiterin *f,* b) (*in* Eton) Heimleiterin *f.* 4. *Am. sl.* Weibsbild *n.* 5. *obs. od. poet.* gnädige Frau (*Anrede*). 6. *hist.* Lady *f* (*Ehefrau od. Tochter e-s Lord*). ~**school** *s hist.* pri'vate Elemen'tarschule unter Leitung e-r Direk'torin.
**dame's| gil·li·flow·er, ~ rock·et, ~ vi·o·let** → damewort.
'**dame·wort** *s bot.* 'Frauenvi,ole *f.*
**dam·mit** ['dæmɪt] *interj colloq.* verflucht!, verdammt!: as near ~ *Br.* fast, beinahe.
**damn** [dæm] **I** *v/t* 1. *relig. u. weitS.* verdammen. 2. verurteilen, tadeln. → 3. verwerfen, ablehnen: to ~ a book; → praise 1. 4. vernichten, verderben, ru-'nieren. 5. *colloq.* ~ it!, ~ me! verflucht!, verdammt!; ~ you! der Teufel soll dich holen!; well, I'll be ~ed nicht zu glauben!, das ist die Höhe!; I'll be ~ed if a) ich freß 'nen Besen, wenn ..., b) es fällt mir nicht im Traum ein (*das zu tun*); ~ the rain! verdammter Regen!! **II** *v/i* 6. fluchen. **III** *s* 7. Fluch *m.* 8. *colloq.* ,Pfifferling' *m,* ,Dreck' *m:* it's not worth a ~ es ist keinen Pfifferling wert; → care 8. **IV** *interj* 9. *colloq.* verflucht!, verdammt! **V** *adj u. adv* → damned 2 u. 4.
**dam·na·bil·i·ty** [-nə'bɪlɪ-] *s* Verdammungswürdigkeit *f,* Verwerflichkeit *f.* '**dam·na·ble** *adj* (*adv* damnably) 1. verdammungswürdig, verwerflich. 2. ab'scheulich.
**dam·na·tion** [dæm'neɪʃn] **I** *s* 1. Verdammung *f.* 2. Verurteilung *f.* 3. Verwerfung *f,* Ablehnung *f.* 4. *relig.* Verdammnis *f.* **II** *interj* → damn 9. '**dam·na·to·ry** [-nətərɪ; *Am.* -ˌtəʊriː; -ˌtɔː-] *adj* verdammend, Verdammungs...
**damned** [dæmd] **I** *adj* 1. *bes. relig.* verdammt: the ~ die Verdammten. 2. *colloq.* verdammt, verwünscht, verflucht: a ~ fool ein Vollidiot; ~ nonsense verdammter Unsinn. 3. *colloq.* als bekräftigendes Füllwort: a ~ sight better viel besser; every ~ one of them jeder (einzelne) (von ihnen). **II** *adv* 4. *colloq.* verdammt, schrecklich, furchtbar: ~ cold; ~ funny schrecklich komisch. 5. *colloq.* als bekräftigendes Füllwort: he ~ well ought to know it das müßte er wahrhaftig wissen. '**damned·ist** [-ɪst] *s:* to do (*od.* try) one's ~ *colloq.* sich alle Mühe geben (to do zu tun).
**dam·ni·fi·ca·tion** [ˌdæmnɪfɪ'keɪʃn] *s bes. jur.* Schädigung *f.* '**dam·ni·fy** [-faɪ] *v/t j-n* schädigen.
'**damn·ing** *adj fig.* erdrückend (*Beweismaterial etc*).
**Dam·o·cles** ['dæməkliːz] *npr* Damokles *m:* sword of ~ *fig.* Damoklesschwert *n.*
**dam·o·sel, dam·o·zel** ['dæməʊzel] → damsel.
**damp** [dæmp] **I** *adj* (*adv* ~ly) 1. feucht, (*Raum etc a.*) klamm: → squib 1. 2. *fig. obs.* niedergeschlagen. **II** *s* 3. Feuchtigkeit *f:* ~ in the air Luftfeuchtigkeit *f.* 4. *Bergbau:* a) Schwaden *m,* b) *pl* Schlag-, Grubenwetter *n.* 5. *fig. obs.* Niedergeschlagenheit *f.* 6. *fig.* Dämpfer *m,* Entmutigung *f:* to cast (*od.* strike) a ~ on (*od.* over) s.th. etwas dämpfen *od.* läh-

men, auf etwas lähmend wirken, etwas überschatten. **III** *v/t* 7. a) an-, befeuchten, b) → damp down 3. 8. a) *Begeisterung etc* dämpfen: to ~ s.o.'s enthusiasm, b) *j-n* entmutigen, depri'mieren. 9. *Feuer* ersticken, (aus)löschen. 10. *electr. mus. phys.* dämpfen. **IV** *v/i* 11. feucht werden. 12. → damp out.
*Verbindungen mit Adverbien:*
**damp| down** *v/t* 1. *Feuer* dämpfen. 2. *tech.* drosseln. 3. *Wäsche* (zum Bügeln) einsprengen. 4. → damp 8. ~ **off** *v/i bot.* an der 'Umfallkrankheit leiden (*Keimling*). ~ **out** *v/i electr.* abklingen.
**damp course** *s tech.* Dichtungsbahn *f,* 'Feuchtigkeitsiso,lierschicht *f.*
**damped** [dæmpt] *adj bes. electr. mus. phys.* gedämpft: ~ oscillation.
**damp·en** ['dæmpən] → damp 7, 8, 11.
'**damp·er** *s* 1. *bes. fig.* Dämpfer *m:* to cast (*od.* put, strike) a ~ on s.th. etwas dämpfen *od.* lähmen, auf etwas lähmend wirken, etwas überschatten. 2. *tech.* Luft-, Ofen-, Zugklappe *f,* Schieber *m.* 3. *mus.* Dämpfer *m:* ~ pedal Fortepedal *n,* rechtes Pedal. 4. *tech.* (Schwingungs-)Dämpfer *m.* 5. *tech. Br.* Stoßdämpfer *m.* 6. *Am. sl.* Regi'strierkasse *f.* 7. *Austral.* flaches, ungesäuertes Brot (*in glühender Asche gebacken*).
'**damp·ing** *s electr. phys.* Dämpfung *f:* ~ resistor *electr.* Dämpfungswiderstand *m.*
'**damp·ish** *adj* etwas feucht, (*Raum etc a.*) klamm.
'**damp·ness** *s* Feuchtigkeit *f.* '**damp-proof** *adj* feuchtigkeitsbeständig, -fest.
**dam·sel** ['dæmzl] *s obs. od. poet.* Maid *f.*
**dam·son** ['dæmzən] *s bot.* Hafer-, Damas'zenerpflaume *f.* ~ **cheese** *s* steifes Pflaumenmus.
**Dan[1]** [dæn] *s obs.* Ehrentitel vor Götter- u. Dichternamen: ~ Cupid Gott *m* Amor.
**dan[2]** [dæn] *s Judo:* Dan *m.*
**Dan·a·id·e·an** [ˌdænaɪ'ɪdɪən; -nɪ'ɪ-] *adj* dana'idisch, Danaiden... (*frucht- u. endlos*): ~ job Danaidenarbeit *f.*
**dance** [dɑːns; *Am.* dæns] **I** *v/i* 1. tanzen: to ~ to (*od.* after) s.o.'s pipe (*od.* tune, whistle) *fig.* nach j-s Pfeife tanzen; to ~ on air (*od.* nothing) *colloq.* ,baumeln', gehängt werden. 2. tanzen, hüpfen, her-'umspringen (with, for vor *dat*): to ~ for joy Freudentänze aufführen. 3. *fig.* tanzen, sich wiegen: leaves ~d in the air. **II** *v/t* 4. *e-n Tanz* tanzen: to ~ a waltz; to ~ attendance on s.o. *fig.* um j-n scharwenzeln *od.* herumtanzen. 5. *e-n Bären etc* tanzen lassen. 6. *tanzen od.* hüpfen lassen, *ein Kind* schaukeln. 7. to ~ o.s. (*od.* one's way) into the hearts of the audience sich in die Herzen der Zuschauer tanzen. **III** *s* 8. Tanz *m* (*a. mus.*): to have a ~ with s.o. mit j-m tanzen; may I have the next ~? darf ich um den nächsten Tanz bitten?; to lead the ~ den Reigen eröffnen (*a. fig.*); to lead s.o. a ~ *Br.* a) j-n zum Narren halten, b) j-m das Leben schwermachen; to join the ~ *fig.* den Tanz mitmachen; D~ of Death Totentanz *m.* 9. Tanz(veranstaltung *f*) *m:* at a ~ auf e-m Tanz. **IV** *adj* 10. Tanz...: ~ **band** (music, studio, *etc*); ~ **hall** Tanzsaal *m.*
'**danc·er** *s* Tänzer(in).
'**danc·ing** *s* Tanzen *n.* ~ **dis·ease** *s med.* Choreoma'nie *f,* Tanzwut *f.* ~ **girl** *s* (Tempel)Tänzerin *f* (*in Asien*). ~ **les·son** *s* Tanzstunde *f, pl* 'Tanz,unterricht *m.* ~ **mas·ter** *s* Tanzlehrer *m.* ~ **part·ner** *s* Tanzpartner(in). ~ **school** *s* Tanzschule *f.*
**dan·de·li·on** ['dændɪlaɪən; *Am.* 'dændl-] *s bot.* Löwenzahn *m.*
**dan·der[1]** ['dændə(r)] *s colloq.* Wut *f:* to

get s.o.'s ~ up j-n ,auf die Palme bringen'; to get one's ~ up ,auf die Palme gehen'.

**dan·der²** [ˈdændə(r)] *bes. Scot.* **I** *v/i* bummeln, spaˈzieren. **II** *s* Bummel *m*.

**dan·di·a·cal** [dænˈdaɪəkl] → **dandy** 5.

**dan·di·fied** [ˈdændɪfaɪd] → **dandy** 5.

**dan·dle** [ˈdændl] *v/t* **1.** ein Kind (in den Armen *od.* auf den Knien) wiegen, schaukeln. **2.** hätscheln, (lieb)kosen. **3.** verhätscheln, verwöhnen.

**dan·druff** [ˈdændrʌf], *a.* **ˈdan·driff** [-drɪf] *s* (Kopf-, Haar)Schuppen *pl*.

**dan·dy** [ˈdændɪ] **I** *s* **1.** Dandy *m*, Geck *m*, Stutzer *m*. **2.** *colloq.* (*etwas*) Großartiges: that's the ~ das ist genau das Richtige. **3.** *mar.* a) Heckmaster *m*, b) Besansegel *n*. **4.** → **dandy roll.** **II** *adj* **5.** stutzer-, geckenhaft, geschniegelt, Dandy... **6.** *colloq.* erstklassig, ,prima', (*nur pred*) ,bestens'. ~ **brush** *s* Striegel *m* (*harte Bürste zur Pferdepflege*). ~ **horse** *s hist.* Draiˈsine *f*, Laufrad *n*.

**ˈdan·dy·ish** → **dandy** 5. **ˈdan·dy·ism** *s* Gecken-, Stutzerhaftigkeit *f*, Dandytum *n*.

**dan·dy**| **roll, ~ roll·er** *s Papierfabrikation:* Dandyroller *m*, -walze *f* (*zur Einpressung des Wasserzeichens*).

**Dane** [deɪn] *s* **1.** Däne *m*, Dänin *f*. **2.** *a.* Great D~ *zo.* dänische Dogge. **ˈ~geld** [-geld] *s Br. hist.* Danegeld *n* (*altenglische Grundsteuer*).

**ˈDane·law**, *a.* (*fälschlich*) **Da·ne·la·ga** [ˌdænɪˈlɑːgə], **Dane·lagh** [ˈdeɪnlɔː] *s hist.* **1.** dänisches Recht (*in den ehemals von den Dänen besetzten Gebieten Englands*). **2.** Gebiet *n* unter dänischem Recht.

**ˈDane·wort** *s bot.* ˈZwergoˌlunder *m*.

**dan·ger** [ˈdeɪndʒə(r)] **I** *s* **1.** Gefahr *f* (to für): to be in ~ of falling Gefahr laufen zu fallen; to be in ~ of one's life in Lebensgefahr sein *od.* schweben; ~ of fire Feuer(s)gefahr; ~ of infection *med.* Infektionsgefahr; to be out of ~ *med.* über den Berg sein. **2.** (to) Bedrohung *f*, Gefährdung *f* (*gen*), Gefahr *f* (für): a ~ to peace. **3.** ~ **signal** *rail.* Not-, Haltezeichen *n*: the signal is at ~ das Signal zeigt Gefahr an. **II** *adj* **4.** Gefahren...: ~ **area, ~ zone** Gefahrenzone *f*, -bereich *m*; ~ **list** *med.* Liste *f* der kritischen Fälle: to be on (off) the ~ **list** *med.* in Lebensgefahr schweben (über den Berg sein); ~ **money** (*od.* **pay**) Gefahrenzulage *f*; ~ **point, ~ spot** Gefahrenpunkt *m*, -stelle *f*. **ˈdan·ger·ous** *adj* (*adv* **~ly**) **1.** gefährlich (to, für *od.* dat), gefährlich. **2.** risˈkant, bedenklich. **3.** gefährlich: he looks ~; a ~ animal. **ˈdan·ger·ous·ness** *s* Gefährlichkeit *f*, Gefahr *f*.

**dan·gle** [ˈdæŋgl] **I** *v/i* **1.** baumeln, (herˈab)hängen, schlenkern. **2.** *fig.* (about, round) herˈumhängen (um *j-n*), (*j-m*) nicht vom Leibe gehen: to ~ after s.o. j-m nachlaufen, sich an j-n anhängen. **II** *v/t* **3.** schlenkern, baumeln lassen: to ~ s.th. before s.o. *fig.* j-m etwas verlockend in Aussicht stellen; → **carrot** 1. **ˈdan·gler** *s fig.* Schürzenjäger *m*. **ˈdan·gling** *adj* **1.** baumelnd, schlenkernd. **2.** *ling.* unverbunden: ~ **adverb**.

**Dan·iel** [ˈdænjəl] *npr u. s Bibl.* (das Buch) Daniel *m*.

**Dan·ish** [ˈdeɪnɪʃ] **I** *adj* **1.** dänisch. **II** *s* **2.** *ling.* Dänisch *n*, das Dänische. **3.** the ~ *collect.* die Dänen *pl*. ~ **blue** *s* (*ein*) Edelpilzkäse *m*. ~ **pas·try** *s* (*ein*) Blätterteiggebäck *n*.

**dank** [dæŋk] *adj* (*unangenehm*) feucht, naß(kalt), dumpfig.

**Da·no-Nor·we·gian** [ˌdeɪnəʊnɔː(r)ˈwiːdʒən] *s ling.* Dänisch-Norwegisch *n*

(*auf Dänisch beruhende norwegische Schriftsprache*).

**danse ma·ca·bre** *pl* **danses ma·ca·bres** [ˌdɑːnsməˈkɑːbrə] *s* Danse *m* maˈcabre, Totentanz *m*.

**dan·seur** [dɑːnˈsɜː; *Am.* -ˈsɜr] *s* Balˈletttänzer *m*. **danˈseuse** [-ˈsɜːz] *s* Balˈletttänzerin *f*.

**Dan·te·an** [ˈdæntɪən] **I** *adj* **1.** dantisch, Dantesch(er, e, es) (*Dante betreffend*). **2.** → **Dantesque.** **II** *s* **3.** a) Danteforscher(in), b) Danteliebhaber(in). **Danˈtesque** [-ˈtesk] *adj* danˈtesk, in Dantes Art.

**Da·nu·bi·an** [dæˈnjuːbjən; -bɪən] *adj* Donau...

**dap** [dæp] *v/i* **1.** *Angeln:* den Köder sanft ins Wasser fallen lassen. **2.** flink ˈuntertauchen (*Ente etc*). **3.** hüpfen.

**daph·ne** [ˈdæfnɪ] *s bot.* **1.** Seidelbast *m*. **2.** Edler Lorbeer.

**dap·per** [ˈdæpə(r)] *adj* **1.** aˈdrett, eleˈgant. **2.** flink, (*a. Benehmen*) gewandt. **3.** lebhaft.

**dap·ple** [ˈdæpl] **I** *v/t* **1.** tüpfeln, sprenkeln, scheckig machen. **II** *v/i* **2.** scheckig *od.* bunt werden. **III** *s* **3.** Scheckigkeit *f*. **4.** Fleck *m*, Tupfen *m*. **5.** (*das*) Gescheckte *od.* Bunte. **6.** *zo.* Scheck(e) *m*: ~ **bay** Spiegelbraune(r) *m*. **IV** *adj* **7.** dappled. **ˈdap·pled** *adj* **1.** gesprenkelt, gefleckt, scheckig: ~ **shade** Halbschatten *m*. **2.** bunt.

**ˌdap·ple-ˈgray,** *bes. Br.* **ˌ~-ˈgrey** **I** *adj:* ~ **horse** → **II.** **II** *s* Apfelschimmel *m*.

**dar·bies** [ˈdɑːbɪz] *s pl Br. sl.* Handschellen *pl*.

**Dar·by and Joan** [ˌdɑː(r)bɪənˈdʒəʊn] *s* glückliches älteres Ehepaar. ~ **club** *s* Seniˈorenclub *m*.

**Dar·by·ite** [ˈdɑː(r)baɪt] *s relig.* Darˈbyst *m*, Plymouthbruder *m*.

**dare** [deə(r)] **I** *v/i pret* **dared,** *a.* **durst** [dɜːst; *Am.* dɜrst] *pp* **dared 1.** es wagen, sich (ge)trauen, sich erdreisten, sich erkühnen, sich unterˈstehen: who ~s wins wer wagt, gewinnt; how ~ you say that? wie können Sie das sagen?; how ~ you! a) untersteh dich!, b) was fällt dir ein!; he ~d not ask, he did not ~ to ask er traute sich nicht zu fragen; I ~ say (*od.* ~**say**) a) ich darf wohl behaupten, ich glaube wohl, b) allerdings, jawohl; I ~ **swear** ich bin ganz sicher, aber gewiß doch. **II** *v/t* **2.** etwas wagen, risˈkieren, sich herˈanwagen an (*acc*). **3.** *j-n* herˈausfordern: I ~ you! du traust dich ja nicht!; I ~ you to deny it wage nicht, es abzustreiten. **4.** *fig.* etwas herˈausfordern, trotzen (*dat*), trotzig *od.* mutig begegnen (*dat*). **III** *s* **5.** Herˈausforderung *f*: to give the ~ to s.o. j-n herausfordern; to accept (*od.* take) the ~ die Herausforderung annehmen; to do s.th. for a ~ etwas tun, weil man dazu herausgefordert wurde. **6.** *obs.* a) Kühnheit *f*, b) Wagestück *n*.

**ˈdare·ˌdev·il** **I** *s* Draufgänger *m*, Teufelskerl *m*. **II** *adj* tollkühn, waghalsig, verwegen. **ˈdev·il·(t)ry** *s* Tollkühnheit *f*, Waghalsigkeit *f*, Verwegenheit *f*.

**dar·ing** [ˈdeərɪŋ] **I** *adj* (*adv* **~ly**) **1.** wagemutig, tapfer, kühn. **2.** *a. fig.* gewagt, verwegen: a ~ **neckline** ein gewagtes Dekolleté. **3.** unverschämt, dreist. **II** *s* **4.** (Wage)Mut *m*, Kühnheit *f*. **ˈdar·ing·ness** *s* Wagemut *m*.

**dark** [dɑː(r)k] **I** *adj* (*adv* → **darkly**) **1.** a) dunkel, finster: it is getting ~ es wird dunkel, b) geschlossen (*Theater*). **2.** dunkel (*Farbe*): a ~ **green.** **3.** brüˈnett, dunkel: ~ **hair.** **4.** *fig.* düster, finster, freudlos, trostlos, trüb(e): a ~ **future;** the ~ **side of things** *fig.* die Schattenseite der Dinge. **5.** düster, finster: a ~

look. **6.** finster, unwissend, unaufgeklärt: a ~ **age.** **7.** böse, verbrecherisch, schwarz: ~ **thoughts;** a ~ **crime** ein finsteres Verbrechen. **8.** geheim(nisvoll), verborgen, dunkel, unerforschlich: to keep s.th. ~ etwas geheimhalten; keep it ~! kein Wort darüber!; → **dark horse.** **9.** *fig.* dunkel, unklar, mysteriˈös: ~ **words.** **10.** *ling.* dunkel: ~ **vowel.** **II** *s* **11.** Dunkel(heit *f*) *n*, Finsternis *f*: in the ~ im Dunkel(n), in der Dunkelheit; after ~ nach Einbruch der Dunkelheit; at ~ bei Einbruch der Dunkelheit. **12.** *paint.* dunkle Farbe, Schatten *m*. **13.** *fig.* (*das*) Dunkle *od.* Verborgene *od.* Geheime: in the ~ insgeheim. **14.** *fig.* (*das*) Ungewisse *od.* Dunkle: to keep s.o. in the ~ about s.th. j-n über etwas im ungewissen lassen; a leap in the ~ ein Sprung ins Dunkle *od.* Ungewisse; I am in the ~ ich tappe im dunkeln. ~ **ad·ap·ta·tion** *s med.* ˈDunkeladaptatiˌon *f* (*des Auges*). **D~ Ag·es** *s pl* (frühes *od.* finsteres) Mittelalter. **D~ Con·ti·nent** *s* (*der*) dunkle Erdteil, Afrika *n*.

**dark·en** [ˈdɑː(r)kən] **I** *v/t* **1.** verdunkeln (*a. fig.*), dunkel *od.* finster machen, verfinstern: **never ~ my door again!** komm mir nie wieder ins Haus!, laß dich hier nie wieder blicken! **2.** dunkel *od.* dunkler färben, schwärzen. **3.** *fig.* verdüstern, trüben: to ~ s.o.'s name j-s Ruf beeinträchtigen. **4.** *Sinn* verdunkeln, unklar machen. **5.** die Sehkraft *der Augen* vermindern, blind machen. **II** *v/i* **6.** dunkel werden, sich verdunkeln, sich verfinstern. **7.** sich dunkel *od.* dunkler färben. **8.** *fig.* sich verdüstern *od.* trüben.

**dark·ey** → **darky.**

**dark horse** *s* **1.** a) *sport* (*auf der Rennbahn noch*) unbekanntes Rennpferd, b) unbekannte Größe (*Person*). **2.** *pol. Am.* (*in der Öffentlichkeit*) wenig bekannter Kandiˈdat, ,unbeschriebenes Blatt'.

**ˈdark·ish** *adj* **1.** etwas dunkel. **2.** schwärzlich. **3.** dämmerig.

**dark lan·tern** *s* ˈBlendlaˌterne *f*.

**dark·ling** [ˈdɑː(r)klɪŋ] *poet.* **I** *adj* **1.** sich verdunkelnd. **2.** dunkel. **II** *adv* **3.** im Dunkeln.

**ˈdark·ly** *adv* **1.** dunkel. **2.** *fig.* dunkel, geheimnisvoll, auf geheimnisvolle Weise. **3.** undeutlich. **4.** *fig.* finster, böse.

**ˈdark·ness** *s* **1.** Dunkelheit *f*, Finsternis *f*: the room was in complete ~ der Raum war völlig dunkel. **2.** Heimlichkeit *f*, Verborgenheit *f*. **3.** dunkle Färbung. **4.** (*das*) Böse: the powers of ~ die Mächte der Finsternis. **5.** *fig.* (das Reich der) Finsternis *f*: the Prince of ~ der Fürst der Finsternis (*der Teufel*). **6.** Blindheit *f*. **7.** *fig.* (geistige) Blindheit, Unwissenheit *f*. **8.** *fig.* Unklarheit *f*, Unverständlichkeit *f*.

**dark**| **re·ac·tion** *s bot.* ˈDunkelreaktiˌon *f*. **ˈ~room** *s phot.* Dunkelkammer *f*. ~ **seg·ment** *s astr.* Erdschatten *m*. **ˈ~-skinned** *adj* dunkelhäutig. ~ **slide** *s phot.* **1.** Kasˈsette *f*. **2.** Plattenhalter *m*.

**dark·some** [ˈdɑː(r)ksəm] *adj bes. poet.* **1.** dunkel. **2.** finster, böse.

**ˈdark·y** *s contp.* **1.** Neger(in). **2.** *Austral.* Eingeborene(r *m*) *f*.

**dar·ling** [ˈdɑː(r)lɪŋ] **I** *s* **1.** Liebling *m*, *fig. a.* Lieblingskind *n*: ~ **of fortune** Glückskind *n*; **aren't you a ~** du bist doch ein Engel *od.* ein lieber Kerl. **II** *adj* **2.** lieb, geliebt, Herzens... **3.** reizend, entzückend, goldig, süß: a ~ **little hat.**

**darn¹** [dɑː(r)n] **I** *v/t Loch, Strümpfe etc* stopfen, ausbessern. **II** *s* gestopfte Stelle, (*das*) Gestopfte.

**darn²** [dɑː(r)n] → **damn** 5, 8, 9.

**darned** [dɑː(r)nd] → **damned** 2, 3, 4.

**dar·nel** [ˈdɑː(r)nl] *s bot.* Lolch *m*.

**'darn·er** s **1.** Stopfer(in). **2.** Stopfnadel f. **3.** Stopfei n, -pilz m.

**'darn·ing** s Stopfen n. **~ ball** s Stopfkugel f. **~ egg** s Stopfei n. **~ nee·dle** s **1.** Stopfnadel f. **2.** zo. Am. Li'belle s. **~ yarn** s Stopfgarn n.

**dart** [dɑ:(r)t] **I** s **1.** obs. Wurfspeer m, -spieß m. **2.** (Wurf)Pfeil m: **(as) straight as a ~** pfeilgerade; **the ~ of sarcasm** fig. der Stachel des Spotts. **3.** zo. Stachel m (von Insekten). **4.** Satz m, Sprung m: **to make a ~ for** losstürzen auf (acc). **5.** pl (als sg konstruiert) Darts n (Wurfpfeilspiel). **6.** Schneiderei: Abnäher m. **II** v/t **7.** Speer werfen, schleudern, Pfeil schießen: **to ~ a look at s.o.** j-m e-n Blick zuwerfen. **8.** blitzschnell bewegen: **to ~ one's head. 9.** Schneiderei: e-n Abnäher machen in (acc). **III** v/i **10.** sausen, flitzen, schießen, stürzen: **to ~ at s.o.** auf j-n losstürzen; **he ~ed off** er schoß davon. **11.** sich blitzschnell bewegen, zucken, schnellen (Schlange, Zunge etc), huschen (Augen, Blick). **'dart·ing** adj (adv ~ly) blitzschnell.

**Dart·moor** ['dɑ:(r)t‚muə(r); -mɔː(r)], a. **~ pris·on** s englische Strafanstalt bei Princetown, Devon.

**Dar·win·i·an** [dɑ:(r)'wɪnɪən] **I** adj dar-'winisch, darwi'nistisch: **~ theory** → Darwinism. **II** s Darwi'nist(in). **'Darwin·ism** s Darwi'nismus m. **'Darwin·ist** → Darwinian.

**dash** [dæʃ] **I** v/t **1.** schlagen, heftig stoßen, schmettern: **to ~ to pieces** in Stücke schlagen, zerschlagen, zerschmettern; **to ~ out s.o.'s brain** j-m den Schädel einschlagen. **2.** schleudern, schmeißen, schmettern, knallen: **to ~ to the ground** a) zu Boden schmettern od. schleudern, b) fig. Hoffnungen etc zunichte machen. **3.** über'schütten, begießen, an-, bespritzen. **4.** spritzen, klatschen, gießen, schütten: **to ~ water in s.o.'s face**; **to ~ down** (od. off) Getränk hinunterstürzen. **5.** (ver)mischen (a. fig.): **happiness ~ed with bitterness. 6.** fig. zerschlagen, zerstören, zu'nichte machen: **to ~ s.o.'s hopes. 7.** niederdrücken, depri'mieren. **8.** verwirren, aus der Fassung bringen. **9. ~ off** (od. **down**) Aufsatz, Zeichnung etc schnell 'hinhauen od. -werfen: **to ~ off an essay. 10.** etwas Ausgelassenes durch Gedankenstriche ersetzen od. kennzeichnen. **11.** → **damn** 9. **II** v/i **12.** stürmen, (sich) stürzen: **to ~ off** davonjagen, -stürzen. **13.** (da'hin-)stürmen, (-)jagen, (-)rasen. **14.** (heftig) aufschlagen, klatschen, prallen. **III** s **15.** Schlag m: **at one ~** mit 'einem Schlag (a. fig.). **16.** Klatschen n, Prall(en n) m, Aufschlag m. **17.** Schuß m, Zusatz m, Spritzer m: **wine with a ~ of water** Wein mit e-m Schuß Wasser; **a ~ of salt** e-e Prise Salz; **to add a ~ of colo(u)r to** fig. e-n Farbtupfer aufsetzen (dat). **18.** Anflug m: **a ~ of sadness. 19.** Stich m (of green ins Grüne). **20.** a) (Feder)Strich m, b) (Gedanken)Strich m, Strich m für etwas Ausgelassenes, c) tel. (Morse-)Strich m. **21.** mus. a) Stac'catokeil m, b) Generalbaß: Erhöhungsstrich m, c) Plicastrich m (Ligatur). **22.** (An)Sturm m, Vorstoß m, Sprung m, stürmischer Anlauf: **to make a ~ (at, for)** (los)stürmen, sich stürzen (auf acc). **23.** Schwung m, Schmiß m, E'lan m. **24.** Ele'ganz f, glänzendes Auftreten: **to cut a ~** e-e gute Figur abgeben, Aufsehen erregen. **25.** → dashboard. **26.** Leichtathletik: Sprint m, Kurzstreckenlauf m. **IV** interj **27.** bes. Br. für damn 9.

**'dash·board** s **1.** mot. Arma'turenbrett n, -tafel f, aer. a. Instru'mentenbrett n, -tafel f. **2.** Spritzbrett n (e-r Kutsche).

**dashed** [dæʃt] → damned 2, 3, 4.

**'dash·er** s **1.** colloq. ele'gante od. flotte Erscheinung, flotter Kerl. **2.** Butterstößel m. **3.** Am. für dashboard 2. **'dash·ing** adj (adv ~ly) **1.** schneidig, forsch, verwegen. **2.** flott, ele'gant, fesch. **3.** klatschend, schlagend.

**dash| light** s mot. Arma'turenbrettbeleuchtung f. **'~pot** s tech. Stoßdämpfer m, Puffer m.

**das·tard** ['dæstə(r)d] **I** s (gemeiner) Feigling, Memme f. **II** adj → dastardly. **'das·tard·li·ness** s obs. **1.** Feigheit f. **2.** Heimtücke f. **'das·tard·ly** adj u. adv obs. **1.** feig(e). **2.** heimtückisch, gemein.

**da·ta** ['deɪtə; 'dɑ:tə; Am. a. 'dætə] s pl **1.** pl von datum. **2.** (oft als sg konstruiert) (a. technische) Daten pl od. Einzelheiten pl od. Angaben pl, 'Unterlagen pl. **3.** tech. Daten pl, (Meß- u. Versuchs)Werte pl. **4.** Computer: Daten pl. **~ bank** s Computer: Datenbank f. **'~bank** v/t in e-r Datenbank speichern. **~ base** → data bank. **~ col·lec·tion** s Computer: Datenerfassung f. **~ com·mu·ni·ca·tion** s Computer: 'Datenüber‚tragung f. **~ ex·change** s Computer: Datenaustausch m. **~ in·put** s Computer: Dateneingabe f. **~ out·put** s Computer: Datenausgabe f. **~ pro·cess·ing** s Datenverarbeitung f. **~ pro·tec·tion** s Datenschutz m. **~ trans·mis·sion** s data communication. **~ typ·ist** s 'Datenty‚pist(in).

**da·tcha** → dacha.

**date[1]** [deɪt] s bot. **1.** Dattel f. **2.** Dattelpalme f.

**date[2]** [deɪt] **I** s **1.** Datum n, Tag m: **what is the ~ today?** der Wievielte ist heute?, welches Datum haben wir heute?; **"Times" of today's ~** die heutige „Times". **2.** Datum n, Zeit(punkt m) f: **of recent ~** neu(eren Datums), modern; **at an early ~** (möglichst) bald. **3.** Zeit(raum m) f, E'poche f: **of Roman ~** aus der Römerzeit. **4.** → data. **~ level** s **1.** math. gegebene Größe. **4.** → data. **~ level** s **1.** math. gegebene Ortsangabe f (auf Briefen etc): **~ as per postmark** Datum des Poststempels; **~ of invoice** Rechnungsdatum. **5.** econ. jur. Tag m, Ter'min m: **~ of delivery** Liefertermin; **~ of maturity** Fälligkeits-, Verfallstag; **to fix a ~** e-n Termin festsetzen. **6.** econ. a) Ausstellungstag m (e-s Wechsels), b) Frist f, Sicht f, Ziel n: **at a long ~** auf lange Sicht. **7.** Verabredung f, Rendez'vous n: **to have a ~ with s.o.** mit j-m verabredet sein; **to have a dinner ~** zum Essen verabredet sein; **to make a ~** sich verabreden. **8.** (Verabredungs)Partner(in): **who is your ~?** mit wem bist du (denn) verabredet? **9.** heutiges Datum, heutiger Tag: **four weeks after ~** heute in vier Wochen; **to ~** bis heute, bis auf den heutigen Tag. **10.** neuester Stand: **out of ~** veraltet, überholt, unmodern; **to go out of ~** veralten; **(up)** → zeitgemäß, modern, auf dem laufenden, auf der Höhe (der Zeit); **to bring up to ~** auf den neuesten Stand bringen, modernisieren; → up-to-date. **II** v/t **11.** da'tieren: **to ~ ahead** (od. forward) voraus-, vordatieren; **to ~ back** zurückdatieren. **12.** ein Datum od. e-e Zeit festsetzen od. angeben für. **13.** 'herleiten (from aus od. von). **14.** als über'holt od. veraltet kennzeichnen. **15.** e-r bestimmten Zeit od. E'poche zuordnen. **16.** a) sich verabreden mit, b) ausgehen mit, (regelmäßig) 'gehen' mit. **III** v/i **17.** da'tieren, da'tiert sein (from von). **18. ~ from** (od. back to) stammen od. sich 'herleiten aus, s-n Ursprung haben od. entstanden sein in (dat). **19. ~ back to** bis in e-e Zeit zu'rückreichen, auf e-e Zeit zu'rückgehen. **20.** veralten, sich über'leben.

**'date·block** s ('Abreiß-, Ter'min)Kalender m.

**dat·ed** ['deɪtɪd] adj **1.** da'tiert. **2.** befristet. **3.** veraltet, über'holt. **4. ~ up** bes. Am. colloq. ausgebucht (Person), voll besetzt (Tag). **'date·less** adj **1.** 'unda‚tiert. **2.** endlos. **3.** zeitlos: a) nicht veraltend (Mode), b) un'sterblich (Kunstwerk). **4.** frei, ohne Verabredung(en): **~ evening.**

**'date·line** s **1.** Datumszeile f (der Zeitung etc). **2.** geogr. Datumsgrenze f.

**date| palm** → date[1] 2. **~ plum** s bot. Götterpflaume f.

**dat·er** ['deɪtə(r)] s **1.** Da'tierappa‚rat m. **2.** Datumsstempel m.

**date| shell** s zo. Seedattel f. **~ stamp** s **1.** Datumsstempel m. **2.** Datums-, Poststempel m. **~ sug·ar** s Palmzucker m.

**dat·ing** ['deɪtɪŋ] s Da'tierung f. **~ bar** s Am. Lokal, in dem sich Singles zur Kontaktaufnahme treffen.

**da·ti·val** [də'taɪvl; deɪt-] → dative 1.

**da·tive** ['deɪtɪv] **I** s **1.** ling. da'tivisch, Dativ...: **~ case** → 3; **~ termination** Dativendung f. **2.** jur. a) vergebbar, verfügbar, b) wider'ruflich (nicht erblich): **~ decree** ~ Ernennungserlaß m (e-s Testamentsvollstreckers); **~ tutelage** übertragene Vormundschaft. **II** s **3.** ling. Dativ m, dritter Fall.

**da·to·lite** ['deɪtəlaɪt] s min. Dato'lith m.

**da·tum** ['deɪtəm; 'dɑ:təm; Am. a. 'dætəm] pl **-ta** [-tə] s **1.** (das) Gegebene od. Festgesetzte. **2.** gegebene Tatsache, Prä'misse f, Vor'aussetzung f, Gegebenheit f, Grundlage f. **3.** math. gegebene Größe. **4.** → data. **~ level** s **1.** math. phys. Bezugsebene f. **~ line** s. surv. Bezugslinie f. **2.** mil. Standlinie f (Artillerie). **~ plane** s math. phys. Bezugsebene f. **~ point** s **1.** math. phys. Bezugspunkt m. **2.** surv. Nor'malfixpunkt m.

**da·tu·ra** [də'tjʊərə; Am. a. də'tʊrə] s bot. Stechapfel m.

**daub** [dɔ:b] **I** v/t **1.** be-, verschmieren, be-, über'streichen. **2. (on)** verstreichen, verschmieren (auf dat), streichen, schmieren (auf acc). **3.** tech. bewerfen, verputzen: **to ~ a wall. 4.** a. fig. besudeln, beschmutzen. **5.** contp. Bild zs.-klecksen, -schmieren. **II** v/i **6.** paint. klecksen, schmieren. **III** s **7.** tech. grober Putz, Rauhputz m. **8.** Geschmiere n, Gekleckse n. **9.** paint. contp. schlechtes Gemälde, Geschmiere n, (Farb)Kleckse'rei f. **'daub·er** s **1.** Schmierfink m, Kleckser(in). **2.** paint. contp. Farbenkleckser (-in). **3.** tech. Gipser m. **4.** bes. tech. a) Tupfer m, Bausch m, b) Schmierbürste f. **5.** Am. sl. Mut m: **keep your ~ up!** halt die Ohren steif! **'daub·er·y** [-əri] → daub 8 u. 9. **'daub·ster** [-stə(r)] → dauber 2. **'daub·y** adj **1.** schmierig. **2.** ~ painting → daub 9.

**daugh·ter** ['dɔ:tə(r)] s Tochter f (a. fig.): **D~s of the American Revolution** patriotische Frauenvereinigung in USA; **~ cell** biol. Tochterzelle f; **~ (company)** econ. Tochter(gesellschaft f); **~ language** Tochtersprache f. **'~-in-law** pl **'daugh·ters-in-law** s Schwiegertochter f.

**daugh·ter·ly** ['dɔ:tə(r)lɪ] adj töchterlich.

**daunt** [dɔ:nt; Am. a. dɑ:nt] v/t **1.** einschüchtern, erschrecken: **nothing ~ed** unverzagt; **a ~ing task** e-e beängstigende Aufgabe. **2.** entmutigen. **'dauntless** adj (adv ~ly) unerschrocken, furchtlos. **'daunt·less·ness** s Unerschrockenheit f.

**dav·en·port** ['dævnpɔ:(r)t] s **1.** kleiner Sekre'tär (Schreibtisch). **2.** Am. (bes. Bett)Couch f.

**Da·vis Cup** [ˈdeɪvɪs] *s Tennis:* ˈDavis-Cup *m*, -ˌPoˌkal *m*.
**da·vy** [ˈdævɪ; ˈdeɪvɪ] *sl. für* **affidavit.**
**Da·vy Jones's lock·er** [ˌdeɪvɪ-ˈdʒəʊnzɪz] *s mar.* Seemannsgrab *n*, Meeresgrund *m*: **to go to ~** ertrinken.
**Da·vy lamp** *s Bergbau:* Davysche Sicherheitslampe.
**daw** [dɔː] *s orn. obs. od. poet.* Dohle *f*.
**daw·dle** [ˈdɔːdl] **I** *v/i* **1.** (her¹um)trödeln, (-)bummeln: **to ~ over one's work** bei der Arbeit trödeln. **II** *v/t* **2.** *oft* **~ away** Zeit vertrödeln. **III** *s* **3.** → **dawdler.** **4.** Trödeˈlei *f*, Bummeˈlei *f*. **ˈdaw·dler** *s* Trödler(in), Bummler(in). **ˈdaw·dling** *adj* (*adv* **~ly**) träge, bummelig: **~ race** *sport* verbummeltes Rennen, Bummelrennen *n*.
**dawn** [dɔːn] **I** *v/i* **1.** tagen, dämmern, grauen, anbrechen (*Morgen, Tag*). **2.** *fig.* (her¹auf)dämmern, aufgehen, erwachen, anfangen. **3.** *fig.* **~ (up)on** *j-m* dämmern, aufgehen, klarwerden, zum Bewußtsein kommen: **the truth ~ed (up)on him** ihm ging ein Licht auf. **4.** *fig.* sich zu entwickeln *od.* entfalten beginnen, erwachen (*Talent etc*). **II** *s* **5.** (Morgen-)Dämmerung *f*, Tagesanbruch *m*, Morgengrauen *n*: **at ~** beim Morgengrauen, bei Tagesanbruch; **the ~ chorus** das Vogelkonzert bei Tagesanbruch. **6.** *fig.* Morgen *m*, Erwachen *n*, Anbruch *m*, Beginn *m*, Anfang *m*: **~ of a new era;** **~ of hope** erster Hoffnungsschimmer. **ˈdawn·ing** → **dawn II.**
**day** [deɪ] *s* **1.** Tag *m* (*Ggs. Nacht*): **it is broad ~** es ist heller Tag; **before ~** vor Tagesanbruch; **(as) plain as ~** sonnenklar; **good ~!** guten Tag! **2.** Tag *m* (*Zeitraum*): **civil ~** bürgerlicher Tag (*von Mitternacht bis Mitternacht*); **three ~s from London** drei Tage(reisen) von London entfernt; **eight-hour ~** Achtstundentag; **open 7 ~s per week** täglich geöffnet; **I haven't got all ~** *colloq.* ich hab' nicht den ganzen Tag Zeit. **3.** (*bestimmter*) Tag: **since the ~ dot** *colloq.* seit e-r Ewigkeit; → **New Year's Day,** *etc.* **4.** Empfangs-, Besuchstag *m*. **5.** (*festgesetzter*) Tag, Terˈmin *m*: **~ of delivery** Liefertermin, -tag; **to keep one's ~** pünktlich sein. **6.** *oft pl* (Lebens)Zeit *f*, Zeiten *pl*, Tage *pl*: **in my young ~s** in m-n Jugendtagen; **in those ~s** in jenen Tagen, damals; **in the ~s of old** vorzeiten, in alten Zeiten, einst; **to end one's ~s** s-e Tage beschließen, sterben; **my dancing ~s are done** (*od.* **over**) *a*) das Tanzen habe ich aufgegeben, *b*) mit dem Tanzen geht es bei mir nicht mehr. **7.** *oft pl* (*beste*) Zeit (*des Lebens*), Glanzzeit *f*: **in our ~** zu unserer Zeit; **every dog has his ~** jedem lacht einmal das Glück; **to have had one's ~** sich überlebt haben, am Ende sein; **he has had his ~** s-e beste Zeit ist vorüber; **those were the ~s!** das waren noch Zeiten! **8.** *arch.* Öffnung *f*, (*die*) Lichte: **~ of a window. 9.** *Bergbau:* Tag *m*.
*Besondere Redewendungen:*
**~ after ~** Tag für Tag; **the ~ after** *a*) tags darauf, am nächsten Tag, *b*) der nächste Tag; **the ~ after tomorrow,** *Am.* **~ after tomorrow** übermorgen; **all the ~s of my life** mein ganzes Leben lang; (**~ and**) **~ about** e-n um den andern Tag, jeden zweiten Tag; **any ~** jederzeit, jeden Tag, täglich; **the ~ before** *a*) tags zuvor, *b*) der vorhergehende Tag; **the ~ before yesterday,** *Am.* **~ before yesterday** vorgestern; **it was ~s before he came** es vergingen *od.* es dauerte Tage, ehe er kam; **by ~** bei Tag(e); **by the ~** *a*) tageweise, *b*) im Tagelohn (*arbeiten*); **~ by ~** (tag)täglich, Tag für Tag, jeden Tag

**wieder; to call it a ~** *colloq.* (für heute) Schluß machen; **let's call it a ~!** Feierabend!; **to carry** (*od.* **win**) **the ~** den Sieg davontragen; **to lose the ~** den Kampf verlieren; **to fall on evil ~s** ins Unglück geraten; **from ~ to ~** *a*) von Tag zu Tag, zusehends, *b*) von e-m Tag zum anderen; **~ in, ~ out** tagaus, tagein; immerfort; **to ask s.o. the time of ~** j-n nach der Uhrzeit fragen; **to give s.o. the time of ~** j-m guten Tag sagen; **to know the time of ~** wissen, was die Glocke geschlagen hat; Bescheid wissen; **that made my ~** *colloq.* damit war der Tag für mich gerettet; **to save the ~** die Lage retten; **(in) these ~s, in this ~ and age** heutzutage; **one of these (fine) ~s** demnächst, nächstens (einmal), e-s schönen Tages; **this ~ week** *bes. Br. a*) heute in e-r Woche, *b*) heute vor e-r Woche; **to this ~** bis auf den heutigen Tag; **to a ~** auf den Tag genau.
**day|bed** *s* Bettcouch *f*. **~blind·ness** *s med.* Tagblindheit *f*. **~book** *s* **1.** Tagebuch *n*. **2.** *econ. a*) Jourˈnal *n*, *b*) Verkaufsbuch *n*, *c*) Kassenbuch *n*. **~boy** *s bes. Br.* Exˈterne(r) *m* (*e-s Internats*). **~break** *s* Tagesanbruch *m*: **at ~** bei Tagesanbruch. **~-by-~** *adj* (*tag*)¹täglich. **~-ˌcare cen·ter** *s Am.* Tagesheim *n*, -stätte *f*. **~ coach** *s rail. Am.* (*normaler*) Perˈsonenwagen. **~dream I** *s* **1.** Tag-, Wachtraum *m*, Träumeˈrei *f*. **2.** Luftschloß *n*. **II** *v/i a. irr* **3.** (mit offenen Augen) träumen. **4.** Luftschlösser bauen. **~dream·er** *s* Träumer(in). **~ex·cur·sion** *s* Tagesausflug *m*. **~fight·er** *s aer. mil.* Tagjäger *m*. **~flow·er** *s bot.* **1.** Commeˈline *f*. **2.** Tradesˈcantie *f*. **3.** Harzige Zistrose. **~fly** *s zo.* Eintagsfliege *f*. **~girl** *s bes. Br.* Exˈterne *f* (*e-s Internats*). **~la·bo(u)r·er** *s* Tagelöhner *m*. **~let·ter** *s Am.* ¹Briefteleˌgramm *n*.
**ˈday·light** *s* **1.** Tageslicht *n*: **by** (*od.* **in**) **~** bei Tag(eslicht); **in broad ~** am hellichten Tag; **to beat** (*od.* **knock**) **the (living) ~s out of s.o.** *colloq.* j-n ¹fürchterlich verdreschen'; **to let ~ into s.o.** *sl.* j-n ¸durchlöchern' (*erstechen od. erschießen*); **to let ~ into s.th.** *fig. a*) etwas der Öffentlichkeit zugänglich machen, *b*) etwas aufhellen *od.* klären; **to scare the (living) ~s out of s.o.** *colloq.* j-m e-n fürchterlichen Schrecken einjagen; **to throw ~ on s.th.** *fig.* Licht in e-e Sache bringen; **he sees ~ at last** *fig. a*) endlich geht ihm ein Licht auf, *b*) endlich sieht er Land. **2.** Tagesanbruch *m*: **at ~** bei Tagesanbruch. **3.** Zwischenraum *m*. **~ blue** *s* Tageslichtblau *n*. **~ lamp** *s* Tageslichtlampe *f*. **~ rob·ber·y** *s colloq.* Halsabschneideˈrei *f*. **~ sav·ing time** *s* Sommerzeit *f*.
**day|nurs·er·y** *s* **1.** Tagesheim *n*, -stätte *f*. **2.** Spielzimmer *n*. **~ per·son** *s* Tagmensch *m*. **~rate** *s econ.* Tageslohn *m*. **~re·lease** *s Br.* bezahlte Freistellung von der Arbeit zur beruflichen Fortbildung. **~re·turn (tick·et)** *s Br.* Tagesrückfahrkarte *f*. **~room** *s* Tagesraum *m* (*in Internaten etc*). **~school** *s* **1.** Exterˈnat *n*, Schule *f* ohne Interˈnat. **2.** Tagesschule *f* (*Ggs. Abendschule*). **~shift** *s* Tagschicht *f*: **to be** (*od.* **work**) **on ~** Tagschicht haben.
**days·man** [ˈdeɪzmən] *s irr obs.* **1.** Tagelöhner *m*. **2.** Schiedsrichter *m*.
**ˈday|spring** *s* **1.** *poet.* Tagesanbruch *m*. **2.** *fig.* Beginn *m*. **~star** *s astr.* Morgenstern *m*. **2.** *poet.* Sonne *f*. **~stu·dent** *s* Exˈterne(r *m*) *f* (*e-s Internats*).
**day's work** *s* **1.** Tagewerk *n*: **that's all in the** (*od.* **a**) **~** *a*) *fig.* das ist nichts Besonderes, das gehört alles mit dazu. **2.** *econ.* Arbeitstag *m*. **3.** *mar.*

Etmal *n* (*nautischer Tag von Mittag bis Mittag*).
**day|tick·et** *s Br.* Tagesrückfahrkarte *f*. **~time** *s* Tageszeit *f*, (*heller*) Tag: **in the ~** am Tag, bei Tage. **~times** *adv Am.* am Tag, bei Tage. **~-to-~** *adj* (*tag*)¹täglich: **~ money** *econ.* tägliches Geld, Tagesgeld *n*; **~ necessities** Artikel des täglichen Bedarfs. **~ trip** *s* Tagesausflug *m*. **~ trip·per** *s* Tagesausflügler(in).
**daze** [deɪz] **I** *v/t* **1.** *a. fig.* betäuben, lähmen. **2.** blenden, verwirren. **II** *s* **3.** *a. fig.* Betäubung *f*, Lähmung *f*, Benommenheit *f*: **in a ~** benommen, betäubt. **4.** *min.* Glimmer *m*. **dazed** *adj* **1.** betäubt, benommen. **2.** geblendet, verwirrt. **daz·ed·ly** [ˈdeɪzɪdlɪ] *adv* → **dazed.**
**daz·zle** [ˈdæzl] **I** *v/t* **1.** blenden (*a. fig.*). **2.** *fig.* verwirren, verblüffen. **3.** *mil.* (*durch Anstrich*) tarnen. **II** *s* **4.** Blenden *n*: **~ lamps, ~ lights** Blendlampen. **5.** Leuchten *n*, blendender Glanz. **6.** *meist* **~ paint, ~ system** *mar.* Tarnanstrich *m*. **ˈdaz·zler** *s sl.* **1.** ¸Blender' *m*, ¸Angeber' *m*. **2.** ¸tolle Frau'. ¸tolle Sache'. **ˈdazzling** *adj* (*adv* **~ly**) **1.** blendend, glänzend (*a. fig.*). **2.** strahlend (*schön*): **a ~ beauty. 3.** verwirrend.
**D-day** [ˈdiːdeɪ] *s mil. hist.* der Tag der alliierten Landung in der Normandie, 6. Juni 1944.
**dea·con** [ˈdiːkən] **I** *s* **1.** *relig.* Diaˈkon *m*. **2.** *anglikanische Kirche:* Geistliche(r) *m* dritten (*niederen*) Weihegrades. **3.** *Freimaurerei:* Logenbeamte(r) *m*. **II** *v/t Am.* **4.** *obs.* jede Verszeile (*e-s Chorals, Psalms etc*) vor dem Singen vorsprechen. **5.** *colloq. Obst etc* so verpacken, daß das Beste obenˈauf liegt. **ˈdea·con·ess** *s relig.* **1.** Diaˈkonin *f*. **2.** Diakoˈnissin *f*, Diakoˈnisse *f*. **ˈdea·con·ry** [-rɪ] *s relig.* Diakoˈnat *n*.
**de·ac·ti·vate** [diːˈæktɪveɪt] *v/t* **1.** *mil.* e-e Einheit auflösen. **2.** *mil.* Munition entschärfen. **3.** *tech.* e-e Maschine außer Betrieb stellen, stillegen.
**dead** [ded] **I** *adj* (*adv* → **deadly**) **1.** tot, gestorben: **(as) ~ as mutton** (*od.* **a doornail**) *colloq.* mausetot; **~ and gone** tot u. begraben (*a. fig.*); **to be ~ to the world** *colloq.* ¸hinübersein': *a*) eingeschlafen sein, *b*) das Bewußtsein verloren haben, *c*) sinnlos betrunken sein; **to play ~** sich totstellen; **to be ~ from the neck up** *colloq. a*) dumm sein, *b*) kein Interesse haben; **to shoot s.o. ~** j-n erschießen; **~ man's handle** *rail.* Sicherheitsfahrschaltungstaster *m*, SIFA-Taster *m*; **to wait for a ~ man's shoes** *a*) auf e-e Erbschaft warten, *b*) warten, bis j-d stirbt, damit man in s-e Position nachrücken kann; **he is ~ of pneumonia** er ist an Lungenentzündung gestorben; **he is a ~ man** *fig.* er ist ein Kind des Todes; **~ men tell no tales** Tote reden nicht. **2.** tot, leblos: **~ matter** tote Materie (→ 23). **3.** totenähnlich, tief: **a ~ sleep; to be in a ~ faint** in tiefer Ohnmacht liegen. **4.** *colloq.* ¸restlos fertig', todmüde, zu Tode erschöpft: **I'm ~. 5.** unzugänglich, unempfänglich (**to** für). **6.** taub (**to advice** gegen Ratschläge). **7.** gefühllos, abgestorben, erstarrt: **~ fingers. 8.** *fig.* gefühllos, gleichgültig, abgestumpft (**to** gegen). **9.** tot, ausgestorben: **~ language** tote Sprache. **10.** überˈlebt, tot, veraltet: **~ customs. 11.** erloschen: **~ fire; ~ volcano; ~ passions. 12.** tot, geistlos. **13.** unfruchtbar, tot, leer, öde: **~ wastes. 14.** tot, still, stehend: → **dead water. 15.** *jur. a*) ungültig: **~ agreement,** *b*) bürgerlich tot. **16.** langweilig, öd(e): **a ~ party. 17.** tot, nichtssagend, farb-, ausdruckslos. **18.** *bes. econ.* still, ruhig, flau:

~ **season**; ~ **market** flauer Markt. **19.** *econ.* tot, gewinn-, 'umsatzlos: ~ **assets** unproduktive (Kapital)Anlage; ~ **capital** (**stock**) totes Kapital (Inventar). **20.** *tech.* a) außer Betrieb, tot: ~ **track** totes Gleis, b) de'fekt: ~ **valve**; ~ **engine** ausgefallener *od.* abgestorbener Motor, c) leer, erschöpft: ~ **battery. 21.** *tech.* tot, starr, fest: ~ **axle. 22.** *electr.* strom-, spannungslos, tot. **23.** *print.* abgelegt: ~ **matter** Ablegesatz *m* (→ 2). **24.** *bes. arch.* blind, Blend...: ~ **floor** Blend-, Blindboden *m*; ~ **window** totes Fenster. **25.** Sack... (ohne Ausgang): ~ **street** Sackgasse *f.* **26.** dumpf, klanglos, tot (*Ton*). **27.** matt, glanzlos, stumpf, tot: ~ **colo(u)rs**; ~ **eyes**; ~ **gilding** matte Vergoldung. **28.** schal, abgestanden: ~ **drinks. 29.** verwelkt, dürr, abgestorben: ~ **flowers. 30.** (a'kustisch) tot: ~ **room** toter *od.* schalldichter Raum. **31.** völlig, abso'lut, restlos, to'tal: ~ **certainty** absolute Gewißheit; ~ **silence** Totenstille *f*; ~ **stop** völliger Stillstand; **to come to a ~ stop** schlagartig stehenbleiben *od.* aufhören; → **calm** 2, **cert**, **earnest**[1] 4, **loss** 1. **32.** todsicher, unfehlbar: **he is a ~ shot**. **33.** äußerst(er, e, es): **a ~ silence**; **a ~ push** ein verzweifelter, aber vergeblicher Stoß. **34.** *sport* tot, nicht im Spiel (*Ball*).

**II s 35.** stillste Zeit: **at ~ of night** mitten in der Nacht; **the ~ of winter** der tiefste Winter. **36. the ~** a) der, die, das Tote, b) *collect.* die Toten *pl*: **several ~** mehrere Tote; **to rise from the ~** von den Toten auferstehen.

**III** *adv* **37.** restlos, abso'lut, völlig, gänzlich, to'tal: **the facts are ~ against him** alles spricht gegen ihn; ~ **asleep** im tiefsten Schlaf; ~ **black** tiefschwarz; ~ **drunk** sinnlos betrunken; ~ **slow!** *mot.* Schritt fahren!; ~ **straight** schnurgerade; ~ **tired** todmüde. **38.** plötzlich, ab'rupt: **to stop ~** (**in one's tracks**) abrupt stehenbleiben *od.* aufhören. **39.** genau, di'rekt: ~ **against** genau gegenüber von (*od. dat*); ~ (**set**) **against** ganz u. gar gegen (*etwas*) (eingestellt); ~ **set on** ganz scharf auf (*acc*).

**dead|ac·count** *s econ.* 'umsatzloses *od.* unbewegtes Konto. **~-(and-)a'live** *adj* langweilig (*Party, Person etc*). **~-a·re·a** *s mil.* toter Schußwinkel(bereich). **'~-ball line** *s Rugby:* Malfeldauslinie *f*. **'~-beat I** *adj* **1.** *electr. phys.* aperi'odisch (gedämpft). **II s 2.** *colloq.* Faulenzer *m.* **3.** *bes. Am. colloq.* 'Nassauer' *m,* Schma'rotzer *m.* **4.** *Austral. colloq.* Habenichts *m.* **~-'beat** *adj colloq.* todmüde, völlig ,ka'putt' *od.* erschöpft: ~ **cen·ter,** *bes. Br.* ~ **cen·tre s 1.** genaue Mitte. **2.** *tech.* toter Punkt, Totlage *f,* -punkt *m.* **3.** *tech.* tote Spitze, Reitstockspitze *f* (*der Drehbank etc*). **4.** *tech.* Körnerspitze *f*. **~-col·o(u)r·ing** *s paint.* Grun'dierung *f.* ~ **drop** *s Spionage:* toter Briefkasten. ~ **duck** *s* **to be a ~** *colloq.* passé sein, keine Chance mehr haben. ~ **earth** → **dead ground** 1.

**dead·en** ['dedn] *v/t* **1.** dämpfen, (ab-) schwächen: **to ~ a sound**; **to ~ a blow** e-n Schlag mildern. **2.** schalldicht machen: **to ~ a wall.** **3.** Gefühl abtöten, abstumpfen (**to** gegen). **4.** *Metall* mat'tieren, glanzlos machen. **5.** *Geschwindigkeit* vermindern.

**dead| end** *s* **1.** Sackgasse *f* (*a. fig.*): **to come to a ~** in e-e Sackgasse geraten. **2.** *bes. tech.* blindes Ende. **'~-end** *adj* **1.** ohne Ausgang, Sack...: ~ **street** Sackgasse *f*; ~ **station** *rail.* Kopfbahnhof *m.* **2.** *fig.* ausweglos. **3.** ohne Aufstiegschancen: **a ~ job. 4.** verwahrlost, Slum...: ~ **kid** verwahrlostes Kind. '**~-eye s 1.** *mar.* Jungfer(nblock) *f.* **2.** *bes. Am. colloq.*

todsicherer *od.* unfehlbarer Schütze. '**~-fall** *s hunt.* Prügel-, Baumfalle *f.* ~ **file** *s* abgelegte Akte. ~ **fire** *s* Elmsfeuer *n.* ~ **freight** *s mar.* Fehl-, Fautfracht *f.* ~ **ground** *s* **1.** *electr.* Erdung *f* mit sehr geringem 'Übergangs,widerstand. **2.** *mil.* → **dead space.** ~ **hand** → **mortmain.** '**~-head** *s* **1.** *Am. colloq.* Freikarteninhaber(in). **2.** *Am. colloq.* Mitläufer *m.* **3.** *Am. colloq.* a) Per'son *f* ohne jeden (*beruflichen*) Ehrgeiz, b) ,Blindgänger' *m.* **4.** *tech.* verlorener (*Gieß*)Kopf. ~ **heat** *s sport* totes Rennen. '**~-house s 1.** Leichenschauhaus *n.* **2.** Leichenhalle *f.* ~ **lat·i·tude** *s mar.* gegißte geo'graphische Breite. ~ **let·ter s 1.** toter Buchstabe (*noch bestehendes, aber nicht angewandtes Gesetz*). **2.** unzustellbarer Brief. **~-'let·ter of·fice** *s* Ab'teilung *f* für unzustellbare Briefe. ~ **lift** *s* Lastheben *n* ohne me'chanische Hilfsmittel. '**~-light** *s* **1.** *mar.* Fensterblende *f.* **2.** feste Dachluke. '**~-line s 1.** *Am.* Sperrlinie *f*, Todesstreifen *m* (*im Gefängnis*). **2.** Deadline *f*: a) letzter ('Ablieferungs)Ter,min, Anzeigen-, Redakti'onsschluß *m*: ~ **pressure** Termindruck *m*; **to have difficulty** (*od.* **trouble**) **meeting the ~** Terminschwierigkeiten haben, b) Stichtag *m*, c) äußerste Grenze.

**dead·li·ness** ['dedlɪnɪs] *s* tödliche Wirkung, (*das*) Tödliche.

**dead|load** *s tech.* totes Gewicht, tote *od.* ruhende Last, Eigengewicht *n.* '**~-lock s 1.** *tech.* Ein'riegelschloß *n.* **2.** *fig.* völliger Stillstand, Sackgasse *f,* toter Punkt: **to break the ~** den toten Punkt (*in Verhandlungen etc*) überwinden; **to come to a ~** → III. **II** *v/t* **3.** zum völligen Stillstand bringen. **III** *v/i* **4.** sich festfahren, an e-m toten Punkt anlangen. '**~-locked** *adj* festgefahren: ~ **talks.**

**'dead·ly I** *adj* **1.** tödlich, todbringend: ~ **poison. 2.** *fig.* unversöhnlich, tödlich: ~ **enemy** Todfeind *m*; ~ **fight** mörderischer Kampf. **3.** *fig.* tödlich, vernichtend, verderblich (**to** für): → **sin** 1. **4.** tödlich, unfehlbar: ~ **precision. 5.** totenähnlich, Todes...: ~ **pallor** Leichen-, Todesblässe *f.* **6.** *colloq.* schrecklich, groß, äußerst(er, e, es): **in ~ haste. 7.** *colloq.* sterbenslangweilig. **II** *adv* **8.** totenähnlich, leichenhaft: ~ **pale** toten-, leichenblaß. **9.** *colloq.* tod..., sehr, äußerst, schrecklich: **to be ~ afraid of** e-e Sterbensangst haben vor (*dat*); ~ **dull** sterbenslangweilig; ~ **tired** todmüde. ~ **a·gar·ic** *s bot.* Giftpilz *m, bes.* Fliegenpilz *m*. ~ **night·shade** *s bot.* **1.** Tollkirsche *f.* **2.** Schwarzer Nachtschatten.

**'dead|man** [-ˌmæn] *s irr Am.* 'umgestürzter Baum. '**~-man's but·ton** *s tech.* Totmannsknopf *m,* -einrichtung *f*. ~ **march** *s mus.* Trauermarsch *m*. ~ **ma·rine** *s sl.* leere ,Pulle'.

'**dead·ness s 1.** Leblosigkeit. **2.** Gefühllosigkeit *f,* Abgestumpftheit *f,* Gleichgültigkeit *f* (**to** gegen). **3.** Leere *f,* Öde *f.* **4.** *bes. econ.* Flauheit *f,* Flaute *f.* **5.** Mattheit *f,* Glanzlosigkeit *f.*

**dead|net·tle** *s bot.* Taubnessel *f.* ~ **oil** *s chem.* Schweröl *n,* Kreo'sot *n.* ~ **pan** *s colloq.* ausdrucksloses *od.* 'undurchˌdringliches Gesicht. **~-'pan** *adj colloq.* **1.** unbewegt, ausdruckslos: ~ **face. 2.** mit ausdrucksloser Gesicht (*Person*). **3.** trocken (*Humor*). ~ **point** → **dead center** 2–4. ~ **reck·on·ing** *s mar.* gegißtes Besteck, Koppeln *n.* ~ **rope** *s mar.* **1.** Holetau *n* ohne Block. **2.** *pl* stehendes Gut, festes Tauwerk. ~ **set s 1.** *hunt.* Stehen *n* (*des Hundes*). **2.** verbissene Feindschaft. **3.** hartnäckiges Bemühen, *bes.* beharrliches Werben (**at** um): **to make a ~ at** sich hartnäckig bemühen

um. **~-space** *s mil.* toter Winkel. '**~-stick land·ing** *s aer.* Landung *f* mit abgestelltem Motor. ~ **time** *s* **1.** *mil.* Befehls-, Kom'mandoverzug *m* (*Artillerie*). **2.** *phys. tech.* Totzeit *f.* ~ **wa·ter s 1.** stehendes *od.* stilles Wasser. **2.** *mar.* Kielwasser *n,* Sog *m.* ~ **weight s 1.** ganze Last, volles Gewicht (*e-s ruhenden Körpers*). **2.** *fig.* schwere Bürde *od.* Last. **3.** Leer-, Eigengewicht *n,* totes Gewicht. '**~-weight ca·pac·i·ty** *s mar.* Tragfähigkeit *f,* Ladevermögen *n.* '**~-wood s 1.** totes Holz (*abgestorbene Äste od.* Bäume). **2.** *fig.* (nutzloser) Bal'last, nutzlose (Mit)Glieder *pl* (*e-r Gesellschaft*). **3.** (*etwas*) Veraltetes *od.* Über'holtes. **4.** Plunder *m, bes. econ.* Ladenhüter *pl.* **5.** *pl mar.* Totholz *n.* ~ **work** *s* vorbereitende Arbeit.

**de·aer·ate** [diːˈeɪəreɪt; -ˈeər-] *v/t u. v/i* entlüften. **de'aer·a·tor** [-tə(r)] *s* Entlüfter *m,* Entlüftungsanlage *f.*

**deaf** [def] **I** *adj* (*adv* ~**ly**) **1.** taub: ~ **and dumb** taubstumm; ~ **in one ear** auf 'einem Ohr taub; (**as**) ~ **as an adder** (*od.* **a post**) stocktaub. **2.** schwerhörig. **3.** *fig.* (**to**) taub (gegen), unzugänglich (für): **none so ~ as those that won't hear** (*etwa*) wem nicht zu raten ist, dem ist auch nicht zu helfen; → **ear** *Bes. Redew.* **II s 4. the ~** *collect. pl* die Tauben *pl.* ~ **aid** *s* Hörgerät *n.* **~-and-'dumb** *adj* **1.** taubstumm. **2.** Taubstummen..., Finger...: ~ **alphabet; ~ language.**

**deaf·en** ['defn] *v/t* **1.** taub machen. **2.** betäuben (**with** durch). **3.** *Schall* dämpfen. **4.** *arch. Wände etc* schalldicht machen. '**deaf·en·ing** *adj* (*adv* ~**ly**) ohrenbetäubend: ~ **noise.**

ˌdeaf|-'mute **I** *adj* taubstumm. **II** *s* Taubstumme(r) *m f.* ~**-'mute·ness,** ~**-'mut·ism** *s* Taubstummheit *f.*

'**deaf·ness s 1.** Taubheit *f* (*a. fig.* **to** gegen): **psychic ~** Seelentaubheit *f.* **2.** Schwerhörigkeit *f.*

**deal**[1] [diːl] **I** *v/i pret u. pp* **dealt** [delt] **1.** ~ **with** (*od.* **in**) sich befassen *od.* beschäftigen *od.* abgeben mit *etwas.* **2.** ~ **with** (*od.* **in**) handeln von, sich befassen mit, *etwas* behandeln *od.* zum Thema haben: **botany ~s with plants. 3.** ~ **with** sich mit e-m *Problem etc* befassen *od.* beschäftigen *od.* ausein'andersetzen, *etwas* in Angriff nehmen. **4.** ~ **with** *etwas* erledigen, mit *etwas od. j-m* fertig werden: **I cannot ~ with it. 5.** ~ **with** (*od.* **by**) behandeln (*acc*), 'umgehen mit: **to ~ fairly with s.o.** sich fair gegen j-n verhalten, fair an j-m handeln. **6.** ~ **with** mit *j-m* verkehren *od.* zu tun haben. **7.** ~ **with** *econ.* Handel treiben *od.* Geschäfte machen *od.* in Geschäftsverkehr stehen mit. **8.** handeln, Handel treiben (**in** mit): **to ~ in paper** Papier führen. **9.** *sl.* dealen (*mit Rauschgift handeln*). **10.** *Kartenspiel:* geben.

**II** *v/t* **11.** *oft* ~ **out** *etwas* ver-, austeilen: **to ~ out rations; to ~ blows** Schläge austeilen; ~ **s.o.** (**s.th.**) **a blow** (*od.* **a blow at s.o.** (**s.th.**) j-m (e-r Sache) e-n Schlag versetzen. **12.** *j-m etwas* zuteilen. **13.** a) *Karten* geben, austeilen, b) *j-m e-e Karte* geben.

**III s 14.** *colloq.* a) Handlungsweise *f,* Verfahren *n,* Poli'tik *f:* → **New Deal**, b) Behandlung *f.* **15.** *colloq.* Geschäft *n,* Handel *m,* Transakti'on *f:* **it's a ~!** abgemacht!; (**a**) **good ~!** ein gutes Geschäft!; **square ~** a) anständige Behandlung, b) reeller Handel; **big ~** ,große Sache'; **what's the big ~?** was ist denn das?, was soll das (alles)?; → **raw** 14. **16.** Abkommen *n,* Über'einkunft *f:* **to make a ~** ein Abkommen treffen. **17.** *Karten-*

spiel: a) Blatt n, b) Geben n: **it is my ~ ich**
**muß geben.**

**deal²** [di:l] s **1.** Menge f, Teil m: **a great ~**
sehr viel; **not by a great ~** bei weitem
nicht; **a good ~** e-e ganze Menge, ziem-
lich viel. **2.** colloq. e-e ganze Menge,
ziemlich od. sehr viel: **a ~ worse** weit
(-aus) od. viel schlechter.

**deal³** [di:l] s **1.** Br. a) Brett n, Planke f (aus
Tannen- od. Kiefernholz), b) Bohle f, Diele
f. **2.** rohes Kiefernbrett (mit bestimmten
Abmessungen). **3.** Kiefern- od. Tannen-
holz n.

**'deal·er** s **1.** econ. a) Händler(in), Kauf-
mann m: **~ in antiques** Antiquitäten-
händler, b) Börse: Br. Dealer m (der auf
eigene Rechnung Geschäfte tätigt). **2.** sl.
Dealer m (Rauschgifthändler). **3.** Karten-
spiel: Geber(in). **4.** Person von bestimm-
tem Verhalten: **plain ~** aufrichtiger
Mensch.

**'deal·ing** s **1.** meist pl 'Umgang m, Ver-
kehr m, Beziehungen pl: **to have ~s with**
s.o. mit j-m verkehren od. zu tun haben;
**there is no ~ with her** mit ihr ist nicht
auszukommen. **2.** econ. a) Geschäfts-
verkehr m, Geschäft m (in in
dat, mit): **~ in real estate** Immobi-
lienhandel. **3.** a) Verfahren n, Verhalten
n, Handlungsweise f, b) econ. Geschäfts-
gebaren n. **4.** Austeilen n, Geben n (von
Karten).

**dealt** [delt] pret u. pp von **deal¹**.

**dean¹** [di:n] s **1.** univ. a) De'kan m (Vor-
stand e-r Fakultät od. e-s College),
b) (Oxford u. Cambridge) Fellow m mit
besonderen Aufgaben. **2.** univ. Am.
a) Vorstand m e-r Fakul'tät, b) Haupt-
berater(in), Vorsteher(in) (der Studen-
ten). **3.** relig. De'chant m, De'kan m,
'Superinten,dent m. **4.** D~ of Arches
Laienrichter m des kirchlichen Appella-
ti'onsgerichts (Canterbury u. York).
**5.** Vorsitzende(r m) f, Präsi'dent(in): D~
of Faculty Scot. Präsident der Anwalts-
kammer; **the ~ of the diplomatic corps**
der Doyen des diplomatischen Korps.

**dean²** → dene².

**dean·er·y** ['di:nəri] s Deka'nat n.

**dear¹** [dɪə(r)] I adj (adv → dearly)
**1.** teuer, lieb (to s.o. j-m): **~ mother** liebe
Mutter; **D~ Sir**, (in Briefen) sehr geehrter
Herr (Name)!; **D~ Mrs. B.**, (in Briefen)
sehr geehrte Frau B.!; **those near and ~**
to you die dir lieb u. teuer sind; **to run**
(work) for **~ life** um sein Leben rennen
(arbeiten, als ob es ums Leben ginge).
**2.** teuer, kostspielig. **3.** hoch (Preis).
**4.** innig: **~ love; my ~est wish**
sehnlichster Wunsch. II s **5.** Liebste(r m)
f, Schatz m: **isn't she a ~?** ist sie nicht ein
Engel?; **there's a ~** sei (so) lieb.
**6.** (Anrede) mein Lieber, m-e Liebe: **my**
**~s** m-e Lieben. III adv **7.** teuer: **it will**
cost you **~** das wird dir od. dich teuer
zu stehen kommen. **8.** → dearly 1. IV
interj **9.** (oh) **~!, ~ ~!, ~ me!** du liebe Zeit!,
du meine Güte!, ach je!

**dear²** [dɪə(r)] adj obs. schwer, hart.

**'dear-bought** adj **1.** teuer gekauft.
**2.** fig. teuer erkauft.

**dear·ie** → deary.

**Dear John let·ter** s colloq. Brief, mit
dem ein Mädchen ein Verhältnis beendet.

**'dear·ly** adv **1.** innig, herzlich, von gan-
zem Herzen: **to love s.o.; to wish s.th.**
**~** etwas heiß ersehnen. **2.** teuer (im Preis):
→ buy 5, pay¹ 12. **'dear·ness** s **1.** hoher
Wert: **her ~ to me** was sie mir bedeutet. **2.**
(das) Liebe(nswerte). **3.** Innigkeit f. **4.**
hoher Preis, Kostspieligkeit f.

**dearth** [dɜ:θ; Am. dɜrθ] s **1.** Mangel m (of
an dat). **2.** (Hungers)Not f. **3.** obs. Kost-
spieligkeit f.

**'dear·y** s colloq. Liebling m, Schatz m.

---

**death** [deθ] s **1.** Tod m: **to ~** zu Tode; **to**
(the) **~** bis zum äußersten; **fight to the ~**
Kampf m bis aufs Messer; **the house**
was (as) still as **~** im Haus herrschte e-e
Totenstille; (as) sure as **~** bomben-
todsicher; **to catch one's ~** sich den Tod
holen (engS. durch Erkältung); **to hold**
(od. hang) on to s.th. like grim **~** sich
verbissen an etwas festklammern, fig. a.
verbissen an etwas festhalten; **to put to ~**
töten, bes. hinrichten; **to send s.o. to his**
**~** j-n in den Tod schicken; **~ in life**
lebendiger Tod (unheilbare Krankheit
etc); **to be in at the ~** a) hunt. bei der
Tötung des Fuchses (durch die Hunde)
dabeisein, b) fig. das Ende miterleben; **it**
is **~ to do this** darauf steht der Tod
(Todesstrafe); **it is ~ to think of it** fig. der
bloße Gedanke ist entsetzlich. **2.** a. D~
der Tod m: **at D~'s door** an der Schwelle
des Todes. **3.** Ende n, 'Untergang m,
Vernichtung f. **4.** Tod m (Todesart): **~ by**
hanging Tod durch Erhängen od. den
Strang; **to die an easy ~** e-n leichten Tod
haben. **5.** Todesfall m. **6.** Tod m (Todes-
ursache): **he will be the ~ of me** a) er
bringt mich noch ins Grab, b) ich lache
mich noch tot über ihn; **to be ~ on s.th.**
colloq. a) etwas aus dem Effeff verstehen,
b) etwas nicht ‚riechen' können. **7.** (Ab-)
Sterben n.

**death|ag·o·ny** s Todeskampf m.
**'~bed** s Sterbebett n: **to be on one's ~**
im Sterben liegen; **~ repentance** Reue f
auf dem Sterbebett. **~ bell** s Toten-,
Sterbeglocke f. **~ ben·e·fit** s **1.** Sterbe-
geld n. **2.** bei Todesfall fällige Versiche-
rungsleistung. **'~blow** s **1.** Todesstreich
m. **2.** fig. Todesstoß m (to für): **to deal a ~**
to s.th. e-r Sache den Todesstoß verset-
zen. **~ cell** s Todeszelle f. **~ cer·tif·i-**
cate s Totenschein m, Sterbeurkunde f. **~**
cham·ber s **1.** Sterbezimmer n. **2.** 'Hin-
richtungsraum m. **~ cup** s bot. Grüner
Knollenblätterpilz. **~ du·ty** s jur. Br. hist.
Erbschaftssteuer f. **~ grant** s Br. Sterbe-
geld n. **~ house** s Am. Todestrakt m (e-s
Gefängnisses). **~ in·stinct** s psych. To-
destrieb m. **~ knell** → knell 1.

**'death·less** adj unsterblich: **~ fame**.
**'death·like** adj totenähnlich, leichen-
artig: **~ pallor** Toten-, Leichenblässe f.
**'death·ly** adj deadly: **~ silence** eisiges
Schweigen; **~ stillness** Totenstille f.

**death|march** s Todesmarsch m (von
Kriegsgefangenen etc). **~ mask** s Toten-
maske f. **~ pen·al·ty** s Todesstrafe f.
**'~place** s Sterbeort m. **~ rate** s Sterb-
lichkeitsziffer f, Sterbeziffer f. **~ rat·tle** s Todesrö-
cheln n. **~ roll** s **1.** mil. Gefallenen-,
Verlustliste f. **2.** Zahl f der Todesopfer. **~**
row s Am. Todestrakt m: **~ death house**.

**'death's-head** s **1.** Totenkopf m (bes. als
Symbol). **2.** a. **~ moth** zo. Totenkopf
(-schwärmer) m.

**death|squad** s 'Todesschwa,dron f. **~**
threat s Morddrohung f. **~ toll** s (Zahl f
der) Opfer pl, (die) Toten pl. **'~trap** s
Todesfalle f, Mausefalle f. **~ war·rant** s
**1.** jur. 'Hinrichtungsbefehl m. **2.** fig. To-
desurteil n (of für): **to sign one's (own)**
**~** sein (eigenes) Todesurteil unterschrei-
ben. **'~watch** s **1.** Totenwache f. **2. ~**
beetle zo. Totenuhr f (verschiedene
Klopfkäfer). **~ wish** s Todeswunsch m,
-sehnsucht f.

**deb** [deb] colloq. für **debutante.**

**de·ba·cle** [deɪ'ba:kl], a. (Fr.) **dé·bâ·cle**
[deɪba:kl] s **1.** De'bakel n, Zs.-bruch m,
Kata'strophe f. **2.** plötzliche Massen-
flucht, wildes Durchein'ander. **3.** geol.
a) Eisaufbruch m, b) Eisgang m, c) Mur-
gang m. **4.** Wassersturz m.

**de·bag** [,di:'bæg] v/t Br. colloq. j-m die
Hose ausziehen.

---

**de·bar** [dɪ'ba:(r)] v/t **1.** j-n ausschließen
(from von etwas, aus e-m Verein). **2.** j-n
hindern (from doing zu tun). **3.** j-m
etwas versagen: **to ~ s.o. the crown** j-n
von der Thronfolge ausschließen. **4.** et-
was verhindern, verbieten.

**de·bark** [dɪ'ba:(r)k], etc → disembark,
etc.

**de·bar·ment** s Ausschließung f, Aus-
schluß m (from von).

**de·base** [dɪ'beɪs] v/t **1.** (cha'rakterlich)
verderben. **2.** (o.s. sich) entwürdigen,
erniedrigen. **3.** im Wert mindern, Mün-
zen verschlechtern. **4.** Wert (her'ab)min-
dern. **5.** verfälschen. **de'based** adj
**1.** verderbt (etc). **2.** minderwertig.
**3.** abgegriffen (Wort). **de'base·ment** s
**1.** Verderbtheit f. **2.** Entwürdigung f,
Erniedrigung f. **3.** Wertminderung f,
Verschlechterung f. **4.** (Her'ab)Minde-
rung f (des Wertes). **5.** Verfälschung f.

**de·bat·a·ble** [dɪ'beɪtəbl] adj **1.** disku-
'tabel. **2.** fraglich, strittig, um'stritten.
**3.** jur. anfechtbar, streitig. **~ ground** s
**1.** pol. um'strittenes Land. **2.** fig. Zank-
apfel m: **that is ~** darüber läßt sich
streiten. **~ land** → debatable ground 1.

**de·bate** [dɪ'beɪt] I v/i **1.** debat'tieren,
disku'tieren, Erörterungen anstellen (on,
upon, about über acc). **2.** to ~ with o.s.
hin u. her überlegen. **3.** obs. kämpfen.
II v/t **4.** etwas debat'tieren, disku'tieren,
erörtern. **5.** etwas erwägen, sich etwas
über'legen, mit sich zu Rate gehen über
(acc). **6.** obs. kämpfen um. III s
**7.** De'batte (a. parl.), Diskussi'on f,
Erörterung f: **after much ~** nach langen
Diskussionen; **beyond ~** unbestreitbar;
**to be under ~** zur Debatte stehen; **to be**
still under **~** noch umstritten sein; **~ on**
request parl. aktuelle Stunde. **de'bat·**
er s **1.** Debat'tierende(r m) f. **2.** parl.
Redner(in). **de'bat·ing** adj: **~ club, ~**
society Debattierclub m.

**de·bauch** [dɪ'bɔ:tʃ] I v/t **1.** (sittlich) ver-
derben. **2.** verführen, verleiten (to zu).
II v/i **3.** (sittlich) her'unterkommen, ver-
kommen. **4.** schwelgen, schlemmen,
prassen. III s **5.** Ausschweifung f, Orgie
f. **6.** Schwelge'rei f. **de'bauched** adj
verderbt (Person), ausschweifend, zügel-
los (Leben). **de·bauch·ee** [debɔ:'tʃi:;
Am. dɪ-] s Wüstling m, Wollüstling m.
**de'bauch·er** s **1.** Verderber m. **2.** Ver-
führer m. **de'bauch·er·y** s **1.** Aus-
schweifung f, Schwelge'rei f. **2.** pl Aus-
schweifungen pl, Orgien pl. **de'bauch-**
ment s **1.** Ausschweifung f, Orgie f.
**2.** Schwelge'rei f. **3.** Verderbtheit f, Zü-
gellosigkeit f. **4.** Verführung f.

**de·ben·ture** [dɪ'bentʃə(r)] s **1.** Schuld-
schein m. **2.** econ. a) Obligati'on f,
Schuldverschreibung f, b) Br. Pfandbrief
m. **3.** econ. Rückzollschein m. **~ bond** s
econ. **1.** Br. Obligati'on f, Schuldver-
schreibung f. **2.** Am. (ungesicherte) Obli-
gati'on. **~ cer·tif·i·cate** → debenture
bond 1.

**de'ben·tured** adj econ. rückzollberech-
tigt: **~ goods** Rückzollgüter.

**de·ben·ture | debt** s econ. **1.** Obliga-
ti'onsschuld f. **2.** Br. Pfandbriefschuld f. **~**
hold·er s econ. **1.** Obligatio'när m. **2.** Br.
Pfandbriefinhaber m. **~ stock** s econ.
**1.** Br. Anleiheschuld f. **2.** Am. Aktien pl
mit Vorrang vor den Vorzugsaktien.

**de·bil·i·tate** [dɪ'bɪlɪteɪt] v/t schwächen,
entkräften. **de,bil·i'ta·tion** s Schwä-
chung f, Entkräftung f. **de'bil·i·ty**
[-lətɪ] s **1.** Schwäche f, Kraftlosigkeit f.
**2.** med. Schwäche-, Erschöpfungszu-
stand m: **nervous ~** Nervenschwä-
che f.

**deb·it** ['debɪt] econ. I s **1.** Debet n, Soll
(-wert m) n, Schuldposten m. **2.** (Konto-)

Belastung *f*: to the ~ of zu Lasten von. **3.** *a*. ~ **side** Debetseite *f* (*im Hauptbuch*): **to charge** (*od*. **place**) **a sum to s.o.'s** ~ j-s Konto mit e-r Summe belasten. **II** *v/t* **4.** *j-n, ein Konto* debi'tieren, belasten (**with** mit). **5.** *etwas* Last schreiben. **III** *adj* **6.** Debet..., Schuld...: ~ **account;** ~ **balance** Debet-, Sollsaldo *m*; **your** ~ **balance** Saldo *m* zu Ihren Lasten; ~ **entry** Lastschrift *f*, Debetbuchung *f*; ~ **note** Lastschriftanzeige *f*. ~ **and cred·it** *s econ*. Soll *n* u. Haben *n*.

**de·block** [ˌdiːˈblɒk; *Am*. -ˈblɑk] *v/t econ*. eingefrorene Konten freigeben, entsperren.

**deb·o·nair(e)** [ˌdebəˈneə(r)] *adj* **1.** liebenswürdig, höflich, char'mant. **2.** heiter, unbefangen. **3.** 'lässig(-ele'gant).

**de·bone** [ˌdiːˈbəʊn] *v/t Fleisch* entknochen, entbeinen.

**de·boost** [ˌdiːˈbuːst] *s* Abbremsung *f* (*e-s Raumschiffs etc*).

**de·bouch** [drˈbaʊtʃ; drˈbuːʃ] *v/i* **1.** *mil*. her'vorbrechen. **2.** sich ergießen, (ein)münden (**into** *in acc*) (*Fluß*). **de'bouch·ment** *s* **1.** *mil*. Her'vorbrechen *n*, Ausfall *m*. **2.** Mündung *f*.

**de·brief** [ˌdiːˈbriːf] *v/t* sich infor'mieren *od*. berichten lassen von (*e-m Piloten, Diplomaten etc*). **de'brief·ing** *s mil*. Einsatzbesprechung *f* (*nach dem Flug etc*).

**de·bris, dé·bris** [ˈdeɪbriː; *Br. a.* ˈdebriː; *Am. a.* dəˈbriː] *s* **1.** Trümmer *pl*, Schutt *m* (*beide a. geol.*). **2.** Bergbau: Hau(f)werk *n*.

**debt** [det] *s* **1.** Schuld *f*, *bes. econ. jur*. Forderung *f*: ~ **collector** *jur*. Inkassobeauftragte(r) *m*; ~ **of hono(u)r** Ehrenschuld, *bes*. Spielschuld; ~ **of gratitude** Dankesschuld; **to owe s.o. a** ~ **of gratitude, to be in s.o.'s** ~ j-m Dank schulden, in j-s Schuld stehen; **to pay one's** ~ **to nature** den Weg alles Irdischen gehen, sterben; **to be in** ~ **s** Schulden haben, verschuldet sein; **to be in** ~ **to s.o. for £100** j-m 100 Pfund schulden; **to be out of** ~ schuldenfrei sein. **2.** *meist* **action of** ~ *jur*. Schuldklage *f*. **3.** *Bibl*. Schuld *f*, Sünde *f*: **forgive us our** ~ **s. debt·or** [ˈdetə(r)] *s* **1.** *jur*. Schuldner(in). **2.** *econ*. Debitor *m*: ~ **nation** Schuldnerland *n*.

**de·bug** [ˌdiːˈbʌg] *v/t* **1.** a) entwanzen, b) *bes. Am. Pflanzen* von Schädlingen befreien. **2.** *tech. colloq*. a) *Fehler od*. 'Mucken' *e-r Maschine* beseitigen *od*. beheben, b) (*Computer*) *Programm* austesten. **3.** *colloq*. *e-n Raum* ,entwanzen' (*von Minispionen befreien*).

**de·bunk** [ˌdiːˈbʌŋk] *v/t colloq*. entlarven, den Nimbus nehmen (*dat*). **de'bunk·er** *s colloq*. Entlarver *m*.

**de·bu·reauc·ra·tize** [ˌdiːˈbjʊəˈrɒkrətaɪz; *Am*. -ˈrɑk-] *v/t* entbürokrati'sieren.

**de·bus** [ˌdiːˈbʌs] *v/i* aus dem *od*. e-m Bus aussteigen.

**de·but,** *Br. a*. **dé·but** [ˈdeɪbuː; -bjuː] *s* De'büt *n*: a) *thea. etc* erstes Auftreten, b) Einführung *f* (*e-r jungen Dame*) in die Gesellschaft: **to make one's** ~ sein Debüt geben. **deb·u·tant,** *Br. a*. **déb·u·tant** [ˈdebjuːtɑ̃ː; *Am*. ˈdebjuːˌtɑnt] *s* Debü'tant *m*. **deb·u·tante,** *Br. a*. **déb·u·tante** [ˈdebjuːtɑːnt] *s* Debü'tantin *f*.

**dec·a·dal** [ˈdekədl] *adj* de'kadisch.

**dec·ade** [ˈdekeɪd] *s* **1.** De'kade *f*: a) Anzahl von 10 Stück, Zehnergruppe, b) Jahr'zehnt *n*. **2.** *electr. tech*. De'kade *f*: ~ **connection** Dekadenschaltung *f*.

**dec·a·dence** [ˈdekədəns] *s* **1.** Deka'denz *f*, Entartung *f*, Verfall *m*, Niedergang *m*. **2.** Deka'denz(litera,tur) *f*. **dec·a·dent** *I adj* **1.** deka'dent. Dekadenz... **II** *s* **3.** deka'denter Mensch. **4.** Deka'denzdichter *m, bes*. Symbo'list *m*.

**de·cad·ic** [drˈkædɪk] *adj math*. de'kadisch, Dezimal..., Zehner...

**de·caf·fein·ate** [ˌdiːˈkæfɪneɪt] *v/t Kaffee* koffe'infrei machen: **~d** koffeinfrei.

**dec·a·gon** [ˈdekəgən; *Am*. -ˌgɑn] *s math*. Deka'gon *n*, Zehneck *n*. **de·cag·o·nal** [drˈkægənl] *adj* dekago'nal.

**dec·a·gram(me)** [ˈdekəgræm] *s* Deka'gramm *n* (*10 Gramm*).

**dec·a·he·dron** [ˌdekəˈhedrən; *bes. Am*. -ˈhiː-] *pl* **-drons, -dra** [-drə] *s math*. Deka'eder *n*, Zehnflächner *m*.

**de·cal·ci·fi·ca·tion** [ˌdiːˌkælsɪfɪˈkeɪʃn] *s* Entkalkung *f*. **de·cal·ci·fy** [-faɪ] *v/t* entkalken.

**de·cal·co·ma·ni·a** [dɪˌkælkəʊˈmeɪnɪə] *s* Abziehbild(verfahren) *n*.

**Dec·a·logue,** *Am. a*. **Dec·a·log** [ˈdekəlɒg; *Am. a*. -ˌlɑg] *s Bibl*. Deka'log *m*, (*die*) Zehn Gebote *pl*.

**De·cam·er·on·ic** [ˌdɪˌkæməˈrɒnɪk; *Am*. -ˈrɑ-] *adj* dekame'ronisch.

**dec·a·me·ter¹** [drˈkæmɪtə(r)] *s* De'kameter *m* (*zehnfüßiger Vers*).

**dec·a·me·ter²,** *bes. Br*. **dec·a·me·tre** [ˈdekəˌmiːtə(r)] *s* Deka'meter *m, n* (*10 Meter*).

**de·camp** [drˈkæmp] *v/i* **1.** *bes. mil*. das Lager abbrechen. **2.** *colloq*. sich aus dem Staub machen, verschwinden. **de'camp·ment** *s* **1.** *bes. mil*. Abbruch *m* des Lagers. **2.** (*plötzliches*) Verschwinden.

**de·ca·nal** [drˈkeɪnl; *Am. a*. ˈdekənl] *adj* **1.** Dekans... **2.** → **decani**.

**dec·ane** [ˈdekeɪn] *s chem*. De'kan *n*.

**de·ca·ni** [drˈkeɪnaɪ] *adj* südseitig, auf der Südseite (*des Kirchenchors*).

**de·cant** [drˈkænt] *v/t* **1.** dekan'tieren, vorsichtig abgießen. **2.** ab-, 'umfüllen. **de·can·ta·tion** [ˌdiːkænˈteɪʃn] *s* **1.** Dekantati'on *f*. **2.** 'Umfüllung *f*. **de'cant·er** *s* **1.** Dekan'tiergefäß *n*, Klärflasche *f*. **2.** Ka'raffe *f*.

**de·cap·i·tate** [drˈkæpɪteɪt] *v/t* **1.** enthaupten, köpfen. **2.** *Am. colloq*. (*aus politischen Gründen*) entlassen. **de·cap·i·ta·tion** *s* **1.** Enthauptung *f*. **2.** *Am. colloq*. Entlassung *f*.

**de·car·bon·ate** [ˌdiːˈkɑː(r)bəneɪt] *v/t chem*. Kohlensäure *od*. Kohlen'dio,xyd entziehen (*dat*). **de'car·bon·a·tor** [-tə(r)] *s tech*. Entrußungsmittel *n od*. -gerät *n*. **de'car·bon·ize** *v/t u. v/i* dekarboni'sieren, entkohlen.

**de·car·tel·i·za·tion** [ˈdiːˌkɑː(r)təlaɪˈzeɪʃn; *Am*. -lə'z-] *s econ*. Entkartelli'sierung *f*, (Kon'zern)Entflechtung *f*. **de'car·tel·ize** [-laɪz] *v/t* entkartelli'sieren, entflechten.

**dec·a·stich** [ˈdekəstɪk] *s metr*. De'kastichon *n*, Zehnzeiler *m*.

**de·cas·u·al·i·za·tion** [ˌdiːˌkæʒjʊəlaɪˈzeɪʃn; *Am*. -ʒəwələ'z-; -ʒələ'z-] *s econ*. Über'führung *f* von Gelegenheitsarbeit in Dauerarbeit.

**dec·a·syl·lab·ic** [ˌdekəsɪˈlæbɪk], **dec·a·syl·la·ble** [-ˈsɪləbl] *I adj* zehnsilbig. **II** *s* zehnsilbiger Vers, Zehnsilber *m*.

**dec·ath·lete** [drˈkæθliːt] *s Leichtathletik*: Zehnkämpfer *m*. **de·cath·lon** [-lɒn; *Am*. -lən; -ˌlɑn] *s* Zehnkampf *m*.

**dec·a·tize** [ˈdekətaɪz] *v/t Seide etc* deka'tieren.

**de·cay** [drˈkeɪ] *I v/i* **1.** verfallen, in Verfall geraten, zu'grunde gehen. **2.** schwach *od*. kraftlos werden. **3.** abnehmen, schwinden. **4.** verwelken, absterben. **5.** zerfallen, vermodern. **6.** verfaulen, verwesen. **7.** *med*. faulen, kari'ös *od*. schlecht werden (*Zahn*). **8.** *geol*. verwittern. **9.** *phys*. zerfallen (*Radium etc*). **II** *s* **10.** Verfall *m*: **to fall** (*od*. **go**) (**in**)**to** ~ → **1. 11.** Verfall *m*, (Alters)Schwäche *f*. **12.** Nieder-, 'Untergang *m*, Ru'in *m*. **13.** (ständiger) Rück-

gang. **14.** Verwelken *n*. **15.** Zerfall *m*, Vermodern *n*. **16.** Verfaulen *n*, Verwesung *f*. **17.** *med*. Faulen *n*, Schlechtwerden *n* (*der Zähne*). **18.** *geol*. Verwitterung *f*. **19.** *phys*. Zerfall *m* (*von Radium etc*). **de'cayed** *adj* **1.** verfallen: ~ **circumstances** zerrüttete (Vermögens-)Verhältnisse; ~ **with age** altersschwach. **2.** her'untergekommen. **3.** verwelkt. **4.** vermodert, morsch. **5.** verfault. **6.** *med*. faul, kari'ös, schlecht (*Zahn*). **7.** *geol*. verwittert.

**de·cease** [drˈsiːs] *I v/i* sterben, 'hinscheiden, verscheiden. **II** *s* Tod *m*, Ableben *n*. **de'ceased** *I adj* ver-, gestorben. **II** *s* **the** ~ a) der *od*. die Verstorbene, b) *collect. pl* die Verstorbenen *pl*.

**de·ce·dent** [drˈsiːdnt] *s jur. bes. Am*. Verstorbene(r *m*) *f*, Erb-lasser(in): ~ **estate** Nachlaß *m*.

**de·ceit** [drˈsiːt] *s* **1.** Betrug *m*, Betrüge'rei *f*, (bewußte) Täuschung: **to practice** ~ **on s.o.** j-n betrügen. **2.** Falschheit *f*, Tücke *f*, 'Hinterlist *f*. **3.** List *f*, Ränke *pl*. **de'ceit·ful** *adj* (*adv* **-ly**) **1.** betrügerisch. **2.** falsch, 'hinterlistig. **3.** ränkevoll. **de'ceit·ful·ness** → **deceit** 2.

**de·ceiv·a·ble** [drˈsiːvəbl] *adj* (*adv* **deceivably**) leicht zu täuschen(d).

**de·ceive** [drˈsiːv] *I v/t* **1.** täuschen (*Person, Sache*), trügen (*Sache*): **to be ~d** sich täuschen (lassen); **to** ~ **o.s.** sich in j-m täuschen; **to** ~ **o.s.** sich etwas vormachen; **we were ~d into the belief** (*od*. **into believing**) that wir wurden zu der Annahme verleitet, daß; **do my eyes** ~ **me** *or* ...? täuschen mich m-e Augen oder ...? **2.** *obs*. (*meist pass*) Hoffnung *etc* enttäuschen, zu'nichte machen: **his hopes were ~d. II** *v/i* **3.** täuschen, trügen (*Sache*). **de'ceiv·er** *s* Betrüger(in).

**de·cel·er·ate** [ˌdiːˈseləreɪt] *I v/t* **1.** verzögern, verlangsamen. **2.** die Geschwindigkeit her'absetzen von (*od. gen*). **II** *v/i* **3.** sich verlangsamen. **4.** die Geschwindigkeit verringern. **de·cel·er·a·tion** *s* Verlangsamung *f*, Verzögerung *f*, Geschwindigkeitsabnahme *f*, Langsamerwerden *n*.

**de·cel·er·on** [ˌdiːˈselərɒn; *Am*. -ˌrɑn] *s aer*. Kombination von Luftbremsen u. Landeklappen bei Düsenflugzeugen.

**De·cem·ber** [drˈsembə(r)] *s* De'zember *m*: **in** ~ im Dezember.

**de·cem·vi·rate** [drˈsemvɪrət] *s* Dezemvi'rat *n*.

**de·cen·a·ry** [drˈsenərɪ] *s Br. hist*. Zehntbezirk *m*.

**de·cen·cy** [ˈdiːsnsɪ] *s* **1.** Anstand *m*, Schicklichkeit *f*: **for** ~ **'s sake** anstandshalber. **2.** Anständigkeit *f*: **he had the** ~ **to go** er war so anständig zu gehen. **3.** *pl* a) geziemende Form, b) Anstand *m*. **4.** *pl* Annehmlichkeiten *pl* (*des Lebens*).

**de·cen·na·ry** [drˈsenərɪ] → **decennium**.

**de·cen·ni·al** [drˈsenjəl; -nɪəl] **I** *adj* **1.** zehnjährig, zehn Jahre dauernd. **2.** alle zehn Jahre 'wiederkehrend. **II** *s* **3.** a) zehnter Jahrestag, b) Zehn'jahr(es)feier *f*. **de'cen·ni·al·ly** *adv* alle zehn Jahre. **de'cen·ni·um** [-jəm; -nɪəm] *pl* **-ni·ums, -ni·a** [-njə; -nɪə] *s* De'zennium *n*, Jahr'zehnt *n*.

**de·cent** [ˈdiːsnt] *adj* **1.** anständig: a) schicklich, b) sittsam, c) ehrbar, ordentlich. **2.** de'zent, unaufdringlich. **3.** (ganz) ,anständig', pas'sabel, annehmbar: **a** ~ **breakfast. 4.** *Br. colloq*. nett, anständig: **it was very** ~ **of him. 5.** *colloq*. sa'lonfähig (angezogen). **de'cent·ly** *adv* **1.** anständig (*etc*, → **decent**). **2.** anständigerweise.

**de·cen·tral·i·za·tion** [ˌdiːˌsentrəlaɪ-

'zeɪʃn; *Am.* -lə'z-] *s* Dezentrali'sierung *f.*
**de·cen·tral·ize** *v/t* dezentrali'sieren.
**de·cep·tion** [dɪ'sepʃn] *s* **1.** Täuschung *f*, Irreführung *f.* **2.** Betrug *m.* **3.** Irrtum *m*, (Selbst)Täuschung *f.* **4.** List *f*, Kniff *m.* **5.** Sinnestäuschung *f*, Trugbild *n.* **de·cep·tive** *adj* (*adv* ~ly) **1.** täuschend, irreführend: to be ~ täuschen, trügen (*Sache*); ~ package Mogelpackung *f*; → appearance *Bes. Redew.* **2.** trügerisch, Trug... **de·cep·tive·ness** *s* (*das*) Trügerische.
**dec·i·bel** ['desɪbel] *s phys.* Dezibel *n.*
**de·cid·a·ble** [dɪ'saɪdəbl] *adj* entscheidbar, zu entscheiden(d).
**de·cide** [dɪ'saɪd] **I** *v/t* **1.** etwas entscheiden: to ~ a battle. **2.** *j-n* bestimmen *od.* veranlassen (to do zu tun): that ~d me das gab für mich den Ausschlag, damit war die Sache für mich entschieden; that ~d me against it auf Grund dieser Tatsache entschied ich mich dagegen; the weather ~d me against going aufgrund des Wetters entschloß ich mich, nicht zu gehen. **3.** *etwas* bestimmen, festsetzen: to ~ the right moment. **4.** entscheiden, bestimmen (that daß). **5.** feststellen, zu dem Schluß *od.* zu der Über'zeugung kommen, finden (that daß). **II** *v/i* **6.** entscheiden, die Entscheidung treffen. **7.** sich entscheiden, sich entschließen, beschließen (to go *od.* on going zu gehen; against going nicht zu gehen): to ~ in favo(u)r of sich entscheiden für; to ~ on s.th. e-e Entscheidung treffen hinsichtlich e-r Sache. **8.** (die Sache) entscheiden, den Ausschlag geben. **de·cid·ed** *adj* **1.** entschieden, eindeutig, unzweifelhaft, deutlich. **2.** entschieden, entschlossen, fest, bestimmt: a ~ attitude; a ~ opponent ein entschiedener Gegner (of von *od.* gen). **de·cid·ed·ly** *adv* **1.** entschieden, zweifellos, fraglos. **2.** sicher, bestimmt. **de·cid·er** *s* **1.** j-d, der e-e Entscheidung trifft. **2.** the ~ a) das Entscheidende, b) die Entscheidung: the ~ came in the last minute *sport* die Entscheidung fiel in der letzten Minute. **3.** *sport* Stechen *n*, Entscheidungskampf *m.* **de·cid·ing** *adj* (*sport a.* spiel)entscheidend, ausschlaggebend.
**de·cid·u·ous** [dɪ'sɪdjʊəs; *Am.* -ʒəwəs] *adj* **1.** *bot.* laubwechselnd: ~ trees Laubbäume. **2.** *bot.* (jedes Jahr) abfallend: ~ leaves. **3.** *zo.* abfallend: ~ horns, ~ tooth *anat.* Milchzahn *m.* **4.** *fig.* vergänglich.
**dec·i·gram(me)** ['desɪɡræm] *s* Zehntelgramm *n*, Dezi'gramm *n.*
**dec·ile** ['desɪl; -aɪl] *s Statistik:* De'zile *f*, Zehntelwert *m.*
**dec·i·li·ter,** *bes. Br.* **dec·i·li·tre** ['desɪˌliːtə(r)] *s* Dezi'liter *m*, *n.*
**de·cil·lion** [dɪ'sɪljən] *s math.* **1.** *Br.* De'zilli'on *f* (10⁶⁰). **2.** *Am.* Quintilli'arde *f* (10³³).
**dec·i·mal** ['desɪml] **I** *adj* (*adv* → decimally) **1.** dezi'mal, Dezimal...: to go ~ das Dezimalsystem einführen. **II** *s* **2.** *a.* ~ fraction Dezi'malbruch *m.* **3.** Dezi'malzahl *f*: circulating (recurring) ~ periodische (unendliche) Dezimalzahl. **4.** Dezi'male *f*, Dezi'malstelle *f.* ~ **a·rith·me·tic** *s math.* **1.** auf dem Dezi'malsy,stem aufgebaute Arith'metik. **2.** Dezi'malrechnung *f.* ~ **clas·si·fi·ca·tion** *s* Dezi'malklassifikati,on *f.* ~ **cur·ren·cy** *s* Dezi'malwährung *f.*
**dec·i·mal·ize** ['desɪməlaɪz] *v/t* auf das Dezi'malsy,stem 'umstellen. **'dec·i·mal·ly** *adv* **1.** nach dem Dezi'malsy,stem. **2.** in Dezi'malzahlen (ausgedrückt).
**dec·i·mal no·ta·tion** *s* **1.** Dezi'malzahlensy,stem *n.* **2.** de'kadisches 'Zah-

lensy,stem. ~ **place** *s* Dezi'malstelle *f.* ~ **point** *s* Komma *n* (*in Großbritannien u. den USA ein Punkt*) vor der ersten Dezi'malstelle: floating ~ Fließkomma *n* (*Taschenrechner etc*). ~ **re·sist·ance** *s electr.* De'kaden,widerstand *m.* ~ **sys·tem** *s* Dezi'malsy,stem *n.*
**dec·i·mate** ['desɪmeɪt] *v/t* **1.** *mil. bes. hist.* dezi'mieren. **2.** *fig.* dezi'mieren, stark schwächen *od.* vermindern. **dec·i·ma·tion** *s* Dezi'mierung *f* (*a. fig.*).
**dec·i·me·ter,** *bes. Br.* **dec·i·me·tre** ['desɪˌmiːtə(r)] *s* Dezi'meter *m*, *n.*
**de·ci·pher** [dɪ'saɪfə(r)] *v/t* **1.** entziffern. **2.** *Geheimschrift* dechif'frieren. **3.** *fig.* enträtseln. **de'ci·pher·a·ble** *adj* (*adv* decipherably) **1.** entzifferbar. **2.** dechif'frierbar. **3.** *fig.* enträtselbar. **de'ci·pher·ment** *s* **1.** Entzifferung *f.* **2.** Dechif'frierung *f.* **3.** *fig.* Enträtselung *f.*
**de·ci·sion** [dɪ'sɪʒn] *s* **1.** Entscheidung *f* (*e-r Streitfrage etc*): to make (*od.* take) a ~ e-e Entscheidung treffen (on, over über *acc*); to get the ~ *sport* den Sieg zugesprochen erhalten. **2.** *jur.* (gerichtliche) Entscheidung, Urteil *n.* **3.** Entschluß *m*: to arrive at a ~, to come to a ~, to take a ~ zu e-m Entschluß kommen. **4.** Entschlußkraft *f*, Entschlossenheit *f*: ~ of character Charakterstärke *f.* **de·ci·sion-,mak·er** *s* Entscheidungsträger *m.* **de·ci·sion-,mak·ing** *adj* a) entscheidungstragend, b) Entscheidungs...: ~ process.
**de·ci·sive** [dɪ'saɪsɪv] *adj* **1.** entscheidend, Entscheidungs...: ~ battle Entscheidungsschlacht *f*; to be ~ of etwas entscheiden. **2.** bestimmend, ausschlag-,maßgebend (to für): to be ~ (in) maßgebend sein (in *dat od.* bei), maßgebend mitwirken (bei). **3.** endgültig. **4.** entschlossen, entschieden. **de·ci·sive·ly** *adv* entscheidend, in entscheidender Weise. **de·ci·sive·ness** *s* **1.** entscheidende Kraft. **2.** Maßgeblichkeit *f.* **3.** Endgültigkeit *f.* **4.** Entschlossenheit *f*, Entschiedenheit *f.*
**de·civ·i·lize** [ˌdiː'sɪvɪlaɪz] *v/t* entzivili'sieren, der Zivilisati'on berauben.
**deck** [dek] **I** *s* **1.** *mar.* (Ver)Deck *n*: on ~ a) auf Deck, b) *bes. Am. colloq.* an dem Posten; all hands on ~! alle Mann an Deck!; below ~ unter Deck; → clear 35. **2.** *aer.* Tragdeck *n*, -fläche *f.* **3.** *rail. Am.* (Wag'gon)Deck *n.* **4.** Stock(werk *n*) *m*, (*e-s Busses a.*) Deck *n.* **5.** *bes. Am.* Spiel *n*, Pack *m* (Spiel)Karten. **6.** a) Laufwerk *n* (*e-s Plattenspielers*), b) → tape deck. **7.** *sl.* Briefchen *n* (*Rauschgift*). **II** *v/t* **8.** *oft* ~ out a) *j-n* her'ausputzen, b) schmücken. ~ **beam** *s mar.* Deck(s)balken *m.* ~ **car·go** *s mar.* Deckladung *f.* ~ **chair** *s* Liege-, Klappstuhl *m.*
**deck·er** ['dekə(r)] *s in Zssgn* ...decker *m*: → three-decker.
**deck feath·er** *s orn.* Deckfeder *f.* ~ **game** *s* Bordspiel *n.* ~ **hand** *s mar.* (gemeiner) Ma'trose. **'~house** *s mar.* Deckhaus *n* (*Ruder- u. Kartenhaus*).
**deck·le** ['dekl] *s* (*Papierherstellung*) **1.** nutzbare Siebbreite. **2.** → deckle edge. **~edge** *s* Büttenrand *m.* **[~'edged** *adj*] rauhkantig, Büttenrand...: ~ paper. **2.** unbeschnitten: ~ book.
**deck log** *s mar.* Logbuch *n.* ~**of·fi·cer** *s mar.* Offi'zier *m* an Deck. ~ **roof** *s arch.* flaches Dach ohne Brüstung. ~ **ten·nis** *s mar.* Decktennis *n.* ~ **watch** *s mar.* Deckswache *f.*
**de·claim** [dɪ'kleɪm] **I** *v/i* **1.** (bom'bastisch *od.* thea'tralisch) reden, e-e Rede halten (on über *acc*). **2.** loszienen, eifern, wettern (against gegen). **3.** dekla'mieren. **II** *v/t* **4.** dekla'mieren, vortragen: to

~ poems. **5.** in bom'bastischer *od.* thea'tralischer Weise vortragen.
**dec·la·ma·tion** [ˌdekləˈmeɪʃn] *s* **1.** (bom'bastische *od.* thea'tralische) Rede. **2.** Deklamati'on *f* (*a. mus.*). **3.** Ti'rade *f* (against gegen). **4.** Vortragsübung *f.*
**de·clam·a·to·ry** [dɪ'klæmətərɪ; *Am.* -ˌtɔːriː; -ˌtɔː-] *adj* (*adv* declamatorily) **1.** Rede..., Vortrags... **2.** deklama'torisch. **3.** bom'bastisch, thea'tralisch.
**de·clar·a·ble** [dɪ'kleərəbl] *adj* zollpflichtig.
**de·clar·ant** [dɪ'kleərənt] *s* **1.** Erklärende(r *m*) *f.* **2.** *Am.* Einbürgerungsanwärter *m.*
**dec·la·ra·tion** [ˌdekləˈreɪʃn] *s* **1.** Erklärung *f*, Aussage *f*: to make a ~ e-e Erklärung abgeben; ~ of intent Absichtserklärung. **2.** (offizi'elle) Erklärung, Verkündung *f*: ~ of independence Unabhängigkeitserklärung; ~ of war Kriegserklärung. **3.** Mani'fest *n*, Proklamati'on *f.* **4.** *jur.* a) *Am.* Klageschrift *f*, b) *Am.* (feierliche) Zeugenaussage an Stelle des Eides, c) *Br.* Versicherung *f* an Eides Statt. **5.** *econ.* ('Zoll)Deklarati,on *f*, Zollerklärung *f*: to make a ~ die Waren deklarieren. **6.** *econ.* (offizi'elle) Erklärung: ~ of bankruptcy Konkurserklärung; ~ of value Wertangabe *f.* **7.** *Bridge*: Ansage *f.*
**de·clar·a·tive** [dɪ'klærətɪv] *adj* **1.** → declaratory 1 u. 2. **2.** *ling.* Aussage...: ~ sentence. **de·clar·a·to·ry** [-tərɪ; *Am.* -ˌtɔːriː; -ˌtɔː-] *adj* (*adv* declaratorily) **1.** (klar) feststellend, erklärend: to be ~ of feststellen, darlegen. **2.** *jur.* interpre'tierend, das gültige Recht feststellend: → statute 1. **3.** *jur.* (die Rechte der Par'teien) feststellend, Feststellungs...: ~ judg(e)ment (*od.* decree) Feststellungsurteil *n.*
**de·clare** [dɪ'kleə(r)] **I** *v/t* **1.** erklären, verkünden, (for'mell) bekanntgeben: to ~ one's bankruptcy, to ~ o.s. bankrupt Konkurs anmelden; to ~ open für eröffnet erklären. **2.** (offizi'ell) erklären, prokla'mieren, verkünden: → war 1. **3.** (*oft mit doppeltem acc*) erklären: to ~ s.o. the winner j-n zum Sieger erklären; to ~ s.o. (to be) one's friend j-n für s-n Freund erklären. **4.** bekanntgeben, -machen: to ~ s.th. for sale etwas zum Kauf anbieten. **5.** eindeutig feststellen, erklären. **6.** erklären, aussagen (that daß). **7.** a) behaupten, versichern (s.th. to be false daß etwas falsch ist), b) *jur. Br.* an Eides Statt versichern. **8.** ~ o.s. a) sich erklären (*a. durch Heiratsantrag*), b) sich offen'baren (*a. Sache*), s-e Meinung kundtun, b) s-n wahren Cha'rakter zeigen, sich offen Licht zeigen; to ~ o.s. for s.th. sich zu e-r Sache bekennen. **9.** dekla'rieren, verzollen: have you anything to ~? haben Sie etwas zu verzollen? **10.** a) *Vermögen etc* anmelden, b) *Wert* angeben, dekla'rieren. **11.** Dividende festsetzen, beschließen. **12.** *Kartenspiel:* a) *Punkte* ansagen, b) *Farbe* als Trumpf ansagen. **13.** *Kricket:* Spiel vorzeitig für beendet erklären. **14.** *Pferdesport:* die Nennung (*e-s Pferdes*) zu'rückziehen. **II** *v/i* **15.** e-e Erklärung abgeben: well, I ~! ich muß schon sagen!, nanu! **16.** sich erklären *od.* entscheiden (for für; against gegen). **17.** *Kartenspiel:* (Trumpf) ansagen. **18.** *Kricket:* → ein Spiel vorzeitig abbrechen. **19.** ~ off a) absagen, b) zu'rücktreten, sich zu'rückziehen, sich lossagen (from von). **de·clared** *adj* (offen) erklärt, zugegeben: a ~ enemy ein erklärter Feind. **de·clar·ed·ly** [-rɪdlɪ] *adv* erklärtermaßen, offen, ausgesprochen.
**de·class** [ˌdiː'klɑːs; *Am.* -'klæs] *v/t* de-

klas'sieren, in e-e niedrigere (sozi'ale od. öko'nomische) Klasse verweisen. **dé·clas·sé,** (f) **dé·clas·sée** [deɪ'klæseɪ; *bes. Am.* ˌdeɪklæ'seɪ; deklase] (*Fr.*) *adj* her'untergekommen, sozi'al abgesunken.

**de·clas·si·fy** [ˌdiː'klæsɪfaɪ] *v/t* die Geheimklassifizie'rung aufheben für (*od. gen*), *Dokumente etc* freigeben.

**de·clen·sion** [dɪ'klenʃn] *s* **1.** Neigung *f*, Abfall *m*, Abhang *m*. **2.** *ling.* Deklinati'on *f*. **3.** → declination 2. **4.** → declination 3. **5.** → declination 5. **6.** → declination 6. **de'clen·sion·al** [-ʃənl] *adj* **1.** Neigungs... **2.** Abweichungs... **3.** *ling.* Deklinations...

**de·cler·i·cal·ize** [ˌdiː'klerɪkəlaɪz] *v/t* entklerikali'sieren, dem Einfluß des Klerus entziehen.

**de·clin·a·ble** [dɪ'klaɪnəbl] *adj* (*adv* declinably) *ling.* dekli'nierbar.

**dec·li·na·tion** [ˌdeklɪ'neɪʃn] *s* **1.** Neigung *f*, Schräglage *f*, Abschüssigkeit *f*. **2.** Abweichung *f* (*a. fig.*) (**from** von). **3.** (höfliche) Ablehnung (**of** gen). **4.** *astr.* Deklinati'on *f*. **5.** *phys.* Deklinati'on *f*, 'Mißweisung *f*: ~ **compass** *mar.* Deklinationsbussole *f*. **6.** *fig.* Niedergang *m*, Verfall *m*.

**de·clin·a·to·ry** [dɪ'klaɪnətərɪ; *Am.* ˌˌtɔːrɪ; ˌˌtɔː-] *adj* abweichend: **a ~ motion.**

**de·cline** [dɪ'klaɪn] **I** *v/i* **1.** sich neigen, sich senken, abschüssig sein, abfallen. **2.** sich neigen, zur Neige gehen, dem Ende zugehen: **declining age** vorgerücktes Alter; **declining years** Lebensabend *m*; **he is in his declining years** sein Leben neigt sich dem Ende zu. **3.** verfallen, in Verfall geraten. **4.** sich verschlechtern, abnehmen, zu'rückgehen: **business** ~s. **5.** sinken, fallen (*Preise*). **6.** (*körperlich*) abnehmen, verfallen. **7.** sich her'beilassen (**to** zu). **8.** abweichen. **9.** (höflich) ablehnen. **10.** *ling.* dekli'niert werden.

**II** *v/t* **11.** neigen, senken. **12.** ausschlagen, (höflich) ablehnen, nicht annehmen: **to ~ with thanks** *oft iro.* dankend ablehnen. **13.** es ablehnen (**to go** *od.* **going** zu gehen). **14.** *ling.* dekli'nieren.

**III** *s* **15.** Neigung *f*, Senkung *f*. **16.** Abhang *m*. **17.** Neige *f*, Ende *n*: ~ **of life** vorgerücktes Alter, Lebensabend *m*. **18.** Sinken *n*, 'Untergang *m*: ~ **of the sun. 19.** Niedergang *m*, Verfall *m*: **to be on the ~ a)** zur Neige gehen, **b)** im Niedergang begriffen sein, sinken. **20.** Verschlechterung *f*, Abnahme *f*, Rückgang *m*: ~ **of** (*od.* **in**) **strength** Kräfteverfall *m*; ~ **in value** Wertminderung *f*. **21.** (Preis-)Rückgang *m*: ~ **of** (*od.* **in**) **prices. 22.** *med.* **a)** körperlicher u. geistiger) Verfall, **b)** Siechtum *n*, *bes.* 'Lungentuberku₁lose *f*.

**dec·li·nom·e·ter** [ˌdeklɪ'nɒmɪtə; *Am.* ˌˌnɑmətər] *s phys.* Deklino'meter *n*, Deklinati'onsmesser *m*.

**de·cliv·i·tous** [dɪ'klɪvɪtəs] *adj* abschüssig. **de·cliv·i·ty** [-vətɪ] *s* **1.** Abschüssigkeit *f*. **2.** (Ab)Hang *m*. **de·cli·vous** [dɪ'klaɪvəs] *adj* abschüssig.

**de·clutch** [ˌdiː'klʌtʃ] *v/i tech.* auskuppeln.

**de·coct** [dɪ'kɒkt; *Am.* dɪ'kɑkt] *v/t* abkochen, absieden. **de'coc·tion** [-kʃn] *s* **1.** Abkochen *n*, Absieden *n*. **2.** *pharm.* De'kokt *n*, Absud *m*.

**de·code** [ˌdiː'kəʊd] *v/t* deco'dieren (*a. Computer, ling.*), dechif'frieren, entschlüsseln. **de'cod·er** [-də(r)] *s* De'coder *m* (*a. Computer, Radio*).

**de·co·here** [ˌdiːkəʊ'hɪə(r)] *v/i electr.* entfritten. **de·co'her·er** [-rə(r)] *s* Entfritter *m*.

**de·col·late** [dɪ'kɒleɪt; *Am.* ˌˌkɑ-] *v/t obs.*

*j-n* enthaupten, köpfen. **de·col·la·tion** [ˌdiːkɒ'leɪʃn; *Am.* ˌˌkɑ-] *s obs.* Enthauptung *f.*

**dé·colle·tage,** *Am. a.* **de·colle·tage** [ˌdeɪkɒl'tɑːʒ; *Am.* deɪˌkɑlə'tɑːʒ] *s* Dekolle'té *n*. **dé·colle·té,** *Am.* **de·colle·te** [deɪ'kɒlteɪ; *Am.* deɪˌkɑlə'teɪ] **I** *adj* **1.** dekolle'tiert, tief ausgeschnitten (*Kleid*). **2.** dekolle'tiert (*Frau*). **II** *s* → décolletage.

**de·col·o·ni·za·tion** [ˌdiːˌkɒlənaɪ'zeɪʃn; *Am.* ˌˌkɑlənə'z-] *s* Dekolonisati'on *f*, Dekoloni'sierung *f*. **de'col·o·nize** [-naɪz] *v/t* dekoloni'sieren, in die Unabhängigkeit entlassen.

**de·col·or,** *bes. Br.* **de·col·our** [diː'kʌlə(r)] → decolorize. **de'col·or·ant I** *adj* entfärbend, bleichend. **II** *s* Bleichmittel *n*. **de'col·or·ate, de₁col·or·'a·tion** → decolorize, decolorization. **de₁col·or·i·za·tion** [-raɪ'zeɪʃn; *Am.* -rə'z-] *s* Entfärbung *f*, Bleichung *f*. **de'col·or·ize** [-raɪz] *v/t* entfärben, bleichen. **de'col·our** *bes. Br. für* decolorize.

**de·com·pen·sa·tion** [diːˌkɒmpən'seɪʃn; *Am.* ˌˌkɑm-] *s med.* Kompensati'onsstörung *f* (*des Herzens*).

**de·com·pose** [ˌdiːkəm'pəʊz] **I** *v/t* **1.** *chem. phys.* zerlegen, spalten, scheiden. **2.** zersetzen. **II** *v/i* **3.** sich auflösen, zerfallen (**into** in *acc*). **4.** sich zersetzen, verwesen, verfaulen. **de·com'posed** *adj* **1.** verfault, verwest, faul. **2.** verdorben: ~ **food.**

**de·com·pos·ite** [diː'kɒmpəzɪt; *Am.* ˌdiːkəm'pɑzət] **I** *adj* doppelt *od.* mehrfach zs.-gesetzt. **II** *s ling.* mit e-m Kom'positum zs.-gesetztes Wort.

**de·com·po·si·tion** [ˌdiːkɒmpə'zɪʃn; *Am.* ˌˌkɑm-] *s* **1.** *chem. phys.* Zerlegung *f*, Spaltung *f*: ~ **of forces** (**light**) Zerlegung der Kräfte (*des Lichtes*); ~ **potential** (*od.* **voltage**) Zerlegungspotential *n*. **2.** Zersetzung *f*, Zerfall *m* (*a. geol.*). **3.** Verwesung *f*, Fäulnis *f*.

**de·com·pound** [ˌdiːkəm'paʊnd; *Am. a.* ˌˌkɑm-] **I** *v/t* **1.** doppelt *od.* mehrfach zs.-setzen. **2.** zerlegen. **II** *adj u. s* → decomposite.

**de·com·press** [ˌdiːkəm'pres] *v/t* **1.** *tech.* dekompri'mieren, den Druck herab'mindern in (*dat*). **2.** vom Druck befreien (*a. med.*). **de·com'pres·sion** [-'preʃn] *s* **1.** *tech.* Dekompressi'on *f*, (all'mähliche) Druckverminderung: ~ **chamber** Dekompressionskammer *f*; ~ **sickness** (*od.* **illness**) *med.* Dekompressions-, Caissonkrankheit *f*. **2.** Druckentlastung *f* (*a. med.*).

**de·con·cen·trate** [ˌdiː'kɒnsən₁treɪt] *v/t Am.* **1.** *econ.* entflechten. **2.** *pol.* dezentrali'sieren.

**de·con·se·crate** [ˌdiː'kɒnsɪkreɪt; *Am.* ˌˌkɑn-] *v/t* säkulari'sieren, verweltlichen.

**de·con·tam·i·nate** [ˌdiːkən'tæmɪneɪt] *v/t* entgiften, *bes.* entgasen, entseuchen, entstrahlen. **de·con₁tam·i·na·tion** *s* Entgiftung *f*, *bes.* Entgasung *f*, Entseuchung *f*, Entstrahlung *f*: ~ **squad** (*Luftschutz*) Entgiftungstrupp *m*.

**de·con·trol** [ˌdiːkən'trəʊl] **I** *v/t* **1.** von der Kon'trolle befreien. **2.** *econ.* freigeben, die Zwangsbewirtschaftung aufheben von (*od. gen*). **II** *s* **3.** Aufhebung *f* der Kon'trolle, *bes.* der Zwangsbewirtschaftung, Freigabe *f*.

**dé·cor, de·cor** ['deɪkɔː(r); *Am. bes.* deɪ'kɔːr] *s* **1.** Ausstattung *f* (*e-s Raums*). **2.** *thea.* De'kor *m, n*, Ausstattung *f*, Dekorati'on *f*.

**dec·o·rate** ['dekəreɪt] *v/t* **1.** schmücken, verzieren, ausschmücken, deko'rieren. **3. a)** tape'zieren, **b)** (an)streichen. **4.** deko'rieren, (*mit Orden etc*) auszeichnen (**for** wegen). '**Dec·o·rat·ed style** *s*

deko'rierter Stil (*englische Hochgotik, 14. Jh.*). **dec·o·ra·tion** *s* **1.** (Aus)Schmükkung *f*, Deko'rierung *f*. **2.** Schmuck *m*, Dekorati'on *f*, Verzierung *f*. **3.** Orden *m*, Ehrenzeichen *n*: **D~ Day** → Memorial Day. '**dec·o·ra·tive** [-kərətɪv; *Am. a.* -kəˌreɪtɪv] *adj* dekora'tiv: **a)** schmükkend, Schmuck..., Zier...: ~ **plant** Zierpflanze *f*, **b)** ornamen'tal: ~ **art.** '**dec·o·ra·tive·ness** *s* dekora'tiver Cha'rakter, dekorative Wirkung. '**dec·o·ra·tor** [-reɪtə(r)] *s* **1.** Dekora'teur *m*: **window ~** Schaufensterdekorateur. **2.** → **interior decorator a, b** (**interior** 1). **3.** Maler *m* u. Tape'zierer *m*.

**dec·o·rous** ['dekərəs] *adj* (*adv* ~ly) schicklich, anständig. '**dec·o·rous·ness** *s* Schicklichkeit *f*, Anstand *m*.

**de·cor·ti·cate** [ˌdiː'kɔː(r)tɪkeɪt] *v/t* **1.** ab-, entrinden. **2.** (ab)schälen. **3.** *Getreide etc* enthülsen. **4.** *med.* ausschälen, entkapseln. **de₁cor·ti·ca·tion** *s* **1.** Entrindung *f*. **2.** (Ab)Schälung *f*. **3.** Enthülsung *f*. **4.** *med.* Entkaps(e)lung *f*.

**de·co·rum** [dɪ'kɔːrəm] *s* **1.** De'korum *n*, Anstand *m*, Schicklichkeit *f*: **to maintain one's ~** das Dekorum wahren. **2.** Eti'kette *f*, Anstandsformen *pl*.

**de·cou·ple** [ˌdiː'kʌpl] *v/t electr.* entkoppeln.

**de·coy I** *s* ['diːkɔɪ] **1.** Köder *m* (*a. fig.*). **2.** *a.* ~ **duck** *hunt. u. fig.* Lockvogel *m*. **3.** *hunt.* Vogel-, *bes.* Entenfalle *f*. **4.** *mil.* **a)** Scheinanlage *f*: ~ **airfield** Scheinflugplatz *m*, **b)** *a.* ~ **ship** *mar.* U-Boot-Falle *f*. **II** *v/t* [dɪ'kɔɪ] **5.** ködern. **6.** locken (**into** in *acc*). **7.** verlocken, verleiten (**into** zu).

**de·crease I** [diː'kriːs] *v/i* (all'mählich) abnehmen, sich vermindern, sich verringern: **the days ~ in length** die Tage werden kürzer; **decreasing series** *math.* fallende Reihe. **II** *v/t* vermindern, -ringern, -kleinern, -kürzen, her'absetzen, redu'zieren. **III** *s* ['diːkriːs] Abnahme *f*, Verminderung *f*, Verringerung *f*, Verkleinerung *f*, Verkürzung *f*, Redu'zierung *f*, Rückgang *m*: **to be on the ~** → I; ~ **in prices** Preisrückgang; ~ **in value** Wertminderung *f*. **de'creas·ing·ly** *adv* in ständig abnehmendem Maße, immer weniger.

**de·cree** [dɪ'kriː] *I s* **1.** De'kret *n*, Erlaß *m*, Verfügung *f*, Verordnung *f*: ~ **law** Verordnung mit Gesetzeskraft; **by ~** auf dem Verordnungsweg. **2.** *jur.* Entscheid *m*, Urteil *n*: ~ **absolute** *Br.* rechtskräftiges Scheidungsurteil; → **nisi, nullity** 2. **3.** *oft* **D~** *relig.* De'cretum *n*. **4.** Ratschluß *m* (*Gottes*), Fügung *f* (*des Schicksals*): ~ **of fate.** **II** *v/t* **5.** dekre'tieren, verfügen, verordnen. **6.** bestimmen (*Schicksal*). **7.** *jur.* entscheiden, verfügen **III** *v/i* **8.** De'krete erlassen, Verordnungen her'ausgeben. **9.** bestimmen, entscheiden.

**dec·re·ment** ['dekrɪmənt] *s* **1.** Abnahme *f*, Verringerung *f*. **2.** *electr. math.* Dekre'ment *n*.

**de·crem·e·ter** [dɪ'kremɪtə(r)] *s electr.* Dämpfungsmesser *m*.

**de·crep·it** [dɪ'krepɪt] *adj* **1.** altersschwach, klapprig (*beide a. fig.*): **a ~ old man; a ~ car.** **2.** verfallen, baufällig: **a ~ hotel.**

**de·crep·i·tate** [dɪ'krepɪteɪt] *chem.* **I** *v/t Salz* verknistern. **II** *v/i* dekrepi'tieren. **de₁crep·i·ta·tion** *s* **1.** Verknistern *n*. **2.** Dekrepitati'on *f*. **de'crep·i·tude** [-tjuːd; *Am. a.* ˌˌtuːd] *s* Altersschwäche *f*, 'Hinfälligkeit *f*.

**de·cre·scen·do** [ˌdiːkrɪ'ʃendəʊ; *Am.* ˌdeɪkrə-] **I** *pl* **-dos** *s* **1.** *mus.* Decre'scendo *n* (*a. weitS.*). **II** *adj* **2.** abnehmend, schwächer werdend. **III** *adv* **3.** *mus.* decre'scendo. **4.** mit abnehmender Lautstärke.

**de·cres·cent** [dɪˈkresnt] *adj* abnehmend: ~ **moon**.

**de·cre·tal** [dɪˈkriːtl] **I** *adj* **1.** Dekretal..., ein De¹kret enthaltend: ~ **epistle** Dekretalbrief *m*. **II** *s relig.* **2.** Dekre¹tale *n* (*Entscheid, bes. des Papstes*). **3.** Dekre¹talien *pl* (*als Teil des Kirchenrechts*). **de¹cre·tive** *adj* **1.** → **decretory** 1. **2.** → **decretal** 1. **de·cre·to·ry** [dɪˈkriːtərɪ; *Am. a.* ¹dekrəˌtəʊriː; -ˌtɔː-] *adj* **1.** dekre¹torisch, gesetzgebend. **2.** *obs.* endgültig (entscheidend).

**de·cri·er** [dɪˈkraɪə(r)] *s* Schlechtmacher *m*.

**de·crim·i·nal·ize** [ˌdiːˈkrɪmɪnlaɪz] *v/t* **1.** *etwas* außer Strafe stellen. **2.** *j-n, etwas* entkriminali¹sieren.

**de·cry** [dɪˈkraɪ] *v/t* schlechtmachen, her¹untermachen, her¹absetzen.

**de·crypt** [dɪˈkrɪpt] *v/t* dechif¹frieren, entschlüsseln.

**de·cu·bi·tal** [dɪˈkjuːbɪtl] *adj med.* dekubi¹tal: ~ **ulcer** → **decubitus**. **de¹cu·bi·tus** [-təs] *pl* **-ti** [-taɪ] *s med.* Dekubi¹tal-, Druckgeschwür *n*.

**dec·u·man** [ˈdekjʊmən] *adj* riesig (*Welle*).

**dec·u·ple** [ˈdekjʊpl] **I** *adj* zehnfach. **II** (*das*) Zehnfache. **III** *v/t* verzehnfachen.

**de·cus·sate I** *v/t u. v/i* [dɪˈkʌseɪt; *Am. a.* ¹dekə-] **1.** (sich) kreuzweise schneiden. **II** *adj* [*a.* dɪˈkʌsət] **2.** sich kreuzend *od.* schneidend. **3.** *bot.* kreuzgegenständig. **de·cus·sa·tion** [ˌdiːkʌˈseɪʃn; *Am. a.* ˌdekə-] *s* Kreuzung *f* (*a. anat.*).

**ded·i·cate** [ˈdedɪkeɪt] *v/t* **1.** weihen, widmen (to *dat*): to ~ **s.th. to God**. **2.** *Zeit, sein Leben etc* widmen (to *dat*): to ~ **o.s.** sich widmen *od.* hingeben; to **be ~d to a cause** sich e-r Sache verschrieben haben. **3.** *Buch etc* widmen, zueignen (to *s.o.* j-m). **4.** *Am.* feierlich eröffnen *od.* einweihen. **5.** a) der Öffentlichkeit zugänglich machen, b) dem öffentlichen Verkehr über¹geben. **6.** über¹geben (to *dat*): to ~ **a paper to the flames**; to ~ **a body to the grave** e-n Leichnam der Erde übergeben. **¹ded·i·cat·ed** *adj* treusorgend (*Vater etc*), einsatzfreudig (*Angestellter etc*), enga¹giert (*Verfechter etc*). **ded·i·ca·tee** [-kəˈtiː] *s* j-d, dem etwas gewidmet ist *od.* wird. **ded·i·ca·tion** *s* **1.** Weihung *f*, Widmung *f*. **2.** (to) (Sich-) ¹Widmen *n* (*dat*), ¹Hingabe *f* (an *acc*). **3.** Widmung *f*, Zueignung *f*. **4.** *Am.* feierliche Eröffnung *od.* Einweihung. **5.** ¹Übergabe *f* an den öffentlichen Verkehr. **¹ded·i·ca·tive** [-kətɪv; -keɪ-] → **dedicatory**. **¹ded·i·ca·tor** [-tə(r)] *s* Widmende(r *m*) *f*, Zueigner(in). **ded·i·ca¹to·ri·al** [-kəˈtɔːrɪəl], **¹ded·i·ca·to·ry** [-kətərɪ; *Am.* -kəˌtəʊriː; -ˌtɔː-] *adj* Widmungs..., Zueignungs...

**de·duce** [dɪˈdjuːs; *Am. a.* dɪˈduːs] *v/t* **1.** folgern, schließen (**from** aus). **2.** dedu¹zieren, ab¹leiten (**from** von). **de·¹duc·i·ble** *adj* **1.** zu folgern(d). **2.** ¹herzuleiten(d), ab-, ¹herleitbar.

**de·duct** [dɪˈdʌkt] *v/t* (**from**) e-n Betrag a) abziehen, abrechnen (von): **charges ~ed, after ~ing charges** nach Abzug der Kosten, **~ing (our) expenses** abzüglich (unserer) Unkosten, b) einbehalten (von), c) (*von der Steuer*) absetzen. **de·duct·i·ble** *adj* a) abzugsfähig, b) (*von der Steuer*) absetzbar.

**de·duc·tion** [dɪˈdʌkʃn] *s* **1.** (**from**) a) Abzug *m*, Abziehen *n*, Abrechnung *f* (von): **all ~s made** unter Berücksichtigung aller Abzüge, b) Einbehaltung *f* (von), c) Absetzung *f* (*von der Steuer*). **2.** *econ.* Abzug *m*, Ra¹batt *m*, (Preis-) Nachlaß *m*. **3.** *math.* Subtrakti¹on *f*. **4.** a) Folgern *n*, Schließen *n*, b) *philos.*

Dedukti¹on *f*, c) (Schluß)Folgerung *f*, Schluß *m*: to draw a ~ e-n Schluß ziehen. **de¹duc·tive** *adj* (*adv* **~ly**) **1.** deduk¹tiv, Deduktions... **2.** folgernd, schließend. **3.** ab-, ¹herleitbar.

**dee** [diː] *s* **1.** D, d *n* (*Buchstabe*). **2.** D *n*, D-förmiger Gegenstand.

**deed** [diːd] **I** *s* **1.** Tat *f*, Handlung *f*: to do **a good** ~ e-e gute Tat vollbringen; **I've done my good** ~ **for the day** *oft humor.* ich habe heute schon m-e gute Tat vollbracht; → **will**² 3, **word** *Bes. Redew.* **2.** Helden-, Großtat *f*. **3.** *jur.* (Vertrags-, *bes.* Über¹tragungs)Urkunde *f*, Doku¹ment *n*: ~ **of gift** (*od.* **donation**) Schenkungsurkunde; → **conveyance** 5 b, **partnership** 2. **II** *v/t* **4.** *jur. Am.* urkundlich über¹tragen (**to** *dat od.* auf *acc*). ~ **poll** *pl* **deed polls, deeds poll** *s jur.* einseitige (*gesiegelte*) Erklärung (*e-r Vertragspartei*).

**dee·jay** [ˈdiːdʒeɪ] *s colloq.* Diskjockey *m*.

**deem** [diːm] **I** *v/i* denken: to ~ **well of s.th.** von etwas e-e gute Meinung haben. **II** *v/t* halten für, erachten für, betrachten als: to ~ **s.th. a duty**; to ~ **it right to do s.th.** es für richtig halten, etwas zu tun.

**de·e·mo·tion·al·ize** [ˌdiːɪˈməʊʃənlaɪz; -ʃnəl-] *v/t Diskussion etc* versachlichen.

**de·em·pha·size** [ˌdiːˈemfəsaɪz] *v/t* **1.** weniger Wert *od.* Nachdruck legen auf (*acc*). **2.** bagatelli¹sieren, ¹her¹unterspielen¹.

**deem·ster** [ˈdiːmstə(r)] *s* Richter *m* (*auf der Insel Man*).

**de·en·er·gize** [ˌdiːˈenə(r)dʒaɪz] *v/t electr.* stromlos machen, ausschalten.

**deep** [diːp] **I** *adj* (*adv* → **deeply**) **1.** tief (*in vertikaler Richtung*): **ten feet** ~ zehn Fuß tief; a ~ **plunge** ein Sprung in große Tiefe; **in** ~ **water(s)** *fig.* in Schwierigkeiten. **2.** tief (*in horizontaler Richtung*): a ~ **wardrobe**; ~ **forests**; ~ **border** breiter Rand; ~ **kiss** Zungenkuß *m*; **they marched four** ~ sie marschierten in Viererreihen; **three men** ~ drei Mann hoch, zu dritt; ~ **in the woods** tief (drinnen) im Wald. **3.** niedrig gelegen. **4.** tief: a ~ **breath**. **5.** tief (versunken), versunken, vertieft: ~ **in thought** tief in Gedanken (versunken). **6.** tief (steckend *od.* verwickelt): to **be** ~ **in debt** tief in Schulden stecken; ~ **in love** schwer verliebt. **7.** dunkel, unergründlich, schwerverständlich, tief(sinnig): a ~ **problem** ein schwieriges Problem; **that is too** ~ **for me** das ist mir zu hoch, da komme ich nicht mit. **8.** gründlich, eingehend: ~ **study**; ~ **learning** fundiertes Wissen. **9.** verborgen, versteckt, geheim, dunkel: ~ **designs**; ~ **motives**. **10.** tief(gehend), mächtig, stark, groß: to **make a** ~ **impression**; ~ **disappointment** schwere *od.* bittere Enttäuschung; ~ **gratitude** tiefe *od.* aufrichtige *od.* innige Dankbarkeit; ~ **mourning** tiefe Trauer; ~ **prayer** inbrünstiges Gebet. **11.** tief, schwer(wiegend): ~ **wrongs** schweres Unrecht. **12.** tief, vollkommen: ~ **night** tiefe Nacht; ~ **silence** tiefes *od.* völliges Schweigen; ~ **sleep** tiefer Schlaf, Tiefschlaf *m*. **13.** stark, inten¹siv: ~ **interest** starkes Interesse; ~ **love** leidenschaftliche Liebe. **14.** tiefst(er, e, es), äußerst(er, e, es): ~ **poverty**. **15.** tief, gründlich, scharfsinnig: a ~ **thinker**; ~ **intellect** scharfer Verstand. **16.** durch¹trieben, schlau: **he is a** ~ **one** *colloq.* er ist ein ganz durchtriebener Bursche, er hat es faustdick hinter den Ohren. **17.** tief, satt, dunkel: ~ **colo(u)rs**. **18.** tief, dunkel: ~ **voice**. **19.** *med.* subku¹tan, unter der Haut. **20.** *psych.* unbewußt.
**II** *adv* **21.** tief: → **water** *Bes. Redew.* **22.** tief, spät: ~ **into the night** (bis) tief in

die Nacht (hinein); ~ **in winter** im tiefen Winter. **23.** stark, gründlich, heftig: to **drink** ~ mächtig *od.* unmäßig trinken.
**III** *s* **24.** Tiefe *f*, tiefer Teil (*Gewässer*). **25.** Tiefe *f*, Abgrund *m*. **26.** tiefgelegene Stelle. **27.** *Kricket:* Stellung der Feldspieler hinter dem Werfer am Außenrand des Spielfeldes. **28. the** ~ *poet.* a) das Meer, b) das Firma¹ment, c) die ¹Unterwelt, d) der unendliche Raum, e) die unendliche Zeit. **29.** Mitte *f*: in the ~ of **night** in tiefer Nacht, mitten in der Nacht; **in the** ~ **of winter** im tiefen Winter.
**¡deep-¦draw** *v/t irr tech.* tiefziehen. **¡~¦draw·ing** *adj mar.* tiefgehend (*Schiff*). **¡~¦drawn** *adj* **1.** *tech.* tiefgezogen, Tiefzieh... **2.** tief: ~ **sigh**. **¡~¦dyed** *adj fig.* eingefleischt, unverbesserlich, Erz...: a ~ **villain**.
**deep·en** [ˈdiːpən] **I** *v/t* **1.** tief(er) machen. **2.** vertiefen. **3.** verbreitern. **4.** *fig.* vertiefen, verstärken, steigern. **5.** *Farben* dunkler machen, vertiefen. **6.** *Töne* tiefer stimmen. **7.** *Stimme* senken. **II** *v/i* **8.** tiefer werden, sich vertiefen. **9.** *fig.* sich vertiefen, sich steigern, stärker werden. **10.** dunkler werden, (nach)dunkeln (*Farbe*).
**¹deep-¦felt** *adj* tiefempfunden. **¡~¦freeze I** *s* Tiefkühlgerät *n*, Gefriergerät *n*. **II** *adj* Tiefkühl..., Gefrier...: ~ **cabinet** Tiefkühl-, Gefriertruhe *f*. **III** *v/t pret* **-¦froze, -¦freezed,** *pp* **-¦fro·zen, -¦freezed** tiefkühlen, einfrieren. ~ **freez·er** → **deep-freeze** I. **¡~¦fro·zen I** *pp von* **deep-freeze** III. **II** *adj*: ~ **food** Tiefkühlkost *f*. **¡~¦fry** *v/t* fri¹tieren, in schwimmendem Fett braten. ~ **fry·er, ¡~¦fry·ing pan** *s* Fri¹teuse *f*.
**¡deep-¦laid** *adj* **1.** schlau (angelegt): ~ **plots**. **2.** verborgen, geheim.
**¹deep-¦ly** *adv* tief (*etc,* → **deep** I): ~ **devised** reiflich überlegt; ~ **hurt** schwer gekränkt; ~ **indebted** äußerst dankbar; ~ **offended** tief beleidigt; ~ **religious** tief religiös; ~ **versed** gründlich bewandert; to **drink** ~ unmäßig trinken.
**¡deep¦mouthed** *adj* **1.** tieftönend. **2.** mit tiefer Stimme (bellend): ~ **dogs**.
**¹deep-¦ness** *s* **1.** Tiefe *f* (*a. fig.*). **2.** Schwerverständlichkeit *f*. **3.** Gründlichkeit *f*. **4.** Verstecktheit *f*. **5.** Stärke *f*. **6.** Scharfsinn *m*. **7.** Durch¹triebenheit *f*.
**¡deep-¦read** [-¦red] *adj* sehr belesen. **¡~¦root·ed** *adj* **1.** tief eingewurzelt *od.* verwurzelt (*a. fig.*). **2.** *fig.* eingefleischt. ~ **scab** *s bot.* Tiefschorf *m* (*der Kartoffeln*). **¡~¦sea** *adj* Tiefsee..., Hochsee...: ~ **fish** Tiefseefisch *m*; ~ **fishing** Hochseefischerei *f*. **¡~¦seat·ed** *adj fig.* tiefsitzend, festverwurzelt. **¡~¦set** *adj* tiefliegend: ~ **eyes**. **¡~¦six** *v/t Am. sl.* Dokumente etc vernichten. **D~ South** *s Am.* (*der*) tiefe Süden (*bes. Georgia, Alabama, Mississippi u. Louisiana*). ~ **ther·a·py** *s med.* Tiefenbehandlung *f*, -bestrahlung *f*. **¡~¦throat·ed** *adj* kehlig.
**deer** [dɪə(r)] *pl* **deers,** *bes. collect.* **deer** *s* **1.** *zo.* a) Hirsch *m*, b) (*volkssprachlich*) Reh *n*, c) *collect.* Hoch-, Rotwild *n*: ~ **red deer, small deer**. ~ **for·est** *s hunt.* Hochwildgehege *n*, Jagdschutzgebiet *n*. **¹~¦hound** *s* schottischer Hirschhund, Deerhound *m* (*Windhundrasse*). ~ **hunt** *s* Rotwildjagd *f*. ~ **lau·rel** *s bot.* Große Alpenrose. ~ **lick** *s* Salzlecke *f* für Rotwild. ~ **park** *s* Wildpark *m*. ~ **shot** *s* Rehposten *m* (*Schrotsorte*). **¹~¦skin** *s* **1.** Hirsch-, Rehhaut *f*, -fell *n*. **2.** (Kleidungsstück *n* aus) Hirsch- *od.* Rehleder *n*. **¹~¦stalk·er** *s* **1.** *hunt.* Pirschjäger *m*. **2.** vorne u. hinten spitz zulaufende Mütze mit aufgestellten Ohrenschützern. **¹~**

**stalk·ing** s Rotwild-, Rehpirsch f.
**'~·stand** s hunt. Hochsitz m.
**de-es·ca·late** [ˌdiːˈeskəleɪt] I v/t 1. Krieg etc deeskaˈlieren. 2. Erwartungen etc herˈunterschrauben. II v/i 3. deeskaˈlieren.
**de-es·ca·la·tion** s Deeskalatiˈon f.
**de·face** [dɪˈfeɪs] v/t 1. entstellen, verunstalten. 2. aus-, ˈdurchstreichen, unleserlich machen. 3. Briefmarken entwerten. 4. fig. beeinträchtigen. **de-ˈface·ment** s 1. Entstellung f, Verunstaltung f. 2. Ausstreichung f. 3. Entwertung f.
**de fac·to** [diːˈfæktəʊ] (Lat.) I adv de ˈfacto, tatsächlich. II adj De-facto-...: ~ government.
**de·fal·cate** [diːˈfælkeɪt; bes. Am. dɪˈfæl-] v/i Veruntreuungen od. Unterˈschlagungen begehen. **de·fal·ca·tion** s 1. Veruntreuung f, Unterˈschlagung f. 2. untreuter Betrag, Unterˈschlagungssumme f. **de·fal·ca·tor** [-tə(r)] s Veruntreuer m.
**def·a·ma·tion** [ˌdefəˈmeɪʃn] s a) Verleumdung f (a. jur.), b) jur. (verleumderische) Beleidigung: ~ of character Ehrabschneidung f. **de·fam·a·to·ry** [dɪˈfæmətərɪ; Am. -ˌtɔːrɪ; -ˌtəʊ-] adj (adv defamatorily) verleumderisch, beleidigend, ehrenrührig, Schmäh...: to be ~ of s.o. j-n verleumden.
**de·fame** [dɪˈfeɪm] v/t verleumden, beleidigen. **de·ˈfam·er** s Verleumder(in). **de·ˈfam·ing** → defamatory.
**de·fat·ted** [ˌdiːˈfætɪd] adj entfettet, fettarm.
**de·fault** [dɪˈfɔːlt] I s 1. Unterˈlassung f, (Pflicht)Versäumnis n, Nachlässigkeit f. 2. econ. Nichterfüllung f, (Leistungs-, Zahlungs)Verzug m: to be in ~ im Verzug sein (on mit); ~ of interest Zinsverzug; on ~ of payment wegen Nichtzahlung. 3. jur. Nichterscheinen n vor Gericht: judg(e)ment by ~ Versäumnisurteil n; to be sentenced by (od. in) ~ in Abwesenheit verurteilt werden; to make ~ nicht (vor Gericht) erscheinen. 4. sport Nichtantreten n. 5. Mangel m, Fehlen n: in ~ of in Ermangelung von (od. gen), mangels (gen); in ~ whereof widrigenfalls. 6. hunt. Verlieren n der Fährte. II v/i 7. s-n Verpflichtungen nicht nachkommen: to ~ on s.th. etwas vernachlässigen od. versäumen, mit etwas im Rückstand sein. 8. econ. s-n (Zahlungs)Verpflichtungen nicht nachkommen, im Verzug sein: to ~ on a debt e-e Schuld nicht bezahlen. 9. jur. a) nicht (vor Gericht) erscheinen, b) durch Nichterscheinen vor Gericht den Proˈzeß verlieren. 10. sport a) nicht antreten, b) durch Nichtantreten den Kampf verlieren. III v/t 11. e-r Verpflichtung nicht nachkommen, in Verzug geraten mit, e-n Vertrag brechen: ~ed bonds Am. notleidende Obligationen; ~ed mortgage in Verzug befindliche Hypothek. 12. jur. das Nichterscheinen feststellen von, wegen Nichterscheinens (vor Gericht) verurteilen. 13. sport nicht antreten zu (e-m Kampf). **de·ˈfault·er** s 1. Säumige(r m) f. 2. econ. a) säumiger Zahler od. Schuldner, b) Zahlungsunfähige(r m) f. 3. jur. vor Gericht nicht Erscheinende(r m) f. 4. mil. Br. Delinˈquent m: ~ book Strafbuch m.
**de·fea·sance** [dɪˈfiːzns] s jur. 1. Annulˈlierung f, Nichtigkeitserklärung f, Aufhebung f. 2. (zusätzliche Urkunde mit e-r) Nichtigkeitsklausel f. **de·ˈfea·sanced** → defeasible.
**de·fea·si·bil·i·ty** [dɪˌfiːzəˈbɪlətɪ] s jur. Annulˈlierbarkeit f. **de·ˈfea·si·ble** adj annulˈlierbar. **de·ˈfea·si·ble·ness** s Annulˈlierbarkeit f.

**de·feat** [dɪˈfiːt] I v/t 1. Gegner besiegen, schlagen: he felt ~ed fig. er war niedergeschlagen; it ~s me to do so das geht über m-e Kraft. 2. Angriff nieder-, ab-, zuˈrückschlagen, abweisen. 3. parl. Antrag etc zu Fall bringen: to ~ by vote niederstimmen. 4. Hoffnung, Plan etc vereiteln, zuˈnichte machen, durchˈkreuzen. 5. jur. null u. nichtig machen: to ~ a claim. II s 6. Besiegung f, Niederwerfung f. 7. Niederlage f: to admit ~ sich geschlagen geben. 8. parl. Ablehnung f (e-s Antrags). 9. Vereitelung f, Durchˈkreuzung f: ~ of hopes. 10. ˈMißerfolg m, Fehlschlag m. **de·ˈfeat·er** s Besieger(in), Überˈwinder(in). **de·ˈfeat·ism** s Defaˈtismus m, Schwarzseheˈrei f. **de·ˈfeat·ist** I s Defaˈtist(in), Schwarzseher(in). II adj defäˈtistisch, schwarzseherisch.
**def·e·cate** [ˈdefɪkeɪt] I v/t 1. Flüssigkeit reinigen, klären. 2. fig. reinigen, läutern (of von). II v/i 3. Stuhl(gang) haben, den Darm entleeren. **def·e·ca·tion** s 1. Reinigung f, Klärung f. 2. Darmentleerung f, Stuhl(gang) m.
**de·fect** I s [ˈdiːfekt] 1. Deˈfekt m, Fehler m, schadhafte Stelle (in an dat, in dat): a ~ in character ein Charakterfehler; ~ of vision Sehfehler. 2. Mangel m, Unvollkommenheit f, Schwäche f: ~ of judg(e)ment Mangel an Urteilskraft; ~ of memory Gedächtnisschwäche; ~ in title jur. Fehler m im Recht. 3. (geistiger od. psychischer) Deˈfekt. 4. med. Gebrechen n. II v/i [dɪˈfekt] 5. (from) abfallen (von), abtrünnig werden (dat). 6. (to) flüchten (zu, nach), (zum Feind) überˈgehen od. -laufen. **de·ˈfec·tion** s 1. Abfall m. 2. ˈÜberlaufen n, -gehen n.
**de·fec·tive** [dɪˈfektɪv] I adj (adv ~ly) 1. mangelhaft, unzulänglich: ~ hearing mangelhaftes Hörvermögen; he is ~ in es mangelt od. gebricht ihm an (dat). 2. schadhaft, deˈfekt: ~ engine. 3. (geistig od. psychisch) deˈfekt: mentally ~ schwachsinnig. 4. ling. unvollständig, defekˈtiv: a ~ verb. II s 5. Kranke(r m) f: mental ~ Schwachsinnige(r m) f. 6. Krüppel m. **de·ˈfec·tive·ness** s 1. Mangelhaftigkeit f, Unzulänglichkeit f. 2. Schadhaftigkeit f.
**de·fec·tor** [dɪˈfektə(r)] s 1. Abtrünnige(r m) f. 2. ˈÜberläufer m.
**de·fence**, Am. **de·fense** [dɪˈfens] s 1. Verteidigung f, Schutz m: in ~ of zur Verteidigung od. zum Schutze von (od. gen); in depth mil. Verteidigung aus der Tiefe, Tiefengliederung f; ~ economy Wehrwirtschaft f; ~ production Rüstungsproduktion f; ~ spending Verteidigungsausgaben pl; ~ technology Wehrtechnik f; to come to s.o.'s ~ j-m zu Hilfe kommen; in ~ of life in Notwehr. 2. Verteidigung f, Gegenwehr f: to make a good ~ sich tapfer zur Wehr setzen. 3. mil. a) Verteidigung f, (taktisch) Abwehr f, b) meist pl Verteidigungsanlage f, Befestigung f, Abwehrstellung f. 4. (a. stichhaltige od. gültige) Verteidigung, Rechtfertigung f. 5. jur. a) Verteidigung f, b) Verteidigungsmittel n, Einrede f, Verteidigungsschrift f, c) beklagte od. angeklagte Parˈtei (bes. deren Verteidiger): to conduct s.o.'s ~ j-n als Verteidiger vertreten; to conduct one's own ~ sich selbst verteidigen; in his ~ zu s-r Verteidigung; to put up a clever ~ sich geschickt verteidigen; ~ counsel 5, witness 1. 6. Verteidigungsmittel n, -waffe f. 7. sport Verteidigung f (Hintermannschaft od. deren Spielweise): in ~ in der Abwehr. 8. Am. Verbot n: to be in ~ verboten sein. **de·ˈfence·less**, Am. **de·ˈfense·less** adj (adv ~ly) 1. schutz-,

wehr-, hilflos. 2. mil. unverteidigt, unbefestigt, offen. **de·ˈfence·less·ness**, Am. **de·ˈfense·less·ness** s Schutz-, Wehrlosigkeit f.
**de·fence**| **mech·a·nism**, Am. **de·fense**| **mech·a·nism**, ~ **re·ac·tion** s biol. 1. ˈAbwehrmechaˌnismus m (e-s Organismus, a. psych.). 2. Abwehrmaßnahme f (des Körpers). ~ **third** s Eishockey: Verteidigungsdrittel n.
**de·fend** [dɪˈfend] v/t 1. (from, against) verteidigen (gegen), schützen (vor dat, gegen). 2. Meinung etc verteidigen, rechtfertigen. 3. Interessen schützen, wahren. 4. jur. a) j-n verteidigen, b) sich auf e-e Klage einlassen: to ~ the suit (od. claim) den Klageanspruch bestreiten. **de·ˈfend·a·ble** adj verteidigungsfähig, zu verteidigen(d). **de·ˈfend·ant** jur. I s 1. Beklagte(r m) f (im Zivilprozeß): ~ counterclaiming Widerkläger(in). 2. Angeklagte(r m) f (im Strafprozeß). II adj 3. a) beklagt, b) angeklagt. **de·ˈfend·er** s 1. Verteidiger m, (Be)Schützer m: D~ of the Faith Verteidiger des Glaubens (ein Titel der engl. Könige seit 1521). 2. sport Verteidiger(in).
**de·fen·es·tra·tion** [diːˌfenɪˈstreɪʃn] s Fenstersturz m.
**de·fense**, etc Am. für defence, etc.
**de·fen·si·ble** [dɪˈfensəbl] adj (adv defensibly) 1. zu verteidigen(d), verteidigungsfähig, zu halten(d), haltbar. 2. vertretbar, zu rechtfertigen(d).
**de·fen·sive** [dɪˈfensɪv] I adj (adv ~ly) 1. defenˈsiv: a) verteidigend, schützend, abwehrend, Verteidigungs..., Schutz..., Abwehr... (a. sport): ~ mistake, b) sich verteidigend, c) sport defensiv eingestellt. 2. fig. abwehrend: ~ gesture. II s 3. Defenˈsive f, Verteidigung f, (taktisch, a. biol.) Abwehr f (alle a. sport): to be (stand) on the ~ sich in der Defensive befinden (halten); to throw s.o. on the ~ j-n in die Defensive drängen. ~ **ac·tiv·i·ty** s bes. biol. Abwehrtätigkeit f. ~ **glands** s pl zo. Schutzdrüsen pl. ~ **post** s mil. ˈWiderstandsnest n. ~ **pro·tein** s chem. med. ˈSchutzproteˌin n, Antikörper m. ~ **strike** s econ. Abwehrstreik m.
**de·fer**[1] [dɪˈfɜː; Am. dɪˈfɜr] I v/t 1. auf-, verschieben (to auf acc). 2. hinˈausschieben, verzögern. 3. zögern (doing od. to do zu tun). 4. mil. Am. (vom Wehrdienst) zuˈrückstellen. II v/i 5. zögern, abwarten.
**de·fer**[2] [dɪˈfɜː; Am. dɪˈfɜr] v/i (to) sich beugen (vor dat), sich fügen (dat), nachgeben (dat), sich dem Urteil od. Wunsch unterˈwerfen (von od. gen).
**de·fer·a·ble** → deferrable.
**def·er·ence** [ˈdefərəns] s 1. Ehrerbietung f, (Hoch)Achtung f (to gegenˈüber, vor dat): in ~ to, out of ~ to aus Rücksicht vor (dat); with all due ~ to bei aller Hochachtung vor (dat); to pay (od. show) ~ to s.o. j-m Achtung zollen. 2. Rücksicht(nahme) f (to auf acc): in ~ to, out of ~ to mit od. aus Rücksicht auf (acc). 3. (höfliche) Nachgiebigkeit (to s.o. j-m gegenˈüber), Unterˈwerfung f (to unter acc).
**def·er·ent**[1] [ˈdefərənt] → deferential.
**def·er·ent**[2] [ˈdefərənt] adj 1. ableitend, Ableitungs... 2. anat. Samenleiter...
**def·er·en·tial** [ˌdefəˈrenʃl] adj (adv ~ly) 1. ehrerbietig, achtungs-, reˈspektvoll. 2. rücksichtsvoll.
**de·fer·ment** [dɪˈfɜːmənt; Am. dɪˈfɜr-] s 1. Aufschub m, Verschiebung f. 2. mil. Am. Zuˈrückstellung f (vom Wehrdienst).
**de·fer·ra·ble** [-rəbl] adj 1. aufschiebbar. 2. mil. Am. a) zuˈrückstellbar (bei der Musterung), b) e-e Zuˈrückstellung bewirkend.

**de·ferred** [dɪˈfɜːd; *Am.* dɪˈfɜrd] *adj* auf-, hinˈausgeschoben, ausgesetzt. **~ an·nu·i·ty** *s* hinˈausgeschobene Rente. **~ as·set** *s econ.* zeitweilig nicht einlösbarer Akˈtivposten. **~ bond** *s econ. Am.* Obligatiˈon *f* mit aufgeschobener Zinszahlung. **~ div·i·dend** *s econ.* Diviˈdende *f* mit aufgeschobener Fälligkeit. **~ pay·ment** *s econ.* **1.** Zahlungsaufschub *m*. **2.** *Am.* Ab-, Ratenzahlung *f*. **~ shares** *s pl econ. Br.* Nachzugsaktien *pl*. **~ terms** *s pl Am.* ˈAbzahlungssyˌstem *n*: **on ~** auf Abzahlung *od.* Raten.

**de·fi·ance** [dɪˈfaɪəns] *s* **1.** Trotz *m*, ˈWiderstand *m*: **to bid ~ to s.o.**, **to set s.o. at ~** j-m Trotz bieten, j-m trotzen. **2.** Trotz *m*, Hohn *m*, offene Verachtung: **in ~ of** ungeachtet, trotz (*gen*), (*e-m Gebot etc*) zuwider; **in ~ of s.o.** j-m zum Trotz *od.* Hohn; **to bid ~ to common sense** dem gesunden Menschenverstand hohnsprechen. **3.** Herˈausforderung *f*. **de·fi·ant** *adj* (*adv* **~ly**) **1.** trotzig. **2.** herˈausfordernd.

**de·fi·bril·late** [dɪˈfaɪbrɪleɪt; ˈ-fɪb-] *v/t med.* defibrilˈlieren. **de·fi·bril·la·tion** *s* Defibrillatiˈon *f* (*Beseitigung von Herzrhythmusstörungen durch Medikamente od. Elektroschocks*). **de·fib·ril·la·tor** [-tə(r)] *s* Defibrilˈlator *m* (*Gerät zur Defibrillation*).

**de·fi·cien·cy** [dɪˈfɪʃnsɪ] *s* **1.** Unzulänglichkeit *f*, Mangelhaftigkeit *f*, Unvollkommenheit *f*, Schwäche *f*. **2.** (**of**) Mangel *m* (an *dat*), Fehlen *n* (von): **from ~ of means** aus Mangel an Mitteln; **~ of blood** Blutarmut *f*. **3.** Deˈfekt *m*, Mangel *m*. **4.** Fehlbetrag *m*, Manko *n*, Defizit *n*: **~ in weight** Gewichtsmanko *n*; **to make good a ~** das Fehlende ergänzen. **~ ac·count** *s econ.* Verlustkonto *n*. **~ dis·ease** *s med.* Mangelkrankheit *f*, bes. Avitamiˈnose *f*. **~ pay·ment** *s econ.* Ausgleichszahlung *f*. **~ re·port** *s mil.* Fehlmeldung *f*.

**de·fi·cient** [dɪˈfɪʃnt] *adj* (*adv* **~ly**) **1.** unzulänglich, unzureichend, mangelhaft, ungenügend. **2.** Mangel leidend (**in** an *dat*): **to be ~ in** es fehlen lassen an (*dat*), ermangeln (*gen*), arm sein an (*dat*); **the country is ~ in means** dem Land fehlt es an Mitteln; **to be ~ in vitamins** nicht genügend Vitamine haben. **3.** fehlend: **the amount ~** der Fehlbetrag.

**def·i·cit** [ˈdefɪsɪt] *s* **1.** *econ.* Defizit *n*, Fehlbetrag *m*, Verlust *m*, Ausfall *m*, ˈUnterbiˌlanz *f*. **2.** Mangel *m* (**in** an *dat*). **~ spend·ing** *s econ.* Deficit-spending *n*, ˈDefizitfinanˌzierung *f*.

**de·fi·er** [dɪˈfaɪə(r)] *s* **1.** Verhöhner(in), Verächter(in): **~ of the laws** Gesetzesverächter. **2.** Herˈausforderer *m*.

**def·i·lade** [ˌdefɪˈleɪd; *Am. bes.* ˈdefəˌl-] *mil.* **I** *v/t* **1.** gegen Feuer decken *od.* sichern. **2.** Festungswerke im Defileˈment anordnen. **II** *s* **3.** Deckung *f*, Tarnung *f*, Defileˈment *n*: **~ position** verdeckte (Feuer)Stellung.

**de·file¹** [dɪˈfaɪl] *v/t* **1.** *a. fig.* beschmutzen, besudeln. **2.** (*moralisch*) verderben, beflecken. **3.** verunglimpfen, mit Schmutz bewerfen. **4.** *Heiligtum etc*, *a. e-e Frau* schänden.

**de·file²** **I** *s* [ˈdiːfaɪl] **1.** Engpaß *m*, Hohlweg *m*. **2.** *mil.* Vorˈbeimarsch *m*. **II** *v/i* [dɪˈfaɪl] **3.** *mil.* defiˈlieren, (paˈrademäßig) vorˈbeimarˌschieren.

**de·file·ment** *s* **1.** *a. fig.* Beschmutzung *f*, Besudelung *f*. **2.** Befleckung *f*. **3.** Schändung *f*. **de·fil·er** *s* **1.** Beschmutzer(in), Besud(e)ler(in). **2.** Schänder(in).

**de·fin·a·ble** [dɪˈfaɪnəbl] *adj* (*adv* **definably**) **1.** defiˈnierbar, (genau) erklärbar, bestimmbar, festlegbar. **2.** genau umˈgrenzbar.

**de·fine** [dɪˈfaɪn] *v/t* **1.** defiˈnieren: a) *Wort etc* (genau) erklären, b) *Begriff etc* bestimmen, genau bezeichnen, c) *Recht etc* (klar) umˈreißen, festlegen. **2.** (genau) abgrenzen, be-, umˈgrenzen. **3.** scharf abzeichnen *od.* herˈvortreten lassen: **it ~s itself against the background** es hebt sich scharf *od.* deutlich vom *od.* gegen den Hintergrund ab. **4.** charakteriˈsieren, kennzeichnen.

**def·i·nite** [ˈdefɪnɪt] *adj* **1.** bestimmt, präˈzis, klar, eindeutig: **~ idea. 2.** bestimmt, klar umˈrissen, ˈfestumˌrissen, eindeutig festgelegt: **~ plans** feste Pläne. **3.** (genau) festgesetzt *od.* -gelegt, bestimmt: **~ period**; **~ integral** *math.* bestimmtes Integral. **4.** endgültig, definiˈtiv: **~ answer. 5.** *ling.* bestimmt: **~ article.** **ˈdef·i·nite·ly** *adv* **1.** bestimmt (*etc*, → *definite*). **2.** zweifellos, absoˈlut, entschieden, ausgesprochen. **ˈdef·i·nite·ness** *s* Bestimmtheit *f*, Eindeutigkeit *f*.

**def·i·ni·tion** [ˌdefɪˈnɪʃn] *s* **1.** Definitiˈon *f*: a) Defiˈnierung *f*, genaue Bestimmung, b) Begriffsbestimmung *f*, (genaue) Erklärung. **2.** Exˈaktheit *f*, Genauigkeit *f*. **3.** a) *Radio*: Trennschärfe *f*, b) *phot. TV* Bildschärfe *f*. **4.** *opt. etc* Präzisiˈon *f*.

**de·fin·i·tive** [dɪˈfɪnɪtɪv] **I** *adj* (*adv* **~ly**) **1.** definiˈtiv, endgültig. **2.** (genau) defiˈnierend *od.* unterˈscheidend. **3.** → **definite 2. 4.** ausdrücklich, entschieden. **5.** tatsächlich, ausgesprochen. **6.** maßgeblich, Standard...: **a ~ book. 7.** entschieden, fest (*in s-r Meinung*). **II** *s* **8.** *ling.* Bestimmungswort *n*.

**def·la·grate** [ˈdefləɡreɪt] *v/i u. v/t chem.* rasch abbrennen (lassen). **ˌdef·la·ˈgra·tion** *s chem.* Verpuffung *f*.

**de·flate** [dɪˈfleɪt] **I** *v/t* **1.** (die) Luft *od.* (das) Gas ablassen aus, entleeren. **2.** *econ.* Geldumlauf *etc* deflatioˈnieren, herˈabsetzen. **3.** *fig.* a) ,klein u. häßlich machen', b) ernüchtern, enttäuschen. **II** *v/i* **4.** Luft *od.* Gas ablassen. **5.** *econ.* deflatioˈnieren, e-e Deflatiˈon herˈbeiführen. **6.** einschrumpfen (*a. fig.*). **de·ˈfla·tion** *s* **1.** Ablassung *f od.* Entleerung *f* von Luft *od.* Gas. **2.** *econ.* Deflatiˈon *f*. **3.** *geol.* Deflatiˈon *f*, ˈWinderosiˌon *f*. **de·ˈfla·tion·ar·y** [-ˈʃnərɪ; *Am.* -ˈʃəˌneri] *adj econ.* Deflations..., deflatioˈnistisch. **de·ˈfla·tion·ist** *econ.* **I** *s* Befürworter(in) e-r Deflatiˈonspoliˌtik. **II** *adj* deflatioˈnistisch.

**de·flect** [dɪˈflekt] **I** *v/t* **1.** a) ablenken, abwenden: **~ing electrode** *electr.* Ablenkelektrode *f*, b) *sport* Schuß *etc* abfälschen. **2.** *tech.* a) ˈumbiegen, b) ˈdurchbiegen. **II** *v/i* **3.** abweichen (**from** von) (*a. fig.*). **4.** **to ~ off s.o.** *sport* von j-m abgefälscht werden (*Schuß etc*).

**de·flec·tion**, bes. *Br.* **de·flex·ion** [dɪˈflekʃn] *s* **1.** Ablenkung *f*. **2.** Abweichung *f* (*a. fig.*). **3.** Biegung *f*, Krümmung *f*. **4.** *phys.* a) Ausschlag *m*, Ablenkung *f* (*e-s Zeigers*), b) *TV, Radar*: Ablenkung *f*, Steuerung *f* (*e-s Elektronenstrahls*). **5.** *phys.* Beugung *f* (*von Lichtstrahlen*). **6.** *tech.* ˈDurchbiegung *f*. **7.** *mar.* Abtrift *f*. **8.** *mil.* a) Seitenabweichung *f*, -streuung *f*, b) Seitenvorhalt *m*.

**de·flec·tive** [dɪˈflektɪv] *adj* ablenkend.

**de·flec·tom·e·ter** [ˌdiːflekˈtɒmɪtə; *Am.* -ˈtɑ-] *s tech.* Biegungsmesser *m*.

**de·flec·tor** [dɪˈflektə(r)] *s* **1.** *tech.* Deˈflektor *m*, Ablenkvorrichtung *f*: **~ coil** *electr.* Ablenkspule *f*. **2.** *aer.* Ablenk-, Leitfläche *f*.

**de·flex·ion** bes. *Br. für* **deflection**.

**de·floc·cu·late** [dɪˈflɒkjʊleɪt; *Am.* -ˈflɑk-] *v/t u. v/i chem.* (sich) entflocken.

**de·flo·rate** [dɪˈflɔːreɪt; *Am. bes.* ˈdeflɑˌr-] → **deflower. de·flo·ra·tion** [ˌdiːflɔː-ˈreɪʃn; ˌdef-; *Am.* -fləˈr-] *s* Defloratiˈon *f*, Entjungferung *f*.

**de·flow·er** [ˌdiːˈflaʊə(r)] *v/t* **1.** defloˈrieren, entjungfern. **2.** *fig.* (*dat*) die Schönheit *od.* den Reiz nehmen.

**de·fo·li·ant** [ˌdiːˈfəʊlɪənt] *s chem. mil.* Entlaubungsmittel *n*. **ˌde·ˈfo·li·ate** [-eɪt] **I** *v/t* entblättern, entlauben. **II** *v/i* sich entlauben, die Blätter verlieren. **ˌde·ˈfo·li·a·tion** *s* Entblätterung *f*, Entlaubung *f*.

**de·force** [dɪˈfɔː(r)s] *v/t jur.* **1.** gewaltsam *od.* ˈwiderrechtlich vorenthalten (**s.th. from s.o.** j-m etwas). **2.** *j-n* ˈwiderrechtlich s-s Besitzes berauben.

**de·for·est** [ˌdiːˈfɒrɪst; *Am. a.* -ˈfɑr-] *v/t* **1.** entwalden. **2.** abforsten, abholzen. **de·for·est·a·tion** *s* **1.** Entwaldung *f*. **2.** Abforstung *f*, Abholzung *f*.

**de·form** [dɪˈfɔː(r)m] *v/t* **1.** *a. phys. tech.* deforˈmieren, verformen. **2.** verunstalten, entstellen, deforˈmieren: **a face ~ed by anger** ein wutverzerrtes Gesicht. **3.** ˈumformen, ˈumgestalten. **4.** *math. phys.* verzerren. **5.** *Charakter* verderben. **de·ˈform·a·ble** *adj tech.* verformbar. **de·for·ma·tion** [ˌdiːfɔːˈr)meɪʃn] *s* **1.** *a. phys. tech.* Deformatiˈon *f*, Verformung *f*. **2.** Entstellung *f*, Verunstaltung *f*. **3.** ˈUmgestaltung *f*. **4.** *math. phys.* Verzerrung *f*. **de·formed** [dɪˈfɔː(r)md] *adj* **1.** *a. phys. tech.* deforˈmiert, verformt. **2.** verunstaltet, entstellt, häßlich. **3.** *math. phys.* verzerrt. **4.** verdorben (*Charakter*). **de·ˈform·ed·ly** [-ɪdlɪ] *adv* häßlich. **de·ˈform·ed·ness** → **deformity 1. de·ˈform·i·ty** *s* **1.** Entstelltheit *f*, Häßlichkeit *f*. **2.** ˈMißbildung *f*, Auswuchs *m*. **3.** ˈmißgestaltete Perˈson *od.* Sache. **4.** Verdorbenheit *f* (*des Charakters*).

**de·fraud** [dɪˈfrɔːd] *v/t* betrügen (**s.o. of s.th.** j-n um etwas): **to ~ the revenue (the customs)** Steuern (den Zoll) hinterziehen; **with intent to ~** *jur.* in betrügerischer Absicht, arglistig. **de·frau·da·tion** [ˌdiː-] *s* (*Steuer- etc*)Hinterˈziehung *f*, Betrug *m*. **de·ˈfraud·er** *s* Betrüger *m*, bes. ˈSteuerhinterˌzieher *m*.

**de·fray** [dɪˈfreɪ] *v/t Kosten* bestreiten, tragen, bezahlen. **de·ˈfray·al**, **de·ˈfray·ment** *s* Bestreitung *f* (*der Kosten*).

**de·frock** [ˌdiːˈfrɒk; *Am.* -ˈfrɑk] → **unfrock**.

**de·frost** [ˌdiːˈfrɒst] **I** *v/t* von Eis befreien, *Windschutzscheibe etc* entfrosten, *Kühlschrank etc* abtauen, *Tiefkühlkost etc* auftauen. **II** *v/i* ab-, auftauen. **de·ˈfrost·er** *s* Entfroster *m*, Enteisungsanlage *f*. **de·ˈfrost·ing** *adj*: **~ rear window** *mot.* heizbare Heckscheibe.

**deft** [deft] *adj* (*adv* **~ly**) flink, geschickt, gewandt. **ˈdeft·ness** *s* Geschickt-, Gewandtheit *f*.

**de·funct** [dɪˈfʌŋkt] **I** *adj* **1.** ver-, gestorben. **2.** *fig.* erloschen, nicht mehr exiˈstierend, ehemalig. **II** *s* **3.** **the ~** a) der *od.* die Verstorbene, b) *collect. pl* die Verstorbenen *pl*.

**de·fuse** [ˌdiːˈfjuːz] *v/t Bombe etc*, *fig. Krise etc* entschärfen.

**de·fy** [dɪˈfaɪ] *v/t* **1.** trotzen (*dat*), Trotz *od.* die Stirn bieten (*dat*). **2.** sich hinˈwegsetzen über (*acc*). **3.** sich widerˈsetzen (*dat*), Schwierigkeiten machen (*dat*): **to ~ description** unbeschreiblich sein, jeder Beschreibung spotten; **to ~ translation** (fast) unübersetzbar sein, sich nicht übersetzen lassen. **4.** herˈausfordern: **I ~ anyone to do it** ich möchte den sehen, der das tut; **I ~ him to do it** ich weiß genau, daß er es nicht (tun) kann. **5.** *obs.* (zum Kampf) herˈausfordern.

**dé·ga·gé** [ˌdeɪgaːˈʒeɪ] *adj* ungezwungen, zwanglos.

**de·gas** [ˌdiːˈɡæs] *v/t mil. tech.* entgasen.

**de·gas·i·fi·ca·tion** s mil. tech. Entgasung f.

**de·gauss** [ˌdiːˈgaʊs] v/t Schiff entmagnetiˈsieren.

**de·gen·er·a·cy** [dɪˈdʒenərəsɪ] s Degeneratiˈon f, Entartung f. **de·gen·er·ate** I v/i [-reit] (into) entarten (zu): a) biol. etc degeneˈrieren (zu), b) allg. ausarten (zu, in acc), herˈabsinken (zu, auf die Stufe gen). II adj [-rət] degeneˈriert, entartet. **de·gen·er·ate·ness** s Degeneˈriertheit f, Entartung f. **de·gen·er·a·tion** s 1. Degeneratiˈon f, Entartung f (a. biol. med.): ～ of tissue med. Gewebsentartung; fatty ～ (of the heart) (Herz)Verfettung f. 2. Degeneˈriertheit f. 3. Ausartung f. **de·gen·er·a·tive** [-rətɪv; -reɪtɪv] adj 1. Degenerations..., Entartungs... 2. degeneˈrierend, entartend.

**de·germ** [ˌdiːˈdʒɜːm; Am. -ˈdʒɜːrm], **de·ger·mi·nate** [-mɪneɪt] v/t entkeimen.

**deg·ra·da·tion** [ˌdegrəˈdeɪʃn] s 1. (a. mil.) Degraˈdierung f, (a. relig.) Degradatiˈon f, Ab-, Entsetzung f. 2. Absinken n, Verschlechterung f, Entartung f. 3. phys. Degradatiˈon f: ～ of energy. 4. biol. Degeneratiˈon f. 5. Entwürdigung f, Erniedrigung f. 6. Verminderung f, Schwächung f. 7. geol. Abtragung f, Erosiˈon f. 8. chem. Zerlegung f, Abbau m. **de·grade** [dɪˈgreɪd] I v/t 1. a. mil. degraˈdieren, (im Rang) herˈabsetzen. 2. verderben, korrumˈpieren, entarten lassen. 3. entwürdigen, erniedrigen (into, to zu), in Schande bringen. 4. vermindern, herˈabsetzen, schwächen. 5. verschlechtern. 6. geol. abtragen, eroˈdieren. 7. chem. zerlegen, abbauen. II v/i 8. (ab)sinken. 9. biol. degeneˈrieren, entarten. 10. univ. Br. (Cambridge) das Exˈamen um ein Jahr hinˈausschieben. **de·grad·ing** adj 1. erniedrigend, entwürdigend, menschenunwürdig, schändlich. 2. herˈabsetzend, geringschätzig.

**de·grease** [ˌdiːˈgriːs] v/t entfetten.

**de·gree** [dɪˈgriː] s 1. Grad m, Stufe f, Schritt m: ～ of priority Dringlichkeitsgrad, -stufe; by ～s stufenweise, allmählich, nach u. nach; by many ～s bei weitem; by slow ～s ganz allmählich; → murder 1. 2. (Verwandtschafts)Grad m. 3. Rang m, Stufe f (gesellschaftlicher) Stand: of high ～ von hohem Rang; military ～ of rank militärische Rangstufe; freemason's ～ Grad m e-s Freimaurers. 4. Grad m, Ausmaß n: ～ of hardness tech. Härtegrad; ～ of saturation chem. Sättigungsgrad. 5. fig. Grad m, (Aus)Maß n: to a ～ a) in hohem Maße, sehr, b) einigermaßen, in gewissem Grade; to a certain ～ ziemlich, bis zu e-m gewissen Grade; to a high ～ in hohem Maße; in the highest ～, to the last ～ in höchstem Grade, aufs höchste; not in the slightest ～ nicht im geringsten; in no ～ keineswegs; in no small ～ in nicht geringem Grade. 6. astr. geogr. math. phys. Grad m: an angle of ninety ～s ein Winkel von 90 Grad; an equation of the third ～ e-e Gleichung dritten Grades; ten ～s Fahrenheit 10 Grad Fahrenheit; ～ of latitude Breitengrad. 7. Gehalt m (of an dat): of high ～ hochgradig. 8. (akaˈdemischer) Grad, Würde f: the ～ of doctor der Doktorgrad, die Doktorwürde; to take one's ～ e-n akademischen Grad erwerben, promovieren; ～ day Promotionstag m. 9. a. ～ of comparison ling. Steigerungsstufe f. 10. mus. Tonstufe f, Interˈvall n. 11. obs. Stufe f (e-r Treppe etc): song of ～s Bibl. Graduale n, Stufenpsalm m.

**de·gres·sion** [dɪˈgreʃn] s 1. Steuerrecht: Degressiˈon f. 2. Absteigen n, Abstieg m. **de·gres·sive** [-sɪv] adj (adv ～ly) 1. econ.

degresˈsiv: ～ taxation; ～ depreciation degressive Abschreibung. 2. absteigend.

**de·gus·ta·tion** [ˌdiːgʌˈsteɪʃn] s (genußvolles) Kosten.

**de·hire** [ˌdiːˈhaɪər] v/t Am. j-n von s-n Funktiˈonen entbinden.

**de·hisce** [dɪˈhɪs] v/i bot. aufspringen. **de·his·cent** adj aufplatzend, -springend: ～ fruit bot. Springfrucht f.

**de·hu·man·ize** [ˌdiːˈhjuːmənaɪz; Am. a. -ˈjuː-] v/t entmenschlichen.

**de·hu·mid·i·fy** [ˌdiːhjuːˈmɪdəfaɪ; Am. a. -juːˈm-] v/t der Luft etc die Feuchtigkeit entziehen.

**de·hy·drate** [ˌdiːˈhaɪdreɪt] I v/t 1. chem. dehyˈdrieren. 2. (dat) das Wasser entziehen, (acc) vollständig trocknen: ～d vegetables Trockengemüse n. 3. entwässern. II v/i 4. Wasser verlieren od. abgeben. **de·hy·dra·tion** s 1. chem. Dehyˈdrierung f, Wasserabspaltung f. 2. Entwässerung f. 3. Wasserentzug m.

**de·hy·dro·gen·ize** [ˌdiːˈhaɪdrədʒənaɪz] v/t chem. dehyˈdrieren, (dat) Wasserstoff entziehen.

**de·hyp·no·tize** [ˌdiːˈhɪpnətaɪz] v/t aus der Hypˈnose erwecken.

**de·ice** [ˌdiːˈaɪs] v/t enteisen. **de·ic·er** s Enteiser m, Enteisungsmittel n, -anlage f, -gerät n.

**de·i·cide** [ˈdiːɪsaɪd] s 1. Gottesmord m. 2. Gottesmörder m.

**deic·tic** [ˈdaɪktɪk] adj (adv ～ally) deiktisch: a) philos. auf Beispiele begründet, b) ling. ˈhinweisend.

**de·i·de·ol·o·gize** [ˈdiːˌaɪdɪˈɒlədʒaɪz; Am. -ˈɑlə-] v/t entideologiˈsieren, von ideoˈlogischen Interˈessen freimachen.

**de·if·ic** [diːˈɪfɪk] adj 1. vergöttlichend. 2. gottähnlich, göttlich. **de·i·fi·ca·tion** s 1. Vergötterung f, Apotheˈose f. 2. (etwas) Vergöttlichtes. **de·i·form** [-fɔː(r)m] adj gottähnlich, göttlich. **de·i·fy** [-faɪ] v/t 1. zum Gott erheben, vergöttlichen. 2. als Gott verehren, anbeten (a. fig.).

**deign** [deɪn] I v/i sich herˈablassen, geruhen, belieben (to do zu tun). II v/t gnädig gewähren, sich herˈablassen zu: he ～ed no answer er ließ sich nicht einmal zu e-r Antwort herab.

**deil** [diːl] s Scot. Teufel m (a. fig.).

**de·i·on·i·za·tion** [ˌdiːˌaɪənaɪˈzeɪʃn; Am. -nəˈz-] s electr. Entioniˈsierung f. **de·ism** [ˈdiːɪzəm] s Deˈismus m. **de·ist** s Deˈist(in). **de·is·tic** adj; **de·is·ti·cal** adj (adv ～ally) deˈistisch.

**de·i·ty** [ˈdiːɪtɪ] s Gottheit f: the D～ relig. die Gottheit, Gott m.

**dé·jà vu** [ˌdeɪʒɑːˈvuː] s psych. Déjà-ˈvu-Erlebnis n.

**de·ject** [dɪˈdʒekt] I v/t mutlos machen. II adj obs. für dejected. **de·jec·ta** [-tə] s pl Exkreˈmente pl. **de·ject·ed** adj (adv ～ly) niedergeschlagen, mutlos, depriˈmiert. **de·ject·ed·ness** → dejection 1. **de·jec·tion** [dɪˈdʒekʃn] s 1. Niedergeschlagenheit f. 2. a) Kotentleerung f, Stuhlgang m, b) Stuhl m, Kot m. **de·jec·to·ry** [-tərɪ] adj med. abführend.

**de ju·re** [ˌdiːˈdʒʊərɪ; ˌdeɪˈjʊərɪ] (Lat.) I adv de jure, von Rechts wegen. II adj De-jure-...

**dek·ko** [ˈdekəʊ] pl **-kos** s Br. sl. kurzer Blick: let's have a ～! zeig mal her!

**de·lac·ta·tion** [ˌdiːlækˈteɪʃn] s med. Entwöhnung f, Abstillen n.

**de·laine** [dəˈleɪn] s leichter Musseˈlin aus Wolle (u. Baumwolle).

**de·lam·i·nate** [diːˈlæmɪneɪt] v/i in Schichten abblättern.

**de·late** [dɪˈleɪt] v/t Br. etwas anzeigen. **de·la·tion** s Anzeige f.

**Del·a·war·e·an** [ˌdeləˈweərɪən] I adj

Delaware..., aus od. von Delaware. II s Bewohner(in) des Staates Delaware (USA).

**de·lay** [dɪˈleɪ] I v/t 1. a) ver-, auf-, hinˈausschieben, b) verzögern, verschleppen: he ～ed seeing his doctor er schob s-n Arztbesuch hinaus; to be ～ed sich verzögern; not to be ～ed unaufschiebbar. 2. aufhalten, hemmen, (be)hindern: to be ～ed (for two hours) rail. etc (zwei Stunden) Verspätung haben. II v/i 3. Zeit zu gewinnen suchen, sport auf Zeit spielen, das Spiel verzögern. III v/i 4. a) Verschiebung f, Aufschub m, b) Verzögerung f, Verschleppung f: ～ in delivery econ. Lieferverzug m; without ～ unverzüglich; the matter bears no ～ die Sache duldet keinen Aufschub. 5. rail. etc Verspätung f. 6. econ. Aufschub m, Stundung f: ～ of payment Zahlungsaufschub.

**de·layed** [dɪˈleɪd] adj 1. a) ver-, auf-, hinˈausgeschoben, b) verzögert, verschleppt. 2. rail. etc verspätet. 3. Spät...: ～ ignition tech. Spätzündung f. **de·layed-'ac·tion** adj Verzögerungs...: ～ bomb mil. Bombe f mit Verzögerungszünder; ～ device phot. Selbstauslöser m; ～ fuse a) mil. Verzögerungszünder m, b) electr. träge Sicherung.

**de·lay·er** s 1. j-d, der Zeit zu gewinnen sucht. 2. Verzögerungsgrund m. **de·lay·ing** adj 1. a) aufschiebend, b) verzögernd. 2. ˈhinhaltend: ～ tactics Hinhalte-, Verzögerungstaktik f.

**del cred·er·e** [ˌdelˈkredərɪ; -ˈkreɪ-] econ. I s Delˈkredere n, Bürgschaft f: to stand ～ Bürgschaft leisten. II adj Delkredere...

**de·le** [ˈdiːliː] print. I v/t tilgen, streichen. II s Deleˈatur(zeichen) n.

**de·lec·ta·ble** [dɪˈlektəbl] adj (adv delectably) köstlich (bes. Speise).

**de·lec·ta·tion** [ˌdiːlekˈteɪʃn] s Ergötzen n, Vergnügen n, Genuß m.

**del·e·ga·ble** [ˈdelɪgəbl] adj deleˈgierbar.

**del·e·ga·cy** [ˈdelɪgəsɪ] s 1. Deleˈgierung f. 2. deleˈgierte Vollmacht. 3. Delegatiˈon f, Abordnung f.

**del·e·gate** I s [ˈdelɪgət; -geɪt] 1. Deleˈgierte(r m) f, Abgeordnete(r m) f, bevollˈmächtigter Vertreter, Beauftragte(r m) f. 2. parl. Am. Konˈgreßabgeordnete(r m) f (e-s Einzelstaats). II v/t [-geɪt] 3. abordnen, deleˈgieren, als Deleˈgierten entsenden. 4. j-n bevollmächtigen, Vollmachten etc überˈtragen, anvertrauen (to s.o. j-m): to ～ authority to s.o. j-m Vollmacht erteilen. III adj [-gət; -geɪt] 5. deleˈgiert, abgeordnet, beauftragt.

**del·e·ga·tion** [ˌdelɪˈgeɪʃn] s 1. Deleˈgierung f, Abordnung f (e-r Person). 2. Bevollmächtigung f, Überˈtragung f: ～ of powers Vollmachtsübertragung. 3. Delegatiˈon f, Abordnung f. 4. parl. Am. Konˈgreßabgeordnete pl (e-s Einzelstaats). 5. econ. a) Kreˈditbrief m, b) ˈSchuldüberˌweisung f, c) ˈVollmachtsüberˌtragung f. **del·e·ga·to·ry** [-gətərɪ; Am. -gəˌtɔːriː; -ˌtɔː-] adj 1. → delegate 5. 2. Vollmachts...

**de·lete** [dɪˈliːt] v/t u. v/i tilgen, (aus)streichen, (ˈaus)radieren: ～ where inapplicable Nichtzutreffendes bitte streichen.

**del·e·te·ri·ous** [ˌdelɪˈtɪərɪəs] adj (adv ～ly) 1. gesundheitsschädlich, giftig. 2. schädlich, verderblich.

**de·le·tion** [dɪˈliːʃn] s (Aus)Streichung f: a) Tilgung f, b) (das) Ausgestrichene.

**delft** [delft], a. **delf** [delf], **delft·ware** s 1. Delfter Fayˈencen pl od. Zeug n. 2. allg. glaˈsiertes Steingut.

**del·i** [ˈdelɪ] s Am. colloq. für delicatessen 2. **De·li·an** [ˈdiːljən; -lɪən] adj delisch, aus Delos: ～ problem math. delisches Problem; the ～ god Apollo m.

**de·lib·er·ate I** *adj* [dɪˈlɪbərət] (*adv* ∼**ly**) **1.** überˈlegt. **2.** bewußt, absichtlich, vorsätzlich: a ∼ lie e-e bewußte *od.* vorsätzliche Lüge; a ∼ misrepresentation e-e bewußt falsche Darstellung. **3.** bedächtig, bedachtsam, vorsichtig, besonnen. **4.** bedächtig, gemächlich: ∼ attack *mil.* Angriff *m* nach Bereitstellung; ∼ fire *mil.* verlangsamte Salvenfolge. **II** *v/t* [-reɪt] **5.** überˈlegen, erwägen (**what to do** was man tun soll). **III** *v/i* **6.** nachdenken, überˈlegen. **7.** beratschlagen, sich beraten (**on**, **upon** über *acc*). **de·lib·er·ate·ness** [-rət-] *s* **1.** Vorsätzlichkeit *f.* **2.** Bedächtigkeit *f:* a) Bedachtsamkeit *f*, Besonnenheit *f*, b) Gemächlichkeit *f.* **de·lib·er·a·tion** [dɪˌlɪbəˈreɪʃn] *s* **1.** Überˈlegung *f:* **on careful** ∼ nach reiflicher Überlegung. **2.** Beratung *f:* **to come under** ∼ zur Beratung kommen, zur Sprache gebracht werden. **3.** Bedächtigkeit *f*, Vorsicht *f*, Bedachtsamkeit *f.* **de·lib·er·a·tive** [-bərətɪv; *Am. bes.* -bəreɪtɪv] *adj* (*adv* ∼**ly**) **1.** beratend: ∼ assembly beratende Versammlung. **2.** überˈlegend. **3.** überˈlegt: ∼ conclusion.

**del·i·ca·cy** [ˈdelɪkəsɪ] *s* **1.** Zartheit *f:* a) Feinheit *f*, b) Zierlichkeit *f*, c) Zerbrechlich-, Schwächlich-, Empfindlich-, Anfälligkeit *f.* **2.** Fein-, Zartgefühl *n*, Takt *m.* **3.** Feinheit *f*, Empfindlichkeit *f* (*e-s Meßgeräts etc*). **4.** (*das*) Heikle, heikler Chaˈrakter: **negotiations of great** ∼ sehr heikle Besprechungen. **5.** wählerisches Wesen. **6.** Delikaˈtesse *f*, Leckerbissen *m.* **7.** Schmackhaftigkeit *f*, Köstlichkeit *f.*

**del·i·cate** [ˈdelɪkət] *adj* (*adv* ∼**ly**) **1.** zart: a) fein: ∼ **hands**; ∼ **colo(u)r**; ∼ **tissue**, b) zierlich, graˈzil: a ∼ **girl**; ∼ **figure**, c) zerbrechlich, empfindlich: **to be of** ∼ **health** von zarter Gesundheit sein; **to be in a** ∼ **condition** in anderen Umständen sein, d) sanft, leise: a ∼ **hint** ein zarter Wink. **2.** kitzlig, deliˈkat, heikel: a ∼ **subject**. **3.** feingesponnen, schlau: a ∼ **plan**. **4.** fein, empfindlich: a ∼ **instrument**. **5.** feinfühlig, zartfühlend, taktvoll. **6.** fein, vornehm: ∼ **manners**. **7.** feinfühlig, empfindsam: a ∼ **soul**. **8.** schmackhaft, lecker, köstlich, wohlschmeckend: a ∼ **dish**. verwöhnt: ∼ **tastes**.

**del·i·ca·tes·sen** [ˌdelɪkəˈtesn] *s pl* **1.** Delikaˈtessen *pl*, Feinkost *f.* **2.** (*als sg konstruiert*) Delikaˈtessen-, Feinkostgeschäft *n.*

**de·li·cious** [dɪˈlɪʃəs] **I** *adj* (*adv* ∼**ly**) köstlich: a) wohlschmeckend, b) herrlich, c) ergötzlich. **II** *s* D∼ Deˈlicious *m* (*e-e Apfelsorte*). **de·li·cious·ness** *s* Köstlichkeit *f.*

**de·lict** [ˈdiːlɪkt; *bes. Am.* dɪˈl-] *s jur.* Deˈlikt *n.*

**de·light** [dɪˈlaɪt] **I** *s* **1.** Vergnügen *n*, Freude *f*, Wonne *f*, Lust *f*, Entzücken *n:* **to my** ∼ zu m-r Freude; **to the** ∼ **of** zum Ergötzen (*gen*); **to take** ∼ **in** s.th. an e-r Sache s-e Freude haben, an etwas Vergnügen finden; **to take a** ∼ **in doing** s.th. sich ein Vergnügen daraus machen, etwas zu tun. **II** *v/t* **2.** ergötzen, erfreuen, entzücken: **to be** ∼**ed** sich freuen, entzückt sein (**with**, **at** über *acc*, von); I **shall be** ∼**ed to come** ich komme mit dem größten Vergnügen; **to be** ∼**ed with** s.o. von j-m entzückt sein. **III** *v/i* **3.** sich (er)freuen, entzückt sein, schwelgen: **to** ∼ **in** (große) Freude haben an (*dat*), Vergnügen finden an (*dat*), sich ein Vergnügen machen aus (*dat*), schwelgen in (*dat*). **4.** Vergnügen bereiten. **de·light·ed** *adj* (*adv* ∼**ly**) entzückt, (hoch)erfreut, begeistert: **to be** ∼ **with the result** vom Ergebnis begeistert sein; **to be** ∼ **to do**

s.th. etwas mit (dem größten) Vergnügen tun. **de·light·ed·ness** *s* Entzücktsein *n.* **de·light·ful** *adj* (*adv* ∼**ly**) entzückend, köstlich, herrlich, wunderbar, reizend. **de·light·ful·ness** *s* Köstlich-, Herrlich-, Ergötzlichkeit *f.* **de·light·some** [-səm] → **delightful**.

**De·li·lah** [dɪˈlaɪlə] *npr Bibl.* Deˈlila *f* (*a. fig.* heimtückische Verführerin).

**de·lime** [ˌdiːˈlaɪm] *v/t chem.* entkalken.

**de·lim·it** [ˌdiːˈlɪmɪt], **de·lim·i·tate** [-teɪt] *v/t* abgrenzen. **de·lim·i·ta·tion** [dɪ-] *s* Abgrenzung *f.* **de·lim·i·ta·tive** [-tətɪv; -teɪ-] *adj* ab-, begrenzend.

**de·lin·e·a·ble** [dɪˈlɪnɪəbl] *adj* **1.** skizˈzierbar. **2.** zeichnerisch darstellbar. **3.** beschreibbar.

**de·lin·e·ate** [dɪˈlɪnɪeɪt] *v/t* **1.** skizˈzieren, entwerfen. **2.** zeichnen, (zeichnerisch *od. weitS.* genau) darstellen. **3.** (genau) beschreiben od. schildern. **de·lin·e·a·tion** *s* **1.** Skizˈzierung *f.* **2.** Zeichnung *f*, (zeichnerische *od. weitS.* genaue) Darstellung. **3.** (genaue) Beschreibung od. Schilderung: ∼ **of character** Charakterzeichnung *f*, -beschreibung *f.* **4.** Skizze *f*, Entwurf *m.* **de·lin·e·a·tor** [-tə(r)] *s* **1.** Skizˈzierer *m.* **2.** Zeichner *m.* **3.** Beschreiber *m.* **4.** *surv.* Vermessungsschreiber *m.* **5.** *pl Am.* ˈLichtreflekˌtoren *pl* (*an Straßenbiegungen etc*).

**de·lin·quen·cy** [dɪˈlɪŋkwənsɪ] *s* **1.** Pflichtvergessenheit *f.* **2.** Gesetzesverletzung *f*, Straftat *f.* **3.** Kriminaliˈtät *f:* → **juvenile** 2. **de·lin·quent I** *adj* (*adv* ∼**ly**) **1.** pflichtvergessen. **2.** straffällig, verbrecherisch: ∼ **minor** jugendliche(r) Straffällige(r). **3.** *Am.* rückständig, nicht (rechtzeitig) bezahlt: ∼ **taxes**. **II** *s* **4.** Pflichtvergessene(r *m*) *f.* **5.** Delinˈquent(in), Straffällige(r *m*) *f:* → **juvenile** 2.

**del·i·quesce** [ˌdelɪˈkwes] *v/i* **1.** weg-, zerschmelzen. **2.** *chem.* zerfließen, zergehen. **del·i·ques·cence** *s* **1.** Weg-, Zerschmelzen *n.* **2.** *chem.* Zerfließen *n.* **3.** ˈSchmelzproˌdukt *n.* **del·i·ques·cent** *adj* **1.** zerschmelzend. **2.** *chem.* zerfließend.

**de·lir·i·a** [dɪˈlɪrɪə] *pl von* delirium.

**de·lir·i·ous** [dɪˈlɪrɪəs] *adj* (*adv* ∼**ly**) **1.** *med.* deliriˈös, an Deˈlirium leidend, irreredend, phantaˈsierend: **to be** ∼ **with fever** Fieberphantasien haben. **2.** *fig.* rasend, wahnsinnig (**with** vor): ∼ **with joy** in e-m Freudentaumel.

**de·lir·i·um** [dɪˈlɪrɪəm] *pl* **-i·ums**, **-i·a** [-ɪə] *s* **1.** *med.* Deˈlirium *n*, (Fieber)Wahn *m*, Verwirrtheit *f.* **2.** *fig.* Raseˈrei *f*, Wahnsinn *m*, Taumel *m.* ∼ **tre·mens** [ˈtriːmenz] *s med.* Deˈlirium *n* tremens, Säuferwahnsinn *m.*

**de·list** [ˌdiːˈlɪst] *v/t* (von e-r Liste) streichen.

**de·liv·er** [dɪˈlɪvə(r)] **I** *v/t* **1.** a. ∼ **up**, ∼ **over** überˈgeben, -ˈliefern, -ˈtragen, -ˈreichen, -ˈantworten, ausliefern, -händigen, abtreten, *jur. a.* herˈausgeben: **to** ∼ **in trust** in Verwahrung geben; **to** ∼ **o.s. up to** s.o. sich j-m stellen *od.* ergeben; **to** ∼ **to posterity** der Nachwelt überliefern. **2.** *bes. econ.* liefern (**to** *dat od. an acc*): **to be** ∼**ed in a month** in e-m Monat lieferbar; **to** ∼ **the goods** → 16. **3.** *e-n Brief etc* befördern, zustellen (*a. jur.*), austragen. **4.** *e-e Nachricht etc* überˈbringen, bestellen, ausrichten: **to** ∼ **a message**. **5.** *jur. das Urteil* verkünden, aussprechen. **6.** *e-e Meinung* äußern, von sich geben, *ein Urteil* abgeben: **to** ∼ **o.s. of** *etwas* äußern; **to** ∼ **o.s. on** sich äußern über (*acc*) *od.* zu. **7.** vortragen, zum Vortrag bringen, *e-e Rede*, *e-n Vortrag* halten (**to** s.o. vor j-m): **to** ∼ **a speech**. **8.** *e-n Schlag etc* austeilen, versetzen: **to**

∼ **a blow**; **to** ∼ **one's blow** losschlagen. **9.** *mil.* abfeuern, *e-e Salve etc* abgeben. **10.** *Baseball*, *Kricket:* den Ball werfen. **11.** befreien (**from**, **out of** aus, von). **12.** erlösen, (er)retten: ∼ **us from evil** erlöse uns von dem Übel. **13.** (*meist im pass gebraucht*) a) *e-e Frau* entbinden, b) *ein Kind* gebären, c) *ein Kind* ˌholen‘ (*Arzt*): **to be** ∼**ed of a boy** von e-m Knaben entbunden werden, e-n Knaben gebären. **14.** *pol. Am.* *die erwarteten od. erwünschten Stimmen* bringen. **II** *v/i* **15.** liefern. **16.** *colloq.* a) Wort halten, b) die Erwartungen erfüllen, c) ˌdie Sache schaukeln‘, ˌes schaffen‘.

**de·liv·er·a·ble** [dɪˈlɪvərəbl] *adj econ.* lieferbar, zu liefern(d). **de·liv·er·ance** *s* **1.** Befreiung *f*, Erlösung *f*, (Er)Rettung *f* (**from** aus, von). **2.** Äußerung *f:* a) Verˈkündung *f*, b) (geäußerte) Meinung. **3.** *jur. Scot.* (Zwischen)Entscheid *m*, Beschluß *m.* **de·liv·er·er** *s* **1.** Befreier *m*, (Er)Retter *m*, Erlöser *m.* **2.** Überˈbringer *m.* **3.** Austräger *m.*

**de·liv·er·y** [dɪˈlɪvərɪ] *s* **1.** *econ.* a) (Aus)Lieferung *f*, Zusendung *f* (**to an** *acc*), b) Lieferung *f* (*das Gelieferte*): **contract for** ∼ Liefervertrag *m*; **on** ∼ bei Lieferung, bei Empfang; **cash** (*Am.* **collect**) **on** ∼ per Nachnahme; **to take** ∼ **of** abnehmen (*acc*). **2.** Überˈbringung *f*, Beförderung *f*, Ablieferung *f.* **3.** *mail* Zustellung *f.* **4.** (*jur.* forˈmelle) Aushändigung, ˈÜbergabe *f.* **5.** *jur.* ˈÜbergabe *f*, Überˈtragung *f:* ∼ **of property**. **6.** *jur.* Auslieferung *f:* ∼ **of a criminal**; ∼ **of hostages** Stellung *f* von Geiseln. **7.** a) Halten *n:* ∼ **of a speech**, b) Vortragsweise *f*, -art *f*, Vortrag *m.* **8.** *Baseball*, *Kricket:* Wurf(technik *f*) *m.* **9.** Befreiung *f*, Freilassung *f* (**from** aus). **10.** (Er)Rettung *f*, Erlösung *f* (**from** aus, von). **11.** Entbindung *f*, Niederkunft *f:* **early** ∼ Frühgeburt *f.* **12.** *tech.* a) Zuleitung *f*, Zuführung *f:* ∼ **of fuel** Brennstoffzufuhr *f*, b) Ausstoß *m*, Förderleistung *f:* ∼ **of a pump**, c) Ab-, Ausfluß *m*, Ableitung *f.* ∼ **charge** *s mail* Zustellgebühr *f.* ∼ **cock** *s tech.* Ablaßhahn *m.*

**de·liv·er·y·man** [-mən] *s irr* **1.** Ausfahrer *m.* **2.** Verkaufsfahrer *m.* ∼ **note** *s econ.* Lieferschein *m.* ∼ **or·der** *s econ.* Lieferauftrag *m.* ∼ **out·put** *s tech.* Förderleistung *f.* ∼ **pipe** *s tech.* Ausfluß-, Druckrohr *n*, Ableitungsröhre *f.* ∼ **room** *s med.* Kreißsaal *m.* ∼ **ser·vice** *s mail* Zustelldienst *m.* ∼ **tick·et** *s econ.* Schlußzettel *m* (*bei Börsengeschäften*). ∼ **valve** *s tech.* ˈAblaßvenˌtil *n.* ∼ **van** *s Br.* Lieferwagen *m.*

**dell** [del] *s* kleines, enges Tal.

**del·ly** [ˈdelɪ] *Am. colloq. für* delicatessen 2.

**de·louse** [ˌdiːˈlaʊs; -z] *v/t* **1.** entlausen. **2.** *fig.* säubern.

**Del·phi·an** [ˈdelfɪən], ˈ**Del·phic** *adj* **1.** delphisch: **the** ∼ **oracle** das Delphische Orakel. **2.** *fig.* delphisch, dunkel, zweideutig.

**del·phin·i·um** [delˈfɪnɪəm] *pl* **-i·ums**, **-i·a** [-ɪə] *s bot.* Rittersporn *m.*

**del·phi·noid** [ˈdelfɪnɔɪd] *zo.* **I** *adj* zu den Delˈphinen gehörig. **II** *s* Delˈphin *m.*

**del·ta** [ˈdeltə] *s* **1.** Delta *n* (*griechischer Buchstabe*). **2.** Delta *n*, Dreieck *n:* ∼ **connection** *electr.* Dreieckschaltung *f*; ∼ **current** *electr.* Dreieckstrom *m*; ∼ **rays** *phys.* Deltastrahlen *f*; ∼ **wing** *aer.* Deltaflügel *m.* **3.** *geogr.* (Fluß)Delta *n.* **del·ta·ic** [-ˈteɪɪk] *adj* **1.** Delta... **2.** deltaförmig.

**del·ti·ol·o·gy** [ˌdeltɪˈɒlədʒɪ; *Am.* -ˈɑl-] *s* Ansichtskartensammeln *f.*

**del·toid** [ˈdeltɔɪd] **I** *s* **1.** *anat.* Deltamuskel *m*, Armheber *m.* **2.** *math.* Deltoˈid

*n.* **II** *adj* **3.** *anat.* delto'id: ~ **muscle** → 1.
**4.** deltaförmig.
**de·lude** [dɪ'luːd; *Br. a.* -'ljuːd] *v/t* **1.** täuschen, irreführen, (be)trügen: to ~ o.s.
sich Illusionen hingeben, sich etwas vormachen; to ~ o.s. with false hopes sich
falschen Hoffnungen hingeben. **2.** verleiten (into zu).
**del·uge** ['deljuːdʒ] **I** *s* **1.** Über'schwemmung *f*: the D~ *Bibl.* die Sintflut.
**2.** starker (Regen-, Wasser)Guß. **3.** *fig.*
Flut *f*, (Un)Menge *f*. **II** *v/t* **4.** über'schwemmen, -'fluten (*a. fig.*): ~d with
letters *fig.* mit Briefen überschüttet; ~d
with water von Wasser überflutet.
**de·lu·sion** [dɪ'luːʒn; *Br. a.* -'ljuːʒn] *s*
**1.** Irreführung *f*, Täuschung *f*. **2.** Wahn
*m*, Selbsttäuschung *f*, Verblendung *f*,
Irrtum *m*, Irrglauben *m*: to be (*od.* to
labo[u]r) under the ~ that in dem Wahn
leben, daß. **3.** *psych.* Wahn *m*: ~s of
grandeur Größenwahn. **de·lu·sion·al** [-ʒnl] *adj* eingebildet, wahnhaft,
Wahn...: ~ idea Wahnidee *f*. **de·lu·sive**
[-sɪv] *adj* (*adv* ~ly) **1.** täuschend, irreführend, trügerisch. **2.** → **delusional**.
**de·lu·sive·ness** *s* (*das*) Trügerische.
**de·lu·so·ry** [-sərɪ; -z-] → **delusive**.
**de luxe** [də'lʊks; -'lʌks; dɪ'l-] *adj* luxuri'ös (*bes. Am. a. adv*), Luxus..., De-Luxe-
...: ~ edition Luxusausgabe *f*.
**delve** [delv] **I** *v/i* **1.** graben. **2.** *fig.* angestrengt suchen, forschen, graben (for
nach): to ~ among books in Büchern
stöbern; to ~ into → 5. **3.** plötzlich
abfallen (*Gelände*). **II** *v/t* **4.** *obs.* (aus-,
'um)graben. **5.** erforschen, ergründen,
sich vertiefen in (*acc*). **III** *s* **6.** *obs.*
a) Grube *f*, b) Höhle *f*.
**de·mag·net·ize** [ˌdiː'mægnɪtaɪz] *v/t*
entmagneti'sieren.
**dem·a·gog** *Am.* → **demagogue**.
**dem·a·gog·ic** [ˌdemə'gɒgɪk; -dʒɪk; *Am.*
-'gɑ-] *adj*; **dem·a'gog·i·cal** *adj* (*adv*
~ly) **1.** dema'gogisch, aufwieglerisch.
**2.** Demagogen... **'dem·a·gog·ism**
[-gɒgɪzəm; *Am.* -ˌgɑg-] *s* Demago'gie *f*.
**dem·a·gogue** ['deməgɒg; *Am.* -ˌgɑg] *s*
*pol.* Dema'goge *m*: a) *contp.* Volksverführer *m*, b) *bes. antiq.* Volksführer *m*.
**'dem·a·gogu·er·y** [-ərɪ], **'dem·a·gog·y** [-gɒgɪ; -gɒdʒɪ; *Am.* -ˌgɑ-] *s*
demagogism.
**de·mand** [dɪ'mɑːnd; *Am.* dɪ'mænd] **I** *v/t*
**1.** fordern, verlangen (of *od.* from s.o.
von j-m). **2.** (gebieterisch *od.* dringend)
fragen nach. **3.** *fig.* erfordern, verlangen:
this task ~s great skill. **4.** *jur.* beanspruchen. **II** *s* **5.** Forderung *f*, Verlangen
*n* (for nach): to make ~s on s.o. Forderungen an j-n stellen; ~ for payment
Zahlungsaufforderung; (up)on (*a*) auf
Verlangen *od.* Antrag, b) *econ.* bei Vorlage, auf Sicht. **6.** (on) Anforderung *f* (an
*acc*), In'anspruchnahme *f*, Beanspruchung *f* (*gen*): to make great ~s on j-s
Zeit etc stark in Anspruch nehmen, große Anforderungen stellen an (*acc*). **7.**
Frage *f*. **8.** *jur.* a) (Rechts)Anspruch *m*
(against s.o. gegen j-n), b) Forderung *f*
(on an *acc*). **9.** *econ. u. allg.* (for) Nachfrage *f* (nach), Bedarf *m* (an *dat*): to be in
great (*od.* much in) ~ sehr gefragt *od.*
begehrt *od.* beliebt sein. **10.** *electr. Am.*
(Strom)Verbrauch *m*. **de'mand·ant** *s*
*jur.* Kläger(in).
**de·mand| bill** *s econ. Am.* Sichtwechsel
*m.* **~ de·pos·it** *s econ. Am.* Sichteinlage
*f*, kurzfristige Einlage. **~ draft** →
demand bill.
**de'mand·er** *s* **1.** Fordernde(r *m*) *f*.
**2.** (Nach)Frager(in). **3.** *econ.* Gläubiger(in). **4.** *econ.* Käufer(in).
**de·mand in·fla·tion** *s econ.* 'Nachfrageinflati,on *f*.

**de'mand·ing** *adj* (*adv* ~ly) **1.** fordernd.
**2.** anspruchsvoll (*a. fig.*): ~ music.
**3.** schwierig: a ~ task; to be ~ hohe
Anforderungen stellen.
**de·mand| loan** *s econ. Am.* täglich
kündbares Darlehen. **~ man·age·ment** *s econ.* Nachfragesteuerung *f*. **~
note** *s econ.* **1.** *Br.* Zahlungsaufforderung *f*. **2.** Sichtwechsel *m*. **~ pull** *s econ.*
'Nachfrageinflati,on *f*.
**de·mar·cate** ['diːmɑː(r)keɪt] *v/t a. fig.*
abgrenzen (**from** gegen, von). **de·mar'ca·tion** *s* Abgrenzung *f*, Grenzfestlegung *f*, Demarkati'on *f*: line of~, ~
line a) Grenzlinie *f*, b) *pol.* Demarkationslinie *f*, c) *fig.* Trennungslinie *f*,
-strich *m*.
**dé·marche** ['deɪmɑː(r)ʃ] *s* De'marche *f*,
diplo'matischer Schritt.
**de·mar·ka·tion** → **demarcation**.
**de·ma·te·ri·al·ize** [ˌdiː'mə'tɪərɪəlaɪz]
*v/t u. v/i* **1.** (sich) entmateriali'sieren.
**2.** (sich) auflösen.
**de·mean[1]** [dɪ'miːn] *v/t* (*meist* o.s. sich)
erniedrigen *od.* her'abwürdigen (**by**
doing s.th. dadurch, daß man etwas
tut).
**de·mean[2]** [dɪ'miːn] *v/t*: ~ o.s. sich benehmen, sich verhalten.
**de·mean·or**, *bes. Br.* **de·mean·our**
[dɪ'miːnə(r)] *s* Benehmen *n*, Verhalten *n*,
Betragen *n*, Auftreten *n*.
**de·ment** [dɪ'ment] *v/t* wahnsinnig machen. **de'ment·ed** *adj* (*adv* ~ly) wahnsinnig, verrückt.
**dé·men·ti** [deɪ'mɑ̃ːntɪ] *s pol.* De'menti *n*.
**de·men·ti·a** [dɪ'menʃɪə; *bes. Am.* -ʃə] *s
med.* **1.** Schwachsinn *m*: precocious ~
Jugendirresein *n*; senile ~ Altersblödsinn *m*. **2.** Wahn-, Irrsinn *m*. **~ prae·cox**
['priːkɒks; *Am.* -, kɑks] *s med.* De'mentia *f*
praecox, Jugendirresein *n*.
**dem·e·rar·a** [ˌdemə'reərə] *s ein brauner
Rohrzucker*.
**de·mer·it** [diː'merɪt] *s* **1.** Schuld *f*, Verschulden *n*, tadelnswertes Verhalten.
**2.** Mangel *m*, Fehler *m*, Nachteil *m*,
schlechte Seite. **3.** Unwürdigkeit *f*, Unwert *m*. **4.** *a.* ~ mark *ped. Am.* Tadel *m*
(*bes. für schlechtes Betragen*). **5.** *obs.* Verdienst *n*. **de·mer·i·to·ri·ous** [diːˌmerɪ'tɔːrɪəs] *adj* tadelnswert.
**de·mer·sal** [dɪ'mɜːsl; *Am.* -'mɜr-] *adj zo.*
auf dem Meeresboden liegend *od.* wohnend.
**de·mesne** [dɪ'meɪn; -'miːn] *s* **1.** *jur.* freier
Grundbesitz, Eigenbesitz *m*: to hold
land in~ Land als freies Grundeigentum
besitzen. **2.** *jur.* Landsitz *m*, -gut *n*. **3.** *jur.*
vom Besitzer selbst verwaltete Lände'reien *pl*. **4.** *jur.* Do'mäne *f*: ~ of the
Crown, Royal ~ Krongut *n*; ~ of the
state Staatsdomäne. **5.** *fig.* Do'mäne *f*,
Gebiet *n*.
**demi-** [demɪ] *Wortelement mit der Bedeutung* Halb...
**'dem·i·god** *s* Halbgott *m* (*a. fig.*).
**'dem·i·god·dess** *s* Halbgöttin *f*.
**'dem·i·john** *s* große Korbflasche *f*
('Glas-, 'Säure)Bal,lon *m*.
**de·mil·i·ta·rize** [ˌdiː'mɪlɪtəraɪz] *v/t*
**1.** entmilitari'sieren. **2.** in Zi'vilverwaltung 'überführen.
**'dem·i·lune** *s* **1.** *physiol.* Halbmond *m*.
**2.** *mil.* Lü'nette *f* (*Festungsschanze*).
**dem·i·mon·daine** [ˌdemɪmɔ̃ːn'deɪn] *s*
Halbweltdame *f*. **dem·i·monde** [ˌdemɪ'mɔ̃ːnd; *Am.* -,mɑːnd] *s* Demi'monde *f*,
Halbwelt *f*.
**de·min·er·al·ize** [ˌdiː'mɪnərəlaɪz] *v/t*
demineral'isieren, entsalzen.
**de·mi·'pen·sion** [-'pɑ̃ːŋsɪɔ̃ːŋ] *s* 'Halbpensi,on *f*.
**dem·i·re'lief** *s* 'Halbreli,ef *n*.

**dem·i·rep** ['demɪrep] *s* Frau *f* von zweifelhaftem Ruf.
**de·mise** [dɪ'maɪz] **I** *s* **1.** Ableben *n*, 'Hinscheiden *n*, Tod *m*. **2.** *jur.* 'Grundstücksüber,tragung *f*, *bes.* Verpachtung *f*. **3.**
('Herrschafts)Über,tragung *f*: ~ of the
Crown Übertragung der Krone (*an den
Nachfolger*). **II** *v/t* **4.** *jur.* Grundstück
über'tragen, *bes.* verpachten (**to** *dat*).
**5.** Herrschaft, Krone etc über'tragen,
-'geben (**to** *dat*). **6.** (*testamentarisch*) vermachen (**to** *dat*).
**dem·i·sem·i·qua·ver** ['demɪsemɪˌkweɪvə(r); *Am.* ˌ-'semɪkw-] *s mus.* Zweiund'dreißigstel(note *f*) *n*.
**de·mis·sion** [dɪ'mɪʃn] *s* **1.** Niederlegung
*f*: ~ of an office. **2.** Demissi'on *f*, Rücktritt *m*. **3.** Abdankung *f*.
**de·mist** [ˌdiː'mɪst] *v/t* Windschutzscheibe
freimachen. **de'mist·er** *s mot.* Gebläse *n*.
**dem·i·tasse** ['demɪtæs] *s* **1.** Täßchen *n*
Mokka. **2.** Mokkatasse *f*.
**dem·i·urge** ['diːmɪɜːdʒ; *Am.* 'demɪˌɜrdʒ]
*s* **1.** *philos.* Demi'urg *m*, Weltbaumeister
*m*. **2.** *fig.* Weltenschöpfer *m*.
**dem·i·volt(e)** [-ˌvəʊlt] *s Pferdesport:* halbe Volte.
**'dem·i·world** *s* Halbwelt *f*.
**de·mo** ['deməʊ] *pl* **-os** *colloq.* **1.** ,Demo'
*f*(*Demonstration*). **2.** a) Vorführband *n*, b)
Vorführwagen *m*.
**de·mob** [ˌdiː'mɒb; *Am.* -'mɑb] *bes. Br.
colloq.* **I** *s* **1.** → **demobilization**.
**2.** entlassener Sol'dat. **II** *v/t* →
demobilize.
**de·mo·bi·li·za·tion** ['diːˌməʊbɪlaɪ'zeɪʃn; *Am.* -lə'z-] *s* **1.** Demobili'sierung *f*,
Abrüstung *f*. **2.** Demo'bilmachung *f*.
**3.** Entlassung *f* aus dem Mili'tärdienst.
**de·mo·bi·lize** [ˌdiː'məʊbɪlaɪz] *v/t* **1.** demobili'sieren,
abrüsten. **2.** *Soldaten* entlassen, *Heer*
auflösen. **3.** *Kriegsschiff* außer Dienst
stellen.
**de·moc·ra·cy** [dɪ'mɒkrəsɪ; *Am.* -'mɑ-] *s*
**1.** Demokra'tie *f*. **2.** das Volk (*als Träger
der Souveränität*). **3.** D~ *pol. Am.* die
Demo'kratische Par'tei (*od.* deren
Grundsätze u. Poli'tik).
**dem·o·crat** ['deməkræt] *s* **1.** Demo'krat(in). **2.** D~ *pol. Am.* Demo'krat(in),
Mitglied *n* der Demo'kratischen Par'tei.
**3.** *Am.* leichter, offener Wagen. **dem·o'crat·ic** *adj* (*adv* ~ally) **1.** demo'kratisch. **2.** *meist* D~ *pol. Am.* demo'kratisch
(*die Demokratische Partei betreffend*).
**de·moc·ra·ti·za·tion** [dɪˌmɒkrətaɪ'zeɪʃn; *Am.* dɪ,mɑkrətə'z-] *s* Demokrati'sierung *f*. **de'moc·ra·tize** [-taɪz] **I** *v/t*
demokrati'sieren. **II** *v/i* demo'kratisch
werden.
**dé·mo·dé** [deɪməʊ'deɪ], **de·mod·ed**
[ˌdiː'məʊdɪd] *adj* altmodisch, 'unmo,dern, aus der Mode.
**de·mod·u·late** [ˌdiː'mɒdjʊleɪt; *Am.*
-'mɑdʒə-] *v/t electr.* demodu'lieren. **de·mod·u'la·tion** *s electr.* Demodulati'on
*f*, HF-Gleichrichtung *f*. **de'mod·u·la·tor** [-tə(r)] *s electr.* Demodu'lator *m*.
**de·mog·ra·pher** [diː'mɒgrəfə(r); *Am.*
dɪ'mɑ-] *s* Demo'graph *m*. **de·mo·graph·ic** [ˌdiːmə'græfɪk; ˌdemə-] *adj*
(*adv* ~ally) demo'graphisch. **de'mog·ra·phy** *s* Demogra'phie *f*: a) *Beschreibung der wirtschafts- u. sozialpolitischen
Bevölkerungsbewegungen*, b) Bevölkerungswissenschaft *f*.
**de·mol·ish** [dɪ'mɒlɪʃ] *v/t* **1.** demo'lieren, ab-, ein-, niederreißen,
abbrechen, *bes. mil.* sprengen. **2.** *e-e Festung* schleifen. **3.** *fig.* a) vernichten, zerstören, ka'puttmachen: to ~ s.o.'s hopes
(s.o.'s hopes, etc), b) j-n rui'nieren.
**4.** *colloq.* aufessen, ,verdrücken'. **5.** *sport
colloq.* ,ausein'andernehmen' (*vernich-*

*tend schlagen).* **dem·o·li·tion** [ˌdeməˈlɪʃn; ˌdiː-] **I** *s* **1.** Demo'lierung *f*, Niederreißen *n*, Abbruch *m*: ~ **contractor** Abbruchunternehmer *m*. **2.** Schleifen *n* (*e-r Festung*). **3.** *fig.* Vernichtung *f*, Zerstörung *f*. **4.** *pl bes. mil.* Sprengstoffe *pl*. **II** *adj* **5.** *bes. mil.* Spreng...: ~ **bomb** Sprengbombe *f*; ~ **charge** Sprengladung *f*, geballte Ladung; ~ **squad** (*od.* **team**) Sprengtrupp *m*.

**de·mon** [ˈdiːmən] **I** *s* **1.** → **daemon** 1–4. **2.** Dämon *m*: a) *a. fig.* böser Geist, Teufel *m*: → **envy** 1, b) *fig.* Unhold *m*, Bösewicht *m*. **3.** Teufelskerl *m*: ~ **for work** ein Arbeitsfanatiker; a ~ **at tennis** ein leidenschaftlicher Tennisspieler. **II** *adj* **4.** dä'monisch (*a. fig.*). **5.** *fig.* wild, besessen.

**de·mon·ess** [ˈdiːmənɪs] *s* Dä'monin *f*, (weiblicher) Dämon, Teufelin *f*.

**de·mon·e·ti·za·tion** [ˌdiːmʌnɪtaɪˈzeɪʃn; *Am.* -ˈtəˈz-] *s* Außer'kurssetzung *f*, Entwertung *f*. **de·mon·e·tize** *v/t* außer Kurs setzen, entwerten.

**de·mo·ni·ac** [dɪˈməʊnɪæk] **I** *adj* (*adv* ~ally) **1.** dä'monisch, teuflisch. **2.** (vom Teufel) besessen. **3.** *fig.* besessen, wild, rasend. **II** *s* **4.** (vom Teufel) Besessene(r *m*) *f*. **de·mo·ni·a·cal** [ˌdiːməʊˈnaɪəkl] *adj* (*adv* ~ly) → **demoniac** I.

**de·mon·ic** [dɪˈmɒnɪk; *Am.* dɪˈmɑ-] *adj* dä'monisch: a) teuflisch, b) überirdisch, überna'türlich. **de·mon·ism** [ˈdiːmənɪzəm] *s* **1.** Dämonenglaube *m*. **2.** → **demonology**. **de·mon·ize** *v/t* **1.** dä'moni'sieren, dä'monisch machen. **2.** zu e-m Dämon machen.

**de·mon·ol·a·ter** [ˌdiːməˈnɒlətə(r); *Am.* -ˈnɑ-] *s* Dä'monen-, Teufelsanbeter(in). **de·mon·ol·a·try** [-trɪ] *s* Dä'monen-, Teufelsverehrung *f*, Teufelsdienst *m*. **de·mon·ol·o·gist** [-ˈnɒlədʒɪst; *Am.* -ˈnɑ-] *s* Dämono'loge *m*. **de·mon·ol·o·gy** [-dʒɪ] *s* Dämonolo'gie *f*, Dä'monenlehre *f*.

**de·mon·stra·bil·i·ty** [ˌdemənstrəˈbɪlətɪ; *Br. a.* dɪˌmɒn-; *Am. a.* dɪˌmɑn-] *s* Demon'strierbar-, Beweisbar-, Nachweisbarkeit *f*. **de·mon·stra·ble** *adj* (*adv* **demonstrably**) **1.** demon'strierbar, beweisbar, nachweisbar. **2.** offensichtlich. **de·mon·stra·ble·ness** → **demonstrability**. **de·mon·strant** *s* Demon'strant(in).

**dem·on·strate** [ˈdemənstreɪt] **I** *v/t* **1.** demon'strieren: a) beweisen, b) dartun, -legen, zeigen, anschaulich machen, veranschaulichen. **2.** *Auto etc* vorführen. **3.** offen zeigen, an den Tag legen, bekunden: **to** ~ **one's aversion**. **II** *v/i* **4.** demon'strieren: a) e-e Demonstrati'on veranstalten, b) an e-r Demonstration teilnehmen. **5.** *mil.* e-e Demonstrati'on 'durchführen. **dem·on·stra·tion** *s* **1.** Demon'strierung *f*, (anschauliche) Darstellung, Veranschaulichung *f*, praktisches Beispiel: ~ **material** Anschauungsmaterial *n*. **2.** a) Demonstrati'on *f*, (unzweifelhafter) Beweis (**of** für): to ~ überzeugend, b) Beweismittel *n*, c) Beweisführung *f*. **3.** (öffentliche) Vorführung, Demonstrati'on *f* (**to** vor *j-m*): ~ **car** Vorführwagen *m*. **4.** Äußerung *f*, Bekundung *f*: ~ **of gratitude** Danksbezeigung *f*. **5.** Demonstrati'on *f*, Kundgebung *f*: **at a** ~ bei e-r Demonstration, auf e-r Kundgebung. **6.** (po'litische *od.* mili-'tärische) Demonstrati'on. **7.** *mil.* 'Ablenkungs-, 'Scheinma,növer *n*.

**de·mon·stra·tive** [dɪˈmɒnstrətɪv; *Am.* -ˈmɑn-] **I** *adj* (*adv* ~ly) **1.** (eindeutig) beweisend, über'zeugend, anschaulich *od.* deutlich (zeigend): **to be** ~ **of** *etwas* eindeutig beweisen *od.* anschaulich zeigen. **2. to be** ~ s-e Gefühle (offen) zeigen.

**3.** demonstra'tiv, auffällig, betont: ~ **cordiality**. **4.** *ling.* demonstra'tiv, 'hinweisend: ~ **pronoun** → **5. II** *s* **5.** *ling.* Demonstra'tivpro,nomen *n*, 'hinweisendes Fürwort. **de'mon·stra·tive·ness** *s* **1.** Beweiskraft *f*. **2.** 'Überschwenglichkeit *f*. **3.** Betontheit *f*, Auffälligkeit *f*.

**dem·on·stra·tor** [ˈdemənstreɪtə(r)] *s* **1.** Beweisführer *m*, Darleger *m*, Erklärer *m*. **2.** Beweis(mittel *n*) *m*. **3.** Demon'strant(in). **4.** *ped. univ.* Demon'strator *m*, Assi'stent *m*. **5.** a) Vorführer(in), Propagan'dist(in), b) 'Vorführmo,dell *n*. **de·mon·stra·to·ry** [dɪˈmɒnstrətərɪ; *Am.* -ˌtɔːrɪ:; *a.* -ˌtəʊrɪ:; -ˌtɔː-] → **demonstrative** I.

**de·mor·al·i·za·tion** [dɪˌmɒrəlaɪˈzeɪʃn; *Am.* -lɪˈz-; *a.* -ˌmɑr-] *s* Demorali'sierung *f*: → **affluence** 3. **de·mor·al·ize** *v/t* demorali'sieren: a) (sittlich) verderben, b) zersetzen, c) zermürben, entmutigen, erschüttern, die ('Kampf)Mo,ral *od.* die Diszi'plin *e-r Truppe etc* unter'graben. **de'mor·al·iz·ing** *adj* demorali'sierend.

**de·mote** [ˌdiːˈməʊt] *v/t* **1.** degra'dieren (**to** zu). **2.** *ped. Am.* (in e-e niedrigere Klasse) zu'rückversetzen.

**de·moth·ball** [ˌdiːˈmɒθbɔːl] *v/t Kriegsschiff etc* wieder in Dienst stellen.

**de·mot·ic** [dɪˈmɒtɪk; *Am.* dɪˈmɑ-] *adj* de'motisch, volkstümlich: ~ **characters** demotische Schriftzeichen (*vereinfachte altägyptische Schrift*).

**de·mo·tion** [ˌdiːˈməʊʃn] *s* **1.** *mil.* Degra'dierung *f*. **2.** *ped. Am.* Zu'rückversetzung *f*.

**de·mo·ti·vate** [ˌdiːˈməʊtɪveɪt] *v/t* demoti'vieren.

**de·mount** [ˌdiːˈmaʊnt] *v/t tech.* **1.** 'abmon,tieren, abnehmen. **2.** ausein'andernehmen, zerlegen. **de'mount·a·ble** *adj* **1.** 'abmon,tierbar. **2.** zerlegbar.

**de·mur** [dɪˈmɜː; *Am.* dɪˈmɜr] **I** *v/i* **1.** Einwendungen machen, Bedenken äußern (**to** gegen). **2.** zögern, zaudern. **3.** *jur.* e-n Rechtseinwand erheben (**to** gegen). **II** *s* **4.** Einwand *m*, 'Widerspruch *m*, Bedenken *n*: **with no** (*od.* **without**) ~ anstandslos. **5.** Zögern *n*, Zaudern *n*, Unentschlossenheit *f*.

**de·mure** [dɪˈmjʊə(r)] *adj* (*adv* ~ly) **1.** zimperlich, geziert, spröde. **2.** prüde, sittsam. **3.** gesetzt, ernst, zu'rückhaltend. **de'mure·ness** *s* **1.** Zimperlichkeit *f*. **2.** Gesetztheit *f*. **3.** Zu'rückhaltung *f*.

**de·mur·rage** [dɪˈmʌrɪdʒ; *Am.* -ˈmɜr-] *s econ.* **1.** a) *mar.* 'Überliegezeit *f*, b) *rail.* zu langes Stehen (*bei Entladung*): **to be on** ~ die Liegezeit überschritten haben. **2.** a) *mar.* ('Über)Liegegeld *n*, b) *rail.* Wagenstandgeld *n*. **3.** *colloq.* Lagergeld *n*. **4.** *Bankwesen:* *Br.* Spesen *pl* für Goldeinlösung.

**de·mur·rer** [dɪˈmʌrə; *Am.* dɪˈmɜrər] *s* **1.** *jur.* Einrede *f*, Einwendung *f*, Rechtseinwand *m* (**to** gegen): ~ **to action** prozeßhindernde Einrede. **2.** Einwand *m*. **3.** [*Br.* dɪˈmɜːrə] Einsprucherhebende(r *m*) *f*.

**de·my** [dɪˈmaɪ] *s* **1.** *univ.* Stipendi'at *m* (*im Magdalen College, Oxford*). **2.** *ein Papierformat* (*16 × 21 Zoll in USA; in England* $15^1/_2 × 20$ *Zoll für Schreibpapier,* $17^1/_2 × 22^1/_2$ *Zoll für Druckpapier*).

**den** [den] *s* **1.** Höhle *f*, Bau *m* (*e-s wilden Tieres*): → **lion** 1. **2.** Höhle *f*, Versteck *n*, Nest *n*: ~ **of robbers** Räuberhöhle; ~ **of thieves** *Bibl.* Mördergrube *f*; ~ **of vice** (*od.* **iniquity**) Lasterhöhle. **3.** *fig. contp.* Höhle *f*, ,Loch' *n* (*unwirtliche Behausung*). **4.** a) (gemütliches) Zimmer, ,Bude' *f*, b) Arbeitszimmer *n*. **II** *v/i* **5.** ~ **up** *zo. Am.* sich in s-e Höhle zu'rückziehen (*bes. zum Winterschlaf*).

**den·a·ry** [ˈdiːnərɪ; *Am. a.* ˈden-] *adj* **1.** zehnfach, Zehn... **2.** Dezimal...

**de·na·tion·al·i·za·tion** [ˈdiːˌnæʃnəlaɪˈzeɪʃn; *Am.* -ləˈz-] *s* **1.** Entnationali'sierung *f*. **2.** *econ.* Entstaatlichung *f*, Reprivati'sierung *f*. **de·na·tion·al·ize** *v/t* **1.** entnationali'sieren, (*dat*) den natio'nalen Cha'rakter nehmen. **2.** der Herrschaft e-r (einzelnen) Nati'on entziehen. **3.** *j-m* die Staatsangehörigkeit aberkennen. **4.** *econ.* entstaatlichen, reprivati'sieren.

**de·nat·u·ral·i·za·tion** [ˈdiːˌnætʃrəlaɪˈzeɪʃn; *Am.* -ləˈz-] *s* **1.** Na'turentfremdung *f*. **2.** Ausbürgerung *f*. **de·nat·u·ral·ize** *v/t* **1.** 'unna,türlich machen. **2.** s-r wahren Na'tur entfremden. **3.** denaturali'sieren, ausbürgern.

**de·na·tur·ant** [diːˈneɪtʃərənt] *s* Denatu'rierungs-, Vergällungsmittel *n*. **de'na·ture** *v/t chem.* denatu'rieren: a) *Alkohol etc* vergällen, ungenießbar machen, b) *Eiweiß chemisch nicht definierbar verändern*.

**de·na·zi·fi·ca·tion** [diːˌnɑːtsɪfɪˈkeɪʃn; -ˌnæt-] *s pol. hist.* Entnazifi'zierung *f*: ~ **tribunal** Spruchkammer *f*. **de'na·zi·fy** [-faɪ] *v/t* entnazifi'zieren.

**den·dra** [ˈdendrə] *pl von* **dendron**.

**den·dri·form** [ˈdendrɪfɔː(r)m] *adj* baumförmig, verzweigt.

**den·drite** [ˈdendraɪt] *s* **1.** *min.* Den'drit *m*. **2.** → **dendron**. **den'drit·ic** [-ˈdrɪtɪk] *adj*; **den'drit·i·cal** *adj* (*adv* ~ly) **1.** *anat. min.* den'dritisch. **2.** (baumähnlich) verästelt.

**den·dro·chro·nol·o·gy** [ˌdendrəʊkrəˈnɒlədʒɪ; *Am.* -ˈnɑ-] *s* 'Dendrochronolo,gie *f*, 'Jahresringchrono,logie *f*.

**den·dro·lite** [ˈdendrəʊlaɪt] *s* Dendro-'lith *m*, Pflanzenversteinerung *f*.

**den·drol·o·gy** [denˈdrɒlədʒɪ; *Am.* -ˈdrɑ-] *s* Dendrolo'gie *f*, Baum-, Gehölzkunde *f*.

**den·dron** [ˈdendrən] *pl* **-drons, -dra** [-drə] *s anat.* Den'drit *m*, Dendron *n* (*Protoplasmafortsatz der Nervenzellen*).

**dene**[1] [diːn] *s Br. dial.* (Sand)Düne *f*.

**dene**[2] [diːn] *s Br.* (kleines) Tal.

**den·e·ga·tion** [ˌdenɪˈɡeɪʃn] *s* **1.** (Ab-)Leugnung *f*. **2.** Ablehnung *f*.

**dene-hole** [ˈdiːnhəʊl] *s* prähistorische Bodenhöhle (*bes. in Essex u. Kent*).

**den·gue** [ˈdeŋɡɪ; *Am. a.* -ɡeɪ] *s med.* Denguefieber *n*.

**de·ni·a·ble** [dɪˈnaɪəbl] *adj* abzuleugnen(d), verneinbar.

**de·ni·al** [dɪˈnaɪəl] *s* **1.** Ablehnung *f*, Absage *f*, Verweigerung *f*: **to get a** ~, **to meet with a** ~ e-e abschlägige Antwort erhalten; **to take no** ~ sich nicht abweisen lassen. **2.** Verneinung *f*, (Ab-)Leugnung *f*: **official** ~ Dementi *n*. **3.** (Ver)Leugnung *f*: ~ **of God** Gottesleugnung. **4.** Selbstverleugnung *f*.

**de·nic·o·tin·ize** [diːˈnɪkətɪnaɪz], *a.* **de·nic·o·tine** [diːˈnɪkətɪn] *v/t* entnikotini'sieren: ~d nikotinarm, -frei.

**de·ni·er**[1] [dɪˈnaɪə(r)] *s* **1.** Verweigerer *m*, Verweigerin *f*. **2.** Leugner(in).

**de·nier**[2] *s* **1.** [ˈdenɪə(r); -jə(r)] Deni'er *m* (*0,05 g; Gewichtseinheit zur Bestimmung des Titers von Seidengarn etc*). **2.** [dɪˈnɪə(r)] *hist.* Deni'er *m* (*alte französische Münze*).

**den·i·grate** [ˈdenɪɡreɪt] *v/t* **1.** schwärzen. **2.** *fig.* anschwärzen, verunglimpfen. **den·i'gra·tion** *s* Verunglimpfung *f*, Anschwärzung *f*.

**den·im** [ˈdenɪm] *s* **1.** *Textilwesen:* Köper *m*. **2.** *pl* Overall *m od.* Jeans *pl* aus Köper.

**de·ni·trate** [diːˈnaɪtreɪt] *v/t chem.* denit'rieren. **de'ni·tri·fy** [-trɪfaɪ] *v/t chem.* denitrifi'zieren.

**den·i·zen** [ˈdenɪzn] **I** *s* **1.** Bürger(in),

Bewohner(in), Einwohner(in) (*a. fig.*). **2.** (teilweise) eingebürgerter Ausländer. **3.** Stammgast *m.* **4.** (*etwas*) Eingebürgertes, *bes.* eingebürgertes Wort *od.* Tier. **II** *v/t* **5.** (teilweise) einbürgern *od.* naturali'sieren.

**de·nom·i·nate I** *v/t* [dɪˈnɒmɪneɪt; *Am.* -ˈnɑmə-] **1.** benennen, bezeichnen. **2.** nennen, bezeichnen als: **to ~ s.th. a crime. II** *adj* [-nɪt; -neɪt] **3.** *bes. math.* benannt: **~ quantity.**

**de·nom·i·na·tion** [dɪˌnɒmɪˈneɪʃn; *Am.* -ˌnɑmə-] *s* **1.** Benennung *f.* **2.** Bezeichnung *f,* Name *m.* **3.** Gruppe *f,* Klasse *f,* Kateg'orie *f.* **4.** *relig.* a) Sekte *f,* b) Konfessi'on *f,* Bekenntnis *n.* **5.** (Maß-, Gewichts-, Wert)Einheit *f.* **6.** *econ.* Nennwert *m* (*von Banknoten etc*): **shares** (*bes. Am.* **stocks**) **in small ~s** Aktien in kleiner Stückelung. **de·nom·i·na·tion·al** *adj* (*adv* ~**ly**) *relig.* konfessio'nell, Konfessions..., Bekenntnis...: **~ school. de·nom·i·na·tion·al·ism** *s* **1.** Sek'tierertum *n.* **2.** Prin'zip *n* des konfessio'nellen 'Unterrichts. **de·nom·i·na·tion·al·ize** *v/t* konfessionali'sieren.

**de·nom·i·na·tive** [dɪˈnɒmɪnətɪv; *Am.* -ˈnɑmə-] *adj* **1.** benennend, Nenn... **2.** a) benannt, b) benennbar. **3.** *ling.* von e-m Substantiv abgeleitet.

**de·nom·i·na·tor** [dɪˈnɒmɪneɪtə(r); *Am.* -ˈnɑmə-] *s* **1.** *math.* Nenner *m* (*e-s Bruchs*): **common ~** gemeinsamer Nenner (*a. fig.*); **to reduce to a common ~** auf e-n gemeinsamen Nenner bringen. **2.** Namengeber(in).

**de·no·ta·tion** [ˌdiːnəʊˈteɪʃn] *s* **1.** Bezeichnung *f,* Bedeutung *f:* **~ of a word.** **3.** *Logik:* Be'griffs,umfang *m.* **de·no·ta·tive** [dɪˈnəʊtətɪv; *Am. a.* ˈdiːnəʊˌteɪ-] *adj* (*adv* ~**ly**) an-, bedeutend, bezeichnend: **to be ~ of s.th.** etwas bedeuten *od.* bezeichnen.

**de·note** [dɪˈnəʊt] *v/t* **1.** an-, bedeuten, anzeigen: **to ~ that** bedeuten *od.* anzeigen, daß. **2.** anzeigen, angeben. **3.** kennzeichnen, bezeichnen.

**de·noue·ment,** *Br. a.* **dé·noue·ment** [deɪˈnuːmɑːŋ] *s* **1.** Lösung *f* (*des Knotens*) (*im Drama etc*). **2.** *fig.* Ausgang *m,* Resul'tat *n.*

**de·nounce** [dɪˈnaʊns] *v/t* **1.** (öffentlich) anprangern *od.* verurteilen, brandmarken. **2.** *j-n* anzeigen, *contp. j-n* denun'zieren (**to** bei). **3.** *e-n* Vertrag kündigen. **4.** *obs.* verkünden, (drohend) ankündigen. **de·nounce·ment** *s* **1.** (öffentliche) Anprangerung *od.* Verurteilung, Brandmarkung *f.* **2.** Anzeige *f, contp.* Denunziati'on *f.* **3.** Kündigung *f.*

**dense** [dens] *adj* (*adv* ~**ly**) **1.** *allg., a. phys.* dicht: **~ crowd; ~ fabric; ~ fog; ~ forest; ~ population; ~ print** enger Druck. **2.** *fig.* beschränkt, schwerfällig, begriffsstutzig, schwer von Begriff. **3.** *phot.* dicht, gutbelichtet (*Negativ*): **too ~ überbelichtet. 'dense·ness** *s* **1.** Dichtheit *f,* Dichte *f.* **2.** *fig.* Beschränktheit *f,* Begriffsstutzigkeit *f.* **'den·si·fy** [-səfaɪ] *v/t u. v/i* (sich) verdichten.

**den·sim·e·ter** [denˈsɪmɪtə(r)] *s chem. phys.* Densi'meter *n,* Dichtemesser *m.* **den·si·tom·e·ter** [-sɪˈtɒmɪtə(r); *Am.* -ˈtɑmə-] *s* **1.** → densimeter. **2.** *phot.* Densito'meter *n,* Schwärzungsmesser *m.*

**den·si·ty** [ˈdensətɪ] *s* **1.** Dichte *f,* Dichtheit *f:* **~ of population** Bevölkerungsdichte; **~ of traffic** Verkehrsdichte. **2.** *fig.* → denseness 2. **3.** *chem. electr. phys.* Dichte *f:* **~ of field** Feld(linien)dichte. **4.** *phot.* Dichte *f,* Schwärzung *f.*

**dent¹** [dent] **I** *s* Beule *f,* Delle *f,* Einbeulung *f:* **to make a ~ in** *fig.* a) ein Loch reißen in (*Ersparnisse etc*), b) *j-s Ruf etc*

---

schaden, c) *j-s Stolz etc* verletzen. **II** *v/t u. v/i* (sich) einbeulen.

**dent²** [dent] *s* **1.** Kerbe *f,* Einschnitt *m.* **2.** *tech.* Zahn *m.*

**den·tal** [ˈdentl] **I** *adj* **1.** *med.* den'tal, Zahn...: **~ caries** Zahnkaries *f;* **~ clinic** Zahnklinik *f;* **~ floss** Zahnseide *f;* **~ formula** Zahnformel *f;* **~ hygiene** Zahnpflege *f;* **~ laboratory** Zahnlabor *n;* **~ plaque** Zahnbelag *m;* **~ plate** Zahnprothese *f,* Platte *f;* **~ surgeon** Zahnarzt *m, bes.* Zahnchirurg *m;* **~ surgery** Zahnchirurgie *f;* **~ technician** a) Zahntechniker *m,* b) Dentist *m;* **~ treatment** Zahnbehandlung *f.* **2.** *med.* zahnärztlich: **~ assistant** Zahnarzthelferin *f.* **3.** *ling.* a) Dental..., b) Alveolar..., alveo-'lar: **~ consonant** → 4. **II** *s* **4.** *ling.* a) Den'tal(laut) *m,* b) Alveo'lar(laut) *m.*

**den·ta·ry** [ˈdentərɪ] *zo.* **I** *adj* Zahn(bein)... **II** *s a.* **~ bone** Zahnbein *n.* **'den·tate** [-teɪt] *adj bot. zo.* gezähnt. **den·ta·tion** *s* **1.** *zo.* Bezahnung *f.* **2.** *bot.* Zähnung *f.* **3.** zahnartiger Fortsatz.

**den·ti·cle** [ˈdentɪkl] *s* Zähnchen *n.* **den·tic·u·late** [-ˈtɪkjʊlət; -leɪt], *a.* **den·tic·u·lat·ed** [-leɪtɪd] *adj bot. zo.* gezähnelt. **2.** gezackt. **den·tic·u·la·tion** *s* **1.** *bot.* Zähnelung *f.* **2.** Auszackung *f.* **3.** *arch.* Zahnschnitt *m.*

**den·ti·form** [ˈdentɪfɔː(r)m] *adj* zahnförmig. **'den·ti·frice** [-frɪs] *s* Zahnputzmittel *n.*

**den·til** [ˈdentɪl] *s arch.* Zahn *m* (*einzelner Vorsprung beim Zahnschnitt*).

**den·ti·lin·gual** [ˌdentɪˈlɪŋgwəl] *ling.* **I** *adj* dentilingu'al. **II** *s* Dentilingu'al (-laut) *m.*

**den·tin** [ˈdentɪn] → dentine. **den·ti·nal** [ˈdentɪnl; *Am.* denˈtiːnl] *adj anat.* Zahnbein... **'den·tine** [-tiːn] *s anat.* Den'tin *n,* Zahnbein *n.*

**den·tist** [ˈdentɪst] *s* Zahnarzt *m,* -ärztin *f.* **'den·tist·ry** [-trɪ] *s* 'Zahnheilkunde *f,* -medi,zin *f.*

**den·ti·tion** [denˈtɪʃn] *s* **1.** *anat. zo.* 'Zahnsy,stem *n,* Gebiß *n.* **2.** *med.* Zahnen *n* (*der Kinder*).

**den·toid** [ˈdentɔɪd] *adj* zahnartig.

**den·ture** [ˈdentʃə(r)] *s* **1.** *anat.* Gebiß *n.* **2.** a) (künstliches) Gebiß, ('Voll)Prothese *f,* b) 'Teilpro,these *f.*

**de·nu·cle·ar·ize** [ˌdiːˈnjuːklɪəraɪz; *Am. a.* -ˈnuː-] *v/t* a'tomwaffenfrei machen, e-e a'tomwaffenfreie Zone schaffen in (*dat*).

**de·nu·da·tion** [ˌdiːnjuːˈdeɪʃn; *Am. a.* -nuːˈd-; *a.* ˌdenjʊˈd-] *s* **1.** Entblößung *f.* **2.** *geol.* Abtragung *f.*

**de·nude** [dɪˈnjuːd; *Am. a.* dɪˈnuːd] *v/t* **1.** (**of**) entblößen (von *od. gen*), *fig. a.* berauben (*gen*). **2.** *geol.* (durch Abtragung) freilegen.

**de·nun·ci·ate** [dɪˈnʌnsɪeɪt] → denounce. **de·nun·ci·a·tion** → denouncement. **de·nun·ci·a·tive** [-sɪətɪv; -sɪeɪtɪv] → denunciatory. **de·nun·ci·a·tor** [-eɪtə(r)] *s* Denunzi'ant(in). **de·nun·ci·a·to·ry** [-sɪətərɪ; *Am.* -ˌtəʊrɪ; -ˌtɔː-] *adj* **1.** denun'zierend. **2.** (öffentlich) anprangernd *od.* verurteilend, brandmarkend.

**de·ny** [dɪˈnaɪ] *v/t* **1.** ab-, bestreiten, in Abrede stellen, demen'tieren, (ab)leugnen: **to ~ a charge** e-e Beschuldigung zurückweisen; **I ~ saying** (*od.* **that I said**) **so** ich bestreite, daß ich das gesagt habe; **it cannot be denied, there is no ~ing** (**the fact**) es läßt sich nicht bestreiten, es ist nicht zu leugnen (**that** daß). **2.** *etwas* verneinen, ne'gieren. **3.** (*als falsch od. irrig*) ablehnen, verwerfen: **to ~ a doctrine.** **4.** *e-e Bitte etc* ablehnen, *j-m etwas* abschlagen, verweigern, versagen: **to ~ o.s. any pleasure** sich jedes Vergnügen versagen; **to ~ a plea** *jur.* e-n

---

Antrag abweisen. **5.** *j-n* zu'rück-, abweisen, *j-m* e-e Bitte abschlagen *od.* versagen: **she was hard to ~** es war schwer, sie zurückzuweisen; **to ~ o.s.** Selbstverleugnung üben. **6.** *e-r Neigung etc* wider-'stehen, entsagen. **7.** nichts zu tun haben wollen mit. **8.** *s-n Glauben, s-e Unterschrift etc* verleugnen, nicht anerkennen: **to ~ one's faith. 9.** *Besucher etc* abweisen, nicht zu- *od.* vorlassen. **10.** *j-n* verleugnen, *j-s* Anwesenheit leugnen. **II** *v/i* **11.** leugnen. **12.** verneinen.

**de·o·dand** [ˈdiːəʊdænd] *s jur. hist. Br.* Deo'dand *n* (*Sache, die den Tod e-s Menschen verursacht hatte u. der Krone anheimfiel*).

**de·o·dor·ant** [diːˈəʊdərənt] **I** *s* de(s)o·do'rierendes *od.* de(s)odori'sierendes Mittel, Deso'dorans *n,* Deodo'rant *n.* **II** *adj* de(s)odo'rierend, de(s)odori'sierend, geruchtilgend. **de·o·dor·i·za·tion** [-raɪˈzeɪʃn; *Am.* -rəˈz-] *s* De(s)odo'rierung *f,* De(s)odori'sierung *f.* **de·o·dor·ize** *v/t u. v/i* de(s)odo'rieren, de(s)odori'sieren. **de·o·dor·iz·er** → deodorant I.

**de·on·tol·o·gy** [ˌdiːɒnˈtɒlədʒɪ; *Am.* -ˌɑnˈtɑ-] *s* Deontolo'gie *f* (*Ethik als Pflichtenlehre*).

**de·ox·i·date** [diːˈɒksɪdeɪt; *Am.* -ˈɑk-] → deoxidize. **de·ox·i·da·tion** → deoxidization. **de·ox·i·di·za·tion** [-daɪˈzeɪʃn; *Am.* -dəˈz-] *s chem.* Desoxydati'on *f.* **de·ox·i·dize** *v/t chem.* desoxy'dieren. **de·ox·y·gen·ate** [diːˈɒksɪdʒɪneɪt; *Am.* -ˈɑk-s-] *v/t chem.* (*dat*) den Sauerstoff entziehen. **de·ox·y·gen·a·tion, de·ox·y·gen·i·za·tion** *s* Sauerstoffentzug *m.* **de·ox·y·ri·bo·nu·cle·ic ac·id** [diːˈɒksɪˌraɪbəʊnjuːˈkliːɪk, *Am.* -ˈɑk-s-; *a.* -nʊ'k-] *s Biochemie:* Desoxyribonukle'insäure *f.*

**de·part** [dɪˈpɑː(r)t] **I** *v/i* **1.** weg-, fortgehen, *bes.* abreisen, abfahren (**for** nach). **2.** *rail.* etc abgehen, abfahren, *aer.* abfliegen. **3.** (**from**) abweichen (von *e-r Regel, der Wahrheit etc*), (*s-n Plan etc*) ändern: **to ~ from a rule; to ~ from one's word** sein Wort brechen. **4.** 'hinscheiden, verscheiden: **to ~ from life** aus dem Leben scheiden. **5.** *jur.* vom Gegenstand der Klage abweichen. **II** *v/t* **6.** verlassen (*obs. außer in*): **to ~ this life** sterben. **de·part·ed** *adj* **1.** tot, verstorben: **the ~** a) der *od.* die Verstorbene, b) die Verstorbenen *pl.* **2.** vergangen.

**de·part·ment** *s* **1.** Fach *n,* Gebiet *n,* Res'sort *n,* Geschäftsbereich *m:* **that's your ~** *bes. Br. colloq.* das ist dein Ressort. **2.** *econ.* Branche *f,* Geschäftszweig *m.* **3.** Ab'teilung *f:* **~ of German** *univ.* germanistische Abteilung, germanistischer Fachbereich; **export ~** *econ.* Exportabteilung; **furniture ~** Möbelabteilung (*im Warenhaus*). **4.** Departe'ment *n,* (Verwaltungs)Bezirk *m* (*in Frankreich*). **5.** Dienst-, Geschäftsstelle *f.* **6.** Amt *n:* **health ~** Gesundheitsamt. **7.** *pol.* Mini-'sterium *n:* **D~ of Defense** *Am.,* *bes.* **~ of National Defense** *Canad.* Verteidigungsministerium; **D~ of the Environment** *Br.* Umweltschutzministerium; **D~ of the Interior** *Am.* Innenministerium; **D~ of State** *Am.* Außenministerium. **8.** *mil.* Bereich *m,* Zone *f.*

**de·part·men·tal** [ˌdiːpɑː(r)tˈmentl] *adj* (*adv* ~**ly**) **1.** Abteilungs... **2.** Fach..., Branchen... **3.** Bezirks... **4.** *pol.* ministeri'ell, Ministerial... **de·part·men·tal·ize** *v/t* in (unzählige) Ab'teilungen gliedern.

**de·part·ment store** *s* Kauf-, Warenhaus *n.*

**de·par·ture** [dɪˈpɑː(r)tʃə(r)] *s* **1.** a) Weggang *m, bes. mil.* Abzug *m,* b) Abreise *f:* **to take one's ~** sich verabschieden,

weg-, fortgehen, c) Ausscheiden *n* (from aus *Regierung etc*). **2.** *rail. etc* Abfahrt *f*, *aer.* Abflug *m* (for nach): **(time of)** ~ Abfahrts-, Abflugzeit *f*. **3.** *fig.* Anfang *m*, Beginn *m*, Start *m*: **a new ~** a) ein neuer Anfang, b) ein neuer Weg, ein neues Verfahren; **point of ~** Ausgangspunkt *m* (for für). **4.** Abweichen *n*, Abweichung *f* (from von): **a ~ from official procedure;** **a ~ from one's principles. 5.** *mar.* a) 'Längen|unterschied *m* (*bei der gegißten Besteckrechnung*), b) Abfahrtspunkt *m* (*Beginn der Besteckrechnung*). **6.** *jur.* Abweichung *f* (*vom Gegenstand der Klage*), Klageänderung *f*. **7.** Tod *m*, 'Hinscheiden *n*. **~ gate** *s aer.* Flugsteig *m*. **~ lounge** *s aer.* Abflughalle *f*.

**de·pas·ture** [diːˈpɑːstʃə(r); *Am.* -ˈpæs-] **I** *v/t* **1.** abweiden. **2.** *Vieh* weiden. **II** *v/i* **3.** weiden (*Vieh*).

**de·pend** [dɪˈpend] *v/i* **1.** sich verlassen (**on, upon** auf *acc*): **you may ~ on it (on him)** Sie können sich darauf (auf ihn) verlassen. **2. (on, upon)** abhängen, abhängig sein (von): a) angewiesen sein (auf *acc*): **children ~ on their parents;** **he ~s on my help,** b) ankommen auf (*acc*): **it ~s on you; it ~s on his permission** es hängt von s-r Erlaubnis ab; **it ~s on the circumstances** es kommt auf die Umstände an, es hängt von den Umständen ab; **that ~s** das kommt darauf an, je nachdem; **~ing on the quantity used** je nach (der verwendeten) Menge; **~ing on whether** je nachdem, ob. **3.** 'untergeordnet sein (**on, upon** *dat*). **4.** *bes. jur.* schweben, in der Schwebe od. noch unentschieden *od.* anhängig sein. **5.** her'abhängen (**from** von).

**de|pend·a·bil·i·ty** *s* Verläßlichkeit *f*, Zuverlässigkeit *f*. **de'pend·a·ble** *adj* (*adv* **dependably**) verläßlich, zuverlässig. **de'pend·a·ble·ness** → dependability.

**de·pen·dance, de·pen·dan·cy** *Am.* → dependence, dependency. **de'pen·dant I** *s* Abhängige(r *m*) *f*, *bes.* (Fa'milien)Angehörige(r *m*) *f*. **II** *adj Am.* → dependent I.

**de·pen·dence** [dɪˈpendəns] *s* **1. (on, upon)** Abhängigkeit *f* (von), Angewiesensein *n* (auf *acc*): **to bring under the ~ of** abhängig machen von. **2.** 'Untergeordnetsein *n*. **3.** Vertrauen *n* (**on, upon** auf *od.* in *acc*): **to put** (*od.* **place**) ~ **on s.o.** sich auf j-n verlassen, Vertrauen in j-n setzen. **4.** *fig.* Stütze *f*: **he was her sole ~. 5.** *bes. jur.* Schweben *n*, Anhängigsein *n*: **in ~** in der Schwebe. **de'pen·den·cy** *s* **1.** → dependence 1, 2. **2.** (*etwas*) 'Untergeordnetes. **3.** *pol.* abhängiges Gebiet, Schutzgebiet *n*, Kolo'nie *f*. **4.** *arch.* Nebengebäude *n*, Depen'dance *f*. **de'pen·dent I** *adj* **1. (on, upon)** abhängig, abhängend (von): a) angewiesen (auf *acc*): ~ **on s.o.'s support,** b) bedingt (durch): ~ **on weather conditions** wetter-, witterungsbedingt. **2.** vertrauend, sich verlassend (**on, upon** auf *acc*). **3. (on)** 'untergeordnet (*dat*), abhängig (von): ~ **clause** *ling.* Nebensatz *m*. **4.** her'abhängend (**from** von). **II** *s bes. Am.* → dependant I.

**de·peo·ple** [diːˈpiːpl] *v/t* entvölkern.

**de·per·son·al·i·za·tion** [diːˌpɜːsnəlaɪˈzeɪʃn; *Am.* -ˌpɜrsnələ'z-] *s psych.* Entper'sönlichung *f*. **de'per·son·al·ize** *v/t* **1.** *psych.* entper'sönlichen. **2.** 'unpersönlich machen.

**de·phlo·gis·ti·cate** [diːˈflɒdʒɪstɪkeɪt; *Am.* -ˈflɑʊdʒ-] *v/t chem.* dephlogi'stieren, oxy'dieren.

**de·pict** [dɪˈpɪkt] *v/t* **1.** (ab)malen, zeichnen, (bildlich) darstellen. **2.** schildern,

---

beschreiben, veranschaulichen, anschaulich darstellen. **de'pic·tion** *s* **1.** Malen *n*, Zeichnen *n*. **2.** bildliche Darstellung, Zeichnung *f*, Bild *n*. **3.** Schilderung *f*, Beschreibung *f*, anschauliche Darstellung. **de'pic·tive** *adj* schildernd, veranschaulichend.

**dep·i·late** [ˈdepɪleɪt] *v/t* enthaaren, depi'lieren. **dep·i'la·tion** *s* Depilati'on *f*, Enthaarung *f*. **de·pil·a·to·ry** [dɪˈpɪlətərɪ; *Am.* -ˌtɔːriː; -ˌtəʊ-] **I** *adj* enthaarend. **II** *s* Enthaarungsmittel *n*.

**de·plane** [diːˈpleɪn] *bes. Am.* **I** *v/t* aus dem Flugzeug ausladen. **II** *v/i* aus dem Flugzeug (aus)steigen, von Bord gehen.

**de·plen·ish** [dɪˈplenɪʃ] *v/t* entleeren.

**de·plete** [dɪˈpliːt] *v/t* **1.** leeren, leer machen (of von). **2.** *med.* e-m Organ *etc* Flüssigkeit entziehen. **3.** *fig.* Raubbau treiben mit, *Kräfte, Vorräte etc* erschöpfen, *Bestand etc* dezi'mieren: **to ~ a lake of fish** e-n See abfischen. **de'ple·tion** [-ʃn] *s* **1.** Entleerung *f*. **2.** *fig.* Raubbau *m*, Erschöpfung *f*: ~ **of capital** *econ.* Kapitalentblößung *f*. **3.** *med.* a) Flüssigkeitsentzug *m*, b) Flüssigkeitsarmut *f*, c) Erschöpfungszustand *m*. **de'ple·tive** [-ˈpliːtɪv] *adj* **1.** (ent)leerend. **2.** erschöpfend. **3.** *med.* flüssigkeitentziehend. **II** *s* **4.** *med.* flüssigkeitentziehendes Mittel. **de'ple·to·ry** → depletive I.

**de·plor·a·ble** [dɪˈplɔːrəbl] *adj* **1.** bedauerlich, bedauerns-, beklagenswert. **2.** erbärmlich, jämmerlich, kläglich. **de'plor·a·bly** *adv* **1.** bedauerlich (*etc*, → deplorable). **2.** bedauerlicherweise.

**de·plore** [dɪˈplɔː(r)] *v/t* **1.** beklagen: a) bedauern, b) betrauern, beweinen. **2.** miß'billigen.

**de·ploy** [dɪˈplɔɪ] **I** *v/t* **1.** *mil.* (taktisch) Ge'fechtsformati|on annehmen lassen: a) entwickeln, b) entfalten. **2.** *mil. u. allg.* verteilen, einsetzen. **3.** *mil. Truppen* statio'nieren, *Raketen etc a.* aufstellen. **4.** *fig.* a) *Argumente* vorbringen, geltend machen, b) *Geschick etc* anwenden. **II** *v/i* **5.** *mil.* sich entwickeln, sich entfalten, ausschwärmen, (in) Ge'fechtsformati|on annehmen. **6.** *mar.* in die Gefechtslinie 'übergehen. **7.** sich ausbreiten. **III** *s* **8.** → deployment. **de'ploy·ment** *s* **1.** *mil.* Aufmarsch *m*, Entfaltung *f*, Entwicklung *f*: ~ **in depth** Tiefengliederung *f*; ~ **in width** Seitenstaffelung *f*. **2.** *mil. u. allg.* Verteilung *f*, Einsatz *m*. **3.** *mil.* Statio'nierung *f*, Aufstellung *f*.

**de·plume** [diːˈpluːm] *v/t* rupfen.

**de·pod** [diːˈpɒd; *Am.* -ˈpɑd] *v/t Erbsen etc* enthülsen.

**de·poi·son** [diːˈpɔɪzn] *v/t* Luft *etc* entgiften.

**de·po·lar·i·za·tion** [diːˌpəʊləraɪˈzeɪʃn; *Am.* -rə'z-] *s electr. phys.* Depolari'sierung *f*. **de'po·lar·ize** *v/t* depolari'sieren.

**de·po·lit·i·cize** [diːpəˈlɪtɪsaɪz] *v/t* entpoliti'sieren.

**de·pol·lute** [diːpəˈluːt] *v/t Gewässer* reinigen.

**de·pol·y·mer·ize** [diːˈpɒlɪməraɪz; *Am.* -ˈpɑl-] *v/t u. v/i chem.* depolymeri'sieren.

**de·pone** [dɪˈpəʊn] *v/t* → depose 3 u. 4.

**de·po·nent** [dɪˈpəʊnənt] **I** *adj* **1.** *ling.* mit passiver Form u. aktiver Bedeutung: ~ **verb** → 2. **II** *s* **2.** *ling.* De'ponens *n*. **3.** *jur.* a) unter Eid aussagender Zeuge, b) (*in Urkunden*) der od. die Erschienene.

**de·pop·u·late** [diːˈpɒpjʊleɪt; *Am.* -ˈpɑpjə-] *v/t u. v/i* (sich) entvölkern. **de·pop·u'la·tion** *s* Entvölkerung *f*.

**de·port** [dɪˈpɔː(r)t] *v/t* **1.** (zwangsweise) fortschaffen. **2.** depor'tieren. **3.** des Landes verweisen, ausweisen, *Ausländer a.* abschieben, *hist.* verbannen. **4.** ~ **o.s.** sich gut *etc* benehmen *od.* betragen. **de-**

---

**por·ta·tion** [ˌdiː-] *s* **1.** Deportati'on *f*. **2.** Ausweisung *f*, Landesverweisung *f*, Abschiebung *f*, *hist.* Verbannung *f*. **de·por·tee** [-ˈtiː] *s* Depor'tierte(r *m*) *f*. **de'port·ment** *s* **1.** Benehmen *n*, Betragen *n*, (*a. phys. tech.*) Verhalten *n*. **2.** (Körper-)Haltung *f*.

**de·pos·a·ble** [dɪˈpəʊzəbl] *adj* absetzbar. **de'pos·al** → deposition 1.

**de·pose** [dɪˈpəʊz] **I** *v/t* **1.** j-n absetzen: **to ~ s.o. from office** j-n s-s Amtes entheben. **2.** entthronen. **3.** *jur.* unter Eid aussagen *od.* zu Proto'koll geben, eidlich bezeugen *od.* erklären. **II** *v/i* **4.** *jur.* (*bes.* in Form e-r schriftlichen, beeideten Erklärung) aussagen, e-e beeidete Erklärung abgeben: **to ~ to s.th.** → 3.

**de·pos·it** [dɪˈpɒzɪt; *Am.* -ˈpɑ-] **I** *v/t* **1.** ab-, niedersetzen, -stellen, -legen, *weitS.* etwas *od.* j-n (sicher) 'unterbringen. **2.** *chem. geol.* ablagern, absetzen, sedimen'tieren. **3.** *Eier* (ab)legen. **4.** depo'nieren: a) *Sache* hinter'legen, b) *Geld* hinter'legen, einzahlen. **5.** *econ.* e-n Betrag anzahlen. **II** *v/i* **6.** *chem.* sich absetzen *od.* ablagern *od.* niederschlagen. **7.** e-e Einzahlung machen. **III** *s* **8.** *bes. geol.* Ablagerung *f*, *bes. Bergbau:* Lager (-stätte *f*) *n*: ~ **of ore** Erzlager. **9.** *chem. tech.* Ablagerung *f*, (Boden)Satz *m*, Niederschlag *m*, Sedi'ment *n*. **10.** *electr.* (gal'vanischer) (Me'tall)Überzug. **11.** *econ.* Depo'nierung *f*, Hinter'legung *f*. **12.** De'pot *n* (*hinterlegter Wertgegenstand*): **(up)on** (*od.* **in**) ~ in Depot, deponiert; **to place on** ~ → 4. **13.** *Bankwesen:* a) Einzahlung *f*, b) (Geld)Einlage *f* (*meist pl*): ~**s** Depositen(gelder, -einlagen); ~ **account** *Br.* Termineinlagenkonto *n*; ~ **receipt** (*od.* **slip**) Einzahlungsbeleg *m*. **14.** *jur.* Pfand *n*, Hinter'legung *f*, Sicherheit *f*. **15.** *econ.* Anzahlung *f*: **to make a** ~ e-e Anzahlung leisten (**on** für). **16.** → depository 1.

**de·pos·i·tar·y** [dɪˈpɒzɪtərɪ; *Am.* dɪˈpɑzəˌteriː] *s econ.* **1.** Deposi'tar(in), Verwahrer(in): ~ **bank** Depotbank *f*; ~ **state** *pol.* Verwahrerstaat *m*. **2.** → depository 1.

**de·pos·it | bank** *s econ.* Depo'sitenbank *f*. **~ bank·ing** *s econ.* Depo'sitengeschäft *n*. **~ bill** *s econ.* De'potwechsel *m*. **~ cop·y** *s* Be'legexem|plar *n* (*für öffentliche Bibliotheken*). **~ cur·ren·cy** *s econ. Am.* Buch-, Gi'ralgeld *n*.

**dep·o·si·tion** [ˌdepəˈzɪʃn; ˌdiː-] *s* **1.** Absetzung *f*: a) Amtsenthebung *f*, b) Entthronung *f*: ~ **of a monarch,** c) *relig.* Depositi'on *f*: ~ **of a clergyman.** **2.** *chem. geol. tech.* a) Ablagerungs-, Sedi'mentbildung *f*, b) → deposit 8 u. 9. **3.** *jur.* (zu Proto'koll gegebene) eidliche Aussage. **5.** *paint.* Kreuzabnahme *f*.

**de·pos·i·tor** [dɪˈpɒzɪtə; *Am.* dɪˈpɑzətər] *s* **1.** *econ.* a) Hinter'leger(in), Depo'nent(in), Depo'siteninhaber(in), b) Einzahler(in), (Spar)Einleger(in), c) Kontoinhaber(in), Bankkunde *m*. **2.** *tech.* Galvani'seur *m*. **de'pos·i·to·ry** [-tərɪ; *Am.* -ˌtəʊriː; -ˌtɔː-] *s* **1.** Verwahrungsort *m*, Hinter'legungsstelle *f*. **2.** → depot 1. **3.** → depositary 1.

**de·pot** [ˈdepəʊ] *s* **1.** De'pot *n* (*bes. Br. a. für Busse, Züge*), Lagerhaus *n*, Niederlage *f*, Maga'zin *n*. **2.** [ˈdiːpəʊ] *Am.* Bahnhof *m*. **3.** *mil.* De'pot *n*: a) Gerätepark *m*, b) Sammelplatz *m*, c) Ersatztruppenteil *m*. **4.** *med.* De'pot *n*: ~ **effect** Depotwirkung *f*.

**dep·ra·va·tion** [ˌdeprəˈveɪʃn] *s* **1.** → depravity. **2.** Verderben *n*.

**de·prave** [dɪˈpreɪv] *v/t* **1.** (*moralisch*) verderben. **2.** *obs.* diffa'mieren. **de'praved** *adj* verderbt, verdorben, verworfen, entartet, (*sittlich*) schlecht, la-

sterhaft. **de'prav·ed·ly** [-ɪdlɪ] *adv*.
**de'prav·i·ty** [-¦prævətɪ] *s* **1.** Verderbtheit *f*, Verdorbenheit *f*, Verworfenheit *f*, Entartung *f*, Lasterhaftigkeit *f*. **2.** *relig.* (*das*) Böse im Menschen, Erbsünde *f*. **3.** schlimme Tat, Schlechtigkeit *f*.

**dep·re·cate** ['deprɪkeɪt] *v/t* **1.** miß¦billigen, verurteilen, tadeln. **2.** → **depreciate** 2. **3.** *obs. etwas durch Gebete abzuwenden suchen.* **'dep·re·cat·ing** (*adv ~ly*) **1.** miß¦billigend. **2.** entschuldigend. **,dep·re·ca·tion** *s* 'Mißbilligung *f*. **'dep·re·ca·tive** [-kətɪv, -keɪ-] → **deprecating**. **'dep·re·ca·tor** [-keɪtə(r)] *s* Gegner(in). **'dep·re·cato·ry** [-kətərɪ; -keɪ-; *Am.* -kə¸təʊrɪ:; -¸tɔː-] → **deprecating**.

**de·pre·ci·a·ble** [dɪ'priː¦əbl; -¦ɪəbl] *adj econ.* abschreibbar.
**de·pre·ci·ate** [dɪ'priː¦ɪeɪt] **I** *v/t* **1.** geringschätzen, unter¦schätzen, verachten. **2.** her¦absetzen, -würdigen, her¦untermachen. **3.** *econ.* a) (*im Wert od. Preis*) her¦absetzen, abschreiben: **to ~ a machine by 10 per cent** 10% des Maschinenwerts abschreiben. **4.** *econ. Währung* abwerten. **II** *v/i* **5.** an Achtung *od.* Wert verlieren. **6.** *econ.* a) (*im Wert od. Preis*) sinken, b) abgeschrieben werden. **7.** schlechter werden, sich verschlechtern. **de'pre·ci·at·ing** *adj* (*adv ~ly*) geringschätzig, verächtlich.
**de·pre·ci·a·tion** [dɪ¸priː¦ɪ'eɪʃn] *s* **1.** Unter¦schätzung *f*, Geringschätzung *f*, Verachtung *f*. **2.** Her¦absetzung *f*, -würdigung *f*. **3.** Verschlechterung *f*. **4.** *econ.* a) Wertminderung *f*, -verlust *m*, b) Abschreibung *f*, c) Abwertung *f* (*der Währung*): **~ charge** Abschreibungssatz *m*, -betrag *m*; **~ fund** Abschreibungsfonds *m*.
**de·pre·ci·a·to·ry** [dɪ'priː¦ɪ¦ətərɪ; *Am.* -¸ə¸təʊrɪ:; -¸tɔː-], a. **de'pre·ci·a·tive** [-¦ɪətɪv; -¦ɪeɪtɪv] *adj* geringschätzig, verächtlich.

**dep·re·date** ['deprɪdeɪt] *v/t* **1.** plündern. **2.** verwüsten. **,dep·re'da·tion** *s* **1.** Plünderung *f*. **2.** Verwüstung *f*. **3.** *fig.* Raubzug *m*. **'dep·re·da·tor** [-tə(r)] *s* Plünderer *m*. **dep·re·da·to·ry** [dɪ'predətərɪ; *Am.* -¸təʊrɪ:; -¸tɔː-] *adj* **1.** plündernd. **2.** verwüstend.

**de·press** [dɪ'pres] *v/t* **1.** a) *j-n* depri¦mieren, niederdrücken, bedrücken, b) *die Stimmung* drücken. **2.** *e-e Tätigkeit, bes. den Handel* niederdrücken, abflauen lassen. **3.** *die Leistung etc* her¦absetzen, schwächen. **4.** *den Preis, Wert* (her¦ab-) drücken, senken: **to ~ the market** econ. die Kurse drücken. **5.** *Pedal, Taste etc* (nieder)drücken: **to ~ a key**. **6.** senken: **to ~ a gun**. **7.** *math. Gleichung* redu¦zieren. **de'pres·sant** *med. pharm.* **I** *s* **1.** hemmend, dämpfend (*Medikament etc*). **2.** beruhigend. **II** *s* **3.** Beruhigungsmittel *n*.
**de·pressed** [dɪ'prest] *adj* **1.** depri¦miert, niedergeschlagen, -gedrückt, bedrückt (*Person*). **2.** gedrückt (*Stimmung; a. econ. Börse*). **3.** eingedrückt, vertieft. **4.** flau, matt, schwach: **~ industry** notleidende *od.* darniederliegende *od.* von e-r Krise betroffene Industrie. **5.** gedrückt (*Preis*), verringert, vermindert (*Wert*). **6.** unter¦drückt: **~ proletariat**. **7.** *bot. zo.* abgeflacht, abgeplattet. **~ ar·e·a** *s* Notstandsgebiet *n*.
**de·press·i·ble** [dɪ'presəbl] *adj* niederzudrücken(d). **de'press·ing** *adj* (*adv ~ly*) **1.** depri¦mierend, niederdrückend, bedrückend. **2.** kläglich.
**de·pres·sion** [dɪ'preʃn] *s* **1.** Depressi¦on *f*, Niedergeschlagenheit *f*, Ge-, Bedrücktheit *f*. **2.** *psych.* (*echte od. endo¦gene*) Melancho¦lie. **3.** (Ein)Senkung *f*, Vertiefung *f*: **~ of the ground** Bodensenke *f*;

precordial **~** *anat.* Herzgrube *f*. **4.** *geol.* Depressi¦on *f*, Landsenke *f*. **5.** *econ.* a) Depressi¦on *f*, Flaute *f*, Tiefstand *m*, Wirtschaftskrise *f*, b) *Börse:* Baisse *f*, c) Fallen *n* (*der Preise*): **~ of the market** Preisdruck *m*, Baissestimmung *f*. **6.** (Nieder)Drücken *n*. **7.** Her¦absetzung *f*, Schwächung *f*. **8.** *med.* Entkräftung *f*, Schwäche *f*. **9.** *astr.* Depressi¦on *f*, negative Höhe. **10.** *surv.* Depressi¦on *f*. **11.** *meteor.* Tief(druckgebiet) *n*. **12.** *math.* Redukti¦on *f*.
**de·pres·sive** [dɪ'presɪv] *adj* **1.** deprimierend. **2.** *psych.* depres¦siv.
**de·pres·sor** [dɪ'presə(r)] *s* **1.** *anat.* a) Senker *m*, Niederzieher *m* (*Muskel*), b) *a.* **~ nerve** Nervus *m* de'pressor, Verlangsamer *m*. **2.** *med.* a) blutdrucksenkendes Mittel, b) *Instrument zum Niederdrücken, bes.* Zungenspatel *m*. **3.** *chem.* In¦hibitor *m*.

**dep·ri·va·tion** [¸deprɪ'veɪʃn; *a.* ¸diː-
praɪ'v-], *a.* **de·priv·al** [dɪ'praɪvl] *s* **1.** Beraubung *f*, Entziehung *f*, Entzug *m*: **~ of freedom** Freiheitsentzug *m*. **2.** (empfindlicher) Verlust. **3.** a) Mangel *m*, Entbehrung *f*, b) *psych.* Deprivati¦on *f* (*fehlende Zuneigung der Mutter, Liebesentzug etc*). **4.** Absetzung *f*, *relig.* Deprivati¦on *f*.
**de·prive** [dɪ'praɪv] *v/t* **1.** (of s.th.) *j-n od. etwas* (*e-r Sache*) berauben, *j-m* (*etwas*) entziehen *od.* nehmen: **to ~ s.o. of a right**; **to be ~d of s.th.** etwas entbehren (müssen). **2.** (of s.th.) *j-n* (*etwas*) ententhalten. **3.** ausschließen, fernhalten (of s.th. von etwas). **4.** absetzen. **de'prived** *adj* **1.** benachteiligt, 'unterprivile¸giert. **2.** *psych.* unter Deprivati¦on leidend.

**depth** [depθ] *s* **1.** Tiefe *f*: **eight feet in~** 8 Fuß tief; **it is beyond** (*od.* out of) **his ~** das geht über s-n Horizont; **to get out of one's ~** a. *fig.* den Boden unter den Füßen verlieren; **to be out of one's ~** a) nicht mehr stehen können, b) *fig.* ratlos *od.* unsicher sein, ,schwimmen'; **to swim out of one's ~** so weit hinausschwimmen, bis man nicht mehr stehen kann. **2.** Tiefe *f* (*als dritte Dimension*): **~ of column** *mil.* Marschtiefe. **3.** *phys.* a) *a.* **~ of field**, **~ of focus** Schärfentiefe *f*, b) *bes. phot.* Tiefenschärfe *f*. **4.** *oft pl* Tiefe *f*, Mitte *f*, (*das*) Innerste (*a. fig.*): **in the ~s of the slums** mitten in den Slums; **in the ~ of night** in tiefer Nacht, mitten in der Nacht; **in the ~ of winter** im tiefsten Winter. **5.** *oft pl* Tiefe *f*, Abgrund *m* (*a. fig.*): **from the ~s of misery** aus tiefstem Elend. **6.** *fig.* a) Tiefe *f*: **~ of meaning**, b) tiefer Sinn, tiefe Bedeutung, c) Tiefe *f*, Intensi¦tät *f*: **~ of grief**; **in ~** bis in alle Einzelheiten, eingehend, d) Tiefe *f*, Ausmaß *n*: **~ of knowledge**; **~ of guilt**, e) (Gedanken)Tiefe *f*, Tiefgründigkeit *f*, f) Scharfsinn *m*, g) Dunkelheit *f*, Unklarheit *f*, Unergründlichkeit *f*. **7.** Tiefe *f*: **~ of a sound**. **8.** Stärke *f*, Tiefe *f*: **~ of colo(u)rs**. **9.** *Bergbau:* Teufe *f*. **10.** *psych.* 'Unterbewußtsein *n*: **~ analysis** tiefenpsychologische Analyse; **~ interview** Tiefeninterview *n*; **~ psychology** Tiefenpsychologie *f*. **~ bomb**, **~ charge** *s mil.* Wasserbombe *f*. **~ ga(u)ge** *s tech.* Tiefenmesser *m*, -lehre *f*.
**'depth·less** *adj fig.* unermeßlich tief, unendlich.
**dep·u·rate** ['depjʊreɪt] *v/t bes. chem.* reinigen. **'dep·u·ra·tive** [-rətɪv; *bes. Am.* -reɪ-] *med.* **I** *adj* reinigend. **II** *s* Reinigungsmittel *n*.
**de·purge** [¸diː'pɜːdʒ; *Am.* -'pɜrdʒ] *v/t* (po¦litisch) rehabili¦tieren.
**dep·u·ta·tion** [¸depjʊ'teɪʃn] *s* Abordnung *f*: a) Absendung *f*, b) *collect.* Deputati¦on *f*, Depu¦tierte *pl*.
**de·pute** [dɪ'pjuːt] *v/t* **1.** depu¦tieren, dele-

gieren, abordnen, bevollmächtigen. **2.** *e-e Aufgabe etc* über¦tragen (**to** *dat*).
**dep·u·tize** ['depjʊtaɪz] **I** *v/t* abordnen, (als Vertreter) ernennen. **II** *v/i* als Abgeordneter *od.* Vertreter fun¦gieren: **to ~ for s.o.** *j-n* vertreten.
**dep·u·ty** ['depjʊtɪ] **I** *s* **1.** (Stell)Vertreter(in), Beauftragte(r *m*) *f*, Bevollmächtigte(r *m*) *f*: **by ~** durch Stellvertreter. **2.** *parl.* Abgeordnete(r *m*) *f*. **3.** *Bergbau: Br.* Steiger *m*. **4.** *a.* **~ sheriff** *Am.* Hilfssheriff *m*. **II** *adj* **5.** stellvertretend, Vize... **~ chair·man** *s irr* 'Vizepräsi¸dent *m*, stellvertretender *od.* zweiter Vorsitzender.
**de·rac·i·nate** [dɪ'ræsɪneɪt] *v/t* **1.** (mit der Wurzel) ausrotten, vernichten. **2.** entwurzeln (*a. fig.*). [wurzelt.]
**dé·ra·ci·né** [deɪ'ræsɪneɪ] *adj fig.* ent-]
**de·rail** [dɪ'reɪl] **I** *v/t* entgleisen lassen, zum Entgleisen bringen. **II** *v/i* entgleisen. **de'rail·ment** *s* Entgleisung *f*.
**de·range** [dɪ'reɪndʒ] *v/t* **1.** in Unordnung bringen, durchein¦anderbringen. **2.** die Funkti¦on (*e-s Organs etc*) *od.* den Betrieb (*e-r technischen Anlage etc*) stören. **3.** verrückt *od.* wahnsinnig machen. **4.** unter¦brechen, stören. **de'ranged** *adj* **1.** in Unordnung, durchein¦ander. **2.** gestört. **3.** geistesgestört. **de'rangement** *s* **1.** Unordnung *f*, Durchein¦ander *n*. **2.** Störung *f*. **3.** Geistesgestörtheit *f*, -störung *f*.
**de·rate** [¸diː'reɪt] *v/t Br.* die Kommu¦nalsteuern senken für.
**de·ra·tion** [¸diː'ræʃn] → **decontrol** 2.
**Der·by** ['dɑːbɪ; *Am.* 'dɜrbɪ:] *s* **1.** Derby *n*: a) *englisches Zuchtrennen der Dreijährigen in Epsom*, b) *allg. Pferderennen:* **the Kentucky ~**. **2. d~** *sport* Derby *n* (*herausragendes Spiel, bes. zweier engbenachbarter Vereine*): → **local** 1. **3. d~**, *a.* **d~ hat** *Am.* Bowler *m*, ,Me¦lone' *f*. **~ blue** *s* Rötlichblau *n*.
**de·reg·u·late** [¸diː'regjʊleɪt] → **decontrol** 2. **'de¸reg·u'la·tion** → **decontrol**
**der·e·lict** ['derɪlɪkt] **I** *adj* **1.** *meist jur.* herrenlos, aufgegeben, verlassen. **2.** nachlässig: **~ in duty** pflichtvergessen. **3.** her¦untergekommen, baufällig, zerfallen. **II** *s* **4.** *jur.* herrenloses Gut. **5.** *mar.* a) aufgegebenes Schiff, b) treibendes Wrack. **6.** *jur.* verlandete Strecke. **7.** a) menschliches Wrack, her¦untergekommener Mensch, Strandgut *n* des Lebens: **~ of society** (von der Gesellschaft) Ausgestoßene(r *m*) *f*, b) Obdachlose(r *m*) *f*. **8.** Pflichtvergessene(r *m*) *f*. **,der·e'lic·tion** [-kʃn] *s* **1.** schuldhafte Vernachlässigung, schuldhaftes Versäumnis: **~ of duty** Pflichtversäumnis *f*, Pflichtvergessenheit *f*. **2.** *jur.* Besitzaufgabe *f*, Preisgabe *f*. **3.** Verlassen *n*, Aufgeben *n*. **4.** *jur.* Verlandung *f*, Landgewinn *m* in¦folge Rückgangs des Wasserspiegels.
**de·req·ui·si·tion** ['diː¸rekwɪ'zɪʃn] *v/t* beschlagnahmtes Gut freigeben, bes. wieder der Zi¦vilverwaltung zuführen.
**de·re·strict** [¸diːrɪ'strɪkt] *v/t* die Einschränkungsmaßnahmen aufheben für, *bes.* die Geschwindigkeitsbegrenzung aufheben für. **,de·re'stric·tion** [-ʃn] *s* Aufhebung *f* der Einschränkungsmaßnahmen, *bes.* der Geschwindigkeitsbegrenzung.
**de·ride** [dɪ'raɪd] *v/t* verlachen, verhöhnen, verspotten. **de'rid·er** *s* Spötter(in), Verspotter(in). **de'rid·ing·ly** *adv* spöttisch, höhnisch.
**de ri·gueur** [dərɪ'gɜː; *Am.* -'gɜr] *adj* streng nach der Eti¦kette: **that's ~!** das ist unerläßlich *od.* ein Muß!
**de·ri·sion** [dɪ'rɪʒn] *s* **1.** Hohn *m*, Spott *m*:

to hold in ~ verspotten; **to be in ~** verspottet werden; **to bring into ~** zum Gespött machen. **2.** *a.* **object of ~** Gespött *n*, Zielscheibe *f* des Spottes: **to be a ~ to s.o.** j-m zum Gespött dienen. **de·ri·sive** [dɪˈraɪsɪv] *adj* (*adv* ~ly), **de·ri·so·ry** [-sərɪ] *adj* **1.** spöttisch, höhnisch, Hohn...: **~ laughter** Hohngelächter *n*. **2.** lächerlich.

**de·riv·a·ble** [dɪˈraɪvəbl] *adj* (*adv* derivably) **1.** zu gewinnen(d), erreichbar (**from** aus). **2.** ab-, 'herleitbar: **to be ~ from** sich herleiten lassen von. **der·i·vate** [ˈderɪveɪt] → derivative 1 *u.* 6.

**der·i·va·tion** [ˌderɪˈveɪʃn] *s* **1.** Ab-, 'Herleitung *f* (**from** von). **2.** 'Herkunft *f*, Ursprung *m*, Abstammung *f*. **3.** *ling. u. math.* Derivati'on *f*, Ableitung *f*. **4.** *ling.* etymo'logische Ableitung, Etymolo'gie *f*.

**de·riv·a·tive** [dɪˈrɪvətɪv] **I** *adj* (*adv* ~ly) **1.** abgeleitet (**from** von): **~ language** Tochtersprache *f*. **2.** sekun'där. **II** *s* **3.** (*etwas*) Ab- *od.* 'Hergeleitetes, Ab-, 'Herleitung *f*. **4.** *ling.* Ableitung *f*, abgeleitete Form. **5.** *chem.* Deri'vat *n*. **6.** *math.* Deri'vierte *f*, abgeleitete Funkti'on.

**de·rive** [dɪˈraɪv] **I** *v/t* **1.** 'herleiten, über'nehmen (**from** von): **to be ~d from**, **to ~ itself from** → 8; **to ~ one's name from** s-n Namen herleiten von; **~d income** *econ.* abgeleitetes Einkommen. **2.** *Nutzen* ziehen, *Gewinn* schöpfen (**from** aus): **to ~ profit from s.th. 3.** *etwas* gewinnen, erhalten (**from** aus): **to ~ pleasure from s.th.** Freude an e-r Sache finden *od.* haben. **4.** (**from**) *a*) *etwas* 'herleiten *od.* schließen (aus), *b*) e-n Schluß ziehen (aus). **5.** *ling.* ab-, 'herleiten: **~d meaning** abgeleitete Bedeutung. **6.** *chem. math.* ableiten: **~d function** → derivative 6. **7.** *electr.* abzweigen, ableiten: **~d circuit** Abzweigkreis *m*. **II** *v/i* **8.** (**from**) *a*) ab-, 'herstammen, 'herkommen, -rühren (von, aus), ausgehen (von), s-n Ursprung haben (in *dat*), sich 'herschreiben (von), *b*) sich 'her-, ableiten (von).

**derm** [dɜːm; *Am.* dɜrm], **'der·ma** [-mə] *s anat.* **1.** Lederhaut *f*, Corium *n*. **2.** Haut *f*. **'der·mal** [-ml] *adj anat.* **1.** Lederhaut... **2.** der'mal, Dermal..., Haut...

**der·mat·ic** [dɜːˈmætɪk; *Am.* dɜr-] *adj* der'matisch, Haut... **ˌder·ma'ti·tis** [-məˈtaɪtɪs] *s med.* Derma'titis *f*, Hautentzündung *f*.

**der·mat·o·gen** [dəˈ(r)mætədʒən] *s bot.* Dermato'gen *n* (*Bildungsgewebe der Pflanzenoberhaut*).

**der·ma·to·log·ic** [ˌdɜːmətəˈlɒdʒɪk; *Am.* ˌdɜrmətlˈɑdʒɪk] *adj*; **der·ma·to'log·i·cal** [-kl] *adj* (*adv* ~ly) dermato'logisch. **ˌder·ma'tol·o·gist** [-tɒlədʒɪst; *Am.* -ˈtɑ-] *s* Dermato'loge *m*, Hautarzt *m*. **ˌder·ma'tol·o·gy** *s med.* Dermatolo'gie *f*.

**der·ma·to·phyte** [ˈdɜːmətəʊfaɪt; *Am.* ˈdɜrmətəˌf-] *s med.* Dermato'phyt *m*, Hautpilz *m*. **ˌder·ma·to·phy'to·sis** [-ˈtəʊsɪs] *s med.* Dermatophy'tose *f* (*Pilzerkrankung der Haut*). **'der·ma·to·ˌplas·ty** [-ˌplæstɪ] *s med.* Dermato'plastik *f* (*operativer Ersatz von kranker od. verletzter Haut durch gesunde*).

**der·ma·to·sis** [ˌdɜːməˈtəʊsɪs; *Am.* ˌdɜr-] *pl* **-ses** [-siːz] *s med.* Derma'tose *f*, Hautkrankheit *f*.

**der·mic** [ˈdɜːmɪk; *Am.* ˈdɜr-] *adj* Haut... **'der·mis** [-ɪs] → derm.

**der·o·gate** [ˈderəʊgeɪt] **I** *v/i* **1.** (**from**) Abbruch tun, abträglich sein, schaden (*dat*), beeinträchtigen, schmälern (*acc*). **2.** abweichen (**from** *e-r Norm etc*): **to ~ from o.s.** sich zu s-m Nachteil verändern. **II** *v/t* **3.** her'absetzen, verächtlich machen. **ˌder·o'ga·tion** *s* **1.** Beein-

trächtigung *f*, Schmälerung *f*: **to be a ~ from** (*od.* of, to) → **derogate** 1. **2.** Her'absetzung *f* (**to** *gen*). **3.** *jur.* teilweise Aufhebung (**of, to** *gen*).

**de·rog·a·to·ry** [dɪˈrɒgətərɪ; *Am.* dɪˈrɑgəˌtəʊri; ˌtɔː-] *adj* (*adv* derogatorily) **1.** (**from, to**) nachteilig (für), abträglich (*dat*), schädlich (*dat od.* für): **to be ~** (*od.* to) s.th. e-r Sache abträglich sein, etwas beeinträchtigen. **2.** abfällig, geringschätzig, abschätzig: **~ remarks. 3.** her'absetzend: **~ to him** seiner unwürdig.

**der·rick** [ˈderɪk] *s* **1.** *tech.* a) a. **~ crane** Derrickkran *m*, Mastenkran *m*, b) Dreibockgestell *n* (*e-s Hebekrans*), c) (fester *od.* beweglicher) Ausleger. **2.** *tech.* Bohrturm *m*. **3.** *mar.* Ladebaum *m*.

**der·riere**, *bes. Br.* **der·rière** [ˌderɪˈeə(r)] *s* Gesäß *n*, 'Hinterteil *n*.

**der·ring-do** [ˌderɪŋˈduː] *pl* **der·rings-do** *s obs.* **1.** Verwegenheit *f*, Tollkühnheit *f*. **2.** verwegene *od.* tollkühne Tat.

**der·ring·er** [ˈderɪndʒə(r)] *s* Derringer *m*, *f* (*kurze Pistole mit großem Kaliber*).

**der·ry¹** [ˈderɪ] *s*: **to have a ~ on** *Austral.* a) j-n, etwas nicht mögen, b) voreingenommen sein gegen.

**der·ry²** [ˈderɪ] *s Br. sl.* abbruchreifes Haus (*bes. eins, in dem Obdachlose, Drogensüchtige etc hausen*).

**derv** [dɜːv] *s Br.* Diesel(kraftstoff) *m*.

**der·vish** [ˈdɜːvɪʃ; *Am.* ˈdɜr-] *s* Derwisch *m*: **dancing ~**, **whirling ~** tanzender Derwisch; **howling ~** heulender Derwisch.

**de·sal·i·nate** [ˌdiːˈsælɪneɪt] *v/t bes. Meerwasser* entsalzen. **ˌde·sal·i'na·tion** *s* Entsalzung *f*: **~ plant** Entsalzungsanlage *f*. **ˌde'sal·i·na·tor** [-tə(r)] *s* Entsalzungsanlage *f*.

**de·sal·i·ni·za·tion** [ˌdiːˌsælɪnaɪˈzeɪʃn; *Am.* -nəˈz-] *s* desalination. **ˌde'sal·i·nize** → desalinate.

**de·salt** [ˌdiːˈsɔːlt] → desalinate.

**de·scale** [ˌdiːˈskeɪl] *v/t tech. Boiler etc* entkalken.

**des·cant I** *s* [ˈdeskænt] **1.** *mus.* Dis'kant *m*: a) Gegenstimme *f* (*über e-m Choral etc*), b) Oberstimme *f*, So'pran *m*: **~ clef** Diskantschlüssel *m*. **2.** *mus.* a) Vari'ierung *f*, b) vari'ierte Melo'die. **3.** *poet.* Melo'die *f*, Weise *f*. **II** *v/i* [dɪˈskænt; de-] **4.** *mus.* diskan'tieren. **5.** sich auslassen *od.* verbreiten (**on, upon** über *acc*).

**de·scend** [dɪˈsend] **I** *v/i* **1.** her'ab-, hin'ab-, her'unter-, hin'unter-, niedergehen, -kommen, -steigen, -fahren, -fließen, -sinken: **to ~ to hell** zur Hölle niederfahren; **to ~ into a mine** (*Bergbau*) einfahren. **2.** *aer.* a) niedergehen, b) (mit dem Fallschirm) abspringen. **3.** abfallen: **the road ~ed. 4.** eingehen, zu sprechen kommen (**to** auf *acc*): **to ~ to details. 5.** 'herkommen, ab-, 'herstammen (**from** von *j-m*, aus *e-r Familie*): **to ~ from a noble family. 6.** (**to**) 'übergehen, sich vererben (auf *acc*), zufallen (*dat*). **7.** (**on, upon**) a) 'herfallen (über *acc*), sich stürzen (auf *acc*), über'fallen (*acc*), einfallen (in *acc*), b) *fig.* her'einbrechen, kommen (über *acc*), über'fallen (*acc*). **8.** *fig.* sich her'abwürdigen, sich erniedrigen, sich 'hergeben (**to** zu). **9.** (*moralisch*) sinken. **10.** *astr.* a) absteigen, sich dem Süden nähern, b) sinken: **the sun ~s. 11.** *mus.* tiefer werden, absteigen. **II** *v/t* **12.** *e-e Treppe etc* hin'ab-, hin'unter-, her'absteigen, -gehen. **13.** *e-n Fluß etc* hin'unter-, her'unterfahren. **14.** **to be ~ed (from)** → 5.

**de·scend·a·ble** → descendible.

**de·scend·ant** [dɪˈsendənt] *s* **1.** Nachkomme *m*, Abkömmling *m*, Deszen'dent *m*. **2.** *astr.* Deszen'dent *m*, 'Untergangspunkt *m* (*e-r Gestirnbahn*): **his star is in**

**the ~** *fig.* sein Stern ist im Sinken (begriffen). **de'scend·i·ble** *adj* (**to**) vererbbar (*dat*), über'tragbar (*dat od.* auf *acc*).

**de·scend·ing** **a·or·ta** *s med.* absteigende A'orta. **~ diph·thong** *s ling.* fallender Di'phthong. **~ let·ter** *s print.* Buchstabe *m* mit 'Unterlänge. **~ line** *s* Deszen'denz *f*, absteigende Linie (*Verwandtschaft*). **~ rhythm** *s metr.* fallender Rhythmus.

**de·scent** [dɪˈsent] *s* **1.** Her'ab-, Her'unter-, Hin'unter-, Hin'absteigen *n*, Abstieg *m*, Tal-, Abfahrt *f*, *Bergbau:* Einfahrt *f*: **~ of the Holy Ghost** *Bibl.* Ausgießung *f* des Heiligen Geistes; **~ from the cross** *paint.* Kreuzabnahme *f*. **2.** *aer.* a) 'Höhenaufgabe *f*, Sinkflug *m*, Niedergehen *n* (*des Flugzeugs oder der Landung*), b) (Fallschirm)Absprung *m*. **3.** Abhang *m*, Abfall *m*, Senkung *f*, Gefälle *n*. **4.** (*der*) Weg hin'unter *od.* her'unter. **5.** *fig.* a) Sinken *n*, b) Niedergang *m*, Abstieg *m*. **6.** Deszen'denz *f*: a) Abstammung *f*, Geburt *f*, Ab-, 'Herkunft *f*: **of French ~** französischer Herkunft, b) Nachkommenschaft *f*, c) absteigende Linie. **7.** *jur.* Vererbung *f*, Über'tragung *f*, 'Übergang *m* (**to** auf *acc*). **8.** (**on, upon**) Einfall *m* (in *acc*), feindliche Landung (in *dat od.* auf *dat*), Angriff *m* (auf *acc*), (*a. iro.*) 'Überfall *m* (auf *acc*).

**de·scrib·a·ble** [dɪˈskraɪbəbl] *adj* zu beschreiben(d), beschreibbar.

**de·scribe** [dɪˈskraɪb] *v/t* **1.** beschreiben, schildern (**s.th. to s.o.** j-m etwas). **2.** (**as**) bezeichnen (als), nennen (*acc*): **to ~ s.o. as a fool. 3.** *bes. math.* ein Kreis, e-e Kurve beschreiben. **de'scrib·er** *s* Beschreiber(in), Schilderer *m*.

**de·scrip·tion** [dɪˈskrɪpʃn] *s* **1.** (*a. technische*) Beschreibung, Schilderung *f*: **beautiful beyond all ~** unbeschreiblich schön; **to know s.o. by ~** j-n der Beschreibung nach kennen; **to take s.o.'s ~** j-s Signalement aufnehmen; → **beggar** 6, **defy** 3. **2.** Bezeichnung *f*, Beschreibung *f*: **purchase by ~** → *econ.* Gattungsware(n *pl*) *f*; **purchase by ~** Gattungskauf *m*. **3.** Art *f*, Sorte *f*: **of every ~** jeder Art u. Beschreibung; **of the worst ~** von der schlimmsten Art, übelster Sorte. **4.** *bes. math.* Beschreibung *f* (*e-s Kreises, e-r Kurve*).

**de·scrip·tive** [dɪˈskrɪptɪv] *adj* (*adv* ~ly) **1.** beschreibend, schildernd, darstellend, erläuternd, deskrip'tiv (*a. ling.*): **~ grammar**; **~ geometry** *math.* darstellende Geometrie; **~ science** deskriptive *od.* beschreibende Wissenschaft; **to be ~ of s.th.** etwas beschreiben *od.* bezeichnen. **2.** anschaulich (geschrieben *od.* schreibend): **a ~ account**; **a ~ writer. de'scrip·tive·ness** *s* Anschaulichkeit *f*.

**de·scry** [dɪˈskraɪ] *v/t* **1.** gewahren, wahrnehmen. **2.** erspähen, entdecken.

**des·e·crate** [ˈdesɪkreɪt] *v/t* entheiligen, entweihen, profa'nieren, schänden. **ˌdes·e'cra·tion** *s* Entweihung *f*, Entheiligung *f*, Schändung *f*.

**de·seg·re·gate** [ˌdiːˈsegrɪgeɪt] *v/t pol.* die Rassentrennung aufheben in (*e-r Schule etc*). **ˌde·seg·re'ga·tion** *s pol.* Aufhebung *f* der Rassentrennung.

**de·se·lect** [ˌdiːsɪˈlekt] *v/t* j-n während der Ausbildung entlassen.

**de·sen·si·tize** [ˌdiːˈsensɪtaɪz] *v/t* **1.** *med.* desensibili'sieren, unempfindlich machen (**to** gegen). **2.** a) *psych.* j-n von neu'rotischen Spannungen befreien, b) j-n abstumpfen. **3.** *phot.* desensibili'sieren, lichtunempfindlich machen. **de'sen·si·tiz·er** *s phot.* Desensibili'sator *m*.

**de·sert¹** [dɪˈzɜːt; *Am.* dɪˈzɜrt] **I** *v/t* **1.** verlassen, im Stich lassen: **his courage**

**~ed** him. **2.** *jur. Ehegatten* (böswillig) verlassen. **3.** abtrünnig *od.* untreu werden (*dat*), abfallen von: **to ~ the colo(u)rs** *mil.* fahnenflüchtig werden. **II** *v/i* **4.** *mil.* fahnenflüchtig werden, deser'tieren (**from** aus *der Armee etc*). **5.** 'überlaufen, -gehen (**to** zu).

**de·sert²** [dɪ'zɜːt; *Am.* dɪ'zɜrt] *s* **1.** Verdienst *n.* **2.** Wert *m*, Verdienst *n*: **to be judged according to one's ~** nach s-m Verdienst eingeschätzt werden. **3.** verdienter Lohn (*a. iro. Strafe*): **to get one's ~s** s-n wohlverdienten Lohn empfangen.

**des·ert³** ['dezə(r)t] **I** *s* **1.** Wüste *f.* **2.** Ödland *n*, Öde *f*: **our town is a cultural ~** in unserer Stadt tut sich kulturell überhaupt nichts. **II** *adj* Wüsten...: **~ fox; ~ (bob)cat** *zo. amer.* Rotluchs *m*; **~ lynx** *zo.* Wüstenluchs *m.* **4.** öde, wüst, verödet, verlassen.

**de·sert·ed** [dɪ'zɜːtɪd; *Am.* -'zɜr-] *adj* **1.** verlassen, unbewohnt (*Insel etc*), (wie) ausgestorben, menschenleer (*Straßen etc*). **2.** verlassen, einsam (*Person*). **de·sert·er** *s* **1.** *mil.* a) Deser'teur *m*, Fahnenflüchtige(r) *m*, b) 'Überläufer *m* (*a. allg.*). **2.** ed Verlassende(r *m*) *f.*

**de·ser·ti·fi·ca·tion** [‚dezə(r)tɪfɪ'keɪʃn] *s* Desertifikati'on *f* (*allmähliche Ausbreitung der Wüste auf zuvor fruchtbares Land*).

**de·ser·tion** [dɪ'zɜːʃn; *Am.* -'zɜr-] *s* **1.** Verlassen *n*, Im'stichlassen *n.* **2.** Verlassenheit *f.* **3.** (böswilliges) Verlassen. **4.** Abtrünnigwerden *n*, Abfall *m* (**from** a party von e-r Par'tei). **5.** *mil.* Deserti'on *f*, Fahnenflucht *f.*

**de·serve** [dɪ'zɜːv; *Am.* -'zɜrv] **I** *v/t* **1.** verdienen (*acc*), würdig sein (*gen*), Anspruch haben auf (*acc*): **to ~ praise** Lob verdienen; **he ~s a special mention** er verdient es, besonders erwähnt zu werden. **2.** verdienen, verdient haben: **to ~ punishment.** **II** *v/i* **3.** **to ~ well of s.o. (s.th.)** sich um j-n (etwas) verdient gemacht haben; **to ~ ill of s.o.** j-m e-n schlechten Dienst erwiesen haben. **de·served** *adj* (wohl)verdient. **de·serv·ed·ly** [-ɪdlɪ] *adv* verdientermaßen, mit Recht. **de·serv·ing** *adj* **1.** verdienstvoll, verdient (*Person*). **2.** verdienstlich, -voll (*Tat*). **3.** **to be ~ of s.th.** etwas verdienen, e-r Sache wert *od.* würdig sein.

**des·ha·bille** ['dezæbiːl; *Am.* ‚desə'biːl] → **dishabille.**

**des·ic·cant** ['desɪkənt] *adj u. s* (aus-)trocknend(es Mittel).

**des·ic·cate** ['desɪkeɪt] *v/t u. v/i* (aus-)trocknen, (aus)dörren: **~d fruit** Dörrobst *n*; **~d milk** Trockenmilch *f.* **des·ic·ca·tive** [de'sɪkətɪv; *Am.* 'desɪˌkeɪ-] *adj u. s* (aus)trocknend(es Mittel). **'des·ic·ca·tor** [-keɪtə(r)] *s* **1.** *chem.* Exsik'kator *m*, Entfeuchter *m.* **2.** *tech.* Trockenappa‚rat *m.* **des·ic·ca·to·ry** [de'sɪkətərɪ; *Am.* 'desɪkəˌtɔːri; -ˌtɔː-] *adj* (aus-)trocknend.

**de·sid·er·ate** [dɪ'zɪdəreɪt; -'sɪd-] *v/t* **1.** bedürfen (*gen*), nötig haben. **2.** ersehnen. **de‚sid·er'a·tion** *s* Bedürfnis *n.* **de'sid·er·a·tive** [-rətɪv; *Am. a.* -ˌreɪtɪv] *ling.* **I** *adj* desidera'tiv, ein Verlangen *od.* Bedürfnis ausdrückend: **~ verb** → **II. II** *s* Desidera'tivum *n.* **de‚sid·er·a·tum** [-'reɪtəm; -'rɑː-] *pl* **-ta** [-tə] *s* Deside'rat *n*, (*etwas*) Erwünschtes, Bedürfnis *n*, Erfordernis *n.*

**de·sign** [dɪ'zaɪn] **I** *v/t* **1.** entwerfen, aufzeichnen, skiz'zieren, *tech.* konstru'ieren: **to ~ a dress** ein Kleid entwerfen. **2.** gestalten, ausformen, anlegen: **beautifully ~ed.** **3.** *fig.* entwerfen, ausdenken, ersinnen. **4.** im Sinne haben, vorhaben, planen (**doing** *od.* **to do** zu tun).

**5.** bestimmen, vorsehen (**for** für *j-n od. etwas*; **as** als): **~ed to do s.th.** dafür bestimmt *od.* darauf angelegt, etwas zu tun (*Sache*). **6.** (**for**) *j-n* bestimmen (zu), ausersehen, vorsehen (zu, für): **he was ~ed for service in the navy; to ~ s.o. to be a priest. II** *v/i* **7.** Pläne entwerfen, Entwürfe machen (**for** für). **III** *s* **8.** Entwurf *m*, Zeichnung *f*, Plan *m*, Skizze *f.* **9.** Muster(zeichnung *f*) *n*, De'sign *n*: → **copyright** I, **protection** II, **registered** II. **10.** *tech.* a) Baumuster *n*, Konstrukti'onszeichnung *f*, b) Bauart *f*, Bau(weise *f*) *m*, Konstrukti'on *f*, Ausführung *f*: **~ engineer** Konstrukteur *m*; → **industrial design.** **11.** (dekora'tives) Muster: **floral ~** Blumenmuster. **12.** (künstlerische *od.* äußere) Gestaltung, Formgebung *f.* **13.** Plan *m*, Anlage *f*, Anordnung *f.* **14.** Plan *m*, Vorhaben *n*, Absicht *f*: **by ~** mit Absicht; **with the ~ of doing** mit der Absicht *od.* dem Vorsatz zu tun. **15.** Ziel *n*, (End)Zweck *m.* **16.** Anschlag *m* (**upon s.o.'s life** auf j-s Leben), böse Absicht: **to have ~s (up)on** (*od.* **against**) etwas (Böses) im Schilde führen gegen, *a. humor.* e-n Anschlag vorhaben auf (*acc*). **17.** Zweckmäßigkeit *f*: **argument from ~** *relig.* Beweis *m* aus der Zweckmäßigkeit, teleologischer Gottesbeweis.

**des·ig·nate** **I** *v/t* ['dezɪgneɪt] **1.** *etwas* bezeichnen, kennzeichnen. **2.** *a.* **~ as** *etwas od. j-n* bezeichnen als, (be)nennen. **3.** *etwas* bestimmen, festlegen: **to ~ a task.** **4.** *j-n* (*im voraus*) desi'gnieren, bestimmen, ausersehen (**to, for** für *ein Amt etc*; **zu** *e-m Amtsträger etc*). **5.** *etwas* bestimmen, vorsehen (**for** für). **6.** *mil.* Schußziel ansprechen. **II** *adj* [-neɪt; -nət] **7.** (*nachgestellt*) desi'gniert, vorgesehen, ausersehen: **president ~** designierter Präsident. **‚des·ig'na·tion** *s* **1.** Bezeichnung *f*: a) Kennzeichnung *f*, b) Name *m*, Benennung *f.* **2.** Bestimmung *f*, Festlegung *f*, -setzung *f* (*e-r Sache*). **3.** (**to, for**) Designati'on *f*, Bestimmung *f* (zu, für). **4.** Ernennung *f* (*im voraus*) (für *ein Amt etc*; **zu** *e-m Amtsträger etc*), Berufung *f* (auf *e-n Posten*; **in** *ein Amt*; **zu** *e-m Amtsträger*). **4.** Bedeutung *f*, Sinn *m.*

**de·signed** [dɪ'zaɪnd] *adj* **1.** bestimmt (*etc*, → **design** I). **2.** absichtlich, vorsätzlich. **de'sign·ed·ly** [-ɪdlɪ] *adv* = **designed** 2. **de'sign·er** *s* **1.** Entwerfer(in): a) (Muster)Zeichner(in), b) De'signer(in), (Form)Gestalter(in), c) *tech.* Konstruk'teur *m*, d) Erfinder(in), e) (Mode)Schöpfer(in). **2.** *fig.* Ränkeschmied (-in), Intri'gant(in). **de'sign·ing** *adj* (*adv* **~ly**) ränkevoll, intri'gant.

**de·sil·ic·i·fy** [‚diːsɪ'lɪsɪfaɪ] *v/t chem.* entkieseln.

**des·i·nence** ['desɪnəns] *s* **1.** Ausgang *m*, Ende *n*, Schluß *m.* **2.** *ling.* a) Endung *f*, b) Suf'fix *n*, Nachsilbe *f.*

**de·sip·i·ence** [dɪ'sɪpɪəns] *s* Albernheit *f*, Torheit *f*, Unsinn *m.*

**de·sir·a·bil·i·ty** [dɪ‚zaɪərə'bɪlətɪ] *s* Erwünschtheit *f.* **de'sir·a·ble** *adj* (*adv* **desirably**) **1.** wünschenswert, erwünscht. **2.** angenehm. **3.** begehrenswert, reizvoll. **de'sir·a·ble·ness** → **desirability.**

**de·sire** [dɪ'zaɪə(r)] **I** *v/t* **1.** wünschen, begehren, verlangen, wollen (**s.th. of s.o.** etwas von j-m): **to ~ s.th. (to be) done** wünschen, daß etwas getan wird *od.* geschieht; **to leave much (nothing) to be ~d** viel (nichts) zu wünschen übriglassen; **as ~d** wie gewünscht; **if ~d** auf Wunsch, wenn gewünscht. **2.** *etwas* ersehnen, (sehnlich) begehren. **3.** *j-n* begehren: **to ~ a woman.** **4.** *j-n* bitten, ersuchen: **to ~**

**s.o. to go. II** *v/i* **5.** den Wunsch hegen. **III** *s* **6.** Wunsch *m*, Verlangen *n*, Begehren *n* (**for** nach): **~ for knowledge** Wissensdurst *m*; **to feel a ~ for doing** (*od.* **to do**) den Wunsch verspüren zu tun. **7.** Wunsch *m*, Bitte *f*: **at his ~** auf s-e Bitte *od.* s-n Wunsch. **8.** Sehnsucht *f*, Verlangen *n* (**for** nach). **9.** (*sinnliche*) Begierde. **10.** (*das*) Gewünschte *od.* Ersehnte, Wunsch *m.* **de'sired** *adj* **1.** er-, gewünscht: **~ value** *tech.* Sollwert *m.* **2.** ersehnt. **de'sir·ous** [-'zaɪərəs] *adj* (*adv* **~ly**) **1.** begierig, verlangend (**of** nach). **2.** wünschend, begehrend: **to be ~ of s.th.** etwas wünschen *od.* begehren; **to be ~ of doing** danach trachten *od.* verlangen zu tun; **to be ~ to learn** (*od.* **to know**) s.th. etwas (sehr) gern wissen wollen; **the parties are ~** (*in Verträgen*) die Vertragsparteien beabsichtigen.

**de·sist** [dɪ'zɪst; -'sɪst] *v/i* ablassen, Abstand nehmen (**from** von). **de'sist·ance, de'sist·ence** *s* Ablassen *n.*

**desk** [desk] **I** *s* **1.** Schreibtisch *m.* **2.** (Lese-, Schreib-, Noten-, *tech.* Schalt-) Pult *n.* **3.** Kasse *f* (*im Restaurant etc*): **pay at the ~.** **4.** a) ('Zeitungs)Redakti'on *f*, b) Redak'teur *m.* **5.** Empfang *m*, Anmeldung *f*, Rezepti'on *f* (*im Hotel*): **~ clerk** *Am.* Empfangschef *m*, -dame *f.* **6.** Auskunft(sschalter *m*) *f.* **II** *adj* **7.** (Schreib)Tisch...: **~ book** Handbuch *n*; **~ calendar** Tischkalender *m*; **~ knife** Radiermesser *n*; **~ set** Schreibzeug *n*; **~ strategist** *iro.* Schreibtischstratege *m*; **~ sergeant** diensthabender Polizist. **8.** Schreib(tisch)..., Büro...: **~ work; ~ research** (*Markt- u. Meinungsforschung*) Sekundär-, Schreibtischforschung *f.*

**de·skill** [‚diː'skɪl] *v/t econ.* Arbeitsvorgänge etc so vereinfachen, daß ihre Ausführung nur noch geringe oder gar keine Fachkenntnisse erfordert.

**des·o·late** **I** *adj* ['desələt] (*adv* **~ly**) **1.** wüst, verwüstet. **2.** einsam, verlassen: a) unbewohnt: **~ country**, b) al'lein (*nur pred*), vereinsamt: **a ~ old woman.** **3.** trostlos *od.* traurig: **~ thoughts**, a) öde: **~ hours**; **a ~ landscape. II** *v/t* [-leɪt] **4.** verwüsten. **5.** entvölkern. **6.** verlassen, einsam zu'rücklassen. **7.** trostlos *od.* elend machen. **'des·o·late·ness** [-lət-] → **desolation. ‚des·o'la·tion** *s* **1.** Verwüstung *f.* **2.** Entvölkerung *f.* **3.** Einsamkeit *f*, Verlassenheit *f.* **4.** Trostlosigkeit *f*: a) Elend *n*, Traurigkeit *f*, b) Öde *f.*

**des·ox·al·ic** [‚desɒk'sælɪk; *Am.* -ɑːk's-] *adj chem.* Desoxal...: **~ acid.**

**de·spair** [dɪ'speə(r)] **I** *v/i* **1.** (**of**) verzweifeln (an *dat*), ohne Hoffnung sein, alle Hoffnung aufgeben *od.* verlieren (für *od.* auf *acc*): **to ~ of mankind** an der Menschheit verzweifeln. **II** *s* **2.** Verzweiflung *f* (**at** über *acc*), Hoffnungslosigkeit *f*: **to drive s.o. to ~** j-n zur Verzweiflung bringen; **a look of ~** ein verzweifelter Blick. **3.** Ursache *f od.* Gegenstand *m* der Verzweiflung: **to be the ~ of s.o.** j-n zur Verzweiflung bringen. **de'spair·ing** *adj* (*adv* **~ly**) verzweifelt, voll Verzweiflung.

**des·patch**, *etc* → **dispatch**, *etc.*

**des·per·a·do** [‚despə'rɑːdəʊ; -'reɪ-] *pl* **-does, -dos** *s* Despe'rado *m.*

**des·per·ate** ['despərət] **I** *adj* (*adv* **~ly**) **1.** verzweifelt: **a ~ deed** e-e Verzweiflungstat; **a ~ effort** e-e verzweifelte Anstrengung; **to be ~ for s.th.** etwas verzweifelt *od.* dringend nötig haben. **2.** verzweifelt, hoffnungs-, ausweglos, despe'rat: **a ~ situation**, **a ~ strait** 2. **3.** heftig, äußerst: **a ~ dislike. 4.** *colloq.* ungeheuer, schrecklich: **~ nonsense**; **a ~ fool** ein hoffnungsloser Narr. **II** *adv* **5.** *colloq.* schrecklich, äußerst, sehr.

'des·per·ate·ness → desperation 2.

ˌdes·perˈaˈtion s 1. Verzweiflung f: to drive to ~ zur Verzweiflung bringen. 2. Hoffnungs-, Ausweglosigkeit f.

des·pi·ca·ble [ˈdespɪkəbl; dɪˈspɪk-] adj (adv despicably) verächtlich, verachtenswert, verabscheuungswürdig.

de·spise [dɪˈspaɪz] v/t verachten, Speise etc a. verschmähen: that is not to be ~d das ist nicht zu verachten. deˈspisˈer s Verächter(in).

de·spite [dɪˈspaɪt] I prep 1. a. ~ of trotz (gen od. dat), ungeachtet (gen). II s 2. obs. Schimpf m, (angetane) Schmach. 3. in ~ of → 1; in ~ of him ihm zum Trotz; in my (his, etc) ~ obs. mir (ihm etc) zum Trotz; in ~ of o.s. unwillkürlich. 4. obs. Boshaftigkeit f, Bosheit f, Gehässigkeit f. deˈspiteˈful adj (adv ~ly) obs. boshaft, gehässig.

de·spoil [dɪˈspɔɪl] v/t plündern, j-n berauben (of s.th. e-r Sache).

de·spo·li·a·tion [dɪˌspəʊliˈeɪʃn], a. deˈspoilˈment s Plünderung f, Beraubung f.

de·spond [dɪˈspɒnd; Am. -ˈspɒnd] I v/i verzagen, verzweifeln, den Mut verlieren. II s obs. → despondence. deˈspondˈence, deˈspondˈenˈcy s Verzagtheit f, Mutlosigkeit f, Verzweiflung f. deˈspondˈent adj (adv ~ly) mutlos, verzagt, verzweifelt: to become ~ → despond I.

des·pot [ˈdespɒt; Am. -ˌpɒt] s Desˈpot m, Tyˈrann m. desˈpotˈic [deˈspɒtɪk; Am. -ˈpɑ-] adj; desˈpotˈiˈcal adj (adv ~ly) desˈpotisch, tyˈrannisch, fig. a. herrisch. ˈdesˈpotˈism [-pə-] s a) Desˈpotismus m (System), b) Despoˈtie f, Tyranˈnei f.

de·spu·mate [dɪˈspjuːmeɪt; ˈdespjʊ-] tech. I v/t abschöpfen. II v/i sich abschäumen.

des·qua·mate [ˈdeskwəmeɪt] v/i med. 1. sich abschuppen (Haut etc). 2. sich häuten, sich schuppen (Person). ˌdesˈquaˈmaˈtion s med. Abschuppung f.

des·sert [dɪˈzɜːt; Am. dɪˈzɜrt] I s Desˈsert n, Nachtisch m. II adj Dessert..., Nachtisch...: ~ wine Dessertwein m. desˈsertˈspoon s Desˈsertlöffel m.

de·Sta·lin·i·za·tion, bes. Am. de·Sta·lin·i·za·tion [diːˌstɑːlɪnaɪˈzeɪʃn; -ˌstæ-; Am. -nəˈz-] s pol. hist. Entstaliniˈsierung f.

des·ti·na·tion [ˌdestɪˈneɪʃn] s 1. (econ. a. place of ~) Bestimmungsort m. 2. Aˈdresse f, Reiseziel n. 3. Bestimmung f, (End)Zweck m, Ziel n.

des·tine [ˈdestɪn] v/t 1. etwas bestimmen, vorsehen (for für e-n Zweck): to be ~d to (inf) dazu bestimmt od. dafür vorgesehen sein zu (inf). 2. j-n prädestiˈnieren, ausersehen (bes. durch Umstände od. Schicksal): he was ~d to (inf) er sollte (früh sterben etc), es war ihm beschieden zu (inf). ˈdesˈtined adj bestimmt, unterˈwegs (for nach): a ship ~ for London.

des·ti·ny [ˈdestɪnɪ] s 1. Schicksal n: a) Geschick n, Los n, b) Verhängnis n: he met his ~ sein Schicksal ereilte ihn; the destinies of Europe die Geschicke Europas. 2. (unvermeidliches) Ende, Schicksal n. 3. D~ das Schicksal (personifiziert): the Destinies die Schicksalsgöttinnen, die Parzen.

des·ti·tute [ˈdestɪtjuːt; Am. a. -ˌtuːt] I adj 1. mittellos, (völlig) verarmt, notleidend. 2. (of) bar (gen), ohne (acc): ~ of all power völlig machtlos, ohne jede Macht; I am ~ of words mir fehlen die Worte; ~ of children kinderlos. 3. fig. entblößt, beraubt (of gen): ~ of all authority. II s 4. the ~ die Mittellosen pl, die Armen pl. ˌdesˈtiˈtuˈtion s 1.

(äußerste) Armut, (bittere) Not, Elend n. 2. (völliger) Mangel (of an dat).

des·tri·er [ˈdestrɪə(r)] s obs. Streitroß n.

de·stroy [dɪˈstrɔɪ] v/t 1. zerstören, vernichten. 2. zertrümmern, Gebäude etc ab-, niederreißen. 3. etwas ruiˈnieren, unbrauchbar machen. 4. j-n, e-e Armee, Insekten etc vernichten. 5. töten, ˈumbringen, Tier a. einschläfern. 6. fig. j-n, j-s Ruf, Gesundheit etc ruiˈnieren, zuˈgrunde richten, Hoffnungen etc zuˈnichte machen, zerstören. 7. colloq. j-n ˌkaˈputtmachenˈ: I was absolutely ~ed ich war ˌfix u. fertigˈ. deˈstroyˈaˈble adj zerstörbar. deˈstroyˈer s 1. Zerstörer(in), Vernichter(in). 2. mar. mil. Zerstörer m: ~ escort Geleitzerstörer.

de·struct [dɪˈstrʌkt] I v/t 1. eigene Weltraumrakete, eigenes Kriegsmaterial etc aus Sicherheitsgründen zerstören. II v/i 2. aus Sicherheitsgründen zerstört werden. 3. sich selbst zerstören. III s 4. Zerstörung f aus Sicherheitsgründen. 5. Selbstzerstörung f.

de·struct·i·bil·i·ty [dɪˌstrʌktɪˈbɪlətɪ] s Zerstörbarkeit f. deˈstructˈiˈble adj (adv destructibly) zerstörbar.

de·struc·tion [dɪˈstrʌkʃn] s 1. Zerstörung f, Vernichtung f. 2. Zertrümmerung f, Ab-, Niederriß m (e-s Gebäudes etc). 3. Tötung f, (e-s Tiers a.) Einschläferung f. deˈstrucˈtionˈist s 1. Zerstörungswütige(r m) f. 2. bes. pol. ˈUmstürzler(in).

de·struc·tive [dɪˈstrʌktɪv] adj (adv ~ly) 1. zerstörend, vernichtend: ~ distillation 1. 2. fig. destrukˈtiv, zerstörerisch, zerrüttend, verderblich, schädlich: ~ to health gesundheitsschädlich; to be ~ of s.th. etwas zerstören od. untergraben. 3. destrukˈtiv, (rein) negativ: ~ criticism. deˈstrucˈtiveˈness, deˈstrucˈtivˈiˈty [ˌdiːstrʌkˈtɪvətɪ] s 1. zerstörende od. vernichtende Wirkung. 2. (das) Destrukˈtive, destrukˈtive Eigenschaft. deˈstrucˈtor [-tə(r)] s tech. Müllverbrennungsofen m.

des·ue·tude [dɪˈsjuːɪtjuːd; Am. ˈsuːə-; a. -ˌtuːd; ˈdeswɪtjuːd; Am. a. -ˌtuːd] s Ungebräuchlichkeit f: to fall (od. pass) into ~ außer Gebrauch kommen.

de·sul·fur [ˌdiːˈsʌlfə(r)], ˌdeˈsulˈfuˈrate [-fjʊreɪt; -fə-], ˌdeˈsulˈfuˈrize [-fjʊraɪz; -fə-] v/t chem. entschwefeln. deˈsulˈphur, etc bes. Br. für desulfur, etc.

des·ul·to·ri·ness [ˈdesəltərɪnɪs; Am. -ˌtəʊriː-; -ˌtɔː-] s 1. Zs.-hanglosigkeit f, Plan-, Ziellosigkeit f. 2. Flüchtigkeit f, Oberflächlichkeit f, Sprunghaftigkeit f. 3. Unstetigkeit f. ˈdesˈulˈtoˈry adj (adv desultorily) 1. ˈunzuˌsammenhängend, planlos, ziellos: ~ talk wirres Gerede. 2. abschweifend: ~ remarks. 3. oberflächlich, flüchtig, sprunghaft. 4. unruhig, unstet. 5. vereinzelt.

de·tach [dɪˈtætʃ] I v/t 1. (ab-, los)trennen, (los)lösen, losmachen, a. tech. abnehmen, rail. Waggon abhängen (from von): to ~ o.s. sich befreien. 2. absondern, freimachen. 3. mar. mil. ˈabkommanˌdieren. II v/i 4. sich (los)lösen, sich absondern (from von). deˈtachˈaˈble adj (adv detachably) abnehmbar (a. tech.), loslösbar, (ab)trennbar. deˈtached adj 1. (ab)getrennt, (ab-, los)gelöst: to become ~ sich (los)lösen. 2. einzeln, frei-, alˈleinstehend: ~ house Einzelhaus n. 3. sepaˈrat, gesondert. 4. mar. mil. ˈabkommanˌdiert. 5. fig. a) objekˈtiv, unvoreingenommen, b) (about) ˈuninteresˌsiert (an dat), gleichgültig (gegen), c) distanˈziert: a ~ attitude. deˈtachˈedˈly [-ɪdlɪ] adv. deˈtachedˈness → detachment 2, 3, 4.

de·tach·ment [dɪˈtætʃmənt] s 1. (Ab)Trennung f.

(Los)Lösung f (from von). 2. fig. (innerer) Abstand, Diˈstanz f, Losgelöstsein n, (innere) Freiheit. 3. fig. Objektiviˈtät f, Unvoreingenommenheit f. 4. Gleichgültigkeit f (from gegen). 5. mil. → detail 7 a u. b.

de·tail [ˈdiːteɪl; dɪˈteɪl] I s 1. Deˈtail n: a) Einzelheit f, einzelner Punkt, b) a. pl collect. (nähere) Einzelheiten pl, Näheres n: a wealth of ~ e-e Fülle von Einzelheiten; to go into ~ ins einzelne gehen, auf Einzelheiten eingehen; in ~ ausführlich, in allen Einzelheiten, Punkt für Punkt, im einzelnen. 2. Einzelteil n, m: ~ drawing tech. Stück-, Teilzeichnung f. 3. Deˈtailbehandlung f, ausführliche Behandlung (e-s Themas etc). 4. ausführliche Darstellung. 5. art Deˈtail n: a) Deˈtailarbeit f, b) Ausschnitt m. 6. ˈNebensache f, -ˌumstand m. 7. mil. a) (ˈSonder)Komˌmando n, Abˈteilung f, Trupp m, b) ˈAbkommanˌdierung f, c) Sonderauftrag m, d) Tagesbefehl m. II v/t 8. detailˈlieren, ausführlich behandeln od. berichten, genau beschreiben. 9. Tatsachen etc einzeln aufzählen od. aufführen, einzeln eingehen auf (acc). 10. mil. ˈabkommanˌdieren, (zum Dienst) einteilen. deˈtailed adj detailˈliert, ausführlich, eingehend, genau.

de·tain [dɪˈteɪn] v/t 1. j-n aufhalten. 2. j-n warten lassen. 3. a. ~ in custody jur. j-n in (Unterˈsuchungs)Haft (be)halten. 4. obs. etwas (ˈwiderrechtlich) zuˈrückhalten. 5. ped. nachsitzen lassen. 6. fig. j-n fesseln (Buch etc). deˈtainˈee [ˌdiːteɪˈniː] s Inhafˈtierte(r m) f. deˈtainˈer s jur. 1. a. wrongful ~ ˈwiderrechtliche Vorenthaltung f. 2. Anordnung f der Haftfortdauer.

de·tect [dɪˈtekt] v/t 1. entdecken, (herˈaus)finden, ermitteln, feststellen. 2. erspähen, wahrnehmen. 3. Geheimnis enthüllen: to ~ a secret. 4. Verbrechen etc aufdecken, aufklären: to ~ a crime. 5. j-n entlarven: to ~ a hypocrite. 6. j-n ertappen (in bei). 7. mil. Gas, Minen spüren, Ziel erfassen. 8. Radio: gleichrichten, demoduˈlieren. deˈtectˈaˈble adj feststellbar, entdeckbar. deˈtecˈtaˈphone [-təfəʊn] s teleph. Abhörgerät n. deˈtectˈiˈble → detectable.

de·tec·tion [dɪˈtekʃn] s 1. Entdeckung f, Entdecken n, Feststellung f, Ermittlung f. 2. Enthüllung f. 3. Aufdeckung f, Aufklärung f. 4. Entlarvung f. 5. Radio: Gleichrichtung f, Demodulatiˈon f. 6. mil. Zielerfassung f. deˈtecˈtive I adj Detektiv..., Kriminal...: ~ fiction Kriminalromane pl; ~ novel (od. story) Kriminalroman m; to do ~ work bes. fig. Detektivarbeit leisten. II s Detekˈtiv(in), Krimiˈnalbeamte(r) m.

de·tec·tor [dɪˈtektə(r)] s 1. Auf-, Entdecker m, Enthüller m. 2. tech. a) Anzeigevorrichtung f, b) Angeber m (an Geldschränken). 3. electr. Deˈtektor m, HF-Gleichrichter m, Demoduˈlator m. 4. mil. a) Spürgerät n (für radioaktive Stoffe etc) b) mar. Ortungsgerät n (gegen U-Boote), c) mar. Torˈpedosuchgerät n.

de·tent [dɪˈtent] s tech. Sperrklinke f, -kegel m, -haken m, Sperre f, Arreˈtierung f.

dé·tente [deɪˈtãːnt] s bes. pol. Entspannung f.

de·ten·tion [dɪˈtenʃn] s 1. Inhafˈtierung f, Festnahme f. 2. Haft f, Gewahrsam m: ~ (pending trial) Untersuchungshaft; ~ barracks mil. Br. Militärstrafanstalt f; ~ centre Br., ~ home Am. Jugendstrafanstalt f. 3. Aufhaltung f. 4. Vorenthaltung f, Einbehaltung f: ~ of wages. 5. ped. Arˈrest m, Nachsitzen n.

**de·ter** [dɪˈtɜː; *Am.* dɪˈtɜr] *v/t* abschrecken, zuˈrück-, abhalten (**from** von).

**de·terge** [dɪˈtɜːdʒ; *Am.* -ˈtɜrdʒ] *v/t bes. e-e Wunde reinigen.* **deˈter·gent I** *adj* **1.** reinigend. **II** *s* **2.** *a. med.* Reinigungsmittel *n.* **3.** Waschmittel *n.* **4.** Geschirrspülmittel *n.*

**de·te·ri·o·rate** [dɪˈtɪərɪəreɪt] **I** *v/i* **1.** sich verschlechtern, schlechter werden, (*Material*) verderben, (*Tierrasse etc*) entarten. **2.** verfallen, herˈunterkommen. **3.** *econ.* an Wert verlieren. **II** *v/t* **4.** verschlechtern, verschlimmern, beeinträchtigen. **5.** den Wert (ver)mindern. **6.** im Wert (ver)mindern, herˈabsetzen. **de͵te·ri·oˈra·tion** *s* **1.** Verschlechterung *f,* Verschlimmerung *f,* Verderb *m,* Entartung *f:* **the ~ of his health** die Verschlechterung s-s Gesundheitszustandes. **2.** Wertminderung *f.* **deˈte·ri·o·ra·tive** [-rətɪv; *Am. bes.* -͵reɪ-] *adj* verschlechternd.

**deˈter·ment** *s* **1.** Abschreckung *f* (from von). **2.** Abschreckungsmittel *n.*

**de·ter·mi·na·ble** [dɪˈtɜːmɪnəbl; *Am.* -ˈtɜr-] *adj* (*adv* **determinably**) **1.** bestimmbar, entscheidbar, festsetzbar. **2.** *jur.* befristet: **~ contract** kündbarer Vertrag. **deˈter·mi·nant I** *adj* **1.** bestimmend, entscheidend. **II** *s* **2.** (*das*) Bestimmende *od.* Entscheidende, entscheidender Faktor. **3.** *biol. math.* Termiˈnante *f.*

**de·ter·mi·nate** [dɪˈtɜːmɪnət; *Am.* -ˈtɜr-] *adj* (*adv* **~ly**) **1.** bestimmt, festgelegt. **2.** entschieden, beschlossen. **3.** endgültig. **4.** entschlossen, entschieden, bestimmt. **5.** *bot.* cyˈmös. **deˈter·mi·nate·ness** *s* **1.** Bestimmtheit *f.* **2.** Entschlossenheit *f,* Entschiedenheit *f.*

**de·ter·mi·na·tion** [dɪ͵tɜːmɪˈneɪʃn; *Am.* -͵tɜr-] *s* **1.** Entschluß *m,* Entscheidung *f.* **2.** Beschluß *m.* **3.** Bestimmung *f,* Festsetzung *f.* **4.** Feststellung *f,* Ermittlung *f,* Bestimmung *f:* **~ of calorific value** Heizwertbestimmung. **5.** Bestimmt-, Entschlossen-, Entschiedenheit *f,* Zielstrebigkeit *f:* **a man of ~** ein entschlossener *od.* zielstrebiger Mensch. **6.** Ziel *n,* Zweck *m,* feste Absicht. **7.** Tenˈdenz *f,* Neigung *f:* **~ of blood** *med.* Blutandrang *m.* **8.** Abgrenzung *f.* **9.** *bes. jur.* Ablauf *m,* Ende *n* (*e-s Vertrags etc*). **10.** *Logik:* Determinatiˈon *f,* Bestimmung *f.* **deˈter·mi·na·tive** [-nətɪv; *Am. bes.* -͵neɪ-] **I** *adj* **1.** (näher) bestimmend, einschränkend, Bestimmungs... **2.** bestimmend, entscheidend. **II** *s* **3.** (*etwas*) Bestimmendes *od.* Charakteˈristisches. **4.** entscheidender *od.* maßgebender Faktor. **5.** *ling.* a) Determinaˈtiv *n,* b) Bestimmungswort *n:* **~ compound** Determinativkompositum *n.*

**de·ter·mine** [dɪˈtɜːmɪn; *Am.* -ˈtɜr-] **I** *v/t* **1.** *e-e Streitfrage etc* entscheiden. **2.** *etwas* beschließen (**a. to do** zu tun), *e-n Zeitpunkt etc* bestimmen, festsetzen. **3.** feststellen, ermitteln, bestimmen: **to ~ the salt content.** **4.** bedingen, bestimmen, maßgebend sein für: **demand ~s the price. 5.** *j-n* bestimmen, veranlassen (**to** zu tun). **6.** *bes. jur. e-n Vertrag etc* beend(ig)en, aufheben, ablaufen lassen. **7.** *Logik:* determiˈnieren, bestimmen. **II** *v/i* **8.** (**on**) sich entscheiden (für), sich entschließen (zu): **to ~ on doing s.th.** sich dazu entschließen, etwas zu tun. **9.** *bes. jur.* enden, ablaufen (*Vertrag etc*). **de·ter·mined** *adj* (*adv* **~ly**) **1.** (fest) entschlossen: **he was ~ to know** er wollte unbedingt wissen. **2.** entschieden. **3.** bestimmt, festgelegt. **deˈter·min·er** *s ling.* Bestimmungswort *n.*

**de·ter·min·ism** [dɪˈtɜːmɪnɪzəm; *Am.* -ˈtɜr-] *s philos.* Determiˈnismus *m:* a) *Lehre von der kausalen (Vor)Bestimmtheit*

alles Geschehens, b) *die der Willensfreiheit widersprechende Lehre von der Bestimmung des Willens durch innere u. äußere Ursachen.* **deˈter·min·ist I** *s* Determiˈnist(in). **II** *adj* determiˈnistisch.

**de·ter·rence** [dɪˈterəns; *Am. bes.* -ˈtɜr-] *s* Abschreckung *f:* **nuclear ~. deˈter·rent I** *adj* abschreckend, Abschreckungs... **II** *s* Abschreckungsmittel *n.*

**de·test** [dɪˈtest] *v/t* verabscheuen, hassen: **to ~ having to do s.th.** es hassen, etwas tun zu müssen. **deˈtest·a·ble** *adj* (*adv* **detestably**) abˈscheulich, verabscheuenswert. **͵de·tesˈta·tion** [͵diː-] *s* **1.** (**of**) Verabscheuung *f* (*gen*), Abscheu *m* (**vor** *dat,* **gegen**). **2. to be the ~ of** *j-s* Abscheu erregen, verabscheut werden von.

**de·throne** [dɪˈθrəʊn] *v/t* entthronen (*a. fig.*). **deˈthrone·ment** *s* Entthronung *f* (*a. fig.*).

**det·i·nue** [ˈdetɪnjuː; *Am. bes.* ˈdetnˌjuː] *s jur.* Vorenthaltung *f:* **action of ~** Vindikationsklage *f.*

**det·o·nate** [ˈdetəneɪt] **I** *v/t* **1.** detoˈnieren *od.* exploˈdieren lassen, zur Detonatiˈon bringen, zünden. **2.** *fig. etwas* auslösen. **II** *v/i* **3.** detoˈnieren, exploˈdieren. **4.** *mot.* klopfen. **ˈdet·o·nat·ing** *adj tech.* Detonations..., Spreng..., Zünd..., Knall...: **~ explosive** (*od.* **powder**) Brisanzsprengstoff *m;* **~ fuse** Knallzündschnur *f;* **~ gas** *chem.* Knallgas *n;* **~ tube** *chem.* Verpuffungsröhre *f.* **͵det·oˈna·tion** *s* **1.** a) Detonatiˈon *f,* Explosiˈon *f,* b) Zündung *f.* **2.** *mot.* Klopfen *n.* **ˈdet·o·na·tor** [-tə(r)] *s tech.* **1.** Zünd-, Sprengkapsel *f,* Sprengzünder *m.* **2.** (Siˈgnal)Knallkapsel *f.*

**de·tour** [ˈdiːˌtʊə(r)] **I** *s* **1.** ˈUmweg *m:* **to make a ~. 2.** (Verˈkehrs)ˌUmleitung *f.* **3.** *fig.* ˈUmschweif *m.* **II** *v/i* **4.** e-n ˈUmweg machen. **III** *v/t* **5.** *Verkehr etc* ˈumleiten. **6.** e-n ˈUmweg machen um.

**de·tox·i·cate** [͵diːˈtɒksɪkeɪt; *Am.* -ˈtɑ-] *v/t* entgiften. **de͵tox·iˈca·tion** *s* Entgiftung *f.*

**de·tox·i·fi·ca·tion** [diː͵tɒksɪfɪˈkeɪʃn; *Am.* -͵tɑ-] → **detoxication. deˈtox·i·fy** [-faɪ] → **detoxicate.**

**de·tract** [dɪˈtrækt] **I** *v/t* **1.** *Aufmerksamkeit etc* ablenken (**from** von). **2.** *obs.* verunglimpfen. **II** *v/i* **3.** (**from**) (*e-r Sache*) Abbruch tun, herˈabsetzen, schmälern (*acc*): **to ~ from s.o.'s reputation** *j-s* Ruf schaden. **deˈtraction** *s* **1.** Herˈabsetzung *f,* Schmälerung *f* (**from** *gen*). **2.** Verunglimpfung *f.* **deˈtrac·tive** *adj* **1.** beeinträchtigend. **2.** verunglimpfend. **deˈtrac·tor** [-tə(r)] *s* **1.** Kritiker *m,* Herˈabsetzer *m.* **2.** Verunglimpfer *m.* **deˈtrac·to·ry** → **detractive.**

**de·train** [͵diːˈtreɪn] *rail.* **I** *v/t* **1.** *Personen* aussteigen lassen. **2.** *Güter, a. Truppen* ausladen. **II** *v/i* **3.** aussteigen. **deˈtrain·ment** *s* **1.** Aussteigen *n.* **2.** Ausladen *n.*

**de·trib·al·ize** [͵diːˈtraɪbəlaɪz] *v/t* a) *Eingeborenen* ihre ˈStammeskulˌtur nehmen, b) *Eingeborene* ziviliˈsieren.

**det·ri·ment** [ˈdetrɪmənt] *s* Nachteil *m,* Schaden *m* (**to** für): **to the ~ of s.o.** zu *j-s* Nachteil *od.* Schaden; **without ~ to** ohne Schaden für; **to be a ~ to health** gesundheitsschädlich sein. **͵det·riˈmen·tal** [-ˈmentl] *adj* (**to**) nachteilig, schädlich (für), abˈträglich (*dat*): **to be ~ to s.th.** e-r Sache schaden.

**de·tri·tal** [dɪˈtraɪtl] *adj geol.* Geröll..., Schutt... **deˈtrit·ed** *adj* **1.** abgenützt, abgegriffen: **~ coin. 2.** *geol.* verwittert, Geröll... **deˈtri·tion** [-ˈtrɪʃn] *s* Abreibung *f,* Abnützung *f.* **deˈtri·tus** [-ˈtraɪtəs] *s geol.* Geröll *n,* Schutt *m.*

**de trop** [də ˈtrəʊ] *adj* ˈüberflüssig, zuˈviel des Guten.

**de·trun·cate** [͵diːˈtrʌŋkeɪt] *v/t* stutzen, beschneiden (*a. fig.*).

**de·tu·mes·cence** [͵diːˈtjuːˈmesns; *Am.* ͵detjuːˈm-; ͵diːtjuː-] *s med. physiol.* Detumesˈzenz *f,* Abschwellen *n.*

**deuce** [djuːs; *Am. a.* duːs] *s* **1.** *Kartenspiel, Würfeln:* Zwei *f.* **2.** *Tennis:* Einstand *m.* **3.** *colloq.* (*als Ausruf od. intens*) Teufel *m:* **how** (**who,** *etc*) **the ~** wie (wer *etc*) zum Teufel; **~ take it!** der Teufel soll es holen!; **~ knows** weiß der Teufel; **the ~ he can!** nicht zu glauben, daß er es kann!; **~ a bit** nicht im geringsten; **a ~ of a row** ein Mordskrach (*Lärm od. Streit*); **to play the ~ with** Schindluder treiben mit; **there will be the ~ to pay** das dicke Ende kommt noch (nach). **ˈdeuc·ed** [-sɪd; -st] *adj,* **ˈdeuc·ed·ly** [-sɪdlɪ] *adv colloq.* verteufelt, verflixt, verwünscht.

**de·us ex mach·i·na** [ˈdeɪʊsˌeks-ˈmækɪnə; -ˈmɑː-] (*Lat.*) *s* Deus *m* ex machina.

**deu·te·ri·um** [djuːˈtɪərɪəm; *Am. a.* duː-] *s chem.* Deuˈterium *n,* schwerer Wasserstoff. **~ ox·ide** *s chem.* Deuˈteriumoˌxyd *n,* schweres Wasser.

**deutero-** [djuːtərəʊ; -rə; *Am. a.* duː-] *Wortelement mit der Bedeutung* zweit(er, e, es).

**deu·ter·on** [ˈdjuːtərɒn; *Am.* -ˌrɑn; *a.* ˈduː-] *s phys.* Deuteron *n.*

**Deu·ter·on·o·mist** [͵djuːtəˈrɒnəmɪst; *Am.* -ˈrɑ-; *a.* ͵duː-] *s* Verfasser *m* des 5. Buches Mose. **͵Deu·terˈon·o·my** *s* Deuteroˈnomium *n,* Fünftes Buch Mose.

**deu·ter·op·a·thy** [͵djuːtəˈrɒpəθɪ; *Am.* -ˈrɑ-; *a.* ͵duː-] *s med.* Deuteropaˈthie *f,* Sekunˈdärkrankheit *f.*

**deu·to·plasm** [ˈdjuːtəʊplæzəm; *Am. a.* ˈduː-] *s biol.* Deutoˈplasma *n* (*Nährplasma im Ei*).

**de·val·u·ate** [͵diːˈvæljʊeɪt; *Am.* -jəˌweɪt] *v/t econ.* abwerten. **͵de·val·uˈa·tion** *s econ.* Abwertung *f.* **͵deˈval·ue** [-juː] → **devaluate.**

**dev·as·tate** [ˈdevəsteɪt] *v/t* **1.** verwüsten, vernichten. **2.** *fig.* überˈwältigen, -ˈmannen. **ˈdev·as·tat·ing** *adj* (*adv* **~ly**) **1.** verheerend, vernichtend (*beide a. fig.*): **~ criticism. 2.** *colloq.* ˌtoll', eˈnorm, phanˈtastisch. **3.** *colloq.* ˈumwerfend: **~ humo(u)r.** **͵dev·asˈta·tion** *s* Verwüstung *f.* **ˈdev·as·ta·tor** [-tə(r)] *s* Verwüster(in).

**de·vel·op** [dɪˈveləp] **I** *v/t* **1.** entwickeln: **to ~ a theory; to ~ faculties** Fähigkeiten entwickeln *od.* entfalten; **to ~ muscles** Muskeln entwickeln *od.* bilden. **2.** entwickeln, zeigen, an den Tag legen: **to ~ an interest for s.th.** **3.** werden lassen, gestalten (**into** zu). **4.** sich *e-e Krankheit* zuziehen: **to ~ a cold;** **to ~ a fever** Fieber bekommen. **5.** *e-e Geschwindigkeit, Stärke etc* entwickeln, erreichen: **to ~ a high speed. 6.** fördern, entwickeln, ausbauen: **to ~ an industry. 7.** *Naturschätze, a. Bauland* erschließen, nutzbar machen, *Altstadt etc* saˈnieren. **8.** *e-n Gedanken, Plan etc, a. ein Verfahren* entwickeln, ausarbeiten: **to ~ a method. 9.** *math.* a) *e-e Gleichung etc* entwickeln: **to ~ an equation,** b) *e-e Fläche* abwickeln: **to ~ a surface. 10.** *mus. ein Thema* entwickeln, ˈdurchführen. **11.** *phot.* entwickeln. **12.** *mil. e-n Angriff* eröffnen. **II** *v/i* **13.** sich entwickeln (**from** aus): **to ~ into** sich entwickeln *od.* gestalten zu, zu *etwas* werden. **14.** (langsam) entstehen, entstehen, sich entfalten. **15.** zuˈtage treten, sich zeigen. **deˈvel·op·a·ble** *adj* **1.** *allg.* entwicklungsfähig. **2.** *fig.* ausbaufähig: **a ~ position. 3.** erschließbar. **4.** *phot.* entwickelbar.

**5.** *math.* abwickelbar: ~ **surface. de-'vel·op·er** *s* **1.** *phot.* Entwickler(in). **2.** *phot.* Entwickler(flüssigkeit *f*) *m.* **3.** *late* ~ *bes. ped.* Spätentwickler(in). **4.** (Stadt)Planer *m.* **de'vel·op·ing** *adj* Entwicklungs...: ~ **bath** *phot.* Entwicklungsbad *n*; ~ **company** Bauträger *m*; ~ **country** *econ.* Entwicklungsland *n.*

**de'vel·op·ment** *s* **1.** *a. biol. math.* Entwicklung *f*: **a new** ~ **in electronics** e-e Neuentwicklung auf dem Gebiet der Elektronik; **stage of** ~ Entwicklungsstufe *f*; ~ **engineer** *tech.* Entwicklungsingenieur *m.* **2.** Entfaltung *f*, (Aus)Bildung *f*, Wachstum *n*, Werden *n*, Entstehen *n*: ~ **aid** *econ.* Entwicklungshilfe *f*; ~ **country** *econ.* Entwicklungsland *n.* **3.** Ausbau *m*, Förderung *f*: ~ **of business contacts. 4.** Erschließung *f*, Nutzbarmachung *f*: ~ **of land**; ~ **area** a) Entwicklungsgebiet *n*, b) Erschließungsgebiet *n*, c) Sanierungsgebiet *n*; ~ **company** Bauträger *m*; → **ripe** 8. **5.** *Bergbau:* Aufschließung *f*. **6.** Entwicklung *f*: a) Darlegung *f*: ~ **of an argument**, b) Ausarbeitung *f*: ~ **of new methods. 7.** *mus.* a) Entwicklung *f*, 'Durchführung *f*, b) 'Durchführung(steil *m*) *f*. **de¸vel·op-'ment·al** [-'mentl] *adj* Entwicklungs...: ~ **aid**; ~ **disease** *med.* Entwicklungsstörung *f*; ~ **program(me)** Aufbauprogramm *n.*

**de·vi·ant** ['diːvjənt; -vɪənt] → **deviate** III.

**de·vi·ate** ['diːvɪeɪt] **I** *v/i* abweichen, abgehen (**from** von) (*beide a. fig.*). **II** *v/t* ablenken (*adj u. s* [-ət; -eɪt] *psych.* vom 'Durchschnitt abweichend(es Indi'viduum). **¸de·vi·'a·tion** *s* **1.** Abweichung *f*, Abweichen *n* (**from** von) (*beide a. fig.*). **2.** *a. opt. phys.* Ablenkung *f*. **3.** *phys. tech.* Abweichung *f*: ~ **from linearity. 4.** *aer. mar.* Deviati'on *f*, Abweichung *f*, Ablenkung *f*, Fehlweisung *f* (*der Kompaßnadel*). **5.** a) *aer.* (Kurs)Versetzung *f*, b) *mar.* Kursabweichung *f*, c) *Seeversicherung:* unerlaubte Deviati'on *od.* Kursabweichung. **6.** *pol.* deviationism. **¸de·vi·'a·tion·ism** *s pol.* Abweichlertum *n.* **¸de·vi·'a·tion·ist** *pol.* **I** *s* Abweichler(in). **II** *adj* abweichlerisch. **'de·vi·a·tor** [-tə(r)] *s* Abweichende(r *m*) *f.*

**de·vice** [dɪ'vaɪs] *s* **1.** Vor-, Einrichtung *f*, Gerät *n.* **2.** Erfindung *f*. **3.** (*etwas*) kunstvoll Erdachtes, Einfall *m.* **4.** Plan *m*, Pro'jekt *n*, Vorhaben *n.* **5.** Kunstgriff *m*, Kniff *m*, Trick *m.* **6.** Anschlag *m*, böse Absicht. **7.** *pl* Neigung *f*, Wille *m*: **left to one's own** ~**s** sich selbst überlassen. **8.** De'vise *f*, Motto *n*, Sinn-, Wahlspruch *m.* **9.** *her.* Sinnbild *n.* **10.** Zeichnung *f*, Plan *m*, Entwurf *m*, Muster *n.*

**dev·il** ['devl] **I** *s* **1.** Teufel *m*: a) **the** ~, *a.* **the D~** der Satan, b) Höllengeist *m*, c) Dämon *m*, d) *fig.* Unhold *m*: **a** ~ **in petticoats** *colloq.* ein Weibsteufel; **little** ~ *colloq.* kleiner Racker; **(poor)** ~ armer Teufel *od.* Schlucker; **to be between the** ~ **and the deep blue sea** *fig.* sich zwischen zwei Feuern befinden, in e-r bösen Zwickmühle sein *od.* sitzen; **talk** (*od.* **speak**) **of the** ~ **(and he will appear)** *colloq.* wenn man vom Teufel spricht, dann kommt er; **like the** ~ *colloq.* wie der Teufel, wie verrückt; **to go to the** ~ *colloq.* zum Teufel *od.* vor die Hunde gehen; **go to the** ~**!** scher dich zum Teufel!; **the** ~ **take the hindmost** den letzten beißen die Hunde; **the** ~ **and all** *colloq.* a) alles denkbar Schlechte, b) alles Mögliche; **there will be the** ~ **to pay** *colloq.* das dicke Ende kommt noch (nach); **to play the** ~ **with** *colloq.* Schindluder treiben mit; **the** ~ **is in it if** *colloq.*

es geht mit dem Teufel zu, wenn; **the** ~**!** *colloq.* a) (*verärgert*) zum Teufel!, zum Kuckuck!, b) (*erstaunt*) Donnerwetter!, da hört doch alles auf!; **the** ~ **take it** (**him**, *etc*) *colloq.* der Teufel soll es (ihn *etc*) holen; **what** (**where**, **how**, *etc*) **the** ~ *colloq.* was (wo, wie *etc*) zum Teufel; ~**s on horseback** *gastr.* gegrillte, in Speck gewickelte Backpflaumen; **to give the** ~ **his due** jedem das Seine lassen; **to raise** ~, **-n** Mordskrach schlagen'. **2.** *a.* ~ **of a fellow** *colloq.* Teufelskerl *m*, toller Bursche. **3.** *colloq.* Draufgängertum *n*, Schneid *m.* **4.** *fig.* Laster *n*, Übel *n*: **the** ~ **of drink. 5. a** (*od.* **the**) ~ *colloq. intens* a) e-e verteufelte Sache, b) ein Mordsding, e-e Mordssache: **a** (*od.* **the**) ~ **of a mess** ein Mordsdurcheinander; **the** ~ **of a job** e-e Mords- *od.* Heidenarbeit; **isn't it the** ~ das ist doch e-e verflixte Sache; **the** ~ **of it** das Vertrackte an der Sache; **the** ~ **of a good joke** ein verdammt guter Witz. **6.** *colloq. intens* (*als Verneinung*) nicht der (die, das) geringste: **a** ~ **a bit** überhaupt nicht, nicht die Spur; ~ **a one** nicht ein einziger. **7.** Handlanger *m*: → **printer** 1. **8.** *jur. Br.* As'sessor *m* (*bei e-m* **barrister**). **9.** scharf gewürztes Pfannenod. Grillgericht. **10.** Sprühteufel *m* (*Feuerwerk*). **11.** *tech.* a) Zer'kleinerungsma¸schine *f*, *bes.* Reißwolf *m*, Holländer *m*, b) Holzgewindedrehbank *f.*

**II** *v/t pret u. pp* **'dev·iled**, *bes. Br.* **'dev·illed 12.** *colloq.* j-n plagen, schika-'nieren, ¸piesacken'. **13.** *tech. Lumpen etc* zerfasern, wolfen. **14.** Speisen scharf gewürzt grillen *od.* braten: → **deviled.**

**III** *v/i* **15.** Handlangerdienste tun (**for** für). **16.** *jur. Br.* als As'sessor (*bei e-m* **barrister**) arbeiten.

**'dev·il·¸dodg·er** *s colloq.* Prediger *m*, *bes.* Mili'tärgeistliche(r) *m.*

**dev·il·dom** ['devldəm] *s* Hölle *f.*

**dev·iled**, *bes. Br.* **dev·illed** ['devld] *adj gastr.* feinzerhackt u. scharf gewürzt: ~ **ham**; ~ **eggs** gefüllte Eier.

**'dev·il·¸fish** *s ichth.* **1.** (*bes.* Flügel)Rochen *m*, Teufelsfisch *m.* **2.** Krake *m.* **3.** Seeteufel *m.*

**'dev·il·ish I** *adj* (*adv* ~**ly**) **1.** teuflisch: **his** ~ **grin** sein diabolisches Grinsen. **2.** *colloq.* verteufelt, verdammt, höllisch, schrecklich. **II** *adv* → **2. 'dev·il·ish·ness** *s* **1.** (*das*) Teuflische. **2.** → **devilry** 1.

**dev·illed** *bes. Br. für* **deviled.**

**¸dev·il-may-'care** *adj* **1.** leichtsinnig. **2.** rücksichtslos. **3.** verwegen.

**'dev·il·ment** *s* **1.** Unfug *m*, Schelme'rei *f.* **2.** böser Streich, Schurkenstreich *m.*

**'dev·il·ry** [-rɪ] *s* **1.** Teufe'lei *f*, Untat *f.* **2.** Schlechtigkeit *f.* **3.** wilde Ausgelassenheit *f*, 'Übermut *m.* **4.** Teufelsbande *f.* **5.** Teufelskunst *f*, Schwarze Ma'gie.

**dev·il's¸ad·vo·cate** *s R.C. u. fig.* Advo'catus Di'aboli. **~-bones** *s pl sl.* Würfel(spiel *n*) *pl.* ~ **book** *s* (des Teufels) ¸Gebet- *od.* Gesangbuch' *n* (*Spielkarten*). **~ dar·ing nee·dle** *s* **1.** *zo.* Li'belle *f.* **2.** *bot.* a) Nadelkerbel *m*, b) ~**-hair.** ~ **food (cake)** *s bes. Am.* schwere Schoko'ladentorte. **'~-hair** *s bot.* Vir'ginische Waldrebe. **'~-milk** *s bot.* **1.** Gartenwolfsmilch *f.* **2.** Sonnenwolfsmilch *f.*

**dev·il·try** ['devltrɪ] → **devilry.**

**dev·il wor·ship** *s* Teufelsanbetung *f.*

**de·vi·ous** ['diːvjəs; -vɪəs] *adj* (*adv* ~**ly**) **1.** abwegig, irrig, falsch: ~ **arguments**; ~ **step** Fehltritt *m.* **2.** gewunden (*a. fig.*): **to take a** ~ **route** e-n Umweg machen. **3.** um'herirrend. **4.** verschlagen, unaufrichtig, falsch: **by** ~ **means** auf krummen Wegen, ¸hintenherum'. **5.** abgelegen: ~ **coasts. 'de·vi·ous·ness** *s* **1.** Abwegigkeit *f.* **2.** Gewundenheit *f.*

**3.** Verschlagenheit *f*, Unaufrichtigkeit *f.*

**de·vis·a·ble** [dɪ'vaɪzəbl] *adj* **1.** erfindbar, erdenkbar, erdenklich. **2.** *jur.* vermachbar.

**de·vise** [dɪ'vaɪz] **I** *v/t* **1.** erdenken, ausdenken, ersinnen, erfinden: **to** ~ **ways and means** Mittel u. Wege ersinnen. **2.** *jur. bes.* Grundbesitz (letztwillig) vermachen, hinter'lassen (**to s.o.** j-m). **3.** *obs.* trachten nach. **4.** *obs.* a) sich vorstellen, begreifen, b) ahnen. **II** *s jur.* a) Hinter'lassung *f*, b) Vermächtnis *n*, c) Testa'ment *n.* **de·vi·see** [¸devɪ'ziː; dɪvaɪ'ziː] *s jur.* Vermächtnisnehmer(in), Testa'mentserbe *m*, -erbin *f* (*von Grundbesitz*). **de'vis·er** *s* **1.** Erfinder(in). **2.** → **devisor. de·vi·sor** [¸devɪ'zɔː(r); dɪvaɪ'zɔː(r)] *s jur.* Erb·lasser(in) (*von Grundbesitz*).

**de·vi·tal·i·za·tion** [diː¸vaɪtəlaɪ'zeɪʃn; *Am.* -tlə'z-] *s bes. fig.* Schwächung *f.* **¸de'vi·tal·ize** *v/t bes. fig.* schwächen.

**de·vit·ri·fy** [diː'vɪtrɪfaɪ] *v/t* entglasen.

**de·vo·cal·i·za·tion** [diː¸vəokəlaɪ'zeɪʃn; *Am.* -lə'z-] *s ling.* Stimmlosmachen *f.* **¸de'vo·cal·ize** *v/t ling.* e-n Laut stimmlos machen.

**de·voice** [¸diː'vɔɪs] → **devocalize.**

**de·void** [dɪ'vɔɪd] *adj*: ~ **of** ohne (*acc*), bar (*gen*), frei von: ~ **of feeling** gefühllos.

**de·voir** [də'vwɑː(r); *Am. a.* 'dev-] *s* **1.** Pflicht *f*: **to do one's** ~. **2.** *pl* Höflichkeitsbezeigungen *pl*: **to pay one's** ~**s to s.o.** j-m s-e Aufwartung machen.

**dev·o·lu·tion** [¸diːvə'luːʃn; ¸dev-] *s* **1.** Ab-, Verlauf *m*: ~ **of events**, **time**, *etc.* **2.** *jur.* a) Erbfolge *f*, b) Über'tragung *f*, 'Übergang *m* (**on**, **upon** *auf acc*): ~ **of property**, **rights**, *etc*, c) Heimfall *m* (**on**, **upon** *an acc*). **3.** a) Über'tragung *f*: ~ **of duties**, **functions**, **powers**, *etc*, b) *parl.* Über'weisung *f* (**upon a committee** an e-n Ausschuß), c) *pol.* Dezentrali'sierung *f.* **4.** *biol.* Degenerati'on *f*, Entartung *f.*

**de·volve** [dɪ'vɒlv; *Am. a.* -'vɑːlv] **I** *v/t* (**on**, **upon**) *Rechte*, *Pflichten etc* über'tragen (*dat od. auf acc*), *contp.* abwälzen (*auf acc*): **to** ~ **a duty. II** *v/i* (**on**, **upon**, **to**) 'übergehen (*auf acc*), über'tragen werden (*dat od. auf acc*), zufallen (*dat*) (*Rechte*, *Pflichten*, *Besitz etc*): **it** ~**d (up)on him to do** es wurde ihm übertragen *od.* fiel ihm zu *od.* oblag ihm zu tun.

**Dev·on** ['devn] *s zo.* Devon(vieh) *n.*

**De·vo·ni·an** [de'vəonjən; -nɪən; dɪ'v-] **I** *adj* **1.** de'vonisch (*Devonshire betreffend*). **2.** *geol.* de'vonisch. **II** *s* **3.** Bewohner(in) von Devonshire. **4.** *geol.* De'von *n.*

**de·vote** [dɪ'vəot] *v/t* **1.** *s-e Zeit*, *Gedanken*, *Anstrengungen etc* widmen, *etwas* 'hingeben, opfern (**to** *dat*): **to** ~ **o.s. to a cause** sich e-r Sache widmen *od.* verschreiben; **to** ~ **o.s. to s.o.** sich j-m widmen. **2.** weihen, über'geben (**to** *dat*). **de'vot·ed** *adj* (*adv* ~**ly**) **1.** 'hingebungsvoll: a) aufopfernd, treu, b) anhänglich, zärtlich, c) eifrig, begeistert. **2.** dem 'Untergang geweiht, todgeweiht.

**dev·o·tee** [¸devə'tiː] *s* **1.** eifriger *od.* begeisterter Anhänger: **jazz** ~. **2.** glühender Verehrer *od.* Verfechter. **3.** (*bes. religiöser*) Eiferer, Fa'natiker *m.* **4.** *contp.* Betbruder *m*, -schwester *f.*

**de·vo·tion** [dɪ'vəoʃn] *s* **1.** Widmung *f.* **2.** 'Hingabe *f*: a) Ergebenheit *f*, Treue *f*, b) Aufopferung *f*, c) Eifer *m*, 'Hingebung *f*, d) Liebe *f*, Verehrung *f*, (innige) Zuneigung. **3.** *relig.* a) Andacht *f*, 'Hingebung *f*, Frömmigkeit *f*, b) *pl* Gebet *n*, Andacht(sübung) *f.* **de'vo·tion·al** [-ʃənl] **I** *adj* (*adv* ~**ly**) **1.** andächtig, fromm. **2.** Andachts..., Erbauungs...: ~ **book. II** *s* **2.** Andacht *f*, kurzer Gebetsgottesdienst. **de'vo·tion·al·ist** *s* **1.** Andächtige(r *m*) *f.* **2.** Frömmler(in).

**de·vour** [dɪˈvauə(r)] v/t **1.** (gierig) verschlingen. **2.** vernichten (*Flammen etc*). **3.** *fig. ein Buch* verschlingen. **4.** *fig.* (mit Blicken) verschlingen. **5.** *fig. j-n* verzehren, verschlingen. **~ed by passion** von Leidenschaft verzehrt. **deˈvour·ing** *adj* (*adv* ~ly) **1.** gierig. **2.** *fig.* verzehrend.
**de·vout** [dɪˈvaut] *adj* (*adv* ~ly) **1.** fromm. **2.** andächtig. **3.** innig, inbrünstig. **4.** herzlich. **5.** eifrig. **deˈvout·ness** *s* **1.** Frömmigkeit *f.* **2.** Andacht *f,* ˈHingabe *f.* **3.** Innigkeit *f,* Inbrunst *f.* **4.** Herzlichkeit *f.* **5.** Eifer *m.*
**dew** [dju:; *Am. a.* du:] **I** *s* **1.** Tau *m:* **wet with ~** taunaß. **2.** *fig.* Frische *f:* **the ~ of youth. 3.** a) Tränen *pl,* b) Schweiß(perlen *pl,* -tropfen *pl*) *m.* **II** *v/i* **4.** betauen, benetzen.
**de·wan** [dɪˈwɑ:n] *s pol. Br. Ind.* a) Premiˈermiˌnister *m* (*e-s indischen Staates*), b) *hist.* Fiˈnanzmiˌnister *m.*
**de·wa·ter** [ˌdiːˈwɔːtə(r)] *v/t* entwässern.
**ˈdew|·ber·ry** [-berɪ] *s bot.* (*e-e*) Brombeere. **ˈ~claw** *s zo.* Afterklaue *f.* **ˈ~drop** *s* **1.** Tautropfen *m.* **2.** *Br. humor.* Nasentropfen *m.* **ˈ~fall** *s* Taufall *m.*
**dew·i·ness** [ˈdjuːɪnɪs; *Am. a.* ˈduː-] *s* (Tau)Feuchtigkeit *f.*
**ˈdew|·lap** *s* **1.** a) *zo.* Wamme *f,* b) *orn.* Hautlappen *m.* **2.** (*altersbedingte*) Halsfalte. **~ point** *s phys.* Taupunkt *m.* **~pond** *s Br. kleiner, flacher Teich aus Tau.* **ˈ~ret, ˈ~rot** *v/t Flachs* ausrösten. **~ worm** *s Angeln:* Tauwurm *m.*
**ˈdew·y** *adj* **1.** taufeucht, *a. fig.* taufrisch. **2.** feucht, benetzt. **3.** *poet.* erfrischend: **~ sleep. ˈ~-eyed** *adj* ‚blauäugig‘, naˈiv.
**dex·ter** [ˈdekstə(r)] *adj* **1.** *obs.* recht(er, e, es), rechts(seitig). **2.** *her.* rechts (*vom Beschauer aus links*). **dexˈter·i·ty** [-ˈsterətɪ] *s* **1.** Gewandtheit *f,* Geschicklichkeit *f.* **2.** Rechtshändigkeit *f.* **ˈdexter·ous** *adj* (*adv* ~ly) **1.** gewandt, geschickt. **2.** rechtshändig.
**dex·tral** [ˈdekstrəl] *adj* (*adv* ~ly) **1.** rechts (-seitig), recht(er, e, es). **2.** rechtshändig.
**dex·tran** [ˈdekstræn; -trən], **ˈdextrane** [-treɪn] *s chem.* Dexˈtran *n.* **ˈdex·trin** [-trɪn], **ˈdex·trine** [-triːn] *s chem.* Dexˈtrin *n,* Stärkegummi *m, a. n.*
**dex·tro** [ˈdekstrəu] → **dextrorotatory.**
**dextro-** [dekstrəu; -trə] *Wortelement mit der Bedeutung* rechts.
**ˌdex·tro·gyˈra·tion, ˌdex·tro·roˈta·tion** *s chem. phys.* Rechtsdrehung *f.* **ˌdex·troˈro·ta·to·ry** *adj chem. phys.* rechtsdrehend.
**dex·trose** [ˈdekstrəus] *s chem.* Dexˈtrose *f,* Traubenzucker *m.*
**dex·trous** [ˈdekstrəs] → **dexterous. ˈdex·trous·ness** → **dexterity.**
**dhar·ma** [ˈdɑːmə; *Am.* ˈdɑːrmə] *s Dharma n:* a) (*Hinduismus*) *die jeweils in der Kaste gegebene Pflicht,* b) (*Buddhismus*) *die das Dasein bestimmenden Kräfte, aus denen e-e Persönlichkeit u. die von ihr erlebte Welt zustande kommt.*
**dhoo·ti** [ˈduːtɪ], **dho·ti, dho·tie** [ˈdəutɪ] *s* (*in Indien*) Lendentuch *n* (*der Männer*).
**dhow** [dau] *s mar.* D(h)au *f* (*arabisches Zweimastschiff mit Trapezsegeln*).
**di** [di:] *s mus.* di *n* (*Solmisationssilbe*).
**di-¹** [daɪ] *Vorsilbe mit der Bedeutung* zwei, doppelt.
**di-²** [dɪ] → **dis-¹.**
**di-³** [daɪ] → **dia-.**
**dia-** [daɪə] *Vorsilbe mit den Bedeutungen* a) durch, b) vollständig, c) sich trennend, d) entgegengesetzt.
**di·a·base** [ˈdaɪəbeɪs] *s min.* **1.** *Am.* Diaˈbas *m.* **2.** *Br.* (*Art*) Baˈsalt *m.*
**di·a·be·tes** [ˌdaɪəˈbiːtiːz] *s med.* Diaˈbetes *m,* Zuckerkrankheit *f,* ‚Zucker‘ *m:* **he's suffering from ~** er hat Zucker. **ˌdi·a·ˈbet·ic** [-ˈbetɪk] *med.* **I** *adj* diaˈbe-

tisch: a) zuckerkrank, b) Diabetes...: **~ diet** Diabeteskost *f;* **~ chocolate** Diabetikerschokolade *f.* **II** *s* Diaˈbetiker(in), Zuckerkranke(r *m*) *f.*
**di·a·ble·rie** [dɪˈɑːblərɪ] *a.* **diˈab·ler·y** [-ˈæb-] *s* **1.** Teufelskunst *f,* Schwarze Maˈgie. **2.** Dämonoloˈgie *f.* **3.** Teufeˈlei *f,* Untat *f.*
**di·a·bol·ic** [ˌdaɪəˈbɒlɪk; *Am.* -ˈbɑ-] *adj;* **ˌdi·a·ˈbol·i·cal** [-kl] *adj* (*adv* ~ly) diabolisch, teuflisch, böse.
**di·ab·o·lism** [daɪˈæbəlɪzəm] *s* **1.** Teufelswerk *n,* Teufeˈlei *f.* **2.** teuflische Besessenheit. **3.** Teufelslehre *f.* **4.** Teufelskult *m.* **diˈab·o·lize** *v/t* **1.** teuflisch machen. **2.** als Teufel darstellen.
**di·ab·o·lo** [dɪˈɑːbələu; *bes. Am.* -ˈæbə-; *a.* daɪ-] *s* Diˈabolo(spiel) *n.*
**di·a·chron·ic** [ˌdaɪəˈkrɒnɪk; *Am.* -ˈkrɑ-] *adj ling.* diaˈchronisch: **~ dictionary** (linguistics).
**di·ac·id** [daɪˈæsɪd] *chem.* **I** *adj* zweisäurig (*Basen*). **II** *s* Disäure *f.*
**di·ac·o·nal** [daɪˈækənl] *adj relig.* Diakons... **diˈac·o·nate** [-neɪt; -nət] *s relig.* Diakoˈnat *n.*
**di·a·crit·ic** [ˌdaɪəˈkrɪtɪk] **I** *adj* (*adv* ~ally) → **diacritical. II** *s ling.* diaˈkritisches Zeichen. **ˌdi·a·ˈcrit·i·cal** [-kl] *adj* (*adv* ~ly) diaˈkritisch, unterˈscheidend: **~ mark** → diacritic II.
**di·ac·tin·ic** [ˌdaɪækˈtɪnɪk] *adj phys.* die akˈtinischen Strahlen ˈdurchlassend.
**di·a·del·phous** [ˌdaɪəˈdelfəs] *adj bot.* diaˈdelphisch, zweibrüderig.
**di·a·dem** [ˈdaɪədem] *s* **1.** Diaˈdem *n.* **2.** *fig.* Hoheit *f,* Herrscherwürde *f.*
**di·aer·e·sis** [daɪˈɪərɪsɪs; *bes. Am.* -ˈer-] *s* **1.** *ling.* a) Diäˈrese *f,* Diˈäresis *f* (*getrennte Aussprache zweier Vokale*), b) Trema *n.* **2.** *metr.* Diäˈrese *f,* Diˈäresis *f* (*Verseinschnitt*).
**di·a·ge·o·trop·ic** [ˈdaɪədʒiːəˈtrɒpɪk; *Am.* -ˈtrəu-; -ˈtrɑ-] *adj bot.* transverˈsal-geoˌtropisch.
**di·ag·nose** [ˈdaɪəgnəuz; *Am. bes.* -ˈnəus] **I** *v/t* **1.** *med.* diagnostiˈzieren (**as** als) (*a. fig.*). **2.** *fig.* beurteilen. **II** *v/i* **3.** *med.* e-e Diaˈgnose stellen (*a. fig.*). **ˌdi·agˈno·sis** [-ˈnəusɪs] *pl* **-ses** [-siːz] *s* **1.** *med.* Diaˈgnose *f* (*a. fig.*): **to make a ~** → **diagnose 3.** *fig.* Beurteilung *f.* **ˌdi·agˈnos·tic** [-ˈnɒstɪk; *Am.* -ˈnɑs-] *med.* **I** *adj* (*adv* ~ally) **1.** diaˈgnostisch (*a. fig.*): **to be ~ of** symptomatisch sein für. **II** *s* **2.** Symˈptom *n,* charakteˈristisches Merkmal (*a. fig.*). **3.** *meist pl* (*als sg konstruiert*) Diaˈgnostik *f.* **4.** → **diagnosis 1. ˌdi·agˈnos·ti·cate** [-keɪt] → **diagnose. ˌdi·agˈnos·ti·cian** [-nɒsˈtɪʃn; *Am.* -ˌnɑs-] *s med.* Diaˈgnostiker(in).
**di·ag·o·nal** [daɪˈægənl] **I** *adj* (*adv* ~ly) **1.** *math. tech.* diagoˈnal: **~ surface** Diagonalfläche *f;* **~ cloth** → 4; **~ line** → 3. **2.** schräg(laufend), über Kreuz, Kreuz... **II** *s* **3.** *math.* Diagoˈnale *f.* **4.** schräggeripptes Gewebe, Diagoˈnalgewebe *n.*
**di·a·gram** [ˈdaɪəgræm] **I** *s* **1.** Diaˈgramm *n,* graphische Darstellung, Schema *n, tech. a.* Schau-, Kurvenbild *n.* **2.** *bot.* ˈBlütendiaˌgramm *n.* **II** *v/t pret u. pp* **-gramed,** *bes. Br.* **-grammed 3.** graphisch darstellen. **ˌdi·a·ˈgram·mat·ic** [-grəˈmætɪk] *adj;* **ˌdi·a·ˈgram·mat·i·cal** [-kl] *adj* (*adv* ~ly) graphisch, scheˈmatisch.
**di·a·graph** [ˈdaɪəgrɑːf; *bes. Am.* -græf] *s tech.* Diaˈgraph *m* (*Zeichengerät*).
**di·a·ki·ne·sis** [ˌdaɪəkɪˈniːsɪz; -kaɪ-] *s biol.* Diakiˈnese *f.*
**di·al** [ˈdaɪəl] **I** *s* **1.** *a.* **~ plate** Zifferblatt *n* (*der Uhr*). **2.** *a.* **~ plate** *tech.* Skala *f,*

Skalenblatt *n,* -scheibe *f:* **~ ga(u)ge** Meßuhr *f;* **~ light** (*Radio etc*) Skalenbeleuchtung *f.* **3.** *teleph.* Wähl-, Nummernscheibe *f.* **4.** *Bergbau:* Markscheide(r)kompaß *m.* **5.** *Br. sl.* ˌViˈsage‘ *f* (*Gesicht*). **II** *v/t pret u. pp* **-aled,** *bes. Br.* **-alled 6.** *teleph.* wählen: **to ~ a number; to ~ a wrong number** sich verwählen; **to ~ London** London anwählen. **7.** *e-n Sender etc* einstellen. **8.** mit e-r Skala bestimmen od. messen. **III** *v/i* **9.** *teleph.* wählen: **to ~ direct** durchwählen (**to** nach).
**di·al·co·hol** [daɪˈælkəhɒl] *s chem.* Dialkohol *m.*
**di·al·de·hyde** [daɪˈældɪhaɪd] *s chem.* ˈDialdeˌhyd *n.*
**di·a·lect** [ˈdaɪəlekt] *s* **1.** Diaˈlekt *m:* a) Mundart *f,* b) Sprachzweig *m:* **~ atlas** Sprachatlas *m;* **~ geography** Sprachgeographie *f.* **2.** Jarˈgon *m.* **di·aˈlec·tal** [-tl] *adj* (*adv* ~ly) diaˈlektisch, mundartlich, Dialekt...
**di·a·lec·tic** [ˌdaɪəˈlektɪk] **I** *adj* (*adv* ~ally) **1.** *philos.* diaˈlektisch. **2.** spitzfindig. **3.** *ling.* dialectal. **II** *s philos.* **4.** *meist pl* (*oft als sg konstruiert*) Diaˈlektik *f.* **5.** diaˈlektische Auseinˈandersetzung. **6.** Spitzfindigkeit *f.* **7.** Diaˈlektiker *m.*
**di·a·lec·ti·cal** [ˌdaɪəˈlektɪkl] *adj* (*adv* ~ly) → **dialectic I. ~ma·te·ri·al·ism** *s philos.* diaˈlektischer Materiaˈlismus.
**di·a·lec·ti·cian** [ˌdaɪəlekˈtɪʃn] *s* **1.** *philos.* Diaˈlektiker *m.* **2.** *ling.* Mundartforscher *m.* **ˌdi·a·ˈlec·ti·cism** [-tɪsɪzəm] *s* **1.** *philos.* (*praktische*) Diaˈlektik. **2.** *ling.* a) Mundartlichkeit *f,* b) Diaˈlektausdruck *m.* **ˌdi·a·ˈlec·tol·o·gy** [-ˈtɒlədʒɪ; *Am.* -ˈtɑ-] *s ling.* Dialektoloˈgie *f,* Mundartforschung *f.*
**ˈdi·a·ˈling| code** *s teleph. Br.* Vorwählnummer *f,* Vorwahl(nummer) *f.* **~ tone** *s teleph. Br.* Wählton *m,* -zeichen *n.*
**di·a·log** *Am. für* dialogue.
**di·a·log·ic** [ˌdaɪəˈlɒdʒɪk; *Am.* -ˈlɑ-] *adj* (*adv* ~ally) diaˈlogisch, in Diaˈlogform.
**di·al·o·gism** [daɪˈælədʒɪzəm] *s rhet.* Dialoˈgismus *m* (*Fragen, die ein Redner an sich selbst richtet u. auch selbst beantwortet*). **diˈal·o·gist** *s* **1.** Diaˈlogpartner(in). **2.** Verfasser(in) e-s Diaˈlogs. **diˈal·o·gize** *v/i* e-n Diaˈlog führen.
**di·a·logue,** *Am. a.* **di·a·log** [ˈdaɪəlɒg; *Am. a.* -ˌlɑg] *s* **1.** Diaˈlog *m,* (Zwie)Gespräch *n.* **2.** Diaˈlog-, Gesprächsform *f:* **written in ~. 3.** Werk *n* in Diaˈlogform. [-zeichen *n.*]
**dial tone** *s teleph. Am.* Wählton *m.*)
**di·a·lyse** [ˈdaɪəlaɪz], **ˈdi·a·ˈlys·er** *bes. Br. für* dialyze, dialyzer.
**di·al·y·sis** [daɪˈælɪsɪs] *pl* **-ses** [-siːz] *s* **1.** *chem.* Diaˈlyse *f.* **2.** *med.* Diaˈlyse *f,* Blutwäsche *f.*
**di·a·lyze** [ˈdaɪəlaɪz] *v/t chem. Am.* dialyˈsieren. **ˈdi·a·ˈlyz·er** *s Am.* **1.** *chem.* Diaˈlysator *m.* **2.** *med.* Diaˈlyseappaˌrat *m,* künstliche Niere.
**di·a·mag·net·ic** [ˌdaɪəmægˈnetɪk] *adj* (*adv* ~ally) *phys.* diamagˈnetisch.
**di·am·e·ter** [daɪˈæmɪtə(r)] *s* **1.** *math.* Diaˈmeter *m,* ˈDurchmesser *m:* **in ~** im Durchmesser. **2.** ˈDurchmesser *m,* Dicke *f,* Stärke *f.* **diˈam·e·tral** [-trəl] → **diametrical.**
**di·a·met·ric** [ˌdaɪəˈmetrɪk] → **diametrical 1. ˌdi·a·ˈmet·ri·cal** [ˌdaɪəˈmetrɪkl] *adj* (*adv* ~ly) **1.** diaˈmetrisch. **2.** *fig.* diameˈtral, genau entgegengesetzt: **~ opposites** diametrale Gegensätze.
**di·a·mine** [ˈdaɪəmiːn; daɪˈæmɪn] *s chem.* Diaˈmin(overbindung *f*) *n.*
**di·a·mond** [ˈdaɪəmənd] **I** *s* **1.** *min.* Diaˈmant *m:* **it was ~ cut ~** die beiden standen sich in nichts nach; **~ in the**

rough → rough diamond. 2. *tech.* Dia-
ˈmant *m*, Glasschneider *m*. 3. *math.*
Raute *f*, Rhombus *m*. 4. *Kartenspiel*: a) *pl*
Karo *n*, b) Karokarte *f*. 5. *Baseball*:
a) Spielfeld *n*, b) Innenfeld *n*. 6. *print. hist.*
Diaˈmant *f (Schriftgrad)*. II *v/t* 7. (wie)
mit Diaˈmanten schmücken. III *adj*
8. diaˈmanten. 9. Diamant... 10. rhom-
bisch, rautenförmig. ~ **cut·ter** *s* Dia-
ˈmantschleifer *m*. ~ **drill** *s tech.* Dia-
ˈmantbohrer *m*: a) Bohrer für Diamanten,
b) Bohrer mit Diamantspitze. ~ **field** *s*
Diaˈmantenfeld *n*. ~ **mine** *s* Diaˈmant-
mine *f*. ~ **pane** *s* rautenförmige Fen-
sterscheibe. ~ **pen·cil** *s tech.* ˈGlaserdia-
ˌmant *m*. ~ **saw** *s tech.* Diaˈmantsäge *f*. ~
**wed·ding** *s* diaˈmantene Hochzeit.
**di·an·drous** [daɪˈændrəs] *adj bot.* diˈan-
drisch, zweimännig.
**di·a·nod·al** [ˌdaɪəˈnəʊdl] *adj math.*
durch (e-n) Knoten gehend (*Kurven*),
Knoten...
**di·an·thus** [daɪˈænθəs] *s bot.* Nelke *f*.
**di·a·pa·son** [ˌdaɪəˈpeɪsn; -zn] *s* 1. *antiq.*
*mus.* Diapaˈson *m, n*, Okˈtave *f*. 2. *mus.* a)
gesamter Tonbereich, b) ˈTonˌumfang *m*.
3. *mus.* Menˈsur *f (e-s Instruments)*. 4. *mus.*
a) 8-Fuß-Ton *m*, b) ~ **open** ~ Prinziˈpal *n*
*(der Orgel)*. 5. *a.* ~ **normal** *mus.* Norˈmal-
stimmung *f*, Kammerton *m*. 6. *mus.*
Stimmgabel *f*. 7. *Zs.-Klang m*, Harmoˈnie
*f*. 8. *fig.* ˈUmfang *m*, Bereich *m*.
**di·a·pause** [ˈdaɪəpɔːz] *s zo.* Diaˈpause *f*
*(klimatisch od. erblich bedingter Ruhezu-
stand während der Entwicklung)*.
**di·a·pe·de·sis** [ˌdaɪəpəˈdiːsɪs] *s med.*
Diapeˈdese *f (Durchtritt von Blutkörper-
chen durch e-e unverletzte Gefäßwand)*.
**di·a·per** [ˈdaɪəpə(r)] I *s* 1. Diˈaper *m*,
Gänseaugenstoff *m (Jacquardgewebe aus
Leinen od. Baumwolle)*. 2. *a.* ~ **pattern**
Diˈaper-, Kantenmuster *n*. 3. *Am.* Windel
*f*: ~ **rash** *med.* Wundsein *n (beim Säug-
ling)*. II *v/t* 4. mit (e-m) Diˈapermuster
verzieren.
**di·a·phane** [ˈdaɪəfeɪn] *s* ˈdurchsichtige
Subˈstanz.
**di·aph·a·nom·e·ter** [daɪˌæfəˈnɒmɪtə;
*Am.* -ˈnɒmətər] *s* Diaphanoˈmeter *n*,
Transpaˈrenzmesser *m*. **di·ˈaph·a·nous**
*adj (adv* ~**ly**) ˈdurchsichtig, transpaˈrent
*(a. fig.)*.
**di·a·pho·ret·ic** [ˌdaɪəfəˈretɪk] *adj u. s*
*med.* schweißtreibend(es Mittel).
**di·a·phragm** [ˈdaɪəfræm] *s* 1. *anat.*
Diaˈphragma *n*: a) Scheidewand *f*,
b) Zwerchfell *n*. 2. *phys.* ˈhalbˌdurchläs-
sige Schicht *od.* Scheidewand *od.* Mem-
ˈbran(e). 3. *teleph. etc* Memˈbran(e) *f*.
4. *opt. phot.* Blende *f*. 5. *bot.* Diaˈphragma
*n*. 6. *med.* Diaˈphragma *n (mechanisches
Empfängnisverhütungsmittel)*. ~ **pump** *s*
*tech.* Memˈbranpumpe *f*. ~ **shut·ter** *s*
*phot.* Blendenverschluß *m*. ~ **valve** *s*
*tech.* Memˈbranventil *n*.
**di·a·pos·i·tive** [ˌdaɪəˈpɒzɪtɪv; *Am.* -ˈpɑ-]
*s phot.* Diaposiˈtiv *n*.
**di·ar·chy** [ˈdaɪɑː(r)kɪ] *s* Diarˈchie *f*, Dop-
pelherrschaft *f*.
**di·ar·i·al** [daɪˈeərɪəl], **di·ar·i·an** *adj*
Tagebuch...
**di·a·rist** [ˈdaɪərɪst] *s* Tagebuchschrei-
ber(in). ˈ**di·a·rize** I *v/t* ins Tagebuch
eintragen. II *v/i* (ein) Tagebuch führen.
**di·ar·rh(o)e·a** [ˌdaɪəˈrɪə] *s med.* Diar-
ˈrhö(e) *f*, ˈDurchfall *m*. ˌ**di·ar·ˈrh(o)e·**
**al**, ˌ**di·ar·ˈrh(o)e·ic** *adj* diar-
ˈrhöisch, Durchfall...
**di·ar·thro·sis** [ˌdaɪɑː(r)ˈθrəʊsɪs] *pl*
**-ses** [-siːz] *s anat.* Diarˈthrose *f*, Kugel-
gelenk *n*.
**di·a·ry** [ˈdaɪərɪ] *s* 1. Tagebuch *n*. 2. No-
ˈtizbuch *n*, ˈTaschenkaˌlender *m*. 3. Ter-
ˈminkaˌlender *m*.
**Di·as·po·ra** [daɪˈæspərə] *s* Diˈaspora *f*:

a) *hist.* die seit dem babylonischen Exil
außerhalb Palästinas lebenden Juden,
b) Gebiet, in dem die Anhänger e-r Kon-
fession (a. Nation) gegenüber e-r anderen
in der Minderheit sind, c) e-e konfessionelle
(a. nationale) Minderheit.
**di·a·stase** [ˈdaɪəsteɪs] *s biol. chem.* Dia-
ˈstase *f*.
**di·as·to·le** [daɪˈæstəlɪ] *s* Diˈastole *f*:
a) *med. die mit der Zs.-ziehung rhythmisch
abwechselnde Erweiterung des Herzens*,
b) *metr.* Dehnung e-s kurzen Vokals.
**di·as·tro·phism** [daɪˈæstrəfɪzəm] *s*
*geol.* Veränderung *f* der Erdoberfläche.
**di·a·ther·mic** [ˌdaɪəˈθɜːmɪk; *Am.* -ˈθɜr-]
*adj* 1. *phys.* diaˈtherm, diatherˈman,
ˈultrarot-, ˈwärmeˌdurchlässig. 2. *med.*
diaˈthermisch. ˌ**di·a·ˈther·mize** *v/t*
*med.* diaˈthermisch behandeln. ˌ**di·a·**
ˈ**ther·mous** → diathermic. ˈ**di·a·**
ˌ**ther·my** *s med.* Diatherˈmie *f (Heil-
verfahren mit Hochfrequenzströmen)*.
**di·ath·e·sis** [daɪˈæθɪsɪs] *pl* **-ses** [-siːz] *s*
*med.* Diaˈthese *f*, Krankheitsneigung *f*.
**di·a·tom** [ˈdaɪətəm; -tɒm; *Am.* -ˌtɑm] *s*
*bot.* Diatoˈmee *f*, Kieselalge *f*. ˌ**di·a·to·**
ˈ**ma·ceous** [-təˈmeɪʃəs] *adj* Diato-
meen...: ~ **earth** *geol.* Diatomeenerde *f*,
Kieselgur *f*.
**di·a·tom·ic** [ˌdaɪəˈtɒmɪk; *Am.* -ˈtɑ-] *adj*
*chem.* 1. ˌzweiaˌtomig. 2. zweiwertig.
**di·a·ton·ic** [ˌdaɪəˈtɒnɪk; *Am.* -ˈtɑ-] *adj*
*(adv* ~**ally**) *mus.* diaˈtonisch: ~ **semitone**
~ **scale** diatonische Tonleiter.
**di·a·tribe** [ˈdaɪətraɪb] *s* Ausfall *m*, ge-
hässiger Angriff, Hetz- *od.* Schmäh-
schrift *f od.* -rede *f*.
**di·az·o·a·min(e)** [daɪˌæzəʊˈæmɪn; -ˌeɪ-]
*s chem.* Diazoaˈminoverbindung *f*.
**dib** [dɪb] *v/i Angeln*: den Köder *(im Was-
ser)* auf u. ab hüpfen lassen.
**di·bas·ic** [daɪˈbeɪsɪk] *adj chem.* zweiba-
sisch.
**dib·ber** [ˈdɪbə(r)] *s* 1. → dibble[1]. 2. *mil.*
Minenlegestab *m*.
**dib·ble[1]** [ˈdɪbl] *agr.* I *s* 1. Dibbelstock *m*,
Pflanz-, Setzholz *n*. II *v/t* 2. mit e-m
Setzholz pflanzen. 3. *(mit dem Setzholz)*
Löcher machen in *(acc)*. III *v/i* 4. dib-
beln.
**dib·ble[2]** [ˈdɪbl] → dib.
**di·ben·zyl** [daɪˈbenzɪl] *adj chem.* zwei
Benˈzylgruppen enthaltend.
**di·bran·chi·ate** [daɪˈbræŋkɪeɪt; -kɪət]
*adj ichth.* zweikiemig.
**dibs** [dɪbz] *s pl* 1. *(als sg konstruiert)*
*Br.* Kinderspiel mit Steinchen *od.* Metall-
stückchen. 2. *colloq.* Recht *n*, Anspruch *m*
*(on auf acc)*: I **have** ~ **on** that piece of
cake das Stück Kuchen steht mir zu. 3.
*Am. sl.* „Zaster‘ *m (Geld)*, *(ein)* paar „Krö-
ten‘ *pl*.
**di·car·bon·ate** [daɪˈkɑː(r)bənɪt; -neɪt] *s*
*chem.* 1. Dikarboˈnat *n*. 2. → dicar-
boxylate. ˌ**di·car·ˈbox·yl·ate** [-ˈbɒk-
sɪlɪt; *Am.* -ˈbɑk-] *s chem.* Dicar-
boxyˈlat *n*.
**dice** [daɪs] I *s* 1. *pl von* die[2] 1–3. 2. *pl* dice
→ die[2] 1, 2. II *v/t* 3. *gastr.* in Würfel
schneiden. 4. mit *j-m* würfeln od. kno-
beln (for um): to ~ **s.o.** for s.th.; to ~
**away** beim Würfeln verlieren. 5. wür-
feln, mit ~ Würfel- od. Karomuster
verzieren. 6. *mil. Am.* Luftaufnahmen
machen von. III *v/i* 7. würfeln, kno-
beln (for um): to ~ **with** death mit s-m
Leben spielen. ~ **cup** *s* Würfel-, Knobel-
becher *m*.
**di·cen·tra** [daɪˈsentrə] *s bot.* Tränendes
Herz.
**di·ceph·a·lous** [daɪˈsefələs] *adj* doppel-,
zweiköpfig.
ˈ**dic·er** *s* 1. Würfelspieler(in). 2. ˈWürfel-
ˌschneidmaˌschine *f*. 3. *Am. sl.* „Meˈlone‘
*f*, Bowler *m*.

**dic·ey** [ˈdaɪsɪ] *adj colloq.* preˈkär, heikel
*(Situation etc)*.
**dich-** [daɪk] → dicho-.
**di·chlo·ride** [daɪˈklɔːraɪd], *a.* **di·ˈchlo·**
**rid** [-rɪd] *s chem.* Dichloˈrid *n*.
**dicho-** [daɪkəʊ] *Wortelement mit der Be-
deutung* in zwei Teilen, paarig.
**di·chog·a·my** [daɪˈkɒgəmɪ; *Am.* -ˈkɑ-] *s*
*bot.* Dichogaˈmie *f (zeitlich getrenntes
Reifwerden der weiblichen u. männlichen
Geschlechtsorgane innerhalb e-r Zwitter-
blüte, wodurch e-e Selbstbefruchtung ver-
hindert wird)*.
**di·chot·o·mize** [daɪˈkɒtəmaɪz; *Am.*
-ˈkɑ-] *v/t* 1. aufspalten. 2. *bot. zo., a.
Logik*: dichoˈtomisch anordnen. 3. *Sy-
stematik*: auf e-n zweigabeligen Bestim-
mungsschlüssel verteilen. 4. *astr. bes. den
Mond* halb beleuchten. **di·ˈchot·o·my**
[-mɪ] *s* Dichotoˈmie *f*: a) (Zwei)Teilung *f*,
(Auf)Spaltung *f*, b) *Logik*: Diäˈrese *f*,
Zweiteilung *f (Begriffsanordnung)*, c) *bot.
zo.* (wiederˈholte) Gabelung, d) *astr.*
Halbsicht *f*.
**di·chro·ic** [daɪˈkrəʊɪk] *adj* 1. *min.* di-
chroˈitisch *(Kristall)*. 2. → dichromatic.
ˈ**di·chro·ism** *s* 1. *min.* Dichroˈismus *m*
*(Eigenschaft vieler Kristalle, Licht nach 2
Richtungen in verschiedenen Farben zu
zerlegen)*. 2. → dichromatism. ˌ**di·**
ˈ**chro·it·ic** → dichroic.
**di·chro·mate** [daɪˈkrəʊmeɪt] *s chem.*
Dichroˈmat *n*, doppelchromsaures Salz.
ˌ**di·chro·ˈmat·ic** [-ˈmætɪk] *adj* 1. di-
chroˈmatisch, zweifarbig. 2. *med.* a) di-
chroˈmat, b) die Dichromaˈsie *od.* Di-
chromatoˈpsie betreffend. **di·ˈchro·**
**ma·tism** [-mətɪzəm] *s* 1. Zweifarbig-
keit *f*. 2. *med.* Dichromaˈsie *f*, Dichroma-
toˈpsie *f (Farbenblindheit, bei der nur 2 der
3 Grundfarben erkannt werden.)*
**di·chro·mic[1]** [daɪˈkrəʊmɪk] *adj* 1. →
dichroic 1. 2. → dichromatic 2 b.
**di·chro·mic[2]** [daɪˈkrəʊmɪk] *adj chem.*
zwei Radiˈkale der Chromsäure enthal-
tend.
**di·chro·mic| ac·id** *s chem.* Diˈchrom-
säure *f*. ~ **vi·sion** → dichromatism 2.
**dick** [dɪk] *s* 1. *bes. Br. sl.* Kerl *m*: ~
**clever** 1. 2. *bes. Am. sl.* ˌSchnüffler‘ *m*
*(Detektiv)*: **private** ~ Privatdetektiv *m*. 3.
*vulg.* „Schwanz‘ *m (Penis)*.
**dick·ens** [ˈdɪkɪnz] *s colloq.* Teufel *m*:
**what** (how, *etc*) **the** ~ was (wie *etc*) zum
Teufel.
**Dick·en·si·an** [dɪˈkenzɪən] I *s* Bewun-
derer *m od.* Kenner *m* der Werke
Dickens’. II *adj* dickenssch(er, e, es).
**dick·er[1]** [ˈdɪkə(r)] I *s* 1. Schacher *m*,
ˌKuhhandel‘ *m*. 2. Tauschhandel *m*. II *v/i*
3. feilschen, schachern (with mit; for
um). 4. tauschen, Tauschgeschäfte ma-
chen.
**dick·er[2]** [ˈdɪkə(r)] *s econ. Am.* zehn Stück
*(Zählmaß bes. für Felle)*.
**dick·ey[1]** [ˈdɪkɪ] *s* 1. Hemdbrust *f*.
2. (Blusen)Einsatz *m*. 3. *a.* ~ **bow** *Br.*
(Frack)Schleife *f*, Fliege *f*. 4. *Br. colloq.*
Esel *m*. 5. → dickeybird. 6. *mot.* Not-,
Klappsitz *m*.
**dick·ey[2]** [ˈdɪkɪ] *adj colloq.* schwach
*(Herz)*, wack(e)lig *(Leiter etc)*: I **feel**
**a bit** ~ **today** ich fühl’ mich heute nicht
wohl.
ˈ**dick·ey·bird** *s Kindersprache*: Piep-
matz *m*, Vögelchen *n*: I **didn’t see a** ~
*colloq.* ich hab’ keinen Menschen ge-
sehen.
**dick·y[1]** [ˈdɪkɪ] → dickey[1].
**dick·y[2]** [ˈdɪkɪ] → dickey[2].
ˈ**dick·y·bird** → dickeybird.
**di·cli·nism** [ˈdaɪklɪnɪzəm; *Am.* daɪˈklaɪ-]
*s bot.* Getrenntgeschlechtigkeit *f*.
**di·cot·y·le·don** [ˌdaɪkɒtɪˈliːdən; *Am.*
-ˌkɑtlˈiːdn] *s bot.* Dikoˈtyle *f*, zweikeim-

blättrige Pflanze. ¡**di·cot·y¹le·don·ous** [-dənəs] adj bot. diko¹tyl, zweikeimblättrig.

**di·crot·ic** [daɪ¹krɒtɪk; Am. -¹krɑ-] adj med. di¹krot(isch), doppelschlägig (Puls).

**dic·ta** [¹dɪktə] pl von **dictum**.

**dic·tate** [dɪk¹teɪt; Am. bes. ¹dɪkteɪt] **I** v/t (to dat) **1.** e-n Brief etc dik¹tieren: **to ~ a letter to s.o. 2.** dik¹tieren: a) vorschreiben, gebieten: **necessity ~s** it die Not gebietet es, b) auferlegen, aufzwingen: **to ~ terms to s.o. 3.** fig. eingeben, -flößen. **II** v/i **4.** dik¹tieren, ein Dik¹tat geben: **dictating machine** Diktiergerät n. **5.** dik¹tieren, befehlen, herrschen: **to ~ to s.o.** j-n beherrschen; **to s.o. j-m** Befehle geben; **he will not be ~d** to er läßt sich keine Vorschriften machen; **as the situation ~s** wie es die Lage gebietet od. erfordert. **III** s [¹dɪkteɪt] **6.** Gebot n, Befehl m, Dik¹tat n: **the ~s of conscience (reason)** das Gebot des Gewissens (der Vernunft). **dic¹ta·tion 1.** Dik¹tat n: a) Dik¹tieren n, b) Dik¹tatschreiben n, c) dik¹tierter Text. **2.** Befehl(e pl) m.

**dic·ta·tor** [dɪk¹teɪtə(r); Am. bes. ¹dɪk‚t-] s **1.** Dik¹tator m (a. fig.). **2.** Dik¹tierende(r) m. ¡**dic·ta·to·ri·al** [-tə¹tɔːrɪəl] adj (adv ~ly) dikta¹torisch: a) gebieterisch, autori¹tär, b) abso¹lut, ¹unum‚schränkt: **~ power. dic·ta·tor·ship** s Dikta¹tur f (a. fig.): **the ~ of the proletariat** pol. die Diktatur des Proletariats. **dic·ta·tress** [-trɪs] s Dikta¹torin f (a. fig.).

**dic·tion** [¹dɪkʃn] s **1.** Dikti¹on f, Ausdrucks-, Redeweise f, Sprache f, Stil m. **2.** (deutliche) Aussprache.

**dic·tion·ar·y** [¹dɪkʃənrɪ; Am. -ʃə‚neriː] s **1.** Wörterbuch n: **a French-English ~; pronouncing ~** Aussprachewörterbuch. **2.** (bes. einsprachiges) enzyklo¹pädisches Wörterbuch. **3.** Lexikon n, Enzyklopä¹die f: **a walking** (od. **living**) **~** fig. ein wandelndes Lexikon. **4.** fig. Vokabu¹lar n, Terminolo¹gie f. **~ cat·a·log(ue)** s ¹Kreuzkata‚log m (in dem Verfasser- u. Schlagwortkatalog in ¹einem Alphabet zs.-gefaßt sind).

**dic·to·graph** [¹dɪktəgrɑːf; bes. Am. -græf] s teleph. Abhörgerät n.

**dic·tum** [¹dɪktəm] pl -ta [-tə], -tums s **1.** autorita¹tiver Ausspruch od. Entscheid. **2.** jur. richterlicher Ausspruch. **3.** Diktum n, Ausspruch m, Ma¹xime f.

**did** [dɪd] pret von **do¹**.

**di·dac·tic** [dɪ¹dæktɪk; daɪ¹d-] **I** adj (adv ~ally) **1.** di¹daktisch, lehrhaft, belehrend: **~ play** Lehrstück n; **~ poem** Lehrgedicht n. **2.** belehrend, schulmeisterhaft. **II** s **3.** pl (a. als sg konstruiert) Di¹daktik f, ¹Unterrichtslehre f. **di¹dac·ti·cal** [-kl] adj (adv ~ly) → **didactic** I. **di¹dac·ti·cism** [-tɪsɪzəm] s **1.** di¹daktische Me¹thode. **2.** (das) Di¹daktische, Lehrhaftigkeit f.

**did·dle¹** [¹dɪdl] v/t colloq. beschwindeln, betrügen, übers Ohr hauen: **to ~ s.o. out of s.th.** j-n um etwas betrügen.

**did·dle²** [¹dɪdl] dial. **I** v/i wippen, hüpfen. **II** v/t hüpfen lassen.

**di·do** [¹daɪdəʊ] pl -**dos**, -**does** s colloq. a) Streich m, b) Kapri¹ole f: **to cut ~(e)s** Kapriolen vollführen.

**didst** [dɪdst] obs. 2. sg pret von **do¹**.

**did·y·mous** [¹dɪdɪməs] adj bot. zo. doppelt, gepaart, Zwillings...

**did·y·mi·an** [‚dɪdɪ¹neɪmɪən; Am. ‚daɪdə-], **di·dyn·a·mous** [daɪ¹dɪnəməs] adj bot. didy¹namisch, zwei und zwanzigmächtig.

**die¹** [daɪ] **I** v/i pres p **dy·ing** [¹daɪɪŋ] **1.** sterben: **to ~ by one's own hand** von eigener Hand sterben; **to ~ of old age** an Altersschwäche sterben; **to ~ of hunger** (**thirst**) verhungern (verdursten); **to ~ for one's country** für sein (Vater)Land sterben; **to ~ from a wound** an e-r

Verwundung sterben, e-r Verwundung erliegen; **to ~ of boredom** fig. vor Langeweile (fast) umkommen; **to ~ of** (od. **with**) **laughter** fig. sich totlachen; **to ~ a martyr** als Märtyrer od. den Märtyrertod sterben (a. fig.); **to ~ game** kämpfend sterben (a. fig.); **to ~ hard** a) zählebig sein (a. Sache), ,nicht tot zu kriegen sein', b) fig. langsam verschwinden; **to ~ in one's boots** (od. **shoes**), **to ~ with one's boots** (od. **shoes**) **on** a) e-s plötzlichen od. gewaltsamen Todes sterben, b) in den Sielen sterben; **never say ~!** nur nicht nach- od. aufgeben!; **to ~ like flies** wie die Fliegen sterben; **his secret ~d with him** er nahm sein Geheimnis mit ins Grab; → **ditch** 1, **harness** 1, **martyr** 2. **2.** eingehen (Pflanze, Tier), verenden (Tier). **3.** bes. fig. vergehen, erlöschen, ausgelöscht werden, aufhören. **4.** oft ~ **out**, ~ **down**, ~ **away** ersterben, vergehen, schwinden, sich verlieren: **the sound ~d** der Ton erstarb od. verhallte od. verklang. **5.** oft ~ **out**, ~ **down** ausgehen, erlöschen. **6.** vergessen werden, in Vergessenheit geraten. **7.** nachlassen, schwächer werden, abflauen (Wind etc). **8.** absterben (Motor). **9.** (to, unto) sich lossagen (von), den Rücken kehren (dat): **to ~ to the world;** **to ~ unto sin** sich von der Sünde lossagen. **10.** (da¹hin-) schmachten. **11.** meist **to be dying** (**for;** **to do**) schmachten, sich sehnen (nach; danach, zu tun), brennen (auf acc; darauf, zu tun): **he was dying for a drink** er brauchte unbedingt etwas zu trinken; **I am dying to see it** ich möchte es schrecklich gern sehen; **I am not exactly dying to do it** ich reiße mich nicht darum, es zu tun. **II** v/t **12.** e-s Todes sterben: → **natural** 1, **violent** 2.

*Verbindungen mit Adverbien:*

**die¦ a·way** v/i **1.** sich legen (Wind), verhallen, verklingen (Ton). **2.** sich verlieren: **to ~ into the darkness** sich im Dunkel verlieren. **3.** Am. ohnmächtig werden. ~ **back** v/i **1.** → **die away** 1. **2.** sich legen (Aufregung etc). **3.** bot. (von oben) absterben. ~ **off** v/i ¹hin-, wegsterben. ~ **out** v/i **1.** (all¹mählich) aufhören, vergehen. **2.** erlöschen (Feuer). **3.** aussterben (a. fig.).

**die²** [daɪ] pl (1–3) **dice** [daɪs] od. (4 u. 5) **dies** [daɪz] s **1.** Würfel m: **the ~ is cast** fig. die Würfel sind gefallen; **to play (at) dice** würfeln, knobeln; (**as**) **straight as a ~** a) pfeilgerade, b) fig. grundehrlich, -anständig; **to venture on the cast of a ~** auf e-n Wurf setzen; **no ~!** bes. Am. colloq. nichts zu machen!, ,da läuft nichts!'; → **load** 14, **loaded** 2. **2.** bes. gastr. Würfel m, würfelförmiges Stück. **3.** Würfelspiel n. **4.** arch. Würfel m (e-s Sockels). **5.** tech. a) print. Prägestock m, -stempel m, b) Schneideisen n, -kluppe f, c) (Draht)Zieheisen n, d) Gesenk n, Gußform f, Ko¹kille f: (**female** od. **lower**) ~ Matrize f; (**male** od. **upper**) ~ Patrize f.

¹**die¦-a¦way** adj schmachtend: **a ~ glance.** ¹**~-cast** v/t irr tech. spritzgießen, spritzen. ¹**~-cast·ing** s tech. Spritzguß (-stück) m. ~ **chuck** → **die head.** ¹**~-cut** v/t irr tech. stempelschneiden. ¹**~-hard I** s **1.** Dickschädel m, zäher u. unnachgiebiger Mensch. **2.** zählebige Sache. **3.** pol. hartnäckiger Reaktio¹när, bes. ex¹tremer Konserva¹tiver. **II** adj **4.** hartnäckig, zäh u. unnachgiebig. ~ **head, ~ hold·er** s tech. **1.** Schneidkopf m. **2.** Setzkopf m (e-s Niets).

**di·e·lec·tric** [daɪɪ¹lektrɪk] electr. **I** s Die¹lektrikum n. **II** adj (adv ~ally) die¹lektrisch, nichtleitend: ~ **constant** Dielektrizitätskonstante f; ~ **strength** Durchschlagsfestigkeit f.

**di·en·ceph·a·lon** [‚daɪen¹sefələn; Am. -‚lɑn] s anat. Zwischenhirn n.

**di·er·e·sis** → **diaeresis.**

**die·sel** [¹diːzl] **I** s Diesel m: a) Dieselmotor m, b) Fahrzeug n mit Dieselmotor, c) Dieselkraftstoff m. **II** adj Diesel...: ~ **engine;** ~ **oil;** ~ **cycle** Dieselkreisprozeß m; ~ **fuel** Dieselkraftstoff m. **III** v/i Am. nachdieseln (Motor). ~**-e¹lec·tric** adj ¹diesele‚lektrisch.

**die·sel·i·za·tion** [‚diːzlaɪ¹zeɪʃn; Am. -lə¹z-] s ¹Umstellung f auf Dieselbetrieb. ¹**die·sel·ize** v/t auf Dieselbetrieb ¹umstellen.

**di·e·ses** [¹daɪɪsiːz] pl von **diesis.**

¹**die‚sink·er** s tech. Werkzeugmacher m (bes. für spanabhebende Werkzeuge u. Stanzwerkzeuge).

**di·e·sis** [¹daɪɪsɪs] pl -**ses** [-siːz] s **1.** print. Doppelkreuz n. **2.** mus. Kreuz n, Erhöhungszeichen n.

**di·es non** [‚daɪiːz¹nɒn; Am. -¹nɑn] s jur. gerichtsfreier Tag.

**die stock** s tech. Schneidkluppe f.

**di·et¹** [¹daɪət] **I** s **1.** Nahrung f, Ernährung f, Speise f, (a. fig. geistige) Kost: **full** (**low**) ~ reichliche (magere) Kost; **vegetable ~** vegetarische Kost. **2.** med. Di¹ät f, Schon-, Krankenkost f: ~ **kitchen** Di¹ätküche f; **to be** (**put**) (**up**)**on a ~** auf Diät gesetzt sein, diät leben (müssen); **to take a ~** → **II** v/t **3.** j-n auf Di¹ät setzen: **to ~ o.s.** → **4.** **III** v/i **4.** Di¹ät halten, diät leben.

**di·et²** [¹daɪət] s **1.** pol. a) ¹Unterhaus n (in Japan etc), b) hist. Reichstag m: **the D~ of Worms** der Reichstag zu Worms. **2.** jur. Scot. a) Ge¹richtster‚min m, b) Gerichtssitzung f.

**di·e·tar·y** [¹daɪətərɪ; Am. -‚terɪː] **I** s **1.** med. Di¹ätzettel m, -vorschrift f. **2.** Speisezettel m. **3.** (¹Essen)Rati‚on f (in Gefängnissen etc). **II** adj **4.** Diät..., diä¹tetisch. **di·e¹tet·ic** [-¹tetɪk] adj; ¡**di·e¹tet·i·cal** [-kl] adj (adv ~ly) med. diä¹tetisch, Diät... **di·e¹tet·ics** s pl (meist als sg konstruiert) med. Diä¹tetik f, Di¹ätlehre f, -kunde f.

**di·eth·yl** [daɪ¹eθɪl] adj chem. Diäthyl...

**di·e·ti·tian,** a. **di·e·ti·cian** [‚daɪə¹tɪʃn] s med. Diä¹tetiker(in). [heitspille f.]

**di·et pill** s med. pharm. Am. Schlank-]

**dif·fer** [¹dɪfə(r)] v/i **1.** sich unter¹scheiden, verschieden sein, abweichen (**from** von): **we ~ very much in that** wir sind darin sehr verschieden; **it ~s in being smaller** es unterscheidet sich dadurch, daß es kleiner ist. **2.** ausein¹andergehen (Meinungen). **3.** (**from, with**) nicht über¹einstimmen (mit), anderer Meinung sein (als): → **agree** 3, **beg** 8. **4.** diffe¹rieren, sich nicht einig sein (**on** über acc).

**dif·fer·ence** [¹dɪfrəns] s **1.** ¹Unterschied m, Unter¹scheidung f: **to make no ~ between** keinen Unterschied machen zwischen (dat); **that makes a great** (od. **big**) ~ a) das macht viel aus, b) das ändert die Sach(lag)e, c) das ist von großer Bedeutung (**to** für); **it makes no ~ (to me)** es ist (mir) gleich(gültig), es macht (mir) nichts aus; **it made all the ~** es änderte die Sache vollkommen, es gab der Sache ein ganz anderes Gesicht; **what's the ~?** was macht das schon aus? **2.** ¹Unterschied m, Verschiedenheit f: ~ **of opinion** Meinungsverschiedenheit f. **3.** Diffe¹renz f (a. Börse), ¹Unterschied m (in Menge, Grad etc): ~ **in price**, **price ~** Preisunterschied; → **split** 3. **4.** math. Diffe¹renz f: a) ¹Betrag m e-r Änderungsbetrag m (e-s Funktionsgliedes): ~ **equation** Differenzgleichung f. **5.** Uneinigkeit f, Diffe¹renz f, Streit m, Meinungsverschiedenheit f. **6.** Streitpunkt m. **7.** Unter¹scheidungsmerkmal n. **8.** Besonder-

heit *f*: a film with a~ ein Film (von) ganz besonderer Art; a car with a ~ ein Wagen, der einmal etwas anderes ist; holidays (*bes. Am.* vacation) with a ~ Urlaub *m* mal ganz anders; salads with a ~ Salate ,mit Pfiff'. **9.** → differentia. **II** *v/t* **10.** unter'scheiden (from von; between zwischen *dat*). **11.** e-n 'Unterschied machen zwischen (*dat*).

**dif·fer·ent** ['dɪfrənt] *adj* (*adv* → differently) **1.** verschieden(artig): in three ~ places an drei verschiedenen Orten. **2.** (from, a. than, to) verschieden (von), anders (als): that's ~! das ist etwas and(e)res!; it looks~ es sieht anders aus. **3.** ander(er, e, es): that's a ~ matter das ist etwas and(e)res. **4.** besonder(er, e, es), individu'ell.

**dif·fer·en·ti·a** [,dɪfə'renʃiə] *pl* -ae [-'ʃiː] *s* Logik: spe'zifischer 'Unterschied.

**dif·fer·en·tial** [,dɪfə'renʃl] **I** *adj* (*adv* ~ly) **1.** unter'scheidend, Unterscheidungs..., besonder(er, e, es), charakte'ristisch. **2.** 'unterschiedlich, verschieden. **3.** *electr. math. phys. tech.* Differential...: ~ equation; ~ geometry; ~ screw. **4.** *econ.* gestaffelt, Differential...: ~ tariff Differential-, Staffeltarif *m*. **5.** *geol.* selek'tiv. **II** *s* **6.** Unter'scheidungsmerkmal *n*. **7.** *math.* Differenti'al *n*. **8.** → differential gear. **9.** *econ.* a) 'Fahrpreisdiffe renz *f*, b) → differential rate, c) 'Lohn- *od.* Ge'haltsdiffe renz *f*, -gefälle *n*. ~ brake *tech.* Differenti'albremse *f*. ~ cal·cu·lus *s math.* Differenti'alrechnung *f*. ~ com·pound wind·ing *s electr.* Gegenverbundwicklung *f*. ~ du·ties *s pl econ.* Differenti'alzölle *pl*. ~ gear, ~ gear·ing *s tech.* Differenti'al-, Ausgleichs-, Wechselgetriebe *n*. ~ pis·ton *s tech.* Stufen-, Differenti'alkolben *m*. ~ rate *s rail. etc* 'Ausnahmeta rif *m*.

**dif·fer·en·ti·ate** [,dɪfə'renʃieɪt] **I** *v/t* **1.** unter'scheiden (from von). **2.** unter'scheiden, e-n 'Unterschied machen zwischen (*dat*). **3.** voneinander abgrenzen. **4.** *a. biol.* differen'zieren, speziali'sieren: to be ~d → 6. **5.** *math.* differen'zieren, *e-e Funktion* ableiten. **II** *v/i* **6.** sich differen'zieren, sich unter'scheiden, sich verschieden entwickeln (from von). **7.** differen'zieren, e-n 'Unterschied machen, unter'scheiden (between zwischen *dat*). ,dif·fer·en·ti'a·tion *s* Differen'zierung *f*: a) Unter'scheidung *f*, b) Speziali'sierung *f*: ~ of labo(u)r Arbeitsteilung *f*, c) *math.* Differentiati'on *f*, Ableitung *f*.

'**dif·fer·ent·ly** *adv* (from) anders (als), verschieden (von), 'unterschiedlich.

**dif·fi·cult** ['dɪfɪkəlt] *adj* **1.** schwierig, schwer (for für): ~ problem; ~ text; ~ times; a ~ climb ein schwieriger *od.* mühsamer *od.* beschwerlicher Aufstieg; it was quite ~ for me to ignore his rudeness es fiel mir schwer, s-e Unverschämtheit zu ignorieren. **2.** schwierig (*Person*). '**dif·fi·cul·ty** [-tɪ] *s* **1.** Schwierigkeit *f*: a) Mühe *f*: with ~ mühsam, (nur) schwer; to have (*od.* find) ~ in doing s.th. Mühe haben, etwas zu tun; etwas schwierig finden, b) schwierige Sache, Pro'blem *n*, c) Hindernis *n*, 'Widerstand *m*: to make difficulties Schwierigkeiten bereiten (*Sache*) *od.* machen (*Person*). **2.** *oft pl* schwierige Lage, (*a.* Geld)Schwierigkeiten *pl*, Verlegenheit *f*.

**dif·fi·dence** ['dɪfɪdəns] *s* Schüchternheit *f*, mangelndes Selbstvertrauen. '**dif·fi·dent** *adj* (*adv* ~ly) schüchtern, ohne Selbstvertrauen: to be ~ about doing s.th. etwas nur zögernd *od.* zaghaft tun.

**di·gal·lic** [daɪ'gælɪk] *adj chem.* tan'ninsauer: ~ acid Tanninsäure *f*.

**di·gest** [dɪ'dʒest; daɪ-] **I** *v/t* **1.** *Speisen* verdauen. **2.** *med. etwas* verdauen helfen

---

Diffrakti'on *f*. **dif'frac·tive** *adj phys.* beugend.

**dif·fuse** [dɪ'fjuːz] **I** *v/t* **1.** ausgießen, -schütten. **2.** *bes. fig.* verbreiten: to ~ heat (geniality, knowledge, ru·mo[u]rs, *etc*); a widely ~d opinion e-e weitverbreitete Meinung. **3.** *fig.* verzetteln: to ~ one's forces. **4.** *chem. phys.* diffun'dieren: a) zerstreuen, b) vermischen, c) durch'dringen: to be ~d sich vermischen. **II** *v/i* **5.** *bes. fig.* sich verbreiten. **6.** *chem. phys.* diffun'dieren: a) sich zerstreuen, b) sich vermischen, c) (ein)dringen (into in *acc*). **III** *adj* [-'fjuːs] (*adv* ~ly) **7.** dif'fus: a) weitschweifig, langatmig (*Stil, Autor*), b) unklar, ungeordnet (*Gedanken etc*), c) *chem. phys.* zerstreut, ohne genaue Abgrenzung: ~ light diffuses Licht, Streulicht *n*. **8.** *bes. fig.* verbreitet.

**dif·fus·i·bil·i·ty** [dɪ,fjuːzə'bɪlətɪ] *s chem. phys.* Diffusi'onsvermögen *n*. **dif'fus·i·ble** *adj* diffusi'onsfähig.

**dif·fu·sion** [dɪ'fjuːʒn] *s* **1.** Ausgießen *n*, -schütten *n*. **2.** *bes. fig.* Verbreitung *f*. **3.** Weitschweifigkeit *f*. **4.** *chem. phys.* Diffusi'on *f*. **5.** *sociol.* Diffusi'on *f* (*Ausbreitung von Kulturerscheinungen*). **dif'fu·sive** [-sɪv] *adj* (*adv* ~ly) **1.** *bes. fig.* sich verbreitend. **2.** weitschweifig. **3.** *chem. phys.* Diffusions... **dif'fu·sive·ness** *s* **1.** Weitschweifigkeit *f*. **2.** *chem. phys.* Diffusi'onsfähigkeit *f*. ,dif·fu'siv·i·ty [-'sɪvətɪ] *s chem. phys.* Diffusi'onsvermögen *n*.

**dig** [dɪg] **I** *s* **1.** Graben *n*, Grabung *f*. **2.** *colloq.* a) (archäo'logische) Ausgrabung, b) Ausgrabungsstätte *f*. **3.** Puff *m*, Stoß *m*: ~ in the ribs Rippenstoß *m*. **4.** (at) sar'kastische Bemerkung (über *acc*), (Seiten)Hieb (auf *j-n*). **5.** *ped. Am. colloq.* ,Büffler' *m*. **6.** *pl Br. colloq.* ,Bude' *f*, (Stu'denten)Zimmer *n*. **II** *v/t pret u. pp* dug [dʌg], *obs.* digged **7.** graben in (*dat*): to ~ the ground. **8.** *oft* ~ up den Boden 'umgraben. **9.** *oft* ~ up, ~ out a) ausgraben, b) *fig. etwas* ausgraben, aufdecken, ans Tageslicht bringen, c) auftreiben, finden. **10.** *ein Loch etc* graben: to ~ a pit a) e-e (Fall)Grube ausheben, b) *fig.* e-e Falle stellen (for *dat*); to ~ one's way through s.th. sich e-n Weg durch etwas graben *od.* bahnen (*a. fig.*); → grave¹ 1. **11.** eingraben, bohren: to ~ one's teeth into s.th. die Zähne in etwas graben *od.* schlagen. **12.** e-n Stoß geben (*dat*), stoßen, puffen: to ~ (one's spurs into) a horse e-m Pferd die Sporen geben; to ~ s.o. in the ribs j-m e-n Rippenstoß geben. **13.** *colloq.* a) ,ka'pieren', verstehen, b) etwas übrig haben für, ,stehen *od.* abfahren auf' (*acc*), c) *Am.* sich anschauen *od.* anhören. **III** *v/i* **14.** graben, schürfen (for nach). **15.** *fig.* a) forschen (for nach), b) sich gründlich beschäftigen (into mit). **16.** ~ into *colloq.* a) ,reinhauen' in (*e-n Kuchen etc*), b) sich einarbeiten in (*acc*). **17.** *ped. Am. colloq.* a) ,büffeln', ,ochsen', b) schwitzen (at über *dat*). **18.** *bes. Br. colloq.* s-e ,Bude' haben, wohnen.

*Verbindungen mit Adverbien*:

**dig in** *v/t* **1.** eingraben: to dig o.s. in a) → 3, b) *fig.* sich verschanzen, feste Stellung beziehen; to dig one's heels in *colloq.* ,sich auf die Hinterbeine stellen *od.* setzen'. **2.** to dig o.s. in *colloq.* sich einarbeiten in (*acc*). **II** *v/i* **3.** *mil.* sich eingraben, sich verschanzen. **4.** *colloq.* ,reinhauen' (*in e-n Kuchen etc*). ~ out → dig 9. ~ up → dig 8 *u.* 9.

---

(*Medikament etc*). **3.** *fig.* verdauen, (innerlich) verarbeiten. **4.** *fig.* über'legen, durch'denken. **5.** *fig.* ordnen, in ein Sy'stem bringen, klassifi'zieren. **6.** *chem.* dige'rieren, aufschließen, -lösen. **II** *v/i* **7.** (s-e Nahrung) verdauen. **8.** sich verdauen lassen, verdaulich sein: to ~ well leicht verdaulich sein. **III** *s* ['daɪdʒest] **9.** Digest *m*, *n*, Auslese *f* (*a. Zeitschrift*), Auswahl *f* (of aus Veröffentlichungen). **10.** (of) a) Abriß *m* (gen), 'Überblick *m* (über *acc*), b) Auszug *m* (aus). **11.** *jur.* a) syste'matische Sammlung von Gerichtsentscheidungen, b) the D~ die Di'gesten *pl*, die Pan'dekten *pl* (*Hauptbestandteil des Corpus juris civilis*). **di'gest·ant** *s med. pharm.* verdauungsförderndes Mittel. **di'gest·er** *s* **1.** → digestant. **2.** *chem. tech.* Auto'klav *m*. **di,gest·i'bil·i·ty** *s* Verdaulichkeit *f*. **di'gest·i·ble** *adj* verdaulich.

**di·ges·tion** [dɪ'dʒestʃən; daɪ-] *s* **1.** *physiol.* Verdauung *f*: a) Verdauungstätigkeit *f*, b) *collect.* Ver'dauungsor gane *pl*: hard (easy) of ~ schwer(leicht)verdaulich. **2.** *fig.* Verdauung *f*, (innerliche) Verarbeitung. **3.** *fig.* Klassifi'zierung *f*, Ordnen *n*. **di'ges·tive** *adj* (*adv* ~ly) **1.** *med. pharm.* verdauungsfördernd, dige'stiv. **2.** *anat. physiol.* Verdauungs...: ~ apparatus (*od.* system) Verdauungsapparat *m*; ~ canal (*od.* tract) Verdauungstrakt *m*; ~ juice Verdauungssaft *m*. **II** *s* **3.** *med. pharm.* verdauungsförderndes Mittel.

**dig·ger** ['dɪgə(r)] *s* **1.** *j-d, der gräbt, z. B.* Erdarbeiter *m*. **2.** *in Zssgn* ...gräber: → gold digger 1. **3.** Grabgerät *n*. **4.** *tech.* a) 'Grabma schine *f* (*bes. Löffelbagger, Rodemaschine etc*), b) Ven'tilnadel *f*. **5.** *agr.* Kar'toffelroder *m*. **6.** *a.* ~ wasp *zo.* Grabwespe *f*. **7.** *oft* D~ *sl.* Au'stralier *m*, Neu'seeländer *m*, au'stralischer *od.* neu'seeländischer Sol'dat. **II** *adj* **8.** *oft* D~ *sl.* au'stralisch, neu'seeländisch: ~ accent.

**dig·gings** ['dɪgɪŋz] *s pl* **1.** Schurf *m*, Schürfung *f*. **2.** (*a. als sg konstruiert*) Goldbergwerk *n*. **3.** Aushub *m*, ausgeworfene Erde. **4.** *bes. Br. colloq.* ,Bude' *f*, (Stu'denten)Zimmer *n*.

**dight** [daɪt] *pret u. pp* dight *od.* 'dighted *v/t obs.* zurichten, schmücken.

**dig·it** ['dɪdʒɪt] *s* **1.** *anat. zo.* Finger *m od.* Zehe *f*. **2.** Fingerbreite *f* (⁵⁄₆ Zoll = 1,9 cm). **3.** *astr.* astro'nomischer Zoll (¹⁄₁₂ *des Sonnen- od. Monddurchmessers*). **4.** *math.* a) e-e der Ziffern von 0–9, Einer *m*, b) Stelle *f*: ~ three-digit, *etc*. '**digi·tal** **I** *adj* **1.** digi'tal, Finger...: ~ telephone Tastentelefon *n*. **2.** digi'tal, Digital...: ~ clock (watch); ~ computer *tech.* Digitalrechner *m*; ~ signal *tech.* digitales *od.* numerisches Signal. **II** *s* **3.** *humor.* Finger *m*. **4.** *mus.* Taste *f*.

**dig·i·ta·lin** [,dɪdʒɪ'teɪlɪn; *Am. bes.* -'tæ-] *s med. pharm.* Digita'lin *n*.

**dig·i·ta·lis** [,dɪdʒɪ'teɪlɪs; *Am. bes.* -'tæ-] *s* **1.** *bot.* Digi'talis *f*, Fingerhut *m*. **2.** *med. pharm.* Digi'talis *n*. '**dig·i·tal·ism** [-təlɪzəm] *s med.* Digita'lismus *m*, Digi'talisvergiftung *f*. '**dig·i·tal·ize** *v/t* **1.** *med.* mit Digi'talis behandeln. **2.** → digitize.

**dig·i·tate** ['dɪdʒɪteɪt], *a.* '**dig·i·tat·ed** [-ɪd] *adj* **1.** *bot.* gefingert (*Blatt*). **2.** *zo.* mit Fingern *od.* fingerförmigen Fortsätzen. **3.** fingerförmig.

**dig·i·ti·grade** ['dɪdʒɪtɪgreɪd] *zo.* **I** *adj* auf den Zehen gehend. **II** *s* Zehengänger *m*.

**dig·i·tize** ['dɪdʒɪtaɪz] *v/t Computer: Daten etc* digitali'sieren, in Ziffern darstellen.

**di·glos·si·a** [daɪ'glɒsɪə; *Am.* -'glɑ-] *s ling.* Diglos'sie *f* (*Vorkommen von 2 Sprachen in e-m bestimmten Gebiet*).

**di·glot** ['daɪglɒt; *Am.* -ˌglɑt] *adj u. s* zweisprachig(e Ausgabe). [Zweischlitz *m*.]

**di·glyph** ['daɪglɪf] *s arch.* Di'glyph *m*.

**dig·ni·fied** ['dɪgnɪfaɪd] *adj* würdevoll, würdig. **'dig·ni·fy** [-faɪ] *v/t* **1.** ehren, auszeichnen. **2.** zieren, schmücken. **3.** Würde verleihen (*dat*). **4.** *contp.* hochtrabend benennen.

**dig·ni·tar·y** ['dɪgnɪtərɪ; *Am.* -ˌterɪ] *s* **1.** Würdenträger(in). **2.** *relig.* Prä'lat *m*.

**dig·ni·ty** ['dɪgnətɪ] *s* **1.** Würde *f*, würdevolles Auftreten. **2.** Würde *f*, Rang *m*, (hohe) Stellung. **3.** Größe *f*, Würde *f*: ∼ **of soul** Seelengröße, -adel *f*. **4.** Würde *f*, Ansehen *n*: **to stand (up)on one's** ∼ sich nichts vergeben (wollen); → **beneath** 3.

**di·go·neu·tic** [ˌdaɪgəˈnjuːtɪk; *Am.* ˌdaɪgə-; *a.* -ˈnuː-] *adj zo.* zweimal im Jahr brütend.

**di·graph** ['daɪgrɑːf; *bes. Am.* -græf] *s ling.* Di'graph *m* (*Verbindung von 2 Buchstaben zu einem Laut*).

**di·gress** [daɪˈgres; dɪ-] *v/i* abschweifen (**from** von; **into** in *acc*). **di'gres·sion** [-ʃn] *s* Abschweifung *f*: **to make a** ∼ abschweifen. **di'gres·sion·al** [-ʃənl] *adj*, **di'gres·sive** [-sɪv] *adj* (*adv* ∼**ly**) abschweifend.

**di·he·dral** [daɪˈhedrəl; *bes. Am.* -ˈhiː-] **I** *adj* **1.** *math.* di'edrisch, zweiflächig: ∼ **angle** a) Flächenwinkel *m*, b) → **4. 2.** *aer.* V-förmig (*Tragflächen*). **II** *s* **3.** *math.* Di'eder *m*, Zweiflach *n*, -flächner *m*. **4.** *aer.* Neigungswinkel *m*, V-Form *f*, V-Stellung *f* (*der Tragflächen*). **di'hedron** [-drən] → dihedral 3.

**di·hex·a·he·dron** [ˌdaɪheksəˈhedrən; *bes. Am.* -ˈhiː-] *s math.* Dihexa'eder *m*.

**dike¹** [daɪk] **I** *s* **1.** Deich *m*, Damm *m*. **2.** a) Graben *m*, Ka'nal *m*, b) (*natürlicher*) Wasserlauf. **3.** Erdwall *m*. **4.** erhöhter Fahrdamm. **5.** *Scot.* Grenz-, Schutzmauer *f*. **6.** a) Schutzwall *m* (*a. fig.*), b) *fig.* Bollwerk *n*. **7.** *a.* ∼ **rock** *geol.* Gangstock *m* (*erstarrten Eruptivgesteins*). **8.** *Austral. colloq.* ˌKlo' *n* (*Toilette*). **II** *v/t* **9.** eindämmen, eindeichen.

**dike²** [daɪk] *v/t Am. colloq.* aufputzen, schmücken: (**all**) ∼**d out** (*od.* **up**) aufgeputzt, ˌaufgedonnert'.

**dike³** [daɪk] *s sl.* ˌLesbe' *f* (*Lesbierin*).

**dik·er** ['daɪkə(r)] *s* Deich-, Dammarbeiter *m*.

**dik·ey** ['daɪkɪ] *adj sl.* lesbisch.

**dik·tat** ['dɪktɑːt; *Am.* dɪkˈtɑːt] *s bes. pol.* Dik'tat *n*.

**di·lap·i·date** [dɪˈlæpɪdeɪt] **I** *v/t* **1.** ein Haus etc verfallen lassen. **2.** *obs.* vergeuden, verschleudern: **to** ∼ **a fortune**. **II** *v/i* **3.** verfallen, baufällig werden. **di'lap·i·dat·ed** *adj* verfallen, baufällig (*Haus etc*), klapp(e)rig (*Auto etc*). **di·lap·i·'da·tion** *s* **1.** Baufälligkeit *f*, Verfall *m*. **2.** *geol.* Verwitterung *f*. **3.** *pl Br.* a) notwendige Repara'turen *pl* (*die ein Mieter ausführen lassen muß*), b) *die dabei anfallenden Kosten*.

**di·lat·a·bil·i·ty** [daɪˌleɪtəˈbɪlətɪ; dɪ-] *s phys.* Dehnbarkeit *f*, (Aus)Dehnungsvermögen *n*. **di'lat·a·ble** *adj phys.* dila'tabel, (aus)dehnbar. **di'lat·ant** *adj phys.* dila'tant.

**di·la·ta·tion** [ˌdaɪleɪˈteɪʃn; ˌdɪlə-] *s* **1.** *phys.* Dilatati'on *f*, Ausdehnung *f*. **2.** *med.* a) (*Herz- etc*)Erweiterung *f*, b) (*künstliche*) Erweiterung.

**di·late** [daɪˈleɪt; dɪ-] **I** *v/t* **1.** (aus)dehnen, (aus)weiten, erweitern: **with** ∼**d eyes** mit aufgerissenen Augen. **II** *v/i* **2.** sich (aus)dehnen *od.* (aus)weiten, sich erweitern: **his eyes** ∼**d with terror** s-e Augen weiteten sich vor Entsetzen. **3.** *fig.* sich (ausführlich) verbreiten *od.* auslassen (**on**, **upon** über *acc*). **di'la·tion** → dilatation.

**di·la·tom·e·ter** [ˌdaɪləˈtɒmɪtə(r); ˌdɪ-; *Am.* -ˈtɑ-] *s phys.* Dilato'meter *n*, (Aus-) Dehnungsmesser *m*.

**di·la·tor** [daɪˈleɪtə(r); dɪ-] *s* Di'lator *m*: a) *anat.* Dehnmuskel *m*, b) *med.* Dehnsonde *f*.

**dil·a·to·ri·ness** ['dɪlətərɪnɪs; *Am.* -ˌtəʊriː-; -ˌtɔ:-] *s* Langsamkeit *f*. **'dil·a·to·ry** *adj* (*adv* dilatorily) **1.** verzögernd, 'hinhaltend: ∼ **policy** (*od.* **tactics** *pl*) Verzögerungs-, Verschleppungs-, Hinhaltetaktik *f*. **2.** langsam: **to be** ∼ **in doing s.th.** sich mit etwas Zeit lassen. **3.** *jur.* dila'torisch, aufschiebend: ∼ **defence** (*Am.* **defense**), *Am.* ∼ **plea** dilatorische *od.* prozeßhindernde Einrede.

**dil·do** ['dɪldəʊ] *pl* **-dos** *s* Godemi'ché *m* (*Nachbildung e-s erigierten Penis*).

**di·lem·ma** [dɪˈlemə; daɪ-] *s* **1.** Di'lemma *n*, Zwangslage *f*, ˌKlemme' *f*: **to be on the horns of a** ∼ in e-r Zwickmühle sein *od.* sitzen. **2.** *Logik*: Di'lemma *n*, Wechselschluß *m*.

**dil·et·tante** [ˌdɪlɪˈtæntɪ; *Am. a.* -ˈtɑ:n-] **I** *pl* **-ti** [-tiː], **-tes** *s* **1.** Dilet'tant(in): a) Ama'teur(in) (*bes. in der Kunst*), Nichtfachmann *m*, b) *contp.* Stümper(in). **2.** Kunstliebhaber(in). **II** *adj* **3.** dilet'tantisch: a) ama'teurhaft, b) *contp.* stümperhaft. **dil·et·'tant·ish** → dilettante 3. **dil·et·'tant·ism**, *a.* **dil·et·'tan·te·ism** *s* Dilettan'tismus *m*.

**dil·i·gence¹** ['dɪlɪdʒəns] *s* **1.** Fleiß *m*, Eifer *m*, Emsigkeit *f*. **2.** Sorgfalt *f*: **due** ∼ *jur.* (im Verkehr) erforderliche Sorgfalt.

**dil·i·gence²** ['dɪlɪdʒəns] *s hist.* Postkutsche *f*.

**dil·i·gent** ['dɪlɪdʒənt] *adj* (*adv* ∼**ly**) **1.** fleißig, eifrig, emsig. **2.** sorgfältig, gewissenhaft.

**dill** [dɪl] *s* **1.** *bot.* Dill *m*, Gurkenkraut *n*. **2.** *bes. Austral. sl.* Idi'ot *m*. ∼ **pick·le** *s* mit Dill eingelegte Gurke.

**dil·ly·dal·ly** ['dɪlɪdælɪ] *v/i colloq.* **1.** die Zeit vertrödeln, (her'um)trödeln. **2.** zaudern, schwanken.

**dil·u·ent** ['dɪljʊənt; *Am.* -jəw-] *chem.* **I** *adj* verdünnend. **II** *s* Verdünnungsmittel *n*.

**di·lute** [daɪˈljuːt; dɪ-; *bes. Am.* -ˈluːt] **I** *v/t* **1.** verdünnen, verwässern, strecken. **2.** *fig.* verwässern, abschwächen, mildern: **to** ∼ **a statement**; **to** ∼ **labo(u)r** *Facharbeit zerlegen, deren Ausführung nur geringe Fachkenntnisse erfordert*. **II** *adj* **3.** verdünnt. **4.** blaß, wässerig: ∼ **colo(u)rs**. **5.** *fig.* verwässert, abgeschwächt. **di'lut·ed** → dilute II. **di·'lu·tee** [-ˈtiː] *s* zwischen dem angelernten *u.* dem Facharbeiter stehender Beschäftigter. **di'lute·ness** → dilution 3.

**di'lu·tion** *s* **1.** Verdünnung *f*. **2.** *fig.* Verwässerung *f*: ∼ **of labo(u)r** Zerlegung *f* von Facharbeit in Arbeitsgänge, deren Ausführung nur geringe Fachkenntnisse erfordert. **3.** Wässerigkeit *f*. **4.** (verdünnte) Lösung.

**di·lu·vi·al** [daɪˈluːvjəl; -vɪəl; dɪ-], **di·'lu·vi·an** *adj* **1.** *geol.* diluvi'al, Eiszeit... **2.** Überschwemmungs... **3.** (Sint)Flut... **di·lu·vi·an·ism** *s geol.* Diluvia'nismus *m* (*Erdbildungstheorie*). **di·'lu·vi·um** [-əm] *pl* **-vi·a** [-ə] *s geol.* fluvioglazi'aler Schotter.

**dim** [dɪm] *adj* (*adv* ∼**ly**) **1.** (halb)dunkel, düster: ∼ **prospects** *fig.* trübe Aussichten; → **view** 12. **2.** undeutlich, verschwommen, schwach. **3.** trüb(e), blaß, matt: ∼ **colo(u)r**. **4.** schwach, trüb: ∼ **light**; ∼**ly lit** schwach erleuchtet. **5.** getrübt, trübe. **6.** *fig.* schwer von Begriff. **7.** *Am. colloq.* fad, langweilig. **II** *v/t* **8.** verdunkeln, verdüstern. **9.** trüben (*a. fig.*): **to** ∼ **s.o.'s love. 10.** *tech.* mat'tieren. **11.** *a.* ∼ **out** Licht abblenden, dämpfen: **to**

∼ **the headlights** *mot. Am.* abblenden. **12.** ∼ **out** *mil.* teilweise verdunkeln. **III** *v/i* **13.** sich verdunkeln *od.* verdüstern. **14.** sich trüben (*a. fig.*), matt *od.* trüb(e) werden. **15.** undeutlich werden. **16.** verblassen (*a. fig.*).

**dime** [daɪm] *s* a) (*silbernes*) Zehn'centstück (*in den USA u. Kanada*), b) *fig.* Groschen *m*: ∼ **store** billiges Warenhaus; **they are a** ∼ **a dozen** *Am. colloq.* a) sie sind spottbillig, man bekommt sie nachgeworfen, b) es gibt sie wie Sand am Meer. ∼ **mu·se·um** *s Am.* Kuriositätenmuˌseum *n*. ∼ **nov·el** *s Am.* ˌGroschenroˌman' *m*.

**di·men·sion** [dɪˈmenʃn; daɪ-] **I** *s* **1.** Dimensi'on *f* (*a. math.*): a) Ausdehnung *f*, Aus-, Abmessung *f*, Maß *n*, b) *pl oft fig.* Ausmaß *n*, Größe *f*, Grad *m*: **of vast** ∼**s** riesengroß, von riesenhaftem Ausmaß *od.* Umfang. **2.** *pl phys.* Dimensi'on *f* (*Maß physikalischer Größen*). **II** *v/t* **3.** dimensio'nieren, bemessen. **4.** *tech.* mit Maßangaben versehen: ∼**ed sketch** Maßskizze *f*. **di'men·sion·al** [-ʃənl] *adj* dimensio'nal: ∼ **three-dimensional**. **di'men·sion·less** *adj* winzig klein.

**di·mer·ic** [daɪˈmerɪk] *adj* **1.** → **dimerous**. **2.** *chem.* di'mer, zweiglied(e)rig.

**dim·er·ous** ['daɪmərəs] *adj* **1.** *zo.* zweiteilig. **2.** *bot.* zweiglied(e)rig.

**dim·e·ter** ['dɪmɪtə(r)] *s metr.* Dimeter *m*.

**di·meth·yl** [daɪˈmeθɪl; *Br. chem.* -ˈmiː-θaɪl] *s chem.* Ä'than *n*. **di·meth·yl·a·mine** [daɪˈmeθɪləˌmiːn; *Br. a.* ˌdaɪmɪ-ˈθaɪləmiːn] *s chem.* Dime'thylaˌmin *n*.

**di·mid·i·ate** [dɪˈmɪdɪeɪt] **I** *v/t* **1.** hal'bieren. **2.** *her.* halb darstellen. **II** *adj* **3.** *bot. zo.* hal'biert, halb ausgebildet. **4.** *bot.* an e-r Seite gespalten.

**di·min·ish** [dɪˈmɪnɪʃ] **I** *v/t* **1.** verringern, (ver)mindern: ∼**ed responsibility** *jur.* verminderte Zurechnungsfähigkeit. **2.** verkleinern. **3.** redu'zieren, her'absetzen. **4.** (ab)schwächen. **5.** *fig.* her'abwürdigen, -setzen. **6.** *arch.* verjüngen: ∼**ed column**. **7.** *mus.* a) Notenwerte, Thema verkleinern, b) Intervall, Akkord vermindern. **II** *v/i* **8.** sich vermindern, sich verringern: **to** ∼ **in numbers** weniger werden; **to** ∼ **in value** an Wert verlieren. **9.** abnehmen. **di'min·ish·a·ble** *adj* redu'zierbar.

**di·min·u·en·do** [dɪˌmɪnjʊˈendəʊ; *Am.* -jə'w-; -nə'w-] **I** *pl* **-dos** *s* **1.** *mus.* Diminu'endo *n*. **II** *adj* **2.** abnehmend, schwächer werdend. **III** *adv* **3.** *mus.* diminu'endo. **4.** mit abnehmender Lautstärke.

**dim·i·nu·tion** [ˌdɪmɪˈnjuːʃn; *Am. a.* -ˈnuː-] *s* **1.** (Ver)Minderung *f*, Verringerung *f*. **2.** Verkleinerung *f* (*a. mus.*). **3.** Her'absetzung *f* (*a. fig.*). **4.** Abnahme *f*. **5.** *arch.* Verjüngung *f*.

**di·min·u·ti·val** [dɪˌmɪnjʊˈtaɪvl] → diminutive *adj*.

**di·min·u·tive** [dɪˈmɪnjʊtɪv] **I** *adj* (*adv* ∼**ly**) **1.** klein, winzig. **2.** *ling.* diminu'tiv, Diminutiv..., Verkleinerungs... **II** *s* **3.** *ling.* Diminu'tiv *n*, Verkleinerungsform *f od.* -silbe *f*. **di'min·u·tive·ness** *s* Winzigkeit *f*.

**dim·i·ty** ['dɪmɪtɪ] *s Textilwesen*: Dimity *m*, Barchentköper *m*.

**dim·mer** ['dɪmə(r)] *s* **1.** *tech.* Dimmer *m* (*stufenloser Helligkeitseinsteller*). **2.** *pl mot. Am.* a) Abblendlicht *n*: ∼ **switch** Abblendschalter *m*, b) Stand-, Parklicht *n*.

**'dim·ness** *s* **1.** Düsterkeit *f*, Dunkelheit *f*. **2.** Undeutlichkeit *f*. **3.** Trübheit *f*, Mattheit *f*.

**di·mor·phic** [daɪˈmɔː(r)fɪk] *adj* di'morph, zweigestaltig. **di'mor·phism** *s biol. min.* Dimor'phismus *m*, Zwei-

gestaltigkeit *f.* **di'mor·phous** →
dimorphic.
**'dim-out** *s mil.* Teilverdunk(e)lung *f.*
**dim·ple** ['dɪmpl] **I** *s* **1.** Grübchen *n (in der
Wange etc).* **2.** Delle *f,* Vertiefung *f.*
**3.** Kräuselung *f (im Wasser).* **II** *v/t*
**4.** Grübchen machen in *(acc):* **a smile ˷d
her cheeks** als sie lächelte, bekam sie
Grübchen in den Wangen. **5.** Wasser
kräuseln. **III** *v/i* **6.** Grübchen bekom-
men. **7.** sich kräuseln *(Wasser).* **'dim-
pled** *adj* **1.** mit Grübchen: **to be ˷**
Grübchen haben. **2.** gekräuselt *(Wasser).*
**'dim·ply** [-plɪ] *adj* **1.** voll(er) Grübchen.
**2.** → dimpled **2.**
**'dim-wit** *s colloq.* ‚Blödmann' *m.* ‚**dim-
'wit·ted** *adj* ‚dämlich', ‚blöd'.
**din** [dɪn] **I** *s* **1.** Lärm *m,* Getöse *n:* **to kick
up** *(od.* **make) a ˷** Krach machen. **II** *v/t*
**2.** *(durch Lärm)* betäuben. **3.** dauernd
(vor)predigen, (immer wieder) einhäm-
mern **(s.th. into s.o.** j-m etwas). **III** *v/i*
**4.** lärmen, *(Motoren etc)* dröhnen: **to ˷ in
s.o.'s ears** j-m in den Ohren dröhnen.
**di·nar** ['diːnɑː(r)] *s econ.* Di'nar *m (Wäh-
rungseinheit).*
**Di·nar·ic** [dɪ'nærɪk] *adj* di'narisch: **˷
race; ˷ Alps** Dinarische Alpen.
**dinch** [dɪntʃ] *v/t Am.* Zigarette *etc* aus-
drücken.
**dine** [daɪn] **I** *v/i* **1.** speisen, essen *(off
s.th.,* **on s.th.** etwas): **to ˷ in (out)** zu
Hause (auswärts) essen; **he has been
dining out on his adventure for
weeks** sein Abenteuer bringt ihm schon
seit Wochen Einladungen zum Essen
ein; → wine **6. II** *v/t* **2.** *j-n* bewirten, (bei
sich) zu Gast haben: → wine **5. 3.** *e-e
bestimmte Anzahl Personen fassen (Spei-
sezimmer):* **this room ˷s 20** in diesem
Zimmer kann für 20 Personen gedeckt
werden. **'din·er** *s* **1.** Speisende(r *m) f.*
**2.** Gast *m (im Restaurant).* **3.** *rail.* Speise-
wagen *m.* **4.** *Am.* 'Eß-, 'Speiselo‚kal *n
(früher meist in Form e-s Speisewagens).*
**di·ner·gate** [daɪ'nɜːgət; *Am.* -'nɜr-] *s zo.*
Sol'dat *m (der Ameisen).*
‚**din·er-'out** *s* **1.** j-d, der häufig zum
Essen eingeladen ist: **a popular ˷** ein
gerngesehener Tischgast. **2.** j-d, der oft
auswärts ißt.
**di·nette** [daɪ'net] *s* Eßecke *f.*
**ding** [dɪŋ] **I** *v/t* **1.** *Glocke* läuten. **2.** → din
**3. II** *v/i* **3.** läuten.
**ding·bats** ['dɪŋbæts] *s pl Austral. sl.*
**1.** Säuferwahn *m.* **2. to give s.o. the ˷** j-n
nervös machen.
**ding-dong** [‚dɪŋ'dɒŋ; *Am.* 'dɪŋ-; -‚dɑŋ]
**I** *s* Bimbam *n.* **II** *adj:* **a ˷ fight** ein hin u.
her wogender Kampf.
**dinge** [dɪndʒ] *s Am. sl.* Nigger *m.*
**din·ghy,** *a.* **din·gey** ['dɪŋgɪ] *s* **1.** *mar.*
a) Ding(h)i *n,* b) Beiboot *n.* **2.** Schlauch-
boot *n.*
**din·gi·ness** ['dɪndʒɪnɪs] *s* **1.** Schmutzig-
keit *f,* Schmuddeligkeit *f.* **2.** trübe *od.*
schmutzige Farbe. **3.** Schäbigkeit *f (a.
fig.).* **4.** *fig.* Anrüchigkeit *f.*
**din·gle** ['dɪŋgl] *s* enges, waldiges Tal.
**'din·gle‚ber·ry** *s bot.* Nordamer.
Moosbeere *f.*
**din·go** ['dɪŋgəʊ] *pl* **-goes** *s* **1.** *zo.* Dingo
*m (australischer Windhund).* **2.** *Austral. sl.*
a) Gauner *m,* b) Feigling *m.*
**din·gus** ['dɪŋgəs] *s Am. sl.* **1.** Dingsda *n.*
**2.** ‚Ding' *n (Penis).*
**din·gy¹** ['dɪndʒɪ] *adj (adv* **dingily)**
**1.** schmutzig, schmudd(e)lig. **2.** trüb,
schmutzfarben. **3.** schäbig *(a. fig.).*
**4.** zweifelhaft, dunkel, anrüchig.
**din·gy²** → dinghy.
**di·nic·o·tin·ic ac·id** [‚daɪnɪkə'tiːnɪk] *s
chem.* Diniko'tinsäure *f.*
**'din·ing‚ car** *s rail.* Speisewagen
*m.* **˷ hall** *s* Speisesaal *m.* **˷ room** *s*

Speise-, Eßzimmer *n.* **˷ ta·ble** *s* Eß-
tisch *m.*
**dinitro-** [daɪnaɪtrəʊ] *chem.* Wortele-
ment mit der Bedeutung mit 2 Nitro-
gruppen.
**di·ni·tro·cel·lu·lose** [daɪ‚naɪtrəʊ'sel-
jʊləʊs] *s chem.* Di‚nitrozellu'lose *f.* **di-
‚ni·tro'tol·u·ene** [-'tɒljuiːn; *Am.*
-'tɑljəˌwiːn] *s chem.* Di‚nitrotolu'ol *n.*
**dink·ey** ['dɪŋkiː] *s rail. Am.* kleine Ver-
'schiebelokomo‚tive.
**din·kum** ['dɪŋkəm] *adj Austral. colloq.*
**1.** *meist* fair and ˷ *(a. adv)* re'ell: **a ˷
offer. 2. ˷ oil** die (volle) Wahrheit.
**dink·y¹** ['dɪŋkɪ] *adj colloq.* **1.** *Br.* zierlich,
niedlich, nett. **2.** *Am.* klein, unbedeutend.
**dink·y²** → dinkey.
**dink·y-di** [‚dɪŋkɪ'daɪ] *adj Austral. colloq.*
typisch.
**din·ner** ['dɪnə(r)] *s* **1.** (Mittag-, Abend-)
Essen *n (Hauptmahlzeit):* **after ˷** nach
dem Essen, nach Tisch; **at ˷** bei Tisch;
**what are we having for ˷?** was gibt es
zum Essen?; **to ask s.o. to ˷** j-n zum
Essen einladen; → stay¹ **1. 2.** Di'ner *n,*
Festessen *n:* **at a ˷ auf** *od.* bei e-m Diner.
**˷ bell** *s* Gong *m,* Essensglocke *f.* **˷
buck·et** → dinner pail. **˷ card** *s*
Tischkarte *f.* **˷ coat** *bes. Am.* → dinner
jacket. **˷ dance** *s* Abendgesellschaft *f*
mit Tanz. **˷ dress** *s* kleines Abendkleid.
**˷ jack·et** *s* Smoking(jacke *f) m.* **˷ pail** *s
Am.* Eßgefäß *n (für Schulkinder etc).* **˷
par·ty** *s* Di'ner *n,* Abendgesellschaft *f.*
**˷ ser·vice, ˷ set** *s* 'Speiseser‚vice *n,*
Tafelgeschirr *n.* **˷ ta·ble** *s* Eßtisch *m.*
**'˷-time** *s* Essens-, Tischzeit *f.* **˷ wag-
(g)on** *s* Ser'vierwagen *m.*
**di·no·saur** ['daɪnəʊsɔː(r)] *s zo.* Dino-
'saurier *m.*
**dint** [dɪnt] **I** *s* **1.** *obs.* a) Schlag *m,* b) Kraft
*f (bes. in):* **by ˷ of** kraft, mittels, vermöge
*(alle gen).* **2.** a) Delle *f,* Beule *f,* Vertiefung
*f,* b) Strieme *f.* **II** *v/t* **3.** einbeulen.
**di·oc·e·san** [daɪ'ɒsɪsn; *Am.* daɪ'ɑsəsən]
*relig.* **I** *adj* Diözesan... **II** *s* (Diöze'san-)
Bischof *m.* **di·o·cese** ['daɪəsɪs; -siːs;
-siːz] *s relig.* Diö'zese *f.*
**di·ode** ['daɪəʊd] *s electr.* **1.** Di'ode *f,*
Zweipolröhre *f.* **2.** Kri'stalldi‚ode *f,*
-gleichrichter *m:* **˷ detector** Dioden-
gleichrichter.
**di·oe·cious** [daɪ'iːʃəs] *adj* di'özisch:
a) *biol.* getrenntgeschlechtlich, b) *bot.*
zweihäusig.
**Di·o·ny·si·a** [‚daɪə'nɪzɪə; -ʒɪə; -sɪə] *s pl
antiq.* Dio'nysien *pl,* Di'onysosfest *n.*
‚**Di·o'nys·i·ac** [-æk] *adj;* ‚**Di·o·ny-
'si·a·cal** [-'saɪəkl] *adj (adv* ˷ly) dio'ny-
sisch. ‚**Di·o'ny·si·an** *adj* **1.** → Dionys-
iac. **2.** *a. fig.* dio'nysisch, orgi'astisch.
**Di·o·phan·tine** [‚daɪəʊ'fæntaɪn] *adj
math.* dio'phantisch: **˷ equation.**
**di·op·side** [daɪ'ɒpsaɪd; *Am.* -'ɑp-] *s min.*
Diop'sid *m.* **di'op·tase** [-teɪs] *s min.*
Diop'tas *m.*
**di·op·ter,** *bes. Br.* **di·op·tre** [daɪ'ɒptə;
*Am.* -'ɑptər] *s phys.* Diop'trie *f (Maß-
einheit für die Brechkraft von Linsen).*
**di'op·tric** [-trɪk] **I** *adj (adv* ˷ally)
**1.** *phys.* di'optrisch, lichtbrechend.
**2.** 'durchsichtig. **II** *s* **3.** → diopter. **4.** *pl
(als sg konstruiert) phys. obs.* Di'optrik *f,*
Brechungslehre *f.* **di'op·tri·cal** [-kl] →
dioptric **I.**
**di·o·ra·ma** [‚daɪə'rɑːmə; *Am. a.* -'ræmə]
*s* Dio'rama *n (plastisch wirkendes Schau-
bild, bei dem räumliche Gegenstände vor
e-m gemalten od. fotografierten Hinter-
grund aufgestellt sind).* ‚**di·o'ram·ic**
[-'ræmɪk] *adj* dio'ramisch.
**di·o·rite** ['daɪərəɪt] *s geol.* Dio'rit *m.*
**Di·os·cu·ri** [‚daɪɒs'kjʊərɑɪ; *Am.* -əs'kj-;
daɪˈɑskjəˌraɪ] *s pl* Dios'kuren *pl (Castor u.
Pollux).*

**di·ose** ['daɪəʊs] *s chem.* Bi'ose *f (ein-
fachster Zucker).*
**di·ox·ide** [daɪ'ɒksaɪd; *Am.* -'ɑk-] *s chem.*
**1.** 'Di‚oxyd *n.* **2.** → peroxide **1.**
**dip** [dɪp] **I** *v/t pret u. pp* **dipped,** *obs.*
**dipt. 1.** (ein)tauchen, (ein)tunken (in,
**into** in *acc):* **to ˷ one's hand into one's
pocket** in die Tasche greifen. **2.** *oft* ˷ **up**
schöpfen (from, out of aus). **3.** rasch
senken: **to ˷ one's head; to ˷ the flag**
*mar.* die Flagge (zum Gruß) dippen; **to ˷
the headlights** *mot. bes. Br.* abblenden.
**4.** *relig. obs.* (durch 'Untertauchen) tau-
fen. **5.** färben, in e-e Farblösung tauchen.
**6.** *Schafe etc* dippen, in desinfi'zierender
Lösung baden. **7.** *Kerzen* ziehen.
**II** *v/i* **8.** 'unter-, eintauchen. **9.** hin-
'einfahren, -langen, -greifen: **to ˷ into
one's pocket** *(od.* **purse)** *fig.* tief in die
Tasche greifen. **10.** sinken **(below the
horizon** unter den Hori'zont). **11.** a) sich
neigen, sich senken *(Gelände, Waage,
Magnetnadel etc),* b) *geol.* einfallen
*(Schichten).* **12.** *econ.* (leicht) fallen, sin-
ken: **prices ˷ped. 13.** sich flüchtig be-
fassen (in, **into** mit): **to ˷ into a book** e-n
Blick in ein Buch werfen; **to ˷ into
politics** e-n ‚Ausflug' in die Politik ma-
chen. **14. ˷ into** erforschen: **to ˷ into the
past. 15. ˷ into** Reserven, Vorrat etc
angreifen. **16.** a) nieder- u. wieder auf-
fliegen, b) *aer.* vor dem Steigen plötzlich
tiefer gehen.
**III** *s* **17.** ('Unter-, Ein)Tauchen *n.*
**18.** kurzes Bad: **to have a ˷** mal schnell
ins Wasser springen. **19.** geschöpfte
Flüssigkeit, Schöpfprobe *f.* **20.** *bes. tech.*
(Tauch)Bad *n,* Lösung *f.* **21.** Sinken *n
(a. econ.).* **22.** Neigung *f,* Senkung *f,*
Gefälle *n.* **23.** Fallwinkel *m.* **24.** *mar.*
Depressi'on *f,* Kimmtiefe *f:* **˷ of the
horizon. 25.** Inklinati'on *f (der Magnet-
nadel).* **26.** *geol.* Einfallen *n.* **27.** Vertie-
fung *f,* Bodensenke *f.* **28.** Tiefgang *m (e-s
Schiffes),* Tiefe *f* des Eintauchens. **29.** *a.* ˷
**candle** gezogene Kerze. **30.** a) schnelles
Hin'ab(- u. Hin'auf)fliegen, b) *aer.* plötz-
liches Tiefergehen vor dem Steigen.
**31.** *mar.* Dippen *n (e-r Flagge).* **32.** *Tur-
nen:* Streck-, Beugestütz *m (am Barren).*
**33.** *gastr.* Dip *m (Soße zum Eintauchen
von Chips etc).* **34.** Angreifen *n (into
e-r Reserve, e-s Vorrats etc).* **35.** *sl.*
Langfinger *m,* Taschendieb *m.* **36.** *fig.*
flüchtiger Blick: **˷ into poetry;** **a
˷ into politics** ein ‚Ausflug' in die Po-
litik.
**dip' braz·ing** *s tech.* Tauchlöten *n.* **˷
cir·cle** *s tech.* Neigungskreis *m.* **'˷-dye**
*v/t tech.* im Stück färben.
**di·pet·al·ous** [daɪ'petələs] *adj bot.* mit 2
Kronblättern.
**di·phase** ['daɪfeɪz] *adj electr.* **1.** zwei-
phasig. **2.** Zweiphasen...
**'dip·head** *s Bergbau:* Hauptstrecke *f.*
**di·phen·yl** [daɪ'fenɪl] *s chem.* Diphe'nyl
*n.*
**di·phos·gene** [daɪ'fɒzdʒiːn; *Am.* -'fɑz-] *s
chem.* Diphos'gen *n (Grünkreuzkampf-
stoff).*
**diph·the·ri·a** [dɪf'θɪərɪə; dɪp'θ-] *s med.*
Diphthe'rie *f.* **diph·the·ri·al, diph-
'ther·ic** [-'θerɪk], ‚**diph·the'rit·ic**
[-θə'rɪtɪk] *adj med.* diph'therisch. **'diph-
the·roid** [-θərɔɪd] *adj med.* diphthe-
ro'id, diphthe'rieartig.
**diph·thong** ['dɪfθɒŋ; 'dɪp-] *s ling.*
**1.** Di'phthong *m,* 'Doppelvo‚kal *m.* **2.** *die
Ligatur* æ *od.* œ. **diph'thon·gal** [-ŋgl]
*adj (adv* ˷ly) *ling.* di'phthongisch. **diph-
'thong·ic** → diphthongal. ‚**diph-
thong·i'za·tion** [-gaɪˈzeɪʃn; *Am.*
-gəˈz-] *s ling.* Diphthon'gierung *f.* ‚**diph-
thong·ize** *ling.* **I** *v/t* diphthon'gieren.
**II** *v/i* diphthon'giert werden.

**di·ple·gi·a** [daɪˈpliːdʒɪə; -dʒə] s med. Dipleˈgie f, doppelseitige Lähmung.

**di·plex** [ˈdaɪpleks] adj electr. Diplex..., doppelt: ~ **operation** Diplexbetrieb m; ~ **telegraphy** Diplexsystem n.

**dip·loid** [ˈdɪplɔɪd] biol. **I** adj diploˈid (mit doppelter Chromosomenzahl). **II** s diploˈide Zelle, diploˈider Orgaˈnismus.

**di·plo·ma** [dɪˈpləʊmə] s **1.** (bes. akaˈdemisches) Diˈplom, (Ernennungs)Urkunde f. **2.** Ehrenurkunde f. **3.** Verfassungs-, Staatsurkunde f, Charta f.

**di·plo·ma·cy** [dɪˈpləʊməsɪ] s **1.** pol. Diploˈmaˈtie f. **2.** fig. Diploˈmaˈtie f, diploˈmatisches Vorgehen.

**di·plo·maed** [dɪˈpləʊməd] adj diploˈmiert, Diplom...

**dip·lo·mat** [ˈdɪpləmæt] s pol. u. fig. Diploˈmat m. **ˌdip·loˈmatˈic I** adj (adv ~ally) **1.** pol. diploˈmatisch: ~ **agent** diplomatischer Vertreter, Diplomat m; ~ **corps**, a. ~ **body** diplomatisches Korps; ~ **service** diplomatischer Dienst. **2.** fig. diploˈmatisch, klug, gewandt. **3.** diploˈmatisch, urkundlich. **II** s **4.** pol. obs. Diploˈmat m. **ˌdip·loˈmatˈics** s pl (als sg konstruiert) **1.** Diploˈmatik f, Urkundenlehre f. **2.** pol. obs. Diplomaˈtie f.

**di·plo·ma·tist** [dɪˈpləʊmətɪst] → **diplomat**. **di·ˈplo·ma·tize I** v/i diploˈmatisch handeln od. vorgehen. **II** v/t diploˈmatisch behandeln.

**di·plo·pi·a** [dɪˈpləʊpjə; -pɪə] s med. Diploˈpie f (gleichzeitiges Sehen zweier Bilder von e-m einzigen Gegenstand).

**dip|nee·dle** → **dipping needle**. ~**net** s Fischerei: Streichnetz n.

**dip·no·an** [dɪpˈnəʊən; Am. ˈdɪpnəwən] zo. **I** adj zu den Lungenfischen gehörig, Lungenfisch... **II** s Lungenfisch m.

**dip·o·dy** [ˈdɪpədɪ] s metr. Dipoˈdie f (Gruppe aus 2 gleichen Versfüßen).

**di·po·lar** [daɪˈpəʊlə(r)] adj phys. zweipolig. **ˈdi·pole** [-pəʊl] s electr. phys. Dipol m.

**dip·per** [ˈdɪpə(r)] s **1.** tech. a) Färber m, b) Kerzenzieher m. **2.** Schöpfer m, Schöpflöffel m. **3.** tech. a) Baggereimer m, b) Bagger m. **4.** D~ astr. Am. a) Big D~ → **bear²** 4 a, b) a. Little D~ → **bear²** 4 b. **5.** orn. Taucher m. **6.** relig. obs. immersionist. ~ **dredge**, ~ **dredg·er** s tech. Löffelbagger m. ~ **gourd** s bot. Flaschenkürbis m.

**dip·ping** [ˈdɪpɪŋ] s **1.** Eintauchen n. **2.** tech. a) Färben n, b) Kerzenziehen n. **3.** Dippen n, Baden n in desinfiˈzierender Lösung. **4.** tech. (Tauch)Bad n. ~ **bat·ter·y** s electr. ˈTauchbatteˌrie f. ~ **com·pass** s phys. Inklinatiˈons-, Neigungskompaß m. ~ **e·lec·trode** s electr. ˈTauchelekˌtrode f. ~ **nee·dle** s mar. Inklinatiˈonsnadel f. ~ **rod** s Wünschelrute f. ~ **var·nish** s electr. Tauchlack m.

**dip·py** [ˈdɪpɪ] adj colloq. **1.** ˌüber(ge)-schnappt, verrückt. **2.** dumm, unklug.

**dip·so** [ˈdɪpsəʊ] pl **-sos** colloq. für **dipsomaniac**.

**dip·so·ma·ni·a** [ˌdɪpsəʊˈmeɪnjə; -nɪə] s med. Dipsomaˈnie f (periodisch auftretende Trunksucht). **ˌdip·soˈma·ni·ac** [-æk] s med. Dipsoˈmane m, Dipsoˈmanin f.

**ˈdip|stick** s tech. (Öl- etc)Meßstab m. ~ **switch** s mot. Br. Abblendschalter m.

**dipt** [dɪpt] obs. pret u. pp von **dip**.

**dip·ter·al** [ˈdɪptərəl] adj **1.** → **dipterous** 2. **2.** arch. mit doppeltem ˈSäulenˌumgang. **ˈdip·ter·an I** adj → **dipterous** 2. **II** s → **dipteron**.

**dip·ter·on** [ˈdɪptərɒn; Am. -ˌrɑn] s zo. Diˈptere, Zweiflügler m. **ˈdip·ter·ous** adj **1.** bot. zo. zweiflügelig. **2.** zo. zu den Zweiflüglern gehörend.

**dip trap** s tech. Schwanenhals m, U-Rohrkrümmer m.

---

**dip·tych** [ˈdɪptɪk] s Diptychon n: a) antiq. zs.-klappbare Schreibtafel, b) paint. zweiflügeliges Altarbild.

**dire** [ˈdaɪə(r)] adj **1.** gräßlich, entsetzlich, schrecklich: ~ **sisters** Furien. **2.** a) tödlich, unheilbringend, b) unheilverkündend. **3.** äußerst(er, e, es), höchst(er, e, es): to be in ~ **need** of s.th. etwas ganz dringend brauchen; → **strait** 2.

**di·rect** [dɪˈrekt; daɪ-] **I** v/t **1.** s-e Aufmerksamkeit etc richten, lenken (to, toward[s] auf acc): to ~ one's attention (efforts, etc) to s.th.; a method ~ed to doing s.th. ein Verfahren, das darauf abzielt, etwas zu tun; to ~ away j-n, etwas ablenken (from von). **2.** ein Fahrzeug lenken. **3.** e-n Betrieb etc führen, leiten, lenken. **4.** Worte richten (to an acc). **5.** e-n Brief etc adresˈsieren, richten (to an acc). **6.** anweisen, beauftragen, j-m Anweisung geben (to do zu tun): to ~ the jury as to the law jur. den Geschworenen Rechtsbelehrung erteilen. **7.** anordnen, verfügen, bestimmen: to ~ s.th. to be done etwas anordnen; anordnen, daß etwas geschieht; as ~ed laut Verfügung, nach Vorschrift. **8.** a) j-m den Weg zeigen (to zu, nach), b) fig. j-n verweisen (to an acc). **9.** a) ein Orchester diriˈgieren, b) Reˈgie führen bei (e-m Film od. Stück): ~ed by unter der Regie von. **II** v/i **10.** befehlen, bestimmen. **11.** a) mus. diriˈgieren, b) thea. etc Reˈgie führen. **III** adj (adv → **directly** I) **12.** diˈrekt, gerade. **13.** diˈrekt, unmittelbar: ~ **taxes**; ~ **labo(u)r** produktive Arbeitskräfte; ~ **mail** Am. Postwurfsendung f; ~ **primary** pol. Am. Vorwahl f durch direkte Wahl; ~ **selling** econ. Direktverkauf m; ~ **train** rail. durchgehender Zug; ~ **voting** pol. direkte Wahl; → **direct method**. **14.** unmittelbar, perˈsönlich: ~ **responsibility**. **15.** econ. speˈzifisch, diˈrekt: ~ **costs** direkte Kosten, Einzelkosten. **16.** a) klar, unzwei-, eindeutig, b) offen, ehrlich: a ~ **answer**. **17.** diˈrekt, genau: the ~ **contrary** das genaue Gegenteil. **18.** ling. diˈrekt: ~ **speech** (bes. Am. **discourse**) direkte Rede; ~ **object** diˈrektes Objekt, Akkusativobjekt n. **19.** astr. rechtläufig. **20.** electr. a) Gleichstrom..., b) Gleich... **IV** adv **21.** diˈrekt, unmittelbar: I wrote to him ~; → **dial** 9.

**di·rect| ac·cess** s Computer: diˈrekter Zugriff, Diˈrektzugriff m. ~ **ac·tion** pol. diˈrekte Akˈtiˈon (bes. Kampfmaßnahmen der Arbeiterschaft). ~ **ad·ver·tis·ing** s econ. Werbung f beim Konsuˈmenten. ~ **carv·ing** s Bildhauerei: Behauen n ohne Verwendung e-s ˈLeitmoˌdells. ~ **cost·ing** s econ. Grenz(plan)rechnung f. ~ **cur·rent** s electr. Gleichstrom m. ~ **di·al·(l)ing** s teleph. ˈDurchwahl f. ~ **dis·tance di·al·ing** s teleph. Am. Selbstwählfernverkehr m. ~ **drive** s tech. diˈrekter Antrieb. ~ **ev·i·dence** s jur. unmittelbarer Beweis, Beweis m aus eigener Wahrnehmung (Ggs. Indizienbeweis). ~ **fire** s mil. diˈrekter Beschuß. ~ **hit** s mil. Volltreffer m. ~ **in·i·ti·a·tive** s pol. Am. von Wählern ausgehender Gesetzesantrag, über den ein Volksentscheid herbeigeführt wird.

**di·rec·tion** [dɪˈrekʃn; daɪ-] s **1.** Richtung f: to take a ~ e-e Richtung einschlagen; in the ~ of in (der) Richtung auf (acc) od. nach; from (in) all ~s aus (nach) allen Richtungen, von (nach) allen Seiten; **sense** of ~ Ortssinn m; ~ of **rotation** phys. tech. Drehrichtung, -sinn m. **2.** fig. Richtung f, Tenˈdenz f, Strömung f: new ~s in drama; to give another ~ to in e-e neue Richtung od. in andere Bahnen lenken; in many ~s in vieler(lei) Hin-

---

sicht. **3.** Leitung f, Lenkung f, Führung f (e-s Betriebs etc): under his ~ unter s-r Leitung. **4.** Anweisung f, Anleitung f: ~s for use Gebrauchsanweisung. **5.** oft pl (An)Weisung f, Anordnung f, Befehl m: by (od. at) ~ of auf Anweisung von (od. gen). **6.** Vorschrift f, Richtlinie f. **7.** Aˈdresse f, Aufschrift f (e-s Briefes etc). **8.** econ. Direkˈtorium n, Direktiˈon f, Leitung f. **9.** Film etc: Reˈgie f. **10.** mus. a) Spielanweisung f (über Tempo etc), b) Stabführung f, Leitung f.

**di·rec·tion·al** [dɪˈrekʃənl; daɪ-] adj **1.** Richtungs...: ~ **sense** math. Richtungssinn m. **2.** electr. a) Richt..., gerichtet, b) Peil... ~ **aer·i·al**, bes. Am. ~ **an·ten·na** s electr. ˈRichtanˌtenne f, -strahler m. ~ **cal·cu·lus** s a. irr math. Rechnung f mit gerichteten Größen. ~ **co·ef·fi·cient** s math. Richtungsfaktor m. ~ **fil·ter** s electr. Bandfilter n, m. ~ **gy·ro** s aer. Kurs-, Richtkreisel m. ~ **mi·cro·phone** s ˈRichtmikroˌphon n. ~ **ra·di·o** s electr. **1.** Richtfunk m. **2.** Peilfunk m. ~ **trans·mit·ter** s electr. **1.** Richtfunksender m. **2.** Peilsender m.

**di·rec·tion| find·er** s electr. (Funk)Peiler m, Peilempfänger m. ~ **find·ing** s electr. **1.** (Funk)Peilung f, Richtungsbestimmung f. **2.** Peilwesen n. ~ **in·di·ca·tor** s **1.** mot. (Fahrt)Richtungsanzeiger m: a) hist. Winker m, b) Blinker m. **2.** aer. Kursweiser m.

**di·rec·tive** [dɪˈrektɪv; daɪ-] **I** adj lenkend, leitend, richtunggebend, -weisend: ~ **rule** → **II**. **II** s Direkˈtive f, Verhaltungsmaßregel f, (An)Weisung f, Vorschrift f. ~ **aer·i·al**, bes. Am. ~ **an·ten·na** s electr. ˈRichtanˌtenne f. ~ **pow·er** s electr. Richtvermögen n.

**di·rect·ly I** adv **1.** diˈrekt, gerade, in gerader Richtung. **2.** unmittelbar, diˈrekt (a. tech.): ~ **proportional** direkt proportional; ~ **in the middle** direkt od. genau in der Mitte; ~ **opposed** genau entgegengesetzt. **3.** bes. [colloq. a. ˈdreklɪ] a) soˈfort, soˈgleich, b) gleich, bald: I am coming ~. **4.** unzweideutig, klar. **5.** offen, ehrlich. **II** conj [Br. a. ˈdreklɪ] **6.** soˈbald, soˈwie: ~ he entered.

**di·rect meth·od** s diˈrekte Meˈthode (Fremdsprachenunterricht ohne Verwendung der Muttersprache u. ohne theoretische Grammatik).

**di·rect·ness** s **1.** Geradheit f, Geradlinigkeit f, gerade Richtung. **2.** Unmittelbarkeit f. **3.** Unzweideutigkeit f, Klarheit f. **4.** Offenheit f.

**di·rec·tor** [dɪˈrektə(r); daɪ-] s **1.** Diˈrektor m, Leiter m, Vorsteher m: D~ of **Public Prosecutions** jur. Br. Leiter der Anklagebehörde; ~ of **program(me)s** (Rundfunk, TV) Programmdirektor; ~'s **secretary** Chefsekretärin f. **2.** econ. a) Diˈrektor m, b) Mitglied n des Verwaltungsrats (e-r Aktiengesellschaft). **3.** Film etc: Regisˈseur m. **4.** mus. Diriˈgent m. **5.** mil. Komˈmandogerät n. **6.** med. Leitungssonde f. **di·rec·to·ral** → **directorial**. **di·rec·to·rate** [-rət] s **1.** Direkˈtoˈrat n, Diˈrektor-, Direkˈtorenposten m, -stelle f. **2.** Direkˈtorium n. **3.** econ. a) Diˈrektorium n, b) Verwaltungsrat m.

**di·rec·tor-ˈgen·er·al** pl **di·rec·tors-ˈgen·er·al**, a. **di·rec·tor-ˈgen·er·als** s Geneˈraldiˌrektor m.

**di·rec·to·ri·al** [dɪˌrekˈtɔːrɪəl; daɪ-] adj **1.** Direktor(en)...: ~ **position**. **2.** → **directive** I.

**di·rec·tor·ship** → **directorate** 1.

**di·rec·to·ry** [dɪˈrektərɪ; daɪ-] **I** s **1.** a) Aˈdreßbuch n, b) Teleˈfonbuch n, c) Branchenverzeichnis n: → **trade directory**. **2.** bes. relig. Gottesdienstordnung f. **3.** Leitfaden m, Richtschnur f.

**4.** Direk'torium n. **5.** D~ hist. Direc'toire n, Direk'torium n (französische Revolution). **II** adj → directive I.

**di,rect|-'pro·cess steel** s tech. Rennstahl m. ~ **prod·uct** s math. Ska'larpro,dukt n.

**di·rec·tress** [dɪ'rektrɪs; daɪ-] s Direk'torin f, Vorsteherin f, Leiterin f.

**di·rec·trice** [dɪrek'triːs] → directress.

**di·rec·trix** [dɪ'rektrɪks; daɪ-] pl **-trix·es, -tri·ces** [-trɪsiːz] s **1.** → directress. **2.** math. Di'rektrix f, Leitlinie f. **3.** mil. Nullstrahl m.

**di,rect-'writ·ing com·pa·ny** s econ. Rückversicherungsgesellschaft f.

**'dire·ful** → dire I.

**dirge** [dɜːdʒ; Am. dɜrdʒ] s Klage-, Trauerlied n.

**dir·i·gi·bil·i·ty** [,dɪrɪdʒə'bɪlətɪ] s Lenkbarkeit f. **'dir·i·gi·ble** adj u. s lenkbar(es Luftschiff).

**di·ri·gisme** [,diːriː'ʒiːzm] s econ. pol. Diri'gismus m.

**dir·i·ment** ['dɪrɪmənt] adj unwirksam machend, aufhebend: ~ **impediment** jur. trennendes Ehehindernis.

**dirk** [dɜːk; Am. dɜrk] **I** s Dolch m. **II** v/t erdolchen.

**dirl** [dɜːl; Am. dɜrl] v/i Scot. **1.** beben. **2.** dröhnen. [(-kleid) n.)

**dirn·dl** ['dɜːndl; Am. 'dɜrndl] s Dirndl\

**dirt** [dɜːt; Am. dɜrt] s **1.** Schmutz m, Kot m, Dreck m. **2.** (lockere) Erde. **3.** fig. Plunder m, Schund m. **4.** fig. (moralischer) Schmutz. **5.** fig. Schmutz m: a) unflätiges Reden, b) üble Verleumdungen pl, Gemeinheit(en pl) f.
Besondere Redewendungen:
**hard** ~ Schutt m; **soft** ~ Müll m, Kehricht m, n; **to eat** ~ sich widerspruchslos demütigen lassen; **to make s.o. eat** ~ j-n demütigen; **to fling** (od. **throw**) ~ **at s.o.** j-n mit Dreck bewerfen, j-n in den Schmutz ziehen; **to treat s.o. like** ~ j-n wie (den letzten) Dreck behandeln; **to do s.o.** ~ sl. j-n in gemeiner Weise hereinlegen.

**,dirt|-'cheap** adj u. adv colloq. spottbillig. ~ **farm·er** s Am. Farmer, der sein Land selbst bestellt. ~ **farm·ing** s Ackerbau m.

**dirt·i·ness** ['dɜːtɪnɪs; Am. 'dɜr-] s **1.** Schmutz(igkeit f) m. **2.** Gemeinheit f, Niedertracht f. **3.** (moralische) Niedrigkeit. **4.** Unfreundlichkeit f (des Wetters).

**dirt| road** s Am. unbefestigte Straße. ~ **track** s Motorradsport: Aschenbahn f.

**'dirt·y** **I** adj (adv dirtily) **1.** schmutzig, dreckig, Schmutz...: ~**-brown** schmutzigbraun; ~ **water** schmutziges Wasser, Schmutzwasser n; ~ **work** Dreck(s)arbeit f: a) Schmutz verursachende Arbeit, b) niedere Arbeit, für die sich andere zu schade sind; ~**-work allowance** ~ **money** econ. Schmutzzulage f; **to give s.o. a** ~ **look** j-m e-n bösen Blick zuwerfen. **2.** fig. gemein, niederträchtig: **a** ~ **lot** ein Lumpenpack. **3.** fig. (moralisch) schmutzig, unflätig, unanständig: **a** ~ **mind** a) schmutzige Gedanken pl, b) e-e schmutzige Phantasie. **4.** schlecht, unfreundlich, bes. mar. stürmisch: ~ **weather.** **5.** schmutzig(grau) (Farbe). **6.** sl. 'dirty\* (drogenabhängig). **II** s **7.** **to do the** ~ **on s.o.** Br. colloq. j-n gemein od. unfreundlich behandeln. **III** v/t **8.** beschmutzen, besudeln (a. fig.): **to** ~ **one's hands** sich die Hände schmutzig machen (a. fig.). **IV** v/i **9.** schmutzig werden, schmutzen.

**Dis** [dɪs] s poet. 'Unterwelt f.

**dis-¹** [dɪs] Vorsilbe **1.** auseinander-, ab-, dis-, ent-, un-, weg-, ver-, zer-. **2.** Verneinung: → disaccord, etc.

**dis-²** [dɪs] → **di-¹.**

**dis·a·bil·i·ty** [,dɪsə'bɪlətɪ] s **1.** Unvermögen n, Unfähigkeit f. **2.** jur. Geschäfts-, Rechtsunfähigkeit f: **to lie under a** ~ rechtsunfähig sein. **3.** Arbeits-, Erwerbsunfähigkeit f, Invalidi'tät f. **4.** mil. a) Dienstuntauglichkeit f, b) Kampfunfähigkeit f. **5.** med. Gebrechen n. ~ **ben·e·fit** s Invalidi'tätsrente f. ~ **clause** s econ. Erwerbsunfähigkeitsklausel f. ~ **in·sur·ance** s econ. Invali'ditätsversicherung f.

**dis·a·ble** [dɪs'eɪbl] v/t **1.** unfähig machen, außerstand setzen (**from doing** od. **to do s.th.** etwas zu tun). **2.** unbrauchbar od. untauglich machen (**for** für, zu). **3.** jur. geschäfts- od. rechtsunfähig machen. **4.** arbeits- od. erwerbsunfähig machen. **5.** mil. a) dienstuntauglich machen, b) kampfunfähig machen. **6.** verkrüppeln. **dis'a·bled I** adj **1.** jur. geschäfts-, rechtsunfähig. **2.** arbeits-, erwerbsunfähig, inva'lid(e). **3.** mil. a) dienstuntauglich, b) kriegsversehrt: **a** ~ **ex-soldier** ein Kriegsversehrter, c) kampfunfähig. **4.** (körperlich od. geistig) behindert. **5.** unbrauchbar, untauglich. **6.** a) mar. manö'vrierunfähig, seeuntüchtig, b) mot. fahruntüchtig, nicht mehr verkehrssicher. **II** s **7.** **the** ~ die Behinderten pl. **dis'a·ble·ment** s **1.** Arbeits-, Erwerbsunfähigkeit f, Invalidi'tät f: ~ **annuity** Br. → disability benefit; ~ **insurance** → disability insurance. **2.** → disability 4. **3.** (körperliche od. geistige) Behinderung.

**dis·a·buse** [,dɪsə'bjuːz] v/t **1.** aus dem Irrtum befreien, e-s Besseren belehren, aufklären (**of** über acc). **2.** befreien, erleichtern (**of** von): **to** ~ **o.s.** (od. **one's mind**) **of s.th.** sich von etwas (Irrtümlichem) befreien, etwas ablegen.

**dis·ac·cord** [,dɪsə'kɔː(r)d] **I** v/i **1.** nicht über'einstimmen. **II** s **2.** Uneinigkeit f, Nichtüber'einstimmung f. **3.** 'Widerspruch m. **,dis·ac'cord·ant** adj nicht über'einstimmend.

**dis·ac·cus·tom** [,dɪsə'kʌstəm] v/t: **to** ~ **s.o. to s.th.** j-n e-r Sache entwöhnen, j-m etwas abgewöhnen; ~**ed to** nicht gewöhnt an (acc).

**dis·ad·van·tage** [,dɪsəd'vɑːntɪdʒ; Am. -'væn-] **I** s **1.** Nachteil m (**to** für): **to be at a** ~, **to labo(u)r under a** ~ im Nachteil od. benachteiligt sein; **to put s.o. at a** ~ j-n benachteiligen; **to put o.s. at a** ~ **with s.o.** sich j-m gegenüber in den Nachteil setzen; **to s.o.'s** ~ zu j-s Nachteil od. Schaden. **2.** ungünstige Lage: **to take s.o. at a** ~ j-s ungünstige Lage ausnutzen. **3.** Schade(n) m, Verlust m (**to** für): **to sell to** (od. **at a**) ~ mit Verlust verkaufen. **II** v/t **4.** benachteiligen. **,dis·ad·van'ta·geous** [-ædvɑːn'teɪdʒəs; Am. -,væn-; -vən-] adj (adv ~ly) nachteilig, ungünstig, unvorteilhaft, schädlich (**to** für).

**dis·af·fect** [,dɪsə'fekt] v/t unzufrieden machen, verstimmen, verärgern, verdrießen. **,dis·af'fect·ed** adj (adv ~ly) (**to, toward[s]**) unzufrieden (mit), abgeneigt (dat), 'mißvergnügt (über acc), verdrossen. **,dis·af'fect·ed·ness, dis·af'fec·tion** s (**for**) Unzufriedenheit f (mit), Abgeneigtheit f (gegen), (pol. a. Staats)Verdrossenheit f.

**dis·af·firm** [,dɪsə'fɜːm; Am. -'fɜrm] v/t **1.** (ab)leugnen. **2.** jur. a) Gerichtsentscheidung aufheben, 'umstoßen, b) von e-m Vertrag zu'rücktreten.

**dis·af·for·est** [,dɪsə'fɒrɪst; Am. a. -'fɑr-] v/t **1.** jur. Br. e-m Wald den Schutz durch das Forstrecht nehmen. **2.** abforsten, abholzen. **'dis·af,for·es'ta·tion, ,dis·af'for·est·ment** s **1.** jur. Br. Erklärung f zu gewöhnlichem Land (das nicht dem Forstrecht untersteht). **2.** Abforstung f, Abholzung f.

**dis·ag·i·o** [dɪs'ædʒɪəʊ] s econ. Dis'agio n, Abschlag m.

**dis·a·gree** [,dɪsə'griː] v/i **1.** (**with**) nicht über'einstimmen (mit), im 'Widerspruch stehen (zu, mit): **the witnesses** ~ die Zeugen widersprechen einander. **2.** (**with s.o.**) anderer Meinung sein (als j-d), uneinig sein (mit j-m), (j-m) nicht zustimmen. **3.** sich streiten (**on, about** über acc). **4.** (**with s.th.**) nicht einverstanden sein (mit etwas), gegen (e-e Sache) sein, (etwas) ablehnen. **5.** schlecht od. nicht bekommen, nicht zuträglich sein (**with** dat): **this fruit** ~**s with me.** **,dis·a'gree·a·ble** adj (adv disagreeably) unangenehm: a) widerlich, b) unliebenswürdig, eklig, c) lästig. **,dis·a'gree·a·ble·ness** s **1.** Widerlichkeit f. **2.** Unliebenswürdigkeit f. **3.** Lästigkeit f. **,dis·a'gree·ment** s **1.** Verschiedenheit f, 'Unterschied m, Unstimmigkeit f: **in** ~ **from** a) zum Unterschied von, b) abweichend von. **2.** 'Widerspruch m (**between** zwischen dat). **3.** Meinungsverschiedenheit f. **4.** Streitigkeit f, 'Mißhelligkeit f.

**dis·al·low** [,dɪsə'laʊ] v/t **1.** nicht gestatten od. zugeben od. erlauben, miß'billigen, verbieten, verweigern. **2.** nicht anerkennen, nicht gelten lassen, sport a. annul'lieren, nicht geben. **,dis·al'low·a·ble** adj nicht zu billigen(d). **,dis·al'low·ance** s **1.** 'Mißbilligung f. **2.** Nichtanerkennung f, sport a. Annul'lierung f.

**dis·am·big·u·ate** [,dɪsæm'bɪgjʊeɪt] v/t sprachliche Äußerung disambigu'ieren, eindeutig machen.

**dis·ap·pear** [,dɪsə'pɪə(r)] v/i **1.** verschwinden (**from** von, aus; **to** nach). **2.** verlorengehen (Gebräuche etc). **,dis·ap'pear·ance** [-'pɪərəns] s **1.** Verschwinden n. **2.** tech. Schwund m. **,dis·ap'pear·ing** adj **1.** verschwindend. **2.** versenkbar, Versenk...: ~ **bed** Klappbett n.

**dis·ap·point** [,dɪsə'pɔɪnt] v/t **1.** j-n enttäuschen: **to be** ~**ed** enttäuscht sein (**in, at s.th.** von, über etwas; **in, with s.o.** von j-m); **to be** ~**ed of s.th.** um etwas betrogen od. gebracht werden. **2.** j-s Hoffnungen etc enttäuschen, zu'nichte machen. **,dis·ap'point·ed** adj (adv ~ly) enttäuscht. **,dis·ap'point·ing** adj (adv ~ly) enttäuschend. **,dis·ap'point·ment** s **1.** Enttäuschung f: **in great** ~ tief enttäuscht; **to s.o.'s** ~ zu j-s Enttäuschung; **to suffer a** ~ e-e Enttäuschung erleben, enttäuscht werden. **2.** Enttäuschung f (von Hoffnungen etc). **3.** Enttäuschung f (Person od. Sache, die enttäuscht): **to s.o.** a ~ j-m e-e Enttäuschung.

**dis·ap·pro·ba·tion** [,dɪsæprəʊ'beɪʃn] → disapproval. **dis'ap·pro·ba·tive, dis'ap·pro·ba·to·ry** [-beɪtərɪ; Am. -bə,təʊrɪ; -,tɔː-] → disapproving.

**dis·ap·prov·al** [,dɪsə'pruːvl] s (**of**) 'Mißbilligung f (gen), 'Mißfallen n (über acc). **,dis·ap'prove I** v/t **1.** miß'billigen, sein gegen. **II** v/i **3.** da'gegen sein: **to** ~ **of** → I. **,dis·ap'prov·ing** adj (adv ~ly) miß'billigend.

**dis·arm** [dɪs'ɑː(r)m] **I** v/t **1.** entwaffnen (a. fig. freundlich stimmen). **2.** unschädlich machen. **3.** Bomben etc entschärfen. **4.** fig. besänftigen: **to** ~ **s.o.'s rage.** **II** v/i **5.** mil. pol. abrüsten. **dis'ar·ma·ment** s **1.** Entwaffnung f. **2.** mil. pol. Abrüstung f. **dis'arm·er** s Abrüstungsbefürworter(in). **dis'arm·ing** adj (adv ~ly) fig. entwaffnend: **a** ~ **smile.**

**dis·ar·range** [,dɪsə'reɪndʒ] v/t in Unordnung bringen, durchein'anderbringen (beide a. fig.). **,dis·ar'range·ment** s Unordnung f (a. fig.).

**dis·ar·ray** [ˌdɪsəˈreɪ] **I** v/t **1.** in Unordnung bringen (a. fig.). **2.** obs. entkleiden (of gen) (a. fig.). **II** s **3.** Unordnung f (a. fig.): **to be in ~** a) in Unordnung sein, b) mil. in Auflösung begriffen sein, c) in unordentlichem Zustand sein (Kleidung); **to throw into ~** → 1.
**dis·ar·tic·u·late** [ˌdɪsɑːˈ(r)tɪkjʊleɪt] **I** v/t **1.** zergliedern, trennen. **2.** med. exartiku'lieren. **II** v/i **3.** aus den Fugen gehen. **'dis·ar·tic·u·la·tion** s **1.** Zergliederung f. **2.** med. Exartikulati'on f.
**dis·as·sem·ble** [ˌdɪsəˈsembl] v/t auseinˈandernehmen, zerlegen, demonˈtieren. **ˌdis·as·ˈsem·bly** s **1.** Zerlegung f, Demonˈtage f. **2.** zerlegter Zustand.
**dis·as·sim·i·late** [ˌdɪsəˈsɪmɪleɪt] v/t physiol. abbauen. **'dis·as·sim·i·la·tion** s physiol. Abbau m.
**dis·as·so·ci·ate** [ˌdɪsəˈsəʊʃɪeɪt; -sɪeɪt] → dissociate I. **'dis·as·so·ci·a·tion** → dissociation.
**dis·as·ter** [dɪˈzɑːstə; Am. dɪzˈæstər] **I** s **1.** Unglück n (to für), Unheil n, Verderben n: **to bring to ~** ins Unglück bringen. **2.** Unglück n, Kataˈstrophe f. **II** adj **3.** Katastrophen...: **~ area**; **~ control** Katastrophenbekämpfung f; **~ unit** (Katastrophen)Einsatzgruppe f. **dis·'as·trous** [-trəs] adj (adv **~ly**) **1.** unglücklich, unglückselig, unheilvoll, verhängnisvoll, schrecklich (to für). **2.** katastroˈphal, verheerend.
**dis·a·vow** [ˌdɪsəˈvaʊ] v/t **1.** nicht anerkennen, desavouˈieren. **2.** a) nichts zu tun haben wollen mit, b) abrücken von. **3.** in Abrede stellen, ableugnen, desavouˈieren. **ˌdis·a·ˈvow·al** s **1.** Nichtanerkennung f. **2.** Ableugnen n.
**dis·band** [dɪsˈbænd] **I** v/t mil. a) obs. Truppen entlassen, b) Einheit auflösen. **II** v/i bes. mil. sich auflösen. **dis·'band·ment** s bes. mil. Auflösung f.
**dis·bar** [dɪsˈbɑː(r)] v/t jur. aus der Anwaltschaft ausschließen, von der Anwaltsliste streichen. **dis·'bar·ment** s Ausschluß m aus der Anwaltschaft, Streichung f von der Anwaltsliste.
**dis·be·lief** [ˌdɪsbɪˈliːf] s **1.** Unglaube m. **2.** Zweifel m (in an dat). **ˌdis·be·ˈlieve** [-ˈliːv] **I** v/t keinen Glauben schenken (dat): a) etwas bezweifeln, nicht glauben, b) j-m nicht glauben. **II** v/i nicht glauben (in an acc). **ˌdis·be·ˈliev·er** s Ungläubige(r m) f (a. relig.), Zweifler(in).
**dis·branch** [dɪsˈbrɑːntʃ; Am. -ˈbræntʃ] v/t entasten, entästen.
**dis·bud** [dɪsˈbʌd] v/t von (ˈüberschüssigen) Knospen od. Schößlingen befreien.
**dis·bur·den** [dɪsˈbɜːdn; Am. -ˈbɜrdn] **I** v/t **1.** (von e-r Bürde) befreien, entlasten (of, from von): **to ~ one's mind** sein Herz ausschütten od. erleichtern. **2.** Last, Sorgen etc loswerden, abladen (on, upon auf acc). **II** v/i **3.** (e-e Last) ab- od. ausladen.
**dis·burs·a·ble** [dɪsˈbɜːsəbl; Am. -ˈbɜrsəbl] adj auszahlbar. **dis·'burs·al** → disbursement. **dis·'burse** [-ˈbɜːs; Am. -ˈbɜrs] v/t **1.** Geld aus(be)zahlen. **2.** Geld auslegen, verauslagen. **dis·'burse·ment** s **1.** Auszahlung f. **2.** Auslage f, Verauslagung f.
**dis·'burs·ing of·fi·cer** s mil. Zahlmeister m.
**disc, dc** → disk, etc.
**dis·cal·ce·ate** [dɪsˈkælsɪət] **I** adj discalced. **II** s relig. Barfüßer(in) (Mönch, Nonne). **dis·'calced** [-ˈkælst] adj barfuß. **2.** relig. Barfüßer...
**dis·cant** [ˈdɪskænt; dɪˈskænt] → descant.
**dis·card** [dɪˈskɑː(r)d] **I** v/t **1.** Karten a) ablegen, b) abwerfen. **2.** etwas ablegen,

ˈausranˌgieren: **to ~ old clothes**. **3.** ad acta legen. **4.** e-e Gewohnheit ablegen, aufgeben: **to ~ a habit (prejudice,** etc); **to ~ a method** ein Verfahren aufgeben. **5.** Freund etc fallenlassen. **II** v/i **6.** a) (Karten) ablegen, b) (Karten) abwerfen. **III** s [ˈdɪskɑː(r)d] **7.** Kartenspiel: a) Ablegen n, Abwerfen n, b) abgeworfene od. abgelegte Karte(n pl). **8.** etwas Abgelegtes, abgelegte Sache. **9. to go into the ~** Am. in Vergessenheit geraten, b) außer Gebrauch kommen.
**dis·cern** [dɪˈsɜːn; -ˈzː-; Am. -ˈsɜrn] v/t **1.** (sinnlich od. geistig) wahrnehmen, erkennen, feststellen, bemerken. **2.** obs. unterˈscheiden (können): **to ~ good and** (od. from) **evil** zwischen Gut u. Böse unterscheiden (können). **dis·'cern·i·ble** adj (adv discernibly) wahrnehmbar, erkennbar, sichtbar. **dis·'cern·ing** adj urteilsfähig, scharfsichtig, kritisch (urteilend), klug. **dis·'cern·ment** s **1.** Scharfblick m, Urteil(skraft f) n. **2.** Einsicht f (of in acc). **3.** Wahrnehmen n, Erkennen n. **4.** Wahrnehmungsvermögen n.
**dis·cerp·ti·ble** [dɪˈsɜːptəbl; Am. -ˈsɜr-] adj (zer)trennbar.
**dis·charge** [dɪsˈtʃɑː(r)dʒ] **I** v/t **1.** allg. entlasten (a. arch.), entladen (a. electr.). **2.** ausladen: a) ein Schiff etc entladen, b) e-e Ladung löschen, c) Passagiere ausschiffen. **3.** ein Gewehr, Geschoß etc abfeuern, abschießen. **4.** Wasser etc ablassen, ablaufen od. abströmen lassen: the river **~s itself into a lake** der Fluß ergießt sich od. mündet in e-n See. **5.** tech. Produkte etc abführen, ausstoßen (Maschine). **6.** von sich geben, ausströmen, -stoßen: **to ~ fumes. 7.** med. physiol. absondern: **to ~ saliva**; the ulcer **~s** matter das Geschwür eitert. **8.** s-n Gefühlen Luft machen, s-n Zorn auslassen (on on dat). **9.** j-n befreien, entbinden (of, from von Verpflichtungen etc; from doing s.th. davon, etwas zu tun). **10.** jur. j-n freisprechen od. entlasten (of von). **11.** j-n entlassen (from aus dat): **to ~ an employee (a patient, a prisoner, a soldier,** etc). **12.** s-e Verpflichtungen erfüllen, nachkommen (dat), Schulden bezahlen, begleichen, tilgen. **13.** e-n Wechsel einlösen. **14.** jur. a) e-n Schuldner entlasten: **to ~ a bankrupt** e-n Gemeinschuldner entlasten, b) obs. e-n Gläubiger befriedigen. **15.** im Amt verwalten, ausüben. **16.** s-e Pflicht erfüllen, sich e-r Aufgabe entledigen: **to ~ one's duty** a. s-r Pflicht nachkommen. **17.** obs. thea. e-e Rolle spielen. **18.** jur. ein Urteil etc aufheben. **19.** Färberei: (aus)bleichen. **20.** obs. od. Scot. verbieten. **II** v/i **21.** sich e-r Last entledigen. **22.** herˈvorströmen. **23.** abfließen. **24.** sich ergießen, münden (Fluß). **25.** Flüssigkeit ausströmen lassen. **26.** med. eitern. **27.** losgehen, sich entladen (Gewehr etc). **28.** electr. sich entladen. **29.** ver-, auslaufen (Farbe). **III** s [a. ˈdɪstʃɑː(r)dʒ] **30.** Entladung f (e-s Schiffes etc). **31.** Löschung f (e-r Ladung). **32.** Abfeuern n (e-s Gewehrs etc). **33.** Aus-, Abfluß m. **34.** tech. a) Ab-, Auslaß m: **~ cock** Ablaßhahn m; **~ chute** Auslaufrutsche f. **35.** Abflußmenge f. **36.** med. physiol. a) Absonderung f: **~ of saliva**, b) (Augen- etc) Ausfluß m: **a ~ from the eyes**. **37.** a) Ausstoßen n: the **~ of smoke**, b) electr. Entladung f. **38.** Befreiung f, Entbindung f (of, from von Verpflichtungen etc). **39.** jur. Freisprechung f (from von). **40.** Entlassung f: **~ of a patient (prisoner, soldier,** etc). **41.** jur.

Aufhebung f (e-s Urteils etc). **42.** jur. Entlastung f (e-s Schuldners): **~ of a bankrupt** Entlastung e-s Gemeinschuldners. **43.** a) Erfüllung f (e-r Verpflichtung etc), b) Bezahlung f, Tilgung f (e-r Schuld): **in ~ of** zur Begleichung von (od. gen), c) Einlösung f (e-s Wechsels). **44.** Erfüllung f (e-r Pflicht etc). **45.** Verwaltung f, Ausübung f (e-s Amtes). **46.** Quittung f: **~ in full** vollständige Quittung. **47.** Färberei: (Aus)Bleichung f. **48.** arch. Entlastung f, Stütze f.
**dis·charge|pipe** s tech. Abflußrohr n. **~ po·ten·tial** s electr. Entˈladungspotentiˌal n, -spannung f. **~ print** s print. Ätzdruck m.
**dis·'charg·er** s **1.** Entlader m. **2.** Entladevorrichtung f. **3.** electr. a) Entlader m, b) Funkenstrecke f. **4.** aer. Abwurfbehälter m.
**dis·'charg·ing| arch** s arch. Entlastungsbogen m, Ablastbogen m. **~ cur·rent** s electr. Entladestrom m. **~ pipe** s tech. (Aus)Blasrohr n. **~ vault** s arch. Leibungsbogen m.
**dis·ci** [ˈdɪskaɪ; ˈdɪsaɪ] pl von discus.
**dis·ci·ple** [dɪˈsaɪpl] s **1.** Bibl. Jünger m. **2.** relig. Aˈpostel m. **3.** Schüler m, Jünger m.
**Dis·ci·ples of Christ** s pl relig. Campbelˈliten pl, Jünger pl Christi (kongregationalistische Sekte).
**dis·ci·plin·a·ble** [ˈdɪsɪplɪnəbl] adj **1.** folg-, fügsam, erziehbar. **2.** strafbar.
**dis·ci·plin·al** [ˈdɪsɪplɪnl] adj **1.** Diszipliˈn... **2.** erzieherisch. **'dis·ci·plin·ant** [-plɪnənt] s **1.** j-d, der sich e-r (strengen) Diszi'plin unterˈwirft. **2.** relig. hist. Flagelˈlant m, Geißler m.
**dis·ci·pli·nar·i·an** [ˌdɪsɪplɪˈneərɪən] **I** s **1.** Zuchtmeister m (a. fig.). **2.** strenger Lehrer od. Vorgesetzter. **3.** D~ hist. kalviˈnistischer Puriˈtaner (in England). **II** adj disciplinary. **'dis·ci·pli·nar·y** [-nərɪ; Am. -ˌnerɪ] adj **1.** erzieherisch, die Diszi'plin fördernd. **2.** diszipliˈnarisch, Disziplinar...: **~ measures**; **~ punishment**; **~ action** Disziplinarmaßnahme f, -verfahren n. **3.** Straf...: **~ barracks** mil. Militärstrafanstalt f; **~ transfer** Strafversetzung f.
**dis·ci·pline** [ˈdɪsɪplɪn] **I** s **1.** Schulung f, Ausbildung f. **2.** mil. Drill m. **3.** Bestrafung f, Züchtigung f. **4.** Kaˈsteiung f. **5.** Diszi'plin f. **6.** ˈSelbstdiszi̱ˌplin f. **7.** Vorschriften pl, Regeln pl, Kodex m von Vorschriften. **8.** relig. Diszi'plin f (Regeln der kirchlichen Verwaltung, Liturgie etc). **9.** Diszi'plin f, Wissenschaftszweig m. **II** v/t **10.** schulen, (aus)bilden, erziehen, unterˈrichten. **11.** mil. drillen. **12.** an ˈSelbstdiszi̱ˌplin gewöhnen. **13.** diszipliˈnieren, an Diszi'plin gewöhnen: **well ~d** diszipliniert; **badly ~d** undiszipliniert. **14.** bestrafen.
**dis·claim** [dɪsˈkleɪm] **I** v/t **1.** etwas in Abrede stellen, ab-, bestreiten. **2.** a) jede Verantwortung ablehnen für, b) e-e Verantwortung ablehnen, c) etwas nicht anerkennen. **3.** widerˈrufen, demenˈtieren. **4.** jur. Verzicht leisten auf (acc), keinen Anspruch erheben auf (acc), Erbschaft ausschlagen. **II** v/i **5.** jur. Verzicht leisten, verzichten. **dis·'claim·er** s **1.** jur. a) Verzicht(leistung f) m (auf acc), Ausschlagung f (gen). **2.** ˈWiderruf m, Deˈmenti n.
**dis·close** [dɪsˈkləʊz] **I** v/t **1.** bekanntgeben, -machen. **2.** Pläne etc enthüllen, aufdecken. **3.** zeigen, verraten: **his books ~ great learning.** **4.** Patentrecht: Erfindung offenˈbaren. **II** s obs. für disclosure. **dis·'clo·sure** [-ʒə(r)] s **1.** Enthüllung f: a) Aufdeckung f, b) (das) Enthüllte. **2.** Patentrecht: Offenˈbarung f.
**dis·co** [ˈdɪskəʊ] colloq. **I** pl **-cos** ˌDisko‘

f (*Diskothek*). **II** adj Disko...: ~ **music**; ~ **sound** Diskosound m.

**dis·cog·ra·phy** [dɪsˈkɒgrəfɪ; Am. -ˈkɑ-] s Diskograˈphie f, Schallplattenverzeichnis n.

**dis·coid** [ˈdɪskɔɪd] **I** adj scheibenförmig, Scheiben... **II** s scheibenförmiger Gegenstand. **disˈcoiˈdal** adj **1.** → discoid I. **2.** med. diskoiˈdal.

**dis·col·or** [dɪsˈkʌlə(r)] **I** v/t **1.** verfärben. **2.** bleichen, entfärben. **3.** fig. entstellen. **II** v/i **4.** sich verfärben. **5.** die Farbe verlieren, verblassen. **disˌcolˈorˈaˈtion** s **1.** Verfärbung f. **2.** Bleichung f, Entfärbung f, Farbverlust m. **3.** Fleck m, bes. entfärbte od. verschossene Stelle. **disˈcolˈored** adj **1.** verfärbt. **2.** fleckig. **3.** blaß, entfärbt, verschossen, ausgebleicht.

**dis·col·our, dis·col·oured** bes. Br. für discolor, discolored.

**dis·com·fit** [dɪsˈkʌmfɪt] v/t **1.** mil. obs. schlagen, besiegen. **2.** j-s Pläne durchˈkreuzen: **to** ~ **s.o. 3.** a) aus der Fassung bringen, verwirren, b) in Verlegenheit bringen. **disˈcomˈfiˈture** [-tʃə(r)] s **1.** mil. obs. a) Besiegung f, b) Niederlage f. **2.** Durchˈkreuzung f. **3.** a) Verwirrung f, b) Verlegenheit f.

**dis·com·fort** [dɪsˈkʌmfə(r)t] **I** s **1.** Unannehmlichkeit f, Verdruß m. **2.** Unbehagen n. **3.** (körperliche) Beschwerde. **4.** Sorge f, Qual f. **II** v/t **5.** j-m Unbehagen verursachen, unbehaglich sein. **6.** beunruhigen, quälen. **disˈcomˈfortˈed** adj **1.** ˈmißvergnügt. **2.** beunruhigt.

**dis·com·mode** [ˌdɪskəˈməʊd] v/t **1.** j-m Unannehmlichkeiten verursachen. **2.** belästigen, j-m zur Last fallen.

**dis·com·mon** [dɪsˈkɒmən; Am. -ˈkɑ-] v/t **1.** univ. (Oxford u. Cambridge) e-m Geschäftsmann den Verkauf an Stuˈdenten unterˈsagen. **2.** jur. Gemeindeland der gemeinsamen Nutzung entziehen, einfriedig)en. **disˈcomˈmons** v/t univ. Br. Studenten vom gemeinsamen Mahl ausschließen.

**dis·com·pose** [ˌdɪskəmˈpəʊz] v/t **1.** in Unordnung bringen, (a. fig. j-n) durcheinˈanderbringen. **2.** j-n (völlig) aus der Fassung bringen, verwirren. **disˌcomˈposˈedˈly** [-zɪdlɪ] adv verwirrt. **disˌcomˈpoˈsure** [-ʒə(r)] s Fassungslosigkeit f, Verwirrung f.

**dis·con·cert** [ˌdɪskənˈsɜːt; Am. -ˈsɜrt] v/t **1.** aus der Fassung bringen, verwirren. **2.** beunruhigen. **3.** durcheinˈanderbringen. **4.** e-n Plan etc zuˈnichte machen, vereiteln. **disˌconˈcertˈed** adj **1.** aus der Fassung gebracht, verwirrt. **2.** beunruhigt.

**dis·con·form·i·ty** [ˌdɪskənˈfɔː(r)mətɪ] s **1.** ˈNichtübereinstimmung f (**to, with** mit). **2.** geol. diskorˈdante Lagerung.

**dis·con·nect** [ˌdɪskəˈnekt] v/t **1.** trennen, loslösen (**with, from** von). **2.** techn. a) entˈ-, auskuppeln, b) die Kupplung ausrücken. **3.** electr. trennen, abschalten: **~ing switch** Trennschalter m. **4.** Gas, Strom, Telefon abstellen: **we have been ~ed** uns das Gas etc abgestellt worden (→ 5). **5.** teleph. Gespräch unterˈbrechen: **we have been ~ed** unser Gespräch ist unterbrochen worden, wir sind getrennt worden (→ 4). **disˌconˈnectˈed** adj (adv **~ly**) **1.** (ab)getrennt, losgelöst. **2.** ˈunzuˌsammenhängend, zuˈsammenhang(s)los. **disˌconˈnecˈtion** [-kʃn] s **1.** Abgetrenntheit f, Losgelöstheit f. **2.** Zs.-hang(s)losigkeit f. **3.** Trennung f. **4.** electr. Trennung f, Ausschalten n. **5.** Abstellung f. **6.** teleph. Unterˈbrechung f. **disˌconˈnecˈtor** [-tə(r)] s electr. Trennschalter m.

**dis·con·nex·ion** bes. Br. für disconnection.

**dis·con·so·late** [dɪsˈkɒnsələt; Am. -ˈkɑn-] adj (adv **~ly**) trostlos: a) unˈtröstlich, verzweifelt, tieftraurig (**about, at** über acc), b) depriˈmierend (Wetter etc), c) öd(e), häßlich (Landschaft etc). **disˈconˌsoˈlateˈness, disˌconˈsoˈlaˈtion** [-səˈleɪʃn] s **1.** Unˈtröstlichkeit f, b) Öde f, Ödheit f.

**dis·con·tent** [ˌdɪskənˈtent] **I** adj **1.** unzufrieden (**with** mit). **II** s **2.** Unzufriedenheit f. **3.** Unzufriedene(r m) f. **disˌconˈtentˈed** adj (adv **~ly**) unzufrieden (**with** mit). **disˌconˈtentˈedˈness, disˌconˈtentˈment** → discontent 2.

**dis·con·tin·u·ance** [ˌdɪskənˈtɪnjʊəns; Am. -jəwəns], **disˈconˌtinˈuˈaˈtion** [-jʊˈeɪʃn; Am. -jəˈweɪʃən] s **1.** Unterˈbrechung f. **2.** Einstellung f. **3.** Aufgeben n: ~ **of a habit. 4.** Abbruch m: ~ **of business relations. 5.** Aufhören n. **6.** jur. a) Einstellung f (e-s Verfahrens), b) Absetzung f (e-s Prozesses), c) Zuˈrückziehung f (e-r Klage). **disˌconˈtinˈue** [-ˈtɪnjuː] **I** v/t **1.** aussetzen, unterˈbrechen. **2.** einstellen, nicht weiterführen: **to** ~ **a contract** ein Vertragsverhältnis auflösen. **3.** e-e Gewohnheit etc aufgeben. **4.** Beziehungen abbrechen. **5.** e-e Zeitung abbestellen. **6.** aufhören (**doing** zu tun). **7.** jur. a) ein Verfahren einstellen, b) e-n Prozeß absetzen, c) e-e Klage zuˈrückziehen. **II** v/i **8.** aufhören.

**dis·con·ti·nu·i·ty** [ˌdɪskɒntɪˈnjuːətɪ; Am. -ˌkɑntnˈuːəti] s **1.** Unterˈbrochensein n. **2.** Zs.-hang(s)losigkeit f. **3.** Unterˈbrechung f. **4.** math. phys. Diskontinuiˈtät f.

**dis·con·tin·u·ous** [ˌdɪskənˈtɪnjʊəs; Am. -jəwəs] adj (adv **~ly**) **1.** unterˈbrochen, mit Unterˈbrechungen. **2.** ˈunzuˌsammenhängend, zuˈsammenhang(s)los. **3.** math. phys. diskontinuˈierlich, unstetig. **4.** sprunghaft: ~ **development**.

**dis·co·phile** [ˈdɪskəfaɪl] s Schallplattensammler(in).

**dis·co·plasm** [ˈdɪskəplæzəm] s med. Discoˈplasma n (Zellplasma der roten Blutkörperchen).

**dis·cord** **I** s [ˈdɪskɔː(r)d] **1.** ˈNichtüberˌeinstimmung f: **to be at** ~ **with** im Widerspruch stehen mit od. zu. **2.** Uneinigkeit f. **3.** Zwietracht f, Zwist m, Streit m, Zank m: **apple of** ~ Zankapfel m. **4.** mus. ˈMißklang m, Dissoˈnanz f. **5.** fig. ˈMißklang m, -ton m. **6.** (bes. Streit-)Lärm m. **II** v/i [dɪsˈkɔː(r)d] **7.** uneins sein. **8.** nicht überˈeinstimmen (**with, from** mit). **disˈcordˈance, disˈcordˈanˈcy** s **1.** → discord 1–5. **2.** geol. Diskorˈdanz f. **disˈcordˈant** adj (adv **~ly**) **1.** (**with**) nicht überˈeinstimmend (mit), widerˈsprechend (dat). **2.** sich widerˈsprechend, entgegengesetzt: ~ **views. 3.** mus. a) ˈunharˌmonisch, ˈmißtönend (beide u. weitS. u. fig.), disso̓nant, b) verstimmt.

**dis·co·theque** [ˈdɪskəʊtek] s Diskoˈthek f.

**dis·count** [ˈdɪskaʊnt] **I** s **1.** econ. Preisnachlaß m, Raˈbatt m, Skonto m, n. **2.** econ. a) Disˈkont m, Wechselzins m, b) → discount rate. **3.** econ. Abzug m (vom Nominalwert): **at a** ~ a) unter Pari, b) fig. unbeliebt, nicht geschätzt, c) fig. nicht gefragt; **to sell at a** ~ mit Verlust verkaufen. **4.** econ. Disˈkont m, Zinszahlung f im voraus. **5.** Vorbehalt m (wegen Übertreibung). **II** v/t [a. dɪˈskaʊnt] **6.** econ. abziehen, abrechnen. **7.** econ. e-n Abzug gewähren auf (e-e Rechnung etc). **8.** econ. e-n Wechsel etc diskonˈtieren. **9.** fig. unberücksichtigt lassen, nicht mitrechnen. **10.** im Wert vermindern, beeinträchtigen. **11.** nur teilweise glauben, mit Vorsicht od. Vorbehalt aufnehmen.

**to** ~ **s.o.'s story. III** v/i **12.** econ. diskonˈtieren, Disˈkontdarlehen gewähren. **disˈcountˈaˈble** adj econ. disˈkontfähig, diskonˈtierbar.

**dis·count** | **bank** s econ. Disˈkontbank f. **~ bill** s econ. Disˈkontwechsel m. **~ bro·ker** s econ. Wechselmakler m. **~ com·pa·ny** s econ. Disˈkontgesellschaft f. **~ day** s econ. Disˈkonttag m.

**dis·coun·te·nance** [dɪsˈkaʊntɪnəns] v/t **1.** aus der Fassung bringen. **2.** (offen) mißˈbilligen, ablehnen.

**dis·count·er** [ˈdɪskaʊntə(r); dɪˈsk-] s econ. **1.** Disˈkontgeber m, Diskonˈtierer m. **2.** bes. Am. Disˈcounter m, Inhaber(in) e-s discount house 2.

**dis·count** | **house** s econ. **1.** Br. Disˈkontbank f. **2.** bes. Am. Disˈcount-, Disˈkontgeschäft n (mit preisvergünstigter Ware). **~ man** → discounter 2. **~ mar·ket** s econ. Disˈkontmarkt m. **~ rate** s econ. Disˈkontsatz m. **~ store** → discount house 2.

**dis·cour·age** [dɪsˈkʌrɪdʒ; Am. dɪsˈkɜr-] v/t **1.** entmutigen. **2.** abschrecken, abhalten, j-m abraten (**from** von; **from doing** [davon,] etwas zu tun). **3.** abschrecken von. **4.** hemmen, beeinträchtigen. **5.** mißˈbilligen, verurteilen. **disˈcourˈageˈment** s **1.** Entmutigung f. **2.** Abschreckung f. **3.** Abschreckung(s)mittel n) f. **4.** Hemmung f, Beeinträchtigung f. **5.** Hindernis n, Schwierigkeit f (**to** für). **disˈcourˈagˈing** adj (adv **~ly**) entmutigend.

**dis·course** **I** s [ˈdɪskɔː(r)s; dɪˈskɔː(r)s] **1.** Unterˈhaltung f, Gespräch n. **2.** a) Darlegung f, b) (mündliche od. schriftliche) Abhandlung, Rede. Vortrag m, Predigt f. **3.** a) logisches Denken, b) Fähigkeit f zu logischem Denken. **II** v/i [dɪˈskɔː(r)s] **4.** sich unterˈhalten (**on** über acc). **5.** s-e Ansichten darlegen. **6.** e-n Vortrag halten (**on** über acc). **7.** meist fig. doˈzieren od. predigen (**on** über acc). **III** v/t **8.** poet. Musik vortragen, spielen.

**dis·cour·te·ous** [dɪsˈkɜːtjəs; Am. -ˈkɜrtɪəs] adj (adv **~ly**) unhöflich, ˈunzuˌvorkommend. **disˈcourˈteˈousˈness, disˈcourˈteˈsy** s Unhöflichkeit f.

**dis·cov·er** [dɪsˈkʌvə(r)] v/t **1.** Land entdecken. **2.** wahrnehmen, erspähen, entdecken. **3.** fig. entdecken, (herˈaus)finden, (plötzlich) erkennen, feststellen. **4.** fig. enthüllen, aufdecken. **disˈcovˈerˈaˈble** adj **1.** entdeckbar. **2.** wahrnehmbar. **3.** feststellbar. **disˈcovˈerˈer** s Entdecker(in).

**dis·cov·ert** [dɪsˈkʌvə(r)t] adj jur. (Frau) a) unverheiratet, b) verwitwet, c) geschieden.

**dis·cov·er·y** [dɪsˈkʌvərɪ] s **1.** Entdeckung f: **voyage of** ~ Entdeckungsfahrt f, Forschungsreise f. **2.** Entdeckung f, Fund m: **this is my** ~ das ist mir-e Entdeckung. **3.** fig. Feststellung f. **4.** fig. Enthüllung f, Aufdeckung f. **5.** ~ **of documents** jur. Offenlegung f prozeßwichtiger Urkunden vor dem Prozeß.

**dis·cred·it** [dɪsˈkredɪt] **I** v/t **1.** diskrediˈtieren, in Verruf od. ˈMißkreˌdit bringen (**with** bei), in schlechtes Licht setzen auf (acc). **2.** anzweifeln, keinen Glauben schenken (dat). **II** s **3.** Zweifel m: **to cast** (od. **throw**) ~ **on s.th.** etwas zweifelhaft erscheinen lassen. **4.** ˈMißkreˌdit m, schlechter Ruf, Schande f: **to bring into** ~, **to bring** ~ **on** → 1. **5.** Schande f. **dis·cred·it·a·ble** adj (adv discreditably) schändlich. **disˈcredˈitˈed** adj **1.** verrufen, diskrediˈtiert. **2.** unglaubwürdig.

**dis·creet** [dɪˈskriːt] adj (adv **~ly**) **1.** ˈum-,

vorsichtig, besonnen. **2.** dis¦**kret:** a) taktvoll, b) verschwiegen, c) de¦zent, unaufdringlich. **dis¦creet·ness** s **1.** Besonnenheit f. **2.** Dis¦kretheit f: a) Verschwiegenheit f, b) de¦zente Art, Unaufdringlichkeit f.

**dis·crep·an·cy** [dɪs¦krepənsɪ], a. **dis-¦crep·ance** s **1.** Diskre¦panz f, ¦Widerspruch m, Unstimmigkeit f. **2.** Zwiespalt m. **dis¦crep·ant** adj (adv ~ly) **1.** diskre¦pant, sich wider¦sprechend. **2.** abweichend.

**dis·crete** [dɪ¦skriːt] adj (adv ~ly) **1.** getrennt (a. bot.), einzeln. **2.** aus einzelnen Teilen bestehend. **3.** math. dis¦kret, unstetig. **4.** philos. ab¦strakt.

**dis·cre·tion** [dɪ¦skreʃn] s **1.** Verfügungsfreiheit f, Machtbefugnis f. **2.** (a. jur. freies) Ermessen, Gutdünken n, Belieben n: at (your) ~ nach (Ihrem) Belieben; **it is at** (od. **within**) **your** ~ es steht Ihnen frei; **use your own** ~ handle nach eigenem Gutdünken od. Ermessen; **to surrender at** ~ bedingungslos kapitulieren. **3.** Klugheit f, Besonnenheit f, ¦Um~, Vorsicht f: **years** (od. **age**) **of** ~ jur. Alter n der freien Willensbestimmung, Strafmündigkeit f (14 Jahre); ~ **is the better part of valo(u)r** Vorsicht ist der bessere Teil der Tapferkeit. **4.** Diskreti¦on f: a) Verschwiegenheit f, Takt m, b) Zu¦rückhaltung f. **dis¦cre·tion·ar·y** [-ʃnərɪ; Am. -ʃəneriː] adj (adv discretionarily) dem eigenen Gutdünken über¦lassen, ins freie Ermessen gestellt, beliebig, wahlfrei: ~ **income** frei verfügbares Einkommen; ~ **powers** unumschränkte Vollmacht, Handlungsfreiheit f.

**dis·cre·tive** [dɪ¦skriːtɪv] adj **1.** → disjunctive I. **2.** unter¦scheidend.

**dis·crim·i·nant** [dɪ¦skrɪmɪnənt] s math. Diskrimi¦nante f.

**dis·crim·i·nate** [dɪ¦skrɪmɪneɪt] **I** v/i **1.** (scharf) unter¦scheiden, e-n ¦Unterschied machen (**between** zwischen dat): **to** ~ **between** Personen unterschiedlich behandeln; **to** ~ **against** s.o. j-n benachteiligen od. diskriminieren; **to** ~ **in favo(u)r of** s.o. j-n begünstigen od. bevorzugen. **II** v/t **2.** (vonein¦ander) unter¦scheiden, ausein¦anderhalten (**from** von). **3.** absondern, abtrennen (**from** von). **4.** unter¦scheiden, abheben (**from** von). **III** adj [-nət] **5.** scharf unter¦scheidend, feine ¦Unterschiede machend. **dis¦crim·i·nat·ing** [-neɪtɪŋ] adj (adv ~ly) **1.** unter¦scheidend, ausein¦anderhaltend. **2.** scharfsinnig, urteilsfähig, kritisch. **3.** anspruchsvoll: ~ **buyers.** **4.** econ. Differential...: ~ **duty.** **5.** electr. Selektiv...: ~ **relay** Rückstromrelais n.

**dis·crim·i·na·tion** [dɪˌskrɪmɪ¦neɪʃn] s **1.** Unter¦scheidung f. **2.** ¦Unterschied m. **3.** ¦unterschiedliche Behandlung: ~ **against** (**in favo[u]r of**) s.o. Benachteiligung f (Begünstigung f) e-r Person. **4.** Diskrimi¦nierung f, Benachteiligung f, Schlechterstellung f. **5.** Scharfblick m, Urteilskraft f, -fähigkeit f, Unter¦scheidungsvermögen n. **6.** Unter¦scheidungsmerkmal n. **dis¦crim·i·na·tive** [-nətɪv; -neɪ-] adj **1.** charakte¦ristisch, unter¦scheidend: ~ **features** Unterscheidungsmerkmale. **2.** ¦Unterschiede machend, ¦unterschiedlich behandelnd, bes. diskrimi¦nierend. **3.** → discriminating 4. **dis¦crim·i·na·tor** [-tə(r)] s **1.** Unter¦scheidende(r m) f. **2.** electr. a) Fre¦quenzgleichrichter m, b) TV Diskrimi¦nator m. **dis¦crim·i·na·to·ry** [-nətərɪ; -nətəʊriː; -ˌtɔː-] → discriminative.

**dis·cur·sive** [dɪ¦skɜːsɪv; Am. dɪs¦kɜr-] adj (adv ~ly) **1.** weitschweifig (Stil, Per-

son), sprunghaft (Gedanken, Person). **2.** philos. diskur¦siv, folgernd.

**dis·cus** [¦dɪskəs] pl **-cus·es, dis·ci** [¦dɪskaɪ; ¦dɪsaɪ] s Leichtathletik: a) Diskus m: ~ **throw** Diskuswerfen n; ~ **thrower** Diskuswerfer(in), b) Diskuswerfen n.

**dis·cuss** [dɪ¦skʌs] v/t **1.** disku¦tieren, besprechen, erörtern. **2.** sprechen über (acc), sich unter¦halten über (acc): **to** ~ **s.th.** über etwas reden. **3.** ein Thema behandeln. **4.** colloq. ,sich (e-e Flasche Wein etc) zu Gemüte führen'. **dis¦cus·sant** s Am. Diskussi¦onsteilnehmer(in). **dis¦cuss·i·ble** adj disku¦tabel.

**dis·cus·sion** [dɪ¦skʌʃn] s **1.** Diskussi¦on f, Besprechung f, Erörterung f: **to be under** (od. **up for**) ~ zur Diskussion stehen, erörtert werden; **to enter into** (od. **upon**) **a** ~ in e-e Diskussion eintreten; **a matter for** ~ ein Diskussionsgegenstand. **2.** Behandlung f (e-s Themas). **3.** colloq. Genuß m (e-r Flasche Wein etc). ~ **group** s Diskussi¦onsgruppe f.

**dis·dain** [dɪs¦deɪn] **I** v/t **1.** verachten, geringschätzen. **2.** a. e-e Speise etc verschmähen, es für unter s-r Würde halten (**doing**, **to do** zu tun). **II** s **3.** Verachtung f, Geringschätzung f: **in** ~ geringschätzig. **4.** Hochmut m. **dis¦dain·ful** adj (adv ~ly) **1.** verächtlich, verachtungsvoll, geringschätzig: **to be** ~ **of s.th.** etwas verachten. **2.** hochmütig.

**dis·ease** [dɪ¦ziːz] **I** s biol. bot. med. Krankheit f (a. fig.). **II** v/t krank machen. **dis¦eased** adj **1.** krank, erkrankt: ~ **in body and mind** krank an Leib u. Seele. **2.** krankhaft: ~ **imagination.**

**dis·em·bark** [ˌdɪsɪm¦bɑː(r)k] **I** v/t aer. mar. Passagiere von Bord gehen lassen, mar. a. ausschiffen, Waren ausladen. **II** v/i aer. mar. von Bord gehen, mar. a. sich ausschiffen. **dis·em·bar¦ka·tion** [-em-], **dis·em¦bark·ment** s mar. Ausschiffung f (von Passagieren, Waren), (von Waren a.) Ausladung f (a. aer.), aer. Aussteigen n (von Passagieren).

**dis·em·bar·rass** [ˌdɪsɪm¦bærəs] v/t **1.** j-m aus e-r Verlegenheit helfen. **2.** (o.s. sich) befreien, erlösen (**of** von). **dis·em¦bar·rass·ment** s **1.** Befreiung f aus e-r Verlegenheit. **2.** Befreiung f, Erlösung f.

**dis·em·bod·ied** [ˌdɪsɪm¦bɒdɪd; Am. -¦bɑ-] adj entkörpert, körperlos: ~ **voice** geisterhafte Stimme. **dis·em¦bod·i·ment** s **1.** Entkörperlichung f. **2.** Befreiung f von der körperlichen Hülle. **dis·em¦bod·y** [ˌdɪsɪm¦bɒdɪ] v/t **1.** entkörperlichen. **2.** Seele etc von der körperlichen Hülle befreien.

**dis·em·bogue** [ˌdɪsɪm¦bəʊg] **I** v/i sich ergießen, münden, fließen (**into** in acc). **II** v/t fließen lassen: **the river** ~**s itself** (od. **its waters**) **into the sea** der Fluß ergießt sich ins Meer.

**dis·em·bos·om** [ˌdɪsɪm¦bʊzəm] → unbosom.

**dis·em·bow·el** [ˌdɪsɪm¦baʊəl] v/t pret u. pp **-eled, Br. -elled 1.** ausnehmen, erlegtes Tier a. ausweiden. **2.** a) den Bauch aufschlitzen, b) j-m den Bauch aufschlitzen.

**dis·em·plane** [ˌdɪsɪm¦pleɪn] v/i aer. (aus dem Flugzeug) aussteigen.

**dis·en·chant** [ˌdɪsɪn¦tʃɑːnt; Am. -¦tʃænt] v/t ernüchtern, desillusio¦nieren: **to be** ~**ed with** sich keinen Illusionen mehr hingeben über (acc). **dis·en¦chant·ment** s Ernüchterung f, Desillusio¦nierung f.

**dis·en·cum·ber** [ˌdɪsɪn¦kʌmbə(r); Am. ˌdɪsn-] v/t **1.** befreien (**of, from** von e-r Last etc) (a. fig.). **2.** jur. entschulden, Grundstück etc hypo¦thekenfrei machen.

**dis·en·fran·chise** [ˌdɪsɪn¦fræntʃaɪz; Am. ˌdɪsn-] → disfranchise.

**dis·en·gage** [ˌdɪsɪn¦geɪdʒ; Am. ˌdɪsn-] **I** v/t **1.** los-, freimachen, befreien (**from** von). **2.** befreien, entbinden (**from** von Verbindlichkeiten etc). **3.** mil. sich absetzen von (dem Feind). **4.** tech. los-, entkuppeln, ausrücken: **to** ~ **the clutch** auskuppeln. **II** v/i **5.** sich freimachen, loskommen (**from** von). **6.** fenc. e-e Cavazi¦on ausführen. **III** s **7.** fenc. Cavazi¦on f. **dis·en¦gaged** adj **1.** frei, unbeschäftigt. **2.** frei, nicht besetzt (Leitung etc). **3.** ungebunden. **dis·en¦gage·ment** s **1.** Befreiung f (**from** von). **2.** Entbindung f (**from** von Verbindlichkeiten etc). **3.** Freisein n. **4.** Entlobung f. **5.** Ungebundenheit f. **6.** Muße f. **7.** chem. Entbindung f, Freiwerden n. **8.** mil. Absetzen n (vom Feind). **9.** pol. Disen¦gagement n (Auseinanderrücken der Machtblöcke).

**dis·en¦gag·ing gear** s tech. Ausrück-, Auskupp(e)lungsvorrichtung f. ~ **le·ver** s tech. Ausrückhebel m.

**dis·en·tail** [ˌdɪsɪn¦teɪl; Am. ˌdɪsn-] v/t jur. die Erbfolge e-s Grundbesitzes aufheben.

**dis·en·tan·gle** [ˌdɪsɪn¦tæŋgl; Am. ˌdɪsn-] **I** v/t **1.** her¦auslösen (**from** aus). **2.** entwirren, entflechten (**beide a.** fig.). **3.** befreien (**from** von, aus). **II** v/i **4.** sich freimachen, sich loslösen. **5.** sich befreien. **dis·en¦tan·gle·ment** s **1.** Her¦auslösung f. **2.** Entwirrung f (a. fig.). **3.** Befreiung f.

**dis·en·thral(l)** [ˌdɪsɪn¦θrɔːl; Am. ˌdɪsn-] v/t (aus der Knechtschaft) befreien. **dis·en¦thral(l)·ment** s Befreiung f (aus der Knechtschaft).

**dis·en·ti·tle** [ˌdɪsɪn¦taɪtl; Am. ˌdɪsn-] v/t j-m e-n Rechtsanspruch nehmen: **to be** ~**d** to keinen Anspruch haben auf (acc).

**dis·en·tomb** [ˌdɪsɪn¦tuːm; Am. ˌdɪsn-] v/t **1.** e-e Leiche exhu¦mieren. **2.** fig. ausgraben.

**dis·en·train** [ˌdɪsɪn¦treɪn; Am. ˌdɪsn-] → detrain.

**dis·e·qui·lib·ri·um** [ˌdɪsekwɪ¦lɪbrɪəm; -iːkwɪ-] s bes. econ. gestörtes Gleichgewicht, Ungleichgewicht n.

**dis·es·tab·lish** [ˌdɪsɪ¦stæblɪʃ] v/t **1.** abschaffen. **2.** e-e Kirche vom Staat trennen. **dis·es¦tab·lish·ment** s **1.** Abschaffung f. **2.** ~ **of the Church** Trennung f von Kirche u. Staat.

**dis·es·teem** [ˌdɪsɪ¦stiːm] **I** v/t geringschätzen, miß¦achten. **II** s Geringschätzung f, ¦Mißachtung f.

**dis·fa·vo·u(u)r** [ˌdɪs¦feɪvə(r)] **I** s **1.** ¦Mißbilligung f, -fallen n: **to look upon s.th. with** ~ etwas mit Mißfallen betrachten. **2.** Ungnade f: **to be in** (**fall into**) ~ in Ungnade stehen (fallen) (**with** bei). **3.** Schaden m: **in my** ~ zu m-n Ungunsten. **II** v/t **4.** ungnädig behandeln. **5.** miß¦billigen.

**dis·fea·ture** [dɪs¦fiːtʃə(r)] v/t entstellen.

**dis·fig·u·ra·tion** [ˌdɪsˌfɪgjʊə¦reɪʃn; Am. -ˌfɪgjə¦r-] → disfigurement. **dis·fig·ure** [dɪs¦fɪgə; Am. -¦fɪgjər] v/t **1.** entstellen, verunstalten (**with** durch). **2.** beeinträchtigen, Abbruch tun (dat). **dis·fig·ure·ment** s Entstellung f, Verunstaltung f.

**dis·for·est** [dɪs¦fɒrɪst; Am. a. -¦fɑr-] → disafforest.

**dis·fran·chise** [ˌdɪs¦fræntʃaɪz] v/t entrechten, j-m die Bürgerrechte od. das Wahlrecht entziehen. **dis¦fran·chise·ment** [-tʃɪzmənt; Am. a. -tʃaɪz-] s Entrechtung f, bes. Entzug m der Bürgerrechte od. des Wahlrechts.

**dis·frock** [dɪs¦frɒk; Am. -¦frɑk] → unfrock.

**dis·gorge** [dɪs¦gɔː(r)dʒ] **I** v/t **1.** Essen

ausspeien, *Lava* speien. **2.** fließen lassen: the river ~s its waters into the sea der Fluß ergießt sich ins Meer. **3.** (ˈwiderwillig) wieder herˈausgeben *od.* ˌherˈausrücken'. **II** *v/i* **4.** sich ergießen, fließen (into *in acc*).

**dis·grace** [dɪsˈgreɪs] **I** *s* **1.** Schande *f*: to bring ~ on → 4. **2.** Schande *f*, Schandfleck *m* (to für): he is a ~ to the party. **3.** Ungnade *f*: to be in (fall into) ~ with in Ungnade stehen (fallen) bei. **II** *v/t* **4.** Schande bringen über (*acc*), j-m Schande bereiten. **5.** *j-m* e-e Gunst entziehen: to be ~d in Ungnade fallen. **disˈgrace·ful** *adj* (*adv* ~ly) schändlich, schimpflich. **disˈgrace·ful·ness** *s* Schändlichkeit *f*, Schande *f*.

**dis·grun·tle** [dɪsˈgrʌntl] *v/t* verärgern, verstimmen. **disˈgrun·tled** *adj* verärgert, verstimmt (at über *acc*).

**dis·guise** [dɪsˈgaɪz] **I** *v/t* **1.** verkleiden, masˈkieren (as als): to ~ o.s. as a woman. **2.** verstellen: to ~ one's handwriting (voice). **3.** *Absichten, Fakten etc* verschleiern, *Gefühle etc* verbergen. **II** *s* **4.** Verkleidung *f*: in ~ a) maskiert, verkleidet, b) *fig.* verkappt: in the ~ of verkleidet als (→ 5); → **blessing. 5.** *thea. u. fig.* Maske *f*: in the ~ of unter der Maske *od.* dem Deckmantel (*gen*) (→ 4). **6.** Verstellung *f*. **7.** Verschleierung *f*: to make no ~ of kein Hehl machen aus. **disˈguis·ed·ly** [-ɪdlɪ] *adv* **1.** verkleidet, masˈkiert. **2.** verschleiert.

**dis·gust** [dɪsˈgʌst] **I** *v/t* **1.** (an)ekeln, anwidern, mit Ekel *od.* Abscheu erfüllen: to be ~ed with (*od.* at, by) Ekel empfinden über (*acc*) (→ 2). **2.** empören, entrüsten: to be ~ed with s.o. empört *od.* entrüstet sein über j-n, sich sehr über j-n ärgern (→ 1). **II** *s* **3.** (at, for) Ekel *m*, Abscheu *m* (vor *dat*), ˈWiderwille *m* (gegen): in ~ mit Abscheu. **disˈgust·ed** *adj* (*adv* ~ly) (at, with) **1.** angeekelt, angewidert (von): ~ with life lebensüberdrüssig. **2.** empört, entrüstet (über *acc*). **disˈgust·ful** *adj* **1.** → **disgusting. 2.** von Ekel erfüllt. **disˈgust·ing** *adj* ekelhaft, widerlich, abˈscheulich. **disˈgust·ing·ly** *adv* **1.** ekelhaft. **2.** *colloq.* schrecklich: ~ rich.

**dish** [dɪʃ] **I** *s* **1.** a) flache Schüssel, b) (Serˈvier)Platte *f*, c) *pl* Geschirr *n*. **2.** Schüssel(voll) *f*. **3.** Gericht *n*, Speise *f*: standing ~ a) täglich wiederkehrendes Gericht, b) *fig.* alte Leier; that's not my ~ *colloq.* das ist nichts für mich; → **made 1. 4.** schüsselartige Vertiefung. **5.** Konkaviˈtät *f*: the ~ of the wheel *tech.* der Radsturz. **6.** *tech. colloq.* Paraˈbolanˌtenne *f*. **7.** *sl.* a) ˌdufte Puppe', b) ˌtoller Typ'. **II** *v/t* **8.** *oft* ~ **up** a) *Speisen* anrichten, b) auftragen, auftischen. **9.** *oft* ~ **up** *colloq. Geschichte etc* ˌauftischen'. **10.** ~ **out** *colloq.* austeilen. **11.** *a. tech.* konˈkav machen, schüsselartig vertiefen, (nach innen) wölben. **12.** *tech. Rad* stürzen. **13.** *colloq. Hoffnungen, Pläne etc* zuˈnichte machen: to ~ one's chances sich s-e Chancen ˌvermasseln'. **III** *v/i* **14.** sich konˈkav austiefen. [Negligéˈ.]

**dis·ha·bille** [ˌdɪsæˈbiːl] *s*: in ~ im \ **dis·har·mo·ni·ous** [ˌdɪshɑː(r)ˈməʊnjəs; -nɪəs] *adj* disharˈmonisch. **disˈhar·mo·nize** *v/t* disharˈmonisch machen. **II** *v/i* disharmoˈnieren. **disˈhar·mo·ny** *s* Disharmoˈnie *f*.

ˈdish·cloth *s* **1.** Spültuch *n*, -lappen *m*. **2.** *Br.* Geschirrtuch *n*. ~ **cloth gourd** *s bot.* Schwammkürbis *m*, Schwamm-, Netzgurke *f*. ~ **drain·er** *s* Abtropfständer *m*.

**dis·heart·en** [dɪsˈhɑː(r)tn] *v/t* entmutigen, mutlos machen. **disˈheart·en·ing** *adj* (*adv* ~ly) entmutigend. **disˈheart·en·ment** *s* Entmutigung *f*.

**dished** [dɪʃt] *adj* **1.** konˈkav gewölbt. **2.** *tech.* gestürzt (*Räder*). **3.** *colloq.* ˌfertig', ˌerledigt': I'm ~ ich bin erledigt (*erschöpft od. ruiniert*). **II** *s* Enterbung.

**dis·her·i·son** [dɪsˈherəsən] *Am.* **I** *v/t* enterben. **II** *s* Enterbung *f*.

**di·shev·el** [dɪˈʃevl] *v/t pret u. pp* **-eled**, *bes. Br.* **-elled** *das Haar* a) unordentlich herˈabhängen lassen, b) zerzausen. **diˈshev·el(l)ed** *adj* **1.** zerzaust, aufgelöst, wirr (*Haar*). **2.** mit zerzaustem Haar. **3.** schlampig, unordentlich, ungepflegt.

**dis·hon·est** [dɪsˈɒnɪst; *Am.* -ˈɑːnəst] *adj* (*adv* ~ly) unehrlich, unredlich: by ~ means auf unehrliche Weise. **disˈhon·es·ty** *s* Unredlichkeit *f*: a) Unehrlichkeit *f*, b) unredliche Handlung.

**dis·hon·or** [dɪsˈɒnə; *Am.* -ˈɑːnər] **I** *s* **1.** Unehre *f*, Schande *f*: to bring ~ on → 4. **2.** Schandfleck *m*, Schande *f* (to für): he is a ~ to the nation. **3.** *econ.* ˈNichthonoˌrierung *f*, Nichteinlösung *f*: ~ of a bill. **II** *v/t* **4.** entehren: a) in Unehre bringen, b) *e-e Frau* schänden. **5.** beleidigen(d behandeln). **6.** *econ. e-n Wechsel etc* nicht honoˈrieren *od.* einlösen. **7.** *ein Versprechen etc* nicht einlösen. **disˈhon·or·a·ble** *adj* (*adv* **dishonorably**) **1.** schändlich, schimpflich, entehrend, unehrenhaft: ~ **discharge** *mil.* unehrenhafte Entlassung. **2.** gemein, niederträchtig. **3.** ehrlos. **disˈhon·or·a·ble·ness** *s* **1.** Schändlichkeit *f*. **2.** Gemeinheit *f*. **3.** Ehrlosigkeit *f*.

**dis·hon·our, dis·hon·our·a·ble, dis·hon·our·a·ble·ness** *bes. Br. für* **dishonor** *etc*.

ˈdish|·pan *s bes. Am.* Abwaschschüssel *f*. ~ **rack** *s* **1.** Geschirrständer *m*. **2.** Geschirrwagen *m* (*e-r Geschirrspülmaschine*). ~ **rag** *s* Spültuch, Abwischtuch. ~ **tow·el** *s bes. Am.* Geschirrtuch *n*. ~ **wash·er** *s* **1.** Tellerwäscher(in), Spüler(in). **2.** Geˈschirrˌspülmaˌschine *f*, Geschirrspüler *m*. ~ **wa·ter** *s* Abwasch-, Spülwasser *n*: this tea tastes like ~.

**dish·y** [ˈdɪʃɪ] *adj bes. Br. colloq.* ˌdufte', ˌtoll' (*Person*).

**dis·il·lu·sion** [ˌdɪsɪˈluːʒn] **I** *s* Ernüchterung *f*, Desillusiˈon *f*. **II** *v/t* ernüchtern, desillusioˈnieren, von Illusiˈonen befreien: to be ~ed with sich keinen Illusionen mehr hingeben über (*acc*). **dis·ilˈlu·sion·ize** → **disillusion II.** **dis·ilˈlu·sion·ment** → **disillusion I.** **dis·ilˈlu·sive** [-sɪv] *adj* ernüchternd, desillusioˈnierend.

**dis·in·cen·tive** [ˌdɪsɪnˈsentɪv; *Am.* ˌdɪsn-] **I** *s* **1.** Abschreckungsmittel *n*: to be a ~ to abschreckend wirken auf (*acc*). **2.** *econ.* leistungshemmender Faktor. **II** *adj* **3.** abschreckend. **4.** *econ.* leistungshemmend.

**dis·in·cli·na·tion** [ˌdɪsɪnklɪˈneɪʃn] *s* Abneigung *f*, Abgeneigtheit *f* (for, to gegen; to do zu tun): ~ to buy Kaufunlust *f*. **dis·inˈcline** [-ˈklaɪn] **I** *v/t* abgeneigt machen (from gegen). **II** *v/i* abgeneigt sein. **dis·inˈclined** *adj* abgeneigt.

**dis·in·fect** [ˌdɪsɪnˈfekt; *Am.* ˌdɪsn-] *v/t* desinfiˈzieren, keimfrei machen. **dis·inˈfect·ant** *s* Desinfektiˈonsmittel *n*. **II** *adj* desinfiˈzierend, keimtötend. **dis·inˈfec·tion** *s* Desinfektiˈon *f*, Desinfiˈzierung *f*. **dis·inˈfec·tor** [-tə(r)] *s* Desinˈfektor *m*, Desinfektiˈonsappaˌrat *m*.

**dis·in·fest** [ˌdɪsɪnˈfest; *Am.* ˌdɪsn-] *v/t* von Ungeziefer befreien, entwesen.

**dis·in·fla·tion** [ˌdɪsɪnˈfleɪʃn; *Am.* ˌdɪsn-] → **deflation.** **dis·inˈfla·tion·ar·y** [-ʃərɪ; *Am.* -ʃəˌnerɪ-] → **deflationary.**

**dis·in·for·ma·tion** [ˌdɪsɪnfə(r)ˈmeɪʃn] *s* ˈDesinformatiˌon *f*.

**dis·in·gen·u·ous** [ˌdɪsɪnˈdʒenjʊəs; *Am.* ˌdɪsnˈdʒenjəwəs] *adj* (*adv* ~ly) **1.** unauf-

richtig, unehrlich. **2.** ˈhinterhältig, arglistig. **dis·inˈgen·u·ous·ness** *s* **1.** Unaufrichtigkeit *f*, Unehrlichkeit *f*. **2.** ˈHinterhältigkeit *f*, Arglistigkeit *f*.

**dis·in·her·it** [ˌdɪsɪnˈherɪt; *Am.* ˌdɪsn-] *v/t* enterben. **dis·inˈher·it·ance** *s* Enterbung *f*.

**dis·in·hi·bi·tion** [ˌdɪsɪnhɪˈbɪʃn] *s psych.* Enthemmung *f*.

**dis·in·te·grate** [dɪsˈɪntəgreɪt] **I** *v/t* **1.** *a. phys.* (*in s-e Bestandteile*) auflösen, aufspalten. **2.** zerkleinern. **3.** zertrümmern, zerstören. **4.** *fig.* auflösen, zersetzen. **II** *v/i* **5.** sich aufspalten *od.* auflösen. **6.** ver-, zerfallen (*a. fig.*). **7.** *geol.* verwittern. **dis·inˌte·graˈtion** *s* **1.** Auflösung *f*, Aufspaltung *f*. **2.** Zerkleinerung *f*. **3.** Zertrümmerung *f*, Zerstörung *f*. **4.** Zerfall *m* (*a. fig.*): ~ of the nucleus *phys.* Kernzerfall; ~ of personality *psych.* Desintegration *f*, Persönlichkeitszerfall. **5.** *geol.* Verwitterung *f*. **disˈin·te·graˌtor** [-tə(r)] *s tech.* Desinteˈgrator *m*, Zerkleinerer *m*.

**dis·in·ter** [ˌdɪsɪnˈtɜː; *Am.* ˌdɪsnˈtɜr] *v/t* **1.** *e-e Leiche* exhuˈmieren. **2.** *fig.* ausgraben.

**dis·in·ter·est** [dɪsˈɪntrɪst] **I** *s* **1.** Uneigennützigkeit *f*. **2.** Interˈesselosigkeit *f*, ˈDesinterˌesse *n*. **3.** Nachteil *m*: to the ~ of zum Nachteil von (*od. gen*). **II** *v/t* **4.** *j-m* das Interˈesse nehmen. **disˈin·ter·est·ed** [-trəstɪd] *adj* (*adv* ~ly) **1.** uneigennützig, selbstlos. **2.** objekˈtiv, unvoreingenommen. **3.** ˈun-, ˈdesinterˌessiert (in an *dat*). **disˈin·ter·est·ed·ness** *s* **1.** Uneigennützigkeit *f*. **2.** Objektiviˈtät *f*. **3.** ˈUninteresˌsiertheit *f*, ˈDesinterˌesse *n*.

**dis·in·ter·ment** *s* **1.** Exhuˈmierung *f*. **2.** *fig.* Ausgrabung *f*.

**dis·in·vest·ment** [ˌdɪsɪnˈvestmənt] *s econ. Am.* Zuˈrückziehung *f* von ˈAnlagekapiˌtal.

**dis·join** [dɪsˈdʒɔɪn] *v/t* trennen.

**dis·joint** [dɪsˈdʒɔɪnt] *v/t* **1.** auseinˈandernehmen, zerlegen, zerstückeln, zergliedern. **2.** ver-, ausrenken. **3.** *Geflügel etc* zerlegen. **4.** (ab)trennen (from von). **5.** *fig.* in Unordnung *od.* aus den Fugen bringen. **6.** *den Zs.-hang* zerstören von (*od. gen*). **disˈjoint·ed** *adj* (*adv* ~ly) **1.** zerstückelt. **2.** (ab)getrennt. **3.** *fig.* aus den Fugen geraten. **4.** zs.-hang(s)los, wirr: ~ **talk. disˈjoint·ed·ness** *s* Zs.-hang(s)losigkeit *f*.

**dis·junc·tion** [dɪsˈdʒʌŋkʃn] *s* **1.** Trennung *f*, Absonderung *f*. **2.** *Logik:* Disjunktiˈon *f*. **disˈjunc·tive I** *adj* **1.** (ab)trennend. **2.** *ling., a. Logik:* disjunkˈtiv: ~ **conjunction** → 3; ~ **proposition** → 4. **II** *s* **3.** *ling.* disjunkˈtive Konjunktiˈon, ausschließendes Bindewort. **4.** *Logik:* Disjunktivsatz *m*.

**dis·june** [dɪsˈdʒuːn] *s Scot.* Frühstück *n*.

**disk** [dɪsk] *s* **1.** *allg.* Scheibe *f*. **2.** *tech.* a) Scheibe *f*, b) Laˈmelle *f*, c) Kurbelblatt *n*, d) Drehscheibe *f*, Teller *m*, e) Siˈgnalscheibe *f*. **3.** *teleph.* Nummern-, ˈWählscheibe *f*. **4.** (Schall)Platte *f*. **5.** Scheibe *f* (*der Sonne etc*). **6.** Parkscheibe *f*. **7.** *anat. zo.* ~ **articular** ~ Gelenkscheibe, Diskus *m*; optic ~ Papille *f*. **8.** *bot.* a) Scheibe *f* (*Mittelteil des Blütenköpfchens der Kompositen*), b) Blattspreite *f*, c) Fruchtscheibe *f* (*Wucherung der Blütenachse*), d) Haftscheibe *f*. **9.** *Eishockey:* Scheibe *f* (*Puck*). **10.** Teller *m* (*am Skistock*). **11.** *Computer:* Platte *f*. ~ **brake** *s tech.* Scheibenbremse *f*. ~ **clutch** *s tech.* Scheibenkupplung *f*.

**disk·ette** [ˈdɪskset; dɪˈsket] *s Computer:* Disˈkette *f*.

**disk| flow·er** *s bot.* Scheibenblüte *f*. ~ **har·row** *s agr.* Scheibenegge *f*. ~

**jock·ey** s Disk-, Discjockey m. **~ pack** s Computer: Plattenstapel m. **~ saw** s tech. Kreissäge f. **~ valve** s tech. 'Tellerven,til n. **~ wheel** s tech. (Voll)Scheibenrad n. **~ wind·ing** s electr. Scheibenwicklung f.

**dis·like** [dɪs'laɪk] **I** v/t nicht leiden können, nicht mögen: **I ~ having to go** ich mag nicht (gern) gehen, ich gehe (nur) ungern; **to make o.s. ~d** sich unbeliebt machen. **II** s Abneigung f, 'Widerwille m (of, for gegen): **to take a ~ to** s.o. gegen j-n e-e Abneigung fassen.

**dis·limn** [dɪs'lɪm] v/t poet. auslöschen (a. fig.).

**dis·lo·cate** ['dɪsləʊkeɪt] v/t **1.** verrücken, verschieben. **2.** Industrie, mil. Truppen verlagern. **3.** med. ver-, ausrenken, lu'xieren: **to ~ one's arm** sich den Arm verrenken. **4.** fig. erschüttern. **5.** geol. verwerfen. ,**dis·lo·ca·tion** s **1.** Verrückung f, Verschiebung f. **2.** Verlagerung f. **3.** med. a) Verrenkung f, Luxati'on f, b) Dislokati'on f. **4.** fig. Erschütterung f. **5.** geol. Verwerfung f.

**dis·lodge** [dɪs'lɒdʒ; Am. -'lɑdʒ] **I** v/t **1.** aufjagen, -stöbern. **2.** a) entfernen, b) vertreiben, verjagen. **3.** mil. den Feind aus der Stellung werfen. **4.** 'ausquar-,tieren. **II** v/i **5.** aus-, wegziehen. **dis·'lodg(e)·ment** s **1.** Vertreibung f, Verjagung f. **2.** 'Ausquar,tierung f.

**dis·loy·al** [,dɪs'lɔɪəl] adj (adv ~ly) (to) untreu (dat), treulos, illoy'al (gegen). **dis·'loy·al·ty** [-tɪ] s Untreue f, Treulosigkeit f.

**dis·mal** ['dɪzməl] **I** adj **1.** düster, trüb(e), trostlos, bedrückend: **the ~ science** humor. die Volkswirtschaft. **2.** furchtbar, schrecklich, gräßlich. **3.** obs. unheilvoll. **II** s **4.** the **~s** pl colloq. der Trübsinn: **to be in the ~s** Trübsal blasen. **5.** Am. (Küsten)Sumpf m. '**dis·mal·ly** adv **1.** düster (etc, → dismal). **2.** schmählich. '**dis·mal·ness** s **1.** Düsterkeit f, Trostlosigkeit f. **2.** Schrecklichkeit f.

**dis·man·tle** [dɪs'mæntl] v/t **1.** demon-'tieren, abbauen. **2.** Gebäude abbrechen, niederreißen. **3.** entkleiden (of gen) (a. fig.). **4.** (vollständig) ausräumen. **5.** mar. a) abtakeln, b) abwracken. **6.** e-e Festung schleifen. **7.** zerlegen, ausein'andernehmen. **8.** unbrauchbar machen. **dis·'man·tle·ment** s **1.** Demon'tage f, Abbruch m. **2.** mar. Abtakelung f. **3.** Schleifung f (e-r Festung). **4.** Zerlegung f.

**dis·mast** [,dɪs'mɑːst; Am. -'mæst] v/t ein Schiff entmasten.

**dis·may** [dɪs'meɪ; dɪz-] **I** v/t erschrecken, entsetzen, in Schrecken versetzen, bestürzen: **not ~ed** unbeirrt. **II** s Schreck(en) m, Entsetzen n, Bestürzung f (at über acc): **in** (od. with) **~** bestürzt; **to one's ~** zu s-m Entsetzen.

**dis·mem·ber** [dɪs'membə(r)] v/t **1.** a) Leiche etc zerstückeln, b) bes. med. zergliedern. **2.** ein Land etc zersplittern, aufteilen. **dis·'mem·ber·ment** s Zerstückelung f.

**dis·miss** [dɪs'mɪs] **I** v/t **1.** entlassen, gehen lassen. **2.** fortschicken, verabschieden. **3.** mil. wegtreten lassen. **4.** entlassen (from aus e-m Amt etc), abbauen. **5.** ein Thema etc als erledigt betrachten, fallenlassen, aufgeben. **6.** a. **to ~ from one's mind** (aus s-n Gedanken) verbannen, aufgeben. **7.** abtun, hin'weggehen über (acc): **to ~ a question** as irrelevant e-e Frage als unwesentlich abtun. **8.** a. jur. abweisen: **to ~ an action** with costs e-e Klage kostenpflichtig abweisen. **9.** Krik-ket: a) den Ball abschlagen, b) den Schläger ,aus' machen. **II** v/i **10.** mil. wegtreten: **~!** weg(ge)treten! **dis·'miss·al** [-sl] s **1.** Entlassung f. **2.** Auf-

gabe f. **3.** Abtun n. **4.** a. jur. Abweisung f. **dis·'miss·i·ble** adj **1.** entlaßbar. **2.** abweisbar. **3.** unbedeutend, nebensächlich: **a ~ question.**

**dis·mount** [,dɪs'maʊnt] **I** v/i **1.** absteigen, absitzen (from von Pferd, Fahrrad etc): **~!** mil. absitzen! **2.** poet. her'absteigen, -sinken. **II** v/t **3.** a) aus dem Sattel heben, vom Pferd schleudern, b) den Reiter abwerfen (Pferd). **4.** obs. absteigen od. absitzen von: **to ~ a horse. 5.** e-e Reitertruppe a) der Pferde berauben, b) absitzen lassen. **6.** demon'tieren, 'abmon,tieren, ausbauen. **7.** zerlegen, ausein'andernehmen.

**dis·mu·ta·tion** [,dɪsmjuː'teɪʃn] s biol. chem. Dismutati'on f.

**dis·o·be·di·ence** [,dɪsə'biːdjəns; -dɪəns] s **1.** Ungehorsam m, Unfolgsamkeit f. **2.** bes. mil. Gehorsamsverweigerung f. **3.** Nichtbefolgung f (e-s Gesetzes), bes. mil. Verweigerung f (e-s Befehls). ,**dis·o'be·di·ent** adj (adv ~ly) ungehorsam (to gegen['über]). ,**dis·o'bey** [-'beɪ] **I** v/t **1.** j-m nicht gehorchen, ungehorsam sein gegen j-n. **2.** bes. mil. j-m den Gehorsam verweigern. **3.** ein Gesetz etc nicht befolgen, über'treten, miß'achten, bes. mil. e-n Befehl verweigern: **I will not be ~ed** ich dulde keinen Ungehorsam. **II** v/i **4.** nicht gehorchen, ungehorsam sein.

**dis·o·blige** [,dɪsə'blaɪdʒ] v/t **1.** ungefällig sein gegen j-n. **2.** j-n kränken, verletzen. ,**dis·o'blig·ing** adj (adv ~ly) ungefällig, 'unzu,vorkommend, unfreundlich. ,**dis·o'blig·ing·ness** s Ungefälligkeit f, Unfreundlichkeit f.

**dis·or·der** [dɪs'ɔː(r)də(r)] **I** s **1.** Unordnung f, Durchein'ander n (beide a. fig.): **to throw into ~** → 6. **2.** Sy'stemlosigkeit f. **3.** (öffentliche) Ruhestörung, Aufruhr m, Unruhen pl. **4.** ungebührliches Benehmen. **5.** med. Störung f, Erkrankung f: **mental ~** Geistesstörung. **II** v/t **6.** in Unordnung bringen, durchein'anderbringen (beide a. fig.). **7.** med. Störungen her'vorrufen in (dat), bes. den Magen verderben. **dis·'or·dered** adj **1.** in Unordnung, durchein'ander (beide a. fig.). **2.** med. gestört, (a. geistes)krank: **my stomach is ~** ich habe mir den Magen verdorben. **dis·'or·der·li·ness** [-lɪnɪs] s **1.** Unordentlichkeit f. **2.** Schlampigkeit f, Liederlichkeit f. **3.** unbotmäßiges Verhalten. **dis·'or·der·ly** adj **1.** unordentlich. **2.** schlampig, (a. Leben etc) liederlich. **3.** gesetzwidrig, aufrührerisch, unbotmäßig. **4.** jur. Ärgernis erregend, ordnungswidrig: **~ conduct** ordnungswidriges Verhalten; **~ house** a) Bordell n, b) Spielhölle f. **II** s **5.** a. **~ person** jur. a) Ruhestörer m, Störer m der öffentlichen Ordnung, b) Erreger m öffentlichen Ärgernisses. **III** adv **6.** unordentlich (etc, → I). **7.** in unordentlicher (gesetzwidriger) Weise.

**dis·or·gan·i·za·tion** [dɪs,ɔː(r)gənaɪ'zeɪʃn; Am. -nə'z-] s **1.** Desorganisati'on f, Auflösung f, Zerrüttung f. **2.** → disorder 1. **dis·'or·gan·ize** [-naɪz] v/t **1.** desorgani'sieren, auflösen, zerrütten. **2.** → disorder 6.

**dis·o·ri·ent** [dɪs'ɔːrɪent] v/t **1.** a. psych. j-n desorien'tieren, verwirren. **2.** in die Irre führen. **dis·'o·ri·en·tate** [-teɪt] → disorient. **dis,o·ri·en·ta·tion** s **1.** psych. Desorien'tiertheit f, Verwirrtheit f.

**dis·own** [dɪs'əʊn] v/t **1.** nichts zu tun haben wollen mit, ablehnen. **2.** ableugnen. **3.** Kind verstoßen. **4.** nicht (als gültig) anerkennen.

**dis·par·age** [dɪ'spærɪdʒ] v/t **1.** in Verruf bringen. **2.** her'absetzen, verächtlich machen od. behandeln. **3.** verachten, geringschätzen. **dis·'par·age·ment** s

**1.** Her'absetzung f, Verächtlichmachung f: **no ~, without ~ to you** ohne Ihnen zu nahe treten zu wollen. **2.** Verruf m. **3.** Verachtung f, Geringschätzung f. **dis·'par·ag·ing** adj (adv ~ly) verächtlich, geringschätzig, her'absetzend.

**dis·par·ate** ['dɪspərət; Am. a. dɪs'pærət] **I** adj (adv ~ly) ungleich(artig), (grund-)verschieden, unvereinbar, dispa'rat. **II** s (etwas) (Grund)Verschiedenes: **~s** unvereinbare Dinge. **dis·'par·ate·ness, dis·'par·i·ty** [dɪ'spærətɪ] s Verschiedenheit f, Unvereinbarkeit f, Dispari'tät f: **~ in age** (zu großer) Altersunterschied.

**dis·pas·sion** [dɪs'pæʃn] s Leidenschaftslosigkeit f, Gemütsruhe f. **dis·'pas·sion·ate** [-nət] adj (adv ~ly) leidenschaftslos, kühl, sachlich, ruhig, nüchtern, objek'tiv.

**dis·patch** [dɪ'spætʃ] **I** v/t **1.** j-n (ab)senden, (ab)schicken, mil. Truppen in Marsch setzen. **2.** etwas absenden, versenden, abschicken, befördern, spe'dieren, abfertigen (a. rail.), Telegramm aufgeben. **3.** ins Jenseits befördern, töten. **4.** rasch od. prompt erledigen od. ausführen. **5.** colloq. ,wegputzen', schnell aufessen. **II** v/i **6.** obs. sich beeilen. **III** s **7.** (Ab)Sendung f. **8.** Absendung f, Versand m, Abfertigung f, Beförderung f: **~ by rail** Bahnversand; **~ of mail** Postabfertigung. **9.** Tötung f. **10.** rasche Erledigung. **11.** Eile f, Schnelligkeit f: **with ~** eilends, eiligst. **12.** (oft verschlüsselte) (Eil)Botschaft f. **13.** Bericht m (e-s Korrespondenten). **14.** pl Br. Kriegsberichte pl: **to be mentioned in ~es** in den Kriegsberichten erwähnt werden. **15.** econ. Spediti'on f. **~ boat** s Ku'rierboot n. **~ box, ~ case** s **1.** Ku'riertasche f. **2.** bes. Br. Aktenkoffer m.

**dis·'patch·er** s **1.** rail. Fahrdienstleiter m. **2.** econ. Am. Ab'teilungsleiter m für Produkti'onsplanung u. -kon,trolle.

**dis·patch| goods** s pl Am. Eilgut n. **~ mon·ey** s econ. Eilgeld n (beim Unterschreiten der vereinbarten Hafenliegezeit). **~ note** f Pa'ketkarte f (für Auslandspakete). **~ rid·er** s mil. **1.** Meldereiter m. **2.** Meldefahrer m.

**dis·pel** [dɪ'spel] v/t Menge etc, a. fig. Befürchtungen etc zerstreuen, Nebel zerteilen.

**dis·pen·sa·bil·i·ty** [dɪ,spensə'bɪlətɪ] s **1.** Entbehrlichkeit f. **2.** Verteilbarkeit f. **3.** relig. Dispen'sierbarkeit f. **4.** Erläßlichkeit f. **dis·'pen·sa·ble** adj (adv dispensably) **1.** entbehrlich. **2.** verteilbar. **3.** relig. dispen'sierbar. **4.** erläßlich. **dis·'pen·sa·ry** [-sərɪ] s 'Werks-, 'Krankenhaus-, mil. Laza'rettapo,theke f.

**dis·pen·sa·tion** [,dɪspen'seɪʃn] s **1.** Aus-, Verteilung f. **2.** Zuteilung f, Gabe f. **3.** Lenkung f, Regelung f. **4.** Ordnung f, Sy'stem n. **5.** Einrichtung f, Vorkehrung f. **6.** relig. a) göttliche Lenkung (der Welt), b) a. **divine** (od. **heavenly**) **~** (göttliche) Fügung: **the ~ of Providence** das Walten der Vorsehung. **7.** (religiöses) Sy'stem. **8.** (with, from) Dis'pens m: a) relig. Dispensati'on f (von), Erlaß m (gen), b) jur. Befreiung f (von), Ausnahmebewilligung f (für): **marriage ~** Ehedispens. **9.** Verzicht m (with auf acc). '**dis·pen·sa·tor** [-seɪtə(r)] s **1.** Verteiler m, Spender m. **2.** Lenker, Leiter m. **dis·'pen·sa·to·ry** [-sətərɪ; Am. -,tɔːrɪ; -,təʊ-] **I** s pharm. Dispensa'torium n, Arz'neibuch n. **II** adj → dispensing 4.

**dis·pense** [dɪ'spens] **I** v/t **1.** aus-, verteilen. **2.** das Sakrament spenden. **3.** Recht sprechen: **to ~ justice.** **4.** pharm. Arzneien dispen'sieren, (nach Re'zept) zubereiten u. abgeben. **5.** dispen'sieren,

*j-m* Dis'pens gewähren. **6.** entheben, befreien, entbinden (**from** von). **II** *v/i* **7.** Dis'pens erteilen. **8.** ~ **with** a) verzichten auf (*acc*), b) entbehren (*acc*), auskommen ohne, c) 'überflüssig machen (*acc*), d) *Gesetz* nicht anwenden, e) auf die Einhaltung *e-s Versprechens etc* verzichten: **it may be** ~**d with** man kann darauf verzichten, es ist entbehrlich. **dis'pens·er** *s* **1.** Aus-, Verteiler *m*. **2.** Spender *m*. **3.** ~ **of justice** Rechtsprecher *m*. **4.** *tech.* Spender *m*, (*für Klebestreifen etc a.*) Abroller *m*, (*Briefmarken- etc*)Auto'mat *m*. **5.** Apo'theker *m*. **dis'pens·ing** *adj* **1.** austeilend. **2.** spendend. **3.** *pharm.* dispen'sierend: ~ **chemist** *Br.* Apotheker *m*. **4.** Dis'pens gewährend, befreiend: ~ **power** richterliche Befugnis, e-e Gesetzesvorschrift außer acht zu lassen. **dis·per·gate** ['dɪspə(r)geɪt] *v/t chem. phys.* disper'gieren, verteilen.

**di·sper·mous** [dɪ'spɜːməs; *Am.* -'spɜr-] *adj bot.* zweisamig.

**dis·per·sal** [dɪ'spɜːsl; *Am.* dɪ'spɜrsəl] *s* **1.** Zerstreuung *f* (*a. fig.*), Zerteilung *f* (*von Nebel*). **2.** Verbreitung *f*. **3.** Zersplitterung *f*. **4.** *a. mil.* Auflockerung *f*: ~ **of industry** Verteilung *f* der Industrie, industrielle Auflockerung; ~ **of ownership** Eigentumsstreuung *f*. ~ **a·pron** *s aer.* (ausein'andergezogener) Abstellplatz. ~ **ar·e·a** *s* **1.** *aer.* → **dispersal apron**. **2.** *mil.* Auflockerungsgebiet *n*.

**dis·perse** [dɪ'spɜːs; *Am.* dɪ'spɜrs] **I** *v/t* **1.** verstreuen: **to be** ~**d over** verstreut sein über (*acc*). **2.** → **dispel**. **3.** *Nachrichten etc* verbreiten. **4.** *chem. phys.* disper'gieren, zerstreuen, fein(st) verteilen: ~**d phase** Dispersionsphase *f*. **5.** *mil.* a) *Formation* auflockern, b) *Truppen* versprengen. **II** *v/i* **6.** sich zerstreuen, ausein'andergehen: **the crowd** ~**d. 7.** sich auflösen, verschwinden. **8.** sich verteilen *od.* zersplittern. **dis'pers·ed·ly** [-ɪdlɪ] *adv* verstreut, vereinzelt.

**dis·per·sion** [dɪ'spɜːʃn; *Am.* dɪ'spɜrʒən; -ʃən] *s* **1.** Zerstreuung *f* (*a. fig.*), Verteilung *f* (*von Nebel*). **2.** Verbreitung *f*. **3.** **D**~ → **Diaspora**. **4.** *chem. phys.* a) Dispersi'onsphase *f*, b) Dispersi'on *f*, (Zer-) Streuung *f*: ~ **medium** (*od.* **agent**) Dispersionsmittel *n*, Dispergens *n*. **5.** *math. mil.* Streuung *f*: ~ **error** *mil.* Streu(ungs)fehler *m*; ~ **pattern** *mil.* Trefferbild *n*. **6.** → **dispersal** 4. **dis'per·sive** [-sɪv] *adj* **1.** zerstreuend. **2.** *chem. phys.* Dispersions..., (Zer-)Streuungs..., disper'gierend.

**dis·pir·it** [dɪ'spɪrɪt] *v/t* entmutigen, mutlos machen. **dis'pir·it·ed** *adj* entmutigt, mutlos, niedergeschlagen.

**dis·place** [dɪs'pleɪs] *v/t* **1.** versetzen, -rücken, -lagern, -schieben. **2.** verdrängen (*a. mar. phys. sport*): **to** ~ **s.o. from first place. 3.** *j-n* ablösen, entlassen. **4.** ersetzen (*a. chem.*). **5.** *mar.* verschleppen, -treiben, depor'tieren: ~**d person** Verschleppte(r *m*) *f*, Zwangsumsiedler(in). **dis'place·ment** *s* **1.** Verlagerung *f*, -schiebung *f*, -rückung *f*: ~ **of funds** *econ.* anderweitige Kapitalverwendung. **2.** Verdrängung *f* (*a. mar. phys.*). **3.** Ablösung *f*, Entlassung *f*. **4.** Ersetzung *f* (*a. chem.*), Ersatz *m*. **5.** Verschleppung *f*. **6.** *tech.* Kolbenverdrängung *f*. **7.** *geol.* Dislokati'on *f*, Versetzung *f*. **8.** *psych.* Af'fektverlagerung *f*: ~ **activity** *zo.* Übersprunghandlung *f*.

**dis·play** [dɪ'spleɪ] **I** *v/t* **1.** entfalten, ausbreiten: **to** ~ **the flag. 2.** ('Her)zeigen. **3.** *fig.* zeigen, entfalten, offen'baren, an den Tag legen: **to** ~ **activity** Aktivität zeigen *od.* entfalten. **4.** *econ.* Waren auslegen, ausstellen. **5.** (protzig) zur Schau stellen, protzen mit, her'vorkehren.

**6.** *print.* her'vorheben. **II** *s* **7.** Entfaltung *f*. **8.** ('Her)Zeigen *n*. **9.** *fig.* Entfaltung *f*: ~ **of energy** Entfaltung von Tatkraft; ~ **of power** Machtentfaltung. **10.** *econ.* Dis'play *n*, Ausstellung *f*, Auslage *f*: **to be on** ~ ausgestellt sein. **11.** (protzige) Zur-'schaustellung: **to make a great** ~ **of** → 5. **12.** Aufwand *m*, Pomp *m*, Prunk *m*: **to make a great** ~ großen Prunk entfalten. **13.** *print.* Her'vorhebung *f* (*a. Textstelle*). **14.** Dis'play *n*: a) (Sichtbild)Anzeige *f*, b) *a.* ~ **unit** Sichtbildgerät *n*. **III** *adj* **15.** *econ.* Ausstellungs..., Auslage...: ~ **advertising** Displaywerbung *f*; ~ **artist**, ~**man** (Werbe)Dekorateur *m*; ~ **box** Schaupackung *f*; ~ **cabinet**, ~ **case** Schaukasten *m*, Vitrine *f*; ~ **window** Auslage(n)-, Schaufenster *n*. **16.** ~ **behavio(u)r** (*Verhaltensforschung*) Imponiergehabe *n* (*a. fig.*).

**dis·please** [dɪs'pliːz] **I** *v/t* **1.** *j-m* miß'fallen: **to be** ~**d at** (*od.* **with**) **s.th.** unzufrieden sein mit etwas, ungehalten sein über etwas. **2.** *j-n* ärgern, verstimmen. **3.** *das Auge etc* beleidigen, *den Geschmack* verletzen. **II** *v/i* **4.** miß'fallen, 'Mißfallen erregen. **dis'pleas·ing** *adj* (*adv* ~**ly**) unangenehm: **to be** ~ **to** → displease I.

**dis·pleas·ure** [dɪs'pleʒə(r)] *s* 'Mißfallen *n* (**at** über *acc*).

**dis·plume** [dɪs'pluːm] *v/t* rupfen.

**dis·port** [dɪ'spɔː(r)t] *v/i od. v/t* (~ **o.s.**) **1.** sich vergnügen, sich amü'sieren. **2.** her'umtollen, sich (ausgelassen) tummeln.

**dis·pos·a·bil·i·ty** [dɪˌspəʊzə'bɪlətɪ] *s* (freie) Verfügbarkeit. **dis'pos·a·ble I** *adj* **1.** dispo'nibel, (frei) verfügbar: ~ **income** verfügbares Einkommen. **2.** a) Einweg...: ~ **lighter** (**package, syringe,** *etc*), b) Wegwerf...: ~ **lighter** (**package,** *etc*); ~ **diaper** (*bes. Br.* **napkin**) Wegwerfwindel *f*; ~ **panties** *pl* Wegwerfschlüpfer *m*, c) Einmal...: ~ **package** (**razor, towel,** *etc*). **II** *s* **3.** Einweg-, Wegwerfgegenstand *m*.

**dis·pos·al** [dɪ'spəʊzl] *s* **1.** Erledigung *f* (**of s.th.** e-r Sache). **2.** Beseitigung *f*, (*von Müll a.*) Entsorgung *f*: **the** ~ **of it** nachdem man es losgeworden war. **3.** Erledigung *f*, Vernichtung *f*: **the** ~ **of all enemy aircraft. 4.** a) 'Übergabe *f*, Über'tragung *f*, b) *a.* ~ **by sale** Veräußerung *f*, Verkauf *m*: **for** ~ zum Verkauf. **5.** Verfügung(srecht *n*) *f* (**of** über *acc*): **to be at s.o.'s** ~ *j-m* zur Verfügung stehen; **to place** (*od.* **put**) **s.th. at s.o.'s** ~ *j-m* etwas zur Verfügung stellen; **to have the** ~ **of s.th.** über etwas verfügen (können). **6.** Leitung *f*, Regelung *f*. **7.** Anordnung *f*, Aufstellung *f* (*a. mil.*).

**dis·pose** [dɪ'spəʊz] **I** *v/t* **1.** anordnen, ein-, verteilen, einrichten, aufstellen: **to** ~ **in depth** *mil.* nach der Tiefe gliedern. **2.** zu'rechtlegen. **3.** *j-n* geneigt machen, bewegen, veranlassen (**to** zu; **to do** zu tun). **4.** *etwas* regeln, bestimmen. **II** *v/i* **5.** Verfügungen treffen: → **propose** 6. **6.** ~ **of** a) (frei) verfügen *od.* dispo'nieren über (*acc*), b) lenken, c) (endgültig) erledigen: **to** ~ **of an affair**, d) *j-n od. etwas* abtun, abfertigen, e) loswerden, sich entledigen (*gen*), f) wegschaffen, beseitigen: **to** ~ **of rubbish**, g) *e-n Gegner etc* erledigen, unschädlich machen, vernichten: **to** ~ **of an enemy**, h) *mil. Bomben etc* entschärfen, i) trinken, (auf)essen: **to** ~ **of a meal**, j) über'geben, über'tragen: **to** ~ **of by will** testamentarisch vermachen, letztwillig verfügen über (*acc*); **dispos·ing mind** *jur.* Testierfähigkeit *f*, k) verkaufen, veräußern, *econ. a.* absetzen, abstoßen.

**dis·posed** [dɪ'spəʊzd] *adj* **1.** gesinnt: **to**

**be well** ~ **to(ward[s])** a) *j-m* wohlgesinnt sein, *j-m* wohlwollen, b) *e-m Plan etc* wohlwollend gegenüberstehen; → **ill--disposed** 1. **2.** geneigt, bereit (**to do** zu tun): **to feel** ~ **to do s.th.** etwas tun wollen. **3.** *easily* ~ **of** a) leicht zu beseitigen(d), b) leicht verkäuflich. **4.** *med.* anfällig (**to** für). **dis'pos·ed·ly** [-zɪdlɪ] *adv* würdevoll.

**dis·po·si·tion** [ˌdɪspə'zɪʃn] *s* **1.** a) Dispositi'on *f*, Veranlagung *f*, b) Art *f*: **her cheerful** ~. **2.** a) Neigung *f*, Hang *m* (**to** zu): **he has a** ~ **to jealousy** er neigt zur Eifersucht, b) *med.* Anfälligkeit *f* (**to** für). **3.** Stimmung *f*, Laune *f*. **4.** Anordnung *f*, Aufstellung *f* (*a. mil.*). **5.** (**of**) a) Erledigung *f* (*gen*), b) *bes. jur.* Entscheidung *f* (**über** *acc*). **6.** (*bes.* göttliche) Lenkung. **7.** 'Übergabe *f*, Über'tragung *f*: → **testamentary**. **8.** → **disposal** 5. **9.** *pl* Dispositi'onen *pl*, Vorkehrungen *pl*, Vorbereitungen *pl*: **to make** (**one's**) ~**s** (s-e) Vorkehrungen treffen, disponieren.

**dis·pos·sess** [ˌdɪspə'zes] *v/t* **1.** a) enteignen, aus dem Besitz (**of** *gen*) setzen, b) *Mieter, Pächter* zur Räumung zwingen. **2.** berauben (**of** *gen*). **3.** vertreiben. **4.** *sport j-m* den Ball abnehmen. **dis·pos'ses·sion** *s* **1.** Enteignung *f*. **2.** Beraubung *f*. **3.** Vertreibung *f*. **dis·pos'ses·so·ry** [-sərɪ] *adj* Enteignung...

**dis·praise** [dɪs'preɪz] **I** *v/t* **1.** tadeln. **2.** her'absetzen. **II** *s* **3.** Tadel *m*. **4.** Her'absetzung *f*: **in** ~ geringschätzig.

**dis·proof** [ˌdɪs'pruːf] *s* Wider'legung *f*.

**dis·pro·por·tion** [ˌdɪsprə'pɔː(r)ʃn] *s* 'Mißverhältnis *n*: ~ **of supply to demand** Mißverhältnis zwischen Angebot u. Nachfrage; ~ **in age** (zu großer) Altersunterschied. **II** *v/t* in ein 'Mißverhältnis setzen *od.* bringen.

**dis·pro·por·tion·ate** [ˌdɪsprə'pɔː(r)ʃnət] *adj* (*adv* ~**ly**) **1.** unverhältnismäßig (groß *od.* klein), in keinem Verhältnis stehend. **2.** unangemessen. **3.** über'trieben: ~ **expectations**. **4.** 'unproportio·niert.

**dis·prov·al** [dɪs'pruːvl] → **disproof**. **dis'prove** *v/t* wider'legen.

**dis·put·a·ble** [dɪ'spjuːtəbl] *adj* (*adv* disputably) dispu'tabel, strittig. **dis'pu·tant** [-tənt] **I** *adj* dispu'tierend. **II** *s* Dispu'tant *m*, Gegner *m*.

**dis·pu·ta·tion** [ˌdɪspjuː'teɪʃn] *s* **1.** Dis'put *m*, Wortwechsel *m*, Streitgespräch *n*. **2.** Disputati'on *f*, wissenschaftliches Streitgespräch. **3.** *obs.* Unter'haltung *f*. **dis·pu'ta·tious** *adj* (*adv* ~**ly**) streitsüchtig. **dis·pu·ta·tive** [dɪ'spjuːtətɪv] → **disputatious**.

**dis·pute** [dɪ'spjuːt] **I** *v/i* **1.** streiten, (*Wissenschaftler a.*) dispu'tieren (**on, about** über *acc*): **there is no disputing about tastes** über den Geschmack läßt sich nicht streiten. **2.** (sich) streiten, zanken. **II** *v/t* **3.** streiten über (*acc*), (*Wissenschaftler a.*) dispu'tieren über (*acc*). **4.** in Zweifel ziehen, bezweifeln: **a** ~**d decision** *sport* e-e umstrittene Entscheidung. **5.** kämpfen um, sich bemühen um: **to** ~ **the victory with s.o.** *j-m* den Sieg streitig machen; **to** ~ **the victory** um den Sieg kämpfen. **6.** (an)kämpfen gegen. **III** *s* [*a.* 'dɪspjuːt] **7.** Dis'put *m*, Kontro'verse *f*: **in** (*od.* **under**) ~ umstritten; **beyond** (*od.* **past, without**) ~ unzweifelhaft, fraglos, unbestritten; **a matter of** ~ e-e strittige Sache. **8.** (heftiger) Streit.

**dis·qual·i·fi·ca·tion** [dɪsˌkwɒlɪfɪ'keɪʃn; *Am.* ˌkwɑ-] *s* **1.** Disqualifikati'on *f*, Disqualifi'zierung *f*, Untauglichkeitserklärung *f*. **2.** Untauglichkeit *f*, Ungeeignetheit *f*, mangelnde Eignung *od.* Befähigung (**for** für). **3.** *sport* Disqualifi-

kati'on f, Ausschluß m. **4.** disqualifi'zie-render 'Umstand, sport a. Grund m zum Ausschluß. **dis'qual·i·fy** [-faɪ] v/t **1.** ungeeignet od. unfähig od. untauglich machen (**for** für): **to be disqualified for** ungeeignet (etc) sein für. **2.** für unfähig od. untauglich od. nicht berechtigt erklären (**for** zu): **to ~ s.o. from** (**holding**) **public office** j-m die Fähigkeit zur Ausübung e-s öffentlichen Amtes absprechen od. nehmen; **to ~ s.o. from driving** j-m die Fahrerlaubnis entziehen. **3.** sport disqualifi'zieren, ausschließen.

**dis·qui·et** [dɪs'kwaɪət] I v/t beunruhigen, mit Besorgnis erfüllen. II s Unruhe f, Besorgnis f. **dis'qui·et·ing** adj (adv ~ly) beunruhigend, besorgniserregend. **dis'qui·e·tude** [-tjuːd; Am. a. -ˌtuːd] → disquiet II.

**dis·qui·si·tion** [ˌdɪskwɪ'zɪʃn] s ausführliche Abhandlung od. Rede (**on** über acc). **dis·qui·si·tion·al** [-ʃənl] adj ausführlich, eingehend.

**dis·rate** [dɪs'reɪt] v/t mar. degra'dieren.

**dis·re·gard** [ˌdɪsrɪ'gɑː(r)d] I v/t **1.** nicht beachten, keine Beachtung schenken (dat), igno'rieren, sich hin'wegsetzen über (acc), nicht achten auf (acc). **2.** etwas außer acht lassen, ausklammern, absehen von. **3.** Gefahr etc miß'achten. II s **4.** Nichtbeachtung f, Igno'rierung f (**of, for** gen). **5.** 'Mißachtung f (**of, for** gen). **6.** Gleichgültigkeit f (**of, for** gegen'über). **dis·re'gard·ful** adj (adv ~ly) a) nicht achtend (**of** auf acc), unachtsam, b) nachlässig, c) miß'achtend: **to be ~ of** → disregard I u. 3.

**dis·rel·ish** [dɪs'relɪʃ] I s Abneigung f, 'Widerwille m (**for** gegen). II v/t e-n 'Widerwillen haben gegen.

**dis·re·mem·ber** [ˌdɪsrɪ'membə(r)] v/t bes. Am. colloq. a) nicht mehr wissen, sich nicht erinnern können an (acc), b) vergessen.

**dis·re·pair** [ˌdɪsrɪ'peə(r)] s Baufälligkeit f, schlechter baulicher Zustand: **to be in** (**a state of**) **~** baufällig sein; **to fall into ~** baufällig werden.

**dis·rep·u·ta·bil·i·ty** [dɪsˌrepjʊtə-'bɪlətɪ] s schlechter Ruf, Verrufenheit f. **dis'rep·u·ta·ble** adj (adv disreputably) verrufen, übel beleumundet, (a. Geschäft etc) anrüchig. **dis·re·pute** [ˌdɪsrɪ'pjuːt] s Verruf m, schlechter Ruf, Verrufenheit f: **to be in ~** verrufen sein; **to bring** (**fall, sink**) **into ~** in Verruf bringen (kommen).

**dis·re·spect** [ˌdɪsrɪ'spekt] I s **1.** Re'spektlosigkeit f (**to, for** gegen'über). **2.** Unhöflichkeit f (**to, for** gegen'über). II v/t **3.** sich re'spektlos benehmen gegen'über. **4.** unhöflich behandeln. **dis·re'spect·ful** adj (adv ~ly) **1.** re'spektlos (**to** gegen'über). **2.** unhöflich (**to** zu, gegen'über). **dis·re'spect·ful·ness** → disrespect I.

**dis·robe** [ˌdɪs'rəʊb] I v/t **1.** entkleiden (a. fig. **of** gen). II v/i **2.** sich entkleiden. **3.** s-e Robe od. Amtstracht ablegen.

**dis·root** [dɪs'ruːt] v/t **1.** entwurzeln. **2.** (aus der Heimat etc) vertreiben.

**dis·rupt** [dɪs'rʌpt] v/t **1.** ausein'ander-, zerbrechen, sprengen, zertrümmern. **2.** ausein'ander-, zerreißen, (zer)spalten. **3.** Gespräch, Verkehr etc unter'brechen. **4.** a) Land etc zerrütten, b) Koalition etc sprengen. II v/i **5.** ausein'anderbrechen. **6.** zerreißen. **7.** electr. 'durchschlagen. **dis·rup·tion** [-'rʌpʃn] s **1.** Zerbrechung f. **2.** Zerreißung f. **3.** Zerrissenheit f, Spaltung f. **4.** Bruch m. **5.** Riß m. **6.** Unter'brechung f. **7.** a) Zerrüttung f, b) Sprengung f. **8. the D~** relig. die Spaltung (der Kirche von Schottland 1843).

**dis·rup·tive** [dɪs'rʌptɪv] adj **1.** zerbrechend, zertrümmernd. **2.** zerreißend. **3.** zerrüttend. **4.** electr. disrup'tiv: **~ discharge** Durch-, Überschlag m; **~ strength** Durchschlagfestigkeit f; **~ voltage** Durchschlagspannung f. **5.** mil. bri'sant, 'hochexplo,siv.

**dis·sat·is·fac·tion** [ˌdɪsˌsætɪs'fækʃn] s Unzufriedenheit f. **'dis·sat·is'fac·to·ry** [-tərɪ] adj unbefriedigend (**to** für), nicht zu'friedenstellend. **dis'sat·is·fied** [-faɪd] adj unzufrieden (**at, with** mit). **dis'sat·is·fy** v/t **1.** unzufrieden machen, nicht befriedigen, verdrießen. **2.** j-m miß'fallen.

**dis·sect** [dɪ'sekt] v/t **1.** zergliedern, zerlegen. **2.** a) med. se'zieren, b) bot. med. zo. präpa'rieren. **3.** fig. zergliedern, (genau) analy'sieren. **4.** geogr. zerschneiden, zertalen. **5.** econ. Konten etc aufgliedern. **dis'sect·ing** adj **1.** zergliedernd. **2.** med. Sezier...: **~ instruments** Sezierbesteck n. **3.** bot. med. zo. Präparier... **dis'sec·tion** [-kʃn] s **1.** Zergliederung f: a) Zerlegung f, b) fig. (genaue) Ana'lyse. **2.** med. Se'zieren n. **3.** bot. med. zo. a) Präpa'rierung f, b) Präpa'rat n. **4.** econ. Aufgliederung f: **~ of accounts**. **dis'sec·tor** [-tə(r)] s **1.** Zergliederer m, Zerleger m: **~ tube** TV Bildzerlegerröhre f. **2.** med. Se'zierer m. **3.** bot. med. zo. Präpa'rator m.

**dis·seise**, etc → disseize, etc.

**dis·seize** [ˌdɪs'siːz] v/t jur. j-m 'widerrechtlich den (Immobili'ar)Besitz entziehen. **dis'sei·zin** [-zɪn] s jur. 'widerrechtliche Entziehung des (Immobili'ar-) Besitzes.

**dis·sem·blance¹** [dɪ'sembləns] s Unähnlichkeit f, Verschiedenheit f.

**dis·sem·blance²** [dɪ'sembləns] s **1.** Verstellung f. **2.** Vortäuschung f.

**dis·sem·ble** [dɪ'sembl] I v/t **1.** verhehlen, verbergen, sich (etwas) nicht anmerken lassen. **2.** vortäuschen, simu'lieren. **3.** obs. verstellt lassen, nicht beachten. II v/i **4.** heucheln, sich verstellen. **5.** simu'lieren. **dis'sem·bler** s **1.** Heuchler(in). **2.** Simu'lant(in). **dis'sem·bling** I adj heuchlerisch. II s Heuche'lei f, Verstellung f.

**dis·sem·i·nate** [dɪ'semɪneɪt] v/t s Saat ausstreuen (a. fig.). **2.** e-e Lehre etc verbreiten: **to ~ ideas**; **to ~ books**. **dis'sem·i·nat·ed** adj **1.** min. eingesprengt (**through** in acc). **2.** ~ **sclerosis** med. multiple Sklerose. **dis,sem·i'na·tion** s **1.** Ausstreuung f (a. fig.). **2.** fig. Verbreitung f. **3.** geol. Einsprengung f. **dis'sem·i·na·tor** [-tə(r)] s **1.** Ausstreuer m (a. fig.). **2.** fig. Verbreiter m.

**dis·sen·sion** [dɪ'senʃn] s **1.** Meinungsverschiedenheit(en pl) f, Diffe'renz(en pl) f. **2.** Uneinigkeit f.

**dis·sent** [dɪ'sent] I v/i **1.** (**from**) anderer Meinung sein (als), nicht über'einstimmen (mit), nicht zustimmen (dat). **2.** relig. von der Staatskirche abweichen. II s **3.** Meinungsverschiedenheit f. **4.** relig. a) Abweichung f von der Staatskirche, b) collect. (die) Dis'senters pl. **dis'sent·er** s **1.** Andersdenkende(r m) f. **2.** relig. a) Dissi'dent m; j-d, der die Autori'tät e-r Staatskirche nicht anerkennt, b) oft D~ Dis'senter m, Nonkonfor'mist m (der sich nicht zur anglikanischen Kirche bekennt). **dis'sen·tient** [-'senʃənt; -'sent] I adj **1.** andersdenkend, nicht (mit der Mehrheit) über'einstimmend, abweichend: **without a ~ vote** ohne Gegenstimme, einstimmig. II s **2.** Andersdenkende(r m) f. **3.** Gegenstimme f: **with no ~** ohne Gegenstimme. **dis'sent·ing** adj **1.** dissentient I. **2.** relig. a) von der Staatskirche abweichend, dissi'dierend, Dissidenten..., b) Br. nonkonfor'mistisch.

**dis·sert** [dɪ'sɜːt; Am. dɪs'ɜrt], **dis·ser·tate** ['dɪsə(r)teɪt] v/i e-n Vortrag halten od. e-e Abhandlung schreiben (**on** über acc). **dis·ser'ta·tion** s **1.** (wissenschaftliche) Abhandlung. **2.** Dissertati'on f. **3.** (wissenschaftlicher) Vortrag.

**dis·serve** [ˌdɪs'sɜːv; Am. -'sɜrv] v/t obs. j-m e-n schlechten Dienst erweisen. **dis'ser·vice** [-vɪs] s schlechter Dienst: **to do s.o. a ~** j-m e-n schlechten Dienst erweisen; **to be of ~ to s.o.** j-m zum Nachteil gereichen, sich nachteilig für j-n auswirken.

**dis·sev·er** [dɪs'sevə(r)] v/t **1.** trennen, spalten, absondern (**from** von). **2.** (zer-) teilen, (zer)trennen (**into** in acc). **dis'sev·er·ance, dis'sev·er·ment** s Trennung f, Spaltung f.

**dis·si·dence** ['dɪsɪdəns] s **1.** Meinungsverschiedenheit f. **2.** pol. relig. Dissi'dententum n. **'dis·si·dent** I adj **1.** (**from**) andersdenkend (als), nicht über'einstimmend (mit), abweichend (von). II s **2.** Andersdenkende(r m) f. **3.** → dissenter 2 a. **4.** pol. Dissi'dent(in), Re'gime-, Sy'stemkritiker(in).

**dis·sim·i·lar** [ˌdɪ'sɪmɪlə(r)] adj (adv ~ly) verschieden (**to, from** von), unähnlich (**to** dat), ungleich(artig). **dis·sim·i'lar·i·ty** [-'lærətɪ] s **1.** Verschiedenheit f, Unähnlichkeit f, Ungleichheit f, Ungleichartigkeit f. **2.** 'Unterschied m.

**dis·sim·i·late** [dɪ'sɪmɪleɪt] v/t **1.** unähnlich machen. **2.** ling. dissimi'lieren. **3.** biol. dissimi'lieren, abbauen. **dis·sim·i'la·tion** s **1.** ling. Dissimilati'on f. **2.** biol. Dissimilati'on f, Kata'bolismus m. **dis·si'mil·i·tude** [-'mɪlɪtjuːd; Am. a. -ˌtuːd] → dissimilarity.

**dis·sim·u·late** [dɪ'sɪmjʊleɪt] I v/t (etwas) nicht anmerken lassen, verbergen, verhehlen, e-e Krankheit dissimu'lieren. II v/i sich verstellen, heucheln. **dis,sim·u'la·tion** s **1.** Verheimlichung f. **2.** Verstellung f. **3.** med. Dissimulati'on f. **dis'sim·u·la·tor** [-tə(r)] s Heuchler(in).

**dis·si·pate** ['dɪsɪpeɪt] I v/t **1.** zerstreuen (a. phys.): **to ~ the enemy forces**. **2.** Nebel zerteilen. **3.** Sorgen etc zerstreuen, verscheuchen, vertreiben. **4.** Kräfte verzetteln, vergeuden: **to ~ one's energies** s-e Kräfte od. Energien zersplittern. **5.** ein Vermögen etc 'durchbringen, verprassen, verschwenden. **6.** phys. a) Hitze ableiten, b) mechanische Energie etc dissi'pieren, in 'Wärmer,gie 'umwandeln. II v/i **7.** sich zerstreuen (a. fig.). **8.** sich zerteilen (Nebel). **9.** ein ausschweifendes od. zügelloses Leben führen. **'dis·si·pat·ed** adj ausschweifend: a) zügellos (Leben), b) leichtlebig (Mensch). **'dis·si·pa·ter** s **1.** Verschwender m, Prasser m. **2.** ausschweifender od. leichtlebiger Mensch.

**dis·si·pa·tion** [ˌdɪsɪ'peɪʃn] s **1.** Zerstreuung f (a. phys. u. fig.). **2.** Zerteilung f (von Nebel). **3.** Verzettelung f, Vergeudung f. **4.** 'Durchbringen n, Verprassen n. **5.** Ausschweifung f: **a life of ~** ein ausschweifendes od. zügelloses Leben. **6.** phys. a) Ableitung f, b) Dissipati'on f. **'dis·si·pa·tive** adj phys. a) ableitend, b) dissipa'tiv.

**dis·so·ci·a·ble** [dɪ'səʊʃjəbl; -ʃɪəbl] adj **1.** (ab)trennbar. **2.** unvereinbar. **3.** [-ʃəbl] ungesellig, nicht 'umgänglich. **4.** chem. dissozi'ierbar.

**dis·so·cial** [dɪ'səʊʃl] adj asozi,al, gesellschaftsfeindlich.

**dis·so·ci·ate** [dɪ'səʊʃɪeɪt; -sɪ-] I v/t **1.** (ab)trennen, loslösen, absondern (**from** von). **2.** ~ **o.s.** sich trennen, sich lossagen, sich distan'zieren, abrücken

(from von). **3.** *chem.* dissozi'ieren, in I'onen od. A'tome aufspalten. **II** *v/i* **4.** sich (ab)trennen, sich loslösen. **5.** *chem.* dissozi'ieren, in I'onen zerfallen.

**dis·so·ci·a·tion** [dɪˌsəʊsɪ'eɪʃn; -ʃɪ-] *s* **1.** (Ab)Trennung *f*, Loslösung *f*. **2.** Ab-rücken *n*. **3.** *chem.* Dissoziati'on *f*. **4.** *psych.* Dissoziati'on *f* (*Zerfall von zs.-gehörigen Denk-, Handlungs- od. Verhaltensabläufen in Einzelheiten*).

**dis·sol·u·bil·i·ty** [dɪˌsɒljʊ'bɪlətɪ; Am. dɪsˌɑljə-] *s* **1.** Löslichkeit *f*. **2.** *fig.* Auflösbarkeit *f*, Trennbarkeit *f*. **dis'sol·u·ble** *adj* **1.** löslich. **2.** *jur.* auflösbar, aufhebbar: ~ **marriage**. **dis'sol·u·ble·ness** → dissolubility.

**dis·so·lute** ['dɪsəluːt] *adj* (*adv* ~ly) ausschweifend: a) zügellos (*Leben*), b) leichtlebig (*Person*). **'dis·so·lute·ness** *s* Zügellosigkeit *f*, Ausschweifung *f*, Leichtlebigkeit *f*.

**dis·so·lu·tion** [ˌdɪsə'luːʃn] *s* **1.** Auflösung *f* (*a. fig.*). **2.** *jur.* Annul'lierung *f*, Aufhebung *f*. **3.** Zersetzung *f*. **4.** Zerstörung *f*, Vernichtung *f*. **5.** *chem.* Lösung *f*.

**dis·solv·a·ble** [dɪ'zɒlvəbl; Am. a. dɪz'ɑl-] → dissoluble.

**dis·solve** [dɪ'zɒlv; Am. a. dɪz'ɑlv] **I** *v/t* **1.** auflösen (*a. fig.*): **to** ~ **sugar**; **to** ~ **a Parliament**; **to** ~ **an assembly**; **to** ~ **a partnership**; **to** ~ **a marriage** e-e Ehe (auf)lösen *od.* scheiden; **to** ~ **in the mouth** *Tablette etc* im Mund zergehen lassen; ~**d in tears** in Tränen aufgelöst. **2.** schmelzen, verflüssigen. **3.** *jur.* annul'lieren, aufheben. **4.** auflösen, zersetzen. **5.** zerstören, vernichten. **6.** *ein Geheimnis, e-n Zauber* lösen. **7.** *Film:* über'blenden, inein'ander 'übergehen lassen. **II** *v/i* **8.** sich auflösen (*a. fig.*): **to** ~ **in the mouth** im Mund zergehen; **to** ~ **in(to) tears** in Tränen zerfließen. **9.** zerfallen. **10.** sich (in nichts) auflösen. **11.** *Film:* über'blenden, all'mählich inein'ander 'übergehen. **III** *s* **12.** *Film:* Über'blendung *f*. **dis'sol·vent I** *adj* **1.** (auf)lösend. **2.** zersetzend. **II** *s* **3.** *chem. tech.* Lösungsmittel *n*: **to act as a** ~(up)on (*od.* **to**) **s.th.** *fig.* auflösend auf etwas wirken.

**dis·solv·ing** *adj* **1.** (auf)lösend. **2.** sich auflösend. **3.** löslich. ~ **shut·ter** *s phot.* Über'blendverschluß *m*, Über'blendungsblende *f*.

**dis·so·nance** ['dɪsənəns], *a.* **'dis·so·nan·cy** *s* Disso'nanz *f*: a) *mus.* 'Mißklang *m* (*a. fig.*), b) *fig.* Unstimmigkeit *f*. **'dis·so·nant** *adj* (*adv* ~ly) **1.** *mus.* disso'nant (*a. fig.*), disso'nierend. **2.** 'mißtönend. **3.** *fig.* unstimmig.

**dis·suade** [dɪ'sweɪd] *v/t* **1.** *j-m* abraten (**from** von): **to** ~ **s.o. from doing s.th.** j-m (davon) abraten, etwas zu tun. **2.** *j-n* abbringen (**from** von). **3.** abraten von: **to** ~ **a course of action**. **dis'suad·er** *s* Abratende(r *m*) *f*, Warner(in). **dis'sua·sion** [-ʒn] *s* **1.** Abraten *n*. **2.** Abbringen *n*. **3.** warnender Rat. **dis'sua·sive** [-sɪv] *adj* (*adv* ~ly) abratend.

**dis·syl·lab·ic, dis·syl·la·ble** → disyllabic, disyllable.

**dis·sym·met·ric** [ˌdɪsɪ'metrɪk] *adj*; **ˌdis·sym'met·ri·cal** *adj* (*adv* ~ly) **1.** asym'metrisch, 'unsymˌmetrisch. **2.** enantio'morph (*Kristall*). **ˌdis'symme·try** [-'sɪmɪtrɪ] *s* Asymme'trie *f*.

**dis·taff** ['dɪstɑːf; Am. -ˌtæf] *s* **1.** (Spinn-)Rocken *m*, Kunkel *f*. **2.** *fig.* Frauenarbeit *f*. ~ **side** *s* weibliche Linie *s* (*e-r Familie*).

**dis·tal** ['dɪstl] *adj anat.* di'stal (*weiter von der Körpermitte entfernt liegend als andere Körperteile*).

**dis·tance** ['dɪstəns] **I** *s* **1.** Entfernung *f* (**from** von): **at a** ~ a) in einiger Entfernung, b) von weitem, von fern; **a good** ~ **off** ziemlich weit entfernt; **at an equal** ~

gleich weit (entfernt); **from a** ~ aus einiger Entfernung. **2.** Ferne *f*: **from (in) the** ~ aus (in) der Ferne. **3.** Zwischenraum *m*, Abstand *m* (**between** zwischen *dat*). **4.** Entfernung *f*, Strecke *f*: **the** ~ **covered** die zurückgelegte Strecke; ~ **of vision** Sehweite *f*; **to go the** ~ *fig.* durchhalten, über die Runden kommen. **5.** (*zeitlicher*) Abstand, Zeitraum *m*. **6.** *fig.* Abstand *m*, Entfernung *f*, Entferntheit *f*. **7.** *fig.* Di'stanz *f*, Abstand *m*, Zu'rückhaltung *f*: **to keep s.o. at a** ~ j-m gegenüber reserviert sein, sich j-n vom Leib halten; **to keep one's** ~ zurückhaltend sein, (die gebührende) Distanz wahren; **to know one's** ~ wissen, wie weit man gehen darf. **8.** *paint. etc* a) Perspek'tive *f*, b) *a. pl* 'Hintergrund *m*, c) Ferne *f*. **9.** *mus.* Inter'vall *n*. **10.** *sport* a) Di'stanz *f*, Strecke *f*, b) *fenc., Boxen:* Di'stanz *f* (*zwischen den Gegnern*), c) *Leichtathletik:* Langstrecke *f*: ~ **race** Langstreckenlauf *m*; ~ **runner** Langstreckenläufer(in), Langstreckler(in). **II** *v/t* **11.** über'holen, (weit) hinter sich lassen, *sport a.* distan'zieren. **12.** *fig.* über'flügeln, -'treffen. **13.** **to** ~ **o.s. from** sich distanzieren von: ~ **attitude**. **'dis·tanced** *adj fig.* distan'ziert: ~ **attitude**.

**dis·tance| scale** *s tech.* Entfernungsskala *f* (*an Meßgeräten*). ~ **shot** *s phot.* Fernaufnahme *f*.

**dis·tant** ['dɪstənt] *adj* (*adv* ~ly) **1.** entfernt, weit (**from** von): **some miles** ~; ~ **relation** entfernte(r) *od.* weitläufige(r) Verwandte(r); ~ **resemblance** entfernte *od.* schwache Ähnlichkeit; **a** ~ **dream** ein vager Traum, e-e schwache Aussicht. **2.** fern (*a. zeitlich*): ~ **countries**; ~ **times**. **3.** (weit) vonein'ander entfernt. **4.** (**from**) abweichend (von), ander(er, e, es) (als). **5.** kühl, abweisend, zu'rückhaltend, distan'ziert: ~ **politeness**. **6.** weit, in große(r) Ferne: ~ **voyage** Reise *f* in die Ferne. **7.** Fern...: ~ **action** Fernwirkung *f*; ~ (**block**) **signal** *rail.* Vorsignal *n*; ~ **control** Fernsteuerung *f*; ~ **heating** Fernheizung *f*; ~ **reading** Fernablesung *f*; ~ **reconnaissance** *mil.* strategische Aufklärung, Fernaufklärung *f*.

**dis·taste** [ˌdɪs'teɪst] *s* **1.** Ekel *m* (**for** vor). **2.** *fig.* 'Widerwille *m*, Abneigung *f* (**for** gegen). **dis'taste·ful** *adj* (*adv* ~ly) **1.** ekelerregend. **2.** *fig.* unangenehm: **to be** ~ **to s.o.** j-m zuwider sein.

**dis·tem·per¹** [dɪs'tempə(r)] **I** *s* **1.** *obs.* üble Laune. **2.** *vet.* a) Staupe *f* (*bei Hunden*), b) Druse *f* (*bei Pferden*). **3.** *obs.* Krankheit *f*, Unpäßlichkeit *f*. **4.** *obs.* (po'litische) Unruhen (*pl*). **II** *v/t* **5.** *obs.* körperliche Funktionen stören, *den Geist* zerrütten, *j-n* krank machen. **6.** *obs. j-n* verstimmen.

**dis·tem·per²** [dɪs'tempə(r)] **I** *s* **1.** 'Temperamaleˌrei *f* (*Technik od. Gemälde*). **2.** a) Temperafarbe *f*, b) Leimfarbe *f*: **to paint in** ~ → **3. II** *v/t* **3.** mit Tempera- *od.* Leimfarbe malen.

**dis·tend** [dɪ'stend] *v/t* **1.** (aus)dehnen. **2.** *Bauch etc* (auf)blähen. **3.** *obs.* 'treiben, über'trieben darstellen. **II** *v/i* **4.** sich (aus)dehnen. **5.** sich aufblähen. **6.** sich weiten (**with** *vor dat*) (*Augen*). **dis·ten·si·bil·i·ty** [dɪˌstensə'bɪlətɪ] *s* (Aus)Dehnbarkeit *f*. **dis'ten·si·ble** *adj* (aus)dehnbar. **dis'ten·sion, dis'ten·tion** [-ʃn] *s* **1.** (Aus)Dehnung *f*. **2.** Aufblähung *f*.

**dis·tich** ['dɪstɪk] *s metr.* **1.** Distichon *n* (*Verspaar*). **2.** gereimtes Verspaar. **'dis·tich·ous** *adj bot.* di'stich, zweireihig.

**dis·til, Am. dis·till** [dɪ'stɪl] **I** *v/t* **1.** *chem. tech.* a) ('um)destilˌlieren, abziehen, b) entgasen, schwelen, c) 'ab-, her'ausdestilˌlieren (**from** aus), d) ~ **off**, ~ **out** 'ausdestilˌlieren, abtreiben. **2.** *Branntwein*

brennen (**from** aus). **3.** *fig.* das Wesentliche *etc* her'ausdestilˌlieren, -arbeiten (**from** aus). **4.** her'abtropfen *od.* -tröpfeln lassen: **to be distilled** = **to be distilled** *od.* -schlagen (**on** *auf dat*). **II** *v/i* **5.** *chem. tech.* destil'lieren. **6.** sich (all'mählich) kon-densieren. **7.** her'abtröpfeln, -tropfen. **8.** sich in Tropfen ausscheiden. **9.** *fig.* sich her'auskristalliˌsieren. **dis'till·a·ble** *adj chem. tech.* destil'lierbar.

**dis·til·late** ['dɪstɪlət; -leɪt] *s chem. tech.* Destil'lat *n* (**from** aus) (*a. fig.*). **ˌdis·til·'la·tion** [-'leɪʃn] *s* **1.** *chem. tech.* Destillati'on *f*: **destructive** ~ Zersetzungsdestillation; **dry** ~ Trockendestillation; **vacuum** ~ Vakuumdestillation. **2.** *chem. tech.* Destil'lat *n*. **3.** Brennen *n* (*von Branntwein*). **4.** Ex'trakt *m*, Auszug *m*. **5.** *fig.* 'Quintesˌsenz *f*, Wesen *n*, Kern *m*.

**dis'till·er** *s* **1.** *chem. tech.* Destil'lierappaˌrat *m*. **2.** Destilla'teur *m*, Branntweinbrenner *m*. **dis'till·er·y** [-ərɪ] *s* **1.** ('Branntwein)Brenneˌrei *f*. **2.** Destil-'lieranlage *f*.

**dis'till·ing flask** *s chem. tech.* Destil-'lierkolben *m*.

**dis·tinct** [dɪ'stɪŋkt] *adj* (*adv* → distinctly) **1.** ver-, unter'schieden (**from** von): **as** ~ **from** im Unterschied zu, zum Unterschied von. **2.** einzeln, (vonein'ander) getrennt, (ab)gesondert. **3.** verschiedenartig. **4.** ausgeprägt, charakte'ristisch. **5.** klar, deutlich, eindeutig, bestimmt, entschieden, ausgesprochen: **to have the** ~ **feeling** that das bestimmte Gefühl haben, daß; **to have a** ~ **preference for** e-e ausgesprochene Vorliebe haben für; **a** ~ **pronunciation** e-e deutliche Aussprache. **6.** scharf: ~ **vision**.

**dis·tinc·tion** [dɪ'stɪŋkʃn] *s* **1.** Unter-'scheidung *f*: **a** ~ **without a difference** e-e spitzfindige Unterscheidung, ein nur nomineller Unterschied. **2.** 'Unterschied *m*: **in** ~ **from** im Unterschied zu, zum Unterschied von; **to draw** (*od.* **make**) **a** ~ **between** e-n Unterschied machen *od.* unterscheiden zwischen (*dat*); **without** ~ **of person(s)** ohne Unterschied der Person. **3.** Unter'scheidungsmerkmal *n*, Kennzeichen *n*. **4.** Auszeichnung *f*: a) Ehrung *f*, b) Ehrenzeichen *n*. **5.** Ruf *m*, Ruhm *m*, Ehre *f*. **6.** her'vorragende Eigenschaft. **7.** (hoher) Rang. **8.** Vornehmheit *f*, Würde *f*. **9.** → distinctiveness.

**dis·tinc·tive** [dɪ'stɪŋktɪv] *adj* (*adv* ~ly) **1.** unter'scheidend, Unterscheidungs..., Erkennungs...: → **feature** 3. **2.** kennzeichnend, bezeichnend, charakte'ristisch (**of** für), besonder(er, e, es), ausgeprägt, spe'zifisch, unverwechselbar: **to be** ~ **of s.th.** etwas kennzeichnen. **dis·'tinc·tive·ness** *s* **1.** charakte'ristische Eigenart, Besonderheit *f*. **2.** Deutlichkeit *f*, Klarheit *f*. **dis'tinct·ly** *adv* deutlich, eindeutig, ausgesprochen. **dis'tinct·ness** *s* **1.** Deutlichkeit *f*, Klarheit *f*, Bestimmtheit *f*. **2.** Verschiedenheit *f* (**from** von). **3.** Getrenntheit *f*. **4.** Verschiedenartigkeit *f*.

**dis·tin·gué** [dɪ'stæŋgeɪ] *adj* distin-gu'iert, vornehm.

**dis·tin·guish** [dɪ'stɪŋgwɪʃ] **I** *v/t* **1.** unter'scheiden (**from** von): **as** ~**ed from** im Unterschied zu, zum Unterschied von; **only their clothes** ~ **them** sie unterscheiden sich nur durch ihre Kleidung. **2.** unter'scheiden, ausein'anderhalten: **he can't** ~ **right from** (*od.* **and**) **wrong** er kann Recht nicht von Unrecht unterscheiden, er kann Recht u. Unrecht nicht auseinanderhalten. **3.** (deutlich) wahrnehmen, erkennen, ausmachen. **4.** einteilen (**into** in *acc*). **5.** kennzeichnen, charakteri'sieren: → **distinguishing**. **6.** auszeichnen: **to** ~ **o.s.** sich auszeich-

nen (*a. iro.*); **to be ~ed by** s.th. sich durch etwas auszeichnen. **II** *v/i* **7.** unter-'scheiden, 'Unterschiede *od.* e-n Unterschied machen (**between** zwischen *dat*). **8.** he can't~ **between right and wrong** er kann Recht nicht von Unrecht unterscheiden, er kann Recht u. Unrecht nicht auseinanderhalten. **dis·'tin·guish·a·ble** *adj* (*adv* distinguishably) **1.** unter-'scheidbar (**from** von). **2.** wahrnehmbar, erkennbar, auszumachen(d). **3.** kenntlich (**by** an *dat*, durch). **4.** einteilbar (**into** in *acc*). **dis·'tin·guished** [-gwɪʃt] *adj* **1.** sich unter'scheidend (**by** durch). **2.** kenntlich (**by** an *dat*, durch). **3.** bemerkenswert (**for** wegen; **by** durch). **4.** her'vorragend, ausgezeichnet. **5.** berühmt (**for** wegen). **6.** distingu'iert, vornehm. **dis·'tin·guish·ing** *adj* charakte'ristisch, kennzeichnend, Unterscheidungs...: ~ **mark** Kennzeichen *n*.

**di·stom·a·tous** [daɪ'stəʊmətəs] *adj* zo. zweimäulig. **dis·tome** ['dɪstəʊm; 'daɪ-] *s* zo. (ein) Saugwurm *m*, *bes*. Leberegel *m*.

**dis·tort** [dɪ'stɔː(r)t] *v/t* **1.** verdrehen, verbiegen, verrenken. **2.** *das Gesicht etc* verzerren: ~ed **with** (*od.* **by**) pain schmerzverzerrt; ~ing **mirror** Vexier-, Zerrspiegel *m*. **3.** *tech.* verdrehen, verwinden, verspannen, verzerren. **4.** *Tatsachen etc* verdrehen, entstellen, verzerren. **dis·'tort·ed·ly** *adv* entstellt, verdreht.

**dis·tor·tion** [dɪ'stɔː(r)ʃn] *s* **1.** Verdrehung *f*. **2.** Verzerrung *f* (*a. electr.*): ~ **corrector** *electr.* Entzerrer *m*; ~ **factor** *electr.* Klirrfaktor *m*; ~ **of competition** *econ.* Wettbewerbsverzerrung. **3.** *tech.* Formänderung *f*, Verwindung *f*. **4.** *opt.* Verzeichnung *f*. **5.** *fig.* Verdrehung *f*, Entstellung *f*.

**dis·tract** [dɪ'strækt] *v/t* **1.** *j-s Aufmerksamkeit, e-e Person etc* ablenken (**from** von). **2.** *j-n* zerstreuen. **3.** verwirren. **4.** aufwühlen, erregen. **5.** beunruhigen, quälen. **6.** *meist pp* rasend machen, zur Rase'rei treiben: → **distracted** 3. **dis·'tract·ed** *adj* (*adv* ~ly) **1.** verwirrt. **2.** beunruhigt, besorgt. **3.** (**with, by**) a) außer sich (vor *dat*), b) wahnsinnig (vor *Schmerzen etc*). **dis·'trac·tion** [-kʃn] *s* **1.** Ablenkung *f*, *oft pl* Zerstreuung *f*, Ablenkung *f*, Unter'haltung *f*. **3.** Zerstreutheit *f*. **4.** Verwirrung *f*. **5.** (heftige) Erregung. **6.** Verzweiflung *f*. **7.** Wahnsinn *m*, Rase'rei *f*: **to ~** bis zur Raserei; **to drive** s.o. **to ~** j-n zur Raserei *od.* zum Wahnsinn treiben; **to love to ~** rasend *od.* bis zum Wahnsinn lieben.

**dis·train** [dɪ'streɪn] *v/t u. v/i* (**~ on, upon**) *jur.* bewegliche Sachen a) (*als Sicherheit für die Bezahlung e-r Schuld*) in Besitz nehmen, b) (*im Wege der Selbsthilfe*) mit Beschlag belegen. **dis·'train·a·ble** *adj* *jur.* mit Beschlag belegbar. **dis·'train·ee** [-'niː] *s jur.* j-d, dessen bewegliche Sachen mit Beschlag belegt werden. **dis·'train·er** [-nə(r)], **dis·trai·nor** [ˌdɪstreɪ'nɔː(r)] *s jur.* j-d, der bewegliche Sachen mit Beschlag belegt. **dis·traint** [dɪ'streɪnt] *s jur.* a) Inbe'sitznahme *f*, b) Beschlagnahme *f*.

**dis·trait** [dɪ'streɪ] *adj* zerstreut.

**dis·traught** [dɪ'strɔːt] → **distracted**.

**dis·tress** [dɪ'stres] **I** *s* **1.** Qual *f*, Pein *f*, Schmerz *m*. **2.** Leid *n*, Kummer *m*, Sorge *f*. **3.** Not *f*, Elend *n*: → **brother** 3. **4.** Notlage *f*, Notstand *m*: ~ **merchandise** *Am.* im Notverkauf abgesetzte Ware; ~ **sale** *Am.* Notverkauf *m*. **5.** *mar.* Seenot *f*: **in ~** in Seenot; ~ **call** Notruf *m*, SOS-Ruf *m*; ~ **flag** Notflagge *f*; ~ **rocket** Notrakete *f*; ~ **signal** Notsignal *n*, -zeichen *n*. **6.** *jur.* a) → **distraint**, b) mit Beschlag belegte bewegliche Sache. **II** *v/t*

---

**7.** quälen, peinigen. **8.** bedrücken, mit Sorge erfüllen, beunruhigen: **to ~** o.s. **about** sich sorgen um. **9.** betrüben. **10.** ins Elend bringen. **11.** *j-n* erschöpfen. **12.** → **distrain**. **dis·'tressed** [-'strest] *adj* **1.** (**about**) beunruhigt (über *acc*, wegen), besorgt (um). **2.** betrübt. **3.** notleidend, in Not: ~ **area** *Br.* Notstandsgebiet *n*; ~ **ships** Schiffe in Seenot. **4.** erschöpft. **dis·'tress·ful** *adj* (*adv* ~ly) → **distressing**. **dis·'tress·ing** *adj* (*adv* ~ly) **1.** quälend. **2.** bedrückend.

**dis·trib·ut·a·ble** [dɪ'strɪbjʊtəbl] *adj* **1.** verteilbar, austeilbar. **2.** zu verteilen(d). **dis·'trib·u·tar·y** [-tərɪ; *Am.* -ˌteriː] *s geogr.* abzweigender Flußarm, *bes.* Deltaarm *m*. **dis·'trib·ute** [-bjuːt; *Am.* -jət] *v/t* **1.** ver-, austeilen (**among** unter *dat od. acc*; **to an** *acc*): ~d **charge** *mil.* gestreckte Ladung. **2.** zuteilen (**to** *dat*): **to ~ justice** *fig.* Recht sprechen. **3.** *econ.* a) *Waren* vertreiben, absetzen, b) *Filme* verleihen, c) *e-e Dividende, Gewinne* ausschütten. **4.** *Post* zustellen. **5.** ver-, ausbreiten, *Samen etc* ausstreuen, *Farbe etc* verteilen. **6.** ab-, einteilen (**into** in *acc*), *mil. Truppen* gliedern. **7.** *print.* a) *den Satz* ablegen, b) *Farbe* auftragen. **8.** *philos.* e-n Ausdruck in s-r vollen logischen Ausdehnung anwenden. **dis·trib·u·tee** [-jʊ'tiː] *s* **1.** *j-d, dem etwas* zugeteilt wird. **2.** *jur. bes. Am.* Erbe *m*, Erbin *f*. **dis·'trib·ut·er** → **distributor**. **dis·'trib·ut·ing** *agent* *s econ.* (Großhandels)Vertreter *m.* ~ **box** *s electr.* Verteilerkasten *m*, Abzweigkasten *m*, -dose *f.* ~ **le·ver** *s tech.* Steuerhebel *m.* ~ **pipe** *s tech.* Verteilungsrohr *n.* ~ **ta·ble** *s print.* Farb(e)tisch *m*.

**dis·tri·bu·tion** [ˌdɪstrɪ'bjuːʃn] *s* **1.** Ver-, Austeilung *f*. **2.** *electr. phys. tech.* a) Verteilung *f*, b) Verzweigung *f*: ~ **of current** Stromverteilung. **3.** Ver-, Ausbreitung *f* (*a. biol.*). **4.** *mil.* Gliederung *f*. **5.** a) Zuteilung *f*, b) Gabe *f*, Spende *f*: **charitable** ~s milde Gaben. **6.** *econ.* a) Vertrieb *m*, Absatz *m*, b) Verleih *m* (*von Filmen etc*), c) Ausschüttung *f* (*von Dividenden, Gewinn*). **7.** Ausstreuen *n* (*von Samen etc*), Verteilen *n*, Verteilung *f* (*von Farben etc*). **8.** *philos.* Anwendung *f* e-s Begriffes in s-r vollen logischen Ausdehnung. **9.** *print.* a) Ablegen *n* (*des Satzes*), b) Auftragen *n* (*von Farbe*). ~ **curve** *s* Verteilungskurve *f.* ~ **func·tion** *s math.* Ver'teilungsfunkti₀on *f*.

**dis·trib·u·tive** [dɪ'strɪbjʊtɪv] **I** *adj* **1.** aus-, zu-, verteilend, Verteilungs...: ~ **agency** *econ.* Vertriebsagentur *f*, Vertretung *f*; ~ **share** *jur. Am.* gesetzliches Erbteil; ~ **justice** ausgleichende Gerechtigkeit. **2.** jeden einzelnen betreffend. **3.** *ling. math.* distribu'tiv, Distributiv... **4.** *philos.* in s-r vollen logischen Ausdehnung angewendet (*Begriff*). **II** *s* **5.** *ling.* Distribu'tivum *n*, Verteilungszahlwort *n*. **dis·'trib·u·tive·ly** *adv* im einzelnen, auf jeden bezüglich. **dis·'trib·u·tor** [-tə(r)] *s* **1.** Verteiler *m*. **2.** *econ.* a) Großhändler *m*, b) Gene'ralvertreter *m*, c) *pl* (Film)Verleih *m*. **3.** *tech.* Verteiler *m* (*Gerät*): **manure** ~ Düngerstreumaschine *f*. **4.** *electr. tech.* (Zünd-)Verteiler *m*: ~ **cable** Zündkabel *n*; ~ **shaft** Verteilerwelle *f*. **5.** *tech.* Verteilerdüse *f*.

**dis·trict** ['dɪstrɪkt] *s* **1.** Di'strikt *m*, (Verwaltungs)Bezirk *m*, Kreis *m*. **2.** (Stadt-)Bezirk *m*, (-)Viertel *n*. **3.** Gegend *f*, Gebiet *n*, Landstrich *m*. ~ **at·tor·ney** *s jur. Am.* Staatsanwalt *m*. ~ **coun·cil** *s Br. od. Austral.* Bezirksrat *m*. ~ **court** *s jur. Am.* (Bundes)Bezirksgericht *n*. ~ **heat·ing** *s* Fernheizung *f.* ~ **judge** *s jur. Am.* Richter *m* an e-m (Bundes)Bezirksgericht. ~

---

**man·ag·er** *s econ.* Be'zirksdiˌrektor *m.* ~ **nurse** *s* Gemeindeschwester *f*.

**dis·trust** [dɪs'trʌst] **I** *s* 'Mißtrauen *n*, Argwohn *m* (**of** gegen): **to have a ~ of** s.o. j-m mißtrauen; **with ~** mißtrauisch, argwöhnisch. **II** *v/t* mißtrauen (*dat*), 'mißtrauisch *od.* argwöhnisch sein gegen'über. **dis·'trust·ful** *adj* (*adv* ~ly) 'mißtrauisch, argwöhnisch (**of** gegenüber): **to be ~ of** → distrust II; **to be ~ of** o.s. gehemmt sein, kein Selbstvertrauen haben. **dis·'trust·ful·ness** → distrust I.

**dis·turb** [dɪ'stɜːb; *Am.* dɪs'tɜrb] **I** *v/t allg.* stören (*a. electr. math. meteor. tech.*): a) behindern: **to ~ the traffic**, b) belästigen, c) beunruhigen: ~ed über beunruhigt über (*acc*), d) aufschrecken, aufscheuchen, e) durchein'anderbringen, in Unordnung bringen: **to ~ the peace** *jur.* die öffentliche Sicherheit u. Ordnung stören. **II** *v/i* stören: "**please do not ~**" „bitte nicht stören". **dis·'turb·ance** *s* **1.** Störung *f* (*a. electr. tech. etc*): a) Behinderung *f*: ~ **of circulation** *med.* Kreislaufstörung; **sleep** ~ (Ein-, Durch-) Schlafstörung, b) Belästigung *f*, c) Beunruhigung *f*, d) *psych.* (seelische) Erregung, Aufregung *f*, e) Aufscheuchen *n*. **2.** a) (*politische etc*) Unruhe, b) Ruhestörung *f*: **to cause** (*od.* **create**) **a ~** für Unruhe sorgen; ruhestörenden Lärm machen. **3.** ~ **of the peace** *jur.* Störung *f* der öffentlichen Sicherheit u. Ordnung. **4.** Durchein'ander *n*, Unordnung *f*. **5.** *geol.* Faltung *f*. **6.** ~ **of possession** *jur.* Besitzstörung *f*. **dis·'turb·er** *s* **1.** Störer(in), Störenfried *m*. **2.** Unruhestifter(in). **dis·'turb·ing** *adj* (*adv* ~ly) **1.** störend. **2.** beunruhigend (**to** für): ~ **news**.

**di·sul·fate** [daɪ'sʌlfeɪt] *s chem.* **1.** 'Pyrosulˌfat *n*. **2.** Bisul'fat *n*. **di·'sul·fide** [-faɪd] *s chem.* Bisul'fid *n.* **di·'sul·phate**, *etc bes. Br. für* disulfate, *etc*.

**dis·un·ion** [ˌdɪs'juːnjən; *Am. a.* dɪʃ-] *s* **1.** Trennung *f*, Spaltung *f*. **2.** Uneinigkeit *f*, Zwietracht *f*. **dis·'un·ion·ism** *s pol.* Spaltungsbewegung *f*. **dis·'un·ion·ist** *s pol.* **1.** Befürworter *m* e-r Spaltung. **2.** *hist. Am.* Sezessio'nist *m*.

**dis·u·nite** [ˌdɪsjuː'naɪt; *Am. a.* ˌdɪʃ-] **I** *v/t* trennen, spalten, entzweien: ~d entzweit, verfeindet, in Unfrieden lebend. **II** *v/i* sich trennen, sich entzweien. **dis·'u·ni·ty** [-nətɪ] *s* Uneinigkeit *f*, Zwietracht *f*.

**dis·use** **I** *s* [ˌdɪs'juːs; *Am. a.* ˌdɪʃ-] *s* Nichtgebrauch *m*, -verwendung *f*, -benutzung *f*, b) Aufhören *n* (*e-s Brauchs*): **to fall into ~** außer Gebrauch kommen, ungebräuchlich werden. **II** *v/t* [-z] nicht mehr gebrauchen *od.* benutzen. **dis·'used** [-zd] *adj* nicht mehr benutzt (*Maschine etc*), stillgelegt (*Bergwerk etc*), leerstehend (*Haus*).

**dis·yl·lab·ic** [ˌdɪsɪ'læbɪk; ˌdaɪ-] *adj* zweisilbig. **di·'syl·la·ble** [dɪ'sɪləbl; daɪ-] *s* zweisilbiges Wort.

**ditch** [dɪtʃ] **I** *s* **1.** Graben *m*: **to die in the last ~** bis zum letzten Atemzug kämpfen (*a. fig.*). **2.** Abzugs-, Drä'niergraben *m*. **3.** Straßengraben *m*. **4.** Bewässerungs-, Wassergraben *m*. **5.** *aer. sl.* ‚Bach' *m* (*Meer, Gewässer*). **II** *v/t* **6.** mit e-m Graben um'geben *od.* versehen. **7.** Gräben ziehen durch *od.* in (*dat*). **8.** durch Abzugsgräben entwässern. **9.** *Fahrzeug* in den Straßengraben fahren: **to be ~ed** a) im Straßengraben landen, b) *bes. Am.* entgleisen (*Zug*). **10.** *sl.* a) *Wagen etc* stehenlassen, b) *j-m* ent'wischen, c) *den ‚Laufpaß' geben, d) *etwas* ‚wegschmeißen', e) *Am.* die Schule schwänzen: **to ~ school**. **11.** *aer. sl.* die

*Maschine* im ‚Bach' landen. **III** *v/i* **12.** e-n Graben *od.* Gräben ziehen. **13.** *aer. sl.* im ‚Bach' landen.

**'ditch·er** *s* **1.** Grabenbauer *m.* **2.** *tech.* 'Grabma₁schine *f*, Tieflöffelbagger *m.*

**ditch|moss** *s bot.* Wasserpest *f.* '~₁**water** *s* abgestandenes (fauliges) Wasser: **(as) dull as ~** *colloq.* ‚stinklangweilig'.

**dith·er** ['dɪðə(r)] **I** *v/i* **1.** (*bes.* vor Kälte) zittern. **2.** schwanken, sich nicht entscheiden können (**between** zwischen *dat*). **3.** aufgeregt sein. **II** *s* **4.** Schwanken *n.* **5.** Aufregung *f*: **to throw into a ~** in Aufregung versetzen; **to be all of a ~**, **to be in a ~**, *bes. Br. colloq.* **to have the ~s** aufgeregt sein.

**dith·y·ramb** ['dɪθɪræmb; -ræm] *s* **1.** *antiq.* Dithy'rambe *f*, Dithy'rambus *m* (*kultisches Weihelied auf Dionysos*). **2.** Lobeshymne *f*: **to go into ~s over** Lobeshymnen anstimmen auf (*acc*). **₁dith·y'ram·bic** [-bɪk] *adj* (*adv* ~**ally**) **1.** *antiq.* dithy'rambisch. **2.** enthusi'astisch, 'überschwenglich.

**dit·o·kous** ['dɪtəkəs] *adj zo.* **1.** a) Zwillinge werfend, b) zwei Eier legend. **2.** zwei Arten Junge werfend.

**dit·ta·ny** ['dɪtənɪ] *s bot.* Kretischer Diptam, Diptamdost *m.*

**dit·to** ['dɪtəʊ] **I** *pl* **-tos** *s* **1.** Dito *n*, (*das*) Besagte *od.* Erwähnte *od.* Gleiche, das'selbe: **~ marks** Dito-, Wiederholungszeichen *pl*; **to say ~ to** s.o. *colloq.* j-m beipflichten. **2.** Dupli'kat *n*, Ko'pie *f*: **he's the ~ of his father** er ist ganz der Vater. **II** *adv* **3.** dito, des'gleichen. **4.** ebenso, ebenfalls. **III** *v/t colloq.* **5.** vervielfältigen. **6.** wieder'holen. **IV** *v/i* **7.** *colloq.* das'selbe tun *od.* sagen.

**dit·tog·ra·phy** [dɪ'tɒɡrəfɪ; *Am.* -'tɑ-] *s* Dittogra'phie *f* (*fehlerhafte Wiederholung von Buchstaben od. Buchstabengruppen in Texten*).

**dit·ty** ['dɪtɪ] *s* Liedchen *n.*

**dit·ty|bag** *s mar.* Uten'silienbeutel *m.* **~ box** *s mar.* Uten'silienkasten *m.*

**di·u·re·sis** [₁daɪjʊ'riːsɪz; *Am. a.* ₁daɪə-] *s med.* Diu'rese *f*, ('übermäßige) Harnausscheidung. **₁di·u'ret·ic** [-'retɪk] *med.* **I** *adj* (*adv* ~**ally**) diu'retisch, harntreibend: **~ tea** Blasentee *m.* **II** *s* Diu'retikum *n*, harntreibendes Mittel.

**di·ur·nal** [daɪ'ɜːnl; *Am.* -'ɜrnl] **I** *adj* (*adv* ~**ly**) **1.** täglich ('wiederkehrend), Tag(es)... **2.** *bot.* sich nur bei Tag entfaltend. **3.** *zo.* 'tagak₁tiv. **II** *s* **4.** *R.C.* Diur'nale *n* (*Brevier für die Tageszeiten*). **5.** *obs.* Tagebuch *n.* **~ arc** *s astr.* Tagbogen *m.* **~ cir·cle** *s* **1.** *astr.* Tagkreis *m.* **2.** *mar.* 'Abweichungsparal₁lel *m.*

**di·va** ['diːvə] *pl* **-vas**, **-ve** [-vɪ; *Am.* -₁veɪ] *s* Diva *f*, Prima'donna *f.*

**di·va·gate** ['daɪvəɡeɪt] *v/i* **1.** her'umwandern. **2.** abschweifen (**from** von), nicht bei der Sache bleiben. **3.** sich abkehren (**from** von). **₁di·va'ga·tion** *s* **1.** Abschweifung *f*, Ex'kurs *m.* **2.** Abkehr *f* (**from** von).

**di·va·lent** ['daɪ₁veɪlənt] → **bivalent**.

**di·van** [dɪ'væn; 'daɪvæn] *s* **1.** a) Diwan *m*, b) *a.* **~ bed** Bettcouch *f.* **2.** (*im Orient*) Diwan *m*: a) Staatsrat, b) Ratszimmer, c) *Regierungskanzlei*, d) *Gerichtssaal*, e) *Empfangshalle*, f) *großes öffentliches Gebäude.* **3.** Diwan *m*, orien'talische Gedichtsammlung.

**dive¹** [daɪv] **I** *v/i pret* **dived**, *Am. a.* **dove** [dəʊv], *pp* **dived 1.** tauchen (**for** nach; **into** in *acc*): **to ~ into a book** *colloq.* sich in ein Buch vertiefen; **to ~ into the crowd** *colloq.* in der Menge untertauchen *od.* verschwinden; **to ~ into one's pocket** *colloq.* (mit der Hand) in die Tasche fahren; **to ~ into a new profession** *colloq.* sich in e-n neuen

Beruf stürzen. **2.** ('unter)tauchen (*a. U-Boot*). **3.** a) e-n Hecht- *od.* Kopfsprung machen, b) *Wasserspringen*: springen, c) *bes. sport* sich werfen, hechten (**for the ball** nach dem Ball): **to ~ for cover** sich in Deckung werfen. **4.** *aer.* e-n Sturzflug machen. **5.** *colloq.* fallen, ‚absacken' (**to** auf *acc*) (*Thermometer etc*). **6.** **~ in** *colloq.* (*beim Essen*) ‚reinhauen'. **II** *v/t* **7. to ~** one's hand into one's pocket *colloq.* mit der Hand in die Tasche fahren. **III** *s* **8.** ('Unter)Tauchen *n*, *mar. a.* 'Unterwasser-, Tauchfahrt *f*: **to take a ~** *sl.* a) (*Boxen*) e-n K.O. *od.* Niederschlag vortäuschen, b) (*Fußball*), ‚e-e Schwalbe bauen' (*sich spektakulär fallen lassen*). **9.** a) Kopfsprung *m*, Hechtsprung *m* (*a. des Torwarts etc*): **to make a ~ for the ball** nach dem Ball hechten; **to make a ~ for cover** sich in Deckung werfen, b) *Wasserspringen*: Sprung *m.* **10.** *aer.* Sturzflug *m.* **11.** *colloq.* ‚Spe'lunke' *f.*

**di·ve²** ['diːvɪ; *Am.* -₁veɪ] *pl von* **diva**.

**'dive|-bomb** *v/t u. v/i* im Sturzflug mit Bomben angreifen. **~ bomb·er** *s* Sturzkampfflugzeug *n*, Sturzbomber *m*, Stuka *m.*

**'div·er** *s* **1.** Taucher(in). **2.** *sport* Wasserspringer(in). **3.** *zo.* a) (*ein*) Seetaucher *m*, b) (*ein*) Tauchvogel *m*, *bes.* Steißfuß *m*, Alk *m*, Pinguin *m.*

**di·verge** [daɪ'vɜːdʒ; dɪ-; *Am.* -'vɜrdʒ] **I** *v/i* **1.** diver'gieren (*a. math. phys.*), ausein'andergehen, -laufen, sich (vonein'ander) trennen: **diverging lens** *opt.* Zerstreuungslinse *f.* **2.** abzweigen (**from** von). **3.** (von der Norm) abweichen. **4.** verschiedener Meinung sein. **II** *v/t* **5.** diver'gieren lassen. **6.** ablenken. **di'ver·gence, di'ver·gen·cy** *s* **1.** *bot. math. opt. phys.* Diver'genz *f.* **2.** Ausein'andergehen *n*, -laufen *n.* **3.** Abzweigung *f.* **4.** Abweichung *f* (von der Norm). **5.** Meinungsverschiedenheit *f.* **di'vergent** *adj* (*adv* ~**ly**) **1.** diver'gierend (*a. math. phys.*). **2.** *opt.* Zerstreuungs... **3.** ausein'andergehend, -laufend. **4.** (von der Norm) abweichend.

**di·vers** ['daɪvɜːs; *Am.* -vɜrz] *adj obs.* **1.** di'verse, etliche, mehrere. **2.** → **diverse** 1.

**di·verse** [daɪ'vɜːs; *Am.* -'vɜrs] *adj* (*adv* ~**ly**) **1.** verschieden, ungleich, andersartig. **2.** mannigfaltig.

**di·ver·si·fi·ca·tion** [daɪ₁vɜːsɪfɪ'keɪʃn; dɪ-; *Am.* -₁vɜr-] *s* **1.** Verschiedenartigkeit *f.* **2.** abwechslungsreiche Gestaltung: **~ of products** *econ.* Verbreiterung *f* des Produktionsprogramms. **3.** *a.* **~ of risk** *econ.* Risikoverteilung *f.* **4.** **~ of capital** *econ.* verteilte Kapitalanlage, Anlagenstreuung *f.* **5.** *econ.* Diversifikati'on *f*, Diversifi'zierung *f.* **di'ver·si·fied** [-faɪd] *adj* **1.** verschieden(artig). **2.** verteilt (*Risiko*). **3.** **~ company** *econ.* Gesellschaft *f* mit breitem Produktionsprogramm. **4.** *econ.* verteilt angelegt: **~ capital**. **di·ver·si·flo·rous** [daɪ₁vɜːsɪ'flɔːrəs; dɪ-; *Am.* -₁vɜr-] *adj bot.* verschiedenblütig. **di'ver·si·form** [-fɔː(r)m] *adj* vielgestaltig. **di'ver·si·fy** [-faɪ] *v/t* **1.** verschieden(artig) gestalten. **2.** abwechslungsreich gestalten: **to ~ products** *econ.* das Produktionsprogramm erweitern. **3.** *Risiko* verteilen. **4.** *econ. Kapital* verteilt anlegen. **5.** *econ.* Unternehmen diversifi'zieren, auf neue Produkti'ons-*od.* Pro'duktbereiche 'umstellen.

**di·ver·sion** [daɪ'vɜːʃn; dɪ-; *Am.* -'vɜrʒən] *s* **1.** Ablenkung *f* (**from** von). **2.** Abzweigung *f*: **~ of funds**. **3.** Zerstreuung *f*, Zeitvertreib *m*, Unter'haltung *f.* **4.** *mil.* 'Ablenkungsma₁növer *n*, -angriff *m.* **5.** *Br.* (Ver'kehrs)'Umleitung *f.* **di'version·al** *adj* **1.** Ablenkungs... **2.** Unter-

haltungs... **di'ver·sion·ar·y** [-nərɪ; *Am.* -₁nerɪ] *adj bes. mil.* Ablenkungs...

**di'ver·sion·ism** *s pol.* Diversi'on *f* (*Sabotage gegen den Staat in sozialistischen Ländern*). **di'ver·sion·ist** **I** *s* Diver'sant(in). **II** *adj* diversio'nistisch.

**di·ver·si·ty** [daɪ'vɜːsətɪ; dɪ-; *Am.* -'vɜr-] *s* **1.** Verschiedenheit *f*, Ungleichheit *f*: **~ of opinion** Meinungsverschiedenheit. **2.** Mannigfaltigkeit *f.*

**di·vert** [daɪ'vɜːt; dɪ-; *Am.* -'vɜrt] *v/t* **1.** ablenken, ableiten, abwenden (**from** von; **to nach**), lenken (**to auf** *acc*). **2.** abbringen (**from** von). **3.** *Geld etc* abzweigen (**to** für). **4.** *Br. den Verkehr* 'umleiten. **5.** zerstreuen, unter'halten (**with** mit, durch). **6.** von sich ablenken. **di·ver·ti·men·to** [dɪ₁vɜrtɪ'mentəʊ; *Am.* -₁vɑrtə-] *pl* **-ti** [-tɪ] *s mus.* Diverti'mento *n* (→ **divertissement**).

**di'vert·ing** *adj* (*adv* ~**ly**) **1.** ablenkend: **~ attack** *mil.* Ablenkungs-, Entlastungsangriff *m.* **2.** unter'haltsam, amü'sant.

**di·ver·tisse·ment** [₁diːveə'tiːsmãːŋ; *Am.* dɪ'vɜrtəsmənt] *s mus.* Diverti'mento *n*, Divertisse'ment *n*: a) *suitenähnliche Zs.-stellung kurzer Tonstücke in unverbindlicher Satzfolge*, b) *Tanzeinlage in Opern*, c) *Potpourri*, d) *musikalisches Zwischenspiel.*

**Di·ves** ['daɪviːz] *s* **1.** *Bibl.* der reiche Mann. **2.** Reiche(r) *m.*

**di·vest** [daɪ'vest; dɪ'v-] *v/t* **1.** entkleiden (**of** *gen*) (*a. fig.*). **2.** *fig.* entblößen, be₁rauben (**of** *gen*): **to ~ s.o. of** j-*n ein Recht etc* entziehen *od.* nehmen; **to ~ o.s. of** *etwas* ablegen, *etwas* ab- *od.* aufgeben, sich *e-s Rechtes etc* begeben *od.* entäußern. **di'vest·i·ble** *adj jur.* einziehbar (*Vermögen*), aufhebbar (*Recht*). **di'vest·i·ture** [-tʃə(r)], **di'vest·ment** *s* Entkleidung *f*, *fig. a.* Entblößung *f*, Beraubung *f.*

**di·vi** → **divvy**.

**di·vid·a·ble** [dɪ'vaɪdəbl] *adj* teilbar.

**di·vide** [dɪ'vaɪd] **I** *v/t* **1.** teilen: **to ~ in halves** halbieren; **to ~ s.th. with s.o.** etwas mit j-m teilen. **2.** (zer)teilen, spalten, *fig. a.* ent'zweien, ausein'anderbringen: **to ~ opinion** unterschiedlich beurteilt werden; → **divided** 1. **3.** (ab)trennen, scheiden (**from** von). **4.** ver-, aus-, aufteilen (**among, between** unter *dat od. acc*). **5.** *econ.* e-e Dividende ausschütten. **6.** gliedern, einteilen (**into, in** in *acc*). **7.** *math.* a) divi'dieren, teilen (**by** durch): **30 ~d by 5 is 6** 30 (geteilt) durch 5 ist 6; **to ~ 5 into 30** 30 durch 5 teilen, b) ohne Rest teilen, aufgehen in (*dat*). **8.** *math. tech.* gradu'ieren, mit e-r Gradeinteilung versehen. **9.** *pol. Br. das Parlament etc* im Hammelsprung abstimmen lassen (**on** über *acc*). **II** *v/i* **10.** sich teilen. **11.** sich aufteilen, zerfallen (**into** in *acc*). **12.** sich auflösen (**into** in *acc*). **13.** sich trennen (**from** von). **14.** *math.* a) divi'dieren, teilen, b) sich divi'dieren *od.* teilen lassen (**by** durch), c) aufgehen (**into** in *dat*). **15.** *parl. Br.* im Hammelsprung abstimmen. **16.** verschiedener Meinung sein (**upon** über *acc*). **III** *s* **17.** *geogr.* Wasserscheide *f*: → **great divide**.

**di·vid·ed** [dɪ'vaɪdɪd] *adj* **1.** geteilt (*a. fig.*): **opinion is ~** die Meinungen sind geteilt (**on** über *acc*); **~ counsel** Uneinigkeit *f*; **~ highway** *Am.* Schnellstraße *f*; **his mind** (*od.* **he**) **was ~** er war mit sich nichtschlossen *od.* schwankte, er war mit sich selbst uneins; **~ skirt** Hosenrock *m*; **they were ~ against themselves** sie waren untereinander uneinig. **2.** Teil...: **~ circle** *tech.* Teil-, Einstellkreis *m.*

**div·i·dend** ['dɪvɪdend] *s* **1.** *math.* Dividende *f* (*zu teilende Zahl*). **2.** *econ.* Divi'dende *f*, Gewinnanteil *m*: **cum ~**, *Am.* ~

on einschließlich Dividende; **ex ~**, *Am.* **~ off** ausschließlich Dividende; **~ on account** Abschlagsdividende; **to pay ~s** *fig.* sich bezahlt machen. **3.** *jur.* Quote *f* (*e-r Konkursmasse*). **4.** Anteil *m.* **~ cou·pon**, **~ war·rant** *s econ.* Gewinnanteil-, Divi'dendenschein *m.*

**di'vid·er** *s* **1.** Teiler(in). **2.** Verteiler(in). **3.** *pl, a.* **pair of ~s** Stech-, Teilzirkel *m.* **4.** Trennwand *f.*

**di'vid·ing I** *s* (Ver)Teilung *f.* **II** *adj* Trennungs...: **~ line** Scheide-, Trennungslinie *f.* **~ plate** *tech.* Teilscheibe *f.*

**di·vid·u·al** [dɪ'vɪdjʊəl; -dʒʊəl; *Am.* -dʒəwəl] *adj* **1.** (ab)getrennt, einzeln. **2.** trenn-, teilbar. **3.** verteilt.

**div·i·na·tion** [ˌdɪvɪ'neɪʃn] *s* **1.** Wahrsage'rei *f.* **2.** Weissagung *f,* Prophe'zeiung *f.* **3.** (Vor)Ahnung *f.* **di'vin·a·to·ry** [-nətərɪ; *Am.* ˌtɔːrɪ; -ˌtɔː-] *adj* seherisch.

**di·vine** [dɪ'vaɪn] **I** *adj* (*adv* **~ly**) **1.** göttlich, Gottes...: **~ judg(e)ment**; **~ right of kings** *hist.* Königtum *n* von Gottes Gnaden, Gottesgnadentum *n*; **D~ Will** der göttliche Wille. **2.** geweiht, geistlich, heilig: **~ service** Gottesdienst *m*; **~ worship** Anbetung *f* Gottes. **3.** *colloq.* göttlich, himmlisch: **a ~ hat. 4.** theo'logisch. **II** *s* **5.** Geistliche(r) *m.* **6.** Theo'loge *m.* **III** *v/t* **7.** (er)ahnen, (intui'tiv) erkennen. **8.** (vor'aus)ahnen. **9.** weissagen, prophe'zeien. **IV** *v/i* **10.** wahrsagen. **11.** (Vor)Ahnungen haben. **di'vin·er** *s* **1.** Wahrsager *m.* **2.** (Wünschel)Rutengänger *m.*

**div·ing** [ˈdaɪvɪŋ] **I** *s* **1.** Tauchen *n.* **2.** *sport* Wasserspringen *n.* **II** *adj* **3.** tauchend. **4.** Tauch..., Taucher... **5.** *aer.* Sturzflug...: **~ brake**; **~ attack** Sturzangriff *m.* **~ bell** *s tech.* Taucherglocke *f.* **~ board** *s sport* Sprungbrett *n.* **~ dress** *s* diving suit. **~ duck** *s orn.* Tauchente *f.* **~ hel·met** *s mar.* Taucherhelm *m.* **~ suit** *s* Taucheranzug *m.* **~ tow·er** *s sport* Sprungturm *m.*

**di'vin·ing rod** *s* Wünschelrute *f.*

**di·vin·i·ty** [dɪ'vɪnətɪ] *s* **1.** Göttlichkeit *f,* göttliches Wesen: **the ~ of Jesus. 2.** Gottheit *f:* **the D~** die Gottheit, Gott *m.* **3.** göttliches Wesen. **4.** Theolo'gie *f:* **a lesson in ~** e-e Religionsstunde; **~ doctor. 5.** *a.* **~ fudge** *Am.* ein Schaumgebäck.

**div·i·nize** [ˈdɪvɪnaɪz] *v/t* vergöttlichen.

**di·vis·i·bil·i·ty** [dɪˌvɪzɪ'bɪlətɪ] *s* Teilbarkeit *f.* **di'vis·i·ble** [-zəbl] *adj* (*adv* **divisibly**) teilbar: **~ surplus** *econ.* verteilbarer Überschuß. **di'vis·i·ble·ness** *s* Teilbarkeit *f.*

**di·vi·sion** [dɪ'vɪʒn] *s* **1.** Teilung *f.* **2.** Zerteilung *f,* Spaltung *f, fig. a.* Entzweiung *f.* **3.** (Ab)Trennung *f* (**from** von). **4.** (Ver)Teilung *f:* **~ of labo(u)r** Arbeitsteilung. **5.** Verteilung *f,* Aus-, Aufteilung *f.* **6.** *econ.* Ausschüttung *f* (*e-r Dividende*). **7.** Gliederung *f,* Einteilung *f* (**into** in *acc*). **8.** *math.* a) Divisi'on *f:* **long ~** ungekürzte Division; **~ sign** Teilungszeichen *n,* b) Schnitt *m.* **9.** Trenn-, Scheidelinie *f:* **~ wall** Trennwand *f.* **10.** Grenze *f,* Grenzlinie *f.* **11.** Abschnitt *m,* Teil *m.* **12.** Spaltung *f,* Kluft *f,* Uneinigkeit *f.* **13.** *parl. Br.* (Abstimmung *f* durch) Hammelsprung *m:* **to go into ~** zur Abstimmung schreiten; **to take a ~** e-e Abstimmung vornehmen; **upon a ~** nach Abstimmung; **~ bell** Glocke, die die Abgeordneten zur Abstimmung ruft. **14.** Ab'teilung *f* (*a. univ. u. e-s Ministeriums*). **15.** *jur. Br.* Kammer *f* (*des High Court*). **16.** (Verwaltungs-, Gerichts-, *Br. a.* Wahl)Bezirk *m.* **17.** *mil.* Divisi'on *f* (*a. mar.*). **18.** Gruppe *f,* Klasse *f,* Katego'rie *f.* **19.** *biol.* ('Unter)Gruppe *f,* ('Unter)Ab,teilung *f.* **20.** *sport* a) *Fußball etc:* Liga *f,*

Spielklasse *f,* b) *Boxen etc:* (Gewichts-) Klasse *f.* **21.** a) Fachgruppe *f* (*der Industrie*), b) Indu'striezweig *m.* **di'vi·sion·al** [-ʒənl] *adj* **1.** Trenn..., Scheide...: **~ line. 2.** *mil.* Divisions...: **~ headquarters. 3.** Abteilungs...: **~ head** Abteilungsleiter *m*; **~ court → division** 15. **4.** Bezirks... **5.** Scheide...: **~ coin** *econ.* Scheidemünze *f.* **di'vi·sion·ism** *s paint.* Divisio'nismus *m.*

**di·vi·sive** [dɪ'vaɪsɪv] *adj* **1.** teilend. **2.** *fig.* ent'zweiend: **to be ~** Uneinigkeit stiften. **di·vi·sor** [dɪ'vaɪzə(r)] *s math.* Di'visor *m,* Teiler *m:* **~ chain** Teilerkette *f.*

**di·vorce** [dɪ'vɔː(r)s] **I** *s* **1.** *jur.* a) (Ehe-) Scheidung *f:* **~ action** Scheidungsklage *f*; **~ case** (*od.* suit) Scheidungsprozeß *m*; **~ court** Scheidungsgericht *n*; **~ lawyer** Scheidungsanwalt *m*; **~ cause** of (*od.* ground for) **~** Scheidungsgrund *m*; **to get** (*od.* obtain) **a ~** geschieden werden, sich scheiden lassen (**from** von); **→ seek** 5, b) *limited ~ Am.* gestattetes Getrenntleben. **2.** *fig.* (völlige) Trennung (**from** von; **between** zwischen *dat*). **II** *v/t* **3.** *jur.* a) j-n scheiden (**from** von): **to ~ s.o.** j-s Ehe scheiden; **he has ~d his wife** er hat sich (von s-r Frau) scheiden lassen; **they have been ~d** sie haben sich scheiden lassen, b) *e-e* Ehe scheiden. **4.** *fig.* (völlig) trennen, (los)lösen (**from** von): **to ~ a word from its context** ein Wort aus dem Zs.-hang reißen. **III** *v/i* **5.** *jur.* sich scheiden lassen. **di,vor'cee** [-ˈsiː] *s* Geschiedene(r *m*) *f.* **di'vorce·ment → divorce** I.

**div·ot** [ˈdɪvət] *s* **1.** *Scot.* Sode *f,* Rasen-, Torfstück *n.* **2.** *Golf:* Divot *n,* Kote'lett *n.*

**di·vul·ga·tion** [ˌdɪvʌl'geɪʃn; ˌdaɪ-] *s* Enthüllung *f,* Preisgabe *f.*

**di·vulge** [daɪ'vʌldʒ; dɪ'v-] *v/t* ein Geheimnis *etc* enthüllen, preisgeben. **di'vulgence**, *a.* **di'vulge·ment → divulgation.**

**di·vul·sion** [daɪ'vʌlʃn; dɪ'v-] *s* Losreißung *f,* gewaltsame Trennung.

**div·vy** [ˈdɪvɪ] *colloq.* **I** *v/t* **1.** *oft* **~ up** *Am.* aufteilen. **II** *s* **2.** *Am.* (Auf)Teilung *f.* **3.** *econ. Br.* Divi'dende *f* (*bes. e-r Verbrauchergenossenschaft*).

**dix·ie¹** [ˈdɪksɪ] *s* **1.** *bes. mil. Br. sl.* 'Gulaschka,none' *f,* Feldkessel *m.* **2.** Eßgeschirr *n.*

**Dix·ie²** [ˈdɪksɪ] **I** *s* **1.** *Bezeichnung für den Süden der USA.* **2.** *mus.* 'Dixie' *m* (*Dixieland*). **II** *adj* **3.** aus den Südstaaten: **a ~ lullaby.**

**Dix·ie·crat** [ˈdɪksɪkræt] *s pol. Mitglied e-r Splittergruppe der Demokratischen Partei im Süden der USA.* **'~·land** *s* **1. → Dixie²** I. **2.** *a.* **~ jazz** *mus.* Dixieland (-Jazz) *m.*

**di·zy·got·ic** [ˌdaɪzə'gɒtɪk; *Am.* ˌ-goʊ-] *adj biol.* zweieiig: **~ twins.**

**diz·zi·ness** [ˈdɪzɪnɪs] *s* **1.** Schwindel *m,* Schwind(e)ligkeit *f.* **2.** Schwindelanfall *m.* **3.** Benommenheit *f.*

**diz·zy** [ˈdɪzɪ] **I** *adj* (*adv* **dizzily**) **1.** schwind(e)lig. **2.** verwirrt, benommen. **3.** schwindelnd, schwindelerregend: **~ height. 4.** schwindelnd hoch: **a ~ building. 5.** wirr, kon'fus. **6.** *colloq.* verrückt. **II** *v/t* **7.** schwind(e)lig machen. **8.** verwirren.

**djinn** [dʒɪn] *s* **1.** *pl von* djinni, djinny. **2. → jinnee. djin·ni, djin·ny** [dʒɪ'niː; ˈdʒɪnɪ] *pl* **djinn** [dʒɪn] **→ jinnee.**

**D ma·jor** *s mus.* D-Dur *n.* **D mi·nor** *s mus.* d-Moll *n.*

**do¹** [duː; *unbetont* dʊ; də] *pret* **did** [dɪd] *pp* **done** [dʌn] *3. sg pres* **does** [dʌz; *unbetont* dəz] **I** *v/t* **1.** tun, machen: **what can I ~ (for you)?** was kann ich (für Sie) tun?, womit kann ich (Ihnen) dienen?; **to ~ right (wrong)** (un)recht tun; **~ what**

he would er konnte anfangen, was er wollte; **what is to be done** (*od.* to do)? was ist zu tun?, was soll geschehen?; **if it were to ~ again** wenn es noch einmal getan werden müßte; **what have you done to my suit?** was haben Sie mit m-m Anzug gemacht?; **she did no more than look at him** sie hat ihn nur angesehen; **he does not know what to ~ with his time** er weiß nicht, was er mit s-r Zeit anfangen soll; **→ do with. 2.** tun, ausführen, voll'bringen, *Arbeiten* verrichten, *Verbrechen* begehen: **to ~ odd jobs**; **to ~ murder**; **to ~ one's lessons** *ped.* s-e (Haus)Aufgaben machen; **he did all the writing** er hat alles allein geschrieben; **he did (all) the talking** er führte (allein) das große Wort; **let me ~ the talking** laß mich sprechen; **it can't be done** es geht nicht, es ist undurchführbar; **→ done** 1, 2, 3. **3.** tätigen, machen: **→ business** 3, 13. **4.** tun, leisten, voll'bringen: **to ~ one's best** sein Bestes tun, sich alle Mühe geben; **to ~ better** a) Besseres leisten, b) sich verbessern. **5.** anfertigen, 'herstellen, *Kunstwerk etc a.* schaffen: **to ~ a portrait** ein Porträt malen; **to ~ a translation** e-e Übersetzung machen *od.* anfertigen. **6.** j-m etwas tun, zufügen, erweisen: **→ favor** 10, **good** 1, 2, **harm** 1, **honor** 7, *etc.* **7.** einbringen: **→ credit** 4. **8.** erzielen, erreichen: **I did it!** ich habe es geschafft!; **now you have done it!** *iro.* nun hast du es glücklich geschafft! **9.** sich beschäftigen, arbeiten an (*dat*). **10.** *Speisen* zubereiten, *bes.* kochen *od.* braten. **11.** in Ordnung bringen, *z.B.* a) *Geschirr* abwaschen, b) *das Zimmer* aufräumen, ,machen'. **12.** 'herrichten, deko'rieren, schmücken. **13.** ('her)richten: **she is having her nails done** sie läßt sich manikūren; **→ face** 1, **hair** Bes. Redew. **14.** a) *e-e Fremdsprache etc* lernen, b) *e-n Autor etc* 'durchnehmen, behandeln. **15.** *e-e Aufgabe* lösen. **16.** *obs.* über'setzen, -'tragen (**into German** ins Deutsche). **17.** a) *e-e Rolle etc* spielen, *e-n Charakter* darstellen: **to ~ Othello** den Othello spielen; **to ~ the polite** den höflichen Mann spielen *od.* markieren; **to ~ the host** den Gastgeber spielen, b) nachahmen: **he can ~ all his friends. 18.** zu'rücklegen, ,schaffen', machen: **they did 20 miles** sie legten 32 km zurück; **the car does 100 m.p.h.** der Wagen fährt 160 km/h. **19.** *colloq.* besuchen, die Sehenswürdigkeiten besichtigen von (*od.* gen): **to ~ Rome in three days** Rom in drei Tagen besichtigen *od.* ,machen'. **20.** *colloq.* genügen (*dat*): **it will ~ us for the moment. 21.** *colloq.* erschöpfen, ,erledigen': **they were pretty well done** sie waren am Ende (ihrer Kräfte). **22.** *colloq.* a) j-n ,erledigen', ,fertigmachen': **I'll ~ him in three rounds**, b) drannehmen (*Friseur etc*): **I'll ~ you next, sir. 23.** *sl.* ,reinlegen', übers Ohr hauen', ,anschmieren', ,bescheißen': **to ~ s.o. out of s.th.** j-n um etwas ,erleichtern' *od.* betrügen *od.* bringen; **→ brown** 1. **24.** *sl. e-e Strafe* ,abbrummen': **he did two years in prison** er hat zwei Jahre ,abgerissen'; **he did three months for theft** er war wegen Diebstahls drei Monate ,eingebuchtet'. **25.** *colloq.* a) bewirten, b) 'unterbringen: **they ~ you very well here** hier werden Sie gut bewirtet; hier sind Sie gut untergebracht. **26.** behandeln: **→ well¹** 1. **27.** bringen (*obs. außer in*): **to ~ to death** töten, umbringen. **28.** *sl.* e-n ,Bruch' machen in (*dat*), einbrechen in (*acc od. dat*). **29.** *sl.* ,bumsen' (*schlafen mit*).

**II** *v/i* **30.** handeln, vorgehen, tun, sich verhalten: **the premier would wisely**

to resign der Premier würde klug handeln *od.* wäre gut beraten, wenn er zurückträte; → **well**[1] 2. **31.** (*tätig*) handeln, wirken: ~ **or die** kämpfen oder untergehen; **it's ~ or die now!** jetzt geht's ums Ganze! **32.** weiter-, vor'ankommen: **to ~ well** a) vorwärtskommen, Erfolge haben (**with** bei, mit), gut abschneiden (**in** bei, in *dat*), b) gut gedeihen (*Getreide etc*) (→ 33, 34). **33.** Leistungen voll'bringen: **to ~ well** a) s-e Sache gut machen, b) viel Geld verdienen (→ 32, 34). **34.** sich befinden: **to ~ well** a) gesund sein, b) in guten Verhältnissen leben, c) sich gut erholen (→ 32, 33); **how ~ you ~?** guten Tag! (*bei der Vorstellung*). **35.** auskommen, zu Rande kommen. **36.** genügen, (aus)reichen, passen, dem Zweck entsprechen *od.* dienen: **that will (not)** ~ das genügt *od.* reicht (nicht); **it will ~ tomorrow** es hat Zeit bis morgen; **we'll make it ~** wir werden schon damit auskommen. **37.** angehen, recht sein, sich schicken, passen: **that won't ~!** a) das geht nicht (an)!, b) das wird nicht gehen!; **it won't ~ to be rude** mit Grobheit kommt man nicht weit(er), man darf nicht unhöflich sein. **38.** (*im pres perfect*) aufhören: **have done!** hör auf!, genug (davon)!; **let us have done with it!** hören wir auf damit!; → **done** 5.
**III** *Ersatzverb zur Vermeidung von Wiederholungen* **39.** (*verb u. v/i* (*bleibt meist unübersetzt*)): **he treats his children as I ~ my dogs** er behandelt s-e Kinder wie ich m-e Hunde; **you know it as well as I ~** du weißt es so gut wie ich; **he sang better than he had ever done before** er sang besser, als (er) je zuvor (gesungen hatte); **I take a bath. So ~ I** Ich nehme ein Bad. Ich auch; **he does not work hard, does he?** er arbeitet nicht viel, nicht wahr?; **he works hard, doesn't he?** er arbeitet viel, nicht wahr?; **Did he buy it? He did.** Kaufte er es? Ja(wohl)!; **Do you understand? I don't.** Verstehen Sie? Nein!; **He sold his car. Did he?** Er hat sein Auto verkauft. Wirklich?, So?; **I wanted to go there, and I did so** ich wollte hingehen u. tat es auch.
**IV** *Hilfsverb* **40.** *zur Umschreibung in Fragesätzen:* ~ **you know him?** kennen Sie ihn? **41.** *zur Umschreibung in mit not verneinten Sätzen:* **I ~ not believe it** ich glaube es nicht; ~ **not go there!** gehen Sie nicht hin!; **don't!** tun Sie es nicht!, lassen Sie das! **42.** *zur Verstärkung:* **I ~ like it!** mir gefällt es wirklich!; **but I ~ see it!** aber ich sehe es doch!; **I did see it**, but ich sah es wohl *od.* zwar, aber; **be quiet, ~!** sei doch still! **43.** *bei Umkehrung der normalen Wortstellung nach voranstehendem* **hardly, little, rarely,** *etc:* **rarely does one see such things** solche Dinge sieht man (nur) selten.
*Verbindungen mit Präpositionen:*
**do|by** *v/i* handeln an (*dat*), sich verhalten gegen, behandeln: **to do well by s.o.** j-n gut *od.* anständig behandeln; **do (un)to others) as you would be done by** was du nicht willst, daß man dir tu', das füg auch keinem andern zu! ~ **for** *v/i colloq.* **1.** 'erledigen', zu'grunde richten, rui'nieren: **he is done for** er ist erledigt. **2.** töten, 'umbringen. **3.** a) *j-m* den Haushalt führen, b) putzen bei *od.* für. **4.** sorgen für, Vorsorge treffen für. **5.** ausreichen für. **6.** passen *od.* sich eignen für. ~ **to, ~ un-to** → **do by.** ~ **with** *v/i u. v/i* **1.** etwas tun *od.* anfangen mit: **I can't do anything with it (him)** ich kann nichts damit (mit ihm) anfangen; **I won't have anything to ~ it (you)** ich will nichts damit (mit dir) zu tun *od.* zu schaffen haben; **it has nothing to ~**

you es hat nichts mit dir zu tun; → **done** 5. **2.** auskommen mit, sich begnügen mit: **we can ~ it** wir können damit auskommen. **3.** could ~ *colloq.* (sehr gut) brauchen können: **he could ~ the money;** I could ~ **a glass of beer** ich könnte ein Glas Bier vertragen; **he could ~ a haircut** er müßte sich mal (wieder) die Haare schneiden lassen. ~ **with-out** *v/i* **1.** auskommen *od.* sich behelfen ohne. **2.** verzichten auf (*acc*): **to ~ breakfast** nicht frühstücken.
*Verbindungen mit Adverbien:*
**do|a-way** *v/t obs.* beseitigen. ~ **a-way with** *v/t* **1.** beseitigen: a) wegschaffen, b) abschaffen. **2.** loswerden, *Geld* 'durchbringen. **3.** 'umbringen, töten: **to ~ o.s.** sich umbringen. ~ **down** *v/t Br. colloq.* **1.** ,her'untermachen', schlechtmachen. **2.** ,reinlegen', ,übers Ohr hauen', ,anschmieren'. ~ **in** *v/t sl.* **1.** ,erledigen': a) erschöpfen, ermüden: **I'm done in** ich bin ,geschafft', b) zu'grunde richten, rui'nieren, c) ,um die Ecke bringen', 'umbringen. **2.** → **do** 23. ~ **out** *v/t bes. Br. colloq.* Zimmer etc saubermachen, Schrank etc aufräumen. ~ **up** I *v/t* **1.** a) zs.-schnüren, b) *ein Päckchen* zu'rechtmachen *od.* verschnüren, c) einpacken, d) *Kleid, Reißverschluß etc* zumachen: **to do s.o. up** j-m das Kleid etc zumachen. **2.** *das Haar* hochstecken. **3.** 'herrichten, in'stand setzen, wieder in Ordnung bringen. **4.** **to do o.s. up** sich zurechtmachen; → **face** 1. **5.** *colloq.* ,erledigen': a) erschöpfen, ermüden: **I'm done up** ich bin ,geschafft', b) *Am.* zu'grunde richten, rui'nieren. II *v/i* **6.** zugemacht werden (*Kleid etc*).
**do²** [du:] *pl* **dos, do's** [du:z] *s* **1.** *sl.* Schwindel *m*, Gaune'rei *f*, ,Beschiß' *m*. **2.** *bes. Br. colloq.* Fest *n*, Festivi'tät *f*, (große) ,Sache'. **3.** *fair* **do's!** sei nicht unfair! **4.** *pl colloq.* Gebote *pl*: **do's and don'ts** Gebote u. Verbote, Regeln.
**do³** [dəu] *s mus.* do *n* (*Solmisationssilbe*).
**do-a-ble** ['du:əbl] *adj* ausführbar, machbar.
'**do-all** *s obs.* Fak'totum *n*.
**doat** → **dote.**
**dob-bin** ['dɒbɪn; *Am.* 'dɑbən] *s* (frommes) Arbeits- *od.* Zugpferd.
**Do-ber-man (pin-scher)** ['dəubə(r)mən] *s* Dobermann(pinscher) *m* (*Hund*).
**doc** [dɒk; *Am.* dɑk] *colloq. für* doctor 1.
**do-cent** ['dəusnt; dəu'sent] *s Am.* **1.** *univ.* (Pri'vat)Do,zent *m*. **2.** Führer *m* (*durch Museen etc*). '**do-cent,ship** *s Am.* Dozen'tur *f*.
**doch-an|-dor-rach** [,dɒxən'dɒrəx], ~-'**dor-ris** [-rɪs] *s Scot. u. Ir.* Abschiedstrunk *m*.
**doc-ile** ['dəusaɪl; *Am.* 'dɑsəl] *adj* (*adv* ~**ly**) **1.** fügsam, gefügig. **2.** gelehrig. **3.** fromm (*Pferd*). **do-cil-i-ty** [dəu'sɪlətɪ; *Am.* a. da's-] *s* **1.** Fügsamkeit *f*. **2.** Gelehrigkeit *f*.
**dock¹** [dɒk; *Am.* dɑk] I *s* **1.** Dock *n*: a) *Hafenbecken,* b) *Anlage zum Trockensetzen von Schiffen:* **to put a ship in ~** → 8; **to be in ~** *Br. colloq.* a) im Krankenhaus sein, b) in der Werkstatt sein (*Wagen etc*); → **dry dock,** etc. **2.** Hafenbecken *n*, Anlegeplatz *m* (*zwischen 2 Kais etc*): ~ **authorities** *pl* Hafenbehörde *f*. **3.** Kai *m*, Pier *m*. **4.** *pl* Docks *pl*, Hafenanlagen *pl*: ~ **crane** Werftkran *m*; ~ **strike** Dockarbeiterstreik *m*. **5.** *rail. bes. Am.* Laderampe *f*. **6.** → **hangar.** **7.** *thea.* Ku'lissenraum *m*. II *v/t* **8.** *ein Schiff* (ein)docken, ins Dock bringen. **9.** *rail. bes. Am.* einen *Zug* zur Laderampe bringen. **10.** *Raumschiffe* koppeln. III *v/i* **11.** ins Dock gehen, docken, im Dock liegen. **12.** im Hafen *od.* am Kai anlegen. **13.** andocken (*Raumschiff*).

**dock²** [dɒk; *Am.* dɑk] I *s* **1.** *zo.* (Schwanz-)Rübe *f*, fleischiger Teil des Schwanzes. **2.** *zo.* (Schwanz)Stummel *m*. **3.** Schwanzriemen *m*. **4.** (*Lohn- etc*)Kürzung *f*. II *v/t* **5.** **den Schwanz** stutzen, ku'pieren. **6.** den Schwanz stutzen *od.* ku'pieren (*dat*). **7.** a) *j-s Lohn etc* kürzen, b) ~ **£5 off** (*od.* **from**) *s.o.'s* **wages** j-s Lohn um 5 Pfund kürzen. **8.** berauben (**of** *gen*): **to ~ the entail** *jur. Am.* die Erbfolge aufheben.
**dock³** [dɒk; *Am.* dɑk] *s jur.* Anklagebank *f*: **to be in the ~** auf der Anklagebank sitzen; **to put in the ~** *bes. fig.* auf die Anklagebank setzen (**for** wegen).
**dock⁴** [dɒk; *Am.* dɑk] *s bot.* Ampfer *m*.
**dock-age¹** ['dɒkɪdʒ; *Am.* 'dɑ-] *s mar.* **1.** Dock-, Hafengebühren *pl*, Kaigebühr *f*. **2.** Docken *n*, 'Unterbringung *f* im Dock. **3.** Dockanlagen *pl*.
**dock-age²** ['dɒkɪdʒ; *Am.* 'dɑ-] *s* (*Lohn- etc*)Kürzung *f*.
**dock|brief** *s jur. Br. Beauftragung e-s im Gericht anwesenden Barristers mit der Verteidigung (durch den Angeklagten, gegen e-e sehr niedrige Gebühr).* ~ **dues** *s pl* → **dockage¹** 1.
'**dock-er** *s* Dock-, Hafenarbeiter *m*, Schauermann *m*.
**dock-et** ['dɒkɪt; *Am.* 'dɑkət] I *s* **1.** *jur.* a) *Am.* Pro'zeßliste *f*, Ter'minka,lender *m*: **to clear the ~** die anhängigen Fälle erledigen, b) *bes. Br.* 'Urteilsre,gister *n*. **2.** *Am.* Tagesordnung *f*: **to be on the ~** auf der Tagesordnung stehen. **3.** Inhaltsangabe *f*, -vermerk *m* (*auf Akten etc*). **4.** *econ.* a) 'Warena,dreßzettel *m*, b) Eti'kett *n*, c) *Br.* Zollquittung *f*, d) *Br.* Bestell-, Lieferschein *m*. II *v/t* **5.** *jur.* a) *Am.* in die Pro'zeßliste eintragen, b) *bes. Br.* in das 'Urteilsre,gister eintragen. **6.** *Am.* auf die Tagesordnung setzen. **7.** Akten etc mit e-m Inhaltsvermerk versehen. **8.** *econ.* Waren a) mit e-m A'dreßzettel versehen, b) etiket'tieren, beschriften.
**dock gate** *s mar.* Docktor *n*.
'**dock-ing** *s* Kopp(e)lung *f* (*von Raumschiffen*).
'**dock|-land** *s* Hafenviertel *n*. '~**mas-ter** *s mar.* 'Hafenkapi,tän *m*, Dockmeister *m*. ~ **re-ceipt** *s econ. mar. Am.* Kaiempfangs-, 'Übernahmeschein *m*. ~ **sor-rel** *s bot.* Sauerampfer *m*. ~ **war-rant** *s econ. mar. Br.* Docklagerschein *m*. ~ **work-er** *s* → **docker.** '~**yard** *s mar.* **1.** Werft *f*. **2.** *bes. Br.* Ma'rinewerft *f*.
**doc-tor** ['dɒktə; *Am.* 'dɑktər] I *s* **1.** Doktor *m*, Arzt *m*, (*als Anrede*) Herr Doktor: ~'s **stuff** *colloq.* Medizin *f*; **to be under the ~** *colloq.* in Behandlung sein (**for** wegen); **that's just what the ~ ordered** *colloq.* das ist genau das richtige; **you are the ~** *colloq.* Sie müssen es ja schließlich wissen. **2.** *Am.* a) Zahnarzt *m*, b) Tierarzt *m*. **3.** *univ.* Doktor *m*: **D~ of Divinity (Laws, Medicine)** Doktor der Theologie (Rechte, Medizin); **to take one's ~'s degree** (zum Doktor) promovieren; **Dear D~** Sehr geehrter Herr Doktor; **Dr. and Mrs. B.** Herr Dr. B. u. Frau. **4.** Gelehrte(r) *m* (*obs. außer in*): **D~ of the Church** Kirchenvater *m*. **5.** *colloq.* j-d, der etwas (berufsmäßig) repariert: **doll ~** ,Puppendoktor' *m*; **radio ~** Rundfunkmechaniker *m*. **6.** *mar. sl.* ,Smutje' *m*, Schiffskoch *m*. **7.** *tech. ein Hilfsmittel, bes.* a) Schaber *m*, Abstreichmesser *n*, b) Lötkolben *m*, c) → **donkey engine,** d) *a.* ~ **blade** Rakelmesser *n* (*e-r Druckwalze*). **8.** Angeln: (e-e) künstliche Fliege. **9.** *colloq.* kühle Brise. II *v/t* **10.** (ärztlich) behandeln, ,verarzten'. **11.** *colloq.* Tier ka'strieren. **12.** a) ,her'umdoktern' an (*dat*), b) ,zs.-flicken', (notdürftig) ausbessern. **13.** *j-m* die

Doktorwürde verleihen. **14.** *j-n* mit Doktor anreden. **15.** *a.* ~ **up** *colloq.* a) *Wein etc* (ver)panschen, b) *Abrechnungen etc* ‚fri'sieren‘, (ver)fälschen. **III** *v/i* **16.** *colloq.* als Arzt prakti'zieren.

**doc·tor·al** [ˈdɒktərəl; *Am.* ˈdɑk-] *adj* Doktor(s)...: ~ **candidate** Doktorand (-in); ~ **cap** Doktorhut *m*; ~ **degree** Doktorgrad *m*; → **thesis** 3 a. **ˈdoc·to·rand** [-rænd] *s* Dokto'rand(in). **ˈdoc·tor·ate** [-rɪt] *s* Dokto'rat *n*, Doktorwürde *f*, -titel *m*. **docˈto·ri·al** [-ˈtɔːrɪəl] → **doctoral**. **ˈdoc·tor·ship** → **doctorate**.

**doc·tri·naire** [ˌdɒktrɪˈneə(r); *Am.* ˌdɑk-] **I** *s* Doktri'när *m*, engstirniger Prin'zipienreiter. **II** *adj* doktri'när. **doc·tri·nal** [dɒkˈtraɪnl; *Am.* ˈdɑktrənl] *adj* **1.** doktri'nell, lehrmäßig, Lehr...: ~ **proposition** Lehrsatz *m*. **2.** dog'matisch: ~ **theology** Dogmatik *f*. **doc·tri·nar·i·an** [ˌdɒktrɪˈneərɪən; *Am.* ˌdɑk-] → **doctrinaire** I. **doc·trine** [ˈdɒktrɪn; *Am.* ˈdɑk-] *s* **1.** Dok'trin *f*, Lehre *f*, Lehrmeinung *f*: ~ **of descent** Abstammungslehre *f*. **2.** *bes. pol.* Dok'trin *f*, Grundsatz *m*: **party** ~ Parteiprogramm *n*.

**doc·u·dra·ma** [ˈdɒkjʊˌdrɑːmə; *Am.* ˈdɑkjə-] *s* TV Dokumen'tarspiel *n*.

**doc·u·ment** [ˈdɒkjʊmənt; *Am.* ˈdɑkjə-] **I** *s* **1.** Doku'ment *n*, Urkunde *f*, Belegstück *n*, 'Unterlage *f*: ~ **of title** *jur.* Urkunde über e-n Rechtsanspruch (*bes. über* [*Grund*]*Eigentum*): **supported by** ~**s** urkundlich belegt. **2.** Doku'ment *n*, amtliches Schriftstück, *pl* Akten *pl*, *parl.* Drucksache *f*: **secret** ~ Geheimdokument. **3.** *pl econ.* a) Ver'ladepa‚piere *pl*, b) 'Schiffspa‚piere *pl*: ~**s against acceptance (payment)** Dokumente gegen Akzept (Bezahlung). **II** *v/t* [-ment] **4.** *econ.* mit den notwendigen Pa'pieren versehen. **5.** dokumen'tieren, dokumen'tarisch od. urkundlich belegen. **6.** genaue 'Hinweise auf Belege geben in (*e-m Buch etc*). **doc·u·men·tal** [-ˈmentl] *adj* (*adv* ~**ly**) → **documentary** 1.

**doc·u·men·ta·ry** [ˌdɒkjʊˈmentərɪ; *Am.* ˌdɑkjə-] **I** *adj* (*adv* **documentarily**) **1.** dokumen'tarisch, urkundlich: ~ **bill** (*od.* **draft**) *econ.* Dokumententratte *f*; ~ **evidence** Urkundenbeweis *m*. **2.** auf Belegen *od.* Urkunden *od.* (hi'storischen) Doku'menten aufbauend. **3.** *Film, Literatur etc*: dokumen'tarisch, Dokumentar...: ~ **film** → 4; ~ **play** Dokumentarstück *n*; ~ **novel** Tatsachenroman *m*; ~ **theater** (*bes. Br.* **theatre**) Dokumentartheater *n*. **II** *s* **4.** Dokumen'tar-, Tatsachenfilm *m*.

**doc·u·men·ta·tion** [ˌdɒkjʊmənˈteɪʃn; *Am.* ˌdɑkjə-] *s* Dokumentati'on *f*: a) Her'anziehung *f* von Doku'menten *od.* Urkunden, Urkunden-, Quellenbenutzung *f*, b) dokumen'tarischer Nachweis *od.* Beleg.

**dod·der¹** [ˈdɒdə; *Am.* ˈdɑdər] *v/i colloq.* **1.** ‚bes. vor Altersschwäche‘ zittern. **2.** wack(e)lig gehen, wackeln.

**dod·der²** [ˈdɒdə; *Am.* ˈdɑdər] *s bot.* Teufelszwirn *m*, Seide *f*.

**ˈdod·dered** *adj colloq.* **1.** astlos: **a** ~ **tree**. **2.** altersschwach, ‚tatterig‘. **ˈdod·der·er** *s colloq.* ‚Tattergreis‘ *m*. **ˈdod·der·ing**, **ˈdod·der·y** *adj colloq.* ‚tatterig‘, (*a. geistig*) se'nil.

**do·dec·a·gon** [dəʊˈdekəgən; *Am.* ˌ-gɑn] *s math.* Dodeka'gon *n*, Zwölfeck *n*. **do·dec·a·he·dral** [-ˈhedrl; *bes. Am.* -ˈhiːdrəl] *adj math.* dodeka'edrisch, zwölfflächig. **ˌdo·dec·a·he·dron** [-drən] *s math.* Dodeka'eder *n*, Zwölfflach *n*, -flächner *m*.

**do·dec·a·phon·ic** [ˌdəʊdekəˈfɒnɪk; *Am.*

-ˈfɑ-] *adj mus.* zwölftönig, Zwölfton...: ~ **composer**; ~ **music**. **ˌdo·dec·a·ˈphon·ist** [-ˈfɒnɪst; *Am. a.* dəʊˈdekəfənɪst] *s mus.* Zwölftöner *m*, 'Zwölftonkompo‚nist *m*. **ˌdo·dec·a·ˈpho·ny** *s mus.* **1.** Zwölftontechnik *f*. **2.** ‚Zwölftonkompositi‚on *f*. **do·dec·a·syl·la·ble** [ˌdəʊdekəˈsɪləbl] *s* zwölfsilbiger Vers.

**dodge** [dɒdʒ; *Am.* dɑdʒ] **I** *v/i* **1.** (rasch) zur Seite springen, ausweichen. **2.** a) schlüpfen (**about** um ... herum; **behind** hinter *acc*), b) sich verstecken (**behind** hinter *dat*). **3.** a) sich rasch hin und her bewegen, b) sausen, flitzen. **4.** Ausflüchte gebrauchen. **5.** sich drücken (*vor e-r Pflicht etc*). **6.** Winkelzüge machen. **II** *v/t* **7.** *e-m Schlag, e-m Verfolger etc* ausweichen. **8.** *colloq.* sich drücken vor (*dat*), um'gehen (*acc*), aus dem Weg gehen (*dat*): **to** ~ **doing** vermeiden zu tun; **to** ~ **a question** (*e-r Frage*) ausweichen. **III** *s* **9.** Sprung *m* zur Seite, rasches Ausweichen. **10.** *colloq.* Kniff *m*, Trick *m*: **to be up to all the** ~**s** ‚mit allen Wassern gewaschen sein‘.

**dodg·em (car)** [ˈdɒdʒəm; *Am.* ˈdɑ-] *s* (Auto)Skooter *m*.

**ˈdodg·er** *s* **1.** ‚geriebener‘ Bursche, verschlagener Mensch. **2.** Schwindler *m*, Gauner *m*. **3.** Drückeberger *m*. **4.** *Am.* Re'klame-, Handzettel *m*, Flugblatt *n*. **5.** *mar.* Brückenkleid *n*. **6.** → **corn dodger**. **ˈdodg·er·y** [-ərɪ] *s* **1.** Schwinde'lei *f*. **2.** Kniff *m*, Trick *m*. **ˈdodg·y** *adj* verschlagen, ‚gerieben‘.

**do·do** [ˈdəʊdəʊ] *pl* **-does**, **-dos** *s* **1.** *orn.* Do'do *m*, Dronte *f* (*ausgestorbene Riesentaube*): **(as) dead as a** (*od.* **the**) ~ a) schon lange tot, b) schon lange nicht mehr modern *od.* aktuell. **2.** *colloq.* verbohrter Rückschrittler.

**doe** [dəʊ] *s zo.* **1.** Damhirschkuh *f*. **2.** Weibchen *der Ziegen, Kaninchen u. anderer Säugetiere, deren Männchen allg. als* **buck** *bezeichnet werden, bes.* (Reh-)Geiß *f*.

**do·er** [ˈduːə(r)] *s* **1.** Handelnde(r *m*) *f*: **a** ~ **of good** j-d, der Gutes tut. **2.** Tatmensch *m*, Mann *m* der Tat, ‚Macher‘ *m*. **3.** (*gut od. schlecht*) gedeihendes Tier: **those steers are good (poor)** ~**s**.

**does** [dʌz; *unbetont* dəz] 3. *sg pres von* **do¹**. **ˈdoe·skin** *s* **1.** a) Rehfell *n*, b) Rehleder *n*. **2.** Doeskin *n* (*ein Wollstoff*).

**do·est** [ˈduːɪst] *obs. od. poet.* 2. *sg pres von* **do¹: thou** ~ du tust. **do·eth** [ˈduːɪθ] *obs. od. poet.* 3. *sg pres von* **do¹: he** ~ er tut.

**doff** [dɒf; *Am. a.* dɑf] *v/t* **1.** *Kleider etc* ablegen, ausziehen, *bes. den Hut* lüften, ziehen. **2.** *Ware etc* abstoßen.

**dog** [dɒg] **I** *s* **1.** *zo.* Hund *m*. **2.** *zo.* Rüde *m* (*männlicher Hund, Wolf, Fuchs etc*). **3.** *contp.* ‚Hund‘ *m*, Schuft *m*: **dirty** ~ gemeiner Schuft, ‚Mistkerl‘ *m*. **4.** *colloq.* Bursche *m*, Kerl *m*: **lazy** ~ ‚fauler Hund‘; **lucky** ~ Glückspilz *m*; **sly** ~ schlauer Fuchs. **5. Greater (Lesser) D**~ *astr.* Großer (Kleiner) Hund. **6. D**~ → **Dog Star**. **7.** *Bergbau:* Hund *m*, Förderwagen *m*. **8.** *tech. e-e Befestigungsvorrichtung, bes.* a) (Bau-, Gerüst)Klammer *f*, b) Klaue *f*, Knagge *f*, c) Anschlag *m*, d) Mitnehmer *m*, Nase *f*. **9.** → **firedog 10.** → **fogdog, sundog**. **11.** *colloq. für* **hot dog** I. **12. the** ~**s** *Br. colloq.* das Windhundrennen. **13** *pl sl.* ‚Quanten‘ *pl* (*Füße*). **14.** *thea. etc Am. sl.* ‚Flop‘ *m*, ‚Durchfall‘ *m*.

*Besondere Redewendungen:*

~ **in the manger** j-d, der den anderen etwas mißgönnt, womit er selbst gar nichts anfangen kann; **the** ~**s of war** die Kriegsfurien; **not a** ~**'s chance** nicht die ge-

ringste Chance *od.* Aussicht; **not in a** ~**'s age** *colloq.* seit e-r Ewigkeit nicht; **to go to the** ~**s** vor die Hunde *od.* zugrunde gehen; **to give** (*od.* **throw**) **to the** ~**s** a) den Hunden vorwerfen, b) *fig.* opfern, c) wegwerfen; ~**'s dinner** (*od.* **breakfast**) *colloq.* a) Pfusch(arbeit *f*) *m*, b) heilloses Durcheinander; **to make a** ~**'s dinner** (*od.* **breakfast**) *of colloq.* a) etwas verpfuschen, b) für ein heilloses Durcheinander sorgen in (*dat*); **to be dressed** (*od.* **done**) **up like a** ~**'s dinner** (*od.* **breakfast**) *colloq.* ‚aufgetakelt sein wie e-e Fregatte‘; **to lead a** ~**'s life** ein Hundeleben führen; **to lead** s.o. **a** ~**'s life** j-m das Leben zur Hölle machen; **to help a lame** ~ **over a stile** j-m in der Not beistehen; **to put on the** ~ *bes. Am. colloq.* ‚angeben‘, vornehm tun; **let sleeping** ~**s lie** *fig.* a) schlafende Hunde soll man nicht wecken, laß die Finger davon, b) laß den Hund begraben sein; **it was** (a **case of**) ~ **eat** ~ a) es war ein Kampf jeder gegen jeden, b) jeder dachte nur an sich selbst; ~ **does not eat** ~ e-e Krähe hackt der anderen kein Auge aus; **love me, love my** ~ wer mich liebt, muß auch m-e Freunde lieben; **he was** (*as*) **sick as a** ~ a) er ‚kotzte wie ein Reiher‘, b) er war völlig ‚down‘; → **day** 7, **hair** *Bes. Redew.*, **name** *Bes. Redew.*, **teach** 4, **word** *Bes. Redew.*

**II** *v/t* **15.** j-n beharrlich verfolgen, j-m nachspüren: **to** ~ s.o.**'s (foot)steps** a) j-m auf den Fersen bleiben, b) *fig.* j-n verfolgen (*Pech etc*), j-m treu bleiben (*Glück etc*). **16.** *fig.* verfolgen: **to be** ~**ged by bad luck** vom Pech verfolgt sein. **17.** (*wie*) mit Hunden hetzen. **18.** *tech.* mit e-r Klammer befestigen.

**ˈdog·bane** *s bot.* Hundstod *m*, -gift *n*.

**ˈdog·ber·ry¹** *s bot.* Hundsbeere *f*. **ˈDog·ber·ry²** *s* dummer u. geschwätziger kleiner Beamter (*nach der Gestalt in „Viel Lärm um nichts“*).

**ˈdog|bis·cuit** *s* Hundekuchen *m*. **ˈ~cart** *s* Dogcart *m* (*leichter zweirädriger Einspänner*). **ˈ~catch·er** *s bes. Am.* (offizi'eller) Hundefänger. **~ˈcheap** *adj u. adv colloq.* spottbillig. ~ **clutch** *s tech.* Klauenkupplung *f*. **~ˈcol·lar** *s* **1.** Hundehalsband *n*. **2.** *colloq.* steifer, hoher Kragen (*e-s Geistlichen*). ~ **days** *s pl* Hundstage *pl*.

**doge** [dəʊdʒ] *s hist.* Doge *m* (*Oberhaupt der Republiken Venedig od. Genua*).

**ˈdog|ear** → **dog's-ear**. **~eat-ˈ~** *adj*: a ~ **business** ein Gewerbe, in dem jeder gegen jeden kämpft; **a** ~ **world** e-e Welt, in der jeder nur an sich selbst denkt. ~ **end** *s Br. colloq.* (Ziga'retten)Kippe *f*. **ˈ~face** *s mil. Am.* a) Landser *m*, b) Re'krut *m*. **ˈ~fight** *s* **1.** Handgemenge *n*. **2.** *mil.* a) (Panzer- *etc*)Nah-, Einzelkampf *m*, b) *aer.* Kurvenkampf *m*. **ˈ~fish** *s ichth.* (ein) kleiner Hai, *bes.* a) **spiny** ~ Gemeiner Dornhai, b) **smooth** ~ Hundshai *m*. ~ **fox** *zo.* Fuchsrüde *m*.

**dog·ged** [ˈdɒgɪd] *adj* (*adv* ~**ly**) verbissen, hartnäckig, zäh. **ˈdog·ged·ness** *s* Verbissenheit *f*, Hartnäckigkeit *f*, Zähigkeit *f*.

**dog·ger¹** [ˈdɒgə(r)] *s mar.* Dogger *m* (*zweimastiges Fischerboot*).

**Dog·ger²** [ˈdɒgə(r)] *s geol.* Dogger *m* (*mittlere Juraformation*).

**dog·ger·el** [ˈdɒgərəl; *Am. a.* ˈdɑ-] **I** *adj* holp(e)rig, Knittel...: ~ **verse** → **II** *s* holp(e)riger Vers, *bes.* Knittelvers *m*.

**dog·gie** → **doggy**.

**dog·gish** [ˈdɒgɪʃ] *adj* (*adv* ~**ly**) **1.** hundeartig, Hunde... **2.** a) bissig, b) mürrisch.

**dog·go** [ˈdɒgəʊ] *adj*: **to lie** ~ *sl.* a) sich

nicht rühren, sich mäus-chenstill verhalten, b) sich versteckt halten.

**dog·gone** ['dɑg'gɒn] *Am. colloq.* → damn 5, 8, 9, damned 2–4.

**dog grass** *s bot.* Hundsquecke *f.*

**dog·grel** ['dɒgrəl] → doggerel.

**dog·gy** ['dɒgɪ] **I** *s* **1.** Hündchen *n*, (Kindersprache) Wauwau *m:* ~ **bag** *Beutel für Essensreste, die aus e-m Restaurant mit nach Haus genommen werden.* **II** *adj* **2.** hundeartig, Hunde... **3.** hundeliebend: **a**~ **person** ein Hundenarr. **4.** *Am. colloq.* ‚todschick‘, ‚supervornehm‘.

**'dog·house** *s bes. Am.* Hundehütte *f:* **he is in the ~** *colloq.* a) er ist in Ungnade (with bei), b) bei ihm hängt der Haussegen schief.

**do·gie** ['dəʊgɪ] *s Am.* mutterloses Kalb.

**dog| Lat·in** *s* 'Küchenla,tein *n.* ~ **lead** [li:d] *s* Hundeleine *f.* '~**leg I** *s Golf:* Dogleg *n (Loch, dessen Fairway nach links od. rechts abbiegt).* **II** *adj* → doglegged. '~**legged** *adj* gekrümmt, gebogen: ~**stairs** Treppe *f* mit Absätzen.

**dog·ma** ['dɒgmə; *Am. a.* 'dɑgmə] *pl* **-mas, -ma·ta** [-mətə] *s* **1.** *relig.* Dogma *n:* a) Glaubenssatz *m*, b) 'Lehr-sy,stem *n.* **2.** Dogma *n*, Grundsatz *m.* **3.** *oft contp.* (starrer) Lehrsatz. **dog·'mat·ic** [-'mætɪk] **I** *adj* (*adv* ~**ally**) **1.** *relig.* dog'matisch: ~ **theology** Dogmatik *f.* **2.** *contp.* dog'matisch: a) starr an e-r Ideologie od. Lehrmeinung festhaltend, b) hartnäckig u. unduldsam e-n bestimmten Standpunkt vertretend. **II** *s pl* (meist als sg konstruiert) **3.** *relig.* Dog'matik *f.*

**dog·ma·tism** ['dɒgmətɪzəm; *Am. a.* 'dɑg-] *s contp.* Dogma'tismus *m.* **'dog·ma·tist** *s relig.* Dog'matiker *m* (a. *contp.*). **'dog·ma·tize** *v/i bes. contp.* dogmati'sieren, dog'matische Behauptungen aufstellen (**on** über *acc*). **II** *v/t* dogmati'sieren, zum Dogma erheben.

**do-good·er** [,du:'gʊdə(r); *Am.* 'du:,-] *s colloq.* Weltverbesserer *m*, Humani'täts-a,postel *m.*

**dog| pad·dle** *s Schwimmen:* Paddeln *n.* '~**pad·dle** *v/i* (wie ein Hund) paddeln. ~**'poor** *adj colloq.* bettelarm. ~ **rac·ing** *s* Hunderennen *n od. pl.* ~ **rose** *s bot.* Wilde Rose, Hecken-, Hundsrose *f.* ~ **sal·mon** *s ichth.* Ketalachs *m.*

**'dogs,bod·y** *s bes. Br. colloq.* j-d, der die Dreck(s)arbeit machen muß.

**'dog's-ear I** *s* Eselsohr *n* (*im Buch etc*). **II** *v/t* Eselsohren machen in (*acc*). '~**-eared** *adj* mit Eselsohren.

**dog| show** *s* Hundeausstellung *f.* '~**skin** *s* Hundsleder *n.* ~ **sled,** ~ **sledge,** ~ **sleigh** *s* Hundeschlitten *m.*

**dog's| let·ter** *s* (*der*) Buchstabe r, (*das*) (gerollte) R. '~**nose** *s Am. sl.* ein Getränk aus Bier u. Gin od. Rum.

**Dog Star** *s astr.* Sirius *m*, Hundsstern *m.*

**dog|tag** *s* **1.** Hundemarke *f.* **2.** *mil. Am. sl.* ‚Hundemarke‘ *f* (*Erkennungsmarke*). **tax** *s* Hundesteuer *f.* '~**tent** *s mil. Am. sl.* Feldzelt *n.* ~**'tired** *adj colloq.* hundemüde. '~**tooth** *s irr arch.* 'Hundszahn-orna,ment *n.* '~**tooth vi·o·let** *s bot.* Gemeiner Hundszahn. '~**trot** *s* leichter Trab. '~**watch** *s mar.* Plattfuß *m:* **first** ~ **1.** Plattfuß (*16–18 Uhr*); **second** ~ **2.** Plattfuß (*18–20 Uhr*). ~ **whelk** *s zo.* e-e dickschalige Meermuschel. ~ **whip** *s* Hundepeitsche *f.* '~**wood** *s bot.* Hartriegel *m.*

**do·gy** → dogie.

**doi·ly** ['dɔɪlɪ] *s* (Zier)Deckchen *n.*

**do·ing** ['du:ɪŋ] *s* **1.** Tun *n*, Tat *f:* **it was your** ~ a) Sie haben es getan, das war Ihr Werk, b) es war Ihre Schuld (**that** daß); **this will want some** ~ das wird erst getan sein. **2.** *pl* a) Handlungen *pl*, Taten *pl*, Tätigkeit *f:* **tell me about your** ~**s**

**London** erzähl mir, was du in London gemacht hast, b) Begebenheiten *pl*, Vorfälle *pl*, c) Treiben *n*, Betragen *n:* **fine** ~**s these!** das sind mir schöne Geschichten! **3.** *pl* (*als sg konstruiert*) *Br. colloq.* ,Dingsbums‘ *n.*

**doit** [dɔɪt] *s fig.* Deut *m:* **I don't care a** ~ ich kümmere mich keinen Deut darum; **not worth a** ~ keinen Pfifferling wert.

**,do-it-your'self I** *s* Heimwerken *n.* **II** *adj* Heimwerker...: ~ **kit** a) Heimwerkerausrüstung *f*, b) Bausatz *m* (*für Radiogerät etc*); ~ **movement** Do-it-yourself-Bewegung *f.* **,do-it-your-'self·er** *s* Heimwerker *m.*

**dol** [dɒl; *Am.* dəʊl] *s med.* Dol *n* (*Maßeinheit für die Intensität e-r Schmerzempfindung*).

**dol·ce vi·ta** [,dɒltʃɪ'vi:tə; *Am.* ,dəʊl-] *s* Dolce vita *n, f.*

**dol·drums** ['dɒldrəmz; *Am. a.* 'dəʊl-; 'dɑl-] *s pl* **1.** *geogr.* a) Kalmengürtel *m*, -zone *f*, b) Kalmen *pl*, äquatori'ale Windstillen *pl.* **2.** *fig.* Niedergeschlagenheit *f*, Depressi'on *f*, Trübsinn *m*, *econ.* Flaute *f:* **to be in the** ~ a) deprimiert od. niedergeschlagen sein, ‚Trübsal blasen‘, b) e-e Flaute durchmachen.

**dole¹** [dəʊl] **I** *s* **1.** milde Gabe, Almosen *n.* **2.** Almosenverteilung *f.* **3.** *Br. colloq.* ,Stempelgeld‘ *n:* **to be** (*od.* **go**) **on the** ~ ,stempeln gehen‘. **4.** *obs.* Schicksal *n*, Geschick *n.* **II** *v/t* **5.** *oft* ~ **out** als Almosen verteilen (**to** an *acc*). **6.** ~ **out** sparsam ver- *od.* austeilen.

**dole²** [dəʊl] *s obs.* **1.** Kummer *m.* **2.** Trauer *f.*

**'dole·ful** *adj* (*adv* ~**ly**) **1.** traurig, (Gesicht *etc a.*) trübselig. **2.** klagend (*Lied etc*). **'dole·ful·ness** *s* Traurigkeit *f*, Trübseligkeit *f.*

**dol·i·cho·ce·phal·ic** [,dɒlɪkəʊse'fælɪk; *Am.* ,dɑ-] *adj* dolichoze'phal, langköpfig, -schädelig. **II** *s* Dolichoze'phale(r *m*) *f.* **,dol·i·cho'ceph·a·lism** ['sefə-lɪzəm] *s* Dolichozepha'lie *f*, Langköpfigkeit *f.* **,dol·i·cho'ceph·a·lous** → dolichocephalic I. **,dol·i·cho'ceph·a·ly** → dolichocephalism.

**'do,lit·tle** *s colloq.* Nichtstuer(in), Faulenzer(in), Faulpelz *m.*

**doll** [dɒl; *Am. a.* dɑl] **I** *s* **1.** Puppe *f:* ~**'s house** *Br.* Puppenhaus *n* (a. *humor. kleines Haus*); ~**'s face** *fig.* Puppengesicht *n*; ~**'s pram** *bes. Br. colloq.* Puppenwagen *m.* **2.** *colloq.* Puppe *f* (*hübsches, aber dummes Mädchen*). **3.** *bes. Am. sl.* a) *allg.* Mädchen *n*, Frau *f*, b) ,prima Kerl‘ (*Mann od. Frau*). **II** *v/t* **4.** ~ **up** *colloq.* j-n feinmachen, her'ausputzen: **to** ~ **o.s. up** → 5. **III** *v/i* **5.** ~ **up** *colloq.* sich feinmachen, ,sich in Schale werfen‘.

**doll| bug·gy** *s Am. colloq.,* ~**car·riage** *s Am.* Puppenwagen *m.* '~**house** *s Am.* Puppenhaus *n* (a. *humor. kleines Haus*). **'doll·ish** *adj* puppenhaft.

**dol·lop** ['dɒləp; *Am.* 'dɑ-] *s colloq.* **1.** Klumpen *m.* **2.** a) ,Schlag‘ *m* (*Essensportion*), b) *Am.* ,Schuß‘ *m:* **a** ~ **of brandy**.

**'dol·ly I** *s* **1.** *Kindersprache:* Püppchen *n.* **2.** *tech.* a) niedriger Trans'portwagen, b) fahrbares Mon'tagegestell, c) 'Schmalspurlokomo,tive *f* (*bes. an Baustellen*), d) *Film, TV:* Kamerawagen *m.* **3.** *mil.* Muniti'onskarren *m.* **4.** *tech.* a) Nietham-

mer *m*, b) Gegen-, Vorhalter *m.* **5.** Rammschutz *m* (*e-r Pfahlramme*). **6.** *Bergbau:* Rührer *m.* **7.** (Wäsche)Stamper *m*, Stößel *m.* **8.** *Am.* Anhängerblock *m* (*des Sattelschleppers*). **9.** *a.* ~ **bird** *bes. Br. colloq.* Püppchen *n* (*hübsches, aber dummes Mädchen*). **II** *adj* **10.** puppenhaft. **III** *v/t* **11.** ~ **in** (**out**) (*Film, TV*) die Kamera vorfahren (zu'rückfahren). **IV** *v/i* **12.** ~ **in** (**out**) (*Film, TV*) vorfahren (zu'rückfahren). ~**shot** *s Film, TV:* Fahraufnahme *f.* ~ **tub** *s* Waschfaß *n.* **D~ Var·den** ['vɑ:(r)dn] *s* **1.** *hist.* breitrandiger, blumengeschmückter Damenhut. **2.** *hist.* buntgeblümtes Damenkleid. **3.** *a.* ~ **trout** *ichth.* e-e große nordamer. Forelle.

**dol·man** ['dɒlmən; *Am. a.* 'dəʊl-; 'dɑl-] *pl* **-mans** *s* **1.** Damenmantel *m* mit capeartigen Ärmeln: ~ **sleeve** capeartiger Ärmel. **2.** Dolman *m* (*Husarenjacke*).

**dol·men** ['dɒlmen; *Am.* 'dəʊlmən; 'dɔːl-; 'dɑl-] *s* Dolmen *m* (*vorgeschichtliches Steingrabmal*).

**dol·o·mite** ['dɒləmaɪt; *Am.* 'dəʊl-; 'dɑl-] *s* **1.** *min.* Dolo'mit *m.* **2.** *geol.* Dolo'mit(gestein *n*) *m.*

**dol·or,** *bes. Br.* **dol·our** ['dɒlə; *Am.* 'dəʊlər; 'dɑl-] *s poet.* Leid *n*, Pein *f*, Qual *f*, Schmerz *m:* **the D~s of Mary** *relig.* die Schmerzen Mariä.

**dol·or·im·e·try** [,dɒlə'rɪmətrɪ; *Am.* ,dəʊlə-; ,dɑlə-] *s med.* Methode zur Messung der Intensität e-r Schmerzempfindung.

**dol·or·ous** ['dɒlərəs; *Am.* 'dəʊl-; 'dɑl-] *adj* (*adv* ~**ly**) schmerzlich: a) qualvoll, b) traurig.

**dol·our** *bes. Br. für* dolor.

**dol·phin** ['dɒlfɪn; *Am. a.* 'dɑl-] *s* **1.** *zo.* Del'phin *m:* **bottle-nosed** ~ Großer Tümmler. **2.** *ichth.* 'Goldma,krele *f.* **3.** *mar.* a) Ankerboje *f*, b) Dalbe *f*, (Anlege)Pfahl *m.* ~ **fly** *s zo.* Schwarze Bohnen(blatt)laus.

**dolt** [dəʊlt] *s* Dummkopf *m*, Tölpel *m.* **'dolt·ish** *adj* (*adv* ~**ly**) tölpelhaft, dumm.

**dom** [dɒm; *Am.* dɑm] *s* **1.** *hist.* Titel für Vornehme in Portugal u. Brasilien, b) Anrede für Angehörige mancher geistlicher Orden, bes. Benediktiner.

**do·main** [dəʊ'meɪn] *s* **1.** *jur.* Verfügungsrecht *n*, -gewalt *f* (*über Landbesitz etc*): (**right** [*od.* **power**] **of**) **eminent** ~ *Am.* Enteignungsrecht *n* (*des Staates*). **2.** a) Landbesitz *m*, Lände'reien *pl*, b) Land-, Herrengut *n.* **3.** Herrschaftsgebiet *n.* **4.** Do'mäne *f*, Staats-, Krongut *n.* **5.** *fig.* Do'mäne *f*, Bereich *m*, Sphäre *f*, (Arbeits-, Wissens)Gebiet *n*, Reich *n.*

**dome** [dəʊm] **I** *s* **1.** *arch.* Kuppel(dach *n*) *f*, (Kuppel)Gewölbe *n.* **2.** Wölbung *f.* **3.** Dom *m:* a) *obs.* Kathe'drale *f*, b) *poet.* (stolzer) Bau. **4.** Kuppel *f*, kuppelförmige Bildung: ~ **of pleura** *med.* Pleurakuppel. **5.** *tech.* a) Dampfdom *m*, b) Staubdeckel *m.* **6.** *geol.* Dom *m.* **7.** Doma *n* (*Kristallform*). **8.** *sl.* ,Birne‘ *f* (*Kopf*). **II** *v/t* **9.** mit e-r Kuppel versehen. **10.** kuppelartig formen: ~**d** → dome-shaped. **III** *v/i* **11.** sich (kuppelförmig) wölben. ~ **car** *s* rail. Aussichtswagen *m.*

**domes·day** ['du:mzdeɪ] → doomsday. **D~ Book** *s* Reichsgrundbuch Englands (*1085–86*).

**'dome-shaped** *adj* kuppelförmig, gewölbt.

**do·mes·tic** [dəʊ'mestɪk] **I** *adj* (*adv* ~**ally**) **1.** häuslich, Haus..., Haushalts..., Familien..., Privat...: ~ **affairs** häusliche Angelegenheiten (→ 5); ~ **appliance** Haushaltsgerät *n*; ~ **architecture** Häuser-, Wohnungsbau *m*; ~ **bliss** häusliches Glück; ~ **coal** Hausbrandkohle *f*; ~ **drama** *thea.* bürgerliches Drama; ~

**economy** Hauswirtschaft f, Haushaltskunde f; ~ **life** Familienleben n; ~ **relations** Am. Familienbeziehungen; **law of ~ relations** jur. Am. Familienrecht n; ~ **science** ped. Hauswirtschaftslehre f; ~ **servant** (od. **help**) → 6; ~ **system** Heimindustrie-System n; ~ **virtues** häusliche Tugenden. **2.** häuslich (veranlagt): **a ~ man. 3.** Haus..., zahm: ~ **animals** Haustiere; ~ **fowl** zo. Haushuhn n. **4.** inländisch, im Inland erzeugt, einheimisch, Inlands..., Landes..., Innen..., Binnen...: ~ **bill** econ. Inlandswechsel m; ~ **flight** aer. Inlandsflug m; ~ **goods** Inlandswaren, einheimische Waren; ~ **mail** Am. Inlandspost f; ~ **market** inländischer Markt, Binnenmarkt m; ~ **products** → 7; ~ **trade** Binnenhandel m. **5.** inner(er, e, es), Innen...: ~ **affairs** innere od. innenpolitische Angelegenheiten (→ 1); **in the ~ field** innenpolitisch; **a ~ political issue** e-e innenpolitische Frage; ~ **policy** Innenpolitik f. **II** s **6.** Hausangestellte(r m) f, Dienstbote m, pl a. ('Dienst)Perso,nal n. **7.** pl econ. 'Landesprodukte pl, inländische Erzeugnisse pl. **do·mes·ti·ca·ble** adj zähmbar. **do·mes·ti·cate** [-tkeɪt] v/t **1.** domesti'zieren: a) zu Haustieren machen, zähmen, b) bot. zu Kul'turpflanzen machen, kulti'vieren. **2.** an häusliches Leben gewöhnen, iro. ,zähmen': **to ~ one's husband**; **not ~d** a) Br. nichts vom Haushalt verstehend, b) nicht am Familienleben hängend, unhäuslich, nicht ,gezähmt'. **3.** Wilde zivili'sieren. **4.** Bräuche etc einbürgern, heimisch machen. **do·mes·ti·ca·tion** s **1.** Domestikati'on f, Domesti'zierung f: a) Zähmung f, b) bot. Kulti'vierung f. **2.** Gewöhnung f an häusliches Leben. **3.** Einbürgerung f.
**do·mes·tic·i·ty** [,dəʊme'stɪsətɪ] s **1.** (Neigung f zur) Häuslichkeit f. **2.** häusliches Leben. **3.** pl häusliche Angelegenheiten pl. **do·mes·ti·cize** [dəʊ'mestɪsaɪz] → domesticate.
**dom·i·cil** ['dɒmɪsɪl; Am. 'damə-] → domicile I.
**dom·i·cile** ['dɒmɪsaɪl; -sɪl; Am. 'damə-] **I** s **1.** Domi'zil n, Wohnsitz m, -ort m. **2.** Wohnung f: **breach of ~** Hausfriedensbruch m. **3.** jur. (ständiger od. bürgerlich-rechtlicher) Wohnsitz: ~ **of choice** Wahlwohnsitz; ~ **of origin** Geburtswohnsitz. **4.** econ. Sitz m (e-r Gesellschaft). **5.** econ. Zahlungsort m (für e-n Wechsel). **II** v/t **6.** ansässig od. wohnhaft machen, ansiedeln. **7.** econ. e-n Wechsel domizi'lieren, (auf e-n bestimmten Ort) zahlbar stellen: ~d **bill** Domizilwechsel m. **'dom·i·ciled** adj ansässig, wohnhaft. **,dom·i'cil·i·ar·y** [-'sɪljərɪ; Am. -lɪeri:] adj Haus..., Wohnungs...: ~ **right** Hausrecht n; ~ **visit** (polizeiliche etc) Haussuchung. **,dom·i'cil·i·ate** [-'sɪlɪeɪt] → domicile II. **,dom·i·cil·i'a·tion** s econ. Domizi'lierung f (e-s Wechsels).
**dom·i·nance** ['dɒmɪnəns; Am. 'damə-] s **1.** (Vor)Herrschaft f, (Vor)Herrschen n. **2.** Macht f, Einfluß m. **3.** biol. Domi'nanz f. **'dom·i·nant I** adj (adv ~ly) **1.** domi'nierend, (vor)herrschend: ~ **tenement** herrschendes Grundstück. **2.** beherrschend: **the ~ factor** der entscheidende Faktor; b) em'porragend, weithin sichtbar: ~ **hill. 3.** biol. domi'nant, über'lagernd. **4.** mus. Dominant...: ~ **seventh chord** Dominantseptakkord m. **II** s **5.** biol. domi'nante Erbanlage, vorherrschendes Merkmal. **6.** mus. ('Ober)Domi,nante f. **7.** bot. Domi'nante f. **8.** fig. beherrschendes Ele'ment. **dom·i·nate** ['dɒmɪneɪt; Am. 'damə-]

**I** v/t beherrschen (a. fig.): a) herrschen über (acc), b) em'porragen über (acc). **II** v/i domi'nieren, (vor)herrschen: **to ~ over** herrschen über (acc). **,dom·i·na·tion** s (Vor)Herrschaft f.
**dom·i·neer** [,dɒmɪ'nɪə(r); Am. ,damə-] v/i **1.** (**over**) des'potisch herrschen (über acc), tyranni'sieren (acc). **2.** den Herrn spielen, anmaßend auftreten. **,dom·i'neer·ing** adj (adv ~ly) **1.** ty'rannisch, des'potisch. **2.** herrisch, gebieterisch. **3.** anmaßend.
**do·min·i·cal** [də'mɪnɪkl] adj **1.** relig. des Herrn (Jesu): ~ **day** Tag m des Herrn (Sonntag); ~ **letter** Sonntagsbuchstabe m (im Kirchenkalender); ~ **prayer** Gebet n des Herrn (das Vaterunser). **2.** sonntäglich.
**Do·min·i·can** [də'mɪnɪkən] **I** adj **1.** relig. domini'kanisch, Dominikaner...: ~ **friar** → 3. **2.** pol. domini'kanisch. **II** s **3.** relig. Domini'kaner(mönch) m. **4.** [,dɒmɪ'ni:kən; Am. ,damə-] Domini'kaner(in) (Einwohner der Dominikanischen Republik).
**dom·i·nie** ['dɒmɪnɪ; Am. 'damənɪ:] s **1.** Scot. Schulmeister m. **2.** [Am. bes. 'dəʊ-] Pfarrer m, Pastor m, (als Anrede) Herr Pfarrer od. Pastor.
**do·min·ion** [də'mɪnjən] s **1.** a) (Ober-)Herrschaft f, b) Re'gierungsgewalt f, c) fig. Herrschaft f, Einfluß m (alle over über acc). **2.** (Herrschafts)Gebiet n. **3.** Lände'reien pl (e-s Feudalherrn etc). **4.** oft **D~** Do'minion n (sich selbst regierendes Land des Brit. Staatenbundes; seit 1947 **Country of the Commonwealth** genannt): **the D~ of Canada** das Dominion Kanada. **5. the D~** Am. Kanada n. **6.** jur. a) unbeschränktes Eigentum(srecht), b) (tatsächliche) Gewalt (over über eine Sache). **D~ Day** s nationaler Feiertag in Kanada (der 1. Juli) u. Neuseeland (der 4. Montag im September).
**dom·i·no** ['dɒmɪnəʊ; Am. 'da-] **I** pl **-noes, -nos** s **1.** Domino m (Maskenkostüm u. Person). **2.** Halbmaske f. **3.** a) pl (meist als sg konstruiert) Domino(spiel) n, b) Dominostein m. **II** interj **4.** Domino! (beim Spiel). **5.** fig. fertig!, Schluß!, aus! ~ **the·o·ry** s pol. 'Dominotheo,rie f.
**do·mite** ['dəʊmaɪt] s geol. Do'mit m.
**don[1]** [dɒn; Am. dɑn] s **1.** **D~** Don m (spanischer Höflichkeitstitel). **2.** Grande m, spanischer Edelmann. **3.** Spanier m. **4.** a) obs. Mann m von Stand, b) Austral. colloq. Fachmann m (at für, auf dem Gebiet gen). **5.** univ. Br. Universi'tätslehrer m (bes. in Oxford u. Cambridge).
**don[2]** [dɒn; Am. dɑn] v/t etwas anziehen, den Hut aufsetzen.
**do·nate** [dəʊ'neɪt; Am. bes. 'dəʊ-] v/t schenken (a. jur.), als Schenkung über'lassen, stiften, spenden (**to s.o.** j-m). **do·na·tion** s Schenkung f (a. jur.), Gabe f, Geschenk n, Stiftung f, Spende f: **to make a ~ of s.th. to s.o.** j-m etwas zum Geschenk machen.
**do·na·tive** ['dəʊnətɪv] **I** s **1.** Schenkung f. **2.** relig. durch Schenkung über'tragene Pfründe. **II** adj **3.** Schenkungs... **4.** geschenkt. **5.** relig. durch bloße Schenkung über'tragen (Pfründe). **do·na·tor** [dəʊ'neɪtə(r); Am. bes. 'dəʊ-] → donor I.
**done** [dʌn] **I** pp von do[1]. **II** adj **1.** getan: **it isn't ~, it isn't the ~ thing** so etwas tut man nicht, das gehört sich nicht; **it is ~** the ~ **thing** es gehört zum guten Ton; → **well[1]** 2. **2.** erledigt: **to get s.th. ~** etwas erledigen (lassen); **he gets things ~** er bringt etwas zuwege. **3.** econ. bezahlt. **4.** gastr. gar: **well ~** durchgebraten. **5.** colloq. fertig: **I am ~ with it** ich bin fertig damit; **to have ~ with** a) fertig sein mit (a. fig. mit j-m), b) nichts mehr zu tun haben wollen mit, c) nichts mehr brauchen; → **do for** 1.

**6.** → do[1] 21, **do in** 1 a, **do up** 5 a. **7.** in Urkunden: gegeben, ausgefertigt: ~ **at New York. 8.** ~! abgemacht!, topp!
**do·nee** [dəʊ'ni:] s jur. Schenkungsempfänger(in), Beschenkte(r m) f.
**dong** [dɒŋ; dɑŋ] s Am. vulg. ,Schwanz' m (Penis).
**don·jon** ['dʌndʒən; Am. 'dɑn-] s Don'jon m, Hauptturm m (der normannischen Burg).
**don·key** ['dɒŋkɪ; Am. a. 'dɑŋ-] **I** s **1.** Esel m (a. fig. contp. Dummkopf): ~'s **years** Br. colloq. e-e ,Ewigkeit', lange Zeit. **2.** colloq. für **donkey engine. 3.** Am. Esel m: a) Symbol der Demokratischen Partei der USA, b) fig. Bezeichnung dieser Partei. **II** adj **4.** Hilfs...: ~ **boiler** Donkey m, Hilfskessel m. ~ **en·gine** s tech. 'Hilfsma,schine f. ~ **jack·et** s Br. dicke (Arbeits)Jacke. '~-**man** [-mən] s irr Bedienungsmann m e-r 'Hilfsma,schine. '~-**work** s colloq. Dreck(s)arbeit f.
**don·nish** ['dɒnɪʃ; Am. 'dɑ-] adj (adv ~ly) **1.** gelehrt, wissenschaftlich. **2.** belehrend (Ton etc).
**don·ny·brook** ['dɒnɪbrʊk; Am. 'dɑ-] s **1.** wüste Raufe'rei. **2.** heftige Ausein'andersetzung (in der Presse etc).
**do·nor** ['dəʊnə(r)] s **1.** Schenker(in) (a. jur.), Spender(in), Stifter(in). **2.** med. (bes. Blut-, Or'gan)Spender(in). ~ **card** s Or'ganspenderausweis m.
**'do-,noth·ing I** s Faulenzer(in), Nichtstuer(in). **II** adj nichtstuerisch, faul.
**Don Quix·ote** [,dɒn'kwɪksət; ,dɒnkɪ-'həʊti; Am. ,dɑn-] s Don Qui'chotte m (weltfremder Idealist).
**don't** [dəʊnt] **I** **1.** colloq. für **do not. 2.** sl. für **does not. II** s **3.** pl colloq. Verbote pl: → **do[2]** 4. ~ **know** s a) j-d, der (bei e-r Umfrage) keine Meinung hat, b) Unentschiedene(r m) f, bes. unentschiedener Wähler.
**doo·dah** ['du:da:] s Br. colloq. ,Dingsbums' n.
**doo·dle** ['du:dl] **I** s Gekritzel n, gedankenlos 'hingekritzelte Fi'gur(en pl). **II** v/i etwas gedankenlos 'hinkritzeln, Männchen malen'.
**doo·dle·bug** ['du:dlʌg] s **1.** Wünschelrute f. **2.** Br. colloq. V 1 f (im 2. Weltkrieg). **3.** zo. Am. Ameisenlöwe m (Larve der Ameisenjungfern).
**doo·hick·ey** ['du:,hɪkɪ:] s Am. colloq. ,Dingsbums' m.
**doom** [du:m] **I** s **1.** Schicksal n, Los n, (bes. böses) Geschick, Verhängnis n: **he met his ~** sein Schicksal ereilte ihn. **2.** a) Verderben n, 'Untergang m: **to send s.o. to his ~** j-n ins Verderben stürzen; b) Tod m. **3.** a) hist. Gesetz n, Erlaß m, b) obs. Urteilsspruch m, (bes. Verdammungs)Urteil n, c) fig. Todesurteil n. **4. the day of ~** relig. der Tag des Gerichts, das Jüngste Gericht; → **crack** 1. **II** v/t **5.** a. fig. verurteilen, verdammen (to zu; to do zu tun): **to ~ to death. doomed** adj **1.** verloren, dem 'Untergang geweiht: **the ~ train** der Unglückszug. **2.** fig. verurteilt, verdammt (to zu; to do zu tun): ~ **to wait** zu warten verurteilt; ~ **to failure** (od. **to fail**) zum Scheitern verurteilt.
**dooms·day** ['du:mzdeɪ] s Jüngstes Gericht, Weltgericht n: **till ~** colloq. bis zum Jüngsten Tag. **D~ Book** → Domesday Book.
**doom·ster** ['du:mstə(r)] s 'Welt,untergangspro,phet m.
**door** [dɔ:(r)] s **1.** Tür f. **2.** Tor n, Pforte f (beide a. fig.): **the ~ to success. 3.** a) Ein-, Zugang m, b) Ausgang m. **4.** Wagentür f, (Wagen)Schlag m. **5.** mar. Luke f. Besondere Redewendungen:
**from ~ to ~** von Haus zu Haus; **out of** (od. **without**) ~**s** a) ins Freie, hinaus,

b) im Freien, draußen; **within ~s** a) im Haus, drinnen, b) ins Haus, hinein; **the enemy is at our ~** der Feind steht vor den Toren; **he lives two ~s down the street** er wohnt zwei Türen *od.* Häuser weiter; **next ~** nebenan, im nächsten Haus *od.* Raum; **next ~ to** *fig.* beinahe, fast, so gut wie; **this is next ~ to a miracle** das ist beinahe ein Wunder, das grenzt an ein Wunder; **to lay s.th. at s.o.'s ~** j-m etwas zur Last legen; **to lay the blame at s.o.'s ~** j-m die Schuld zuschieben; **the fault lies at his ~** er trägt die Schuld; **to bang** (*od.* close, shut) **the ~ on** a) *j-n* abweisen, b) *etwas* unmöglich machen; **to show s.o. the ~,** **to turn s.o. out of ~s** j-m die Tür weisen, j-n hinauswerfen; **to open the ~ to s.o.** j-n hereinlassen, j-m (die Tür) öffnen; **to open a ~ to** (*od.* for) **s.th.** etwas ermöglichen *od.* möglich machen, *contp. a. e-m Mißbrauch etc* Tür u. Tor öffnen; **to throw the ~ open to** *fig.* alle Türen öffnen (*dat*); **packed to the ~s** voll (besetzt); → **darken** 1, **death** 2.

**'door|-bell** *s* Türklingel *f,* -glocke *f.* **'~-case** *s tech.* Türeinfassung *f,* -futter *n,* -zarge *f.* **~ chain** *s* Sicherheitskette *f.* **~ clos-er** *s* Türschließer *m:* **automatic ~** Selbstschließer *m.*

**,do-or-'die** *adj:* **~ spirit** Entschlossenheit *f* bis zum äußersten.

**'door|frame** *s* Türrahmen *m.* **~ handle** *s* Türgriff *m,* -klinke *f.* **'~keep-er** *s* Pförtner *m.* **'~-key child** *s* Schlüsselkind *n.* **'~knob** *s* Türknopf *m,* -griff *m.* **'~knock-er** *s* Türklopfer *m.* **'~man** [-mæn; -mən] *s irr* (li'vrierter) Porti'er. **~ mat** *s* 1. Türmatte *f,* (Fuß)Abtreter *m.* 2. *colloq.* ,Fußabtreter' *m.* **~ mon-ey** *s* Eintrittsgeld *n.* **'~nail** *s* Türnagel *m:* → **dead** 1. **~ o-pen-er** *s* 1. Türöffner *m* (*Vorrichtung*). 2. *econ. Am.* Werbegeschenk *n* (*e-s Hausierers*). **'~plate** *s* Türschild *n.* **'~post** *s* Türpfosten *m.* **~ scrap-er** *s* Fußabstreifer *m* (*aus Metall*). **'~step** *s* Stufe *f* vor der Haustür, Türstufe *f:* **at s.o.'s ~** vor j-s Tür (*a. fig.*). **'~stop** *s* Anschlag *m* (*e-r Tür*). **,~-to-'~** *adj* von Haus zu Haus: **~ collection** Haussammlung *f;* **~ salesman** a) Hausierer *m,* b) Vertreter *m;* **~ selling** Verkauf *m* an der Haustür. **'~way** *s* 1. Torweg *m.* 2. Türöffnung *f,* (Tür)Eingang *m.* 3. *fig.* Weg *m:* **to be a ~ to** führen zu. **'~yard** *s Am.* Vorgarten *m.*

**dop¹** [dɒp; *Am.* dɑp] *s tech.* Dia'mantenschleifer *m* (*beim Schleifen*).

**dop²** [dɒp; *Am.* dɑp] *s* Kapbranntwein *m.*

**dope** [dəʊp] **I** *s* 1. dicke Flüssigkeit, Schmiere *f,* a) *tech.* Wirkstoff *m,* Addi'tiv *n,* Zusatzmittel *n,* b) *electr.* Do'tiermittel *n.* 3. *Textil.* Spannlack *m.* 4. *colloq.* ,Stoff' *m,* Rauschgift *n,* b) *Am.* Rauschgiftsüchtige(r *m*) *f.* 5. a) *sport* Dopingmittel *n,* b) *sport* leistungshemmendes Präpa'rat, c) Betäubungsmittel *n.* 6. *sl.* Idi'ot *m,* Trottel *m.* 7. *sl. a. sl.* inside **~** (vertrauliche) Informati'onen *pl,* Geheimni(p)s *pl*) *m,* b) *allg.* Information(en *pl*) *f,* Materi'al *n:* **to get the ~ on** alles in Erfahrung bringen über (*acc*). **II** *v/t* 8. *electr.* do'tieren. 9. e-n Wirkstoff zusetzen (*dat*), *dem Benzin* ein Zusatzmittel beigeben. 10. *colloq.* j-m ,Stoff' geben. 11. a) *sport* dopen, b) *bes. e-m Pferd* ein leistungshemmendes Präpa'rat geben, c) *ein Getränk etc* präpa'rieren, (*dat*) ein Betäubungsmittel 'untermischen, d) *fig.* einschläfern, -lullen. 12. *meist* **~ out** *Am. sl.* a) her'ausfinden, ausfindig machen, b) ausknobeln, ausarbeiten: **to ~ out a plan. ~ ad·dict, ~ fiend** *s colloq.* Rauschgiftsüchtige(r *m*)

*f.* **~ring** *s colloq.* Ring *m* von Rauschgifthändlern. **'~-sheet** *s sport sl.* Bericht *m* (*über Rennpferde*). **~ test** *s Sportmedizin:* 'Dopingkon₁trolle *f.*

**dope·y** ['dəʊpɪ] *adj colloq.* 1. benommen, benebelt. 2. blöd, ,dämlich', ,doof'.

**'dop·ing** *s sport* Doping *n.*

**dop·pel·gäng·er** ['dɒpl₁gæŋə(r)] *s* Doppelgänger *m:* a) *psych. halluzinatorisch od. visionär wahrgenommene eigene Person in der Außenwelt,* b) (*Okkultismus*) *Erscheinung der eigenen Person, die als Teil der vom Körper zeitweilig losgetrennten verstofflichten Seele aufgefaßt wird.*

**Dop·pler ef·fect** ['dɒplə; *Am.* 'dɑplər] *s phys.* 'Doppleref₁fekt *m.*

**dop·y** → **dopey.**

**dor** [dɔː(r)] → **dorbeetle.**

**do·ra·do** [də'rɑːdəʊ] *pl* **-dos** *s* 1. *ichth.* 'Goldma₁krele *f.* 2. **D~** *astr.* Schwertfisch *m* (*südliches Sternbild*).

**dor·bee·tle** ['dɔː(r)₁biːtl] *s zo.* 1. Mist-, Roßkäfer *m.* 2. ,Brummer' *m,* Brummkäfer *m,* *bes.* Maikäfer *m.*

**Do·ri·an** ['dɔːrɪən] **I** *adj dorisch:* **~ mode** *mus.* dorischer Kirchenton, dorische Tonart. **II** *s hist.* Dorier(in).

**Dor·ic** ['dɒrɪk; *Am. a.* 'dɑːrɪk] **I** *adj* 1. *dorisch:* **~ order** *arch.* dorische (Säulen)Ordnung. 2. breit, derb (*Dialekt*). **II** *s* 3. *hist.* Dorisch *n,* dorischer Dia'lekt. 4. breiter *od.* derber Dia'lekt.

**Dor·king** ['dɔː(r)kɪŋ] *s zo.* Dorkinghuhn *n.*

**dorm** [dɔː(r)m] *colloq. für* **dormitory.**

**dor·man·cy** ['dɔː(r)mənsɪ] *s* Schlaf(zustand) *m,* (*a. bot.* Knospen- *od.* Samen-) Ruhe *f* (*a. her.*). **'dor·mant** *adj* 1. schlafend (*a. her.*). 2. *fig.* ruhend (*a. bot.*), untätig: **~ volcano** untätiger Vulkan; **to lie ~** ruhen (→ 5, 7). 3. *zo.* Winterschlaf haltend. 4. träge, schläfrig. 5. *fig.* schlummernd, verborgen, la'tent: **~ talent** schlummerndes Talent; **to lie ~** schlummern, verborgen liegen (→ 2, 7). 6. *jur.* ruhend, nicht ausgenutzt *od.* beansprucht: **~ title.** 7. *a. econ.* ungenutzt, brach(liegend): **~ faculties;** **~ account** umsatzloses Konto; **~ capital** totes Kapital; **to lie ~** a) brachliegen, b) *econ.* sich nicht verzinsen (→ 2, 5); → **partner** 2, **partnership** 1.

**dor·mer** ['dɔː(r)mə(r)] *s* 1. *arch.* a) (Dach-) Gaupe *f,* (-)Gaube *f,* b) *a.* **~ window** stehendes Dachfenster.

**dor·mie** → **dormy.**

**dor·mi·to·ry** ['dɔː(r)mɪtrɪ; *Am.* 'dɔːrmə₁təʊrɪ; ₁tɔː-] *s* 1. Schlafsaal *m.* 2. (*bes.* Stu'denten)Wohnheim *n.* **~ sub·urb, ~ town** *s* Schlafstadt *f.*

**dor·mouse** ['dɔː(r)maʊs] *s irr zo.* Schlafmaus *f:* **common ~** Haselmaus *f;* → **sleep** 1.

**dor·my** ['dɔː(r)mɪ] *adj Golf:* dormy, dormie (*mit so viel Löchern führend, wie noch zu spielen sind*): **to stay ~ 5** dormy 5 stehen.

**dorp** [dɔːp] *s S. Afr.* a) Kleinstadt *f,* b) Dorf *n.*

**dors-** [dɔː(r)s] → **dorsi-.**

**dor·sa** ['dɔː(r)sə] *pl von* **dorsum.**

**dor·sal** ['dɔː(r)sl] **I** *adj* 1. *anat. zo.* dor'sal, Rücken..., Dorsal...: **~ fin** a) → 5, b) *aer.* Seitenflosse *f;* **~ vertebra** → 4 a. 2. *bot.* dor'sal, rückenständig. 3. *Phonetik:* dor'sal, Dorsal...: **~ sound. II** *s* 4. *anat.* a) Rückenwirbel *m,* b) Rückennerv *m.* 5. *zo.* Rückenflosse *f.* 6. *Phonetik:* Dor'sal *m.* **'dor·sal·ly** [-səlɪ] *adv med. zo.* dor'sal (*a. Phonetik*), am Rücken, dem Rücken zu.

**dorsi-** [dɔː(r)sɪ] *Wortelement mit der Bedeutung* Rücken...

**dor·sif·er·ous** [dɔː(r)'sɪfərəs] *adj* 1. *bot.* die Sporen auf der 'Blatt₁unterseite tragend. 2. *zo.* die Eier *od.* Jungen auf dem Rücken tragend. ₁**dor·si'ven·tral**

[-'ventrəl] *adj* (*adv* **~ly**) 1. *bot. zo.* dorsiven'tral, einachsig sym'metrisch. 2. → **dorsoventral** 1.

**dorso-** [dɔː(r)səʊ] → **dorsi-.**

**dor·so·ven·tral** [₁dɔː(r)səʊ'ventrəl] *adj* (*adv* **~ly**) 1. *anat. biol.* dorsoven'tral, vom Rücken zum Bauch hin gelegen. 2. → **dorsiventral** 1.

**dor·sum** ['dɔː(r)səm] *pl* **-sa** [-sə] *s anat. zo.* Rücken *m:* **~ of the foot** (**hand, nose**) Fuß-(Hand-, Nasen)rücken.

**do·ry¹** ['dɔːrɪ] *s mar.* Dory *n* (*kleines Boot*).

**do·ry²** ['dɔːrɪ] → **John Dory.**

**dos·age** ['dəʊsɪdʒ] *s* 1. Do'sierung *f,* Verabreichung *f* (*von Arznei*) in Dosen. 2. → **dose** 1 *u.* 2.

**dose** [dəʊs] **I** *s* 1. *med.* Dosis *f,* (Arz'nei)Gabe *f:* **~ of radiation** Strahlen-, Bestrahlungsdosis. 2. *fig.* Dosis *f,* Porti'on *f:* **a heavy ~ of sarcasm** e-e kräftige Dosis Sarkasmus; **to give s.o. a ~ of flattery** j-m ganz schön schmeicheln. 3. Zuckerzusatz *m* (*in Sekt etc*). 4. *a. ~ of clap med. sl.* Tripper *m.* **II** *v/t* 5. *Arznei etc* do'sieren, in Dosen verabreichen: **dosing machine** Dosiermaschine *f.* 6. j-m Dosen verabreichen, Arz'nei geben: **to ~ s.o. with** a) j-n behandeln *od.* kurieren mit, b) j-m *e-e Strafe etc* ,verpassen'. 7. *dem Sekt etc* Zucker zusetzen.

**do·sim·e·ter** [dəʊ'sɪmɪtə(r)] *s med.* Dosi'meter *n* (*zur Bestimmung der Bestrahlungsdosis*). **do'sim·e·try** [-trɪ] *s med.* Dosime'trie *f* (*Bestimmung der Bestrahlungsdosis*).

**doss** [dɒs; *Am.* dɑs] *Br. sl.* **I** *s* 1. Schlafplatz *m.* 2. Schlaf *m.* 3. → **dosshouse. II** *v/i* 4. *oft* **~ down** ,pennen' (*schlafen*). **dos·ser¹** ['dɒsə; *Am.* 'dɑsər] *s* Rücken(trag)korb *m.* **doss·er²** ['dɒsə; *Am.* 'dɑsər] *s bes. Br. sl.* 1. ,Pennbruder' *m.* 2. → **dosshouse.** **'doss·house** *s bes. Br. sl.* ,Penne' *f* (*billige Pension*).

**dos·si·er** ['dɒsɪeɪ; *Am.* 'dɑ-] *s* Dossi'er *n,* Akten *pl:* **to keep a ~ on** ein Dossier angelegt haben über (*acc*).

**dost** [dʌst] *obs. od. poet.* 2. *sg pres von* **do¹:** **thou ~.**

**dot¹** [dɒt; *Am.* dɑt] *s jur.* Dos *f,* Mitgift *f.*

**dot²** [dɒt; *Am.* dɑt] **I** *s* 1. Punkt *m* (*a. mus. u. Morsen*), Pünktchen *n,* Tüpfelchen *n:* **the car moved away until it became only a ~ in the distance** bis es nur noch als Punkt zu sehen war; **correct to a ~** *colloq.* aufs Haar *od.* bis aufs i-Tüpfelchen (genau); **to come on the ~** *colloq.* auf die Sekunde pünktlich kommen; **at eight o'clock on the ~** *colloq.* Punkt 8 Uhr; → **day** 3, **year** 1. 2. Tupfen *m,* kleiner Fleck. 3. → **decimal point. II** *v/t* 4. punk'tieren, pünkteln; **~ted line** punktierte Linie (*für Unterschrift*); **to sign on the ~ted line** a) unterschreiben, b) (formell *od.* bedingungslos) zustimmen. 5. *i u.* j mit dem i-Punkt versehen, den i-Punkt machen auf (*acc*): **to ~ the** (*od.* one's) **i's** (**and cross the** (*od.* one's) **t's**) *fig.* penibel *od.* peinlich genau sein. 6. tüfteln. 7. *fig.* sprenkeln, über'säen: **a meadow ~ted with flowers** e-e Wiese voller Blumen. 8. verstreuen. 9. *Br. sl.* schlagen: **he ~ted him one** ,er langte *od.* knallte ihm eine'.

**dot·age** ['dəʊtɪdʒ] *s* 1. (geistige) Altersschwäche *f,* Senili'tät *f:* **to be in one's ~** senil *od.* kindisch sein, in s-r ,zweiten Kindheit' sein. 2. Vernarrtheit *f* (**on, upon** *in acc*).

**,dot-and-'dash** *adj* 1. Morse... 2. aus Strichen u. Punkten: **~ line.**

**do·tard** ['dəʊtə(r)d] *s* se'niler Mensch.

**,dot-'dash** → **dot-and-dash.**

**dote** [dəʊt] *v/i* 1. (**on, upon**) vernarrt sein (in *acc*): a) abgöttisch lieben (*acc*), b) schwärmen (für). 2. kin-

disch *od.* se'nil sein. **3.** (ver)faulen (*Baum etc*).

**doth** [dʌθ] *obs. od. poet. 3. sg pres von* **do**[1].

**dot·ing** ['dəʊtɪŋ] *adj (adv ~ly)* **1.** vernarrt (**on** in *acc*): **he is a ~ husband** er liebt s-e Frau abgöttisch. **2.** kindisch, se'nil. **3.** altersschwach (*Baum etc*).

**dot·ter·el** ['dɒtrəl; *Am.* 'dɑtərəl] *s* **1.** *orn.* Mori'nell(regenpfeifer) *m.* **2.** *Br. dial.* a) Gimpel *m,* b) Trottel *m.*

**dot·tle** ['dɒtl; *Am.* 'dɑtl] *s* Tabakrest *m* (*im Pfeifenkopf*).

**dot·trel** ['dɒtrəl; *Am.* 'dɑ-] → **dotterel**.

**dot·ty** ['dɒtɪ; *Am.* 'dɑ-] *adj* **1.** punk'tiert. **2.** gepünktelt, getüpfelt. **3.** *colloq.* unsicher, wack(e)lig (**on one's legs** auf den Beinen). **4.** *colloq.* a) ,bekloppt', verrückt, b) (**about**) verrückt (nach), vernarrt (in *acc*).

**dou·ble** ['dʌbl] **I** *adj (adv* → **doubly**) **1.** a) doppelt, Doppel..., zweifach: **~ function**; **~ bottom** doppelter Boden, *mar.* Doppelboden *m;* **~ the value** der zweifache *od.* doppelte Wert; **to give a ~ knock** zweimal klopfen, b) doppelt so groß wie: **produced in quantities ~ the prewar output**, c) *med.* doppelseitig: **~ pneumonia. 2.** Doppelt..., verdoppelt, verstärkt: **~ beer** Starkbier *n.* **3.** Doppel..., für zwei bestimmt: **~ bed** Doppelbett *n;* **~ room** Doppel-, Zweibettzimmer *n.* **4.** gepaart, Doppel...: **~ door** a) Doppeltür *f,* b) Flügeltür *f;* **~ nozzle** *tech.* Doppel-, Zweifachdüse *f.* **5.** *bot.* gefüllt, doppelt. **6.** *mus.* e-e Ok'tave tiefer (klingend), Kontra... **7.** zweideutig. **8.** unaufrichtig, falsch. **9.** gekrümmt.

**II** *adv* **10.** doppelt, noch einmal: **~ as long. 11.** doppelt, zweifach: **to play (at) ~ or quit(s)** alles riskieren *od.* aufs Spiel setzen; **to see ~** doppelt sehen. **12.** paarweise, zu zweit: **to sleep ~. 13.** unaufrichtig, falsch.

**III** *s* **14.** (*das*) Doppelte *od.* Zweifache. **15.** Gegenstück *n:* a) Ebenbild *n,* b) Doppel *n,* Dupli'kat *n* (*a. Abschrift*). **16.** a) Double *n,* Doppelgänger(in), b) → **doppelgänger. 17.** a) Falte *f,* b) Windung *f.* **18.** a) plötzliche Kehrtwendung, b) Haken *m:* **to give s.o. the ~** j-m ,durch die Lappen gehen'. **19.** *mil.* Schnellschritt *m:* **at the ~** im Schnellschritt. **20.** Trick *m,* Winkelzug *m.* **21.** a) *thea.* zweite Besetzung, b) *Film, TV:* Double *n,* c) *thea. etc* Schauspieler, der e-e Doppelrolle spielt. **22.** *meist pl Tennis etc:* Doppel *n:* a **~s match** ein Doppel; **~s court** Doppelfeld *n;* **~s partner** Doppelpartner(in); **men's ~s** Herrendoppel. **23.** *sport* a) Doppelsieg *m,* b) Doppelniederlage *f.* **24.** *Bridge etc:* a) Doppeln *n,* b) Karte, die Doppeln gestattet. **25.** Doppelwette *f.* **26.** *astr.* Doppelstern *m.*

**IV** *v/t* **27.** verdoppeln (*a. mus.*), verzweifachen. **28.** um das Doppelte über-'treffen. **29.** *oft* **~ up** a) *Papier etc* kniffen, falten, *Bettdecke etc* 'um-, zu'rückschlagen, b) *die Faust* ballen: → **double up. 30.** um'segeln, um'schiffen. **31.** *Bridge etc:* das Gebot doppeln. **32.** a) *Film, TV:* als Double einspringen für, j-n doubeln, b) **to ~ the parts of ... and ...** *thea. etc* ... und ... in e-r Doppelrolle spielen. **33.** *Spinnerei:* dou-'blieren.

**V** *v/i* **34.** sich verdoppeln. **35.** sich (zs.-)falten (lassen). **36.** a) plötzlich kehrtmachen, b) e-n Haken schlagen. **37.** Winkelzüge machen. **38.** doppelt verwendbar sein. **39.** a) **~ for** → **32** a, b) *thea. etc* e-e Doppelrolle spielen: **to ~ as ... and ...** → **32** b. **40.** *mus.* zwei Instru'mente spielen: **he ~s on ... and ...** er spielt ... und ... **41.** *Bridge:* doppeln. **42.** den Einsatz verdoppeln. **43.** a) *mil.*

---

im Schnellschritt mar'schieren, b) *colloq.* sich beeilen.

*Verbindungen mit Adverbien:*

**dou·ble|back I** *v/t* → **double 29** a, b. **II** *v/i* kehrtmachen. **~ up I** *v/t* **1.** → **double 29. II** *v/i* **2.** zs.-krümmen: **the pain doubled him up** er krümmte sich vor Schmerzen. **II** *v/i* **3.** → **double 35. 4.** sich krümmen (**with** vor *dat*): **to ~ with pain;** **to ~ with laughter** sich vor Lachen biegen *od.* krümmen. **5.** das Zimmer *etc* gemeinsam benutzen, in 'einem Bett schlafen: **to ~ on s.th.** sich etwas teilen.

'**dou·ble|-,act·ing** *adj tech.* doppeltwirkend: **~ door** Schwingtür *f;* **~ fuse** *mil.* Doppelzünder *m.* **~ ac·tion** *s tech.* Doppelwirkung *f.* '**~ac·tion** → **double- -acting. ~ al·bum** *s mus.* Doppelalbum *n.* **~ bar** *s mus.* Doppel-, Schlußstrich *m.* '**~bar·rel(l)ed** *adj* **1.** doppelläufig: **~ gun** Doppelflinte *f,* Zwilling *m.* **2.** zweifach: **a ~ desire; ~ name** *Br.* Doppelname *m.* **3.** zweideutig: **a ~ remark.** **~ bass** [beɪs] *s mus.* → **contrabass.** '**~bas·soon** *s mus.* 'Kontrafa,gott *n.* '**~bed·ded room** *s* Zweibettzimmer *n.* **~ bend** *s* **1.** S-Kurve *f.* **2.** *tech.* Doppelkrümmer *m.* **~ bill** *s* Doppelveranstaltung *f.* **~ bind** *s* ausweglose (Kon'flikt)Situati,on. '**~ -blind ex·per·i·ment** (*od.* **test**) *s pharm. psych.* Doppelblindversuch *m.* **~ boil·er** *s Am.* Turmtopf *m.* **~ bond** *s chem.* Äthy'lenbindung *f.* '**~breast·ing** *adj* zweireihig: **~ suit.** **~ check** *s* genaue Nachprüfung *f.* '**~check** *v/t u. v/i* genau nachprüfen. **~ chin** *s* Doppelkinn *n.* '**~chinned** *adj* mit Doppelkinn. '**~cloth** *s* Doppelgewebe *n.* '**~clutch** *v/i mot. Am.* mit Zwischengas schalten. **~ col·umn** *s* Doppelspalte *f* (*in der Zeitung*): **in ~s** zweispaltig. **~ con·cave** *adj* bikon'kav. **~ con·scious·ness** *s psych.* Doppelbewußtsein *n.* **~ con·vex** *adj* bi-kon'vex. **~ cross** *s* **1.** *colloq.* doppeltes *od.* falsches Spiel. **2.** *biol.* Doppelkreuzung *f.* '**~cross** *v/t colloq.* ein doppeltes *od.* falsches Spiel treiben mit. **~ cross·er** *s colloq.* falscher Kerl. '**~cut file** *s tech.* Doppelhiebfeile *f.* **~ dag·ger** *s print.* Doppelkreuz *n.* **~ date** *s* 'Doppelrendez-,vous *n* (*zweier Paare*). **~ deal·er** *s* Betrüger *m.* '**~deal·ing I** *adj* betrügerisch. **II** *s* Betrug *m.* '**~deck·er** *s* **1.** Doppeldecker *m* (*Schiff, Flugzeug, Autobus etc*). **2.** *colloq.* a) E'tagenbett *n,* b) zweistöckiges Haus, c) Ro'man *m* in zwei Bänden, d) Doppelsandwich *n.* '**~-de·clutch** *Br.* → **double-clutch.** '**~dot·ted** *adj mus.* doppelt punk'tiert (*Note*). **~ Dutch** *s colloq.* Kauderwelsch *n:* **to talk ~;** **it was ~ to me** das waren für mich böhmische Dörfer. '**~dyed** *adj* **1.** zweimal gefärbt. **2.** *fig.* eingefleischt, Erz...: **~ villain** Erzgauner *m.* **~ ea·gle** *s* **1.** *her.* Doppeladler *m.* **2.** *Am. hist.* goldenes 20-Dollar-Stück. '**~edged** *adj* **1.** zweischneidig (*a. fig.*): **a ~ sword. 2.** *fig.* doppelt (*wendig). **~ en·ten·dre** [du:blɑ̃:n-'tɑ̃:ndrə] *s* Doppel-, Zweideutigkeit *f,* bes. Anzüglichkeit *f:* a) doppel- *od.* zweideutiger, *bes.* anzüglicher Sinn, b) zweideutige, *bes.* anzügliche Äußerung *etc.* **~ en·try** *s econ.* **1.** doppelte Buchung. **2.** doppelte Buchführung. **~ ex·po·sure** *s phot.* **1.** Doppelbelichtung *f.* **2.** doppelt belichtetes Foto. '**~faced** *adj* **1.** heuchlerisch, unaufrichtig, falsch. **2.** doppelseitig, wendbar: **~ cloth.** **~ fault** *s Tennis:* Doppelfehler *m.* '**~fault** *v/i Tennis:* e-n Doppelfehler machen: **he ~ed** ihm unterlief ein Doppelfehler. **~ fea·ture** *s Film:* 'Doppelpro,gramm *n* (2 Spielfilme in jeder Vorstellung). **~ first** *s univ. Br.* mit Auszeichnung *od.* ,,sehr gut'' erworbener

---

honours degree *in zwei Fächern.* **~ foul** *s Basketball:* Doppelfoul *n.* **~ fugue** *s mus.* Doppelfuge *f.* '**~gang·er** → **doppelgänger.** **~ har·ness** *s* Doppelgespann *n:* **to be in ~** *colloq.* verheiratet sein. '**~head·er** *s* **1.** von zwei Lokomo-'tiven gezogener Zug. **2.** *sport Am.* Doppelveranstaltung *f.* **~ he·lix** *s chem.* Doppelhelix *f.* **~ in·dem·ni·ty** *s Am.* Verdoppelung *f* der Versicherungssumme (*bei Unfalltod*). '**~joint·ed** *adj* mit Gummigelenken (*Artist etc*). '**~lead·ed** [-'ledɪd] *adj print.* doppelt durch-'schossen. **~ life** *s irr* Doppelleben *n.* '**~lock** *v/t* a) doppelt verschließen, b) zweimal abschließen. **~ mag·num** *s* große Weinflasche, (*etwa*) Vier'literflasche *f.* **~ mean·ing** → **double entendre.** '**~mind·ed** *adj* **1.** wankelmütig, unentschlossen. **2.** unaufrichtig. **~ mur·der** *s* Doppelmord *m.* **~ neg·a·tive** *s ling.* doppelte Verneinung. **~ nel·son** *s Ringen:* Doppelnelson *m.*

'**dou·ble·ness** *s* **1.** (*das*) Doppelte, Dupli'zität *f.* **2.** Falschheit *f,* Doppelzüngigkeit *f,* Unaufrichtigkeit *f,* Heuche'lei *f.* **3.** Unentschiedenheit *f.*

'**dou·ble|-'park** *v/t u. v/i mot.* in zweiter Reihe parken. **~ play** *s Baseball:* Doppelaus *n.* **~ point** *s math.* Doppelpunkt *m* (*e-r Kurve*). '**~quick I** *s* → **double time. II** *adj:* **in ~ time** → **III. III** *adv colloq.* im Eiltempo, fix.

'**dou·bler** *s* **1.** Verdoppler(in). **2.** *electr.* (Fre'quenz)Verdoppler *m.* **3.** *Spinnerei:* a) Du'blierer *m,* b) Du'blierma,schine *f,* c) Drucktuch *n.*

**dou·ble| reed** *s mus.* doppeltes Rohrblatt. **~ salt** *s chem.* Doppelsalz *n.* **~ sauce·pan** *s Br.* Turmtopf *m.* '**~seat·er** *bes. aer.* **I** *s* Zweisitzer *m.* **II** *adj* Zweisitzer..., zweisitzig. **~ sharp** *s mus.* Doppelkreuz *n.* '**~space** *v/t u. v/i* mit zweizeiligem Abstand schreiben *od.* tippen: **~d** mit doppeltem Zeilenabstand, zweizeilig. **~ stand·ard** *s* doppelter Mo'ralkodex: **to apply ~s** mit zweierlei Maß messen; **there is a ~ in our firm** in unserer Firma wird mit zweierlei Maß gemessen. **~ star** *s astr.* Doppelstern *m.* '**~stop** *mus.* **I** *s* Doppelgriff *m* (*auf der Geige*). **II** *v/t* Doppelgriffe spielen auf (*dat*).

**dou·blet** ['dʌblɪt] *s* **1.** *hist.* (*Art*) Wams *n.* **2.** Paar *n* (*Dinge*). **3.** Du'blette *f:* a) *print.* Dupli'kat *n,* Doppelstück *n,* b) *print.* Doppelsatz *m,* c) *Edelstein aus 2 verkitteten Teilen.* **4.** Doppelform *f* (*e-s zweifach entlehnten Wortes*). **5.** *pl* Pasch *m* (*beim Würfeln*). **6.** *phys. tech.* Doppellinie *f.* **7.** *Optik:* Doppellinse *f.* **8.** *electr. Am.* 'Dipol(an,tenne *f*) *m.*

**dou·ble|take** *s thea. etc* verzögerte Re-akti'on (*in e-r unwahrscheinlichen od. überraschenden Situation*): **we did a ~ when** wir mußten zweimal hinschauen, als; wir konnten es zuerst gar nicht glauben, als. **~ talk** *s* a) 'hinhaltendes *od.* nichtssagendes Gerede, b) doppelzüngiges Gerede, f 'Augen(aus)wische'rei' *f.* **~ tax·a·tion** *s econ.* Doppelbesteuerung *f.* '**~think** *s* die Fähigkeit, zwei einander widersprechende Gesinnungen zu haben. **~ thread** *s tech.* Doppelgewinde *n.* '**~ -'thread·ed** *adj tech.* **1.** gezwirnt. **2.** doppelgängig: **~ screw. ~ time** *s* **1.** *Am.* a) Schnellschritt *m,* b) langsamer Laufschritt: **in ~** *colloq.* im Eiltempo, fix. **2.** doppelter Lohn (*für Feiertagsarbeit etc*). '**~tongued** *adj* doppelzüngig, falsch. '**~tracked** *adj rail.* zweigleisig.

'**dou·bling** *s* **1.** Verdoppelung *f.* **2.** (Zs.-) Faltung *f.* **3.** a) Hakenschlagen *n,* b) Haken *m.* **4.** Winkelzug *m,* Kniff *m.*

**dou·bloon** [dʌˈbluːn] *s hist.* Duˈblone *f* (*spanische Goldmünze*).

**dou·bly** [ˈdʌblɪ] *adv* doppelt, zweifach.

**doubt** [daʊt] **I** *v/i* **1.** zweifeln (**of** s.th. an e-r Sache). **2.** zögern, schwanken, Bedenken haben.

**II** *v/t* **3.** (es) bezweifeln, (darˈan) zweifeln, nicht sicher sein (**whether**, *ob*; **that** daß; *in verneinten u. fragenden Sätzen*: **that**, **but**, **but that** daß): I ~ **whether** he will come ich zweifle, ob er kommen wird; I ~ **that he can come** ich bezweifle es, daß er kommen kann; I don't ~ **that he will come** ich zweifle nicht daran, daß er kommen wird. **4.** bezweifeln, anzweifeln, zweifeln an (*dat*): I almost ~ **it** ich möchte es fast bezweifeln; **to** ~ **s.o.'s abilities** j-s Fähigkeiten bezweifeln. **5.** mißˈtrauen (*dat*), keinen Glauben schenken (*dat*): **to** ~ **s.o.'s words. 6.** *obs. od. dial.* fürchten.

**III** *s* **7.** Zweifel *m* (**of** an *dat*; **about** ˈhinsichtlich; **that** daß): **no** ~, **without** ~, **beyond** ~ zweifellos, ohne Zweifel, fraglos, sicher(lich); **in** ~ im *od.* in Zweifel, im ungewissen (→ 9); **to be in** ~ **about** Zweifel haben an (*dat*); **to leave s.o. in no** ~ **about** j-n nicht im ungewissen *od.* Zweifel lassen über (*acc*); **there is no** ~ (**not the smallest, little**) ~ (**that**) es besteht kein (nicht der geringste, kaum ein) Zweifel darüber(, daß); **to have no** ~ (*od.* **not a** ~) **of** nicht zweifeln an (*dat*); **to have no** ~ **that** nicht bezweifeln, daß; **to make no** ~ sicher sein, keinen Zweifel hegen; **it is not in any** ~ darüber besteht kein Zweifel. **8.** a) Bedenken *n*, Besorgnis *f* (**about** wegen), b) Argwohn *m*: **to have some** ~**s left** noch einige Bedenken hegen; **to put in** ~ fraglich *od.* fragwürdig erscheinen lassen; **to raise** ~**s** Zweifel aufkommen lassen. **9.** Ungewißheit *f*: **in** ~ a) ungewiß, b) unschlüssig (→ 7); **(in** ~ **when)** in ~ im Zweifelsfall, wenn Sie sich nicht sicher sind; → **benefit** 4. **10.** *obs.* Schwierigkeit *f*, Proˈblem *n*.

**ˈdoubt·er** *s* Zweifler(in).

**ˈdoubt·ful** *adj* (*adv* ~**ly**) **1.** zweifelhaft: a) unsicher, unklar, b) bedenklich, fragwürdig, c) ungewiß, unentschieden, unsicher, d) verdächtig, dubiˈos: **a** ~ **fellow**. **2.** zweifelnd, unsicher, unschlüssig: **to be** ~ **of** (*od.* **about**) zweifeln an (*dat*), im Zweifel sein über (*acc*); **to be** ~ **that** bezweifeln, daß. **ˈdoubt·ful·ness** *s* **1.** Zweifelhaftigkeit *f*: a) Unsicherheit *f*, b) Fragwürdigkeit *f*, c) Ungewißheit *f*. **2.** Unschlüssigkeit *f*. **ˈdoubt·ing** *adj* (*adv* ~**ly**) **1.** zweifelnd, ˈmißtrauisch, argwöhnisch: → **Thomas** II. **2.** schwankend, unschlüssig. **ˈdoubt·less** *adv* **1.** zweifellos, ohne Zweifel, sicherlich. **2.** (ˈhöchst-) wahrˈscheinlich.

**dou·ceur** [duːˈsɜː; *Am.* -ˈsɜr] *s* **1.** a) (Geld)Geschenk *n*, b) Trinkgeld *n*. **2.** Bestechung(sgeld *n*) *f*. **3.** *obs.* Freundlichkeit *f*.

**douche** [duːʃ] *I s* **1.** Dusche *f*, Brause *f*: **cold** ~ kalte Dusche (*a. fig.*). **2.** Dusch-, Brausebad *n*. **3.** a) (*bes.* Scheiden-) Spülung *f*, b) ˈSpülapparrat *m*, Irriˈgator *m*. **II** *v/t* **4.** (ab)duschen. **5.** *med.* (aus-) spülen. **III** *v/i* **6.** (sich) duschen. **7.** *med.* e-e Spülung machen.

**dough** [daʊ] *s* **1.** Teig *m*. **2.** *weitS.* Teig *m*, teigartige Masse. **3.** *bes. Am. sl.* ˈZaster‘ *m*, ˌMoˈneten‘ *pl* (*Geld*). **ˈ~·boy** *s colloq.* **1.** *bes. Br.* (gekochter) Mehlkloß *m*. **2.** *mil. Am.* ˌLandser‘ *m* (*Infanterist*). **ˈ~·foot** *pl* **-feet**, **-foots** → **doughboy** 2. **ˈ~·nut** *s* Krapfen *m*, Berˈliner (Pfannkuchen) *m*. **ˈ~·nut tire** *s mot. Am.* großer Balˈlonreifen.

**dought** [daʊt] *pret von* **dow**.

**dough·ti·ness** [ˈdaʊtɪnɪs] *s obs. od. poet.*

Mannhaftigkeit *f*. **ˈdough·ty** *adj* (*adv* **doughtily**) *obs. od. poet.* mannhaft, kühn, tapfer.

**dough·y** [ˈdaʊɪ] *adj* **1.** teigig, teigartig, weich. **2.** klitschig, nicht ˈdurchgebacken: ~ **bread**. **3.** *fig.* teigig, wächsern: ~ **face**.

**Doug·las| fir** [ˈdʌɡləs], *a.* ~ **hem·lock**, ~ **pine**, ~ **spruce** *s bot.* Douglastanne *f*, -fichte *f*.

**dou·ma** → **duma**.

**dour** [dʊə; *Am.* ˈdʊər; ˈdaʊər] *adj* (*adv* ~**ly**) **1.** mürrisch. **2.** hart, streng. **3.** hartnäckig, halsstarrig, eigensinnig.

**douse** [daʊs] *I v/t* **1.** a) ins Wasser tauchen, eintauchen, *Wäsche etc* einweichen, b) Wasser schütten über (*acc*). **2.** *colloq.* das Licht auslöschen, ausmachen. **3.** *mar.* a) *das Segel* laufen lassen, b) *das Tauende* loswerfen, c) *e-e Luke* schließen.

**douze·pers** [ˈduːzpeə(r)z] *s pl* **1.** (*die*) zwölf Palaˈdine (*Karls des Großen*). **2.** *hist.* (*die*) zwölf Pairs Frankreichs.

**dove**[1] [dʌv] *s* **1.** *orn.* Taube *f*: ~ **of peace** *fig.* Friedenstaube. **2.** *relig.* a) Taube *f* (*Symbol des Heiligen Geistes*), b) D~ Heiliger Geist. **3.** Täubchen *n*, Liebling *m* (*Kosewort*). **4.** *pol.* ˌTaube‘ *f* (*gemäßigter Politiker*).

**dove**[2] [dəʊv] *Am. pret von* **dive**[1].

**dove| col·o(u)r** [dʌv] *s* Taubengrau *n*. **ˈ~·col·o(u)red** *adj* taubengrau. **ˈ~·cot(e)** *s* Taubenschlag *m*: **to flutter the** ~**s**, **to cause a flutter in the** ~**s** *fig.* a) sich als Bürgerschreck betätigen, b) die Pferde scheu machen, für einige Wirbel sorgen. **ˈ~-eyed** *adj* sanftäugig. **ˈ~·like** *adj* sanft (wie e-e Taube).

**ˈdove's-foot** *s irr bot.* (*ein*) Storchschnabel *m*.

**dove·tail** [ˈdʌvteɪl] *I s* **1.** *tech.* Schwalbenschwanz *m*, Zinken *m*. **II** *v/t* **2.** *tech.* verschwalben, vernuten, verzinken. **3.** einfügen, -passen (**into** in *acc*). **4.** *fig.* abstimmen (**to** auf *acc*). **III** *v/i* **5.** (**into**) genau passen (in *acc*), genau angepaßt sein (*dat*). **6.** genau ineinˈanderpassen *od.* -greifen. **ˈdove·tailed** *adj tech.* a) durch Schwalbenschwanz verbunden, b) mit Zinken versehen, c) schwalbenschwanzförmig.

**dove·tail| mo(u)ld·ing** *s arch.* Schwalbenschwanzverzierung *f*. ~ **plane** *s tech.* Grathobel *m*. ~ **saw** *s tech.* Zinkensäge *f*.

**dow** [daʊ; dəʊ] *pret u. pp* **dowed** *od.* **dought** [daʊt] *Scot. od. Br. dial.* **I** *v/aux* können. **II** *v/i* blühen, gedeihen.

**dow·a·ger** [ˈdaʊədʒə(r)] *s* **1.** Witwe *f* (*bes.* von vornehmem Stand): **queen** ~ Königinwitwe; ~ **duchess** Herzoginwitwe. **2.** Maˈtrone *f*, würdevolle ältere Dame.

**dow·di·ness** [ˈdaʊdɪnɪs] *s* a) ˈUneleˌganz *f*, b) Schäbigkeit *f*, c) Schlampigkeit *f*. **ˈdow·dy** *I adj* (*adv* **dowdily**) **1.** a) schlecht- *od.* nachlässig gekleidet, schlampig, b) ˈuneleˌgant, c) ˈunmoˌdern, d) schäbig. **II** *s* **2.** nachlässig gekleidete Frau. **3.** *Am.* (*ein*) Apfelauflauf *m*. **ˈdow·dy·ish** *adj* ziemlich schlampig *od.* schäbig.

**dow·el** [ˈdaʊəl] *tech.* **I** *s* **1.** (Holz)Dübel *m*, Holzpflock *m*. **2.** (Wand)Dübel *m*. **II** *v/t* **3.** (ver)dübeln. ~ **pin** → **dowel** 1.

**dow·er** [ˈdaʊə(r)] *I s* **1.** *jur.* Wittum *n*, Witwenleibgedinge *n*. **2.** *obs.* Mitgift *f*. **3.** Gabe *f*, Begabung *f*. **II** *v/t* **4.** ausstatten (*a. fig.*). **5.** *jur.* j-m ein Wittum geben.

**dow·ie** [ˈdaʊɪ; ˈdəʊɪ] *adj Br. dial.* schwermütig, melanˈcholisch.

**Dow-Jones| av·er·age, ~ in·dex** [ˌdaʊˈdʒəʊnz] *s econ.* Dow-Jones-Index *m* (*Aktienindex der New Yorker Börse*).

**down**[1] [daʊn] **I** *adv* **1.** nach unten, her-,

hinˈunter, her-, hinˈab, ab-, niederwärts, zum Boden, zum Grund, (*in Kreuzworträtseln*) senkrecht: **three** ~; ~ **from** fort von, von ... herab; **paralysed from the waist** ~ von der Hüfte abwärts gelähmt; ~ **to** bis hinunter *od.* hinab zu; ~ **to our times** bis in unsere Zeit; ~ **to the last detail** bis ins letzte Detail; ~ **to the last man** bis zum letzten Mann; **from ... to** ~ von ... bis hinunter zu; ~ **to the ground** *colloq.* vollständig, absolut, ganz u. gar; **to suit s.o.** ~ **to the ground** *colloq.* genau das richtige für j-n sein; **to be** ~ **on s.o.** *colloq.* a) über j-n herfallen, b) j-n ˌauf dem Kieker‘ haben. **2.** nieder...: → **burn down**, *etc.* **3.** (in) bar, soˈfort: **ten dollars** ~ 10 Dollar (in) bar; → **pay down. 4.** zu Paˈpier, nieder...: → **take down** 9, *etc.* **5.** vorgemerkt, angesetzt: **the Bill is** ~ **for the third reading today** heute steht die dritte Lesung der Gesetzesvorlage auf der Tagesordnung; **to be** ~ **for Friday** für Freitag angesetzt sein. **6.** von e-r großen Stadt (*in England*: von London) weg: **to go** ~ **to the country** aufs Land fahren; → **go down** 12. **7.** *bes. Am.* a) zu e-r großen Stadt hin, b) zur ˈEndstatiˌon hin, c) ins Geschäftsviertel. **8.** (nach Süden) hinˈunter. **9.** a) mit dem Strom, flußˈabwärts, b) mit dem Wind. **10.** *Br.* von der Universiˈtät: → **go down** 10, **send down** 2. **11.** nieder!: ~ **with the capitalists!** nieder mit den Kapitalisten!; ~ **on your knees!** auf die Knie (mit dir)! **12.** (dr)unten: → **there** dort unten; ~ **under** *colloq.* in *od.* nach Australien *od.* Neuseeland. **13.** unten (im Hause), aufgestanden: **he is not** ~ **yet** er ist noch oben *od.* im Schlafzimmer. **14.** ˈuntergegangen: **the sun is** ~. **15.** a) herˈuntergegangen, gefallen (*Preise*), b) billiger (*Waren*). **16.** gefallen (*Thermometer etc*): ~ **by 10 degrees** um 10 Grad gefallen. **17.** *Br.* a) nicht in London, b) nicht an der Universiˈtät. **18.** a) nieder-, ˈhingestreckt, am Boden (liegend), b) *Boxen*: am Boden, ˌunten‘: ~ **and out** k.o., *fig.* (*a. physisch od. psychisch*) ˌerledigt‘, ruiniert, c) erschöpft, ˌkaˈputt‘, ˌfix u. fertig‘, d) depriˈmiert, niedergeschlagen: → **mouth** 1, e) herˈuntergekommen, in elenden Verhältnissen (lebend): → **come down** 2, **heel**[1] *Bes. Redew.* **19.** bettlägerig: **to be** ~ **with influenza** mit Grippe im Bett liegen. **20.** *sport* (*um Punkte etc*) zuˈrück: **he was two points** ~ er war *od.* lag 2 Punkte zurück.

**II** *adj* **21.** nach unten *od.* abwärts gerichtet, Abwärts...: **a** ~ **jump** ein Sprung nach unten. **22.** unten befindlich. **23.** depriˈmiert, niedergeschlagen. **24.** *Br.* von London abfahrend *od.* kommend: ~ **train**; ~ **platform** Abfahrtsbahnsteig *m* (*in London*). **25.** *bes. Am.* a) in Richtung nach e-r großen Stadt, b) zum Geschäftsviertel (hin), in die Stadtmitte. **26.** *colloq.* Bar...: → **down payment**.

**III** *prep* **27.** her-, hinˈunter, her-, hinˈab, entlang: ~ **the hill** den Hügel hinunter; ~ **the river** den Fluß hinunter, flußabwärts; ~ **the middle** durch die Mitte; ~ **the street** die Straße entlang *od.* hinunter. **28.** (in derˈselben Richtung) mit: ~ **the wind** mit dem Wind. **29.** a) hinˈunter in (*acc*), b) hinˈein in (*acc*). **30.** unten an (*dat*): **further** ~ **the Rhine** weiter unten am Rhein. **31.** *zeitlich*: ~ **the ages**; → (hinˈdurch): ~ **age** 4.

**IV** *s* **32.** *fig.* a) Abstieg *m*, b) Nieder-, Rückgang *m*. **33.** Tiefpunkt *m*, -stand *m*. **34.** Depressiˈon *f*, (seelischer) Tiefpunkt. **35.** *colloq.* Groll *m*: **to have a** ~ **on s.o.** j-n ˌauf dem Kieker‘ haben. **36.** *American Football*: a) ˈAngriffsunterˌbrechung *f*

(*durch den Schiedsrichter*), b) 'Angriffs-
akti͵on *f.* **37.** → **downer** 1.
**V** *v/t* **38.** zu Fall bringen (*a. sport u. fig.*).
**39.** niederschlagen. **40.** niederlegen: to ~
**tools** die Arbeit niederlegen, in den
Streik treten. **41.** *ein Flugzeug* abschie-
ßen, ͵runterholen'. **42.** *e-n Reiter* abwer-
fen. **43.** *colloq. ein Getränk* ͵runterkip-
pen'.
**VI** *v/i* **44.** *colloq.* a) hin͵unterrutschen
(*Speise*), b) (gut) schmecken.
**down²** [daʊn] *s* **1.** *orn.* a) Daunen *pl*,
flaumiges Gefieder: **dead ~** Raufdau-
nen; **live ~** Nestdaunen; **~ quilt** Daunen-
decke *f*, b) Daune *f*, Flaumfeder *f*: **in the
~** noch nicht flügge. **2.** (*a.* Bart)Flaum *m*,
feine Härchen *pl.* **3.** *bot.* a) feiner Flaum,
b) haarige Samenkrone, Pappus *m.*
**4.** weiche, flaumige Masse.
**down³** [daʊn] *s* **1.** *obs.* a) Hügel *m*,
b) Sandhügel *m, bes.* Düne *f.* **2.** *pl* wald-
loses, bes. grasbedecktes Hügelland: **the
D~s** a) Hügelland entlang der Süd- u.
Südostküste Englands, b) Reede an der
Südostküste Englands, vor der Stadt Deal.
͵**down|-and-'out I** *adj* (*a.* physisch u.
psychisch) ͵erledigt', rui'niert. **II** *s* ͵erle-
digter' Mensch, ͵Wrack' *m.* **~and-
-'out·er** → down-and-out II. **'~at-
(-the)-heel(s)** *adj* her͵untergekom-
men (*Person, Hotel etc*).
**'down|-beat I** *s* **1.** *mus.* Niederschlag *m*
(*beim Dirigieren*). **2.** *mus.* erster Schlag
(*e-s Taktes*). **3.** *fig.* Rückgang *m*: **on the ~**
im Rückgang (begriffen). **II** *adj* **4.** *colloq.*
pessi'mistisch. **'~bow** [-bəʊ] *s mus.* Ab-
strich *m.* **'~cast I** *adj* niedergeschlagen:
a) gesenkt (*Blick*), b) depri'miert.
**II** *s ⟨a.* ~ **shaft** (*Bergbau*) Wetterschacht
*m*, einziehender Schacht. **'~draft**, *bes.*
*Br.* **'~draught** *s* **1.** *tech.* Fallstrom *m*:
~ **carburet(t)or** Fallstromvergaser *m.*
**2.** Abwind *m.*
**'down·er** *s sl.* **1.** Beruhigungsmittel *n.*
**2.** depri'mierendes Erlebnis *etc.*
**'down|-fall** *s* **1.** *fig.* Sturz *m.* **2.** starker
Regenguß, Platzregen *m, a.* starker
Schneefall. **3.** *hunt.* Schlagfalle *f.* **'~fall-
en** *adj fig.* gestürzt. **~grade** [¹-ɡreɪd] **I** *s*
**1.** *bes. Am.* Gefälle *n.* **2.** *fig.* Niedergang
*m*: **on the ~** im Niedergang (begriffen).
**II** *adj* [͵-¹ɡreɪd] **3.** *bes. Am.* abschüssig.
**III** *adv* [͵-¹ɡreɪd] *bes. Am.* bergab.
**IV** *v/t* [a. ͵-¹ɡreɪd] **5.** niedriger einstufen.
**6.** (*im Rang*) her'absetzen, degra'dieren.
**7.** *econ.* (*die Quali'tät gen*) verschlech-
tern. **8.** *mil.* die Geheimhaltungsstufe
(*gen*) her͵untersetzen. **~'heart·ed** *adj*
niedergeschlagen, entmutigt. **~'heart-
ed·ness** *s* Niedergeschlagenheit *f.*
**~hill** [͵-¹hɪl] **I** *adv* **1.** abwärts, berg'ab
(*beide a. fig.*), den Berg hin'unter: **he is
going ~** *fig.* es geht bergab mit ihm; **the
rest was ~** (all the way) *fig.* alles andere
ging wie von selbst. **II** *adj* [a. ¹-hɪl] **2.**
abschüssig. **3.** *Skisport:* Abfahrts...: ~
**course**, ~ **run** Abfahrtsstrecke *f*; ~ **race**
Abfahrtslauf *m*; ~ **racer** Abfahrtsläu-
fer(in). **III** *s* [¹-hɪl] **4.** Abhang *m*: **the ~ of
life** *fig.* die absteigende Hälfte des Le-
bens. **5.** *Skisport:* Abfahrt *f.* **'~hill·er** *s*
*Skisport:* Abfahrer(in).
**Down·ing Street** [¹daʊnɪŋ] *s* Downing
Street *f:* a) *Londoner Straße mit dem
Amtssitz des Premierministers,* b) *fig. die
Regierung von Großbritannien:* ~ **disap-
proves.**
͵**down|-in-the-'mouth** *adj colloq.* de-
pri'miert. **'~lead** [-liːd] *s electr.* Nieder-
führung *f (e-r Hochantenne).* **'~most**
[-məʊst; -məst] **I** *adj* unterst(er, e, es),
niedrigst(er, e, es) (*beide a. fig.*): **to be ~**
an letzter Stelle stehen. **II** *adv* ganz un-
ten, zu'unterst. **~'pay·ment** *s econ.*
**1.** Bar-, So'fortzahlung *f.* **2.** Anzahlung *f*

(*bei Ratenkäufen*). **'~pipe** *s Br.* Fallrohr
*n (der Dachrinne).* **'~play** *v/t* bagatelli-
'sieren, ͵her'unterspielen'. **'~pour** *s*
Platzregen *m*, Regenguß *m.* **'~right**
**I** *adj* **1.** völlig, abso'lut, ausgesprochen,
͵hundertpro͵zentig: **a ~ lie** e-e glatte
Lüge; **a ~ moralist** ein ausgesprochener
Moralist; ~ **nonsense** völliger *od.* kom-
pletter Unsinn. **2.** gerade, offen(herzig),
ehrlich, unzweideutig, unverblümt: **a ~
answer. II** *adv* **3.** völlig, ganz u. gar,
durch u. durch, to'tal, gänzlich, ausge-
sprochen: ~ **lovely** ausgesprochen
hübsch; **to refuse ~** glatt ablehnen.
**4.** offen, geradeher'aus. **'~shift** *v/i mot.*
her'unterschalten (**into second gear** in
den 2. Gang). **'~spout** *s Am.* Fallrohr *n*
(*der Dachrinne*).
**Down's syn·drome** *s med.* 'Down-
Syn͵drom *n*, Mongo'lismus *m.*
**down|-stage** [͵-¹steɪdʒ] *thea.* **I** *adv* zum
*od.* im Vordergrund der Bühne. **II** *adj* [a.
¹-steɪdʒ] zum Bühnenvordergrund gehö-
rig. **III** *s* [¹-steɪdʒ] Bühnenvordergrund
*m.* **~stairs I** *adv* **1.** die Treppe her'unter
*od.* hin'unter, nach unten. **2.** e-e Treppe
tiefer. **3.** unten, in e-m unteren Stock-
werk. **4.** *aer. sl.* in niedriger Höhe, in
Bodennähe. **II** *adj* [*bes.* ¹-steə(r)z] **5.** im
unteren Stockwerk (gelegen), unter(er, e,
es). **III** *s* [a. ¹-steə(r)z] **6.** *pl* (*als sg
konstruiert*) unteres Stockwerk, 'Unter-
geschoß *n.* **'~state** *Am.* **I** *adj u. adv* in
der *od.* in die (*bes.* südliche) Pro'vinz (*e-s
Bundesstaates*). **II** *s* (*bes.* südliche) Pro-
'vinz (*e-s Bundesstaates*). **~stream I**
*adv* **1.** strom'ab(wärts). **2.** mit dem
Strom. **II** *adj* [a. ¹-striːm] **3.** strom'ab-
wärts gerichtet. **4.** (weiter) strom'ab-
wärts 'vorkommend *od.* gelegen. **'~
stroke** *s* **1.** Grund-, Abstrich *m (beim
Schreiben).* **2.** *tech.* Abwärts-, Leerhub *m*
(*des Kolbens etc*). **'~swing** *s (econ.* Kon-
junk'tur)Rückgang *m.* **~-the-'line** *adj*
*u. adv* auf der ganzen Linie, durch die
Bank, vorbehaltlos. **'~throw** *s* **1.** *fig.*
Sturz *m.* **2.** *geol.* Schichtensenkung *f.*
**'~time** *s econ. bes. Am.* Ausfallzeit
*f.* **~-to-'earth** *adj* rea'listisch (*a. Preise
etc*). **~town** *Am.* **I** *adv* [͵-¹taʊn] **1.** im *od.*
ins Geschäftsviertel. **II** *adj* [¹-͵taʊn] **2.** im
Geschäftsviertel (gelegen *od.* tätig): **a ~
store; a ~ broker; in ~ Los Angeles** in
der Innenstadt von Los Angeles. **3.** ins
*od.* im Geschäftsviertel (fahrend
*etc*). **III** *s* [¹-͵taʊn] **4.** Geschäftsviertel *n*,
Stadtmitte *f*, Innenstadt *f*, City *f.*
**'~trend** *s* Abwärtstrend *m*, sinkende
Ten'denz. **'~trod·den** *adj* **1.** zertreten,
zertrampelt. **2.** *fig.* unter'drückt, (mit
Füßen) getreten. **'~turn** *s econ.* Kon-
junk'tur)Rückgang *m.* **~un·der** *s colloq.*
a) Au'stralien *n*, b) Neu'seeland *n.*
**down·ward** [¹daʊnwə(r)d] **I** *adj* **1.** hin-
'ab, abwärts, nach unten, hin'unter: ~
**face** ~ mit dem Gesicht nach unten.
**2.** strom'abwärts. **3.** *fig.* abwärts, berg-
'ab: **he moves ~ in life** es ging bergab mit
ihm. **4.** (*zeitlich*) her'ab, abwärts: ~ **from
Shakespeare to the twentieth cen-
tury** von Shakespeare (herab) bis zum
20. Jahrhundert. **II** *adj* **5.** Abwärts...,
sich neigend, nach unten gerichtet *od.*
führend: ~ **acceleration** *phys.* Fallbe-
schleunigung *f*; ~ **current** *aer. phys.* Ab-
wind *m*; ~ **prices** sinkende Preise; ~
**stroke** *tech.* Abwärtshub *m.* **6.** *fig.* berg-
'ab *od.* zum Abgrund führend. **7.** abstei-
gend (*Linie, e-s Stammbaums etc*). **8.** be-
drückt, pessi'mistisch. **'down·wards**
[-wə(r)dz] → downward I.
**'down·wind I** *s* **1.** Rückenwind *m.*
**2.** Fallwind *m.* **II** *adj* **3.** dem Wind
abgekehrt: ~ **side. III** *adv* **4.** mit dem
Wind.

**down·y¹** [¹daʊnɪ] *adj* **1.** *orn.* mit Daunen
bedeckt. **2.** *bot.* feinstflaumig. **3.** mit
Flaum *od.* feinen Härchen bedeckt, flau-
mig: ~ **skin. 4.** Daunen...: ~ **pillow.
5.** *fig.* sanft, weich. **6.** *sl.* ͵gerieben',
͵gerissen'.
**down·y²** [¹daʊnɪ] *adj* sanft gewellt u. mit
Gras bewachsen: ~ **country.**
**dow·ry** [¹daʊərɪ] *s* **1.** Mitgift *f*, Ausstat-
tung *f*, ͵-steuer *f.* **2.** *obs.* Morgengabe *f.*
**3.** *fig.* Gabe *f*, Begabung *f.*
**dowse¹** → douse.
**dowse²** [daʊz] *v/i* mit der Wünschelrute
(*Wasser etc*) suchen.
**dows·er** [¹daʊzə(r)] *s* **1.** Wünschelrute *f.*
**2.** (Wünschel)Rutengänger *m.*
**'dows·ing rod** *s* Wünschelrute *f.*
**dox·ol·o·gy** [dɒk¹sɒlədʒɪ; *Am.* dɑk¹sɑl-] *s*
*relig.* Doxolo'gie *f*, Lobpreisung *f* Gottes
*od.* der Drei'faltigkeit, Lobgesang *m*:
**Greater (Lesser) D~** großes (kleines)
Gloria.
**dox·y¹** [¹dɒksɪ; *Am.* ¹dɑksiː] *s colloq.* Mei-
nung *f* (*bes. in religiösen Dingen*).
**dox·y²** [¹dɒksɪ; *Am.* ¹dɑksiː] *s obs. sl.*
**1.** Mä'tresse *f*, Geliebte *f.* **2.** Dirne *f.*
**doy·en** [¹dɔɪən] *s* **1.** Rangälteste(r) *m.* **2.**
Doy'en *m (des diplomatischen Korps).* **3.**
Nestor *m.*
**doy·ley, doy·ly** → doily.
**doze** [dəʊz] **I** *v/i* dösen, ein Nickerchen
machen *od.* halten: **to ~ off** einnicken,
eindösen. **II** *v/t oft* ~ **away** die Zeit *etc*
verträumen *od.* verdösen. **III** *s* a) Dösen
*n*, b) Nickerchen *n*: **to have a ~** → I.
**doz·en** [¹dʌzn] *s* **1.** *sg u. pl (vor Haupt- u.
nach Zahlwörtern od. ähnlichen Wörtern
außer nach* **some**) Dutzend *n*: **three ~
apples** drei Dutzend Äpfel; **several ~
eggs** mehrere Dutzend Eier; **a ~ bottles
of beer** ein Dutzend Flaschen Bier.
**2.** Dutzend *n* (*a. weitS.*): **~s of birds**
Dutzende von Vögeln; **some ~s of
children** einige Dutzend Kinder; **~s of
people** *colloq.* e-e Menge Leute; **~s of
times** *colloq.* x-mal, hundertmal; **in ~s,
by the ~** zu Dutzenden, dutzendweise;
**cheaper by the ~** im Dutzend billiger; **a
baker's ~** 13 Stück; **fifty pence a ~** 50
Pence das Dutzend; **to talk nineteen to
the ~** *Br.* wie ein Wasserfall reden; **to do
one's daily ~** Früh- *od.* Morgengym-
nastik machen.
**doz·enth** [¹dʌznθ] *adj* zwölft(er, e, es):
**for the ~ time** *colloq.* zum hundertsten
Mal.
**doz·er** [¹daʊzə(r)] *s* **1.** Dösende(r *m*) *f.*
**2.** → bulldozer 1.
**doz·i·ness** [¹dəʊzɪnɪs] *s* Schläfrigkeit *f*,
Verschlafenheit *f.* **'doz·y** *adj* **1.** schläf-
rig, verschlafen, dösig. **2.** angefault
(*Holz, Obst etc*). **3.** *Br. colloq.* ͵schwer von
Begriff'.
**drab¹** [dræb] **I** *s* **1.** Beige *n*, Graubraun *n.*
**2.** dicker, graubrauner Wollstoff. **3.** *fig.*
(graue) Eintönigkeit. **II** *adj* **4.** beige,
graubraun, sandfarben. **5.** *fig.* trist: a)
grau (*Stadt etc*), b) düster (*Farben etc*), c)
langweilig (*Abend etc*), d) freudlos
(*Dasein etc*).
**drab²** [dræb] *s obs.* **1.** Schlampe *f.*
**2.** Dirne *f*, Hure *f.*
**drab·bet** [¹dræbɪt] *s Br.* grober, grau-
brauner Leinenstoff.
**drab·ble** [¹dræbl] **I** *v/t* → draggle I.
**II** *v/i* im Schmutz waten.
**drab·ness** [¹dræbnɪs] *s* Langweiligkeit *f*,
Freudlosigkeit *f.*
**drachm** [dræm] *s* **1.** → drachma 1. **2.** →
dram.
**drach·ma** [¹drækmə] *pl* **-mas, -mae**
[-miː], **-mai** [-maɪ] *s* **1.** Drachme *f:*
a) *altgriechische Gewichts- u. Rechnungs-
einheit,* b) *Währungseinheit im heutigen
Griechenland.* **2.** → dram.

**Dra·co** [ˈdreɪkəʊ] *gen* **Draˈco·nis** [-ˈkəʊnɪs] *s astr.* Drache *m* (*Sternbild*).
**Dra·co·ni·an** [drəˈkəʊnjən; dreɪˈk-; -nɪən], **Draˈcon·ic** [-ˈkɒnɪk; *Am.* -ˈkɑ-] *adj* draˈkonisch, hart, sehr streng: ~ laws.

**draff** [dræf] *s* **1.** Bodensatz *m.* **2.** Abfall *m.* **3.** Vieh-, Schweinetrank *m.* **4.** *Braue-rei:* Trester *pl.*

**draft**, *bes. Br.* (für 3, 5, 14, 21, 22) **draught** [drɑːft; *Am.* dræft] **I** *s* **1.** Skiz-ze *f*, Zeichnung *f.* **2.** Entwurf *m:* a) Skizze *f* (*für e-e künstlerische Arbeit*), b) Riß *m* (*für Bauten, Maschinen etc*), c) Konˈzept *n* (*für ein Schriftstück etc*): preliminary ~ Vorentwurf; ~ agreement Vertragsent-wurf; ~ law Gesetzentwurf. **3.** (Luft-, Kessel-, Ofen)Zug *m:* forced ~ *tech.* künstlicher Zug, Druckluftstrom *m;* there is an awful ~ es zieht fürchter-lich; to feel the draught *Br. colloq.* ˈden Wind im Gesicht spüren', in finan-ziellen Nöten sein. **4.** *tech.* ˈZugregu-ˌliervorrichtung *f* (*an e-m Ofen etc*). **5.** a) Ziehen *n*, b) gezogene Menge *od.* Last. **6.** *fig.* Herˈanziehen *n*, Inˈanspruch-nahme *f*, starke Beanspruchung (on, upon *gen*): to make a ~ on *Hilfsmittel etc* heranziehen, in Anspruch nehmen; to make a ~ on s.o.'s friendship j-s Freundschaft in Anspruch nehmen. **7.** Abhebung *f* (*von Geld*): to make a ~ on one's account von s-m Konto (*Geld*) abheben. **8.** *econ.* a) schriftliche Zah-lungsanweisung *f*, b) Scheck *m*, c) Tratte *f*, (trasˈsierter) Wechsel, d) Ziehung *f*, Tras-ˈsierung *f*: ~ (payable) at sight Sicht-tratte, -wechsel; to make out a ~ on s.o. auf j-n e-n Wechsel ziehen. **9.** Abord-nung *f*, Auswahl *f* (*von Personen*). **10.** *mil. Am.* a) Einberufung *f*, Einziehung *f*, b) Aufgebot *n*, Wehrdienstpflichtige *pl.* **11.** *mil.* a) (ˈSonder)Komˌmando *n*, (ˈab-kommanˌdierte) ˈAbteilung, b) Ersatz (-truppe *f*) *m.* **12.** *econ.* a) ˈÜberschlag *m* (*der Waage*), b) Gutgewicht *n* (*für Ver-luste beim Auswiegen etc*). **13.** *Gießerei:* Verjüngung *f*, Koniziˈtät *f* (*des Modells*). **14.** *mar.* Tiefgang *m.* **15.** → **draught** I.
**II** *v/t* **16.** entwerfen, skizˈzieren, *Schriftstück* aufsetzen, abfassen: to ~ an agreement. **17.** (fort-, ab-, weg)ziehen. **18.** *Personen* (zu e-m bestimmten Zweck) auswählen. **19.** *mil.* a) *Am.* (zum Wehrdienst) einberufen, einziehen (into zu), b) *Truppen* ˈabkommanˌdieren. **20.** *Austral.* Schafe etc ˈaussorˌtieren.
**III** *v/i* **21.** *bes. Automobilsport:* im Windschatten fahren.
**IV** *adj* **22.** Zug...: ~ animal Zugtier *n.* **23.** *mil.* a) *Am.* Einberufungs...: ~ act Rekruˈtierungsgesetz *n;* ~ board Muste-rungskommission *f*, b) *Am.* einberufen, c) ˈabkommanˌdiert.

**draft·ee** [dræfˈtiː] *s Am.* **1.** (zu e-r be-stimmten Aufgabe) Ausgewählte(r *m*) *f.* **2.** *mil.* zum Wehrdienst Eingezogene(r) *m*, Einberufene(r) *m*, Wehrdienstpflich-tige(r) *m.*
**draft·er** *s* **1.** → draftsman. **2.** Zugpferd *n.*
**draft| e·vad·er** *s mil. Am.* Drückeber-ger *m.* **~ex·empt** *adj mil. Am.* vom Wehrdienst befreit. **~ ga(u)ge** *s tech.* Zugmesser *m.* **~ horse** *s* Zugpferd *n.*
**draft·i·ness** [ˈdrɑːftɪnɪs; *Am.* ˈdræf-] *s* Zugigkeit *f.*
**draft·ing| board** *s* Zeichenbrett *n.* **~ pa·per** *s* Zeichenpaˌpier *n.* **~ room** *s tech. Am.* ˈZeichensaal *m*, -büˌro *n.*
**drafts·man** [-mən] *s irr* **1.** *tech.* (Kon-struktiˈons-, Muster)Zeichner *m.* **2.** *j-d, der etwas entwirft od. abfaßt.*
**draft·y** *adj* zugig.
**drag** [dræg] **I** *s* **1.** Schleppen *n*, Zerren *n.*

**2.** *mar.* a) Dragge *f*, Such-, Dregganker *m*, b) Schleppnetz *n.* **3.** *agr.* a) schwere Egge, b) Mistrechen *m.* **4.** *tech.* a) starker Roll- *od.* Blockwagen, b) Last-, Trans-ˈportschlitten *m.* **5.** schwere (vierspän-nige) Kutsche. **6.** Schlepp-, Zugseil *n.* **7.** Schleife *f* (*zum Steintransport etc*). **8.** *tech.* Baggerschaufel *f*, Erdräumer *m.* **9.** Hemmschuh *m*, Schleife *f*: to put on the ~ den Hemmschuh ansetzen. **10.** *tech.* Hemmzeug *n*, -vorrichtung *f.* **11.** *fig.* Hemmschuh *m*, Hemmnis *n*, Belastung *f* (on für). **12.** *aer. phys.* ˈLuft-, ˈStrö-mungsˌwiderstand *m.* **13.** *tech.* (Faden-) Zug *m* (*bei Wickelmaschinen etc*). **14.** *colloq.* (*etwas*) Mühsames: what a ~ up these stairs! diese Treppen sind vielleicht ein ‚Schlauch'! **15.** schleppen-des Verfahren, Verschleppung *f.* **16.** *colloq.* a) (*etwas*) Langweiliges *od.* Fades: to be a ~ langweilig sein, b) (*etwas*) Unangenehmes *od.* Lästiges: what a ~! so ein Mist! **17.** *colloq.* a) Langweiler *m*, fader Kerl, b) lästiger Kerl. **18.** *hunt.* Streichnetz *n* (*zum Vogel-fang*). **19.** *hunt.* a) Fährte *f*, Witterung *f*, b) Schleppe *f* (*künstliche Witterung*), c) Schleppjagd *f.* **20.** *Angeln:* a) Spulen-bremse *f*, b) seitlicher Zug (an der Angel-schnur). **21.** *Am. colloq.* Einfluß *m*, Be-ziehungen *pl*: to use one's ~ s-e Be-ziehungen spielen lassen. **22.** *colloq.* Zug *m* (at, on *an e-r Zigarette etc*): give me a ~ laß mich mal ziehen. **23.** *colloq.* (*von Männern, bes. von Transvestiten, getra-gene*) Frauenkleidung: in ~ in Frauen-kleidung. **24.** *bes. Am. colloq.* Straße *f.* **25.** *colloq. für* drag race.
**II** *v/t* **26.** schleppen, zerren, schleifen, ziehen: to ~ the anchor *mar.* vor Anker treiben; → dust 1, mud 2. **27.** nach-schleifen: to ~ one's feet a) (mit den Füßen) schlurfen, b) *a.* to ~ one's heels *fig.* sich Zeit lassen (over, in, about mit, bei). **28.** a) mit e-m Schleppnetz absu-chen (for nach), b) mit e-m Schleppnetz finden *od.* fangen. **29.** *fig.* absuchen (for nach). **30.** e-n Teich etc ausbaggern. **31.** eggen. **32.** *fig.* hinˈeinziehen (into in *acc*): he was ~ged into the affair; he must sex into every conversation er muß in jedes Gespräch (unbedingt) Sex hinein-bringen. **33.** *colloq.* a) j-n langweilen, b) j-m unangenehm *od.* lästig sein.
**III** *v/i* **34.** geschleppt *od.* geschleift werden. **35.** (am Boden) schleppen *od.* schleifen: the anchor ~s *mar.* der Anker findet keinen Halt. **36.** sich schleppen. **37.** schlurfen (*Füße*). **38.** *fig.* a) sich daˈhinschleppen: time ~s on his hands die Zeit wird ihm lang, b) → drag on II. **39.** *econ.* schleppend *od.* flau gehen. **40.** *a.* ~ behind zuˈrückbleiben, nach-hinken. **41.** *mus.* zu langsam spielen *od.* gespielt werden, schleppen. **42.** dreggen, mit e-m Schleppnetz suchen *od.* fischen (for nach). **43.** zerren, heftig ziehen (at an *dat*). **44.** *colloq.* ziehen (at, on *an e-r Zigarette etc*).
*Verbindungen mit Adverbien:*
**drag| a·long I** *v/t* wegschleppen, weg-zerren. **II** *v/i* sich daˈhinschleppen. **~ a·way** *v/t* wegschleppen, wegzerren: he could not drag himself away from the television er konnte sich nicht vom Fernsehen losreißen. **~ be·hind** → drag 40. **~ down** *v/t* **1.** herˈunterziehen. **2.** *fig.* a) j-n zermürben (*Krankheit etc*), b) j-n entmutigen. **~ in** *v/t* **1.** hinˈeinziehen. **2.** *fig.* (mit) hinˈeinziehen: I don't want to be dragged in ich möchte da nicht mit hineingezogen werden. **~ off** *v/t* weg-schleppen, wegzerren: to drag s.o. off to a party *colloq.* j-n auf e-e Party schlep-pen. **~ on I** *v/t* weiterschleppen. **II** *v/i fig.*

a) sich daˈhinschleppen, b) sich in die Länge ziehen: the speech dragged on for two hours die Rede zog sich über zwei Stunden hin. **~ out** *v/t* **1.** herˈaus-ziehen. **2.** *fig.* hinˈausziehen, in die Länge ziehen. **3.** to drag s.th. out of s.o. *fig.* aus j-m etwas herausholen. **~ up** *v/t* **1.** hoch-ziehen. **2.** *colloq.* ein Kind lieblos auf-ziehen. **3.** *colloq.* e-n Skandal etc aus-graben.
**drag| an·chor** *s mar.* Treib-, Schlepp-anker *m.* **~ bar** *s rail.* Kupp(e)lungs-stange *f.* **~ chain** *s tech.* Hemm-, Sperr-kette *f.*
**dra·gée** [ˈdræˌʒeɪ] *s* Draˈgée *n* (*a. pharm.*).
**drag·ging** [ˈdrægɪŋ] *adj* schleppend (*a. fig. langsam*).
**drag·gle** [ˈdrægl] **I** *v/t* **1.** beschmutzen, besudeln. **2.** im Schmutz schleifen lassen. **II** *v/i* **3.** (nach)schleifen. **4.** beschmutzt werden. **5.** zuˈrückbleiben, nachhinken. **~tail** *s contp. obs.* Schlampe *f.* **~tailed** *adj obs.* schlampig.
**drag·hound** *s hunt.* Jagdhund *m* für Schleppjagden. **~ hunt** *s* Schleppjagd *f.* **~lift** *s* Schlepplift *m.* **~line** *s* **1.** *tech.* Schleppleine *f.* **2.** *aer.* Schleppseil *n.* **3.** *a.* ~ dredge, ~ excavator *tech.* Schürf-kübelbagger *m.* **~link** *s tech.* Kupp(e)-lungsglied *n.* **~net** *s* **1.** *Fischerei:* Schleppnetz *n.* **2.** *hunt.* Streichnetz *n.* **3.** *fig.* Netz *n* (*der Polizei etc*): he was caught in the police ~ er ging der Polizei ins Netz; ~ operation Großfahn-dung *f.*
**drag·o·man** [ˈdrægəʊmən] *pl* **-mans** *od.* **-men** [-mən] *s hist.* Dragoman *m* (*Dolmetscher im Nahen Osten*).
**drag·on** [ˈdrægən] *s* **1.** *myth.* Drache *m*, Lindwurm *m.* **2.** *Bibl.* Drache *m*, Untier *n*, *a.* Wal-, Haifisch *m*, Schlange *f*: the old D~ der Satan. **3.** *colloq.* Drachen *m* (*zänkische Frau*). **4.** *a.* flying ~ *zo.* Flie-gender Drache. **5.** (*e-e*) Brieftaube. **6.** *bot.* (*ein*) Aronstabgewächs *n.* **7.** *mil.* ˈZugmaˌschine *f*, (gepanzerter) Raupen-schlepper. **8.** *mil. hist.* a) kurze (mit e-m Drachenkopf verzierte) Musˈkete, b) Draˈgoner *m.* **9.** D~ → Draco.
**drag·on·et** [ˈdrægənɪt] *s* **1.** *myth.* kleiner Drache. **2.** *ichth.* Spinnenfisch *m.*
**drag·on·fly** *s zo.* Liˈbelle *f*, Wasser-jungfer *f.* **~head** *s bot.* (*bes. Klein-blütiger*) Drachenkopf.
**drag·on's| blood** *s bot.* Drachenblut *n* (*mehrere rote Harze*). **~head**, **~head** → dragonhead. **~teeth** *s pl* **1.** *mil.* Höckerhindernis *n*, Panzerhöcker *pl.* **2.** *fig.* Drachensaat *f*: to sow ~ Zwie-tracht säen.
**drag·on tree** *s bot.* Echter Drachen-baum.
**dra·goon** [drəˈguːn] **I** *s* **1.** *mil.* a) Dra-ˈgoner *m*, b) → dragon 8 a. **2.** → dragon 5. **II** *v/t* **3.** (durch Truppen) unter-ˈdrücken *od.* verfolgen. **4.** *fig.* zwingen (into doing zu tun).
**drag| queen** *s colloq.* Homosexuˈelle(r) *m* in Frauenkleidung. **~ race** *s Automo-bilsport:* Dragsterrennen *n.* **~rope** *s* **1.** Schlepp-, Zugseil *n.* **2.** *aer.* a) Balˈlast-leine *f*, b) Leitseil *n*, c) Vertäuungsleine *f.* **~ show** *s colloq.* Transveˈstitenshow *f.*
**drag·ster** [ˈdrægstə(r)] *s Automobil-sport:* Dragster *m* (*hochgezüchteter, for-melfreier Spezialrennwagen*).
**drail** [dreɪl] *s Angeln:* Grundangel *f.*
**drain** [dreɪn] **I** *v/t* **1.** *a.* ~ off (*od.* away) e-e Flüssigkeit abfließen lassen: to ~ off a) Gemüse abgießen, b) abtropfen lassen. **2.** *med.* Eiter etc draiˈnieren, abziehen. **3.** austrinken, leeren: → dreg 1 a. **4.** *Land* entwässern, dräˈnieren, trocken-legen. **5.** das Wasser ableiten von (*Straßen etc*). **6.** *Gebäude etc* kanaliˈsie-

ren, mit Kanalisati'on versehen. **7.** ab- *od.* austrocknen lassen. **8.** *fig.* erschöpfen: a) *Vorräte etc* aufbrauchen, -zehren, b) *j-n* ermüden, *j-s* Kräfte aufzehren. **9.** (of) arm machen (an *dat*), berauben (*gen*). **10.** *ein Land etc* völlig ausplündern, ausbluten lassen. **11.** fil'trieren. **II** *v/i* **12.** ~ off, ~ **away** abfließen, ablaufen. **13.** sickern. **14.** leerlaufen, all'mählich leer werden (*Gefäße etc*). **15.** abtropfen. **16.** austrocknen. **17.** sich entwässern (into in *acc*), entwässert *od.* trocken werden. **18.** *a.* ~ **away** *fig.* da'hinschwinden. **III** *s* **19.** → drainage 1, 2, 3, 7. **20.** a) 'Abzugska₁nal *m*, Entwässerungsgraben *m*, Drän *m*, b) (Abzugs)Rinne *f*, c) Straßenrinne *f*, Gosse *f*, d) Sickerrohr *n*, e) Kanalisati'onsrohr *n*, f) Senkgrube *f*: **to pour down the** ~ *colloq. Geld* zum Fenster hinauswerfen; **to go down the** ~ *colloq.* a) vor die Hunde gehen, b) verpuffen. **21.** *pl* Kanalisati'on *f*. **22.** *med.* Drain *m*. **23.** *fig.* Abfluß *m*, Aderlaß *m*: **foreign** ~ Kapitalabwanderung *f*, Abfluß von Geld ins Ausland. **24.** (ständige) In'anspruchnahme, Beanspruchung *f*, Belastung *f* (on *gen*), Aderlaß *m*: **a great** ~ **on the purse** e-e schwere finanzielle Belastung. **25.** *colloq. obs.* Schlückchen *n*.

**drain·age** ['dreɪnɪdʒ] *s* **1.** Ableitung *f*: ~ **of water**. **2.** Abfließen *n*, Ablaufen *n*. **3.** Entwässerung *f*, Drä'nage *f*, Trockenlegung *f*. **4.** Ent'wässerungssy₁stem *n*. **5.** Kanalisati'on *f*. **6.** Entwässerungsanlage *f*, -graben *m*, -röhre *f*. **7.** abgeleitete Flüssigkeit, *bes.* Abwasser *n*. **8.** *med.* Drai'nage *f*. ~ **ba·sin**, *a.* ~ **a·re·a** *s geogr.* Strom-, Einzugsgebiet *n*. ~ **tube** *s med.* Drain *m*, 'Abflußka₁nüle *f*.

'**drain₁board** *s Am.* Abtropfbrett *n*. ~ **cock** *s tech.* Ablaß-, Entleerungshahn *m*.

'**drain·er** *s* **1.** a) Drä'nierer *m*, Drä'nagearbeiter *m*, b) Kanalisati'onsarbeiter *m*. **2.** a) Abtropfgefäß *n*, b) Abtropfbrett *n*, -ständer *m*, c) Schöpfkelle *f*.

'**drain·ing₁board** *Br. für* drainboard. ~ **en·gine** *s* Drä'nierma₁schine *f*. ~ **stand** *s* Abtropfständer *m*.

'**drain·less** *adj* **1.** *poet.* unerschöpflich. **2.** ohne Kanalisati'on. **3.** nicht trockenlegbar.

'**drain·pipe** *s* **1.** *tech.* Abflußrohr *n*, Abzugsröhre *f*: ~ **trousers** → 3. **2.** Fallrohr *n* (*der Dachrinne*). **3.** *pl, a.* **pair of** ~**s** *colloq.* Röhrenhose(n *pl*) *f*.

**drake¹** [dreɪk] *s orn.* Enterich *m*, Erpel *m*.

**drake²** [dreɪk] *s* **1.** *myth. obs.* Drache *m*. **2.** *hist. a)* *mil.* Feldschlange *f*, b) *mar.* Drache *m* (*Wikingerschiff*). **3.** *Angeln:* (Eintags)Fliege *f* (*als Köder*).

**dram** [dræm] *s* **1.** Dram *n*, Drachme *f* (*Apothekergewicht = 3,888 g, Handelsgewicht = 1,772 g*). **2.** → fluid dram. **3.** *colloq.* Schluck *m*, Schlückchen *n*: **he's fond of a** ~ er trinkt gern einen. **4.** Quentchen *n*.

**dra·ma** ['drɑːmə; *Am. a.* 'dræmə] *s* **1.** Drama *n*, Schauspiel *n*: ~ **critic** Theaterkritiker(in); ~ **school** Schauspielschule *f*; ~ **student** Schauspielschüler(in). **2.** Drama *n*, dra'matische Dichtung *od.* Litera'tur, Dra'matik *f*. **3.** Schauspielkunst *f*. **4.** *fig.* Drama *n*, erschütterndes *od.* trauriges Geschehen.

**dra·mat·ic** [drə'mætɪk] **I** *adj* (*adv* ~ally) **1.** dra'matisch, Schauspiel... **2.** Schauspiel(er)..., Theater...: ~ **critic** Theaterkritiker(in); ~ **rights** Aufführungs-, Bühnenrechte. **3.** bühnengerecht. **4.** *mus.* dra'matisch: ~ **soprano**; ~ **tenor** Heldentenor *m*. **5.** *fig.* dra'matisch, spannend, auf-, erregend. **6.** *fig.* a) drastisch, einschneidend (*Veränderungen etc*), b) aufsehenerregend (*Rede, Schrift etc*), c) drastisch, besonders anschaulich (*Bei-*

spiel). **II** *s pl* **7.** (*als sg od. pl konstruiert*) Dramatur'gie *f*. **8.** The'ater-, *bes.* Liebhaberaufführungen *pl*. **9.** (*als pl konstruiert*) *fig.* thea'tralisches Benehmen *od.* Getue.

**dram·a·tis per·so·nae** [₁drɑːmətɪspɔːˈsəʊnaɪ; ₁dræmətɪspɔːˈsəʊniː; *Am.* -pɔr'-] (*Lat.*) *s pl* **1.** Per'sonen *pl* der Handlung. **2.** Rollenverzeichnis *n*.

**dram·a·tist** ['dræmətɪst] *s* Dra'matiker *m*, Bühnenautor *m*, -dichter *m*, -schriftsteller *m*. **‚dram·a·ti'za·tion** [-taɪ'zeɪʃn; *Am.* -tə'z-] *s* Dramati'sierung *f* (*a. fig.*): ~ **of a novel** Bühnenbearbeitung *f* e-s Romans. '**dram·a·tize I** *v/t* **1.** dramati'sieren: a) für die Bühne bearbeiten, b) *fig.* aufbauschen. **2.** *fig.* anschaulich zeigen, nachdrücklich veranschaulichen. **II** *v/i* **3.** sich dramati'sieren *od.* für die Bühne bearbeiten lassen. **4.** *fig.* über'treiben.

**dram·a·turge** ['dræmətɜːdʒ; *Am.* -₁tɜrdʒ] *s thea.* Dramaturgist. **‚dram·a·'tur·gic** *adj* (*adv* ~ally) **1.** drama'turgisch. **2.** → dramatic 1, 2. '**dram·a·tur·gist** *s* Drama'turg *m*. **2.** → dramatist. '**dram·a·tur·gy** *s* Dramatur'gie *f*.

**drame|à clef** *pl* **drames à clef** [₁drɑːmɑːˈkleɪ] *s thea.* Schlüsseldrama *n*. ~ **à thèse** *pl* **drames à thèse** [₁drɑːmɑːˈteɪz] *s thea.* Ten'denzstück *n*.

**drank** [dræŋk] *pret u. obs. pp von* **drink**.

**drape** [dreɪp] **I** *v/t* **1.** dra'pieren, (mit Stoff) behängen *od.* (aus)schmücken. **2.** dra'pieren, in (dekora'tive) Falten legen. **3.** *Mantel, Pelz etc* hängen (**over** über *acc*). **4.** (ein)hüllen (in in *acc*). **II** *v/i* **5.** in (dekora'tiven) Falten her'abfallen, schön fallen. **II** *s* **6.** Drape'rie *f*, Behang *m*, *meist pl* Vorhang *m*. '**drap·er** *s* Tex'tilkaufmann *m*, Tuch-, Stoffhändler *m*: ~**'s (shop)** Textilgeschäft *n*. '**drap·er·ied** [-rɪd] *adj* dra'piert. '**drap·er·y** *s* **1.** Drape'rie *f*: a) dekora'tiver Behang, Dra'pierung *f*, b) Faltenwurf *m*. **2.** *collect.* Tex'tilien *pl*, Webwaren *pl*, (*bes.* Woll-) Stoffe *pl*, Tuch(e *pl*) *n*. **3.** *bes. Br.* Tex'til-, Tuch-, Stoffhandel *m*. **4.** *bes. Am.* Vorhang *m*, Vorhangstoffe *pl*.

**dras·tic** ['dræstɪk] **I** *adj* (*adv* ~ally) **1.** *med.* drastisch, stark (*bes. Abführmittel*). **2.** drastisch, 'durchgreifend, gründlich, *bes.* **3.** *med.* Drastikum *n*, starkes Abführmittel.

**drat** [dræt] *colloq.* **I** *interj* verflucht!, verdammt! **II** *v/t* der Teufel soll (*es, ihn etc*) holen!: ~ **it** (him)! '**drat·ted** *adj colloq.* verflucht, verdammt.

**draught** [drɑːft; *Am.* dræft] *I s* **1.** Fischzug *m*: a) Fischen *m* mit dem Netz, b) (Fisch)Fang *m*. **2.** Zug *m*, Schluck *m*: **at a** ~ in 'einem Zug, ohne abzusetzen; **a** ~ **of beer** ein Schluck Bier. **3.** ~ **'neintrank** *s*. **4.** Abziehen *n* (aus dem Faß *etc*): **beer on** ~, ~ **beer** Bier *n* vom Faß, Faßbier. **5.** *Br.* a) *pl* (*als sg konstruiert*) Damespiel *n*, b) → draughtsman 1. **6.** a) *bes. Br. für* draft 3, 5, 14, b) *selten bes. Br. für* draft 2, 8, 11. **II** *v/t* **7.** *selten bes. Br. für* draft 16.

'**draught·board** *s Br.* Damebrett *n*.

**draught·i·ness** ['drɑːftɪnɪs; *Am.* 'dræf-] *s bes. Br. für* draftiness.

'**draught net** *s Fischerei:* Zugnetz *n*.

'**draughts·man** [-mən] *s irr* **1.** *Br.* Damestein *m*. **2.** → draftsman.

'**draught·y** *adj bes. Br. für* drafty.

**Dra·vid·i·an** [drə'vɪdɪən] *I s* **1.** Drawida *m* (*Angehöriger von* 2). **2.** Drawida *n* (*große, nichtindogermanische indische Sprachfamilie*). **II** *adj* **3.** dra'widisch.

**draw** [drɔː] *I s* **1.** Ziehen *n*: **quick on the** ~ a) schnell (mit der Pistole), b) *fig.*

schlagfertig, ‚fix'. **2.** Zug *m* (*a. an der Pfeife etc*). **3.** *fig.* Zug-, Anziehungskraft *f*. **4.** *fig.* Attrakti'on *f* (*a. Person*), *bes.* Zugstück *n*, Schlager *m*. **5.** Ziehen *n* (*e-s Loses etc*). **6.** a) Auslosen *n*, Verlosen *n*, b) Verlosung *f*, Ziehung *f*. **7.** gezogene Spielkarte(n *pl*). **8.** abgehobener Betrag. **9.** *Am.* Aufzug *m* (*e-r Zugbrücke*). **10.** *sport* Unentschieden *n*: **to end in a** ~ unentschieden ausgehen *od.* enden. **11.** *colloq.* Vorteil *m*: **to have the** ~ **over** im Vorteil sein gegenüber. **12.** → draw poker. **13.** *tech.* a) (*Draht*)Ziehen *n*, b) Walzen *n*, c) Verjüngung *f*.

**II** *v/t pret* **drew** [druː] *pp* **drawn** [drɔːn] **14.** ziehen, zerren: **to** ~ **s.o. into** *fig.* j-n hineinziehen in (*acc*). **15.** ab-, an-, auf-, fort-, her'ab-, wegziehen: **to** ~ **a drawbridge** e-e Zugbrücke aufziehen; **to** ~ **the curtains** die Vorhänge auf- *od.* zuziehen; **to** ~ **the nets** die Netze einziehen *od.* -holen: **to** ~ **rein** die Zügel anziehen (*a. fig.*). **16.** *e-n Bogen* spannen: → **bow²** 1 a. **17.** ziehen: **to** ~ **s.o. into talk** j-n ins Gespräch ziehen. **18.** nach sich ziehen, bewirken, zur Folge haben. **19.** bringen (**on, upon** über *acc*): **to** ~ **s.o.'s anger on o.s.** sich j-s Zorn zuziehen; **to** ~ **ruin upon o.s.** sich ins Unglück stürzen. **20.** *Atem* holen: **to** ~ **a sigh** aufseufzen; → **breath** 1. **21.** (her'aus)ziehen: **to** ~ **a tooth** e-n Zahn ziehen; → **tooth** 1. **22.** *Karten* a) (vom Geber) erhalten, b) abheben, ziehen, c) her'ausholen: **to** ~ **the opponent's trumps** dem Gegner die Trümpfe herausholen. **23.** *Waffe* ziehen: **to** ~ **one's pistol**. **24.** a) *Lose* ziehen, b) (durch Los) gewinnen, *e-n Preis* erhalten, c) auslosen: **to** ~ **bonds** *econ.* Obligationen auslosen. **25.** *Wasser* her'aufpumpen, -holen, schöpfen. **26.** *Bier etc* abziehen, abzapfen (**from** von, aus). **27.** *med. Blut* entnehmen (**from** dat). **28.** *Tränen* a) her'vorlocken, b) entlocken (**from s.o.** j-m). **29.** *Tee* ziehen lassen. **30.** *fig.* anziehen, an sich ziehen, fesseln: **to feel** ~**n to s.o.** sich zu j-m hingezogen fühlen. **31.** *Kunden etc* anziehen, anlocken: **to** ~ **a full house** *thea.* das Haus füllen. **32.** *j-s Aufmerksamkeit* lenken (**to** auf *acc*): **to** ~ **s.o.'s attention to s.th.** j-n (dazu) bewegen (**to do s.th.** etwas zu tun). **33.** *j-n* (dazu) bewegen (**to do s.th.** etwas zu tun). **34.** *Linie, Grenze etc* ziehen. **35.** *Finger, Feder etc* gleiten lassen: **to** ~ **the pen across the paper**. **36.** zeichnen, malen, entwerfen (**from** nach). **37.** (in Worten) schildern, beschreiben, zeichnen: **to** ~ **it fine** *colloq.* es ganz genau nehmen; ~ **it mild!** mach mal halblang!, du übertreibst! **38.** *Schriftstück* ab-, verfassen, aufsetzen: **to** ~ **(up) a deed**. **39.** *e-n Vergleich* anstellen, *a. e-e Parallele etc* ziehen: **to** ~ **a comparison**. **40.** *e-n Schluß, e-e Lehre* ziehen: **to** ~ **one's own conclusions** s-e eigenen Schlüsse ziehen. **41.** *Zinsen etc* einbringen, abwerfen: **to** ~ **interest**; **to** ~ **a good price** e-n guten Preis erzielen. **42.** *econ. Geld* abheben (**from** von *od.* e-m *Konto*). **43.** *econ. e-n Wechsel etc* ziehen, tras'sieren, ausstellen: **to** ~ **a bill of exchange on s.o.** e-n Wechsel ziehen auf j-n; **to** ~ **a check** (*Br.* **cheque**) e-n Scheck ausstellen. **44.** *ein Gehalt etc, a. Nachrichten etc* beziehen, bekommen. **45.** *fig.* entlocken (**from** dat): **to** ~ **applause** Beifall her'vorrufen; **to** ~ **applause from an audience** e-m Publikum Beifall abringen; **to** ~ **(information from)** s.o. j-n ausholen, -fragen, -horchen; **to** ~ **no reply from** s.o. aus j-m keine Antwort herausbringen. **46.** *colloq. j-n* aus s-r Re'serve her'auslocken. **47.** entnehmen (**from** dat): **to** ~ **consolation from** Trost schöpfen aus;

to ~ inspiration from sich Anregung holen von *od.* bei *od.* durch; → **advantage** 2. **48.** *geschlachtetes Tier* ausnehmen, *erlegtes Tier a.* ausweiden. **49.** *Gewässer* a) trockenlegen, b) (mit dem Netz) abfischen. **50.** a) *hunt. ein Dickicht* (nach Wild) durch¹stöbern *od.* -¹suchen, b) *Wild* aufstöbern. **51.** *tech.* a) *Draht, Röhren, Kerzen* ziehen, b) auswalzen, (st)recken, ziehen: **to ~ iron. 52.** *das Gesicht* verziehen: **his face was ~n with pain** sein Gesicht war schmerzverzerrt. **53.** e-m *den Mund* zs.-ziehen: **lemons ~ the mouth. 54.** *med. ein Geschwür etc* ausziehen, -trocknen. **55.** *mar.* e-n Tiefgang haben von: **the ship ~s eight feet. 56. to ~ the match** *sport* unentschieden spielen, sich unentschieden trennen. **57.** *Golf: den Ball* nach links verziehen.

**III** *v/i* **58.** ziehen. **59.** *fig.* ziehen (*Theaterstück etc*). **60.** (*sein Schwert etc*) ziehen (**on** gegen). **61.** sich (*leicht etc*) ziehen lassen, laufen: **the wag(g)on ~s easily. 62.** fahren, sich bewegen: **to ~ into the station** *rail.* (in den Bahnhof) einfahren. **63.** (**to**) sich nähern (*dat*), her¹ankommen (**an** *acc*): → **end** *Bes. Redew.* **64.** sich versammeln (**round, about** um). **65.** sich zs.-ziehen, (ein)schrumpfen (**into** zu). **66.** sich (aus)dehnen. **67.** *mar.* schwellen (*Segel*). **68.** ziehen (*Tee, a. med. Pflaster, Salbe etc*). **69.** ziehen, Zug haben (*Kamin etc*). **70.** zeichnen, malen. **71.** (**on, upon**) in Anspruch nehmen (*acc*), Gebrauch machen (von), her¹anziehen (*acc*), (*Kapital, Vorräte etc*) angreifen: **to ~ on one's reserves; to ~ on s.o.** *a.) econ.* j-m ein-e Zahlungsaufforderung zukommen lassen, b) *econ.* auf j-n (e-n Wechsel) ziehen, c) *fig.* j-s Kräfte in Anspruch nehmen; **to ~ on s.o.'s generosity** j-s Großzügigkeit ausnützen; **to ~ on one's imagination** sich etwas einfallen lassen *od.* ausdenken. **72.** *sport* unentschieden kämpfen *od.* spielen (**with** gegen), sich unentschieden trennen. **73.** losen (**for** um).

*Verbindungen mit Adverbien:*

**draw|a·long·side** *v/i* her¹anfahren, -kommen. **~ a·part I** *v/t* **1.** ausein-¹anderziehen. **II** *v/i* **2.** a) sich ausein-¹anderziehen (**from** von), b) sich vonein¹ander entfernen (*beide a. fig.*). **3.** *fig.* sich ausein¹anderleben. **~ a·side I** *v/t* j-n beiseite nehmen, (*a. etwas*) zur Seite ziehen. **II** *v/i* zur Seite gehen *od.* treten. **~ a·way I** *v/t* **1.** weg-, zu¹rückziehen. **2.** j-s *Aufmerksamkeit* ablenken. **II** *v/i* **3.** sich entfernen: **to ~ from s.o.** von j-m abrücken. **4.** *bes. sport* (**from**) e-n Vorsprung gewinnen (vor), sich lösen (von). **~ back I** *v/t* **1.** *a. Truppen* zu¹rückziehen. **2.** *econ.* e-e Zollrückvergütung erhalten für (*bei Wiederausfuhr*). **II** *v/i* **3.** sich zu¹rückziehen. **4.** zu¹rückweichen: **to ~ from s.o.** von j-m abrücken. **~ down** *v/t* **1.** her¹abziehen, *Jalousien* her¹unterlassen. **2.** → **draw** 19. **~ in I** *v/t* **1.** *Luft* einziehen, *a. Atem* holen. **2.** *fig.* j-n (mit) hin¹einziehen. **3.** *Ausgaben* einschränken. **II** *v/i* **4.** einfahren (*Zug*). **5.** (an)halten (*Wagen etc*). **6.** a) zu Ende gehen (*Tag*), b) abnehmen, kürzer werden (*Tage*). **7.** sich einschränken. **8.** *fig.* ¸e-n Rückzieher¹ machen. **~ near** *v/i* (sich) nähern (*dat*), her¹anrücken (*a. fig.*), näher her¹ankommen (**an** *acc*). **~ off I** *v/t* **1.** *Handschuhe etc* ausziehen. **2.** *Truppen* ab-, zu¹rückziehen. **3.** → **draw away** 2. **4.** *chem.* ausziehen, ¹ausdestil¸lieren. **5.** abzapfen. **II** *v/i* **6.** sich zu¹rückziehen (*Truppen etc*). **7.** sich abwenden (**from** von). **~ on I** *v/t* **1.** *Handschuhe etc* anziehen. **2.** *fig.* anziehen, anlocken. **3.** verursachen, her¹beiführen: **to ~**

disaster. **II** *v/i* **4.** → **draw near. ~ out I** *v/t* **1.** her¹ausziehen, -holen (**from** aus). **2.** *fig.* a) *e-e Aussage, die Wahrheit* her-¹ausholen, -locken, -bringen (**of, from** aus), b) j-n ausfragen, -holen, -horchen. **3.** *fig.* j-n aus s-r Re¹serve locken. **4.** *Truppen* a) ¹abkomman¸dieren, b) aufstellen. **5.** verlängern, ausziehen. **6.** *fig.* ausdehnen, hin¹ausziehen, in die Länge ziehen. **7.** → **draw** 38. **II** *v/i* **8.** länger werden (*Tage*). **~ to·geth·er I** *v/t* **1.** zs.-ziehen. **II** *v/i* **2.** sich zs.-ziehen. **3.** zs.-kommen, sich (ver)sammeln. **~ up I** *v/t* **1.** hin¹aufziehen, aufrichten: **to draw o.s. up** sich (stolz, entrüstet *etc*) aufrichten. **2.** e-n *Stuhl etc* her¹anziehen. **3.** *Truppen etc* aufstellen, aufmar¸schieren lassen. **4.** → **draw** 38. **5.** *e-e Bilanz etc* aufstellen. **6.** *Vorschläge, e-n Plan etc* entwerfen, ausarbeiten. **7.** *sein Pferd etc* zum Stehen bringen. **II** *v/i* **8.** (an)halten (*Wagen etc*). **9.** vorfahren (**to** vor *dat*). **10.** ¹aufmar¸schieren (*Truppen etc*). **11.** her¹ankommen (**with**, **to** an *acc*). **12.** aufholen: **to ~ with s.o.** j-n einholen *od.* überholen.

**'draw|·back** *s* **1.** (**to**) Nachteil *m* (für), Beeinträchtigung *f* (*gen*), Hindernis *n* (für). **2.** Nachteil *m*, Schattenseite *f*, (*der*) ¸Haken¹ (an der Sache). **3.** Abzug *m* (**from** von). **4.** *econ.* Zollrückvergütung *f* (*bei Wiederausfuhr*). **'~·bar** *s* **1.** *rail.* Zugstange *f*. **2.** *Am.* Zuglatte *f* (*im Zaun*). **'~·bench** *s tech.* (Draht)Ziehbank *f*. **'~·bridge** *s* Zugbrücke *f*. **'~·card** → **drawing card.**

**draw·ee** [drɔː¹iː] *s econ.* Bezogene(r *m*) *f*, Tras¹sat *m* (*e-s Wechsels*).
**draw·er** [*für* 1-3: drɔː(r); *für* 4-6: ¹drɔːə(r)] *s* **1.** Schublade *f*, -fach *n*. **2.** *pl* Kom¹bination *f*. **3.** *fig. a.* **pair of ~s** ¹Unterhose *f*, (Damen)Schlüpfer *m*. **4.** Zieher *m*. **5.** Zeichner *m*. **6.** *econ.* Aussteller *m*, Zieher *m*, Tras¹sant *m* (*e-s Wechsels*).
**'draw|·file** *v/t tech.* mit der Feile glätten. **'~·gear** *s rail. Br.* Kupplungsvorrichtung *f*.
**draw·ing** [¹drɔːɪŋ] *s* **1.** Ziehen *n*. **2.** Zeichnen *n*: **in ~** a) richtig gezeichnet, b) *fig.* zs.-stimmend; **out of ~** a) unperspektivisch, verzeichnet, b) *fig.* nicht zs.-stimmend. **3.** Zeichenkunst *f*. **4.** a) Zeichnung *f* (*a. tech.*), b) (Zeichen)Skizze *f*, Entwurf *m*. **5.** Verlosung *f*, Ziehung *f*. **6.** Abhebung *f* (*von Geld*). **7.** *pl* a) Bezüge *pl*, b) *econ. Br.* Einnahmen *pl*. **~ ac·count** *econ.* a) Girokonto *n*, b) Konto *n* für Pri¹vatentnahmen (*e-s Gesellschafters*), c) Spesen- *od.* Vorschußkonto *n*. **~ block** *s* Zeichenblock *m*. **~ board** *s* Reiß-, Zeichenbrett *n*: **to go back to the ~** *fig.* noch einmal von vorne anfangen. **~ card** *s Am.* Zugnummer *f*: a) zugkräftiges Stück, b) zugkräftiger Schauspieler. **~ com·pass·es** *pl*, *a.* **pair of ~** Reiß-, Zeichenzirkel *m*. **~ ink** *s* Zeichentinte *f*, Ausziehtusche *f*. **~ knife** → **drawknife. ~ mas·ter** *s* Zeichenlehrer *m*. **~ of·fice** *s Br.* ¹Zeichenbü¸ro *n*. **~ pa·per** *s* ¹Zeichenpa¸pier *n*. **~ pen** *s* Zeichen-, Reißfeder *f*. **~ pen·cil** *s* Zeichenstift *m*. **~ pin** *s Br.* Reißzwecke *f*, -nagel *m*, Heftzwecke *f*. **~ pow·er** *s fig.* Zugkraft *f*. **~ room** *s* **1.** Gesellschafts-, Empfangszimmer *n*, Sa¹lon *m*: **not fit for the ~** nicht salonfähig (*Witz etc*). **2.** *obs.* Empfang *m* (*bes. Br.* bei Hofe), Gesellschaftsabend *m*: **to hold a ~** e-n Empfang geben. **3.** *rail. Am.* Sa¹lon..., Pri¹vatab¸teil *n*. **~ room** *adj* **1.** Salon..., vornehm, gepflegt: **~ manners** feines Benehmen; **~ car** *rail. Am.* Salonwagen *m*. **2.** Gesellschafts..., Salon...: **~ music. ~ set** *s* Reißzeug *n*.
**'draw·knife** *s irr tech.* (Ab)Ziehmesser *n*.

**drawl** [drɔːl] **I** *v/t u. v/i* gedehnt *od.* schleppend sprechen. **II** *s* gedehntes Sprechen. **'drawl·ing** *adj* (*adv* **~ly**) gedehnt, schleppend.
**drawn** [drɔːn] **I** *pp von* **draw. II** *adj* **1.** gezogen. **2.** *tech.* gezogen: **~ wire. 3.** abgespannt: **to look ~. 4.** *sport* unentschieden: **~ match** Unentschieden *n*. **~ but·ter (sauce)** *s gastr.* Buttersoße *f*. **~ work** *s* Hohlsaumarbeit *f*.
**'draw|·plate** *s tech.* (Draht)Zieheisen *n*, Lochplatte *f*. **'~·point** *s* **1.** Ra¹dier-, Reißnadel *f* (*des Graveurs*). **2.** Spitzbohrer *m*. **~ po·ker** *s* Draw Poker *n* (*Form des Pokers, bei der nach e-m ersten Einsatz Karten abgelegt u. durch andere ersetzt werden dürfen*). **'~·knife.** **'~·string** *s* **1.** Zugband *n*, -schnur *f*. **2.** Vorhangschnur *f*. **~ well** *s* Ziehbrunnen *m*.
**dray**[1] [dreɪ] *s* **1.** Roll-, Tafelwagen *m*. **2.** Lastschlitten *m*.
**dray**[2] [dreɪ] *s* Eichhörnchennest *n*.
**dray| horse** *s* Zugpferd *n*. **'~·man** [-mən] *s irr* Rollkutscher *m*.
**dread** [dred] **I** *v/t* **1.** etwas, j-n sehr fürchten, sich fürchten (**to do, doing** zu tun), (große) Angst haben vor (*dat*), ein Grauen empfinden vor (*dat*), sich fürchten vor (*dat*). **2.** *obs.* Ehrfurcht haben vor (*dat*). **II** *s* **3.** (große) Angst, Furcht *f* (**of** vor *dat*; **of doing** zu tun), Grauen *n* (**of** vor *dat*). **4.** *obs.* Ehrfurcht *f*. **5.** j-d *od.* etwas, vor dem man (große) Angst hat: **illness is the great ~ of his life** am meisten fürchtet er sich vor Krankheiten. **III** *adj* **6.** *poet.* → **dreadful** 1 *u.* 2. **'dread·ful** *adj* (*adv* **~ly**) **1.** fürchterlich, furchtbar, schrecklich (*alle a. fig. colloq.*). **2.** *obs.* ehrwürdig, erhaben, hehr. **3.** *colloq.* a) gräßlich, scheußlich, b) furchtbar groß, kolos¹sal, entsetzlich lang. **II** *s* → **penny dreadful. 'dread·less** *adj* (*adv* **~ly**) furchtlos.
**'dread·locks** *s pl* zs.-gedrehte (*nicht gekämmte u. nicht geflochtene*) Haarsträhnen *pl* (*als Kennzeichen der Rastafari-Sekte*).
**'dread·nought**, *a.* **'dread·naught** [-nɔːt] *s* **1.** *mar. mil.* Dreadnought *m* (*Schlachtschiff mit Geschützen einheitlichen Kalibers*). **2.** dicker, wetterfester Stoff *od.* Mantel.
**dream** [driːm] **I** *s* **1.** Traum *m*: **to have a ~ about** träumen von. **2.** Traum(zustand) *m*: **as in a ~** wie im Traum. **3.** Traumbild *n*. **4.** (Tag)Traum *m*, Träume¹rei *f*. **5.** (Wunsch)Traum *m*: **that's beyond my wildest ~s** das übertrifft m-e kühnsten Träume. **6.** *fig.* Traum *m*, Ide¹al *n*: **a ~ of a hat** ein Gedicht von e-m Hut, ein traumhaft schöner Hut; **it is a perfect ~** es ist wunderschön. **II** *v/i pret u. pp* **dreamed** *od.* **dreamt** [dremt] **7.** träumen (**of** von) (*a. fig.*): **to ~ of doing s.th.** davon träumen, etwas zu tun (→ 9). **8.** träumen, verträumt *od.* träumerisch sein. **9.** ~ *of meist neg* a) ahnen (*acc*), b) daran denken (**doing** zu tun): **I never ~ed of it** ich habe es mir nie träumen lassen; **we did not ~ of going there** wir dachten nicht im Traum daran hinzugehen; **more things than we ~ of** mehr Dinge, als wir uns denken können. **III** *v/t* **10.** träumen (*a. fig.*): **to ~ a dream** e-n Traum träumen *od.* haben; **I ~ed that** mir träumte, daß. **11.** erträumen, ersehnen. **12.** sich träumen lassen, ahnen: **without ~ing** that ohne zu ahnen, daß. **13.** ~ **away** verträumen. **14.** ~ **up** *colloq.* a) zu¹sammenträumen, -phanta¸sieren, b) sich ausdenken, sich einfallen lassen.
**dream|a·nal·y·sis** *s irr psych.* ¹Traumana¸lyse *f*. **'~·boat** *s sl.* **1.** Schwarm *m*.

2. ‚Schatz' *m*. **3.** Ide¦al *n* (*Person u. Sache*). **~ book** *s* Traumbuch *n*.
**dream·er** [ˈdriːmə(r)] *s* **1.** Träumer(in) (*a. fig.*), Träumende(r *m*) *f*. **2.** Phan¦tast(in). **'dream·i·ness** [-ınıs] *s* **1.** Verträumtheit *f*, träumerisches Wesen. **2.** Traumhaftigkeit *f*, Verschwommenheit *f*. **'dream·ing** *adj* (*adv* ~ly) verträumt.
**'dream·land** *s* Traumland *n*.
**'dream·less** *adj* traumlos.
**'dream·like** *adj* traumhaft, -ähnlich. **~ psy·chol·o·gy** *s* ¦Traumpsycho¦logie *f*. **~ read·er** *s* Traumdeuter(in).
**dreamt** [dremt] *pret u. pp von* **dream**.
**dream world** *s* Traumwelt *f*.
**dream·y** [ˈdriːmı] *adj* (*adv* **dreamily**) **1.** verträumt (*a. Augen*), träumerisch. **2.** traumhaft, dunkel, verschwommen: **~ recollection**. **3.** zum Träumen: **~ music**. **4.** *colloq.* traumhaft (schön).
**drear** [drıə(r)] *poet. für* **dreary**.
**drear·ie** [ˈdrıərı] *s colloq.* ‚langweiliger Typ'.
**drear·i·ness** [ˈdrıərınıs] *s* **1.** Trübseligkeit *f*. **2.** Langweiligkeit *f*. **'drear·y** *adj* (*adv* **drearily**) **1.** trübselig (*Ort etc*). **2.** trüb (*Tag etc*). **3.** langweilig (*Person, Arbeit etc*).
**dredge¹** [dredʒ] **I** *s* **1.** *tech.* a) ¦Bagger(ma¦schine *f*) *m*, b) Naß-, Schwimmbagger *m*. **2.** *mar.* a) Schleppnetz *n*, b) Dreganker *m*. **II** *v/t* **3.** *tech.* ausbaggern: **~d material** Baggergut *n*; **to ~ away** (**up**) mit dem Bagger wegräumen (heraufholen). **4.** mit dem Schleppnetz fangen *od.* her¦aufholen. **5.** *fig.* durch¦forschen, -¦forsten. **III** *v/i* **6.** *tech.* baggern. **7.** mit dem Schleppnetz suchen *od.* fischen (**for** nach): **he ~d into himself for words** er suchte nach Worten.
**dredge²** [dredʒ] *v/t* (mit Mehl *etc*) bestreuen.
**dredg·er¹** [ˈdredʒə(r)] *s* **1.** *tech.* a) Baggerarbeiter *m*, b) Bagger *m*: **~ bucket** Baggereimer *m*. **2.** Dregger *m*, Schleppnetzfischer *m*.
**dredg·er²** [ˈdredʒə(r)] *s* (Mehl- *etc*) Streubüchse *f*, (-)Streuer *m*.
**dredg·ing box** [ˈdredʒıŋ] → **dredger²**. **~ ma·chine** *s* ¦Bagger(ma¦schine *f*) *m*.
**dree** [driː] *v/t Scot. poet.* erdulden: **to ~ one's weird** sich in sein Schicksal fügen.
**dreg** [dreg] *s* **1.** *meist pl* a) (Boden)Satz *m*: **to drain a cup to the ~s** ein Getränk bis auf den letzten Tropfen *od.* bis zur Neige leeren, b) Verunreinigungen *pl*. **2.** *meist pl fig.* Abschaum *m*, Hefe *f*: **the ~s of mankind** der Abschaum der Menschheit. **3.** *meist pl* Unrat *m*, Abfall *m*. **4.** a) (kleiner) Rest, b) kleine Menge: **not a ~** gar nichts. **'dreg·gy** *adj* hefig, trüb, schlammig.
**drench** [drentʃ] **I** *v/t* **1.** durch¦nässen, (durch)¦tränken: **~ed in blood** blutgetränkt, -triefend; **~ed with rain** vom Regen durchnäßt; **~ed in tears** in Tränen aufgelöst; → **skin 1**. **2.** *vet. e-m Tier* Arz¦nei einflößen. **II** *s* **3.** → **drencher 1**. **4.** *vet.* Arz¦neitrank *m*. **'drench·er** *s* **1.** (Regen)Guß *m*, (-)Schauer *m*. **2.** *vet.* Gerät *n* zum Einflößen von Arz¦neien.
**'drench·ing** **I** *adj* strömend: **~ rain**. **II** *s*: **to get a (good) ~** bis auf die Haut naß werden.
**Dres·den** [ˈdrezdən] *s a.* **~ china, ~ ware** Meiß(e)ner Porzel¦lan *n*. **~ point lace** *s* sächsische Spitzen *pl*.
**dress** [dres] **I** *s* **1.** Kleidung *f*: a) Anzug *m* (*a. mil.*), b) (Damen)Kleid *n*: **summer ~** Sommerkleid; **birds in winter ~** *fig.* Vögel im Winterkleid. **2.** a) Toi¦lette *f* (*e-r Dame*), b) Abend-, Gesellschaftsklei-

dung *f*. **3.** *fig.* Gewand *n*, Kleid *n*, Gestalt *f*, Form *f*.
**II** *v/t* **4.** an-, bekleiden, anziehen: **to ~ o.s.** sich anziehen; **to ~ the part** sich entsprechend anziehen *od.* kleiden; **to be ~ed for the part** entsprechend angezogen *od.* gekleidet sein. **5.** einkleiden. **6.** *j-n* (fein) her¦ausputzen. **7.** *thea.* mit Ko¦stümen ausstatten, kostü¦mieren: **to ~ it** Kostümprobe abhalten. **8.** schmücken, deko¦rieren: **to ~ a shopwindow** ein Schaufenster dekorieren; **to ~ ship** *mar.* über die Toppen flaggen. **9.** zu¦rechtmachen, (her)richten, *bes.* a) *Speisen* zubereiten, b) *Salat* anmachen, c) *Hühner etc* brat- *od.* kochfertig machen, d) *das Haar* fri¦sieren, e) *ein Zimmer* säubern, putzen. **10.** *ein Pferd* striegeln. **11.** *tech.* zurichten, nach(be)arbeiten, behandeln, aufbereiten, *bes.* a) *Balken etc* hobeln *od.* abputzen, b) *Häute* gerben, zurichten, c) *Tuch* appre¦tieren, glätten, d) *Weberei* schlichten, e) *Erz* aufbereiten, f) *Stein* behauen, g) be-, zuschneiden, h) glätten, a. *Edelsteine* po¦lieren, schleifen, i) *Flachs* hecheln. **12.** *Land, Garten etc* a) bebauen, b) düngen. **13.** *Pflanzen* zu¦rechtstutzen, beschneiden. **14.** *Saatgut* beizen. **15.** *med. Wunden etc* behandeln, verbinden. **16.** gerade ausrichten, ordnen. **17.** *mil.* (aus)richten: **to ~ the ranks**.
**III** *v/i* **18.** sich ankleiden, sich anziehen: **to ~ for supper** sich zum Abendessen umkleiden *od.* umziehen; **to ~ well** (**badly**) *weitS.* sich geschmackvoll (geschmacklos) anziehen. **19.** Abendkleidung anziehen, sich festlich kleiden, ‚sich in Gala werfen'. **20.** *mil.* sich (aus)richten: **~!** richt' euch!
*Verbindungen mit Adverbien:*
**dress down** *v/t* **1.** *Pferd* striegeln. **2.** *colloq. j-m*, *e-e* Standpauke halten', *j-m* ‚aufs Dach steigen', *j-m* ‚eins auf den Deckel geben'. **~ up I** *v/t* **1.** feinmachen. **2.** her¦ausputzen, ‚auftakeln'. **3.** *Fakten etc* a) ‚verpacken' (**in** in *acc*), beschönigen, c) ausschmücken (**with** mit). **II** *v/i* **4.** sich feinmachen, ‚sich in Gala werfen'. **5.** sich her¦ausputzen *od.* ‚auftakeln'. **6.** sich kostü¦mieren *od.* verkleiden (**as** als) (*bes. Kinder*): **she dressed up in her mother's clothes** sie zog sich die Kleider ihrer Mutter an.
**dres·sage** [ˈdresaːʒ; *Am.* drɜˈsaːʒ] *s* (*Pferdesport*) **I** *s* Dres¦sur(reiten *n*) *f*. **II** *adj* Dressur...: **~ horse**; **~ rider**; **~ test** Dressurprüfung *f*.
**dress cir·cle** *s thea. etc* erster Rang. **~ clothes** *s pl* Gesellschaftskleidung *f*. **~ coat** *s* **1.** Frack *m*. **2.** *mar. mil.* Pa¦raderock *m*. **~ de·sign·er** *s* Modezeichner(in).
**'dress·er¹** *s* **1.** *thea.* Gardero¦bier *m*, Gardero¦biere *f*. **2.** j-d, der sich (*sorgfältig etc*) kleidet: **a careful ~**; **she's a fashionable ~** sie ist immer modisch gekleidet. **3.** *Am.* Operati¦onsassi¦stent (-in). **4.** *Br.* ¦Schaufensterdekora¦teur (-in). **5.** *tech.* a) Zurichter *m*, Aufbereiter *m*, b) Appre¦tierer *m*, c) Schlichter *m*, d) Pocharbeiter *m*. **6.** *tech.* Gerät *n* zum Zurichten, Nachbearbeiten *etc*.
**'dress·er²** *s* **1.** a) *obs.* (Küchen)Anrichte *f*, b) Küchen-, Geschirrschrank *m*. **2.** → **dressing table**.
**dress goods** *s pl* (*a. als sg konstruiert*) (Damen)Kleiderstoffe *pl*.
**dress·i·ness** [ˈdresınıs] *s colloq.* **1.** Ele¦ganz *f*. **2.** ‚aufgetakelte' Erscheinung.
**'dress·ing** *s* **1.** Ankleiden *n*. **2.** (Be)Kleidung *f*. **3.** *tech.* Aufbereitung *f*, Nachbearbeitung *f*, Zurichtung *f*. **4.** *tech.* a) Appre¦tur *f*, b) Schlichte *f*. **5.** *tech.* a) Verkleidung *f*, Verputz *m*, b) Schotterbelag *m* (*Straße*). **6.** Zubereitung *f* (*von*

Speisen). **7.** Dressing *n* (*Salatsoße*). **8.** *Am.* Füllung *f* (*von Geflügel etc*). **9.** *med.* a) Verbinden *n* (*e-r Wunde*), b) Verband *m*. **10.** *agr.* a) Düngung *f*, b) Dünger *m*. **~ case** *s* Kul¦turbeutel *m*, -tasche *f*, ¦Reiseneces¦saire *n*. **~'down** *s colloq.* ‚Standpauke' *f*: **to give s.o. a ~** → **dress down 2**; **to get a ~** ,eins aufs Dach *od.* auf den Deckel bekommen *od.* kriegen'. **~ gown** *s* **1.** Morgenmantel *m*, (*für Damen a.*) Morgenrock *m*. **2.** *sport etc* Bademantel *m*. **~ ma·chine** *s tech.* ¦Zurichtema¦schine *f*. **~ room** *s* **1.** ¦Um-, Ankleidezimmer *n*. **2.** (¦Künstler)Garde¦robe *f*. **3.** *sport* (¦Umkleide)Ka¦bine *f*. **~ sta·tion** *s med. mil.* (Feld)Verbandsplatz *m*. **~ ta·ble** *s* Toi¦lettentisch *m*, Fri¦sierkom¦mode *f*.
**'dress·mak·er** *s* (*bes.* Damen)Schneider(in). **'~·mak·ing** *s* Schneidern *n*. **~ pa·rade** *s mil.* Pa¦rade *f* in ¦Galauni¦form. **~ pat·tern** *s* Schnittmuster *n*. **~ re·hears·al** *s thea.* a) Gene¦ralprobe *f* (*a. fig.*), b) Ko¦stümprobe *f*. **~ shield** *s* Arm-, Schweißblatt *n* (*im Kleid etc*). **~ shirt** *s* Frackhemd *n*. **~ suit** *s* Abend-, Gesellschafts-, Frackanzug *m*. **~ u·ni·form** *s mil.* großer Dienstanzug.
**dress·y** [ˈdresı] *adj colloq.* **1.** (auffällig) ele¦gant gekleidet. **2.** geschniegelt, ‚aufgetakelt'. **3.** modebewußt. **4.** ele¦gant, schick, modisch, fesch: **a ~ blouse**.
**drew** [druː] *pret von* **draw**.
**drey** [dreı] *s* Eichhörnchennest *n*.
**drib·ble** [ˈdrıbl] **I** *v/i* **1.** tröpfeln (*a. fig.*): **to ~ away** *fig.* allmählich zu Ende gehen (*Geld etc*). **2.** sabbern, geifern. **3.** *sport* dribbeln: **to ~ past s.o.** j-n aus- *od.* umdribbeln. **II** *v/t* **4.** (her¦ab)tröpfeln lassen, träufeln. **5. to ~ away** *fig.* nach u. nach vertun. **6. to ~ the ball** *sport* dribbeln. **III** *s* **6.** Getröpfel *n*. **7.** Tropfen *m*. **8.** *fig.* → **drib(b)let**. **9.** *colloq.* feiner Regen, Nieseln *n*. **10.** *sport* Dribbling *n*.
**drib·(b)let** [ˈdrıblıt] *s* kleine Menge *od.* Summe: **in** (*od.* **by**) **~s** in kleinen Mengen *od.* Raten.
**dribs and drabs** [drıbz] *s pl*: **in ~** *colloq.* kleckerweise: **he's paying me back in ~**.
**dried** [draıd] *adj* Dörr..., getrocknet: **~ cod** Stockfisch *m*; **~ fruit** Dörrobst *n*; **~ milk** Trockenmilch *f*.
**dri·er¹** [ˈdraıə(r)] *s* **1.** Trockenmittel *n*. **2.** ¦Trockenappa¦rat *m*, Trockner *m*.
**dri·er²** [ˈdraıə(r)] *comp von* **dry**.
**dri·est** [ˈdraııst] *sup von* **dry**.
**drift** [drıft] **I** *s* **1.** Treiben *n*. **2.** *aer. mar.* Abtrift *f*, Abtrieb *m*, (Kurs)Versetzung *f*. **3.** *Ballistik*: Seitenabweichung *f*. **4.** *geogr.* Drift(strömung) *f* (*im Meer*). **5.** (Strömungs)Richtung *f*. **6.** *fig.* a) Strömung *f*, Ten¦denz *f*, Lauf *m*, Richtung *f*: **~ away from** allmähliches Abgehen von, b) Absicht *f*, c) Gedankengang *m*: **if I get your ~** wenn ich Sie richtig verstehe, d) Sinn *m*, Bedeutung *f*, e) etwas Dahingetriebenes, *bes.* a) Treibholz *n*, b) Treibeis *n*, c) Wolkenfetzen *pl*, d) Schnee)Gestöber *n*. **8.** (Schnee)Verwehung *f*, (Schnee-, Sand-) Wehe *f*. **9.** → **driftage 2**. **10.** *geol.* Geschiebe *n*. **11.** Abwanderung *f*: **industrial ~**; **~ from the land** Landflucht *f*. **12.** *fig.* a) treibende Kraft, b) Bestimmender) Einfluß. **13.** *fig.* (Sich)Treibenlassen *n*, Ziellosigkeit *f*. **14.** *tech.* a) Lochräumer *m*, -hammer *m*, b) Austreiber *m*, Dorn *m*, c) Punzen *m*, ¦Durchschlag *m*. **15.** *Bergbau*: Strecke *f*, Stollen *m*.
**II** *v/i* **16.** *a. fig.* getrieben werden, treiben (**into** in *e-n Krieg etc*): **to ~ apart** sich auseinanderleben; **to ~ away** abwandern, b) sich entfernen (**from** von); **to let things ~** den Dingen ihren Lauf lassen. **17.** (*bes.* ziellos) (her¦um)wandern. **18.** *fig.* sich (willenlos) treiben lassen.

**19.** gezogen werden, geraten (**into** in *acc*): **he ~ed into a marriage** er schlitterte in e-e Ehe. **20.** sich häufen, Verwehungen bilden: **~ing sand** Treibsand *m*, Flugsand *m*. **III** *v/t* **21.** (da'hin)treiben, (-)tragen. **22.** wehen. **23.** aufhäufen, zs.-treiben. **24.** *tech.* ein Loch ausdornen.

**drift·age** ['drɪftɪdʒ] *s* **1.** Abtrift *f*, Abtrieb *m* (*durch Strömung od. Wind*). **2.** a) Treibgut *n*, b) Strandgut *n*.

**drift| an·chor** *s mar.* Treibanker *m*. **~ an·gle** *s* **1.** *aer.* Abtriftwinkel *m*. **2.** *mar.* Derivati'onswinkel *m*. **~ av·a·lanche** *s* 'Staublawine *f*.

**'drift·er** *s* **1.** ziellos her'umwandernder Mensch. **2.** *mar.* a) Drifter *m*, Treibnetzfischdampfer *m*, b) Treibnetzfischer *m*. **3.** *Bergbau:* Gesteinshauer *m*.

**drift| ice** *s* Treibeis *n*. **~ me·ter** *s aer.* Abtriftmesser *m*. **~ net** *s* Treibnetz *n*. **D~pe·ri·od** *s geol.* Di'luvium *n*, Eiszeit *f*. **'~wood** *s* Treibholz *n*.

**drill**[1] [drɪl] **I** *s* **1.** *tech.* 'Bohrgerät *n*, -ma‚schine *f*, (Drill-, Me'tall-, Stein-) Bohrer *m*. **2.** *mil.* a) for'male Ausbildung, Drill *m*, b) Exer'zieren *n*. **3.** *fig.* Drill(en *n*) *m*, strenge Schulung. **4.** Drill *m*, 'Ausbildungsme‚thode *f*. **II** *v/t* **5.** *ein Loch* bohren. **6.** durch'bohren: **to ~ a tooth** *med.* e-n Zahn an- *od.* ausbohren. **7.** *mil. u. fig.* drillen, 'einexer‚zieren. **8.** *fig.* drillen, (gründlich) ausbilden. **9.** eindrillen, ‚einpauken' (**into s.o.** j-m): **to ~ French grammar into s.o. 10.** *colloq.* j-m e-e Kugel ‚verpassen'. **III** *v/i* **11.** (*tech. engS.* ins Volle) bohren: **to ~ for oil** nach Öl bohren. **12.** *mil.* a) exer'zieren, b) gedrillt *od.* ausgebildet werden (*a. fig.*).

**drill**[2] [drɪl] *agr.* **I** *s* **1.** (Saat)Rille *f*, Furche *f*. **2.** 'Reihen‚sämaschine *f*, 'Drillma‚schine *f*. **3.** Drillsaat *f*. **II** *v/t* **4.** *Saat* in Reihen säen *od.* pflanzen. **5.** *Land* in Reihen besäen *od.* bepflanzen.

**drill**[3] [drɪl] *s* Drill(ich) *m*, Drell *m*.

**drill**[4] [drɪl] *s* *zo.* Drill *m* (Pavian).

**drill| bit** *s tech.* **1.** Bohrspitze *f*, -eisen *n*. **2.** Einsatzbohrer *m*. **~ book** *s mil.* Exer'zierregle‚ment *n*. **~ car·tridge** *s mil.* Exer'zierpa‚trone *f*. **~ chuck** *s tech.* Bohr-, Spannfutter *n*. **~ ga(u)ge** *s tech.* Bohr(er)lehre *f*. **~ ground** *s mil.* Exer'zierplatz *m*.

**'drill·ing**[1] *s* **1.** *tech.* Bohren *n*, Bohrung *f*. **2.** *pl tech.* Bohrspäne *pl*. **3.** → **drill**[1] 2, 3.

**'drill·ing**[2] *s agr.* Drillen *n*, Säen *n* mit der 'Drillma‚schine.

**drill·ing| bit** *s tech.* **1.** Bohrspitze *f*, -eisen *n*. **2.** (Gesteins)Bohrer *m*. **~ ca·pac·i·ty** *s tech.* **1.** Bohrleistung *f*. **2.** 'Bohr‚durchmesser *m* (*e-r Maschine*). **~ ham·mer** *s tech.* Bohr-, Drillhammer *m*. **~ jig** *s tech.* Bohrvorrichtung *f*, -futter *n*. **~ ma·chine** *s tech.* 'Bohrma‚schine *f*. **~ rig** *s* Bohrinsel *f*.

**dril·lion** ['drɪljən] *s Am. sl.* Unmenge *f*: **a ~ dollars.**

**'drill‚mas·ter** *s* **1.** *mil.* Ausbilder *m*. **2.** *fig.* ‚Einpauker' *m*. **~ plough**, *bes. Am.* **~ plow** → **drill**[2] 2. **~ press** *s* ('Säulen-) ‚Bohrma‚schine *f*. **~ ser·geant** *s mil.* 'Ausbildungs‚unteroffi‚zier *m*. **~ ship** *s mar.* **1.** Schulschiff *n*. **2.** Bohrschiff *n*.

**dri·ly** → **dryly.**

**drink** [drɪŋk] **I** *s* **1.** Getränk *n*. **2.** Drink *m*, alko'holisches Getränk: **to have a ~ with s.o.** mit j-m ein Glas trinken; **to be fond of a** (*gern*) trinken; **to be fond of a ~** gern mal ‚einen' trinken; **in ~** a) angetrunken, b) betrunken. **3.** *collect.* Getränke *pl*. **4.** *fig.* das Trinken, der Alkohol: **to take to ~** sich das Trinken angewöhnen; **to drive s.o. to ~** j-n zum Trinker machen; **to be on the ~** *colloq.* (ein) Trinker sein; *I didn't believe him. I thought it was*

**the ~ talking** ich hielt es für das Gerede e-s Betrunkenen. **5.** Schluck *m*, Zug *m*: **a ~ of water** ein Schluck Wasser; **to take a ~** (*od. have*) a ~ etwas trinken; **to give s.o. a ~** j-m etwas zu trinken geben. **6.** *sl.* (*das*) ‚große Wasser', (*der*) ‚Teich' (*Ozean*).

**II** *v/t pret* **drank** [dræŋk], *obs.* **drunk** [drʌŋk], *pp* **drunk**, *obs.* **drank, drunk·en** ['drʌŋkən] **7.** trinken: **to ~ tea; to ~ one's soup** s-e Suppe essen; **~ table 2. 8.** trinken, saufen (*Tier*). **9.** → **drink in 1. 10.** → **drink in 2, 3. 11.** → **drink off. 12.** trinken *od.* anstoßen auf (*acc*): → **health 3.**

**III** *v/i* **13.** trinken (**out of** aus; *poet. of* von): → **hard 24. 14.** trinken, saufen (*Tier*). **15.** trinken, *weitS.* a. (ein) Trinker sein. **16.** trinken, anstoßen (**to** auf *acc*): **to ~ to s.o.** j-m zuprosten *od.* zutrinken; → **health 3.**

*Verbindungen mit Adverbien:*

**drink| a·way** *v/t* **1.** *sein Geld etc* vertrinken. **2.** *s-e Sorgen etc* im Alkohol ertränken. **~ down** *v/t* **1.** hin'untertrinken. **2.** *j-n* ‚unter den Tisch trinken'. **~ in** *v/t* **1.** aufsaugen. **2.** *fig.* (gierig) in sich aufnehmen, verschlingen: **to ~ s.o.'s words. 3.** *Luft etc* einsaugen, einatmen. **~ off, ~ up** *v/t* austrinken (*a. v/i*), leeren.

**'drink·a·ble I** *adj* trinkbar, Trink... **II** *s* Getränk *n*.

**'drink·er** *s* **1.** Trinkende(r *m*) *f*. **2.** Trinker(in).

**'drink·ing I** *s* **1.** Trinken *n*. **2.** (*gewohnheitsmäßiges*) Trinken. **3.** → **drinking bout. II** *adj* **4.** trinkend: **a ~ man** ein Trinker. **5.** Trink... **~ bout** *s* Trinkgelage *n*. **~ cup** *s* Trinkbecher *m*. **~ foun·tain** *s* Trinkbrunnen *m*. **~ glass** *s* Trinkglas *n*. **~ song** *s* Trinklied *n*. **~ straw** *s* Trinkhalm *m*. **~ wa·ter** *s* Trinkwasser *n*.

**drink of·fer·ing** *s relig.* Trankopfer *n*.

**drip** [drɪp] **I** *v/t pret u. pp* **dripped**, *Am. a.* **dript** [drɪpt] **1.** (her'ab)tröpfeln *od.* (-)tropfen lassen: **his hand was ~ping blood** von s-r Hand tropfte (das) Blut. **2.** **he was ~ping sweat** er triefte vor Schweiß. **II** *v/i* **3.** triefen (**with** von, *od. dat*) (*a. fig.*): **the play ~s with** sentimentality. **4.** (her'ab)tröpfeln, (-)tropfen (**from** von): **the tap is ~ping** der Hahn tropft. **III** *s* **5.** → **dripping 1, 2. 6.** *arch.* Trauf-, Kranzleiste *f*. **7.** *tech.* a) Tropfrohr *n*, b) Tropfenfänger *m*. **8.** *med.* a) Tropf *m*: **to be on the ~** am Tropf hängen; **to put s.o. on a ~** j-m e-n Tropf anlegen, b) 'Tropfinfusi‚on *f*. **9.** *colloq.* a) ‚Nulpe' *f*, b) ‚Flasche' *f*. **~ cock** *s tech.* Entwässerungshahn *m*. **~ cof·fee** *s Am.* Filterkaffee *m*. **'~-drip** *s* ständiges Tropfen. **'~-dry I** *adj* bügelfrei: **~ shirts. II** *v/t* tropfnaß aufhängen. **III** *v/i* bügelfrei sein. **'~-feed** *v/t med.* parente'ral *od.* künstlich ernähren. **~ feed·(ing)** *s.* **1.** *tech.* Tropfölschmierung *f*. **2.** *med.* parente'rale *od.* künstliche Ernährung. **~ oil·er** *s tech.* Tropföler *m*. **~ pan** *s* **1.** *bes. tech.* Abtropfblech *n*, -schale *f*. **2.** → **dripping pan.**

**'drip·ping I** *s* **1.** (Her'ab)Tröpfeln *n*, (-)Tropfen *n*, (Geräusch) Tropfen *n*. **2.** *oft pl* (her'ab)tröpfelnde Flüssigkeit. **3.** (ab)tropfendes Bratenfett. **II** *adj* **4.** (her'ab-) tröpfelnd, (-)tropfend, (*Hahn etc*) tropfend. **5.** triefend (**with** von, *vor dat*) (*a. fig.*). **6.** triefend(naß), tropf-, trief'naß. **III** *adv* **7.** **~ wet** → **6. ~ pan** *s gastr.* Fettpfanne *f*.

**'drip-proof** *adj tech.* tropfwassergeschützt.

**drip·py** ['drɪpɪ] *adj* **1.** *Am.* regnerisch. **2.** *colloq.* rührselig, süßlich, kitschig.

**'drip·stone** *s* **1.** *arch.* Trauf-, Kranzleiste *f*. **2.** *min.* Tropfstein *m*.

**dript** [drɪpt] *Am. pret u. pp von* **drip.**

**drive** [draɪv] **I** *s* **1.** Fahrt *f*, *bes.* Ausfahrt *f*, Spa'zierfahrt *f*, Ausflug *m*: **to take a ~**, **to go for a ~** → **drive out 2**; **the ~ back** die Rückfahrt; **an hour's ~ away** e-e Autostunde entfernt. **2.** a) Treiben *n* (*von Vieh, Holz etc*), b) Zs.-Treiben *n* (*von Vieh*), c) zs.-getriebene Tiere *pl*. **3.** *hunt.* Treibjagd *f*. **4.** *bes. Tennis, Golf:* Drive *m*, Treibschlag *m*. **5.** *mil.* Vorstoß *m* (*a. fig.*). **6.** *fig.* Kam'pagne *f*, (*bes.* Werbe)Feldzug *m*, (*bes.* 'Sammel)Akti‚on *f*. **7.** *fig.* Schwung *m*, E'lan *m*, Dy'namik *f*. **8.** *fig.* Druck *m*: **I'm in such a ~** daß ich stehe so sehr unter Druck, daß. **9.** a) Ten'denz *f*, Neigung *f* (*a. psych.*), b) *psych.* Trieb *m*: → **sexual. 10.** a) Fahrstraße *f*, -weg *m*, b) (pri'vate) Auffahrt (*zu e-r Villa etc*), c) Zufahrtsstraße *f*, -weg *m*. **11.** *tech.* Antrieb *m*. **12.** *mot.* (*Links- etc*)Steuerung *f*: **left-hand ~.**

**II** *v/t pret* **drove** [drəʊv], *obs.* **drave** [dreɪv], *pp* **driv·en** ['drɪvn] **13.** (vorwärts-, an)treiben: **to ~ all before one** *fig.* jeden Widerstand überwinden, unaufhaltsam sein. **14.** *fig.* treiben: **to ~ s.o. to death** j-n in den Tod treiben; → **bend 1**, *corner* 3, **desperation 1, mad 1, wall** *Bes. Redew.*, **wild 9. 15.** *e-n Nagel etc* (ein)treiben, (ein)schlagen, *e-n Pfahl* (ein)rammen: **to ~ s.th. into s.o.** *fig.* j-m etwas einbleuen; → **home 17, wedge 1. 16.** (zur Arbeit) antreiben, hetzen: **to ~ s.o. hard** a) j-n schinden, b) j-n in die Enge treiben. **17.** *j-n* veranlassen (**to**, **into** zu; **to do** zu tun), bringen (**to**, **into** zu), dazu bringen *od.* treiben (**to do** zu tun): **driven by hunger** vom Hunger getrieben. **18.** *j-n* nötigen, zwingen (**to**, **into** zu; **to do** zu tun). **19.** zs.-treiben. **20.** vertreiben, verjagen (**from** von). **21.** *hunt.* treiben, hetzen, jagen. **22.** *Auto etc* lenken, steuern, fahren: **to ~ one's own car** s-n eigenen Wagen fahren. **23.** (im Auto *etc*) fahren, befördern, bringen (**to** nach). **24.** *tech.* (an)treiben, **driven by steam** mit Dampf betrieben, mit Dampfantrieb. **25.** zielbewußt 'durchführen: **to ~ a good bargain** das Geschäft zu e-m vorteilhaften Abschluß bringen; **to ~ a hard bargain** a) hart verhandeln, b) überzogene Forderungen stellen; **he ~s a hard bargain** ‚mit ihm ist nicht gut Kirschen essen'. **26.** *ein Gewerbe* (zielbewußt) (be-)treiben. **27.** *e-n Tunnel etc* bohren, vortreiben. **28.** *colloq.* hin'ausschieben: **to ~ s.th. to the last minute. 29.** *bes. Tennis, Golf:* den Ball driven.

**III** *v/i* **30.** (da'hin)treiben, (da'hin)getrieben werden: **to ~ before the wind** vor dem Wind treiben. **31.** rasen, brausen, jagen, stürmen. **32.** a) (Auto) fahren, chauf'fieren, *e-n od.* den Wagen steuern, b) kut'schieren: **can you ~?** können Sie (Auto) fahren?; **he drove into a wall** er fuhr gegen e-e Mauer. **33.** (spa'zieren-) fahren. **34.** *bes. Tennis, Golf:* driven, e-n Treibschlag spielen. **35.** zielen (**at** auf *acc*): → **let**[1] *Bes. Redew.* **36.** ab-, 'hinzielen (**at** auf *acc*): **what is he driving at?** worauf will er hinaus?, was meint *od.* will er eigentlich? **37.** schwer arbeiten (**at** an *dat*).

*Verbindungen mit Adverbien:*

**drive| a·way I** *v/t* **1.** *a. fig.* Sorgen etc vertreiben, verjagen. **2.** *fig.* Bedenken etc zerstreuen. **II** *v/i* **3.** fort-, wegfahren. **~ back I** *v/t* **1.** zu'rücktreiben. **2.** zu'rückfahren, -bringen. **3.** **to drive s.o. back on s.th.** j-n veranlassen *od.* zwingen, auf etwas zurückzugreifen. **II** *v/i* **4.** zu'rückfahren. **~ in I** *v/t* **1.** → **drive 15. 2.** hin'eintreiben, b) hin'einfahren. **~ off I** *v/t* **1.** vertreiben, verjagen. **II** *v/i* **2.** wegfahren. **3.** *Golf:* abschlagen. **~ on I** *v/t* **1.** an-, vorwärtstreiben. **2.** *fig.* vor-

319

**drive-in – drop**


ˈantreiben: to ~ a project. **II** v/i
**3.** weiterfahren. **~ out I** v/t **1.** aus-,
vertreiben, verjagen. **2.** (a. v/i) aus-, spaˈzierenfahren. **II** v/i **3.** herˈausfahren. ~
**up I** v/t Preise etc in die Höhe treiben.
**II** v/i vorfahren (**to** vor dat).

ˈdrive-in **I** adj Auto...: ~ **cinema** (Am.
motion-picture theater) → IIa; ~
**restaurant** → II b; ~ **window** → II c.
**II** s a) Autokino n, Drive-ˈin-Kino n,
b) Drive-ˈin-Restauˌrant n, -Loˌkal n,
c) Autoschalter m, Drive-ˈin-Schalter m
(e-r Bank).

ˈdrivˈel [ˈdrɪvl] **I** v/i pret u. pp **-eled**, bes.
Br. **-elled 1.** sabbern, geifern. **2.** (dummes Zeug) schwatzen, plappern, faseln.
**II** v/t **3.** daˈherschwatzen. **4.** a. ~ **away**
vertändeln, vertrödeln. **III** s **5.** Geschwätz n, Gefasel n. ˈdrivˈelˈ(l)er s
Schwätzer(in), Faselhans m.

ˈdrive mechˈaˈnism s tech. Transˈportwerk n (e-s Tonbandgeräts).

ˈdrivˈen [ˈdrɪvn] **I** pp von **drive**. **II** adj
**1.** (an-, vorwärts-, zs.-)getrieben: (as)
**white as ~ snow** weiß wie frischgefallener Schnee. **2.** (in die Erde etc) (hinˈein)getrieben, hinˈeingebohrt. **3.** tech.
angetrieben, betrieben: → **drive** 25.

ˈdrivˈer [ˈdraɪvə(r)] s **1.** (An)Treiber m.
**2.** a) (Auto)Fahrer m, Kraftfahrer m,
Chaufˈfeur m, b) (Kran-, Fahrzeug- etc,
Br. Lokomotiv)Führer m, c) Kutscher m.
**3.** (Vieh)Treiber m. **4.** colloq. Antreiber
m, (Leute)Schinder m. **5.** tech. a) Treib-,
Triebrad n, Ritzel n, b) Mitnehmer m.
**6.** Golf: Driver m (Holzschläger Nr. 1). ~
**ant** s zo. Treiber-, Wanderameise f.

ˈdrivˈerˈs| **cab** s **1.** Führerhaus n (e-s
Lastwagens od. Krans). **2.** rail. Br. Führerstand m. ~ **liˈcense** s Am. Führerschein m. ~ **seat** s Fahrer-, Führersitz m:
**to be** (od. **sit**) **in the ~** fig. am Ruder od.
an der Macht sein.

ˈdrive| **screw** s tech. Schlagschraube f. ~
**shaft** s tech. Antriebswelle f. ˈ~way s
**1.** → **drive** 10 b, c. **2.** (Vieh)Trift f.
ˈ~ˈyourˌself adj Am. Selbstfahrer...: ~
**car** Mietwagen m.

ˈdrivˈing **I** adj **1.** (an)treibend: ~ **force**
treibende Kraft. **2.** tech. Antriebs...,
Treib..., Trieb... **3.** mot. Fahr... **4.** ungestüm, stürmisch. **II** s **5.** Treiben n.
**6.** Autofahren n. **7.** mot. Fahrweise f, -stil
m. ~ **axˈle** s tech. Antriebsachse f. ~ **belt**
s tech. Treibriemen m. ~ **charˈacterˈisˈtics** s pl mot. Fahreigenschaften pl. ~
**comˈfort** s mot. ˈFahrkomˌfort m. ~
**gear** s tech. Antrieb m, Triebwerk n. ~
**inˈstrucˈtor** s Fahrlehrer(in). ~ˈiˈron s
**1.** tech. Bohreisen n (für Erdbohrungen).
**2.** Golf: Driving-Iron m (Eisenschläger
Nr. I). ~ **lesˈson** s Fahrstunde f: **to take
~s** Fahrunterricht nehmen, den Führerschein machen. ~ **liˈcence** s Br. Führerschein m. ~ **mashˈie** s Golf: Driving-Mashie m (Eisenschläger Nr. 4). ~ **mirror** s mot. Rückspiegel m. ~ **powˈer** s
tech. Antriebskraft f, -leistung f. ~ **range**
s Golf: Drivingrange n (Übungsfläche zum
Schlagen). ~ **school** s Fahrschule f. ~
**shaft** → **drive shaft**. ~ **spring** s Trieb-,
Gangfeder f (der Uhr). ~ **test** s Fahrprüfung f: **to take one's ~** die Fahrprüfung od. den Führerschein machen. ~
**wheel** s tech. Trieb-, Antriebsrad n.

ˈdrizˈzle [ˈdrɪzl] **I** v/impers **1.** nieseln.
**II** v/t **2.** in winzigen Tröpfchen versprühen. **3.** mit winzigen Tröpfchen benetzen. **III** s **4.** Sprüh-, Nieselregen m.
ˈdrizˈzly adj **1.** Sprüh..., Niesel...: ~
**rain. 2. it was a ~ day** es nieselte den
ganzen Tag.

ˈdrogue [drəʊg] s **1.** aer. Wasseranker m.
**2.** aer. a) Fangtrichter m, b) Bremsfallschirm m. **3.** aer. phys. Luftsack m.


**droit** [drɔɪt] s jur. Recht(sanspruch m) n.

**~ de suite** [ˌ-də'swiːt] s Urheberrecht:
Folgerecht n.

**droll** [drəʊl] **I** adj (adv **drolly**) drollig,
spaßig, komisch, posˈsierlich. **II** s Possenreißer m. ˈdrollˈerˈy [-ərɪ] s **1.** drollige Sache. **2.** Schwank m, Spaß m.
**3.** Posse f. **4.** Spaßigkeit f, Komik f.

**-drome** [drəʊm] Wortelement mit der
Bedeutung (Renn)Bahn: → motor-
drome, etc. [aerodrome.]
**drome** [drəʊm] colloq. für airdrome.ʃ

**dromˈeˈdarˈy** [ˈdrɒmədərɪ; Am.
ˈdrɑːməˌderiː] s zo. Dromeˈdar n.

**drone**[1] [drəʊn] **I** s **1.** a. ~ **bee** zo. Drohn(e
f) m (Bienenmännchen). **2.** fig. Drohne f,
Schmaˈrotzer m. **3.** mil. (durch Funk)
ferngesteuertes Flugzeug. **II** v/i **4.** ein
Drohnendasein führen. **III** v/t **5.** a. ~
**away** vertändeln, vertrödeln.

**drone**[2] [drəʊn] **I** v/i **1.** brummen, summen. **2.** murmeln. **3.** fig. leiern, eintönig
sprechen od. lesen. **II** v/t **4.** ˈher-, herˈunterleiern. **III** s **5.** mus. a) Borˈdun m,
b) Baßpfeife f (des Dudelsacks). **6.** Brummen n, Summen n. **7.** fig. Geleier n. **8.** fig.
leiernder Redner.

**dronˈish** [ˈdrəʊnɪʃ] adj (adv **~ly**) drohnenhaft. ˈdronˈy adj **1.** → **dronish**.
**2.** brummend, summend.

**drool** [druːl] **I** v/i **1.** → **drivel** I. **2.** ~ **over**
sich begeistern für. **II** v/t **3.** etwas salbungsvoll von sich geben od. versprechen. **III** s → **drivel** 5.

**droop** [druːp] **I** v/i **1.** (schlaff) herˈabhängen od. -sinken. **2.** ermatten, erschlaffen (**from, with** vor dat, inˈfolge
gen). **3.** sinken (Mut etc), erlahmen (Interesse etc). **4.** den Kopf hängenlassen (a.
Blume). **5.** econ. abbröckeln, fallen (Preise). **6.** poet. sich neigen (Sonne etc). **II** v/t
**7.** (schlaff) herˈablassen. **8.** den
Kopf hängenlassen. **III** s **9.** (Herˈab-)
Hängen n. **10.** Erschlaffen n. ˈdroopˈy
adj **1.** erschlafft, ermattet, schlaff, matt.
**2.** niedergeschlagen, mutlos.

**drop** [drɒp; Am. drɑp] **I** s **1.** Tropfen m: a
~ **of blood** ein Blutstropfen; **to empty
the glass to the last** ~ das Glas bis auf
den letzten Tropfen leeren; **a ~ in the
bucket** (od. **ocean**) fig. ein Tropfen auf
den heißen Stein. **2.** pl med. Tropfen pl.
**3.** fig. Tropfen m, Tröpfchen n: **~ by ~**, **in
~s** tropfen-, tröpfchenweise. **4.** fig. Glas
n, Gläs-chen n: **he has had a ~ too much**
er hat ein Glas od. eins od. einen über den
Durst getrunken; **he likes a ~** er trinkt
gern eins. **5.** tropfenähnliches Gebilde,
bes. a) Ohrgehänge n, b) (herˈabhängendes) Prisma (am Glaslüster). **6.** Bonˈbon
m, n: **fruit ~s** Drops. **7.** a) Fallen n, Fall m
(from aus): **at the ~ of a hat** colloq. beim
geringsten Anlaß; **to get** (od. **have**) **the ~
on** s.o. colloq. j-m (beim Ziehen der Waffe) zuvorkommen, fig. j-m überlegen
sein, j-m (weit) voraus sein, b) → **air-
drop** I. **8.** fig. Fall m, Sturz m: **~ in prices**
econ. Preissturz m; **~ in the tempera-
ture** Temperatursturz, -abfall; **~ in the
voltage** electr. Spannungsabfall. **9.** Fall
(-tiefe f) m: **a ~ of ten feet** ein Fall aus 3
Meter Höhe. **10.** (plötzliche) Senkung,
(steiler) Abfall, Gefälle n. **11.** a) Fall-
vorrichtung f, b) Vorrichtung f zum Herˈablassen (von Lasten etc). **12.** Falltür f.
**13.** a) Fallbrett n (am Galgen), b) Galgen
m. **14.** (Fall)Klappe f (am Schlüsselloch
etc). **15.** bes. Am. (Brief- etc)Einwurf m:
**letter ~. 16.** → **drop curtain**.

**II** v/i pret u. pp **dropped**, obs. **dropt**
[drɒpt; Am. drɑpt] **17.** (herˈab)tropfen,
herˈabtröpfeln. **18.** triefen (**with** von od.
vor dat). **19.** (herˈab-, herˈunter)fallen
(from von; **out of** aus): **to let** s.th. ~
etwas fallen lassen; **these words ~ped**


from his lips fig. diese Worte kamen
von s-n Lippen. **20.** (nieder)sinken, fallen: **to ~ on one's knees** auf die Knie
sinken od. fallen; **to ~ into a chair** in e-n
Sessel sinken, sich in e-n Sessel fallen
lassen. **21.** a) (ohnmächtig) zu Boden
sinken, ˈumfallen: **to be fit** (od. **ready**)
**to ~** (**with fatigue**) zum Umfallen müde
sein, sich vor Müdigkeit kaum mehr auf
den Beinen halten können, b) a. ~ **dead**
tot ˈumfallen: **~ dead!** sl. geh zum Teufel!
**22.** fig. aufhören, im Sande verlaufen,
einschlafen: **our correspondence
~ped.** **23.** (ver)fallen: **to ~ into a habit** in
e-e Gewohnheit verfallen, sich etwas angewöhnen; → **asleep** 1. **24.** (ab)sinken,
sich senken. **25.** sinken, fallen, herˈuntergehen (Preise, Thermometer etc). **26.**
leiser werden (Stimme). **27.** sich legen
(Wind). **28.** zufällig od. unerwartet kommen od. gehen: **to ~ into the room**
unerwartet ins Zimmer kommen, ins
Zimmer ˌschneien'; **to ~ across** s.o.
(s.th.) zufällig auf j-n (etwas) stoßen.
**29.** colloq. ˈherfallen (**on, across, into**
s.o. über j-n). **30.** → **drop back**: **to ~
behind** a) zurückfallen hinter (acc),
b) sich zurückhalten hinter (acc);
**to ~ to the rear** zurückbleiben, ins Hintertreffen geraten. **31.** zo. Junge werfen,
bes. a) lammen, b) kalben, c) fohlen.
**32.** abfallen (Gelände etc).

**III** v/t **33.** (herˈab)tropfen od. (-)tröpfeln lassen. **34.** tropfenweise eingießen.
**35.** e-e Träne vergießen, fallen lassen.
**36.** senken, herˈablassen. **37.** fallen lassen, Taschentuch etc verlieren: **to ~ everything** alles liegen- u. stehenlassen.
**38.** (hinˈein)werfen (**into** in acc). **39.** a)
Bomben etc (ab)werfen, b) → **airdrop** II.
**40.** mar. den Anker auswerfen. **41.** e-e
Bemerkung fallenlassen: **to ~** s.o. **a line**
(od. **note**) j-m ein paar Zeilen schreiben;
**to ~ names** → **name-drop. 42.** ein
Thema, e-e Absicht etc fallenlassen: **let's
~ the matter!** sprechen wir von etwas
anderem! **43.** e-e Tätigkeit aufgeben,
aufhören mit: **to ~ writing** aufhören
zu schreiben; **to ~ the correspond-
ence** die Korrespondenz einschlafen
lassen; **~ it!** hör auf damit!, laß das!
**44.** a) j-n fallenlassen, b) sport e-n Spieler
aus der Mannschaft nehmen. **45.** bes.
Am. j-n entlassen. **46.** zo. Junge, bes.
Lämmer werfen. **47.** e-e Last, a. Passagiere absetzen. **48.** bes. Am. colloq. Geld
verlieren, bes. verspielen. **49.** Buchstaben etc auslassen: → **aitch**, **H** 1. **50.**
a) zu Fall bringen, b) zu Boden schlagen,
(Boxen a.) auf die Bretter schicken. **51.**
a) e-n Vogel abschießen, b) colloq. j-n
ˌabknallen'. **52.** die Augen od. die Stimme senken: **to ~ one's voice to a whis-
per.** **53.** sport e-n Punkt etc abgeben (**to**
gegen).

Verbindungen mit Adverbien:

**drop**| **aˈway** v/i immer weniger werden: **the onlookers dropped away** die
Zuschauer gingen einer nach dem anderen weg; **his supporters were drop-
ping away** s-e Anhänger wurden immer
weniger. ~ **back**, ~ **behind** v/i **1.** zuˈrückfallen. **2.** sich zuˈrückfallen lassen.
~ **down I** v/i **1.** herˈabtröpfeln. **2.** herˈunterfallen. **II** v/t **3.** fallen lassen. ~ **in** v/i **1.**
herˈeinkommen (a. fig. Aufträge etc).
**2.** einlaufen, eingehen (Aufträge). **3.** (kurz)
herˈeinschauen (**on** bei), ˌherˈeinschnei-
en'. ~ **off** I v/i **1.** abfallen (a. electr.). **2.**
zuˈrückgehen (Umsatz etc), nachlassen
(Interesse etc). **3.** a) einschlafen, b) einnicken. **4.** aussteigen. **II** v/t **5.** → **drop**
47. ~ **out** v/i **1.** her ausfallen (of aus). **2.** a)
ˌaussteigen' (of aus): **to ~ of politics**; **he
dropped out in the third lap**, b) a. ~ **of**

(conventional) society ‚aussteigen‘, aus der (bürgerlichen) Gesellschaft ausbrechen, c) a. ~ of school (university) die Schule (das Studium) abbrechen.

**drop|arch** s arch. flacher od. gedrückter Spitzbogen. ~ **ball** s Fußball: Schiedsrichterball m. ~ **bot·tom** s Bodenklappe f. ~ **ceil·ing** s arch. Zwischen-, ‚Unterdecke f. ~ **cur·tain** s thea. Vorhang m. '~**forge** v/t tech. im Gesenk schmieden. ~ **forg·ing** s tech. **1.** Gesenkschmieden n. **2.** Gesenkschmiedestück n. ~ **hammer** s tech. Fall-, Gesenkhammer m. ~ **han·dle** s tech. Klappgriff m. '~**head** s **1.** tech. Versenkvorrichtung f (für e-e Nähmaschine etc). **2.** a. ~ coupé mot. Br. Kabrio'lett n. ~ **kick** s Fußball: Dropkick m, Rugby: a. Sprungtritt m. ~ **leaf** s irr her'unterklappbares Seitenteil. '~**leaf ta·ble** s Tisch m mit her'unterklappbaren Seitenteilen.

**drop·let** ['drɒplɪt; Am. 'drɑplət] s Tröpfchen n.

**drop|let·ter** s **1.** Am. postlagernder Brief. **2.** Canad. Ortsbrief m. '~**out** I s **1.** Dropout m, ‚Aussteiger‘ m (aus der Gesellschaft). **2.** (Schul-, Studien)Abbrecher m. **3.** Rugby: Dropout m, Lagertritt m. **4.** Computer: Dropout m, Si'gnalausfall m. **5.** tech. Dropout m (durch unbeschichtete Stellen im Band od. durch Schmutz zwischen Band u. Tonkopf verursachtes Aussetzen in der Schallaufzeichnung). II adj **6.** ‚Aussteiger...‘: the ~ rate die Zahl der ‚Aussteiger‘. **7.** Abbrecher... **8.** ~ current electr. Auslöse-, Abschaltstrom m.

**drop·per** ['drɒpə; Am. 'drɑpər] s med. etc Tropfglas n, Tropfenzähler m: eye ~ Augentropfer m.

**drop·ping** ['drɒpɪŋ; Am. 'drɑ-] s **1.** Tropfen n, Tröpfeln n. **2.** Abwurf m, Abwerfen n (von Bomben etc). **3.** (Her'ab)Fallen n. **4.** pl Dung m, 'Tierexkre‚mente pl. **5.** pl (Ab)Fallwolle f. ~ **ground** → drop zone.

**drop|pit** s tech. Arbeitsgrube f. ~ **scene** s thea. **1.** (Zwischen)Vorhang m. **2.** Schlußszene f, Fi'nale n. ~ **seat** s Klappsitz m. ~ **ship·ment** s econ. Streckengeschäft n. ~ **shot** s Tennis etc: Stoppball m. ~ **shut·ter** s phot. hist. Fallverschluß m.

**drop·si·cal** ['drɒpsɪkl; Am. 'drɑp-] adj (adv ~ly), **'drop·sied** [-sɪd] adj med. **1.** wassersüchtig. **2.** ödema'tös.

**drop stitch** s Fallmasche f.

**drop·sy** ['drɒpsɪ; Am. 'drɑpsiː] s med. **1.** Wassersucht f. **2.** Ö'dem n.

**dropt** [drɒpt; Am. drɑpt] obs. pret u. pp von **drop.**

**drop|ta·ble** s Klapptisch m. ~ **tank** s aer. Abwurfbehälter m. ~ **test** s tech. Schlagprobe f. '~**wise** adv tropfenweise. '~**wort** s bot. **1.** Mädesüß n. **2.** Rebendolde f. ~ **zone** s aer. mil. **1.** Absprunggebiet n. **2.** Abwurfgelände n.

**dross** [drɒs; Am. a. drɑs] s **1.** metall. a) (Ab)Schaum m, b) Schlacke f, Gekrätz n. **2.** Abfall m, Unrat m. **3.** fig. wertloses Zeug: to be mere ~ Schall u. Rauch sein. **'dross·y** adj **1.** unrein. **2.** schlackig. **3.** fig. wertlos, vergänglich.

**drought** [draʊt] s **1.** Trockenheit f, Dürre f. **2.** 'Dürre(peri‚ode) f. **3.** fig. Mangel m: a ~ of intellect mangelnder Verstand; ~ of thought Gedankenarmut f. **4.** obs. Durst m. **'drought·y** adj **1.** trocken, dürr. **2.** regenlos. **3.** obs. durstig.

**drouth** [draʊθ], **'drouth·y** obs. → drought, droughty.

**drove¹** [drəʊv] pret von **drive.**

**drove²** [drəʊv] s **1.** (getriebene) Herde

---

(Vieh). **2.** Schar f (Menschen): in ~s in großen od. hellen Scharen, scharenweise.

**dro·ver** ['drəʊvə(r)] s Viehtreiber m (bes. zum Markt).

**drown** [draʊn] I v/i **1.** ertrinken: a ~ing man will catch at a straw ein Ertrinkender greift nach e-m Strohhalm; death by ~ing Tod m durch Ertrinken. II v/t **2.** (o.s. sich) ertränken: to be ~ed ertrinken; to ~ one's sorrows in drink s-e Sorgen im Alkohol ertränken. **3.** über'schwemmen, -'fluten: to be ~ed in tears in Tränen schwimmen od. zerfließen; a face ~ed in tears ein tränenüberströmtes Gesicht; like a ~ed rat wie e-e gebadete Maus. **4.** a. ~ out bes. Stimme über'tönen.

**drowse** [draʊz] I v/i **1.** dösen: to ~ off eindösen. II v/t **2.** schläfrig machen. **3.** meist ~ away Zeit etc verdösen. III s **4.** Dösen n, Halbschlaf m. **'drows·i·ness** s Schläfrigkeit f. **'drows·y** adj (adv drowsily) **1.** a) schläfrig, b) verschlafen, verträumt: a ~ village. **2.** einschläfernd. **3.** fig. verschlafen.

**drub** [drʌb] v/t colloq. **1.** (ver)prügeln: to ~ s.th. into (out of) s.o. j-m etwas einbleuen (austreiben). **2.** sport ,über'fahren‘, ,vernaschen‘ (hoch besiegen). **'drub·bing** s colloq. (Tracht f) Prügel pl: to give s.o. a good ~ a) j-m e-e Tracht Prügel ,verpassen‘, b) → drub 2.

**drudge** [drʌdʒ] I s **1.** fig. a) Kuli m, Last-, Packesel m, b) Arbeitstier n. **2.** → drudgery. II v/i **3.** sich (ab)placken, schuften, sich (ab)schinden. **'drudg·er·y** [-ərɪ] s (stumpfsinnige) Schinde'rei od. Placke'rei. **'drudg·ing** adj (adv ~ly) **1.** mühsam. **2.** stumpfsinnig.

**drug** [drʌg] I s **1.** Arz'neimittel n, Medika'ment n. **2.** Droge f, Rauschgift n: to be on (off) ~s rauschgift- od. drogensüchtig (,clean‘) sein; → addicted 1, addiction 2. **3.** Betäubungsmittel n (a. fig.). **4.** Droge f, (etwas) Berauschendes: music is a ~. **5.** ~ on (Am. a. in) the market econ. schwerverkäufliche Ware, (im Laden a.) Ladenhüter m. II v/t **6.** j-m Medika'ment geben. **7.** j-n unter Drogen setzen. **8.** ein Betäubungsmittel beimischen (dat). **9.** betäuben (a. fig.): ~ged with sleep schlaftrunken. III v/i **10.** Drogen od. Rauschgift nehmen. ~ **a·buse** s **1.** 'Drogen‚mißbrauch m. **2.** Arz'neimittel-, Medika'menten‚mißbrauch m. ~ **ad·dict** s **1.** Drogen-, Rauschgiftsüchtige(r m) f. **2.** Arz'neimittel-, Medika'mentensüchtige(r m) f. '~**ad‚dict·ed** adj **1.** drogen-, rauschgiftsüchtig. **2.** arz'neimittel-, medika'mentensüchtig. ~ **ad·dic·tion** s **1.** Drogen-, Rauschgiftsucht f. **2.** Arz'neimittel-, Medika'mentensucht f. ~**clin·ic** s Drogenklinik f. '~‚coun·sel·(l)ing ser·vice s Drogenberatungsdienst m. ~ **deal·er** s Drogen-, Rauschgifthändler m. ~ **de·pend·ence** s **1.** Drogenabhängigkeit f. **2.** Arz'neimittel-, Medika'mentenabhängigkeit f. '~**fast** adj med. arz'neifest, im'mun gegen Arz'neimittel od. Medika'mente.

**drug·get** ['drʌɡɪt] s Dro'gett m (ein grober Wollstoff).

**drug·gist** ['drʌɡɪst] s Am. a) Apo'theker(in), b) Inhaber(in) e-s Drugstores.

**drug·gy** ['drʌɡɪ] s Am. colloq. Rauschgiftsüchtige(r m) f.

**drug|ped·dler**, bes. Br. ~ **ped·lar** s Drogen-, Rauschgifthändler m. '~‚push·er s colloq. Pusher m (Rauschgifthändler). ~ **scene** s Drogenszene f.

**drug·ster** ['drʌɡstə(r)] s Drogen-, Rauschgiftsüchtige(r m) f.

**'drug‚store** s Am. a) Apo'theke f, b) Drugstore m (oft mit e-r Schnellgast-

---

stätte kombiniertes Geschäft für Medikamente sowie für alle Artikel des täglichen Bedarfs).

**Dru·id** ['druːɪd] s Dru'ide m. **'Dru·id·ess** s Dru'idin f. **dru'id·ic, dru'id·i·cal** adj dru'idisch, Druiden...

**drum¹** [drʌm] I s **1.** mus. Trommel f: → beat¹ 17. **2.** pl mus. Schlagzeug n. **3.** Trommeln n (a. weitS.): the ~ of hooves; the ~ of the rain against the window. **4.** obs. Trommler m. **5.** tech. (a. Förder-, Misch-, Seil)Trommel f, Walze f, Zy'linder m. **6.** tech. Scheibe f. **7.** mil. Trommel f (automatischer Feuerwaffen). **8.** electr. Trommel f, (Eisen)Kern m (e-s Ankers). **9.** Trommel f, trommelförmiger Behälter. **10.** a) Mittelohr n, b) Trommelfell n. **11.** arch. (Säulen)Trommel f. **12.** Austral. sl. ‚Puff‘ m, a. n (Bordell). II v/t **13.** e-n Rhythmus trommeln: to ~ s.th. into s.o. fig. j-m etwas einhämmern. **14.** a) trommeln auf (acc): to ~ the table, b) trommeln mit (on auf acc): to ~ one's fingers on the table. **15.** ~ up fig. a) zs.-trommeln, (an)werben, ‚auf die Beine stellen‘, b) Aufträge etc her'einholen, c) sich einfallen lassen, sich ausdenken: to ~ up some good ideas. **16.** ~ out j-n ausstoßen (of aus). III v/i **17.** a. weitS. trommeln (at an acc; on auf acc): to ~ on the table with one's fingers mit den Fingern auf den Tisch trommeln. **18.** (rhythmisch) dröhnen. **19.** burren, mit den Flügeln trommeln (Federwild). **20.** Am. die Trommel rühren (for für).

**drum²** [drʌm] s Scot. od. Ir. langer, schmaler Hügel.

**drum|ar·ma·ture** s electr. Trommelanker m. '~**beat** s Trommelschlag m. '~**beat·er** s fig. a., der die Trommel rührt (for für). ~**brake** s tech. Trommelbremse f. ~ **con·trol·ler** s electr. tech. Steuerwalze f. '~**fire** s mil. Trommelfeuer n. '~**fish** s ichth. Trommelfisch m. '**drum·head** s mus., a. anat. Trommelfell n. ~ **court mar·tial** s mil. Standgericht n. ~ **ser·vice** s mil. relig. Feldgottesdienst m.

**drum·lin** ['drʌmlɪn] s geol. langgestreckter Mo'ränenhügel.

**drum|ma·jor** s 'Tambourma‚jor m. ~ **ma·jor·ette** s bes. Am. 'Tambourma‚jorin f.

**drum·mer** ['drʌmə(r)] s **1.** mus. a) Trommler m, b) Schlagzeuger m. **2.** econ. Am. colloq. Vertreter m, Handlungsreisende(r) m.

**Drum·mond light** ['drʌmənd] s phys. Drummondsches Licht.

**drum|saw** s tech. Zy'lindersäge f. ~ **sieve** s tech. Trommelsieb n. '~**stick** s **1.** Trommelstock m, -schlegel m. **2.** 'Unterschenkel m (von zubereitetem Geflügel). ~ **wind·ing** s electr. Trommelwick(e)lung f.

**drunk** [drʌŋk] I adj (meist pred) **1.** betrunken: to get ~ sich betrinken; he got ~ on only two drinks er war schon nach 2 Drinks betrunken; to get ~ on words sich an Worten berauschen; (as) ~ as a lord (od. fiddler) colloq. total betrunken od. ‚blau‘; to be ~ in charge jur. betrunken ein Fahrzeug lenken. **2.** fig. berauscht (with von): ~ with joy freudetrunken; he was ~ with power er befand sich in e-m Machtrausch. **3.** obs. durch'tränkt (with von). II s **4.** a) Betrunkene(r) m, b) → drunkard. **5.** colloq. Saufe'rei f. III pp u. obs. pret von **drink. 'drunk·ard** [-ə(r)d] s (Gewohnheits)Trinker(in), Säufer(in). **'drunken** I adj (meist attr) (adv ~ly) **1.** betrunken: a ~ man ein Betrunkener. **2.** trunksüchtig. **3.** Sauf...: a ~ party. **4.** rausch-

bedingt, im Rausch: ~ **driving** Trunkenheit *f* am Steuer; **a ~ quarrel** ein im Rausch angefangener Streit. **II** *obs. pp von* drink. **'drunk·en·ness** *s* **1.** (Be-)Trunkenheit *f.* **2.** Trunksucht *f.*
**dru·pa·ceous** [druːˈpeɪʃəs] *adj bot.* Steinfrucht... **drupe** [druːp] *s bot.* Steinfrucht *f.* **'drupe·let** [-lɪt], *a.* **'drup·el** [-pl] *s bot.* Steinfrüchtchen *n.*
**Druse**[1] [druːz] *s* Druse *m*, Drusin *f* (*Mitglied e-r kleinasiatisch-syrischen Sekte*).
**druse**[2] [druːz] *s geol. min.* (Kri'stall)Druse *f.*
**dry** [draɪ] **I** *adj comp* **'dri·er**, *a.* **'dry·er**, *sup* **'dri·est**, *a.* **'dry·est** (*adv* dryly, drily). **1.** trocken: (as) ~ **as a bone** knochen-, staub-, strohtrocken; **I'm (as) ~ as dust** *colloq.* m-e Kehle ist vollkommen ausgedörrt (→ 15); **to rub s.th. ~** etwas trockenreiben; **not yet ~ behind the ears** *colloq.* noch nicht trocken hinter den Ohren; **a ~ cough** ein trockener Husten; → **run** 74. **2.** Trokken...: ~ **fruit** Dörrobst *n*; ~ **process** *tech.* Trockenverfahren *n.* **3.** trocken, niederschlagsarm *od.* -frei: ~ **land**; **a ~ summer**. **4.** dürr, ausgedörrt. **5.** ausgetrocknet, versiegt: **a ~ fountain pen** ein leerer Füllhalter. **6.** trockenstehend (*Kuh etc*): **the cow is ~** die Kuh steht trocken *od.* gibt keine Milch. **7.** tränenlos (*Auge*): **with ~ eyes** *fig.* trockenen Auges, ungerührt. **8.** *colloq.* durstig. **9.** durstig machend: ~ **work**. **10.** trocken, ohne Aufstrich: ~ **bread**. **11.** *obs.* unblutig, ohne Blutvergießen: ~ **war**. **12.** *paint.* erst streng, nüchtern. **13.** 'unproduk,tiv (*Künstler etc*). **14.** nüchtern, nackt, ungeschminkt: ~ **facts**. **15.** trocken, langweilig: (as) ~ **as dust** *colloq.* 'stinklangweilig', furchtbar trocken (→ 1). **16.** trocken: ~ **humo(u)r**. **17.** trocken, hu'morlos. **18.** kühl, gleichgültig, gelassen. **19.** trocken, herb: ~ **wine**. **20.** *colloq.* a) 'antialko,holisch: ~ **law** Prohibitionsgesetz *n*, b) 'trocken', mit Alkoholverbot: **a ~ state** 'to go' → das Alkoholverbot einführen, c) 'trocken', ohne Alkohol: **a ~ party**, d) 'trocken', weg vom Alkohol. **21.** *mil.* Übungs..., ohne scharfe Muniti'on: ~ **firing** Ziel- u. Anschlagübungen *pl.*
**II** *v/t* **22.** trocknen: **to ~ one's tears**. **23.** (o.s. sich, one's hands sich die Hände) abtrocknen (**on** an *dat*). **24.** *oft* ~ **up** a) Geschirr abtrocknen, b) austrocknen, c) *fig.* erschöpfen. **25.** Obst etc dörren.
**III** *v/i* **26.** trocknen, trocken werden. **27.** verdorren. **28.** ~ **up** a) ein-, aus-, vertrocknen, b) versiegen, c) keine Milch mehr geben (*Kuh etc*), d) (das Geschirr) abtrocknen, e) *colloq.* versiegen, aufhören, f) *colloq.* den Mund halten: ~ **up!** halt die Klappe!, g) *colloq.* steckenbleiben (*Schauspieler etc*).
**IV** *pl* **dries** [draɪz] *s* **29.** Trockenheit *f.* **30.** Trockenzeit *f.* **31.** *pl* **drys** *Am. colloq.* Prohibitio'nist *m.*
**dry·ad** ['draɪəd; -æd] *pl* **-ads**, **-a·des** [-ədiːz] *s myth.* Dry'ade *f.*
**dry·as·dust** ['draɪəzdʌst] *colloq.* **I** *s a.* **D~** trockener Stubengelehrter. **II** *adj* [*a.* ˌdraɪəzˈdʌst] 'stinklangweilig', furchtbar trocken.
**dry| bat·ter·y** *s electr.* 'Trockenbatte,rie *f.* **~ cap·i·tal** *s econ. colloq.* unverwässertes Ge'sellschaftskapi,tal. **~ cell** *s electr.* 'Trockenele,ment *n.* **~'clean** *v/t* chemisch reinigen. ~ **clean·er('s)** *s* chemische Reinigung(sanstalt). ~ **clean·ing** *s* chemische Reinigung. ~ **clutch** *s tech.* Trockenkupplung *f.* **'~cure** *v/t* Fleisch *etc* dörren, (trocken) einsalzen. ~ **dock** *s mar.* Trockendock *n.*

**~'dock** *v/t mar.* ins Trockendock bringen.
**dry·er** → drier[1].
**dry| farm·ing** *s agr.* Dryfarming *n*, 'Trockenfarmsy,stem *n.* ~ **fly** *s Angeln:* Trockenfliege *f.* ~ **goods** *s pl econ.* Tex'tilien *pl.* **'~gulch** *v/t Am. colloq.* j-n aus 'Hinterhalt über'fallen *u.* 'abmurksen'. ~ **ice** *s chem.* Trockeneis *n.*
**dry·ing| a·gent** ['draɪɪŋ] *s tech.* Trokkenmittel *n.* ~ **ov·en** *s tech.* Trockenschrank *m*, -ofen *m.* ~ **rack** *s* Trockengestell *n.*
**dry·ly** ['draɪlɪ] *adv* trocken (*etc*, → dry I).
**dry meas·ure** *s* Trockenmaß *n.*
**dry·ness** ['draɪnɪs] *s* Trockenheit *f:* a) trockener Zustand, b) Dürre *f*, c) Hu'morlosigkeit *f*, d) Langweiligkeit *f.*
**dry| nurse** *s* **1.** Säuglingsschwester *f.* **2.** *Am. colloq.* 'Kindermädchen' *n.* **~-nurse** [ˌ-ˈnɜːs; *Am.* 'ˌnɜrs] *v/t* **1.** Säuglinge pflegen. **2.** *colloq.* bemuttern. ~ **pile** *s electr.* Zam'bonische (Trocken)Säule. ~ **plate** *s phot.* Trockenplatte *f.* **'~-plate pro·cess** *s phot.* trockenes Kol'lodiumverfahren. ~ **point** *s* **1.** Kaltnadel *f.* **2.** 'Kaltnadelra,dierung *f.* **3.** Kaltnadelverfahren *n.* ~ **rot** *s* **1.** *bot.* Trockenfäule *f.* **2.** *bot.* (ein) Trockenfäule erregender Pilz. **3.** *fig.* (Krebs)Geschwür *n.* ~ **run** *s* **1.** *mil.* Übungsschießen *n* ohne scharfe Muniti'on. **2.** *colloq.* Probe *f:* a ~ **for marriage** e-e Ehe auf Probe. **'~salt** *v/t* dörren u. einsalzen. ~ **sham·poo** *s* 'Trockensham,poo *n.* **'~shave** *v/t Am. sl.* 'einseifen', betrügen. **'~shod** *adj* mit trockenen Füßen: **to cross ~** trockenen Fußes überqueren. ~ **steam** *s tech.* trockener *od.* über'hitzter Dampf. ~ **stor·age** *s* Lagerung *f* mit Kaltluftkühlung. ~ **wall** *s arch.* Trockenmauer *f.* ~ **wash** *s* Trockenwäsche *f.* ~ **weight** *s* Trockengewicht *n.*
**du·al** ['djuːəl; *Am. a.* 'duːəl] **I** *adj* zweifach, doppelt, Doppel..., Zwei..., *tech. a.* Zwillings...: ~ **nature** Doppelnatur *f;* ~ **carriageway** *mot. Br.* Schnellstraße *f;* ~ **theorems** *math.* duale Sätze. **II** *s ling.* Dual *m*, Du'alis *m.* **D~ Al·li·ance** *s pol. hist.* **1.** Zweibund *m* (*Deutschland u. Österreich-Ungarn 1879–1918*). **2.** 'Doppelen,tente *f* (*Frankreich u. Rußland 1891–1917*). **~-con·trol** *s aer. tech.* Doppelsteuerung *f.* **~-ig·ni·tion** *s tech.* Doppelzündung *f.* **'~in·come fam·i·ly** *s* Doppelverdiener *m.*
**du·al·ism** ['djuːəlɪzəm; *Am. a.* 'duː-] *s* **1.** *bes. philos. pol. relig.* Dua'lismus *m.* **2.** ~ **duality**. **du·al·is·tic** [*adv* ~ally] dua'listisch. **du·al·i·ty** [-ˈælətɪ] *s* Duali'tät *f*, Zweiheit *f.*
**Du·al Mon·arch·y** *s pol. hist.* 'Doppelmonar,chie *f* (*Österreich-Ungarn 1867–1918*).
**du·al| na·tion·al·i·ty** *s* doppelte Staatsangehörigkeit *f.* **~'pur·pose** *adj* Doppel..., Mehrzweck... ~ **tires**, *bes. Br.* ~ **tyres** *s pl tech.* Zwillingsbereifung *f.*
**dub**[1] [dʌb] *v/t* **1. to ~ s.o. a knight** j-n zum Ritter schlagen. **2.** *oft humor.* nennen: **they ~bed him Fatty**. **3.** *tech.* a) zurichten, b) *Leder* einfetten, schmieren. **4.** *Br.* künstliche Angelfliege 'herrichten. **5.** *Golf:* den Ball schlecht treffen. **6.** verpfuschen, 'verpatzen'.
**dub**[2] [dʌb] *s Am. colloq.* 'Flasche' *f*, 'Niete' *f.*
**dub**[3] [dʌb] *v/t* **1.** e-n *Film* a) (in e-r anderen *Sprache*) synchroni'sieren, b) (*nach*)synchroni,sieren, mit (zusätzlichen) 'Tonef,fekten *etc* unter'malen. **2.** *meist* ~ **in** Toneffekte *etc* (in e-n *Film*) 'einsynchroni,sieren.
**dub·bin** ['dʌbɪn] → dubbing[1] 2.

**dub·bing**[1] ['dʌbɪŋ] *s* **1.** Ritterschlag *m.* **2.** *tech.* (Leder)Schmiere *f*, Lederfett *n.*
**dub·bing**[2] ['dʌbɪŋ] *s Film:* ('Nach)Synchroni,sieren *n.*
**du·bi·e·ty** [djuːˈbaɪətɪ; *Am. a.* duː-], **du·bi·os·i·ty** [ˌdjuːbɪˈɒsətɪ; *Am.* -ˈɑ-; ˌduː-] *s* **1.** Zweifelhaftigkeit *f.* **2.** Ungewißheit *f.* **3.** Fragwürdigkeit *f.* **'du·bi·ous** [-bjəs; -bɪəs] *adj* (*adv* ~ly) **1.** zweifelhaft: a) unklar, zweideutig, b) ungewiß, unbestimmt, c) fragwürdig, dubi'os: **a ~ pleasure** ein zweifelhaftes Vergnügen, d) unzuverlässig. **2.** a) unschlüssig, schwankend, b) unsicher, im Zweifel (**of, about** über *acc*). **'du·bi·ous·ness** → dubiety.
**du·bi·ta·tive** ['djuːbɪtətɪv; *Am.* ˌ-teɪtɪv; *a.* 'duː-] *adj* (*adv* ~ly) **1.** → dubious 1 a. **2.** → dubious 2 a.
**du·cal** ['djuːkl; *Am. a.* 'duːkəl] *adj* (*adv* ~ly) herzoglich, Herzogs...
**duc·at** ['dʌkət] *s* **1.** *hist.* Du'katen *m.* **2.** *pl obs. sl.* 'Mo'neten' *pl.* **3.** *Am. sl. für* ticket 1.
**Du·chenne dys·tro·phy** [duːˈʃen] *s med.* Du'chenne-A'ransche 'Muskelatro,phie *f.*
**duch·ess** ['dʌtʃɪs] *s* Herzogin *f.*
**duch·y** ['dʌtʃɪ] *s* Herzogtum *n.*
**duck**[1] [dʌk] *s* **1.** *pl* **ducks**, *bes. collect.* **duck** *orn.* Ente *f:* **to look like a dying ~** (in a thunderstorm) *colloq.* 'dumm aus der Wäsche schauen'; **it ran off him** (*od.* it was) **like water off a ~'s back** *colloq.* es lief an ihm ab, es ließ ihn völlig gleichgültig; **to take to s.th. like a ~** (takes) **to water** *colloq.* sich bei etwas sofort in s-m Element *od.* wie zu Hause fühlen; **a fine day for** (young) **~s** *colloq.* ein regnerischer Tag; **~'s disease** *humor.* kurze Beine; → **ducks and drakes**. **2.** (weibliche) Ente. **3.** Ente(nfleisch *n*) *f:* **roast ~** gebratene Ente, Entenbraten *m.* **4.** *a. pl* (als sg konstruiert) *Br. colloq.* (*bes. von Frauen gebraucht*) a) (Anrede, oft unübersetzt) 'Schatz' *m:* **hello, ~!** hallo, Süßer! (*Prostituierte*), b) 'Schatz' *m:* **he's a nice old ~** er ist ein richtiger Schatz; **a ~ of a car** ein 'süßer' Wagen. **5.** *colloq.* 'Vogel' *m:* **an odd ~**. **6.** *Kricket:* Null *f:* **out for a ~** aus dem Spiel, ohne e-n Punkt erzielt zu haben.
**duck**[2] [dʌk] **I** *v/i* **1.** (rasch) ('unter)tauchen. **2.** *a. fig.* sich ducken (**to s.o.** vor j-m), (*Boxen*) abducken. **3.** sich verbeugen (**to s.o.** vor j-m). **4.** ~ **out** *colloq.* a) 'verduften', b) *fig.* sich 'drücken' (of vor *dat*). **II** *v/t* **5.** ('unter)tauchen. **6.** ducken: **to ~ one's head** den Kopf ducken *od.* einziehen. **7.** a) e-n Schlag abducken, b) *colloq.* sich 'drücken' vor (*dat*). **III** *s* **8.** rasches ('Unter)Tauchen. **9.** Ducken *n.* **10.** (kurze) Verbeugung.
**duck**[3] [dʌk] *s* **1.** Segeltuch *n*, Sackleinwand *f.* **2.** *pl* Segeltuchkleider *pl*, *bes.* (*a. pair of* **~s**) Segeltuchhose *f.*
**duck**[4] [dʌk] *s mil.* Am'phibien-Lastkraftwagen *m.*
**'duck·bill** *s* **1.** *zo.* Schnabeltier *n.* **2.** *bot. Br.* Roter Weizen. **'~billed plat·y·pus** → duckbill 1. **'~board** *s* Laufbrett *n.* ~ **call** *s hunt.* Entenpfeife *f.*
**'duck·er**[1] *s orn.* Tauchvogel *m.*
**'duck·er**[2] *s* **1.** Entenzüchter *m.* **2.** *Am.* Entenjäger *m.*
**duck hawk** *s orn.* **1.** Amer. Wanderfalke *m.* **2.** *Br.* Rohrweihe *f.*
**duck·ie** ['dʌkɪ] → duck[1] 4.
**'duck·ing**[1] *s* Entenjagd *f.*
**'duck·ing**[2] *s* rasches ('Unter)Tauchen *n:* **to give s.o. a ~** j-n unter'tauchen; **to get a ~** bis auf die Haut durchnäßt werden. → *fig.* bis zur Haut durchnäßt werden.
**duck·ling** ['dʌklɪŋ] *s* Entchen *n:* **ugly ~** *fig.* häßliches Entlein.

**duck pond** s Ententeich m.
**ducks and drakes** s: to play (at) ~ Steine (über das Wasser) hüpfen lassen; to play (at) ~ with s.th., to make ~ of s.th. fig. a) etwas zum Fenster hinauswerfen, ‚aasen' mit etwas, b) Schindluder treiben mit etwas.
**duck| shot** s hunt. Entenschrot m, n. ~ **soup** s Am. sl. **1.** einträgliches Geschäft. **2.** ‚Kinderspiel' n. **'~walk** v/i watscheln. **'~weed** s bot. Wasserlinse f.
**duck·y** ['dʌkɪ] colloq. **I** s → duck¹ 4. **II** adj ‚goldig', ‚süß'.
**duct** [dʌkt] s **1.** tech. a) Röhre f, Rohr n, Leitung f, b) (a. electr. 'Kabel)Ka‚nal m. **2.** anat. bot. Gang m, Ka'nal m.
**duc·tile** ['dʌktaɪl; Am. a. -tl] adj **1.** phys. tech. a) duk'til, dehn-, streck-, hämmerbar, b) (aus)ziehbar, c) biegsam, geschmeidig. **2.** fig. lenksam, fügsam.
**duc'til·i·ty** [-'tɪlətɪ] s **1.** phys. tech. a) Duktili'tät f, Dehn-, Streckbarkeit f, b) (Aus)Ziehbarkeit f.
**'duct·less** adj ohne (Ausführungs)Gang od. ('Abfluß)Ka‚nal: ~ **gland** anat. zo. endokrine Drüse.
**dud** [dʌd] s colloq. **1.** pl ‚Kla'motten' pl (Kleider). **2.** pl ‚Krempel' m, Siebensachen pl. **3.** mil. Blindgänger m (a. fig. Person). **4.** ‚Niete' f, Versager m (Person). **5.** a. ~ **check** (Br. **cheque**) ungedeckter Scheck.
**dude** [du:d; dju:d] s Am. colloq. **1.** Dandy m. **2.** Stadtmensch m. **3.** Urlauber(in) auf e-r Ferienranch. ~ **ranch** s Am. colloq. Ferienranch f (für Städter).
**dudg·eon¹** ['dʌdʒən] s Unwille m, Groll m, Wut f (obs. außer in): in high ~ sehr aufgebracht.
**dudg·eon²** ['dʌdʒən] s obs. (Dolch m mit) Holzgriff m.
**due** [dju:; Am. a. du:] **I** adj (adv → duly) **1.** econ. fällig, so'fort zahlbar: to fall (od. become) ~ fällig werden; when ~ bei Verfall od. Fälligkeit; ~ **date** Verfalltag m, Fälligkeitstermin m; **debts ~ and owing** Aktiva u. Passiva; ~ **from** fällig seitens (gen); → **interest** 11. **2.** econ. geschuldet, zustehend (to dat): to be ~ to s.o. j-m geschuldet werden. **3.** zeitlich fällig, erwartet: the train is ~ at six der Zug soll um 6 (Uhr) ankommen (abfahren); I am ~ for dinner at eight ich werde um 8 Uhr zum Abendessen erwartet; he is ~ to return today er soll heute zurückkommen, er wird heute zurückerwartet. **4.** verpflichtet: to be ~ to do s.th. etwas tun müssen od. sollen; to be ~ to go gehen müssen. **5.** (to) zuzuschreiben(d) (dat), veranlaßt (durch): his poverty is ~ to his laziness s-e Armut ist auf s-e Faulheit zurückzuführen; death was ~ to cancer Krebs war die Todesursache; it is ~ to him es ist ihm zu verdanken. **6.** ~ to (inkorrekt statt owing to) wegen (gen), in'folge od. auf Grund (gen od. von): ~ to our ignorance. **7.** gebührend, geziemend: with ~ respect mit gebührender Hochachtung; to be ~ to s.o. j-m gebühren od. zukommen; it is ~ to him to say that man muß ihm einräumen, daß; → **credit** 5, **honor** 9. **8.** gehörig, gebührend, angemessen: after ~ consideration nach reiflicher Überlegung; to take all ~ measures alle erforderlichen Maßnahmen ergreifen; ~ **care** jur. ordentliche Sorgfalt. **9.** passend, richtig, recht: in ~ course zur rechten od. gegebenen Zeit; in ~ time rechtzeitig, termingerecht. **10.** vorschriftsmäßig: in ~ form ordnungsgemäß, vorschriftsmäßig, formgerecht. **11.** Am. colloq. im Begriff sein (to do zu tun): they were about ~ to find out.

**II** adv **12.** di'rekt, genau: ~ **west** genau nach Westen.
**III** s **13.** (das) Zustehende, (rechtmäßiger) Anteil od. Anspruch, Recht n: it is his ~ es steht od. kommt ihm (von Rechts wegen) zu, es gebührt ihm; to give everyone his ~ jedem das Seine geben; to give s.o. his ~ j-m Gerechtigkeit widerfahren lassen; → **devil** 1. **14.** gebührender Lohn. **15.** Schuld f: to pay one's ~s s-e Schulden bezahlen. **16.** pl Gebühren pl, (öffentliche) Abgaben pl. **17.** (Mitglieds)Beitrag m, Gebühr f.
**du·el** [djuəl; Am. a. 'du:əl] s Du'ell n (a. fig.): to fight a ~ sich duellieren; students' ~ Mensur f. **II** v/i pret u. pp -eled, bes. Br. -elled sich duel'lieren. **'du·el·(l)er** s Duel'lieren n. **II** adj Duell...: ~ **pistols**. **'du·el·(l)ing** **I** s Duel'lieren n. **II** adj Duell...: ~ **pistols**. **'du·el·(l)ist** s Duel'lant m.
**du·en·na** [dju:'enə; Am. a. du:-] s Anstandsdame f.
**du·et** [dju:'et; Am. a. du:'et] **I** s **1.** mus. Du'ett n. **2.** mus. Duo n: to play a ~ a) ein Duo spielen, b) (am Klavier) vierhändig spielen. **3.** Duo n, Paar n: they make a good ~ sie geben ein gutes Paar ab. **II** v/i **4.** mus. a) ein od. im Du'ett singen, b) ein Duo spielen, c) vierhändig spielen.
**duff¹** [dʌf] s gastr. Mehlpudding m: to be up the ~ bes. Austral. sl. ein Kind ‚kriegen'.
**duff²** [dʌf] v/t sl. **1.** ‚aufpo'lieren', ‚fri'sieren'. **2.** Austral. Vieh stehlen u. mit neuen Brandzeichen versehen. **3.** ~ up Br. j-n zs.-schlagen.
**duff³** [dʌf] s sl. ‚Hinterteil' n, ‚Hintern' m.
**duf·fel** [dʌfl] s **1.** Düffel m (ein schweres Baumwollgewebe). **2.** bes. Am. Ausrüstung f. ~ **bag** s Matchbeutel m, -sack m. ~ **coat** s Dufflecoat m.
**'duff·er** s colloq. **1.** Hau'sierer m. **2.** a) Schund m, Ramsch(ware f) m, b) Fälschung f. **3.** a) Stümper m (at in dat), b) (alter) Trottel.
**duf·fle** → duffel.
**dug¹** [dʌg] pret u. pp von dig.
**dug²** [dʌg] s **1.** Zitze f. **2.** Euter n.
**du·gong** ['du:gɒŋ; Am. a. -‚gɑŋ] s zo. Dugong m (Seekuh im Indischen Ozean).
**'dug-out** s **1.** bes. mil. 'Unterstand m. **2.** Erd-, Höhlenwohnung f. **3.** Einbaum m. **4.** Br. sl. wieder ‚ausgegrabener' (reaktivierter) Be'amter, Offi'zier etc.
**du·i** ['dju:i:; Am. a. 'du:i:] pl von duo.
**duke** [dju:k; Am. a. du:k] s **1.** Herzog m. **2.** pl sl. Fäuste pl: to put up one's ~s die Fäuste hochnehmen. **'duke·dom** s **1.** Herzogtum n. **2.** Herzogswürde f.
**dul·cet** ['dʌlsɪt] **I** adj **1.** wohlklingend, me'lodisch, einschmeichelnd. **2.** obs. köstlich (Speise etc). **II** s **3.** mus. Dulcet n (Orgelregister).
**dul·ci·an·a** [‚dʌlsɪ'ɑːnə; Am. bes. -‚ænə] s mus. Dulzi'an n (Orgelregister).
**dul·ci·fy** ['dʌlsɪfaɪ] v/t **1.** (ver)süßen. **2.** fig. besänftigen.
**dul·ci·mer** ['dʌlsɪmə(r)] s mus. a) Hackbrett n, b) Zimbal n.
**dul·ci·ne·a** [‚dʌlsɪ'nɪə] s humor. contp. Dulzi'nea f: a) Freundin f, b) Geliebte f.
**dull** [dʌl] **I** adj (adv dully) **1.** schwer von Begriff, dumm. **2.** abgestumpft, teilnahmslos, gleichgültig. **3.** träge, schwerfällig, langsam. **4.** gelangweilt: to feel ~ sich langweilen. **5.** langweilig, fad(e). **6.** econ. flau, lustlos, schleppend: ~ **season** tote Jahreszeit, stille Saison. **7.** stumpf: ~ **blade**. **8.** blind: a ~ mirror. **9.** matt, stumpf, glanzlos: ~ **colo(u)rs**; ~ **eyes**. **10.** dumpf: a ~ **pain**; a ~ **sound**. **11.** trüb(e): a ~ **day**; ~ **weather**. **12.** schwach: a ~ **light**. **II** v/t **13.** e-e Klinge etc stumpf machen. **14.** fig. ab-

stumpfen. **15.** mat'tieren. **16.** e-n Spiegel etc blind machen, a. den Blick trüben. **17.** (ab)schwächen. **18.** mildern, dämpfen. **19.** Schmerz betäuben. **III** v/i **20.** stumpf werden, abstumpfen (a. fig.). **21.** träge werden. **22.** matt od. glanzlos werden. **23.** sich abschwächen.
**dull·ard** ['dʌlə(r)d] s Dummkopf m.
**'dull·ish** adj ziemlich dumm od. langweilig (etc, → dull I). **'dull·ness** s **1.** Dummheit f. **2.** Abgestumpftheit f. **3.** Trägheit f. **4.** Langweiligkeit f. **5.** econ. Flaute f. **6.** Stumpfheit f. **7.** Blindheit f. **8.** Mattheit f. **9.** Dumpfheit f. **10.** Trübheit f. **'dull·wit·ted** → dull 1. **dul·ness** → dullness.
**dulse** [dʌls] s bot. Speiserotalge f.
**du·ly** ['dju:lɪ; Am. a. 'du:li:] adv **1.** ordnungsgemäß, gehörig, richtig, wie es sich gehört: ~ **authorized representative** ordnungsgemäß ausgewiesener Vertreter. **2.** gebührend. **3.** rechtzeitig, pünktlich.
**du·ma** ['du:mə] s hist. Duma f (russischer Reichstag).
**dumb** [dʌm] **I** adj (adv ~ly) **1.** stumm. **2.** stumm, ohne Sprache: ~ **animals** stumme Geschöpfe. **3.** sprachlos, stumm: to strike s.o. ~ j-m die Sprache verschlagen od. rauben; **struck** ~ with **amazement** sprachlos vor Erstaunen. **4.** schweigsam. **5.** stumm: a ~ **gesture**. **6.** stumm: the ~ **masses** die stumme od. kritiklose Masse. **7.** ohne das übliche Merkmal: ~ **vessel** mar. Fahrzeug n ohne Eigenantrieb; ~ **note** mus. nicht klingende Note. **8.** bes. Am. colloq. ‚doof', dumm, blöd. **II** s **9.** the ~ die Stummen pl. **'~bell** s **1.** sport Hantel f. **2.** bes. Am. sl. ‚doofe Nuß', Dummkopf m.
**dumb'found** v/t verblüffen. **dumb-'found·ed** adj verblüfft, sprachlos. **dumb'found·er** → dumbfound.
**'dumb·ness** s **1.** Stummheit f. **2.** Sprachlosigkeit f. **3.** Schweigsamkeit f.
**dumb| pi·an·o** s mus. stummes ('Übungs)Kla‚vier. ~ **show** s **1.** Gebärdenspiel n, stummes Spiel. **2.** Panto'mime f. **'~wait·er** s **1.** stummer Diener, Ser'viertisch m. **2.** Speiseaufzug m.
**dum-dum** ['dʌmdʌm] s **1.** a. ~ **bullet** Dum'dum(geschoß) n. **2.** bes. Am. colloq. ‚Blödmann' m, Dummkopf m.
**dum·found**, etc → dumbfound, etc.
**dum·my** ['dʌmɪ] **I** s **1.** At'trappe f, econ. a. Leer-, Schaupackung f (in Schaufenstern etc): to sell s.o. a ~ sport j-n austricksen. **2.** a) Kleider-, Schaufensterpuppe f, b) Dummy m, Puppe f (bei Crashtests). **3.** econ. jur. Strohmann m. **4.** Kartenspiel: a) Strohmann m, b) Whistspiel n mit Strohmann: **double** ~ Whistspiel mit zwei Strohmännern. **5.** Br. Schnuller m. **6.** Puppe f, Fi'gur f (als Zielscheibe). **7.** colloq. Dummkopf m, ‚Blödmann' m. **8.** colloq. j-d, der den Mund nicht aufmacht. **9.** Am. vierseitige Verkehrsampel. **10.** print. Blindband m (Buch). **11.** tech. (e-e) Ran'gierlokomo‚tive. **II** adj **12.** fik'tiv, vorgeschoben, Schein...: ~ **candidates**; ~ **cartridge** mil. Exerzierpatrone f; ~ **concern** econ. Scheinunternehmen n; ~ **grenade** mil. Übungshandgranate f; ~ **gun** Gewehrattrappe f; ~ **warhead** mil. blinder Gefechtskopf. **13.** unecht, nachgemacht: ~ **whist** → dummy 4 b.
**dump** [dʌmp] **I** v/t **1.** ('hin)plumpsen od. ('hin)fallen lassen, 'hinwerfen. **2.** (heftig) absetzen od. abstellen. **3.** a) auskippen, abladen, schütten: to ~ into the ocean verklappen; to ~ s.th. on s.o. colloq. j-m etwas ,unterjubeln', b) e-n Karren etc ('um)kippen, entladen. **4.** mil. lagern, stapeln. **5.** econ. Waren zu Dumping-

preisen verkaufen. **6.** *colloq.* loswerden. **II** *v/i* **7.** plumpsen. **8.** (s-n) Schutt abladen. **9.** ~ **on** *Am. colloq.* schlechtmachen. **III** *s* **10.** Plumps *m*, dumpfer Fall *od.* Schlag. **11.** a) Schutt-, Abfallhaufen *m*, b) (Schutt-, Müll)Abladeplatz *m*, Müllkippe *f*, -halde *f*. **12.** *Bergbau:* (Abraum)Halde *f*. **13.** abgeladene Masse *od.* Last. **14.** *mil.* De'pot *n*, Lager(platz *m*) *n*, Stapelplatz *m*: **ammunition** ~ Munitionslager, -depot. **15.** *sl.* a) verwahrlostes Nest (*Ortschaft*), b) 'Dreckloch' *n* (*Wohnung, Zimmer*), c) 'Bruchbude' *f* (*Wohnung, Haus*). **16.** → dumps. '**~cart** *s* Kippwagen *m*, -karren *m*.
'**dump·er (truck)** *s* *mot. tech.* Dumper *m*, Kipper *m*.
'**dump·ing** *s* **1.** *econ.* Dumping *n*, Ausfuhr *f* zu Schleuderpreisen. **2.** (Schutt-) Ablagen → **ground** → dump 11 b.
**dump·ling** ['dʌmplɪŋ] *s* **1.** Knödel *m*, Kloß *m*: **apple** ~ Apfelknödel. **2.** *colloq.* 'Dickerchen' *n*, (kleiner) Mops (*Person*).
**dumps** [dʌmps] *s pl*: **to be (down) in the** ~ *colloq.* 'down' *od.* niedergeschlagen sein.
**dump truck** → dumper (truck).
'**dump·y** *adj* **1.** unter'setzt, plump. **2.** unförmig.
**dun**[1] [dʌn] **I** *v/t* **1.** *bes. Schuldner* mahnen, drängen: ~**ning letter** → 5. **2.** belästigen, bedrängen. **II** *s* **3.** Plagegeist *m*, *bes.* drängender Gläubiger. **4.** Schuldeneintreiber *m*. **5.** (*schriftliche*) Mahnung, Zahlungsaufforderung *f*.
**dun**[2] [dʌn] **I** *adj* **1.** graubraun, mausgrau. **2.** dunkel (*a. fig.*). **II** *s* **3.** Braune(r) *m* (*Pferd*). **4.** (*e-e*) (künstliche) Angelfliege.
'**dun·bird** *s orn.* **1.** Tafelente *f*. **2.** Bergente *f*.
**dunce** [dʌns] *s* Dummkopf *m*: ~('s) cap *hist.* Narrenkappe *f* (*für e-n dummen Schüler*).
**dun·der·head** ['dʌndə(r)hed] *s* Dummkopf *m*. '**dun·der‚head·ed** *adj* dumm.
**dune** [dju:n; *Am. a.* du:n] *s* Düne *f*. ~ **bug·gy** *s mot.* Strandbuggy *m*.
**dung** [dʌŋ] **I** *s* **1.** Mist *m*, Dung *m*, Dünger *m*. **2.** Tierkot *m*. **3.** *fig.* Schmutz *m*. **II** *v/t u. v/i* **4.** düngen.
**dun·ga·ree** [dʌŋɡə'ri:] *s* **1.** grober Baumwollstoff. **2.** *pl* a) Arbeitsanzug *m*, b) a. **pair of** ~**s** Arbeitshose *f*.
**dung beetle** *s zo.* Mistkäfer *m*. ~**cart** *s* Mistkarren *m*.
**dun·geon** ['dʌndʒən] **I** *s* **1.** → donjon. **2.** (*Burg*)Verlies *n*, Kerker *m*. **II** *v/t* **3.** einkerkern.
**dung** **fly** *s zo.* Dung-, Mistfliege *f*. ~ **fork** *s* Mistgabel *f*.
'**dung·hill** *s* **1.** Mist-, Düngerhaufen *m*: **a cock on his** ~ *fig.* ein Haustyrann. **2.** *fig.* Klo'ake *f*. ~ **fowl** *s* Hausgeflügel *n*.
**dun·ie·was·sal** ['du:nɪ‚wæsl], *a.* '**dun·nie‚was·sal** ['dʌnɪ-] *s Scot.* niederer Adliger.
**dun·ite** ['dʌnaɪt] *s geol.* Du'nit *m*.
**dunk** [dʌŋk] *v/t* **1.** *Brot etc* eintunken, stippen. **2.** eintauchen.
**Dunk·er** ['dʌŋkə(r)] *s relig.* Dunker *m* (*Mitglied e-r Sekte*).
'**dunk·ing** *s Basketball:* Dunking *n* (*Korbwurf, bei dem ein Spieler im Sprung den Ball von oben in den Korb wirft*).
**dun·nage** ['dʌnɪdʒ] **I** *s* **1.** *mar.* Stau-, Gar'nierholz *n*. **2.** Gepäck *n*. **II** *v/t* **3.** *mar.* mit Stauholz füllen, gar'nieren.
**dun·no** [də'nəʊ] *sl. für* do not know.
**dunt** [dʌnt; dʊnt] *Scot.* **I** *s* a) Schlag *m*, b) Platzwunde *f*. **II** *v/t* schlagen, stoßen.
**du·o** ['dju:əʊ; *Am. a.* 'du:əʊ] *pl* **-os**, '**du·i** [-i:] - *mus.* Duett *n*.
**duo-** [dju:əʊ; -ə; *Am.* du:-] *Wortelement mit der Bedeutung* zwei.
**du·o·de'cil·lion** *s math.* **1.** *Am.* Sextil-

---

li'arde *f* ($10^{39}$). **2.** *Br.* Duodezilli'on *f* ($10^{72}$).
**du·o·dec·i·mal** *math.* **I** *adj* **1.** duodezi'mal, dode'kadisch. **II** *s* **2.** zwölfter Teil, Zwölftel *n*. **3.** *pl* a) Duodezi'malsystem *n*, b) Duodezi'malmultiplikati‚on *f*.
**du·o·dec·i·mo** **I** *pl* **-mos** *s* **1.** *print.* a) Duo'dez(for‚mat) *n*, b) Duo'dezband *m*. **2.** *mus.* Duo'dezime *f*. **II** *adj* **3.** *print.* Duodez...: ~ **volume.**
**du·o·de·na** [‚dju:əʊ'di:nə; *Am. a.* ‚du:-] *pl von* duodenum. ‚**du·o'de·nal** [-'di:nl] *adj med.* duode'nal, Zwölffingerdarm...: ~ **ulcer.** ‚**du·o'de·na·ry** *adj math.* **1.** zwölffach, zwölf enthaltend. **2.** die n-te Wurzel 12 habend. ‚**du·o'de·num** [-nəm] *pl* **-na** [-nə], **-nums** *s anat.* Zwölf'fingerdarm *m*.
**du·o·logue** ['dju:əlɒɡ; *Am. a.* -‚lɑɡ; *a.* 'du:-] *s* **1.** Dia'log *m*, Zwiegespräch *n*. **2.** *thea.* Duo'drama *n*, Zweiper'sonenstück *n*.
**du·op·o·ly** [dju'ɒpəlɪ; *Am.* -'ɑ-; *a.* du-] *s econ.* 'Marktkon‚trolle *f* durch zwei Firmen.
'**du·o·tone** *adj* zweifarbig.
**dup·a·ble** ['dju:pəbl] *adj* vertrauensselig, leicht zu täuschen(d).
**dupe** [dju:p; *Am. a.* du:p] **I** *s* **1.** 'Angeführte(r' *m*) *f*, 'Lac'kierte(r' *m*) *f*, Betrogene(r *m*) *f*: **to be the** ~ **of** s.o. auf j-n hereinfallen. **2.** Leichtgläubige(r *m*) *f*, 'Gimpel' *m*. **II** *v/t* **3.** *j-n* 'anführen', 'lac'kieren', betrügen. '**dup·er·y** [-ərɪ] *s* Betrug *m*.
**du·ple** ['dju:pl; *Am. a.* 'du:-] *adj* doppelt, zweifach. ~ **ra·tio** *s math.* doppeltes Verhältnis. ~ **time** *s mus.* Zweiertakt *m*.
**du·plex** ['dju:pleks; *Am. a.* 'du:-] **I** *adj* **1.** doppelt, Doppel..., zweifach. **2.** *electr. tech.* Duplex... **II** *s* **3.** a) → duplex apartment, b) → duplex house. ~ **a·part·ment** *s Am.* Maiso(n)'nette *f*. ~ **gas burn·er** *s tech.* Zweidüsen(gas)brenner *m*. ~ **house** *s Am.* Doppel-, 'Zweifa‚milienhaus *n*. ~ **lathe** *s tech.* Doppeldrehbank *f*. ~ **re·peat·er** *s electr.* Duplex-, Zweidraht-, Gegensprechverstärker *m*. ~ **te·leg·ra·phy** *s tech.* 'Gegensprech-, 'Duplextelegra‚fie *f*. ~ **te·leph·o·ny** *s electr.* 'Duplextelefo‚nie *f*, Gegensprechverkehr *m*.
**du·pli·cate** ['dju:plɪkət; *Am. a.* 'du:-] **I** *adj* **1.** Doppel..., zweifach, doppelt: ~ **proportion,** ~ **ratio** → duple ratio; ~ **socket** *electr.* Doppelbuchse *f*, -steckdose *f*. **2.** genau od. gleich doppelt: ~ **key** → 5; ~ **part** Ersatzteil *n*, Austauschstück *n*; ~ **production** Reihen-, Serienfertigung *f*. **II** *s* **3.** Dupli'kat *n*, Ab-, Zweitschrift *f*, Ko'pie *f*: **in** ~ in zweifacher Ausfertigung *od.* Ausführung, in 2 Exemplaren, doppelt. **4.** (genau gleiches) Seitenstück, Ko'pie *f*. **5.** a) Zweitschlüssel *m*, b) Nachschlüssel *m*. **6.** *econ.* a) Se'kunda-, Dupli'katwechsel *m*, b) Pfandschein *m*. **III** *v/t* [-keɪt] **7.** im Dupli'kat 'herstellen. **8.** ein Dupli'kat anfertigen von, ko'pieren, e-e Abschrift machen von *e-m Brief etc*, ver'vielfältigen. **9.** zs.-falten. **10.** *ein Experiment etc* (beliebig) wieder'holen. ‚**du·pli'ca·tion** [-'keɪʃn] *s* **1.** → duplicate 2. Ver'vielfältigung *f*. **3.** Wieder'holung *f*. '**du·pli·ca·tor** [-keɪtə(r)] *s* Ver'vielfältigungsappa‚rat *m*.
**du·plic·i·ty** [dju:'plɪsətɪ; *Am.* a. du-] *s* **1.** *fig.* Doppelzüngigkeit *f*, Falschheit *f*. **2.** Dupli‚zi'tät *f*, doppeltes Vor'handensein *od.* Vorkommen.
**du·ra·bil·i·ty** [‚djʊərə'bɪlətɪ; *Am.* a. ‚dʊ-] *s* a) Haltbarkeit *f*, b) Dauerhaftigkeit *f*. '**du·ra·ble** [-rəbl] *adj* (*adv* **durably**) a) haltbar, strapa'zierfähig, *econ.* langlebig: ~ **goods** → II, b) dauerhaft. **II** *s pl econ.*

---

Gebrauchsgüter *pl*. '**du·ra·ble·ness** → durability.
**du·ral·u·min** [djʊə'ræljʊmɪn; *Am. a.* dʊ'r-] *s tech.* Du'ral *n*, 'Dura‚lu‚min(ium) *n*.
**du·ra·men** [djʊə'reɪmən; *Am. a.* dʊ'r-] *s bot.* Kern-, Herzholz *n*.
**dur·ance** ['djʊərəns; *Am. a.* 'dʊr-] *s* Haft *f* (*meist obs.*): **in** ~ **vile** hinter Schloß u. Riegel.
**du·ra·tion** [djʊə'reɪʃn; *Am. a.* dʊ'r-] *s* (Fort-, Zeit)Dauer *f*: **of short** ~ von kurzer Dauer; ~ **of life** Lebensdauer, -zeit *f*; **for the** ~ *colloq.* a) für die Dauer des Krieges, b) bis zum Ende. '**dur·a·tive** [-rətɪv] **I** *adj* **1.** dauernd. **2.** *ling.* dura'tiv, Dauer... **II** *s ling.* **3.** dura'tiver Konso'nant. **4.** Dauerform *f*, Dura'tiv *m*.
**dur·bar** ['dɜ:bɑ:] *s Br. Ind.* **1.** Hof *m* (*e-s indischen Fürsten*). **2.** Galaempfang *m*.
**du·ress(e)** [djʊə'res; *Am. a.* dʊ'r-] *s* **1.** Druck *m*, Zwang *m*. **2.** *jur.* Freiheitsberaubung *f*: **to be under** ~ in Haft sein. **3.** *jur.* Zwang *m*, Nötigung *f*: **to act under** ~ unter Zwang handeln.
**Dur·ham** ['dʌrəm; *Am.* 'dɜrəm] *s zo.* Durhamrind *n*.
**dur·ing** ['djʊərɪŋ; *Am. a.* 'dʊrɪŋ] *prep* während (*gen*), im Laufe von (*od. gen*), in (*e-m Zeitraum*): ~ **the night.**
**dur·mast (oak)** ['dɜ:mɑ:st; *Am.* 'dɜr‚mæst] *s bot.* Steineiche *f*.
**du·ro** ['djʊərəʊ] *pl* **-ros** *s* Duro *m* (*spanische u. südamer. Silbermünze*).
**durst** [dɜ:st; *Am.* dɜrst] *pret von* dare.
**du·rum (wheat)** ['djʊərəm; *Am. a.* 'dʊrəm] *s bot.* Hartweizen *m*.
**dusk** [dʌsk] **I** *s* (Abend)Dämmerung *f*: **at** ~ bei Einbruch der Dunkelheit. **II** *adj poet.* dunkel, düster, dämmerig. **III** *v/t poet.* verdunkeln. **IV** *v/i poet.* dunkel werden. '**dusk·y** *adj* (*adv* **duskily**) **1.** dämmerig, düster (*a. fig.*). **2.** schwärzlich, dunkel. **3.** dunkelhäutig.
**dust** [dʌst] **I** *s* **1.** Staub *m*: **in** ~ **and ashes** *fig.* in Sack u. Asche; **to blow the** ~ **off** *fig.* e-n alten Plan etc wieder aus der Schublade holen; **to be humbled in(to) the** ~ *fig.* gedemütigt werden; **to drag in the** ~ *fig. j-n, etwas* in den Staub ziehen *od.* zerren; **to lick the** ~ *colloq.* 'ins Gras beißen' (*umkommen*); **to shake the** ~ **off one's feet** a) den Staub von den Füßen schütteln, b) *fig.* verärgert *od.* entrüstet weggehen; **to throw** (*od.* **cast**) ~ **in** s.o.'s **eyes** *fig.* j-m Sand in die Augen streuen; ~ **bite** I, kiss 4. **2.** Staubwolke *f*: **to raise a** ~ e-e Staubwolke aufwirbeln, b) *a.* **to kick up a** ~ *fig.* viel Staub aufwirbeln; **the** ~ **has settled** *fig.* die Aufregung hat sich gelegt, die Wogen haben sich geglättet. **3.** *fig.* a) Staub *m*, Erde *f*, b) sterbliche 'Überreste *pl*, c) menschlicher Körper, Mensch *m*: **to turn to** ~ **and ashes** zu Staub u. Asche werden, zerfallen. **4.** *Br.* a) Müll *m*, Abfall *m*, b) Kehricht *m, a.* *n*. **5.** *bot.* Blütenstaub *m*. **6.** (Gold- *etc*)Staub *m*. **7.** Bestäubungsmittel *n*, (In'sekten-*etc*)Pulver *n*. **8.** → dustup. **II** *v/t* **9.** abstauben, Staub wischen in (*dat*). **10.** *a.* ~ **down** ausstauben, ausbürsten, ausklopfen: **to** ~ s.o.'s **jacket** *colloq.* j-m die Jacke voll hauen'. **11.** bestäuben, bestäuben: **to** ~ s.o.'s **eyes** *fig.* j-m Sand in die Augen streuen. **12.** *Pulver etc* stäuben, streuen. **13.** staubig machen, einstauben. **14.** zu Staube machen. **III** *v/i* **15.** abstauben, Staub wischen. **16.** staubig werden, ein-, verstauben. **17.** im Staub baden (*bes. Vogel*). **18.** *Am. sl.* sich aus dem Staub machen, 'abhauen'.
**dust** **bag** *s* Staubbeutel *m* (*e-s Staubsaugers*). ~ **bath** *s* Staubbad *n*. '**~bin** *s Br.* **1.** Abfall-, Mülleimer *m*: ~ **liner** Müllbeutel *m*. **2.** Abfall-, Mülltonne *f*. ~

**bowl** *s geogr.* Trockengebiet mit Bodenerosionserscheinungen *u.* Staubstürmen. '~**box** *s* **1.** → dustbin. **2.** Streusandbüchse *f.* '~**cart** *s Br.* Müllwagen *m.* ~ **cham·ber** *s tech.* (Flug)Staubkammer *f.* '~**cloth** *s Am.* **1.** Staubtuch *n*, -lappen *m.* **2.** → dust cover 2. ~ **coat** *s bes. Br.* **1.** *mot. hist.* Staubmantel *m.* **2.** Hauskittel *m.* ~**cov·er** *s* **1.** 'Schutz,umschlag *m* (*um* Bücher). **2.** Staubdecke *f*, Schutzbezug *m* (*für Möbel*).
'**dust·er** *s* **1.** a) Staubtuch *n*, -lappen *m*, b) Staubwedel *m.* **2.** *Am.* → dust coat. **3.** Streudose *f.*
**dust|ex·haust** *s tech.* Staubabsaugung *f.* ~ **heap** *s Br.* Müll-, Abfallhaufen *m.*
'**dust·ing** *s* **1.** Abstauben *n*, Staubwischen *n.* **2.** Bestäuben *n.*
**dust|jack·et** → dust cover 1. '~**man** [-mən] *s irr Br.* Müllmann *m.* '~,**off** *s mil. Am. sl.* Sani'tätshubschrauber *m.* '~**proof** *adj* staubdicht. ~ **sheet** → dust cover 2. ~ **shot** *s hunt.* Vogeldunst *m* (*feinste Schrotsorte*). ~ **storm** *s* Staubsturm *m.* ~ **trap** *s* Staubfänger *m.* '~**up** *s colloq.* **1.** ,Krach' *m.* **2.** handgreifliche Ausein'andersetzung.
'**dust·y** *adj* **1.** staubig, voll Staub. **2.** staubförmig, -artig. **3.** sandfarben. **4.** *fig.* fad(e), trocken. **5.** *fig.* vag(e), unklar, nichtssagend: a~answer. **6.** not so ~ *Br. colloq.* gar nicht so übel.
**Dutch[1]** [dʌtʃ] **I** *adj* **1.** holländisch, niederländisch: to talk to s.o. like a ~ uncle *colloq.* j-m ,e-e Standpauke halten'. **2.** *Am. sl.* deutsch. **II** *adv* **3.** to go ~ *colloq.* getrennte Kasse machen. **III** *s* **4.** *ling.* Holländisch *n*, das Holländische, Niederländisch *n*, das Niederländische: that is all ~ to me das sind für mich böhmische Dörfer. **5.** *Am. sl.* Deutsch *n*, das Deutsche. **6.** the ~ *collect. pl* a) die Holländer *pl*, die Niederländer *pl*, b) *Am. sl.* die Deutschen *pl*; that beats the ~! *colloq.* das ist ja die Höhe! **7.** *colloq.* to be in ~ in ,Schwulitäten' sein; to be in ~ with s.o. bei j-m ,unten durch' sein; to put s.o. in ~ j-n in ,Schwulitäten' bringen.
**Dutch[2], d.** [dʌtʃ] *s Br. sl.* ,Alte' *f* (*Ehefrau*).
**Dutch|auc·tion** *s* Auktion, bei der der Preis so lange erniedrigt wird, bis sich ein Käufer findet. ~ **bar·gain** *s colloq.* mit e-m Drink besiegeltes Geschäft. ~ **cap** *s* **1.** Holländerhaube *f.* **2.** *med.* Pes'sar *n.* ~ **clo·ver** *s bot.* Weißer Klee. ~**cour·age** *s colloq.* angetrunkener Mut. ~ **foil**, ~ **gold** *s* unechtes Blattgold, Rauschgold *n.* ~ **leaf** *s irr* → Dutch foil. '~**man** [-mən] *s irr* **1.** Holländer *m*, Niederländer *m*: or I'm a ~ *colloq.* oder ich will Hans heißen; I'm a ~ if ich laß mich hängen, wenn. **2.** *Am. sl.* Deutsche(r) *m.* **3.** *mar.* Holländer *m* (*Schiff*). ~ **met·al** *s* **1.** Tombak *m.* **2.** → Dutch foil. ~**ov·en** *s* **1.** (*ein*) flacher Bratentopf. **2.** Backsteinofen *m.* **3.** Röstblech *n* (*vor offenem Feuer*). ~ **tile** *s* gla'sierte Ofenkachel. ~ **treat** *s colloq.* Essen *etc*, bei dem jeder für sich bezahlt. ~ **wife** *s irr* Rohrgestell *n*, Kissen *n* (*zum Auflegen der Arme u. Beine im Bett*). '~**wom·an** *s irr* Holländerin *f*, Niederländerin *f.*
**du·te·ous** ['dju:tjəs; -iəs; *Am. a.* 'du:-] *adj* (*adv* ~**ly**) → dutiful.
**du·ti·a·ble** ['dju:tjəbl; -iəbl; *Am. a.* 'du:-] *adj* a) abgabenpflichtig, b) zollpflichtig.
'**du·ti·ful** *adj* (*adv* ~**ly**) **1.** pflichtgetreu, -bewußt. **2.** gehorsam. **3.** pflichtgemäß. '**du·ti·ful·ness** *s* **1.** Pflichttreue *f.* **2.** Gehorsam *m.*
**du·ty** ['dju:tɪ; *Am. a.* 'du:-] **I** *s* **1.** Pflicht *f*: a) Schuldigkeit *f* (to, toward[s] gegen [-über]), b) Aufgabe *f*, Amt *n*: ~ to report Anzeigepflicht; to do one's ~ s-e

Pflicht tun (**by s.o.** an j-m); **to be under a** ~ **to do s.th.** verpflichtet sein, etwas zu tun; **breach of** ~ Pflichtverletzung *f*; (**as**) **in** ~ **bound** pflichtgemäß, -schuldig(st); **to be in** ~ **bound to do s.th.** etwas pflichtgemäß tun müssen. **2.** Dienst *m*: **on** ~ a) diensttuend, diensthabend, im Dienst, b) dienstbereit (*Apotheke etc*); **to be on** ~ Dienst haben, im Dienst sein; **to be off** ~ nicht im Dienst sein, dienstfrei haben; **to do** ~ **for** a) *fig.* benutzt werden *od.* dienen als (*etwas*), b) j-n vertreten. **3.** Ehrerbietung *f*, Re'spekt *m*: **in** ~ **to** aus Ehrerbietung gegen; ~ **call** Höflichkeits-, Pflichtbesuch *m.* **4.** *econ.* a) Abgabe *f*, b) Gebühr *f*, c) Zoll *m*: ~ **on increment value** Wertzuwachssteuer; ~ **on exports** Ausfuhrzoll; **liable to** ~ zollpflichtig; **to pay** ~ **on s.th.** etwas verzollen *od.* versteuern. **5.** *tech.* a) (Nutz-, Wirk)Leistung *f*, b) Arbeitsweise *f*, c) Funkti'on *f.* **6.** *meist* ~ **of water** nötige Bewässerungsmenge. **II** *adj* **7.** Bereitschafts...: ~ **doctor**; ~ **chemist** *Br.* dienstbereite Apotheke; ~ **officer** *mil.* Offizier *m* vom Dienst. '~**bound** *adj*: **to be** ~ **to do s.th.** etwas pflichtgemäß tun müssen. ~'**free** **I** *adj u. adv* abgaben-, zollfrei: ~ **shop** Duty-free-Shop *m.* **II** *s pl colloq.* zollfreie Ware(n *pl*). ~'**paid** *adj* verzollt, nach Verzollung: ~ **entry** Zollerklärung *f.*
**du·um·vir** [dju:'ʌmvə(r); *Am. a.* dʊ-] *pl* -**vi·ri** [-vɪraɪ] *s antiq.* Du'umvir *m.* **du·um·vi·rate** [-vɪrət] *s* Duumvi'rat *n.*
**du·vet** ['dju:veɪ] *s Br.* Federbett *n.*
**dux** [dʌks] *pl* '**dux·es, du·ces** ['dju:si:z] *s bes. Scot.* Erste(r) *m*, Primus *m* (*e-r Klasse*).
**dwale** [dweɪl] → belladonna a.
**dwarf** [dwɔ:(r)f] **I** *pl* **dwarfs, dwarves** [-vz] *s* **1.** Zwerg(in) (*a. fig.*). **2.** a) *zo.* Zwergtier *n*, b) *bot.* Zwergpflanze *f.* **3.** → dwarf star. **II** *adj* **4.** zwergenhaft, *bes. bot. zo.* Zwerg...: ~ **maple**; ~ **snake**. **III** *v/t* **5.** *bes. fig.* verkümmern lassen, im Wachstum *od.* an der Entfaltung hindern. **6.** verkleinern. **7.** klein erscheinen lassen, zs.-schrumpfen lassen. **8.** *fig.* in den Schatten stellen: **to ~ed by** verblassen neben (*dat*). **IV** *v/i* **9.** *bes. fig.* verkümmern. **10.** zs.-schrumpfen.
'**dwarf·ish** *adj* (*adv* ~**ly**) **1.** zwergenhaft, winzig. **2.** *med.* 'unter-, unentwickelt.
**dwarf|palm** *s bot.* Zwergpalme *f.* ~ **star** *s astr.* Zwergstern *m.* ~ **wall** *s arch.* Quer-, Zwergmauer *f.*
**dwarves** [dwɔ:(r)vz] *pl von* dwarf.
**dwell** [dwel] **I** *v/i pret u. pp* **dwelt** [dwelt], *a.* **dwelled** **1.** wohnen, leben. **2.** *fig.* bleiben, (ver)weilen: **to** ~ (**up**)**on** a) (im Geiste) bei *etwas* verweilen, über *etwas* nachdenken, b) auf *etwas* Nachdruck legen; **to** ~ (**up**)**on a subject** bei e-m Thema verweilen, auf ein Thema näher eingehen; **to** ~ **on a note** *mus.* e-n Ton aushalten. **3.** *fig.* begründet sein (**in** *dat*). **II** *s* **4.** *tech.* Haltezeit *f*, 'Stillstandsperi,ode *f*: ~ **angle** *mot.* Schließwinkel *m.* '**dwell·er** *s* (*meist in Zssgn*) Bewohner(in). '**dwell·ing** *s* **1.** Wohnung *f.* **2.** Wohnen *n*: ~ **house** Wohnhaus *n*; ~ **place** Aufenthalts-, Wohnort *m.*
**dwin·dle** ['dwɪndl] **I** *v/i* abnehmen, schwinden, (zs.-)schrumpfen: **to** ~ **away** dahinschwinden. **II** *v/t* vermindern.
**dy·ad** ['daɪæd] *s* **1.** *sociol.* Dy'ade *f*, Paarverhältnis *n.* **2.** *biol. chem. math.* Dy'ade *f.* **3.** *mus.* Zweiklang *m.* **dy·ad·ic** [daɪ'ædɪk] *adj* dy'adisch.
**Dy·ak** ['daɪæk] *s* **1.** Dajak *m* (*Eingeborener Borneos*). **2.** *ling.* Dajak *n.*
**dy·ar·chy** → diarchy.

**Dy·as** ['daɪæs] *s geol.* Perm *n.*
**dye** [daɪ] **I** *s* **1.** Farbstoff *m.* **2.** *tech.* Färbe(flüssigkeit) *f*: ~ **bath** Färbebad *n*, Flotte *f.* **3.** Färbung *f*, Farbe *f*, Tönung *f*: **of the deepest** ~ *fig.* von der übelsten Sorte. **II** *v/t* **4.** *bes. tech.* färben: **to** ~ **in the wool** *tech.* in der Wolle *od.* waschecht färben; **to** ~ **in the grain** *tech.* Fasern im Rohzustand färben, waschecht färben. **III** *v/i* **5.** sich färben (lassen).
,**dyed-in-the-'wool** *adj tech.* in der Wolle gefärbt, *fig. a.* eingefleischt, (*nachgestellt a.*) durch u. durch.
'**dye·ing** *s* **1.** Färben *n.* **2.** Färbe'reigewerbe *n.*
**dy·er** ['daɪə(r)] *s* **1.** Färber(in). **2.** Farbstoff *m.*
**dy·er's|-broom** ['daɪə(r)zbru:m] *s bot.* Färberginster *m.* ~ **oak** *s bot.* Färbereiche *f.* ~ **weed** *s bot.* Gelbkraut *n*, Färber-Wau *m.* ~ **woad** *s bot.* (Färber-) Waid *m.*
'**dye|stuff** *s* Farbstoff *m.* '~**wood** *s tech.* Färbe-, Farbholz *n.* '~**works** *s pl* (*oft als sg konstruiert*) Färbe'rei *f.*
**dy·ing** ['daɪɪŋ] *adj* **1.** sterbend: a ~ **man** ein Sterbender; **to be** ~ im Sterben liegen; a ~ **tradition** e-e aussterbende Tradition. **2.** Sterbe...: ~ **confession** Beichte *f* auf dem Sterbebett; ~ **hour** Todesstunde *f*; ~ **wish** letzter Wunsch; ~ **words** letzte Worte; **to one's** ~ **day** bis zu s-m Tod, bis an sein Lebensende. **3.** zu Ende gehend: **the** ~ **year.** **4.** *fig.* a) ersterbend: ~ **voice**, b) verhallend: ~ **sounds.** **5.** schmachtend: ~ **look.**
**dyke** → dike[1], dike[2] *u.* dike[3].
**dy·nam·e·ter** [daɪ'næmɪtə(r)] *s phys.* Dyna'meter *n.*
**dy·nam·ic** [daɪ'næmɪk] **I** *adj* (*adv* ~**ally**) **1.** *allg. u. fig.* dy'namisch: ~ **force** (geology, personality, policy, psychology, *etc*); ~ **pressure** *phys.* dynamischer Druck, Staudruck *m.* **II** *s pl* (*als sg konstruiert*) **2.** Dy'namik *f*: a) *phys.* Lehre von den bewegenden Kräften, b) *mus.* Lehre von den Abstufungen der Tonstärke, c) *fig.* Schwung *m.* **3.** *fig.* Triebkraft *f*, treibende Kraft. **dy'nami·cal** *adj* (*adv* ~**ly**) → dynamic I.
**dy·na·mism** ['daɪnəmɪzəm] *s* **1.** *philos.* Dyna'mismus *m.* **2.** *fig.* Dy'namik *f*, Schwung *m.*
**dy·na·mite** ['daɪnəmaɪt] **I** *s* **1.** Dyna'mit *n.* **2.** *colloq.* a) Zündstoff *m*, b) gefährliche *od.* 'umwerfende Sache *od.* Per'son: **to be** ~ e-e ,Wucht' sein (*Schauspieler etc*), hoch brisant sein (*Buchthema etc*), wie e-e Bombe einschlagen (*Nachricht etc*). **II** *v/t* **3.** (*mit Dynamit*) (in die Luft) sprengen. '**dy·na·mit·er** *s* Sprengstoffattentäter *m.* '**dy·na·mit·ing** *s* **1.** Dyna'mitsprengung *f.* **2.** Zerstörung *f* durch Dyna'mit. **3.** Sprengstoffattentat *n.*
**dy·na·mo** ['daɪnəməʊ] *pl* -**mos** *s electr.* Dy'namo(maschine) *f, m.*
**dy·na·mo·e·lec·tric** [,daɪnəməʊɪ'lektrɪk], ,**dy·na·mo·e'lec·tri·cal** *adj phys.* dy'namoe,lektrisch, e'lektrody,namisch.
**dy·na·mom·e·ter** [,daɪnə'mɒmɪtə(r); *Am.* -'mɑ-] *s tech.* Dynamo'meter *n*, Kraftmesser *m.*
**dy·na·mo·tor** [,daɪnə,məʊtə(r)] *s electr.* 'Umformer *m*, 'Motorgene,rator *m.*
**dy·nast** ['dɪnəst; *bes. Am.* 'daɪnæst] *s* Dy'nast *m*, Herrscher *m.* **dy·nas·tic** [-'næstɪk] *adj* (*adv* ~**ally**) dy'nastisch.
'**dy·nas·ty** [-nəstɪ] *s* Dyna'stie *f*, Herrschergeschlecht *n*, -haus *n.*
**dy·na·tron** ['daɪnətrɒn; *Am.* -,trɑn] *s electr.* Dynatron *n*, Mesotron *n* (*Sekundärelektronenröhre*).

**dyne** [daɪn] *s phys*. Dyn *n*, Dyne *f* (*Einheit der Kraft im CGS-System*).

**dy·node** [ˈdaɪnəʊd] *s electr*. Dyˈnode *f* (*zusätzliche Elektrode e-r Elektronenröhre zur Beeinflussung des Stroms*).

**dys-** [dɪs] *Vorsilbe mit den Bedeutungen*: a) *schwierig*, b) *biol*. *ungleich(artig)*, c) *mangelhaft*, d) *krankhaft*.

**dys·au·to·no·mi·a** [ˌdɪsɔːtəˈnəʊmɪə] *s med*. Dysautonoˈmie *f* (*angeborene Entwicklungsstörung des vegetativen Nervensystems*).

**ˌdys·enˈter·ic** *adj med*. **1.** Ruhr..., ruhrartig. **2.** ruhrkrank.

**dys·en·ter·y** [ˈdɪsntrɪ] *s med*. Dysenteˈrie *f*, Ruhr *f*.

**dysˈfunc·tion** *s med*. Dysfunktiˈon *f*, Funktiˈonsstörung *f*.

**dys·gen·ics** [dɪsˈdʒenɪks] *s pl* (*als sg konstruiert*) Dysˈgenik *f* (*Erforschung von Erbschädigungen*).

**dys·graph·i·a** [dɪsˈgræfɪə] *s med*. Schreibstörung *f*.

**dys·la·li·a** [dɪsˈleɪlɪə] *s med*. Dyslaˈlie *f*, Stammeln *n*.

**dys·lex·i·a** [dɪsˈleksɪə] *s med*. Dysleˈxie *f*, Lesestörung *f*.

**ˌdys·loˈgis·tic** *adj* (*adv* ~**ally**) abfällig, herˈabsetzend.

**dys·men·or·rh(o)e·a** [ˌdɪsmenəˈrɪə] *s med*. Dysmenorˈrhö(e) *f* (*gestörte, schmerzhafte Monatsblutung*).

**dys·pep·si·a** [dɪsˈpepsɪə; *Am. a.* -ʃə], **dysˈpep·sy** [-sɪ] *s med*. Dyspepˈsie *f*, Verdauungsstörung *f*. **dysˈpep·tic** [-tɪk] **I** *adj* **1.** *med*. dysˈpeptisch. **2.** *fig*. schlechtgelaunt, mürrisch. **II** *s* **3.** Dysˈpeptiker(in).

**dys·pha·gi·a** [dɪsˈfeɪdʒɪə] *s med*. Dysphaˈgie *f*, Schluckstörung *f*.

**dys·pha·si·a** [dɪsˈfeɪzɪə; *bes. Am.* -ʒɪə; -ʒə] *s med*. Dysphaˈsie *f* (*Erschwerung des Sprechens*).

**dys·pho·ni·a** [dɪsˈfəʊnjə; -nɪə] *s med*. Dysphoˈnie *f*, Stimmstörung *f* (*z. B. bei Heiserkeit*).

**dys·pho·ri·a** [dɪsˈfɔːrɪə] *s med. psych*. Dysphoˈrie *f*, Übellaunigkeit *f*, Gereiztheit *f*.

**dys·pla·si·a** [dɪsˈpleɪzɪə; *bes. Am.* -ʒə] *s med*. Dysplaˈsie *f*, Fehl-, ˈUnterentwicklung *f*.

**dysp·n(o)e·a** [dɪsˈpniːə; *Am.* ˈdɪsp-] *s med*. Dysˈpnoe *f*, Atemnot *f*, Kurzatmigkeit *f*.

**dys·tel·e·ol·o·gy** [ˌdɪstelɪˈɒlədʒɪ; *Am.* -ˈɑ-] *s philos*. Dysteleoloˈgie *f* (*Lehre von der Unzweckmäßigkeit u. Ziellosigkeit biologischer Bildungskräfte in der Natur*).

**dys·to·pi·a** [dɪsˈtəʊpɪə] *s med*. Dystoˈpie *f*, Fehllagerung *f*.

**dys·tro·phi·a** [dɪsˈtrəʊfɪə] → **dystrophy**. **dysˈtroph·ic** [-ˈtrɒfɪk; *Am.* -ˈtrəʊ-] *adj biol*. dysˈtroph (*durch Humusstoffe u. Torfschlamm braun gefärbt*) (*Seen*). **ˈdys·tro·phy** [-trəfɪ] *s physiol*. Dystroˈphie *f*: a) Ernährungsstörung *f*, b) *mangelhafte Versorgung e-s Organs mit Nährstoffen*.

# E

**E, e** [iː] **I** pl **E's, Es, e's, es** [iːz] s **1.** E, e n (Buchstabe). **2.** mus. E, e n (Note): E flat Es, es n; E sharp Eis, eis n; E double flat Eses, eses n; E double sharp Eisis, eisis n. **3.** e phys. a) e (Elementarladung), b) → **erg. 4.** E ped. Fünf f, Mangelhaft n (Note). **5.** E Am. Auszeichnung f für her'vorragende Leistung(en) (= **excellence**). **6.** E E n, E-förmiger Gegenstand. **II** adj **7.** fünft(er, e, es): Company E. **8.** E E-..., E-förmig.

**e-** [ɪ] für **ex-** vor Konsonanten (außer c, f, p, q, s, t).

**each** [iːtʃ] **I** adj jeder, jede, jedes (einzelne) (aus e-r bestimmten Zahl od. Gruppe): ~ **man** jeder (Mann); ~ **one** jede(r) einzelne; ~ **and every one** alle u. jeder. **II** pron (ein) jeder, (e-e) jede, (ein) jedes: ~ **of us** jede(r) von uns; **we help** ~ **other** wir helfen einander od. uns (gegenseitig); **they think of** ~ **other** sie denken aneinander. **III** adv je, pro Per'son od. Stück: **they cost fifty pence** ~ sie kosten 50 Pence (das Stück); **we had one room** ~ wir hatten jeder ein Zimmer.

**ea·ger¹** [ˈiːɡə(r)] adj (adv ~ly) **1.** eifrig: ~ **beaver** colloq. Übereifrige(r) m. **2.** (for) begierig (nach), erpicht (auf acc): ~ **for knowledge** wißbegierig; **to be** ~ **to swim** erpicht darauf sein zu schwimmen. **3.** begierig, ungeduldig, gespannt: **to be** ~ **for news** ungeduldig auf Nachricht warten; **an** ~ **look** ein gespannter od. erwartungsvoller Ausdruck.

**ea·ger²** → **eagre.**

**ea·ger·ness** [ˈiːɡə(r)nɪs] s **1.** Eifer m. **2.** Begierde f.

**ea·gle** [ˈiːɡl] **I** s **1.** orn., a. her. Adler m. **2.** Am. hist. goldenes Zehn'dollarstück. **3.** pl mil. Adler pl (Rangabzeichen e-s Obersten in der US-Armee). **4.** E~ astr. Adler m (Sternbild). **5.** Golf: Eagle n (zwei Schläge unter Par). **II** v/t **6.** to ~ the 12th hole (Golf) am 12. Loch ein Eagle spielen. **'~-eyed** adj adleräugig, scharfsichtig. ~ **owl** s orn. Uhu m, Adlereule f.

**ea·glet** [ˈiːɡlɪt] s orn. junger Adler.

**ea·gle vul·ture** s orn. Geierseeadler m.

**ea·gre** [ˈeɪɡə(r); ˈiːɡə(r)] s Flutwelle f.

**ear¹** [ɪə(r)] s **1.** anat. Ohr n. **2.** fig. Gehör n, Ohr n: a good ~ ein feines Gehör, gute Ohren; an ~ for music a) musikalisches Gehör, b) Sinn m für Musik; by ~ nach dem Gehör (spielen); → Bes. Redew. **3.** fig. Gehör n, Aufmerksamkeit f: to give (od. lend) s.o. an ~ (od. one's ~[s]) j-m Gehör schenken, j-n anhören; she has his ~ er hört auf sie; it came to (od. reached) my ~s es kam mir zu Ohren. **4.** Öhr n, Öse f. **6.** tech. Tragöse f. **7.** Titelbox f (in Zeitungen).

*Besondere Redewendungen:*

**to be all** ~s ganz Ohr sein; **to be out on** one's ~s colloq. ,auf der Straße sitzen' (entlassen worden sein); **to be up to the** (od. one's) ~**s in debt (work**) bis über die Ohren in Schulden (Arbeit) sitzen od. stecken; **not to believe** (od. **trust**) **one's** ~**s** s-n Ohren nicht trauen; **his** ~**s were burning** ihm klangen die Ohren; **to fall on deaf** ~**s** auf taube Ohren stoßen; **it goes in** (at) **one** ~ **and out** (at) **the other** das geht zum e-n Ohr herein u. zum andern wieder hinaus; **to have** (od. keep) **an** (od. one's) ~ **to the ground** die Ohren offenhalten; **to have a word in s.o.'s** ~ j-m etwas im Vertrauen sagen; **to play by** ~ improvisieren; **I'll play it by** ~ ich werde von Fall zu Fall entscheiden; **he set them by the** ~**s** er brachte sie gegeneinander auf; **to smile from** ~ **to** ~ von e-m Ohr zum andern strahlen; **to turn a deaf** ~ **to** die Ohren verschließen vor (dat); → **flea** 1, **music** 1, **prick** 14, **thick** 4, **wall** Bes. Redew., **wet** 1.

**ear²** [ɪə(r)] s (Getreide)Ähre f: → **corn¹** 2.

**'ear·ache** s Ohrenschmerzen pl. **'~-catch·er** s eingängige od. einschmeichelnde Melo'die. **~conch** s anat. Ohrmuschel f. **'~drop** s **1.** Ohrgehänge n. **2.** pl med. Ohrentropfen pl. **'~drum** s anat. Trommelfell n.

**eared¹** [ɪə(r)d] adj **1.** mit (...) Ohren, ...ohrig. **2.** mit Henkel od. Öse (versehen).

**eared²** [ɪə(r)d] adj mit (...) Ähren.

**'ear·flap** s Ohrenschützer m.

**'~ful** [-fʊl] s: **to get an** ~ colloq. ,etwas zu hören bekommen'; **get an** ~ **of this!** hör dir das mal an!

**ear·ing** [ˈɪərɪŋ] s mar. Nockhorn n.

**earl** [ɜːl; Am. ɜrl] s Graf m (dritthöchste brit. Adelsstufe zwischen **marquis** u. **viscount**): E~ **Marshal** Großzeremonienmeister m. **'earl·dom** s **1.** hist. Grafschaft f. **2.** Grafenwürde f.

**ear·less** [ˈɪə(r)lɪs] adj **1.** ohrlos, ohne Ohren. **2.** henkellos. **3.** ~ **to be** ~ kein (musikalisches) Gehör haben.

**'ear·lobe** s anat. Ohrläppchen n.

**ear·ly** [ˈɜːlɪ; Am. ˈɜːrlɪ] **I** adv **1.** früh, (früh)zeitig: ~ **in the day (year**) früh am Tag (im Jahr); ~ **in life** früh im Leben; ~ **May** Anfang Mai; **as** ~ **as May** schon im Mai; **as** ~ **as the times of Chaucer** schon zu Chaucers Zeiten; ~ **to bed and** ~ **to rise makes a man healthy, wealthy, and wise** Morgenstunde hat Gold im Munde. **2.** bald: **as** ~ **as pos-** sible so bald wie möglich. **3.** am Anfang: ~ **on** Br. a) schon früh(zeitig), b) bald. **4.** a) zu früh: **he arrived an hour** ~, b) früher: **he left a few minutes** ~. **II** adj **5.** früh, (früh)zeitig: ~ **riser**, humor. ~ **bird** Frühaufsteher(in); **the** ~ **bird catches** (od. gets) **the worm** Morgenstunde hat Gold im Munde; **to keep** ~ **hours** früh aufstehen u. früh zu Bett gehen; ~ **shift** econ. Frühschicht f; **the** ~ **summer** der Frühsommer; **at an** ~ **hour** zu früher Stunde; **it is still** ~ **days** fig. es ist noch zu früh am Tage. **6.** vorzeitig, früh: ~ **death. 7.** zu früh: **you are** ~ **today** du bist heute (etwas) zu früh (daran). **8.** früh, Jugend...: **in his** ~ **days** in seiner Jugend. **9.** früh(reifend): ~ **peaches** frühe Pfirsiche. **10.** anfänglich, Früh..., früh, erst(er, e, es): ~ **Christian** frühchristlich; **the** ~ **Christians** die ersten Christen, die Frühchristen; ~ **history** Frühgeschichte f, frühe Geschichte. **11.** baldig: **an** ~ **reply.**

**ear·ly clos·ing** s econ. früher Geschäftsschluß: **Thursday is** ~ am Donnerstag schließen die Geschäfte früher. **E~ Eng·lish (style**) s arch. frühgotischer Stil (in England, etwa 1180–1270). ~ **warn·ing sys·tem** s mil. 'Frühwarnsy₁stem n.

**'ear·mark I** s **1.** Ohrmarke f (der Haustiere). **2.** Kennzeichen n: **under** ~ gekennzeichnet. **3.** fig. Merkmal n, Kennzeichen n, Stempel m. **II** v/t **4.** kennzeichnen. **5.** bes. econ. bestimmen, vorsehen, zu'rückstellen, -legen (for für): ~**ed funds** zweckgebundene od. -gebundene Mittel. **'~mind·ed** adj psych. audi'tiv. **'~muff** s Ohrenschützer m.

**earn** [ɜːn; Am. ɜrn] v/t **1.** Geld etc verdienen: ~**ed income** Arbeitseinkommen n; ~**ed surplus** Geschäftsgewinn m; → **bread** 2, **honest** 2, **living** 9. **2.** Zinsen etc einbringen: **these shares** ~ **£500 a year**; → **interest** 11. **3.** fig. j-m etwas einbringen, -tragen: **id ~ed him a promotion (a warning). 4.** fig. Lob, Tadel etc a) verdienen, b) ernten, erhalten. **5.** bes. econ. **'earn·er** s Verdiener(in): → **salary earner, wage earner.**

**ear·nest¹** [ˈɜːnɪst; Am. ˈɜːr-] **I** adj (adv ~ly) **1.** ernst. **2.** ernst-, gewissenhaft. **3.** ernstlich: a) ernst(gemeint), b) dringend, c) ehrlich, aufrichtig. **II** s **4.** Ernst m: **in** ~ a) im Ernst, ernst, b) ernst-, gewissenhaft; **in good** (od. **dead, perfect**) ~ in vollem Ernst; **you are not in** ~ das ist doch nicht Ihr Ernst!; **to be in** ~ **about s.th.** es mit etwas ernst meinen; **it was snowing in real** ~ es schneite ,ganz schön'.

**ear·nest²** [ˈɜːnɪst; Am. ˈɜːr-] s **1.** jur. An-, Auf-, Drauf-, Handgeld n, Anzahlung f (**of** auf acc): **in** ~ als Anzahlung. **2.** fig. Zeichen n: **as an** ~ **of my good**

**intentions** als Zeichen m-s guten Willens. **3.** *fig.* Vorgeschmack m (of auf acc).

**ear·nest mon·ey** → earnest² 1.

**ear·nest·ness** ['ɜ:nɪstnɪs; *Am.* 'ɜr-] s Ernst(haftigkeit f) m.

**earn·ing** ['ɜ:nɪŋ; *Am.* 'ɜr-] s *econ.* **1.** (Geld)Verdienen n. **2.** pl Verdienst m: a) Einkommen n, Lohn m, Gehalt n, b) Gewinn m, Einnahmen pl, Ertrag m. ~ **pow·er** s *econ.* **1.** Erwerbskraft f, -vermögen n, -fähigkeit f. **2.** Ertragswert m, -fähigkeit f, Rentabili'tät f. ~ **val·ue** s *econ.* Ertragswert m.

**ear·phone** s **1.** a) Ohrmuschel f, b) Ohrhörer m, c) pl, a. **pair of ~s** Kopfhörer m: ~ **socket** Kopfhöreranschluß m. **2.** a) Haarschnecke f, b) pl Schneckenfri'sur f. '~·**pick** s *med.* Ohrlöffel m. '~·**piece** s **1.** Ohrenklappe f. **2.** a) *teleph.* Hörmuschel f, b) → earphone 1. **3.** (Brillen)Bügel m. '~·**pierc·ing** → earsplitting. '~·**plug** s Wattepfropf m. '~·**ring** s Ohrring m. '~·**shot** s: within (out of) ~ in (außer) Hörweite. '~·**split·ting** adj ohrenbetäubend.

**earth** [ɜ:θ; *Am.* ɜrθ] **I** s **1.** Erde f: a) a. E~ Erdball m, b) Welt f: on ~ auf Erden; how (what, why) on ~? wie (was, warum) in aller Welt?; there is no reason on ~ es gibt nicht den geringsten Grund. **2.** Erde f, (Erd)Boden m: down to ~ *fig.* realistisch; to come back (od. down) to ~ *fig.* auf den Boden der Wirklichkeit zurückkehren. **3.** (Fest)Land n (Ggs. Meer). **4.** *fig.* irdische Dinge pl, irdisches Dasein. **5.** *fig.* Erde f, Staub m: of the ~ erdgebunden, naturhaft. **6.** (Fuchs- etc) Bau m: → run 85. **7.** *chem.* Erde f: rare ~s seltene Erden. **8.** *electr. bes. Br.* Erde f, Erdung f, Masse f: ~ **cable** Massekabel n; ~ **fault** Erdschluß m; ~ **potential** Erdpotential n; ~ **wire** Blitzerdung f. **II** v/t **9.** meist ~ **up** *agr.* (an)häufeln, mit Erde bedecken. **10.** e-n Fuchs etc in den Bau treiben. **11.** *electr. bes. Br.* erden, an Masse legen: ~ed **conductor** Schutzleiter m; ~ing **contact** Schutzkontakt m. **III** v/i **12.** sich (in s-n Bau) verkriechen (Fuchs etc). ~ **art** s land art. '~·**born** adj *poet.* staubgeboren, irdisch, sterblich. '~·**bound** adj **1.** erdgebunden. **2.** *fig.* pro'saisch, trocken, langweilig. **3.** auf dem Weg od. Rückflug zur Erde: an ~ **spacecraft**. ~ **clos·et** s *bes. Br.* 'Trockenklo'sett m. ~ **con·nec·tion** s *electr.* Erdleitung f, Erder m. ~ **cur·rent** s *electr. bes. Br.* Erdstrom m.

**earth·en** ['ɜ:θən; *Am.* 'ɜrθən; 'ɜrðən] adj irden, tönern, Ton... '~·**ware I** s **1.** (grobes) Steingut(geschirr), Töpferware f, irdenes Geschirr. **2.** grobes Steingut, Ton m. **II** adj **3.** irden, Steingut...

**earth·i·ness** ['ɜ:θɪnɪs; *Am.* 'ɜr-] s **1.** Erdigkeit f. **2.** weltliche od. materi'elle Einstellung. **3.** *fig.* a) Grobheit f, b) Derbheit f.

**earth·light** → earthshine.

**earth·li·ness** ['ɜ:θlɪnɪs; *Am.* 'ɜrθ-] s (das) Irdische, Weltlichkeit f. '**earth·ling** [-lɪŋ] s **1.** a) Erdenbürger(in), b) *bes. Science-fiction:* Erdbewohner(in). **2.** Weltkind n.

**earth·ly** ['ɜ:θlɪ; *Am.* 'ɜrθlɪ] adj **1.** irdisch, weltlich. **2.** *colloq.* denkbar: there is no ~ **reason** es gibt nicht den geringsten Grund; of no ~ **use** völlig unnütz; not to have an ~ (chance) nicht die geringste Chance haben.

**earth·man** [-mæn] s *irr bes. Science-fiction:* Erdbewohner m. '~·**mov·ing ma·chine** s *tech.* 'Erdbewegungsma,schine f. '~·**nut** s *bot.* **1.** a) Knolle(npflanze), bes. a) Fran'zösische 'Erdka,stanie, b) Erdeichel f, c) Erdnuß f, d) Erdmandel f. **2.** Echte Trüffel. '~·**quake** s

**Erdbeben** n. '~·**quake-proof** adj erdbebensicher. ~ **sci·ence** s Geowissenschaft f. '~·**shak·ing** adj *fig.* welterschütternd. '~·**shine** s *astr.* Erdlicht n. ~ **sta·tion** s *Raumfahrt:* 'Bodenstati,on f, Erdfunkstelle f. ~ **trem·or** s leichtes Erdbeben.

**earth·ward(s)** adv erdwärts.

**earth| wave** s Bodenwelle f. **2.** *geol.* Erdbebenwelle f. ~ **wax** s *min.* Ozoke'rit m, Erdwachs n. '~·**wom·an** s *irr bes. Science-fiction:* Erdbewohnerin f. '~·**work** s **1.** *tech.* a) Erdarbeiten pl, b) Erdwall m, c) *Bahn- u. Straßenbau:* 'Unterbau m. **2.** *mil.* Feldschanze f. '~·**worm** s *zo.* Regenwurm m. '**earth·y** ['ɜ:θɪ; *Am.* 'ɜrθɪ] adj **1.** erdig, Erd... **2.** erdfarben. **3.** weltlich od. materi'ell (eingestellt). **4.** *fig.* a) grob, b) derb: ~ **humo(u)r**.

**ear| trum·pet** s *med.* Hörrohr n. '~·**wax** s *physiol.* Ohrenschmalz n. '~·**wig** s *zo.* Ohrwurm m. '~·**wit·ness** s Ohrenzeuge m.

**ease** [i:z] **I** s **1.** Bequemlichkeit f, Behaglichkeit f, Behagen n, Wohlgefühl n: to take one's ~ es sich gemütlich machen; at ~ bequem, behaglich (→ 2, 3, 4, 5). **2.** a. ~ **of mind** (Gemüts)Ruhe f, Ausgeglichenheit f, (Seelen)Friede m: at (one's) ~ a) ruhig, entspannt, gelöst, b) unbefangen; to be (od. feel) at ~ sich wohl od. wie zu Hause fühlen; to put (od. set) s.o. at (his) ~, to put (od. set) s.o.'s mind at ~ a) j-n beruhigen, b) j-m die Befangenheit nehmen; ill at ~ a) unruhig, b) befangen; to be ill at ~ a. sich in s-r Haut nicht wohl fühlen. **3.** Sorglosigkeit f: to live at ~ in guten Verhältnissen leben. **4.** *paint. etc* Leichtigkeit f, Mühelosigkeit f: with ~ mühelos, leicht; ~ **of operation** leichte Bedienungsweise, einfache Bedienung. **5.** a. ~ **of manner** Ungezwungenheit f, Na'türlichkeit f, 'Unge,niertheit f: at (one's) ~ ungezwungen, ungeniert; to be at ~ with s.o. ungezwungen mit j-m verkehren; (stand) at ~! *mil.* rührt euch!; at ~, **march!** *mil.* ohne Tritt, Marsch! **6.** Erleichterung f, Befreiung f (from von): to give s.o. ~ j-m Erleichterung verschaffen. **7.** *econ.* a) Nachgeben n (der Preise) (Kurs)Abschwächung f, b) Flüssigkeit f (des Kapitals).
**II** v/t **8.** erleichtern, beruhigen: to ~ **one's mind** sich befreien od. erleichtern. **9.** bequem(er) od. leichter machen, Arbeit etc erleichtern. **10.** Schmerzen lindern: to ~ o.s. (od. nature) obs. sich erleichtern, s-e Notdurft verrichten. **11.** e-r Sache abhelfen. **12.** befreien, entlasten, erlösen (of von). **13.** *humor.* j-n erleichtern (of um): she ~d him of quite a nice sum. **14.** lockern, entspannen (beide a. *fig.*): to ~ **off** *fig.* abschwächen; to ~ **taxes** die Steuern senken. **15.** sacht od. vorsichtig bewegen (gen). **16.** mano'vrieren: to ~ o.s. **into a chair** sich vorsichtig in e-m Sessel niederlassen; to ~ **one's foot into the shoe** vorsichtig in den Schuh fahren. **16.** meist ~ **down** a) *die Fahrt etc* vermindern, -langsamen, b) *die Fahrt od.* Geschwindigkeit (gen) vermindern.
**III** v/i **17.** Erleichterung od. Entspannung verschaffen. **18.** meist ~ **off**, ~ **up** a) nachlassen, sich abschwächen, b) entspannen (Lage), c) (bei der Arbeit) kürzertreten, d) weniger streng sein (on zu). **19.** *econ.* fallen, abbröckeln (Kurse, Preise). **20.** meist ~ **down** langsamer fahren.

**ease·ful** adj **1.** behaglich, wohlig. **2.** gemächlich. **3.** ruhig, friedlich. **4.** erleichternd.  [**2.** Tafelständer m.]

**ea·sel** ['i:zl] s **1.** *paint.* Staffe'lei f ∫

**ease·ment** s **1.** *obs.* Erleichterung f. **2.** *jur.* Grunddienstbarkeit f.

**eas·i·ly** ['i:zɪlɪ] adv **1.** leicht, mühelos, mit Leichtigkeit, bequem, glatt. **2.** a) ohne Zweifel: that may ~ be the case das kann durchaus passieren, b) mit Abstand, bei weitem.

**eas·i·ness** s **1.** Leichtigkeit f, Mühelosigkeit f. **2.** Ungezwungenheit f, 'Unge,niertheit f. **3.** Leichtfertigkeit f.

**east** [i:st] **I** s **1.** Osten m: in the ~ of im Osten von (od. gen); to the ~ of → 7; from the ~ aus dem Osten. **2.** a. E~ Osten m, östlicher Landesteil: the E~ a) *Br.* Ostengland n, b) *Am.* der Osten, die Oststaaten pl, c) *pol.* der Osten, d) der Orient, e) *hist.* das Oströmische Reich. **3.** *poet.* Ost(wind) m. **II** adj **4.** östlich, Ost..., östlich. **III** adv **5.** ostwärts, nach Osten. **6.** aus dem Osten (bes. Wind). **7.** ~ **of** östlich von (od. gen). **IV** v/i **8.** nach Osten gehen od. fahren. '~·**bound** adj nach Osten gehend od. fahrend. ~ **by north** s *mar.* Ost m zu Nord. E~ **End** s Eastend n (ärmlicher Stadtteil Londons). E~ **End·er** s Bewohner(in) des Eastends.

**East·er¹** ['i:stə(r)] **I** s Ostern n od. pl, Osterfest n: at ~ zu Ostern; happy ~! Frohe Ostern! **II** adj Oster...: ~ **egg**; ~ **week**; ~ **Sunday** (od. **Day**) Ostersonntag m.

**east·er²** ['i:stə(r)] s Ostwind m.

**east·er·ly** ['i:stəlɪ] **I** adj östlich, Ost... **II** adv von od. nach Osten.

**east·ern** ['i:stə(r)n] **I** adj **1.** östlich, Ost...: the E~ **Church** die griechisch-orthodoxe Kirche; the E~ **Empire** *hist.* das Oströmische Reich; the E~ **world** die östliche Welt, der Orient. **2.** ostwärts, Ost...: ~ **course** Ostkurs m. **II** s **3.** E~ *relig.* Angehörige(r m) f der griechisch-ortho'doxen Kirche.

**east·ern·er** ['i:stə(r)nə(r)] s **1.** Bewohner(in) des Ostens (e-s Landes). **2.** E~ *Am.* Oststaatler(in).

**east·ern·ism** ['i:stə(r)nɪzəm] s **1.** *bes. Am.* östliche (Sprach)Eigentümlichkeit f. **2.** östliche od. orien'talische Instituti'on od. Denkweise, Traditi'on.

**east·ern·ize** ['i:stə(r)naɪz] v/t veröstlichen.

**east·ern·ly** → easterly.

**east·ern·most** ['i:stə(r)nməust] adj östlichst(er, e, es).

**East·er·tide, ~ time** s Osterzeit f.

**East| In·di·a Com·pa·ny** s *hist.* Ostindische Gesellschaft (1600–1858). ~ **In·di·a·man** s *irr mar.* Ostindienfahrer m (Schiff).

**east·ing** ['i:stɪŋ] s **1.** *mar.* Weg m od. Di'stanz f nach Osten. **2.** *astr.* östliche Deklinati'on (e-s Planeten).

**east-north·east I** adj ostnord'östlich, Ostnordost... **II** s nord'osten. **III** s Ostnord'ost(en) m.

**East Side** s Ostteil von Manhattan.

**east·ward** adj u. adv östlich, ostwärts, nach Osten: in an ~ **direction** in östlicher Richtung, Richtung Osten. '**east·wards** adv → eastward.

**eas·y** ['i:zɪ] **I** adj (→ easily) **1.** leicht, mühelos: an ~ **victory**; an ~ **victim** (od. **mark**) a) e-e leichte Beute, b) ein leichtgläubiger Mensch; to be ~ **meat** *Br. colloq.* a) e-e leichte Beute sein, b) ein leichtgläubiger Mensch sein, c) ein Kinderspiel sein, d) leicht ins Bett zu ,kriegen' sein (Frau). **2.** leicht od. bequem erreichbar: it is ~ for him to talk er hat gut reden; an ~ 200 pounds glatt od. gut 200 Pfund. **2.** leicht, einfach (for für): an ~ **language**; an ~ **task**; ~ **money** leichtverdientes Geld (→ 12 c); it was not ~ for me to ignore his rudeness es fiel mir schwer, s-e Unverschämtheit zu ignorieren. **3.** a. ~ **in one's**

mind ruhig, unbesorgt (**about** um), unbeschwert, sorglos. **4.** bequem, leicht, behaglich, angenehm: **an ~ life; an ~ fit** ein loser *od.* bequemer Sitz (*der Kleidung*); **to live in ~ circumstances,** *colloq.* **to be on ~ street** in guten Verhältnissen leben, wohlhabend sein; **to be ~ on the ear (eye)** *colloq.* nett anzuhören (anzusehen) sein. **5.** beschwerdefrei, schmerzfrei: **to feel easier** sich besser fühlen. **6.** gemächlich, gemütlich: **an ~ pace; an ~ walk;** → **stage** 7. **7.** nachsichtig (**on** mit). **8.** günstig, erträglich, leicht, mäßig: **an ~ penalty** e-e leichte Strafe; **on ~ terms** zu günstigen Bedingungen; **to be ~ on the pocket** den Geldbeutel nicht belasten. **9.** nachgiebig, gefügig: **I'm ~** *bes. Br. colloq.* ich bin mit allem einverstanden, mir ist alles recht. **10.** a) leichtfertig, b) locker, frei (*Moral etc*): → **virtue** 1. **11.** ungezwungen, natürlich, frei, unbefangen: **~ manners; free and ~** (ganz) zwanglos, ohne Formalitäten; **he is free and ~** er benimmt sich ganz ungezwungen; **an ~ style** ein leichter *od.* flüssiger Stil. **12.** *econ.* a) flau, lustlos (*Markt*), b) wenig gefragt (*Ware*), c) billig (*Geld*).

**II** *adj* **13.** leicht, bequem: **~ to dispose of** leicht verkäuflich; **~ to follow** leicht verständlich; **~ to use** leicht zu handhaben(d), pflegeleicht; **to go ~, to take it ~** a) sich Zeit lassen, langsam tun, b) sich nicht aufregen; **take it ~!** a) immer mit der Ruhe!, b) keine Bange!; **to go ~ on** a) *j-n od.* etwas sachte anfassen, b) schonend *od.* sparsam umgehen mit; **to go ~ on the pocket** den Geldbeutel nicht belasten; **~!**, *colloq.* **~ does it!** sachte!, langsam!; **~ all!** (*Rudern*) halt!; **stand ~!** *mil.* rührt euch!; **easier said than done** leichter gesagt als getan; **~ come, ~ go** wie gewonnen, so zerronnen; → **care** 6.

**'eas·y|-care** *adj* pflegeleicht. **~ chair** *s* Sessel *m.* **'~go·ing** *adj* **1.** gelassen. **2.** unbeschwert.

**eat** [i:t] **I** *s* **1.** *pl colloq.* ‚Fres'salien' *pl*: **there were plenty of ~s** es gab reichlich zu ‚futtern'.

**II** *v/t pret* **ate** [et; *bes. Am.* eıt], *pp* **eat·en** ['i:tn] **2.** essen (*Mensch*), fressen (*Tier*): **to ~ o.s. sick on** a) sich überessen (*acc*), b) so viel (*acc*) essen, daß es *m* schlecht wird; **to ~ one's words** alles(, was man gesagt hat,) zurücknehmen; **to ~ s.o. out of house and home** *colloq.* ‚j-m die Haare vom Kopf fressen', j-n arm essen; **don't ~ me** *colloq.* friß mich nur nicht (gleich) auf; **what's ~ing him?** was (für e-e Laus) ist ihm über die Leber gelaufen?, was hat er denn?; → **boot**[1] 1, **cake** 1, **crow**[1] 1, **dirt** *Bes. Redew.,* **dog** *Bes. Redew.,* **hat** *Bes. Redew.,* **heart** *Bes. Redew.,* **humble** I, **salt**[1] 1. **3.** zerfressen, -nagen, zehren *od.* nagen an (*dat*): **~en by acid** von Säure zerfressen; **~en by worms** wurmstichig. **4.** fressen, nagen: **to ~ holes into s.th. 5.** → **eat up. 6.** *vulg.* a) *j-n* ‚lecken', b) *j-m* e-n ‚blasen'.

**III** *v/i* **7.** essen: **to ~ well** gut essen, e-n guten Appetit haben; **to ~ out of s.o.'s hand** *bes. fig.* j-m aus der Hand fressen. **8.** fressen, nagen (*a. fig.*): **to ~ into** a) sich (hin)einfressen in (*acc*), b) *fig. Reserven etc* angreifen, ein Loch reißen in (*acc*); **to ~ through s.th.** sich durch etwas hindurchfressen. **9.** sich essen (lassen).

*Verbindungen mit Adverbien:*

**eat| a·way I** *v/t* **1.** *geol.* a) ero'dieren, auswaschen, b) abtragen. **II** *v/i* **2.** (tüchtig) zugreifen *od.* zulangen. **3.** **~ at →** 1. **~ out I** *v/i* auswärts essen, essen gehen. **II** *v/t Am. colloq.* j-n ‚zs.-stauchen'. **~ up** *v/t* **1.** aufessen (*Mensch*), auffressen (*Tier*) (*beide a. v/i*). **2.** *Reserven etc* ver-

schlingen, völlig aufbrauchen. **3.** *Schritte* schlucken: **the thick carpet ate up her footsteps. 4.** *j-n* verzehren (*Gefühl*): **to be eaten up with curiosity (envy)** vor Neugierde (Neid) ‚platzen'. **5.** *j-n* ‚auffressen' (*Arbeit*). **6.** *colloq.* ‚fressen', ‚schlucken' (*kritiklos glauben*). **7.** *colloq.* a) *j-s Worte* verschlingen, b) etwas mit den Augen verschlingen, c) sich ‚aufgeilen' an (*dat*).

**eat·a·ble** ['i:təbl] **I** *adj* eßbar, genießbar. **II** *s pl* Eßwaren *pl*.

**eat art** *s* Eat-art *f* (*Kunstrichtung, die Kunstobjekte als Gegenstände zum Verzehr produziert*).

**'eat·ing** *pp von* eat. **'eat·er** *s* **1.** Esser(in) (*Mensch*); Fresser (*Tier*). **2.** a) Eß-, Speiseapfel *m*: **these apples are exellent ~s** das sind ausgezeichnete Speiseäpfel, b) *pl* Tafelobst *n*. **'eat·er·y** [-ərı:] *s Am. colloq.* 'Eß-, 'Speiselo¸kal *n*.

**eat·ing** ['i:tıŋ] **I** *s* **1.** Essen *n*. **2.** Speise *f*: **to make excellent ~** a) ausgezeichnet schmecken, b) sich hervorragend zum Essen eignen; **there is no better ~ than** es gibt nichts Besseres als. **II** *adj* **3.** essend. **4.** Eß...: **~ apple** Eß-, Speiseapfel *m*; **~ pear** Tafelbirne *f*; **~ room** Eßzimmer *n*. **5.** *fig.* nagend: **~ cares. ~ house, ~ place** *s* (*oft* billiges) 'Eß- *od.* 'Speiselo¸kal.

**eau| de Co·logne** [¸əʊdəkə'ləʊn] *s* Kölnischwasser *n*, Eau *n*, *f* de Co'logne. **~ de Ja·velle** [¸əʊdəʒæ'vel] *s* Ja'vellewasser *n*, Eau *n*, *f* de Ja'vel (*ein Bleich- u. Desinfektionsmittel*). **~ de Nil(e)** [¸əʊdə'ni:l] *s* Nilgrün *n* (*Farbe*). **~ de toi·lette** [¸əʊdətwɑ:'let] *s* Eau *n*, *f* de toi'lette. **~ de vie** [¸əʊdə'vi:] *s* Branntwein *m*, Weinbrand *m*, Eau *n*, *f* de vie.

**eaves** [i:vz] *s pl* **1.** Haupt-, Dachgesims *n*. **2.** Traufe *f*, Dachfuß *m*. **'~drop** *v/i* (heimlich) lauschen *od.* horchen: **to ~ on s.o.** a) j-n belauschen, b) j-n *od.* j-s Telefon abhören. **'~drop·per** *s* Horcher(in), Lauscher(in): **~s hear what they deserve** der Lauscher an der Wand hört s-e eigne Schand. **'~dropping** *s* (heimliches) Lauschen *od.* Horchen: **electronic ~** (on) *bes. pol.* Lauschangriff *m* (auf *acc*), Lauschoperation *f* (gegen).

**ebb** [eb] **I** *s* **1.** Ebbe *f*: **on the ~** mit der Ebbe, bei Ebbe; **~ and flow** Ebbe u. Flut; **the ~ and flow of the battle** das Hin u. Her der Schlacht; **the ~s and flows of business** das Auf u. Ab der Wirtschaft. **2.** *fig.* a) Ebbe *f*, Tiefstand *m*: **at a low ~** auf e-m Tiefpunkt angelangt sein, b) Abnahme *f*. **II** *v/i* **3.** zu'rückgehen (*a. fig.*): **~ and flow** steigen u. fallen (*a. fig.*). **4.** *a.* **~ away** *fig.* abnehmen, verebben: **to ~ back** (allmählich) wieder steigen *od.* zunehmen. **~ tide →** ebb 1, 2.

**'E-boat** *s mar. Br. hist.* feindliches (*bes.* deutsches) Tor'pedoboot.

**eb·on** ['ebən] *poet. für* ebony. **'eb·on·ite** *s* Ebo'nit *n* (*Hartkautschuk*). **'eb·on·ize** *v/t* schwarz beizen. **'eb·on·y** I *s* **1.** *bot.* Ebenholzbaum *m*. **2.** Ebenholz *n*. **II** *adj* **3.** aus Ebenholz, Ebenholz... **4.** schwarz.

**e·bri·e·ty** [i:'braıətı] → inebriety.

**e·bul·li·ence** [ı'bʌljəns; ı'bʊl-], *a.* **e·bul·li·en·cy** *s* **1.** Aufwallen *n* (*a. fig.*). **2.** *fig.* a) 'Überschäumen *n* (*der Leidenschaft etc*), (Gefühls)Ausbruch *m*, b) 'Überschwenglichkeit *f*. **e·bul·li·ent** *adj* (*adv* **~ly**) **1.** siedend, aufwallend. **2.** 'überfließend, -kochend. **3.** *fig.* a) sprudelnd, 'überschäumend (**with** von), b) 'überschwenglich.

**eb·ul·lism** ['ebəlızəm] *s med.* Ebul'lismus *m* (*durch den Druck frei werdender*

Gasblasen im Gewebe entstehende Krankheitserscheinungen bei Druckabfall).

**eb·ul·li·tion** [¸ebə'lıʃn] → ebullience 1, 2 a.

**ec·bol·ic** [ek'bɒlık; *Am.* -¹bɑ-] *med. pharm.* **I** *adj* **1.** wehenfördernd. **2.** abor¹tiv, abtreibend. **II** *s* **3.** Wehenmittel *n*. **4.** Abor¹tivum *n*.

**ec·cen·tric** [ık'sentrık; ek-] **I** *adj* (*adv* **~ally**) **1.** ex¹zentrisch: a) über¹spannt, verschroben, b) ausgefallen, ungewöhnlich. **2.** *math. tech.* ex¹zentrisch: a) ohne gemeinsamen Mittelpunkt, b) nicht zen¹tral, c) die Achse nicht im Mittelpunkt habend, d) nicht durch den Mittelpunkt gehend (*Achse*): **~ chuck** exzentrisches Spannfutter. **3.** *tech.* Exzenter...: **~ gear, ~ wheel** Exzenterscheibe *f.* **4.** *astr.* nicht rund. **II** *s* **5.** Ex¹zentriker(in), ex¹zentrischer Mensch. **6.** *tech.* Ex¹zenter *m.* **7.** *math.* ex¹zentrische Fi¹gur, *bes.* exzentrischer Kreis. **ec·cen·tri·cal** [-kl] *adj* (*adv* **~ly**) → eccentric I.

**ec·cen·tric·i·ty** [¸eksen'trısətı] *s* **1.** Verschrobenheit *f*, Über¹spanntheit *f*, Exzentrizi¹tät *f*. **2.** verschrobener Einfall. **3.** *math. tech.* Exzentrizi¹tät *f*.

**ec·chy·mo·sis** [¸ekı'məʊsıs] *s med.* Ekchy¹mose *f*, flächenhafter Bluterguß.

**ec·cle·si·ast** [ı'kli:zıæst] *s relig.* **1.** → ecclesiastic II. **2.** E~ *Bibl.* Verfasser *m* des Predigers Salomo. **Ec¸cle·si·as·tes** [-ti:z] *s Bibl.* Ekklesi¹astes *m*, der Prediger Salomo. **ec¸cle·si·as·tic** I *adj* (*adv* **~ally**) → ecclesiastical. **II** *s* Ekklesi¹ast *m*, Geistliche(r) *m*. **ec¸cle·si·as·ti·cal** [-kl] *adj* (*adv* **~ly**) ekklesi¹astisch, kirchlich, Kirchen..., geistlich: **~ court** geistliches Gericht; **~ law** Kirchenrecht *n*.

**ec·cle·si·as·ti·cism** [ı¸kli:zı'æstısızəm] *s* Kirchentum *n*, Kirchlichkeit *f*.

**ech·e·lon** ['eʃəlɒn; *Am.* -¸lɑn] **I** *s* **1.** *mar. mil.* Staffelung *f*: **in ~** staffelförmig (aufgestellt). **2.** *aer.* Staffelflug *m*, -forma¹ti¸on *f*. **3.** *mil.* a) Staffel *f* (*Voraus-, Sicherungs- od. Nachschubabteilung*), b) Stabsteil *m*, c) (Befehls)Ebene *f*, d) (In¹standhaltungs)Stufe *f* (*Angriffs*)Welle *f*. **4.** Rang *m*, Stufe *f*: **the upper ~s** die höheren Ränge. **II** *adj* **5.** *mar. mil.* gestaffelt, Staffel... **III** *v/t* **6.** *mar. mil.* staffeln, staffelförmig gliedern. **IV** *v/i* **7.** *mar. mil.* sich staffeln, sich staffelförmig aufstellen.

**e·chi·ni** [e'kaınaı; ı'k-] *pl von* echinus.

**e·chi·no·derm** [e'kaınəʊdɜ:m; ı'k-; *Am.* -¸dɜrm] *s zo.* Stachelhäuter *m*.

**e·chi·nus** [e'kaınəs; ı'k-] *pl* **-ni** [-naı] *s* **1.** *zo.* Seeigel *m*. **2.** *arch.* E¹chinus *m*.

**ech·o** ['ekəʊ] **I** *pl* **-oes** *s* **1.** Echo *n*, 'Widerhall *m* (*beide a. fig.*): **he was applauded to the ~** er erhielt stürmisches Beifall; **to find a sympathetic ~** *fig.* Anklang finden. **2.** *fig.* Echo *n*, Nachbeter(in), -ahmer(in). **3.** genaue Nachahmung. **4.** *mus.* a) Echo *n*, leise Wieder¹holung, b) → echo organ, c) → echo stop. **5.** → echo verse. **6.** *electr.* Echo *n* (*Reflektierung e-r Radiowelle*): a) TV Geisterbild *n*, b) *Radar:* Schattenbild *n*. **II** *v/i* **7.** echoen, 'widerhallen (**with** von). **8.** nach-, 'widerhallen, zu'rückgeworfen werden (*Ton*). **9.** tönen, hallen (*Ton*). **III** *v/t* **10.** *a.* **~ back** e-n Ton zu¹rückwerfen, 'widerhallen lassen. **11.** a) *Worte* echoen, nachbeten, b) *j-n* alles nachbeten. **12.** nachahmen. **~ cham·ber** *s* **1.** (Nach)Hallraum *m*. **2.** Nachhallerzeuger *m*. **~ ef·fect** *s* **1.** 'Echo-, 'Halleffekt *m*. **2.** TV 'Doppelkon¸tur *f*. **~ en·ceph·a·log·ra·phy** *s med.* 'Echoenzephalogra¸phie *f*.

**'ech·o·er** *s fig.* Echo *n*, Nachbeter(in).

**ech·o·gram** ['ekəʊgræm] *s mar.* Echo¹gramm *n*.

**e·cho·ic** [e'kəʊɪk; rʹk-] *adj* **1.** echoartig, Echo... **2.** *ling.* lautmalend, schallnachahmend.

**'ech·o·ism** *s ling.* Lautmale'rei *f*.

**ech·o·ki·ne·sia** [ˌekəʊkɪ'niːzɪə; -kaɪ'n-; *Am.* -ʒɪə] → **echopraxia**.

**ech·o·la·li·a** [ˌekəʊ'leɪlɪə] *s psych.* Echola'lie *f: a) sinnlos-mechanisches Nachsprechen gehörter Wörter od. Sätze bei Geisteskranken, b) Wiederholung e-s Wortes od. Wortteils bei Kindern vom 9. bis 12. Lebensmonat.*

**ech·o or·gan** *s mus.* Echo-, Fernwerk *n (bei großen Orgeln).*

**ech·o·prax·i·a** [ˌekəʊ'præksɪə], **ech·o·'prax·is** *s psych.* Echopra'xie *f*, Echoki'nese *f (Trieb gewisser Geisteskranker, gesehene Bewegungen mechanisch nachzuahmen).*

**ech·o| sound·er** *s mar.* Echolot *n*. **~ sound·ing** *s mar.* Echolotung *f*. **~stop** *s mus.* Echoreˌgister *n*, -zug *m (der Orgel).* **~ verse** *s metr.* Echovers *m*.

**'ech·oˌvi·rus, ECH·O vi·rus** ['ekəʊ] *s med.* ECHO-Virus *m*, *n*.

**ech·o word** *s ling.* lautnachahmendes Wort.

**e·cize** [iːsaɪz] *v/i Ökologie:* sich der neuen Umˌgebung anpassen.

**é·clair** [eɪ'kleə(r)] *s* E'clair *n (Gebäck).*

**ec·lamp·si·a** [ɪ'klæmpsɪə] *s med.* Eklamp'sie *f (plötzlich auftretende, lebensbedrohende Krämpfe während der Schwangerschaft, Geburt od. im Wochenbett).*

**é·clat** ['eɪklɑː; eɪ'klɑː] *s* **1.** 'durchschlagender Erfolg. **2.** (allgemeiner) Beifall. **3.** *fig.* Auszeichnung *f*, Geltung *f*. **4.** brilˈlanter Efˈfekt. **5.** Glanz *m*, Pomp *m*.

**ec·lec·tic** [e'klektɪk; rʹk-] **I** *adj (adv ~ally)* ekˈlektisch: a) *philos. in der Art des Eklektikers verfahrend,* b) auswählend, prüfend, c) *contp. in unschöpferischer Weise nur Ideen anderer verwendend.* **II** *s* Ekˈlektiker *m: a) philos. j-d, der weder ein eigenes System aufstellt noch ein anderes übernimmt, sondern aus verschiedenen Systemen das ihm Passende auswählt,* b) *contp. j-d, der fremde Ideen nebeneinanderstellt, ohne eigene Gedanken dazu zu entwickeln.* **ecˈlec·ti·cism** [-sɪzəm] *s* Eklektiˈzismus *m: a) (art, Literatur) Rückgriff auf die Stilmittel verschiedener Künstler früherer Epochen mangels eigenschöpferischer Leistung,* b) *contp. unoriginelle, unschöpferische Arbeitsweise, bei der Ideen anderer übernommen u. zu e-m System zs.-getragen werden.*

**e·clipse** [ɪ'klɪps] **I** *s* **1.** *astr.* Finsternis *f*, Verfinsterung *f:* **~ of the moon (sun)** Mond-(Sonnen)finsternis. **2.** Verdunkelung *f*, Dunkelheit *f*. **3.** *fig.* Sinken *n*, Niedergang *m:* **to be in ~** a) im Schwinden begriffen sein, b) in der Versenkung verschwunden sein. **II** *v/t* **4.** *astr.* verfinstern. **5.** *fig.* in den Schatten stellen, über'ragen: **to be ~d by** verblassen neben (*dat*). **e·clip·tic** [-tɪk] *astr.* **I** *s* Ek'liptik *f (scheinbare Sonnenbahn).* **II** *adj (adv ~ally)* ek'liptisch.

**ec·lo·gite** ['eklədʒaɪt] *s geol.* Eklo'git *m*.

**ec·logue** ['eklɒg; *Am. a.* -ˌlɑg] *s* Ek'loge *f*, Hirtengedicht *n*.

**eco-** [iːkəʊ; ekəʊ] *Wortelement mit der Bedeutung* öko'logisch, Öko..., Umwelt.

**ˌe·co·caˈtas·tro·phe** *s* 'Umweltkataˌstrophe *f*.

**e·co·cide** [iːkəsaɪd; 'ekə-] *s* 'Umweltzerstörung *f*.

**'e·coˌcri·sis** *s irr* 'Umweltkrise *f*.

**'e·co·freak** *s sl.* ›Öko-Freak‹ *m*, 'Umweltfaˌnatiker(in).

**e·co·log·i·cal** [ˌiːkə'lɒdʒɪkl; ˌekə-; *Am.* -ˌlɑ-] *adj (adv ~ly)* öko'logisch: **~ art** Öko-Kunst *f;* **~ artist** Öko-Künstler(in); ~

---

**awareness** Umweltbewußtsein *n*, Öko-Bewußtsein *n;* **~ balance** ökologisches Gleichgewicht; **~ menace** Umweltgefahr *f*, Gefahr für die Umwelt; **~ relief** Umweltentlastung *f;* **~ system** Öko-system *n* (→ **ecosystem**); **~ly** beneficial umweltfreundlich; **~ly harmful** (*od.* **noxious**) umweltfeindlich. **e·col·o·gist** [iː'kɒlədʒɪst; *Am.* ɪ'kal-] *s* Öko'loge *m*. **e'col·o·gy** [-dʒɪ] *s biol.* Öko'logie *f: a) Wissenschaft von den Wechselbeziehungen zwischen den Lebewesen u. ihrer Umwelt, Lehre vom Haushalt der Natur, b) die Wechselbeziehungen zwischen den Lebewesen u. ihrer Umwelt, der ungestörte Haushalt der Natur.*

**e·con·o·met·rics** [ɪˌkɒnə'metrɪks; ˌAm. ɪˌkɑ-] *s pl (als sg konstruiert) econ.* Ökono'metrie *f (Teilgebiet der Wirtschaftswissenschaft, auf dem mit mathematisch--statistischen Methoden wirtschaftstheoretische Hypothesen auf ihren Realitätsgehalt untersucht werden).*

**e·co·nom·ic** [ˌiːkə'nɒmɪk; ˌekə-; *Am.* -ˌnɑ-] **I** *adj (adv ~ally)* **1.** (staats-, volks)wirtschaftlich, (natio'nal)ökoˌnomisch, Wirtschafts...: **~ aid** Wirtschaftshilfe *f;* **~ conditions** a) Wirtschaftslage *f*, b) Erwerbsverhältnisse; **~ development** wirtschaftliche Entwicklung; **~ geography** Wirtschaftsgeographie *f;* **~ growth** Wirtschaftswachstum *n;* **~ policy** Wirtschaftspolitik *f;* **~ science** → 5 a; → **miracle** 1. **2.** wirtschaftswissenschaftlich. **3.** praktisch, angewandt: **~ botany**. **4.** a) ren'tabel, wirtschaftlich, gewinnbringend: **~ pack** Sparpackung *f*, b) *selten für* **economical**. **II** *s pl (als sg konstruiert)* **5.** a) Volkswirtschaft(slehre) *f*, Natioˌnalökonoˌmie *f*, b) → **economy** 4. **ˌe·co'nom·i·cal** *adj (adv ~ly)* **1.** wirtschaftlich, sparsam, (*Person a.*) haushälterisch: **to be ~ with s.th.** mit etwas haushalten *od.* sparsam umgehen. **2.** Spar... **3.** → **economic** I.

**e·con·o·mism** [ɪ'kɒnəmɪzəm; *Am.* ɪ'kɑ-] *s* Ökono'mismus *m (Betrachtung der Gesellschaft allein unter ökonomischen Gesichtspunkten).* **e'con·o·mist** *s* **1.** Volkswirt(schaftler) *m*, Natio'nalökoˌnom *m*. **2.** guter Haushälter, sparsamer Wirtschafter. **e'con·o·mize** [-maɪz] *v/t* **1.** sparsam anwenden, sparsam 'umgehen *od.* wirtschaften mit, haushalten mit, sparen. **2.** (wirtschaftlich) nutzbar machen. **II** *v/i* **3.** sparen, sparsam wirtschaften, sich einschränken (**in** *in dat*): **to ~ on** → 1. **4.** Einsparungen machen. **e'con·o·miz·er** *s* **1.** sparsamer *od.* haushälterischer Mensch. **2.** *tech.* E'konomiser *m, bes.* Wasser-, Rauchgas-, Luftvorwärmer *m*.

**e·con·o·my** [ɪ'kɒnəmɪ; *Am.* ɪ'kɑ-] **I** *s* **1.** Sparsamkeit *f*, Wirtschaftlichkeit *f*. **2.** *fig.* a) sparsame Anwendung (*of gen*), b) Sparsamkeit *f* in den (künstlerischen) Mitteln: **dramatic ~** dramatische Knappheit. **3.** a) Sparmaßnahme *f*, b) Einsparung *f*, c) Ersparnis *f*. **4.** *econ.* a) 'Wirtschaft(ssyˌstem *n*), b) Wirtschaftslehre *f*. **5.** or'ganisches Sy'stem, Anordnung *f*, Aufbau *m*. **6.** *relig.* a) göttliche Weltordnung, b) verständige Handhabung (*e-r Doktrin*). **7. to go ~** *aer.* in der Economyklasse fliegen. **II** *adj* **8.** Spar...: **~ bottle;** **~ car** Wagen *m* mit geringen Betriebskosten; **~ class** *aer.* Economyklasse *f;* **~ drive** Sparmaßnahmen *pl;* **~ price** günstiger *od.* niedriger Preis; **~-priced** billig, preisgünstig.

**'e·coˌpol·i·cy** *s* 'Umweltpoliˌtik *f*.

**'e·coˌsys·tem** *s biol.* Ökosyˌstem *n (aus Organismen u. unbelebter Umwelt bestehende natürliche Einheit, die durch deren*

---

*Wechselwirkung ein gleichbleibendes System bildet).*

**'e·coˌtype** *s biol.* Öko'typus *m (an die Bedingungen e-s bestimmten Lebensraums angepaßte Sippe e-r Pflanzen- od. Tierart).*

**ec·ru,** *a.* **é·cru** ['eɪkruː; *Am. a.* 'ekruː] **I** *adj* e'krü, na'turfarben, ungebleicht (*Stoff*): **~ silk** Ekrüseide *f*. **II** *s* E'krü *n*, Na'turfarbe *f*.

**ec·sta·size** ['ekstəsaɪz] **I** *v/t* in Ek'stase versetzen. **II** *v/i* in Ek'stase geraten.

**ec·sta·sy** ['ekstəsɪ] *s* **1.** Ek'stase *f: a) (Gefühls-, Sinnen)Taumel m, Raseˈrei f:* **to be in an ~** außer sich sein (**of** *vor dat*), b) (*a.* dichterische *od.* religiˈöse) Verzückung, Rausch *m*, (Taumel *m* der) Begeisterung *f:* **to go into ecstasies over s.th.** über etwas in Verzückung geraten, von etwas hingerissen sein, c) *med.* krankhafte Erregung. **2.** Aufregung *f*.

**ec·stat·ic** [ɪk'stætɪk; ek-] *adj (adv ~ally)* **1.** ek'statisch (*a. fig.*). **2.** *fig.* a) schwärmerisch, 'überschwenglich, b) ent-, verzückt, begeistert, 'hingerissen. **3.** *fig.* entzückend, 'hinreißend.

**ec·ta·sis** ['ektəsɪs] *s* **1.** *ling.* Dehnung *f* (*Silbe*). **2.** *med.* Ekta'sie *f*, Erweiterung *f*.

**ec·thy·ma** ['ekθɪmə; ek'θaɪmə] *s med.* Ek'thym *n (Hauteiterung mit nachfolgender Geschwürbildung).*

**ec·to·blast** ['ektəʊblæst], **'ec·to·derm** [-dɜːm; *Am.* -ˌdɜrm] *s biol.* med. Ekto'blast *m*, Ekto'derm *n (äußeres Keimblatt des menschlichen u. tierischen Embryos).*

**ec·to·gen·ic** [ˌektəʊ'dʒenɪk], **ec·tog·e·nous** [ek'tɒdʒɪnəs; *Am.* -'tɑ-] *adj biol.* außerhalb des Orgaˈnismus entstanden (*Parasit etc*).

**ec·to·mor·phic** [ˌektəʊ'mɔː(r)fɪk] *adj med.* ekto'morph. **'ec·toˌmorph·y** *s med.* Ektomor'phie *f (Konstitution e-s Menschentypus von hagerer, hoch aufgeschossener Gestalt).*

**ec·to·par·a·site** [ˌektəʊ'pærəsaɪt] *s biol. med.* Ektopara'sit *m (auf der Körperoberfläche s-s Wirts schmarotzender Parasit).*

**ec·to·pi·a** [ek'təʊpɪə] *s med.* Ekto'pie *f (meist angeborene Lageveränderung e-s Organs).*

**ec·to·plasm** ['ektəʊplæzəm] *s* Ekto'plasma *n: a) biol.* äußere Proto'plasmaschicht, b) (*Spiritismus*) Substanz, *die aus dem Körper des Mediums austritt u. die Materialisation bildet.*

**ec·to·zo·on** [ˌektəʊ'zəʊɒn; *Am.* ˌektə'zəʊˌɑn] *pl* **-zo·a** [-ə] *s zo.* Ekto'zoon *n (Parasit, der auf der Körperoberfläche lebt).*

**ec·type** ['ektaɪp] *s* **1.** Nachbildung *f*, Reproduktiˈon *f*, Koˈpie *f*. **2.** Abdruck *m (e-s Stempels etc).* **ec·tyˈpog·ra·phy** [-tɪ'pɒgrəfɪ; *Am.* -'pɑ-] *s tech.* Reliˈefätzung *f*.

**ec·u·men·i·cal** [ˌiːkjuːˈmenɪkl; *Am.* ˌekjə-], *a.* **ˌec·u'men·ic** *adj* öku'menisch, allgemein, 'weltumˌfassend: **ecumenical council** a) *R. C.* ökumenisches Konzil, b) *relig.* Weltkirchenrat *m*. **ˌec·u'men·i·calˌism, ec·u'men·i·cism** [-sɪzəm] *s R. C.* Ökume'nismus *m (Bestrebungen der katholischen Kirche, alle christlichen Konfessionen zu einigen).*

**ec·ze·ma** ['eksɪmə; *Am.* ɪg'ziːmə] *s med.* Ek'zem *n*. **ec·zem·a·tous** [ek'semətəs; *Am.* ɪg'zem-] *adj med.* ekzema'tös.

**e·da·cious** [ɪ'deɪʃəs] *adj (adv ~ly) bes. humor.* gefräßig, gierig.

**E·dam (cheese)** ['iːdæm] *s* Edamer (Käse) *m*.

**Ed·da** ['edə] *s* Edda *f:* **Elder (Poetic) ~** ältere (poetische) Edda; **Younger (Prose) ~** jüngere (Prosa-)Edda.

**ed·dy** ['edɪ] **I** s **1.** (Wasser)Wirbel m, Strudel m: the eddies and flurries fig. das wildbewegte Durcheinander. **2.** (Luft-, Staub)Wirbel m. **3.** fig. a) (unbedeutende) Gegenströmung, b) Nebenströmung f. **II** v/t u. v/i **4.** (her'um)wirbeln. **~cur·rent** s electr. Wirbelstrom m.

**e·del·weiss** ['eɪdlvaɪs] s bot. Edelweiß n.

**e·de·ma** [iːˈdiːmə] pl **-ma·ta** [-mətə] s med. Ö'dem n, Wassersucht f: ~ of the lungs Lungenödem. **e·dem·a·tous** [iːˈdemətəs], a. **e·dem·a·tose** [-təʊs] adj ödema'tös, Ödem...

**E·den** ['iːdn] s Bibl. (der Garten) Eden n, das Para'dies (a. fig.).

**e·den·tate** [iːˈdenteɪt] **I** adj **1.** zo. zahnarm. **2.** bot. zo. zahnlos. **II** s **3.** zo. zahnarmes Tier.

**edge** [edʒ] **I** s **1.** a) Schneide f, b) Schärfe f: the knife has no ~ das Messer ist stumpf od. schneidet nicht; to take the ~ off e-e Klinge stumpf machen, fig. e-r Sache die Spitze od. Schärfe od. Wirkung nehmen; to put an ~ on s.th. etwas schärfen od. schleifen; on ~ nervös, gereizt; he had an ~ to his voice, his voice had an ~ to it s-e Stimme klang nervös od. gereizt; to set s.o.'s teeth on ~ a) j-n kribbelig od. nervös machen, b) j-m durch Mark u. Bein gehen; to give s.o. the (sharp) ~ of one's tongue colloq. j-n ,zs.-stauchen'. **2.** fig. Schärfe f, Spitze f: to give an ~ to s.th. a) etwas verschärfen, b) etwas in Schwung bringen; not to put too fine an ~ (up)on it kein Blatt vor den Mund nehmen. **3.** Ecke f, scharfe Kante, (Berg)Grat m. **4.** (äußerster) Rand, Saum m: ~ of the woods Waldrand; on the ~ of fig. kurz vor; to be on the ~ of despair fig. am Rande der Verzweiflung sein; to be on the ~ of doing s.th. kurz davor stehen od. im Begriff sein, etwas zu tun. **5.** Grenze f, Grenzlinie f. **6.** Kante f, Schmalseite f: the ~ of a table die Tischkante; to set (up) on ~ hochkant stellen; to catch an ~ (Skilauf) verkanten. **7.** Schnitt m (Buch): → gilt-edge(d) 1. **8.** colloq. Vorteil m: to have the ~ on s.o. e-n Vorteil gegenüber j-m haben, j-m ,über' sein. **9.** Eiskunstlauf: (Einwärts-, Auswärts)Bogen m. **II** v/t **10.** schärfen, schleifen. **11.** um'säumen, um'randen, begrenzen, einfassen. **12.** tech. a) beschneiden, abkanten, b) Blech bördeln. **13.** (langsam) schieben, rücken, drängen (through durch): to ~ o.s. (od. one's way) into s.th. sich in etwas (hin)eindrängen. **14.** Ski kanten. **15.** sport knapp besiegen od. schlagen: to ~ s.o. into second place j-n knapp auf den zweiten Platz verweisen. **III** v/i **16.** sich schieben od. drängen. Verbindungen mit Adverbien: **edge| a·way** v/i wegschleichen, sich da'vonstehlen. **~ down** v/i mar. zuhalten (on auf acc). **~ in I** v/t einschieben, -werfen: to ~ a word. **II** v/i sich hin'eindrängen od. -schieben. **~ off** → edge away. **~ on** v/t antreiben, drängen. **~ out I** v/t 1. hin'ausdrängen (a. fig.). **2.** fig. verdrängen. **II** v/i **3.** sich hin'ausdrängen. **4.** → edge away.

**edged** [edʒd] adj **1.** mit e-r Schneide, schneidend, scharf. **2.** in Zssgn ...schneidig: double-~, b) ...kantig: sharp-~. **3.** eingefaßt, gesäumt. **4.** in Zssgn ...randig, ...gerändert: black-~. **~ tool** s **1.** → edge tool. **2.** to play with edge(d) tools fig. mit dem Feuer spielen.

**edge| mill** s tech. Kollergang m. **~ plane** s tech. Bestoßhobel m. **~ tool** s tech. Schneidwerkzeug n.

**'edge|·ways, '~·wise** adv hochkant, auf

der od. die Schmalseite: I could hardly get a word in ~ fig. ich bin kaum zu Wort gekommen.

**edg·ing** ['edʒɪŋ] s Rand m, Besatz m, Einfassung f, Borte f: ~ shears Rasenschere f. **'edg·y** adj **1.** a) scharfkantig, b) paint. etc scharflinig. **2.** a) ner'vös, b) gereizt: tempers became ~ die Stimmung wurde gereizt.

**edh** [eð] s ling. durch'strichenes D (altenglischer Buchstabe zur Bezeichnung des interdentalen Spiranten).

**ed·i·bil·i·ty** [ˌedɪˈbɪlətɪ] s Eß-, Genießbarkeit f. **'ed·i·ble I** adj eß-, genießbar: ~ oil Speiseöl n. **II** s pl Eßwaren pl. **'ed·i·ble·ness** → edibility.

**e·dict** ['iːdɪkt] s Erlaß m, hist. E'dikt n.

**ed·i·fi·ca·tion** [ˌedɪfɪˈkeɪʃn] s fig. Erbauung f.

**ed·i·fice** ['edɪfɪs] s **1.** Gebäude n, Bau m (a. fig.). **2.** fig. Gefüge n. **'ed·i·fy** [-faɪ] v/t fig. a) erbauen, b) aufrichten, c) geistig od. mo'ralisch) bessern. **'ed·i·fy·ing** adj (adv ~ly) erbaulich, erquicklich.

**ed·it** ['edɪt] v/t **1.** Texte, Schriften a) her'ausgeben, b) redi'gieren, druckfertig machen, c) zur Veröffentlichung fertigmachen, d) zur Her'ausgabe sammeln, ordnen u. korri'gieren. **2.** ein Buch etc bearbeiten, bes. kürzen, e-n Film schneiden: to ~ out a) herausstreichen, b) herausschneiden. **3.** e-e Zeitung etc als Her'ausgeber leiten. **4.** Computer: Daten aufbereiten. **5.** fig. zu'rechtstutzen.

**ed·it·ing| room** ['edɪtɪŋ] s Film, TV: Schneideraum m. **~ ta·ble** s Film, TV: Schneidetisch m. **~ ter·mi·nal** s Computer: Redakti'onsterminal n.

**e·di·tion** [ɪˈdɪʃn] s **1.** Ausgabe f (e-s Buches etc): first ~ Erstausgabe; a one--volume ~ e-e einbändige Ausgabe; the morning ~ die Morgenausgabe (Zeitung). **2.** fig. (kleinere etc) Ausgabe: he is a miniature ~ of his father humor. er ist ganz der Papa. **3.** Auflage f: to run into 20 ~s 20 Auflagen erleben. **e'di·tion·al·ize** v/i mehrere Ausgaben drucken.

**ed·i·tor** ['edɪtə(r)] s **1.** a. ~ in chief Her'ausgeber(in) (e-s Buchs etc). **2.** Zeitung: a) a. ~ in chief 'Chefredak,teur(in), b) Redak'teur(in): the ~s die Redaktion. **3.** Film, TV: Cutter(in). **4.** Computer: Editor m. **ed·i·to·ri·al** [-'tɔːrɪəl; Am. a. -'təʊ-] **I** adj (adv editorially) **1.** Herausgeber... **2.** redaktio'nell, Redaktions...: ~ department (od. office) Redaktion f; ~ staff 8. **II** s **3.** 'Leitar,tikel m. **ed·i·to·ri·al·ize** v/i **1.** sich in e-m 'Leitar,tikel äußern (on, about über acc, zu). **2.** s-e per'sönliche Meinung einbringen. **3.** sich äußern (on, about über acc, zu). **ed·i·to·ri·al·ly** adv **1.** redaktio'nell. **2.** in Form e-s 'Leitar,tikels. **'ed·i·tor·ship** s Positi'on e-s Her'ausgebers od. ('Chef)Redak'teurs: to have the ~ of herausgeben, als Herausgeber leiten; under his ~ unter ihm als Chefredakteur. **'ed·i·tress** [-trɪs] s **1.** Her'ausgeberin f. **2.** ('Chef)Redak,teurin f.

**ed·u·cate** ['edjʊkeɪt; Am. 'edʒə-] v/t **1.** erziehen, unter'richten, (aus)bilden: he was ~d at X er besuchte die (Hoch-) Schule in X; she ~d her children at the best schools sie schickte ihre Kinder auf die besten Schulen. **2.** weitS. (to) a) erziehen (zu), b) gewöhnen (an acc). **3.** verbessern. **4.** Tiere abrichten, dres'sieren. **'ed·u·cat·ed** adj **1.** gebildet. **2.** an ~ guess mehr als e-e bloße Vermutung, e-e auf gewisse (Sach)Kenntnisse gestützte Vermutung.

**ed·u·ca·tion** [ˌedjʊˈkeɪʃn; Am. ˌedʒə-] s **1.** Erziehung f (a. weitS. to zu), (Aus)Bildung f: → university II. **2.** (erworbene) Bildung, Bildungsstand m: → general 3.

**3.** Bildungs-, Schulwesen n: → higher education, etc. **4.** (Aus)Bildungsgang m. **5.** Päda'gogik f, Erziehungswissenschaft f: department of ~ univ. pädagogisches Seminar. **6.** Erziehung f (von Tieren). **ed·u·ca·tion·al** [-ʃənl] adj (adv ~ly) **1.** a) erzieherisch, Erziehungs..., b) päda'gogisch, Unterrichts...: ~ film Lehrfilm m; ~ psychology Schulpsychologie f; ~ tariff econ. Erziehungszoll m; ~ television Schulfernsehen n, b) päda'gogisch wertvoll: ~ toys. **2.** Bildungs...: ~ level (od. standard) Bildungsniveau n; ~ misery Bildungsmisere f, -notstand m; ~ opportunities Bildungschancen. **ed·u·ca·tion·al·ist**, a. **ed·u·ca·tion·ist** s Päda'goge m, Päda'gogin f, Erziehungswissenschaftler(in).

**ed·u·ca·tive** ['edjuːkətɪv; Am. 'edʒəˌkeɪ-] adj **1.** erzieherisch, Erziehungs... **2.** bildend, Bildungs... **3.** lehrreich: an ~ experience. **'ed·u·ca·tor** [-keɪtə(r)] s **1.** Päda'goge m, Päda'gogin f: a) Erzieher(in), Lehrer(in), b) Erziehungswissenschaftler(in).

**e·duce** [iːˈdjuːs; Am. a. ɪˈduːs] v/t **1.** fig. her'ausholen, entwickeln: to ~ s.th. from s.o. j-m etwas entlocken. **2.** Logik: e-n Begriff ableiten, e-n Schluß ziehen (from aus). **3.** chem. ausziehen, extra'hieren. **e'duc·i·ble** adj **1.** ableitbar. **2.** zu entwickeln(d). **e·duct** ['iːdʌkt] s **1.** chem. E'dukt n, Auszug m. **2.** → eduction 2.

**e·duc·tion** [iːˈdʌkʃn] s **1.** fig. Her'ausholen n, Entwicklung f. **2.** Logik: a) Ableitung f (e-s Begriffs), b) (Schluß-) Folgerung f. **3.** chem. a) Ausziehen n, b) → educt 1. **~ pipe** s tech. Abzugsrohr n.

**Ed·war·di·an** [edˈwɔː(r)djən; -dɪən] adj aus der Re'gierungszeit od. charakte'ristisch für das Zeitalter König Eduards (bes. Eduards VII.).

**eel** [iːl] s **1.** ichth. a) Aal m: (as) slippery as an ~ fig. aalglatt, b) aalähnlicher Fisch: nine-eyed → Flußneunauge n. **2.** zo. (ein) Fadenwurm m, bes. Essigälchen n. **~ buck, '~·pot** s Aalreuse f. **'~·pout** ichth. **1.** Hammelfleischfisch m. **2.** Quappe f. **'~·spear** s Aalspeer m, -gabel f. **'~·worm** → eel 2.

**e'en** [iːn] adv poet. für even[1] u.[3].

**e'er** [eə(r)] adv poet. für ever.

**ee·rie** ['ɪərɪ] adj (adv eerily) unheimlich, (Schrei etc) schaurig. **'ee·ri·ness** s Unheimlichkeit f, Schaurigkeit f.

**ee·ry** → eerie.

**eff** [ef] v/i vulg. euphem. **1.** ~ off (meist als imp) ,sich verpissen' (verschwinden). **2.** to ~ and blind (herum)fluchen.

**ef·face** [ɪˈfeɪs] v/t **1.** wegwischen, wegreiben, a. fig. (aus)löschen: to ~ unpleasant memories unangenehme Erinnerungen auslöschen. **2.** to ~ o.s. sich (bescheiden) zurückhalten, sich im Hintergrund halten. **ef'face·a·ble** adj (aus)löschbar (a. fig.). **ef'face·ment** s (Aus)Löschung f (a. fig.).

**ef·fect** [ɪˈfekt] **I** s **1.** Wirkung f (on auf acc). **2.** Wirkung f, Erfolg m, Folge f, Konse'quenz f, Ergebnis n, Resul'tat n: of no ~, without ~ ohne Erfolg od. Wirkung, erfolglos, wirkungslos, vergeblich; to take ~ wirken (→ 8). **3.** Auswirkung(en pl) f (on, upon auf acc), Folge(n pl) f. **4.** Einwirkung f, -fluß m (on, upon auf acc). **5.** Ef'fekt m, Wirkung f, Eindruck m (on, upon auf acc): it was calculated (od. meant) for ~ es sollte Eindruck machen; to have an ~ on wirken auf (acc), e-n Eindruck hinterlassen bei; → strain[1] 10. **6.** Inhalt m, Sinn m: a letter to the ~ that ein Brief des Inhalts, daß; to the same ~ desselben Inhalts; to this ~ diesbezüglich, in

diesem Sinn; **to inform** s.o. **to that** ~ j-n entsprechend informieren. **7.** Wirklichkeit *f*: **to carry into** (*od.* **bring to**) ~, **to give** ~ **to** verwirklichen, ausführen; **in** ~ in Wirklichkeit, tatsächlich, praktisch. **8.** (Rechts)Wirksamkeit *f*, (-)Kraft *f*, Gültigkeit *f*: **to be in** ~ in Kraft sein, gültig *od.* wirksam sein; **to take** ~, **to go** (*od.* **come**) **into** ~ in Kraft treten, gültig *od.* wirksam werden; **with** ~ **from** mit Wirkung vom. **9.** *tech.* (Nutz)Leistung *f* (*e-r Maschine*). **10.** *electr. phys.* indu-'zierte Leistung, Sekun'därleistung *f*. **11.** *pl econ.* a) Ef'fekten *pl*, bewegliches Eigentum, Vermögen(swerte *pl*) *n*, c) per'sönliche Habe, d) Barbestand *m*, e) Ak'tiva *pl*, (Bank)Guthaben *n od. pl*: **no** ~**s** ohne Guthaben *od.* Deckung (*Scheckvermerk*). **II** *v/t* **12.** be-, erwirken, bewerkstelligen, verursachen, veranlassen. **13.** ausführen, tätigen, vornehmen, besorgen, erledigen, voll'bringen, -'ziehen: **to** ~ **payment** *econ.* Zahlung leisten. **14.** *econ.* a) *ein Geschäft, e-e Versicherung* abschließen, b) *e-e Police* ausfertigen.

**ef·fec·tive** [ɪˈfektɪv] **I** *adj* (*adv* ~**ly**) **1.** effek'tiv, wirksam, erfolgreich, wirkungsvoll: **to be** ~ wirken, Erfolg haben (→ 3); ~ **range** *mil.* wirksame Schußweite. **2.** eindrucks-, ef'fektvoll. **3.** *jur.* (rechts)wirksam, (-)gültig, rechtskräftig, in Kraft: **to be** ~ in Kraft sein, gültig *od.* wirksam sein (→ 1); **to become** ~ in Kraft treten, gültig *od.* wirksam werden; ~ **date** Tag *m* des Inkrafttretens; ~ **from** (*od.* **as of**) mit Wirkung vom. **4.** tatsächlich, wirklich, effek'tiv: ~ **money** Bargeld *n*; ~ **salary** Effektivgehalt *n*; ~ **strength** *mil.* Ist-Stärke *f*. **5.** *mil.* diensttauglich, kampffähig, einsatzbereit. **6.** *tech.* effek'tiv, tatsächlich, wirklich, Nutz...: ~ **output** tatsächliche Leistung; ~ **resistance** *electr.* Wirkwiderstand *m*. **II** *s* **7.** *mil.* a) einsatzfähiger Sol'dat, b) Ist-Stärke *f*. **ef'fec·tive·ness** *s* Effektivi'tät *f*, Wirksamkeit *f*. **ef'fec·tor** [-tə(r)] *s* **1.** *anat.* 'Nerven,endor,gan *n*. **2.** Ausführer(in), Voll'bringer(in).

**ef·fec·tu·al** [ɪˈfektʃʊəl; *Am.* -tʃəwəl] *adj* (*adv* ~**ly**) **1.** effek'tiv, wirksam: **to be** ~ wirken, Erfolg haben. **2.** wirklich, tatsächlich, eigentlich. **3.** → **effective** 3. **4.** *econ.* vor'handen: ~ **demand** durch vorhandenes Bargeld gedeckte Nachfrage. **ef·fec·tu·'al·i·ty** [-tjʊ'ælətɪ; *Am.* -tʃə'wæləti:], **ef'fec·tu·al·ness** *s* Effektivi'tät *f*, Wirksamkeit *f*. **ef'fec·tu·ate** [-eɪt] *v/t* **1.** verwirklichen, bewerkstelligen, bewirken. **ef,fec·tu·'a·tion** *s* **1.** Verwirklichung *f*, Ausführung *f*. **2.** Bewerkstelligung *f*, Bewirkung *f*.

**ef·fem·i·na·cy** [ɪˈfemɪnəsɪ] *s* **1.** Weichlichkeit, Verweichlichung *f*. **2.** unmännliches *od.* weibisches Wesen.

**ef·fem·i·nate I** *adj* [ɪˈfemɪnət] (*adv* ~**ly**) **1.** weibisch, unmännlich. **2.** verweichlicht, weichlich. **II** *v/t u. v/i* [-neɪt] **3.** weibisch machen (werden). **4.** verweichlichen. **III** *s* [-nət] **5.** Weichling *m*, weibischer Mensch. **ef'fem·i·nate·ness** *s* → **effeminacy**.

**ef·fer·vesce** [ˌefə(r)ˈves] *v/i* **1.** (auf-)brausen, sprudeln, schäumen, mous'sieren (*Sekt etc*). **2.** *fig.* ('über)sprudeln, 'überschäumen (**with** *vor dat*). **ef·fer-**'**ves·cence**, **ef·fer·'ves·cen·cy** *s* **1.** (Auf)Brausen *n*, Schäumen *n*, Mous-'sieren *n*. **2.** *fig.* ('Über)Sprudeln *n*, 'Überschäumen *n*. **ef·fer·'ves·cent** *adj* **1.** sprudelnd, schäumend, mous'sierend: ~ **powder** Brausepulver *n*. **2.** *fig.* ('über-)sprudelnd, 'überschäumend.

**ef·fete** [ɪˈfiːt; eˈfiːt] *adj* erschöpft, entkräftet.

**ef·fi·ca·cious** [ˌefɪˈkeɪʃəs] *adj* (*adv* ~**ly**) effek'tiv, wirksam, wirkungsvoll. **ˌef·fi-**'**ca·cious·ness**, **ˈef·fi·ca·cy** [-kəsɪ] *s* Effektivi'tät *f*, Wirksamkeit *f*.

**ef·fi·cien·cy** [ɪˈfɪʃənsɪ] *s* **1.** Effizi'enz *f*, Tüchtigkeit *f*, (Leistungs)Fähigkeit *f*: ~ **report** Leistungsbericht *m*; ~ **wages** leistungsbezogener Lohn. **2.** Effizi'enz *f*, Wirksamkeit *f*. **3.** Effizi'enz *f*, Tauglichkeit *f*, Brauchbarkeit *f*. **4.** Effizi'enz *f*, ratio'nelle Arbeitsweise, Wirtschaftlichkeit *f*: ~ **engineer** (*od.* **expert**) *econ.* Rationalisierungsfachmann *m*; ~ **apartment** *Am.* (Einzelzimmer)Appartement *n*. **5.** Effizi'enz *f*, *phys. tech.* Leistung(sfähigkeit) *f*, Wirkungsgrad *m*, Nutzleistung *f*, Ausbeute *f*. **6.** wirkende Ursächlichkeit. **7.** *Am.* Ho'telzimmer *n* mit Bad u. Kochnische. **ef'fi·cient** *adj* (*adv* ~**ly**) **1.** effizi'ent, tüchtig, (leistungs)fähig. **2.** effizi'ent, wirksam. **3.** zügig, rasch u. sicher, gewandt. **4.** gründlich. **5.** effizi-'ent, ratio'nell, wirtschaftlich: ~ **methods.** **6.** effizi'ent, brauchbar, tauglich, gut funktio'nierend, *tech. a.* leistungsstark. **7.** (be)wirkend: ~ **cause** wirkende Ursache.

**ef·fi·gy** [ˈefɪdʒɪ] *s* **1.** a) Steinplastik *f*, b) Bildnis *n* (*auf e-r Münze*). **2.** Puppe *od. bildhafte Darstellung e-r verhaßten Person*: **to burn** (**hang**) s.o. **in** ~ j-n symbolisch verbrennen (hängen).

**eff·ing** [ˈefɪŋ] *adj vulg. euphem.* verdammt, verflucht.

**ef·flo·resce** [ˌeflɔːˈres; *bes. Am.* ˌeflə-] *v/i* **1.** *bes. fig.* auf'blühen, sich entfalten. **2.** *chem.* ausblühen, 'auskristalli,sieren, auswittern. **ˌef·flo'res·cence** *s* **1.** *bes. fig.* (Auf)Blühen *n*, Blüte(zeit) *f*. **2.** *med.* Efflores'zenz *f* (*Hautausschlag*). **3.** *chem.* Efflores'zenz *f*: a) Ausblühen *n*, b) Beschlag *m*, Ausblühung *f*. **ˌef·flo'res·cent** *adj* **1.** *bes. fig.* (auf)blühend. **2.** *chem.* efflores'zierend, ausblühend.

**ef·flu·ence** [ˈefluəns] *s* **1.** Ausfließen *n*, -strömen *n*. **2.** Aus-, Abfluß *m*. **ˈef·flu·ent I** *adj* **1.** ausfließend, -strömend. **II** *s* **2.** Aus-, Abfluß *m*. **3.** Abwasser *n*, Abwässer *pl*: ~ **disposal** Abwasserbeseitigung *f*.

**ef·flu·vi·um** [ɪˈfluːvjəm; *Am.* eˈfluːviəm] *pl* **-vi·a** [-ə], **-vi·ums** *s* **1.** Ausdünstung *f*. **2.** *phys.* Ausfluß *m* (*kleinster Partikel*).

**ef·flux** [ˈeflʌks] *s* **1.** a) Abfließen *n*, Ausströmen *n*, b) Ausströmung *f*, -fluß *m*: ~ **of gold** *econ.* Goldabfluß *f*. **2.** *fig.* Ablauf *m* (*der Zeit*).

**ef·fort** [ˈefə(r)t] *s* **1.** Anstrengung *f*: a) Bemühung *f*, (angestrengter) Versuch, b) Mühe *f*, harte Arbeit: **rescue** ~ Rettungsversuch *m*, -bemühungen *pl*; **to make an** ~ sich bemühen, sich anstrengen; **to make every** ~ sich alle Mühe geben; **to put a lot of** ~ **into it** sich gewaltige Mühe dabei geben; **to spare no** ~ keine Mühe scheuen; **with an** ~ mühsam; **without** ~ mühelos, ohne Anstrengung; ~ **of will** Willenskraft *f*; a **good** ~! immerhin!, nicht schlecht (für den Anfang)! **2.** Leistung *f*. **3.** *phys.* Sekun'därkraft *f*, Potenti'alabfall *m*. **ˈef·fort·less** *adj* (*adv* ~**ly**) **1.** mühelos, ohne Anstrengung. **2.** müßig, untätig.

**ef·fron·ter·y** [ɪˈfrʌntərɪ; eˈf-] *s* Unverschämtheit *f*: **to have the** ~ **to do** s.th. die Unverschämtheit haben *od.* besitzen.

**ef·fulge** [ɪˈfʌldʒ; eˈf-] *v/i selten* strahlen, glänzen. **ef·ful·gence** *s* Glanz *m*. **ef·ful-'gent** *adj* (*adv* ~**ly**) strahlend, glänzend.

**ef·fuse** [ɪˈfjuːz; eˈf-] **I** *v/t* **1.** a) *Flüssigkeit* aus-, vergießen, b) *Gas etc* ausströmen lassen. **2.** *fig.* ausstrahlen, verbreiten: **to** ~ **an atmosphere of happiness.** **II** *v/i* **3.** a) ausfließen, b) ausströmen. **III** *adj* [-s] **4.** *bot.* ausgebreitet (*Blütenstand*).

**ef·fu·sion** [ɪˈfjuːʒn; eˈf-] *s* **1.** Aus-, Vergießen *n*. **2.** Ausströmen *n*. **3.** *fig.* a) Erguß *m*, b) → **effusiveness**. **4.** *med.* Erguß *m*: ~ **of blood** Bluterguß *f*. **5.** *phys.* Effusi'on *f*: ~ **rock** Effusivgestein *n*. **ef·fu·sive** [-sɪv] *adj* (*adv* ~**ly**) 'überschwenglich. **ef'fu·sive·ness** *s* 'Überschwenglichkeit *f*.

**eft**[1] [eft] *s zo.* Wassermolch *m*.

**eft**[2] [eft] *adv obs.* **1.** 'wiederum, nochmals. **2.** nachher.

**eft·soon(s)** [eftˈsuːn(z)] *adv obs.* **1.** bald dar'auf. **2.** wieder'holt.

**e·gad** [iːˈgæd] *interj obs. colloq.* o Gott!

**e·gal·i·tar·i·an** [ɪˌgælɪˈteərɪən] **I** *s* Verfechter(in) des Egalita'rismus. **II** *adj* egali'tär. **e,gal·i·tar·i·an·ism** *s* Egalita'rismus *m* (*Sozialtheorie von der [möglichst] vollkommenen Gleichheit in der menschlichen Gesellschaft bzw. von ihrer Verwirklichung*).

**e·gest** [iːˈdʒest] *v/t physiol.* ausscheiden. **e'ges·ta** [-tə] *s pl* Ausscheidungen *pl*.

**egg**[1] [eg] *s* **1.** Ei *n*: **in the** ~ *fig.* im Anfangsstadium, im Entstehen; **(as) sure as** ~**s is** (*od.* **are**) ~**s** *colloq.* so sicher wie das Amen in der Kirche, todsicher; **to have** (*od.* **put**) **all one's** ~**s in one basket** *colloq.* alles auf 'eine Karte setzen; **to have** ~ **on** (*od.* **all over**) **one's face** *colloq.* 'dumm aus der Wäsche schauen'; **to lay an** ~ *bes. Am. colloq.* nicht ,ankommen' (*Witz etc*), (*Theaterstück etc a.*) ,durchfallen'; **he's** *bzw.* **his grandmother to suck** ~**s!** *colloq.* das Ei will klüger sein als die Henne! **2.** *biol.* Eizelle *f*. **3.** Ei *n* (*eiförmiger Gegenstand*): ~ **and dart** (*od.* **anchor, tongue**) *arch.* Eierstab(ornament *n*) *m*. **4.** *mil. sl.* ,Ei' *n* (*Fliegerbombe*): **to drop an** ~ ein Ei legen. **5.** *obs. colloq.* a) a **bad (good)** ~ ein übler (feiner) Kerl, b) **good** ~! prima! **II** *v/t* **6.** *gastr.* in geschlagenem Ei wenden: **to** ~ **and crumb** panieren. **7.** *bes. Am. colloq.* mit (faulen) Eiern bewerfen.

**egg**[2] [eg] *v/t meist* ~ **on** anstacheln, antreiben.

**ˌegg·-and-ˈspoon race** *s* Eierlauf *m*. **ˈ~·beat·er** *s* **1.** Schneebesen *m*. **2.** *bes. Am. colloq.* Hubschrauber *m*. ~ **bird** *s orn.* Rußseeschwalbe *f*. ~ **case** *s* **1.** *zo.* Eiertasche *f*, -beutel *m*. **2.** Eierkiste *f*. ~ **cell** = **egg**[1] 2. ~ **coal** *s* Nußkohle *f*. ~ **co·sy**, *Am.* ~ **co·zy** *s* Eierwärmer *m*. ~ **·cup** *s* Eierbecher *m*. ~ **dance** *s* Eiertanz *m*.

**egg·er** [ˈegə(r)] *s zo.* (*e-e*) Glucke (*Nachtschmetterling*).

**egg flip** *s* Eierflip *m*. **ˈ~·head** *s colloq.* ,Eierkopf' *m* (*Intellektueller*). ~ **membrane** *s* **1.** 'Eimem,bran *f*. **2.** Eihaut *f*. **ˈ~·nog** *s* Eierflip *m*. **ˈ~·plant** *s bot.* Eierfrucht *f*, Auber'gine *f*. ~ **roll** *s gastr.* Frühlingsrolle *f*. ~ **sham·poo** *s* 'Eiersham,poo *n*. **ˈ~-shaped** *adj* eiförmig. **ˈ~-hand grenade** Eierhandgranate *f*. **ˈ~·shell I** *s* **1.** Eierschale *f*. **2.** *a.* ~ **china**, ~ **porcelain** 'Eierschalenporzel,lan *n*. **3.** Eierschalenfarbe *f*. **II** *adj* **4.** eierschalenfarben. **5.** dünn u. zerbrechlich. **6.** ~ **landing** *aer.* Eierlandung *f*. ~ **slice** *s* Heber *m*, Wender *m* (*für Omeletts etc*). ~ **spoon** *s* Eierlöffel *m*. ~ **tim·er** *s* Eieruhr *f*. ~ **tooth** *s irr zo.* Eizahn *m*. ~ **whisk** → **eggbeater** 1. ~ **white** *s* Eiweiß *n*.

**e·gis** → **aegis**.

**e·glan·du·lar** [iːˈglændjʊlə; *Am.* -dʒə-lər], **eˈglan·du·lose** [-ləʊs] *adj biol.* drüsenlos.

**eg·lan·tine** [ˈegləntaɪn] *s bot.* Schottische Zaunrose *f*.

**e·go** [ˈegəʊ; ˈiːgəʊ] *pl* **-gos** *s* **1.** *philos. psych.* Ich *n*, Selbst *n*, Ego *n*. **2.** Selbstgefühl *n*: **it feeds his** ~ er braucht das,

um sich stark zu fühlen; **his** ~ **was low** s-e Moral war auf Null; **to be an** ~**-rouser** das Selbstgefühl heben. **3.** *colloq.* Selbstsucht *f*, -gefälligkeit *f*.

**¡e·go'cen·tric** [-'sentrɪk] **I** *adj (adv* ~**ally)** ego'zentrisch. **II** *s* ego'zentrischer Mensch. **¡e·go'cen·trism** *s* Ego'zentrik *f*, (über'triebene) Ich- *od.* Selbstbezogenheit.

**e·go i·de·al** *s psych.* 'Ego-, 'Ich-Ide,al *n*.

**e·go·ism** ['egəʊɪʒəm; *Am.* 'i:gə,wɪzəm; 'egə-] *s* Ego'ismus *m* (*a. philos.*), Selbstsucht *f*. **'e·go·ist** *s* **1.** Ego'ist(in) (*a. philos.*), selbstsüchtiger Mensch. **2.** → egotist 1. **¡e·go'is·tic** *adj*, **¡e·go'is·ti·cal** *adj (adv* ~**ly)** ego'istisch (*a. philos.*), selbstsüchtig. **'e·go'ma·ni·a** *s* krankhafte Selbstsucht *od.* -gefälligkeit *f*.

**e·go·tism** ['egəʊtɪzəm; 'i:g-] *s* **1.** (*bes.* übertriebener) Gebrauch des Wortes „Ich" (*in Rede u. Schrift*). **2.** Ego'tismus *m*: a) 'Selbstüber,hebung *f*, Eigenlob *n*, b) Geltungsbedürfnis *n*, Selbstgefälligkeit *f*. **3.** → egoism. **'e·go·tist** *s* **1.** geltungsbedürftiger *od.* selbstgefälliger Mensch, Ego'tist(in). **2.** → egoist 1. **¡e·go'tis·tic** *adj*, **¡e·go'tis·ti·cal** *adj (adv* ~**ly)** **1.** ego'tistisch, geltungsbedürftig, selbstgefällig. **2.** → egoistic. **'e·go·tize** *v/i* zu viel von sich selbst sprechen *od.* schreiben.

**e·go| trip** *s colloq.* ,Egotrip' *m* (*geistige Selbstbefriedigung, Angeberei etc*). **'~·trip** *v/i auf* e-n ,Egotrip' gehen.

**e·gre·gious** [ɪ'gri:dʒəs; -dʒɪəs] *adj (adv* ~**ly)** **1.** unerhört, ungeheuerlich: **an** ~ **lie. 2.** *obs.* her'vorragend.

**e·gress** ['i:gres] *s* **1.** Hin'ausgehen *n*, Her'auskommen *n*. **2.** Ausgang *m*. **3.** Ausgangsrecht *n*. **4.** *astr.* Austritt *m*. **e·gres·sion** [ɪ'greʃn] *s* → egress 1.

**e·gret** ['i:gret] *s* **1.** *orn.* Silberreiher *m*. **2.** Reiherfeder *f*. **3.** *bot.* Federkrone *f*, Pappus *m*.

**E·gyp·tian** [ɪ'dʒɪpʃn] **I** *adj* **1.** ä'gyptisch: ~ **darkness** *Bibl. u. fig.* ägyptische Finsternis. **II** *s* **2.** Ä'gypter(in). **3.** *ling. hist.* Ä'gyptisch *n*, das Ägyptische. **4.** *obs.* Zi'geuner(in). ~ **print·ing type** *s* Egypti'enne *f* (*Druckschrift*).

**E·gyp·to·log·i·cal** [ɪ,dʒɪptə'lɒdʒɪkl; *Am.* -'lɑ-] *adj* ägypto'logisch. **E·gyp·tol·o·gist** [,i:dʒɪp'tɒlədʒɪst; *Am.* -'tɑ-] *s* Ägypto'loge *m*. **¡E·gyp'tol·o·gy** *s* Ägyptolo'gie *f*.

**eh** [eɪ; e] *interj* **1.** (*fragend*) a) wie?, was?, b) nicht wahr?, wie?, oder? **2.** (*überrascht*) ei!, sieh da!

**ei·der** ['aɪdə(r)] *s* **1.** → eider duck. **2.** → eiderdown 1. **'~·down** *s* **1.** *collect.* Eiderdaunen *pl*. **2.** Daunendecke *f*. ~ **duck** *s orn.* Eiderente *f*.

**ei·det·ic** [aɪ'detɪk] *psych.* **I** *s* **1.** *pl (als sg konstruiert)* Ei'detik *f* (*Fähigkeit, sich Objekte od. Situationen so vorzustellen, als ob sie real seien*). **2.** Ei'detiker(in). **II** *adj (adv* ~**ally)** **3.** ei'detisch.

**'ei·gen,func·tion** ['aɪgən-] *s math.* 'Eigenfunkti,on *f*.

**'ei·gen,val·ue** *s math.* Eigenwert *m*.

**eight** [eɪt] **I** *adj* **1.** acht: ~**-hour day** Achtstundentag *m*. **II** *s* **2.** Acht *f* (*Zahl, Spielkarte etc*): **the** ~ **of hearts** die Herzacht; **to have had** (*od.* **to be**) **one over the** ~ *colloq.* e-n über den Durst getrunken haben. **3.** *Rudern:* Achter *m*: a) Boot, b) Mannschaft. ~ **ball** *s Am.* **1. to be behind the** ~ in e-r bösen ,Klemme' sein *od.* sitzen *od.* stecken. **2.** *sl. contp.* ,Nigger' *m*.

**eight·een** [,eɪ'ti:n] **I** *adj* achtzehn. **II** *s* Achtzehn *f*. **¡eight'eenth** [-nθ] **I** *adj* **1.** achtzehnt(er, e, es). **2.** achtzehntel. **II** *s* **3.** (*der, die, das*) Achtzehnte. **4.** Achtzehntel *n*.

**eight·fold** **I** *adj u. adv* achtfach. **II** *s* (*das*) Achtfache.

**eighth** [eɪtθ] **I** *adj* **1.** acht(er, e, es): ~ **note** *mus. Am.* Achtelnote *f*; **in the** ~ **place** achtens, an achter Stelle; ~ **rest** *mus.* Achtelpause *f*; ~ **wonder** achtes Weltwunder. **2.** achtel. **II** *s* **3.** (*der, die, das*) Achte: **the** ~ **of May** der 8. Mai. **4.** Achtel *n* (*a. mus.*). **'eighth·ly** *adv* achtens.

**eight·i·eth** ['eɪtɪɪθ] **I** *adj* **1.** achtzigst(er, e, es). **2.** achtzigstel. **II** *s* **3.** (*der, die, das*) Achtzigste. **4.** Achtzigstel *n*.

**eight·some** ['eɪtsəm] *s meist* ~ **reel** *ein schottischer Tanz für 8 Tänzer*.

**eight·y** ['eɪtɪ] **I** *adj* achtzig. **II** *s* Achtzig *f*: **he is in his eighties** er ist in den Achtzigern; **in the eighties** in den achtziger Jahren (*e-s Jahrhunderts*).

**Ein·stein** ['aɪnstaɪn] *s fig.* mathe'matisches Ge'nie. ~ **e·qua·tion** *s math. phys.* Einsteinsche Gleichung.

**Ein·stein·i·an** [aɪn'staɪnɪən] *adj math. phys.* Einsteinsch(er, e, es).

**ein·stein·i·um** [aɪn'staɪnɪəm] *s* Ein'steinium *n* (*ein chemisches Element*).

**ei·ren·ic** → irenic I.

**eis·tedd·fod** [aɪs'teðvɒd; eɪs-] *pl* **-fods, -fod·au** [-daɪ] *s* Eis'teddfod *n* (*walisisches Sänger- u. Dichterfest*).

**ei·ther** [*bes. Br.* 'aɪðə(r); *bes. Am.* 'i:ðə(r)] **I** *adj* **1.** jeder, jede, jedes (*von zweien*), beide: **on** ~ **side** auf beiden Seiten; **in** ~ **case** in jedem der beiden Fälle, in beiden Fällen; **there is nothing in** ~ **bottle** beide Flaschen sind leer. **2.** irgendein(er, e, es) (*von zweien*): ~ **way** auf die e-e *od.* die andere Art; **you may sit at** ~ **end of the table** Sie können am oberen *od.* unteren Ende des Tisches sitzen. **II** *pron* **3.** irgendein(er, e, es) (*von zweien*): ~ **of you can come** (irgend)einer von euch (beiden) kann kommen; **I haven't seen** ~ ich habe beide nicht gesehen, ich habe keinen (von beiden) gesehen. **4.** beides: ~ **is possible. III** *conj* **5.** entweder: ~ ... **or** entweder ... oder; ~ **be quiet or go** entweder sei still oder gehe; ~ **you are right or I am** entweder hast du recht oder ich. **6.** ~ ... **or** weder ... noch (*im verneinenden Satz*): **it is not enough** ~ **for you or for me** es reicht weder für dich noch für mich. **IV** *adv* **7.** **not** ~ auch nicht; **nor** ... ~ (und) auch nicht, noch; **she could not hear nor speak** ~ sie konnte weder hören noch sprechen; **if he does not dance she will not** ~ wenn er nicht tanzt, wird sie es auch nicht tun; **she sings, and not badly** ~ sie singt, u. gar nicht schlecht. **8.** *unübersetzt:* **without** ~ **good or bad intentions** ohne gute oder schlechte Absichten.

**e·jac·u·late** [ɪ'dʒækjʊleɪt] **I** *v/t* **1.** *physiol.* Samen ausstoßen. **2.** Worte etc aus-, her'vorstoßen. **II** *v/i* **3.** *physiol.* ejaku'lieren, e-n Samenerguß haben. [-lɪt] **4.** *physiol.* Ejaku'lat *n*. **e,jac·u'la·tion** *s* **1.** a) Ausruf *m*, b) Stoßseufzer *m*, -gebet *n*. **2.** aus-, Her'vorstoßen *n* (*von Worten etc*). **3.** *physiol.* Ejakulati'on *f*, Samenerguß *m*. **e'jac·u·la·to·ry** [-lətərɪ; *Am.* -lə,təʊriː; -,tɔː-] *adj* **1.** hastig (ausgestoßen), Stoß...: ~ **prayer** Stoßgebet *n*. **2.** *physiol.* Ejakulations...

**e·ject** [ɪ'dʒekt] **I** *v/t* **1.** (**from**) a) j-n hin'auswerfen (aus), b) vertreiben (aus, von), c) *jur.* Mieter, Pächter zur Räumung (*gen*) zwingen. **2.** entlassen, entfernen (**from** aus): **to** ~ **s.o. from an office. 3.** *bes. tech.* ausstoßen, -werfen. **II** *v/i* **4.** *aer.* a) den Schleudersitz betätigen, b) sich mit dem Schleudersitz retten. **e'jec·ta** [-tə] *s pl* Auswurf *m* (*e-s Vulkans etc*). **e'jec·tion** [-kʃn] *s* **1.** Vertreibung *f* (**from** aus, von). **2.** Entlassung

*f*, Entfernung *f* (**from an office** aus e-m Amt). **3.** *bes. tech.* Ausstoßen *n*, -werfen *n*: ~ **seat** *aer.* Schleudersitz *m*. **4.** → ejecta. **e'jec·tive** [-tɪv] *adj* **1.** *bes. tech.* Ausstoß(ungs)... **2.** *ling.* em'phatisch. **II** *s* **3.** *ling.* em'phatischer *od.* als Preßlaut gesprochener Verschluß- *od.* Reibelaut. **e'ject·ment** *s* **1.** → ejection 1. **2.** *a.* **action of** ~ *jur. Am.* a) Räumungsklage *f*, b) Her'ausgabeklage *f*. **e'jec·tor** [-tə(r)] *s* **1.** Vertreiber(in). **2.** *tech.* a) Ausstoßvorrichtung *f*, Auswerfer *m*, b) Saugstrahlpumpe *f*.

**eke**[1] [i:k] *v/t:* ~ **out** a) Flüssigkeiten, Vorräte etc strecken, b) Einkommen aufbessern (**with** mit), c) **to** ~ **out a living** sich (mühsam) durchschlagen.

**eke**[2] [i:k] *adv u. conj obs.* auch.

**e·kis·tics** ['kɪstɪks] *s pl* (*als sg konstruiert*) E'kistik *f* (*die Wissenschaft von den menschlichen Siedlungen*).

**el** [el] *s* **1.** L, l *n* (*Buchstabe*). **2.** *rail. colloq.* Hochbahn *f*. **3.** → ell[1].

**e·lab·o·rate** **I** *adj* [ɪ'læbərɪt] **1.** sorgfältig *od.* kunstvoll gearbeitet *od.* ausgeführt, (in allen Einzelheiten) voll'endet: **an** ~ **ornament. 2.** ('wohl)durch,dacht, (sorgfältig) ausgearbeitet: **an** ~ **report. 3.** a) kunstvoll, kompli'ziert, b) 'umständlich: **an** ~ **description. II** *v/t* [-reɪt] **4.** sorgfältig *od.* bis ins einzelne ausarbeiten, vervollkommnen. **5.** *e-e Theorie etc* entwickeln. **6.** (mühsam) her'ausarbeiten. **7.** *biol.* a) 'umbilden, b) entwickeln: **to** ~ **organic compounds. III** *v/i* [-reɪt] **8.** nähere Angaben machen: **to** ~ **(up)on** sich verbreiten über (*acc*), ausführlich behandeln (*acc*), näher eingehen auf (*acc*). **e'lab·o·rate·ly** *adv* **1.** sorgfältig, mit Genauigkeit, bis ins einzelne. **2.** ausführlich. **e'lab·o·rate·ness** *s* **1.** sorgfältige *od.* kunstvolle Ausführung. **2.** a) Sorgfalt *f*, b) sorgfältige Ausarbeitung. **3.** Kompli'ziertheit *f*. **e,lab·o'ra·tion** *s* **1.** → elaborateness 1, 2. **2.** Entwicklung *f* (*e-r Theorie etc*). **e'lab·o·ra·tive** [-rətɪv; *Am.* -,reɪtɪv] *adj* entwickelnd: **to be** ~ **of s.th.** etwas entwickeln.

**el·ae·o·mar·gar·ic ac·id** [,elɪəʊ-mɑ:(r)'gærɪk] *s chem.* Oleomarga'rinsäure *f*. **el·ae'om·e·ter** [-'ɒmɪtə; *Am.* -'ɑmətər] *s tech.* 'Öläräo,meter *n*, Öl-waage *f*.

**e·la·i·date** [ɪ'leɪɪdeɪt] *s chem.* elai'dinsaures Salz. **el·a·id·ic** [eleɪ'ɪdɪk; -lɪ'ɪd-] *adj chem.* Elaidin...: ~ **acid** Elaidinsäure *f*. **e·la·i·din** [ɪ'leɪɪdɪn] *s chem.* Elai'din *n*.

**é·lan** [eɪ'lɑ̃:ŋ] *s* E'lan *m*, Schwung *m*.

**e·land** ['i:lənd] *s zo.* 'Elenanti,lope *f*.

**e·la·phine** ['eləfaɪn] *adj zo.* hirschartig, Hirsch...

**e·lapse** [ɪ'læps] *v/i* vergehen, -streichen (*Zeit*), ablaufen (*Frist*).

**e·las·tic** [ɪ'læstɪk] **I** *adj (adv* ~**ally)** **1.** a) elastisch: a) federnd, spannkräftig (*beide a. fig.*), b) dehnbar, biegsam, geschmeidig (*a. fig.*): ~ **conscience** weites Gewissen; ~ **currency** *econ.* elastische Währung; **an** ~ **word** ein dehnbarer Begriff, c) *fig.* anpassungsfähig. **2.** *phys.* a) e'lastisch (verformbar), b) (unbegrenzt) expansi'onsfähig (*Gase*), c) inkompres'sibel (*Flüssigkeiten*): ~ **deformation** elastische Verformung; ~ **force** → elasticity 1; ~ **scattering** elastische Streuung. **3.** Gummi...: ~ **band** Gummiring *m*, -band *n*, (Dichtungs)Gummi *m*; ~ **stocking** Gummistrumpf *m*. **II** *s* **4.** *bes. Am.* Gummiring *m*, -band *n*, (Dichtungs)Gummi *m*. **5.** *bes. Am.* Gummistoff *m*, -gewebe *n*.

**e·las·tic·i·ty** [,elæ'stɪsətɪ; *Am.* ,ɪlæ-] *s* Elastizi'tät *f*: a) Spannkraft *f* (*a. fig.*), b) Dehnbarkeit *f*, Biegsamkeit *f*, Ge-

schmeidigkeit f (a. fig.), c) fig. Anpassungsfähigkeit f.

**e·las·to·mer** [ɪˈlæstəmə(r)] s chem. eˈlastische (gummiartige) Masse.

**e·late** [ɪˈleɪt] I v/t 1. mit Hochstimmung erfüllen, begeistern. 2. j-m Mut machen, j-n optiˈmistisch stimmen. 3. stolz machen. II adj → elated. **eˈlat·ed** adj (adv ~ly) 1. in Hochstimmung, begeistert (at von). 2. stolz (at auf acc). **eˈlat·ed·ness** → elation.

**el·a·ter** [ˈelətə(r)] s 1. bot. Elaˈtere f, (Sporen)Schleuderer m. 2. → elaterid.

**el·a·ter·id** [ɪˈlætərɪd] s zo. Schnellkäfer m, Schmied m.

**e·la·tion** [ɪˈleɪʃn] s 1. Hochstimmung f, Begeisterung f. 2. Stolz m.

**E lay·er** s phys. E-Schicht f (der Ionosphäre).

**el·bow** [ˈelbəʊ] I s 1. Ell(en)bogen m: at one's ~ a) in Reichweite, bei der Hand, b) bes. fig. an s-r Seite; **out at ~(s)** a) schäbig, abgetragen (Kleidung), b) schäbig gekleidet, c) Am. knapp bei Kasse; **to be up to the** (od. one's) **~s in work** bis über die Ohren in Arbeit sitzen od. stecken; **to bend** (od. crook, lift, raise, tip) **an** (od. one's, the) **~** colloq. ‚e-n heben‘ (trinken). 2. (scharfe) Biegung od. Krümmung, Ecke f, Knie n, Knick m (der Straße etc). 3. tech. a) (Rohr)Knie n, (-)Krümmer m, Kniestück n, Winkel (-stück n) m, b) Seitenlehne f (e-s Stuhls etc). II v/t 4. (mit dem Ellbogen) stoßen, drängen (a. fig.): **to ~ s.o. out** j-n hinausdrängen od. -stoßen; **to ~ one's way through** sich durchdränge(l)n; **to ~ one's way →** 6. III v/i 5. (rücksichtslos) die Ellbogen gebrauchen (a. fig.). 6. sich (mit den Ellbogen) e-n Weg bahnen: **to ~ through a crowd. ~ chair** s Arm-, Lehnstuhl m, (Lehn)Sessel m. **~ grease** s humor. 1. ‚Armschmalz‘ n (Kraft). 2. schwere Arbeit, ‚Schufteˈrei‘ f. **~ joint** s 1. Ell(en)bogengelenk n. 2. tech. Kniegelenk n, -stück n. **~ pipe** s tech. Knierohr n. **~-room** s 1. Ellbogenfreiheit f. 2. fig. Bewegungsfreiheit f, Spielraum m. **~ tel·e·scope** s Winkelfernrohr n.

**eld** [eld] s obs. 1. (Greisen)Alter n. 2. alte Zeiten pl.

**eld·er¹** [ˈeldə(r)] I adj 1. älter(er, e, es) (bes. unter den Angehörigen e-r Familie): **my ~ brother; Brown the ~** Brown senior; **Holbein the E~** Holbein der Ältere. 2. obs. älter (an Rang etc): **~ officer** mil. rangältester Offizier; **~ title** jur. älterer Anspruch; **→ elder statesman. 3.** poet. früher: **in ~ times.** II s 4. (der, die) Ältere, Senior m: **my ~s** Leute, die älter sind als ich; **he is my ~ by two years** er ist zwei Jahre älter als ich. 5. (Stammes-, Gemeinde)Älteste(r) m. 6. relig. (Kirchen)Älteste(r) m, Presbyter m. 7. Vorfahr m, Ahn(e f) m.

**el·der²** [ˈeldə(r)] s bot. Hoˈlunder m.

**ˈel·der·ber·ry** s bot. 1. Hoˈlunderbeere f. 2. → elder².

**eld·er·ly** [ˈeldə(r)lɪ] adj ältlich, älter(er, e, es): **an ~ lady.**

**ˈeld·er states·man** s irr 1. Staatsmann im Ruhestand, der die politischen Führer inoffiziell berät. 2. weitS. ‚großer alter Mann‘ (e-r Berufsgruppe etc).

**eld·est** [ˈeldɪst] adj ältest(er, e, es) (bes. unter den Angehörigen e-r Familie): **my ~ brother. ~ hand** s Kartenspiel: Vorhand f.

**El Do·ra·do,** a. **El·do·ra·do** [ˌeldəˈrɑːdəʊ] pl **-dos** s (El)Doˈrado n, Traum-, Wunschland n, Paraˈdies n.

**el·dritch** [ˈeldrɪtʃ] adj poet. unheimlich, (Schrei etc) schauerlich.

**El·e·at·ic** [ˌelɪˈætɪk] philos. I adj eleˈatisch. II s Eleˈat(in), Anhänger(in) der

eleˈatischen Schule. **ˌEl·e·at·i·cism** [-sɪzəm] s philos. Eleaˈtismus m.

**e·lect** [ɪˈlekt] I v/t 1. j-n wählen: **to ~ s.o. to an office** j-n in ein Amt wählen; **they ~ed him (to be) their president** sie wählten ihn zum Präsidenten. 2. etwas wählen, sich entscheiden für: **to ~ to do s.th.** sich (dazu) entschließen od. es vorziehen, etwas zu tun. 3. relig. auserwählen. II adj 4. (meist nach Substantiv) desiˈgniert, zukünftig: **the bride ~** die Verlobte od. ‚Zukünftige‘; **the president ~** der designierte Präsident. 5. erlesen. 6. relig. (von Gott) auserwählt. III s 7. **the ~** die Auserwählten pl.

**e·lec·tion** [ɪˈlekʃn] I s 1. Wahl f: **at the ~** bei der Wahl. 2. relig. (Aus)Erwählung f, Gnadenwahl f. II adj 3. pol. Wahl...: **~ day** (speech, year, etc); **~ campaign** Wahlkampf m, -kampagne f; **~ district** Wahlbezirk m; **~ meeting** Wahlversammlung f; **~ platform** Wahlplattform f; **~ pledge** Wahlversprechen n; **~ returns** Wahlergebnisse.

**e·lec·tion·eer** [ɪˌlekʃəˈnɪə(r)] v/i pol. Wahlkampf betreiben: **to ~ for s.o.** für j-n als Wahlhelfer arbeiten, für j-n Wahlpropaganda treiben. **e·lec·tion·eer·er** s pol. Wahlhelfer(in). **e·lec·tion·eer·ing** I s a) ˈWahlkampf m, -kampagne f, b) ˈWahlpropaˌganda f. II adj Wahl...: **~ campaign →** I a.

**e·lec·tive** [ɪˈlektɪv] I adj 1. gewählt, durch Wahl, Wahl... (Beamter etc). 2. Wahl..., durch Wahl zu vergeben(d) (Amt). 3. wahlberechtigt. 4. ped. bes. Am. fakultaˈtiv: **~ subject** Wahlfach n. 5. chem. Wahl...: **~ affinity** Wahlverwandtschaft f (a. fig.). II s 6. ped. bes. Am. Wahlfach n. **eˈlec·tor** [-tə(r)] s 1. pol. Wähler(in). 2. E~ hist. Kurfürst m. 3. pol. Wahlmann m (bei der Präsidentenwahl in den USA). **eˈlec·tor·al** [-ərəl] adj 1. Wahl..., Wähler...: **~ college** Am. Wahlmänner pl (e-s Staates); **~ district** pol. Wahlbezirk m; **~ register** Wahl-, Wählerliste f. 2. hist. kurfürstlich, Kurfürsten...: **~ crown** Kur(fürsten)hut m. **eˈlec·tor·ate** [-ərɪt] s 1. pol. Wähler (-schaft f) pl. 2. hist. Elektoˈrat n: a) Kurfürstenwürde f, b) Kurfürstentum n.

**E·lec·tra com·plex** [ɪˈlektrə] s psych. Eˈlektrakomˌplex m.

**e·lec·tress** [ɪˈlektrɪs] s 1. Wählerin f. 2. hist. Kurfürstin f.

**e·lec·tric** [ɪˈlektrɪk] I adj (adv ~ally) 1. a) eˈlektrisch: **~ cable** (charge, current, light, locomotive, etc); **~ bill** Stromrechnung f, b) Elektro...: **~ fence** (motor, etc), c) Elektrizitäts...: **~ works,** d) eˌlektroˈtechnisch. 2. fig. a) elektriˈsierend (Wirkung etc), b) spannungsgeladen (Atmosphäre). II s 3. phys. eˌlektroˈstatischer Körper, Nichtleiter m. 4. colloq. a) ‚Eˈlektrische‘ f (Straßenbahn), b) O(berleitungs)bus m.

**e·lec·tri·cal** [ɪˈlektrɪkl] adj (adv ~ly) → electric I. **~ en·gi·neer** s Eˈlektroingeniˌeur m, Eˌlektroˈtechniker m. **en·gi·neer·ing** s Eˌlektroˈtechnik f.

**e·lec·tric arc** s Lichtbogen m. **~ art** s Lichtkunst f. **~ blan·ket** s Heizdecke f. **~ blue** s Stahlblau n. **~ chair** s eˈlektrischer Stuhl: **to get the ~** auf dem elektrischen Stuhl hingerichtet werden. **~ cush·ion** s Heizkissen n. **~ eel** s ichth. Zitteraal m. **~ eye** s electr. 1. Photozelle f, photoeˈlektrische Zelle. 2. magisches Auge.

**e·lec·tri·cian** [ɪˌlekˈtrɪʃn; Am. ɪˌlek-] s Eˌlektroˈtechniker m, -meˈchaniker m, Eˈlektriker m. **e·lec·tric·i·ty** [-sətɪ] s phys. 1. a) Elektriziˈtät f, b) Strom m: **~ generator** Stromerzeuger m; **~ meter** Stromzähler m. 2. Elektriziˈtätslehre f.

**e·lec·tricˌme·ter** s electr. eˈlektrisches Meßgerät, bes. Stromzähler m. **~ ray** s ichth. (ein) Zitterrochen m. **~ shock** s 1. eˈlektrischer Schlag, Stromschlag m. 2. med. Eˈlektroschock m. **~ stor·age stove** s Eˈlektrospeicherofen m. **~ storm** s Gewittersturm m. **~ torch** s bes. Br. Taschenlampe f.

**e·lec·tri·fi·ca·tion** [ɪˌlektrɪfɪˈkeɪʃn] s 1. a) Elektriˈsierung f (a. fig.), b) fig. Begeisterung f. 2. Elektrifiˈzierung f. **eˈlec·tri·fied** [-faɪd] adj 1. elektriˈsiert: a) eˈlektrisch geladen: **~ obstacle** mil. Starkstromsperre f, b) fig. ˈhingerissen. 2. elektrifiˈziert. **eˈlec·tri·fy** [-faɪ] v/t 1. elektriˈsieren: a) eˈlektrisch (auf-) laden, b) j-m e-n eˈlektrischen Schlag versetzen, c) fig. erregen, begeistern, ˈhinreißen. 2. e-e Bahnlinie etc elektrifiˈzieren. **eˌlec·tri·zaˈtion, eˈlec·trize** → electrification, electrify.

**e·lec·tro** [ɪˈlektrəʊ] pl **-tros** s 1. → electroplate II. 2. → electrotype I.

**electro-** [ɪlektrəʊ] Wortelement mit den Bedeutungen a) Elektro..., elektro..., eˈlektrisch, b) elekˈtronisch, c) eˌlektroˈlytisch, d) eˌlektroˈgnetisch, etc) Galvano...

**e·lec·tro·a·cous·tics** s pl (als sg konstruiert) phys. tech. Eˌlektroaˈkustik f. **e·lec·tro·a·nal·y·sis** s chem. Eˈlektroanaˌlyse f. **e·lec·tro·bi·ol·o·gy** s Eˌlektrobioloˈgie f. **e·lec·tro·car·di·o·gram** s med. Eˌlektrokardiˈogramm n. **e·lec·tro·car·di·o·graph** s med. Eˌlektrokardiˈograph m. **e·lec·tro·chem·is·try** s Eˌlektrocheˈmie f. **e·lec·tro·con·duc·tive** adj stromleitend. **e·lec·tro·con·vul·sive ther·a·py →** electroshock 2.

**e·lec·tro·cute** [ɪˈlektrəkjuːt] v/t 1. auf dem eˈlektrischen Stuhl ˈhinrichten. 2. durch eˈlektrischen Strom töten: **he was ~d** er erhielt e-n tödlichen Stromschlag. **e·lec·tro·cu·tion** [-ʃn] s ˈHinrichtung f od. Tod m durch eˈlektrischen Strom.

**e·lec·trode** [ɪˈlektrəʊd] s electr. Elekˈtrode f: **~ potential** Elektrodenspannung f.

**e·lec·tro·dy·nam·ics** s pl (meist als sg konstruiert) phys. Eˌlektrodyˈnamik f. **e·lec·tro·en·ceph·a·lo·gram** s med. Eˌlektroenˌzephaloˈgramm n. **e·lec·tro·en·ceph·a·lo·graph** s med. Eˌlektroenˌzephaloˈgraph m. **e·lec·tro·en·gi·neer·ing** s Eˌlektroˈtechnik f.

**e·lec·tro·graph** [ɪˈlektrəʊgrɑːf; bes. Am. -græf] s 1. a) regiˈstrierendes Eˌlektroˈmeter, b) Eˌlektroˈmeter-Diaˈgramm n. 2. eˈlektrischer Graˈvierappaˌrat. 3. Appaˈrat m zur eˈlektrischen ˈBildüberˌtragung. 4. med. Röntgenbild n. **e·lec·tro·hy·drau·lics** s pl (als sg konstruiert) phys. Eˌlektrohyˈdraulik f. **e·lec·tro·ki·net·ics** s pl (als sg konstruiert) phys. Eˌlektrokiˈnetik f. **e·lec·trol·y·sis** [ɪlekˈtrɒlɪsɪs; Am. ɪˌlekˈtrɑ-] s 1. chem. phys. Elektroˈlyse f. 2. med. Beseitigung f von Tuˈmoren etc durch eˈlektrischen Strom. **e·lec·tro·lyte** [ɪˈlektrəʊlaɪt] s chem. phys. 1. Elektroˈlyt m. 2. Elektroˈlyt m, Füll-, Akkusäure f (für Batterien). **e·lec·tro·lyze** [ɪˈlektrəʊlaɪz] v/t elektrolyˈsieren. **e·lec·tro·mag·net** s Eˈlektromaˌgnet m. **e·lec·tro·mag·net·ic** I adj eˌlektromaˈgnetisch: **~ field** (pump, etc). II s pl (als sg konstruiert) → electromagnetism. **e·lec·tro·mag·net·ism** s Eˌlektromagneˈtismus m. **e·lec·tro·me·chan·ics** s pl (als sg konstruiert) Eˌlektromeˈchanik f. **e·lec·tro·met·al·lur·gy** s Eˌlektrometallurˈgie f.

**e·lec·trom·e·ter** [ˌɪlekˈtrɒmɪtə; *Am.* ɪˌlekˈtrɑmətər] s Eˌlektroˈmeter n. **e·lec·trom·e·try** [-trɪ] s Eˌlektromeˈtrie f.

**e·lec·tro·mo·tion** s Elektriziˈtätsbewegung f. **e·lec·tro·mo·tive** adj eˌlektroˈmoˈtorisch: ~ **force** phys. elektromoˈtorische Kraft. **e·lec·tro·mu·sic** s elekˈtronische Muˈsik.

**e·lec·tron** [ɪˈlektron; *Am.* -ˌtron] **I** s chem. phys. Elektron n. **II** adj Elektronen...: ~ **avalanche** (camera, cloud, gas, microscope, ray); ~ **emission** Elektronenaustritt m, -emission f; ~ **gun** Elektronenkanone f.

**e·lec·tro·neg·a·tive** adj chem. phys. eˌlektroˈnegativ, negativ eˈlektrisch od. geladen.

**e·lec·tron·ic** [ˌɪlekˈtronɪk; *Am.* ɪˌlekˈtrɑ-] **I** adj (adv **~ally**) elekˈtronisch, Elektronen...: ~ **art** Elektronic art f; ~ **brain** ˌElektronengehirn n (elektronisches Rechengerät); ~ **data processing** elektronische Datenverarbeitung; ~ **flash** phot. Elektronenblitz m; ~ **music** elektronische Musik. **II** s pl a) (als sg konstruiert) Elekˈtronik f (Zweig der Elektrotechnik), b) Elekˈtronik f (e-s Geräts). **e·lec·tro·op·tics** s pl (als sg konstruiert) phys. Eˈlektrooptik f.

**e·lec·tro·phone** [ɪˈlektrəfəʊn] s mus. Eˌlektroˈphon n, elekˈtronisches Instruˈment.

**e·lec·tro·pho·re·sis** [ɪˌlektrəʊfəˈriːsɪs] s chem. phys. Eˌlektrophoˈrese f.

**e·lec·troph·o·rus** [ˌɪlekˈtrofərəs; *Am.* ɪˌlekˈtrɑ-] pl **-ri** [-raɪ] s phys. Eˌlektroˈphor m.

**e·lec·tro·plate I** v/t eˌlektroplatˈtieren, galvaniˈsieren. **II** s eˌlektroplatˈtierte Ware.

**e·lec·tro·pos·i·tive** adj chem. phys. eˌlektoˈpositiv, positiv eˈlektrisch od. geladen.

**e·lec·tro·scope** [ɪˈlektrəskəʊp] s phys. Eˌlektroˈskop n. **e·lec·tro·scop·ic** [-ˈskɒpɪk; *Am.* -ˈskɑ-] adj (adv **~ally**) eˌlektroˈskopisch.

**e·lec·tro·shock** s med. **1.** Eˈlektroschock m. **2.** a. ~ **therapy** (Eˈlektro-) Schocktheraˌpie f.

**e·lec·tro·stat·ic I** adj (adv **~ally**) phys. eˌlektroˈstatisch: ~ **field**; ~ **flux** dielektrischer Fluß; ~ **induction** Influenz f. **II** s pl (als sg konstruiert) phys. Eˌlektroˈstatik f.

**e·lec·tro·steel** s Eˈlektrostahl m. **e·lec·tro·stim·u·la·tion** s med. eˈlektrische Reizung. **e·lec·tro·stric·tion** [-ˈstrɪkʃn] s phys. Eˌlektrostrikˈtion f. **e·lec·tro·sur·ger·y** s med. Eˌlektrochirurˈgie f.

**e·lec·tro·tech·nic I** adj (adv **~ally**) eˌlektroˈtechnisch. **II** s pl (als sg konstruiert) Eˌlektroˈtechnik f. **e·lec·tro·tech·ni·cal** → **electrotechnic** I. **e·lec·tro·tech·nol·o·gy** → **electrotechnic** II. **e·lec·tro·ther·a·peu·tics** s pl (meist als sg konstruiert) med. Eˌlektrotheraˈpeutik f. **e·lec·tro·ther·a·py** s med. Eˌlektrotheraˈpie f. **e·lec·tro·ther·mics** s pl (als sg konstruiert) tech. Eˌlektroˈthermik f.

**e·lec·tro·type** [ɪˈlektrəʊtaɪp] print. **I** s **1.** Galˈvano n, Eˌlektroˈtype f (Kopie e-r Druckplatte). **2.** mit Galˈvano ˈhergestellter Druckbogen. **3.** → **electrotypy**. **II** adj **4.** → **electrotypic. III** v/t **5.** galˌvanoˈplastisch vervielfältigen, (galˈvanisch) kliˈschieren. **e·lec·tro·typ·ic** [-ˈtɪpɪk] adj galˌvanoˈplastisch, Galvano... **e·lec·tro·typ·ist** [-ˌtaɪpɪst] s Galˌvanoˈplastiker m. **e·lec·tro·typ·y** s Galˌvanoˈplastik f, Eˌlektrotyˈpie f.

**e·lec·trum** [ɪˈlektrəm] s Eˈlektrum n, Goldsilber n (Legierung).

**e·lec·tu·ar·y** [ɪˈlektjʊərɪ; *Am.* -tʃəˌwerɪ] s med. pharm. Latˈwerge f.

**el·e·e·mos·y·nar·y** [ˌelɪiːˈmɒsɪnərɪ; *Am.* ˌelɪˈmɑsnˌerɪ] adj wohltätig, mild(tätig).

**el·e·gance** [ˈelɪgəns], **el·e·gan·cy** s **1.** Eleˈganz f. **2.** a) (etwas) Eleˈgantes, eleˈgante Form od. Erscheinung, b) eleˈgant od. luxuriˈöse Ausstattung. **3.** feine Sitte. **el·e·gant** [-gənt] adj (adv **~ly**) **1.** eleˈgant: a) fein, geschmackvoll, vornehm u. schön, b) gewählt, gepflegt: ~ **manners**; ~ **style**, c) anmutig, d) geschickt, gekonnt. **2.** feinen Geschmack besitzend, von (feinem) Geschmack. **3.** colloq. ˌprimaˈ, erstklassig.

**el·e·gi·ac** [ˌelɪˈdʒaɪæk; *Am. a.* ɪˈliːdʒɪˌæk] **I** adj **1.** eˈlegisch: ~ **distich**, ~ **couplet** elegisches Distichon. **2.** eˈlegisch, schwermütig, klagend, Klage... **II** s **3.** eˈlegischer Vers, bes. Penˈtameter m. **4.** meist pl eˈlegisches Gedicht. **el·e·gist** [ˈelɪdʒɪst] s Eleˈgiendichter m. **el·e·gize** [ˈelɪdʒaɪz] **I** v/i e-e Eleˈgie schreiben (**upon** auf acc). **II** v/t e-e Eleˈgie schreiben auf (acc). **el·e·gy** [ˈelɪdʒɪ] s Eleˈgie f, Klagegedicht n, -lied n.

**el·e·ment** [ˈelɪmənt] s **1.** Eleˈment n: a) philos. Urstoff m: **the four ~s** die vier Elemente, b) Grundbestandteil m, wesentlicher Bestandteil, c) chem. Grundstoff m, d) tech. Bauteil n, e) Ursprung m, Grundlage f. **2.** pl Anfangsgründe pl, Anfänge pl, Grundlage(n pl) f: **~s of geometry. 3.** Grundtatsache f, grundlegender ˈUmstand, wesentlicher Faktor: ~ **of uncertainty** Unsicherheitsfaktor; ~ **of surprise** Überˈraschungsmoment n. **4.** jur. Tatbestandsmerkmal n. **5.** fig. Körnchen n, Fünkchen n: **an ~ of truth**; **there is an ~ of risk in it** es ist ein gewisses Risiko damit verbunden; **there is an ~ of luck in research** bei der Forschung spielt ein gewisses Maß an Glück mit. **6.** (Bevölkerungs)Teil m, (kriminelle etc) Eleˈmente pl: **the criminal ~ in a city. 7.** (ˈLebens)Eleˌment n, Sphäre f, gewohnte Umˈgebung: **to be in one's ~** in s-m Element sein; **to be out of one's ~** nicht in s-m Element sein, sich unbehaglich od. fehl am Platz fühlen. **8.** pl Eleˈmente pl, Naˈturkräfte pl: → **war** 2. **9.** math. a) Eleˈment n (e-r Menge etc), b) Erzeugende f (e-r Kurve etc). **10.** astr. Eleˈment n, Bestimmungsstück n. **11.** electr. a) Eleˈment n, Zelle f, b) Elekˈtrode f (e-r Elektronenröhre). **12.** phys. Eleˈment n (e-s Elementenpaars). **13.** mil. Eleˈment n, Truppenkörper m, (Teil)Einheit f. **14.** aer. Rotte f. **15.** pl relig. Brot n u. Wein m (beim Abendmahl).

**el·e·men·tal** [ˌelɪˈmentl] **I** adj (adv **~ly**) **1.** elemenˈtar: a) ursprünglich, naˈtürlich, b) urgewaltig, c) wesentlich, grundlegend. **2.** Elementar..., Ur...: ~ **force**; ~ **cell** Urzelle f; ~ **spirit** → 4. **3.** → **elementary** 2-6. **II** s **4.** Elemenˈtargeist m. **el·e·men·ta·ry** [ˌelɪˈmentərɪ] adj (adv **elementarily**) **1.** → **elemental** 1 u. 2. **2.** elemenˈtar, Elementar..., Einführungs..., Anfangs..., einführend, grundlegend. **3.** elemenˈtar, einfach. **4.** chem. elemenˈtar, unvermischt, nicht zerlegbar. **5.** chem. math. phys. Elementar...: ~ **particle** Elementarteilchen n. **6.** unentwickelt, rudimenˈtär. ~ **ed·u·ca·tion** s a) Am. Grundschul-, Br. obs. Volksschul(aus)bildung f, b) Am. Grundschul-, Br. obs. Volksschulwesen n. ~ **school** s a) Am. Grundschule f, b) Br. obs. Volksschule f.

**el·e·mi** [ˈelɪmɪ] s tech. Eˈlemi(harz) n.

**el·e·phant** [ˈelɪfənt] s **1.** zo. Eleˈfant m: ~ **iron** mil. halbtonnenförmiges Wellblech (für Baracken etc). **2.** Am. Eleˈfant m: a) Symbol der Republikanischen Partei der USA, b) fig. Bezeichnung dieser Partei. **3.** ein Papierformat (28 × 23 Zoll).

**el·e·phan·ti·a·sis** [ˌelɪfənˈtaɪəsɪs; -fæn-] s med. Elefanˈtiasis f.

**el·e·phan·tine** [ˌelɪˈfæntaɪn; *Am. a.* -ˌtiːn] adj **1.** eleˈfantenartig. **2.** Elefanten...: **an ~ memory** ein Gedächtnis wie ein Elefant. **3.** riesenhaft. **4.** plump, schwerfällig. **el·e·phan·toid** adj eleˈfantenartig, Elefanten...

**el·e·phant seal** s zo. (ein) ˈSee-Eleˌfant m.

**El·eu·sin·i·an** [ˌeljuːˈsɪnɪən] adj antiq. eleuˈsinisch. ~ **mys·ter·ies** s pl antiq. relig. Eleuˈsinische Myˈsterien pl.

**el·e·vate** [ˈelɪveɪt] **I** v/t **1.** e-e Last etc (hoch-, emˈpor-, auf)heben. **2.** erhöhen. **3.** a) den Blick erheben, b) die Stimme (er)heben. **4.** mil. a) das Geschützrohr erhöhen, b) das Geschütz der Höhe nach richten. **5.** a) e-n Mast etc aufrichten, b) ein Gebäude errichten. **6.** im Rang erheben, befördern (**to** zu): **to ~ s.o. to the nobility (throne)** j-n in den Adelsstand (auf den Thron) erheben. **7.** j-n (seelisch) erheben, erbauen. **8.** Niveau etc heben, steigern, verbessern. **9.** erheitern. **II** adj obs. für **elevated** I. **el·e·vat·ed I** adj **1.** erhöht. **2.** gehoben (Position, Stil etc), erhaben (Gedanken). **3.** überˈsteigert: **to have an ~ opinion of o.s. 4.** a) erheitert, b) colloq. angeheitert, beschwipst. **5.** hoch, Hoch...: ~ **aerial** (bes. Am. **antenna**) electr. Hochantenne f; ~ **railway** (Am. **railroad**) Hochbahn f; ~ **road** Hochstraße f. **II** s **6.** rail. Am. colloq. Hochbahn f. **el·e·vat·ing** adj **1.** bes. tech. hebend, Hebe..., Aufzugs..., Höhen...: ~ **gear** mil. Höhenrichtmaschine f; ~ **screw** Richtschraube f. **2.** erhebend, erbaulich. **3.** erheiternd.

**el·e·va·tion** [ˌelɪˈveɪʃn] s **1.** (Hoch-, Emˈpor-, Auf)Heben n. **2.** Erhöhung f. **3.** Höhe f, (Grad m der) Erhöhung f. **4.** (Boden)Erhebung f, (An)Höhe f. **5.** geogr. Meereshöhe f. **6.** mil. tech. Richthöhe f: ~ **quadrant** Libellenquadrant m; ~ **range** Höhenrichtbereich m; ~ **setter** Höhenrichtkanonier m. **7.** relig. Elevatiˈon f, Erhebung f (von Hostie u. Kelch). **8.** astr. Elevatiˈon f, Höhe f. **9.** a) Aufstellen n (e-s Mastes etc), b) Errichtung f (von Gebäuden). **10.** (to) Erhebung f (auf den Thron, in den Adelsstand), Beförderung f (zu). **11.** gehobene Positiˈon. **12.** (seelische) Erhebung, Erbauung f. **13.** Hebung f, Steigerung f, Verbesserung f. **14.** Gehobenheit f, Erhabenheit f. **15.** arch. math. Aufriß m, Vertiˈkalprojektiˌon f: **front** ~ Vorderansicht f, Längsriß m.

**el·e·va·tor** [ˈelɪveɪtə(r)] s **1.** tech. a) Eleˈvator m, Förderwerk n, b) Am. Lift m, Fahrstuhl m, Aufzug m, c) Hebewerk n: ~ **dredge** Eimerbagger m. **2.** agr. Getreidesilo m, a. n. **3.** aer. Höhensteuer n, -ruder n. **4.** med. a) Hebel m, b) Zahnmedizin: Wurzelheber m. **5.** anat. Hebemuskel m.

**el·e·ven** [ɪˈlevn] **I** adj **1.** elf. **II** s **2.** Elf f. **3.** Fußball, Hockey: Elf f. **el·e·ven-plus** s ped. Br. hist. im Alter von ungefähr 11 Jahren abgelegte Prüfung, die über die schulische Weiterbildung entschied.

**el·e·ven·ses** [ɪˈlevnzɪz] s pl Br. colloq. zweites Frühstück.

**el·e·venth** [ɪˈlevnθ] **I** adj **1.** elft(er, e, es): **at the ~ hour** fig. in letzter Minute, fünf Minuten vor zwölf. **2.** elftel. **II** s **3.** (der, die, das) Elfte. **4.** Elftel n.

**el·e·von** [ˈelɪvon; *Am.* -ˌvɑn] s aer. kombiˈniertes Höhen- u. Querruder.

**elf** [elf] pl **elves** [elvz] s **1.** Elf m, Elfe f. **2.** Kobold m. **3.** fig. a) Zwerg m, Knirps

*m,* b) (kleiner) Racker *od.* Kobold. ~ **child** *s irr* Wechselbalg *m.*

**elf·in** [ˈelfɪn] **I** *adj* **1.** Elfen... **2.** → elfish. **II** *s* → elf.

**elf·ish** [ˈelfɪʃ] *adj* **1.** elfisch, elfenhaft, Elfen... **2.** koboldhaft, schelmisch.

**ˈelf·lock** *s* verfilztes Haar, Weichselzopf *m.*

**e·lic·it** [ɪˈlɪsɪt] *v/t* **1.** *etwas* entlocken (**from** *dat*): to ~ **a reply from s.o.;** to ~ harmonious sounds from an instrument. **2.** *e-e Aussage, die Wahrheit* herˈausholen, -locken, -bringen (**from** aus). **3.** *Applaus, Gelächter etc* herˈvorrufen. **4.** *etwas* ans (Tages)Licht bringen.

**e·lide** [ɪˈlaɪd] *v/t ling.* e-n Vokal *od.* e-e Silbe eliˈdieren, auslassen.

**el·i·gi·bil·i·ty** [ˌelɪdʒəˈbɪlətɪ] *s* **1.** Eignung *f:* **his eligibilities** s-e Vorzüge. **2.** Berechtigung *f.* **3.** Wählbarkeit *f.* **ˈel·i·gi·ble I** *adj (adv* **eligibly) 1.** (**for**) in Frage kommend (für): a) geeignet, annehmbar, akzepˈtabel (für), b) berechtigt, befähigt (zu), qualifiˈziert (für): **to be ~ for** Anspruch haben auf (*acc*); **~ for a pension** pensions-, rentenberechtigt; **~ to vote** wahlberechtigt, c) teilnahmeberechtigt (*an dat*), *sport a.* startberechtigt (für), d) wählbar (für). **2.** wünschenswert, vorteilhaft. **3.** *econ.* bank-, disˈkontfähig. **II** *s* **4.** *colloq.* in Frage kommende Perˈson *od.* Sache.

**e·lim·i·na·ble** [ɪˈlɪmɪnəbl] *adj* elimiˈnierbar, auszuscheiden(d). **eˈlim·i·nate** [-neɪt] *v/t* **1.** beseitigen, entfernen, ausmerzen, (*a. math.*) elimiˈnieren (**from** aus). **2.** ausscheiden (*a. chem. physiol.*), ausschließen, *a.* e-n Gegner ausschalten: **to be ~d** *sport* ausscheiden. **3.** *etwas* ignoˈrieren, nicht beachten.

**e·lim·i·na·tion** [ɪˌlɪmɪˈneɪʃn] *s* **1.** Beseitigung *f,* Entfernung *f,* Ausmerzung *f,* Elimiˈnierung *f.* **2.** *math.* Eliminatiˈon *f.* **3.** *chem. physiol., a. sport* Ausscheidung *f:* **~ contest** *sport* Ausscheidungs-, Qualifikationswettbewerb *m.* **4.** Ausschaltung *f.* **5.** Ignoˈrierung *f.* **eˈlim·i·na·tor** [-tə(r)] *s electr.* Sieb-, Sperrkreis *m.*

**el·in·var** [ˈelɪnvɑː(r)] *s tech.* ˈElinvar-Leˌgierung *f (Nickelstahllegierung).*

**e·li·sion** [ɪˈlɪʒn] *s ling.* Elisiˈon *f,* Auslassung *f (e-s Vokals od. e-r Silbe).*

**e·lite, Br. a. é·lite** [eɪˈliːt; ɪˈliːt] *s* **1.** Eˈlite *f:* a) Auslese *f, (das)* Beste, *(die)* Besten *pl,* b) Führungs-, Oberschicht *f,* c) *mil.* Eˈlite-, Kerntruppe *f.* **2.** *e-e Typengröße auf der Schreibmaschine (10 Punkt).* **eˈlit·ism** *s* Eˈlitedenken *n,* eliˈtäres Denken. **eˈlit·ist** *adj* eliˈtär: **~ thinking** → elitism.

**e·lix·ir** [ɪˈlɪksə(r)] *s* **1.** Eˈlixier *n,* Zaubertrank *m:* **~ of life** Lebenselixier. **2.** Allˈheilmittel *n.* **3.** ˈQuintesˌsenz *f,* Kern *m.* **4.** *Alchimie:* Auflösungsmittel *n (zur Verwandlung unedler Metalle in Gold).*

**E·liz·a·be·than** [ɪˌlɪzəˈbiːθn] **I** *adj* Elisabeˈthanisch. **II** *s* Elisabeˈthaner(in), Zeitgenosse *m od.* -genossin *f* Eˈlisabeths I. von England.

**elk** [elk] *pl* **elks,** *bes. collect.* **elk** *s zo.* a) (euroˈpäischer) Elch, Elen(tier) *n,* b) Elk *m,* Waˈpiti *m (Nordamerika),* c) Pferdehirsch *m,* Sambar *m (Südasien).* **ˈ~·hound** *s* schwedischer Elchhund.

**ell**[1] [el] *s (meist rechtwinklig angebauter)* Flügel *f (e-s Gebäudes).*

**ell**[2] [el] *s* Elle *f (früheres Längenmaß).*

**ˈell·fish** → menhaden.

**el·lipse** [ɪˈlɪps] *s* **1.** *math.* Elˈlipse *f.* **2.** *selten für* ellipsis 1. **elˈlip·sis** [-sɪs] *pl* **-ses** [-siːz] *s* **1.** *ling.* Elˈlipse *f,* Auslassung *f (e-s Worts).* **2.** *print. (durch Punkte etc angedeutete)* Auslassung *f.* **elˈlip·soid** *s math. phys.* Ellipsoˈid *n.* **ˈel·lip·soi·dal** [ˌelɪpˈsɔɪdl; *Am.* ˌɪˈlɪpˈs-] *adj*

*math.* ellipsoˈidisch, elˈliptisch: **~ coordinates** elliptische Koordinaten.

**el·lip·tic** [ɪˈlɪptɪk] *adj;* **elˈlip·ti·cal** [-kl] *adj (adv* **~ly) 1.** *math.* elˈliptisch: **~ function; ~ geometry. 2.** *ling.* elˈliptisch, unvollständig *(Satz).*

**el·lip·tic·i·ty** [ˌelɪpˈtɪsətɪ; *Am.* ˌɪˌlɪpˈt-] *s bes. astr.* Elliptiziˈtät *f,* Abplattung *f.*

**elm** [elm] *s bot.* Ulme *f,* Rüster *f.* **ˈelm·y** *adj* **1.** ulmenreich. **2.** Ulmen...

**el·o·cu·tion** [ˌeləˈkjuːʃn] *s* **1.** Vortrag(sweise *f) m,* Diktiˈon *f.* **2.** Vortrags-, Redekunst *f.* **3.** Sprechtechnik *f.* **ˌel·oˈcu·tion·ar·y** [-ˌnɑːrɪ; *Am.* -ˌneriː] *adj* rednerisch, Vortrags... **ˌel·oˈcu·tion·ist** *s* **1.** Vortrags-, Redekünstler(in). **2.** Sprecherzieher(in).

**e·lon·gate** [ˈiːlɒŋɡeɪt; *Am.* ɪˈlɔːŋ-] **I** *v/t* **1.** verlängern. **2.** *bes. tech.* strecken, dehnen. **II** *v/i* **3.** sich verlängern. **4.** *bot.* a) in die Länge wachsen, b) spitz zulaufen. **III** *adj* → elongated. **e·lon·gat·ed** *adj* **1.** verlängert: **~ charge** *mil.* gestreckte Ladung. **2.** lang u. dünn, in die Länge gezogen. **e·lon·ga·tion** [ˌiːlɒŋˈɡeɪʃn; *Am.* ˌɪˌlɔːŋ-] *s* **1.** Verlängerung *f,* (Längen)Ausdehnung *f.* **2.** *tech.* Dehnung *f,* Streckung *f.* **3.** *astr. phys.* Elongatiˈon *f.*

**e·lope** [ɪˈləʊp] *v/i* **1.** (mit s-m *od.* s-r Geliebten) ˌausreißen' *od.* ˌdurchbrennen': **she ~d with her lover** sie ließ sich von ihrem Geliebten entführen. **2.** ˌsich daˈvonmachen', ˌausreißen' *od.* ˌDurchbrennen' *n,* ˌAusreißen' *n.* **eˈlop·er** *s* ˌAusreißer(in)'.

**el·o·quence** [ˈeləkwəns] *s* **1.** Beredsamkeit *f,* Redegewandtheit *f.* **2.** Rheˈtorik *f,* Redekunst *f.* **ˈel·o·quent** *adj (adv* **~ly) 1.** beredt, redegewandt. **2.** *fig.* a) ausdrucksvoll, b) vielsagend, beredt: **an ~ look; ~ silence.**

**else** [els] *adv* **1.** *(in Fragen u. Verneinungen)* sonst, weiter, außerdem: **anything ~?** noch etwas?; **what ~ can we do?** was können wir sonst noch tun?; **no one ~, nobody ~** niemand sonst, weiter niemand; **nothing ~** sonst nichts; **it is nobody ~'s business** es geht sonst niemanden etwas an; **where ~?** wo anders?, wo sonst (noch)?; **nowhere ~** sonst nirgends. **2.** ander(er, e, es): **that's something ~** das ist etwas anderes; **everybody ~** alle anderen *od.* übrigen; **somebody** *(od.* s.o.) **~** j-d anderes; **somebody ~'s seat** der (Sitz)Platz e-s anderen. **3.** *meist* **or ~** oder, sonst, andernfalls: **hurry, (or) ~ you will be late** beeile dich, oder du kommst zu spät *od.* sonst kommst du zu spät; **or ~!** *(drohend)* oder es passiert was)!, sonst (passiert was)! **ˌ~ˈwhere** *adv* **1.** sonstwo, anderswo, anderwärts. **2.** ˈanderswoˌhin, woˈanders hin.

**e·lu·ci·date** [ɪˈluːsɪdeɪt; *Br. a.* ɪˈljuː-] *v/t Text, Gründe etc* erklären, *Geheimnis etc* aufklären, aufhellen. **eˌlu·ci·da·tion** *s* **1.** Erklärung *f,* Aufhellung *f,* Aufklärung *f.* **2.** Aufschluß *m (of über acc).* **eˈlu·ci·da·tive** *adj* erklärend, aufhellend, aufklärend. **eˈlu·ci·da·tor** [-tə(r)] *s* Erklärer(in). **eˈlu·ci·da·to·ry** [-deɪtərɪ; *Am.* -dəˌtəʊriː; -ˌtɔː-] → elucidative.

**e·lude** [ɪˈluːd; *Br. a.* ɪˈljuːd] *v/t* **1.** (geschickt) entgehen *od.* ausweichen *(dat),* sich entziehen *(dat):* **to ~ an obligation** sich e-r Verpflichtung entziehen. **2.** *das Gesetz etc* umˈgehen. **3.** *j-m* entgehen, *j-s* Aufmerksamkeit entgehen: **this fact ~d him; to ~ observation** nicht bemerkt werden. **4.** sich nicht (er)fassen lassen von, sich entziehen *(dat):* **a sense that ~s definition** ein Sinn, der sich nicht definieren läßt; **to ~ s.o.'s understanding** sich j-s Verständnis entziehen.

**5.** nicht einfallen: **his name ~s me for the moment.**

**e·lu·sion** [ɪˈluːʒn; *Br. a.* ɪˈljuːʒn] *s* **1.** (geschicktes) Ausweichen *od.* Entkommen (**of** vor *dat*). **2.** Umˈgehung *f (e-s Gesetzes etc).* **3.** Ausflucht *f,* List *f.* **e·lu·sive** [-sɪv] *adj (adv* **~ly) 1.** schwerfaßbar *(Dieb etc),* ausweichend *(Antwort).* **2.** ˌschwer(er)faßbar *od.* -bestimmbar *od.* -defiˌnierbar. **3.** unzuverlässig, schlecht *(Gedächtnis).* **e·lu·sive·ness** *s* **1.** Ausweichen *n (of* vor *dat),* ausweichendes Verhalten. **2.** Unbestimmbarkeit *f,* Undefiˈnierbarkeit *f.* **e·lu·so·ry** [-sərɪ] *adj* **1.** täuschend, trügerisch. **2.** → elusive.

**e·lu·tri·ate** [ɪˈluːtrɪeɪt; *Br. a.* ɪˈljuː-] *v/t* (aus)schlämmen.

**e·lu·vi·al** [ɪˈluːvjəl; -vɪəl; *Br. a.* ɪˈljuː-] *adj geol.* eluviˈal, Eluvial... **eˌlu·vi·a·tion** [-vɪ-] *s geol.* Auslaugung *f (des Bodens).* **e·lu·vi·um** [-əm] *s geol.* Eˈluvium *n.*

**el·van** [ˈelvən] *s geol.* Elvangang *m.*

**el·ver** [ˈelvə(r)] *s ichth.* junger Aal.

**elves** [elvz] *pl von* elf. **ˈelv·ish** → elfish.

**E·ly·si·an** [ɪˈlɪzɪən; *Am.* -ʒən] *adj* **1.** *myth.* eˈlysisch *(a. fig.).* **2.** *fig.* paraˈdiesisch, himmlisch. **E·ly·si·um** [-zɪəm] *pl* **-si·ums, -si·a** [-ə] *s* **1.** Eˈlysium *n (a. fig.).* **2.** *fig.* Paraˈdies *n,* Himmel *m (auf Erden).*

**el·y·tron** [ˈelɪtrɒn; *Am.* -ˌtrɑn], **ˈel·y·trum** [-trəm] *pl* **-tra** [-trə] *s zo.* Deckflügel *m.*

**El·ze·vir** [ˈelzɪˌvɪə(r)] *print.* **I** *s* **1.** Elzevir(schrift) *f.* **2.** Elzevirdruck *m,* -ausgabe *f.* **II** *adj* **3.** Elzevir...

**em** [em] **I** *s* **1.** M, m *n (Buchstabe).* **2.** M *n,* M-förmiger Gegenstand. **3.** *print.* Geviert *n.* **II** *adj* **4.** M-..., M-förmig. **5.** *print.* Geviert...

**'em** [əm] *colloq. für* them: **let 'em go.**

**e·ma·ci·ate** [ɪˈmeɪʃɪeɪt] **I** *v/t* **1.** ab-, auszehren, ausmergeln. **2.** *den Boden* auslaugen. **II** *adj* [-ɪt] → emaciated. **e·ma·ci·at·ed** *adj* **1.** abgemagert, abgezehrt, ausgemergelt. **2.** ausgelaugt *(Boden).* **e·ma·ci·a·tion** [-sɪˈeɪʃn; -ʃɪ-] *s* **1.** Auszehrung *f,* Abmagerung *f.* **2.** Auslaugung *f.*

**em·a·nate** [ˈeməneɪt] **I** *v/i* **1.** ausströmen *(Gas etc),* ausstrahlen *(Licht)* (**from** von). **2.** stammen, ausgehen (**from** von). **II** *v/t* **3.** ausströmen, ausstrahlen *(beide a. fig.).* **em·a·na·tion** *s* **1.** Ausströmen *n,* Ausströmung *f,* Ausstrahlung *f (beide a. fig.).* **3.** Auswirkung *f.* **4.** *philos. psych. relig.* Emanatiˈon *f.*

**e·man·ci·pate** [ɪˈmænsɪpeɪt] *v/t* **1.** emanziˈpieren, selbständig *od.* unabhängig machen (**from** von): **to ~ o.s.** sich emanzipieren. **2.** *Sklaven* freilassen. **3.** befreien (**from** von): **the new machine has ~d us from a lot of hard work. 4.** *jur. Am.* aus der elterlichen Gewalt entlassen. **e·man·ci·pat·ed** *adj* **1.** emanziˈpiert: **an ~ woman; a politically ~ mass society; an ~ citizen** ein mündiger Bürger. **2.** freigelassen *(Sklave).* **e·man·ci·pa·tion** *s* **1.** Emanzipatiˈon *f.* Freilassung *f (von Sklaven).* **3.** Befreiung *f (from* von). **4.** *jur. Am.* Entlassung *f* aus der elterlichen Gewalt. **e·man·ci·pa·tion·ist** *s* Verteidiger *(-in) od.* Befürworter(in) der Emanzipatiˈon *od.* der Sklavenfreilassung. **e·man·ci·pa·to·ry** [ɪˈmænsɪpətərɪ; -peɪ-; *Am.* -pəˌtəʊriː; -ˌtɔː-] *adj* emanzipaˈtorisch.

**e·mas·cu·late** **I** *v/t* [ɪˈmæskjʊleɪt] **1.** entmannen, kaˈstrieren. **2.** verweichlichen. **3.** (a) entkräften, (Ideen etc) *a) ein Gesetz* abschwächen, verwässern, **4.** *Sprache* kraft- *od.* farblos machen. **II** *adj* [-lɪt] → emasculated. **e·mas·cu·lat·ed** *adj*

**1.** entmannt, ka'striert. **2.** unmännlich, weibisch, verweichlicht. **3.** a) entkräftet, geschwächt, b) abgeschwächt, verwässert. **4.** kraft-, farblos. **e͵mas·cu'la·tion** *s* **1.** Entmannung *f*, Ka'strierung *f*. **2.** Verweichlichung *f*. **3.** a) Entkräftung *f*, Schwächung *f*, b) Abschwächung *f*, Verwässerung *f*. **4.** Unmännlichkeit *f*. **5.** Kraft-, Farblosigkeit *f*. **e'mas·cu·la·to·ry** [-lətərɪ; *Am.* -lə͵tɔːrɪ; -͵tɔː-], *a.* **e'mas·cu·la·tive** [-lətɪv; *Am.* -͵leɪtɪv] *adj* verweichlichend.

**em·balm** [ɪm'bɑːm] *v/t* **1.** e-n Leichnam ('ein)balsa͵mieren, salben. **2.** *meist contp.* Lebensmittel mit Konser'vierungsstoffen behandeln. **3.** *poet.* durch'duften. **4.** *etwas* vor der Vergessenheit bewahren, *j-s* Andenken (sorgsam) bewahren *od.* pflegen: **to be** ∼**ed in** fortleben in (*dat*). **em'balm·er** *s* Balsa'mierer(in). **em-'balm·ment** *s* ('Ein)Balsa͵mierung *f*.

**em·bank** [ɪm'bæŋk] *v/t* eindämmen, -deichen. **em'bank·ment** *s* **1.** Eindämmung *f*, -deichung *f*. **2.** (Erd)Damm *m*. **3.** (Bahn-, Straßen)Damm *m*.

**em·bar·ca·tion** → embarkation.

**em·bar·go** [em'bɑː(r)gəʊ; ɪm-] **I** *pl* **-goes** *s* **1.** *mar.* Em'bargo *n:* a) (Schiffs-)Beschlagnahme *f* (*durch den Staat*), b) Hafensperre *f:* **civil** (**hostile**) ∼ zivilrechtliches (völkerrechtliches) Embargo; **to be under an** ∼ unter Beschlagnahme stehen; **to lay** (*od.* **place, put**) **an** ∼ **on** → 3. **2.** *econ.* a) Handelssperre *f*, -verbot *n*, b) *allg.* Sperre *f*, Verbot *n* (**on** auf *dat od. acc*): ∼ **on imports** Einfuhrsperre. **II** *v/t* **3.** a) *Handel, Hafen* sperren, ein Em'bargo verhängen über (*acc*), b) (*bes. staatsrechtlich*) beschlagnahmen, mit Beschlag belegen.

**em·bark** [ɪm'bɑː(r)k; em-] **I** *v/i* **1.** *aer. mar. Passagiere* an Bord nehmen, *mar. a.* einschiffen, *Waren a.* verladen (**for** nach). **2.** *Geld* anlegen, inve'stieren (**in** in *acc*). **II** *v/i* **3.** *aer. mar.* an Bord gehen, *mar. a.* sich einschiffen (**for** nach). **4.** (**on, upon**) sich einlassen (in *acc od.* auf *acc*), (*etwas*) anfangen *od.* unter-'nehmen. **em·bar·ka·tion** [͵embɑː(r)-'keɪʃn], **em'bark·ment** *s mar.* Einschiffung *f* (*von Passagieren, Waren*), (*von Waren a.*) Verladung *f* (*a. aer.*), *aer.* Einsteigen *n* (*von Passagieren*).

**em·bar·ras de rich·esse(s)** [ɑ̃bara-dəriʃɛs] (*Fr.*) *s* Qual *f* der Wahl.

**em·bar·rass** [ɪm'bærəs] *v/t* **1.** in Verlegenheit bringen, verlegen machen, in e-e peinliche Lage versetzen. **2.** *obs. j-n* behindern, *j-m* lästig sein. **3.** in Geldverlegenheit *od.* Zahlungsschwierigkeiten bringen. **4.** *obs. etwas* (be)hindern, erschweren, kompli'zieren. **em'bar·rassed** *adj* **1.** verlegen, peinlich berührt, in Verlegenheit. **2.** in Geldverlegenheit, in Zahlungsschwierigkeiten. **em'bar·rass·ing** *adj* (*adv* ∼**ly**) unangenehm, peinlich (**to** *dat*). **em'bar·rass·ment** *s* **1.** Verlegenheit *f:* **to be an** ∼ **to** s.o. a) *j-n* in Verlegenheit bringen, b) *j-m* peinlich sein. **2.** Geldverlegenheit *f*, Zahlungsschwierigkeiten *pl*. **3.** *med.* (Funkti'ons-)Störung *f:* **respiratory** ∼ Atemstörung.

**em·bas·sy** ['embəsɪ] *s* **1.** Botschaft *f:* a) 'Botschaftsperso͵nal *n*, b) Botschaftsgebäude *n*. **2.** Botschafteramt *n*, -würde *f*. **3.** diplo'matische Missi'on: **on an** ∼ **in** diplomatischer Mission.

**em·bat·tle** [ɪm'bætl] *v/t mil.* **1.** in Schlachtordnung aufstellen. **2.** *e-e Stadt etc* befestigen, zur Festung ausbauen. **em'bat·tled** *adj* **1.** kampfbereit (*a. fig.*). **2.** mit Zinnen (versehen).

**em·bed** [ɪm'bed] *v/t* **1.** (ein)betten, (ein)lagern, ver-, eingraben: ∼**ded in concrete** einbetoniert. **2.** (*a. fig. im Ge-*

*dächtnis etc*) verankern, fest einmauern (**in** in *acc od. dat*): **firmly** ∼**ded fest** verankert; **this day will be for ever** ∼**ded in my memory** an diesen Tag werde ich mein ganzes Leben lang denken. **3.** (*fest*) um'schließen.

**em·bel·lish** [ɪm'belɪʃ] *v/t* **1.** verschöne(r)n, (aus)schmücken, verzieren. **2.** *fig. e-e Erzählung etc* ausschmücken, *die Wahrheit* beschönigen. **em'bel·lish·ment** *s* **1.** Verschönerung *f*, Schmuck *m*. **2.** *fig.* a) Ausschmückung *f*, Beschönigung *f*, b) *mus.* Verzierung *f*.

**em·ber**[1] ['embə(r)] *s* **1.** glühende Kohle. **2.** *pl* Glut(asche) *f*. **3.** *pl fig.* letzte Funken *pl:* **the** ∼**s of his love**; **to revive the** ∼**s of die** verblassende Erinnerung an (*acc*) neu beleben.

**em·ber**[2] ['embə(r)] *adj relig.* Quatember...: **E**∼ **days** Quatember(fasten) *pl*.

**em·ber**[3] ['embə(r)], **'**∼**-goose** *s irr orn.* Eistaucher *m*.

**em·bez·zle** [ɪm'bezl] *v/t* **1.** veruntreuen, unter'schlagen. **2.** *obs.* vergeuden. **em-'bez·zle·ment** *s* Veruntreuung *f*, Unter'schlagung *f*. **em'bez·zler** *s* Veruntreuer(in).

**em·bit·ter** [ɪm'bɪtə(r)] *v/t* **1.** bitter(er) machen. **2.** *fig.* a) *j-n* verbittern, b) *Lage etc* (noch) verschlimmern. **em'bit·ter·ment** *s fig.* a) Verbitterung *f*, b) Verschlimmerung *f*.

**em·bla·zon** [ɪm'bleɪzn] *v/t* **1.** *her.* he'raldisch schmücken *od.* darstellen. **2.** schmücken, verzieren. **3.** *fig.* feiern, verherrlichen: **his feat was** ∼**ed on the front page** s-e Leistung wurde auf der Titelseite groß herausgestellt. **4.** 'auspo͵saunen. **em'bla·zon·ment** *s* he'raldische Bemalung, Wappenschmuck *m*. **em'bla·zon·ry** [-rɪ] *s* **1.** Wappenmale'rei *f*. **2.** Wappenschmuck *m*.

**em·blem** ['embləm] **I** *s* **1.** Em'blem *n*, Sym'bol *n*, Sinnbild *n:* **national** ∼ Hoheitszeichen *n*. **2.** Kennzeichen *n*. **3.** Verkörperung *f* (*e-r Idee etc*). **4.** *obs.* Em-'blem *n* (*Mosaik- od. Einlegearbeit*). **II** *v/t* **5.** → emblematize. **em·blem'at·ic** [-blɪ'mætɪk] *adj*, **em·blem'at·i·cal** *adj* (*adv* ∼**ly**) emble'matisch, sym'bolisch, sinnbildlich: **to be** ∼ **of** → emblematize. **em'blem·a·tize** [-'blemətaɪz] *v/t etwas* versinnbildlichen, symboli'sieren, sinnbildlich darstellen.

**em·ble·ments** ['emblmənts] *s pl jur.* **1.** Ernteertrag *m*. **2.** Ernte-, Feldfrüchte *pl*, Ernte *f*.

**em·bod·i·ment** [ɪm'bɒdɪmənt; *Am.* -'bɑ-] *s* **1.** Verkörperung *f*. **2.** Darstellung *f*, Verkörpern *n*. **3.** *tech.* Anwendungsform *f*. **4.** Aufnahme *f*, Einverleibung *f* (**in** in *acc*).

**em·bod·y** [ɪm'bɒdɪ; *Am.* -'bɑ-] *v/t* **1.** körperliche Gestalt geben (*dat*). **2.** verkörpern: a) darstellen, kon'krete Form geben (*dat*), b) personifi'zieren: **virtue embodied** verkörperte Tugend. **3.** einfügen, aufnehmen (**in** in *acc*). **4.** um'fassen, in sich schließen.

**em·bog** [ɪm'bɒg; *Am. a.* ɪm'bɑg] *v/t* **1.** in e-n Sumpf stürzen. **2. to become** ∼**ged in** *fig.* sich verstricken in (*dat*).

**em·bold·en** [ɪm'bəʊldən] *v/t* ermutigen, *j-m* Mut machen.

**em·bo·lec·to·my** [͵embə'lektəmɪ] *s med.* Embolekto'mie *f* (*operative Entfernung e-s Embolus*). **em'bol·ic** [-'bɒlɪk; *Am.* -'bɑ-] *adj biol. med.* em'bolisch. **'em·bo·lism** [-bəlɪzəm] *s med.* Embo'lie *f*. **'em·bo·lus** [-ləs] *pl* **-li** [-laɪ] *s med.* Embolus *m*, Gefäßpfropf *m*.

**em·bon·point** [͵ɑ̃ːmbɔ̃ː'pwæ̃ː] *s* Embon'point *m, n*, (Wohl)Beleibtheit *f*, Körperfülle *f*.

**em·bos·om** [ɪm'bʊzəm] *v/t obs.* **1.** um-

-'armen, ans Herz drücken. **2.** *fig.* ins Herz schließen. **3.** hegen u. pflegen. **4.** *fig.* um'schließen, einhüllen, um'geben: ∼**ed in** (*od.* **with**) umgeben von, eingeschlossen *od.* eingehüllt in (*acc*).

**em·boss** [ɪm'bɒs; *Am. a.* ɪm'bɑs] *v/t tech.* **1.** a) bosseln, bos'sieren, erhaben *od.* in Reli'ef ausarbeiten, (hohl)prägen, b) *erhabene Arbeit* (mit dem Hammer) treiben, hämmern. **2.** mit erhabener Arbeit schmücken. **3.** *Stoffe* gau'frieren. **4.** reich verzieren. **em'bossed** *adj* **1.** *tech.* a) erhaben gearbeitet, getrieben, bos'siert, b) gepreßt, geprägt, c) gau'friert (*Stoffe*): ∼ **stamp** Prägestempel *m*. **2.** *bot.* mit e-m Buckel auf der Mitte des Hutes (*Pilz*). **3.** hoch-, her'vorstehend. **em-'boss·ment** *s* **1.** erhabene Arbeit, Reli'efarbeit *f*. **2.** Erhebung *f*, Wulst *m*.

**em·bou·chure** [͵ɒmbʊ'ʃʊə(r); ͵ɑːm-] *s* **1.** (Fluß)Mündung *f*. **2.** *mus.* a) Mundstück *n* (*e-s Blasinstruments*), b) Ansatz *m* (*des Bläsers*).

**em·bowed** [ɪm'bəʊd] *adj* **1.** *arch.* gewölbt. **2.** 'konvex, gebogen.

**em·bow·el** [ɪm'baʊəl] *v/t obs.* **1.** → disembowel. **2.** einbetten.

**em·brace**[1] [ɪm'breɪs] **I** *v/t* **1.** a) umarmen, in die Arme schließen, b) um-'fassen, um'klammern. **2.** *a. fig.* einschließen, um'schließen, um'fassen, in sich schließen. **3.** *fig.* a) bereitwillig annehmen, sich zu eigen machen, b) *e-e Gelegenheit* ergreifen, c) *ein Angebot, a. e-e Religion* annehmen, d) *e-n Beruf* ergreifen, *e-e Laufbahn* einschlagen, e) *e-e Hoffnung* hegen. **4.** in sich aufnehmen, erfassen. **II** *v/i* **5.** sich um'armen. **III** *s* **6.** Um'armung *f*.

**em·brace**[2] [ɪm'breɪs] *v/t jur. Geschworene etc* a) bestechen, b) zu bestechen versuchen.

**em·brac·er, a. em·brac·or** [ɪm'breɪsə(r)] *s jur.* j-d, der Geschworene *etc* besticht *od.* zu bestechen versucht. **em-'brac·er·y** [-sərɪ] *s jur.* Bestechung(sversuch *m*) *f*.

**em·branch·ment** [ɪm'brɑːntʃmənt; *Am.* -'bræntʃ-] *s* Gabelung *f*, Verzweigung *f*.

**em·bra·sure** [ɪm'breɪʒə(r)] *s* **1.** *arch.* Laibung *f*. **2.** *mil.* (Schieß)Scharte *f*.

**em·bro·cate** ['embrəʊkeɪt] *v/t med.* einreiben, ∼ **em·bro·ca·tion** *s* **1.** Einreibung *f*. **2.** Einreibemittel *n*.

**em·broi·der** [ɪm'brɔɪdə(r)] **I** *v/t* **1.** *Muster* sticken. **2.** *Stoff* besticken, mit Stikke'rei verzieren. **3.** *fig. e-n Bericht etc* ausschmücken. **II** *v/i* **4.** sticken. **5.** ∼ (**up)on** → 3. **em'broi·der·er** *s* Stikker(in). **em'broi·der·y** *s* **1.** Sticken *n:* ∼ **cotton** Stickgarn *n;* ∼ **frame** Stickrahmen *m;* ∼ **needle** Sticknadel *f:* **to do** ∼ sticken. **3.** *fig.* Ausschmückung *f*.

**em·broil** [ɪm'brɔɪl] *v/t* **1.** *j-n* verwickeln, hin'einziehen: ∼**ed in a war** in e-n Krieg verwickelt. **2.** *j-n* in Kon'flikt bringen (**with** mit). **3.** verwirren, durchein'anderbringen. **em'broil·ment** *s* **1.** Verwicklung *f*. **2.** Verwirrung *f*.

**em·bry·o** ['embrɪəʊ] **I** *pl* **-os** *s* **1.** *biol.* a) Embryo *m*, b) (Frucht)Keim *m:* ∼ **sac** *bot.* Embryosack *m*. **2.** *fig.* Keim *m:* **in** ∼ im Keim, im Entstehen, im Werden. **II** *adj* embryonic.

**em·bry·o·gen·e·sis** [͵embrɪəʊ'dʒenɪsɪs], **͵em·bry'og·e·ny** [-'ɒdʒɪnɪ; *Am.* -'ɑdʒə-] *s biol.* Embryoge'nese *f*, Embryoge'nie *f:* a) Entstehung *f* des Embryos, b) Keimesentwicklung *f*. **͵em·bry·ol·o·gy** [-'ɒlədʒɪ; *Am.* -'ɑl-] *s med.* Embryolo'gie *f*.

**em·bry·o·nal** ['embrɪənl; em'braɪənl] → embryonic. **'em·bry·o·nate** [-brɪə-

neɪt], **'em·bry·o·nat·ed** adj biol. Em-bry'onen od. e-n Embryo enthaltend.
**ˌem·bry'on·ic** [-brɪ'ɒnɪk; Am. -'ɑn-] adj **1.** biol. embryo'nal, biol. Embryo... **2.** fig. (noch) unentwickelt, rudimen'tär, keimend.
**em·bus** [ɪm'bʌs] mil. **I** v/t auf Kraftfahrzeuge verladen. **II** v/i auf Kraftfahrzeuge verladen werden, aufsitzen.
**em·bus·qué** [ˌɑ:mbu:'skeɪ] pl **-qués** s mil. Drückeberger m.
**em·cee** [ˌem'si:] colloq. **I** s a) Zere'monienmeister m, b) thea. etc bes. Am. Conféren'ci'er m. **II** v/t u. v/i als Zere'monienmeister od. Conféren'ci'er leiten (fun'gieren).
**e·mend** [i:'mend] v/t bes. Texte verbessern, korri'gieren.
**e·men·da·tion** [ˌi:men'deɪʃn] s Verbesserung f, Korrek'tur f. **e·men·da·tor** [-tə(r)] s (Text)Verbesserer m. **e·men·da·to·ry** [i:'mendətərɪ; Am. -ˌtɔʊrɪ; -ˌtɔ:-] adj (text)verbessernd, Verbesserungs...
**em·er·ald** ['emərəld; 'emrəld] **I** s **1.** min. Sma'ragd m. **2.** a. ~ **green** Sma'ragdgrün n. **3.** hist. In'sertie f (Schriftgrad von etwa 6¹/₂ Punkt). **II** adj **4.** sma'ragdgrün: the E~ Isle die grüne Insel (Irland). ~ **feath·er** s bot. Spargelkraut n, Gärtnergrün n.
**e·merge** [ɪ'mɜ:dʒ; Am. ɪ'mɜrdʒ] v/i **1.** auftauchen: a) an die (Wasser)Oberfläche kommen, b) a. fig. zum Vorschein kommen, sich zeigen, c) fig. sich erheben (Frage, Problem), d) fig. auftreten, in Erscheinung treten. **2.** her'vor-, her'auskommen. **3.** sich her'ausstellen od. ergeben (Tatsache). **4.** (als Sieger etc) her'vorgehen (from aus). **5.** fig. aufstreben.
**e·mer·gence** [ɪ:'m-; -'m-] s **1.** Auftauchen n (a. fig.). **2.** bot. Emer'genz f, Auswuchs m. **3.** → emergent evolution.
**e·mer·gen·cy** [ɪ'mɜ:dʒənsɪ; Am. -'mɜr-] **I** s (plötzlich eintretende) Not(lage), (a. nationaler) Notstand, 'unvor,hergesehenes Ereignis, kritische Lage: in an ~, in case of ~ im Ernst- od. Notfall; state of ~ Notstand, pol. a. Ausnahmezustand m. **II** adj Not(stands)..., (Aus)Hilfs..., Behelfs...: ~ **aid** (program[me]) Soforthilfe(programm n) f. ~ **brake** s **1.** tech. Notbremse f. **2.** mot. Feststellbremse f. ~ **ca·ble** s electr. Hilfskabel n. ~ **call** s teleph. Notruf m. ~ **clause** s Dringlichkeits-, Notklausel f. ~ **de·cree** s Notverordnung f. ~ **door**, ~ **ex·it** s Notausgang m. ~ **hos·pi·tal** s A'kutkrankenhaus n. ~ **land·ing** s aer. Notlandung f. ~ **landing field** s aer. Notlande-, Hilfslandeplatz m. ~ **light(·ing)** s Notbeleuchtung f. ~ **meas·ure** s Not(stands)maßnahme f. ~ **meet·ing** s Dringlichkeitssitzung f. ~ **pow·ers** s pl pol. Vollmachten pl auf Grund e-s Notstandsgesetzes. ~ **ra·tion** s mil. eiserne Rati'on. ~ **ward** s med. Notaufnahme f.
**e·mer·gent** [i:'mɜ:dʒənt; Am. ɪ'mɜr-] adj (adv ~ly) **1.** auftauchend (a. fig.). **2.** fig. (jung u.) aufstrebend: the ~ countries of Africa die Schwellenländer Afrikas. **3.** a'kut: ~ danger. ~ **ev·o·lution** s philos. Emer'genz f (Theorie, wonach höhere Seinsstufen durch neu auftauchende Qualitäten aus niederen entstehen).
**e·mer·i·tus** [i:'merɪtəs] **I** pl **-ti** [-taɪ] s E'meritus m. **II** adj emeri'tiert: ~ professor.
**e·mersed** [i:'mɜ:st; Am. i:'mɜrst] adj bot. e'mers, (aus dem Wasser) her'ausragend.
**e·mer·sion** [-ʃn; Am. a. -ʒn] s **1.** obs. für emergence 1. **2.** astr. Emersi'on f, Austritt m (e-s Gestirns aus dem Schatten e-s anderen).

**em·er·y** ['emərɪ] **I** s **1.** min. körniger Ko'rund, Schmirgel m: to rub with ~ → 3. **II** v/t **2.** mit Schmirgel bedecken. **3.** (ab)schmirgeln. **III** adj **4.** Schmirgel...: ~ **paper**; ~ **powder**; ~ **stone**. ~ **board** s Pa'pier(nagel)feile f. ~ **cake** s tech. Schmirgelkuchen m. ~ **cloth** s tech. Schmirgelleinen n.
**em·e·sis** ['emɪsɪs] s med. Emesis f, Erbrechen n.
**e·met·ic** [ɪ'metɪk] med. pharm. **I** adj (adv ~ally) e'metisch, Brechreiz erregend. **II** s E'metikum n, Brechmittel n.
**em·i·grant** ['emɪɡrənt] **I** s **1.** Auswanderer m, bes. pol. Emi'grant(in). **II** adj **2.** auswandernd, bes. pol. Emigranten... **3.** Auswanderungs..., Auswanderer..., bes. pol. Emigranten...
**em·i·grate** ['emɪɡreɪt] **I** v/i auswandern, bes. pol. emi'grieren (from aus, von; to nach). **II** v/t zur Auswanderung od. Emigrati'on veranlassen. **em·i'gra·tion** s **1.** Auswanderung f, bes. pol. Emigrati'on f. **2.** collect. Auswanderer pl. **3.** → diapedesis.
**é·mi·gré** ['emɪɡreɪ] s pol. Emi'grant(in).
**em·i·nence** ['emɪnəns] s **1.** Erhöhung f, (An)Höhe f. **2.** a) hohe Stellung, Würde f, hoher Rang, b) Ruhm m, Berühmtheit f, Bedeutung f: to reach (od. win) ~ Bedeutung erlangen (as als). **3.** R.C. Emi'nenz f (Titel der Kardinäle).
**é·mi·nence grise**, pl **-nences grises** [eminɑ̃sɡri:z] (Fr.) s graue Emi'nenz.
**em·i·nent** ['emɪnənt] adj **1.** her'vorragend, ausgezeichnet, berühmt. **2.** a) emi'nent, bedeutend, her'vorragend, b) vornehm, erhaben. **3.** über'ragend, außergewöhnlich: an ~ success. **4.** hoch (-ragend): ~ promontory. **5.** → domain 1. **em·i·nent·ly** adv in hohem Maße, 'überaus, äußerst, her'vorragend.
**e·mir** [e'mɪə(r); 'm-] s Emir m. **e·mir·ate** [e'mɪərət; Am. i'mɪrət] s Emi'rat n (Würde od. Herrschaftsgebiet e-s Emirs).
**em·is·sar·y** ['emɪsərɪ; Am. -ˌserɪ] s **1.** Emis'sär m, Abgesandte(r) m. **2.** Ge'heima,gent m, Spi'on m. **3.** Bote m.
**e·mis·sion** [ɪ'mɪʃn] s **1.** Ausstoß m (von Rauch etc), Ausstrahlung f (von Licht etc), Aus-, Verströmen n (von Gas etc), phys. Emissi'on f, Aussendung f (von Elektronen etc): **Newton's theory of ~** phys. Newtonsche Emissionstheorie; ~ **spectrum** phys. Emissionsspektrum n. **2.** physiol. Ausfluß m, bes. (nächtlicher) Samenerguß. **3.** econ. (Banknoten, von Wertpapieren a.) Emissi'on f. **4.** Ausdünstung f. **5.** obs. Veröffentlichung f. **em·is·siv·i·ty** [ˌemɪ'sɪvətɪ; -ˌɪmɪ-] s phys. Emissi'onsvermögen n.
**e·mit** [ɪ'mɪt] v/t **1.** Lava, Rauch ausstoßen, Licht, Wärme ausstrahlen, Gas, Wärme aus-, verströmen, phys. Elektronen etc emit'tieren, aussenden. **2.** e-e Verfügung ergehen lassen. **3.** a) e-n Ton, a. e-e Meinung von sich geben, äußern, b) e-n Schrei, Fluch etc ausstoßen. **4.** Banknoten ausgeben, Wertpapiere a. emit'tieren. **5.** obs. veröffentlichen.
**em·men·a·gogue** [ɪ'menəɡɒɡ; Am. -ˌɡɑɡ] s med. pharm. Emmena'gogum n (den Eintritt der Menstruation förderndes Mittel).
**Em·men·t(h)al** ['emənta:l], **'Em·men·t(h)al·er** [-lə(r)] s Emmentaler m (Käse).                     [Ameise f.]
**em·met** ['emɪt] s zo. obs. od. dial.]
**em·me·tro·pi·a** [ˌemɪ'trəʊpɪə] s Emmetro'pie f, Nor'malsichtigkeit f.
**Em·my** ['emɪ] pl **-mys, -mies** s TV Emmy f (jährlich in den USA verliehene Statuette für die beste schauspielerische Leistung od. die beste Produktion).
**e·mol·li·ent** [ɪ'mɒlɪənt; Am. ɪ'mɑljənt]

**I** adj **1.** Kosmetik: beruhigend, lindernd: ~ **cream**. **2.** fig. beruhigend, sanft. **II** s **3.** Kosmetik: beruhigendes od. linderndes Mittel.
**e·mol·u·ment** [ɪ'mɒljʊmənt; Am. ɪ'mɑljə-] s meist pl Einkünfte pl.
**e·mote** [ɪ'məʊt] v/i colloq. e-n Gefühlsausbruch erleiden od. mimen.
**e·mo·tion** [ɪ'məʊʃn] s **1.** Emoti'on f, Gefühl n, Gemütsbewegung f, (Gefühls-)Regung f. **2.** Gefühlswallung f, Erregung f, Leidenschaft f. **3.** Rührung f, Ergriffenheit f. **e·mo·tion·a·ble** adj erregbar. **e·mo·tion·al** [-ʃənl] adj (adv → emotionally) **1.** emotio'nal, emotio'nell: a) gefühlsmäßig, -bedingt, b) gefühlsbetont, leichterregbar, empfindsam, c) Gemüts..., Gefühls..., seelisch: ~ **balance** inneres od. seelisches Gleichgewicht; ~ **development** seelische Entwicklung. **2.** gefühlvoll, rührselig. **e·mo·tion·al·ism** s **1.** Gefühlsbetontheit f, Empfindsamkeit f. **2.** Ge'fühlsduse'lei f. **3.** Gefühlsäußerung f. **4.** Emotiona'lismus m (Auffassung, nach der alles Psychische durch Emotionen bestimmt ist).
**e·mo·tion·al·ist** s Gefühlsmensch m. **e·mo·tion·al·i·ty** [-ʃn'ælətɪ] s Emotiona'lität f, emotio'nale Verhaltensweise od. Äußerungsform. **e·mo·tion·al·ize** [-ʃənlaɪz] **I** v/t j-n, e-e Rede etc emotionali'sieren. **II** v/i in Gefühlen schwelgen.
**e·mo·tion·al·ly** [-ʃnəlɪ] adv emotio'nal, emotio'nell, gefühlsmäßig, seelisch: to behave ~ s-n Gefühlen freien Lauf lassen; ~ disturbed seelisch gestört; ~ ill gemütskrank. **e·mo·tion·less** adj **1.** unbewegt, ungerührt. **2.** gefühllos.
**e·mo·tive** [ɪ'məʊtɪv] adj **1.** emo'tiv, gefühlsbedingt. **2.** gefühlvoll: an ~ **speech**. **3.** gefühlsbetont: ~ **language**; ~ **term** (od. word) a) emotionsgeladenes Wort, b) Reizwort n. **e·mo·tiv·i·ty** [ˌi:məʊ'tɪvətɪ] s Emotivi'tät f, Gefühlsbedingtheit f.
**em·pale** [ɪm'peɪl] → impale.
**em·pan·el** [ɪm'pænl] → impanel.
**em·path·ic** [em'pæθɪk] adj (adv ~ally) em'pathisch, einfühlend. **em·pa·thize** ['empəθaɪz] **I** v/i Einfühlungsvermögen haben od. zeigen. **II** v/t sich einfühlen in (acc). **em·pa·thy** ['empəθɪ] s Empa'thie f, Einfühlung(svermögen n) f: to feel ~ for sich hineinversetzen in (acc).
**em·pen·nage** [em'penɪdʒ; Am. ˌɑ:mpə'na:ʒ] s aer. Leitwerk n.
**em·per·or** ['empərə(r)] s **1.** Kaiser m. **2.** → purple emperor. ~ **bo·a** s zo. Kaiserboa f. ~ **fish** s Kaiserfisch m. ~ **moth** s zo. Kleines Nachtpfauenauge. ~ **pen·guin** s zo. Kaiserpinguin m.
**em·per·y** ['empərɪ] s poet. **1.** Kaiserreich n. **2.** abso'lute Herrschaft.
**em·pha·sis** ['emfəsɪs] pl **-ses** [-si:z] s **1.** Betonung f: a) ling. Ton m, Ak'zent m (on auf dat), b) Rhetorik: Em'phase f, Her'vorhebung f. **2.** fig. Betonung f: a) Gewicht n, Schwerpunkt m, b) Nachdruck m: to lay (od. place) ~ on → emphasize; to give ~ to s.th. → emphasize; the ~ of the reform was on discipline der Nachdruck od. Schwerpunkt der Reform lag auf Disziplin; with ~ nachdrücklich, mit Nachdruck; he spoke with special ~ on er legte in s-r Rede besonderen Nachdruck auf (acc). **3.** paint. etc Deutlichkeit f, Schärfe f: the sunlight gave ~ to the shape of the mountain das Sonnenlicht hob die Konturen des Berges hervor. **'em·pha·size** [-saɪz] v/t **1.** (nachdrücklich) betonen, Nachdruck legen auf (acc), her'vorheben, unter'streichen. **2.** besonderen Wert legen auf (acc).
**em·phat·ic** [ɪm'fætɪk; em-] adj (adv

**~ally) 1.** nachdrücklich: a) em'phatisch, betont, ausdrücklich, deutlich, b) bestimmt, (ganz) entschieden. **2.** em'phatisch, eindringlich.

**em·phy·se·ma** [ˌemfɪ'siːmə] *s med.* Emphy'sem *n:* a) *Luftansammlung im Gewebe,* b) *Aufblähung von Organen od. Körperteilen, bes. bei e-m vermehrten Luftgehalt in den Lungen.*

**em·pire** ['empaɪə(r)] **I** *s* **1.** Reich *n,* Im'perium *n (beide a. econ. u. fig.):* the (British) **E~** das Brit. (Welt)Reich. **2.** Kaiserreich *n.* **3.** (Ober)Herrschaft *f,* Gewalt *f* (over über *acc*). **II** *adj* **4. E~** Empire..., im Em'pirestil: **~ furniture**; **~ gown. 5.** Reichs...: **~ building** a) Schaffung *f* e-s Weltreichs, b) *fig.* Bildung *f* e-r Hausmacht, Schaffung *f* e-s eigenen (kleinen) Imperiums. **E~ Cit·y** *s Am. Beiname der Stadt New York.* **E~ Day** *s brit. Staatsfeiertag am 24. Mai, dem Geburtstag der Königin Victoria.* **E~ State** *s Am. Beiname des Staates New York.*

**em·pir·ic** [em'pɪrɪk] **I** *s* **1.** *scient.* Em'piriker(in). **2.** *obs.* Kurpfuscher(in). **II** *adj* (*adv* **~ally**) → **empirical. em'pir·i·cal** *adj* (*adv* **~ly**) **1.** *scient.* em'pirisch, erfahrungsmäßig, Erfahrungs...: **~ formula** *chem.* empirische Formel, Summen-, Bruttoformel *f.* **2.** *obs.* kurpfuscherhaft. **em·pir·i·cism** [em'pɪrɪsɪzəm] *s* **1.** *philos.* Empi'rismus *m.* **2.** *scient.* Empi'rie *f,* Er'fahrungsme,thode *f.* **3.** *obs.* Kurpfusche'rei *f.* **em'pir·i·cist I** *s* **1.** *philos.* Empi'rist(in). **2.** → **empiric** I. **II** *adj* **3.** *philos.* empi'ristisch. **4.** → **empirical.**

**em·place** [ɪm'pleɪs] *v/t* **1.** aufstellen. **2.** *mil.* Geschütze in Stellung bringen. **em'place·ment** *s* **1.** Aufstellung *f.* **2.** *mil.* a) Geschütz-, Feuerstellung *f,* b) Bettung *f.*

**em·plane** [ɪm'pleɪn] *aer.* **I** *v/t* Passagiere an Bord nehmen, *Waren a.* verladen (**for** nach). **II** *v/i* an Bord gehen.

**em·ploy** [ɪm'plɔɪ] **I** *v/t* **1.** *j-n* beschäftigen: **the firm ~s 50 men. 2.** *j-n* an-, einstellen. **3.** an-, verwenden, gebrauchen: **to ~ force** Gewalt anwenden. **4.** (in) *Energie etc* widmen (*dat*), *Zeit* verbringen (mit): **to ~ all one's energies in s.th.** e-r Sache s-e ganze Kraft widmen; **to be ~ed in doing s.th.** damit beschäftigt sein, etwas zu tun. **5. to ~ a lot of time** viel Zeit kosten. **II** *s* **6.** Dienst(e *pl*) *m,* Beschäftigung(sverhältnis *n*) *f:* **in ~** beschäftigt; **out of ~** ohne Beschäftigung, stellen-, arbeitslos; **to be in s.o.'s ~** in j-s Dienst(en) stehen, bei j-m beschäftigt *od.* angestellt sein. **em'ploy·a·ble** *adj* **1.** arbeitsfähig. **2.** an-, einstellbar, zu beschäftigen(d). **3.** an-, verwendbar, verwendungsfähig. **em·ploy·e** [ɪmˌplɔɪ'iː] *Am. für* **employee. em·ploy·ee** [emplɔɪ'iː; *Am. bes.* ɪmˌplɔɪ'iː] *s* Arbeitnehmer(in), Angestellte(r *m*) *f,* Arbeiter(in): **the ~s** a) die Arbeitnehmer(schaft), b) die Belegschaft (*e-s Betriebes*); **~'s contribution** Arbeitnehmeranteil *m (zur Sozialversicherung).* **em·ploy·er** [ɪmˌplɔɪ'iː] *s* a) Arbeitgeber(in), b) Unter'nehmer(in): **~s' association** Arbeitgeberverband *m;* **~'s contribution** Arbeitgeberanteil *m (zur Sozialversicherung);* **~'s liability** Unternehmerhaftpflicht *f;* **~'s insurance** Betriebshaftpflichtversicherung *f.*

**em·ploy·ment** *s* **1.** Beschäftigung *f* (*a. allg.*), Arbeit *f,* (An)Stellung *f:* **full ~** Vollbeschäftigung *f;* **in ~** beschäftigt; **out of ~** ohne Beschäftigung, stellen-, arbeitslos; **to give ~ to s.o.** j-n beschäftigen (→ 2). **2.** Ein-, Anstellung *f:* **~ to s.o.** j-n ein- *od.* anstellen (→ 1). **3.** Beruf *m,* Tätigkeit *f.* **4.** An-, Verwendung *f.* **~ a·gen·cy, ~ bu·reau** *s* 'Stellenver-

mittlung(sbü,ro *n*) *f.* **~ con·tract** *s* Arbeitsvertrag *m.* **~ ex·change** *s Br. obs.* Arbeitsamt *n.* **~ mar·ket** *s* Arbeits-, Stellenmarkt *m.* **~ pro·tec·tion** *s* Arbeitsschutz *m.* **~ pro·tec·tion act** *s* Arbeitsschutzgesetz *n.* **~ ser·vice a·gen·cy** *s Br.* Arbeitsamt *n.*

**em·poi·son** [ɪm'pɔɪzn] *v/t* **1.** *obs.* vergiften (*a. fig.*). **2.** → **embitter** 2.

**em·po·ri·um** [em'pɔːrɪəm; *Am. a.* ɪm-'pəʊ-] *pl* **-ri·ums** *od.* **-ri·a** [-rɪə] *s* **1.** a) Handelszentrum *n,* b) Markt *m* (*Stadt*). **2.** Warenhaus *n.*

**em·pow·er** [ɪm'paʊə(r)] *v/t* **1.** bevollmächtigen, ermächtigen (**to do** zu tun). **2.** befähigen (**to do** zu tun).

**em·press** ['emprɪs] *s* **1.** Kaiserin *f. a. fig.* Beherrscherin *f* (*Land*): **~ of the seas. em·prise** [em'praɪz] *s obs.* Unter'nehmen *n,* Wagnis *n.*

**emp·ti·ness** ['emptɪnɪs] *s* **1.** Leerheit *f,* Leere *f.* **2.** *fig.* Hohlheit *f,* (innerliche *od.* inhaltliche) Leere. **3.** Mangel *m* (**of** an *dat*).

**emp·ty** ['emptɪ] **I** *adj* (*adv* **emptily**) **1.** leer: **to feel ~** *colloq.* ‚Kohldampf schieben' (*Hunger haben*); → **stomach** 1. **2.** leer(stehend), unbewohnt. **3.** leer, unbeladen: **~ weight** Eigen-, Leergewicht *n.* **4. ~ of** ohne (*acc*): **~ of joy** freudlos; **~ of meaning** nichtssagend; **~ of traffic** leer. **5.** *fig.* leer, nichtssagend, inhaltslos, hohl: **~ promises** leere Versprechungen; **~ talk** leeres *od.* hohles Gerede. **II** *v/t* **6.** (aus)leeren, entleeren, leer machen, *Fach etc* ausräumen, *e-n Lastwagen etc* abladen, *e-e Pfeife* ausklopfen. **7.** *ein Glas etc* leeren, austrinken. **8.** *ein Haus etc* räumen. **9.** schütten, leeren, gießen (**into** in *acc*). **10. to ~ itself** → 13. **11.** berauben (**of** *gen*): **to ~ s.th. of its importance** e-r Sache ihre Bedeutung nehmen. **III** *v/i* **12.** leer werden, sich leeren. **13.** sich ergießen, münden (**into the sea** ins Meer). **14.** *s-e* Notdurft verrichten. **IV** *s* **15.** *pl* Leergut *n.* **~-'hand·ed** *adj* mit leeren Händen, 'unverrichteter'dinge. **~-'head·ed** *adj* hohlköpfig, geistlos.

**e·mu** ['iːmjuː] *s orn.* Emu *m.*

**em·u·late** ['emjʊleɪt] *v/t* **1.** wetteifern mit. **2.** nacheifern (*dat*), es gleichtun wollen (*dat*). **em·u·la·tion** *s* **1.** Wetteifer *m.* **2.** Nacheifern *n:* **in ~ of s.o.** in dem Bestreben, es jm gleichzutun. **'em·u·la·tive** [-lətɪv; *Am.* -,leɪ-] *adj:* **to be ~ of s.o.** a) mit j-m wetteifern, b) j-m nacheifern, es j-m gleichtun wollen. **'em·u·la·tor** [-tə(r)] *s* **1.** Wetteiferer *m.* **2.** Nacheiferer *m.*

**e·mul·si·fi·a·ble** [ɪ'mʌlsɪfaɪəbl] *adj chem.* emul'gierbar. **e·mul·si·fi·ca·tion** [-fɪ'keɪʃn] *s* Emul'gierung *f.* **e·mul·si·fi·er** [-faɪə(r)] *s* E'mulgens *n,* Emulsi'onsmittel *n.* **e·mul·si·fy** [-faɪ] *v/t u. v/i* emul'gieren.

**e·mul·sion** [ɪ'mʌlʃn] *s chem. med. phot.* Emulsi'on *f:* **~ (paint)** Emulsionsfarbe *f.* **e·mul·sion·ize** → **emulsify. e·mul·sive** [-sɪv] *adj* emulsi'onsartig, Emulsions...

**en** [en] **I** *s* **1.** N, n *n* (*Buchstabe*). **2.** N *n,* N-förmiger Gegenstand. **3.** *print.* Halbgeviert *n.* **II** *adj* **4.** N-förmig, N-... **5.** *print.* Halbgeviert...

**en·a·ble** [ɪ'neɪbl] *v/t* **1.** *j-n* berechtigen, ermächtigen: **to ~ s.o. to do s.th.** j-n dazu ermächtigen, etwas zu tun; **enabling act** *pol.* Ermächtigungsgesetz *n.* **2.** *j-n* befähigen, j-n in den Stand setzen, es j-m möglich machen *od.* ermöglichen: **this ~d me to come** dies machte es mir möglich zu kommen. **3.** *etwas* möglich machen, ermöglichen: **to ~ s.th. to be done** es ermöglichen, daß etwas ge-

schieht; **this ~s the housing to be detached** dadurch kann das Gehäuse abgenommen werden.

**en·act** [ɪ'nækt] *v/t* **1.** *jur.* a) *ein Gesetz* erlassen, b) (gesetzlich) verfügen, verordnen, c) *e-m Parlamentsbeschluß* Gesetzeskraft verleihen, *etwas* zum Gesetz erheben: **~ing clause** Einführungsklausel *f.* **2.** *thea.* a) *ein Stück* aufführen, insze'nieren, b) *e-e Person od. Rolle* darstellen, spielen, c) *fig.* in Szene setzen: **to be ~ed** über die Bühne gehen, sich abspielen. **en'act·ment** *s* **1.** *jur.* a) Erlassen *n* (*e-s Gesetzes*), b) Erhebung *f* zum Gesetz, c) (gesetzliche) Verfügung *od.* Verordnung, Gesetz *n,* Erlaß *m.* **2.** Spiel *n,* Darstellung *f* (*e-r Rolle*).

**en·am·el** [ɪ'næml] *s* **1.** E'mail(le *f*) *n,* Schmelzglas *n* (*auf Metall*). **2.** Gla'sur *f* (*auf Töpferwaren*). **3.** E'mail- *od.* Gla'surmasse *f.* **4.** E'mailgeschirr *n.* **5.** paint. E'mailmale,rei *f.* **6.** *tech.* Lack *m,* ('Schmelz)Gla,sur *f,* Schmelz *m.* **7.** *anat.* (Zahn)Schmelz *m:* **~ cell** innere Schmelzzelle. **8.** Nagellack *m.* **II** *v/t pret u. pp* **-eled,** *bes. Br.* **-elled 9.** email'lieren. **10.** gla'sieren. **11.** lac'kieren: **to ~ one's nails** sich die Nägel lackieren. **12.** in E'mail malen. **13.** in leuchtenden Farben schmücken. **III** *v/i* **14.** in E'mail arbeiten *od.* malen. **IV** *adj* **15.** a) Email...: **~ painting** → 5; **~ ware** → 4, b) Emaillier...: **~ kiln** Emaillierofen *m.* **16.** *anat.* (Zahn)Schmelz... **en'am·el·er,** *bes. Br.* **en'am·el·ler** *s* Email'leur *m,* Schmelzarbeiter *m.*

**en·am·or,** *bes. Br.* **en·am·our** [ɪ'næmə(r)] *v/t:* **to be ~ed of** a) verliebt sein in (*acc*), b) *fig.* gefesselt *od.* bezaubert *od.* angetan sein von.

**en·ar·thro·sis** [ˌenɑː(r)'θrəʊsɪs] *pl* **-ses** [-siːz] *s anat.* Enar'throse *f,* Nußgelenk *n.*

**e·na·tion** [ɪ'neɪʃn] *s bot.* Auswuchs *m.*

**en bloc** [ɑ̃blɒk] (*Fr.*) *adv* im ganzen, als Ganzes, en bloc.

**en·cae·ni·a** [en'siːnjə] *s* Gründungs-, Stiftungsfest *n.*

**en·cage** [ɪn'keɪdʒ] *v/t* (in e-n Käfig) einsperren, einschließen.

**en·camp** [ɪn'kæmp] **I** *v/i* **1.** sein Lager aufschlagen. **2.** *mil.* lagern. **II** *v/t* **3.** *mil.* lagern lassen: **to be ~ed** lagern. **en'camp·ment** *s mil.* **1.** (Feld)lager *n.* **2.** Lagern *n.*

**en·cap·su·late** [ɪn'kæpsjʊleɪt; *Am.* -psə,leɪt] *v/t* **1.** ein-, verkapseln. **2.** *Fakten etc* zs.-fassen.

**en·car·pus** [en'kɑː(r)pəs] *pl* **-pi** [-paɪ] *s arch.* 'Fruchtgir,lande *f.*

**en·case** [ɪn'keɪs] *v/t* **1.** einschließen. **2.** um'schließen, (um)'hüllen: **~d in** gehüllt in (*acc*). **en'case·ment** *s* **1.** Einschließung *f.* **2.** Um'schließung *f,* -'hüllung *f,* Hülle *f.*

**en·cash** [ɪn'kæʃ] *v/t Br. Scheck etc* einlösen. **en'cash·a·ble** *adj Br.* einlösbar. **en'cash·ment** *s Br.* Einlösung *f.*

**en·caus·tic** [en'kɔːstɪk; ɪn-] *paint.* **I** *adj* (*adv* **~ally**) en'kaustisch: a) eingebrannt, b) *die Enkaustik betreffend:* **~ tile** buntglasierte Kachel. **II** *s a.* **~ painting** En'kaustik *f,* en'kaustische Male'rei.

**en·ceinte** [ã:n'sæ:nt] *adj* schwanger: **to be five months ~** im 5. Monat schwanger sein.

**en·ceinte²** [ã:n'sæ:nt] *s* **1.** *mil.* En'ceinte(-), Um'wallung *f.* **2.** um'mauerter Stadtteil.

**en·ceph·a·la** [en'kefələ; *Am.* ɪn'sefələ] *pl von* **encephalon.**

**en·ce·phal·ic** [ˌenkə'fælɪk; ˌensɪ'f-] *adj med.* Gehirn..., das Gehirn betreffend.

**en·ceph·a·lit·ic** [ˌenkefə'lɪtɪk; *Am.* ɪn-ˌsefə'l-] *adj* enzepha'litisch.

**en·ceph·a·li·tis** [ˌenkefə'laɪtɪs; *Am.* ɪn-ˌsefə'l-] *s med.* Enzepha'litis *f,* Gehirn-

entzündung f. ~ **le·thar·gi·ca** [le'θɑ:(r)-dʒɪkə; lɪ-] (*Lat.*) s epi'demische Enze-pha'litis, Kopfgrippe f.

**en·ceph·a·lo·cele** [en'sefələʊsi:l; ɪn-] s med. Enzephalo'zele f, Hirnbruch m. **en'ceph·a·lo·gram** [-ləʊɡræm], **en-'ceph·a·lo·graph** [-ləʊɡrɑ:f; bes. Am. -ɡræf] s med. Enzephalo'gramm n, Rönt-genaufnahme f des Gehirns. **en,ceph-a'log·ra·phy** [-'lɒɡrəfɪ; Am. -'lɑ-] s med. Enzephalogra'phie f. **en·ceph·a-lo·ma** [,enkefə'ləʊmə; Am. ɪn,sefə'l-] pl **-mas, -ma·ta** [-tə] s med. (Ge)Hirn-tumor m. **en'ceph·a·lo,my·e'li·tis** [-ləʊ,maɪə'laɪtɪs] s med. vet. Enzephalo-mye'litis f, Hirn- u. Rückenmarksent-zündung f. **en·ceph·a·lon** [en'kefəlɒn; Am. ɪn'sefə,lɒn] pl **-la** [-lə] s anat. En'ze-phalon n, Gehirn n.

**en·chain** [ɪn'tʃeɪn] v/t **1.** in Ketten legen. **2.** to be ~ed in fig. gefangen sein in (dat). **3.** fig. die Aufmerksamkeit fesseln.

**en·chant** [ɪn'tʃɑ:nt; Am. ɪn'tʃænt] v/t **1.** verzaubern: ~ed wood Zauberwald m. **2.** fig. bezaubern, entzücken: to be ~ed entzückt sein (**by, with** von). **en-'chant·er** s Zauberer m. **en'chant-ing** adj (adv ~ly) bezaubernd, ent-zückend, 'hinreißend. **en'chant·ment** s **1.** Verzauberung f. **2.** Zauber(bann) m. **3.** Zaube'rei f. **4.** fig. a) Zauber m, b) Bezauberung f, Entzücken n. **en-'chant·ress** [-trɪs] s **1.** Zauberin f. **2.** fig. bezaubernde Frau.

**en·chase** [ɪn'tʃeɪs] v/t **1.** e-n Edelstein fassen. **2.** zise'lieren, ausmeißeln: ~d work getriebene Arbeit. **3.** Muster ('ein-)gra,vieren (**on** in acc). **en'chas·er** s **1.** Zise'leur m. **2.** Gra'veur m.

**en·chi·rid·i·on** [,enkaɪə'rɪdɪən] pl **-i·ons, -i·a** [-ə] s Handbuch n, Leit-faden m.

**en·chon·dro·ma** [,enkən'drəʊmə] pl **-mas, -ma·ta** [-mətə] s med. Enchon-'drom n, Knorpelgeschwulst f.

**en·cho·ri·al** [en'kɔ:rɪəl; Am. a. -'kəʊ-], **en·chor·ic** [en'kɒrɪk; Am. a. -'kəʊ-] adj (ein)heimisch.

**en·ci·pher** [ɪn'saɪfə(r)] → encode.

**en·cir·cle** [ɪn'sɜ:kl; Am. ɪn'sɜrkəl] v/t **1.** um'geben: ~d **by** (od. **with**) **trees** von Bäumen umgeben od. umstanden. **2.** um-'fassen, um'schlingen, um'schließen: he ~d her in his arms er legte od. schlang s-e Arme um sie. **3.** einkreisen (a. pol.), um'zingeln, mil. a. einkesseln: **policy of** ~ Einkreisungspolitik f. **en'cir-cle·ment** s Einkreisung f (a. pol.), Um-'zing(e)lung f, mil. a. Einkesselung f.

**en·clasp** [ɪn'klɑ:sp; Am. ɪn'klæsp] v/t um-'fassen, um'schließen.

**en·clave** ['enkleɪv] **I** v/t ein Gebiet ein-schließen, um'geben. **II** s En'klave f.

**en·cli·sis** ['enklɪsɪs] pl **-ses** [-si:z] s ling. En'klisis f, En'klise f. **en·clit·ic** [ɪn'klɪt-ɪk; Am. en-] ling. **I** adj (adv ~ally) en'klitisch. **II** s En'klitikon n, en'kliti-sches Wort.

**en·close** [ɪn'kləʊz] v/t **1.** (**in**) einschlie-ßen, tech. a. einkapseln (**in** dat od. acc), um'geben (**mit**): ~d **motor** geschlossener Motor. **2.** Land einfried(ig)en, um'zäu-nen. **3.** um'ringen. **4.** (mit der Hand etc) um'fassen. **5.** beilegen, -fügen (**in** dat): I ~d **a cheque in** my last letter. **en-'closed** [-zd] adj an'bei, beiliegend, in der Anlage: ~ **please find** in der Anlage erhalten Sie.

**en·clo·sure** [ɪn'kləʊʒə(r)] s **1.** Einschlie-ßung f. **2.** a) Einfried(ig)ung f, Um'zäu-nung f, b) Einfassung f, Zaun m, Mauer f. **3.** Anlage f (zu e-m Brief etc).

**en·clothe** [ɪn'kləʊð] → clothe.

**en·code** [en'kəʊd; ɪn-] v/t e-n Text ver-schlüsseln, chif'frieren. **en'code·ment**

s Verschlüsselung f, Verschlüßlung f, Chif'frierung f.

**en·co·mi·um** [en'kəʊmɪəm] pl **-mi-ums, -mi·a** [-ə] s (**of**) Lobrede f (auf acc), Loblied n (auf acc), Lobpreisung f (gen).

**en·com·pass** [ɪn'kʌmpəs] v/t **1.** um'ge-ben (**with** mit). **2.** fig. um'fassen. **3.** fig. j-s Ruin etc her'beiführen.

**en·core** [ɒŋ'kɔ:; Am. 'ɑːŋkəʊr; -'kɔːr] **I** interj **1.** a) da capo!, b) Zugabe! **II** s **2.** Da'kapo(ruf m) n. **3.** a) Wieder'holung f (e-r Arie etc), b) Zugabe f: he gave several ~s; he got an ~ er mußte e-e Zugabe geben. **III** v/t **4.** a) die Wieder-'holung (gen) verlangen od. erzwingen: to ~ **an aria,** b) von (j-m) e-e Zugabe ver-langen od. erzwingen: **to ~ a singer.**

**en·coun·ter** [ɪn'kaʊntə(r)] **I** v/t **1.** j-m od. e-r Sache begegnen, j-n treffen, auf j-n, auf Widerstand, Schwierigkeiten etc stoßen, in Gefahr geraten. **2.** mit j-m (feindlich) zs.-stoßen od. anein'andergeraten. **3.** j-m entgegentreten. **II** v/i **4.** sich begegnen, sich treffen. **III** s **5.** (feindliche) Begeg-nung, Zs.-stoß m. **6.** Begegnung f, zufäl-liges Zs.-treffen (**of, with** mit). **7.** Sensi-tivitätstraining: Trainingsgruppensit-zung f: ~ **group** Trainingsgruppe f, T-Gruppe f.

**en·cour·age** [ɪn'kʌrɪdʒ; Am. bes. ɪn'kɜr-] v/t **1.** ermutigen, ermuntern (**to** zu), j-m Mut machen. **2.** e-e Mannschaft etc an-feuern (**in** dat). **3.** j-n unter'stützen, bestärken (**in** dat). **4.** etwas fördern, unter'stützen. **5.** etwas fördern, begünstigen. **en'cour-age·ment** s **1.** Ermutigung f, Ermun-terung f: I gave him no ~ **to do so** ich habe ihn nicht dazu ermutigt. **2.** Anfeue-rung f: **cries of** ~ Anfeuerungsrufe. **3.** Unter'stützung f, Bestärkung f. **4.** Förderung f. **5.** Begünstigung f. **en-'cour·ag·ing** adj (adv ~ly) **1.** ermu-tigend. **2.** hoffnungsvoll, vielverspre-chend.

**en·croach** [ɪn'krəʊtʃ] **I** v/i **1.** (**on, upon**) eingreifen (in j-s Besitz od. Recht), un-berechtigt eindringen (in acc), sich 'Übergriffe leisten (in, auf acc), (j-s Recht) verletzen. **2.** über Gebühr in Anspruch nehmen, miß'brauchen (**on, upon** acc): **to ~ (up)on s.o.'s kindness.** **3.** schmälern, beeinträchtigen (**on, upon** acc): **to ~ (up)on s.o.'s rights. II** s obs. für encroachment. **en'croach·ment** s **1.** (**on, upon**) Eingriff m (in acc), 'Übergriff m (in, auf acc): ~ (up)on his rights Verletzung f s-r Rechte. **2.** Schmälerung f, Beeinträchtigung f (**on, upon** gen). **3.** 'Übergreifen n, Vor-dringen n: ~ **of swamps** geogr. Ver-sumpfung f.

**en·crust** [ɪn'krʌst] → incrust.

**en·crypt** [ɪn'krɪpt] v/t e-n Text verschlüs-seln, chif'frieren. **en'cryp·tion** s Ver-schlüsselung f, Verschlüßlung f, Chif-'frierung f.

**en·cul·tur·a·tion** [en,kʌltʃə'reɪʃn; ɪn-] s Enkulturati'on f (das Hineinwachsen des einzelnen in die Kultur der ihn umgebenden Gesellschaft).

**en·cum·ber** [ɪn'kʌmbə(r)] v/t **1.** (be-) hindern. **2.** beladen, belasten (**with** mit). **3.** (dinglich) belasten: ~ed **estate** be-lastetes Grundstück; ~ed **with debts** (völlig) verschuldet; ~ed **with mort-gages** hypothekarisch belastet. **4.** Räu-me vollstopfen, über'laden. **en'cum-ber·ment** s **1.** Behinderung f. **2.** Be-lastung f. **en'cum·brance** s **1.** Last f, Belastung f, Hindernis n, Behinderung f, Beschwerde f: ~ **in walking** Behinde-rung beim Gehen; **to be an** ~ **to s.o.** j-n behindern, e-e Belastung für j-n sein. **2.** (Fa'milien)Anhang m, bes. Kinder pl.

**3.** econ. jur. (Grundstücks)Belastung f, Hypo'theken-, Schuldenlast f. **en'cum-branc·er** s jur. Hypo'thekengläubi-ger(in).

**en·cyc·li·cal** [en'sɪklɪkl; ɪn-], a. **en'cyc-lic I** adj en'zyklisch, Rund...: **encycli-cal letter** → **II. II** s relig. (päpstliche) En'zyklika.

**en·cy·clo·p(a)e·di·a** [en,saɪklə(ʊ)'pi:djə; -dɪə; ɪn-] s **1.** Enzyklopä'die f. **2.** all-gemeines Lehrbuch (e-r Wissenschaft). **en,cy·clo'p(a)e·dic,** **en,cy·clo-'p(a)e·di·cal** [-kl] adj (adv ~ly) enzy-klo'pädisch, univer'sal, um'fassend: ~ **knowledge.** **en,cy·clo'p(a)e·dism** s **1.** enzyklo'pädischer Cha'rakter. **2.** enzy-klo'pädisches Wissen. **3.** Lehren pl der (fran'zösischen) Enzyklopä'disten. **en-,cy·clo'p(a)e·dist** s **1.** Enzyklo'pädi-ker m. **2.** E~ (fran'zösischer) Enzyklopä-'dist. **en,cy·clo'p(a)e·dize** v/t enzy-klo'pädisch darstellen od. ordnen.

**en·cyst** [en'sɪst; ɪn-] v/t med. zo. ab-, einkapseln (a. fig.). **en'cyst·ed** adj ab-gekapselt, verkapselt: ~ **tumo(u)r** med. abgekapselter Tumor. **en'cyst·ment** s med. zo. Ein-, Verkapselung f.

**end** [end] **I** v/t **1.** a. ~ **off** beenden, zu Ende bringen od. führen, e-r Sache ein Ende machen: **to ~ it all** colloq. ,Schluß ma-chen' (sich umbringen). ,töten, 'um-bringen. **3.** a) a. ~ **up** etwas ab-, schließen (**with** mit), b) den Rest s-r Tage zu-, verbringen, s-e Tage beschlie-ßen. **4.** über'treffen: **the dictionary to ~ all dictionaries** das beste Wörterbuch aller Zeiten.

**II** v/i **5.** enden, aufhören, zu Ende kommen, schließen: **all's well that ~s well** Ende gut, alles gut. **6.** a. ~ **up** enden, ausgehen (**by, in, with** damit, daß): **the story ~s happily** die Geschichte geht gut aus; **to ~ in disaster** (od. **a fiasco**) mit e-m Fiasko enden; **it ~ed with** (od. **in**) **s.o. getting hurt** schließlich führte es dazu, daß j-d verletzt wurde; **he will ~ by marrying her** er wird sie schließlich heiraten. **7.** sterben. **8.** ~ **up** a) enden, ,landen' (**in prison** im Gefängnis), b) enden (as als): **he ~ed up as an actor** er wurde schließlich Schauspieler.

**III** v/t **9.** (örtlich) Ende n: **to begin at the wrong** ~ am falschen Ende anfan-gen; **from one** ~ **to another, from** ~ **to** ~ von e-m Ende zum anderen, vom Anfang bis zum Ende. **10.** Ende n, (entferne) Gegend: **to the** ~ **of the world** bis ans Ende der Welt; **the other** ~ **of the street** das andere Ende der Straße. **11.** Ende n, Endchen n, Rest m, Stück(chen) n, Stum-mel m, Stumpf m. **12.** Ende n, Spitze f: **the** ~ **of a pencil. 13.** mar. (Kabel-, Tau)Ende n. **14.** a. tech. Stirnseite f, -fläche f, Ende n: **the two trains hit each other** ~ **on** die beiden Züge stießen frontal zusammen; **to put two tables** ~ **to** ~ zwei Tische mit den Schmalseiten od. Enden aneinanderstellen. **15.** (zeitlich) Ende n, Schluß m: **in the** ~ am Ende, schließlich; **at the** ~ **of May** Ende Mai; **to the** ~ **of time** bis in alle Ewigkeit; **with-out** ~ unaufhörlich, endlos, immer u. ewig; **there is no** ~ **in sight** es ist kein Ende abzusehen. **16.** Tod m, Ende n, 'Untergang m: **to be near one's** ~ dem Tod nahe sein; **you will be the** ~ **of me!** du bringst mich noch ins Grab! **17.** Resul'tat n, Ergebnis n, Folge f: **the** ~ **of the matter was that** die Folge (davon) war, daß. **18.** oft pl Absicht f, (End-) Zweck m, Ziel n: ~ **in itself** Selbstzweck; **the** ~ **justifies** (od. **sanctifies**) **the means** der Zweck heiligt die Mittel; **to this** ~ zu diesem Zweck; **to gain one's** ~s sein Ziel erreichen; **for one's own** ~ zum

eigenen Nutzen; **private** ~s Privatinteressen; **to no** ~ vergebens.
*Besondere Redewendungen:*
**no** ~ **of applause** *colloq.* nicht enden wollender Beifall; **no** ~ **of trouble** *colloq.* endlose Scherereien; **he is no** ~ **of a fool** *colloq.* er ist ein Vollidiot; **we had no** ~ **of fun** *colloq.* wir hatten e-n Mordsspaß; **no** ~ **disappointed** *colloq.* maßlos enttäuscht; **on** ~ a) ununterbrochen, hintereinander, b) aufrecht stehend, hochkant; **for hours on** ~ stundenlang; **to place** (*od.* **put**) **s.th. on** (**its**) ~ etwas aufrecht *od.* hochkant stellen; **my hair stood on** ~ mir standen die Haare zu Berge; ~ **to** ~ der Länge nach, hintereinander; **at our** (*od.* **this**) ~ *colloq.* hier bei uns; **at your** ~ *colloq.* bei Ihnen, dort, in Ihrer Stadt; **to be at an** ~ a) zu Ende sein, aussein, b) mit s-n Mitteln *od.* Kräften am Ende sein; **you are the** (**absolute**) ~ *colloq.* a) du bist (doch) das ‚Letzte‘, b) du bist (‚echt) zum Brüllen‘; **that's the** (**absolute**) ~ *colloq.* a) das ist (doch) das ‚Letzte‘, b) das ist (einfach) ‚sagenhaft‘; **to come** (*od.* **draw**) **to an** ~ ein Ende nehmen *od.* finden, zu Ende gehen; **to come to a bad** ~ ein schlimmes Ende nehmen; **you'll come to a bad** ~ mit dir wird es (noch einmal) ein schlimmes Ende nehmen; **to get one's** ~ **away** *Br. sl.* ‚bumsen‘ (*koitieren*); **to go off** (**at**) **the deep** ~ *colloq.* ‚hochgehen‘, wütend werden; **to have an** ~ ein Ende haben *od.* nehmen; **to have s.th. at one's finger's** ~ etwas aus dem Effeff beherrschen, etwas (*Kenntnisse*) ‚parat‘ haben; **to keep one's** ~ **up** a) s-n Mann stehen, b) sich nicht ‚unterkriegen‘ lassen; **to make both** ~s **meet** mit s-n Einkünften auskommen, sich nach der Decke strecken; **to make an** ~ **of** (*od.* **put an** ~ **to**) **s.th.** Schluß machen mit etwas, e-r Sache ein Ende setzen; **to put an** ~ **to o.s.** s-m Leben ein Ende machen *od.* setzen.

**end| a·but·ment** *s tech.* Landpfeiler *m* (*e-r Brücke*). **~-all** *s* be-all.
**en·dam·age** [ɪnˈdæmɪdʒ] *v/t j-m, e-r Sache schaden, j-s Ruf schädigen.
**en·dan·ger** [ɪnˈdeɪndʒə(r)] *v/t* gefährden, in Gefahr bringen: **to** ~ **a country** die Sicherheit e-s Landes gefährden. **en·dan·gered** *adj* gefährdet: a) in Gefahr, b) *bot. zo.* vom Aussterben bedroht.
**'end·brain** *s anat.* Endhirn. **'~-cleared zone** *s aer.* hindernisfreie Zone. **~-con·sum·er** *s econ.* End-, Letztverbraucher *m*.
**en·dear** [ɪnˈdɪə(r)] *v/t* beliebt machen (**to s.o.** bei j-m): **to** ~ **o.s. to s.o.** a) j-s Zuneigung gewinnen, b) sich bei j-m lieb Kind machen. **en·dear·ing** *adj* (*adv* ~ly) **1.** gewinnend: **an** ~ **smile. 2.** liebenswert: ~ **qualities. en·dear·ment** *s*: (**term of**) ~ Kosename *m*, -wort *n*; **words of** ~, ~s liebe *od.* zärtliche Worte.
**en·deav·or,** *bes. Am.* **en·deav·our** [ɪnˈdevə(r)] **I** *v/i* (**after**) sich bemühen (um), streben, trachten (nach). **II** *v/t* (ver)suchen, bemüht *od.* bestrebt sein (**to do s.th.** etwas zu tun). **III** *s* (eifrige) Bemühung, Anstrengung *f*, Bestreben *n*: **in the** ~ **to do s.th.** in dem Bestreben, etwas zu tun; **to make every** ~ sich nach Kräften bemühen, alles Erdenkliche versuchen; **to do one's best** ~s sich alle Mühe geben.
**en·dem·ic** [enˈdemɪk] **I** *adj* (*adv* ~ally) **1.** en'demisch: a) (ein)heimisch, b) *med.* örtlich begrenzt auftretend (*Infektionskrankheit*), **c)** *bot. zo.* in e-m bestimmten Gebiet verbreitet. **II** *s* **2.** en'demische (Infekti'ons)Krankheit. **3.** *bot. zo.* en'demische Pflanze, en'demisches Tier: ~s Endemiten. **en'dem·i·cal** →

endemic I. **en·de·mic·i·ty** [ˌendəˈmɪsətɪ], **en·de·mism** [ˈendəmɪzəm] *s* **1.** *med.* Ende'mie *f* (*örtlich begrenztes Auftreten e-r Infektionskrankheit*). **2.** *bot. zo.* Ende'mismus *m* (*Verbreitung in e-m bestimmten Gebiet*).
**en·den·i·zen** [enˈdenɪzn; ɪn-] *v/t* einbürgern.
**en·der·mic** [enˈdɜːmɪk; *Am.* -ˈdɜr-] *adj* (*adv* ~ally) *med.* ender'mal: a) in der Haut (befindlich), b) in die Haut (eingeführt).
**end| game** *s* Schlußphase *f* (*e-s Spiels*), Endspiel *n* (*Schach*). **'~gate** *s mot. etc Am.* Ladeklappe *f*. **'~-grain** *adj tech.* Hirnholz...
**end·ing** [ˈendɪŋ] *s* **1.** Beendigung *f*, Abschluß *m*. **2.** Ende *n*, Schluß *m*: **happy** ~ Happy-End *n*; **the play has a happy** (**tragic**) ~ das Stück geht gut aus (endet tragisch). **3.** Tod *m*, Ende *n*. **4.** *ling.* Endung *f*.
**en·dive** [ˈendɪv; -daɪv] *s bot.* 'Winterendivie *f*.
**end·less** [ˈendlɪs] *adj* (*adv* ~ly) **1.** *bes. math.* endlos, ohne Ende, un'endlich. **2.** endlos, un'endlich lang: **an** ~ **speech. 3.** 'ununter,brochen, unaufhörlich, ,ewig‘, ständig: ~ **quarrels. 4.** *tech.* endlos, Endlos...: ~ **belt** endloses Band, Transmissionsband *n*; ~ **chain** geschlossene *od.* endlose Kette; ~ **form** *print.* Endlosformular *n*; ~ **paper** Endlos-, Rollenpapier *n*; ~ **saw** Bandsäge(maschine) *f*; ~ **screw** Schnecke *f*. **'end·less·ness** *s* Un'endlichkeit *f*, Endlosigkeit *f*.
**end| line** *s sport* Endlinie *f*. ~ **mat·ter** *s print.* Endbogen *m*. **~-mill** *s tech.* Schaft-, Fingerfräser *m*. **'~-most** [-məʊst] *adj* entferntest(er, e, es), hinterst(er, e, es).
**endo-** [endəʊ; -də] *Wortelement mit den Bedeutungen* a) innen, innerhalb, das Innere betreffend, b) aufnehmend, absorbierend.
**en·do·blast** [ˈendəʊblæst] → entoblast.
**en·do·can·ni·bal·ism** [ˌendəʊˈkænɪbəlɪzəm] *s* Endokanniba'lismus *m* (*Verzehren von Angehörigen des eigenen Stammes*).
**en·do·car·di·al,** a. **en·do·car·di·ac** *adj anat.* endokardi'al, das innere Herz betreffend. **en·do·car'di·tis** *s med.* Endokar'ditis *f*, Herzinnenhautentzündung *f*. **en·do'car·di·um** [-ˈkɑː(r)-dɪəm] *pl* **-di·a** [-dɪə] *s anat.* Endo'kard *n*, Herzinnenhaut *f*.
**en·do·carp** [ˈendəʊkɑː(r)p] *s bot.* Endo'karp *n*, innere Fruchthaut.
**en·do·cra·ni·um** [ˌendəʊˈkreɪnjəm; -nɪəm] *pl* **-ni·a** [-ə] *s anat.* Endo'kranium *n* (*harte [äußere] Hirnhaut*).
**en·do·crine** [ˈendəʊkraɪn; -krɪn] *physiol.* **I** *adj* **1.** mit innerer Sekreti'on, endo'krin: ~ **glands. II** *s* **2.** innere Sekreti'on. **3.** endo'krine Drüse. **en·do·cri'nol·o·gy** [-kraɪˈnɒlədʒɪ; -krɪˈn-; *Am.* -ˈnɑ-] *s med.* Endokrinolo'gie *f* (*Lehre von den endokrinen Drüsen*).
**en·do·derm** [ˈendəʊdɜːm; *Am.* -dɜrm] → entoblast. **en·do'der·mis** [-mɪs] *s bot.* Endo'dermis *f* (*innerste Zellschicht der Pflanzenrinde*).
**en·dog·a·my** [enˈdɒgəmɪ; *Am.* -ˈdɑ-] *s* Endoga'mie *f* (*Heiratsordnung, nach der nur innerhalb e-r bestimmten sozialen Gruppe geheiratet werden darf*).
**en·do·gas·tric** [ˌendəʊˈgæstrɪk] *adj biol. med.* das Mageninnere betreffend.
**en·dog·e·nous** [enˈdɒdʒɪnəs; *Am.* -ˈdɑ-] *adj* endo'gen: a) *med.* im Körperinnern entstehend, von innen kommend (*Stoffe, Krankheitserreger*), b) *bot.* innen entstehend (*Pflanzenteile*), c) *geol.* von Kräften im Erdinnern erzeugt.
**en·do·lymph** [ˈendəʊlɪmf] *s anat.* Endo'lymphe *f* (*Flüssigkeit im Labyrinth des Innenohrs*).

**en·do·me·tri·tis** [ˌendəʊmɪˈtraɪtrɪs] *s med.* Endome'tritis *f* (*Entzündung der Gebärmutterschleimhaut*). **en·do·me·tri·um** [-ˈmiːtrɪəm] *pl* **-tri·a** [-ə] *s anat.* Endo'metrium *n*, Gebärmutterschleimhaut *f*.
**en·do·mi·to·sis** *s biol.* Endomi'tose *f*.
**en·do·mor·phic** [ˌendəʊˈmɔː(r)fɪk] *adj med.* endo'morph. **en·do·mor·phy** *s med.* Endomor'phie *f* (*Konstitution e-s Menschentyps von untersetzter Gestalt und starker Neigung zum Fettansatz*).
**en·do·par·a·site** *s biol. med.* Endo-, Entopara'sit *m* (*Parasit, der in den Geweben e-s Wirtes siedelt*).
**en·do·plasm** [ˈendəʊplæzəm] *s biol.* Endo-, Ento'plasma *n*, innere Proto'plasmaschicht.
**en·do·pleu·ra** *s bot.* Endo'pleura *f*, innere Samenhaut.
**en·dors·a·ble** [ɪnˈdɔː(r)səbl] *adj econ.* indos'sierbar, gi'rierbar.
**en·dorse** [ɪnˈdɔː(r)s] *v/t* **1.** a) ein Dokument etc auf der Rückseite beschreiben, b) e-e Erklärung etc vermerken (**on** auf *dat*), c) *bes. Br.* e-e Strafe vermerken auf (*e-m Führerschein*). **2.** *econ.* a) e-n Scheck etc indos'sieren, gi'rieren, b) a. ~ **over** (durch Indossa'ment) über'tragen *od.* -'weisen (**to** j-m), c) e-e Zahlung auf der Rückseite des Wechsels *od.* Schecks bestätigen, d) Zinszahlung(en) vermerken auf (*e-m Wechsel etc*): **to** ~ **in blank** in blanko indossieren. **3.** a) e-n Plan etc billigen, b) sich e-r Ansicht etc anschließen: **to** ~ **s.o.'s opinion** j-m beipflichten.
**en·dor·see** [ˌendɔː(r)ˈsiː; ɪnˌdɔː(r)ˈsiː] *s econ.* Indos'sat *m*, Indossa'tar *m*, Gi'rat *m*. **en'dorse·ment** *s* **1.** Aufschrift *f*, Vermerk *m*, Zusatz *m* (*auf der Rückseite von Dokumenten*). **2.** *econ.* a) Giro *n*, Indossa'ment *n*, b) Über'tragung *f*: ~ **in blank** Blankogiro; ~ **in full** Vollgiro; ~ **without recourse** Giro ohne Verbindlichkeit. **3.** *fig.* Billigung *f*. **4.** *econ.* Nachtrag *m* (*zu e-r Versicherungspolice*). **en'dors·er** *s econ.* Indos'sant *m*, Gi'rant *m*: **preceding** ~ Vormann *m*; **subsequent** ~ Nachmann *m*.
**en·do·sarc** [ˈendəʊsɑː(r)k] → endoplasm.
**en·do·scope** [ˈendəʊskəʊp] *s med.* Endo'skop *n* (*Instrument zur Untersuchung von Körperhöhlen u. Hohlorganen*). **en·dos·co·py** [enˈdɒskəpɪ; *Am.* -ˈdɑ-] *s* Endosko'pie *f*.
**en·do·skel·e·ton** *s biol.* Endoske'lett *n* (*aus Knorpel od. Knochen bestehendes Innenskelett der Wirbeltiere*).
**en·dos·mo·sis** [ˌendɒsˈməʊsɪs; *Am.* -ɑs-] *s phys.* Endos'mose *f* (*Bewegung positiv elektrisch geladener Teilchen auf Trägermaterial in Richtung der Kathode*).
**en·do·sperm** [ˈendəʊspɜːm; *Am.* -spɜrm] *s bot.* Endo'sperm *n*, Nährgewebe *n* (*des Samens*).
**en·dow** [ɪnˈdaʊ] *v/t* **1.** e-e Stiftung machen (*dat*). **2.** etwas stiften: **to** ~ **s.o. with s.th.** j-m etwas stiften. **3.** *fig.* ausstatten (**with** mit): **nature** ~ **ed him with good eyesight. en'dowed** *adj* **1.** gestiftet: ~ **school** mit Stiftungsgeldern finanzierte Schule. **2.** **to be** ~ **with** *fig.* ausgestattet sein mit: **to be** ~ **by nature with many talents** viele natürliche Begabungen haben; **she is** ~ **with both beauty and brains** sie ist nicht nur schön, sondern auch intelligent. **en'dow·ment** *s* **1.** a) Stiftung *f*, b) *meist pl* Stiftungsgeld *n*. **2.** *fig.* Begabung *f*, Ta'lent *n*. **3.** ~ **insurance** (*Br.* **assurance, policy**) Versicherung *f* auf den Todes- u. Erlebensfall.
**end| pa·per** *s Buchbinderei:* Vorsatzblatt *n*. ~ **plate** *s* **1.** *anat.* Nervenend-

platte f. **2.** tech. Endplatte f. **~play** s tech.
Längsspiel n. **~ prod·uct** s **1.** econ. tech.
'Endpro,dukt n. **2.** fig. ('End)Pro,dukt n. **~**
**rhyme** s Endreim m. **~ stone** s tech.
Deckstein m. **~ ta·ble** s Am. (kleiner)
Tisch (am Sofaende etc). **~ ter·race** s
Br. Reiheneckhaus m. **~ thrust** s tech.
Längs-, Axi'aldruck m.
**en·due** [ɪn'dju:; Am. a. ɪn'du:] v/t **1.** Kleider etc anlegen. **2.** bekleiden (with mit),
kleiden (in in acc). **3.** → **endow 3.**
**4.** ausstatten, versehen (with mit). **en-**
**'dued** → **endowed 2.**
**en·dur·a·ble** [ɪn'djʊərəbl; Am. a. -'dʊ-]
adj (adv **endurably**) erträglich, leidlich.
**en·dur·ance** [ɪn'djʊərəns; Am. a. -'dʊ-]
**I** s **1.** Dauer f. **2.** Dauerhaftigkeit f.
**3.** a) Ertragen n, Erdulden n, Aushalten
n, b) Ausdauer f, Geduld f, Standhaftigkeit f: **beyond** (od. **past**) **~** unerträglich, unaushaltbar(d). **4.** Stra'paze f.
**5.** tech. Dauerleistung f, bes. aer. Maxi-
'malflugzeit f. **II** adj **6.** Dauer... **~ fir-**
**ing test** s mil. Dauerschußbelastung f. **~**
**flight** s aer. Dauerflug m. **~ lim·it** s
tech. Belastungsgrenze f. **~ ra·ti·o** s tech.
Belastungsverhältnis n. **~ run** s Dauerlauf m. **~ strength** s. 'Widerstandsfähigkeit f (bei Belastung). **~ test**
s tech. Belastungsprobe f, Ermüdungsversuch m.
**en·dure** [ɪn'djʊə(r); Am. a. ɪn'dʊr] **I** v/i
**1.** an-, fortdauern, Bestand haben.
**2.** 'durchhalten: **to ~ to the bitter end**
bis zum bitteren Ende ausharren. **II** v/t
**3.** aushalten, ertragen, erdulden, 'durchmachen: **not to be ~d** unerträglich; **I**
**can't ~ seeing** (to see) **animals**
**cruelly treated** ich kann es nicht mit
ansehen, wenn Tiere grausam behandelt
werden. **4.** fig. (nur neg) ausstehen, leiden: **I cannot ~ him**. **en·dur·ing** adj
(adv **~ly**) **1.** an-, fortdauernd, (Erinnerungen etc) bleibend. **2.** geduldig.
**end us·er** s econ. End-, Letztverbraucher m.
**'end·ways, bes. Am. 'end·wise** adv
**1.** mit dem Ende nach vorn od. nach
oben. **2.** aufrecht, gerade. **3.** hintereinander. **4.** der Länge nach. **5.** auf das
Ende od. die Enden zu.
**en·e·ma** ['enɪmə; 'niːmə] pl **-mas,**
**-ma·ta** [-mətə] s med. **1.** Kli'stier n,
Einlauf m: **to give s.o. an ~** j-m e-n
Einlauf machen. **2.** Kli'stierspritze f.
**en·e·my** ['enəmɪ] **I** s **1.** mil. Feind m (a.
weitS. feindliches Heer etc): **the ~ was**
(od. **were**) **driven back. 2.** Gegner m,
Feind m (of, to gen): **to be one's own ~**
sich selbst schaden od. im Wege stehen;
**to make an ~ of s.o.** sich j-n zum Feind
machen; **the article made him many**
**enemies** mit dem Artikel machte er sich
viele Feinde; **an ~ to reform** ein Reformgegner. **3.** Bibl. a) **the E~,** **the old ~**
der böse Feind, der Teufel, b) **the ~** der
Tod. **II** adj **4.** feindlich, Feindes...,
Feind...: **~ action** Feind-, Kriegseinwirkung f; **~ country** Feindesland n; **~**
**property** Feindvermögen n; → **alien 7.**
**en·er·get·ic** [,enə(r)'dʒetɪk] **I** adj (adv
**~ally**) **1.** energisch: a) tatkräftig,
b) nachdrücklich. **2.** (sehr) wirksam.
**3.** phys. ener'getisch. **II** s pl (als sg konstruiert) **4.** phys. Ener'getik f (Lehre von
der Umwandlung u. industriellen Nutzung
der Energie). **,en·er'get·i·cal** → **energetic I.**
**en·er·gic** [ɪ'nɜːdʒɪk; e-; Am. -'nɜr-] adj
phys. Energie... **en·er·gid** ['enə(r)dʒɪd] s
biol. Ener'gide f (Funktionseinheit e-s einzelnen Zellkerns mit dem ihn umgebenden
Zellplasma).
**en·er·gize** ['enə(r)dʒaɪz] **I** v/i **1.** en'ergisch wirken od. handeln. **II** v/t **2.** etwas

kräftigen od. kraftvoll machen, e-r Sache
Ener'gie verleihen, j-n anspornen, mit
Tatkraft erfüllen, die Wirtschaft beleben.
**3.** electr. phys. tech. erregen: **~d** electr.
unter Spannung (stehend). **'en·er·giz-**
**er** s Ener'giespender m.
**en·er·gu·men** [,enɜːˈgjuːmen; Am. ,enər-
əˈgjuːmən] s **1.** relig. Besessene(r m) f.
**2.** fig. Enthusi'ast(in), Fa'natiker(in).
**en·er·gy** [ˈenə(r)dʒɪ] s **1.** Ener'gie f:
a) Kraft f, Nachdruck m: **to apply** (od.
**devote) all one's energies to s.th.** s-e
ganze Kraft etwas einsetzen, bis Tatkraft f. **2.** Wirksamkeit f, 'Durchschlagskraft f: **the ~ of an argument. 3.** chem.
phys. Ener'gie f, (innewohnende) Kraft,
Arbeitsfähigkeit f, Leistung f: **~ budget**
Energiehaushalt m (der Erde etc); **~ crisis**
Energiekrise f; **~ gap** Energielücke f; **~**
**theorem** math. Energiesatz m. **4.** Kraftaufwand m.
**en·er·vate I** v/t ['enɜːveɪt; Am. 'enər-]
a) entkräften, schwächen (a. fig.), b) entnerven. **II** adj [ɪ'nɜːvət; Am. ɪ'nɜr-] →
**enervated. 'en·er·vat·ed** adj a) entkräftet, geschwächt (a. fig.), b) entnervt. **,en·er'va·tion** s **1.** a) Entkräftung f, Schwächung f (a. fig.),
b) Entnervung f. **2.** Schwäche f, Entkräftung f.
**en·face** [ɪn'feɪs] v/t **1.** etwas auf die
Vorderseite (e-s Wechsels etc) schreiben
od. drucken. **2.** ein Schriftstück auf der
Vorderseite beschreiben od. bedrucken
(with mit). **en'face·ment** s Aufschrift
f, -druck m.
**en fa·mille** [ãfaˈmij] (Fr.) adv en fa'mille,
in engem Kreis.
**en·fant| ché·ri** pl **-fants -ris** [ãfãˈʃeri]
(Fr.) s fig. Lieblingskind n. **~ ter·ri·ble**
pl **-fants -bles** [-ˈteribl] (Fr.) s En'fant n
ter'rible.
**en·fee·ble** [ɪn'fiːbl] v/t entkräften,
schwächen (a. fig.). **en'fee·ble·ment** s
**1.** Entkräftung f, Schwächung f (a. fig.).
**2.** Schwäche f, Entkräftung f.
**en·feoff** [ɪn'fef; ɪn'fiːf] v/t jur. belehnen
(with mit). **en'feoff·ment** s jur. **1.**
Belehnung f. **2.** Lehnsbrief m. **3.** Lehen n.
**en·fet·ter** [ɪn'fetə(r)] v/t fesseln.
**en·fi·lade** [,enfɪ'leɪd] **I** s **1.** mil. Flankenfeuer n, Längsbestreichung f. **2.** Zimmerflucht f. **II** v/t **3.** mil. (mit Flankenfeuer)
bestreichen.
**en·fold** [ɪn'fəʊld] v/t **1.** einhüllen (in in
acc), um'hüllen (with mit) (beide a. fig.):
**he was ~ed in a thick coat** er war in e-n
dicken Mantel gehüllt. **2.** um'fassen: **to ~**
**s.o. in one's arms** j-n in die Arme
schließen. **3.** falten.
**en·force** [ɪn'fɔ:(r)s; Am. a. ɪn'fəʊərs] v/t
**1.** a) (mit Nachdruck) geltend machen: **to**
**~ an argument,** b) zur Geltung bringen,
e-r Sache Geltung verschaffen, ein Gesetz
etc 'durchführen, c) econ. jur. Forderungen (gerichtlich) geltend machen: **to ~ a**
**contract** Rechte aus e-m Vertrag geltend
machen, aus e-m Vertrag klagen; **to ~**
**payment of a debt** e-e Schuld beitreiben; **to ~ one's rights** s-e Rechte einklagen, d) jur. ein Urteil voll'strecken:
**to ~ a judg(e)ment. 2.** 'durchsetzen,
erzwingen: **to ~ obedience (up)on s.o.**
von j-m Gehorsam erzwingen, sich bei
j-m Gehorsam verschaffen. **3.** auferlegen, aufzwingen: **to ~ one's will (up)on**
**s.o.** j-m s-n Willen aufzwingen. **en-**
**'force·a·ble** adj a) econ. jur. (gerichtlich) geltend zu machen(d), einklagbar,
b) jur. voll'streckbar, 'durchsetzbar, erzwingbar. **en'forced** adj erzwungen,
aufgezwungen: **~ sale** Zwangsverkauf
m. **en'for·ced·ly** [-sɪdlɪ] adv **1.** notgedrungen. **2.** zwangsweise, gezwungenermaßen. **en'force·ment** s **1.** a) econ. jur.

(gerichtliche) Geltendmachung, b) jur.
Voll'streckung f: **~ officer** Vollzugsbeamte(r) m. **2.** 'Durchsetzung f, Erzwingung f.
**en·frame** [ɪn'freɪm] v/t ein Bild etc (ein-)
rahmen.
**en·fran·chise** [ɪn'fræntʃaɪz] v/t **1.** Sklaven befreien, freilassen. **2.** befreien
(from aus dem Gefängnis, von e-r Verpflichtung). **3.** a) j-m die Bürgerrechte
verleihen, b) j-m das Wahlrecht verleihen: **to be ~d** das Wahlrecht erhalten;
wahlberechtigt sein. **4.** e-r Stadt po'litische Rechte gewähren. **5.** Br. e-m Ort
Vertretung im 'Unterhaus verleihen. **en-**
**'fran·chise·ment** [-tʃɪzmənt] s **1.**
Freilassung f, Befreiung f. **2.** Verleihung
f der Bürgerrechte od. des Wahlrechts:
**before the ~ of women** bevor die
Frauen wahlberechtigt waren. **3.** Gewährung f po'litischer Rechte.
**en·gage** [ɪn'geɪdʒ] **I** v/t **1.** (o.s. sich)
(vertraglich etc) verpflichten od. binden
(to do s.th. etwas zu tun). **2. to become**
(od. **get) ~d** sich verloben (to mit). **3.** j-n
ein-, anstellen, Künstler etc enga'gieren
(as als). **4.** a) e-n Platz etc (vor)bestellen,
b) etwas mieten, Zimmer belegen. **5.** fig.
j-n fesseln, j-n, j-s Kräfte etc in Anspruch
nehmen: **to ~ s.o.'s attention** j-s Aufmerksamkeit in Anspruch nehmen od.
auf sich lenken; **to ~ s.o. in conversation** j-n ins Gespräch ziehen. **6.** mil.
a) Truppen einsetzen, b) den Feind angreifen, Feindkräfte binden: **to ~ the**
**enemy. 7.** fenc. die Klingen binden.
**8.** tech. einrasten lassen, die Kupplung etc
einrücken, e-n Gang einlegen, -schalten:
→ **clutch[1] 8. 9.** j-n für sich einnehmen,
(für sich) gewinnen. **10.** arch. a) festmachen, einlassen, b) verbinden.
**II** v/i **11.** Gewähr leisten, einstehen,
garan'tieren, sich verbürgen (for für).
**12.** sich verpflichten, es über'nehmen (to
do s.th. etwas zu tun). **13. ~ in** sich
einlassen auf (acc) od. in (acc), sich beteiligen an (dat). **14. ~ in** sich abgeben od.
beschäftigen mit: **to ~ in politics** sich
politisch betätigen. **15.** mil. den Kampf
eröffnen, angreifen (with mit): **to ~ with**
**the enemy. 16.** fenc. die Klingen binden.
**17.** tech. einrasten, inein'ander-, eingreifen.
**en·ga·gé** [ãgaˈʒe] (Fr.) adj enga'giert
(Schriftsteller etc).
**en·gaged** adj **1.** verpflichtet, gebunden.
**2.** a. **~ to be married** verlobt: **to be ~ to**
verlobt sein mit; **the ~ couple** das Brautpaar, die Verlobten. **3.** beschäftigt, nicht
abkömmlich, 'besetzt': **are you ~?** sind
Sie frei?; **to be ~ in** (od. **on**) beschäftigt
sein mit, arbeiten an (dat). **4.** in Anspruch genommen: **to be deeply ~ in**
**conversation** in ein Gespräch vertieft
sein; **my time is fully ~** ich bin zeitlich
völlig ausgelastet. **5.** teleph. Br. besetzt: **~**
**tone** Besetztton m, -zeichen n. **6.** tech.
eingerückt, im Eingriff (stehend).
**en'gage·ment** s **1.** Verpflichtung f: **to**
**be under an ~ to s.o.** j-m (gegenüber)
verpflichtet od. gebunden sein; **~s** econ.
Zahlungsverpflichtungen; **without ~** unverbindlich, econ. a. freibleibend. **2.** Verabredung f: **to have an ~ for the evening** abends verabredet sein od. etwas
vorhaben; **~ diary** Terminkalender m.
**3.** Verlobung f, Verlöbnis n (to mit): **~**
**ring** Verlobungsring m. **4.** Beschäftigung f, Stelle f, Posten m, (An)Stellung f.
**5.** thea. etc Engage'ment n. **6.** Beschäftigung f, Tätigkeit f. **7.** mil. Gefecht n,
Kampf(handlung f) m. **8.** fenc. Klingenbindung f. **9.** tech. Eingriff m.
**en'gag·ing** adj (adv **~ly**) **1.** einnehmend
(Wesen etc), gewinnend (Lächeln etc).

**2.** *tech.* Ein- *od.* Ausrück...: ~ **gear**, ~ **mechanism** Ein- u. Ausrückvorrichtung *f.* **en'gag·ing·ness** *s* einnehmendes Wesen.

**en·gen·der** [ɪn'dʒendə(r)] **I** *v/t* **1.** *fig.* Neid *etc* erzeugen, her'vorrufen (in bei). **2.** *obs.* zeugen. **II** *v/i* **3.** entstehen, (Gewitter *etc*) sich zs.-brauen.

**en·gine** ['endʒɪn] **I** *s* **1.** a) Ma'schine *f,* me'chanisches Werkzeug, b) *a.* ~ **of torture** *hist.* Folterwerkzeug *n.* **2.** *tech.* ('Antriebs-, 'Kraft-, 'Dampf)Ma'schine *f,* (*bes.* Verbrennungs)Motor *m:* ~ **aircraft** ~ Flug(zeug)motor. **3.** *rail.* Lokomo'tive *f.* **4.** *tech.* Holländer *m,* Stoffmühle *f.* **II** *v/t* **5.** mit e-m Motor versehen. ~ **beam** *tech.* Balanci'er *m* (*Dampfmaschine*). ~ **break·down** *s tech.* Motorpanne *f,* -schaden *m.* ~ **build·er** *s* Ma'schinenbauer *m.* ~ **ca·pac·i·ty** *s tech.* Mo'toren-, Ma'schinenleistung *f.* ~ **com·pa·ny** *s Am.* Löschzug *m* (*der Feuerwehr*). ~ **con·trol** *s tech.* **1.** Ma'schinen-, Motorsteuerung *f.* **2.** Bedienungshebel *m.* ~ **driv·er** *s rail. Br.* Lokomo'tivführer *m.*

**en·gi·neer** [ˌendʒɪ'nɪə(r)] **I** *s* **1.** a) Ingeni'eur *m,* b) Techniker *m,* c) Me'chaniker *m:* ~**s** *teleph.* Stördienst *m.* **2.** *a. mar.* Maschi'nist *m.* **3.** *rail. Am.* Lokomo'tivführer *m.* **4.** *mil.* Pio'nier *m:* ~ **combat battalion** leichtes Pionierbataillon; ~ **construction battalion** schweres Pionierbataillon; ~ **group** Pionierregiment *n.* **5.** *Bergbau:* Kunststeiger *m.* **II** *v/t* **6.** Straßen, Brücken *etc* (er)bauen, anlegen, konstru'ieren, errichten. **7.** *fig.* (geschickt) in die Wege leiten, organi'sieren, 'deichseln', 'einfädeln'. **III** *v/i* **8.** als Ingeni'eur *etc* tätig sein. **en·gi'neer·ing** *s* **1.** *allg.* Technik *f,* engS. Ingeni'eurwesen *n,* (*a.* **mechanical** ~) Ma'schinen- u. Gerätebau *m:* ~ **department** technische Abteilung, Konstruktionsbüro *n;* ~ **facilities** technische Einrichtungen; ~ **sciences** technische Wissenschaften; ~ **specialist** Fachingenieur *m;* ~ **standards committee** Fachnormenausschuß *m.* **2.** *mil.* Pio'nierwesen *n.*

**en·gine|fit·ter** *s* Ma'schinenschlosser *m,* Mon'teur *m.* '~**house** *s* **1.** Ma'schinenhaus *n.* **2.** *rail.* Lokomo'tivschuppen *m.* **3.** *Feuerwehr:* Spritzenhaus *n.* ~**lathe** *s tech.* Leitspindel-, Spitzendrehbank *f.* '~**man** [-mən; -mæn] *s irr* **1.** Maschi'nist *m.* **2.** *rail.* Lokomo'tivführer *m.* ~ **room** *s* Ma'schinenraum *m:* ~ **of the attack** *sport* Angriffsmotor *m.*

**en·gine·ry** ['endʒɪnrɪ; *Am.* -nriː] *s* **1.** *fig.* Maschine'rie *f.* **2.** *collect.* (*bes.* 'Kriegs-)Ma'schinen *pl.*

**en·gine|shaft** *s tech.* **1.** Motorwelle *f.* **2.** Pumpenschacht *m.* ~ **speed** *s tech.* Motordrehzahl *f.* ~ **trou·ble** *s tech.* Motorpanne *f,* -schaden *m.*

**en·gird** [ɪn'ɡɜːd; *Am.* ɪn'ɡɜrd] → **gird**[1]. **en·gir·dle** [-dl] → **girdle**[1] **II.**

**Eng·land·er** ['ɪŋɡləndə(r)] *s* Engländer *m:* → **Little Englander.**

**Eng·lish** ['ɪŋɡlɪʃ] **I** *adj* **1.** englisch: ~ **breakfast.** **II** *s* **2.** **the** ~ die Engländer. **3.** *ling.* Englisch *n,* das Englische: **in** ~ a) auf englisch, b) im Englischen; **into** ~ ins Englische; **from** (**the**) ~ aus dem Englischen; **the King's** (*od.* **Queen's**) ~ korrektes, reines Englisch; **in plain** ~ unverblümt, 'auf gut deutsch'. **4.** *print.* a) *hist.* Mittel *f* (*Schriftgrad; 14 Punkt*), b) *e-e* gotische Schrift. **III** *v/t* **5.** *selten* ins Englische über'setzen. **6.** *ein Wort etc* angli'sieren. ~ **base·ment** *s Am.* Souter'rain *n.* ~ **bond** *s arch.* Blockverband *m.* ~ **dis·ease** *s econ.* englische Krankheit. ~ **elm** *s bot.* Feldulme *f.* ~ **English·ism** *s ling.* britisches Englisch. ~ **flute** *s*

*mus.* Blockflöte *f.* ~ **horn** *s mus.* Englischhorn *n.*

**Eng·lish·ism** ['ɪŋɡlɪʃɪzəm] *s bes. Am.* **1.** *ling.* Briti'zismus *m.* **2.** englische Eigenart, (*etwas*) typisch Englisches. **3.** Anglophi'lie *f.*

**Eng·lish·man** ['ɪŋɡlɪʃmən] *pl* **-men** [-mən; -men] *s* Engländer *m.*

**Eng·lish·ry** ['ɪŋɡlɪʃrɪ] *s* **1.** englische Abkunft. **2.** **Leute** *pl* englischer Abkunft (*bes. in Irland*).

**Eng·lish| set·ter** *s zo.* Englischer Setter. ~ **sick·ness** *s econ.* englische Krankheit. ~ **son·net** *s* englisches So'nett (*im Stil Shakespeares od. der Elisabethanischen Periode*). ~ **spar·row** *s orn. Am.* Hausspatz *m,* -sperling *m.* ~ **stud·ies** *pl* An'glistik *f.* '~**wom·an** *s irr* Engländerin *f.*

**en·glut** [ɪn'ɡlʌt] *v/t* gierig verschlingen.

**en·gobe** [enˈɡəʊb; ɪn-] *s* En'gobe *f* (*keramische Überzugsmasse*).

**en·gorge** [ɪn'ɡɔː(r)dʒ] *v/t* **1.** gierig verschlingen. **2.** *med. Gefäß etc* anschoppen: ~**d** prall, gefüllt, geschwollen; ~**d kidney** Stauungsniere *f.* **en'gorge·ment** *s med.* **1.** Anschoppung *f.* **2.** Schwellung *f.*

**en·graft** [ɪn'ɡrɑːft; *Am.* -'ɡræft] *v/t* **1.** *bot.* aufpfropfen (**into**, **on**, **upon** auf *acc*). **2.** *fig.* Prinzipien *etc* verankern (**into** in *dat*).

**en·grail** [ɪn'ɡreɪl] *v/t* ein Wappen auszacken, e-e Münze rändeln.

**en·grain** [ɪn'ɡreɪn] *v/t tech. obs.* im Garn *od.* in der Faser färben. **en'grained** *adj fig.* **1.** eingewurzelt: **his fear is deeply** ~ s-e Furcht sitzt tief; **it is deeply** ~ **in him** es ist ihm in Fleisch u. Blut übergegangen. **2.** eingefleischt, (*nachgestellt*) durch u. durch.

**en·gram** ['enɡræm] *s psych.* En'gramm *n,* Erinnerungsbild *n.*

**en·grave** [ɪn'ɡreɪv] *pp* -'**graved,** *obs.* -'**grav·en** *v/t* **1.** (in *Metall, Stein etc*) ('ein)gra'vieren, (ein)meißeln, (in *Holz*) (ein)schnitzen (**on**, **upon** in *acc,* auf *acc*). **2.** **to** ~ **a tombstone with a name** e-n Namen in e-n Grabstein (ein)meißeln. **3.** **it is** ~**d** (**up**)**on** (*od.* **in**) **his memory** (*od.* **mind**) es hat sich ihm tief (*od.* unauslöschlich) eingeprägt. **en'grav·er** *s* Gra'veur *m:* ~ **of music** Notenstecher *m;* ~ **on copper** Kupferstecher *m;* ~ **on steel** Stahlstecher *m;* ~ **on wood** Holzschneider *m,* Xylograph *m.* **en'grav·ing** *s* **1.** Gra'vieren *n,* Gra'vierkunst *f:* ~ **cylinder** Bildwalze *f;* ~ **establishment** Gravieranstalt *f;* ~ **machine** *tech.* Graviermaschine *f;* ~ **needle** Graviernadel *f.* **2.** Druckplatte *f:* **photographic** ~ Photogravüre *f.* **3.** Gra'vierung *f,* (Kupfer-, Stahl)Stich *m,* Holzschnitt *m.*

**en·gross** [ɪn'ɡrəʊs] *v/t* **1.** *jur.* a) *e-e* Urkunde ausfertigen, b) *e-e* Reinschrift anfertigen von, c) in gesetzlicher *od.* rechtsgültiger Form ausdrücken, d) *parl.* e-m Gesetzentwurf die endgültige Fassung (zur dritten Lesung) geben. **2.** *econ.* a) Ware spekula'tiv aufkaufen, b) *e-n* Markt monopoli'sieren. **3.** *fig.* j-s Aufmerksamkeit *etc* in Anspruch nehmen, die Macht *etc* an sich reißen: **to** ~ **the conversation** das große Wort führen, die Unterhaltung an sich reißen. **en'grossed** *adj* (**in**) (voll) in Anspruch genommen (von), vertieft, versunken (in *acc*). **en'gross·er** *s* **1.** a) Ausfertiger *m* e-r Urkunde, b) Anfertiger *m* e-r Reinschrift. **2.** *econ.* spekula'tiver Aufkäufer. **en'gross·ing** *adj* **1.** fesselnd, spannend. **2.** voll(auf) in Anspruch nehmend. **en'gross·ment** *s* **1.** a) Ausfertigung *f* (*e-r Urkunde*): **two** ~**s of this contract have been prepared** dieser Vertrag ist in zwei Urkunden ausgefertigt, b) Rein-

schrift *f.* **2.** *econ.* a) spekula'tiver Aufkauf (*von Ware*), b) Monopoli'sierung *f* (*des Markts*). **3.** In'anspruchnahme *f* (**with** durch).

**en·gulf** [ɪn'ɡʌlf] *v/t* **1.** über'fluten. **2.** verschlingen (*a. fig.*): **snakes** ~ **their food whole; the boat was** ~**ed by the stormy sea; he was** ~**ed by his debts** er wurde von s-n Schulden 'aufgefressen'.

**en·hance** [ɪn'hɑːns; *bes. Am.* ɪn'hæns] *v/t* **1.** den Wert *etc* erhöhen, vergrößern, steigern, heben. **2.** *etwas* (vorteilhaft) zur Geltung bringen. **3.** *econ.* den Preis erhöhen, in die Höhe treiben: **to** ~ **the price of s.th.** etwas verteuern. **en'hance·ment** *s* Steigerung *f,* Erhöhung *f,* Vergrößerung *f.* **en'han·cive** [-sɪv] *adj* erhöhend, steigernd, vergrößernd.

**en·har·mon·ic** [ˌenhɑː(r)'mɒnɪk; *Am.* -'mɑ-] *mus.* **I** *adj* (*adv* ~**ally**) enhar'monisch: ~ **change** enharmonische Verwechslung; ~ **modulation** enharmonische Modulation. **II** *s* enhar'monischer Ton *od.* Ak'kord.

**en·i·ac** ['enɪæk] *s* ENIAC *m* (*ein elektronischer Rechenautomat; aus* **e**lectronic **n**umerical **i**ntegrator **a**nd **c**omputer).

**e·nig·ma** [ɪ'nɪɡmə] *pl* **-mas** *s* Rätsel *n,* rätselhafte Sache *od.* Per'son. **en·ig·mat·ic** [ˌenɪɡ'mætɪk] *adj;* ˌen·ig'mat·i·cal *adj* (*adv* ~**ly**) rätselhaft, dunkel, geheimnisvoll. **e'nig·ma·tize** *I v/i* in Rätseln sprechen, o'rakeln. **II** *v/t etwas* in Dunkel hüllen, verschleiern.

**en·jamb·(e)·ment** [ɪn'dʒæmmənt] *s metr.* Enjambe'ment *n* (*Übergreifen des Satzes in den nächsten Vers*).

**en·join** [ɪn'dʒɔɪn] *v/t* **1.** auferlegen, zur Pflicht machen, vorschreiben (**on** s.o. j-m). **2.** *j-m* auftragen, befehlen, einschärfen (**to do** zu tun). **3.** bestimmen, Anweisung(en) erteilen (**that** daß). **4.** *jur.* (durch gerichtliche Verfügung *etc*) unter'sagen (**s.th. on** s.o. j-m etwas; **s.o. from doing s.th.** j-m, etwas zu tun).

**en·joy** [ɪn'dʒɔɪ] *v/t* **1.** Vergnügen *od.* Gefallen finden *od.* Freude haben an (*dat*), sich erfreuen an (*dat*): **to** ~ **doing s.th.** daran Vergnügen finden (*etc*), etwas zu tun; **I** ~ **dancing** ich tanze gern, Tanzen macht mir Spaß; **did you** ~ **the play?** hat dir das (Theater)Stück gefallen?; **to** ~ **o.s.** sich amüsieren, sich gut unterhalten; ~ **yourself!** viel Spaß!; **did you** ~ **yourself in London?** hat es dir in London gefallen? **2.** *genießen,* sich *etwas* schmecken lassen: **I** ~ **my food** das Essen schmeckt mir. **3.** sich (*e-s Besitzes*) erfreuen, *etwas* haben, besitzen: **to** ~ (**good**) **credit** (guten) Kredit genießen; **to** ~ **good health** sich e-r guten Gesundheit erfreuen; **to** ~ **a right** ein Recht genießen *od.* haben. **en'joy·a·ble** *adj* (*adv* **enjoyably**) **1.** brauch-, genießbar. **2.** angenehm, erfreulich, schön. **en'joy·ment** *s* **1.** Genuß *m,* Vergnügen *n,* Gefallen *n,* Freude *f* (**of** an *dat;* **to** für): **he found great** ~ **in** er fand großen Gefallen an (*dat*). **2.** Genuß *m* (*e-s Besitzes od. Rechts*), Besitz *m:* ~ **quiet** ~ *jur.* ruhiger Besitz. **3.** *jur.* Ausübung *f* (*e-s Rechts*).

**en·kin·dle** [ɪn'kɪndl] *v/t meist fig.* entflammen, -zünden, -fachen.

**en·lace** [ɪn'leɪs] *v/t* **1.** ein-, zs.-schnüren. **2.** → **entangle** 3.

**en·large** [ɪn'lɑː(r)dʒ] **I** *v/t* **1.** vergrößern, Kenntnisse *etc a.* erweitern, Einfluß *etc a.* ausdehnen: **reading** ~**s the mind** Lesen erweitert den Gesichtskreis. **2.** *phot.* vergrößern. **3.** *obs.* freilassen. **II** *v/i* **4.** sich vergrößern, sich erweitern, sich ausdehnen, zunehmen. **5.** sich verbreiten *od.* (weitläufig) auslassen (**on**, **upon** über *acc*). **6.** *phot.* sich vergrößern lassen. **en'larged** *adj* erweitert: ~ **and revised**

edition erweiterte u. verbesserte Auflage. **en'large·ment** s **1.** Vergrößerung f, Erweiterung f, Ausdehnung f: ~ **of the heart** (tonsils) med. Herzerweiterung (Mandelschwellung f). **2.** Erweiterungsbau m, Anbau m. **3.** phot. Vergrößerung f. **4.** obs. Freilassung f (from aus). **en'larg·er** s phot. Vergrößerungsgerät n. **en'larg·ing** adj phot. Vergrößerungs...

**en·light·en** [ɪn'laɪtn] v/t **1.** (geistig) erleuchten, aufklären, belehren (on, as to über acc). **2.** obs. od. poet. erhellen. **en'light·ened** adj **1.** fig. erleuchtet, aufgeklärt (on über acc). **2.** verständig: an ~ judg(e)ment. **en'light·en·ment** s Aufklärung f, Erleuchtung f: the **Age of E**~ philos. das Zeitalter der Aufklärung.

**en·link** [ɪn'lɪŋk] v/t verketten, fest verbinden (to, with mit) (beide a. fig.).

**en·list** [ɪn'lɪst] **I** v/t **1.** Soldaten anwerben, Rekruten einstellen: ~ed grade Am. Unteroffiziers- od. Mannschaftsdienstgrad m; ~ed men Am. Unteroffiziere u. Mannschaften. **2.** fig. her'anziehen, enga'gieren, zur Mitarbeit (an e-r Sache) gewinnen: to ~ s.o.'s services j-s Dienste in Anspruch nehmen; ~ s.o. in a cause j-n für e-e Sache gewinnen. **II** v/i **3.** mil. sich anwerben lassen, Sol'dat werden, sich freiwillig melden (to zu). **4.** (in) mitwirken (bei), sich beteiligen (an dat). **en'list·ment** s **1.** mil. (An)Werbung f, Einstellung f: ~ allowance Am. Treueprämie f. **2.** bes. Am. Einstellung f in die Ar'mee. **3.** Am. (Dauer f der) (Wehr)Dienstverpflichtung f. **4.** Gewinnung f (zur Mitarbeit), Her'an-, Hin'zuziehung f (von Helfern).

**en·liv·en** [ɪn'laɪvn] v/t beleben, in Schwung bringen, ,ankurbeln': to ~ a party Stimmung in e-e Party bringen.

**en masse** [ã:ŋ'mæs] adv **1.** in der Masse, in Massen. **2.** im großen. **3.** zu'sammen. **4.** als Ganzes.

**en·mesh** [ɪn'meʃ] v/t **1.** in e-m Netz fangen. **2.** fig. verstricken: he was ~ed in his own lies er hatte sich in s-n eigenen Lügen verstrickt od. verfangen. **en'mesh·ment** s Verstrickung f.

**en·mi·ty** ['enmətɪ] s Feindschaft f, Feindseligkeit f: to be at ~ with verfeindet sein od. in Feindschaft leben mit; to bear s.o. no ~ j-m nichts nachtragen.

**en·ne·ad** ['enɪæd] s Gruppe f od. Satz m od. Serie f von 9 Per'sonen od. Dingen.

**en·no·ble** [ɪ'nəʊbl] v/t adeln: a) in den Adelsstand erheben, b) fig. veredeln, erhöhen. **en'no·ble·ment** s Ad(e)lung f: a) Erhebung f in den Adelsstand, b) fig. Veredelung f.

**en·nui** [ã:'nwi:] s Langeweile f.

**e·nol** ['i:nɒl; Am. a. -ˌnəʊl] s chem. E'nol n. **e'nol·ic** [-'nɒlɪk; Am. -'nəʊ-; -'nɑ-] adj Enol...

**e·nor·mi·ty** [ɪ'nɔ:(r)mətɪ] s Ungeheuerlichkeit f: a) Enormi'tät f, b) Frevel m, Greuel m, Untat f. **e'nor·mous** adj (adv ~ly) **1.** e'norm, ungeheuer(lich), gewaltig, riesig. **2.** obs. ab'scheulich. **e'normous·ness** s ungeheure Größe, Monumentali'tät f.

**e·nough** [ɪ'nʌf] **I** adj ausreichend, 'hinlänglich, genug: ~ bread, bread ~ genug Brot, Brot genug; five are ~ fünf reichen od. langen od. sind genug; this is ~ (for us) das genügt (uns); it is ~ for me to know es genügt mir zu wissen; it is ~ to weep (throw up) es ist zum Heulen (,Kotzen'); he was not man ~ (od. not a man) er war nicht Manns genug (to do zu tun); I was fool ~ (od. of a fool) to believe her ich war so dumm u. glaubte ihr. **II** s Genüge f, genügende Menge f: to have (quite) ~ (völlig) genug haben; I have had ~, thank you! danke, ich bin

satt!; I have had (more than) ~ of it ich bin od. habe ich (es mehr als) satt, ,ich bin (restlos) bedient'; ~ of that! genug davon!, Schluß damit!; to cry ~ sich geschlagen geben, aufhören; ~ and to spare mehr als genug, übergenug; ~ is as good as a feast allzuviel ist ungesund. **III** adv genug, genügend, 'hinlänglich: it's a good ~ story die Geschichte ist nicht übel; he does not sleep ~ er schläft nicht genug; be kind (od. good) ~ to do this for me sei so gut od. freundlich u. erledige das für mich, erledige das doch bitte für mich; be good ~ to hold your tongue halt gefälligst d-n Mund; safe ~ durchaus sicher; true ~ nur zu wahr; he writes well ~ a) er schreibt recht gut, b) er schreibt (zwar) ganz leidlich od. schön(, aber ...); you know well ~ that this is untrue Sie wissen sehr wohl od. ganz gut, daß das unwahr ist; you know well ~! du weißt es ganz genau!; that's not good ~ das lasse ich nicht gelten, das genügt nicht; curiously (od. strangely) ~ merkwürdigerweise; → fool[1] 1. **IV** interj genug!, aufhören!

**e·nounce** [i:'naʊns, ɪ'n-] v/t **1.** verkünden. **2.** aussprechen, äußern. **e'nouncement** s **1.** Verkündung f. **2.** Äußerung f.

**e·now** [ɪ'naʊ] adj u. adv obs. genug.

**en pas·sant** [ã:m'pæsã:ŋ; Am.ˌã:ˌpa:'sã:] adv en pas'sant: a) im Vor'beigehen, b) beiläufig, neben'her.

**en·plane** [ɪn'pleɪn] v/i aer. an Bord gehen.

**en prise** [ã'pri:z] (Fr.) adj Schach: bedroht.

**en·quire** [ɪn'kwaɪə(r)], **en'quir·y** → inquire, inquiry.

**en·rage** [ɪn'reɪdʒ] v/t wütend machen. **en'raged** adj wütend, aufgebracht (at, by über acc).

**en rap·port** [ã:rapɔr] (Fr.) adj in (enger) Verbindung.

**en·rapt** [ɪn'ræpt] → enraptured. **en'rap·ture** [-tʃə(r)] v/t 'hinreißen, entzücken. **en'rap·tured** adj 'hingerissen, entzückt (at, by von).

**en·reg·is·ter** [ɪn'redʒɪstə(r)] v/t eintragen, regi'strieren, verzeichnen.

**en·rich** [ɪn'rɪtʃ] v/t **1.** (o.s. sich) bereichern (a. fig.). **2.** reich od. wertvoll machen. **3.** anreichern: a) agr. ertragreich(er) machen: to ~ the soil, b) chem. tech. veredeln, c) chem. den Nährwert erhöhen von (od. gen). **4.** (aus)schmükken, reich verzieren. **5.** fig. a) den Geist bereichern, befruchten, b) den Wert etc erhöhen, steigern. **en'rich·ment** s **1.** Bereicherung f: unjust ~ ungerechtfertigte Bereicherung. **2.** Anreicherung f. **3.** Verzierung f, Ausschmückung f. **4.** fig. Befruchtung f.

**en·robe** [ɪn'rəʊb] v/t bekleiden, (with, in mit).

**en·rol(l)** [ɪn'rəʊl] **I** v/t **1.** j-n, j-s Namen einschreiben, -tragen (in in dat od. acc), univ. j-n immatriku'lieren: to ~ o.s. → 5. **2.** a) mil. (an)werben, b) mar. anmustern, anheuern, c) Arbeiter einstellen: to be enrolled eingestellt werden, in e-e Firma eintreten. **3.** (als Mitglied) aufnehmen: to ~ o.s. in a society e-r Gesellschaft beitreten. **4.** jur. amtlich aufzeichnen, regi'strieren, (gerichtlich) protokol'lieren. **5.** sich einschreiben (lassen), univ. sich immatriku'lieren: to ~ in a course e-n Kurs belegen. **en'rol(l)ment** s **1.** a) Eintragung f, -schreibung f, univ. Immatrikulati'on f, b) (Gesamt)Zahl f der Eingetragenen od. univ. Immatriku'lierten. **2.** a) mil. Anwerbung f, b) mar. Anheuerung f, c) Einstellung f. **3.** Aufnahme f. **4.** Bei-

trittserklärung f. **5.** jur. Re'gister n, Verzeichnis n.

**en route** [ã:n'ru:t] adv unter'wegs, en route (for nach), auf der Reise (from ... to von ... nach).

**ens** [enz] pl **en·ti·a** ['enʃɪə] (Lat.) s philos. Ens n, Sein n, (das) Seiende, Wesen n.

**en·san·guine** [ɪn'sæŋgwɪn] v/t poet. **1.** mit Blut beflecken. **2.** blutrot färben: the setting sun ~d the sky. **en'sanguined** adj **1.** blutbefleckt. **2.** blutrot.

**en·sconce** [ɪn'skɒns; Am. ɪn'skɑns] v/t **1.** (meist o.s. sich) verbergen, verstecken. **2.** ~ o.s. es sich bequem machen: to ~ o.s. in a chair.

**en·sem·ble** [ã:n'sã:mbl] s **1.** (das) Ganze, Gesamteindruck m. **2.** mus. thea. En'semble(spiel) n. **3.** Kleider: En'semble n, Kom'plett n.

**en·shrine** [ɪn'ʃraɪn] v/t **1.** (in e-n Schrein etc) einschließen. **2.** (als Heiligtum) bewahren. **3.** als Schrein dienen für: her heart ~s his memory sie bewahrt die Erinnerung an ihn in ihrem Herzen.

**en·shroud** [ɪn'ʃraʊd] v/t einhüllen, (ver-) hüllen (beide a. fig.): ~ed in mist in Nebel gehüllt.

**en·si·form** ['ensɪfɔ:(r)m] adj anat. bot. schwertförmig.

**en·sign** ['ensaɪn; bes. mar. u. mil. 'ensn] s **1.** Fahne f, Stan'darte f. **2.** mar. (Schiffs-) Flagge f, bes. Natio'nalflagge f. **3.** ['ensaɪn] Br. hist. Fähnrich m. **4.** mar. Brit. Leutnant m zur See. **5.** Abzeichen n (e-s Amts od. e-r Würde), Sinnbild n.

**en·si·lage** ['ensɪlɪdʒ] agr. I s **1.** Si'lierung f. **2.** Silofutter n. **II** v/t → ensile. **en·sile** [en'saɪl; 'ensaɪl] v/t agr. Futterpflanzen si'lieren.

**en·slave** [ɪn'sleɪv] v/t zum Sklaven machen (a. fig.), versklaven: drugs that ~ the will Drogen, die den Willen lähmen od. zerstören; his alcoholism has completely ~d him er ist vollständig dem Alkohol verfallen. **en'slave·ment** s **1.** Sklave'rei f, Versklavung f. **2.** fig. (to) sklavische Abhängigkeit (von) od. Bindung (an acc).

**en·snare** [ɪn'sneə(r)] v/t **1.** (in e-r Schlinge etc) fangen: he became ~d in his own lies er verstrickte sich in s-n eigenen Lügen. **2.** fig. bestricken, um'garnen.

**en·sor·cell**, Am. a. **en·sor·cel** [ɪn'sɔ:(r)sl] v/t bezaubern.

**en·sue** [ɪn'sju:; bes. Am. ɪn'su:] **I** v/t **1.** obs. ein Ziel verfolgen, e-m Vorbild nachstreben. **II** v/i **2.** (darauf, nach)folgen, da'nach kommen: the ensuing years die (darauf)folgenden od. nächsten Jahre. **3.** folgen, sich ergeben (from aus).

**en·sure** [ɪn'ʃʊə(r)] v/t **1.** (against, from) sichern (vor dat, gegen), schützen (vor dat). **2.** sicherstellen, garan'tieren (s.th. etwas; that daß; s.o. being daß j-d ist), Gewähr bieten für: to ~ s.th. to (od. for) s.o., to ~ s.o. s.th. j-m etwas sichern. **3.** sorgen für (etwas): to ~ that dafür sorgen, daß. **4.** obs. etwas versichern.

**en·tab·la·ture** [en'tæblətʃə; Am. ɪn'tæblə,tʃʊər] s arch. (Säulen)Gebälk n. **en·ta·ble·ment** [ɪn'teɪblmənt] s arch. **1.** → entablature. **2.** horizon'tale Plattform (über dem Sockel e-r Statue).

**en·tail** [ɪn'teɪl] **I** v/t **1.** jur. a) in ein Erbgut 'umwandeln, b) als Erbgut vererben, c) die Erbfolge für (ein Gut) bestimmen: ~ed estate Erb-, Familiengut n; ~ed interest Br. beschränktes Eigentumsrecht. **2.** fig. Schande etc bringen (on, upon über acc): to ~ ridicule (up)on s.o. j-n der Lächerlichkeit preisgeben. **3.** fig. etwas mit sich bringen, zur Folge haben, nach sich ziehen, Kosten etc verursachen, erfordern. **II** s **4.** jur. a) 'Um-

wandlung f in ein Erbgut, b) Vererbung f als Erbgut, c) Erb-, Fa'miliengut n, d) festgelegte Erbfolge: **to bar** (*od.* **cut off**) **the ~** die Erbfolge aufheben. **5.** *fig.* Folge f, Konse'quenz f. **en'tail·ment** → **en·tail 4 a–c.**

**en·tan·gle** [ɪn'tæŋgl] *v/t* **1.** *Haare, Garn etc* verwirren, ,verfitzen'. **2.** (**o.s.** sich) verwickeln, -heddern (**in** in *acc*): **his legs got ~d in** (*od.* **with**) **the ropes** er verhedderte sich mit den Beinen in den Seilen. **3.** *fig.* verwickeln, verstricken: **to ~ o.s. in s.th.**, **to become ~d in s.th.** in e-e Sache verwickelt werden; **to become ~d with** sich einlassen mit *j-m.* **4.** *etwas* verwirren, verwickelt *od.* verworren machen: **~d** verwickelt, kompliziert. **en·'tan·gle·ment** *s* **1.** *a. fig.* Verwick(e)lung f, -wirrung f: **to unravel an ~** e-e Verwirrung lösen. **2.** *fig.* Kompli'ziertheit f. **3.** *fig.* Hindernis n. **4.** Liebschaft f, Liai'son f. **5.** *mil.* Drahtverhau m.

**en·ta·sis** ['entəsɪs] *pl* **-ses** [-siːz] *s arch.* En'tase f (*Ausbauchung des Säulenschafts*).

**en·tel·e·chy** [en'telɪkɪ] *s philos.* Entele-'chie f: a) *etwas, was sein Ziel in sich selbst hat; die sich im Stoff verwirklichende Form*, b) *die im Organismus liegende Kraft, die s-e Entwicklung u. Vollendung bewirkt.*

**en·tente** [ɑːn'tɑ̃ːnt] *s* Bündnis n, En-'tente f: **E~ Cordiale** *pol. hist.* Entente f cordiale.

**en·ter** ['entə(r)] **I** *v/t* **1.** (hin'ein-, her-'ein)gehen, (-)kommen, (-)treten, (-)fließen in (*acc*), eintreten, -steigen in (*acc*), betreten: **to ~ a country** in ein Land einreisen. **2.** a) *mar. rail.* einlaufen, -fahren in (*acc*), b) *aer.* einfliegen in (*acc*). **3.** sich begeben in (*acc*), *etwas* aufsuchen: **to ~ a hospital. 4.** eindringen *od.* einbrechen in (*acc*). **5.** eindringen in (*acc*): **the bullet ~ed the skull; the thought ~ed my head** *fig.* mir kam der Gedanke; **it ~ed his mind** es kam ihm in den Sinn. **6.** *fig.* eintreten in (*acc*), beitreten (*dat*): **to ~ a club; to ~ the army** Soldat werden; **to ~ s.o.'s service** in j-s Dienst treten; **to ~ the university** zu studieren beginnen; **to ~ the war** in den Krieg eintreten; → **church 5. 7.** *fig. etwas* antreten, beginnen, *e-n Zeitabschnitt, ein Werk* anfangen. **8.** *e-n Namen etc* eintragen, -schreiben, *j-n* aufnehmen, zulassen: **to ~ one's name** sich eintragen *od.* einschreiben *od.* anmelden; **to be ~ed** *univ.* immatrikuliert werden; **to ~ s.o. at a school** j-n zur Schule anmelden; **to ~ s.th. into the minutes** etwas protokollieren *od.* ins Protokoll aufnehmen. **9.** *sport* melden, nennen (**for** für): **to ~ o.s.** → **19. 10.** *econ.* (ver)buchen, eintragen: **to ~ s.th. to the debit of s.o.** j-m etwas in Rechnung stellen, j-n mit etwas belasten; **to ~ s.th. on the invoice** etwas auf die Rechnung setzen. **11.** *econ. mar.* Waren dekla'rieren, Schiffe 'einkla,rieren: **to ~ inwards** (**outwards**) die Fracht e-s Schiffes bei der Einfahrt (Ausfahrt) anmelden. **12.** *jur. ein Recht* doch amtliche Eintragung wahren: **to ~ an action** e-e Klage anhängig machen. **13.** *jur. bes. Am.* Rechtsansprüche geltend machen auf (*acc*). **14.** *e-n Vorschlag etc* einreichen, ein-, vorbringen: **to ~ a protest** Protest erheben *od.* einlegen; **to ~ a motion** *parl.* e-n Antrag einbringen. **15.** *hunt. ein Tier* abrichten. **16.** *tech.* einfügen, -führen. **17. ~ up** a) *econ. e-n Posten* regelrecht buchen, b) *jur. ein Urteil* protokol'lieren (lassen).

**II** *v/i* **18.** eintreten, her'ein-, hin'einkommen, -gehen, (**in** *ein Land*) einreisen: **I don't ~ in it** *fig.* ich habe damit

nichts zu tun. **19.** *sport* melden, nennen (**for** für). **20.** *thea.* auftreten: **E~ a servant** ein Diener tritt auf (*Bühnenanweisung*).

*Verbindungen mit Präpositionen:*

**en·ter | in·to** *v/i* **1.** → **enter** 1, 4, 5, 6. **2.** anfangen, beginnen, sich einlassen auf (*acc*), teilnehmen *od.* sich beteiligen an (*dat*), eingehen auf (*acc*): **to ~ a plan** (**an arrangement**) auf e-n Plan (Vergleich) eingehen; **to ~ the conversation** sich an der Unterhaltung beteiligen; **to ~ correspondence** in Briefwechsel treten (**with** mit); **to ~ details** ins einzelne *od.* ins Detail gehen. **3.** *e-n Vertrag etc* eingehen, abschließen: **to ~ an obligation** e-e Verpflichtung eingehen. **4.** sich hin-'eindenken in (*acc*): **to ~ s.o.'s feelings** sich in j-n hineinversetzen, j-m etwas nachempfinden; **to ~ the spirit of Christmas** in e-e weihnachtliche Stimmung versetzt werden; **to ~ the spirit of the game** mitmachen. **5.** e-e Rolle spielen bei: **his accident did not ~ our plans** sein Unfall war nicht eingeplant. **~ on, ~ up·on** *v/t* **1.** *jur.* Besitz ergreifen von: **to ~ an inheritance** e-e Erbschaft antreten. **2.** a) *ein Thema* anschneiden, b) eintreten *od.* sich einlassen in (*ein Gespräch etc*). **3.** a) *ein Amt* antreten, b) beginnen: **to ~ a career** e-e Laufbahn einschlagen; **to ~ a new phase** in ein neues Stadium treten.

**en·ter·a** ['entərə] *pl von* **enteron.**

**en·ter·al** ['entərəl] *adj anat.* ente'ral, Darm...

**en·ter·ic** [en'terɪk] *adj* **1.** *med.* en'terisch, Darm...: **~ fever** (Unterleibs)Typhus m. **2.** *med. pharm.* darmlöslich, 'magensaft,resi,stent: **an ~ pill.**

**en·ter·i·tis** [,entə'raɪtɪs] *s med.* Ente'ritis f, 'Darmka,tarrh m.

**en·ter·o·cele** ['entərəʊsiːl] *s med.* Entero'zele f, Darmbruch m. **,en·ter·o·gas-'tri·tis** [-gæ'straɪtɪs] *s med.* Gastroente-'ritis f, 'Magen-'Darm-Ka,tarrh m. **'en·ter·o·lith** [-rəʊlɪθ] *s med.* Entero'lith m, Kotstein m. **'en·ter·on** [-rɒn; *Am.* -,rɒn] *pl* **-ter·a** [-rə] *s anat.* Enteron n, (*bes.* Dünn)Darm m.

**en·ter·prise** ['entə(r)praɪz] *s* **1.** Unter-'nehmen n, -'nehmung f. **2.** *econ.* a) Unter'nehmen n, Betrieb m, b) Unter'nehmertum n: **free ~. 3.** Wagnis n. **4.** Unter-'nehmungsgeist m, -lust f, Initia'tive f: **a man of ~** ein Mann mit Unternehmungsgeist. **'en·ter·pris·ing** *adj* (*adv* **~ly**) **1.** unter'nehmend, 'nehmungslustig, mit Unter'nehmungsgeist. **2.** wagemutig, kühn.

**en·ter·tain** [,entə(r)'teɪn] **I** *v/t* **1.** j-n (*od.* **o.s.** sich) (angenehm) unter'halten, stigen, amü'sieren. **2.** j-n gastlich aufnehmen, bewirten: **to be ~ed at** (*Br. a.* **to**) **dinner by s.o.** bei j-m zum Abendessen eingeladen sein; **to ~ angels unawares** außerordentliche Gäste haben, ohne es zu wissen. **3.** *Furcht, Hoffnung etc* hegen. **4.** *e-n Vorschlag etc* in Betracht *od.* Erwägung ziehen, *e-r Sache* Raum geben, eingehen auf (*acc*): **to ~ an idea** sich mit e-m Gedanken tragen. **II** *v/i* **5.** Gäste empfangen, ein gastliches Haus führen: **they ~ a great deal** sie haben oft Gäste. **,en·ter·'tain·er** *s* **1.** Gastgeber(in). **2.** Unter'halter(in), *engS.* Enter'tainer(in), Unter'haltungskünstler(in). **,en·ter·'tain·ing I** *adj* (*adv* **~ly**) unter'haltend, amü'sant, unter'haltsam. **II** *s*: **they do a great deal of ~** sie haben oft Gäste. **,en·ter·'tain·ment** *s* **1.** Unter'haltung f, Belustigung f: **for s.o.'s ~** zu j-s Unterhaltung; **much to his ~** sehr zu s-r Belustigung. **2.** (öffentliche) Unter'haltung, (professionell dargeboten *a.*) Enter-

'tainment n: **a place of ~** e-e Vergnügungsstätte; **~ electronics** Unterhaltungselektronik f; **~ industry** Unterhaltungsindustrie f; **~ tax** Vergnügungssteuer f; **~ value** Unterhaltungswert m. **3.** gastliche Aufnahme, Gastfreundschaft f, Bewirtung f: **~ allowance** *econ.* Aufwandsentschädigung f. **4.** Fest n, Gesellschaft f. **5.** Erwägung f.

**en·thral(l)** [ɪn'θrɔːl] *v/t* **1.** *fig.* bezaubern, fesseln, in s-n Bann schlagen. **2.** *obs.* unter'jochen. **en·'thrall·ing** *adj fig.* fesselnd, bezaubernd. **en·'thral(l)·ment** *s* **1.** Bezauberung f. **2.** *obs.* Unter'jochung f.

**en·throne** [ɪn'θrəʊn] *v/t* **1.** *e-n Monarchen, Bischof etc* inthroni'sieren: **to be ~d** *fig.* thronen. **2.** *fig.* erheben (**as** zu). **en·,throne·ment**, **en·,thron·i'za·tion** [-naɪ'zeɪʃn; *Am.* -nə'z-] *s* Inthronisati'on f, Inthroni'sierung f. **en·'thronize** [-aɪz] *v/t* → **enthrone.**

**en·thuse** [ɪn'θjuːz; *Am. a.* -'θuːz] *colloq.* **I** *v/t* begeistern. **II** *v/i* (**about, over**) begeistert sein (von), schwärmen (von, für). **en·'thu·si·asm** [-zɪæzəm] *s* **1.** En-'thusi'asmus m, Begeisterung f (**for** für; **about** über *acc*). **2.** Schwärme'rei f (**for** für). **3.** Leidenschaft f, Passi'on f: **his ~ is tennis. 4.** *relig. obs.* Verzückung f. **en·'thu·si·ast** [-zɪæst] *s* **1.** Enthusi'ast(in): **tennis ~** Tennisbegeisterte(r m) f, leidenschaftlicher Tennisspieler. **2.** Schwärmer(in). **en·,thu·si·'as·tic** *adj* (*adv* **~ally**) **1.** enthusi'astisch, begeistert (**about, over** über *acc*): **he was ~ about it** er war davon begeistert; **to become** (*od.* **get**) **~** in Begeisterung geraten. **2.** schwärmerisch.

**en·ti·a** ['enʃɪə] *pl von* **ens.**

**en·tice** [ɪn'taɪs] *v/t* **1.** locken: **to ~ s.o. away** a) j-n weglocken (**from** von), b) *econ.* j-n abwerben; **my friend has ~d my wife away** mein Freund hat mir m-e Frau abspenstig gemacht. **2.** verlocken, -leiten, -führen (**into s.th.** zu etwas): **to ~ s.o. to do** (*od.* **into doing**) **s.th.** j-n dazu verleiten, etwas zu tun. **en·'tice·ment** *s* **1.** (Ver)Lockung f, (An)Reiz m. **2.** Verführung f, -leitung f. **en·'tic·er** *s* Verführer(in). **en·'tic·ing** *adj* (*adv* **~ly**) verlockend, verführerisch.

**en·tire** [ɪn'taɪə(r); *Am. a.* 'en,taɪr] **I** *adj* **1.** ganz, völlig, vollkommen, -zählig, -ständig, kom'plett. **2.** ganz, unvermindert, Gesamt...: **~ proceeds** Gesamtertrag m. **3.** ganz, unversehrt, unbeschädigt. **4.** *fig.* nicht ka'striert: **~ horse** Hengst m. **5.** *fig.* uneingeschränkt, ungeteilt, voll, ungeschmälert: **he enjoys our ~ confidence** er genießt unser volles *od.* uneingeschränktes Vertrauen; **I am in ~ agreement with you** ich stimme voll u. ganz *od.* völlig mit Ihnen überein. **6.** aus 'einem Stück, zs.-hängend. **7.** *jur.* ungeteilt: **~ tenancy** Pachtung f in 'einer Hand. **II** *s* **8.** (*das*) Ganze. **9.** nicht ka'striertes Pferd, Hengst. m. **10.** *mail* Ganzsache f. **en·'tire·ly** *adv* **1.** völlig, gänzlich, durch'aus, ganz u. gar: **I am ~ of your opinion; it is ~ possible** es ist durchaus *od.* ohne weiteres möglich. **2.** ausschließlich: **it is ~ his fault. en·'tire·ness** → **entirety. en·'tire·ty** *s* **1.** (*das*) Ganze, Ganzheit f, Vollständigkeit f, Gesamtheit f: **in its ~** in s-r Gesamtheit, als (ein) Ganzes. **2.** *jur.* ungeteilter Besitz.

**en·ti·tle** [ɪn'taɪtl] *v/t* **1.** *ein Buch etc* betiteln: **a book ~d ...** ein Buch mit dem Titel **... 2.** *j-n* betiteln, anreden, ansprechen: **how does one ~ a queen? 3.** (**to**) *j-n* berechtigen (zu), *j-m* ein Anrecht geben (auf *acc*): **to be ~d to** e-n (Rechts-) Anspruch haben auf (*acc*), berechtigt sein zu; **to be ~d to do s.th.** dazu

berechtigt sein *od.* das Recht haben, etwas zu tun; **~d to vote** wahl-, stimmberechtigt; **she is ~d to maintenance** sie ist unterhaltsberechtigt, ihr steht Unterhalt zu; **party ~d** Berechtigte(r *m*) *f.*

**en·ti·tle·ment** *s* **1.** Betitelung *f.* **2.** a) (berechtigter) Anspruch: **~ to benefits** (*Versicherung*) Leistungsanspruch, b) zustehender Betrag.

**en·ti·ty** ['entətɪ] *s* **1.** *philos.* a) Dasein *n*, Wesen *n*, b) (re'ales) Ding, Gebilde *n*, c) Wesenheit *f.* **2.** *jur.* 'Rechtsper,sönlichkeit *f*: **legal ~** juristische Person.

**en·to·blast** ['entəʊblæst], **'en·to·derm** [-dɜːm; *Am.* -,dɜːm] *s biol. med.* Ento'blast *n*, Ento'derm *n* (*inneres Keimblatt des menschlichen u. tierischen Embryos*).

**en·tomb** [ɪn'tuːm] *v/t* **1.** begraben, beerdigen, bestatten, beisetzen. **2.** verschütten, le'bendig begraben. **3.** als Grab(stätte) dienen für: **this church ~s many great men** in dieser Kirche sind viele große Männer beigesetzt. **en·'tomb·ment** *s* Begräbnis *n*, Beerdigung *f*, Bestattung *f*, Beisetzung *f.*

**en·tom·ic** [en'tɒmɪk; *Am.* -'tɑ-] *adj zo.* Insekten...

**en·to·mo·log·i·cal** [,entəmə'lɒdʒɪkl; *Am.* -'lɑ-] *adj* (*adv* **~ly**) entomo'logisch. **en·to'mol·o·gist** [-'mɒlədʒɪst; *Am.* -'mɑ-] *s* Entomo'loge *m.* **en·to'mol·o·gize** *v/i* **1.** Entomolo'gie stu'dieren. **2.** In'sekten sammeln. **en·to'mol·o·gy** *s* Entomolo'gie *f*, In'sektenkunde *f.*

**en·to·moph·a·gous** [,entə'mɒfəgəs; *Am.* -'mɑ-] *adj zo.* insektenfressend. **en·to'moph·i·lous** [-fɪləs] *adj bot.* entomo'phil. **en·to'moph·i·ly** *s bot.* Entomo'phi'lie *f*, Bestäubung *f* durch In'sekten.

**en·to·par·a·site** [,entəʊ'pærəsaɪt] → endoparasite.

**en·to·plasm** ['entəʊplæzəm] → endoplasm.

**ent·op·tic** [en'tɒptɪk; *Am.* ,ent'ɑp-] *adj med. zo.* ent'optisch, das Augeninnere betreffend.

**ent·o·tic** [en'təʊtɪk] *adj med.* ent'otisch, das Innenohr betreffend.

**en·tou·rage** [,ɒntʊ'rɑːʒ; *Am.* ,ɑn-] *s* En'tou,rage *f*: a) Um'gebung *f*, b) Gefolge *n.*

**en·to·zo·on** [,entəʊ'zəʊɒn; *Am.* -,ɑn] *pl* **-zo·a** [-ə] *s zo.* Ento'zoon *n* (*Parasit, der im Menschen lebt*).

**en·tr'acte** ['ɒntrækt; *Am.* 'ɑn-] *s* Entre'akt *m*, 'Zwischen,akt(mu,sik *f*, -tanz *m*) *m.*

**en·trails** ['entreɪlz; *Am.* a. -trəlz] *s pl* **1.** *anat.* Eingeweide *pl.* **2.** *fig.* (*das*) Innere: **the ~ of the earth** das Erdinnere.

**en·train¹** [ɪn'treɪn] **I** *v/i* einsteigen. **II** *v/t* verladen (**for** nach).

**en·train²** [ɪn'treɪn] *v/t* **1.** mit sich fortziehen. **2.** *fig.* nach sich ziehen, zur Folge haben.

**en·train·ment** *s rail.* **1.** Einsteigen *n.* **2.** Verladung *f.*

**en·trance¹** ['entrəns] *s* **1.** a) Eintreten *n*, Eintritt *m*: **we could not talk about the matter because of Peter's ~s and exits** weil Peter ständig hereinkam, b) *mar. rail.* Einlaufen *n*, Einfahrt *f*, c) *aer.* Einflug *m*: **~ duty** *econ.* Eingangszoll *m*; **~ zone** *aer.* Einflugzone *f*; **to make one's ~** eintreten, erscheinen (→ 6). **2.** a) Ein-, Zugang *m* (**to** zu), b) Zufahrt *f*: **~ hall** (Eingangs-, Vor)Halle *f*, (Haus)Flur *m*; **at the ~** am Eingang, an der Tür. **3.** *mar.* (Hafen)Einfahrt *f.* **4.** *fig.* Antritt *m*: **~ (up)on an office** Amtsantritt; **~ (up)on an inheritance** Antritt e-r Erbschaft. **5.** Eintritt(serlaubnis *f*) *m*, Zutritt *m*, Einlaß *m*: **~ fee** a) Eintritt(sgeld *n*) *m*, b) Aufnahmegebühr *f*; **to have free ~** freien Zutritt haben; **no ~!** Zutritt verboten! **6.**

*thea.* Auftritt *m*: **to make one's ~** auftreten (→ 1). **7.** Beginn *m* (**to** gen).

**en·trance²** [ɪn'trɑːns; *Am.* ɪn'træns] *v/t* **1.** *j-n* in Verzückung versetzen, entzükken, 'hinreißen (**at, by** von). **2.** über'wältigen: **~d** außer sich (**with** vor *dat*); **~d with joy** freudetrunken. **3.** in Trance versetzen.

**en·trance·ment** *s* Verzückung *f.* **en·'tranc·ing** *adj* (*adv* **~ly**) bezaubernd, 'hinreißend.

**en·trant** ['entrənt] *s* **1.** Eintretende(r *m*) *f.* **2.** Berufsanfänger(in) (**to** in *dat*). **3.** neu(eintretend)es Mitglied. **4.** *sport* Teilnehmer(in) (*a. allg.* **an** e-m Wettbewerb), Konkur'rent(in).

**en·trap** [ɪn'træp] *v/t* **1.** (in e-r Falle) fangen. **2.** verführen, -leiten (**to** s.th. zu etwas; **into doing** zu tun). **3.** in 'Widersprüche verwickeln.

**en·treat** [ɪn'triːt] **I** *v/t* **1.** *j-n* inständig bitten, dringend ersuchen, anflehen. **2.** *etwas* erflehen. **3.** *Bibl. od. obs. j-n* behandeln. **II** *v/i* **4.** bitten, flehen: **to ~ of s.o. to do s.th.** j-n inständig bitten, etwas zu tun. **en·'treat·ing** *adj* (*adv* **~ly**) flehentlich. **en·'treat·y** *s* dringende *od.* inständige Bitte, Flehen *n*: **at s.o.'s ~** auf j-s Bitte (hin); **she gave him a look of ~** sie warf ihm e-n flehenden Blick zu.

**en·tre·chat** ['ɒntrəʃɑː; *Am.* 'ɑn-] *pl* **-chats** *s* Ballett: Entre'chat *m* (*Kreuzsprung, bei dem die Füße schnell über- u. auseinandergeschlagen werden*).

**en·tre·cote**, *bes. Br.* **en·tre·côte** ['ɒntrəkəʊt; *Am.* 'ɑn-] *pl* **-cotes** *s gastr.* Entre'cote *n*, Rippenstück *n* (*vom Rind*).

**en·trée**, *Am. a.* **en·tree** ['ɒntreɪ; *Am.* 'ɑn-] *s* **1.** *bes. fig.* Zutritt *m* (**into** zu): **she has ~ into the best society**; **his wealth gave him ~ into the best society** verschaffte ihm Zutritt. **2.** *gastr.* a) En'tree *n*, Zwischengericht *n*, b) *Am.* Hauptgericht *n.* **3.** *mus.* En'tree *n*, Er'öffnungsmu,sik *f* (*e-s Balletts*).

**en·tre·mets** ['ɒntrəmeɪ; *Am.* ,ɑntrə'meɪ] *pl* **-mets** [-eɪz] *s gastr.* Entre'mets *n*: a) Zwischengericht *n*, b) Süßspeise *f.*

**en·trench** [ɪn'trentʃ] **I** *v/i* **1.** übergreifen (**on, upon** auf *acc*). **II** *v/t* **2.** *mil.* mit Schützengräben versehen, befestigen: **to ~ o.s.** sich verschanzen, sich festsetzen (*beide a. fig.*); **to ~ o.s. behind a newspaper (a principle)** sich hinter e-r Zeitung (e-m Prinzip) verschanzen; **~ed** *fig.* eingewurzelt, verwurzelt. **3.** *fig.* Rechte *etc* festschreiben: **~ed provisions** Bestimmungen (*e-r Verfassung*), *die nur in e-m besonderen Verfahren geändert werden können.* **en·'trench·ment** *s mil.* **1.** Verschanzung *f.* **2.** *pl* Schützengräben *pl.*

**en·tre·pôt** ['ɒntrəpəʊ; *Am.* 'ɑn-] *s* Entre'pot *n*: a) Lager-, Stapelplatz *m*, b) *econ.* (Waren-, Zoll)Niederlage *f.*

**en·tre·pre·neur** [,ɒntrəprə'nɜː; *Am.* ,ɑntrəprə'nɜr] *s* **1.** *econ.* Unter'nehmer *m.* **2.** *Am.* Organi'sator *m*, Veranstalter *m.* **3.** Vermittler *m*, Mittelsmann *m.* **en·tre·pre'neur·i·al** *adj* Unternehmer...: **~ income** Einkommen *n* aus Unternehmertätigkeit; **~ risk** unternehmerisches Risiko. **en·tre·pre'neur·ship** *s* Unter'nehmerleitung *f*, -führung *f.*

**en·tre·sol** ['ɒntrəsɒl; *Am.* 'ɑntrə,sɑl; -,sɔl] *s arch.* Entre'sol *n*, Zwischen-, Halbgeschoß *n.*

**en·tro·py** ['entrəpɪ] *s* Entro'pie *f*: a) *phys.* Größe, die die Verlaufsrichtung e-s Wärmeprozesses kennzeichnet, b) *Größe des Nachrichtengehalts e-r noch statistischen Gesetzen gesteuerten Nachrichtenquelle,* c) *Maß für den Grad der Ungewißheit über den Ausgang e-s Versuchs.*

**en·truck** [ɪn'trʌk] *v/t u. v/i mil. bes. Am.*

(auf Lastkraftwagen) verladen (aufsitzen).

**en·trust** [ɪn'trʌst] *v/t* **1.** *etwas* anvertrauen (**to** s.o. j-m): **to ~ a child to s.o.'s care** ein Kind j-s Obhut anvertrauen. **2.** *j-n* betrauen (**with a task** mit e-r Aufgabe).

**en·try** ['entrɪ] *s* **1.** → entrance¹ 1. **2.** Einreise *f*, Zuzug *m*: **~ permit** Einreiseerlaubnis *f*; **~ and residence permit** Zuzugsgenehmigung *f*; **~ visa** Einreisevisum *n.* **3.** → entrance¹ 6. **4.** Einfall(en *n*) *m* (**in** ein *Land*), Eindringen *n*, *jur.* Einbruch *m.* **5.** **~ (up)on office** Amtsantritt *m.* **6.** Beitritt *m* (**into** zu): **Britain's ~ into the Common Market.** **7.** Einlaß *m*, Zutritt *m*: **to gain** (*od.* **obtain**) **~** Einlaß finden; **to force an ~ into, to make a forcible ~ into** gewaltsam eindringen in (*acc*), sich gewaltsam Zugang *od.* Zutritt verschaffen zu; **no ~!** Zutritt verboten!, *mot.* Keine Einfahrt! **8.** a) Zu-, Eingang(stür *f*) *m*, Einfahrt(stor *n*) *f*, b) Flur *m*, (Eingangs-, Vor)Halle *f.* **9.** a) Eintrag(ung *f*) *m*, Vormerkung *f*: **~ in a diary** Tagebucheintrag(ung), b) Stichwort *n* (*im Lexikon*). **10.** *econ.* a) Eintragung *f*, Buchung *f*: **to make an ~ of s.th.** etwas ein/verbuchen *od.* eintragen, b) (gebuchter) Posten. **11.** *econ.* Eingang *m* (*von Geldern etc*): **(up)on ~** nach Eingang. **12.** *econ. mar.* 'Einkla,rierung *f*, 'Zolldeklarati,on *f*: **~ inwards (outwards)** Einfuhr-(Ausfuhr)deklaration. **13.** *Bergbau:* Hauptförderstrecke *f.* **14.** *jur.* Besitzantritt *m*, -ergreifung *f* (**upon** gen). **15.** *geogr.* (Fluß)Mündung *f.* **16.** *sport* a) Nennung *f*, Meldung *f*: **~ fee** Startgeld *n*, b) → entrant 4, c) *collect.* Teilnehmer(zahl *f*) *pl* (*a. allg. e-s Wettbewerbs*): **a good** (*od.* **large**) **~** viele Nennungen *od.* Meldungen.

**ent·wick·lungs·ro·man** [ent'vɪklʊŋzro,maːn] *pl* **-ma·ne** [-,maːnə] (*Ger.*) *s* Ent'wicklungsro,man *m.*

**en·twine** [ɪn'twaɪn] **I** *v/t* **1.** flechten. **2.** winden, flechten, schlingen ([a]round um), um'winden (**with** mit). **3.** inein'anderschlingen: **with their fingers ~d** mit ineinandergeschlungenen Händen. **II** *v/i* **4.** sich inein'anderschlingen.

**en·twist** [ɪn'twɪst] → entwine 2, 3.

**e·nu·cle·ate** [iː'njuːklɪeɪt; *Am. a.* -'nuː-] *v/t* **1.** *obs.* deutlich machen, aufklären, erläutern. **2.** *med.* e-n *Tumor* ausschälen.

**e·nu·mer·ate** [ɪ'njuːməreɪt; *Am. a.* -'nuː-] *v/t* **1.** aufzählen. **2.** spezifi'zieren: **~d powers** *jur. Am.* speziell in Gesetzen erwähnte Machtbefugnisse. **e,nu·mer·'a·tion** *s* **1.** Aufzählung *f.* **2.** Liste *f*, Verzeichnis *n.* **e'nu·mer·a·tive** [-rətɪv; *Am. bes.* -,reɪtɪv] *adj* aufzählend. **e'nu·mer·a·tor** [-tə(r)] *s* Zähler *m* (*bei Volkszählungen*).

**e·nun·ci·ate** [ɪ'nʌnsɪeɪt] **I** *v/t* **1.** ausdrücken, -sprechen, (*a.* öffentlich) erklären. **2.** formu'lieren. **3.** behaupten, e-n *Grundsatz etc* aufstellen. **4.** (*bes.* deutlich) aussprechen. **II** *v/i* **5.** **to ~ clearly** e-e deutliche Aussprache haben, deutlich sprechen. **e,nun·ci·'a·tion** *s* **1.** (*a.* öffentliche) Erklärung. **2.** Formu'lierung *f.* **3.** Behauptung *f*, Aufstellung *f.* **4.** (*bes.* deutliche) Aussprache. **e'nun·ci·a·tive** [-ʃɪətɪv; *Am.* -sɪ,eɪtɪv] *adj* **1.** **to be ~ of s.th.** etwas ausdrücken. **2.** Ausdrucks...

**en·ure** → inure.

**en·u·re·sis** [,enjʊə'riːsɪs] *s med.* Enu'rese *f*, unwillkürliches Harnlassen, *bes.* Bettnässen *n.*

**en·vel·op** [ɪn'veləp] **I** *v/t* **1.** einschlagen, -wickeln, (ein)hüllen (**in** in *acc*): **to ~ o.s. in a thick coat** sich in e-n dicken Mantel hüllen; **~ed in flames (mist)** in Flam-

men (Nebel) gehüllt. **2.** *fig.* ver-, einhüllen, um'hüllen, um'geben: ~ed in mystery geheimnisumhüllt. **3.** *mil.* den Feind um'fassen, um'klammern. **II** *s Am.* → envelope.

**en·ve·lope** ['envələʊp] *s* **1.** Hülle *f*, 'Umschlag *m*, Um'hüllung *f*. **2.** 'Brief,umschlag *m*, Um'schlag *m*. **3.** *aer.* Hülle *f* (*e-s Ballons*), Außenhaut *f* (*e-s Luftschiffs*). **4.** *mil.* Vorwall *m*. **5.** *astr.* Nebelhülle *f*. **6.** *bot.* Kelch *m*. **7.** *anat.* Hülle *f*, Schale *f*. **8.** *math.* Um'hüllungskurve *f*, Einhüllende *f*.

**en·vel·op·ment** *s* **1.** Einhüllung *f*, Um'hüllung *f*, Hülle *f*. **2.** *mil.* Um'fassung(sangriff *m*) *f*, Um'klammerung *f*.

**en·ven·om** [ɪn'venəm] *v/t* **1.** vergiften (*a. fig.*). **2.** *fig.* mit Haß erfüllen: ~ed giftig, haßerfüllt.

**en·vi·a·ble** ['envɪəbl] *adj* (*adv* **enviably**) beneidenswert, zu beneiden(d). **'en·vi·a·ble·ness** *s* (*das*) Beneidenswerte. **'en·vi·er** *s* Neider(in). **'en·vi·ous** *adj* (*adv* ~ly) neidisch (of auf *acc*): to be ~ of s.o. because of s.th. j-n um etwas beneiden; an ~ look ein scheeler Blick. **'en·vi·ous·ness** *s* Neid *m*.

**en·vi·ron** [ɪn'vaɪərən] *v/t* um'geben (*a. fig.*): ~ed by (*od.* with) trees von Bäumen umstanden. **en'vi·ron·ment** *s* **1.** Um'gebung *f*, *sociol. a.* Mili'eu *n*: **a happy home** ~ ein glückliches Zuhause. **2.** 'Umwelt *f* (*a. sociol.*). **3.** *art* En'vironment *n* (*illusionistisches Kunstobjekt, das Gegenstände alltäglichen Lebens- u. Arbeitsbereiche in neue Beziehungen zueinander setzt*). **en,vi·ron'men·tal** [-'mentl] *adj* **1.** *sociol.* Milieu... **2.** Umwelt...: ~ **crisis** (pollution, preservation, protection, psychology, quality, research, *etc*); ~ **collapse** ökologischer Zs.-bruch; ~ **disaster** Umweltkatastrophe *f*; ~ **law** Umweltschutzgesetz *n*; ~ **science** → **ecology** a. **3.** *art* environ'mental. **en,vi·ron'men·tal·ism** *s* **1.** 'Umweltschutz(bewegung *f*) *m*. **2.** *sociol.* Environmenta'lismus *m* (*geographisch orientierte soziologische Richtung, nach der der spezifische geographische u. soziale Lebensraum des Menschen dessen Handeln u. Erleben bestimmt*). **en,vi·ron'men·tal·ist** *s* 'Umweltschützer(in). **en,vi·ron'men·tal·ly** *adv* **1.** in bezug auf *od.* durch die 'Umwelt: ~ **beneficial** (harmful *od.* noxious) umweltfreundlich (umweltfeindlich). **2.** *art* environ'mental. **en·vi·rons** [ɪn'vaɪərənz; 'envɪrənz] *s pl* Um'gebung *f* (*e-s Ortes etc*).

**en·vis·age** [ɪn'vɪzɪdʒ] *v/t* **1.** in Aussicht nehmen, ins Auge fassen, gedenken (doing zu tun). **2.** sich (*etwas*) vorstellen, für möglich halten. **3.** *j-n, etwas* begreifen, verstehen (as als). **4.** *obs.* e-r Gefahr etc (mutig) ins Auge sehen.

**en·vi·sion** [ɪn'vɪʒn] → **envisage** 2.

**en·voi** ['envɔɪ] *s* Zueignungs-, Schlußstrophe *f* (*e-s Gedichts*).

**en·voy¹** ['envɔɪ] → **envoi**.

**en·voy²** ['envɔɪ] *s* **1.** *a.* ~ **extraordinary and minister plenipotentiary** *pol.* Gesandte(r) *m* (*Missionschef der 2. Rangklasse*). **2.** Abgesandte(r) *m*, Bevollmächtigte(r) *m*.

**en·vy** ['envɪ] **I** *s* **1.** Neid *m* (of auf *acc*): demon of ~ Neidteufel *m*; → **green** 6. **2.** Gegenstand *m* des Neides: his garden is the ~ of all alle beneiden ihn um s-n Garten. **II** *v/t* **3.** *j-n* beneiden: to ~ s.o. s.th. j-n um etwas beneiden; we ~ (you) your nice house wir beneiden Sie um Ihr schönes Haus.

**en·wind** [ɪn'waɪnd] *v/t irr* um'winden (with mit).

**en·wrap** [ɪn'ræp] → **wrap** I.

**en·zo·ot·ic (dis·ease)** [ˌenzəʊ'ɒtɪk;

*Am.* ˌenzə'wɒtɪk] *s vet.* Enzoo'tie *f* (*Tierseuche mit beschränkter Ausbreitung*).

**en·zyme** ['enzaɪm] *s chem.* En'zym *n*, Fer'ment *n*. **en·zy·mol·o·gy** [ˌenzaɪ'mɒlədʒɪ; *Am.* ˌenzə'mɑ-] *s* Enzymolo'gie *f*.

**e·o·bi·ont** [ˌiːəʊ'baɪɒnt] *s biol.* Eobi'ont *m* (*Urzelle als erstes Lebewesen mit Zellstruktur*).

**E·o·cene** ['iːəʊsiːn] *geol.* **I** *adj* eo'zän. **II** *s* Eo'zän *n* (*zweitälteste Stufe des Tertiärs*).

**e·o·li·an**, *etc* → **aeolian**, *etc*.

**e·o·lith** ['iːəʊlɪθ] *s* Eo'lith *m* (*aus dem Tertiär od. Pleistozän stammender Feuerstein, dessen Kanten wie bearbeitet wirken, so daß man ihn irrtümlich für ein vorgeschichtliches Werkzeug hielt*). **E·o'lith·ic** *adj geol.* eo'lithisch: ~ **period** Eolithikum *n* (*aufgrund der Eolithen angenommene früheste Stufe der Kulturgeschichte*).

**e·on** → **aeon**.

**E·o·zo·ic** [ˌiːəʊ'zəʊɪk] *geol.* **I** *adj* eo'zoisch. **II** *s* Eo'zoikum *n* (*erdgeschichtliche Frühzeit*).

**EP** *I s* Maxisingle *f*. **II** *adj*: ~ **record** → I.

**e·pact** ['iːpækt] *s astr.* Ep'akte *f* (*Anzahl der Tage, die vom letzten Neumond des alten Jahres bis zum Beginn des neuen Jahres vergangen sind*).

**ep·arch** ['epɑː(r)k] *s* **1.** *antiq.* Ep'arch *m*, Statthalter *m*. **2.** *relig.* Bischof e-r Eparchie. **3.** oberster Verwaltungsbeamter e-r Eparchie. **'ep·arch·y** *s* Epar'chie *f*: a) *antiq.* oströmische Provinz, b) *relig.* Amtsbezirk e-s Bischofs in der orthodoxen Kirche, c) kommunalpolitische Verwaltungseinheit im heutigen Griechenland.

**e·paule·ment** [e'pɔːlmənt; 'ɪp-] *s mil.* Schulterwehr *f*.

**ep·au·let(te)** ['epəʊlet; ˌepə'let] *s mil.* Epau'lett *n*, Epau'lette *f*, Schulterstück *n*: to win one's ~s zum Offizier befördert werden.

**é·pée** ['epeɪ] *s fenc.* Degen *m*. **'é·pée·ist** *s* Degenfechter *m*.

**ep·en·ceph·a·lon** [ˌepen'sefəlɒn; *Am.* ˌepen'sefəˌlɑn] *pl* **-la** [-lə] *s anat.* Nachhirn *n*.

**ep·en·the·sis** [e'penθɪsɪs; 'ɪp-] *pl* **-ses** [-siːz] *s ling.* Epen'these *f*, Laut-, Silben-, Buchstabeneinfügung *f*.

**e·pergne** [ɪ'pɜːn; *Am.* ɪ'pɑrn] *s* Tafelaufsatz *m*.

**ep·ex·e·ge·sis** [eˌpeksɪ'dʒiːsɪs] *pl* **-ses** [-siːz] *s ling.* Epexe'gese *f*, erklärender Zusatz.

**e·phem·er·a¹** [ɪ'femərə] *pl* **-as, -ae** [-iː] *s* **1.** *zo.* Eintagsfliege *f*. **2.** *fig.* Eintagsfliege *f*, kurzlebige Erscheinung.

**e·phem·er·a²** [ɪ'femərə] *pl von* **ephemeron**.

**e·phem·er·al** [ɪ'femərəl] **I** *adj* **1.** ephe'mer: a) *med. zo.* eintägig, Eintags..., b) *fig.* flüchtig, kurzlebig, (sehr) vergänglich. **II** *s* **2.** → **ephemera¹**. **3.** *bot.* kurzlebige Pflanze.

**e·phem·er·is** [ɪ'femərɪs] *pl* **eph·em·er·i·des** [ˌefɪ'merɪdiːz] *s astr.* Epheme'ride *f* (*Tabelle über die tägliche Stellung der Himmelskörper*). **2.** *obs.* Tagebuch *n*.

**e·phem·er·on** [ɪ'femərɒn; *Am.* -ˌrɑn] *pl* **-a** [-ə], **-ons** → **ephemera¹**.

**E·phe·sian** [ɪ'fiːʒjən; *Am.* -ʒən] **I** *adj* **1.** e'phesisch. **II** *s* **2.** Epheser(in). **3.** *pl Bibl.* Brief *m* (des Paulus) an die Epheser.

**ep·i·blast** ['epɪblæst] *s biol. med.* Epi'blast *n* (*äußeres Keimblatt des menschlichen und tierischen Embryos*).

**ep·ic** ['epɪk] **I** *adj* (*adv* ~ally) **1.** episch, erzählend: ~ **drama** episches Drama; ~ **poem** Epos *n*. **2.** heldenhaft, heldisch, he'roisch: ~ **achievements** Heldentaten; ~ **laughter** homerisches Gelächter. **II** *s* **3.** Epos *n*, Heldengedicht *n*: **national** ~

~ **Nationalepos**. **4.** *allg.* episches Werk. **'ep·i·cal** [-kl] → **epic** I.

**ep·i·ca·lyx** ['epɪˌkeɪlɪks; -'kæ-] *s a. bot.* Außenkelch *m*. **'ep·i·carp** [-kɑː(r)p] *s bot.* Epi'karp *n*, äußere Fruchthaut.

**ep·i·cene** ['epɪsiːn] **I** *adj* **1.** *ling. u. fig.* beiderlei Geschlechts. **2.** *fig.* a) für beide Geschlechter, b) geschlechtslos, zwitterhaft. **II** *s* **3.** *ling.* Epi'cönum *n* (*Substantiv, das ein Wesen mit natürlichem Geschlecht bezeichnet, aber mit 'einem Genus sowohl vom männlichen als vom weiblichen Wesen gebraucht wird*).

**ep·i·cen·ter**, *bes. Br.* **ep·i·cen·tre** ['epɪsentə(r)], **'ep·i·cen·trum** [-'sentrəm] *s* **1.** Epi'zentrum *n* (*senkrecht über e-m Erdbebenherd liegendes Gebiet der Erdoberfläche*). **2.** *fig.* Mittelpunkt *m*.

**ep·i·cist** ['epɪsɪst] *s* Epiker *m*.

**ep·i·cot·yl** ['epɪˌkɒtɪl; *Am.* 'epɪˌkɑtl] *s bot.* Epiko'tyl *n* (*erster, blattloser Sproßabschnitt der Keimpflanze*).

**ep·i·cure** ['epɪˌkjʊə(r)] *s* Epiku'reer *m*: a) *allg.* Genußmensch *m*, b) Feinschmecker *m*. **ep·i·cu·re·an** [-kjʊə'riːən] **I** *adj* **1.** E~ *philos.* epiku'reisch. **2.** epiku'reisch: a) *allg.* genußsüchtig, b) feinschmeckerisch. **II** *s* **3.** E~ *philos.* Epiku'reer *m* (*Anhänger der Lehre Epikurs*). **4.** → **epicure**. **Ep·i·cu·re·an·ism**, **Ep·i·cur·ism** *s* **1.** *philos.* Epikure'ismus *m*, Lehre *f* Epi'kurs. **2.** e~ Epikure'ismus *m*: a) *allg.* Genußsucht *f*, b) Feinschmeckertum *n*.

**ep·i·cy·cle** ['epɪsaɪkl] *s astr. math.* Epi'zykel *m* (*Kreis, dessen Mittelpunkt e-n Kreis um e-n anderen Punkt beschreibt od. der auf dem Umfang e-s anderen Kreises abrollt*). **ep·i·cy·clic** [-'saɪklɪk; -'sɪk-] *adj* epi'zyklisch: ~ **gear** *tech.* Planeten-, Umlaufgetriebe *n*.

**ep·i·cy·cloid** [ˌepɪ'saɪklɔɪd] *s math.* Epizyklo'ide *f* (*Kurve, die von e-m auf e-m Kreis befindlichen Punkt beschrieben wird, wenn dieser Kreis auf e-m festen Kreis abrollt*): **interior** ~ Hypozykloide *f*.

**ep·i·dem·ic** [ˌepɪ'demɪk] *med.* **I** *adj* (*adv* ~ally) epi'demisch, seuchenartig (*beide a. fig.*). **II** *s* Epide'mie *f*, Seuche *f* (*beide a. fig.*). **ep·i'dem·i·cal** *adj* (*adv* ~ly) → **epidemic** I. **ep·i·de·mi·ol·o·gy** [-diːmɪ'ɒlədʒɪ; *Am.* -ˌɑl-] *s med.* Epidemiolo'gie *f*, Lehre *f* von den Epide'mien.

**ep·i·der·mal** [ˌepɪ'dɜːml; *Am.* -'dɜrməl], **ep·i·der·mic**, **ep·i·der·mi·cal** [-kl] *adj* epider'mal, Epidermis... **ep·i·der·mis** [-mɪs] *s anat. zo.* Epi'dermis *f*, Oberhaut *f*.

**ep·i·di·a·scope** [ˌepɪ'daɪəskəʊp] *s* Epidia'skop *n* (*Projektor zum Abbilden durchsichtiger u. undurchsichtiger Bilder auf e-r Wand*).

**ep·i·di·dy·mis** [ˌepɪ'dɪdɪmɪs] *pl* **-dym·i·des** [-dɪ'dɪmɪdiːz] *s anat.* Epidi'dymis *f*, Nebenhoden *m*.

**ep·i·dote** ['epɪdəʊt] *s min.* Epi'dot *m*.

**ep·i·dur·al** [ˌepɪ'djʊərəl; *Am. a.* -'dʊ-] **I** *adj anat.* epidu'ral (*auf od. außerhalb der harten Hirnhaut gelegen*): ~ **an(a)esthesia** → II. **II** *s med.* Epidu'ralanästhe,sie *f* (*Betäubung durch Einspritzen von Mitteln in den Raum zwischen harter Hirnhaut u. Wirbelkanal*).

**ep·i·gas·tri·um** [ˌepɪ'gæstrɪəm] *pl* **-a** [-ə] *s anat.* Epi'gastrium *n*, Oberbauchgegend *f*, Magengrube *f*.

**ep·i·gene** ['epɪdʒiːn] *adj* **1.** pseudo'morph (*Kristalle*). **2.** *geol.* an der Erdoberfläche gebildet: ~ **agents** Oberkräfte.

**ep·i·gen·e·sis** [ˌepɪ'dʒenəsɪs] *s* **1.** *biol.* Epige'nese *f* (*Entwicklung e-s jeden Organismus durch aufeinanderfolgende Neubildungen*). **2.** *geol.* Epige'nese *f* (*nach-*

trägliche Entstehung e-s Flußlaufs in früher abgelagerten Schichten).

**ep·i·glot·tis** [ˌepɪˈɡlɒtɪs; Am. -ˈɡlɑ-] pl **-tis·es, -ti·des** [-tɪdiːz] s anat. Epiˈglottis f, Kehldeckel m.

**ep·i·gone** [ˈepɪɡəʊn] s Epiˈgone m: a) unbedeutender Nachfolger bedeutender Vorgänger, b) Nachahmer ohne eigene Ideen.

**ep·i·gram** [ˈepɪɡræm] s **1.** Epiˈgramm n, kurzes Sinn- od. Spottgedicht. **2.** epigramˈmatischer (Aus)Spruch. ˌep·i·gramˈmat·ic [-ɡrəˈmætɪk] adj (adv ~ally) epigramˈmatisch, kurz u. treffend, scharf poinˈtiert. ˌep·iˈgram·ma·tist s Epigramˈmatiker m. ˌep·iˈgram·ma·tize I v/t **1.** kurz u. treffend ausdrücken. **2.** ein Epiˈgramm verfassen über od. auf (acc). II v/i **3.** Epiˈgramme verfassen.

**ep·i·graph** [ˈepɪɡrɑːf; bes. Am. -ɡræf] s **1.** Epiˈgraph n, (bes. anˈtike) Inschrift. **2.** Sinnspruch m, Motto n. **ep·i·graph·ic** [ˌepɪˈɡræfɪk] adj (adv ~ally) epiˈgraphisch. **e·pig·ra·phist** [eˈpɪɡrəfɪst; ɪˈp-] s Epiˈgraphiker(in), Inschriftenforscher(in). **e·pig·ra·phy** s Epiˈgraphik f, Inschriftenkunde f.

**ep·i·lep·sy** [ˈepɪlepsɪ] s med. Epilepˈsie f. ˌep·iˈlep·tic [-tɪk] I adj (adv ~ally) epiˈleptisch: ~ fit epileptischer Anfall. II s Epiˈleptiker(in).

**e·pil·o·gist** [eˈpɪləʊdʒɪst] s Verfasser(in) od. Sprecher(in) e-s Epiˈlogs. **e·pil·o·gize** I v/i e-n Epiˈlog schreiben od. sprechen. II v/t e-n Epiˈlog schreiben zu.

**ep·i·logue**, Am. a. **ep·i·log** [ˈepɪlɒɡ; Am. a. -ˌlɑɡ] s **1.** Epiˈlog m: a) Nachwort n (e-s Buchs etc), b) fig. Nachspiel n, Ausklang m. **2.** thea. a) Epiˈlog m, Schlußrede f, b) Epiˈlogsprecher(in). **3.** Rundfunk, TV: Br. Proˈgramm n vor Sendeschluß (meist religiösen Inhalts).

**E·piph·a·ny** [ɪˈpɪfənɪ] s **1.** relig. Epiˈphanias n, Epiˈphanienfest n, Dreiˈkönigstag m. **2.** e~ Epiphaˈnie f (Erscheinung e-r Gottheit, bes. Christi, unter den Menschen).

**ep·i·phe·nom·e·non** [ˌepɪfəˈnɒmɪnən; Am. -ˈnɑ-] s irr **1.** Begleiterscheinung f, philos. a. Epiphänoˈmen n. **2.** med. aˈtypisches od. plötzlich auftretendes Symˈptom.

**e·piph·y·sis** [ɪˈpɪfɪsɪs] pl **-ses** [-siːz] s anat. a. Epiˈphyse f: a) Zirbeldrüse der Wirbeltiere, b) Gelenkstück der Röhrenknochen von Wirbeltieren u. vom Menschen.

**ep·i·phyte** [ˈepɪfaɪt] s bot. Epiˈphyt m (Pflanze, die auf anderen Pflanzen wächst, sich aber selbständig ernährt).

**e·pis·co·pa·cy** [ɪˈpɪskəpəsɪ] s relig. Episkoˈpat m, n: a) bischöfliche Verfassung, b) Gesamtheit f der Bischöfe, c) Amtstätigkeit f e-s Bischofs, d) Bischofsamt n, -würde f. **e·pis·co·pal** [-kəpl] adj (adv ~ly) relig. episkoˈpal, bischöflich, Bischofs...: E~ Church Episkopalkirche f. **e·pis·co·pa·li·an** [-kəʊˈpeɪljən] I adj **1.** bischöflich. **2.** meist E~ zu e-r (bes. der englischen) Episkoˈpalkirche gehörig. II s **3.** Episkoˈpale m, Anhänger m der Episkoˈpalverfassung. **4.** meist E~ Mitglied n e-r Episkoˈpalkirche.

**e·pis·co·pate** [ɪˈpɪskəpɪt; -peɪt] s relig. Episkoˈpat m, n: a) Bischofsamt n, -würde f, b) Bistum n, Bischofssitz m, c) Gesamtheit f der Bischöfe.

**ep·i·scope** [ˈepɪskəʊp] s Epiˈskop n (Projektor für undurchsichtige Bilder).

**ep·i·sode** [ˈepɪsəʊd] s Epiˈsode f: a) Neben-, Zwischenhandlung f (im Drama etc), b) eingeflochtene Erzählung f, c) Abschnitt m von Ereignissen (aus e-m größeren Ganzen), d) (Neben)Ereignis n, e)

mus. Zwischenspiel n (in der Fuge), Zwischensatz m (im Rondo). ˌep·iˈsod·ic [-ˈsɒdɪk; Am. -ˈsɑ-] adj; ˌep·iˈsod·i·cal adj (adv ~ly) epiˈsodisch.

**ep·i·stax·is** [ˌepɪˈstæksɪs] s med. Epiˈstaxis f, Nasenbluten n.

**e·pis·te·mol·o·gy** [eˌpɪstɪˈmɒlədʒɪ; Am. ɪˌpɪstəˈmɑ-] s philos. Epistemoloˈgie f, Erˈkenntnistheoˌrie f.

**e·pis·tle** [ɪˈpɪsl] s **1.** Epistel f, (bes. langer) Brief. **2.** E~ Bibl. Epistel f, Sendschreiben n: E~ to the Romans Römerbrief m. **3.** relig. Epistel f (Lesung aus den Episteln). **e·pis·tler** [-lə(r)] s **1.** Brief-, Epistelschreiber m. **2.** relig. Epistelverleser m. **e·pis·to·la·ry** [-tələrɪ; Am. -təˌleriː] adj **1.** Briefe od. das Briefschreiben betreffend. **2.** brieflich, Brief...

**e·pis·to·ler** [-tələ(r)] → epistler. **e·pis·to·log·ra·phy** [-təˈlɒɡrəfɪ; Am. -ˈlɑ-] s Epistolograˈphie f, Kunst f des Briefeschreibens.

**e·pis·tro·phe** [ɪˈpɪstrəfɪ] s Rhetorik: Eˈpiphora f (Wiederholung e-s od. mehrerer Wörter am Ende aufeinanderfolgender Sätze od. Satzteile).

**ep·i·style** [ˈepɪstaɪl] s arch. Epiˈstyl n, Quer-, Tragbalken m.

**ep·i·taph** [ˈepɪtɑːf; bes. Am. -tæf] I s **1.** Epiˈtaph n, Grabschrift f. **2.** Totengedicht n. II v/t **3.** e-e Grabschrift schreiben für (j-n).

**ep·i·ta·sis** [ɪˈpɪtəsɪs] pl **-ses** [-siːz] s Eˈpitasis f (Steigerung der Handlung zur dramatischen Verwicklung in e-m Drama).

**ep·i·tha·la·mi·um** [ˌepɪθəˈleɪmjəm; -mɪəm], a. ˌep·iˈtha·la·mi·on [-ˈmɪən; Am. -a-] od. **-ums** s antiq. Epithaˈlamium n, Epithaˈlamion n, Hochzeitsgedicht n.

**ep·i·the·li·al** [ˌepɪˈθiːljəl; -lɪəl] adj Epiˈthel..., ˌep·i·the·li·o·ma [-θiːlɪˈəʊmə] pl **-mas, -ma·ta** [-mətə] s med. Epitheliˈom n (Hautgeschwulst aus Epithelzellen). **ep·i·the·li·um** [-jəm; -lɪəm] s **1.** anat. Epiˈthel n (oberste Zellschicht des Hautgewebes). **2.** bot. Deckgewebe n.

**ep·i·thet** [ˈepɪθet] s **1.** Epiˈtheton n, Eigenschafts-, Beiwort n, Attriˈbut n, Bezeichnung f: strong ~s Kraftausdrücke. **2.** Beiname m. **3.** biol. Epitheton n (zweiter Teil des Namens, der die Unterabteilung der Gattung bezeichnet). ˌep·iˈthet·ic, ˌep·iˈthet·i·cal [-kl] adj epiˈthetisch, Beiwort...

**e·pit·o·me** [ɪˈpɪtəmɪ] s **1.** Eˈpitome f: a) Auszug m, Abriß m, b) kurze Darstellung od. Inhaltsangabe: in ~ a) auszugsweise, b) in gedrängter Form. **2.** fig. Verkörperung f, Inbegriff m: he is the ~ of sloth er ist die Faulheit in Person. **e·pit·o·mize** I v/t **1.** e-n Auszug machen aus od. von. **2.** e-e gedrängte Darstellung od. e-n Abriß geben von. **3.** fig. verkörpern. II v/i **4.** Auszüge machen.

**e·pit·o·miz·er** s Epitoˈmator m, Verfasser(in) von Epiˈtomen.

**ep·i·zo·on** [ˌepɪˈzəʊɒn; Am. -ˌɑn] pl **-a** [-ə] s zo. Epiˈzoon n (Tier, das auf anderen Lebewesen siedelt, ohne an ihnen zu schmarotzen).

**ep·i·zo·ot·ic** (dis·ease) [ˌepɪzəʊˈɒtɪk; Am. -zəˈwɑ-] s vet. Epizooˈtie f (Tierseuche mit größerer Ausbreitung).

**ep·och** [ˈiːpɒk; Am. ˈepək; ˈepˌɑk] s Eˈpoche f: **2.** Zeitalter n (a. geol.), Zeitabschnitt m: to make an ~ Epoche machen, epochemachend sein; this makes (od. marks) an ~ in the history od. dies ist ein Markstein od. Wendepunkt in der Geschichte (gen), b) astr. Zeitpunkt des Standortes e-s Gestirns. **ep·och·al** [ˈepɒkl; Am. ˈepˌɑkl] adj epoˈchal: a) Epochen...., b) eˈpochemachend. ˈe·poch|-ˌmak·ing, ˈ~-ˌmark·ing adj eˈpochemachend.

**ep·ode** [ˈepəʊd] s Epˈode f: a) Gedichtform, bei der auf ein längeren Vers ein kürzerer folgt, b) Abgesang m (in antiken Gedichten, bes. in den Chorliedern der altgriechischen Tragödie). **ep·od·ic** [eˈpɒdɪk; bes. Am. əˈpəʊ-] adj epˈodisch.

**ep·o·nym** [ˈepəʊnɪm] s Epoˈnym n (Gattungsbezeichnung, die auf e-n Personennamen zurückgeht).

**ep·o·pee**, bes. Br. **ép·o·pée** [ˈepəʊpiː] s **1.** → epos. **2.** epische Dichtung.

**ep·os** [ˈepɒs; Am. -ɑs] s **1.** Epos n, Heldengedicht n. **2.** (mündlich überlieferte) epische Dichtung.

**ep·si·lon** [epˈsaɪlən; Am. ˈepsəˌlɑn] s Epsilon n (griechischer Buchstabe).

**Ep·som salts** [ˈepsəm] s pl (meist als sg konstruiert) pharm. Epsomer Bittersalz n.

**Ep·stein-Barr vi·rus** [ˌepstaɪnˈbɑː(r)] s med. Epstein-Barr-Virus n, m.

**equ·a·bil·i·ty** [ˌekwəˈbɪlətɪ] s **1.** Gleichmut m. **2.** Gleichförmigkeit f. **ˈequ·a·ble** adj (adv equably) **1.** gleich(förmig). **2.** ausgeglichen (a. Klima).

**e·qual** [ˈiːkwəl] I adj (adv → equally) **1.** (an Größe, Rang etc) gleich (to od. with): to be ~ to gleichen, gleich sein (→ 3, 4, 5); twice three is ~ to six zweimal drei ist gleich sechs; ~ to new wie neu; not ~ to geringer als; ~ opportunities Chancengleichheit f; ~ in all respects math. kongruent (Dreieck); ~ rights for women Gleichberechtigung f der Frau; ~ in size, of ~ size (von) gleicher Größe; ~ time Am. a) (Rundfunk, TV) gleich lange Sendezeit (für e-e gegnerische politische Partei etc), b) fig. gleiche Chance (zur Entgegnung auf e-e Beschuldigung etc). **2.** obs. gleichmütig, gelassen: ~ mind Gleichmut m. **3.** angemessen, entsprechend, gemäß (to dat): ~ to your merit Ihrem Verdienst entsprechend; to be ~ to s.th. e-r Sache entsprechen od. gleichkommen. **4.** imˈstande, fähig: (not) to be ~ to a task e-r Aufgabe (nicht) gewachsen sein; to be ~ to anything zu allem fähig od. imstande sein. **5.** (to) aufgelegt (zu), geneigt (dat): to be ~ to a glass of wine e-m Glas Wein nicht abgeneigt sein. **6.** eben, plan: ~ surface. **7.** ausgeglichen (a. sport). **8.** bot. symˈmetrisch, auf beiden Seiten gleich. **9.** gleichmäßig, -förmig. **10.** ebenbürtig (to dat), gleichwertig, -berechtigt: ~ in strength gleich stark; on ~ terms unter gleichen Bedingungen; to be on ~ terms auf gleicher Stufe stehen.

II s **11.** Gleichgestellte(r m) f, -berechtigte(r m) f: among ~s unter Gleichgestellten; your ~s deinesgleichen; ~ in age Altersgenossen; he has no ~, he is without ~ er hat nicht od. er sucht seinesgleichen; to be the ~ of s.o. j-m ebenbürtig sein; → first 8.

III v/t pret u. pp **-qualed**, bes. Br. **-qualled 12.** j-m, e-r Sache gleichen, entsprechen, gleich sein, gleichkommen, es aufnehmen mit (in an dat): not to be ~(l)ed nicht seinesgleichen haben, seinesgleichen suchen.

**e·qual·i·tar·i·an** [ɪˌkwɒlɪˈteərɪən; Am. iˌkwɑlə-] → egalitarian, etc.

**e·qual·i·ty** [iːˈkwɒlətɪ; Am. ɪˈkwɑ-] s **1.** Gleichheit f: ~ (of rights) Gleichberechtigung f; ~ of opportunity (od. opportunities) Chancengleichheit; political ~ politische Gleichberechtigung; ~ of votes Stimmengleichheit; to be on an ~ with a) auf gleicher Stufe stehen mit (j-m), b) gleich(bedeutend) sein mit (etwas); perfect ~ math. Kongruenz f; sign of ~, ~ sign math. Gleichheitszeichen n; to treat s.o. on a footing of ~ mit j-m wie mit seinesgleichen verkehren; → status 1. **2.** math. Gleichförmigkeit f.

**e·qual·i·za·tion** [ˌiːkwəlaɪˈzeɪʃn; *Am.* -ləˈz-] *s* **1.** Gleichstellung *f*, -machung *f*. **2.** *bes. econ.* Ausgleich(ung *f*) *m*: ~ **fund** Ausgleichsfonds *m*; ~ **payment** Ausgleichszahlung *f*. **3.** a) *tech.* Abgleich *m*, b) *electr. phot.* Entzerrung *f*. **ˈe·qual·ize** **I** *v/t* **1.** gleichmachen, -stellen, -setzen, angleichen. **2.** ausgleichen, kompenˈsieren. **3.** a) *tech.* abgleichen, b) *electr. phot.* entzerren. **II** *v/i* **4.** *sport* ausgleichen, den Ausgleich erzielen *od.* schaffen. **ˈe·qual·iz·er** *s* **1.** *tech.* Stabiliˈsator *m*. **2.** *electr. phot.* Entzerrer *m*. **3.** *sport* Ausgleich *m*, Ausgleichstor *n*, -punkt *m*. **4.** *Am. sl.* ˌKaˈnone' *f* (*Pistole*). **ˈe·qual·iz·ing** *adj electr. sport tech.* Ausgleichs...: ~ **goal**; ~ **coil** Ausgleichspule *f*. **ˈe·qual·ly** *adv* **1.** ebenso, in gleicher Weise, gleich: ~ **distant** gleichweit entfernt. **2.** zu gleichen Teilen, in gleichem Maße, gleichermaßen: **we** ~ **with them** wir ebenso wie sie. **3.** gleichmäßig. **ˈe·qual·ness** → **equality**. **ˈe·qual(s) sign** *s math.* Gleichheitszeichen *n*.

**e·qua·nim·i·ty** [ˌekwəˈnɪmətɪ; ˌiːk-] *s* Gleichmut *m*: **with** ~ mit Gleichmut, gleichmütig.

**e·quate** [ɪˈkweɪt] **I** *v/t* **1.** gleichmachen. **2.** ausgleichen: **to** ~ **exports and imports**. **3.** (**with**, **to**) *j-n, etwas* gleichstellen, -setzen (*dat*), auf die gleiche Stufe stellen (**mit**). **4.** in die Form *e-r* Gleichung bringen. **5.** als gleich(wertig) ansehen *od.* behandeln. **II** *v/i* **6.** gleichen, entsprechen (**with** *dat*). **eˈquat·ed** *adj econ.* Staffel...: ~ **calculation of interest** Staffelzinsrechnung *f*.

**e·qua·tion** [ɪˈkweɪʒn; -ʃn] *s* **1.** Angleichung *f*, Ausgleich *m*: ~ **of exchange** *econ.* Währungsausgleich. **2.** Gleichheit *f*: ~ **of supply and demand** *econ.* Gleichgewicht *n* von Angebot u. Nachfrage. **3.** *astr. chem. math.* Gleichung *f*: ~ **formula** Gleichungsformel *f*; ~ **of state** *phys.* Zustandsgleichung; **to solve** (**form**) **an** ~ e-e Gleichung auflösen (ansetzen). **4.** Faktor *m*. **5.** *sociol.* Geˈsamtkomˌplex *m* der Fakˈtoren u. Moˈtive menschlichen Verhaltens. **eˈqua·tion·al** [-ʒənl; -ʃənl] *adj* **1.** Gleichungs... **2.** *electr. tech.* Ausgleichs...

**e·qua·tor** [ɪˈkweɪtə(r)] *s* **1.** *astr. geogr.* Äˈquator *m*. **2.** Teilungskreis *m*.

**e·qua·to·ri·al** [ˌekwəˈtɔːrɪəl; ˌɪ-; *Am. a.* -ˈtəʊ-] **I** *adj astr. geogr.* äquatoriˈal, Äˈquator... **II** *s astr.* Äˈfraktor *m*, Äquatoriˈal(instruˌment) *n*. ~ **cir·cle** *s astr.* Stundenkreis *m* am Äquatoriˈal. ~ **cur·rent** *s mar.* Äquatoriˈalströmung *f*.

**eq·uer·ry** [ˈekwərɪ; ɪˈkwerɪ] *s* **1.** königlicher Stallmeister. **2.** perˈsönlicher Diener (*e-s Mitglieds der königlichen Familie*).

**e·ques·tri·an** [ɪˈkwestrɪən] **I** *adj* **1.** Reiter..., Reit...: ~ **sports** Reitsport *m*; ~ **statue** Reiterstatue *f*, -standbild *n*. **2.** beritten. **II** *s* **3.** (*a.* Kunst)Reiter(in). **eˈques·tri·an·ism** *s* (*a.* Kunst)Reiten *n*. **eˌques·triˈenne** [-ˈen] *s* (*a.* Kunst-) Reiterin *f*.

**e·qui·an·gu·lar** [ˌiːkwɪˈæŋɡjʊlə(r)] *adj math.* gleichwink(e)lig. **ˈe·qui·axed** [-ækst] *adj* gleichachsig. **ˈe·qui·dis·tant** [-ˈdɪstənt] *adj* (*adv* ~**ly**) **1.** gleichweit entfernt, in gleichem Abstand (**from** von), paralˈlel (*Linie*). **2.** *geogr. math.* abstandstreu. **ˌe·quiˈlat·er·al** [-ˈlætərəl] *bes. math.* **I** *adj* (*adv* ~**ly**) gleichseitig: ~ **triangle**. **II** *s* gleichseitige Fiˈgur.

**e·quil·i·brant** [iːˈkwɪlɪbrənt] *s phys.* gleich große, entgegengesetzte Kraft. **e·qui·li·brate** [ˌiːkwɪˈlaɪbreɪt; iːˈkwɪlɪ-] **I** *v/t* **1.** ins Gleichgewicht bringen (*a. fig.*). **2.** im Gleichgewicht halten (*a. fig.*).

**3.** *tech.* auswuchten. **4.** *electr.* abgleichen. **II** *v/i* **5.** sich das Gleichgewicht halten (**with** mit) (*a. fig.*). **e·qui·li·bra·tion** [ˌiːkwɪlaɪˈbreɪʃn; *bes. Am.* ˌkwɪlə-] *s* **1.** Gleichgewicht *n* (**with** mit; **to** zu) (*a. fig.*). **2.** ˈHerstellung *f od.* Aufrechterhaltung *f* des Gleichgewichts (*a. fig.*).

**e·quil·i·brist** [iːˈkwɪlɪbrɪst; ˌiːkwɪˈlɪ-] *s* Äquiliˈbrist(in), Equiliˈbrist(in), *bes.* Seiltänzer(in). **eˌquil·iˈbris·tic** *adj* äquiliˈbristisch, equiliˈbristisch.

**e·qui·lib·ri·um** [ˌiːkwɪˈlɪbrɪəm; ˌek-] *s* Gleichgewicht *n* (*a. fig.*): **political** ~; **to be in** ~ im Gleichgewicht sein; **state of** ~ Gleichgewichtszustand *m*; **to maintain one's** ~ das Gleichgewicht halten; **to lose one's** ~ das Gleichgewicht verlieren, aus dem Gleichgewicht kommen.

**e·qui·mo·lec·u·lar** [ˌiːkwɪməʊˈlekjʊlə(r)] *adj chem.* äquimolekuˈlar.

**e·quine** [ˈekwaɪn; ˈiː-] *adj* pferdeartig, Pferde...: ~ **antelope** Blaubock *m*; ~ **distemper** *vet.* Druse *f*.

**e·qui·noc·tial** [ˌiːkwɪˈnɒkʃl; ˌe-; *Am.* -ˈnɑkʃ] **I** *adj* **1.** Äquinoktial..., die Tag-und'nachtgleiche betreffend: ~ **point** → **equinox** 2. **II** *s* **2.** *a.* ~ **circle** (*od.* **line**) ˈHimmels-, ˈErdäˌquator *m*. **3.** *pl, a.* ~ **gale** Äquinokti'alsturm *m*.

**e·qui·nox** [ˈiːkwɪnɒks; ˈe-; *Am.* -ˌnɑks] *s astr.* **1.** Äquiˈnoktium *n*, Tagund'nachtgleiche *f*: **autumnal** (**vernal**) ~ Herbst-(Frühlings)äquinoktium. **2.** Äquinoktiˈalpunkt *m*.

**e·quip** [ɪˈkwɪp] *v/t* **1.** (**o.s.** sich) ausrüsten, -statten (*a. mar. mil. tech.*) (**with** mit), *ein Krankenhaus etc* einrichten. **2.** *fig.* ausrüsten (**with** mit), *j-m* das (geistige) Rüstzeug vermitteln *od.* geben (**for** für).

**eq·ui·page** [ˈekwɪpɪdʒ] *s* **1.** → **equipment** 1, 2 a *u.* b. **2.** *obs.* a) Geschirr *n*, Serˈvice *n*, b) Gebrauchsgegenstände *pl*. **3.** Equiˈpage *f*, eleˈgante Kutsche (*a. mit Pferden u. Dienern*).

**eˈquip·ment** *s* **1.** *mar. mil.* Ausrüstung *f*, (Kriegs)Gerät *n*: ~ **depot** Zeugamt *n*. **2.** a) *tech.* Ausrüstung *f*, -stattung *f*, b) *meist pl* Ausrüstung(sgegenstände *pl*) *f*, Materiˈal *n*, c) *tech.* Einrichtung *f*, (Betriebs)Anlage(n *pl*) *f*, Maˈschine(n *pl*) *f*, Apparaˈtur *f*, Gerät *n*, d) *rail. Am.* rollendes Materiˈal. **3.** *fig.* (geistiges) Rüstzeug (**for** für).

**eq·ui·poise** [ˈekwɪpɔɪz; ˈiː-] *s* **1.** Gleichgewicht *n* (*a. fig.*). **2.** *meist fig.* Gegengewicht *n* (**to** zu). **II** *v/t* **3.** im Gleichgewicht halten (*a. fig.*). **4.** *meist fig.* ein Gegengewicht bilden zu.

**e·qui·pol·lent** [ˌiːkwɪˈpɒlənt; *Am.* -ˈpɑ-] **I** *adj* **1.** gleich. **2.** äquivaˈlent, gleichbedeutend, -wertig (**with** mit). **3.** *philos.* gleichbedeutend (*Sätze*). **II** *s* **3.** Äquivaˈlent *n*, (*etwas*) Gleichwertiges.

**e·qui·pon·der·ant** [ˌiːkwɪˈpɒndərənt; *Am.* -ˈpɑn-] *adj* **1.** gleich schwer. **2.** *fig.* von gleichem Gewicht, von gleicher Kraft. **ˌe·quiˈpon·der·ate** [-reɪt] **I** *v/i* **1.** gleich schwer sein (**to**, **with** wie). **2.** *fig.* das gleiche Gewicht *od.* die gleiche Kraft haben (**to**, **with** wie). **II** *v/t* **3.** im Gleichgewicht halten (*a. fig.*).

**e·qui·po·ten·tial** [ˌiːkwɪpəʊˈtenʃl] *adj* **1.** → **equiponderant** 2. **2.** *chem. phys.* äquipotentiˈal: ~ **line** a) *math.* Niveaulinie *f*, b) *phys.* Äquipotentiallinie *f*. **3.** *electr.* auf gleichem Potentiˈal (befindlich), Spannungsausgleichs...

**eq·ui·ta·ble** [ˈekwɪtəbl] *adj* (*adv* → **equitably**) **1.** gerecht, (recht u.) billig. **2.** ˈunparˌteiisch, ˈunparˌteilich. **3.** *jur.* a) das Billigkeitsrecht betreffend *od.* auf ihm beruhend, b) billigkeitsrechtlich: ~ **estate** *Am.* durch Billigkeitsrecht geschütztes dingliches Recht an Immobilien; ~ **mortgage** *econ.* Hypothek *f* nach dem

Billigkeitsrecht. **ˈeq·ui·ta·ble·ness** → **equity** 1. **ˈeq·ui·ta·bly** *adv* **1.** gerecht (*etc*; → **equitable**). **2.** gerechter-, billigerweise. **3.** *jur.* nach dem Billigkeitsrecht.

**eq·ui·ta·tion** [ˌekwɪˈteɪʃn] *s* Reiten *n*.

**eq·ui·ty** [ˈekwətɪ] *s* **1.** Billigkeit *f*, Gerechtigkeit *f*. **2.** ˈUnparˌteilichkeit *f*. **3.** *jur.* a) *a.* ~ **law** (*ungeschriebenes*) Billigkeitsrecht (*Ggs.* common law): **in** ~ → **equitably** 3; ~ **court** Billigkeitsgericht *n*, b) Billigkeitsgerichtsbarkeit *f*, c) *a.* **claim in** ~ Anspruch *m* nach dem Billigkeitsrecht. **3.** *econ. jur.* Wert *m* nach Abzug aller Belastungen, reiner Wert (*e-s Hauses etc*). **4.** *econ.* a) *a.* ~ **capital** ˈEigenkapiˌtal *n* (*e-r Gesellschaft*), b) *a.* ~ **security** Diviˈdendenpaˌpier *n*: ~ **investment** Investitionen *pl* in (*nicht festverzinslichen*) Anteilspapieren. **5.** E~ *Br.* Gewerkschaft *f* der Schauspieler. ~ **of re·demp·tion** *s jur.* **1.** Ablösungsrecht *n* des Hypoˈthekenschuldners (*a. nach Ablauf der Ablösungsfrist*). **2.** Wert *m* e-s Grundstücksanteils nach Abzug aller Belastungen.

**eq·uiv·a·lence** [ɪˈkwɪvələns], **eˈquiv·a·len·cy** *s* **1.** Gleichwertigkeit *f*. **2.** gleichwertiger Betrag, Gegenwert *m*. **3.** *chem.* a) Äquivaˈlenz *f*, Gleichwertigkeit *f* (*a. math. phys.*), b) Wertigkeit *f*. **eˈquiv·a·lent** [-lənt] *adj* (*adv* → **ly**) **1.** gleichbedeutend (**to** mit). **2.** gleichwertig, entsprechend, äquivaˈlent (*a. math.*) (**to** *dat*): **to be** ~ **to** gleichkommen, entsprechen (*dat*); ~ **amount** → **6. 3.** *chem.* äquivaˈlent (*a. math. phys.*), von gleicher Wertigkeit: ~ **number** Valenzzahl *f*. **4.** *geol.* (*im Ursprung*) gleichzeitig. **II** *s* **5.** (**of**) Äquivaˈlent *n* (für), (*genaue*) Entsprechung, Gegen-, Seitenstück *n* (zu). **6.** gleicher Betrag, Gegenwert *m*.

**e·quiv·o·cal** [ɪˈkwɪvəkl] *adj* (*adv* → **ly**) **1.** zweideutig, doppelsinnig. **2.** unbestimmt, ungewiß, zweifelhaft, fraglich: ~ **success** zweifelhafter Erfolg. **3.** fragwürdig, verdächtig. **eˌquiv·oˈcal·i·ty** [-ˈkælətɪ], **eˈquiv·o·cal·ness** *s* Zweideutigkeit *f*. **eˈquiv·o·cate** [-keɪt] *v/i* **1.** zweideutig *od.* doppelzüngig reden *od.* handeln, Worte verdrehen. **2.** Ausflüchte gebrauchen. **eˌquiv·oˈca·tion** *s* **1.** Zweideutigkeit *f*. **2.** Wortverdrehung *f*. **eˈquiv·o·ca·tor** [-tə(r)] *s* Wortverdreher(in).

**eq·ui·voque, *a.* eq·ui·voke** [ˈekwɪvəʊk] *s* **1.** Zweideutigkeit *f*. **2.** Wortspiel *n*.

**e·ra** [ˈɪərə] *s* **1.** Ära *f*: a) Zeitrechnung *f*, b) Zeitalter *n*, Zeitabschnitt *m*, Eˈpoche *f*: **to mark an** ~ e-e Epoche einleiten. **2.** denkwürdiger Tag (*an dem ein neuer Zeitabschnitt beginnt*).

**e·ra·di·ate** [ɪˈreɪdɪeɪt] → **radiate** I, II. **eˌra·diˈa·tion** → **radiation**.

**e·rad·i·ca·ble** [ɪˈrædɪkəbl] *adj* (*adv* **eradicably**) ausrottbar, auszurotten(d) (*beide a. fig.*). **eˈrad·i·cate** [-keɪt] *v/t* **1.** (mit den Wurzeln) ausreißen, *e-n Baum etc* entwurzeln. **2.** ausrotten (*a. fig.*). **eˌrad·iˈca·tion** *s* **1.** Entwurz(e)lung *f*. **2.** Ausrottung *f* (*a. fig.*). **eˈrad·i·ca·tive** [-kətɪv; *Am.* -dəˌkeɪtɪv] *adj* ausrottend (*a. fig.*).

**e·ras·a·ble** [ɪˈreɪzəbl; *Am.* -s-] *adj* (*adv* **erasably**) (aus)löschbar.

**e·rase** [ɪˈreɪz; *Am.* -s] *v/t* **1.** a) *Farbe etc* ab-, auskratzen, b) *Schrift etc* ausstreichen, ˈausraˌdieren, löschen (**from** von). **2.** *Tonband*(*aufnahme*) *etc, ped. Am. a. Tafel* löschen. **3.** *fig.* auslöschen, (aus)tilgen (**from** aus): **to** ~ **s.th. from one's memory** etwas aus dem Gedächtnis löschen. **4.** *Am. sl. j-n* ˌkaltmachen' (*umbringen*). **eˈras·er** *s* a) Raˈdiermesser *n*, b) Raˈdiergummi *m*: **pencil** (**ink**) ~ Ra-

diergummi für Bleistift (Tinte), c) *ped. Am.* Tafelwischer *m.* **e¹ras·ing** *adj* Radier...: ~ **shield** Radierschablone *f;* ~ **head** (Tonband)Löschkopf *m.* **e¹ra·sion** [-ʒn] *s* **1.** → erasure. **2.** *med.* Auskratzung *f.* **e¹ra·sure** [-ʒə(r)] *s* **1.** a) Ab-, Auskratzen *n,* b) Ausstreichen *n,* ¹Ausra¡dieren *n.* **2.** Löschen *n.* **3.** ¹ausra¡dierte Stelle. **4.** gelöschte Stelle.

**ere** [eə(r)] **I** *prep (zeitlich)* vor *(dat):* ~ **this** zuvor, schon vorher. **II** *conj* ehe, bevor.

**e·rect** [ɪ¹rekt] **I** *v/t* **1.** aufrichten, in die Höhe richten, aufstellen: to ~ **o.s.** sich aufrichten. **2.** a) *Gebäude etc* errichten, bauen: to ~ **a bridge,** b) *tech.* Maschinen aufstellen, mon¹tieren. **3.** *fig.* e-e *Theorie etc* aufstellen, *ein Horoskop* stellen. **4.** *math.* das Lot, e-e Senkrechte fällen, errichten. **5.** *jur.* einrichten, gründen. **6.** ~ **into** *fig.* etwas machen *od.* erheben zu. **II** *adj (adv* ~**ly)** **7.** aufgerichtet, aufrecht: **with head** ~ erhobenen Hauptes. **8.** gerade: **to stand** ~ a) gerade stehen, b) *fig.* standhaft bleiben *od.* sein, standhalten. **9.** *physiol.* eri¹giert, steif *(Penis etc).* **e¹rec·tile** [-taɪl; *Am. bes.* -tl] *adj* **1.** aufrichtbar. **2.** aufgerichtet. **3.** *physiol.* erek¹til, schwellfähig: ~ **tissue** Schwellgewebe *n.* **e¹rect·ing** *s* **1.** *tech.* Mon¹tage *f:* ~ **crane** Montagekran *m;* ~ **shop** Montagehalle *f.* **2.** *opt.* ¹Bild¡umkehrung *f:* ~ **glass** *Linse zum Umdrehen der seitenverkehrten Bilder e-s Mikroskops.* **e¹rec·tion** *s* **1.** Errichtung *f.* **2.** Bau *m,* Gebäude *n.* **3.** *tech.* Mon¹tage *f:* ~ **pit** Montagegrube *f.* **4.** *physiol.* Erekti¹on *f.* **5.** *jur.* Gründung *f.* **e¹rect·ness** *s* **1.** aufrechte Haltung. **2.** Geradheit *f.* **e¹rec·tor** [-tə(r)] *s* **1.** Errichter *m,* Erbauer *m.* **2.** *anat.* Aufrichtmuskel *m.*

**ere¹long** *adv poet.* bald.

**er·e·mite** [¹erɪmaɪt] *s* Ere¹mit *m,* Einsiedler *m.* **¡er·e¹mit·ic** [-¹mɪtɪk], **¡er·e¹mit·i·cal** [-kl] *adj* ere¹mitisch, Einsiedler...

**e·rep·sin** [ɪ¹repsɪn] *s physiol.* Erep¹sin *n (eiweißspaltendes Enzymgemisch des Darm- u. Bauchspeicheldrüsensekrets).*

**er·e·thism** [¹erɪθɪzəm] *s med.* Ere¹thismus *m,* ¹Übererregbarkeit *f.*

**ere¹while(s)** *adv poet.* vor kurzem.

**erg** [ɜːg; *Am.* ɜrg] *s phys.* Erg *n,* Ener¹gieeinheit *f.*

**er·ga·toc·ra·cy** [¡ɜːgə¹tɒkrəsɪ; *Am.* ¡ɜrgə¹tɑ-] *s* Arbeiterherrschaft *f.*

**er·go** [¹ɜːgəʊ; *Am.* ¹ergəʊ; ¹ɜr-] *conj* ergo, also, folglich.

**er·go·graph** [¹ɜːgəgrɑːf; *Am.* ¹ɜrgə¡græf] *s* Ergo¹graph *m (Gerät zur Aufzeichnung der Muskelarbeit).*

**er·gom·e·ter** [ɜː¹gɒmɪtə; *Am.* ɜr¹gɑmətər] *s* Ergo¹meter *n (Gerät zur Messung der Arbeitsleistung von Muskeln).*

**er·go·nom·ics** [¡ɜːgəʊ¹nɒmɪks; *Am.* ¡ɜrgə¹nɑ-] *s pl (als sg od. pl konstruiert)* Ergono¹mie *f,* Ergo¹nomik *f (Wissenschaft von den Leistungsmöglichkeiten u. -grenzen des arbeitenden Menschen sowie von der optimalen Koordinierung von Mensch, Maschine u. Umwelt im Arbeitsprozeß).*

**er·got** [¹ɜːgət; *Am.* ¹ɜr-] *s bot.* Mutterkorn *n.* **¹er·got·ism** *s* Ergo¹tismus *m:* a) *bot.* Mutterkornbefall *m,* b) *med.* Kornstaupe *f,* Mutterkornvergiftung *f.*

**er·i·ca** [¹erɪkə] *s bot.* Erika *f,* Heidekraut *n.*

**Er·in** [¹ɪərɪn; ¹erɪn] *npr poet.* Erin *n,* Irland *n.*

**e·rin·go** → eryngo.

**E·rin·ys** [ɪ¹rɪnɪs; -¹raɪ-] *pl* **E·rin·y·es** [ɪ¹rɪnɪiːz] *s myth.* E¹rinnye *f,* Rachegöttin *f.*

**er·is·tic** [e¹rɪstɪk; *Am. a.* ɪ¹r-] **I** *adj* **1.** e¹ristisch. **II** *s* **2.** E¹ristiker *m.* **3.**

E¹ristik *f (Kunst des* [wissenschaftlichen] *Streitgesprächs).* **er¹is·ti·cal** → eristic I.

**erk** [ɜːk] *s aer. Br. sl.* **1.** Flieger *m,* ¹Luftwaffenre¡krut *m.* **2.** ¹Flugzeugme¡chaniker *m.*

**erl·king** [¹ɜːlkɪŋ; *Am.* ¹ɜrl-] *s myth.* Erlkönig *m.*

**er·mine** [¹ɜːmɪn; *Am.* ¹ɜr-] *s* **1.** *zo.* Herme¹lin *n.* **2.** Herme¹lin(pelz) *m.*

**erne,** *a.* **ern** [ɜːn; *Am.* ɜrn] *s orn. (bes. See)*Adler *m.*

**e·rode** [ɪ¹rəʊd] *v/t* **1.** an-, zer-, wegfressen, ätzen. **2.** *geol.* auswaschen, ero¹dieren, abtragen. **3.** *tech.* verschleißen *(a. fig.).* **4.** *fig.* (all¹mählich) aushöhlen, unter¹graben. **5.** *Geschützrohr* ausbrennen. **e¹rod·ed I** *pp von* erode. **II** *adj* → erose. **e¹rod·ent** *adj u. s* ätzend(es Mittel). [nous.]

**er·o·gen·ic** [¡erəʊ¹dʒenɪk] → eroge-] **e·rog·e·nous** [ɪ¹rɒdʒɪnəs; *Am.* ɪ¹rɑ-] *adj physiol.* ero¹gen *(erotisch reizbar):* ~ **zones.**

**e·rose** [ɪ¹rəʊs] *adj bot.* ausgezackt. **e¹ro·sion** [-ʒn] *s* **1.** Zerfressen *n,* -fressung *f.* **2.** *geol.* Erosi¹on *f,* Auswaschung *f,* Abtragung *f.* **3.** angefressene Stelle. **4.** *tech.* Verschleiß *m (a. fig.).* **5.** *mil.* Ausbrennung *f (e-s Geschützrohrs).* **6.** *fig.* Aushöhlung *f,* Unter¹grabung *f.* **e¹ro·sion·al** [-ʒnl] *adj geol.* Erosions...: ~ **debris** Abtragungsschutt *m;* ~ **surface** Verebnungsfläche *f.* **e¹ro·sive** [-sɪv] *adj* ätzend, zerfressend.

**e·rot·ic** [ɪ¹rɒtɪk; *Am.* ɪ¹rɑ-] **I** *adj (adv* ~**ally)** e¹rotisch. **II** *s* E¹rotiker(in). **e¹rot·i·ca** [-kə] *s pl* E¹rotika *pl (Bücher erotischen Inhalts).* **e¹rot·i·cal** → erotic I. **e¹rot·i·cism** [-sɪzəm], *bes. Am.* **er·o·tism** [¹erətɪzəm] *s* **1.** E¹rotik *f.* **2.** Ero¹tismus *m,* Eroti¹zismus *m (Überbetonung des Erotischen).*

**e·ro·to·gen·ic** [ɪ¡rɒtə¹dʒenɪk; *Am.* ɪ¡rəʊ-, ɪ¡rɑ-] → erogenous. **er·o·tol·o·gy** [¡erə¹tɒlədʒɪ; *Am.* -¹tɑ-] *s* Erotolo¹gie *f:* a) *wissenschaftliche Beschäftigung mit den verschiedenen Erscheinungsformen der Erotik,* b) *Liebeslehre f.* **e¡ro·to¹ma·ni·a** [-¹meɪnɪə] *s med. psych.* Erotoma¹nie *f (krankhaft übersteigertes sexuelles Verlangen).*

**err** [ɜː; *Am.* er; ɜr] *v/i* **1.** (sich) irren: **to** ~ **is human** Irren ist menschlich; **to** ~ **on the side of caution** übervorsichtig sein. **2.** falsch *od.* unrichtig sein, fehlgehen *(Urteil etc).* **3.** *(moralisch)* auf Abwege geraten.

**er·ran·cy** [¹erənsɪ] *s* Fehlbarkeit *f.*

**er·rand** [¹erənd] *s* (Boten)Gang *m,* Besorgung *f,* Auftrag *m:* to go on *(od.* run) **an** ~ e-n Auftrag ausführen, e-n (Boten-) Gang *od.* e-e Besorgung machen; → **fool's errand.** ~ **boy** *s* Laufbursche *m.*

**er·rant** [¹erənt] *adj (adv* ~**ly)** **1.** (um¹her)ziehend, (-)wandernd: ~ **knight** → 4. **2.** *fig.* fehlbar. **3.** *(moralisch)* auf Abwege geraten, *a.* ehebrecherisch. **II** *s* **4.** *hist.* fahrender Ritter. **¹er·rant·ry** [-rɪ] *s* **1.** Um¹herziehen *n,* Wandern *n.* **2.** *hist.* fahrendes Rittertum.

**er·ra·ta** [e¹rɑːtə; -¹reɪ-] *pl von* erratum.

**er·rat·ic** [ɪ¹rætɪk] **I** *adj (adv* ~**ally)** **1.** (um¹her)ziehend, (-)wandernd. **2.** *med.* er¹ratisch, *(im Körper)* um¹herwandernd *(bes. Schmerzen).* **3.** *geol.* er¹ratisch: ~ **block,** ~ **boulder** → 6. **4.** ungleich-, unregelmäßig, regel-, ziellos *(Bewegung).* **5.** unstet, sprunghaft, launenhaft, unberechenbar. **II** *s* **6.** *geol.* er¹ratischer Block, Findling *m.*

**er·ra·tum** [e¹rɑːtəm; -¹reɪ-] *pl* **-ta** [-tə] *s* **1.** Er¹ratum *n,* Druckfehler *m.* **2.** *pl* Druckfehlerverzeichnis *n,* Er¹rata *pl.*

**¹err·ing** *adj (adv* ~**ly)** → errant 3.

**er·ro·ne·ous** [ɪ¹rəʊnjəs; -ɪəs; *Am.* ɪ¹r-] *adj*

irrig, irrtümlich, unrichtig, falsch. **er·¹ro·ne·ous·ly** *adv* irrtümlicher-, fälschlicherweise, fälschlich, aus Versehen. **er·¹ro·ne·ous·ness** *s* Unrichtigkeit *f.*

**er·ror** [¹erə(r)] *s* **1.** Irrtum *m,* Fehler *m,* Versehen *n:* **in** ~ aus Versehen, irrtümlicherweise; **to be in** ~ sich irren, sich im Irrtum befinden; **margin of** ~ Fehlergrenze *f;* ~ **of judg(e)ment** Trugschluß *m,* irrige Ansicht, falsche Beurteilung; ~**s (and omissions) excepted** *econ.* Irrtümer (u. Auslassungen) vorbehalten; **and no** ~ *colloq.* daran besteht kein Zweifel; **I was scared and no** ~ **when ...** *colloq.* ich hatte vielleicht Angst, als ... **2.** *astr. math.* Fehler *m,* Abweichung *f:* ~ **in range** *a. mil.* Längenabweichung; ~ **integral** Fehlerintegral *n;* ~ **law** Gaußsches Fehlergesetz. **3.** *Christian Science:* Irrglaube *m.* **6.** Fehldruck *m (Briefmarke).* **7.** *mar.* ¹Mißweisung *f,* Fehler *m.* ~ **in com·po·si·tion** *s print.* Satzfehler *m.* ~ **in fact** *s jur.* Tatsachenirrtum *m.* ~ **in form** *s jur.* Formfehler *m.* ~ **in law** *s jur.* Rechtsirrtum *m.*

**er·ror·less** *adj* fehlerlos, -frei.

**er·satz** [¹eə(r)zæts; *Am.* ~¡zɑːts] **I** *s* Ersatz *m (a. fig.).* **II** *adj* Ersatz...: ~ **religion;** ~ **coffee** Kaffee-Ersatz *m.*

**Erse** [ɜːs; *Am.* ɜrs] **I** *adj* **1.** ersisch, gälisch. **2.** *(fälschlich)* irisch. **II** *s ling.* **3.** Ersisch *n,* Gälisch *n (Sprache des schottischen Hochlandes).* **4.** *(fälschlich)* Irisch *n.*

**erst** [ɜːst; *Am.* ɜrst] *adv obs.* **1.** → erstwhile I. **2.** zu¹erst. **¹erst·while** *obs.* **I** *adv* ehedem, vormals. **II** *adj* ehemalig, früher.

**e·ruct** [ɪ¹rʌkt], *a.* **e¹ruc·tate** [-teɪt] **I** *v/i* aufstoßen, rülpsen. **II** *v/t Feuer etc* speien *(Vulkan).* **¡e·ruc¹ta·tion** [¡iːrʌk-] *s* **1.** Aufstoßen *n,* Rülpsen *n.* **2.** Speien *n.*

**er·u·dite** [¹eruːdaɪt; *Am.* ¹erə-] **I** *adj (adv* ~**ly)** gelehrt *(a. Abhandlung etc),* belesen. **II** *s* Gelehrte(r) *m.* **¹er·u·dite·ness** *s,* **¡er·u¹di·tion** *s* Gelehrsamkeit *f,* Belesenheit *f.*

**e·rupt** [ɪ¹rʌpt] **I** *v/i* **1.** ausbrechen *(Ausschlag, Streit, Vulkan etc).* **2.** *geol.* erup¹tieren, hervorbrechen *(from aus) (Lava, Dampf etc).* **3.** **to** ~ **in** *(od.* with) **anger** e-n Wutanfall bekommen. **4.** *fig.* plötzlich auftauchen: **to** ~ **into the room** ins Zimmer platzen *od.* stürzen. **5.** ¹durchbrechen, -kommen *(Zähne).* **II** *v/t* **6.** *Lava* auswerfen. **e¹rup·tion** *s* **1.** Ausbruch *m (e-s Streits, Vulkans etc).* **2.** *geol.* Erupti¹on *f,* Her¹vorbrechen *n.* **3.** *fig.* Ausbruch *m:* **angry** ~ Wutausbruch. **4.** *med.* Erupti¹on *f:* a) *Ausbruch e-s Ausschlags,* b) Ausschlag *m.* **5.** ¹Durchbruch *m (der Zähne).* **e¹rup·tive I** *adj (adv* ~**ly)** **1.** ausbrechend. **2.** *geol.* erup¹tiv, Eruptiv...: ~ **rock** → 4. **3.** *med.* von Ausschlag begleitet. **II** *s* **4.** *geol.* Erup¹tivgestein *n.*

**e·ryn·go** [ɪ¹rɪŋgəʊ] *s bot.* Mannstreu *m.*

**er·y·sip·e·las** [¡erɪ¹sɪpɪləs] *s med.* Ery¹sipelas *n,* (Wund)Rose *f.*

**er·y·sip·e·loid** [¡erɪ¹sɪpɪlɔɪd] *s med.* Erysipelo¹id *n,* (Schweine)Rotlauf *m.*

**er·y·the·ma** [¡erɪ¹θiːmə] *s med.* Ery¹them *n,* Rötung *f* der Haut.

**e·ryth·rism** [ɪ¹rɪθrɪzəm; *Am.* ¹erəθrɪ-] *s* Ery¹thrismus *m:* a) Rotfärbung bei Tieren, b) Rothaarigkeit bei Menschen.

**e·ryth·ro·cyte** [ɪ¹rɪθrəʊsaɪt] *s physiol.* Erythro¹zyt *m,* rotes Blutkörperchen.

**e¡ryth·ro·cy¹tom·e·ter** [-saɪ¹tɒmɪtə(r); *Am.* -¹tɑ-] *s med.* Zählkammer *f (zur Zählung der roten Blutkörperchen).*

**es·ca·drille** [¡eskə¹drɪl] *s* **1.** *mar.* Ge-

schwader *n* (*meist 8 Schiffe*). **2.** *aer.* Staffel *f* (*meist 6 Flugzeuge*).

**es·ca·lade** [ˌeskəˈleɪd] **I** s *mil. hist.* (of) Eskaˈlade *f* (*gen*), (Mauer)Ersteigung *f* (mit Leitern) (*gen*), Erstürmung *f* (*gen*), Sturm *m* (auf *acc*). **II** *v/t* mit Sturmleitern ersteigen, erstürmen.

**es·ca·late** [ˈeskəleɪt] **I** *v/t* **1.** *Krieg etc* eskaˈlieren. **2.** *Erwartungen etc* höherschrauben. **II** *v/i* **3.** eskaˈlieren. **4.** steigen, in die Höhe gehen (*Preise etc*). ‖**es·ca·ˈla·tion** s **1.** Eskalatiˈon *f*. **2.** *econ. Am.* Anpassung der Preise od. Löhne an gestiegene (Lebenshaltungs)Kosten. ˈ**es·ca·la·tor** [-tə(r)] s **1.** Rolltreppe *f*. **2.** *a.* ~ **clause** *econ.* (Preis-, Lohn)Gleitklausel *f*.

**es·cal·lop** [ɪˈskɒləp; eˈsk-; *Am.* ɪsˈkɑləp; -ˈkæ-] *s zo.* Kammuschel *f*.

**es·ca·lope** [ˈeskələp; *Am.* -ˌləʊp] *s gastr.* (*bes.* Wiener) Schnitzel *n*.

**es·cap·a·ble** [ɪˈskeɪpəbl] *adj* vermeidbar.

**es·ca·pade** [ˌeskəˈpeɪd; ˈeskəpeɪd] *s* Eskaˈpade *f*: a) mutwilliger Streich, b) Seitensprung *m*.

**es·cape** [ɪˈskeɪp] **I** *v/t* **1.** *j-m* entfliehen, -kommen, -rinnen, -wischen. **2.** *e-r Sache* entgehen: **to** ~ **destruction** der Zerstörung entgehen; **to** ~ **being laughed at** der Gefahr entgehen, ausgelacht zu werden; **he just** ~**d being killed** er entging knapp dem Tode; **I cannot** ~ **the impression** ich kann mich des Eindrucks nicht erwehren. **3.** *fig. j-m* entgehen, über|sehen *od.* nicht verstanden werden von *j-m*: **that mistake** ~**d me** dieser Fehler entging mir; **the sense** ~**s me** der Sinn leuchtet mir nicht ein. **4.** *dem Gedächtnis* entfallen: **his name** ~**s me** sein Name ist mir entfallen; → **notice** 1. **5.** *j-m* entschlüpfen, -fahren: **an oath** ~**d him** ein Fluch entfuhr ihm.

**II** *v/i* **6.** (ent)fliehen, entrinnen, entwischen, -laufen, -weichen, -kommen (**from** aus, *dat*). **7.** sich retten (**from** vor *dat*), (ungestraft *od.* mit dem Leben) da|vonkommen: **he** ~**d with a fright** er kam mit dem Schrecken davon; → **scot-free** 2. **8.** a) ausfließen (*Flüssigkeit etc*), b) entweichen, ausströmen (**from** aus) (*Gas etc*). **9.** verwildern (*Pflanzen*).

**III** *s* **10.** Entrinnen *n*, -weichen *n*, -kommen *n*, Flucht *f* (**from** aus, vor *dat*): **to have a narrow** (*od.* **near**) (hairbreadth) ~ mit knapper Not (um Haaresbreite) davonkommen *od.* entkommen; **that was a narrow** ~ das ist gerade noch einmal gutgegangen!, das hätte ins Auge gehen können!; **to make one's** ~ entweichen, sich aus dem Staube machen. **11.** Rettung *f*, Bewahrtwerden *n* (**from** vor *dat*): (**way of**) ~ Ausweg *m*. **12.** Fluchtmittel *n*, Rettungsgerät *n*: ~ **apparatus** *mar.* Tauchretter *m*. **13.** Entweichen *n*, Ausströmen *n* (**from** aus). **14.** *biol.* verwilderte Gartenpflanze, Kulturflüchtling *m*. **15.** *fig.* Unter|haltung *f*, (Mittel *n* der) Entspannung *f od.* Zerstreuung *f od.* Ablenkung *f*: ~ **reading**, ~ **literature** Unterhaltungsliteratur *f*.

**es·cape**|**art·ist** *s* **1.** Entfesselungs-, Entfeßlungskünstler *m*. **2.** Ausbrecherkönig *m*. ~ **car** *s* Fluchtwagen *m*. ~ **chute** *s aer.* Notrutsche *f*. ~ **clause** *s jur.* Befreiungs-, Rücktrittsklausel *f*. ~ **de·tec·tor** *s tech.* Lecksucher *m*.

**es·ca·pee** [ˌɪskeɪˈpiː] *s* entwichener Strafgefangener, Ausbrecher *m*, Flüchtige(r) *m*.

**es·cape**| **gear** *s mar.* Tauchretter *m*. ~ **hatch** *s* **1.** *mar.* Notluke *f*. **2.** *aer.* Notausstieg *m*. **3.** *fig.* ‚Schlupfloch' *n*, Ausweg *m*. ~ **mech·a·nism** *s psych.* ˈAbwehrmechaˌnismus *m*.

**es·cape·ment** [ɪˈskeɪpmənt] *s tech.* **1.** Hemmung *f* (*der Uhr*). **2.** ˈAuslösemechaˌnismus *m*, Vorschub *m* (*der Schreibmaschine*). ~ **spin·dle** *s tech.* Hemmungswelle *f* (*der Uhr*). ~ **wheel** *s tech.* **1.** Hemmungsrad *n* (*der Uhr*). **2.** Schaltrad *n* (*der Schreibmaschine*).

**es·cape pipe** *s tech.* **1.** Abflußrohr *n*. **2.** Abzugsrohr *n* (*für Gase etc*).

**es·cape·proof** *adj* ausbruchsicher.

**es·cape**| **route** *s* Fluchtweg *m*. ~ **shaft** *s* Bergbau: Rettungsschacht *m*. ~ **valve** *s tech.* ˈSicherheitsvenˌtil *n*. ~ **ve·loc·i·ty** *s astr.*, *Raumfahrt:* Fluchtgeschwindigkeit *f*.

**es·cap·ism** [ɪˈskeɪpɪzəm] *s psych.* Eskaˈpismus *m*, Wirklichkeitsflucht *f*, Flucht *f* in e-e Phantaˈsiewelt. **es·ˈcap·ist** **I** *s* j-d, der vor der Wirklichkeit zu fliehen sucht. **II** *adj* eskaˈpistisch, weitS. Zerstreuungs..., Unterhaltungs...: ~ **litera·ture**.

**es·ca·pol·o·gist** [ˌeskəˈpɒlədʒɪst; *Am.* -ˈpɑ-] *s* **1.** Entfesselungs-, Entfeßlungskünstler *m*. **2.** *j-d, der sich geschickt aus schwierigen Situationen herauswindet.*

**es·carp** [ɪˈskɑːrp] **I** *s* [pl] *mil.* **1.** Böschung *f*, Abdachung *f*. **2.** vordere Grabenwand, innere Grabenböschung (*e-s Wallgrabens*). **II** *v/t* **3.** mit e-r Böschung versehen, abdachen. **es·ˈcarp·ment** *s* **1.** → escarp 1. **2.** *geol.* Steilabbruch *m*.

**esch·a·lot** [ˈeʃəlɒt; *Am.* -ˌlɑt] → shallot.

**es·char** [ˈeskɑ(r)] *s med.* (Brand-, Ätz-) Schorf *m*.

**es·cha·to·log·i·cal** [ˌeskətəˈlɒdʒɪkl; *Am.* -ˈlɑ-] *adj* eschatoˈlogisch. **es·cha·tol·o·gist** [-ˈtɒlədʒɪst; *Am.* -ˈtɑ-] *s* Eschatoˈloge *m*. ‖**es·cha·ˈtol·o·gy** *s relig.* Eschatoloˈgie *f* (*Lehre vom Endschicksal des einzelnen Menschen u. der Welt*).

**es·cheat** [ɪsˈtʃiːt] *jur.* **I** *s* **1.** Heimfall *m* (*e-s Guts, in England früher an die Krone od. den Lehnsherrn, in Amerika an den Staat nach dem Tode aller Erben*). **2.** Heimfallsgut *n*. **3.** → escheatage. **II** *v/i* **4.** anˈheimfallen. **III** *v/t* **5.** (als Heimfallsgut) einziehen. **es·ˈcheat·age** *s* Heimfallsrecht *n*.

**es·chew** [ɪsˈtʃuː] *v/t* etwas (ver)meiden, scheuen.

**es·cort** **I** *s* [ˈeskɔː(r)t] **1.** *mil.* Esˈkorte *f*, Bedeckung *f*, Begleitmannschaft *f*. **2.** a) *aer. mar.* Geleit(schutz *m*) *n*, b) *mar.* Geleitschiff *n*. **3.** *fig.* a) Geleit *n*, Schutz *m*, b) Gefolge *n*, Begleitung *f*, c) Begleiter(in), d) (Reise- *etc*)Führer(in). **II** *v/t* [ɪˈskɔː(r)t] **4.** *mil.* eskorˈtieren. **5.** *aer. mar. j-m* Geleit(schutz) geben. **6.** *fig.* a) geleiten, b) begleiten. ~ **a·gen·cy** *s* Beˈgleitagenˌtur *f*, -service *m*. ~ **car·ri·er** *s mar.* Geleitflugzeugträger *m*. ~ **fight·er** *s aer.* Begleitjäger *m*.

**es·cribe** [ɪˈskraɪb] *v/t math.* e-n Kreis etc anschreiben.

**es·cri·toire** [ˌeskriːˈtwɑː; *Am.* ˈeskrəˌtwɑːr] *s* Schreibpult *n*.

**es·crow** [ˈeskrəʊ; eˈskrəʊ] *s jur. bei e-m Dritten* (*als Treuhänder*) *hinterlegte Vertragsurkunde, die erst bei Erfüllung e-r Bedingung in Kraft tritt:* **to give** (*od.* **place**) **in** ~ bei e-m Dritten (*bis zur Erfüllung e-r Vertragsbedingung*) hinterlegen.

**es·cu·do** [eˈskuːdəʊ; ɪˈsk-] *pl* **-dos** *s* Esˈkudo *m* (*portugiesische u. chilenische Währungseinheit*).

**es·cu·lent** [ˈeskjʊlənt] **I** *adj* eßbar, genießbar. **II** *s* Nahrungsmittel *n*.

**es·cutch·eon** [ɪˈskʌtʃən] *s* **1.** *her.* (Wappen)Schild *m*, *n*, Wappen *n*: ~ **of pretence** (*Am.* **pretense**) Beiwappen; **a blot on his** ~ *fig.* ein Fleck auf s-r (weißen) Weste. **2.** *mar.* a) Namensbrett *n*, b) Spiegel *m* (*der Plattgattschiffe*).

**3.** *tech.* Schlüssel(loch)-, Namensschild *n*. **4.** *bot.* (Pfropf)Schild *n*. **5.** *zo.* Schild *m*, Spiegel *m* (*Dam- u. Rotwild*).

**es·ker** [ˈeskə(r)], **es·ker** [-kə(r)] *s geol.* Esker *m*, Wallberg *m*.

**Es·ki·mo** [ˈeskɪməʊ] *pl* **-mos**, **-mo I** *s* **1.** Eskimo *m*. **2.** Eskimosprache *f*. **II** *adj* **3.** Eskimo...: ~ **dog** Eskimohund *m* (*Schlittenhund*).

**e·soph·a·ge·al**, **e·soph·a·gus** *Am. für* oesophageal, oesophagus.

**es·o·ter·ic** [ˌesəʊˈterɪk] *adj* (*adv* ~**ally**) **1.** esoˈterisch (*nur für Eingeweihte zugänglich od. begreiflich*). **2.** priˈvat, vertraulich. ‖**es·o·ˈter·i·cism** [-sɪzəm] *s.* **es·o·ter·ism** [ˌesəʊˈterɪsəm], **es·o·ter·y** [ˈesəʊˌteriː] *s* **1.** Esoˈterik *f*: a) Geheimlehre *f*, b) esoˈterischer Chaˈrakter. **2.** priˈvater *od.* vertraulicher Chaˈrakter.

**es·pal·ier** [ɪˈspæljə(r)] **I** *s* **1.** Spaˈlier *n*. **2.** Spaˈlierbaum *m*. **II** *v/t* **3.** spaˈlieren.

**es·par·to** (**grass**) [eˈspɑː(r)təʊ; ɪˈsp-] *s bot.* Esˈparto-, Spartgras *n*.

**es·pe·cial** [ɪˈspeʃl] *adj* besonder(er, e, es): a) herˈvorragend, vorˈzüglich, b) Haupt..., hauptsächlich, speziˈell. **es·ˈpe·cial·ly** [-ʃəli] *adv* besonders, hauptsächlich, vornehmlich: **more** ~ ganz besonders.

**Es·pe·ran·tism** [ˌespəˈræntɪzəm] *s* Espeˈrantobewegung *f*. ‖**Es·pe·ran·tist** *s* Esperanˈtist(in). ‖**Es·pe·ran·to** [-təʊ] *s* Espeˈranto *n* (*Welthilfssprache*).

**es·pi·al** [ɪˈspaɪəl] *s obs.* Erspähen *n*.

**es·pi·o·nage** [ˌespɪəˈnɑːʒ; *bes. Am.* ˈes-] *s* Spioˈnage *f*.

**es·pla·nade** [ˌespləˈneɪd; *Am.* ˈespləˌnɑːd; -ˌneɪd] *s* **1.** (*bes.* ˈStrand)Promeˌnade *f*. **2.** Esplaˈnade *f* (*a. mil. hist.*), großer freier Platz.

**es·pous·al** [ɪˈspaʊzl] *s* **1.** (**of**) Annahme *f* (von), Eintreten *n*, Parˈteinahme *f* (für). **2.** *meist pl obs.* a) Vermählung *f*, b) Verlobung *f*. **es·ˈpouse** [-z] *v/t* **1.** Parˈtei ergreifen für, eintreten *od.* sich einsetzen für, sich e-r Sache verschreiben, e-n Glauben annehmen. **2.** *obs.* a) zur Frau nehmen, sich vermählen mit, b) (**to**) zur Frau geben (*dat*), vermählen (mit), c) (*o.s.* sich) verloben (**to** mit).

**es·pres·so** [eˈspresəʊ] *pl* **-sos** *s* **1.** Esˈpresso *m*. **2.** Esˈpressomaˌschine *f*. **bar**, ~ **ca·fé** *s* Esˈpresso(bar *f*) *n*.

**es·prit** [ˈespriː; *Am.* ɪsˈpriː] *s* Esˈprit *m*, Geist *m*, Witz *m*. ~ **de corps** [-dəˈkɔː(r)] *s* Korpsgeist *m*.

**es·py** [ɪˈspaɪ] *v/t* erspähen, entdecken.

**Es·qui·mau** [ˈeskɪməʊ] *pl* **-maux** [-məʊz], **-mau** *obs. für* Eskimo.

**Es·quire** [ɪˈskwaɪə(r); *Am. a.* ˈesˌkw-] *s bes. Br. auf Briefen dem Namen nachgestellter Titel, ohne Mr, Dr. etc, abbr.* **Esq.**: **C. A. Brown, Esq.** Herrn C. A. Brown.

**ess** [es] *s* **1.** S, *s n* (*Buchstabe*). **2.** S *n*, S-förmiger Gegenstand.

**es·say** **I** *v/t* [eˈseɪ] **1.** versuchen, (ˈaus)proˌbieren, es versuchen *od.* e-n Versuch machen mit. **II** *v/i* **2.** versuchen, e-n Versuch machen. **III** *s* [ˈeseɪ] **3.** Versuch *m* (**at** s.th. [mit] e-r Sache; **at doing** zu tun). **4.** Essay *m*, *n*, (*kurze literarische etc*) Abhandlung, *a. ped.* Aufsatz *m* (**on**, **in** über *acc*). ˈ**es·say·ist** *s* Essayˈist(in), Verfasser(in) von Essays. ‖**es·say·ˈis·tic** *adj* essayˈistisch.

**es·sence** [ˈesns] *s* **1.** *philos.* a) Esˈsenz *f*, Wesen *n*, innere Naˈtur, b) Subˈstanz *f*, absoˈlutes Sein. **2.** elemenˈtarer Bestandteil: **fifth** ~ Quintessenz *f*. **3.** *fig.* Esˈsenz *f*, (*das*) Wesen(tliche), Kern *m* (*der Sache*): **in** ~ im wesentlichen; **of the** ~ von entscheidender Bedeutung, ausschlaggebend. **4.** Esˈsenz *f*, Auszug *m*, Exˈtrakt *m*, äˈtherisches Öl. **5.** a) Parˈfüm *n*, b) Wohlgeruch *m*.

**Es·sene** ['esiːn; e's-] s relig. hist. Es'sener m.

**es·sen·tial** [ɪ'senʃl] **I** adj (adv → essentially) **1.** wesentlich: a) grundlegend, fundamen'tal, b) inner(er, e, es), eigentlich, (lebens)wichtig, unentbehrlich, unbedingt erforderlich (to für): it is ~ for both of them to come es ist unbedingt erforderlich, daß sie beide kommen; ~ condition of life biol. Lebensbedingung f; ~ goods lebenswichtige Güter; ~ vows relig. die drei wesentlichen Mönchsgelübde (Keuschheit, Armut, Gehorsam). **2.** chem. rein, destil'liert: ~ oil ätherisches Öl. **3.** mus. Haupt..., Grund...: ~ chord Grundakkord m. **II** s meist pl **4.** (das) Wesentliche od. Wichtigste, Hauptsache f, wesentliche 'Umstände pl od. Punkte pl od. Bestandteile pl. **5.** (wesentliche) Vor'aussetzung (to für): an ~ to success. **6.** unentbehrliche Per'son od. Sache. **es·sen·ti·al·i·ty** [-ʃɪ'ælətɪ] s **1.** (das) Wesentliche. **2.** → essential 4. **es'sen·tial·ly** [-ʃəlɪ] adv **1.** im wesentlichen, in der Hauptsache. **2.** in hohem Maße, ganz besonders.

**es·tab·lish** [ɪ'stæblɪʃ] v/t **1.** festsetzen, einrichten, errichten, eta'blieren: to ~ an account ein Konto eröffnen; to ~ a law ein Gesetz einführen od. erlassen; to ~ a republic e-e Republik gründen; to ~ a theory e-e Theorie aufstellen. **2.** a) j-n einsetzen, ernennen, b) e-n Ausschuß etc bilden, einsetzen, schaffen, c) ein Geschäft eta'blieren, (be)gründen, errichten, d) s-n Wohnsitz begründen. **3.** to ~ o.s. econ. sich etablieren, sich niederlassen (beide a. beruflich). **4.** fig. Ruhm, Rechte etc begründen: to ~ one's reputation as a surgeon sich als Chirurg e-n Namen machen. **5.** e-e Ansicht, Forderung etc 'durchsetzen, Geltung verschaffen (dat). **6.** Ordnung schaffen, e-e Verbindung etc 'herstellen, diplomatische Beziehungen etc aufnehmen: to ~ contact with s.o. mit j-m Fühlung aufnehmen. **7.** e-n Rekord aufstellen. **8.** be-, erweisen, (einwandfrei) nachweisen: to ~ one's identity sich ausweisen; to ~ the fact that die Tatsache beweisen, daß. **9.** Kirche verstaatlichen: → established 5. **es'tab·lished** adj **1.** bestehend: the ~ laws. **2.** fest begründet, eingeführt: a well-~ firm. **3.** feststehend, unzweifelhaft: an ~ fact. **4.** zum festen Perso'nal gehörend: ~ official planmäßiger Beamter; ~ staff Stammpersonal n. **5.** E~ Church Staatskirche f. **es'tab·lish·ment** s **1.** Einrichtung f, Errichtung f. **2.** a) Einsetzung f, b) Bildung f, c) Eta'blierung f, (Be)Gründung f. **3.** 'Durchsetzung f. **4.** 'Herstellung f, Aufnahme f. **5.** Aufstellung f. **6.** Versorgung f, Einkommen n. **7.** relig. staatskirchliche Verfassung. **8.** organi'sierte Körperschaft od. Staatseinrichtung: civil ~ Beamtenschaft f; military ~ (das) Militär; naval ~ (die) Flotte. **9.** the E~ das Establishment a) die Oberschicht der politisch, wirtschaftlich od. gesellschaftlich einflußreichen Personen, b) die etablierte bürgerliche Gesellschaft, die auf Erhaltung des Status quo bedacht ist. **10.** mar. mil. Perso'nal-, Mannschaftsbestand m, (Soll)Stärke f: peace (war) ~ Friedens-(Kriegs)stärke. **11.** Anstalt f, (öffentliches) Insti'tut: research ~ Forschungsinstitut. **12.** econ. Firma f, Geschäft n, Unter'nehmen n. **13.** Haushalt m: to keep up a large ~ ein großes Haus führen. **14.** Nachweis m, Feststellung f: ~ of paternity jur. Vaterschaftsnachweis.

**es·tab·lish·men·tar·i·an** [ɪˌstæblɪʃmən'teərɪən] **I** adj **1.** staatskirchlich. **2.** E~ zum E'stablishment gehörend. **II** s

**3.** Anhänger(in) des Staatskirchentums. **4.** E~ j-d, der zum Establishment gehört.

**es·tate** [ɪ'steɪt] s **1.** Stand m, Klasse f: the (Three) E~s of the Realm Br. die drei gesetzgebenden Stände (Lords Spiritual, Lords Temporal, Commons); → first estate, etc. **2.** jur. a) Besitz(tum n) m, Vermögen n, (Erb-, Kon'kurs)Masse f, Nachlaß m: → personal 6, real¹ 4, b) Besitzrecht n. **3.** (großes) Grundstück, Besitzung f, Landsitz m, Gut n. **4.** obs. (Zu)Stand m: man's ~ Mannesalter n. **5.** Br. a) (Wohn)Siedlung f, b) Indu'striegebiet n. ~ a·gent s Br. **1.** Grundstücksverwalter m. **2.** Grundstücksmakler m. **es·tate-,bot·tled** adj vom Erzeuger abgefüllt (Wein): "~" „Erzeugerabfüllung". **es·tate| car** s Br. Kombiwagen m. ~ du·ty s jur. Br. hist. Erbschaftssteuer f. ~ (in) fee sim·ple s jur. unbeschränkt vererbliches od. veräußerliches Grundeigentum. ~ (in) fee tail s jur. beschränkt vererbliches Grundeigentum. in joint ten·an·cy s jur. gemeinschaftlicher Besitz. ~ tax s jur. Am. Erbschaftssteuer f.

**es·teem** [ɪ'stiːm] **I** v/t **1.** achten, (hoch-) schätzen: to ~ highly (little) hoch-(gering)schätzen. **2.** erachten od. ansehen als, etwas halten für: to ~ it an hono(u)r. **II** s **3.** (for, of) Wertschätzung f (gen), Achtung f (vor dat): to hold in (high) ~ → 1; to hold in little (od. light) ~ geringschätzen.

**es·ter** ['estə(r)] s chem. Ester m. **es·ter·i·fy** [e'sterəfaɪ] chem. **I** v/t in Ester verwandeln, zu Ester machen. **II** v/i sich in Ester verwandeln. **es·ter·i·za·tion** [-raɪ'zeɪʃn; Am. -rə'z-] s chem. Verwandlung f in Ester. (Buch) Esther f.

**Es·ther** ['estə(r)] npr u. s Bibl. (das) Buch Esther.

**es·thete**, etc Am. → aesthete, etc.

**Es·tho·ni·an** → Estonian.

**es·ti·ma·ble** ['estɪməbl] adj (adv estimably) **1.** achtens-, schätzenswert. **2.** (ab)schätzbar.

**es·ti·mate** ['estɪmeɪt] **I** v/t **1.** (ab-, ein-) schätzen, ta'xieren, veranschlagen (at auf acc, zu): ~d income geschätztes Einkommen; ~d time of arrival aer. voraussichtliche Ankunftszeit; ~d value Schätzwert m; an ~d 200 buyers schätzungsweise 200 Käufer. **2.** etwas beurteilen, bewerten, sich e-e Meinung bilden über (acc). **II** v/i **3.** schätzen. **4.** e-n Kosten(vor)anschlag machen (for für). **III** s [-mət] **5.** Schätzung f, Veranschlagung f, Kosten[vor)Anschlag m: to form an ~ of s.th. sich ein Bild von etwas machen, etwas einschätzen; fair (rough) ~ reiner (grober) Überschlag; at a rough ~ grob geschätzt, über den Daumen gepeilt'; building ~ Baukostenvoranschlag; the E~s pol. (Staats)Haushaltsschätzungen. **6.** Bewertung f, Beurteilung f: to form an ~ of → 2.

**es·ti·ma·tion** [ˌestɪ'meɪʃn] s **1.** → estimate 5. **2.** Meinung f, Ansicht f, Urteil n: in my ~ nach m-r Ansicht. **3.** (Wert-) Schätzung f, (Hoch)Achtung f, guter Ruf: to hold in ~ hochschätzen; he has lowered himself in my ~ er ist in m-r Achtung gesunken.

**es·ti·val** ['estəvəl] adj Am. sommerlich, Sommer... **es·ti·vate** [-, veɪt] v/i zo. Am. über'sommern, e-n Sommerschlaf halten. **es·ti·va·tion** s Am. **1.** zo. Sommerschlaf m. **2.** bot. Knospendeckung f.

**Es·to·ni·an** [e'stəʊnɪən; -nɪən] **I** s **1.** Este m, Estin f, Estländer(in). **2.** ling. Estnisch n, das Estnische. **II** adj **3.** estnisch.

**es·top** [ɪ'stɒp; Am. ɪ'stɑp] v/t jur. Rechtsverwirkung geltend machen gegen, rechtshemmenden Einwand erheben gegen: to be ~ped (durch sein früheres

Verhalten) gehindert sein (e-e Tatsache zu behaupten od. zu verneinen od. ein Recht geltend zu machen). **es·top·pel** [-pl] s jur. **1.** Rechtsverwirkung f. **2.** rechtshemmender Einwand.

**es·trade** [e'strɑːd] s Podium n.

**es·tra·gon** ['estrəgɒn; Am. -,gɑn] s bot. Estragon m.

**es·trange** [ɪ'streɪndʒ] v/t **1.** fernhalten (from von). **2.** j-n entfremden (from dat): his behavio(u)r ~d his friends sein Verhalten entfremdete ihn s-n Freunden; to become ~d a) sich entfremden (from dat), b) sich auseinanderleben. **es'tranged** adj **1.** an ~ couple ein Paar, das sich entfremdet od. auseinandergelebt hat. **2.** getrennt lebend: his ~ wife s-e von ihm getrennt lebende Frau; she is ~ from her husband sie lebt von ihrem Mann getrennt. **es'trange·ment** s Entfremdung f (from von).

**es·tray** [ɪ'streɪ] s verirrtes od. entlaufenes Haustier.

**es·treat** [ɪ'striːt] jur. **I** s **1.** beglaubigte Abschrift aus e-m Ge'richtsproto,koll (bes. im Zs.-hang mit Geldstrafen). **II** v/t **2.** Proto'kollauszüge (zur Verfolgung etc) machen (u. dem Vollstreckungsbeamten übermitteln). **3.** a) j-m e-e Geldstrafe auferlegen, b) eine Geldstrafe einziehen.

**es·tri·ol** Am. für oestriol.

**es·tro·gen** Am. für oestrogen.

**es·trone** Am. für oestrone.

**es·trous** Am. für oestrous.

**es·tu·ar·y** ['estjʊərɪ; Am. 'estʃə,weriː] s **1.** (den Gezeiten ausgesetzte) Flußmündung. **2.** Meeresbucht f, -arm m.

**e·ta** ['iːtə] s Eta n (griechischer Buchstabe).

**et·a·min** ['etəmɪn; Am. 'eɪ-], **'et·a·mine** [-miːn] s Eta'min(e f) n (gitterartiges, durchsichtiges Gewebe).

**et cet·er·a** [ɪt'setərə; et's-] (Lat.) et cetera, und so weiter. **et'cet·er·a** s **1.** Reihe f: a long ~ of illustrious names. **2.** pl allerlei Dinge pl.

**etch** [etʃ] **I** v/t **1.** tech. Metall, Glas etc ätzen. **2.** a) kupferstechen, b) ra'dieren. **3.** kratzen (on in acc): he ~ed his name on the table. **4.** fig. a) schneiden: sharply ~ed features scharf geschnittene Gesichtszüge, b) her'ausarbeiten: a sharply ~ed character in a book e-e gut herausgearbeitete Figur in e-m Buch. **5.** the event was ~ed on (od. in) her memory das Ereignis hatte sich ihrem Gedächtnis eingeprägt. **'etch·er** s a) Kupferstecher m, b) Ra'dierer m. **'etch·ing** s **1.** Ätzen n: ~ bath Ätzbad n. **2.** a) Ra'dieren n: ~ needle Radiernadel f, b) Kupferstechen n. **3.** a) Ra'dierkunst f, b) Kupferstecherei f. **4.** a) Ra'dierung f, b) Kupferstich m: come up and see my ~s humor. wollen Sie sich m-e Briefmarken(sammlung) ansehen?

**e·ter·nal** [ɪ'tɜːnl; Am. ɪ'tɜːrnl] **I** adj (adv ~ly) **1.** ewig: a) zeitlos: → triangle 6, b) immerwährend: ~ life; the E~ City die Ewige Stadt (Rom); to be ~ly grateful to s.o. j-m ewig dankbar sein, c) 'unab,änderlich: ~ truth. **2.** unveränderlich, bleibend. **3.** colloq. ,ewig', unaufhörlich: her ~ chatter. **II** s **4.** the E~ der Ewige (Gott). **5.** pl ewige Dinge pl. **e·ter·nal·ize** [-nəlaɪz] v/t verewigen: a) unsterblich od. unvergeßlich machen, b) ewig fortdauern lassen.

**e·ter·ni·ty** [iː'tɜːnətɪ; Am. ɪ'tɜːr-] s **1.** Ewigkeit f, Unsterblichkeit f: to all ~ bis in alle Ewigkeit; ~ ring Memoire-Ring m; → here 1. **2.** fig. Ewigkeit f, sehr lange Zeit: it seemed an ~ before ... es schien e-e Ewigkeit zu dauern, bis ...; after an ~ of waiting nach endlos langem Warten. **3.** relig. a) Ewigkeit f, Jenseits n: to send s.o. to ~ j-n ins Jenseits

befördern, b) *pl* ewige Wahrheit(en *pl*). **e'ter·nize** → eternalize.
**E·te·sian** [ɪ'tiːʒən; *Am.* -ʒən] **I** *adj*: ~ **winds** → II. **II** *s pl* E'tesien *pl* (*von April bis Oktober gleichmäßig wehende, trokkene Nordwestwinde im östlichen Mittelmeer*).
**eth·ane** ['eθeɪn; *Br. a.* 'iː-] *s chem.* Ä'than *n.* **'eth·a·nol** [-ənɒl; *Am. a.* -ˌnəʊl] *s chem.* Ätha'nol *n*, Ä'thylalkohol *m.* **eth·ene** ['eθiːn] *s chem.* Ä'then *n*, Äthy'len *n.* **eth·e·nol** ['eθənɒl; *Am. a.* -ˌnəʊl] *s chem.* Vi'nylalkohol *m.* **eth·e·nyl** ['eθə-nɪl] *s chem.* Äthyli'den *n.*
**e·ther** ['iːθə(r)] *s* **1.** *poet.* Äther *m*, Himmel *m.* **2.** *chem.* a) Äther *m*, b) Ätherverbindung *f*: butyric ~ Buttersäureäther. **3.** *phys. hist.* (Licht)Äther *m* (*bis um 1900 angenommener Stoff im freien Raum*). **e·the·re·al** [iː'θɪərɪəl] *adj* (*adv* ~ly) ä'therisch: a) *poet.* himmlisch, b) erdentrückt, vergeistigt, c) *chem.* ätherartig, flüchtig. **e¡the·re'al·i·ty** [-'ælətɪ] → ethereality. **e'the·re·al·ize** *v/t* **1.** *fig.* ä'therisch machen, vergeistigen, der Erde entrücken. **2.** *chem.* ätheri'sieren, mit Äther behandeln. **e'the·re·al·ness** *s* ä'therisches Wesen. **e'the·re·ous, e·ther·ic** [iː'θerɪk] *adj* ä'therisch, Äther... **e'ther·i·fy** [-faɪ] *v/t* in Äther verwandeln. **'e·ther·ism** *s med.* Äthervergiftung *f.* **¡e·ther·i'za·tion** [-raɪ-'zeɪʃn; *Am.* -rə'z-] *s med.* 'Ätherbetäubung *f*, -nar¡kose *f.* **'e·ther·ize** *v/t* **1.** → etherify. **2.** *med.* mit Äther betäuben *od.* narkoti'sieren.
**eth·ic** ['eθɪk] **I** *adj* (*adv* ~ally) **1.** selten für ethical. **II** *s pl* **2.** (*als sg konstruiert*) Mo'ralphiloso¡phie *f*, Sittenlehre *f*, Ethik *f* (*als Wissenschaft*). **3.** (*als pl konstruiert*) a) Sittlichkeit *f*, Mo'ral *f*, sittliche Haltung, b) (Berufs- *etc*)Ethos *n*, ethische Grundsätze *pl*: professional ~s. **'eth·i·cal** [-kl] *adj* (*adv* ~ly) **1.** ethisch: a) die Ethik betreffend: ~ literature, b) mo'ralisch, sittlich: ~ practices. **2.** mo'ralisch einwandfrei, von ethischen Grundsätzen (geleitet). **3.** dem Berufsethos entsprechend: not ~ for physicians dem Berufsethos der Ärzte widersprechend. **4.** *pharm.* re'zeptpflichtig: ~ drugs. **5.** *ling.* ethisch: ~ dative. **eth·i·cist** ['eθɪsɪst] *s* Ethiker *m*, Mora'list *m.* **eth·ine** ['eθaɪn] → acetylene.
**E·thi·o·pi·an** [¡iːθɪ'əʊpjən; -pɪən] **I** *adj* **1.** äthi'opisch. **II** *s* **2.** Äthi'opier(in). **3.** Angehörige(r *m*) *f* der äthi'opischen Rasse. **4.** *obs.* Neger(in). **E·thi·op·ic** [-'ɒpɪk; *Am.* -'ɑ-; -'əʊ-] **I** *adj* äthi'opisch. **II** *s ling.* Äthi'opisch *n*, das Äthiopische.
**eth·moid** ['eθmɔɪd] *anat.* **I** *adj* zum Siebbein gehörig: ~ bone → II. **II** *s* Siebbein *n.*
**eth·nic** ['eθnɪk] **I** *adj* (*adv* ~ally) **1.** ethnisch: a) *e-r* sprachlich u. kulturell einheitlichen Volksgruppe angehörend: ~ group Volksgruppe *f*; ~ German Volksdeutsche(r *m*) *f*, b) die Kultur u. Lebensgemeinschaft *e-r* Volksgruppe betreffend: ~ joke Witz auf Kosten *e-r* bestimmten Volksgruppe. **II** *s* **2.** Angehörige(r) *e-r* sprachlich u. kulturell einheitlichen Volksgruppe. **3.** *pl* sprachliche *od.* kultu'relle Zugehörigkeit. **'eth·ni·cal** [-kl] → ethnic I.
**eth·nog·e·ny** [eθ'nɒdʒɪnɪ; *Am.* -'nɑ-] *s* Lehre *f* von der Völkerentstehung.
**eth·nog·ra·pher** [eθ'nɒɡrəfə(r); *Am.* -'nɑ-] *s* Ethno'graph *m.* **eth·no·graph·ic** [¡eθnəʊ'ɡræfɪk] *adj*; **¡eth·no'graph·i·cal** [-kl] *adj* (*adv* ~ly) ethno'graphisch. **eth·nog·ra·phy** *s* Ethnogra'phie *f*, beschreibende Völkerkunde.
**eth·no·log·ic** [¡eθnəʊ'lɒdʒɪk; *Am.* -nə'lɑ-] *adj*; **¡eth·no'log·i·cal** [-kl] *adj*

(*adv* ~ly) ethno'logisch. **eth'nol·o·gist** [-'nɒlədʒɪst; *Am.* -'nɑ-] *s* Ethno'loge *m.* **eth'nol·o·gy** *s* Ethnolo'gie *f*, b) Wissenschaft, die sich mit Sozialstruktur u. Kultur der primitiven Gesellschaften beschäftigt, c) in den USA betreffende Wissenschaft, die sich mit Sozialstruktur u. Kultur aller Gesellschaften beschäftigt.
**eth·o·log·ic** [¡iːθəʊ'lɒdʒɪk; *Am.* -'lɑ-] *adj*; **¡eth·o'log·i·cal** [-kl] *adj* (*adv* ~ly) etho'logisch. **e·thol·o·gist** [iː'θɒlədʒɪst; *Am.* -'θɑ-] *s* Etho'loge *m.* **e'thol·o·gy** *s* **1.** *zo.* Etholo'gie *f*, Verhaltensforschung *f*, -lehre *f.* **2.** Wissenschaft *f* von der Cha'rakterbildung, Per'sönlichkeitsforschung *f.*
**e·thos** ['iːθɒs; *Am.* 'iːˌθɑs] *s* **1.** Ethos *m*, Cha'rakter *m*, Geist *m*, Wesensart *f*, sittlicher Gehalt (*e-r Kultur*). **2.** Ethos *n*, sittliche Lebensgrundsätze *pl.* **3.** ethischer Wert (*e-s Kunstwerks*).
**eth·yl** ['eθɪl; 'iːθaɪl] *s chem.* Ä'thyl *n.* ~ **ac·e·tate** *s chem.* Ä'thylace¡tat *n.* ~ **al·co·hol** *s chem.* Ä'thylalkohol *m.*
**eth·yl·a·mine** [¡eθɪlə'miːn; -'æmɪn] *s chem.* Äthyla'min *n.* **'eth·yl·ate** [-leɪt] *chem.* I *s* Ä'thyl'lat *n*, Ä'thylverbindung *f.* **II** *v/t* mit Ä'thyl verbinden, äthy'lieren. **eth·yl·ene** ['eθɪliːn] *s chem.* Äthy'len *n.* ~ **chlo·ride** *s chem.* Äthy'lenchlo¡rid *n.*
**e·ti·o·late** ['iːtɪəʊleɪt] *v/t* **1.** *agr.* etio'lieren, vergeilen. **2.** bleichsüchtig machen. **3.** *fig.* verkümmern lassen. **¡e·ti·o'la·tion** *s* **1.** *agr.* Etiole'ment *n*, Vergeilung *f.* **2.** Bleichsucht *f.* **3.** *fig.* Verkümmern *n.*
**e·ti·ol·o·gy** [¡iːtɪ'ɒlədʒiː] *s Am.* Ätiolo'gie *f*: a) Lehre von den Ursachen (*der Krankheiten*), b) zugrundeliegender ursächlicher Zs.-hang (*bes. von Krankheiten*).
**et·i·quette** ['etɪket] *s* Eti'kette *f*: a) Zeremoni'ell *n*, b) Anstandsregeln *pl*, (gute) 'Umgangsformen *pl*: legal ~ das Berufsethos der Anwälte.
**E·ton| col·lar** ['iːtn] *s* breiter, steifer 'Umlegekragen. ~ **Col·lege** *s* berühmte englische Public School. ~ **crop** *s hist.* Herrenschnitt *m.*
**E·to·ni·an** [iː'təʊnjən; -nɪən] **I** *adj* Eton... **II** *s* Schüler *m* des Eton College.
**E·ton jack·et** *s hist.* schwarze, kurze Jacke (*der Etonschüler*).
**E·trus·can** [ɪ'trʌskən], *a.* **E·tru·ri·an** [ɪ'trʊərɪən] *hist.* **I** *adj* **1.** e'truskisch. **II** *s* **2.** E'trusker(in). **3.** *ling.* E'truskisch *n*, das Etruskische.
**é·tude** [eɪ'tjuːd; 'eɪtjuːd; *Am. a.* -ˌtuːd] *s mus.* E'tüde *f*, Übungsstück *n.*
**e·tui**, *bes. Br.* **é·tui** [e'twiː; *Am.* eɪ-, *Am. a.* **e·twee** [eɪ'twiː] *s* E'tui *n.*
**et·y·ma** ['etɪmə] *pl von* etymon.
**e·tym·ic** [e'tɪmɪk] *adj ling.* Wurzel..., Stamm(wort)...
**et·y·mo·log·ic** [¡etɪmə'lɒdʒɪk; *Am.* -'lɑ-] *adj*; **¡et·y·mo'log·i·cal** [-kl] *adj* (*adv* ~ly) etymo'logisch.
**et·y·mol·o·gist** [¡etɪ'mɒlədʒɪst; *Am.* -'mɑ-] *s* Etymo'loge *m.* **¡et·y'mol·o·gize** **I** *v/t* etymo'logisch erklären, Wörter etymologisch *od.* ihren Ursprung unter'suchen. **II** *v/i* Etymolo'gie treiben. **¡et·y'mol·o·gy** *s ling.* Etymolo'gie *f*: a) Wissenschaft von der Herkunft, Geschichte u. Grundbedeutung der Wörter, b) Herkunft, Geschichte u. Grundbedeutung *e-s* Wortes.
**et·y·mon** ['etɪmɒn; *Am.* -ˌmɑn] *pl* -mons, -ma [-mə] *s ling.* Etymon *n*, Grund-, Stammwort *n.*
**eu·ca·lyp·tus** [¡juːkə'lɪptəs] *pl* -ti [-taɪ], -tus·es *s bot.* Euka'lyptus *m*: ~ oil *chem.* Eukalyptusöl *n.*
**eu·cha·ris** ['juːkərɪs] *s bot.* Eucharis *f.*

**Eu·cha·rist** ['juːkərɪst] *s relig.* **1.** Eucharistie *f*: a) die Feier des heiligen Abendmahls, b) die eucharistische Gabe (Brot u. Wein). **2.** Christian Science: Verbindung *f* zu Gott. **¡Eu·cha'ris·tic** *adj* (*adv* ~ally) eucha'ristisch: ~ Congress R.C. Eucharistischer Kongreß.
**eu·chre**, *a.* **eu·cher** ['juːkər] *v/t Am. colloq.* betrügen, prellen (out of um).
**Eu·clid** ['juːklɪd] *s* **1.** Eu'klids Werke *pl.* **2.** (Eu'klidische) Geome'trie: to know one's ~ in Geometrie gut beschlagen sein. **Eu'clid·e·an** [-dɪən] *adj* eu'klidisch.
**eu·dae·mon·ic** [¡juːdɪ'mɒnɪk; *Am.* -'mɑ-], *a.* **¡eu·dae'mon·i·cal** [-kl] *adj* glückbringend. **¡eu·dae'mon·ics** *s pl* **1.** Mittel *pl* zum Glück. **2.** (*als sg konstruiert*) → eudaemonism. **eu·dae·mon·ism** [juː'diːmənɪzəm] *s philos.* Eudämo'nismus *m* (Lehre, die im Glück des einzelnen od. der Gemeinschaft die Sinnerfüllung menschlichen Daseins sieht). **eu'dae·mon·ist** *s philos.* Eudämo'nist *m.*
**eu·de·mon·ic**, *etc* → eudaemonic, *etc.*
**eu·gen·ic** [juː'dʒenɪk] *adj* (*adv* ~ally) eu'genisch. **eu·gen·i·cist** [-sɪst] *s* Eu'geniker *m.* **eu'gen·ics** *s pl* (*als sg konstruiert*) Eu'genik *f* (Erbhygiene mit dem Ziel, erbschädigende Einflüsse u. die Verbreitung von Erbkrankheiten zu verhüten). **eu·ge·nist** ['juːdʒɪnɪst; *Am.* jʊ'dʒen-] *s* Eu'geniker *m.*
**eu·he·mer·ism** [juː'hiːmərɪzəm] *s* Euheme'rismus *m* ([rationalistische] Deutung von Mythen u. Religionen). **eu'he·mer·ist** *s* Euheme'rist *m.* **eu¡he·mer'is·tic** *adj* (*adv* ~ally) euheme'ristisch.
**eu·lo·gi·a¹** [juː'ləʊdʒə; -ɪə] *s relig.* Eulo'gie *f* (in der orthodoxen Kirche das nicht zur Eucharistie benötigte Brot, das als ‚Segensbrot' nach dem Gottesdienst verteilt wird).
**eu·lo·gi·a²** [juː'ləʊdʒə; -ɪə] *pl von* eulogium.
**eu·lo·gist** ['juːlədʒɪst] *s* Lobredner(in). **¡eu·lo'gis·tic** *adj* (*adv* ~ally) (lob-) preisend, lobend, rühmend: to be ~ of → eulogize. **eu·lo·gi·um** [juː'ləʊdʒəm; -ɪəm] *pl* -gi·ums, -gi·a [-dʒə; -dʒɪə] *obs. für* eulogy. **'eu·lo·gize** *v/t* loben, preisen, rühmen. **'eu·lo·gy** *s* **1.** Lob(preisung *f*) *n.* **2.** Lobrede *f*, Lob-, Nachschrift *f* (on auf *acc*).
**Eu·men·i·des** [juː'menɪdiːz] *s pl antiq.* Eume'niden *pl* (Rachegöttinnen).
**eu·nuch** ['juːnək] *s* **1.** Eu'nuch *m*: a) Haremswächter *m*, b) Ka'strat *m.* **2.** *fig.* Niemand *m*: a political ~.
**eu·pep·si·a** [juː'pepsɪə; *Am. a.* -ʃə] *s physiol.* Eupep'sist *f*, gute *od.* nor'male Verdauung. **eu'pep·tic** [-tɪk] *adj med.* **1.** gut verdauend. **2.** *fig.* gutgelaunt.
**eu·phe·mism** ['juːfɪmɪzəm] *s* Euphe'mismus *m*: a) (sprachliche) Beschönigung *od.* Verhüllung, b) beschönigender *od.* verhüllender Ausdruck. **¡eu·phe'mis·tic** *adj* (*adv* ~ally) euphe'mistisch, beschönigend, verhüllend. **'eu·phe·mize** **I** *v/t* etwas euphe'mistisch *od.* verhüllend ausdrükken. **II** *v/i* Euphe'mismen verwenden.
**eu·phon·ic** [juː'fɒnɪk; *Am.* jʊ'fɑ-] *adj* (*adv* ~ally), **eu'pho·ni·ous** [-'fəʊnjəs; -nɪəs] *adj* (*adv* ~ly) eu'phonisch: a) wohllautend, -klingend, b) *ling.* des Wohlklangs *od.* der Sprecherleichterung wegen eingeschoben (Laut). **eu'pho·ni·um** [-njəm; -nɪəm] *s mus.* Eu'phonium *n*, Baritonhorn *n.* **eu·pho·ny** ['juːfənɪ] *s* Eupho'nie *f*, Wohlklang *m*, -laut *m.*
**eu·phor·bi·a** [juː'fɔː(r)bjə; -bɪə] *s bot.* Wolfsmilch *f.*
**eu·pho·ri·a** [juː'fɔːrɪə; *Am. a.* jʊ'fəʊ-] *s*

Eupho'rie f: a) Hochgefühl n, -stimmung f, b) subjek'tives Wohlbefinden (Schwerkranker). **eu'pho·ri·ant** [-rɪənt] **I** adj euphori'sierend: **eu'phor·ic** [-'fɒrɪk; Am. -'fo-] adj (adv ~ally) eu'phorisch. **eu·pho·ri'gen·ic** [-rɪ'dʒenɪk] adj euphori'sierend. **eu·pho·ry** ['juːfərɪ] → euphoria.

**eu·phra·sy** ['juːfrəsɪ] s bot. Augentrost m.

**eu·phroe** ['juːfrəʊ] s mar. Jungfernblock m.

**eu·phu·ism** ['juːfjuːɪzəm; Am. -fjəwɪzəm] s Euphu'ismus m: a) schwülstiger Stil, b) schwülstiges 'Stilele,ment. **'eu·phu·ist** s Euphu'ist m. **,eu·phu'is·tic** adj (adv ~ally) euphu'istisch, schwülstig.

**eup·n(o)e·a** [juːp'niːə; juːp'nɪə] s Eu'pnoe f (regelmäßiges, ruhiges Atmen).

**Eu·rail·pass** ['jʊəreɪlpɑːs; Am. -ˌpæs] s Eu'railpaß m (Dauerfahrkarte, die außerhalb Europas lebende Personen zur Benutzung aller westeuropäischen Eisenbahnen berechtigt).

**Eur·a·sian** [jʊə'reɪʒən; bes. Am. -ʒən] **I** adj eu'rasisch. **II** s Eu'rasier(in).

**eu·re·ka** [jʊə'riːkə] interj heureka!, ich hab's (gefunden)!

**eu·rhyth·mic**, etc bes. Br. für eurythmic, etc.

**Euro-** [jʊərəʊ] Wortelement mit der Bedeutung euro'päisch, Euro...

**'Eu·ro·cheque** s econ. Br. Eurocheque m, Euroscheck m: ~ **card** Eurocheque-Karte f.

**,Eu·ro'com·mu·nism** s 'Eurokommu,nismus m. **,Eu·ro'com·mu·nist I** s 'Eurokommu,nist(in). **II** adj 'eurokommu,nistisch.

**Eu·ro·crat** ['jʊərəkræt] s Euro'krat m ([leitender] Beamter der Europäischen Gemeinschaften).

**'Eu·ro,dol·lar** s meist pl econ. Eurodollar m.

**Eu·ro·pe·an** [jʊərə'piːən] **I** adj euro'päisch: ~ **Atomic Energy Community** Europäische Atomgemeinschaft; ~ **Coal and Steel Community** Europäische Gemeinschaft für Kohle u. Stahl; ~ **(Economic) Community** Europäische (Wirtschafts)Gemeinschaft; ~ **championship** sport Europameisterschaft; ~ **cup** sport Europacup m, -pokal m; ~ **Parliament** Europäisches Parlament, Europaparlament n; ~ **plan** Am. Hotelzimmer-Vermietung f ohne Verpflegung. **II** s Euro'päer(in). **,Eu·ro'pe·an·ism** s Euro'päertum n. **,Eu·ro'pe·an·ize** v/t europäi'sieren.

**'Eu·ro,vi·sion** TV **I** s Eurovisi'on f. **II** adj Eurovisions...: ~ **transmission**.

**eu·ryth·mic** [juː'rɪðmɪk], **eu·ryth·mi·cal** [-kl] adj bes. Am. eu'rhythmisch: a) die Harmo'nie (der Teile) betreffend, b) arch. proportio'niert, har'monisch ([an]geordnet). **eu'ryth·mics** s pl (als sg konstruiert) bes. Am. rhythmische, har'monische Bewegung, bes. Ausdruckstanz m. **eu'ryth·my** s bes. Am. Eurhyth'mie f: a) arch. Ebenmaß n, Harmo'nie f, b) med. Regelmäßigkeit f des Pulses, c) Anthroposophie: Eu·rhyth'mie f (Bewegungskunst u. -therapie, bei der Gesprochenes sowie Vokal- u. Instrumentalmusik in Ausdrucksbewegungen umgesetzt werden).

**Eu·sta·chi·an tube** [juː'steɪʃjən; -'ʃɪən] s anat. Eu'stachische Röhre, 'Ohrtrom,pete f.

**eu·tec·tic** [juː'tektɪk] tech. **I** adj 1. eu'tektisch: ~ **point** eutektischer Punkt (niedrigster Schmelz- bzw. Erstarrungspunkt bei Gemischen). 2. Legierungs... **II** s 3. Eu'tektikum n (feines kristallines Gemisch zweier od. mehrerer Kristallarten,

das aus e-r erstarrten, einheitlichen Schmelze entstanden ist u. den niedrigsten möglichen eutektischen Punkt zeigt).

**eu·tha·na·si·a** [ˌjuːθə'neɪzjə; bes. Am. -ʒə] s Euthana'sie f: a) sanfter Tod, b) schmerzlose Tötung von unheilbar Kranken, u. med. Sterbehilfe f: **active** ~ (passive) ~.

**eu·then·ics** [juː'θenɪks] s pl (als sg konstruiert) Lehre von der Verbesserung der Lebenskraft durch Verbesserung der Umweltbedingungen.

**eu·troph·ic** [juː'trɒfɪk; Am. juː'troʊ-] adj biol. eu'troph: a) nährstoffreich (Böden, Gewässer), b) an nährstoffreiche Umgebung gebunden (Pflanzen), c) überdüngt (Gewässer). **eu'troph·i·cate** [-keɪt] v/i biol. eutro'phieren. **eu,troph·i'ca·tion** s biol. Eutro'phierung f (unerwünschte Zunahme des Nährstoffe in e-m Gewässer u. damit verbundenes nutzloses u. schädliches Pflanzenwachstum). **eu·tro·phy** ['juːtrəfɪ] s med. physiol. Eutro'phie f: a) guter Ernährungszustand, bes. von Säuglingen, b) regelmäßige u. ausreichende Versorgung e-s Organs mit Nährstoffen.

**e·vac·u·ant** [ɪ'vækjʊənt; Am. -jəwənt] med. pharm. **I** adj abführend. **II** s Abführmittel n.

**e·vac·u·ate** [ɪ'vækjʊeɪt; Am. -jə,weɪt] **I** v/t 1. aus-, entleeren: to ~ **the bowels** a) → 6, b) abführen. 2. a) die Luft etc her'auspumpen, b) Gefäß luftleer pumpen. 3. a) Personen evaku'ieren, u. mil. Truppen verlegen, Verwundete etc 'abtranspor,tieren, c) Dinge verlagern, d) ein Gebiet etc evaku'ieren, u. mil. ein Haus räumen. 4. fig. berauben (of gen). **II** v/i 5. das Gebiet etc evaku'ieren, das Haus räumen, bes. mil. sich zu'rückziehen. 6. den Darm entleeren, Stuhl(gang) haben. **e,vac·u'a·tion** s 1. Aus-, Entleerung f. 2. a) Evaku'ierung f, bes) mil. Verlegung f, 'Abtrans,port m: ~ **hospital** Am. Feldlazarett n, c) Räumung f. 3. a) Darmentleerung f, Stuhl(gang) m, b) Stuhl m.

**e·vac·u·ee** [ɪˌvækjuː'iː; Am. -jə'wiː] s Evaku'ierte(r m) f.

**e·vade** [ɪ'veɪd] v/t 1. e-m Schlag etc ausweichen, j-m entkommen. 2. sich e-r Sache entziehen, e-r Sache entgehen, etwas um'gehen, vermeiden, jur. Steuern hinter'ziehen: to ~ (answering) a question e-r Frage ausweichen; to ~ detection der Entdeckung entgehen; to ~ a duty sich e-r Pflicht entziehen; to ~ definition sich nicht definieren lassen.

**e'vad·er** s j-d, der sich e-r Sache entzieht od. der etwas umgeht: → tax evader.

**e·val·u·ate** [ɪ'væljʊeɪt; Am. -jə,weɪt] v/t 1. den Wert etc schätzen, den Schaden etc festsetzen (at auf acc). 2. abschätzen, bewerten, beurteilen. 3. berechnen, (zahlenmäßig) bestimmen. 4. auswerten. **e,val·u'a·tion** s 1. Schätzung f, Festsetzung f. 2. Bewertung f, Beurteilung f. 3. Berechnung f, (zahlenmäßige) Bestimmung. 4. Auswertung f.

**ev·a·nesce** [ˌiːvə'nes; bes. Am. ˌevə-] v/i sich auflösen, sich verflüchtigen (Nebel etc). **,ev·a'nes·cence** [-'nesns] s 1. Auflösung f, Verflüchtigung f. 2. Vergänglichkeit f. **,ev·a'nes·cent** [-'nesnt] adj (adv ~ly) 1. sich auflösend, sich verflüchtigend. 2. vergänglich.

**e·van·gel** [ɪ'vændʒel] s relig. Evan'gelium n (a. fig.).

**e·van·gel·ic** [ˌiːvæn'dʒelɪk; ˌevən-] adj (adv ~ally) 1. die vier Evan'gelien betreffend, Evangelien... 2. evan'gelisch. **,e·van'gel·i·cal** [-kl] **I** adj (adv ~ly) → evangelic. **II** s Anhänger(in) od. Mitglied n e-r evan'gelischen Kirche,

Evan'gelische(r m) f. **,e·van'gel·i·cal·ism** [-kəlɪzəm] s 1. evan'geliumsgläubigkeit f (Ggs. Werkgläubigkeit). 2. evan'gelischer Glaube. **e·van·ge·lism** [ɪ'vændʒəlɪzəm] s Verkündigung f des Evan'geliums. **e·van·ge·list** s 1. Bibl. Evange'list m. 2. Evange'list m, Erwekkungs-, Wanderprediger m. 3. Patri'arch m (der Mormonenkirche). **e'van·ge·lize I** v/i das Evan'gelium predigen, evangeli'sieren. **II** v/t für das Evan'gelium gewinnen, (zum Christentum) bekehren.

**e·van·ish** [ɪ'vænɪʃ] v/i meist poet. (da'hin)schwinden.

**e·vap·o·ra·ble** [ɪ'væpərəbl] adj verdunstbar. **e'vap·o·rate** [-reɪt] **I** v/t 1. zur Verdampfung bringen, verdampfen od. verdunsten lassen, evapo'rieren. 2. ab-, eindampfen, evapo'rieren: ~d **milk** Kondensmilch f. 3. fig. schwinden lassen. **II** v/i 4. verdampfen, -dunsten, evapo'rieren. 5. fig. verschwinden (a. colloq. abhauen), sich verflüchtigen, verfliegen. **e,vap·o'ra·tion** s 1. Verdampfung f, -dunstung f, Evaporati'on f. 2. Ab-, Eindampfen n. 3. fig. Verflüchtigung f, Verfliegen n. **e'vap·o·ra·tive** [-rətɪv; Am. -ˌreɪtɪv] adj Verdunstungs..., Verdampfungs... **e'vap·o·ra·tor** [-reɪtə(r)] s tech. Abdampfvorrichtung f, Verdampfer m. **e,vap·o'rim·e·ter** [-'rɪmɪtə(r)], **e,vap·o'rom·e·ter** [-'rɒmɪtə(r)] Am. -'rɑ-] s phys. Evapori'meter n, Verdunstungsmesser m.

**e·va·sion** [ɪ'veɪʒn] s 1. Entkommen n. 2. Um'gehung f, Vermeidung f: → **tax evasion**. 3. Ausflucht f, Ausrede f, ausweichende Antwort. **e'va·sive** [-sɪv] adj (adv ~ly) 1. ausweichend: ~ **answer**; ~ **maneuver** (bes. Br. **manoeuvre**) mot. etc Ausweichmanöver n (a. fig.): **to be** ~ ausweichen. 2. aalglatt, gerissen. 3. schwer feststell- od. faßbar. **e'va·sive·ness** s 1. ausweichendes Verhalten.

**Eve[1]** [iːv] npr Bibl. Eva f: **a daughter of** ~ e-e Evastochter.

**eve[2]** [iːv] s 1. poet. Abend m. 2. meist E~ Vorabend m, -tag m (e-s Festes). 3. fig. Vorabend m, Tag m (vor e-m Ereignis): **on the** ~ of am Vorabend von (od. gen); **to be on** (od. **upon**) **the** ~ of unmittelbar vor (dat) stehen.

**e·vec·tion** [ɪ'vekʃn] s astr. Evekti'on f, (Größe der) Ungleichheit f der Mondbahn (um die Erde).

**e·ven[1]** ['iːvn] adv 1. so'gar, selbst, auch (verstärkend): ~ **the king**; ~ **in winter**; **not** ~ **he** nicht einmal er; **I never** ~ **read it** ich habe es nicht einmal gelesen; ~ **then** selbst dann; ~ **though**, ~ **if** selbst wenn, wenn auch; **without** ~ **looking** ohne auch nur hinzusehen. 2. noch (vor comp): ~ **better** (sogar) noch besser; ~ **more** noch mehr. 3. gerade (zeitlich): ~ **now** a) eben od. gerade jetzt, b) selbst jetzt od. heutzutage; **not** ~ **now** nicht einmal jetzt, selbst od. auch jetzt noch. 4. eben, ganz, gerade (verstärkend): ~ **as I expected** gerade od. genau, wie ich (es) erwartete; ~ **as he spoke** gerade als er sprach; ~ **so** immerhin, dennoch, trotzdem, selbst dann. 5. nämlich, das heißt: **God**, ~ **our own God**. 6. **or** ~ oder auch (nur), oder gar.

**e·ven[2]** ['iːvn] **I** adj 1. eben, flach, glatt, gerade: ~ **with the ground** dem Boden gleich. 2. in gleicher Höhe (**with** mit). 3. fig. ausgeglichen, ruhig, gelassen: **of an** ~ **temper** ausgeglichen; **an** ~ **voice** e-e ruhige Stimme. 4. gleichmäßig: ~ **breathing** (rhythm, etc); ~ **features** regelmäßige (Gesichts)Züge. 5. waag(e)recht, horizon'tal: → **keel[1]** 1. 6. econ. a) ausgeglichen (a. sport Runde etc), schuldenfrei, b) ohne (Gewinn od.) Ver-

lust: **to be ~ with** s.o. mit j-m quitt sein (*a. fig.*) (→ 10); **to get ~ with** s.o. mit j-m abrechnen *od.* quitt werden (*a. fig.*); → **break even. 7.** im Gleichgewicht (*a. fig.*). **8.** gerecht, ¦unpar¦teiisch: **~ law. 9.** gleich, ¦i¦dentisch: **~ portions**; **~ bet** Wette *f* mit gleichem Einsatz; **~ chances** gleiche Chancen; **he stands an ~ chance of winning** er hat e-e echte Chance zu gewinnen; **to meet on ~ ground** mit gleichen Chancen kämpfen; **~ money** gleicher (Wett)Einsatz; **your letter of ~ date** Ihr Schreiben gleichen Datums. **10.** gleich (*im Rang etc*): **to be ~ with** s.o. mit j-m gleichstehen (→ 6). **11.** gerade (*Zahl*; *Ggs. odd*): **~ number**; **~ page** Buchseite *f* mit gerader Zahl; **to end ~ print.** mit voller Zeile abschließen. **12.** rund, voll: **~ sum. 13.** prä¦zise, genau: **an ~ dozen** genau ein Dutzend. **II** *v/t* **14.** *a.* **~ out** (ein)ebnen, glätten. **15.** *a.* **~ out** ausgleichen. **16. ~ up** e-e Rechnung aus-, begleichen: **to ~ up accounts** Konten abstimmen; **to ~ up matters** (*od.* **things**) **up** sich revanchieren. **III** *v/i* **17.** meist **~ out** eben werden (*Gelände*). **18.** *a.* **~ out** sich ausgleichen. **19. to ~ up on** s.o. mit j-m quitt werden.

**e·ven**[3] [¦iːvn] *s poet.* Abend *m*.

**'e·ven·fall** *s poet.* Her¦einbrechen *n* des Abends. **,~'hand·ed** *adj* ¦unpar¦teiisch.

**eve·ning** [¦iːvnɪŋ] **I** *s* **1.** Abend *m*: **in the ~** abends, am Abend; **last** (**this**, **to-morrow**) **~** gestern (heute, morgen) abend; **on the ~ of the same day** am Abend desselben Tages; **good ~!** guten Abend! **2.** *dial.* Nachmittag *m*. **3.** *fig.* Ende *n*, *bes.* (*a.* ~ **of life**) Lebensabend *m*. **4.** ¦Abend(unter¦haltung *f*) *m*, Gesellschaftsabend *m*: **musical ~** musikalischer Abend. **II** *adj* **5.** abendlich, Abend... **~ class·es** *s pl ped.* ¦Abend¦unterricht *m*. **~ dress** *s* **1.** Abendkleid *n*. **2.** Abend-, Gesellschaftsanzug *m*, *bes.* a) Frack *m*, b) Smoking *m*. **~ prim·rose** *s bot.* Nachtkerze *f*.

**eve·nings** [¦iːvnɪŋz] *adv Am.* abends.

**eve·ning** ¦ **school** → **night school. ~ shirt** *s* Frackhemd *n*. **~ star** *s astr.* Abendstern *m*.

**'e·ven·ness** *s* **1.** Ebenheit *f*, Geradheit *f*. **2.** *fig.* Ausgeglichenheit *f*. **3.** Gleichmäßigkeit *f*. **4.** ¦Unpar¦teilichkeit *f*. **5.** Gleichheit *f*.

**'e·ven·song** *s relig.* Abendandacht *f*, -gottesdienst *m*.

**e·vent** [ɪ¦vent] *s* **1.** Fall *m*: **at all ~s** auf alle Fälle, jedenfalls; **in the ~ of death** im Todesfalle; **in the ~ of his death** im Falle s-s Todes, falls er sterben sollte; **in any ~** auf jeden Fall. **2.** Ereignis *n*, Vorfall *m*, -kommnis *n*: **before the ~** vorher, im voraus; **after the ~** hinterher, im nachhinein; **in the course of ~s** im (Ver)Lauf der Ereignisse; **this was** (**quite**) **an ~ in her life** das war ein großes Ereignis in ihrem Leben. **3.** *sport* a) Diszi¦plin *f*, b) Wettbewerb *m*. **4.** Ausgang *m*, Ergebnis *n*: **in the ~** schließlich.

**,e·ven-'tem·pered** *adj* ausgeglichen, gelassen, ruhig.

**e'vent·ful** *adj* **1.** ereignisreich, (*Zeiten*, *Leben a.*) bewegt. **2.** wichtig, bedeutend.

**'e·ven·tide** *s poet.* Abend(zeit *f*) *m*: **at ~** zur Abendzeit.

**e·ven·tu·al** [ɪ¦ventʃʊəl; *Am.* -tʃəwəl] *adj* (*adv* → **eventually**) **1. the ~ success of his efforts made him happy** es machte ihn glücklich, daß s-e Bemühungen schließlich Erfolg hatten; **this led to his ~ dismissal** das führte schließlich zu s-r Entlassung. **2.** *obs.* möglich, eventu¦ell.

**e,ven·tu·'al·i·ty** [-tʃʊ¦ælɪtɪ; *Am.* -tʃə¦wæl-] *s* Möglichkeit *f*, Eventuali¦tät *f*.

*f.* **e'ven·tu·al·ly** *adv* schließlich, endlich.

**e·ven·tu·ate** [ɪ¦ventʃʊeɪt; *Am.* -tʃə¦weɪt] *v/i* **1.** ausgehen, enden: **to ~ well** gut ausgehen; **to ~ in** s.th. in etwas enden, zu etwas führen. **2.** die Folge sein (*from gen*).

**ev·er** [¦evə(r)] *adv* **1.** immer (wieder), fortwährend, ständig, unaufhörlich: **~ after(wards)** von der Zeit an; **~ since** von der Zeit an, seit der Zeit, seitdem; **~ and again** (*od. obs.* **anon**) dann u. wann, hin u. wieder; **Yours ~,** ... Viele Grüße, Dein(e) *od.* Ihr(e) ... (*Briefschluß*); **~ recurrent** immer *od.* ständig wiederkehrend; → **forever. 2.** immer (*vor comp*): **~ larger** immer größer (werdend). **3.** je, jemals (*bes. in fragenden, verneinenden u. bedingenden Sätzen*): **no hope ~ to return**; **did you ~ see him?**; **scarcely ~, hardly ~,** seldom if ~ fast nie; **the best I ~ saw** das Beste, was ich je gesehen habe; **did you ~?** *colloq.* hast du Töne?; na, sowas! **4.** *colloq.* bei weitem, das es je gegeben hat: **the nicest thing ~. 5.** irgend, über¦haupt, nur: **as soon as I ~ can** sobald ich nur kann, sobald es mir irgend möglich ist; **how ~ did he manage?** wie hat er das nur fertiggebracht? **6. ~ so** sehr, noch so: **~ so long** e-e Ewigkeit, ewig lange; **~ so much** noch so sehr, so viel wie nur irgend möglich, sehr viel; **thank you ~ so much!** tausend Dank!; **~ so many** unendlich viele; **~ so simple** ganz einfach; **let him be ~ so rich** mag er auch noch so reich sein. **7.** *colloq.* denn, über¦haupt (*zur Verstärkung der Frage*): **what ~ does he want? what ~ do you mean?** was (in aller Welt) meinst du denn eigentlich?

**'ev·er**¦**glade** *s Am.* sumpfiges Fluß-gebiet. **'~·green I** *adj* **1.** immergrün. **2.** unverwüstlich, nie veraltend, *bes.* immer wieder gern gehört: **~ song** Evergreen *m, n.* **II** *s* **3.** *bot.* a) immergrüne Pflanze, b) Immergrün *n*. **4.** (Tannen-)Reisig *n*, (-)Grün *n* (*zur Dekoration*). **5.** *fig.* Evergreen *m, n* (*Schlager*).

**,ev·er·last·ing** [,evə(r)¦lɑːstɪŋ; *Am.* -¦læstɪŋ] **I** *adj* **1.** immerwährend, ewig: **the ~ God** der ewige Gott; **~ snow** ewiger Schnee; **~ flower** → **5. 2.** *fig.* unaufhörlich, endlos, ständig: **her ~ complaints. 3.** dauerhaft, unverwüstlich, unbegrenzt haltbar. **II** *s* **4.** Ewigkeit *f*: **for ~** auf ewig, für alle Zukunft; **from ~** seit Urzeiten. **5.** *bot.* (*e-e*) Immor¦telle, (*e-e*) Strohblume. **6.** Lasting *m* (*starker Wollstoff*). **,ev·er·last·ing·ness** *s* **1.** Ewigkeit *f*. **2.** *fig.* Endlosigkeit *f*.

**,ev·er·more** *adv* **1.** a) immer(fort), ewig, allezeit, b) *meist* **for ~** in (alle) Ewigkeit, für immer. **2.** je(mals) wieder.

**ev·er·y** [¦evrɪ] *adj* **1.** jeder, jede, jedes: **~ minute. 2.** jeder (jede, jedes) (einzelne *od.* erdenkliche), aller, alle, alles: **her ~ wish** jeder ihrer Wünsche, alle ihre Wünsche. **3.** vollständig: **to have ~ confidence in** s.o. volles Vertrauen zu j-m haben; **their ~ liberty** ihre ganze Freiheit.

*Besondere Redewendungen*:

**~ two days** jeden zweiten Tag, alle zwei Tage; **~ bit** (**of it**) *colloq.* völlig, ganz u. gar; **~ bit as much** ganz genau so viel *od.* sehr; **~ day** jeden Tag, alle Tage, täglich; **~ once in a while, ~ so often** *colloq.* gelegentlich, hin u. wieder; **to have ~ reason** allen Grund haben (to do zu tun); **~ time** a) jederzeit, b) jedesmal, c) völlig, ganz; **~ which way** *Am. colloq.* a) in alle (Himmels)Richtungen, b) un-ordentlich; → **now** *Bes. Redew.*, **other** 6, **second**[1] 1.

**'~·day** *adj* **1.** (all)¦täglich: **~ routine. 2.** All-tags...: **~ clothes; ~ language. 3.** gewöhnlich, Durchschnitts...: **~ people. '~·how** *adv Am. colloq.* in jeder Weise. **'E·~·man** [-mən; *Am.* -¦mæn] *s* **1.** Jedermann *m*, der Mensch. **2.** ℮·~ jedermann. **'~·one** *pron* jeder(mann): **in ~'s mouth** in aller Munde; **in this village ~ knows ~ else** kennt jeder jeden. **~·one I** → **everyone. II** *adj* jeder einzelne: **we ~** jeder von uns. **'~·place** *Am. colloq. für* **everywhere. '~·thing** *pron* **1.** alles (that was): **~ good** alles Gute. **2.** *colloq.* alles, das Aller¦wichtigste, die Hauptsache: **speed is ~ to them** Geschwindigkeit bedeutet für sie alles. **3.** *colloq.* sehr viel, alles: **to think ~ of** s.o. sehr viel von j-m halten; **art is his ~** Kunst ist sein ein u. alles. **4. and ~** *colloq.* und so. **'~·where** *adv* a) ¦überall: **~ looks so dirty** es sieht überall so schmutzig aus, b) ¦überall¦hin: **~ he goes** wo er auch hingeht.

**e·vict** [ɪ¦vɪkt] *v/t* **1.** *jur.* a) e-n Mieter *od.* Pächter (*im Wege der Zwangsvollstreckung*) zur Räumung zwingen, her¦aussetzen, b) (*auf Grund e-s Räumungsurteils*) von s-m Grundeigentum wieder Besitz ergreifen. **2.** *jur.* gewaltsam vertreiben.

**e'vic·tion** *s jur.* **1.** Zwangsräumung *f*, Her¦aussetzung *f*: **action for ~** Räumungsklage *f*; **~ order** Räumungsurteil *n*. **2.** Wiederinbe¦sitznahme *f*.

**ev·i·dence** [¦evɪdəns] **I** *s* **1.** Augenscheinlichkeit *f*, Klarheit *f*, Offenkundigkeit *f*: **to be** (**much**) **in ~** (deutlich) sichtbar *od.* feststellbar sein, (stark) in Erscheinung treten. **2.** *jur.* a) Be¦weis(mittel *n*, -stück *n*, -materi¦al *n*) *m*, Beweise *pl*: **a piece of ~** ein Beweisstück; **~ for the prosecution** Belastungsmaterial; **~ of ownership** Eigentumsnachweis *m*; **law of ~** Beweisrecht *n*; **for lack of ~** mangels Beweises *od.* Beweisen; **in ~ of** zum Beweis (*gen*); **on the ~** auf Grund des Beweismaterials; **to admit in ~** als Beweis zulassen; **to furnish ~ of** Beweise liefern *od.* erbringen für; **have you any ~ for this statement?** können Sie diese Behauptung beweisen?; **to offer in ~** als Beweis vorlegen; **offer in ~** Beweisantritt *m*, b) (Zeugen)Aussage *f*, Zeugnis *n*, Bekundung *f*: (**testimonial**) ~ Zeugenbeweis *m*; **medical ~** Aussage *f od.* Gutachten *n* des medizinischen Sachverständigen; **to give ~** (als Zeuge) aussagen; **to give** (*od.* **bear**) **~ of** aussagen über (*acc*), *fig.* zeugen von; **to refuse to give ~** die Aussage verweigern; **to hear ~** Zeugen vernehmen; **to take s.o.'s ~** j-n (als Zeugen) vernehmen; **hearing** (*od.* **taking**) **of ~** Beweisaufnahme *f*; **~** (**taken** *od.* **heard**) Ergebnis *n* der Beweisaufnahme, c) Zeuge *m*, Zeugin *f*: **to call s.o. in ~** j-n als Zeugen benennen; **to turn King's** (*od.* **Queen's**, *Am.* **State's**) **~** Kronzeuge werden. **3.** (An)Zeichen *n*, Spur *f* (**of** *von od. gen*): **there is no ~** es ist nicht ersichtlich *od.* feststellbar, nichts deutet darauf hin. **II** *v/t* **1.** dartun, be-, nachweisen, zeigen, zeugen von.

**ev·i·dent** [¦evɪdənt] *adj* (*adv* → **evidently**) ¦evi¦dent, augenscheinlich, offensichtlich, -kundig, klar (ersichtlich). **,ev·i·'den·tial** [-¦denʃl], **,ev·i·'den·tia·ry** [-ʃərɪ] *adj* **1. to be ~ of** (klar) beweisen (*acc*). **2.** *jur.* Beweis...: **~ value** Beweiswert *m*. **'ev·i·dent·ly** *adv* augenscheinlich, offensichtlich.

**e·vil** [¦iːvl] **I** *adj* (*adv* **~·ly**) **1.** übel, böse, schlecht, schlimm: **~ eye** a) böser Blick, b) j-d, der den bösen Blick hat; **the E· One** der Böse (*Teufel*); **of ~ repute** übel beleumdet, berüchtigt; **~ smell** übler Geruch; **~ spirit** böser Geist. **2.** böse, gott-

los, boshaft, übel, schlecht: ~ **tongue** böse Zunge, Lästerzunge *f*. **3.** unglücklich: ~ **day** Unglückstag *m*; **to fall on ~ days** ins Unglück geraten. **II** *adv* **4.** (*heute meist* ill) in böser *od*. schlechter Weise: **to speak ~** of s.o. schlecht über j-n reden. **III** *s* **5.** Übel *n*, Unheil *n*, Unglück *n*: **to choose the lesser of two ~s** von zwei Übeln das kleinere wählen. **6.** (*das*) Böse, Sünde *f*: **the powers of ~** die Mächte der Finsternis; **to do ~** Böses tun, sündigen. **7.** Unglück *n*: **to wish s.o. ~**; → **good** 2. **8.** Krankheit *f, bes*. Skrofulose *f*, 'Lymphknotentuberku,lose *f*. ~'**do·er** *s* Übeltäter(in). ~'**mind·ed** *adj* bösartig. ~'**mind·ed·ness** *s* Bösartigkeit *f*. ~'**speak·ing** *adj* verleumderisch.

e·**vince** [ɪ'vɪns] *v/t* dartun, be-, erweisen, bekunden, an den Tag legen, zeigen. e'**vin·cive** *adj* beweisend, bezeichnend (**of** für): **to be ~ of** s.th. etwas beweisen *od*. zeigen.

e·**vis·cer·ate** [ɪ'vɪsəreɪt] *v/t* **1.** ausnehmen, *erlegtes Tier a*. ausweiden. **2.** *fig*. inhalts- *od*. bedeutungslos machen, des Kerns berauben. e,**vis·cer·'a·tion** *s* Ausnehmen *n*, Ausweidung *f*.

ev·**o·ca·tion** [ˌevəʊ'keɪʃn; ˌiː-] *s* **1.** (Geister)Beschwörung *f*. **2.** *fig*. Wachrufen *n*. **3.** a) plastische Schilderung, b) lebensechte Darstellung. **4.** *jur*. Ansichziehen *n*.

e·**voc·a·tive** [ɪ'vɒkətɪv; *Am*. ɪ'və-] *adj* **1.** **to be ~ of** s.th. an etwas erinnern. **2.** sinnträchtig, beziehungsreich.

e·**voke** [ɪ'vəʊk] *v/t* **1.** Geister beschwören, her'beirufen. **2.** a) Bewunderung *etc* her'vorrufen, b) Erinnerungen wachrufen, wecken. **3.** a) plastisch schildern, e-e plastische Schilderung geben von, b) lebensecht darstellen (*Maler, Bildhauer etc*). **4. to ~ a case** *jur*. e-e (*noch nicht erledigte*) Rechtssache an sich ziehen (*übergeordnetes Recht*).

ev·**o·lute** ['iːvəluːt; *bes. Am*. 'evə-] **I** *v/t u. v/i Am*. (sich) entwickeln (**into** zu). **II** *s math*. Evo'lute *f*.

ev·**o·lu·tion** [ˌiːvə'luːʃn; *bes. Am*. ˌevə-] *s* **1.** Entfaltung *f*, -wicklung *f*: **the ~ of events** die Entwicklung (der Dinge). **2.** *math*. Wurzelziehen *n*, Radi'zieren *n*. **3.** *biol*. Evoluti'on *f*: **doctrine** (*od*. **theory**) **of ~** Entwicklungslehre *f*, Evolutionstheorie *f*. **4.** *mil*. Ma'növer *n*, (*a. von Tänzern etc*) Bewegung *f*. **5.** *phys*. Entwicklung *f* (*von Gas, Hitze etc*). **6.** *tech*. Um'drehung *f*, Bewegung *f*. ˌev·o'lu·tion·al [-ʃənl] *adj* Entwicklungs... ˌev·o'lu·tion·ar·y [-ʃnərɪ; *Am*. -ʃəˌnerɪ] *adj* **1.** Entwicklungs... **2.** *biol*. Evolutions... **3.** *mil*. Manöver..., Bewegungs... ˌev·o'lu·tion·ist [-ʃənɪst] **I** *s* Anhänger (-in) der (*biologischen*) Entwicklungslehre. **II** *adj* die Entwicklungslehre betreffend.

e·**volve** [ɪ'vɒlv; *Am. a*. ɪ'vɑlv] **I** *v/t* **1.** entwickeln, -falten. **2.** *Gas, Wärme etc* verströmen. **II** *v/i* **3.** sich entwickeln *od*. -falten (**into** zu). **4.** entstehen (**from** aus). e'**volve·ment** *s* Entwicklung *f*, -faltung *f*.

e·**vul·sion** [ɪ'vʌlʃn] *s* (*gewaltsames*) Ausreißen *od*. Ausziehen.

ewe [juː] *s zo*. Mutterschaf *n*. **~ lamb** *s zo*. Schaflamm *n*. '**~-neck** *s* Hirschhals *m* (*bei Pferden u. Hunden*).

ew·**er** ['juːə(r)] *s* Wasserkrug *m*.

ex¹ [eks] *prep* **1.** *econ*. aus, ab, von: ~ **factory** ab Fabrik; ~ **works** ab Werk. **2.** (*bes. von Börsenpapieren*) ohne, ex-klu'sive: ~ **all** ausschließlich aller Rechte; → **dividend** 2. **3.** → **ex cathedra**, *etc*.

ex² [eks] *s* X, x *n* (*Buchstabe*).

ex³ [eks] *s colloq*. ,Verflossene(r' *m*) *f*.

ex- [eks] *Vorsilbe mit den Bedeutungen* a) aus..., heraus..., b) Ex..., ehemalig.

ex·**ac·er·bate** [ek'sæsə(r)beɪt; ɪg'zæs-] *v/t* **1.** *j-n* verärgern. **2.** *Krankheit, Schmerzen* verschlimmern, *Situation* verschärfen. ex,**ac·er·'ba·tion** *s* **1.** Verärgerung *f*. **2.** Verschlimmerung *f*, Verschärfung *f*.

ex·**act** [ɪg'zækt] **I** *adj* (*adv* → **exactly**) **1.** ex'akt, genau, (*genau*) richtig: **the ~ time** die genaue Zeit; **the ~ sciences** die exakten Wissenschaften. **2.** streng (um-'rissen), genau: ~ **rules. 3.** genau, tatsächlich: **his ~ words. 4.** me'thodisch, gewissenhaft, sorgfältig (*Person*). **II** *v/t* **5.** *Gehorsam, Geld etc* fordern, verlangen (**from** von). **6.** *Zahlung* eintreiben, einfordern (**from** von). **7.** *Geschick etc* erfordern. ex'**act·a·ble** *adj* eintreibbar. ex'**act·er** *s* Eintreiber *m*, Einforderer *m*. ex'**act·ing** *adj* **1.** streng, genau. **2.** aufreibend, mühevoll, anstrengend, hart: **an ~ task. 3.** anspruchsvoll: **an ~ customer**; **to be ~** hohe Anforderungen stellen. ex'**ac·tion** *s* **1.** Fordern *n*. **2.** Eintreiben *n*. **3.** (*unmäßige*) Forderung.

ex·**ac·ti·tude** [ɪg'zæktɪtjuːd; *Am. a*. -ˌtuːd] → **exactness**. ex'**act·ly** *adv* **1.** ex'akt, genau. **2.** sorgfältig. **3.** *als Antwort*: ganz recht, genau(, wie Sie sagen), eben: **not ~** a) nicht ganz, b) nicht direkt *od*. gerade *od*. eben. **4.** *wo, wann etc* eigentlich. ex'**act·ness** *s* **1.** Genauigkeit *f*, Ex'aktheit *f*, Richtigkeit *f*. **2.** Sorgfalt *f*. ex'**ac·tor** [-tə(r)] → **exacter**.

ex·**ag·ger·ate** [ɪg'zædʒəreɪt] **I** *v/t* **1.** über-'treiben, über'trieben darstellen. **2.** 'überbetonen. **II** *v/i* **3.** über'treiben. ex'**ag·ger·at·ed** *adj* (*adv* ~**ly**) **1.** über'trieben: **to have an ~ opinion of** s.o. e-e über-trieben hohe Meinung von sich haben. **2.** 'überbetont. **3.** *med*. stark vergrößert: **an ~ spleen**. ex,**ag·ger·'a·tion** *s* **1.** Über'treibung *f*. **2.** 'Überbetonung *f*.

ex·**ag·ger·a·tive** [-rətɪv; -reɪtɪv] *adj* (*adv* ~**ly**) **1.** über'treibend. **2.** über-'trieben.

ex·**alt** [ɪg'zɔːlt] *v/t* **1.** *obs*. erheben. **2.** (*im Rang etc*) erheben, erhöhen (**to** zu). **3.** *Farben etc* verstärken. **4.** beleben, anregen: **to ~ the imagination. 5.** (*lob*-)preisen: **to ~ to the skies** in den Himmel heben. ex·**al·ta·tion** [ˌegzɔː'teɪʃn; ˌeks-] *s* **1.** Erhebung *f*, Erhöhung *f*: **E~ of the Cross** *relig*. Kreuzeserhöhung. **2.** Begeisterung *f*, Hochstimmung *f*. ex·**alt·ed** [ɪg'zɔːltɪd] *adj* **1.** hoch: ~ **rank**; ~ **ideal. 2.** gehoben: ~ **style. 3.** begeistert. **4.** *colloq*. über'trieben hoch: **to have an ~ opinion of o.s.**

ex·**am** [ɪg'zæm] *colloq. für* **examination** 2.

ex·**am·i·na·tion** [ɪgˌzæmɪ'neɪʃn] *s* **1.** Unter'suchung *f* (*a. med.*), Prüfung *f* (**of**, **into** s.th. e-r Sache): ~ **board** *mil*. Musterungskommission *f*; **not to bear** (*od*. **stand**) **close** ~ e-r näheren Prüfung nicht standhalten; **to hold an ~ into a matter** e-e eingehende Untersuchung e-r Sache anstellen; **to be under ~** (→ 3); (**up**)**on** ~ bei näherer Prüfung; ~ **of the books** *econ*. Prüfung *od*. Revision *f* der Bücher. **2.** *ped. etc* Prüfung *f, bes. univ*. Ex'amen *n*: ~ **paper** a) schriftliche Prüfung, b) Prüfungsarbeit *f*. **3.** *jur*. a) Zivilprozeß: (*meist eidliche*) Vernehmung: **to be under ~** (→ 1), b) *Strafprozeß*: vernommen werden (→ 1), b) *Strafprozeß*: Verhör *n*. ex·**am·i·na·tion·al** [-ʃənl] *adj* Prüfungs...

ex·**am·ine** [ɪg'zæmɪn] **I** *v/t* **1.** prüfen, unter'suchen (*a. med.*) (**for** auf *acc*): **to ~ the books** *econ*. die Bücher durchsehen *od*. prüfen; **to ~ one's conscience** sein Gewissen prüfen *od*. erforschen. **2.** wis-

senschaftlich unter'suchen, erforschen. **3.** *jur*. a) Zivilprozeß: (*meist eidlich*) vernehmen, b) *Strafprozeß*: verhören. **4.** *ped. etc* prüfen (**in** *in dat*, **on** über *acc*): **examining board** Prüfungsausschuß *m*. **II** *v/i* **5. to ~ into** s.th. etwas prüfen *od*. unter'suchen. ex·**am·i·nee** [-'niː] *s ped. etc* Prüfling *m*, ('Prüfungs-, *bes. univ*. Ex'amens)Kandi,dat(in). ex·**am·in·er** *s* **1.** *ped. etc* Prüfer(in). **2.** *jur. bes. Br*. beauftragter Richter (*für Zeugenvernehmungen*). **3.** *Patentrecht*: (Vor)Prüfer *m*: ~ **in chief** *Am*. Hauptprüfer.

ex·**am·ple** [ɪg'zɑːmpl; *Am*. ɪg'zæmpl] *s* **1.** Muster *n*, Probe *f*. **2.** Beispiel *n* (**of** für): **for ~** zum Beispiel; **beyond ~**, **without ~** beispiellos; **by way of ~** um ein Beispiel zu geben. **3.** Vorbild *n*, vorbildliches Verhalten, (*gutes etc*) Beispiel (**to** für): **to set a good** (**bad**) ~ ein gutes (schlechtes) Beispiel geben, mit gutem (schlechtem) Beispiel vorangehen; **to take ~ by**, **to take as an ~** sich ein Beispiel nehmen an (*dat*); → **hold up** 5. **4.** (*warnendes*) Beispiel: **to make an ~** (**of** s.o.) (an j-m) ein Exempel statuieren; **let this be an ~ to you** laß dir das e-e Warnung sein. **5.** *math*. Ex'empel *n*, Aufgabe *f*.

ex·**an·i·mate** [ɪg'zænɪmət; eg'z-] *adj* **1.** entseelt, leblos. **2.** *fig*. mutlos.

ex·**an·the·ma** [ˌeksæn'θiːmə; *bes. Am*. ˌegzæn-] *pl* **-ma·ta** [-'θiːmətə; *Am. bes*. -'θemətə], **-mas** *s med*. Exan'them *n*, (Haut)Ausschlag *m*.

ex·**as·per·ate** [ɪg'zæspəreɪt] *v/t* wütend machen, aufbringen (**against** gegen). ex·**as·per·at·ed** *adj* wütend, aufgebracht (**at**, **by** über *acc*). ex·**as·per·at·ing** *adj* (*adv* ~**ly**) ärgerlich, zum Verzweifeln. ex·**as·per·'a·tion** *s* Wut *f*: **in** ~ wütend.

ex ca·**the·dra** [ˌekskə'θiːdrə] **I** *adv* ex-'cathedra, autori'tativ. **II** *adj* autoritativ, maßgeblich.

ex·**ca·vate** ['ekskəveɪt] **I** *v/t* **1.** aushöhlen. **2.** *tech*. ausgraben (*a. Archäologie*), ausschachten, -baggern, *Erde* abtragen, e-n Tunnel graben. **3.** *Zahnmedizin*: kariöses Zahnbein exka'vieren (*mit dem Exkavator entfernen*). **II** *v/i* **4.** *tech*. ausgraben, (*Archäologie a.*) Ausgrabungen machen. ex·**ca·'va·tion** *s* **1.** Aushöhlung *f*. **2.** Höhle *f*, Vertiefung *f*. **3.** *tech*. Ausgrabung *f* (*a. Archäologie*), Ausschachtung *f*, Aushub *m*. **4.** *rail*. 'Durchstich *m*. **5.** *geol*. Auskolkung *f*. **6.** *Zahnmedizin*: Exkavati'on *f*. '**ex·ca·va·tor** [-tə(r)] *s* **1.** *Archäologie*: Ausgräber *m*. **2.** Erdarbeiter *m*. **3.** *tech*. (Trocken)Bagger *m*. **4.** *Zahnmedizin*: Exka'vator *m* (*Instrument*).

ex·**ceed** [ɪk'siːd] **I** *v/t* **1.** über'schreiten: **to ~ one's instructions**; **to ~ the speed limit. 2.** *fig*. hin'ausgehen über (*acc*): **to ~ the limit** den Rahmen sprengen. **3.** *et-was, j-n* über'treffen (**in** an *dat*), über'steigen: **to ~ all expectations. II** *v/i* **4.** her'ausragen. ex'**ceed·ing** **I** *adj* **1.** über'steigend, über'mäßig: **not** ~ (**von**) höchstens. **2.** 'übermäßig, außer'ordentlich, äußerst. **II** *adv obs. für* **exceedingly**. ex'**ceed·ing·ly** *adv* außer'ordentlich, 'überaus, äußerst.

ex·**cel** [ɪk'sel] **I** *v/t* über'treffen, -'ragen: **not to be ~led** nicht zu über'treffen sein; **to ~ o.s.** sich selbst übertreffen. **II** *v/i* her'ausragen, sich her'vortun, sich auszeichnen (**in**, **at** in *dat*; **as** als). ex·**cel·lence** ['eksələns] *s* **1.** Vor'trefflichkeit *f*, Vor'züglichkeit *f*. **2.** vor'zügliche Leistung. '**ex·cel·len·cy** *s* **1.** E~ Exzel'lenz *f* (*Titel für* governors, ambassadors *etc u. deren Gemahlinnen*): **Your** (**His, Her**) **E~** Eure (Seine, Ihre) Exzellenz. **2.** *selten*

*für* excellence 1. **'ex·cel·lent** *adj* (*adv* ~ly) ausgezeichnet, her'vorragend, vor'züglich.

**ex·cel·si·or** [ek'selsɪɔ:; *bes. Am.* ɪk'selsɪə(r)] *s* 1. *Am.* Holzwolle *f.* 2. *print.* Brilllant *f* (*Schriftgrad; 3 Punkt*).

**ex·cept** [ɪk'sept] **I** *v/t* 1. ausnehmen, -schließen (**from** *von*): present company ~ed Anwesende ausgenommen; nobody ~ed ohne Ausnahme. 2. *sich etwas* vorbehalten: → **error** 1. **II** *v/i* 3. prote'stieren, Einwendungen machen (**to** *gegen*). 4. *jur. Am.* Einspruch *od.* Beschwerde (*als Rechtsmittelvorbehalt*) einlegen (**to** gegen). **III** *prep* 5. ausgenommen, außer (*dat*), mit Ausnahme von (*od. gen*): ~ **for** bis auf (*acc*), abgesehen von. **IV** *conj* 6. es sei denn, daß; außer, wenn: ~ **that** außer, daß. **ex·'cept·ing** *prep* (*fast nur nach* always, not, nothing, without) ausgenommen, außer (*dat*), mit Ausnahme von (*od. gen*): not ~ my brother mein Bruder nicht ausgenommen.

**ex·cep·tion** [ɪk'sepʃn] *s* 1. Ausnahme *f,* -schließung *f:* by way of ~ ausnahmsweise; with the ~ of mit Ausnahme von (*od. gen*), außer (*dat*), ausgenommen, bis auf (*acc*); to admit of no ~(*s*) keine Ausnahme zulassen; to make an ~ (in s.o.'s case) (bei j-m *od.* in j-s Fall) e-e Ausnahme machen; ~ to the rule e-e Ausnahme von der Regel; the ~ proves the rule die Ausnahme bestätigt die Regel; without ~ ohne Ausnahme, ausnahmslos. 2. Einwendung *f,* Einwand *m* (**to** gegen): to take ~ to s.th. a) gegen etwas protestieren *od.* Einwendungen machen, b) an etwas Anstoß nehmen. 3. *jur. Am.* Einspruch *m,* Beschwerde *f* (*als Rechtsmittelvorbehalt*). **ex·'cep·tion·a·ble** *adj* 1. anfechtbar, bestreitbar. 2. anstößig. **ex·'cep·tion·al** [-ʃənl] *adj* 1. Ausnahme..., Sonder...: ~ **case;** ~ **tariff;** ~ **offer** *econ.* Vorzugsangebot *n.* 2. außer., ungewöhnlich: ~ **circumstances. ex·'cep·tion·al·ly** [-ʃnəlɪ] *adv* 1. außergewöhnlich. 2. ausnahmsweise. **ex·'cep·tive** [ɪk'septɪv] *adj* 1. e-e Ausnahme machend: ~ **law** Ausnahmegesetz *n.* 2. 'überkritisch, spitzfindig.

**ex·cerpt** **I** *v/t* [ek's3:pt; *Am.* ek's3rpt] 1. exzer'pieren, ausziehen (**from** aus). **II** *s* ['eks3:pt; *Am.* -ˌs3rpt] 2. Ex'zerpt *n,* Auszug *m* (**from** aus). 3. Sepa'rat-, Sonder(ab)druck *m.* **ex·'cerp·tion** [-pʃn] *s* 1. Exzer'pieren *n,* Ausziehen *n.* 2. Auszug *m.*

**ex·cess** [ɪk'ses] **I** *s* 1. 'Übermaß *n,* -fluß *m* (**of** an *dat*): in ~ im Übermaß; in ~ of mehr als, über (... hinaus); to be in ~ of s.th. etwas übersteigen *od.* überschreiten, über etwas hinausgehen; to ~ bis zum Übermaß, übermäßig; ~ in birth rate Geburtenüberschuß *m;* → carry 13. 2. *meist pl* Ex'zeß *m:* a) Ausschreitung(en *pl*) *f,* b) Unmäßigkeit *f,* Ausschweifung(en *pl*) *f.* 3. 'Überschuß *m* (*a. chem. math.*), Mehrbetrag *m:* to be in ~ *econ.* überschießen; ~ of age Überalterung *f;* ~ of export Ausfuhrüberschuß *m;* ~ of purchasing power Kaufkraftüberhang *m.* **II** *adj* [a. 'ekses] 1. 'überschüssig, Über...: ~ amount Mehrbetrag *m.* **III** *v/t* 5. *Br.* e-n Zuschlag bezahlen für (*etwas*) *od.* erheben von (*j-m*). ~ **bag·gage** *s aer. bes. Am.* 'Übergepäck *n.* ~ **fare** *s* ('Fahrpreis)Zuschlag *m.* ~ **freight** *s* 'Überfracht *f.*

**ex·ces·sive** [ɪk'sesɪv] *adj* (*adv* ~ly) 1. 'übermäßig, über'trieben, unangemessen hoch: ~ **penalty;** ~ **demand** a) Überforderung *f,* b) *econ.* Überbedarf *m,* Nachfrageüberschuß *m;* ~ **drinking** Alkoholmißbrauch *m;* ~ **indebtedness**

*econ.* Überschuldung *f;* ~ **supply** *econ.* Überangebot *n,* Angebotsüberschuß *m.* 2. *math.* über'höht. **ex·'ces·sive·ness** *s* 'Übermäßigkeit *f.*

**ex·cess**|**lug·gage** *s aer. bes. Br.* 'Übergepäck *n.* ~ **post·age** *s* Nachporto *n,* Nachgebühr *f.* ~ **pres·sure** *s tech.* 'Überdruck *m.* ~ **prof·its du·ty** *s Br.,* ~ **prof·its tax** *s Am.* Mehrgewinnsteuer *f.* ~ **switch** *s electr.* 'Überstromschalter *m.* ~ **volt·age** *s electr.* 'Überspannung *f.* ~ **weight** *s econ.* Mehrgewicht *n.*

**ex·change** [ɪks'tʃeɪndʒ] **I** *v/t* 1. (**for**) *etwas* aus-, 'umtauschen (gegen), (ver-)tauschen (mit). 2. eintauschen, *Geld a.* ('um)wechseln (**for** gegen). 3. *Blicke, Küsse, die Plätze etc* tauschen, *Blicke* wechseln, *Briefe, Grüße, Gedanken, Gefangene* austauschen: Bob ~d seats with Tom Bob tauschte mit Tom den Platz. 4. *tech.* auswechseln, aus-, vertauschen. 5. *Schachspiel:* Figuren austauschen. 6. ersetzen (**for s.th.** durch etwas). **II** *v/i* 7. tauschen. 8. (**for**) als Gegenwert bezahlt werden (für), (*etwas*) wert sein: one mark ~s for less than one Swiss franc für e-e Mark bekommt man weniger als e-n Schweizer Franken. 9. *mil.* sich versetzen lassen (**into** in *acc*). **III** *s* 10. (Aus-, 'Um)Tausch *m,* Auswechs(e)lung *f,* Tauschhandel *m:* **in** ~ als Ersatz, anstatt (*gen*), dafür; **in** ~ **for** (im Austausch) gegen, (als Entgelt) für; ~ **of blows** (*Boxen*) Schlagabtausch *m;* ~ **of letters** Schriftwechsel *m;* ~ **of prisoners** Gefangenenaustausch; ~ **of shots** Schuß-, Kugelwechsel *m;* ~ **of views** Gedanken-, Meinungsaustausch; to give (take) in ~ in Tausch geben (nehmen). 11. eingetauschter Gegenstand. 12. *econ.* a) ('Um)Wechseln *n,* Wechselverkehr *m,* b) 'Geld-, 'Wert, umsatz *m,* c) *meist* bill of ~ Tratte *f,* Wechsel *m,* d) a. rate of ~ → exchange rate, e) *a.* foreign ~ De'visen *pl:* at the ~ of zum Kurs von; with a high (low) ~ valutastark (-schwach); ~ restrictions devisenrechtliche Beschränkungen. 13. *econ.* Börse *f:* at the ~ auf der Börse; quoted at the ~ börsengängig. 14. Wechselstube *f.* 15. (Fernsprech)Amt *n,* Vermittlung *f.*

**ex·change·a·bil·i·ty** [ɪksˌtʃeɪndʒə'bɪlətɪ] *s* Aus-, 'Umtauschbarkeit *f.* **ex·'change·a·ble** *adj* 1. aus-, 'umtauschbar (**for** gegen). 2. Tausch...: ~ **value.**

**ex·change**|**bro·ker** *s econ.* 1. a) Wechselmakler *m,* b) De'visenmakler *m.* 2. De'visenbewirtschaftung *f,* -kon,trolle *f.* ~ **deal·er** *s econ. Br.* De'visenhändler *m.* ~ **em·bar·go** *s econ.* De'visensperre *f.* ~ **line** *s teleph.* Amtsleitung *f.* ~ **list** *s econ.* (De'visen)Kurszettel *m.* ~ **of·fice** *s* Wechselstube *f.* ~ **rate** *s econ.* 'Umrechnungs-, Wechselkurs *m.* ~ **stu·dent** *s* 'Austauschstu,dent(in). ~ **teach·er** *s* Austauschlehrer(in). ~ **trans·fu·sion** *s med.* Blutaustausch *m.*

**ex·cheq·uer** [ɪks'tʃekə(r); *Am. a.* 'eksˌ-] *s* 1. *Br.* Staatskasse *f,* Fiskus *m:* the E~ das Finanzministerium. 2. (Court of) E~ *hist.* Fi'nanzgericht *n.* 3. *econ. Br.* Geldmittel *pl,* Fi'nanzen *pl,* Kasse *f* (*e-r Firma*). ~ **bill** *s econ. Br. obs.* (*kurzfristiger*) Schatzwechsel. ~ **bond** *s econ. Br.* (*langfristige*) Schatzanweisung.

**ex·cis·a·ble** [ek'saɪzəbl; ɪk-; *bes. Am.* 'ekˌ-] *adj econ.* (be)steuerbar, verbrauchssteuerpflichtig.

**ex·cise¹** [ek'saɪz; ɪk-] *v/t* 1. *med.* her'ausschneiden, entfernen. 2. *fig.* ausmerzen.

**ex·cise²** *v/t* [ek'saɪz; ɪk-] *j-n* besteuern. **II** *s* ['eksaɪz] *a.* ~ **duty** Verbrauchssteuer *f* (*auf inländischen Waren*).

**ex·cise**|**li·cence** *s Br.* 'Schankkonzessiˌon *f.* '~**man** [-mæn] *s irr Br. hist.* Steuereinnehmer *m.* ~ **tax** *s Am.* 1. → excise² II. 2. Gewerbesteuer *f.*

**ex·ci·sion** [ek'sɪʒn; ɪk-] *s* 1. *med.* Exzisiˌon *f,* Her'ausschneiden *n,* Entfernung *f.* 2. *fig.* Ausmerzung *f.*

**ex·cit·a·bil·i·ty** [ɪkˌsaɪtə'bɪlətɪ] *s* Reiz-, Erregbarkeit *f,* Nervosi'tät *f.* **ex·'cit·a·ble** *adj* reizbar, (leicht) erregbar, ner'vös. **ex·'cit·a·ble·ness** → excitability. **ex·'cit·ant** ['eksɪtənt; ɪk'saɪt-] **I** *adj* erregend: ~ **drug** → II. **II** *s med. pharm.* Reizmittel *n,* Stimulans *n.* **ex·ci·ta·tion** [ˌeksɪ'teɪʃn; *Am. a.* ˌekˌsaɪ-] *s* 1. *a. chem. electr.* An-, Erregung *f:* ~ **energy** *phys.* Anregungsenergie *f;* ~ **voltage** *electr.* Erregerspannung *f.* 2. *med.* Reiz *m,* Stimulus *m.*

**ex·cite** [ɪk'saɪt] *v/t* 1. er-, aufregen: to ~ o.s., to get ~d sich aufregen, sich ereifern (**over** über *acc*). 2. *j-n* (an-, auf-) reizen, aufstacheln. 3. *Interesse etc* erregen, (er)wecken, her'vorrufen, *Appetit, Phantasie* anregen. 4. *med.* e-n Nerv reizen. 5. (*sexuell*) erregen. 6. *phot.* lichtempfindlich machen, präpa'rieren. 7. *electr.* erregen. 8. *Atomphysik:* den Kern anregen. **ex·'cit·ed** *adj* (*adv* ~ly) erregt, aufgeregt. **ex·'cite·ment** *s* 1. Er-, Aufregung *f* (**over** über *acc*). 2. *med.* Reizung *f.* 3. Aufgeregtheit *f.* **ex·'cit·er** *s* 1. *med. pharm.* Reizmittel *n,* Stimulans *n.* 2. *electr.* Er'reger(maˌschine) *f;* ~ **circuit** Erreger(strom)kreis *m;* ~ **lamp** Erregerlampe *f.* **ex·'cit·ing** *adj* (*adv* ~ly) 1. anregend. 2. erregend, aufregend, spannend, nervenaufpeitschend. 3. *electr.* Erreger...: ~ **current. ex·'ci·tor** [-tə(r)] *s anat.* Reiznerv *m.*

**ex·claim** [ɪk'skleɪm] **I** *v/i* 1. (auf-) schreien. 2. eifern, wettern (**against** gegen). **II** *v/t* 3. *etwas* (aus)rufen, aus-, her'vorstoßen.

**ex·cla·ma·tion** [ˌeksklə'meɪʃn] *s* 1. Ausruf *m,* (Auf)Schrei *m:* ~ **of pain** Schmerzensschrei; ~**s of delight** Freudengeschrei *m.* 2. (heftiger) Pro'test. 3. *ling.* a) Interjektiˌon *f,* b) Ausrufesatz *m.* ~ **mark,** *Am. a.* ~ **point** *s* Ausrufe-, Ausrufungszeichen *n.*

**ex·clam·a·to·ry** [ek'sklæmətərɪ; *Am.* ɪks'klæməˌtɔːrɪ; -ˌtɔː-] *adj* 1. exklama'torisch: ~ **style.** 2. Ausrufe...: ~ **sentence.**

**ex·clave** ['ekskleɪv] *s* Ex'klave *f.*

**ex·clo·sure** [ek'skləʊʒə(r)] *s* eingezäuntes (Wald)Gebiet.

**ex·clude** [ɪk'skluːd] *v/t* ausschließen (**from** von): not excluding myself ich selbst nicht ausgenommen.

**ex·clu·sion** [ɪk'skluːʒn] *s* 1. Ausschließung *f,* Ausschluß *m* (**from** von): to the ~ of unter Ausschluß von (*od. gen*); he studied history, to the ~ of all other subjects er studierte ausschließlich Geschichte; ~ **principle** a) *phys.* Äquivalenzprinzip *n,* b) *math.* Prinzip *n* der Ausschließung. 2. Ausnahme *f.* 3. *tech.* (Ab)Sperrung *f.* **ex·'clu·sion·ism** [-ʒənɪzəm] *s* exklu'sive Grundsätze *pl.*

**ex·clu·sive** [ɪk'skluːsɪv] **I** *adj* 1. ausschließend: ~ **of** ausschließlich (*gen*), abgesehen von, ohne; **to be** ~ **of s.th.** etwas ausschließen; **to be mutually** ~ einander ausschließen. 2. a) ausschließlich, al'leinig, Allein...: ~ **agent** Alleinvertreter *m;* ~ **jurisdiction** *jur.* ausschließliche Zuständigkeit *f,* b) Exklusiv...: ~ **contract** (inter**view, report, rights,** *etc*). 3. exklu'siv: a) vornehm, b) anspruchsvoll. 4. unnahbar. **II** *s* 5. Exklu'sivbericht *m.* **ex·'clu·sive·ly** *adv* nur, ausschließlich. **ex-**

**'clu·sive·ness** s 1. Ausschließlichkeit f. 2. Exklusivi'tät f.

**ex·cog·i·tate** [eks'kɒdʒɪteɪt; Am. ek'skɑdʒə-] v/t (sich) etwas ausdenken, erdenken, ersinnen. **ex,cog·i'ta·tion** s 1. Ersinnen n. 2. Plan m.

**ex·com·mu·ni·cate** R.C. **I** v/t [ˌekskə'mjuːnɪkeɪt] exkommuni'zieren, aus der Kirche ausschließen. **II** adj [-kət] exkommuni'ziert. **III** s [-kət] Exkommuni'zierte(r m) f. **ex·com,mu·ni·ca·tion** s R.C. Exkommunikati'on f. **ex·com'mu·ni·ca·tive** [-kətɪv; Am. bes. -ˌkeɪtɪv], **ex·com'mu·ni·ca·to·ry** [-kətərɪ; Am. -ˌtəʊriː; -ˌtɔː-] adj R.C. exkommuni'zierend, Exkommunikations...

**ex·co·ri·ate** [eks'kɔːrɪeɪt; Am. a. ek'skəʊ-] v/t 1. die Haut ritzen, wund reiben, abschürfen. 2. die Haut abziehen von. 3. fig. heftig angreifen, vernichtend kriti'sieren (for wegen). **ex,co·ri'a·tion** s 1. (Haut)Abschürfung f. 2. Wundreiben n.

**ex·cor·ti·cate** [eks'kɔː(r)tɪkeɪt] v/t ab-, entrinden.

**ex·cre·ment** ['ekskrɪmənt] s Kot m, Exkre'mente pl. **ex·cre'men·tal** [-'mentl] adj (adv ~ly), **ex·cre·men'ti·tious** [-men'tɪʃəs] adj (adv ~ly) kotartig, Kot...

**ex·cres·cence** [ɪk'skresns] s 1. (normaler) (Aus)Wuchs. 2. (anomaler) Auswuchs (a. fig.), Wucherung f. **ex'cres·cent** s 1. e-n Auswuchs darstellend. 2. auswachsend. 3. fig. 'überflüssig. 4. ling. eingeschoben (Konsonant).

**ex·cre·ta** [ɪk'skriːtə] s pl Ex'krete pl. **ex·crete** [ek'skriːt; ɪk-] v/t absondern, ausscheiden. **ex'cre·tion** s 1. Exkreti'on f, Absonderung f, Ausscheidung f. 2. Ex'kret n. **ex'cre·tive** adj absondernd, ausscheidend. **ex'cre·to·ry** [ek'skriːtərɪ; Am. 'ekskrəˌtəʊriː; -ˌtɔː-] biol. med. **I** adj 1. Exkretions..., Ausscheidungs... 2. exkre'torisch, absondernd, abführend. **II** s 3. 'Ausscheidungsˌorgan n.

**ex·cru·ci·ate** [ɪk'skruːʃɪeɪt] v/t 1. obs. martern, foltern. 2. fig. quälen. **ex'cru·ci·at·ing** adj (adv ~ly) 1. qualvoll, peinigend (to für). 2. colloq. schauderhaft, unerträglich. **ex,cru·ci'a·tion** s 1. obs. Marter f. 2. fig. Qual f.

**ex·cul·pa·ble** [eks'kʌlpəbl] adj entschuldbar, zu rechtfertigen(d).

**ex·cul·pate** ['ekskʌlpeɪt] v/t 1. reinwaschen, rechtfertigen, entlasten, freisprechen (from von). 2. j-m als Entschuldigung dienen. **ex·cul'pa·tion** s Entschuldigung f, Entlastung f, Rechtfertigung f. **ex'cul·pa·to·ry** [-pətərɪ; Am. -ˌtɔː-; -ˌtəʊ-] adj entschuldigend, entlastend, Rechtfertigungs...

**ex·cur·sion** [ɪk'skɜːʃn; Am. ɪk'skɜrʒən] s 1. fig. Abschweifung f, Ex'kurs m. 2. Ausflug m: **scientific ~** wissenschaftliche Exkursion; **~ ticket** rail. (Sonntags-)Ausflugskarte f; **~ train** Sonder-, Ausflugszug m. 3. Streifzug m. 4. astr. Abweichung f. 5. phys. Ausschlag m (des Pendels etc). 6. tech. Weg m (e-s Maschinenteils), z. B. (Kolben)Hub m. **ex'cur·sion·ist** s Ausflügler(in).

**ex·cur·sive** [ek'skɜːsɪv; Am. ɪk'skɜr-] adj (adv ~ly) 1. um'herschweifend. 2. fig. a) abschweifend, b) sprunghaft, c) weitschweifig. **ex'cur·sus** [-səs] pl **-sus·es**, **-sus** s Ex'kurs m: a) Erörterung e-s Sonderproblems in e-r wissenschaftlichen Abhandlung, b) Abschweifung f.

**ex·cus·a·ble** [ɪk'skjuːzəbl] adj (adv excusably) entschuldbar, verzeihlich. **ex'cus·a·to·ry** [-tərɪ; Am. -ˌtəʊriː; -ˌtɔː-] adj entschuldigend, Rechtfertigungs...

**ex·cuse I** v/t [ɪk'skjuːz] 1. j-n od. etwas

entschuldigen, rechtfertigen, j-m od. etwas verzeihen: ~ me! od. entschuldigen Sie!, Verzeihung!, b) (als Widerspruch) keineswegs!, aber erlauben Sie mal!; ~ me for being late, ~ my being late verzeih, daß ich zu spät komme; ~ my interrupting you entschuldigen Sie die Unterbrechung; please ~ my mistake bitte entschuldigen Sie m-n Irrtum; to ~ o.s. sich entschuldigen od. rechtfertigen; may I be ~d? bes. ped. darf ich mal verschwinden? 2. Nachsicht haben mit (j-m). 3. neg für (etwas) e-e Entschuldigung finden: I cannot ~ his conduct ich kann sein Verhalten nicht gutheißen. 4. meist pass (from) j-n befreien (von), entheben (gen), j-m erlassen (acc): to be ~d from attendance von der Teilnahme befreit sein od. werden; to be ~d from duty dienstfrei bekommen; I must be ~d from doing this ich muß es leider ablehnen, dies zu tun; I beg to be ~d ich bitte, mich zu entschuldigen; he begs to be ~d er läßt sich entschuldigen. 5. j-m etwas erlassen.

**II** s [ɪk'skjuːs] 6. Entschuldigung f: to offer (od. make) an ~ e-e Entschuldigung vorbringen, sich entschuldigen; in ~ of als od. zur Entschuldigung für; make my ~s to her entschuldige mich bei ihr. 7. Entschuldigungs-, Milderungsgrund m, Rechtfertigung f: there is no ~ for his conduct sein Verhalten gibt es keine Entschuldigung od. Rechtfertigung; without (good) ~ unentschuldigt. 8. Ausrede f, -flucht f, Vorwand m: a mere ~ to make ~s Ausflüchte machen. 9. fig. dürftiger Ersatz: a poor ~ for a car 'e-e armselige Kutsche'. **ex'cuse·me** s Tanz mit Abklatschen.

**ex·di'rec·to·ry** adj: ~ number teleph. Br. Geheimnummer f.

**ex·e·at** ['eksæt] (Lat.) s Br. Urlaub m (für Schüler od. Studenten).

**ex·e·cra·ble** ['eksɪkrəbl] adj (adv execrably) ab'scheulich, scheußlich: ~ crime, ~ taste. **ex·e·crate** [-kreɪt] **I** v/t 1. verwünschen, verfluchen. 2. verabscheuen. **II** v/i 3. fluchen. **ex·e'cra·tion** s 1. Verwünschung f, Fluch m. 2. Abscheu m: to hold in ~ verabscheuen. **ex·e·cra·tive** [-kreɪtɪv], **ex·e·cra·to·ry** [-kreɪtərɪ; Am. a. -krəˌtəʊri] adj verwünschend, Verwünschungs...

**ex·e·cut·a·ble** ['eksɪkjuːtəbl] adj 1. 'durch-, ausführbar. 2. voll'ziehbar.

**ex·e·cu·tant** [ɪg'zekjʊtənt; Am. a. -kətənt] s Ausführende(r m) f, bes. mus. Vortragende(r m) f.

**ex·e·cute** ['eksɪkjuːt] v/t 1. e-n Auftrag, Plan etc aus-, 'durchführen, e-n Vertrag erfüllen: to ~ a dance step e-n Tanzschritt machen; a statue ~d in bronze e-e in Bronze ausgeführte Statue. 2. ausüben: to ~ an office. 3. mus. vortragen, spielen. 4. jur. a) e-e Urkunde etc (rechtsgültig) ausfertigen, durch 'Unterschrift, Siegel etc voll'ziehen, b) e-e Vollmacht ausstellen, c) ein Testament (rechtsgültig) errichten, d) ein Urteil voll'ziehen, voll'strecken, e) j-n 'hinrichten. **'ex·e·cut·er** → executor.

**ex·e·cu·tion** [ˌeksɪ'kjuːʃn] s 1. Aus-, 'Durchführung f: to carry (od. put) s.th. into ~ etwas ausführen; in the ~ of one's duty in Ausübung s-r Pflicht. 2. (Art u. Weise der) Ausführung f: a) mus. Vortrag m, Spiel n, Technik f, b) Darstellung f, Stil m (art u. Literatur). 3. jur. a) (rechtsgültige) Ausfertigung (e-r Urkunde), b) Ausstellung f (e-r Vollmacht), c) (rechtsgültige) Errichtung (e-s Testaments), d) Voll'ziehung f, -'streckung f (e-s Urteils), e) 'Hinrichtung f: place of ~ Richtplatz m, f) 'Zwangsvollˌstreckung f,

Pfändung f: to levy ~ against a company die Zwangsvollstreckung in das Vermögen e-r Gesellschaft betreiben; sale under ~ Zwangsversteigerung f; to take in ~ etwas pfänden; writ of ~ Vollstreckungsbefehl m. 4. to do ~ Verheerungen anrichten (Waffen). **ex·e'cu·tion·er** s 1. Henker m, Scharfrichter m. 2. sport Voll'strecker m.

**ex·e·cu·tive** [ɪg'zekjʊtɪv; Am. a. -kətɪv] **I** adj (adv ~ly) 1. ausübend, voll'ziehend, pol. Exekutiv...: ~ power, ~ authority → 3; ~ officer Br. Verwaltungsbeamte(r) m (→ 2); ~ order Am. (vom Präsidenten erlassene) Durchführungsverordnung; ~ session parl. Am. Geheimsitzung f. 2. econ. geschäftsführend, leitend: ~ board Vorstand m (e-r Gesellschaft); ~ committee Exekutivausschuß m; ~ floor Chefetage f; ~ officers Geschäfts-, Unternehmensleitung f (→ 1); ~ post (od. position) leitende Stellung; ~ secretary Am. Geschäftsführer m (e-s Vereins, e-r Gesellschaft); ~ staff leitende Angestellte pl. **II** s 3. pol. Exeku'tive f, voll'ziehende Gewalt (im Staat). 4. a. senior ~ econ. leitender Angestellter. 5. mil. Am. stellvertretender Komman'deur.

**ex·ec·u·tor** [ɪg'zekjʊtə(r); Am. a. -kətər] s jur. (durch Testament eingesetzter) Erbschaftsverwalter od. (ungenau:) Testa'mentsvollˌstrecker: ~ de son tort unrechtmäßiger Erbschaftsverwalter; literary ~ Nachlaßverwalter m e-s Autors. **ex,ec·u'to·ri·al** [-'tɔːriəl; Am. a. -'təʊ-] adj Verwaltungs... **ex'ec·u·tor·ship** s Amt n e-s Erbschaftsverwalters od. (ungenau:) Testa'mentsvollˌstreckers. **ex'ec·u·to·ry** [-tərɪ; Am. -ˌtəʊ-; -ˌtɔː-] adj 1. econ. jur. erfüllungsbedürftig, (aufschiebend) bedingt: ~ contract; ~ purchase Bedingungskauf m. 2. Ausführungs..., Vollziehungs... **ex'ec·u·trix** [-trɪks] pl **-tri·ces** [ɪgˌzekjʊ'traɪsiːz; Am. -kə-], **-trix·es** s jur. (durch Testament eingesetzte) Erbschaftsverwalterin od. (ungenau:) Testa'mentsvollˌstreckerin.

**ex·e·ge·sis** [ˌeksɪ'dʒiːsɪs] pl **-ses** [-siːz] s Exe'gese f, (bes. Bibel)Auslegung f.

**ex·e·gete** ['eksɪdʒiːt] s Exe'get m. **ex·e'get·ic** [-'dʒetɪk] **I** adj (adv ~ally) exe'getisch, erklärend, auslegend. **II** s pl (meist als sg konstruiert) Exe'getik f (Wissenschaft der Exegese). **ex·e'get·i·cal** [-kl] → exegetic I. **ex·e'get·ist** → exegete.

**ex·em·plar** [ɪg'zemplə(r); -ˌlɑː(r)] s 1. Muster(beispiel) n, Vorbild n. 2. typisches Beispiel (of für). 3. print. (Druck-)Vorlage f. **ex'em·pla·ri·ness** [-plərɪnɪs] s Musterhaftigkeit f, -gültigkeit f. **ex'em·pla·ry** [-plərɪ] (adv exemplarily) 1. exem'plarisch: a) beispiel-, musterhaft, b) warnend, abschreckend (Strafe etc): ~ damages jur. verschärfter Schadenersatz. 2. typisch, Muster...

**ex·em·pli·fi·ca·tion** [ɪgˌzemplɪfɪ'keɪʃn] s 1. Erläuterung f od. Belegung f durch Beispiele, Veranschaulichung f: in ~ of zur Erläuterung von. 2. Beleg m, Beispiel n, Muster n. 3. jur. beglaubigte Abschrift. **ex'em·pli·fy** [-faɪ] v/t 1. veranschaulichen: a) durch Beispiele erläutern, an Beispielen illu'strieren, b) als Beispiel dienen für. 2. jur. a) e-e (beglaubigte) Abschrift machen von, b) durch beglaubigte Abschrift nachweisen.

**ex·em·pli gra·ti·a** [ɪgˌzemplaɪ'greɪʃɪə; -plɪ'grɑːtiɑː] (Lat.) zum Beispiel.

**ex·empt** [ɪg'zempt] **I** v/t 1. j-n befreien (from von Steuern, Verpflichtungen etc): to be ~ed from s.th. von etwas ausgenommen werden od. sein; to ~ s.o. from liability j-s Haftung ausschließen;

~ed amount *econ.* (Steuer)Freibetrag *m.* **2.** *mil.* (*vom Wehrdienst*) freistellen. **II** *adj* **3.** befreit, ausgenommen, frei (**from** von): ~ **from taxation** steuerfrei. **III** *s* **4.** (*von Steuern etc*) Befreite(r *m*). **ex'emp·tion** [-pʃn] *s* **1.** Befreiung *f*, Freisein *n* (**from** von): ~ **from liability** *jur.* Haftungsausschluß *m*; ~ **from taxes** Steuerfreiheit *f.* **2.** *mil.* Freistellung *f* (*vom Wehrdienst*). **3.** Sonderstellung *f*, Vorrechte *pl.* **4.** *pl jur.* unpfändbare Gegenstände *pl.* **5.** *econ. Am.* (Steuer)Freibetrag *m.*

**ex·en·ter·ate** [ɪg'zentəreɪt] *v/t* ausnehmen, *erlegtes Tier a.* ausweiden.

**ex·e·qua·tur** [ˌeksɪ'kweɪtə(r)] *s* Exe'quatur *n*: a) amtliche Anerkennung e-s Konsuls durch den Empfangsstaat, b) staatliche Erlaubnis zur Publikation kirchlicher Akte.

**ex·e·quies** ['eksɪkwɪz] *s pl* Ex'equien *pl*, Begräbnisfeier *f*, Totenmesse *f.*

**ex·er·cis·a·ble** ['eksə(r)saɪzəbl] *adj* ausübbar, anwendbar.

**ex·er·cise** ['eksə(r)saɪz] **I** *s* **1.** Ausübung *f* (*e-r Kunst, der Macht, e-r Pflicht, e-s Rechts etc*), Geltendmachung *f* (*von Einfluß, Rechten etc*), Anwendung *f*, Gebrauch *m*: ~ **of an office** Ausübung e-s Amtes; **in the ~ of their powers** in Ausübung ihrer Machtbefugnisse. **2.** (*körperliche od. geistige*) Übung, (*körperliche*) Bewegung: **to do one's ~s** Gymnastik machen; **he doesn't get enough bodily** (*od.* **physical**) ~ er bewegt sich nicht genug; **to take** ~ sich Bewegung machen (*im Freien*); ~ **on the horizontal bar** (*Turnen*) Reckübung; ~ **therapy** *med.* Bewegungstherapie *f.* **3.** *mil.* a) Exer'zieren *n*, b) Übung *f*, ('Übungs-) Ma'növer *n.* **4.** Übung(sarbeit) *f*, Schulaufgabe *f*: ~ **book** Schul-, Schreibheft *n.* **5.** *mus.* Übung(sstück *n*) *f.* **6.** Andacht(sübung) *f*, Gottesdienst *m.* **7.** *meist pl Am.* Feierlichkeiten *pl.* **II** *v/t* **8.** **ein Amt, ein Recht, Macht, e-n Einfluß** ausüben, **ein Recht, Einfluß, Macht** geltend machen, **etwas anwenden**: **to** ~ **care** Sorgfalt walten lassen; **to** ~ **functions** Tätigkeiten ausüben, Aufgaben wahrnehmen. **9.** *den Körper, Geist* üben, trai'nieren. **10.** *j-n* üben, drillen, ausbilden, *s-e Glieder, Pferde* bewegen. **11.** **to** ~ **s.o.** (*od.* **s.o.'s mind**) *j-n* stark beschäftigen *od.* plagen *od.* beunruhigen: **to be** ~**d by** (*od.* **about**) *s.th.* über etwas beunruhigt sein. **12.** *fig. Geduld etc* üben, an den Tag legen. **III** *v/i* **13.** sich Bewegung machen: **he doesn't** ~ **enough** er bewegt sich nicht genug. **14.** *sport etc* üben, trai'nieren. **15.** *mil.* exer'zieren. **'ex·er·cis·er** *s* Trainingsgerät *n.*

**ex·er·ci·ta·tion** [egˌzɜːsɪ'teɪʃn; *Am.* ɪgˌzɜːrsə-] *obs. für* **exercise I.**

**ex·er·gue** [ek'sɜːg; *Am.* 'ekˌsɜːrg] *s* (*auf Münzen*) Ex'ergue *f*, Abschnitt *m.*

**ex·ert** [ɪg'zɜːt; *Am.* ɪg'zɜːrt] *v/t* **1.** (ge-) brauchen, anwenden, *Einfluß, phys. e-e Kraft* ausüben: **to** ~ **one's authority** s-e Autorität geltend machen; **to** ~ **pressure on s.o.** auf j-n Druck ausüben, j-n unter Druck setzen. **2.** ~ **o.s.** sich anstrengen, sich bemühen (**for** um). **ex'er·tion** *s* **1.** Ausübung *f*, Anwendung *f.* **2.** Anstrengung *f*: a) Stra'paze *f*, b) Bemühung *f.*

**ex·e·unt** ['eksɪʌnt] (*Lat.*) *thea.* Bühnenanweisung: (sie gehen) ab: ~ **omnes** alle ab.

**ex·fo·li·ate** [eks'fəʊlɪeɪt] **I** *v/t* **1.** (in Schuppen) abwerfen. **2.** *med.* die Haut (in Schuppen) ablegen, *die Knochenoberfläche* abschälen. **3.** *fig.* entfalten, entwickeln. **II** *v/i* **4.** abblättern, sich abschälen. **5.** *geol.* sich abschiefern. **6.** *fig.*

sich entfalten *od.* entwickeln. **ex·fo·li·'a·tion** *s* Abblätterung *f.*

**ex·ha·la·tion** [ˌekshə'leɪʃn] *s* **1.** Ausatmen *n.* **2.** Verströmen *n.* **3.** a) Gas *n*, b) Geruch *m*, c) Rauch *m.*

**ex·hale** [eks'heɪl; ɪg'zeɪl] **I** *v/t* **1.** ausatmen. **2.** *Gas, Geruch etc* verströmen, *Rauch* ausstoßen. **II** *v/i* **3.** ausströmen (**from** aus). **4.** ausatmen.

**ex·haust** [ɪg'zɔːst] **I** *v/t* **1.** *bes. tech.* a) (ent)leeren, *a.* luftleer pumpen, b) *Luft, Wasser etc* her'auspumpen, *Gas* auspuffen, c) absaugen. **2.** *allg.* erschöpfen: a) *agr.* den Boden ausmergeln, b) *Bergbau: ein Lager* völlig abbauen, c) *Vorräte* ver-, aufbrauchen, d) *j-n* ermüden, entkräften, e) *j-s Kräfte* strapa'zieren: **to** ~ **s.o.'s patience** j-s Geduld erschöpfen, f) *ein Thema* erschöpfend ab- *od.* behandeln: **to** ~ **all possibilities** alle Möglichkeiten ausschöpfen. **II** *v/i* **3.** sich entleeren. **4.** ausströmen (*Dampf etc*). **III** *s* **5.** *tech.* a) Dampfaustritt *m*, b) Abgas *n*, Auspuffgase *pl*, c) Auspuff *m*, d) → **exhauster.** ~ **brake** *s* Motorbremse *f.* **ex'haust·ed** *adj* **1.** verbraucht, erschöpft, aufgebraucht (*Vorräte*), vergriffen (*Auflage*). **2.** erschöpft, ermattet. **3.** *econ.* abgelaufen (*Versicherung*). **ex'haust·er** *s* *tech.* (Ent)Lüfter *m*, Absaugevorrichtung *f*, Ex'haustor *m.* **ex'haust·i·ble** *adj* erschöpfbar. **ex'haust·ing** *adj* erschöpfend, ermüdend, anstrengend, strapazi'ös.

**ex·haus·tion** [ɪg'zɔːstʃən] *s* **1.** *bes. tech.* (Ent)Leerung *f.* **2.** *tech.* a) Her'auspumpen *n* (*von Luft, Wasser etc*), Auspuffen *n* (*von Gas*), b) Absaugung *f.* **3.** Ausströmen *n* (*von Dampf etc*). **4.** *allg.* Erschöpfung *f*: a) *agr.* Ausmergelung *f* (*des Bodens*), b) *Bergbau*: völliger Abbau (*e-s Lagers*), c) völliger Verbrauch (*von Vorräten*), d) Ermüdung *f*, Entkräftung *f*, *med. a.* ner'vöser Erschöpfungszustand. **5.** *math.* Approximati'on *f*, Exhausti'on *f*: **method of** ~ Approximationsmethode *f.* **ex'haus·tive** [-tɪv] *adj* (*adv* ~**ly**) **1.** *obs.* → **exhausting. 2.** *fig.* erschöpfend: ~ **investigation**; **to cover in** ~ **detail** *ein Thema* erschöpfend ab- *od.* behandeln. **ex'haust·less** *adj* unerschöpflich.

**ex·haust** | **noz·zle** *s tech.* Schubdüse *f.* ~ **pipe** *s tech.* Auspuffrohr *n.* ~ **pol·lu·tion** *s* Luftverschmutzung *f* durch Abgase. ~ **steam** *s tech.* Abdampf *m.* ~ **stroke** *s tech.* Auspuffhub *m.* ~ **valve** *s tech.* 'Auslaßven₁til *n.*

**ex·hib·it** [ɪg'zɪbɪt] **I** *v/t* **1.** ausstellen, zeigen: **to** ~ **goods**; **to** ~ **paintings. 2.** *fig.* zeigen, an den Tag legen, zur Schau stellen. **3.** *jur. e-e Urkunde* vorlegen, vorzeigen, *Beweise* beibringen. **II** *v/i* **4.** ausstellen (**at a fair** auf e-r Messe). **III** *s* **5.** Ausstellungsstück *n*, Expo'nat *n.* **6.** *jur.* a) Beweisstück *n*, b) als Beweis vorgelegte Urkunde.

**ex·hi·bi·tion** [ˌeksɪ'bɪʃn] *s* **1.** a) Ausstellung *f*, b) Vorführung *f*: ~ **contest** *sport* Schaukampf *m*; **to be on** ~ ausgestellt sein, zu sehen sein; **to make an** ~ **of o.s.** sich lächerlich *od.* zum Gespött machen. **2.** Zur'schaustellung *f*: **what an** ~ **of bad manners!** der etc hat vielleicht ein Benehmen!; **an opportunity for the** ~ **of one's knowledge** e-e Möglichkeit, sein Wissen zu zeigen. **3.** *jur.* Vorlage *f* (*e-r Urkunde*), Beibringung *f* (*von Beweisen*). **4.** *univ. Br.* Sti'pendium *n.* **ˌex·hi·bi·tion·er** *s univ.* Stipendi'at *m.* **ˌex·hi·'bi·tion·ism** [-ɪzəm] *s psych. u. fig.* Exhibitio'nismus *m.* **ˌex·hi·'bi·tion·ist** *psych. u. fig.* **I** *s* Exhibitio'nist *m.* **II** *adj* exhibitio'nistisch. **ˌex·hi₁bi·tion·is·tic** → **exhibitionist II. ex·hib·i·tor** [ɪg'zɪbɪtə(r)] *s* **1.** Aussteller *m.* **2.** Kinobesitzer *m.*

**ex·hil·a·rant** [ɪg'zɪlərənt] *adj* **1.** auf-, erheiternd. **2.** belebend, erfrischend. **ex'hil·a·rate** [-reɪt] *v/t* **1.** auf-, erheitern. **2.** beleben, erfrischen. **ex'hil·a·rat·ing** → **exhilarant. ex₁hil·a·'ra·tion** *s* **1.** Erheiterung *f.* **2.** Heiterkeit *f.* **ex'hil·a·ra·tive** [-rətɪv; *Am.* ₁reɪtɪv] → **exhilarant.**

**ex·hort** [ɪg'zɔː(r)t] *v/t* *j-n* ermahnen (**to** zu; **to do** zu tun). **ex·hor·ta·tion** [ˌegzɔː(r)'teɪʃn; ₁eks-] *s* Ermahnung *f.* **ex'hor·ta·tive** [ɪg'zɔː(r)tətɪv] *adj* (*adv* ~**ly**), **ex'hor·ta·to·ry** [-tərɪ; *Am.* ₁tɔːriː; ₁tɔː-] *adj* (*adv* **exhortatorily**) (er)mahnend.

**ex·hu·ma·tion** [ˌekshjuː'meɪʃn] *s* Exhu'mierung *f.* **ex·hume** [eks'hjuːm; *Am.* ɪgz'uːm; -'juːm] *v/t* **1.** *e-e Leiche* exhu'mieren. **2.** *fig.* ausgraben.

**ex·i·gen·cy** ['eksɪdʒənsɪ; ɪg'zɪdʒənsɪ], *a.* **'ex·i·gence** *s* **1.** Dringlichkeit *f.* **2.** Not (-lage) *f.* **3.** *meist pl* (An)Forderung *f.* **'ex·i·gent** *adj* **1.** dringend, dringlich, kritisch. **2.** anspruchsvoll: **to be** ~ hohe Anforderungen stellen.

**ex·i·gi·ble** ['eksɪdʒəbl] *adj* eintreibbar, einzutreiben(d).

**ex·i·gu·i·ty** [ˌeksɪ'gjuːətɪ; *Am.* ₁egzɪ-] *s* Dürftigkeit *f.* **ex·ig·u·ous** [eg'zɪgjʊəs; *Am.* ɪg'zɪgjəwəs] *adj* dürftig (*Einkommen, Mahlzeit etc*).

**ex·ile** ['eksaɪl; 'egzaɪl] **I** *s* **1.** a) Ex'il *n*, b) Verbannung *f*: **to go into** ~ ins Exil gehen; **to live in** ~ im Exil *od.* in der Verbannung leben; **to send into** ~ → **4**; **government in** ~ Exilregierung *f*; **place of** ~ Exil, Verbannungsort *m.* **2.** a) Verbannte(r *m*) *f*, b) im Ex'il Lebende(r *m*) *f.* **3. the E-** *Bibl.* die Baby'lonische Gefangenschaft. **II** *v/t* **4.** a) exi'lieren, ins Ex'il schicken, b) verbannen (**from** aus), in die Verbannung schicken. **ex·il·i·an** [eg'zɪlɪən], **ex·il·ic** [eg'zɪlɪk] *adj* **1.** *Bibl.* die Baby'lonische Gefangenschaft betreffend. **2.** Exil..., ex'ilisch.

**ex·ist** [ɪg'zɪst] *v/i* exi'stieren, vor'handen sein, sich finden, vorkommen (**in** in *dat*): **to** ~ **as** existieren in Form von; **do such things** ~? gibt es so etwas?; **the right to** ~ Existenzberechtigung *f*; **if he did not** ~, **it would be necessary to invent him** wenn es ihn nicht schon gäbe, müßte man ihn erfinden. **2.** exi'stieren, leben (**on** von). **3.** exi'stieren, bestehen. **ex'ist·ence** *s* **1.** Exi'stenz *f*, Vor'handensein *n*, Vorkommen *n*: **to call into** ~ ins Leben rufen; **to come into** ~ entstehen; **to be in** ~ bestehen, existieren; **to remain in** ~ weiterbestehen. **2.** Exi'stenz *f*, Leben *n*, Dasein *n*: **a wretched** (*od.* **miserable**) ~ ein kümmerliches Dasein. **3.** Exi'stenz *f*, (Fort-) Bestand *m.* **ex'ist·ent** *adj* **1.** exi'stierend, bestehend, vor'handen. **2.** gegenwärtig, augenblicklich (bestehend *od.* lebend).

**ex·is·ten·tial** [ˌegzɪ'stenʃl] *adj* (*adv* ~**ly**) **1.** Existenz... **2.** *philos.* existenti'ell, Existential... **ex·is·'ten·tial·ism** [-ʃəlɪzəm] *s philos.* Existentia'lismus *m*, Exi'stenzphiloso₁phie *f.* **ex·is·'ten·tial·ist** *s philos.* Existentia'list(in). **ex·it** ['eksɪt; 'egzɪt] **I** *s* **1.** Abgang *m*: a) Abtreten *n* (*von der Bühne*): → **entrance¹** 1, b) *fig.* Tod *m*: **to make one's** ~ → **6 a** *u.* **7**. **2.** a) (a. Not)Ausgang *m* (im Kino etc): ~ **polling** Nachfrage *f* (bei Wahlen). **3.** (Autobahn)Ausfahrt *f.* **4.** *tech.* Austritt *m*: ~ **port of** ~ Ausström-, Ausflußöffnung *f*; ~ **gas** Abgas *n*; ~ **heat** Abzugswärme *f.* **5.** Ausreise *f*: ~ **permit** Ausreiseerlaubnis *f*; ~ **visa** Ausreisevisum *n.* **II** *v/i* **6.** *thea.* a) abgehen, abtreten, b) Bühnenanweisung: (er, sie, es geht) ab: ~ **Macbeth** Macbeth ab. **7.** *fig.* sterben.

**ex·i·tus** [ˈeksɪtəs] *s med.* Exitus *m*, Tod *m*.

**ex li·bris** [eksˈlaɪbrɪs; *Am.* ekˈsliːbrəs] (*Lat.*) *pl* **-bris** *s* Exˈlibris *n*, Bücherzeichen *n*.

**exo-** [eksəʊ] *Vorsilbe mit der Bedeutung* außerhalb, äußerlich, außen.

**ex·o·bi·ol·o·gy** *s* Exo-, Ektobioloˈgie *f* (*Wissenschaft vom außerirdischen [biologischen] Leben*).

**ex·o·can·ni·bal·ism** *s* Exokannibaˈlismus *m* (*Verzehren von Angehörigen fremder Stämme*).

**ex·o·carp** [ˈeksəʊkɑː(r)p] *s bot.* Exoˈkarp *n*, äußere Fruchthaut.

**ex·o·crine** [ˈeksəʊkraɪn; -krɪn] *physiol.* **I** *adj* **1.** mit äußerer Sekretiˈon, exoˈkrin: ~ **glands.** **II** *s* **2.** äußere Sekretiˈon. **3.** exoˈkrine Drüse.

**ex·o·derm** [ˈeksəʊdɜːm; *Am.* -ˌdɜrm] → ectoderm.

**ex·o·der·mis** *s bot.* Exoˈdermis *f* (*äußeres Abschlußgewebe der Pflanzenwurzel*).

**ex·o·don·ti·a** [ˌeksəʊˈdɒnʃɪə; -ʃə; *Am.* -ˈdɑn-] *s*, **ex·o·don·tics** [-tɪks] *s pl* (*als sg konstruiert*) *med.* ˈZahnchirurgie *f*. **ex·o·don·tist** [-tɪst] *s* ˈZahnchirˌurg *m*.

**ex·o·dus** [ˈeksədəs] *s* **1.** Auszug *m* (*bes. der Juden aus Ägypten*). **2.** *fig.* Ab-, Auswanderung *f*: *general* ~ allgemeiner Aufbruch; ~ **of capital** *econ.* Kapitalabwanderung; **rural** ~ Landflucht *f*. **3. E·** *Bibl.* Exodus *m*, Zweites Buch Mose.

**ex of·fi·ci·o** [ˌeksəˈfɪʃɪəʊ] (*Lat.*) *adv u. adj* ex ofˈficio, von Amts wegen: **the president is an ~ member** of the committee der Präsident gehört von Amts wegen dem Ausschuß an.

**ex·og·a·my** [ekˈsɒgəmɪ; *Am.* -ˈsɑ-] *s* Exogaˈmie *f* (*Heiratsordnung, nach der nur außerhalb e-r bestimmten sozialen Gruppe geheiratet werden darf*).

**ex·og·e·nous** [ekˈsɒdʒɪnəs; *Am.* -ˈsɑ-] *adj* exoˈgen: a) *med.* außerhalb des Körpers entstehend, von außen kommend (*Stoffe, Krankheitserreger*), b) *bot.* außen entstehend (*Pflanzenteile*), c) *geol.* von Kräften erzeugt, die auf die Erdoberfläche einwirken.

**ex·on** [ˈeksɒn; *Am.* ˈekˌsɑn] *s* e-r der 4 Offiziere der Yeomen of the Guard.

**ex·on·er·ate** [ɪgˈzɒnəreɪt; *Am.* -ˈzɑn-] *v/t* **1.** e-n Angeklagten, e-n Schuldner entlasten (**from** von). **2.** befreien, entbinden (**from** von): **to ~ s.o. from a duty. 3.** reinigen, freisprechen (**from** von): **to ~ s.o. from a suspicion.** **ex·on·er·a·tion** *s* **1.** Entlastung *f*. **2.** Befreiung *f*. **ex·on·er·a·tive** [-rətɪv; *Am.* -ˌreɪtɪv] *adj* **1.** entlastend. **2.** befreiend.

**ex·oph·thal·mi·a** [ˌeksɒfˈθælmɪə; *Am.* -ɑf-] *s med.* Exophthalˈmie *f* (*krankhaftes Hervortreten des Augapfels*).

**ex·o·plasm** → ectoplasm.

**ex·or·bi·tance** [ɪgˈzɔː(r)bɪtəns], *a.* **ex·or·bi·tan·cy** [-sɪ] *s* Unverschämtheit *f*, Maßlosigkeit *f*. **ex·or·bi·tant** *adj* (*adv* ~**ly**) unverschämt: a) astroˈnomisch: ~ **price** Phantasiepreis *m*, b) überˈtrieben, maßlos: ~ **demand.**

**ex·or·cise** [ˈeksɔː(r)saɪz] *v/t* **1.** böse Geister austreiben, bannen, beschwören, exorˈzieren. **2.** j-n, e-n Ort (durch Beschwörung) von bösen Geistern befreien. **ex·or·cism** *s* Exorˈzismus *m*, Geisterbeschwörung *f*, Teufelsaustreibung *f*. **ex·or·cist** *s* Exorˈzist *m*, Teufelsaustreiber *m*. **ex·or·cize** → exorcise.

**ex·or·di·al** [ekˈsɔːdjəl; *Am.* egˈzɔːrdɪəl] *adj* einleitend. **ex·or·di·um** [-əm] *pl* **-ums** *od.* **-a** [-ə] *s* Einleitung *f* (*e-r Rede, Abhandlung etc*).

**ex·o·skel·e·ton** *s biol.* Ekto-, Exoskeˈlett *n*, ˈAußen-, ˈHautskeˌlett *n*.

**ex·os·mo·sis** [ˌeksɒzˈməʊsɪs; *Am.* ˌeksɑsˈm-] *s biol. chem.* Exosˈmose *f* (*Wasseraustritt aus e-r lebenden Pflanzenzelle, der durch e-e sie umgebende Lösung mit hoher Konzentration verursacht wird*).

**ex·o·sphere** *s* Exoˈsphäre *f* (*an die Ionosphäre angrenzende höchste Schicht der Atmosphäre*).

**ex·o·spore** *s bot.* Exoˈsporium *n*, äußere Sporenhaut.

**ex·os·to·sis** [ˌeksɒˈstəʊsɪs; *Am.* -ɑsˈ-] *s med.* Exoˈstose *f*, Knochenauswuchs *m*.

**ex·o·ter·ic** [ˌeksəʊˈterɪk] *adj* (*adv* ~**ally**) exoˈterisch: a) für Außenstehende *od.* die Öffentlichkeit bestimmt, b) allgeˈmeinverständlich.

**ex·ot·ic** [ɪgˈzɒtɪk; *Am.* -ˈzɑ-] **I** *adj* (*adv* ~**ally**) exoˈtisch: a) ausländisch, fremd (-ländisch), b) *fig.* fremdartig, biˈzarr. **II** *s* Eˈxot *m*, fremdländischer *od.* -artiger Mensch *od.* Gegenstand (*Pflanze, Sitte, Wort etc*). **ex·ot·i·ca** [-kə] *s pl* Eˈxotika *pl* (*fremdländische Kunstwerke*). **ex·ot·i·cism** [-sɪzəm] *s* **1.** ausländische Art. **2.** (*das*) Eˈxotische. **3.** ausländisches Idiˈom. **4.** Vorliebe *f* für das Eˈxotische.

**ex·pand** [ɪkˈspænd] **I** *v/t* **1.** ausbreiten, -spannen, entfalten. **2.** *econ. phys. etc, a. fig.* ausdehnen, -weiten, erweitern: ~**ed program(me)** erweitertes Programm. **3.** *e-e Abkürzung* (voll) ausschreiben. **4.** *math. u. e-e Gleichung* entwickeln. **II** *v/i* **5.** *econ. phys. etc, a. fig.* sich ausdehnen *od.* erweitern: **his heart** ~**ed with joy** sein Herz schwoll vor Freude. **6.** sich entwickeln, aufblühen (**into** zu). **7.** *fig.* a) (*vor Stolz, Freude etc*) ,aufblühen‘, b) aus sich herˈausgehen. **8.** ~ (**up**)**on** → **expatiate 1. ex·pand·ed** *adj* **1.** erweitert *etc* (→ **expand** I). **2.** ~ **metal** Streckmetall *n*; ~ **plastics** Schaumkunststoffe *pl*. **ex·pand·er** *s sport* Exˈpander *m*. **ex·pand·ing** *adj econ. phys. etc, a. fig.* sich ausdehnend *od.* erweiternd: ~ **brake** *tech.* Innenbackenbremse *f*; ~ **mandrel** *tech.* Aufnahme-, Spanndorn *m*; ~ **universe** expandierender Kosmos.

**ex·panse** [ɪkˈspæns] *s* **1.** ausgedehnter Raum, weite Fläche, Ausdehnung *f*, Weite *f*. **2.** *orn.* Spannweite *f*, Spanne *f*.

**ex·pan·si·bil·i·ty** *s* (Aus)Dehnbarkeit *f*. **ex·pan·si·ble** *adj* (aus)dehnbar. **ex·pan·sile** [-saɪl; *Am. bes.* -sl] *adj* (aus-) dehnbar, Ausdehnungs...

**ex·pan·sion** [ɪkˈspænʃn] *s* **1.** Ausbreitung *f*. **2.** *phys.* Ausdehnen *n*, -dehnung *f*, Aufweitung *f*: ~ **due to heat** Wärmeausdehnung. **3.** *fig.* a) (*a. econ.* Geschäfts-)Erweiterung *f*, (*a. econ.* Export-, Kapital-, Industrie-, Produktions- *etc*) Ausweitung *f*, b) *econ.* Konjunkˈturaufschwung *m*, c) *pol.* Expansiˈon *f*: ~ **of the ego** *psych.* gesteigertes Selbstgefühl. **4.** (weiter) ˈUmfang, Raum *m*, Weite *f*. **5.** *math.* Entwicklung *f* (*e-r Gleichung etc*). ~ **cir·cuit break·er** *s electr.* Expansiˈonsschalter *m*. ~ **en·gine** *s tech.* Expansiˈonsmaˌschine *f*.

**ex·pan·sion·ism** [ɪkˈspænʃənɪzəm] *s pol.* Expansiˈonismus *m*, Expansiˈonspoliˌtik *f*. **ex·pan·sion·ist** **I** *s* Anhänger(in) der Expansiˈonspoliˌtik. **II** *adj* expansioˈnistisch. **ex·pan·sion·is·tic** → expansionist II.

**ex·pan·sion| joint** *s tech.* Dehn(ungs)fuge *f*. ~ **ring** *s tech.* Spannring *m*. ~ **screw** *s tech.* Spreizschraube *f*. ~ **stroke** *s tech.* Arbeitshub *m*, -takt *m*.

**ex·pan·sive** [ɪkˈspænsɪv] *adj* (*adv* ~**ly**) **1.** ausdehnend, Ausdehnungs..., expanˈsiv: ~ **force** *tech.* Expansions-, (Aus-) Dehnungskraft *f*. **2.** ausdehnungsfähig. **3.** weit, umˈfassend, ausgedehnt, breit.

**4.** *fig.* mitteilsam, aufgeschlossen, freundlich. **5.** *fig.* ˈüberschwenglich. **6.** *psych.* größenwahnsinnig. **ex·pan·sive·ness** *s* **1.** Ausdehnung *f*. **2.** Ausdehnungsvermögen *n*. **3.** *fig.* Mitteilsamkeit *f*, Aufgeschlossenheit *f*, Freundlichkeit *f*. **4.** *fig.* ˈÜberschwenglichkeit *f*. **5.** *psych.* Größenwahn *m*.

**ex par·te** [eksˈpɑː(r)tɪ] (*Lat.*) *adj u. adv jur.* einseitig, (seitens) ˈeiner Parˈtei.

**ex·pa·ti·ate** [ekˈspeɪʃɪeɪt] *v/i* **1.** sich auslassen, sich verbreiten (**on, upon** über *acc*). **2.** (*ziellos*) herˈumwandern (*a. fig.*). **ex·pa·ti·a·tion** *s* langatmige Auslassung, weitläufige Ausführung *od.* Erörterung. **ex·pa·ti·a·to·ry** [-ʃjətərɪ; *Am.* -ʃɪəˌtəʊriː; -ˌtɔː-] *adj* weitläufig.

**ex·pa·tri·ate** [eksˈpætrɪeɪt; *Am.* ekˈspeɪ-] **I** *v/t* **1.** *j-n* ausbürgern, expatriˈieren, *j-m* die Staatsangehörigkeit aberkennen: **to ~ o.s.** → 2, 3. **II** *v/i* **2.** s-e Staatsangehörigkeit aufgeben. **3.** auswandern. **III** *adj* [-ət; -eɪt] **4.** a) ausgebürgert, b) (ständig) im Ausland lebend. **IV** *s* [-ət; -eɪt] **5.** a) Ausgebürgerte(r *m*) *f*, b) freiwillig im Exˈil *od.* (ständig) im Ausland Lebende(r *m*) *f*. **ex·pa·tri·a·tion** *s* **1.** Ausbürgerung *f*, Aberkennung *f* der Staatsangehörigkeit. **2.** Auswanderung *f*. **3.** Aufgabe *f* s-r Staatsangehörigkeit.

**ex·pect** [ɪkˈspekt] **I** *v/t* **1.** *j-n* erwarten (**to dinner** zum Essen). **2.** *etwas* erwarten: a) hoffen: **I ~ to see you soon; I ~ you to come** ich erwarte, daß du kommst, b) *etwas* gewärtigen: **this is just what I** ~**ed of** (*od.* **from**) **him** genau das habe ich von ihm erwartet, c) vorˈhersehen, *e-r Sache* entgegensehen, d) rechnen auf (*acc*), verlangen: **you must not** ~**ed of you** das wird nicht von dir erwartet *od.* verlangt, e) *oft neg* gefaßt sein auf (*acc*): **I had not** ~**ed such a reply. 3.** *colloq.* vermuten, denken, annehmen, glauben: **I ~ so** ich nehme es an. **II** *v/i* **4. to be** ~**ing** *colloq.* in anderen ˈUmständen sein. **ex·pect·ance** → expectancy.

**ex·pec·tan·cy** [ɪkˈspektənsɪ] *s* **1.** (of) Erwartung *f* (*gen*), Hoffnung *f*, Aussicht *f* (auf *acc*): **a look of** ~ ein erwartungsvoller Blick. **2.** Gegenstand *m* der Erwartung. **3.** *econ. jur.* Anwartschaft *f*: **estate in** ~ dingliches Anwartschaftsrecht auf Liegenschaften; **tables of** ~ (*Versicherungswesen*) Lebenserwartungstafeln. **ex·pec·tant** **I** *adj* (*adv* ~**ly**) **1.** erwartend: **to be** ~ **of s.th.** etwas erwarten; ~ **heir** a) *jur.* Erb(schafts)anwärter *m*, b) Thronanwärter *m*. **2.** erwartungsvoll. **3.** zu erwarten(d). **4.** *med.* abwartend: ~ **method. 5.** schwanger, in anderen ˈUmständen: ~ **mother** werdende Mutter; ~ **father** *humor.* Vater *m* in spe. **II** *s* **6.** Anwärter(in).

**ex·pec·ta·tion** [ˌekspekˈteɪʃn] *s* **1.** Erwartung *f*, Erwarten *n*: **in** ~ **of** in Erwartung (*gen*); **beyond** ~ über Erwarten; **on tiptoes with** ~ gespannt vor Erwartung; **against** (*od.* **contrary to**) ~(**s**) wider Erwarten; **according to** ~(**s**) erwartungsgemäß; **to come up to** ~ den Erwartungen entsprechen; **to fall short of s.o.'s** ~**s** hinter j-s Erwartungen zurückbleiben. **2.** Gegenstand *m* der Erwartung: **to have great** ~**s** einmal viel (*durch Erbschaft etc*) zu erwarten haben. **3.** *oft pl* Hoffnung *f*, Aussicht *f* (**of** auf *acc*): ~ **of life** Lebenserwartung *f*; **in** ~ zu erwarten(d). **4.** *math.* Erwartungswert *m*. **E~ Week** *s relig.* die 10 Tage zwischen Himmelfahrt u. Pfingsten.

**ex·pec·ta·tive** [ɪkˈspektətɪv] *adj* **1.** abˌerwartend. **2.** Anwartschafts... **ex·pect·ed·ly** [-ɪdlɪ] *adv* erwartungsgemäß.

**ex·pec·to·rant** [ekˈspektərənt; *bes. Am.*

ɪk-] *med. pharm.* **I** *adj* schleimlösend. **II** *s* Ex'pektorans *n*, schleimlösendes Mittel. **ex·pec·to·rate** [-reɪt] **I** *v/t* a) Schleim auswerfen, aushusten, *Blut* spucken, b) ausspucken. **II** *v/i* a) Schleim auswerfen *od.* aushusten, Blut spucken, b) (aus-) spucken. **ex¡pec·to'ra·tion** *s* **1.** Auswerfen *n*, Aushusten *n*. **2.** (Aus)Spucken *n*. **3.** Auswurf *m*.

**ex·pe·di·ence** [ɪk'spiːdjəns; -dɪəns], **ex'pe·di·en·cy** [-sɪ] *s* **1.** Ratsamkeit *f*. **2.** Zweckdienlichkeit *f*, Nützlichkeit *f*. **3.** Eigennutz *m*, -nützigkeit *f*. **ex'pe·di·ent** **I** *adj* (*adv* → expediently) **1.** ratsam, angebracht. **2.** zweckdienlich, -mäßig, nützlich, praktisch, vorteilhaft. **3.** eigennützig. **II** *s* **4.** (Hilfs)Mittel *n*, (Not)Behelf *m*: **by way of** ~ behelfsmäßig. **5.** Ausweg *m*. **ex¡pe·di·en·tial** [-dɪ'enʃl] *adj* Zweckmäßigkeits..., Nützlichkeits... **ex'pe·di·ent·ly** *adv* zweckmäßigerweise.

**ex·pe·dite** ['ekspɪdaɪt] *v/t* **1.** beschleunigen, vor'antreiben: to ~ **matters** die Dinge beschleunigen, der Sache nachhelfen; ~d **service** rail. Expreßdienst *m*. **2.** schnell ausführen *od.* vornehmen. **3.** expe'dieren, absenden, befördern. **ex·pe'di·tion** [-'dɪʃn] *s* **1.** Eile *f*, Schnelligkeit *f*. **2.** (Forschungs)Reise *f*, Expediti'on *f*: **on an** ~ auf e-r Expedition. **3.** (Mitglieder *pl* e-r) Expediti'on *f*. **4.** *mil.* Feldzug *m*. **ex·pe'di·tion·ar·y** [-'dɪʃnərɪ; *Am.* -¡nerɪ] *adj* Expeditions...: ~ **force** Expeditionsstreitkräfte *pl*.

**ex·pe·di·tious** [¡ekspɪ'dɪʃəs] *adj* (*adv* ~ly) schnell, rasch, zügig, prompt.

**ex·pel** [ɪk'spel] *v/t* (**from**) **1.** vertreiben, wegjagen (von, aus). **2.** ausweisen (aus), verweisen (*des Landes*), verbannen (von, aus). **3.** hin'auswerfen, ausstoßen (aus), ausschließen (aus, von): to ~ **from the school. 4.** *Rauch etc* ausstoßen. **5.** *med.* austreiben. **ex'pel·lant** *adj u. s med. pharm.* austreibend(es Mittel). **ex·pel·lee** [¡ekspe'liː] *s* (Heimat)Vertriebene(r *m*) *f*. **ex'pel·lent** → expellant.

**ex·pend** [ɪk'spend] *v/t* **1.** *Zeit, Mühe etc* auf-, verwenden, *Geld* ausgeben (on für). **2.** verbrauchen: to ~ **o.s.** *fig.* sich verausgaben. **ex'pend·a·ble I** *adj* **1.** verbrauchbar, Verbrauchs... **2.** *mil.* entbehrlich, (dem Feind) (*im Notfall*) zu opfern(d). **II** *s* **3.** (*etwas*) Entbehrliches. **4.** *mil.* verlorener Haufe(n). **ex'pen·di·ture** [-dɪtʃə(r)] *s* **1.** Aufwand *m*, Verbrauch *m* (**of** an *dat*). **2.** Ausgabe *f*. **3.** (Geld)Ausgabe(n *pl*) *f*, (Kosten)Aufwand *m*, Aufwendung(en *pl*) *f*, Auslage(n *pl*) *f*, Kosten *pl*: **cash** ~ *econ.* Barausgaben, -auslagen.

**ex·pense** [ɪk'spens] *s* **1.** → expenditure 3. **2.** *pl* (Un)Kosten *pl*, Spesen *pl*: travel(l)ing ~s Reisespesen; ~ **account** a) Spesenkonto *n*, b) Spesen(ab)rechnung *f*; ~ **allowance** Aufwandsentschädigung *f*. **3.** Aufwand *m* (**of** an *dat*).
*Besondere Redewendungen:*
~s **covered** kostenfrei; ~s **deducted** nach Abzug der Kosten; **fixed** (*od.* **ordinary** *od.* **running**) ~s laufende Ausgaben; **general** ~ Gemeinkosten *pl*; **living** ~ Lebenshaltungskosten *pl*; **to spare no** ~ keine Kosten scheuen, es sich etwas kosten lassen; **at any** ~ um jeden Preis; **at an** ~ **of** mit e-m Aufwand von; **at the** ~ **of** a) auf Kosten von (*a. fig.*), b) *fig.* zum Schaden *od.* Nachteil von; **at my** ~ auf m-e Kosten, für m-e Rechnung; **they laughed at my** ~ *fig.* sie lachten auf m-e Kosten; **at the** ~ **of his health** *fig.* auf Kosten s-r Gesundheit; **at great** ~ mit großen Kosten; **to go to great** ~ sich in große Unkosten stürzen; **to go to the**

~ **of buying s.th.** soweit gehen, etwas zu kaufen; **to put s.o. to great** ~ j-m große Kosten verursachen; → **working expenses.**

**ex·pen·sive** [ɪk'spensɪv] *adj* (*adv* ~ly) teuer, kostspielig: **it is too** ~ **for me** (**to buy**) es ist mir zu teuer; **it will come** ~ es wird teuer sein *od.* kommen. **ex'pen·sive·ness** *s* Kostspieligkeit *f*.

**ex·pe·ri·ence** [ɪk'spɪərɪəns] **I** *s* **1.** Erfahrung *f*, (Lebens)Praxis *f*: **by** (*od.* **from**) **my own** ~ aus eigener Erfahrung; **to speak from** ~ aus Erfahrung sprechen; **based on** ~ auf Erfahrung gegründet; **I know** (**it**) **by** ~ ich weiß (es) aus Erfahrung; **in my** ~ nach m-n Erfahrungen, m-s Wissens. **2.** Erlebnis *n*: **I had a strange** ~ ich hatte ein seltsames Erlebnis, ich habe etwas Seltsames erlebt. **3.** Erfahrenheit *f*, (praktische) Erfahrung, Fach-, Sachkenntnis *f*, Kenntnisse *pl*: **business** ~, ~ **in trade** Geschäftserfahrung; **driving** ~ Fahrpraxis *f*; **many years'** ~ langjährige Erfahrung(en); **he lacks** ~ ihm fehlt (die) Erfahrung. **4.** *relig.* a) Er'fahrungsreligi¡on *f*, b) *Am.* religi'öse Erweckung: ~ **meeting** Erweckungsversammlung *f*. **II** *v/t* **5.** erfahren: a) kennenlernen, b) erleben: **to** ~ **s.th. personally** etwas am eigenen Leibe erfahren; **to** ~ **difficulties** auf Schwierigkeiten stoßen, c) *Schmerzen, Verluste etc* erleiden, *etwas* 'durchmachen, *Vergnügen etc* empfinden: **to** ~ **an advance** *econ.* e-e Kurssteigerung erfahren; **to** ~ **religion** *Am. colloq.* erweckt *od.* bekehrt werden. **ex·pe·ri·enced** *adj* erfahren, bewandert, (fach-, sach)kundig, bewährt, erprobt, routi'niert.

**ex·pe·ri·en·tial** [ɪk¡spɪərɪ'enʃl] *adj* (*adv* ~ly) auf Erfahrung beruhend, Erfahrungs...: ~ **philosophy** → experientialism. **ex¡pe·ri'en·tial·ism** [-'ʃəlɪzəm] *s philos.* Empi'rismus *m*. **ex¡pe·ri'en·tial·ist** *s philos.* Em'piriker *m*.

**ex·per·i·ment** **I** *s* [ɪk'sperɪmənt] Versuch *m*, Experi'ment *n*: ~ **on animals** Tierversuch; **to prove s.th. by** ~ etwas experimentell nachweisen. **II** *v/i* [-ment] experimen'tieren, Versuche anstellen (**on an** *dat*; **with** mit): **to** ~ **with s.th.** etwas erproben *od.* versuchen.

**ex·per·i·men·tal** [ek¡sperɪ'mentl; ɪk-] *adj* (*adv* ~ experimentally) **1.** Versuchs..., experimen'tell, Experimental...: ~ **animal** Versuchstier *n*; ~ **engineer** *tech.* Versuchsingenieur *m*; ~ **farm** landwirtschaftliche Experimentierstation; ~ **physics** *pl* Experimentalphysik *f*; ~ **psychology** Experimentalpsychologie *f*; ~ **station** Versuchs-, Experimentierstation *f*; ~ **theater** (*bes. Br.* **theatre**) experimentelles Theater; → **stage** 8. **2.** experimen'tierfreudig. **3.** experi'mentell, auf experimentellem Wege, b) versuchsweise. **ex¡per·i·men'ta·tion** *s* Experimen'tieren *n*. **ex'per·i·ment·er, ex'per·i·men·tor** [-tə(r)] *s* Experimen'tator *m*.

**ex·pert** [ɪk'spɜːt; *Am.* -ɜrt] **I** *adj* [*pred a.* ɪk'sp-] (*adv* ~ly) **1.** erfahren: **to be** ~ **in** (*od.* **at**) Erfahrung haben in (*dat*). **2.** fachmännisch, fach-, sachkundig, sachverständig: ~ **work** fachmännische Arbeit; ~ **engineer** Fachingenieur *m*; ~ **knowledge** Sach-, Fachkenntnis *f*; **under** ~ **supervision** unter fachmännischer Aufsicht. **3.** Sachverständigen...: ~ **evidence,** ~ **opinion** (Sachverständigen)Gutachten *n*; ~ **witness** *jur.* sach-

verständiger Zeuge, Sachverständige(r *m*) *f*. **4.** geschickt, gewandt (**at, in** in *dat*). **II** *s* **5.** a) Fachmann *m*, Ex'perte *m*, b) Sachverständige(r *m*) *f*, Gutachter(in) (**at, in** in *dat*; **on** [auf dem Gebiet] *gen*).

**ex·per·tise** [¡ekspɜː'tiːz; *Am.* -pɜr-] *s* **1.** Exper'tise *f*, (Sachverständigen)Gutachten *n*. **2.** Fach-, Sachkenntnis *f*. **3.** fachmännisches Können.

**ex·per·tize** ['ekspər¡taɪz] *Am.* **I** *v/i* ein Gutachten abgeben (**on** über *acc*). **II** *v/t* begutachten.

**ex'pert·ness** *s* **1.** Erfahrenheit *f*. **2.** Geschicklichkeit *f*.

**ex·pi·a·ble** ['ekspɪəbl] *adj* sühnbar. **'ex·pi·ate** [-eɪt] *v/t* sühnen, wieder'gutmachen, (ab)büßen. **¡ex·pi'a·tion** *s* Sühne *f*, (Ab)Büßung *f*, Buße *f*: **to make** ~ **for s.th.** etwas sühnen; **in** ~ **of s.th.** um etwas zu sühnen, als Sühne für etwas; **Feast of E**~ *relig.* (jüdisches) Versöhnungsfest. **'ex·pi·a·to·ry** [-tərɪ; *Am.* -¡təʊriː; -¡tɔː-] *adj* sühnend, Sühn..., Buß...: ~ **sacrifice** Sühnopfer *n*; **to be** ~ **of s.th.** etwas sühnen.

**ex·pi·ra·tion** [¡ekspɪ'reɪʃn] *s* **1.** Ausatmen *n*, -atmung *f*. **2.** *obs.* letzter Atemzug, Tod *m*. **3.** *fig.* Ablauf *m* (*e-r Frist, e-s Vertrags etc*), Ende *n*: **at the** ~ **of the year** nach Ablauf des Jahres. **4.** Verfall *m*: **at the time of** ~ zur Verfallszeit; ~ **date** Verfallstag *m*, -datum *n*. **5.** *econ.* Fälligwerden *n*. **ex·pi·ra·to·ry** [ɪk'spaɪərətərɪ; *Am.* -¡təʊriː; -¡tɔː-] *adj* Ausatmungs...

**ex·pire** [ɪk'spaɪə(r); ek-] **I** *v/t* **1.** Luft ausatmen. **II** *v/i* **2.** ausatmen. **3.** sein Leben *od.* s-n Geist aushauchen. **4.** ablaufen (*Frist, Vertrag etc*), erlöschen (*Konzession, Patent, Recht, Titel etc*), enden. **5.** ungültig werden, verfallen, s-e Gültigkeit verlieren. **6.** *econ.* fällig werden. **ex'pi·ry** → expiration 3.

**ex·plain** [ɪk'spleɪn] *v/t* **1.** erklären, erläutern, verständlich machen, ausein'andersetzen (**s.th. to s.o.** j-m etwas): **to** ~ **s.th. away** a) e-e einleuchtende Erklärung für etwas finden, b) sich aus etwas herausreden. **2.** erklären, begründen, rechtfertigen: **to** ~ **o.s.** a) sich erklären, b) sich rechtfertigen. **ex'plain·a·ble** *adj* erklärbar, erklärlich.

**ex·pla·na·tion** [¡eksplə'neɪʃn] *s* **1.** Erklärung *f*, Erläuterung *f* (**for, of** für): **to give an** ~ **of s.th.** etwas erklären; **in** ~ **of** zur Erklärung von, als Erklärung für, um zu erklären; **to make some** ~ e-e Erklärung abgeben. **2.** Er-, Aufklärung *f*, Aufhellung *f*: **to find an** ~ **of** (*od.* **for**) **a mystery** ein Geheimnis aufklären. **3.** Verständigung *f*: **to come to an** ~ **with s.o.** sich mit j-m verständigen. **ex·plan·a·to·ry** [ɪk'splænətərɪ; *Am.* -¡təʊriː; -¡tɔː-] *adj* (*adv* explanatorily) erklärend, erläuternd.

**ex·ple·tive** [ek'spliːtɪv; ɪk-; *Am.* 'eksplətɪv] **I** *adj* **1.** ausfüllend, (Aus)Füll...: ~ **word** → 3. **II** *s* **2.** Füllsel *n*, ¡Lückenbüßer' *m*. **3.** *ling.* Füllwort *n*. **4.** *euphem.* a) Fluch *m*, b) Kraftausdruck *m*. **ex·ple·to·ry** [ek'spliːtərɪ; ɪk-; *Am.* 'eksplə¡təʊriː; -¡tɔː-] → expletive I.

**ex·pli·ca·ble** [ɪk'splɪkəbl; *Am.* ek-] *adj* erklärbar, erklärlich. **'ex·pli·cate** [-keɪt] *v/t* **1.** expli'zieren, erklären, erläutern. **2.** *e-e Theorie etc* entfalten, *s-e Gedanken etc* entfalten. **¡ex·pli'ca·tion** *s* **1.** Erklärung *f*, Erläuterung *f*. **2.** Entfaltung *f*, Entwicklung *f*. **ex·pli·ca·tive** [ek'splɪkətɪv; 'eksplɪkeɪtɪv], **ex·pli·ca·to·ry** [ek'splɪkətərɪ; *Am.* -¡təʊriː; -¡tɔː-] *adj* erklärend, erläuternd.

**ex·plic·it** [ɪk'splɪsɪt] *adj* (*adv* ~ly) **1.** ausdrücklich, deutlich, bestimmt, klar. **2.** ausführlich. **3.** a) offen, deutlich (**about,**

on in bezug auf *acc*) (*Person*), b) *a.* **sexually** ~ freizügig (*Film etc*). **4.** *math.* expli'zit: ~ **function**. **ex'plic·it·ness** *s* Deutlichkeit *f*, Bestimmtheit *f*.

**ex·plode** [ɪk'spləʊd] **I** *v/t* **1.** a) zur Explosi'on bringen, explo'dieren lassen, b) in die Luft sprengen. **2.** beweisen, daß (*etwas*) falsch *od.* unhaltbar *od.* widersinnig ist: **to** ~ **a myth** e-n Mythos zerstören; **to** ~ **rumo(u)rs** Gerüchten den Boden entziehen; **to** ~ **a theory** e-e Theorie widerlegen. **3.** *ling.* als Explo'sivlaut aussprechen. **II** *v/i* **4.** a) explo'dieren, (*Granate etc*) kre'pieren, b) in die Luft fliegen. **5.** *fig.* ausbrechen (**into**, **with** in *acc*), ‚platzen' (**with** vor *dat*): **to** ~ **with fury** vor Wut platzen, ‚explodieren'; **to** ~ **with laughter** in schallendes Gelächter ausbrechen, ‚losplatzen'. **6.** *fig.* sprunghaft ansteigen, sich explosi'onsartig vermehren (*bes. Bevölkerung*).

**ex'plod·ed view** *s tech.* in Einzelteile aufgelöste Darstellung.

**ex'plod·er** *s tech.* 'Zündma,schine *f*.

**ex·ploit I** *s* ['eksplɔɪt] **1.** (Helden)Tat *f*. **2.** Großtat *f*, große Leistung. **II** *v/t* [ɪk'splɔɪt] **3.** *etwas* auswerten, ein Patent etc (*kommerziell*) verwerten, Erzvorkommen etc ausbeuten, abbauen, Land kulti'vieren. **4.** *fig. contp.* j-n *od. etwas* ausnutzen, ausbeuten, *etwas* ausschlachten, Kapi'tal schlagen aus... **ex·ploi'ta·tion** [,eks-] *s* **1.** Auswertung *f*, Verwertung *f*, Ausbeutung *f*, Abbau *m*: **right of** ~ Verwertungsrecht *n*; **wasteful** ~ Raubbau *m*. **2.** *fig. contp.* Ausnutzung *f*, Ausschlachtung *f*. **ex'ploit·a·tive** [ɪk'splɔɪtətɪv] *adj contp.* ausnutzend, Ausbeutungs... **ex'ploit·er** *s* Ausbeuter *m* (*a. fig. contp.*).

**ex·plo·ra·tion** [,eksplə'reɪʃn] *s* **1.** Erforschung *f* (*e-s Landes*). **2.** Unter'suchung *f*, *med. a.* Explorati'on *f*.

**ex·plor·a·tive** [ek'splɔrətɪv; *Am.* ɪk'splɔːrətɪv; -'splɔː-] → **exploratory**.

**ex·plor·a·to·ry** [-rətərɪ; *Am.* -,tɔːriː; -,tɔː-] *adj* **1.** (er)forschend, Forschungs... **2.** Erkundungs..., unter'suchend: ~ **drilling** Versuchs-, Probebohrungen *pl*; ~ **incision** *med.* Probeinzision *f*. **3.** Sondierungs..., son'dierend: ~ **talks** Sondierungsgespräche.

**ex·plore** [ɪk'splɔː(r); *Am. a.* -'splɔʊr] **I** *v/t* **1.** ein Land erforschen. **2.** erforschen, erkunden, unter'suchen (*a. med.* e-n Patienten explorieren), son'dieren: **explor-ing(ly)** forschend, *a.* tastend. **II** *v/i* **3.** eingehende Unter'suchungen anstellen, forschen. **ex'plor·er** *s* Forscher(in), Forschungsreisende(r *m*) *f*: **polar** ~ Polarforscher.

**ex·plo·sion** [ɪk'spləʊʒn] *s* **1.** a) Explosi'on *f*, Entladung *f*, b) Knall *m*, Erschütterung *f*, Detonati'on *f*. **2.** *fig.* Zerstörung *f*, Wider'legung *f*. **3.** *fig.* Ausbruch *m*. **4.** *fig.* sprunghafter Anstieg, explosi'onsartige Vermehrung: ~ **of population** Bevölkerungsexplosion *f*. **5.** *ling.* Explosi'on *f* (*Verschlußsprengung bei Verschlußlauten*). **ex'plo·sion-proof** *adj* explosi'onsgeschützt.

**ex·plo·sive** [ɪk'spləʊsɪv] **I** *adj* (*adv* ~**ly**) **1.** explo'siv (*a. fig. Atmosphäre etc*), Spreng...: ~ **effect**; ~ **combustion engine** Explosions-, Verpuffungsmotor *m*; ~ **problem** *fig.* brisantes Problem. **2.** Explosions... **3.** *fig.* aufbrausend: **to have an** ~ **temper**. **4.** *fig.* sprunghaft ansteigend, sich explosi'onsartig vermehrend. **II** *s* **5.** a) Explo'siv-, Sprengstoff *m*, b) *pl mil.* Muniti'on *f u.* Sprengstoffe *pl*. **6.** *ling.* Explo'siv-, Verschlußlaut *m*. ~ **bomb** *s mil.* Sprengbombe *f*. ~ **charge** *s mil. tech.* Sprengladung *f*. ~ **cot·ton** *s tech.* Schießbaumwolle *f*. ~ **flame** *s tech.* Stich-

flamme *f*. ~ **force** *s mil. tech.* Bri'sanz-, Sprengkraft *f*. ~ **riv·et** *s tech.* Sprengniet *m*. ~ **thrust** *s* Verbrennungsdruck *m* (*e-r Rakete*). ~ **train** *s* Zündsatz *m*.

**ex·po·nent** [ek'spəʊnənt; ɪk-] *s* **1.** *math.* Expo'nent *m*, Hochzahl *f*. **2.** *fig.* Repräse'ntant(in): a) Repräsen'tant(in), Vertreter(in), b) Verfechter(in): **the** ~ **of a doctrine**. **3.** *fig.* Inter'pret(in). **ex·po·nen·tial** [,ekspəʊ'nenʃl] *math.* **I** *adj* Exponential...: ~ **equation** (**function**, *etc*); ~ **series** Exponentialreihe *f*. **II** *s* Exponenti'algröße *f*.

**ex·port** [ek'spɔː(r)t; ɪk-; *Am. a.* -'spɔərt] *econ.* **I** *v/t u. v/i* **1.** expor'tieren, ausführen: ~**ing country** Ausfuhrland *n*; ~**ing firm** Exportfirma *f*. **2.** ~**ed articles** (*od.* **commodities**) → **4 b.** **II** *s* ['ek-] **2.** Ex'port *m*, Ausfuhr(handel *m*) *f*. **3.** Ex'port-, 'Ausfuhr,artikel *m*. **4.** *pl* a) (Ge'samt)Export *m*, (-)Ausfuhr *f*, b) Ex'portgüter *pl*, Ausfuhrware *f*. **III** *adj* ['ek-] **5.** Ausfuhr..., Export... **ex'port·a·ble** *adj* ex'portfähig, ausfuhrbar, Ausfuhr... **ex·por'ta·tion** → **export 2, 3.**

**ex·port bar** ['ekspɔː(r)t; *Am. a.* -'spɔərt] *s econ.* Goldbarren *m* (*für internationalen Goldexport*). ~ **boun·ty** *s* Ex'port-, Ausfuhrprämie *f*. ~ **dec·la·ra·tion** *s* Ex'portdeklarati,on *f*, Ausfuhrerklärung *f* (*bei Seetransport*). ~ **du·ty** *s* Ausfuhrzoll *m*.

**ex'port·er** *s econ.* Expor'teur *m*.

**ex'port li·cence**, *bes. Am.* ~ **li·cense** *s econ.* Ausfuhrbewilligung *f*, Ex'portli,zenz *f*. ~ **per·mit** *s* Ausfuhrbewilligung *f*. ~ **trade** *s* Ex'portgeschäft *n*, Ausfuhrhandel *m*.

**ex·pos·al** [ɪk'spəʊzl] → **exposure**.

**ex·pose** [ɪk'spəʊz] *v/t* **1.** ein Kind aussetzen. **2.** aussetzen, preisgeben (**to** *dat*): **to** ~ **o.s.** sich exponieren, sich e-e Blöße geben (→ **3 a**); **to** ~ **o.s. to ridicule** sich dem Gespött (der Leute) aussetzen; → **exposed**. **3.** *fig.* a) (o.s. sich) bloßstellen, b) j-n entlarven, e-n Spion *a.* enttarnen, c) *etwas* aufdecken, entlarven, enthüllen: **to** ~ **an election fraud**. **4.** a) entblößen (*a. mil.*), enthüllen, zeigen, b) *med.* bloß-, freilegen. **5.** Waren ausstellen (**for sale** zum Verkauf): **to** ~ **for inspection** zur Ansicht auslegen. **6.** a) *phys. tech.* e-r Einwirkung aussetzen, b) *phot.* belichten. **7.** *fig.* bloßstellen, entlarven, ausein'andersetzen (**s.th. to s.o.** j-m etwas).

**ex·po·sé** [ek'spəʊzeɪ; *Am.* ,ekspəʊ'zeɪ] *s* **1.** Expo'sé *n*, Darlegung *f*. **2.** Enthüllung *f*, Entlarvung *f*.

**ex·posed** [ɪk'spəʊzd] *adj* **1.** *pred* ausgesetzt (**to** *dat*). **2.** a) offen liegend, unverdeckt, b) frei verlegt, auf Putz (*Leitung*). **3.** ungeschützt (*Haus, Lage etc*), (*a. fig. Stellung etc*) expo'niert. **ex'pos·ed·ness** [-zɪdnɪs] *s* Ausgesetztsein *n*.

**ex·po·si·tion** [,ekspəʊ'zɪʃn] *s* **1.** Ausstellung *f*. **2.** Darlegung(en *pl*) *f*, Erklärung(en *pl*) *f*, Ausführung(en *pl*) *f*. **3.** Expositi'on *f* (*einführender, vorbereitender Teil im Drama*). **4.** *mus.* Expositi'on *f*: a) Themenaufstellung *f* (*in e-r Sonate*), b) 'Durchführung *f* (*in e-r Fuge*). **5.** → **exposure 1**.

**ex·pos·i·tive** [ek'spɒzɪtɪv; *Am.* ɪk'spɑːzə-] *adj* erklärend: **to be** ~ **of s.th.** etwas erklären. **ex'pos·i·tor** [-tə(r)] *s* Erklärer *m*. **ex'pos·i·to·ry** [-tərɪ; *Am.* -,tɔːriː; -,tɔː-] → **expositive**.

**ex post fac·to** [,ekspəʊst'fæktəʊ] (*Lat.*) *adj u. adv* rückwirkend: ~ **law**.

**ex·pos·tu·late** [ɪk'spɒstjʊleɪt; *Am.* ,ɪk-'spɑːstʃə,leɪt] *v/i*: ~ **with** j-m (ernste) Vorhaltungen machen, j-n zur Rede stellen, j-n zu'rechtweisen (**about**, **on** wegen).

**ex·pos·tu·la·tion** *s* (ernste) Vorhal-

tung. **ex'pos·tu·la·tive** [-lətɪv; *Am.* -,leɪtɪv], **ex'pos·tu·la·to·ry** [-lətərɪ; *Am.* -lə,tɔːriː; -,tɔː-] *adj* zu'rechtweisend.

**ex·po·sure** [ɪk'spəʊʒə(r)] *s* **1.** (Kindes-)Aussetzung *f*. **2.** Aussetzen *n*, Preisgabe *f*: ~ **to light** Belichtung *f*; ~ **to rays** Bestrahlung *f*. **3.** (**to**) Ausgesetztsein *n*, Preisgegebensein *n* (*dat*), Gefährdung *f* (durch): ~ **to infection**; **death by** ~ Tod *m* durch Erfrieren; **to die of** ~ an Unterkühlung sterben, erfrieren. **4.** *fig.* a) Bloßstellung *f*, b) Entlarvung *f*, c) Aufdeckung *f*, Enthüllung *f*. **5.** a) Entblößung *f* (*a. mil.*): **indecent** ~ *jur.* (Erregung *f* öffentlichen Ärgernisses durch) unsittliches Entblößen, b) *med.* Frei-, Bloßlegung *f*. **6.** ungeschützte *od.* expo'nierte Lage. **7.** *phot.* a) Belichtung(szeit) *f*: **automatic** ~ Belichtungsautomatik *f*; ~ **control** Belichtungsaussteuerung *f*; ~ **meter** Belichtungsmesser *m*; ~ **value** Lichtwert *m*, b) Aufnahme *f*: ~ **against the sun** Gegenlichtaufnahme. **8.** Ausstellung *f* (*von Waren*). **9.** Lage *f* (*e-s Gebäudes*): **southern** ~ Südlage.

**ex·pound** [ɪk'spaʊnd] **I** *v/t* **1.** erklären, erläutern, *e-e Theorie etc* entwickeln. **2.** auslegen: **to** ~ **a text**. **II** *v/i* **3.** Erläuterungen geben (**on**, **upon** über *acc*, zu).

**ex·press** [ɪk'spres] **I** *v/t* **1.** Saft etc auspressen (**from**, **out of** aus). **2.** *e-e Ansicht etc* ausdrücken, äußern, zum Ausdruck bringen: **to** ~ **the hope that** der Hoffnung Ausdruck geben, daß; **to** ~ **o.s.** sich äußern, sich erklären; **to be** ~**ed** zum Ausdruck kommen; **not to be** ~**ed** unaussprechlich. **3.** bezeichnen, bedeuten, vor-, darstellen. **4.** Gefühle etc zeigen, offen'baren, an den Tag legen, bekunden. **5.** a) *Br.* durch Eilboten *od.* als Eilgut schicken, b) bes. *Am.* durch ein ('Schnell)Trans,portunter,nehmen befördern lassen. **II** *adj* (*adv* → **express-ly**) **6.** ausdrücklich, bestimmt, deutlich. **7.** Expreß..., Schnell..., Eil...: ~ **messenger** (**letter**) *Br.* Eilbote *m* (-brief *m*); ~ **delivery** a) *Br.* Eilzustellung *f*, b) bes. *Am.* Beförderung *f* durch ein (Schnell-)Transportunternehmen. **8.** genau, gleich. **9.** besonder(er, e, es): **for this** ~ **purpose** eigens zu diesem Zweck. **III** *adv* **10.** ex'preß. **11.** eigens. **12.** a) *Br.* durch Eilboten, per Ex'preß, als Eilgut: **to send s.th.** ~, b) bes. *Am.* durch ein ('Schnell)Trans,portunter,nehmen. **IV** *s* **13.** *Br.* Eilbote *m*. **14.** a) *Br.* Eilbeförderung *f*, b) bes. *Am.* Beförderung *f* durch ein ('Schnell)Trans,portunter,nehmen. **15.** a) Eil-, Ex'preßbrief *m*, -gut *n*, b) → **express goods 2**. **16.** *rail.* D-Zug *m*, Schnellzug *m*. *Am. a.* Eilgüterzug *m*. **17.** → **express rifle**. **ex'press·age** *s* bes. *Am.* **1.** Sendung *f* durch ein ('Schnell)Trans,portunter,nehmen. **2.** Eilfrachtgebühr *f*.

**ex·press car** *s rail. Am.* Pa'ketwagen *m*. ~ **com·pa·ny** *s* bes. *Am.* ('Schnell-)Trans,portunter,nehmen *n*. ~ **goods** *s pl econ.* **1.** *Br.* Eilfracht *f*, -gut *n*. **2.** bes. *Am.* durch ein ('Schnell)Trans,portunter,nehmen beförderte Fracht.

**ex·press·i·ble** [ɪk'spresəbl] *adj* ausdrückbar.

**ex·pres·sion** [ɪk'spreʃn] *s* **1.** Auspressen *n*. **2.** *fig.* Ausdruck *m*, Äußerung *f*: **to find** ~ **in** sich äußern in (*dat*); **to give** ~ **to s.th.** e-r Sache Ausdruck verleihen; **beyond** (*od.* **past**) ~ unsagbar. **3.** Redensart *f*, Ausdruck *m*: **technical** ~ Fachausdruck. **4.** Ausdrucksweise *f*, Dikti'on *f*. **5.** Ausdruck(skraft *f*) *m*: **with** ~ mit Gefühl, ausdrucksvoll. **6.** (Gesichts)Ausdruck *m*. **7.** Tonfall *m*. **8.** *math.* Ausdruck *m*, Formel *f*. **ex'pres·sion·al** [-ʃnl] *adj* Ausdrucks... **ex'pres-**

**sion·ism** *s art* Expressio'nismus *m.* **ex-**
**'pres·sion·ist** *art* **I** *s* Expressio'nist
(-in). **II** *adj* expressio'nistisch. **ex,pres-**
**sion'is·tic** [-ʃə'n-] *adj* (*adv* ~ally) *art*
expressio'nistisch. **ex'pres·sion·less**
*adj* ausdruckslos.

**ex·pres·sive** [ɪk'spresɪv] *adj* (*adv* ~ly)
**1.** to be ~ of s.th. etwas ausdrücken *od.*
zum Ausdruck bringen. **2.** ausdrucks-
voll. **3.** Ausdrucks... **ex'pres·sive-**
**ness** *s* **1.** Ausdruckskraft *f.* **2.** (*das*)
Ausdrucksvolle. **ex'press·ly** *adv* **1.**
ausdrücklich, klar. **2.** besonders, eigens.
**ex'press‖man** [-ˌmæn] *s irr Am.* Ange-
stellte(r) *m* e-s ('Schnell)Trans‚portunter-
‚nehmens. ~ **ri·fle** *s Am.* Jagdgewehr *n*
(*für Patronen mit hoher Brisanz*). ~ **train**
→ express 16.
**ex'press·way** *s bes. Am.* Schnellstraße *f.*
**ex·pro·pri·ate** [eks'prəʊprɪeɪt] *v/t jur.*
*j-n od.* etwas enteignen: to ~ the owner
of his land j-s Grundstück *od.* Grundbe-
sitz enteignen. **ex‚pro·pri'a·tion** *s jur.*
Enteignung *f.*
**ex·pul·sion** [ɪk'spʌlʃn] *s* **1.** Vertreibung *f*
(from von, aus). **2.** (from) Ausweisung *f*
(aus), Verbannung *f* (von, aus): ~ of
enemy nationals Ausweisung *f* von
feindlichen Ausländern; ~ order Aus-
weisungsbefehl *m.* **3.** (from) Ausstoßung
*f* (aus), Ausschließung *f* (aus, von): ~
from school Verweisung *f* von der
Schule. **4.** *med.* Expulsi'on *f,* Austrei-
bung *f.* **ex'pul·sive** [-sɪv] *adj* **1.** Aus-
weisungs... **2.** *med.* expul'siv, austrei-
bend.
**ex·punc·tion** [ek'spʌŋkʃn; ɪk-] *s* Aus-
streichung *f.* **ex·punge** [ek'spʌndʒ; ɪk-]
*v/t* **1.** aus-, 'durchstreichen, (aus-)
löschen: to ~ from a list aus e-r Liste
streichen; to ~ memories from one's
mind Erinnerungen aus s-m Gedächtnis
löschen. **2.** *etwas* aufgeben. **3.** vernichten.
**ex·pur·gate** ['ekspɜːgeɪt; *Am.* -pərˌgeɪt]
*v/t ein Buch etc* (von anstößigen Stellen)
reinigen: ~d version gereinigte Version.
‚ex·pur'ga·tion *s* Reinigung *f.*
**ex·qui·site** ['ekskwɪzɪt; ek'skwɪzɪt] **I** *adj*
(*adv* ~ly) **1.** köstlich, vor'züglich, ausge-
zeichnet, (aus)erlesen, exqui'sit: his ~
taste ein erlesener Geschmack; ~ sense
of humo(u)r köstlicher Humor. **2.** fein,
gepflegt, erlesen: ~ wine. **3.** äußerst
empfindlich: he has an ~ ear er hat
ein äußerst feines Ohr *od.* Gehör. **4.**
heftig, inten'siv: ~ pain; ~ pleasure
großes Vergnügen. **5.** äußerst(er, e, es),
höchst(er, e, es). **II** *s* **6.** *obs.* Stutzer *m.*
**ex·qui·site·ness** *s* **1.** Vor'züglichkeit *f,*
Köstlichkeit *f,* Erlesenheit *f.* **2.** Feinheit *f.*
**3.** Heftigkeit *f.*
**ex·scind** [ek'sɪnd] *v/t med.* exzi'dieren,
her'ausschneiden, entfernen.
**ex·sect** [ek'sekt] → exscind.
**ex·sert** [ek'sɜːt; *Am.* ek'sɜrt] **I** *v/t bot.*
*med.* vortreiben: to be ~ed vorstehen.
**II** *adj* her'vorgestreckt.
**ex·ser·vice·man** [eksˈsɜːvɪsmən; *Am.*
-ˈsɜr-] *s irr bes. Br.* ehemaliger Sol'dat,
Vete'ran *m*: ex-servicemen's associa-
tion Veteranenbund *m.*
**ex·sic·cate** ['eksɪkeɪt] *v/t u. v/i* austrock-
nen. **ex·sic·ca·tive** ['eksɪkətɪv; *bes.*
*Am.* ek'sɪkətɪv] *adj u. s* austrocknend(es
Mittel). **'ex·sic·ca·tor** [-keɪtə(r)] *s*
'Trockenappa‚rat *m.*
**ex·tant** [ek'stænt; 'ekstənt] *adj* (noch)
vor'handen *od.* bestehend *od.* exi'stie-
rend, erhalten geblieben.
**ex·tem·po·ra·ne·ous** [ekˌstempə'reɪn-
jəs; -nɪəs] *adj* (*adv* ~ly), **ex·tem·po·**
**rar·y** [ɪk'stempərərɪ; *Am.* -ˌrerɪ:] *adj*
(*adv* extemporarily) improvi'siert, ex-
tempo'riert, aus dem Stegreif: ~ trans-
lation Stegreifübersetzung *f,* Vom-Blatt-

Übersetzung *f.* **ex'tem·po·re** [-pərɪ]
**I** *adv* unvorbereitet, aus dem Stegreif,
ex'tempore. **II** *adj* → extemporaneous.
**III** *s* unvorbereitete Rede, Stegreifrede *f,*
-gedicht *n,* Improvisati'on *f,* Ex'tempore
*n.* **ex‚tem·po·ri'za·tion** *s* Extempo-
'rieren *n,* Improvisati'on *f.*
**ex·tem·po·rize** [ɪk'stempəraɪz] **I** *v/t* ex-
tempo'rieren, aus dem Stegreif *od.* un-
vorbereitet darbieten *od.* vortragen *od.*
dichten *od.* spielen, improvi'sieren. **II** *v/i*
extempo'rieren, improvi'sieren. **ex-**
**'tem·po·riz·er** *s* Improvi'sator *m,*
Stegreifdichter *m.*
**ex·tend** [ɪk'stend] **I** *v/t* **1.** (aus)dehnen,
ausbreiten. **2.** verlängern. **3.** vergrößern,
erweitern, ausbauen: to ~ a production
plant. **4.** ziehen, führen, spannen: to ~ a
rope around s.th. **5.** ausstrecken (one's
hand die Hand). **6.** *Nahrungsmittel etc*
strecken: to ~ ground meat with ce-
real. **7.** *fig.* fort-, weiterführen, *e-n Be-*
*such, s-e Macht, sport s-n Vorsprung* aus-
dehnen (to auf acc), *e-e Frist, e-n Paß, e-n*
*Vertrag etc* verlängern, *econ. a.* prolon-
'gieren, *ein Angebot etc* aufrechterhalten:
to have one's passport ~ed s-n Paß
verlängern lassen. **8.** (to, toward[s] *dat*)
a) *e-e Gunst, Hilfe* gewähren, *Gutes* erwei-
sen, b) *s-n Dank, Glückwunsch etc* aus-
sprechen: to ~ an invitation to(wards)
s.o. j-m e-e Einladung schicken, j-n ein-
laden, c) *e-n Gruß* entbieten. **9.** *jur. ver-*
*schuldeten Besitz* a) gerichtlich abschät-
zen, b) pfänden. **10.** *Abkürzungen* (voll)
ausschreiben, *Kurzschrift* (in Lang-
schrift) über'tragen. **11.** *sport das Letzte*
her'ausholen aus (*e-m Pferd*), voll ausrei-
ten: to ~ o.s. sich völlig ausgeben, sich
total verausgaben. **12.** *aer. Fahrgestell*
ausfahren. **13.** *mil.* ausschwärmen las-
sen. **14.** *Buchhaltung:* über'tragen. **II** *v/i*
**15.** sich ausdehnen, sich erstrecken, rei-
chen (over über *acc*; to bis zu). **16.** sich
(*zeitlich*) erstrecken *od.* 'hinziehen. **17.** a)
hin'ausgehen (beyond über *acc*), b) (her-
'aus)ragen. **18.** *mil.* ausschwärmen. **ex-**
**'tend·ed** *adj* **1.** ausgedehnt (*a. fig. Zeit-*
*raum etc*). **2.** ausgestreckt: ~ hands. **3.**
erweitert (*a. math.*). **4.** verlängert: ~play
record Maxisingle *f.* **5.** groß, um'fas-
send: ~ family *social.* Großfamilie *f.* **6.**
ausgebreitet: ~ formation *mil.* ausein-
andergezogene Formation; ~ order *mil.*
geöffnete Ordnung. **7.** *print.* breit.
**ex·ten·si·bil·i·ty** [ɪkˌstensə'bɪlətɪ] *s*
(Aus)Dehnbarkeit *f.* **ex'ten·si·ble** *adj*
**1.** (aus)dehnbar. **2.** ausziehbar: ~ table
Ausziehtisch *m.* **3.** *anat.* aus-, vorstreck-
bar. [→ extensometer.]
**ex·ten·sim·e·ter** [ˌeksten'sɪmɪtə(r)]⌋
**ex·ten·sion** [ɪk'stenʃn] *s* **1.** Ausdehnung
*f* (*a. fig.*; to auf *acc*). **2.** Erweiterung *f,*
Vergrößerung *f.* **3.** *med.* a) Strecken *n* (*e-s*
*gebrochenen Gliedes*), b) Vorstrecken *n*
(*der Zunge etc*). **4.** (Frist)Verlängerung *f,*
*econ. a.* Prolongati'on *f*: ~ of credit
Kreditverlängerung; ~ of leave Nach-
urlaub *m.* **5.** *arch.* Erweiterung *f,* Anbau
*m* (*Gebäude*). **6.** *philos.* Extensi'on *f,* 'Um-
fang *m* (*e-s Begriffs*). **7.** *biol.* Strek-
kungswachstum *n.* **8.** *electr. tech.* Neben-
anschluß *m, teleph. a.* Appa'rat *m.* **9.** *phot.*
Kameraauszug(slänge *f*) *m.* ~ **band·age**
*s med.* Streckverband *m.* ~ **board** *s*
*teleph.* 'Hauszen‚trale *f.* ~ **cord** *s electr.*
Verlängerungsschnur *f.* ~ **lad·der** *s*
Ausziehleiter *f.* ~ **piece** *s* Verlängerungs-
stück *n.* ~ **spring** *s tech.* Zugfeder *f.* ~
**ta·ble** *s Am.* Ausziehtisch *m.*
**ex·ten·sive** [ɪk'stensɪv] *adj* (*adv* ~ly)
**1.** ausgedehnt (*a. math. u. fig.*), (*Blick*)
weit: ~ farms; ~ travels. **2.** geräumig,
weitläufig. **3.** *fig.* a) um'fassend: ~ knowl-
edge, b) eingehend: an ~ report, c)

zahlreich: ~ examples, d) beträchtlich:
~ damage; ~ efforts, e) weitreichend: ~
influence; ~ reforms, f) 'umfangreich:
~ works. **4.** *philos.* räumlich, Raum... **5.**
*agr.* exten'siv. **ex'ten·sive·ness** *s* Aus-
dehnung *f,* Weite *f,* Größe *f,* 'Umfang *m.*
**ex·ten·som·e·ter** [ˌeksten'sɒmɪtə; *Am.*
-'sɑmətər] *s phys.* Dehnungsmesser *m.*
**ex·ten·sor** [ɪk'stensə(r)] *s anat.* Ex'tensor
*m,* Streckmuskel *m.*
**ex·tent** [ɪk'stent] *s* **1.** Ausdehnung *f,* Län-
ge *f,* Weite *f,* Höhe *f,* Größe *f.* **2.** *math. u.*
*fig.* Bereich *m.* **3.** *fig.* 'Umfang *m,* (Aus-)
Maß *n,* Grad *m*: ~ of damage Ausmaß
des Schadens, Schadenshöhe *f*; to the ~
of bis zum Betrag *od.* zur Höhe von; to a
large ~ in hohem Grade, weitgehend; to
some (*od.* a certain) ~ bis zu e-m ge-
wissen Grade, einigermaßen; to the full
~ in vollem Umfang, völlig. **4.** Raum *m,*
Strecke *f*: a vast ~ of marsh ein ausge-
dehntes Sumpfgebiet.
**ex·ten·u·ate** [ek'stenjʊeɪt; *Am.* ɪk'sten-
jəˌweɪt] *v/t* **1.** abschwächen, mildern.
**2.** beschönigen, bemänteln: extenuat-
ing circumstances *jur.* mildernde Um-
stände. **3.** *obs.* a) schwächen, b) verdün-
nen, c) her'absetzen. **ex‚ten·u'a·tion** *s*
**1.** Abschwächung *f,* Milderung *f*: in ~ of
s.th. zur Milderung e-r Sache, um etwas
zu mildern. **2.** Beschönigung *f.* **ex'ten-**
**u·a·tive** [-jʊətɪv; *Am.* -jəˌweɪtɪv], **ex-**
**'ten·u·a·to·ry** [-jʊətərɪ; *Am.* -jəwə-
ˌtɔːrɪ; -ˌtɔː-] *adj* **1.** mildernd, abschwä-
chend. **2.** beschönigend.
**ex·te·ri·or** [ek'stɪərɪə(r)] **I** *adj* (*adv* ~ly)
**1.** äußerlich, äußer(er, e, es), Außen...: ~
aerial (*bes. Am.* antenna) Außenantenne
*f*; ~ angle *math.* Außenwinkel *m*; ~ bal-
listics äußere Ballistik; ~ view Außen-
ansicht *f*; ~ to abseits von (*od. gen*),
außerhalb (*gen*). **2.** von außen (ein)wir-
kend *od.* kommend. **3.** *pol.* auswärtig: ~
policy; ~ possessions. **II** *s* **4.** (*das*) Äu-
ßere: a) Außenseite *f,* b) äußere Erschei-
nung (*e-r Person*). **5.** *pol.* auswärtige An-
gelegenheiten *pl.* **6.** *Film, TV:* Außenauf-
nahme *f.* **ex‚te·ri'or·i·ty** [-'ɒrətɪ; *Am. a.*
-'ɔr-] *s* **1.** (*das*) Äußere. **2.** Äußerlichkeit *f.*
**ex'te·ri·or·ize** → externalize.
**ex·ter·mi·nant** [ɪk'stɜːmɪnənt; *Am.*
-'stɜr-] *s* Vertilgungsmittel *n.*
**ex·ter·mi·nate** [ɪk'stɜːmɪneɪt; *Am.*
-'stɜr-] *v/t* ausrotten (*a. fig.*), vernichten,
*Ungeziefer, Unkraut etc a.* vertilgen.
**ex‚ter·mi'na·tion** *s* Ausrottung *f* (*a.*
*fig.*), Vernichtung *f,* Vertilgung *f*: ~ camp
Vernichtungslager *n.* **ex'ter·mi·na-**
**tive** [-nətɪv; *Am.* -ˌneɪtɪv] → extermina-
tory. **ex'ter·mi·na·tor** [-neɪtə(r)] *s* **1.**
Kammerjäger *m.* **2.** → exterminant.
**ex'ter·mi·na·to·ry** [-nətərɪ; *Am.*
-nəˌtɔːrɪ; -ˌtɔː-] *adj* Ausrottungs..., Ver-
nichtungs..., Vertilgungs...
**ex·tern I** *adj* [ek'stɜːn; *Am.* ek'stɜrn; 'ek-]
**1.** *obs.* für external. **II** *s* [ek'stɜːn; *Am.*
'ekˌstɜrn] **2.** *Am.* Ex'terne(r *m*) *f* (*e-s Inter-*
*nats*). **3.** *bes. Am. Krankenhausarzt od.*
*Medizinalassistent, der nicht im Kranken-*
haus wohnt.
**ex·ter·nal** [ek'stɜːnl; *Am.* ek'stɜrnl] **I** *adj*
(*adv* → externally) **1.** äußer(er, e, es),
äußerlich, Außen...: ~ angle *math.* Au-
ßenwinkel *m*; ~ ballistics äußere Bali-
stik; ~ ear *anat.* äußeres Ohr; ~ evi-
dence *jur.* Beweis, der nicht aus der
Urkunde selbst hervorgeht; ~ remedy
äußerliches (Heil)Mittel; for ~ use *med.*
zum äußerlichen Gebrauch, äußerlich; ~
to außerhalb (*gen*). **2.** von außen (ein)
wirkend *od.* kommend. **3.** a) (*äußerlich*)
wahrnehmbar, sichtbar, b) *philos.* Er-
scheinungs...: ~ world. **4.** (rein) äußer-
lich, (nur) oberflächlich. **5.** *econ. pol.*
ausländisch, Außen...: ~ affairs *pol.* aus-

wärtige Angelegenheiten; ~ **assets** Auslandsvermögen *n*; ~ **debt** auswärtige Schuld; ~ **loan** Auslandskredit *m*; ~ **trade** Außenhandel *m*. **6.** *econ.* außerbetrieblich, Fremd... **7.** ~ **student** *univ.* Fernstudent(in). **II** *s* **8.** *oft pl (das)* Äußere. **9.** *pl* Äußerlichkeiten *pl*.

**ex·ter·nal·ism** [ek'stɜːnəlɪzəm; *Am.* -ˈstɜr-] *s* **1.** *philos.* Phänomena'lismus *m (Anschauung, nach der die Gegenstände nur so erkannt werden können, wie sie uns erscheinen, nicht, wie sie an sich sind).* **2.** Hang *m* zu Äußerlichkeiten. **ex·ter·nal·i·ty** [ˌekstɜːˈnælɪtɪ; *Am.* -star-] *s* **1.** Äußerlichkeit *f.* **2.** *philos.* Exi'stenz *f* außerhalb des Wahrnehmenden. **3.** a) äußere Eigenschaft, b) *pl* äußere Dinge *pl.* **ex·ter·nal·i·za·tion** [-nəlaɪˈzeɪʃn; *Am.* -lə'z-] *s* **1.** Objekti'vierung *f.* **2.** *psych.* Externali'sierung *f.* **ex·ter·nal·ize** *v/t* **1.** *Wahrnehmungsprozesse etc* objekti'vieren. **2.** *psych.* Konflikte *etc* externali'sieren, nach außen verlagern. **ex·ter·nal·ly** *adv* äußerlich, von außen.

**ex·ter·ri·to·ri·al** [ˌeksˌterɪˈtɔːrɪəl; *Am.* *a.* -ˈtoʊ-] → **extraterritorial**.

**ex·tinct** [ɪkˈstɪŋkt] *adj* **1.** erloschen (*a. fig. Titel etc, geol. Vulkan*): **to become** ~ erlöschen (→ **2**). **2.** ausgestorben (*Pflanze, Tier etc*), 'untergegangen (*Reich etc*): **to become** ~ aussterben (→ **1**). **3.** abgeschafft, aufgehoben: ~ **laws. ex·tinc·tion** [-kʃn] *s* **1.** Erlöschen *n.* **2.** Aussterben *n*, 'Untergang *m.* **3.** (Aus)Löschen *n.* **4.** Erstickung *f*, Zu'nichtemachung *f.* **5.** Vernichtung *f*, Zerstörung *f.* **6.** Abschaffung *f*, Aufhebung *f.* **7.** Tilgung *f.* **8.** *electr. phys.* (Aus)Löschung *f*: ~ **voltage** Löschspannung *f.*

**ex·tin·guish** [ɪkˈstɪŋgwɪʃ] *v/t* **1.** *Feuer, Lichter* (aus)löschen. **2.** *fig. obs.* in den Schatten stellen. **3.** *Leben, Gefühl etc* auslöschen, ersticken, töten, *Hoffnungen, Pläne etc* zu'nichte machen. **4.** *j-n* zum Schweigen bringen. **5.** auslöschen, vernichten, zerstören. **6.** *ein Gesetz etc* abschaffen, aufheben. **7.** *e-e Schuld* tilgen. **ex·tin·guish·a·ble** *adj* **1.** (aus)löschbar. **2.** tilgbar. **ex·tin·guish·er** *s* **1.** (Feuer)Löschgerät *n*, (-)Löscher *m.* **2.** Lösch-, Lichthütchen *n.* **3.** Glut-, Ziga'rettentöter *m.* **ex·tin·guish·ment** → **extinction** 1–7.

**ex·tir·pate** [ˈekstɜːpeɪt; *Am.* -tərˌpeɪt] *v/t* **1.** (mit den Wurzeln) ausreißen. **2.** *fig.* ausmerzen, ausrotten. **3.** *med.* exstir'pieren, entfernen. **ex·tir·pa·tion** *s* **1.** Ausrottung *f.* **2.** *med.* Exstirpati'on *f*, Entfernung *f.* **ex·tir·pa·tor** [-tə(r)] *s* Ausrotter *m.*

**ex·tol,** *Am. a.* **ex·toll** [ɪkˈstəʊl] *v/t* (lob-) preisen, rühmen: → **sky** 2.

**ex·tort** [ɪkˈstɔː(r)t] *v/t* **1.** (**from**) *etwas* erpressen, erzwingen (von), *a. Bewunderung etc* abringen, abnötigen (*dat*): **to** ~ **money (a confession)** Geld (ein Geständnis) erpressen. **2.** *fig.* den Sinn gewaltsam her'ausholen (**from** aus *Worten*). **ex·tor·tion** *s* **1.** Erpressung *f*: **to obtain s.th. by** ~ etwas erpressen *od.* erzwingen. **2.** Wucher *m.* **ex·tor·tion·ate** [-ʃnət] *adj* (*adv* ~**ly**) **1.** erpresserisch. **2.** unmäßig, über'höht, Wucher...: ~ **price. ex·tor·tion·er, ex·tor·tion·ist** *s* **1.** Erpresser *m.* **2.** Wucherer *m.*

**ex·tra** [ˈekstrə] **I** *adj* **1.** zusätzlich, Extra..., Sonder..., Neben...: ~ **charge** a) Zuschlag *m*, b) *mil.* Zusatzladung *f*; ~ **charges** Nebenkosten *pl*; ~ **discount** Sonderrabatt *m*; ~ **dividend** Extra-, Zusatzdividende *f*; ~ **pay** Zulage *f*; **if you pay an** ~ **two pounds** wenn Sie noch zwei Pfund dazulegen; ~ **work** Extraarbeit *f*, zusätzliche Arbeit, *ped.* Strafarbeit *f.* **2.** besonder(er, e, es), außergewöhnlich,

besonders gut: **it is nothing** ~ es ist nichts Besonderes. **II** *adv* **3.** extra, besonders: **to arrive** ~ **late; an** ~ **high price** ein besonders hoher Preis; **to be** ~, **to be charged for** ~ gesondert berechnet werden. **III** *s* **4.** (*etwas*) Außergewöhnliches *od.* Zusätzliches, *bes.* a) Sonderarbeit *f*, -leistung *f*, b) *bes. mot.* Extra *n*, c) Sonderberechnung *f*, Zuschlag *m*: **to be an** ~ gesondert berechnet werden. **5.** (besonderer) Zusatz. **6.** *pl* Sonder-, Nebenausgaben *pl od.* -einnahmen *pl.* **7.** Extrablatt *n*, -ausgabe *f* (*Zeitung*). **8.** Aushilfskraft *f* (*Arbeiter etc*). **9.** *Film:* Kom'parse *m*, Kom'parsin *f*, Sta'tist(in).

**ex·tract I** *v/t* [ɪkˈstrækt] **1.** her'ausziehen, -holen (**from** aus). **2.** extra'hieren: a) *med. e-n Zahn* ziehen, b) *chem.* ausziehen, -scheiden, c) *math.* die Wurzel ziehen. **3.** *Honig etc* schleudern. **4.** *metall. etc* gewinnen (**from** aus): ~**ing plant** Gewinnungsanlage *f.* **5.** *Beispiele etc* ausziehen, exzer'pieren (**from a text** aus e-m Text). **6.** *fig.* (**from**) *Informationen, Geld etc* her'ausholen (aus), entlocken, abringen (*dat*). **7.** *fig. e-e Lehre etc* ab-, 'herleiten (**from** von). **II** *s* [ˈekstrækt] **8.** *a. chem.* Auszug *m*, Ex'trakt *m* (**from** aus): ~ **of meat** Fleischextrakt; ~ **of account** Kontoauszug. **ex·tract·a·ble, ex·tract·i·ble** (her'aus)ziehbar. **ex·trac·tion** [ɪkˈstrækʃn] *s* **1.** Her'ausziehen *n.* **2.** Extrakti'on *f*: a) *med.* Ziehen *n* (*e-s Zahns*), b) *chem.* Ausziehen *n*, -scheidung *f*, c) *math.* Ziehen *n* (*e-r Wurzel*). **3.** *metall. etc* Gewinnung *f.* **4.** *tech.* (Dampf)Entnahme *f.* **5.** → **extract** 9. **6.** *fig.* Entlockung *f.* **7.** Ab-, 'Herkunft *f*, Abstammung *f.* **ex·trac·tive** [-tɪv] **I** *adj* **1.** (her)'ausziehend: ~ **industry** Industrie *f* zur Gewinnung von Naturprodukten. **2.** *chem.* extrak'tiv, Extraktiv...: ~ **distillation. II** *s* **3.** *chem.* Ex'trakt *m.* **ex·trac·tor** [-tə(r)] *s* **1.** *tech.* (*a. mil.* Pa'tronen-, Hülsen)Auszieher *m*, Auswerfer *m*: ~ **hook** Auszieherkralle *f.* **2.** *med.* (Geburts-, Zahn)Zange *f.* **3.** Trockenschleuder *f.* **4.** *a.* ~ **fan** *tech.* Abzugsgebläse *n.*

**ex·tra·cur·ric·u·lar** *adj* **1.** *ped. univ.* außerhalb des Stunden- *od.* Lehrplans. **2.** außerplanmäßig.

**ex·tra·dit·a·ble** [ˈekstrədaɪtəbl] *adj* (*Völkerrecht*) **1.** Auslieferung nach sich ziehend, auslieferungsfähig: ~ **offence. 2.** auszuliefern(d): ~ **criminal.** **'ex·tra·dite** *v/t* (*Völkerrecht*) **1.** ausliefern. **2.** *j-s* Auslieferung erwirken. **ex·tra·di·tion** [-ˈdɪʃn] *s Völkerrecht:* Auslieferung *f*: → **request** 1.

**ex·tra·dos** [eksˈtreɪdɒs; *Am.* ˈekstrəˌdɒs; -ˌdəʊs] *pl* **-dos** [-dəʊz], **-dos·es** *s arch.* Gewölbe-, Bogenrücken *m.*

**ex·tra·ju·di·cial** *adj jur.* außergerichtlich. **ex·tra·mar·i·tal** *adj* außerehelich. **ex·tra·mun·dane** *adj philos.* extramun'dan, außerweltlich. **ex·tra·mu·ral** *adj* **1.** außerhalb der Mauern (*e-r Stadt etc od. Universität*): ~ **courses** (*od.* **classes**) Hochschulkurse außerhalb der Universität. **2.** *anat.* extramu'ral (*außerhalb der Wand e-s Hohlraums gelegen*).

**ex·tra·ne·ous** [ekˈstreɪnjəs; -nɪəs] *adj* (*adv* ~**ly**). **1.** äußer(er, e, es), Außen... **2.** fremd (**to** *dat*): ~ **to reality** realitätsfremd. **3.** unwesentlich, b) nicht gehörig (**to** zu): **to be** ~ **to s.th.** nicht zu etwas gehören.

**ex·traor·di·nar·i·ly** [ɪkˈstrɔːdnrɪlɪ; *Am.* ɪkˌstrɔːrdn'erəlɪ] *adv* außerordentlich, besonders: ~ **cheap. ex·traor·di·nar·i·ness** [-rɪnɪs; *Am.* -ˌerɪnɪs] *s* Außerordentlichkeit *f*, (*das*) Außerordentliche. **ex·traor·di·nar·y** [-rɪ; *Am.* -ˌerɪ] *adj* **1.** außerordentlich, -gewöhn-

lich. **2.** ungewöhnlich, seltsam, merkwürdig. **3.** besonder(er, e, es). **4.** *econ. pol. etc* außerordentlich, Sonder... (*a. von Beamten*): ~ **powers;** ~ **meeting;** → **ambassador** 1.

**ex·trap·o·late** [ekˈstræpəʊleɪt; *bes. Am.* ɪk-] *v/t u. v/i math.* extrapo'lieren (*Funktionswerte außerhalb e-s Intervalls auf Grund der innerhalb dieses Intervalls bekannten Funktionswerte näherungsweise bestimmen*). **ex·trap·o·la·tion** *s* Extrapolati'on *f.*

**ex·tra·pro·fes·sion·al** *adj* außerberuflich, nicht zum Beruf gehörig. **ex·tra·sen·so·ry** *adj* außersinnlich: ~ **perception** außersinnliche Wahrnehmung. **ex·tra·ter·res·tri·al** **I** *adj* extrater'restrisch, außerirdisch. **II** *s* außerirdisches Wesen. **ex·tra·ter·ri·to·ri·al** *adj* exterritori'al, den Landesgesetzen nicht unter'worfen. **ex·tra·ter·ri·to·ri·al·i·ty** *s* Exterritoriali'tät *f.* ~ **time** *s sport* (Spiel)Verlängerung *f*: **the game went into** ~ das Spiel ging in die Verlängerung.

**ex·trav·a·gance** [ɪkˈstrævəgəns; -vɪ-], *a.* **ex·trav·a·gan·cy** [-sɪ] *s* **1.** Verschwendung(ssucht) *f.* **2.** 'Übermaß *n*, Über'triebenheit *f*, Extrava'ganz *f.* **3.** Ausschweifung *f*, Zügellosigkeit *f.* **ex·trav·a·gant** *adj* (*adv* ~**ly**) **1.** verschwenderisch. **2.** 'übermäßig, über'trieben, -'spannt, verstiegen, extrava'gant. **3.** ausschweifend, zügellos. **ex·trav·a·gan·za** [ekˌstrævəˈgænzə; *bes. Am.* ɪk-] *s* **1.** phan'tastische *od.* über'spannte Dichtung *od.* Kompositi'on. **2.** 'Ausstattungsstück *n*, -film *m*, -re'vue *f.*

**ex·trav·a·gate** [ɪkˈstrævəgeɪt] *v/i obs.* **1.** um'her-, abschweifen. **2.** zu weit gehen, das Maß über'schreiten.

**ex·trav·a·sate** [ekˈstrævəseɪt; *bes. Am.* ɪk-] *med.* **I** *v/t Blut etc* (aus e-m Gefäß) austreten lassen. **II** *v/i* (aus e-m Gefäß) austreten, *Blut etc* her'vortreten. **ex·trav·a·sa·tion** *s* **1.** Extravasati'on *f.* **2.** Extrava'sat *n* (*aus e-m Gefäß ausgetretenes Blut etc*).

**ex·tra·ver·sion** [ekˈstrævɜːʃn; *Am.* -ˈvɜrʒən; -ʃən], *etc* → **extroversion,** *etc.*

**ex·treme** [ɪkˈstriːm] **I** *adj* (*adv* → **extremely**) **1.** äußerst(er, es, es), weitest(er, es, es), End..., *a. tech.* äußerst...: ~ **border** äußerster Rand; ~ **value** Extremwert *m.* **2.** letzt(er, e, es): → **unction** 3 c. **3.** äußerst(er, e, es), höchst(er, e, es): ~ **danger;** ~ **penalty** a) Höchststrafe *f*, b) Todesstrafe *f*; ~ **old age** hohes Greisenalter. **4.** außergewöhnlich, hochgradig, über'trieben, hoch...: ~ **case** a) äußerster Notfall, b) besonders schwerwiegender Fall. **5.** *a. pol.* ex'trem, radi'kal: ~ **measure** drastische *od.* radikale Maßnahme; ~ **Left** *pol.* äußerste Linke. **6.** dringend(st): ~ **necessity** zwingende Notwendigkeit. **7.** *mus.* 'übermäßig (*Intervall*). **II** *s* **8.** äußerstes Ende, äußerste Grenze. **9.** (*das*) Äußerste, höchster Grad, Ex'trem *n.* **10.** 'Übermaß *n*, Über'treibung *f.* **11.** Gegensatz *m.* **12.** *math.* a) die größte *od.* kleinste Größe, b) Augenglied *n* (*e-r Gleichung etc*): **the** ~**s and the means** die äußeren u. inneren Glieder e-r Proportion. **13.** *philos.* äußerstes Glied (*e-s logischen Schlusses*).

*Besondere Redewendungen:*

**at the other** ~ am entgegengesetzten Ende; **in the** ~, **to an** ~ übermäßig, äußerst, aufs äußerste, höchst, extrem; **difficult in the** ~ äußerst schwierig; **to carry s.th. to an** ~ etwas zu weit treiben; **to fly to the opposite** ~ in das entgegengesetzte Extrem verfallen; **to go to** ~**s** vor nichts zurückschrecken; **to go from one** ~ **to the other** aus *od.* von e-m Extrem ins andere fallen; ~**s meet** die Extreme berühren sich; → **rush**[1] 1.

**ex·treme·ly** _adv_ äußerst, höchst, ungemein, hochgradig. **ex'treme·ness** _s_ Maßlosigkeit _f._ **ex'trem·ism** _s bes. pol._ Extre'mismus _m._ **ex'trem·ist** _bes. pol._ **I** _s_ Extre'mist(in). **II** _adj_ extre'mistisch.

**ex·trem·i·ty** [ɪk'streməti] _s_ **1.** (_das_) Äußerste, äußerstes Ende, äußerste Grenze, Spitze _f:_ **to the last** ~ bis zum Äußersten; **to drive s.o. to extremities** j-n zum Äußersten treiben. **2.** _fig._ höchster Grad: ~ **of joy** Übermaß _n_ der Freude. **3.** _fig._ äußerste Not, verzweifelte Situati'on: **to be reduced to extremities** in größter Not sein. **4.** _oft pl obs._ äußerste Maßnahme: **to go to extremities against s.o.** drastische Maßnahmen gegen j-n ergreifen. **5.** _fig._ verzweifelter Entschluß _od._ Gedanke. **6.** _meist pl_ Gliedmaße _f_, Extremi'tät _f._ **7.** _math._ Ende _n._

**ex·tri·ca·ble** ['ekstrɪkəbl; _Am. bes._ ɪk'strɪk-] _adj_ (**from**) her'ausziehbar (aus), zu befreien(d) (aus, von). **'ex·tri·cate** [-keɪt] _v/t_ **1.** (**from**) etwas _od._ j-n (_o.s._ sich) her'auswinden, -ziehen (aus), freimachen (von), befreien (aus, von). **2.** _chem._ Gas frei machen. **ex·tri'ca·tion** _s_ **1.** Befreiung _f._ **2.** _chem._ Freimachen _n._

**ex·trin·sic** [ek'strɪnsɪk; _Am. a._ -zɪk] _adj_ (_adv_ ~**ally**) **1.** äußer(er, e, es): a) außen gelegen, b) von außen (wirkend _etc_), _bes. ped. psych._ ex'trinsisch: ~ **motivation. 2.** a) nicht zur Sache gehörig: **to be** ~ **to s.th.** nicht zu etwas gehören, b) unwesentlich. ~ **ev·i·dence** _s jur._ Beweis, der nicht aus der Urkunde selbst her'vorgeht.

**ex·trorse** [ek'strɔ:(r)s; _Am._ 'ek‚st-] _adj bot._ ex'trors, auswärts gewendet (_Staubbeutel_).

**ex·tro·ver·sion** [‚ekstrəʊ'vɜ:ʃn; _Am._ -ʲ'vɜrʒən; -ʃən] _s psych._ Extraversi'on _f_, Extraver'tiertheit _f_, Weltoffenheit _f._ **'ex·tro·vert** [-vɜ:t; _Am._ -‚vɜrt-] _psych._ **I** _s_ extraver'tierter Mensch. **II** _adj_ extra-, extrover'tiert, weltoffen.

**ex·trude** [ek'stru:d; _bes. Am._ ɪk-] **I** _v/t_ **1.** ausstoßen (_a. fig._), (her)'auspressen. **2.** _tech._ strangpressen, _Schläuche_ spritzen. **II** _v/i_ **3.** vorstehen. **ex'tru·sion** [-ʒn] _s_ **1.** Ausstoßung _f_ (_a. fig._). **2.** _tech._ a) Strangpressen _n_, b) Spritzen _n_, c) Strangpreßling _m:_ ~ **die** Strangpreßform _f_, (Schlauch)Spritzform _f._ **3.** _geol._ Extrusi'on _f_ (_Herausquellen des Magmas aus Vulkanen_). **ex'tru·sive** [-sɪv] _adj_ **1.** ausstoßend. **2.** _geol._ extru'siv, an der Erdoberfläche erstarrt: ~ **rocks** Extrusivgestein _n._

**ex·u·ber·ance** [ɪg'zju:bərəns; _bes. Am._ -ʲ'zu:-] _s_ **1.** (**of**) Fülle _f_ (von _od. gen_), Reichtum _m_ (an _dat_). **2.** 'Überschwang _m_, Ausgelassenheit _f._ **3.** (Rede)Schwall _m._ **ex'u·ber·ant** _adj_ (_adv_ ~**ly**) **1.** üppig, ('über)reichlich. **2.** _fig._ a) 'überschwenglich, b) ('über)sprudelnd, ausgelassen: ~ **spirits** sprudelnde Laune. **3.** _fig._ fruchtbar, (sehr) produk'tiv. **ex'u·ber·ate** [-reɪt] _v/i_ **1.** strotzen (**with** von). **2.** schwelgen (**in** _dat_).

**ex·u·date** ['eksju:deɪt; _Am. a._ -sʊ-] _s med._ Exsu'dat _n_, Ausschwitzung _f._ **‚ex·u'da·tion** _s_ **1.** Exsudati'on _f_ (_Absonderung e-s Exsudats_). **2.** → **exudate.**

**ex·ude** [ɪg'zju:d; _Am._ ɪg'zu:d] **I** _v/t_ **1.** _Schweiß etc_ ausschwitzen, absondern. **2.** _Duft, fig. Charme etc_ verströmen. **II** _v/i_ **3.** her'vorkommen, austreten (**from** aus). **4.** ausströmen (**from** aus, von) (_a. fig._).

**ex·ult** [ɪg'zʌlt] _v/i_ froh'locken, jubeln (**at, over, in** über _acc_). **ex'ult·ant** _adj_ (_adv_ ~**ly**) froh'lockend, jubelnd. **ex·ul·ta·tion** [‚egzʌl'teɪʃn; ‚eks-] _s_ Jubel _m_, Froh'locken _n:_ **a cry of** ~ ein Jubelschrei. **ex'ult·ing** _adj_ (_adv_ ~**ly**) → **exultant.**

**ex·urb** ['eksɜrb; 'egㅓz-] _s Am._ (vornehmes) Einzugsgebiet (_e-r Großstadt_). **ex-'ur·ban·ite** [-bə‚naɪt] _s Am._ Bewohner(in) e-s (vornehmen) Einzugsgebiets. **ex'ur·bi·a** [-bɪə] _s_ die (vornehmen) Einzugsgebiete _pl._

**ex·u·vi·ae** [ɪg'zju:vɪi:; _bes. Am._ -ʲ'zu:-] (_Lat._) _s pl. zo._ Ex'uvien _pl_ (_tierische Körperhüllen, die beim Wachstumsprozeß abgestreift werden_). **ex'u·vi·ate** [-eɪt] _zo._ _Haut etc_ abstreifen, abwerfen. **II** _v/i_ sich häuten. **ex‚u·vi'a·tion** _s zo._ Abstreifen _n_, Abwerfen _n._

**ey·as** ['aɪəs] _s orn._ Nestling _m_, Nestfalke _m._

**eye** [aɪ] **I** _s_ **1.** Auge _n:_ **the ~s of the law** _humor._ das Auge des Gesetzes (→ 4); (**an**) ~ **for an** ~ _Bibl._ Auge um Auge; ~**s right** (**front, left**)! _mil._ Augen rechts (geradeaus, die Augen links)!; **all my ~s** (**and Betty Martin**)! _sl._ so ein Blödsinn!; **my** ~(**s**)! _colloq._ a) ach, du Schreck!, b) von wegen!, daß ich nicht lache!; **everybody's ~s were on her** aller Augen ruhten auf ihr; **to be up to the ~s in work** bis über die Ohren in Arbeit sitzen _od._ stecken; **not to believe** (_od._ **trust**) **one's ~s** s-n Augen nicht trauen; **to close** (_od._ **shut**) **one's ~s to s.th.** die Augen vor etwas verschließen; **to cry one's ~s out** sich die Augen ausweinen; **to do s.o. in the** ~ _sl._ j-n ,reinlegen', j-n ,übers Ohr hauen'; **with one's ~s shut** mit geschlossenen Augen (_a. fig._); → **cast** 5, **meet** 10, **mind** 2, **open** 4, **peel**[1] 1, **skin** 8. **2.** _fig._ Gesichtssinn _m_, Blick _m_, Auge(nmerk) _n:_ **before** (_od._ **under**) **my ~s** vor m-n Augen; **with an** ~ **to s.th.** im Hinblick auf etwas; **to be all ~s** ganz Auge sein; **to wait all ~s** gespannt warten; **to cast an** ~ **over s.th.** e-n Blick auf etwas werfen; **to give an** ~ **to s.th.** ein Auge auf etwas werfen, etwas anblicken; **he had ~s only for her** er hatte nur Augen für sie; **to have an** ~ **to s.th.** a) ein Auge auf etwas haben, es auf etwas abgesehen haben, b) auf etwas achten; **if he had half an** ~ wenn er nicht völlig blind wäre; **to keep an** ~ **on s.th.** ein (wachsames) Auge auf etwas haben; **to see s.th. with half an** ~ etwas mit 'einem Blick sehen; **you can see that with half an** ~! das sieht doch ein Blinder!; **to set** (_od._ **lay**) ~**s on s.th.** etwas erblicken _od._ zu Gesicht bekommen; → **catch** 19, **clap**[1] 7, **strike** 21. **3.** _fig._ Sinn _m_, Auge _n_ (**for** für): **to have an** ~ **for s.th.** Sinn _od._ ein (offenes) Auge _od._ e-n Blick für etwas haben. **4.** Ansicht _f:_ **in my ~s** in m-n Augen, m-r Ansicht nach, (so) wie ich es sehe; **in the ~s of the law** vom Standpunkt des Gesetzes aus (→ 1); **to see** ~ **to** ~ **with s.o.** (**on s.th.**) mit j-m völlig in (e-r Sache) übereinstimmen. **5.** _fig._ (einladender) Blick: **to make ~s at s.o.** mit j-m Augen machen, mit j-m koket-tieren; **to give s.o. the** (**glad**) ~ j-m e-n einladenden Blick zuwerfen. **6.** _fig._ Brennpunkt _m:_ ~ **of day** _poet._ die Sonne; ~ **of a hurricane** Auge _n od._ windstilles Zentrum e-s Wirbelsturms. **7.** _zo._ Krebsauge _n_ (_Kalkkörper im Krebsmagen_). **8.** a) Öhr _n:_ ~ **of a needle** Nadelöhr, b) Auge _n_, Öhr _n_, Stielloch _n_ (_e-s Hammers etc_), c) Öse _f_ (_am Kleid_), d) _bot._ Auge _n_, Knospe _f_, e) _zo._ Auge _n_ (_Fleck auf e-m Schmetterling, Pfauenschweif etc_), f) _zo._ Kennung _f_ (_Fleck am Pferdezahn_), g) Loch _n_ (_im Käse, Brot_), h) Hahnentritt _m_, Narbe _f_ (_im Ei_), i) _arch._ rundes Fenster, j) _mar._ Auge _n:_ ~ **of an anchor** Ankerauge; **the ~s of a ship** die Klüsen (_am Bug_), k) Zentrum _n_ (_der Zielscheibe_).

**II** _v/t pres p_ **'eye·ing** _od._ **'ey·ing** **9.** anschauen, betrachten, (scharf) beobachten, ins Auge fassen, beäugen: **to** ~ **s.o. up and down** j-n von oben bis unten mustern.

**III** _v/i_ **10.** _obs._ erscheinen.

**eye| ap·peal** _s_ attrak'tive Gestaltung, optische Wirkung. **'~ball** _s anat._ Augapfel _m:_ **they were** ~ **to** ~ sie standen sich Auge in Auge gegenüber; **they were sitting** ~ **to** ~ sie saßen sich direkt gegenüber. ~ **bank** _s med._ Augenbank _f._ **'~bath** _s med._ Augenschälchen _n._ **'~ black** _s_ Wimperntusche _f._ **'~bolt** _s tech._ Aug-, Ringbolzen _m._ **'~bright** _bot._ Augentrost _m._ **'~brow** _s_ (Augen-) Braue _f:_ ~ **pencil** Augenbrauenstift _m;_ **to raise one's ~s** (_od._ **an** ~) a) die Stirn runzeln (**at** über _acc_), b) hochnäsig dreinschauen; **to cause raised ~s** Mißfallen _od._ Aufsehen erregen. **'~‚catch·er** _s econ._ Blickfang _m._ **'~‚catch·ing** _adj_ ins Auge fallend, auffallend. ~ **clin·ic** _s med._ Augenklinik _f._ ~ **con·tact** _s_ 'Blickkon‚takt _m._ **'~cup** _s med. Am._ Augenschälchen _n._

**eyed** [aɪd] _adj_ **1.** mit Ösen _etc_ (versehen). **2.** _in Zssgn_ ...äugig: **black-~.**

**eye·ful** ['aɪfʊl] _s colloq._ **1.** ‚toller Anblick': **to get an** ~ ‚was zu sehen bekommen'; **get an** ~ **of this!** sieh dir das mal an! **2.** ‚tolle Frau': **she's quite an** ~ sie hat e-e Menge zu bieten. **'~glass** _s_ **1.** Mon'okel _n._ **2.** _pl,_ **a. pair of ~es** _bes. Am._ Brille _f._ **3.** _opt._ Okular _n._ **'~ground** _s med._ 'Augen‚hintergrund _m._ **'~hole** _s_ **1.** Guckloch _n._ **2.** _tech._ kleine, runde Öffnung. **3.** _anat._ Augenhöhle _f._ **'~lash** _s_ Augenwimper _f._ ~ **lens** _s opt._ Oku'larlinse _f._

**eye·less** ['aɪlɪs] _adj_ **1.** augenlos. **2.** blind. **eye·let** ['aɪlɪt] _s_ **1.** Öse _f._ **2.** a) kleine, runde Öffnung, b) Guckloch _n._

**eye| lev·el** _s_ Augenhöhe _f:_ **on** ~ in Augenhöhe. **'~lid** _s anat._ Augenlid _n_, -deckel _m:_ → **bat**[3]. ~ **lin·er** _s_ Eyeliner _m_ (_flüssiges Kosmetikum zum Ziehen e-s Lidstrichs_). ~ **o·pen·er** _s colloq._ **1.** aufklä-render 'Umstand: **it was an** ~ **to me** es hat mir die Augen geöffnet. **2.** _Am._ (_bes. alko'holischer_) ‚Muntermacher'. **'~piece** _s opt._ Oku'lar _n._ **'~shade** _s_ Schild _m_ (_e-r Mütze_). **'~shad·ow** _s_ Lidschatten _m._ **'~shot** _s_ Sicht-, Sehweite _f:_ (**with**)**in** (**beyond** _od._ **out of**) ~ in (außer) Sichtweite. **'~sight** _s_ Sehkraft _f_, Augen(licht _n_) _pl:_ **to have good** (**poor**) ~ gute (schwache) Augen haben; ~ **test** Sehprüfung _f_, -test _m._ ~ **sock·et** _s anat._ Augenhöhle _f._ **'~sore** _s_ (etwas) Unschönes, Schandfleck _m:_ **it is an** ~ es ist häßlich, es beleidigt das Auge. **'~strain** _s_ Ermüdung _f od._ Über'anstrengung _f der_ Augen. **'~tooth** _s irr anat._ Augen-, Eckzahn _m:_ **he'd give his eyeteeth for it** er würde alles darum geben; **to cut one's eyeteeth** _fig._ flügge werden, den Kinderschuhen entwachsen. **'~wash** _s_ **1.** _pharm._ Augenwasser _n._ **2.** _colloq._ a) leeres Geschwätz, ‚Quatsch' _m_, ‚Gewäsch' _n_, b) Augen(aus)wische'rei _f._ **'~‚wa·ter** _s_ **1.** _med. pharm._ Augenwasser _n._ **2.** _physiol._ Augenflüssigkeit _f._ **'~‚wit·ness I** _s_ Augenzeuge _m:_ ~ **account** Augenzeugenbericht _m._ **II** _v/t_ Augenzeuge sein _od._ werden von (_od. gen_), mit eigenen Augen sehen.

**eyot** [eɪt] _s Br._ Flußinselchen _n._

**ey·rie, ey·ry** ['aɪərɪ; 'ɪərɪ; 'eərɪ] _s_ Horst _m_ (_Raubvogelnest_).

**E·ze·ki·el, E·ze·chi·el** ['zi:kjəl] _npr u. s Bibl._ (das Buch) He'sekiel _m od._ E'ze-chiel _m._

**Ez·ra** ['ezrə] _npr u. s Bibl._ (das Buch) Esra _m od._ Esdras _m._

# F

**F, f** [ef] **I** *pl* **F's, Fs, f's, fs** [efs] *s* **1.** F, f *n* (*Buchstabe*). **2.** *mus.* F, f *n* (*Note*): F flat Fes, fes *n*; F sharp Fis, fis *n*; F double flat Feses, feses *n*; F double sharp Fisis, fisis *n*. **3.** F *math.* f (*Funktion von*). **4.** F *ped.* Sechs *f*, Ungenügend *n* (*Note*). **5.** F F *n*, F-förmiger Gegenstand. **II** *adj* **6.** sechst(er, e, es): **Company F. 7.** F F-..., F-förmig.

**fa** [fɑː] *s mus.* fa *n* (*Solmisationssilbe*).

**fab** [fæb] *bes. Br. colloq. für* **fabulous** 2.

**Fa·bi·an** [ˈfeɪbjən; -bɪən] **I** *adj* **1.** Hinhalte..., Verzögerungs...: ~ **tactics. 2.** die Fabian Society betreffend. **II** *s* ~ Fabianist. **ˈFa·bi·an·ism** *s* Fabiaˈnismus *m*, Poliˈtik *f* der **Fabian Society**. **ˈFa·bi·an·ist** *s* Fabier(in), Mitglied *n* der **Fabian Society**.

**Fa·bi·an So·ci·e·ty** *s* (*sozialistische*) Gesellschaft der Fabier (*1884 in England gegründet*).

**fa·ble** [ˈfeɪbl] **I** *s* **1.** a) (Tier)Fabel *f*, b) Sage *f*. **2.** *collect.* a) Fabeln *pl*, b) Sagen *pl*. **3.** *fig.* ‚Märchen' *n*, erfundene Geschichte, Lüge *f*. **4.** Geschwätz *n*: old wives' ~s Altweibergewäsch *n*. **5.** *obs.* Fabel *f*, Handlung *f* (*e-s Dramas*). **II** *v/t* **6.** it is ~d that ... der Sage zufolge ... **ˈfa·bled** [-bld] *adj* **1.** sagenhaft, der Sage angehörend. **2.** (frei) erfunden. **3.** sagenhaft: his ~ luck. **ˈfa·bler** [-blə(r)] → fabulist.

**fab·ric** [ˈfæbrɪk] *s* **1.** Zs.-setzung *f*, Bau *m*. **2.** Gebilde *n*. **3.** *arch.* Gebäude *n*, Bau *m* (*a. fig.*). **4.** Bauerhaltung *f* (*bes. von Kirchen*). **5.** *fig.* Bau *m*, Gefüge *n*, Strukˈtur *f*: the ~ of society die soziale Struktur. **6.** *fig.* Syˈstem *n*. **7.** Stoff *m*, Gewebe *n*: silk ~s Seidenstoffe; ~ conditioner Weichspüler *m*; ~ gloves Stoffhandschuhe. **8.** *tech.* Leinwand *f*, Reifengewebe *n*. **9.** *geol.* Texˈtur *f*. **10.** *obs.* Fabriˈkat *n*.

**fab·ri·cate** [ˈfæbrɪkeɪt] *v/t* **1.** fabriˈzieren, (an)fertigen, ˈherstellen. **2.** (er-)bauen, errichten, engS. (*aus vorgefertigten Teilen*) zs.-bauen. **3.** *fig.* ‚fabriˈzieren': a) erfinden, b) fälschen: to ~ evidence. **4.** *fig.* Dokument fälschen. **ˌfab·riˈca·tion** *s* **1.** Fabrikatiˈon *f*, ˈHerstellung *f*, (An)Fertigung *f*. **2.** (Zs.-)Bau *m*, Errichtung *f*. **3.** *fig.* Erfindung *f*, ‚Märchen' *n*, Lüge *f*. **4.** Fälschung *f*. **ˈfab·ri·ca·tor** [-tə(r)] *s* **1.** ˈHersteller *m*. **2.** *fig.* Erfinder *m*, Urheber *m* (*von Lügen etc*), Schwindler *m*. **3.** Fälscher *m*.

**fab·u·list** [ˈfæbjolɪst] *s* **1.** Fabeldichter (-in). **2.** Schwindler(in). **ˌfab·uˈlos·i·ty** [-ˈlɒsətɪ; *Am.* -ˈlɑ-] *s* fabulousness. **ˈfab·u·lous** *adj* (*adv* ~ly) **1.** sagenhaft, der Sage angehörend: ~ beast Fabel-, Sagentier *n*. **2.** *colloq.* sagen-, fabelhaft, ungeheuer, ‚toll': ~ wealth sagen- *od.* märchenhafter Reichtum. **ˈfab·u·lous·ness** *s colloq.* Fabelhaftigkeit *f*.

**fa·çade, fa·cade** [fəˈsɑːd; fæ-] *s arch.* Fasˈsade *f* (*a. fig.*), Vorderseite *f*.

**face** [feɪs] **I** *s* **1.** Gesicht *n*, *rhet.* Angesicht *n*, Antlitz *n* (*a. fig.*): for your fair ~ um deiner schönen Augen willen; ~ to ~ von Angesicht zu Angesicht, direkt; ~ to ~ with Auge in Auge mit, gegenüber, vor (*dat*); to bring persons ~ to ~ Personen (einander) gegenüberstellen; to do (up) one's ~, *colloq.* to put one's ~ on sich schminken; to fly in the ~ of a) *j-m* ins Gesicht springen, b) sich (offen) widersetzen (*dat*), (*a. der Gefahr*) trotzen; to laugh in s.o.'s ~ *j-m* ins Gesicht lachen; to look s.o. in the ~ *j-m* ins Gesicht sehen; to say s.th. to s.o.'s ~ *j-m* etwas ins Gesicht sagen; to shut the door in s.o.'s ~ *j-m* die Tür vor der Nase zuschlagen. **2.** Gesicht(sausdruck *m*) *n*, Aussehen *n*, Miene *f*: to have a ~ as long as a fiddle *colloq.* ein Gesicht machen wie drei Tage Regenwetter; to put a good ~ on the matter gute Miene zum bösen Spiel machen; to make (*od.* pull) a ~ ein Gesicht (*od.* e-e Grimasse *od.* Fratze) machen *od.* schneiden (at s.o. *j-m*); to pull a long ~ ein langes Gesicht machen; to put a bold ~ on s.th. sich etwas (*Unangenehmes etc*) nicht anmerken lassen, e-r Sache gelassen entgegensehen; → set against 1. **3.** *colloq.* Stirn *f*, Dreistigkeit *f*, Unverschämtheit *f*: to have the ~ to do s.th. die Stirn haben *od.* so unverfroren sein, etwas zu tun. **4.** *fig.* Gegenwart *f*, Anblick *m*, Angesicht *n*: before his ~ vor s-n Augen, in s-r Gegenwart; in (the) ~ of a) angesichts (*gen*), gegenüber (*dat*), b) trotz (*gen od. dat*); in the ~ of danger angesichts der Gefahr; in the very ~ of day am hellichten Tage. **5.** *fig.* (das) Äußere, (äußere) Gestalt *od.* Erscheinung, Anschein *m*: the ~ of affairs die Sachlage; on the ~ of it auf den ersten Blick, oberflächlich (betrachtet); to put a new ~ on s.th. etwas in neuem *od.* anderem Licht erscheinen lassen. **6.** *fig.* Gesicht *n*, Ansehen *n*: to save one's ~ das Gesicht wahren; to lose ~ das Gesicht verlieren; loss of ~ Prestigeverlust *m*. **7.** *econ. jur.* Nenn-, Nomiˈnalwert *m* (*e-s Wertpapiers etc*), Wortlaut *m* (*e-s Dokuments*). **8.** Ober-, Außenfläche *f*, Vorderseite *f*: ~ (of a clock) Zifferblatt *n*; half-~ Profil *n*; lying on its ~ nach unten gekehrt *od.* auf dem Gesicht liegend; to wipe off the ~ of the earth *e-e Stadt etc* ‚ausradieren', dem Erdboden gleichmachen. **9.** → façade. **10.** rechte Seite (*Stoff, Leder etc*). **11.** Bildseite *f* (*e-r Spielkarte*), Aˈvers *m* (*e-r Münze*). **12.** *math.* (geometrische) Fläche *f*. **13.** *tech.* a) Stirnseite *f*, -fläche *f*, b) Amboß-, Hammerbahn *f*, c) Breite *f* (*e-s Zahnrades etc*), d) Brust *f* (*e-s Boh*-rers, Zahns etc), e) Schneide *f*. **14.** *print.* Bild *n* (*der Type*). **15.** *Bergbau:* Streb *m*, Ort *n*, Wand *f*: ~ of a gangway Ort e-r Strecke, Ortsstoß *m*; ~ of a shaft Schachtstoß *m*; at the ~ vor Ort.

**II** *v/t* **16.** *j-m* das Gesicht zuwenden, *j-n* ansehen, *j-m* ins Gesicht sehen. **17.** a) gegenˈüberstehen, -liegen, -sitzen, -treten (*dat*): the man facing me der Mann mir gegenüber, b) nach *Osten etc* blicken *od.* liegen (*Raum*): the house ~s the sea das Haus liegt (nach) dem Meer zu; the windows ~ the street die Fenster gehen auf die Straße (hinaus). **18.** etwas ˈumkehren, ˈumwenden: to ~ a card e-e Spielkarte aufdecken. **19.** *j-m*, *e-r Sache* mutig entgegentreten *od.* begegnen, ins Auge sehen, die Stirn *od.* Spitze bieten, trotzen: to ~ the enemy; to ~ death dem Tod ins Auge blicken; to ~ it out die Sache durchstehen; to ~ s.o. off *Am.* es auf e-e Kraft- *od.* Machtprobe mit *j-m* ankommen lassen; → music 1. **20.** *oft* to be ~d with *fig.* sich (*j-m od. e-r Sache*) gegenˈübersehen, gegenˈüberstehen, entgegenblicken, ins Auge sehen (*dat*): he was ~d with ruin er stand vor dem Nichts; he is facing imprisonment er muß mit e-r Gefängnisstrafe rechnen. **21.** etwas ˈhinnehmen: to ~ the facts sich mit den Tatsachen abfinden; let's ~ it seien wir ehrlich. **22.** *tech.* a) Oberfläche verkleiden, verblenden, b) plandrehen, fräsen, *Stirnflächen* bearbeiten, c) *Schneiderei:* besetzen, einfassen, unterˈlegen: ~d with red mit roten Aufschlägen. **23.** *arch.* a) (mit Platten etc) verblenden, b) verputzen, c) *Steine* glätten. **24.** *econ.* e-e *Ware* verschönen, attrakˈtiver machen: to ~ tea Tee färben. **25.** *mil.* e-e Wendung machen lassen.

**III** *v/i* **26.** das Gesicht wenden, sich drehen, e-e Wendung machen (to, toward[s] nach): to ~ about ˈumwenden, kehrtmachen (*a. fig.*); about ~! *mil. Am.* ganze Abteilung kehrt!; left ~! *mil. Am.* linksum!; right about ~! *mil. Am.* rechtsum kehrt!; to ~ away sich abwenden. **27.** sehen, blicken, liegen (to, toward[s] nach): to ~ full to the South direkt nach Süden liegen. **28.** ~ up to → 19. **29.** ~ up to → 21. **30.** ~ off (*Eishockey*) das Bully ausführen.

**ˈfaceǀ-aˌbout** → about-face I. **ˈ~ache** *s* **1.** *med.* Gesichtsschmerz *m*, Triˈgeminusneuralˌgie *f*. **2.** *colloq.* a) ‚Vogelscheuche' *f* (*häßliche Person*), b) *contp.* Jammergestalt *f*. **~aˈmount** *s econ.* Nenn-, Nomiˈnalwert *m*. **~ brick** *s arch.* Verblendstein *m*. **~ card** *s Kartenspiel:* Bild (-karte *f*) *n*. **~-ˌcenˈtered,** *bes. Br.* **ˈ~-ˌcenˈtred** *adj chem. min. phys.* ˈflächenzenˌtriert. **ˈ~cloth** *s* Waschlappen *m*.

**faced** [feɪst] *adj in Zssgn* mit (e-m) ... Gesicht: black-~.

**'face|,down** s Am. Kraft-, Machtprobe f. **~ flan·nel** s Br. Waschlappen m. **~ fun·gus** s a. irr humor. Bart m. **~ guard** s Schutzmaske f. **~ ham·mer** s tech. Bahnschlägel m. **'~,hard·en** v/t tech. die Oberfläche härten von (od. gen). **'~-,hard·en·ing** s tech. Oberflächenhärtung f. **~ lathe** s tech. Plandreh-, Scheibendrehbank f. [o'nym.] **'face|less** adj **1.** gesichtslos. **2.** fig. an-] **'face|-lift** I s → face-lifting. II v/t verschönern, e-m Wagen etc ein neues Aussehen geben, ein Gebäude etc reno'vieren. **'~-,lift·ing** s **1.** Facelifting n, Gesichtsstraffung f: to have a ~ sich das Gesicht liften lassen. **2.** fig. Reno'vierung f, Verschönerung f: to give a car a ~ e-m Wagen ein neues Aussehen geben. **~ mill** s tech. Stirnfräser m. **'~-off** s **1.** Eishockey: Bully n: **~ circle** Anspielkreis m; **~ spot** Anspielpunkt m. **2.** Am. Kraft-, Machtprobe f. **~ pack** s Kosmetik: Gesichtsmaske f, -packung f. **~ plate** s tech. **1.** Planscheibe f (der Drehbank). **2.** Schutzplatte f.
**'fac·er** s **1.** Schlag m ins Gesicht (a. fig.). **2.** fig. Schlag m (ins Kon'tor). **3.** Br. colloq. ,harte Nuß'. **4.** tech. Plandreher m.
**'face|,sav·er** s Ausrede f etc, um das Gesicht zu wahren. **'~-,sav·ing** adj: **~ excuse** → facesaver.
**fac·et** ['fæsɪt] I s **1.** Fa'cette f (am Edelstein). **2.** min. tech. Rauten-, Schliff-, Kri'stallfläche f. **3.** zo. Fa'cette f (e-s Facettenauges). **4.** arch. Grat m, Steg m (an e-r Säule). **5.** anat. Gelenkfläche f (e-s Knochens). **6.** fig. Seite f, A'spekt m. II v/t pret u. pp **-et·ed, -et·ted 7.** facet'tieren. **'fac·et·(t)ed** [-ɪd] adj facet'tiert, Facetten...: **~ eye** zo. Facettenauge n.
**fa·ce·ti·ae** [fə'siːʃiiː] s pl Fa'zetien pl: a) witzige Aussprüche pl, b) derbkomische Werke pl (Bücher). **fa·ce·tious** [fə'siːʃəs] adj (adv ~ly) witzig, spaßig, spaßhaft. **fa·ce·tious·ness** s Witzigkeit f.
**,face|-to-'face** adj **1.** per'sönlich: a **~ meeting. 2.** di'rekt: a **~ confrontation. ~ tow·el** s (Gesichts)Handtuch n. **~ val·ue** s **1.** econ. Nenn-, Nomi'nalwert m. **2.** fig. scheinbarer Wert, (das) Äußere: to take s.th. at its **~** etwas unbesehen glauben; I took his words at their **~** ich nahm s-e Worte für bare Münze. **~ wall** s arch. Stirnmauer f. **~ work·er** s Bergbau: Hauer m.
**fa·cia** ['feɪʃə] s Br. **1.** Firmen-, Ladenschild n. **2.** a. **~ board, ~ panel** Arma'turenbrett n.
**fa·cial** ['feɪʃl] I adj (adv ~ly) a) Gesichts...: **~ massage;** b) des Gesichts, im Gesicht: **~ disfigurement.** II s Kosmetik: Gesichtsbehandlung f. **~ in·dex** s a. irr Schädelmessung: Gesichtsindex m. **~ pack** s Kosmetik: Gesichtsmaske f, -packung f.
**-facient** ['feɪʃnt] Endsilbe mit der Bedeutung machend, verursachend.
**fa·ci·es** ['feɪʃiiːz; -'iːz] s **1.** med. zo. Gesicht(sausdruck m) n. **2.** (das) Äußere, äußere Erscheinung. **3.** med. zo. allgemeiner Typus. **4.** geol. Fazies f (die verschiedene Ausbildung von Sedimentgesteinen gleichen Alters).
**fac·ile** ['fæsaɪl; Am. -səl] adj (adv ~ly) **1.** leicht (zu tun od. zu meistern od. zu erringen): a **~ victory** ein leichter Sieg. **2.** oberflächlich (Gefühle, Roman etc a.) ohne Tiefgang. **3.** flüssig (Stil). **4.** gelassen.
**fa·cil·i·tate** [fə'sɪlɪteɪt] v/t etwas erleichtern, fördern. **fa·cil·i·ta·tion** s Erleichterung f, Förderung f.
**fa·cil·i·ty** [fə'sɪlətɪ] s **1.** Leichtigkeit f (der Ausführung etc). **2.** Oberflächlichkeit

f. **3.** Flüssigkeit f (des Stils). **4.** Gelassenheit f. **5.** (günstige) Gelegenheit, Möglichkeit f (for für). **6.** meist pl Einrichtung(en pl) f, (Produktions- etc)Anlage(n pl) f: **port facilities** Hafenanlagen; **transport facilities** Transportmöglichkeiten, -mittel pl. **7.** meist pl Erleichterung(en pl) f, Vorteil(e pl) m, Vergünstigung(en pl) f, Annehmlichkeit(en pl) f: **facilities of payment** Zahlungserleichterungen.
**fac·ing** ['feɪsɪŋ] s **1.** mil. Wendung f, Schwenkung f: to go through one's ~s fig. zeigen (müssen), was man kann; to put s.o. through his ~s fig. j-n auf Herz u. Nieren prüfen. **2.** tech. Verkleidung f. **3.** tech. a) Plandrehen n, b) Planflächenschliff m: **~ lathe** Plandrehbank f. **4.** a. **~ sand** (Gießerei) feingesiebter Formsand. **5.** tech. Futter n, (Brems-, Kupplungs-)Belag m: **brake ~. 6.** arch. a) Verblendung f: **~ brick** Blendstein m, b) Bewurf m, Verputz m: **~ cement** ~, c) Stirnmauer f. **7.** Zahntechnik: Verblendung f (e-r Krone etc). **8.** Schneiderei: a) Aufschlag m, b) Einfassung f, Besatz m: ~s mil. (Uniform)Aufschläge.
**fac·sim·i·le** [fæk'sɪmɪlɪ] I s **1.** Fak'simile n, genaue Nachbildung, Reprodukti'on f: **~ signature** Faksimileunterschrift f. **2.** a. **~ transmission** (od. broadcasting) Bildfunk m: **~ apparatus** Bildfunkgerät n; **~ telegraphy** Bildtelegrafie f. II v/t **3.** faksimi'lieren.
**fact** [fækt] s **1.** Tatsache f, Faktum n, Wirklichkeit f, Wahrheit f: **naked ~s** nackte Tatsachen; **~ and fancy** Dichtung u. Wahrheit; **in (point of) ~** in der Tat, tatsächlich, faktisch, in Wirklichkeit, genaugenommen; **it is a ~** es ist e-e Tatsache, es ist tatsächlich so, es stimmt; **the ~ (of the matter) is** Tatsache ist od. die Sache ist die (that daß); **and that's a ~!** glaube mir!; however many gallons you say you put in this morning, **the tank is empty now, and that's a ~!** jetzt ist der Tank auf jeden Fall od. jedenfalls leer!; **to be founded on ~** auf Tatsachen beruhen; **to know s.th. for a ~** etwas (ganz) sicher wissen; **the ~s of life** das Geheimnis des Lebens, die Tatsachen über die Entstehung des Lebens; **to tell s.o. the ~s of life** j-n (sexuell) aufklären; → **matter** 3. **2.** jur. a) Tatsache f: **in** and **law** in tatsächlicher u. rechtlicher Hinsicht; **the ~s (of the case)** der Tatbestand, die Tatumstände, der Sachverhalt; **(statement of) ~s** Tatbestand m, -bericht m, Darstellung f des Tatbestandes, b) Tat f: **before (after) the ~** vor (nach) begangener Tat; → **accessory** 11. **'~-,find·ing** adj Untersuchungs...: **~ commission** Untersuchungsausschuß m.
**fac·tion** ['fækʃn] s bes. pol. **1.** Fakti'on f, Splittergruppe f: **the party split into ~s** die Partei spaltete sich in Splittergruppen. **2.** Zwietracht f (innerhalb e-r Partei). **'fac·tion·al** [-ʃənl] adj **1.** eigennützig. **2.** Faktions... **'fac·tion·al·ism** s Par'teigeist m. **'fac·tion·ar·y** [-ʃnərɪ; Am. -ʃə,neriː], **'fac·tion·ist** s Par'teigänger m.
**fac·tious** ['fækʃəs] adj (adv ~ly) **1.** fak-ti'ös, von Par'teigeist beseelt. **2.** aufrührerisch, aufwiegelnd.
**fac·ti·tious** [fæk'tɪʃəs] adj (adv ~ly) künstlich (Freundlichkeit etc a.) gekünstelt. **fac'ti·tious·ness** s Künstlichkeit f.
**fac·ti·tive** ['fæktɪtɪv] adj ling. fakti'tiv, bewirkend: **~ verb.**
**fac·tor** ['fæktə(r)] I s **1.** econ. Kommissio'när m. **2.** fig. Faktor m (a. math.), (mitwirkender) 'Umstand, Mo'ment n:

**the determining ~ of** (od. **in**) s.th. der bestimmende Umstand e-r Sache; **~ of merit** tech. Gütefaktor; **~s of production** econ. Produktionsfaktoren. **3.** biol. Erbfaktor m. **4.** phot. Multiplikati'onsfaktor m. **5.** Scot. (Guts)Verwalter m. II v/t → **factorize** 1.
**'fac·tor·a·ble** adj math. zerlegbar.
**'fac·tor·age** s Provisi'on f (e-s Kommissionärs).
**fac·tor a·nal·y·sis** s psych. 'Faktorana-,lyse f.
**fac·to·ri·al** [fæk'tɔːrɪəl; Am. a. -'təʊ-] math. I adj faktori'ell, nach Fak'toren aufgeschlüsselt, in Fak'toren zerlegt. II s Fakul'tät f.
**fac·tor in·come** s econ. Leistungseinkommen n.
**'fac·tor·ing** s econ. Factoring n (Methode der Absatzfinanzierung, bei der die Lieferfirma ihre Forderungen aus Warenlieferungen e-m Finanzierungsinstitut verkauft, das meist auch das volle Kreditrisiko übernimmt). **'fac·tor·ize** v/t **1.** math. in Fak'toren zerlegen, nach Fak'toren aufschlüsseln. **2.** jur. Am. Drittschuldner pfänden.
**fac·to·ry** ['fæktərɪ] I s econ. **1.** Fa'brik (-gebäude n, -anlage f) f. **2.** Fakto'rei f, Handelsniederlassung f (in Übersee). II adj **3.** Fabrik...: **Factories Acts** Br. Arbeiterschutzgesetze; **~ cost** Herstellungskosten pl; **~ farm** Massentierhaltungsbetrieb m; **~ hand** Fabrikarbeiter (-in); **~-made** fabrikmäßig hergestellt; **~-made goods** Fabrikware f; **~ ship** Fabrikschiff n.
**fac·to·tum** [fæk'təʊtəm] s Fak'totum n, ,Mädchen n für alles'.
**fac·tu·al** ['fæktʃʊəl; Am. -tʃəwəl] adj (adv ~ly) **1.** tatsächlich, auf Tatsachen beruhend, Tatsachen...: **~ error** Sachfehler m; **~ report** Tatsachenbericht m; **~ situation** Sachlage f, -verhalt m. **2.** sich an die Tatsachen haltend, genau. **3.** sachlich.
**fac·ul·ta·tive** ['fækltətɪv; Am. 'fækəl-,teɪ-] adj (adv ~ly) **1.** berechtigend. **2.** fakulta'tiv, freigestellt: **~ subject** ped. Wahlfach n. **3.** biol. fakulta'tiv (a. ohne Wirtsorganismus auskommend): **~ parasites.**
**fac·ul·ty** ['fæcklti] s **1.** Fähigkeit f, Vermögen n: **~ of hearing** Hörvermögen. **2.** Kraft f, Geschicklichkeit f, Gewandtheit f. **3.** (natürliche) Gabe, Anlage f, Ta'lent n, Fähigkeit f: (mental) **faculties** Geisteskräfte f. **4.** univ. a) Fakul'tät f, Wissenszweig m: **the medical ~** die medizinische Fakultät, weitS. die Mediziner, b) (Mitglieder pl e-r) Fakultät, Lehrkörper m, c) bes. Am. 'Lehr-, Ver'waltungsperso,nal n (a. e-r Schule). **5.** jur. a) Ermächtigung f, Befugnis f (for zu, für), b) meist pl Vermögen n, Eigentum n. **6.** relig. Befugnis f, Dis'pens m, f.
**fad** [fæd] s a) Mode(erscheinung, -torheit) f, b) (vor'übergehende) Laune. **'fad·dish, 'fad·dy** adj a) Mode..., vor'übergehend, b) a **~ woman** e-e Frau, die jede Mode(torheit) mitmacht.
**fade¹** [feɪd] I v/i **1.** (ver)welken. **2.** verschießen, verblassen, ver-, ausbleichen (Farbe etc). **3.** a. **~ away** sich auflösen (Menge), immer weniger werden (Personen), med. immer schwächer werden (Person), verklingen (Lied etc), verblassen (Erinnerung), verrauchen (Zorn etc), zerrinnen (Hoffnungen). **4.** Radio: schwinden (Ton, Sender). **5.** nachlassen (Bremsen), (Sportler a.) abbauen **6.** a. **~ out** (Film, Rundfunk, TV) aus- od. abgeblendet werden (Ton, Bild): **to ~ in** (od. **up**) auf- od. eingeblendet werden. II v/t **7.** (ver)welken lassen. **8.** Farbe etc ausbleichen. **9.** a. **~ out** Ton, Bild aus- od.

abblenden: **to** ~ **in** (*od.* **up**) auf- *od.* einblenden.

**fade²** [fɑːd] *adj* geschmacklos, fad(e): **a** ~ **sauce.**

**fad·ed** ['feɪdɪd] *adj* (*adv* ~**ly**) **1.** welk. **2.** ausgeblichen, ausgebleicht (*Farbe etc*).

**'fade-in** *s Film, Rundfunk, TV*: Auf-, Einblendung *f.* **'fade·less** *adj* (*adv* ~**ly**) **1.** licht-, farbecht. **2.** *fig.* unvergänglich.

**'fade-out** *s* **1.** *Film, Rundfunk, TV*: Aus-, Abblendung *f.* **2.** *phys.* Ausschwingen *n*: ~ **time** Ausschwingzeit *f.* **'fad·er** *s Radio, TV*: Aufblend-, Abblendregler *m.* **'fad·ing I** *adj* **1.** (ver-)welkend. **2.** ausbleichend (*Farbe etc*). **3.** *fig.* vergänglich. **II** *s* **4.** (Ver)Welken *n.* **5.** Ausbleichen *n.* **6.** *Radio*: Fading *n*, Schwund *m*: ~ **control** Schwundregelung *f.* **7.** *tech.* Fading *n* (*Nachlassen der Bremswirkung*).

**fae·cal**, *bes. Am.* **fe·cal** ['fiːkl] *adj* fä'kal, Kot...: ~ **matter** Kot *m*. **fae·ces**, *bes. Am.* **fe·ces** ['fiːsiːz] *s pl* **1.** Fä'kalien *pl*, Kot *m*. **2.** Rückstände *pl*, (Boden)Satz *m*.

**fae·er·ie, fa·er·y** ['feɪərɪ; 'feərɪ] *obs. od. poet.* **I** *s* **1.** ~ **fairy** 1. **2.** Feen-, Märchenland *n.* **II** *adj* **3.** Feen..., Märchen...

**fag¹** [fæg] *s colloq.* ,Glimmstengel' *m* (*Zigarette*).

**fag²** [fæg] **I** *v/i* **1.** *colloq.* sich abarbeiten, sich placken, sich (ab)schinden. **2.** *ped. Br. bes. hist.* den älteren Schülern Dienste leisten. **II** *v/t* **3.** *a.* ~ **out** *colloq.* ,schaffen', ,fertigmachen': **to be completely** ~**ged out** vollkommen ,ausgepumpt' *od.* ,fertig' *od.* ,geschafft' sein. **4.** *ped. Br. bes. hist.* sich von (*e-m jüngeren Schüler*) bedienen lassen. **III** *s* **5.** *ped. Br. bes. hist.* Schüler, der für e-n älteren Dienste verrichtet. **6.** *bes. Br. colloq.* Placke'rei *f*, Schinde'rei *f.*

**fag³** [fæg] → **faggot²**.

**fag end** *s* **1.** Salband *n*, -leiste *f* (*am Tuch*). **2.** *mar.* aufgedrehtes Tauende. **3.** *fig.* Ende *n*, Schluß *m.* **4.** letzter *od.* schäbiger Rest: **the** ~ **of the year** die letzten paar Tage des Semesters. **5.** *Br. colloq.* ,Kippe' *f* (*Zigarettenstummel*).

**fag·got¹**, *bes. Am.* **fag·ot** ['fægət] **I** *s* **1.** Holz-, Reisigbündel *n.* **2.** *hist.* Scheiterhaufen *m.* **3.** *tech.* a) Bündel *n* Stahlstangen (*von 54,43 kg*), b) 'Schweißpa¡ket *n*, Pa'ket *n* Eisenstäbe. **4.** *gastr.* Frika'delle *f* (*bes. aus Schweineleber*). **II** *v/t* **5.** bündeln, zu e-m Bündel zs.-binden.

**fag·got²** ['fægət] *s bes. Am. sl.* ,Schwule(r)' *m* (*Homosexueller*). **'fag·got·ry** *s bes. Am. sl.* ,Schwulheit' *f.* **'fag·got·y** *adj bes. Am. sl.* ,schwul'.

**fag·gy** ['fægɪ] → **faggoty**.

**fa·got·tist** [fə'gɒtɪst; *Am.* ~'gɑ-] *s* Fagot-'tist *m.* **fa'got·to** [-təʊ] *pl* **-ti** [-tiː] *s mus.* Fa'gott *n.*

**fahl·band** ['fɑːlbænd] *s geol. min.* Fahlband *n.*

**Fah·ren·heit** ['færənhaɪt] *s in GB u. USA gebräuchliches Thermometersystem*: 10° ~ zehn Grad Fahrenheit; ~ **thermometer** Fahrenheitthermometer *n.*

**fa·ience** [faɪ'ɑːns; *Am.* ~'ɑːns] *s* Fay'ence *f.*

**fail** [feɪl] **I** *v/i* **1.** ermangeln (**of, in** *gen*): **he** ~**s in perseverance** es fehlt *od.* mangelt ihm an Ausdauer. **2.** nachlassen, schwinden (*Kräfte etc*), ausbleiben, versiegen (*Quellen etc*): **our supplies** ~**ed** unsere Vorräte gingen aus *od.* zu Ende. **3.** miß'raten (*Ernte*). **4.** abnehmen, schwächer werden (*Saat*): **his eyesight** ~**ed** s-e Sehkraft ließ nach. **5.** versagen: **the engine** ~**ed; he** ~**ed in front of the goal. 6.** fehlschlagen, scheitern, miß'lingen, s-n Zweck verfehlen, 'Mißerfolg haben, Schiffbruch erleiden, es nicht fertigbringen (**to do** zu tun): **he** (**the plan**) ~**ed** er (der Plan) scheiterte; if

everything else ~**s** ,wenn alle Stricke reißen'; **he** ~**ed in all his attempts** alle s-e Versuche schlugen fehl; **the prophecy** ~**ed** die Prophezeiung traf nicht ein; **I** ~ **to see** ich sehe nicht ein. **7.** verfehlen, versäumen, unter'lassen: **he** ~**ed to come** er kam nicht; **he never** ~**s to come** er kommt immer; **don't** ~ **to come** komme ja *od.* ganz bestimmt; **he cannot** ~ **to win** er muß einfach gewinnen; **he** ~**s in his duty** er vernachlässigt s-e Pflicht. **8.** fehlgehen, irren: **to** ~ **in one's hopes** sich in s-n Hoffnungen täuschen. **9.** *econ.* bank'rott machen *od.* gehen, in Kon'kurs geraten *od.* gehen. **10.** *ped.* 'durchfallen (**in an examination** in e-r Prüfung).

**II** *v/t* **11.** *j-m* fehlen, versagen: **his courage** ~**ed him** ihn verließ der Mut; **words** ~ **me** mir fehlen die Worte (**to** *inf* um zu *inf*). **12.** *j-n* im Stich lassen, enttäuschen: **I will never** ~ **you. 13.** *ped.* a) *j-n* in e-r Prüfung 'durchfallen lassen: **he** ~**ed them all,** b) durchfallen in (*e-r Prüfung etc*): **he** ~**ed chemistry.**

**III** *s* **14. he got a** ~ **in biology** *ped.* er ist in Biologie durchgefallen. **15. without** ~ mit Sicherheit, ganz bestimmt.

**'fail·ing I** *s* **1.** nachlassend (*Kräfte etc*). **II** *prep* **2.** in Ermang(e)lung (*gen*): ~ **a purchaser. 3.** im Falle des Ausbleibens *od.* Miß'lingens von, Versagens (*gen*): ~ **this** wenn nicht, andernfalls; ~ **which** widrigenfalls. **III** *s* **4.** Fehler *m*, Schwäche *f.*

**faille** [feɪl; *Am.* faɪl] *s* Faille *f*, Ripsseide *f.* **'fail-safe** *adj* störungssicher, *a. fig.* pannensicher, (*Kerntechnik*) folgeschadensicher.

**fail·ure** ['feɪljə(r)] *s* **1.** Fehlen *n*, Nichtvor'handensein *n*: ~ **of hairs. 2.** Ausbleiben *n*, Versagen *n*, Versiegen *n.* **3.** Unter'lassung *f*, Versäumnis *n*: ~ **to comply with instructions** Nichtbefolgung *f* von Vorschriften; ~ **to pay** Nichtzahlung *f*; **his** ~ **to report** die Tatsache, daß er keinen Bericht erstattete *od.* daß er es unterließ, Bericht zu erstatten. **4.** Ausbleiben *n*, Nicht'eintreten *n* (*e-s Ereignisses*). **5.** Fehlschlag(en *n*) *m*, Miß-'lingen *n*, 'Mißerfolg *m*, Scheitern *n*: ~ **of crops** Mißernte *f.* **6.** Nachlassen *n* (*der Kräfte etc*). **7.** *med.* Versagen *n*, Störung *f* (*der Herztätigkeit etc*). **8.** *tech.* Versagen *n*, Störung *f*, De'fekt *m.* **9.** *fig.* Schiffbruch *m*, Zs.-bruch *m*: **to meet with** ~ → **fail 6. 10.** *econ.* Bank'rott *m*, Kon'kurs *m.* **11.** Versager *m* (*Person od. Sache*), verkrachte Exi'stenz (*Person*), Reinfall *m* (*Sache*), *sport* Ausfall *m*: **he was a complete** ~ er war ein Totalausfall. **12.** *ped.* 'Durchfallen *n* (**in** in e-r *Prüfung*).

**fain** [feɪn] *obs.* **I** *adj pred* **1.** froh. **2.** bereit. **3.** genötigt (**to do** zu tun). **II** *adv* **4.** *gern*: **I would** ~ **do it** ich würde *od.* möchte es gern tun.

**fai·ne·ance** ['feɪnɪəns], **'fai·ne·an·cy** [-sɪ] *s* Nichtstun *n*, Müßiggang *m.* **'fai·né·ant I** *adj* müßig, faul. **II** *s* Müßiggänger(in), Faulenzer(in).

**faint** [feɪnt] **I** *adj* (*adv* ~**ly**) **1.** schwach, matt, kraftlos (**with** vor *dat*): **to feel** ~ sich matt *od.* e-r Ohnmacht nahe fühlen. **2.** schwach, matt (*Ton, Farbe etc, a. fig.*): **a** ~ **effort; I have not the** ~**est idea** ich habe nicht die leiseste Ahnung; ~ **hope** schwache Hoffnung; **to have a** ~ **recollection of s.th.** sich (nur) schwach *od.* undeutlich an etwas erinnern (können). **3.** (drückend) schwül, drückend. **4.** zaghaft, furchtsam, kleinmütig, feig(e): ~ **heart never won fair lady** wer nicht wagt, der nicht gewinnt. **II** *s* **5.** Ohnmacht *f*: **in a** ~ ohnmächtig; → **dead** 3. **III** *v/i* **6.** ohnmächtig werden, in Ohn-

macht fallen (**with, from** vor *dat*): ~**ing fit** Ohnmachtsanfall *m.* **7.** *obs.* verzagen. **'faint·heart** *s* Feigling *m.* **¡faint-'heart·ed** *adj* (*adv* ~**ly**) feig(e), zaghaft, furchtsam, kleinmütig. **¡faint'heart·ed·ness** *s* Feigheit *f*, Furchtsamkeit *f.* **'faint·ness** *adj* schwächlich. **'faint·ness** *s* **1.** Schwäche(gefühl *n*, -zustand *m*) *f*, Mattigkeit *f.* **2.** *fig.* Schwäche *f* (*e-s Tons etc*). **3.** ~ **of heart** *fig.* Feigheit *f*, Furchtsamkeit *f.*

**faints** → **feints.**

**fair¹** [feə(r)] **I** *adj* (*adv* → **fairly**) **1.** schön, hübsch, nett: **the** ~ **sex** das schöne *od.* zarte Geschlecht. **2.** a) hell (*Haut, Haar, Teint*), blond (*Haar*), zart (*Teint, Haut*), b) hellhäutig. **3.** rein, sauber, makellos, unbescholten: ~ **name** guter Ruf. **4.** schön, gefällig: **to give s.o.** ~ **words** j-n mit schönen Worten abspeisen. **5.** klar, heiter (*Himmel*), schön, trocken (*Wetter, Tag*): **set** ~ beständig. **6.** rein, klar (*Wasser, Luft*). **7.** sauber, deutlich, leserlich: → **copy** 1. **8.** frei, offen, ungehindert (*Aussicht etc*): ~ **game** a) jagdbares Wild, b) *fig.* Freiwild *n*; **his speech was** ~ **game for his opponents** ein gefundenes Fressen. **9.** günstig, aussichtsreich, vielversprechend: ~ **chance** reelle Chance; → **way¹** *Bes. Redew.*, **wind¹** 1. **10.** (ganz) schön, ansehnlich, nett: **a** ~ **sum. 11.** anständig: a) *bes. sport* fair, b) ehrlich, offen, aufrichtig (**with** gegen), c) 'unpar¡teiisch, gerecht: ~ **and square** offen u. ehrlich, anständig; **by** ~ **means** auf ehrliche Weise; **by** ~ **means or foul** so oder so; **that's only** ~ das ist nur recht u. billig; → **is** → Gerechtigkeit muß sein; ~ **competition** *econ.* redlicher Wettbewerb; **all's** ~ **in love and war** im Krieg u. in der Liebe ist alles erlaubt; → **comment** 1, **play** 3, **warning** 1. **12.** leidlich, ziemlich *od.* einigermaßen gut: **to be a** ~ **judge of s.th.** ein ziemlich gutes Urteil über etwas abgeben können; ~ **business** leidlich gute Geschäfte; **pretty** ~ nicht übel, recht *od.* ziemlich gut; → **middling** 1. **13.** angemessen: ~ **price;** ~ **wages. 14.** typisch: **a** ~ **example. 15.** berechtigt: **a** ~ **complaint.**

**II** *adv* **16.** schön, gut, freundlich, höflich: **to speak s.o.** ~ j-m schöne *od.* freundliche Worte sagen. **17.** rein, sauber, leserlich: **to write** (*od.* **copy**) **out** ins reine schreiben. **18.** günstig (*nur noch in*): **to bid** (*od.* **promise**) ~ a) sich gut anlassen, zu Hoffnungen berechtigen, b) (gute) Aussicht haben, versprechen (**to be** zu sein); **the wind sits** ~ *mar.* der Wind ist günstig. **19.** anständig, fair: **to play** ~ fair spielen, *a. fig.* sich an die Spielregeln halten. **20.** 'unpar¡teiisch, gerecht. **21.** aufrichtig, offen, ehrlich: ~ **and square** offen u. ehrlich. **22.** auf gutem Fuß (**with** mit): **to keep** (*od.* **stand**) ~ **with** s.o. auf gutem Fuß mit j-m stehen. **23.** di'rekt, genau: ~ **in the face** mitten ins Gesicht. **24.** völlig: **the question caught him** ~ **off his guard** die Frage traf ihn völlig unvorbereitet. **25.** *Austral.* ganz schön: ~ **tired.**

**III** *s* **26.** *obs.* Schönheit *f* (*a. Frau*).

**IV** *v/t* **27.** *tech.* glätten, zurichten: **to** ~ **into** einpassen in (*acc*). **28.** *Flugzeug etc* verkleiden.

**V** *v/i* **29.** *a.* ~ **off,** ~ **up** *dial.* sich aufheitern (*Wetter*).

**fair²** [feə(r)] *s* **1.** a) Jahrmarkt *m*, b) Volksfest *n*: ~ **the** ~ auf dem Jahrmarkt; (**a day**) **after the** ~ *fig.* (e-n Tag) zu spät. **2.** Ausstellung *f*, Messe *f*: **at the industrial** ~ auf der Industriemesse. **3.** Ba'sar *m.*

**fair¦ catch** *s Rugby*: Freifang *m.* **¦~-'faced** *adj* **1.** hellhäutig. **2.** schön. **¦~-**

**ground** s **1.** Ausstellungs-, Messegelände n. **2.** Rummel-, Vergnügungsplatz m. ˌ∼ˈ**haired** adj **1.** blond, hellhaarig. **2.** ∼ **boy** Am. colloq. Liebling m (des Chefs etc).

**fair·ing**[1] [ˈfeərɪŋ] s aer. Verkleidung f.

**fair·ing**[2] [ˈfeərɪŋ] s obs. Jahrmarktsgeschenk n.

ˈ**fair·ish** adj ziemlich (gut od. groß), leidlich, pasˈsabel.

ˈ**fair·ly** adv **1.** ehrlich. **2.** anständig(erweise). **3.** gerecht(erweise). **4.** ziemlich. **5.** leidlich. **6.** gänzlich, völlig. **7.** geradezu, sozusagen. **8.** klar, deutlich. **9.** genau. **10.** günstig.

ˌ**fair-ˈmind·ed** adj aufrichtig, gerecht (-denkend). ˌ**fair-ˈmind·ed·ness** s Aufrichtigkeit f.

ˈ**fair·ness** s **1.** Schönheit f. **2.** a) Blondheit f, b) Hellhäutigkeit f. **3.** Klarheit f (des Himmels). **4.** Anständigkeit f: a) bes. sport Fairneß f, b) Ehrlichkeit f, Aufrichtigkeit f, c) Gerechtigkeit f: in ∼ gerechterweise; in ∼ to him um ihm Gerechtigkeit widerfahren zu lassen.

ˌ**fair-ˈspo·ken** adj freundlich, höflich. ∼ **trade** s econ. Am. Preisbindung f. ˌ∼-ˈ**trade** econ. Am. **I** adj Preisbindungs...: ∼ **agreement**. **II** v/t Ware in Überˈeinstimmung mit e-m Preisbindungsvertrag verkaufen. ˈ∼-**way** s **1.** mar. Fahrwasser n, -rinne f: ∼ **buoy** Anseglungsboje f. **2.** Golf: Fairway n (kurzgemähte Spielbahn zwischen Abschlag u. Grün). ˈ∼-**weath·er** adj Schönwetter...: ∼ **friends** fig. Freunde nur in guten Zeiten, unzuverlässige Freunde.

**fair·y** [ˈfeərɪ] **I** s **1.** Fee f, Elf m, Elfe f. **2.** sl. ˌSchwule(r)ˈ m (Homosexueller). **II** adj **3.** Feen... **4.** feenhaft: a) märchenhaft, zauberhaft, b) anmutig-zart. ∼**cy·cle** s Kinder(fahr)rad n. ∼ **god·moth·er** s gute Fee (a. fig.). ˈ∼-**land** s **1.** Feen-, Märchenland n. **2.** Phantaˈsiewelt f. ∼ **lights** s pl bunte Lichter (bes. am Weihnachtsbaum). ∼ **ring** s bot. Feenreigen m, -kreis m. ∼ **sto·ry**, ∼ **tale** s Märchen n (a. fig.).

**fait ac·com·pli** pl **faits ac·complis** [ˌfeɪtəˈkɒmpli:] s vollˈendete Tatsache: **to present s.o. with a** ∼ j-n vor vollendete Tatsachen stellen.

**faith** [feɪθ] s **1.** (in) Glaube(n) m (an acc), Vertrauen n (auf acc, zu): **to have** (od. **put**) ∼ **in** a) e-r Sache Glauben schenken, an etwas glauben, b) zu j-m Vertrauen haben; **to pin one's** ∼ **on** (od. **to**) sein (ganzes) Vertrauen setzen auf (acc); **to have full** ∼ **and credit** jur. als Beweis gelten (Urkunde); **to break** ∼ **with s.o.** j-s Vertrauen enttäuschen od. mißbrauchen; **on the** ∼ **of** im Vertrauen auf (acc). **2.** relig. a) (überˈzeugter) Glaube(n), b) Glaube(nsbekenntnis n) m: **the Christian** ∼. **3.** (Pflicht)Treue f, Redlichkeit f: **in good** ∼ in gutem Glauben, gutgläubig (a. jur.); **third party acting in good** ∼ jur. gutgläubiger Dritter; **in bad** ∼ in böser Absicht, arglistig (a. jur.); **in** ∼!, **upon my** ∼! obs. auf Ehre!, m-r Treu!, fürwahr! **4.** Versprechen n: **to give (pledge) one's** ∼ sein Wort geben (verpfänden); **to keep one's** ∼ sein Wort halten; **to break** (od. **violate**) **one's** ∼ sein Versprechen od. Wort brechen. ∼ **cure** s Heilung f durch Gesundbeten.

ˈ**faith·ful I** adj **1.** treu (**to** dat): **a** ∼ **friend**; ∼ **to one's promise** s-m Versprechen getreu. **2.** ehrlich, aufrichtig. **3.** gewissenhaft. **4.** genau, wahrheitsgetreu: **a** ∼ **description**, b) origiˈnal, wortgetreu: **a** ∼ **translation**. **5.** glaubwürdig, zuverlässig: **a** ∼ **statement**. **6.** relig. gläubig. **II** s **7. the** ∼ pl relig. die Gläubigen pl: **Father of the F**∼ (Islam) Beherrscher m der Gläubigen (der Kalif). **8.** pl treue Anhänger pl.

ˈ**faith·ful·ly** adv **1.** treu, ergeben: **Yours** ∼ Mit freundlichen Grüßen (als Briefschluß). **2.** → **faithful** 2–5. **3.** colloq. nach-, ausdrücklich: **to promise** ∼ hoch u. heilig versprechen. ˈ**faith·ful·ness** s **1.** Treue f. **2.** Ehrlichkeit f. **3.** Gewissenhaftigkeit f. **4.** Genauigkeit f. **5.** Glaubwürdigkeit f.

**faith** | **heal·er** s Gesundbeter(in). ∼ **heal·ing** s Gesundbeten n.

ˈ**faith·less** adj (adv ∼ly) **1.** treulos. **2.** unehrlich, unaufrichtig. **3.** relig. ungläubig. ˈ**faith·less·ness** s **1.** Treulosigkeit f. **2.** Unehrlichkeit f. **3.** relig. Ungläubigkeit f.

**fake**[1] [feɪk] mar. **I** s Bucht f (Tauwindung). **II** v/t meist ∼ **down** Tau winden.

**fake**[2] [feɪk] **I** v/t **1.** a. ∼ **up** Bilanz ˌfriˈsieren‘. **2.** Gemälde, Paß etc fälschen, Schmuck imiˈtieren, nachmachen. **3.** Interesse etc vortäuschen, Krankheit a. simuˈlieren, Einbruch etc a. finˈgieren. **4.** sport a) Gegenspieler täuschen, b) Schuß etc antäuschen. **5.** mus. thea. improviˈsieren. **II** v/i **6.** sich verstellen, so tun als ob, simuˈlieren. **III** s **7.** Fälschung f, Nachahmung f, Imitatiˈon f. **8.** Schwindel m, Betrug m. **9.** a) Schwindler m, Betrüger m, Hochstapler m, b) Simuˈlant m, ˌSchauspielerˈ m. **IV** adj **10.** gefälscht, imiˈtiert, nachgemacht. **11.** falsch: **a** ∼ **colonel**. **12.** vorgetäuscht.

ˈ**fake·ment** colloq. für **fake**[2] 7. ˈ**fak·er** s **1.** Fälscher m. **2.** → **fake**[2] 9. **3.** Am. colloq. (bes. betrügerischer) Straßenhändler od. Jahrmarktsschreier.

**fa·kir** [ˈfeɪkɪə; bes. Am. fəˈkɪə(r)] s **1.** relig. Fakir m. **2.** [ˈfeɪkər] Am. colloq. → **fake**[2] 9, **faker** 3.

**fal·ba·la** [ˈfælbələ] s Falbel f, Rüsche f.

**fal·cate** [ˈfælkeɪt; Am. a. ˈfɔ:l-] → **falciform**.

**fal·chion** [ˈfɔ:ltʃən] s **1.** hist. Krummschwert n. **2.** poet. Schwert n.

**fal·ci·form** [ˈfælsɪfɔ:(r)m; Am. a. ˈfɔ:l-] adj anat. bot. zo. sichelförmig, Sichel...

**fal·con** [ˈfɔ:lkən; ˈfɔ:kən; Am. bes. ˈfæl-] s **1.** orn. Falke m. **2.** hunt. Jagdfalke m. **3.** mil. hist. Falˈkaune f (Geschütz). ˈ**fal·con·er** s hunt. Falkner m: a) Abrichter m von Jagdfalken, b) Falkenier m, Beizjäger m.

**fal·co·net** [ˈfɔ:lkənet; Am. ˌfælkəˈnet] s mil. hist. Falkoˈnett n (kleines Geschütz).

ˌ**fal·con-ˈgen·tle** s orn. (Wander)Falkenweibchen n.

**fal·con·ry** [ˈfɔ:lkənrɪ; ˈfɔ:k-; Am. bes. ˈfæl-] s hunt. **1.** Falkneˈrei f, Falkenzucht f. **2.** Falkenbeize f, -jagd f.

**fal·de·ral** [ˌfældəˈræl; Am. ˈfɑ:ldəˌrɑ:l] s **1.** mus. (Valleˈri)Valleˈra n (Kehrreim). **2.** contp. Firlefanz m.

**fald·stool** [ˈfɔ:ldstu:l] s a) Bischofsstuhl m, b) Bet-, Krönungsschemel m, c) anglikanische Kirche: Litaˈneipult n.

**fall** [fɔ:l] **I** s **1.** Fall m, Sturz m, Fallen n: ∼ **from** (od. **out of**) **the window** Sturz aus dem Fenster; **to have a bad** ∼ schwer stürzen; **to ride for a** ∼ a) verwegen reiten, b) a. **to head for a** ∼ fig. das Schicksal od. Unheil herausfordern, ins Unglück rennen; **to take the** ∼ **for s.o.** colloq. für j-n den Kopf hinhalten. **2.** a) (Ab)Fallen n (der Blätter etc), b) bes. Am. Herbst m: **in** ∼ im Herbst; ∼ **weather** Herbstwetter n. **3.** Fall m, Herˈabfallen n, Faltenwurf m (Stoff). **4.** Fallen n (des Vorhangs). **5.** tech. Niedergang m (des Kolbens etc). **6.** Zs.-fallen n, Einsturz m (e-s Gebäudes). **7.** phys. a) freier Fall, b) Fallhöhe f, -strecke f. **8.** a) (Regen-, Schnee)Fall m, b) Regen-, Schnee-, Niederschlagsmenge f. **9.** Fallen n (der Flut, Temperatur etc), Sinken n, Abnehmen n: (**heavy** od. **sudden**) ∼ **in prices** Preis-, Kurssturz m; **to speculate on the** ∼ auf Baisse spekulieren. **10.** Abfall(en) n (des Geländes), Gefälle n, Neigung f (des Geländes): **a sharp** ∼ ein starkes Gefälle. **11.** meist pl (Wasser)Fall m: **the Niagara F**∼**s**. **12.** Anbruch m, Herˈeinbrechen n (der Nacht etc). **13.** Fall m, Sturz m, Nieder-, ˈUntergang m, Verfall m, Ende n: **the** ∼ **of Troy** der Fall von Troja; ∼ **of life** fig. Herbst m des Lebens. **14.** a) (moralischer) Verfall m, Fall m, Fehltritt m: **the F**∼, **the** ∼ **of man** Bibl. der (erste) Sündenfall. **15.** hunt. a) Fall m, Tod m (von Wild), b) Falle f. **16.** agr. zo. Wurf m (Lämmer etc). **17.** Ringen: Niederwurf m: **win by** ∼ Schultersieg m; **to try a** ∼ **with s.o.** fig. sich mit j-m messen.

**II** v/i pret **fell** [fel] pp **fall·en** [ˈfɔ:lən] **18.** fallen: **the curtain** ∼**s** der Vorhang fällt. **19.** (ab)fallen (Blätter etc). **20.** (herˈunter)fallen, abstürzen: **he fell to his death** er stürzte tödlich ab. **21.** (ˈum-, ˈhin-, nieder)fallen, stürzen, zu Fall kommen, zu Boden fallen (Person): **he fell badly** er stürzte schwer. **22.** ˈumfallen, -stürzen (Baum etc). **23.** (in Locken od. Falten etc) (herˈab)fallen. **24.** fig. fallen: a) (im Kampf) ˈumkommen, b) erobert werden (Stadt), c) gestürzt werden (Regierung), d) (moralisch) sinken, e) die Unschuld verlieren, e-n Fehltritt begehen (Frau). **25.** fig. fallen (Flut, Preis, Temperatur etc), abnehmen, sinken: **the wind** ∼**s** der Wind legt sich od. läßt nach; **his courage fell** sein Mut sank; **his voice (eyes) fell** er senkte die Stimme (den Blick); **his face fell** er machte ein langes Gesicht. **26.** abfallen (**toward**[s] zu ... hin) (Gelände etc). **27.** (in Stücke) zerfallen: **to** ∼ **asunder** (od. **in two**) auseinanderfallen, entzweigehen. **28.** (zeitlich) eintreten, fallen: **Easter** ∼**s late this year** Ostern ist od. fällt od. liegt dieses Jahr spät. **29.** sich ereignen. **30.** herˈeinbrechen (Nacht). **31.** fig. fallen (Worte etc): **the remark fell from him** er ließ die Bemerkung fallen. **32.** krank, fällig etc werden: **to** ∼ **ill**; **to** ∼ **due**; **to** ∼ **heir to s.th.** etwas erben.

**Verbindungen mit Präpositionen:**

**fall** | **a·mong** v/i fallen od. geraten unter (acc): **to** ∼ **thieves** Bibl. unter die Räuber fallen (a. fig.). ∼ **be·hind** v/i zuˈrückbleiben hinter (dat), zuˈrückfallen hinter (acc) (beide a. fig.). ∼ **down** v/i die Treppe etc hinˈunterfallen. ∼ **for** v/i **1.** herˈeinfallen auf (j-n od. etwas). **2.** colloq. sich in (j-n) ˌverknallen‘. ∼ **from** v/i abfallen von, (j-m od. e-r Sache) abtrünnig od. untreu werden: **to** ∼ **grace** a) sündigen, b) a. **to** ∼ **favo(u)r** in Ungnade fallen. ∼ **in·to** v/i **1.** kommen od. geraten in (acc): **to** ∼ **difficulties**; **to** ∼ **conversation** ins Gespräch kommen; → **line**[1] 15. **2.** a) verfallen (dat), verfallen in (acc): **to** ∼ **error** e-m Irrtum verfallen, b) sich etwas angewöhnen: **to** ∼ **a habit** e-e Gewohnheit annehmen; **to** ∼ **the habit of doing s.th.** (es) sich angewöhnen, etwas zu tun; **to** ∼ **the habit of smoking** sich das Rauchen angewöhnen. **3.** zerfallen od. sich aufteilen in (acc): **to** ∼ **ruin** zerfallen, in Trümmer gehen. **4.** münden in (acc). **5.** fallen in (ein Gebiet od. Fach), gehören zu (e-m Bereich). ∼ **on** v/i **1.** fallen auf (acc): **his glance fell on me**; → **ear** Bes. Redew., **foot** 1. **2.** ˈherfallen über (acc). **3.** geraten in (acc): **to** ∼ **evil times** e-e schlimme Zeit mit- od. durchmachen müssen. **4.** → **fall to** 3. ∼ **out of** v/i sich etwas abgewöhnen: **to** ∼ **a habit** e-e Gewohnheit ablegen; **to** ∼ **the habit of doing s.th.** (es) sich abgewöhnen, etwas zu tun; **to** ∼ **the**

habit of smoking sich das Rauchen abgewöhnen. **~ o·ver** v/i fallen über (acc): **to ~ one's own feet** über die eigenen Füße stolpern; **~ o.s.** to do s.th. colloq. ‚sich fast umbringen', etwas zu tun. **~ to** v/i **1.** fallen auf (acc): → ground[1] 1, knee 1. **2.** beginnen mit: **to ~ work; to ~ doing s.th.** sich daranmachen, etwas zu tun. **3.** j-m ob'liegen, j-m zufallen (**to do zu tun**). **~ un·der** v/i **1.** unter (ein Gesetz etc) fallen, zu (e-r Kategorie etc) gehören. **2.** der Kritik etc unter'liegen. **~ up·on** → fall on. **~ with·in** → fall into 5.
*Verbindungen mit Adverbien:*
   **fall| a·bout** v/i: **to ~** (laughing od. with laughter) colloq. ‚sich (vor Lachen) kugeln'. **~ a·stern** v/i mar. zu'rückbleiben. **~ a·way** v/i **1.** → fall 26. **2.** → fall off 2 u. **3.** **~ back** v/i zu'rückweichen: **they forced the enemy to ~** mil. sie zwangen den Feind zum Rückzug; **to ~ (up)on** fig. zurückgreifen auf (acc). **~ be·hind** v/i zu'rückbleiben, -fallen (beide a. fig.): **to ~ with** in Rückstand od. Verzug geraten mit. **~ down** v/i **1.** 'hin-, hin'unter-, her'unterfallen. **2.** 'umfallen, einstürzen. **3.** (ehrfürchtig) niederfallen, auf die Knie sinken. **4.** colloq. (on) a) enttäuschen, versagen (bei), b) Pech haben (mit). **~ in** v/i **1.** einfallen, -stürzen. **2.** mil. antreten, ins Glied treten. **3.** fig. sich anschließen (Person), sich einfügen (Sache). **4.** fällig werden (Wechsel etc), ablaufen (Pacht etc). **5.** **~ with** zufällig treffen (acc), stoßen auf (acc). **6.** **~ with** a) beipflichten, zustimmen (dat), b) sich anpassen (dat), c) passen zu, entsprechen (dat). **7.** **~ for** sich zuziehen, ‚abbekommen'. **~ off** v/i **1.** abfallen (Blätter etc). **2.** zu'rückgehen (Geschäfte, Zuschauerzahlen etc), nachlassen (Begeisterung etc). **3.** fig. (from) abfallen (von), abtrünnig werden (dat), verlassen (acc). **4.** mar. vom Strich abfallen. **5.** aer. abrutschen. **~ out** v/i **1.** her'ausfallen. **2.** fig. ausfallen, -gehen, sich erweisen als: **to ~ well. 3.** sich ereignen, geschehen. **4.** mil. a) wegtreten, b) e-n Ausfall machen. **5.** (sich) streiten (**with** mit; **over** über acc). **~ o·ver** v/i 'hinfallen, stürzen (Person), 'umfallen, 'umkippen (Vase etc): **~ backwards** to do s.th. colloq. ‚sich fast umbringen', etwas zu tun. **~ short** v/i **1.** knapp werden, ausgehen. **2.** mil. zu kurz gehen (Geschoß). **3.** es fehlen lassen (in an dat): → expectation 1. **~ through** v/i **1.** 'durchfallen (a. fig.). **2.** fig. miß'glücken, ins Wasser fallen. **~ to** v/i **1.** zufallen (Tür). **2.** ‚reinhauen', (tüchtig) zugreifen (beim Essen). **3.** handgemein werden.
**fal·la·cious** [fə'leɪʃəs] adj (adv ~ly) trügerisch: a) irreführend, b) falsch, irrig. **fal'la·cious·ness** s Irrigkeit f.
**fal·la·cy** ['fæləsɪ] s **1.** Trugschluß m, Irrtum m: **a popular ~** ein weitverbreiteter Irrtum. **2.** Unlogik f. **3.** Täuschung f, Irreführung f.
**fal·lal** [ˌfæl'læl] s protziges Schmuck- od. Kleidungsstück.
**fall·en** ['fɔːlən] **I** pp von fall. **II** adj gefallen: a) gestürzt (a. fig.), b) entehrt (Frau), c) (im Kriege) getötet, d) erobert (Stadt). **III** the ~ collect. die Gefallenen pl. **~ arch·es** s pl med. Senkfüße pl.
**fall guy** s bes. Am. colloq. **1.** a) Opfer n (e-s Betrügers), b) ‚Gimpel' m (leichtgläubiger Mensch). **2.** Sündenbock m.
**fal·li·bil·i·ty** [ˌfælɪ'bɪlətɪ] s Fehlbarkeit f. **'fal·li·ble** adj (adv fallibly) fehlbar.
**'fall·ing| sick·ness** s med. obs. Fallsucht f (Epilepsie). **~ star** s astr. Sternschnuppe f.
**fall line** s Skisport: Fallinie f.

**Fal·lo·pi·an tube** [fə'ləʊpɪən] s oft pl anat. Eileiter m.
**'fall·out** s **1.** phys. Fall'out m, radioak'tiver Niederschlag. **2.** fig. 'Neben-, 'Abfallpro‚dukt n. **3.** fig. (negative) Auswirkungen pl: **if there's trouble on the executive floor we get the ~ down here** dann bekommen wir es hier unten zu spüren.
**fal·low**[1] ['fæləʊ] agr. **I** adj brach(liegend): **to be** (od. **lie**) **~** brachliegen (a. fig.). **II** s Brache f: a) Brachfeld n, b) Brachliegen n: **~ crop** Brachernte f; **~ pasture** Brachwiese f. **III** v/t brachen, stürzen.
**fal·low**[2] ['fæləʊ] adj falb, fahl, braungelb: **~ buck, ~ deer** zo. Damhirsch m, -wild n.
**'fall·|-plow** v/t agr. Am. im Herbst pflügen. **~ trap** s (Klappen-, Gruben)Falle f. **~ wind** s meteor. Fallwind m.
**false** [fɔːls] **I** adj (adv ~ly) falsch: a) unwahr: **~ evidence** jur. falsche (Zeugen)Aussage; **~ name** Falschname m; **~ oath, ~ swearing** jur. Falsch-, Meineid m, b) unrichtig, fehlerhaft, irrig, c) unaufrichtig, 'hinterhältig: **~ to s.o.** falsch gegen j-n od. gegenüber j-m, d) irreführend, vorgetäuscht: **to give a ~ impression** e-n falschen Eindruck vermitteln, ein falsches Bild geben, e) gefälscht, unecht: **~ coin** gefälschte Münze, Falschgeld n; **~ hair (teeth)** falsche od. künstliche Haare (Zähne), f) biol. med. (in Namen) fälschlich so genannt: **~ acacia** falsche Akazie, Robinie f; **~ fruit** Scheinfrucht f, g) arch. tech. Schein..., zusätzlich, verstärkend: **~ bottom** falscher od. doppelter Boden, **~ door** blinde Tür, h) unbegründet: **~ shame** falsche Scham, i) jur. 'widerrechtlich: **~ accusation** falsche Anschuldigung, **~ claim** unberechtigter Anspruch, **~ imprisonment** Freiheitsberaubung f. **II** adv falsch, unaufrichtig: **to play s.o. ~** ein falsches Spiel mit j-m treiben.
**false| a·larm** s falscher od. blinder A'larm (a. fig.). **~ card** s bes. Bridge: irreführende Karte. **~ ceil·ing** s arch. Zwischen-, 'Unterdecke f. **~ coin·er** s Falschmünzer m. **~ col·o(u)rs** s pl falsche Flagge: **~ color** 12. **~ face** s Maske f. **~ floor** s tech. Zwischenboden m, Einschub m. **~ front** s Am. **1.** med. falsche Fas'sade (a. fig.). **2.** fig. bloße Fas'sade, ‚Mache' f. **~ ga·le·na** s min. Zinkblende f. **~'heart·ed** adj treulos. **~'heart·ed·ness** s Treulosigkeit f.
**'false·hood** s **1.** Unwahrheit f, Lüge f: → injurious 2. **2.** Falschheit f, Unehrlichkeit f.
**false| ho·ri·zon** s phys. künstlicher Horizont. **~ keel** s mar. Vor-, Loskiel m. **~ key** s tech. Dietrich m, Nachschlüssel m.
**'false·ness** s Falschheit f: a) Unwahrheit f, b) Unrichtigkeit f, c) Unehrlichkeit f, d) Unechtheit f.
**false| preg·nan·cy** s med. Scheinschwangerschaft f. **~ pre·tenc·es,** Am. **~ pre·tens·es** s pl jur. Vorspiegelung f falscher Tatsachen: **under ~; → obtain** 1. **~ quan·ti·ty** s ling. metr. falsche Vo'kal-, Silbenlänge. **~ rib** s anat. falsche od. kurze Rippe. **~ start** s sport Fehl-, Frühstart m. **~ step** s Fehltritt m (a. fig.). **~ take-off** s aer. Fehlstart m.
**fal·set·to** [fɔːl'setəʊ] **I** pl **-tos** s **1.** Fistelstimme f, mus. a. Fal'sett(stimme f). **2.** mus. Falset'tist(in). **II** adj **3.** Fistel..., mus. a. Falsett... **III** adv **4.** **to sing ~** falsettieren, mit Fistelstimme od. (im) Falsett singen.
**false| um·bel** s bot. Schein-, Trugdolde f. **~ ver·dict** s jur. Fehlurteil n.

**fals·ies** ['fɔːlsɪz] s pl colloq. Schaumgummieinlagen pl (im Büstenhalter).
**fal·si·fi·ca·tion** [ˌfɔːlsɪfɪ'keɪʃn] s (Ver-) Fälschung f: **~ of accounts** Bücherfälschung.
**fal·si·fy** ['fɔːlsɪfaɪ] v/t **1.** fälschen. **2.** verfälschen, falsch od. irreführend darstellen. **3.** Hoffnungen enttäuschen, vereiteln, zu'nichte machen. **4.** wider'legen.
**'fal·si·ty** [-ətɪ] s **1.** Falschheit f, Unrichtigkeit f. **2.** Lüge f, Unwahrheit f.
**Fal·staff·i·an** [fɔːl'stɑːfjən; Am. -'stæffjən] adj fal'staffisch.
**'falt·boat** ['fæltbəʊt; Am. 'fɑːltˌbəʊt; a. 'fɔːlt-] s Faltboot n.
**fal·ter** ['fɔːltə(r)] **I** v/i **1.** schwanken: a) taumeln, b) zögern, zaudern, c) stokken (a. Stimme). **2.** versagen: **his courage ~ed** der Mut verließ ihn; **his memory ~ed** sein Gedächtnis ließ ihn im Stich. **II** v/t **3.** etwas stammeln.
**'fal·ter·ing** adj (adv ~ly) **1.** schwankend: a) taumelnd, b) zögernd. **2.** stammelnd, stockend.
**fame** [feɪm] s **1.** Ruhm m, (guter) Ruf, Berühmtheit f: **to find ~** berühmt werden; **literary ~** literarischer Ruhm; **of ill** (od. **evil**) **~** von schlechtem Ruf, übelbeleumdet, berüchtigt: **house of ill ~** Freudenhaus n. **2.** obs. Gerücht n.
**famed** adj berühmt, bekannt (**for** für, **wegen** gen).
**fa·mil·ial** [fə'mɪljəl] adj Familien...
**fa·mil·iar** [fə'mɪljə(r)] **I** adj (adv ~ly) **1.** vertraut: a) gewohnt: **a ~ sight,** b) bekannt: **a ~ face,** c) geläufig: **a ~ expression; ~ quotations** geflügelte Worte. **2.** vertraut, bekannt (**with** mit): **to make o.s. ~ with** a) sich mit j-m bekannt machen, b) sich mit e-r Sache vertraut machen; **the name is quite ~ to me** der Name ist mir völlig vertraut od. geläufig. **3.** famili'är, vertraulich, ungezwungen, frei: **to be on ~ terms with s.o.** mit j-m gut bekannt sein, mit j-m auf vertrautem Fuße stehen. **4.** in'tim, vertraut: **a ~ friend.** **5.** a. **too ~** contp. (all)zu in'tim od. famili'är od. frei, plump-vertraulich. **6.** zutraulich (Tier). **7.** obs. leutselig. **II** s **8.** Vertraute(r m) f. **9.** a. **~ spirit** Schutzgeist m. **10.** R.C. Famili'aris m: a) hist. Inquisitionsbeamter, b) Hausgenosse e-s Prälaten. **fa·mil·i·ar·i·ty** [-lɪ'ærətɪ] s **1.** Vertrautheit f, Bekanntschaft f (**with** mit). **2.** a) famili'ärer Ton, Ungezwungenheit f, Vertraulichkeit f, b) contp. plumpe Vertraulichkeit, Aufdringlichkeit f, Freiheit f, Intimi'tät f. **3.** intime Beziehungen. **fa·mil·iar·i·za·tion** [-jərar'zeɪʃn; Am. -rə'z-] s (**with**) Bekanntmachen n (mit), Gewöhnen n (an acc). **fa·mil·iar·ize** v/t (**with**) vertraut od. bekannt machen (mit), gewöhnen (an acc).
**fam·i·ly** ['fæməlɪ] **I** s **1.** Fa'milie f (a. der Cosa Nostra u. der Mafia): **a teacher's ~** e-e Lehrer(s)familie f; **have you any ~?** haben Sie Familie? **she was living as one of the ~** sie hatte Familienanschluß, sie gehörte zur Familie; **~ of nations** Völkerfamilie; **that can** (od. **will**) **happen in the best-regulated families** das kommt in den besten Familien vor. **2.** Fa'milie f: a) Geschlecht n, Sippe f, b) fig. 'Her-, Abkunft f: **of (good)** ~ aus guter od. vornehmer Familie, aus gutem Haus. **3.** biol. Fa'milie f. **4.** ling. ('Sprach)Fa‚milie f. **5.** math. Schar f: **~ of characteristics** Kennlinienfeld n. **II** adj **6.** Familien...: **~ album** (Bible, business, hotel, tradition, etc); **~ doctor** Hausarzt m; **~ environment** häusliches Milieu; **~ pack** Familien-, Haushaltspackung f; **~ tensions** familiäre Spannungen; **~ warmth** Nestwärme f; **in a ~ way** zwanglos; **to be in the ~ way** colloq. in anderen Um-

ständen sein. **~ al·low·ance** s Kindergeld n. **~cir·cle** s 1. Fa'milienkreis m: **in the close ~** im engsten Familienkreis. **2.** thea. Am. oberer Rang. **~ court** s jur. Fa'miliengericht n. **F.~Di·vi·sion** s jur. Br. Abteilung des High Court of Justice für Ehesachen, Adoptionen etc. **~ man** s irr **1.** Mann m mit Fa'milie, Fa'milienvater m. **2.** häuslicher Mensch. **~ meeting** s Am. Fa'milienrat m. **~ name** s Fa'milien-, Zuname m. **~ plan·ning** s Fa'milienplanung f. **'~-run ho·tel** s Fa'milienhotel n. **~ skel·e·ton** s streng gehütetes Fa'miliengeheimnis n. **~ tree** s Stammbaum m.

**fam·ine** ['fæmin] s **1.** Hungersnot f. **2.** Knappheit f (of an dat). **3.** obs. Hunger m (a. fig. for nach): **to die of ~** verhungern.

**fam·ish** ['fæmiʃ] **I** v/i **1.** verhungern (obs. außer in): **to be ~ing** colloq. am Verhungern sein. **2.** obs. darben, große Not leiden. **3.** fig. obs. hungern (for nach). **II** v/t **4.** verhungern lassen (obs. außer in Wendungen wie): **he ate as if ~ed** colloq. er aß, als ob er am Verhungern wäre. **5.** obs. e-e Stadt etc aushungern.

**fa·mous** ['feɪməs] adj (adv ~ly) **1.** berühmt (for wegen, für). **2.** colloq. ausgezeichnet, fa'mos, prima: **a ~ dinner** ein großartiges Essen. **'fa·mous·ness** s Berühmtheit f.

**fam·u·lus** ['fæmjʊləs] pl **-li** [-laɪ] (Lat.) s obs. a) Famulus m, Assi'stent m (e-s Hochschullehrers), b) Gehilfe m (e-s Zauberers).

**fan¹** [fæn] **I** s **1.** Fächer m: **~ dance** Fächertanz m. **2.** tech. Venti'lator m, Lüfter m: **~ blade** Ventilatorflügel m. **3.** tech. Gebläse n: a) → fan blower, b) Zy'klon m, Windfang m. **4.** tech. Flügel m: a) e-r Windmühle, b) mar. Schraubenblatt n. **5.** agr. a) hist. Wurfschaufel f, b) (Worfel)Schwinge f. **6.** etwas Fächerartiges (a. poet. Schwanz m, Schweif m, Schwinge f (e-s Vogels), b) geol. Schwemmkegel m: **~ delta** Schwemmdelta n, c) ~ **aerial** (bes. Am. **antenna**) electr. 'Fächeran,tenne f. **II** v/t **7.** Luft fächeln. **8.** um'fächeln, (an)wedeln, j-m Luft zuwedeln od. zufächeln. **9.** Feuer anfachen: **to ~ the flame** fig. Öl ins Feuer gießen. **10.** fig. entfachen, -flammen: **to ~ s.o.'s passion** j-s Leidenschaft anfachen. **11.** fächerförmig ausbreiten. **12.** agr. worfeln, schwingen. **13.** Am. sl. a) ,vermöbeln', b) ,filzen', durch'suchen. **III** v/i **14.** oft **~ out** a) sich fächerförmig ausbreiten, b) mil. (fächerförmig) ausschwärmen.

**fan²** [fæn] s (Sport- etc)Fan m: **~ club** Fanklub m. **~ mail** Verehrerpost f.

**fa·nat·ic** [fə'nætɪk] **I** s Fa'natiker(in). **II** adj (adv ~ally) fa'natisch. **fa'nat·i·cal** [-kl] adj (adv ~ly) fa'natisch. **fa'nat·i·cism** [-sɪzəm] s Fana'tismus m. **fa'nat·i·cize** [-saɪz] **I** v/t fanati'sieren, aufhetzen. **II** v/i fa'natisch werden.

**fan|belt** s tech. Keilriemen m. **~ blow·er** s tech. Flügel(rad)gebläse n. **~ brake** s tech. Luftbremse f.

**fan·ci·er** ['fænsɪə(r)] s **1.** (Tier-, Blumenetc)Liebhaber(in) und (-)Züchter(in): **a dog ~. 2.** Phan'tast(in).

**'fan·ci·ful** adj (adv ~ly) **1.** (allzu) phanta'siereich, voller Phanta'sien, schrullig, wunderlich (Person). **2.** bi'zarr, kuri'os, ausgefallen (Sache). **3.** eingebildet, unwirklich. **4.** phan'tastisch, wirklichkeitsfremd. **'fan·ci·ful·ness** s **1.** Phantaste'rei f. **2.** Wunderlichkeit f.

**fan·cy** ['fænsɪ] **I** s **1.** Phanta'sie f: **that's mere ~** das ist reine Phantasie. **2.** I'dee f, plötzlicher Einfall: **I have a ~ that** ich habe so e-e Idee, daß. **3.** Laune f, Grille f. **4.** (bloße) Einbildung. **5.** (individu'eller)

Geschmack. **6.** Ästhetik: Einbildungskraft f. **7.** (for) Neigung f (zu), Vorliebe f (für), (plötzliches) Gefallen (an dat), (lebhaftes) Inter'esse (an dat od. für): **to take a ~ to** (od. **for**) Gefallen finden an (dat), sympathisch finden (acc); **to catch s.o.'s ~** j-s Interesse erwecken, j-m gefallen. **8.** Tierzucht f (aus Liebhabe'rei). **9.** the **~ collect.** obs. die (Sport- etc)Liebhaber pl, bes. die Boxsportanhänger pl. **II** adj **10.** Phantasie..., phan'tastisch, ausgefallen, über'trieben: **~ name** Phantasiename m; **~ price** Phantasie-, Liebhaberpreis m. **11.** Mode...: **~ article.** **12.** Phantasie..., phanta'sievoll, ausgefallen, reichverziert, kunstvoll, bunt. **13.** Am. Delikateß..., extrafein: **~ fruits; ~ cakes** feines Gebäck, Konditoreiware f. **14.** aus e-r Liebhaberzucht: **a ~ dog.** **III** v/t **15.** sich j-n od. etwas vorstellen: **~ him to be here** stell dir vor, er wäre hier; **~ that!** a) stell dir vor!, denk nur!, b) sieh mal einer an!, nanu! **16.** annehmen, glauben. **17. ~ o.s.** sich einbilden (**to be** zu sein): **to ~ o.s. (very important)** sich sehr wichtig vorkommen; **to ~ o.s. (as) a great scientist** sich für e-n großen Wissenschaftler halten. **18.** gern haben od. mögen, angetan sein von: **I don't ~ this picture** dieses Bild gefällt mir nicht. **19.** Lust haben (auf acc; **doing** zu tun): **I ~ going for a walk** ich habe Lust, e-n Spaziergang zu machen; **I'd ~ an ice cream** ich hätte Lust auf ein Eis. **20.** Tiere, Pflanzen (aus Liebhabe'rei) züchten. **21. ~ up** Am. colloq. aufputzen, ,Pfiff geben' (dat).

**fan·cy| ball** s Ko'stümfest n, Maskenball m. **~ dress** s ('Masken)Ko,stüm m. **'~-dress** adj (Masken)Kostüm...: **~ ball** → fancy ball. **,~'free** adj frei u. ungebunden. **~ goods** s pl **1.** 'Modear,tikel pl, -waren pl. **2.** a) kleine Ge'schenkar,tikel pl, b) Nippes pl. **~ man** s irr **1.** Liebhaber m. **2.** Zuhälter m. **~ pants** s pl (als sg konstruiert) Am. sl. **1.** Weichling m. **2.** ,feiner Pinkel'. **~ stocks** s pl econ. Am. unsichere Spekulati'onspa,piere pl. **~ wom·an** s irr **1.** Geliebte f. **2.** Prostitu'ierte f. **'~-work** s feine Handarbeit.

**fan·dan·gle** [fæn'dæŋgl] s colloq. **1.** phan'tastische Verzierung. **2.** fig. ,Firlefanz' m, ,Quatsch' m.

**fan·dan·go** [fæn'dæŋgəʊ] pl **-gos** s **1.** Fan'dango m (Tanz). **2.** Am. colloq. Ball m, Tanz(veranstaltung f) m. **3.** Am. colloq. Albernheit f.

**fane** [feɪn] s obs. od. poet. Tempel m.

**fan·fare** ['fænfeə(r)] s **1.** mus. Fan'fare f, Tusch m. **2.** fig. contp. Tra'ra n, Tam'tam n.

**fan·fa·ron·ade** [,fænfærə'nɑːd; -'neɪd] s Aufschneide'rei f, Prahle'rei f.

**fang** [fæŋ] **I** s **1.** a) Reiß-, Fangzahn m, Fang m (des Raubtiers etc), Hauer m (des Ebers), Giftzahn m (der Schlange), b) meist pl Br. colloq. ,Beißer' m (Zahn). **2.** anat. Zahnwurzel f. **3.** spitz zulaufender Teil, bes. tech. a) Dorn m (der Gürtelschnalle), b) Heftzapfen m, c) Klaue f (am Schloß), d) Bolzen m. **II** v/t **4.** (mit den Fangzähnen) packen. **5.** e-e Pumpe anlassen. **fanged** adj zo. mit Reißzähnen etc (versehen).

**fan·gle** ['fæŋgl] s meist **new ~** contp. alberne Neuheit od. Mode, neumodisches Zeug.

**fan·go** ['fæŋgəʊ] s Fango m (vulkanischer Mineralschlamm, der zu Heilzwecken verwendet wird).

**fan|heat·er** s Heizlüfter m. **'~-jet** s aer. Mantel-, Zweistromtriebwerk n. **'~-light** s arch. (fächerförmiges) (Tür-)Fenster, Lü'nette f, Oberlicht n.

**fan·ner** ['fænə(r)] → fan blower.

**fan·ny** ['fænɪ] s **1.** bes. Am. sl. ,Arsch' m, ,Hintern' m. **2.** Br. vulg. ,Fotze' f, ,Möse' f (Vulva). **~ ad·ams** s meist sweet ~ Br. sl. über'haupt nichts.

**fan·on** ['fænən] s R.C. **1.** Ma'nipel m, f (am linken Unterarm getragenes gesticktes Band des Meßgewandes). **2.** Fa'non m (liturgischer Schulterkragen des Papstes).

**fan| palm** s bot. Fä'cherpalme. **'~-shape(d)** adj fächerförmig. **'~-tail** s **1.** orn. Pfau(en)taube f. **2.** ichth. Schleierschwanzgoldfisch m.

**fan-tan** ['fæntæn] s **1.** ein chinesisches Glücksspiel. **2.** ein Kartenspiel.

**fan·ta·si·a** [fæn'teɪzjə; Am. a. -ʒə] s mus. Fanta'sie f, Fanta'sia f: a) Musikstück in freier Form, b) (Opern- etc)Potpourri n.

**fan·ta·size** ['fæntəsaɪz] **I** v/t **1.** sich j-n od. etwas vorstellen. **II** v/i **2.** phanta'sieren, Phanta'sievorstellungen haben (about von). **3.** (mit offenen Augen) träumen.

**fan·tast** ['fæntæst] s Phan'tast m.

**fan·tas·tic** [fæn'tæstɪk] adj (adv ~ally) phan'tastisch: a) auf Phanta'sie beruhend, unwirklich, b) ab'surd, aus der Luft gegriffen, c) verstiegen, über'spannt, d) colloq. ,toll', großartig. **fan,tas·ti'cal·i·ty** [-'kæləti] s (das) Phan'tastische. **fan'tas·ti·cal·ness** [-klnɪs] s **1.** Phantaste'rei f. **2.** → fantasticality.

**fan·ta·sy** ['fæntəsɪ; -zɪ] **I** s **1.** Phanta'sie f: a) Einbildungskraft f, b) Phanta'siegebilde n, -vorstellung f, c) Tag-, Wachtraum m, Hirngespinst n. **2.** (das) Phanta'sieren. **3.** → fantasia. **II** v/t u. v/i → fantasize.

**fan·tom** → phantom.

**fan|trac·er·y** s arch. Fächermaßwerk n. **~ train·ing** s Obstbau: Spa'lierziehen n in Fächerform. **~ vault·ing** s arch. Fächergewölbe n. **~ ven·ti·la·tor** s tech. Flügelgebläse n. **~ wheel** s tech. Flügelrad n (des Ventilators), Windrad n (des Anemographen). **~ win·dow** s arch. Fächerfenster n.

**far** [fɑː(r)] comp **far·ther** ['fɑː(r)ðə(r)], **fur·ther** ['fɜːðə; Am. 'fɜrðər], sup **far·thest** ['fɑː(r)ðɪst], **fur·thest** ['fɜːðɪst; Am. 'fɜr-] **I** adj **1.** fern, (weit)entfernt, weit, entlegen. **2.** (vom Sprecher aus) entfernter, abliegend: **at the ~ end** am anderen Ende; **the ~ side** die andere Seite. **3.** weit vorgerückt, fortgeschritten (in in dat). **II** adv **4.** fern, weit: **~ away**, **~ off** weit weg od. entfernt. **5.** fig. weit entfernt (from von): **~ from** rich alles andere als reich; **~ from completed** noch lange od. längst nicht fertig; **I am ~ from believing** it ich bin weit davon entfernt, es zu glauben; **~ be it from me** (**to deny** it) es liegt mir fern(, es zu leugnen), ich möchte (es) keineswegs (abstreiten); **~ from it!** ganz u. gar nicht!, keineswegs! **6.** weit(hin), fern(-hin): **into weit** od. hoch od. tief in (acc); **~ into the night** bis spät od. tief in die Nacht (hinein); **it went ~ to convince him** das hat ihn beinahe überzeugt. **7.** a. **~ and away**, by **~** weit(aus), bei weitem, um vieles, wesentlich (bes. mit comp u. sup): **~ better**; (**by) ~ the best** a) weitaus od. mit Abstand der (die, das) beste, b) bei weitem das beste.

Besondere Redewendungen:

**as ~ as** a) soweit od. soviel (wie), insofern als, b) bis (nach od. zu an [acc]), nicht weiter als; **~ and near** fern u. nah; **~ and wide** weit u. breit; **~ back** weit zurück od. hinten; **as ~ back as 1800** schon (im Jahre) 1800; **~ von** weitem; **to go ~** a) weit gehen od. reichen, b) fig. weit kommen, es weit bringen; **ten pounds don't go ~** mit 10 Pfund kommt man nicht weit; **as ~ as that goes** was

das (an)betrifft; **I'll go so ~ as to say** ich möchte *od.* würde sogar behaupten; **in so ~ (as)** insofern, -weit (als); **so ~** bis hierher, bisher, bis jetzt; **so ~ so good** so weit, so gut; **~ out** a) weit draußen, b) weit hinaus, *od.* → **far-out**; **to be ~ out** weit daneben liegen (*mit e-r Vermutung etc*); **~ up** hoch oben; → **between** 3.

**far·ad** ['færəd] *s phys.* Fa'rad *n* (*Maßeinheit für Kapazität*).

**Far·a·day's cage** *s phys.* Faradaykäfig *m.*

**fa·rad·ic** [fə'rædɪk] *adj phys.* fa'radisch: **~ current.**

**far·a·dize** ['færədaɪz] *v/t med.* faradi'sieren, mit fa'radischem Strom behandeln.

**'far·a·way** *adj* 1. → **far** 1. 2. *fig.* (geistes-) abwesend, verträumt.

**farce** [fɑ:(r)s] *s* 1. *thea.* Posse *f*, Schwank *m*, Farce *f.* 2. *fig.* Farce *f*, Possenspiel *n*, ,The'ater' *n.* 3. → **forcemeat**. **II** *v/t* 4. *gastr.* far'cieren, füllen. 5. *e-e Rede etc* würzen (**with** mit). **'~·meat** → forcemeat.

**far·ceur** [fɑ:(r)'sɜ:; *Am.* -'sɜr] *s* 1. Farcendichter *m od.* -spieler *m.* 2. Possenreißer *m*, Spaßvogel *m.*

**far·ci·cal** ['fɑ:(r)sɪkl] *adj* (*adv* **~ly**) 1. Farcen..., farcen-, possenhaft. 2. *fig.* ab'surd, lächerlich. **far·ci'cal·i·ty** [-'kælətɪ], **'far·ci·cal·ness** *s* 1. Possenhaftigkeit *f.* 2. *fig.* Absurdi'tät *f.*

**far·cy** ['fɑ:(r)sɪ] *s vet.* Rotz *m.*

**far·del** ['fɑ:(r)dl] *s obs.* 1. Bündel *n.* 2. Bürde *f*, Last *f.*

**fare** [feə(r)] **I** *s* 1. a) Fahrpreis *m*, -geld *n*, b) Flugpreis *m*: **what's the ~?** was kostet die Fahrt *od.* der Flug?; **any more ~s, please?** noch j-d zugestiegen?; **~-dodger** (*od. evader*) Schwarzfahrer(in); **~ stage** *Br.* Fahrpreiszone *f*, Teilstrecke *f.* 2. Fahrgast *m* (*bes. e-s Taxis*). 3. Kost *f* (*a. fig.*), Nahrung *f*, Verpflegung *f*: **or·dinary ~** Hausmannskost; **slender ~** magere (*od.* schmale) Kost; **literary ~** *fig.* literarische Kost; → **bill²** 5. 4. *Am.* Fang *m* (*e-s Fischerboots*). **II** *v/i* 5. sich befinden, (er)gehen: **we ~d well** es ging uns gut; **how did you ~ in London?** wie ist es dir in London ergangen?; **he ~d ill, it ~d ill with him** es ist ihm schlecht ergangen, er war schlecht d(a)ran; **to ~ alike** im gleichen Lage sein, Gleiches erleben. 6. *obs.* reisen: **to ~ forth** sich aufmachen; **~ thee well!** leb wohl!, viel Glück! 7. *obs.* essen, speisen.

**Far East** *s* (*der*) Ferne Osten.

**,fare-thee-'well** *s*: **to a ~** *colloq.* a) ausgezeichnet (*kochen etc*), b) wie verrückt (*arbeiten etc*).

**fare·well** [,feə(r)'wel] **I** *interj* 1. lebe(n Sie) wohl!, lebt wohl! **II** *s* 2. Lebe'wohl *n*, Abschiedsgruß *m*: **to bid s.o. ~** j-m Lebewohl sagen; **to make one's ~s** sich verabschieden. 3. Abschied *m*: **to take one's ~ of** Abschied nehmen von (*a. fig.*); **~ to ...!** *fig.* genug von ...!, nie wieder ...! **III** *adj* 4. Abschieds...: **~ party** (*performance, etc*).

**,fare-you-'well** → fare-thee-well.

**,far·'famed** *adj* weithin berühmt. **,~·-'fetched** *adj fig.* 'weit,hergeholt, an den Haaren her'beigezogen. **,~·'flung** *adj* 1. ausgedehnt (*a. fig.*). 2. weitentfernt. **,~·'go·ing** → far-reaching. **,~·'gone** *adj* a) weit fortgeschritten (*Nacht etc*), b) erschöpft, schwach (*Person*), c) abgenutzt, (*Kleidung a.*) abgetragen (*Schuhe a.*) abgetreten.

**fa·ri·na** [fə'raɪnə] *s* 1. (*feines*) Mehl. 2. *bes. Br.* (*bes.* Kar'toffel)Stärke *f.* 3. *bot. Br.* Blütenstaub *m.* **far·i·na·ceous** [,færɪ'neɪʃəs] *adj* 1. Mehl...: **~ food** (*od.* **products**) Teig-

waren. 2. stärkehaltig. 3. mehlig. **far·i·nose** ['færɪnəʊs] *adj* 1. stärkehaltig. 2. *bot. zo.* mehlig bestäubt.

**farl(e)** [fɑ:l] *s Scot. od. Ir.* kleiner (Hafermehl)Fladen.

**farm** [fɑ:(r)m] **I** *s* 1. Farm *f*, (Land)Gut *n*, Bauernhof *m*, landwirtschaftlicher Betrieb. 2. (*Geflügel- etc*)Farm *f.* 3. *obs.* Bauernhaus *n.* 4. 'Landpacht(sy,stem *n*) *f.* 5. verpachteter Bezirk zur Einziehung des Pachtzinses. 6. *a.* **~ team** (*Baseball*) Fohlenmannschaft *f.* 7. → **baby farm.** 8. *Am.* a) Heil- u. Pflegeanstalt *f*, b) Entziehungsanstalt *f.* **II** *v/t* 9. Land bebauen, *a.* e-n Hof bewirtschaften. 10. *Geflügel etc* züchten. 11. Land etc gegen Pachtzins über'nehmen. 12. *oft* **~ out** verpachten, in Pacht geben (**to** s.o. j-m *od.* an j-n). 13. *meist contp.* Kinder gewerbsmäßig in Pflege nehmen. 14. *meist* **~ out** a) *meist contp.* Kinder in Pflege geben (**to**, **with** *dat od.* bei), b) *econ.* Arbeit vergeben (**to** an *acc*). **III** *v/i* 15. (e-e) Landwirtschaft betreiben, Landwirt sein.

**farm| an·i·mals** *s pl* Tiere *pl* auf dem Bauernhof. **~ belt** *s* Gebiet *n* mit inten'siver Landwirtschaft. **~ build·ing** *s* landwirtschaftliches Gebäude. **~ e·quip·ment** *s* landwirtschaftliches Gerät.

**'farm·er** *s* 1. Bauer *m*, Landwirt *m*, Farmer *m.* 2. (*Geflügel- etc*)Züchter *m.* 3. Pächter *m.* 4. → **baby farmer.**

**farm·er·ette** [,fɑ:rmə'ret] *s Am. colloq.* a) Landarbeiterin *f*, b) Erntehelferin *f.*

**farm| hand** *s* Landarbeiter(in). **'~·house** *s* Bauernhaus *n*: **~ bread** Land-, Bauernbrot *n*; **~ butter** Landbutter *f*; **~ holidays** (*bes. Am.* **vacation**) Ferien *pl od.* Urlaub *m* auf dem Bauernhof.

**'farm·ing I** *s* 1. Landwirtschaft *f*, Acker-, Landbau *m.* 2. (*Geflügel- etc*) Zucht *f.* 3. Verpachtung *f.* **II** *adj* 4. landwirtschaftlich, Acker(bau)..., Land...

**farm| la·bo(u)r·er** → farm hand. **'~·land** *s* Ackerland *n*, landwirtschaftlich genutzte Fläche. **~ loan** *s econ. Am.* A'grarkre,dit *m.* **'~·stead** *s* Bauernhof *m*, Gehöft *n.* **~ work·er** → farm hand. **'~·yard** *s* (Innen)Hof *m* e-s Bauernhofs, Wirtschaftshof *m.*

**far·o** ['feərəʊ] *s* Phar(a)o *n* (*Kartenglücksspiel*).

**,far·'off** *adj* 1. → **far** 1. 2. *fig.* (geistes-) abwesend, verträumt.

**fa·rouche** [fə'ru:ʃ] *adj* 1. mürrisch. 2. scheu.

**,far·'out** *adj sl.* 1. ,toll', ,super'. 2. ex'zentrisch.

**far·rag·i·nous** [fə'rædʒɪnəs] *adj* (bunt-) gemischt, kunterbunt. **far·ra·go** [fə'rɑ:gəʊ; -'reɪ-] *pl* **-goes** *s* (buntes) Ge-misch, Kunterbunt *n* (**of** aus, von).

**,far·'reach·ing** *adj* 1. weitreichend (*a. fig.*). 2. *fig.* folgenschwer, schwerwiegend, tiefgreifend.

**far·ri·er** ['færɪə(r)] *s bes. Br.* 1. Hufschmied *m.* 2. *mil.* Beschlagmeister *m* (*Unteroffizier*). **'far·ri·er·y** [-ərɪ] *s bes. Br.* 1. Hufschmiedehandwerk *n.* 2. Hufschmiede *f.*

**far·row** ['færəʊ] **I** *s agr.* Wurf *m* Ferkel: **ten at one ~** zehn (Ferkel) mit 'einem Wurf; **with ~** trächtig (*Sau*). **II** *v/i* ferkeln (*Sau*), frischen (*Wildsau*). **III** *v/t* Ferkel werfen.

**far·row²** ['færəʊ] *adj* gelt, nicht tragend (*Kuh*).

**far|'see·ing** *adj fig.* weitblickend, 'umsichtig. **'~·sight·ed** *adj* 1. → farseeing. 2. *med.* weitsichtig. **'~·sight·ed·ness** *s* 1. *fig.* Weitblick *m*, 'Umsicht *f.* 2. *med.* Weitsichtigkeit *f.*

**fart** [fɑ:(r)t] *vulg.* **I** *s* 1. ,Furz' *m.* 2. *fig.* ,Arschloch' *n.* **II** *v/i* 3. ,furzen': **to ~ about** (*od.* **around**) *fig.* herumalbern, -blödeln.

**fart·lek** ['fɑ:(r)tlek] *s sport* Inter'valltraining *n.*

**far·ther** ['fɑ:(r)ðə(r)] **I** *adj* 1. *comp von* far. 2. weiter weg liegend, (*vom Sprecher*) abgewendet, entfernter: **the ~ shore** das gegenüberliegende Ufer. 3. → **further** 5. **II** *adv* 4. weiter: **so far and no ~** bis hierher u. nicht weiter. 5. → **further** 2, 3.

**'far·ther·most** *adj* 1. weitest(er, e, es), entferntest(er, e, es). 2. → furthermost 1.

**far·thest** ['fɑ:(r)ðɪst] **I** *adj* 1. *sup von* far. 2. weitest(er, e, es), entferntest(er, e, es). 3. → **furthest** 4. **II** *adv* 4. am weitesten, am entferntesten. 5. → **furthest** 4.

**far·thing** ['fɑ:ðɪŋ] *s Br. hist.* Farthing *m* ($^1/_4$ *Penny*): **not worth a (brass) ~** *fig.* keinen (roten) Heller wert; **it doesn't matter a ~** es macht gar nichts.

**far·thin·gale** ['fɑ:(r)ðɪŋgeɪl] *s hist.* Reifrock *m*, Krino'line *f.*

**Far West** *s Am.* Gebiet *n* der Rocky Mountains u. der pazifischen Küste.

**fas·ces** ['fæsi:z] *s pl antiq.* Lik'torenbündel *n.*

**fas·cia** ['feɪʃə; -ʃɪə] *pl* **-ci·ae** [-ʃii:] *s* 1. Binde *f*, (Quer)Band *n.* 2. *zo.* Farbstreifen *m.* 3. ['fæʃɪə] *anat.* Faszie *f*, Muskelhaut *f*, -hülle *f*: **band of ~** Faszienband *n.* 4. *arch.* a) Gurtsims *m* (*an Tragbalken*), b) Band *m* (*von Säulenschäften*). 5. ['fæʃɪə] *med.* (Bauchetc)Binde *f*: **abdominal ~.** 6. → **facia.**

**fas·ci·ate** ['fæʃɪeɪt], *a.* **'fas·ci·at·ed** [-tɪd] *adj* 1. *bot.* verbändert, zs.-gewachsen. 2. *zo.* bandförmig gestreift.

**fas·ci·cle** ['fæsɪkl] *s* 1. Bündel *n.* 2. Fas'zikel *m*: a) (Teil)Lieferung *f*, (Einzel-) Heft *n* (*e-s Buches*), b) Aktenbündel *n.* 3. → **fasciculus** 1. 4. *bot.* a) (dichtes) Büschel, b) Leitbündel *n.* **'fas·ci·cled** *adj bot.* in Bündeln *od.* Büscheln gewachsen, gebündelt, gebüschelt. **fas·cic·u·lar** [fə'sɪkjʊlə(r)] *adj* büschelförmig. **fas·cic·u·late** [-lət; -leɪt], **fas·cic·u·lat·ed** [-leɪtɪd] → fascicled. **'fas·ci·cule** [-kju:l] → fascicle. **fas·cic·u·lus** [-ləs] *pl* **-li** [-laɪ] *s* 1. *anat.* kleines (Nerven-, Muskelfaser)Bündel, Faserstrang *m.* 2. → fascicle 2.

**fas·ci·nate** ['fæsɪneɪt] *v/t* 1. faszi'nieren: a) bezaubern, bestricken, b) fesseln, pakken, gefangennehmen, in s-n Bann ziehen: **~d** fasziniert, (wie) gebannt. 2. hypnoti'sieren (*Schlange etc*). **'fas·ci·nat·ing** *adj* (*adv* **~ly**) faszi'nierend: a) bezaubernd, 'hinreißend, b) fesselnd, spannend. **,fas·ci'na·tion** *s* 1. Faszinati'on *f*, Anziehungskraft *f.* 2. Zauber *m*, Reiz *m.* **'fas·ci·na·tor** [-tə(r)] *s* 1. faszi'nierende Per'son *od.* Sache. 2. (Häkel-, Spitzen)Kopftuch *n*, Tha'terschal *m.*

**fas·cine** [fæ'si:n] *s arch. mil.* Fa'schine *f* (*Reisiggeflecht für Befestigungsbauten*).

**fas·cism**, *oft* **F~** ['fæʃɪzəm] *s pol.* Fa'schismus *m.* **'fas·cist**, *a.* **F~ I** *s* Fa'schist *m.* **II** *adj* fa'schistisch.

**fash¹** [fæʃ] *Scot.* **I** *v/i* sich ärgern *od.* aufregen. **II** *v/t* (o.s. sich) ärgern, aufregen.

**fash²** [fæʃ] *s tech.* Gußnaht *f*, Bart *m.*

**fash³** [fæʃ] *sl. für* fashionable I.

**fash·ion** ['fæʃn] *s* 1. Mode *f*: **the latest ~** die neueste Mode; **it became the ~** es wurde (große) Mode; **to bring (come) into ~** in Mode bringen (kommen); **to set the ~** a) die Mode vorschreiben, b) *fig.* den Ton angeben; **it is (all) the ~** es ist (große) Mode, es ist (hoch)modern; **out of ~** unmodern; **to dress in the English ~** sich nach englischer

Mode kleiden; ~ **designer** Modezeichner(in); ~ **house** Modegeschäft *n*, Mode(n)haus *n*; ~ **journal** Modejournal *n*; ~ **parade** Mode(n)schau *f*; ~ **plate** a) Modebild *n*, b) *fig*. Modepuppe *f*, (Mode-)Geck *m*; ~ **show** Mode(n)schau *f*. **2.** (feine) Lebensart, (gepflegter) Lebensstil, Vornehmheit *f*: **a man of** ~ ein Mann von Lebensart. **3.** Art *f u*. Weise *f*, Methode *f*, Ma'nier *f*, Stil *m*: **after their** ~ auf ihre Weise; **after** (*od*. **in**) **a** ~ schlecht u. recht, einigermaßen, 'soso lala'; **an artist after a** ~ so etwas wie ein Künstler; **after the** ~ **of** im Stil *od*. nach Art von (*od. gen*); **in summary** ~ summarisch. **4.** Fas'son *f*, (Zu)Schnitt *m*, Form *f*, Mo'dell *n*, Machart *f*. **5.** Sorte *f*, Art *f*: **men of all** ~s. **II** *v/t* **6.** 'herstellen, machen. **7.** formen, bilden, gestalten, machen, arbeiten (**according to**, **after** nach; **out of**, **from** aus; **to**, **into** zu). **8.** (**to**) anpassen (*dat*, *an acc*), zu'rechtmachen (für). **III** *adv* **9.** wie, nach Art von (*od. gen*): **horse-**~ nach Pferdeart, wie ein Pferd.

'**fash·ion·a·ble I** *adj* (*adv* **fashionably**) **1.** modisch, ele'gant, fein. **2.** vornehm, ele'gant. **3.** a) in Mode: **to be very** ~ große Mode sein (with bei; **to** *inf zu inf*), b) Mode...: ~ **complaint** Modekrankheit *f*; ~ **writer** Modeschriftsteller(in). **II** *s* **4.** ele'ganter Herr, elegante Dame: **the** ~**s** die Schickeria. '**fash·ion·a·ble·ness** *s* (*das*) Modische, Ele'ganz *f*.

'**fash·ion**|**-con·scious** *adj* modebewußt. '~**mon·ger** *s* (Mode)Geck *m*. '~**wear** *s* 'Modear,tikel *pl*.

**fast¹** [fɑːst; *Am*. fæst] **I** *adj* **1.** schnell, geschwind, rasch: ~ **train** Schnell-, D-Zug *m*; **to pull a** ~ **one on s.o.** *colloq*. j-n ,reinlegen' *od*. ,übers Ohr hauen'; **my watch is** (**ten minutes**) ~ m-e Uhr geht (10 Minuten) vor; ~ **worker** *colloq*. Draufgänger *m* (*bei Frauen*); **he's a** ~ **worker** a) er arbeitet schnell, b) *colloq*. ,er geht scharf ran' (*bei Frauen*). **2.** → **fast-moving. 3.** ,schnell' (*hohe Geschwindigkeit gestattend*): ~ **road**; ~ **lane** *mot*. Überholspur *f*. **4.** *fig*. flott, leichtlebig: → **liver²**. **5.** *phot*. a) hochempfindlich (*Film*), b) lichtstark (*Objektiv*). **II** *adv* **6.** schnell, geschwind, rasch. **7.** zu leben: **to run** ~ vorgehen (*Uhr*). **8. to live** ~ ein flottes Leben führen. **9.** *obs. od. poet*. nahe: ~ **by** (*od.* **beside**) (ganz) nahe bei; **to follow** ~ **upon** dicht folgen auf (*acc*).

**fast²** [fɑːst; *Am*. fæst] **I** *adj* **1.** fest, befestigt, sicher, festgemacht, unbeweglich: **to make** ~ festmachen, befestigen, *e-e Tür* verschließen. **2.** fest: **a** ~ **grip**; **a** ~ **knot**; ~ **sleep** fester *od*. tiefer Schlaf; **to take** ~ **hold of** fest packen. **3.** *fig*. fest: ~ **friendship**; ~ **friends** unzertrennliche *od*. treue Freunde. **4.** (**to**) 'widerstandsfähig (gegen), beständig (gegen['über]): ~ **colo(u)r** echte Farbe; ~ **to light** lichtecht. **II** *adv* **5.** fest: **to hold** ~ festhalten; **to hold** ~ **to** *fig*. festhalten an (*dat*); **to be** ~ **asleep** fest *od*. tief schlafen; **to play** ~ **and loose** *fig*. Schindluder treiben (**with** mit); **stuck** ~ a) fest eingeklemmt, b) festgefahren. **6.** stark: **it's raining** ~.

**fast³** [fɑːst; *Am*. fæst] *bes. relig.* **I** *v/i* **1.** fasten. **II** *s* **2.** Fasten *n*: **to break one's** ~ das Fasten brechen. **3.** a) Fastenzeit *f*, b) *a*. ~ **day** Fast(en)tag *m*.

'**fast**|**·back** *s mot*. (Wagen *m* mit) Fließheck *n*. ~ **breed·er**, ~'**breed·er re·ac·tor** *s phys*. schneller Brüter.

**fas·ten** ['fɑːsn; *Am*. 'fæsn] **I** *v/t* **1.** befestigen, festmachen, fest-, anbinden (**to**, **on** *an acc*): → **seat belt. 2.** *a*. ~ **up** *e-e Tür etc* (fest) zumachen, (ab-, ver)schließen, verriegeln, *e-e Jacke etc* zuknöpfen, *ein*

---

*Paket etc* zu-, verschnüren: **to** ~ **with nails** zunageln; **to** ~ **with plaster** zugipsen; **to** ~ **down** a) befestigen, fest zumachen, b) *colloq*. j-n ,festnageln' (**to auf** *acc*). **3.** ~ (**up**)**on** *fig*. a) *j-m e-n Spitznamen etc* geben, ,anhängen': **to** ~ **a nickname upon s.o.**, b) *j-m e-e Straftat etc* zuschieben, ,in die Schuhe schieben', ,anhängen': **they** ~**ed the crime upon him. 4.** *fig*. **den Blick**, *s-e Gedanken* heften, *a. s-e Aufmerksamkeit* richten, *Erwartungen* setzen (**on** *auf acc*). **II** *v/i* **5.** ~ (**up**)**on** *a*. klammern an (*acc*) (*a. fig*.), b) *fig*. sich stürzen auf (*acc*), her'ausgreifen (*acc*), aufs Korn nehmen (*acc*). **6.** sich fest- *od*. zumachen *od*. schließen lassen. '**fas·ten·er** *s* **1.** Befestigungsmittel *n*. **2.** Schließer *m*, Halter *m*, Verschluß *m*. **3.** *Färberei*: Fi'xiermittel *n*. '**fas·ten·ing I** *s* **1.** Festmachen *n*, Befestigung *f*. **2.** *tech*. Befestigung(s)-vorrichtung) *f*, Sicherung *f*, Halterung *f*, Verankerung *f*. **3.** → **fastener** 2. **II** *adj* **4.** *tech*. Befestigungs..., Schließ..., Verschluß...

'**fast-food res·tau·rant** *s* Schnellimbiß *m*, -gaststätte *f*.

**fas·tid·i·ous** [fə'stɪdɪəs; fæ-] *adj* (*adv* ~**ly**) anspruchsvoll, wählerisch, heikel (**about** *in dat*). **fas'tid·i·ous·ness** *s* anspruchsvolles Wesen.

'**fast·ing** *bes. relig.* **I** *adj* fastend, Fasten...: ~ **cure** Hunger-, Fastenkur *f*; ~ **day** Fast(en)tag *m*. **II** *s* Fasten *n*.

'**fast-,mov·ing** *adj* **1.** schnell. **2.** *fig*. tempogeladen, spannend: **a** ~ **drama**.

'**fast·ness¹** *s* **1.** *obs*. Schnelligkeit *f*. **2.** *fig*. Leichtlebigkeit *f*.

'**fast·ness²** *s* **1.** a) Feste *f*, Festung *f*, b) Schlupfwinkel *m*, stiller Ort, Zufluchtsort *m*. **2.** (**to**) 'Widerstandsfähigkeit *f* (gegen), Beständigkeit *f* (gegen [-'über]), Echtheit *f* (*von Farben*): ~ **to light** Lichtechtheit.

'**fast**|**-paced** → **fast-moving** 2. '~**talk** *v/t sl*. **1.** j-n beschwatzen (**into doing s.th.** etwas zu tun), **2. to** ~ **s.o. out of s.th.** j-m etwas abschwatzen.

**fas·tu·ous** ['fæstjʊəs; *Am*. -tʃəwəs] *adj* (*adv* ~**ly**) **1.** arro'gant. **2.** prunkvoll, protzig.

**fat** [fæt] **I** *adj* (*adv* → **fatly**) **1.** dick, beleibt, korpu'lent, *contp*. fett, feist: ~ **stock** Mast-, Schlachtvieh *n*. **2.** fett, fettig, fett-, ölhaltig: ~ **coal** Fettkohle *f*, bituminöse Kohle. **3.** *fig*. dick: ~ **letter**; ~ **purse**; ~ **type** *print*. Fettdruck *m*. **4.** *fig*. fett, einträglich, ergiebig, reich(lich): **a** ~ **bank account** ein dickes Bankkonto; **a** ~ **job** ein lukrativer Posten; ~ **soil** fetter *od*. fruchtbarer Boden; ~ **wood** harzreiches Holz; **the** ~ **years and the lean** (**years**) die fetten u. die mageren Jahre; **a** ~ **chance** *colloq*. herzlich wenig Aussicht; **a** ~ **lot of good that is!** *colloq. iro*. das ist aber e-e große Hilfe!; → **lot** 11. **5.** *colloq*. a) dumm, b) leer: **get that into your** ~ **head!** kapier das doch endlich mal! **II** *s* **6.** *a. biol. chem*. Fett *n*: ~**s** *chem*. einfache Fette; **the** ~ **is in the fire** der Teufel ist los; **to chew the** ~ *colloq*. ,quatschen', plaudern. **7.** Fett(ansatz *m*) *n*: **to run to** ~ Fett ansetzen. **8. the** ~ das Beste: **to live on** (*od*. **off**) **the** ~ **of the land** in Saus u. Braus leben. **9.** *thea. etc* dankbar(st)e Rolle. **III** *v/t* **10.** *a*. ~ **up** mästen: **to kill the** ~**ted calf** *fig*. ein Willkommensfest geben.

**fa·tal** ['feɪtl] **I** *adj* (*adv* ~**ly**) **1.** tödlich, mit tödlichem Ausgang: **a** ~ **accident** ein tödlicher Unfall. **2.** fa'tal, unheilvoll, verhängnisvoll (**to** für): **to be** ~ **to s.o.'s plans** j-s Pläne zunichte machen. **3.** (über Wohl u. Wehe) entscheidend, schicksalhaft. **4.** unvermeidlich. **5.**

---

Schicksal(s)...: **the** ~ **thread** der Schicksals-, Lebensfaden *m*; → **sister** 1. **II** *s* **6.** tödlicher (Verkehrs)Unfall. '**fa·tal·ism** [-təl-] *s* Fata'lismus *m*, Schicksalsgläubigkeit *f*. '**fa·tal·ist** [-təl-] *s* Fata'list(in). **fa·tal'is·tic** [-tə'l-] *adj* (*adv* ~**ally**) fata'listisch.

**fa·tal·i·ty** [fə'tælətɪ; *Am. a*. feɪ-] *s* **1.** Verhängnis *n*: a) Geschick *n*, b) Schicksalsschlag *m*, Unglück *n*. **2.** Schicksalhaftigkeit *f*. **3.** tödlicher Verlauf (*e-r Krankheit*). **4.** a) tödlicher Unfall: **bathing** ~ tödlicher Badeunfall, b) (Todes-)Opfer *n*.

**fa·ta mor·ga·na** [ˌfɑːtəmɔː(r)'ɡɑːnə] *pl* **-ta -nas** *s* Fata Mor'gana *f* (*a. fig*.).

'**fat**|**·back** *s gastr*. Rückenspeck *m*. ~ **cat** *s bes. Am. sl*. a) Krösus *m*, b) ,großes *od*. hohes Tier'.

**fate** [feɪt] *s* **1.** Schicksal(smacht *f*) *n*. **2.** Geschick *n*, Los *n*, Schicksal *n*: **he met his** ~ das Schicksal ereilte ihn; **he met his** ~ **calmly** er sah s-m Schicksal ruhig entgegen; (**as**) **sure as** ~ garantiert, mit Sicherheit; **she suffered** (*od*. **met with**) **a** ~ **worse than death** a) *humor*. sie wurde verführt, b) sie wurde vergewaltigt. **3.** Verhängnis *n*, Verderben *n*, 'Untergang *m*: **to go to one's** ~ a) untergehen, b) den Tod finden. **4.** **F**~ *meist pl myth*. Schicksalsgöttin *f*: **the** (**three**) **Fates** die Parzen. '**fat·ed** *adj* **1.** (vom Schicksal) dazu bestimmt (**to do** zu tun): **they were** ~ **to meet**, **it was** ~ **that they should meet** es war ihnen bestimmt, sich zu begegnen. **2.** dem 'Untergang geweiht. **3.** → **fateful** 3. '**fate·ful** *adj* (*adv* ~**ly**) **1.** verhängnisvoll. **2.** schicksalsschwer. **3.** schicksalhaft, Schicksals... '**fate·ful·ness** *s* (*das*) Schicksalhafte *od*. Verhängnisvolle.

'**fat**|**·head** *s colloq*. Dummkopf *m*, ,Schafskopf' *m*. ~'**head·ed** *adj colloq*. dumm, ,dämlich', ,doof'.

**fa·ther** ['fɑːðə(r)] **I** *s* **1.** Vater *m*: **like** ~ **like son** der Apfel fällt nicht weit vom Stamm; **F**~**'s Day** Vatertag *m*; **to play the heavy** ~ sich als strenger Vater aufspielen. **2.** *meist* **F**~ *relig*. Gott(vater) *m*: → **our. 3.** *meist pl* Ahn *m*, Vorfahr *m*: **to be gathered to one's** ~**s** zu s-n Vätern versammelt werden; **to rest with one's** ~**s** bei s-n Vätern ruhen. **4.** *colloq*. Schwieger-, Stief-, Adop'tivvater *m*. **5.** *fig*. Vater *m*, Urheber *m*: **the** ~ **of chemistry**; **the F**~ **of lies** der Satan; **the wish was** ~ **to the thought** der Wunsch war der Vater des Gedankens. **6.** *pl* Stadt-, Landesväter *pl*: **the F**~**s of the Constitution** die Gründer der USA. **7.** väterlicher Beschützer *od*. Freund (**to** *gen*). **8.** *oft* **F**~, *a*. **F**~ **of the Church** *relig. hist*. Kirchenvater *m*. **9.** *relig*. a) Vater *m* (*Bischofs- od. Abttitel*): **The Holy F**~ der Heilige Vater, b) → **father confessor**, c) Pater *m*. **10.** **F**~ *poet*. Vater *m*: **F**~ **Time** Chronos *m*. **11.** *Br*. (Dienst)Älteste(r) *m*. **II** *v/t* **12.** *ein Kind* zeugen. **13.** *etwas ins Leben rufen*, her'vorbringen. **14.** wie ein Vater sein zu *j-m*. **15.** die Vaterschaft (*gen*) anerkennen. **16.** *fig*. a) die Urheberschaft (*gen*) anerkennen, b) die Urheberschaft (*gen*) zuschreiben (**on**, **upon** s.o. j-m): **to** ~ **a novel on s.o.** j-m e-n Roman zuschreiben. **17.** die Schuld für *etwas zuschreiben* (**on**, **upon** *dat*).

**Fa·ther Christ·mas** *s bes. Br*. der Weihnachtsmann, der Nikolaus.

**fa·ther**|**con·fes·sor** *s* **1.** *relig*. Beichtvater *m*. **2.** Vertraute(r *m*) *f*. ~ **fig·ure** *s psych*. 'Vaterfi,gur *f*. ~ **fix·a·tion** *s psych*. 'Vaterbindung *f*, -fi,xierung *f*. '**fa·ther·hood** *s* **1.** Vaterschaft *f*. **2.** *collect*. (*die*) Väter *pl*.

'**fa·ther**|**-in-law** *pl* '**fa·thers-in-**

**-law** s Schwiegervater m. **'~land** s Vaterland n.

**'fa·ther·less** adj vaterlos. **'fa·ther·li·ness** [-lɪnɪs] s Väterlichkeit f. **'fa·ther·ly I** adj **1.** väterlich. **2.** Vater... **II** adv **3.** obs. väterlich, in väterlicher Weise. **'fa·ther·ship** s Vaterschaft f.

**fa·ther tie** s psych. Vaterbindung f.

**fath·om** ['fæðəm] **I** s (pl nach Maßzahl oft ~) Fathom n: a) mar. Faden m (Tiefenmaß; 6 Fuß = 1,83 m), b) (Bergbau) Raummaß; 6 Kubikfuß = 0,17 Kubikmeter. **II** v/t **2.** mar. ausloten (a. fig.), loten. **3.** fig. ergründen: **to ~ out** colloq. e-e Antwort etc finden; **I can't ~ out** ... colloq. ich kann mir auch beim besten Willen nicht erklären, ... **'fath·om·a·ble** adj **1.** mar. auslotbar (a. fig.), lotbar. **2.** fig. ergründbar. **fa·thom·e·ter** [fə'ðɒmɪtə; Am. fæ'ðɑmətər] s mar. Echo-, Behmlot n. **'fath·om·less** adj (adv ~ly) unergründlich (a. fig.).

**fath·om line** s mar. Lotleine f.

**fa·tigue** [fə'tiːg] **I** s **1.** Ermüdung f, Ermattung f, Erschöpfung f. **2.** bes. pl mühselige Arbeit, Stra'paze f. **3.** Über-'müdung, -'anstrengung f: ~ **products** med. Ermüdungsstoffe. **4.** agr. Erschöpfung f (des Bodens). **5.** tech. (Werkstoff)Ermüdung f: ~ **behavio(u)r** Ermüdungsverhalten n; ~ **crack** Ermüdungs-, Dauerriß m; ~ **failure** Ermüdungs-, Dauerbruch m; ~ **limit** Ermüdungsgrenze f; ~ **strength** Dauerfestigkeit f; ~ **test** Ermüdungsprobe f, Dauerprüfung f. **6.** mil. a) a. ~ **duty** Arbeitsdienst m; ~ **detail**, ~ **party** Arbeitskommando n) pl, a. ~ **clothes**, ~ **dress**, ~ **uniform** Drillich-, Arbeitsanzug m. **II** v/t **7.** ermüden (a. tech.), erschöpfen. **III** v/i **8.** ermüden (a. tech.). **9.** mil. Arbeitsdienst machen. **fa·'tigued** adj ermüdet (a. tech.), erschöpft. **fa·'tigu·ing** adj (adv ~ly) ermüdend, anstrengend, strapazi'ös.

**fat·less** ['fætlɪs] adj ohne Fett, mager. **'fat·ling** [-lɪŋ] s junges Masttier.

**'fat·ly** adv reichlich, ausgiebig. **'fat·ness** s **1.** Dicke f, Beleibtheit f, Korpu-'lenz f, contp. Fettheit f, Feistheit f. **2.** Fettigkeit f, Fett-, Ölhaltigkeit f. **3.** Fruchtbarkeit f (des Bodens).

**fat·so** ['fætsəʊ] pl **-sos**, **-soes** s sl. contp. 'Fettsack' m.

**'fat·sol·u·ble** adj chem. fettlöslich.

**fat·ten** ['fætn] **I** v/t **1.** a. ~ **up** dick od. contp. fett machen, b) ,auf-, her'ausfüttern' (with mit). **2.** Tiere, colloq. a. Personen mästen. **3.** Land fruchtbar machen, düngen. **II** v/i **4.** dick od. contp. fett werden. **5.** sich mästen (on an dat). **'fat·tish** adj ziemlich fett od. dick. **'fat·ty I** adj **1.** a. chem. fettig, fetthaltig, Fett...: ~ **acid** Fettsäure f. **2.** med. fett(bildend), Fett...: ~ **degeneration** Verfettung f; ~ **heart** Herzverfettung f, Fettherz n; ~ **tissue** Fettgewebe n; ~ **tumo(u)r** Fettgeschwulst f (unter der Haut). **II** s **3.** colloq. Dicke(r m) f, Dickerchen n.

**fa·tu·i·tous** [fə'tjuːɪtəs; Am. a. -'tuː-] → fatuous. **fa·'tu·i·ty** [-ətɪ] s Torheit f, Albernheit f (a. törichte Bemerkung, Tat etc).

**fat·u·ous** ['fætjʊəs; Am. 'fætʃəwəs] adj (adv ~ly) töricht, albern. **'fat·u·ous·ness** s Torheit f, Albernheit f.

**,fat·'wit·ted** → fatheaded.

**fau·bourg** ['fəʊbʊəg; Am. fəʊ'bʊr] s Vorort m.

**fau·cal** ['fɔːkl] **I** adj anat. Kehl..., Rachen... **II** s ling. Kehllaut m. **'fau·ces** [-siːz] pl **-ces** s Rachen m, Schlund m.

**fau·cet** ['fɔːsət] s tech. Am. **1.** a) (Wasser)Hahn m, b) (Faß)Zapfen m. **2.** Muffe f (e-r Röhrenleitung).

**faugh** [fɔː] interj pfui.

**fault** [fɔːlt] **I** s **1.** Schuld f, Verschulden n: **it's not her ~, the ~ is not hers, it's no ~ of hers** sie hat od. trägt od. trifft keine Schuld, es ist nicht ihre Schuld, es liegt nicht an ihr; **to be at ~** schuld sein, die Schuld tragen (→ 4 a, 8). **2.** Fehler m, (jur. a. Sach)Mangel m: **sold with all ~s** ohne Mängelgewähr (verkauft); **to find ~** nörgeln, kritteln; **to find ~ with** etwas auszusetzen haben an (dat), herumnörgeln an (dat); **to a ~** allzu, übertrieben. **3.** (Cha'rakter)Fehler m, (-)Mangel m: **in spite of all his ~s. 4.** a) Fehler m, Irrtum m: **to be at ~** sich irren (→ 1, 8); **to commit a ~** e-n Fehler machen, b) Vergehen n, Fehltritt m. **5.** geol. (Schichten)Bruch m, Verwerfung f. **6.** tech. De-'fekt m: a) Fehler m, Störung f, b) electr. Erd-, Leitungsfehler m, fehlerhafte Iso-'lierung. **7.** Tennis, Springreiten etc: Fehler m. **8.** hunt. a) Verlieren n der Spur, b) verlorene Fährte: **to be at ~** auf der falschen Fährte sein (a. fig.) (→ 1, 4a). **II** v/t **9.** etwas auszusetzen haben an (dat). **10.** geol. Schichten verwerfen. **11.** geol. Schichten verwerfen. **III** v/i **12.** e-n Fehler machen. **13.** geol. sich verwerfen. **'~,find·er** s Nörgler(in), Kritt(e)ler(in). **'~,find·ing I** s Kritte-'lei f, Nörge'lei f. **II** adj kritt(e)lig, nörglerisch.

**fault·i·ness** ['fɔːltɪnɪs] s Fehlerhaftigkeit f. **'fault·ing** s geol. Verwerfung f. **'fault·less** adj (adv ~ly) fehlerfrei, -los, einwandfrei, untadelig. **'fault·less·ness** s Fehler-, Tadellosigkeit f.

**fault re·pair ser·vice** s teleph. Störungsstelle f.

**fault·y** ['fɔːltɪ] adj (adv faultily) fehlerhaft, tech. a. de'fekt, (Argumentation etc a.) falsch: ~ **design** Fehlkonstruktion f.

**faun** [fɔːn] s myth. Faun m.

**fau·na** ['fɔːnə] pl **-nas**, **-nae** [-niː] s zo. Fauna f: a) Tierwelt f (e-s bestimmten Gebiets), b) Bestimmungsbuch für die Tiere e-s bestimmten Gebiets. **'fau·nal** adj Fauna...

**fau·teuil** ['fəʊtəɪ] s Fau'teuil m, Armstuhl m, Lehnsessel m.

**faux pas** [ˌfəʊ'pɑː] pl **faux pas** [-'pɑːz] s Faux'pas m, Taktlosigkeit f.

**fa·ve·o·late** [fæ'viːələt; -leɪt] adj bienenzellenförmig, wabenförmig.

**fa·vor**, bes. Br. **fa·vour** ['feɪvə(r)] **I** v/t **1.** j-m, e-r Sache günstig gesinnt sein, j-m gewogen sein, wohlwollen. **2.** begünstigen: a) favori'sieren, bevorzugen, vorziehen, b) günstig sein für, fördern, c) eintreten od. günstig sein für, unter'stützen, für etwas sein. **3.** sport favori'sieren, zum Favo'riten erklären. **4.** einverstanden sein mit. **5.** beehren (with mit): **to ~ s.o. with s.th.** j-m etwas schenken od. verehren, j-n mit etwas erfreuen. **7.** colloq. j-m ähnlich sehen. **8.** schonen: **to ~ one's leg. II** s **9.** Gunst f, Wohlwollen n: **to be** (od. **stand**) **high in s.o.'s ~** bei j-m in besonderem Gunst stehen, bei j-m gut angeschrieben sein; **to find ~** Gefallen od. Anklang finden; **to find ~ with s.o.** (od. **in s.o.'s eyes**) Gnade vor j-s Augen finden, j-m gefallen; **to grant s.o. a ~** j-m e-e Gunst gewähren; **to look with ~ on s.o.** j-n mit Wohlwollen betrachten; **to win s.o.'s ~** j-s Gunst für sich gewinnen; **by ~ of** a) mit gütiger Erlaubnis von (od. gen), b) überreicht von (Brief); **in ~** beliebt, gefragt, begehrt (**with** bei); **in my ~** zu m-n Gunsten; **to speak in ~ of** für etwas sprechen od. eintreten; **who is in ~ (of it)?** wer ist dafür od. (damit) einverstan-

den?; **out of ~** a) in Ungnade (gefallen) (**with** bei), b) nicht mehr gefragt od. beliebt od. begehrt (**with** bei); → **fall from. 10.** Gefallen m, Gefälligkeit f: **to ask s.o. a ~** (od. **a ~ of s.o.**) j-n um e-n Gefallen bitten; **to do s.o. a ~**, **to do a ~ for s.o.** j-m e-n Gefallen tun; **we request the ~ of your company** wir laden Sie höflich ein. **11.** Bevorzugung f, Begünstigung f: **to show ~ to s.o.** j-n bevorzugen od. begünstigen; **he doesn't ask for ~s** er stellt keine besonderen Ansprüche; **without fear or ~** unparteiisch. **12.** to grant s.o. one's ~s (od. **one's ultimate ~**) j-m s-e Gunst geben od. gewähren (Frau). **13.** obs. Schutz m: **under ~ of night** im Schutze der Nacht. **14.** a) kleines (auf e-r Party etc verteiltes) Geschenk, b) (auf e-r Party etc verteilter) 'Scherzar,tikel. **15.** (Par'tei- etc)Abzeichen n. **16.** econ. obs. Schreiben n: **your ~ of the 3rd of the month** Ihr Geehrtes vom 3. des Monats. **17.** obs. a) Anmut f, b) Aussehen n, c) Gesicht n.

**'fa·vor·a·ble**, bes. Br. **'fa·vour·a·ble** adj (adv favo[u]rably) **1.** wohlgesinnt, gewogen, geneigt (**to** dat). **2.** allg. günstig: a) vorteilhaft (**to**, **for** für): ~ **conditions**, ~ **trade balance** aktive Handelsbilanz, b) befriedigend, gut: ~ **impression**, c) positiv, zustimmend: ~ **answer**, ~ **attitude**, d) vielversprechend. **'fa·vor·a·ble·ness**, bes. Br. **'fa·vour·a·ble·ness** s günstige Bedingungen pl: **the ~ of the court's decision** das günstige Urteil.

**fa·vored**, bes. Br. **fa·voured** ['feɪvə(r)d] adj **1.** begünstigt: **highly ~** sehr begünstigt; **most ~** meistbegünstigt; → **most-favo(u)red-nation clause. 2.** beliebt, gefragt, begehrt (**with** bei). **3.** bes. sport favori'siert: **to be highly ~** (**to win**) hoher Favorit sein. **4.** in Zssgn ...gestaltet, ...aussehend: **well-~** wohlgestaltet, schön; **ill-~** häßlich.

**fa·vor·ite**, bes. Br. **fa·vour·ite** ['feɪvərɪt] **I** s **1.** Liebling m (a. fig. Schriftsteller etc), contp. Günstling m: **to play ~s** Am. parteiisch sein; **to be the ~ (of** od. **with** od. **of**) **s.o.** bei j-m beliebt od. gefragt od. begehrt sein; **this book is one of my ~s** dies ist eins m-r Lieblingsbücher. **2.** bes. sport Favo'rit(in). **II** adj **3.** Lieblings...: **my ~ composer**; ~ **dish** Leibspeise f. **'fa·vor·it·ism**, bes. Br. **'fa·vour·it·ism** s **1.** Günstlings-, Vetternwirtschaft f. **2.** Bevorzugung f, Begünstigung f: **to show ~ to s.o.** j-n bevorzugen od. begünstigen.

**fa·vor·a·ble**, **fa·vour·a·ble**, **fa·vour·a·ble·ness**, **fa·voured**, **fa·vour·ite**, **fa·vour·it·ism** bes. Br. für favor etc.

**fa·vus** ['feɪvəs] s med. Favus m (ansteckende, chronische Pilzerkrankung der Haut).

**fawn**[1] [fɔːn] **I** s **1.** zo. (Dam)Kitz n, einjähriges Rehkalb: **in ~** trächtig. **2.** Rehbraun n. **II** adj **3.** a. ~-**colo(u)red** rehfarben, -braun. **III** v/t u. v/i **4.** (ein Kitz) setzen (Reh).

**fawn**[2] [fɔːn] v/i **1.** schwänzeln, (mit dem Schwanz) wedeln (als Zeichen der Zuneigung) (Hund): **to ~ (up)on s.o.** a) sich an j-m anschmiegen, b) an j-m hochspringen, c) j-n ablecken. **2.** fig. (**on**, **upon**) katzbuckeln (vor dat), schar'wenzeln (um). **'fawn·ing** adj (adv ~ly) **1.** schwänzelnd, schwanzwedelnd. **2.** fig. schmeichlerisch, kriecherisch.

**fay**[1] [feɪ] v/t u. v/i (Schiffbau) (sich) zs.-fügen (**in**, **into**, **with** mit).

**fay**[2] [feɪ] poet. für fairy 1, 3, 4.

**faze** [feɪz] v/t Am. colloq. j-n durchein-'anderbringen: **that won't ~ him** das läßt ihn kalt.

**feal** [fiːl] *adj obs.* treu.

**fe·al·ty** [ˈfiːəltɪ] *s* **1.** *hist.* Lehenstreue *f.* **2.** Treue *f*, Loyaliˈtät *f* (**to** zu).

**fear** [fɪə(r)] **I** *s* **1.** Furcht *f*, Angst *f* (**of** vor *dat*; **that** daß): **for** ~ vor Angst; **for** ~ **that** aus Furcht, daß; **to be in** ~ (**of s.o.**) sich (vor j-m) fürchten, (vor j-m) Angst haben; ~ **of death** Todesangst *f*; **to go in** ~ **of one's life** in ständiger Todesangst leben, Todesängste ausstehen; **to be without** ~ (**of s.o.**) sich (vor j-m) nicht fürchten, (vor j-m) keine Angst haben; **no** ~! sei(en Sie) unbesorgt!, keine Bange!; → **favor** 11, **green** 6. **2.** Befürchtung *f*, Besorgnis *f*, Sorge *f*, *pl a.* Bedenken *pl*: **for** ~ **of** a) in der Befürchtung, daß, b) um nicht, damit nicht; um zu verhüten, daß; **for** ~ **of hurting him** um ihn nicht zu verletzen. **3.** Scheu *f*, Ehrfurcht *f* (**of** vor *dat*): ~ **of God** Gottesfurcht *f*; **to put the** ~ **of God into s.o.** j-m e-n heiligen Schrecken einjagen. **4.** Gefahr *f*, Risiko *n*: **there is not much** ~ **of that** es ist kaum zu befürchten. **II** *v/t* **5.** fürchten, sich fürchten *od.* Angst haben vor (*dat*). **6.** *Gott* fürchten, Ehrfurcht haben vor (*dat*). **7.** (be)fürchten: **to** ~ **the worst. 8.** ~ **o.s.** *obs.* sich fürchten. **III** *v/i* **9.** sich fürchten, Furcht *od.* Angst haben: **never** ~! keine Angst! **10.** (**for**) fürchten (für *od.* um), bangen (um).

**ˈfear·ful** *adj* (*adv* ~ly) **1.** furchtbar, fürchterlich, schrecklich (*alle a. fig. colloq.*). **2. to be** ~ **in** (großer) Sorge sein, sich ängstigen (**of** um; **that** daß). **3.** furchtsam, angsterfüllt: **to be** ~ **of** sich fürchten *od.* Angst haben vor (*dat*). **4.** ehrfürchtig. **ˈfear·ful·ness** *s* **1.** Furchtbarkeit *f.* **2.** Furchtsamkeit *f.* **ˈfear·less** *adj* (*adv* ~ly) furchtlos, unerschrocken: **to be** ~ **of** sich nicht fürchten *od.* keine Angst haben vor (*dat*). **ˈfear·less·ness** *s* Furchtlosigkeit *f.* **ˈfear·naught, ˈfear·nought** [-nɔːt] *s* **1.** Flausch *m*: a) *dicker, weicher Wollstoff mit gerauhter Oberfläche*, b) Flauschmantel *m.* **ˈfear·some** [-səm] *adj* (*adv* ~ly) **1.** *meist humor.* schrecklich, gräßlich (anzusehen[d]). **2.** furchteinflößend. **3.** ängstlich.

**fea·si·bil·i·ty** [ˌfiːzəˈbɪlətɪ] *s* Machbarkeit *f*, ˈDurchführbarkeit *f.* **ˈfea·si·ble** *adj* (*adv* feasibly) **1.** machbar, (*Plan etc*) ˈdurchführbar. **2.** passend, geeignet (**to** für). **3.** plauˈsibel, wahrˈscheinlich.

**feast** [fiːst] **I** *s* **1.** *relig.* Fest *n*, Fest-, Feiertag *m.* **2.** Festessen *n*, -mahl *n*: **to give a** ~; **to hold a** ~ ein Festessen veranstalten. **3.** *fig.* Fest *n*, (Hoch)Genuß *m*: **a** ~ **for the eyes** e-e Augenweide. **II** *v/t* **4.** festlich bewirten (**on** mit). **5.** ergötzen: **to** ~ **one's eyes on** s-e Augen weiden an (*dat*); **to** ~ **one's mind on** sich weiden an (*dat*). **III** *v/i* **6.** a) ein Festessen veranstalten, b) sich gütlich tun (**on** an *dat*). **7.** sich weiden (**on** an *dat*).

**feat**[1] [fiːt] *s* **1.** Helden-, Großtat *f.* **2.** a) Kunst-, Meisterstück *n*, b) Kraftakt *m.* **3.** (*technische etc*) Großtat, große Leistung.

**feat**[2] [fiːt] *adj* (*adv* ~ly) *obs.* geschickt.

**feath·er** [ˈfeðə(r)] **I** *s* **1.** Feder *f*, *pl* Gefieder *n*: **fur and** ~ Wild u. Federvieh *n*; **fine** ~s **make fine birds** Kleider machen Leute; **birds of a** ~ Leute vom gleichen Schlag; **birds of a** ~ **flock together** gleich u. gleich gesellt sich gern; **in fine** (*od.* **full, high**) ~ *colloq.* a) (bei) bester Laune, b) bei bester Gesundheit, c) in Hochform; **you could have knocked me down with a** ~ ich war einfach ‚platt'; **to make the** ~s **fly** ‚Stunk machen' (*Person*), (*a. Sache*) für helle Aufregung sorgen; **when she got furious the** ~s **flew** flogen die Fetzen; →

**singe** 1, **white feather. 2.** Schmuck-, Hutfeder *f*: **a** ~ **in one's cap** e-e Ehre *od.* Auszeichnung; **that is a** ~ **in his cap** darauf kann er stolz sein. **3.** hoch- *od.* abstehendes Haarbüschel. **4.** Pfeilfeder *f.* **5.** *Rudern*: Flachdrehen *n* (*der Riemen*). **6.** *tech.* (Strebe)Band *n.* **7.** *tech.* Feder(Keil *m*) *f.* **8.** *mar.* Schaumkrone *f* (*U-Boot-Periskop*). **9.** (*etwas*) Federleichtes. **II** *v/t* **10.** mit Federn versehen *od.* schmücken, *e-n Pfeil* fiedern: **to** ~ **one's nest** sein(e) Schäfchen ins trockene bringen. **11.** *Rudern*: *die Riemen* flach drehen. **12.** *tech.* mit Nut u. Feder versehen. **13.** *aer. den Propeller* auf Segelstellung fahren. **III** *v/i* **14.** Federn bekommen, sich befiedern. **15.** federartig wachsen, sich federartig ausbreiten *od.* bewegen. **16.** *Rudern*: *die Riemen* flach drehen.

**feath·er|bed** *s* **1.** Maˈtratze *f* mit Federod. Daunenfüllung. **2.** *fig.* a) ‚gemütliche Sache', b) angenehmer Posten. **ˈ~bed I** *v/t* **1.** *j-n* verhätscheln, *die Landwirtschaft* ˈübersubventi₀nieren. **2.** *e-e Arbeitsstelle* ˈüberbesetzen. **II** *v/i* **3.** unnötige Arbeitskräfte einstellen. **ˈ~bed·ding** *s* (*gewerkschaftlich geforderte*) ˈÜbersetzung mit Arbeitskräften. **ˈ~brain** *s* **1.** Hohlkopf *m.* **2.** leichtsinniger Mensch. **ˈ~brained** *adj* **1.** hohlköpfig. **2.** leichtsinnig. **~ dust·er** *s* Staubwedel *m.*

**feath·ered** [ˈfeðə(r)d] *adj* be-, gefiedert: **~ tribe(s)** Vogelwelt *f.* **ˈfeath·er|edge** *tech.* **I** *s* dünne *od.* scharfe Kante. **II** *adj* mit dünner Kante (versehen). **~ grass** *s bot.* Federgras *n.* **ˈ~head** *s* → **featherbrain. ˈ~head·ed** → **featherbrained.**

**ˈfeath·er·ing** *s* **1.** Gefieder *n*, *orn.* Befiederung *f.* **2.** *aer.* Segelstellung *f* (*des Propellers*).

**feath·er| key** *s tech.* Federkeil *m*, Paßfeder *f.* **~ moss** *s bot.* Ast-, Schlafmoos *n.* **~ ore** *s min.* Federerz *n.* **~ palm** *s bot.* Fiederpalme *f.* **~ shot** *s tech.* Federkupfer *n.* **ˈ~stitch I** *s* Hexenstich *m.* **II** *v/t* mit Hexenstich verzieren. **ˈ~weight I** *s* **1.** *sport* Federgewicht(ler *m*) *n.* **2.** ‚Leichtgewicht' *n* (*Person*). **3.** *fig.* a) unbedeutende Perˈson, b) (*etwas*) Belangloses. **II** *adj* **4.** *sport* Federgewichts... **5.** leichtgewichtig. **6.** *fig.* a) unbedeutend, b) belanglos.

**ˈfeath·er·y** *adj* **1.** ge-, befiedert. **2.** a) feder(n)artig, b) federleicht.

**fea·ture** [ˈfiːtʃə(r)] **I** *s* **1.** (Gesichts)Zug *m*, *pl* Gesicht(szüge *pl*) *n*, Züge *pl*, Aussehen *n.* **2.** charakteˈristischer *od.* wichtiger (Bestand)Teil, Grundzug *m.* **3.** Merkmal *n* (*a. jur. e-r Erfindung*), Charakteˈristikum *n*, (Haupt)Eigenschaft *f*, Hauptpunkt *m*, Besonderheit *f*: ~ **of construction** *tech.* Konstruktionsmerkmal; **distinctive** ~ Unterscheidungsmerkmal; **to make a** ~ **of s.th.** etwas besonders hervorheben. **4.** (ˈHaupt)Attraktiₒon *f.* **5.** Feature *n*: a) a. ~ **program(me)** (*Rundfunk, TV*) Sendung in Form e-s aus Reportagen, Kommentaren u. Dialogen zusetzten (Dokumentar)Berichtes, b) a. ~ **article** (*od.* **story**) (*Zeitung*) zu e-m aktuellen Anlaß herausgegebener, besonders aufgemachter Text- *od.* Bildbeitrag, c) a. ~ **film** Haupt-, Spielfilm *m.* **II** *v/t* **6.** charakteriˈsieren, in den Grundzügen schildern. **7.** als (ˈHaupt)Attraktiₒon zeigen *od.* bringen, groß herˈausbringen *od.* -stellen. **8.** in der Hauptrolle zeigen: **a film featuring X** ein Film mit X in der Hauptrolle. **9.** kennzeichnen, bezeichnend sein für. **10.** (als Besonderheit) haben *od.* aufweisen, sich auszeichnen durch. **11.** *Am. colloq.* sich *etwas* vorstellen. **12.** *colloq. j-m* ähnlich sehen. **III** *v/i* **13.** ‚bumsen' (Geschlechtsverkehr

**haben**) (**with** mit). **ˈfea·tured** *adj* **1.** mit ... (Gesichts)Zügen: **sharp-**~. **2.** herˈvorgehoben, herˈausgestellt. **ˈfea·ture-length** *adj* mit Spielfilmlänge. **ˈfea·ture·less** *adj* **1.** ohne bestimmte Merkmale. **2.** nichtssagend. **3.** *econ.* flau (*Börse*). **ˈfea·turˈette** [-₁ret] *s Am.* Kurzfilm *m.*

**feaze**[1] [fiːz] *v/i* (sich aus)fasern. **feaze**[2] [fiːz] → **faze.**

**feb·ri·fa·cient** [ˌfebrɪˈfeɪʃnt] *med.* **I** *adj* fiebererregend. **II** *s* etwas Fiebererregendes. **fe·brif·er·ous** [fɪˈbrɪfərəs], **fe·brif·ic** [fɪˈbrɪfɪk] *adj med.* **1.** fiebererregend. **2.** fieb(e)rig, fieberhaft, Fieber... **fe·brif·u·gal** [fɪˈbrɪfjʊgl], [ˌfebrɪˈfjuːgl] *adj med.* a) fiebermildernd, b) fiebervertreibend. **feb·ri·fuge** [ˈfebrɪfjuːdʒ] *s med.* Fiebermittel *n.*

**fe·brile** [ˈfiːbraɪl; *Am. a.* ˈfeb-] *adj med.* fieb(e)rig, fieberhaft, Fieber... **fe·bril·i·ty** [fɪˈbrɪlətɪ] *s* Fieberhaftigkeit *f.*

**Feb·ru·ar·y** [ˈfebruərɪ; *Am.* ˈfebjₐˌwerɪ] *s* Februar *m*: **in** ~ im Februar.

**fe·cal, fe·ces** *bes. Am. für* **faecal, faeces.**

**feck·less** [ˈfeklɪs] *adj* (*adv* ~ly) **1.** schwach, kraftlos. **2.** hilflos. **3.** wertlos. **4.** wirkungs-, zwecklos. **5.** unzuverlässig.

**fec·u·la** [ˈfekjʊlə] *pl* **-lae** [-liː] *s chem.* Stärke(mehl *n*) *f*, Satz-, Bodenmehl *n.* **ˈfec·u·lence** [-ləns] *s* **1.** Schlammigkeit *f*, Trübheit *f.* **2.** Bodensatz *m*, Hefe *f.* **3.** *med.* Kotartigkeit *f.* **ˈfec·u·lent** *adj* **1.** schlammig, trübe. **2.** *med.* fäkuˈlent, kotartig, kotig.

**fe·cund** [ˈfiːkənd; ˈfek-] *adj* fruchtbar, produkˈtiv (*a. fig. = schöpferisch*). **ˈfe·cun·date** [-deɪt] *v/t* fruchtbar machen, befruchten (*a. biol.*). **ˌfe·cunˈda·tion** *s* Befruchtung *f* (*a. biol.*). **fe·cun·da·tive** [-deɪtɪv] *adj* fruchtend (*a. biol.*). **feˈcun·di·ty** *s* Fruchtbarkeit *f*, Produktiviˈtät *f* (*beide a. fig.*).

**fed**[1] [fed] *pret u. pp von* **feed.**

**fed**[2] [fed] *s Am. colloq.* **1.** FBˈI-A₁gent *m.* **2.** *meist* F~ (**die**) ˈBundes₁gierung. **3.** → **Federal Reserve Board.**

**fe·da·yee** [fɪˈdɑːjiː; ˌfedəˈjiː; *Am.* fɪˌdæˈjiː] *pl* **-yeen** *s* Fedaˈjin *m*: a) *arabischer Freischärler*, b) *Angehöriger e-r arabischen politischen Untergrundorganisation.*

**fed·er·a·cy** [ˈfedərəsɪ] *s* Föderatiˈon *f*, (Staaten)Bund *m.*

**fed·er·al** [ˈfedərəl] **I** *adj* (*adv* ~ly) **1.** föderaˈtiv, bundesmäßig. **2.** *meist* F~ *pol.* Bundes...: a) bundesstaatlich, den (Gesamt)Bund *od.* die ˈBundesre₁gierung betreffend, b) (*Schweiz*) eidgenössisch, c) (*USA*) zentraˈlistisch, Zentral..., Unions..., National...: ~ **case** *Am.* Fall *m* fürs FBI; **to make a** ~ **case out of s.th.** *Am. colloq.* e-e ‚Staatsaffäre' aus etwas machen; ~ **government** Bundesregierung *f*; ~ **jurisdiction** *jur. Am.* Zuständigkeit *f* der Bundesgerichte, Bundesgerichtsbarkeit *f.* **3.** F~ *Am. hist.* die Uniˈonsgewalt *od.* die Zenˈtralre₁gierung *od.* die Nordstaaten unterˈstützend. **4.** *relig.* den (Alten u. Neuen) Bund Gottes mit dem Menschen betreffend: ~ **theology. II** *s* **5.** Föderaˈlist *m*, Befürworter *m* der ˈBundes(₁einigkeit₁)dee. **6.** F~ *Am. hist.* Föderaˈlist *m*: a) Unioˈnist *m* im Bürgerkrieg, b) Solˈdat *m* der ˈBundesar₁mee. **F~ Bu·reau of In·ves·ti·ga·tion** *s amer.* ˈBundeskrimiˌnalpoli₁zei *f.*

**fed·er·al·ism,** *meist* F~ [ˈfedərəlɪzəm] *s pol.* Föderaˈlismus *m*: a) *außer USA:* Selbständigkeitsbestrebung *f* der Gliedstaaten, Partikulaˈrismus *m*, b) *USA:* Unitaˈrismus *m*, Zentraˈlismus *m.* **ˈfed·er·al·ist I** *adj* **1.** föderaˈlistisch. **II** *s* **2.** *meist* F~ Föderaˈlist *m.* **3.** F~ *Am. hist.*

Mitglied *n* der zentra'listischen Par'tei (*etwa 1790 bis 1816*). ˌfed·er·al·i'za·tion [-lar'zeɪʃn; *Am.* -lə'z-] *s* Föderali'sierung *f.* 'fed·er·al·ize → federate I. **Fed·er·al Re'serve Board** *s* amer. Zen'tralbankrat *m.*

fed·er'ate ['fedəreɪt] *bes. pol.* I *v/t* föderali'sieren, zu e-m (Staaten)Bund vereinigen. II *v/i* sich föde'rieren, sich zu e-m (Staaten)Bund zs.-schließen. III *adj* [-rət] föde'riert, verbündet. ˌfed·er'a·tion *s* 1. Föderati'on *f,* (po'litischer) Zs.-schluß, Vereinigung *f.* 2. *econ.* Föderati'on *f,* (Zen'tral-, Staaten)Bund *m.* 3. *pol.* a) Bundesstaat *m,* b) Föderati'on *f,* Staatenbund *m.* 'fed·er·a·tive [-rətɪv; -reɪtɪv] → federal 1.

fe·do·ra [fr'dɔʊrə; fɪ'dɔ:rə] *s Am.* Filzhut *m.*

fee [fi:] I *s* 1. Gebühr *f:* a) (*Anwalts- etc*)Hono'rar *n,* Bezahlung *f,* Vergütung *f:* a doctor's ~ Arztrechnung *f;* director's ~ *econ.* Vergütung *od.* Tantieme *f* (*e-s Verwaltungsratsmitglieds*), b) amtliche Gebühr, Taxe *f:* licence (*Am.* license) ~s Lizenzgebühr; school ~(s) Schulgeld *n,* c) (Mitglieds)Beitrag *m:* club ~ Vereinsbeitrag, d) (admission *od.* entrance) ~ Eintrittsgeld *n,* e) (admission *od.* entry) ~ Aufnahmegebühr. 2. *jur.* a) *hist.* Lehn(s)gut *n,* b) Eigentum(srecht) *n* (*an Grundbesitz*): to hold land in ~ Land zu eigen haben, c) *Art des Grundbesitzes:* ~ simple (unbeschränktes) Eigentumsrecht, Grundeigentum *n;* ~ tail erbrechtlich gebundenes Grundeigentum; → estate (in) fee simple, estate (in) fee tail. II *v/t* 3. *j-m* e-e Gebühr *od.* ein Hono'rar bezahlen, an (*acc*) e-e Gebühr entrichten. 4. to ~ a lawyer *bes. Scot.* e-n Anwalt engagieren, sich e-n Anwalt nehmen.

fee·ble ['fi:bl] *adj* (*adv* feebly) *allg.* schwach: ~ attempts schwache *od.* (lenden)haften Versuche; ~ excuse lahme Ausrede; a ~ smile ein schwaches *od.* mattes Lächeln; ~ moan schwaches *od.* leises Ächzen. ˌ~·'mind·ed *adj* schwachsinnig, geistesschwach. ˌ~·'mind·ed·ness *s* Schwachsinn *m.* 'fee·ble·ness *s* Schwäche *f.*

feed [fi:d] I *v/t pret u. pp* fed [fed] 1. Nahrung zuführen (*dat*), Tiere, *a.* Kinder, Kranke füttern (on, with mit), e-m Tier zu fressen geben, *Kühe* weiden lassen: to ~ at the breast stillen; to ~ by force zwangsernähren; he cannot ~ himself er kann sich nicht ohne Hilfe essen; to ~ a cold tüchtig essen, wenn man erkältet ist; to ~ up a) *Vieh* mästen, b) *j-n* ,auf-, hochpäppeln'; to ~ the fish(es) *colloq.* ,die Fische füttern' (*sich infolge von Seekrankheit übergeben*), b) ertrinken; to be fed up with s.th. *colloq.* genug *od.* ,die Nase voll' haben von etwas, etwas satt haben; I'm fed up to the teeth (*od.* up to here) with him *colloq.* er steht mir bis hierher. 2. *e-e Familie etc* ernähren, unter'halten. 3. *ein Feuer* unter'halten. 4. *tech.* a) *e-e Maschine* speisen, beschicken, (laufend) versorgen (with mit), b) *Material* zuführen, transpor'tieren, *ein Werkzeug* vorschieben: to ~ s.th. into a computer etwas in e-n Computer eingeben *od.* einspeisen. 5. *~* back a) *electr., Kybernetik:* rückkoppeln, b) *Informationen etc* zu'rückleiten (to an *acc*). 6. *fig.* a) *ein Gefühl* nähren, Nahrung geben (*dat*), b) befriedigen: to ~ one's vanity; to ~ one's eyes on s-e Augen weiden an (*dat*). 7. *fig. j-n* 'hinhalten, (ver)trösten (with mit). 8. *a.* ~ close, ~ down *agr.* *e-e Wiese* abweiden lassen. 9. a) etwas (ver)füttern, zu fressen geben (to *dat*), b) als Nahrung dienen

für. 10. *thea. colloq.* *e-m Komiker* Stichworte liefern. 11. *sport* e-n Spieler mit Bällen ,füttern'. II *v/i* 12. a) Nahrung zu sich nehmen, fressen, weiden (*Tiere*), b) *colloq.* ,futtern' (*Menschen*): to ~ at the high table tafeln; to ~ out of s.o.'s hand *j-m* aus der Hand fressen. 13. sich (er)nähren, leben (on, upon von) (*a. fig.*). III *s* 14. (Vieh)Futter *n,* Nahrung *f:* out at ~ auf der Weide. 15. (Futter)Rati,on *f.* 16. Füttern *n,* Fütterung *f.* 17. *colloq.* Mahlzeit *f:* to be off one's ~ keinen Appetit (mehr) haben. 18. *tech.* a) Beschickung *f,* b) (Materi'al-) Aufgabe *f,* Zuführung *f,* Trans'port *m,* c) Beschickungsmenge *f,* d) (Werkzeug-) Vorschub *m.* 19. *tech.* a) Beschickungsgut *n,* b) Ladung *f,* c) → feeder 6 a. 20. *thea. colloq.* a) Stichwort *n* (*für e-n Komiker*), b) Stichwortgeber(in). 'feed·back *s* 1. *electr., Kybernetik:* Feedback *n,* Rückkoppelung *f.* 2. a) *Rundfunk, TV:* Feedback *n* (*mögliche Einflußnahme des Publikums auf den Verlauf e-r Sendung durch Reaktionen, die dem Veranstalter dieser Sendung rückgemeldet werden*), b) Zu'rückleitung *f* (*von Informationen etc*) (to an *acc*). ~ bag *s Am.* Freß-, Futterbeutel *m* (*für Pferde*): to put on the ~ *colloq.* ,losfuttern' (*Mensch*). ~ belt *s mil.* (Ma'schinengewehr)Pa,tronengurt *m.* ~ boil·er *s tech.* Speisekessel (-anlage *f*) *m.* ~ cock *s tech.* Speisehahn *m.* ~ cur·rent *s electr.* Speisestrom *m.* 2. (An'oden)Ruhe-, Gleichstrom *m.* 'feed·er *s* 1. a) Fütterer *m,* b) *a.* automatic ~ 'Futterauto,mat *m.* 2. to be a heavy ~ a) ein starker Fresser sein (*Tier*), b) *colloq.* ein starker Esser sein (*Mensch*). 3. a) Viehmäster *m,* b) *bes. Am.* Masttier *n.* 4. *tech.* a) Beschicker *m,* b) Zuführer *m.* 5. *print.* Anleger(in). 6. *tech.* a) Aufgabe-, Beschickungsvorrichtung *f,* b) *electr.* Speiseleitung *f,* c) *print.* 'An-, 'Einlegeappa,rat *m,* d) ~ feed mechanism. 7. Bergbau: Kreuzkluft *f.* 8. Zuflußgraben *m.* 9. a) Zubringer *m* (*Straße*), b) → feeder line 1, c) → feeder service. 10. → feeding bottle. 11. *Br.* Lätzchen *n.* 12. *geogr.* Nebenfluß *m.* 13. *thea. Am. colloq.* Stichwortgeber(in) (*für e-n Komiker*). ~ bus *s* Zubringerbus *m.* ~ line *s* 1. *aer. rail.* Zubringerlinie *f,* -strecke *f.* 2. *electr.* Speiseleitung *f.* ~ road *s* Zubringerstraße *f.* ~ ser·vice *s* Zubringerdienst *m,* -verkehr *m.* 'feed·head → riser 5. ~ heat·er *s tech.* Vorwärmer *m* (*der Dampfmaschine*). ~ hop·per *s* 1. *tech.* Einlauf-, Fülltrichter *m.* 2. *Computer:* Kartenvorratsbehälter *m.* 'feed·ing I *s* 1. Füttern *n,* Fütterung *f.* 2. *biol. med.* (Er)Nähren *n:* mixed ~ Zwiemilchernährung *f.* 3. → feed 18. 4. Weide(land *n*) *f.* II *adj* 5. weidend. 6. *tech.* speisend, versorgend, Zufuhr..., *mil.* Lade... ~ bot·tle *s* (Säuglings-, Saug)Flasche *f.* ~ cup *s* Schnabeltasse *f.* feed mech·a·nism *s* 1. *tech.* 'Vorschubmecha,nismus *m,* Nachschubvorrichtung *f.* 2. *mil.* Muniti'onszuführung *f,* Zuführer *m* (*am Maschinengewehr*). pipe *s tech.* Zuleitungsrohr *n.* ~ pump *s tech.* Speisepumpe *f* (*e-s Kessels*). ~ ta·ble *s tech.* Auflegetisch *m.* ~ wa·ter *s tech.* Speisewasser *n.*

feel [fi:l] I *v/t pret u. pp* felt [felt] 1. anfassen, (be)fühlen, anfühlen: to ~ one'way a) sich tastend (zurecht)finden, b) *fig.* vorsichtig vorgehen; → pulse[1]. 2. a) fühlen, (ver)spüren, wahrnehmen, merken: to ~ the cold; to ~ one's age sein Alter spüren; I felt myself blush ich spürte, wie ich rot wurde; to make itself felt spürbar werden, sich bemerk-

bar machen: b) zu spüren *od.* zu fühlen bekommen: to ~ the judge's wrath. 3. empfinden: to ~ pleasure; he felt the loss deeply der Verlust ging ihm sehr zu Herzen. 4. a) ahnen, spüren, b) glauben, c) halten für: I ~ it (to be) my duty ich halte es für m-e Pflicht; it was felt to be unwise man erachtete es für unklug. 5. *a.* ~ out *etwas* son'dieren, *j-m* ,auf den Zahn fühlen'. II *v/i* 6. fühlen: he has lost all ability to ~ in his left hand er hat in s-r linken Hand keinerlei Gefühl mehr. 7. fühlen, durch Fühlen *od.* Tasten festzustellen suchen *od.* feststellen (whether, if ob; how wie). 8. ~ for a) tasten nach: to ~ along the wall for die Wand abtasten nach, b) vorsichtig Ausschau halten nach: to ~ for the enemy, c) suchen nach: to ~ for an excuse, d) her'ausfinden; versuchen, *etwas* her'auszufinden: in the absence of a book of instructions we had to ~ for the best way to operate the machine. 9. gefühlsmäßig rea'gieren *od.* handeln. 10. sich fühlen, sich befinden, sich vorkommen, sein: to ~ cold frieren; to ~ ill sich krank fühlen; I ~ warm mir ist warm; I don't ~ quite myself ich bin nicht ganz auf dem Posten; to ~ up to s.th. a) sich e-r Sache gewachsen fühlen, b) sich in der Lage fühlen zu etwas, c) in (der) Stimmung sein zu etwas; to ~ like a new man (woman) sich wie neugeboren fühlen; to ~ like (doing) s.th. Lust haben zu e-r Sache (etwas zu tun); don't ~ compelled fühlen Sie sich nicht gezwungen. 11. Mitgefühl *od.* Mitleid haben (for, with mit): we ~ with you wir fühlen mit euch. 12. das Gefühl *od.* den Eindruck haben, finden, glauben (that daß): I ~ that ... ich finde, daß ...; es scheint mir, daß ...; to ~ strongly about a) entschiedene Ansichten haben über (*acc*), b) sich erregen über (*acc*); how do you ~ about it? was meinst du dazu?; it is felt in London in London ist man der Ansicht. 13. sich anfühlen: velvet ~s soft. 14. *impers* sich fühlen: they know how it ~s to be hungry sie wissen, was es heißt, hungrig zu sein. III *s* 15. Gefühl *n* (*Art u. Weise, wie sich etwas anfühlt*): a sticky ~. 16. (An-) Fühlen *n:* it is soft to the ~ es fühlt sich weich an; let me have a ~ laß mich mal fühlen. 17. Gefühl *n:* a) Empfindung *f,* Eindruck *m,* b) Stimmung *f,* Atmo'sphäre *f* a hom(e)y ~, c) Feingefühl *n,* (feiner) In'stinkt, ,Riecher' *m* (for für): clutch ~ *mot.* Gefühl für richtiges Kuppeln.

'feel·er *s* 1. *zo.* Fühler *m* (*a. fig.*): to put (*od.* throw) out ~s (*od.* a ~) s-e Fühler ausstrecken. 2. *tech.* a) Dorn *m,* Fühler *m:* ~ ga(u)ge Fühlerlehre *f,* b) Taster *m:* ~ pin Tasterstift *m,* c) Tasthebel *m* (*am Webstuhl*). 'feel·ing I *s* 1. Gefühl *n,* Gefühlssinn *m.* 2. Gefühlszustand *m,* Stimmung *f:* bad (*od.* ill) ~ Groll *m,* Feindseligkeit *f,* böses Blut, Ressentiment *n;* good ~ Wohlwollen *n;* no hard ~s! ich will böse sein!, b) (das) macht nichts! 3. Rührung *f,* Auf-, Erregung *f:* with ~ a) mit Gefühl, gefühlvoll, b) mit Nachdruck, c) erbittert; → high 25. 4. (Gefühls)Eindruck *m:* I have a ~ that ich habe das Gefühl, daß. 5. Gefühl *n,* Gesinnung *f,* Ansicht *f,* Einstellung *f,* Empfindung *f:* strong ~s a) starke Überzeugung, b) Erregung *f.* 6. Fein-, Mitgefühl *n,* Empfindsamkeit *f:* to have a ~ for etwas Gefühl haben für. 7. (Vor)Gefühl *n,* Ahnung *f.* 8. *pl* Empfindlichkeit *f,* Gefühle *pl:* to hurt s.o.'s ~s *j-s* Gefühle *od. j-n* verletzen. II *adj* (*adv* ~ly) 9. fühlend,

empfindend, Gefühls... **10.** gefühlvoll, mitfühlend. **11.** lebhaft (empfunden), voll Gefühl.

**feet** [fiːt] *pl von* foot.

**feign** [feɪn] **I** *v/t* **1.** *Interesse etc* vortäuschen, *Krankheit a.* simu'lieren: **to ~ death** (*od.* **to be dead**) sich totstellen. **2.** *e-e Ausrede etc* erfinden. **II** *v/i* **3.** sich verstellen, so tun als ob, simu'lieren. **'feign·ed·ly** [-ɪdlɪ] *adv* zum Schein. **'feign·er** *s* Simu'lant(in), ,Schauspieler(in)'.

**feint¹** [feɪnt] **I** *s* **1.** *sport* Finte *f* (*a. fig.*). **2.** *mil.* Ablenkungs-, Scheinangriff *m*, 'Täuschungsma,növer *n* (*a. fig.*). **II** *v/i* **3.** *sport* fin'tieren: **to ~ at** (*od.* **upon, against**) *j-n* (durch e-e Finte) täuschen. **III** *v/t* **4.** *sport* ein Abspiel etc antäuschen.

**feint²** [feɪnt] *adj print.* dünn, schwach: **~ lines.**

**feints** [feɪnts] *s pl Branntweinbrennerei:* unreiner Rückstand.

**feis** [feʃ] *pl* **feis·ean·na** ['feʃənə] *s* **1.** *hist.* altirisches Parla'ment. **2.** irischer Sängerwettstreit.

**feist** [faɪst] *s Am. dial.* kleiner Hund. **feist·y** ['faɪstɪ] *adj Am. dial.* **1.** lebhaft, munter. **2.** reizbar.

**feld·spar** ['feldspɑː(r)] *s min.* Feldspat *m*. **feld'spath·ic** [-'spæθɪk] *adj* feldspathaltig, -artig, Feldspat...

**fe·lic·i·tate** [fə'lɪsɪteɪt] *v/t* **1.** beglückwünschen, *j-m* gratu'lieren (**on** zu). **2.** *obs.* beglücken. **fe,lic·i'ta·tion** *meist pl* Glückwunsch *m*: **~s!** ich gratuliere!, herzlichen Glückwunsch! **fe'lic·i·tous** *adj* (*adv* **~ly**) **1.** glücklich. **2.** *fig.* glücklich (gewählt), treffend: **a ~ phrase. fe'lic·i·ty** *s* **1.** Glück(seligkeit *f*) *n.* **2.** Wohltat *f*, Segen *m*. **3.** a) glücklicher Einfall, b) glücklicher Griff, c) treffender Ausdruck.

**fe·lid** ['fiːlɪd] *s zo.* feline 4. **'fe·line** [-laɪn] **I** *adj* **1.** *zo.* zur Fa'milie der Katzen gehörig, Katzen... **2.** katzenartig, -haft: **~ grace. 3.** *fig.* a) falsch, tückisch, b) verstohlen. **II** *s* **4.** *zo.* Katze *f*, Katzentier *n*. **fe·lin·i·ty** [fɪ'lɪnətɪ] *s* 'Katzen,natur *f*, Katzenhaftigkeit *f*.

**fell¹** [fel] *pret von* fall.

**fell²** [fel] **I** *v/t* **1.** *e-n Baum* fällen. **2.** *e-n Gegner etc* fällen, niederstrecken. **3.** *e-e Kappnaht* (ein)säumen. **II** *s* **4.** a) *Am.* gefällte Holzmenge, b) (Holz)Fällen *n*. **5.** Kappnaht *f*, Saum *m*.

**fell³** [fel] *adj* (*adv* **felly**) *poet.* **1.** grausam, wild, mörderisch, grimmig. **2.** tödlich.

**fell⁴** [fel] *s* **1.** Balg *m*, (rohes Tier)Fell. **2.** a) *zo.* ('Unter-, Fett)Haut *f*, b) (Menschen)Haut *f*. **3.** Vlies *n*, dickes, zottiges Fell. **4.** struppiges Haar.

**fell⁵** [fel] *s Br.* **1.** Hügel *m*, Berg *m*. **2.** Moorland *n*.

**fel·lah** ['felə] *pl* **-lahs, -la·hin, -la·heen** [-hiːn] *s* Fel'lache *m*.

**fel·late** ['feleɪt] *v/t* fellatio'nieren, fel'lieren. **fel·la·tio** [fɪ'leɪʃɪəʊ; fe-], **fel'la·tion** *s* Fel'latio *f* (*orale Befriedigung e-s Mannes*).

**fel·ler** ['felə(r)] *colloq. od. humor.* für fellow.

**fel·lic** ['felɪk] *adj chem.* Gallen...

**fell·ing** ['felɪŋ] *s* **1.** (Holz)Fällen *n*. **2.** Schlagfläche *f*, (Kahl)Schlag *m*.

**fel·loe** ['feləʊ] *s tech.* Felge *f*.

**fel·low** ['feləʊ] **I** *s* **1.** Gefährte *m*, Gefährtin *f*, Genosse *m*, Genossin *f*, Kame'rad(in): **~s in misery** Leidensgenossen. **2.** Mitmensch *m*, Zeitgenosse *m*. **3.** *colloq.* Kerl *m*, Bursche *m*, ,Typ' *m*, ,Mensch' *m*, ,Junge' *m*: **good ~** guter Kerl, netter Mensch; **a jolly ~** ,ein fideles Haus'; **my dear ~** mein lieber Freund!; **old ~** alter Knabe; **the ~** *contp.* der *od.*

dieser Kerl; **a ~ man,** einer. **4.** *colloq.* ,Typ' *m*, Freund *m* (*e-s Mädchens*). **5.** Gegenstück *n*, (der, die, das) Da'zugehörige, (der, die, das) andere (*e-s Paares*): **to be ~s** zs.-gehören; **where is the ~ to this glove?** wo ist der andere Handschuh? **6.** Gleichgestellte(r *m*) *f*, Ebenbürtige(r *m*) *f*: **he will never find his ~** er wird nie seinesgleichen finden. **7.** *univ.* Fellow *m:* a) *Br.* Mitglied *n* e-s College (*Dozent, der im College wohnt u. unterrichtet*), b) Inhaber(in) e-s 'Forschungssti,pendiums, c) *Am.* Stu'dent(in) höheren Se'mesters. **8.** Fellow *m*, Mitglied *n* (*e-r gelehrten etc Gesellschaft*): **a F~ of the British Academy. II** *adj* **9.** Mit...: **~ being** (*od.* **creature**) Mitmensch *m*; **~ Christian** Mitchrist *m*, Glaubensbruder *m*; **~ citizen** Mitbürger *m*; **~ countryman** Landsmann *m*; **~ feeling** a) Mitgefühl *n*, b) Zs.-gehörigkeitsgefühl *n*; **~ student** Studienkollege *m*, Kommilitone *m*; **~ sufferer** Leidensgefährte *m*; **~ travel(l)er** a) ~ **passenger** Mitreisender *m*, Reisegefährte *m*, b) *pol.* Mitläufer *m*, c) *Anhänger u. Verfechter (kommunistischer) politischer Ideen, der nicht eingeschriebenes Parteimitglied ist*; **to consult one's ~ doctors** (**teachers,** *etc*) s-e Kollegen um Rat fragen.

**'fel·low·ship** *s* **1.** *oft* **good ~** a) Kame'radschaft(lichkeit) *f*, b) Geselligkeit *f*. **2.** (*geistige etc*) Gemeinschaft, Zs.-gehörigkeit *f*, (gegenseitige) Verbundenheit. **3.** Religi'ons-, Glaubensgemeinschaft *f*. **4.** Gesellschaft *f*, Gruppe *f*. **5.** *univ.* a) die Fellows *pl*, b) *Br.* Stellung *f* e-s Fellows, c) Sti'pendienfonds *m*, d) 'Forschungssti,pendium *n*.

**fel·ly¹** ['felɪ] → felloe.

**fel·ly²** ['felɪ] *adv von* fell³.

**fe·lo-de-se** [,fiːləʊdɪ'siː] *pl* **fe·lo·nes-de-se** [,fiː'ləʊniːz-], **fe·los-de-'se** [-ləʊz-] (*Lat.*) *s jur.* **1.** Selbstmörder *m*. **2.** Selbstmord *m*.

**fel·on¹** ['felən] **I** *s* **1.** *jur.* a) *Am.* Verbrecher *m*, b) *Br. obs.* Schwerverbrecher *m.* **2.** *obs.* Schurke *m*. **II** *adj* → fell³.

**fel·on²** ['felən] *s med.* 'Umlauf *m*, Nagelgeschwür *n*.

**fe·lo·ni·ous** [fə'ləʊnɪəs] *adj jur. Am.* verbrecherisch: **~ homicide** 1. **fe'lo·ni·ous·ly** *adv jur. Am.* in verbrecherischer Absicht, vorsätzlich.

**fel·on·ry** ['felənrɪ] *s collect.* a) *Am.* Verbrecher *pl*, b) *obs.* Schwerverbrecher *pl.* **'fel·o·ny** *s* **1.** *jur.* a) *Am.* Verbrechen *n*, b) *Br. obs.* Schwerverbrechen *n.* **2.** *hist.* Felo'nie *f* (*Bruch der Lehnstreue*).

**fel·site** ['felsaɪt] *s min.* Fel'sit *m*. **'fel·spar** [-spɑː(r)] → feldspar. **'fel·stone** → felsite.

**felt¹** [felt] *pret u. pp von* feel.

**felt²** [felt] **I** *s* **1.** Filz *m*. **2.** Filzhut *m*. **3.** *tech.* Pa'piertrans,porttuch *n*. **4.** *tech.* Dachpappe *f*. **5.** *electr.* Iso'lierpreßmasse *f*. **II** *adj* **6.** aus Filz, Filz...: **~ carpeting** Teppichfilz *m*. **III** *v/t* **7.** filzen, zu Filz machen. **8.** mit Filz über'ziehen. **9.** verfilzen. **IV** *v/i* **10.** filzen, (sich) verfilzen.

**felt grain** *s* Längsfaser *f* des Holzes. **'felt·ing** *s* **1.** Filzen *n*. **2.** Filzstoff *m*.

**felt| tip, '~-tip(ped) pen** *s* Filzschreiber *m*, -stift *m*.

**fem** [fem] *adj Am. sl.* weibisch, unmännlich.

**fe·male** ['fiːmeɪl] **I** *s* **1.** a) Frau *f*, b) Mädchen *n*, c) *contp.* Weibsbild *n*, -stück *n*. **2.** *zo.* Weibchen *n*. **3.** *bot.* weibliche Pflanze. **II** *adj* **4.** *biol.* weiblich: **~ child** Mädchen *n*; **~ dog** Hündin *f*; **~ student** Studentin *f*. **5.** von *od.* für Frauen, Frauen..., weiblich: **~ dress** Frauenkleid *n*; **~ labo(u)r** a) Frauenarbeit *f*, b) weibliche

Arbeitskräfte *pl.* **6.** schwächer, zarter: **~ sapphire. 7.** *tech.* Hohl..., Steck..., (Ein-) Schraub...: **~ key** Hohlschlüssel *m*; **~ mo(u)ld** Matrize *f*; **~ screw** Schraubenmutter *f*; **~ thread** Innen-, Muttergewinde *n.* **8.** *bot.* fruchttragend.

**feme** [fiːm; fem] *s jur.* (Ehe)Frau *f*. **~ cov·ert** *s jur.* verheiratete Frau. **~ sole** *s jur.* **1.** unverheiratete Frau: a) ledige Frau, b) verwitwete Frau, c) geschiedene Frau. **2.** vermögensrechtlich selbständige Ehefrau (*od.* **mer·chant**) selbständige Geschäftsfrau.

**fem·ic** ['femɪk] *adj min.* femisch. **fem·i·nal·i·ty** [,femɪ'nælətɪ], ,fem·i'ne·i·ty** [-'niːətɪ; -'neɪ-] → femininity. **'fem·i·nie** [-nɪ] *s poet.* → femininity 4.

**fem·i·nine** ['femɪnɪn] **I** *adj* (*adv* **~ly**) **1.** weiblich, Frauen...: **~ voice. 2.** *ling. metr.* weiblich, femi'nin: **~ noun. 3.** fraulich, sanft, zart. **4.** weibisch, femi'nin. **II** *s* **5.** *ling.* Femininum *n:* a) weibliches Substantiv *od.* Pro'nomen, b) weibliches Geschlecht. **6.** a) Weib *n*, Frau *f*, b) → femininity 4.

**fem·i·nin·i·ty** [,femɪ'nɪnətɪ] *s* **1.** Weiblichkeit *f*. **2.** Fraulichkeit *f*, Sanftheit *f*, Zartheit *f*. **3.** weibische *od.* femi'nine Art. **4.** *collect.* (die) (holde) Weiblichkeit, (die) Frauen *pl.* **'fem·i·nism** *s* **1.** *med. zo.* Femi'nismus *m*, Verweiblichung *f*. **2.** Femi'nismus *m*, Frauenrechtsbewegung *f*. **'fem·i·nist** **I** *s* Femi'nist(in), Frauenrechtler(in). **II** *adj* femi'nistisch, frauenrechtlerisch. **fe·min·i·ty** [fe'mɪnətɪ] → femininity.

**fem·i·nize** ['femɪnaɪz] **I** *v/t* **1.** weiblich machen. **2.** e-e frauliche Note verleihen (*dat*). **3.** *med. zo.* femi'nieren, verweiblichen. **4.** zu e-m höheren Frauenanteil führen in (*dat*). **II** *v/i* **5.** weiblich werden. **6.** *med. zo.* femi'nieren, verweiblichen.

**Fem Lib** ['femlɪb], **'Fem·lib** *s colloq.* 'Frauenemanzipati,onsbewegung *f*.

**femme fa·tale** [,femfə'tæl; -'tɑːl] *pl* **femmes fa·tales** [,femfə'tælz; -'tɑːlz] *s* Femme *f* fa'tale.

**fem·o·ra** ['femərə] *pl von* femur. **fem·o·ral** ['femərəl] *adj anat.* Oberschenkel(knochen)...

**fe·mur** ['fiːmə(r)] *pl* **-murs** *od.* **fem·o·ra** ['femərə] *s* **1.** *anat.* Oberschenkel (-knochen) *m*. **2.** *zo.* drittes Beinglied (*von Insekten*).

**fen** [fen] *s* Fenn *n*: a) Sumpf-, Marschland *n*, b) (Nieder-, Flach)Moor *n*: **the ~s** *geogr.* die Niederungen in **East Anglia**. **'fen,ber·ry** *s bot.* Moosbeere *f*.

**fence** [fens] **I** *s* **1.** Zaun *m*, Einzäunung *f*, Gehege *n*: **to come down on the right side of the ~** aufs richtige Pferd setzen; **to mend one's ~s** *bes. pol. bes. Am.* a) s-n Ruf wiederherstellen, b) s-e angeschlagene Position festigen; **to rush one's ~s** die Dinge überstürzen; **to sit on the ~** a) sich neutral verhalten, b) unentschlossen sein. **2.** *Pferdesport:* Hindernis *m*. **3.** *tech.* Regu'liervorrichtung *f*, Zuhaltung *f* (*am Türschloß*), Führung *f* (*der Hobelmaschine etc*). **4.** *aer.* Grenzschichtzaun *m*. **5.** *sport* Fechten *n*. **6.** *sl.* a) Hehler *m*, b) Hehlernest *n*. **II** *v/t* **7.** a. ~ **in** einzäunen, einfried(ig)en: **to ~ off** abzäunen. **8.** *oft* ~ **in** (*od.* **about, round, up**) um'geben, um'zäunen (**with** mit). **9.** ~ **in** einsperren. **10.** verteidigen, schützen, sichern (*a. econ. jur.*): **~ from, against** gegen). **11.** a. ~ **off** Fragen etc abwehren, pa'rieren. **12.** *hunt. Br.* zum Schongebiet erklären. **13.** *sl. gestohlene Ware* an e-n Hehler verkaufen. **III** *v/i* **14.** *sport* fechten. **15.** *fig.* Ausflüchte machen, sich nicht festlegen (wollen): **~ (with a question)** (e-r Frage) ausweichen. **16.** *Pferdesport:* das Hindernis

nehmen. **17.** *sl.* Hehle'rei treiben.
**'fence·less** *adj* **1.** offen, uneingezäunt.
**2.** *obs.* schutz-, wehrlos.
**fence|liz·ard** *s zo. e-e amer. Eidechse.* **~
month** *s hunt. Br.* Schonzeit *f.*
**fenc·er** ['fensə(r)] *s sport* **1.** Fechter *m.*
**2.** Springpferd *n.*
**fence|sea·son, ~time** → fence month.
**fen·ci·ble** ['fensəbl] **I** *adj Scot.* für defensible. **II** *s hist.* 'Landwehrsol₁dat *m.*
**fenc·ing** ['fensɪŋ] **I** *s* **1.** *sport* Fechten *n.*
**2.** *fig.* ausweichendes Verhalten. **3.** a)
Zaun *m,* b) Einzäunung *f,* Zäune *pl,*
c) 'Zaunmateri₁al *n.* **4.** *sl.* Hehle'rei *f.*
**II** *adj* **5.** *sport* Fecht...: **~ master.**
**fend** [fend] **I** *v/t oft* **~ off** *Angreifer,
Fragen etc* abwehren. **II** *v/i* sorgen (**for**
**für): to ~ for o.s.** für sich selbst sorgen,
sich ganz allein durchs Leben schlagen.
**fend·er** ['fendə(r)] *s* **1.** *tech.* Schutzvorrichtung *f.* **2.** *Am.* a) *mot.* Kotflügel *m:* **~
bender** *colloq.* Unfall *m* mit Blechschaden, b) Schutzblech *n (am Fahrrad etc).*
**3.** *rail. etc* a) Rammbohle *f,* b) Puffer *m.*
**4.** *mar.* Fender *m.* **5.** Ka'minvorsetzer *m,*
-gitter *n.*
**fen·es·tel·la** [₁fenɪ'stelə] *pl* **-lae** [-li:] *s
arch.* **1.** Fensterchen *n.* **2.** fensterartige
Wandnische *(an der Südseite des Altars).*
**fe·nes·tra** [fɪ'nestrə] *pl* **-trae** [-tri:] *s*
**1.** *anat.* Fenster *n (im Mittelohr).* **2.** *med.*
Fenster *n,* Fensterung *f (im Gipsverband).*
**fe'nes·tral** *adj* fensterartig, Fenster...
**fe'nes·trate** [-treɪt], **fe'nes·trat·ed**
*adj* **1.** *arch.* mit Fenster(n) (versehen).
**2.** a) gefenstert, b) netzartig. **fen·es·tra·tion** [₁fenɪ'streɪʃn] *s* **1.** *arch.* Fensteranordnung *f.* **2.** *med.* Fensterung *f,*
'Fensterungsoperati₁on *f.*
**fen fire** *s* Irrlicht *n.*
**Fe·ni·an** ['fi:njən; -nɪən] *hist.* **I** *s* Fenier
*m:* a) *Mitglied e-s irischen Geheimbunds
zum Sturz der englischen Herrschaft
(1858–80),* b) *schottisch-irischer Freiheitskämpfer gegen die Römer.* **II** *adj* fenisch.
**'Fe·ni·an·ism** *s* Feniertum *n.*
**fen·nel** ['fenl] *s bot.* Fenchel *m.* **'~₁flow·er** *s bot.* Schwarzkümmel *m.*
**fen·ny** ['fenɪ] *adj* sumpfig, Moor...
**feoff** [fef; fi:f] *jur.* **I** *s* → **fief. II** *v/t* →
enfeoff. **feoff'ee** [-'fi:] *s jur.* Belehnte(r) *m:* **~ in** *(od.* **of)** trust Treuhänder *m.*
**'feoff·er** → feoffor. **'feoff·ment** *s
jur.* Belehnung *f.* **feoff'or** [fe'fɔ:(r); 'fefə(r)] *s jur.* Lehnsherr *m.*
**fe·ral** ['fɪərəl; 'ferəl] *adj* **1.** wild(lebend).
**2.** *fig.* wild, bar'barisch.
**fere** [fɪə(r)] *s obs.* **1.** Gefährte *m.* **2.** Ehegemahl(in).
**fer·e·to·ry** ['ferɪtərɪ; *Am.* 'ferə₁təurɪ;
-₁tɔ:-] *s bes. R.C.* Heiligen-, Re'liquienschrein *m.*
**fe·ri·a** ['fɪərɪə; 'fe-] *pl* **-ae** [-rɪi:], **-as** *s
R.C.* Feria *f,* Wochentag *m.* **'fe·ri·al** *adj*
Wochentags...
**fe·rine** ['fɪəraɪn] → feral.
**Fe·rin·ghee** [fə'rɪŋgɪ] *s Br. Ind.* **1.** Euro'päer(in). **2.** *contp.* Eu'rasier(in).
**fer·ma·ta** [fə'mɑ:tə; *Am.* fer-] *pl* **-tas,
-te** [-tɪ] *s mus.* Fer'mate *f,* Haltezeichen
*n,* Ruhepunkt *m.*
**Fer·mat's prin·ci·ple** [fɜ:'mæts; *Am.*
fer'mɑ:z] *s phys.* Fer'matsches Prin'zip.
**fer·ment** [fə(r)'ment] **I** *v/t* **1.** a) *chem.* in
Gärung bringen *(a. fig.),* b) *fig.* in Wallung bringen, erregen. **II** *v/i* **2.** *chem.*
gären, in Gärung sein *(beide a. fig.).* **III** *s*
['fɜ:ment; *Am.* 'fɜr-] **3.** *chem.* Gärstoff *m,*
Fer'ment *n.* **4.** a) *chem.* Gärung *f (a.
fig.),* b) *fig.* innere Unruhe, Wallung *f,*
Aufruhr *m:* **the whole country was in
a state of ~** es gärte im ganzen Land.
**fer'ment·a·ble** *adj* gär(ungs)fähig.
**fer·men·ta·tion** [₁fɜ:men'teɪʃn; *Am.*
₁fɜr-] *s* **1.** *chem.* Gärung *f (a. fig.),* 'Gä-

---

rungspro₁zeß *m,* Fermentati'on *f.* **2.** →
ferment 4 b. **fer·ment·a·tive** [fə(r)-
'mentətɪv] *adj (adv* **~ly)** *chem.* **1.** Gärung bewirkend. **2.** gärend, Gärungs...
**fer'ment·ing** *adj chem.* **1.** gärend. **2.**
Gärungs..., Gär...
**fer·mi** ['fɜ:mɪ; *Am.* 'fermi:; 'fɜr-] *s* Fermi
*n (in der Kernphysik verwendete Längeneinheit).*
**Fer·mi-Di·rac sta·tis·tics** [₁fɜ:mɪdɪ-
'ræk; *Am.* ₁fermɪ-; ₁fɜr-] *s pl (als sg
konstruiert) phys.* 'Fermi-Di'rac-Sta₁tistik *f.*
**fer·mi·on** ['fɜ:mɪɒn; *Am.* 'fermɪ₁ɑn; 'fɜr-]
*s phys.* Fermion *n (Teilchen mit halbzahligem Spin).*
**fer·mi·um** ['fɜ:mɪəm; *Am.* 'fer-; 'fɜr-] *s
chem.* Fermium *n (ein Grundstoff).*
**fern** [fɜ:n] *s bot.* Farn(kraut *n)
m.* **'fern·er·y** [-ərɪ] *s* Farn(kraut)pflanzung *f.* **'fern·y** *adj* Farn...: a) farnartig,
b) voller Farnkraut.
**fe·ro·cious** [fə'rəʊʃəs] *adj (adv* **~ly)**
**1.** wild *(Tier etc).* **2.** *fig.* wild, grimmig,
böse, grausam *(Strafe etc),* heftig, scharf
*(Auseinandersetzung etc).* **3.** *Am. colloq.* a)
,wild', ,toll': **~ activity,** b) ,furchtbar': **a ~
bore. fe'ro·cious·ness, fe·roc·i·ty**
[fə'rɒsətɪ; *Am.* -'rɑ-] *s* Grausamkeit *f,*
Wildheit *f,* Heftigkeit *f.*
**-ferous** [fərəs] *Wortelement mit der Bedeutung* ...tragend, ...haltig, ...erzeugend:
→ coniferous, *etc.*
**fer·rate** ['fereɪt] *s chem.* eisensaures Salz.
**fer·re·ous** ['ferɪəs] *adj* eisenhaltig.
**fer·ret₁** ['ferɪt] *s* **1.** *zo.* Frettchen *n.*
**2.** *fig.* ,Spürhund' *m (Person).* **II** *v/t*
**3.** *hunt.* mit Frettchen jagen. **4.** *meist* **~
out** *etwas* aufspüren, -stöbern, *die Wahrheit* her'ausfinden, *hinter ein Geheimnis*
kommen. **III** *v/i* **5.** *hunt.* mit Frettchen
jagen, fret'tieren. **6.** *meist* **~ about** *(od.*
**around)** her'umstöbern **(among** in *dat;*
**for** nach).
**fer·ret₂** ['ferɪt] *s* schmales (Baum)Wollod. Seidenband.
**fer·ri·age** ['ferɪdʒ] *s* **1.** Fährgeld *n.*
**2.** 'Überfahrt *f (mit e-r Fähre).*
**fer·ric** ['ferɪk] *adj chem.* Eisen..., Ferri...:
**~ acid** Eisensäure *f.*
**fer·ri·cy·a·nide** [₁ferɪ'saɪənaɪd] *s chem.*
Cy'aneisenverbindung *f:* **potassium ~**
Ferrizyankalium *n.* **fer'rif·er·ous**
[-fərəs] *adj chem.* eisenhaltig.
**Fer·ris wheel** ['ferɪs] *s* Riesenrad *n.*
**fer·rite** ['feraɪt] *s chem. min.* Fer'rit *m.*
**₁fer·ro'con·crete** [₁ferəʊ-] *s* 'Eisenbe-
₁ton *m.* **₁fer·ro·cy'an·ic** *adj chem.* eisenblausauer. **₁fer·ro'man·ga·nese** *s
chem.* 'Eisenman₁gan *n.*
**'fer·ro·type** *phot.* **I** *s* **1.** Ferroty'pie *f.*
**II** *v/t* **2.** *(auf Blech)* 'schnellfotogra₁fieren. **3.** *e-e Kopie* auf Hochglanz glänzen.
**fer·rous** ['ferəs] *adj chem.* eisenhaltig,
-artig, Eisen..., Ferro...: **~ chloride** Eisenchlorür *n.*
**fer·ru·gi·nous** [fe'ru:dʒɪnəs; fə-] *adj*
**1.** *chem. min.* eisenhaltig, Eisen... **2.** rostfarbig.
**fer·rule** ['feru:l; -rəl] *tech.* **I** *s* **1.** Stock-
od. Schirm)zwinge *f,* Ringbeschlag *m.* **2.** a) Bundring
*m (für Rohre),* b) Muffe *f.* **II** *v/t* **3.** mit e-r
Stockzwinge *etc* versehen.
**fer·ry** ['ferɪ] **I** *s* **1.** Fähre *f,* Fährschiff *n,*
-boot *n.* **2.** Fährdienst *m,* -betrieb *m.*
**3.** *jur.* Fährgerechtigkeit *f.* **4.** *aer.* Über-
'führungsdienst *m (von der Fabrik zum
Flugplatz).* **II** *v/t* **5.** (in e-r Fähre) 'übersetzen. **6.** befördern. **7.** *ein Flugzeug (von
der Fabrik zum Flugplatz)* über'führen.
**III** *v/i* **8.** Fähr(en)dienst verrichten. **9.** (in
e-r Fähre) 'übersetzen *od.* fahren **(across**
über *acc).* **'~boat** → ferry 1. **~ bridge**
*s* **1.** Tra'jekt *m, n,* Eisenbahnfähre *f.*
**2.** Fähr-, Landungsbrücke *f.* **'~man**

---

[-mən] *s irr* Fährmann *m.* **~ ser·vice** →
ferry 2.
**fer·tile** ['fɜ:taɪl; *Am.* 'fɜrtl] *adj (adv* **~ly)**
**1.** fruchtbar, ergiebig, reich (in, of an
*dat).* **2.** *fig.* fruchtbar, produk'tiv, schöpferisch: **a ~ imagination** e-e fruchtbare
*od.* reiche Phantasie. **3.** *biol.* a) befruchtet, b) fortpflanzungsfähig: **~ shoot** *bot.*
Blütensproß *m.* **4.** *Kernphysik:* brütbar
*(Nuklide).* **fer·til·i·ty** [fə(r)'tɪlətɪ] *s*
**1.** Fruchtbarkeit *f,* Ergiebigkeit *f,* Reichtum *m* (**of** an *dat):* **~ rate** *(Statistik)*
Fruchtbarkeitsziffer *f.* **2.** *fig.* Produkti-
vi'tät *f.* **fer·ti·li·za·tion** [₁fɜ:tɪlaɪ'zeɪʃn;
*Am.* ₁fɜrtlə'z-] *s* **1.** Fruchtbarmachen *n.*
**2.** *biol. u. fig.* Befruchtung *f:* **~ tube** *bot.*
Pollenschlauch *m.* **3.** *agr.* Düngen *n,*
Düngung *f.* **'fer·ti·lize** *v/t* **1.** fruchtbar
machen. **2.** *biol. u. fig.* befruchten. **3.** *agr.*
düngen. **'fer·ti·liz·er** *s* **1.** Befruchter *m
(a. fig.).* **2.** *agr.* Dünger *m,* Düngemittel *n:*
**(artificial) ~** Kunstdünger.
**fer·u·la** ['ferʊlə; -jʊ-] *pl* **-las, -lae** [-li:] *s*
**1.** *bot.* Steckenkraut *n.* **2.** → ferule₁ I.
**fer·ule₁** ['feru:l; *Am.* -rəl] **I** *s* (flaches)
Line'al *(zur Züchtigung),* Zuchtrute *f (a.
fig.).* **II** *v/t* züchtigen.
**fer·ule₂** ['feru:l] → ferrule.
**fer·ven·cy** ['fɜ:vənsɪ; *Am.* 'fɜr-] → fervor 1. **'fer·vent** *adj (adv* **~ly) 1.** *fig.*
glühend, leidenschaftlich *(Haß, Verehrer
etc),* inbrünstig *(Gebet, Verlangen etc).*
**2.** (glühend)heiß.
**fer·vid** ['fɜ:vɪd; *Am.* 'fɜr-] *adj (adv* **~ly)** →
fervent. **fer·vor,** *bes. Br.* **'fer·vour**
[-və(r)] *s* **1.** *fig.* Leidenschaft *f,* Inbrunst *f.*
**2.** Glut(hitze) *f.*
**Fes·cen·nine** ['fesnaɪn; *Am.* 'fesnaɪn]
*adj* feszen'ninisch, schlüpfrig, zotig.
**fes·cue** ['feskju:] *s* **1.** a. **~ grass** *bot.*
Schwingelgras *n.* **2.** *ped.* Zeigestab *m.*
**fess(e)** [fes] *s her.* (horizon'taler Quer-)
Balken. **~ point** *s* Herzstelle *f (im Wappenschild).*
**fes·tal** ['festl] *adj (adv* **~ly)** festlich, Fest...
**fes·ter** ['festə(r)] **I** *v/i* **1.** eitern. **2.** verwesen, verfaulen. **3.** *fig.* gären: **to ~ in
s.o.'s mind** in j-m gären, an j-m nagen
*od.* fressen. **II** *v/t* **4.** zum Eitern bringen.
**5.** *fig.* gären in *(dat),* nagen *od.* fressen an
*(dat).* **III** *s* **6.** a) Geschwür *n,* b) eiternde
Wunde.
**fes·ti·val** ['festɪvl] **I** *s* **1.** Fest(tag *m) n.*
**2.** Festival *n,* Festspiele *pl:* **the Edinburgh ~. II** *adj* **3.** festlich, Fest...
**4.** Festspiel... **'fes·tive** [-tɪv] *adj (adv*
**~ly) 1.** festlich, Fest...: **~ board** Festtafel
*f;* **~ mood** Fest(tags)stimmung *f,* -freude
*f;* **~ season** Fest-, *bes.* Weihnachtszeit *f.*
**2.** gesellig, fröhlich. **'fes·tive·ness** *s*
Festlichkeit *f,* Fröhlichkeit *f.* **fes'tiv·i·ty** *s* **1.** *oft pl* festlicher Anlaß, Fest(lichkeit *f) n.* **2.** festliche Stimmung, Fest-
(tags)stimmung *f,* -freude *f.*
**fes·toon** [fe'stu:n] **I** *s* **1.** Gir'lande *f,*
(Blumen-, Laub)Gehänge *n:* **~ cloud**
*meteor.* Mammatokumulus *m.* **2.** *arch.*
*art* Fe'ston *n.* **3.** *anat.* Schwellung *f* des
Zahnfleischrandes. **II** *v/t* **4.** a) mit Gir-
'landen schmücken, b) schmücken, behängen **(with** mit). **5.** *arch. art* festo-
'nieren. **6.** zu Gir'landen (ver)binden.
**fes'toon·er·y** [-ərɪ] *s* Gir'landen
(-schmuck *m) pl.*
**fest·schrift** ['festʃrɪft] *pl* **-₁schrift·en**
[-₁ʃrɪftən], **-schrifts** *(Ger.) s* Festschrift
*f (bes. zu Ehren e-s Gelehrten).*
**fe·tal** ['fi:tl] *adj med.* fö'tal, fe'tal, Fötus...,
Fetus... **fe'ta·tion** *s med.* Schwangerschaft *f.*
**fetch** [fetʃ] **I** *v/t* **1.** (her'bei)holen, (her-)
bringen: **to (go and) ~ a doctor** e-n Arzt
holen; **to ~ back** zurückbringen; **to ~
down** *hunt.* ,runterholen', abschießen;
**to ~ s.o. round** *colloq.* j-n ,rumkriegen'.

2. abholen. **3.** *Atem* holen: to ~ a breath. **4.** *e-n Seufzer etc* ausstoßen: to ~ a sigh (auf)seufzen. **5.** her'vorlocken (**from** von): to ~ a laugh Gelächter hervorrufen; to ~ **tears** (ein paar) Tränen hervorlocken. **6.** *e-n Preis etc* erzielen, einbringen. **7.** *colloq.* für sich einnehmen, fesseln, anziehen. **8.** *colloq. j-m e-n Schlag od. Tritt* versetzen: to ~ s.o. one j-m ,eine langen *od.* kleben *od.* runterhauen'. **9.** *mar.* erreichen. **10.** *bes. hunt.* appor'tieren (*Hund*). **11.** ~ **up** *bes. dial.* ein Kind, Tier auf-, großziehen. **12.** ~ **up** *Br. etwas* (er)brechen.

**II** *v/i* **13.** to ~ and carry for s.o. j-s Handlanger sein, j-n bedienen. **14.** *mar.* Kurs nehmen (**to** nach): to ~ **about** vieren. **15.** *bes. hunt.* appor'tieren: ~**!** apport! **16.** ~ **up** *colloq.* a) ankommen (**at, in** in *dat*), b) ,landen' (**at, in** in *dat*; **against** an *dat*): the car ~**ed up against** a wall. **17.** ~ **away** (*od.* **way**) *mar.* verrutschen, sich verlagern.

**III** *s* **18.** (Her'bei)Holen *n*, ('Her)Bringen *n*. **19.** *tech.* Strecke *f*, Weg *m*. **20.** Trick *m*, Kniff *m*. **21.** Geistererscheinung *f*. **22.** (of) Gegenstück *n* (zu), (genaues) Abbild (von *od. gen*).

**'fetch·ing** *adj colloq.* bezaubernd: a) reizend, entzückend: a ~ **dress**, b) gewinnend, einnehmend: a ~ **smile**.

**'fetch-up** *s*: he was injured in the ~ of his car against a wall *colloq.* er wurde verletzt, als sein Wagen an e-r Mauer ,landete'.

**fête, fete** [feɪt] **I** *s* **1.** Fest(lichkeit *f*) *n*. **II** *v/t* **2.** j-n, ein *Ereignis* feiern. **3.** j-n festlich bewirten. **fête cham·pê·tre** *pl* **fêtes cham·pê·tres** [ˌfeɪtʃɑ:mˈpeɪtr] *s* Gartenfest *n*, Fest *n* im Freien.

**fet·ich**, *etc* → **fetish**, *etc*.

**fe·ti·cide** [ˈfi:tɪsaɪd] *s jur. med.* Tötung *f* der Leibesfrucht, Abtreibung *f*.

**fet·id** [ˈfetɪd] *adj* (*adv* ~**ly**) stinkend. **'fet·id·ness** *s* Gestank *m*.

**fet·ish** [ˈfi:tɪʃ; *bes. Am.* ˈfetɪʃ] *s* Fetisch *m* (*a. psych.*): to make a ~ of s.th. etwas zum Fetisch erheben, aus etwas e-n Fetisch machen. **'fet·ish·ism** *s* Fetischismus *m* (*a. psych.*), Fetischkult *m*. **'fet·ish·ist** *s* Feti'schist *m* (*a. psych.*): **leath·er-~**. **ˌfet·ish'is·tic** *adj* (*adv* ~**ally**) fetischistisch (*a. psych.*).

**fet·lock** [ˈfetlɒk; *Am.* -ˌlɑk] *s zo.* a) Behang *m*, Kötenhaar *n*, b) *a.* ~ **joint** Fessel (-gelenk *n*) *f* (*des Pferdes*).

**fe·tor** [ˈfi:tə(r); -tɔ:(r)] *s* Gestank *m*.

**fet·ter** [ˈfetə(r)] **I** *s* **1.** Fußfessel *f*. **2.** *pl fig.* Fesseln *pl*: to escape from the ~**s of marriage** sich aus den Fesseln der Ehe befreien. **II** *v/t* **3.** j-m Fußfesseln anlegen. **4.** *fig.* behindern. **'fet·ter·less** *adj fig.* unbehindert, unbeschränkt, frei. **'fet·ter·lock** *s* **1.** (D-förmige) Pferdefußfessel (*a. her.*). **2.** → **fetlock**.

**fet·tle** [ˈfetl] *s* Verfassung *f*, Zustand *m*: **in fine** (*od.* **good**) ~ (gut) in Form.

**fe·tus** [ˈfi:təs] *s med.* Fötus *m*, Leibesfrucht *f*.

**feu** [fju:] *s jur. Scot.* **I** *s* Lehen(sbesitz *m*) *n*. **II** *v/t* in Lehen geben *od.* nehmen. **'feu·ar** [-ə] *s jur. Scot.* Lehenspächter *m*.

**feud**[1] [fju:d] **I** *s* Fehde *f* (*a. fig.*): to be at (**deadly**) ~ **with** s.o. mit j-m in (tödlicher) Fehde liegen. **II** *v/i* sich befehden, in Fehde liegen (**with** mit) (*beide a. fig.*).

**feud**[2] [fju:d] *s jur.* Lehen *n*, Lehn(s)gut *n*.

**feu·dal** [ˈfju:dl] *adj* (*adv* ~**ly**) feu'dal, Lehns...: ~ **system** → **feudalism**; ~ **tenure** Lehen *n*.

**feu·dal·ism** [ˈfju:dəlɪzəm] *s* Feuda'lismus *m*, Feu'dal-, 'Lehnssy‚stem *n*. **'feu·dal·ist** *s* Anhänger(in) des Feu'dalsy‚stems. **feu·dal·i·ty** [-ˈdælətɪ] *s* **1.** Lehnbarkeit *f*. **2.** Lehnswesen *n*. **'feu-**

**dal·ize** *v/t* lehnbar machen. **feu·da·to·ry** [ˈfju:dətərɪ; *Am.* -ˌtɔurɪ:; -ˌtɔ:-] **I** *s* Lehnsmann *m*, Va'sall *m*. **II** *adj* lehnspflichtig, Lehns...

**feud·ist** [ˈfju:dɪst] *s jur.* Feu'dalrechtsgelehrte(r) *m*.

**feuil·le·ton** [ˈfɜ:ɪtɔ̃:ŋ] *s* Feuille'ton *n*, kultu'reller Teil (*e-r Zeitung*).

**fe·ver** [ˈfi:və(r)] **I** *s* **1.** *med.* Fieber *n*: to have a ~ Fieber haben; ~ **blister** Fieberbläs-chen *n*; ~ **heat** a) Fieberhitze *f*, b) *fig.* fieberhafte Auf-, Erregung; ~ **sore** Lippen-, Gesichtsherpes *m*, Fieberbläs-chen *pl*. **2.** *med.* Fieberzustand *m*, -krankheit *f*: **nervous ~** Nervenfieber *n*. **3.** *fig.* Fieber *n*: a) fieberhafte Auf- *od.* Erregung: in a ~ (**of excitement**) in fieberhafter Aufregung; the crowd was at ~ **pitch** die Menge fieberte vor Erregung; our **excitement reached ~ pitch** unsere Aufregung erreichte ihren Höhepunkt; to **work at ~** pitch fieberhaft arbeiten, b) Sucht *f*, Rausch *m*: **gold ~**. **II** *v/i* **4.** fiebern (*a. fig.* for nach). **III** *v/t* **5.** Fieber her'vorrufen bei. **6.** *fig.* in fieberhafte Auf- *od.* Erregung versetzen. **'fe·vered** *adj* **1.** fiebernd, fieb(e)rig. **2.** *fig.* fieberhaft, aufgeregt.

**'fe·ver-few** *s bot.* Mutterkraut *n*.

**fe·ver·ish** [ˈfi:vərɪʃ] *adj* (*adv* ~**ly**) **1.** a) fieberkrank: to be ~ Fieber haben, b) fieb(e)rig, Fieber...: ~ **cold** fieberhafte *od.* fiebrige Erkältung; ~ **dream** Fiebertraum *m*. **2.** Fieber her'vorrufend. **3.** *fig.* fieberhaft, aufgeregt: to be ~ **with excitement** vor Aufregung fiebern. **'fe·ver·ish·ness** *s* Fieberhaftigkeit *f* (*a. fig.*).

**few** [fju:] **I** *adj u. pron* **1.** wenige: ~ **persons**; he is a man of ~ **words** er macht nicht viele Worte, er ist ein schweigsamer Mensch; **some ~** einige wenige; **his friends are ~** er hat (nur) wenige Freunde; **the labo(u)rers are ~** *Bibl.* der Arbeiter sind wenige; ~ **and far between** sehr vereinzelt, dünn gesät; **no ~er than** nicht weniger als. **2.** ein paar: he told me a ~ **things** er hat mir einiges erzählt; a **good ~**, **quite a ~** ziemlich viele, e-e ganze Menge; a **faithful ~** ein paar Getreue; **every ~ days** alle paar Tage; **not a ~** nicht wenige, viele; **only a ~** nur wenige; a **very ~** sehr wenige; to **have a ~** *colloq.* ein paar (*Schnäpse etc*) ,kippen'. **II** *s* **3.** **the ~** die wenigen *pl*, die Minderheit: **the happy ~** die wenigen Glücklichen; **the select ~** die Auserwählten. **'few·ness** *s* geringe (An)Zahl.

**fey** [feɪ] *adj* **1.** *Scot.* todgeweiht. **2.** *bes. Scot.* ‚übermütig. **3.** hellseherisch.

**fez** [fez] *pl* **'fez·zes** [-ɪz] *s* Fes *m*.

**fi·a·cre** [fiˈɑːkrə] *s* Fiaker *m*.

**fi·an·cé** [fiˈɑ̃:ŋseɪ; *Am.* ˌfi:ɑːnˈseɪ] *s* Verlobte(r) *m*. **fi·an·cée** [fiˈɑ̃:ŋseɪ; *Am.* ˌfi:ɑːnˈseɪ] *s* Verlobte *f*.

**Fi·an·na Fail** [ˌfi:ənəˈfɔɪl] (*Ir.*) *s pol.* Fianna Fail *f* (*Partei de Valeras*).

**fi·as·co** [fiˈæskəʊ] *pl* **-cos,** *Am. a.* **-coes** *s* Fiasko *n*.

**fi·at** [ˈfaɪæt; -ət; *Am.* ˈfi:-] *s* **1.** Befehl *m*, Erlaß *m*. **2.** *jur. Br.* richterliche Verfügung. **3.** Ermächtigung *f*, Zulassung *f*: **administrative ~** *Am.* Verwaltungsermächtigung. ~ **mon·ey** *bes. Am.* Pa'piergeld *n* ohne Deckung.

**fib** [fɪb] *colloq.* **I** *s* ,Flunke'rei' *f*, Schwin-de'lei *f*: to tell a ~ → **II**. **II** *v/i* ,flunkern', schwindeln. **'fib·ber** *colloq.* ,Flunkerer' *m*, Schwindler *m*.

**fi·ber**, *bes. Am.* **fi·bre** [ˈfaɪbə(r)] *s* **1.** *biol. tech.* Faser *f*, Fiber *f*. **2.** *collect.* Faserstoff *m*, -gefüge *n*, Tex'tur *f*. **3.** *fig.* a) Struk'tur *f*, b) Schlag *m*, Cha'rakter *m*: **of coarse ~** grobschlächtig, c) Kraft *f*: **moral ~** Cha-

rakterstärke *f*, Rückgrat *n*; to **give ~ to** Kraft verleihen (*dat*). **4.** Faserwurzel *f*. **~board** *s tech.* Faserstoff-, Holzfaserplatte *f*. **~glass** *s tech.* Fiberglas *n*.

**'fi·ber·less**, *bes. Br.* **'fi·bre·less** *adj* **1.** *biol. tech.* faserlos. **2.** *fig.* kraftlos.

**fi·ber op·tics**, *bes. Am.* **fi·bre op·tics** *s pl* (*als sg konstruiert*) *phys.* Faser-, Fiberoptik *f*.

**Fib·o·nac·ci se·quence, ~ se·ries** [ˌfɪbəˈnɑːtʃɪ] *s math.* Fibo'nacci-Folge *f*, -Reihe *f*.

**fi·bre, ~board, ~glass** *bes. Br. für* fiber, fiberboard, fiberglass.

**fi·bre·less** *bes. Br. für* fiberless.

**fi·bre op·tics** *bes. Br. für* fiber optics.

**fi·bri·form** [ˈfaɪbrɪfɔ:(r)m] *adj* faserförmig, -artig, faserig.

**fi·bril** [ˈfaɪbrɪl] *s* **1.** *biol. tech.* Fi'brille *f*, Fäserchen *n*. **2.** *bot.* Wurzelfaser *f*. **fi·bril·la** [faˈbrɪlə] *pl* **-lae** [-li:] → fibril. **'fi·bril·lar, 'fi·bril·lar·y** [-lərɪ; *Am.* -brəˌleri:] *adj* feinfaserig. **'fi·bril·late** [ˈfaɪbrɪleɪt; faˈbrɪlət] *adj* faserig. **ˌfi·bril'la·tion** *s* **1.** Faserbildung *f*. **2.** *med.* Kammerflattern *n*, -flimmern *n*. **fi·'bril·li·form** [-ˈbrɪlɪfɔ:(r)m] *adj* faserförmig.

**fi·brin** [ˈfaɪbrɪn] *s* **1.** *chem.* Fi'brin *n*, Blutfaserstoff *m*. **2.** *a.* plant ~ *bot.* Pflanzenfaserstoff *m*. **'fi·brin·ous** *adj* fibri'nös, Fibrin...

**fi·broid** [ˈfaɪbrɔɪd] **I** *adj* faserartig, Faser... **II** *s* → fibroma.

**fi·bro·ma** [faˈbrəʊmə] *pl* **-ma·ta** [-mətə], **-mas** *s med.* Fi'brom *n* (*gutartige Geschwulst aus Bindegewebe*). **fi·'bro·sis** [-sɪs] *s med.* Fi'brose *f* (*Vermehrung des Bindegewebes*). **ˌfi·bro'si·tis** [-ˈsaɪtɪs] *s med.* Fibro'sitis *f*, Bindegewebsentzündung *f*.

**fi·brous** [ˈfaɪbrəs] *adj* **1.** faserig, fi'brös: ~ **glass** → fiberglass. **2.** *tech.* sehnig (*Metall*).

**fib·u·la** [ˈfɪbjʊlə] *pl* **-lae** [-li:], **-las** *s* **1.** *anat.* Wadenbein *n*. **2.** *antiq.* Fibel *f*, Spange *f*.

**fice** [faɪs] → feist.

**fiche** [fi:ʃ] *s* Fiche *m*, Filmkarte *f*.

**fich·u** [ˈfi:ʃu:] *s hist.* Fi'chu *n*, Hals-, Schultertuch *n*.

**fick·le** [ˈfɪkl] *adj* launenhaft, launisch, unbeständig (*Wetter*), (*Person a.*) wankelmütig. **'fick·le·ness** *s* Launenhaftigkeit *f*, Unbeständigkeit *f*, Wankelmut *m*.

**fic·tile** [ˈfɪktaɪl; *Am. a.* -tl] *adj* **1.** formbar, plastisch. **2.** tönern, irden, Ton..., Töpferei...: ~ **art** Töpferei *f*, Keramik *f*; ~ **ware** Steingut *n*.

**fic·tion** [ˈfɪkʃn] *s* **1.** (freie) Erfindung, Dichtung *f*. **2.** *collect.* 'Prosa-, Ro'manlitera‚tur *f*, Belle'tristik *f*: work of ~ Roman *m*. **3.** *collect.* Ro'mane *pl*, Prosa *f* (*e-s Autors*). **4.** *jur. philos.* Fikti'on *f*. **5.** *contp.* ‚Märchen' *n*. **'fic·tion·al** [-ʃənl] *adj* **1.** erdichtet, erfunden. **2.** Roman..., Erzähl(ungs)... **'fic·tio'neer** [-ʃəˈnɪə(r)], **'fic·tion·er, 'fic·tion·ist** [-ʃənɪst] *s* Ro'man-, Prosaschriftsteller(in).

**fic·ti·tious** [fɪkˈtɪʃəs] *adj* (*adv* ~**ly**) **1.** (frei) erfunden, fik'tiv. **2.** unwirklich, Phantasie... **3.** ro'manhaft, Roman... **4.** *jur. etc* fik'tiv: a) *a. philos.* (bloß) angenommen, b) *oft contp.* fin'giert, falsch, unecht: ~ **bill** *econ.* Kellerwechsel *m*; ~ **contract** Scheinvertrag *m*; ~ **name** angenommener Name, Deckname *m*. **fic'ti·tious·ness** *s* **1.** (*das*) Fik'tive. **2.** Unechtheit *f*.

**fic·tive** [ˈfɪktɪv] *adj* **1.** erdichtet, angenommen, fik'tiv, imagi'när. **2.** schöpferisch begabt, Roman..., Erzähl(er)...

**fid·dle** [ˈfɪdl] **I** *s* **1.** *mus. colloq.* Fiedel *f*, Geige *f*: to play (on) the ~ Geige spielen; to play first (second) ~ *bes. fig.* die erste

(zweite) Geige spielen; **to hang up one's ~ when one comes home** s-e gute Laune an den Nagel hängen, wenn man heimkommt; **(as) fit as a ~** kerngesund; → **face** 2. **2.** *mar.* Schlingerbord *n.* **3.** *Br. colloq.* a) Schwindel *m*, Betrug *m*, b) Manipulati'on *f.* **II** *v/i* **4.** *a.* ~ **away** *colloq.* fiedeln, geigen. **5.** *oft* ~ **about** (*od.* **around**) *colloq.* 'her'umtrödeln. **6.** *a.* ~ **about** (*od.* **around**) (**with**) *colloq.* a) her'umfummeln (an *dat*), spielen (mit), b) her'umbasteln *od.* -pfuschen (an *dat*), sich zu schaffen machen (an *dat od.* mit). **III** *v/t* **7.** *colloq.* fiedeln: **to ~ a tune.** **8.** *meist* ~ **away** *colloq. Zeit* vertrödeln. **9.** *Br. colloq.* ‚fri'sieren', manipu'lieren: **to ~ accounts. IV** *interj* **10.** *colloq.* Unsinn!, dummes Zeug! **~-de-'dee** [-dɪ'di:] → **fiddle** 10. **'~-,fad·dle** [-,fædl] *colloq.* **I** *s* **1.** Lap'palie *f.* **2.** Unsinn *m.* **II** *v/i* **3.** dummes Zeug schwatzen. **4.** die Zeit vertrödeln. **III** *adj* **5.** läppisch. **IV** *interj* → **fiddle** 10.

**'fid·dler** *s* **1.** *colloq.* Fiedler *m*, Geiger *m*: **to pay the ~** *bes. Am.* ‚blechen'. **2.** *a.* ~ **crab** *zo.* Winkerkrabbe *f.* **3.** *Br. colloq.* Schwindler *m*, Betrüger *m.*

**'fid·dle·stick** *colloq.* **I** *s* **1.** *mus.* Fiedel-, Geigenbogen *m.* **2.** *fig.* wertloses Zeug. **II** *interj* **3.** ~**s!** Unsinn!, dummes Zeug! **'fid·dling** *adj colloq.* läppisch, geringfügig.

**fid·dly** ['fɪdlɪ] *adj colloq.* kniff(e)lig.

**Fi·de·i De·fen·sor** [,faɪdiaɪdi'fensɔː(r); fɪ,deɪi-] (*Lat.*) *s* Verteidiger *m* des Glaubens (*Titel der englischen Könige*).

**fi·de·ism** ['fiːdeɪɪzəm; 'faɪdɪ-] *s philos.* Haltung *f*, *die den Glauben als einzige Erkenntnisgrundlage betrachtet u. ihn über die Vernunft stellt*, b) *relig.* Lehre, *nach der nicht der Glaubensinhalt, sondern nur der Glaube an sich entscheidend ist.*

**fi·del·i·ty** [fɪ'delətɪ; faɪ-] *s* **1.** (*a. eheliche*) Treue (**to** gegen'über, zu). **2.** Genauigkeit *f* (*a. e-r Übersetzung*), genaue Über'einstimmung (*mit den Tatsachen*): **with ~** wortgetreu. **3.** *electr.* 'Wiedergabe-, Klangtreue *f.* **~ in·sur·ance** *s econ.* Kauti'onsversicherung *f.*

**fidg·et** ['fɪdʒɪt] **I** *s* **1.** *oft pl* ner'vöse Unruhe, Zappe'lei *f*: **to give s.o. the ~s** j-n nervös *od.* zapp(e)lig machen; **to have the ~s** → 4. **2.** ‚Zappelphilipp' *m*, Zapp(e)ler *m.* **II** *v/t* **3.** ner'vös *od.* zapp(e)lig machen. **III** *v/i* **4.** (her'um)zappeln, unruhig *od.* ner'vös sein, nicht stillsitzen können. **5.** ~ **with** (her'um)spielen *od.* (-)fuchteln mit. **'fidg·et·i·ness** *s* Zapp(e)ligkeit *f*, Nervosi'tät *f.* **'fidg·et·y** *adj* zapp(e)lig, ner'vös.

**fid·i·bus** ['fɪdɪbəs] *pl* **-bus·es, -bus** *s* Fidibus *m* (*Holzspan od. gefalteter Papierstreifen zum Feuer- od. Pfeifeanzünden*).

**Fi·do, FI·DO** ['faɪdəʊ] *s aer.* Fido *f*, FIDO *f* (*Entnebelungsanlage auf Flughäfen; abbr. für* Fog Investigation Dispersal Operations*).*

**fi·du·cial** [fɪ'djuːʃjəl; *Am.* fə'duːʃəl] *adj* **1.** *astr. phys.* Vergleichs...: ~ **point. 2.** vertrauensvoll. **3.** → **fiduciary** II. **fi·du·ci·ar·y** [-ʃjərɪ; *Am.* -ʃiˌeriː; -ʃərɪ] **I** *s* **1.** *jur.* Treuhänder *m.* **II** *adj* **2.** *jur.* treuhänderisch, Treuhand..., Treuhänder... **3.** *econ.* ungedeckt (*Noten*).

**fie** [faɪ] *interj obs. od. humor. oft* ~ **upon you!** pfui!, schäm dich!

**fief** [fiːf] *s jur.* Lehen *n*, Lehn(s)gut *n.*

**field** [fiːld] **I** *s* **1.** *agr.* Feld *n*: **in the ~** auf dem Feld; ~ **of barley** Gerstenfeld. **2.** *min.* a) (*Gold- etc*)Feld *n*: **diamond** ~; **oil** ~, b) (*Gruben*)Feld *n*, Re'vier *n*, (*Kohlen*)Flöz *n*: **coal** ~. **3.** *fig.* Bereich *m*,

---

(Sach-, Fach)Gebiet *n*: **in the ~ of art** auf dem Gebiet der Kunst; **in his ~** auf s-m Gebiet, in s-m Fach; ~ **of activity** Arbeitsgebiet, Tätigkeitsbereich; ~ **of application** Anwendungsbereich; ~ **of law** Rechtsgebiet. **4.** a) (*weite*) Fläche, b) *math. phys.* Feld *n*: ~ **of force** Kraftfeld; ~ **of vision** Blick- *od.* Gesichtsfeld, *fig.* Gesichtskreis m, Horizont m, c) (*elektrisches od. magnetisches*) Feld. **5.** *her.* Feld *n*, Grundfläche *f.* **6.** *sport* a) Sportplatz *m*, Spielfeld *n*, -fläche *f*: **to take the ~** einlaufen, den Platz kommen (→ 7), b) Feld *n* (*geschlossene Gruppe von Läufern etc*), c) Teilnehmer(feld *n*) *pl*, Besetzung *f*, *fig.* Wettbewerbsteilnehmer *pl*: **good ~** starke Besetzung; **fair ~ and no favo(u)r** gleiche Bedingungen für alle; **to play the ~** *colloq.* ‚nichts anbrennen lassen' (*sich keine Chance bei Jungen bzw. Mädchen entgehen lassen*), d) *Baseball, Kricket*: 'Fängerpar,tei *f.* **7.** *mil.* a) *meist poet.* Schlachtfeld *n*, (Feld)Schlacht *f*, b) Feld *n*, Front *f*: **a hard-fought ~** e-e heiße Schlacht; **in the ~** im Felde, an der Front; **to keep the ~** sich behaupten; **to take the ~** ins Feld rücken, den Kampf eröffnen (→ 6 a); **to hold the ~** das Feld behaupten; **to win the ~** den Sieg davontragen; **the ~ of hono(u)r** das Feld der Ehre. **8.** → **airfield. 9.** *mil.* Feld *n* (*im Geschützrohr*). **10.** *med.* Operati'onsfeld *n.* **11.** *TV* Feld *n*, Rasterbild *n.* **12.** *bes. psych. sociol.* Praxis *f*, Wirklichkeit *f.* **13.** *econ.* Außendienst *m*, (praktischer) Einsatz: **agent in the ~** Vertreter *m* im Außendienst. **II** *v/t* **14.** *sport* e-n Mannschaft aufs Feld schicken, e-n Spieler a. bringen. **15.** *Baseball, Kricket*: a) den Ball auffangen a. zu'rückwerfen, b) *Spieler* (*der Schlägerpartei*) im Feld aufstellen. **16.** *e-e Frage etc* kontern. **III** *v/i* **17.** *Baseball, Kricket*: bei der 'Fängerpar,tei sein.

**field am·bu·lance** *s mil.* Sanka *m*, Sani'tätswagen *m.* ~ **ar·til·ler·y** *s mil.* 'Feldartille,rie *f.* ~ **base** *s Baseball*: Feldmal *n.* ~ **coil** *s electr.* Feldspule *f.* ~ **corn** *s agr. Am.* Mais *m* (*als Viehfutter*). ~ **cur·rent** *s electr.* Feldstrom *m.* ~ **day** *s* **1.** *mil.* a) Felddienstübung *f*, b) 'Truppenschau *f*, -pa,rade *f.* **2.** *mar.* Reinschifftag *m.* **3.** *bes. Am.* a) *ped.* Sportfest *n*, b) Exkursi'onstag *m*, c) Ausflugstag *m*. **4. to have a ~** *fig.* a) riesigen Spaß haben (**with** mit), b) s-n großen Tag haben. **'~-ef,fect tran·sis·tor** *s electr.* 'Feldef,fekttran,sistor *m.* ~ **e·mis·sion** *s electr.* 'Feldemissi,on *f.* ~ **e·quip·ment** *s mil.* feldmarschmäßige Ausrüstung.

**'field·er** *s* (*Kricket, Baseball*) **1.** a) Fänger *m*, b) Feldspieler *m.* **2.** *pl* 'Fängerpar,tei *f.*

**field e·vents** *s pl Leichtathletik*: 'Sprung- u. 'Wurfdiszi,plinen *pl.* ~ **ex·ec·u·tive** *s econ.* leitender Angestellter e-r Außenstelle. ~ **ex·er·cise** *s mil.* Felddienstübung *f.* ~ **glass** *s meist pl*, *a.* **pair of ~es** Feldstecher *m*, Fernglas *n.* ~ **goal** *s* a) *Basketball*: Feldkorb *m*, b) *American Football*: Sprungtritt *m.* ~ **gun** *s mil.* Feldgeschütz *n.* ~ **hock·ey** *s sport bes. Am.* (*Feld*)Hockey *n.* ~ **hos·pi·tal** *s mil.* 'Feldlaza,rett *n.* ~ **in·ten·si·ty** *s math. phys.* Feldstärke *f.* ~ **in·ves·ti·ga·tion** *s* **1.** Nachforschung *f* an Ort u. Stelle. **2.** ~ field research. ~ **in·ves·ti·ga·tor** → field worker 2. **'~-i·on mi·cro·scope** *s opt.* 'Feldi,onenmikro,skop *m.* ~ **kitch·en** *s mil.* Feldküche *f.* ~ **lark** *s orn.* Feldlerche *f.* ~ **lock** *s TV* Bildfang *m.* ~ **map** *s* Flurkarte *f.* ~ **mar·shal** *s mil.* 'Feldmar,schall *m.* ~ **mouse** *s irr zo.* Feldmaus *f.* ~ **mu·sic** *s mar. mil.* **1.** Spielmannszug *m* aus (Si'gnal)Hor,nisten u. Trommlern. **2.** Ge'fechtssi,gnale

---

*pl*, 'Marschmu,sik *f* (*von* 1). ~ **of·fice** *s* Außenstelle *f.* ~ **of·fi·cer** *s mil.* 'Stabsoffi,zier *m* (*Major bis Oberst*). ~ **pack** *s mil.* Marschgepäck *n*, Tor'nister *m.* ~ **pop·py** *s bot.* Klatschmohn *m.* ~ **re·search** *s* Markt-, Meinungsforschung: Feldforschung *f*, Pri'märerhebung *f.* ~ **ser·vice** *s econ.* Außendienst *m.*

**fields·man** ['fiːldzmən] *s irr* → fielder 1.

**field sports** *s pl* Sport *od.* Vergnügungen im Freien, z. B. Jagen, Fischen etc. ~ **staff** *s econ.* Außendienstmitarbeiter *pl.* ~ **stud·y** *s* Feldstudie *f.* ~ **test** *s* praktischer Versuch. ~ **train·ing** *s mil.* Geländeausbildung *f.* ~ **trip** *s* Exkursi'on *f.* ~ **wind·ing** *s electr.* Erreger-, Feldwicklung *f.* **'~-work** *s* **1.** *mil.* Feldbefestigung *f*, -schanze *f.* **2.** praktische (wissenschaftliche) Arbeit, (*Archäologie etc a.*) Arbeit *f* im Gelände. **3.** *econ.* Außendienst *m.* **4.** Markt-, Meinungsforschung: Feldarbeit *f*, Pri'märerhebung *f.* ~ **work·er** *s* **1.** *econ.* Außendienstmitarbeiter(in). **2.** Markt-, Meinungsforschung: Befrager(in), Inter'viewer(in).

**fiend** [fiːnd] *s* **1.** a) Satan *m*, Teufel *m* (*beide a. fig.*), b) Dämon *m*, *fig. a.* Unhold *m.* **2.** *colloq. bes. in Zssgn* a) Süchtige(r *m*) *f*: an **opium** ~, b) Fex *m*, Narr *m*, Fa'natiker *m*: **a golf** ~, **a** ~ **for golf** ein besessener *od.* leidenschaftlicher Golfspieler; ~ **fresh-air** 1, c) ‚Größe' *f*, ‚Ka'none' *f* (**at** in *dat*). **'fiend·ish** *adj* (*adv* ~**ly**) **1.** teuflisch, unmenschlich. **2.** *colloq.* ‚verteufelt', ‚höllisch', ‚scheußlich', ‚mies': **a** ~ **job** e-e höllische Arbeit. **'fiend·ish·ness** *s* teuflische Bosheit.

**fierce** [fɪə(r)s] *adj* (*adv* ~**ly**) **1.** wild (*Tier etc.*). **2.** böse, grimmig (*Gesicht etc*), wild (*Blick, Haß etc*). **3.** glühend (*Hitze*). **4.** a) scharf (*Rede, Wettbewerb etc*), b) heftig (*Angriff, Schmerz etc*), c) grell (*Licht etc*). **5.** *colloq.* ‚fies', widerlich. **'fierce·ness** *s* **1.** Wildheit *f.* **2.** Grimmigkeit *f*, Wildheit *f.* **3.** a) Schärfe *f*, b) Heftigkeit *f*, c) Grellheit *f.* **4.** *colloq.* Widerlichkeit *f.*

**fi·e·ri fa·ci·as** [,faɪəraɪˈfeɪʃəs; *Am.* -riːˈf-] (*Lat.*) *s jur.* Pfändungs-, Voll'streckungsbefehl *m.*

**fi·er·i·ness** ['faɪərɪnɪs] *s* Feurigkeit *f*, Hitzigkeit *f*, Leidenschaftlichkeit *f.* **'fi·er·y** *adj* (*adv* **fierily**) **1.** brennend, glühend: ~ **tongues were playing about the roof** Flammen umzüngelten das Dach. **2.** feuerrot, glutrot. **3.** feurig, hitzig (*Person, Temperament*). **4.** feurig, scharf (*Gewürz etc*). **5.** leidenschaftlich (*Rede, Affäre etc*). **6.** *med.* entzündet. **7.** *Bergbau*: schlagwetterführend.

**fi·es·ta** [fɪˈestə] *s* Fi'esta *f*, Feier-, Festtag *m.*

**fife** [faɪf] *mus.* **I** *s* Querpfeife *f.* **II** *v/t u. v/i* (*auf der Querpfeife*) pfeifen. **'fif·er** *s* (Quer)Pfeifer *m.*

**fif·teen** [,fɪfˈtiːn] **I** *adj* **1.** fünfzehn. **II** *s* **2.** Fünfzehn *f.* **3.** *Rugby*: Fünfzehn *f.* **,fif·teenth** [-ˈtiːnθ] **I** *adj* **1.** fünfzehnt(er, e, es). **2.** fünfzehntel. **II** *s* **3.** (der, die, das) Fünfzehnte. **4.** Fünfzehntel *n.*

**fifth** [fɪfθ] **I** *adj* **1.** fünft(er, e, es): **in the ~ place** fünftens, an fünfter Stelle; → **rib** 1. **2.** fünftel. **II** *s* **3.** (*der, die, das*) Fünfte: **the ~ of May** der 5. Mai. **4.** Fünftel *n.* **5.** *mus.* Quinte *f.* ~ **col·umn** *s pol.* Fünfte Ko'lonne *f.* **~-'col·umn** *adj* die Fünfte Ko'lonne betreffend.

**'fifth·ly** *adv* fünftens.

**fifth wheel** *s* **1.** fünftes Rad, Ersatzrad *n.* **2.** *mot.* a) Dreh(schemel)ring *m* der Vorderachse, b) Drehschemel *m* (*beim Sattelschlepper*). **3.** *fig.* ‚fünftes Rad am Wagen'.

**fif·ti·eth** ['fɪftɪɪθ] **I** *adj* **1.** fünfzigst(er, e,

es). 2. fünfzigstel. **II** *s* **3.** (*der, die, das*) Fünfzigste. **4.** Fünfzigstel *n*.

**fif·ty** [ˈfɪftɪ] **I** *adj* fünfzig: I have ~ things to tell you ich habe dir hunderterlei zu erzählen. **II** *s* Fünfzig *f*: he is in his fifties er ist in den Fünfzigern; in the fifties in den fünfziger Jahren (*e-s Jahrhunderts*). **~·ˈfif·ty** *adj u. adv colloq.* ‚fifty-fifty', ‚halbe-halbe': he has a ~ chance to live s-e Überlebenschancen stehen fifty-fifty; to go ~ halbe-halbe machen (with mit).

**fig**[1] [fɪg] *s* **1.** *bot.* a) Feige *f*, b) Feigenbaum *m.* **2.** *fig.* e-e verächtliche Geste. **3.** *fig.* Deut *m*: → care 8.

**fig**[2] [fɪg] *colloq.* **I** *s* **1.** Kleidung *f*, Aufmachung *f*: in full ~ in Gala. **2.** Form *f*, Verfassung *f*: in fine ~ gut in Form. **II** *v/t* **3.** *meist* ~ out, ~ up her'ausputzen, ausstatten. **4.** *ein Pferd* aufputschen.

**fight** [faɪt] **I** *s* **1.** Kampf *m*: a) *mil.* Gefecht *n*, b) Kon'flikt *m*, Streit *m*, c) Ringen *n* (for um): to have a ~ → 15; to make (a) ~ (for s.th.) (um etwas) kämpfen; to put up a (good) ~ e-n (guten) Kampf liefern, sich tapfer schlagen. **2.** *Boxen:* Kampf *m*, Fight *m.* **3.** Schläge'rei *f*, Raufe'rei *f.* **4.** Kampffähigkeit *f*, Kampf(es)lust *f*: to show ~ a) sich zur Wehr setzen, b) kampflustig sein; there was no ~ left in him er war kampfmüde *od.* ‚fertig'; he still had a lot of ~ in him er war noch lange nicht geschlagen.

**II** *v/t pret u. pp* **fought** [fɔːt] **5.** *j-n, etwas* bekämpfen, bekriegen, kämpfen gegen. **6.** *e-n Krieg, e-n Prozeß* führen, *e-e Schlacht* schlagen *od.* austragen, *e-e Sache* ausfechten: to ~ a boxing match e-n Boxkampf austragen; to ~ an election kandidieren; to ~ it out es (untereinander) ausfechten; → battle Bes. Redew., duel I. **7.** *etwas* verfechten, sich einsetzen für. **8.** kämpfen gegen *od.* mit, sich schlagen mit, *sport a.* boxen gegen *j-n*: to ~ back (*od.* down) *Enttäuschung, Tränen etc* unterdrücken; to ~ off *j-n, etwas* abwehren, *Vertreter etc* ‚abwimmeln'; to ~ off a cold a) gegen e-e Erkältung ankämpfen, b) e-e Erkältung bekämpfen; → windmill 1. **9.** raufen *od.* sich prügeln mit. **10.** erkämpfen: to ~ one's way s-n Weg machen, sich durchschlagen. **11.** *Hunde etc* kämpfen lassen, zum Kampf an- *od.* aufstacheln. **12.** *Truppen, Geschütze etc* komman'dieren, (im Kampf) führen.

**III** *v/i* **13.** kämpfen (with *od.* against mit *od.* gegen; for um): to ~ against s.th. gegen etwas ankämpfen; to ~ back sich zur Wehr setzen, zurückschlagen; → shy[1] 3, 5. **14.** *sport* boxen. **15.** sich raufen *od.* schlagen *od.* prügeln.

**'fight·er** *s* **1.** Kämpfer *m*, Streiter *m.* **2.** *sport* Boxer *m.* **3.** Schläger *m*, Raufbold *m.* **4.** *a.* ~ plane *aer. mil.* Jagdflugzeug *n*, Jäger *m*: ~ cover (*od.* escort) Jagdschutz *m*; ~ group *Br.* Jagdgeschwader *n*, *Am.* Jagdtruppe *f*; ~ pilot Jagdflieger *m*; ~ wing *Br.* Jagdgruppe *f*, *Am.* Jagdgeschwader *n*. **~·'bomb·er** *s aer. mil.* Jagdbomber *m.* **~·in·ter·'cep·tor** *s aer. mil.* Abfangjäger *m.*

**'fight·ing I** *s* **1.** Kampf *m*, Kämpfe *pl*, Kämpfen *n*. **II** *adj* **2.** Kampf... **3.** kampf-, streitlustig, kämpferisch. **4.** *a.* ~ chance re'elle Chance (*wenn man sich anstrengt*). **~ cock** *s* Kampfhahn *m* (*a. fig.*): to live like a ~ in Saus u. Braus leben. **~ forc·es** *s pl mil.* Kampftruppe *f.* **~ spir·it** *s* Kampfgeist *m.*

**fig leaf** *s irr* Feigenblatt *n* (*a. fig. Bemäntelung*).

**fig·ment** [ˈfɪgmənt] *s* **1.** *oft* ~ of the imagination Phanta'siepro,dukt *n*, reine Einbildung *f.* **2.** *contp.* ‚Märchen' *n.*

**fig tree** *s* Feigenbaum *m.*

**fig·u·rant** [ˈfɪgjʊrənt; *Am.* ˈfɪgjə͵rɑːnt] *s* Figu'rant *m*: a) *Ballett:* Chortänzer *m*, b) *thea.* Sta'tist *m.* **fig·u·rante** [͵fɪgjʊ'rãːnt; *Am.* ˈfɪgjə͵rɑːnt] *s* Figu'rantin *f*: a) *Ballett:* Chortänzerin *f*, b) *thea.* Sta'tistin *f.*

**fig·u·rate** [ˈfɪgjʊrɪt] *adj math. mus.* figu'riert. **fig·u·ra·tion** *s* **1.** Gestaltung *f.* **2.** Form *f*, Gestalt *f.* **3.** bildliche Darstellung. **4.** Verzierung *f* (*a. mus.*). **'fig·u·ra·tive** [-gjʊrətɪv; -gər-] *adj* (*adv* ~ly) **1.** bildlich, über'tragen, fi'gürlich, meta'phorisch. **2.** bilderreich (*Stil*). **3.** sym'bolisch. **'fig·u·ra·tive·ness** *s* **1.** Bildlichkeit *f*, Fi'gürlichkeit *f.* **2.** Bilderreichtum *m.*

**fig·ure** [ˈfɪgə; *Am.* ˈfɪgjər] **I** *s* **1.** Zahl(zeichen *n*) *f*, Ziffer *f*: he is good at ~s er ist ein guter Rechner; the cost runs into three ~s die Kosten gehen in die Hunderte. **2.** Preis *m*, Betrag *m*, Summe *f*: at a low (high) ~ billig (teuer). **3.** Fi'gur *f*, Form *f*, Gestalt *f*, Aussehen *n*: to keep one's ~ schlank bleiben. **4.** *fig.* Fi'gur *f*, bemerkenswerte Erscheinung, wichtige Per'son, Per'sönlichkeit *f*: ~ of fun komische Figur; to cut (*od.* make) a poor ~ e-e traurige Figur abgeben; to make a brilliant ~ e-e hervorragende Rolle spielen. **5.** Darstellung *f* (*des menschlichen Körpers*), Bild *n*, Statue *f.* **6.** Sym'bol *n*, Typus *m.* **7.** *a.* ~ of speech a) (ˈRede-, 'Sprach)Fi,gur *f*, Redewendung *f*, b) Me'tapher *f*, Bild *n.* **8.** (Stoff)Muster *n.* **9.** *Tanz, Eiskunstlauf etc:* Fi'gur *f*: ~ (of) eight a) (*Kunstflug*) Acht *f*, b) (*Eis-, Rollkunstlauf*) Achter *m.* **10.** *mus.* a) Fi'gur *f*, b) (Baß)Bezifferung *f.* **11.** Fi'gur *f*, Dia'gramm *n*, Zeichnung *f.* **12.** Illustra-ti'on *f* (*im Buch*). **13.** *Logik:* 'Schlußfi,gur *f.* **14.** *phys.* Krümmung *f* e-r Linse, *bes.* Spiegel *m* e-s Tele'skops.

**II** *v/t* **15.** formen, gestalten. **16.** abbilden, bildlich darstellen. **17.** *oft* ~ to o.s. sich *etwas* vorstellen *od.* ausmalen. **18.** verzieren (*a. mus.*). **19.** *Stoff* mustern. **20.** *mus.* beziffern. **21.** ~ out *colloq.* a) ausrechnen, b) ‚ausknobeln', ‚rauskriegen', *Problem* lösen, c) ‚ka'pieren', verstehen: I can't ~ him out ich werd' aus ihm nicht klug *od.* schlau. **22.** ~ up zs.-zählen. *Am. colloq.* meinen, glauben: I ~ he'll do it; I ~ him (to be) honest ich halte ihn für ehrlich.

**III** *v/i* **24.** rechnen: to ~ out at sich belaufen auf (*acc*). **25.** ~ on *bes. Am. colloq.* a) rechnen mit, b) sich verlassen auf (*acc*): to ~ on s.o. to do s.th. sich darauf verlassen, daß j-d etwas tut, c) beabsichtigen (*doing etwas* zu tun). **26.** erscheinen, auftauchen, vorkommen: to ~ in a play in e-m Stück auftreten; to ~ large e-e große Rolle spielen; to ~ on a list auf e-r Liste stehen. **27.** *colloq.* ‚hinhauen', (genau) passen: that ~s! a) das wundert mich gar nicht, b) völlig klar!; it ~s that he didn't come es ist typisch für ihn, daß er nicht kam.

**'fig·ure-,con·scious** *adj* fi'gurbewußt.

**'fig·ured** *adj* **1.** geformt, gestaltet. **2.** verziert, gemustert, geblümt. **3.** *mus.* a) figu'riert, verziert, b) beziffert: ~ bass Generalbaß *m.* **4.** bildhaft, bilderreich: ~ language. **5.** Figuren...: ~ dance.

**'fig·ure dance** *s* Fi'gurentanz *m.* **'~ head** *s mar.* Galı'onsfi,gur *f*, *fig. a.* ,Aushängeschild' *n.* **~ skat·er** *s sport* Eiskunstläufer(in). **~ skat·ing** *s sport* Eiskunstlauf *m.*

**fig·u·rine** [ˈfɪgjʊriːn; *Am.* ͵fɪgjə'riːn] *s* Statu'ette *f*, Figu'rine *f.* **'fig·wort** *s bot.* Braunwurz *f.*

**fil·a·gree** [ˈfɪləgriː], *etc* → filigree, *etc.*

**fil·a·ment** [ˈfɪləmənt] *s* **1.** a) Faden *m* (*a. anat.*), Fädchen *n*, b) Faser *f.* **2.** *bot.* Fila'ment *n*, Staubfaden *m.* **3.** *electr.* (Glüh-, Heiz)Faden *m*: ~ battery Heizbatterie *f*; ~ circuit Heizkreis *m*; ~ lamp Glühlampe *f.* **4.** *tech.* feiner Draht.

**fil·a·men·tous** [͵fɪlə'mentəs] *adj* **1.** faserig, faserartig. **2.** Fasern... **3.** *bot.* Staubfäden tragend, Faden...: ~ fungus Fadenpilz *m.*

**fi·lar·i·a** [fɪˈleərɪə] *pl* -i·ae [-iː] *s zo.* Fadenwurm *m.*

**fil·a·ri·a·sis** [͵fɪlə'raɪəsɪs] *s med.* Filia'rose *f*, Fi'larienkrankheit *f* (*durch Fadenwürmer hervorgerufene Krankheit*).

**fil·a·ture** [ˈfɪlətʃə(r); -͵tʃʊə(r)] *s tech.* **1.** (Faden)Spinnen *n*, Abhaspeln *n* der Seide. **2.** (Seiden)Haspel *f.* **3.** 'Seidenspinne,rei *f.*

**fil·bert** [ˈfɪlbə(r)t] *s bot.* **1.** Haselnußstrauch *m.* **2.** Haselnuß *f.*

**filch** [fɪltʃ] *v/t* ‚klauen', sti'bitzen, stehlen. **'filch·er** *s* Dieb(in).

**file**[1] [faɪl] **I** *s* **1.** (Akten-, Brief-, Doku'menten)Ordner *m*, Kar'teikasten *m*: to place on ~ → 9. **2.** a) Akte(nstück *n*) *f*: to keep (*od.* have) a ~ on e-e Akte führen über (*acc*); ~ number Aktenzeichen *n*, b) Akten(bündel *n*, -stoß *m*) *pl*, c) Akten *pl*, Ablage *f*, abgelegte Briefe *pl od.* Doku'mente *pl*: on ~ bei den Akten. **3.** *Computer:* Da'tei *f.* **4.** Aufreihfaden *m*, -draht *m.* **5.** Reihe *f*: → single file. **6.** *mil.* Rotte *f.* **7.** Reihe *f* (*Personen od. Sachen hintereinander*). **8.** Liste *f*, Verzeichnis *n.* **II** *v/t* **9.** *a.* ~ away *Briefe etc* ablegen, (ein)ordnen, ab-, einheften, zu den Akten nehmen: to be ~d! zu den Akten! **10.** ~ off (in e-r Reihe 'ab)mar,schieren lassen. **11.** *e-n Antrag etc* einreichen, *e-e Forderung* anmelden, *Berufung* einlegen: → action 12, application 8, suit 4. **III** *v/i* **12.** in e-r Reihe *od.* hinterein'ander (hin-'ein-, hin'aus- *etc*)mar,schieren: to ~ in (out); to ~ past vorbeidefilieren.

**file**[2] [faɪl] **I** *s* **1.** *tech.* Feile *f.* **2.** *Br. sl.* ‚schlauer Fuchs', ‚geriebener Kerl'. **II** *v/t* **3.** *tech.* (zu-, be)feilen: to ~ one's fingernails sich die Fingernägel feilen; ~ away (*od.* down) abfeilen. **4.** *fig.* Stil etc (zu'recht)feilen.

**file card** *s* **1.** *tech.* Feilenbürste *f.* **2.** Kar'teikarte *f.* **~ clerk** *s Am.* Registrator *m.* **~ cop·y** *s* Ablage(stück *n*) *f.*

**fi·let** [ˈfɪlɪt; *Am.* *bes.* fɪ'leɪ] *s gastr.* Fi'let *n.* **2.** *a.* ~ lace Fi'let *n*, Netz(arbeit *f*) *n*, 'Netzsticke,rei *f.* **~ mi·gnon** [͵fɪleɪ-'miːnjɔn; *Am.* -miːn'jəʊn] *s gastr.* Fi'let *n* mi'gnon (*kleines gebratenes od. gegrilltes Filet*).

**fil·i·al** [ˈfɪljəl; -ɪəl] *adj* (*adv* ~ly) **1.** kindlich, Kindes..., Tochter..., Sohnes...: ~ duty Kindespflicht *f*; ~ piety kindliche Ergebenheit. **2.** *Genetik:* Filial...: ~ generation Filialgeneration *f* (*die direkten Nachkommen e-s Elternpaares bzw. e-s sich durch Parthenogenese fortpflanzenden Lebewesens*).

**fil·i·ate** [ˈfɪlɪeɪt] *v/t* **1.** *jur. Am. od. Scot.* die (*bes.* außereheliche) Vaterschaft von (*od. gen*) feststellen. **2.** → affiliate I. **fil·i·a·tion** *s* **1.** Kindschaft(sverhältnis *n*) *f.* **2.** Abstammung *f.* **3.** *jur. Am. od. Scot.* Feststellung *f* der (*bes.* außerehelichen) Vaterschaft: ~ proceeding Vaterschaftsprozeß *m.* **4.** Feststellung *f* der 'Herkunft *od.* Quelle: ~ of manuscripts. **5.** Verzweigung *f.*

**fil·i·beg** [ˈfɪlɪbeg] → kilt 1.

**fil·i·bus·ter** [ˈfɪlɪbʌstə(r)] **I** *s* **1.** *hist.* Freibeuter *m.* **2.** *parl. bes. Am.* a) Ob'struktion *f*, Verschleppungstaktik *f* (*bes. durch Dauerreden zur Verhinderung e-r Abstimmung*), b) Obstrukti'onspo,litiker *m*, Verschleppungstaktiker *m.* **II** *v/i*

**3.** *parl. bes. Am.* Obstrukti'on treiben. **III** *v/t* **4.** *parl. bes. Am. Gesetzesvorlage etc* durch Obstrukti'on zu Fall bringen.

**fil·i·cide** ['fɪlɪsaɪd] *s* **1.** Kindesmord *m.* **2.** Kindesmörder(in).

**fil·i·form** ['fɪlɪfɔ:(r)m; 'faɪ-] *adj* fadenförmig, fili'form: ~ **gill** *ichth.* Fadenkieme *f.*

**fil·i·gree** ['fɪlɪgri:] *s* **1.** Fili'gran(arbeit *f*) *n.* **2.** (*etwas*) sehr Zartes *od.* Gekünsteltes. **'fil·i·greed** *adj* mit Fili'gran geschmückt, Filigran...

**fil·ing**[1] ['faɪlɪŋ] *s* **1.** Ablegen *n* (*von Briefen etc*): ~ **cabinet** Aktenschrank *m;* ~ **card** → **file card** 2; ~ **clerk** *bes. Br.* Registrator *m;* ~ **department** Registratur *f.* **2.** Einreichung *f* (*e-s Antrags etc*), Anmeldung *f* (*e-r Forderung*).

**fil·ing**[2] ['faɪlɪŋ] *s tech.* **1.** Feilen *n.* **2.** *pl* Feilspäne *pl.*

**Fil·i·pi·no** [ˌfɪlɪ'pi:nəʊ] **I** *pl* **-nos** *s* Fili'pino *m.* **II** *adj* philip'pinisch.

**fill** [fɪl] **I** *s* **1.** to eat one's ~ sich satt essen; **to have had one's** ~ **of** *fig.* von etwas *j-m* genug haben, etwas, *j-n* satt haben; **to weep one's** ~ sich ausweinen. **2.** Füllung *f* (*Material od. Menge*): **a** ~ **of** gasoline (*Br.* petrol) e-e Tankfüllung. **3.** *Am.* Erd-, Steindamm *m.* **II** *v/t* **4.** (an-, aus-, voll)füllen, *die Segel* (auf)blähen. **5.** *Flüssigkeit etc* ab-, einfüllen: **to** ~ **wine into bottles. 6.** *die Pfeife* stopfen. **7.** (*mit Nahrung*) sättigen. **8.** *die Straßen etc* bevölkern, füllen. **9.** *a. fig.* erfüllen (**with**): **smoke** ~**ed the room; grief** ~**ed his heart;** ~**ed with fear (envy)** angsterfüllt (neiderfüllt). **10.** *e-n Posten, ein Amt* a) besetzen: **to** ~ **a vacancy,** b) ausfüllen, bekleiden: **to** ~ **s.o.'s place** *j*-s Stelle einnehmen, *j-n* ersetzen. **11.** *e-n Auftrag, e-e Bestellung* ausführen. **12. to** ~ **the bill** *colloq.* allen Ansprüchen genügen, genau das richtige sein. **13.** *med. e-n Zahn* füllen, plom'bieren. **III** *v/i* **14.** sich füllen, (*Segel*) sich (auf)blähen: **the sails** ~**ed with wind** die Segel blähten sich im Wind.

*Verbindungen mit Adverbien:*

**fill** **a·way** *v/i mar.* vollbrassen. ~ **in** **I** *v/t* **1.** *ein Loch etc* auf-, ausfüllen. **2.** *Br. ein Formular etc* ausfüllen. **3.** *e-n Namen etc* einsetzen. **4.** *Fehlendes* ergänzen. **5.** *colloq. j-n* infor'mieren, ins Bild setzen (**on** über *acc*). **6.** *Br. sl. j-n* zs.-schlagen, krankenhausreif schlagen. **II** *v/i* **7.** einspringen (**for** für). ~ **out** **I** *v/t* **1.** *bes. Am. ein Formular etc* ausfüllen. **2.** *e-n Bericht etc* abrunden. **II** *v/i* **3.** fülliger werden (*Figur*), (*Person a.*) zunehmen (*Gesicht etc*) runder *od.* voller werden. ~ **up** **I** *v/t* **1.** vollfüllen: **fill her up!** *colloq.* volltanken, bitte! **2.** → **fill in** 1. **3.** → **fill in** 2. **II** *v/i* **4.** sich füllen.

**fill·er** *s* **1.** Füller *m.* **2.** *tech.* a) Füllvorrichtung *f,* b) 'Abfüllmaˌschine *f,* c) Trichter *m.* **3.** *arch.* Füllung *f.* **4.** Füllstoff *m,* Zusatz-, Füll-, Streckmittel *n.* **5.** *paint.* Spachtel (-masse *f*) *m,* Füller *m.* **7.** *Rundfunk, TV, Zeitungswesen:* Füller *m,* Füllsel *n.* **8.** *ling.* Füll-, Flickwort *n.* ~ **cap** *s mot.* Tankdeckel *m,* -verschluß *m.*

**fil·let** ['fɪlɪt] **I** *s* **1.** Haar-, Stirnband *n.* **2.** Leiste *f,* Band *n,* Streifen *m.* **3.** a) Fi'let *n,* (*Gold*)Zierstreifen *m* (*am Buchrücken*), b) Fi'lete *f* (*Gerät zum Anbringen von* a). **4.** *arch.* Leiste *f,* Reif *m,* Rippe *f.* **5.** *gastr.* Fi'let *n:* ~ **steak** Filetsteak *n.* **6.** *her.* schmaler Saum des Wappenschildes. **II** *v/t* **7.** mit *e-m Haarband od. e-r Leiste etc* schmücken. **8.** *gastr.* a) file'tieren, Fi'lets her'auslösen aus, b) *als Fi'lets* zubereiten. ~ **weld** *s tech.* Kehlnaht *f.*

**'fill-in** **I** *s* Aushilfe *f,* Aushilfskraft *f.* **II** *adj:* ~ **test** *psych.* Lückentest *m.*

---

**'fill·ing** **I** *s* **1.** Füllung *f,* Füllmasse *f,* Einlage *f,* Füllsel *n.* **2.** *tech.* 'Füllmateriˌal *n.* **3.** *med.* (*Zahn*)Plombe *f,* (-)Füllung *f.* **4.** Voll-, Aus-, Anfüllen *n,* Füllung *f:* ~ **machine** Abfüllmaschine *f.* **5.** *mil.* a) Füllung *f* (*bei chemischer Munition*), b) Filterfüllung *f* (*Gasmaske*). **II** *adj* **6.** sättigend. ~ **sta·tion** *s* Tankstelle *f.*

**fil·lip** ['fɪlɪp] **I** *s* **1.** Schnalzer *m,* Schnipser *m* (*mit Finger u. Daumen*). **2.** Klaps *m.* **3.** *fig.* Ansporn *m,* Auftrieb *m:* **to give a** ~ **to** → 7. **4.** unbedeutender Zusatz. **II** *v/t* **5.** a) schnippen, schnipsen: **to** ~ **crumbs off the table,** b) **to** ~ **one's fingers** mit den Fingern schnalzen *od.* schnippen *od.* schnipsen. **6.** *j-m ein* Klaps geben. **7.** *fig.* anspornen, in Schwung bringen.

**fil·lis·ter** ['fɪlɪstə(r)] *s tech.* **1.** Falz *m.* **2.** *a.* ~ **plane** Falzhobel *m.*

**fil·ly** ['fɪlɪ] *s* **1.** Stutenfohlen *n.* **2.** *colloq.* ,wilde Hummel' (*Mädchen*).

**film** [fɪlm] **I** *s* **1.** Mem'bran(e) *f,* dünnes Häutchen, Film *m.* **2.** *phot.* Film *m.* **3.** Film *m:* **the** ~**s** a) die Filmindustrie, b) der Film, c) das Kino; **to be in** ~**s** beim Film sein; **to get into** (*od.* **go on**) **the** ~**s** zum Film gehen. **4.** (hauch)dünne Schicht, 'Überzug *m,* (*Zellophan- etc*) Haut *f,* (-)Film *m.* **5.** a) (hauch)dünnes Gewebe, b) Faser *f.* **6.** *med.* Trübung *f des* Auges, Schleier *m.* **II** *v/t* **7.** (mit *e-m* Häutchen *etc*) über'ziehen. **8.** a) *e-n Roman etc* verfilmen, b) *e-e Szene etc* filmen. **III** *v/i* **9.** *a.* ~ **over** sich mit *e-m* Häutchen über'ziehen. **10.** a) sich verfilmen lassen, sich zum Verfilmen eignen: **this story** ~**s well,** b) *e-n* Film drehen, filmen.

**'film·a·ble** *adj* **1.** a) verfilmbar, b) filmbar. **2.** foto'gen.

**film** **base** *s chem. phot.* Blankfilm *m,* Emulsi'onsträger *m.* ~ **card** *s* Filmkarte *f.* **'~go·er** *s* Kinogänger(in), -besucher (-in).

**'film·ic** *adj* (*adv* ~**ally**) filmisch, Film...

**film·i·ness** ['fɪlmɪnɪs] *s* (hauch)dünne Beschaffenheit.

**film** **li·brar·y** *s* 'Filmarˌchiv *n.* ~ **mak·er** *s* Filmemacher *m,* Filmer *m:* **young** ~ Jungfilmer.

**film·og·ra·phy** [fɪl'mɒgrəfɪ; *Am.* -'mɑ-] *s* Filmogra'phie *f* (*Verzeichnis aller Filme e-s Regisseurs od. Schauspielers*).

**film** **pack** *s phot.* Filmpack *m.* ~ **reel** *s phot.* Filmspule *f.* ~ **scan·ning** *s TV* Filmabtastung *f.* **'~set** *v/t irr print.* im Foto-*od.* Filmsatz 'herstellen. **'~set·ting** *s print.* Foto-, Filmsatz *m.* **'~speed** *s phot.* **1.** Lichtempfindlichkeit *f* (*des Films*). **2.** Laufgeschwindigkeit *f* (*des Films in der Kamera*). ~ **star** *s* Filmstar *m.* **'~strip** *s* **1.** Filmstreifen *m.* **2.** Bildband *n.*

**'film·y** *adj* **1.** mit *e-m* Häutchen bedeckt. **2.** häutchenartig. **3.** trübe, verschleiert (*Auge*). **4.** zart, duftig, (hauch)dünn.

**fil·ter** ['fɪltə(r)] **I** *s* **1.** Filter *m,* Seihtuch *n,* Seiher *m.* **2.** *chem. phot. phys. tech.* Filter *n, m.* **3.** *electr.* Filter *n, m,* Sieb *n.* **4.** *mot. Br.* grüner Pfeil (*für Abbieger*). **II** *v/t* **5.** filtern, (durch)seihen, b) fil'trieren: **to** ~ **off** abfiltern; **to** ~ **s.th. out of s.th.** etwas aus etwas herausfiltern. **III** *v/i* **6.** a) 'durchsickern (**through** durch) (*Flüssigkeit*), b) 'durchscheinen, -sickern (**through** durch) (*Licht*). **7.** sich langsam bewegen: **to** ~ **out** grüppchenweise *od. e-r* nach dem andern herauskommen (**of** aus). **8.** ~ **into** sich einschleusen in (*acc*) (*Agent etc*). **9.** *fig.* a) ~ **out** (*od.* **through**) 'durchsickern (*Nachrichten etc*), b) ~ **into** einsickern *od.* langsam eindringen in (*acc*). **10.** *mot. Br.* a) die Spur wechseln, b) sich einordnen (**to the left** links), c) abbiegen (*wenn der grüne Pfeil auf-*

---

leuchtet). **'filˌter·a'bil·i·ty** *s* Fil'trier-barkeit *f.* **'filˌter·a·ble** *adj* fil'trierbar.

**fil·ter** **bag** *s* Filtertüte *f.* ~ **ba·sin** *s tech.* Sickerbecken *n.* ~ **bed** *s tech.* **1.** Fil'trierbett *n,* Kläranlage *f.* **2.** Filterschicht *f.* ~ **char·coal** *s tech.* Filterkohle *f.* ~ **choke** *s electr.* Filter-, Siebdrossel *f.* ~ **cir·cuit** *s electr.* Siebkreis *m.*

**'fil·ter·ing** **I** *s* Filtern *n:* a) ('Durch)Seihen *n,* b) Fil'trieren *n.* **II** *adj* Filtrier..., Filter...: ~ **basin** *tech.* Filtrierbecken *n;* ~ **paper** Filterpapier *n.*

**fil·ter** **pa·per** *s* 'Filterpaˌpier *n.* ~ **tip** *s* **1.** Filter *m.* **2.** 'Filterzigaˌrette *f.* **'~-tipped** *adj* Filter...: ~ **cigarette.**

**filth** [fɪlθ] *s* **1.** Schmutz *m,* Dreck *m.* **2.** *fig.* Schmutz *m,* Schweine'rei *f.* **3.** a) unflätige Sprache, b) unflätige Ausdrücke *pl.* **'filth·i·ness** *s* **1.** Schmutzigkeit *f* (*a. fig.*). **2.** Unflätigkeit *f.* **'filth·y** *adj* (*adv* filthily) **1.** schmutzig, dreckig. **2.** *fig.* schmutzig, schweinisch. **3.** *fig.* unflätig. **4.** *bes. Br. colloq.* ekelhaft, scheußlich: ~ **weather** ,Sauwetter' *n.* **II** *adv* **5.** *colloq.* ,unheimlich', ,furchtbar': ~ **rich** ,stinkreich'.

**fil·tra·ble** ['fɪltrəbl] → **filterable.**

**fil·trate** ['fɪltreɪt] **I** *v/t* → **filter** 5. **II** *s* Fil'trat *n.* **fil·tra·tion** *s* Filtratiˌon *f.*

**fim·bri·ate** ['fɪmbrɪɪt; -breɪt], *a.* **'fim·bri·at·ed** [-breɪtɪd] *adj bot. zo.* befranst.

**fin**[1] [fɪn] *s* **1.** *zo.* Flosse *f,* Finne *f.* **2.** *mar.* Kiel-, Ruderflosse *f.* **3.** *aer.* a) (Seiten-) Flosse *f,* b) *mil.* Steuerschwanz *m* (*e-r Bombe*). **4.** *tech.* a) (Guß)Naht *f,* b) *a.* **cooling** ~ (Kühl)Rippe *f.* **5.** Schwimmflosse *f.* **6.** *sl.* ,Flosse' *f* (*Hand*).

**fin**[2] [fɪn] *s Am. sl.* Fünf'dollarschein *m.*

**fin·a·ble** ['faɪnəbl] *adj e-r* Geldstrafe unter'liegend: **this is** ~ darauf steht *e-e* Geldstrafe.

**fi·na·gle** [fɪ'neɪgl] *colloq.* **I** *v/t* **1.** etwas her'ausschinden, -schlagen. **2.** (sich) etwas ergaunern. **3.** *j-n* begaunern: **to** ~ **s.o. out of s.th.** *j-n* um etwas betrügen. **II** *v/i* **4.** gaunern. **fi'na·gler** [-glə(r)] *s colloq.* Gauner *m.*

**fi·nal** ['faɪnl] **I** *adj* (*adv* → **finally**) **1.** letzt(er, e, es): **during his** ~ **illness. 2.** endgültig, End..., Schluß...: ~ **account** Schlußabrechnung *f;* ~ **assembly** *tech.* Endmontage *f;* ~ **date** Schlußtermin *m,* äußerster Termin; ~ **dividend** *econ.* Schlußdividende *f;* ~ **examination** Abschlußprüfung *f;* ~ **quotation** *econ.* Schlußkurs *m;* ~ **result** Endresultat *n;* ~ **run** *sport* Endlauf *m;* ~ **score** *sport* Schlußstand *m;* ~ **speech** *jur.* Schlußplädoyer *n;* ~ **storage** Endlagerung *f* (*von Atommüll etc*); ~ **velocity** Endgeschwindigkeit *f;* ~ **whistle** *sport* Schluß-, Abpfiff *m:* **to blow the** ~ **whistle** *sport* abpfeifen. **3.** endgültig: a) 'unwiderˌruflich, b) entscheidend, c) *jur.* rechtskräftig: ~ **judg(e)ment** Endurteil *n;* **after** ~ **judg(e)ment** nach Rechtskraft des Urteils; **to become** ~ rechtskräftig werden, Rechtskraft erlangen. **4.** per'fekt, voll'kommen. **5.** *ling.* a) auslautend, End...: ~ **s** Schluß-s *n,* b) Absichts..., Final...: ~ **clause. II** *s* **6.** *sport* Fi'nale *n:* a) Endkampf *m* b) Endlauf *m,* c) Endrunde *f,* d) Endspiel *n.* **7.** *meist pl bes. univ.* 'Schlußexˌamen *n,* -prüfung *f.* **8.** *colloq.* Spätausgabe *f* (*e-r Zeitung*). ~ **cause** *s philos.* Urgrund *m* (u. Endzweck *m*) aller Dinge.

**fi·na·le** [fɪ'nɑːlɪ; *Am. a.* fə'næ-] *s* Fi'nale *n:* a) *mus.* Schlußsatz *m,* b) *thea.* Schluß (-szene *f*) *m* (*bes. e-r Oper*), c) *fig.* (dra'matisches) Ende.

**fi·nal·ism** ['faɪnəlɪzəm] *s philos.* Fina'lismus *m* (*Lehre, nach der alles Geschehen von Zwecken bestimmt ist bzw. zielstrebig*

*verläuft).* **'fi·nal·ist** *s* **1.** *sport* Fina'list (-in), Endkampfteilnehmer(in) *etc* (→ final 6). **2.** *bes. univ.* Ex'amenskandi-ₗdat(in). **fi'nal·i·ty** [-ˈnæləti] *s* **1.** Endgültigkeit *f.* **2.** Entschiedenheit *f.* **3.** abschließende Handlung *od.* Äußerung. **4.** *philos.* Finali'tät *f (Bestimmung e-s Geschehens nicht durch s-e Ursachen, sondern durch s-e Zwecke).* **'fi·nal·ize** *v/t* **1.** be-, voll'enden, (endgültig) erledigen, abschließen. **2.** endgültige Form geben *(dat).* **'fi·nal·ly** *adv* **1.** endlich, schließlich, zu'letzt. **2.** zum (Ab)Schluß. **3.** endgültig.

**fi·nance** [faɪˈnæns; fɪˈn-; ˈfaɪnæns] **I** *s* **1.** Fi'nanzwesen *n,* -wissenschaft *f,* -wirtschaft *f,* -welt *f,* Fi'nanz *f.* **2.** *pl* Fi'nanzen *pl:* a) Vermögenslage *f,* b) Einkünfte *pl:* public-ₛ Staatsfinanzen *pl.* **II** *v/t* **3.** finan-'zieren. **III** *v/i* **4.** Geldgeschäfte machen. **~act** *s Br.* Fi'nanzgesetz *n.* **~bill** *s* **1.** *pol.* Fi'nanzvorlage *f,* b) *econ.* Fi'nanzwechsel *m.* **~com·pa·ny** *s econ.* Finan'zierungsgesellschaft *f.* **~house** *s econ. Br.* Teilzahlungs-, Kundenkreₗditbank *f.*

**fi·nan·cial** [faɪˈnænʃl; fɪ-] *adj (adv ~ly)* finanzi'ell, Finanz..., Geld..., Fiskal...: **~backer** Geldgeber *m;* **~circles** Finanzkreise; **~columns** Handels-, Wirtschaftsteil *m;* **~condition** *(od. situation)* Finanz-, Vermögenslage *f;* **~institution** Geldinstitut *n;* **~newspaper** Börsen-, Handelsblatt *n;* **~planning** Finanzierungsplan *m;* **~policy** Finanzpolitik *f;* **~standing** Kreditwürdigkeit *f;* **~year** *Br.* a) Geschäftsjahr *n,* b) *parl.* Haushalts-, Rechnungsjahr *n.*

**fin·an·cier** [ₗfɪnənˈsɪə(r); ˌfaɪ-] **I** *s [Br.* faɪˈnænsɪə; *auch]* **1.** Finanzi'er *m.* **2.** Fi'nanzfachmann *m.* **II** *v/t* **3.** finan'zieren. **III** *v/i* **4.** *(bes.* skrupellose) Geldgeschäfte machen.

**fi'nanc·ing** *s econ.* Finan'zierung *f,* Kapi'talbeschaffung *f.*

**'fin·back (whale)** *s zo.* Finnwal *m.*

**finch** [fɪntʃ] *s orn.* Fink *m.* **~creep·er** *s orn. (ein)* amer. Baumläufer *m.*

**find** [faɪnd] **I** *s* **1.** Fund *m,* Entdeckung *f:* a) Finden *n,* Entdecken *n,* b) *etwas Gefundenes od. Entdecktes.* **II** *v/t pret u. pp* **found** [faʊnd] **2.** finden. **3.** finden, (an)treffen, stoßen auf *(acc):* we found him in wir trafen ihn zu Hause an; to ~ a good reception e-e gute Aufnahme finden. **4.** sehen, bemerken, feststellen, entdecken, (her'aus)finden: he found that ... er stellte fest *od.* fand, daß ...; I ~ it easy ich finde es leicht; to ~ one's way den Weg finden (to nach, zu), sich zurechtfinden (in in *dat);* I'll ~ out my way all right ich finde schon allein hinaus; to ~ o.s. sich finden, zu sich selbst finden, s-e Fähigkeiten erkennen, sich voll entfalten (→ 8); I found myself surrounded ich sah *od.* fand mich umzingelt; I found myself telling a lie ich ertappte mich bei e-r Lüge. **5.** (wieder-) erlangen: → tongue 1. **6.** finden: a) beschaffen, auftreiben, b) erlangen, sich verschaffen, c) *Zeit etc* aufbringen. **7.** *jur.* erklären *od.* befinden für: to ~ a person guilty. **8.** *j-n* versorgen, ausstatten (in mit), *j-m etwas* verschaffen, stellen, liefern: well found in clothes mit Kleidung gut ausgestattet; all found freie Station, freie Unterkunft u. Verpflegung; to ~ o.s. sich selbst versorgen (→ 4). **9.** ~ out a) *etwas* entdecken, her'ausfinden, -bekommen, b) *j-n* ertappen, c) durch'schauen. **III** *v/i* **10.** *jur.* to ~ against the defendant a) *(Zivilprozeß)* den Beklagten verurteilen, der Klage stattgeben, b) *(Strafprozeß)* den Angeklagten verurteilen; to ~ for the defendant a) *(Zivilprozeß)* zu Gunsten des

Beklagten entscheiden, die Klage abweisen, b) *(Strafprozeß)* den Angeklagten freisprechen.

**'find·er** *s* **1.** Finder(in), Entdecker(in): ~s keepers *colloq.* wer etwas findet, darf es behalten; ~'s fee Vermittlungsgebühr *f;* ~'s reward Finderlohn *m;* "~ will be rewarded" „Finderlohn". **2.** *phot.* Sucher *m.* **3.** *electr. phys.* Peil(funk)gerät *n.*

**fin de siè·cle** [ˌfɛ̃dəsjɛkl(ə)] *(Fr.) s* Fin de si'ècle *(gesellschaftliche, künstlerische u. literarische Dekadenz am Ende des letzten Jahrhunderts).*

**'find·ing** *s* **1.** → find 1: ~ the means *econ.* Geldbeschaffung *f;* ~'s keeping *colloq.* wer etwas findet, darf es behalten. **2.** *meist pl scient. etc* Befund *m (a. med.),* Feststellung(en *pl) f,* Erkenntnis(se *pl) f.* **3.** *jur.* Feststellung *f (des Gerichts od. der Geschworenen):* ~ of facts Tatsachenfeststellung. **4.** *pl* Werkzeuge *pl od.* Materi'al *n (e-s Handwerkers).*

**find the la·dy** *s Br.* Kümmelblättchen *n (Bauernfängerspiel).*

**fine¹** [faɪn] **I** *adj (adv ~ly)* **1.** *allg.* fein: a) dünn, zart, zierlich: ~china; b) scharf: ~a edge, c) *aus kleinsten Teilchen bestehend:* ~sand, d) schön: a ~ship; one of these ~days es ist schönes Tages, e) vornehm, edel: a ~man, f) geschmackvoll, gepflegt, ele'gant, g) angenehm, lieblich: a ~scent, h) feinsinnig, sub'til: ~distinction feiner Unterschied. **2.** großartig, ausgezeichnet, glänzend: a ~musician; a ~view e-e herrliche *od.* prächtige Aussicht; a ~fellow ein feiner *od.* prächtiger Kerl. **3.** rein, pur: ~silver Feinsilber *n;* ~gold Feingold *n;* gold 24 carats ~ 24karätiges Gold. **4.** geziert, affek'tiert: ~sentences. **5.** *colloq., a. iro.* fein, schön: that's ~!; that's all very ~ but ... das ist ja alles gut u. schön, aber ...; a ~ fellow you are! *contp.* du bist mir ein schöner Genosse! **6.** *econ.* erstklassig: ~ bank bill. **II** *adv* **7.** *colloq.* fein: a) vornehm *(a. contp.):* to talk ~, b) sehr gut, ‚bestens': that will suit me ~ das paßt mir ausgezeichnet. **8.** knapp: to cut *(od.* run) it ~ ins Gedränge *(bes.* in Zeitnot) kommen. **III** *v/t* **9.** ~ away, ~ down fein(er) machen, abschleifen, zuspitzen. **10.** *oft* ~ down Wein etc läutern, klären. **11.** *metall.* frischen. **IV** *v/i* **12.** ~ away, ~ down, ~ off fein(er) werden, abnehmen, sich abschleifen. **13.** sich klären.

**fine²** [faɪn] **I** *s* **1.** Geldstrafe *f,* Bußgeld *n.* **2.** *jur. hist.* Abstandssumme *f.* **3.** Ende *n (obs. außer in):* in ~ a) schließlich, endlich, b) kurz(um). **II** *v/t* **4.** mit e-r Geldstrafe belegen, zu e-r Geldstrafe verurteilen: he was ~d £50 er mußte 50 Pfund Strafe bezahlen, er wurde zu e-r Geldstrafe von 50 Pfund verurteilt.

**fi·ne³** [ˈfiːneɪ] *s mus.* Fine *n,* Ende *n.*

**fine·a·ble** → finable.

**fine· ad·just·ment** [faɪn] *s tech.* Feineinstellung *f.* **~ad'just·ment screw** *s tech.* Feinstellschraube *f.* **~arts** *s pl (die)* schönen Künste *pl.* **'~bore** *v/t tech.* präzisi'ons-, feinbohren. **~chem·i·cals** *s pl* 'Feinchemiₗkalien *pl.* **~cut** *s* Feinschnitt *m (Tabak).* **~darn·ing** *s* Kunststopfen *n.* **'~draw** *v/t irr* **1.** fein zu-nähen, kunststopfen. **2.** *tech.* Draht fein ausziehen. **'~drawn** → fine-spun. **~-'grained** *adj tech.* feinkörnig, *(Leder)* feinnarbig. **~grav·el** *s tech.* Feinkies *m.* **~me·chan·ics** *s pl (als sg konstruiert)* 'Feinmeₗchanik *f.*

**'fine·ness** *s allg.* Feinheit *f:* a) Zartheit *f,* Zierlichkeit *f,* b) Schärfe *f,* c) Reinheit *f,* Feingehalt *m,* d) Schönheit *f,* e) Vornehmheit *f,* f) Gepflegtheit *f,* Ele'ganz *f,*

g) Lieblichkeit *f,* h) Subtili'tät *f,* i) Genauigkeit *f.* **'fin·er** → refiner. **'fin·er·y** [-ərɪ] *s* **1.** Putz *m,* Staat *m.* **2.** Ele'ganz *f.*

**fines** [faɪnz] *s pl tech.* feingesiebtes Materi'al, Abrieb *m,* Grus *m.*

**fines herbes** [finzɛrb] *(Fr.) s pl gastr.* Fines herbes *pl (feingehackte Kräuter).*

**fine·sight** *s mil.* Feinkorn *n (Visier).* **~-'spun** *adj* feingesponnen, *fig. a.* sub'til.

**fi·nesse** [fɪˈnes] **I** *s* **1.** Fi'nesse *f:* a) Spitzfindigkeit *f,* b) *(kleiner)* Kunstgriff, Kniff *m.* **2.** Raffi'nesse *f,* Schlauheit *f.* **3.** *Kartenspiel:* Schneiden *n.* **II** *v/t* **4.** *Kartenspiel:* schneiden mit. **5.** *etwas* ‚deichseln', ‚drehen'. **III** *v/i* **6.** *Kartenspiel:* schneiden. **7.** Kniffe anwenden, ‚tricksen'.

**fine·thread** *s tech.* Feingewinde *n.* **'~-tooth(ed)** *adj* fein(gezahnt): ~ comb Staubkamm *m;* to go over *(od.* through) s.th. with a ~ comb a) etwas genau durchsuchen, b) etwas genau unter die Lupe nehmen. **~tun·ing** *s Radio:* Feinabstimmung *f.*

**'fin·fish** → finback. **'~₊foot·ed** *adj zo.* mit Schwimmfüßen (versehen).

**fin·ger** [ˈfɪŋɡə(r)] **I** *s* **1.** Finger *m:* first (second, third) ~ Zeige-(Mittel-, Ring-) finger; fourth *(od.* little) ~ kleiner Finger; to get *(od.* pull) one's ~s out *Br. colloq.* ‚Dampf dahintermachen', ‚sich ranhalten'; to have a *(od.* one's) ~ in the pie die Hand im Spiel haben, ‚mitmischen'; to keep one's ~s crossed for s.o. j-m die Daumen drücken *od.* halten; to lay *(od.* put) one's ~ on s.th. den Finger auf etwas legen; not to lay a ~ on s.o. j-m kein Härchen krümmen; not to lift *(od.* raise, stir) a ~ keinen Finger rühren; to put the ~ on s.o. → 10; to twist *(od.* wrap, wind) s.o. (a)round one's little ~ j-n um den (kleinen) Finger wickeln; to work one's ~s to the bone (for s.o.) sich (für j-n) die Finger abarbeiten; → burn¹ 1, itch 4, point 41, slip¹ 15, snap 12, thumb 1. **2.** Finger(ling) *m (e-s Handschuhs).* **3.** Fingerbreit *m.* **4.** schmaler Streifen, schmales Stück. **5.** (Uhr)Zeiger *m.* **6.** *tech.* Daumen *m,* Greifer *m.* **7.** → finger man. **II** *v/t* **8.** a) betasten, befühlen, (be)fingern, b) her'umfingern an *(dat),* spielen mit. **9.** *mus.* a) *ein Stück od. Instrument* mit den Fingern spielen, b) *Noten* mit Fingersatz versehen. **10.** *bes. Am. colloq.* a) j-n ‚verpfeifen', b) j-n *(bei e-r Gegenüberstellung)* identifi'zieren, c) j-n beschatten. **III** *v/i* **11.** her'umfingern *(at an dat),* spielen (with mit).

**fin·ger·al·pha·bet** *s* 'Fingeralphaₗbet *n.* **'~board** *s* **1.** *mus.* a) Griffbrett *n,* b) Klavia'tur *f,* c) Manu'al *n (der Orgel).* **2.** *Am.* → finger post. **~bowl** *s* Fingerschale *f.* **'~breadth** *s* Fingerbreit *m.* **-fingered** [ˈfɪŋɡə(r)d] *adj in Zssgn* mit ... Fingern, ...fing(e)rig.

**'fin·ger₊flow·er** *s bot.* Roter Fingerhut. **~food** *s* Nahrungsmittel, die mit den Fingern gegessen werden. **~glass** *s* Fingerschale *f (bei Tisch).* **~grass** *s bot.* Finger-, Bluthirse *f.* **~hole** *s* **1.** *mus.* Griffloch *n (an e-r Flöte etc).* **2.** *teleph.* Fingerloch *n.*

**fin·ger·ing¹** [ˈfɪŋɡərɪŋ] *s* **1.** Betasten *n,* Befühlen *n,* (Be)Fingern *n.* **2.** *mus.* Fingersatz *m:* ~ chart Grifftabelle *f (e-s Blasinstruments).*

**fin·ger·ing²** [ˈfɪŋɡərɪŋ] *s a.* ~ yarn Strumpfgarn *n.*

**fin·ger·ling** [ˈfɪŋɡə(r)lɪŋ] *s* **1.** kleiner Fisch. **2.** *(etwas)* Winziges.

**fin·ger·man** *s irr bes. Am. colloq.* Spitzel *m (e-r Gangsterbande).* **'~mark** *s* Fingerabdruck *m (Schmutzfleck).* **'~nail** *s* Fingernagel *m.* **~nut** *s tech.*

Flügelmutter f. ~ **paint** s Fingerfarbe f. '~**paint** v/t u. v/i mit Fingerfarben malen. ~ **post** s 1. Wegweiser m. 2. fig. Fingerzeig m, 'Hinweis m (to auf acc). '~**print** I s 1. Fingerabdruck m: to take s.o.'s ~s → 3. 2. fig. a) Handschrift f, b) (unverwechselbares) Kennzeichen. **II** v/t 3. j-m Fingerabdrücke abnehmen, von j-m Fingerabdrücke machen. '~**stall** s Fingerling m. '~**tip** s 1. Fingerspitze f: to have at one's ~s a) Kenntnisse parat haben, b) etwas aus dem Effeff beherrschen; to one's ~s bis in die Fingerspitzen, durch u. durch. 2. Fingerling m.

**fin·i·al** ['faɪnɪəl; bes. Am. 'fɪn-] s arch. Kreuzblume f, Blätterknauf m.

**fin·i·cal** ['fɪnɪkl] adj (adv ~ly), '**fin·ick·ing** [-ɪkɪŋ], '**fin·ick·y** adj 1. pe'dantisch, über'trieben genau. 2. wählerisch (about in dat). 3. geziert, affek'tiert.

**fin·ish** ['fɪnɪʃ] I v/t 1. (be)enden, aufhören mit: to ~ reading aufhören zu lesen. 2. a. ~ off voll'enden, beendigen, fertigmachen, -stellen, zu Ende führen, erledigen: to ~ a task; to ~ a book ein Buch auslesen od. fertiglesen od. zu Ende lesen. 3. a. ~ off (od. up) a) Vorräte verbrauchen, erschöpfen, b) aufessen, austrinken. 4. a. ~ off a) j-n ,erledigen', ,fertigmachen' (erschöpfen od. ruinieren), b) bes. e-m Tier den Gnadenschuß od. -stoß geben. 5. a) a. ~ off, ~ up vervollkommnen, den letzten Schliff geben (dat), b) j-m feine Lebensart beibringen. 6. tech. nach-, fertigbearbeiten, Papier glätten, Zeug zurichten, appre'tieren, Möbel etc po'lieren. **II** v/i 7. a. ~ off (od. up) enden, schließen, aufhören (with mit): have you ~ed? bist du fertig?; he ~ed by saying abschließend od. zum Abschluß sagte er. 8. enden: he ~ed in prison er ,landete' im Gefängnis. 9. enden, zu Ende gehen: my holiday will ~ next week. 10. a) ~ with mit j-m, etwas Schluß machen, etwas aufgeben: I am ~ed with him ,ich bin mit ihm fertig', b) to have ~ed with j-n, etwas nicht mehr brauchen: have you ~ed with the dictionary? brauchst du das Wörterbuch noch?, c) I haven't ~ed with you yet! ich bin noch nicht fertig mit dir!, wir sprechen uns noch einmal! 11. sport einlaufen, durchs Ziel gehen: to ~ third a) Dritter werden, den dritten Platz belegen, b) allg. als dritter fertig sein. **III** s 12. Ende n, Schluß m. 13. sport a) Endspurt m, Finish n, b) Ziel n, c) Endkampf m, Entscheidung f: to be in at the ~ in die Endrunde kommen, fig. das Ende miterleben; to fight to the ~ bis zur Entscheidung kämpfen. 14. Voll'endung f, Ele'ganz f, letzter Schliff, Finish n. 15. gute Ausführung, feine Quali'tät. 16. tech. a) äußerliche Ausführung, Oberflächenbeschaffenheit f, -güte f, Bearbeitung(sgüte) f, b) (Deck)Anstrich m, (Lack- etc)'Überzug m, c) Poli'tur f, d) Appre'tur f (von Stoffen). 17. arch. a) Ausbau(en n) m, b) Verputz m. '**fin·ished** adj 1. beendet, fertig, abgeschlossen: ~ business erledigte Tagesordnungspunkte; ~ goods (od. products) Fertigwaren, -erzeugnisse; ~ part Fertigteil n. 2. fig. voll'endet, voll'kommen. '**fin·ish·er** s 1. tech. Fertigbearbeiter m. 2. tech. a) Fertiggesenk n, b) Feinzeugholländer m, c) Po'lierwalze f. 3. strong ~ (Leichtathletik) Spurtläufer(in). '**fin·ish·ing** I s 1. Voll'enden n, Fertigmachen n, -stellen n. 2. tech. a) Fertig-, Nachbearbeitung f, b) (abschließende)- Oberflächenbehandlung, z. B. 'Hochglanzpo'lieren n, c) Veredelung f. 4. Buchbinderei: Verzieren n

der Einbände. 5. Tuchfabrikation: Appre'tur f, Zurichtung f. 6. sport Abschluß m. **II** adj 7. abschließend. ~ **a·gent** s chem. Appre'turmittel n. ~ **cut** s tech. Schlichtspan m. ~ **in·dus·try** s econ. tech. Veredelungswirtschaft f, verarbeitende Indu'strie. ~ **lathe** s tech. Fertigdrehbank f. ~ **mill** s tech. 1. Fertigstraße f, Feinwalzwerk n. 2. Schlichtfräser m. ~ **line** s sport Ziellinie f. ~ **mor·tar** s tech. Putzmörtel m. ~ **post** s sport Zielpfosten m. ~ **pro·cess** s econ. tech. Veredelungsverfahren n. ~ **school** s ('Mädchen)Pensio,nat n (zur Erlernung feiner Lebensart). ~ **tool** s tech. Schlichtstahl m.

**fi·nite** ['faɪnaɪt] adj 1. begrenzt, endlich (a. math.). 2. ling. fi'nit: ~ form finite Form, Personalform f; ~ **verb** Verbum n finitum. '**fi·nite·ness, fin·i·tude** ['faɪnɪtjuːd; Am. a. -ˌtuːd] s Endlichkeit f, Begrenztheit f.

**fink** [fɪŋk] bes. Am. sl. **I** s 1. Streikbrecher m. 2. Spitzel m. 3. ,Fiesling' m. **II** v/i 4. sich als Streikbrecher betätigen. 5. ~ on j-n ,verpfeifen'. 6. ~ out ,aussteigen'.

**Fin·land·er** ['fɪnləndə(r)], a. **Finn** s Finne m, Finnin f.

**fin·let** ['fɪnlɪt] s zo. flossenähnlicher Fortsatz, falsche Flosse.

**fin·nan had·die** [ˌfɪnən'hædɪ], a. **fin·nan had·dock** s geräucherter Schellfisch.

**finned** [fɪnd] adj 1. ichth. mit Flossen (versehen). 2. tech. gerippt. '**finn·er** s zo. Finnwal m.

**Finn·ic** ['fɪnɪk] → Finnish II. '**Finn·ish** I s ling. Finnisch n, das Finnische. **II** adj finnisch. **Fin·no-U·gri·an** [ˌfɪnəʊ'juːgrɪən; Am. a. -'uːg-], a. **Fin·no-'U·gric** [-grɪk] ling. I adj finno-ugrisch. **II** s Finno-Ugrisch n, das Finno-Ugrische.

**fin·ny** ['fɪnɪ] adj 1. → finned 1. 2. Flossen... 3. Fisch...

**fin ray** s biol. Flossenstachel m.

**fiord** [fjɔːd; Am. fɪ'ɔːrd] s geogr. Fjord m.

**fi·o·rin** ['faɪərɪn] s bot. Br. (ein) Fio'ran-, Straußgras n.

**fir** [fɜː; Am. fɜr] s bot. 1. Tanne f. 2. (fälschlich) a) Kiefer f, b) Föhre f. 3. Tannenholz n. ~ **cone** s bot. Tannenzapfen m.

**fire** ['faɪə(r)] I s 1. Feuer n, Flamme f: ~ and brimstone a) Bibl. Feuer u. Schwefel m, b) relig. Hölle f u. Verdammnis f, c) fig. Tod m u. Verderben n; with ~ and sword mit Feuer u. Schwert; to be on ~ a) in Flammen stehen, brennen, b) fig. Feuer u. Flamme sein; to catch (od. take) ~ a) anbrennen, b) Feuer fangen, in Brand geraten, c) fig. in Hitze geraten, sich ereifern; to go through ~ and water for s.o. fig. für j-n durchs Feuer gehen; to play with ~ fig. mit dem Feuer spielen; to pull s.th. out of the ~ fig. etwas aus dem Feuer reißen; to set on ~ a). to set ~ to anzünden, in Brand stecken, b) fig. Furore machen in (dat); to strike ~ Funken schlagen; → chestnut 1, Thames, world Bes. Redew. 2. Feuer n (im Ofen etc): on a slow ~ bei langsamem Feuer (kochen). 3. Brand m, (Groß)Feuer n, Feuersbrunst f: to die in the ~ bei dem Brand ums Leben kommen; where's the ~? colloq. wo brennt's? 4. Br. Heizgerät n. 5. Feuersglut f. 6. Feuer n, Glanz m (e-s Edelsteins). 7. Feuer n, Glut f, Leidenschaft f, Begeisterung f. 8. med. Fieber n, Hitze f. 9. mil. Feuer n, Beschuß m: between two ~s zwischen zwei Feuern (a. fig.); to come under ~ unter Beschuß geraten (a. fig.); to come under ~ from s.o. in j-s Schußlinie geraten; to hang ~ a) schwer losgehen (Schußwaffe), b) fig. auf sich

warten lassen (Sache); to hold one's ~ fig. sich zurückhalten; to miss ~ a) versagen (Schußwaffe), b) fig. fehlschlagen. **II** v/t 10. anzünden, in Brand stecken. 11. e-n Kessel heizen, e-n Ofen (be)feuern, beheizen. 12. Ziegel brennen: ~d lime gebrannter Kalk. 13. Tee feuern. 14. j-n, j-s Gefühle entflammen: to ~ s.o. with enthusiasm j-n in Begeisterung versetzen; to ~ s.o.'s imagination j-s Phantasie beflügeln; to ~ up inflation die Inflation ,anheizen'. 15. a. ~ off a) e-e Schußwaffe abfeuern, abschießen, b) e-n Schuß (ab)feuern, abgeben (at, on auf acc): → shot[1] 1, c) Fragen abschießen: to ~ questions at s.o. j-n mit Fragen bombardieren. 16. a) e-e Sprengladung zünden, b) e-n Motor anlassen. 17. colloq. ,feuern', ,rausschmeißen'. 18. colloq. ,feuern', ,schmeißen'. **III** v/i 19. a) Feuer fangen, b) anbrennen. 20. oft ~ up fig. wütend werden. 21. feuern, schießen (at auf acc): colloq. schieß los!, fang an! 22. agr. brandig werden (Getreide). 23. zünden (Motor). **IV** interj 24. Feuer!, es brennt! 25. mil. Feuer!

**fire**| **a·larm** s 1. 'Feuera,larm m. 2. Feuermelder m (Gerät). ~ **arm** s meist pl Feuer-, Schußwaffe f: illegal possession of ~s unerlaubter Waffenbesitz. '~**ball** s orn. 'Glanzfa,san m. '~**ball** s 1. mil. hist. Feuer-, Brandkugel f. 2. Feuerball m (Sonne etc; a. e-r Atombombenexplosion). 3. astr. Feuerkugel f. 4. Kugelblitz m. 5. colloq. ,Ener'giebündel' n. '~**bal·loon** s aer. 'Heißluftbal,lon m. '~**bird** s orn. (ein) Feuervogel m. ~ **blight** s bot. Feuerbrand m. '~**board** s Ka'minbrett n. '~**boat** s mar. Feuerlöschboot n. ~ **bomb** s Brandbombe f. '~**box** s 1. tech. Feuerbuchse f, Feuerungsraum m. 2. Feuermelder m (Gerät). '~**brand** s 1. brennendes Holzscheit. 2. fig. Unruhestifter(in), Aufwiegler(in). '~**break** s Feuerschneise f. '~**brick** s tech. feuerfester Ziegel, Scha'mottestein m. ~ **bridge** s tech. Feuerbrücke f. ~ **brigade** s 1. Br. Feuerwehr f. 2. Am. a) freiwillige Feuerwehr, b) Werksfeuerwehr f. '~**bug** s colloq. ,Feuerteufel' m. ~ **clay** s tech. feuerfester Ton, Scha'motte f. ~**com·pa·ny** s 1. Am. Feuerwehr f. 2. Feuerversicherungsgesellschaft f. ~ **con·trol** s 1. mil. Feuerleitung f. 2. a) Brandschutz m, b) Brandbekämpfung f. '~**crack·er** s Frosch m (Feuerwerkskörper). '~**cure** v/t tech. Tabak über offenem Feuer trocknen. '~**damp** s Bergbau: schlagende Wetter pl, Grubengas n. ~ **de·part·ment** s 1. Am. Feuerwehr f. 2. Br. 'Feuerversicherungsab,teilung f. ~ **di·rec·tion** → fire control 1. '~**dog** s Ka'minbock m. ~ **door** s 1. Ofen-, Heiztür f. 2. tech. Schürloch n. 3. Feuerschutztür f. '~**drag·on,** '~**-drag·on,** s Feuerdrache m, feuerspeiender Drache. ~ **drill** s 1. 'Feuera,larmübung f. 2. Feuerwehrübung f. 3. hist. Reibholz n (zum Feueranzünden). '~**-eat·er** s 1. Feuerschlucker m, -fresser m. 2. fig. aggres'siver Mensch. '~**-eat·ing** adj fig. aggres'siv. ~ **en·gine** s 1. Feuer-, Motorspritze f. 2. Feuerwehrauto n, Löschfahrzeug n. ~**es·cape** s 1. Feuerleiter f, -treppe f. 2. Br. Feuerwehrleiter f. ~ **ex·tin·guish·er** s tech. Feuerlöscher m. '~**fight·er** s 1. Feuerwehrmann m. 2. Angehörige(r) m e-r Löschmannschaft od. e-s Löschtrupps (bei Waldbränden). '~**fight·ing** s Brandbekämpfung f. '~**fight·ing** adj Lösch..., Feuerwehr... '~**fly** s zo. (ein) Leuchtkäfer m, (ein) Glühwurm m. '~

**guard** s 1. Ka¹mingitter n. 2. Brand-, Feuerwache f (*Person*). 3. Feuerschneise f. **~ hose** s Feuerwehrschlauch m. '~-¦house *Am.* → fire station. **~ hy·drant** s *Br.* Hy¹drant m. **~ in·sur·ance** s Feuerversicherung f. '~¦in¦sur·ance com·pa·ny s Feuerversicherungsgesellschaft f. **~ lane** s *Am.* Feuerschneise f. '**fire·less** adj 1. feuerlos, ohne Feuer: ~ cooker Kochkiste f. 2. fig. ohne Feuer, leidenschaftslos.

'**fire|·light** s Schein m des Feuers: in the ~ beim Schein des Feuers. '~¦light·er s *Br.* Feueranzünder m. '~·lock s mil. hist. 1. Zündschloß n. 2. Mus¹kete f. **~ main** s Wasserrohr n. '~·man [-mən] s irr 1. Feuerwehrmann m, pl Löschtrupp m. 2. Heizer m. 3. *Bergbau:* Wetterwart m. **~ mar·shal** s *Am.* 'Branddi¦rektor m. '~-'new → brand-new. **~ o·pal** s min. 'Feuero¦pal m. '~·plug s *Am.* Hy¹drant m. **~ point** s phys. Flammpunkt m. **~ pol·i·cy** s *Br.* 'Feuerversicherungspo¦lice f. '~·pow·er s mil. Feuerkraft f. **~ pre·ven·tion** s Brandverhütung f. '~·proof f adj feuerfest, -sicher: ~ curtain thea. eiserner Vorhang. II v/t feuerfest machen. '~·proof·ing s 1. Feuerfestmachen n. 2. Feuerschutzmittel n od. pl.

**fir·er** ['faɪərə(r)] s 1. Schütze m. 2. Heizer m. 3. Feuer-, Schußwaffe f.

**fire| rais·er** s *Br.* Brandstifter(in). **~ rais·ing** s *Br.* Brandstiftung f. '~-re·¦sist·ing, '~-re¦sis·tive adj feuerbeständig. '~-re¦tard·ant adj feuerhemmend. **~ safe·ty reg·u·la·tions** s pl Feuerschutzbestimmungen pl. **~ screen** s Ofenschirm m. **~ ser·vice** s *Br.* Feuerwehr f. '~·ship s mar. Brander m. '~·side s 1. (offener) Ka¹min: ~ chat Plauderei f am Kamin. 2. häuslicher Herd, Da¹heim n. **~ sta·tion** s Feuerwache f. '~·stone s feuerfester Sandstein. '~·storm s Feuersturm m. **~ sup·port** s mil. 'Feuerschutz m, -unter¦stützung f. '~·trap s ¦Mausefalle f (*Gebäude, aus dem es im Brandfall kaum ein Entrinnen gibt*). **~ tube** s tech. 1. 'Heizka¦nal m. 2. Flammröhre f. 3. Heiz-, Siederohr n. **~ walk·ing** s bes. relig. Laufen n über glühende Kohlen. **~ wall** s Brandmauer f. '~·ward·en s *Am.* 1. Brandmeister m. 2. Brand-, Feuerwache f. **~ watch·er** s bes. mil. *Br.* Brandwart m. '~·wa·ter s colloq. ¦Feuerwasser' n (*Branntwein, Schnaps*). '~·wood s Brennholz n. '~·work s 1. Feuerwerkskörper m. 2. pl Feuerwerk n (*a. fig.*): **a ~s of wit** ein Feuerwerk geistreicher Einfälle. 3. pl fig. when his mother heard about it there were ~s gab es e-n gehörigen ¦Krach'; if these two get together there will be ~s fliegen die Fetzen. **~ wor·ship** s Feueranbetung f.

**fir·ing** ['faɪərɪŋ] s 1. Feuern n. 2. Heizen n. 3. Feuerung f. 4. 'Brennmateri¦al n. 5. (Ab)Feuern n, (Ab)Schießen n. 6. Zünden n. **~ bolt** s mil. Schlagbolzen m (*e-r Mine*). **~ da·ta** s pl mil. Schußwerte pl. **~ line** s mil. Feuer-, Frontlinie f: **to be in** (*Am.* on) the ~ fig. a) an vorderster Front stehen, b) in der Schußlinie stehen. **~ or·der** s 1. mot. Zündfolge f. 2. mil. Schießbefehl m. **~ par·ty** s mil. 1. 'Ehrensa¦lutkom¦mando n. 2. Exekuti'onskom¦mando n. **~ pin** s tech. Schlagbolzen m. **~ po·si·tion** s mil. 1. Anschlag(art f) m. 2. *Artillerie:* Feuerstellung f. **~ range** s mil. 1. Schuß-, Reichweite f. 2. Feuerbereich m. 3. Schießplatz m, -stand m, -anlage f. **~ squad** s → firing party. **~ stroke** s mot. Arbeitshub m. **~ wire** s electr. Zünd-, Sprengkabel n.

**fir·kin** ['fɜːkɪn; *Am.* 'fɜrkən] s 1. (Holz-) Fäßchen n. 2. *Br.* Viertelfaß n (*Hohlmaß = etwa 40 l*).

**firm**[1] [fɜːm; *Am.* fɜrm] I adj (adv ~ly) 1. fest, hart, gastr. steif: ~ ground fester Boden; ~ grip fester Griff. 2. bes. tech. (stand)fest, sta¹bil, feststehend, sicher befestigt. 3. ruhig, sicher: a ~ hand. 4. fig. fest, beständig, standhaft: ~ friends enge Freunde. 5. entschlossen, bestimmt, fest: a ~ attitude. 6. fig. stark, fest: she needs a ~ hand. 7. fig. fest, sicher: ~ proof. 8. bes. econ. jur. fest: ~ offer festes od. bindendes Angebot; ~ prices feste od. stabile Preise; to make a ~ booking fest buchen. II v/t 9. a. ~ up fest od. hart machen, gastr. steif schlagen. 10. obs. bestätigen. III v/i 11. a. ~ up fest od. hart werden, sich festigen, gastr. steif werden. 12. a. ~ up econ. anziehen (*Preise*), sich erholen (*Markt*). IV adv 13. fest: to sell ~; to stand ~ fig. festbleiben, e-e feste Haltung einnehmen (on bezüglich gen); to hold ~ to one's beliefs an s-n Überzeugungen festhalten.

**firm**[2] [fɜːm; *Am.* fɜrm] s Firma f, Betrieb m, Unter¦nehmen n: ~ of auctioneers Auktionshaus n; ~ name Firmenname m.

**fir·ma·ment** ['fɜːməmənt; *Am.* 'fɜr-] s Firma¹ment n, Himmelsgewölbe m.

**fir·man** [fɜːˈmɑːn; *Am.* fɜr-; fər-] pl -mans s hist. Fer¹man m (*Erlaß e-s islamischen Herrschers*).

**fir·mer (chis·el)** ['fɜːmə; *Am.* 'fɜrmər] s tech. Stechbeitel m.

'**firm·ness** s 1. Festigkeit f, Beständigkeit f (*beide a. tech.*), feste Haltung, Entschlossenheit f. 2. econ. Festigkeit f, Stabili¹tät f.

**fir moss** s bot. Tannenbärlapp m.

'**firm·ware** s Computer: Firmware f (*festgespeicherte Standardprogramme*).

**firn** (snow) s Firn(schnee) m.

**first** [fɜːst; *Am.* fɜrst] I adj (adv → firstly) 1. erst(er, e, es), vorderst(er, e, es): that's the ~ (one) I've heard of it das ist das erste, was ich davon höre; at ~ hand a) aus erster Hand, b) direkt; ~ thing (in the morning) (morgens) als allererstes; to put ~ things ~ Dringendem den Vorrang geben; he does not know the ~ thing about it er hat keine blasse Ahnung davon; → blush 7, place 19, sight 2, view 5. 2. fig. erst(er, e, es), bedeutendst(er, e, es), a) erstklassig, -rangig: ~ cabin Kabine f erster Klasse; the ~ men in the country die führenden Persönlichkeiten des Landes; ~ officer mar. Erster Offizier; → fiddle 1.

II adv 3. zu¹erst, vor¹an: to go ~ vorangehen; → foot 1, head Bes. Redew., heel[1] Bes. Redew. 4. zum erstenmal. 5. eher, lieber: → hang 9. 6. colloq. a. ~ off (zu)¹erst (einmal): I must ~ do my homework; ~ off, let's see where ... 7. zu¹erst, als erst(er, e, es), an erster Stelle: to come in (od. finish) ~ als erster durchs Ziel gehen, Erster werden; ~ come, ~ served wer zuerst kommt, mahlt zuerst; ~ or last früher oder später, über kurz oder lang; ~ and last a) vor allen Dingen, b) im großen ganzen; ~ of all vor allen Dingen, zu allererst; → foremost 3.

III s 8. (der, die, das) Erste od. (fig.) Beste: to be ~ among equals Primus inter pares sein. 9. Anfang m: from the ~ von Anfang an; from ~ to last durchweg, von A bis Z; at ~ im od. am Anfang, anfangs, (zu)erst, zunächst. 10. mus. erste Stimme. 11. mot. (der) erste Gang. 12. (der) (Monats)Erste: the ~ of June der 1. Juni. 13. ~ of exchange econ. Prima

wechsel m. 14. pl econ. Ware(n pl) f erster Quali¹tät od. Wahl, erste Wahl. 15. univ. Br. → first class 3. 16. colloq. rail. (die) erste Klasse.

**first| aid** s Erste Hilfe: to render (od. give) ~ Erste Hilfe leisten. ~·'aid adj Erste-Hilfe-...: ~ kit Verband(s)kasten m, -zeug n; ~ post (od. station) Unfallstation f, Sanitätswache f; ~ room Sanitätsraum m. '~·born I adj erstgeboren(er, e, es), ältest(er, e, es). II s (der, die, das) Erstgeborene. ~·cause s philos. Urgrund m aller Dinge, Gott m. '~·chop adj colloq. erstklassig, ,prima'. **~ class** s 1. rail. etc erste Klasse. 2. the ~ die höheren Gesellschaftsschichten pl. 3. univ. Br. akademischer Grad erster Klasse. '~-'class I adj 1. erstklassig, -rangig: ~ honours degree → first class 3; ~ mail a) Am. Briefpost f, b) Br. bevorzugt beförderte Inlandspost. 2. rail. (Wagen etc) erster Klasse: ~ carriage. II adv 3. erste(r) Klasse: to travel ~. ~·coat s tech. 1. Rohputz m. 2. Grundanstrich m. ~ cost s Selbstkosten(preis m) pl, Gestehungskosten pl, Einkaufspreis m. ~ day s Sonntag m (bes. der Quäker). '~-day cov·er s Philatelie: Ersttagsbrief m. ~-de·gree adj ersten Grades: ~ burns; ~ murder 1. ~ es·tate s hist. erster Stand (Klerus). ~ floor s 1. Br. erster Stock. 2. Am. Erdgeschoß n. '~-'floor adj im ersten Stock (Am. im Erdgeschoß) (gelegen). '~-foot s irr Scot. erster Besucher am Neujahrsmorgen. **~ fruits** s pl, a. ~ fruit s 1. bot. Erstlinge pl. 2. fig. a) Erstling m, Erstlingswerk(e pl) n, b) erste Erfolge pl. '~·gen·er·a·tion adj (Computer etc) der ersten Generati'on. ~·'hand I adj 1. (Wissen etc) aus erster Hand. 2. di¹rekt. II adv 3. aus erster Hand: to know ~. 4. di¹rekt. ~ la·dy s First Lady f: a) Gattin e-s Staatsoberhauptes, in den USA a. e-s Gouverneurs, b) auf e-m bestimmten Gebiet führende Frau: the ~ of jazz. ~ lieu·ten·ant s mil. Oberleutnant m.

**first·ling** ['fɜːstlɪŋ; *Am.* 'fɜrst-] s Erstling m.

**First Lord| of the Ad·mi·ral·ty** s Erster Seelord (brit. Marineminister). **~ of the Treas·ur·y** s Erster Lord des Schatzamtes (Ehrenamt des brit. Premiers).

'**first·ly** adv erstens, zu¹erst (einmal).

**first| me·rid·i·an** s geogr. 'Nullmeridi¦an m. ~ name s Vorname m. ~ night s 1. Premi'ere f, Uraufführung f. 2. Premi'erenabend m. '~·night adj Premieren...: ~ nerves Premierenfieber n. '~-'night·er s (bes. regelmäßiger) Premi'erenbesucher. ~ pa·pers s pl Am. (erster) Antrag e-s Ausländers auf amer. Staatsangehörigkeit. ~ per·son s 1. ling. erste Per'son. 2. ich-Form f (in Romanen etc). ~ prin·ci·ple s meist pl 'Grundprin¦zip n. '~·rate I adj 1. erstklassig, -rangig. 2. fig. ausgezeichnet, großartig. II adv 3. colloq. ausgezeichnet, großartig. ~ school s ped. Br. Grundschule f. F~ Sea·lord s Chef m des brit. Admi¹ralstabs. ~ ser·geant s mil. Am. Haupt-, Kompa¹niefeldwebel m. ~ strike s mil. (ato¹marer) Erstschlag. '~-strike adj mil. Erstschlags...: ~ weapons. '~·time adj: ~ shot (Fußball) Volleyschuß m; ~ voter Erstwähler(in). ~ vis·it s Antrittsbesuch m.

**firth** [fɜːθ; *Am.* fɜrθ] s Meeresarm m, Förde f.

**fir tree** s Tanne(nbaum m) f.

**fis·cal** ['fɪskl] I adj (adv ~ly) fis¹kalisch, steuerlich, Fiskal..., Finanz...: ~ fraud Steuerhinterziehung f; ~ immunity Steuerfreiheit f; ~ officer Am. Finanzbeamte(r) m; ~ stamp Banderole f, Steu-

ermarke *f*; ~ **year** a) *Am.* Geschäftsjahr *n*, b) *parl. Am.* Haushalts-, Rechnungsjahr *n*, c) *Br.* Steuerjahr *n.* **II** *s jur. Scot.* Staatsanwalt *m.*

**fish** [fɪʃ] **I** *pl* **'fish·es**, *bes. collect.* **fish** *s* **1.** Fisch *m*: there are as good ~ in the sea as ever came out of it es gibt noch mehr (davon) auf der Welt; all's ~ that comes to his net er nimmt (unbesehen) alles (mit); he drinks like a ~ *colloq.* er säuft wie ein Loch; he feels like a ~ out of water *colloq.* er fühlt sich wie ein Fisch auf dem Trockenen; I have other ~ to fry *colloq.* ich habe Wichtigeres *od.* Besseres zu tun; neither ~, nor flesh nor good red herring *colloq.*, neither ~ nor fowl *colloq.* weder Fisch noch Fleisch, nichts Halbes u. nichts Ganzes; there are plenty more ~ in the sea *colloq.* es gibt noch mehr Jungen *od.* Mädchen auf der Welt; → feed 1, kettle 1. **2.** F~es *pl astr.* Fische *pl* (*Sternbild u. Tierkreiszeichen*): to be (a) F~es Fisch sein. **3.** *colloq.* Bursche *m*, Kerl *m*: a loose ~ ein lockerer Vogel; a queer ~ ein komischer Kauz. **4.** *rail. tech.* Lasche *f.* **II** *v/t* **5.** fischen, (*mit der Angel*) angeln. **6.** a) fischen *od.* angeln in (*dat*): to ~ a river, b) *e-n* Fluß *etc* abfischen, absuchen: to ~ out (*od.* dry) abfischen, leer fischen (→ 7); to ~ up *j-n* auffischen, retten. **7.** *fig.* fischen, holen, ziehen (from, out of aus): to ~ out heraus-, hervorholen *od.* -ziehen (→ 6). **8.** *rail. tech.* verlaschen. **III** *v/i* **9.** fischen, Fische fangen, angeln: to ~ for fischen *od.* angeln (auf *acc*); ~ or cut bait! *Am. colloq.* entweder – oder!; → muddy 1, trouble 6. **10.** a. ~ about (*od.* around) kramen (for nach): he ~ed in his pocket. **11.** ~ for *fig.* a) fischen nach: to ~ for compliments, b) aussein auf (*acc*): to ~ for information.

**'fish·a·ble** *adj* fischbar, zum Fischen geeignet.

**fish| and chips** *s Br.* Bratfisch *m* u. Pommes 'frites. ~ **ball** *s gastr.* 'Fischklops *m*, -frika,delle *f.* ~ **bas·ket** *s* (Fisch)Reuse *f.* '~**bed** *s geol.* Schicht *f* mit fos'silen Fischen. '~**bone** *s* (Fisch-)Gräte *f.* ~ **bowl** *s* Goldfischglas *n.* ~ **cake** *s gastr.* 'Fischklops *m*, -frika,delle *f.* ~ **eat·ers** *s pl* Fischbesteck *n.*

**fish·er** ['fɪʃə(r)] *s* **1.** Fischer *m*, Angler *m.* **2.** *zo.* Fischfänger *m.* **3.** *zo.* Fischermarder *m.* '~**man** [-mən] *s irr* **1.** (*a.* Sport)Fischer *m*, (-)Angler *m*: ~'s story (*od.* tale) a) *pl* Anglerlatein *n*, b) *weitS.* abenteuerliche *od.* erfundene *od.* (stark) übertriebene Geschichte; to spin ~'s yarns *colloq.* Seemannsgarn spinnen; ~'s bend Fischerstek *m*, -knoten *m.* **2.** Fischdampfer *m.*

**Fish·er's Seal** *s R.C.* Fischerring *m* (*des Papstes*).

**fish·er·y** ['fɪʃərɪ] *s* **1.** Fische'rei *f*, Fischfang *m.* **2.** Fischwirtschaft *f.* **3.** Fischzuchtanlage *f.* **4.** Fischgründe *pl*, Fanggebiet *n*, -platz *m.* **5.** a. common of ~ Fische'reiberechtigung *f* (*in fremden Gewässern*).

**'fish|-eye (lens)** *s phot.* 'Fischauge(n,objek,tiv) *n.* ~ **farm** *s* Fischzuchtanlage *f.* ~ **fin·ger** *s gastr. Br.* Fischstäbchen *n.* ~ **flour** *s* Fischmehl *n.* '~**gig** *s* Fischspeer *m.* ~ **glue** *s* Fischleim *m.* ~ **guano** *s* 'Fischgu,ano *m*, -dünger *m.* ~ **hawk** *s orn. bes. Am.* Fischadler *m.* '~**hook** *s* **1.** Angelhaken *m.* **2.** *mar.* Penterhaken *m.*

**fish·i·ness** ['fɪʃɪnɪs] *s* **1.** (*das*) Fischartige. **2.** *colloq.* (*das*) ,Faule' *od.* Verdächtige.

**'fish·ing** *s* **1.** Fischen *n*, Angeln *n*: to do some ~ fischen, angeln. **2.** → fishery 1,

---

2, 4. **3.** *rail. tech.* Laschenverbindung *f.* ~ **boat** *s* Fischerboot *n.* '~**cut·ter** *s* Fischkutter *m.* ~ **fleet** *s* Fische'reiflotte *f.* ~ **grounds** *s pl* → fishery 4. ~ **lim·it** *s* Fische'reigrenze *f.* ~ **line** *s* Angelschnur *f.* ~ **net** *s* Fisch(er)netz *n.* ~ **pole** *s* Angelrute *f.* ~ **port** *s* Fische'reihafen *m.* ~ **rod** *s* Angelrute *f.* ~ **tack·le** *s* Fische-'rei-, Angelgerät(e *pl*) *n.* ~ **vil·lage** *s* Fischerdorf *n.*

**fish|joint** *s rail. tech.* Laschen-, Stoßverbindung *f.* ~ **knife** *s irr* Fischmesser *n.* ~ **lad·der** *s* Fischleiter *f*, -paß *m*, -treppe *f.* '~**line** *s bes. Am.* Angelschnur *f.* ~ **maw** *s ichth.* Schwimmblase *f.* ~ **meal** *s* Fischmehl *n.* '~**mon·ger** *s bes. Br.* Fisch(er)netz *n.* **II** *adj* Netz...: ~ **shirt.** ~ **oil** *s* Fischtran *m.* '~**plate** *s rail. tech.* (Fuß-, Schienen)Lasche *f.* ~ **poi·son·ing** *s* Fischvergiftung *f.* ~ **pole** *s bes. Am.* Angelrute *f.* ~ **pom·ace** *s* Fischdünger *m.* '~**pond** *s* Fischteich *m.* '~**pot** *s* Fischreuse *f.* '~**skin dis·ease** *s med.* Fischschuppenkrankheit *f.* ~ **slice** *s* Fischheber *m.* ~ **stick** *s gastr.* Fischstäbchen *n.* ~ **sto·ry** *s Am. colloq.* abenteuerliche *od.* erfundene *od.* (stark) übertriebene Geschichte. ~ **tack·le** *s mar.* Ankertalje *f.* ~ **tail I** *s* **1.** Fischschwanz *m.* **2.** *aer.* Abbremsen *n* (*durch wechselseitige Seitenruderbetätigung*). **II** *adj* **3.** fischschwanzartig: ~ bit *tech.* Fischschwanzmeißel *m*; ~ **burner** *tech.* Fischschwanzbrenner *m.* **III** *v/i* **4.** *aer.* abbremsen. **5.** schwänzeln (*Anhänger etc*). ~ **tank** *s* A'quarium *n.* '~**wife** *s irr* Fischhändlerin *f*, -frau *f*: to scold like a ~ keifen wie ein Fischweib. ~ **wire** *s tech.* Rohrdrahtleitung *f.* '~**worm** *s* Angelwurm *m.*

**'fish·y** *adj* (*adv* fishily) **1.** fischähnlich, -artig. **2.** Fisch...: there's a ~ smell in here hier riecht es nach Fisch. **3.** fischreich. **4.** *colloq.* ,faul', verdächtig: there's s.th. ~ about that daran ist irgend etwas faul. **5.** ausdruckslos, kalt: ~ eyes Fischaugen.

**fis·sile** ['fɪsaɪl; *Am. bes.* 'fɪsəl] *adj* spaltbar: ~ **material** *phys.* spaltbares Material, Spaltmaterial *n.*

**fis·sion** ['fɪʃn] **I** *s* **1.** Spaltung *f* (*a. fig.*): ~ **bomb** *mil. phys.* Atombombe *f*; ~ **cap·ture** *phys.* Spaltungseinfang *m*; ~ **prod·uct** *phys.* Spaltungsprodukt *n*; ~ **of ura·nium** *phys.* Uranspaltung *f.* **2.** *biol.* (Zell-)Teilung *f.* **II** *v/t u. v/i* **3.** (sich) spalten. **4.** *biol.* (sich) teilen. **'fis·sion·a·ble** → fissile.

**fis·sip·a·rous** [fɪ'sɪpərəs] *adj* (*adv* ~ly) *zo.* sich durch Teilung vermehrend, fissi-'par.

**fis·si·ped** ['fɪsɪped] *zo.* **I** *adj* spaltfüßig. **II** *s* Spaltfüßer *m.*

**fis·sure** ['fɪʃə(r)] **I** *s* **1.** Spalt(e *f*) *m*, Riß *m* (*a. fig.*), Ritz(e *f*), Sprung *m.* **2.** *anat.* (Bauch-, Lid- *etc*)Spalte *f*, (Gehirn)Furche *f.* **3.** *med.* (Knochen- *etc*)Spalte *f*, (-)Spalte *f*: ~ of the lip Hasenscharte *f.* **4.** *fig.* Spaltung *f.* **II** *v/t* **5.** spalten, sprengen. **6.** rissig werden, sich spalten. **7.** into *fig.* sich aufteilen in (*acc*). **'fis·sured** *adj* **1.** gespalten, rissig (*a. tech.*). **2.** *med.* aufgesprungen, schrundig.

**fist** [fɪst] **I** *s* **1.** Faust *f*: ~ **fight** Schlägerei *f*; ~ **law** Faustrecht *n*; to get one's ~ on s.th. et. packen (*a. fig., humor.* a) ,Pfote' *f* (Hand), b) ,Klaue' *f* (Handschrift). **3.** *Am. colloq.* Versuch *m* (at mit). **II** *v/t* **4.** mit der Faust schlagen. **5.** to ~ one's hand die Hand zur Faust ballen, e-e Faust machen. **6.** packen.

**'fist·ed** *adj* **1.** geballt: ~ **hands** geballte

---

Fäuste. **2.** *in Zssgn* mit (e-r) ... Faust *od.* Hand, mit ... Fäusten.

**'fist·ful** *s* (*e-e*) Handvoll.

**fist·ic** ['fɪstɪk] *adj* Box... **'fist·i·cuff** [-kʌf] *s* **1.** Faustschlag *m.* **2.** *pl* Handgreiflichkeiten *pl*: by ~s handgreiflich.

**fis·tu·la** ['fɪstjʊlə; *Am.* 'fɪstʃələ] *pl* **-las, -lae** [-li:] *s* **1.** *med.* Fistel *f.* **2.** *mus.* Rohrflöte *f.* **'fis·tu·lous**, *a.* **'fis·tu·lar** *adj med.* fistelartig.

**fit¹** [fɪt] **I** *adj* (*adv* ~ly) **1.** passend, geeignet. **2.** geeignet, fähig, tauglich: ~ for service *bes. mil.* dienstfähig, (-)tauglich; ~ for transport transportfähig; ~ to drink trinkbar; ~ to eat eß-, genießbar; ~ to drive fahrtüchtig; to laugh (yell) ~ to burst vor Lachen beinahe platzen (schreien wie am Spieß); I was ~ to scream ich hätte schreien können; ~ to kill *colloq.* wie verrückt; dressed ~ to kill *colloq.* ,mächtig aufgedonnert'; he was ~ to be tied *Am. colloq.* er hatte e-e Stinkwut (im Bauch); → consumption 5, drop 21 a. **3.** angemessen, angebracht: to see (*od.* think) ~ es für richtig *od.* angebracht halten (to do zu tun); more than (is) ~ über Gebühr. **4.** schicklich, geziemend: it is not ~ for us to do so es gehört sich *od.* ziemt sich nicht, daß wir es tun. **5.** würdig, wert: a dinner ~ for a king ein königliches Mahl; not ~ to be seen nicht vorzeigbar *od.* präsentabel. **6.** a) gesund, b) *sport etc* fit, (gut) in Form: to keep ~ sich fit halten; → fiddle 1, flea 1.

**II** *s* **7.** a) Paßform *f*, Sitz *m*, b) passendes Kleidungsstück: it is a perfect ~ es paßt genau, es sitzt tadellos; it is a tight ~ es sitzt stramm, *fig.* es ist sehr knapp bemessen. **8.** *tech.* Passung *f*, Sitz *m*: fine (coarse) ~ Fein-(Grob)passung; sliding ~ Gleitsitz. **9.** Zs.-passen *n*, Über'einstimmung *f.*

**III** *v/t* **10.** passend *od.* geeignet machen (for für), anpassen (to an *acc*). **11.** *a. tech.* ausrüsten, -statten, einrichten, versehen (with mit). **12.** *j-m* passen, sitzen (*Kleid, etc*). **13.** passen für *od.* auf *j-n*, e-r Sache angemessen *od.* angepaßt sein: the key ~s the lock der Schlüssel paßt ins Schloß); the description ~s him die Beschreibung trifft auf ihn zu; the name ~s him der Name paßt zu ihm; to ~ the facts (mit den Tatsachen über'einstimmen; to ~ the occasion (*Redew.*) dem Anlaß entsprechend. **14.** sich eignen für (*Kleid etc* to do zu tun). **16.** *j-n* vorbereiten, ausbilden (for für). **17.** *tech.* a) einpassen, -bauen (into in *acc*), b) anbringen (to an *dat*), c) → fit up 2. **18.** a) an *j-m* Maß nehmen, b) *Kleid etc* 'anpro,bieren (on s.o. *j-m*): to ~ a coat on s.o. *j-m* e-n Mantel anpassen.

**IV** *v/i* **19.** passen: a) die richtige Größe haben, sitzen (*Kleidungsstück*), b) angemessen sein, c) sich eignen: I didn't say you were a fool, but if the cap (*bes. Am.* shoe) ~s (wear it) aber wenn du meinst *od.* dich angesprochen fühlst(, bitte). **20.** ~ into passen in (*acc*), sich anpassen (*dat*), sich einfügen in (*acc*).

*Verbindungen mit Adverbien:*

**fit| in** *v/t* **1.** einfügen, -schieben, -passen. **2.** *j-m* e-n Ter'min geben, *j-n*, *etwas* einschieben. **II** *v/i* **3.** (with) passen (in *acc*, zu), über'einstimmen (mit). ~ **on** *v/t* **1.** *Kleid etc* 'anpro,bieren. **2.** anbringen, ('an)mon,tieren (to an *acc*). ~ **out** *v/t* → fit¹ 11. ~ **to·geth·er** *v/t u. v/i* inein'anderpassen. ~ **up** *v/t* **1.** → fit¹ 11. **2.** *tech.* aufstellen, mon'tieren.

**fit²** [fɪt] *s* **1.** *med.* Anfall *m*, Ausbruch *m*: ~ of coughing Hustenanfall; ~ of anger (*od.* temper) Wutanfall, Zornausbruch;

~ of laughter Lachkrampf *m*; ~ of perspiration Schweißausbruch; to give s.o. a ~ *colloq.* a) j-m e-n Schock ‚verpassen', b) j-n ‚auf die Palme bringen'; my aunt had a ~ *colloq.* m-e Tante ‚bekam Zustände'. **2.** *fig.* (plötzliche) Anwandlung *od.* Laune: ~ of **generosity** Anwandlung von Großzügigkeit, ‚Spendierlaune'; by (*od.* in) ~s (and starts) a) stoß-, ruckweise, b) dann u. wann, sporadisch.

**fit**[3] [fit] *s obs.* Fitte *f*, Liedabschnitt *m*.

**fitch** [fitʃ] *s* **1.** Iltishaar(bürste *f*) *n.* **2.** → fitchew. **'fitch·ew** [-uː], *a.* **'fitch·et** [-it] *s zo.* Iltis *m*.

**'fit·ful** *adj* (*adv* ~ly) **1.** unruhig: ~ sleep. **2.** unregelmäßig auftretend, veränderlich, spo'radisch. **3.** unstet, sprunghaft, launenhaft. **'fit·ful·ness** *s* Sprung-, Launenhaftigkeit *f*.

**fit·ment** ['fitmənt] *s* **1.** Einrichtungsgegenstand *m.* **2.** *pl* Ausstattung *f*, Einrichtung *f*. **3.** *Am.* (Tropf- *etc*)Vorrichtung *f* (*an Arzneifläschchen etc*). **'fit·ness** *s* **1.** Eignung *f*, Fähigkeit *f*, Tauglichkeit *f*: ~ to drive Fahrtüchtigkeit *f*; ~ test Eignungsprüfung *f* (→ 4). **2.** Angemessenheit *f*. **3.** Schicklichkeit *f*. **4.** a) Gesundheit *f*, bes.) *sport etc* Fitneß *f*; (gute) Form: ~ room Fitneßraum *m*; ~ test Fitneßtest *m* (→ 1); ~ trail *Am.* Trimmpfad *m*. **'fit·ted** *adj* **1.** passend, geeignet. **2.** befähigt (for für). **3.** zugeschnitten, nach Maß (gearbeitet): ~ carpet Spannteppich *m*, Teppichboden *m*; ~ coat taillierter *od.* auf Taille gearbeiteter Mantel; ~ sheet Spannbettuch *n.* **4.** Einbau...: ~ kitchen. **'fit·ter** *s* **1.** Ausrüster *m*, Einrichter *m.* **2.** Schneider(in). **3.** *tech.* Mon'teur *m*, Me'chaniker *m*, (Ma'schinen-)Schlosser *m*, Installa'teur *m.* **'fit·ting** **I** *adj* (*adv* ~ly) **1.** passend, geeignet. **2.** angemessen. **3.** schicklich. **II** *s* **4.** *tech.* Einpassen *n*, -bauen *n.* **5.** Anprobe *f*: to go for a ~ zur Anprobe gehen. **6.** *tech.* Mon'tieren *n*, Mon'tage *f*, Instal'lieren *n*, Installati'on *f*, Aufstellung *f*: ~ shop Montagehalle *f.* **7.** *pl* Beschläge *pl*, Zubehör *n*, Arma'turen *pl*, Ausstattungs-, Ausrüstungsgegenstände *pl.* **8.** *tech.* a) Paßarbeit *f*, b) Paßteil *n*, -stück *n*, c) Bau-, Zubehörteil *n*, d) (Rohr)Verbindung *f*, (-)Muffe *f*, (-)Nippel *m.* **9.** a) Zubehörteil *n*: light ~ Beleuchtungskörper *m*, b) *pl* Ausstattung *f*, Einrichtung *f*: office ~s. **10.** *Br.* (Kleider-, Schuh)Größe *f.* **'fit·ting·ness** *s* **1.** Eignung *f.* **2.** Angemessenheit *f.* **3.** Schicklichkeit *f.*

**'fit-up** *s thea. Br. colloq.* **1.** a) provi'sorische Bühne, b) provi'sorische Requi'siten *pl.* **2.** *a.* ~ company (kleine) Wandertruppe.

**five** [faiv] **I** *adj* **1.** fünf. **II** *s* **2.** Fünf *f* (*Zahl, Spielkarte etc*): the ~ of hearts die Herzfünf; by ~s immer fünf auf einmal. **3.** *Basketball:* Fünf *f.* **'~-act play** *s thea.* Fünfakter *m.* **'~-and-'ten** *s Am.* billiger Laden, billiges Kaufhaus. **'~-day week** *s* Fünftagewoche *f.* **'~-digit** *adj math.* fünfstellig: ~ number. **'~-door** *adj mot.* fünftürig. **'~-fin·ger** *adj:* ~ bishop *bot. Br.* Moschuskraut *n*; ~ exercise a) *mus.* Fünffingerübung *f*, b) *fig.* Kinderspiel *n.* **'five·fold** ['faivfəuld] **I** *adj u. adv* fünffach. **II** *s* (*das*) Fünffache.

**'five-o,clock 'shad·ow** *s* erste Bartstoppeln am späten Nachmittag.

**fiv·er** ['faivə(r)] *s colloq.* a) *Br.* Fünf'pfundschein *m*, b) *Am.* Fünf'dollarschein *m.*

**fives** [faivz] *s pl* (*als sg konstruiert*) *sport* ein dem Squash ähnliches Spiel.

**'five-,seat·er** *s mot.* Fünfsitzer *m.* **'~-speed gear** *s tech.* Fünfganggetriebe

*n.* **'~-,spot** *s Am. sl.* **1.** *Kartenspiel:* Fünf *f* (*Karte*). **2.** Fünf'dollarschein *m.* **'~-star** *adj* Fünf-Sterne-...: ~ general; ~ hotel. **'~-year** *adj:* ~ plan *econ.* Fünfjahresplan *m.*

**fix** [fiks] **I** *v/t* **1.** befestigen, festmachen, anheften, anbringen (to an *dat*): → bayonet I. **2.** *fig.* verankern: to ~ s.th. in s.o.'s mind j-m etwas einprägen. **3.** *e-n Preis etc* festsetzen, -legen (at auf *acc*), bestimmen, verabreden. **4.** *a.* ~ up *e-n Termin etc* festsetzen. **5.** *den Blick, s-e Aufmerksamkeit etc* richten, heften (upon, on auf *acc*): to ~ one's gaze on s.o. j-n anstarren. **6.** *j-s Aufmerksamkeit etc* fesseln. **7.** *j-n, etwas* fi'xieren, anstarren: to ~ s.o. with an angry stare j-n wütend anstarren. **8.** *aer. mar.* die Positi'on bestimmen von (*od. gen*). **9.** *chem. e-e Flüssigkeit* zum Erstarren bringen, fest werden lassen. **10.** *phot.* fi'xieren. **11.** zur mikro'skopischen Unter'suchung präpa'rieren. **12.** *tech. Werkstücke* a) feststellen, b) nor'mieren. **13.** *die Schuld etc* zuschieben (on, upon *dat*). **14.** repa'rieren, in'stand setzen. **15.** *bes. Am. etwas* zu'rechtmachen, *ein Essen* zubereiten: to ~ s.o. a drink j-m etwas zu trinken machen; to ~ one's face sich schminken; to ~ one's hair sich frisieren. **16.** *a.* ~ up arran'gieren, regeln. **17.** *colloq.* a) *e-n Wettkampf etc* manipu'lieren, b) *j-n* ‚schmieren' (*bestechen*). **18.** *colloq.* es *j-m* ‚besorgen' *od.* ‚geben', *a.* es *j-m* heimzahlen. **19.** *meist* ~ up *j-n* 'unterbringen (in in *dat*): to ~ s.o. up with s.th., to ~ s.th. up with s.o. j-m etwas besorgen. **20.** *meist* ~ up a) *e-n Vertrag* abschließen, b) *etwas* in Ordnung bringen, regeln, *e-n Streit* beilegen.
**II** *v/i* **21.** *chem.* fest werden, erstarren. **22.** sich niederlassen *od.* festsetzen. **23.** ~ (up)on sich entscheiden *od.* entschließen für *od.* zu, wählen (*acc*), b) → 3. **24.** we ~ed for the meeting to take place on Monday wir setzten das Treffen auf Montag fest. **25.** *Am. colloq.* vorhaben, planen (to do zu tun): it's ~ing to rain es wird gleich regnen. **26.** *sl.* ‚fixen' (*sich e-e Droge injizieren*).
**III** *s* **27.** *colloq.* üble Lage, ‚Klemme' *f*, ‚Patsche' *f*: to be in a ~ in der Klemme *od.* Patsche sein *od.* sitzen *od.* stecken. **28.** *colloq.* a) abgekartete Sache, Schiebung *f*, b) Bestechung *f.* **29.** *aer. mar.* a) Standort *m*, Positi'on *f*, b) Ortung *f.* **30.** *sl.* ‚Fix' *m* (*Drogeninjektion*): to give o.s. a ~ ‚sich e-n Schuß setzen'.

**fix·ate** ['fikseit] **I** *v/t* **1.** → fix 1. **2.** *bes. Am.* j-n, *etwas* fi'xieren. **3.** *fig.* erstarren *od.* sta'gnieren lassen: to become ~d with verharren bei, hängenbleiben an (*dat*). **4.** to be ~d on *psych.* fixiert sein an *od.* auf (*acc*). **II** *v/i* **5.** ~ (up)on → 2. **6.** (*in e-m gewissen Stadium*) steckenbleiben, verharren, sta'gnieren. **fix'a·tion** *s* **1.** Festsetzung *f*, -legung *f.* **2.** *psych.* a) → fixed idea, b) (*Mutter- etc*)Bindung *f*, (-)Fi'xierung *f*: to have a ~ on → fixate 4.

**fix·a·tive** ['fiksətiv] *phot.* **I** *s* Fixa'tiv *n*, Fi'xiermittel *n.* **II** *adj* Fixier-.

**fixed** [fikst] *adj* (*adv* → fixedly) **1.** befestigt, festangebracht. **2.** *tech.* fest(eingebaut), ortsfest, statio'när, Fest...: ~ aerial (*bes. Am.* antenna) Festantenne *f*; ~ gun *mil.* starres Geschütz; ~ coupling starre Kupplung; ~ landing gear *aer.* festes Fahrwerk. **3.** *chem.* gebunden, nicht flüchtig: ~ oil. **4.** unverwandt, starr: ~ gaze; with ~ attention gebannt. **5.** fest, beständig: ~ of ~ purpose zielstrebig. **6.** fest(gesetzt, -gelegt, -stehend), bestimmt, unveränderlich: ~ assets *econ.* feste Anlagen, Anlagevermögen *n*; ~

capital *econ.* Anlagekapital *n*; ~ charges, ~ cost feste Kosten, Fixkosten, gleichbleibende Belastungen; ~ day (festgesetzter) Termin; ~ exchange *econ.* direkte Notierung (*Devisenkurs*); ~ income *econ.* festes Einkommen, feste Einkünfte; ~ liability *econ.* feste (langfristige) Verbindlichkeit; ~ price fester Preis, Festpreis *m*, *econ. a.* gebundener Preis; ~ sum fest(gesetzt)er Betrag, Fixum *n.* **7.** *colloq.* manipu'liert, abgekartet. **8.** *colloq.* (gut *etc*) versorgt *od.* versehen (for mit): how are you ~ for money? wie steht's bei dir mit Geld? ~ fo·cus *s phot.* Fixfokus *m.* ~ i·de·a *s psych.* fixe I'dee, Zwangsvorstellung *f*, Kom'plex *m.* ~·'in·ter·est(-,bear·ing) *adj econ.* festverzinslich. **fix·ed·ly** ['fiksidli] *adv* starr, unverwandt. **'fix·ed·ness** → fixity.

**fixed |point** *s math.* Fest-, Fixpunkt *m.* **'~-price meal** *s* Me'nü *n.* ~ **sight** *s mil.* 'Standvi,sier *n.* ~ **star** *s astr.* Fixstern *m.* **'~-wing 'air·craft** *s irr aer. mil.* Starrflügler *m*, -flügelflugzeug *n.*

**'fix·er** *s* **1.** *phot.* Fi'xiermittel *n.* **2.** *colloq.* Manipu'lator *m.* **3.** *sl.* ‚Dealer' *m* (*Drogenhändler*). **'fix·ing** *s* **1.** Befestigen *n*, Anbringen *n*: ~ agent Befestigungsmittel *n*; ~ bolt Haltebolzen *m*; ~ screw Stellschraube *f.* **2.** Repara'tur *f*, In'standsetzung *f.* **3.** *phot.* Fi'xieren *n*: ~ bath Fixierbad *n.* **4.** *pl bes. Am.* a) Geräte *pl*, b) Zubehör *n*, c) *gastr.* Beilagen *pl.* **'fix·i·ty** *s* Festigkeit *f*, Beständigkeit *f*: ~ of purpose Zielstrebigkeit *f.*

**fix·ture** ['fikstʃə(r)] *s* **1.** a) feste Anlage, Inven'tarstück *n*, Installati'onsteil *n*: lighting ~ Beleuchtungskörper *m*; to be a ~ *humor.* zum (lebenden) Inventar gehören (*Person*), b) *jur.* festes Inven'tar *od.* Zubehör: ~s and fittings bewegliche u. unbewegliche Einrichtungsgegenstände. **2.** *tech.* Spannvorrichtung *f*, -futter *n*: milling ~ Fräsvorrichtung. **3.** *bes. sport bes. Br.* (Ter'min *m* für e-e) Veranstaltung *f.*

**fiz·gig** ['fizgig] *s* **1.** *obs.* flatterhaftes Mädchen, leichtfertiges ‚Ding'. **2.** Schwärmer *m* (*Feuerwerkskörper*). **3.** Fischspeer *m.*

**fizz** [fiz] **I** *v/i* **1.** zischen. **2.** sprudeln, mous'sieren (*Getränk*). **3.** *fig.* sprühen (with vor *dat*). **II** *s* **4.** Zischen *n.* **5.** Sprudeln *n*, Mous'sieren *n.* **6.** a) Sprudel *m*, b) Fizz *m* (*alkoholisches Mischgetränk mit Früchten od. Fruchtsäften*). **7.** *colloq.* ‚Schampus' *m* (*Sekt*). **8.** *fig.* Schwung *m*, ‚Schmiß' *m.*

**fiz·zle** ['fizl] **I** *s* **1.** → fizz 4. **2.** *colloq.* ‚Pleite' *f*, 'Mißerfolg *m.* **II** *v/i* **3.** → fizz 1. **4.** *a.* ~ out *fig.* verpuffen, im Sand verlaufen.

**fizz·y** ['fizi] *adj* **1.** zischend. **2.** sprudelnd, mous'sierend: ~ drink Brause *f.*

**fjord** → fiord.

**flab·ber·gast** ['flæbəgɑːst; *Am.* -bər,gæst] *v/t colloq.* verblüffen: I was ~ed ich war platt, mir blieb die Spucke weg.

**flab·bi·ness** ['flæbinis] *s* **1.** Schlaffheit *f.* **2.** Schwammigkeit *f.* **3.** *fig.* Schwachheit *f.* **'flab·by** *adj* (*adv* flabbily) **1.** schlaff (*Muskeln etc*). **2.** schwammig (*Person etc*). **3.** *fig.* schwach: ~ character; ~ will.

**fla·bel·late** [flə'belit], **fla·bel·li·form** [-lifɔː(r)m] *adj bot. zo.* fächerförmig, Fächer...

**flac·cid** ['flæksid] *adj* (*adv* ~ly) → flabby **1.** **flac'cid·i·ty**, **'flac·cid·ness** → flabbiness **1.**

**flack**[1] [flæk] → flak.
**flack**[2] [flæk] *Am.* **I** *s* 'Pressea,gent *m.* **II** *v/i:* ~ for als 'Pressea,gent tätig sein für.

**flack·er·y** ['flækəri] *s Am. sl.* ‚Re'klamerummel' *m.*

**fla·con** [flakõ] (*Fr.*) *s* Fla'kon *m*, *n*, Fläschchen *n*.

**flag**[1] [flæg] **I** *s* **1.** Fahne *f*, Flagge *f*: ~ of **convenience** *mar.* billige Flagge; **to strike** (*od.* lower) one's ~ die Flagge streichen (*a. fig.*); **to keep the** ~ **flying** *fig.* die Fahne hochhalten; **to show the** ~ *fig.* a) Flagge zeigen, b) sich zeigen, sich sehen lassen. **2.** *mar.* (Admi'rals)Flagge *f*: **to hoist** (strike) one's ~ das Kommando übernehmen (abgeben). **3.** → **flagship**. **4.** *sport* (Mar'kierungs)Fähnchen *n*. **5.** a) (Kar'tei)Reiter *m*, b) *allg.* Mar'kierung(szeichen *n*) *f*, c) Lesezeichen *n*. **6.** *orn.* Kielfeder *f* (*des Vogelschwanzes*). **7.** *hunt.* Fahne *f* (*Schwanz e-s Vorstehhundes od. Rehs*). **8.** *print.* Druckvermerk *m*, Im'pressum *n* (*e-r Zeitung*). **9.** *mus.* Fähnchen *n* (*e-r Note*). **10.** *TV* (Licht)Blende *f*. **II** *v/t* **11.** beflaggen. **12.** *sport* Rennstrecke ausflaggen. **13.** etwas (mit Flaggen *od.* durch Winkzeichen) signali'sieren: **to** ~ **offside** (*Fußball*) Abseits winken. **14.** a) *oft* ~ **down** Fahrzeug anhalten: **to down a taxi** ein Taxi herbeiwinken, b) ~ **down** *sport Rennen, Fahrer* abwinken. **15.** *Buchseite etc* mar'kieren.

**flag**[2] [flæg] *s bot.* a) Gelbe Schwertlilie, b) (*e-e*) blaue Schwertlilie, c) Breitblättriger Rohrkolben.

**flag**[3] [flæg] *v/i* **1.** schlaff her'abhängen. **2.** *fig.* nachlassen, ermatten, erlahmen (*Interesse etc*). **3.** langweilig werden.

**flag**[4] [flæg] **I** *s* **1.** (Stein)Platte *f*, (Fußbodenbelag) Fliese *f*. **2.** *pl* mit (Stein)Platten belegte Ter'rasse *etc*, mit Fliesen belegter *od.* gefliester Fußboden. **II** *v/t* **3.** mit (Stein)Platten *od.* Fliesen belegen, fliesen.

**flag| cap·tain** *s* Komman'dant *m* e-s Flaggschiffs. ~ **day** *s* **1.** *Br.* Tag, an dem auf der Straße kleine Papierfähnchen für wohltätige Zwecke verkauft werden. **2. Flag Day** *Am.* Jahrestag *m* der Natio'nalflagge (*14. Juni*).

**fla·gel·la** [flə'dʒelə] *pl von* flagellum.

**flag·el·lant** ['flædʒələnt; flə'dʒelənt] **I** *s relig. bes. hist.* Geißler *m*, Flagel'lant *m* (*a. psych.*). **II** *adj* geißelnd (*a. fig.*): **a** ~ **attack on the opposition party**.

**flag·el·late** ['flædʒəleɪt] **I** *v/t* **1.** geißeln (*a. fig.*): **to** ~ **the opposition party**. **II** *adj* [-lət] **2.** *zo.* geißelförmig, Geißel... **3.** *bot.* Schößlinge treibend, Schößlings... **III** *s* **4.** *zo.* Geißeltierchen *n*. ,**flag·el·'la·tion** *s* Geißelung *f* (*a. fig.*), *psych.* Flagellati'on *f*.

**fla·gel·li·form** [flə'dʒelɪfɔː(r)m] *adj bot. zo.* geißel-, peitschenförmig. **fla'gel·lum** [-ləm] *pl* **-la** [-lə], **-lums** *s* **1.** *zo.* Geißel *f*, Fla'gelle *f*. **2.** *bot.* Ausläufer *m*, Schößling *m*.

**flag·eo·let**[1] [ˌflædʒəʊ'let] *s mus.* Flageo-'lett *n*: ~ **tone** *mus. phys.* Flageoletton *m*.

**flag·eo·let**[2] [ˌflædʒəʊ'let] *s bot.* e-e fran-zösische grüne Bohne.

**flag·ging**[1] ['flægɪŋ] *adj* nachlassend, ermattend, erlahmend (*Interesse etc*).

**flag·ging**[2] ['flægɪŋ] *s* **1.** *collect.* (Stein-) Platten *pl* (Fußbodenbelag) Fliesen *pl*. **2.** → flag[4] 2.

**fla·gi·tious** [flə'dʒɪʃəs] *adj* (*adv* ~ly) **1.** verworfen, verderbt. **2.** ab'scheulich, schändlich.

**flag| lieu·ten·ant** *s mar.* Flaggleutnant *m*. ~ **of·fi·cer** *s mar.* 'Flaggoffi,zier *m*.

**flag·on** ['flægən] *s* **1.** (*bauchige*) (Wein-) Flasche. **2.** (Deckel)Krug *m*.

'**flag·pole** → flagstaff.

**fla·gran·cy** ['fleigrənsi] *s* **1.** Schamlosigkeit *f*, Schändlichkeit *f*, Ungeheuerlichkeit *f*. **2.** Kraßheit *f*. '**fla·grant** *adj* (*adv* ~ly) **1.** schamlos, schändlich, ungeheuerlich. **2.** ekla'tant, kraß.

'**flag| ship** *s* **1.** *mar.* Flaggschiff *n* (*a. fig.*). **2.** *fig.* Aushängeschild *n*. '**~staff** *s* Fahnenstange *f*, -mast *m*, Flaggenmast *m*, *mar.* Flaggenstock *m*. ~ **sta·tion** *s rail. Am.* Bedarfshaltestelle *f*. '**~stone** → flag[4]. '**~stop** *s rail. etc Am.* Bedarfshaltestelle *f*. '**~,wav·er** *s colloq.* Hur'rapatri,ot *m*. '**~,wav·ing** *s colloq.* **I** *s* Hur'rapatrio,tismus *m*. **II** *adj* hur-'rapatri,otisch.

**flail** [fleɪl] **I** *s* **1.** *agr.* Dreschflegel *m*. **2.** *mil. hist.* dreschflegelähnliche Waffe, *z. B.* Morgenstern *m*. **II** *v/t* **3.** dreschen. **4.** ,eindreschen' *od.* wild einschlagen auf j-n. **5. to** ~ **one's arms** wild mit den Armen fuchteln. **III** *v/i* **6. to** ~ **away at** → 4.

**flair** [fleə(r)] *s* **1.** Veranlagung *f*: **to have a** ~ **for** künstlerisch veranlagt sein; ~ **for languages** Sprachbegabung *f*. **2.** Hang *m*, Neigung *f* (**for** zu). **3.** (feines) Gespür (**for** für). **4.** *colloq.* Ele'ganz *f*: **to dress with** ~ sich modisch *od.* elegant kleiden. **5.** *hunt.* Witterung *f*.

**flak** [flæk] *s* **1.** *mil.* a) Flak *f*, 'Flugabwehr*f*, 'Flakartille,rie *f*, b) Flakfeuer *n*. **2.** *colloq.* scharfe Kri'tik: **to take** ~ **from** scharf kritisiert werden von. **3.** *colloq.* heftige Ausein'andersetzung: **to run into** ~ zu heftigen Auseinandersetzungen führen.

**flake**[1] [fleɪk] **I** *s* **1.** (Schnee-, Seifen-, Hafer- *etc*)Flocke *f*. **2.** dünne Schicht, Lage *f*, Blättchen *n*: ~ **white** *paint. tech.* Schieferweiß *n*. **3.** Steinsplitter *m*: ~ **tool** Steinwerkzeug *n*. **4.** (Feuer)Funke *m*. **5.** (Sortenname für e-e) gestreifte Gartennelke. **6.** *metall.* Flockenriß *m*. **7.** *Am. sl.* ,Spinner' *m*, verrückter Kerl. **II** *v/t* **8.** abblättern. **9.** flockig machen. **10.** (wie) mit Flocken bedecken. **11.** Fisch zerlegen. **III** *v/i* **12.** *meist* ~ **off** abblättern, sich abschälen. **13.** in Flocken fallen. **14.** flocken. **15.** *metall.* verzundern. **16.** ~ **out** *colloq.* a) ,einpennen' (*einschlafen*), b) ,zs.-klappen' (*vor Erschöpfung etc*), c) ,umkippen' (*ohnmächtig werden*), d) ,sich dünnmachen' (*verschwinden*).

**flake**[2] [fleɪk] *s* **1.** *tech.* Trockengestell *n*. **2.** *mar.* Stell'lage *f*, Stelling *f*.

**flaked** [fleɪkt] *adj* flockig, Blättchen...: ~ **gunpowder** Blättchenpulver *n*.

**flak·i·ness** ['fleɪkɪnɪs] *s* flockige Beschaffenheit.

**flak jack·et** *s* kugelsichere Weste.

**fla·ko** ['fleɪkəʊ] *adj Am. sl.* ,besoffen', ,voll'.

**flak·y** ['fleɪkɪ] *adj* **1.** flockig. **2.** blättrig: ~ **pastry** *gastr.* Blätterteig *m*. **3.** *metall.* zunderig, flockenrissig. **4.** *Am. sl.* verrückt.

**flam**[1] [flæm] **I** *s* **1.** Schwindel *m*, Betrug *m*. **2.** Unsinn *m*. **II** *v/t u. v/i* **3.** betrügen.

**flam**[2] [flæm] *s mus.* Flam *m* (*Doppelschlag*).

**flam·bé** ['flɑːmbeɪ; flɑːm'beɪ] *adj gastr.* flam'biert.

**flam·beau** ['flæmbəʊ] *pl* **-beaux**, **-beaus** [-bəʊz] *s* **1.** Fackel *f*. **2.** Leuchter *m*.

**flam·boy·ance** [flæm'bɔɪəns], **flam·'boy·an·cy** [-sɪ] *s* **1.** Extrava'ganz *f*. **2.** über'ladener Schmuck. **3.** Grellheit *f*. **flam·'boy·ant** **I** *adj* (*adv* ~ly) **1.** *arch.* wellenförmig, flammenähnlich, wellig: ~ **style** Flamboyant *m*, Flammenstil *m*. **2.** extrava'gant. **3.** grell, leuchtend. **4.** farbenprächtig. **5.** *fig.* flammend. **6.** auffallend. **7.** über'laden (*a. Stil*). **8.** pom'pös, bom'bastisch. **II** *s* **9.** *bot.* Flam'boyant *m*.

**flame** [fleɪm] **I** *s* **1.** Flamme *f*: **to be in** ~**s** in Flammen stehen. **2.** *fig.* Flamme *f*, Glut *f*, Leidenschaft *f*, Heftigkeit *f*. **3.** *colloq.* ,Flamme' *f*: **an old** ~ **of mine**.

**4.** Leuchten *n*, Glanz *m*. **5.** grelle Färbung. **II** *v/i* **6.** flammen. **III** *v/i* **7.** lodern: **to** ~ **up** a) auflodern, b) in Flammen aufgehen. **8.** (rot) glühen, leuchten: **to** ~ **up** aufbrausen, in Wut geraten; **her eyes** ~**d with anger** ihre Augen flammten *od.* funkelten vor Wut; **her cheeks** ~**d red** ihre Wangen färbten sich rot. '**~,col·o(u)red** *adj* feuerfarben, -rot. ~ **cut·ting** *s tech.* Brennschneiden *n*. ~ **hard·en·ing** *s tech.* Brennhärten *n*.

**flame·let** ['fleɪmlɪt] *s* Flämmchen *n*.

**fla·men·co** [flə'meŋkəʊ] *pl* **-cos** *s mus.* Fla'menco *m*.

'**flame|·out** *s aer.* (*e-s Triebwerks*) a) Aussetzen *n*, b) Ausfall *m*. ~ **pro·jec·tor** → flamethrower. '**~proof I** *adj* **1.** flammensicher, feuerfest, -sicher. **2.** explosi'onsgeschützt. **II** *v/t* **3.** flammensicher machen. '**~re,tard·ant** *adj* feuerhemmend. ~ **test** *s tech.* Flammprobe *f*. '**~,throw·er** *s bes. mil.* Flammenwerfer *m*.

**flam·ing** ['fleɪmɪŋ] **I** *adj* **1.** lodernd, brennend (*a. Sonne*). **2.** a) feuerrot, b) farbenprächtig. **3.** *fig.* a) glühend: ~ **passion**, b) flammend, leidenschaftlich, feurig: **a** ~ **speech**. **4.** über'trieben: **a** ~ **tale**. **5.** *Br. colloq.* verdammt, verflucht: **you** ~ **idiot!** du Vollidiot! **II** *adv* **6.** ~ **red** flammend rot.

**fla·min·go** [flə'mɪŋgəʊ] *pl* **-goes**, **-gos** *s orn.* Fla'mingo *m*.

**flam·ma·ble** ['flæməbl] → inflammable.

**flam·y** ['fleɪmɪ] *adj* **1.** lodernd. **2.** feuerrot.

**flan**[1] [flæn] *s* Obst-, Käsekuchen *m*.

**flan**[2] [flæn] *s tech.* **1.** Münzplatte *f*. **2.** ('Münz)Me,tall *n*.

**Flan·ders pop·py** ['flɑːndəz; *Am.* 'flændərz] *s bot.* Klatsch-, Feldmohn *m*.

**flâ·ne·rie** [flɑnri] (*Fr.*) *s* Fla'nieren *n*, Bummeln *n*. **flâ·neur** [flɑnœr] (*Fr.*) *s* Fla'neur *m*, Bummler *m*.

**flange** [flændʒ] *tech.* **I** *s* **1.** Flansch *m*. **2.** Spurkranz *m* (*des Rades*). **II** *v/t* **3.** a) Rohrende etc flanschen, b) anflanschen (**to** an *acc*): ~**d motor** Flanschmotor *m*. **4.** Blech ('um)bördeln. ~ **cou·pling** *s tech.* Flanschkupplung *f*.

**flang·ing** ['flændʒɪŋ] *s tech.* **1.** Flanschen *n*. **2.** Bördeln *n*: ~ **machine** Bördelmaschine *f*.

**flank** [flæŋk] **I** *s* **1.** Flanke *f*, Weiche *f* (*e-s Tieres*). **2.** Seite *f* (*e-r Person*). **3.** Seite *f* (*e-s Gebäudes etc*). **4.** *mil.* Flanke *f*, Flügel *m* (*beide a. sport*): **to turn the** ~ (**of**) die Flanke (*gen*) aufrollen. **5.** *tech.* Flanke *f*, Schenkel *m*. ~ **clearance** Flankenspiel *n*. **II** *v/t* **6.** flan'kieren, seitlich stehen von *od.* begrenzen, säumen, um'geben. **7.** *mil.* flan'kieren: a) die Flanke (*gen*) decken, b) j-m in die Flanke fallen. **8.** flan'kieren, (seitwärts) um'gehen. **III** *v/i* **9.** angrenzen, (an)stoßen (**on** an *acc*), seitlich liegen. **10.** *mil.* die Flanke *od.* den Flügel bilden.

'**flank·ing** *adj mil.* Flanken..., Flankierungs...: ~ **fire**; ~ **movement**; ~ **march** Flankenmarsch *m*.

**flank| man** *s irr mil.* Flügelmann *m*. ~ **vault** *s Turnen:* Flanke *f*.

**flan·nel** ['flænl] **I** *s* **1.** Fla'nell *m*. **2.** *pl* Kleidung *f* aus Fla'nell, *bes.* (*a.* **pair of** ~**s**) Fla'nellhose *f*. **3.** *pl* Fla'nellunterwäsche *f*, *bes.* (*a.* **pair of** ~**s**) lange Fla'nell,unterhose *f*. **4.** *Br.* Waschlappen *m*. **5.** *Br. colloq.* ,Schmus' *m*. **II** *adj* **6.** fla-'nellen, Flanell... **III** *v/t pret u. pp* **-neled**, *bes. Br.* **-nelled** **7.** in Fla'nell kleiden. **8.** mit e-m Fla'nelltuch (ab)reiben *od.* po'lieren. **IV** *v/i* **9.** *Br. colloq.* ,Schmus' reden.

**flan·nel·ette** [ˌflænlˈet] s 'Baumwoll-fla,nell m. **'flan·nel·ly** adj 1. fla'nell-artig. 2. dumpf (Stimme).

**'flan·nel,mouthed** adj Am. glattzüngig, schmeichlerisch.

**flap** [flæp] I s 1. Flattern n (a. von Segeln etc), (Flügel)Schlag m. 2. Schlag m, Klaps m. 3. a) Patte f, Klappe f (an e-r Manteltasche etc), b) (weiche) (Hut)Krempe. 4. Klappe f, Falltür f. 5. (Verschluß-)Klappe f (e-r Handtasche, e-s Briefumschlags, e-s Ventils etc), Lasche f (e-s Kartons): ~ valve tech. Klappventil m. 6. aer. (Lande)Klappe f. 7. Klappe f (e-s Buchumschlags). 8. Lasche f (am Schuh). 9. (etwas) lose Her'abhängendes, z.B. a) Lappen m, b) (Tisch)Klappe f, c) med. (Haut)Lappen m: ~ of the ear Ohrläppchen n. 10. colloq. helle Aufregung: to be in a ~ in heller Aufregung sein; don't get into a ~, we'll find it nur keine Panik, wir werden es schon finden. II v/t 11. auf u. ab od. hin u. her bewegen, mit den Flügeln etc schlagen: the bird ~ped its wings; she ~ped a newspaper at the fly sie schlug mit e-r Zeitung nach der Fliege. 12. j-m e-n Schlag od. Klaps geben. 13. werfen: to ~ down hinwerfen; to ~ the door die Tür zuwerfen. III v/i 14. flattern: the sails ~ped in the wind. 15. mit den Flügeln schlagen, flattern: to ~ off davonflattern. 16. klatschen, schlagen (against gegen). 17. colloq. a) in heller Aufregung sein, b) in helle Aufregung geraten: don't ~, we'll find it nur keine Panik, wir werden es schon finden. 18. Am. colloq. ,quasseln'. **'~,doo·dle** s colloq. Unsinn m, ,Quatsch' m, ,Mumpitz' m. **'~-eared** adj schlappohrig. **'~-jack** s bes. Am. Pfannkuchen m.

**flap·pa·ble** [ˈflæpəbl] adj: to be ~ colloq. leicht aus der Fassung zu bringen sein.

**flap·per** [ˈflæpə(r)] s 1. Fliegenklappe f, -klatsche f. 2. Klappe f; breites, flaches, her'abhängendes Stück. 3. zo. (breite) Flosse. 4. sl. ,Flosse' f (Hand). 5. (in den 20er Jahren) Mädchen, das sich in Verhalten u. Kleidung über die Konventionen hinwegsetzte.

**flare** [fleə(r)] I s 1. aufflammendes Licht, plötzlicher Lichtschein. 2. Flackern n, Lodern n, Leuchten n. 3. a) Leuchtfeuer n, b) 'Licht-, 'Feuersi,gnal n. 4. a) Leuchtkugel f, b) mil. Leuchtbombe f. 5. fig. → flare-up 2. 6. Mode: a) Schlag m: with a ~ ausgestellt (Rock), (Hose a.) mit Schlag, b) pl, a. pair of ~s colloq. ausgestellte Hose, Hose f mit Schlag. 7. opt. Streulicht n. 8. phot. Reflexi'onsfleck m. II v/t 9. e-e Kerze etc flackern lassen. 10. flattern lassen: the wind ~d her skirt. 11. zur Schau stellen, protzen mit. 12. aufflammen lassen. 13. mit Licht od. Feuer signali'sieren. 14. (meist pp) Mode: ausstellen: ~d ausgestellt (Rock), (Hose a.) mit Schlag. III v/i 15. flackern (Kerze etc), (Feuer etc a.) lodern, (Licht) leuchten. 16. meist ~ up aufflammen, -flackern, -lodern (alle a. fig.), aufleuchten. 17. meist ~ up, ~ out fig. aufbrausen, auffahren: to ~ up at s.o. j-n anfahren. 18. Mode: ausgestellt sein. 19. flattern. **~ an·gle** s phys. Erweiterungswinkel m. **'~back** s 1. tech. Flammenrückschlag m. 2. fig. heftige Reakti'on, scharfe Antwort. **~ path** s aer. Leuchtpfad m. **~ pis·tol** s mil. 'Leuchtpi,stole f. **'~-up** [ˌ~ˈʌp; ˈ~ʌp] s 1. Aufflackern n, -lodern n, -flammen n (alle a. fig.), Aufleuchten n. 2. fig. Ausbruch m: ~ of fury Wutausbruch.

**flar·ing** [ˈfleərɪŋ] adj (adv ~ly) 1. flackernd, lodernd, leuchtend. 2. fig. protzig. 3. Mode: ausgestellt (Rock), (Hose a.) mit Schlag.

**fla·ser** [ˈflɑːzə(r)] s geol. Flaser f.

**flash** [flæʃ] I s 1. Aufblitzen n, -leuchten n, Blitz m: like a ~ wie der Blitz; ~ of fire Feuergarbe f; ~ of hope; Hoffnungsstrahl m; ~ of lightning Blitzstrahl m; ~ of wit Geistesblitz; to give s.o. a ~ mot. j-n anblinken. 2. Stichflamme f: a ~ in the pan fig. a) e-e ,Eintagsfliege', b) ein ,Strohfeuer'. 3. Augenblick m: in a ~ im Nu, sofort; for a ~ e-n Augenblick lang. 4. kurzer Blick: to catch a ~ of e-n Blick erhaschen von. 5. Rundfunk etc: Kurzmeldung f. 6. mar. Schleusenwassersturz m. 7. mil. Br. (Uni'form)Abzeichen n. 8. phot. colloq. ,Blitz' m (Blitzlicht). 9. bes. Am. colloq. Taschenlampe f. 10. sl. ,Flash' m (Augenblick, in dem sich e-e gespritzte Droge mit dem Blut verbindet u. der Rauschzustand eintritt).

II v/t 11. a. ~ on aufleuchten od. (auf-)blitzen lassen: he ~ed a light in my face er leuchtete mir plötzlich ins Gesicht; to ~ one's lights mot. die Lichthupe betätigen; to ~ one's lights at s.o. j-n anblinken; his eyes ~ed fire fig. s-e Augen blitzten od. sprühten Feuer. 12. (bes. mit Licht) signali'sieren. 13. to ~ s.o. a glance j-m e-n Blick zuwerfen; she ~ed him an angry glance sie blitzte ihn wütend an. 14. colloq. schnell her'vorziehen, kurz sehen lassen: to ~ a badge; to ~ s.th. at s.o. j-m etwas kurz zeigen. 15. colloq. zur Schau tragen, protzen mit. 16. e-e Nachricht 'durchgeben: a) telegra'phieren, b) funken. 17. tech. Glas über'fangen, plat'tieren.

III v/i 18. aufflammen, (auf)blitzen. 19. zucken (Blitz). 20. blinken. 21. sich blitzartig bewegen, rasen, ,flitzen', schießen (a. Wasser): to ~ by a) vorbeirasen, b) fig. wie im Flug(e) vergehen; to ~ up a tree blitzschnell auf e-n Baum klettern; to ~ into action blitzschnell in Aktion treten od. handeln; it ~ed into (od. across, through) his mind that plötzlich schoß es ihm durch den Kopf, daß. 22. a. ~ out fig. aufbrausen, -fahren: to ~ out against ,wettern' auf (acc) od. gegen. 23. ~ back zu'rückblenden (in e-m Film, Roman etc) (to auf acc). 24. ~ on Am. sl. sofort ,abfahren' auf (acc).

IV adj 25. colloq. für flashy. 26. colloq. a) geschniegelt, ,aufgedonnert' (Person), b) protzig. 27. falsch, gefälscht, unecht. 28. in Zssgn Schnell... 29. colloq. Unterwelts..., 'unterweltlich.

**'flash·back** s 1. Rückblende f (in e-m Film, Roman etc). 2. tech. Rückschlag m der Flamme. 3. sl. ,Flash'back' m (einige Wochen nach dem eigentlichen Drogenrausch wiederkehrender Rauschzustand infolge verzögerter Reaktion des Gehirns auf die Droge). **~ bar** s phot. Blitzleiste f. **'~board** s tech. Staubrett n. **~ boil·er** s tech. Schnellverdampfer m. **~ bomb** s mil. phot. Blitzlichtbombe f. **~ bulb** s phot. Kolbenblitz m, Blitzbirnchen n, Blitz(licht)lampe f. **~ burn** s med. Lichtblitzverbrennung f. **~ card** s 1. ped. Illustrati'onstafel f (die Schülern kurz gezeigt wird). 2. sport Wertungstafel f (des Preisrichters). **~ cube** s phot. Blitzwürfel m.

**'flash·er** s 1. mot. a) Blinkanlage f, b) Blinker m. 2. Br. colloq. Exhibitio'nist m.

**flash│flood** s plötzliche Über'schwemmung. **~ gun** s phot. Blitzleuchte f.

**flash·i·ness** [ˈflæʃmɪs] s 1. Prunk m, Protzigkeit f. 2. Auffälligkeit f. 3. aufbrausendes Tempera'ment. **'flash·ing** adj 1. aufflammend: ~ point phys. Flammpunkt m. 2. blinkend: ~ light mar. Blinkfeuer m.

**flash│lamp** s phot. Blitz(licht)lampe f. **'~light** s 1. blinkendes Re'klamelicht.

2. mar. Leuchtfeuer n. 3. bes. Am. Taschenlampe f. 4. phot. Blitzlicht n: ~ capsule Kapselblitz m; ~ photograph Blitzlichtaufnahme f; ~ photography → flash photography. **'~,o·ver** s electr. 'Überschlag m: ~ voltage Überschlagspannung f. **~ pho·tog·ra·phy** s 'Blitzlichtfotogra,fie f. **~ point** s phys. Flammpunkt m. **~ rang·ing** s mil. Lichtmessen n. **~ tube** s phot. (Elek'tronen)Blitzröhre f. **~ weld·ing** s tech. 'Widerstandsabschmelzschweißen n.

**'flash·y** adj (adv flashily) 1. prunkvoll, protzig. 2. auffallend, auffällig. 3. aufbrausend: ~ temper.

**flask** [flɑːsk; Am. flæsk] s 1. hist. Pulverhorn n. 2. Taschenflasche f. 3. Thermosflasche f. 4. tech. Kolben m, Flasche f: volumetric ~ Meßkolben m. 5. tech. Formkasten m.

**flat¹** [flæt] I s 1. Fläche f, Ebene f. 2. flache Seite: ~ of the hand Handfläche f. 3. Flachland n, Niederung f. 4. Untiefe f, Flach n. 5. mus. B n. 6. thea. Ku'lisse f. 7. mot. bes. Am. Reifenpanne f, ,Plattfuß' m. 8. → flatboat. 9. tech. Flacheisen n. 10. → flatcar. 11. Am. breitkrempiger Strohhut. 12. the ~ (Pferdesport) bes. Br. a) collect. (die) Flachrennen pl, b) die Flachrennsaison. 13. Am. flacher Fest- od. 'Umzugswagen. 14. flacher Korb. 15. pl flache Schuhe pl, Schuhe mit flachen Absätzen.

II adj (adv ~ly, flatly) 16. flach, eben: ~ shore Flachküste f; (as) ~ as a pancake colloq. a) völlig flach, b) flach wie ein Bügelbrett (Mädchen). 17. tech. Flach...: ~ anvil (chisel, coil, rail, roof, wire, etc). 18. Ballistik: ra'sant (Flugbahn). 19. (aus-, 'hin)gestreckt, flach am Boden liegend. 20. ~ on eng an (dat). 21. dem Erdboden gleich: to lay a city ~ e-e Stadt dem Erdboden gleichmachen. 22. flach, offen: ~ hand. 23. mot. flach (Autoreifen). 24. stumpf, platt: ~ nose. 25. entschieden, kate'gorisch, glatt: a ~ denial; and that's ~! und damit basta! 26. a) langweilig, fade, öd(e), b) flach, oberflächlich, ba'nal. 27. schal, fad(e) (Bier), flach (Wein). 28. econ. flau, lustlos: ~ market. 29. econ. a) einheitlich, Einheits..., b) Pauschal...: ~ fee Pauschalgebühr f; ~ sum Pauschalbetrag m, Pauschale f; → flat price, flat rate. 30. paint. phot. a) kon'trastarm, b) matt, glanzlos. 31. flach, dünn: to say s.th. in a ~ voice mit ausdrucksloser Stimme. 32. mus. a) erniedrigt (Note), b) mit B-Vorzeichen (Tonart). 33. leer (Batterie).

III adv 34. eben, flach: to fall ~ a) der Länge nach hinfallen, b) fig. colloq. ,danebengehen', mißglücken, c) fig. colloq. ,durchfallen' (Theaterstück etc); → back¹ 1. 35. genau: in ten seconds ~. 36. eindeutig: a) entschieden: he went ~ against the rules er hat eindeutig gegen die Regeln verstoßen, b) kate'gorisch: he told me ~ that ... 37. mus. a) um e-n halben Ton niedriger, b) zu tief: to sing ~. 38. ohne (Berechnung der aufgelaufenen) Zinsen. 39. colloq. völlig: ~ broke ,total pleite'. 40. ~ out colloq. auf Hochtouren: to work ~ out; my car does 100 miles ~ out mein Auto ,fährt od. macht 100 Meilen Spitze'. 41. ~ out colloq. ,fix u. fertig', ,total erledigt'.

IV v/t 42. tech. flach od. eben machen, glätten. 43. mus. Am. e-e Note um e-n halben Ton erniedrigen.

**flat²** [flæt] I s bes. Br. (E'tagen)Wohnung f: → block 16. II v/i Austral. colloq. in Wohngemeinschaft leben (with mit).

**flat│arch** s arch. Flachbogen m. **'~-base rim** s tech. Flachbettfelge f. **'~-boat** s mar. Prahm m, Flachboot n. **'~-bot-**

**tomed boat** → flatboat. '~-₁**bot·tom flask** s chem. Stehkolben m. '~-₁**car** s rail. Am. Plattformwagen m. '~-₁**chest·ed** adj flachbrüstig. ~ **cost** s Selbstkosten (-preis m) pl. '~-**foot** s irr **1.** meist pl med. Plattfuß m. **2.** pl a. -**foots** sl. ,Bulle' m (Polizist). ₁~'**foot·ed** adj **1.** med. plattfüßig: **to be** ~ Plattfüße haben; **to catch s.o.** ~ colloq. j-n überrumpeln. **2.** tech. standfest. **3.** colloq. entschieden, kompro'mißlos, ,eisern'. **4.** Br. colloq. ungeschickt, unbeholfen, linkisch. '~-₁**hammer** s tech. glatt-, nachhämmern, richten. '~-₁**hat** v/i Am. colloq. **1.** aer. gefährlich niedrig fliegen. **2.** ,angeben'. '~-**head** s **1.** tech. a) Flachkopf m (Niet), b) Flachkopfbolzen m, c) a. ~ **screw** Senkschraube f. **2.** Am. sl. ,Schafskopf' m. '~-**hunt** v/i bes. Br. auf Wohnungssuche sein: **to go** ~**ing** auf Wohnungssuche gehen. ~ **hunt·er** s bes. Br. Wohnungssuchende(r m) f. ~ **hunt·ing** s bes. Br. Wohnungssuche f. '~-₁**i·ron** s **1.** tech. Flacheisen n. **2.** Bügel-, Plätteisen n. **flat·let** ['flætlɪt] s bes. Br. Kleinwohnung f.

**flat·ling** ['flætlɪŋ] **I** adj **1.** obs. mit der flachen Seite (gegeben) (Schlag etc). **2.** fig. (er)drückend. **II** adv **3.** obs. flach, der Länge nach. '**flat·lings,** '**flat·long** → flatling II. '**flat·ly** adv eindeutig, kate'gorisch.

'**flat·mate** s bes. Br. Mitbewohner(in).

'**flat·ness** s **1.** Flach-, Ebenheit f. **2.** Entschiedenheit f. **3.** Eintönigkeit f. **4.** econ. Matt-, Flauheit f, Lustlosigkeit f. **5.** Ballistic: Ra'sanz f.

'**flat|-nosed** [-nəʊzd] adj stumpf-, plattnasig: (a. pair of) ~ **pliers** tech. Flachzange f. ~ **paint** s tech. Grun'dierfarbe f. '~-**plate col·lec·tor** s Sonnenenergie: 'Flachkol₁lektor m. ~ **price** s econ. Einheits-, Pau'schalpreis m. ~ **race** s Pferdesport: Flachrennen n. ~ **rate** s econ. Pau'schal-, Einheitssatz m. ~ **search** s jur. Haussuchung f. ~ **sea·son** s Pferdesport: 'Flachrennsai₁son f. ~ **spring** s tech. Blattfeder f.

**flat·ten** ['flætn] **I** v/t **1.** eben od. flach od. glatt machen, (ein)ebnen: **to** ~ **o.s. against a wall** sich an e-e Mauer drücken. **2.** dem Erdboden gleichmachen. **3.** ~ **out** aer. ein Flugzeug a) (aus dem Gleitflug) abfangen, b) (vor der Landung) aufrichten. **4.** colloq. a) Boxen: ,flachlegen', auf die Bretter schicken, b) Gegner niederringen, bezwingen, c) (finanzi'ell) rui'nieren, d) niederdrücken, entmutigen, e) j-m, e-r Sache e-n ,gehörigen' Dämpfer aufsetzen. **5.** mus. Br. e-e Note um e-n halben Ton erniedrigen. **6.** paint. Farben dämpfen. **7.** paint. tech. grun'dieren. **8.** a) math. tech. abflachen, abplatten, b) tech. ausbeulen. **9.** tech. nachhämmern, strekken. **II** v/i **10.** a. ~ **out** flach od. eben werden. **11.** fig. a) fade werden, b) verflachen, geistlos werden. **12.** ~ **out** aer. ausschwenken.

**flat·tened** ['flætnd] adj math. tech. abgeflacht, abgeplattet. '**flat·ten·er** s tech. **1.** Strecker m. **2.** metall. 'Blechrichtma₁schine f. '**flat·ten·ing** s **1.** math. tech. Abflachung f, Abplattung f. **2.** tech. Strecken n: ~ **furnace** Streckofen m.

**flat·ter¹** ['flætə(r)] **I** v/t **1.** j-m schmeicheln: **to be** ~**ed** sich geschmeichelt fühlen (**at, by** durch); **they** ~**ed her on** (od. **about**) **her** cooking Komplimente über ihre Kochkunst; **to** ~ **s.o. into doing s.th.** j-n so lange umschmeicheln, bis er etwas tut. **2.** fig. j-m schmeicheln: **the picture** ~**s him** das Bild ist geschmeichelt. **3.** wohltun (dat), schmeicheln (dat): **the breeze** ~**ed his skin** die Brise streichelte s-e Haut; **it**

~**ed his vanity** es schmeichelte s-r Eitelkeit. **4.** ~ **o.s.** sich schmeicheln od. einbilden (**that** daß): **I** ~ **myself that I am a good dancer** ich schmeichle mir, ein guter Tänzer zu sein. **5.** ~ **o.s.** sich beglückwünschen (**on** zu). **II** v/i **6.** schmeicheln, Schmeiche'leien sagen.

**flat·ter²** ['flætə(r)] s tech. **1.** Richt-, Streckhammer m. **2.** Plätt-, Streckwalze f.

**flat·ter·er** ['flætərə(r)] s Schmeichler(in). '**flat·ter·ing** adj (adv ~**ly**) **1.** schmeichelhaft, schmeichlerisch. **2.** geschmeichelt, schmeichelhaft (**to** für): ~ **portrait.** '**flat·ter·y** s Schmeiche'lei(en pl) f.

**flat·tie** ['flæti] s Am. **1.** colloq. → flatboat. **2.** → flatfoot 2.

**flat tile** s arch. Biberschwanz m (flacher Dachziegel).

**flat·ting** ['flætɪŋ] s tech. Strecken n: ~ **mill** Streckwerk n.

**flat·tish** ['flætɪʃ] adj einigermaßen flach od. eben.

'**flat|top** s **1.** bot. a) Wollknöterich m, b) Am. Ver'nonie f. **2.** mar. Am. colloq. Flugzeugträger m. ~ **tun·ing** s electr. Grobabstimmung f.

**flat·ty** → flattie.

**flat·u·lence** ['flætjʊləns; Am. -tʃə-], a. '**flat·u·len·cy** [-sɪ] s **1.** med. a) Blähung(en pl) f: **to cause** (od. **produce**) ~ blähen, b) Blähsucht f. **2.** fig. a) Leerheit f, Hohlheit f, b) Schwülstigkeit f. '**flat·u·lent** adj (adv ~**ly**) **1.** med. a) blähend, b) blähsüchtig, c) aufgebläht. **2.** fig. a) leer, hohl: ~ **talk,** b) schwülstig, ,geschwollen': ~ **style.**

**fla·tus** ['fleɪtəs] s med. Blähung f.

'**flat|ware** s Am. **1.** (Tisch-, Eß)Besteck n. **2.** flaches (Eß)Geschirr (Teller, Untertassen etc) (Ggs. hollow ware). '~-**ways,** Am. a. '~-**wise** adv mit der flachen od. breiten Seite (nach) vorn od. oben, platt, der Länge nach. '~-**work** s bes. Am. Mangelwäsche f. '~-**worm** s zo. Plattwurm m.

**flaunt** [flɔːnt] **I** v/t **1.** zur Schau stellen, protzen mit: **to** ~ **o.s.** → **3. 2.** Am. e-n Befehl etc miß'achten. **II** v/i **3.** (her'um)stol₁zieren, para'dieren. **4.** a) stolz wehen, b) prangen. **III** s **5.** Zur'schaustellung f, Protze'rei f. '**flaunt·y** adj bes. Am. protzig.

**flau·tist** ['flɔːtɪst] s mus. Flö'tist(in).

**fla·vone** ['fleɪvəʊn] s chem. Fla'von n.

**fla·vo·pro·tein** [₁fleɪvəʊ'prəʊtiːn, -tiːɪn] s chem. Flavoprote'in n.

**fla·vor,** bes. Br. **fla·vour** ['fleɪvə(r)] **I** s **1.** (Wohl)Geschmack m, A'roma n: **six different** ~**s** sechs verschiedene Geschmacksrichtungen od. -sorten; ~ **en·hancer** Aromazusatz m; ~**enhancing** geschmacksverbessernd. **2.** Würze f, A'roma n (beide a. fig.), aro'matischer Geschmacksstoff, ('Würz)Es₁senz f. **3.** fig. a) (besondere) Art, b) Beigeschmack m, c) Anflug m. **II** v/t **4.** würzen, schmackhaft machen (beide a. fig.), e-r Sache Geschmack geben: **chocolate-**~**ed** mit Schokoladengeschmack. **III** v/i **5.** ~ **of** schmecken nach, fig. a. riechen nach. '**fla·vored,** bes. Br. '**fla·voured** adj schmackhaft, würzig. '**fla·vor·ing,** bes. Br. '**fla·vour·ing** → flavor 2. '**fla·vor·less,** bes. Br. '**fla·vour·less** adj fad(e), schal, ohne Geschmack. '**fla·vor·ous,** '**fla·vor·some,** bes. Br. '**fla·vour·some** [-səm] → flavored.

**flaw¹** [flɔː] **I** s **1.** Fehler m: a) Mangel m, Makel m, b) econ. tech. fehlerhafte Stelle, De'fekt m (a. fig.), Fabrikati'onsfehler m. **2.** Sprung m, Riß m, Bruch m. **3.** Blase f, Wolke f (im Edelstein). **4.** jur. a) Formfehler m, b) Fehler m im Recht. **5.** fig.

schwacher Punkt, Mangel m. **II** v/t **6.** brüchig od. rissig machen, brechen. **7.** Fehler aufzeigen in (dat): **his argumentation could not be** ~**ed** in s-r Argumentation war kein Fehler zu finden. **8.** verunstalten, entstellen: **the scar** ~**ed her face. III** v/i **9.** brüchig od. rissig werden, brechen.

**flaw²** [flɔː] s Bö f, Windstoß m.

'**flaw·less** adj (adv ~**ly**) fehlerlos, -frei, makellos, tadellos, einwandfrei, (Edelstein) lupenrein. '**flaw·less·ness** s Fehler-, Makellosigkeit f.

**flax** [flæks] **I** s **1.** bot. Flachs m, Lein (-pflanze f) m. **2.** Flachs(faser f) m. **II** adj **3.** Flachs... ~ **brake,** ~ **break** s tech. Flachsbreche f. ~ **comb** s tech. Flachshechel f, -kamm m. ~ **cot·ton** s Flachs(baum)wolle f, Halbleinen n. ~ **dod·der** s bot. Flachsseide f.

**flax·en** ['flæksən] adj **1.** Flachs... **2.** flachsartig. **3.** flachsen, flachsfarben.

'~-**haired** adj flachs-, hellblond.

**flax|mill** s tech. Flachsspinne'rei f. '~-**seed** s bot. Flachs-, Leinsame(n) m. ~ **weed** s bot. Leinkraut n.

**flax·y** ['flæksɪ] → flaxen.

**flay** [fleɪ] v/t **1.** ein Tier abhäuten, hunt. abbalgen, e-m Bock etc die Decke abziehen: **to** ~ **s.o. alive** colloq. a) ,kein gutes Haar an j-m lassen', b) j-m ,gehörig' s-e Meinung sagen; **I'll** ~ **him alive!** colloq. der kriegt was von mir zu hören! **2.** etwas schälen. **3.** j-n auspeitschen. **4.** colloq. a) j-n ausplündern, -beuten, b) j-n ,ausnehmen', ,rupfen' (beim Spiel etc).

**flea** [fliː] s zo. Floh m: (**as**) **fit as a** ~ kerngesund; **to send s.o. away with a** ~ **in his ear** colloq. j-m ,heimleuchten'; **I'll put a** ~ **in his ear, if he comes again!** colloq. dem werd' ich was erzählen, wenn er noch einmal kommt! **II** v/t schmei. Flöhe suchen, entflohen. '~-**bag** s sl. **1.** a) ,Flohkiste' f (Bett), b) Schlafsack m. **2.** billiges, drekkiges Ho'tel. **3.** Schlampe f. '~-**bane** s bot. (ein) Flohkraut n. ~ **bee·tle** s zo. (ein) Erdfloh n. '~-**bite** s **1.** Flohbiß m **2.** fig. Kleinigkeit f, Baga'telle f. '~-₁**bitten** adj **1.** von Flöhen zerbissen. **2.** rötlich gesprenkelt (Pferd etc). ~ **cir·cus** s Flohzirkus m. ~ **col·lar** s Flohhalsband n. ~ **louse** s irr zo. (ein) Blattfloh m. ~ **mar·ket** s Flohmarkt m. '~-**pit** s Br. sl. billiges, dreckiges Kino od. The'ater.

**flèche** [fleɪʃ] s **1.** arch. Spitzturm m. **2.** Festungsbau: Fläche f, Pfeilschanze f.

**fleck** [flek] **I** s **1.** Fleck(en) m, Tupfen m: ~ **of colo(u)r** Farbtupfer m. **2.** a) (Haut-) Fleck m, b) Sommersprosse f. **3.** a) (Staub- etc)Teilchen n: ~ **of dust,** b) (Schmutz- etc)Spritzer m: ~ **of mud,** c) Flocke f: ~ **of snow. II** v/t **4.** → flecker. '**fleck·er** v/t sprenkeln, tüpfeln.

**flec·tion,** bes. Br. **flex·ion** ['flekʃn] **1.** Biegen n, Beugen n. **2.** Biegung f, Beugung f. **3.** Krümmung f. **4.** ling. Flexi'on f, Beugung f. '**flec·tion·al,** bes. Br. '**flex·ion·al** [-ʃənl] adj ling. Beugungs..., Flexions..., flek'tiert.

**fled** [fled] pret u. pp von flee.

**fledge** [fledʒ] v/t **1.** e-n Vogel bis zum Flüggewerden aufziehen. **2.** bes. e-n Pfeil befiedern, mit Federn versehen. **II** v/i **3.** Federn bekommen, flügge werden (Vogel). **fledged** adj flügge. '**fledg(e)ling** [-lɪŋ] s **1.** eben flügge gewordener Vogel. **2.** fig. Grünschnabel m, Anfänger m.

**flee** [fliː] pret u. pp **fled** [fled] **I** v/i **1.** die Flucht ergreifen, fliehen, flüchten (**before,** **from** vor dat; **from** von, aus; **to** zu, nach): **to** ~ **from justice** sich der Strafverfolgung entziehen. **2.** sich rasch verflüchtigen od. auflösen (Nebel etc).

3. eilen: **to ~ past** rasch vorbeiziehen (*Landschaft etc*). **4. ~ from** → **5. II** *v/t* **5.** meiden, aus dem Weg gehen (*dat*). **6.** a) fliehen aus: **to ~ the town,** b) fliehen vor (*dat*): **to ~ the enemy (danger,** *etc*).

**fleece** [fliːs] **I** *s* **1.** Vlies *n*, *bes.* Schaffell *n*: → **Golden Fleece. 2.** Schur *f*, geschorene Wolle: **~ wool** Schurwolle. **3.** dickes (Woll- *od.* Kunstfaser)Gewebe. **4.** (Haar)Pelz *m*. **5.** (Schnee-, Wolkenetc)Decke *f*: **~ of snow; cloud ~. 6.** *Am.* Rückenfleisch *n* e-s Büffels. **II** *v/t* **7.** *Schaf etc* scheren. **8.** *colloq.* ,ausnehmen', ,rupfen', ,schröpfen' (*of um*). **9.** bedecken, über'ziehen. **'fleec·y** *adj* **1.** wollig, weich. **2.** flockig: **~ clouds** Schäfchenwolken.

**fleet**[1] [fliːt] *s* **1.** *mar.* (*bes.* Kriegs)Flotte *f*: **~ admiral** *Am.* Großadmiral *m*; **F~ Air Arm** *Br. hist.* Marineluftwaffe *f*, Flottenfliegerverbände *pl*. **2.** *Gruppe von Fahrzeugen od. Flugzeugen*: **~ of cars** Wagenpark *m*; **~ policy** Kraftfahrzeugsammel-, Pauschalpolice *f*. **3.** *mar.* (Netz-)Fleet *n*.

**fleet**[2] [fliːt] **I** *adj* (*adv* **~ly**) **1.** schnell, flink, geschwind: **~ of foot** schnellfüßig. **2.** *poet.* flüchtig, vergänglich. **II** *v/i* **3.** eilen. **4.** *obs.* da'hineilen, schnell vergehen. **III** *v/t* **5.** *obs.* sich *die Zeit* vertreiben. **6.** *mar.* verschieben, Positi'on wechseln lassen.

**fleet**[3] [fliːt] *s Br. dial.* kleine Bucht.

**'fleet-foot, 'fleet-,foot·ed** *adj* schnellfüßig.

**'fleet·ing** *adj* (*adv* **~ly**) (schnell) da'hineilend, flüchtig, vergänglich: **~ time; ~ glimpse** flüchtiger (An)Blick *od.* Eindruck; **~ target** *mil.* Augenblicksziel *n*.

**'fleet·ness** *s* **1.** Schnelligkeit *f*: **~ of foot** Schnellfüßigkeit *f*. **2.** Flüchtigkeit *f*, Vergänglichkeit *f*.

**Fleet Street** *s* Fleet Street *f*: a) *das Londoner Presseviertel,* b) *fig.* die (Londoner) Presse.

**Flem·ing** ['flemɪŋ] *s* Flame *m*.

**Flem·ish** ['flemɪʃ] **I** *s* **1.** *ling.* Flämisch *n*, das Flämische. **2. the ~** *collect. pl* die Flamen *pl*. **II** *adj* **3.** flämisch.

**flench** [flentʃ] → **flense.**

**flense** [flens] *v/t* **1.** a) *e-n Wal* flensen, aufschneiden (u. *den* Speck abziehen), b) *den Walspeck* abziehen: **flensing deck** Flensdeck *n*. **2.** *e-n Seehund* abhäuten.

**flesh** [fleʃ] **I** *s* **1.** Fleisch *n*: **to lose ~** abmagern, abnehmen; **to put on ~** Fett ansetzen, zunehmen; **in ~** korpulent, dick; **there was a lot of ~ to be seen on the stage** auf der Bühne gab es viel Fleisch zu sehen; **to press (the) ~** *bes. Am. sl.* Hände schütteln; → **creep 3. 2.** *obs.* Fleisch *n* (*Nahrungsmittel, Ggs. Fisch*): **~ diet** Fleischkost *f*. **3.** Körper *m*, Leib *m*, Fleisch *n*: **my own ~ and blood** mein eigen Fleisch u. Blut; **more than ~ and blood can bear** einfach unerträglich; **in the ~** a) leibhaftig, höchstpersönlich, b) in natura, in Wirklichkeit; **to become one ~** 'ein Leib u. 'eine Seele werden. **4.** *obs. od. poet.* a) (sündiges) Fleisch, b) Fleischeslust *f*. **5.** Menschengeschlecht *n*, menschliche Na'tur: **after the ~** *Bibl.* nach dem Fleisch, nach Menschenart; **to go the way of all ~** den Weg allen Fleisches gehen. **II** *v/t* **7.** *e-e Waffe* ins Fleisch bohren. **8.** a) *hunt. e-n Jagdhund* Fleisch kosten lassen, b) *obs. od. poet.* j-n kampfgierig *od.* lüstern machen. **9.** *obs. od poet.* *j-s Verlangen* befriedigen. **10.** *Tierhaut* ausfleischen. **11.** *meist* **~ out** *e-m Roman etc* Sub'stanz verleihen, *e-e Rede etc* anreichern (**with** mit), *e-e Romanfigur etc* mit Leben er-

füllen. **III** *v/i* **12.** *meist* **~ out, ~ up** zunehmen, Fett ansetzen.

**flesh| col·o(u)r** *s* Fleischfarbe *f*. **'~-,col·o(u)red** *adj* fleischfarben. **'~-,eat·ing** *adj bot. zo.* fleischfressend.

**'flesh·er** *s* **1.** *Scot.* Fleischer *m*, Metzger *m*. **2.** Ausfleischmesser *n*.

**flesh| fly** *s zo.* Fleischfliege *f*. **'~-hook** *s* **1.** Fleischerhaken *m*, Hängestock *m*. **2.** Fleischgabel *f*. **~ hoop** *s* Spannreif *m* (*der Trommel*).

**flesh·i·ness** ['fleʃɪnɪs] *s* Fleischigkeit *f*. **'flesh·ings** [-ɪŋz] *s pl* fleischfarbene Strumpfhose, fleischfarbenes Tri'kot. **'flesh·li·ness** *s* Fleischlichkeit *f*, Sinnlichkeit *f*. **'flesh·ly** *adj* **1.** fleischlich: a) leiblich, b) sinnlich. **2.** irdisch, menschlich.

**'flesh|-meat** → **flesh 2. '~-pot** *s* **1.** Fleischtopf *m*: **to long for the ~s of Egypt** *fig.* sich nach den Fleischtöpfen Ägyptens zurücksehnen. **2.** *pl* luxuri'öses u. ausschweifendes Leben. **3.** Amü'sierbetrieb *m*. **~ side** *s* Fleisch-, Aasseite *f* (*vom Fell*). **~ tints** *s pl paint.* Fleischtöne *pl*. **~ wound** *s med.* Fleischwunde *f*. **'flesh·y** *adj* **1.** fleischig, korpu'lent, dick. **2.** fleischig (*a. Früchte etc*), fleischartig.

**fletch** [fletʃ] *v/t bes. e-n Pfeil* befiedern, mit Federn versehen.

**Fletch·er·ism** ['fletʃərɪzəm] *s* Fletschern *n* (*langsames u. gründliches Kauen, wodurch e-e bessere Ausnutzung der Nahrung erreicht werden soll*).

**fleur-de-lis** [,flɜːdə'liː; *Am.* ,flɜr-] *pl* **fleurs-de-'lis** [-'liːz] *s* **1.** *her.* Lilie *f*. **2.** *königliches Wappen Frankreichs.* **3.** *bot.* Schwertlilie *f*.

**fleu·rette** [flʊə'ret; flɜː'ret] *s* kleines 'Blumenorna,ment.

**fleu·ron** ['flʊərɒn; 'flɜː-; *Am.* 'flɜr,ɑn] *s* **1.** *arch. print.* Fleu'ron *m*, 'Blumenorna,ment *n*. **2.** *gastr.* Fleu'ron *m* (*zur Garnierung von Speisen verwendetes, ungesüßtes Blätterteigstückchen*).

**flew** [fluː] *pret von* **fly**[1].

**flews** [fluːz] *s pl zo.* Lefzen *pl*.

**flex**[1] [fleks] *bes. anat.* **I** *v/t* biegen, beugen: **to ~ one's knees;** → **one's muscles** a) die Muskeln anspannen, b) s-e Muskeln spielen lassen (*a. fig.*). **II** *v/i* sich biegen (lassen). **III** *s* Biegen *n*, Beugen *n*: **to give one's muscles a ~** die Muskeln anspannen.

**flex**[2] [fleks] *s electr. bes. Br.* (Anschluß-, Verlängerungs)Kabel *n*, (-)Schnur *f*.

**flex·i·bil·i·ty** [,fleksə'bɪlətɪ] *s* **1.** Flexibili'tät *f*: a) Biegsamkeit *f*, Elastizi'tät *f*, b) *fig.* Anpassungsfähigkeit *f*, Beweglichkeit *f*. **2.** *fig.* Lenkbar-, Folgsam-, Fügsamkeit *f*. **'flex·i·ble** *adj* (*adv* **flexibly**) **1.** fle'xibel: a) biegsam, e'lastisch, b) *fig.* anpassungsfähig, beweglich: **~ cable** *mot.* biegsame Welle, *electr.* biegsames Kabel; **~ coupling** *tech.* Gelenkkupplung *f*; **~ drive shaft** *tech.* Kardan(gelenk)welle *f*; **~ gun** *mil.* schwenkbare Kanone; **~ metal tube** Metallschlauch *m*; **~ policy** flexible Politik; **~ response** *mil.* abgestufte Verteidigung; **~ shaft** *tech.* Gelenkwelle *f*, biegsame Welle; **~ working hours** gleitende Arbeitszeit. **2.** *fig.* lenkbar, folgsam, fügsam. **'flex·i·ble·ness** → **flexibility. 'flex·ile** [-aɪl; *Am. a.* -əl] → **flexible. flex·ion, flex·ion·al** *bes. Br. für* **flection, flectional. 'flex·or** [-sə(r)] *s anat.* Beugemuskel *m*, Beuger *m*: **~ tendon** Beugesehne *f*.

**flex·u·ose** ['fleksjʊəʊs; *Am.* -ʃə,wəʊs], **'flex·u·ous** *adj* **1.** a) kurvenreich, b) sich schlängelnd, sich windend. **2.** *bot. zo.* wechselbiegig.

**flex·ur·al** ['flekʃərəl] *adj tech.* Biege...: **~ stress** Biegespannung *f*. **'flex·ure**

[-ʃə(r)] *s* **1.** Biegen *n*, Beugen *n*. **2.** Biegung *f*, Beugung *f*, Krümmung *f*.

**flib·ber·ti·gib·bet** [,flɪbə(r)tɪ'dʒɪbɪt] *s* dumme, geschwätzige Frau.

**flick**[1] [flɪk] **I** *s* **1.** leichter Schlag, Klaps *m*. **2.** Knall *m*, Schnalzer *m*. **3.** schnellende Bewegung, Ruck *m*. **4.** Schnipser *m*. **II** *v/t* **5.** leicht schlagen, e-n Klaps geben (*dat*). **6.** schnalzen mit (*Fingern*), (*mit Peitsche a.*) knallen mit. **7.** ruckartig bewegen, *e-n Schalter* an- *od.* ausknipsen: **to ~ a knife open** ein Messer aufschnappen lassen. **8.** schnippen, schnipsen: **he ~ed the ashes from his cigar; to ~ away** (*od.* **off**) wegschnippen. **III** *v/i* **9.** schnellen. **10. ~ through** *ein Buch etc* 'durchblättern, über'fliegen.

**flick**[2] [flɪk] *s colloq.* a) Film *m*, b) *pl* ,Kintopp' *m*, *a. n* (*Kino*): **at the ~s** im Kintopp.

**flick·er**[1] ['flɪkə(r)] **I** *s* **1.** flackerndes Licht. **2.** Flackern *n*: **the final ~ of a dying fire** das letzte Aufflackern e-s erlöschenden Feuers; **a ~ of hope** ein Hoffnungsfunke. **3.** Zucken *n*. **4.** *TV* Flimmern *n*. **5.** Flattern *n*. **6.** *bes. Am.* → **flick**[2]. **II** *v/i* **7.** flackern (*Kerze, Augen etc*): **the candle ~ed out** die Kerze flackerte noch einmal auf u. erlosch; **the hope ~ed within her** *that her husband was still alive* in ihr flackerte immer wieder die Hoffnung auf. **8.** zucken (*Schatten, Augenlider etc*): **shadows ~ed on the wall. 9.** flimmern (*Fernsehbild*). **10.** flattern (*Vogel*). **11.** huschen (**over** über *acc*) (*Augen*). **III** *v/t* **12.** flackern lassen: **the wind ~ed the candle. 13.** andeuten, signali'sieren: **he ~ed a warning with a lifted brow.**

**flick·er**[2] ['flɪkə(r)] *s orn.* (*ein*) nordamer. Goldspecht *m*.

**flick knife** *s irr Br.* Schnappmesser *n*.

**fli·er** ['flaɪə(r)] *s* **1.** etwas, was fliegt, *z. B.* Vogel, Insekt etc. **2.** *aer.* Flieger *m*: a) Pi'lot *m*, b) *colloq.* ,Vogel' *m* (*Flugzeug*). **3.** Flieger *m* (*Trapezkünstler*). **4.** etwas sehr Schnelles, *bes.* a) *Am.* Ex'preß(zug) *m*, b) *Am.* Schnell(auto)bus *m*. **5.** *tech.* Schwungrad *n*, Flügel *m*. **6.** *arch.* → **flight**[1] 9 a, b. **7.** Flüchtige(r *m*) *f*. **8.** *colloq.* a) Riesensatz *m*: **to take a ~** e-n Riesensatz machen, b) *Am.* ris'kantes Unter'fangen, *bes. econ.* gewagte Spekulati'on: **to take a ~** gewagt spekulieren; **to take a ~ in politics** sich kopfüber in die Politik stürzen. **9.** *Am.* a) Flugblatt *n*, Re'klamezettel *m*, b) 'Nachtragskatalog *m*. **10.** *colloq. für* **flying start 2**.

**flight**[1] [flaɪt] **I** *s* **1.** Flug *m*, Fliegen *n*: **in ~** im Flug. **2.** *aer.* Flug *m*, Luftreise *f*. **3.** Flug(strecke *f*) *m*. **4.** Schwarm *m* (*Vögel od. Insekten*), Flug *m*, Schar *f* (*Vögel*): **in the first ~** *fig.* in vorderster Front. **5.** *aer. mil.* a) Schwarm *m* (*4 Flugzeuge*), b) Kette *f* (*3 Flugzeuge*). **6.** Flug *m*, Da'hinsausen *n* (*e-s Geschosses etc*). **7.** (Geschoß-, Pfeil- *etc*)Hagel *m*: **a ~ of arrows. 8.** (Gedanken- *etc*)Flug *m*, Schwung *m*: **soaring ~s of intellect** geistige Höhenflüge. **9.** *arch.* a) Treppenlauf *m*, b) geradläufige Treppenflucht, c) Treppe *f*: **she lives two ~s up** sie wohnt zwei Treppen hoch. **10.** (Zimmer)Flucht *f*. **11.** *fig.* Flug *m*, Verfliegen *n*: **the ~ of time. 12.** → **flight feather. 13.** Steuerfeder *f* (*e-s* [*Wurf*]*Pfeils*). **14.** → **flight arrow.**

**flight**[2] [flaɪt] *s* Flucht *f*: **in his ~** auf s-r Flucht; **to put to ~** in die Flucht schlagen; **to take (to) ~** die Flucht ergreifen; **~ of capital** *econ.* Kapitalflucht.

**flight| ar·row** *s* Langbogenpfeil *m*. **~ at·tend·ant** *s* Flugbegleiter(in). **~ bag** *s* **1.** *aer.* Reisetasche *f* (*bes. e-e, die unter e-n Flugzeugsitz paßt*). **2.** (*Reise- etc*)

*Tasche, auf der der Name e-r Fluggesellschaft aufgedruckt ist.* **~cap·i·tal** *s econ.* 'Fluchtgeld *n*, -kapi,tal *n.* **~ deck** *s* **1.** *mar.* Flugdeck *n* (*e-s Flugzeugträgers*). **2.** a) *aer.* Cockpit *n*, b) *Raumfahrt:* Besatzungsraum *m.* **~ desk** *s* Flugschalter *m.* **~ en·gi·neer** *s* 'Bordingeni,eur *m.* **~ feath·er** *s zo.* Schwung-, Flugfeder *f.* **~ for·ma·tion** *s aer.* 'Flugformati,on *f*, fliegender Verband.

**flight·i·ness** ['flaItInIs] *s* **1.** Unbeständigkeit *f*, Flatterhaftigkeit *f.* **2.** Kokette'rie *f.*

**flight| in·struc·tor** *s* Fluglehrer *m.* **~ in·stru·ment** *s* 'Bord-, 'Fluginstru,ment *n.* **~ lane** *s* Flugschneise *f.*

'**flight·less** *adj orn.* flugunfähig.

**flight| lieu·ten·ant** *s aer. mil. Br.* (Flieger)Hauptmann *m.* **~ me·chan·ic** *s* 'Bordme,chaniker *m.* **~ path** *s* **1.** *aer.* Flugroute *f.* **2.** *Ballistik:* Flugbahn *f.* **~ pay** *s aer. mil. Am.* Fliegerzulage *f.* **~ per·son·nel** *s aer.* fliegendes Perso'nal. **~ re·cord·er** *s* Flug(daten)schreiber *m.* **~ ser·geant** *s aer. mil. Br.* Oberfeldwebel *m* (*der Luftwaffe*). **~ sim·u·la·tor** *s* 'Flugsimu,lator *m.* **~ strip** *s* behelfsmäßige Start- u. Landebahn, Start- u. Landestreifen *m.* '**~test** *v/t* im Flug erproben: **~ed** flugerprobt. **~ tick·et** *s* Flugticket *n*, -schein *m.* '**~,worth·y** *adj* **1.** flugtauglich (*Person*). **2.** fluggeeignet (*Gerät*).

'**flight·y** *adj* (*adv* flightily) **1.** unbeständig, launisch, flatterhaft. **2.** ko'kett.

**flim-flam** ['flImflæm] *colloq.* **I** *s* **1.** Unsinn *m*, ,Mumpitz' *m.* **2.** Trick *m*, ,fauler Zauber'. **II** *v/t* **3.** *j-n* ,reinlegen'.

**flim·si·ness** ['flImzInIs] *s* **1.** Dünnheit *f.* **2.** *fig.* Fadenscheinigkeit *f.* **3.** Oberflächlichkeit *f.* '**flim·sy I** *adj* (*adv* flimsily) **1.** dünn: a) zart, leicht: **~ dress** *contp.* ,Fähnchen' *n*, b) leichtzerbrechlich, -gebaut: **~ house** ,windiges' Haus. **2.** *fig.* schwach, dürftig, fadenscheinig: **a ~ excuse.** **3.** oberflächlich: **~ security.** **II** *s* **4.** *pl colloq.* ,Reizwäsche' *f*, zarte 'Damen,unterwäsche. **5.** a) 'Durchschlagpa'pier *n*, b) 'Durchschlag *m*, Ko'pie *f.*

**flinch¹** [flIntʃ] *v/i* **1.** zu'rückschrecken (**from**, **at** vor *dat*). **2.** (zu'rück)zucken, zs.-fahren (*vor Schmerz etc*): **without ~ing** ohne mit der Wimper zu zucken.

**flinch²** [flIntʃ] → flense.

**flin·ders** ['flIndə(r)z] *s pl* Splitter *pl*: **to fly into ~** zersplittern.

**fling** [flIŋ] **I** *s* **1.** Wurf *m*: **to give s.th. a ~** etwas wegwerfen; (**at**) **full ~** mit voller Wucht. **2.** Ausschlagen *n* (*des Pferdes*). **3. to have one's** (*od.* **a ~**) sich austoben: a) (*einmalig*) ,auf den Putz hauen', über die Stränge schlagen, b) (*über e-n längeren Zeitraum*) ,sich die Hörner abstoßen'. **4.** *colloq.* Versuch *m*: **to have** (*od.* **take**) **a ~ at s.th.** es mit etwas versuchen *od.* probieren. **5.** *fig.* Hieb *m*, Stiche'lei *f*: **to have** (*od.* **take**) **a ~ at s.o.** gegen j-n sticheln. **6.** *ein lebhafter schottischer Tanz.* **II** *v/t pret u. pp* **flung** [flʌŋ] **7.** *etwas wegwerfen*, schleudern (**at** nach): **to ~ open** (**to**) *e-e Tür etc* aufreißen (zuschlagen); **she flung him an angry look** sie warf ihm e-n wütenden Blick zu; **to ~ one's arms (a)round s.o.'s neck** j-m die Arme um den Hals werfen; **to ~ o.s. at s.o.** a) sich auf j-n werfen *od.* stürzen, b) *fig.* sich j-m an den Hals werfen; **to ~ o.s. into s.o.'s arms** sich j-m in die Arme werfen (*a. fig.*); **to ~ o.s. into a chair** sich in e-n Sessel werfen; **to ~ o.s. into s.th.** *fig.* sich in *od.* auf e-e Sache stürzen; **to ~ s.o. into prison** j-n ins Gefängnis werfen; → **tooth 1, wind¹ 1.** **8.** *poet.* aussenden, -strahlen, -strömen. **9.** a) *e-e Bemerkung etc* her'aus-, her'vor-

stoßen, b) → **fling off 5.** **III** *v/i* **10.** eilen, stürzen (**out of the room** aus dem Zimmer). **11.** *oft* **~ out** ausschlagen (**at** nach) (*Pferd*).

*Verbindungen mit Adverbien:*

**fling| a·way** *v/t* **1.** fort-, wegwerfen. **2.** *Zeit, Geld* verschwenden, vergeuden ([*up*]*on* an *j-n*, für *etwas*). **3.** *Skrupel etc* über Bord werfen. **~ back** *v/t* zu'rückwerfen: **she flung back her head proudly.** **~ down** *v/t* auf den *od.* zu Boden werfen: **to ~ a challenge** to s.o. (**to do s.th.**) j-m den Fehdehandschuh hinwerfen (u. ihn auffordern, etwas zu tun); → **gauntlet¹ 2.** **~ off** **I** *v/t* **1.** *ein Kleidungsstück* abwerfen. **2.** a) *ein Joch etc* abwerfen, abschütteln: **to ~ a yoke**; **to ~ the chains of marriage** sich aus den Fesseln der Ehe befreien, b) *Skrupel etc* über Bord werfen. **3.** *e-n Verfolger* abschütteln, *e-n Jagdhund* von der Fährte abbringen. **4.** *ein Gedicht etc* schnell ,hinwerfen', ,aus dem Ärmel schütteln'. **5.** *e-e Bemerkung* 'hinwerfen, fallenlassen. **II** *v/i* **6.** da'vonstürzen. **~ on** *v/t* (sich) *ein Kleidungsstück* 'überwerfen. **~ out I** *v/t* **1.** a. *j-n*, *e-n Beamten etc* hin'auswerfen. **2.** *Abfall etc* wegwerfen. **3.** → **fling 9 a.** **II** *v/i* **4.** → **fling 11.** **~ up** *v/t* hochwerfen: **to ~ one's arms** (*od.* **hands**) **in horror** entsetzt die Hände über dem Kopf zs.-schlagen.

**flint** [flInt] *s* **1.** *min.* Flint *m*, Feuerstein *m*. **2.** Feuer-, Zündstein *m* (*e-s Feuerzeugs*). **3.** → **flint glass.** **~ glass** *s tech.* Flintglas *n*.

**flint·i·ness** ['flIntInIs] *s* Härte *f*, Hartherzigkeit *f*.

'**flint·lock** *s mil. hist.* Steinschloß(gewehr) *n*. **~ mill** *s* Flintmühle *f*. **~ pa·per** *s tech.* 'Flintpa,pier *n*.

'**flint·y** *adj* **1.** aus Feuerstein, Feuerstein... **2.** feuersteinhaltig. **3.** kieselhart. **4.** hart(herzig).

**flip¹** [flIp] **I** *v/t* **1.** schnippen, schnipsen. **2.** schnellen, mit *e-m* Ruck bewegen: **to ~ (over)** *Pfannkuchen, Schallplatte etc* wenden, *a. Spion* ,umdrehen'; **to ~ a coin** → **5. 3. to ~ one's lid** (*od.* **top**) *bes. Am. sl.* ,ausflippen', ,durchdrehen'. **II** *v/i* **4.** schnippen, schnipsen. **5.** *e-e Münze* hochwerfen (*zum Losen*). **6.** **~ through** *ein Buch etc* 'durchblättern. **7.** a. **~ out** *bes. Am. sl.* ,ausflippen', ,durchdrehen' (**for**, **over** bei). **III** *s* **8.** Schnipser *m*: **to give s.th. a ~** etwas schnippen *od.* schnipsen. **9.** Ruck *m.* **10.** *sport* Salto *m.* **11.** *Br. colloq.* kurzer Rundflug. **IV** *adj* **12.** *colloq. für* flippant.

**flip²** [flIp] *s* Flip *m* (*alkoholisches Mischgetränk mit Ei*).

**flip-flap** ['flIpflæp] → flip-flop.

**flip-flop** ['flIpflɒp; *Am.* -,flɑp] **I** *s* **1.** Klappern *n* (*von Fensterläden etc*). **2.** *Turnen:* Flic(k)flac(k) *m*, Handstand'überschlag *m*: **to do a ~** → **7. 3.** *a.* **~ circuit** *electr.* Flipflopschaltung *f.* **4.** 'Zehensan,dale *f* (*aus Gummi od. Plastik*). **5.** *fig.* Drehung *f* um hundert'achtzig Grad: **to do a ~** → **8.** **II** *v/i* **6.** klappern, schlagen: **the shutters ~ped in the wind. 7.** *Turnen:* e-n Flic(k)flac(k) machen. **8.** *fig.* sich um hundert'achtzig Grad drehen.

**flip·pan·cy** ['flIpənsI] *s* Re'spektlosigkeit *f*, ,Schnodd(e)rigkeit' *f.* '**flip·pant** *adj* (*adv* **~ly**) respektlos, ,schnodd(e)rig'.

**flip·per** ['flIpə(r)] *s* **1.** *zo.* a) (Schwimm-) Flosse *f*, b) Paddel *n* (*von Seeschildkröten*). **2.** *sport* Schwimmflosse *f.* **3.** *sl.* ,Flosse' *f* (*Hand*).

**flip·ping** ['flIpIŋ] *adj u. adv Br. sl.* verdammt, verflucht: **~ idiot** ,Vollidiot' *m*; **~ cold** ,saukalt'.

**flip side** *s* B-Seite *f* (*e-r Single*).

**flip switch** *s electr.* Kippschalter *m*.

**flirt** [flɜːt; *Am.* flɜrt] **I** *v/t* **1.** schnippen, schnipsen. **2.** schnell (hin u. her) bewegen, wedeln mit: **to ~ a fan.** **II** *v/i* **3.** her'umsausen, (*Vögel etc*) her'umflattern. **4.** flirten (**with** mit) (*a. fig.*): **he was ~ing with left-wing groups**; **to ~ with death** mit s-m Leben spielen. **5.** *fig.* spielen, liebäugeln (**with** mit): **to ~ with the idea of leaving. III** *s* **6.** Schnipser *m.* **7.** a) ko'kette Frau, b) Schäker *m*: **to be a ~** gern flirten. **flir'ta·tion** *s* **1.** Flirten *n.* **2.** Flirt *m.* **3.** *fig.* Spielen *n*, Liebäugeln *n.* **flir'ta·tious** *adj* (*adv* **~ly**) flirtend, ko'kett. **flir'ta·tious·ness** *s* ko'kettes Wesen. '**flirt·y** → flirtatious.

**flit** [flIt] **I** *v/i* **1.** flitzen, huschen: **an idea ~ted through his mind** ein Gedanke schoß ihm durch den Kopf. **2.** flattern. **3.** verfliegen (*Zeit*). **4.** *Scot. u. Br. dial.* 'um-, wegziehen. **5.** *Br. colloq.* bei Nacht u. Nebel (*unter Hinterlassung von Mietschulden*) ausziehen. **II** *s* **6.** Flitzen *n*, Huschen *n.* **7.** Flattern *n.* **8.** *Scot. u. Br. dial.* 'Umzug *m.* **9.** *a.* **moonlight ~** *Br. colloq.* Auszug *m* bei Nacht u. Nebel: **to do a ~** → **5. 10.** *bes. Am. sl.* ,Strichjunge' *m*, ,Stricher' *m.*

**flitch** [flItʃ] **I** *s* **1.** gesalzene *od.* geräucherte Speckseite: **the ~ of Dunmow** *Speckseite, die jedes Jahr in Dunmow, Essex, an Ehepaare verteilt wird, die ein Jahr lang nicht gestritten haben.* **2.** Heilbuttschnitte *f.* **3.** Walspeckstück *n.* **4.** *Zimmerei:* a) Beischale *f*, b) Schwarte *f*, c) Trumm *n*, d) Planke *f.* **II** *v/t* **5.** in Stücke schneiden.

**flite** [flaIt] *Scot. u. Br. dial.* **I** *v/t* j-n ausschimpfen (**for** wegen). **II** *s* Zank *m.*

**flit·ter·mouse** ['flItə(r)maʊs] *s irr zo. dial.* Fledermaus *f.*

**fliv·ver** ['flIvə(r)] *Am. sl.* **I** *s* **1.** kleines, billiges Auto. **2.** kleines Pri'vatflugzeug. **3.** *mar.* kleiner Zerstörer. **4.** ,Pleite' *f* (*Mißerfolg*). **II** *v/i* **5.** ,da'nebengehen'.

**float** [fləʊt] **I** *v/i* **1.** (auf dem Wasser) schwimmen, (im Wasser) treiben. **2.** *mar.* flott sein *od.* werden. **3.** schweben, ziehen: **fog ~ed across the road** Nebelschwaden zogen über die Straße; **various thoughts ~ed before his mind** *fig.* ihm gingen verschiedene Gedanken durch den Kopf. **4.** 'umgehen, in 'Umlauf sein (*Gerücht etc*). **5.** *econ.* 'umlaufen, in 'Umlauf sein. **6.** *econ.* gegründet werden (*Gesellschaft*). **7.** in Gang gebracht *od.* gesetzt werden (*Verhandlungen etc*). **8.** *bes. pol.* nicht festgelegt sein. **9.** *Am. colloq.* häufig den Wohnsitz *od.* den Arbeitsplatz wechseln. **10.** (des ziellos) (her'um)wandern. **11.** *Weberei:* flotten. **12.** *Leichtathletik: Am.* verhalten laufen.

**II** *v/t* **13.** a) schwimmen *od.* treiben lassen, b) *Baumstämme* flößen. **14.** a) *mar.* flottmachen, b) *Boot* zu Wasser bringen. **15.** schwemmen, tragen (*Wasser*) (*a. fig.*): **to ~ s.o. into power** j-n an die Macht bringen. **16.** unter Wasser setzen, über'fluten, -'schwemmen (*a. fig.*). **17.** bewässern. **18.** *econ.* a) *Wertpapiere etc* in 'Umlauf bringen, b) *e-e Anleihe* auflegen, ausgeben, c) *e-e Gesellschaft* gründen. **19.** *econ. e-e Währung* floaten, den Wechselkurs (*gen*) freigeben. **20.** *Verhandlungen etc* in Gang bringen *od.* setzen. **21.** *ein Gerücht etc* in 'Umlauf setzen.

**III** *s* **22.** *mar.* a) Floß *n*, b) Prahm *m*, c) schwimmende Landebrücke. **23.** Angel-, Netzkork *m*, Korkschwimmer *m.* **24.** *Am.* Schwimm-, Rettungsgürtel *m.* **25.** *tech.* Schwimmer *m.* **26.** *aer.* Schwimmer *m.* **27.** *ichth.* Schwimmblase *f.* **28.** a) *bes. Br.* niedriger Trans'portwagen (*für schwere Güter*), b) flacher Plattformwa-

gen, *bes.* Festwagen *m* (*bei Umzügen etc*). **29.** → floatboard. **30.** *meist pl thea.* Rampenlicht *n.* **31.** *tech.* a) einhiebige Feile, b) Reibebrett *n.* **32.** *Br.* Wechselgeld *n* (*bei Geschäftsbeginn*). **33.** *Br.* Schwimm-, Gleitbrett *n.*
'**float·a·ble** *adj* **1.** schwimmfähig. **2.** flößbar (*Fluß etc*).
**float·age, float·a·tion** *bes. Br. für* flotage, flotation.
'**float**|**·board** *s tech.* (Rad)Schaufel *f.* ~ **bridge** *s* Floßbrücke *f.* ~ **cham·ber** *s tech.* **1.** Schwimmergehäuse *n.* **2.** Flutkammer *f.*
'**float·er** *s* **1.** j-d, der *od.* etwas, was auf dem Wasser schwimmt *od.* im Wasser treibt. **2.** *Am. colloq.* Wasserleiche *f.* **3.** *Am. colloq.* 'Zugvogel' *m* (*j-d, der häufig den Wohnsitz od. den Arbeitsplatz wechselt*). **4.** Springer *m* (*in e-m Betrieb*). **5.** *pol.* a) Wechselwähler *m,* b) *Am.* Wähler, der s-e Stimme illegal in mehreren Wahlbezirken abgibt. **6.** *econ.* Gründer *m* (*e-r Gesellschaft*). **7.** *econ. Br.* erstklassiges 'Wertpa,pier *n.* **8.** *econ. Am.* Pau'schalpo,lice *f.* **9.** *tech.* Schwimmer *m.* **10.** *Br. sl.* 'Schnitzer' *m* (*Fehler*).
'**float**|**·feed** *adj tech.* mit e-r 'schwimmerregu,lierten Zuleitung. ~ **glass** *s tech.* Floatglas *n.*
'**float·ing I** *adj* (*adv* **·ly**) **1.** schwimmend, treibend, Schwimm..., Treib...: ~ **hotel** schwimmendes Hotel. **2.** lose, beweglich. **3.** *econ.* a) 'umlaufend (*Geld etc*), b) schwebend (*Schuld*), c) flüssig (*Kapital*), d) fle'xibel (*Wechselkurs*), e) frei konver'tierbar (*Währung*). **II** *s* **4.** *econ.* Floating *n.* ~ **an·chor** *s mar.* Treibanker *m.* ~ **as·sets** *s pl econ.* flüssige Anlagen *pl od.* Ak'tiva *pl.* ~ **ax·le** *s tech.* Schwingachse *f.* ~ **bat·ter·y** *s electr.* 'Pufferbat-te,rie *f,* 'Notstrombatte,rie *f.* ~ **bridge** *s* **1.** Schiffs-, Floß-, Tonnenbrücke *f.* **2.** Kettenfähre *f.* ~ **cap·i·tal** *s econ.* 'Umlaufvermögen *n.* ~ **car·go** *s econ.* schwimmende Fracht. ~ **charge** *s econ. Br.* schwebende *od.* fließende Belastung am Ge'samtunter,nehmen. ~ **crane** *s tech.* Schwimmkran *m.* ~ **dec·i·mal point** → floating point. ~ **dock** *s mar.* Schwimmdock *n.* ~ **dredg·er** *s tech.* Schwimmbagger *m.* ~ **dry dock** → floating dock. ~ **ice** *s* Treibeis *n.* ~ **is·land** *s* **1.** schwimmende Insel. **2.** *Am.* e-e Süßspeise aus Eiercreme u. Schlagsahne. ~ **kid·ney** *s med.* Wandermiere *f.* ~ **light** *s mar.* **1.** Leuchtboje *f.* **2.** Leuchtschiff *n.* **3.** Warnungslicht *n.* ~ **mine** *s mar. mil.* Treibmine *f.* ~ **point** *s* Fließkomma *n* (*e-s Taschenrechners etc*). ~ **pol·i·cy** *s econ. mar.* Pau'schalpo,lice *f.* ~ **rib** *s anat.* falsche *od.* kurze Rippe. ~ **trade** *s* Seefrachthandel *m.* ~ **vote** *s collect. pol.* Wechselwähler *pl.* ~ **vot·er** *s pol.* Wechselwähler *m.*
'**float**|**·plane** *s aer.* Schwimmerflugzeug *n.* '~**·stone** *s* **1.** *min.* Schwimmstein *m.* **2.** *tech.* Reibestein *m.* ~ **switch** *s electr.* Schwimmerschalter *m.* ~ **valve** *s tech.* 'Schwimmerven,til *n.*
**floc** [flɒk; *Am.* flɑk] *s chem.* Flöckchen *n.*
**floc·ci** ['flɒksaɪ; *Am.* 'flɑk-] *pl von* floccus. '**floc·cose** [-kəʊs] *adj bot. zo.* flockig.
**floc·cu·lar** ['flɒkjʊlə; *Am.* 'flɑkjələr] *adj* flockig. '**floc·cu·late** [-leɪt] *v/t u. v/i bes. chem.* ausflocken. '**floc·cule** [-juːl] *s* Flöckchen *n.*
**floc·cu·lence** ['flɒkjʊləns; *Am.* 'flɑk-] *s* flockige *od.* wollige Beschaffenheit. '**floc·cu·lent** *adj* **1.** flockig. **2.** wollig. '**floc·cu·lus** [-ləs] *pl* **-li** [-laɪ] *s* **1.** Flöckchen *n.* **2.** Büschel *n.* **3.** *astr.* (Sonnen)Flocke *f.* **4.** *anat.* Flocculus *m* (*kleiner Lappen des Kleinhirns*).

**floc·cus** ['flɒkəs; *Am.* 'flɑ-] *pl* **floc·ci** ['flɒksaɪ; *Am.* 'flɑk-] *s* **1.** Flocke *f.* **2.** *zo.* a) Haarbüschel *n,* b) *orn.* Flaum *m.*
**flock¹** [flɒk; *Am.* flɑk] *s* **1.** Herde *f* (*bes. Schafe od. Ziegen*). **2.** Schwarm *m, hunt.* Flug *m* (*Vögel*). **3.** Menge *f,* Schar *f,* Haufen *m:* **to come in** ~**s** in (hellen) Scharen herbeiströmen. **4.** Menge *f* (*Bücher etc*). **5.** *relig.* Herde *f,* Gemeinde *f.* **II** *v/i* **6.** *fig.* strömen: **to** ~ **to a place** zu e-m Ort (hin)strömen; **to** ~ **to s.o.** j-m zuströmen, in Scharen zu j-m kommen; **to** ~ **together** zs.-strömen, sich versammeln.
**flock²** [flɒk; *Am.* flɑk] *s* **1.** (Woll)Flocke *f.* **2.** (Haar)Büschel *n.* **3.** *a. pl* a) Wollabfall *m,* (zerkleinerte) Stoffreste *pl* (*als Polstermaterial*), b) Wollpulver *n* (*für Tapeten etc*). **4.** *a. pl chem.* flockiger Niederschlag.
**flock print·ing** *s Textilwesen:* Flockdruck *m,* -print *m.*
**floe** [fləʊ] *s* **1.** Treibeis *n.* **2.** Eisscholle *f.*
**flog** [flɒg; *Am.* flɑg] **I** *v/t* **1.** prügeln, schlagen: **to** ~ **a dead horse** *fig.* a) offene Türen einrennen, b) s-e Zeit verschwenden; **to** ~ **s.th. to death** *fig.* etwas zu Tode reiten. **2.** auspeitschen. **3.** antreiben: **to** ~ **along** vorwärtstreiben. **4.** *bes. Br.* **to** ~ **s.th. into s.o.** j-m etwas einbleuen; **to** ~ **s.th. out of s.o.** j-m etwas austreiben. **5.** *Br. colloq. bes.* etwas Gebrauchtes, Diebesbeute 'verkloppen', 'verscheuern'. **II** *v/i* **6.** (hin u. her) schlagen: **the awnings were** ~**ging in the wind.** '**flog·ging** *s* **1.** Tracht *f* Prügel. **2.** Auspeitschen *n.* **3.** *jur.* Prügelstrafe *f.*
**flong** [flɒŋ; *Am.* flɑŋ] *s* **1.** *print.* Ma'trizenpa,pier *n.* **2.** *Journalismus: sl.* weniger wichtiges Materi'al.
**flood** [flʌd] **I** *s* **1.** Flut *f,* strömende Wassermasse. **2.** Über'schwemmung *f* (*a. fig.*), Hochwasser *n:* **the F**~ *Bibl.* die Sintflut. **3.** Flut *f* (*Ggs. Ebbe*): **on the** ~ mit der Flut, bei Flut. **4.** *poet.* Flut *f,* Fluten *pl* (*See, Strom etc*). **5.** *fig.* Flut *f,* Strom *m,* Schwall *m:* ~**s of ink** Tintenströme; **a** ~ **of letters** e-e Flut von Briefen; **a** ~ **of tears** ein Tränenstrom; **a** ~ **of words** ein Wortschwall. **II** *v/t* **6.** über'schwemmen, -'fluten (*beide a. fig.*): **to be** ~**ed under** unter Wasser stehen; **to** ~ **the market** *econ.* den Markt überschwemmen; **to be** ~**ed out with letters** mit Briefen überschwemmt werden. **7.** unter Wasser setzen. **8. to be** ~**ed out** durch e-e Überschwemmung obdachlos werden. **9.** *mar.* fluten. **10. to** ~ **the carburet(t)or** (*od.* **engine**) *mot.* den Motor 'absaufen' lassen. **11.** *e-n Fluß etc* anschwellen *od.* über die Ufer treten lassen (*Regen etc*). **12.** mit Licht über-'fluten. **13.** *fig.* strömen in (*acc*), sich ergießen über (*acc*). **III** *v/i* **14.** *a. fig.* fluten, strömen, sich ergießen: **to** ~ **in** hereinströmen. **15.** (*Fluß etc*) a) anschwellen, b) über die Ufer treten. **16.** 'überfließen, -laufen (*Bad etc*). **17.** über-'schwemmt werden. **18.** *med.* an Gebärmutterblutung(en) *od.* 'übermäßiger Monatsblutung leiden.
'**flood**|**·cock** *s mar.* 'Flutenven,til *n.* ~ **con·trol** *s* Hochwasserschutz *m.* ~ **dis·as·ter** *s* 'Hochwasser-, 'Flutkata,strophe *f.* '~**·gate** *s tech.* Schleusentor *n:* **to open the** ~**s to** (*od.* **for**) *fig.* Tür u. Tor öffnen (*dat*).
'**flood·ing** *s* **1.** 'Überfließen *n,* -laufen *n.* **2.** Über'schwemmung *f,* -'flutung *f.* **3.** *med.* a) Gebärmutterblutung(en *pl*) *f,* b) 'übermäßige Monatsblutung.
'**flood**|**·light I** *s* **1.** Scheinwerfer-, Flutlicht *n:* **by** ~ unter Flutlicht. **2.** *a.* ~ **projector** Scheinwerfer *m:* **under** ~**s** bei Flutlicht. **II** *v/t irr* **3.** (mit Scheinwerfern) beleuchten *od.* anstrahlen: **floodlit**

in Flutlicht getaucht; **floodlit match** *sport* Flutlichtspiel *n.* '~**·mark** *s* Hochwasserstandszeichen *n.* ~ **tide** *s* Flut (-zeit) *f.*
**floo·ey** ['fluːɪ] *adj:* **to go** ~ *Am. sl.* 'schief, danebengehen'.
**floor** [flɔː(r); *Am. a.* 'fləʊər] **I** *s* **1.** (Fuß-) Boden *m:* → mop¹ **6,** wipe **6.** **2.** Tanzfläche *f:* **to take the** ~ auf die Tanzfläche gehen (→ 9 b). **3.** Grund *m,* (*Meeresetc*)Boden *m,* (*Graben-, Fluß-, Tal- etc*) Sohle *f:* ~ **of a valley;** ~ **of the pelvis** *anat.* Beckenboden. **4.** *Bergbau:* (Strecken)Sohle *f.* **5.** *tech.* Plattform *f:* ~ **of a bridge** Fahrbahn *f,* Brückenbelag *m.* **6.** *sport Am.* Spielfläche *f,* -feld *n* (*in der Halle*). **7.** (Scheunen-, Dresch)Tenne *f.* **8.** Stock(werk *n*) *m,* Geschoß *n:* → **first** (*etc*) floor. **9.** *parl.* a) *Br. a.* ~ **of the House** Sitzungs-, Ple'narsaal *m:* **to cross the** ~ zur Gegenpartei übergehen, b) (das) Wort (das Recht zu sprechen): **to admit s.o. to the** ~ j-m das Wort erteilen; **to claim the** ~ sich zu Wort melden; **to get** (**have, hold** *od.* **occupy**) **the** ~ das Wort erhalten (haben); **to order s.o. to relinquish the** ~ j-m das Wort entziehen; **to take the** ~ das Wort ergreifen (→ 1). **10.** *econ.* Börsensaal *m:* → **floor broker** (**trader**). **11.** *econ.* Minimum *n:* **a price** ~; **a wage** ~; **cost** ~ Mindestkosten *pl.* **II** *v/t* **12.** e-n (Fuß-) Boden legen in (*dat*). **13.** zu Boden schlagen, (*Boxen a.*) auf die Bretter schicken, (*Fußball*) 'legen'. **14.** *colloq.* a) j-n 'umhauen', j-m die Sprache verschlagen: ~**ed** ,baff', ,platt', sprachlos, b) j-n ,schaffen': **that problem really** ~**ed me;** **to be** ~**ed by two examination questions** mit zwei Prüfungsfragen überhaupt nicht zurechtkommen. **15.** *sport Am.* e-n Spieler aufs Feld schicken. **16.** *Am.* das Gaspedal *etc* (bis zum Anschlag) 'durchtreten.
'**floor·age** → floor space.
'**floor**|**·board** *s* (Fußboden)Diele *f.* ~ **bro·ker** *s econ. Am.* Börsenhändler, der im Kundenauftrag Geschäfte tätigt. '~**·cloth** *s* Scheuerlappen *m,* -tuch *n.* ~ **cov·er·ing** *s* Fußbodenbelag *m.*
'**floor·er** *s* **1.** *tech.* Fußboden-, *bes.* Par-'kettleger *m.* **2.** Schlag, der j-n zu Boden streckt. **3.** *colloq.* etwas, was j-n ,umhaut' *od.* ,schafft': **the news was a real** ~ die Nachricht hat mich umgehauen.
**floor ex·er·cis·es** *s pl sport* Bodenturnen *n.*
'**floor·ing** *s* **1.** (Fuß)Boden *m.* **2.** Fußbodenbelag *m.* ~ **tile** → floor tile.
**floor**|**lamp** *s* Stehlampe *f.* ~ **lead·er** *s parl. Am.* Frakti'onsführer *m.* ~ **man·ag·er** *s* **1.** Ab'teilungsleiter *m* (*in e-m Kaufhaus*). **2.** *pol. Am.* Geschäftsführer *m* (*e-r Partei*). **3.** *TV* Aufnahmeleiter *m.* ~ **plan** *s* **1.** *tech.* Grundriß *m* (*e-s Stockwerks*). **2.** Raumverteilungsplan *m* (*bei e-r Messe etc*). ~ **pol·ish** *s* Bohnerwachs *n.* ~ **pol·ish·er** *s* 'Bohnerma,schine *f.* ~ **show** *s* Varie'tévorstellung *f* (*in e-m Nachtklub etc*). ~ **space** *s* Bodenfläche *f.* ~**·'through** *s Am.* Wohnung, die sich über ein ganzes Stockwerk erstreckt. ~ **tile** *s* Fußbodenfliese *f,* -platte *f.* ~ **trad·er** *s Am.* Börsenhändler, der auf eigene Rechnung Geschäfte tätigt. **wait·er** *s* E'tagenkellner *m.* '~**·walk·er** *s* (aufsichtführender) Ab'teilungsleiter (*in e-m Kaufhaus*). ~ **vase** *s* Bodenvase *f.* ~ **wax** *s* Bohnerwachs *n.*
**floo·zie** ['fluːzɪ] *s Am. sl.* ,Flittchen' *n.*
**flop** [flɒp; *Am.* flɑp] **I** *v/i* **1.** (hin-, niederplumpsen. **2.** sich plumpsen(d fallen) lassen (**into** *in acc*). **3.** hin u. her *od.* auf u. nieder schlagen. **4.** lose hin u. her schwingen, flattern. **5.** (hilflos) zappeln.

**6.** oft ~ **over** Am. 'umschwenken (**to** zu e-r anderen Partei etc). **7.** colloq. a) ,'durchfallen' (Prüfling, Theaterstück etc), b) allg. ,da'nebengehen', e-e ,Pleite' od. ein ,Reinfall' sein. **8.** Am. sl. ,sich in die Falle hauen' (schlafen gehen). **II** v/t **9.** ('hin-, nieder)plumpsen lassen, 'hinwerfen. **III** s **10.** ('Hin-, Nieder)Plumpsen n. **11.** Plumps m. **12.** Am. 'Umschwenken n. **13.** colloq. a) thea. etc ,Flop' m, ,'Durchfall' m, 'Mißerfolg m, b) ,Reinfall' m, ,Pleite' f, c) ,Versager' m, ,Niete' f (Person). **14.** Am. sl. a) Schlafplatz m, -stelle f, b) → flophouse. **IV** adv **15.** plumpsend, mit e-m Plumps. **V** interj **16.** plumps. [(Pension).\]

'**flop,house** s Am. sl. ,Penne' f (billiges

'**flop·py** ['flɒpɪ; Am. 'flɑpiː] **I** adj (adv floppily) schlaff (her'ab)hängend, schlapp, schlotterig: ~ **ears** Schlappohren; ~ **hat** Schlapphut m. **II** s Computer: colloq. Floppy f, Dis'kette f. ~ **disk** s Computer: Dis'kette f.

**flo·ra** ['flɔːrə; Am. a. 'fləʊrə] pl **-ras, -rae** [-riː] s **1.** bot. Flora f: a) Pflanzenwelt f (e-s bestimmten Gebiets), b) Bestimmungsbuch für die Pflanzen e-s bestimmten Gebiets. **2.** med. (Darm- etc)Flora f.

**flo·ral** ['flɔːrəl; Am. a. 'fləʊrəl] adj (adv ~ly) **1.** Blumen..., Blüten... **2.** mit Blumenmuster, geblümt. ~ **clock** s Blumenuhr f. ~ **em·blem** s Wappenblume f. ~ **en·ve·lope** s bot. Blütenhülle f, Peri'anth n. ~ **leaf** s irr bot. Peri'anthblatt n.

**flo·re·at·ed** → floriated.

**Flor·ence Night·in·gale** [,flɒrəns-'naɪtɪŋgeɪl; Am. a. ,flɑr-] s 'hingebungsvolle Krankenschwester.

**Flor·en·tine** ['flɒrəntaɪn; Am. 'flɔːrən-,tiːn] **I** s **1.** Floren'tiner(in). **2.** Floren'tiner Atlas m (Seidenstoff). **II** adj **3.** floren'tinisch, Florentiner...

**flo·res·cence** [flɒ'resns] s bot. Blüte (-zeit) f (a. fig.). **flo'res·cent** adj (auf-) blühend (a. fig.).

**flo·ret** ['flɔːrɪt; Am. a. 'fləʊrət] s bot. Blümchen n.

**flo·ri·at·ed** ['flɔːrɪeɪtɪd; Am. a. 'fləʊ-] adj **1.** mit blumenartiger Verzierung (versehen). **2.** Blumen...: ~ **pattern**.

**flo·ri·cul·tur·al** [,flɔːrɪ'kʌltʃərəl; Am. a. ,fləʊrə-] adj (adv ~ly) Blumen(zucht)... '**flo·ri·cul·ture** s Blumenzucht f. ,**flo·ri'cul·tur·ist** s Blumenzüchter(in).

**flor·id** ['flɒrɪd; Am. a. 'flɑ-] adj (adv ~ly) **1.** rot: ~ **complexion** blühende od. frische Gesichtsfarbe. **2.** über'laden: a) blumig (Stil etc), b) arch. etc 'übermäßig verziert. **3.** mus. figu'riert. **4.** blühend (Gesundheit): **he is of a ~ old age** er ist für sein (hohes) Alter noch sehr rüstig. **5.** med. flo'rid, voll entwickelt, stark ausgeprägt (Krankheit).

**Flor·i·dan** ['flɒrɪdən; Am. a. 'flɑrədn] → Floridian.

**Flor·i·da wa·ter** s Am. Art Kölnischwasser.

**Flo·rid·i·an** [flɒ'rɪdɪən] **I** adj von Florida, Florida... **II** s Bewohner(in) von Florida.

**flo·rid·i·ty** [flɒ'rɪdətɪ], '**flor·id·ness** s **1.** rote od. blühende Gesichtsfarbe. **2.** Blumigkeit f, Über'ladenheit f (des Stils etc).

**flo·ri·gen** ['flɒrɪdʒən; Am. a. 'fləʊ-] s bot. Flori'gen n, (hypothetisches) 'Blühhor- [mon. ]

**flo·ri·le·gi·um** [,flɒrɪ'liːdʒɪəm; Am. a. ,fləʊ-] pl **-gi·a** [-dʒɪə] s Antholo'gie f, (bes. Gedicht)Sammlung f.

**flor·in** ['flɒrɪn; Am. a. 'flɑrən] s **1.** Br. hist. a) Zwei'schillingstück n, b) goldenes Sechsschillingstück n aus der Zeit Eduards III. **2.** obs. (bes. niederländischer) Gulden.

**flo·rist** ['flɒrɪst; Am. a. 'fləʊ-] s **1.** Blu-

menhändler(in). **2.** Blumenzüchter(in).

**flo·ris·tic** [flɒ'rɪstɪk] bot. **I** adj (adv ~ally) flo'ristisch: a) die Flora betreffend, b) die Floristik betreffend. **II** s pl (als sg konstruiert) Flo'ristik f (Zweig der Botanik, der sich mit den verschiedenen Florengebieten der Erde befaßt).

**floss**[1] [flɒs; Am. a. flɑs] **I** s **1.** Ko'kon-, Seidenwolle f, Außenfäden pl des 'Seidenko,kons. **2.** Schappe-, Flo'rettseide f. **3.** Flo'rettgarn n. **4.** bot. Seidenbaumwolle f, Kapok m. **5.** weiche, seidenartige Sub'stanz, Flaum m. **6.** Zahnseide f. **II** v/i **7.** sich die Zähne mit Zahnseide reinigen.

**floss**[2] [flɒs; Am. a. flɑs] s tech. **1.** Glasschlacke f. **2.** a. ~ **hole** Abstich-, Schlakkenloch n.

**floss can·dy** s Am. Zuckerwatte f.

**floss silk** → floss[1] 2 u. 3.

'**floss·y** adj **1.** flo'rettseiden. **2.** seidenweich, seidig. **3.** Am. sl. ,todschick'.

**flo·tage**, bes. Br. **float·age** ['fləʊtɪdʒ] s **1.** Schwimmen n, Treiben n. **2.** Schwimmfähigkeit f. **3.** (etwas) Schwimmendes od. Treibendes (Holz, Wrack), Treibgut n.

**flo·ta·tion**, bes. Br. **float·a·tion** [fləʊ-'teɪʃn] s **1.** → flotage 1. **2.** Schweben n. **3.** econ. a) Gründung f (e-r Gesellschaft), b) In'umlaufbringung f (von Wertpapieren etc), c) Auflegung f (e-r Anleihe). **4.** tech. Flotati'on f (Aufbereitungsverfahren zur Anreicherung von Mineralien, Gesteinen u. chemischen Stoffen). ~ **gear** s aer. Schwimmergestell n.

**flo·til·la** [fləʊ'tɪlə] s mar. Flo'tille f.

**flot·sam** ['flɒtsəm; Am. 'flɑt-] s a. ~ **and jetsam** mar. Treibgut n, treibendes Wrackgut: ~ **and jetsam** a) Strand-, Wrackgut, b) Überbleibsel pl, Reste pl, c) Krimskrams m, d) fig. Strandgut n (der Gesellschaft).

**flounce**[1] [flaʊns] **I** v/i **1.** erregt stürmen od. stürzen: **to** ~ **off** davonstürzen. **2.** stol'zieren. **3.** a. sich her'umwerfen, b) (her'um)springen, c) zappeln. **II** s **4.** Ruck m: **with a** ~ ruckartig.

**flounce**[2] [flaʊns] **I** s Vo'lant m, Besatz m, Falbel f. **II** v/t mit Vo'lants besetzen. '**flounc·ing** s (Materi'al n für) Vo'lants

**floun·der**[1] ['flaʊndə(r)] v/i **1.** a) zappeln, b) strampeln. **2.** sich quälen (**through** durch) (a. fig.). **3.** fig. sich verhaspeln, a. sport etc ,ins Schwimmen kommen'.

**floun·der**[2] ['flaʊndə(r)] pl **-ders**, bes. collect. **-ders** s ichth. Flunder f.

**flour** ['flaʊə(r)] **I** s **1.** Mehl n. **2.** feines Pulver, Staub m, Mehl n: ~ **of emery** Schmirgelpulver; ~ **gold** Flitter-, Staubgold n. **II** v/t **3.** (zu Mehl) mahlen, mahlen u. beuteln. **4.** mit Mehl bestreuen. **III** v/i **5.** tech. sich in kleine Kügelchen auflösen (Quecksilber). ~ **box**, ~ **dredg·er** s 'Mehlstreuma,schine f.

**flour·ish** ['flʌrɪʃ; Am. bes. 'flɜrɪʃ] **I** v/i **1.** gedeihen, fig. a. blühen, flo'rieren: **only few plants** ~ **without water; how are your family? They're** ~**ing!** Prächtig! **2.** auf der Höhe s-r Macht od. s-s Ruhms stehen. **3.** blühend od. erfolgreich sein, wirken (Künstler etc). **4.** prahlen, aufschneiden. **5.** sich auffällig benehmen. **6.** sich geziert od. geschraubt ausdrücken. **7.** Floskeln machen. **8.** mus. a) phanta'sieren, b) bravou'rös spielen, c) e-n Tusch blasen od. spielen. **9.** obs. blühen. **II** v/t **10.** e-e Fahne etc schwenken, ein Schwert, e-n Stock etc schwingen. **11.** zur Schau stellen, protzen mit. **12.** mit Schnörkeln verzieren. **13.** (aus-) schmücken, verzieren. **14.** (Waren

im Schaufenster) auslegen. **III** s **15.** Schwenken n, Schwingen n. **16.** schwungvolle Gebärde, Schwung m. **17.** Schnörkel m. **18.** Floskel f. **19.** mus. a) bravou'röse Pas'sage, b) Tusch m: ~ **of trumpets** Trompetenstoß m, Fanfare f, fig. (großes) Trara. **20.** obs. Blüte f, Blühen n. '**flour·ish·ing** adj (adv ~ly) blühend, gedeihend, flo'rierend: ~ **trade** schwunghafter Handel. '**flour·ish·y** adj auffällig, protzig.

**flour** | **mill** s tech. (bes. Getreide)Mühle f. ~ **mite** s zo. Mehlmilbe f.

**flour·y** ['flaʊərɪ] adj mehlig: a) mehlartig, b) mehlbestreut, -bedeckt.

**flout** [flaʊt] **I** v/t **1.** verspotten, -höhnen. **2.** e-n Befehl etc miß'achten, ein Angebot etc ausschlagen. **II** v/i **3.** spotten (**at** über od.), höhnen. **III** s **4.** Spott m, Hohn m.

**flow** [fləʊ] **I** v/i **1.** fließen, strömen (beide a. fig.), rinnen (**from** aus): **blood was** ~**ing from his wound; tears were** ~**ing down her cheeks** Tränen liefen ihr übers Gesicht; **to** ~ **in** herein-, hineinströmen; **the river** ~**ed over its banks** der Fluß trat über die Ufer; **to** ~ **freely** in Strömen fließen (Sekt etc); → bridge[1] 1. **2.** fig. (**from**) 'herrühren (von), entspringen (dat). **3.** wallen (Haar, Kleid etc), lose her'abhängen. **4.** fig. a) 'Überfluß haben, reich sein (**with** an dat): **to** ~ **with fish** fischreich sein, b) 'überfließen (**with** vor dat): **her heart** ~**ed with gratitude. 5.** physiol. colloq. s-e Peri'ode haben. **6.** mar. steigen, her'einkommen (Flut). **II** v/t **7.** über'fluten, -'schwemmen. **8.** unter Wasser setzen. **9. the wound** ~**ed blood** aus der Wunde floß od. strömte od. rann Blut. **III** s **10.** Fließen n, Strömen n (beide a. fig.), Rinnen n. **11.** Fluß m, Strom m (beide a. fig.): ~ **of information** Informationsfluß; ~ **of tears** Tränenstrom; ~ **of traffic** Verkehrsfluß, -strom. **12.** Zu-, Abfluß m. **13.** mar. Flut f: **the tide is on the** ~ die Flut kommt herein od. steigt. **14.** fig. (Wort- etc)Schwall m, (Gefühls-) Erguß m. **15.** physiol. colloq. Peri'ode f. **16.** tech. a) Fluß m, Fließen n, Fließverhalten n, b) 'Durchfluß m, c) electr. Stromfluß m, d) Flüssigkeit f (e-r Farbe etc). **17.** phys. Fließen n (Bewegungsart). '**flow·age** s **1.** ('Über)Fließen n. **2.** Über'schwemmung f. **3.** ('über)fließende Flüssigkeit. **4.** geol. tech. Fließbewegung f.

**flow chart** → flow sheet.

**flow·er** ['flaʊə(r)] **I** s **1.** Blume f: **say it with** ~**s!** laßt Blumen sprechen! **2.** bot. Blüte f. **3.** Blütenpflanze f. **4.** Blüte(zeit) f (a. fig.): **to be in** ~ in Blüte stehen, blühen; **in the** ~ **of his life** in der Blüte der Jahre. **5.** (das) Beste od. Feinste, Auslese f, E'lite f. **6.** Blüte f, Zierde f, Schmuck m. **7.** ('Blumen)Orna,ment n, (-)Verzierung f: ~**s of speech** fig. Floskeln. **8.** print. Vi'gnette f. **9.** pl chem. pulveriger Niederschlag, Blumen pl: ~**s of sulfur** (bes. Br. **sulphur**) Schwefelblumen, -blüte f. **II** v/i **10.** blühen. **11.** fig. blühen, in höchster Blüte stehen. **12.** oft ~ **out** fig. sich entfalten, sich voll entwickeln (**into** zu). **III** v/t **13.** mit Blumen(mustern) verzieren od. schmücken. **14.** bot. zur Blüte bringen.

'**flow·er·age** s **1.** Blüten(pracht f) pl, Blumen(meer n) pl. **2.** (Auf)Blühen n, Blüte f.

**flow·er** | **ar·range·ment** s 'Blumenarrange,ment n. ~ **bed** s Blumenbeet n. ~ **child** s irr hist. Blumenkind n (Hippie). ~**-de·luce** [-də'luːs] s, ~**-de·lis** ['flow·ers--de·'luce** obs. für fleur-de-lis 3. '**flow·ered** adj **1.** blühend. **2.** mit Blumen geschmückt. **3.** geblümt. **4.** in Zssgn a) ...blütig, b) ...blühend. '**flow·er·er** s **1.** bot. Blüher m: late ~ Spätblüher m. **2.**

'Hersteller(in) von Blumenmustern. **'flow·er·et** [-rɪt] *s* Blümchen *n*.

**flow·er|gar·den** *s* Blumengarten *m*. ~ **girl** *s* **1.** Blumenmädchen *n*, -verkäuferin *f*. **2.** *bes. Am.* blumenstreuendes Mädchen (*bei e-r Hochzeit*).

**flow·er·i·ness** ['flaʊərɪnɪs] *s* **1.** Blumen-, Blütenreichtum *m*. **2.** *fig.* (*das*) Blumenreiche, Blumigkeit *f* (*des Stils*). **'flow·er·ing** *bot.* **I** *adj* **1.** blühend. **2.** Blüten tragend. **3.** Blumen..., Blüte... **II** *s* **4.** Blüte(zeit) *f*, (Auf)Blühen *n* (*beide a. fig.*).

**'flow·er·less** *adj bot.* blütenlos.

**flow·er|peo·ple** *s pl hist.* Blumenkinder *pl* (*Hippies*). ~ **piece** *s paint.* Blumenstück *n*. **'~pot** *s* Blumentopf *m*. ~ **pow·er** *s hist.* Flower-power *f* (*Schlagwort der Hippies*). ~ **show** *s* Blumenausstellung *f*, -schau *f*. ~ **stalk** *s bot.* Blütenstiel *m*.

**'flow·er·y** *adj* **1.** blumen-, blütenreich. **2.** geblümt. **3.** *fig.* blumenreich, blumig (*Stil*).

**'flow·ing** *adj* (*adv* ~**ly**) **1.** fließend, strömend. **2.** *fig.* flüssig (*Stil etc*). **3.** schwungvoll. **4.** wallend (*Bart, Kleid*), wehend, flatternd (*Haar etc*). **5.** *mar.* steigend, her'einkommend (*Flut*).

**'flow·me·ter** *s tech.* 'Durchflußmesser *m*.

**flown¹** [flaʊn] *pp von* **fly¹**.

**flown²** [flaʊn] *adj* **1.** *tech.* mit flüssiger Farbe behandelt (*Porzellan etc*). **2.** *obs.* voll: ~ **with wine** voll des Weines; ~ **with anger** zornerfüllt.

**flow|pat·tern** *s phys.* Stromlinienbild *n*. ~ **pro·duc·tion** → **flow system.** ~ **sheet** *s Computer, econ.* 'Ablaufdiagramm *n*. ~ **sys·tem** *s tech.* Fließbandfertigung *f*.

**flu** [fluː] *s med. colloq.* Grippe *f*: **he's got (the)** ~ er hat Grippe.

**flub** [flʌb] *Am. sl.* **I** *s* **1.** (grober) Fehler, Schnitzer *m*. **II** *v/t* **2.** ,e-n Bock schießen', e-n (groben) Fehler *od.* Schnitzer machen. **3.** (grobe) Fehler *od.* Schnitzer machen, pfuschen, stümpern. **III** *v/t* **4.** verpfuschen, ,verpatzen'.

**flub·dub** ['flʌb,dʌb] *s Am. sl.* Geschwafel *n*, ,Blech' *n*, ,Quatsch' *m*.

**fluc·tu·ant** ['flʌktjʊənt; -tʃʊ-; *Am.* -tʃəwənt] *adj* schwankend: a) fluktu'ierend (*a. econ.*), b) *fig.* unschlüssig. **'fluc·tu·ate** [-eɪt] *v/i* schwanken: a) fluktu'ieren (*a. econ.*), sich ständig (ver)ändern, b) *fig.* unschlüssig sein. **,fluc·tu'a·tion** *s* **1.** Schwankung *f* (*a. phys.*), Fluktuati'on *f* (*a. biol. med.*): ~ **in prices** *econ.* Preisschwankung; ~ **of the market** *econ.* Markt-, Konjunkturschwankungen. **2.** *fig.* Schwanken *n*.

**flue¹** [fluː] *s* **1.** *tech.* Rauchfang *m*, Esse *f*. **2.** *tech.* a) Fuchs *m*, 'Rauch-, 'Zugka,nal *m*: ~ **ash** Flugasche *f*; ~ **gas** Rauch-, Abgas *n*, b) (Feuerungs)Zug *m* (*als Heizkanal*), c) Flammrohr *n*: ~ **boiler** Flammrohrkessel *m*. **3.** *mus.* a) → **flue pipe**, b) Kernspalt *m* (*e-r Orgelpfeife*).

**flue²** [fluː] *s* Flaum *m*, Staubflocken *pl*.

**flue³** [fluː] *s mar.* Schleppnetz *n*.

**flue⁴** [fluː] *Br.* **I** *v/t* aus-, abschrägen. **II** *v/i* sich abschrägen.

**'flue-cure** *v/t* Tabak mit Heißluft trocknen.

**flu·en·cy** ['fluːənsɪ] *s* **1.** Flüssigkeit *f* (*des Stils etc*). **2.** (Rede)Gewandtheit *f*. **'flu·ent** *adj* (*adv* ~**ly**) **1.** fließend (*a. fig.*): **to speak** ~ **German, to be** ~ **in German** fließend Deutsch sprechen. **2.** flüssig (*Stil etc*). **3.** gewandt (*Redner etc*).

**flue|pipe** *s mus.* Lippenpfeife *f* (*der Orgel*). ~ **stop** *s mus.* 'Lippenre,gister *n* (*der Orgel*). **'~work** *s mus.* Flötenwerk *n* (*der Orgel*).

**fluff** [flʌf] **I** *s* **1.** Staub-, Federflocke *f*, Fussel *m* (*pl*) *f*. **2.** Flaum *m* (*a. erster Bartwuchs*). **3.** *bes. mus. sport thea. colloq.* ,Patzer' *m*. **4.** *gastr. Am.* Schaumspeise *f*, mit Eischnee gelockerte Speise. **5.** *bes. thea. Am. colloq.* ,leichte Kost'. **6.** *oft bit of* ~ *colloq.* ,Mieze' *f*. **II** *v/t* **7.** flaumig *od.* flockig machen. **8.** ~ **out**, ~ **up** a) Federn aufplustern, b) *Kissen etc* aufschütteln. **9.** *bes. mus. sport thea. colloq.* ,verpatzen'. **III** *v/i* **10.** flaumig *od.* flockig werden. **11.** sanft da'hinschweben. **12.** *bes. mus. sport thea. colloq.* ,patzen'. **'fluff·i·ness** *s* Flaumigkeit *f*, Flockigkeit *f*. **'fluff·y** *adj* **1.** flaumig: a) flockig, locker, weich, b) mit Flaum bedeckt. **2.** *bes. thea. Am. colloq.* leicht, anspruchslos.

**flu·gel·horn** ['fluːglhɔː(r)n] *s mus.* Flügelhorn *n*.

**flu·id** ['fluːɪd] **I** *s* **1.** Flüssigkeit *f*, *chem. a.* Flu'id *n*. **II** *adj* (*adv* ~**ly**) **2.** flüssig (*a. Stil etc*), *chem. a.* flu'id. **3.** nicht endgültig (*Meinung etc*). **'flu·id·al** *adj* (*adv* ~**ly**) **1.** Flüssigkeits... **2.** *geol.* flui'dal, Flui'dal...

**flu·id|bed** *s chem.* Fließbett *n*, Wirbelschicht *f*. **~cou·pling, ~clutch** *s tech.* Flüssigkeitskupplung *f*, hy'draulische Kupplung. ~ **dram,** ~ **drachm** *s* ¹/₈ **fluid ounce** (*Am.* = 3,69 *ccm; Br.* = 3,55 *ccm*). ~ **drive** *s tech.* Flüssigkeitsgetriebe *n*. ~ **ex·tract** *s* 'Fluidex,trakt *m* (*dünnflüssiger Extrakt aus pulverisierten Pflanzenteilen*).

**flu·id·ic** [fluː'ɪdɪk] *tech.* **I** *adj*: ~ **device** Fluidic *n* (*nach den Gesetzen der Hydromechanik arbeitendes Steuerelement*). **II** *s pl* (*meist als sg konstruiert*) Flu'idik *f*, Steuertechnik *f*.

**flu·id·i·fy** [fluː'ɪdɪfaɪ] *v/t u. v/i* (sich) verflüssigen. **flu'id·i·ty** *s* Flüssigkeit *f* (*a. des Stils etc*), *chem. a.* Fluidi'tät *f*. **,flu·id·i'za·tion** [-daɪ'zeɪʃn; *Am.* -də'z-] *s* **1.** Verflüssigung *f*. **2.** *chem.* Fluidisati'on *f*. **3.** *geol.* Fluidisati'on *f* (*Bildung e-s Gas-Feststoff-Gemisches, das sich wie e-e Flüssigkeit verhält*). **'flu·id·ize** *v/t* **1.** verflüssigen. **2.** *chem.* fluidi'sieren, in den Fließbettzustand über'führen: ~**d bed** → **fluid bed**.

**flu·id| me·chan·ics** *s pl* (*als sg konstruiert*) *tech.* 'Strömungsme,chanik *f*. ~ **ounce** *s Hohlmaß*: a) *Am.* ¹/₁₆ **pint** (= 29,57 *ccm*), b) *Br.* ¹/₂₀ **imperial pint** (= 28,4 *ccm*). ~ **pres·sure** *s phys. tech.* hy'draulischer Druck.

**fluke¹** [fluːk] *s* **1.** *mar.* Ankerhand *f*, -flügel *m*. **2.** *tech.* Bohrlöffel *m*. **3.** 'Widerhaken *m*. **4.** *zo.* Schwanzflosse *f* (*des Wals*). **5.** *zo.* Saugwurm *m*, Leberegel *m*. **6.** *ichth.* Plattfisch *m*.

**fluke²** [fluːk] *s colloq.* **1.** ,Dusel' *m*, ,Schwein' *n*, glücklicher Zufall: **by a** ~ durch *od.* mit Dusel; ~ **hit** Zufallstreffer *m*. **2.** *Billard:* glücklicher Stoß.

**fluk·(e)y** ['fluːkɪ] *adj colloq.* **1.** glücklich, Glücks..., Zufalls... **2.** unsicher, wechselhaft: ~ **weather**.

**flume** [fluːm] **I** *s* **1.** Klamm *f*, enge Bergwasserschlucht. **2.** künstlicher Wasserlauf, Ka'nal *m*. **II** *v/t* **3.** durch e-n Ka'nal (ab)leiten. **III** *v/i* **5.** e-n Ka'nal anlegen *od.* benutzen.

**flum·mer·y** ['flʌmərɪ] *s* **1.** a) (Hafer-) Mehl *n*, b) Flammeri *m* (*kalte Süßspeise aus Milch, Zucker, Stärkeprodukten u. Früchten*). **2.** *colloq.* a) leere Schmeiche'lei, b) ,Quatsch' *m*.

**flum·mox** ['flʌməks] *v/t colloq.* verwirren, aus der Fassung bringen.

**flump** [flʌmp] *colloq.* **I** *s* **1.** Plumps *m*. **II** *v/t* **2.** a. ~ **down** ('hin-, nieder-) plumpsen lassen. **III** *v/i* **3.** a. ~ **down** ('hin-, nieder)plumpsen. **4.** sich

plumpsen(d fallen) lassen (**into** in *acc*).

**flung** [flʌŋ] *pret u. pp von* **fling**.

**flunk** [flʌŋk] *bes. Am. colloq.* **I** *v/t ped.* **1.** e-n Schüler ,'durchrauschen' *od.* 'durchfallen lassen. **2.** *oft* ~ **out** (*wegen ungenügender Leistungen*) von der Schule ,werfen'. **3.** ,durchrasseln' *od.* ,durchrauschen' *od.* 'durchfallen in (*e-r Prüfung, e-m Fach*), ,verhauen'. **II** *v/i ped.* **4.** ,durchrasseln', ,durchrauschen', 'durchfallen. **5.** sich drücken, ,kneifen'. **III** *s* **6.** *ped.* 'Durchrasseln' *n*, 'Durchrauschen' *n*, 'Durchfallen *n*.

**flunk·(e)y** ['flʌŋkɪ] *s* **1.** *oft contp.* La'kai *m*. **2.** *contp.* Kriecher *m*, Speichellecker *m*. **3.** *Am.* a) Handlanger *m*, b) 'Randfigur *f*. **'flunk·y·ism** *s* Speichellecke'rei *f*.

**flu·o·bo·rate** [,fluːəʊ'bɔːreɪt; *Am. a.* -¹baʊ-] *s chem.* fluorborsaures Salz. **,fluo'bo·ric** *adj chem.* Fluorbor...: ~ **acid**.

**flu·or** ['fluːɔː(r); -ə(r)] → **fluorspar**.

**flu·o·resce** [,fluːə'res] *v/i chem. phys.* fluores'zieren. **,flu·o'res·cence** *s chem. phys.* Fluores'zenz *f*. **,flu·o'res·cent** *adj chem. phys.* fluores'zierend: ~ **lamp** Leuchtstofflampe *f*; ~ **screen** Leuchtschirm *m*; ~ **tube** Leucht(stoff)röhre *f*.

**flu·or·hy·dric** [,fluːə(r)'haɪdrɪk] *adj chem.* fluorwasserstoffsauer: ~ **acid** Fluorwasserstoffsäure *f*. **flu·or·ic** [fluː'ɒrɪk; *Am.* -¹ɑrɪk] *adj chem.* Fluor...: ~ **acid** Flußsäure *f*.

**flu·o·ri·date** ['fluːərɪdeɪt] *v/t chem.* Trinkwasser fluo'rieren, fluori'dieren. **flu·o·ride** ['fluːəraɪd] *s chem.* Fluo'rid *n*. **'flu·o·ri·dize** [-rɪdaɪz] *v/t* Zähne mit e-m Fluo'rid behandeln. **'flu·o·ri·nate** [-rɪneɪt] *v/t chem.* fluo'rieren, fluori'dieren, fluori'sieren, mit Fluor verbinden. **'flu·o·rite** [-raɪt] *Am. für* **fluorspar**.

**flu·o·rom·e·ter** [,fluːə'rɒmɪtə(r); *Am.* -¹rɑ-], *a.* **flu·o'rim·e·ter** [-¹rɪmɪtə(r)] *s chem. phys.* Fluoro'meter *n* (*Gerät zur Messung der Fluoreszenz*).

**flu·o·ro·scope** ['fluːərəskəʊp] *s phys.* Fluoro'skop *n*, Röntgenbildschirm *m*. **,flu·or·o'scop·ic** [-¹skɒpɪk; *Am.* -¹ska-] *adj* Röntgen... **,flu·or'os·co·py** [-¹rɒskəpɪ; *Am.* -¹rɑ-] *s* 'Röntgendurch,leuchtung *f*.

**flu·o·ro·sis** [,fluːə'rəʊsɪs] *s med.* Fluo'rose *f* (*Gesundheitsschädigung durch Fluor*).

**flu·or·spar** ['fluːə(r)spɑː(r)] *s min.* Fluo'rit *m*, Flußspat *m*.

**flu·o·sil·i·cate** [,fluːəʊ'sɪlɪkɪt; -keɪt] *s chem. min.* 'Fluorsili,kat *n*, Flu'at *n*: **to treat with** ~ *tech.* fluatieren. **,flu·o·si'lic·ic** [-¹lɪsɪk] *adj chem.* fluorkieselsauer.

**flur·ry** ['flʌrɪ; *Am. bes.* -¹flɜːrɪ] **I** *s* **1.** Windstoß *m*. **2.** (Regen-, Schnee-) Schauer *m*. **3.** *fig.* Hagel *m*, Wirbel *m*: ~ **of blows** Schlaghagel. **4.** *fig.* Aufregung *f*, Unruhe *f*: **in a** ~ aufgeregt; **to put s.o. in a** ~ j-n in Unruhe versetzen. **5.** Hast *f*. **6.** *Börse:* plötzliche, kurze Belebung. **7.** Todeskampf *m* (*des Wals*). **II** *v/t* **8.** beunruhigen.

**flush¹** [flʌʃ] **I** *s* **1.** a) Erröten *n*, b) Röte *f*. **2.** (Wasser)Schwall *m*, Strom *m*, gewaltiger Wassersturz *od.* -zufluß. **3.** a) (Aus-) Spülung *f*: **to give s.th. a** ~ → **8**, b) (Wasser)Spülung *f* (*in der Toilette*). **4.** (*Gefühls*)Aufwallung *f*, Erregung *f*, Hochgefühl *n*: ~ **of anger** Wutanfall *m*; ~ **of success** Triumphgefühl *n*; ~ **of victory** Siegesrausch *m*; **in the first** ~ **of victory** im ersten Siegestaumel. **5.** Glanz *m*, Blüte *f* (*der Jugend etc*). **6.** *med.* Wallung *f*, Fieberhitze *f*: ~ **hot flushes**. **II** *v/t* **7.** erröten lassen: **the joke** ~**ed her** sie wurde rot bei dem Witz. **8.** *a.* ~

out (aus)spülen, (-)waschen: to ~ **down** hinunterspülen; to ~ the **toilet** spülen. **9.** unter Wasser setzen. **10.** *Pflanzen* zum Sprießen bringen. **11.** erregen, erhitzen: ~ed with **anger** zornentbrannt; ~ed with **happiness** überglücklich; ~ed with **joy** außer sich vor Freude. **III** *v/i* **12.** *a.* ~ up erröten, rot werden: to ~ with **shame** schamrot werden. **13.** spülen *(Toilette od. Toilettenbenutzer)*. **14.** erglühen. **15.** strömen, schießen *(a. Blut).* **16.** *bot.* sprießen.

**flush²** [flʌʃ] **I** *adj* **1.** eben, auf gleicher Ebene *od.* Höhe. **2.** *tech.* fluchtgerecht, glatt (anliegend), bündig (abschließend) (with mit): ~ **joint** bündiger Stoß. **3.** *tech.* versenkt, Senk...: ~ **screw. 4.** *electr.* Unterputz...: ~ **socket. 5.** *mar.* mit Glattdeck. **6.** *print.* stumpf, ohne Einzug. **7.** voll, di'rekt *(Schlag).* **8.** ('über)voll (with von). **9.** *colloq.* a) (of) reich (an *dat*): ~ (of money) 'gut bei Kasse'; ~ times üppige Zeiten, b) verschwenderisch (with mit), c) reichlich (vor'handen) *(Geld).* **10.** frisch, blühend. **II** *adv* **11.** → 1 *u.* 2. **12.** genau, di'rekt: ~ on the **chin. III** *v/t* **13.** ebnen. **14.** bündig machen. **15.** *tech.* Fugen etc ausfüllen, -streichen.

**flush³** [flʌʃ] **I** *v/t* Vögel aufscheuchen. **II** *v/i* plötzlich auffliegen.

**flush⁴** [flʌʃ] *s* Poker: Flush *m (fünf beliebige gleichfarbige Karten):* → **royal flush, straight flush.**

**flush deck** *s mar.* Glattdeck *n.*

**'flush·er** *s* Spreng-, Spritzwagen *m.*

**'flush·ing** *s* Spülung *f.*

**flus·ter** ['flʌstə(r)] **I** *v/t* **1.** a) ner'vös machen, verwirren, durchein'anderbringen, b) aufregen. **2.** ,benebeln': ~ed by **drink** vom Alkohol erhitzt. **II** *v/i* **3.** a) ner'vös werden, durchein'anderkommen, b) sich aufregen. **4.** ner'vös *od.* aufgeregt (hin u. her) rennen. **III** *s* **5.** a) Nervosi'tät *f*, Verwirrung *f:* all in a ~ ganz durcheinander, b) Aufregung *f:* all in a ~ in heller Aufregung.

**flute** [flu:t] **I** *s* **1.** *mus.* a) Flöte *f*, b) *a.* ~ **stop** 'Flöten₁register *n (e-r Orgel),* c) flutist. **2.** *arch. tech.* Rille *f*, Riefe *f*, Hohlkehle *f*, Kanne'lierung *f.* **3.** *Tischlerei:* Falten *pl.* **4.** *tech.* (Span)Nut *f.* **5.** Rüsche *f.* **6.** *a.* ~ **glass** Flöte(nglas *n*) *f (Weinglas).* **7.** Ba'guette *f.* **II** *v/i* **8.** flöten *(a. fig.),* (auf der) Flöte spielen. **III** *v/t* **9.** etwas flöten *(a. fig.),* auf der Flöte spielen. **10.** *arch. tech.* auskehlen, riffeln, riefen, kanne'lieren. **11.** *Stoff* kräuseln.

**'flut·ed** *adj* **1.** flötenartig, (klar u.) sanft. **2.** *arch. tech.* ausgekehlt, gerieft, geriert, kanne'liert. **'flut·ing** *s* **1.** *arch. tech.* Kanne'lierung *f*, Riefe *f*, Riffelung *f.* **2.** Falten *pl*, Rüschen *pl.* **3.** Flöten *n (a. fig.),* Flötenspiel *n.* **'flut·ist** *s bes. Am.* Flö'tist(in).

**flut·ter** ['flʌtə(r)] **I** *v/i* **1.** flattern *(Fahne, Vogel etc; a. med. Herz, Puls).* **2.** → fluster 4. **3.** zittern. **4.** flackern *(Flamme).* **II** *v/t* **5.** wedeln mit, schwenken: to ~ one's **eyelids** mit den Augendeckeln ,klappern' *od.* ,klimpern'; to ~ its **wings** mit den Flügeln schlagen. **6.** → fluster 1. **7.** *Br. colloq.* in kleinen Beträgen verwetten. **III** *s* **8.** Flattern *n (a. med.).* **9.** → fluster 5. **10.** *Br. colloq.* kleine Wette: to have a ~ on the **horses** beim Pferderennen ein paar Pfund riskieren. **11.** *a.* ~ **kick** *(Schwimmen)* Kraul-Beinschlag *m.* **12.** *Radio, TV:* Ton-, Helligkeitsschwankung(en *pl*) *f.* **'₁board** *s Am.* Schwimm-, Gleitbrett *n.* **~ tongue** *s mus.* Flatterzunge *f.*

**flut·y** ['flu:tɪ] *adj* flötenartig.

**flu·vi·al** ['flu:vjəl; -ɪəl] *adj* **1.** Fluß..., *geol.* Fluvial... **2.** *bot. zo.* fluvi'al, in Flüs-

sen vorkommend. **'flu·vi·a·tile** [-taɪl; -tɪl] *adj* fluvi'al, Fluß...

**flu·vi·o·gla·cial** [₁flu:vɪəʊ'gleɪsjəl; *bes. Am.* -ʃl] *adj geol.* fluvioglazi'al.

**flux** [flʌks] **I** *s* **1.** Fließen *n*, Fluß *m (a. electr. phys.):* **electrical** ~ elektrischer Induktionsfluß. **2.** Ausfluß *m (a. med.):* **(bloody)** ~ *med.* rote Ruhr. **3.** Strom *m (a. fig.).* **4.** Flut *f (a. fig.):* ~ **and reflux** Ebbe u. Flut *(a. fig.);* ~ **of words** Wortschwall *m.* **5.** *fig.* beständiger Wechsel, ständige Bewegung, Wandel *m:* in (a **state of)** ~ im Fluß. **6.** *tech.* Fluß-, Schmelzmittel *n*, Zuschlag *m.* **II** *v/t* **7.** schmelzen, in Fluß bringen. **III** *v/i* **8.** (aus)fließen, (-)strömen. **9.** a) flüssig werden, b) (mitein'ander) verschmelzen. **~ den·si·ty** *s* **1.** *phys.* (ma'gnetische) Flußdichte. **2.** *electr.* Stromdichte *f.* **flux·ion** ['flʌkʃn] *s* **1.** → flux 1, 5. **2.** *med. obs.* Fluxi'on *f*, Blutandrang *m.* **3.** *math. obs.* Fluxi'on *f:* method of ~s Fluxionen-, Fluxionsrechnung *f.* **'flux·ion·al** [-ʃənl], **'flux·ion·ar·y** [-ʃnərɪ; *Am.* -ʃə₁neri:] *adj* **1.** unbeständig, veränderlich, fließend. **2.** *math.* Fluxionen..., Fluxions...

**'flux₁me·ter** *s* **1.** *phys.* Flußmesser *m.* **2.** *electr.* Strommesser *m.*

**fly¹** [flaɪ] **I** *s* **1.** Fliegen *n*, Flug *m:* on the ~ a) im Fluge, b) ständig auf den Beinen. **2.** *tech.* a) Unruh(e) *f (der Uhr),* b) Schwungstück *n*, -rad *n.* **3.** *print.* (Bogen)Ausleger *m.* **4.** → flyleaf. **5.** *Baseball, Kricket:* Flugball *m.* **6.** *Br. hist.* Einspänner *m*, Droschke *f.* **7.** *pl thea.* Sof'fitten *pl.* **8.** a) Klappe *f*, Patte *f (über e-r Knopfleiste etc),* b) Hosenschlitz *m*, c) Zeltklappe *f*, -tür *f.*

**II** *v/i pret* **flew** [flu:] *pp* **flown** [fləʊn] **9.** fliegen: to ~ **high** *fig.* hoch hinauswollen, ehrgeizige Ziele haben; the **bird has (od. is) flown** *fig.* der Vogel ist ausgeflogen; → let¹ Bes. Redew. **10.** *aer.* fliegen: to ~ **blind** (on instruments) blindfliegen; to ~ **contact** mit Bodensicht fliegen. **11.** fliegen, stieben *(Funken etc):* to send **things** ~ Sachen herumwerfen; → feather 1, fur 1. **12.** *(nur pres, inf u. pres p)* → flee 1. **13.** stürmen, stürzen, *(a. Auto etc)* sausen: to ~ to **arms** zu den Waffen eilen; to ~ at s.o. auf j-n losgehen; to ~ at s.o.'s **throat** j-m an die Kehle gehen; to send s.o. ~ing a) j-n verjagen, b) j-n zu Boden schleudern; I **must** ~ *colloq.* ich muß schleunigst weg. **14.** (ver)fliegen *(Zeit).* **15.** zerrinnen *(Geld):* to make the **money** ~ das Geld mit vollen Händen ausgeben. **16.** flattern, wehen. **17.** *hunt.* mit e-m Falken jagen. **18.** *a.* ~ to **pieces**, ~ **apart** zerspringen, bersten *(Glas etc),* reißen *(Saite, Segel etc).*

**III** *v/t* **19.** fliegen lassen: to ~ **hawks** *hunt.* mit Falken jagen; → kite 1. **20.** *e-e Fahne a)* führen, b) hissen, wehen lassen. **21.** *aer.* a) *ein Flugzeug* fliegen, führen, b) *j-n, etwas* im Flugzeug befördern, c) *e-e Strecke* (be)fliegen, d) *den Ozean etc* über'fliegen, e) *mit e-r Fluggesellschaft* fliegen. **22.** *e-n Zaun etc* im Sprung nehmen. **23.** *(nur pres, inf u. pres p)* a) fliehen aus: to ~ the **town**, from a town fliehen vor *(dat):* to ~ the **enemy.**

*Verbindungen mit Adverbien:*

**fly|a·bout** *v/i* **1.** her'umfliegen. **2.** sich verbreiten *(Gerücht etc).* ~ **in** *v/i u. v/t* einfliegen. ~ **off** *v/i* **1.** fort-, wegfliegen. **2.** fortstürmen. **3.** abspringen *(Knopf).* ~ **o·pen** *v/i* auffliegen *(Tür etc).* ~ **out** *v/i* **1.** ausfliegen. **2.** hin'ausstürzen. **3.** in Wut geraten: to ~ at s.o. auf j-n losgehen.

**fly²** [flaɪ] *s* **1.** *zo.* Fliege *f:* he would not **hurt** *(od.* harm*)* a ~ er tut keiner Fliege

etwas zuleide; a ~ in the **ointment** *fig.* ein Haar in der Suppe; a ~ on the **wall** ein heimlicher Beobachter; she **likes to be a** ~ **on the wall** sie spielt gerne Mäus-chen; there are no **flies on him** *colloq.* ,den legt man nicht so schnell rein'; they **died like flies** sie starben wie die Fliegen; → wheel 6. **2.** *Angeln:* (künstliche) Fliege: to cast a ~ e-e Angel auswerfen. **3.** *bot.* Fliege *f (Pflanzenkrankheit).*

**fly³** [flaɪ] *adj bes. Br. sl.* gerissen, raffi-'niert.

**'fly·a·ble** *adj aer.* **1.** flugtüchtig: ~ **aircraft. 2.** zum Fliegen geeignet: ~ **weather** Flugwetter *n.*

**fly| a·gar·ic, ~ am·a·ni·ta** [₁æmə'naɪtə] *s bot.* Fliegenschwamm *m*, -pilz *m.* ~ **ash** *s* Flugasche *f.* **'₁~·a·way I** *adj* **1.** lose fallend, flatternd *(Haar, Kleidung).* **2.** flatterhaft. **3.** *Am.* a) flugbereit, b) fertig zum 'Lufttrans₁port. **II** *s* **4.** flatterhafter Mensch. **'₁~·back** *s* Radar, TV: (Strahl-) Rücklauf *m.* **~ ball** → fly¹ 5. **'₁~·ball** *s tech. Am.* Pendelgewicht *n:* ~ **governor** Zentrifugalregler *m.* **'₁~·bane** *s bot.* Leimkraut *n.* **'₁~·belt** *s* von Tsetsefliegen verseuchtes Gebiet. **'₁~·blow I** *s* **1.** (Schmeiß)Fliegenei *n*, -larve *f.* **II** *v/t irr* **2.** Eier ablegen auf *(acc u. dat)* in (acc *u. dat).* **3.** *fig.* besudeln. **'₁~·blown** *adj* **1.** von (Schmeiß)Fliegeneiern *od.* -larven verseucht. **2.** *fig.* besudelt. **'₁~·boat** *s mar.* kleines, schnelles Boot. **~ book** *s Angeln:* Büchse *f* für künstliche Fliegen. **'₁~·by** *pl* **-bys** *s* **1.** *aer.* Vor'beiflug *m.* **2.** *Raumfahrt:* Flyby *n (Technik, bei der die Freiflugbahn e-s Raumkörpers bei Annäherung an e-n Planeten durch dessen Gravitation u. Bewegung geändert wird).* **'₁~·by-night** *colloq.* **I** *adj* **1.** ökonomisch, anrüchig. **2.** vor'übergehend, kurzzeitig. **II** *s* **3.** a) Schuldner, der sich heimlich *od.* bei Nacht aus dem Staub macht, b) *econ.* zweifelhafter Kunde. **4.** Nachtschwärmer *m*, -falter *m.* **'₁~·by-₁night·er** → fly-by-night 3. ~ **cap** *s hist.* Flügelhaube *f.* **'₁~·catch·er** *s* **1.** Fliegenfänger *m.* **2.** *orn.* Fliegenschnäpper *m.*

**fly·er** → flier.

**'fly|-fish** *v/i sport* mit (künstlichen) Fliegen angeln. **'₁~·flap** *s* a) Fliegenwedel *m*, b) Fliegenklappe *f*, -klatsche *f.* ~ **frame** *s* **1.** *Spinnerei:* Spindelbank *f*, 'Vorspinn₁ma₁schine *f.* **2.** *Schleif-, Po'liermaₐschine *f (für Glas).* ~ **front** *s Mode:* verdeckte Knopfleiste. ~ **half** *s Rugby:* Flügelhalbstürmer *m.* **'₁~·in** *s Am.* **1.** Einflug *m*, -fliegen *n.* **2.** Freilichtkino *n* für Flugzeugbesitzer.

**'fly·ing I** *adj* **1.** fliegend, Flug... **2.** flatternd, wehend: → color 11. **3.** schnell, Schnell...: ~ **coach. 4.** *sport* a) fliegend: → flying start 1, b) mit Anlauf: ~ **jump**, c) *Eis-, Rollkunstlauf:* eingesprungen *(Waagepirouette).* **5.** hastig, eilig. **6.** flüchtig, kurz: ~ **impression**, ~ **visit** Stippvisite *f*, Blitzbesuch *m.* **7.** fliehend, tendend. **II** *s* **8.** a) Fliegen *n (b.* Flug *m.* **9.** *aer.* Fliegen *n*, Fliege'rei *f*, Flugwesen *n.* ~ **boat** *s aer.* Flugboot *n.* ~ **bomb** *s mil.* fliegende Bombe, Ra'ketenbombe *f.* ~ **boom** *s* Einfüllrohr *n (zum Auftanken in der Luft).* ~ **bridge** *s* **1.** *tech.* Rollfähre *f.* **2.** *mar.* Laufbrücke *f.* ~ **but·tress** *s arch.* Strebebogen *m.* ~ **cir·cus** *s aer.* **1.** ro'tierende 'Staffelformatiₒon *(im Kampfeinsatz).* **2.** Gruppe *f* von Schaufliegern. ~ **col·umn** *s mil.* fliegende *od.* schnelle Ko'lonne. ~ **doc·tor** *s* fliegender Arzt *(bes. in Australien).* **F·~ Dutch·man** *s myth.* 1. Fliegender Holländer *m.* 2. *Segeln:* Flying Dutchman *m (Zweimann-Einheitsjolle).* ~ **ex·hi·bi·tion** *s* Wanderausstellung *f.* ~ **field** *s*

*aer.* (kleiner) Flugplatz. ~ **fish** *s* Fliegender Fisch. ~ **fox** *s* **1.** *zo.* Flughund *m.* **2.** Lastenseilschwebebahn *f.* ~ **hour** *s* Flugstunde *f.* ~ **in·stru·ment** *s* 'Bord-, 'Fluginstru,ment *n.* ~ **jib** *s mar.* Flieger *m,* Außenklüver *m.* ~ **lane** *s aer.* (Ein)Flugschneise *f.* ~ **le·mur** *s zo.* Flattermaki *m.* ~ **ma·chine** *s aer.* 'Flugappa,rat *m.* ~ **mare** *s* Ringen: Armdrehschwung *m.* ~ **of·fi·cer** *s aer. mil. Br.* Oberleutnant *m* (*der Luftwaffe*). ~ **range** *s aer.* Akti'onsradius *m.* ~ **sau·cer** *s* fliegende 'Untertasse. ~ **school** *s aer.* Flieger-, Flugschule *f.* ~ **sparks** *s pl* Funkenflug *m.* ~ **speed** *s* Fluggeschwindigkeit *f.* ~ **squad** *s Br.* 'Überfallkom,mando *n* (*der Polizei*). ~ **squad·ron** *s* **1.** *aer.* (Flieger-) Staffel *f.* **2.** *Am.* a) fliegende Ko'lonne, b) 'Rollkom,mando *n.* ~ **squid** *s zo.* Seepfeil *m.* ~ **squir·rel** *s zo.* Flughörnchen *n.* ~ **start** *s* **1.** *sport* fliegender Start: from a ~ mit fliegendem Start. **2.** to get off to a ~ a) *sport* in den Schuß fallen, b) *sport* glänzend weg- *od.* abkommen, c) *fig.* e-n glänzenden Start *od.* Einstand haben. **3.** anfänglicher Vorteil: to give s.o. a ~ j-m e-n anfänglichen Vorteil verschaffen. ~ **u·nit** *s aer.* fliegender Verband. ~ **weight** *s aer.* Fluggewicht *n.* ~ **wing** *s aer.* Nurflügelflugzeug *n.*

'**fly·leaf** *s irr* Buchbinderei: Vorsatz-, Deckblatt *n.* ~ **line** *s* **1.** *orn.* Zuglinie *f.* **2.** Angelschnur *f* mit (künstlicher) Fliege. ~ **loft** *s thea.* Sof'fitten *pl.* '~**man** [-mən] *s irr* **1.** *thea.* Sof'fittenarbeiter *m.* **2.** *Br. hist.* Droschkenkutscher *m.* '~**o·ver** *s* **1.** *bes. Am. für* fly-past. **2.** *Br.* ('Straßen-, 'Eisenbahn)Über,führung *f.* '~**pa·per** *s* Fliegenfänger *m.* '~**past** *s aer.* 'Luftpa,rade *f.* ~ **press** *s tech.* Spindelpresse *f.* ~ **rod** *s* Angelrute *f* (*für* [*künstliche*] *Fliegen*). ~ **sheet** *s* **1.** Flugblatt *n,* Re'klamezettel *m.* **2.** 'Überdach *n* (*e-s Zelts*). ~ **spray** *s* Fliegen-, In'sektenspray *m, n.* '~**swat·ter** *s* Fliegenklappe *f,* -klatsche *f.*

**flyte** → flite.

'**fly·trap** *s* **1.** Fliegenfalle *f.* **2.** *bot.* Fliegenfänger *m.* '~**way** → fly line **1.** '~**weight** *sport* **I** *s* Fliegengewicht(ler *m*) *n.* **II** *adj* Fliegengewichts... '~**wheel** *s tech.* Schwungrad *n.* '~**whisk** *s* Fliegenwedel *m.*

'**f-num·ber** *s phot.* **1.** Blende *f* (*Einstellung*). **2.** Lichtstärke *f* (*vom Objektiv*).

**foal** [fəʊl] *zo.* **I** *s* Fohlen *n,* Füllen *n:* in ~, with ~ trächtig. **II** *v/t* Fohlen werfen. **III** *v/i* fohlen, werfen. '~**foot** *pl* **-foots** *s bot.* Huflattich *m.*

**foam** [fəʊm] **I** *s* **1.** Schaum *m* (*a. tech.*): he had ~ at the mouth a) er hatte Schaum vor dem Mund, b) *fig.* er schäumte (vor Wut). **II** *v/i* **2.** schäumen (with rage *fig.* vor Wut): he ~ed at the mouth a) er hatte Schaum vor dem Mund, b) *fig.* er schäumte (vor Wut). **3.** schäumend fließen. **III** *v/t* **4.** schäumen: ~ed concrete Schaumbeton *m;* ~ed plastic Schaumstoff *m.* **5.** *mot.* Karosseriehohlräume ausschäumen. ~ ex·tin·guish·er *s* Schaum(feuer)löscher *m.* ~ **rub·ber** *s* Schaumgummi *m, n.*

'**foam·y** *adj* **1.** schäumend, schaumig. **2.** Schaum...

'**fob**[1] [fɒb; *Am.* fɑb] *s* **1.** Uhrtasche *f* (*in der Hose*). **2.** *a.* ~ **chain** a) Uhrkette *f,* -band *n,* b) Uhrenanhänger *m.*

**fob**[2] [fɒb; *Am.* fɑb] *v/t* **1.** to ~ s.th. off on s.o. j-m etwas ,andrehen' *od.* ,aufhängen'. **2.** to ~ s.o. off j-n ,abspeisen', j-n ,abwimmeln' (with mit).

**fob watch** *s* Taschenuhr *f.*

**fo·cal** [ˈfəʊkl] *adj* (*adv* ~**ly**) **1.** *math. phys.* im Brennpunkt stehend (*a. fig.*), fo'kal,

---

Brenn(punkt)... **2.** *med.* fo'kal, Fokal... Herd...: ~ **infection.**

**fo·cal dis·tance** *s phys.* Brennweite *f.* ~ **dose** *s Nuklearmedizin:* Herddosis *f.*

**fo·cal·i·za·tion** [ˌfəʊkəlaɪˈzeɪʃn; *Am.* -lə'z-] *s* **1.** Vereinigung *f* in e-m Brennpunkt. **2.** *opt. phot.* Scharfeinstellung *f.* '**fo·cal·ize I** *v/t* **1.** → focus 4 u. 5. **2.** *med.* auf e-n bestimmten Teil des Körpers beschränken: to ~ an infection. **II** *v/i* **3.** → focus 7 u. 8. **4.** *med.* sich auf e-n bestimmten Teil des Körpers beschränken: to ~ in sich beschränken auf (*acc*).

**fo·cal length** *s phys.* Brennweite *f.* ~ **plane** *s phys.* Brennebene *f.* '~**plane shut·ter** *s phot.* Schlitzverschluß *m.* ~ **point** *s* **1.** *phys.* Brennpunkt *m.* **2.** *fig.* → focus 7 u. 8. ~ **ra·ti·o** → f-number. ~ **spot** *s phys.* Brennpunkt *m.*

**fo·ci** [ˈfəʊsaɪ] *pl von* focus.

**fo·cim·e·ter** [fəʊˈsɪmɪtə(r)], **fo·com·e·ter** [fəʊˈkɒmɪtə(r); *Am.* -ˈkɑ-] *s* Foko'meter *n* (*Gerät zur Brennweitenmessung*).

**fo·c's'le, fo·c'sle** [ˈfəʊksl] → forecastle.

**fo·cus** [ˈfəʊkəs] *pl* **-cus·es, -ci** [-saɪ] **I** *s* **1.** a) *math. phys. tech.* Brennpunkt *m,* Fokus *m,* b) *TV* Lichtpunkt *m,* c) *phys.* Brennweite *f,* d) *opt. phot.* Scharfeinstellung *f:* in ~ scharf *od.* richtig eingestellt, *fig.* klar u. richtig; out of ~ unscharf, verschwommen (*a. fig.*); to bring into ~ → 4 u. 5; ~ control Scharfeinstellung *f* (*Vorrichtung*). **2.** *fig.* Brenn-, Mittelpunkt *m:* to be the ~ of attention im Mittelpunkt des Interesses stehen; to bring (in)to ~ in den Brennpunkt rücken. **3.** Herd *m* (*e-s Erdbebens, e-s Aufruhrs etc*), *med. a.* Fokus *m.* **II** *v/t pret u. pp* **-cused, -cussed 4.** *opt. phot.* fokus-'sieren, scharf einstellen. **5.** *phys.* im Brennpunkt vereinigen, sammeln, Strahlen bündeln. **6.** *fig.* konzen'trieren, richten (on auf *acc*). **III** *v/i* **7.** *phys.* sich in e-m Brennpunkt vereinigen. **8.** *opt. phot.* sich scharf einstellen. **9.** ~ on *fig.* sich konzentrieren *od.* richten auf (*acc*). **10.** *colloq.* klar denken.

'**fo·cus·(s)ing cam·er·a** *s phot.* Mattscheibenkamera *f.* ~ **lens** *s* Sammellinse *f.* ~ **scale** *s phot.* Entfernungsskala *f.* ~ **screen** *s phot.* Mattscheibe *f.*

**fod·der** [ˈfɒdə; *Am.* ˈfɑdər] **I** *s agr.* (Trocken)Futter *n,* *humor.* Futter *n* (*Essen*): that's ~ for the imagination das regt die Phantasie an. **II** *v/t* Vieh füttern.

**foe** [fəʊ] *s poet.* Feind *m* (*a. mil. u. fig.*), 'Widersacher *m* (to, of *gen*).

**foehn** [fɜːn; *Am. a.* feɪn] *s* Föhn *m* (*Wind*).

**foe·tal, foe·ta·tion, foe·ti·cide** → fetal, fetation, feticide.

**foet·id, foet·id·ness, foe·tor** → fetid, fetidness, fetor.

**foe·tus** → fetus.

**fog**[1] [fɒg; *Am. a.* fɑg] **I** *s* **1.** (dichter) Nebel. **2.** a) Trübheit *f,* Dunkelheit *f,* b) Dunst *m.* **3.** *fig.* a) Nebel *m,* Verschwommenheit *f,* b) Verwirrung *f,* Ratlosigkeit *f:* to be in a ~ (völlig) ratlos sein *od.* im dunkeln tappen. **4.** *tech.* Nebel *m.* **5.** *phot.* Schleier *m.* **II** *v/t* **6.** in Nebel hüllen, um'nebeln, einhüllen (*a. tech*). **7.** verdunkeln. **8.** *fig.* a) benommen machen, trüben, b) *e-e* Sache verworren *od.* unklar machen, c) j-n ratlos machen. **9.** *phot.* verschleiern. **10.** ein-, besprühen: to ~ with insecticide. **III** *v/i* **11.** neb(e)lig werden. **12.** undeutlich werden, verschwimmen. **13.** (sich) beschlagen (*Glas*). **14.** *phot.* schleiern.

**fog**[2] [fɒg; *Am. a.* fɑg] *s* **1.** Spätheu *n,* Grum(me)t *n.* **2.** Wintergras *n.* **3.** *Scot.* Moos *n.* **II** *v/t* **4.** Wintergras stehen

---

lassen auf (*dat*). **5.** mit Wintergras füttern.

**fog bank** *s* Nebelbank *f.* ~ **bell** *s* Nebelglocke *f.* '~**bound** *adj* **1.** in dichten Nebel gehüllt. **2.** the planes (ships) were ~ die Flugzeuge (Schiffe) konnten wegen Nebels nicht starten (auslaufen); the passengers were ~ at the airport die Passagiere saßen wegen Nebels am Flughafen fest. '~**dog** *s* heller Fleck (*in e-r Nebelbank*).

**fo·gey** → fogy.

**fog·gi·ness** [ˈfɒgɪnɪs; *Am.* ˈfɑ-] *s* **1.** Nebligkeit *f.* **2.** *fig.* Verschwommenheit *f,* Unklarheit *f.* '**fog·gy** *adj* (*adv* foggily) **1.** neb(e)lig. **2.** trüb, dunstig. **3.** *fig.* a) nebelhaft, verschwommen, unklar: I haven't got the foggiest (idea) *colloq.* ,ich hab' keinen blassen Schimmer', b) benebelt, benommen (with vor *dat*). **4.** *phot.* verschleiert.

'**fog horn** *s* **1.** Nebelhorn *n.* **2.** *fig.* dröhnende (Baß)Stimme. ~ **lamp, ~ light** *s mot.* Nebelscheinwerfer *m,* -lampe *f.*

**fo·gram** [ˈfəʊgræm; -grəm], '**fo·grum** [-grəm] → fogy.

**fog sig·nal** *s* 'Nebelsi,gnal *n.*

**fo·gy** [ˈfəʊgɪ] *s meist* old ~ verknöcherter (alter) Kerl. '**fo·gy·ish** *adj* verknöchert, rückständig, altmodisch.

**föhn** → foehn.

**foi·ble** [ˈfɔɪbl] *s* **1.** *fenc.* Schwäche *f* (*der Klinge*). **2.** *fig.* (kleine) Schwäche. **3.** *fig.* (vor'übergehende) Laune.

**foie gras** → pâté de foie gras.

**foil**[1] [fɔɪl] **I** *v/t* **1.** *e-n Plan etc* vereiteln, durch'kreuzen, zu'nichte machen, j-m e-n Strich durch die Rechnung machen: ~ed again! wieder alles umsonst! **2.** *hunt.* e-e Spur verwischen. **3.** *obs.* e-n Angriff zu'rückschlagen, *e-n Angreifer a.* besiegen. **II** *s* **4.** *obs.* Niederlage *f.*

**foil**[2] [fɔɪl] **I** *s* **1.** *tech.* (Me'tall- *od.* Kunststoff)Folie *f,* 'Blattme,tall *n:* alumin(i)um ~ Aluminiumfolie. **2.** *tech.* (Spiegel)Belag *m,* Folie *f.* **3.** Folie *f,* 'Unterlage *f* (*für Edelsteine*). **4.** *fig.* Folie *f,* 'Hintergrund *m:* to serve as a ~ to → 8. **5.** *arch.* a) Nasenschwung *m,* b) Blattverzierung *f.* **II** *v/t* **6.** *tech.* mit Me'tallfolie belegen. **7.** *arch.* mit Blätterwerk verzieren. **8.** *fig.* als Folie *od.* 'Hintergrund dienen (*dat*).

**foil**[3] [fɔɪl] *s fenc.* **1.** Flo'rett *n.* **2.** *pl* Flo'rettfechten *n.*

**foils·man** [ˈfɔɪlzmən] *s irr* Flo'rettfechter *m.*

**foi·son** [ˈfɔɪzn] *s obs. od. poet.* Fülle *f.*

**foist** [fɔɪst] *v/t* **1.** to ~ s.th. (off) on s.o. a) j-m etwas ,andrehen' *od.* ,aufhängen', b) j-m etwas ,aufhalsen', c) j-m etwas (*a. ein Kind*) 'unterschieben; to ~ o.s. on s.o., to ~ one's company on s.o. sich j-m aufdrängen. **2.** *fig.* etwas einschmuggeln (into in *acc*).

**fol·a·cin** [ˈfɒləsɪn; *Am.* ˈfəʊ-] → folic acid.

**fold**[1] [fəʊld] **I** *v/t* **1.** falten: to ~ a cloth; to ~ one's arms die Arme verschränken *od.* kreuzen; to ~ one's hands die Hände falten; to ~ back Bettdecke etc zurückschlagen, *Stuhllehne etc* zurückklappen. **2.** *oft* ~ up a) zs.-legen, -falten, b) zs.-klappen: to ~ away zs.-klappen (u. verstauen). **3.** *a.* ~ down her'unterklappen. **4.** 'umbiegen, kniffen. **5.** *tech.* falzen, bördeln. **6.** a) *etwas* einhüllen, -wickeln, -schlagen (in in *acc*): to ~ s.o. in one's arms j-n in die Arme nehmen *od.* schließen, b) *ein Stück Papier etc* wickeln ([a]round um). **7.** *fig.* einschließen (into in *acc*). **8.** ~ in *gastr.* einrühren, 'unterziehen: to ~ an egg into ein Ei einrühren in (*acc*) *od.* unterziehen unter (*acc*). **II** *v/i* **9.** sich (zs.-)falten *od.* zs.-legen *od.* zs.-

klappen (lassen): to ~ **back** sich zurück-klappen lassen. **10.** *meist* ~ up *colloq.* a) zs.-brechen (**with** vor *dat*) (*a. fig.*): to ~ **with laughter** vor Lachen beinahe ‚platzen' *od.* ‚sterben', b) *econ.* ‚eingehen', ‚den Laden zumachen (müssen)'. **III** *s* **11.** a) Falte *f*, b) Windung *f*, c) 'Umschlag *m*. **12.** Falz *m*, Kniff *m*, Bruch *m*. **13.** *print.* Bogen *m*. **14.** Falz *m*, Bördel *m*. **15.** *anat.* (Haut)Falte *f*. **16.** *geol.* a) (Boden-)Falte *f*, b) Senkung *f*.

**fold²** [fəʊld] **I** *s* **1.** (Schaf)Hürde *f*, Pferch *m*. **2.** (eingepferchte) Schafherde. **3.** *relig.* a) (christliche) Gemeinde, Herde *f*, b) (Schoß *m* der) Kirche. **4.** *fig.* Schoß *m* der Fa'milie *od.* Par'tei: to return to the ~. **II** *v/t* **5.** Schafe einpferchen.

**-fold** [fəʊld] *Suffix mit der Bedeutung* ...fach, ...fältig.

'**fold·a·way** *adj* zs.-klappbar, Klapp...: ~ **bed.** '**~·boat** *s* Faltboot *n*.

'**fold·ed moun·tains** *s pl geol.* Faltengebirge *n*.

'**fold·er** *s* **1.** zs.-faltbare Druckschrift, *bes.* 'Faltpro,spekt *m*, -blatt *n*, Bro'schüre *f*. **2.** Aktendeckel *m*, Mappe *f*. **3.** Schnellhefter *m*. **4.** *tech.* 'Bördelma,schine *f*. **5.** *tech.* Falzbein *n*, (Pa'pier)Falzma,schine *f*. **6.** Klapprad *n*.

**fol·de·rol** ['fɒldərɒl; *Am.* 'fɑldə,rɑl] → falderal.

'**fold·ing** *adj* **1.** a) zs.-iegbar, -faltbar, Falt..., b) zs.-klappbar, Klapp... **2.** Falz... ~ **bed** *s* Klappbett *n*. ~ **bi·cy·cle** *s* Klapprad *n*. ~ **boat** *s* Faltboot *n*. ~ **box** → folding carton. ~ **cam·er·a** *s* Klapp-, Faltkamera *f*. ~ **car·ton** *s* 'Faltschachtel *f*, -kar,ton *m*. ~ **chair** *s* Klappstuhl *m*, -sessel *m*. ~ **door** *s. pl* Falltür *f*. ~ **hat** *s* Klapphut *m*. ~ **lad·der** *s* Klappleiter *f*. ~ **ma·chine** *s tech.* **1.** 'Bördelma,schine *f*. **2.** (Pa'pier)Falz-, 'Faltmaschine *f*. ~ **mon·ey** *s Am. colloq.* Pa'piergeld *n*. ~ **press** *s tech.* 'Abkantma,schine *f*. ~ **rule** *s* (zs.-legbarer) Zollstock. ~ **screen** *s* spanische Wand. ~ **ta·ble** *s* Klapptisch *m*. ~ **top** *s mot.* Rolldach *n*.

**fold moun·tains** *s pl geol.* Faltengebirge *n*.

'**fold-up** → folding 1.

**fo·li·a·ceous** [,fəʊlɪ'eɪʃəs] *adj* **1.** blattähnlich, -artig. **2.** blätt(e)rig, Blatt..., Blätter...

**fo·li·age** ['fəʊlɪɪdʒ] *s* **1.** Laub(werk) *n*, Blätter(werk *n*) *pl*: ~ **plant** Blattpflanze *f*. **2.** *arch.* Blattverzierung *f*. '**fo·li·aged** *adj* **1.** *in Zssgn* ...blätt(e)rig. **2.** *arch.* mit Blätterwerk verziert. '**fo·li·ar** *adj* Blatt..., Blätter...

**fo·li·ate** ['fəʊlɪeɪt] **I** *v/t* **1.** *arch.* mit Blätterwerk verzieren: ~**d capital** Blattkapitell *n*. **2.** *tech.* a) (Me'tall)Folie 'herstellen aus, b) mit Folie *od.* 'Blattmetall belegen. **3.** *print.* e-n (Druck)Bogen fo'liieren. **4.** *v/i* **4.** *bot.* Blätter treiben. **5.** sich in Blättchen spalten. **III** *adj* ['fəʊlɪət; -lɪeɪt] **6.** *bot.* belaubt. **7.** blattartig, blätt(e)rig. ,**fo·li·a·tion** *s* **1.** *bot.* a) Blattbildung *f*, Belaubung *f*, b) Blattstand *m*, -stellung *f*. **2.** *print.* Foli'ierung *f*. **3.** *geol.* Schieferung *f*. **4.** *arch.* Blattverzierung *f*. **5.** *tech.* a) 'Herstellung *f* von (Me'tall)Folien, b) Belegen *n* mit Folie.

**fo·lic ac·id** ['fəʊlɪk] *s Biochemie:* Folsäure *f*.

**fo·li·o** ['fəʊlɪəʊ] **I** *pl* **-os** *s* **1.** Blatt *n*. **2.** *print.* a) Folioblatt *n* (*einmal gefalteter Druckbogen*), b) a. ~ **volume** Foli'ant *m*, c) a. ~ **size** 'Folio(for,mat) *n*, d) nur auf der Vorderseite nume'riertes Blatt, e) Seitenzahl *f* (*e-s Buchs*). **3.** *econ.* a) Kontobuchseite *f*, b) (die) zs.-gehörenden rechten u. linken Seiten des Kontobuchs. **4.** *jur.* Einheitswortzahl *f* (*für die Längen-*

---

angabe von Dokumenten*; in Großbritannien 72 od., bei Testament, 90, in USA 100 Wörter*). **II** *v/t* **5.** ein Buch *etc* (nach Blättern) pagi'nieren, mit Seitenzahl(en) versehen.

**fo·li·ole** ['fəʊlɪəʊl] *s bot.* Blättchen *n* (*e-s zs.-gesetzten Blatts*).

**folk** [fəʊk] **I** *pl* **folk, folks** *s* **1.** *pl* Leute *pl*: **poor** ~; **some** ~ **are never satisfied**; **rural** ~ Landvolk *n*, Leute vom Lande; ~**s say** die Leute sagen, man sagt. **2.** *pl* (*nur* **folks**) *colloq.* a) *m-e etc* ‚Leute' *pl od.* Verwandten *pl od.* Angehörigen *pl*, b) (*bes. als Anrede*) ‚Leute' *pl*, ‚Herrschaften' *pl*: **well,** ~**s, shall we go tonight?** **3.** Volk *n* (*Träger des Volkstums*). **4.** *obs.* Volk *n*, Nati'on *f*. **5.** *colloq.* ‚Folk' *m* (*Volksmusik*). **II** *adj* **6.** Volks...: ~ **art** (dance, etymology, hero, medicine, music, *etc*).

'**folk·lore** *s* Folklore *f*: a) Volkskunde *f*, Folklo'ristik *f*, b) Volkstum *n* (*Gebräuche, Sagen etc*). '**folk,lor·ic** → folkloristic. '**folk·lor·ism** → folklore a. '**folk,lor·ist** *s* Folklo'rist *m*, Volkskundler *m*. ,**folk·lor·'is·tic** *adj* folklo'ristisch: a) volkskundlich, b) volkstümlich.

**folk| mem·o·ry** *s*: **he lives on in** ~ er lebt in der Erinnerung *od.* im Gedächtnis des Volkes weiter. '~**·moot** [-mu:t] *s hist.* Volksversammlung *f* (*der Angelsachsen*). '~**·rock** *s mus.* Folkrock *m* (*Stilrichtung der modernen Musik, bei der Elemente des Folksongs mit Elementen des Rock verknüpft sind*). ~ **sing·er** *s* Folksänger(in). ~ **so·ci·e·ty** *s sociol.* Folk-Society *f* (*typische Gesellschaftsform e-r ursprünglichen, ländlich-einfachen Bevölkerung, die nicht von hochentwickelter Technokratie beeinflußt ist*). ~ **song** *s* **1.** Volkslied *n*. **2.** Folksong *m* (*Lied mit meist sozialkritischem Inhalt, das Elemente von englischen, irischen u. schottischen Volksliedern sowie von Gospels aufgreift*). ~ **sto·ry** → folk tale.

**folk·sy** ['fəʊksɪ] *adj colloq.* **1.** gesellig, 'umgänglich. **2.** *oft contp.* volkstümlich: **to act** ~ volkstümeln, sich volkstümlich geben.

**folk| tale** *s* Volkserzählung *f*, -sage *f*. '~**·ways** *s pl* traditio'nelle Lebensart *od.* -form *od.* -weise.

**fol·li·cle** ['fɒlɪkl; *Am.* 'fɑ-] *s* **1.** *bot.* Fruchtbalg *m*. **2.** *anat.* Fol'likel *m*: a) Drüsenbalg *m*, b) Haarbalg *m*. '~**,stim·u·lat·ing hor·mone** *s biol.* fol'likelstimu,lierendes Hor'mon. **fol·lic·u·lar** [fɒ'lɪkjʊlə(r); *Am.* fə-; fɑ-], **fol·lic·u·lat·ed** [-leɪtɪd] *adj* **1.** *bot.* balgfrüchtig. **2.** *anat.* folliku'lar, Follikel...: ~ **hormone. 3.** *biol.* Balg... **fol·lic·u·lin** [-lɪn] *s biol. chem.* Ös'tron *n*, Fol'likelhor,mon *n*.

**fol·low** ['fɒləʊ; *Am.* 'fɑ-] **I** *s* **1.** Billard: Nachläufer *m*. **2.** → follow-up 5. **II** *v/t* **3.** *allg.* folgen (*dat*): a) (*zeitlich od. räumlich*) nachfolgen (*dat*), folgen auf (*acc*), sich anschließen (*dat*) an (*acc*): **a dinner** ~**ed by a dance** ein Essen mit anschließendem Tanz; **this story is** ~**ed by another** auf diese Geschichte folgt noch eine (andere), b) nachfolgen, -laufen: **to** ~ **s.o. close** j-m auf dem Fuße folgen, c) *a. mil.* j-n verfolgen, d) sich j-m anschließen, j-n begleiten, e) j-m im Amt *etc* nachfolgen, j-s Nachfolger sein, f) j-m (als Führer *od.* Vorbild) (nach)folgen, sich j-m, e-r Partei *etc* anschließen, g) j-m gehorchen, h) sich anpassen (*dat*) (*a. Sache*), i) e-e Mode *etc* mitmachen, j) e-n Rat, Befehl *etc* befolgen, beachten: **to** ~ **s.o.'s advice**, k) sich e-r Ansicht anschließen, teilen (*acc*), l) j-s Beispiel folgen: **to** ~ **s.o.'s example** a. es j-m gleich-

---

tun, m) *e-n Weg* verfolgen, n) entlanggehen, -führen (*acc*): **the road** ~**s the river**, o) (*mit dem Auge od. geistig*) verfolgen, beobachten: **to** ~ **a game**; **to** ~ **events**, p) zuhören (*dat*). **4.** *ein Ziel, e-n Zweck* verfolgen, anstreben. **5.** *e-r Beschäftigung etc* nachgehen, sich widmen (*dat*), *ein Geschäft etc* betreiben, *e-n Beruf* ausüben: **to** ~ **one's pleasure** s-m Vergnügen nachgehen; **to** ~ **the law** Jurist sein; → **sea 1. 6.** folgen (können) (*dat*), verstehen: **do you** ~ **me?** können Sie mir folgen? **7.** folgen aus, die Folge sein von (*od. gen*). **8. to** ~ **s.th. with s.th.** e-r Sache etwas folgen lassen.

**III** *v/i* **9.** (*zeitlich od. räumlich*) (nach)folgen, sich anschließen: **to** ~ **after s.o.** j-m nachfolgen; **to** ~ **(up)on** folgen auf (*acc*): **letter to** ~ Brief folgt; **as** ~**s** wie folgt, folgendermaßen. **10.** *meist impers* folgen, sich ergeben (**from** aus): **it** ~**s from this** hieraus folgt (**that** daß); **it does not** ~ **that** dies besagt nicht, daß.

*Verbindungen mit Adverbien:*

**fol·low| a·bout, ~ (a·)round** *v/t* überall('hin) folgen (*dat*). ~**on** *v/i* **1.** (*nach e-r Pause*) weitergehen. **2.** *Kricket:* so'fort nochmals zum Schlagen antreten. ~ **out** *v/t e-n Plan etc* bis zum Ende 'durchführen, ,durchziehen'. ~ **through** *v/t* → follow out. **II** *v/i bes. Golf:* 'durchschwingen. ~ **up I** *v/t* **1.** (beharrlich) verfolgen. **2.** a) *e-r Sache* nachgehen, b) *e-e Sache* weiterverfolgen. **3.** *e-n Vorteil etc* ausnutzen. **4. to** ~ **a letter with a visit** auf e-n Brief e-n Besuch folgen lassen. **II** *v/i* **5.** *mil.* nachstoßen, -drängen. **6.** *fig.* nachstoßen (**with** mit). **7.** *econ.* (in der Werbung) nachfassen.

**fol·low·er** ['fɒləʊə; *Am.* 'fɑləwər] *s* **1.** *obs.* Verfolger(in). **2.** a) Anhänger *m* (*a. e-s Sportvereins, e-s Politikers etc*), Schüler *m*, Jünger *m*, b) *pl* → **following** 1. **3.** *hist.* Gefolgsmann *m*. **4.** Begleiter *m*. **5.** *Br. obs.* Verehrer *m* (*bes. e-s Dienstmädchens*). **6.** *pol.* Mitläufer *m*. '**fol·low·ing** **I** *s* **1.** a) Gefolge *n*, Anhang *m*, b) Anhänger-, Gefolgschaft *f*, Anhang *pl*. **2. the** ~ a) das Folgende, b) die Folgenden *pl*. **II** *adj* **3.** folgend(er, e, es). **III** *prep* **4.** im Anschluß an (*acc*).

,**fol·low|-my-'lead·er** [-mɪ'li:də(r)] *s* Kinderspiel, bei dem die Spieler alles nachmachen müssen, was der Anführer vormacht: **he wants us to play** ~ *fig.* er möchte, daß wir ihm alles nachmachen. ,~**'on** *s Kricket:* so'fortiges Wieder'antreten zum Schlagen. ,~**'through** *s* **1.** *bes. Golf:* 'Durchschwung *m*. **2.** (endgültige) 'Durchführung. '~**·up I** *s* **1.** Weiterverfolgen *n* (*e-r Sache*). **2.** Ausnutzung *f* (*e-s Vorteils*). **3.** *mil.* Nachstoßen *n* (*a. fig.*), -drängen *n*. **4.** *econ.* (in der Werbung) Nachfassen *n*. **5.** *Journalismus, Rundfunk, TV:* Fortsetzung *f* (**to** gen). **6.** *med.* Nachbehandlung *f*, -sorge *f*. **II** *adj* **7.** weiter(er, e, es), Nach...: ~ **advertising** *econ.* Nachfaßwerbung *f*; ~ **conference** Nachgekonferenz *f*; ~ **file** Wiedervorlagemappe *f*; ~ **letter** Nachfaßschreiben *n*; ~ **order** *econ.* Anschlußauftrag *m*; ~ **question** Zusatzfrage *f*.

**fol·ly** ['fɒlɪ; *Am.* 'fɑli:] *s* **1.** Narrheit *f*, Torheit *f*: a) Verrücktheit *f*, b) Narre'tei *f*, törichte Handlung *f*. **2.** sinnloser Prachtbau *m*. **3.** *pl thea.* Re'vue *f*.

**fo·ment** [fəʊ'ment] *v/t* **1.** *med.* bähen, mit warmen 'Umschlägen behandeln. **2.** *fig.* pflegen, fördern. **3.** *fig.* anfachen, schüren, aufhetzen zu: **to** ~ **riots.** ,**fo·men·'ta·tion** *s* **1.** *med.* Bähung *f*. **2.** *med.* Bähmittel *n*. **3.** *fig.* Anfachung *f*, Schürung *f*. **fo'ment·er** *s* Aufhetzer *m*, Anstifter *m*.

**fo·mes** ['fəʊmiːz] *pl* **fo·mi·tes** ['fəʊmɪtiːz] *s med.* Ansteckungsträger *m*, infi'zierter Gegenstand.

**fond** [fɒnd; *Am.* fɑnd] *adj* (*adv* → **fondly**) **1.** to be ~ of s.o. (s.th.) j-n (etwas) lieben *od.* mögen *od.* gern haben; **to be** ~ **of smoking** gern rauchen. **2.** zärtlich, liebevoll, innig. **3.** allzu nachsichtig (*Mutter etc*). **4.** über'trieben zuversichtlich, töricht, (allzu) kühn: ~ **hope**; **it went beyond my** ~**est dreams** es übertraf m-e kühnsten Träume.

**fon·dant** ['fɒndənt; *Am.* 'fɑn-] *s gastr.* Fon'dant *m*.

**fon·dle** ['fɒndl; *Am.* 'fɑndl] **I** *v/t* **1.** (liebevoll) streicheln, (a) spielen mit. **2.** *obs.* verhätscheln. **II** *v/i* **3.** zärtlich sein.

**fond·ly** *adv* **1.** liebevoll, herzlich. **2.** in törichtem Opti'mismus, allzu kühn: **I** ~ **hoped** (**imagined**) **that** ich war so töricht zu hoffen (anzunehmen), daß.

**fond·ness** *s* **1.** Zärtlichkeit *f*, Innigkeit *f*. **2.** Liebe *f*, Zuneigung *f* (**of** zu). **3.** Vorliebe *f* (**for** für).

**fon·due** ['fɒndjuː; *Am.* fɑn'duː; -'djuː] *s gastr.* Fon'due *n*: ~ **fork** Fonduegabel *f*.

**font¹** [fɒnt; *Am.* fɑnt] *s* **1.** *relig.* Taufstein *m*, -becken *n*. **2.** Ölbehälter *m* (*e-r Lampe*). **3.** *poet.* a) Quelle *f*, b) Brunnen *m*.

**font²** [fɒnt; *Am.* fɑnt], *bes. Br.* **fount** [faʊnt] *s* **1.** *tech.* Gießen *n*, Guß *m*. **2.** *print.* Schrift(satz *m*, -guß *m*, -sorte *f*) *f*: → **wrong fo(u)nt**.

**font·al** ['fɒntl; *Am.* 'fɑntl] *adj* **1.** ursprünglich, Ur... **2.** *relig.* Tauf(becken)...

**fon·ta·nel(le)** [ˌfɒntə'nel; *Am.* ˌfɑn-] *s anat.* Fonta'nelle *f*.

**font name** *s* Taufname *m*.

**food** [fuːd] *s* **1.** Essen *n*, Kost *f*, Nahrung *f*, Verpflegung *f*: ~ **conditions** Ernährungslage *f*; ~ **intake** Nahrungsaufnahme *f*; ~ **plant** Nahrungspflanze *f*; **it was** ~ **and drink to him** *fig.* a) es war ein gefundenes Fressen für ihn, b) ‚es ging ihm runter wie Öl'. **2.** Nahrungs-, Lebensmittel *pl*: **F**~ **and Drug Act** Lebensmittelgesetz *n*; ~ **chain** *biol.* Nahrungskette *f*; ~ **poisoning** *med.* Lebensmittelvergiftung *f*. **3.** Futter *n*. **4.** *bot.* Nährstoff(e *pl*) *m*. **5.** *fig.* Nahrung *f*, Stoff *m*: ~ **for thought** (*od. reflection*) Stoff zum Nachdenken. **'~·sen·si·tive** *adj* ernährungsbewußt. **'~·stuff** → **food 2**.

**fool¹** [fuːl] **I** *s* **1.** Narr *m*, Närrin *f*, Dummkopf *m*: **to make a** ~ **of** → **8**; **to make a** ~ **of o.s.** sich lächerlich machen; **there's no** ~ **like an old** ~ a) die alten Narren sind die schlimmsten, b) Alter schützt vor Torheit nicht; **I am a** ~ **to him** ich bin ein Waisenknabe gegen ihn; **he is no** ~ er ist nicht auf den Kopf gefallen; **I was** ~ **enough to believe her** ich war so dumm u. glaubte ihr. **2.** *hist.* Hofnarr *m*: **to play the** ~ → **11. 3.** a) Betrogene(r *m*) *f*, b) Gimpel *m*, leichtgläubiger Mensch: **he is nobody's** ~ er läßt sich nichts vormachen. **4.** *obs.* Schwachsinnige(r *m*) *f*, Idi'ot *m*: **village** ~ Dorftrottel *m*. **5.** Närrchen *n*, dummes Ding. **6.** *Am. colloq.* a) Fex *m*: **to be a** ~ **for** verrückt sein *od.* (*acc*), b) ‚Ka'none', ‚toller Kerl': **a** ~ **for luck** ein Glückspilz *m*. **II** *adj* **7.** *bes. Am. colloq.* blöd, ‚doof'. **III** *v/t* **8.** zum Narren halten. **9.** betrügen (**out of** um), täuschen, ‚reinlegen', verleiten (**into doing** zu tun): **he** ~**ed her into believing that** er machte ihr weis, daß. **10.** ~ **away** Zeit, Geld etc vergeuden. **IV** *v/i* **11.** a. ~ **about** (*od.* **around**) Unsinn *od.* Faxen machen, her'umalbern. **12.** *oft* ~ **about** (*od.* **around**) a) spielen (**with** mit): **to** ~ **about with a woman**, b) sich her'umtreiben, c) her'umtrödeln. **13.** *Am.* nur so tun, als ob: **he was only** ~**ing**.

**fool²** [fuːl] *s gastr. bes. Br.* Süßspeise aus Obstpüree u. Sahne *od.* Eiercreme.

**fool·er·y** ['fuːlərɪ] → **folly 1**.

**'fool·fish** *s ichth.* **1.** (*e-e*) Scholle. **2.** Langflossiger Hornfisch. **'~·har·di·ness** *s* Tollkühnheit *f*. **'~·har·dy** *adj* tollkühn, verwegen.

**'fool·ing** *s* **1.** Albernheit *f*, Dummheit(en *pl*) *f*. **2.** Spiele'rei *f*. **'fool·ish** *adj* (*adv* ~**ly**) **1.** dumm, töricht: a) albern, läppisch: **to feel** ~ sich albern vorkommen, b) nicht klug: **a** ~ **thing to do** e-e Dummheit. **2.** lächerlich. **'fool·ish·ness** *s* Dummheit *f*, Torheit *f*.

**'fool·proof** *adj* **1.** *tech.* betriebssicher. **2.** todsicher (*Plan etc*). **3.** ‚narren-, idi'otensicher' (*Gerät etc*).

**fools·cap** ['fuːlzkæp; *Am.* 'fuːlˌskæp] *s* **1.** [*meist* 'fuːlˌskæp] *bes. Br.* Schreib- u. Druckpapierformat (34,2 × 43,1 *cm*). **2.** Narrenkappe *f*.

**fool's cap** [fuːlz] *s* Narrenkappe *f*. ~ **er·rand** *s* vergeblicher Gang, ‚Metzgergang' *m*: **to go on a** ~ e-n Metzgergang machen. ~ **gold** *s min.* Eisenkies *m*. ~ **par·a·dise** *s* Wolken'kuckucksheim *n*: **to live in a** ~ im Wolkenkuckucksheim leben.

**foot** [fʊt] **I** *pl* **feet** [fiːt] *s* **1.** Fuß *m*: **feet first** mit den Füßen zuerst; **they took him out feet first** (*od.* **foremost**) sie schafften ihn mit den Füßen zuerst (*tot*) hinaus; **my** ~! *colloq.* (so ein) ‚Quatsch'!; **on** ~ zu Fuß; **at s.o.'s feet** zu j-s Füßen; **to be at s.o.'s feet** *fig.* j-m zu Füßen liegen; **to be on** ~ a) im Gange sein, b) in Vorbereitung sein; **to be on one's feet** a) auf den Beinen sein, b) sich erheben, aufspringen (*um zu sprechen*); **to be on one's feet again** wieder auf den Beinen sein (*nach e-r Krankheit*); **to catch s.o. on the wrong** ~ a) *sport* j-n auf dem falschen Bein *od.* Fuß erwischen, b) *fig.* j-n überrumpeln; **to fall** (*od.* **land**) **on one's feet** Glück haben; **he always falls** (*od.* **lands**) **on his feet** er fällt immer wieder auf die Beine *od.* Füße; **to find one's feet** a) gehen *od.* laufen lernen (*Baby*), b) *fig.* sich freischwimmen, lernen, selbständig zu handeln, c) *fig.* sich eingewöhnen; **to get a** ~ **in the door** (**of**), **to get a** ~ **in** *fig.* sich Zugang verschaffen (zu), hineinkommen (**in** *acc*); **he joined the club in the hope of getting a** ~ **in one of the teams** in e-e der Mannschaften zu kommen; **to have a** ~ **in the door** (**of**) *fig.* sich Zugang verschafft haben (zu), drin sein (**in** *dat*); **to have feet of clay** auch ‚s-e Schwächen haben, auch nur ein Mensch sein'; **to jump** (*od.* **leap**) **to one's feet** aufspringen; **to keep one's feet** sich auf den Beinen halten; **to put one's** ~ **down** a) *mot.* (Voll)Gas geben, b) *fig.* energisch werden, ein Machtwort sprechen; **to put one's best** ~ **forward** a) die Beine unter den Arm nehmen, b) sich gewaltig anstrengen (*bes. um e-n guten Eindruck zu machen*); **to put one's** ~ **in it**, *Am. a.* **to put one's** ~ **in one's mouth** ins Fettnäpfchen treten; **to put one's feet up** die Beine hochlagern; **to put** (*od.* **set**) **a** (*od.* **one's**) ~ **wrong** etwas Falsches sagen *od.* tun; **to rise** (*od.* **get**) **to one's feet** sich erheben, aufstehen; **to run** (*od.* **rush**) **s.o. off his feet** j-n in Trab halten; **to set** ~ **in** (*od.* **on**) betreten; **to set s.o. on his feet** j-n auf eigene Beine stellen; **to set s.th. on** ~ etwas in die Wege leiten *od.* in Gang bringen; **to stand on one's own** (**two**) **feet** auf eigenen Beinen stehen; **to step** (*od.* **get**) **off on the right** (**wrong**) ~ die Sache richtig (falsch) anpacken; → **cold 2**, **grave¹ 1**, **spring 1**, **sweep 5**, *etc*. **2.** (*pl a.* **foot**) Fuß *m* (= 0,3048 *m*): **6 feet tall** 6 Fuß groß *od.* hoch; **a ten-~ pole** e-e 10 Fuß lange Stange. **3.** foot *pl mil. bes. Br.* a) Infante'rie *f*: **the 4th F**~ das Infanterieregiment Nr. 4, b) *hist.* Fußvolk *n*: **500** ~ 500 Fußsoldaten. **4.** Gang *m*, Schritt *m*. **5.** Fuß *m*, Füßling *m* (*am Strumpf*). **6.** Fuß *m* (*e-s Berges, e-s Glases, e-r Säule, e-r Treppe etc*), Fußende *n* (*des Bettes, Tisches etc*), unteres Ende: **at the** ~ **of the page** unten an *od.* am Fuß der Seite. **7.** (*pl* **foots**) Bodensatz *m*, Hefe *f*. **8.** *metr.* (Vers)Fuß *m*. **9.** *mus.* Re'frain *m*. **10.** Stoffdrückerfuß *m* (*e-r Nähmaschine*).

**II** *v/i* **11.** ~ **up** *obs. od. dial.* sich belaufen (**to** auf *acc*).

**III** *v/t* **12. to** ~ **it** *colloq.* a) marschieren, zu Fuß gehen, b) tanzen. **13.** e-n Fuß anstricken an (*acc*). **14.** mit den Krallen fassen (*Raubvögel*). **15.** *meist* ~ **up** *bes. Am.* zs.-zählen, ad'dieren. **16.** bezahlen, begleichen: **to** ~ **the bill**.

**'foot·age** *s* **1.** Gesamtlänge *f od.* Ausmaß *n* (in Fuß). **2.** Filmmeter *pl*. **3.** *Bergbau:* Bezahlung *f* nach Fuß.

**ˌfoot-and-'mouth dis·ease** *s vet.* Maul- u. Klauenseuche *f*.

**'foot·ball I** *s* **1.** *sport* a) *Br.* Fußball(spiel *n*) *m*, b) *Am.* Football(spiel *n*) *m*. **2.** *sport* a) *Br.* Fußball *m*, b) *Am.* Football-Ball *m*. **3.** *fig. contp.* **to make an issue a political** ~ e-e Sache zu e-m Politikum aufblähen; **he was made the** ~ **of the politicians** der Streit der Politiker wurde auf s-m Rücken ausgetragen. **II** *adj* **4.** *sport* a) *Br.* Fußball...: ~ **pools** Fußballtoto *n*, *m*, b) *Am.* Football..., b) *Am.* Football... **'~·ball·er** *s* a) *Br.* Fußballspieler *m*, b) *Am.* Footballspieler *m*. **'~·bath** *s* Fußbad(ewanne *f*) *n*. **'~·board** *s* **1.** *rail. etc* Trittbrett *n*. **2.** Fußbrett *n* (*am Bett*). **3.** Laufrahmen *m* (*Lokomotive*). **'~·boy** *s* **1.** Laufbursche *m*. **2.** Page *m*. ~ **brake** *s tech.* Fußbremse *f*. **'~·bridge** *s* Fußgängerbrücke *f*. **'~·can·dle** *s phys.* Footcandle *f* (*Einheit der Beleuchtungsstärke*). **'~·cloth** *s hist.* Scha'bracke *f*. **~·con·trol** *s tech.* Fußsteuerung *f*, -schaltung *f*. ~ **drop** *s med.* Spitzfuß(stellung *f*) *m*.

**'foot·ed** *adj meist in Zssgn* mit (...) Füßen, ...füßig: **flat-~**. **'foot·er** *s* **1.** *in Zssgn* e-e ... Fuß großer *od.* lange Person *od.* Sache: **a six-~**. **2.** *Br. colloq.* Fußball(spiel *n*) *m*.

**'foot·fall** *s* Schritt *m*, Tritt *m* (*Geräusch*). ~ **fault** *s Tennis:* Fußfehler *m*. **'~·fault** *v/i Tennis:* e-n Fußfehler begehen. **'~·gear** *s* Fußbekleidung *f*, Schuhwerk *n*. ~ **guard** *s* Fußschutz *m* (*bes. für Pferde*). **'~·hill** *s* **1.** Vorhügel *m*, -berg *m*. **2.** *pl* Ausläufer *pl* e-s Gebirges, Vorgebirge *n*. **'~·hold** *s* **1.** Stand *m*, Raum *m od.* Platz zum Stehen, *mount.* Tritt *m*: **safe** ~ fester Stand, sicherer Halt. **2.** *fig.* a) sichere Stellung, Halt *m*, b) (Ausgangs)Basis *f*, ('Ausgangs)Positi,on *f*: **to gain** (*od.* **get**) **a** ~ (festen) Fuß fassen (**in** *dat*; **as** als).

**'foot·ing** *s* **1.** Stand *m* (*etc* → **foothold**): **to lose** (*od.* **miss**) **one's** ~ ausgleiten, den Halt verlieren. **2.** Auftreten *n*, -setzen *n* der Füße. **3.** *arch.* Sockel *m*, Mauerfuß *m*. **4.** *tech.* Funda'ment *n*. **5.** *fig.* a) Basis *f*, Grundlage *f*, b) Zustand *m*, c) Stellung *f*, Positi'on *f*: **to place on a** (*od.* **on the same**) ~ gleichstellen (**with** *dat*), d) Verhältnis *n*, (wechselseitige) Beziehung (*pl* *f*): **to be on a friendly** ~ auf freundschaftlichem Fuße stehen (**with** mit). **6.** a) Eintritt *m*, b) Einstand(sgeld *n*) *m*: **to pay** (**for**) **one's** ~ s-n Einstand geben. **7.** Anstricken *n* e-s Fußes. **8.** *bes. Am.* a) End-, Gesamtsumme *f*, b) Ad'dieren *n* einzelner Posten. **9.** *Mode:* Bauern-, Zwirnspitze *f*.

**ˌfoot-in-the-'mouth dis·ease** *s Am.*

humor. ausgeprägtes Ta'lent, immer wieder ins Fettnäpfchen zu treten.

**foot·le** ['fu:tl] *colloq.* **I** *v/i* **1.** oft ~ about (*od.* around) her'umtrödeln. **2.** a) ‚Stuß‘ reden, b) her'umalbern. **II** *v/t* **3.** ~ away *Zeit, Geld etc* vergeuden, *Chance etc* vertun. **III** *s* **4.** ‚Stuß‘ *m*, dummes Gewäsch.

'**foot·less** *adj* **1.** ohne Füße. **2.** *fig.* wenig stichhaltig *od.* fun'diert: ~ **arguments. 3.** *Am. colloq.* a) ungeschickt, b) sinnlos.

'**foot**‖**lick·er** *s* Speichellecker *m*. '**~lights** *s pl thea.* **1.** Rampenlicht(er *pl*) *n*: **to get across the** ~ beim Publikum ‚ankommen‘. **2.** *fig.* (die) Bühne, (das) The'ater.

**foot·ling** ['fu:tlɪŋ] *adj colloq.* läppisch (*Sache*), (*a. Person*) albern.

'**foot**‖**loose** *adj* **1.** frei, ungebunden, unbeschwert: ~ **and fancy-free** frei u. ungebunden. **2.** a) reiselustig, b) rastlos. '**~man** [-mən] *s irr* La'kai *m*. '**~marks** Fußspur *f*. **~muff** *s* Fußsack *m*. '**~note** *s* Fußnote *f* (**to** zu) (*a. fig.*). '**~op·er·at·ed** *adj* mit Fußantrieb, Tret..., Fuß...: ~ **switch** Fußschalter *m*. '**~pace** *s* **1.** Schrittempo *n*: **at a** ~ im Schritt. **2.** *arch.* E'strade *f*. '**~pad** *s obs.* Straßenräuber *m*, Wegelagerer *m*. **~ page** *s* Page *m*. ~ **pas·sen·ger** *s Am.* Fußgänger(in). '**~path** *s* **1.** (Fuß)Pfad *m*, (-)Weg *m*. **2.** *bes. Br.* Bürgersteig *m*. '**~plate** *s rail. bes. hist.* Stand *m* des Lokomo'tivführers u. Heizers. '**~-pound** *s phys.* Foot-pound *n* (*Einheit der Energie u. Arbeit*). **~-'pound·al** *s phys.* Foot-poundal *n* (= $^1/_{32}$ Foot-pound). '**~print** *s* Fußabdruck *m*: ~s *a.* Fußspur(en *pl*) *f*. '**~race** *s* Wettlauf *m*. '**~rest** *s* **1.** → footstool. **2.** Fußraste *f*, -stütze *f*. ~ **rot** *s* **1.** *vet.* Fußfäule *f* (*der Schafe*). **2.** *bot.* Pflanzenkrankheit, *die den Stengel in Bodennähe angreift.* ~ **rule** *s tech.* Zollstab *m*, -stock *m*.

**foot·sie** ['futsɪ] *s*: **to play** ~ (**with**) *colloq.* a) (*unter dem Tisch*) ‚füßeln‘ (mit), b) *fig. Am.* (heimlich) zs.-arbeiten (mit), c) *fig. Am.* sich einschmeicheln (bei).

'**foot**‖**slog** *v/i colloq.* ‚latschen‘, mar'schieren. '**~slog·ger** *s mil. colloq.* ‚Fußlatscher‘ *m* (*Infanterist*). ~ **sol·dier** *s mil.* Infante'rist *m*. '**~sore** *adj* a) fußwund, wund an den Füßen, *bes. mil.* fußkrank, b) ‚fußlahm‘. '**~sore·ness** *s* Wundsein *n* der Füße, wunde Füße *pl*. ~ **spar** *s mar.* Stemmkniet *n*. ~ **spray** *s* Fußspray *m*, *n*. '**~stalk** *s bot. zo.* Stengel *m*, Stiel *m*. '**~stall** *s* **1.** Damensteigbügel *m*. **2.** *arch.* Posta'ment *n*, Säulenfuß *m*. '**~step** *s* **1.** Tritt *m*, Schritt *m*. **2.** Fußstapfe *f*: **to follow in s.o.'s** ~s *fig.* in j-s Fußstapfen treten. **3.** *fig.* Spur *f*, Zeichen *n*. **4.** *rail. etc* Trittbrett *n*. **5.** *tech.* Zapfenlager *n*. '**~stone** *s* **1.** Stein *m* am Fußende e-s Grabes. **2.** *arch.* Grundstein *m*. '**~stool** *s* Schemel *m*, Fußbank *f*. '**~switch** *s tech.* Fußschalter *m*. '**~ton** *s phys.* Fußtonne *f* (*Einheit der Energie u. Arbeit*). ~ **valve** *s tech.* 'Fußven‚til *n*. '**~wall** *s Bergbau:* Liegendschicht *f*, Liegendes *n*. ~ **way** *s* **1.** Fußweg *m*. **2.** Laufsteg *m*. '**~wear** → footgear. '**~wear·y** → footsore. '**~work** *s. sport* Beinarbeit *f*. **2.** Laufe'rei *f*. '**~worn** *adj* **1.** ausgetreten (*Stufen etc*), abgetreten (*Teppich etc*). **2.** → footsore.

**foo·zle** ['fu:zl] (*bes. Golf*) **I** *v/t* e-n Schlag ‚verpatzen‘. **II** *v/i* ‚patzen‘. **III** *s* ‚Patzer‘ *m*, ‚verpatzter‘ Schlag.

**fop** [fɒp; *Am.* fɑp] *s* Geck *m*, Fatzke *m*. '**fop·per·y** [-ərɪ] *s* Geckenhaftigkeit *f*, Affigkeit *f*. '**fop·pish** *adj* geckenhaft, affig. '**fop·pish·ness** → foppery.

**for** [fɔ:(r); *unbetont* fə(r)] **I** *prep* **1.** *allg.* für: **it is good (bad)** ~ **him**; **it was very awkward** ~ **her** es war peinlich für sie, es war ihr sehr unangenehm; **he**

---

spoilt their holidays (*bes. Am.* vacation) ~ them er verdarb ihnen die ganzen Ferien; **she brought a letter** ~ **me to sign** sie brachte mir e-n Brief zur Unterschrift. **2.** für, zu'gunsten von: **a gift** ~ **him** ein Geschenk für ihn; ~ **and against** für u. wider; → **speak for** 1. **3.** für, (mit der Absicht) zu, um (... willen): **to apply** ~ **the post** sich um die Stellung bewerben; **to die** ~ **a cause** für e-e Sache sterben; **to come** ~ **dinner** zum Essen kommen. **4.** (*Wunsch, Ziel*) nach, auf (*acc*): **a claim** ~ **s.th.** ein Anspruch auf e-e Sache; **the desire** ~ **s.th.** der Wunsch *od.* das Verlangen nach etwas; **to call** ~ **s.o.** nach j-m rufen; **to wait** ~ **s.th.** auf etwas warten; **oh, ~ a car!** ach, hätte ich doch nur ein Auto! **5.** a) (*passend od. geeignet*) für, b) (*bestimmt*) für *od.* zu: **tools** ~ **cutting** Werkzeuge zum Schneiden, Schneidewerkzeuge; **the right man** ~ **the job** der richtige Mann für diesen Posten. **6.** (*Mittel*) gegen: **a remedy** ~ **lumbago** ein Mittel gegen; **to treat s.o.** ~ **cancer** j-n gegen *od.* auf Krebs behandeln; **there is nothing** ~ **it but to give in** es bleibt nichts (anderes) übrig, als nachzugeben. **7.** (*als Belohnung*) für: **a medal** ~ **bravery. 8.** (*als Entgelt*) für, gegen, um: **I sold it** ~ **£10** ich verkaufte es für 10 Pfund. **9.** (*im Tausch*) für, gegen: **I exchanged the knife** ~ **a pencil. 10.** (*Betrag, Menge*) über (*acc*): **a postal order** ~ **£2. 11.** (*Grund*) aus, vor (*dat*), wegen: ~ **this reason** aus diesem Grund; **to die** ~ **grief** aus *od.* vor Gram sterben; **to weep** ~ **joy** aus *od.* vor Freude weinen; **I can't see** ~ **the fog** ich kann nichts sehen wegen des Nebels *od.* vor lauter Nebel. **12.** (*als Strafe etc*) für, wegen: **punished** ~ **theft. 13.** dank, wegen: **were it not** ~ **his energy** wenn er nicht so energisch wäre, dank s-r Energie; **if it wasn't** ~ **him** wenn er nicht wäre, ohne ihn; *he would never have done it, if it hadn't been* ~ **me** talking him into it wenn ich ihn nicht dazu überredet hätte. **14.** in *od.* in Anbetracht (*gen*), im 'Hinblick auf (*acc*), im Verhältnis zu: **he is tall** ~ **his age** er ist groß für sein Alter; **it is rather cold** ~ **July** es ist ziemlich kalt für Juli; ~ **a foreigner he speaks English fairly well** für e-n Ausländer spricht er recht gut Englisch. **15.** (*Begabung, Neigung*) für, (*Hang*) zu: **an eye** ~ **beauty** Sinn für das Schöne. **16.** (*zeitlich*) für, während, auf (*acc*), für die Dauer von, seit: ~ **a week** e-e Woche (lang); **come** ~ **a week** komme auf *od.* für e-e Woche; ~ **hours** stundenlang; ~ **a** (*od.* **some**) **time** past seit längerer Zeit; ~ **a long time** past schon seit langem; **not** ~ **a long time** noch lange nicht; **the first picture** ~ **two months** der erste Film in *od.* seit zwei Monaten. **17.** (*Strecke*) weit, lang: **to run** ~ **a mile** e-e Meile (weit) laufen. **18.** nach, auf (*acc*), in Richtung auf (*acc*): **the train** ~ **London** der Zug nach London; **the passengers** ~ **Rome** die nach Rom reisenden Passagiere; **to start** ~ **Paris** nach Paris abreisen; **now** ~ **it!** *Br. colloq.* jetzt (nichts wie) los *od.* drauf!, jetzt gilt's! **19.** für, an Stelle von (*od. gen*), (an)statt: **he appeared** ~ **his brother. 20.** für, in Vertretung *od.* im Auftrag *od.* im Namen von (*od. gen*): **to act** ~ **s.o.** in j-s Auftrag handeln. **21.** für, als: **books** ~ **presents** Bücher als Geschenk; **they were sold** ~ **slaves** sie wurden als Sklaven verkauft; **take that** ~ **an answer** nimm das als Antwort. **22.** trotz (*gen od. dat*), ungeachtet (*gen*): ~ **all that** trotz alledem; ~ **all his wealth** trotz s-s ganzen Reichtums, bei allem Reichtum; ~ **all you may say** sage, was du

---

willst. **23.** was ... betrifft: **as** ~ **me** was mich betrifft *od.* an(be)langt; **as** ~ **that matter** was das betrifft; ~ **all I know** soviel ich weiß; ~ **all of me** meinetwegen, von mir aus. **24.** *nach adj u. vor inf*: **it is too heavy** ~ **me to lift** es ist so schwer, daß ich es nicht heben kann; **it is impossible** ~ **me to come** es ist mir unmöglich zu kommen, ich kann unmöglich kommen; **it seemed useless** ~ **me to continue** es erschien mir sinnlos, noch weiterzumachen. **25.** *mit s od. pron u. inf*: **it is time** ~ **you to go home** es ist Zeit, daß du heimgehst; es ist Zeit für dich heimzugehen; **it is** ~ **you to decide** die Entscheidung liegt bei Ihnen; **it is not** ~ **you to** *inf* a) es ist nicht d-e Sache zu *inf*, b) es steht dir nicht zu *inf*; **he called** ~ **the girl to bring him tea** er rief nach dem Mädchen u. bat es, ihm Tee zu bringen; **don't wait** ~ **him to turn up yet** wartet nicht darauf, daß er noch auftaucht; **there is no need** ~ **anyone to know** es braucht niemand zu wissen. **26.** (*ethischer Dativ*): **that's a wine** ~ **you** das ist vielleicht ein Weinchen, das nenne ich e-n Wein. **27.** *Am.* nach: **he was named** ~ **his father.** **II** *conj* **28.** denn, weil, nämlich. **III** *s* **29.** Für *n*.

**fo·ra** ['fɔ:rə; *Am. a.* 'fəʊrə] *pl von* forum.

**for·age** ['fɒrɪdʒ; *Am. a.* 'fɑr-] **I** *s* **1.** (Vieh-) Futter *n*. **2.** Nahrungs-, Futtersuche *f*. **3.** *mil.* 'Überfall *m*. **II** *v/i* **4.** (nach) Nahrung *od.* Futter suchen. **5.** (her'um)stöbern, (-)wühlen, (-)kramen (**in** in *dat*; **for** nach). **6.** *mil.* e-n 'Überfall machen. **III** *v/t* **7.** mit Nahrung *od.* Futter versorgen. **8.** *obs.* (aus)plündern. ~ **cap** *s mil.* Feldmütze *f*.

'**for·ag·ing ant** *s zo.* Treiberameise *f*.

**fo·ra·men** [fə'reɪmən; *bes. Am.* fɔ'reɪmən] *pl* -**ram·i·na** [-'ræmɪnə], -**mens** *s anat.* Loch *n*, Fo'ramen *n*: ~ **magnum** *anat.* Hinterhauptloch.

**for·a·min·i·fer** [ˌfɔrə'mɪnɪfə(r); *Am. a.* ˌfɑr-] *s zo.* Foramini'fere *f*, Wurzelfüßer *m*.

**for·as·much** [ˌfɔrəz'mʌtʃ; *Am.* 'fɔ:rəzˌmʌtʃ] *conj*: ~ **as** *obs. od. jur.* insofern als.

**for·ay** ['fɒreɪ; *Am.* 'fɔ:-; 'fɑ-] **I** *s* **1.** Beute-, Raubzug *m*. **2.** *bes. mil.* Ein-, 'Überfall *m*. **3.** *fig.* Ausflug *m* (**into** in *acc*): **an unsuccessful** ~ **into politics. II** *v/t* **4.** *obs.* (aus)plündern. **III** *v/i* **5.** *obs.* plündern. **6.** *bes. mil.* einfallen (**into** in *acc*).

**for·bade** [fə'bæd; -'beɪd], -'**bad** *pret von* forbid.

**for·bear¹** [fɔ:(r)'beə(r)] *pret* -**bore** [-'bɔ:(r); *Am. a.* -'bəʊr] *pp* -**borne** [-'bɔ:(r)n; *Am. a.* -'bəʊrn] **I** *v/t* **1.** unter'lassen, Abstand nehmen von, sich (*e-r Sache*) enthalten: **I cannot** ~ **doing** (*od.* **to do**) ich kann nicht umhin, zu tun; **to** ~ **a suit** *jur. Am.* Klageerhebung unterlassen. **2.** *obs.* erdulden, ertragen. **II** *v/i* **3.** da'von Abstand nehmen, es unter'lassen (**from doing** zu tun). **4.** sich beherrschen, sich zu'rückhalten. **5.** geduldig sein, nachsichtig sein (**with** mit).

**for·bear²** → forebear.

**for·bear·ance** [fɔ:(r)'beərəns] *s* **1.** Unter'lassung *f* (*a. jur.*): ~ **to sue** *Am.* Klagunterlassung. **2.** Geduld *f*, Nachsicht *f*. **for·bear·ing** *adj* nachsichtig, geduldig.

**for·bid** [fə(r)'bɪd; fɔ:(r)-] *pret* -**bade** [-'bæd; -'beɪd], -**bad** [-'bæd] *pp* -**bid·den** [-'bɪdn], -**bid I** *v/t* **1.** verbieten, unter'sagen: **to** ~ **s.o. the house** j-m das Haus verbieten. **2.** ausschließen, unmöglich machen: **God** (*od.* **heaven**) ~ **that we ...** möge Gott uns davor behüten *od.* bewahren, daß wir ... **II** *v/i* **3.** **God** (*od.* **heaven**) ~! Gott behüte *od.* bewahre!; **if,**

God ~, ... falls, was Gott verhüten möge, ... **for'bid·dance** s Verbot n. **for'bidden** adj verboten, unter'sagt: ~ fruit fig. verbotene Früchte. **for'bid·ding** adj (adv ~ly) fig. 1. abstoßend, abschreckend, 'widerwärtig. 2. gefährlich, bedrohlich.

**for·bore** [fɔː(r)'bɔː(r); Am. a. -'bəʊr] pret von forbear[1]. **for'borne** [-'bɔː(r)n; Am. a. -'bəʊrn] pp von forbear[1].

**force** [fɔːs; Am. a. 'fəʊərs] **I** s 1. Stärke f, Kraft f, Wucht f (a. fig.): the ~ of an explosion; ~ of gravity phys. Schwerkraft; **by** ~ of durch, kraft (gen), vermittels (gen); **by** ~ of arms mit Waffengewalt; **to join** ~s a) sich zs.-tun, b) mil. s-e Streitkräfte vereinigen (with mit). 2. ~ fig. (a. politische etc) Kraft: ~s of nature Naturkräfte, -gewalten. 3. Gewalt f: **by** ~ gewaltsam, mit Gewalt (→ 4). 4. a. jur. Zwang m, Gewalt(anwendung) f, Druck m: **by** ~ zwangsweise (→ 3); the ~ of circumstances der Zwang der Verhältnisse. 5. jur. (Rechts)Kraft f, (-)Gültigkeit f: **to come** (od. enter) (**put**) **into** ~ in Kraft treten (setzen); **coming** (od. entry) **into** ~ Inkrafttreten n; **in** ~ in Kraft, geltend (→ 9); **legal** ~ Rechtskraft, -wirksamkeit f. 6. Einfluß m, Macht f, Wirkung f, ('Durchschlags-, Über'zeugungs)Kraft f, Nachdruck m: **to lend** ~ **to** Nachdruck verleihen (dat); the ~ of habit die Macht der Gewohnheit. 7. (geistige od. mo'ralische) Kraft. 8. a. ling. Bedeutung f, Gehalt m. 9. colloq. Menge f: **in** ~ in großer Zahl od. Menge (→ 5). 10. mil. a) oft pl Streit-, Kriegsmacht f, **armed** ~s pl (Gesamt)Streitkräfte pl, c) pl Truppe f, Verband m. 11. Truppe f, Mannschaft f: **a strong** ~ **of police** eine starkes Polizeiaufgebot; **the police** ~, Br. a. **the F**~ die Polizei. **II** v/t 12. zwingen, nötigen: **to** ~ s.o. to resign j-n zum Rücktritt zwingen; **to** ~ s.o.'s hand j-n zu handeln zwingen. 13. etwas erzwingen, 'durchsetzen, -drücken: **to** ~ **a smile** gezwungen od. gequält lächeln; **to** ~ s.th. **from** s.o. etwas von j-m erzwingen; **to** ~ s.o.'s release (from prison) j-n freipressen; → entry 7. 14. zwängen, drängen, drücken, pressen: **to** ~ **back** (out, together) zurücktreiben (herausdrücken, zs.-pressen); **she** ~d **back her tears** sie unterdrückte die Tränen; **to** ~ **down** Essen hinunterwürgen; **to** ~ **one's way** sich (durch)zwängen od. (-)drängen (**through** durch). 15. ~ **down** aer. zur Notlandung zwingen. 16. a. ~ **up** econ. Preise hochtreiben. 17. aufzwingen, -drängen (**s.th.** [up]on s.o. j-m etwas): **to** ~ **o.s. on** s.o. sich j-m aufdrängen. 18. über'wältigen. 19. mil. erstürmen, erobern. 20. a. ~ **open** aufbrechen: **to** ~ **a door.** 21. j-m, a. e-r Frau, a. fig. dem Sinn etc Gewalt antun. 22. fig. e-n Ausdruck etc zu Tode hetzen od. reiten. 23. beschleunigen, for'cieren: **to** ~ **the pace.** 24. bot. rasch hochzüchten od. zur Reife bringen. 25. (an)treiben. 26. mus. Töne for'cieren: **to** ~ **one's voice** (od. **the top notes**) pressen.

**forced** adj 1. erzwungen, Zwangs...: ~ **draft** (bes. Br. **draught**) tech. a) künstlicher Zug, b) Fremdbelüftung f; ~ **lubrication** tech. Druckschmierung f; ~ **heir** jur. pflichtteilsberechtigter Erbe; ~ **heirship** jur. Am. Pflichtteil m, n; ~ **labo(u)r** Zwangsarbeit f; ~ **landing** aer. Notlandung f; ~ **loan** econ. Zwangsanleihe f; ~ **march** bes. mil. Gewaltmarsch m; ~ **sale** jur. Zwangs-, Vollstreckungsversteigerung f; ~ **saving** Zwangssparen n. 2. gezwungen, gequält: **a** ~ **smile.** 3. gekünstelt, manie'riert, for'ciert: ~ **style.** **'forc·ed·ly** [-ɪdlɪ] adv gezwungenermaßen.

**force|feed** s tech. Druckschmierung f. **'~-feed** v/t irr 1. zwangsernähren. 2. **to** ~ s.o. **with** (od. **on**) s.th. fig. j-n mit etwas traktieren. ~ **fit** s tech. Preßsitz m.

**'force·ful** adj (adv ~ly) 1. e'nergisch, kraftvoll (Person). 2. eindrucksvoll, -dringlich (Rede etc). 3. zwingend, über'zeugend (Argument etc). **'force·fulness** s 1. e'nergische od. kraftvolle Art. 2. Eindringlichkeit f. 3. (das) Über'zeugende (of an dat).

**'force-land** v/i u. v/t aer. notlanden.

**force ma·jeure** [ˌfɔːsmæ'ʒɜː; Am. ˌfəʊrsmɑː'ʒɜr] s jur. höhere Gewalt.

**'force-meat** s gastr. Farce f, Füllung f.

**for-ceps** ['fɔː(r)seps; Am. -səps] pl **-ceps, -ci·pes** [-sɪpiːz] s 1. med. zo. Zange f: ~ **baby** Zangengeburt f; ~ **delivery** Zangengeburt f, -entbindung f. 2. Pin'zette f.

**force pump** s tech. Druckpumpe f.

**'forc·er** s tech. Kolben m.

**for-ci·ble** ['fɔː(r)səbl; Am. a. 'fəʊr-] adj (adv **forcibly**) 1. a) gewaltsam: → **entry** 7, b) zwangsweise: ~ **repatriation** Zwangsrückführung f. 2. → **forceful.** **'for-ci·ble·ness** s 1. Gewaltsamkeit f. 2. → **forcefulness.**

**'forc·ing|bed, ~ frame** s Früh-, Mistbeet n. ~ **house** s Treibhaus n. ~ **pump** → **force pump.**

**for-ci·pate** ['fɔː(r)sɪpeɪt; -pɪt], a. **'for-ci·pat·ed** [-peɪtɪd] adj zo. zangenförmig.

**for-ci·pes** ['fɔː(r)sɪpiːz] pl von **forceps.**

**ford[1]** [fɔː(r)d; Am. a. fəʊrd] **I** s 1. Furt f. 2. poet. Fluß m, Strom m. **II** v/t 3. durch'waten. **III** v/i 4. 'durchwaten.

**Ford[2]** [fɔːrd; fəʊrd] s Am. sl. ,schickes' Mo'dell (Kleid).

**'ford·a·ble** adj durch'watbar.

**'Ford·ism** s For'dismus m (Rationalisierung der Fertigungskosten durch Massenproduktion).

**for·do** [fɔː(r)'duː] v/t irr obs. 1. töten, vernichten. 2. erschöpfen.

**fore** [fɔː(r); Am. a. fəʊr] **I** adj 1. vorder(er, e, es), Vorder..., Vor... 2. früher(er, e, es). **II** adv 3. mar. vorn. **III** s 4. Vorderteil m, n, -seite f, Front f: **to the** ~ fig. a) bei der od. zur Hand, zur Stelle, b) am Leben, c) im Vordergrund; **to come to the** ~ sich hervortun. 5. mar. Fockmast m. **IV** interj 6. Golf: Achtung! **'fore|-and-'aft** adj mar. in Kiellinie, längsschiffs: ~ **sail** Stag-, Schonersegel n. **'~-and-'aft·er** s mar. Gaffelschoner m. **'fore·arm[1]** s 'Unter-, Vorderarm m.

**fore·arm[2]** v/t: **to** ~ **o.s.** a) sich im voraus bewaffnen, b) fig. sich wappnen (**against** gegen): **forewarned is** ~**ed** gewarnt sein heißt gewappnet sein.

**'fore·bear** s meist pl Vorfahr m, Ahn m. **fore·bode** [fɔː(r)'bəʊd; Am. a. fəʊr-] v/t 1. vor'hersagen, prophe'zeien. 2. ankündigen. 3. Schlimmes ahnen, vor'aussehen. 4. ein böses Vorzeichen od. Omen sein für. **II** v/i 5. weissagen. **fore'bod·ing** s 1. Prophe'zeiung f. 2. (böse) (Vor)Ahnung. 3. (böses) Vorzeichen od. Omen.

**'fore|brace** s mar. Fockbrasse f. **'~-brain** s anat. Vorderhirn n. **'~cab·in** s mar. vordere Ka'jüte.

**fore·cast** ['fɔːkɑːst; Am. 'fɔːrˌkæst; 'fɔːr-] **I** v/t pret u. pp **-cast, -cast·ed** 1. vor'aussagen, vor'hersehen. 2. im voraus schätzen od. planen, vor'ausberechnen. 3. das Wetter etc vor'hersagen. **II** s 4. Vor'aus-, Vor'hersage f. 5. Vor'ausplanung f. 6. ('Wetter)Vor'hersage f, Wetterbericht m.

**fore·cas·tle** ['fəʊksl] s mar. 1. Vor(der)deck n, Back f. 2. Lo'gis n.

**'fore·check·ing** s sport Forechecking n

(das Stören gegnerischer Angriffe bereits in der Entwicklung).

**fore|'close I** v/t 1. **to** ~ **a mortgage** jur. a) e-e Hypothekenforderung geltend machen, b) e-e Hypothek gerichtlich für verfallen erklären, c) Am. aus e-r Hypothek gerichtlich Zwangsvollstreckung betreiben. 2. ausschließen. 3. verhindern. 4. e-e Frage etc vor'wegnehmen. **II** v/i 5. e-e Hypo'thek gerichtlich für verfallen erklären. **~'clo·sure** s jur. a) gerichtliche Verfallserklärung (e-r Hypothek), b) Am. Zwangsvollstreckung f (in ein Grundstück): ~ **action** (od. **suit**) Ausschlußklage f (des Hypothekengläubigers), Am. Zwangsvollstreckungsklage f; ~ **sale** Am. Zwangsversteigerung f. **'~course** s mar. Fock(segel n) f. **'~court** s 1. Vorhof m. 2. Vorplatz m (e-r Tankstelle etc.). 3. Tennis etc: Teil des Spielfeldes zwischen Aufschlaglinie u. Netz. **~deck** s mar. Vor(der)deck n. **~'do** → **fordo.** **~'doom** v/t: ~**ed** (**to failure** od. **to fail**) von vornherein zum Scheitern verurteilt, ,totgeboren'. **~edge** s Außensteg m (am Buch). **'~fa·ther** s Ahn m, Vorfahr m. **~'feel** v/t irr vor'ausfühlen, -ahnen. ~'**fend** → **forfend.** **'~field** s 1. Vorfeld n. 2. Bergbau: Br. Ort(sstoß m) n. **'~fin·ger** s Zeigefinger m. **'~foot** s irr 1. zo. Vorderfuß m. 2. mar. Stevenanlauf m. **'~front** s vorderste Reihe (a. fig.): **to fight in the** ~ **of the battle** mil. in vorderster Linie kämpfen; **to live in the** ~ **of one's time** zu den Fortschrittlichsten s-r Zeit gehören; **to be in the** ~ **of** s.o.'s **mind** j-n nicht loslassen od. immer wieder beschäftigen. **~'gath·er** → **forgather.**

**fore'go[1]** v/t u. v/i irr vor'angehen (dat), (zeitlich a.) vor'hergehen (dat).

**fore'go[2]** → **forgo.**

**fore'go·er** s 1. Vorgänger(in). 2. Vorfahr m. **fore'go·ing** adj vor'hergehend, vorerwähnt, vorstehend.

**'fore|-gone** adj 1. vor'hergegangen od. -gehend, früher. 2. ~ **conclusion** ausgemachte Sache, Selbstverständlichkeit f: **his victory was a** ~ **conclusion** sein Sieg stand von vornherein fest. **'~ground** s Vordergrund m (a. fig.). **'~ham·mer** s tech. Vorschlaghammer m.

**'fore·hand I** adj 1. sport Vorhand... 2. ~ **weggenommen**: ~ **rent** Scot. im voraus zahlbare Miete od. Pacht. **II** s 3. sport a) Vorhand f: **he took the ball on his** ~ er nahm den Ball mit der Vorhand, b) Vorhandschlag m. 4. Vor(der)hand f (vom Pferd). **III** adv 5. mit der Vorhand. **'fore'hand·ed** adj 1. sport Vorhand... Am. a) sparsam, b) wohlhabend.

**fore·head** ['fɒrɪd; Am. 'fɔːrəd] s Stirn f. **'fore·hold** s mar. vorderer Laderaum.

**for·eign** ['fɒrən; Am. a. 'fɑ-] adj 1. fremd, ausländisch, -wärtig, Auslands..., Außen...: ~ **affairs** Außenpolitik f, auswärtige Angelegenheiten; ~ **aid** pol. Auslandshilfe f; ~ **bill** (of exchange) econ. Auslandswechsel m; ~**-born** im Ausland geboren; ~ **control** econ. Überfremdung f; ~**-controlled** econ. überfremdet; ~ **corporation** econ. Am. ausländische (Kapital)Gesellschaft; ~ **country, ~ countries** Ausland n; ~ **currency** a) Fremdwährung f, ausländische Währung, b) econ. Devisen pl; ~ **department** Auslandsabteilung f; ~ **domination** Fremdherrschaft f; ~ **exchange** econ. Devisen pl; ~**-exchange control** econ. Devisenbewirtschaftung f; ~**-exchange dealer** econ. Devisenhändler m; ~**-going vessel** mar. Schiff n auf großer Fahrt od. Auslandsfahrt; ~ **language**

Fremdsprache *f*; **~-language** a) fremd-sprachig, b) fremdsprachlich, Fremd-sprachen...; **~ legion** *mil.* Fremdenle-gion *f*; **~ loan** *econ.* Auslandsanleihe *f*; **~ minister** *pol.* Außenminister *m*; **~ ministry** *pol.* Außenministerium *n*; **~ missionary** *relig.* Missionar *m* im Ausland; **F~ Office** *pol. Br.* Außenministerium *n*; **~ order** *econ.* Auslands-, Exportauftrag *m*; **~-owned** in ausländischem Besitz (befindlich); **~ policy** Außenpolitik *f*; **~-policy** außenpolitisch; **F~ Secretary** *pol. Br.* Außenminister *m*; **~ trade** *econ.* Außenhandel *m*; **~ transaction** Aus-landsgeschäft *n*; **~ word** *ling.* a) Fremd-wort *n*, b) Lehnwort *n*; **~ worker** Gast-arbeiter *m*. **2.** *econ.* Devisen...: **~ assets** Devisenwerte. **3.** fremd (**to** *dat*): **that is ~ to his nature** das ist ihm wesensfremd; **~ body** (*od.* **matter**) *med.* Fremdkörper *m*. **4.** nicht gehörig *od.* passend (**to** zu). **5.** seltsam, unbekannt, fremd. **'for·eign·er** *s* **1.** Ausländer(in). **2.** etwas Ausländisches, *bes.* a) ausländisches Schiff, b) ausländisches Pro'dukt, c) *pl* (*Börse*) Auslandswerte. **'for·eign·ism** *s* **1.** fremde Spracheigentümlichkeit *od.* Sitte. **2.** Nachahmung *f* des Fremden. **'for·eign·ness** *s* Fremdheit *f*. **fore'judge** *v/t* **1.** im voraus *od.* vor-schnell be- *od.* verurteilen. **2.** → for-judge. **~'know** *v/t irr* vor'herwissen, vor'herige Kenntnis haben von. **~-'knowl·edge** *s* Vor'herwissen *n*, vor-'herige Kenntnis. **'fore·la·dy** *Am.* → forewoman. **'~-land** [-lənd] *s* **1.** Kap *n*, Vorgebirge *n*, Landspitze *f*. **2.** *geol.* Vorland *n*. **'~-leg**, **'~-limb** *s zo.* Vorderbein *n*. **'fore·lock[1]** *s* Stirnlocke *f*, -haar *n*: **to take time by the ~** die Gelegenheit beim Schopf fassen *od.* packen. **'fore·lock[2]** *s tech.* Splint *m*, Vorsteck-keil *m*. **fore·man** ['fɔː(r)mən; *Am. a.* 'fəʊr-] *s irr* **1.** Vorarbeiter *m*, Aufseher *m*, (Werk-)Meister *m*, (*am Bau*) Po'lier *m*, (*Bergbau*) Steiger *m*. **2.** *jur.* Obmann *m* (*der Ge-schworenen*). **'~-mast** [-maːst; *mar.* -məst; *Am.* -ˌmæst] *s mar.* Fockmast *m*. **'fore·most** [-məʊst] **I** *adj* **1.** vorderst(er, e, es), erst(er, e, es). **2.** *fig.* a) vor-nehmst(er, e, es), b) her'ausragendst(er, e, es). **II** *adv* **3.** zu'erst: a) an erster Stel-le: **first and ~** zu allererst, b) vor'an: → foot 1, head *Bes. Redew.*, heel[1] *Bes. Redew.* **'fore·name** *s* Vorname *m*. **'~-noon I** *s* Vormittag *m*. **II** *adj* Vormittags... **fo·ren·sic** [fə'rensɪk] *adj jur.* fo'rensisch, Gerichts...: **~ chemistry** (**medicine**, **psychology**). **fore·or'dain** *v/t* vor'herbestimmen: **he was ~ed to success** (*od.* **to succeed**) sein Erfolg war ihm vorherbestimmt. **~or'dain·ment**, **~or·di'na·tion** *s* Vor'herbestimmung *f*. **'~-part** *s* **1.** Vor-derteil *m*, *n*. **2.** Anfang *m*: **the ~ of the morning** der frühe Vormittag. **'~-paw** *s zo.* Vorderpfote *f*. **'~-play** *s* (*sexuelles*) Vorspiel. **'~-quar·ter** *s* Vorderviertel *n* (*e-s Tieres*). **'~-reach** *v/t* über'holen. **~'run** *v/t irr* **1.** vor'auslaufen (*dat*). **2.** *fig.* ankündigen, der Vorbote (*gen*) sein. **'~-run·ner** *s* **1.** *Skisport:* Vorläufer *m* (*a. fig.*): **the ~s of modern science. 2.** a) Vorbote *m* (*a. fig.*): **the ~s of spring**, b) *fig.* (erstes) Anzeichen: **the ~ of a cold. 3.** Vorfahr *m*. **'fore·said** → aforesaid. **'~-sail** [-seɪl; *mar.* -sl] *s mar.* **1.** Focksegel *n*. **2.** Stag-fock *f*. **~'see** *v/t irr* vor'her-, vor'aus-sehen. **~'see·a·ble** *adj* vor'auszuse-hen(d), absehbar: **in the ~ future** in absehbarer Zeit. **~'shad·ow** *v/t* ahnen

lassen, andeuten. **'~-sheet** *s mar.* Fock-schot *f*. **'~-ship** *s mar.* Vorderschiff *n*. **'~-shore** *s* **1.** Strand *m*. **2.** Uferland *n*, (Küsten)Vorland *n*. **~'short·en** *v/t* Figu-ren verkürzen, in Verkürzung *od.* per-spek'tivisch zeichnen. **~'short·en·ing** *s* (*zeichnerische*) Verkürzung. **'~-sight** *s* **1.** *fig.* a) Weitblick *m*, b) (*weise*) Vor'aus-sicht, c) Blick *m* in die Zukunft; → hindsight 2. **2.** *mil.* (Vi'sier)Korn *n*. **3.** *tech.* 'Vorwärtsvi¦sieren *n*, -ablesen *n*. **~'sight·ed** *adj* vor'ausschauend. **'~-skin** *s anat.* Vorhaut *f*.

**for·est** ['fɒrɪst; *Am. a.* 'fɑ-] **I** *s* **1.** a) (*großer*) Wald: **~ fire** Waldbrand *m*, b) Forst *m*: **~ ranger** *bes. Am.* Förster *m*. **2.** *fig.* (*Antennen- etc*)Wald *m*. **II** *v/t* **3.** aufforsten. **'for·est·al** *adj* Wald..., Forst... **fore'stall** [-'stɔːl] *v/t* **1.** j-m, e-r Sache zu'vorkommen. **2.** e-r Sache vorbeugen. **3.** e-n Einwand *etc* vor'wegnehmen. **4.** *econ.* im voraus aufkaufen: **to ~ the market** durch Aufkauf den Markt be-herrschen. **'~-stay** *s mar.* Fockstag *n*. **'for·est·ed** *adj* bewaldet. **'for·est·er** *s* **1.** Förster *m*. **2.** Waldbewohner *m* (*a. Tier*). **'for·est·ry** [-rɪ] *s* **1.** Forstwirt-schaft *f*, -wesen *n*. **2.** Waldgebiet *n*, Wäl-der *pl*. **fore·tack** *s mar.* Fockhals *m*. **~-taste I** *s* ['-teɪst] Vorgeschmack *m* (**of** von): **to give s.o. a ~ of s.th. II** *v/t* [-'teɪst] e-n Vorgeschmack haben von. **~'tell** *v/t irr* vor'her-, vor'aussagen: **to ~ s.o.'s future** j-m die Zukunft vorher-sagen. **'~-thought** *s* **1.** Vorsorge *f*, -be-dacht *m*. **2.** (*weise*) Vor'aussicht. **'~-token I** *s* ['-ˌtəʊkən] Vor-, Anzeichen *n*. **II** *v/t* [-ˌtəʊkən] ein Vor- *od.* An-zeichen sein für. **'~-tooth** *s irr anat.* Vorderzahn *m*. **'fore·top** [-tɒp; *mar.* -təp; *Am.* -ˌtɑp] *s mar.* Fock-, Vormars *m*. **'~-top¦gal-ant** *s mar.* Vorbramsegel *n*: **~ mast** Vorbramstenge *f*. **'~-top·mast** [-maːst; *bes. Am.* -məst] *s mar.* Fock-, Vormars-stenge *f*. **'~-top·sail** [-tɒpseɪl; *mar.* -sl; *Am.* -ˌtɑpsəl] *s mar.* Vormarssegel *n*. **for·ev·er**, *Br. a.* **for ev·er I** *adv* **1.** a. **~ and ever** für *od.* auf immer, für alle Zeit(en). **2.** ständig, (an)dauernd, unauf-hörlich: **he is ~ asking questions. 3.** *colloq.* endlos lang: **he was speaking ~. II** *s* **4. it took him ~ to ...** *colloq.* er brauchte endlos lang *od.* e-e Ewigkeit um zu ... **for·ev·er·more**, *Br. a.* **for ev·er·more** *adv* für immer u. ewig. **fore'warn** *v/t* vorher warnen (**of** vor *dat*): → forearm[2]. **'~-wom·an** *s irr* **1.** Vorarbeiterin *f*, Aufseherin *f*. **2.** *jur.* Obmännin *f* (*der Geschworenen*). **'~-word** *s* Vorwort *n* (**to** zu). **'~-yard** *s mar.* Fockrahe *f*. **for·far** ['fɔː(r)fə(r)] *s* grobes, schweres Leinen. **for·feit** ['fɔː(r)fɪt] **I** *s* **1.** (Geld-, *a.* Ver-trags)Strafe *f*, Buße *f*, Reugeld *n*: **to pay the ~ of one's life** mit s-m Leben be-zahlen; **his health was the ~ he paid for** ... **2.** Einbuße *f*, Verlust *m*: **~ of civil rights** *Am.* Aberkennung *f* der bürger-lichen Ehrenrechte. **3.** verwirktes Pfand. **4.** Pfand *n*: **to pay a ~** ein Pfand geben. **5.** *pl* (*als sg konstruiert*) Pfänderspiel *n*: **to play ~s** ein Pfänderspiel machen. **II** *v/t* **6.** Eigentum, Rechte, sein Leben *etc* ver-wirken, verlieren, e-r Sache verlustig ge-hen. **7.** *fig.* einbüßen, verlieren, sich *et-was* verscherzen. **8.** einziehen. **III** *adj* **9.** verwirkt, verfallen: **to declare ~** für verfallen erklären. **'for·feit·a·ble** *adj* **1.** verwirkbar. **2.** ein-ziehbar. **'for·fei·ture** [-tʃə(r); *Am.* -

-ˌtʃʊər] *s* **1.** → forfeit 1, 2. **2.** Einziehung *f*, Entzug *m*. **for·fend** [fɔː(r)'fend] *v/t* **1.** *Am.* schützen, sichern (**from** vor *dat*). **2.** verhüten (*obs. außer in Wendungen wie*): **may God ~ that** ... **for·gath·er** *v/i* **1.** zs.-kommen, sich tref-fen, sich versammeln. **2.** zufällig zs.-treffen. **3.** verkehren (**with** mit). **forge[1]** [fɔː(r)dʒ; *Am. a.* fəʊrdʒ] **I** *s* **1.** Schmiede *f*. **2.** *tech.* Esse *f*, Schmiede-feuer *n*. **3.** *tech.* Glühofen *m*. **4.** *tech.* Hammerwerk *n*, Puddelhütte *f*: **~ iron** Schmiedeeisen *n*; **~ scale** Hammer-schlag *m*, Zunder *m*. **5.** schmieden. **6.** formen, schaffen. **7.** erdichten, erfin-den, sich ausdenken. **8.** fälschen, nach-machen: **to ~ a document** (**signature**, *etc*). **III** *v/i* **9.** schmieden. **forge[2]** [fɔː(r)dʒ; *Am. a.* fəʊrdʒ] *v/i* **1.** a) *meist* **~ ahead** sich (*mühsam*) vor-'ankämpfen, b) **~ through the under-wood** sich e-n Weg durchs Unterholz bahnen; **~ ahead** *fig.* allmählich Fort-schritte machen. **2. ~ ahead** *sport* sich (durch e-n Zwischenspurt) an die Spitze setzen. **forge·a·ble** *adj* schmiedbar. **forged** *adj* **1.** geschmiedet, Schmiede... **2.** ge-fälscht, nachgemacht. **'forg·er** *s* **1.** (Grob-, Hammer)Schmied *m*. **2.** Erdich-ter *m*, Erfinder *m*. **3.** Fälscher *m*: **~ (of coin)** Falschmünzer *m*; **~ (of docu-ments)** Urkundenfälscher *m*. **'forg·er·y** [-ərɪ] *s* **1.** Fälschen *n*: **~ of a document** Urkundenfälschung *f*. **2.** Fälschung *f*, Falsifi'kat *n*. **for·get** [fə(r)'get] *pret* **for·got** [-'gɒt; *Am.* -'gɑt] *pp* **for·got·ten** [-'gɒtn; *Am.* -'gɑtn] *od.* **for·got I** *v/t* **1.** vergessen: a) nicht denken an (*acc*): **he forgot to post the letter**, b) sich nicht erinnern an (*acc*): **~ his name** sein Name ist mir entfallen *od.* fällt mir im Moment nicht ein; **never to be forgotten** unvergeß-lich; **I'll never ~ meeting my wife** ich werde niemals vergessen, wie ich m-e Frau kennenlernte; **don't ~ what you were going to say** vergessen Sie Ihre Rede nicht; **she's been ~ting a lot of things lately** sie ist in letzter Zeit sehr vergeßlich, c) verlernen: **I have for-gotten my French**, d) (*aus Unachtsam-keit*) unter'lassen: **she forgot to close the window**, e) hängen-, liegen-, stehen-lassen: **I have forgotten my coat** (**keys**, **umbrella**). **2.** unbeachtet lassen: **~ it!** a) schon gut!, vergiß es! (*beide a. verärgert*), b) ‚das kannst du vergessen'!; **don't ~ it!** merk dir das! **3.** außer acht lassen, über'gehen: **don't ~ the waitress** vergiß nicht, der Bedienung ein Trinkgeld zu geben; **not ~ting** nicht zu vergessen. **4.** ~ o.s. a) sich vergessen, ‚aus der Rolle fallen', b) sich selbst ver-gessen, (*nur*) an andere denken, c) sich *od.* s-e 'Umwelt vergessen. **II** *v/i* **5.** (es) vergessen: **don't ~!** vergiß es nicht!; **she never ~s** sie vergißt nie etwas; *what is his name?* **I ~** das ist mir entfallen *od.* fällt mir im Moment nicht ein; **to ~ about** vergessen (*acc*); **~ about it!** a) reg dich nicht auf!, b) ‚das kannst du vergessen'! **for·get·ful** *adj* (*adv* **~ly**) **1.** vergeßlich. **2.** achtlos, nachlässig (**of** gegen'über): **~ of one's duties** pflichtvergessen. **for·'get·ful·ness** *s* **1.** Vergeßlichkeit *f*. **2.** Achtlosigkeit *f*, Nachlässigkeit *f*. **for·'get-me-not** *s bot.* (*ein*) Vergißmein-nicht *n*. **for·'get·ta·ble** *adj* (leicht) zu verges-sen(d): **this film is absolutely ~** den Film kann man getrost vergessen. **forge wa·ter** *s tech.* Abschreck-, Lösch-wasser *n*.

**'forg·ing** *s* **1.** Schmieden *n*: ~ **die** Schmiedegesenk *n*; ~ **press** Schmiede-, Warmpresse *f*. **2.** Schmiedearbeit *f*, -stück *n*. **3.** Fälschen *n*.

**for'giv·a·ble** *adj* verzeihlich, verzeihbar.

**for·give** [fə(r)'gɪv] *irr* **I** *v/t* **1.** verzeihen, vergeben: **to** ~ **s.o. (for doing) s.th.** j-m etwas verzeihen; ~**n and forgotten** vergeben u. vergessen. **2.** *j-m e-e* Schuld etc erlassen: **to** ~ **s.o. a debt. II** *v/i* **3.** vergeben, verzeihen. **for'give·ness** *s* **1.** Verzeihung *f*, Vergebung *f*. **2.** Versöhnlichkeit *f*. **for'giv·ing** *adj (adv* ~**ly)** **1.** versöhnlich. **2.** verzeihend. **for'giv·ing·ness** *s* Versöhnlichkeit *f*.

**for·go** [fɔː(r)'ɡəʊ] *v/t irr* verzichten auf *(acc)*.

**for·got** [fə'ɡɒt; *Am.* fər'ɡɑt] *pret u. pp von* **forget. for'got·ten** [-tn] *pp von* **forget.**

**for in·stance** *s Am. colloq.* Beispiel *n*: **to give s.o. a** ~.

**for'judge** [fɔː(r)-; *Am. a.* fəʊr-] *v/t*: **to** ~ **s.o. (of** *od.* **from) s.th.** *jur.* j-m etwas aberkennen.

**fork** [fɔː(r)k] **I** *s* **1.** (Eß-, Heu-, Mist- *etc*)Gabel *f*. **2.** *mus.* Stimmgabel *f*. **3.** Gabelstütze *f*. **4.** *tech.* Gabel *f*. **5.** Gabelung *f (e-s Flusses; e-r Straße a.)* Abzweigung *f*. **6.** *bes. Am.* a) Zs.-fluß *m*, b) *oft pl* Gebiet *n* an e-r Flußgabelung. **II** *v/t* **7.** gabelförmig machen, gabeln. **8.** mit e-r Gabel aufladen *od.* wenden: **to** ~ **the soil over** den Boden mit e-r Gabel umgraben *od.* lockern. **9.** *Schach: zwei Figuren* gleichzeitig angreifen. **10.** ~ **out,** ~ **over,** ~ **up** *colloq.* Geld her'ausrücken, ,blechen'. **III** *v/i* **11.** sich gabeln *(Fluß, Straße a.)* abzweigen. **12.** sich gabelförmig teilen *od.* spalten.

**forked** *adj* **1.** gegabelt, gabelförmig, gespalten: ~ **tongue** gespaltene Zunge; **to speak with a** ~ **tongue** *fig.* mit gespaltener Zunge sprechen. **2.** zickzackförmig: ~ **lightning** Linienblitz *m*.

**'fork·lift (truck)** *s tech.* Gabel-, Hubstapler *m*. ~ **lunch,** ~ **sup·per** *s Br.* kaltes Bü'fett.

**'fork·y** → **forked** 1.

**for·lorn** [fə(r)'lɔː(r)n] *adj* **1.** verlassen, einsam. **2.** verzweifelt, hoffnungs-, hilflos. **3.** unglücklich, elend. **4.** verzweifelt: **a last** ~ **attempt.** **5.** beraubt *(of gen)*: ~ **of hope** aller Hoffnung beraubt. ~ **hope** *s* **1.** aussichtsloses *od.* verzweifeltes Unter'nehmen. **2.** *mil. a) hist.* verlorener Haufen, b) verlorener Posten, c) 'Himmelfahrtskom,mando *n*. **3.** schwache *od.* letzte (verzweifelte) Hoffnung.

**form** [fɔː(r)m] **I** *s* **1.** Form *f*, Gestalt *f*: **to take** ~ Form *od.* Gestalt annehmen *(a. fig.);* **in the** ~ **of** in Form von *(od. gen);* **in tablet** ~ in Tablettenform. **2.** *tech.* Form *f:* a) Fas'son *f*, b) Scha'blone *f*. **3.** Form *f:* a) Art *f:* ~ **of government** Regierungsform; ~**s of life** Lebensformen, b) Art *f* u. Weise *f*, Verfahrensweise *f*, c) Sy'stem *n*, Schema *n:* → **due** 10. **4.** *a.* **printed** ~ Formu'lar *n*, Vordruck *m:* ~ **letter** Schemabrief *m*. **5.** *(literarische etc)* Form *f:* a) Fas'son *f*, b) Scha'blone *f*. **6.** Form *f (a. ling.),* Fassung *f (e-s Textes etc):* ~ **class** *ling.* a) Wortart *f*, b) morphologische Klasse. **7.** *philos.* Form *f:* a) Wesen *n*, Na'tur *f*, b) Gestalt *f*, c) *Platonismus:* I'dee *f*. **8.** Erscheinungsform *f*, -weise *f*. **9.** Sitte *f*, Brauch *m*. **10.** ('herkömmliche) gesellschaftliche Form, Ma'nieren *pl*, Benehmen *n:* **good (bad)** ~ guter (schlechter) Ton; **it is good (bad)** ~ es gehört sich (nicht); **for** ~**'s sake** der Form halber. **11.** Formali'tät *f:* → **matter** 3. **12.** Zeremo'nie *f*. **13.** *math. tech.* Formel *f:* ~ **of oath** *jur.* Eidesformel. **14.** (körperliche *od.* geistige) Verfassung, Form *f:* **in (out of** *od.* **off**

one's) ~ (nicht) in Form; **to feel in good** ~ sich gut in Form fühlen; **at the top of one's** ~, **in great** ~ in Hochform. **15.** a) *(bes.* lange) Bank (ohne Rückenlehne), b) *Br. obs.* (Schul)Bank *f*. **16.** *bes. Br.* (Schul)Klasse *f:* ~ **master (mistress)** Klassenlehrer(in). **17.** *Br. meist* **forme** *print.* (Druck)Form *f*. **18.** *Br. sl.* Vorstrafen(liste *f*) *pl:* **he's got** ~ er ist vorbestraft.

**II** *v/t* **19.** formen, bilden, schaffen, entwickeln, gestalten *(into* zu; *after, on, upon* nach): **to** ~ **a government** e-e Regierung bilden; **to** ~ **a company** e-e Gesellschaft gründen; **they** ~**ed themselves into groups** sie schlossen sich zu Gruppen zusammen. **20.** *den Charakter etc* formen, bilden. **21.** a) *e-n Teil etc* bilden, ausmachen, darstellen, b) dienen als. **22.** (an)ordnen, Zs.-stellen. **23.** *mil.* (into) for'mieren (in *acc)*, aufstellen (in *dat)*. **24.** *e-n Plan* fassen, entwerfen, ersinnen. **25.** sich *e-e* Meinung bilden: → **idea** 1. **26.** *e-e* Freundschaft *etc* schließen. **27.** *e-e* Gewohnheit annehmen. **28.** *ling.* Wörter bilden. **29.** *tech.* (ver)formen, fasso'nieren, for'mieren.

**III** *v/i* **30.** Form *od.* Gestalt annehmen, sich formen, sich gestalten, sich bilden, entstehen *(alle a. fig.)*. **31.** *a.* ~ **up** *mil.* antreten, sich for'mieren (into in *acc)*.

**-form** [fɔː(r)m] *Wortelement mit der Bedeutung* ...förmig.

**for·mal** ['fɔː(r)ml] **I** *adj (adv* → **formally)** **1.** förmlich, for'mell: a) offizi'ell: ~ **call** Höflichkeitsbesuch *m*, b) feierlich: ~ **event** → 6; ~ **dress** → 7, c) steif, 'unper,sönlich, d) (peinlich) genau, pe'dantisch (die Form wahrend), e) formgerecht, vorschriftsmäßig: ~ **contract** *jur.* förmlicher Vertrag. **2.** for'mal, for'mell: a) (rein) äußerlich, b) (rein) gewohnheitsmäßig, c) scheinbar, Schein... **3.** for'mal: a) 'herkömmlich, konventio'nell: ~ **style,** ~ **composition,** b) schulmäßig, streng me'thodisch: ~ **training** formale Ausbildung, c) Form...: ~ **defect** *jur.* Formfehler *m*. **4.** *philos.* a) for'mal, b) wesentlich. **5.** regelmäßig, sym'metrisch (angelegt): ~ **garden** architektonischer Garten. **II** *s Am.* **6.** Veranstaltung, für die Gesellschaftskleidung vorgeschrieben ist. **7.** Gesellschafts-, Abendkleid *n od.* -anzug *m*.

**for·mal·de·hyd(e)** [fɔː(r)'mældɪhaɪd] *s chem.* Formalde'hyd *n*. **'for·ma·lin** [-məlɪn] *s chem.* Forma'lin *n*.

**'for·mal·ism** *s* Forma'lismus *m:* a) *Überbetonung der Form od. des Formalen,* b) *etwas rein äußerlich, mechanisch Vollzogenes,* c) *math.* Auffassung der Mathematik als Wissenschaft von rein for'malen Strukturen, d) *in den Staaten des Ostblocks bekämpfte Richtung in Kunst u. Literatur, die die Rolle des ideologischen Inhalts verneint u. der Form e-e übertriebene Bedeutung beimißt.* **'for·mal·ist** *s* Forma'list *m*. **,for·mal'is·tic** *adj (adv* ~**ally)** forma'listisch. **for'mal·i·ty** [-'mælətɪ] *s* **1.** Förmlichkeit *f:* a) 'Herkömmlichkeit *f*, b) Feierlichkeit *f*, c) *(das)* Offizi'elle, offizi'eller Cha'rakter, d) Steifheit *f*, 'Umständlichkeit *f*: **without** ~ ohne (viel) Umstände (zu machen). **2.** Formali'tät *f:* a) Formsache *f*, b) Vorschrift *f*: **for the sake of** ~ aus formellen Gründen. **3.** Äußerlichkeit *f*, leere Geste. **'for·mal·ize** [-məlaɪz] **I** *v/t* **1.** zur Formsache machen, formali'sieren. **2.** feste Form geben *(dat)*, in e-e feste Form bringen. **II** *v/i* **3.** förmlich sein. **'for·mal·ly** *adv* **1.** → **formal** I. **2.** for'mell, in aller Form.

**for·mant** ['fɔː(r)mənt] *s* For'mant *m:* a) *(Akustik) e-r der charakteristischen Teil-*

töne *e-s Lautes,* b) *ling.* Formans *n (grammatisches Bildungselement).*

**for·mat** ['fɔː(r)mæt] *s* **1.** *print.* a) Aufmachung *f*, b) For'mat *n*. **2.** Gestaltung *f (e-s Fernsehprogramms etc)*. **3.** *Computer:* For'mat *n (Umfang u. Anordnung von Stellen für Ein- u. Ausgabe).*

**for·mate** ['fɔː(r)meɪt] *s chem.* Formi'at *n*.

**for·ma·tion** [fɔː(r)'meɪʃn] *s* **1.** Bildung *f:* a) Formung *f*, Gestaltung *f*, b) Entstehung *f*, -wicklung *f:* ~ **of gas** Gasbildung, c) Gründung *f:* ~ **of a company,** d) Gebilde *n:* **new word** ~**s** neue Wortbildungen. **2.** Anordnung *f*, Struk'tur *f*, Zs.-setzung *f*, Bau *m*. **3.** *aer. mil. sport* Formati'on *f*, Aufstellung *f:* ~ **in depth** a) *mil.* Tiefengliederung *f*, b) *sport* tiefe Staff(e)lung *f*. **4.** *aer. mil.* Formati'on *f*, Verband *m:* ~ **flight** Formations-, Verbandsflug *m*. **5.** *geol.* Formati'on *f*.

**form·a·tive** ['fɔː(r)mətɪv] **I** *adj* **1.** formend, gestaltend, bildend. **2.** Entwicklungs...: **the** ~ **years** of a child. **3.** *ling.* formbildend: ~ **element** → 5. **4.** *bot. zo.* morpho'gen: ~ **growth;** ~ **stimulus** Neubildungsreiz *m;* ~ **tissue** Bildungsgewebe *n*. **II** *s* **5.** *ling.* Forma'tiv *n:* a) → **formant** 1, b) *kleinstes Element mit syntaktischer Funktion innerhalb e-r Kette.*

**form drag** *s phys.* 'Form-, 'Druck,widerstand *m*.

**forme** *Br. für* **form** 17.

**form·er¹** ['fɔː(r)mə(r)] *s* **1.** Former *m*, Gestalter *m*. **2.** *tech.* Former *m (Arbeiter)*. **3.** *tech.* Form-, Drückwerkzeug *n*. **4.** *aer.* Spant *m*. **5.** *ped. bes. Br.* in Zssgn Schüler(in) der ... Klasse.

**for·mer²** ['fɔː(r)mə(r)] *adj* **1.** früher(er, e, es), vorig(er, e, es): **the** ~ **Mrs. Smith** die frühere Frau Smith; **he is his** ~ **self again** er ist wieder (ganz) der alte. **2.** vor'hergehend, vor'herig(er, e, es). **3.** vergangen: **in** ~ **times** früher. **4.** erst-erwähnt(er, e, es), erstgenannt(er, e, es) *(von zweien):* **the** ~ **...** letzter(er, e, es) ... letzter(er, e, es). **5.** ehemalig(er, e, es): **a** ~ **president.**

**for·mer·ly** *adv* früher, ehemals: **Mrs. Smith,** ~ **Brown** a) Frau Smith, geborene Brown, b) Frau Smith, ehemalige Frau Brown.

**'form,fit·ting** *adj* **1.** enganliegend *(Kleidungsstück)*. **2.** körpergerecht *(Sessel etc)*.

**for·mic ac·id** ['fɔː(r)mɪk] *s chem.* Ameisen-, Me'thansäure *f*.

**for·mi·car·i·um** [,fɔː(r)mɪ'keərɪəm] *pl* -'**car·i·a** [-ə], **for·mi·car·y** [-kərɪ; *Am.* -,keri:] *s zo.* Ameisenhaufen *m*, -nest *n, bes.* Formi'karium *n (zum Studium des Verhaltens der Tiere künstlich angelegtes Ameisennest).* **for·mi'ca·tion** [-'keɪʃn] *s med.* Formi'katio *f*, Ameisenkriechen *n*, -laufen *n*, Kribbelgefühl *n*.

**for·mi·da·ble** ['fɔː(r)mɪdəbl] *adj (adv* **formidably) 1.** furchterregend, -einflößend. **2.** gefährlich, ernstzunehmen *(Gegner etc)*, gewaltig, riesig *(Schulden etc)*, schwierig, knifflig *(Frage etc)*. **3.** eindrucksvoll.

**'form·ing** *s* **1.** Formen *n*. **2.** *tech.* Verformung *f*, Fasso'nierung *f:* ~ **property** Verformbarkeit *f*.

**'form·less** *adj (adv* ~**ly)** formlos. **'form·less·ness** *s* Formlosigkeit *f*.

**for·mu·la** ['fɔː(r)mjʊlə] *pl* **-las, -lae** [-liː] *s* **1.** *chem. math. u. fig.* Formel *f:* **to seek a** ~ *fig.* e-e gemeinsame Formel suchen; **drinking alcohol and driving a car is a** ~ **for trouble** Autofahren nach Alkoholgenuß führt leicht zu Schwierigkeiten. **2.** *pharm.* Re'zept *n (zur Anfertigung)*. **3.** *relig.* (Glaubens-, Gebets)Formel *f*. **4.** a) Formel *f*, fester Wortlaut, b) *contp.* (leere) Phrase.

**5.** *contp.* ‚Schema F‘, Scha'blone *f*: a ~ work e-e schablonenhafte Arbeit. **6.** *mot.* Formel *f* (*für Rennwagen*). **'for·mu·lar·ize** [-ləraɪz] *v/t* **1.** → formulate 1. **2.** *fig.* schabloni'sieren. **'for·mu·lar·y** [-lərɪ; *Am.* -ˌleri:] **I** *s* **1.** Formelsammlung *f*, -buch *n*. **2.** Formel *f*. **3.** Arz'neimittel-, Re'zeptbuch *n*. **4.** *relig.* Ritu'albuch *n*. **II** *adj* **5.** förmlich, formelhaft. **6.** vorschriftsmäßig. **7.** *relig.* ritu'ell. **8.** For·mel... **'for·mu·late** [-leɪt] *v/t* **1.** formu'lieren: a) (ab)fassen, darlegen, b) in e-r Formel ausdrücken, auf e-e Formel bringen. **2.** *im Programm etc* aufstellen, festlegen. ˌfor·mu'la·tion *s* Formu'lierung *f*, Fassung *f*.
**for·mu·lism** ['fɔ:(r)mjʊlɪzəm] *s* Formelhaftigkeit *f*. ˌfor·mu'lis·tic *adj* (*adv* ~ally) formelhaft. **'for·mu·lize** → formulate.
**'form·work** *s tech.* (Ver)Schalung *f*.
**for·myl** ['fɔ:(r)maɪl; *bes. Am.* -mɪl] *s chem.* For'myl *n*.
**for·ni·cate** ['fɔ:(r)nɪkeɪt] *v/i* **1.** *bes. Bibl.* Unzucht treiben, huren. **2.** *jur.* außerehelichen Geschlechtsverkehr haben. ˌfor·ni'ca·tion *s* **1.** *bes. Bibl.* Unzucht *f*, Hure'rei *f*. **2.** *jur.* außerehelicher Geschlechtsverkehr. **'for·ni·ca·tor** [-tə(r)] *s* **1.** *bes. Bibl.* Hurer *m*. **2.** *jur.* j-d, der außerehelichen Geschlechtsverkehr hat.
**for·nix** ['fɔ:(r)nɪks] *pl* **-ni·ces** [-nɪsi:s] *s anat.* Fornix *m*, Gewölbe *n*, Bogen *m*.
**for·ra·der** ['fɒrədə(r); *Am.* -ˌrɑ:-] *adv bes. Br. colloq.* weiter, vor'an: **I can't get any** ~ ich komme nicht vom Fleck.
**for·sake** [fə(r)'seɪk] *pret* **for'sook** [-'sʊk] *pp* **for'sak·en** [-kən] *v/t* **1.** *j-n* verlassen, im Stich lassen. **2.** *etwas* aufgeben, ent-sagen (*dat*). **for'sak·en I** *pp von* forsake. **II** *adj* (gott)verlassen, einsam. **for'sook** *pret von* forsake.
**for·sooth** [fə(r)'su:θ] *adv obs. od. iro.* wahrlich, für'wahr.
**for·swear** [fɔ:(r)'sweə(r)] *v/t irr* **1.** eidlich bestreiten, unter Eid verneinen. **2.** unter Pro'test zu'rückweisen, ganz entschieden bestreiten. **3.** abschwören (*dat*), unter Eid *od.* feierlich entsagen (*dat*): **he forswore never to do it again** er gelobte feierlich, es nie wieder zu tun. **4.** ~ **o.s.** falsch schwören, e-n Meineid leisten. **for'sworn** [-'swɔ:(r)n; *Am.* a. -'swɔʊrn] **I** *pp von* forswear. **II** *adj* meineidig.
**for·syth·i·a** [fɔ:(r)'saɪθɪə; *Am.* fər'sɪθɪə] *s bot.* For'sythie *f*.
**fort** [fɔ:(r)t; *Am.* a. fəʊrt] *s* **1.** *mil.* Fort *n*, Feste *f*, Festung(swerk *n*) *f*: **to hold the** ~ *fig.* die Stellung halten'. **2.** *hist.* Handelsposten *m*.
**for·ta·lice** ['fɔ:təlɪs; *Am.* 'fɔ:rtləs] *s mil.* a) kleines Fort, b) Außenwerk *n*.
**forte¹** ['fɔ:(r)teɪ; fɔ:(r)t] *s* **1.** *fenc.* Stärke *f* (*der Klinge*). **2.** [*Am.* fɔ:rt; fəʊrt] *fig. j-s* Stärke, starke Seite.
**for·te²** ['fɔ:(r)tɪ; -teɪ] *mus.* **I** *s* Forte *n*: ~ **pedal** Fortepedal *n*, rechtes Pedal. **II** *adj u. adv* forte, laut, kräftig.
**for·tes** ['fɔ:(r)ti:z] *pl von* fortis.
**forth** [fɔ:(r)θ; *Am.* a. fəʊrθ] **I** *adv* **1.** her'vor, vor, her: → **back¹** 15, **bring forth**, *etc.* **2.** her'aus, hin'aus. **3.** (dr)außen. **4.** vor'an, vorwärts. **5.** weiter, fort: **and so** ~ und so fort *od.* weiter; **from this time** ~ von nun an; **from that day** ~ von diesem Tage an. **6.** weg, fort. **II** *prep* **7.** *obs.* fort von *od.* aus. **~'com·ing** *adj* **1.** erscheinend: **to be** ~ erscheinen, zum Vorschein kommen. **2.** bevorstehend, kommend: ~ **elections. 3.** in Kürze erscheinend (*Buch*) *od.* anlaufend (*Film*): ~ **books** (angekündigte) Neuerscheinungen. **4.** verfügbar: **to be** ~ bereitstehen, zur Verfügung stehen. **5.** a) zu'vor-, entgegenkommend, b) mitteilsam. **'~·right**

*fig.* **I** *adj u. adv* offen, freimütig, di'rekt. **II** *s obs.* di'rekter Weg. **~'with** [-'wɪθ; -'wɪð] *adv* so'fort, 'umgehend, unverzüglich.
**for·ti·eth** ['fɔ:(r)tɪɪθ] **I** *s* **1.** (*der, die, das*) Vierzigste. **2.** Vierzigstel *n*. **II** *adj* **3.** vierzigst(er, e, es). **4.** vierzigstel.
**for·ti·fi·a·ble** ['fɔ:(r)tɪfaɪəbl] *adj mil.* zu befestigen(d). ˌfor·ti·fi'ca·tion [-fɪ-'keɪʃn] *s* **1.** *mil.* a) Befestigen *n*, Befestigung *f*, b) Festungsbauwesen *n*, c) Festung *f*, d) *meist pl* Festungswerk *n*, Befestigung(sanlage) *f*. **2.** (a. geistige *od.* mo'ralische) Stärkung: **I need a little** ~, **pour me out some whisky. 3.** a) Verstärkung *f* (*a. tech.*), b) Anreicherung *f*. **4.** *fig.* Unter'mauerung *f*. **'for·ti·fi·er** [-faɪə(r)] *s* Stärkungsmittel *n*.
**for·ti·fy** ['fɔ:(r)tɪfaɪ] *v/t* **1.** *mil.* befestigen. **2.** *tech. Gewebe etc* verstärken. **3.** stärken, kräftigen. **4.** *fig.* geistig *od.* mo'ralisch stärken, ermutigen, bestärken: **to** ~ **o.s. against s.th.** sich gegen etwas wappnen. **5.** a) *Wein etc* (*durch Alkoholzusatz*) verstärken: **fortified wine** Dessertwein *m*, b) *Nahrungsmittel* (*mit Vitaminen etc*) anreichern. **6.** *fig.* unter'mauern: **to** ~ **a theory with facts.**
**for·tis** ['fɔ:(r)tɪs] *pl* **-tes** [-ti:z] *s ling.* Fortis *f* (*mit großer Intensität gesprochener u. mit gespannten Artikulationsorganen gebildeter Konsonant*).
**for·tis·si·mo** [fɔ:(r)'tɪsɪməʊ] *adj u. adv mus.* sehr stark *od.* laut, for'tissimo.
**for·ti·tude** ['fɔ:(r)tɪtju:d; *Am. a.* -ˌtu:d] *s* (innere) Kraft *od.* Stärke, Seelenstärke *f*: **to bear s.th. with** ~ etwas mit Fassung *od.* tapfer ertragen.
**fort·night** ['fɔ:(r)tnaɪt] *s bes. Br.* vierzehn Tage: **this day** ~ a) heute in 14 Tagen, b) heute vor 14 Tagen; **in a** ~ in 14 Tagen; **a** ~'s **holiday** zwei Wochen Urlaub. **'fort·night·ly** *bes. Br.* **I** *adj* vierzehntägig, halbmonatlich, Halbmonats...: ~ **settlement** *econ.* Medioabrechnung *f*. **II** *adv* alle 14 Tage. **III** *s* Halbmonatsschrift *f*.
**For·tran** ['fɔ:(r)træn] *s* FORTRAN *n* (*Computersprache*).
**for·tress** ['fɔ:(r)trɪs] *s* **1.** *mil.* Festung *f*. **2.** *fig.* Bollwerk *n*, Hort *m*.
**for·tu·i·tism** [fɔ:(r)'tju:ɪtɪzəm; *Am. a.* -'tu:-] *s philos.* Zufallsglaube *m*. **for·'tu·i·tist** *s* Anhänger(in) des Zufallsglaubens. **for'tu·i·tous** *adj* (*adv* ~ly) zufällig. **for'tu·i·ty**, *a.* **for'tu·i·tous·ness** *s* **1.** Zufall *m*. **2.** Zufälligkeit *f*.
**for·tu·nate** ['fɔ:(r)tʃnət] *adj* **1.** glücklich: **to be** ~ Glück haben; **to be** ~ **in having s.th.**, **to be** ~ **enough to have s.th.** das Glück haben, etwas zu besitzen; **it was** ~ **for her that the train hadn't left yet** zu ihrem Glück war der Zug noch nicht abgefahren; **how** ~! welch ein Glück! **2.** glückverheißend, günstig. **'for·tu·nate·ly** *adv* glücklicherweise, zum Glück: ~ **for me** zu m-m Glück.
**for·tune** ['fɔ:(r)tʃu:n; -tʃən; *Am.* 'fɔ:rtʃən] *s* **1.** Vermögen *n*, (großer) Reichtum: **a man of** ~ ein vermögender *od.* reicher Mann; **her beauty is her** ~ ihre Schönheit ist ihr Kapital; **to come into a** ~ ein Vermögen erben; **to make a** ~ sich ein Vermögen erwerben; **to make one's** ~ sein Glück machen; **to marry a** ~ e-e gute Partie machen, reich heiraten; **to seek one's** ~ sein Glück versuchen (in *dat*); **to spend a (small)** ~ **on s.th.** ein (kleines) Vermögen für etwas ausgeben. **2.** (glücklicher) Zufall, Glück(sfall *m*) *n*: **by sheer good** ~ rein zufällig; **I had the** ~ **to have ...**, **it was my good** ~ **to have** ... zu m-m Glück hatte ich... **3.** *oft pl* Geschick *n*, Schicksal *n*: **good** ~ Glück *n*; **bad** (*od.* ill) ~ Unglück *n*; **to tell** ~**s**

**wahrsagen; to read s.o.'s** ~ a) j-m die Karten legen, b) j-m aus der Hand lesen; **to have one's** ~ **told** sich wahrsagen lassen; **by good** ~ glücklicherweise, zum Glück; **the** ~**s of war** das Kriegsgeschick, der Krieg; **during his changing** ~**s** während s-s wechselvollen Lebens; **to try one's** ~ es darauf ankommen lassen. **4.** *oft* F~ For'tuna *f*, Glück(sgöttin *f*) *n*: ~ **favo(u)red him** das Glück war ihm hold; ~ **favo(u)rs the brave** Glück hat nur der Tüchtige; ~ **smile 2.** **~·hunt·er** *s* Mitgiftjäger *m*. **'~·ˌtell·er** *s* Wahrsager(in). **'~·ˌtell·ing** *s* Wahrsagen *n*, Wahrsage'rei *f*.
**for·ty** ['fɔ:(r)tɪ] **I** *s* **1.** Vierzig *f*: **he is in his forties** er ist in den Vierzigern; **in the forties** in den vierziger Jahren (*e-s Jahrhunderts*). **2.** the Forties die See zwischen Schottlands Nord'ost- u. Norwegens Süd'westküste. **3.** the roaring forties stürmischer Teil des Ozeans (zwischen dem 39. u. 50. Breitengrad). **II** *adj* **4.** vierzig: **to have** ~ **winks** *colloq.* ein Nickerchen machen. **ˌF~·'Five** *s hist. Br.* die Jakobitische Erhebung im Jahre 1745. **~·'nin·er** *s Am.* Goldgräber, der 1849 im Zuge des Goldrausches nach Kalifornien ging.
**fo·rum** ['fɔ:rəm; *Am. a.* 'fəʊ-] *pl* **-rums**, **-ra** [-rə] *s* **1.** *antiq. u. fig.* Forum *n*. **2.** *jur.* a) Gericht *n*, Tribu'nal *n* (a. *fig.*), b) *Br.* Gerichtsstand *m*, örtliche Zuständigkeit. **3.** Forum *n*, (öffentliche) Diskussi'on(sveranstaltung).
**for·ward** ['fɔ:(r)wə(r)d] **I** *adv* **1.** vor, nach vorn, vorwärts, vor'an, vor'aus: **from this day** ~ von heute an; **freight** ~ *econ.* Fracht gegen Nachnahme; **to buy** ~ *econ.* auf Termin kaufen; **to go** ~ *fig.* Fortschritte machen; **to help** ~ weiterhelfen (*dat*); ~, **march!** *mil.* im Gleichschritt, marsch!; → **forward** (**carry, put, etc**) **forward. II** *adj* (*adv* ~ly) **2.** vorwärts *od.* nach vorn gerichtet, Vorwärts...: a ~ **motion**; ~ **defence** (*Am.* **defense**) *mil.* Vorwärtsverteidigung *f*; ~ **planning** Voraus-, Zukunftsplanung *f*; ~ **speed** *mot.* Vorwärtsgang *m*; ~ **strategy** *mil.* Vorwärtsstrategie *f*; ~ **stroke** *tech.* Vorlauf *m* (*e-s Kolbens*). **3.** vorder(er, e, es). **4.** a) *bot.* frühreif (*a. fig. Kind*), b) zeitig (*Jahreszeit etc*). **5.** *zo.* a) hochträchtig, b) gutentwickelt. **6.** *fig.* fortschrittlich. **7.** *fig.* fortgeschritten (**at** in *dat*). **8.** *fig.* vorlaut, dreist. **9.** *fig.* vorschnell, -eilig. **10.** *fig.* schnell bereit (**to do s.th.** etwas zu tun). **11.** *econ.* auf Ziel *od.* Zeit, für spätere Lieferung *od.* Zahlung, Termin...: ~ **business** (market, sale, *etc*); ~ **exchange** Termindevisen *pl*; ~ **exchange market** Devisenterminmarkt *m*; ~ **rate** Terminkurs *m*, Kurs *m* für Termingeschäfte. **III** *s* **12.** *sport* Stürmer *m*: ~ **line** Stürmer-, Sturmreihe *f*. **IV** *v/t* **13.** beschleunigen. **14.** fördern, begünstigen. **15.** a) (ver)senden, schicken, b) befördern. **16.** *Brief etc* nachsenden. **V** *v/i* **17. please** ~ bitte nachsenden.
**'for·ward·er** *s* Spedi'teur *m*. **'for·ward·ing** *s* **1.** a) Versenden *n*, Versand *m*, b) Beförderung *f*: ~ **agent** Spediteur *m*; ~ **charges** Versandspesen; ~ **clerk** Expedient *m*; ~ **note** Frachtbrief *m*. **2.** Nachsenden *n*, -sendung *f*: ~ **address** Nachsendeadresse *f*.
**'for·ward-ˌlook·ing** *adj* vor'ausschauend, fortschrittlich.
**'for·ward·ness** *s* **1.** a) Frühreife *f*, b) Frühzeitigkeit *f*. **2.** *fig.* vorlaute Art, Dreistigkeit *f*. **3.** *fig.* Voreiligkeit *f*.
**for·wards** ['fɔ:(r)wə(r)dz] → forward I.
**for·wear·ied, for'worn** *adj obs.* erschöpft.

**Fos·bur·y (flop)** [ˈfɒzbərɪ; -brɪ; *Am.* ˈfaz-] *s Leichtathletik:* (Fosbury-)Flop *m*.

**foss** → **fosse**.

**fos·sa** [ˈfɒsə; *Am.* ˈfɑsə] *pl* **-sae** [-siː] *s anat.* Fossa *f*, Grube *f*, Vertiefung *f*.

**fosse** [fɒs; *Am.* fɑs] *s* **1.** (Burg-, Wall-) Graben *m*. **2.** *anat.* Grube *f*, Vertiefung *f*.

**fos·sick** [ˈfɒsɪk; *Am.* ˈfɑ-] **I** *v/i* **1.** *Austral.* in alten Minen *etc* (nach) Gold suchen. **2.** *bes. Austral.* herˈumstöbern, -suchen (**for** nach). **II** *v/t* **3.** *bes. Austral.* herˈumstöbern *od.* -suchen nach.

**fos·sil** [ˈfɒsl; *Am.* ˈfɑsəl] **I** *s* **1.** *geol.* Fosˈsil *n*, Versteinerung *f*. **2.** *colloq.* Fosˈsil *n*: a) verknöcherter *od.* rückständiger Mensch, b) (*etwas*) ‚Vorsintflutliches‘. **II** *adj* **3.** *geol.* fosˈsil, versteinert: ~ **fuel** fossiler Brennstoff; ~ **meal** Infusorienerde *f*; ~ **oil** Erd-, Steinöl *n*, Petroleum *n*. **4.** *colloq.* fosˈsil: a) verknöchert, rückständig (*Person*), b) ‚vorsintflutlich‘ (*Sache*). ˌfos·silˈif·er·ous [-sɪˈlɪfərəs] *adj* fosˈsilienhaltig, Fossil... ˈfos·sil·ist *s* Paläontoˈloge *m*, Fosˈsilienkundige(r) *m*. ˌfos·sil·iˈza·tion [-sɪlaˈzeɪʃn; *Am.* -lə-] *s* **1.** *geol.* Fossiˈlierung *f*, Versteinerung *f*. **2.** *colloq.* Verknöcherung *f*. ˈfos·sil·ize **I** *v/t* **1.** *geol.* fossiˈlieren, versteinern. **2.** *colloq.* verknöchern lassen: ~**d** → **fossil** 4a. **II** *v/i* **3.** *geol.* fossiˈlieren, versteinern. **4.** *colloq.* verknöchern.

**fos·so·ri·al** [fɒˈsɔːrɪəl; *Am.* fɑ-; *a.* -ˈsəʊ-] *adj zo.* grabend, Grab...

**fos·ter** [ˈfɒstə(r); *Am.* *a.* ˈfɑs-] **I** *v/t* **1.** *ein Kind etc* auf-, großziehen. **2.** *ein Kind* a) in Pflege haben *od.* nehmen, b) *bes. Br.* in Pflege geben (**with** bei). **3.** *Gefühle, e-n Plan etc* hegen. **4.** *ein Talent etc* fördern. **5.** *Erinnerungen etc* wachhalten. **II** *adj* **6.** Pflege...: ~ **brother** (**child, parents,** *etc*); ~ **home** Pflegestelle *f*; ~ **mother** a) Pflegemutter *f*, b) *zo.* Brutapparat *m*. ˈfos·ter·age *s* **1.** Pflege *f*. **2.** *fig.* Förderung *f*. ˈfos·ter·er *s* **1.** Pflegevater *m*. **2.** *fig.* Förderer *m*.

**fos·ter·ling** [ˈfɒstə(r)lɪŋ; *Am.* *a.* ˈfɑs-] *s* Pflegekind *n*.

**Fou·cault cur·rent** [fuːˈkəʊ] → **eddy current**.

**fought** [fɔːt] *pret u. pp von* **fight**.

**foul** [faʊl] **I** *adj* (*adv* ~**ly**) **1.** stinkend, widerlich. **2.** a) verpestet, schlecht (*Luft*), b) verdorben, faul (*Lebensmittel etc*). **3.** übelriechend: ~ **breath. 4.** schmutzig, verschmutzt (*a. Schußwaffe*), verrußt (*Schornstein*), verstopft (*Rohr etc*, *a. Straße*), voll Unkraut (*Garten*), überˈwachsen (*Schiffsboden*). **5.** a) schlecht, stürmisch (*Wetter etc*), widrig (*Wind*), b) gefährlich (*Küste*). **6.** *mar.* unklar (*Taue etc*), b) in Kollisiˈon (geraten) (**of** mit). **7.** *fig.* a) widerlich, ekelhaft, b) abˈscheulich, gemein, c) gefährlich, schädlich: ~ **tongue** böse Zunge, Lästerzunge *f*; d) schmutzig, zotig, unflätig: ~ **language. 8.** *colloq.* scheußlich. **9.** *fig.* unehrlich, betrügerisch. **10.** *sport* regelwidrig, unfair. **11.** *print.* a) unsauber (*Druck etc*): → **copy** 1, b) voller Fehler *od.* Änderungen: → **proof** 11. **II** *adv* **12.** auf gemeine Art, gemein (*etc*, → 7–10): **to play** ~ *sport* foul spielen; **to play s.o.** ~ j-m übel mitspielen. **13.** **to fall** ~ **of** *mar.* kollidieren mit, *a. fig.* zs.-stoßen mit: **they fell** ~ **of each other** sie gerieten sich in die Haare; **to fall** ~ **of the law** mit dem Gesetz in Konflikt geraten. **III** *s* **14.** (*etwas*) Widerliches *etc*: **through** ~ **and fair** durch dick u. dünn. **15.** *mar.* Kollisiˈon *f*, Zs.-stoß *m*. **16.** *sport* a) Foul *n*, Regelverstoß *m*: **to commit a** ~ **on** ein Foul begehen an (*dat*), b) → **foul ball** c), c) → **foul shot**.

**IV** *v/t* **17.** a) ~ **up** beschmutzen (*a. fig.*), verschmutzen, verunreinigen: **to** ~ **one's** (**own**) **nest** das eigene *od.* sein eigenes Nest beschmutzen. **18.** a) ~ **up** verstopfen. **19.** *sport* foulen. **20.** *mar.* kolliˈdieren *od.* zs.-stoßen mit. **21.** a. ~ **up** sich verwickeln in (*dat*) *od.* mit. **22.** a. ~ **up** *colloq.* a) durchˈeinanderbringen, b) ‚verpatzen‘, ‚versauen‘. **V** *v/i* **23.** schmutzig werden. **24.** *mar.* kolliˈdieren, zs.-stoßen (**with** mit). **25.** sich verwickeln. **26.** *sport* foulen, ein Foul begehen. **27.** ~ **up** *colloq.* a) durchˈeinanderkommen, b) ‚patzen‘, ‚Mist bauen‘.

**foul| ball** *s Baseball:* ‚Aus‘-Schlag *m*. ~ **line** *s sport* **1.** *Baseball:* Foul-, Fehllinie *f*. **2.** *Basketball:* bes. *Am.* Freiwurflinie *f*. **3.** *Bowling:* Abwurflinie *f*. ˈ~-mouthed *adj* unflätig.

ˈfoul·ness *s* **1.** Verdorbenheit *f*. **2.** Schmutzigkeit *f*. **3.** Schmutz *m*. **4.** *fig.* Abˈscheulichkeit *f*, Gemeinheit *f*. **5.** *Bergbau:* schlagende Wetter *pl*.

**foul| play** *s* **1.** unfaires Spiel, Unsportlichkeit *f*. **2.** (Gewalt)Verbrechen *n*, bes. Mord: **he met with** ~ er fiel e-m Verbrechen zum Opfer. ~ **shot** *s Basketball:* bes. *Am.* Freiwurf *m*. ˈ~-ˌsmelling *adj* übelriechend. ˈ~-ˌspo·ken → foul-mouthed. ˈ~-ˌtast·ing *adj* übelschmeckend.

**fou·mart** [ˈfuːmɑː(r)t; -mə(r)t] *s zo.* Iltis *m*.

**found**[1] [faʊnd] *pret u. pp von* **find**.

**found**[2] [faʊnd] **I** *v/t* **1.** bauen, errichten. **2.** *fig.* gründen, errichten. **3.** *fig.* begründen, einrichten, ins Leben rufen, *e-e Schule etc* stiften: ~**ing father** Vater *m*; F~**ing Fathers** *Am.* Staatsmänner aus der Zeit der Unabhängigkeitserklärung. **4.** *fig.* gründen, stützen (**on, upon, in** auf *acc*): ~**ed on documents** urkundlich; **to be** ~**ed on** → 5; ~**ed** (**up**)**on fact**(**s**) auf Tatsachen beruhend, stichhaltig. **II** *v/i* **5.** *fig.* (**on, upon**) sich stützen (auf *acc*), beruhen *od.* sich gründen auf (*dat*).

**found**[3] [faʊnd] *v/t* **1.** *metall.* schmelzen u. in e-e Form gießen. **2.** gießen.

**foun·da·tion** [faʊnˈdeɪʃn] *s* **1.** *arch.* Grundmauer *f*, Sockel *m*, Fundaˈment *n*: ~ **bed** Baugrund *m*; **to lay the** ~**s of** *fig.* den Grund(stock) legen zu; **shaken to the** ~ *a. fig.* in den Grundfesten erschüttert. **2.** *tech.* ˈUnterbau *m*, -lage *f* (*e-r Straße etc*), Bettung *f*: ~ **plate** Grundplatte *f*. **3.** Grundlegung *f*. **4.** *fig.* Gründung *f*, Errichtung *f*: F~ **Day** Gründungstag *m* (26. Januar; *australischer Feiertag*). **5.** (gemeinnützige) Stiftung: **to be on the** ~ Geld aus der Stiftung erhalten. **6.** a) ˈUnterlage *f*, b) steifes (Zwischen)Futter, c) *a.* ~ **muslin** Steifleinen *n*. **7.** *paint.* Grunˈdierung *f*, Grundanstrich *m*. **8.** *a.* ~ **cream** (*Kosmetik*) Grunˈdierung *f*. **9.** → **foundation garment**. **10.** *fig.* Grund(lage *f*) *m*, Basis *f*, Fundaˈment *n*: **to be without any** ~ jeder Grundlage entbehren.

**foun·da·tion| gar·ment** *s* **1.** a) Mieder *n*, b) Korˈsett *n*. **2.** *pl* Miederwaren *pl*. ~ **stone** *s* **1.** *arch. u. fig.* Grundstein *m*: **to lay the** ~ **of** den Grundstein legen zu. **2.** *fig.* → **foundation** 10.

**found·er**[1] [ˈfaʊndə(r)] *s* Gründer *m*, Stifter *m*: ~ **member** Gründungsmitglied *n*; ~**s' preference rights** *econ.* Gründerrechte; ~**s' shares** *econ.* bes. *Br.* Gründeraktien, -anteile.

**found·er**[2] [ˈfaʊndə(r)] *s tech.* Gießer *m*.

**foun·der**[3] [ˈfaʊndə(r)] **I** *v/i* **1.** *mar.* sinken, ˈuntergehen. **2.** a) einfallen, nachgeben (*Boden*), b) einstürzen (*Gebäude*). **3.** *fig.* scheitern, (*Koalition etc a.*) zerbrechen. **4.** a) *vet.* lahmen, b) zs.-brechen

(*Pferd*). **5.** steckenbleiben (**in** in *dat*). **II** *v/t* **6.** *ein Schiff* zum Sinken bringen. **7.** *ein Pferd* lahm reiten. **III** *s* **8.** *vet.* a) Hufentzündung *f*, b) Engbrüstigkeit *f*.

**found·ling** [ˈfaʊndlɪŋ] *s* Findling *m*, Findelkind *n*: ~ **hospital** *hist.* Findelhaus *n*.

**found ob·ject** → **objet trouvé**.

**found·ress** [ˈfaʊndrɪs] *s* Gründerin *f*.

**found·ry** [ˈfaʊndrɪ] *s* **1.** *metall.* a) Gießeˈrei *f*, b) Gußstücke *pl*, c) Gießen *n*. **2.** *print.* Schriftgießeˈrei *f*. ~ **i·ron** *s* Gießeˈreiroheisen *n*. ˈ~-man [-mən] *s irr tech.* Gießer *m*. ~ **pig** → foundry iron. ~ **proof** *s print.* Revisiˈonsabzug *m* (*vor dem Matern*).

**fount**[1] [faʊnt; *Br. a.* fɒnt; *Am. a.* fɑnt] *bes. Br. für* **font**[2].

**fount**[2] [faʊnt] *s* **1.** a) Ölbehälter *m* (*e-r Lampe*), b) Tintenraum *m* (*e-s Füllhalters*). **2.** *poet.* Quelle *f*, Born *m* (*beide a. fig. Ursprung*).

**foun·tain** [ˈfaʊntɪn; *Am.* -tn] *s* **1.** Quelle *f*. **2.** *fig.* Quelle *f*, Ursprung *m*: F~ **of Youth** Jungbrunnen *m*. **3.** Fonˈtäne *f*: a) (Wasser- *etc*)Strahl *m*, b) Springbrunnen *m*. **4.** a) Trinkbrunnen *m*, b) → **soda fountain** 2. **5.** *tech.* a) Reserˈvoir *n*, b) → **fount**[2] 1. ˈ~-head *s* **1.** Quelle *f* (*a. fig.*). **2.** *fig.* Urquell *m*. ~ **pen** *s* Füll(feder)halter *m*. ~ **syr·inge** *s med.* Irriˈgator *m*, ˈSpülappaˈrat *m*.

**four** [fɔː(r); *Am. a.* fəʊr] **I** *adj* **1.** vier: **within the** ~ **seas** in Großbritannien; ~ **of a kind** (*Poker*) Viererpasch *m*. **II** *s* **2.** Vier *f* (*Zahl, Spielkarte etc*): **the** ~ **of hearts** die Herzvier; **by** ~**s** immer vier auf einmal; **on all** ~**s** auf allen vieren; **to be on all** ~**s** (**with**) bes. *Am.* übereinstimmen (mit), genau entsprechen (*dat*). **3.** *Rudern:* Vierer *m*: a) *Boot*, b) Mannschaft. ˈ~-ball (**match**) *s Golf:* Vierball *m*. ˈ~-blade *adj* Vierblatt...: ~ **propeller** *aer.* Vierblattschraube *f*.

**four·chette** [fʊə(r)ˈʃet] *s* **1.** *anat.* hinteres Scheidenhäutchen. **2.** *zo.* a) Gabelbein *n* (*e-s Vogels*), b) Strahl *m* (*am Huf*).

ˈfour|-col·o(u)r *adj* **1.** vierfarbig. **2.** *print.* Vierfarben... ˌ~-ˈcor·nered *adj* viereckig. ˈ~-ˌcy·cle *adj tech. Am.* Viertakt...: ~ **engine** Viertaktmotor *m*, Viertakter *m*. ˈ~-ˌdig·it *adj math.* vierstellig: ~ **number.** ˌ~-ˈdi·men·sion·al *adj phys.* ˈvierdimensioˌnal. ˈ~-door *adj mot.* viertürig. ˈ~-eyes *s pl* (*als sg konstruiert*) *colloq.*, meist humor. Brillenträger(in), (*Frau*) ‚Brillenschlange‘. **flush** *s Poker:* unvollständige Hand (*4 Karten e-r Farbe*). ˈ~-flush *v/i Am. colloq.* bluffen. ˈ~-flush·er *s Am. colloq.* Bluffer *m*.

ˈfour|-fold **I** *adj u. adv* vierfach. **II** *s* (*das*) Vierfache. ˌfour|-ˈfoot·ed *adj* vierfüßig. ˈ~-ˈfour (**time**) *s mus.* Vierˈvierteltakt *m*. ˌ~-ˈhand·ed *adj* **1.** *zo.* vierhändig (*Affe*). **2.** *mus.* vierhändig, für 4 Hände: für 4 Perˈsonen: ~ **game** Viererspiel *n*. ˈ~-horse(d) *adj* vierspännig: ~ **coach** Vierspänner *m*. F~ **Hun·dred** *s:* **the** ~ *Am.* die Hautevolee (*e-r Gemeinde*).

**Fou·ri·er| a·nal·y·sis** [ˈfʊrɪeɪ] *s irr math.* Fouriˈer-Anaˌlyse *f*. ~ **se·ries** *s irr math.* Fouriˈer-Reihe *f*.

ˈfour|-leaf(ed) clo·ver, ˈ~-leaved clo·ver *s bot.* vierblätt(e)riges Kleeblatt (*a. als Glücksbringer*). ˈ~-legged *adj* vierbeinig. ˈ~-ˌlet·ter word *s euphem.* unanständiges Wort. ˈ~-man *adj:* ~ **bob** (*od.* **sled**) Viererbob *m*. ˈ~-mast·er *s mar.* Viermaster *m*. ˈ~-oar *s* Vierer *m* (*Boot*). ˈ~-part *adj mus.* vierstimmig, für 4 Stimmen. ˈ~-pence [-pəns] *s Br.* **1.** (Wert *m* von) vier Pence. **2.** *hist.* Vierˈpencemünze *f*. ~-ˈpen·ny [-pənɪ] *adj Br.*

**1.** Vierpence..., im Wert von 4 Pence. **2.** ~ one *sl.* (*bes.* Faust)Schlag *m.* '~-**point bear·ing** *s mar.* Vierstrichpeilung *f.* ~-'**post·er** *s* **1.** *a.* ~ **bed** Himmelbett *n.* **2.** *mar. colloq.* Viermaster *m.* ~- -'**pound·er** *s mil. hist.* Vierpfünder *m.* ~'**score** *adj obs.* achtzig. ~-'**seat·er** *s mot.* Viersitzer *m.*

**four·some** ['fɔː(r)səm; *Am. a.* 'fəur-] *s* **1.** *Golf:* Vierer *m.* **2.** Satz *m* von vier (Dingen). **3.** *humor.* ,Quar'tett' *n* (4 Personen, 2 Paare).

'**four|-speed gear** *s tech.* Viergang-getriebe *n.* ~'**square** *adj u. adv* **1.** qua-'dratisch. **2.** *fig.* a) fest, standhaft, b) barsch, grob, 'unum,wunden. '~-**star** *adj* Vier-Sterne...: ~ **general**; ~ **hotel.** '~-**stroke** *bes. Br. für* four-cycle.

**four·teen** [,fɔː(r)'tiːn; *Am. a.* 'fəur-] **I** *s* Vierzehn *f.* **II** *adj* vierzehn. ,**four-** '**teenth** [-θ] **I** *adj* **1.** vierzehnt(er, e, es). **2.** vierzehntel. **II** *s* **3.** (der, die, das) Vierzehnte. **4.** Vierzehntel *n.*

**fourth** [fɔː(r)θ; *Am. a.* fəurθ] **I** *adj* **1.** viert(er, e, es): in the ~ place viertens, an vierter Stelle. **2.** viertel. **II** *s* **3.** (der, die, das) Vierte: the ~ of May der 4. Mai. **4.** Viertel *n.* **5.** *mus.* Quart(e) *f.* **6.** the F~ of July *Am.* der Vierte Juli, der Unabhängigkeitstag. '~-**class mail** *s Am.* Pa'ketpost *f.* ~ **es·tate** *s humor.* (die) Presse.

'**fourth·ly** *adv* viertens.

'**four|-way** *adj tech.* Vierwege...: ~ **switch** Vierfach-, Vierwegeschalter *m.* '~-**wheel** *adj* **1.** vierräd(e)rig. **2.** Vierrad...: ~ **drive** *mot.* Vierradantrieb *m.*

**fo·ve·a** ['fəuvɪə] *pl* -**ve·ae** [-viː] *s anat.* Vertiefung *f,* Grube *f.*

**fowl** [faul] **I** *pl* **fowls,** *bes. collect.* **fowl** *s* **1.** Haushuhn *n,* -ente *f,* Truthahn *m.* **2.** *collect.* Geflügel *n,* Federvieh *n,* Hühner *pl:* ~ **run** Auslauf *m,* Hühnerhof *m.* **3.** *selten* Vogel *m,* Vögel *pl:* the ~(s) of the air *Bibl.* die Vögel unter dem Himmel; → wildfowl. **4.** Geflügel(fleisch) *n.* **II** *v/i* **5.** Vögel fangen *od.* schießen. ~**chol·er·a** *s vet.* Geflügelcholera *f.*

'**fowl·er** *s* Vogelfänger *m,* -steller *m,* -jäger *m.*

'**fowl·ing** *s* Vogelfang *m,* -jagd *f.* ~ **piece** *s hunt.* Vogelflinte *f.* ~ **shot** *s hunt.* Hühnerschrot *m, n.*

**fowl| pest** *s vet.* Hühnerpest *f.* ~ **pox** *s vet.* Geflügelpocken *pl.*

**fox** [fɒks; *Am.* fɑks] **I** *pl* '**fox·es,** *bes. collect.* **fox** *s* **1.** *zo.* Fuchs *m:* ~ **and geese** ,Wolf u. Schafe' *n* (*ein Brettspiel*); to **set** the ~ to keep the geese *fig.* den Bock zum Gärtner machen. **2.** *oft* sly old ~ *fig.* gerissener *od.* verschlagener Kerl. **3.** Fuchspelz(kragen) *m.* **4.** *mar.* Nitzel *m.* **5.** F~ 'Fox(indi,aner) *m od. pl* (*nordamer. Indianerstamm*). **II** *v/t* **6.** verblüffen. **7.** täuschen, ,reinlegen'. **8.** a) *Schuhe* vorschuhen, b) *Oberleder* mit e-m Zierstreifen versehen. **III** *v/i* **9.** gerissen vorgehen. **10.** stockfleckig werden (*Papier*).

'**fox|-bane** *s bot.* Wolfs-Eisenhut *m.* '~-**brush** *s* Lunte *f,* Fuchsschwanz *m.* '~-**glove** *s bot.* (ein) Fingerhut *m.* '~-**hole** *s* **1.** Fuchsbau *m.* **2.** *mil.* Schützenloch *n.* ~ **hunt(·ing)** *s* Fuchsjagd *f.*

**fox·i·ness** ['fɒksɪnɪs; *Am.* 'fɑk-] *s* Gerissenheit *f,* Verschlagenheit *f.*

**fox| mark** *s* Stockfleck *m* (*im Papier*). '~-**tail** *s* **1.** Fuchsschwanz *m.* **2.** *bot.* (ein) Fuchsschwanz(gras *n*) *m.* ~ **ter·ri·er** *s zo.* Foxterrier *m.* '~-**trot** *s* **1.** *mus.* Foxtrott *m.* **II** *v/i* Foxtrott tanzen.

'**fox·y** *adj* **1.** gerissen, verschlagen. **2.** fuchsrot, fuchsig. **3.** stockfleckig (*Papier*). **4.** *Am. sl.* ,sexy'.

**foy·er** ['fɔɪeɪ; *Am.* 'fɔɪər] *s* **1.** Fo'yer *n:*

---

a) Halle *f* (*im Hotel*), b) Wandelgang *m* (*im Theater*). **2.** *Am.* Diele *f.*

**Fra** [frɑː] *s relig.* Fra *m* (*Bruder; vor Mönchsnamen*).

**fra·cas** ['fræka:; *Am.* 'freɪkəs] *pl* -**cas,** *Am.* -**cas·es** *s* Aufruhr *m,* Tu'mult *m.*

**frac·tion** ['frækʃn] *s* **1.** *math.* Bruch *m:* ~ **bar** (*od.* **line, stroke**) Bruchstrich *m.* **2.** Bruchteil *m:* ~ **of a share** (*bes. Am. stock*) *econ.* Teilaktie *f.* **3.** Stückchen *n,* (*ein*) bißchen: **by a** ~ **of an inch** *fig.* um ein Haar; **a** ~ **smaller** e-e Spur kleiner; **not** (**by**) **a** ~ nicht im geringsten. **4.** *selten* (Zer)Brechen *n.* **5.** F~ *relig.* Brechen *n* (*des Brotes*). '**frac·tion·al** [-ʃnl] *adj* **1.** *math.* Bruch..., gebrochen: ~ **amount** Teilbetrag *m;* ~ **currency** *Am.* Scheidemünze *f;* ~ **part** Bruchteil *m.* **2.** *fig.* unbedeutend, mini'mal. **3.** *chem.* fraktio-'niert, teilweise: ~ **distillation.** '**frac·tion·al·ize** *v/t* in Bruchteile zerlegen. '**frac·tion·ar·y** [-ʃnərɪ; *Am.* -ʃə,nerɪ] *adj* Bruch(stück)..., Teil... '**frac·tion·ate** [-neɪt] *v/t chem.* fraktio'nieren. '**frac·tion·ize** *v/t u. v/i* (sich) teilen.

**frac·tious** ['frækʃəs] *adj* (*adv* ~**ly**) **1.** mürrisch, zänkisch, reizbar. **2.** 'widerspenstig, störrisch (*bes. Tier*). '**frac·tious·ness** *s* **1.** mürrisches Wesen, Reizbarkeit *f.* **2.** 'Widerspenstigkeit *f.*

**frac·ture** ['fræktʃə(r)] **I** *s* **1.** Bruch *m,* *med. a.* Frak'tur *f.* **2.** *min.* Bruch(fläche *f*) *m.* **3.** *chem. tech.* Bruchgefüge *n.* **4.** *ling.* Brechung *f.* **5.** *fig.* Bruch *m,* Zerwürfnis *n.* **II** *v/t* **6.** (zer)brechen: to ~ **one's arm** sich den Arm brechen; ~**d pelvis** *med.* Beckenbruch *m;* to **speak** ~**d English** *fig.* gebrochen Englisch sprechen. **7.** *geol.* zerklüften. **III** *v/i* **8.** (zer)brechen.

**frae** [freɪ] *Scot. für* from.

**frag·ile** ['frædʒaɪl; *Am.* -dʒəl] *adj* (*adv* ~**ly**) **1.** zerbrechlich (*a. fig.*): **happiness is** ~. **2.** *tech.* brüchig. **3.** a) schwach, zart (*Gesundheit*), b) gebrechlich (*Person*): **I'm feeling rather** ~ **today** *meist humor.* ich bin heute nicht in bester Verfassung. '**frag·ile·ness, fra·gil·i·ty** [frə'dʒɪlətɪ] *s* **1.** Zerbrechlichkeit *f.* **2.** Brüchigkeit *f.* **3.** a) Zartheit *f,* b) Gebrechlichkeit *f.*

**frag·ment** ['frægmənt] *s* **1.** (*literarisches etc*) Frag'ment. **2.** Bruchstück *n,* -teil *m.* **3.** 'Überrest *m,* Stück *n.* **4.** Fetzen *m,* Brocken *m.* **5.** *mil.* Sprengstück *n,* Splitter *m.* **frag·men·tal** [-'mentl] *adj* **1.** → fragmentary. **2.** *geol.* aus Trümmergestein bestehend: ~ **rock** Trümmergestein *m.* **frag·men·tar·i·ness** [-tərɪnɪs; *Am.* -,terɪnəs] *s (das)* Fragmen-'tarische, 'Unvoll,ständigkeit *f.* '**frag·men·tar·y** [-tərɪ; *Am.* -,terɪ] *adj* (*adv* **fragmentarily**) **1.** aus Stücken bestehend, zerstückelt. **2.** fragmen'tarisch, 'unvoll,ständig, bruchstückhaft. ,**frag·men·ta·tion** *s* **1.** *biol.* Fragmentati'on *f,* Spaltung *f.* **2.** Zerstückelung *f,* Zertrümmerung *f,* Zersplitterung *f.* **3.** *mil.* Splitterwirkung *f:* ~ **bomb** Splitterbombe *f.*

**fra·grance** ['freɪgrəns], *a.* '**fra·gran·cy** *s* Wohlgeruch *m,* (süßer) Duft: **this soap is made in several** ~**s** in verschiedenen Duftnoten. '**fra·grant** *adj* (*adv* ~**ly**) **1.** wohlriechend, (süß) duftend: to **be** ~ **with** duften nach. **2.** *fig.* angenehm: ~ **memories.**

**frail** [freɪl] *adj* **1.** zerbrechlich. **2.** a) zart, schwach (*Gesundheit, Stimme etc*), b) gebrechlich (*Person*), c) (*charakterlich u. moralisch*) schwach, d) seicht, oberflächlich (*Buch etc*).

**frail** [freɪl] *s* **1.** Binsenkorb *m* (*für getrocknete Früchte*). **2.** Korb *m* (*Gewichtseinheit, etwa 75 Pfund*).

**frail·ty** ['freɪltɪ] *s* **1.** Zerbrechlichkeit *f.*

---

**2.** a) Zartheit *f,* b) Gebrechlichkeit *f.* **3.** a) (*charakterliche od. moralische*) Schwachheit *od.* Schwäche: to **be free of human frailties** frei von menschlichen Schwächen sein, b) Fehltritt *m.*

**fraise** [freɪz] *mil.* **I** *s* Pali'sade *f.* **II** *v/t* durch Pali'saden schützen.

**fraise** [freɪz] *tech.* **I** *s* Bohrfräse *f.* **II** *v/t* fräsen.

**fram·b(o)e·si·a** [fræm'biːzɪə; -ʒə] *s med.* Frambö'sie *f* (*ansteckende Hautkrankheit der Tropen mit himbeerartigem Ausschlag*).

**frame** [freɪm] **I** *s* **1.** (Bilder-, Fenster-*etc*)Rahmen *m* (*a. mot. tech.*). **2.** (*a.* Brillen-, Schirm-, Wagen)Gestell *n.* **3.** Einfassung *f.* **4.** *arch.* a) Balkenwerk *n,* b) Gerippe *n,* Ske'lett *n:* **steel** ~, c) (*Türetc*)Zarge *f.* **5.** *print.* (*Setz*)Re,gal *n.* **6.** *electr.* Stator *m.* **7.** *aer. mar.* a) Spant *n,* b) Gerippe *n.* **8.** *TV* a) Abtast-, Bildfeld *n,* b) Raster(bild *n*) *m.* **9.** a) *Film:* Einzel-, Teilbild *n,* b) *Comic strips:* Bild *n.* **10.** *agr.* verglastes Treibbeet, Frühbeetkasten *m.* **11.** *Weberei:* ('Spinn-, 'Web)Ma,schine *f.* **12.** a) Rahmen(erzählung *f*) *m,* b) 'Hintergrund *m.* **13.** Körper(bau) *m,* Gestalt *f,* Fi'gur *f* (*obs. außer in*): **the mortal** ~ die sterbliche Hülle. **14.** *fig.* Rahmen *m,* Gefüge *n,* Sy'stem *n:* **within the** ~ **of** im Rahmen (*gen*); ~ **of reference** a) *math.* Bezugs-, Koordinatensystem *n,* b) *fig.* Gesichtspunkt *m.* **15.** ~ **of mind** (*-*)Gemüts)Verfassung *f,* (-)Zustand *m:* **in a cheerful** ~ **of mind** in fröhlicher Stimmung; **I'm not in the** ~ **of mind for dancing** (*od.* **to dance**) ich bin nicht in der Stimmung zu tanzen, mir ist nicht nach Tanzen zumute. **16.** → frame-up. **II** *v/t* **17.** zs.-passen, -setzen, -fügen. **18.** a) *ein Bild etc* (ein)rahmen, (-)fassen, b) *fig.* um'rahmen. **19.** *print.* den Satz einfassen. **20.** *etwas* ersinnen, entwerfen, *e-n Plan* schmieden, *ein Gedicht etc* machen, verfertigen, *e-e Entschuldigung etc* formu'lieren, *e-e Politik etc* abstekken. **21.** gestalten, formen, bilden. **22.** anpassen (to *dat*). **23.** *Worte* formen. **24.** *a.* ~ **up** *sl.* a) *e-e Sache* ,drehen', ,schaukeln': to ~ **a charge** e-e falsche Beschuldigung erheben; to ~ **a match** ein Spiel (vorher) absprechen, b) *j-m etwas* ,anhängen'. **III** *v/i* **25.** sich anschicken. **26.** sich entwickeln, Form annehmen: to ~ **well** sich gut anlassen (*Sache*).

**frame| aer·i·al,** *bes. Am.* ~ **an·ten·na** *s electr.* 'Rahmenan,tenne *f.*

**framed** *adj* **1.** gerahmt. **2.** Fachwerk... **3.** *aer. mar.* in Spanten (*ausgeführt*). ~ **rucksack** Rucksack *m* mit Tragegestell.

**frame| fre·quen·cy** *s TV* 'Bild(wechsel)fre,quenz *f.* ~ **hold** *s TV* Bildfang *m.* ~ **house** *s* **1.** Holzhaus *n.* **2.** Fachwerkhaus *n.*

'**fram·er** *s* **1.** (Bilder)Rahmer *m.* **2.** Gestalter *m.* **3.** Entwerfer *m.*

**frame| saw** *s tech.* **1.** Spannsäge *f.* **2.** Gattersäge *f.* ~ **sto·ry,** ~ **tale** *s* Rahmenerzählung *f.* ~ **tent** *s* Steilwandzelt *n.* '~-**up** *s sl.* **1.** Kom'plott *n,* In'trige *f.* **2.** abgekartetes Spiel, Schwindel *m.* '~-**work I** *s* **1.** *tech.,* *a. aer. u. biol.* Gerüst *n,* Gerippe *n.* **2.** *arch. Fach-,* Bindewerk *n,* Gebälk *n.* **3.** Gestell *n* (*von Eisenbahnwagen*). **4.** *Bergbau:* Ausschalung *f.* **5.** *Handarbeit:* Rahmenarbeit *f.* **6.** *fig.* Rahmen *m,* Gefüge *n,* Sy'stem *n:* **the** ~ **of society** Gesellschaftsstruktur *f;* **within the** ~ **of** im Rahmen (*gen*). **II** *adj* **7.** Fachwerk..., Gerüst... ~ **body** *aer.* Fachwerkrumpf *m;* ~ **fiber** (*bes. Br.* **fibre**) *biol.* Gerüstfaser *f.*

'**fram·ing** *s* **1.** (Ein)Rahmen *n,* (-)Fassen *n.* **2.** *tech.* Gestell *n,* Einfassung *f,*

-rahmung *f*, Rahmen *m*. **3.** *arch.* a) Holz-verbindung *f*, b) Holz-, Rahmen-, Zimmerwerk *n*. **4.** *TV* a) Einrahmung *f*, b) Bildeinstellung *f*.

**franc** [fræŋk] *s* **1.** Franc *m* (*Währungseinheit Frankreichs etc*). **2.** Franken *m* (*Währungseinheit der Schweiz etc*).

**fran·chise** [ˈfræntʃaɪz] *s* **1.** *pol.* a) Wahl-, Stimmrecht *n*, b) Bürgerrecht(e *pl*) *n*. **2.** *Am.* Vorrecht *n*, Privi'leg *n*. **3.** *hist.* Gerechtsame *f*, Vorrecht *n*. **4.** *econ. bes. Am.* a) Konzessi'on *f*, b) Al'leinverkaufsrecht *n*, -vertretung *f*, c) Verleihung *f* der) 'Rechtsper,sönlichkeit *f*: ~ of a corporation, d) Franchise *n*, Franchising *n* (*Vertrieb von Waren od. Dienstleistungen unter dem Zeichen des Herstellers durch selbständige Unternehmer in eigenem Namen u. für eigene Rechnung*), e) Firma, *die das Franchise-Prinzip anwendet*. **5.** *Versicherung*: Fran'chise *f* (*unterhalb des vereinbarten Versicherungswertes liegender Prozentsatz e-s Schadens, der nicht ersetzt zu werden braucht*).

**Fran·cis·can** [fræn'sɪskən] *relig.* **I** *s* Franzis'kaner(mönch) *m*. **II** *adj* franzis-'kanisch, Franziskaner...

**Franco-** [fræŋkəʊ-] *Wortelement mit der Bedeutung* Franko..., französisch.

**Fran·co·ni·an** [fræŋ'kəʊnjən] **I** *s* **1.** Franke *m*, Fränkin *f*. **2.** *ling. hist.* Fränkisch *n*. **II** *adj* **3.** fränkisch.

**Fran·co·phile** [ˈfræŋkəʊfaɪl], *a.* '**Fran·co·phil** [-fɪl] **I** *s* Franko'phile *m*, Fran-'zosenfreund *m*. **II** *adj* franko'phil, fran-'zosenfreundlich. '**Fran·co·phobe** [-fəʊb] **I** *s* Fran'zosenhasser *m*, -feind *m*. **II** *adj* fran'zosenfeindlich. '**Fran·co·phone** [-fəʊn] **I** *s* Franko'phone *m*. **II** *adj* franko'phon, fran'zösischsprachig.

**frang·er** [ˈfræŋə] *s Austral. sl.* 'Pa'riser' *m*, 'Gummi' *m* (*Präservativ*).

**fran·gi·bil·i·ty** [ˌfrændʒɪ'bɪlətɪ] *s* Zerbrechlichkeit *f*. '**fran·gi·ble** *adj* (*adv* frangibly) zerbrechlich. '**fran·gi·ble·ness** → frangibility.

**fran·gi·pane** [ˈfrændʒɪpeɪn] *s* **1.** (*e-e*) Mandelcreme. **2.** → frangipani. ,**fran·gi'pan·i** [-'pɑːnɪ; *Am. a.* -'pænɪ] *s* **1.** Jas'min(blüten)par,füm *n*. **2.** *bot.* Roter Jas'minbaum.

**Fran·glais** [frɑ̃glɛ] (*Fr.*) *s* mit vielen englischen Ausdrücken durchsetztes Französisch.

**Frank**[1] [fræŋk] *s hist.* Franke *m*, Fränkin *f*.

**frank**[2] [fræŋk] **I** *adj* (*adv* → frankly) **1.** offen(herzig), aufrichtig, frei(mütig): to be ~ with s.o. ehrlich zu j-m sein. **II** *s* mail **2.** a) Freistempel *m*, b) Franko-, Freivermerk *m*. **3.** Portofreiheit *f*. **III** *v/t* **4.** mail a) fran'kieren, b) mit der Ma'schine fran'kieren, freistempeln: ~ing machine Frankiermaschine *f*, Freistempler *m*. **5.** j-m Zutritt verschaffen. **6.** *etwas* (amtlich) freigeben, befreien (from *od.* against von).

**Frank·en·stein** [ˈfræŋkənstaɪn; *Am. a.* -ˌstiːn] *s* **1.** j-d, der etwas erschafft, was ihn ruiniert. **2.** *a.* ~'s monster *etwas, was s-n Erschaffer ruiniert*.

**frank·furt·er** [ˈfræŋkfɜːtə; *Am.* -ˌfɜrtər; -fər-], *Am. a.* '**frank·furt** [-fərt] *s* Frankfurter (Würstchen *n*) *f*.

**frank·in·cense** [ˈfræŋkɪnˌsens] *s bot. relig.* Weihrauch *m*.

**Frank·ish** [ˈfræŋkɪʃ] *hist.* **I** *adj* fränkisch. **II** *s ling.* Fränkisch *n*.

**frank·lin·ite** [ˈfræŋklɪnaɪt] *s min.* Frankli'nit *m*.

**Frank·lin stove** *s Am.* freistehender eiserner Ka'min.

---

'**frank·ly** *adv* a) → frank[2] 1, b) frei her'aus, frank u. frei, c) *a.* ~ speaking offen gestanden *od.* gesagt. '**frank·ness** *s* Offenheit *f*, Freimütigkeit *f*.

**frank·pledge** [ˈfræŋkpledʒ] *s jur. Br. hist.* a) Bürgschaft *f* (innerhalb e-r Zehnerschaft), b) (Mitglied *n* e-r) Zehnerschaft *f*.

**fran·tic** [ˈfræntɪk] *adj* (*adv* ~ally, ~ly) **1.** außer sich, rasend (with vor *dat*): to drive s.o. ~ j-n zur Raserei bringen. **2.** verzweifelt: ~ efforts; ~ cries for help. **3.** hektisch: a ~ search began.

**frap** [fræp] *v/t mar.* zurren.

**frap·pé** [ˈfræpeɪ; *Am.* fræ'peɪ] **I** *s* Frap'pé *m* (*mit kleingeschlagenem Eis serviertes alkoholisches Getränk*). **II** *adj* eisgekühlt.

**frass** [fræs] *s zo.* **1.** Kot *m* von In'sek-ten(larven). **2.** Fraßmehl *n*.

**frat** [fræt] *sl.* → fraternity, fraternize.

**fra·ter**[1] [ˈfreɪtə(r)] *s relig.* **1.** Frater *m*: a) (*Kloster*)Bruder vor der Priesterweihe, b) Laienbruder e-s Mönchsordens.

**fra·ter**[2] [ˈfreɪtə(r)] *s relig. hist.* Speisesaal *m* (im Kloster).

**fra·ter·nal** [frə'tɜːnl; *Am.* -'tɜrnl] **I** *adj* (*adv* ~ly) **1.** brüderlich, Bruder..., Brüder... **2.** Brudershafts... **3.** *biol.* zweieiig: ~ twins. **II** *s* **4.** *a.* ~ association (*od.* society) *Am.* Verein *m* zur Förderung gemeinsamer Inter'essen: ~ insurance *Am.* mit e-m Unterstützungsverein auf Gegenseitigkeit abgeschlossene Versicherung. **fra'ter·nal·ism** *s* Brüderlichkeit *f*.

**fra·ter·ni·ty** [frə'tɜːnətɪ; *Am.* -'tɜr-] *s* **1.** Brüderlichkeit *f*. **2.** Vereinigung *f*, Zunft *f*, Gilde *f*: the angling ~ die Zunft der Angler; the legal ~ die Juristen; the medical ~ die Ärzteschaft. **3.** (geistliche *od.* weltliche) Bruderschaft, Orden *m*. **4.** *univ. Am.* Stu'dentenverbindung *f*.

**frat·er·ni·za·tion** [ˌfrætə(r)naɪ'zeɪʃn; *Am.* -nə'z-] *s* **1.** Verbrüderung *f*. **2.** Fraterni'sierung *f*. '**frat·er·nize** *v/i* **1.** verbrüdern (with mit), brüderlich verkehren. **2.** (*bes. mit der feindlichen Zivilbevölkerung*) fraterni'sieren.

**frat·ri·cid·al** [ˌfrætrɪ'saɪdl] *adj* brudermörderisch: ~ war Bruderkrieg *m*. '**frat·ri·cide** *s* **1.** Bruder-, Geschwistermord *m*. **2.** Bruder-, Geschwistermörder *m*.

**fraud** [frɔːd] *s* **1.** *jur.* a) Betrug *m* (on s.o. an j-m), b) arglistige Täuschung: to obtain s.th. by ~ sich etwas erschleichen. **2.** Schwindel *m* (*a.* Sache). **3.** *colloq.* Betrüger *m*, Schwindler *m*. '**fraud·u·lence** [-djʊləns; *Am.* -dʒə-] *s* Betrüge'rei *f*. '**fraud·u·lent** *adj* (*adv* ~ly) betrügerisch, arglistig: ~ bankruptcy betrügerischer Bankrott; ~ conversion Unterschlagung *f*, Veruntreuung *f*; ~ preference Gläubigerbegünstigung *f*; ~ representation Vorspiegelung *f* falscher Tatsachen.

**fraught** [frɔːt] **I** *adj* **1.** *fig.* voll: ~ with danger gefahrvoll; ~ with meaning bedeutungsschwer, -schwanger. **2.** *colloq.* besorgt. **3.** *obs.* beladen. **II** *s* **4.** *obs.* Fracht *f*, Ladung *f*.

**fray**[1] [freɪ] *s* **1.** laute Ausein'andersetzung. **2.** a) Raufe'rei *f*, Schläge'rei *f*, b) *mil.* Kampf *m* (*a. fig.*): eager for the ~ kampflustig; ready for the ~ kampfbereit. **3.** *obs.* Schreck(en) *m*. **II** *v/i* **4.** *obs.* e-e laute Ausein'andersetzung haben. **5.** *obs.* a) raufen, sich schlagen, b) *mil.* kämpfen (*a. fig.*). **III** *v/t* **6.** *obs.* erschrecken.

**fray**[2] [freɪ] **I** *v/t* **1.** a) ~ out e-n Stoff etc abtragen, 'durchscheuern, ausfransen, *a. fig.* verschleißen, abnutzen: ~ed nerves strapazierte Nerven; ~ed temper gereizte Stimmung. **2.** *das*

---

Geweih fegen (*Hirsch etc*). **II** *v/i* **3.** *a.* ~ out sich abnutzen *od.* verschleißen (*a. fig.*), sich ausfransen *od.* ausfasern, sich 'durchscheuern: tempers began to ~ *fig.* die Gemüter erhitzten sich, die Stimmung wurde gereizt.

**fra·zil** [ˈfreɪzəl] *s Am. od. Canad.* Grundeis *n*.

**fraz·zle** [ˈfræzl] **I** *v/t* **1.** 'durchscheuern, ausfransen. **2.** *oft* ~ out *colloq.* ,fix u. fertig' machen, völlig erschöpfen. **II** *v/i* **3.** sich 'durchscheuern *od.* ausfransen. **4.** *oft* ~ out *colloq.* ,fix u. fertig' sein. **III** *s* **5.** Franse *f*. **6.** *colloq.* völlige Erschöpfung: he was worn to a ~ er war ,fix u. fertig'; my nerves are worn to a ~ ich bin mit den Nerven (völlig) herunter. **7.** burnt to a ~ *colloq.* vollkommen verbrannt *od.* verkohlt.

**freak**[1] [friːk] **I** *s* **1.** 'Mißbildung *f* (*Pflanze*), (*Mensch, Tier a.*) 'Mißgeburt *f*, Monstrosi'tät *f*: ~ of nature Laune *f* der Natur. **2.** a) etwas Außergewöhnliches, b) außergewöhnlicher 'Umstand. **3.** Grille *f*, Laune *f*. **4.** *sl.* ,Freak' *m*, ,irrer Typ'. **5.** *sl.* (*meist in Zssgn*) ,Freak' *m*, Süchtige(r *m*) *f*: pill ~. **6.** *sl.* (*meist in Zssgn*) ,Freak' *m*, Narr *m*, Fa'natiker *m*: jazz ~. **II** *adj* **7.** → freakish. **8.** Monstrositäten...: ~ show. **III** *v/i* **9.** ~ out *sl.* ,ausflippen': a) auf e-n ,Trip' gehen, b) (*aus der Gesellschaft*) ,aussteigen', c) (*vor Begeisterung*) außer sich geraten (for, over bei), d) ,'durchdrehen'. **IV** *v/t* **10.** ~ out *sl.* a) elektri'sieren, in Begeisterung versetzen, b) aus der Fassung bringen: the sight ~ed him out bei dem Anblick ,flippte er aus'.

**freak**[2] [friːk] **I** *s* (Farb)Fleck *m*. **II** *v/t* sprenkeln.

'**freak·ish** *adj* (*adv* ~ly) **1.** außergewöhnlich. **2.** launisch, wechselhaft, unberechenbar (*Verhalten, Wetter etc*). **3.** *sl.* ,irr', ,verrückt'. '**freak·ish·ness** *s* Wechselhaftigkeit *f*, Unberechenbarkeit *f*.

'**freak-out** *s sl.* **1.** ,Ausflippen' *n*. **2.** ,Ausgeflippte(r' *m*) *f*. ,Trip' *m*.

**freck·le** [ˈfrekl] **I** *s* **1.** Sommersprosse *f*. **2.** Fleck(chen *n*) *m*. **3.** *phys.* Sonnenfleck *m*. **II** *v/t* **4.** tüpfeln, sprenkeln. **III** *v/i* **5.** Sommersprossen bekommen. '**freck·led**, '**freck·ly** [-lɪ] *adj* sommersprossig.

**free** [friː] **I** *adj* (*adv* ~ly) **1.** *allg.* frei: a) unabhängig, b) selbständig, c) ungebunden, d) ungehindert, e) uneingeschränkt, f) in Freiheit (befindlich): a ~ man; a ~ people; the F~ World; ~ choice; ~ elections; he is ~ to go, it is ~ for him to go es steht ihm frei zu gehen; to give s.o. a ~ hand j-m freie Hand lassen. **2.** frei: a) unbeschäftigt: he is ~ after 5 o'clock, b) ohne Verpflichtungen: a ~ evening, c) nicht besetzt: this room is ~. **3.** frei: a) *nicht wörtlich*: a ~ translation, b) *nicht an Regeln gebunden*: ~ verse; ~ skating (*Eis-, Rollkunstlauf*) Kür(laufen) *f*, c) frei gestaltet: a ~ version. **4.** (from, of) frei (von), ohne (*acc*): ~ from error fehlerfrei; ~ from infection *med.* frei von ansteckenden Krankheiten. **5.** frei, befreit (from, of von): ~ from contradiction widerspruchsfrei; ~ from distortion *tech.* verzerrungsfrei; ~ from pain schmerzfrei; ~ of debt schuldenfrei; ~ and unencumbered *jur.* unbelastet, hypothekenfrei; ~ of taxes steuerfrei. **6.** gefeit, im'mun, gesichert (from gegen). **7.** *chem.* nicht gebunden, frei. **8.** los(e), frei: to get one's arm ~ s-n Arm freibekommen. **9.** frei(stehend, -schwebend). **10.** ungezwungen, na'türlich, unbefangen: ~ manners; → easy 11. **11.** a) offen(herzig), freimütig, b) unverblümt, c) dreist, plump-vertraulich: to make ~ with sich

Freiheiten herausnehmen gegen j-n; sich (ungeniert) gütlich tun an e-r Sache. **12.** allzu frei: ~ **talk** lockere Reden. **13.** freigebig, großzügig: **to be** ~ **with** großzügig sein *od.* umgehen mit. **14.** reichlich. **15.** leicht, flott, zügig. **16.** (kosten-, gebühren)frei, kostenlos, unentgeltlich, gratis: ~ **admission** freier Eintritt; ~ **copy** Freiexemplar *n*; ~ **fares** Nulltarif *m*; ~ **gift** *econ.* Zugabe *f*, Gratispackung *f*, -probe *f*; ~ **pass** → pass² 48 b; ~ **ticket** Freikarte *f*, *rail. etc* Freifahrkarte *f*, -schein *m*; ~ **transport** Beförderung *f* zum Nulltarif; **for** ~ *colloq.* umsonst. **17.** *econ.* frei (*Handelsklausel*): ~ **alongside ship** frei Längsseite Schiff; ~ **on board** frei an Bord; ~ **on rail** frei Waggon; ~ **domicile** frei Haus. **18.** *econ.* zoll- *od.* genehmigungsfrei: ~ **imports. 19.** *econ.* frei verfügbar: ~ **assets**; ~ **bonds. 20.** öffentlich, allen zugänglich: ~ **library** Volksbücherei *f*; **to be (made)** ~ **of s.th.** freien Zutritt zu etwas haben. **21.** willig, bereit: **I am** ~ **to confess. 22.** *Turnen:* ohne Geräte: ~ **gymnastics** Freiübungen. **23.** (frei) beweglich: **to be** ~ **of the** harbo(u)r aus dem Hafen heraus sein. **24.** *tech.* leer (*Maschine*): **to run** ~ leer laufen. **25.** *ling.* a) in e-r offenen Silbe stehend (*Vokal*), b) frei, nicht fest (*Wortakzent*). **II** *v/t* **26.** befreien (**from** von, aus) (*a. fig.*). **27.** freilassen. **28.** entlasten (**from**, **of** von). **III** *adv* **29.** *allg.* frei. **30. to go** ~ *mar.* raumschots segeln.

**free|ar·e·a** *s psych. sociol.* Freiraum *m.* ~ **as·so·ci·a·tion** *s psych.* freie Assoziation. ~ **back** *s bes. Fußball:* Libero *m.*

**free·bee, free·bie** [ˈfriːbiː] *sl.* **I** *s etwas, was es gratis gibt, z. B.* Freikarte *f.* **II** *adj* Frei..., Gratis...

ˈfree|·board *s mar.* Freibord *m*: ~ **depth** Freibordhöhe *f.* ~ **boot·er** *s* Freibeuter *m.* ~ **born** *adj* freigeboren. ~ **church** *s* Freikirche *f.* ~ **cit·y** *s* freie Stadt. ~ **com·pan·ion** *s mil. hist.* Söldner *m.* ~ **com·pe·ti·tion** *s econ.* freier Wettbewerb. ~ **cur·ren·cy** *s econ.* frei konvertierbare Währung. ˈ~·**cut·ting steel** *s tech.* Auto¦matenstahl *m.*

**freed·man** [ˈfriːdmæn; -mən] *s irr* freigelassener Sklave.

**free·dom** [ˈfriːdəm] *s* **1.** Freiheit *f*: ~ **of opinion** (**speech, trade, religion** *od.* **worship**) Meinungs-(Rede-, Gewerbe-, Religions)Freiheit; ~ **of the press** Pressefreiheit; ~ **of the seas** Freiheit der Meere; ~ **of the will** → 4; ~ **fighter** Freiheitskämpfer *m*; **she gave her husband his** ~ sie gab ihm ihren Mann frei. **2.** Unabhängigkeit *f.* **3.** Vorrecht *n*, Privileg *n*: ~ **of a city** (*od.* **town**) Ehrenbürgerrecht *n*; **he was given the** ~ **of the city** er wurde zum Ehrenbürger ernannt. **4.** *bes. philos. relig.* Willensfreiheit *f.* **5.** Ungebundenheit *f*: ~ **of movement** Freizügigkeit *f.* **6.** Freiheit *f*, Frei-, Befreitsein *n*: ~ **from contradiction** Widerspruchsfreiheit; ~ **from distortion** *tech.* Verzerrungsfreiheit; ~ **from taxation** Steuerfreiheit *f.* **7.** Offenheit *f*, Freimütigkeit *f.* **8.** a) Zwanglosigkeit *f*, b) Dreistigkeit *f*, (plumpe) Vertraulichkeit: **to take** ~**s with s.o.** sich Freiheiten gegen j-n herausnehmen. **9. (of)** freier Zutritt (zu), freie Benutzung (*gen*).

**freed·wom·an** [ˈfriːd¦wʊmən] *s irr* freigelassene Sklavin.

**free|en·er·gy** *s phys.* freie *od.* ungebundene Ener¦gie. ~ **en·ter·prise** *s* freies Unter¦nehmertum. ~ **fall** *s aer. phys.* freier Fall. ~ **fight** *s* allgemeine Raufe¦rei, ¦Massenschläge¦rei *f.* ˌ~·ˈfloat·ing *adj* **1.** nicht gebunden, unabhängig.

---

**2.** allgemein: ~ **hostility.** ˈ~·**for·¦all** *s colloq.* **1.** a) allgemeine (hitzige) Diskussi¦on, b) ¦Gerangel¦ *n.* **2.** ~ **free fight.** ˈ~·**hand I** *adj* **1.** freihändig, Freihand...: ~ **drawing. 2.** *fig.* frei: **a** ~ **adaptation. 3.** *fig.* ausschweifend: **his** ~ **imagination. II** *adv* **4.** freihändig. ˌ~·**hand·ed** *adj (adv* ~**ly**) **1.** → **freehand** 1. **2.** freigebig, großzügig. ˌ~·ˈ**heart·ed** *adj* **1.** freimütig, offenherzig. **2.** → **freehanded** 2. ~ **hit** *s Hockey:* Freischlag *m.* ˈ~·**hold** *s* **1.** ~ (**estate**) (*zeitlich unbegrenztes*) Grundeigentumsrecht an Grundbesitz: ~ **flat** *Br.* Eigentumswohnung *f.* **2.** *hist.* Al¦lod *n*, Freisassengut *n.* ˌ~·**hold·er** *s* **1.** Grundeigentümer *m*, -besitzer *m.* **2.** *hist.* Freisasse *m.* ~ **house** *s Br.* Gaststätte, die an keine Brauerei gebunden ist. ~ **kick** *s* **1.** *Fußball:* Freistoß *m*: (**in**)**direct** ~. **2.** *Rugby:* Freitritt *m.* ~ **la·bo(u)r** *s* ¦nichtorgani¦sierte Arbeiter(schaft *f*) *pl.* ˈ~·**lance** [-lɑːns; *Am.* -¦læns] **I** *s* **1.** a) freier Schriftsteller, Journa¦list *etc*, Freiberufler *od.* Freischaffende(r) *m*, b) freier Mitarbeiter: **to work as a** ~ → 6. **2.** *pol.* Unabhängige(r *m*) *f*, Par¦teilose(r *m*) *f.* **3.** *mil. hist.* Söldner *m.* **II** *adj* **4.** frei(beruflich tätig), freischaffend. **III** *adv* **5.** freiberuflich: **to work** ~ → 6. **IV** *v/i* **6.** a) freiberuflich tätig sein, b) als freier Mitarbeiter tätig sein. ˈ~·**lanc·er** → **freelance** 1. ~ **list** *s* **1.** *econ. bes.* (Zoll)Freiliste *f.* **2.** Liste *f* der Empfänger von ¦Freikarten *od.* -exem¦plaren. ~ **liv·er** *s* Schlemmer *m*, Genießer *m.* ˌ~·ˈ**liv·ing** *adj* **1.** schlemmerisch. **2.** *biol.* a) freilebend, b) nicht parasi¦tär. ˈ~·**load** *v/i Am. colloq.* ¦schnorren¦, ¦nassauern¦. ˈ~·**load·er** *s Am. colloq.* ¦Schnorrer¦ *m*, ¦Nassauer¦ *m.* ~ **love** *s* freie Liebe. ~ **man** *s irr Fußball:* freier Mann, Libero *m.* ˈ~·**man** [-mən] *s irr* **1.** [-mæn, -mən] freier Mann. **2.** Ehrenbürger *m.* **3.** freier Bürger. ~ **mar·ket** *s econ.* **1.** freier Markt. **2.** *Börse:* Freiverkehr *m.* ~ **mar·ket e·con·o·my** *s* freie Marktwirtschaft. ~ **mar·tin** [-¦mɑːtɪn; *Am.* -¦mɑːrtn] *s* Zwitterrind *n*, *bes.* unfruchtbares Kuhkalb. ˈF~·**ma·son** *s* Freimaurer *m.* ˈF~·**ma·son·ic** *adj* freimaurerisch. ˈF~·**ma·son·ry** *s* **1.** Freimaure¦rei *f.* **2.** *fig.* instink¦tives Zs.-gehörigkeitsgefühl. ~ **play** *s* **1.** *tech.* Spiel (-raum *m*) *n.* **2.** *fig.* freie Hand. ~ **port** *s* Freihafen *m.* ˈ~·**range** *adj bes. Br.:* ~ **hens** Freilandhühner; ~ **eggs** Eier von Freilandhühnern. ~ **rid·er** *s Am. colloq.* **1.** → **freeloader. 2.** *Arbeitnehmer, der der für ihn zuständigen Gewerkschaft nicht angehört, jedoch ihre Vorteile genießt.* ˈ~·**sheet** *s* kostenlos verteilte Zeitung.

**free·si·a** [ˈfriːzjə; *Am. bes.* -ʒə] *s bot.* Freesie *f.*

**free|sil·ver** *s econ.* freie Silberprägung. ~ **soil** *s Am. hist.* Freiland *n* (*in dem Sklaverei verboten war*). ˌ~·**soil** *adj Am. hist.* gegen die Sklave¦rei gerichtet, Freiland... ~ **space** *s* **1.** *mar.* Freiraum *m.* **2.** *tech.* Spiel(raum *m*) *n.* ~ **speech** *s* Redefreiheit *f.* ˌ~·ˈ**spo·ken** *adj (adv* ~**ly**) freimütig, offen. ˌ~·ˈ**spo·ken·ness** *s* Offenheit *f.* ˈ~·**stand·ing** *adj* frei stehend: ~ **wall** *s* furniture Stückmöbel *n*; ~ **sculpture** Freiplastik *f.* ~ **state** *s* **1.** *Am. hist.* Staat, in dem es vor dem Bürgerkrieg keine Sklaverei gab. **2.** Freistaat *m.* ˈ~·**stone** *s* **1.** *tech.* Mauer-, Haustein *m*, Quader *m.* **2.** *bot.* Freistein-Obst *n.* ˈ~·**style** *s* **1.** *Ringen, Schwimmen:* Freistil(kampf *m*, -rennen *n*, -wettbewerb *m*) *m.* **II** *adj* **2.** *Ringen, Schwimmen:* Freistil... **3.** *Eis-, Rollkunstlauf:* Kür...: ~ **skating** Kür(laufen *n*) *f.*

---

ˈ**think·er** *s* Freidenker *m*, -geist *m.* ˌ~·ˈ**think·ing I** *s* → **free thought. II** *adj* freidenkerisch, -geistig. ~ **thought** *s* Freigeiste¦rei *f*, -denke¦rei *f.* ~ **throw** *s Basketball:* Freiwurf *m.* ~ **throw line** *s Basketball:* Freiwurflinie *f.* ~ **time** *s econ.* gebührenfreie (Ent)Ladezeit. ~ **trade** *s* Freihandel *m.* ˈ~·**trade ar·e·a** *s econ.* Freihandelszone *f.* ~ **trad·er** *s* Befürworter *m* des Freihandels. ~ **vote** *s parl. bes. Br.* Abstimmung *f* ohne Fraktionszwang. ˈ~·**way** *s Am.* gebührenfreie Schnellstraße. ˌ~·ˈ**wheel** *tech.* **I** *s* Freilauf *m.* **II** *v/i* im Freilauf fahren. ˌ~·ˈ**wheel·ing** *adj bes. Am. colloq.* **1.** frei und ungebunden. **2.** sorglos.

ˈ**freez·a·ble** *adj* gefrierbar.

**freeze** [friːz] **I** *v/i* pret **froze** [frəʊz] *pp* **fro·zen** [ˈfrəʊzn] **1.** *impers* frieren: **it is freezing hard** es friert stark, es herrscht starker Frost. **2.** frieren: **to** ~ **to death** erfrieren; **I am freezing** mir ist eiskalt. **3.** (ge)frieren, zu Eis werden. **4.** hart *od.* fest werden, erstarren. **5.** *a.* ~ **up** (*od.* **over**) zufrieren (*See etc*), vereisen (*Windschutzscheibe etc*): **to** ~ (**up**) einfrieren (*Türschloß etc*). **6.** fest-, anfrieren (**to an** *dat*). **7.** haften (**to an** *dat*), *tech.* sich festfressen: **to** ~ **onto s.o.** sich wie e-e Klette an j-n hängen. **8.** sich einfrieren lassen: **meat** ~**s well. 9.** *fig.* a) (*vor Schreck etc*) erstarren (*Person, Gesicht, Lächeln*), eisig werden, b) erstarren: **to** ~ **in one's tracks** zur Salzsäule erstarren, wie angewurzelt stehenbleiben: ~! halt, keine Bewegung!, c) ~ **up** *thea.* (*vor Nervosität*) kein Wort herausbringen, sich nicht bewegen können. **II** *v/t* **10.** zum Gefrieren bringen: **the north wind has frozen the water** durch den Nordwind ist das Wasser gefroren; **I was frozen** mir war eiskalt. **11.** *a.* ~ **up** (*od.* **over**) *See etc* zufrieren lassen, *Windschutzscheibe etc* vereisen lassen: **to** ~ (**up**) *Türschloß etc* einfrieren lassen; **the cold has frozen the door lock** durch die Kälte ist mir das Türschloß eingefroren. **12.** *meist* ~ **in**, ~ **up** *Schiff etc* in Eis einschließen. **13.** erfrieren lassen. **14.** *Fleisch etc* einfrieren, tiefkühlen. **15.** *med.* vereisen. **16.** erstarren lassen. **17.** *fig.* a) erstarren lassen: **the sight froze him to the spot** bei dem Anblick erstarrte er zur Salzsäule *od.* blieb er wie angewurzelt stehen, b) zum Schweigen bringen: **the teacher froze his noisy class with a single look. 18.** ~ **out** *bes. Am. colloq.* j-n ausschließen, kaltstellen, hin¦ausekeln. **19.** *econ.* Guthaben *etc* sperren, bloc¦kieren. **20.** *econ.* Preise *etc*, *pol.* diplomatische Beziehungen einfrieren. **21.** *colloq.* e-n Zustand ¦verewigen¦. **22.** *sport* den Ball (in den eigenen Reihen) ¦halten¦. **III** *v/t* **23.** (Ge)Frieren *n.* **24.** gefrorener Zustand. **25.** ¦Frost(peri¦ode *f*) *m*, ¦Kälte (-peri¦ode) *f.* **26.** *econ. pol.* Einfrieren *n*: ~ **on wages** Lohnstopp *m*; **to put a** ~ **on** einfrieren.

ˌ**freeze-**ˈ**dry** *v/t* Lebensmittel *etc* gefriertrocknen. ~ **dry·er** *s tech.* Gefriertrockner *m.* ~ **frame** *s Film etc:* Standbild *n.*

ˈ**freez·er** *s* **1.** Ge¦frierma¦schine *f.* **2.** a) Gefrierkammer *f*, b) Tiefkühl-, Gefriergerät *n*, c) Gefrierfach *n* (*e-s Kühlschranks*).

ˈ**freeze-up** *s* starker Frost.

ˈ**freez·ing I** *adj* **1.** *tech.* Gefrier..., Kälte...: ~ **compartment** → **freezer** 2 c; ~ **mixture** Kältemischung *f*; ~ **point** Gefrierpunkt *m*; **below** ~ **point** unter dem Gefrierpunkt, *meteor.* unter Null; ~ **process** Tiefkühlverfahren *n.* **2.** eisig kalt, eiskalt. **3.** ~ **rain** Eisregen *m.* **II** *s* **4.** Einfrieren *n* (*a. econ. pol.*). **5.** *med.* Vereisung *f.* **6.** Erstarrung *f.*

**F re·gion** s phys. F-Schicht f, F-Gebiet n (stark ionisierte Doppelschicht der Ionosphäre).

**freight** [freɪt] **I** s **1.** Fracht f, Beförderung f als Frachtgut. **2.** Fracht(gebühr) f, -kosten pl. **3.** mar. (Am. a. aer. mot. rail.) Fracht f, Ladung f: ~ **and carriage** Br. See-u. Landfracht; → **forward** 1. **4.** rail. Am. Güterzug m. **II** v/t **5.** Schiffe, Am. a. Güterwagen etc befrachten, beladen: **the ship was ~ed with coal** das Schiff hatte Kohle geladen. **6.** Güter verfrachten. **7.** als Frachtgut befördern. **'freight·age** s **1.** Trans'port m. **2.** → freight 2 u. 3.

**freight|bill** s Am. Frachtbrief m. **~car** s rail. Am. Güterwagen m. **'freight·er** s **1.** mar. Frachter m, Frachtschiff n. **2.** Fracht-, Trans'portflugzeug n. **3.** mar. Befrachter m.

**freight|house** s rail. Am. Lagerhaus n. **'~,lin·er** s Br. Con'tainerzug m. **~rate** s econ. mar. Frachtsatz m. **~ship** → freighter 1. **~sta·tion** s Am. Güterbahnhof m. **~ter·mi·nal** s aer. Abfertigungsgebäude n. **~ton** → **ton**[1] 2. **~ton·nage** s mar. Frachtraum m. **~train** s Am. Güterzug m.

**frem·i·tus** [ˈfremɪtəs] pl **-tus** s med. Fremitus m (beim Sprechen fühlbare Erschütterung des Brustkorbs über verdichteten Lungen).

**French** [frentʃ] **I** adj **1.** fran'zösisch: **to take ~ leave** fig. sich (auf) französisch empfehlen, heimlich verschwinden. **II** s **2.** the ~ die Franzosen pl. **3.** ling. Fran'zösisch n, das Französische: **in ~** a) auf französisch, b) im Französischen. **III** v/t **4.** sl. j-n ,fran'zösisch' (oral) befriedigen. **~bean** s bot. bes. Br. **1.** Feuerbohne f. **2.** Gartenbohne f. **3.** pl grüne Bohnen pl. **~bread** s Ba'guette f. **~Ca·na·di·an** s **1.** 'Frankoka,nadier(in), Ka'nadier(in) fran'zösischer Abstammung. **2.** ling. ka'nadisches Fran'zösisch. **~,Ca·na·di·an** adj 'franko,nadisch, ka'nadisch-'fran'zösisch. **~chalk** s Schneiderkreide f. **~cuff** s 'Umschlagman,schette f (am Hemd). **~curve** s tech. 'Kurvenli,neal n. **~dis·ease** s med. obs. Fran'zosenkrankheit f (Syphilis). **~door** s Am. Glastür f. **~dress·ing** s gastr. French Dressing n (Salatsoße aus Essig, Öl, Senf u. Gewürzen). **~fried po·ta·toes**, colloq. **~fries** s pl bes. Am. Pommes 'frites pl. **~heel** s Louis-XV-Absatz m (am Damenschuh). **~horn** s mus. (Wald-)Horn n.

**French·i·fy** [ˈfrentʃɪfaɪ] **I** v/t franzö'sieren, fran'zösisch machen. **II** v/i fran'zösisch werden.

**French|kiss** s Zungenkuß m. **~let·ter** s Br. colloq. ,Pa'riser' m (Präservativ). **~loaf** s irr Ba'guette f. **~lock** s tech. fran'zösisches Zuhaltungsschloß. **'~man** [-mən] s irr Fran'zose m. **~mari·gold** s bot. Samt-, Stu'dentenblume f. **~pas·try** s gefülltes Gebäckstück. **~pol·ish** s 'Schellackpoli,tur f. **~pol·ish** v/t mit 'Schellackpoli,tur behandeln. **~roof** s arch. Man'sardendach n. **~rose** s bot. Essigrose f. **~stick** s Ba'guette f. **~toast** s gastr. a) Br. nur auf 'einer Seite gerösteter Toast, b) armer Ritter. **~win·dow** s oft pl Ter'rassen-, Bal'kontür f. **'~wom·an** s irr Fran'zösin f.

**'French·y** colloq. **I** adj (betont od. typisch) fran'zösisch. **II** s ,Franzmann' m (Franzose).

**fre·net·ic** [frəˈnetɪk; frɪ-] adj (adv ~ally) **1.** a) ausgelassen, b) → frenzied 2. **2.** → frenzied 3.

**fren·zied** [ˈfrenzɪd] adj **1.** außer sich, rasend (with vor dat). **2.** fre'netisch (Geschrei etc), (Beifall a.) rasend. **3.** wild,

---

hektisch. **'fren·zy** [-zɪ] **I** s **1.** a) wilde Aufregung: **in a ~** in heller Aufregung, b) Ek'stase f, Verzückung f: ~ **of enthusiasm** Begeisterungstaumel m; **he worked the audience up into a ~** er brachte das Publikum zum Rasen, c) Besessenheit f, Ma'nie f. **2.** wildes od. hektisches Treiben, Wirbel m. **3.** Wahnsinn m, Rase'rei f: **in a ~ of hate** rasend vor Haß. **II** v/t **4.** rasend machen, zum Rasen od. zur Rase'rei bringen.

**fre·quen·cy** [ˈfriːkwənsɪ] s **1.** Häufigkeit f (a. biol. math.), häufiges Vorkommen. **2.** electr. phys. Fre'quenz f, Schwingungszahl f. **~band** s electr. Fre'quenzband n. **~chang·er**, **~con·vert·er** s electr. phys. Fre'quenzwandler m. **~curve** s **1.** biol. math. Häufigkeitskurve f. **2.** biol. Variati'onskurve f. **~de·vi·a·tion** s electr. Fre'quenzhub m. **~dis·tri·bu·tion** s **1.** Wahr'scheinlichkeits-, Häufigkeitsverteilung f. **2.** electr. Fre'quenzverteilung f. **~me·ter** s electr. Fre'quenzmesser m. **~mod·u·la·tion** s phys. Fre'quenzmodulati,on f: ~ **range** Bereich m der Frequenzmodulation. **~mul·ti·pli·er** s electr. Fre'quenzvervielfacher m. **~range** s electr. Fre'quenzbereich m.

**fre·quent I** adj [ˈfriːkwənt] (adv → frequently) **1.** häufig ('wiederkehrend), öfter vorkommend, (häufig) wieder'holt. **2.** häufig, regelmäßig: **he is a ~ visitor** er kommt häufig zu Besuch. **3.** obs. fre'quent, beschleunigt (Puls). **II** v/t [frɪˈkwent; Am. a. ˈfriːkwənt] **4.** häufig besuchen od. aufsuchen, frequen'tieren. **fre·quen·ta·tion** [-kwen-] s häufiger Besuch. **fre·quen·ta·tive** [frɪˈkwentətɪv] **I** adj ling. iterativ: ~ **aspect** frequentative Aktionsart (Aktionsart, die e-e häufige Wiederholung von Vorgängen ausdrückt). **II** s Frequenta'tiv(um) n (Verb mit frequentativer Aktionsart). **fre'quent·er** s häufiger Besucher, Stammgast m. **'fre·quent·ly** adv häufig, oft.

**fres·co** [ˈfreskəʊ] **I** pl **-cos**, **-coes** s **1.** 'Freskomale,rei f. **2.** Fresko(gemälde) n. **II** v/t **3.** in Fresko malen.

**fresh** [freʃ] **I** adj (adv ~ly) **1.** allg. frisch. **2.** neu: ~ **evidence**; ~ **news**; **a ~ novel**. **3.** kürzlich od. erst angekommen: ~ **arrival** Neuankömmling m. **4.** neu, anders, verschieden: **to take a ~ look at an affair** e-e Angelegenheit von e-r anderen Seite betrachten; → **ground**[1] 1, start 4. **5.** frisch: a) zusätzlich, weiter: ~ **supplies**, b) nicht alt, unverdorben: ~ **eggs**, c) nicht eingemacht, ohne Konser'vierungsstoffe: ~ **vegetables** frisches Gemüse, Frischgemüse n; ~ **meat** Frischfleisch n; ~ **butter** ungesalzene Butter, ~ **herrings** grüne Heringe, d) sauber, rein: ~ **shirt**. **6.** frisch: a) unverbraucht, b) erfrischend: → **fresh air**. **7.** frisch, kräftig: **a ~ wind**. **8.** fig. frisch: a) blühend, gesund: ~ **complexion**, b) ausgeruht, erholt. **9.** dial. Br. angeheitert, ,beschwipst'. **10.** fig. ,grün', unerfahren: **to be ~ to** noch keine Erfahrung haben in (dat). **11.** colloq. frech (with zu), ,pampig': **don't get ~ with me!** werd bloß nicht frech! **II** adv **12.** frisch: ~ **from the assembly line** direkt vom Fließband; ~ **from the oven** ofenfrisch; ~ **from the press** druckfrisch; **we are ~ out of lemons** bes. Am. colloq. uns sind die Zitronen gerade ausgegangen. **13.** (in Zssgn) frisch: ~**laid eggs** frisch gelegte Eier. **III** s **14.** Anfang m: **the ~ of the day**. **15.** Frische f: **the ~ of the morning** die morgendliche Kühle. **16.** → freshet. **IV** v/t u. v/i Am. für freshen 1–4, 7, 8, 10. **~air** s **1.** frische Luft. **2.** tech. Frischluft f. **'~air** adj **1.** Frischluft... (a.

---

tech.): ~ **breathing apparatus** (Bergbau) Schlauchgerät n; ~ **fiend** colloq. Frischluftapostel m, -fanatiker m. **2.** an der frischen Luft: ~ **work**. ~ **breeze** s frische Brise (Windstärke 5).

**'fresh·en I** v/t **1.** meist ~ **up** neuer od. schöner machen. **2.** meist ~ **up** j-n erfrischen. **3.** to ~ o.s. (up) sich frisch machen. **4.** to ~ s.o. (up) j-m nachgießen od. -schenken. **5.** Fleisch entsalzen. **6.** mar. auffieren. **II** v/i **7.** meist ~ **up** (wieder) frisch werden, aufleben (Blumen etc). **8.** meist ~ **up** sich frisch machen. **9.** bes. Am. kalben (Kuh). **10.** meist ~ **up** mar. auffrischen (Wind). **'fresh·er** Br. colloq. für freshman 1.

**fresh·et** [ˈfreʃɪt] s **1.** Hochwasser n. **2.** fig. Flut f: **a ~ of letters**.

**fresh|gale** s stürmischer Wind (Windstärke 8). **'~man** [-mən] s irr **1.** 'Erstse,mester n, Stu'dent(in) im ersten Se'mester. **2.** Neuling m, Anfänger m: **to make one's ~ appearance in films** sein Filmdebüt geben.

**'fresh·ness** s **1.** Frische f. **2.** Neuheit f. **3.** Unerfahrenheit f.

**fresh|wa·ter** s Süßwasser n. **'~,wa·ter** adj **1.** Süßwasser... ~ **fish**; ~ **sailor** bes. humor. Süßwasserratose m. **2.** fig. unerfahren. **3.** Am. colloq. Provinz...: **a ~ college**.

**Fres·nel lens** [ˈfreznəl; freɪˈnel] s opt. Fres'nel-Linse f, Stufenlinse f.

**fret**[1] [fret] **I** v/t **1.** j-m Sorgen machen. **2.** j-n ärgern, reizen. **3.** a) abreiben, abscheuern, abnutzen, b) reiben od. scheuern an (dat): **to ~ s.o.'s nerves** an j-s Nerven zerren. **4.** chem. tech. an-, zerfressen, angreifen. **5.** geol. sich e-n Weg etc bahnen: **the river ~ed an underground passage**. **6.** Wasser a) kräuseln, b) aufwühlen. **II** v/i **7.** sich Sorgen machen, in Sorge sein (about, at, for, over wegen). **8.** sich ärgern (about, at, for, over über acc): **to ~ and fume** vor Wut schäumen. **9.** sich abreiben od. abscheuern od. abnutzen. **10.** aufbrechen (Straßenbelag). **III** s **11.** to be in a ~ → 7. **12.** Verärgerung f, Gereiztheit f: **to be in a ~** verärgert od. gereizt sein.

**fret**[2] [fret] **I** s **1.** verflochtene, durch'brochene Verzierung. **2.** geflochtenes Gitterwerk. **3.** her. gekreuzte Bänder pl. **II** v/t **4.** gitterförmig od. durch'brochen verzieren. **5.** mit Streifen schmücken.

**fret**[3] [fret] s mus. Bund m, Griffleiste f (an Zupfinstrumenten).

**'fret·ful** adj (adv ~ly) verärgert, gereizt. **'fret·ful·ness** s Verärgerung f, Gereiztheit f.

**fret|saw** s tech. Laubsäge f. **'~work** s **1.** Gitterwerk n. **2.** durch'brochene Arbeit. **3.** Laubsägearbeit f.

**Freud·i·an** [ˈfrɔɪdjən; -ɪən] **I** adj freudi'anisch, Freudsch(er, e, es): ~ **slip** Freudsche Fehlleistung. **II** s Freudi'aner(in).

**fri·a·bil·i·ty** [ˌfraɪəˈbɪlətɪ] s **1.** Zerreibbarkeit f. **2.** Bröckligkeit f. **'fri·a·ble** adj **1.** zerreibbar. **2.** bröck(e)lig, krümelig, mürbe: ~ **ore** mulmiges Erz. **'fri·a·ble·ness** → friability.

**fri·ar** [ˈfraɪə(r)] s relig. (bes. Bettel-)Mönch m, (Kloster)Bruder m: → **Black Friar**, etc.

**fri·ar's|-cap** bot. Blauer Eisenhut. **~-'cowl** s bot. **1.** Kohlaron m. **2.** → friar's-cap. **3.** Gefleckter Aronstab. **~lan·tern** s Irrlicht n. **'fri·ar·y** [ˈfraɪərɪ] s relig. (Mönchs)Kloster n.

**frib·ble** [ˈfrɪbl] **I** v/t vertändeln, -trödeln. **II** v/i trödeln, in den Tag hin'einleben.

**fric·an·deau** [ˈfrɪkəndəʊ] pl **-deaus**, **-deaux** [-dəʊz] s gastr. Frikan'deau n.

**fric·an·do** [ˈfrɪkəndəʊ] *pl* **-does** → fricandeau.

**fric·as·see** *gastr.* **I** *s* [ˈfrɪkəsiː] Frikasˈsee *n.* **II** *v/t* [ˌfrɪkəˈsiː] frikasˈsieren, als Friˈkasˈsee zubereiten.

**fric·a·tive** [ˈfrɪkətɪv] *ling.* **I** *adj* frikaˈtiv, Reibe...: **~ consonant** → **II. II** *s* Frikaˈtiv *m*, Reibelaut *m*.

**fric·tion** [ˈfrɪkʃn] *s* **1.** *phys. tech.* Reibung *f*, Friktiˈon *f*. **2.** *bes. med.* Reibung *f*. **3.** *fig.* Reibeˈrei(en *pl*) *f*. **'fric·tion·al** [-ʃənl] *adj* **1.** *phys. tech.* Reibungs..., Friktions...: **~ electricity** Reibungselektriziˈtät *f*. **2. ~ unemployment** *econ.* friktioˈnelle *od.* temporäre Arbeitslosigkeit.

**fric·tion| brake** *s tech.* Reibungsbremse *f*. **~ clutch** *s tech.* Reibungs-, Friktiˈonskupplung *f*. **~ disk** *s tech.* Reibscheibe *f*. **~ drive** *s tech.* Friktiˈonsantrieb *m*. **~ force** *s phys.* **1.** ˈReibungsˌwiderstand *m*. **2.** zur Überˈwindung der (Haft)Reibung nötige Kraft. **~ gear (-ing)** *s tech.* Reib(rad)-, Friktiˈonsgetriebe *n*.

**'fric·tion·less** *adj tech.* reibungsfrei, -arm.

**fric·tion|match** *s* Streichholz *n*. **~ surface** *s tech.* Laufläche *f*. **~ tape** *s electr. Am.* Isoˈlierband *n*. **~ wheel** *s tech.* Reib-, Friktiˈonsrad *n*.

**Fri·day** [ˈfraɪdɪ, -deɪ] *s* Freitag *m*: **on ~** (am) Freitag; **on ~s** freitags.

**fridge** [frɪdʒ] *s bes. Br. colloq.* Kühlschrank *m*.

**fried** [fraɪd] **I** *pret u. pp von* **fry¹**. **II** *adj Am. sl.* ˌblauˈ (betrunken). **'~ˌcake** *s Am.* Schmalzgebäck, -gebackene(s) *n*.

**friend** [frend] *s* **1.** Freund(in): **~ at court** einflußreicher Freund, ˌVetterˈ *m*; **to be ~s with s.o.** mit j-m befreundet sein; **to make a ~** e-n Freund gewinnen; **to make a ~ of s.o.** sich j-n zum Freund machen; **to make ~s with** sich anfreunden mit, Freundschaft schließen mit; **a ~ in need is a ~ indeed** der wahre Freund zeigt sich erst in der Not; *must you quarrel all the time?* **can't you be ~s?** könnt ihr euch nicht vertragen? **2.** Bekannte(r *m*) *f*. **3.** a) Helfer *m*, Freund *m*: **a ~ of the poor**, b) Förderer *m*: **a ~ of the arts**, c) Befürworter *m*: **he is no ~ of this policy**. **4.** (Herr *m*) Kolˈlege *m*: **my honourable ~** *parl. Br.* mein Herr Kollege *od.* Vorredner; **my learned ~** *jur. Br.* mein verehrter Herr Kollege. **5.** *jur.* → **next friend**. **6.** **F~** Quäker *m*: → **society** 4. **7.** *colloq.* Freund(in), ˌSchatzˈ *m*. **II** *v/t* **8.** *poet.* j-m helfen. **'friend·less** *adj* freundlos, ohne Freund, verlassen. **'friend·less·ness** *s* Verlassenheit *f*.

**friend·li·ness** [ˈfrendlɪnɪs] *s* **1.** Freundlichkeit *f*. **2.** Wohlwollen *n*, freundschaftliche Gesinnung.

**'friend·ly I** *adj* (*adv* **friendlily**) **1.** freundlich (*a. fig.* Zimmer *etc*): **to be ~ to s.o.** freundlich zu j-m sein. **2.** freundschaftlich: **to get ~ with s.o.** sich mit j-m anfreunden; **~ match** (*od.* **game**) *sport* Freundschaftsspiel *n*; → **term** 11. **3.** wohlwollend, freundlich gesinnt (**to s.o.** j-m): **~ neutrality** wohlwollende Neutralität; **~ troops** *mil.* eigene Truppen; → **alien** 7. **4.** befreundet: **a ~ nation**. **5.** günstig (**for, to** für). **II** *adv* **6.** *selten* freundlich, freundschaftlich. **III** *s* **7.** *sport colloq.* Freundschaftsspiel *n*. **~ so·ci·e·ty** *s econ. Br.* Versicherungsverein *m* auf Gegenseitigkeit.

**'friend·ship** *s* **1.** Freundschaft *f*. **2.** freundschaftliche Gesinnung. **3.** Freundschaftlichkeit *f*.

**fri·er** → **fryer**.

**Frie·sian** [ˈfriːzjən; *bes. Am.* -ʒən] → **Frisian**.

**frieze¹** [friːz] **I** *s* **1.** *arch.* Fries *m*.

**2.** Zierstreifen *m* (*e-r Tapete etc*). **II** *v/t* **3.** mit e-m Fries versehen.

**frieze²** [friːz] *s* Fries *m* (*dickes, flauschartiges Woll- od. Mischgewebe*).

**frig** [frɪg] *vulg.* **I** *v/t* **1.** ˌfickenˈ, ˌvögelnˈ. **II** *v/i* **2.** ˌwichsenˈ, ˌsich e-n runterholenˈ (*masturbieren*). **3. ~ about** (*od.* **around**) a) sich herˈumtreiben, herˈumlungern, b) herˈumblödeln.

**frig·ate** [ˈfrɪgɪt] *s mar.* **1.** Freˈgatte *f*. **2.** *hist.* ˈKreuzer(freˌgatte *f*) *m*. **~ bird** *s orn.* Freˈgattvogel *m*.

**frige** → **fridge**.

**fright** [fraɪt] **I** *s* **1.** Schreck(en) *m*, Entsetzen *n*: **to get** (*od.* **have**) **a ~** e-n Schreck bekommen, erschrecken; **to get off with a ~** mit dem Schrecken davonkommen; **to give s.o. a ~** j-m e-n Schreck einjagen, j-n erschrecken; **to take ~** (**at** *vor dat*) a) erschrecken, b) scheuen (*Pferd*). **2.** *colloq.* ˌVogelscheucheˈ *f*: **to look a ~** ˌverbotenˈ *od.* ˌzum Abschießenˈ aussehen. **II** *v/t* **3.** *poet.* erschrecken.

**fright·en** [ˈfraɪtn] **I** *v/t* **1.** a) j-n erschrecken, j-m e-n Schrecken einjagen, b) j-m Angst einjagen *od.* machen: **to ~ s.o. into doing s.th.** j-n so einschüchtern, daß er etwas tut; **to ~ s.o. out of doing s.th.** j-n davon abschrecken, etwas zu tun; **to ~ s.o. out of his wits** (*od.* **senses**) j-n furchtbar erschrecken *od.* ängstigen; **to ~ s.o. to death** j-n zu Tode erschrecken, in j-m Todesangst versetzen; **I was ~ed** ich erschrak *od.* bekam Angst (**at, of** *vor dat*). **2.** *meist* **~ away** (*od.* **off**) vertreiben, -scheuchen. **II** *v/i* **3.** **he ~s easily** a) er erschrickt leicht, b) man kann ihm leicht Angst einjagen *od.* machen. **'fright·ened** *adj* erschreckt, erschrocken: **in a ~ voice** mit angstvoller Stimme; **to be ~ of s.th.** sich vor etwas fürchten. **'fright·en·ing** *adj* (*adv* **~ly**) erschreckend, schreckenerregend.

**'fright·ful** *adj* schrecklich, furchtbar, gräßlich, entsetzlich, scheußlich (*alle a. colloq.*). **'fright·ful·ly** *adv* schrecklich, furchtbar (*beide a. colloq. sehr*). **'fright·ful·ness** *s* **1.** Schrecklichkeit *f* (*a. colloq.*). **2.** Schreckensherrschaft *f*, Terror *m*.

**frig·id** [ˈfrɪdʒɪd] *adj* (*adv* **~ly**) **1.** kalt, frostig, eisig, kühl (*alle a. fig.*): **~ zone** *geogr.* kalte Zone. **2.** *fig.* förmlich, steif. **3.** ausdrucks-, schwunglos. **4.** *psych.* friˈgid, gefühlskalt.

**fri·gid·i·ty** [frɪˈdʒɪdətɪ], **'frig·id·ness** *s* **1.** Kälte *f*, Frostigkeit *f* (*beide a. fig.*). **2.** *fig.* Steifheit *f*. **3.** *psych.* Frigidiˈtät *f*, Gefühlskälte *f*.

**frig·o·rif·ic** [ˌfrɪgəˈrɪfɪk] *adj obs.* Kälte erzeugend: **~ mixture** *chem.* Kältemischung *f*.

**frill** [frɪl] **I** *s* **1.** (Hals-, Hand)Krause *f*, Rüsche *f*. **2.** Paˈpierkrause *f*, Manˈschette *f*. **3.** a) *orn.* Kragen *m*, Halsfedern *pl*, c) *bot.* Haarkranz *m*, d) *bot.* Manˈschette *f* (*am Hutpilz*). **4.** *zo.* Gekröse *n*, Hautfalte *f*. **5.** *phot.* Kräuseln *n*. **6.** *meist pl* Verzierungen *pl*, ˌKinkerlitzchenˈ *pl*: **without ~s** ohne besondere Ausstattung (*Wohnung etc*), (*a. Feier, Essen etc*) schlicht; **to put on ~s** vornehm tun, ˌauf vornehm machenˈ. **II** *v/t* **7.** mit e-r Krause besetzen *od.* schmücken. **8.** kräuseln. **III** *v/i* **9.** *phot.* sich kräuseln. **'frill·er·y** [-ərɪ] *s* Krausen *pl*, Rüschen *pl*, Voˈlantbesatz *m*. **'frill·ies** [-lɪz] *s pl colloq.* ˌRüschen‚unterwäsche *f*, ˌReizwäscheˈ *f*. **'frill·ing** *s* **1.** → **frillery** 2. Stoff *m* für Krausen. **'frill·y** *adj* **1.** mit Krausen besetzt. **2.** gekräuselt. **3.** *fig.* blumig: **a ~ style**.

**fringe** [frɪndʒ] **I** *s* **1.** Franse *f*, Besatz *m*. **2.** Rand *m*, Saum *m*, Einfassung *f*, Umˈrandung *f*. **3.** *bes. Br.* ˈPonyfriˌsur *f*. **4.** a)

Randbezirk *m*, äußerer Bezirk: **on the ~(s) of the forest** am Waldrand, b) *fig.* Rand(gebiet *n*) *m*, Grenze *f*: **the ~s of civilization** die Randzonen der Zivilisation; **on the ~(s) of society** am Rande der Gesellschaft; → **lunatic I. II** *v/t* **5.** mit Fransen besetzen. **6.** als Rand dienen für. **7.** umˈsäumen. **~ ar·e·a** *s* Randgebiet *n* (*a. fig.*). **~ ben·e·fits** *s pl econ.* (Gehalts-, Lohn)Nebenleistungen *pl*, zusätzliche Leistungen *pl*.

**fringed** *adj* gefranst.

**fringe| e·vent** *s* Randveranstaltung *f*. **~ group** *s sociol.* Randgruppe *f*.

**Fring·lish** [ˈfrɪŋglɪʃ] *s* mit vielen französischen Ausdrücken durchsetztes Englisch.

**'fring·y** *adj* fransig.

**frip·per·y** [ˈfrɪpərɪ] **I** *s* **1.** Putz *m*, Flitterkram *m*. **2.** Plunder *m*, ˌFirlefanzˈ *m*. **3.** *fig.* ˌKinkerlitzchenˈ *pl*, ˌTinnefˈ *m*, *n*, Blendwerk *n*. **II** *adj* **4.** wertlos, Flitter...

**Fris·bee** [ˈfrɪzbiː] (*TM*) *s* Frisbee *n* (*Wurfscheibe aus Plastik*).

**Fris·co** [ˈfrɪskəʊ] *s colloq. für* **San Francisco**.

**fri·sé** [ˈfriːzeɪ; *bes. Am.* friːˈzeɪ] *s* Friˈsé *n* (*Kräusel- od. Frottierstoff aus* [*Kunst-*] *Seide*).

**fri·sette** [frɪˈzet] *s* Friˈsett *n* (*bes. künstlicher Haaransatz für Frauen*).

**Fri·sian** [ˈfrɪzjən; *bes. Am.* -ʒən] **I** *s* **1.** Friese *m*, Friesin *f*. **2.** *ling.* Friesisch *n*, das Friesische. **II** *adj* **3.** friesisch.

**frisk** [frɪsk] **I** *v/i* **1.** herˈumtollen. **II** *v/t* **2.** wedeln mit: **the dog ~s its tail**. **3.** *colloq.* ˌfilzenˈ: a) j-n, *etwas* durchsuchen, b) j-n durchsuchen u. bestehlen *od.* berauben. **III** *s* **4.** a) Freuden-, Luftsprung *m*, b) Ausgelassenheit *f*. **5.** *colloq.* ˌFilzenˈ *n*.

**fris·ket** [ˈfrɪskɪt] *s print.* Maske *f*.

**frisk·i·ness** [ˈfrɪskɪnɪs] *s* Lustigkeit *f*, Ausgelassenheit *f*. **'frisk·y** *adj* (*adv* **friskily**) **1.** lebhaft, munter. **2.** lustig, ausgelassen.

**fris·son** [friːsõ] (*Fr.*) *s* Schauder *m*.

**frit** [frɪt] *tech.* **I** *s* **1.** Fritt-, Weich-, ˌKnochenporzel‚lanmasse *f*. **2.** Fritte *f*, Glasmasse *f*. **II** *v/t* **3.** fritten, schmelzen.

**frit fly** *s zo.* Frit-, Haferfliege *f*.

**frith** [frɪθ] → **firth**.

**frit·ter** [ˈfrɪtə(r)] **I** *v/t* **1.** *meist* **~ away** *Geld, Gelegenheit, Zeit* vertun, *Zeit* verˈtrödeln, *Geld, Kräfte* vergeuden. **2.** a) zerfetzen, in Fetzen reißen, b) in (schmale) Streifen schneiden, (*gastr. a.*) schnetzeln. **II** *s* **3.** a) Fetzen *m*, b) (schmaler) Streifen *m*. **4.** *gastr.* Beiˈgnet *m* (*Schmalzgebäck mit Füllung*).

**Fritz¹** [frɪts] *s sl.* Deutsche(r) *m*.

**fritz²** [frɪts] *Am. sl.* **I** *s*: **on the ~** ˌim Eimerˈ, ˌkaputtˈ. **II** *v/i* **~ out** ˌkaputtgehenˈ.

**friv·ol** [ˈfrɪvl] *v/i pret u. pp* **-oled**, *bes. Br.* **-olled** (herˈum)tändeln. **II** *v/t* → **fritter** 1.

**fri·vol·i·ty** [frɪˈvɒlətɪ; *Am.* -ˈvɑ-] *s* Frivoliˈtät *f*: a) Leichtsinnigkeit *f*, -fertigkeit *f*, Oberflächlichkeit *f*, b) leichtfertige Rede *od.* Handlung. **friv·o·lous** [-vələs] *adj* (*adv* **~ly**) **1.** friˈvol, leichtfertig, -sinnig. **2.** nicht ernst zu nehmen(d): **a ~ suggestion**. **3. ~ plea** *jur.* schikanöser Einwand. **'friv·o·lous·ness** → **frivolity**.

**friz** → **frizz¹**.

**frizz¹** [frɪz] **I** *v/t* **1.** *Haare* kräuseln. **2.** *Tuch* friˈsieren. **3.** *Leder* abreiben. **II** *v/i* **4.** sich kräuseln (*Haar*). **III** *s* **5.** gekräuseltes Haar. **6.** (*etwas*) Krauses *f*.

**frizz²** [frɪz] → **frizzle¹**.

**friz·zle¹** [ˈfrɪzl] → **frizz¹** 1, 4, 5.

**friz·zle²** [ˈfrɪzl] **I** *v/i* brutzeln. **II** *v/t* (braun) rösten, (knusprig) braten.

**friz·zly** [ˈfrɪzlɪ], *a.* **friz·zy** [ˈfrɪzɪ] *adj* gekräuselt, kraus.

**fro** [frəʊ] *adv*: → to 21, to-and-fro, toing and froing.

**frock** [frɒk; *Am.* frɑk] **I** *s* **1.** (Mönchs-) Kutte *f*. **2.** wollene Seemannsjacke. **3.** (Kinder)Kittel *m*, (-)Kleid *n*. **4.** (Arbeits)Kittel *m*. **5.** (Damen)Kleid *n*: ~ summer ~ Sommerkleid. **6.** *hist.* Gehrock *m*. **II** *v/t* **7.** mit e-m Kittel bekleiden. **8.** *relig.* mit e-m geistlichen Amt bekleiden. ~ coat → frock 6.

**froe** [frəʊ] *s* Spaltmesser *n*.

**frog**[1] [frɒg; *Am. a.* frɑg] *s* **1.** *zo.* Frosch *m*: to have a ~ in the (*od.* one's) throat *fig.* e-n Frosch im Hals haben, heiser sein. **2.** Blumenigel *m*. **3.** F~ *sl. contp.* ,Franzmann' *m* (*Franzose*). **4.** *mus.* Frosch *m* (*am Bogen*).

**frog**[2] [frɒg; *Am. a.* frɑg] **I** *s* **1.** Schnurverschluß *m*, Verschnürung *f* (*am Rock etc*). **2.** *pl* Schnurbesatz *m*. **3.** *mil.* Bajonettschlaufe *f*, Säbeltasche *f*. **II** *v/t* **4.** mit e-r Verschnürung befestigen.

**frog**[3] [frɒg; *Am. a.* frɑg] *s* **1.** *rail.* Herz-, Kreuzungsstück *n*. **2.** *electr.* Oberleitungsweiche *f*.

**frog**[4] [frɒg; *Am. a.* frɑg] *s* *zo.* Strahl *m*, Gabel *f* (*am Pferdehuf*).

**'frog·bit** *s bot.* Froschbiß *m*. **'~·eat·er** *s* **1.** Froschesser *m*. **2.** F~ → frog[1] 3.

**frogged** *adj* mit Schnurverschluß (*Rock etc*).

**frog·gish** ['frɒgɪʃ; *Am. a.* 'frɑ-] *adj* froschartig.

**frog·gy** ['frɒgɪ; *Am. a.* 'frɑ-] **I** *adj* **1.** froschreich. **2.** froschartig, Frosch... **II** *s* **3.** Fröschlein *n*. **4.** F~ → frog[1] 3.

**'frog|·hop·per** *s zo.* Schaumzirpe *f*. ~ **kick** *s* *Schwimmen:* Grätschstoß *m*. **'~·man** [-mən; *Am. a.* -ˌmæn] *s irr* Froschmann *m*, *mil. a.* Kampfschwimmer *m*. **'~·march** *v/t* *j-n* (zu viert mit dem Gesicht nach unten) fortschleppen. **~'s legs** *s pl gastr.* Froschschenkel *pl*. ~ **spawn** *s* **1.** *zo.* Froschlaich *m*, *bot.* a) Grünalge, b) Froschlaichalge *f*. ~ **spit**, ~ **spit·tle** → frog spawn 2 a.

**frol·ic** ['frɒlɪk; *Am.* 'frɑ-] **I** *s* **1.** Her'umtoben *n*, -tollen *n*: to have a ~ → 4. **2.** Ausgelassenheit *f*, 'Übermut *m*. **3.** Streich *m*, Jux *m*: he is always up to some ~ er ist immer zu Streichen aufgelegt. **II** *v/i pret u. pp* **'frol·icked** **4.** her'umtoben, -tollen. **III** *adj* (*adv* ~ly) **5.** *obs. od. poet.* → frolicsome. **'frol·ic·some** [-səm] *adj* (*adv* ~ly) ausgelassen, 'übermütig. **'frol·ic·some·ness** → frolic 2.

**from** [frɒm; *unbetont* frəm; *Am.* frɑm; frəm] *prep* **1.** von, aus, von ... aus *od.* her, aus ... her'aus, von *od.* aus ... her'ab: ~ the well aus dem Brunnen; the sky vom Himmel; he is (*od.* comes) ~ London er ist *od.* kommt aus London; ~ crisis to crisis von e-r Krise in die andere. **2.** von, von ... an, seit: ~ 2 to 4 o'clock von 2 bis 4 Uhr; ~ day to day von Tag zu Tag. **3.** von ... an: I saw ~ 10 to 20 boats ich sah 10 bis 20 Boote; good wines ~ £1 gute Weine von 1 Pfund an (aufwärts). **4.** (*weg od.* entfernt) von: ~ ten miles ~ Rome 10 Meilen von Rom (weg *od.* entfernt). **5.** von, vom, aus, weg, aus ... her'aus: he took it ~ me er nahm es mir weg; stolen ~ the shop (the table) aus dem Laden (vom Tisch) gestohlen; they released him ~ prison sie entließen ihn aus dem Gefängnis. **6.** von, aus (*Wandlung*): ~ red to green von rot zu grün übergehen; ~ dishwasher to millionaire vom Tellerwäscher zum Millionär; an increase ~ 5 to 8 per cent e-e Steigerung von 5 auf 8 Prozent. **7.** von (*Unterscheidung*): he does not know black ~ white er kann Schwarz u. Weiß

nicht auseinanderhalten, er kann Schwarz u. *od.* von Weiß nicht unterscheiden; → Adam, different 2, tell 8. **8.** von, aus, aus ... her'aus (*Quelle*): to draw a conclusion ~ the evidence e-n Schluß aus dem Beweismaterial ziehen; ~ what he said nach dem, was er sagte; a quotation ~ Shakespeare ein Zitat aus Shakespeare. **9.** von, von ... aus (*Stellung*): ~ his point of view von s-m Standpunkt (aus). **10.** von (*Geben etc*): a gift ~ his son ein Geschenk s-s Sohnes *od.* von s-m Sohn. **11.** nach: painted ~ nature nach der Natur gemalt. **12.** aus, vor (*dat*), wegen (*gen*), in'folge von, an (*dat*) (*Grund*): he died ~ fatigue er starb vor Erschöpfung. **13.** *siehe die Verbindungen mit den einzelnen Verben etc.*

**from|·a·bove** *adv* von oben (her'ab). ~ **a·cross** *adv u. prep* von jenseits (*gen*), von der anderen Seite (*gen*). ~ **a·mong** *prep* aus ... (her'aus). ~ **be·fore** *prep* aus der Zeit vor. ~ **be·neath I** *adv* von unten her'vor *od.* her'aus. **II** *prep* unter ... (*dat*) her'vor *od.* her'aus. ~ **be·tween** *prep* zwischen ... (*dat*) her'vor. ~ **be·yond** → from across. ~ **in·side** → from within. ~ **on high** *adv* aus der Höhe, von oben (her'ab). ~ **out of** *prep* aus ... her'aus. ~ **un·der** → from beneath. ~ **with·in I** *adv* von innen (her *od.* her'aus). **II** *prep* aus ... her'aus. ~ **with·out I** *adv* von außen (her). **II** *prep* von außerhalb (*gen*).

**fro·men·ty** ['frəʊmənti] → frumenty.

**frond** [frɒnd; *Am.* frɑnd] *s* **1.** *bot.* a) (Farn)Wedel *m*, b) blattähnlicher Thallus. **2.** *zo.* blattähnliche Struk'tur.

**fron·des·cence** [frɒn'desns; *Am.* frɑn-] *s bot.* **1.** Frondes'zenz *f*, (Zeit *f* der) Blattbildung *f*. **2.** Laub *n*. **fron·des·cent** *adj* blattbildend, sich belaubend.

**front** [frʌnt] **I** *s* **1.** *allg.* Vorder-, Stirnseite *f*, Front *f*: at the ~ auf der Vorderseite, vorn. **2.** *arch.* (Vorder)Front *f*, Fas'sade *f*. **3.** Vorderteil *n*. **4.** *mil.* a) Front *f*, Kampf-, Frontlinie *f*, b) Frontbreite *f*: at the ~ an der Front; to go to the ~ an die Front gehen; on all ~s an allen Fronten (*a. fig.*); to form a united ~ against gemeinsam Front machen gegen. **5.** Vordergrund *m*: in ~ an der *od.* die Spitze, vorn, davor; in ~ of vor (*dat*); to the ~ nach vorn, voraus, voran; to come to the ~ *fig.* a) in den Vordergrund treten, b) an Popularität gewinnen; to play up ~ *sport* Spitze spielen. **6.** a) (Straßen-, Wasser)Front *f*, b) the ~ *Br.* die 'Strandprome·nade. **7.** *fig.* Front *f*: a) (bes. politische) Organisation, b) Sektor *m*, Bereich *m*: on the educational ~ im Erziehungsbereich, auf dem Erziehungssektor. **8.** a) Strohmann *m*, b) ,Aushängeschild' *n* (*e-r Interessengruppe od. subversiven Organisation etc*). **9.** *colloq.* Fas'sade *f*, äußerer Schein: to put up a ~ a) ,auf vornehm machen', sich Allüren geben, b) ,Theater spielen'; to put on (*od.* show, express) a bold ~ ,kühn auftreten', to maintain a ~ den Schein wahren. **10.** *poet.* a) Stirn *f*, b) Antlitz *n*, Gesicht *n*. **11.** Frechheit *f*, Unverschämtheit *f*: to have the ~ to do s.th. die Stirn haben *od.* sich erdreisten, etwas zu tun. **12.** Hemdbrust *f*, Einsatz *m*. **13.** (falsche) Stirnlocken *pl*. **14.** *meteor.* Front *f*. **15.** *thea.* a) Zuschauerraum *m*: to be out ~ *colloq.* im Publikum sitzen, b) Pro'szenium *n*. **II** *adj* **16.** Front..., Vorder...: ~ entrance Vordereingang *m*; the ~ nine (*Golf*) die ersten 9 Löcher; ~ row vorder(st)e Reihe; ~ surface Stirnfläche *f*; ~ tooth Vorderzahn *m*. **17.** ~ man Strohmann *m*. **18.** *ling.* Vorderzungen... **III** *v/t* **19.** gegen'überstehen, -liegen

(*dat*): the house ~s the sea das Haus liegt (nach) dem Meer zu; the windows ~ the street die Fenster gehen auf die Straße (hinaus). **20.** *j-m* entgegen-, gegen'übertreten, *j-m* die Stirn bieten. **21.** mit e-r Front *od.* Vorderseite versehen. **22.** als Front *od.* Vorderseite dienen für. **23.** *ling.* palatali'sieren. **24.** *mil.* Front machen lassen. **IV** *v/i* **25.** ~ on (*od.* to, toward[s]) → 19. **26.** ~ for als Strohmann *od.* ,Aushängeschild' fun'gieren für. **27.** *meist* ~ up *Austral. colloq.* erscheinen: he ~ed up at the police station.

**'front·age** *s* **1.** (Vorder)Front *f* (*e-s Hauses*): to have a ~ on the sea (nach) dem Meer zu liegen; a house with ~s on two streets ein Haus mit zwei Straßenfronten; ~ line *arch.* (Bau)Fluchtlinie *f*. **2.** Land *n* an der Straßen- *od.* Wasserfront. **3.** Grundstück *n* zwischen der Vorderfront e-s Hauses u. der Straße. **4.** *mil.* a) Frontbreite *f*, b) *a.* ~ in attack Angriffsbreite *f*.

**front·age road** *s Am.* Parallelstraße zu e-r Schnellstraße (*mit Wohnhäusern, Geschäften etc*).

**'fron·tal I** *adj* **1.** fron'tal, Vorder...: ~ attack *mil.* Frontalangriff *m*. **2.** *anat.* a) Stirn...: ~ artery; ~ vein, b) Stirn-(bein)...: ~ arch Stirnbogen *m*. **3.** *tech.* Stirn... **3.** *meteor.* Front...: ~ thunderstorm. **II** *s* **5.** *relig.* Ante'pendium *n*, Fron'tale *n* (*Altardecke, -verkleidung*). **6.** *anat.* a) Stirnbein *n*, b) Stirnlappen *m*. **7.** *arch.* a) Fas'sade *f*, b) Ziergiebel *m*. **8.** Stirnband *n*. ~ **bone** *s anat.* Stirnbein *n*. ~ **drag** *s aer.* 'Stirn·widerstand *m*. ~ **lobe** *s anat.* Stirnlappen *m*. ~ **si·nus** *s anat.* Stirn(bein)höhle *f*.

**front|·ax·le** *s tech.* Vorderachse *f*. ~ **bench** *s parl. Br.* a) vorderste Sitzreihe (*für Regierung u. Oppositionsführer*), b) *collect.* führende Frakti'onsmitglieder. **'~·bench** *adj parl. Br.* der führenden Frakti'onsmitglieder: a ~ decision. **'~·bench·er** *s parl. Br.* führendes Frakti'onsmitglied. ~ **burn·er** *s colloq.*: to be on s.o.'s ~ *fig.* an erster Stelle kommen; to keep s.th. on the ~ etwas vorrangig behandeln. ~ **door** *s* Haus-, Vordertür *f*: by (*od.* through) the ~ *fig.* a) direkt, ohne Umschweife, b) legal, nicht durch die Hintertür. ~ **drive** *s mot.* Frontantrieb *m*. **'~·end col·li·sion** *s mot.* Auffahrunfall *m*. ~ **en·gine** *s mot.* Frontmotor *m*. ~ **foot** *s irr Am.* Längenmaß für Grundstücke.

**fron·tier** ['frʌntɪə(r)] **I** *s* **1.** (Landes-) Grenze *f*: on the ~ an der Grenze; to have ~s with angrenzen an (*acc*). **2.** *Am. hist.* Grenzland *n*, Gebiet *n* an der Siedlungsgrenze, Grenze *f* (*zum Wilden Westen*). **3.** *fig.* a) Grenze *f*: the ~s of drama and melodrama are vague die Grenzen zwischen Drama u. Melodrama sind fließend; the ~s of physics have been pushed back (*od.* outwards) auf dem Gebiet der Physik ist Neuland erschlossen worden, b) Grenzbereich *m*: on the ~s of modern science in den Grenzbereichen der modernen Wissenschaft. **II** *adj* **4.** Grenz...: ~ dispute Grenzstreitigkeiten *pl*; ~ town a) Grenzstadt *f*, b) *Am. hist.* (neugegründete) Stadt an der Siedlungsgrenze; ~ worker Grenzgänger(in). **5.** *fig.* bahnbrechend, Pionier...: ~ research bahnbrechende Forschungsarbeit.

**fron·tiers·man** [ˌfrʌn'tɪəzmən] *s irr Am. hist.* Grenzer *m*, Grenzbewohner *m*.

**fron·tis·piece** ['frʌntɪspiːs] *s* Frontispiz: a) *arch.* Giebeldreieck *n* (*über e-m Gebäudevorsprung*), b) *print.* dem eigentlichen Titelblatt gegenüberstehende, *meist*

*mit e-m Kupferstich geschmückte Titel-seite.*

**'front·less** *adj* **1.** ohne Front *od.* Fassade. **2.** *obs.* dreist. **'front·let** [-lɪt] *s* **1.** *zo.* Stirn *f.* **2.** Stirnband *n.* **3.** Tuch *n* über der Al'tardecke.

**front|line** *s mil.* Kampffront *f,* Front (-linie) *f,* vorderste Linie *od.* Front (*a. fig.*): **to be in the ~** an vorderster Front stehen. **'~-line** *adj mil.* Front...: **~ officer,** **~ trench** vorderster Schützengraben (*a. fig.*). **~ mat·ter** *s print.* Titelbogen *m,* Tite'lei *f.*

**fronto-** [frʌntəʊ] *Wortelement mit der Bedeutung Stirn(bein)...*

**fron·to'gen·e·sis** *s meteor.* Frontoge-'nese *f* (*Bildung von Fronten*).

**fron·tol·y·sis** [frʌnˈtɒlɪsɪs; *Am.* frʌntˈaləsəs] *s meteor.* Fronto'lyse *f* (*Auflösung von Fronten*).

**fron·ton** ['frɒntən; *Am.* 'frɑnˌtɑn] *s arch.* Fron'ton *n,* Giebeldreieck *n* (*über e-m Gebäudevorsprung*).

**front|page** *s* erste Seite, Titelseite *f* (*e-r Zeitung*): **to hit the ~s** Schlagzeilen machen; **to wipe s.th. off the ~s** etwas von den Titelseiten verdrängen. **'~-page I** *adj* wichtig, aktu'ell: **~ news.** **II** *v/t* auf der Titelseite bringen, groß her'ausstellen. **~ pas·sen·ger** *s mot.* Beifahrer(in). **'~-pas·sen·ger seat** *s mot.* Beifahrersitz *m.* **~ plate** *s tech.* Stirnblech *n,* -wand *f.* **~ rank** *s:* **to be in the ~** *fig.* zur Spitze gehören *od.* zählen. **'~-rank** *adj* a) höchst(er, e, es): **of ~ importance,** b) Spitzen..., führend: **a ~ university.** **~ run·ner** *s* **1.** *sport etc* a) Spitzenreiter(in), b) Favo'rit(in). **2.** *pol.* Spitzenkandi,dat(in). **3.** *Leichtathletik:* Tempoläufer(in). **'~-seat pas·sen·ger** *s mot.* Beifahrer(in). **~ sight** *s mil.* Korn *n.* **~ view** *s tech.* Vorderansicht *f,* Aufriß *m.*

**front·wards** ['frʌntwə(r)dz], *a.* **'front·ward** *adv* nach vorn.

**front|wave** *s Ballistik:* Kopfwelle *f.* **'~-wheel** *adj tech.* Vorderrad...: **~ brake;** **~ drive** Vorderradantrieb *m.*

**frosh** [frɒʃ] *pl* **frosh** *s univ. Am. sl.* 'Erstse,mester *n,* Stu'dent(in) im ersten Se'mester.

**frost** [frɒst] **I** *s* **1.** Frost *m:* **ten degrees of ~** *Br.* 10 Grad Kälte. **2.** Reif *m.* **3.** Eisblumen *pl.* **4.** *fig.* Kühle *f,* Kälte *f,* Frostigkeit *f.* **5.** *colloq.* 'Pleite' *f,* 'Reinfall' *m,* 'Mißerfolg *m.* **II** *v/t* **6.** mit Reif *od.* Eis über'ziehen. **7.** *tech.* Glas mat'tieren. **8.** *gastr. bes. Am.* a) gla'sieren, mit Zuckerguß über'ziehen, b) mit (Puder-)Zucker bestreuen. **9.** a) Frostschäden verursachen bei, b) *a.* **~ to death** erfrieren lassen. **10.** *j-n* kühl *od.* frostig behandeln. **11.** *poet. die Haare* grau werden lassen. **III** *v/i* **12.** *meist* **~ over** (*od.* **up**) sich bereifen, sich mit Eis(blumen) über-'ziehen.

**'frost|·bite** *s* Erfrierung(serscheinung) *f,* Frostschaden *m.* **'~·bit·ing** *s Am.* Segeln *n* im Winter. **'~·bit·ten** *adj* **1.** erfroren. **2.** *fig.* (gefühls)kalt. **'~·bound** *adj fig.* frostig.

**'frost·ed I** *adj* **1.** bereift, über'froren. **2.** *tech.* mat'tiert, matt: **~ glass** Mattglas, Milchglas *n.* **3.** *gastr. bes. Am.* gla'siert, mit Zuckerguß (über'zogen). **4.** *Am.* → **frozen 3. 5.** *Am. colloq.* arro'gant. **II** *s* **6.** *Am.* Eisshake *m:* **chocolate ~.**

**frost|heave, ~ heav·ing** *s* Frosthub *m,* -hebung *f.*

**'frost·i·ness** ['frɒstɪnɪs] *s* **1.** Frost *m,* Eiseskälte *f.* **2.** *fig.* Frostigkeit *f.* **'frost·ing** *s* **1.** *gastr. bes. Am.* Zuckerguß *m,* ('Zucker)Gla,sur *f.* **2.** *tech.* a) Mat'tieren *n,* b) matte Oberfläche (*Glas etc*).

**frost|in·ju·ry** *s* Frostschaden *m.* **~ line** *s* Frostgrenze *f.* **~ shake** *s tech.* Frostriß

---

*m.* **~ smoke** *s* Rauhfrost *m.* **~ valve** *s tech.* 'Frost(schutz)ven,til *n.* **'~-work** *s* Eisblumen *pl.*

**'frost·y** *adj (adv* **frostily) 1.** *a. fig.* eisig, frostig. **2.** mit Reif *od.* Eis bedeckt. **3.** (eis)grau: **~ hair.**

**froth** [frɒθ] **I** *s* **1.** Schaum *m* (*von Bier etc*). **2.** *physiol.* (Blasen)Schaum *m.* **3.** *fig.* 'Firlefanz' *m.* **II** *v/t* **4.** mit Schaum bedecken. **5.** a) zum Schäumen bringen, b) zu Schaum schlagen. **III** *v/i* **6.** schäumen: **he ~ed at the mouth** a) er hatte Schaum vor dem Mund, b) *fig.* er schäumte (vor Wut). **'froth·i·ness** *s* **1.** Schaumigkeit *f.* **2.** *fig.* Seicht-, Hohlheit *f.* **'froth·ing** *s* Schaumbildung *f.* **'froth·y** *adj (adv* **frothily) 1.** a) schaumig, b) schäumend. **2.** *fig.* seicht: **~ entertainment.**

**frou-frou** ['fruːfruː] *s* **1.** Knistern *n,* Rascheln *n* (*bes. von Seide*). **2.** Flitter *m* (*bes. an Damenkleidung*).

**frow** → **froe.**

**fro·ward** ['frəʊə(r)d; *Am. a.* -wərd] *adj* (*adv* **~ly**) eigensinnig.

**frown** [fraʊn] **I** *v/i* **1.** die Stirn runzeln (**at** über *acc*) (*a. fig.*): **to ~ (up)on s.th.** *fig.* etwas mißbilligen. **2.** finster (drein-) schauen. **II** *v/t* **3.** zum Zeichen (*gen*) die Stirn runzeln: **he ~ed his displeasure** er runzelte mißbilligend die Stirn. **4. to ~ s.o. down (into silence)** *j-n* durch finstere Blicke einschüchtern (zum Schweigen bringen). **III** *s* **5.** Stirnrunzeln *n:* **with a ~** stirnrunzelnd. **6.** finsterer Blick. **7.** Ausdruck *m* des 'Mißfallens *od.* der 'Mißbilligung. **'frown·ing** *adj (adv* **~ly) 1.** stirnrunzelnd. **2.** a) 'mißbilligend, b) finster: **~ look.** **3.** drohend, bedrohlich: **~ cliffs.**

**frows·i·ness** → **frowziness.**

**frowst** [fraʊst] *bes. Br. colloq.* **I** *s* 'Mief' *m:* **there's a ~ in here** hier 'mieft' es. **II** *v/i* im 'Mief' sitzen: **to ~ in the office** im Büromief sitzen. **'frowst·y** *adj bes. Br. colloq.* 'miefig', 'vermieft'.

**frows·y** → **frowzy.**

**frowz·i·ness** ['fraʊzɪnɪs] *s* **1.** Schlampigkeit *f,* ungepflegtes Äußeres. **2.** muffiger Geruch. **'frowz·y** *adj* **1.** schlampig, ungepflegt, unordentlich. **2.** muffig.

**froze** [frəʊz] *pret von* **freeze.**

**fro·zen** ['frəʊzn] **I** *pp von* **freeze. II** *adj* **1.** (ein-, zu)gefroren: **a ~ brook. 2.** erfroren: **~ limbs. 3.** gefroren, Gefrier...: **~ food** Tiefkühlkost *f;* **~ meat** Gefrierfleisch *n.* **4.** (eis)kalt: **~ zone** kalte Zone. **5.** *fig.* a) kalt, frostig: **~ silence** eisiges Schweigen, b) gefühls-, teilnahmslos. **6.** *econ.* eingefroren: **~ prices (wages);** **~ assets** eingefrorene Guthaben; **~ capital** festliegendes Kapital; **~ debts** Stillhalteschulden.

**fruc·ted** ['frʌktɪd] *adj her.* mit Früchten. **fruc'tif·er·ous** [-tɪfərəs] *adj bot.* fruchttragend. **,fruc·ti·fi'ca·tion** *s bot.* **1.** Befruchtung *f* (*a. fig.*). **2.** Fruchtbildung *f.* **3.** Fruchtstand *m.* **4.** Be'fruchtungsor,gane *pl.* **'fruc·ti·fy** [-faɪ] *bot.* **I** *v/i* Früchte tragen. **II** *v/t* befruchten (*a. fig.*).

**fruc·tose** ['frʌktəʊs; -z] *s chem.* Fruc'tose *f,* Fruchtzucker *m.*

**fruc·tu·ous** ['frʌktjʊəs; *Am.* -t∫əwəs] *adj* fruchtbar (*a. fig.*).

**fru·gal** ['fruːgl] *adj (adv* **~ly) 1.** sparsam: a) haushälterisch (**of** mit, **in** *dat*), b) wirtschaftlich (*Auto etc*). **2.** genügsam, bescheiden. **3.** einfach, spärlich, fru'gal: **a ~ meal.** **fru'gal·i·ty** [-ˈgælətɪ] *s* **1.** Sparsamkeit *f.* **2.** Genügsamkeit *f.* **3.** Einfachheit *f,* Frugali'tät *f.*

**fru·giv·o·rous** [fruːˈdʒɪvərəs] *adj zo.* fruchtfressend.

**fruit** [fruːt] **I** *s* **1.** *bot.* a) Frucht *f,* b) Samenkapsel *f.* **2.** *collect.* a) Früchte

---

*pl:* **to bear ~** Früchte tragen (*a. fig.*), b) Obst *n.* **3.** *Bibl.* Kind *n,* Nachkommenschaft *f:* **~ of the body** (*od.* **loins,** **womb**) Leibesfrucht *f.* **4.** *oft pl fig.* Frucht *f,* Früchte *pl:* a) Resul'tat *n,* Ergebnis *n,* b) Erfolg *m:* **to reap the ~(s) of one's work** die Früchte s-r Arbeit ernten, c) Gewinn *m,* Nutzen *m:* **~s of crime. 5.** *bes. Br. sl.* 'Spinner' *m.* **6.** *bes. Am. sl.* 'Homo' *m,* Schwule(r)' *m* (*Homosexueller*). **II** *v/i* **7.** (Früchte) tragen. **III** *v/t* **8.** zur Reife bringen.

**'fruit·age** *s* **1.** *bot.* (Frucht)Tragen *n.* **2.** *collect.* a) Früchte *pl,* b) Obst *n.* **3.** *fig.* Früchte *pl.*

**fruit·ar·i·an** [fruːˈteərɪən] **I** *s* j-d, der sich nur von Obst ernährt. **II** *adj* Obst...: **~ diet.**

**fruit|bat** *s zo.* Flederhund *m.* **~ bod·y** *s biol.* **1.** Fruchtkörper *m.* **2.** Fruchtboden *m.* **'~-cake** *s* **1.** englischer Kuchen. **2.** *bes. Br. sl.* 'Spinner' *m.* **~ cock·tail** *s* Frucht-, Früchtecocktail *m.* **~ cup** *s* Frucht-, Früchtebecher *m.*

**'fruit·er** ['fruːtə(r)] *s* **1.** *mar.* Obstschiff *n.* **2.** Obstzüchter *m.* **3.** a) Obstbaum *m,* b) Obststrauch *m.* **'fruit·er·er** *s bes. Br.* Obsthändler *m.*

**'fruit·ful** *adj* **1.** fruchtbar (*a. fig.*): **a ~ discussion. 2.** *fig.* erfolgreich: **to be ~** Erfolg haben. **'fruit·ful·ness** *s* Fruchtbarkeit *f* (*a. fig.*).

**fru·i·tion** [fruːˈɪʃn] *s* **1.** Erfüllung *f,* Verwirklichung *f:* **~ of hopes; to bring** (*od.* **carry**) **to ~** verwirklichen; **to come to ~** sich verwirklichen (→ 2). **2.** Früchte *pl:* **the ~ of one's efforts; to come to ~** Früchte tragen (→ 1). **3.** (voller) Genuß (*e-s Besitzes etc*).

**fruit|jar** *s* Einweck-, Einmachglas *n.* **~ juice** *s* Frucht-, Obstsaft *m.* **~ knife** *s irr* Obstmesser *n.*

**'fruit·less** *adj (adv* **~ly) 1.** 'unfruchtbar. **2.** *fig.* fruchtlos, vergeblich, erfolglos: **to be ~** keinen Erfolg haben. **'fruit·less·ness** *s* Fruchtlosigkeit *f,* Erfolglosigkeit *f.*

**fruit|ma·chine** *s Br.* ('Geld)Spielauto,mat *m.* **~ pulp** *s biol.* Fruchtfleisch *n.* **~ ranch** *s Am.* Obstfarm *f.* **~ sal·ad** *s* **1.** 'Frucht-, 'Obstsa,lat *m.* **2.** *sl.* 'La'metta' *n,* Ordenspracht *f.* **~ sug·ar** *s chem.* Fruchtzucker *m.* **~ tree** *s* Obstbaum *m.*

**'fruit·y** *adj* **1.** frucht-, obstartig. **2.** fruchtig (*Wein*). **3.** *Br. colloq.* 'saftig', 'gepfeffert': **a ~ joke. 4.** klangvoll, so'nor: **~ voice. 5.** *Am. colloq.* 'schmalzig': **~ song** 'Schnulze' *f.* **6.** *sl.* 'spinnig'. **7.** *bes. Am. sl.* 'schwul' (*homosexuell*).

**fru·men·ta·ceous** [ˌfruːmənˈteɪʃəs] *adj* getreideartig, Getreide...

**fru·men·ty** ['fruːməntɪ] *s gastr.* süßer Brei aus Weizen, Milch u. Gewürzen.

**frump** [frʌmp] *s* 'Vogelscheuche' *f:* **old ~** 'alte Schachtel'. **'frump·ish,** **'frump·y** *adj* a) altmodisch, b) ungepflegt, 'unele,gant, c) abgedroschen (*Sache*).

**frus·ta** ['frʌstə] *pl von* **frustum.**

**frus·trate** [frʌˈstreɪt; *Am.* 'frʌstreɪt] *v/t* **1.** etwas vereiteln, durch'kreuzen: **to ~ a plan. 2.** zu'nichte machen: **to ~ hopes. 3.** etwas hemmen, (be)hindern. **4.** *j-n* hemmen, (*a.* am Fortkommen) hindern, einengen. **5.** *j-m* die *od.* alle Hoffnung *od.* Aussicht nehmen, *j-n* (*in s-n Ambitionen*) zu'rückwerfen: **I was ~d in my efforts** m-e Bemühungen wurden vereitelt. **6.** fru'strieren: a) *j-n* entmutigen, depri'mieren, b) mit Minderwertigkeitsgefühlen erfüllen, c) *j-n* enttäuschen. **frus·trat·ed** *adj* **1.** vereitelt, geschei-tert: **~ plans. 2.** gescheitert (*Person*): **a ~ painter** ein 'verhinderter' Maler. **3.** fru-'striert: a) entmutigt, niedergeschlagen,

depri'miert, b) voller Minderwertigkeits-gefühle, c) enttäuscht. **frus·trat·ing** *adj* (*adv* ~ly) **1.** hemmend. **2.** fru'strie-rend: a) entmutigend, depri'mierend, b) enttäuschend.

**frus·tra·tion** [frʌ'streɪʃn] *s* **1.** Vereite-lung *f*, Durch'kreuzung *f*: ~ **of a plan.** **2.** Behinderung *f*, Hemmung *f*. **3.** Ein-engung *f*. **4.** Enttäuschung *f*, Rückschlag *m*, 'Mißerfolg *m*. **5.** Frustrati'on *f*: a) *psych*. Erlebnis e-r wirklichen od. ver-meintlichen Enttäuschung u. Zurückset-zung durch erzwungenen Verzicht od. Ver-sagung von Befriedigung, b) a. **sense of ~** *weitS*. Niedergeschlagenheit *f*, c) a. **sense of ~** das Gefühl, ein Versager zu sein; Minderwertigkeitsgefühle *pl*, d) a. **sense of ~** Enttäuschung *f*. **6.** a) Hin-dernis *n*, b) aussichtslose Sache (to für). **7.** *jur*. objek'tive Unmöglichkeit (*der Lei-stung*): ~ **of the contract** objektive Un-möglichkeit der Vertragsleistung. ~ **tol-er·ance** *s psych*. Frustrati'onstole,ranz *f* (*individuell unterschiedlich ausgeprägte Fähigkeit, Frustrationen über e-n längeren Zeitraum zu ertragen*).

**frus·tum** ['frʌstəm] *pl* **-tums, -ta** [-tə] *s math*. Stumpf *m*: ~ **of a cone** Kegel-stumpf.

**fry¹** [fraɪ] **I** *v/t* **1.** braten: **fried eggs** Spiegeleier; **fried potatoes** Bratkartof-feln; → **fish 1. 2.** *Am. sl.* auf dem e'lektri-schen Stuhl 'hinrichten. **II** *v/i* **3.** braten. **4.** *colloq*. sich e-n Sonnenbrand holen. **5.** *Am. sl.* auf dem e'lektrischen Stuhl 'hingerichtet werden. **III** *s* **6.** (*etwas*) Gebratenes, *bes*. gebratene Inne'reien *pl*: **pig's ~** gebratene Innereien vom Schwein. **7.** *Am.* (*meist in Zssgn*) Fest od. Picknick, *bei dem* (*etwas*) *gebraten wird*: **fish ~.**

**fry²** [fraɪ] *s pl* **1.** Fischrogen *m*. **2.** junge Fische *pl*. **3. small ~** *fig*. a) junges Ge-müse', junges Volk, b) kleine (unbedeu-tende) Leute *pl*, c) ‚kleine Fische' *pl*, Lap'palien *pl*.

**'fry·er** *s* **1.** j-d, der (*etwas*) ‚brät': **he is a fish~** er hat ein Fischrestaurant. **2.** (*oft in Zssgn*) Bratpfanne *f*: **fish ~. 3.** etwas zum Braten Geeignetes, *bes*. Brathühnchen *n*.

**'fry·ing pan** *s* Bratpfanne *f*: **to jump** (*od*. **leap**) **out of the ~ into the fire** vom Regen in die Traufe kommen.

**fry│pan** *Am.* → **frying pan. '~-up** *s Br. colloq*. **1. to do a ~** sich Reste in die Pfanne ‚hauen'. **2.** Resteessen *n* aus der Pfanne.

**fuch·sia** ['fjuːʃə] *s bot*. Fuchsie *f*.
**fuch·sin** ['fuːksɪn; *Am.* 'fjuːk-], **'fuch-sine** [-siːn] *s chem*. Fuch'sin *n*.
**fuchs·ite** ['fuːksaɪt; *Am.* 'fjuːk-] *s min*. Fuch'sit *m*.

**fu·ci** ['fjuːsaɪ] *pl von* fucus.
**fuck** [fʌk] *vulg*. **I** *v/t* **1.** ,ficken', ,vögeln': **~ it!** ‚Scheiße!'; **~ him!** a) dieser ‚Scheiß-kerl'!, b) der soll mich mal am Arsch lecken!; **get ~ed!** der Teufel soll dich holen! **2. ~ about** (*od.* **around**) a) j-n wie e-n Idioten behandeln, b) j-n ‚verar-schen'. **3.** *meist* **~ up** *etwas* ‚versauen': (all) **~ed up** (total) ,im Arsch'. **II** *v/i* **4.** ,ficken', ,vögeln'. **5. ~ about** (*od.* **around**) herum‚gammeln. **6. ~ off** (*meist imp*) ,sich verpissen'. **III** *s* **7.** ‚Fick' *m*: **to have a ~** ,ficken', ,e-e Nummer ma-chen od. schieben'; **I don't care** (*od.* **give**) **a ~** das ist mir ,scheißegal'. **8.** she's **a good ~** sie ,fickt' gut. **IV** *interj* **9.** ,Scheiße'! **'fuck·er** *s vulg*. **1.** ,Ficker' *m*, ,Vögler' *m*. **2.** a) ,Scheißkerl' *m*, b) *allg*. Kerl *m*, Bursche *m*: **a poor ~** ein armes Hund, ein armes Schwein. **'fuck·ing** *vulg*. **I** *adj* ,Scheiß...', verflucht, ver-dammt (*oft nur verstärkend*): **I banged my ~ head against the ~ door** ich bin

mit dem Schädel gegen die verdammte Tür gerannt; **you ~ fool!** du ‚Arsch-loch'!; **take your ~ fingers off my girl!** nimm d-e ‚Wichsgriffel' von m-m Mäd-chen!; **~ hell!** ,verdammte Scheiße'! **II** *adv* verflucht, verdammt (*oft nur ver-stärkend*): **we had a ~ good time** wir haben uns ,sagenhaft' amüsiert; **~ cold** ,arschkalt'.

**fu·cus** ['fjuːkəs] *pl* **-ci** [-saɪ], **-cus·es** *s bot*. Blasentang *m*.
**fud·dle** ['fʌdl] *colloq*. **I** *v/t* **1.** berauschen: **to ~ o.s.** → **3. 2.** verwirren, durchein'an-derbringen. **II** *v/i* **3.** a) saufen, b) ‚sich vollaufen lassen'. **III** *s* **4.** Verwirrung *f*: **to get in a ~** durcheinanderkommen. **5.** Gewirr *n*. **'fud·dled** *adj colloq*. **1.** ‚benebelt'. **2.** verwirrt, durchein'ander.
**fud·dy-dud·dy** ['fʌdɪ,dʌdɪ] *colloq*. **I** *s* verknöcherter *od*. verkalkter Kerl. **II** *adj* a) verknöchert, b) verkalkt.

**fudge** [fʌdʒ] **I** *v/t* **1.** *oft* **~ up** zu'recht-pfuschen, zs.-stoppeln. **2.** ,fri'sieren', fälschen. **3. e-m** Problem etc ausweichen. **II** *v/i* **4. ~ on** → **3. 5.** Unsinn reden. **III** *s* **6.** Unsinn *m*. **7.** *Zeitung*: a) letzte Mel-dungen *pl*, b) Platte zum Einrücken letzter Meldungen, c) Maschine zum Druck letz-ter Meldungen, d) Spalte für letzte Mel-dungen. **8.** *gastr.* (*Art*) Fon'dant *m*. **IV** *interj* **9.** ,Mist!'

**Fu·e·gi·an** [fjuː'iːdʒɪən; 'fweɪdʒɪən; *Am.* fu'eɪdʒɪən] **I** *s* Feuerländer(in). **II** *adj* feuerländisch.
**fu·el** ['fjuəl] **I** *v/t pret u. pp* **-eled,** *bes. Br.* **-elled 1.** mit Brennstoff versehen, *aer. a.* betanken. **2.** *fig*. anheizen, schüren: **to ~ riots. II** *v/i* **3.** Brennstoff nehmen. **4.** *a.* **~ up** *aer. mot.* (auf)tanken, *mar.* Öl bun-kern. **III** *s* **5.** Brennstoff *m*: a) ‚Heiz-', 'Brennmateri,al *n*, 'Feuerung[smateri,al *n*) *f*, b) *mot. etc* Betriebs-, Treib-, Kraft-stoff *m*: **~-air mixture** Kraftstoff-Luft-Gemisch *n*; **~ cell** *electr.* Brennstoffzelle *f*; **~-efficient** benzinsparend (*Motor etc*); **~ element** (*Kernphysik*) Brennele-ment *n*; **~ feed** Brennstoffzuleitung *f*; **~ filter** Kraftstoff-, Benzinfilter *n*, *m*; **~ gas** Heiz- *od.* Treibgas *n*; **~ ga(u)ge** Benzinuhr *f*, Kraftstoffmesser *m*; **~-guzzling** *colloq*. benzinfressend (*Motor etc*); **~ injection** Kraftstoffeinspritzung *f*; **~ injection engine** Einspritzmotor *m*; **~ jet, ~ nozzle** Kraftstoffdüse *f*; **~ oil** Heizöl *n*; **~ pump** Kraftstoff-, Benzin-pumpe *f*; **~ rod** (*Kernphysik*) Brennstab *m*. **6.** *fig*. Nahrung *f*: **to add ~ to s.th.** etwas anheizen *od.* schüren; **to add ~ to the flames** Öl ins Feuer gießen. **'fu-el(l)ed** *adj*: **~ by** (*od.* **with**) be- *od.* getrieben mit.

**fug** [fʌg] *s bes. Br. colloq*. ,Mief' *m*: **there's a ~ in here** hier ,mieft' es.
**fu·ga·cious** [fjuː'geɪʃəs] *adj* (*adv* ~ly) **1.** *bot*. kurzlebig (*a. fig*.). **2.** *chem*. flüch-tig (*a. fig.*). **3.** *fig*. vergänglich. **fu'gac-i·ty** [-'ɡæsətɪ] *s* **1.** *bot*. Kurzlebigkeit *f*. **2.** *chem*. Flüchtigkeit *f* (*a. fig*.), Fugazi'tät *f*. **3.** *fig*. Vergänglichkeit *f*.
**fu·gal** ['fjuːɡl] *adj* (*adv* ~ly) *mus*. fu'giert, im Fugenstil.
**-fuge** [fjuːdʒ] *Wortelement mit den Be-deutungen* a) fliehend, b) vertreibend.
**fug·gy** ['fʌɡɪ] *adj bes. Br. colloq*. ,miefig', ,vermieft'.
**fu·gi·tive** ['fjuːdʒɪtɪv] **I** *s* **1.** a) Flücht-ige(r *m*) *f*: **~ from justice** flüchtiger Rechtsbrecher, b) *pol. etc* Flüchtling *m*, c) Ausreißer *m* (*a. Radsport*). **II** *adj* **2.** flüchtig: a) entflohen, b) *fig*. vergäng-lich, kurzlebig. **3.** unbeständig, unecht: **~ dye** unechte Färbung.
**fu·gle·man** ['fjuːɡlmən] *s irr* (An-, Wort)Führer *m*.
**fugue** [fjuːɡ] **I** *s* **1.** *mus*. Fuge *f*. **2.** *psych*.

Fu'gue *f* (Verlassen der gewohnten Um-gebung im Dämmerzustand). **II** *v/t u. v/i* **3.** *mus*. fu'gieren.
**-ful** [fʊl] *Suffix mit der Bedeutung* voll.
**ful·crum** ['fʌlkrəm; 'fʊl-] *pl* **-crums, -cra** [-krə] *s* **1.** *phys.* Dreh-, Hebe-, Gelenk-, Stützpunkt *m*: **~ of moments** *phys.* Momentendrehpunkt; **~ pin** Dreh-bolzen *m*, -zapfen *m*. **2.** *fig*. Angelpunkt *m*. **3.** *biol*. Beuge *f*.
**ful·fil,** *Am. a.* **ful·fill** [fʊl'fɪl] *v/t* **1.** *ein Versprechen, e-n Wunsch, e-e Bedingung etc* erfüllen: **to ~ an order** e-n Befehl ausführen; **to ~ o.s.** sich selbst verwirk-lichen; **to be fulfilled** sich erfüllen. **2.** voll'bringen, -‚ziehen. **3.** beenden, ab-schließen. **ful'fil·ment,** *Am.* **ful'fill-ment** *s* **1.** Erfüllung *f*, Ausführung *f*: **to come to ~** in Erfüllung gehen. **2.** Beendi-gung *f*, Abschluß *m*: **to reach ~** beendet *od.* abgeschlossen werden.
**ful·gent** ['fʌldʒənt; *Am. a.* 'fʊl-] *adj* (*adv* ~ly) *poet*. strahlend.
**ful·gu·rant** ['fʌlɡjʊərənt; *Am.* 'fʊl-ɡərənt] *adj* (auf)blitzend. **'ful·gu·rate** [-reɪt] *v/i* (auf)blitzen.
**fu·lig·i·nous** [fjuː'lɪdʒɪnəs] *adj* **1.** rußig, Ruß... **2.** (ruß)schwarz. **3.** *fig*. dunkel.
**full¹** [fʊl] **I** *adj* (*adv* → **fully**) **1.** a) *allg*. voll: **~ of** voll von, voller Fische etc, angefüllt mit, reich an (*dat*); → **stomach 1,** b) *fig*. ('über)voll (Herz). **2.** voll, ganz: **a ~ mile; to pay the ~ amount; in ~ court** *jur*. vor der vollbesetzten Ge-richt; **a ~ hour** e-e volle *od.* ,geschlagene' Stunde. **3.** weit(geschnitten): **a ~ skirt. 4.** voll, rund (Gesicht), vollschlank (Fi-gur). **5.** voll, kräftig: **a ~ voice. 6.** schwer, vollmundig (~ **wine). 7.** voll, besetzt: **~ up** (voll) besetzt (Bus etc); **house ~!** *thea*. ausverkauft! **8.** vollständig, ausführlich, genau: **~ details; ~ statement** umfas-sende Erklärung, vollständige Darle-gung. **9.** *fig*. (ganz) erfüllt (of von): **~ of the news; ~ of** *fig*. **plans** er ist *od*. steckt voller Pläne; **~ of oneself** (ganz) von sich eingenommen. **10.** reichlich: **a ~ meal. 11.** voll, uneingeschränkt: **~ power** Vollmacht *f*; **to have ~ power to do s.th.** bevollmächtigt sein, etwas zu tun; **~ power of attorney** Generalvollmacht *f*; **~ membership** volle Mitgliedschaft. **12.** voll(berechtigt): **~ member. 13.** rein, echt: **a ~ sister** e-e leibliche Schwester. **14.** *colloq*. ,voll': a) **~ up** satt, b) *Austral*. betrunken.
**II** *adv* **15.** völlig, gänzlich, ganz: **to know ~ well** that ganz genau wissen, daß. **16.** gerade, di'rekt, genau: **~ in the face. 17. ~ out** mit Vollgas *fahren*, auf Hochtouren *arbeiten*.
**III** *v/t* **18.** Stoff raffen.
**IV** *v/i* **19.** voll werden (Mond).
**V** *s* **20.** (*das*) Ganze: **in ~** vollständig, ganz; **to spell** (*od.* **write**) **in ~** ausschrei-ben; **to the ~** vollständig, vollkommen, bis ins letzte *od.* kleinste, total; **to pay in ~** voll *od.* den vollen Betrag bezahlen; **I cannot tell you the ~ of it** ich kann Ihnen nicht alles ausführlich erzählen. **21.** Fülle *f*, Höhepunkt *m*: **at ~** auf dem Höhepunkt *od*. Höchststand; **at the ~ of the tide** beim höchsten Wasserstand. **22.** → **full house 2.**
**full²** [fʊl] *v/t tech*. Tuch etc walken.
**full│age** *s jur*. Mündigkeit *f*, Volljährig-keit *f*: **of ~** mündig, volljährig. **~ and by** *adv mar*. voll u. bei, scharf beim Wind. **'~-back** *s* a) *Fußball, Hockey*: (Außen-)Verteidiger *m*, b) *Rugby*: Schlußspieler *m*. **~ beam** *s mot. Br*. Fernlicht *n*. **~ bind·ing** *s* Ganzleder-, Ganzleinen-band *m*. **'~-blood** *s* **1.** Vollblut *n*, Mensch *m* mit reiner Abstammung. **2.** Vollblut *n* (*bes. Pferd*). **'~-'blood·ed** *adj* **1.** rein-

blütig, -rassig, Vollblut... **2.** *fig.* vollblü-
tig, Vollblut...: ~ **socialist. 3.** eindring-
lich: ~ **style**; ~ **arguments.** ~-ˈ**blown**
*adj* **1.** *bot.* ganz aufgeblüht. **2.** *fig.* voll
entwickelt, ausgereift: ~ **idea. 3.** ausge-
macht: ~ **scandal.** ~ **board** *s* ˈVollpen-
siˌon *f.* ~ˈ**bod·ied** *adj* **1.** schwer, kor-
puˈlent. **2.** schwer, vollmundig: ~ **wine.**
**3.** *fig.* dicht, plastisch: ~ **novel. 4.** *fig.*
wichtig, bedeutend: **to play a ~ role.** ~-
-ˈ**bot·tomed** *adj* **1.** breit, mit großem
Boden: ~ **wig** Allongeperücke *f.* **2.** *mar.*
voll gebaut, mit großem Laderaum: ~
-**bound** *adj* Ganzleder..., Ganzleinen...: ~
**book.** ~ **dress** *s* **1.** Gesellschaftsanzug
*m.* **2.** *mil.* ˈGalauniˌform *f.* ~-**dress** *adj*
**1.** Gala...: ~ **uniform. 2.** ~ **rehearsal** →
**dress rehearsal. 3.** *fig.* a) umˈfassend: ~
**biography**; ~ **debate,** b) groß angelegt:
~ **investigation.**

**full·er**[1] [ˈfʊlə(r)] *s tech.* **1.** (Tuch)Walker
*m.* **2.** Stampfe *f* (*e-r Walkmaschine*).

**full·er**[2] [ˈfʊlə(r)] *s tech.* (halb)runder
Setzhammer.

**full·er's earth** *s* Walk-, Fuller-,
Bleicherde *f.*

ˈ**full**ˈ**face I** *s* **1.** En-ˈface-Bild *n,* Vor-
deransicht *f.* **2.** *print.* (halb)fette Schrift.
**II** *adv* **3.** en face. **4.** *print.* (halb)fett. ~-
-ˈ**faced** *adj* **1.** mit vollem *od.* rundem
Gesicht. **2.** *print.* fett. ~-ˈ**fash·ioned**
*bes. Am.* → **fully fashioned.** ~-
-ˈ**fledged** *bes. Am.* → **fully fledged.** ~
**fron·tal** *s colloq.* ˈOben-u.-ˈunten-ohne-
Darstellungˈ *f.* ~-ˈ**fron·tal** *adj colloq.*
ˈoben u. unten ohneˈ. ~ **gal·lop** *s:* **at** ~
in vollem *od.* gestrecktem Galopp. ~-
-ˈ**grown** *adj* ausgewachsen. ~-**hand** →
**full house 2.** ~-ˈ**heart·ed** *adj* (*adv* ~**ly**)
ernsthaft, aufrichtig, rückhaltlos, voll,
aus ganzem Herzen. ~ **house** *s* **1.** *thea.*
*etc* volles Haus. **2.** *Poker:* Full house
*n* (*Dreierpasch u. ein Pärchen*). ~-
-ˈ**length** *adj* **1.** in voller Größe, lebens-
groß: ~ **portrait,** ~ **mirror** Ganzfigur-
spiegel *m.* **2.** bodenlang: ~ **skirt. 3.** a)
abendfüllend: ~ **film,** b) ausgewachsen: ~
**novel.** ~ **load** *s* **1.** *electr.* Vollast *f.* **2.** *tech.*
Gesamtgewicht *n.* **3.** *aer.* Gesamtflug-
gewicht *n.* ~ **moon** *s* Vollmond *m:* **at** ~
bei Vollmond. ~-ˈ**mouthed** *adj* **1.** *zo.*
mit vollem Gebiß (*Vieh*). **2.** *fig.* lautstark.
~ **nel·son** *s* Ringen: Doppelnelson *m.*
ˈ**full·ness** *s* **1.** *Bibl.* **da die Zeit erfüllet**
**war(d),** b) zur ˈgegebenen Zeit. **2.** *fig.* (ˈÜber)Fülle *f* (*des*
*Herzens*). **3.** Körperfülle *f.* **4.** weiter
Schnitt. **5.** *mus.* Klangfülle *f.*
**full**ˈ**or·ches·tra** *s mus.* großes Orˈche-
ster. ˈ~-**page** *adj* ganzseitig. ~ **pay** *s*
*econ.* volles Gehalt, voller Lohn: **to be**
**retired on** ~ mit vollem Gehalt pensio-
niert werden. ~ **pro·fes·sor** *s univ. Am.*
Ordiˈnarius *m.* ˈ~-**rigged** *adj* **1.** *mar.*
vollgetakelt. **2.** voll ausgerüstet. ~-**scale** *s*
*tech.* naˈtürliche Größe, Origiˈnalgröße *f,*
Maßstab *m* 1:1. ˈ~-**scale** *adj* **1.** in na-
ˈtürlicher Größe, in Origiˈnalgröße, im
Maßstab 1:1. **2.** *fig.* großangelegt, um-
ˈfassend: ~ **attack** Großangriff *m;* ~ **test**
Großversuch *m; the quarrel between the* ~
*countries developed* **into a** ~ **war** zu e-m
regelrechten Krieg. ~ **sight** *s mil.* Voll-
korn *n.* ~ **stop** *s* **1.** *ling.* Punkt *m.* **2. to**
**come to a** ~ zum völligen Stillstand
kommen. ~ **time** *s sport* Spielende *n:* **at** ~
bei Spielende; **to whistle for** ~ abpfei-
fen. ~-**time I** *adj* ganztägig, Ganz-
tags...: ~ **job** Ganztagsbeschäftigung *f;*
*it's a* ~ *job looking after 3 young*
*children colloq.* wenn man 3 kleine Kin-
der zu versorgen hat, hat man für nichts
anderes mehr Zeit; ~ **professional** *sport*
Vollprofi *m;* ~ **worker** → **full-timer. II**
*adv* ganztags: **to work** ~. ~-ˈ**tim·er** *s*

ganztägig Beschäftigte(r *m*) *f.* ˈ~-**track**
*adj:* ~ **vehicle** *tech.* Vollketten-, Rau-
penfahrzeug *n.* ˈ~-**view,** ˈ~,**vi·sion**
*adj tech.* Vollsicht... ˈ~-**wave** *adj:* ~ **rec-**
**tifier** *electr.* Doppelweggleichrichter *m.*
**ful·ly** [ˈfʊlɪ] *adv* voll, völlig, ganz: ~
**satisfied;** ~ **automatic** vollautoma-
tisch; ~ **clothed** in voller Kleidung; ~
**entitled** vollberechtigt; ~ **two hours**
volle *od.* ˌgeschlageneˈ 2 Stunden. ~
**fash·ioned** *adj* mit (voller) Paßform,
formgestrickt, -gearbeitet. ~ **fledged**
*adj* **1.** flügge (*Vögel*). **2.** *fig.* richtig: **he**
**feels like a** ~ **sailor.** ~ **grown** *bes. Br.*
→ **full-grown.**
**ful·mar** [ˈfʊlmə(r)] *s orn.* Fulmar *m,*
Eissturmvogel *m.*
**ful·mi·nant** [ˈfʌlmɪnənt]; ˈfʊl-] *adj*
**1.** donnernd, krachend. **2.** *med.* a) plötz-
lich ausbrechend (*Krankheit*), b) plötz-
lich auftretend (*Schmerzen*). ˈ**ful·mi-**
**nate** [-neɪt] **I** *v/i* **1.** exploˈdieren (*a. fig.*).
**2.** *fig.* donnern, wettern (**against** gegen).
**3.** *med.* a) plötzlich ausbrechen (*Krank-*
*heit*), b) plötzlich auftreten (*Schmerzen*).
**II** *v/t* **4.** zur Exploˈsion bringen. **5.** *fig.*
Befehle *etc* donnern. **III** *s* **6.** *chem.* Ful-
miˈnat *n,* knallsaures Salz: ~ **of mercury**
Knallquecksilber *n.* ˈ**ful·mi·nat·ing**
*adj* **1.** *chem.* Knall...: ~ **gold** (**mercury,**
**powder, silver**); ~ **cotton** Schießbaum-
wolle *f.* **2.** *fig.* donnernd, wetternd. **3.** ~
fulminant **2.** ˌful·miˈna·tion *s* **1.** Ex-
ploˈsion *f.* **2.** *fig.* a) Donnern *n,* Wettern *n,*
b) schwere Drohung.
**ful·min·ic ac·id** [fʌlˈmɪnɪk; fʊl-] *s*
*chem.* Knallsäure *f.*
**ful·mi·nous** [ˈfʌlmɪnəs]; ˈfʊl-] *adj* don-
nernd, Gewitter...
**ful·ness** *bes. Am.* → **fullness.**
**ful·some** [ˈfʊlsəm] *adj* **1.** ˈübermäßig,
überˈtrieben. **2.** *obs.* widerlich, ekelhaft.
ˈ**ful·some·ness** *s* Überˈtriebenheit *f.*
**ful·ves·cent** [fʌlˈvesnt; fʊl-] *adj* ins Röt-
lichgelbe gehend. ˈ**ful·vous** *adj* rötlich-
gelb.
**fu·mar·ic ac·id** [fjuːˈmærɪk] *s chem.*
Fuˈmarsäure *f.*
**fu·ma·role** [ˈfjuːmərəʊl] *s* Fumaˈrole *f*
(*Ausströmen von Gas u. Wasserdampf aus*
*Erdspalten in vulkanischen Gebieten*).
**fum·ble** [ˈfʌmbl] **I** *v/i* **1.** a. ~ **about**
(*od.* **around**) a) herˈumtappen, -tasten,
b) (herˈum)fummeln (**at** an *dat*), c) unge-
schickt ˈumgehen (**with** mit), d) tastend
suchen (**for, after** nach): **to** ~ **in one's**
**pockets** in s-n Taschen (herum)wühlen;
**to** ~ **for words** nach Worten suchen.
**2.** *sport* ˌpatzenˈ (*a. allg.*): a) den Ball
fallen lassen, b) den Ball ˌverhauenˈ.
**II** *v/t* **3.** ungeschickt ˈumgehen mit.
**4.** *sport* ˌverpatzenˈ (*a. allg.*), den Ball
fallen lassen *od.* ˌverhauenˈ. **5.** ~ **out**
Worte mühsam (herˈvor)stammeln. **III** *s*
**6.** a) Herˈumtappen *n,* -tasten *n,* b) (Her-
ˈum)Fummeln *n,* c) ungeschickter ˈUm-
gang, d) Tastendes Suchen. **7.** *sport* ˌPat-
zerˈ (*a. allg.*). ˈ**fum·bler** *s sport* ˌPat-
zerˈ *m* (*Person*) (*a. allg.*). ˈ**fum·bling** *adj*
(*adv* ~**ly**) ungeschickt.
**fume** [fjuːm] **I** *s* **1.** oft *pl* (*unangenehmer*)
Dampf, Schwaden *m,* Dunst *m,* Rauch
(-gas *n*) *m.* **2.** (*zu Kopf steigender*) Dunst,
Nebel *m* (*des Weins etc*). **3.** *fig.* Wut *f:* **in a**
~ wütend, aufgebracht. **II** *v/t* **4.** *Dämpfe*
*etc* von sich geben, ausstoßen. **5.** *Holz*
räuchern, beizen: ~**d oak** dunkles Ei-
chenholz. **6.** → **fumigate. III** *v/i*
**7.** rauchen, dunsten, dampfen: **to** ~ **away**
verrauchen (*a. fig. Zorn etc*). **8.** *fig.* (**at**)
wüten (gegen), wütend sein (über *acc,* auf
*acc*), aufgebracht sein (über *acc,* gegen):
**to** ~ **and fret** vor Wut kochen *od.* schäu-
men; **fuming with anger** wutschäu-
mend, -schnaubend.

**fu·mi·gant** [ˈfjuːmɪgənt] *s* Ausräuche-
rungsmittel *n.*
**fu·mi·gate** [ˈfjuːmɪgeɪt] *v/t* ausräu-
chern: **to** ~ **with sulphur** ausschwefeln.
ˌ**fu·mi·ˈga·tion** *s* Ausräucherung *f.*
ˈ**fu·mi·ga·tor** [-tə(r)] *s* **1.** ˈAusräucher-
appaˌrat *m.* **2.** → **fumigant. 3.** Ausräu-
cherer *m.*
**fum·y** [ˈfjuːmɪ] *adj* rauchig, dunstig.
**fun** [fʌn] **I** *s* Spaß *m:* **for** ~, **for the** ~ **of it**
aus *od.* zum Spaß, spaßeshalber, zum
Vergnügen; **in** ~ im *od.* zum Scherz; **like**
~! *Am. colloq.* von wegen!; **a figure of** ~
*contp.* e-e Witzfigur; **it is** ~ (**doing s.th.**)
es macht Spaß(, etwas zu tun); **it is no** ~
(*od.* **there is no** ~ **in**) **doing s.th.** es
macht keinen Spaß, etwas zu tun; **it** (**he**)
**is great** ~ es (er) ist sehr amüsant *od.*
lustig; **there is no** ~ **like** ... es geht nichts
über (*acc*); **to have some** ~ sich amüsie-
ren; **have** ~! viel Spaß *od.* Vergnügen!; **to**
**have one's** ~ **and games** s-n Spaß *od.*
sein Vergnügen haben, sich amüsieren;
**to make** ~ **of s.o.** sich über j-n lustig
machen; **this is nothing to make** ~ **of**
über so etwas spottet man nicht!; **I don't**
**see the** ~ **of it** ich finde das (gar) nicht
komisch; → **poke**[1] **5. II** *adj* lustig, spa-
ßig: ~ **man** *vs* **funster;** ~ a **sport** ein
Sport, der Spaß macht; **to have a** ~ **time**
sich amüsieren.
**fu·nam·bu·list** [fjuːˈnæmbjʊlɪst] *s* Seil-
tänzer *m.*
**Fun Cit·y** *s Am.* (*Spitzname für*) New
York City.
**func·tion** [ˈfʌŋkʃn] **I** *s* **1.** Funktiˈon *f* (*a.*
*biol. ling. math. phys. tech.*): a) Aufgabe *f,*
b) Zweck *m,* c) Tätigkeit *f,* d) Arbeits-,
Wirkungsweise *f,* e) Amt *n,* f) (Amts-)
Pflicht *f,* Obliegenheit *f:* **scope of** ~**s**
Aufgabenkreis *m,* Tätigkeitsbereich *m;*
**out of** ~ *tech.* außer Betrieb, kaputt; **to**
**have** (*od.* **serve**) **an important** ~ e-e
wichtige Funktion *od.* Aufgabe haben,
e-e wichtige Rolle spielen. **2.** a) Feier *f,*
Zeremoˈnie *f,* feierlicher *od.* festlicher
Anlaß, b) (gesellschaftliche) Veranstal-
tung. **3. to be a** ~ **of whether** davon
abhängen, ob. **II** *v/i* **4.** (**as**) a) tätig sein,
funˈgieren (als), das Amt *od.* die Tätig-
keit (*e-s Direktors etc*) ausüben, b) dienen
(als) (*Sache*). **5.** *physiol. tech. etc* funk-
tioˈnieren, arbeiten.
**func·tion·al** [ˈfʌŋkʃnəl] *adj* (*adv* →
**functionally**) **1.** *allg.,* a. *math. physiol.*
funktioˈnell, Funktions...: ~ **diagram**
*tech.* Funktionsplan *m,* -diagramm *n;* ~
**disease** *med.* Funktionskrankheit *f;* ~
**disorder** *med.* Funktionsstörung *f;* ~
**psychology** Funktionspsychologie *f*
(*Wissenschaft von den Erscheinungen u.*
*Funktionen der seelischen Erlebnisse*).
**2.** *physiol. tech. etc* funktiˈonsfähig: **to be**
→ **function 5. 3.** zweckbetont, -mäßig,
sachlich, praktisch: ~ **building** Zweck-
bau *m;* ~ **style** → **functionalism 1.**
ˈ**func·tion·al·ism** *s* **1.** *arch.* Funk-
tionaˈlismus *m* (*ausschließliche Berück-*
*sichtigung des Gebrauchszwecks bei der*
*Gestaltung von Gebäuden*). **2.** *psych.*
Funktionaˈlismus *m* (*Richtung, die die*
*Bedeutung psychischer Funktionen für die*
*Anpassung des Organismus an die Umwelt*
*betont*). ˈ**func·tion·al·ist** *s* Funktiona-
ˈlist(in). ˈ**func·tion·al·ize** *v/t* **1.** funk-
tiˈonstüchtig machen, wirksam gestal-
ten. **2.** in Funktiˈonsgruppen gliedern.
ˈ**func·tion·al·ly** *adv* in funktioˈneller
ˈHinsicht. ˈ**func·tion·ar·y** [-ŋərɪ; *Am.*
-ʃəˌnerɪ] *s bes. pol.* Funktioˈnär *m.*
ˈ**func·tion·ate** [-ʃneɪt] → **function II.**
**fund** [fʌnd] *econ.* **I** *s* **1.** a) Kapiˈtal *n,*
Vermögen *n,* Geldsumme *f,* b) Fonds *m*
(*zweckgebundene Vermögensmasse*): ~
**raiser** Veranstaltung, deren Reinerlös

wohltätigen Zwecken zugute kommt. **2.** pl (Geld)Mittel pl, Gelder pl: **sufficient ~s** genügende Deckung; **for lack of ~s** mangels Barmittel od. Deckung; **no ~s** (Scheck) keine Deckung; **to be in** (**out of**) **~s** (nicht) bei Kasse sein, zahlungs-(un)fähig sein. **3.** pl a) Br. 'Staatspa₁piere pl, -anleihen pl, b) Am. Ef'fekten pl. **4.** fig. (**of**) Vorrat m (an dat), Schatz m (an dat, von). **II** v/t **5.** Br. Gelder in 'Staatspa₁pieren anlegen. **6.** e-e Schuld fun'dieren, konsoli'dieren; **~ed debt** fundierte Schuld, Anleiheschuld f.

**fun·da·ment** ['fʌndəmənt] s **1.** euphem. od. humor. ,vier Buchstaben' pl (Gesäß). **2.** arch. Funda'ment n (a. fig.).

**fun·da·men·tal** [₁fʌndə'mentl] **I** adj (adv → **fundamentally**) **1.** als Grundlage dienend, grundlegend, wesentlich, fundamen'tal (**to** für), Haupt... **2.** grundsätzlich, elemen'tar. **3.** Grund..., Fundamental...: **~ bass** → 5 b; **~ colo(u)r** Grundfarbe f; **~ data** grundlegende Tatsachen; **~ freedoms** Grundfreiheiten pl; **~ frequency** electr. Grundfrequenz f; **~ idea** Grundgedanke m; **~ law** math. phys. Hauptsatz m; **~ particle** phys. Elementarteilchen n; **~ research** Grundlagenforschung f; **~ tone** → 5 a; **~ type** biol. Grundform f. **II** s **4.** 'Grundlage f, -prin-₁zip n, -begriff m, Funda'ment n. **5.** mus. a) Grundton m, b) Fundamen'talbaß m. **6.** phys. Fundamen'taleinheit f, electr. Grundwelle f, **fun·da'men·tal·ism** s relig. Fundamenta'lismus m (strenggläubige Richtung im US-Protestantismus, die am Wortsinn der Bibel festhält). **₁fun·da'men·tal·ist** s relig. Fundamentalist(in). **₁fun·da'men·tal·ly** adv im Grunde, im wesentlichen.

**'fund₁hold·er** s econ. Br. Inhaber m von 'Staatspa₁pieren.

**fun·dus** ['fʌndəs] pl **-di** [-daɪ] s anat. Fundus m, ('Hinter)Grund m (e-s Hohlorgans).

**fu·ne·bri·al** [fjuː'niːbrɪəl] → **funereal**.

**fu·ner·al** ['fjuːnərəl] **I** s **1.** Begräbnis n, Beerdigung f, Bestattung f, Beisetzung f. **2.** Leichenzug m. **3.** colloq. Sorge f, Sache f: **that's your ~** das ist deine Sache od. dein Problem; **it wasn't my ~** es ging mich nichts an. **II** adj **4.** Begräbnis..., Leichen..., Trauer..., Grab...: **~ allowance** Sterbegeld n; **~ director** Bestattungsunternehmer m; **~ home** Am. Leichenhalle f; **~ march** mus. Trauermarsch m; **~ oration** (od. speech) Grabrede f; **~ parlo(u)r** Leichenhalle f; **~ pile** (od. **pyre**) Scheiterhaufen m (zur Feuerbestattung); **~ service** Trauergottesdienst m; **~ urn** Totenurne f.

**'fun·fair** s bes. Br. Vergnügungspark m, Rummelplatz m.

**fun·gal** ['fʌŋgl] adj bot. pilzartig, Pilz...

**fun·gi** ['fʌŋgaɪ; 'fʌndʒaɪ] pl von **fungus**.

**fun·gi·ble** ['fʌndʒɪbl] jur. **I** adj fun'gibel, vertretbar (Sache): **~ goods** → II. **II** s pl Fungi'bilien pl.

**fun·gi·cid·al** [₁fʌndʒɪ'saɪdl] adj fungi'zid, pilztötend. **'fun·gi·cide** s chem. Fungi'zid n, pilztötendes Mittel, Fungi'cid m. **'fun·gi·form** adj pilz-, schwammförmig.

**fun·goid** ['fʌŋgɔɪd], **'fun·gous** adj **1.** pilz-, schwammartig, schwammig. **2.** med. a) fun'gös; schwammig: **~ ulcer**

→ **fungus** 2, b) Pilz...: **~ disease**. **3.** fig. sich rasch vermehrend, rasch anwachsend.

**fun·gus** ['fʌŋgəs] pl **fun·gi** ['fʌŋgaɪ; 'fʌndʒaɪ], **-gus·es** s **1.** bot. Pilz m, Schwamm m. **2.** med. Fungus m, schwammige Geschwulst. **3.** humor. Bart m.

**fu·nic·u·lar** [fjuː'nɪkjʊlər; fə-] **I** adj **1.** Seil..., Ketten...: **~ polygon** Seileck n, -polygon n; **~ railway** → 3. **2.** biol. faserig, funiku'lär: **~ cell** Strangzelle f. **II** s **3.** (Draht)Seilbahn f. **fu₁nic·u'li·tis** [-'laɪtɪs] s med. Funiku'litis f, Samenstrangentzündung f. **fu'nic·u·lus** [-ləs] pl **-li** [-laɪ] s Fu'niculus m: a) anat. biol. Faser f, (Gewebe)Strang m, bes. Samenstrang m (a. bot.) od. Nabelstrang m, b) biol. Keimgang m.

**funk¹** [fʌŋk] colloq. **I** s **1.** ,Schiß' m, ,Bammel' m, Angst f: **to be in a blue ~ of** ,mächtigen Bammel od. Schiß' haben vor (dat); **~ hole** mil. a) ,Heldenkeller' m, Unterstand m, b) fig. Druckposten m. **2.** Niedergeschlagenheit f: **to be in a blue ~** völlig ,down' sein. **3.** feiger Kerl od. ,Hund'. **4.** Drückeberger m. **II** v/i **5.** ,Schiß' od. ,Bammel' haben od. bekommen. **6.** ,kneifen', sich drücken. **III** v/t **7.** ,Schiß' haben vor (dat). **8.** j-m ,Bammel od. Schiß' einjagen. **9.** ,kneifen' vor (dat), sich drücken vor (dat) od. von.

**funk²** [fʌŋk] Am. sl. **I** s Gestank m. **II** v/i stinken.

**'funk·er** → funk¹ 3, 4.

**'funk·y¹** adj colloq. ängstlich, feig.

**'funk·y²** adj bes. Am. sl. ,prima', ,toll': **a ~ party**.

**'funk·y³** adj Am. sl. stinkend, stinkig.

**fun·nel** ['fʌnl] **I** s **1.** Trichter m. **2.** mar. rail. Schornstein m. **3.** tech. Luftschacht m. **4.** geol. Vul'kanschlot m. **II** v/t pret u. pp **-neled**, bes. Br. **-nelled 5.** eintrichtern, -füllen. **6.** zu e-m Trichter formen. **7.** fig. a) Personen, Nachrichten, Verkehr etc schleusen, b) s-e Aufmerksamkeit etc konzen'trieren (**on** auf acc). **'~-shaped** adj trichterförmig.

**fun·nies** ['fʌnɪz] s pl bes. Am. colloq. Zeitung: a) Comics pl, b) Comic-Teil m.

**'fun·ni·ment** s Spaß m (Äußerung, Handlung). **'fun·ni·ness** s Spaßigkeit f.

**fun·ny** ['fʌnɪ] **I** adj (adv **funnily**) **1.** a. (im Ggs. zu 2 a) **~ haha** spaßig, komisch, lustig: **I don't think that's ~** ich finde das gar nicht komisch; **are you being** (od. **trying to be**) **~?** soll das ein Witz sein? **2.** ,komisch': a) a. (im Ggs. zu 1) **~ peculiar** sonderbar, merkwürdig (alle a. Person): **there's s.th. ~ about the telephone** mit dem Telefon stimmt irgend etwas nicht; **the ~ thing is** das Merkwürdige (dabei) ist; **funnily enough** merkwürdiger-, komischerweise, b) colloq. ,mulmig' (unwohl): **I feel ~** mir ist komisch od. mulmig; **he felt quite ~ when he looked down** ihm war ganz komisch, als er hinuntersah, c) colloq. zweifelhaft, ,faul': **~ business** ,faule Sache', ,krumme Tour': **don't get ~ with me!** komm mir bloß nicht auf diese Tour! **II** s pl → **funnies**.

**fun·ny| bone** s anat. Musi'kantenknochen m. **~ farm** s colloq. ,Klapsmühle' f (psychiatrische Klinik). **'~·man** [-mæn] s irr Komiker m, Humo'rist m. **~·pa·per** s Am. Comic-Teil m. -Beilage f (e-r Zeitung).

**fun·ster** ['fʌnstə(r)] s Spaßvogel m.

**fur** [fɜː; Am. fɜr] **I** s **1.** Pelz m, Fell n: **to make the ~ fly** ,Stunk machen' (Person), (a. Sache) für helle Aufregung sorgen; **when she got furious the ~ flew** flogen die Fetzen. **2.** a) Pelzfutter n, -besatz m, -verbrämung f, b) a. **~ coat** Pelzmantel m,

c) pl Pelzwerk n, -kleidung f, Rauchwaren pl. **3.** collect. Pelztiere pl: → **feather** 1. **4.** med. (Zungen)Belag m. **5.** Belag m, bes. Kesselstein m. **II** v/t **6.** mit Pelz füttern od. besetzen od. verbrämen. **7.** j-n in Pelz kleiden. **8.** mit e-m Belag über'ziehen. **9.** tech. ausfüllen, verkleiden. **III** v/i **10.** a. **~ up** Kesselstein ansetzen.

**fur·be·low** ['fɜːbɪləʊ; Am. 'fɜr-] **I** s **1.** Faltensaum m, -besatz m, Falbel f. **2.** meist pl colloq. Firlefanz m. **II** v/t **3.** falbeln, fälbeln.

**fur·bish** ['fɜːbɪʃ; Am. 'fɜr-] v/t **1.** po'lieren, blank reiben. **2.** oft **~ up** 'herrichten, Gebäude etc a. reno'vieren. **3.** oft **~ up** fig. auffrischen, 'aufpo₁lieren: **to ~ up one's English**.

**fur·cate I** adj ['fɜːkeɪt; -kət; Am. 'fɜr-] gabelförmig, gegabelt, gespalten. **II** v/i [-keɪt] sich gabeln od. teilen. **fur'ca·tion** s Gabelung f.

**fu·ri·bund** ['fjʊərɪbʌnd] adj wütend.

**fu·ri·ous** ['fjʊərɪəs] adj (adv **~ly**) **1.** wütend, zornig (**with** s.o. auf od. über acc; **at** s.th. über acc). **2.** aufbrausend (Temperament). **3.** wild, heftig (Kampf), (Sturm a.) stark: **at a ~ pace** mit rasender Geschwindigkeit.

**furl** [fɜːl; Am. fɜrl] **I** v/t **1.** Fahne, Segel auf-, einrollen, Schirm zs.-rollen. **II** v/i **2.** a) aufgerollt etc werden, b) sich aufrollen etc lassen. **3.** da'hingehen (Zeit).

**fur·long** ['fɜːlɒŋ; Am. 'fɜr-] s Achtelmeile f (220 Yards = 201,168 m).

**fur·lough** ['fɜːləʊ; Am. 'fɜr-] **I** s Urlaub m (bes. für im Ausland stationierte Soldaten od. im Ausland tätige Staatsbedienstete): **to go home on ~** auf Heimaturlaub gehen. **II** v/t beurlauben, j-m Urlaub geben.

**fur·me(n)·ty** ['fɜːmə(n)tɪ; Am. 'fɜr-] → **frumenty**.

**fur·nace** ['fɜːnɪs; Am. 'fɜr-] **I** s **1.** tech. (Schmelz-, Hoch)Ofen m: **enamel(l)ing ~** Farbenschmelzofen. **2.** tech. (Heiz)Kessel m, Feuerung f. **3.** ,Backofen' m, glühend heißer Raum od. Ort: **this room's like a ~** dieses Zimmer ist der reinste Backofen. **II** v/t **4.** in e-m Ofen erhitzen. **~·coke** s tech. Hochofenkoks m. **~·gas** s tech. Gichtgas n. **~·mouth** s tech. (Ofen)Gicht f.

**fur·nish** ['fɜːnɪʃ; Am. 'fɜr-] v/t **1.** versorgen, ausstatten, -rüsten (**with** mit): **to ~ s.o. with s.th.** j-m etwas liefern. **2.** e-e Wohnung etc ausstatten, einrichten, mö'blieren: **~ed rooms** möblierte Zimmer. **3.** liefern, ver-, beschaffen, bieten: **to ~ documents** Urkunden beibringen; **to ~ proof** den Beweis liefern od. erbringen. **'fur·nish·er** s **1.** Liefe'rant m. **2.** Am. Inhaber m e-s Herrenmodengeschäfts, Herrenausstatter m. **'fur·nish·ing** s **1.** Ausrüstung f, Ausstattung f. **2.** pl Einrichtung(sgegenstände pl) f, Mobili'ar n. **3.** pl Am.: **~ (Herren)kleidungs-ar₁tikel** pl. **4.** pl tech. a) Zubehör n, b) Beschlag m, Beschläge pl.

**fur·ni·ture** ['fɜːnɪtʃə(r); Am. 'fɜr-] s **1.** Möbel pl, Einrichtung f, Mobili'ar n: **piece of ~** Möbel(stück) n; **~ remover** Br. a) Spediteur m, b) (Möbel)Packer m; **~ van** Möbelwagen m. **2.** Ausrüstung f, -stattung f. **3.** obs. (Pferde)Geschirr n. **4.** obs. Inhalt m, Bestand m. **5.** fig. Wissen n, (geistiges) Rüstzeug n. **6.** → **furnishing** 4.

**fu·ror** ['fjʊərɔː(r)] bes. Am. für **furore**.

**fu·ro·re** [fjʊ'rɔːrɪ; Am. 'fjʊərˌɔːr; -ˌɔːr] s **1.** Ek'stase f, Begeisterungstaumel m. **2.** Wut f, Rase'rei f. **3.** Fu'rore f, n, Aufsehen n: **to create a ~** Furore machen. **4.** Aufruhr m.

**fur·phy** [ˈfɜːfɪ] s Austral. sl. **1.** Gerücht n. **2.** ‚Märchen‘ n.

**furred** [fɜːd; Am. fɜrd] adj **1.** mit Pelz (versehen), Pelz... **2.** mit Pelz besetzt. **3.** mit (e-m) Pelz bekleidet. **4.** med. belegt (Zunge).

**fur·ri·er** [ˈfʌrɪə; Am. ˈfɜrɪər] s **1.** Kürschner m. **2.** Pelzhändler m. **ˈfur·ri·er·y** s **1.** Pelzwerk n. **2.** Kürschneˈrei f.

**fur·row** [ˈfʌrəʊ; Am. ˈfɜrəʊ] **I** s **1.** (Acker)Furche f. **2.** Bodenfalte f. **3.** Graben m, Rinne f. **4.** tech. Rille f, Rinne f. **5.** biol. Falz m. **6.** geol. Dislokatiˈons¦linie f. **7.** Runzel f, Furche f (a. anat.). **8.** mar. Spur f, Bahn f. **II** v/t **9.** Land pflügen. **10.** das Wasser durchˈfurchen. **11.** tech. riefen, auskehlen. **12.** das Gesicht, die Stirn furchen, runzeln. **III** v/i **13.** sich furchen (Stirn etc). **ˈfur·rowed**, **ˈfur·row·y** adj runz(e)lig, gefurcht, durchˈfurcht.

**fur·ry** [ˈfɜːrɪ; Am. ˈfɜriː] adj **1.** aus Pelz, pelzartig, Pelz... **2.** med. belegt (Zunge).

**fur seal** s zo. (ein) Seebär m, (e-e) Bärenrobbe.

**fur·ther** [ˈfɜːðə; Am. ˈfɜrðər] **I** adv **1.** comp von **far**. **2.** fig. mehr, weiter. **3.** fig. ferner, weiterhin, überˈdies, außerdem: ~ **to our letter of yesterday** im Anschluß an unser gestriges Schreiben. **4.** → **farther 4. II** adj **5.** fig. weiter(er, e, es), zusätzlich(er, e, es): ~ **education** Br. Fort-, Weiterbildung f; ~ **particulars** Näheres, nähere Einzelheiten; **anything ~?** (sonst) noch etwas? **6.** → **farther 2. III** v/t **7.** fördern, unterˈstützen. **ˈfur·ther·ance** s Förderung f, Unterˈstützung f: **in ~ of s.th.** zur Förderung e-r Sache. **ˈfur·ther·er** s Förderer m. **ˌfur·therˈmore** adv → **further 3. ˈfur·ther·most** adj **1.** fig. äußerst(er, e, es). **2.** → **farthermost 1. ˈfur·thest** [-ðɪst] **I** adj **1.** sup von **far**. **2.** fig. weitest(er, e, es), meist(er, e, es): **at (the) ~** höchstens. **3.** → **farthest 2. II** adv **4.** fig. am weitesten, am meisten. **5.** → **farthest 4.**

**fur·tive** [ˈfɜːtɪv; Am. ˈfɜr-] adj (adv ~ly) **1.** heimlich, (Blick a.) verstohlen. **2.** heimlichtuerisch. **ˈfur·tive·ness** s **1.** Heimlichkeit f, Verstohlenheit f. **2.** Heimlichtueˈrei f.

**fu·run·cle** [ˈfjʊərʌŋkl] s med. Fuˈrunkel m, n. **fu·run·cu·lar** [fjʊˈrʌŋkjʊlə(r)] adj furunku⸗, Furunkel... **fu¦run·cuˈlo·sis** [-ˈləʊsɪs] s med. Furunkuˈlose f. **fuˈrun·cu·lous** → **furuncular**.

**fu·ry** [ˈfjʊərɪ] s **1.** Wut f, Zorn m: **for ~** vor lauter Wut; **to fly into a ~** wütend od. zornig werden; **he is in one of his furies** er hat wieder einmal e-n s-r Wutanfälle; → **bring down 7. 2.** aufbrausendes Temperaˈment. **3.** Wildheit f, Heftigkeit f (e-s Kampfes etc): **like ~** colloq. wild, wie verrückt. **4.** F~ antiq. Furie f, Rachegöttin f. **5.** Furie f (böses Weib).

**furze** [fɜːz; Am. fɜrz] s bot. (bes. Stech-) Ginster m. **ˈfurz·y** adj Stechginster...

**fu·sain** [fjuˈzeɪn] s **1.** Holzkohlenstift m. **2.** Kohlezeichnung f.

**fus·cous** [ˈfʌskəs] adj bräunlich-grau.

**fuse** [fjuːz] **I** s **1.** a) Zünder m: ~ **cap** a) Zündkappe f, b) Zündhütchen n. **2.** Zündschnur f: ~ **cord** Abreißschnur f. **3.** electr. (Schmelz)Sicherung f: ~ **box** Sicherungskasten m; ~ **cartridge** Sicherungspatrone f; ~ **element** Schmelzleiter m; ~ **link** Sicherungs-, Schmelzeinsatz m; ~ **strip** Schmelzstreifen m; ~ **wire** Sicherungs-, Abschmelzdraht m; **he has a short ~** Am. colloq. bei ihm brennt leicht die Sicherung durch; → **blow**[1] 29 b. **II** v/t **4.** e-n Zünder anbringen an (dat) od. einsetzen in (acc). **5.** tech. absichern. **6.** phys. tech. schmelzen. **7.** fig.

vereinigen, -schmelzen, econ. pol. a. fusioˈnieren. **III** v/i **8.** electr. bes. Br. ˈdurchbrennen. **9.** tech. schmelzen. **10.** fig. sich vereinigen, verschmelzen, econ. pol. a. fusioˈnieren.

**fu·see** [fjuːˈziː] s **1.** Windstreichholz n. **2.** mot. rail. Am. ˈWarnungs-, ˈLicht¦si¦gnal n. **3.** hist. Schnecke(nkegel m) f (der Uhr).

**fu·se·lage** [ˈfjuːzɪlɑːʒ; -lɪdʒ] s aer. (Flugzeug)Rumpf m.

**fu·sel (oil)** [ˈfjuːzl] s chem. Fuselöl n.

**fu·si·bil·i·ty** [ˌfjuːzɪˈbɪlətɪ] s phys. tech. Schmelzbarkeit f. **ˈfu·si·ble** adj phys. tech. schmelzbar, -flüssig, Schmelz...: ~ **metal** Schnell-Lot n; ~ **cone** Schmelz-, Segerkegel m; ~ **wire** Abschmelzdraht m.

**fu·sil**[1] [ˈfjuːzɪl] s her. Raute f.

**fu·sil**[2] [ˈfjuːzɪl] s mil. hist. Steinschloßflinte f, Musˈkete f.

**fu·sil**[3] [ˈfjuːzɪl], a. **ˈfu·sile** [-saɪl; -zaɪl; Am. a. -zəl] adj **1.** geschmolzen, gegossen. **2.** selten schmelzbar.

**fu·si·lier**, Am. a. **fu·si·leer** [ˌfjuːzɪˈlɪə(r)] s mil. hist. Füsiˈlier m. **fu·sil·lade** [ˌfjuːzɪˈleɪd; Am. ˈfjuːsəˌlɑːd; -ˌleɪd] **I** s **1.** mil. a) (Feuer)Salve f, b) Salvenfeuer n. **2.** mil. Exekutiˈonskomˌmando n. **3.** fig. Hagel m: **a ~ of questions** ein Schwall von Fragen. **II** v/t **4.** mil. a) e-e Salve abgeben auf (acc), b) unter Salvenfeuer nehmen. **5.** mil. füsiˈlieren, standrechtlich erschießen.

**fus·ing** [ˈfjuːzɪŋ] s phys. tech. Schmelzen n: ~ **burner** Schneidbrenner m; ~ **current** Abschmelzstromstärke f (e-r Sicherung); ~ **point** Schmelzpunkt m.

**fu·sion** [ˈfjuːʒn] s **1.** phys. tech. Schmelzen n: ~ **electrolysis** electr. Schmelzflußelektrolyse f; ~ **point** Schmelzpunkt m; ~ **welding** Schmelzschweißen n. **2.** tech. Schmelzmasse f, Fluß m. **3.** Fusiˈon f: a) biol. Verschmelzung von Zellen od. Chromosomen: ~ **nucleus** Verschmelzungskern m, b) opt. Vereinigung der Bilder des rechten u. des linken Auges zu e-m einzigen Bild, c) phys. Verschmelzung zweier leichter Atomkerne, wobei Energie frei wird: ~ **bomb** Wasserstoffbombe f; ~ **reactor** Fusionsreaktor m. **4.** fig. Verschmelzung f, Vereinigung f, econ. pol. a. Fusiˈon f.

**fuss** [fʌs] **I** s **1.** a) (unnötige) Aufregung: **to get into a ~** → 5, b) Hektik f. **2.** ‚Wirbel‘ m, ‚Wind‘ m, ‚Theˈater‘ n: **to make a ~** a) → 6, b) a. **to kick up a ~** about nothing viel Lärm um nichts; → **kerfuffle. 3.** Ärger m: **there's sure to be ~** es gibt mit Sicherheit Ärger. **4.** Streit m, ‚Krach‘ m. **II** v/i **5.** sich (unnötig) aufregen (abound über acc): **don't** ~ a) nur keine Aufregung!, b) nur keine Hektik! **6.** viel ‚Wirbel‘ machen (about, of, over um). **7.** ~ about (od. around), ¦her¦umfuhrwerken‘. **8.** ~ over a) j-n bemuttern, b) sich viel ˈUmstände machen mit e-m Gast. **III** v/t **9.** j-n nerˈvös machen, aufregen: **'¦budg·et** Am. colloq. für fusspot.

**fuss·i·ness** [ˈfʌsɪnɪs] s **1.** a) (unnötige) Aufregung, b) Hektik f, hektische Betriebsamkeit f. **2.** Kleinlichkeit f, Pedanteˈrie f. **3.** heikle od. wählerische Art. **4.** Überˈladenheit f.

**ˈfuss·pot** s colloq. Kleinlichkeitskrämer m, Peˈdant m.

**ˈfuss·y** adj (adv fussily) **1.** a) (unnötig) aufgeregt, b) hektisch. **2.** kleinlich, peˈdantisch. **3.** heikel, wählerisch (about in dat). **4.** überˈladen (Kleidung, Möbel etc).

**fus·ta·nel·la** [ˌfʌstəˈnelə] s Fustaˈnella f (kurzer Männerrock der griechischen Nationaltracht).

**fus·tian** [ˈfʌstɪən; Am. -tʃən] **I** s **1.** Bar-

chent m, ˈBaumwollflaˌnell m. **2.** fig. Schwulst m. **II** adj **3.** Barchent... **4.** fig. bomˈbastisch, schwülstig. **5.** fig. nichtsnutzig.

**fus·ti·gate** [ˈfʌstɪgeɪt] v/t obs. (ver)prügeln. **ˌfus·tiˈga·tion** s obs. Tracht f Prügel.

**fust·i·ness** [ˈfʌstɪnɪs] s **1.** Moder(geruch) m. **2.** fig. Rückständigkeit f. **ˈfust·y** adj **1.** mod(e)rig, muffig, dumpfig. **2.** fig. a) verstaubt, veraltet, b) rückständig.

**fu·thark** [ˈfuːθɑː(r)k], a. **ˈfu·thorc**, **ˈfu·thork** [-θɔ:(r)k] s Futhark n, ˈRunenalphaˌbet n.

**fu·tile** [ˈfjuːtaɪl; Am. bes. -tl] adj (adv ~ly) **1.** nutz-, zweck-, aussichts-, wirkungslos, vergeblich. **2.** unbedeutend, geringfügig. **3.** oberflächlich (Person). **fuˌtil·iˈtar·i·an** [-ˌtɪlɪˈteərɪən] adj u. s menschliches Hoffen u. Streben als nichtig betrachtend(er Mensch). **fuˈtil·i·ty** [-ˈtɪlətɪ] s **1.** a) Zweck-, Nutz-, Sinnlosigkeit f, b) zwecklose Handlung. **2.** Geringfügigkeit f. **3.** Oberflächlichkeit f.

**fut·tock** [ˈfʌtək] s mar. Auflanger m, Sitzer m (der Spanten). ~ **plate** s mar. Marsplütting f.

**fu·ture** [ˈfjuːtʃə(r)] **I** s **1.** Zukunft f: **in ~** in Zukunft, künftig; **for the ~** für die Zukunft, künftig; **to have a great ~ (before one)** e-e große Zukunft haben; **there is no ~ in it** es hat keine Zukunft. **2.** ling. Fuˈtur n, Zukunft f. **3.** pl econ. a) Terˈmingeschäfte pl, b) Terˈminwaren pl: ~s **contract** Terminvertrag m. **II** adj **4.** (zu)künftig, Zukunfts... **5.** ling. fuˈturisch: ~ **tense** → 2. **6.** econ. Termin...: ~ **delivery. ˈfu·ture·less** adj ohne Zukunft, zukunftslos.

**ˈfu·ture¦life** s Leben n nach dem Tode. ~ **per·fect** s ling. Fuˈturum n exˈactum, zweites Fuˈtur. ~ **shock** s Zukunftsschock m.

**fu·tur·ism** [ˈfjuːtʃərɪzəm] s Futuˈrismus m (literarische, künstlerische u. politische Bewegung des beginnenden 20. Jahrhunderts, die den völligen Bruch mit der Überlieferung u. ihren Traditionsmerten fordert). **ˈfu·tur·ist I** adj **1.** futuˈristisch. **II** s **2.** Futuˈrist m. **3.** relig. j-d, der an die Erfüllung der Prophezeiungen Christi in der Zukunft glaubt. **ˌfu·turˈis·tic** adj (adv ~ally) **1.** futuˈristisch. **2.** ˈsupermoˌdern.

**fu·tu·ri·ty** [fjuːˈtjʊərɪtɪ; Am. fjʊˈtʊr-; -ˈtʃʊr-] s **1.** Zukunft f. **2.** zukünftiges Ereignis. **3.** Zukünftigkeit f. **4.** → **futurity race.** ~ **race** s Pferdesport: Am. Rennen, meist für Zweijährige, das lange nach den Nennungen stattfindet.

**fu·tur·o·log·i·cal** [ˌfjuːtʃərəˈlɒdʒɪkl; Am. -ˈlɑ-] adj (adv ~ly) futuroˈlogisch. **ˌfu·turˈol·o·gist** [-rəˈlɒdʒɪst; Am. -ˈrɑ-] s Futuroˈloge m, Zukunftsforscher m. **ˌfu·turˈol·o·gy** s Futuroloˈgie f, Zukunftsforschung f.

**fuze** bes. Am. für **fuse.**

**fuzz**[1] [fʌz] **I** s **1.** feiner Flaum. **2.** Fusseln pl, Fäserchen pl. **3.** ˈÜberzug m od. Masse f aus feinem Flaum. **II** v/t **4.** (zer)fasern. **5.** a. ~ **up** a) verworren machen, b) (bes. durch Alkohol) benebeln. **III** v/i **6.** zerfasern.

**fuzz**[2] [fʌz] s sl. ‚Bulle‘ m (Polizist): **the ~** collect. die Bullen pl (die Polizei).

**fuzz·i·ness** [ˈfʌzɪnɪs] s **1.** flaumige od. flockige Beschaffenheit. **2.** Struppigkeit f. **3.** Unschärfe f, Verschwommenheit f.

**ˈfuzz·y** adj (adv fuzzily) **1.** flockig, flaumig. **2.** faserig, fusselig. **3.** a) kraus, wuschelig, b) struppig (Haar). **4.** unscharf, verschwommen. **5.** benommen. **ˈ~¦wuzz·y** [-ˌwʌzɪ] s **1.** mil. hist. colloq. sudaˈnesischer Solˈdat. **2.** sl. ‚Wuschelkopf‘ m.

**fyl·fot** [ˈfɪlfɒt; Am. -ˌfɑt] s Hakenkreuz n.

# G

**G, g** [dʒiː] **I** *pl* **G's, Gs, g's, gs** [dʒiːz] *s*
**1.** G, g *n* (*Buchstabe*). **2.** *mus.* G, g *n*
(*Note*): G flat Ges, ges *n*; G sharp Gis,
gis *n*; G **double flat** Geses, geses *n*; G
**double sharp** Gisis, gisis *n*. **3.** G *ped.*
Gut *n*. **4.** G *Am. sl.* 1000 Dollar *pl.* **II** *adj*
**5.** siebent(er, e, es), siebt(er, e, es): **Com-
pany G**. **6.** G G-..., G-förmig.
**gab** [gæb] *colloq.* **I** *s* ‚Gequassel‘ *n*, ‚Ge-
quatsche‘ *n*: **stop your ~!** halt den
Mund!; **to have the gift of the ~** (*Am.* of
~) ‚ein flottes Mundwerk‘ haben, (gut)
reden können. **II** *v/i* ‚quasseln‘, ‚quat-
schen‘.
**gab·ar·dine** → gaberdine.
**gab·ble** [ˈgæbl] **I** *v/i* **1.** *a.* **~ away** ‚brab-
beln‘. **2.** schnattern (*Gänse*). **II** *v/t* **3.** *ein
Gebet etc* ‚her‘unterleiern, -rasseln‘. **4.**
etwas ‚brabbeln‘. **III** *s* **5.** ‚Gebrabbel‘ *n*.
**6.** Geschnatter *n*. **'gab·bler** *s* ‚Brab-
bler(in)‘.
**gab·bro** [ˈgæbrəʊ] *s geol.* Gabbro *m* (*ein
Tiefengestein*).
**gab·by** [ˈgæbɪ] *adj colloq.* geschwätzig.
**ga·belle** [gæˈbel; gə-] *s hist.* Salzsteuer *f*.
**gab·er·dine** [ˈgæbə(r)diːn; ˌ-ˈdiːn] *s* **1.**
*hist.* Kaftan *m* (*der Juden*). **2.** a) Gabar-
dine *m* (*fein gerippter Stoff* aus [Baum-]
Wolle *od.* Chemiefaser), b) *Kleidungsstück
aus Gabardine, z. B.* Gabardinemantel *m*.
**gab·fest** [ˈgæbfest] *s bes. Am. colloq.*
‚Quasse‘lei‘ *f*, ‚Quatschen‘ *n*, Schwatz *m*.
**ga·bi·on** [ˈgeɪbjən; -ɪən] *s mil. hist.*
Schanzkorb *m*.
**ga·ble** [ˈgeɪbl] *s arch.* **1.** Giebel *m*: **~
roof** Giebeldach *n*; **~ window** Giebel-
fenster *n*. **2.** *a.* **~ end** Giebelwand *f*. **3.**
→ gablet. **'ga·bled** [-bld] *adj* giebelig,
Giebel...: **~ house.** **'ga·blet** [-blɪt] *s*
giebelförmiger Aufsatz (*über Fenstern
etc*), (Zier)Giebel *m*.
**ga·by** [ˈgeɪbɪ] *s Br. colloq.* ‚Einfalts-
pinsel‘ *m*.
**gad¹** [gæd] **I** *v/i* **~ about** (*od.* **around**) a)
(viel) unter‘wegs sein (in *dat*), b) (viel)
her‘umkommen (in *dat*), c) sich her‘um-
treiben (in *dat*): he was **~ding about**
**England for years**; **to ~ about at po-
litical meetings** sich auf politischen
Versammlungen herumtreiben. **II** *s*: **to
be (up)on the ~ (in)** → I.
**gad²** [gæd] **I** *s* **1.** a) Stachelstock *m* (*des
Viehtreibers*), b) *meist pl Am.* Sporn *m*. **2.**
*Bergbau*: Fimmel *m*, Bergeisen *n*. **II** *v/t*
**3.** *Bergbau*: mit dem Fimmel her‘aus-
brechen *od.* lockern.
**gad³** [gæd] *interj*: **(by) ~!** *obs.* bei Gott!
**'gad·a·bout** *s* j-d, der viel herumkommt
*etc*; → gad¹.
**'gad·fly** *s* **1.** *zo.* Viehbremse *f*. **2.** *fig.*
lästiger Mensch.
**gad·get** [ˈgædʒɪt] *colloq.* **I** *s tech.* a) Ap-
pa‘rat *m*, Gerät *n*, Vorrichtung *f*, b) *oft
contp.* technische Spiele‘rei. **II** *v/t Am.*
mit Appa‘raten *etc* ausstatten.

**gad·ge·teer** [ˌgædʒɪˈtɪə(r)] *s colloq.* Lieb-
haber *m* von technischen Spiele‘reien.
**'gad·get·ry** [-trɪ] *s colloq.* **1.** *tech.
collect.* a) Appa‘rate *pl*, Geräte *pl*, Vor-
richtungen *pl*, b) *oft contp.* technische
Spiele‘reien *pl.* **2.** Beschäftigung *f* mit
technischen Spiele‘reien. **'gad·get·y**
*adj colloq.* **1.** raffi‘niert, zweckvoll (kon-
stru‘iert). **2.** Apparate..., Geräte... **3.** ver-
sessen auf technische Spiele‘reien.
**Ga·dhel·ic** [gæˈdelɪk; gə-] → Gaelic.
**gad·o·lin·ite** [ˈgædəlɪnaɪt] *s min.* Ga-
doli‘nit *m*.
**gad·o·lin·i·um** [ˌgædəˈlɪnɪəm] *s chem.*
Gado‘linium *n*.
**gad·wall** [ˈgædwɔːl] *pl* **-walls,** *bes.
collect.* **-wall** *s orn.* Schnatterente *f*.
**Gael** [geɪl] *s* Gäle *m*, Gälin *f*. **Gael·ic**
[ˈgeɪlɪk; ˈgælɪk] **I** *s ling.* Gälisch *n*, das
Gälische. **II** *adj* gälisch: **~ coffee** Irish
coffee *m*; **~ football** *sport* Gaelic Foot-
ball *m* (*in Irland gepflegte, rauhere Art
des Football*). **'Gael·i·cist** *s ling.* Gäli-
‘zist *m*.
**gaff¹** [gæf] **I** *s* **1.** Fisch-, Landungshaken
*m*. **2.** *mar.* Gaffel *f*. **3.** Stahlsporn *m*. **4.**
*bes. Am. sl.* ‚Schlauch‘ *m*, Anstrengung *f*:
**to stand the ~** durchhalten, die Sache
durchstehen. **5.** *Am. sl.* a) Schwindel *m*, b)
betrügerische Vorrichtung (*an Spielti-
schen etc*). **II** *v/t* **6.** mit (e-m) Fischhaken
an Land *od.* ins Boot ziehen. **7.** *Am. sl.*
‚übers Ohr hauen‘.
**gaff²** [gæf] *s a.* **penny ~** *Br. sl. obs.*
‚Schmiere‘ *f*, billiges The‘ater *od.* Va-
rie‘té.
**gaff³** [gæf] *s sl.* **1.** ‚Quatsch‘ *m*, ‚Ge-
schwätz‘ *n*. **2. to blow the ~** alles ver-
raten, ‚plaudern‘; **to blow the ~ on s.th.**
etwas ausplaudern.
**gaffe** [gæf] *s* Faux‘pas *m*, *bes.* taktlose
Bemerkung.
**gaf·fer** [ˈgæfə(r)] *s* **1.** *humor. od. contp.*
‚Opa‘ *m* (*bes. vom Land*). **2.** *Br. colloq.*
a) Chef *m*, b) Vorarbeiter *m*. **3.** *Film, TV*:
Ober‘beleuchter *m*.
**'gaff·sail** *s mar.* Gaffelsegel *n*. **'~top-
sail** *s mar.* Gaffeltoppsegel *n*.
**gag** [gæg] **I** *v/t* **1.** knebeln (*a. fig.*). **2.** *fig.*
mundtot machen. **3.** *med.* j-m den Mund
mit e-m Sperrer offenhalten. **4.** zum
Würgen reizen. **5.** verstopfen: **the sight
~ged his throat** der Anblick schnürte
ihm die Kehle zu *od.* zusammen. **6.** *oft* **~
up** *thea. etc colloq.* ‚vergagen‘, mit Gags
spicken. **II** *v/i* **7.** würgen (**on** *an dat*). **8.**
*thea. etc colloq.* Gags anbringen. **9.**
*colloq.* witzeln. **III** *s* **10.** Knebel *m* (*a.
fig.*). **11.** *fig.* Knebelung *f*. **12.** *parl.* Schluß
*m* der De‘batte. **13.** *med.* Mundsperrer *m*.
**14.** *thea. etc colloq.* Gag *m*: a) witziger,
ef‘fektvoller Einfall, b) komische Bild-
*od.* Wortpointe. **15.** *colloq.* a) Jux *m*, Ulk
*m*: **for a ~** aus Jux, b) Gag *m*, Trick *m*, c)
faule Ausrede.

**ga·ga** [ˈgɑːgɑː] *adj sl.* **1.** a) verkalkt, ver-
trottelt, b) ‚plem‘plem‘. **2. to go ~ about**
(*od.* **over**) in Verzückung geraten über
(*acc*).
**gag bit** *s* Zaumgebiß *n* (*für Pferde*).
**gage¹** [geɪdʒ] **I** *s* **1.** *hist.* Fehdehandschuh
*m*: **to throw down the ~ to s.o.** j-m den
Fehdehandschuh hinwerfen. **2.** Pfand *n*.
**II** *v/t* **3.** *obs.* zum Pfand geben.
**gage²** [geɪdʒ] *Am.* → gauge.
**gage³** [geɪdʒ] → greengage.
**gage⁴** [geɪdʒ] *s bes. Am. sl.* a) Marihu‘ana
*n*, b) ‚Joint‘ *m* (*Marihuanazigarette*).
**gag·er** *Am.* → gauger.
**gag·ger** [ˈgægə(r)] → gagman.
**gag·gle** [ˈgægl] **I** *v/i* **1.** schnattern (*Gans*)
(*a. fig.*). **II** *s* **2.** Geschnatter *n* (*a. fig.*). **3.**
a) Gänseherde *f*, b) *colloq.* schnatternde
Schar: **a ~ of girls.**
**'gag·man** [-mən] *s irr thea. etc colloq.*
Gagman *m*, Gagger *m* (*j-d, der Gags
erfindet*). **~ or·der** *s Am. gerichtliche
Verfügung, durch die es den Medien ver-
boten wird, über ein schwebendes Ver-
fahren zu berichten.* **~ rein** *s* Zügel zum
strafferen Anziehen des Zaumgebisses.
**gahn·ite** [ˈgɑːnaɪt] *s min.* Gah‘nit *m*.
**gai·e·ty** [ˈgeɪətɪ] *s* **1.** Frohsinn *m*, Fröh-
lich-, Lustigkeit *f*. **2.** *oft pl* Vergnügung *f*.
**3.** Farbenpracht *f*.
**gain** [geɪn] **I** *v/t* **1.** *s-n* Lebensunterhalt *etc*
verdienen. **2.** gewinnen: **to ~ time**; →
**ground¹ 1, upper hand. 3.** erreichen:
**to ~ the shore. 4.** *fig.* erreichen, er-
langen, Erhaltung, erringen: **to ~ experi-
ence** Erfahrung(en) sammeln; **to ~
wealth** Reichtümer erwerben; **to ~ ad-
mission** Einlaß finden; → **advantage** 1.
**5.** *j-m* etwas einbringen, -tragen: **it ~ed
him a promotion** (**a warning**). **6.** zu-
nehmen an (*dat*): **to ~ speed** (**strength**)
schneller (stärker) werden; **he ~ed** 10
**pounds** er nahm 10 Pfund zu; → **weight**
3. **7.** *meist* **~ over** *j-n* für sich gewinnen. **8.**
vorgehen um (*Uhr*): **my watch ~s two
minutes a day** m-e Uhr geht am Tag
zwei Minuten vor. **II** *v/i* **9.** (**on, upon**) a)
näherkommen (*dat*), (an) Boden gewin-
nen, aufholen (gegen‘über), b) s-n Vor-
sprung vergrößern (*vor dat*, gegen‘über).
**10.** Einfluß *od.* Boden gewinnen. **11.**
besser *od.* kräftiger werden: **he ~ed
daily** er kam täglich mehr zu Kräften.
**12.** *econ.* Pro‘fit *od.* Gewinn machen. **13.**
(an Wert) gewinnen, besser zur Geltung
kommen, im Ansehen steigen. **14.** zu-
nehmen (**in** *an dat*): **to ~ (in weight)** (an
Gewicht) zunehmen; **the days were
~ing in warmth** die Tage wurden wär-
mer. **15.** (**on, upon**) ‚übergreifen (auf
*acc*), sich ausbreiten (über *acc*). **16.** vor-
gehen (*Uhr*): **my watch ~s by two min-
utes a day** m-e Uhr geht am Tag zwei
Minuten vor. **III** *s* **17.** Gewinn *m*, Vor-
teil *m*, Nutzen *m* (**to** für). **18.** Zunahme *f*,

Steigerung f: ~ **in knowledge** Wissensbereicherung f; ~ **in weight** Gewichtszunahme f. **19.** econ. a) Pro'fit m, Gewinn m: **for** ~ jur. in gewinnsüchtiger Absicht, b) pl Am. Verdienst m (aus Geschäften). **20.** electr. phys. Verstärkung f: ~ **control** Lautstärkeregelung f.

**'gain·er** s **1.** Gewinner m: **to be the** ~**(s) by** s.th. durch etwas gewinnen. **2.** Wasserspringen: Auerbach(sprung) m: **full** ~ Auerbachsalto m; **half** ~ Auerbachkopfsprung m.

**'gain·ful** adj (adv ~**ly**) einträglich, ren-'tabel, gewinnbringend: ~ **employment** (od. **occupation**) Erwerbstätigkeit f; ~**ly employed** (od. **occupied**) erwerbstätig. **'gain·ful·ness** s Einträglichkeit f, Rentabili'tät f.

**'gain₁giv·ing** s obs. schlimme Ahnung.

**'gain·ings** s pl Einkünfte pl, Gewinn(e pl) m, Pro'fit m. **'gain·less** adj **1.** nicht einträglich od. gewinnbringend, 'unren-₁tabel: **to be** ~ sich nicht rentieren. **2.** nutz-, zwecklos.

**gain·ly** ['geɪnlɪ] adj obs. od. dial. **1.** passend, geeignet. **2.** nett (Person, Wesen).

**gain·say** [₁geɪn'seɪ] v/t irr obs. od. poet. **1.** etwas bestreiten, leugnen: **there is no** ~**ing his ability** s-e Fähigkeit ist unbestreitbar. **2.** j-m wider'stehen.

**gainst, 'gainst** [genst; geɪnst] poet. für **against.**

**gait** [geɪt] **I** s **1.** Gang(art f) m. **2.** Gangart f (des Pferdes). **3.** Am. Tempo n. **II** v/t **4.** ein Pferd an e-e Gangart beibringen.

**gai·ter** ['geɪtə(r)] s **1.** Ga'masche f. **2.** Am. Stoff- od. Lederschuh m mit Gummizügen, Zugstiefel m.

**gal¹** [gæl] s colloq. Mädchen n.

**gal²** [gæl] s phys. Gal n (Einheit der Beschleunigung).

**ga·la** ['gɑ:lə, 'geɪlə; Am. a. 'gælə] **I** adj **1.** festlich, feierlich, Gala...: ~ **concert** Galakonzert n; ~ **occasion** festlicher Anlaß; ~ **night** Galaabend m. **II** s **2.** Festlichkeit f. **3.** Galaveranstaltung f. **4.** sport Br. (in Zssgn) Fest n: **swimming** ~.

**ga·lac·ta·gogue** [gə'læktəgɒg; Am. -₁gɑg] **I** adj med. milchtreibend. **II** s med. pharm. Galakta'gogum n, milchtreibendes Mittel (für Wöchnerinnen). **ga'lac·tic** adj **1.** astr. Milchstraßen..., ga'laktisch: ~ **coordinate** (**equator, latitude, longitude**); ~ **noise** galaktisches Rauschen. **2.** physiol. Milch..., 'milchprodu-₁zierend. **3.** Am. fig. riesig.

**ga·lac·to·cele** [gə'læktəʊsi:l] s med. Galakto'zele f, Milchzyste f (der Brustdrüse).

**gal·ac·tom·e·ter** [₁gælæk'tɒmɪtə; Am. -'tɑmətər] s Galakto'meter n (Meßgerät zur Bestimmung des Milchfettgehaltes).

**ga·lac·to·phore** [-'təfɔ:(r)] s anat. Milchgang m. **ga'lac·tose** [-təʊz; -təʊs] s chem. Galak'tose f (Bestandteil des Milchzuckers).

**Gal·a·had** ['gæləhæd] **I** Sir ~ npr Galahad m (Ritter der Tafelrunde). **II** s reiner, edler Mensch.

**ga·lan·gal** [gə'læŋgl] → **galingale.**

**gal·an·tine** ['gæləntiːn] s gastr. Galan-'tine f (kaltes Gericht aus mit Aspik überzogenem, gefülltem Fleisch).

**ga·lan·ty show** [gə'læntɪ] s Schattenspiel n.

**gal·a·te·a** [₁gælə'tɪə] s ein Baumwollstoff.

**Ga·la·tians** [gə'leɪʃjənz; Am. -ʃənz] s pl Bibl. (Brief m des Paulus an die) Galater pl.

**gal·a·vant** [₁gælə'vænt; bes. Am. 'gælə-vænt] → **gallivant.**

**gal·ax·y** ['gæləksɪ] s **1.** astr. Milchstraße f, Gala'xie f: **the G**~ die Milchstraße, die Galaxis. **2.** fig. Schar f: **a** ~ **of beautiful women** (foreign diplomats).

**gal·ba·num** ['gælbənəm] s med. pharm.

---

Galban(um) n (Heilmittel aus dem Milchsaft persischer Doldenblütler).

**gale¹** [geɪl] s **1.** meteor. Sturm(wind) m: → **fresh** (**strong, whole**) **gale. 2.** obs. od. poet. sanfter Wind. **3.** oft pl colloq. Sturm m, Ausbruch m: **a** ~ **of laughter** e-e Lachsalve, stürmisches Gelächter.

**gale²** [geɪl] s bot. Heidemyrte f.

**ga·le·a** ['geɪlɪə] pl **-le·ae** [-lɪi:] s **1.** bot. zo. Helm m. **2.** anat. Kopfschwarte f. **3.** med. Kopfverband m. **'ga·le·ate** [-ət; -eɪt], a. **'ga·le·at·ed** [-eɪtɪd] adj bot. zo. gehelmt.

**Ga·len** ['geɪlɪn] s humor. „Äsku'lapjünger' m (Arzt).

**ga·le·na** [gə'li:nə] s min. Gale'nit m, Bleiglanz m.

**ga·len·ic** [gə'lenɪk; geɪ-] adj **1. G**~ ga'lenisch: **G**~ **pharmacy** galenische Pharmazie. **2.** med. pharm. ga'lenisch. **ga·'len·i·cal** [-kl] **I** adj galenic. **II** s med. pharm. Ga'lenikum n (vom Apotheker nach den Vorschriften des Arzneibuches od. des Arztes zubereitetes Arzneimittel).

**ga·le·nite** [gə'li:naɪt] → **galena.**

**Ga·li·ci·an** [gə'lɪʃjən; Am. bes. -ʃən] **I** adj ga'lizisch. **II** s Ga'lizier(in).

**Gal·i·le·an¹** [₁gælɪ'li:ən] **I** adj **1.** gali-'läisch: ~ **Lake** See m Genezareth. **II** s **2.** Gali'läer(in). **3.** the ~ der Gali'läer (Christus). **4.** Christ(in).

**Gal·i·le·an²** [₁gælɪ'leɪən; -'li:ən] adj gali'leisch: ~ **telescope.**

**gal·i·lee** ['gælɪli:] s Vorhalle f (mancher Kirchen).

**gal·i·ma·ti·as** [₁gælɪ'meɪʃɪəs; -'mætɪəs] s Galima'thias m, n; verworrenes, sinnloses Gerede.

**gal·in·gale** ['gælɪŋgeɪl] s bot. a) a. **English** ~ Langes Zyperngras, b) Gal'gant m.

**gal·i·pot** ['gælɪpɒt; Am. -₁pɑt; -₁pəʊ] s Gal(l)i'pot m, Scharrharz n.

**gal·i·vant** → **gallivant.**

**gall¹** [gɔ:l] s **1.** obs. Galle f: a) anat. Gallenblase f, b) physiol. Gallenflüssigkeit f. **2.** fig. Galle f: a) Bitterkeit f, Erbitterung f, b) Bosheit f: **to dip one's pen in** ~ Galle verspritzen, s-e Feder in Galle tauchen; → **wormwood** 2. **3.** colloq. Frechheit f.

**gall²** [gɔ:l] **I** s **1.** wund geriebene od. gescheuerte Stelle. **2.** fig. a) Ärger m, b) Ärgernis n. **II** v/t **3.** wund reiben od. scheuern. **4.** fig. (ver)ärgern, reizen. **III** v/i **5.** reiben, scheuern. **6.** sich wund reiben od. scheuern. **7.** fig. sich ärgern.

**gall³** [gɔ:l] s bot. Galle f (Pflanzenkrankheit). → Galle f.

**gal·lant I** adj ['gælənt] (adv ~**ly**) **1.** tapfer, mutig, heldenhaft. **2.** prächtig, stattlich. **3.** [a. gə'lænt] ga'lant: a) höflich, zu'vorkommend, ritterlich (to zu, gegen'über), b) amou'rös, Liebes... **II** s ['gælənt; Am. bes. gə'lænt] **4.** Kava'lier m. **5.** Verehrer m. **6.** Geliebte(r) m. **III** v/t [gə'lænt] **7.** e-e Dame (ga'lant) behandeln, b) eskor'tieren. **IV** v/i **8.** den Kava'lier spielen.

**gal·lant·ry** ['gæləntrɪ] s **1.** Tapferkeit f. **2.** Galante'rie f, Ritterlichkeit f. **3.** heldenhafte Tat. **4.** Liebe'lei f.

**gall|ap·ple** s bot. Gallapfel m. ~**blad·der** s anat. Gallenblase f. ~**duct** s anat. Gallengang m.

**gal·le·ass** ['gælɪæs] s mar. hist. Ga'leere f.

**'gal·le·on** [-lən] s mar. hist. Ga'leone f.

**gal·ler·y** ['gælərɪ] s **1.** arch. Gale'rie f. **2.** arch. Gale'rie f, Em'pore f (in Kirchen). **3.** a) thea. dritter Rang, Gale'rie f (a. die Zuschauer auf der Galerie od. der am wenigsten gebildete Teil des Publikums): **to play to the** ~ für die Galerie spielen (a. weitS.), b) sport etc Publikum n. **4.** ('Kunst-, Ge'mälde)Gale₁rie f. **5.** mar. Gale'rie f, Laufgang m. **6.** tech. Laufsteg m. **7.** mil. a) Minengang m, Stollen m, b)

---

gedeckter Gang. **8.** → **shooting gallery. 9.** Bergbau: Stollen m, Strecke f. **10.** zo. 'unterirdischer Gang. **11.** Am. 'Fotoate-li₁er n. **12.** fig. Gale'rie f, Reihe f, Schar f (von Personen). ~ **car** s rail. Am. Doppeldeckerwagen m (im Vorortverkehr). ~ **own·er** s Gale'rist(in).

**gal·ler·y·ite** ['gælərɪaɪt] s thea. Gale'riebesucher(in).

**gal·ley** ['gælɪ] s **1.** mar. a) hist. Ga'leere f, b) Langboot n. **2.** mar. Kom'büse f, Küche f. **3.** print. (Setz)Schiff n. **4.** print. Fahne(nabzug m) f. ~**proof** → **galley** 4. ~ **slave** s **1.** hist. Ga'leerensklave m. **2.** colloq. Kuli m, Last-, Packesel m. **|~** -**'west** adv: **to knock** ~ bes. Am. colloq. a) j-n völlig durcheinanderbringen, b) etwas zum Erliegen bringen, c) j-n k. o. schlagen. **'|~worm** → **millepede.**

**'gall·fly** s zo. Gallwespe f.

**gal·li·ass** → **galleass.**

**Gal·lic¹** ['gælɪk] adj **1.** gallisch. **2.** fran-'zösisch, gallisch.

**gal·lic²** ['gælɪk] adj chem. galliumhaltig, Gallium...

**gal·lic³** ['gælɪk] adj chem. Gallus...: ~ **acid.**

**Gal·li·cism** ['gælɪsɪzəm] s ling. Galli-'zismus m, fran'zösische Spracheigenheit. **'Gal·li·cize I** v/t franzö'sieren. **II** v/i franzö'siert werden.

**gal·li·gas·kins** [₁gælɪ'gæskɪnz] s pl, a. **pair of** ~ **1.** hist. Pluderhose f. **2.** weite Hose.

**gal·li·mau·fry** [₁gælɪ'mɔ:frɪ] s bes. Am. Mischmasch m, Durchein'ander n.

**gal·li·na·ceous** [₁gælɪ'neɪʃəs] adj hühnerartig.

**gall·ing** ['gɔ:lɪŋ] adj (adv ~**ly**) ärgerlich: **it was** ~ **to him** es (ver)ärgerte ihn, es war ihm ein Ärgernis.

**gal·li·nule** ['gælɪnju:l; -₁nju:l] s orn. Am. Teichhuhn n.

**Gal·li·o** ['gælɪəʊ] pl **-os** s gleichgültiger od. verantwortungsloser Mensch od. Beamter.

**gal·li·pot¹** → **galipot.**

**gal·li·pot²** ['gælɪpɒt; Am. -₁pɑt] s Apo-'thekergefäß n, Salbentopf m.

**gal·li·vant** [₁gælɪ'vænt; bes. Am. 'gælɪv-] v/i **1.** sich amü'sieren (with mit). **2.** ~ **about** (od. **around**) sich her'umtreiben (in dat): **he was** ~**ing about England for years.**

**gall|midge** s zo. Gallmücke f. **'|~nut** s bot. Gallapfel m.

**Gallo-** [gæləʊ] Wortelement mit der Bedeutung Gallo..., französisch.

**gall|oak** s bot. Galleiche f. ~ **of the earth** s bot. Am. Hasenlattich m.

**₁Gal·lo'ma·ni·a** s Galloma'nie f (übertriebene Nachahmung alles Französischen).

**gal·lon** ['gælən] s Gal'lone f (Hohlmaß; 3,79 l in USA, 4,55 l in GB).

**gal·loon** [gə'lu:n] s Ga'lon m, Borte f, Tresse f, Litze f.

**gal·lop** ['gæləp] **I** v/i **1.** galop'pieren, (im) Ga'lopp reiten. **2.** a) galop'pieren (Pferd), b) colloq. ,sausen' (Mensch, Tier). **3.** ~ **through** colloq. etwas ,im Ga'lopp' erledigen: **to** ~ **through one's work**; **to** ~ **through a book** ein Buch rasch durchfliegen; **to** ~ **through a meal** e-e Mahlzeit hinunterschlingen; **to** ~ **through a lecture** e-n Vortrag ,herunterrasseln'. **II** v/t **4.** ein Pferd in Ga-'lopp setzen, galop'pieren lassen. **III** s **5.** Ga'lopp m: **at a** ~ im Galopp (a. fig. colloq.); → **full gallop. 'gal·lo'pade** [-'peɪd] → **galop.**

**Gal·lo·phile** ['gæləʊfaɪl; -fɪl], a. **'Gal·lo·phil** [-fɪl] **I** s Gallo'phile m, Fran'zosenfreund m. **II** adj gallo'phil, fran'zosenfreundlich. **'Gal·lo·phobe**

[-fəʊb] **I** s Fran'zosenhasser m, -feind m. **II** adj fran'zosenfeindlich.

**'gal·lop·ing** adj fig. galop'pierend: ~ inflation; ~ consumption med. galoppierende Schwindsucht.

**Gal·lo-Ro'mance** s ling. hist. Galloro'manisch n.

**gal·lous** ['gæləs] adj chem. Gallium...

**gal·lows** ['gæləʊz] pl **-lows·es, -lows** s **1.** Galgen m: to end up on the ~ am Galgen enden; **to sentence** s.o. **to the ~** j-n zum Tod durch den Strang verurteilen. **2.** galgenähnliches Gestell, Galgen m. **~ bird** s colloq. Galgenvogel m. **hu·mo(u)r** s 'Galgenhu,mor m. **~ tree** → gallows 1.

**gal·low tree** → gallows 1.

**gall| sick·ness** s vet. Gallsucht f. **'~stone** s med. Gallenstein m.

**Gal·lup poll** ['gæləp] s ('Gallup-)Meinungs,umfrage f.

**gall wasp** s zo. Gallwespe f.

**Gal·ois the·o·ry** ['gælwɑ:] s math. Ga'lois-Theo,rie f.

**ga·loot** [gə'lu:t] s bes. Am. sl. ,Bauer' m.

**gal·op** ['gæləp] mus. **I** s Ga'lopp m (Tanz). **II** v/i e-n Ga'lopp tanzen.

**gal·o·pade** [,gælə'peɪd] → galop.

**ga·lore** [gə'lɔ:(r); Am. a. gə'ləʊr] adv colloq. ,in rauhen Mengen': **money ~** Geld wie Heu; **whisky ~** jede Menge Whisky.

**ga·losh** [gə'lɒʃ; Am. gə'lɑʃ] s meist pl Ga'losche f, 'Überschuh m.

**ga·lumph** [gə'lʌmf] v/i colloq. stapfen, stampfen.

**gal·van·ic** [gæl'vænɪk] adj (adv ~ally) **1.** electr. gal'vanisch: ~ cell galvanisches Element; ~ current galvanischer Strom; ~ electricity Berührungselektrizität f. **2.** colloq. a) zuckend, ruckartig: ~ movements, b) fig. elektri'sierend: ~ effect.

**gal·va·nism** ['gælvənɪzəm] s **1.** electr. Galva'nismus m, Be'rührungselektrizi,tät f. **2.** med. Galvanisati'on f, Galvanothera'pie f. **'gal·va·ni'za·tion** s **1.** tech. Galvani'sierung f, (Feuer)Verzinkung f. **2.** → galvanism 2. **'gal·va·nize** v/t **1.** tech. galvani'sieren, (feuer)verzinken: ~d iron (feuer)verzinktes Eisenblech. **2.** med. mit Gleichstrom behandeln. **3.** fig. colloq. j-n elektri'sieren: to ~ s.o. doing s.th. j-n veranlassen, etwas sofort zu tun; to ~ s.o. into action j-n schlagartig aktiv werden lassen. **'gal·va·niz·er** s tech. Galvani'seur m.

**gal·va·nom·e·ter** [,gælvə'nɒmɪtə; Am. -'nɑmətər] s Galvano'meter n (Instrument zur Messung schwacher elektrischer Ströme u. Spannungen). **,gal·va·no'met·ric** [-nəʊ'metrɪk] adj (adv ~ally) galvano'metrisch.

**gal·va·no·plas·tic** [,gælvənəʊ'plæstɪk] adj (adv ~ally) tech. galvano'plastisch. **,gal·va·no'plas·tics** s pl (als sg konstruiert), **,gal·va·no'plas·ty** s Galvano'plastik f, Elektroty'pie f. **'gal·va·no·scope** [-skəʊp] s Galvano'skop n (nicht geeichtes Galvanometer, das lediglich zum Nachweis e-s elektrischen Stroms verwendet wird). **,gal·va·no'scop·ic** [-'skɒpɪk; Am. -'skɑ-] adj (adv ~ally) galvano'skopisch.

**gal·vo** ['gælvəʊ] pl **-vos** colloq. für galvanometer.

**Gal·ways** ['gɔ:l,weɪz] s pl Am. sl. Backenbart m.

**gam¹** [gæm] **I** s **1.** Walherde f. **2.** mar. (gegenseitiger) Besuch. **II** v/i **3.** sich versammeln (Wale). **4.** mar. sich gegenseitig besuchen. **III** v/t **5.** Am. colloq. j-n besuchen.

**gam²** [gæm] s sl. (bes. wohlgeformtes Frauen)Bein.

**gamb** [gæmb] s her. Vorderbein n.

**gam·ba·do¹** [gæm'beɪdəʊ] pl **-does, -dos** s **1.** am Sattel befestigter Stiefel (statt des Steigbügels). **2.** lange Ga'masche.

**gam·ba·do²** [gæm'beɪdəʊ] pl **-does, -dos** s **1.** Hohe Schule: Kur'bette f, Bogensprung m. **2.** Luftsprung m.

**gam·be·son** ['gæmbɪsn] s mil. hist. gefüttertes Wams.

**gam·bier, gam·bir** ['gæm,bɪə(r)] s Gambir m (als Gerb- u. Heilmittel verwendeter Saft e-s ostasiatischen Kletterstrauchs).

**gam·bit** ['gæmbɪt] s **1.** Schachspiel: Gam'bit n (Eröffnung mit e-m Bauernopfer zur Erlangung e-s Stellungsvorteils). **2.** fig. Einleitung f, erster Schritt: his ~ at the debate was an attack on er eröffnete die Debatte mit e-m Angriff auf (acc).

**gam·ble** ['gæmbl] **I** v/i **1.** (Ha'zard od. um Geld) spielen: to lose a fortune gambling at cards beim Kartenspiel; to ~ with s.th. fig. mit etwas spielen, etwas aufs Spiel setzen; you can ~ on that darauf kannst du wetten; she ~d on his (od. him) coming sie verließ sich darauf, daß er kommen würde. **2.** Börse: speku'lieren (in mit, in dat). **II** v/t **3.** meist ~ **away** verspielen (a. fig.). **4.** a) (als Einsatz) setzen (on auf acc), b) fig. aufs Spiel setzen. **III** s **5.** Ha'sardspiel n (a. fig.), Glücksspiel n. **6.** fig. Wagnis n, gewagtes od. ris'kantes Unter'nehmen. **'gam·bler** [-blə(r)] s **1.** (Glücks)Spieler m. **2.** fig. Hasar'deur m. **'gam·bling I** s Spielen n. **II** adj Spiel...: ~ casino (club, debts, etc); ~ den Spielhölle f.

**gam·boge** [gæm'bu:ʒ; -'bəʊdʒ] s chem. Gummi'gutt n.

**gam·bol** ['gæmbl] **I** v/i pret u. pp **-boled,** bes. Br. **-bolled** (her'um)tanzen, (-)hüpfen, Freuden- od. Luftsprünge machen. **II** s Freuden-, Luftsprung m.

**gam·brel** ['gæmbrəl] s **1.** (Sprung-)Gelenk n (des Pferdes). **2.** Spriegel m (zum Aufhängen von geschlachtetem Vieh). **3.** → gambrel roof. **~ roof** s arch. a) bes. Br. Krüppelwalmdach n, b) bes. Am. Man-'sardendach n.

**game¹** [geɪm] **I** s **1.** Scherz m, Ulk m: to make (a) ~ of s.o. sich über j-n lustig machen; to make (a)~ of s.th. etwas ins Lächerliche ziehen. **2.** Unter'haltung f, Zeitvertreib m. **3.** (Karten-, Ball- etc) Spiel n: the ~ of golf das Golf(spiel); to be on (off) one's ~ (nicht) in Form sein; to play the ~ sich an die Spielregeln halten (a. fig. fair sein); to play a good (poor) ~ gut (schlecht) spielen; to play a good ~ of chess ein guter Schachspieler sein; to play a losing ~ ,auf der Verliererstraße sein'; to play a waiting ~ a) verhalten od. auf Abwarten spielen, b) fig. abwartende Haltung einnehmen; the ~ is four all das Spiel steht 4 beide; → chance 1, skill¹ 1. **4.** (einzelnes) Spiel, Par'tie f (Schach etc), Satz m (Tischtennis): ~, set and match (Tennis) Spiel, Satz u. Sieg. **5.** pl ped. Sport m. **6.** fig. Spiel n, Plan m, (geheime) Absicht: I know his (little) ~ ich weiß, was er im Schilde führt; to give the ~ away sich od. alles verraten; to give (od. throw) up the ~ das Spiel aufgeben; the ~ is up das Spiel ist aus; to play s.o.'s ~ j-m in die Hände spielen; to play a double ~ ein doppeltes Spiel treiben; to beat s.o. at his own ~ j-n mit s-n eigenen Waffen schlagen; to see through s.o.'s ~ j-s Spiel durchschauen; → candle 1, two 2. **7.** pl fig. Schliche pl, Tricks pl, Kniffe pl: none of your ~s! laß keine Dummheiten od. Tricks! **8.** Spiel n (Geräte): a ~ of table tennis ein Tischtennis(spiel). **9.** colloq. Branche f:

he's been in the ~ for five years er ist schon seit 5 Jahren im Geschäft; he's in the advertising ~ er macht in Werbung; to be new to the ~ neu im Geschäft sein; she's on the ~ bes. Br. ,sie geht auf den Strich'. **10.** hunt. Wild n, jagdbare Tiere pl: to fly at higher ~ fig. höher hinauswollen; → big game, fair¹ 8. **11.** Wildbret n: ~ pie Wildpastete f. **12.** fig. obs. Mut m, Schneid m. **II** adj (adv ~ly) **13.** Jagd..., Wild... **14.** schneidig, mutig: a ~ fighter; → die¹ 1. **15.** a) aufgelegt (for zu): to be ~ to do s.th. dazu aufgelegt sein, etwas zu tun; I'm ~ for a swim ich habe Lust, schwimmen zu gehen, b) bereit (for zu; to do zu tun): to be ~ for anything für alles zu haben sein; I'm ~ ich mache mit, ich bin dabei. **III** v/i **16.** (um Geld) spielen. **IV** v/t **17.** meist ~ away verspielen, verlieren.

**game²** s colloq. lahm: a ~ leg.

**game| bag** s Jagdtasche f. **~ bird** s Jagdvogel m. **'~cock** s Kampfhahn m (a. fig.). **~ fish** s Sportfisch m. **~ fowl** s **1.** Federwild n. **2.** Kampfhahn m. **~ hawk** s orn. Wanderfalke m. **'~keep·er** s bes. Br. Wildhüter m.

**game·lan** ['gæmɪlæn] s Gamelan n (auf einheimischen Instrumenten spielendes Orchester auf Java u. Bali).

**game| law** s meist pl Jagdgesetz n. **~ li·cence** s Br. Jagdschein m. **'game·ness** s Mut m, Schneid m. **game| park** s Wildpark m. **~ plan** s Am. fig. Schlachtplan m, Strate'gie f. **~ point** s sport a) (für den Sieg) entscheidender Punkt, b) (Tennis) Spielball m, c) (Tischtennis) Satzball m. **~ pre·serve** s Wildgehege n. **~ pre·serv·er** s Wildheger m.

**games·man·ship** ['geɪmzmən,ʃɪp] s bes. sport (Kunst f des Gewinnens unter) Einsatz m aller (gerade noch erlaubten) Mittel.

**games| mas·ter** s ped. Br. Sportlehrer m. **~mis·tress** ped. Br. Sportlehrerin f.

**game·some** ['geɪmsəm] adj (adv ~ly) lustig, ausgelassen. **'game·some·ness** s Lustigkeit f, Ausgelassenheit f.

**game·ster** ['geɪmstə(r)] s (Glücks)Spieler m.

**games the·o·ry** s math. 'Spieltheo,rie f.

**gam·et·al** [gə'metl] adj biol. Gameten...

**gam·e·tan·gi·um** [,gæmɪ'tændʒɪəm] pl **-gi·a** [-dʒɪə] s bot. Game'tangium n (Pflanzenzelle, in der sich die Geschlechtszellen in Ein- od. Mehrzahl bilden).

**gam·ete** ['gæmi:t; gə'mi:t] s biol. Ga'met m (geschlechtlich differenzierte Fortpflanzungszelle).

**ga·met·ic** [gə'metɪk] adj Gameten...

**ga·me·to·cyte** [gə'mi:təʊsaɪt] s biol. Gameto'zyt m (noch undifferenzierte Zelle, aus der die Gameten hervorgehen).

**gam·e·to·gen·e·sis** [,gæmɪtəʊ'dʒenɪsɪs; gə,mi:tə-] s biol. Gametoge'nese f (Entstehung der Gameten u. ihre Wanderung bis zur Befruchtung). **ga·me·to·phore** [gə'mi:təʊfɔ:(r); Am. a. -,fəʊr] s bot. Gameto'phor m (Träger der Geschlechtsorgane). **ga·me·to·phyte** [gə'mi:təʊfaɪt] s bot. Gameto'phyt m (bei Pflanzen mit Generationswechsel die sich geschlechtlich durch Gameten fortpflanzende Generation).

**game ward·en** s Jagdaufseher m.

**gam·ey** → gamy.

**gam·ic** ['gæmɪk] adj biol. geschlechtlich.

**gam·in** ['gæmɪn] s Gassenjunge m.

**gam·ine** ['gæmi:n; Am. gæ'mi:n] s **1.** Wildfang m, Range f (Mädchen). **2.** knabenhaftes Mädchen.

**gam·ing** ['geɪmɪŋ] **I** s → gambling I. **II** adj → gambling II.

**gam·ma** ['gæmə] s **1.** Gamma n (griechischer Buchstabe). **2.** phot. Kon'trastgrad

*m.* **3.** *chem. pharm. obs.* Gamma *n* (*1 millionstel Gramm*). **4.** *a.* ~ **moth** *zo.* Gamma-Eule *f.* ~ **de·cay** *s Kernphysik:* 'Gammazerfall *m,* -¸übergang *m.* ~ **func·tion** *s math.* 'Gammafunkti¸on *f.* ~ **glob·u·lin** *s med.* Gammaglobu'lin *n* (*zur Vorbeugung u. Behandlung verschiedener Krankheiten verwendeter Eiweißbestandteil des Blutplasmas*). ~ **i·ron** *s chem.* Gammaeisen *n.* ~ **ra·di·a·tion** *s Kernphysik:* Gammastrahlung *f.* ~ **ray** *s meist pl Kernphysik:* Gammastrahl *m.* '~-**ray as·tron·o·my** *s* 'Gamma-(strahlen)astrono¸mie *f.*

**gam·mer** ['gæmə(r)] *s bes. Br. humor. od. contp.* 'Oma' *f,* „Mütterchen' *n.*

**gam·mon¹** ['gæmən] *s* **1.** schwachgepökelter *od.* -geräucherter Schinken. **2.** unteres Stück e-r Speckseite.

**gam·mon²** ['gæmən] *mar.* **I** *s* Bugsprietzurring *f.* **II** *v/t das Bugspriet* am Vordersteven befestigen.

**gam·mon³** ['gæmən] *bes. Br. colloq.* **I** *s* **1.** Humbug *m,* Schwindel *m.* **II** *v/i* **2.** Humbug reden. **3.** sich verstellen, so tun als ob. **III** *v/t* **4.** *j-n* ‚reinlegen'.

**gam·my** ['gæmɪ] *adj Br. colloq.* lahm: a ~ leg.

**gam·o·gen·e·sis** [¸gæməʊ'dʒenɪsɪs] *s biol.* Gametogo'nie *f,* geschlechtliche Fortpflanzung. ¸**gam·o'pet·al·ous** [-'petələs] *adj bot.* sympe'tal (*mit verwachsenen Kronblättern*).

**gamp** [gæmp] *s Br. colloq.* (*bes.* großer) Regenschirm.

**gam·ut** ['gæmət] *s* **1.** *mus.* a) *hist.* erste, tiefste Note (*in Guidos Tonleiter*), b) Tonleiter *f,* Skala *f.* **2.** *fig.* Skala *f:* to run the whole ~ of emotion die ganze Skala der Gefühle durchleben *od.* durchmachen.

**gam·y** ['geɪmɪ] *adj* **1.** nach Wild riechend *od.* schmeckend. **2.** ~ taste a) Wildgeschmack *m,* b) Hautgout *m.* **3.** *fig.* mutig, schneidig.

**gan** [gæn] *pret von* **gin³.**

**gan·der** ['gændə(r)] *s* **1.** Gänserich *m:* → sauce 1. **2.** *colloq.* ‚Esel' *m.* **3.** *colloq.* (schneller) Blick: to have (*od.* take) a ~ at e-n Blick werfen auf (*acc*).

**ga·nef** ['gɑːnəf] *s Am. sl.* Ganeff *m,* Ga'nove *m.*

**gang¹** [gæŋ] **I** *s* **1.** ('Arbeiter)Ko¸lonne *f,* (-)Trupp *m.* **2.** Gang *f,* Bande *f.* **3.** Clique *f* (*a. contp.*). **4.** *contp.* Horde *f,* Rotte *f.* **5.** *tech.* Satz *m:* ~ of tools. **6.** *Weberei:* Gang *m.* **II** *v/t* **7.** mit e-r Bande angreifen. **III** *v/i* **8.** meist ~ up sich zs.-tun, sich zu e-r Gang *etc* zs.-schließen, *bes. contp.* sich zs.-rotten: to ~ up against (*od.* on) sich verbünden *od.* verschwören gegen; to ~ up on prices Preisabsprachen treffen.

**gang²** [gæŋ] → **gangue.**

'**gang·bang** *sl.* **I** *s* a) *Geschlechtsverkehr mehrerer Männer nacheinander mit* 'einer Frau, b) Vergewaltigung e-r Frau durch mehrere Männer nacheinander. **II** *v/t* a) nachein'ander ‚bumsen', b) nachein'ander vergewaltigen. '~·**board** *s mar.* Laufplanke *f.* ~ **boss** *s colloq.* Vorarbeiter *m,* Vormann *m.* ~ **con·dens·er** *s electr.* 'Mehrfach(¸dreh)konden¸sator *m.* ~**cut·ter** *s tech.* Satz-, Mehrfachfräser *m.*

**ganged** [gæŋd] *adj tech.* me'chanisch gekuppelt, zu Gleichlauf verbunden. ~ **switch** *s electr.* Pa'ketschalter *m.* ~ **tun·ing** *s electr.* Einknopfabstimmung *f.*

**gang·er** ['gæŋə] *s Br.* Vorarbeiter *m,* Vormann *m.*

'**gang·land** *s colloq.* 'Unterwelt *f.*

**gan·gle** ['gæŋgl] *v/i* schlaksig gehen.

**gan·gli·a** ['gæŋglɪə] *pl von* **ganglion.**

**gan·gli·ar** ['gæŋglɪə(r)] *adj anat.* Ganglien... '**gan·gli·at·ed** [-eɪtɪd], *a.* '**gan·gli·ate** [-ət; -eɪt] *adj anat.* mit Ganglien (versehen): ~ **cord** *zo.* Grenzstrang *m.*

**gan·gling** ['gæŋglɪŋ] *adj* schlaksig, (hoch) aufgeschossen.

**gan·gli·on** ['gæŋglɪən] *pl* **-gli·a** [-glɪə] *od.* **-gli·ons** *s* **1.** Ganglion *n:* a) *anat.* Nervenknoten *m:* ~ **cell** Ganglienzelle *f,* b) *med.* 'Überbein *n.* **2.** *fig.* Knoten-, Mittelpunkt *m,* Zentrum *n.* ¸**gan·gli·on'ec·to·my** [-'nektəmɪ] *s med.* Ganglionekto'mie *f* (*operative Entfernung e-s Überbeins*).

'**gang|·plank** ~ **gangway** 2 c. '~·**plough,** *bes. Am.* '~·**plow** *s agr.* Mehrfachpflug *m.* ~ **rape** → gangbang I b. '~·**rape** → gangbang II b.

**gan·grene** ['gæŋgriːn] **I** *s* **1.** *med.* Brand *m,* Gan'grän *n.* **2.** *fig.* sittlicher Verfall. **II** *v/t* **3.** *med.* brandig machen. **III** *v/i* **4.** *med.* brandig werden, gangränes'zieren. '**gan·gre·nous** [-grɪnəs] *adj med.* brandig, gangrä'nös.

**gang saw** *s tech.* Gatter(säge *f*) *n.*

**gang·ster** ['gæŋstə(r)] **I** *s* Gangster *m,* Verbrecher *m.* **II** *adj* Gangster...: ~ **film.** '**gang·ster·ism** *s* Gangstertum *n.*

**gangue** [gæŋ] *s tech.* 'Gangmine¸ral *n,* taubes Gestein: the ~ **changes** das Gestein setzt ab; ~ **minerals** Gangarten.

'**gang·way** **I** *s* **1.** 'Durchgang *m,* Pas'sage *f.* **2.** *mar.* a) Fallreep *n,* b) Fallreepstreppe *f,* c) Gangway *f,* Landungsbrücke *f.* **3.** *aer.* Gangway *f.* **4.** *Br. thea. etc* (Zwischen)Gang *m.* **5.** *Bergbau:* Strecke *f:* main ~ Sohlenstrecke. **6.** *tech.* a) Schräge *f,* Rutsche *f,* b) Laufbühne *f,* -brücke *f,* c) Laufbrett *n.* **II** *interj* **7.** Vorsicht! (*Platz machen!*).

**gan·net** ['gænɪt] *s orn.* Tölpel *m.*

**gant·let¹** ['gɔːnlət; 'gɑːnt-] *Am.* → gauntlet¹.

**gant·let²** ['gænlɪt; 'gɔːnt-; *Am.* 'gɔːntlət; 'gɑːnt-] → gauntlet².

**gan·try** ['gæntrɪ] *s* **1.** *tech.* Faßlager *n.* **2.** *a.* ~ **bridge** *tech.* Kranbrücke *f:* ~ **crane** Portalkran *m.* **3.** a) *rail.* Si'gnalbrücke *f,* b) Schilderbrücke *f* (*auf Autobahnen etc*). **4.** *a.* ~ **scaffold** *Raumfahrt:* Mon'tageturm *m* (*e-r Abschußrampe*).

**Gan·y·mede** ['gænɪmiːd] **I** *npr* **1.** *myth.* Gany'med *m* (*Mundschenk des Zeus*). **II** *s* **2.** *oft* **g~** Mundschenk *m.* **3.** *astr.* Gany'med *m.*

**gaol** [dʒeɪl] *bes. Br.* → jail.

**gap** [gæp] *s* **1.** Lücke *f:* to fill (*od.* stop) a ~ e-e Lücke (aus)füllen (*a. fig.*). **2.** Loch *n,* Riß *m,* Öffnung *f,* Spalt *m.* **3.** *mil.* a) Bresche *f,* b) Gasse *f* (*im Minenfeld*). **4.** (Berg)Schlucht *f,* Kluft *f.* **5.** *geol.* 'Durchbruch *m.* **6.** *fig.* a) Lücke *f,* Leere *f,* b) Unter'brechung *f,* c) Zwischenraum *m,* -zeit *f:* to close the ~ die Lücke schließen; to leave a ~ e-e Lücke hinterlassen; ~ in one's education Bildungslücke. **7.** *fig.* Kluft *f,* 'Unterschied *m:* the ~ between rich and poor. **8.** *aer.* Tragflächenabstand *m.* **9.** *electr.* Funkenstrecke *f.*

**gape** [geɪp] **I** *v/i* **1.** a) den Mund aufreißen (*vor Erstaunen etc*), b) *orn.* den Schnabel aufsperren. **2.** (mit offenem Mund) gaffen *od.* glotzen: to ~ at angaffen, anstarren, anglotzen; to stand gaping Maulaffen feilhalten. **3.** *obs.* gähnen. **4.** (auf)klaffen (*Wunde*), gähnen, klaffen (*Abgrund etc*). **5.** sich öffnen *od.* auftun (*Abgrund etc*). **II** *s* **6.** Gaffen *n,* Starren *n,* Glotzen *n.* **7.** gähnender Abgrund. **8.** *obs.* Gähnen *n.* **9.** *pl* (*als sg konstruiert*) *a vet.* Schnabelsperre *f.* **10.** *colloq.* Gähnanfall *m:* he got the ~s er bekam e-n Gähnanfall. '**gap·er** *s* **1.** Gaffer *m.* **2.** *ichth.* Gemeiner Sägebarsch. **3.** *zo.* Klaffmuschel *f.* '**gap·ing** *adj* (*adv* ~·ly) **1.** gaffend, glotzend. **2.** klaffend (*Wunde*), gähnend (*Abgrund*). **3.** *obs.* gähnend. '**gap·less** *adj* lückenlos (*a. fig.*). '**gap·py**

*adj* (viele) Lücken aufweisend, lückenhaft (*beide a. fig.*).

'**gap-toothed** *adj* a) mit ausein'anderstehenden Zähnen, mit weiter Zahnstellung, b) mit Zahnlücken, zahnlückig.

**gar** [gɑː(r)] *s ichth.* Hornhecht *m.*

**ga·rage** ['gærɑːdʒ; -rɪdʒ; *Am.* gə'rɑːʒ] **I** *s* **1.** Garage *f.* **2.** Repara'turwerkstätte *f* (*u.* Tankstelle *f*). **II** *v/t* **3.** *das Auto* a) in e-r Ga'rage ab- *od.* 'unterstellen, b) in die Ga'rage fahren. ~ **sale** *s Am.* Verkauf von gebrauchten (Haushalts)Gegenständen auf dem Grundstück des Eigentümers.

**Gar·a·mond** ['gærəmɒnd; *Am.* -¸mɑnd] *s print.* Gara'mond *f* (*Schriftart*).

**garb** [gɑː(r)b] **I** *s* **1.** (*meist in Zssgn*) Gewand *n,* Tracht *f:* clerical ~. **2.** Aufmachung *f.* **3.** *fig.* a) (äußere) Form, b) Anschein *m.* **II** *v/t* **4.** kleiden.

**gar·bage** ['gɑː(r)bɪdʒ] *s* **1.** *bes. Am.* Abfall *m,* Müll *m:* ~ **can** a) Abfall-, Mülleimer *m,* b) Abfall-, Mülltonne *f;* ~ **chute** Müllschlucker *m;* ~ **collection** Müllabfuhr *f;* ~ **collector** (*od.* **man**) Müllmann *m;* ~ **truck** Müllwagen *m.* **2.** *fig.* a) Schund *m,* b) Unfug *m,* c) *Computer:* ungenaue *od.* wertlose Daten *pl.*

**gar·ble** ['gɑː(r)bl] *v/t* **1.** *e-n Text etc* a) durchein'anderbringen, b) (*durch Auslassungen etc*) verfälschen. **2.** *obs.* auslesen.

**gar·bo** ['gɑːbəʊ] *pl* **-bos** *s Austral. colloq.* Müllmann *m.*

**gar·boil** ['gɑː(r)bɔɪl] *s obs.* Lärm *m,* Tu'mult *m.*

**gar·çon·nière** [¸gɑːsɒn'jeə; *Am.* ¸gɑːrsn'jeər] *s* Junggesellenwohnung *f.*

**gar·den** ['gɑː(r)dn] **I** *s* **1.** Garten *m:* the G~ of Eden → Eden; everything in the ~ is lovely *colloq.* ‚es ist alles in (bester) Butter'. **2.** *fig.* Garten *m,* fruchtbare Gegend: the ~ of England die Grafschaft Kent. **3.** *oft pl* Garten(anlagen *pl*) *m:* → botanical I, zoological. **II** *adj* **4.** Garten...: ~ **chair** (fence, swing, tools, *etc*). **III** *v/i* **5.** im Garten arbeiten. **6.** Gartenbau treiben. ~**cen·ter,** *bes. Br.* ~**cen·tre** *s* Gartencenter *n.* ~**cit·y** *s Br.* Gartenstadt *f.* ~ **cress** *s bot.* Gartenkresse *f.*

'**gar·den·er** *s* Gärtner(in). **gar·den|frame** *s* Frühbeet *n.* ~**gnome** *s* Gartenzwerg *m.*

**gar·de·ni·a** [gɑː(r)'diːnjə] *s bot.* Gar'denie *f.*

'**gar·den·ing** *s* **1.** Gartenbau *m.* **2.** Gartenarbeit *f.*

**gar·den| mint** *s bot.* Gartenminze *f.* ~**par·ty** *s* Gartenfest *n,* -party *f.* ~**path** *s:* to lead s.o. up the ~ j-n hinters Licht führen. ~ **sage** *s bot.* Echter Salbei. ~**sor·rel** *s bot.* **1.** Gartenampfer *m.* **2.** Großer Sauerampfer. **G~ State** *s Am.* (Beiname für) New Jersey *n.* ~ **stuff** *s* Gartengewächse *pl,* -erzeugnisse *pl.* ~**sub·urb** *s Br.* Gartenvorstadt *f.* ~**truck** *s Am. für* garden stuff. ~**war·bler** *s orn.* Gartengrasmücke *f.* ~**white** *s zo.* Weißling *m.*

**garde·robe** ['gɑː(r)drəʊb] *s obs.* **1.** a) Kleiderschrank *m,* b) Garde'robe *f* (*Kleidung*). **2.** a) Schlafzimmer *n,* b) Pri'vatzimmer *n.*

**gare·fowl** ['geə(r)faʊl] → great auk.

**gar·fish** ['gɑː(r)fɪʃ] → gar.

**gar·ga·ney** ['gɑː(r)gənɪ] *s orn.* Knäkente *f.*

**gar·gan·tu·an** [gɑː'gæntjʊən; *Am.* gɑːr'gæntʃəwən] *adj* riesig, gewaltig, ungeheuer.

**gar·get** ['gɑː(r)gɪt] *s vet.* **1.** Blutfleckenkrankheit *f.* **2.** Milchdrüsenentzündung *f* (*der Kühe*).

**gar·gle** ['gɑː(r)gl] **I** *v/t* **1.** a) gurgeln mit: to ~ salt water, b) to ~ one's throat

gurgeln. **2.** *Worte* (her'vor)gurgeln. **II** *v/i*
**3.** gurgeln. **III** *s* **4.** Gurgeln *n*: to have a
~ gurgeln. **5.** Gurgelmittel *n*.
**gar·goyle** ['gɑː(r)gɔɪl] *s* **1.** *arch.* Wasser-
speier *m*. **2.** *fig.* gro'tesk häßliche Per'son.
**gar·i·bal·di** [ˌgærɪ'bɔːldɪ] *s* **1.** *hist.* (*e-e*)
weite Bluse. **2.** *Br.* (*ein*) Ro'sinenge-
bäck *n*.
**gar·ish** ['geərɪʃ] *adj* (*adv* ~ly) grell (*Licht*),
(*Farben a.*) schreiend, (*Parfüm*) auf-
dringlich, (*Einrichtung etc*) protzig, (*Ei-
genschaft etc*) abstoßend. **'gar·ish·ness**
*s* Grellheit *f*, Aufdringlichkeit *f*, Prot-
zigkeit *f*.
**gar·land** ['gɑː(r)lənd] **I** *s* **1.** Gir'lande *f*
(*a. arch.*), Blumengewinde *n*, -gehänge *n*,
(*a. Sieges*)Kranz *m*. **2.** *fig.* Antholo'gie *f*,
(*bes. Gedicht*)Sammlung *f*. **II** *v/t* **3.** j-n
bekränzen.
**gar·lic** ['gɑː(r)lɪk] *s bot.* Knoblauch *m*: ~
mustard Lauchhederich *m*. **'gar·
lick·y** *adj* **1.** knoblauchartig. **2.** nach
Knoblauch riechend *od.* schmeckend.
**gar·ment** ['gɑː(r)mənt] *s* **1.** Kleidungs-
stück *n*, *pl a.* Kleidung *f*. **2.** *fig.* Hülle *f*,
Gewand *n*. **'gar·ment·ed** *adj* **1.** ge-
kleidet. **2.** *fig.* (ein)gehüllt (**in** *in acc*).
**gar·ner** ['gɑː(r)nə(r)] **I** *s* **1.** *obs.* Getrei-
despeicher *m*. **2.** Aufbewahrungsort *m*.
**3.** Vorrat *m* (**of** *an dat*). **II** *v/t* **4.** a)
speichern (*a. fig.*), b) aufbewahren (*a.
fig.*). **5.** erlangen: **to ~ publicity** bekannt
*od.* berühmt werden; **to ~ a reputation**
sich e-n Namen machen *od.* e-n Ruf
erwerben. **6.** a) sammeln (*a. fig.*), sich
*Kenntnisse* erwerben, b) *Geldbetrag* ein-
bringen (*Sammlung etc*).
**gar·net** ['gɑː(r)nɪt] **I** *s* **1.** *min.* Gra'nat *m*.
**2.** Gra'nat(farbe *f*) *n*. **II** *adj* **3.** gra'natrot.
**gar·ni·er·ite** ['gɑː(r)nɪəraɪt] *s min.* Gar-
nie'rit *m*.
**gar·nish** ['gɑː(r)nɪʃ] **I** *v/t* **1.** (**with** mit)
a) schmücken, verzieren, b) *fig.* auss-
schmücken. **2.** *gastr.* gar'nieren (**with**
mit) (*a. fig.*). **3.** *jur.* a) *e-e* Forderung (*beim
Drittschuldner*) pfänden: **to ~ wages** den
Lohn pfänden, b) *dem Drittschuldner* ein
Zahlungsverbot zustellen. **4.** *sl.* Geld er-
pressen von. **II** *s* **5.** a) Verzierung *f*, b)
Ausschmückung *f*. **6.** *gastr.* Gar'nierung
*f* (*a. fig.*). **7.** *sl.* erpreßtes Geld. **ˌgar·
nish'ee** [-'ʃiː] *jur.* **I** *s* Drittschuldner *m*
(*bei Forderungspfändungen*): ~ **order** a)
(Forderungs)Pfändungsbeschluß *m*, b) →
garnishment 2 b. **II** *v/t* → garnish 3.
**'gar·nish·ment** *s* **1.** → garnish 5. **2.**
*jur.* a) Forderungspfändung *f*: ~ **of
wages** Lohnpfändung, b) Zahlungsverbot
*n* an den Drittschuldner, c) *Br.* Mit-
teilung *f* an den Pro'zeßgegner.
**gar·ni·ture** ['gɑː(r)nɪtʃə(r)] → garnish 5.
**ga·rotte** → garrot(t)e.
**gar·ret¹** ['gærət] *s arch.* a) Dachgeschoß
*n*, b) Dachstube *f*, Man'sarde *f*.
**gar·ret²** ['gærət] *v/t arch. Mauerlücken*
durch Steinsplitter ausfüllen.
**gar·ret·eer** [ˌgærə'tɪə(r)] *s* **1.** Man'sar-
denbewohner(in). **2.** *fig.* armer Po'et.
**gar·ri·son** ['gærɪsn] *mil.* **I** *s* **1.** Garni'son
*f*: a) *Standort e-r (Besatzungs)Truppe*, b)
*Gesamtheit der an e-m Standort statio-
nierten (Besatzungs)Truppen*. **II** *v/t* **2.** *e-n
Ort* mit *e-r* Garni'son belegen. **3.** *Trup-
pen* in Garni'son legen: **to be ~ed in**
Garnison liegen. ~ **cap** *s* Feldmütze *f*,
,Schiffchen' *n*. ~ **com·mand·er** *s*
'Standortkomman,dant *m*. ~ **head-
quar·ters** *s pl* (*oft als sg konstruiert*)
'Standortkommandan,tur *f*. ~ **house** *s
hist. Am.* (befestigtes) Blockhaus (*der
Siedler*). ~ **town** *s* Garni'son(s)stadt *f*.
**gar·rot** ['gærət] → goldeneye.
**gar·rot(t)e** [gə'rɒt; *Am.* gə'rɑt; gə'rəʊt] **I**
*s* **1.** *hist.* a) Gar'rotte *f*, Halseisen *n*,
Würgschraube *f*, b) 'Hinrichtung *f* durch
die Gar'rotte. **2.** *obs.* Erdrosselung *f*. **II**
*v/t* **3.** *hist.* garrot'tieren. **4.** *j-n* erdrosseln
(*bes. um ihn berauben zu können*).
**gar·ru·li·ty** [gæ'ruːlətɪ] *s* **1.** Geschwät-
zigkeit *f*, Redseligkeit *f*. **2.** Weitschwei-
figkeit *f*. **gar·ru·lous** ['gærʊləs] *adj*
(*adv* ~ly) **1.** geschwätzig, redselig. **2.**
wortreich, weitschweifig: **a ~ speech**.
**'gar·ru·lous·ness** *s* → garrulity.
**gar·ter** ['gɑː(r)tə(r)] **I** *s* **1.** a) Strumpf-
band *n*, b) Sockenhalter *m*, c) Ärmel-
halter *m*, d) *Am.* Strumpfhalter *m*, Straps
*m*: ~ **belt** Hüfthalter *m*, -gürtel *m*. **2. the
G~** a) der Hosenbandorden (*Abzeichen*),
b) → **Order of the Garter**, c) die Mit-
gliedschaft des Hosenbandordens. **II** *v/t*
**3.** mit e-m Strumpfband *etc* befestigen
*od.* versehen. ~ **snake** *s zo.* Nordamer.
Vipernatter *f*.
**gas** [gæs] **I** *pl* **-es, -ses** *s* **1.** *chem.* Gas *n*.
**2.** *Bergbau*: Grubengas *n*. **3.** (Brenn-,
Leucht)Gas *n*: **to turn on (off) the ~** das
Gas aufdrehen (abdrehen); **to cook by**
(*od.* **with**) ~ mit Gas kochen. **4.** Lachgas
*n*: **to have ~** Lachgas bekommen. **5.** *mil.*
(Gift)Gas *n*, (Gas)Kampfstoff *m*: ~ **at-
tack** Gasangriff *m*. **6.** *colloq.* a) *Am.*
Ben'zin *n*, ,Sprit' *m*, b) 'Gaspe,dal *n*: **to
step on the ~** Gas geben, ,auf die Tube
drücken' (*beide a. fig.*). **7.** *colloq.* Ge-
wäsch *n*, leeres *od.* großspuriges Ge-
schwätz, ,Blech' *m*. **8. to be a (real)** ~ *bes.
Am. sl.* a) (ganz große) ,Klasse' sein
(*Person*), (*Sache a.*) (unwahrscheinlich)
Spaß machen: **looking after children is a
real** ~ *iro.* das ist reinste Vergnügen, b)
,zum Schreien sein'. **II** *v/t* **9.** mit Gas
versorgen *od.* beleuchten *od.* füllen. **10.**
*tech.* mit Gas behandeln, vergasen. **11.**
vergasen, mit Gas töten *od.* vergiften. **12.**
*bes. Am. sl.* ,anmachen' (*in Begeisterung
versetzen*). **III** *v/i* **13.** a. ~ **up** *mot. Am.
colloq.* (auf)tanken. **14.** *colloq.* faseln,
,quatschen'.
**'gas|-ab,sorb·ing** *adj* ,gasabsor,bie-
rend: ~ **coal** Aktivkohle *f*. **'~bag** *s* **1.**
*tech.* Gassack *m*, -zelle *f*. **2.** *colloq.* ,Quat-
scher' *m*. ~ **black** *s* Gasruß *m*. ~ **bomb** *s
mil.* Kampfstoffbombe *f*. ~ **bot·tle** *s*
Gasflasche *f*. ~ **burn·er** *s* Gasbrenner
*m*. ~ **burn·ing** *s* Gasfeuerung *f*. ~ **car-
bon** *s chem.* Re'tortengra,phit *m*, -kohle
*f*. ~ **cell** *s chem. phys.* Gaszelle *f*. ~
**cham·ber** *s* Gaskammer *f*. ~ **chro-
ma·tog·ra·phy** *s chem.* 'Gaschromato-
gra,phie *f*. **~coal** *s* Gaskohle *f*. **~coke**
*s tech.* Gas(werk)koks *m*.
**Gas·con** ['gæskən] **I** *s* **1.** *hist.* Gas'kogner
*m*. **2. g~** *fig.* Prahler *m*. **II** *adj* **3.** *hist.*
gas'konisch. **ˌgas·con'ade** [-'neɪd] **I** *s*
Prahle'rei *f*. **II** *v/i* prahlen.
**gas|con·stant** *s phys.* 'Gaskon,stante *f*. ~
**cook·er** *s* Gasherd *m*. **'~cooled re-
ac·tor** *s* gasgekühlter Re'aktor. ~ **cut-
ting** *s tech.* Auto'gen-, Brennschneiden
*n*. ~ **cyl·in·der** *s tech.* Gasflasche *f*. ~
**de·tec·tor** *s* **1.** *chem.* 'Gasde,tektor *m*,
-rea,gens *n*. **2.** Gasspürgerät *n*. **'~dis-
,charge tube** *s electr. phys.* Gasentla-
dungs-, I'onenröhre *f*. **~dy'nam·ics** *s
pl* (*als sg konstruiert*) *phys.* 'Gas-
dy,namik *f*.
**gas·e·i·ty** [gæ'siːətɪ] → gaseousness
**gas·e·li·er** [ˌgæsə'lɪə(r)] → gas fixture 2.
**gas|en·gine** *s tech.* 'Gasmotor *m*, -ma-
,schine *f*. **~en·gi·neer·ing** *s chem.* Gas-
technik *f*, Gasfach *n*.
**gas·e·ous** ['gæsjəs; -ɪəs; *Br. a.* 'geɪs-;
*Am. a.* 'gæʃəs] *adj* **1.** *chem.* gasartig,
-förmig: ~ **body** gasförmiger Körper. **2.**
*chem.* Gas...: ~ **mixture** *s*. **3.** *colloq.* leer,
inhalts-, gehaltlos. **'gas·e·ous·ness** *s* **1.**
Gaszustand *m*, -förmigkeit *f*. **2.** *colloq.*
Inhalts-, Gehaltlosigkeit *f*.
**gas|field** *s* (Erd)Gasfeld *n*. **'~filled** *adj*
gasgefüllt. **'~,fired** *adj* mit Gasfeue-
rung, gasbeheizt. **~ fit·ter** *s* 'Gasinstal-
la,teur *m*. **~ fit·ting** *s* **1.** Gasinstallati,on
*f*. **2.** *pl* 'Gasarma,turen *pl*. **~ fix·ture** *s*
Gasarm *m*. **2.** Gasarm-, Gaskronleuch-
ter *m*. **~ gan·grene** *s med.* Gasbrand *m*.
**~ guz·zler** *s mot. Am. colloq.* ,(Ben'zin-)
Säufer' *m*.
**gash** [gæʃ] **I** *s* **1.** klaffende Wunde, tiefer
Riß *od.* Schnitt. **2.** Spalte *f*, Einschnitt *m*.
**II** *v/t* **3.** *j-m* e-e klaffende Wunde bei-
bringen, *die Haut* aufreißen, aufschlit-
zen.
**gas|heat·er** *s* Gasofen *m*. ~ **heat·ing** *s*
Gasheizung *f*. **'~,hold·er** *s tech.* Gaso-
'meter *m*, Gasbehälter *m*. **'~,house** *s
tech. Am.* Gaswerk *n*.
**gas·i·fi·ca·tion** [ˌgæsɪfɪ'keɪʃn] *s tech.*
Vergasung *f*: ~ **of coal** Kohlevergasung.
**'gas·i·fi·er** [-faɪə(r)] *s* Vergaser *m*.
**'gas·i·form** [-fɔː(r)m] *adj chem.* gas-
förmig. **'gas·i·fy** [-faɪ] *tech.* **I** *v/t Braun-
kohle, Koks* vergasen, in Gas verwan-
deln. **II** *v/i* zu Gas werden.
**gas jet** *s* **1.** Gasflamme *f*. **2.** Gasbrenner *m*.
**gas·ket** ['gæskɪt] *s* **1.** *tech.* 'Dichtung(s-
man,schette *f*, -ring *m*) *f*: → blow¹ 29.
**2.** *mar.* Segelleine *f*.
**gas·kin** ['gæskɪn] *s* **1.** → gasket. **2.** Hose
*f*, 'Unterschenkel *m* (*e-s Pferds*).
**gas|la·ser** *s phys.* Gaslaser *m*. ~ **law** *s
phys.* Gasgesetz *n*. **'~light** *s* **1.** Gaslicht
*n*: ~ **paper** *phot.* Gaslichtpapier *n*. **2.**
Gasbrenner *m*. **3.** Gaslampe *f*. **~light-
er** *s* **1.** Gasfeuerzeug *n*. **2.** Gasanzünder
*m*. ~ **liq·uor** *s chem.* Gas-, Ammoni'ak-
wasser *n*. ~ **log** *s Am.* holzstückförmiger
Gasbrenner. **~main** *s tech.* (Haupt)Gas-
leitung *f*. **'~man** [-mæn] *s irr* **1.** 'Gas-
installa,teur *m*. **2.** Gasmann *m*, -ableser
*m*. **3.** *Bergbau*: Wettersteiger *m*. **~ man-
tle** *s* Gasglühstrumpf *m*. ~ **mask** *s*
Gasmaske *f*. ~ **me·ter** *s tech.* Gasuhr *f*,
-messer *m*, -zähler *m*. ~ **mo·tor** → gas
engine.
**gas·o·lene** → gasoline.
**gas·o·line** [ˌgæsə'liːn; *Am. a.* ˌgæsə'liːn]
*s* **1.** *chem.* Gaso'lin *n*, Gasäther *m*. **2.** *Am.*
Ben'zin *n*: ~ **attendant** Tankwart *m*; ~
**bomb** Molotowcocktail *m*; ~ **container**
Benzinkanister *m*; ~ **engine** Vergaser-,
Benzinmotor *m*; ~ **ga(u)ge** Kraftstoff-
messer *m*, Benzinuhr *f*; ~ **pump** Tank-,
Zapfsäule *f*; ~ **station** Tankstelle *f*.
**gas·om·e·ter** [gæ'sɒmɪtə; *Am.* gæ'sɑmə-
tər] *s tech.* Gaso'meter *m*, Gasbehälter *m*.
**gas·o·met·ric** [ˌgæsəʊ'metrɪk] *adj* ga-
so'metrisch.
**'gas|,op·er·at·ed** *adj*: ~ **gun** *mil.* Gas-
drucklader *m*. **~ov·en** *s* Gasbackofen *m*.
**gasp** [gɑːsp; *Am.* gæsp] **I** *v/i* **1.** keuchen
(*a. Maschine etc*), schwer atmen: **to ~
for breath** nach Luft schnappen, nach
Atem ringen; **to ~ for s.th.** *fig.* nach
etwas lechzen. **2.** den Atem anhalten
(**with, in** vor *dat*): **to make s.o. ~** j-m den
Atem nehmen *od.* verschlagen; **the sight
made him ~** bei dem Anblick stockte
ihm der Atem. **II** *v/t* **3.** *meist* ~ **out** *Worte*
keuchen, (keuchend) her'vorstoßen: **to ~
one's life out** sein Leben aushauchen.
**III** *s* **4.** Keuchen *n*, schweres Atmen: **to
be at one's last** ~ a) in den letzten Zügen
liegen, b) völlig erschöpft sein; **to fight
to the last** ~ bis zum letzten Atemzug
kämpfen. **5.** Laut *m* des Erstaunens *od.*
Erschreckens. **'gasp·er** *s Br. sl.* ,Sarg-
nagel' *m* (*billige Zigarette*).
**gas|pipe** *s tech.* Gasrohr *n*. ~ **plant¹** *s
bot.* Diptam *m*. **~plant²** → gasworks. ~
**pli·ers** *s pl* (*a. als sg konstruiert*) *tech.*
Gasrohrzange *f*: **a pair of** ~ e-e Gasrohr-
zange. **~pock·et** *s* **1.** *tech.* Gaseinschluß
*m*, -blase *f* (*in Glas, Gußstücken*). **2.** *mil.*
Gassumpf *m*. ~ **pro·jec·tor** *s mil.* Gas-

werfer *m*. '**~proof** *adj* gasdicht. **~ range** *s Am.* Gasherd *m*. **~ ring** *s* **1.** Gasbrenner *m*, -ring *m*. **2.** Dichtungsring *m*. **~ seal** *s chem.* Gasverschluß *m*.

**gas·ser** ['gæsə(r)] *s* **1.** *tech.* Gas freigebende Ölquelle. **2.** *tech.* Tuch-, Garngaser *m*. **3.** *colloq.* ,Quatscher' *m*. **4.** *Am. sl.* ,Knüller' *m*, ,tolle Sache'. '**gas·sing** *s* **1.** *tech.* Behandlung *f* mit Gas, (Be-) Gasen *n*. **2.** Vergasen *n*, Vergasung *f*. **3.** *electr.* Gasentwicklung *f*. **4.** *colloq.* ,Quatschen' *n*, ,Quatsche'rei'.

**gas|sta·tion** *s Am. colloq.* Tankstelle *f*. **~ stove** *s* Gasofen *m*, Gasherd *m*.

**gas·sy** ['gæsɪ] *adj* **1.** a) gashaltig, b) gasartig, c) voll Gas. **2.** kohlensäurehaltig. **3.** *colloq.* geschwätzig.

**gas| tank** *s* **1.** Gasbehälter *m*. **2.** *Am. colloq.* Ben'zintank *m*. **~ tar** *s tech.* Gas(werks)teer *m*.

**gas·ter·o·pod** ['gæstərəpɒd; *Am.* -,pɑd] → **gastropod.**

'**gas|tight** *adj* gasdicht. **~ torch** *s tech.* Gasschweißbrenner *m*.

**gas·tral·gi·a** [gæ'strældʒə] *s med.* Ga'stral'gie *f*, Magenschmerz(en *pl*) *m*. **gas·trec·to·my** [gæ'strektəmɪ] *s med.* Ga'strekto'mie *f* (*operative Entfernung des Magens*).

**gas·tric** ['gæstrɪk] *adj med. physiol.* gastrisch, Magen...: **~ acid** Magensäure *f*; **~ gland** Magendrüse *f*; **~ juice** Magensaft *m*; **~ ulcer** Magengeschwür *n*; → **irritation** 2. '**gas·trin** [-trɪn] *s physiol.* Gastrin *n* (*die Sekretion des Magensaftes anregendes Hormon*). **gas·tri·tis** [gæ-'straɪtɪs] *s med.* Ga'stritis *f*, Magenschleimhautentzündung *f*.

**gas·tro·en·ter·ic** [,gæstrəʊen'terɪk] *adj med. physiol.* gastroen'terisch (*Magen u. Darm betreffend*): **~ influenza** Darmgrippe *f*.

**gas·tro·en·ter·i·tis** ['gæstrəʊentə'raɪtɪs] *s med.* Gastroente'ritis *f*, 'Magen- -'Darm-Ka,tarrh *m*.

**gas·tro·en·ter·ol·o·gist** ['gæstrəʊentə'rɒlədʒɪst; *Am.* -'rɑ-] *s med.* Gastroentero'loge *m* (*Facharzt für Magen- u. Darmkrankheiten*). '**gas·tro,en·ter·ol·o·gy** *s med.* Gastroentero'logie *f* (*Wissenschaft von den Magen- u. Darmkrankheiten*).

**gas·tro·en·ter·os·to·my** ['gæstrəʊentə'rɒstəmɪ; *Am.* -'rɑ-] *s med.* Gastroenterosto'mie *f* (*operativ geschaffene Verbindung zwischen Magen u. Dünndarm*).

**gas·tro·in·tes·ti·nal** ['gæstrəʊɪn'testɪnl] *adj med. physiol.* gastrointesti'nal (*Magen u. Darm betreffend*).

**gas·tro·lith** ['gæstrəlɪθ] *s med.* Gastro-'lith *m*, Magenstein *m*.

**gas·trol·o·gist** [gæ'strɒlədʒɪst; *Am.* -'strɑ-] *s* **1.** *med.* Facharzt *m* für Magenkrankheiten. **2.** *humor.* Kochkünstler *m*. **gas·trol·o·gy** *s* **1.** *med.* Wissenschaft *f* von den Magenkrankheiten. **2.** *humor.* Kochkunst *f*.

**gas·tro·nome** ['gæstrənəʊm], *a.* **gas·tron·o·mer** [gæ'strɒnəmə(r); *Am.* -'strɑ-] *s* Feinschmecker *m*, Gour'met *m*. ,**gas·tro'nom·ic** [-'nɒmɪk; *Am.* -'nɑ-] *adj*; ,**gas·tro'nom·i·cal** *adj* (*adv* **~ly**) gastro'nomisch, feinschmeckerisch. **gas·'tron·o·mist** → **gastronome.** **gas·'tron·o·my** *s* **1.** Gastrono'mie *f* (*feine Kochkunst*). **2.** *fig.* Küche *f*: **the Italian ~.**

**gas·tro·pod** ['gæstrəpɒd; *Am.* -,pɑd] *s zo.* Gastro'pode *m*, Schnecke *f* (*als Gattungsbezeichnung*).

**gas·tro·scope** ['gæstrəskəʊp] *s med.* Gastro'skop *n*, Magenspiegel *m*. **gas·tros·co·py** [gæ'strɒskəpɪ; *Am.* -'strɑ-] *s med.* Gastrosko'pie *f*, Magenspiegelung *f*.

**gas·tros·to·my** [gæ'strɒstəmɪ; *Am.* -'strɑ-] *s med.* Gastrosto'mie *f* (*operatives*

---

Anlegen e-r Magenfistel, bes. zur künstlichen Ernährung*).

**gas·tro·to·my** [gæ'strɒtəmɪ; *Am.* -'strɑ-] *s med.* Gastroto'mie *f* (*operative Öffnung des Magens*).

**gas·tru·la** ['gæstrʊlə] *pl* **-lae** [-li:], **-las** *s zo.* Gastrula *f* (*zweischichtiger Becherkeim*).

**gas| tube** *s phys.* Gasentladungsröhre *f*. **~ tur·bine** *s tech.* 'Gastur,bine *f*. **~ wash·er** *s tech.* 'Gaswaschappa,rat *m*. **~ weld·ing** *s tech.* Gas(schmelz)schweißen *n*. **~ well** *s tech.* (Erd)Gasquelle *f*. '**~works** *s pl* (*meist als sg konstruiert*) *tech.* Gaswerk *n*.

**gat¹** [gæt] *obs. pret von* **get.**

**gat²** [gæt] *s mar.* Gat(t) *n*, enge 'Durchfahrt.

**gat³** [gæt] *s bes. Am. sl.* ,Schießeisen' *n*, ,Ballermann' *m*.

**gate¹** [geɪt] **I** *s* **1.** (*Stadt-, Garten- etc*)Tor *n*, Pforte *f* (*beide a. fig.*). **2.** *fig.* Zugang *m*, Weg *m* (**to** zu). **3.** a) *rail.* Sperre *f*, Schranke *f*, b) *aer.* Flugsteig *m*. **4.** (enger) Eingang, (schmale) 'Durchfahrt. **5.** *Bibl.* Ge'richtsstätte *f*. **6.** (Gebirgs)Paß *m*. **7.** *tech.* (Schleusen)Tor *n*. **8.** *sport* a) *bes. Skisport:* Tor *n*: **to miss a ~** ein Tor auslassen, an e-m Tor vorbeifahren; *he was disqualified* **for missing a ~** wegen e-s Torfehlers, b) → **starting gate. 9.** *sport* a) Besucher(zahl *f*) *pl*, b) (eingenommenes) Eintrittsgeld, (Gesamt)Einnahmen *pl*. **10.** *tech.* Ven'til *n*, Schieber *m*. **11.** *Gießerei:* (Einguß)Trichter *m*, Anschnitt *m*. **12.** *phot.* Bild-, Filmfenster *n*. **13.** *TV* Ausblendstufe *f*. **14.** *electr.* 'Torim,puls *m*. **15.** *Am. colloq.* a) Entlassung *f*, b) ,Laufpaß' *m*: **to get the ~** ,gefeuert' werden; **to give s.o. the ~** j-n ,feuern'; j-m den Laufpaß geben. **II** *v/t* **16.** *ped. univ. Br.* j-m den Ausgang sperren: **he was ~d** er erhielt Ausgangsverbot.

**gate²** [geɪt] *s obs. od. dial.* **1.** Straße *f*, Weg *m*. **2.** *fig.* Weg *m*, Me'thode *f*.

**ga·teau**, *Br. a.* **gâ·teau** ['gætəʊ; *Am.* gɑ:'təʊ] *pl* **-teaux** [-təʊz] *s* Torte *f*.

'**gate|-crash** *colloq.* **I** *v/i* a) uneingeladen kommen *od.* hingehen, b) sich ohne zu bezahlen hin'ein- *od.* her'einschmuggeln. **II** *v/t* a) uneingeladen kommen *od.* gehen zu, b) sich ohne zu bezahlen einschmuggeln in (*acc*). '**~crash·er** *s colloq.* a) uneingeladener Gast, Eindringling *m*, b) j-d, der sich ohne zu bezahlen in ein Konzert *etc* geschmuggelt hat. '**~fold** *s* Faltblatt *n* (*in e-m Buch etc*). '**~house** *s* **1.** Pförtnerhaus *n*. **2.** *hist.* Pförtner-, Wachzimmer *n*, a. Gefängnis *n* (*über e-m Stadttor*). **3.** *tech.* Schleusenhaus *n*. '**~keep·er** *s* **1.** Pförtner *m*. **2.** *rail.* Bahn-, Schrankenwärter *m*. '**~-leg(ged) ta·ble** *s* Klapptisch *m*. '**~man** [-mən] *bes. Am. für* gatekeeper. **~ mon·ey** → **gate¹** 9 b. '**~post** *s* Tor-, Türpfosten *m*: → **between** 2. **~ saw** *s tech.* Gattersäge *f*. '**~way** *s* **1.** Torweg *m*, Einfahrt *f*. **2.** Torrahmen *m*, 'Tor,überbau *m*. **3.** *fig.* Tor *n*, Zugang *m* (**to** zu).

**gath·er** ['gæðə(r)] **I** *v/t* **1.** *etwas* (*auf-*) sammeln, anhäufen: **to ~ wealth** Reichtümer aufhäufen *od.* sammeln; **to ~ experience** Erfahrung(en) sammeln; **to ~ facts** Fakten zs.-tragen, Material sammeln; **to ~ information** Informationen einholen *od.* einziehen; **to ~ strength** Kräfte sammeln, zu Kräften kommen. **2.** *Personen* versammeln: → **father** 3. **3.** a) *Blumen etc* pflücken, b) ernten, sammeln. **4.** a) **~ up** auflesen, (-)sammeln, (*vom Boden*) aufheben, aufnehmen, b) ~ **together** zs.-suchen, zs.-raffen; **to ~ s.o. in one's arms** j-n in die Arme nehmen *od.* schließen, b) *sport Ball etc* annehmen. **5.** erwerben, gewinnen, ansetzen: **to ~ dust**

---

staubig werden, verstauben; **his books are ~ing dust in the libraries** s-e Bücher verstauben in den Bibliotheken (*werden nicht gelesen*); **to ~ way** a) *mar.* Fahrt aufnehmen, in Fahrt kommen (*a. fig.*), b) *fig.* sich durchsetzen; **to ~ speed** Geschwindigkeit aufnehmen, schneller werden; → **head** Bes. Redew. **6.** *Näherei:* raffen, kräuseln, zs.-ziehen. **7.** *meist* **~ up** *Kleid etc* aufnehmen, zs.-raffen. **8.** *die Stirn* in Falten ziehen. **9.** *meist* **~ up** *die Beine* einziehen. **10.** *fig.* folgern (*a. math.*), schließen, sich zs.-reimen (**from** aus). **II** *v/i* **11.** sich (ver)sammeln *od.* scharen (**round s.o.** um j-n). **12.** sich häufen, sich (an)sammeln. **13.** sich zs.-ziehen *od.* zs.-ballen (*Wolken, Gewitter, a. fig.*). **14.** anwachsen, zunehmen, sich entwickeln. **15.** sich in Falten legen (*Stirn*). **16.** *med.* a) reifen (*Abszeß*), b) eitern (*Wunde*).

'**gath·er·er** *s* **1.** (Ein)Sammler *m*. **2.** *agr.* a) Schnitter *m*, b) Winzer *m*. **3.** *Buchbinderei:* a) Zs.-träger *m*, b) Zu'sammentragma,schine *f*. **4.** *Glasfabrikation:* Ausheber *m*. '**gath·er·ing** *s* **1.** Sammeln *n*. **2.** Sammlung *f*. **3.** a) (Menschen)Ansammlung *f*, b) Versammlung *f*, Zs.-kunft *f*. **4.** *Buchbinderei:* Lage *f*. **5.** *med.* a) Reifen *n*, b) Eitern *n*, Eiterung *f*. **6.** *Näherei:* Kräuseln *n*.

**gat·ing** ['geɪtɪŋ] *s* **1.** *electr.* a) Austastung *f*, Ausblendstufe *f* (*Kathodenstrahlröhre*), b) (Si'gnal)Auswertung *f* (*Radar*). **2.** *ped. univ. Br.* Ausgangsverbot *n*.

**gauche** [gəʊʃ] *adj* **1.** linkisch. **2.** taktlos. '**gauche·ness** *s* **1.** linkische Art. **2.** Taktlosigkeit *f*. **gau·che·rie** ['gəʊʃəri:; *bes. Am.* ,gəʊʃə'ri:] *s* **1.** → **gaucheness. 2.** Taktlosigkeit *f* (*Bemerkung etc*).

**gau·cho** ['gaʊtʃəʊ] *pl* **-chos** *s* **1.** billiges *od.* wertloses Schmuckstück. **2.** *oft pl* (über-'triebener) Prunk, Pomp *m*. '**gaud·er·y** *s* **1.** Flitter(kram) *m*. **2.** → **gaud** 2. '**gaud·i·ness** *s* auffällige Buntheit, Protzigkeit *f*. '**gaud·y I** *adj* (*adv* **gaud·ily**) auffällig bunt, (*Farben*) grell, schreiend, (*Einrichtung etc*) protzig. **II** *s ped. univ. Br.* (jährliches) Festessen (*e-r Schule od. e-s College*).

**gauf·fer** ['gəʊfə(r); *Am. a.* 'gɑ:fər; 'gɔ:-] → **goffer.**

**gauge** [geɪdʒ] **I** *v/t* **1.** *tech.* (ab-, aus-) messen, ablehren, prüfen. **2.** *tech.* eichen, ju'stieren, kali'brieren. **3.** *fig.* (ab)schätzen, ta'xieren, beurteilen. **II** *s* **4.** *tech.* Nor'mal-, Eichmaß *n*. **5.** 'Umfang *m*, Inhalt *m*: **to take the ~ of** → 3. **6.** *fig.* Maßstab *m*, Norm *f* (**of** für). **7.** *tech.* Meßgerät *n*, Anzeiger *m*, Messer *m*: a) Pegel *m*, Wasserstandsmesser *m*, b) Ma-no'meter *n*, Druckmesser *m*, c) Lehre *f*, d) Maß-, Zollstab *m*, e) *print.* Zeilenmaß *n*. **8.** *tech.* (*bes. Blech-, Draht*)Stärke *f*, (-)Dicke *f*. **9.** *Strumpffabrikation:* Gauge *n* (*Maß zur Angabe der Maschenzahl*). **10.** *mil.* Ka'liber *n* (*bei nichtgezogenen Läufen*). **11.** *rail.* Spur(weite) *f*. **12.** *mar.* Abstand *m od.* Lage *f* (*e-s Schiffes*). **~ door** *s Bergbau:* Wettertür *f*. **~ glass** *s tech.* **1.** Wasserstandsglas *n*. **2.** Flüssigkeitsstandanzeiger *m*. **~ lathe** *s tech.* Präzisi'onsdrehbank *f*. **~ point** *s tech.* Körner *m*.

**gaug·er** ['geɪdʒə(r)] *s* **1.** (Aus)Messer *m*. **2.** Eicher *m*, Eichmeister *m*.

**gauge| ring** *s electr.* Paßring *m*. **~ rod** *s rail.* Spurstange *f*.

**gaug·ing** ['geɪdʒɪŋ] *s tech.* **1.** Messung *f*. **2.** Eichung *f*: **~ office** Eichamt *n*; **~ rod** Eichmaß *n*, -stab *m*.

**Gaul** [gɔ:l] *s* **1.** *hist.* Gallier *m*. **2.** Fran-'zose *m*. '**Gaul·ish I** *adj* **1.** gallisch. **2.** fran'zösisch. **II** *s* **3.** *ling. hist.* Gallisch *n*, das Gallische.

**Gaull·ism** [ˈgɔʊlɪzəm; ˈgɔː-] *s pol.* Gaullismus *m.* **ˈGaull·ist I** *s* Gaullist(in). **II** *adj* gaulˈlistisch.

**gault** [gɔːlt] *s geol.* Gault *m*, Flammenmergel *m.*

**gaunt** [gɔːnt; *Am. a.* gɑːnt] *adj (adv* ~**ly**) **1.** a) hager, b) ausgemergelt, ausgezehrt. **2.** verlassen (*Gebäude*), (*Gegend a.*) öde, (*Baum etc*) kahl.

**gaunt·let¹** [ˈgɔːntlɪt; *Am. a.* ˈgɑːnt-] *s* **1.** *mil. hist.* Panzerhandschuh *m.* **2.** *fig.* Fehdehandschuh *m*: to fling (*od.* throw) down the ~ (to s.o.) (j-m) den Fehdehandschuh hinwerfen, (j-n) herausfordern; to pick (*od.* take) up the ~ den Fehdehandschuh aufnehmen, die Herausforderung annehmen. **3.** Schutzhandschuh *m.*

**gaunt·let²** [ˈgɔːntlɪt; *Am. a.* ˈgɑːnt-] *s*: to run the ~ Spießruten laufen (*a. fig.*); to run the ~ of s.th. *fig.* etwas (*Unangenehmes*) durchstehen müssen.

**ˈgaunt·ness** *s* **1.** a) Hagerkeit *f*, b) Ausgezehrtheit *f.* **2.** Öde *f*, Kahlheit *f.*

**gaun·try** [ˈgɔːntrɪ] → gantry.

**gaup** → gawp.

**gaur** [ˈgaʊə(r)] *s zo.* Gaur *m.*

**gauss** [gaʊs] *pl* **gauss** *s phys.* Gauß *n* (*Einheit der magnetischen Induktion*). **ˈGauss·i·an** *adj* Gaußsch(er, e, es): ~ distribution *math.* Normalverteilung *f*, Gauß-Verteilung *f.*

**gauze** [gɔːz] *s* **1.** Gaze *f*, *med. a.* (Verband[s])Mull *m*: ~ **bandage** *med.* Gaze-, Mullbinde *f*; ~ **pack** *med.* Gazetupfer *m*; ~ **veil** Gazeschleier *m.* **2.** → wire gauze. **3.** Dunst *m*, (Nebel)Schleier *m.* **ˈgauz·y** *adj* gazeartig, hauchdünn.

**ga·vage** [ˈgævaːʒ; *Am.* gəˈvɑːʒ] *s med.* Sondenernährung *f.*

**gave** [geɪv] *pret von* give.

**gav·el** [ˈgævl] *s* **1.** Hammer *m (e-s Auktionators, Vorsitzenden etc).* **2.** Schlegel *m (e-s Maurers).*

**gav·el·kind** [ˈgævlkaɪnd] *s jur. hist. Br.* **1.** Erbrecht *n* an Lehns- *od.* Grundbesitz der ehelichen Abkömmlinge zu gleichen Teilen. **2.** (*e-e solche*) Lehnbesitzteilung.

**ga·vot(te)** [gəˈvɒt; *Am.* gəˈvɑt] *s mus.* Gaˈvotte *f.*

**gawk** [gɔːk] **I** *s contp.* ˈBauer' *m.* **II** *v/i* → gawp. **ˈgawk·y** *adj contp.* bäurisch.

**gawp** [gɔːp] *v/i* glotzen: to ~ at glotzen auf (*acc*), anglotzen (*acc*).

**gay** [geɪ] **I** *adj (adv* gaily) **1.** lustig, fröhlich. **2.** a) bunt, (farben)prächtig: the meadows were ~ with flowers die Wiesen waren mit bunten Blumen übersät; the streets were ~ with flags die Straßen waren fahnengeschmückt, b) fröhlich, lebhaft (*Farben*). **3.** a) flott (*Leben*), b) lebenslustig: a ~ **dog** *colloq.* ein ˌlockerer Vogel'. **4.** liederlich (*Frau*). **5.** *colloq.* a) ˌschwul' (*homosexuell*), b) Schwulen...: G~ Lib(eration) Schwulenbewegung *f*; G~ Libber Anhänger *m* der Schwulenbewegung. **6.** *Am. colloq.* ˌpampig', frech: don't get ~ with me! komm mir bloß nicht frech! **II** *s* **7.** *colloq.* ˌSchwule(r)' *m.*

**gaze** [geɪz] **I** *v/i* starren: to ~ at starren auf (*acc*), anstarren (*acc*); to ~ (up)on ansichtig werden (*gen*). **II** *s* (starrer) Blick, Starren *n.*

**ga·ze·bo** [gəˈziːbəʊ; *Am. a.* ˈˌzeɪ-] *pl* **-bos, -boes** *s* Gebäude *n* mit schönem Ausblick.

**ˈgaze·hound** *s hunt.* Jagdhund, der das Wild mit den Augen verfolgt.

**ga·zelle** [gəˈzel] *pl* **-ˈzelles**, *bes. collect.* **-ˈzelle** *s zo.* Gaˈzelle *f.*

**gaz·er** [ˈgeɪzə(r)] *s* j-d, der j-n *od.* etwas anstarrt.

**ga·zette** [gəˈzet] **I** *s* **1.** Zeitung *f.* **2.** *Br.* Amtsblatt *n*, Staatsanzeiger *m* (*in dem Rechtsverordnungen, Beförderungen, Kon-*

*kursverfahren etc bekanntgegeben werden*). **II** *v/t* **3.** *Br.* im Amtsblatt bekanntgeben *od.* veröffentlichen: he was ~d general s-e Beförderung zum General wurde im Staatsanzeiger bekanntgegeben. **gaz·et·teer** [ˌgæzəˈtɪə(r)] *s* **1.** *obs.* (ˈZeitungs-) Journaˌlist *m.* **2.** alphaˈbetisches Ortsverzeichnis mit Ortsbeschreibung.

**ga·zump** [gəˈzʌmp] *Br.* **I** *v/i (bes. bei Grundbesitztransaktionen)* in der Zeit zwischen der unverbindlichen Einigung über den Kaufpreis u. dem Abschluß des Kaufvertrags den Preis erhöhen. **II** *v/t* a) j-n betrügen, b) j-m zuˈviel berechnen *od.* abverlangen. **III** *s* Preiserhöhung *f* in der Zeit zwischen der unverbindlichen Einigung über den Kaufpreis u. dem Abschluß des Kaufvertrags.

**gear** [gɪə(r)] **I** *s* **1.** *tech.* a) Zahn-, Getrieberad *n*, b) Getriebe *n*, Triebwerk *n.* **2.** *tech.* Eingriff *m*: in ~ a) eingerückt, -gemacht.schaltet, in Gang, b) *fig.* vorbereitet, c) *fig.* in Ordnung; to be in ~ *fig.* funktionieren; to be in ~ with im Eingriff stehen mit (*Zahnräder*); out of ~ a) ausgerückt, außer Eingriff, ausgeschaltet, b) *fig.* in Unordnung; to be out of ~ *fig.* nicht funktionieren; to throw out of ~ a) ausrücken, -schalten, b) *fig.* durcheinanderbringen. **3.** *tech.* a) Überˈsetzung *f*, b) *mot. etc* Gang *m*: first (second, *etc*) ~; in high ~ in e-m schnellen *od.* hohen Gang; in low (*od.* bottom) ~ im niedrigen Gang; (in) top ~ im höchsten Gang, mit höchster Geschwindigkeit (*a. fig.*); the car is (I am, *etc*) in ~ es ist ein Gang eingelegt; the car is (I am, *etc*) out of ~ es ist kein Gang eingelegt, der Gang ist herausgenommen; to change (*bes. Am.* shift) ~(s) schalten; to change into second ~ den zweiten Gang einlegen, in den zweiten Gang schalten; to put the car into ~ e-n Gang einlegen, c) *pl mot.* Getriebe *n*, (*e-s Fahrrads*) Gangschaltung *f.* **4.** *aer. mar. etc* (*meist in Zssgn*) Vorrichtung *f*, Gerät *n*: → landing gear, steering gear. **5.** Ausrüstung *f*, Gerät *n*, Werkzeug(e *pl*) *n*, Zubehör *n*: fishing ~ Angelgerät, -zeug *n.* **6.** *colloq.* Hausrat *m.* **7.** *colloq.* Habseligkeiten *pl*, Sachen *pl.* **8.** *colloq.* Kleidung *f*, Aufzug *m.* **9.** (Pferde- *etc*)Geschirr *n.* **II** *v/t* **10.** *tech.* a) mit e-m Getriebe versehen, b) überˈsetzen, c) in Gang setzen (*a. fig.*), einschalten: to ~ up ins Schnelle übersetzen, *fig.* heraufsetzen, verstärken, steigern; to ~ down ins Langsame übersetzen, *fig.* drosseln. **11.** *fig.* (to, for) einstellen (auf *acc*), anpassen (*dat od.* an *acc*), abstimmen (auf *acc*): to ~ production to demand die Produktion der Nachfrage anpassen. **12.** ausrüsten. **13.** *oft* ~ up Zugtiere anschirren. **III** *v/i* **14.** *tech.* a) ineinˈandergreifen (*Zahnräder*), b) eingreifen (into, with in *acc*). **15.** *tech.* in Gang kommen *od.* sein (*a. fig.*). **16.** to ~ up (down) *mot.* hinauf-(herunter)schalten. **17.** *fig.* (with) abgestimmt sein (auf *acc*), eingerichtet sein (für), passen (zu). **ˈgear·box** *s tech.* Getriebe(gehäuse) *n.* ~ **change** *s mot. Br.* (Gang)Schaltung *f.* ~ **cut·ter** *s tech.* ˈZahnradˌfräsmaˌschine *f.* ~ **drive** → gearing 1.

**geared** [gɪə(r)d] *adj* verzahnt, Getriebe...

**ˈgear·ing** *s tech.* **1.** (Zahnrad)Getriebe *n*, (-)Antrieb *m*, Vorgelege *n*, Triebwerk *n.* **2.** Überˈsetzung *f (e-s Getriebes).* **3.** Verzahnung *f.*

**ˈgear·less** *adj tech.* räder-, getriebelos.

**gear le·ver** *s mot. Br.* Schalthebel *m.* ~ **ra·tio** *s tech.* Überˈsetzung(sverhältnis *n*) *f.* ~ **rim** *s tech.* Zahn(rad)kranz *m.* ~ **shaft** *s tech.* Getriebewelle *f.* ~**shift** *s mot. Am.* **1.** (Gang)Schaltung *f.* **2.** *a.* ~

**lever** Schalthebel *m.* ~**wheel** *s tech.* Getriebe-, Zahnrad *n.*

**geck·o** [ˈgekəʊ] *pl* **-os, -oes** *s zo.* Gecko *m.*

**gee¹** [dʒiː] *s* G, g *n* (*Buchstabe*).

**gee²** [dʒiː] **I** *s Kindersprache*: ˌHotteˈhü' *n* (*Pferd*). **II** *interj* a) ~ up! a) hott! (*nach rechts*), b) hü(h)!, hott! (*schneller*). **III** *v/t* antreiben.

**gee³** [dʒiː] *interj Am. colloq.* na so was!, Mann!, ˌDonnerwetter'!

**gee-gee** [ˈdʒiːdʒiː] → gee² I.

**geese** [giːs] *pl von* goose.

**gee whiz** [ˌdʒiːˈwɪz] → gee³. '~**whiz** *adj Am. colloq.* **1.** Sensations...: ~ journalism. **2.** phanˈtastisch, der Superlative.

**gee·zer** [ˈgiːzə(r)] *s colloq.* wunderlicher (alter) Kauz.

**ge·gen·schein** [ˈgeɪgənʃaɪn] *s astr.* Gegenschein *m.*

**Ge·hen·na** [gɪˈhenə] *s relig.* Geˈhenna *f*, Hölle *f (a. fig.).*

**geh·len·ite** [ˈgeɪlənaɪt] *s min.* Gehleˈnit *m.*

**Gei·ger count·er** [ˈgaɪgə(r)] *s phys.* Geigerzähler *m.*

**gei·sha** [ˈgeɪʃə] *pl* **-sha, -shas** *s* Geisha *f.*

**Geiss·ler tube** [ˈgaɪslə(r)] *s phys.* Geißler-Röhre *f.*

**gel** [dʒel] **I** *s* **1.** Gel *n.* **II** *v/i* **2.** geˈlieren. **3.** *fig.* Gestalt annehmen.

**gel·a·tin** [ˈdʒelətɪn] *s* **1.** Gelaˈtine *f.* **2.** Gallerte *f.* **3.** mit Gelaˈtine ˈhergestellte Masse. **4.** *a.* blasting ~ *tech.* ˈSprenggelaˌtine *f.* **geˈlat·i·nate** [dʒəˈlætɪneɪt] → gelatinize.

**gel·a·tine** [ˌdʒeləˈtiːn; *Am.* ˈdʒelətn] → gelatin.

**ge·lat·i·nize** [dʒəˈlætɪnaɪz] *v/i u. v/t* gelatiˈnieren (lassen). **geˈlat·i·noid** *adj u. s* gallertartig(e Subˈstanz). **geˈlat·i·nous** *adj (adv* ~**ly**) gallertartig, gelatiˈnös.

**ge·la·tion** [dʒɪˈleɪʃn] *s* Geˈlierung *f.*

**geld¹** [geld] *pret u. pp* **ˈgeld·ed** *od.* **gelt** [gelt] *v/t* **1.** *ein Tier, bes.* e-n Hengst kaˈstrieren, verschneiden. **2.** j-n verweichlichen. **3.** a) *ein Argument etc* abschwächen, b) *ein Buch etc* (von anstößigen Stellen) reinigen.

**geld²** [geld] *s Br. hist.* Kronsteuer *f.*

**geld·ing** [ˈgeldɪŋ] *s* **1.** kaˈstriertes Tier, *bes.* Wallach *m.* **2.** Verschneiden *n*, Kaˈstrieren *n.*

**gel·id** [ˈdʒelɪd] *adj (adv* ~**ly**) eiskalt, eisig (*a. fig. Miene etc*).

**gel·ig·nite** [ˈdʒelɪgnaɪt] *s tech.* Gelaˈtinedynaˌmit *n.*

**gel·ly** [ˈdʒelɪ] *colloq. für* gelignite.

**gel·se·mi·um** [dʒelˈsiːmɪəm] *s* **1.** *bot.* Dufttrichter *m.* **2.** *pharm. hist.* Gelsemium(wurzel *f*) *n.*

**gelt¹** [gelt] *s bes. Am. sl.* Geld *n.*

**gelt²** [gelt] *pret u. pp von* geld¹.

**gem** [dʒem] **I** *s* **1.** Edelstein *m*, Juˈwel *n.* **2.** Gemme *f.* **3.** *fig.* Perle *f*, Juˈwel *n (beide a. Person*), Pracht-, Glanzstück *n.* **4.** *print.* e-e 3¹⁄₂-Punkt-Schrift. **II** *v/t* **5.** mit Edelsteinen schmücken.

**ge·mein·schaft** [gəˈmaɪnʃaft] *pl* **-schaf·ten** [-ʃaftən] (*Ger.*) *s* Gemeinschaft *f.*

**gem·i·nate** [ˈdʒemɪnət; -neɪt] **I** *adj* gepaart, paarweise, Doppel...: ~ consonant *ling.* Doppelkonsonant *m.* **II** *v/t u. v/i* [-neɪt] (sich) verdoppeln. ˌgem·iˈna·tion *s* Verdopp(e)lung *f.* **2.** *ling.* Geminatiˈon *f*, Konsoˈnantenverdopp(e)lung *f.*

**Gem·i·ni** [ˈdʒemɪnaɪ, -niː] *s pl (meist als sg konstruiert*) *astr.* Zwillinge *pl*: to be (a) ~ Zwilling sein.

**gem·ma** [ˈdʒemə] *pl* **-mae** [-miː] *s* **1.**

*bot.* a) Gemme *f*, Brutkörper *m*, b) Blattknospe *f*. **2.** *biol.* Knospe *f*, Gemme *f*.

**'gem·mate** [-meɪt] *biol.* **I** *adj* **1.** sich durch Knospung fortpflanzend. **2.** knospentragend. **II** *v/i* **3.** sich durch Knospung fortpflanzen. **4.** Knospen tragen.

**gem'ma·tion** *s biol. bot.* **1.** Knospenbildung *f*. **2.** Fortpflanzung *f* durch Knospen.

**gem·mif·er·ous** [dʒe'mɪfərəs] *adj* **1.** edelsteinhaltig. **2.** *biol.* → gemmate I.

**gem·mip·a·rous** [dʒe'mɪpərəs] → gemmate I.

**gem·mol·o·gy** [dʒe'mɒlədʒɪ; *Am.* -'mɑ-] *s* Gemmolo'gie *f*, Edelsteinkunde *f*.

**gem·mu·la·tion** [ˌdʒemjʊ'leɪʃn] *s biol.* Fortpflanzung *f* durch Gemmulae.

**gem·mule** ['dʒemju:l] *s* **1.** *bot.* kleine Blattknospe. **2.** *biol.* Gemmula *f*: a) Keimchen *n* (*in Darwins Pangenesistheorie*), b) Brutknospe *f*.

**gem·my** ['dʒemɪ] *adj* **1.** voller Edelsteine. **2.** glänzend, funkelnd.

**gem·ol·o·gy** → gemmology.

**ge·mot(e)** [gɪ'məʊt] *s hist.* Versammlung *f* (*der Angelsachsen*).

**gems·bok** ['gemzbɒk; *Am.* -ˌbɑk] *pl* **-boks**, *bes. collect.* **-bok** *s zo.* 'Gemsanti,lope *f*.

**'gem·stone** *s* Edelstein *m*.

**ge·müt·lich** [gə'my:tlɪç] (*Ger.*) *adj* gemütlich. **ge'müt·lich·keit** [-kaɪt] *s* Gemütlichkeit *f*.

**gen** [dʒen] *Br. colloq.* **I** *s* Auskunft *f*, Auskünfte *pl* (*on pl*) *f* (**on** über *acc*): **to give s.o. the ~** j-n informieren. **II** *v/t u. v/i* **~ up** (sich) informieren.

**gen·darme** ['ʒɑ̃:ndɑ:(r)m; 'ʒɑ:n-] *s* **1.** Gen'darm *m*. **2.** Felsspitze *f*. **gen·dar·me·rie** [ʒɑ̃:n'dɑ:(r)mərɪ; ʒɑ:n-] *s* Gendarme'rie *f*.

**gen·der**¹ ['dʒendə(r)] *s* **1.** *ling.* Genus *n*, Geschlecht *n*: **what ~ is this word?** welches Genus hat dieses Wort? **2.** *colloq.* a) Geschlecht *n* (*von Personen*), b) *collect.* Geschlecht *n*: **the female ~**.

**gen·der**² ['dʒendə(r)] *obs. für* engender.

**gene** [dʒi:n] *s biol.* Gen *n*, Erbfaktor *m*.

**gen·e·a·log·ic** [ˌdʒi:njə'lɒdʒɪk; -nɪə-; ˌdʒen-; *Am.* -'lɑ-] → genealogical. **gen·e·a·log·i·cal** [-kl] *adj* (*adv* ~ly) genea'logisch: **~ research** → genealogy a; **~ tree** Stammbaum *m*. **gen·e·al·o·gist** [-nˈæ
lədʒɪst; *Am.* -'ɑl-] *s* Genea'loge *m*, Ahnenforscher *m*. **gen·e·al·o·gize** **I** *v/i* Ahnenforschung (be-)treiben. **II** *v/t* den Stammbaum erforschen von (*od. gen.*). **gen·e·al·o·gy** [ˌdʒi:nɪˈælədʒɪ] *s* Genealo'gie *f*: a) Ahnenforschung *f*, b) Ahnentafel *f*, c) Abstammung *f*.

**gene|quen·cy** *s biol.* 'Genfre,quenz *f*, -häufigkeit *f*. **~ pool** *s biol.* Erbmasse *f*.

**gen·er·a** ['dʒenərə] *pl von* genus.

**gen·er·al** ['dʒenərəl] **I** *adj* (*adv* ~ **erally**) **1.** allgemein, gemeinschaftlich, Gemeinschafts... **2.** allgemein (gebräuchlich *od.* verbreitet), allge'meingültig, üblich, gängig: **the ~ practice** das übliche Verfahren; **as a ~ rule** meistens, üblicherweise; **it seems to be the ~ rule** es scheint allgemein üblich zu sein. **3.** allgemein, Allgemein..., gene'rell, um-'fassend: **~ education** (*od.* **knowledge**) Allgemeinbildung *f*; **the ~ public** die breite Öffentlichkeit; **~ term** Allgemeinbegriff *m*; **of ~ interest** von allgemeinem Interesse. **4.** allgemein, nicht speziali-'siert: **the ~ reader** der Durchschnittsleser; **~ store** Gemischtwarenhandlung *f*. **5.** allgemein (gehalten): **a ~ study**; **in ~ terms** allgemein (ausgedrückt). **6.** ganz, gesamt: **the ~ body of citizens** die gesamte Bürgerschaft. **7.** ungefähr, un-

bestimmt: **a ~ idea** e-e ungefähre Vorstellung. **8.** Haupt..., General...: **~ agent** a) Generalbevollmächtigte(r) *m*, b) *econ.* Generalvertreter *m*; **~ manager** Generaldirektor *m*. **9.** (*Amtstiteln nachgestellt*) *meist* General...: → **consul general**, *etc.* **10.** *mil.* Generals...

**II** *s* **11.** *mil.* a) Gene'ral *m*, b) Heerführer *m*, Feldherr *m*, c) *a. allg.* Stra'tege *m*, d) → **general officer**. **12.** *mil. Am.* a) (Vier-'Sterne-)Gene,ral *m* (*zweithöchster Generalsrang*), b) **G~ of the Army** Fünf-Sterne-General *m* (*höchster Generalsrang*). **13.** *relig.* ('Ordens)Gene'ral *m*, (Gene'ral)Obere(r) *m*. **14. the ~** *meist pl* (*das*) Allge'meine: **G~** (*als Überschrift*) Allgemeines; **in ~** im allgemeinen, im großen u. ganzen. **15.** *obs.* a) Gesamtheit *f*, b) Masse *f*, Volk *n*.

**gen·er·al| ac·cept·ance** *s econ.* uneingeschränktes Ak'zept. **~ as·sem·bly** *s* **1.** Voll-, Gene'ralversammlung *f*: **the G~ A~ of the United Nations. 2. G~ A~** *pol. Am.* Parla'ment *n* (*einiger Einzelstaaten*). **3. G~ A~** *relig. Scot.* oberstes kirchliches Gericht. **~ av·er·age** *s jur. mar.* große Hava'rie. **~ car·go** *s econ. mar.* Stückgut(ladung *f*) *n*, Stückgüter *pl*. **G~ Cer·tif·i·cate of Ed·u·ca·tion** *s ped. Br.:* **~ O level** (*etwa*) mittlere Reife; **~ A level** (*etwa*) Abitur *n*. **~ cred·i·tor** *s econ.* gewöhnlicher *od.* nicht bevorrechtigter Gläubiger. **~ deal·er** *s Br.* Gemischtwarenhändler *m*. **~ de·liv·er·y** *s* mail *Am.* a) (Aufbewahrungs- u. Ausgabestelle *f* für) postlagernde Sendungen *pl*, b) (*als Vermerk*) ,postlagernd'. **~ e·lec·tion** *s pol.* allgemeine Wahlen *pl*, Parla'mentswahlen *pl*. **~ head·quar·ters** *s pl* (*oft als sg konstruiert*) *mil.* Großes 'Hauptquar,tier. **~ hos·pi·tal** *s* **1.** *mil.* 'Kriegslaza,rett *n*. **2.** allgemeines Krankenhaus.

**gen·er·al·is·si·mo** [ˌdʒenərə'lɪsɪməʊ] *pl* **-mos** *s mil.* Genera'lissimus *m*, oberster Befehlshaber.

**gen·er·al·ist** ['dʒenərəlɪst] *s* Genera'list *m* (*Ggs. Spezialist*).

**gen·er·al·i·ty** [ˌdʒenə'rælətɪ] *s* **1.** *meist pl* allgemeine Redensart, Gemeinplatz *m*: **to speak in generalities** sich in allgemeinen Redensarten ergehen. **2.** allgemeines Prin'zip, Regel *f*. **3.** *obs.* Mehrzahl *f*, größter Teil, (*die*) große Masse. **4.** Allge'meingültigkeit *f*. **5.** Unbestimmtheit *f*.

**gen·er·al·i·za·tion** [ˌdʒenərəlaɪ'zeɪʃn; *Am.* -lə'z-] *s* **1.** Verallge'meinerung *f*. **2.** *Logik:* Indukti'on *f*. **gen·er·al·ize** **I** *v/t* **1.** verallge'meinern. **2.** *Logik:* a) indu'zieren, b) generali'sieren. **3.** auf e-e allgemeine Formel bringen. **4.** der Allge'meinheit zugänglich machen. **5.** *paint.* in großen Zügen darstellen. **II** *v/i* **6.** verallge'meinern: a) allgemeine Schlüsse ziehen (**from** aus), b) allgemeine Feststellungen machen. **7.** *med.* sich generali'sieren. **'gen·er·al·ly** *adv* **1.** *oft* **~ speaking** im allgemeinen, allgemein, gene'rell, im großen u. ganzen. **2.** allgemein. **3.** gewöhnlich, meistens, üblicherweise.

**gen·er·al| med·i·cine** *s* Allge'meinmedi,zin *f*. **~ meet·ing** *s econ.* Gene'ral-, Hauptversammlung *f*. **~ of·fi·cer** *s mil.* Offi'zier *m* im Gene'ralsrang. **~ pa·ral·y·sis** *s med.* progres'sive Para'lyse (*spätsyphilitische Erkrankung*). **~ par·don** *s* (Gene'ral)Amne,stie *f*. **~ pause** *s mus.* Gene'ralpause *f*. **G~ Post Of·fice** *s Br.* Hauptpost(amt *n*) *f*. **~ prac·ti·tion·er** *s* Arzt *m* für Allge'meinmedi,zin, praktischer Arzt *Am.* **~ prop·er·ty tax** *s Am.* Vermögenssteuer *f*. **~-ˈpur·pose** *adj tech.* Mehrzweck..., Universal... **~ sci-**

**ence** *s ped. univ.* allgemeine Na'turwissenschaften *pl*.

**'gen·er·al·ship** *s mil.* **1.** Gene'ralsrang *m*. **2.** Strate'gie *f*: a) Feldherrnkunst *f*, b) *a. allg.* geschickte Taktik.

**gen·er·al| staff** *s mil.* Gene'ralstab *m*: **chief of ~** Generalstabschef *m*. **~ strike** *s econ.* Gene'ralstreik *m*.

**gen·er·ate** ['dʒenəreɪt] *v/t* **1.** Elektrizität *etc* erzeugen, Gas, Rauch entwickeln: **to ~ electricity**; **to be ~d** entstehen. **2.** *fig., a. math.* e-e Figur *etc* erzeugen, bilden. **3.** *fig.* bewirken, verursachen, her'vorrufen. **4.** *biol.* zeugen. **5.** *tech.* (*im Abwälzverfahren*) verzahnen.

**'gen·er·at·ing** *adj* erzeugend. **~ mill cut·ter** → generator 4. **~ sta·tion** *s electr.* Kraftwerk *n*.

**gen·er·a·tion** [ˌdʒenə'reɪʃn] *s* **1.** Generati'on *f*: **~ gap** Generationsunterschied *m*; **~s** *colloq.* e-e Ewigkeit. **2.** Generati'on *f*, Menschenalter *n* (*etwa 33 Jahre*): **~s** *colloq.* e-e Ewigkeit. **3.** *biol.* Entwicklungsstufe *f*. **4.** Zeugung *f*, Fortpflanzung *f*: **~ spontaneous 4. 5.** *bes. chem. electr. phys.* Erzeugung *f* (*a. math.*), Entwicklung *f*. **6.** Entstehung *f*. **7.** *econ. tech.* Generati'on *f*: **a new ~ of cars**; **a third-~ computer** ein Computer der dritten Generation. **gen·er·a·tion·al** *adj* Generations...: **~ conflict** (*od.* **clash**) Generationskonflikt *m*. **'gen·er·a·tive** [-rətɪv; -reɪtɪv] *adj* **1.** *biol.* Zeugungs..., Fortpflanzungs..., genera'tiv: **~ power** Zeugungskraft *f*; **~ cell** generative Zelle, Geschlechtszelle *f*. **2.** *biol.* fruchtbar. **3.** *ling.* genera'tiv: **~ grammar**.

**gen·er·a·tor** ['dʒenəreɪtə(r)] *s* **1.** *electr.* Gene'rator *m*, Stromerzeuger *m*, Dy'namo,maschine *f*. **2.** *tech.* a) 'Gaserzeuger *m*, -gene,rator *m*: **~ gas** Generatorgas *n*, b) Dampferzeuger *m*, -kessel *m*. **3.** *chem.* Entwickler *m*. **4.** *tech.* Abwälzfräser *m*. **5.** *biol.* (Er)Zeuger *m*. **6.** *mus.* Grundton *m*. **gen·er·a·trix** ['dʒenəreɪtrɪks; *Am.* ˌ-'reɪ-] *pl* **-tri·ces** [-trɪsiːz] *s math.* Erzeugende *f*.

**ge·ner·ic** [dʒɪ'nerɪk] *adj* (*adv* ~ally) **1.** *biol.* ge'nerisch, Gattungs...: **~ character** Gattungsmerkmal *n*; **~ term** (*od.* **name**) a) Gattungsname *m*, b) *allg.* Oberbegriff *m*. **2.** allgemein, gene'rell.

**gen·er·os·i·ty** [ˌdʒenə'rɒsətɪ; *Am.* -'rɑ-] *s* **1.** Großzügigkeit *f*: a) Freigebigkeit *f*, b) Edelmut *m*, Hochherzigkeit *f*. **2.** edle Tat. **3.** Fülle *f*. **'gen·er·ous** *adj* (*adv* ~ly) **1.** großzügig: a) freigebig, b) edel(mütig), hochherzig. **2.** reichlich, üppig: **a ~ portion**; **a ~ mouth** volle Lippen *pl*. **3.** gehaltvoll, vollmundig (*Wein*). **4.** reich, fruchtbar: **~ soil**. **'gen·er·ous·ness** *s* generosity.

**gen·e·sis** ['dʒenɪsɪs] *pl* **-e·ses** [-siːz] *s* **1.** **G~** *Bibl.* Genesis *f*, 1. Buch Mose. **2.** Ge'nese *f*, Genesis *f*, Entstehung *f*, Entwicklung *f*, Werden *n*. **3.** Ursprung *m*.

**-genesis** [dʒenɪsɪs] *Wortelement mit der Bedeutung* ...erzeugung, ...entstehung.

**gen·et**¹ ['dʒenɪt] *s* **1.** *zo.* Ge'nette *f*, Ginsterkatze *f*. **2.** Ge'nettepelz *m*.

**gen·et**² *obs.* → jennet.

**ge·net·ic** [dʒɪ'netɪk] **I** *adj* (*adv* ~ally) **1.** *bes. biol.* ge'netisch: a) entwicklungsgeschichtlich, Entstehungs..., Entwicklungs..., b) Vererbungs..., Erb...: **~ engineering** Genmanipulation *f*. **II** *s pl* (*als sg konstruiert*) **2.** *biol.* a) Ge'netik *f*, Entstehungslehre *f*, b) Vererbungslehre *f*. **3.** ge'netische Formen *pl* u. Erscheinungen *pl*. **ge'net·i·cal** → genetic I.

**ge·nette** [dʒɪ'net] → genet¹.

**ge·ne·va**¹ [dʒɪ'ni:və] *s* Ge'never *m* (*niederländischer Wacholderschnaps*).

**Ge·ne·va**² [dʒɪ'ni:və] **I** *npr* Genf *n*. **II** *adj* Genfer(...).

**Ge·ne·va| bands** *s pl relig.* Beffchen *n*. **~ Con·ven·tion** *s mil.* Genfer Konven-

ti'on f. **~cross** → red cross 2 a. **~drive** s tech. Mal'teserkreuzantrieb m. **~gown** s relig. Ta'lar m.

**Ge·ne·van** [dʒɪ'niːvən] **I** adj **1.** Genfer(...). **2.** relig. kalvi'nistisch. **II** s **3.** Genfer(in). **4.** relig. Kalvi'nist(in).

**Ge·ne·va stop** s tech. Mal'teserkreuz n.

**Gen·e·vese** [ˌdʒenɪ'viːz] **I** adj Genfer(...). **II** pl **-vese** s Genfer(in).

**gen·ial**[1] ['dʒiːnjəl] adj (adv ~ly) **1.** freundlich (a. fig. Klima etc), herzlich: in ~ company in froher Gesellschaft. **2.** belebend, anregend, wohltuend. **3.** mild, warm: ~**weather. 4.** obs. a) Zeugungs..., b) Ehe...

**ge·ni·al**[2] [dʒɪ'naɪəl] **I** adj anat. zo. Kinn... **II** s zo. Kinnschuppe f.

**ge·ni·al·i·ty** [ˌdʒiːnɪ'ælətɪ], **gen·ial·ness** ['dʒiːnjəlnɪs] s **1.** Freundlichkeit f, Herzlichkeit f. **2.** Milde f.

**-genic** [dʒenɪk] Wortelement mit den Bedeutungen a) ...erzeugend, ...erregend: → carcinogenic, etc, b) gut geeignet für: → telegenic, etc.

**ge·nie** ['dʒiːnɪ] s **1.** dienstbarer Geist. **2.** Dschinn m (Geist im islamischen Volksglauben).

**ge·ni·i** ['dʒiːnɪaɪ] pl von genius 5.

**genio-** [dʒɪnaɪəʊ] Wortelement mit der Bedeutung Kinn...

**gen·i·pap** ['dʒenɪpæp] s bot. (eßbare Frucht vom) Genipbaum m.

**ge·nis·ta** [dʒɪ'nɪstə] s bot. Ginster m.

**gen·i·tal** ['dʒenɪtl] adj anat. zo. **1.** Zeugungs..., Fortpflanzungs... **2.** geni'tal, Geschlechts...: **~ gland** Keimdrüse f; **~ stage** psych. genitale Phase. '**gen·i·tals,** a. **gen·i·ta·lia** [-'teɪljə] s pl Geni'talien pl, Geschlechtsteile pl.

**gen·i·ti·val** [ˌdʒenɪ'taɪvl] → genitive I. '**gen·i·tive** [-tɪv] ling. **I** adj genitivisch, Genitiv...: **~ case** → II. **II** s Genitiv m, zweiter Fall.

**gen·i·tor** ['dʒenɪtə(r)] s biol. Erzeuger m.

**gen·i·to·u·ri·nar·y** [ˌdʒenɪtəʊ'jʊərɪnərɪ; Am. -ˌneriː] adj anat. urogeni'tal (die Harn- u. Geschlechtsorgane betreffend).

**gen·ius** ['dʒiːnjəs] pl '**gen·ius·es** s **1.** Ge'nie n: a) geni'aler Mensch, b) (ohne pl) Geniali'tät f, geni'ale Schöpferkraft. **2.** (na'türliche) Begabung od. Gabe: **to have a ~ for languages** sprachbegabt sein. **3.** ~ Geist m, eigener Cha'rakter, (das) Eigentümliche (e-r Nation, Epoche etc): **~ of a period** Zeitgeist m. **4.** ~ guter Geist. **5.** pl **ge·ni·i** ['dʒiːnɪaɪ] oft G~ antiq. relig. Genius m, Schutzgeist m (a. fig.): **good (evil) ~** guter (böser) Geist (a. fig.). **~ lo·ci** ['ləʊsaɪ] (Lat.) s a) Genius m loci, Schutzgeist m e-s Ortes, b) (besondere) Atmo'sphäre e-s Ortes.

**ge·ni·zah** [ge'niːzə; Am. a. gə,niːˈzɑː] s Ge'nisa f, Ge'niza f (Raum in der Synagoge zur Aufbewahrung schadhaft gewordener Handschriften u. Kultgegenstände).

**gen·o·blast** ['dʒenəʊblæst] s biol. reife Geschlechtszelle.

**gen·o·cid·al** [ˌdʒenəʊ'saɪdl] adj völkermörderisch. '**gen·o·cide** [-saɪd] s Geno'zid m, a. n, Völkermord m.

**Gen·o·ese** [ˌdʒenəʊ'iːz; Am. -nəˈwiːz] **I** pl **-ese** s Genu'eser(in). **II** adj genu'esisch, Genueser(...).

**gen·ome** ['dʒiːnəʊm], a. **gen·om** ['dʒiːnəʊm; Am. -ˌnɑm] s biol. Ge'nom n (einfacher Chromosomensatz e-r Zelle, der deren Erbmasse darstellt).

**gen·o·type** ['dʒenəʊtaɪp; Am. 'dʒiːnə-; 'dʒenə-] s biol. Geno'typ(us) m (Gesamtheit der Erbfaktoren e-s Lebewesens).

**gen·re** ['ʒɑːnrə; 'ʒɑːnrə] s **1.** Genre n, (a. Litera'tur)Gattung f, Art f: ~ (painting) Genremalerei f. **2.** Form f, Stil m.

**gen·ro** [ˌgen'rəʊ] s hist. Genro m (vom

japanischen Kaiser eingesetzter Staatsrat).

**gent**[1] [dʒent] adj obs. **1.** adelig. **2.** ele'gant.

**gent**[2] [dʒent] s **1.** colloq. od. humor. für gentleman: **~'s' hairdresser** Herrenfriseur m. **2.** pl (als sg konstruiert) Br. colloq. ,Herrenklo' n. **3.** Am. colloq. Kerl m.

**gen·teel** [dʒen'tiːl] adj (adv ~ly) **1.** vornehm. **2.** ele'gant, fein. **3.** vornehmtuend, geziert, affek'tiert.

**gen·tian** ['dʒenʃɪən; Am. -tʃən] s **1.** bot. Enzian m. **2.** pharm. a) a. ~ root Enzianwurzel f, b) → gentian bitter. **~bit·ter** s pharm. 'Enziantink,tur f. **~ blue** s Enzianblau n (Farbe).

**gen·tile** ['dʒentaɪl] **I** s **1.** Nichtjude m, -jüdin f, bes. Christ(in). **2.** Heide m, Heidin f. **3.** 'Nichtmor,mone m, -mor,monin f. **II** adj **4.** nichtjüdisch, bes. christlich. **5.** heidnisch. **6.** 'nichtmor,monisch. **7.** [-tɪl; -taɪl] ling. Völker..., e-e Gegend bezeichnend (Wort).

**gen·til·ism** ['dʒentaɪlɪzəm] s Heidentum n.

**gen·til·i·tial** [ˌdʒentɪ'lɪʃl] adj **1.** einheimisch, natio'nal. **2.** Volks..., Familien...

**gen'til·i·ty** s **1.** obs. vornehme 'Herkunft. **2.** a) Vornehmheit f, b) contp. Vornehmtue'rei f.

**gen·tle** ['dʒentl] **I** adj (adv **gently**) **1.** freundlich, sanft, gütig, liebenswürdig: ~ **reader** geneigter Leser. **2.** sanft, leise, leicht, zart, mild, sacht: ~ **blow** leichter od. sanfter Schlag; ~ **hint** zarter Wink; ~ **medicine** mildes Medikament; ~ **rebuke** sanfter od. milder Tadel; ~ **slope** sanfter Abhang; ~ **voice** sanfte Stimme. **3.** zahm, fromm (Tier). **4.** obs. edel, vornehm: of~**birth** von vornehmer Herkunft. **5.** obs. ritterlich. **II** v/t **6.** a) Tier zähmen, b) Pferd zureiten. **7.** besänftigen, mildern. **III** s **8.** Angeln: Fleischmade f (Köder). **9.** weiblicher Wanderfalke. **10.** obs. Mensch m von vornehmer 'Herkunft. **~ breeze** s schwache Brise (Windstärke 3). '~**folk(s)** s pl vornehme od. feine Leute pl.

'**gen·tle·hood** s obs. Vornehmheit f (der 'Herkunft).

**gent·le·man** ['dʒentlmən] s irr **1.** Gentleman m: a) Ehrenmann m, b) Mann m von Lebensart u. Cha'rakter: ~'s (od. **gentlemen's) agreement** Gentleman's od. Gentlemen's Agreement n, econ. etc Vereinbarung f auf Treu u. Glauben; ~'s (a. Kammer)Diener m. **2.** Herr m: **gentlemen** a) (als Anrede) m-e Herren!, b) (in Briefen) Sehr geehrte Herren; **the old ~** humor. der Teufel; ~ **of fortune** Glücksritter m; ~ **friend** Freund m (e-r Dame); ~ **of the road** Wegelagerer m; ~ **farmer** Gutsbesitzer m; ~ **rider** Herrenreiter m. **3.** Titel von Hofbeamten: ~ **in waiting** Kammerherr m. **4.** obs. Privati'er m. **5.** hist. a) Mann m von Stand, b) Br. Edelmann m. ~**tle·man-at-'arms** pl **gen·tle·men-at-'arms** s Br. 'Leibgar,dist. '**gen·tle·man·like** → gentlemanly. '**gen·tle·man,like·ness, gen·tle·man·li·ness** ['dʒentlmənlɪnɪs] s **1.** feines od. vornehmes Wesen. **2.** gebildetes od. feines Benehmen. '**gen·tle·man·ly** adj gentlemanlike, vornehm, fein.

'**gen·tle·ness** s **1.** Freundlichkeit f, Güte f, Liebenswürdigkeit f. **2.** Sanftheit f, Milde f. **3.** obs. vornehme Art.

'**gen·tle,wom·an** s irr Dame f (von Lebensart u. Cha'rakter). '**gen·tle,wom·an,like, gen·tle,wom·an·ly** adj vornehm, fein, damenhaft.

**gen·try** ['dʒentrɪ] s **1.** Oberschicht f. **2.** Br. Gentry f, niederer Adel. **3.** (a. als pl konstruiert) colloq. Leute pl, Sippschaft f.

**gen·u·al** ['dʒenjuəl; Am. -jəwəl] adj anat. zo. Knie...

**gen·u·flect** ['dʒenjuːflekt; Am. -jə-] v/i **1.** relig. e-e Kniebeuge machen. **2.** fig. (before vor dat) a) sich verbeugen, b) contp. e-n Kniefall machen. ¡**gen·u·'flec·tion, bes. Br. a. ¡gen·u·'flex·ion** [-'flekʃn] s **1.** relig. Kniebeuge f. **2.** fig. a) Verbeugung f, b) contp. Kniefall m.

**gen·u·ine** ['dʒenjuɪn; Am. -jəwən] adj (adv ~ly) **1.** echt: a) au'thentisch (Unterschrift etc), b) ernsthaft (Angebot etc), c) aufrichtig (Mitgefühl etc). **2.** na'türlich, ungekünstelt (Lachen, Person). '**gen·u·ine·ness** s **1.** Echtheit f: a) Authentizi'tät f, b) Ernsthaftigkeit f, c) Aufrichtigkeit f. **2.** Na'türlichkeit f.

**ge·nus** ['dʒiːnəs] pl **gen·er·a** ['dʒenərə] s **1.** bot. philos. zo. Gattung f. **2.** Klasse f, Art f.

**geo-** [dʒiːəʊ] Wortelement mit der Bedeutung Erd..., Land...

¡**ge·o'bot·a·ny** s Geobo'tanik f (Wissenschaft von der geographischen Verbreitung der Pflanzen).

¡**ge·o'cen·tric** adj; ¡**ge·o'cen·tri·cal** adj (adv ~ly) astr. geo'zentrisch: a) von der Erde als Mittelpunkt ausgehend, b) auf den Erdmittelpunkt bezogen, vom Erdmittelpunkt aus gerechnet.

¡**ge·o'chem·is·try** s Geoche'mie f (Wissenschaft von der chemischen Zs.-setzung der Erde).

¡**ge·o·chro'nol·o·gy** s Geochronolo'gie f (Teilgebiet der Geologie, das sich mit der absoluten u. relativen Datierung beschäftigt).

¡**ge·o'cy·clic** adj astr. geo'zyklisch (den Umlauf der Erde um die Sonne betreffend).

**ge·ode** ['dʒiːəʊd] s geol. Ge'ode f: a) vulkanisches Gestein mit Hohlraum, an dessen Innenseiten sich Kristalle aus Mineralien bilden, b) Blasenhohlraum e-s Ergußgesteins, der mit Kristallen gefüllt sein kann.

¡**ge·o·des·ic** [ˌdʒiːəʊ'desɪk; -'diːsɪk] adj; ¡**ge·o·des·i·cal** [-kl] adj (adv ~ly) geo'dätisch. **ge·od·e·sist** [dʒiːˈɒdɪsɪst; Am. -'ɑd-] s Geo'dät m. **ge·od·e·sy** s Geodä'sie f (Wissenschaft u. Technik von der Vermessung der Erde).

¡**ge·o·det·ic** [ˌdʒiːəʊ'detɪk] adj; ¡**ge·o·'det·i·cal** [-kl] adj (adv ~ly) geo'dätisch.

¡**ge·o·dy'nam·ics** s pl (als sg konstruiert) Geody'namik f (allgemeine Geologie, die die exogenen u. endogenen Kräfte behandelt).

**ge·og·o·ny** [dʒɪ'ɒgənɪ; Am. dʒiːˈɑg-] s geol. Geoge'nie f, Geogo'nie f (Wissenschaft von der Entstehung der Erde).

**ge·og·ra·pher** [dʒɪ'ɒgrəfə; Am. -'ɑgrəfər] s Geo'graph(in). **ge·o·graph·ic** [ˌdʒiːə'græfɪk; Am. ˌdʒiːə-] adj; **ge·o·'graph·i·cal** [-kl] adj (adv ~ly) geo'graphisch: geographical medicine Geomedizin f (Zweig der Medizin, der sich mit dem Einfluß geographischer u. klimatischer Faktoren auf Vorkommen, Ausbreitung u. Verlauf von Krankheiten befaßt). **ge·og·ra·phy** [dʒɪ'ɒgrəfɪ; Am. dʒiː'ɑg-] s **1.** Geogra'phie f, Erdkunde f. **2.** geo'graphische Abhandlung. **3.** geo'graphische Beschaffenheit.

**ge·o·log·ic** [ˌdʒiːə'lɒdʒɪk; Am. ˌdʒiːəˈlɑ-] adj; **ge·o·'log·i·cal** [-kl] adj (adv ~ly) geo'logisch: geological survey geologische Aufnahme (e-s Gebiets). **ge·ol·o·gist** [dʒɪ'ɒlədʒɪst; Am. dʒiːˈɑl-] s Geo'loge m. **ge·ol·o·gize** v/i a) geo'logische Studien betreiben, b) Geolo'gie stu'dieren. **II** v/t geo'logisch unter'suchen. **ge·ol·o·gy** [dʒɪ'ɒlədʒɪ] s **1.** Geolo'gie f. **2.** geo'logische Abhandlung. **3.** geo'logische Beschaffenheit.

¡**ge·o'mag·net·ism** s phys. 'Erdmagne¡tismus m.

**ge·o·man·cy** [ˈdʒiːəʊmænsɪ] *s* Geoman-ˈtie *f*, Geoˈmantik *f* (*Wahrsagerei aus in die Erde od. auf Papier gezeichneten Punkten*).

**ge·om·e·ter** [dʒɪˈɒmɪtə; *Am.* dʒiːˈɑmə-tər] *s* **1.** *obs.* Geoˈmeter *m*. **2.** Exˈperte *m* auf dem Gebiet der Geomeˈtrie. **3.** *zo.* Spannerraupe *f*. **ge·o·met·ric** [ˌdʒiːəʊˈmetrɪk; *Am.* ˌdʒiːə-] *adj*; **ge·o·met·ri·cal** [-kl] *adj* (*adv* ~ly) geoˈmetrisch: **geometric mean** *math.* geometrisches Mittel, mittlere Proportionale; **geometric series** *math.* geometrische Reihe.

**ge·om·e·tri·cian** [ˌdʒiːəʊməˈtrɪʃn; *Am.* dʒiːˌɑmət-, ˌdʒiːəmə-] → **geometer** 1, 2.

**ge·om·e·trid** [dʒɪˈɒmɪtrɪd; *Am.* dʒiːˈɑmə-] *s zo.* Spanner *m* (*Schmetterling*).

**ge·om·e·trize** [dʒɪˈɒmɪtraɪz; *Am.* dʒiːˈɑmə-] **I** *v/i* nach geoˈmetrischen Meˈthoden arbeiten. **II** *v/t* geoˈmetrisch darstellen. **ge·om·e·try** [-mətrɪ] *s* **1.** Geomeˈtrie *f*. **2.** geoˈmetrische Abhandlung.

**ge·o·mor·phol·o·gy** *s* Geomorpholoˈgie *f* (*Wissenschaft von den Formen der Erdoberfläche u. den sie beeinflussenden Kräften u. Prozessen*).

**ge·o·pha·gia** [ˌdʒiːəˈfeɪdʒə; -dʒɪə; *Am.* ˌdʒiːə-], **ge·oph·a·gism** [dʒɪˈɒfədʒɪzəm; *Am.* dʒiːˈɑf-], **ge·oph·a·gy** [-dʒɪ] *s* Geophaˈgie *f*: a) Sitte, bes. bei Naturvölkern, tonige od. fettige Erde zu essen, b) *med. psych.* krankhafter Trieb, Erde zu essen.

**ge·o·phys·ics** *s pl (als sg konstruiert)* Geophyˈsik *f* (*Teilgebiet der Physik, das sich mit den natürlichen Erscheinungen u. Vorgängen auf der Erde, in ihrem Inneren u. ihrer Umgebung befaßt*).

**ge·o·phyte** [ˈdʒiːəʊfaɪt] *s bot.* Geoˈphyt *m* (*mehrjährige, krautige Pflanze, die ungünstige Jahreszeiten, bes. den Winter, mit Hilfe unterirdischer Organe überdauert*).

**ge·o·pol·i·tics** *s pl (als sg konstruiert)* Geopoliˈtik *f* (*Wissenschaft von der Einwirkung geographischer Faktoren auf politische Vorgänge u. Kräfte*).

**ge·o·pon·ic** [ˌdʒiːəˈpɒnɪk; *Am.* ˌdʒiːə-ˈpɑ-] *adj* **1.** landwirtschaftlich. **2.** ländlich. **II** *s pl (oft als sg konstruiert)* **3.** Landwirtschaft(skunde) *f*.

**George** [dʒɔː(r)dʒ] *s* St ~ der heilige Georg (*Schutzpatron Englands*): St ~'s day Sankt-Georgs-Tag *m* (*23. April*); St ~'s cross Georgskreuz *n*; ~ Cross, ~ Medal *mil.* Br. Georgskreuz *n*, -medaille *f* (*Orden*); by ~! *obs.* Donnerwetter! (*Fluch od. Ausruf*); let ~ do it *Am. fig.* das soll machen, wer Lust hat! **2.** Kleinod *n* mit dem Bild des heiligen Georg (*am Halsband des Hosenbandordens*).

**geor·gette** [dʒɔː(r)ˈdʒet], *a.* ~ **crepe** *s* Georˈgette *m*, dünner Seidenkrepp.

**Geor·gian** [ˈdʒɔː(r)dʒən; *bes. Am.* -dʒən] **I** *adj* **1.** *hist.* Br. georgiˈanisch: a) *aus der Zeit der Könige Georg I.–IV.* (*1714–1830*), b) *aus der Zeit der Könige Georg V. u. VI.* (*1910–52*). **2.** georˈginisch (*den Staat Georgia der USA betreffend*). **3.** geˈorgisch (*die Sowjetrepublik Georgien betreffend*). **II** *s* **4.** Geˈorgier(in). **5.** *bes. arch.* (*das*) Georgiˈanische, georgiˈanischer Stil.

**ge·o·sci·ence** *s* Geowissenschaft *f* (*e-e der Wissenschaften, die sich mit der Erforschung der Erde befassen*).

**ge·o·sphere** *s* Geoˈsphäre *f* (*Raum, in dem die Gesteinskruste der Erde, die Wasser- u. die Lufthülle aneinandergrenzen*).

**ge·o·sta·tion·ar·y** *s* geostatioˈnär (*über dem Äquator zu Orten auf der Erde stets die gleiche Position habend*): ~ satellite.

**ge·o·tax·is** *s biol.* Geoˈtaxis *f* (*Orientierungsbewegung, die in der Richtung durch die Erdschwerkraft bestimmt ist*).

**ge·o·tec·ton·ics** *s pl (als sg konstruiert)* Geotekˈtonik *f* (*Teilgebiet der Geologie, das sich mit dem Aufbau u. der Entwicklung, mit Bewegungen, Verlagerungen u. magmatischen Erscheinungen der Erdkruste befaßt*).

**ge·ra·ni·um** [dʒɪˈreɪnjəm; -nɪəm] *s bot.* **1.** Storchschnabel *m*. **2.** (*e-e*) Pelarˈgonie, Geˈranie *f*.

**ger·fal·con** → **gyrfalcon**.

**ger·i·a·tri·cian** [ˌdʒerɪəˈtrɪʃn] *s med.* Geriˈater *m*, Facharzt *m* für Alterskrankheiten. **ger·i·at·rics** [-ˈætrɪks] *s pl (als sg konstruiert) med.* Geriaˈtrie *f*, Altersheilkunde *f*. **ger·i·at·rist** → **geriatrician**.

**germ** [dʒɜːm; *Am.* dʒɜrm] **I** *s* **1.** *biol. bot.* Keim *m* (*a. fig.* Ansatz, Ursprung): **in** ~ *fig.* im Keim, im Werden. **2.** *biol.* Miˈkrobe *f*. **3.** *med.* Keim *m*, Baˈzillus *m*, Bakˈterie *f*, (Krankheits)Erreger *m*. **II** *v/i u. v/t* **4.** keimen (lassen).

**ger·man¹** [ˈdʒɜːmən; *Am.* ˈdʒɜr-] *adj* **1.** (*nachgestellt*) leiblich: → **brother-german**. **2.** → **germane** 1–3.

**Ger·man²** [ˈdʒɜːmən; *Am.* ˈdʒɜr-] **I** *adj* **1.** deutsch. **II** *s* **2.** Deutsche(r *m*) *f*. **3.** *ling.* Deutsch *n*, das Deutsche: **in** ~ a) auf deutsch, b) im Deutschen; **into** ~ ins Deutsche; **from (the)** ~ aus dem Deutschen.

**Ger·man-A·mer·i·can I** *adj* ˈdeutschameriˌkanisch. **II** *s* ˈDeutschameriˌkaner(in). ~ **band** *s Am.* (Gruppe *f* von) ˈStraßenmusiˌkanten *pl.* ~ **Con·fed·er·a·tion** *s hist.* Deutscher Bund.

**ger·man·der** [dʒɜːˈmændə(r); *Am.* dʒɜr-] *s bot.* **1.** Gaˈmander *m*. **2.** *a.* ~ **speedwell** Gaˈmanderehrenpreis *m*.

**ger·mane** [dʒɜːˈmeɪn; *Am.* dʒɜr-] *adj* **1.** (**to**) gehörig (zu), in Zs.-hang od. Beziehung stehend (mit), verwandt (*dat*), betreffend (*acc*): **a question** ~ **to the issue** e-e zur Sache gehörige Frage. **2.** (**to**) passend (zu), angemessen (*dat*). **3.** einschlägig. **4.** → **german¹** 1.

**Ger·man·ic¹** [dʒɜːˈmænɪk; *Am.* dʒɜr-] **I** *adj* **1.** gerˈmanisch. **2.** deutsch. **II** *s* **3.** *ling.* das Gerˈmanische, die gerˈmanische Sprachgruppe: **Primitive** ~ das Urgermanische. **4.** *pl (als sg konstruiert)* Gerˈmanistik *f*.

**ger·man·ic²** [dʒɜːˈmænɪk; *Am.* dʒɜr-] *adj chem.* Germanium...: ~ **acid**.

**Ger·man·ism** [ˈdʒɜːmənɪzəm; *Am.* ˈdʒɜr-] *s* **1.** *ling.* Germaˈnismus *m*, deutsche Spracheigenheit. **2.** (*etwas*) typisch Deutsches. **3.** (*typisch*) deutsche Art, Deutschtum *n*. **4.** Deutschfreundlichkeit *f*. **Ger·man·ist** *s ling.* Germaˈnist(in). **ger·man·ite** [ˈdʒɜːmənaɪt; *Am.* ˈdʒɜr-] *s min.* Germaˈnit *m*. **Ger·man·i·ty** [dʒɜːˈmænətɪ; *Am.* dʒɜr-] → **Germanism** 3.

**ger·ma·ni·um** [dʒɜːˈmeɪnɪəm; *Am.* dʒɜr-] *s chem.* Gerˈmanium *n*.

**Ger·man·i·za·tion** [ˌdʒɜːmənaɪˈzeɪʃn; *Am.* ˌdʒɜrmənəˈz-] *s* Germaniˈsierung *f*, Eindeutschung *f*. **Ger·man·ize I** *v/t* germaniˈsieren, eindeutschen. **II** *v/i* sich germaniˈsieren, deutsch werden.

**Ger·man mea·sles** *s pl (als sg konstruiert) med.* Röteln *pl.*

**Ger·man·o·phil** [dʒɜːˈmænəfɪl; *Am.* dʒɜr-], **Ger·man·o·phile** [-faɪl; -fɪl] **I** *adj* germanoˈphil, deutschfreundlich. **II** *s* Deutschfreundliche(r *m*) *f*. **Ger·man·o·phil·i·a** [-ˈfɪlɪə] *s* Germanophiˈlie *f*, Deutschfreundlichkeit *f*. **Ger·man·o·phobe** [-fəʊb] *s* Deutschfeindliche(r *m*) *f*. **Ger·man·o·pho·bi·a** [-ˈfəʊbjə; -bɪə] *s* Germanophoˈbie *f*, Deutschfeindlichkeit *f*.

**ger·man·ous** [dʒɜːˈmænəs; -ˈmeɪ-; *Am.* dʒɜr-] *adj chem.* Germanium-(II)-...

**Ger·man po·lice dog,** ~ **shep·herd (dog)** *s Am.* Deutscher Schäferhund. ~ **sil·ver** *s* Neusilber *n*. ~ **steel** *s tech.* Schmelzstahl *m*. ~ **text,** ~ **type** *s print.* Frakˈtur(schrift) *f*.

**germ|car·ri·er** *s med.* Keim-, Baˈzillenträger *m*. ~ **cell** *s biol.* Keim-, Geschlechtszelle *f*.

**ger·men** [ˈdʒɜːmən; *Am.* ˈdʒɜr-] *pl* **-mens, -mi·na** [-mɪnə] *s bot.* Fruchtknoten *m*.

**germ|free** *adj med.* keimfrei, steˈril. ~ **gland** *s zo.* Keimdrüse *f*.

**ger·mi·cid·al** [ˌdʒɜːmɪˈsaɪdl; *Am.* ˌdʒɜr-] *adj* keimtötend. **ger·mi·cide** [-saɪd] *adj u. s* keimtötend(es Mittel).

**ger·mi·na** [ˈdʒɜːmɪnə; *Am.* ˈdʒɜr-] *pl von* **germen**.

**ger·mi·nal** [ˈdʒɜːmɪnl; *Am.* ˈdʒɜr-] *adj* (*adv* ~ly) **1.** *biol.* Keim(zellen)... **2.** *med.* Keim..., Bakterien... **3.** *fig.* im Keim befindlich, entwickelnd: ~ **ideas.** ~ **disk** *s biol.* Keimscheibe *f*. ~ **lay·er** *s* **1.** *anat.* Keimschicht *f* (*bes. der Oberhaut*). **2.** *biol.* → **germ layer.** ~ **ves·i·cle** *s biol.* Keimbläs-chen *n*.

**ger·mi·nant** [ˈdʒɜːmɪnənt; *Am.* ˈdʒɜr-] *adj* keimend (*a. fig.*). **ger·mi·nate** [ˈdʒɜːmɪneɪt; *Am.* ˈdʒɜr-] *bot.* **I** *v/i* keimen (*a. fig.* sich entwickeln). **II** *v/t* zum Keimen bringen, keimen lassen (*a. fig.*). **ger·mi·na·tion** *s* Keimen *n* (*a. fig.*). **ger·mi·na·tive** [-nətɪv; *Am. bes.* -ˌneɪtɪv] *adj bot.* **1.** Keim... **2.** (keim)entwicklungsfähig.

**germ| lay·er** *s biol.* Keimblatt *n*, -schicht *f.* ~ **plasm** *s biol.* Keimplasma *n.* **~-proof** *adj* keimsicher, -frei. ~ **the·o·ry** *s* **1.** *biol.* Fortpflanzungstheoˈrie *f.* **2.** *med.* Infektiˈonstheoˌrie *f.* ~ **tube** *s bot.* Keimschlauch *m.* ~ **war·fare** *s mil.* Bakˈterienkrieg *m*, bioˈlogische Kriegführung.

**ge·ron·toc·ra·cy** [ˌdʒerɒnˈtɒkrəsɪ; *Am.* ˌdʒerən-ˈtɑ-] *s pol.* Gerontokraˈtie *f*, Altenherrschaft *f*.

**ger·on·tol·o·gist** [ˌdʒerɒnˈtɒlədʒɪst; *Am.* ˌdʒerən-ˈtɑ-] *s med.* Gerontoˈloge *m*. **ger·on·tol·o·gy** *s med.* Gerontoloˈgie *f*, Alternsforschung *f*.

**ger·ry·man·der** [ˈdʒerɪmændə(r)] **I** *v/t* **1.** *pol.* die Wahlbezirksgrenzen in e-m Gebiet manipuˈlieren. **2.** Tatsachen *etc* (*zum eigenen Vorteil*) verdrehen. **II** *s* **3.** *pol.* a) Manipuˈlierung *f* von Wahlbezirksgrenzen, b) manipuˈlierte Wahlbezirksgrenzen *pl.*

**ger·und** [ˈdʒerənd] *s ling.* Geˈrundium *n*. **ge·run·di·al** [dʒɪˈrʌndɪəl] *adj* Gerundial...

**ger·un·di·val** [ˌdʒerənˈdaɪvl] *adj ling.* Gerundiv..., gerunˈdivisch. **ge·run·dive** [dʒɪˈrʌndɪv] *s ling.* Gerunˈdiv *n*.

**Ge·samt·kunst·werk** [gəˈzamtˌkʊnstverk] (*Ger.*) *s thea.* Gesamtkunstwerk *n*.

**ge·sell·schaft** [gəˈzelʃaft] (*Ger.*) *s* Gesellschaft *f*.

**ges·so** [ˈdʒesəʊ] *s* **1.** *paint. etc* Gips *m*. **2.** Gips-, Kreidegrund *m*.

**gest** [dʒest] *s obs.* **1.** (Helden)Tat *f*. **2.** Verserzählung *f*, -epos *n*. **3.** Posse *f*.

**Ge·stalt psy·chol·o·gy** [gəˈʃtaːlt] *s* Geˈstaltpsychoˌlogie *f*.

**ges·tate** [dʒeˈsteɪt; *bes. Am.* ˈdʒesteɪt] **I** *v/i* **1.** a) schwanger sein, b) *zo.* trächtig sein, tragen. **2.** *fig.* reifen. **II** *v/t* **3.** tragen. **4.** *fig.* im Keim entwickeln.

**ges·ta·tion** [dʒeˈsteɪʃn] *s* **1.** a) Schwangerschaft *f*, b) *zo.* Trächtigkeit *f*: ~ **period** Schwangerschaftsperiode *f*, *zo.* Trag(e)zeit *f*. **2.** *fig.* Reifen *n*: ~ **period** Reifeprozeß *m*. **ges·ta·tion·al** *adj* a) Schwangerschafts..., b) *zo.* Trächtigkeits...

**ges·ta·to·ri·al (chair)** [ˌdʒestəˈtɔːrɪəl] *s* Tragsessel *m* (*des Papstes*).

**geste** → gest.

**ges·tic** ['dʒestɪk] *adj* Gesten..., Gebärden...

**ges·tic·u·late** [dʒe'stɪkjʊleɪt] **I** *v/i* gestiku'lieren, Gebärden machen, (her'um-)fuchteln. **II** *v/t* durch Gesten *od.* Gebärden ausdrücken. **ges,tic·u'la·tion** *s* **1.** Gestikulati'on *f*, Gebärdenspiel *n*, Gestik *f*, Gesten *pl*. **2.** lebhafte Geste. **ges'tic·u·la·to·ry** [-lətərɪ; *Am.* -lə₁təʊ-ri:; ₁tɔ:-], *a.* **ges'tic·u·la·tive** [-lətɪv; *Am.* -₁leɪ-] *adj* gestiku'lierend.

**ges·ture** ['dʒestʃə(r)] **I** *s* **1.** Geste *f* (*a. fig.*), Gebärde *f*: a ~ of friendship e-e freundschaftliche Geste; a mere ~ e-e bloße Geste. **2.** Gebärdenspiel *n*. **II** *v/t u. v/i* → gesticulate.

**get** [get] **I** *s* **1.** *Tennis: colloq.* Rückschlag *m*. **2.** *zo.* Nachkomme(n *pl*) *m*. **3.** *Br.* Fördermenge *f*.

**II** *v/t pret* **got** [gɒt; *Am.* gɑt] *obs.* **gat** [gæt], *pp* **got** [gɒt; *Am.* gɑt] *Am.* **gotten** ['gɑtn] **4.** bekommen, erhalten, ,kriegen': to ~ a letter; to ~ no answer; to ~ it *colloq.* ,sein Fett (ab)kriegen', ,eins aufs Dach kriegen'; to ~ a good start e-n guten Start haben; to ~ a station (*Radio*) e-n Sender (rein)bekommen; to ~ it into one's head es sich in den Kopf setzen; we could ~ no leave wir konnten keinen Urlaub bekommen; he's got it bad(ly) *colloq.* ,ihn hat es schwer erwischt' (*er ist schwer erkrankt, heftig verliebt etc*). **5.** sich *etwas* verschaffen *od.* besorgen: to ~ a car. **6.** erwerben, gewinnen, verdienen, erringen, erzielen: to ~ fame Ruhm erringen *od.* erwerben *od.* erlangen; to ~ a victory e-n Sieg erringen *od.* erzielen; to ~ wealth Reichtum erwerben. **7.** *Wissen, Erfahrung etc* erwerben, sich aneignen, (er)lernen: to ~ by heart auswendig lernen. **8.** *Kohle etc* gewinnen, fördern. **9.** erwischen: a) (zu fassen) ,kriegen', fassen, packen, fangen, b) ertappen, c) treffen: he'll ~ you in the end er kriegt dich doch; you've got me there! *colloq.* da hast du mich drangekriegt!; that ~s me *colloq.* a) das kapier' ich nicht, b) das geht mir auf die Nerven, c) das packt mich, das geht mir unter die Haut. **10.** a) holen: to ~ help, b) ('hin-)bringen: to ~ s.o. to bed j-n ins Bett bringen; ~ me a chair! bring *od.* hole mir e-n Stuhl!, c) schaffen, bringen, befördern: ~ it out of the house! schaffe es aus dem Haus!; to ~ o.s. home sich nach Hause begeben. **11.** beschaffen, besorgen (for s.o. j-m): I can ~ it for you. **12.** (*a. telefonisch*) erreichen. **13.** a) to have got haben: I've got no money; she's got a pretty face; got a knife? *colloq.* hast du ein Messer?, b) to have got to müssen: we have got to do it. **14.** machen, werden lassen, in e-n (*bestimmten*) Zustand versetzen *od.* bringen: to ~ one's feet wet nasse Füße bekommen; to ~ s.th. ready etwas fertigmachen *od.* -bringen; to ~ s.o. nervous j-n nervös machen; I got my arm broken ich habe mir den Arm gebrochen. **15.** (*mit pp*) lassen: to ~ one's hair cut sich die Haare schneiden lassen; to ~ s.th. done etwas erledigen (lassen); to ~ things done etwas zuwege bringen. **16.** (*mit inf*) dazu *od.* dahin bringen, bewegen, veranlassen: to ~ s.o. to speak j-n zum Sprechen bringen *od.* bewegen; to ~ s.th. to burn etwas zum Brennen bringen. **17.** (*mit pres p*) to ~ going a) e-e Maschine etc, fig. a. Verhandlungen etc in Gang bringen, b) fig. Schwung bringen in (*e-e Party etc*). **18.** *obs.* zeugen. **19.** zu-, vorbereiten, 'herrichten: to ~ dinner. **20.** *Br. colloq.* essen: ~ your dinner! **21.** *colloq.* ,ka'pieren', (*a. akustisch*) verstehen: I

didn't ~ his name; I don't ~ him ich versteh' nicht, was er will; I don't ~ that das kapier' ich nicht; got it? kapiert?; don't ~ me wrong! versteh mich nicht falsch! **22.** *Am. colloq.* ,erledigen' (*töten*). **23.** *colloq.* nicht mehr loslassen, über'wältigen.

**III** *v/i* **24.** kommen, gelangen: to ~ as far as Munich bis nach München kommen; to ~ home nach Hause kommen, zu Hause ankommen; where has it got to? wo ist es hingekommen?; to ~ into debt in Schulden geraten; to ~ into a rage e-n Wutanfall kriegen; to ~ there *colloq.* ,es schaffen', sein Ziel erreichen, b) ,dahinterkommen' (*es verstehen*); to ~ nowhere, not to ~ anywhere nicht weit kommen, keinerlei Erfolg haben. **25.** (*mit inf*) dahin gelangen *od.* kommen, dazu 'übergehen: he got to like it er hat es liebgewonnen; they got to be friends sie wurden Freunde; to ~ to know it es erfahren *od.* kennenlernen. **26.** (*mit adj od. pp*) werden, in (*e-n bestimmten Zustand etc*) geraten: to ~ caught gefangen *od.* erwischt werden; to ~ dressed sich anziehen; to ~ tired müde werden, ermüden; → busy 2, drunk 1, *etc.* **27.** (*mit pres p*) beginnen, anfangen: they got quarrel(l)ing sie fingen an zu streiten; to ~ going a) in Gang kommen (*Maschine etc, fig. a. Verhandlungen etc*), b) fig. in Schwung kommen (*Party etc*); to ~ going on (*od.* with) s.th. etwas in Angriff nehmen; to ~ talking a) zu reden anfangen, b) ins Gespräch kommen. **28.** reich werden. **29.** *sl.* ,verduften', ,abhauen'.

*Verbindungen mit Präpositionen:*

**get| a·cross** *v/i bes. Br. colloq.* **1.** j-n ärgern. **2.** sich anlegen mit. ~ **af·ter** *v/t Am. colloq.* j-m zu Leibe rücken, sich j-n ,vorknöpfen'. ~ **a·round** *v/i colloq.* **1.** *Gesetz, Problem etc* um'gehen. **2.** j-n ,her'umkriegen'. ~ **at** *v/t* **1.** her'ankommen an (*acc*), erreichen. **2.** ,kriegen', ,auftreiben'. **3.** an j-n ,rankommen', j-m beikommen. **4.** etwas auszusetzen haben an (*dat*). **5.** etwas her'ausbekommen, e-r Sache auf den Grund kommen. **6.** sagen wollen: what is he getting at? worauf will er hinaus? **7.** *colloq.* a) ,schmieren', bestechen, b) zu ,schmieren' versuchen. ~ **be·hind** *v/t* **1.** sich stellen hinter (*acc*). **2.** zu'rückbleiben hinter (*dat*). **3.** unter'stützen. ~ **in·to I** *v/i* **1.** (hin'ein-)kommen *od.* (-)gelangen *od.* (-)geraten in (*acc*): what's got into you? *colloq.* was ist (denn) in dich gefahren?, was ist (denn) mit dir los? **2.** a) *Kleidungsstück* anziehen, schlüpfen in (*acc*), b) (hin'ein-)kommen *od.* (-)passen in (*acc*). **3.** steigen in (*acc*). **4.** sich *etwas* angewöhnen: to ~ a habit e-e Gewohnheit annehmen; to ~ the habit of doing s.th. (es) sich angewöhnen, etwas zu tun; to ~ the habit of smoking sich das Rauchen angewöhnen. **5.** sich einarbeiten in (*acc*): he had soon got into his new job er hatte sich schnell eingearbeitet. **II** *v/t* **6.** j-n bringen in (*acc*). **7.** to ~ s.o. into s.th. j-m etwas angewöhnen: who (what) got you into smoking? wer (was) hat dich dazu gebracht, mit dem Rauchen anzufangen? ~ **off** *v/i* **1.** absteigen von. **2.** aussteigen aus. **3.** her'untergehen *od.* -kommen von. **4.** sich losmachen von, freikommen von. ~ **on** *v/i* **1.** *ein Pferd, e-n Wagen etc* besteigen, aufsteigen auf (*acc*). **2.** einsteigen in (*acc*). **3.** sich stellen auf (*acc*): to ~ one's feet (*od.* legs) sich erheben. ~ **out of I** *v/i* **1.** her'aussteigen aus. **2.** her'aus- *od.* hin'auskommen *od.* -gelangen aus. **3.** sich *etwas* abgewöhnen: to ~ a habit e-e Gewohnheit ablegen; to ~

the habit of doing s.th. (es) sich abgewöhnen, etwas zu tun; to ~ the habit of smoking sich das Rauchen abgewöhnen. **4.** *econ. colloq.* ,aussteigen' aus (*e-r Transaktion*). **5.** sich drücken vor (*dat*). **II** *v/t* **6.** *Geld etc* aus j-m ,her'ausholen' *od.* her'auslocken. **7.** *etwas* bei e-r Sache gewinnen, erhalten: I got nothing out of it ich ging leer aus. ~ **o·ver** *v/t* **1.** hin'wegkommen über (*acc*): a) (hin'über)kommen, (-)gelangen über (*acc*), b) *fig.* sich hin'wegsetzen über (*acc*), über'winden. **2.** sich erholen von, über'stehen. ~ **round** → get around. ~ **through** *v/i* **1.** kommen durch (*e-e Prüfung, den Winter etc*). **2.** *Geld* 'durchbringen. **3.** etwas erledigen. ~ **to** *v/i* **1.** kommen nach, erreichen. **2.** a) sich machen an (*acc*), b) (zufällig) dazu kommen: we got to talking about it wir kamen darauf zu sprechen.

*Verbindungen mit Adverbien:*

**get| a·bout** *v/i* **1.** her'umgehen, auf den Beinen sein (*nach e-r Krankheit*). **2.** her'umkommen. **3.** sich her'umsprechen *od.* verbreiten (*Gerücht etc*). ~ **a·cross I** *v/t* **1.** verständlich machen, klarmachen. **2.** e-r Sache Wirkung *od.* Erfolg verschaffen, etwas ,an den Mann bringen': to get the idea across. **II** *v/i* **3.** a) ,ankommen', b) sich verständlich machen. **4.** a) ,ankommen', ,einschlagen', Anklang finden, b) ,klappen', c) klarwerden (to j-m). ~ **a·long I** *v/t* **1.** vorwärts-, weiterbringen. **II** *v/i* **2.** vorwärts-, weiterkommen (*a. fig.*). **3.** auskommen, sich vertragen (with s.o. mit j-m): they ~ well sie kommen gut miteinander aus. **4.** zu'recht-, auskommen (with s.th. mit etwas). **5.** weitergehen: I must be getting along ich muß mich auf den Weg machen; ~! verschwinde!; ~ with you! *colloq.* a) verschwinde!, b) jetzt hör aber auf! **6.** älter werden. ~ **a·round** *v/i* → **1.** → get about. **2.** → get round II. ~ **a·way I** *v/t* **1.** fortschaffen, wegbringen. **II** *v/i* **2.** loskommen, sich losmachen: you can't ~ from that a) darüber kannst du dich nicht hinwegsetzen, b) das mußt du doch einsehen; you can't ~ from the fact that man kommt um die Tatsache nicht herum, daß. **3.** entkommen, -wischen: he got away with it this time *colloq.* a) diesmal kam er ungestraft davon, b) diesmal gelang es ihm *od.* hatte er Glück; he gets away with everything (*od.* with murder) *colloq.* er kann sich alles erlauben *od.* leisten. **4.** *sport* a) starten, b) sich freimachen, loskommen. **5.** ~ with ,wegputzen', aufessen, austrinken. **6.** → get along 5. ~ **back I** *v/t* **1.** zu'rückbekommen, -erhalten. **2.** zu'rückholen: to get one's own back *colloq.* sich rächen; to get one's own back on s.o. → 4. **II** *v/i* **3.** zu'rückkommen. **4.** ~ at s.o. *colloq.* sich an j-m rächen, es j-m heimzahlen. ~ **be·hind** *v/i* **1.** zu'rückbleiben. **2.** in Rückstand kommen (with mit). ~ **by** *v/i* **1.** unbemerkt vor'beigelangen. **2.** ungeschoren da'vonkommen. **3.** zu'recht-, 'durch-, auskommen, ,es schaffen'. **4.** gerade noch annehmbar sein (*Arbeit etc*), gerade noch ausreichen (*Kenntnisse*). ~ **down I** *v/t* **1.** hin'unterbringen. **2.** her'unterholen. **3.** *Essen etc* ,runterkriegen'. **4.** aufschreiben. **5.** *fig.* j-n ,fertigmachen', depri'mieren. **II** *v/i* **6.** her'unterkommen, -steigen. **7.** aus-, absteigen. **8.** ~ to s.th. sich an etwas (her'an)machen: → business 9, brass tacks. ~ **in I** *v/t* **1.** hin'einbringen, -schaffen, -bekommen, e-e Ernte einbringen. **3.** einfügen. **4.** e-e Bemerkung, e-n Schlag etc anbringen. **5.** e-n Arzt holen, kommen

lassen, rufen, *e-n Spezialisten etc* zu-ziehen. **II** *v/i* **6.** hin|ein-, her|eingelangen, -kommen, -gehen. **7.** einsteigen. **8.** *pol.* (ins Parla|ment *etc*) gewählt werden. **9.** ~ **on** *colloq.* sich beteiligen an (*dat*), mit-machen bei: **to ~ on the act** mitmachen. **10.** ~ **with** sich anfreunden *od.* einlassen mit. ~ **off I** *v/t* **1.** *Kleidungsstück* aus-ziehen. **2.** losbekommen, -kriegen: **his counsel got him off** sein Anwalt er-wirkte s-n Freispruch. **3.** *Waren* los-werden. **4.** *e-n Witz etc* ,vom Stapel las-sen'. **5.** *ein Telegramm etc* ,loslassen', absenden. **6.** ~ **(to sleep)** zum (Ein-) Schlafen bringen. **II** *v/i* **7.** abreisen, auf-brechen. **8.** *aer.* abheben. **9.** (**from**) ab-steigen (von), aussteigen (aus): **to tell s.o. where to ~** *colloq.* ,j-m Bescheid stoßen'. **10.** da|vonkommen (**with a caution** mit e-r Verwarnung): **to ~ cheaply** *colloq.* a) billig wegkommen, b) mit e-m blauen Auge davonkommen. **11.** entkommen. **12.** (*von der Arbeit*) weg-kommen: **he got off early. 13.** ~ **(to sleep)** einschlafen. **14.** *colloq.* ,high' werden: **to ~ on heroine** auf e-n ,Herointrip' gehen. **15.** *colloq.* ,kommen' (*e-n Orgasmus haben*). **16.** *colloq.* ,aus-flippen' (*außer sich geraten*) (**on** bei). ~ **on I** *v/i* **1.** vorwärts-, vor|ankommen (*a. fig.*): **to ~ in one's job; to ~ in life** a) es zu etwas bringen, b) *a.* **to ~ (in years)** älter werden; **to be getting on for sixty** auf die Sechzig zugehen; **to ~ without s.th.** ohne etwas auskommen; **I must be get-ting on** ich muß weiter; **it is getting on for 5 o'clock** es geht auf 5 Uhr (zu); **it was getting on** es wurde spät; **let's ~ with our work!** machen wir weiter! **2.** → **get along** 3, 4. **3.** ~ **to** a) *Br.* sich in Verbindung setzen mit, *teleph.* j-n an-rufen, b) *colloq. etwas* ,spitzkriegen', hin-ter *e-e Sache* kommen, c) *colloq.* j-m auf die Schliche kommen. **II** *v/t* **4.** *Klei-dungsstück* anziehen. **5.** weiterbringen, vor|anbringen. ~ **out I** *v/t* **1.** her|ausbe-kommen, ,her|auskriegen' (*a. fig.*): **to ~ a secret. 2.** her|ausholen. **3.** hin|ausschaf-fen, -befördern. **4.** *Worte etc* her|ausbrin-gen. **II** *v/i* **5.** aussteigen, her|auskom-men. **6.** hin|ausgehen: ~**! raus! 7.** ent-kommen: **to ~ from under** *Am. colloq.* mit heiler Haut davonkommen. **8.** *econ. colloq.* ,aussteigen' (**of** aus *e-r Trans-aktion*). **9.** *fig.* |durchsickern, her|aus-kommen (*Geheimnis etc*). ~ **o·ver I** *v/t* **1.** hinter sich bringen, erledigen. **2.** j-n auf s-e Seite bringen. **3.** → **get across** 1. **II** *v/i* **4.** hin|über-, her|überkommen, ,ge-langen. **5.** → **get across** 4 c. ~ **round I** *v/t* j-n ,her|umkriegen', beschwatzen. **II** *v/i* dazu kommen: **I never got round to doing it** ich kam nie dazu (, es zu tun). ~ **through I** *v/t* **1.** |durchbringen, -be-kommen (*a. fig.*). **2.** → **get over** 1. **3.** *etwas* klarmachen (**to s.o.** j-m). **II** *v/i* **4.** |durchkommen: a) das Ziel erreichen, b) (*ein Examen*) bestehen, c) |durch-gehen (*Gesetzesvorlage*), d) *teleph.* An-schluß bekommen. **5.** fertig werden (**with mit**). **6.** klarwerden (**to s.o.** j-m). ~ **to·geth·er I** *v/t* **1.** *Menschen etc* zs.-bringen. **2.** zs.-tragen, ansammeln. **3.** **to get it together** *colloq.* ,es bringen'. **II** *v/i* **4.** zs.-kommen. **5.** sich einig werden (**on** über *acc*). ~ **up I** *v/t* **1.** hin|auf-, her|aufbringen, -schaffen. **2.** ins Werk setzen. **3.** veranstalten, or-gani|sieren. **4.** ein-, |herrichten, vorbe-reiten. **5.** konstru|ieren, -basteln. **6.** j-n her|ausputzen: **to get o.s. up. 7.** *ein Buch etc* ausstatten, *Waren* (hübsch) aufma-chen. **8.** *thea.* |einstu|dieren, insze|nieren. **9.** *colloq.* lernen, ,büffeln'. **10.** *Am. colloq. ein Gefühl* aufbringen. **II** *v/i* **11.** auf-

---

stehen, (*von e-m Stuhl etc a.*) sich erheben. **12.** (hin-, her)|aufsteigen, steigen (**on** auf *acc*): **to ~ in the world** *fig.* (in der Welt *od.* im Leben) vorankommen. **13.** hin|auf-, her|aufkommen. **14.** sich nähern. **15.** auf-frischen (*Wind*). **16.** ~ **up!** hü(h)!, hott! (*vorwärts*).

**get|-at-a·ble** [get|ætəbl] *adj colloq.* **1.** erreichbar (*Ort od. Sache*): **it's not ~** man kommt nicht ,ran'. **2.** zugänglich (*Ort od. Person*). **3.** zu erfahren(d). '**~·a·way I** *s* **1.** Flucht *f*: **to make one's ~** entkommen, -wischen. **2.** *sport* Start *m*. **3.** *mot.* Anzugsvermögen *n*. **II** *adj* **4.** Flucht...: ~ **car.** '**~-off** *s aer.* Abheben *n*.

**get·ter** ['getə(r)] *s* **1.** *Bergbau:* Hauer *m*. **2.** *electr.* Getter *n*, Fangstoff *m*.

'**get|-to,geth·er** *s colloq.* (zwangloses) Treffen *od.* Bei|sammensein, (zwang-lose) Zs.-kunft: **to have a ~** sich treffen, zs.-kommen. ,**~·'tough** *adj Am. colloq.* aggres|siv, entschlossen: ~ **policy.** '**~-up** *s colloq.* **1.** Aufbau *m*, Anordnung *f*, Struk|tur *f*. **2.** Aufmachung *f*: a) Aus-stattung *f*, b) ,Aufzug' *m*, Kleidung *f*. **3.** *thea.* Insze|nierung *f*. ,**~-'up-and--'go** *s colloq.* Unter|nehmungsgeist *m*, E|lan *m*. ,**~-'well** *adj*: **to send s.o. a ~ card** j-m e-e Karte schicken u. ihm gute Besserung wünschen.

**gew·gaw** ['gju:gɔ:] *I s* **1.** protziges, aber wertloses Schmuckstück. **2.** *fig.* Lap|pa-lie *f*, Kleinigkeit *f*. **II** *adj* **3.** protzig, aber wertlos.

**gey·ser** *s* **1.** ['gaɪzə(r); *Br. a.* 'gi:zə] Geysir *m*. **2.** ['gi:zə] *Br.* ('Gas|)Durch-lauferhitzer *m*.

**gey·ser·ite** ['gaɪzəraɪt; *Br. a.* 'gi:-] *s min.* Geyse|rit *m*.

**ghast·li·ness** ['gɑ:stlɪnɪs; *Am.* 'gæst-] *s* **1.** Gräßlichkeit *f*. **2.** gräßliches Aussehen. **3.** Totenblässe *f*. '**ghast·ly I** *adj* **1.** gräßlich, greulich, entsetzlich, schreck-lich (*alle a. fig. colloq.*). **2.** gespenstisch. **3.** totenbleich. **4.** verzerrt: **a ~ smile.** **5.** *colloq.* schauderhaft, haarsträubend. **II** *adv* **6.** gräßlich *etc*: ~ **pale** totenblaß.

**ghat** [gɔ:t; gɑ:t] *s* **1.** (Gebirgs)Paß *m*. **2.** Gebirgszug *m*. **3.** Lande- u. Badeplatz *m* mit Ufertreppe. **4.** *meist* **burning ~** Totenverbrennungsplatz *m* (*der Hindus*) an e-r Ufertreppe.

**gher·kin** ['gɜ:kɪn; *Am.* 'gɜr-] *s* Gewürz-, Essiggurke *f*.

**ghet·to** ['getəʊ] *pl* **-tos, -toes** *s hist. u. sociol.* G(h)etto *n*.

**ghost** [gəʊst] *I s* **1.** Geist *m*, Gespenst *n*: **the ~ walks** *thea. sl.* es gibt Geld; → **lay[1]** 25. **2.** Geist *m*, Seele *f* (*nur noch in*): **to give** (*od.* **yield**) **up the ~** den Geist aufgeben, sterben. **3.** *fig.* Spur *f*, Schatten *m*: **a ~ of a smile** ein angedeutetes Lächeln, der Anflug e-s Lächelns; **not the ~ of a chance** nicht die geringste *od.* die Spur e-r Chance; **to be a ~ of one's former self** nur noch ein Schatten sei-ner selbst sein. **4.** *fig.* quälende Erinne-rung(en *pl*) (**of** an *acc*). **5.** → **ghost writer. 6.** *opt. TV* Doppelbild *n*. **II** *v/t* **7.** j-n verfolgen (*Erinnerungen etc*). **8.** *ein Buch etc* als Ghostwriter schreiben (**for** für). **III** *v/i* **9.** Ghostwriter sein. '**~·like** → **ghostly** 1.

**ghost·li·ness** ['gəʊstlɪnɪs] *s* Geisterhaf-tigkeit *f*. '**ghost·ly** *adj* **1.** geister-, ge-spensterhaft, Geister... **2.** *obs.* geistlich: ~ **counsel.**

**ghost| sto·ry** *s* Geister-, Gespensterge-schichte *f*. ~ **town** *s* Geisterstadt *f*, ver-ödete Stadt. ~ **train** *s* Geisterbahn *f*. ~ **word** *s* Ghostword *n* (*Wort, das s-e Entstehung e-m Schreib-, Druck- od. Aus-sprachefehler verdankt*). '**~·write** *v/t u. v/i* → **ghost** 8, 9. ~ **writ·er** *s* Ghost-

---

writer *m* (*Autor, der anonym für e-e an-dere Person schreibt*).

**ghoul** [gu:l] *s* **1.** Ghul *m* (*leichenfressender Dämon*). **2.** *fig.* Unhold *m* (*Person mit makabren Gelüsten*), *z.B.* Leichen-, Grabschänder *m*. '**ghoul·ish** *adj* (*adv* ~ly) **1.** ghulenhaft. **2.** *fig.* ma|kaber.

**ghyll** → **gill[2]**.

**GI** [,dʒi:'aɪ] *pl* **GIs, GI's** (*von govern-ment issue*) *mil. colloq.* **I** *s* **1.** ,GI' *m* (*amer. Soldat*). **II** *adj* **2.** GI-..., Kom-miß... **3.** vorschriftsmäßig.

**gi·ant** ['dʒaɪənt] *I s* **1.** *myth.* Riese *m*. **2.** Riese *m*, Ko|loß *m*. **3.** riesiges Exem-|plar (*Tier etc*). **4.** *med.* an Gigan|tismus Leidende(r *m*) *f*. **5.** *fig.* Gi|gant *m* (*Person, Sache, Organisation*). **6.** *astr.* Riesenstern *m*. **7.** *Bergbau:* Monitor *m*, Strahlrohr *n*. **II** *adj* **8.** riesenhaft, riesig, ungeheuer (groß), *a. bot. zo.* Riesen...: ~ **killer** *sport* Favoritentöter *m*; ~**(-size) packet** Rie-senpackung *f*; ~ **slalom** (*Skisport*) Rie-senslalom *m*; ~ **star** → 6; ~ **stride** a) Riesenschritt *m* (*a. fig.*), b) Rundlauf *m* (*Turngerät*); ~ **swing** (*Turnen*) Riesen-felge *f*; ~ **wheel** Riesenrad *n*.

**gi·ant·ess** ['dʒaɪəntes] *s* Riesin *f*.

'**gi·ant·ism** *s* **1.** ungeheure Größe. **2.** *med.* Gigan|tismus *m*, Riesenwuchs *m*.

**giaour** ['dʒaʊə(r)] *s contp.* Giaur *m* (*Nichtmohammedaner, bes. Christ*).

**gib[1]** [gɪb] *tech.* **I** *s* **1.** Bolzen *m*, (*a.* Haken-, Nasen)Keil *m*: ~ **and cotter** Keil u. Lösekeil; ~ **and key** Längs- u. Querkeil. **2.** a) |Führungsline|al *n* (*e-r Werkzeug-maschine*), b) (Stell)Leiste *f* (*e-r Dreh-bank*). **3.** Ausleger *m* (*e-s Krans*). **II** *v/t* **4.** verkeilen.

**gib[2]** [gɪb] *s* (*bes.* ka|strierter) Kater *m*.

**gib·ber** ['dʒɪbə(r)] **I** *v/i* schnattern (*Affen, Personen*). **II** *s* → **gibberish.** '**gib·ber-ish** *s* **1.** Geschnatter *n*. **2.** dummes Ge-schwätz, ,Quatsch' *m*.

**gib·bet** ['dʒɪbɪt] **I** *s* **1.** Galgen *m*. **2.** *tech.* a) Kranbalken *m*, b) *Zimmerei:* Quer-balken *m*, -holz *n*. **II** *v/t* **3.** hängen. **4.** anprangern, bloßstellen.

**gib·bon** ['gɪbən] *s zo.* Gibbon *m*.

**gib·bos·i·ty** [gɪ'bɒsətɪ; *Am.* dʒɪbɑ'sɑtɪ; gɪb-] *s* **1.** Bucklichkeit *f*. **2.** Wölbung *f*. **3.** Buckel *m*, Höcker *m*. '**gib·bous** *adj* (*adv* ~ly) **1.** gewölbt. **2.** *astr.* auf beiden Seiten kon|vex (*Mondscheibe zwischen Halb- u. Vollmond*). **3.** buck(e)lig, höcke-rig.

**Gibbs func·tion** [gɪbz] *s phys.* Gibbs-sche Funkti|on.

**gibbs·ite** ['gɪbzaɪt] *s min.* Gibb|sit *m*.

**gibe[1]** [dʒaɪb] **I** *v/t* verhöhnen, verspotten. **II** *v/i* spotten (**at** über *acc*): **to ~ at** *a.* I. **III** *s* höhnische Bemerkung.

**gibe[2]** → **jibe[2]**.

**gib·let** ['dʒɪblɪt] *s meist pl* Inne|reien *pl*, *bes.* Hühner-, Gänseklein *n*.

**Gib·son** ['gɪbsn] *s bes. Am.* ein Cocktail aus Gin u. Wermut.

**gid·dap** [gɪ'dæp] *interj colloq.* hü(h)!, hott! (*vorwärts*).

**gid·di·ness** ['gɪdɪnɪs] *s* **1.** Schwindel (-gefühl *n*) *m*, Schwindeligkeit *f*. **2.** *fig.* Unbesonnenheit *f*, Leichtsinn *m*, Flatter-haftigkeit *f*. **3.** *fig.* Wankelmütigkeit *f*.

**gid·dy** ['gɪdɪ] **I** *adj* (*adv* **giddily**). **1.** schwind(e)lig: **I am** (*od.* **feel**) ~ mir ist schwind(e)lig. **2.** *a. fig.* schwindelerre-gend, schwindelnd. **3.** *fig.* a) unbesonnen, flatterhaft, leichtsinnig, b) impul|siv. **II** *v/t u. v/i* **4.** schwind(e)lig machen *od.* werden.

**gie** [gi:] *Scot. für* **give** II, III.

**gift** [gɪft] *I s* **1.** a) Geschenk *n*, b) Spen-de *f*: **to make a ~ of s.th. to s.o.** j-m etwas zum Geschenk machen, j-m etwas schenken; **I wouldn't have it as a ~** das nähme ich nicht (mal) geschenkt; **at £10**

it's a ~! für 10 Pfund ist es geschenkt!; →
**free** 16. **2.** *jur.* Schenkung *f*: ~ **(by will)**
letztwillige Schenkung, Vermächtnis *n*; ~
mortis causa Schenkung für den Todes-
fall. **3.** *jur.* Verleihungsrecht *n*: the
office is not in his ~ er kann dieses Amt
nicht verleihen *od.* vergeben. **4.** *fig.* Be-
gabung *f*, Gabe *f*, Ta'lent *n* (for, of
für): ~ **for languages** Sprachtalent; **of
many** ~s vielseitig begabt; → **gab** I,
**recall** 13, **tongue** 3. **II** *v/t* **5.** beschenken
(with mit). **6.** schenken, geben (**s.th. to
s.o.** j-m etwas). **III** *adj* **7.** geschenkt, Ge-
schenk...: ~ **shop** Geschenkartikelladen
*m*; ~ **tax** Schenkungssteuer *f*; ~ **token**
(*od.* **voucher**) Geschenkgutschein *m*;
**don't look a** ~ **horse in the mouth** e-m
geschenkten Gaul schaut *od.* sieht man
nicht ins Maul.
**gift·ed** ['gıftıd] *adj* begabt, talen'tiert.
'**gift-wrap** *v/t* geschenkmäßig *od.* als
Geschenk verpacken.
**gig¹** [gıg] *s* **1.** *mar.* Gig(boot) *n.* **2.** *sport*
Gig *n* (*Ruderboot*). **3.** Gig *n* (*zweirädriger,
offener Einspänner*).
**gig²** [gıg] *s* Fischspeer *m.*
**gig³** [gıg] *s a.* ~ **machine**, ~ **mill** *tech.*
'Rauh-, 'Aufkratzma₁schine *f.*
**gig⁴** [gıg] *s mus. colloq.* a) Engage'ment *n*,
b) Auftritt *m.*
**giga-** [gıgə; 'dʒıgə; *Br. a.* gaıgə] *phys.*
Wortelement mit der Bedeutung Milliarde.
'**gi·ga·hertz** *s phys.* Giga'hertz *n* (*1 Mil-
liarde Hertz*).
**gi·gan·tic** [dʒaı'gæntık] *adj* (*adv* ~**ally**),
*a.* **gi·gan'tesque** [-'tesk] *adj* gi'gan-
tisch: a) riesenhaft, Riesen..., b) riesig,
ungeheuer (groß), gewaltig.
**gi·gan·tism** ['dʒaıgæntızəm; dʒaı'gæn-]
→ **giantism**.
**gi·gan·tom·a·chy** [₁dʒaıgæn'tɒməkı;
*Am.* -'tɑ-] *s myth.* Gigantoma'chie *f*, (*art
Darstellung f* der) Gi'gantenschlacht *f.*
**gig·gle** ['gıgl] **I** *v/i* **1.** kichern. **II** *v/t* **2.**
etwas kichernd sagen: **she** ~**d her
agreement** sie stimmte kichernd zu.
**III** *s* **3.** Kichern *n*, Gekicher *n.* **4. for a** ~
*colloq.* aus *od.* im Spaß. '**gig·gler**[-lə(r)]
*s* Kichernde(r *m*) *f.* '**gig·gly** *adj* ständig
kichernd.
**gig·o·lo** ['ʒıgələʊ; 'dʒı-] *pl* -**los** *s* Gigolo
*m*: a) Eintänzer *m*, b) *junger Mann, der
sich von Frauen aushalten läßt.*
**gi·got** ['dʒıgət] *s* **1.** *a.* ~ **sleeve** Gi'got *m*,
Hammelkeulenärmel *m.* **2.** *gastr.* Ham-
melkeule *f.*
**gigue** [ʒiːg] *s mus.* Gigue *f*: a) *hist. Tanz,
b) Satz e-r Suite.*
**gil·bert** ['gılbə(r)t] *s electr.* Gilbert *n*
(*Einheit der magnetischen Spannung*).
**Gil·ber·ti·an** [gıl'bɜːtjən; -ıən; *Am.*
-'bɜr-] *adj* **1.** in der Art (des Hu'mors) von
W. S. Gilbert. **2.** *fig.* komisch, possen-
haft.
**gild¹** [gıld] *v/t pret u. pp* '**gild·ed** *od.* **gilt**
[gılt] **1.** vergolden. **2.** *fig.* a) verschö-
ne(r)n, (aus)schmücken: → **lily** 1, b)
über'tünchen, verbrämen, c) versüßen:
→ **pill** 1, d) beschönigen: **to** ~ **a lie.**
**gild²** → **guild**.
**gild·ed** ['gıldıd] *adj* vergoldet, golden (*a.
fig.*): ~ **youth** Jeunesse *f* dorée (*die zur
begüterten Oberschicht gehörenden Ju-
gendlichen*). '**gild·ing** *s* **1.** Vergolden *n.*
**2.** Vergoldung *f.* **3.** Vergoldermasse *f.* **4.**
*fig.* a) Verschönerung *f*, Ausschmückung
*f*, b) Über'tünchung *f*, Verbrämung *f*, c)
Versüßung *f*, d) Beschönigung *f.*
'**gilds·man** → **guildsman**.
**gil·gai** ['gılgaı] *s Austral.* na'türliches
Wasserloch.
**gill¹** [gıl] **I** *s* **1.** *ichth.* Kieme *f*: ~ **arch**
(cleft *od.* slit, cover) Kiemenbogen *m*
(-spalte *f*, -deckel *m*); ~ **net** Wandnetz *n.*
**2.** *orn.* Kehllappen *m.* **3.** *bot.* La'melle *f*:

~ **fungus** Blätterpilz *m.* **4.** Doppel-, 'Un-
terkinn *n*: **rosy (green) about the** ~**s**
gesund aussehend (grün im Gesicht).
**5.** *Spinnerei:* Hechelkamm *m.* **6.** *tech.*
Kühlrippe *f*, -ring *m.* **II** *v/t* **7.** *Fische* a)
ausnehmen, b) mit e-m Wandnetz fangen.
**8.** die La'mellen entfernen von (*Pilzen*).
**gill²** [gıl] *s bes. Scot.* **1.** (waldige)
Schlucht. **2.** Gebirgs-, Wildbach *m.*
**gill³** [dʒıl] *s* Viertelpinte *f* (*Br. 0,14 l; Am.
0,12 l*).
**gill⁴** [dʒıl] *s obs.* Liebste *f.*
**gilled** [gıld] *adj* **1.** *ichth.* mit Kiemen
(versehen). **2.** *tech.* gerippt: ~ **tube** Kühl-
rippenrohr *n.*
**gil·lie** ['gılı] *s Scot.* **1.** *hist.* Diener *m*, Page
*m* (*e-s schottischen Hochlandhäuptlings*).
**2.** Jagdgehilfe *m.*
**gil·ly·flow·er** ['dʒılı₁flaʊə(r)] *s bot.* **1.**
(*bes.* 'Winter)Lev₁koje *f.* **2.** Goldlack *m.* **3.**
Gartennelke *f.*
**gilt¹** [gılt] **I** *adj* **1.** → **gilded.** **II** *s* **2.**
Vergoldung *f.* **3.** *fig.* Reiz *m*: **to take the** ~
**off the gingerbread** der Sache den
Reiz nehmen.
**gilt²** [gılt] *s zo.* junge Sau.
'**gilt|-cup** → **buttercup.** ~ **edge** *s oft pl*
Goldschnitt *m.* ₁~-'**edge(d)** *adj* **1.** mit
Goldschnitt (versehen). **2.** ~ **securities**
*pl econ.* mündelsichere (Wert)Papiere.
**gim·bals** ['dʒımblz; 'gım-] *s pl mar. tech.*
Kar'danringe *pl*, kar'danische Aufhän-
gung (*Kompaß etc*).
**gim·crack** ['dʒımkræk] **I** *s* **1.** a) wert-
loser *od.* kitschiger Gegenstand, (*a.* tech-
nische) Spiele'rei, 'Mätzchen' *n*, b) *pl* →
**gimcrackery** 1. **II** *adj* **2.** a) wertlos, b)
kitschig. **3.** wack(e)lig, 'unso₁lide gebaut.
'**gim·crack·er·y** [-ərı] *s* Plunder *m*,
₁Firlefanz' *m.*
**gim·let** ['gımlıt] **I** *s* **1.** *tech.* Schnecken-,
Handbohrer *m*: ~ **eyes** *fig.* stechende
Augen. **2.** *Am.* ein Cocktail aus Gin *od.*
Wodka u. Limonensaft. **II** *v/t* **3.** mit e-m
Schneckenbohrer Löcher bohren in
(*acc*).
**gim·me** ['gımı] *sl. für* **give me.**
**gim·mick** ['gımık] *s colloq.* **1.** → **gadget**
I. **2.** *fig.* ₁'Dreh' *m*, (*bes.* Re'klame)Trick
*m*, ,(-)Masche' *f.* '**gim·mick·ry** [-rı] →
**gadgetry** 1.
**gimp** [gımp] *s* **1.** *Schneiderei:* Gimpe *f.* **2.**
*mit Draht verstärkte seidene Angelschnur.*
**gin¹** [dʒın] *s* Gin *m*, Wa'cholderschnaps
*m*: ~ **and it** *bes. Br.* Gin u. Wermut; ~ **and
tonic** Gin Tonic.
**gin²** [dʒın] **I** *s* **1.** *a.* **cotton** ~ Ent'kör-
nungsma₁schine *f* (*für Baumwolle*). **2.** a)
*tech.* Hebezeug *n*, Winde *f*, b) *mar.* Spill *n.*
**3.** *tech.* Göpel *m*, ₁'Förderma₁schine *f.*
**4.** *tech.* Rammgerüst *n.* **5.** *hunt.* a) Falle *f*,
b) Schlinge *f.* **II** *v/t* **6.** in *od.* mit e-r
Schlinge fangen. **7.** *Baumwolle* entkör-
nen.
**gin³** [gın] *pret* **gan** [gæn], *pp* **gun** [gʌn]
*obs. für* **begin.**
**gin⁴** [dʒın] → **gin rummy.**
**gin⁵** [dʒın] *s Austral.* Eingeborene *f.*
**gin·ger** ['dʒındʒə(r)] **I** *s* **1.** *bot.* Ingwer *m.*
**2.** Ingwer *m* (*Gewürz*). **3.** a) rötliches
Braun, b) gelbliches Braun. **4.** *colloq.*
,Schmiß' *m*, Schwung *m*: **to put some** ~
**into** → 8. **II** *adj* **5.** a) rötlichbraun, b)
gelblichbraun. **6.** *colloq.* ,schmissig',
schwungvoll. **III** *v/t* **7.** mit Ingwer wür-
zen. **8.** *meist* ~ **up** *colloq.* a) *j-n* ,auf-
möbeln', aufmuntern, b) *etwas* ,ankur-
beln', in Schwung bringen. ~ **ale** *s*
Ginger-ale *n* (*alkoholfreies Getränk mit
Ingwergeschmack*). ~ **beer** *s* Ginger-beer
*n*, Ingwerbier *n* (*leicht alkoholisches Ge-
tränk aus e-m Extrakt der Ingwerwurzel u.
Sirup*). '~-**bread** **I** *s* **1.** Leb-, Pfeffer-
kuchen *m* (*mit Ingwergeschmack*): →
**gilt¹** 3. **2.** *bes. arch.* über'ladene Ver-

zierung. **II** *adj* **3.** *bes. arch.* über'laden. ~
**group** *s parl. bes. Br.* Akti'onsgruppe *f.*
'**gin·ger·ly** *adv u. adj* **1.** (ganz) behutsam,
vorsichtig. **2.** zimperlich.
'**gin·ger**|**·nut** *s* Ingwerkeks *m, n.* ~ **pop**
*colloq. für* **ginger ale.** '~-**snap** *s* Ingwer-
waffel *f.* ~ **wine** *s* Ingwerwein *m.*
'**gin·ger·y** *adj* **1.** Ingwer... **2.** → **ginger**
**5.** *fig.* beißend, bissig: **a** ~ **remark.** **4.**
→ **ginger** 6.
**ging·ham** ['gınəm] *s* Gingham *m*, Gin-
gan *m* (*gemustertes Baumwollgewebe in
Leinenbindung*).
**gin·gi·li** ['dʒındʒılı] *s* **1.** → **sesame** 1.
**2.** Sesamsamen *m*, -öl *n.*
**gin·gi·val** [dʒın'dʒaıvl; 'dʒındʒıvl] *adj*
*anat.* Zahnfleisch... **gin·gi'vi·tis** [-dʒı-
'vaıtıs] *s med.* Gingi'vitis *f*, Zahnfleisch-
entzündung *f.*
**ging·ko** ['gınkəʊ] → **ginkgo.**
**gin·gly·mus** ['dʒıŋglıməs; gıŋ-] *pl* -**mi**
[-maı] *s anat.* Schar'niergelenk *n.*
**gink** [gıŋk] *s Am. sl.* komischer ,Typ'.
**gink·go** ['gıŋkgəʊ; 'gıŋkəʊ] *pl* -**gos,**
-**goes** *s bot.* Ginkgo *m* (*ein Zierbaum*).
**gin mill** *s Am. colloq.* Kneipe *f.*
**gin·ner·y** ['dʒınərı] *s* Entkörnungswerk
*n* (*für Baumwolle*).
**gin|·pal·ace** [dʒın] *s hist.* auffällig de-
ko'riertes Wirtshaus. ~ **rum·my** *s Form
des Rommés.*
**gin·seng** ['dʒınseŋ] *s* **1.** *bot.* Ginseng *m.*
**2.** *pharm.* Ginseng(wurzel *f*) *m.*
**gin sling** [dʒın] *s* Getränk aus Gin u.
*Zuckerwasser mit Zitronen- od. Limonen-
saft.*
**gip¹** [gıp] *v/t Fische* ausnehmen.
**gip²** [dʒıp] → **gyp¹.**
**gip³** [dʒıp] → **gyp².**
**gip·po** ['dʒıpəʊ] → -**pos** *s sl.* Zi'geuner *m.*
**gip·py** ['dʒıpı] *sl.* **I** *s* **1.** Ä'gypter(in).
**2.** *etwas Ägyptisches.* **3.** Zi'geuner(in).
**II** *adj* **4.** ä'gyptisch. **5.** ~ **tummy** *med.*
Durchfall *m* (*bes. in heißen Ländern*).
**gip·sy**, *bes. Am.* **gyp·sy** ['dʒıpsı] **I** *s*
**1.** Zi'geuner(in) (*a. fig.*). **2.** Zi'geuner-
sprache *f.* **II** *adj* **3.** Zigeuner... **4.** zi'geu-
nerhaft. **III** *v/i* **5.** ein Zi'geunerleben
führen. ~ **bon·net** *s* breitrandiger Da-
menhut.
'**gip·sy·dom** *s* **1.** Zi'geunertum *n.*
**2.** *collect.* Zi'geuner *pl.* '**gip·sy·fy** [-faı]
*v/t j-m* ein zi'geunerhaftes Aussehen ver-
leihen.
'**gip·sy moth** *s zo.* Schwammspinner *m.*
**gi·raffe** [dʒı'rɑːf; *bes. Am.* -'ræf] *pl*
-'**raffes**, *bes. collect.* -'**raffe** *s zo.* Gi-
'raffe *f.*
**gi·ran·do·la** [dʒı'rændələ], **gi·ran·
dole** ['dʒırəndəʊl] *s* Gi'randola *f*, Giran-
'dole *f*: a) *Feuergarbe beim Feuerwerk*, b)
*mehrarmiger Leuchter*, c) *mit Edelsteinen
besetztes Ohrgehänge.*
**gir·a·sol** ['dʒırəsɒl; -səʊl; *Am. a.* -₁sɑl],
'**gir·a·sole** [-səʊl] *s min.* 'Feuer-, 'Son-
neno₁pal *m.*
**gird¹** [gɜːd; *Am.* gɜrd] *v/t pret u. pp*
'**gird·ed, girt** [gɜːt; *Am.* gɜrt] **1.** *j-n*
(um)'gürten. **2.** *Kleid etc* gürten, mit e-m
Gürtel halten. **3.** *oft* ~ **on** das Schwert etc
'umgürten, an'gürten, 'umlegen: **to** ~ **on
s.o.** j-m etwas umgürten. **4.** *j-m*, sich ein
Schwert 'umgürten: **to** ~ **o.s.** (up), **to** ~
(up) **one's loins** *fig.* sich rüsten *od.*
wappnen. **5.** *Seil etc* binden, legen
(**round um**). **6.** *fig. j-n* ausstatten, -rüsten
(**with mit**). **7.** um'geben, um'schließen
(*meist pass*): → **seagirt.**
**gird²** [gɜːd] *Br. dial.* **I** *v/i* **1.** spotten (**at**
über *acc*). **2.** rasen. **II** *v/t* **3.** verhöhnen,
verspotten. **4.** *j-m* ~ **on** Schlag verspotten.
**III** *s* **5.** höhnische Bemerkung. **6.** Schlag
*m.* **7.** Wut *f*: **to be in a** ~ wütend sein; **to
throw a** ~ wütend werden.
**gird·er** ['gɜːdə; *Am.* 'gɜrdər] *s tech.*

**1.** Balken *m*, Träger *m*. **2.** *Bergbau:* 'Unterzug *m*. **~ bridge** *s* Balken-, Trägerbrücke *f*.
**gir·dle**[1] ['gɜːdl; *Am.* 'gɜrdl] **I** *s* **1.** Gürtel *m*, Gurt *m*. **2.** Hüfthalter *m*, -gürtel *m*. **3.** *anat.* in Zssgn (Knochen)Gürtel *m*: shoulder ~ Schultergürtel; ~ **bone** Gürtelknochen *m*. **4.** Gürtel *m*, (*etwas*) Um'gebendes *od.* Einschließendes, 'Umkreis *m*, Um'gebung *f*. **5.** *tech.* Fassungskante *f* (*geschliffener Edelsteine etc*). **6.** Ringel *m* (*ringförmig ausgeschnittene Baumrinde*). **II** *v/t* **7.** um'gürten. **8.** *oft* **~ about, ~ in, ~ round** um'geben, einschließen (**with** mit). **9.** *ein Baum* ringeln.
**gir·dle**[2] ['gɜːdl; *Am.* 'gɜrdl] → **griddle** I.
**girl** [gɜːl; *Am.* gɜrl] *s* **1.** Mädchen *n*: a German ~ e-e junge Deutsche; ~'s name weiblicher Vorname; from a ~ von Kindheit an. **2.** *colloq.* Tochter *f*: the ~s a) die Töchter des Hauses, b) die Damen. **3.** (Dienst)Mädchen *n*. **4.** *colloq.* ,Mädchen' *n* (*Freundin e-s Jungen*). **II** *adj* **5.** weiblich, Mädchen... **~ Fri·day** *s* All'roundsekre,tärin *f*: she is my ~ ohne sie wäre ich ,aufgeschmissen'. **'~friend** *s* Freundin *f* (*e-s Jungen*). **~ guide** *s* Pfadfinderin *f* (*in GB*): **G~ G~s** Pfadfinderinnen(bewegung *f*) *pl*.
**'girl·hood** *s* Mädchenjahre *pl*, -zeit *f*, Jugend(zeit) *f*: during her ~ in ihrer Jugend.
**girl·ie** ['gɜːlɪ; *Am.* 'gɜrlɪ] *colloq.* **I** *s* Mädchen *n*. **II** *adj* mit nackten *od.* spärlich bekleideten Mädchen: a ~ **magazine**.
**'girl·ish** *adj* (*adv* ~**ly**) **1.** mädchenhaft. **2.** Mädchen...: ~ **games**. **'girl·ish·ness** *s* Mädchenhaftigkeit *f*.
**girl scout** *s* Pfadfinderin *f* (*in den USA*): **G~ S~s** Pfadfinderinnen(bewegung *f*) *pl*.
**gi·ro**[1] ['dʒaɪərəʊ] *pl* **-ros** *colloq. für* autogiro.
**gi·ro**[2] ['dʒaɪrəʊ; *Am. a.* 'ʒɪrəʊ] *s* Postscheckdienst *m* (*in GB*): ~ **account** Postscheckkonto *n*; ~ **cheque** Postscheck *m*.
**gir·o·sol** ['dʒɪrəsɒl; -səʊl; *Am. a.* -ˌsɑl] → girasol.
**girt** [gɜːt; *Am.* gɜrt] **I** *pret u. pp von* gird[1]. **II** *adj* **1.** (**for**) gewappnet (für, gegen), gerüstet (für). **III** *v/t* **2.** → gird[1]. **3.** → girth 6.
**girth** [gɜːθ; *Am.* gɜrθ] *s* **1.** (*a.* 'Körper-),Umfang *m*: a tree 5 yards in ~ ein Baum mit 5 Yard Umfang; his ~ is increasing er wird immer dicker. **2.** (Sattel-, Pack)Gurt *m*. **II** *v/t* **3.** *ein Pferd* gürten. **4.** fest-, an-, aufschnallen. **5.** um'geben, um'schließen. **6.** den 'Umfang messen von.
**gis·mo** → gizmo.
**gist** [dʒɪst] *s* **1.** *jur.* Grundlage *f*: ~ **of action** Klagegrund *m*. **2.** (*das*) Wesentliche, Hauptpunkt(e *pl*) *m*, Kern *m*: can you give me the ~ of this book? kannst du mir kurz sagen, worum es in diesem Buch geht?
**git** [gɪt] *s Br. sl. contp.* Kerl *m*: that stupid ~ dieser blöde Hund.
**git·tern** ['gɪtɜːn; *Am.* -tərn] → cittern.
**give** [gɪv] **I** *s* **1.** Elastizi'tät *f*, (*des Bodens etc*) Federung *f*. **2.** *fig.* a) Elastizi'tät *f*, Flexibili'tät *f*, b) Nachgiebigkeit *f*: there is no ~ in him er gibt nie nach.
**II** *v/t pret* **gave** [geɪv] *pp* **giv·en** ['gɪvn] **3.** a) geben: to ~ **s.o. the name of** William j-m den Namen William geben; ~ **or take** plus/minus, b) schenken: he gave his son a watch. **4.** geben, reichen: to ~ **s.o. one's hand** j-m die Hand geben. **5.** *e-n Brief etc* (über')geben. **6.** (*als Gegenwert*) geben, (be)zahlen: how much did you ~ for that coat?; to ~ **as good as one gets** (*od.* takes) mit gleicher Münze zurückzahlen. **7.** *e-e Auskunft, e-n Rat etc* geben, erteilen: to ~ a

description *e-e Beschreibung geben* (of *gen od.* von). **8.** *sein Wort* geben. **9.** widmen: to ~ one's attention (energies) to s.th. s-e Aufmerksamkeit (Kraft) e-r Sache widmen. **10.** *sein Leben* 'hingeben, opfern (for für). **11.** *ein Recht, e-n Titel, ein Amt etc* verleihen, geben, über'tragen: to ~ s.o. a part in a play j-m e-e Rolle in e-m Stück geben. **12.** geben, gewähren, zugestehen: to ~ s.o. a favo(u)r j-m e-e Gunst gewähren; just ~ me 24 hours geben Sie mir (nur) vierundzwanzig Stunden (Zeit); I ~ you that point in diesem Punkt gebe ich Ihnen recht; ~ me the good old times! da lobe ich mir die gute alte Zeit!; ~ me Mozart any time Mozart geht mir über alles; it was not ~n to him to do it es war ihm nicht gegeben *od.* vergönnt, es zu tun. **13.** *e-n Befehl, Auftrag etc* geben, erteilen. **14.** *Hilfe* gewähren, leisten. **15.** *e-n Preis* zuerkennen, zusprechen. **16.** *e-e Arznei* (ein)geben, verabreichen. **17.** *j-m ein Zimmer etc* geben, zuteilen, zuweisen. **18.** *Grüße etc* über'mitteln: ~ him my love bestelle ihm herzliche Grüße von mir. **19.** über'geben, einliefern: to ~ s.o. into custody j-n der Polizei übergeben, j-n verhaften lassen. **20.** *j-m e-n Schlag etc* geben, versetzen. **21.** *j-m e-n Blick etc* zuwerfen. **22.** *von sich geben*, äußern: to ~ a cry e-n Schrei ausstoßen, aufschreien; to ~ a laugh auflachen; to ~ a smile lächeln; he gave no sign of life er gab kein Lebenszeichen von sich; → smile 5, start 6. **23.** (an)geben, mitteilen: ~ us the facts; to ~ a reason e-n Grund angeben; don't ~ me that! das glaubst du doch selbst nicht!; → name *Bes. Redew.* **24.** *ein Lied etc* zum besten geben, vortragen. **25.** geben, veranstalten: to ~ a concert; to ~ a dinner ein Essen geben; to ~ a play ein (Theater)Stück geben *od.* aufführen; to ~ a lecture e-n Vortrag halten. **26.** bereiten, verursachen: to ~ pain Schmerzen bereiten, weh tun; → pain 1, 2, pleasure 1. **27.** (er)geben: to ~ no result ohne Ergebnis bleiben. **28.** geben, her'vorbringen: cows ~ milk Kühe geben Milch; the lamp ~s a good light die Lampe gibt gutes Licht. **29.** e-n Trinkspruch ausbringen (auf *acc*): I ~ you the ladies ich trinke auf das Wohl der Damen; **30.** geben, zuschreiben: I ~ him 50 years ich schätze ihn auf 50 Jahre. **31.** *j-m zu tun, zu trinken etc* geben: she gave me her bag to carry; I was ~n to understand man gab mir zu verstehen. **32.** (*in Redewendungen meist*) geben: to ~ attention achtgeben (to auf *acc*); ~ it to him! *colloq.* gib's ihm!; to ~ s.o. what for *colloq.* es j-m ,geben' *od.* ,besorgen'; (*siehe die Verbindungen mit den entsprechenden Substantiven*).
**III** *v/i* **33.** geben, spenden (to *dat*): to ~ generously; to ~ and take geben u. nehmen, einander entgegenkommen, kompromißbereit sein. **34.** nachgeben (*a. Preise*): to ~ under great pressure; the foundations are giving das Fundament senkt sich; the chair ~s comfortably der Stuhl federt angenehm; his knees gave under him s-e Knie versagten. **35.** what ~s? *sl.* was gibt's?; what ~s with him? *sl.* was ist los mit ihm? **36.** nachlassen, schwächer werden. **37.** versagen (*Nerven etc*). **38.** a) nachgeben (*Boden etc*) federn, b) sich dehnen (*Kleidungsstück*). **39.** sich anpassen (to *dat od.* an *acc*). **40.** a) führen (into in *acc*; on[to] auf *acc*, nach) (*Straße etc*), b) gehen (on[to] nach) (*Fenster etc*). **41.** *Am. colloq.* a) sprechen: come on, ~! los, raus mit der Sprache!, b) aus sich her'ausgehen.

*Verbindungen mit Adverbien:*
**give│a·way** *v/t* **1.** a) 'her-, weggeben: → bride, b) verschenken: at £4 it's not exactly given away für 4 Pfund ist es nicht gerade geschenkt. **2.** *Preise etc* verteilen, über'reichen. **3.** *j-n od. etwas* verraten: to ~ a secret; to give o.s. away sich verraten *od.* verplappern; → game 6, show 15. **4.** *Chance etc* vertun. **~ back I** *v/t* **1.** zu'rückgeben: to ~ s.o. back his freedom; to ~ a look e-n Blick erwidern. **2.** a) *Schall* zu'rückwerfen, b) *Licht etc* reflek'tieren. **II** *v/i* **3.** a) sich zu'rückziehen, b) zu'rückweichen. **~ forth** *v/t* **1.** → give off 1. **2.** *e-e Ansicht etc* äußern. **3.** veröffentlichen, bekanntgeben. **~ in I** *v/t* **1.** *ein Gesuch etc* einreichen, *e-e Prüfungsarbeit etc* abgeben. **2.** (offizi'ell) erklären. **II** *v/i* **3.** (to) a) nachgeben (*dat*), b) sich anschließen (*dat*): to ~ to s.o.'s opinion. **4.** aufgeben, sich geschlagen geben. **~ off** *v/t* **1.** *Geruch* verbreiten, ausströmen, *Rauch etc* ausstoßen, *Gas, Wärme etc* aus-, verströmen. **2.** *Zweige* treiben. **~ out I** *v/t* **1.** aus-, verteilen. **2.** bekanntgeben: to give it out that j) verkünden, daß, b) behaupten, daß. **3.** → give off 1. **II** *v/i* **4.** zu Ende gehen (*Kräfte, Vorräte*): his strength gave out die Kräfte verließen ihn; our supplies have given out unsere Vorräte sind erschöpft. **5.** versagen (*Kräfte, Maschine, Nieren, Stimme etc*). **6.** *Am. colloq.* loslegen (with mit). **~ o·ver I** *v/t* **1.** über'geben (to *dat*): to give s.o. over to the police. **2.** *etwas* aufgeben: to ~ doing s.th. aufhören, etwas zu tun. **3.** to give o.s. over to s.th. sich e-r Sache hingeben: to give o.s. over to despair; to give o.s. over to drinking dem Alkohol verfallen. **4.** to be given over to s.th. für etwas beansprucht werden, für etwas bestimmt sein. **II** *v/i* **5.** aufhören. **~ up I** *v/t* **1.** aufgeben, aufhören mit, *etwas* sein lassen: to ~ smoking das Rauchen aufgeben. **2.** (*als aussichts- od. hoffnungslos*) aufgeben: to ~ a plan; he was given up by the doctors; the climbers were given up for dead es bestand keine Hoffnung mehr, daß die Bergsteiger noch am Leben waren: I give you up, you'll never learn it *colloq.* ich geb's auf, du lernst es nie. **3.** *j-n* ausliefern: to give o.s. up sich (freiwillig) stellen (to the police der Polizei). **4.** (to) a) *Posten etc* abgeben, abtreten (an *acc*), b) *Sitzplatz etc* freimachen (für). **5.** to give o.s. up to s.th. a) sich e-r Sache hingeben: to give o.s. up to despair, b) sich e-r Sache widmen: to give o.s. up to caring for the sick. **II** *v/i* **6.** (es) aufgeben, sich geschlagen geben. **7.** resi'gnieren. **8.** I ~ on you, you'll never learn it *colloq.* ich geb's auf, du lernst es nie.
**give│-and-'take I** *s* **1.** (*ein*) Geben u. Nehmen, beiderseitiges Entgegenkommen *od.* Nachgeben, Kompro'miß(bereitschaft *f*) *m*. **2.** Meinungs-, Gedankenaustausch *m*. **II** *adj* **3.** Ausgleichs..., Kompromiß...: marriage is a ~ affair e-e Ehe besteht aus Geben u. Nehmen. **'~·a·way I** *s* **1.** (ungewolltes) Verraten, Verplappern *n*: the expression on his face was a ~ sein Gesichtsausdruck verriet ihn *od.* sagte alles. **2.** *bes. Am.* Werbegeschenk *n*. **3.** kostenlos verteilte Zeitung. **4.** *Rundfunk, TV:* *bes. Am.* Quiz (-sendung *f*) *n*. **II** *adj* **5.** ~ **price** Schleuderpreis *m*: to sell s.th. at ~ prices etwas verschleudern.
**giv·en** ['gɪvn] **I** *pp von* give. **II** *adj* **1.** gegeben, bestimmt, festgelegt: at the ~ time zur festgesetzten Zeit; under the ~ conditions unter den gegebenen Be-

dingungen *od.* Umständen; **within a ~ time** innerhalb e-r bestimmten Zeit; → **instance** 1. **2. to be ~ to** a) ergeben sein (*dat*): **to be ~ to drinking** dem Alkohol verfallen sein, b) neigen zu: **to be ~ to boasting. 3.** *math. philos.* gegeben, bekannt. **4.** vor'ausgesetzt: **~ health** Gesundheit vorausgesetzt. **5.** in Anbetracht (*gen*): **~ his temperament. 6.** *auf Dokumenten:* gegeben, ausgefertigt: **~ this 10th day of January** gegeben am 10. Januar. **III** *s* **7.** gegebene Tatsache. **~ name** *s* bes. Am. Vorname *m*.

**giv·er** [ˈgɪvə(r)] *s* **1.** Geber(in), Spender(in). **2.** *econ.* a) Abgeber *m*, Verkäufer *m*, b) (*Wechsel*)Aussteller *m*.

**giz·mo** [ˈgɪzməʊ] *pl* **-mos** *s Am. colloq.* ‚Dingsbums' *n*.

**giz·zard** [ˈgɪzə(r)d] *s* **1.** a) *ichth. orn.* Muskelmagen *m*, b) Vor-, Kaumagen *m* (*von Insekten*). **2.** *colloq.* Magen *m*: **that sticks in my ~** *fig.* das ist mir zuwider.

**gla·bel·la** [gləˈbelə] *pl* **-lae** [-liː] *s* Gla-'bella *f* (*als anthropologischer Meßpunkt geltende unbehaarte Stelle zwischen den Augenbrauen*).

**gla·brous** [ˈgleɪbrəs] *adj bot. zo.* kahl.

**gla·cé** [ˈglæseɪ; *Am.* glæˈseɪ] **I** *adj* **1.** gla-'siert, mit Gla'sur *od.* Zuckerguß. **2.** kan-'diert (*Früchte etc*). **3.** Glacé..., Glanz... (*Leder, Stoff*). **5.** kan'dieren. **II** *v/t* **4.** gla'sieren.

**gla·cial** [ˈgleɪsjəl; *Am.* -ʃəl] *adj* (*adv* **~ly**) **1.** *geol.* Eis..., *bes.* Gletscher...: **~ boulder** Glazialschutt *m*. **2.** eiszeitlich: **~ boulder** Findling *m*; **~ epoch** (*od.* **period**) Eiszeit *f*; **~ man** Eiszeitmensch *m*. **3.** *chem.* Eis...: **~ acetic acid** Eisessig *m*. **4.** eisig (*a. fig.*): **a ~ wind; a ~ look. 5. ~ pace** Schneckentempo *n*.

**gla·ci·ate** [ˈglæsɪeɪt; ˈgleɪ-; *Am.* ˈgleɪʃɪ-] **I** *v/t* **1.** vereisen. **II** *v/i* **2.** vereisen. **3.** *geol.* vergletschern. **gla·ci'a·tion** *s* **1.** Vereisung *f*. **2.** *geol.* Vergletscherung *f*.

**gla·cier** [ˈglæsjə; ˈgleɪ-; *Am.* ˈgleɪʃər] *s* Gletscher *m*: **~ milk** *geol.* Gletschermilch *f*; **~ table** *geol.* Gletschertisch *m*; **~ theory** Gletschertheorie *f*.

**glac·i·ol·o·gy** [ˌglæsɪˈɒlədʒɪ; ˌgleɪ-; *Am.* ˌgleɪʃɪˈɑl-] *s* Glaziolo'gie *f* (*Wissenschaft von der Entstehung u. Wirkung des Eises u. der Gletscher*).

**gla·cis** [ˈglæsɪs; -sɪ; *Am.* glæˈsiː; ˈglæsi] *pl* **gla·cis·es** [-sɪz], **gla·cis** [ˈglæsɪz; *Am.* glæˈsiː; ˈglæsiːz] *s* **1.** Abdachung *f*. **2.** *mil.* Gla'cis *n* (*Erdaufschüttung vor e-m Festungsgraben, die keinen toten Winkel entstehen läßt*).

**glad¹** [glæd] **I** *adj* (*adv* → **gladly**) **1.** *pred* froh, erfreut (**of, at** über *acc*): **I am ~ (that) he has gone** ich bin froh, daß er gegangen ist; **to be ~ of** (*od.* **at**) **s.th.** sich über etwas freuen; **I am ~ of it** ich freue mich darüber, es freut mich; **I am ~ to hear (to say)** zu m-r Freude höre ich (darf ich sagen); **es freut mich zu hören** (, sagen zu dürfen); **I am ~ to go** ich gehe gern; **I should be ~ to know** ich möchte gern wissen. **2.** freudig, froh, fröhlich, heiter (*Gesicht, Ereignis etc*): **to give s.o. the ~ hand** → **glad-hand** I; **~ rags** *colloq.* ‚Sonntagsstaat' *m*; **~ eye** 5. **3.** froh, erfreulich: **~ news. II** *v/t u. v/i* **4.** *obs. für* gladden.

**glad²** [glæd] *colloq. für* gladiolus.

**glad·den** [ˈglædn] **I** *v/t* erfreuen, froh machen *od.* stimmen: **to ~ s.o.'s heart** j-s Herz erfreuen. **II** *v/i obs.* froh werden.

**glade** [gleɪd] *s* Lichtung *f*, Schneise *f*.

**¹glad-hand I** *v/t* a) j-m herzlich die Hand schütteln, b) j-n herzlich *od.* (*bes. contp.*) ‚überschwenglich begrüßen *od.* empfangen. **II** *v/i* **~ with** → I.

**glad·i·ate** [ˈglædɪət; -dɪeɪt] *adj bot.* schwertförmig.

**glad·i·a·tor** [ˈglædɪeɪtə(r)] *s* **1.** *antiq.* Gladi'ator *m*. **2.** *fig.* Kämpfer *m*, Streiter *m*, *bes.* (streitbarer) De'battenredner. **glad·i·a·to·ri·al** [-dɪəˈtɔːrɪəl; *Am.* a. -ˈtəʊ-] *adj* **1.** Gladiatoren... **2.** Kampf... **3.** streitbar.

**glad·i·o·lus** [ˌglædɪˈəʊləs; *Am. a.* -liː], **-lus·es** *s bot.* Gladi'ole *f*.

**¹glad·ly** *adv* mit Freuden, gern(e), freudig. **¹glad·ness** *s* Freude *f*, Fröhlichkeit *f*. **¹glad·some** [-səm] *adj* (*adv* **~ly**) *obs. od. poet. für* glad¹ I.

**Glad·stone (bag)** [ˈglædstən; *Am.* -ˌstəʊn] *s* zweiteilige leichte Reisetasche.

**glaik·et, glaik·it** [ˈgleɪkɪt] *adj Scot.* **1.** dumm, albern. **2.** gedankenlos.

**glair** [gleə(r)] **I** *s* **1.** Eiweiß *n*. **2.** Eiweißleim *m*. **3.** eiweißartige Sub'stanz. **II** *v/t* **4.** mit Eiweiß(leim) bestreichen. **glair·e·ous** [ˈgleərɪəs], **¹glair·y** *adj* **1.** Eiweiß... **2.** zähflüssig, schleimig.

**glaive** [gleɪv] *s obs. od. poet.* (Breit-)Schwert *n*.

**glam·or** *Am. Nebenform von* glamour.

**glam·or·ize** [ˈglæmərаɪz] *v/t* **1.** (mit viel Re'klame) verherrlichen. **2.** *fig.* verherrlichen, romanti'sieren: **to ~ war. 3.** e-n besonderen Zauber verleihen (*dat*), verschöne(r)n. **glam·or·ous** *adj* (*adv* **~ly**) bezaubernd (schön).

**glam·our** [ˈglæmə(r)] **I** *s* **1.** Zauber *m*, Glanz *m*, bezaubernde Schönheit: **~ boy** Schönling *m*; **~ girl** Glamourgirl *n*, Reklame-, Filmschönheit *f*. **2.** Zauber *m*, Bann *m*: **to cast a ~ over s.o.** j-n bezaubern, j-n in s-n Bann schlagen. **3.** *contp.* falscher Glanz. **II** *v/t* **4.** bezaubern. **glam·our·ous** → **glamorous.**

**glance¹** [glɑːns; *Am.* glæns] **I** *v/i* **1.** e-n schnellen Blick werfen, (rasch *od.* flüchtig) blicken (**at** auf *acc*): **to ~ over** (*od.* **through**) **a letter** e-n Brief überfliegen. **2.** (auf)blitzen, (-)leuchten. **3. ~ off** abprallen (von) (*Kugel etc*), abgleiten (von) (*Messer etc*). **4. (at)** (*Thema*) flüchtig berühren, streifen, *bes.* anspielen (auf *acc*). **II** *v/t* **5. to ~ one's eye over** (*od.* **through**) **a** e-n schnellen Blick werfen auf (*acc*), b) überfliegen. **III** *s* **6.** (schneller *od.* flüchtiger) Blick (**at** auf *acc*; **over** über *acc* ... hin): **at a ~** mit ‚einem Blick'; **at first ~** auf den ersten Blick; **to give s.o. an admiring ~** j-m e-n bewundernden Blick zuwerfen; **to take a ~ at** → 1. **7.** (Auf)Blitzen *n*, (-)Leuchten *n*. **8.** Abprallen *n*, Abgleiten *n*. **9. (at)** flüchtige Berührung (*gen*), Streifen *n* (*gen*), *bes.* Anspielung *f* (auf *acc*).

**glance²** [glɑːns; *Am.* glæns] *s min.* Blende *f*, Glanz *m*: **lead ~** Bleiglanz; **~ coal** Glanzkohle *f*.

**glanc·ing** [ˈglɑːnsɪŋ; *Am.* ˈglæn-] *adj:* **to hit** (*od.* **strike**) **s.o. a ~ blow** j-n (mit e-m Schlag) streifen.

**gland¹** [glænd] *s physiol.* Drüse *f*.

**gland²** [glænd] *s tech.* **1.** Dichtung(sstutzen *m*) *f*. **2.** Stopfbuchse(nbrille) *f*.

**glan·dered** [ˈglændə(r)d] *adj vet.* rotzkrank. **¹glan·der·ous** *adj* **1.** Rotz... **2.** rotzkrank. **¹glan·ders** *s pl* (*als sg konstruiert*) Rotz(krankheit *f*) *m*.

**glan·des** [ˈglændiːz] *pl von* glans.

**glan·du·lar** [ˈglændjʊlə; *bes. Am.* -dʒələ(r)], **¹glan·du·lous** *adj* (*adv* **~ly**) *biol. med.* drüsig, drüsenartig, Drüsen...: **glandular fever** Pfeiffer-Drüsenfieber *n*.

**glans** [glænz] *pl* **¹glan·des** [-diːz] *s anat.* Eichel *f*.

**glare¹** [gleə(r)] **I** *v/i* **1.** grell scheinen (*Sonne etc*), grell leuchten (*Scheinwerfer etc*): **the sun was glaring down on them** die Sonne brannte auf sie herunter. **2.** grell *od.* schreiend sein (*Farbe etc*). **3.** wütend starren: **to ~ at s.o.** j-n wütend anstarren, j-n anfunkeln. **II** *v/t* **4. she ~d defiance** ihre Augen funkelten vor Trotz; **to ~ defiance (hatred) at s.o.** j-n trotzig (haßerfüllt) anstarren. **III** *s* **5.** greller Schein, grelles Leuchten: **to be in the full ~ of publicity** im Scheinwerferlicht der Öffentlichkeit stehen. **6.** *fig.* (*das*) Schreiende *od.* Grelle. **7.** wütender *od.* funkelnder Blick: **to look at s.o. with a ~** j-n wütend anstarren, j-n anfunkeln.

**glare²** [gleə(r)] *s* spiegelglatte Fläche: **a ~ of ice. II** *adj* spiegelglatt: **~ ice** Glatteis *n*.

**glar·ing** [ˈgleərɪŋ] *adj* (*adv* **~ly**) **1.** grell. **2.** *fig.* grell, schreiend: **~ colo(u)rs. 3.** ekla'tant, kraß (*Fehler, Unterschied etc*), (himmel)schreiend (*Unrecht etc*). **4.** wütend, funkelnd (*Blick*).

**glar·y¹** [ˈgleərɪ] → **glaring** 1 *u.* 2.

**glar·y²** [ˈgleərɪ] → **glare²** II.

**glass** [glɑːs; *Am.* glæs] **I** *s* **1.** Glas *n*. **2.** *collect.* → **glassware. 3.** a) (Trink-)Glas *n*, b) Glas(gefäß) *n*. **4.** Glas(voll) *n*: **a ~ of milk** ein Glas Milch; **he has had a ~ too much** er hat ein Gläs-chen zuviel *od.* eins über den Durst getrunken. **5.** Glas (-scheibe *f*) *n*. **6.** Spiegel *m*. **7.** Sanduhr *f*. **8.** *opt.* a) Lupe *f*, Vergrößerungsglas *n*, b) Linse *f*, Augenglas *n*, c) *pl, a.* **pair of ~es** Brille *f*, d) (Fern-, Opern)Glas *n*, e) Mikro'skop *n*. **9.** a) Glas(dach) *n*, b) Glas(kasten) *n*. **10.** Uhrglas *n*. **11.** Baro'meter *n*. **12.** Thermo'meter *n*. **II** *v/t* **13.** verglasen: **to ~ in** einglasen. **14.** (*meist o.s.* sich) (‚wider)spiegeln. **15.** *econ.* in Glasbehälter verpacken.

**glass│bead** *s* Glasperle *f*. **~ block** *s arch.* Glasziegel *m*, ‚(bau)stein *m*. **~ blow·er** *s* Glasbläser *m*. **~ blow·ing** *s tech.* Glasblasen *n*, Glasbläse'rei *f*. **~ brick** → **glass block. ~ case** *s* Glaskasten *m*, Vi'trine *f*. **~ ce·ment** *s tech.* Glaskitt *m*. **~ cloth** *s* **1.** Gläsertuch *n*. **2.** *tech.* a) Glasleinen *n*, b) Glas(faser)gewebe *n*. **~ cul·ture** *s* ‚Treibhauskul₁tur *f*. **~ cut·ter** *s* **1.** Glasschleifer *m*. **2.** *tech.* Glasschneider *m* (*Werkzeug*). **~ cut·ting** *s tech.* Glasschneiden *n*, -schleifen *n*. **~ eel** *s ichth.* Glasaal *m* (*junger Aal*). **~ eye** *s* **1.** Glasauge *n*. **2.** *vet.* e-e Augenkrankheit der Pferde. **~ fi·ber**, *bes. Br.* **~ fi·bre** *s* Glasfaser *f*, -fiber *f*.

**¹glass·ful** [-fʊl] *s* (*ein*) Glas(voll) *n*.

**glass│fur·nace** *s* Glasschmelzofen *m*. **~ har·mon·i·ca** *mus. hist.* ‚Glashar₁monika *f*. **~ house** *s* **1.** *tech. Am.* ‚Glashütte *f*, -fa₁brik *f*. **2.** *bes. Br.* Gewächs-, Glas-, Treibhaus *n*: **~ effect** Treibhaus-, Glashauseffekt *m*. **3.** **people who live in ~s should not throw stones** wer (selbst) im Glashaus sitzt, soll nicht mit Steinen werfen. **4.** *mil. Br. colloq.* ‚Bau' *m*, ‚Bunker' *m* (*Gefängnis*).

**glass·ine** [ˈglɑːsiːn; *bes. Am.* glæˈsiːn] *s* Perga'min *n* (*durchsichtiges Papier*).

**glass·i·ness** [ˈglɑːsɪnɪs; *Am.* ˈglæs-] *s* **1.** glasiges Aussehen. **2.** Glasigkeit *f* (*der Augen*). **3.** Spiegelglätte *f* (*e-s Sees etc*).

**glass│jaw** *s* Boxen: ‚Glaskinn' *n*. **~ mak·er** *s* ‚Glas₁hersteller *m*. **~ man** [-mən] *s irr* **1.** Glashändler *m*. **2.** Glaser *m*. **3.** ‚Glas₁hersteller *m*. **~ paint·er** *s* Glasmaler *m*. **~ pa·per** *s* ‚Glaspa₁pier *n*. **~ pa·per** *v/t* mit ‚Glaspa₁pier abreiben *od.* po'lieren. **~ slate** → **glass tile. ~ strand** *s tech.* Glasspinnfaden *m*. **~ tile** *s arch.* Glasdachziegel *m*, -stein *m*. **~ ware** *s* Glas(waren *pl*) *n*, Glasgeschirr *n*, -sachen *pl*. **~ wool** *s tech.* Glaswolle *f*. **~ work** *s tech.* **1.** ‚Glas(waren)₁herstellung *f*. **2.** Glase'rei *f*. **3.** Glaswaren *pl*. **4.** Glasarbeit *f*. **5.** *pl* (*oft als sg konstruiert*) ‚Glashütte *f*, -fa₁brik *f*.

**glass·y** [ˈglɑːsɪ; *Am.* ˈglæsi] *adj* (*adv*

**glassily) 1.** gläsern, glasig, glasartig. **2.** glasig (*Augen*). **3.** spiegelglatt (*See etc*).

**Glas·we·gian** [glæsˈwiːdʒjən; -dʒən] **I** *adj* Glasgower, aus Glasgow. **II** *s* Glasgower(in).

**glau·ber·ite** [ˈglauʊbəraɪt; ˈglɔː-] *s min.* Glaubeˈrit *m.*

**Glau·ber's salt** [ˈglauʊbə(r)z], *a.* **ˈGlauber salt** *s chem.* Glaubersalz *n.*

**glau·co·ma** [glɔːˈkəumə] *s med.* Glauˈkom *n,* grüner Star. **glauˈco·ma·tous** [-ˈkəumətəs] *adj* glaukomaˈtös.

**glau·co·nite** [ˈglɔːkənaɪt] *s min.* Glaukoˈnit *m.*

**glau·cous** [ˈglɔːkəs] *adj* **1.** a) graugrün, b) bläulichgrün. **2.** *bot.* mit weißlichem Schmelz überˈzogen. **ˌ~-ˌwinged gull** *s orn.* Am. Grauflügelmöwe *f.*

**glaze** [gleɪz] **I** *v/t* **1.** verglasen, Glasscheiben einsetzen in (*acc*): **to ~ in** einglasen. **2.** poˈlieren, glätten. **3.** *tech.,* *a. gastr.* glaˈsieren, mit Glaˈsur überˈziehen. **4.** *paint.* laˈsieren. **5.** *tech.* Papier satiˈnieren. **6.** *Augen* glasig machen. **II** *v/i* **7.** e-e Glaˈsur *od.* Poliˈtur annehmen, blank werden. **8.** *a.* **~ over** glasig werden (*Augen*). **III** *s* **9.** Poliˈtur *f,* Glätte *f,* Glanz *m:* **~ kiln** (*Keramik*) Glattbrennofen *m.* **10.** a) Glaˈsur *f,* b) Glaˈsur(masse) *f.* **11.** Laˈsur *f.* **12.** Satiˈnierung *f.* **13.** Glasigkeit *f.* **14.** *Am.* a) Glatteis *n,* b) (dünne) Eisschicht. **15.** *aer.* Vereisung *f.*

**glazed** [gleɪzd] *adj* **1.** verglast, Glas...: **~ veranda. 2.** *tech.* glatt, blank, geglättet, poˈliert, Glanz...: **~ board** a) Glanzpappe *f,* b) Preßspan *m*; **~ brick** Glasurziegel *m*; **~ paper** satiniertes Papier, Glanzpapier; **~ tile** Kachel *f.* **3.** glaˈsiert. **4.** laˈsiert. **5.** satiˈniert. **6.** glasig (*Augen*). **7.** vereist: **~ frost** *Br.* Glatteis *n.* **ˈglaz·er** *s tech.* **1.** Glaˈsierer *m.* **2.** Poˈlierer *m.* **3.** Satiˈnierer *m.* **4.** Poˈlier-, Schmirgelscheibe *f.*

**gla·zier** [ˈgleɪzjə; *Am.* -ʒər] *s* Glaser *m.* **glaz·ing** [ˈgleɪzɪŋ] *s* **1.** Verglasen *n,* b) Glaserarbeit *f.* **2.** *collect.* Fenster(scheiben) *pl.* **3.** *tech.,* *a. gastr.* a) Glaˈsur *f,* b) Glaˈsieren *n.* **4.** a) Poliˈtur *f,* b) Poˈlieren *n.* **5.** *tech.* Satiˈnieren *n.* **6.** *paint.* a) Laˈsur *f,* b) Laˈsieren *n.*

**glaz·y** [ˈgleɪzɪ] *adj* **1.** glänzend, blank. **2.** glaˈsiert. **3.** poˈliert. **4.** glasig, glanzlos (*Augen*).

**gleam** [gliːm] **I** *s* **1.** schwacher Schein, Schimmer *m* (*a. fig.*): **he had a dangerous ~ in his eye** s-e Augen funkelten gefährlich; **~ of hope** Hoffnungsschimmer, -strahl *m*; **when you were still a ~ in your father's eye** *colloq. humor.* als du noch ein sündiger Gedanke d-s Vaters warst. **II** *v/i* **2.** glänzen, leuchten, schimmern, scheinen. **3.** funkeln (*Augen etc*). **ˈgleam·y** *adj* glänzend, schimmernd. **2.** funkelnd.

**glean** [gliːn] **I** *v/t* **1.** *Ähren* nachlesen. **2.** *das Feld* sauber lesen. **3.** *fig.* a) sammeln, zs.-tragen, b) herˈausfinden, in Erfahrung bringen: **to ~ from** schließen *od.* entnehmen aus. **II** *v/i* **4.** Ähren nachlesen. **ˈglean·er** *s* **1.** *agr.* a) Ährenleser *m,* b) Zugrechen *m.* **2.** *fig.* Sammler(in). **ˈglean·ings** [-ɪŋz] *s pl* **1.** *agr.* Nachlese *f.* **2.** *fig.* (das) Gesammelte.

**glebe** [gliːb] *s* **1.** *jur. relig.* Pfarrland *n.* **2.** *poet.* a) (Erd)Scholle *f,* b) Feld *n.*

**glede** [gliːd] *s orn.* Gabelweihe *f.*

**glee** [gliː] *s* **1.** Ausgelassenheit *f,* übermütige Stimmung, Fröhlichkeit *f.* **2.** a) Freude *f:* **to dance with ~** Freudentänze aufführen, b) Schadenfreude *f.* **3.** *mus.* Glee *m* (*geselliges Lied für 3 od. mehr Stimmen in der englischen Musik des 17. bis 19. Jahrhunderts*): **~ club** *bes. Am.* Gesangverein *m.* **ˈglee·ful** *adj* (*adv* **~ly**) **1.** ausgelassen, fröhlich, lustig. **2.**

schadenfroh. **ˈglee·man** [-mən] *s irr hist.* Spielmann *m,* fahrender Sänger.

**gleet** [gliːt] *s med.* **1.** Nachtripper *m.* **2.** chronischer Harnröhrenausfluß.

**glen** [glen] *s* enges Tal, Bergschlucht *f.*

**glen·gar·ry** [glenˈgærɪ] *Mütze der Hochlandschotten.*

**gle·noid** [ˈgliːnɔɪd; *Am. a.* ˈgle-] *adj anat.* flachschalig: **~ cavity** Gelenkpfanne *f.*

**gli·a·din** [ˈglaɪədɪn], **ˈgli·a·dine** [-diːn, -dɪn] *s* Gliaˈdin *n* (*einfacher Eiweißkörper im Getreidekorn, bes. im Weizen*).

**glib** [glɪb] *adj* **1.** a) zungen-, schlagfertig: **a ~ reply** e-e schlagfertige Antwort; **to have a ~ tongue** zungenfertig sein, b) gewandt, 'fix': **to be ~ in finding excuses** immer schnell mit e-r Ausrede bei der Hand sein. **2.** ungezwungen. **3.** oberflächlich. **ˈglib·ness** *s* **1.** a) Schlag-, Zungenfertigkeit *f,* b) Gewandtheit *f,* 'Fixigkeit' *f.* **2.** Ungezwungenheit *f.* **3.** Oberflächlichkeit *f.*

**glide** [glaɪd] **I** *v/i* **1.** gleiten: **to ~ along** dahingleiten, -fliegen (*a. Zeit*). **2.** (hinˈaus- *etc*)schweben, (-)gleiten: **to ~ out**. **3.** *fig.* unmerklich 'übergehen (into in *acc*). **4.** *aer.* a) gleiten, e-n Gleitflug machen, b) segelfliegen. **5.** *mus.* binden. **II** *v/t* **6.** gleiten lassen. **III** *s* **7.** (Daˈhin)Gleiten *n.* **8.** *aer.* Gleitflug *m.* **9.** Glisˈsade *f:* a) Gleitschritt *m* (*beim Tanzen*), b) *fenc.* Gleitstoß *m.* **10.** *mus.* (Ver-)Binden *n.* **11.** *ling.* Gleitlaut *m.* **~ path** *s aer.* Gleitweg *m.*

**glid·er** [ˈglaɪdə(r)] *s* **1.** *mar.* Gleitboot *n.* **2.** *aer.* a) Segelflugzeug *n,* b) Segelflieger(in). **3.** *Skisport:* Gleiter(in). **~ tug** *s aer.* Schleppflugzeug *n.*

**glid·ing** [ˈglaɪdɪŋ] **I** *adj* (*adv* **~ly**) **1.** gleitend. **2.** *aer.* Gleit-, Segelflug... **II** *s* **3.** Gleiten *n.* **4.** *aer.* a) Segel-, Gleitflug *m,* b) (*das*) Segelfliegen.

**glim** [glɪm] *s sl.* **1.** Licht *n.* **2.** Auge *n.*

**glim·mer** [ˈglɪmə(r)] **I** *v/i* **1.** glimmen. **2.** schimmern. **II** *s* **3.** Glimmen *n.* **4.** a) *a. fig.* Schimmer *m,* (schwacher) Schein: **a ~ of hope** ein Hoffnungsschimmer, b) *glimpse* **4. 5.** *min.* Glimmer *m.* **ˈglim·mer·ing** **I** *adj* (*adv* **~ly**) schimmernd. **II** *s* Schimmer *m* (*a. fig.*).

**glimpse** [glɪmps] **I** *s* **1.** flüchtiger (An-)Blick: **to catch** (*od.* **get**) **a ~ of →** 6. **2.** (of) flüchtiger Eindruck (von), kurzer Einblick (in *acc*): **to afford a ~ of** s.th. e-n (kurzen) Einblick in etwas gewähren. **3.** kurzes Sichtbarwerden *od.* Auftauchen. **4.** *fig.* Schimmer *m,* schwache Ahnung. **II** *v/i* **5.** flüchtig blicken (**at** auf *acc*). **III** *v/t* **6.** *j-n, etwas* (nur) flüchtig zu sehen bekommen, e-n flüchtigen Blick erhaschen von.

**glint** [glɪnt] **I** *s* **1.** Schimmer *m,* Schein *m.* **2.** Glanz *m,* Glitzern *n.* **II** *v/i* **3.** glitzern, glänzen, funkeln, blinken. **4.** *obs.* sausen. **III** *v/t* **5.** glitzern lassen: **to ~ back** zurückstrahlen, -werfen.

**gli·o·ma** [glaɪˈəumə; *Am. a.* gliː-] *pl* **-ma·ta** [-mətə], **-mas** *s med.* Gliˈom *n* (*Geschwulst im Gehirn, Rückenmark od. Auge*).

**glis·sade** [glɪˈsɑːd; -ˈseɪd] **I** *s* **1.** *mount.* Abfahrt *f.* **2.** *Tanz:* Gleitschritt *m,* Glisˈsade *f.* **II** *v/i* **3.** *mount.* abfahren. **4.** *Tanz:* Gleitschritte machen. **glis·san·do** [glɪˈsændəu; -ˈsɑːn-] *pl* **-di** [-diː], **-dos** *mus.* **I** *s* Glisˈsando *n.* **II** *adv* glisˈsando, gleitend.

**glis·ten** [ˈglɪsn] **I** *v/i* glitzern, glänzen. **II** *s* Glitzern *n,* Glanz *m.*

**glitch** [glɪtʃ] *s tech. Am. colloq.* (kleinerer) Deˈfekt.

**glit·ter** [ˈglɪtə(r)] **I** *v/i* **1.** glitzern, funkeln, glänzen: **all that ~s is not gold** es ist nicht alles Gold, was glänzt. **2.** *fig.* strahlen, glänzen. **II** *s* **3.** Glitzern *n,*

Glanz *m,* Funkeln *n.* **4.** *fig.* Glanz *m,* Pracht *f,* Prunk *m.* **ˈglit·ter·ing** *adj* (*adv* **~ly**) **1.** glitzernd, funkelnd, glänzend. **2.** *fig.* glanzvoll, prächtig.

**gloam·ing** [ˈgləumɪŋ] *s Scot. od. poet.* (Abend)Dämmerung *f.*

**gloat** [gləut] *v/i* (**over, at**) sich weiden (an *dat*): a) verzückt betrachten (*acc*), b) *contp.* sich hämisch *od.* diebisch freuen (über *acc*). **ˈgloat·ing** *adj* (*adv* **~ly**) hämisch, schadenfroh.

**glob** [glob; *Am.* glab] *s colloq.* ‚Klacks‘ *m,* ‚Klecks‘ *m:* **a ~ of cream.**

**glob·al** [ˈgləubl] *adj* gloˈbal: a) ˈweltumˌspannend, Welt..., b) umˈfassend, Gesamt... **ˈglo·bate** [-beɪt] *adj* kugelförmig, -rund.

**globe** [gləub] **I** *s* **1.** Kugel *f:* **~ of the eye** Augapfel *m.* **2.** **the ~** die Erde, der Erdball, die Erdkugel. **3.** *geogr.* Globus *m:* **celestial ~** Himmelsglobus; **terrestrial ~** (Erd)Globus. **4.** *Pla*ˈnet *m,* Himmelskörper *m.* **5.** *hist.* Reichsapfel *m.* **6.** kugelförmiger Gegenstand, *bes.* a) Lampenglocke *f,* b) Goldfischglas *n.* **II** *v/t u. v/i* **7.** (sich) zs.-ballen, kugelförmig machen (werden). **~ ar·ti·choke** *s bot.* Artiˈschocke *f.* **ˈ~-ˌfish** *s* Kugelfisch *m.* **ˌ~-ˌflow·er** *s bot.* Trollblume *f.* **~ sight** *s mil.* ˈRingviˌsier *n.* **~ this·tle** *s bot.* Kugeldistel *f.* **ˈ~-ˌtrot·ter** *s* Weltenbummler(in), Globetrotter(in). **ˈ~-ˌtrot·ting** **I** *s* Weltenbummeln *n,* Globetrotten *n.* **II** *adj* Weltenbummler..., Globetrotter...

**glo·bin** [ˈgləubɪn] *s physiol.* Gloˈbin *n* (*Eiweißbestandteil des Hämoglobins*).

**glo·boid** [ˈgləubɔɪd] **I** *s biol.* Globoˈid *n.* **II** *adj* kugelartig.

**glo·bose** [ˈgləubəus; gləuˈbəus] → **globular. glo·bos·i·ty** [gləuˈbosɪtɪ; *Am.* -ˈbɑ-] *s* Kugelform *f,* -gestalt *f.* **ˈglo·bous** [-bəs] → **globular.**

**glob·u·lar** [ˈglobjulə; *Am.* ˈglɑbjələr] *adj* (*adv* **~ly**) **1.** kugelförmig, kugelig, Kugel...: **~ lightning** Kugelblitz *m.* **2.** aus Kügelchen bestehend. **ˈglob·ule** [-juːl] *s* **1.** Kügelchen *n.* **2.** Tröpfchen *n.* **ˈglob·u·lin** [-julɪn] *s biol.* Globuˈlin *n* (*wichtiger Eiweißkörper des menschlichen, tierischen u. pflanzlichen Organismus*).

**glock·en·spiel** [ˈglokənspiːl; *Am.* ˈglɑ-] *s mus.* Glockenspiel *n.*

**glom·er·ate** [ˈglomərət; *Am.* ˈglɑ-] *adj* (zs.-)geballt, knäuelförmig. **ˌglom·erˈa·tion** *s* (Zs.-)Ballung *f,* Knäuel *m, n.*

**glom·er·ule** [ˈgloməruːl; *Am.* ˈglɑ-] *s* **1.** *bot.* Blütenknäuel *m, n.* **2.** *med.* → **glomerulus.**

**glo·mer·u·lus** [gloˈmerʊləs; *Am.* glɑˈm-; gləuˈm-] *pl* **-li** [-laɪ] *s med.* Gloˈmerulus *m,* Gloˈmerulum *n* (*Blutgefäßknäuelchen, bes. der Nierenrinde*).

**gloom** [gluːm] **I** *s* **1.** Düsterheit *f,* -keit *f.* **2.** *fig.* düstere *od.* gedrückte Stimmung, Trübsinn *m,* Schwermut *f:* **to throw a ~ over** e-n Schatten werfen auf (*acc*), verdüstern. **3.** *Am. colloq.* ‚Miesepeter‘ *m.* **II** *v/i* **4.** düster *od.* traurig blicken *od.* aussehen. **5.** (finster) vor sich hin brüten. **6.** sich verdüstern. **III** *v/t* **7.** verdüstern. **ˈgloom·i·ness** *s* **1.** → **gloom** 1, 2. **2.** Hoffnungslosigkeit *f.* **ˈgloom·y** *adj* (*adv* **gloomily**) **1.** düster. **2.** schwermütig, trübsinnig, düster, traurig. **3.** hoffnungslos: **to feel ~ about the future** schwarzsehen.

**glo·ri·al** [ˈglɔːrɪə; *Am. a.* ˈgləu-] *s* **1.** *Textil.* Gloriaseide *f.* **2.** *bes. art* Glorie *f,* Heiligenschein *m.*

**Glo·ri·a²** [ˈglɔːrɪə; *Am. a.* ˈgləu-] *s relig.* Gloria *n* (*Lobgesang*).

**glo·ri·fi·ca·tion** [ˌglɔːrɪfɪˈkeɪʃn; *Am. a.* ˌgləu-] *s* **1.** Verherrlichung *f.* **2.** *relig.* a) Verklärung *f,* b) Lobpreisung *f.* **3.** *Br. colloq.* Fest *n.* **4. a ~ of** *colloq.* →

**glorified.** **'glo·ri·fied** [-faɪd] *adj colloq.* ,besser(er, e, es)': a ~ barn; a ~ office boy. **'glo·ri·fi·er** *s* Verherrlicher *m.* **'glo·ri·fy** [-faɪ] *v/t* **1.** verherrlichen. **2.** *relig.* a) (lob)preisen, b) verklären. **3.** erstrahlen lassen. **4.** e-e Zierde sein (*gen*). **5.** *colloq.* ,aufmotzen': → glorified.

**glo·ri·ole** ['glɔːrɪəʊl; *Am. a.* 'gləʊ-] *s* Glori'ole *f*, Heiligenschein *m.*

**glo·ri·ous** ['glɔːrɪəs; *Am. a.* 'gləʊ-] *adj* (*adv* ~ly) **1.** ruhmvoll, -reich, glorreich: a ~ victory. **2.** herrlich, prächtig, wunderbar (*alle a. colloq.*): a ~ sunset; ~ fun. **3.** *iro.* ,schön', gehörig: a ~ mess ein schönes Durcheinander.

**glo·ry** ['glɔːrɪ; *Am. a.* 'gləʊrɪ-] **I** *s* **1.** Ruhm *m*, Ehre *f*: to the ~ of God zum Ruhme *od.* zur Ehre Gottes; ~ to God in the highest Ehre sei Gott in der Höhe; covered in ~ ruhmbedeckt; crowned with ~ *poet.* ruhmbekränzt, -gekrönt; ~ be! *colloq.* a) (*überrascht*) ach, du lieber Himmel!, b) (*erfreut, erleichtert*) Gott sei Dank! **2.** Zier(de) *f*, Stolz *m*, Glanz (-punkt) *m.* **3.** Herrlichkeit *f*, Glanz *m*, Pracht *f*, Glorie *f.* **4.** voller Glanz, höchste Blüte: Spain in her ~. **5.** *relig.* a) himmlische Herrlichkeit, b) Himmel *m*: to go to ~ *colloq.* in die ewigen Jagdgründe eingehen (*sterben*); to send to ~ *colloq.* j-n ins Jenseits befördern. **6.** → gloriole. **7.** Ek'stase *f*, Verzückung *f.* **II** *v/i* **8.** sich freuen, glücklich sein (in über *acc*). **9.** sich sonnen (in in *dat*). ~ hole *s colloq.* **1.** *mar.* Zwischendeckkammer *f.* a) Rumpelkammer *f.*, b) Rumpelkiste *f*, c) Kramschublade *f.* ~ pea *s bot.* Prachtwicke *f.* ~ tree *s bot.* Losbaum *m.*

**gloss¹** [glɒs; *Am. a.* glɑs] **I** *s* **1.** Glanz *m*: ~ paint Glanzlack *m*; ~ photograph (Hoch)Glanzabzug *m.* **2.** *fig.* äußerer Glanz, Schein *m.* **II** *v/t* **3.** glänzend machen. **4.** *meist* ~ over *fig.* a) beschönigen, b) vertuschen. **III** *v/i* **5.** glänzend werden.

**gloss²** [glɒs; *Am. a.* glɑs] **I** *s* **1.** (Interline'ar-, Rand)Glosse *f*, Erläuterung *f*, Anmerkung *f.* **2.** (Interline'ar)Über,setzung *f.* **3.** Erklärung *f*, Erläuterung *f*, Kommen'tar *m*, Auslegung *f.* **4.** (absichtlich) irreführende Deutung *od.* Erklärung. **5.** → glossary. **II** *v/t* **6.** glos'sieren. **7.** *oft* ~ over (absichtlich) irreführend deuten *od.* erklären.

**glos·sal** ['glɒsl; *Am. a.* 'glɑsəl] *adj anat.* Zungen...

**glos·sar·i·al** [glɒ'seərɪəl; *Am. a.* glɑ-] *adj* (*adv* ~ly) Glossar..., glos'sarartig.

**glos·sa·rist** ['glɒsərɪst; *Am. a.* 'glɑ-] *s* Glos'sator *m*, Verfasser *m* e-s Glos'sars. **'glos·sa·ry** *s* Glos'sar *n*: a) *Sammlung von Glossen*, b) *Wörterverzeichnis* (*mit Erklärungen*).

**glos·sec·to·my** [glɒ'sektəmɪ; *Am.* glɑ-] *s med.* Glossekto'mie *f*, ,Zungenresekti,on *f.*

**glos·seme** ['glɒsiːm; *Am. a.* 'glɑ-] *s ling.* Glos'sem *n* (*kleinste sprachliche Einheit, die nicht weiter analysierbar ist*). **'gloss·er** → glossarist.

**gloss·i·ness** ['glɒsɪnɪs; *Am. a.* 'glɑ-] *s* Glanz *m.*

**glos·si·tis** [glɒ'saɪtɪs; *Am. a.* glɑ-] *s med.* Glos'sitis *f*, Zungenentzündung *f.*

**glosso-** [glɒsəʊ; *Am. a.* glɑ-] *Wortelement mit den Bedeutungen* a) *anat.* Zungen..., b) zungenförmig, c) Sprach(en)...

**glos·sol·o·gy** [glɒ'sɒlədʒɪ; *Am.* glɑ'sɑl-] *s obs.* Lingu'istik *f.*

**'gloss·y** **I** *adj* (*adv* glossily) **1.** glänzend: to be ~ glänzen; ~ paper (Hoch)Glanzpapier *n.* **2.** auf ('Hoch)Glanzpa,pier gedruckt: ~ magazine Hochglanzmagazin

*n.* **3.** *fig.* a) raffi'niert aufgemacht, b) prächtig (aufgemacht). **II** *s* **4.** *colloq.* 'Hochglanzmaga,zin *n.*

**glot·tal** ['glɒtl; *Am.* 'glɑtl] *adj* **1.** *anat.* Glottis..., Stimmritzen...: ~ chink Stimmritze *f.* **2.** *ling.* glot'tal: ~ stop, *a.* ~ plosive Knacklaut *m*, Kehlkopfverschlußlaut *m.*

**glot·tic** ['glɒtɪk; *Am.* 'glɑ-] → glottal.

**glot·tis** ['glɒtɪs; *Am.* 'glɑ-] *pl* **-tis·es, -ti·des** [-tɪdiːz] *s anat.* Glottis *f*, Stimmritze *f.*

**glot·tol·o·gy** [glɒ'tɒlədʒɪ; *Am.* glɑ'tɑ-] → glossology.

**glove** [glʌv] **I** *s* **1.** (Finger)Handschuh *m*: to fit (s.o.) like a ~ a) (j-m) wie angegossen passen, a) *fig.* (zu j-m *od.* auf j-n) ganz genau passen; to take the ~s off ernst machen, ,massiv werden'; with the ~s off, without ~s unsanft, rücksichts-, schonungslos; → hand *Bes. Redew.* **2.** *sport* (Box-, Fecht-, Reit- *etc*)Handschuh *m.* **3.** (Fehde)Handschuh *m*: to fling (*od.* throw) down the ~ (to s.o.) (j-n) herausfordern, (j-m) den Handschuh hinwerfen; to pick (*od.* take) up the ~ den Handschuh aufnehmen, die Herausforderung annehmen. **II** *v/t* **4.** mit Handschuhen bekleiden: ~d behandschuht.

**glove| box** *s* **1.** *mot.* Handschuhfach *n.* **2.** Handschuhkasten *m* (*für Arbeiten mit radioaktiven od. hochgiftigen Stoffen*). ~ **com·part·ment** *s mot.* Handschuhfach *n.* ~ **pup·pet** *s* Handpuppe *f.*

**'glov·er** *s* Handschuhmacher(in).

**glow** [gləʊ] **I** *v/i* **1.** glühen. **2.** *fig.* glühen: a) leuchten, strahlen, b) brennen (*Gesicht etc*). **3.** *fig.* (er)glühen, brennen (with vor *dat*): ~ing with anger (enthusiasm, *etc*). **II** *s* **4.** Glühen *n*, Glut *f*: in a ~ glühend. **5.** *fig.* Glut *f*: a) Glühen *n*, Leuchten *n*, b) Hitze *f*, Röte *f* (*im Gesicht etc*): in a ~, all of a ~ erhitzt, glühend, ganz gerötet, c) Feuer *n*, Leidenschaft *f*, Brennen *n.* ~ **dis·charge** *s electr.* Glimmentladung *f.*

**glow·er** ['glaʊə(r)] **I** *v/i* finster blicken, ein finsteres Gesicht machen: to ~ at s.o. j-n finster anblicken. **II** *s* finsterer Blick. **'glow·er·ing** *adj* (*adv* ~ly) finster: ~ look.

**glow·ing** ['gləʊɪŋ] *adj* (*adv* ~ly) **1.** glühend. **2.** *fig.* glühend: a) leuchtend, strahlend, b) brennend: in ~ colo(u)rs in glühenden *od.* leuchtenden Farben (*schildern etc*). **3.** *fig.* 'überschwenglich, begeistert: a ~ account; ~ praise.

**glow| lamp** *s electr.* Glimmlampe *f.* ~ **plug** *s mot. Am.* Glühkerze *f.* **~worm** *s zo.* Glühwürmchen *n.*

**glox·in·i·a** [glɒk'sɪnjə; *Am.* glɑk'sɪnɪə] *s bot.* Glo'xinie *f.*

**gloze** [gləʊz] *obs.* **I** *v/t* **1.** → gloss¹ 4. **2.** → gloss² 6. **II** *v/i* **3.** schmeicheln.

**glu·cic ac·id** ['gluːsɪk] *s chem.* Glu'cinsäure *f.*

**glu·cin·i·um** [gluː'sɪnɪəm], **glu·ci·num** [gluː'saɪnəm] *s chem.* Glu'cinium *n*, Be'ryllium *n.*

**glu·cose** ['gluːkəʊs; -kəʊz] *s chem.* Glu'kose *f*, Glu'cose *f*, Traubenzucker *m.*

**glue** [gluː] **I** *s* **1.** Leim *m*: vegetable ~ Pflanzenleim; ~ stock Leimrohstoff *m.* **2.** Klebstoff *m.* **II** *v/t pres p* **'glu·ing** **3.** leimen, kleben (on[to] auf *acc*): to ~ (*acc*): he was ~d to his TV set er saß gebannt *od.* wie angewachsen vor dem Bildschirm; she remained ~d to her mother sie ,klebte' an ihrer Mutter.

**glue·y** ['gluːɪ] *comp* **'glu·i·er** *sup* **'glu·i·est** *adj* klebrig: a) zähflüssig (*Masse*), b) voller Leim.

**glum** [glʌm] *adj* (*adv* ~ly) bedrückt, niedergeschlagen.

**glume** [gluːm] *s bot.* Spelze *f.*

**'glum·ness** *s* Bedrücktheit *f*, Niedergeschlagenheit *f.*

**glut** [glʌt] **I** *v/t* **1.** den Appetit stillen, befriedigen. **2.** über'sättigen (*a. fig.*): to ~ o.s. with (*od.* on) sich überessen mit *od.* an (*dat*). **3.** *econ.* den Markt überschwemmen. **4.** verstopfen. **II** *s* **5.** Über'sättigung *f* (*a. fig.*). **6.** *econ.* 'Überangebot *n*, Schwemme *f*: a ~ in the market ein Überangebot auf dem Markt, e-e Marktschwemme; ~ of money Geldüberhang *m*, -schwemme.

**glu·ta·mate** ['gluːtəmeɪt] *s chem.* Gluta-'mat *n.*

**glu·tam·ic ac·id** [gluː'tæmɪk] *s chem.* Gluta'minsäure *f.*

**glu·ta·mine** ['gluːtəmiːn; -mɪn] *s chem.* Gluta'min *n.*

**glu·te·al** [gluː'tiːəl; 'gluːtɪəl] *adj anat.* Glutäal..., Gesäß(muskel)...

**glu·te·i** [gluː'tiːaɪ] *pl von* gluteus.

**glu·ten** ['gluːtən] *s chem.* Glu'ten *n*, Kleber *m*: ~ bread Kleberbrot *n*; ~ flour Gluten-, Klebermehl *n.*

**glu·te·us** [gluː'tiːəs] *pl* **-te·i** [-'tiːaɪ] *s anat.* Glu'täus *m*, Gesäßmuskel *m.*

**glu·ti·nos·i·ty** [ˌgluːtɪ'nɒsətɪ; *Am.* ˌgluːtn'ɑs-] *s* Klebrigkeit *f.* **'glu·ti·nous** *adj* (*adv* ~ly) klebrig.

**glut·ton** ['glʌtn] *s* **1.** Vielfraß *m.* **2.** *fig.* Unersättliche(r *m*) *f*: a ~ for books e-e ,Leseratte', ein ,Bücherwurm' *m*; a ~ for punishment ein Masochist; a ~ for work ein Arbeitstier *n.* **3.** *zo.* Vielfraß *m.* **'glut·ton·ous** *adj* (*adv* ~ly) gefräßig, unersättlich (*a. fig.*). **'glut·ton·y** *s* Gefräßigkeit *f*, Unersättlichkeit *f* (*a. fig.*).

**gly·cer·ic** [glɪ'serɪk; 'glɪsərɪk] *adj chem.* Glycerin...: ~ acid.

**glyc·er·in(e)** ['glɪsərɪn; -riːn], **'glyc·er·ol** [-rɒl; *Am. a.* ˌ-rəʊl] *s chem.* Glyce-'rin *n.* **'glyc·er·ol·ate** [-rəleɪt] *v/t med.* mit Glyce'rin versetzen *od.* behandeln. **'glyc·er·yl** [-rɪl] *s chem.* dreiwertiges Glyce'rinradi,kal: ~ trinitrate Nitroglycerin *n.*

**gly·co·gen** ['glɪkəʊdʒən; *bes. Am.* 'glaɪ-] *s biol. chem.* Glyko'gen *n*, tierische Stärke. **ˌgly·co'gen·e·sis** [-'dʒenɪsɪs] *s biol. chem.* Glykoge'nie *f*, Glyko'genbildung *f.* **ˌgly·co'gen·ic** *adj biol. chem.* Glykogen...

**gly·col** ['glaɪkɒl; *Am. a.* ˌ-kəʊl] *s chem.* Gly'kol *n*: a) *Äthylenglykol*, b) zweiwertiger giftiger Alkohol von süßem Geschmack. **gly'col·ic** [-'kɒlɪk; *Am.* -'kɑ-] *adj chem.* Glykol...

**Gly·con·ic** [glaɪ'kɒnɪk; *Am.* -'kɑ-] *adj u. s metr.* glyko'neisch(er Vers).

**glyph** [glɪf] *s* Glypte *f*, Glyphe *f*: a) *arch.* (verti'kale) Furche *od.* Rille, b) Skulp-'tur *f.*

**gly·phog·ra·phy** [glɪ'fɒgrəfɪ; *Am.* -'fɑ-] *s* Glyphogra'phie *f* (*galvanoplastische Herstellung von Relief-Druckplatten*).

**glyp·tic** ['glɪptɪk] **I** *adj* glyptisch, Steinschneide... **II** *s meist pl* (*als sg konstruiert*) Glyptik *f*, Steinschneidekunst *f.*

**glyp·tog·ra·phy** [glɪp'tɒgrəfɪ; *Am.* -'tɑ-] *s* Glyptogra'phie *f*, Glyphogra'phie *f*: a) *Steinschneidekunst*, b) *Gemmenkunde.*

**'G-,man** [-ˌmæn] *s irr Am. colloq.* G-man *m*, FB'I-A,gent *m.*

**gnarl** [nɑː(r)l] *s* Knorren *m.* **gnarled, 'gnarl·y** *adj* **1.** knorrig. **2.** schwielig (*Hände*). **3.** *fig.* griesgrämig, mürrisch, verdrießlich.

**gnash** [næʃ] **I** *v/i* **1.** mit den Zähnen knirschen. **2.** knirschen. **II** *v/t* **3.** to ~ one's teeth mit den Zähnen knirschen. **4.** mit knirschenden Zähnen beißen. **'gnash·ers** *s pl colloq.* Zähne *pl.*

**gnat** [næt] *s* **1.** *zo. Br.* (Stech)Mücke *f*:

to strain at a ~ *fig.* Haarspalterei betreiben, sich an e-r Kleinigkeit stoßen; to strain at a ~ and swallow a camel *Bibl.* Mücken seihen u. Kamele verschlucken. **2.** *zo. Am.* Kriebel-, Kribbelmücke *f*.

**gnath·ic** ['næθιk] *adj anat.* Kiefer...

**gnaw** [nɔ:] *pret* **gnawed** *pp* **gnawed** *od.* **gnawn** [nɔ:n] **I** *v/t* **1.** nagen an (*dat*) (*a. fig.*), ab-, zernagen: to ~ one's fingernails an den Fingernägeln kauen; to ~ one's way into → 5. **2.** zerfressen (*Säure etc*). **3.** *fig.* quälen, aufreiben, zermürben. **II** *v/i* **4.** nagen: to ~ at → 1. **5.** ~ into sich einfressen in (*acc*). **6.** *fig.* nagen, zermürben: to ~ at → 3. '**gnaw·er** *s zo.* Nager *m*, Nagetier *n*. '**gnaw·ing I** *adj* (*adv* ~ly) **1.** nagend (*a. fig.*). **II** *s* **2.** Nagen *n* (*a. fig.*). **3.** nagender Schmerz, Qual *f*.

**gneiss** [naɪs] *s geol.* Gneis *m*. '**gneiss·ic** *adj* Gneis..., gneisig.

**gnome**[1] [nəʊm] *s* **1.** Gnom *m*, Zwerg *m* (*beide a. contp. Mensch*), Kobold *m*. **2.** Gartenzwerg *m*.

**gnome**[2] ['nəʊmiː; nəʊm] *s* Gnome *f* (*lehrhafter* [*Sinn-, Denk*]*Spruch in Versform od. Prosa*).

**gno·mic** ['nəʊmɪk] *adj* (*adv* ~ally) gnomisch: ~ **present** *ling.* gnomisches Präsens.

**gnom·ish** ['nəʊmɪʃ] *adj* gnomenhaft.

**gno·mon** ['nəʊmɒn; *Am.* -ˌmɑn] *s* Gnomon *m*: a) *astr.* Sonnenhöhenzeiger, b) Sonnenuhrzeiger, c) *math.* Restparallelogramm.

**gno·sis** ['nəʊsɪs] *s* Gnosis *f* (*esoterische Philosophie od. Weltanschauung*).

**gnos·tic** ['nɒstɪk; *Am.* 'nɑs-] **I** *adj* (*adv* ~ally) **1.** gnostisch (→ gnosis). **2.** G~ gnostisch (→ Gnosticism). **II** *s* **3.** G~ Gnostiker(in).

**Gnos·ti·cism** ['nɒstɪsɪzəm; *Am.* 'nɑs-] *s* Gnostizismus *m* (*verschiedene religiöse Bewegungen der Spätantike u. religionsphilosophische Strömungen innerhalb des frühen Christentums, die, meist mit Hilfe e-s Erlösermythos, Antwort auf die Frage nach Ursprung, Sinn u. Ziel des Menschen zu geben suchten*). '**Gnos·ti·cize I** *v/i* gnostische Anschauungen vertreten. **II** *v/t* gnostisch auslegen.

**gno·to·bi·ol·o·gy** [ˌnəʊtəʊbaɪˈɒlədʒɪ; *Am.* -ˈɑl-] *s* Gnotobiolo'gie *f* (*Forschungsrichtung, die sich mit der keimfreien Aufzucht von Tieren für die Immunologie beschäftigt*).

**go**[1] [gəʊ] **I** *pl* **goes** [gəʊz] *s* **1.** Gehen *n*: on the ~ *colloq.* a) (ständig) in Bewegung *od.* ‚auf Achse', b) *obs.* im Verfall begriffen, im Dahinschwinden; **from the word ~** *colloq.* von Anfang an. **2.** Gang *m*, (Ver-)Lauf *m*. **3.** *colloq.* Schwung *m*, ‚Schmiß' *m*: **this song has no ~; he is full of ~** er hat Schwung, er ist voller Leben. **4.** *colloq.* Mode *f*: **it is all the ~ now** es ist jetzt größte Mode. **5.** *colloq.* Erfolg *m*: to **make a ~ of** s.th. etwas zu e-m Erfolg machen; **no ~** a) kein Erfolg, b) aussichts-, zwecklos; **it's no ~** es geht nicht, nichts zu machen. **6.** *colloq.* Abmachung *f*: **it's a ~!** abgemacht! **7.** *colloq.* Versuch *m*: to **have a ~ at** s.th. etwas probieren *od.* versuchen; **at one ~** auf ‚einen Schlag, auf Anhieb; **in one ~** auf ‚einen Sitz; **at the first ~** gleich beim ersten Versuch; **it's your ~!** du bist an der Reihe *od.* dran! **8.** *colloq.* (*bes.* unangenehme) Sache, ‚Geschichte' *f*: **what a ~!** ‚ne schöne Geschichte *od.* Bescherung!, so was Dummes!; **it was a near ~** das ging gerade noch (einmal) gut. **9.** *colloq.* a) Porti'on *f* (*e-r Speise*), b) Glas *n*: **his third ~ of brandy** sein dritter Kognak. **10.** Anfall *m* (*e-r Krankheit*): **my second ~ of influenza** m-e zweite Grippe.

**II** *adj* **11.** *tech. colloq.* funkti'onstüchtig.

**III** *v/i pret* **went** [went] *pp* **gone** [gɒn; *Am.* gɔ:n] *3. sg pres* **goes** [gəʊz] **12.** gehen, fahren, reisen (to nach), sich (fort)bewegen: **to ~ on foot** zu Fuß gehen; **to ~ by plane** (*od.* **air**) mit dem Flugzeug reisen, fliegen; **to ~ to Paris** nach Paris reisen *od.* gehen; → **horseback I, train 1. 13.** (fort)gehen, abfahren, abreisen (to nach): **people were coming and ~ing** Leute kamen u. gingen; **who ~es there?** *mil.* wer da?; **I must be ~ing** ich muß gehen *od.* weg *od.* fort; → **let Bes. Redew. 14.** verkehren, fahren (Glocke): **15.** anfangen, loslegen, -gehen: ~**!** *sport* los!; ~ **to it!** mach dich dran!, ran!; **here you ~ again!** jetzt fängst du schon wieder an!; **just ~ and try!** versuch's doch mal!; **here ~es!** *colloq.* dann mal los!, ‚ran (an den Speck)!' **16.** gehen, führen (to nach): **this road ~es to York. 17.** sich erstrecken, reichen, gehen (to bis): **the belt does not ~ round her waist** der Gürtel reicht nicht um ihre Taille; **as far as it ~es** bis zu e-m gewissen Grade; **it ~es a long way** es reicht lange (aus). **18.** *fig.* gehen: **let it ~ at that** laß es dabei bewenden; → **all Bes. Redew., better**[1] **1, court 10, expense Bes. Redew., far Bes. Redew., heart Bes. Redew. 19.** gehen (into in *acc*), enthalten sein (in *dat*): **5 into 10 ~es twice. 20.** gehen, passen (into, in in *acc*), fallen (to auf *acc*): **it does not ~ into my pocket** es geht *od.* paßt nicht in m-e Tasche; **12 inches ~ to the foot** 12 Zoll gehen auf *od.* bilden e-n Fuß. **21.** gehören (in, into in *acc*; on auf *acc*): **the books ~ on the shelf** die Bücher gehören in *od.* kommen auf das Regal. **22.** (to) gehen (an *acc*) (Preis etc), zufallen (*dat*) (Erbe). **23.** *tech. u. fig.* gehen, laufen, funktio'nieren: **the engine is ~ing; to keep (set)** s.th. ~ing etwas in Gang halten (bringen); **to make things ~** die Sache in Schwung bringen; → **get 17, 27, keep 8. 24.** werden, in e-n (*bestimmten*) Zustand ‚übergehen *od.* verfallen: **to ~ blind** erblinden; **to ~ Conservative** zu den Konservativen übergehen; → **bad**[1] **13, hot 3, mad 1, sick**[1] **1. 25.** (gewöhnlich) (in e-m Zustand) sein, sich ständig befinden: **to ~ armed** bewaffnet sein; **to ~ in rags** ständig in Lumpen herumlaufen; **to ~ hungry** hungern; ~ing **sixteen** im 16. Lebensjahr; → **fear 1, unheeded. 26.** a) *meist* **to ~ with child** schwanger sein, b) **to ~ with young** *zo.* trächtig sein. **27.** (with) gehen (mit), sich halten *od.* anschließen (an *acc*): → **tide**[1] **3. 28.** sich halten (**by, on, upon** an *acc*), gehen, handeln, sich richten, urteilen (**on, upon** nach): **to have nothing to ~ upon** keine Anhaltspunkte haben; ~ing **by her clothes** ihrer Kleidung nach (zu urteilen). **29.** ‚umgehen, kur'sieren, im ‚Umlauf sein (Gerüchte etc): **the story ~es** es heißt, man erzählt sich. **30.** gelten (for für): **what he says ~es** *colloq.* was er sagt, gilt; **that ~es for all of you** das gilt für euch alle; **it ~es without saying** es versteht sich von selbst, (es ist) selbstverständlich. **31.** gehen, laufen, bekannt sein: **it ~es by** (*od.* **under**) **the name of** es läuft unter dem Namen; **my dog ~es by the name of Rover** mein Hund hört auf den Namen Rover. **32.** im allgemeinen sein, eben (so) sein: **as hotels ~** wie Hotels eben sind; **as men ~** wie Männer nun einmal sind. **33.** vergehen, -streichen: **how time ~es!** wie (doch) die Zeit vergeht!; **one minute to ~** noch eine Minute; **with five minutes to ~** *sport*

fünf Minuten vor Spielende. **34.** *econ.* weggehen, abgesetzt *od.* verkauft werden. **35.** (on, in) aufgehen (in *dat*), ausgegeben werden (für). **36.** dazu beitragen *od.* dienen (to do zu tun), dienen (to zu), verwendet werden (to, toward[s] für, zu): **it ~es to show** dies zeigt, daran erkennt man; **this only ~es to show you the truth** dies dient nur dazu, Ihnen die Wahrheit zu zeigen. **37.** verlaufen, sich entwickeln *od.* gestalten: **how does the play ~?** wie geht *od.* welchen Erfolg hat das Stück?; **things have gone badly with me** es ist mir schlecht ergangen. **38.** ausgehen, -fallen: **the decision went against him** die Entscheidung fiel zu s-n Ungunsten aus; **it went well** es ging gut (aus). **39.** Erfolg haben: **the play ~es; to ~ big** *colloq.* ein Riesenerfolg sein. **40.** (with) gehen, sich vertragen, harmo'nieren (mit), passen (zu): **black ~es well with yellow. 41.** ertönen, erklingen, läuten (Glocke), schlagen (Uhr): **the clock went five** die Uhr schlug fünf; **the doorbell went** es klingelte. **42.** losgehen mit (e-m Knall etc): **bang went the gun** die Kanone machte bumm. **43.** lauten (Worte etc): **I forget how the words ~** mir fällt der Text im Moment nicht ein; **this is how the tune ~es** so geht die Melodie; **this song ~es to the tune of** dieses Lied geht nach der Melodie von. **44.** gehen, verschwinden, abgeschafft werden: **he must ~** er muß weg; **these laws must ~** diese Gesetze müssen verschwinden. **45.** (da'hin-)schwinden: **his strength is ~ing; my eyesight is ~ing** m-e Augen werden immer schlechter. **46.** zum Erliegen kommen, zs.-brechen: **trade is ~ing. 47.** ka'puttgehen: **the soles are ~ing. 48.** sterben: **he is (dead and) gone** er ist tot. **49.** (*im pres p mit inf*) zum Ausdruck e-r Zukunft, *bes.* a) e-r Absicht, b) etwas Unabänderlichem: **it is ~ing to rain** es gibt Regen, es wird (bald *od.* gleich) regnen; **he is ~ing to read it** er wird *od.* will es (bald) lesen; **she is ~ing to have a baby** sie bekommt ein Kind; **what was ~ing to be done?** was sollte nun geschehen? **50.** (*mit nachfolgendem ger*) *meist* gehen: **to ~ swimming** schwimmen gehen; **you must not ~ telling him** du darfst es ihm ja nicht sagen; **he ~es frightening people** er erschreckt immer die Leute. **51.** (dar'an)gehen, sich aufmachen *od.* anschicken: **he went to find him** er ging ihn suchen; ~ **fetch!** bring es!, hole es!; **he went and sold it** *colloq.* er hat es tatsächlich verkauft; er war so dumm, es zu verkaufen. **52.** **pizzas to ~** (*Schild*) *Am.* Pizzas zum Mitnehmen. **53.** erlaubt sein: **everything ~es in this place** hier ist alles erlaubt. **54.** *bes. Am. colloq.* wiegen: **I went 90 kilos last year** letztes Jahr hatte ich 90 Kilo.

**IV** *v/t* **55.** e-n Betrag wetten, setzen (on auf *acc*). **56.** Kartenspiel: ansagen. **57.** *Am. colloq.* e-e Einladung etc. Wette annehmen von: **I'll ~ you!** ich nehme an!, ‚gemacht'! **58. to ~ it** *colloq.* a) ‚sich reinknien', (mächtig) ‚rangehen', b) es toll treiben, ‚auf den Putz hauen', c) handeln: **he's ~ing it alone** er macht es ganz allein(e); ~ **it** *colloq.* (immer) feste!

*Verbindungen mit Präpositionen:*

**go** | **a·bout** *v/i* **1.** in Angriff nehmen, sich machen an (*acc*). **2.** *Arbeit* erledigen: **to ~ one's business** sich um s-e Geschäfte kümmern. ~ **af·ter** *v/i* **1.** nachlaufen (*dat*). **2.** sich bemühen um: **to ~ a job (girl).** ~ **a·gainst** *v/i* j-m wider'streben, j-s Prinzipien etc zu'widerlaufen. ~ **at** *v/i* **1.** losgehen auf (*acc*), angreifen.

**2.** *e-e Arbeit etc* anpacken, (e'nergisch) in Angriff nehmen, über *e-e Mahlzeit etc* 'herfallen. **~ be·hind** *v/i* die 'Hintergründe unter'suchen von (*od. gen*), auf den Grund gehen (*dat*). **~ be·tween** *v/i* vermitteln zwischen (*dat*). **~ be·yond** *v/i* über'schreiten, hin'ausgehen über (*acc*), *Erwartungen etc* über'treffen: **that's going beyond a joke** das ist kein Spaß mehr. **~ by** → **go¹** 28 *u.* 31. **~ for** *v/i* **1.** holen (gehen). **2.** *e-n Spaziergang etc* machen. **3.** a) gelten als *od.* für, betrachtet werden als, b) → **go¹** 30. **4.** streben nach, sich bemühen um, nachjagen (*dat*). **5.** *colloq.* a) schwärmen für, begeistert sein von, b) ,verknallt' sein in (*j-n*). **6.** a) losgehen auf (*acc*), sich stürzen auf (*acc*): **~ him!** faß (ihn)!, b) 'herziehen über (*acc*). **~ in** *v/i* → **go¹** 35. **~ in·to** *v/i* **1.** hin'eingehen in (*acc*). **2.** *e-n Beruf* ergreifen, eintreten in (*ein Geschäft etc*): **to ~ business** Kaufmann werden; **to ~ the police** zur Polizei gehen. **3.** geraten in (*acc*): **to ~ a faint** ohnmächtig werden. **4.** (genau) unter'suchen *od.* prüfen, (*e-r Sache*) auf den Grund gehen. **5.** → **go¹** 19, 20. **~ off** *v/i* **1.** abgehen von. **2.** *j-n, etwas* nicht mehr mögen. **~ o·ver** *v/i* **1.** (gründlich) über'prüfen *od.* unter'suchen. **2.** → **go through** 1. **3.** (nochmals) 'durchgehen, über'arbeiten. **4.** 'durchgehen, -lesen, -sehen. **~ round** *v/i* **1.** her'um)gehen um (*a. fig.*). → **go¹** 17. **2.** *fig.* her'umgehen in (*dat*): **there's a tune going round my head** mir geht e-e Melodie im Kopf herum. **~ through** *v/i* **1.** 'durchgehen, -nehmen, -sprechen, (ausführlich) erörtern. **2.** durch'suchen. **3.** → **go over** 1. **4.** a) 'durchmachen, erleiden, b) erleben. **5.** *sein Vermögen* 'durchbringen. **~ to** → **go¹** 12, 13, 16, 22, 43. **~ up** *v/i* hin'aufgehen: **to ~ the road.** **~ with** *v/i* **1.** *j-n, etwas* begleiten. **2.** gehören zu. **3.** ,gehen' mit (*j-m*). **4.** über'einstimmen mit. **5.** → **go¹** 26, 27, 40. **~ with·out** *v/i* **1.** auskommen *od.* sich behelfen ohne. **2.** verzichten auf (*acc*): **to ~ breakfast** nicht frühstücken.

*Verbindungen mit Adverbien:*

**go|a·bout** *v/i* **1.** her'umgehen, -fahren, -reisen. **2.** *mar.* la'vieren, wenden. **3.** a) → **go¹** 29, b) 'umgehen (*Grippe etc*). **4.** **~ with** a) ,gehen' mit (*j-m*), b) verkehren mit. **~ a·head** *v/i* **1.** vor'an-, vor'ausgehen (**of s.o.** *j-m*): **~!** *fig.* nur zu!; **to ~ with** *fig.*) a) weitermachen *od.* fortfahren mit, b) Ernst machen mit, durchführen. **2.** Erfolg haben, vor'ankommen. **3.** *sport* nach vorn stoßen, sich an die Spitze setzen. **~ a·long** *v/i* **1.** weitergehen. **2.** *fig.* weitermachen, fortfahren. **3.** (da'hin)gehen, (-)fahren: **as one goes along** a) unterwegs, b) *fig.* nach u. nach. **4.** mitgehen, -kommen (**with** mit). **5.** **~ with** einverstanden sein mit, mitmachen bei. **~ a·round** *v/i* **1.** → **go about** 1, 4. **2.** → **go round**. **~ back** *v/i* **1.** zurückgehen. **2.** zu'rückgestellt werden (*Uhren*). **3.** (to) *fig.* zu'rückgehen (auf *acc*), zu'rückreichen (bis). **4.** **~ on** *fig.* a) *j-n* im Stich lassen, b) *sein Wort etc* nicht halten, *e-e Entscheidung* rückgängig machen. **~ be·hind** *v/i sport* in Rückstand *od.* ins 'Hintertreffen geraten. **~ by** *v/i* a) vor'beigehen (*a. Chance etc*), vor'beifahren, b) vergehen (*Zeit*): **in days gone by** in längst vergangenen Tagen, in früheren Zeiten. **~ down** *v/i* **1.** hin'untergehen. **2.** 'untergehen, sinken (*Schiff, Sonne etc*). **3.** a) zu Boden gehen (*Boxer etc*), b) *thea.* fallen (*Vorhang*). **4.** *fig.* a) (hin'ab)reichen (**to** bis), b) → **go back** 3. **5.** ,(hin)unterrutschen' (*Essen*). **6.** *fig.* (**with**) a) Anklang finden, ,ankommen' (bei): **it went down well with him** es kam gut bei ihm

an, b) ,geschluckt' werden (von): **that won't ~ with me** das nehme ich dir nicht ab, das kannst du e-m anderen weismachen. **7.** zu'rückgehen, sinken, fallen (*Fieber, Preise etc*). **8.** in der Erinnerung bleiben: **to ~ in history** in die Geschichte eingehen. **9.** a) sich im Niedergang befinden, b) zu'grunde gehen. **10.** *univ. Br.* a) die Universi'tät verlassen, b) in die Ferien gehen. **11.** *sport* absteigen. **12.** *Br.* London verlassen. **13.** *Am.* geschehen, pas'sieren. **14. he went down for three years** *Br. sl.* er ,wanderte' für drei Jahre ins Gefängnis. **15. to ~ on** s.o. *vulg.* j-m e-n ,blasen' (*j-n fellationieren*). **~ in** *v/i* **1.** hin'eingehen: **~ and win!** auf in den Kampf! **2.** verschwinden (*Sonne etc*). **3. ~ for** a) sich befassen mit, betreiben, *Sport etc* spielen: **to ~ for football** Fußball spielen, b) mitmachen (bei), sich beteiligen an (*dat*), *ein Examen* machen, c) anstreben, 'hinarbeiten auf (*acc*), d) sich einsetzen für, befürworten, e) sich begeistern für. **~ off** *v/i* **1.** weg-, fortgehen, -laufen, (*Zug etc*) abfahren, *thea.* abgehen. **2.** losgehen (*Gewehr, Sprengladung etc*): **the bomb went off.** **3.** (into) los-, her'ausplatzen (mit), ausbrechen (in *acc*). **4.** verfallen, geraten (**in, into** in *acc*): **to ~ in a fit** e-n Anfall bekommen. **5.** nachlassen (*Schmerz etc*). **6.** sich verschlechtern. **7.** a) sterben, b) eingehen (*Pflanze, Tier*). **8.** → **go¹** 34. **9.** verlaufen, gelingen: **it went off well.** **10.** a) einschlafen, b) ohnmächtig werden. **11.** verderben (*Nahrungsmittel*), (*Milch a.*) sauer werden, (*Butter etc*) ranzig werden. **12.** ausgehen (*Licht etc*): **the water has gone off** wir haben kein Wasser. **13.** *sl.* ,kommen' (*e-n Orgasmus haben*). **~ on** *v/i* **1.** weitergehen, -fahren. **2.** weitermachen, fortfahren (**doing** zu tun; **with** mit): **~!** a) (mach) weiter!, b) *iro.* hör auf!, ach komm!; **~ reading!** lies weiter! **3.** darauf'hin anfangen (**to do** zu tun): **he went on to say** darauf sagte er; **to ~ to s.th.** zu e-r Sache übergehen. **4.** fortdauern, weitergehen. **5.** vor sich gehen, vorgehen, pas'sieren. **6.** sich benehmen *od.* aufführen: **don't ~ like that!** hör auf damit! **7.** *colloq.* a) unaufhörlich reden *od.* schwatzen (**about** über *acc*, von), b) ständig her'umnörgeln (**at** an *dat*). **8.** angehen (*Licht etc*). **9.** *thea.* auftreten. **10.** *Kricket:* zum Werfen kommen. **11. ~ for** gehen auf (*acc*), bald sein: **it's going on for 5 o'clock**; **he is going on for 60** er geht auf die Sechzig zu. **~ out** *v/i* **1.** hin'ausgehen. **2.** ausgehen: a) spa'zierengehen, b) zu Veranstaltungen *od.* in Gesellschaft gehen. **3. ~ with** ,gehen' mit (*j-m*). **4.** (*mit ger*) sich aufmachen zu: **to ~ fishing** fischen *od.* zum Fischen gehen. **5.** e-e Stellung (außer Haus) annehmen: **to ~ as governess** *od.* **to ~ cleaning** putzen gehen. **6.** ausgehen, erlöschen (*Licht, Feuer*). **7.** zu Ende gehen. **8.** → **go off** 10. **9.** sterben. **10.** in den Streik treten, streiken. **11.** aus der Mode kommen. **12.** a) veröffentlicht werden, b) *Rundfunk, TV:* ausgestrahlt werden. **13.** *pol.* abgelöst werden. **14.** *sport* ausscheiden. **15.** zu'rückgehen (*Flut*). **16. ~ to** sich *j-m* zuwenden (*Sympathie*), entgegenschlagen (*Herz*). **~ o·ver** *v/i* **1.** hin'übergehen (**to** zu). **2.** *fig.* 'übergehen (**into** in *acc*). **3.** übertreten, -gehen (**from** von; **to** zu e-r anderen Partei etc). **4.** *Rundfunk, TV:* (to) a) 'umschalten (nach), b) über'geben (an *acc*). **6.** *colloq.* Erfolg haben: **to ~ big** ein Bombenerfolg sein. **~ round** *v/i* **1.** her'umgehen (*a. fig.*): **there's a tune going round my head** mir geht e-e Melodie im Kopf herum. **2.** (für alle) (aus)rei-

chen: **there are enough chairs to ~** es sind genügend Stühle da. **3. ~ to** vor'beischauen bei, *j-n* besuchen. **~ through** *v/i* **1.** 'durchgehen, angenommen werden (*Antrag*), abgeschlossen werden (*Handel etc*), 'durchkommen (*Scheidung*). **2. ~ with** 'durchführen (*Scheidung*). **~ to·geth·er** *v/i* **1.** sich vertragen, zs.passen (*Farben etc*). **2.** *colloq.* mitein'ander ,gehen' (*Liebespaar*). **~ un·der** *v/i* **1.** 'untergehen. **2.** *fig.* scheitern (*Geschäftsmann*), ,eingehen' (*Firma etc*). **3. ~ to** *fig.* j-m unter'liegen, b) e-r Krankheit zum Opfer fallen. **~ up** *v/i* **1.** hin'aufgehen. **2.** steigen (*Fieber etc*), (*Preise a.*) anziehen. **3.** entstehen, gebaut werden. **4.** *thea.* hochgehen (*Vorhang*). **5. to ~ in flames** in Flammen aufgehen. **6.** *Br.* (zum Se'mesteranfang) zur Universi'tät gehen. **7.** *sport* aufsteigen. **8.** *Br.* nach London fahren.

**go²** [gəʊ] Go *n* (*japanisches Brettspiel*).

**goad** [gəʊd] **I** *s* **1.** Stachelstock *m* (*des Viehtreibers*). **2.** *fig.* Ansporn *m*. **II** *v/t* **3.** (*mit dem Stachelstock*) antreiben. **4.** *oft* **~ on** *fig.* j-n an-, aufstacheln, (an)treiben, anspornen (**to** *od.* **into doing s.th.** dazu, etwas zu tun).

**'go-a·head** *colloq.* **I** *adj* **1.** fortschrittlich. **2.** mit Unter'nehmungsgeist *od.* Initia'tive. **II** *s* **3.** Unter'nehmungsgeist *m*, Initia'tive *f*. **4.** Mensch *m* mit Unter'nehmungsgeist *od.* Initia'tive. **5. to get the ~** ,grünes Licht' bekommen (**on für**).

**goal** [gəʊl] *s* **1.** Ziel *n* (*a. fig.*). **2.** *sport* a) Ziel *n*, b) Tor *n*: **to keep ~**, **to play in ~** im Tor stehen *od.* spielen, das Tor hüten, c) (*Rugby*) Mal *n*, d) (*erzieltes*) Tor. **~ a·re·a** *s sport* Torraum *m*. **~ get·ter** *s sport* Torjäger(in).

**goal·ie** ['gəʊlɪ] *colloq. für* goalkeeper. **'goal|keep·er** *s sport* Torwart *m*, -mann *m*, -frau *f*, -hüter(in). **'~keep·ing** *s sport* Torhüterleistung(en *pl*) *f*. **~ kick** *s* Fußball: (Tor)Abstoß *m*. **~ line** *s sport* a) Torlinie *f*, (*Rugby*) Mallinie *f*, b) Torauslinie *f*. **'~mouth** *s*: **~ scene** *sport* Torszene *f*. **~ poach·er** *s sport* Torabstauber(in). **~ post** *s sport* Torpfosten *m*.

**go-as-you-'please** *adj* ungeregelt, ungebunden: **~ ticket** *rail. etc* Netzkarte *f*.

**goat** [gəʊt] *s* **1.** Ziege *f*: **to act** (*od.* **play**) **the (giddy) ~** *fig.* herumalbern, -kaspern; **to get s.o.'s ~** *colloq.* j-n auf die Palme bringen', j-n ,fuchsteufelswild' machen. **2. G~** → **Capricorn**. **3.** *colloq.* (geiler) Bock. **4.** *colloq.* Sündenbock *m*.

**goat·ee** [gəʊ'tiː] *s* Spitzbart *m*. **'goat|·fish** *s ichth.* Meerbarbe *f*. **'~herd** *s* Ziegenhirt *m*.

**'goat·ish** *adj* **1.** bockig. **2.** *colloq.* geil. **'goat·ling** *s* Zicklein *n*. **'goats|beard** *s bot.* **1.** Bocksbart *m*. **2.** Geißbart *m*. **3.** Ziegenbart *m*.

**'goat·skin I** *s* **1.** Ziegenfell *n*. **2.** (*a.* Kleidungsstück *n* aus) Ziegenleder *n*. **3.** Ziegenlederflasche *f*. **II** *adj* **4.** ziegenledern.

**'goat|suck·er** *s orn.* Ziegenmelker *m*. **gob¹** [gɒb; *Am.* gɑb] **I** *s* **1.** Klumpen *m*. **2.** *oft pl colloq.* ,Haufen' *m*: **he's got ~s of money** er hat e-n ,Batzen' (Geld). **3.** *colloq.* Schleimklumpen *m*. **II** *v/i* **4.** *Br. colloq.* (aus)spucken.

**gob²** [gɒb] *s mar. Am. colloq.* Blaujacke' *f*, Ma'trose *m* (*bes. der amer. Kriegsmarine*). **gob³** [gɒb; *Am.* gɑb] *s sl.* ,Schnauze' *f*: **shut your ~!** halt die Schnauze! **gob·bet** ['gɒbɪt; *Am.* gɑ-] *s* **1.** Brocken *m*, Stück *n* (*Fleisch etc*). **2.** Textstelle *f*. **gob·ble** ['gɒbl; *Am.* 'gɑbəl] **I** *v/t meist* **~ up** **1.** verschlingen (*a. fig.* Buch etc), hin'unterschlingen. **2.** *colloq.* e-n Betrieb etc ,schlucken'. **II** *v/i* **3.** schlingen, gierig essen.

**gob·ble²** [ˈgɒbl; Am. ˈgɑbəl] **I** v/i kollern (Truthahn). **II** s Kollern n.

**gob·ble·dy·gook** [ˈgɒbldɪguːk; Am. ˌgɑbəldɪˈguk] s colloq. **1.** Kauderwelsch n, (Be)Rufs)Jar₍gon m. **2.** ‚Geschwafel‘ n.

**gob·bler¹** [ˈgɒblə; Am. ˈgɑblər] s gieriger Esser: he is a great ~ of books fig. er verschlingt die Bücher nur so.

**gob·bler²** [ˈgɒblə; Am. ˈgɑblər] s Truthahn m, Puter m.

**Gob·e·lin** [ˈgəʊbəlɪn; Br. a. ˈgɒbə-; Am. a. ˈgɑbə-] **I** adj Gobelin...: ~ stitch Gobelinstich m. **II** s Gobeˈlin m.

**go-be·tween** s **1.** Vermittler(in), Mittelsmann m: to act as a ~ vermitteln. **2.** Kuppler(in). **3.** Verbindungsglied n.

**gob·let** [ˈgɒblɪt; Am. ˈgɑblət] s **1.** Kelchglas n. **2.** obs. od. poet. Becher m, Poˈkal m.

**gob·lin** [ˈgɒblɪn; Am. ˈgɑblən] s Kobold m.

**go·bo** [ˈgəʊbəʊ] pl **-bos, -boes** s tech. **1.** Film, TV: Linsenschirm m. **2.** Schallschirm m (an Mikrophonen).

**go-by** [ˈgəʊbɪ] s ichth. Meergrundel f.

**go-by** [ˈgəʊbaɪ] s: to give s.o. the ~ colloq. j-n ‚schneiden‘ od. ignorieren; to give s.th. the ~ die Finger von etwas lassen.

**go-cart** s **1.** bes. Am. Laufstuhl m (zum Laufenlernen für Kinder). **2.** bes. Am. Sportwagen m (für Kinder). **3.** sport Go-Kart m. **4.** Handwagen m.

**god** [gɒd; Am. gɑd] s **1.** relig. bes. antiq. Gott m, Gottheit f: the ~ of heaven Jupiter m; the ~ of love, the blind ~ der Liebesgott (Amor); the ~ of war der Kriegsgott (Mars); the ~ from the machine fig. Deus m ex machina (e-e plötzliche Lösung); ye ~s (and little fishes)! sl. obs. heiliger Strohsack!; a sight for the ~s (meist iro.) ein Anblick für (die) Götter. **2.** relig. Gott m: the ~ Lord G~ Gott der Herr; Almighty G~, G~ Almighty Gott der Allmächtige; the good G~ der liebe Gott; G~'s truth die reine Wahrheit; oh G~!, my G~!, good G~! (ach) du lieber Gott!, lieber Himmel!; by G~! bei Gott!; G~ help me!; so help me G~! so wahr mir Gott helfe!; G~ helps those who help themselves hilf dir selbst, so hilft dir Gott; thank G~! Gott sei Dank!; G~ knows weiß Gott; G~ knows if it's true wer weiß, ob es wahr ist; as G~ is my witness Gott ist mein Zeuge; → act 1, bless, Redew., forbid 2, 3, grant 1, sake¹, willing 1, would 3. **3.** Götze(n)bild n), m, Abgott m. **4.** fig. (Ab)Gott m. **5.** pl thea. colloq. ‚Olymp‘ m.

**god-ˈaw·ful** adj colloq. scheußlich. **ˈ~child** s irr Patenkind n. **~ˈdamn** bes. Am. colloq. **I** v/t → damn 5. **II** v/i → damn 6. **III** s → damn 7, 8. **IV** interj → damn 9. **V** adj → goddamned I. **VI** adv → damned 4. **ˈ~damned** bes. Am. colloq. adj gottverdammt, gottverflucht: a ~ fool ein Vollidiot; ~ nonsense kompletter Unsinn, ‚Quatsch‘ m. **II** adv → damned 4. **ˈ~daugh·ter** s Patentochter f.

**god·dess** [ˈgɒdɪs; Am. ˈgɑ-] s Göttin f (a. fig.).

**god·et** [gəʊˈdeɪ; gəʊˈdet] s Zwickel m.

**ˈgo-ˌdev·il** s tech. Am. **1.** Sprengvorrichtung f für verstopfte Bohrlöcher. **2.** Rohrreiniger m, Molch m. **3.** rail. Materiˈalwagen m. **4.** Holz-, Steinschleife f. **5.** agr. (e-e) Egge.

**ˈgod|ˌfa·ther I** s **1.** Pate m (a. fig.), Taufpate m, -zeuge m, Patenonkel m: to stand ~ to → II. **II** v/t **2.** a. fig. Pate stehen bei, aus der Taufe heben. **3.** fig. verantwortlich zeichnen für. **ˈG~ˌfear·ing** adj gottesfürchtig. **ˈ~forˌsak·en** adj contp. gottverlassen.

---

**ˈgod·head** [-hed] s **1.** Gottheit f, Göttlichkeit f. **2.** the G~ Gott m.

**ˈgod·less** adj gottlos: a) ohne Gott, b) verworfen. **ˈgod·less·ness** s Gottlosigkeit f.

**ˈgod·like** adj **1.** gottähnlich, göttergleich, göttlich. **2.** erhaben.

**god·li·ness** [ˈgɒdlɪnɪs; Am. ˈgɑd-] s Frömmigkeit f, Gottesfurcht f. **ˈgod·ly** adj fromm, gottesfürchtig.

**God|-ˈman** s irr **1.** relig. Gottmensch m (Christus). **2.** Halbgott m (a. fig.). **ˈg~ˌmoth·er** s (Tauf)Patin f, Patentante f. **ˈ~ˌpar·ent** s (Tauf)Pate m, (-)Patin f. **God's|a·cre** s obs. od. poet. Gottesacker m. **~ coun·try** s Gottes eigenes Land. **ˈgod·send** s Geschenk n des Himmels. **ˈgod·ship** s Gottheit f, Göttlichkeit f. **God|slot** s Rundfunk, TV: colloq. humor. (regelmäßige) religiˈöse Sendung. **ˈg~speed** s: to bid (od. wish) s.o. ~ obs. j-m viel Glück od. glückliche Reise wünschen. **~ tree** s bot. Kapokbaum m.

**go·er** [ˈgəʊə(r)] s **1.** → comer 1. **2.** to be a good ~ gut laufen (Pferd, Fahrzeug). **3.** in Zssgn ...gänger(in), ...besucher(in): → churchgoer, theatergoer, etc.

**goes** [gəʊz] **I** 3. sg pres von go¹ III u. IV. **II** pl von go¹ I.

**Goe·thi·an, a. Goe·the·an** [ˈgɜːtɪən] adj Goethe...: a) goethisch, goethesch (nach Art Goethes, nach Goethe benannt), b) Goethisch, Goethesch (von Goethe herrührend).

**goe·thite** [ˈgəʊθaɪt; ˈgɜːtaɪt] s min. Goeˈthit m: a) Nadeleisenerz n, b) Ruˈbinglimmer m.

**go·fer** [ˈgəʊfər] s Am. colloq. Laufbursche m.

**gof·fer** [ˈgəʊfə; Am. ˈgɑfər] tech. **I** v/t **1.** Stoff kräuseln, gauˈfrieren, plisˈsieren. **2.** Buchschnitt: gauˈfrieren, prägen. **II** s **3.** Gauˈfriermaˌschine f. **4.** Plisˈsee n.

**ˈgo-ˌget·ter** s colloq. Draufgänger m.

**gog·gle** [ˈgɒgl; Am. ˈgɑgəl] **I** v/i **1.** a) die Augen rollen, b) starren, stieren, glotzen: to ~ at s.o. j-n anstarren od. anstieren od. anglotzen. **2.** rollen (Augen). **II** v/t **3.** die Augen rollen, verdrehen. **III** s **4.** Glotzen n, stierer Blick. **5.** pl a. pair of ~s Schutzbrille f. **6.** vet. Drehkrankheit f (der Schafe). **IV** adj **7.** ~ eyes Glotzaugen. **ˈ~box** s Br. colloq. ‚Glotze‘ f, ‚Glotzkiste‘ f (Fernseher). **ˈ~eyed** adj glotzäugig.

**ˈgo-go** adj **1.** Go-go...: ~ girl Go-go-Girl n. **2.** schwungvoll: to play ~ football. **3.** schick: the ~ set die Schickeria.

**Goi·del** [ˈgɔɪdl] s Goiˈdele m, Gäle m. **Goi·del·ic** [-ˈdelɪk] **I** adj goiˈdelisch, gälisch. **II** s ling. das Goiˈdelische, das Gälische.

**go-in** [ˈgəʊɪn] s Go-ˈin n (demonstratives Eindringen in e-e offizielle Veranstaltung, um e-e Diskussion über ein bestimmtes Thema od. Ereignis zu erzwingen).

**go·ing** [ˈgəʊɪn] **I** s **1.** (Weg)Gehen n, Abreise f, Abfahrt f. **2.** a) Boden-, Straßenzustand m, (Pferderennsport) Geläuf n, b) Tempo n: good ~ ein flottes Tempo; it was rough (od. heavy) ~ fig. es war e-e Schinderei od. ein ‚Schlauch‘; while the ~ is good fig. a) solange noch Zeit ist, rechtzeitig, b) solange die Sache (noch) gut läuft. **II** adj **3.** in Betrieb, arbeitend: → concern 6. **4.** vorˈhanden: still ~ noch zu haben; ~, ~, gone! (bei Versteigerungen) zum ersten, zum zweiten, zum dritten!; one of the best fellows ~ e-r der besten Kerle, die es (nur) gibt. **~ ˈbar·rel** s tech. Federhaus n (e-r Uhr). **~ˈo·ver** pl ˌgo·ings-ˈo·ver s colloq. **1.** Standpauke f, Rüffel m, engS. Tracht f Prügel: to give s.o. a ~ a) j-n ‚zs.-stauchen‘, b) j-n ‚ver-

---

möbeln‘. **2.** (gründliche) (Über)Prüfung f od. Unter·suchung.

**ˌgo·ings-ˈon** s pl colloq. bes. contp. Treiben n, Vorgänge pl: there were strange ~ es passierten merkwürdige Dinge.

**goi·ter,** bes. Br. **goi·tre** [ˈgɔɪtə(r)] s med. Kropf m. **ˈgoi·tered,** bes. Br. **ˈgoi·tred** ad kropfig. **ˈgoi·trous** [-trəs] adj **1.** kropfartig, Kropf... **2.** → goitered.

**go-kart** s sport Go-Kart m.

**Gol·con·da,** oft ~ [gɒlˈkɒndə; Am. gɑlˈkɑndə] s fig. Goldgrube f.

**gold** [gəʊld] **I** s **1.** Gold n: (as) good as ~ fig. kreuzbrav, musterhaft; a heart of ~ fig. ein goldenes Herz; he has a voice of ~ er hat Gold in der Kehle; it is worth its weight in ~ es ist unbezahlbar od. nicht mit Gold aufzuwiegen; to go off ~ econ. den Goldstandard aufgeben; → glitter I. **2.** Goldmünze(n pl) f. **3.** fig. Geld n, Reichtum m, Gold n. **4.** Goldfarbe f, Vergoldungsmasse f. **5.** Goldgelb n (Farbe). **6.** (goldfarbiges) Scheibenzentrum (beim Bogenschießen). **II** adj **7.** aus Gold, golden, Gold...: ~ bar Goldbarren m; ~ watch goldene Uhr. **8.** golden, goldfarben, -gelb. **~ back·ing** s econ. Golddeckung f. **ˈ~beat·er** s tech. Goldschläger m. **ˈ~beat·er's skin** s tech. Goldschlägerhaut f. **~ brick** s **I** s **1.** falscher Goldbarren. **2.** fig. wertlose Sache, (etwas) Unechtes: to sell s.o. a ~ → 6. **3.** mil. Sol'dat, der e-n Drückeposten hat. **4.** Drückeberger m. **II** v/i **5.** sich drücken (on vor dat). **III** v/t **6.** j-n ‚anschmieren‘, ‚übers Ohr hauen‘. **~ brick·er ~ goldbrick** 3 u. 4. **~ bul·lion** s Gold n in Barren: ~ standard econ. Goldkernwährung f. **~ cer·tif·i·cate** s econ. Am. ‚Goldzertifi₍kat des Schatzamtes). **~ coast** s Am. colloq. vornehmes Viertel (e-r Stadt). **ˈ~crest** s orn. Goldhähnchen n. **~ dig·ger** s **1.** Goldgräber m. **2.** colloq. Frau, die nur hinter dem Geld der Männer her ist. **~ dig·gings** s pl Goldfundgebiet n. **~ dust** s Goldstaub m.

**gold·en** [ˈgəʊldən] adj **1.** aus Gold, golden, Gold...: ~ disc goldene Schallplatte. **2.** golden, goldfarben, -gelb. **3.** fig. golden, glücklich: ~ days. **4.** fig. einmalig: ~ opportunity. **5.** the ~ boy (of tennis) colloq. a) ein (Tennis)As n, b) -e große (Tennis)Hoffnung. **~ age** s **1.** myth. (das) Goldene Zeitalter. **2.** fig. Blütezeit f. **~ buck** s gastr. Am. über'backene Käseschnitte mit po'chiertem Ei. **~ calf** s Bibl. u. fig. (das) Goldene Kalb. **~ chain** s bot. Goldregen m. **G~ De·li·cious** s bot. Golden De'licious m (e-e Apfelsorte). **~ ea·gle** s zo. Goldadler m. **ˈ~eye** pl **-eyes,** bes. collect. **-eye** s orn. Schellente f. **G~ Fleece** s myth. (das) Goldene Vlies. **~ ham·ster** s zo. Goldhamster m. **~ hand·shake** s colloq. a) Abfindung f (bei Entlassung), b) he got a ~ of £1,000 als er in Rente ging, bekam er von s-r Firma 1000 Pfund. **~ mean** s **1.** (die) goldene Mitte, (der) goldene Mittelweg. **2.** → golden section. **~ o·ri·ole** s orn. Pi'rol m. **~ pheas·ant** s orn. Goldfa₍san m. **~ plov·er** s orn. Goldregenpfeifer m. **ˈ~rod** s bot. Goldrute f. **~ rule** s **1.** Bibl. goldene Sittenregel. **2.** fig. goldene Regel. **3.** math. Regelde'tri f, Dreisatz m. **~ sec·tion** s math. paint. Goldener Schnitt. **G~ State** s (Spitzname für) Kali'fornien n. **~ syr·up** s Goldgelber Sirup aus Rohrzuckersaft. **~ this·tle** s bot. Golddistel f. **~ wed·ding** s goldene Hochzeit. **~ wil·low** s bot. Dotterweide f.

**ˈgold|-exˌchange stand·ard** s econ. Goldde₍visenwährung f. **~ ex·port point** s econ. Goldausfuhrpunkt m, oberer Goldpunkt. **~ fe·ver** s Goldfieber n,

-rausch m. **'~·field** s Goldfeld n.
**'~·filled** adj tech. vergoldet (Schmuck).
**'~·finch** s orn. Stieglitz m, Distelfink m.
**'~·fin·ny** s ichth. Lippfisch m. **'~·fish** s Goldfisch m. **'~·fish bowl** s Goldfischglas n: **to live in a ~** fig. keinerlei Privatsphäre haben. **'~·ham·mer** s orn. Goldammer f.

**gold·i·locks** ['gəʊldɪlɒks; Am. -ˌlɑks] pl **-locks** s 1. bot. Goldhaariger Hahnenfuß. 2. goldhaariger Mensch, bes. goldhaariges Mädchen.

**gold | im·port point** s econ. Goldeinfuhrpunkt m, unterer Goldpunkt. **~ lace** s Goldtresse f, -spitze f. **~ leaf** s Blattgold n. **~ med·al** s bes. sport 'Goldmeˌdaille f. **~ med·al·(l)ist** s bes. sport 'Goldmeˌdaillengewinner(in). **~ mine** s Goldgrube f (a. fig.), Goldmine f, -bergwerk n. **~ plate** s 1. 'Gold,überzug m, Vergoldung f. 2. goldenes Tafelgeschirr. **'~·plat·ed** adj vergoldet. **~ point** s econ. Goldpunkt m. **~ rush** s → **gold fever**. **~ size** s tech. Goldgrund m, -leim m. **'~·smith** s Goldschmied m. **~ stand·ard** s Goldwährung f, -standard m. **G~Stick** s Br. a) Oberst m der königlichen Leibgarde, b) Hauptmann m der Leibwache.

**go·lem** ['gəʊlem; -ləm] s 1. Golem m (durch Zauber zum Leben erweckte Tonfigur der jüdischen Sage). 2. fig. Roboter m. 3. fig. Dummkopf m.

**golf** [gɒlf; Am. bes. gɑlf] sport **I** s Golf (-spiel) n. **II** v/i Golf spielen. **~ ball** s 1. sport Golfball m. 2. tech. Kugel-, Schreibkopf m (der Schreibmaschine). **'~·ball type·writ·er** s 'Kugelkopf-, 'Schreibkopfmaˌschine f. **~ club** s sport 1. Golfschläger m. 2. Golfklub m. **~ course** s sport Golfplatz m.

**'golf·er** s sport Golfer(in), Golfspieler(in).

**golf links** s pl (a. als sg konstruiert) sport Golfplatz m.

**gol·iard** ['gəʊljə(r)d] s hist. Goliˈard(e) m (umherziehender französischer Kleriker u. Scholar, bes. des 13. Jahrhunderts).

**Go·li·ath** [gəʊˈlaɪəθ] s Bibl. u. fig. Goliath m.

**gol·li·wog(g)** ['gɒlɪwɒg; Am. 'gɑlɪˌwɑg] s 1. groˈteske schwarze Puppe. 2. fig. groˈteske Erscheinung (Person).

**gol·ly¹** ['gɒlɪ; Am. 'gɑlɪ] interj a. **by ~!** colloq. Donnerwetter!, ,Mann!'

**gol·ly²** ['gɒlɪ] Br. colloq. für golliwog(g).

**gol·ly·wog** Br. für golliwog(g).

**go·losh** → galosh.

**gom·broon (ware)** [gɒmˈbruːn; Am. gɑm-] s (ein) persisches Porzelˈlan.

**Go·mor·rah, Go·mor·rha** [gəˈmɒrə; Am. a. gəˈmɑrə] s fig. Goˈmorr(h)a n, Sündenpfuhl m.

**gon·ad** ['gəʊnæd] s physiol. Goˈnade f, Geschlechts-, Keimdrüse f.

**gon·do·la** ['gɒndələ; Am. 'gɑn-] s 1. Gondel f (in Venedig, e-s Ballons, e-r Seilbahn etc). 2. Am. (flaches) Flußboot. 3. a. **~ car** Am. offener Güterwagen. **ˌgon·doˈlier** [-ˈlɪə(r)] s Gondoliˈere m.

**gone** [gɒn; Am. gɔːn] **I** pp von **go¹**. **II** adj 1. (weg)gegangen, fort, weg: **be ~!** fort mit dir!, geh!; **I must be ~** ich muß weg od. fort. 2. verloren, verschwunden, dahin. 3. ,hin‘: a) kaˈputt, b) ruiˈniert, c) verbraucht, weg, d) tot: **a ~ man** → **goner**; **a ~ feeling** ein Schwächegefühl n; **all his money is ~** sein ganzes Geld ist weg od. ,futsch‘. 4. hoffnungslos: **a ~ case**. 5. vorˈbei, vorˈüber, vergangen, daˈhin, zu Ende. 6. mehr als, älter als, über: **he is ~ twenty-one**. 7. colloq. verliebt, ,verknallt‘ (**on** in acc). 8. sl. ,high‘: a) ,weg‘, in Ekˈstase, b) im Drogenrausch. 9. **she's five months ~** colloq. sie ist im 6. Monat (schwanger). **'gon·er** s sl.

'Todeskandiˌdat m: **he is a ~** er macht es nicht mehr lange, er ist ,erledigt‘ (beide a. weitS.).

**gon·fa·lon** ['gɒnfələn; Am. 'gɑn-] s Banner n. **ˌgon·faˈlon|ier** [-ˈnɪə(r)] s Bannerträger m.

**gong** [gɒŋ; Am. a. gɑŋ] **I** s 1. Gong m: **the ~ sounded** es gongte. 2. (bes. eˈlektrische) Klingel. 3. mil. Br. sl. ,Blech‘ n, Orden m. **II** v/t 4. Br. e-n Wagen durch 'Gongsiˌgnal stoppen (Polizei). **III** v/i 5. gongen.

**gon·if** → ganef.

**go·ni·om·e·ter** [ˌgəʊnɪˈɒmɪtə; Am. -ˈɑmətər] s Gonioˈmeter n: a) Gerät zum Messen der Winkel zwischen (Kristall)Flächen durch Anlegen zweier Schenkel, b) Winkelmesser für Schädel u. Knochen. **ˌgo·ni·omˈe·try** [-trɪ] s math. Goniomeˈtrie f, Winkelmessung f.

**go·ni·tis** [gəʊˈnaɪtɪs] s med. Goˈnitis f, Gonarˈthritis f, Kniegelenkentzündung f.

**gonk** [gɒŋk; Am. a. gɑŋk] s (bes. eiförmige) Stoffpuppe.

**gon·na** ['gɒnə; Am. 'gɑnə] sl. für going to: **I'm ~ kill him!**

**gon·o·coc·cus** [ˌgɒnəʊˈkɒkəs; Am. ˌgɑnəˈkɑ-] pl **-ˈcoc·ci** [-ˈkɒkaɪ; -ˈkɒksaɪ; Am. -ˈkɑ-] s med. Gonoˈkokkus m, Tripperreger m.

**gon·o·cyte** ['gɒnəʊsaɪt; Am. 'gɑnə-] s biol. Keimzelle f, Gonoˈzyte f.

**gon·of** → ganef.

**gon·or·rh(o)e·a** [ˌgɒnəˈrɪə; Am. ˌgɑnəˈriːə] s med. Gonorˈrhö(e) f, Tripper m. **ˌgon·or·rh(o)e·al** adj gonorˈrhoisch, Tripper...

**goo** [guː] s colloq. 1. ,Papp‘ m, klebriges Zeug. 2. ,Schmalz‘ m, sentimenˈtales Zeug. [Erdnuß f.]

**goo·ber (pea)** ['guːbər] s Am. dial.

**good** [gʊd] **I** s 1. Nutzen m, Wert m, Vorteil m: **for his own ~** zu s-m eigenen Vorteil; **what ~ will it do?**, **what is the ~ of it?**, **what ~ is it?** was hat es für e-n Wert?, was nützt es?, wozu soll das gut sein?; **it is no (not much) ~ trying** es hat keinen (wenig) Sinn od. Zweck, es zu versuchen; **to the ~** a) bes. econ. als Gewinn- od. Kreditsaldo, b) obendrein, extra (→ 2); **for ~ (and all)** für immer, endgültig, ein für allemal. 2. (das) Gute, Gutes n, Wohl n: **to do s.o. ~** a) j-m Gutes tun, b) j-m gut- od. wohltun; **much ~ may it do you** oft iro. wohl bekomm's!; **the common ~** das Gemeinwohl; **to be to the ~**, **to come to ~** zum Guten ausschlagen; **it's all to the ~** es ist nur zu s-m etc Besten (→ 1); **it comes to no ~** es führt zu nichts Gutem; **to be up to no ~** nichts Gutes im Schilde führen; **for ~ or for evil** auf Gedeih u. Verderb. 3. **the ~** collect. die Guten pl, die Rechtschaffenen pl. 4. philos. (das) Gute. 5. pl bewegliches Vermögen: **~s and chattels** a) Hab n u. Gut n, bewegliche Sachen, Mobiliargut n, b) colloq. Siebensachen. 6. pl econ. a) Br. (bes. Eisenbahn)Güter pl, Fracht(gut n) f, b) (Handels)Güter pl, (Handels)Ware(n pl) f: **~s for consumption** Verbrauchs-, Konsumgüter; **~s in process** Halbfabrikate, -erzeugnisse; **a piece of ~s** sl. e-e ,Mieze‘; **to have the ~s on s.o.** Am. sl. etwas gegen j-n in der Hand haben; → **deliver** 2. 7. pl Am. Stoffe pl, Texˈtilien pl. 8. **the ~s** sl. das Richtige, das Wahre: **that's the ~s!**

**II** adj comp **bet·ter** ['betə(r)] sup **best** [best] 9. (moralisch) gut, redlich, rechtschaffen, ehrbar, anständig: **~ men and true** redliche u. treue Männer; **a ~ father and husband** ein guter od. treusorgender Vater u. Gatte; **she is a ~ wife to him** sie ist ihm e-e gute Frau. 10. gut (Qualität): **~ teeth**; → **health** 2, **humor**

2. **11.** gut, frisch, genießbar: **is this meat still ~?**; **a ~ egg** ein frisches Ei. **12.** gut, lieb, gütig, freundlich: **~ to the poor** gut zu den Armen; **be so (od. as) ~ as to fetch it** sei so gut u. hol es, hol es doch bitte; → **enough** III. **13.** gut, lieb, artig, brav (Kind): **be a ~ boy!**; → **gold** 1. **14.** verehrt, lieb: **his ~ lady** oft iro. s-e liebe Frau; **my ~ man** oft iro. mein Lieber!, mein lieber Freund od. Mann! **15.** gut, geachtet: **of ~ family** aus guter Familie. **16.** gut, einwandfrei: **~ behavio(u)r**; → **certificate** 1. **17.** gut, erfreulich, angenehm: **~ news**; **to be ~ news** colloq. a) erfreulich sein (Sache), b) nett sein (Person); **to have a ~ time** a) sich (gut) amüsieren, b) es sich gutgehen lassen; → **afternoon** I, **morning** 1, etc. **18.** gut: a) geeignet, vorteilhaft, günstig, nützlich, b) gesund, zuträglich, c) heilsam: **a man ~ for the post** ein geeigneter od. guter Mann für den Posten; **~ for colds** gut gegen od. für Erkältungen; **milk is ~ for children** Milch ist gut od. gesund für Kinder; **~ for one's health** gesund; **what is it ~ for?** wofür ist es gut?, wozu dient es?; **it is a ~ thing that** es ist gut od. günstig, daß; **stay away if you know what's ~ for you!** das rate ich dir im guten! **19.** gut, richtig, recht, angebracht, empfehlenswert, zweckmäßig: **in ~ time** zur rechten Zeit, (gerade) rechtzeitig; **all in ~ time** alles zu s-r Zeit; **in one's own ~ time** wenn es e-m paßt. **20.** gut, angemessen, ausreichend, zuˈfriedenstellend. **21.** gut, reichlich: **a ~ hour** e-e gute Stunde; **it's a ~ three miles to the station** es sind gut 3 Meilen bis zum Bahnhof. **22.** gut, ziemlich (weit, groß), beträchtlich, bedeutend, erheblich, ansehnlich: **a ~ many** e-e beträchtliche Anzahl, ziemlich viele; → **beating** 2, **way¹** 5, **while** 1. **23.** (vor adj) verstärkend: **a ~ long time** sehr lange Zeit; **~ old age** hohes Alter; **~ and ...** colloq. sehr, ganz schön, ,mordsmäßig‘ (z. B. **~ and tired** ,hundemüde‘). **24.** gültig: a) begründet, berechtigt: **a ~ claim**, b) triftig, gut: **a ~ reason**; **a ~ argument** ein stichhaltiges Argument, c) echt: **~ money**. **25.** gut, überˈzeugt: **a ~ Republican**. **26.** gut, fähig, tüchtig: **he is ~ at arithmetic** er ist gut im Rechnen; **he is ~ at golf** er spielt gut Golf; **to be ~ with one's hands** handwerkliches Geschick haben. **27.** a. econ. gut, zuverlässig, sicher, soˈlide: **a ~ firm** e-e gute od. solide od. zahlungsfähige od. kreditwürdige Firma; **a ~ man** econ. colloq. ein sicherer Mann (Kunde etc); **~ debts** econ. sichere Schulden; **~ for** econ. (auf e-m Wechsel) über den Betrag von (→ 31); **to be ~ for any amount** econ. für jeden Betrag gut sein. **28.** econ. in Ordnung (Scheck). **29.** jur. (rechts)gültig. **30.** wirklich, aufrichtig, ehrlich, echt: → **faith** 3. **31.** colloq. **~ for** fähig od. geneigt zu: **I am ~ for a walk** ich habe Lust zu e-m Spaziergang; **I am ~ for another mile** ich könnte noch e-e Meile weitermarschieren; **my car is ~ for another 10,000 miles** mein Wagen ,macht‘ noch leicht 10 000 Meilen (→ 27).

**III** adv **32.** colloq. gut: **she dances ~**. **33. as ~** as so gut wie, praktisch.

**IV** interj **34.** gut!, schön!, fein!: **~ for you!** colloq. (ich) gratuliere!

**Good | Book** s (die) Bibel. **g~·ˈby(e) I** s 1. Abschiedsgruß m: **to wish s.o. ~**, **to say ~ to s.o.** j-m auf Wiedersehen sagen; **have you said all your goodby(e)s?** a) hast du dich überall verabschiedet?, hast du allen auf Wiedersehen gesagt?, b) weitS. können wir jetzt endlich gehen?; **you may say ~ to that** colloq. das kannst du vergessen. **2.** Ab-

schied *m*: he prolonged his ~ for a few more minutes er blieb noch ein paar Minuten länger. **II** *adj* **3.** Abschieds...: ~ **kiss**. **III** *interj* **4.** a) auf 'Wiedersehen!, b) *teleph.* auf 'Wiederhören! **'g~-for- -,noth·ing,** *a.* **'g~-for-,nought I** *adj* nichtsnutzig. **II** *s* Taugenichts *m*, Nichtsnutz *m.* ~ **Fri·day** *s relig.* Kar-'freitag *m.* **,g~-'heart·ed** *adj* gutherzig. **,g~-'heart·ed·ness** *s* Gutherzigkeit *f.* **,g~-'hu·mo(u)red** *adj* (*adv* ~ly) **1.** gutgelaunt. **2.** gutmütig. **,g~-'hu- mo(u)red·ness** *s* **1.** gute Laune. **2.** Gutmütigkeit *f.*

**'good·ish** *adj* **1.** ziemlich gut, annehmbar. **2.** ziemlich (groß, lang, weit *etc*): he walked a ~ distance for a sick man für e-n Kranken ging er ganz schön weit.

**good·li·ness** ['gʊdlɪnɪs] *s* **1.** Stattlichkeit *f.* **2.** Prächtigkeit *f.*

**,good|-'look·er** *s colloq.* gutaussehende Per'son. **,~-'look·ing** *adj* gutaussehend.

**'good·ly** *adj* **1.** beträchtlich, ansehnlich, stattlich: a ~ amount of money. **2.** stattlich: a ~ person; ~ houses. **3.** prächtig: a ~ sight.

**'good|·man** [-mæn; -mən] *s irr obs.* **1.** Haushalt(ung)svorstand *m.* **2.** Ehemann *m.* **,~-'na·tured** *adj* (*adv* ~ly) gutmütig, freundlich, gefällig. **G~ Neigh·bo(u)r Pol·i·cy** *s pol.* Poli'tik *f* der guten Nachbarschaft.

**'good·ness** *s* **1.** Anständigkeit *f*, Redlichkeit *f*, Rechtschaffenheit *f.* **2.** Güte *f*, Gefälligkeit *f*: ~ of heart Herzensgüte *f*; please have the ~ to come haben Sie bitte die Freundlichkeit od. seien Sie bitte so gut zu kommen. **3.** (*das*) Gute *od.* Wertvolle. **4.** Güte *f*, Quali'tät *f*, Wert *m.* **5.** *euphem.* Gott *m*: thank ~! Gott sei Dank!; (my) ~!, ~ gracious! du meine Güte!, du lieber Himmel!; for ~ sake um Himmels willen; ~ knows weiß der Himmel.

**good|·of·fic·es** *s pl bes. Völkerrecht*: gute Dienste *pl*, Vermittlung(sdienste *pl*) *f.* **'~-,pay·ing** *adj* gutbezahlt: a ~ job. ~ **peo·ple** *s pl*: the ~ die Feen.

**goods en·gine** *s tech. Br.* 'Güterzuglokomo,tive *f.*

**,good-'sized** *adj* ziemlich groß.

**goods| lift** *s Br.* Lastenaufzug *m.* ~ **of- fice** *s Br.* Frachtannahmestelle *f.* ~ **sta- tion** *s Br.* Güterbahnhof *m.* ~ **traf·fic** *s Br.* Güterverkehr *m.* ~ **train** *s Br.* Güterzug *m.* ~ **wag·on** *s Br.* Güterwagen *m.*

**,good|-'tem·pered** *adj* (*adv* ~ly) gutmütig, ausgeglichen. **'~-time** *adj* lebenslustig, vergnügungssüchtig: ~ Charlie *Am. colloq.* vergnügungssüchtiger Mensch. **'~-wife** *s irr obs.* Haushalt(ung)svorstand *m.* **,~-'will** *s* **1.** Goodwill *m*, Wohlwollen *n*, Freundlichkeit *f.* **2.** Bereitwilligkeit *f*, Gefälligkeit *f.* **3.** gute Absicht, guter Wille: ~ tour *bes. pol.* Goodwillreise *f*, -tour *f*; ~ visit *bes. pol.* Goodwillbesuch *m.* **4.** a) *econ.* Goodwill *m*, ide'eller Firmen- *od.* Geschäftswert, b) *econ.* Kundschaft *f*, Kundenkreis *m*, c) Goodwill *m*, guter Ruf (*e-r Institution etc*).

**good·y** ['gʊdɪ] **I** *s* **1.** *colloq.* a) Bon'bon *m*, *n*, b) *pl* Süßigkeiten *pl.* **2.** Annehmlichkeit *f*: all the goodies that a higher income brings. **3.** Prachtstück *n*: the goodies of a stamp collection. **4.** *Film, TV etc*: Gute(r) *m*, Held *m.* **5.** → goody- goody I. **II** *adj* **6.** → goody-goody II. **III** *interj* **7.** *bes. Kindersprache*: ,prima!', ,Klasse!' **'~-,good·y** *colloq. contp.* **I** *s* Tugendbold *m.* **II** *adj* (betont) tugendhaft.

**goo·ey** ['gu:ɪ] *adj colloq.* **1.** ,pappig', klebrig. **2.** ,schmalzig', sentimen'tal: a ~ song e-e ,Schnulze'.

---

**goof** [gu:f] *colloq.* **I** *s* **1.** ,Schnitzer' *m.* **2.** Trottel *m.* **II** *v/t* **3.** *oft* ~ up ,vermasseln'. **III** *v/i* **4.** ,'Mist bauen'. **5.** *oft* ~ about (*od.* around) her'umtrödeln.

**'goof·er** → goof 2.

**'go-off** *s colloq.* Anfang *m*, Start *m*: at the first ~ (gleich) beim ersten Mal, auf Anhieb.

**goof·y** ['gu:fɪ] *adj colloq.* **1.** ,doof', vertrottelt. **2.** *Br.* vorstehend (*Zähne*).

**gook** [gʊk] *s Am. sl. abfälliger Name für e-n Asiaten.*

**goon** [gu:n] *s colloq.* **1.** → goof 2. **2.** *Am.* angeheuerter Schläger.

**goop** [gu:p] *s Am. sl.* ,Bauer' *m.*

**goos·an·der** [gu:'sændə(r)] → merganser.

**goose** [gu:s] *pl* **geese** [gi:s] *s* **1.** *orn.* Gans *f*: all his geese are swans er übertreibt immer, bei ihm ist immer alles besser als bei anderen; to kill the ~ that lays the golden eggs das Huhn schlachten, das goldene Eier legt; to cook one's (own) ~ *colloq.* sich alles verderben; to cook one's ~ with s.o. *colloq.* es mit j-m verderben; he's cooked his ~ with me *colloq.* er ist bei mir ,unten durch'; to cook s.o.'s ~ *colloq.* j-m alles kaputtmachen; → bo¹, boo¹ 1, fox 1, sauce 1. **2.** *gastr.* Gans *f*, Gänsefleisch *n*: roast ~ Gänsebraten *m.* **3.** *fig.* a) Esel *m*, Dummkopf *m*, b) (dumme) Gans (*Frau*). **4.** (*pl* gooses) Schneiderbügeleisen *n.*

**goose·ber·ry** ['gʊzbərɪ; *Am.* -,beri:] *s* **1.** *bot.* Stachelbeere *f.* **2.** Stachelbeerwein *m.* **3.** to play ~ *bes. Br.* den Anstandswauwau spielen. **~ bush** *s* Stachelbeerstrauch *m*: I found you under a ~ *humor.* dich hat der Storch gebracht. **~ fool** *s* Stachelbeercreme *f* (*Speise*). **~ wine** → gooseberry 2.

**goose| bumps** *s pl* → goose pimples. **~ egg** *s Am. colloq.* **1.** *sport* Null *f* (*null Tore etc*): there were only ~s on the scoreboard. **2.** gänseeigroße Beule (*bes. am Kopf*). **~ flesh** *s* → goose pimples. **'~- foot** *pl* **-foots** *s bot.* Gänsefuß *m.* **~ grass** *s bot.* **1.** Labkraut *n*, *bes.* Klebkraut *n.* **2.** Vogelknöterich *m.* **'~-neck** *s* **1.** *mar.* Lümmel *m.* **2.** *tech.* Schwanenhals *m.* **~ pim·ples** *s pl* Gänsehaut *f*: the sight gave me ~ ich e-e Gänsehaut. ~ **quill** *s* Gänsekiel *m.* ~ **skin** → goose pimples. ~ **step** *s mil.* Pa'rade-, Stechschritt *m.* '~-**step** *v/i mil.* im Pa'rade- *od.* Stechschritt mar-'schieren.

**goos·ey, goos·y** ['gu:sɪ] *adj* **1.** Gänse... **2.** to get ~ e-e Gänsehaut bekommen. **3.** dumm. **4.** *Am.* a) schreckhaft, b) ner-'vös.

**go·pher¹** ['gəʊfə(r)] **I** *s* **1.** *zo.* a) Goffer *m*, Taschenratte *f*, b) Ameri'kanischer Ziesel, c) Gopherschildkröte *f*, d) *a.* ~ snake Indigo-, Schildkrötenschlange *f.* **2.** *Am.* G~ (Spitzname für e-n) Bewohner von Minne'sota. **II** *v/i* **3.** Bergbau: *Am.* aufs Gerate'wohl schürfen *od.* bohren.

**go·pher²** ['gəʊfə(r)] → goffer.

**go·pher³** ['gəʊfə(r)] → gofer.

**go·pher wood** ['gəʊfə(r)] *s Bibl. Holz, aus dem Noah die Arche baute.* **'go- pher,wood** *s bot. Am.* Gelbholz *n.*

**go·ral** ['gɔ:rəl] *s zo.* Goral *m*, 'Ziegenanti,lope *f.*

**gor·bli·mey** [gɔ:(r)'blaɪmɪ] → cor.

**gor·cock** ['gɔ:(r)kɒk; *Am.* -,kak] → moorcock.

**Gor·di·an** ['gɔ:(r)djən; -dɪən] *adj*: to cut the ~ knot *fig.* den gordischen Knoten durchhauen.

**gore¹** [gɔ:(r); *Am. a.* gəʊr] *s poet.* (*bes.* geronnenes) Blut.

**gore²** [gɔ:(r); *Am. a.* gəʊr] **I** *s* **1.** Zwickel *m*, Keil(stück *n*) *m*, Gehre *f.* **2.** drei-

---

eckiges Stück, Keilstück *n.* **II** *v/t* **3.** keilförmig zuschneiden. **4.** e-n Zwickel *etc* einsetzen in (*acc*).

**gore³** [gɔ:(r); *Am. a.* gəʊr] *v/t* (*mit den Hörnern*) durch'bohren, aufspießen: he was ~d to death by a bull er wurde von e-m Stier auf die Hörner genommen u. tödlich verletzt.

**gorge** [gɔ:(r)dʒ] **I** *s* **1.** Paß *m*, enge (Fels-) Schlucht. **2.** *rhet.* Kehle *f.* **3.** a) reiches Mahl, b) Schlemme'rei *f*, Völle'rei *f.* **4.** (*das*) Verschlungene, Mageninhalt *m*: it makes my ~ rise, my ~ rises at it *fig.* a) mir wird übel davon *od.* dabei, b) mir kommt die Galle dabei hoch. **5.** *arch.* Hohlkehle *f.* **6.** *mil.* Kehle *f*, Rückseite *f* (*e-r Bastion*). **7.** fester (Fisch)Köder. **II** *v/i* **8.** schlemmen: to ~ on (*od.* with) → 10. **III** *v/t* **9.** gierig verschlingen. **10.** to ~ o.s. on (*od.* with) *etwas* in sich hineinschlingen.

**gor·geous** ['gɔ:(r)dʒəs] *adj* (*adv* ~ly) **1.** prächtig, glänzend, prachtvoll (*alle a. fig. colloq.*). **2.** *colloq.* großartig, wunderbar. **'gor·geous·ness** *s* Pracht *f.*

**gor·ger·in** ['gɔ:(r)dʒərɪn] *s arch.* Säulenhals *m.*

**gor·get** ['gɔ:(r)dʒɪt] *s* **1.** *hist.* a) *mil.* Halsberge *f*, b) (Ring)Kragen *m*, c) Hals-, Brusttuch *n.* **2.** Halsband *n*, -kette *f.* **3.** *orn.* Kehlfleck *m*. ~ **patch** *s mil. hist.* Kragenspiegel *m.*

**Gor·gon** ['gɔ:(r)gən] *s* **1.** *myth.* Gorgo *f.* **2.** g~ *colloq.* a) häßliches *od.* abstoßendes Weib, b) ,Drachen' *m.* **,gor·go'nei·on** [-'ni:ɒn; *Am.* -,ɑn; *a.* -'naɪ-] *pl* **-nei·a** [-'ni:ə; *Am. a.* -'naɪə] *s art* Gor'gonenhaupt *n*, Gorgogesicht *n.* **gor'go·ni·an** [-'gəʊnjən; -nɪən] *adj* **1.** gor'gonenhaft, Gorgonen... **2.** schauerlich. **'gor·gon- ize** [-gənaɪz] *v/t* versteinern, erstarren lassen.

**Gor·gon·zo·la (cheese)** [,gɔ:(r)gən- 'zəʊlə] *s* Gorgon'zola *m.*

**go·ril·la** [gə'rɪlə] *s zo.* Go'rilla *m* (*a. fig. colloq.* Leibwächter).

**gor·mand** ['gɔ:(r)mənd] → gormandizer. **'gor·mand·ize I** *v/t etwas* in sich hin'einschlingen. **II** *v/i* schlemmen. **'gor·mand·iz·er** *s* Schlemmer(in).

**gorm·less** ['gɔ:mlɪs] *adj Br. colloq.* ,doof'.

**gorse** [gɔ:(r)s] *s bot.* Stechginster *m.*

**Gor·sedd** ['gɔ:seð] *s* walisisches Sänger- u. Dichtertreffen.

**gors·y** ['gɔ:(r)sɪ] *adj bot.* **1.** stechginsterartig. **2.** voll (von) Stechginster.

**gor·y** ['gɔ:rɪ; *Am. a.* gəʊrɪ] *adj* **1.** *poet.* a) blutbefleckt, mit Blut besudelt, voll Blut, b) blutig: a ~ battle. **2.** *fig.* blutrünstig: a ~ story.

**gosh** [gɒʃ; *Am. a.* gɑʃ] *interj a.* by ~ *colloq.* Mensch!, Mann!

**gos·hawk** ['gɒshɔ:k; *Am.* 'gɑs-] *s orn.* Hühnerhabicht *m.*

**Go·shen** ['gəʊʃn] *s* **1.** *Bibl.* Land *n* des 'Überflusses. **2.** *fig.* Schla'raffenland *n.*

**gos·ling** ['gɒzlɪŋ; *Am.* -,gazlən] *s* **1.** junge Gans, Gäns-chen *n.* **2.** *fig.* Grünschnabel *m.*

**go-'slow** *s econ. Br.* Bummelstreik *m.*

**gos·pel** ['gɒspl; *Am.* 'gɑspəl] *relig.* **I** *s* meist G~ Evan'gelium *n* (*a. fig.*): to believe in the ~ of ein überzeugter Anhänger (*gen*) sein; to take s.th. for ~ etwas für bare Münze nehmen. **II** *v/t pret u. pp* **-peled**, *bes. Br.* **-pelled** a) *j-n, a. j-m* das Evan'gelium predigen, b) *j-n* zum Evan'gelium bekehren. **III** *v/i* das Evan'gelium predigen. **'gos·pel- (l)er** *s relig.* Verleser *m* des Evan'geliums.

**gos·pel| oath** *s* Eid *m* auf die Bibel. ~ **sing·er** *s* Gospelsänger(in), Gospelsinger *m.* ~ **song** *s* Gospel(song) *m.* ~ **truth**

*s* **1.** *relig.* Wahrheit *f* der Evan'gelien. **2.** *fig.* abso'lute *od.* reine Wahrheit.

**gos·sa·mer** ['gɒsəmə; *Am.* 'gɑsəmər] **I** *s* **1.** Alt'weibersommer *m*, Sommerfäden *pl.* **2.** a) feine Gaze, b) (hauch)dünner Stoff. **3.** (*etwas*) sehr Zartes *od.* Dünnes. **II** *adj* **4.** leicht u. zart, hauchdünn. **5.** *fig.* fadenscheinig, dürftig: a ~ justification. **'gos·sa·mer·y** → gossamer II.

**gos·san** ['gɒsən; *Am.* 'gɑsn] *s geol.* eisenschüssiger, ockerhaltiger Letten.

**gos·sip** ['gɒsɪp; *Am.* 'gɑsəp] **I** *s* **1.** Klatsch *m*, Tratsch *m*: ~ column Klatschspalte *f*; ~ columnist Klatschkolumnist(in). **2.** Plaude'rei *f*, Geplauder *n*, Schwatz *m*: to have a ~ with s.o. mit j-m plaudern *od.* schwatzen. **3.** Klatschbase *f*, 'Klatschmaul' *n*. **II** *v/i* **4.** klatschen, tratschen. **5.** plaudern, schwatzen. **'gos·sip·er**, **'gos·sip,mon·ger** [-ˌmʌŋɡə(r)] → gossip 3. **'gos·sip·ry** [-rɪ] → gossip 1. **'gos·sip·y** *adj* **1.** klatschhaft, -süchtig. **2.** schwatzhaft, -süchtig, geschwätzig. **3.** im Plaudern geschrieben: a ~ letter.

**gos·soon** [gɒ'suːn] *s Ir.* Bursche *m*.

**got** [gɒt; *Am.* gɑt] *pret u. pp von* get.

**Goth** [gɒθ; *Am.* gɑθ] *s* **1.** Gote *m*. **2.** *a.* g~ Bar'bar *m*.

**Go·tham** ['gɒθəm] *s Am.* (*Spitzname für*) New York (City). **'Go·tham,ite** [-ˌmaɪt] *s Am.* (*Spitzname für*) New Yorker(in).

**Goth·ic** ['gɒθɪk; *Am.* 'gɑ-] **I** *adj* **1.** gotisch: ~ arch *arch.* gotischer Spitzbogen. **2.** *a.* g~ bar'barisch. **3.** Schauer...: ~ novel. **4.** *print.* a) *Br.* gotisch, b) *Am.* Grotesk... **II** *s* **5.** *ling. hist.* Gotisch *n*, das Gotische. **6.** *arch.* Gotik *f*, gotischer (Bau)Stil. **7.** *print.* a) *Br.* Frak'tur *f*, gotische Schrift, b) *Am.* Gro'tesk(schrift) *f*. **Goth·i·cism** ['gɒθɪsɪzəm; *Am.* 'gɑ-] *s* **1.** *arch.* Goti'zismus *m* (*Nachahmung des gotischen Stils*). **2.** *a.* g~ Barba'rei *f*. **'Goth·i·cize** *v/t* gotisch machen.

**go-to-'meet·ing** *adj colloq.* Sonntags..., Ausgeh...: ~ suit.

**got·ten** ['gɒtn] *Am. pp von* get.

**gou·ache** [gʊ'ɑːʃ; gwɑːʃ] *s* Gou'ache *f*, Gu'asch *f*: a) *Malerei(technik) mit deckenden Wasserfarben in Verbindung mit harzigen Bindemitteln*, b) *in dieser Technik gemaltes Bild*.

**Gou·da (cheese)** ['gaʊdə] *s* Gouda (-käse) *m*.

**gouge** [gaʊdʒ] **I** *s* **1.** *tech.* Hohlbeitel *m*, -meißel *m*. **2.** Furche *f*, Rille *f*. **3.** *Am. colloq.* a) Über'vorteilung *f*, b) Erpressung *f*, c) ergaunerter *od.* erpreßter Betrag. **II** *v/t* **4.** a. ~ out *tech.* ausmeißeln, -höhlen, -stechen. **5.** to ~ (out) s.o.'s eye a) j-m den Finger ins Auge stoßen, b) j-m ein Auge ausdrücken, -stechen. **6.** *Am. colloq.* j-n über'vorteilen: he was ~d for \$1,000 er wurde um 1000 Dollar betrogen, b) e-n Betrag ergaunern *od.* erpressen.

**gou·lash** ['guːlæʃ; -lɑː] *s* **1.** *gastr.* Gu'lasch *n*. **2.** *Kontrakt-Bridge:* Zu'rückdoppeln *n*. ~ **com·mu·nism** *s pol. contp.* 'Gulaschkommu,nismus *m*.

**gourd** [gʊə(r)d; *Am.* bes. gɔʊrd] *s* **1.** *bot.* a) (*bes.* Garten)Kürbis *m*, b) Flaschenkürbis *m*. **2.** Gurde *f*, Kürbisflasche *f*.

**gour·mand** ['gʊə(r)mənd; *Am. a.* 'gʊr-ˌmɑːnd] **I** *s* **1.** Gour'mand *m*, Schlemmer *m*. **2.** → gourmet 1. **II** *adj* **3.** schlemmerisch. **4.** → gourmet II. **gour·man·dise** [ˌgʊəmən'diːz; -ˌgɔː-; *Am.* 'gʊrmənˌdiːz] *s* Gourman'dise *f*: a) Schlemme'rei *f*, b) Feinschmecke'rei *f*.

**gour·met** ['gʊə(r)meɪ] **I** *s* **1.** Gour'met *m*, Feinschmecker *m*. **II** *adj* **2.** feinschmekkerisch. **3.** Feinschmecker...: ~ restaurant.

**gout** [gaʊt] *s* **1.** *med.* Gicht *f*. **2.** *agr.* Gicht *f* (*Weizenkrankheit*). **'gout·i·ness** *s med.* Neigung *f* zur Gicht. **'gout·y** *adj* (*adv* goutily) *med.* **1.** gichtkrank. **2.** zur Gicht neigend. **3.** gichtisch, Gicht...: → concretion 6, node 2.

**gov·ern** ['gʌvən; *Am.* 'gʌvərn] **I** *v/t* **1.** re'gieren, beherrschen. **2.** leiten, lenken, führen, verwalten. **3.** *fig.* bestimmen, beherrschen, regeln, maßgebend sein für, leiten: ~ed by circumstances durch die Umstände bestimmt; he was ~ed by considerations of safety er ließ sich von Sicherheitserwägungen leiten. **4.** *tech.* regeln, regu'lieren, steuern. **5.** *fig.* zügeln, beherrschen, im Zaum halten: to ~ o.s., to ~ one's temper sich beherrschen. **6.** *ling.* re'gieren, erfordern. **II** *v/i* **7.** re'gieren, herrschen (*a. fig.*). **'gov·ern·a·ble** *adj* **1.** re'gierbar. **2.** leit-, lenkbar. **3.** *tech.* steuer-, regu'lierbar. **4.** *fig.* folg-, lenksam. **'gov·ern·ance** *s* **1.** *a*) Re'gierungsgewalt *f*, b) Re'gierungsform *f*. **2.** *fig.* Herrschaft *f*, Gewalt *f*, Kon'trolle *f* (of über *acc*).

**gov·ern·ess** ['gʌvnɪs; *Am.* 'gʌvər-] **I** *s* Gouver'nante *f*, Erzieherin *f*, Hauslehrerin *f*. **II** *v/i* Erzieherin sein.

**'gov·ern·ing** *adj* **1.** re'gierend, Regierungs...: ~ party. **2.** leitend, Vorstands...: ~ body Leitung *f*, Direktion *f*, Vorstand *m*. **3.** *fig.* leitend, bestimmend: ~ idea Leitgedanke *m*; ~ principle Leitsatz *m*.

**'gov·ern·ment** *s* **1.** a) Re'gierung *f*, Herrschaft *f*, Kon'trolle *f* (of, over über *acc*), b) Re'gierungsgewalt *f*, c) Verwaltung *f*, Leitung *f*. **2.** Re'gierung *f*, Re'gierungsform *f*, -sy,stem *n*: parliamentary ~ Parlamentsregierung *f*. **3.** (*e-s bestimmten Landes meist* G~) (die) Re'gierung: the British G~; ~ agency Regierungsstelle *f*, Behörde *f*; ~ bill *parl.* Regierungsvorlage *f*; ~ department *Br.* a) Regierungsstelle *f*, Behörde *f*, b) Ministerium *n*; ~ spokesman Regierungssprecher *m*; → exile 1. **4.** Staat *m*: ~ aid staatliche Hilfe; ~ bonds (*od.* securities) a) *Br.* Staatsanleihen, -papiere, b) *Am.* Bundesanleihen; ~ depository *Am.* Bank *f* für Staatsgelder; ~ employee Angestellte(r *m*) *f* des öffentlichen Dienstes; ~ grant staatlicher Zuschuß; ~ loan Staatsanleihe *f*, öffentliche Anleihe; ~ monopoly Staatsmonopol *n*. **5.** Poli'tikwissenschaft *f*. **6.** *ling.* Rekti'on *f*. **gov·ern·men·tal** [ˌgʌvn'mentl; *Am.* -gʌvərn-] *adj* **1.** Regierungs...: ~ policy. **2.** Staats..., staatlich. **gov·ern'men·tal·ize** *v/t* unter staatliche Kon'trolle bringen.

**gov·ern·ment is·sue** *adj bes. Am.* von der Re'gierung *od.* von e-r Behörde gestellt. **'~-owned** *adj* staatseigen, in Staatsbesitz befindlich. **'~-run** *adj* staatlich (*Rundfunk etc*).

**gov·er·nor** ['gʌvənə; *Am.* 'gʌvnər] *s* **1.** Gouver'neur *m* (*a. e-s Staates der USA*). **2.** *mil.* Komman'dant *m*. **3.** a) *allg.* Di'rektor *m*, Leiter *m*, Vorsitzende(r) *m*, b) Präsi'dent *m* (*e-r Bank*), c) *Br.* Ge'fängnisdi,rektor *m*, d) *pl* Vorstand *m*, Direk'torium *m*. **4.** *colloq.* (der) ,Alte': a) ,alter Herr' (*Vater*), b) Chef *m* (*a. als Anrede*). **5.** *tech.* Regler *m*. ~ **gen·er·al** *pl* **gov·er·nors gen·er·al, gov·er·nor gen·er·als** *Br.* Gene'ralgouver,neur *m*. **'gov·er·nor·ship** *s* **1.** Gouver'neursamt *n*. **2.** Amtszeit *f* e-s Gouver'neurs.

**gown** [gaʊn] **I** *s* **1.** *meist in Zssgn* Kleid *n*: ball ~. **2.** *antiq.* Toga (*f*): ~ arms and ~ *fig.* Krieg u. Frieden. **3.** *jur. relig. univ.* Ta'lar *m*, Robe *f*. **4.** *collect.* Stu'denten(schaft *f*) *pl* (u. Hochschullehrer *pl*) (*e-r Universitätsstadt*): → town 5. **II** *v/t* **5.** mit e-m Ta'lar *etc* bekleiden.

**gowns·man** ['gaʊnzmən] *s irr* Robenträger *m*: Anwalt *m*, Richter *m*, Geistliche(r) *m*, Stu'dent *m*, Hochschullehrer *m*.

**goy** [gɔɪ] *s sl. abfällige Bezeichnung für e-n Nichtjuden.*

**Graaf·i·an fol·li·cle** ['grɑːfɪən] ~ **ves·i·cle** *s anat.* Graafscher Fol'likel, Graafsches Bläs-chen.

**grab** [græb] **I** *v/t* **1.** (hastig *od.* gierig) ergreifen, packen, fassen, (sich) ,schnappen', ,graps(ch)en': to ~ a seat sich e-n Sitzplatz schnappen. **2.** *fig.* a) an sich reißen, sich (rücksichtslos) aneignen, einheimsen, b) *e-e Gelegenheit* beim Schopf ergreifen. **3.** *colloq.* Zuhörer etc packen, fesseln: how did that ~ him? wie hat er darauf reagiert? **II** *v/i* **4.** ~ at (gierig *od.* hastig) greifen nach, schnappen nach: → straw 1. **III** *s* **5.** (hastiger *od.* gieriger) Griff: to make a ~ at → 1 u. 4. **6.** *fig.* Griff *m* (for nach): the ~ for power der Griff nach der Macht. **7.** to be up for ~s *colloq.* für jeden zu haben *od.* zu gewinnen sein; the job is up for ~s die Stelle ist noch frei *od.* zu haben; there are £1,000 up for ~s es sind 1000 Pfund zu gewinnen. **8.** *tech.* (Bagger-, Kran)Greifer *m*: ~ crane Greiferkran *m*; ~ dredger Greiferbagger *m*. ~ **bag** *s Am.* **1.** Grabbelsack *m*. **2.** *fig.* Sammel'surium *n*.

**grab·ber** ['græbə(r)] *s* Habgierige(r *m*) *f*, ,Raffke' *m*.

**grab·ble** ['græbl] *v/i* **1.** tasten, tappen (for nach): to ~ about herumtasten, -tappen. **2.** a) der Länge nach 'hinfallen, b) ausgestreckt daliegen.

**gra·ben** ['grɑːbən] *s geol.* Graben(bruch *m*, -senke *f*) *m*.

**'grab·hook** *s tech.* Greifhaken *m*. ~ **raid** *s* 'Raub,überfall *m*.

**grace** [greɪs] **I** *s* **1.** Anmut *f*, Grazie *f*, Reiz *m*, Charme *m*: the three G~s *myth.* die drei Grazien. **2.** Anstand *m*, Schicklichkeit *f*, Takt *m*: to have the ~ to do s.th. den Anstand haben *od.* so anständig sein, etwas zu tun. **3.** Bereitwilligkeit *f*: with (a) good ~ gern, bereitwillig; with (a) bad ~, with an ill ~ (nur) ungern *od.* widerwillig. **4.** *meist pl* gute Eigenschaft, schöner Zug, Zierde *f*: social ~s feine Lebensart; to do ~ to → 14. **5.** *a.* ~ note *mus.* Verzierung *f*, Ma'nier *f*, Orna'ment *n*. **6.** Gunst *f*, Wohlwollen *n*, Gnade *f*: to be in s.o.'s good ~s in j-s Gunst stehen, bei j-m gut angeschrieben sein; to be in s.o.'s bad ~s bei j-m in Ungnade sein, j-m schlecht angeschrieben sein; → fall from. **7.** (*a. göttliche*) Gnade, Barm'herzigkeit *f*: in the year of ~ im Jahr des Heils; → act 1, 3, way[1] Bes. Redew. **8.** *relig.* a) *a.* state of ~ Stand *m* der Gnade, b) Tugend *f*: ~ of charity (Tugend der) Nächstenliebe *f*. **9.** G~ (*Eure, Seine, Ihre*) Gnaden *pl* (*Titel*): Your G~ a) Eure Hoheit (*Herzogin*), b) Eure Exzellenz (*Erzbischof*). **10.** *econ. jur.* Aufschub *m*, (Zahlungs-, Nach)Frist *f*: days of ~ Respekttage; to give s.o. a week's ~ j-m e-e Nachfrist von e-r Woche gewähren. **11.** Tischgebet *n*: to say ~ das Tischgebet sprechen. **II** *v/t* **12.** zieren, schmücken. **13.** ehren, auszeichnen: to ~ a party with one's presence e-e Gesellschaft mit s-r Anwesenheit beehren. **14.** j-m Ehre machen.

**grace cup** *s* a) *Becher (Wein), der am Ende e-s Mahls zu e-m Danksagungstrunk herumgereicht wird*, b) Danksagungstrunk *m*.

**'grace·ful** *adj* (*adv* ~ly) **1.** anmutig, grazi'ös, ele'gant, reizvoll. **2.** geziemend, würde-, taktvoll: to grow old ~ly mit Würde alt werden. **'grace·ful·ness** *s* Anmut *f*, Grazie *f*. **'grace·less** *adj* (*adv*

~ly) 1. ˈungraziˌös, reizlos, ˈuneleˌgant. 2. obs. verworfen, lasterhaft.

**grace note** → grace 5.

**grac·ile** [ˈgræsaɪl; -sɪl] adj 1. graˈzil, zierlich, zartgliedrig. 2. → graceful. **ˈgrac·ile·ness**, **graˈcil·i·ty** [-ˈsɪlətɪ] s 1. Zierlichkeit f, Zartgliedrigkeit f, Grazilität f. 2. → gracefulness.

**gra·cious** [ˈgreɪʃəs] I adj (adv ~ly) 1. gnädig, huldvoll, wohlwollend. 2. poet. gütig, freundlich. 3. relig. gnädig, barmˈherzig (Gott). 4. obs. für graceful 1. 5. a) angenehm, köstlich, b) geschmackvoll, schön: ~ living angenehmes Leben, kultivierter Luxus. II interj 6. good (od. my) ~!, ~ me!, ~ goodness! du m-e Güte!, lieber Himmel! **ˈgra·cious·ness** s 1. Gnade f. 2. poet. Güte f, Freundlichkeit f. 3. relig. Barmˈherzigkeit f. 4. obs. für gracefulness.

**grack·le** [ˈgrækl] s orn. (ein) Star m.

**grad** [græd] colloq. für graduate I, II.

**gra·date** [grəˈdeɪt; Am. ˈgreɪˌdeɪt] I v/t 1. Farben abstufen, abtönen, gegeneinˈander absetzen, ineinˈander ˈübergehen lassen. 2. abstufen. II v/i 3. sich abstufen, stufenweise (ineinˈander) ˈübergehen. 4. stufenweise ˈübergehen (into in acc). **graˈda·tion** s 1. Abstufung f: a) Abtönung f (von Farben), b) stufenweise Anordnung, Staffelung f. 2. Stufengang m, -folge f, -leiter f. 3. ling. Ablaut m. **graˈda·tion·al** [-ʃənl; -ʃnəl], a. **graˈda·tive** adj 1. stufenweise, abgestuft. 2. stufenweise fortschreitend.

**grade** [greɪd] I s 1. Grad m, Stufe f, Rang m, Klasse f: a high ~ of intelligence ein hoher Intelligenzgrad; 2. (unterer, mittlerer, höherer) Dienst, Beamtenlaufbahn f: lower (intermediate, senior) ~. 3. mil. bes. Am. (Dienst)Grad m. 4. Art f, Gattung f, Sorte f. 5. Phase f, Stufe f. 6. Qualiˈtät f, Güte(grad m, -klasse f) f, (Kohlen- etc)Sorte f: G~ A erste (Güte)Klasse, beste a. weitS. erstklassig (→ 9); ~ label(l)ing Güteklassenbezeichnung f (durch Aufklebezettel). 7. bes. Am. Steigung f od. Gefälle n, Neigung f, Niˈveau n (des Geländes etc): ~ crossing schienengleicher (Bahn)Übergang; at ~ auf gleicher Höhe (Bahnübergang etc); to make the ~ ,es schaffen', Erfolg haben. 8. biol. Kreuzung f, Mischling m: ~ cattle aufgekreuztes Vieh. 9. Am. a) (Schul)Stufe f, (Schüler pl e-r) Klasse f, Note f, Zenˈsur f: ~ A sehr gut, beste Note (→ 6); the ~s die Grundschule. 10. ling. Stufe f (des Ablauts). II v/t 11. sorˈtieren, einteilen, klasˈsieren, (nach Güte od. Fähigkeiten) einstufen: to ~ up → upgrade IV (→ 14); to ~ down → downgrade IV. 12. a) abstufen, staffeln, b) → gradate I. 13. tech. a) Gelände plaˈnieren, (ein)ebnen, b) e-e (bestimmte) Neigung geben (dat). 14. Vieh kreuzen: to ~ up aufkreuzen (→ 11). 15. ling. ablauten. III v/i 16. ranˈgieren, zu e-r (bestimmten) Klasse gehören. 17. → gradate 3 u. 4.

**grad·er** [ˈgreɪdə(r)] s 1. a) Sorˈtierer(in), b) Sorˈtiermaˌschine f. 2. tech. Plaˈniermaˌschine f, Straßenhobel m. 3. ped. Am. in Zssgn ...kläßler m: a fourth ~ ein Viertkläßler m.

**grade| school** s Am. Grundschule f. ~ **teach·er** s Am. Grundschullehrer(in).

**gra·di·ent** [ˈgreɪdjənt; -dɪənt] I s 1. Neigung f, Steigung f, Gefälle n, Niˈveau n (des Geländes etc). 2. schiefe Ebene, Gefällstrecke f. 3. math. phys. Gradiˈent m, Gefälle n. 4. meteor. (ˈLuftdruck-, Temperaˈtur)Gradiˌent m. II adj 5. stufenweise steigend od. fallend. 6. gehend, schreitend. 7. bes. zo. Geh..., Lauf...

**gra·din** [ˈgreɪdɪn], **gra·dine** [grəˈdiːn; Am. a. ˈgreɪˌdiːn] s 1. Amphitheater etc: a)

Stufe f, b) Sitzreihe f. 2. Alˈtarsims m, n.

**gra·di·om·e·ter** [ˌgreɪdɪˈɒmɪtə; Am. -ˈɑːmətər] s tech. Neigungsmesser m.

**grad·u·al** [ˈgrædʒʊəl; -dʒwəl; Am. a. -dʒəl] I adj 1. allˈmählich, stufen-, schrittweise, langsam (fortschreitend), graduˈell. 2. allˈmählich od. sanft (an)steigend od. (ab)fallend. II s 3. relig. Graduˈale n: a) kurzer Psalmgesang, b) liturgisches Gesangbuch mit den Meßgesängen. **ˈgrad·u·al·ly** adv a) nach und nach, b) → gradual 1.

**grad·u·al psalm** s relig. Graduˈal-, Stufenpsalm m.

**grad·u·ate** [ˈgrædʒʊət; Am. ˈgrædʒˌweɪt] I s 1. univ. a) ˈHochschulabsolˌvent(in), Akaˈdemiker(in), b) Graduˈierte(r m) f (bes. Inhaber[in] des niedrigsten akademischen Grades; → bachelor 2), c) Am. Stuˈdent(in) an e-r graduate school. 2. ped. Am. Schulabgänger(in): high-school ~ (etwa) Abiturient(in). 3. Am. j-d, der viel durchgemacht hat in (e-m Heim etc): a reformatory ~. 4. Am. Meßgefäß n. II adj 5. univ. a) Akademiker...: ~ unemployment, b) graduˈiert: ~ student → 1 c, c) Am. für Graduˈierte: ~ course (Fach)Kurs m an e-r graduate school. 6. Am. Diplom..., (staatlich) geprüft: ~ nurse. 7. → graduated 1. III v/t [ˈgrædʒʊeɪt; -dʒʊ-; Am. -dʒəˌweɪt] 8. univ. graduˈieren, j-m e-n (bes. den niedrigsten) akaˈdemischen Grad verleihen. 9. ped. Am. a) als Abˈsolˈventen haben: our high school ~d 50 students this year (etwa) bei uns haben dieses Jahr 50 Schüler das Abitur gemacht, b) die Abschlußprüfung bestehen an (dat), absolˈvieren: to ~ high school (etwa) das Abitur machen, c) versetzen: he was ~d from 3rd to 4th grade. 10. tech. mit e-r Maßeinteilung versehen, graduˈieren, in Grade einteilen. 11. abstufen, staffeln. 12. chem. tech. graˈdieren. IV v/i [ˈgrædʒʊeɪt; -dʒʊ-; Am. -dʒəˌweɪt] 13. univ. graduˈieren, e-n (bes. den niedrigsten) Grad erwerben (from an dat). 14. ped. Am. die Abschlußprüfung bestehen: to ~ from → 9 b. 15. sich entwickeln, aufsteigen (into zu). 16. sich staffeln, sich abstufen. 17. allˈmählich ˈübergehen (into in acc). **ˈgrad·u·at·ed** adj 1. abgestuft, gestaffelt: ~ tax; ~ arc math. Gradbogen m. 2. tech. graduˈiert, mit e-r Gradeinteilung (versehen): ~ pipette Meßpipette f; ~ dial Skalenscheibe f, Teilung f.

**grad·u·ate school** s univ. Am. höhere ˈFachseˌmester pl (nach dem niedrigsten akademischen Grad; Studienziel ist der Magister; → master 12).

**grad·u·a·tion** [ˌgrædjʊˈeɪʃn; -dʒʊ-; Am. -dʒəˈweɪʃən] s 1. Abstufung f, Staffelung f. 2. tech. a) Grad-, Teilstrich m, b) Gradeinteilung f, Graduˈierung f. 3. chem. Graˈdierung f. 4. univ. Graduˈierung f, Erteilung f od. Erlangung f e-s (bes. des niedrigsten) akaˈdemischen Grades. 5. Am. Absolˈvieren n (from high school (etwa) Ab-Schule) ~ from high school (etwa) Abitur n. 6. univ., Am. a. ped. Schluß-, Verleihungsfeier f. 7. fig. Aufstieg m.

**gra·dus** [ˈgreɪdəs; ˈgreɪ-] s 1. Prosoˈdielexikon n (für lateinische od. griechische Verse). 2. mus. Eˈtüdenbuch n.

**Grae·cism** [ˈgriːsɪzəm] s bes. Br. 1. ling. Gräˈzismus m, griechische Spracheigentümlichkeit. 2. a) griechisches Wesen, b) Nachahmung f griechischen Wesens. **ˈGrae·cize, ˈg~** [-saɪz] v/t bes. Br. gräziˈsieren, nach griechischem Vorbild gestalten.

**Graeco-** [griːkəʊ] bes. Br. Wortelement mit der Bedeutung griechisch, gräko-.

**ˌGrae·co-ˈRo·man** adj griechisch-römisch: ~ wrestling sport Ringen n im griechisch-römischen Stil.

**graf·fi·to** [grəˈfiːtəʊ; græ-] pl **-ti** [-tɪ] s 1. Grafˈfito m, n: a) in e-e Wand eingekratzte (kultur- u. sprachgeschichtlich bedeutsame) Inschrift, b) in e-e Marmorfliese eingeritzte mehrfarbige ornamentale od. figurale Dekoration. 2. pl Wandschmiereˈreien pl, Grafˈfiti pl.

**graft¹** [grɑːft; Am. græft] s 1. bot. a) Pfropfreis n, b) veredelte Pflanze, c) Pfropfstelle f. 2. fig. (etwas) Aufgepfropftes. 3. med. a) Transplanˈtat n, verpflanztes Gewebe, b) Transplantatiˈon f. II v/t 4. bot. a) e-n Zweig pfropfen (in in acc; on auf acc), b) e-e Pflanze okuˈlieren, durch Pfropfen kreuzen od. veredeln. 5. med. Gewebe verpflanzen, transplanˈtieren. 6. fig. (in, on, upon) a) etwas auf-, einpfropfen (dat), b) Ideen etc einimpfen (dat), c) ˈüberˈtragen (auf acc).

**graft²** [grɑːft; Am. græft] colloq. I s 1. Arbeit f: hard ~ ,Schufterei' f. 2. bes. Am. a) Bereicherung f durch ˈAmtsˌmißbrauch, b) ,Schmiergelder' pl, Bestechungsgelder pl. II v/i 3. arbeiten: to ~ hard ,schuften'. 4. bes. Am. a) sich durch ˈAmtsˌmißbrauch bereichern, b) ,Schmiergelder' zahlen.

**graft·age** [ˈgrɑːftɪdʒ; Am. ˈgræf-] → grafting 1.

**ˈgraft·er¹** s bot. 1. Pfropfer m. 2. Pfropfmesser n.

**ˈgraft·er²** s bes. Am. colloq. j-d, der sich durch Amtsmißbrauch bereichert.

**ˈgraft·ing** s 1. bot. a) Pfropfen n, Veredeln n, b) Pfropfung f. 2. med. Transplantatiˈon f. ~ **wax** s Pfropf-, Baumwachs n.

**gra·ham flour** [ˈgreɪəm; Am. a. græm] s bes. Am. (etwa) Vollkornmehl n.

**Grail¹** [greɪl] s a. Holy ~ relig. Gral m.

**grail²** [greɪl] s Kiesel m.

**grain** [greɪn] I s 1. bot. (Samen-, bes. Getreide)Korn n: ~ of rice Reiskorn. 2. collect. Getreide n, Korn n (Pflanzen od. Frucht): → chaff¹ 1. 3. (Sand- etc) Körnchen n, (-)Korn n: of fine ~ feinkörnig; ~ salt¹ 1. 4. fig. Spur f: not a ~ of hope kein Funke Hoffnung; a ~ of truth ein Körnchen Wahrheit; without a ~ of sense ohne a. im Funken Verstand. 5. econ. Gran n (Gewichtseinheit). 6. tech. a) (Längs)Faser f, Faserung f, b) Maserung f (vom Holz): it goes (od. is) against the ~ (with me) fig. es geht mir gegen den ~, im Strich. 7. tech. Narben m (bei Leder): ~ (side) Narben-, Haarseite f. 8. tech. a) Korn n, Narbe f (von Papier), b) metall. Korn n, Körnung f. 9. tech. a) Strich m (Tuch), b) Faser f, c) hist. Kocheˈnille f (karminroter Farbstoff). 10. min. Korn n, Gefüge n. 11. phot. a) Korn n, b) Körnigkeit f (Film). 12. pl Brauerei: Treber pl, Trester pl. II v/t 13. körnen, granuˈlieren. 14. tech. Leder a) enthaaren, b) körnen, narben. 15. tech. a) Papier narben, b) Textilien in der Wolle färben. 16. künstlich Holz od. Marmor ädern.

**grain| al·co·hol** s chem. Äˈthyl-, Gärungsalkohol m. ~ **bind·er** s agr. Garbenbinder m. ~ **el·e·va·tor** s agr. Getreideheber m. ~ **leath·er** s tech. genarbtes Leder.

**gral·la·to·ri·al** [ˌgræləˈtɔːrɪəl; Am. -ˈtoʊ-] adj orn. stelzbeinig, Stelz(vogel)...

**gral·loch** [ˈgrælək; -ləx] hunt. Br. I s Aufbruch m, Eingeweide n od. pl (des Rotwildes). II v/t aufbrechen.

**gram¹** [græm] s bot. Kichererbse f.

**gram²**, bes. Br. **gramme** [græm] s Gramm n.

**gram³** [græm] colloq. für gramophone.

**gra·ma (grass)** [ˈgrɑːmə; *Am.* ˈgræmə] *s bot.* Mosˈkitogras *n.*

**gram·a·ry(e)** [ˈgræmərɪ] *s obs.* Zaubeˈrei *f,* schwarze Kunst.

**gram| at·om,** ˈ~·a·tom·ic weight *s phys.* ˈGramma·tom(gewicht) *n.* **~·cal·o·rie** *s phys.* ˈGrammkalo·rie *f.*

**gra·mer·cy** [grəˈmɜːsɪ; *Am.* grəˈmɜːrsɪ] *interj obs.* **1.** tausend Dank! **2.** ei der Daus!

**gram·i·na·ceous** [ˌgræmɪˈneɪʃəs], **gra·min·e·ous** [grəˈmɪnɪəs] *adj bot.* **1.** grasartig. **2.** Gras... **gram·i·niv·o·rous** [-ˈnɪvərəs] *adj zo.* grasfressend.

**gram·mar** [ˈgræmə(r)] *s* **1.** Gramˈmatik *f (a. Lehrbuch):* **it is bad** ~ es ist schlechter Sprachgebrauch *od.* grammatisch nicht richtig; **he knows his** ~ er beherrscht s-e Sprache. **2.** (Werk *n* über die) Grundbegriffe *pl:* **the ~ of politics** die Grundbegriffe *od.* Grundzüge der Politik. **~ book** *s* Gramˈmatik *f.*

**gram·mar·i·an** [grəˈmeərɪən] *s* **1.** Gramˈmatiker(in). **2.** Verfasser(in) e-r Gramˈmatik.

**gram·mar school** *s* **1.** *Br.* a) *hist.* Laˈteinschule *f,* b) *(etwa)* (humaˈnistisches) Gymˈnasium. **2.** *Am. (etwa)* Grundschule *f.*

**gram·mat·i·cal** [grəˈmætɪkl] *adj (adv* ~ly) **1.** gramˈmatisch, Grammatik...: ~ **error. 2.** gramˈmatisch (richtig): **not ~** grammatisch falsch. **3.** *fig.* a) meˈthodisch, b) richtig.

**gramme** *bes. Br. für* **gram²**.

**gram| mol·e·cule,** ~ **mo,lec·u·lar weight** *s phys.* ˈGrammole·kül *n,* ˈGrammoleku,largewicht *n,* Mol *n.*

**Gram·my** [ˈgræmɪ] *pl* **-mys, -mies** *s* Grammy *m (amer. Schallplattenpreis).*

**Gram-ˈneg·a·tive** [ˌgræm-] *adj med.* gramˈnegativ *(sich nach dem Gramschen Färbeverfahren rot färbend) (Bakterien).*

**gram·o·phone** [ˈgræməfəʊn] *s Br.* a) *hist.* Grammoˈphon *n,* b) Plattenspieler *m.* **~ rec·ord** *s* Schallplatte *f.*

**Gram-ˈpos·i·tive** [ˌgræm-] *adj med.* gramˈpositiv *(sich nach dem Gramschen Färbeverfahren dunkelblau färbend) (Bakterien).*

**gram·pus** [ˈgræmpəs] *s zo.* a) ˈRissosdel,phin *m,* b) Schwertwal *m:* **to blow** *(od.* **wheeze)** **like a** ~ *fig.* wie ein Nilpferd schnaufen.

**Gram's meth·od** [græmz] *s med.* Gram-Färbung *f.*

**gran** [græn] *s colloq.* ˈOma‘ *f.*

**gran·a·ry** [ˈgrænərɪ; *Am. a.* ˈgreɪ-] *s* Kornkammer *f (a. fig.),* Getreide-, Kornspeicher *m:* **the Mid-West is the ~ of the US;** ~ **weevil** *zo.* Kornkäfer *m.*

**grand** [grænd] **I** *adj (adv* ~ly) **1.** großartig, gewaltig, grandiˈos, impoˈsant, eindrucksvoll, prächtig. **2.** *(geistig etc)* groß, grandiˈos, hochfliegend: ~ **ideas. 3.** erhaben, würdevoll, subˈlim: ~ **style. 4.** *(gesellschaftlich)* groß, hochstehend, vornehm, distinˈguiert: ~ **air** Vornehmheit *f,* Würde *f, bes. iro.* Grandezza *f;* **to do the** ~ vornehm tun, den vornehmen Herrn spielen. **5.** *colloq.* großartig, herrlich, glänzend, prächtig: **what a ~ idea!; to have a ~ time** sich glänzend amüsieren. **6.** groß, bedeutend, wichtig. **7.** groß: **the G~ Army** *hist.* die ‚Grande Armée‘, die ‚Große Armee‘ *(Napoleons I.);* **the G~ Fleet** *die im 1. Weltkrieg in der Nordsee operierende englische Flotte.* **8.** Haupt...: ~ **entrance** Haupteingang *m;* ~ **staircase** Haupttreppe *f;* ~ **question** Hauptfrage *f;* ~ **total** Gesamt-, Endsumme *f.* **9.** Groß...: ~ **commander** Großkomtur *m (e-s Ordens);* **G~ Turk** *hist.* Großtürke *m.* **10.** *mus.* groß *(in Anlage, Besetzung etc).* **II** *s* **11.** *mus.*

Flügel *m.* **12.** *pl* **grand** *Am. sl.* ‚Riese‘ *m (1000 Dollar).*

**gran·dad, gran·dad·dy** → **granddad,** *etc.*

**gran·dam** [ˈgrændæm] *s obs.* **1.** alte Dame. **2.** Großmutter *f.*

**ˈgrand|·aunt** *s* Großtante *f.* **ˈ~·child** [ˈgræn-] *s irr* Enkel(in), Enkelkind *n.* **ˈ~·dad** [ˈgrændæd], **ˈ~·dad·dy** [ˈgræn-] *s colloq.* ‚Opa‘ *m (a. alter Mann),* ‚Großpa,pa *m.* **ˈ~·daugh·ter** [ˈgræn-] *s* Enkeltochter *f,* Enkelin *f.* **ˈ~·du·cal** *adj* großherzoglich. **~·duch·ess** *s* Großherzogin *f.* **~·duch·y** *s* Großherzogtum *n.* **~·duke** *s* **1.** Großherzog *m.* **2.** *hist. (russischer)* Großfürst.

**gran·dee** [grænˈdiː] *s* Grande *m.*

**gran·deur** [ˈgrændʒə(r); ˌ-djʊə(r)] *s* **1.** Großartigkeit *f.* **2.** Größe *f,* Erhabenheit *f.* **3.** Vornehmheit *f,* Adel *m,* Hoheit *f,* Würde *f.* **4.** Pracht *f,* Herrlichkeit *f.*

**ˈgrand|·fa·ther** *s* **1.** Großvater *m:* ~('s) **chair** Großvaterstuhl *m,* Ohrensessel *m;* ~('s) **clock** Standuhr *f.* **2.** *pl* Väter *pl,* Vorfahren *pl.* **ˈgrand·fa·ther·ly** *adj* großväterlich *(a. fig.).*

**gran·dil·o·quence** [grænˈdɪləkwəns] *s* **1.** (Rede)Schwulst *m,* Bomˈbast *m.* **2.** Großspreche ˈrei *f.* **gran·dil·o·quent** *adj* **1.** schwülstig, hochtrabend, ‚geschwollen‘. **2.** großsprecherisch.

**gran·di·ose** [ˈgrændɪəʊs] *adj (adv* ~ly) **1.** großartig, grandiˈos. **2.** pomˈpös, prunkvoll. **3.** schwülstig, hochtrabend, bomˈbastisch. **ˌgran·di·os·i·ty** [-ˈɒsɪtɪ; *Am.* ˌ-ˈɑs-] *s* **1.** Großartigkeit *f.* **2.** Pomp *m.* **3.** Schwülstigkeit *f.*

**grand| ju·ry** [grænd] *s jur. Am.* Anklagejury *f (Untersuchungsgremium von auf Zeit ernannten Bürgern, die die öffentliche Anklage ablehnen od. für recht befinden).* **G~ La·ma** *s relig.* Oberpriester *m (im Lamaismus).* ~ **lar·ce·ny** *s jur. Am.* schwerer Diebstahl. ~ **lodge** *s* Großloge *f (der Freimaurer).* **~·ma** [ˈgrænmɑː], **ˈ~·mam·ma** *s colloq.* ˈGroßma,ma *f,* ‚Oma‘ *f.* **~·mas·ter** *s* **1.** *Schach:* Großmeister *m.* **2.** **G~ M~** Großmeister *m (der Freimaurer etc).* **~·moth·er** *s* [ˈgrænˌmʌðə(r)] *s* Großmutter *f:* ~ **clock** Standuhr *f (kleiner als e-e* grandfather['s] **clock);** → **egg¹** 1. **ˈ~·moth·er·ly** *adj* **1.** großmütterlich *(a. fig.).* **2.** *fig.* kleinlich. **G~·Muf·ti** *s hist.* Großmufti *m (der Mohammedaner).* **G~ Na·tion·al** *s Pferdesport:* Grand National *n (schwerstes Hindernisrennen der Welt auf der Aintree-Rennbahn bei Liverpool).* **~·neph·ew** [ˈgræn,nevju:] *s* Großneffe *m.* **ˈgrand·ness** → **grandeur.**

**grand|·niece** [ˈgrænniːs] *s* Großnichte *f.* ~ **old man** *s* „Großer alter Mann“ *(e-r Berufsgruppe etc).* **G~·Old Par·ty** *s pol. Am.* (Spitzname für die) Republiˈkanische Parˈtei *(der USA).* ~ **op·er·a** *s mus.* große Oper. **~·pa** [ˈgrænpɑː], **ˈ~·pa·pa** *s colloq.* ‚Opa‘ *m,* ˈGroßpa,pa *m.* **ˈ~·par·ent** *s* **1.** Großvater *m od.* -mutter *f.* **2.** *pl* Großeltern *pl.* **~·pi·an·o** *s mus.* (Konˈzert)Flügel *m.*

**Grand Prix** [ˌgrɑ̃ˈpriː; ˌgrɒnˈpriː] *pl* **Grand Prix, Grands Prix** [ˌgrɑ̃-, ˌgrɒn-], **Grand Prixes** [-ˈpriː; -ˈpriːz] *s sport* Grand Prix *m,* Großer Preis.

**grand|·sire** [ˈgrænˌsaɪə(r)], **~·sir** [ˈgrænsə(r); ˈgrænsə(r)] *s obs.* **1.** alter Herr. **2.** Großvater *m.* ~ **slam** *s* **1.** *Tennis:* Grand Slam *m (Gewinn des Einzeltitels bei den internationalen Meisterschaften der USA, Großbritanniens, Frankreichs und Australiens im selben Jahr durch denselben Spieler).* **2.** → **slam².** **~·son** [ˈgrænsʌn] *s* Enkel(sohn) *m.* **ˈ~·stand I** *s* **1.** *sport* ˈHaupttri,büne *f (a. die Zuschauer auf der Haupttribüne):* **to play to the** ~ → 6. **II**

*adj* **2.** *sport* Haupttribünen...: ~ **tickets;** ~ **seat** Haupttribünenplatz *m (weitS. a. Platz, von dem aus man etwas gut beobachten kann).* **3.** a) *sport* vor der ˈHaupttri,büne: a) ~ **dribble,** b) *Am. colloq.* efˈfekthaschend: ~ **play** Effekthascherei *f.* **4.** *sport* vor der ˈHaupttri,büne: ~ **finish** packendes Finish; **there was a** ~ **finish** die Entscheidung fiel erst auf den letzten Metern. **5.** uneingeschränkt *(Blick):* **to have a** ~ **view of s.th.** etwas gut beobachten können. **III** *v/i* **6.** a) *sport* für die ˈHaupttri,büne spielen, b) *Am. colloq.* sich in Szene setzen, nach Efˈfekt haschen. ~ **tour** *s hist.* Bildungs-, Kavaˈliersreise *f.* **ˈ~·un·cle** *s* Großonkel *m.* ~ **vi·zier** *s* ˈGroßwe,sir *m.*

**grange** [greɪndʒ] *s* **1.** Farm *f.* **2.** *hist.* a) Landsitz *m (e-s Edelmanns),* b) Gutshof *m.* **3.** *obs.* Scheune *f.* **ˈgrang·er** *s* Farmer *m.*

**grang·er·ism** [ˈgreɪndʒərɪzəm] *s* Illuˈstrierung *f* von Büchern mit Bildern aus anderen Büchern. **ˈgrang·er·ize** *v/t* **1.** *ein Buch* mit Bildern aus anderen Büchern illuˈstrieren. **2.** Bilder herˈausschneiden aus.

**gra·nif·er·ous** [grəˈnɪfərəs] *adj bot.* Körner tragend. **gran·i·form** [ˈgrænɪfɔː(r)m] *adj* kornartig, -förmig. **gran·ite** [ˈgrænɪt] **I** *s* **1.** *geol.* Graˈnit *m:* **he is a man of** ~ *fig.* er ist hart wie Granit. **2.** → **graniteware. 3.** *fig.* Härte *f,* Unbeugsamkeit *f.* **II** *adj* **4.** graˈnitisch, graˈniten, Granit... **5.** *fig.* hart, eisern, graˈniten, unbeugsam. ~ **pa·per** *s* Graˈnitpa,pier *n (meliert).* **G~ State** *s (Spitzname für)* New Hampshire *n.* **ˈ~·ware** *s tech.* **1.** weißes, glaˈsiertes Steingut. **2.** gesprenkelt emailˈliertes Geschirr.

**gra·nit·ic** [grəˈnɪtɪk; *Am.* a.] *adj* **1.** graˈniten, graˈnitartig. **2.** → **granite** 4, 5.

**gran·it·ite** [ˈgrænɪtaɪt] *s min.* Graniˈtit *m.*

**gran·i·vore** [ˈgrænɪvɔː(r); *Am. a.* ˌ-vəʊr] *s zo.* Körnerfresser *m.* **gra·niv·o·rous** [-ˈnɪvərəs] *adj* körnerfressend.

**gran·nie** → **granny.**

**gran·nom** [ˈgrænəm] *s* **1.** *zo.* Köcherfliege *f.* **2.** *e-e* Angelfliege.

**gran·ny** [ˈgrænɪ] **I** *s* **1.** *colloq.* ‚Oma‘ *f.* **2.** *colloq.* Kleinlichkeitskrämer(in), Peˈdant(in). **3.** *a.* ~('s) **knot** *mar.* Altˈweiberknoten *m.* **4.** *a.* ~ **woman** *Am.* Hebamme *f.* **II** *adj* **5.** *colloq.* Oma..., Großmutter...: ~ **dress;** ~ **glasses** Nickelbrille *f.*

**gran·o·di·o·rite** [ˌgrænəʊˈdaɪəraɪt] *s geol.* Granodioˈrit *m (ein Tiefengestein).* **gran·o·lith** [ˈgrænəʊlɪθ; -nəlɪθ] *s tech.* Granoˈlith *m (Art Beton).*

**grant** [grɑːnt; *Am.* grænt] **I** *v/t* **1.** bewilligen, gewähren *(s.o. a credit, etc* j-m ein Kredit *etc):* **God ~** daß Gott, daß; **it was not ~ed to her** es war ihr nicht vergönnt. **2.** *e-e Erlaubnis etc* geben, erteilen. **3.** *e-e Bitte etc* erfüllen, *(a. jur. e-m Antrag, e-r Berufung etc)* stattgeben. **4.** *jur. (bes.* forˈmell) überˈtragen, überˈeignen, verleihen, *ein Patent* erteilen. **5.** zugeben, zugestehen, einräumen: **I ~ you that** ich gebe zu, daß; **to ~ s.th. to be true** etwas als wahr anerkennen; **~ed, but** zugegeben, aber; **~ed** *(od.* **~ing) that** a) zugegeben, daß, b) angenommen, daß; **to take s.th. for ~ed** a) etwas als erwiesen *od.* gegeben ansehen, b) etwas als selbstverständlich betrachten *od.* hinnehmen; **to take s.o. for ~ed** a) j-s Zustimmung *etc* als selbstverständlich voraussetzen, b) gar nicht mehr wissen, was man an j-m hat. **II** *s* **6.** a) Bewilligung *f,* Gewährung *f,* b) bewilligte Sache, *bes.* Unterˈstützung *f,* Zuschuß *m,* Subˈventiˈon *f.* **7.** Stiˈpendium *n,* (Ausbildungs-, Studien)Beihilfe *f.* **8.** *jur.* a) Verleihung *f (e-s Rechts),* Erteilung *f (e-s*

Patents etc), b) (urkundliche) Über¦tragung od. Über¦eignung (**to** auf acc): ~ **of probate** Testamentsvollstreckerzeugnis n. **9.** Am. (e-r Person od. Körperschaft) zugewiesenes Land. **'grant·a·ble** adj **1.** (**to**) verleihbar (dat), über¦tragbar (auf acc). **2.** zu bewilligen(d). **gran'tee** [-'ti:] s **1.** Begünstigte(r m) f. **2.** jur. a) Zessio-¦när(in), Rechtsnachfolger(in), b) Konzessio¦när(in), Privile¦gierte(r m) f.

**Granth** [grʌnt] s relig. Granth m (heilige Schrift der Sikhs).

¦**grant-in-'aid** pl ¦**grants-in-'aid** s a) Br. Re¦gierungszuschuß m an Kommu-¦nalbehörden, b) Am. Bundeszuschuß m an Einzelstaaten.

**grant·or** [grɑː'nɔː; Am. 'græntər] s **1.** Verleiher(in), Erteiler(in). **2.** jur. a) Ze¦dent(in), Aussteller(in) e-r Über¦eignungsurkunde, (Grundstücks)Verkäufer(in), b) Li¦zenzgeber m, Verleiher m e-r Konzessi¦on.

**gran tur·is·mo** [¸græntʊə'rɪzməʊ] pl **-mos** s Automobilsport: Gran-Tu¦rismo-Wagen m.

**gran·u·lar** ['grænjʊlə(r)] adj **1.** gekörnt, körnig. **2.** granu¦liert.

**gran·u·late** ['grænjʊleɪt] **I** v/t **1.** körnen, granu¦lieren. **2.** Leder etc rauhen. **II** v/i **3.** körnig werden. **4.** med. granu¦lieren, Granulati¦onsgewebe bilden. **'gran·u·lat·ed** adj **1.** gekörnt, körnig, granu¦liert (a. med.): ~ **sugar** Kristallzucker m. **2.** gerauht.

**gran·u·la·tion** [¸grænjʊ'leɪʃn] s **1.** Körnen n, Granu¦lieren n. **2.** Körnigkeit f. **3.** Rauhen n. **4.** med. a) Granulati¦on f, b) pl, a. ~ **tissue** Granulati¦onsgewebe n. **5.** astr. (Sonnen)Granulati¦on f. **'gran·u·la·tor** [-tə(r)] s tech. Granu¦lierappa¸rat m, Feinbrecher m, (Sand-, Grieß)Mühle f. **'gran·ule** [-juːl] s Körnchen n. **'gran·u·lite** [-laɪt] s min. Granu¦lit m. **¸gran·u'lo·ma** [-'ləʊmə] pl **-ma·ta** [-mətə] od. **-mas** s med. Granu¦lom n, Granulati¦onsgeschwulst f.

**gran·u·lose[1]** ['grænjʊləʊs] s chem. Granu¦lose f.

**gran·u·lose[2]** ['grænjʊləʊs], **'gran·u·lous** [-ləs] → **granular**.

**grape** [greɪp] s **1.** Weintraube f, -beere f: he says that my new car is a waste of money, but that's just sour ~s aber ihm hängen die Trauben zu hoch od. sind die Trauben zu sauer; the (juice of the) ~ der Saft der Reben (Wein); → **bunch** 1. **2.** → **grapevine** 1. **3.** pl (meist als sg konstruiert) vet. a) Mauke f, b) colloq. 'Rindertuberku¸lose f. **4.** → **grapeshot**. ~ **cure** s med. Traubenkur f. **'~fruit** s bot. Grapefruit f, Pampel¦muse f. ~ **house** s Weintreibhaus n. ~**hy·a·cinth** s bot. 'Traubenhya¸zinthe f. ~ **juice** s Traubensaft m. ~ **louse** s irr zo. Reblaus f. ~ **pear** s bot. Ka¦nadische Felsenbirne.

**grap·er·y** ['greɪpərɪ] s **1.** Weintreibhaus n. **2.** Weinberg m, -garten m.

**grape scis·sors** s pl, a pair of ~ Traubenschere f. **'~shot** s mil. Kar¦tätsche f, Hagelgeschoß n. **'~stone** s (Wein)Traubenkern m. ~ **sug·ar** s Traubenzucker m.

**grape·vine** ['greɪpvaɪn] **I** s **1.** bot. Weinstock m. **2.** colloq. a) ~ **tele·graph** 'Nachrichtensy¸stem n: I heard on the ~ that mir ist zu Ohren gekommen, daß, b) Gerücht n. **3.** Ringen: Einsteigen n.

**graph** [græf; Br. a. grɑːf] s **1.** Dia¦gramm n, Schaubild n, graphische Darstellung, Kurvenblatt n, -bild n. **2.** bes. math. Kurve f: ~ **paper** Millimeterpapier n. **3.** ling. Graph m (kleinste in e-r konkreten geschriebenen Äußerung vorkommende, nicht bedeutungskennzeichnende Einheit:

Buchstabe, Schriftzeichen). **4.** colloq. → **hectograph** I.

**graph·eme** ['græfiːm] s ling. Gra¦phem n (kleinste bedeutungskennzeichnende Einheit des Schriftsystems e-r Sprache, die ein od. mehrere Phoneme wiedergibt).

**graph·ic** ['græfɪk] **I** adj (adv ~ally) **1.** anschaulich od. le¦bendig (geschildert od. schildernd), plastisch. **2.** graphisch, diagram¦matisch, zeichnerisch: ~ **arts** 5; ~ **artist** Graphiker(in); ~ **formula** chem. Konstruktionsformel f; ~ **record·er** tech. Schaulinienzeichner m (Instrument); ~ **representation** graphische Darstellung. **3.** Schrift..., Schreib...: ~ **accent** ling. a) Akzent(zeichen n) m, b) diakritisches Zeichen; ~ **symbol** Schriftzeichen n. **4.** geol. Schrift...: ~ **granite** II s pl (als sg konstruiert) **5.** Graphik f, graphische Kunst. **6.** technisches Zeichnen. **7.** graphische Darstellung (als Fach). **8.** (als pl konstruiert) graphische Gestaltung (e-s Buchs etc). **'graph·i·cal** [-kl] adj (adv ~ly) → **graphic** I: ~ **statics** → **graphostatic**.

**graph·ite** ['græfaɪt] s min. Gra¦phit m, Reißblei n. **gra·phit·ic** [græ'fɪtɪk] adj gra¦phitisch, Graphit... **graph·i·tize** ['græfɪtaɪz] v/t **1.** in Gra¦phit verwandeln. **2.** tech. mit Gra¦phit über¦ziehen.

**grapho-** [græfəʊ] Wortelement mit der Bedeutung Schreib...

**graph·o·log·ic** [¸græfə'lɒdʒɪk; Am. -'lɑ-], ¸**graph·o'log·i·cal** [-kl] adj grapho¦logisch. **graph·ol·o·gist** [græ'fɒlədʒɪst; Am. -'fɑ-] s Grapho¦loge m. **graph'ol·o·gy** s Grapholo¦gie f, Handschriftendeutung f.

**graph·o¸mo·tor** adj med. graphomo-¦torisch (die Schreibbewegungen betreffend). **'graph·o¸spasm** s med. Grapho¦spasmus m, Schreibkrampf m. **¸graph·o'stat·ic** s arch. Grapho¦statik f (zeichnerische Methode zur Lösung statischer Aufgaben). **¸graph·o'ther·a·py** s psych. Grapho¦thera¦pie f (Befreiung von Erlebnissen od. Träumen durch deren Niederschrift).

**grap·nel** ['græpnl] s **1.** mar. a) Dregg-anker m, Dregge f, b) Enterhaken m. **2.** arch. tech. a) Anker(eisen n) m, b) Greifer m, Greifklaue f, -haken m.

**grap·pa** ['græpə; 'grɑːpə] s Grappa f (alkoholisches Getränk aus Trestern).

**grap·ple** ['græpl] **I** s **1.** → **grapnel** 1 b u. 2 b. **2.** Griff m (a. beim Ringen etc). **3.** Handgemenge n, Kampf m. **II** v/t **4.** mar. a) entern, b) verankern. **5.** arch. tech. verankern, verklammern. **6.** packen, fassen. **7.** handgemein werden mit. **III** v/i **8.** e-n (Enter)Haken od. Greifer etc gebrauchen. **9.** handgemein werden, kämpfen (a. fig.): to ~ **with** s.th. fig. sich mit etwas herumschlagen.

**grap·pling** ['græplɪŋ], ~**hook**, ~**i·ron** s → **grapnel** 1, 2 b.

**grasp** [grɑːsp; Am. græsp] **I** v/t **1.** packen, (er)greifen: to ~ **a chance** e-e Gelegenheit ergreifen; → **nettle** 1. **2.** an sich reißen. **3.** fig. verstehen, begreifen, (er)fassen. **II** v/i **4.** (fest) zugreifen od. zupacken. **5.** ~ **at** greifen nach (a. fig.): → **shadow** 5, **straw** 1. **6.** ~ **at** fig. streben nach: a man who ~s at too much may lose everything j-d, der zu viel haben will, verliert unter Umständen alles. **III** s **7.** Griff m: to keep s.th. in one's ~ etwas fest gepackt halten; to take a ~ at s.th. fig. sich beherrschen. **8.** a) Reichweite f, b) fig. Macht f, Gewalt f, Zugriff m: within one's ~ in Reichweite, fig. a. greifbar (nahe), in greifbarer Nähe; within the ~ of in der Gewalt von (od. gen). **9.** Auffassungsgabe f, Fassungskraft f, Verständ-

nis n: it is beyond his ~ es geht über s-n Verstand; it is within his ~ das kann er begreifen; to have a good ~ of a subject ein Fach gut beherrschen. **'grasp·ing** adj (adv ~ly) fig. habgierig.

**grass** [grɑːs; Am. græs] **I** v/t **1.** a) a. ~ **down** Gras säen auf (dat), b) ~ **over** mit Rasen bedecken. **2.** Vieh weiden od. grasen lassen, weiden. **3.** Wäsche etc auf dem Rasen bleichen. **4.** sport bes. Am. den Gegner zu Fall bringen. **5.** hunt. e-n Vogel abschießen. **6.** e-n Fisch an Land ziehen. **II** v/i **7.** grasen, weiden. **8.** our garden is ~ing (up) well in unserem Garten wächst das Gras gut. **9.** Br. sl. ,singen' (to bei): to ~ on s.o. j-n ,verpfeifen'. **III** s **10.** bot. Gras n. **11.** pl Gras(halme pl) n. **12.** Grasland n, Weide(land n) f. **13.** Gras n, Rasen m: on the ~ im Gras. **14.** Bergbau: Erdoberfläche f (oberhalb e-r Grube). **15.** sl. ,Gras(s)' n (Marihuana). **16.** Br. sl. Spitzel m.

Besondere Redewendungen:
to be (out) at ~ a) auf der Weide sein, weiden, grasen (Vieh), b) colloq. in Rente sein; the ~ is always greener on the other side (of the fence) (od. in the other man's field) bei anderen ist immer alles besser; to go to ~ a) auf die Weide gehen (Vieh), b) colloq. in Rente gehen; to hear the ~ grow fig. das Gras wachsen hören; keep off the ~! Betreten des Rasens verboten!; to let the ~ grow over Gras wachsen lassen über (acc); to let the ~ grow under one's feet die Sache auf die lange Bank schieben; not to let ~ grow under one's feet nicht lange fackeln, keine Zeit verschwenden; to put (od. turn out, send) to ~ a) Vieh auf die Weide treiben, b) bes. e-m Rennpferd das Gnadenbrot geben, c) colloq. j-n in Rente schicken.

**grass | blade** s Grashalm m. ~ **box** s Grasauffangkorb m (e-s Rasenmähers). ~ **cloth** s Gras-, Chinaleinen n. ~ **court** s Tennis: Rasenplatz m. ~ **green** s Grasgrün n (Farbe). **~-'green** adj grasgrün. **'~-grown** adj mit Gras bewachsen. **'~-¸hop·per** ['-¸hɒpə; Am. '-¸hɑpər] s **1.** zo. (Feld)Heuschrecke f, Grashüpfer m; → **knee-high** 2. **2.** aer. mil. colloq. Leichtflugzeug n. **3.** a. ~ **beam** tech. einseitig od. endseitig gelagerter Hebel. **4.** sl. ,Gras(s)raucher(in)'. **'~land** s Weide(land n) f, Grasland n. **~-of-Par'nas·sus** s bot. Herzblatt n. ~ **par·a·keet** s orn. (ein) Grassittich m. **'~plot** s Rasenfläche f, -platz m. **~roots** pl (a. als sg konstruiert) **1.** fig. Wurzel f: to attack a problem at the ~ ein Problem an der Wurzel packen. **2.** pol. a) landwirtschaftliche od. ländliche Bezirke pl, b) Landbevölkerung f. **3.** pol. Basis f (e-r Partei). **'~roots** adj pol. an der Basis, der Basis: the ~ opinion. ~ **ski·ing** s sport Grasskilauf m. ~ **snake** s zo. **1.** Ringelnatter f. **2.** e-e nordamer. grüne Natter. **~ wid·ow** s **1.** Strohwitwe f. **2.** Am. a) geschiedene Frau, b) (von ihrem Mann) getrennt lebende Frau. ~ **wid·ow·er** s **1.** Strohwitwer m. **2.** Am. a) geschiedener Mann, b) (von s-r Frau) getrennt lebender Mann.

**'grass·y** adj **1.** grasbedeckt, grasig, Gras... **2.** grasartig.

**grate[1]** [greɪt] **I** v/t **1.** Käse etc reiben, Gemüse etc a. raspeln. **2.** a) knirschen mit: to ~ one's teeth, kratzen mit, c) quietschen mit. **3.** etwas krächzen(d sagen). **II** v/i **4.** a) knirschen, b) kratzen, c) quietschen. **5.** fig. weh tun [up]on s.o. j-m): to ~ on s.o.'s ears j-m in die Ohren weh tun; to ~ on s.o.'s nerves an j-s Nerven zerren.

**grate[2]** [greɪt] **I** s **1.** Gitter n. **2.** (Feuer-)

Rost *m.* **3.** Ka'min *m.* **4.** *tech.* (Kessel-)
Rost *m*, Rätter *m.* **5.** *Wasserbau:* Fang-
rechen *m.* **II** *v/t* **6.** vergittern. **7.** mit e-m
Rost versehen.

**'grate·ful** *adj* (*adv* ~ly) **1.** dankbar (to
s.o. for s.th. j-m für etwas): a ~ **letter**
ein Dank(es)brief. **2.** angenehm, will-
'kommen, wohltuend: a ~ **rest**; to be ~
to s.o. j-m zusagen. **'grate·ful·ness** *s*
Dankbarkeit *f.*

**grat·er** ['greɪtə(r)] *s* Reibe *f*, Reibeisen *n*,
Raspel *f.*

**gra·tic·u·la·tion** [grə₁tɪkjʊ'leɪʃn] *s tech.*
Netz *n* (*zur Vergrößerung etc*). **grat·i-**
**cule** ['grætɪkjuːl] *s tech.* **1.** mit e-m Netz
versehene Zeichnung. **2.** Fadenkreuz *n.*
**3.** (Grad)Netz *n*, Gitter *n*, Koordi'na-
tensy₁stem *n.*

**grat·i·fi·ca·tion** [₁grætɪfɪ'keɪʃn] *s* **1.** Be-
friedigung *f*: a) Zu'friedenstellung *f*, b)
Genugtuung *f* (at über *acc*): it gave me
some ~ to hear that ich hörte mit
Genugtuung, daß. **2.** Freude *f*, Vergnü-
gen *n*, Genuß *m.* **3.** *obs.* Gratifikati'on *f*,
Belohnung *f.* **'grat·i·fy** [-faɪ] *v/t* **1.** j-n,
ein Verlangen *etc* befriedigen: to ~ one's
thirst for knowledge s-n Wissensdurst
stillen. **2.** erfreuen: to be gratified (at,
with) sich freuen (über *acc*); I am grat-
ified to hear ich höre mit Genugtuung
*od.* Befriedigung. **3.** j-m entgegenkom-
men *od.* gefällig sein. **4.** *obs.* a) be-,
entlohnen, b) j-m ein (Geld)Geschenk
machen. **'grat·i·fy·ing** *adj* (*adv* ~ly)
erfreulich, befriedigend (to für).

**gra·tin** ['grætæŋ; *Am.* 'grætn] *s gastr.* **1.**
Gra'tin *m*, Bratkruste *f*: → **au gratin.** **2.**
grati'nierte Speise.

**grat·ing¹** ['greɪtɪŋ] *adj* (*adv* ~ly) **1.** knir-
schend, kratzend, quietschend. **2.** kräch-
zend, heiser. **3.** unangenehm.

**grat·ing²** ['greɪtɪŋ] *s* **1.** Vergitterung *f*,
Gitter(werk) *n.* **2.** (Balken-, Lauf)Rost *m.*
**3.** *mar.* Gräting *f.* **4.** *phys.* (Beugungs-)
Gitter *n*: ~ **spectrum** Gitterspektrum *n.*

**gra·tis** ['greɪtɪs; 'grætɪs] **I** *adv* gratis,
um'sonst, unentgeltlich. **II** *adj* unentgelt-
lich, frei, Gratis...

**grat·i·tude** ['grætɪtjuːd; *Am. a.* ₁tuːd] *s*
Dankbarkeit *f* (to gegen'über): in ~ for
aus Dankbarkeit für; a look of ~ ein
dankbarer Blick.

**gra·tu·i·tant** [grə'tjuːɪtənt; *Am. a.* -'tuː-]
*s* Empfänger *m* e-r Zuwendung.

**gra·tu·i·tous** [grə'tjuːɪtəs; *Am. a.* -'tuː-]
*adj* (*adv* ~ly) **1.** unentgeltlich, frei, Gra-
tis... **2.** freiwillig, unaufgefordert, unver-
langt. **3.** grundlos, unbegründet, unbe-
rechtigt: a ~ **suspicion. 4.** unverdient: a
~ **insult. 5.** *jur.* ohne Gegenleistung.
**gra'tu·i·tous·ness** *s* **1.** Unentgeltlich-
keit *f.* **2.** Freiwilligkeit *f.* **3.** Grundlosig-
keit *f.* **gra'tu·i·ty** *s* **1.** (*kleines*) (Geld-)
Geschenk, Zuwendung *f*, Sondervergü-
tung *f*, Gratifikati'on *f.* **2.** Trinkgeld *n.*

**grat·u·late** ['grætjʊleɪt; *Am.* -tʃə-] *obs.*
→ **congratulate. 'grat·u·la·to·ry**
[-tjʊlətərɪ; *Am.* -tʃələtəʊrɪ; -₁tɔːrɪ] *obs.*
→ **congratulatory.**

**gra·va·men** [grə'veɪmen] *pl* **-vam·i-**
**na** [-'veɪmɪnə; -'væ-], **-mens** *s* **1.** *jur. a.)*
Beschwerde(grund *m*) *f*, b) (*das*) Bela-
stende (e-r Anklage). **2.** *bes. relig.* Be-
schwerde *f.*

**grave¹** [greɪv] *s* **1.** Grab *n*: to be (as)
quiet (*od.* silent) as the ~ a) kein einzi-
ges Wort sagen, b) verschwiegen wie ein
*od.* das Grab sein; the house was as
quiet as the ~ im Haus herrschte e-e
Grabesstille; to dig one's own ~ sich
sein eigenes Grab schaufeln; to have
one foot in the ~ mit e-m Fuß *od.* Bein
im Grab stehen; to rise from the ~ (von
den Toten) auferstehen; to turn (over)
in one's ~ sich im Grab (her)umdrehen;

s.o. (*od.* a ghost) is walking over my ~
mich überläuft (*unerklärlicherweise*) e-e
Gänsehaut. **2.** *fig.* Grab *n*, Tod *m*: to be
brought to an early ~ e-n frühen Tod
*od.* ein frühes Grab finden. **3.** *fig.* Grab *n*,
Ende *n*: the ~ of our hopes.

**grave²** [greɪv] *pp* **'grav·en** [-vn],
**graved** *v/t obs.* **1.** (ein)schnitzen,
(-)schneiden, (-)meißeln. **2.** *fig.* eingra-
ben, -prägen (s.th. on *od.* in s.o.'s mind
j-m etwas ins Gedächtnis).

**grave³** [greɪv] **I** *adj* (*adv* ~ly) **1.** ernst: a)
feierlich: ~ **voice** (look, *etc*), b) bedenk-
lich, bedrohlich: a ~ **situation**, c) gesetzt,
würdevoll, d) schwer, tief: ~ **thoughts**, e)
gewichtig, schwerwiegend: ~ **matters. 2.**
dunkel, gedämpft (*Farbe*). **3.** *ling.* tief-
tonig, fallend: ~ **accent** → **5. 4.** *mus.* tief
(*Ton*). **II** *s* **5.** *ling.* Gravis *m*, Ac'cent *m*
grave.

**grave⁴** [greɪv] *v/t mar.* den Schiffsboden
reinigen u. teeren.

**'grave|·clothes** *s pl* Totengewand *n.*
**'~·dig·ger** *s* Totengräber *m* (*a. zo. u.*
*fig.*). **'~·goods** *s pl Archäologie:* Grab-
beigaben *pl.*

**grav·el** ['grævl] **I** *s* **1.** Kies *m*: con-
crete ~ Betonkies; ~ **pit** Kiesgrube *f*, b)
Schotter *m.* **2.** *geol. a)* Geröll *n*, Geschie-
be *n*, b) (*bes. goldhaltige*) Kieselschicht.
**3.** *med.* Harngrieß *m.* **II** *v/t pret u. pp*
**-eled**, *bes. Br.* **-elled 4.** a) mit Kies
bestreuen, b) *Straße* beschottern. **5.** *fig.*
verblüffen, verwirren. **6.** *Am. colloq.* är-
gern, reizen. **'~·blind** *adj* fast (völlig)
blind.

**grav·el·ly** ['grævlɪ] *adj* **1.** a) kiesig,
Kies..., b) Schotter... **2.** *med.* grießig,
Grieß... **3.** rauh (*Stimme*).

**grav·en** ['greɪvn] **I** *pp von* **grave². II** *adj*
*obs.* geschnitzt, gra'viert: ~ **image** *bes.*
*Bibl.* Götzenbild *n.*

**grav·er** ['greɪvə(r)] *s* (Grab)Stichel *m.*
**grave rob·ber** *s* Grabräuber *m.*
**Graves' dis·ease** [greɪvz] *s med.* Base-
dowsche Krankheit.

**'grave|·side** *s*: at the ~ am Grab; ~
**service** Gottesdienst *m* am Grab; **'~·**
**stone** *s* Grabstein *m.* **~·wax** *s* Leichen-
wachs *n.* **'~·yard** *s* Friedhof *m*: ~ **shift**
*Am. sl.* zweite Nachtschicht.

**grav·id** ['grævɪd] *adj a)* schwanger, b) *zo.*
trächtig. **gra·vid·i·ty** [grə'vɪdətɪ] *s a)*
Schwangerschaft *f*, b) Trächtigkeit *f.*

**gra·vim·e·ter** [grə'vɪmɪtə(r)] *s phys.*
Gravi'meter *n* a) Dichtemesser *m*, b)
Schweremesser *m.*

**grav·i·met·ric** [₁grævɪ'metrɪk] *adj* (*adv*
~ally) *phys.* gravi'metrisch: ~ **analysis**
gravimetrische Analyse, Gewichtsana-
lyse *f.* **₁grav·i'met·ri·cal** → **gravi-**
metric.

**grav·ing dock** ['greɪvɪŋ] *s mar.* Trok-
kendock *n.* **~·tool** *s tech.* (Grab)Stichel *m.*

**grav·i·tate** ['grævɪteɪt] **I** *v/i* **1.** sich
(durch Schwerkraft) fortbewegen, durch
die eigene Schwere fließen *etc.* **2.** gravi-
'tieren, ('hin)streben (toward[s] zu,
nach). **3.** sinken, fallen. **4.** *fig.* (to, to-
ward[s]) angezogen werden (von), sich
'hingezogen fühlen, 'hinstreben (zu, auf
*acc*), ('hin)neigen, ten'dieren (zu). **II** *v/t*
**5.** gravi'tieren lassen. **6.** *Diamantwäsche-*
*rei:* den Sand schütteln(, so daß die
schwereren Teile zu Boden sinken).
**₁grav·i'ta·tion** *s* **1.** *phys.* Gravitati'on
*f*: a) Schwerkraft *f*, b) Gravi'tieren *n.* **2.**
*fig.* Neigung *f*, Hang *m*, Ten'denz *f.*
**₁grav·i'ta·tion·al** *adj phys.* Gravita-
tions...: ~ **constant** Gravitationskon-
stante *f*; ~ **field** Gravitations-, Schwere-
feld *n*; ~ **force** Schwer-, Gravitations-
kraft *f*; ~ **pull** Anziehungskraft *f.* **'grav·**
**i·ta·tive** *adj* **1.** *phys.* Gravitations... **2.**
gravi'tierend.

**grav·i·ty** ['grævətɪ] **I** *s* **1.** Ernst *m*: a)
Feierlichkeit *f*: to keep (*od.* preserve)
one's ~ ernst bleiben, b) Bedenklichkeit
*f*, Bedrohlichkeit *f*: the ~ of the situa-
tion der Ernst der Lage, c) Gesetztheit *f*,
d) Schwere *f.* **2.** *mus.* Tiefe *f* (*Ton*). **3.** *phys.*
a) Gravitati'on *f*, Schwerkraft *f*, b) (Erd-)
Schwere *f*: ~ **center**, force 1, specific
gravity. **4.** **original** ~ (*Brauerei*) Stamm-
würzgehalt *m* (*des Biers*). **II** *adj* **5.** nach
dem Gesetz der Schwerkraft arbeitend: ~
**drive** *tech.* Schwerkraftantrieb *m*; ~
**feed** Gefällezuführung *f*; **~·operated**
durch Schwerkraft betrieben, Schwer-
kraft...

**gra·vure** [grə'vjʊə(r)] → photo-
gravure.

**gra·vy** ['greɪvɪ] *s* **1.** Braten-, Fleischsaft
*m.* **2.** (Fleisch-, Braten)Soße *f.* **3.** *sl. etwas*
*unerwartet Angenehmes od. Einträgliches*:
that's pure ~ a) das ist viel besser als
erwartet, b) das ist ein richtiger ₁warmer
Regen'. **4.** *sl.* 'ille₁galer *od.* ₁unsauberer'
Pro'fit. ~ **beef** *s gastr.* (Rinder)Saftbra-
ten *m.* ~ **boat** *s* Sauci'ere *f*, Soßen-
schüssel *f.* ~ **train** *s*: to get on the ~ *sl.*
leicht ans große Geld kommen.

**gray,** *bes. Br.* **grey** [greɪ] **I** *adj* (*adv* ~ly)
**1.** grau: to grow ~ in s.o's service in j-s
Dienst ergrauen; → **mare¹. 2.** trübe,
düster, grau: a ~ **day**; ~ **prospects** *fig.*
trübe Aussichten. **3.** *tech.* neu'tral, farb-
los, na'turfarben: ~ **cloth** ungebleichter
Baumwollstoff. **4.** grau(haarig), ergraut.
**5.** *fig.* alt, erfahren. **II** *s* **6.** Grau *n*, graue
Farbe: dressed in ~ grau *od.* in Grau
gekleidet. **7.** *zo.* Grauschimmel *m.* **8.**
Na'turfarbe *f* (*Stoff*): in the ~ unge-
bleicht. **III** *v/t* **9.** grau machen. **10.** *phot.*
mat'tieren. **IV** *v/i* **11.** grau werden, er-
grauen: ~·ing angegraut, graumeliert
(*Haare*).

**gray|·ar·e·a** *s* **1.** *Br.* Gebiet *n* mit beson-
ders hoher Arbeitslosigkeit. **2.** *fig.* Grau-
zone *f.* **'~·back** *s* **1.** *zo.* a) → **gray whale**,
b) Knutt *m.* **2.** *Am. colloq.* ₁Graurock' *m*
(*Soldat der Südstaaten im Bürgerkrieg*).
**'~·beard** *s* **1.** Graubart *m*, alter Mann.
**2.** irdener Krug. **3.** *bot.* → **clematis. ~·**
**bod·y** *s phys.* Graustrahler *m.* **'~·coat** *s*
→ **grayback 2.** ~ **co·balt** *s min.* Speis-
kobalt *m.* **~·crow** *s orn.* Nebelkrähe *f.* ~
**drake** *s zo. Br.* Gemeine Eintagsfliege. **~·**
**em·i·nence** *s* graue Emi'nenz. **'~·fish** *s*
*ichth.* (ein) Haifisch *m*, *bes.* a) Gemeiner
Dornhai, b) Marderhai, c) Hundshai
*m.* ~ **fox** *s zo.* Grau-, Grisfuchs *m.* **G-**
**Fri·ar** *s relig.* Franzis'kaner(mönch) *m.*
**~·goose** *s irr* → **graylag. '~·haired** *adj*
grauhaarig. **'~·head·ed** *adj* **1.** grau-
köpfig, -haarig. **2.** *fig.* altgedient, -erfah-
ren (in in *dat*). ~ **hen** *s orn.* Birk-,
Haselhuhn *n.* **'~·hound** → **greyhound.**
**gray·ish,** *bes. Br.* **grey·ish** ['greɪɪʃ] *adj*
graulich, gräulich.

**gray·lag** ['greɪlæg] *s a.* ~ **goose** *orn.*
Graugans *f.*

**gray·ling** ['greɪlɪŋ] *s* **1.** *ichth.* Äsche *f.*
**2.** *zo.* (ein) Augenfalter *m.*

**gray|man·ga·nese ore** →manganite
**1.** ~ **mar·ket** *s econ.* grauer Markt. ~
**mat·ter** *s* **1.** *anat.* graue Sub'stanz (*des*
*Gehirns u. des Rückenmarks*). **2.** *colloq.*
Verstand *m*, ₁Grütze', ₁Grips' *m.* **G-**
**Monk** *s* Zisterzi'enser(mönch) *m.* ~
**mul·let** *s ichth.* Meeräsche *f.*

**'gray·ness,** *bes. Br.* **'grey·ness** *s* Grau
*n*: a) graue Farbe, b) trübes Licht, c) *fig.*
Trübheit *f*, Düsterkeit *f.*

**gray|owl** *s orn.* Waldkauz *m.* **G-Pan-**
**ther** *s* Grauer Panther (*Mitglied e-r*
*aktiven Seniorenbewegung*). ~ **par·rot** *s*
*orn.* 'Graupa₁gei *m.* ~ **squir·rel** *s zo.*
Grauhörnchen *n.* ~ **stone** *s geol.* Grau-
stein *m.* **'~·wacke** [-₁wækə] *s geol.*

Grauwacke *f.* **~ whale** *s zo.* Grauwal *m.*
**graze**[1] [greɪz] **I** *v/t* **1.** *Vieh* weiden (lassen). **2.** abweiden, abgrasen. **3.** als Weide(land) benutzen. **II** *v/i* **4.** weiden, grasen (*Vieh*).
**graze**[2] [greɪz] **I** *v/t* **1.** streifen: a) leicht berühren, b) schrammen. **2.** *med.* (ab-, auf)schürfen, (auf)schrammen. **II** *v/i* **3.** streifen. **III** *s* **4.** Streifen *n*, Schrammen *n*. **5.** *med.* Abschürfung *f*, Schramme *f.* **6.** *mil.* a) a. **grazing shot** Streifschuß *m*, b) 'Aufschlagdetonati͵on *f*: **~ fuse** empfindlicher Aufschlagzünder.
**gra·zi·er** ['greɪzjə; *bes. Am.* -ʒə(r)] *s* Viehzüchter *m.*
**graz·ing** ['greɪzɪŋ] *s* **1.** Weiden *n.* **2.** Weide(land *n*) *f.*
**grease I** *s* [gri:s] **1.** (*zerlassenes*) Fett, Schmalz *n.* **2.** *tech.* Schmiermittel *n*, -fett *n*, Schmiere *f.* **3.** a) a. **~ wool**, wool in the **~** Schmutz-, Schweißwolle *f*, b) Wollfett *n.* **4.** *vet.* → **grease heel. 5.** *hunt.* Feist *n*: **in ~**, **in pride** (*od.* prime) *of* **~** feist, fett (*Wild*). **II** *v/t* [gri:z; gri:s] **6.** (ein-) fetten, *tech.* (ab)schmieren: **like ~d lightning** *colloq.* wie ein geölter Blitz. **7.** *colloq.* j-n ͵schmieren', j-n bestechen: **→ palm**[1] 1, **hand** *Bes. Redew.* **8.** *etwas* erleichtern, fördern: **to ~ s.o.'s path** j-m den Weg ebnen. **9.** *vet. Pferd* mit Schmutzmauke infi'zieren. **~ cup** *s tech.* Fett-, Schmierbüchse *f.* **~ gun** *s tech.* (Ab)Schmierpresse *f.* **~ heel** *s vet.* Schmutz-, Flechtenmauke *f* (*der Pferde*). **~ mon·key** *s colloq.* (*bes.* 'Auto-, 'Flugzeug)Me͵chaniker *m.* **~ paint** *s thea.* (Fett)Schminke *f.* **'~-proof** *adj* fettdicht: **~ paper** Butterbrotpapier *n.*
**greas·er** ['gri:zə(r); -sə(r)] *s* **1.** Schmierer *m.* **2.** *tech.* Schmierbüchse *f*, -gefäß *n.* **3.** *Am. contp.* La'teinameri͵kaner *m*, *bes.* Mexi'kaner *m.* **4.** *Br. colloq.* 'Autome͵chaniker *m.* **5.** *Br. colloq.* widerlicher Kerl, *bes.* ͵Radfahrer' *m.*
**greas·i·ness** ['gri:zɪnɪs; -sɪ-] *s* **1.** Schmierigkeit *f.* **2.** Fettigkeit *f*, Öligkeit *f.* **3.** Glitschigkeit *f*, Schlüpfrigkeit *f.* **4.** *fig.* a) Schmierigkeit *f*, Öligkeit *f*, b) Aalglätte *f.*
**greas·y** ['gri:zɪ; -sɪ] *adj* (*adv* **greasily**) **1.** schmierig, beschmiert. **2.** fett(ig), ölig: **~ stain** Fettfleck *m.* **3.** glitschig, schlüpfrig. **4.** ungewaschen (*Wolle*): **~ wool** → **grease** 3 a. **5.** *fig.* a) ölig, schmierig, b) aalglatt. **~ heel** → **grease heel. ~ spoon** *s bes. Am. sl.* kleines, schmudd(e)liges Lo'kal.
**great** [greɪt] **I** *adj* (*adv* → **greatly**) **1.** groß, beträchtlich (*a. Anzahl*): **of ~ popularity** sehr beliebt; **a ~ many** sehr viele, e-e große Anzahl; **the ~ majority** die große *od.* überwiegende Mehrheit; **in ~ detail** in allen Einzelheiten; **in ~ majority** 2. **2.** lang (*Zeit*): **a ~ while ago** vor langer Zeit. **3.** hoch (*Alter*): **to live to a ~ age** ein hohes Alter erreichen, sehr alt werden. **4.** groß: **what a ~ wasp!** was für e-e große Wespe!; **a ~ big lump** *colloq.* ein Mordsklumpen. **5.** groß (*Buchstabe*): **a ~ Z. 6.** groß, Groß...: **G~ Britain** Großbritannien *n*; **Greater London** Groß-London *n.* **7.** groß, bedeutend, wichtig: **~ problems. 8.** groß, wichtigst(er, e, es), Haupt...: **the ~ attraction** die Hauptattraktion. **9.** (geistig) groß, über'ragend, berühmt, bedeutend: **a ~ poet** ein großer Dichter; **a ~ city** e-e bedeutende Stadt; **the G~ Duke** *Beiname des Herzogs von Wellington* (*1769–1852*); **Frederick the G~** Friedrich der Große. **10.** (*gesellschaftlich*) hoch(stehend), groß: **the ~ world** die vornehme Welt; **a ~ family** e-e vornehme *od.* berühmte Familie. **11.** groß, erhaben: **~ thoughts. 12.** groß, beliebt, oft gebraucht: **it is a ~ word with modern**

artists es ist ein Schlagwort der modernen Künstler. **13.** groß (*in hohem Maße*): **a ~ friend of mine** ein guter *od.* enger Freund von mir; **a ~ landowner** ein Großgrundbesitzer. **14.** ausgezeichnet, großartig: **a ~ opportunity; it is a ~ thing to be healthy** es ist sehr viel wert, gesund zu sein. **15.** (*nur pred*) *colloq.* a) (**at**, **in** *dat*) groß, gut, sehr geschickt: **he is ~ at chess** er spielt sehr gut Schach, er ist ein großer Schachspieler ͵vor dem Herrn'; **he's ~ at drinking** im Trinken ist er groß, b) interes'siert (**on** für): **to be ~ on s.th.** sich für etwas begeistern, c) sehr bewandert (**on** in *dat*). **16.** *colloq.* eifrig, begeistert: **a ~ reader. 17.** *colloq.* großartig, herrlich, wunderbar, fa'mos: **we had a ~ time** wir haben uns großartig amüsiert; **es war ͵toll'; wouldn't that be ~?** wäre das nicht herrlich? **18.** (*in Verwandtschaftsbezeichnungen*) a) Groß..., b) (*vor* **grand...**) Ur...
**II** *s* **19.** **the ~** die Großen *pl*, die Promi'nenten *pl.* **20. ~ and small** groß u. klein, die Großen *pl* u. die Kleinen *pl.*
**III** *adv* **21.** *Am. colloq.* ͵prima', ͵bestens'.
**great| al·ba·core** ['ælbəkɔ:(r)] → **tuna. ~ as·size** *s relig.* Jüngstes Gericht. **~ auk** *s orn.* Riesenalk *m.* **~ aunt** *s* Großtante *f.* **~ cal·o·rie** *s phys.* große Kalo'rie, 'Kilokalo͵rie *f.* **G~ Char·ter** → **Magna Charta. ~ cir·cle** *s math.* Groß-, Hauptkreis *m* (*e-r Kugel*). **'~-cir·cle sail·ing** *s mar.* Großkreissegeln *n.* **'~-coat** *s bes. mil.* Mantel *m.* **G~ Dane** → **Dane** 2. **~ di·vide** *s* **1.** *geogr.* Hauptwasserscheide *f*: **to cross the ~** *fig.* die Schwelle des Todes überschreiten; **the G~ D~** die Rocky Mountains *pl.* **2.** *fig.* Krise *f*, entscheidende Phase. **G~ Dog** *s astr.* Großer Hund (*Sternbild*).
**great·en** ['greɪtn] *v/t u. v/i obs.* größer machen *od.* werden.
**great|-'grand·child** *s irr* Urenkel(in). **͵~-'grand·daugh·ter** *s* Urenkelin *f.* **͵~-'grand·fa·ther** *s* Urgroßvater *m.* **͵~-'grand·moth·er** *s* Urgroßmutter *f.* **͵~-'grand·par·ents** *s pl* Urgroßeltern *pl.* **͵~-'grand·son** *s* Urenkel *m.* **great-great-'grand·fa·ther** *s* Ururgroßvater *m.*
**great gross** *s* zwölf Gros *pl.*
**'great'heart·ed** *adj* **1.** beherzt, furchtlos. **2.** edelmütig, hochherzig.
**'great·ly** *adv* sehr, höchst, 'überaus, außerordentlich: **he was ~ moved** er war tief bewegt.
**Great| Mo·gul** *s hist.* Großmogul *m.* **g~ mo·rel** *s* belladonna a. **͵g~-'neph·ew** *s* Großneffe *m.* **'great·ness** *s* **1.** (*geistige*) Größe, Erhabenheit *f*: **~ of mind** Geistesgröße *f.* **2.** Größe *f*, Bedeutung *f*, Rang *m*, Macht *f.* **3.** (*gesellschaftlich*) hoher Rang. **4.** Ausmaß *n.*
**great|-'niece** *s* Großnichte *f.* **~ north·ern div·er** *s orn.* Eistaucher *m.* **~ or·gan** *s mus.* erstes 'Hauptmanu͵al. **G~ Plains** *s pl Am.* Präriegebiete im Westen der USA. **G~ Pow·ers** *s pl pol.* Großmächte *pl.* **G~ Re·bel·lion** *s hist.* **1.** *Am.* Auflehnung *f* der Südstaaten im Bürgerkrieg. **2.** *Br. der Kampf des Parlaments gegen Karl I.* (*1642–49*). **G~ Rus·sian** *s* Großrusse *m*, -russin *f.* **~ seal** *s* Großsiegel *n.* **~ tit** *s orn.* Kohlmeise *f.* **͵~-'un·cle** *s* Großonkel *m.* **G~ Wall (of Chi·na)** *s* chi'nesische Mauer. **G~ War** *s* Erster Weltkrieg. **G~ Week** *s relig.* Karwoche *f.*
**greave** [gri:v] *s mil. hist.* Beinschiene *f.*
**greaves** [gri:vz] *s pl gastr.* Grieben *pl.*
**grebe** [gri:b] *s orn.* (See)Taucher *m.*
**Gre·cian** ['gri:ʃn] **I** *adj* **1.** (*bes.* klassisch)

griechisch: **~ architecture; ~ profile** klassisches Profil; **~ gift** → **Greek gift. II** *s* **2.** Grieche *m*, Griechin *f.* **3.** Helle'nist *m*, Grä'zist *m.*
**Gre·cism, Gre·cize, Greco-** [grekəʊ; gri:-] *bes. Am. für* **Graecism**, *etc.*
**gree**[1] [gri:] *s obs.* **1.** Gunst *f.* **2.** Genug·tuung *f* (*für e-e Kränkung etc*).
**gree**[2] [gri:] *obs. für* **agree** 7.
**gree**[3] [gri:] *s Scot. obs.* **1.** a) Über'legenheit *f*, b) Sieg *m.* **2.** Siegespreis *m.*
**greed** [gri:d] *s* **1.** Gier *f* (**for** nach): **~ for power** Machtgier. **2.** Habgier *f*, -sucht *f.* **3.** Gefräßigkeit *f.* **'greed·i·ness** *s* **1.** Gierigkeit *f.* **2.** Gefräßigkeit *f.* **'greed·y** *adj* (*adv* **greedily**) **1.** gierig (**for** auf *acc*, nach): **~ for power** machtgierig; **the flowers are ~ for water** die Blumen brauchen dringend Wasser. **2.** habgierig, -süchtig. **3.** gefräßig.
**Greek** [gri:k] **I** *s* **1.** Grieche *m*, Griechin *f*: **when ~ meets ~** *fig.* wenn zwei Ebenbürtige sich miteinander messen. **2.** *ling.* Griechisch *n*, das Griechische: **that's ~ to me** *fig.* das sind für mich böhmische Dörfer. **3.** *relig.* → **Greek Catholic** I. **4.** *univ. Am. colloq.* Mitglied *n* e-r **Greek**-**letter society. II** *adj* **5.** griechisch: **~ cross; ~ calends. 6.** *relig.* → **Greek Catholic** II. **~ Cath·o·lic** *relig.* **I** *s* **1.** Griechisch-Ka'tholische(r *m*) *f.* **2.** Griechisch- Ortho'doxe(r *m*) *f.* **II** *adj* **3.** griechisch-ka'tholisch. **4.** griechisch-ortho'dox. **~ Church** *s relig.* griechisch-ka'tholische *od.* -ortho'doxe Kirche. **~ Fa·thers** *s pl relig.* griechische Kirchenväter *pl.* **~ fire** *s mil. hist.* griechisches Feuer, Seefeuer *n.* **~ fret** *s fig.* Mä'ander *m* (*Ornament*). **~ gift** *s fig.* Danaergeschenk *n.* **͵~-'let·ter so·ci·e·ty** *s univ. Am.* für gewöhnlich mit 2 *od.* 3 griechischen Buchstaben bezeichnete Studentenverbindung. **~ Or·tho·dox Church** → **Greek Church.**
**green** [gri:n] **I** *adj* (*adv* **~ly**) **1.** grün: a) von grüner Farbe: **the lights are ~** die Ampel steht auf Grün; (**as**) **~ as grass** *fig.* völlig unerfahren (→ 4), b) grünend: **~ trees**, c) grün bewachsen: **~ fields**, d) ohne Schnee: **a ~ Christmas** grüne Weihnachten, e) unreif: **~ apples. 2.** grün (*Gemüse*): **~ food** → 15. **3.** frisch: a) neu: **a ~ wound**, b) le'bendig: **~ memories. 4.** *fig.* grün, unerfahren, unreif, na'iv: **a ~ youth; ~ in years** jung an Jahren. **5.** jugendlich, rüstig: **~ old age** rüstiges Alter. **6.** grün, bleich: **~ with envy** grün *od.* gelb vor Neid; **~ with fear** schreckensbleich. **7.** roh, frisch, Frisch...: **~ meat. 8.** grün: a) ungetrocknet, frisch: **~ wood** grünes Holz, b) ungeräuchert, ungesalzen: **~ herrings** grüne Heringe, c) ungeröstet: **~ coffee. 9.** neu: **~ wine; ~ beer** Jungbier *m.* **10.** *tech.* nicht fertig verarbeitet: **~ ceramics** ungebrannte Töpferwaren; **~ clay** grüner *od.* feuchter Ton; **~ hide** Rohhaut *f*; **~ metal powder** grünes (*nicht gesintertes*) Pulvermetall; **~ ore** Roherz *n.* **11.** *tech.* fa'brikneu: **~ assembly** Erstmontage *f*; **~ gears** nicht eingelaufenes Getriebe; **~ run** Einfahren *n*, erster Lauf (*e-r Maschine etc*).
**II** *s* **12.** Grün *n*, grüne Farbe: **dressed in ~** grün *od.* in Grün gekleidet; **at ~** bei Grün; **the lights are at ~** die Ampel steht auf Grün; **do you see any ~ in my eye?** *colloq.* hältst du mich für so dumm? **13.** a) Grünfläche *f*, Rasen(platz) *m*: **village ~** Dorfanger *m*, b) **'putting green** a. **14.** *pl* Grün *n*, grünes Laub. **15.** *pl* grünes Gemüse, Blattgemüse *n.* **16.** *fig.* (Jugend)Frische *f*, Lebenskraft *f*: **in the ~** in voller Frische. **17.** *sl.* 'Mo'neten' *pl* (*Geld*). **18.** *sl.* minderwertiges Mari-

hu'ana. **19.** *pl sl.* ‚Bumsen' *n* (*Geschlechts-verkehr*).
**III** *v/t* **20.** grün machen *od.* färben. **21.** *colloq.* j-n ‚her'einlegen'.
**IV** *v/i* **22.** grün werden, grünen: **to** ~ **out** ausschlagen.

**green al·gae** *s pl bot.* Grünalgen *pl.*
**green·a·lite** ['gri:nəlaɪt] *s min.* Greena-'lit *m.*
**'green|·back** *s* **1.** *Am.* Greenback *m:* a) *hist. 1862 ausgegebene Schatzanweisung mit Banknotencharakter und grünem Rückseitenaufdruck*, b) *colloq.* Dollarschein *m.* **2.** grünes Tier, *bes.* Laubfrosch *m.* ~ **belt** *s* Grüngürtel *m* (*um e-e Stadt*). **'~blind** *adj med.* grünblind. ~ **book** *s pol.* Grünbuch *n.* **'~bri·er** *s bot.* Stechwinde *f.* ~ **card** *s* **1.** *mot. Br.* grüne Versicherungskarte. **2.** *Am.* grüne Karte, *mit der mexikanische Landarbeiter die amerikanische Grenze passieren können.* ~ **cheese** *s* **1.** unreifer Käse. **2.** Molkenod. Magermilchkäse *m.* **3.** Kräuterkäse *m.* ~ **cloth** *s bes. Am.* **1.** Spieltisch *m.* **2.** Billardtisch *m.* ~ **crab** *s zo.* Strandkrabbe *f.* ~ **crop** *s agr.* Grünfutter *n.* ~ **cur·ren·cy** *s econ.* grüne Währung (*innerhalb der EG*).
**green·er·y** ['gri:nərɪ] *s* **1.** Grün *n,* Laub *n.* **2.** → greenhouse 1.
**'green|·eyed** *adj* **1.** grünäugig. **2.** *fig.* eifersüchtig, neidisch: **the** ~ **monster** die Eifersucht, der Neid. **'~field** *adj Br.* in e-r ländlichen *od.* unerschlossenen Gegend: ~ **sites.** **'~finch** *s orn.* Grünfink *m.* ~ **fin·gers** *s pl* gärtnerische Begabung: **he has** ~ er hat e-e grüne Hand. **'~fly** *s zo. Br.* grüne Blattlaus. **'~gage** *s bot.* Reine'claude *f.* **'~gill** *s zo.* grüne Auster. ~ **goose** *s irr* junge (Mast)Gans. **'~gro·cer** *s bes. Br.* Obstu. Gemüsehändler *m.* **'~gro·cer·y** *s bes. Br.* **1.** Obst- u. Gemüsehandlung *f.* **2.** Obst *n* u. Gemüse *n.* **'~heart** *s* Grün(harz)holz *n.* **'~horn** *s colloq.* **1.** ‚Greenhorn' *n:* a) Grünschnabel *m,* b) (unerfahrener) Neuling. **2.** Gimpel *m,* leichtgläubiger Mensch. **'~house** *s* **1.** Gewächs-, Treibhaus *n:* ~ **effect** Treibhaus-, Glashauseffekt *m.* **2.** *aer. colloq.* Vollsichtkanzel *f.*
**'green·ing** *s* grünschaliger Apfel.
**'green·ish** *adj* grünlich.
**Green·land·er** ['gri:nləndə(r)] *s* Grönländer(in). **Green'lan·dic** [-'lændɪk] **I** *adj* grönländisch. **II** *s ling.* Grönländisch *n,* das Grönländische.
**Green·land| shark** ['gri:nlənd] *s ichth.* Grönland-, Eishai *m.* ~ **whale** *s zo.* Grönland-, Nordwal *m.*
**green light** *s* grünes Licht (*bes. der Verkehrsampel*) (*a. fig.*): **to give s.o. the** ~ j-m grünes Licht geben (**on,** to für).
**'green·ling** ['gri:nlɪŋ] *s ichth.* Grünling *m.*
**'green|·lin·ing** *s Am.* Methoden zur Bekämpfung des redlining. ~ **liz·ard** *s zo.* Sma'ragdeidechse *f.* **'~lung** *s Br.* grüne Lunge, Grünfläche *f.* ~ **ma·nure** *s agr.* Grün-, Pflanzendünger *m.* **'~mon·key** *s zo.* Grüne Meerkatze. **G~ Moun·tain State** *s Am.* (*Spitzname für*) Vermont *n.*
**'green·ness** *s* **1.** Grün *n,* (*das*) Grüne. **2.** grüne Farbe. **3.** *fig.* Unerfahrenheit *f,* Unreife *f.* **3.** Jugendlichkeit *f,* Rüstigkeit *f.*
**green| oil** *s chem.* Grünöl *n, bes.* Anthra'cenöl *n.* **'G~peace** *s* Greenpeace *n* (*e-e militante Umweltschutzbewegung*). ~ **peak** *s Br. für* green woodpecker. ~ **pound** *s econ.* grünes Pfund (*Verrechnungseinheit innerhalb der EG*). **'~room** *s thea. etc* Künstlerzimmer *n.* **'~salt·ed** *adj tech.* ungegerbt gesalzen (*Häute*). **'~sand** *s geol.* Grünsand *m.* **'~shank** *s orn.* Grünschenkel *m.* **'~sick** *adj med.*

bleichsüchtig. **'~sick·ness** *s med.* Bleichsucht *f.* ~ **smalt** *s min.* Kobaltgrün *n.* **'~stick frac·ture** *s med.* Grünholz-, Knickbruch *m.* **'~stone** *s min.* **1.** Grünstein *m.* **2.** Ne'phrit *m.* **'~stuff** *s* **1.** Grünfutter *n.* **2.** grünes Gemüse. **'~sward** *s* Rasen *m.* ~ **ta·ble** *s* Sitzungstisch *m.* ~ **tea** *s* grüner Tee. ~ **thumb** *Am.* → green fingers. ~ **tur·tle** *s zo.* Suppenschildkröte *f.* ~ **vit·ri·ol** *s chem.* 'Eisenvitri,ol *n.*
**Green·wich (Mean) Time** ['grɪnɪdʒ; 'grenɪtʃ] *s* Greenwicher Zeit *f.*
**'green|·wood** *s* **1.** grüner Wald. **2.** *bot.* Färberginster *m.* ~ **wood·peck·er** *s orn.* Grünspecht *m.*
**'green·y** *adj* grünlich.
**greet**[1] [gri:t] *v/t* **1.** grüßen: **he never** ~**s you** er grüßt nie. **2.** begrüßen, empfangen. **3.** *dem Auge* begegnen, *ans Ohr* dringen: **a surprising sight** ~**ed his eyes** (*od.* him) ihm bot sich ein überraschender Anblick. **4.** *e-e Nachricht etc* aufnehmen: **to be** ~**ed by silence** schweigend aufgenommen werden.
**greet**[2] [gri:t] *v/i Scot.* weinen.
**'greet·ing** *s* **1.** Gruß *m,* Begrüßung *f.* **2.** *pl* a) Grüße *pl:* **give** ~**s from me to all your family** grüßen Sie Ihre ganze Familie von mir, b) Glückwünsche *pl:* ~**s card** Glückwunschkarte *f.* **3.** *Am.* Anrede *f* (*im Brief*).
**gre·gar·i·ous** [grɪ'geərɪəs] *adj* (*adv* ~**ly**) **1.** gesellig. **2.** *zo.* in Herden od. Scharen lebend, Herden...: ~ **animal.** **3.** *bot.* trauben- *od.* büschelartig wachsend. **gre·gar·i·ous·ness** *s* **1.** Geselligkeit *f.* **2.** Zs.-Leben *n* in Herden.
**Gre·go·ri·an** [grɪ'gɔːrɪən; *Am. a.* -'gəʊ-] *relig.* **I** *adj* Gregori'anisch: ~ **calendar.** **II** *s* → Gregorian chant. ~ **chant** *s mus.* Gregori'anischer Gesang. ~ **ep·och** *s* Zeit *f* seit der Einführung des Gregori'anischen Ka'lenders (*1582*). ~ **mode** *s mus.* Gregori'anische (Kirchen)Tonart. ~ **style** *s* Gregori'anische *od.* neue Zeitrechnung. ~ **tone** *s mus.* Gregori'anischer (Psalm)Ton.
**greige** [greɪʒ] *adj u. s Textil. bes. Am.* na'turfarben(e Stoffe *pl*).
**grei·sen** [graɪzn] *s geol.* Greisen *m* (*ein umgewandelter Granit*).
**gre·mi·al** [gri:mɪəl] *s R.C.* Gremi'ale *n* (*Schoßtuch des Bischofs beim Messelesen*).
**grem·lin** [gremlɪn] *s aer. colloq.* böser Geist, Kobold *m* (*der Maschinenschaden etc verursacht*).
**gre·nade** [grɪ'neɪd] *s* **1.** *mil.* ('Hand- *od.* Ge'wehr)Gra,nate *f:* ~ **launcher** Granatwerfer *m.* **2.** 'Tränengaspa,trone *f.*
**gren·a·dier** [ˌgrenə'dɪə(r)] *s* **1.** *mil.* Grena'dier *m* (*hist. außer in*): **the G~s, the G~ Guards** *Br.* die Grenadiergarde *f.*
**gren·a·dine**[1] [ˌgrenə'di:n] **I** *s* **1.** Grena'dine *f,* Gra'natapfelsirup *m,* -saft *m.* **2.** Gra'nat-, Braunrot *n* (*Farbe*). **II** *adj* **3.** gra'natfarben, gra'nat-, braunrot.
**gren·a·dine**[2] [ˌgrenə'di:n] *s* Grena'dine *f* (*leichtes, durchsichtiges Seiden- od. Chemieseidengewebe*).
**gren·a·dine**[3] [ˌgrenə'di:n] *s gastr.* Grena'din *m* (*runde, gespickte, in Butter gebratene Fisch- od. Fleischschnitte*).
**Gresh·am's| law, ~ the·o·rem** ['greʃəmz] *s* Greshamsches Gesetz (*Beobachtung, daß von zwei nebeneinander zirkulierenden u. mit gleicher gesetzlicher Zahlungskraft ausgestatteten Geldarten die auf Grund ihres Materials für wertvoller angesehene Geldart aus dem Zahlungsverkehr verschwindet und gehortet wird*).
**gres·so·ri·al** [gre'sɔːrɪəl; *Am. a.* -'səʊ-] *adj zo.* Schreit-, Stelz...: ~ **birds.**
**Gret·na Green mar·riage** [ˌgretnə-

'gri:n] *s* Heirat *f* in Gretna Green (*Schottland*).
**grew** [gru:] *pret von* grow.
**grew·some** → gruesome.
**grey** [greɪ] *bes. Br. für* gray.
**'grey·hound** *s* **1.** *zo.* Windhund *m,* -spiel *n.* **2.** → ocean greyhound. ~ **rac·ing** *s* Windhundrennen *n od. pl.*
**grey·ish, grey·ness** *bes. Br. für* grayish, grayness.
**grid** [grɪd] **I** *s* **1.** Gitter *n,* (Eisen)Rost *m.* **2.** *electr.* Gitter *n* (*e-r Elektronenröhre*). **3.** *electr. etc* Versorgungsnetz *n.* **4.** *geogr.* Gitter(netz) *n* (*auf Karten*). **5.** → gridiron 1, 4, 7. **II** *adj* **6.** *electr.* Gitter...: ~ **circuit;** ~ **condenser;** ~ **current;** ~ **bias** Gittervorspannung *f.* **7.** *Am. colloq.* Football...
**grid·der** ['grɪdə(r)] *s Am. colloq.* a) Footballspieler *m,* b) Footballfan *m.*
**grid·dle** ['grɪdl] **I** *s* **1.** (rundes) Backblech: **to be on the** ~ *colloq.* ‚in die Mangel genommen werden' (*bes. von der Polizei*). **2.** *Bergbau:* Schüttelsieb *n,* Planrätter *m.* **II** *v/t* **3.** auf e-m (Back)Blech backen. **4.** *tech.* sieben. **'~cake** *s* Pfannkuchen *m.*
**gride** [graɪd] **I** *v/i* knirschen, scheuern, reiben. **II** *v/t* knirschend (zer)schneiden. **III** *s* Knirschen *n.*
**grid·i·ron** ['grɪd,aɪə(r)n] *s* **1.** Bratrost *m.* **2.** Gitter(rost *m,* -werk *n*) *n.* **3.** Netz (-werk) *n* (*von Leitungen, Bahnlinien etc*). **4.** *mar.* Balkenroste *f.* **5.** *thea.* Schnürboden *m.* **6.** ~ **pendulum** Kompensati'onspendel *n.* **7.** *American Football: colloq.* Spielfeld *n.*
**grid| leak** *s electr.* 'Gitterableit,widerstand *m.* ~ **line** *s* Gitternetzlinie *f* (*auf e-r Landkarte*). ~ **ref·er·ence** *s mil.* 'Planqua,dratangabe *f.* ~ **square** *s* 'Planqua,drat *n.*
**grief** [gri:f] *s* **1.** Gram *m,* Kummer *m,* Leid *n,* Schmerz *m:* **to my great** ~ zu m-m großen Kummer; **to be a** ~ **to s.o.** j-m Kummer bereiten; **to bring to** ~ zugrunde richten; **to come to** ~ a) zu Schaden kommen, sich verletzen, b) fehlschlagen, scheitern, c) zugrunde gehen; **good** ~! *colloq.* Menschenskind! **2.** *obs.* a) Leiden *n,* b) Wunde *f.* **'~strick·en** *adj* kummervoll, (tief)betrübt, gramgebeugt.
**griev·ance** ['gri:vns] *s* **1.** Beschwerde (-grund *m*) *f,* (Grund *m* zur) Klage *f,* 'Mißstand *m.* **2.** *Am.* Arbeitsstreitigkeit(en *pl*) *f:* ~ **committee** Schlichtungsausschuß *m;* ~ **procedure** Beschwerde-, Schlichtungsverfahren *n.* **3.** Unzufriedenheit *f:* **to the** ~ **of** zum Verdruß (*gen*). **4.** Groll *m:* **to have a** ~ **against s.o.** e-n Groll gegen j-n hegen.
**grieve** [gri:v] **I** *v/t* betrüben, bekümmern, j-m weh tun, j-m Kummer bereiten: **it** ~**s me to see that** ich sehe zu m-m *od.* mit Kummer, daß. **II** *v/i* bekümmert sein, sich grämen (**at, about, over** über *acc,* wegen): **to** ~ **for** trauern um.
**griev·ous** ['gri:vəs] *adj* (*adv* ~**ly**) **1.** schmerzlich, bitter. **2.** schwer, schlimm: ~ **error;** ~ **loss;** ~ **wound;** ~ **bodily harm** *jur. Br.* schwere Körperverletzung. **3.** schmerzhaft, quälend. **4.** drückend. **5.** bedauerlich. **6.** schmerzerfüllt, Schmerzens...: ~ **cry. 'griev·ous·ness** *s* **1.** (*das*) Schmerzliche, Bitterkeit *f.* **2.** Schwere *f.*
**grif·fin**[1] ['grɪfɪn] *s* **1.** *antiq. her.* Greif *m.* **2.** → griffon[1].
**grif·fin**[2] ['grɪfɪn] *s* Neuankömmling *m* im Orient (*bes. aus Westeuropa*).
**grif·fon**[1] ['grɪfɪn] *a.* ~ **vul·ture** *s orn.* Weißköpfiger Geier.
**grif·fon**[2] ['grɪfɪn] *s* **1.** → griffin[1]. **2.** Griffon *m* (*ein Vorstehhund*).

**grift** [grɪft] *Am. sl.* **I** *s* **1.** (*manchmal als pl konstruiert*) Me'thoden *pl*, um sich Geld zu ergaunern. **2.** ergaunertes Geld: **to live on the ~** → 3 b. **II** *v/i* **3.** a) sich Geld ergaunern, b) von ergaunertem Geld leben. **III** *v/t* **4.** sich *Geld* ergaunern.

**'grift·er** *s Am. sl.* Gauner *m*.

**grig** [grɪg] *s dial.* **1.** fi'dele Per'son: **(as) merry as a ~** kreuzfidel. **2.** a) Grille *f*, b) kleiner Aal.

**grill¹** [grɪl] **I** *s* **1.** Grill *m* (*a.* Bratrost). **2.** Grillen *n*. **3.** Gegrillte(s) *n*: a ~ **of meat** gegrilltes Fleisch. **4.** → **grillroom. II** *v/t* **5.** grillen. **6. to ~ o.s.** sich (*in der Sonne*) ,grillen' (lassen); **to be ~ed** ,schmoren'. **7.** *colloq.* j-n ,in die Mangel nehmen' (*bes. Polizei*): **to ~ s.o. about** j-n ,ausquetschen' über (*acc*). **III** *v/i* **8.** gegrillt werden, auf dem Grill liegen. **9.** a) sich (*in der Sonne*) ,grillen' (lassen), b) ,schmoren'.

**grill²** [grɪl] → **grille.**

**gril·lage** ['grɪlɪdʒ] *s arch.* Pfahlrost *m*, 'Unterbau *m*.

**grille** [grɪl] *s* **1.** Tür-, Fenstergitter *n*. **2.** Gitterfenster *n*, Schalter-, Sprechgitter *n*. **3.** *mot.* (Kühler)Grill *m*.

**grilled¹** [grɪld] *adj* gegrillt: ~ **meat.**

**grilled²** [grɪld] *adj* vergittert.

**'grill·er** → **grill¹** 1. **'grill·ing** *s*: **to give s.o. a ~** *colloq.* j-n ,in die Mangel nehmen' (*bes. Polizei*); **to give s.o. a ~ about** *colloq.* j-n ,ausquetschen' über (*acc*).

**grill·room** ['grɪlrʊm] *s* Grillroom *m* (*Restaurant od.* Speiseraum *in e-m Hotel, in dem hauptsächlich Grillgerichte [zubereitet u.] serviert werden*).

**grilse** [grɪls] *pl* **grilse** *s ichth.* junger Lachs.

**grim** [grɪm] *adj* (*adv* ~**ly**) **1.** grimmig: ~ **face;** ~ **laughter. 2.** erbittert, verbissen: ~ **opposition;** ~ **struggle. 3.** grausam, hart, bitter: a ~ **truth. 4.** hart, unerbittlich: → **death** 1, **reaper** 1. **5.** grausig: ~ **accident;** ~ **story. 6.** *colloq.* schlimm: **I've had a ~ day.**

**gri·mace** [grɪ'meɪs; 'grɪməs] **I** *s* Gri'masse *f*, Fratze *f*: **to make a ~** e-e Grimasse schneiden *od.* machen *od.* ziehen, e-e Fratze schneiden; **to make a ~ of pain** das Gesicht vor Schmerz verzerren *od.* verziehen. **II** *v/i* e-e Gri'masse *od.* Gri'massen schneiden *od.* machen *od.* ziehen, e-e Fratze *od.* Fratzen schneiden, das Gesicht verzerren *od.* verziehen.

**gri·mac·er** *s* Gri'massenschneider(in).

**gri·mal·kin** [grɪ'mælkɪn; -'mɔ:l-] *s* **1.** alte Katze. **2.** alte Hexe (*Frau*).

**grime** [graɪm] **I** *s* (dicker) Schmutz *od.* Ruß: **to be covered with ~** mit Ruß bedeckt sein. **II** *v/t* beschmutzen.

**grim·i·ness** ['graɪmɪnɪs] *s* Schmutzigkeit *f*.

**Grimm's law** [grɪmz] *s ling.* Lautverschiebung(sgesetz *n*) *f*.

**'grim·ness** *s* **1.** Grimmigkeit *f*. **2.** Verbissenheit *f*. **3.** Grausamkeit *f*, Härte *f*. **4.** Unerbittlichkeit *f*. **5.** Grausigkeit *f*.

**grim·y** ['graɪmɪ] *adj* (*adv* **grimily**) schmutzig, rußig, verrußt.

**grin** [grɪn] **I** *v/i* **1.** grinsen, feixen, *oft nur* (verschmitzt) lächeln: **to ~ at s.o.** j-n angrinsen *od.* anlächeln; **to ~ to o.s.** in sich hineingrinsen; **to ~ from ear to ear** übers ganze Gesicht grinsen; **to ~ and bear it** a) gute Miene zum bösen Spiel machen, b) die Zähne zs.-beißen; → **Cheshire cat.** 2. die Zähne fletschen. **II** *v/t* **3.** grinsen od. sagen. **III** *s* **4.** → **Cheshire cat, take** 12, **wipe** 6.

**grind** [graɪnd] **I** *v/t pret u. pp* **ground** [graʊnd] **1.** *Glas etc* schleifen. **2.** *Messer etc* schleifen, wetzen, schärfen: **to ~ in** *tech. Ventile etc* einschleifen; → **ax** 1. **3.** a. ~ **down** (zer)mahlen, zerreiben, -stoßen,

-stampfen, -kleinern, schroten: **to ~ small (into dust)** fein (zu Staub) zermahlen; **to ~ with emery** (ab)schmirgeln, glätten. **4.** *Kaffee, Korn etc* mahlen. **5.** a. ~ **down** abwetzen. **6.** knirschend anei'nanderreiben: **to ~ one's teeth** mit den Zähnen knirschen. **7.** ~ **down** *fig.* (unter)'drücken, schinden, quälen: **to ~ the faces of the poor** die Armen aussaugen. **8.** *e-n Leierkasten* drehen. **9.** *oft* ~ **out** *ein Musikstück* her'unterspielen, *e-n Zeitungsartikel etc* her'unterschreiben, ,'hinhauen'. **10.** ~ **out** mühsam her'vorbringen, ausstoßen. **11. to ~ s.th. into s.o.** *colloq.* j-m etwas ,einpauken' *od.* ,eintrichtern'.

**II** *v/i* **12.** mahlen: → **mill¹** 1. **13.** sich mahlen *od.* schleifen lassen. **14.** knirschen: **to ~ to a halt** a) knirschend zum Stehen kommen, b) *fig.* zum Erliegen kommen. **15.** *colloq.* ,sich abschinden', ,schuften'. **16.** *ped. colloq.* ,pauken', ,büffeln', ,ochsen' (**for** für): **to ~ at English** Englisch pauken. **17.** *meist* **bump and ~** → **bump** 9.

**III** *s* **18.** Knirschen *n*. **19.** *colloq.* ,Schinde'rei' *f*, ,Schufte'rei' *f*: **the daily ~. 20.** *ped. colloq.* a) ,Pauken' *n*, ,Büffeln' *n*, ,Ochsen' *n*, b) ,Pauker(in)', ,Büffler(in)'. **21.** *Br. sl.* ,Nummer' *f* (*Geschlechtsverkehr*): **to have a ~** e-e Nummer machen *od.* schieben.

**grind·er** ['graɪndə(r)] *s* **1.** (Scheren-, Messer-, Glas)Schleifer *m*. **2.** Schleifstein *m*. **3.** oberer Mühlstein. **4.** *tech.* a) 'Schleifma,schine *f*, b) Mahlwerk *n*, Mühle *f*, c) Walzenmahl-, Quetschwerk *n*, d) (Kaffee)Mühle *f*, (Fleisch)Wolf *m*. **5.** *anat.* Backen-, Mahlzahn *m*. **6.** *pl sl.* Zähne *pl*. **grind·er·y** *s* **1.** Schleife'rei *f* (*Betrieb od. Werkstatt*). **2.** *Br.* 'Schusterwerkzeug *n u.* -materi,al *n*. **grind·ing** **I** *s* **1.** Mahlen *n*. **2.** Schleifen *n*, Schärfen *n*. **3.** Knirschen *n*. **III** *adj* **4.** mahlend (*etc* → **grind** I *u.* II). **5.** Mahl..., Schleif...: ~ **mill** a) Mühle *f*, Mahlwerk *n*, b) Schleif-, Reibmühle *f*; ~ **paste** Schleifpaste *f*; ~ **powder** Schleifpulver *n*; ~ **wheel** Schleif-, Schmirgelscheibe *f*. **6.** ~ **work** → **grind** 19.

**'grind·stone** *s* **1.** Schleifstein *m*: **to keep** (*od.* **have**) **one's nose to the ~** *fig.* hart *od.* schwer arbeiten, ,schuften'; **to keep s.o.'s nose to the ~** *fig.* j-n hart *od.* schwer arbeiten lassen; **to get back to the ~** *fig.* sich wieder an die Arbeit machen. **2.** Mühlstein *m*.

**grin·go** ['grɪŋgəʊ] *pl* **-gos** *s* Gringo *m* (*in Südamerika verächtlich für j-n, der nicht romanischer Herkunft ist*).

**grip¹** [grɪp] **I** *s* **1.** Griff *m* (*a. Art, etwas zu packen*): **to come** (*od.* **get**) **to ~s with** a) aneinandergeraten mit, b) *fig.* sich auseinandersetzen *od.* ernsthaft beschäftigen mit, e-r *Sache* zu Leibe rücken; **to be at ~s with** a) in e-n Kampf verwickelt sein mit, b) *fig.* sich auseinandersetzen *od.* ernsthaft beschäftigen mit. **2.** *fig.* a) Griff *m*, Halt *m*, b) Herrschaft *f*, Gewalt *f*, Zugriff *m*, c) Verständnis *n*: **in the ~ of in** den Klauen *od.* in der Gewalt (*gen*); **to get** (*od.* **take**) **a ~ on** in s-e Gewalt *od.* (*geistig*) in den Griff bekommen; **to have** (*od.* **keep**) **a ~ on** *etwas* in der Gewalt haben, *Zuhörer etc* fesseln, gepackt halten; **to have** (*od.* **keep**) **a (good) ~ on** *die Lage, e-e Materie etc* (*sicher*) beherrschen *od.* im Griff haben, *die Situation etc* (*klar*) erfassen; **to lose one's ~** die Herrschaft verlieren (**of** über *acc*), *fig. (bes. geistig)* nachlassen. **3.** Stich *m*, plötzlicher Schmerz(anfall). **4.** (*bestimmter*) Händedruck: **the Masonic ~** der Freimaurergriff. **5.** (Hand)Griff *m* (*e-s Koffers etc*). **6.** Haarspange *f*. **7.** *tech.*

Klemme *f*, Greifer *m*, Spanner *m*. **8.** *tech.* Griffigkeit *f* (*a. von Autoreifen*). **9.** *thea.* Ku'lissenschieber *m*. **10.** Reisetasche *f*. **II** *v/t pret u. pp* **gripped,** *Am. a.* **gript 11.** ergreifen, packen. **12.** *fig.* j-n packen: a) ergreifen (*Furcht, Spannung*), b) *Leser, Zuhörer etc* fesseln, in Spannung halten. **13.** *fig.* begreifen, verstehen. **14.** *tech.* festmachen, -klemmen. **III** *v/i* **15.** Halt finden. **16.** *fig.* packen, fesseln.

**grip²** [grɪp] *s med. obs.* Grippe *f*.

**grip brake** *s tech.* Handbremse *f*.

**gripe** [graɪp] **I** *v/t* **1.** *obs.* → **grip¹** 11. **2.** *obs.* quälen, (be)drücken. **3.** *mar. ein Boot etc* sichern. **4.** zwicken, *bes. j-m* Bauchschmerzen verursachen: **to be ~d** Bauchschmerzen *od.* e-e Kolik haben. **5.** *Am. colloq.* ,fuchsen', ärgern. **II** *v/i* **6.** *mar.* luvgierig sein (*Schiff*). **7.** Bauchschmerzen haben *od.* verursachen. **8.** *colloq.* (**about**) ,meckern' (über *acc*, gegen), nörgeln (an *dat*, über *acc*): **to ~ at** j-n ,anmeckern'. **III** *s* **9.** *obs.* → **grip¹** 11. **10.** *meist pl* Bauchschmerzen *pl*, Kolik *f*. **11.** *mar.* a) Anlauf *m* (*des Kiels*), b) *pl* Seile *pl* zum Festmachen. **12.** *colloq.* (Grund *m* zur) ,Mecke'rei' *f od.* Nörge'lei' *f*: **what's your ~?** was hast du denn? **'grip·er** *s colloq.* ,Meckerfritze' *m*, Nörgler(in). **'grip·ing** **I** *adj* → **gripe** 10. **II** *adj* zwickend.

**grippe** [grɪp] *s med. obs.* Grippe *f*.

**grip·per** ['grɪpə(r)] *s* **1.** (Scheren-)Greifer *m*, Halter *m*. **2.** *Film etc:* Thriller *m*. **'gripping** *adj* **1.** *fig.* packend, fesselnd, spannend. **2.** *tech.* (Ein)Spann..., Klemm..., Greif(er)...: ~ **jaw** Klemm-, Spannbacke *f*; ~ **tool** Spannwerkzeug *n*.

**'grip·sack** *s Am.* Reisetasche *f*.

**gript** [grɪpt] *pret u. pp von* **grip¹.**

**gri·saille** [grɪ'zeɪl; -'zaɪ] *s* Gri'saille *f* (*Malerei od. Gemälde in grauen [a. braunen od. grünen] Farbtönen*).

**gris·e·ous** ['grɪzɪəs; 'grɪs-] *adj* perl-, bläulichgrau.

**gris·kin** ['grɪskɪn] *s Br.* Rippenstück *n*, Karbo'nade *f* (*des Schweins*).

**gris·li·ness** ['grɪzlɪnɪs] *s* Gräßlichkeit *f*, (*das*) Schauerliche.

**gris·ly** ['grɪzlɪ] *adj* gräßlich, schauerlich.

**grist¹** [grɪst] *s* **1.** Mahlgut *n*, -korn *n*: **that's ~ to** (*od.* **for**) **his mill** *fig.* das ist Wasser auf s-e Mühle; **all is ~ that comes to his mill** er weiß aus allem Kapital zu schlagen; **to bring ~ to the mill** Vorteil *od.* Gewinn bringen, einträglich sein. **2.** *Brauerei:* Malzschrot *n*. **3.** *Am.* ('Grundlagen)Materi,al *n*.

**grist²** [grɪst] *s* Stärke *f*, Dicke *f* (*von Garn od. Tau*).

**gris·tle** ['grɪsl] *s* Knorpel *m* (*bes. im Fleisch*). **'gris·tly** *adj* knorpelig.

**grit** [grɪt] **I** *s* **1.** *geol.* a) (grober) Sand, Kies *m*, Grus *m*, b) a. ~**stone** Grit *m*, flözleerer Sandstein. **2.** Streusand *m*. **3.** *min.* Korn *n*, Struk'tur *f*. **4.** *fig.* Mut *m*, ,Mumm' *m*, Rückgrat *n*. **5.** *pl* a) Hafergrütze *f*, b) Haferschrot *n*, -grütze *f*, c) *Am.* grobes Maismehl. **II** *v/t* **6.** *e-e vereiste Straße etc* streuen. **7. to ~ one's teeth** die Zähne zs.-beißen (*a. fig.*). **III** *v/i* **8.** knirschen, mahlen.

**grit·ti·ness** ['grɪtɪnɪs] *s* **1.** Sandigkeit *f*, Kiesigkeit *f*. **2.** *fig.* → **grit** 4. **'grit·ty** *adj* **1.** sandig, kiesig. **2.** *fig.* mutig, entschlossen, fest.

**griz·zle¹** ['grɪzl] *v/i Br. colloq.* **1.** quengeln. **2.** sich beklagen (**about** über *acc*).

**griz·zle²** ['grɪzl] *s* **1.** Grau *n*, graue Farbe. **2.** graues *od.* angegrautes Haar. **3.** graue Pe'rücke.

**griz·zled** ['grɪzld] *adj* a) grau(haarig), b) mit angegrautem Haar.

**griz·zly** ['grɪzlɪ] **I** *adj* grau(haarig),

Grau... **II** *s* → grizzly bear. **~bear** *s zo.* Grizzly(bär) *m*, Graubär *m*.

**groan** [grəʊn] **I** *v/i* **1.** (auf)stöhnen, ächzen (**with** vor *dat*): **to ~ at** stöhnen über (*acc*). **2.** ächzen, knarren (**beneath**, **under** unter *dat*) (*Fußboden etc*): **the table ~ed with food** der Tisch war mit Speisen überladen. **3.** *fig.* stöhnen, ächzen, leiden (**beneath**, **under** unter *dat*): **the country ~ed under the dictator's rule. 4.** Laute des Unmuts von sich geben. **II** *v/t* **5.** unter Stöhnen äußern, ächzen: **to ~ out a story** mit gepreßter Stimme e-e Geschichte erzählen. **6. ~ down** e-n *Redner etc* durch Laute des Unmuts zum Schweigen bringen. **III** *s* **7.** Stöhnen *n*, Ächzen *n*: **to give** (*od.* **heave) a ~** (auf)stöhnen, ächzen. **8.** Laut *m* des Unmuts.

**groat** [grəʊt] *s alte englische Silbermünze*.

**groats** [grəʊts] *s pl* Hafergrütze *pl.*

**gro·cer** [ˈgrəʊsə(r)] *s* Lebensmittelhändler *m.* **ˈgro·cer·y** *s* **1.** Lebensmittelgeschäft *n.* **2.** *pl* Lebensmittel *pl.* **3.** Lebensmittelhandel *m.* **ˌgro·ceˈte·ri·a** [-səˈtɪrɪə] *s Am.* Lebensmittelgeschäft *n* mit Selbstbedienung.

**grog** [grɒg; *Am.* grɑːg] **I** *s* **1.** Grog *m.* **2.** *bes. Austral. colloq.* Schnaps *m.* **II** *v/i* **3.** Grog trinken. **ˈgrog·ger·y** [-ərɪ] *s Am.* ,Schnapsbude‘ *f.*

**grog·gi·ness** [ˈgrɒgɪnɪs; *Am.* ˈgrɑ-] *s colloq.* **1.** Betrunkenheit *f*, ,Schwips‘ *m.* **2.** Wackligkeit *f.* **3.** *a.* Boxen: Benommenheit *f*, (halbe) Betäubung. **ˈgrog·gy** *adj colloq.* **1.** groggy: a) (*Boxen*) schwer angeschlagen, b) *colloq.* erschöpft, abgespannt, c) *colloq.* schwach *od.* wacklig (auf den Beinen). **2.** a) wacklig (*Tisch etc*), b) morsch (*Zahn, Brücke etc*). **3.** *obs.* betrunken.

**groin** [grɔɪn] **I** *s* **1.** *anat.* Leiste(ngegend) *f.* **2.** *arch.* Grat(bogen) *m*, Rippe *f.* **3.** *tech. bes. Am.* Buhne *f.* **II** *v/t* **4.** *arch.* Gewölbe mit Kreuzgewölbe bauen. **groined** *adj arch.* gerippt: **~ vault** Kreuzgewölbe *n.*

**grom·met** [ˈgrɒmɪt; *Am.* ˈgrɑmət] *s* **1.** *mar.* Taukranz *m.* **2.** *tech.* (Meˈtall)Öse *f.*

**grom·well** [ˈgrɒmwəl; -wel; *Am.* ˈgrɑm-] *s bot.* (*bes.* Echter) Steinsame.

**groom** [gruːm; grʊm] **I** *s* **1.** Pferdepfleger *m*, Stallbursche *m.* **2.** → **bridegroom. 3.** *Br.* Diener *m*, königlicher Beamter: **~ of the (Great) Chamber** königlicher Kammerdiener; **~ of the stole** Oberkammerherr *m.* **II** *v/t* **4.** *Person, Kleidung* pflegen. **5.** *Pferde* versorgen, pflegen, striegeln. **6.** *fig. j-n* aufbauen (**for Presidency** als zukünftigen Präsiˈdenten): **to ~** *s.o.* **for stardom** j-n als Star lancieren.

**grooms·man** [ˈgruːmzmən; ˈgrʊmz-] *s irr Am.* → **best man.**

**groove** [gruːv] **I** *s* **1.** Rinne *f*, Furche *f* (*beide a. anat. tech.*): **in the ~** *sl. obs.* a) in (Hoch)Form *od.* in Stimmung, b) *Am.* in Mode, modern. **2.** *tech.* a) Nut *f*, Rille *f*, Hohlkehle *f*, Kerbe *f*: → **tongue 8**, b) Falz *m*, Fuge *f.* **3.** Rille *f* (*e-r Schallplatte*). **4.** *print.* Signaˈtur *f* (*Drucktype*). **5.** *tech.* Zug *m* (*in Gewehren etc*). **6.** *fig.* a) gewohntes Gleis, b) *contp.* altes Gleis, alter Trott, Rouˈtine *f*, Schaˈblone *f*: **to get** (*od.* **fall) into a ~** in e-e Gewohnheit *od.* in e-n (immer gleichen) Trott verfallen; **to run** (*od.* **work) in a ~** sich in ausgefahrenen Gleisen bewegen. **7.** *sl.* ,klasse *od.* tolle Sache‘: **to find s.th. a ~** etwas klasse finden.

**II** *v/t* **8.** *tech.* a) (aus)kehlen, rillen, riefeln, falzen, nuten, (ein)kerben, b) ziehen. **9.** *sl.* a) j-m Spaß machen, b) Spaß haben *an* (*dat*).

**III** *v/i sl.* **10.** Spaß machen. **11.** Spaß haben (**on** an *dat*).

**grooved** *adj tech.* gerillt, geriffelt, genutet: **~ pin** Kerbstift *m*; **~ wire** hohlkantiger Draht. **ˈgroov·er** *s* **1.** ˈKehl-, ˈNut-, ˈFalzaˌschine *f od.* -werkzeug *n od.* -stahl *m.* **2.** *sl.* ,klasse *od.* toller Kerl‘ *m.* **ˈgroov·y** *adj* **1.** schaˈblonenhaft. **2.** *sl.* ,klasse‘, ,toll‘.

**grope** [grəʊp] **I** *v/i* **1.** tasten (**for** nach): **to ~ about** (*od.* **around**) herumtappen, -tasten, -suchen; **to ~ in the dark** *fig.* im dunkeln tappen; **to ~ after** (*od.* **for) a solution** nach e-r Lösung suchen. **II** *v/t* **2.** tastend suchen: **to ~ one's way** sich vorwärtstasten. **3.** *colloq.* ein *Mädchen etc* ,befummeln‘, betasten. **III** *s* **4.** Tasten *n.* **5. to have a ~** *colloq.* ,fummeln‘. **ˈgrop·ing·ly** *adv* tastend, *fig. a.* vorsichtig, unsicher.

**gros·beak** [ˈgrəʊsbiːk] *s orn.* ein Fink mit starkem Schnabel, *bes.* Kernbeißer *m.*

**gros·grain** [ˈgrəʊgreɪn] *adj u. s* grob gerippt(es Seidentuch *od.* -band).

**gross** [grəʊs] **I** *adj* (*adv* → **grossly**) **1.** brutto, Brutto..., gesamt, Gesamt..., Roh...: **~ amount** Bruttobetrag *m*; **~ average** *mar.* große Havarie; **~ domestic product** Bruttoinlandsprodukt *n*; **~ margin** Bruttogewinnspanne *f*; **~ national income** Bruttovolkseinkommen *n*; **~ national product** Bruttosozialprodukt *n*; **~ profit**(**s**) Brutto-, Rohgewinn *m*; **~ sum** Gesamtsumme *f*; **~ weight** Bruttogewicht *n.* **2.** ungeheuerlich, grob: **a ~ error; a ~ injustice** e-e schreiende Ungerechtigkeit; **~ negligence** *jur.* grobe Fahrlässigkeit; **~ breach of duty** *jur.* schwere Pflichtverletzung. **3.** a) unfein, derb, grob, roh, b) unanständig, anstößig. **4.** *fig.* schwerfällig. **5.** dick, feist, plump, schwer. **6.** üppig, stark, dicht: → **vegetation. 7.** grob(körnig): **~ powder. II** *s* **8.** (*das*) Ganze, (*die*) Masse: **in ~** *jur.* an der Person haftend; **in ~** *jur.* insgesamt, in Bausch u. Bogen. **9.** *pl* **gross** Gros *n* (*12 Dutzend*): **by the ~** grosweise. **III** *v/t* **10.** brutto verdienen *od.* einnehmen *od.* (*Film etc*) einspielen. **ˈgross·ly** *adv* ungeheuerlich, äußerst: **~ exaggerated** stark *od.* maßlos übertrieben; **~ negligent** grob fahrlässig. **ˈgross·ness** *s* **1.** Ungeheuerlichkeit *f*, Schwere *f.* **2.** a) Grobheit *f*, Roheit *f*, Derbheit *f*, b) Unanständigkeit *f*, Anstößigkeit *f.* **3.** *fig.* Schwerfälligkeit *f.* **4.** Dicke *f*, Plumpheit *f.*

**grot** [grɒt; *Am.* grɑt] *s poet.* Grotte *f.*

**gro·tesque** [grəʊˈtesk] **I** *adj* (*adv* **~ly**) **1.** groˈtesk: a) *art* verzerrt, phanˈtastisch, b) seltsam, biˈzarr, c) abˈsurd, lächerlich. **II** *s* **2.** *art* Groˈteske *f*, groˈteske Fiˈgur. **3. the ~** das Groˈteske. **groˈtesque·ness** *s* **1.** (*das*) Groˈteske *od.* Biˈzarre *od.* Abˈsurde. **2.** Absurdiˈtät *f.* **groˈtes·quer·ie** [-kərɪ] *s* **1.** (*etwas*) Groˈteskes *od.* Abˈsurdes. **2.** → **grotesqueness.**

**grot·to** [ˈgrɒtəʊ; *Am.* ˈgrɑ-] *pl* **-toes** *od.* **-tos** *s* Höhle *f*, Grotte *f.*

**grot·ty** [ˈgrɒtɪ] *adj Br. sl.* **1.** ,mies‘, miseˈrabel. **2.** häßlich.

**grouch** [graʊtʃ] *colloq.* **I** *v/i* **1.** (**about**) nörgeln (*an dat*, über *acc*), ,meckern‘ (*über acc*, gegen). **II** *s* **2.** a) ,miese‘ Laune, b) **to have a ~** → **1. 3.** a) Nörgler(in), ,Meckerfritze‘ *m*, b) ,Miesepeter‘ *m.* **ˈgrouch·y** *adj colloq.* a) nörglerisch, b) ,miesepet(e)rig‘.

**ground[1]** [graʊnd] **I** *s* **1.** (Erd)Boden *m*, Erde *f*, Grund *m*: **above ~** a) oberirdisch, b) *Bergbau:* über Tage, c) *fig.* am Leben; **below ~** a) *Bergbau:* unter Tage, b) *fig.* tot, unter der Erde; **from the ~ up** *Am. colloq.* von Grund auf, ganz u. gar; **on the ~** an Ort u. Stelle; **to break new** (*od.* **fresh) ~** Land urbar machen, *a. fig.*

Neuland erschließen; **to burn to the ~** a) *v/t* niederbrennen, b) *v/i* abbrennen; **to cut the ~ from under s.o.'s feet** *fig.* j-m den Boden unter den Füßen wegziehen; **to fall on stony ~** *fig.* auf taube Ohren stoßen; **to fall to the ~** a) zu Boden fallen, b) *fig.* sich zerschlagen, ins Wasser fallen; **to go over the ~** *fig.* die Sache durchsprechen *od.* ,durchackern‘, alles (gründlich) prüfen; **to go over old ~** ein altes Thema ,beackern‘; **to get off the ~** a) *v/t Plan etc* in die Tat umsetzen, *Idee etc* verwirklichen, b) *v/i aer.* abheben, c) *v/i* in die Tat umgesetzt *od.* verwirklicht werden; **to go to ~** a) im Bau verschwinden (*Fuchs*), b) *fig.* ,untertauchen‘ (*Verbrecher*); **to run into the ~** a) etwas zu Tode reiten, b) *sport Gegner* in Grund u. Boden laufen; → **down[1] 1. 2.** Boden *m*, Grund *m*, Strecke *f*, Gebiet *n* (*a. fig.*), Gelände *n*: **on German ~** auf deutschem Boden; **to be on safe ~** *fig.* sich auf sicherem Boden bewegen; **to be forbidden ~** *fig.* tabu sein (*to* für j-n); **to gain ~** a) (an) Boden gewinnen (*a. fig.*), b) *fig.* um sich greifen, Fuß fassen; **to give** (*od.* **lose) ~** (an) Boden verlieren (*a. fig.*); → **cover 36. 3.** Grundbesitz *m*, Grund *m* u. Boden *m.* **4.** *pl* a) Garten-, Parkanlagen *pl*: **standing in its own ~s** von Anlagen umgeben (*Haus*), b) Ländeˈreien *pl*, Felder *pl.* **5.** Gebiet *n*, Grund *m*: → **hunting ground. 6.** *oft pl bes. sport* Platz *m*: **cricket ~. 7.** Boden *m*, Stellung *f*, *fig.* Standpunkt *m*, Ansicht *f*: **to hold** (*od.* **stand) one's ~** standhalten, nicht weichen, sich *od.* s-n Standpunkt behaupten; **to shift one's ~** s-n Standpunkt ändern, umschwenken. **8.** Meeresboden *m*, (Meeres)Grund *m*: **to take ~** *mar.* auflaufen, stranden; **to touch ~** *fig.* zur Sache kommen. **9.** *a. fig* Grundlage *f*, Basis *f* (*bes. fig.*). **10.** *fig.* (Beweg)Grund *m*, Ursache *f*: **~ for divorce** *jur.* Scheidungsgrund; **on medical** (**religious**) **~s** aus gesundheitlichen (religiösen) Gründen; **on ~s of age** aus Altersgründen; **on the ~**(**s**) **of** auf Grund von (*od. gen*), wegen (*gen*); **on the ~**(**s**) **that** mit der Begründung, daß; **to have no ~**(**s**) **for** keinen Grund *od.* keine Veranlassung haben für (*od. zu inf*); **I have no ~s for complaint** ich kann mich nicht beklagen; **we have good ~s for thinking that** wir haben guten Grund zu der Annahme, daß. **11.** *pl* (Boden)Satz *m.* **12.** ˈHinter-, ˈUntergrund *m.* **13.** *art* a) Grundfläche *f* (*Relief*), b) Ätzgrund *m* (*Stich*), c) *paint.* Grund(farbe *f*) *m*, Grunˈdierung *f.* **14.** *Bergbau:* a) Grubenfeld *n*, b) (Neben)Gestein *n.* **15.** *electr. Am.* a) Erde *f*, Erdung *f*, Masse *f*, b) Erdschluß *m*: **~ cable** Massekabel *n*; **~ fault** Erdfehler *m*; **~ wire** Erdleitungsdraht *m.* **16.** *mus.* → **ground bass. 17.** *thea.* Parˈterre *n.* **18.** → **ground staff 1.**

**II** *v/t* **19.** niederlegen, -setzen: **to ~ arms** *mil.* die Waffen strecken. **20.** *mar. ein Schiff* auf Grund setzen. **21.** *fig.* (**on**, **in**) gründen, stützen (auf *acc*), aufbauen (auf *dat*), begründen (in *dat*): **~ed in fact** auf Tatsachen beruhend; **to be ~ed in** sich gründen auf (*acc*), verankert sein *od.* wurzeln in (*dat*). **22.** (**in**) *j-n* einführen *od.* einweisen (in *acc*), *j-m* die Anfangsgründe (*gen*) beibringen: **to be well ~ed in** e-e gute Vorbildung *od.* gute Grund- *od.* Vorkenntnisse haben in (*dat*). **23.** *electr. Am.* erden, an Masse legen: **~ed conductor** geerdeter Leiter, Erder *m.* **24.** *paint. tech.* grunˈdieren. **25.** a) e-m Flugzeug *od.* Piloten Startverbot erteilen: **to be ~ed** Startverbot erhalten *od.* haben, b) *Am.* e-m Jockey Startverbot erteilen, c) *mot. Am.* j-m die Fahrerlaubnis entziehen.

**III** v/i **26.** mar. stranden, auflaufen. **27.** (on, upon) beruhen (auf dat), sich gründen (auf acc).
**ground²** [graʊnd] **I** pret u. pp von **grind**. **II** adj **1.** gemahlen: ~ **coffee**. **2.** matt(geschliffen): → **ground glass**.
**ground·age** [ˈgraʊndɪdʒ] s mar. Br. Hafengebühr f, Ankergeld n.
**ˈground|-ˈair** adj aer. Boden-Bord-... ~ **a·lert** s aer. mil. Aˈlarm-, Startbereitschaft f. ~ **an·gling** s Grundangeln n. ~ **at·tack** s aer. mil. Angriff m auf Erdziele, Tiefangriff m: ~ **fighter** Erdkampfflugzeug n. ~ **bait** s Grundköder m. ~ **ball** → grounder. ~ **bass** [beɪs] s mus. Grundbaß m. ~ **bee·tle** s zo. Laufkäfer m. ~ **box** s bot. Zwergbuchsbaum m. ˈ~-ˌbreak·ing adj bahnbrechend, wegweisend. ~ **clear·ance** s mot. Bodenfreiheit f. ~ **cloth** → ground sheet. ~ **coat** s tech. Grundanstrich m. ~ **col·o(u)r** → ground¹ 13 c. ~ **con·nec·tion** → ground¹ 15. ˈ~-conˌtrolled apˈproach s aer. GCˈA-Anflug m (vom Boden geleiteter Radaranflug). ˈ~-conˌtrolled in·ter·cep·tion s aer. mil. Jäger-Boden-Radarleitverfahren n. ~ **crew** s aer. ˈBodenpersoˌnal n.
**ˈground·er** [ˈgraʊndər] s sport Am. Bodenball m.
**ˈground|fir** s bot. (ein) Bärlapp m. ~ **fish** s Grundfisch m. ~ **fish·ing** s Grundangeln n. ~ **floor** s Erdgeschoß n: to get (od. be) in on the ~ colloq. a) ganz unten anfangen (in e-r Firma etc), b) von (allem) Anfang an mit dabeisein. ~ **fog** s Bodennebel m. ~ **forc·es** s pl mil. Bodentruppen pl, Landstreitkräfte pl. ~ **form** s ling. a) Grundform f, b) Wurzel f, c) Stamm m. ~ **frost** s Bodenfrost m. ~ **game** s hunt. Br. Niederwild n. ~ **glass** s **1.** Mattglas n. **2.** phot. Mattscheibe f. ~ **hog** s **1.** zo. Amer. (Wald)Murmeltier n. **2.** Bergbau: Caisˈsonarbeiter m. ~ **hos·tess** s aer. Groundhostess f (Angestellte e-r Fluggesellschaft, die auf dem Flughafen die Reisenden betreut). ~ **ice** s Grundeis n.
**ˈground·ing** s **1.** ˈUnterbau m, Fundaˈment n. **2.** Grunˈdierung f: a) Grundˈdieren n, b) Grund(farbe f) m. **3.** electr. Am. Erdung f: ~ **switch** Erdungsschalter m. **4.** mar. Stranden n. **5.** a) ˈAnfangsˌunterricht m, Einführung f, b) (Grund-, Vor)Kenntnisse pl. **6.** aer. Startverbot n (of für).
**ˈgroundˌkeep·er** → groundman.
**ˈgroundˌless** adj (adv ~ly) grundlos, unbegründet.
**ˈground|lev·el** s phys. Bodennähe f. ~ **line** s math. Grundlinie f.
**ˈground·ling** [ˈgraʊndlɪŋ] s **1.** ichth. Grundfisch m, bes. a) Steinbeißer m, b) Schmerle f, c) Gründling m. **2.** bot. a) kriechende Pflanze, b) Zwergpflanze f.
**ˈground|loop** s aer. Ausbrechen n (beim Landen u. Starten): to do a ~ ausbrechen. ˈ~-man [-mən] s irr sport Am. Platzwart m. ˈ~-mass s geol. Grundmasse f. ~ **note** s mus. Grundton m. ˈ~-nut s bot. **1.** Erdnuß f. **2.** Erdbirne f. ~ **ob·serv·er** s aer. mil. Bodenbeobachter m. ~ **pass** s sport Flachpaß m. ~ **plan** s **1.** arch. Grundriß m. **2.** fig. (erster) Entwurf, Konˈzept n. ~ **plane** s tech. Horizonˈtalebene f. ~ **plate** s **1.** arch. tech. Grundplatte f. **2.** electr. Erdplatte f. ~ **rat·tler** s zo. Zwergklapperschlange f. ~ **re·turn** s Radar: Bodenecho n. ~ **rob·in** s orn. Amer. Erdfink m. ~ **rule** s Grundregel f. ~ **sea** s mar. Grundsee f.
**ˈground·sel** [ˈgraʊnsl] s bot. (bes. Vogel-)Kreuzkraut n.
**ˈground|shark** s ichth. (ein) Grundhai m. ~ **sheet** s **1.** (Zelt)Boden m. **2.** sport

Regenplane f (zur Abdeckung e-s Spielfelds). ~ **shot** s sport Flachschuß m.
**ˈgrounds·man** [ˈgraʊndzmən] s irr bes. Br. → groundman.
**ˈground|speed** s aer. Geschwindigkeit f über Grund. ~ **squir·rel** s zo. **1.** (ein) Backenhörnchen n. **2.** Afriˈkanisches Borstenhörnchen. ~ **staff** s **1.** Kricket: ˈPlatzpersoˌnal n. **2.** aer. Br. ˈBodenpersoˌnal n. ~ **sta·tion** s Raumfahrt: ˈBodenstatiˌon f. ˈ~-strafe → strafe 1. ~ **stroke** s Tennis: nicht aus der Luft gespielter Ball. ~ **swell** s **1.** mar. Grunddünung f. **2.** fig. Anschwellen n. ˌ~-toˈair adj a) aer. Boden-Bord-...: ~ comˈmunication Boden-Bord-(Funk)Verkehr m, b) mil. Boden-Luft-...: ~ **weap·ons**. ˌ~-toˈground adj mil. Boden-Boden-...: ~ weapons. ~ **troops** s pl mil. Bodentruppen. ~ **wa·ter** s Grundwasser n. ˈ~-ˌwa·ter lev·el s geol. Grundwasserspiegel m. ~ **wave** s electr. phys. Bodenwelle f. ~ **ways** s pl mar. Ablaufbahn f (für Stapelläufe). ˈ~-work s **1.** arch. a) Erdarbeit f, b) Grundmauern pl, ˈUnterbau m, Fundaˈment n: to lay the ~ for das Fundament legen für (a. fig.). **2.** paint. etc Grund m. ~ **ze·ro** s Bodennullpunkt m (bei e-r Atombombenexplosion).

**group** [gruːp] **I** s **1.** allg. Gruppe f: ~ of bystanders; ~ of buildings Gebäudekomplex m; ~ of islands Inselgruppe; ~ of trees Baumgruppe; in ~s gruppenweise. **2.** fig. Gruppe f, Kreis m. **3.** parl. a) Gruppe f (Partei mit zuwenig Abgeordneten für e-e Fraktion), b) Fraktiˈon f. **4.** econ. Gruppe f, Konˈzern m. **5.** ling. Sprachengruppe f. **6.** geol. Formatiˈonsgruppe f. **7.** mil. a) Gruppe f, b) Kampfgruppe f (2 od. mehr Bataillone), c) Artillerie: Regiˈment n, d) aer. Am. Gruppe f, Br. Geschwader n. **8.** mus. a) Instruˈmenten- od. Stimmgruppe f, b) Notengruppe f. **II** v/t **9.** grupˈpieren, anordnen. **10.** klassifiˈzieren: to ~ with in dieselbe Gruppe einordnen wie. **11.** zu e-r Gruppe zs.-stellen. **III** v/i **12.** sich grupˈpieren. **13.** passen (with zu).
**group|cap·tain** s aer. mil. Oberst m (der R.A.F.). ˈ~-conˈscious adj (adv ~ly) Sozialpsychologie: gruppenbewußt. ~ **con·scious·ness** s Sozialpsychologie: Gruppenbewußtsein n. ~ **drive** s tech. Gruppenantrieb m. ˈ~-dyˌnam·ic adj (adv ~ally) Sozialpsychologie: ˈgruppendyˌnamisch. ~ **dy·nam·ics** s pl (als sg konstruiert) Sozialpsychologie: ˈGruppendyˌnamik f.
**group·er** [ˈgruːpə(r)] s **1.** ichth. (ein) Barsch m. **2.** Sensitivitätstraining: Am. Mitglied n e-r Trainingsgruppe. **3.** j-d, der sich an Gruppensex beteiligt.
**group grope** s colloq. Sexorgie f.
**group·ie** [ˈgruːpɪ] s colloq. ˌGroupie‘ n (weiblicher Fan, der immer wieder versucht, in möglichst engen Kontakt mit der von ihm bewunderten Person zu kommen).
**ˈgroup·ing** s Grupˈpierung f, Anordnung f.
**group|in·sur·ance** s Gruppen-, Kollekˈtivversicherung f. ~ **life** s Gruppenleben n. ~ **mar·riage** s Gruppen-, Gemeinschaftsehe f. ~ **prac·tice** s med. Gemeinschaftspraxis f. ~ **rate** s econ. Pauˈschalsatz m. ~ **sex** s Gruppensex m. ˈ~-speˌcif·ic adj (adv ~ally) gruppenspeˌzifisch. ~ **the·o·ry** s math. ˈGruppentheoˌrie f. ~ **ther·a·py** s med. psych. ˈGruppentheraˌpie f.
**grouse¹** [graʊs] pl **grouse** s orn. **1.** Rauhfuß-, Waldhuhn n. **2.** Schottisches Moorhuhn.
**grouse²** [graʊs] colloq. **I** v/i (about) ˌmeckern‘ (über acc, gegen), nörgeln (an dat, über acc). **II** s Nörgeˈlei f, ˌGe-

meckerˈ n. **grous·er** s colloq. Nörgler(in), ˌMeckerfritze‘ m.
**grout** [graʊt] **I** s **1.** tech. Vergußmörtel m. **2.** Schrotmehl n, grobes Mehl. **3.** pl bes. Br. (Boden)Satz m. **4.** pl Hafergrütze f. **II** v/t **5.** Fugen ausstreichen, verschmieren: to ~ (in) with cement mit Zement aus- od. vergießen.
**grove** [grəʊv] s Wäldchen n, Gehölz n.
**grov·el** [ˈgrɒvl; ˈgrʌvl; Am. ˈgrɑvəl] v/i pret u. pp **-eled**, bes. Br. **-elled 1.** am Boden kriechen: to ~ at s.o.’s feet a) sich um j-n herumdrücken (Hund), b) a. to ~ before (od. to) s.o. fig. vor j-m kriechen, vor j-m zu Kreuze kriechen. **2.** schwelgen (in in dat): to ~ in pleasure; to ~ in self-pity sich in Selbstmitleid ergehen; to ~ in vice dem Laster frönen. **ˈgrov·el·(l)er** s fig. Kriecher m, Speichellecker m. **ˈgrov·el·(l)ing** adj (adv ~ly) fig. kriecherisch, unterˈwürfig.
**grow** [grəʊ] pret **grew** [gruː] pp **grown** [grəʊn] **I** v/i **1.** wachsen: to ~ together zs.-wachsen, (miteinander) verwachsen; money doesn’t ~ on trees das Geld wächst doch nicht auf den Bäumen. **2.** bot. wachsen, vorkommen. **3.** wachsen, größer od. stärker werden. **4.** fig. zunehmen (in an dat), anwachsen: to ~ in wisdom klüger werden. **5.** fig. (bes. langsam od. allˈmählich) werden: to ~ rich; to ~ less sich vermindern; to ~ warm warm werden, sich erwärmen. **6.** verwachsen (to mit) (a. fig.). **II** v/t **7.** Gemüse, Wein etc anbauen, anpflanzen, Blumen etc züchten: to ~ from seed aus Samen ziehen. **8.** (sich) wachsen lassen: to ~ a beard sich e-n Bart stehen lassen; to ~ one’s hair long sich die Haare lang wachsen lassen.
*Verbindungen mit Präpositionen:*
**grow|from** ~ grow out of 2. ~ **in·to** v/i **1.** hinˈeinwachsen in (e-e Hose etc, a. fig. e-e Arbeit etc). **2.** werden zu, sich entwickeln zu: the small family business grew into a company of international importance; she has grown into a pretty young lady sie ist zu e-r hübschen jungen Dame herangewachsen. ~ **on** v/i **1.** Einfluß od. Macht gewinnen über (acc): the habit grows on one man gewöhnt sich immer mehr daran. **2.** j-m lieb werden od. ans Herz wachsen. ~ **out of** v/i **1.** herˈauswachsen aus: to ~ one’s clothes s-e Kleider auswachsen. **2.** entstehen od. erwachsen aus, e-e Folge (gen) sein, kommen von. **3.** entwachnen (dat), überˈwinden, ablegen: to ~ a habit. ~ **up·on** → grow on.
*Verbindungen mit Adverbien:*
**grow|a·way** v/i: to ~ from s.o. sich j-m entfremden. ~ **up** v/i **1.** a) aufwachsen, herˈanwachsen, -reifen: to ~ (into) a beauty sich zu e-r Schönheit entwickeln, b) erwachsen werden: what are you going to be when you ~? was willst du einmal werden, wenn du groß bist?; when are you going to ~? wann wirst du denn endlich erwachsen?; ~! sei kein Kindskopf! **2.** sich einbürgern (Brauch etc). **3.** sich entwickeln, entstehen.
**grow·a·ble** [ˈgrəʊəbl] adj anbaubar.
**ˈgrow·er** s **1.** (schnell etc) wachsende Pflanze: to be a fast ~ schnell wachsen. **2.** Züchter m, Pflanzer m, Erzeuger m, in Zssgn ...bauer m.
**ˈgrow·ing I** s **1.** Wachsen n, Wachstum n. **2.** Anbau m. **II** adj (adv ~ly) **3.** wachsend (a. fig. zunehmend). **4.** Wachstums...: ~ **pains** a) med. Wachstumsschmerzen pl, b) fig. Anfangsschwierigkeiten, ˌKinderkrankheiten‘; ~ **point** bot. Vegetationspunkt m; ~ **weather** Saat-, Wachswetter n.
**growl** [graʊl] **I** v/i **1.** knurren (Hund etc),

brummen (*Bär*) (*beide a. fig. Person*): **to ~ at s.o.** j-n anknurren *od.* anbrummen. **2.** grollen, rollen (*Donner*). **II** *v/t* **3. oft ~ out** *Worte* knurren, brummen. **III** *s* **4.** Knurren *n*, Brummen *n*. **5.** Grollen *n*, Rollen *n*. '**growl·er** *s* **1.** knurriger *od.* knurrender Hund. **2.** *fig.* ,Brummbär' *m*. **3.** *ichth.* a) (*ein*) Schwarzbarsch *m*, b) (*ein*) Knurrfisch *m*. **4.** *Br. sl. obs.* vierrädrige Droschke. **5.** *Am. sl.* Bierkrug *m*. **6.** *electr.* Prüfspule *f*. **7.** kleiner Eisberg. **grown** [grəʊn] **I** *pp von* **grow. II** *adj* **1.** gewachsen: → **full-grown. 2.** groß, erwachsen: **a ~ man** ein Erwachsener. **3.** *a.* **~ over** über'wachsen, bewachsen (**with** mit). **~-up I** *adj* [ˌ-ˈʌp; ˈ-ʌp] **1.** erwachsen. **2.** a) (nur) für Erwachsene: **~ books**, b) Erwachsenen...: **~ clothes. II** *s* [ˈ-ʌp] **3.** Erwachsene(r *m*) *f*. **growth** [grəʊθ] *s* **1.** Wachsen *n*, Wachstum *n* (*beide a. fig.*): **a four days' ~ of beard** ein vier Tage alter Bart. **2.** Wuchs *m*, Größe *f*. **3.** *fig.* Anwachsen *n*, Zunahme *f*, Zuwachs *m*: → **rate¹** 1. **4.** *fig.* Entwicklung *f*. **5.** *bot.* Schößling *m*, Trieb *m*. **6.** Erzeugnis *n*, Pro'dukt *n*. **7.** Anbau *m*: **of foreign ~** ausländisch; **of one's own ~** selbstgezogen, eigenes Gewächs. **8.** *med.* Gewächs *n*, Wucherung *f*. **~ fund** *s econ.* Wachstumsfonds *m*. **~ in·dus·try** *s econ.* 'Wachstumsindu,strie *f*. **~ rate** *s econ.* Wachstumsrate *f*. **~ ring** *s bot.* Jahresring *m*. **~ stocks** *s pl econ.* Wachstumsaktien *pl*. **groyne** [grɔɪn] *s tech. bes. Br.* Buhne *f*. **grub** [grʌb] **I** *v/i* **1.** a) graben, wühlen, b) *agr.* jäten, roden. **2. oft ~ on, ~ along, ~ away** sich abplagen, sich schinden, schwer arbeiten. **3.** stöbern, wühlen, kramen (**among, in** in *dat*; **for** nach). **4.** *sl.* ,futtern', essen. **II** *v/t* **5.** a) aufwühlen, wühlen in (*dat*), b) 'umgraben, c) roden. **6. oft ~ up** *Wurzeln* (aus)roden, (-)jäten. **7. oft ~ up, ~ out** a) (*mit den Wurzeln*) ausgraben, b) *fig.* aufstöbern, ausgraben, her'ausfinden. **8.** *sl.* j-n ,füttern'. **9.** *zo.* Made *f*, Larve *f*, Raupe *f*. **10.** *fig.* Arbeitstier *n*. **11.** ,Schmutzfink' *m*. **12.** *Am.* Baumstumpf *m*. **13.** *sl.* ,Futter' *n* (*Essen*). '**grub·ber** *s* **1.** Jät-, Rodewerkzeug *n*, *bes.* Rodehacke *f*. **2.** *agr. Br.* Grubber *m*, Eggenpflug *m*. **3.** → **grub** 10. '**grub·by** *adj* **1.** schmudd(e)lig, schmutzig. **2.** gemein, niederträchtig. **3.** madig. **grub·hoe** *s agr.* Rodehacke *f*. **~ hook** *s agr.* Grubber *m*, Eggenpflug *m*. **~ screw** *s tech.* Stiftschraube *f*. '**~·stake** *s Am. colloq.* (e-m *Schürfer gegen Gewinnbeteiligung gegebene*) Ausrüstung u. Verpflegung. **G~ Street I** *s* **1.** *hist. die jetzige Milton Street in London, der schlechte od. erfolglose Literaten wohnten:* **he'll always live in ~** *fig.* er wird es als Schriftsteller nie zu etwas bringen. **2.** *fig.* armselige Lite'raten *pl*, lite'rarisches Proletari'at. **II** *adj* **3.** (lite'rarisch) minderwertig, ,dritter Garni'tur'. **grudge** [grʌdʒ] **I** *v/t* **1.** miß'gönnen (**s.o. s.th.** j-m etwas): **to ~ s.o. the shirt on his back** j-m nicht das Schwarze unterm Nagel *od.* das Weiße im Auge gönnen. **2.** nur ungern geben (**s.o. s.th.** j-m etwas). **3. to ~ doing s.th.** etwas nur widerwillig *od.* ungern tun. **II** *v/i* **4.** *obs.* grollen. **III** *s* **5.** Groll *m*: **to bear** (*od.* **owe**) **s.o. a ~, to have a ~ against s.o.** e-n Groll auf j-n haben *od.* gegen j-n hegen, j-m grollen; **to pay off an old ~** e-e alte Rechnung begleichen. '**grudg·er** *s* Neider *m*. '**grudg·ing** *adj* (*adv* **~ly**) **1.** neidisch, 'mißgünstig. **2.** 'widerwillig, ungern (gegeben *od.* getan): **she was very ~ in her thanks** sie bedankte sich nur sehr widerwillig. **gru·el** [grʊəl; ˈgruːəl] *s* Haferschleim *m*,

---

Schleimsuppe *f*. '**gru·el·ing**, *bes. Br.* '**gru·el·ling I** *adj fig.* mörderisch, aufreibend, zermürbend: **~ race; ~ test. II** *s Br. colloq.* a) harte Strafe *od.* Behandlung, b) Stra'paze *f*, ,Schlauch' *m*. **grue·some** [ˈgruːsəm] *adj* (*adv* **~ly**) grausig, grauenhaft, schauerlich. '**grue·some·ness** *s* Grausigkeit *f*. **gruff** [grʌf] *adj* (*adv* **~ly**) **1.** schroff, barsch. **2.** rauh (*Stimme*). '**gruff·ness** *s* **1.** Barsch-, Schroffheit *f*. **2.** Rauheit *f*. **grum** [grʌm] *adj* (*adv* **~ly**) mürrisch. '**grum·ble** [ˈgrʌmbl] **I** *v/i* **1.** murren (**at, about, over** über *acc*, wegen). **2.** → **growl** 1 *u.* 2. **II** *v/t* **3. oft ~ out** etwas murren. **4.** → **growl** 3. **III** *s* **5.** Murren *n*. **6.** → **growl** 4, 5. '**grum·bler** → **growler** 2. '**grum·bling** *adj* (*adv* **~ly**) **1.** brummig. **2.** brummend, murrend. **3. ~ appendix** *med. colloq.* Blinddarmreizung *f*. **grume** [gruːm] *s* (*bes.* Blut)Klümpchen *n*. **grum·met** [ˈgrʌmɪt] → **grommet. gru·mous** [ˈgruːməs] *adj* geronnen, dick, klumpig (*Blut etc*). **grump** [grʌmp] *bes. Am.* **I** *s* **1.** → **growler** 2. **2.** *pl* Mißmut *m*, Verdrießlichkeit *f*: **to have the ~s** mißmutig *od.* verdrießlich sein. **II** *v/i* → **grumble** I. **grump·i·ness** [ˈgrʌmpɪnɪs] *s* Mißmut *m*, Verdrießlichkeit *f*. '**grump·ish** → **grumpy**. '**grump·y** *adj* (*adv* **grumpily**) mißmutig, mürrisch, verdrießlich. **Grun·dy** [ˈgrʌndɪ] *s* engstirnige, sittenstrenge Per'son. '**Grun·dy·ism** *s* engstirnige Sittenstrenge. **grun·gy** [ˈgrʌndʒɪ] *adj Am. sl.* **1.** dreckig. **2.** mise'rabel: **a ~ actor. grunt** [grʌnt] *v/i* **1.** grunzen (*Schwein, a. Person*). **2.** *fig.* murren, brummen (**at** über *acc*). **3.** *fig.* ächzen, stöhnen (**with** vor *dat*). **II** *v/t* **4. oft ~ out** *etwas* grunzen, murren, brummen. **III** *s* **5.** Grunzen *n*: **to give a ~** grunzen. **6.** *fig.* Ächzen *n*, Stöhnen *n*: **to give a ~** ächzen, stöhnen (**of** vor *dat*). **7.** *ichth.* (*ein*) Knurrfisch *m*. '**grunt·er** *s* **1.** Grunzer *m*. **2.** Schwein *n*. **2.** → **grunt** 7. **3.** *Austral. sl.* ,Flittchen' *n*. **grun·tle** [ˈgrʌntl] *v/t* j-n froh stimmen. '**grun·tled** *adj* froh, glücklich (**at** über *acc*). **Gru·yère (cheese)** [ˈgruːjeə; *Am.* gruːˈjeər; griː-] *s* Gru'yère(käse) *m*. **gryph·on** [ˈgrɪfn] → **griffin¹**. **grys·bok** [ˈgraɪsbɒk; *Am.* -ˌbɑk; *a.* ˈgreɪs-] *s zo.* Graubock *m*, 'Grauanti,lope *f*. '**G-string** *s* **1.** *mus.* G-Saite *f*. **2.** a) ,letzte Hülle' (*e-r Stripteasetänzerin*), b) Tanga *m*. **G suit** *s aer.* Anti-'g-Anzug *m*. **guan** [gwɑːn] *s orn.* Gu'anhuhn *n*. **gua·na** [ˈgwɑːnə] → **iguana**. **gua·no** [ˈgwɑːnəʊ] **I** *s* Gu'ano *m* (*als Phosphatdünger verwendeter abgelagerter Vogelmist*). **II** *v/t* mit Gu'ano düngen. **guar·an·tee** [ˌgærənˈtiː] **I** *s* **1.** Garan'tie *f* (**on** auf *acc*, für): a) Bürgschaft *f*, Sicherheit *f*, b) Gewähr *f*, Zusicherung *f*, c) Garan'tiefrist *f*, -zeit *f*: **there's a one-year ~ on this watch** diese Uhr hat ein Jahr Garantie; **the repair is still covered by the ~** die Reparatur fällt noch unter die Garantie *od.* fällt noch unter die Garantie; **~ (card)** Garantiekarte *f*, -schein *m*; **~ contract** Garantie-, Bürgschaftsvertrag *m*; **~ fund** *econ.* Garantiefonds *m*; **treaty of ~** (*Völkerrecht*) Garantievertrag *m*; **without ~** ohne Gewähr *od.* Garantie. **2.** Kauti'on *f*, Sicherheit(sleistung) *f*, Pfand(summe *f*) *n*: **~ deposit** a) Sicherheitshinterlegung *f*, b) (*Versicherungsrecht*) Kaution(sdepot *n*); **~ insurance** *Br.* Kautionsversicherung *f*; **~**

---

**society** *Br.* Kautionsversicherungsgesellschaft *f*. **3.** Bürge *m*, Bürgin *f*, Ga'rant(in). **4.** Sicherheitsempfänger(in), Kauti'onsnehmer(in). **II** *v/t* **5.** (sich ver)bürgen für, Garan'tie leisten für: **the watch is ~d for one year** die Uhr hat ein Jahr Garantie; **~d bill** *econ.* avalierter Wechsel; **~d bonds** Obligationen mit Kapital- *od.* Zinsgarantie; **~d price** Garantiepreis *m*; **~d stocks** gesicherte Werte *pl*, Aktien *pl* mit Dividendengarantie; **~d wage(s)** garantierter (Mindest)Lohn; **to ~ that** sich dafür verbürgen, daß. **6.** etwas garan'tieren, gewährleisten, verbürgen, sicherstellen. **7.** sichern, schützen (**from, against** vor *dat*, gegen). **guar·an·tor** [ˌgærənˈtɔː(r); ˈgærəntə(r)] *s* Ga'rant(in) (*a. fig.*), Bürge *m*, Bürgin *f*: **to act as a ~ for s.o.** für j-n bürgen; **~ power** *pol.* Garantiemacht *f*. **guar·an·ty** [ˈgærəntɪ] **I** *s* → **guarantee** 1, 2, 3: **~ of collection** *Am.* Ausfallbürgschaft *f*. **II** *v/t* → **guarantee** II. **guard** [gɑːd] *v/t* **1.** (be)hüten, (be)schützen, bewachen, wachen über (*acc*), bewahren, sichern (**against, from** gegen, **vor** *dat*): **a carefully ~ed secret** ein sorgfältig gehütetes Geheimnis. **2.** bewachen, beaufsichtigen. **3.** *gegen Mißbrauch, Mißverständnisse etc* sichern: **to ~ against abuse; to ~ s.o.'s interests** j-s Interessen wahren *od.* wahrnehmen. **4.** beherrschen, im Zaum halten: **~ your tongue!** hüte d-e Zunge! **5.** *tech.* (ab)sichern. **II** *v/i* **6.** (**against**) auf der Hut sein, sich hüten *od.* schützen, sich in acht nehmen (vor *dat*), Vorkehrungen treffen (gegen), vorbeugen (*dat*). **III** *s* **7.** a) *mil. etc* Wache *f*, (Wach)Posten *m*, b) Wächter *m*, c) Aufseher *m*, Wärter *m*. **8.** *mil.* Wachmannschaft *f*, Wache *f*. **9.** Wache *f*, Bewachung *f*, Aufsicht *f*: **to keep under close ~** scharf bewachen; **to be under heavy ~** schwer bewacht werden; **to mount (keep, stand) ~** *mil.* Wache beziehen (halten, stehen). **10.** *fig.* Wachsamkeit *f*: **to put s.o. on his ~** j-n warnen; **to be on one's ~** auf der Hut sein, sich vorsehen; **to be off one's ~** nicht auf der Hut sein, unvorsichtig sein; **to throw s.o. off his ~** j-n überrumpeln; → **fair¹** 24. **11.** Garde *f*, (Leib)Wache *f*: **~ of hono(u)r** Ehrenwache *f*. **12.** **G~s** *pl Br.* 'Garde(korps *n*, -regi,ment *n*) *f*, (*die*) Wache. **13.** *rail.* a) *Br.* Schaffner *m*: **~'s van** Dienstwagen *m*, b) *Am.* Bahnwärter *m*. **14.** *fenc., Boxen etc*: Deckung *f* (*a. Schach*): **to lower one's ~** a) die Deckung herunternehmen, b) *fig.* sich e-e Blöße geben, nicht aufpassen. **15.** *Basketball*: Abwehrspieler *m*. **16.** Schutzvorrichtung *f*, -gitter *n*, -blech *n*. **17.** *Buchbinderei*: Falz *m*. **18.** a) Stichblatt *n* (*am Degen*), b) Bügel *m* (*am Gewehr*). **19.** Vorsichtsmaßnahme *f*, Sicherung *f*. **guard·boat** *s mar.* Wachboot *n*. **~·book** *s* **1.** Sammelbuch *n* mit Falzen. **2.** *mil.* Wachbuch *n*. **~ brush** *s electr.* Stromabnehmer *m*. **~ cell** *s bot.* Schließzelle *f*. **~ chain** *s* Sicherheitskette *f*. **~ dog** *s* Wachhund *m*. **~ du·ty** *s* Wachdienst *m*: **to be on ~** Wache haben. **guard·ed** [ˈgɑː(r)dɪd] *adj* (*adv* **~ly**) *fig.* vorsichtig, zu'rückhaltend: **~ answer; ~ hope** gewisse Hoffnung; **~ optimism** verhaltener *od.* gedämpfter Optimismus; **to express s.th. in ~ terms** etwas vorsichtig ausdrücken; **be ~ in what you say** überleg dir, was du sagst. '**guard·ed·ness** *s* Vorsicht *f*, Zu'rückhaltung *f*. '**guard·house** *s mil.* **1.** Wachhaus *n*, 'Wachlo,kal *n*. **2.** Ar'restlo,kal *n*.

**guard·i·an** [ˈgɑː(r)djən; -dɪən] **I** s **1.** Hüter m, Wächter m: ~ **of the law** Gesetzeshüter m. **2.** jur. Vormund m: ~ **ad litem** (vom Gericht für minderjährigen od. geschäftsunfähigen Beklagten bestellter) Prozeßvertreter; ~'s **allowance** Br. Vormundschaftsbeihilfe f. **3.** R.C. Guardiˈan m (e-s Franziskanerklosters). **II** adj **4.** behütend, Schutz...: ~ **angel** Schutzengel m. **ˈguard·i·an·ship** s **1.** jur. Vormundschaft f (of über acc, für): **to be (to place** od. **put) under** ~ unter Vormundschaft stehen (stellen). **2.** fig. Schutz m, Obhut f.

**ˈguard|·rail** s **1.** Handlauf m. **2.** rail. Radlenker m. **3.** mot. Leitplanke f. ~ **ring** s electr. Schutzring m. ~ **rope** s Absperrseil n.

**guards·man** [ˈgɑː(r)dzmən] s irr mil. **1.** Wache f, (Wach)Posten m. **2.** Garˈdist m. **3.** Am. Natioˈnalgarˌdist m.

**Gua·te·ma·lan** [ˌgwætɪˈmɑːlən; bes. Am. ˌgwɑːtə-] **I** adj guatemalˈtekisch. **II** s Guatemalˈteke m, Guˌatemalˈtekin f.

**gua·va** [ˈgwɑːvə] s bot. **1.** Guˈavenbaum m. **2.** Guaˈjava f (Frucht von 1).

**gub·bins** [ˈgʌbɪnz] s Br. colloq. **1.** minderwertiges od. wertloses Ding. **2.** (kleines) Gerät, (kleiner) Appaˈrat. **3.** ‚Dussel‘ m, Dummkopf m.

**gu·ber·nac·u·lum** [ˌgjuːbəˈnækjuːləm; Am. a. ˌguː-] pl **-la** [-lə] s **1.** med. Leitband n. **2.** zo. Schleppgeißel f.

**gu·ber·na·to·ri·al** [ˌgjuːbə(r)nəˈtɔːrɪəl; Am. a. ˌguːbərnəˈtəʊ-] adj bes. Am. Gouverneurs...

**gudg·eon¹** [ˈgʌdʒən] **I** s **1.** ichth. Gründling m, Greßling m. **2.** colloq. Gimpel m, Einfaltspinsel m. **3.** colloq. Köder m. **II** v/t **4.** colloq. ‚herˈeinlegen‘.

**gudg·eon²** [ˈgʌdʒən] s **1.** tech. (Dreh-) Zapfen m, Bolzen m: ~ **pin** Kolbenbolzen. **2.** arch. Haken m. **3.** mar. Ruderöse f.

**ˌguel·der-ˈrose** [ˌgeldə(r)-] s bot. Schneeball m.

**gue·non** [gəˈnɔ̃ːŋ; Br. a. gəˈnɒn; Am. a. gəˈnɑːn] s zo. Meerkatze f.

**guer·don** [ˈgɜːdən; Am. ˈgɜːrdn] poet. **I** s Lohn m, Sold m. **II** v/t belohnen.

**gue·ril·la** → **guerrilla**.

**Guern·sey** [ˈgɜːnzɪ; Am. ˈgɜːrnziː] s **1.** Guernsey(rind) n. **2.** a. g- ˈWollpullˌover m (von Seeleuten).

**guer·il·la** [gəˈrɪlə] s mil. **1.** Gueˈrilla m. **2.** meist ~ **war**(**fare**) Gueˈrilla(krieg m) f.

**guess** [ges] **I** v/t **1.** (ab)schätzen: **to** ~ **s.o.'s age at 40, I** ~ **him to be** (od. **that he is**) **40** j-s Alter od. j-n auf 40 schätzen. **2.** erraten: **to** ~ **s.o.'s thoughts; to** ~ **a riddle** ein Rätsel raten; ~ **who was here this morning** rate mal, wer heute morgen hier war. **3.** ahnen, vermuten: **I** ~**ed how it would be** ich habe mir gedacht, wie es kommen würde. **4.** bes. Am. colloq. glauben, denken, meinen, annehmen. **II** v/i **5.** schätzen (**at s.th.** etwas). **6.** a) raten, b) herˈumraten (**at, about an** od. **an**): ~**ed wrong** falsch geraten; **how did you** ~? wie hast du das nur erraten?, iro. du merkst aber auch alles!; **to keep s.o.** ~**ing** j-n im unklaren od. ungewissen lassen; ~**ing game** Ratespiel n. **III** s **7.** Schätzung f, Vermutung f, Mutmaßung f, Annahme f: **my** ~ **is that** ich schätze od. vermute, daß; **anybody's** ~ reine Vermutung; **at a** ~ bei bloßer Schätzung; **I'll give you three** ~**es** dreimal darfst du raten; **a good** ~ gut geraten od. geschätzt; **your** ~ **is as good as mine** ich kann auch nur raten; **by** ~ schätzungsweise; **by** ~ **and by God** bes. Am. colloq. a) ‚über den Daumen (gepeilt)‘, ‚nach Gefühl u. Wellenschlag‘, b) mit mehr Glück als Verstand; **to make a** ~ raten, schätzen; **to have another** ~

**coming** ‚falsch od. schief gewickelt sein‘; → **educated** 2, **rough** 12, **wild** 15. **guess| rope** → **guest rope**. ~ **stick** s Am. sl. **1.** Rechenschieber m. **2.** Maßstab m.

**guess·ti·mate** colloq. **I** s [ˈgestɪmət] grobe Schätzung, bloße Vermutung. **II** v/t [-meɪt] ‚über den Daumen peilen‘, grob schätzen.

**guess| warp** → **guest rope**. ~**work** s (reine) Vermutung(en pl), (bloße) Rateˈrei, ‚Herˈumgeraten‘.

**guest** [gest] **I** s **1.** Gast m: **be my** ~**!** bitte sehr! (als Ausdruck der Zustimmung od. der Nachgiebigkeit). **2.** bot. zo. Inquiˈline m, Einmieter m (e-e Art Parasit). **II** adj **3.** a) Gast...: ~ **conductor (speaker, worker,** etc), b) Gäste...: ~ **book (list,** etc). **III** v/i **4.** Am. gaˈstieren, als Gast auftreten od. mitwirken (**on a show** in e-r Show). **ˈ‿cham·ber** → **guest room**. **ˈ‿con|·duct** v/t ein Orchester als Gast diriˈgieren. **ˈ‿house** s **1.** Gästehaus n. **2.** Pensiˈon f, Fremdenheim n. ~ **room** s Gast-, Gäste-, Fremdenzimmer n. ~ **rope** s mar. **1.** Schlepptrosse f. **2.** Bootstau n.

**guff** [gʌf] s sl. Quatsch m.

**guf·faw** [gʌˈfɔː] **I** s schallendes Gelächter. **II** v/i schallend lachen.

**gug·gle** [ˈgʌgl] v/i gluckern.

**guhr** [gʊə(r)] s geol. Gur f.

**guid·a·ble** [ˈgaɪdəbl] adj lenksam, lenk-, leitbar. **ˈguid·ance** [-dns] s **1.** Leitung f, Führung f: ~ **price** econ. Richtpreis m. **2.** Anleitung f, Unterˈweisung f, Belehrung f: **for your** ~ zu Ihrer Orientierung. **3.** ped. etc Beratung f, Führung f: ~ **counselor** (od. **specialist**) Am. a) Berufs-, Studienberater m, b) psychologischer Betreuer, Heilpädagoge m; → **vocational**.

**guide** [gaɪd] **I** v/t **1.** j-n führen, j-m den Weg zeigen. **2.** tech. u. fig. lenken, leiten, führen, steuern. **3.** etwas, a. j-n bestimmen: **to** ~ **s.o.'s actions (judg[e]ment, life)**; **to be** ~**d by** sich leiten lassen von, sich richten nach, bestimmt sein von. **4.** anleiten, belehren, beraten(d zur Seite stehen dat). **II** s **5.** Führer(in), Leiter(in). **6.** (Reise-, Fremden-, Berg- etc)Führer m. **7.** (Reise- etc)Führer m (**to** durch, von) (Buch): **a** ~ **to London** ein London-Führer. **8.** (**to**) Leitfaden m (gen), Einführung f (in acc), Handbuch n (gen). **9.** Berater(in). **10.** Richtschnur f, Anhaltspunkt m, ˈHinweis m: **if it** (**he**) **is any** ~ wenn man sich danach (nach ihm) überhaupt richten kann. **11.** a) Wegweiser m (a. fig.), b) ˈWeg(marˌkierungs)zeichen n. **12.** → **girl guide**. **13.** mil. Richtungsmann m. **14.** mar. Spitzenschiff n. **15.** tech. Führung f, Leitvorrichtung f. **16.** med. Leitungssonde f.

**guide| bar** s tech. Führungsschiene f. ~ **beam** s aer. (Funk)Leitstrahl m. ~ **blade** s tech. Leitschaufel f (der Turbine). ~**block** s tech. Führungsschlitten m. **ˈ‿board** s Wegweisertafel f. **ˈ‿book** → **guide** 7. ~ **card** s Leitkarte f (e-r Kartei).

**ˈguid·ed** adj **1.** geführt: ~ **tour** Gesellschaftsreise f. **2.** mil. tech. (fern)gelenkt, (-)gesteuert: ~ **missile** Lenkflugkörper m, ferngelenktes Geschoß.

**guide dog** s Blindenhund m.

**ˈguide·less** adj führerlos.

**guide| line** s **1.** → **guide rope**. **2.** print. Leitlinie f. **3.** fig. Richtlinie f, -schnur f (**on** gen). ~ **pin** s tech. Führungsstift m. **ˈ‿post** s Wegweiser m. ~ **price** s econ. Richtpreis m. ~**pul·ley** s tech. Leit-, Führungsˌrolle f, ˈUmlenkrolle f. ~ **rail** s tech. Führungsschiene f. ~ **rope** s aer. Schlepptau n, Leitseil n. **ˈ‿way** s tech. Führungsbahn f.

**guid·ing** [ˈgaɪdɪŋ] adj führend, leitend, Lenk...: ~ **principle** Leitprinzip n, Richtschnur f; ~ **rule** Richtlinie f. ~**star** s Leitstern m. ~ **stick** s paint. Mal(er)stock m.

**gui·don** [ˈgaɪdən; Am. a. ˈgaɪdˌɑn] s **1.** Wimpel m, Fähnchen n, Stanˈdarte f. **2.** Stanˈdartenträger m.

**guild** [gɪld] s **1.** hist. Gilde f, Zunft f: ~ **socialism** pol. Gildensozialismus m. **2.** Verein m, Vereinigung f, Gesellschaft f. **3.** bot. Lebensgemeinschaft f.

**guil·der** [ˈgɪldə(r)] pl **-ders, -der** s Gulden m (Währungseinheit in den Niederlanden).

**ˈguild·hall** s **1.** hist. Gilden-, Zunfthaus n. **2.** Rathaus n: **the G-** das Rathaus der City von London.

**guilds·man** [ˈgɪldzmən] s irr Mitglied n e-r Gilde od. Vereinigung.

**guile** [gaɪl] s **1.** (Arg)List f, Tücke f. **2.** obs. List f, Trick m. **ˈguile·ful** adj (adv ~ly) arglistig. **ˈguile·less** adj (adv ~ly) arglos, unschuldig, harmlos, ohne Falsch: **a** ~ **look** ein treuherziger od. unschuldsvoller Blick. **ˈguile·less·ness** s Harmlosigkeit f, Arglosigkeit f.

**guil·loche** [gɪˈlɒʃ; bes. Am. gɪˈləʊʃ] s Guilˈloche f (verschlungene Linienzeichnung auf Wertpapieren od. zur Verzierung auf Metall etc).

**guil·lo·tine** [ˌgɪləˈtiːn; ˈ-tiːn] **I** s **1.** Guilloˈtine f: a) Fallbeil n, b) med. Tonsilloˈtom n: ~ **amputation** Ganzamputation f (ohne Lappen). **2.** tech. Paˈpier¦schneideˌmaschine f: ~ **shears** Tafel-, Parallelschere f. **3.** parl. Br. Befristung f der Deˈbatte (über e-n Gesetzentwurf). **II** v/t **4.** guillotiˈnieren, durch die Guilloˈtine ˈhinrichten. **5.** parl. Br. die Deˈbatte über e-n Gesetzentwurf befristen.

**guilt** [gɪlt] s **1.** Schuld f (a. jur.): **joint** ~ Mitschuld; ~ **complex** Schuldkomplex m. **2.** obs. Missetat f. **guilt·i·ness** [ˈgɪltɪnɪs] s **1.** Schuld f. **2.** Schuldbewußtsein n, -gefühl n. **ˈguilt·less** adj (adv ~ly) **1.** schuldlos, unschuldig (**of** an dat). **2.** (**of**) a) frei (von), ohne (acc), b) unkundig (gen), unerfahren, unwissend in (dat): **to be** ~ **of s.th.** etwas nicht kennen. **ˈguilt·less·ness** s Schuldlosigkeit f.

**ˈguilt·y** adj (adv guiltily) **1.** bes. jur. schuldig (**of** gen): ~ **of murder** des Mordes schuldig; **to find s.o.** (**not**) ~ j-n für (un)schuldig befinden (**on a charge** e-r Anklage); **to be found** ~ **of a charge** e-r Anklage für schuldig befunden werden; → **plead** 1, **verdict** 1; ~ **intention** jur. Scot. Vorsatz m. **2.** schuldbewußt, -beladen: **a** ~ **conscience** ein schlechtes Gewissen.

**guin·ea** [ˈgɪnɪ] s **1.** Guiˈnee f (Goldmünze 1663–1816, a. Rechnungsgeld = 21 Schilling alter Währung). **2.** → **guinea fowl**. **3.** Am. sl. contp. ‚Itaker‘ m (Italiener). ~ **fowl** s orn. Perlhuhn n. ~ **goose** s irr zo. Schwanengans f. ~ **grains** s pl Guiˈneakörner pl, Malaˈgettapfeffer m. ~ **grass** s bot. Guiˈneagras n. ~ **hen** s (bes. weibliches) Perlhuhn. **G-** **pep·per** s bot. Guiˈneapfeffer m. ~ **pig** s **1.** zo. Meerschweinchen n. **2.** fig. ‚Verˈsuchskaˌninchen‘ n.

**guise** [gaɪz] s **1.** Aufmachung f, Gestalt f, Erscheinung f: **in the** ~ **of** als ... (verkleidet). **2.** fig. Maske f, (Deck)Mantel m, Vorwand m: **under** (od. **in**) **the** ~ **of** in der Maske (gen), unter dem Deckmantel (gen). **3.** obs. Kleidung f.

**gui·tar** [gɪˈtɑː(r)] s mus. Giˈtarre f. **gui·tar·ist** s Gitarˈrist(in).

**Gu·ja·ra·ti** [ˌguːdʒəˈrɑːtɪ] s ling. Gudschaˈrati n (neuindische Sprache).

**gulch** [gʌltʃ] s bes. Am. (Berg)Schlucht f.

**gul·den** [ˈgʊldən; ˈguː-] pl **-dens,**

**-den** s Gulden m (*Währungseinheit in den Niederlanden*).

**gules** [gju:lz] s her. Rot n.

**gulf** [gʌlf] I s 1. Golf m, Meerbusen m, Bucht f. 2. Abgrund m, Schlund m (*beide a. fig.*). 3. fig. Kluft f, großer 'Unterschied. 4. Strudel m, Wirbel m (*a. fig.*). II v/t 5. *a. fig.* a) in e-n Abgrund stürzen, b) verschlingen. **G~ Stream** s geogr. Golfstrom m.

**gulf·y** ['gʌlfɪ] adj 1. abgrundtief. 2. voller Strudel.

**gull¹** [gʌl] s orn. Möwe f.

**gull²** [gʌl] obs. I v/t über'tölpeln, hinters Licht führen. II s Gimpel m.

**gul·la·bil·i·ty, gul·la·ble** → gullibil-ity, gullible.

**gul·let** ['gʌlɪt] s 1. anat. Schlund m, Speiseröhre f. 2. Gurgel f, Kehle f. 3. tech. Wasserrinne f.

**gul·li·bil·i·ty** [ˌgʌləˈbɪlətɪ] s Leichtgläubigkeit f, Einfältigkeit f. **'gul·li·ble** adj leichtgläubig, einfältig, na'iv.

**gul·ly¹** ['gʌlɪ] I s 1. tief eingeschnittener Wasserlauf, (Wasser)Rinne f. 2. tech. a) Gully m (*a. mar.*), Sinkkasten m, Senkloch n, Absturzschacht m, b) a. ~ **drain** 'Abzugska,nal m: ~ **hole** Schlammfang m, Senkloch; ~ **trap** Geruchsverschluß m. II v/t 3. mit (Wasser)Rinnen durch'ziehen, zerfurchen. 4. tech. mit Sinkkästen etc versehen.

**gul·ly²** ['gʌlɪ; 'gʊlɪ] s bes. Scot. großes Messer.

**gu·los·i·ty** [gjʊˈlɒsətɪ; Am. guːˈlɑsətiː] s obs. Gier f.

**gulp** [gʌlp] I v/t 1. oft ~ **down** Getränk hin'untergießen, -schütten, -stürzen, Speise hin'unterschlingen. 2. oft ~ **back** Tränen etc hin'unterschlucken, unter'drücken. II v/i 3. a) hastig trinken, b) hastig essen, schlingen. 4. (*a. vor Rührung etc*) schlucken. 5. würgen. III s 6. a) (großer) Schluck: **at one** ~ auf 'einen Zug, b) Bissen m. **'gulp·y** adj würgend.

**gum¹** [gʌm] s oft pl anat. Zahnfleisch n.

**gum²** [gʌm] I s 1. bot. tech. a) Gummi m, n, b) Gummiharz n. 2. Gummi m, n, Kautschuk m. 3. Klebstoff m, bes. Gummilösung f. 4. Gum'mierung f (*von Briefmarken etc*). 5. Appre'tur(mittel n) f. 6. → a) chewing gum, b) gum arabic, c) gum elastic, d) gum tree, e) gumwood. 7. bot. Gummifluß m, Gum'mose f (*Baumkrankheit*). 8. med. Augenbutter f. 9. bes. Br. 'Gummibon,bon m, n. 10. pl Am. 'Gummiga,loschen pl. II v/t 11. gum'mieren. 12. mit Gummi appre'tieren. 13. (an-, ver)kleben: to ~ **down** aufkleben; to ~ **together** zs.-kleben. 14. meist ~ **up** verkleben, verstopfen, b) colloq. ,vermasseln': to ~ **up the works** alles vermasseln. III v/i 15. Gummi absondern od. bilden. 16. gummiartig werden.

**Gum³**, a. **g~** [gʌm] s: **by ~!** sl. Herrschaft (noch mal)!

**gum**| **ac·id** s chem. Harzsäure f. ~ **am·mo·ni·ac** s chem. med. Ammo-ni'akgummi m, n. ~ **ar·a·bic** s med. tech. Gummia'rabikum n. ~ **ben·zo·in** s bot. Ben'zoeharz n.

**gum·bo** ['gʌmbəʊ] Am. I pl **-bos** s 1. mit Gumboschoten eingedickte Suppe. 2. bot. a) → okra 1, b) Gumboschote f. 3. a. ~ **soil** Boden m aus feinem Schlamm. II s 4. bot. Eibisch...

**'gum**|**boil** s med. 'Zahnfleischab,szeß m. ~ **boot** s Gummistiefel m. ~ **drag·on** → tragacanth. **'~drop** s 'Gummibon,bon m, n. ~ **e·las·tic** s Gummi-e'lastikum n, Kautschuk m. ~ **ju·ni·per** s Sandarak m (*Harz*).

**gum·ma** ['gʌmə] pl **-mas, -ma·ta** [-tə] s med. Gumma n (*gummiartige Ge-*

*schwulst im Tertiärstadium der Syphilis*).

**gum·mite** ['gʌmaɪt] s min. Gummierz n.

**gum·mo·sis** [gʌˈməʊsɪs] → gum² 7.

**'gum·my¹** adj 1. gummiartig, zäh(flüssig), klebrig. 2. aus Gummi, Gummi... 3. gummihaltig. 4. gummiabsondernd. 5. mit Gummi über'zogen. 6. med. gum'mös, gummiartig.

**'gum·my²** adj zahnlos: **a ~ old man.**

**gump·tion** ['gʌmpʃn] s colloq. 1. Mutterwitz m, gesunder Menschenverstand, ,Grütze' f, ,Grips' m: **to have a bit of** ~ ein bißchen Grütze im Kopf haben. 2. ,Mumm' m, Schneid m. 3. paint. Quellstärke f.

**gum**| **res·in** s 1. bot. 'Gummire,sina f, Schleimharz n. 2. tech. (*bei Normaltemperatur*) plastisches od. e'lastisches (Kunst)Harz. ~ **sen·e·gal** s bot. tech. Senegalgummi m, n. **'~shield** s Boxen: Zahnschutz m. **'~shoe** Am. I s 1. a) Ga'losche f, 'Gummi,überschuh m, b) Tennis-, Turnschuh m. 2. sl. ,Schnüffler' m (*Detektiv, Polizist*). II v/i 3. sl. schleichen. 4. sl. ,schnüffeln'. III adj 5. sl. geheim, heimlich. ~ **tree** s bot. 1. (*in Amerika*) a) Tu'pelobaum m, b) Amer. Amberbaum m. 2. (*in Australien*) Euka'lyptus m. 3. (*in Westindien*) a) (*ein*) Klebebaum m, b) e-e Anacardiacee. 4. (*Gummi liefernder*) Gummibaum: **to be up a ~** Br. colloq. ,in der Klemme' sein od. sitzen od. stecken. **'~wood** s 1. Euka'lyptusholz n. 2. Holz n des Amer. Amberbaums.

**gun¹** [gʌn] I s 1. mil. Geschütz n (*a. fig.*), Ka'none f: **to blow great ~s** mar. colloq. heulen (*Sturm*); **to go great ~s** colloq. sich ,reinknien', b) ,toll in Schwung sein' (*Person, Laden etc*); **to stand** (*od.* **stick**) **to one's ~s** colloq. festbleiben, nicht nachgeben, sich nicht beirren lassen; → **big gun, heavy 2, spike² 16. 2.** Feuerwaffe f (*engS.* Jagd)Gewehr n, Büchse f, Flinte f, b) Pi'stole f, Re'volver m. **3.** sport a) 'Startpi,stole f, b) Startschuß m: **to jump** (*od.* **beat**) **the ~** a) Fehlstart verursachen, fig. voreilig sein od. handeln; **give her the ~!** mot. colloq. ,drück auf die Tube!', gib Gas!; → **opening 14. 4.** (Ka'nonen-, Si'gnal-, Sa'lut-)Schuß m. **5.** a) Schütze m, b) Jäger m. **6.** bes. Am. colloq. für **gunman. 7.** mil. Kano'nier m. **8.** tech. a) Spritze f, Presse f: → **grease gun,** b) 'Zapfpi,stole f. II v/i **9.** auf die Jagd gehen, jagen. **10.** colloq. ,schießen': to ~ **ned round the corner. 11.** ~ **for** colloq. a) mit aller Macht e-e Position etc anstreben, b) ,es auf j-n abgesehen haben'. III v/t **12.** a) schießen auf (acc), b) a. ~ **down** niederschießen, c) meist ~ **down** niederschießen. **13.** oft ~ **up** mot. colloq. ,auf Touren bringen': **to ~ the car up** ,auf die Tube drücken', Gas geben.

**gun²** [gʌn] pret von **gin³.**

**gun**| **bar·rel** s mil. 1. Geschützrohr n. 2. Gewehrlauf m. ~ **bat·tle** s Feuergefecht n, Schieße'rei f, Schußwechsel m. **'~boat** s 1. mar. Ka'nonenboot n: ~ **diplomacy** Kanonenbootdiplomatie f. 2. meist pl Am. sl. ,Elbkahn' m, ,Kindersarg' m (*großer Schuh*). ~ **cam·er·a** s aer. mil. 'Foto-M,G n. ~ **car·riage** s mil. ('Fahr)La,fette f. **'~con·trol law** → **gun law.** ~ **cot·ton** s chem. Schieß(baum)wolle f. ~ **dis·place·ment** s mil. Stellungswechsel m. ~ **dog** s Jagdhund m. ~ **drill** s mil. Ge'schützexer,zieren n. **'~fight** → **gun battle.** **'~fire** s mil. 1. Geschützfeuer n. 2. Artille'rieeinsatz m.

**gunge** [gʌndʒ] Br. colloq. I s klebriges Zeug, klebrige Masse. II v/t ~ **up** verkleben. **'gun·gy** adj Br. colloq. klebrig.

**'gun**|**-hap·py** adj schießwütig. ~ **har·poon** s mar. Ge'schützhar,pune f.

**gunk** [gʌŋk] Am. colloq. für **gunge I.**

**gun**| **law** s Waffengesetz n. ~ **li·cence,** Am. ~ **li·cense** s Waffenschein m. **'~lock** s tech. Gewehrschloß n. **'~man** [-mən] s irr 1. Bewaffnete(r) m. 2. Re'volverheld m. **'~met·al** s tech. a) Ge'schützle,gierung f, b) Ka'nonenme,tall n, Rotguß m. **~ moll** s Am. sl. 1. Gangsterbraut f. 2. Flintenweib n. ~ **mount** s mil. (Ge'schütz)La,fette f.

**gun·ned** adj bewaffnet: **heavily ~** schwerbewaffnet.

**gun·nel¹** ['gʌnl] s ichth. Butterfisch m.

**gun·nel²** → gunwale.

**gun·ner** ['gʌnə(r)] s 1. mil. a) Kano'nier m, Artille'rist m, b) Richtschütze m (*Panzer etc*), c) M'G-Schütze m, Gewehrführer m, d) mar. erster Ge'schützoffi,zier, e) aer. Bordschütze m: → **master gunner; to kiss** (*od.* **marry**) **the ~'s daughter** mar. hist. sl. (*auf e-e Kanone gebunden u.*) ausgepeitscht werden. **3.** Jäger m.

**gun·ner·y** ['gʌnərɪ] s mil. 1. Geschützwesen n. 2. Schießwesen n, -lehre f. 3. → gunfire.

**gun·ning** ['gʌnɪŋ] s hunt. Jagen n, Jagd f: **to go ~** auf die Jagd gehen.

**gun·ny** ['gʌnɪ] s bes. Am. 1. grobes Sacktuch, Juteleinwand f. 2. a. ~ **bag** Jutesack m.

**'gun**|**pa·per** s chem. 'Schießpa,pier n. ~ **pit** s 1. mil. Geschützstellung f, -stand m. 2. aer. mil. Kanzel f. **'~play** bes. Am. für **gun battle.** **'~point** s: **at ~** mit vorgehaltener Waffe, mit Waffengewalt. **~pow·der** s Schießpulver n: **G~ Plot** hist. Pulververschwörung f (*1605 in London*). ~ **room** s mar. mil. Ka'dettenmesse f. **'~run·ner** s Waffenschmuggler m. **'~run·ning** s Waffenschmuggel m.

**gun·sel** ['gʌnsəl] s Am. sl. 1. a) Na'ivling m, b) Grünschnabel m, c) Trottel m. 2. 'hinterhältiger Kerl. 3. → gunman.

**'gun**|**ship** s aer. mil. Kampfhubschrauber m. **'~shot** s 1. (Ka'nonen-, Gewehr)Schuß m. 2. a. ~ **wound** Schußwunde f, -verletzung f. 3. Reich-, Schußweite f: **within** (**out of**) ~ in (außer) Schußweite. **'~shy** adj 1. schußscheu (*Hund, Pferd*). 2. Am. colloq. ,mißtrauisch (**of gegen**'über). **'~sling·er** Am. colloq. für **gunman.** **'~smith** s Büchsenmacher m. **'~stock** s Gewehrschaft m.

**gun·ter (rig)** ['gʌntə(r)] s mar. Schiebe- od. Gleittakelung f.

**gun tur·ret** s mil. 1. Geschützturm m. 2. Waffendrehstand m.

**gun·wale** ['gʌnl] s mar. 1. Schandeckel m. 2. Dollbord n (*vom Ruderboot*).

**gun·yah** ['gʌnjɑː; -jə] s Austral. Eingeborenenhütte f.

**Günz** [gʊnts; gɪnts] geol. I s Günzeiszeit f. II adj Günz...: ~ **time** → I.

**gup·py** ['gʌpɪ] s mil. sl. U-Boot n mit Schnorchel.

**gur·gi·ta·tion** [ˌgɜːdʒɪˈteɪʃn; Am. ˌgɜrdʒə-] s (Auf)Wallen n, Strudeln n.

**gur·gle** ['gɜːgl; Am. 'gɜrgəl] I v/i gurgeln: a) gluckern (*Wasser*), b) glucksen (**with** vor dat) (*Person, Stimme, a. Wasser*). II v/t (her'vor)gurgeln, glucksen(d äußern). III s Glucksen n, Gurgeln n.

**Gur·kha** ['gɜːkə; 'gʊəkə; Am. 'gʊrkə; 'gɜrkə] pl **-khas, -kha** s Gurkha m, f (*Mitglied e-s indischen Stamms in Nepal*).

**gur·nard** ['gɜːnəd; Am. 'gɜrnərd], **'gur·net** [-nɪt] s ichth. See-, bes. Knurrhahn m.

**gu·ru** ['gʊruː; Am. a. gəˈruː] s Guru m: a) *geistlicher Lehrer im Hinduismus*, b) (*aus dem indischen Raum stammender*) Führer e-r (*religiösen*) Sekte, c) Führer

e-r sozialen od. politischen Bewegung od. Kultur.

**gush** [gʌʃ] **I** v/i **1.** oft ~ forth (od. out) (her'vor)strömen, (-)brechen, (-)schießen, stürzen, sich ergießen (**from** aus). **2.** fig. 'überströmen. **3.** fig. ausbrechen: to ~ into tears in Tränen ausbrechen. **4.** colloq. schwärmen (**over** von). **II** v/t **5.** ausströmen, -speien. **6.** fig. her'vorsprudeln, schwärmerisch sagen. **III** s **7.** Schwall m, Strom m, Erguß m (alle a. fig.). **8.** colloq. Schwärme'rei f, (Gefühls-)Erguß m. **'gush·er** s **1.** colloq. Schwärmer(in). **2.** Springquelle f (Erdöl). **'gush·ing** adj (adv ~ly) **1.** ('über)strömend. **2.** colloq. schwärmerisch. **'gush·y** → gushing **2.**

**gus·set** ['gʌsɪt] **I** s **1.** Näherei: Zwickel m, Keil m. **2.** tech. Winkelstück n, Eckblech n: ~ plate Knotenblech. **3.** allg. Keil m, keilförmiges Stück. **II** v/t **4.** e-n Zwickel etc einsetzen in (acc).

**gust¹** [gʌst] s **1.** Windstoß m, Bö f. **2.** Schwall m, Strahl m. **3.** fig. (Gefühls-) Ausbruch m, Sturm m (der Leidenschaft etc): ~ of anger Wutanfall m.

**gust²** [gʌst] s obs. **1.** Geschmack m. **2.** Genuß m. **gus'ta·tion** s **1.** Geschmack m, Geschmackssinn m, -vermögen n. **2.** Schmecken n. **'gus·ta·tive** [-tətɪv], **'gus·ta·to·ry** [-tətərɪ; Am. -tə-ˌtɔːrɪ; -ˌtɔːriː] adj Geschmacks...: ~ cell; ~ nerve.

**gust·i·ness** ['gʌstɪnɪs] s **1.** Böigkeit f. **2.** fig. Ungestüm n.

**gus·to** ['gʌstəʊ] s Begeisterung f, Genuß m.

**gus·tom·e·ter** [gʌ'stɒmɪtə; Am. gʌsˈtɑmətər] s med. Gusto'meter n (Gerät zur Prüfung des Geschmackssinns).

**'gust·y** adj (adv gustily) **1.** böig. **2.** stürmisch (a. fig.). **3.** fig. ungestüm.

**gut** [gʌt] **I** s **1.** pl bes. zo. Eingeweide pl, Gedärme pl: to hate s.o.'s ~s colloq. j-n hassen wie die Pest; I'll have his ~s for garters! colloq. ‚aus dem mach' ich Hackfleisch!‘; → sweat **7**, work out **7**. **2.** anat. a) 'Darm(ka,nal) m, b) (bestimmter) Darm: ~ blind gut. **3.** oft pl colloq. Bauch m. **4.** a) (präparierter) Darm, b) Seidendarm m (für Angelleinen). **5.** enge 'Durchfahrt, Meerenge f. **6.** pl colloq. a) (das) Innere: the ~s of the machinery, b) (das) Wesentliche: the ~s of a problem der Kern(punkt) e-s Problems, c) Sub'stanz f, Gehalt m: it has no ~s in it es steckt nichts dahinter. **7.** pl colloq. Schneid m, ‚Mumm‘ m. **II** v/t **8.** Fisch etc ausweiden, -nehmen. **9.** Haus etc a) ausrauben, ausräumen, b) das Innere (gen) zerstören, ausbrennen: ~ted by fire völlig ausgebrannt. **10.** fig. ein Buch ‚ausschlachten‘, Auszüge machen aus. **III** adj **11.** colloq. instink'tiv: a ~ reaction. **12.** colloq. von entscheidender Bedeutung, von großer Wichtigkeit: a ~ problem. **'gut·less** adj colloq. **1.** ohne Schneid od. ‚Mumm‘. **2.** ‚müde‘: a ~ enterprise. **'gut·sy** [-sɪ] adj colloq. **1.** mutig, draufgängerisch. **2.** verfressen, gefräßig.

**gut·ta·per·cha¹** ['gʌtə] pl -tae [-tiː] s arch. Gutta f, Tropfen m (Verzierung).

**gut·ta²** ['gʌtə] s **1.** chem. Gutta n. **2.** bot. tech. Gutta'percha f.

**gut·ta·per·cha** [ˌgʌtə'pɜːtʃə; Am. -ˈpɜr-] s bot. tech. Gutta'percha f.

**gut·tate** ['gʌteɪt], a. **'gut·tat·ed** [-tɪd] adj bes. bot. zo. gesprenkelt.

**gut·ter** ['gʌtə(r)] **I** s **1.** Gosse f (a. fig.), Rinnstein m: to take s.o. out of the ~ fig. j-n aus der Gosse auflesen; language of the ~ Gossensprache f, -jargon m. **2.** (Abfluß-, Wasser)Rinne f, Graben m. **3.** Dachrinne f. **4.** tech. Rinne f, Hohl-

kehlfuge f, Furche f. **5.** print. Bundsteg m. **6.** Kugelfangrinne f (der Bowling-bahn). **II** v/t **7.** furchen, riefen. **8.** Am. e-n Hund zum ‚Geschäftmachen‘ in den Rinnstein führen. **III** v/i **9.** rinnen, strömen. **10.** tropfen (Kerze). **IV** adj **11.** vul'gär, Schmutz... ~ **press** s Skan'dal-, Sensati'onspresse f. **'~snipe** s Gassen-kind n.

**gut·ti·form** ['gʌtɪfɔː(r)m] adj tropfen-förmig.

**gut·tur·al** ['gʌtərəl] **I** adj (adv ~ly) **1.** Kehl..., guttu'ral (beide a. ling.), keh-lig. **2.** rauh, heiser. **II** s **3.** ling. Gutturl m, Kehllaut m. **'gut·tur·al·ize** v/t **1.** guttu'ral aussprechen. **2.** velari-'sieren.

**gut·tur·o·max·il·lar·y** [ˌgʌtərəʊ-mæk'sɪlərɪ; Am. -ˈmæksəˌleriː] adj Kehl-u. Kiefer...

**guv** [gʌv], **'guv·nor**, **'guv'nor** [-nə(r)] sl. für governor **4.**

**guy¹** [gaɪ] **I** s **1.** colloq. Kerl m, ‚Typ‘ m. **2.** a) bes. Br. ‚Vogelscheuche‘ f, ‚Schieß-budenfi,gur‘ f, b) Zielscheibe f des Spotts: to make a ~ of → **4**. **3.** Spottfigur des Guy Fawkes (die am Guy Fawkes Day öffentlich verbrannt wird). **II** v/t **4.** j-n lächerlich machen, sich über j-n lustig machen.

**guy²** [gaɪ] **I** s Halteseil n, Führungskette f: a) arch. Rüstseil n, b) tech. (Ab)Spann-seil n (e-s Mastes): ~ **wire** Spanndraht m, c) Spannschnur f (Zelt), d) mar. Gei(tau n) f. **II** v/t mit e-m Tau etc sichern, verspannen.

**Guy Fawkes Day** [ˌgaɪ'fɔːks] s der Jahrestag des Gunpowder Plot (5. November).

**guz·zle** ['gʌzl] v/t **1.** (a. v/i) a) ‚saufen‘, ‚picheln‘, b) ‚fressen‘, ‚futtern‘. **2.** oft ~ **away** Geld verprassen, bes. ‚versaufen‘. **'guz·zler** s a) ‚Säufer‘ m, b) ‚Fresser‘ m.

**gwyn·i·ad** ['gwɪnɪæd] s ichth. Gwy-niadrenk m (Art Lachs).

**gybe** → jibe¹.

**gyle** [gaɪl] s **1.** Gebräu n. **2.** Sud m.

**gym** [dʒɪm] colloq. für a) **gymnasium**, b) **gymnastic**: ~ **shoes** Turnschuhe.

**gym·kha·na** [dʒɪm'kɑːnə] s a) Gym-'khana f (Geschicklichkeitswettbewerb für Reiter), b) Austragungsort e-r Gymkhana.

**gym·na·si·um** [dʒɪm'neɪzjəm; -zɪəm] pl **-si·ums**, **-si·a** [-zɪə] s **1.** Turn-, Sport-halle f. **2.** [Am. gɪm'nɑːzɪəm] ped. Gym-'nasium n (bes. in Deutschland).

**gym·nast** ['dʒɪmnæst] s Turner(in). **gym'nas·tic** **I** adj (adv ~ally) **1.** tur-nerisch, Turn..., gym'nastisch, Gym-nastik... **II** s **2.** meist pl turnerische od. gym'nastische Übung. **3.** pl (als sg kon-struiert) Turnen n, Gym'nastik f. **4.** meist pl fig. Übung f: mental ~s ‚Gehirn-akrobatik‘ f; verbal ~s Wortakrobatik f.

**gym·no·plast** ['dʒɪmnəʊplæst] s biol. hüllenlose Proto'plasmazelle.

**gym·nos·o·phist** [dʒɪm'nɒsəfɪst] s **1.** -ˈnɑ-] s Gymnoso'phist m (indischer Asket).

**gym·no·sperm** ['dʒɪmnəʊspɜːm; Am. -ˌspɜrm] s bot. Gymno'sperme f, Nackt-samer m. **ˌgym·no'sper·mous** adj nacktsamig.

**gyn·ae·ce·um** [ˌdʒaɪnɪ'siːəm; ˌgaɪ-; Am. a. -ˌdʒɪn-] pl **-ce·a** [-'siːə] s Gynä'zeum n: a) antiq. Frauengemach, b) bot. weibliche Organe e-r Blüte.

**gyn·ae·coc·ra·cy** [ˌgaɪnɪ'kɒkrəsɪ; Am. -ˈkɑ-; a. ˌdʒɪn-] s Gynäokra'tie f, Frauenherrschaft f.

**gyn·ae·co·log·ic** [ˌgaɪnɪkə'lɒdʒɪk; Am. -ˈlɑ-; a. ˌdʒɪn-] adj, **ˌgyn·ae·co'log·i·cal** [-kl] adj (adv ~ly) med. gynäko'lo-gisch. **ˌgyn·ae'col·o·gist** [-ˈkɒlədʒɪst;

Am. -ˈkɑ-] s Gynäko'loge m, Gynäko'lo-gin f, Frauenarzt m, -ärztin f. **ˌgyn-ae'col·o·gy** s med. Gynäkolo'gie f, Frauenheilkunde f.

**gy·nan·drous** [gaɪ'nændrəs; dʒɪ-; dʒaɪ-] adj zo. gy'nandrisch, scheinzwit-terartig.

**gyn·e·coc·ra·cy, gyn·e·co·log·ic,** etc bes. Am. für **gynaecocracy,** etc.

**ˌgyn·o·base** ['gaɪnəʊbeɪs; 'dʒaɪ-; Am. a. 'dʒɪnəˌbeɪs] s bot. Fruchtknotenwulst m.

**gyn·o·gen·ic** [ˌgaɪnəʊ'dʒenɪk] adj biol. weibchenbestimmend.

**gyn·o·phore** ['gaɪnəʊfɔː(r); Am. a. -ˌfaʊr; 'dʒaɪnə-] s **1.** bot. Gyno'phor m, Stempelträger m. **2.** zo. Träger m weib-licher Sprossen.

**gyp¹** [dʒɪp] sl. **I** v/t u. v/i **1.** (j-n) ‚be-scheißen‘. **II** s **2.** Gauner(in), Betrü-ger(in). **3.** ‚Beschiß‘ m.

**gyp²** [dʒɪp] s: to give s.o. ~ sl. a) j-n ‚fertigmachen‘, b) j-m arg zu schaffen machen (Verletzung etc).

**gyp·se·ous** ['dʒɪpsɪəs], **'gyp·sous** [-səs] adj min. gipsartig, Gips...

**gyp·sum** ['dʒɪpsəm] s min. Gips m.

**gy·ral** ['dʒaɪərəl] adj **1.** sich (im Kreis) drehend, (her'um)wirbelnd. **2.** anat. (Ge-hirn)Windungs...

**gy·rate I** v/i [ˌdʒaɪə'reɪt; Am. 'dʒaɪ,reɪt] kreisen, sich (im Kreis) drehen, (her-'um)wirbeln. **II** adj ['dʒaɪəreɪt; bes. Am. 'dʒaɪreɪt] gewunden, kreisförmig (ange-ordnet). **gy'ra·tion** s **1.** Kreisbewe-gung f, Drehung f. **2.** anat. (Gehirn)Win-dung f. **3.** zo. Windung f (e-r Muschel). **'gy·ra·to·ry** [-rətərɪ; Am. -rəˌtɔːriː; -ˌtɔːriː] adj kreisend, sich (im Kreis) dre-hend, (her'um)wirbelnd.

**gyre** ['dʒaɪə(r)] bes. poet. **I** s **1.** → **gyra-tion 1**. **2.** Windung f. **3.** Kreis m. **II** v/i → **gyrate I**.

**gyr·fal·con** ['dʒɜːˌfɔːlkən; -ˌfɔːkən; Am. 'dʒɜrˌfælkən] s orn. Geierfalk m, G(i)er-falke m.

**gy·ro** ['dʒaɪərəʊ] pl **-ros** colloq. für auto-giro, gyrocompass, gyroscope.

**gy·ro·com·pass** ['dʒaɪərəʊˌkʌmpəs] s mar. phys. Kreiselkompaß m: **master** ~ Mutterkompaß m.

**gy·ro·graph** ['dʒaɪərəʊgræf; Br. a. -grɑːf] s tech. Touren-, Um'drehungs-zähler m.

**gy·ro ho·ri·zon** s aer. astr. künstlicher Hori'zont.

**gy·roi·dal** [dʒaɪə'rɔɪdl] adj kreis- od. spi'ralförmig angeordnet od. wirkend.

**gy·ro·mag·net·ic** [ˌdʒaɪərəʊmæg-'netɪk] adj phys. gyroma'gnetisch.

**gy·ron** ['dʒaɪərɒn] s her. Ständer m.

**gy·ro·pi·lot** ['dʒaɪərəʊˌpaɪlət] s aer. 'Autopi,lot m, auto'matische Steue-rungsanlage f.

**gy·ro·plane** ['dʒaɪərəpleɪn] s aer. Trag-schrauber m.

**gy·ro·scope** ['dʒaɪərəskəʊp] s **1.** phys. Gyro'skop n, Kreisel m. **2.** mar. mil. Ge'radlaufappa,rat m (Torpedo). **gy-ro'scop·ic** [-ˈskɒpɪk; Am. -ˈskɑ-] adj (adv ~ally) gyro'skopisch: ~ **compass** → gyrocompass; ~ (**ship**) **stabilizer** Schiffskreisel m.

**gy·rose** ['dʒaɪərəʊs] adj bot. gewunden, gewellt.

**gy·ro·sta·bi·liz·er** [ˌdʒaɪərəʊˈsteɪbɪ-ˌlaɪzə(r)] s aer. mar. (Stabili'sier-, Lage-) Kreisel m.

**gy·ro·stat** ['dʒaɪərəʊstæt] s phys. Gyro-'stat m, Kreiselvorrichtung f. **ˌgy·ro-'stat·ic** adj (adv ~ally) gyro'statisch: ~ **compass** → gyrocompass.

**gyve** [dʒaɪv] obs. od. poet. **I** s meist pl (bes. Fuß)Fessel f. **II** v/t j-m (Fuß)Fesseln anlegen.

# H

**H, h** [eɪtʃ] **I** pl **H's, Hs, h's, hs** [ˈeɪtʃɪz] s
**1.** H, h n (*Buchstabe*): **to drop one's H's**
das H nicht aussprechen (*Zeichen der
Unbildung*). **2.** H H n, H-förmiger Gegen-
stand. **3.** H sl. ˌH' [eɪtʃ] n (*Heroin*). **II** adj
**4.** acht(er, e, es): **Company H. 5.** H H-...,
H-förmig.
**ha** [hɑː] interj **1.** ha!, ah! **2.** was?
**haar** [hɑː] s Br. kalter (See)Nebel.
**Hab·ak·kuk** [ˈhæbəkək; -kʌk; hə-
ˈbækək] npr u. s Bibl. (das Buch) Ha-
bakuk m.
**ha·ba·ne·ra** [ˌhæbəˈneərə; bes. Am.
ˌɑːbə-] s mus. Habaˈnera f.
**ha·be·as cor·pus** [ˌheɪbjəsˈkɔː(r)pəs;
-bɪəs-] (Lat.) s a. **writ of ~** jur. gerichtliche
Anordnung e-s ˈHaftˌprüfungsterˌmins:
H~ C~ Act Habeascorpusakte f (*1679*).
**hab·er·dash·er** [ˈhæbə(r)dæʃə(r)] s **1.**
Br. Kurzwarenhändler m. **2.** Am. Inhaber
m e-s Herrenmodengeschäfts, Herren-
ausstatter m. **ˈhab·er·dash·er·y** s **1.**
Br. a) Kurzwarengeschäft n, b) Kurz-
waren pl. **2.** Am. a) Herrenmodenge-
schäft n, b) ˈHerrenbeˌkleidung(sarˌtikel
pl) f.
**hab·er·geon** [ˈhæbə(r)dʒən] s mil. hist.
Halsberge f, Kettenhemd n.
**hab·ile** [ˈhæbɪl] adj geschickt.
**ha·bil·i·ments** [həˈbɪlɪmənts] s pl **1.**
(Amts-, Fest)Kleidung f. **2.** humor. (All-
tags)Kleider pl.
**ha·bil·i·tate** [həˈbɪlɪteɪt] **I** v/t Am. ein
Bergbauunternehmen finanˈzieren. **II** v/i
sich (*für ein Amt etc*) qualifiˈzieren, univ.
sich habiliˈtieren.
**hab·it** [ˈhæbɪt] s **1.** (An)Gewohnheit f: ~**s
of life** Lebensgewohnheiten; **eating** ~**s**
Art f zu essen, Eßgewohnheiten; **out of**
(*od.* **by**) ~ aus Gewohnheit, gewohn-
heitsmäßig; **to act from force of** ~ der
Macht der Gewohnheit nachgeben; **to
be in the** ~ **of doing s.th.** etwas zu tun
pflegen; **die** (An)Gewohnheit haben, et-
was zu tun; **it is the** ~ **with him** es ist bei
ihm so üblich; **to break o.s.** (**s.o.**) **of a** ~
sich (j-m) etwas abgewöhnen; **to make a**
~ **of s.th.** sich etwas zur Gewohnheit
machen; → **creature** 1, **fall into** 2, **fall
out of, get into** 4, **get out of** 3. **2.** *oft* ~ **of
mind** Geistesverfassung f. **3.** (*bes.* Dro-
gen)Sucht f, (*Zustand a.*) (-)Süchtigkeit f:
**drink has become a** ~ **with him** er
kommt vom Alkohol nicht mehr los. **4.**
psych. Habit n, a. m (*Erlerntes, Erwor-
benes*). **5.** bot. Habitus m, Wachstumsart
f. **6.** zo. Lebensweise f. **7.** (Amts-, Be-
rufs-, bes. Ordens)Kleidung f, Tracht f,
Haˈbit m, a. n: → **riding** 4.
**hab·it·a·ble** [ˈhæbɪtəbl] adj (adv **hab-
itably**) bewohnbar.
**ha·bi·tan** → **habitant** 2.
**hab·i·tant** s **1.** [ˈhæbɪtənt] Einwoh-
ner(in), Bewohner(in). **2.** [abitɑ̃] a)
ˈFrankokaˌnadier m, b) Einwohner m

franˈzösischer Abkunft (*in Louisiana*).
**hab·i·tat** [ˈhæbɪtæt] s **1.** bot. zo. Habi-
ˈtat n, Standort m, Heimat f. **2.** Habiˈtat
n (*kapselförmige Unterwasserstation für
Aquanauten*). **ˌhab·i·taˈtion** [-ˈteɪʃn] s
**1.** (Be)Wohnen n: **unfit for human** ~
nicht bewohnbar, für Wohnzwecke un-
geeignet. **2.** Wohnung f, Behausung f.
**ˈhab·it-ˌform·ing** adj **1. to be** ~ a) zur
Gewohnheit werden, b) Sucht erzeugen.
**2.** suchterzeugend: ~ **drug** Suchtmittel n.
**ha·bit·u·al** [həˈbɪtjʊəl; Am. həˈbɪtʃəwəl;
-tʃəl] adj (adv ~**ly**) **1.** gewohnheitsmäßig,
Gewohnheits...: ~ **criminal** Gewohn-
heitsverbrecher m. **2.** gewohnt, ständig,
üblich: **he is** ~**ly late** er kommt ständig
zu spät. **haˈbit·u·al·ness** s Gewohn-
heitsmäßigkeit f. **haˈbit·u·ate** [-tjʊeɪt;
Am. -tʃəweɪt] **I** v/t **1.** (o.s. sich) gewöh-
nen (**to** an acc): **to** ~ **o.s. to doing s.th.**
sich daran gewöhnen, etwas zu tun. **2.**
Am. colloq. frequenˈtieren, häufig be-
suchen. **II** v/i **3.** zur Gewohnheit werden.
**4.** süchtig machen. **haˌbit·uˈa·tion** s
Gewöhnung f (**to** an acc).
**hab·i·tude** [ˈhæbɪtjuːd; Am. a. -ˌtuːd] s
**1.** Wesen n, Neigung f, Veranlagung f.
**2.** (An)Gewohnheit f.
**ha·bit·u·é** [həˈbɪtjʊeɪ; Am. həˈbɪtʃəˌweɪ] s
ständiger Besucher, Stammgast m.
**ha·bi·tus** [ˈhæbɪtəs] s **1.** med. Habitus
m (*Besonderheiten im Erscheinungsbild
e-s Menschen, die e-n gewissen Schluß
auf Krankheitsanlagen zulassen*). **2.** →
**habit** 5.
**ha·chure** [hæˈʃjʊə; bes. Am. hæˈʃʊə(r)] **I**
s **1.** Schraffe f, Bergstrich m (*auf Land-
karten*). **2.** pl Schrafˈfierung f, Schrafˈfur
f. **II** v/t **3.** schrafˈfieren.
**ha·ci·en·da** [ˌhæsɪˈendə; Am. a. ˌhɑːsiː-
ˈendə; ˌɑːsiː-] s **1.** Haziˈenda f, (Land)Gut
n. **2.** pl Faˈbrik-, Bergwerks)Anlage f.
**hack¹** [hæk] **I** v/t **1.** a) (zer)hacken: **to** ~
**off** abhacken (von); **to** ~ **out** fig. grob
darstellen; **to** ~ **to pieces** (od. bits) in
Stücke hacken, fig. Ruf etc zerstören,
ˌkaputtmachen', b) fig. e-n Text verstüm-
meln, entstellen. **2.** (ein)kerben. **3.** agr.
den Boden (auf-, los)hacken: **to** ~ **in**
Samen unterhacken. **4.** tech. Steine be-
hauen. **5.** a) (bes. Rugby) j-m, a. j-n ans od.
gegen das Schienbein treten, b) (Basket-
ball) j-m, a. j-n auf den Arm schlagen. **6.**
Am. colloq. a) ausstehen, leiden, b)
ˌschaffen', bewältigen. **II** v/i **7.** hacken:
**to** ~ **at** (mit dem Beil etc) schlagen auf
(acc), b) a. **to** ~ **away at** einhauen auf
(acc). **8.** trocken u. stoßweise husten:
~**ing cough** → 15. **9.** ~ **around** Am.
colloq. ˌherˈumhängen', -lungern. **III** s
**10.** Hieb m: **to take a** ~ **at** a) (mit dem
Beil etc) schlagen auf (acc), b) Am. colloq.
etwas probieren, versuchen. **11.** a) (mit dem
Beil etc) schlagen auf (acc). **11.** a) (bes. Rug-
f, b) Haue f, Pickel m. **12.** Kerbe f. **13.** Am.
Schalm m (*an Bäumen*). **14.** a) (bes. Rug-

by) Tritt m ans od. gegen das Schienbein,
b) (bes. Rugby) Trittwunde f, c) (Basket-
ball) Schlag m auf den Arm. **15.** trocke-
ner, stoßweiser Husten.
**hack²** [hæk] **I** s **1.** a) Reit-, a. Kutschpferd
n, b) Mietpferd n, c) Klepper m. **2.** Br.
Aus-, Spaˈzierritt m. **3.** Am. a) Droschke
f, Miet(s)kutsche f, b) colloq. Taxi n, c) →
**hackie.** **4.** a) Schriftsteller, der auf Be-
stellung arbeitet, b) (rein) kommerziˈeller
Schriftsteller. **II** v/t **5.** liteˈrarische Auf-
träge erteilen an (acc). **6.** Pferd vermie-
ten. **7.** Br. ein Pferd ausreiten. **8.** e-n
Begriff etc abnutzen. **III** v/i **9.** Br. aus-
reiten, e-n Spaˈzierritt machen. **10.** Am.
in e-r Droschke od. colloq. in e-m Taxi
fahren. **11.** Am. colloq. ein Taxi fahren.
**12.** auf Bestellung arbeiten (*Schrift-
steller*). **IV** adj **13.** ~ **writer** → 4. **14.** mittel-
mäßig. **15.** → **hackneyed.**
**hack³** [hæk] s **1.** Falknerei: Futterbrett
n: **to keep at** ~ → 3, b) Trockengestell
n, b) Futtergestell n. **II** v/t **3.** Falken in
teilweiser Freiheit halten. **4.** auf e-m
Gestell trocknen.
**ˈhackˌber·ry** s **1.** bot. Zürgelbaum m. **2.**
beerenartige Frucht von 1.
**ˈhack·but** s mil. hist. Arkeˈbuse f.
**ˈhack·er** s Hacker m (*Computerpirat*)
**hack·ie** [ˈhækiː] s Am. colloq. Taxifah-
rer m.
**hack·le¹** [ˈhækl] **I** s **1.** tech. Hechel f. **2.**
orn. (lange) Nackenfeder(n pl), b) pl (auf-
stellbare) Rücken- u. Halshaare pl
(*Hund*): **to get s.o.'s** ~**s up** fig. j-n wütend
machen; **to have one's** ~**s up** fig. wütend
sein; **with one's** ~**s up** fig. wütend. **3.**
Angelsport: a) Federfüße pl, b) → **hackle
fly. II** v/t **4.** Flachs etc hecheln. **5.** künst-
liche (Angel)Fliege mit Federfüßen ver-
sehen.
**hack·le²** [ˈhækl] v/t zerhacken.
**hack·le fly** s (künstliche) Angelfliege
mit Federfüßen.
**hack·ma·tack** [ˈhækmətæk] s **1.** bot. a)
Amer. Lärche f, b) Echter Waˈcholder. **2.**
Tamarak n (*Holz von* 1 a).
**hack·ney** [ˈhæknɪ] **I** s **1.** → **hack²** 1 a. **2.**
a. ~ **carriage** Droschke f, Miet(s)kutsche
f. **II** v/t **3.** e-n Begriff etc abnutzen.
**ˈhack·neyed** adj abgedroschen, abge-
nutzt.
**ˈhack·saw** s tech. Bügelsäge f.
**had** [hæd] pret u. pp von **have.**
**had·dock** [ˈhædək] pl **-docks,** bes.
collect. **-dock** s Schellfisch m.
**hade** [heɪd] geol. **I** s Neigungswinkel m.
**II** v/i von der Vertiˈkallinie abweichen.
**Ha·des** [ˈheɪdiːz] s **1.** myth. Hades
m, ˈUnterwelt f. **2.** colloq. Hölle f.
**hadj** [hædʒ] s relig. Hadsch m (*Wallfahrt
nach Mekka, die jeder Mohammedaner
wenigstens einmal in s-m Leben unter-
nehmen soll*). **ˈhadj·i** [-iː] s relig. Ha-
dschi m (*Ehrentitel für e-n Mekkapilger*)

**hadst** [hædst] *obs. 2. sg pret von* **have:** **thou ~.**

**hae·mal** ['hi:ml] *adj anat. bes. Br.* Blut(gefäß)...

**hae·ma·te·in** [ˌhemə'ti:ɪn; ˌhi:-] *s bes. Br.* Hämate'in *n,* Hämatoxy'lin *n (in der Histologie zur Zellkernfärbung verwendeter Farbstoff aus dem Holz des Blutholzbaumes).*

**hae·ma·tem·e·sis** [ˌhemə'temɪsɪs; ˌhi:-] *s med. bes. Br.* Häma'temesis *f,* Blutbrechen *n.*

**hae·mat·ic** [hi:'mætɪk] *bes. Br.* **I** *adj* **1.** blutfarbig. **2.** blutgefüllt. **3.** *physiol.* Blut..., im Blut enthalten. **4.** *physiol.* blutbildend. **II** *s* **5.** *med. pharm.* Hä'matikum *n,* blutbildendes Mittel.

**haem·a·tin** ['hemətɪn; 'hi:-] *s physiol. bes. Br.* Häma'tin *n (eisenhaltiger Bestandteil des Blutfarbstoffs).*

**haem·a·tite** ['hemətaɪt; 'hi:-] *s min. bes. Br.* Häma'tit *m.*

**hae·mat·o·blast** [hi:'mætəʊblæst; 'hemətəʊblæst; 'hi:-] *s physiol. bes. Br.* Hämato'blast *m,* Hämo'blast *m (blutbildende Zelle im Knochenmark).*

**hae·ma·to·cele** ['hemətəʊsi:l; 'hi:-] *s med. bes. Br.* Hämato'zele *f (geschwulstartige Ansammlung von geronnenem Blut in e-r Körperhöhle, bes. in der Bauchhöhle).*

**hae·ma·to·crit** ['hemətəʊkrɪt; 'hi:-; hi:-'mætəʊkrɪt] *s med. bes. Br.* **1.** Hämato'krit *m,* 'Blutzentri,fuge *f.* **2.** Hämato'kritwert *m.*

**haem·a·tog·e·nous** [ˌhemə'tɒdʒɪnəs; ˌhi:-; *Am.* -'tɑ-] *adj physiol. bes. Br.* hämato'gen: a) aus dem Blut stammend, b) blutbildend.

**hae·ma·tol·o·gist** [ˌhemə'tɒlədʒɪst; ˌhi:-; *Am.* -'tɑ-] *s med. bes. Br.* Hämato'loge *m.* **ˌhae·ma'tol·o·gy** *s med. bes. Br.* Hämatolo'gie *f (Teilgebiet der Medizin, das sich mit dem Blut u. den Blutkrankheiten befaßt).*

**hae·ma·to·ma** [ˌhi:mə'təʊmə; ˌhe-] *pl* **-mas, -ma·ta** *s med. bes. Br.* Häma'tom *n,* Blutbeule *f,* -erguß *m.*

**haem·a·to·poi·e·sis** [ˌhemətəʊpɔɪ'i:sɪs; ˌhi:-; hi:ˌmætəʊ-] *s physiol. bes. Br.* Hämato'ese *f,* Häma'tose *f,* Blutbildung *f, bes.* Bildung *f* der roten Blutkörperchen.

**hae·ma·to·sis** [ˌhi:mə'təʊsɪs; ˌhe-] *s physiol. bes. Br.* **1.** → **haematopoiesis.** **2.** 'Umwandlung *f* von ve'nösem in arteri'elles Blut *(in der Lunge).*

**hae·ma·tox·y·lin** [ˌhi:mə'tɒksɪlɪn; ˌhe-; *Am.* -'tɑ-] → **haematein.**

**hae·ma·to·zo·on** [ˌhemətəʊ'zəʊɒn; ˌhi:-; *Am.* -ˌɑn] *pl* **-zo·a** [-'zəʊə] *s med. zo. bes. Br.* Hämato'zoon *n,* 'Blutpara,sit *m.*

**hae·ma·tu·ri·a** [ˌhi:mə'tjʊərɪə; ˌhe-; *Am. a.* -'tʊrɪə] *s med. bes. Br.* Hämatu'rie *f (Ausscheidung nicht zerfallener roter Blutkörperchen mit dem Urin).*

**hae·mo·cyte** ['hi:məʊsaɪt; 'he-] *s physiol. bes. Br.* Hämo'zyt *m,* Blutkörperchen *n.*

**hae·mo·di·al·y·sis** [ˌhi:məʊdaɪ'ælɪsɪs] *s irr med. bes. Br.* Hämodia'lyse *f (Reinigung des Blutes von krankhaften Bestandteilen, z. B. in der künstlichen Niere).*

**hae·mo·glo·bin** [ˌhi:məʊ'gləʊbɪn] *s physiol. bes. Br.* Hämoglo'bin *n (Farbstoff der roten Blutkörperchen).* **'hae·moˌglo·bi'nu·ri·a** [-'njʊərɪə; *Am. a.* -'nʊrɪə] *s med. bes. Br.* Hämoglobinu'rie *f (Ausscheidung von rotem Blutfarbstoff im Urin).*

**hae·mo·ly·sin** [ˌhi:məʊ'laɪsɪn; *Am.* ˌhi:mə'laɪsɪn] *s med. bes. Br.* Hämoly'sin *n (Antikörper, der artfremde Blutkörperchen auflöst).*

**hae·mol·y·sis** [hi:'mɒlɪsɪs; *Am.* -'mɑ-] *pl*

---

**-ses** [-si:z] *s med. bes. Br.* Hämo'lyse *f (Auflösung der roten Blutkörperchen durch Austritt des roten Blutfarbstoffs).*

**hae·mo·phile** ['hi:məʊfaɪl] *s med. bes. Br.* Hämo'phile(r) *m,* Bluter *m.* **ˌhae·mo'phil·i·a** [-'fɪlɪə] *s med. bes. Br.* Hämophi'lie *f,* Bluterkrankheit *f.* **ˌhae·mo'phil·i·ac** [-'fɪlɪæk] → **haemophile.** **ˌhae·mo'phil·ic** [-'fɪlɪk] *adj bes. Br.* **1.** *med.* hämo'phil: a) *an* Hämophilie *leidend,* b) *auf* Hämophilie *beruhend.* **2.** *biol.* hämo'phil, blutliebend, im Blut lebend: ~ **bacteria.**

**haem·op·ty·sis** [hi:'mɒptɪsɪs; *Am.* -'mɑ-] *s med. bes. Br.* Hämo'ptyse *f,* Hämo'ptysis *f,* Bluthusten *n,* -spucken *n.*

**haem·or·rhage** ['hemərɪdʒ] *med. bes. Br.* **I** *s* Hämorrha'gie *f,* Blutung *f:* **brain** *(od.* **cerebral)** ~ Gehirnblutung. **II** *v/i* bluten.

**haem·or·rhoi·dal** [ˌhemə'rɔɪdl] *adj med. bes. Br.* hämorrho'idal. **ˌhaem·or·rhoid'ec·to·my** [-'dektəmɪ] *s med. bes. Br.* Hämorrhoidekto'mie *f,* Hämorrho'idenoperati,on *f.* **'haem·or·rhoids** [-dz] *s pl med. bes. Br.* Hämorrho'iden *pl.*

**hae·mo·sta·sis** [hi:məʊ'steɪsɪs] *pl* **-ses** [-si:z] *s med. bes. Br.* Hämo'stase *f:* a) Blutstockung *f,* b) Blutstillung *f.* **'hae·mo·stat** [-stæt] *s med. bes. Br.* **1.** Gefäß-, Ar'terienklemme *f.* **2.** *pharm.* Hämo'styptikum *n,* Hämo'statikum *n,* blutstillendes Mittel. **ˌhae·mo'stat·ic** [-'stætɪk] *med. pharm. bes. Br.* **I** *adj* hämo'styptisch, hämo'statisch, blutstillend. **II** *s* → **haemostat** 2.

**hae·res** → **heres.**

**ha·fiz** ['hɑːfɪz] *s relig.* Hafis *m (Ehrentitel e-s Mannes, der den Koran auswendig kann).*

**haf·ni·um** ['hæfnɪəm] *s chem.* Hafnium *n.*

**haft** [hɑːft; *Am.* hæft] **I** *s* Griff *m,* Heft *n (bes. e-r Stichwaffe),* Stiel *m (e-r Axt).* **II** *v/t* e-n Griff *etc* einsetzen in *(acc).*

**hag¹** [-tə] *s* **1.** *fig.* häßliches altes Weib, Hexe *f.* **2.** *ichth.* Schleimaal *m.*

**hag²** [hæg; hɑːg] *s Br. dial.* feste Stelle im Sumpf.

**Hag·ga·i** ['hægeaɪ; *bes. Am.* 'hægaɪ; -gaɪ] *npr u. s Bibl.* (das Buch) Hag'gai *m od.* Ag'gäus *m.*

**hag·gard** ['hægə(r)d] **I** *adj (adv* **~ly) 1.** wild: ~ **look. 2.** a) abgehärmt, sorgenvoll, b) abgespannt, c) abgezehrt, hager. **3.** ~ **falcon** → **4. I 4.** Falke, der ausgewachsen eingefangen wurde. **'hag·gard·ness** *s* Hagerkeit *f.*

**hag·gis** ['hægɪs] *s gastr. Scot.* Herz, Lunge *u.* Leber vom Schaf, *im* Schafsmagen *gekocht.*

**hag·gish** ['hægɪʃ] *adj* hexenhaft.

**hag·gle** ['hægl] **I** *v/i* **1.** feilschen, handeln, schachern (**about,** over um). **2.** → **hack¹** 7. **II** *v/t* → **hack¹** 1. **'hag·gler** *s* Feilscher(in).

**hag·i·oc·ra·cy** [ˌhægɪ'ɒkrəsɪ; *Am.* -'ɑk-; *a.* ˌheɪdʒɪ-] *s* (Staat *m etc* unter) Heiligenherrschaft *f.*

**Hag·i·og·ra·pha** [ˌhægɪ'ɒgrəfə; *Am.* -'ɑg-; *a.* ˌheɪdʒɪ-] *s pl Bibl.* Hagi'ographa *pl,* Hagio'graphen *pl (griechische Bezeichnung des dritten, vor allem poetischen Teils des Alten Testaments).* **ˌhag·i'og·ra·pher** [-grəfə(r)] *s* Hagio'graph *m:* a) *e-r der Verfasser der Hagiographa,* b) Verfasser *von* Heiligenleben. **ˌhag·i·o'graph·ic** [-gɪə'græfɪk], **ˌhag·i·o'graph·i·cal** *adj* hagio'graphisch. **ˌhag·i'og·ra·phist** → **hagiographer.** **ˌhag·i'og·ra·phy** *s* Hagiogra'phie *f (Erforschung u. Beschreibung von Heiligenleben).*

**hag·i·o·la·ter** [ˌhægɪ'ɒlətə; *Am.* ˌhægi-

---

'ɒlətər; *a.* ˌheɪdʒɪ-] *s relig.* Heiligenverehrer *m.* **ˌhag·i'ol·a·try** [-trɪ] *s* Hagiola'trie *f,* Heiligenverehrung *f,* -kult *m.* **ˌhag·i'ol·o·gist** [-'ɒlədʒɪst] → hagiographer b. **ˌhag·i'ol·o·gy** *s* **1.** Hagiolo'gie *f (Lehre von den Heiligen).* **2.** Hagio'logion *n (liturgisches Buch mit Lebensbeschreibungen der Heiligen in der orthodoxen Kirche).*

**'hagˌrid·den** *adj* **1.** gepeinigt, verfolgt. **2.** to be ~ *humor.* von Frauen schikaniert werden.

**Hague| Con·ven·tions** [heɪg] *s pl pol.* (die) Haager Abkommen *pl.* ~ **Tri·bu·nal** *s pol.* (der) Haager Schiedshof.

**hah** → **ha.**

**ha-ha¹** ['hɑːhɑː] *s (in e-m Graben)* versenkter Grenzzaun.

**ha-ha²** [hɑː'hɑː] **I** *interj* haha! **II** *s* Haha *n.* **III** *v/i* ˌha'ha' rufen.

**hahn·i·um** ['hɑːnɪəm] *s chem.* Hahnium *n.*

**hail¹** [heɪl] **I** *s* **1.** Hagel *m (a. fig. von Flüchen, Fragen, Steinen etc):* ~ **of bullets** Geschoßhagel. **II** *v/i* **2.** impers hageln: it is ~ing es hagelt. **3.** ~ **down** *fig.* niederhageln, -prasseln (**on, upon** auf *acc).* **III** *v/t* **4.** ~ **down** *fig.* niederhageln *od.* -prasseln lassen (**on, upon** auf *acc):* to ~ **blows down on s.o.** j-n mit Schlägen eindecken.

**hail²** [heɪl] **I** *v/t* **1.** freudig *od.* mit Beifall begrüßen, zujubeln (*dat*): they ~ed him (**as**) **king** sie jubelten ihm als König zu. **2.** (be)grüßen. **3.** *j-n,* etwas anrufen. **4.** *fig.* etwas begrüßen, begeistert aufnehmen. **II** *v/i* **5.** *bes. mar.* rufen, sich melden. **6.** ('her-) stammen, kommen (**from** von *od.* aus). **III** *interj* **7.** *bes. poet.* heil! **IV** *s* **8.** Gruß *m.* **9.** (Zu)Ruf *m.* **10.** Ruf-, Hörweite *f:* within ~ in Rufweite.

**'hail·er** *s Am.* Mega'phon *n.*

**'hail-,fel·low-,well-'met** [adj a) geselig, 'umgänglich, freundlich, b) vertraut: to be ~ with auf du u. du stehen mit, c) *contp.* plump-vertraulich. **II** *s* a) geselliger *od.* 'umgänglicher Mensch, b) *contp.* plump-vertraulicher Kerl.

**'hail·ing dis·tance** *s* Ruf-, Hörweite *f:* within ~ a) in Rufweite, b) *fig.* greifbar nahe, in greifbarer Nähe.

**Hail Mar·y** *s relig.* 'Ave-Ma'ria *n,* Englischer Gruß.

**'hail·stone** *s* Hagelkorn *n,* (Hagel-) Schloße *f.* **'hail·storm** *s* Hagelschauer *m.*

**hai·mish** → **heimish.**

**hain't** [heɪnt] *obs. od. dial. colloq. für* have not, has not.

**hair** [heə(r)] *s* **1.** *(einzelnes)* Haar. **2.** *collect.* Haar *n,* Haare *pl.* **3.** *bot.* Haar *n,* Tri'chom *n.* **4.** Härchen *n,* Fäserchen *n.* **5.** Haartuch *n.*

*Besondere Redewendungen:*

by a ~ äußerst *od.* ganz knapp *(gewinnen etc);* to a ~ aufs Haar, haargenau; to do one's ~ die Haare machen, sich frisieren; to get in(to) s.o.'s ~ *colloq.* j-m auf den Wecker fallen *od.* gehen'; not to harm a ~ on s.o.'s head j-m kein Haar krümmen; to have a ~ of the dog (that bit one) *colloq.* e-n Schluck Alkohol trinken, um s-n „Kater" zu vertreiben; to have s.o. by the short ~s j-n (fest) in der Hand haben; keep your ~ on! *colloq.* reg' dich ab!, nur keine Aufregung! to keep (od. get) out of s.o.'s ~ *colloq.* j-m aus dem Weg gehen; to keep s.o. out of one's ~ *colloq.* sich j-n vom Leib halten; to let one's ~ down a) sein Haar aufmachen, b) *fig.* sich ungezwungen benehmen *od.* geben, c) *fig.* aus sich herausgehen; to lose one's ~ a) kahl werden, b) *fig.* wütend werden; he is losing his ~ ihm gehen die Haare aus; to split ~s

Haarspalterei treiben; **the sight made my ~ stand (up) on end** bei dem Anblick standen mir die Haare zu Berge *od.* sträubten sich mir die Haare; **to tear one's ~ (out)** sich die Haare raufen; **not to turn a ~** nicht mit der Wimper zucken; **without turning a ~** ohne mit der Wimper zu zucken; → curl 1, 6.

'**hair**|**ball** *s zo.* Haarknäuel *m, n.* '**~breadth I** *s:* **by a ~** um Haaresbreite; **to escape by a ~** mit knapper Not davonkommen. **II** *adj* äußerst *od.* ganz knapp: **to have a ~ escape** mit knapper Not davonkommen. '**~brush** *s* 1. Haarbürste *f.* 2. Haarpinsel *m.* **~bulb** *s anat.* Haarzwiebel *f.* '**~check** *s* hair crack. '**~cloth** *s* Haartuch *n.* **~compass·es** *s pl a.* pair of ~ Haar(strich)zirkel *m.* **~crack** *s tech.* Haarriß *m.* '**~curl·ing** *adj* haarsträubend. '**~cut** *s* a) Haarschnitt *m:* **to give s.o. a ~** j-m die Haare schneiden; **to have a ~** sich die Haare schneiden lassen; **you need a ~** du mußt dir wieder mal die Haare schneiden lassen, du mußt wieder mal zum Friseur, b) Fri'sur *f.* '**~cut·ting I** *s* Haarschneiden *n.* **II** *adj* Haarschneide... '**~di·vid·ers** → hair compasses. '**~do** *pl* **-dos** *s colloq.* Fri'sur *f.* '**~drawn** → hairsplitting II. '**~dress·er** *s* Fri'seur *m,* Fri'seuse *f.* '**~dress·ing I** *s* 1. Fri'sieren *n.* 2. a) Haarwasser *n,* b) Po'made *f.* **II** *adj* 3. Frisier...: **~ salon** Friseur-, Frisiersalon *m.* '**~dri·er** *s* Haartrockner *m.*

**haired** [heə(r)d] *adj* 1. behaart. 2. *in Zssgn* ...haarig.

**hair**|**fol·li·cle** *s anat.* 'Haarfol<sub>1</sub>likel *m,* -balg *m.* '**~grip** *s bes. Br.* Haarklammer *f,* -klemme *f.*

**hair·i·ness** ['heərɪnɪs] *s* Haarigkeit *f,* Behaartheit *f.*

**hair lac·quer** *s* Haarfestiger *m.*

'**hair·less** *adj* haarlos, unbehaart, ohne Haar(e), kahl: **his head is completely ~** er hat kein einziges Haar auf dem Kopf.

'**hair**|**line** *s* 1. Haaransatz *m.* 2. Haarstrich *m (Buchstabe).* 3. a) feiner Streifen *(Stoffmuster),* b) feingestreifter Stoff. 4. Haarseil *n.* 5. *a.* **~ crack** *tech.* Haarriß *m.* 6. *opt. surv.* Faden-, Strichkreuz *n.* **~mat·tress** *s* 'Roßhaarma<sub>1</sub>tratze *f.* '**~net** *s* Haarnetz *m.* **~oil** *s* Haaröl *n.* '**~piece** *s (für Frauen)* Haarteil *n, (für Männer)* Tou'pet *n.* '**~pin I** *s* 1. Haarnadel *f.* 2. *a.* **~ bend** Haarnadelkurve *f.* **II** *v/i* 3. in Serpen'tinen verlaufen *(Straße).* '**~rais·er** *s colloq. (etwas)* Haarsträubendes, *bes.* Horrorfilm *m,* -geschichte *f.* '**~rais·ing** *adj* haarsträubend. **~re·stor·er** *s* Haarwuchsmittel *n.*

**hair's**| **breadth** → hairbreadth I. '**~breadth** → hairbreadth II.

'**hairs·breadth** → hairbreadth.

**hair**|**seal** *s zo.* Haarseehund *m.* **~shirt** *s* Haarhemd *n,* härenes Hemd. **~sieve** *s* Haarsieb *n.* **~slide** *s* Haarspange *f.* **~space** *s print.* Haarspatium *n.* '**~split·ter** *s* Haarspalter(in). '**~split·ting I** *s* Haarspalte'rei *f.* **II** *adj* haarspalterisch, spitzfindig. **~spray** *s* Haarspray *m, n.* '**~spring** *s tech.* Haar-, Unruhfeder *f.* '**~streak** *s zo. (ein)* Bläuling *m.* **~stroke** *s* 1. Haarstrich *m (Schrift).* '**~style** *s* Fri'sur *f.* **~styl·ist** *s* Hair-Stylist *m,* 'Haarsti<sub>1</sub>list *m,* 'Damenfri<sub>1</sub>seur *m.* **~trans·plan·ta·tion** *s med.* Haartransplantati<sub>1</sub>on *f,* -verpflanzung *f.* **~trig·ger** *s tech.* Stecher *m (am Gewehr).* '**~trig·ger** *adj colloq.* 1. aufbrausend *(Temperament),* reizbar *(Person).* 2. la'bil *(Gleichgewicht).* 3. prompt: **~ service.** '**~weav·ing** *s* Haarverwebung *f.* '**~worm** *s zo.* Haar-, Fadenwurm *m.* '**hair·y** *adj* 1. haarig, behaart. 2. Haar...

---

3. haarartig. 4. *colloq.* a) ,haarig', schwierig, unangenehm, b) gefährlich.

**haj·i, haj·ji** ['hædʒi] → hadji.

**hake**[1] [heɪk] *pl* **hakes,** *bes. collect.* hake *s ichth.* Seehecht *m.*

**hake**[2] [heɪk] *s* Trockengestell *n.*

**ha·keem** [hə'ki:m] → hakim.

**ha·kim** *s (im Orient)* 1. [hə'ki:m] Ha'kim *m:* a) Weise(r) *m,* Gelehrte(r) *m,* b) Arzt *m.* 2. ['hɑ:kɪm] Hakim *m:* a) Herrscher *m,* b) Richter *m.*

**ha·la·tion** [hə'leɪʃn; *Am. bes.* heɪ-] *s phot.* Lichthof-, Halobildung *f.*

**hal·berd** ['hælbɜːd; -bəd; *Am.* -bərd] *s mil. hist.* Helle'barde *f.* ,**hal·berd'ier** [-bə(r)'dɪə(r)] *s* Hellebar'dier *m.*

**hal·bert** ['hælbɜːt; -bət; *Am.* -bərt] → halberd.

**hal·cy·on** ['hælsɪən] **I** *s* 1. *myth.* Eisvogel *m.* 2. *poet. für* kingfisher. **II** *adj* 3. (h)alky'onisch, friedlich. **~ days** *s pl* 1. (h)alky'onische Tage *pl:* a) Tage *pl* der Ruhe (auf dem Meer), b) *fig.* Tage *pl* glücklicher Ruhe. 2. *fig.* glückliche Zeit *od.* Tage *pl.*

**hale**[1] [heɪl] *v/t* schleppen, zerren.

**hale**[2] [heɪl] *adj* gesund, kräftig, rüstig: **~ and hearty** gesund u. munter.

**half** [hɑːf; *Am.* hæf] **I** *adj* 1. halb: **a ~ mile,** *meist* **a mile** e-e halbe Meile; **a ~ share** ein halber Anteil, e-e Hälfte; **~ an hour** e-e halbe Stunde; **at ~ the price** zum halben Preis; **two pounds and a ~, two and a ~ pounds** zweieinhalb Pfund; **a fish and a ~** *colloq.* ein ,Mordsfisch'; **a fellow and a ~** *colloq.* ein ,Pfundskerl'. 2. | halb, oberflächlich: **~ knowledge** Halbwissen *n,* Halbbildung *f.*

**II** *adv* 3. halb, zur Hälfte: **~ full; my work is ~ done;** ,**~ cooked** halbgar; **~ as long** halb so lang; **~ as much** halb soviel; **~ as much** *(od.* **as many)** **again** anderthalbmal soviel. 4. halb(wegs), fast, nahezu: **~ dead** halbtot; **he ~ wished (suspected)** er wünschte (vermutete) halb *od.* fast. 5. **not ~** a) bei weitem nicht, lange nicht: **not ~ big enough,** b) *colloq.* (ganz u.) gar nicht: **not ~ bad** gar nicht übel, c) *colloq.* gehörig, ,mordsmäßig': **he didn't ~ swear** er fluchte nicht schlecht. 6. *(in Zeitangaben)* halb: **~ past two** zwei Uhr dreißig, halb drei. 7. *mar.* ...einhalb: **~ three** dreieinhalb *(Faden).*

**III** *pl* **halves** [hɑːvz; *Am.* hævz] *s* 8. Hälfte *f:* **one ~ of it** die e-e Hälfte davon; **~ of the girls** die Hälfte der Mädchen; **to waste ~ of one's time** die halbe Zeit verschwenden; → better[1] 1. 9. *sport* a) (Spiel)Hälfte *f,* Halbzeit *f:* **first (second) ~,** b) (Spielfeld)Hälfte *f.* 10. → halfback. 11. *Golf:* Gleichstand *m.* 12. Fahrkarte *f* zum halben Preis. 13. → half-hour 1. 14. halbes Pint *(bes. Bier):* **I only had a ~** ich hab' nur ein kleines Bier getrunken. 15. *obs.* Halbjahr *n.*

*Besondere Redewendungen:*

**~ of it is** *(aber* **~ of them are)** **rotten** die Hälfte (davon) ist faul; **~ the amount** die halbe Menge *od.* Summe, halb soviel; **to cut in(to) halves** *(od.* **in ~)** *etwas* halbieren *od.* in zwei Hälften teilen; **to do s.th. by halves** etwas nur halb tun; **to do things by halves** halbe Sachen machen; **not to do things by halves** Nägel mit Köpfen machen; **too clever by ~** überschlau; **to go halves with s.o. in s.th.** etwas mit j-m teilen; mit j-m bei etwas halbpart machen; **I have ~ a mind to go there** ich habe nicht übel Lust hinzugehen, ich möchte fast hingehen; **not good enough by ~** bei weitem nicht gut genug; → battle *Bes. Redew.,* eye 2, mind 5.

,**half**|**-a-**'**crown** → half crown. ,**~-and-**'**half I** *s* Halb-u.-halb-Mi-

---

schung *f, bes.* Mischung *f (zu gleichen Teilen)* aus Ale u. Porter. **II** *adj* Halb-u.-halb-... **III** *adv* halb u. halb. '**~**<sub>1</sub>**assed** *adj Am. colloq.* 1. unzulänglich: **he only did a ~ job** er leistete nur halbe Arbeit. 2. a) dumm, b) unfähig, c) ,grün'. '**~back** *s* 1. *Rugby:* Halbspieler *m.* 2. *Fußball, Hockey: hist.* Läufer *m.* ,**~'baked** *adj* 1. nicht durch, halbgar. 2. *colloq.* a) nicht durch'dacht, halbfertig, unausgegoren *(Plan etc),* b) ,grün' *(Person),* c) halfwitted. **~bind·ing** *s* Halbband *m (e-s Buchs).* '**~blood** *s* 1. Halbbürtigkeit *f (von Geschwistern):* **brother of the ~** Halbbruder *m.* 2. → half-breed 1 *u.* 3. '**~**<sub>1</sub>**blood·ed** → half-bred I. **~board** *s* 'Halbpensi<sub>1</sub>on *f.* **~boot** *s* Halbstiefel *m.* ,**~'bound** *adj* in Halbband *(Buch).* ,**~'-bred I** *adj* halbblütig, Halbblut... **II** *s zo.* Halbblut *n.* '**~breed I** *s* 1. Mischling *m,* Halbblut *n.* 2. *Am.* Me'stize *m.* 3. *zo.* Halbblut *n.* 4. *bot.* Kreuzung *f.* **II** *adj* 5. halbblütig, Halbblut... **~ broth·er** *s* Halbbruder *m.* '**~caste** → half-breed 1 *u.* 5. '**~cloth** *adj* Halbleinen..., in Halbleinen gebunden. **~cock** *s* Vorderrast *f (des Gewehrhahns):* **to go off at ~** *colloq.* a) ,hochgehen', wütend werden, b) ,in die Hosen gehen', mißglücken; → cock[1] 7 b. ,**~'cocked** *adj* in Vorderraststellung *(Gewehrhahn):* **to go off ~** *colloq.* a) ,hochgehen', wütend werden, b) ,in die Hosen gehen', mißglücken. **~col·umn** *s arch.* Halbsäule *f.* **~crown** *s Br. hist.* Halbkronenstück *n (Wert: 2 s. 6 d.).* **~deck** *s mar.* Halbdeck *n.* **~ea·gle** *s Am. hist.* Fünf'dollar(gold)stück *n.* **~ face** *s paint. phot.* Pro'fil *n.* '**~faced** *adj* 1. Profil... 2. nach vorne offen: **~ tent.** **~'heart·ed** *adj (adv* **~ly)** halbherzig. **~hol·i·day** *s* 1. halber Feiertag. 2. halber Urlaubstag. **~hose** *s collect. (als pl konstruiert)* 1. Halb-, Kniestrümpfe *pl.* 2. Socken *pl.* ,**~'hour I** *s* 1. halbe Stunde: **the clock struck the ~** es schlug halb. **II** *adj* 2. halbstündig. 3. halbstündlich. **III** *adv* 4. jede *od.* alle halbe Stunde, halbstündlich. '**~length I** *adj* in 'Halbfi<sub>1</sub>gur *(Porträt):* **~ portrait** → II. **II** *s* Brustbild *n,* art 'Halbfi<sub>1</sub>gur(enbild *n) f.* '**~life** *(pe·ri·od) s phys.* Halbwertzeit *f (beim Atomzerfall).* '**~·ling** *s bes. ling.* halblang. ,**~'mast I** *s:* **to fly at ~** a) a. **to put at ~** → II, b) auf halbmast wehen, *mar.* halbstock(s) wehen; **flags were flown at ~** es wurde halbmast geflaggt; **flags were ordered to be flown at ~** es wurde Trauerbeflaggung angeordnet; **to wear one's trousers at ~** *humor.* die Hosen auf halbmast tragen. **II** *v/t* auf halbmast setzen, *mar.* halbstock(s) setzen. **~meas·ure** *s* Halbheit *f,* halbe Sache. **~moon** *s* 1. Halbmond *m.* 2. *(etwas)* Halbmondförmiges. 3. (Nagel-)Möndchen *n.* **~mourn·ing** *s* Halbtrauer *f.* **~nel·son** *s Ringen:* Halbnelson *m.* **~ note** *s mus. Am.* halbe Note. '**~**<sub>1</sub>**or·phan** *s* Halbwaise *f.*

**half·pen·ny** ['heɪpnɪ] *s* 1. *pl* **halfpence** ['heɪpəns] halber Penny (= $^1/_{200}$ *Pfund):* **three halfpence, a penny ~** eineinhalb Pennies. 2. *pl* **half·pen·nies** Halbpennystück *n:* **not to have two halfpennies to rub together** *colloq.* nur sehr wenig *od.* überhaupt kein Geld haben.

'**half**|**-pint** *s* 1. halbes Pint. 2. *colloq.* a) ,halbe Porti'on', b) ,Niemand' *m.* ,**~'price** *adv* zum halben Preis. **~prin·ci·pal** *s arch.* Halbbinder *m.* **~re·lief** *s* 'Halbreli<sub>1</sub>ef *n.* '**~seas o·ver** *adj colloq.* ,blau', betrunken. **~sis·ter** *s* Halbschwester *f.* '**~slip** *s* 'Unter-, Halbrock *m.* ,**~'staff** → half-mast. **~step** *s Am.* 1. *mil.* Kurzschritt *m (15 Zoll).* 2.

*mus.* Halbton *m.* ~ **term** *s univ. Br. kurze Ferien in der Mitte e-s Trimesters.* ~ **tide** *s mar.* Gezeitenmitte *f.* '~-ˌ**tim·ber(ed)** *adj arch.* Fachwerk... ~ **time** *s* 1. halbe Arbeitszeit. 2. *sport* Halbzeit *f (Pause):* at ~ bei *od.* zur Halbzeit. ˌ~-'**time** I *adj* 1. Halbtags...: ~ **job.** 2. *sport* Halbzeit... ~ **whistle;** ~ **score** Halbzeitstand *m,* -ergebnis *n.* II *adv* 3. halbtags: to work ~. ˌ~-'**tim·er** *s* Halbtagsbeschäftigte(r *m*) *f.* ~ **ti·tle** *s* Schmutztitel *m.* '~-**tone** *s Graphik:* a) Halbton *m (a. paint.),* b) *a.* ~ **process** Halbtonverfahren *n,* c) Halbtonbild *n,* d) *a.* ~ **block** Autoty'piekliˌschee *n:* ~ **etching** Autotypie *f.* '~-**track** I *s* 1. *tech.* Halbkettenantrieb *m.* 2. Halbketten-, Räderraupenfahrzeug *n.* 3. *mil.* (Halbketten-)Schützenpanzer (-wagen) *m.* II *adj* 4. *a.* **half-tracked** mit Halbkettenantrieb, Halbketten... '~-**truth** *s* Halbwahrheit *f.* ~ **vol·ley** *s Tennis, Tischtennis:* Halb-, Halbvolley *m (Schlag),* (*Ball a.*) Halbflugball *m.* ˌ~-'**vol·ley** (*Tennis, Tischtennis*) I *v/t e-n Ball* als Halbvolley nehmen *od.* schlagen. II *v/i* Halbvolleys spielen. ˌ~-'**way** I *adj* 1. auf halbem Weg *od.* in der Mitte (liegend): **we have reached the** ~ **point** wir haben die Hälfte geschafft. 2. halb, teilweise: ~ **measures** Halbheiten, halbe Sachen. II *adv* 3. auf halbem Weg, in der Mitte: **to meet s.o.** ~ *bes. fig.* j-m auf halbem Wege entgegenkommen; **to meet trouble** ~ sich schon im voraus Sorgen machen. 4. bis zur Hälfte *od.* Mitte. 5. teilweise, halb(wegs). '~-**way house** *s* 1. auf halbem Weg gelegenes Gasthaus. 2. Rehabilitati'onszentrum *n (für Strafentlassene od. aus e-r Entziehungsanstalt entlassene Drogenabhängige).* 3. *fig.* 'Zwischenstufe *f,* -stati,on *f.* 4. *fig.* Kompro'miß *m.* '~-**wit** *s* Idi'ot *m,* Schwachkopf *m,* Trottel *m.* ˌ~-'**wit·ted** *adj* schwachsinnig, blöd. '~-**world** *s* 1. *bes. pol.* Hemi'sphäre *f.* 2. Halbwelt *f.* '**Unterwelt** *f.* '~-**year** I *s* Halbjahr *n.* II halbjährig. ˌ~-'**year·ly** I *adj* 1. halbjährig. 2. halbjährlich. II *adv* 3. jedes halbe Jahr, halbjährlich.

**hal·i·but** [ˈhælɪbət] *pl* **-buts,** *bes. collect.* **-but** *s ichth.* Heilbutt *m.*

**hal·ide** [ˈhælaɪd; ˈheɪ-] *s chem.* Ha'lid *n,* Haloge'nid *n.*

**hal·i·eu·tic** [ˌhælɪˈjuːtɪk; *Am. a.* -lɪˈuː-] I *adj* Fischerei... II *s pl (als sg konstruiert)* Fische'reiwesen *n.*

**hal·ite** [ˈhælaɪt; ˈheɪ-] *s min.* Ha'lit *n,* Steinsalz *n.*

**hal·i·to·sis** [ˌhælɪˈtəʊsɪs] *s med.* Hali'tose *f,* übler Mundgeruch.

**hall** [hɔːl] *s* 1. Halle *f,* Saal *m.* 2. a) Diele *f,* Flur *m,* b) (Empfangs-, Vor)Halle *f,* Vesti'bül *n.* 3. a) (Versammlungs)Halle *f,* b) *meist in Zssgn* großes (öffentliches) Gebäude: the **H~ of Fame** *bes. Am.* die Ruhmeshalle; **to earn o.s. a place in the H~ of Fame** *fig.* sich unsterblich machen. 4. *hist.* Gilde-, Zunfthaus *n.* 5. *bes. Br.* Herrenhaus *n (e-s Landgutes).* 6. *univ.* a) *a.* ~ **of residence** Stu'dentenheim *n:* **to live in** ~ in e-m Studentenheim wohnen, b) *Br.* (Essen *n* im) Speisesaal *m:* **to eat in** ~ im Speisesaal essen. 7. *univ. Am.* Insti'tut *n:* **Science H~** naturwissenschaftliches Institut. 8. *hist.* a) Schloß *n,* Stammsitz *m,* b) Fürsten-, Königssaal *m,* c) Festsaal *m.* ~ **bedroom** *s Am.* kleines Schlafzimmer (*am Ende e-s Flurs*). '~-**boy** *s Am.* Boy *m,* Laufbursche *m (im Hotel).* ~ **clock** *s* Standuhr *f.*

**Hall ef·fect** [hɔːl] *s phys.* 'Hall-Ef,fekt *m.*

**hal·le·lu·jah,** *a.* **hal·le·lu·iah** [ˌhælɪˈluːjə] I *s* Halle'luja *n (a. mus.).* II *interj* halle'luja! ~ **maid·en** *s colloq. humor.*

---

ˌ**Halle**'**lujamädchen'** *n (Angehörige der Heilsarmee).*

**Hal·ley's Com·et** [ˈhælɪz] *s astr.* Halleyscher Ko'met.

**hal·liard** → **halyard.**

'**hall·mark** I *s* 1. Feingehaltsstempel *m (der Londoner Goldschmiede-Innung).* 2. *fig.* Stempel *m (der Echtheit),* Gepräge *n,* (Kenn)Zeichen *n,* Merkmal *n.* II *v/t* 3. Gold *od.* Silber stempeln, mit e-m Feingehaltsstempel versehen. 4. *fig.* kennzeichnen.

**hal·lo** *bes. Br. für* **hello.**

**hal·lo(a)** [həˈləʊ] → **halloo** 1 *u.* 2.

**hal·loo** [həˈluː] I *interj* 1. hallo!, he!, heda! II *s* 2. Hallo *n.* III *v/i* 3. (ˌhallo') rufen *od.* schreien: **don't** ~ **till you are out of the woods!** freu dich nicht zu früh!, man soll den Tag nicht vor dem Abend loben. IV *v/t* 4. **e-n Hund** durch (Hallo)Rufe antreiben. 5. schreien, (aus-)rufen.

**hal·low¹** [ˈhæləʊ] I *v/t* heiligen: a) heilig machen, weihen, b) als heilig verehren: ~**ed be Thy name** geheiligt werde Dein Name. II *s obs.* Heilige(r) *m.*

**hal·low²** [ˈhæləʊ] → **halloo.**

**Hal·low·een,** *a.* **Hal·low·e'en** [ˌhæləʊˈiːn; *Am. a.* ˌhæləˈwiːn; *a.* ˌhɑːləˈ-] *s* Abend *m* vor Aller'heiligen. **Hal·low·mas** [ˈhæləʊmæs] *s relig. obs.* Aller'heiligen *n.*

**hall**|**por·ter** *s bes. Br.* Hausdiener *m (in e-m Hotel).* '~-**stand** *s* a) Garde'roben-, Kleiderständer *m,* b) ('Flur)Garde,robe *f.* ~ **tree** *Am.* → **hallstand** a.

**hal·lu·ci·nate** [həˈluːsɪneɪt] I *v/i* 1. halluzi'nieren, e-e Halluzinati'on *od.* Halluzinati'onen haben. II *v/t* 2. e-e Halluzinati'on *od.* Halluzinati'onen auslösen bei *j-m:* **to be** ~**d** → 1. 3. halluzi'nieren, als Halluzinati'on wahrnehmen. **hal·lu·ci·'na·tion** *s* Halluzinati'on *f.* **hal·lu·ci·na·to·ry** [-nətərɪ; *Am.* -nəˌtəʊrɪ; -ˌtɔːrɪ] *adj* halluzina'torisch. **hal·lu·cin·o·gen** [-nədʒen; -dʒən] *s* Halluzino'gen *n (Halluzination hervorrufende Droge).* **halˌlu·ci·no'gen·ic** [-ˈdʒenɪk] I *adj* halluzino'gen. II *s* hallucinogen. **halˌlu·ci·no·sis** [-ˈnəʊsɪs] *s med.* Halluzi'nose *f (Krankheitszustand, der durch das Auftreten von vorwiegend akustischen Halluzinationen bei klarem Bewußtsein gekennzeichnet ist).*

'**hall·way** *s Am.* 1. (Eingangs)Halle *f,* Diele *f.* 2. Korridor *m.*

**halm** [hɑːm] → **haulm.**

**hal·ma** [ˈhælmə] *s* Halma(spiel) *n.*

**ha·lo** [ˈheɪləʊ] I *pl* **-loes, -los** *s* 1. Heiligen-, Glorienschein *m,* Nimbus *m (a. fig.).* 2. *astr.* Halo *m,* Ring *m,* Hof *m.* 3. *allg.* Ring *m,* (*a. phot.* Licht)Hof *m.* II *v/t* 3. *sg pres* **-loes** 4. mit e-m Heiligenschein *etc* um'geben.

**ha·lo·bi·ont** [ˌhæləʊˈbaɪɒnt; *Am.* -ˌɑnt] *s biol.* Halobi'ont *m (Tier- od. Pflanzenart, die nur an salzreichen Stellen vorkommt).*

**ha·lo ef·fect** *s psych.* 'Haloef,fekt *m (positive od. negative Beeinflussung bei der Beurteilung bestimmter Einzelzüge e-r Person durch den ersten Gesamteindruck od. die bereits vorhandene Kenntnis von anderen Eigenschaften).*

**hal·o·gen** [ˈhælədʒen; -dʒən] *s chem.* Halo'gen *n,* Salzbildner *m:* ~ **lamp** Halogen(glüh)lampe *f.*

**hal·o·gen·ate** [ˈhælədʒəneɪt; *Am. a.* hæˈlɑ-] *v/t* halogeni'nieren.

**ha·log·e·nous** [həˈlɒdʒɪnəs; *Am.* hæˈlɑ-] *adj chem.* halo'gen, salzbildend.

**hal·oid** [ˈhæləɪd] *chem.* I *adj* Halogenid..., Haloid...: ~ **salt.** II *s* Halogenid *n.*

**ha·lom·e·ter** [həˈlɒmɪtə; *Am.* hæˈlɑmətər] *s chem.* Halo'meter *n (Meßgerät*

---

*zur Bestimmung der Konzentration von Salzlösungen).*

**hal·o·phyte** [ˈhæləfaɪt] *s bot.* Halo'phyt *m,* Salzpflanze *f.*

**hal·o·thane** [ˈhæləθeɪn] *s chem. med.* Halo'than *n (ein Inhalationsnarkotikum).*

**halt¹** [hɔːlt] I *s* 1. a) Halt *m,* Rast *f,* Aufenthalt *m,* Pause *f,* b) *a. fig.* Stillstand *m:* **to bring to a** ~ → 3; **to call a** ~ *(fig.* Ein)Halt gebieten (**to** *dat);* **to come to a** ~ → 4; **to make a** ~ → 4 a; ~ **grind** 14. 2. *rail. Br.* (Bedarfs)Haltestelle *f,* Haltepunkt *m.* II *v/t* 3. anhalten (lassen), haltmachen lassen, *a. fig.* zum Halten *od.* Stehen bringen. III *v/i* 4. a) anhalten, haltmachen, b) *a. fig.* zum Stehen *od.* Stillstand kommen. IV *interj* 5. *bes. mil.* halt!

**halt²** [hɔːlt] I *v/i* 1. *obs.* hinken. 2. *fig.* a) hinken (*Argument, Vergleich etc*), b) holpern, hinken (*Vers, Übersetzung etc*). 3. stockend sprechen. 4. zögern, schwanken. II *adj* 5. *obs.* lahm. III *s obs.* 6. **the** ~ die Lahmen. 7. Lahmheit *f.*

**hal·ter** [ˈhɔːltə(r)] I *s* 1. Halfter *m, n.* 2. (Tod *m* durch den) Strick *od.* Strang. 3. rückenfreies Oberteil *od.* Kleid mit Nackenband. II *v/t* 4. *oft* ~ **up** *Pferd* (an)halftern. 5. *j-n* hängen. 6. *fig.* zügeln. '~-**break** *v/t irr Pferd* an den Halfter gewöhnen. '~-**neck** I *s* → **halter** 3. II *adj* rückenfrei mit Nackenband.

'**halt·ing** *adj (adv* ~**ly**) 1. *obs.* hinkend. 2. *fig.* a) hinkend, b) holp(e)rig. 3. stockend. 4. zögernd, schwankend.

**halve** [hɑːv; *Am.* hæv] *v/t* 1. hal'bieren: a) in zwei Hälften teilen, b) auf die Hälfte redu'zieren. 2. *Golf:* a) *ein Loch* mit der gleichen Anzahl von Schlägen erreichen (**with** wie), b) *e-e Runde* mit der gleichen Anzahl von Schlägen spielen (**with** wie). 3. *Tischlerei:* ab-, verblatten.

**halves** [hɑːvz; *Am.* hævz] *pl von* **half.**

**hal·yard** [ˈhæljə(r)d] *s mar.* Fall *n:* **to settle** ~**s** die Falleinen wegfieren.

**ham** [hæm] I *s* 1. *gastr.* Schinken *m:* ~ **and eggs** Ham and Eggs, Schinken mit (Spiegel)Ei, b) 'Hinterkeule *f.* 2. *meist pl anat.* (hinterer) Oberschenkel: **to squat on one's** ~**s** in der Hocke sitzen, hocken. 3. *colloq.* a) *a.* ~ **actor** über'trieben *od.* mise'rabel spielender Schauspieler, 'Schmierenkomödi,ant *m,* b) *a.* ~ **acting** über'triebenes *od.* mise'rables Spiel (*e-s Schauspielers*), c) *mus. etc* Dilet'tant *m,* Stümper *m.* 4. *colloq.* 'Funkama,teur *m,* Ama'teurfunker *m.* II *adj* 5. *colloq. mus. etc* dilet'tantisch, stümperhaft. 6. *colloq.* Amateurfunker...: ~ **licence.** III *v/t* 7. *colloq.* **e-e Rolle** über'trieben *od.* mise'rabel spielen: **to** ~ **it up** → 8. IV *v/i* 8. *colloq.* über'trieben *od.* mise'rabel spielen.

**ham·a·dry·ad** [ˌhæməˈdraɪæd; -æd] *pl* **-ads, -a·des** [-ədiːz] *s* 1. *myth.* (Hama-) Dry'ade *f,* Baumnymphe *f.* 2. *zo.* a) ~ **king cobra,** b) Mantelpavian *m.*

**ham·burg** [ˈhæmbɜːg; *Am.* ˌhæmˌbɜrg] → **hamburger.** '**ham·burg·er** *s* 1. *Am.* Rinderhack *n.* 2. a) *a.* **H~ steak** Fri'kadelle *f (aus Rinderhack),* b) Hamburger *m.*

**Ham·burg steak** → **hamburger** 2 a.

**hames** [heɪmz] *s pl* Kummet *n.*

ˌ**ham**'**fist·ed** *adj. bes. Br. für* ham**-handed** 1. '~-ˌ**hand·ed** *adj colloq.* 1. tolpatschig, ungeschickt. 2. mit riesigen Händen.

**Ham·ite¹** [ˈhæmaɪt] *s* Ha'mit(in).

**ha·mite²** [ˈheɪmaɪt] *s zo.* Ammo'nit *m.*

**Ham·it·ic** [hæˈmɪtɪk; hə-] *adj* ha'mitisch.

**ham·let** [ˈhæmlɪt] *s* 1. Weiler *m,* Dörfchen *n.* 2. *Br.* Dorf *n* ohne eigene Kirche.

**ham·mer** [ˈhæmə(r)] I *s* 1. Hammer *m:* **to come** (*od.* go) **under the** ~ unter den

Hammer kommen, versteigert werden; ~ **and sickle** *pol.* Hammer u. Sichel (*Symbol des Kommunismus*); **to go at it** ~ **and tongs** *colloq.* a) ,sich mächtig ins Zeug legen', b) (sich) streiten, daß die Fetzen fliegen. **2.** *mus.* Hammer *m* (*Klavier etc*). **3.** *anat.* Hammer *m* (*Gehörknöchelchen*). **4.** *Leichtathletik:* a) Hammer *m*, b) Hammerwerfen *n.* **5.** *tech.* a) Hammer(werk *n*) *m*, b) Hahn *m*, Spannstück *n* (*e-r Feuerwaffe*). **6.** *mot. Am. sl.* 'Gaspe͵dal *n*: **to drop the** ~ ,auf die Tube drücken'; **to have the** ~ **down** auf dem Gas stehen. **II** *v/t* **7.** hämmern, (*mit e-m Hammer*) schlagen *od.* treiben: **to** ~ **in** einhämmern (*a. fig.*); **to** ~ **an idea into s.o.'s head** *fig.* j-m e-e Idee einhämmern *od.* einbleuen; **he** ~**ed the ball against the post** (*Fußball*) er hämmerte den Ball gegen den Pfosten. **8.** a) *oft* ~ **out** *Metall* hämmern, (*durch Hämmern*) formen *od.* bearbeiten, b) ~ **out** *fig.* ausarbeiten: **to** ~ **out a policy,** ~ **out** Differenzen ,ausbügeln'. **9.** a. ~ **together** zs.-hämmern, -schmieden, -zimmern. **10.** (*mit den Fäusten*) bearbeiten, einhämmern auf (*acc*): **to** ~ **a typewriter** auf der Schreibmaschine hämmern. **11.** *colloq.* vernichtend schlagen, *sport a.* ,vernaschen', ,über'fahren'. **12.** *Börse:* a) j-n (*durch drei Hammerschläge*) für zahlungsunfähig erklären, b) ~ **down** *die Kurse* durch Leerverkauf drücken. **III** *v/i* **13.** hämmern (*a. Puls etc*), schlagen: **to** ~ **at** einhämmern auf (*acc*); **to** ~ **away** draufloshämmern *od.* -arbeiten; **to** ~ **away at the piano** auf dem Klavier hämmern, das Klavier bearbeiten. **14.** a. ~ **away (at)** sich den Kopf zerbrechen (über *acc*), sich abmühen (mit).

**ham·mer|beam** *s arch.* Stichbalken *m.* ~ **blow** *s* Hammerschlag *m.* ~ **drill** *s tech.* Schlagbohrer *m.*

**ham·mered** ['hæmə(r)d] *adj tech.* gehämmert, getrieben, Treib...

**ham·mer|face** *s tech.* Hammerbahn *f.* ~ **forg·ing** *s metall.* Reckschmieden *n.* '~**·hard·en** *v/t tech.* kalthämmern. '~**·head** *s* **1.** *tech.* Hammerkopf *m*: ~ **bolt** *Am.* Hammerschraube *f.* **2.** Dummkopf *m.* **3.** *ichth.* Hammerhai *m.*

'**ham·mer·less** *adj* mit verdecktem Schlaghammer (*Gewehr*).

'**ham·mer|lock** *s Ringen:* Hammerlock *m* (*Griff, bei dem der Arm des Gegners entgegen der Schwerkraft des Körpers gedreht wird*). ~ **mill** *s tech.* Hammermühle *f.* ~ **price** *s* Zuschlagspreis *m* (*auf e-r Auktion*). ~ **scale** *s tech.* Hammerschlag *m*, Zunder *m.* ~ **sedge** *s bot.* Rauhhaarige Segge. '~**·smith** *s* Hammerschmied *m.* ~ **throw** *s Leichtathletik:* Hammerwerfen *n.* ~ **throw·er** *s Leichtathletik:* Hammerwerfer *m.* '~**·toe** *s med.* Hammerzehe *f.* ~ **weld·ing** *s tech.* Hammer-, Feuer-, Schmiedeschweißen *n.*

**ham·mock¹** ['hæmək] *s* Hängematte *f.*
**ham·mock²** ['hæmək] *s Am.* humusreiches Laubwaldgebiet.

**Ham·mond or·gan** ['hæmənd] *s mus.* Hammondorgel *f.*

**ham·my** ['hæmɪ] *adj colloq.* a) über'trieben *od.* mise'rabel spielend (*Schauspieler*), b) über'trieben, mise'rabel (*Spiel*).

**ham·per¹** ['hæmpə(r)] *v/t* **1.** (be)hindern, hemmen. **2.** stören.

**ham·per²** ['hæmpə(r)] *s* **1.** (Pack-, Trag-) Korb *m* (*meist mit Deckel*). **2.** Geschenk-, ,Freßkorb' *m.* **3.** *Am.* Wäschekorb *m.*

**ham·shack·le** ['hæmʃækl] *v/t* **1.** *Pferd etc* fesseln (*um Kopf u. Vorderbein*). **2.** *fig.* zu'rückhalten, zügeln.

**ham·ster** ['hæmstə(r)] *s zo.* Hamster *m.*

---

'**ham·string I** *s* **1.** *anat.* Kniesehne *f.* **2.** *zo.* A'chillessehne *f.* **II** *v/t irr* **3.** (durch Zerschneiden der Kniesehnen *od.* der A'chillessehnen) lähmen. **4.** *fig.* a) vereiteln, b) handlungsunfähig machen, lähmen.

**ham·u·lus** ['hæmjʊləs] *pl* **-li** [-laɪ] *s anat. bot. zo.* Häkchen *n.*

**hance** [hæns; *Br. a.* hɑːns] *s arch.* a) Auslauf *m* (*von elliptischen Bogen*), b) (Bogen)Schenkel *m.*

**hand** [hænd] **I** *s* **1.** Hand *f*: ~**s off!** Hände weg!; ~**s up!** Hände hoch!; **a helping** ~ *fig.* e-e hilfreiche Hand; **to give** (*od.* **lend**) **a** (**helping**) ~ mit zugreifen, j-m helfen (**with** bei); **to give s.o. a** ~ **up** j-m auf die Beine helfen *od.* hochhelfen; **he asked for her** ~ er hielt um ihre Hand an. **2.** a) Hand *f* (*Affe*), b) Vorderfuß *m* (*Pferd etc*), c) Fuß *m* (*Falke*), d) Schere *f* (*Krebs*). **3.** Urheber *m*, Verfasser *m.* **4.** *oft pl* Hand *f*, Macht *f*, Gewalt *f*: **I am entirely in your** ~**s** ich bin ganz in Ihrer Hand; **to fall into s.o.'s** ~**s** j-m in die Hände fallen. **5.** *pl* Hände *pl*, Obhut *f*: **the child is in good** ~**s. 6.** *pl* Hände *pl*, Besitz *m*: **to change** ~ → *Bes. Redew.* **7.** Hand *f* (*Handlungs-, bes. Regierungsweise*): **with a high** ~ selbstherrlich, anmaßend, willkürlich, eigenmächtig; **with (a) heavy** ~ hart, streng, mit harter Hand; → **iron** 12. **8.** Hand *f*, Quelle *f*: **at first** ~ aus erster Hand. **9.** Hand *f*, Fügung *f*, Einfluß *m*, Wirken *n*: **the** ~ **of God** die Hand Gottes; **hidden** ~ (geheime) Machenschaften *pl.* **10.** Seite *f* (*a. fig.*), Richtung *f*: **on every** ~ überall, ringsum; **on all** ~**s** a) überall, b) von allen Seiten; **on the right** ~ rechter Hand, rechts; **on the one** ~ ..., **on the other** ~ *fig.* einerseits ..., andererseits. **11.** *oft in Zssgn* Arbeiter *m*, Mann *m* (*a. pl*), *pl* Leute *pl*, *mar.* Ma'trose *m*: → **deck** 1. **12.** Fachmann *m*, Routini'er *m*: **an old** ~ ein alter Fachmann *od.* Praktikus *m*; **a good** ~ **at** sehr geschickt *od.* geübt in (*dat*); **I am a poor** ~ **at golf** ich bin ein schlechter Golfspieler. **13.** (*gute*) Hand, Geschick *n*: **he has a** ~ **for horses** er versteht es, mit Pferden umzugehen; **my** ~ **is out** die Hand ist *od.* aus der Übung. **14.** Handschrift *f*: **a legible** ~. **15.** 'Unterschrift *f*: **to set one's** ~ **to** s-e Unterschrift setzen unter (*acc*), unter'schreiben; **under the** ~ **of** unterzeichnet von; **contract under** ~ einfacher (nicht besiegelter) Vertrag. **16.** Hand *f*, Fertigkeit *f*: **it shows a master's** ~ es verrät die Hand e-s Meisters. **17.** Ap'plaus *m*, Beifall *m*: **to get a big** ~ stürmischen Beifall hervorrufen, starken Applaus bekommen. **18.** Zeiger *m* (*der Uhr etc*). **19.** Büschel *n*, Bündel *n* (*Früchte*), Hand *f* (*Bananen*). **20.** Handbreit *f* (= *4 Zoll* = *10,16 cm*) (*bes. um die Höhe von Pferden zu messen*). **21.** *Kartenspiel:* a) Spieler *m*, b) Blatt *n*, Karten *pl*, c) Spiel *n*: → **lone** 1. **22.** *pl Fußball:* Handspiel *n*: **he was cautioned for** ~**s** er wurde wegen e-s Handspiels verwarnt; ~**s!** Hand!
*Besondere Redewendungen:*
~ **and foot** a) an Händen u. Füßen (*fesseln*), b) *fig.* eifrig, ergeben (*dienen*), vorn u. hinten (*bedienen*); **to be** ~ **in glove** (**with**) a) auf vertrautem Fuße stehen (mit), ein Herz u. e-e Seele sein (mit), b) unter 'einer Decke stecken (mit); ~**s down** spielend, mühelos (*gewinnen etc*); ~ **in** ~ Hand in Hand (*a. fig.*); ~ **on heart** Hand aufs Herz; ~ **over fist** a) Hand über Hand (*klettern etc*), b) *fig.* Zug um Zug, schnell, spielend; ~ **to** ~ Mann gegen Mann (*kämpfen*); **at** ~ a) nahe, in Reichweite, b) nahe (bevorstehend), c) bei der *od.* zur Hand, bereit; **at the** ~**(s)**

---

**of** von seiten, seitens (*gen*), durch; **by** ~ a) mit der Hand, b) durch Boten, c) mit der Flasche (*großziehen*); **to take s.o. by the** ~ a) j-n bei der Hand nehmen, b) *fig.* j-n unter s-e Fittiche nehmen; **by the** ~ **of** durch; **from** ~ **to** ~ von Hand zu Hand; **from** ~ **to mouth** von der Hand in den Mund (*leben*); **in** ~ a) in der Hand, b) zur (freien) Verfügung, c) vorrätig, vorhanden, d) *fig.* in der Hand *od.* Gewalt, e) in Bearbeitung, f) im Gange; **the letter** (**matter**) **in** ~ der vorliegende Brief (die vorliegende Sache); **to take in** ~ a) in die Hand *od.* in Angriff nehmen, b) *colloq.* j-n unter s-e Fittiche nehmen; **on** ~ a) verfügbar, vorrätig, b) bevorstehend, c) zur Stelle; **on one's** ~**s** a) auf dem Hals, b) zur Verfügung; **to be on s.o.'s** ~**s** j-m zur Last fallen; **out of** ~ a) kurzerhand, sofort, b) vorbei, erledigt, c) *fig.* aus der Hand, außer Kontrolle, nicht mehr zu bändigen; **to let one's temper get out of** ~ die Selbstbeherrschung verlieren; **to** ~ **zur Hand; to come to** ~ eingehen, -laufen, -treffen (*Brief etc*); **your letter to** ~ *econ. obs.* im Besitz Ihres werten Schreibens; **under** ~ a) unter Kontrolle, b) unter der Hand, heimlich; **under the** ~ **and seal of Mr. X** von Mr. X eigenhändig unterschrieben *od.* gesiegelt; **with one's own** ~ eigenhändig; **to change** ~**s** in andere Hände übergehen, den Besitzer wechseln; **to get one's** ~ **in** Übung bekommen, sich einarbeiten; **to grease** (*od.* **oil**) **s.o.'s** ~ *colloq.* j-n ,schmieren', j-n bestechen; **to have one's** ~ **in** in Übung sein, Übung haben; **to have a** ~ **in s.th.** s-e Hand im Spiel haben bei etwas; **to get s.th. off one's** ~**s** etwas loswerden; **to have one's** ~**s full** alle Hände voll zu tun haben; **to hold** ~**s** Händchen halten (*Verliebte*); **to hold one's** ~ sich zurückhalten; **to join** ~**s** sich die Hände reichen, *fig. a.* sich verbünden (*od.* zs.-tun); **to keep one's** ~ **in** in Übung bleiben; **to keep a firm** ~ **on** unter strenger Zucht halten; **to lay** (**one's**) ~**s on** a) anfassen, b) ergreifen, packen, habhaft werden (*gen*), c) (*gewaltsam*) Hand an *j-n* legen, d) *relig.* ordinieren; **I can't lay my** ~**s on it** ich kann es nicht finden; **to lay** ~**s on o.s.** Hand an sich legen; **not to lift** (*od.* **raise**) **a** ~ keinen Finger rühren; **to live by one's** ~**s** von s-r Hände Arbeit leben; **to play into s.o.'s** ~**s** j-m in die Hände arbeiten; **to put one's** ~ **on** a) finden, b) *fig.* sich erinnern an (*acc*); **to put** (*od.* **set**) **the** ~ **to** a) ergreifen, b) *fig.* in Angriff nehmen, anpacken; **to shake** ~**s** sich die Hände schütteln; **to shake** ~**s with s.o.**, **to shake s.o. by the** ~ j-m die Hand schütteln (*a. zur Gratulation etc*) *od.* geben; **to show one's** ~ *fig.* s-e Karten aufdecken; **to take a** ~ **at a game** bei e-m Spiel mitmachen; **to throw one's** ~ **in** (*Kartenspiel*) aussteigen (*a. fig.*); **to try one's** ~ **at s.th.** etwas versuchen, es mit etwas probieren; **to wash one's** ~**s of it** a) (in dieser Sache) s-e Hände in Unschuld waschen, b) nichts mit der Sache zu tun haben wollen; **I wash my** ~**s of him** mit ihm will ich nichts mehr zu tun haben; → **overplay** 2, **sit** 1.
**II** *v/t* **23.** ein-, aushändigen, (über)'geben, (-)'reichen (**to** **s.th.**, **s.th. to s.o.** j-m etwas): **you must** ~ **it to him** *fig.* das muß man *od.* der Neid ihm lassen (*anerkennend*). **24.** j-m helfen, j-n geleiten: **to** ~ **s.o. into** (*out of*) **the car** j-m ins (aus dem) Auto helfen. **25.** *mar.* *Segel* festmachen.
*Verbindungen mit Adverbien:*
**hand|a·round** *v/t* her'umreichen, her'umgehen lassen. ~ **back** *v/t* zu'rück-

geben. **~ down** *v/t* **1.** hin¦unter-, her¦unterreichen, -langen (**from** von; **to** dat). **2.** *j-n* hin¦unter-, her¦untergeleiten (**to** zu). **3.** vererben, (als Erbe) hinter¦lassen (**to** dat). **4.** (to) *Tradition etc* weitergeben (an acc), *Bräuche etc* über¦liefern (dat). **5.** *jur. Am.* a) *die Entscheidung e-s höheren Gerichtshofes* e-m ¦untergeordneten Gericht über¦mitteln, b) *das Urteil etc* verkünden. **~ in** *v/t* **1.** etwas hin¦ein-, her¦einreichen. **2.** *e-e Prüfungsarbeit etc* abgeben, *e-n Bericht, ein Gesuch etc* einreichen (**to** bei): → **check** 12. **~ off** *v/t Rugby:* e-n Gegner mit der Hand wegstoßen. **~ on** *v/t* **1.** weiterreichen, -geben (**to** dat, an acc). **2.** → **hand down** 4. **~ out** *v/t* **1.** aus-, verteilen (**to** an acc). **2.** verschenken. **3.** *Ratschläge, Komplimente etc* verteilen: **I don't need you handing** (me) **out that sort of advice!** auf diese Ratschläge von dir kann ich verzichten! **~ o·ver** *v/t* (**to** dat) **1.** über¦geben: **to hand s.o. over to the police. 2.** über¦lassen. **3.** (¦her)geben, aushändigen. **~ round** → **hand around. ~ up** *v/t* hin¦auf-, her¦aufreichen, -langen (**to** dat).

¦**hand**¦**bag** *s* **1.** Handtasche *f.* **2.** Handkoffer *m,* Reisetasche *f.* **~ bag·gage** *s bes. Am.* Handgepäck *n.* ¦**~ball** *s sport* **1.** a) *bes. Br.* Handball(spiel *n*) *m,* b) *Am.* ein dem Squash ähnliches Spiel, bei dem der Ball mit der Hand geschlagen wird. **2.** a) Handball *m,* b) *Am. bei* 1 b *verwendeter Ball.* ¦**~bar·row** *s* **1.** Trage *f.* **2.** → **handcart. ~ ba·sin** *s* Waschbecken *n.* **~ bell** *s* Tisch-, Handglocke *f.* ¦**~bill** *s* Handzettel *m,* Flugblatt *n.* ¦**~book** *s* **1.** Handbuch *n.* **2.** Reiseführer *m* (of durch, von): **a ~ of London** ein London-Führer. **~ brake** *s tech.* Handbremse *f.* ¦**~ breadth** *s* Handbreit *f.* ¦**~car** *s rail. Am.* Drai¦sine *f mit* Handantrieb. ¦**~cart** *s* Handkarre(n *m*) *f.* ¦**~carved** *adj* handgeschnitzt. ¦**~clap** *s* Händeklatschen *n:* **a flurry of ~s** greeted him empfing stürmisches Beifall; **to give s.o. a slow ~** *Br.* j-m durch langsames, rhythmisches Händeklatschen s-e Unzufriedenheit *od.* s-e Ungeduld ausdrücken. ¦**~clasp** *Am.* → **handshake.** ¦**~craft** → **handicraft. ~ cream** *s* Handcreme *f.* ¦**~cuff I** *s meist pl* Handschelle *f.* **II** *v/t j-m* Handschellen anlegen: **~ed** in Handschellen; **to be ~ed to a policeman** mit Handschellen an e-n Polizisten gefesselt sein. **~ drill** *s tech.* ¦Hand¦bohrma-schine *f.*

**-handed** [hændɪd] *Wortelement mit der Bedeutung* ...händig, mit ... Händen. ¦**hand**¦**fast** *obs.* **1.** fester Griff. **2.** durch e-n Händedruck besiegelter (Heirats-) Vertrag. ¦**~feed** *v/t irr* **1.** *agr.* von Hand füttern. **2.** *tech.* von Hand beschicken: **hand-fed** handbeschickt. **~ flag** *s mar.* Winkerflagge *f.* ¦**~forged** *adj* handgeschmiedet.

**hand·ful** [ˈhændfʊl; ˈhænfʊl] *s* **1.** (e-e) Handvoll (*a. fig. Personen*). **2.** *colloq.* Plage *f* (*lästige Person od. Sache*), „Nervensäge" *f:* **to be a ~ for s.o.** j-m ganz schön zu schaffen machen.

**hand**¦**gal·lop** *s* ¦Handga¦lopp *m.* **~ gen·er·a·tor** *s electr.* ¦Kurbel¦induktor *m.* **~ glass** *s* **1.** Handspiegel *m.* **2.** (Lese)Lupe *f.* **~ gre·nade** *s mil.* ¦Handgra¦nate *f.* ¦**~grip** *s* **1.** a) Händedruck *m,* b) Griff *m.* **2.** *tech.* Griff *m.* **3.** *pl* Handgemenge *n:* **they came to ~s** sie wurden handgemein. **4.** Reisetasche *f.* ¦**~gun** *s fes. Am.* Hand-, Faustfeuerwaffe *f.* ¦**~held** *adj Film, TV:* tragbar (*Kamera*). ¦**~hold** *s* Halt *m:* **to get a ~ on s.th.** etwas zu fassen bekommen. ¦**~hold·ing** *s* Händchenhalten *n.*

**hand·i·cap** [ˈhændɪkæp] *s* **I** Handikap *n:*

---

a) *sport* Vorgabe *f* (*für leistungsschwä-chere Teilnehmer*), b) Vorgaberennen *n od.* -spiel *n od.* -kampf *m,* c) *fig.* Behinderung *f,* Benachteiligung *f,* Nachteil *m,* Erschwerung *f,* Hindernis *n* (**to** für): → **mental** 3, **physical** 1. **II** *v/t* handikapen: a) (be)hindern, benachteiligen, belasten, b) *sport* mit Handikaps belegen: **to ~ the horses** die Chancen der Pferde durch Vorgaben *od.* Gewichtsbelastung ausgleichen. ¦**hand·i·capped I** *adj* gehandikapt, behindert, benachteiligt (**with** durch): **~ mentally,** **physically. II** *s:* **the ~** *collect. pl med.* die Behinderten *pl.* ¦**hand·i·cap·per** *s sport* Handikapper *m* (*Kampfrichter*).

**hand·i·craft** [ˈhændɪkrɑːft; *Am.* ¦kræft] *s* **1.** Handfertigkeit *f.* **2.** (*bes. Kunst-*) Handwerk *n.* ¦**hand·i·crafts·man** [-tsmən] *s irr* (*bes. Kunst*)Handwerker *m.* **hand·i·ly** [ˈhændɪlɪ] *adv* **1.** geschickt. **2.** handlich. **3.** nützlich. **4.** *Am.* spielend, mühelos: **to win ~.** ¦**hand·i·ness** *s* **1.** Geschicktheit *f.* **2.** Handlichkeit *f.* **3.** Nützlichkeit *f.*

¦**hand·i·work** *s* **1.** Handarbeit *f.* **2.** Werk *n,* Schöpfung *f:* **Nature is God's ~.** **hand·job** *s:* **to give o.s. a ~** *vulg.* „sich e-n runterholen", „wichsen" (*onanieren*). **hand·ker·chief** [ˈhæŋkə(r)tʃɪf] *s* Taschentuch *n.* **2.** *obs.* Halstuch *n.* ¦**hand-ˈknit(·ted)** *adj* handgestrickt. **han·dle** [ˈhændl] **I** *s* **1.** a) (Hand)Griff *m,* b) Stiel *m,* Heft *n,* c) Henkel *m* (*am Topf etc*), d) Klinke *f,* Drücker *m* (*e-r Tür*), e) Kurbel *f,* f) Schwengel *m* (*e-r Pumpe*): **~ of the face** *humor.* Nase *f;* **~ to one's name** *colloq.* Titel *m;* **to fly off the ~** *colloq.* „hochgehen", wütend werden. **2.** *fig.* Handhabe *f,* Angriffspunkt *m,* -fläche *f:* **to give s.o.** *od.* **a ~** j-m e-n Angriffspunkt bieten. **3.** *fig.* Vorwand *m:* **to serve as a ~ als Vorwand dienen. 4. to get** (**to have**) **a ~ on s.th.** *Am. fig.* etwas in den Griff bekommen (**im** Griff haben). **II** *v/t* **5.** berühren, befühlen, anfassen, in Berührung kommen mit: **to ~ the ball** (*Fußball*) ein Handspiel begehen. **6.** *Werkzeuge etc* handhaben, (geschickt) gebrauchen, han¦tieren *od.* ¦umgehen mit, *Maschine* bedienen. **7.** a) *ein Thema etc* behandeln, *e-e Sache* a. handhaben, b) *etwas* erledigen, ¦durchführen, abwickeln, c) mit *etwas od. j-m* fertigwerden, *etwas* „deichseln": **I can ~ it** (him) damit (mit ihm) werde ich fertig. **8.** *j-n* behandeln, ¦umgehen mit, „anfassen": → **kid glove.** **9.** *Tiere* a) betreuen, b) dres¦sieren *od.* abrichten (u. vorführen). **10.** a) *e-n Boxer* trai¦nieren, b) *e-n Boxer* betreuen, sekun¦dieren (dat). **11.** sich beschäftigen mit. **12.** *Güter* befördern, weiterleiten. **13.** *econ.* Handel treiben mit, handeln mit. **III** *v/i* **14.** sich handhaben lassen: **to ~ easily; the car ~s well** on bends der Wagen liegt gut in der Kurve. **15.** sich anfühlen: **to ~ smooth. 16. ~ with care!** **glass!** Vorsicht, Glas!

¦**han·dle·bar** *s oft pl* Lenkstange *f:* **dropped ~s** Rennlenker *m;* **~ m(o)ustache** Schnauzbart *m,* „Schnauzer" *m.* ¦**han·dler** *s* **1.** j-d, der mit etwas in Berührung kommt: **all ~s of food in a restaurant are required to have a health certificate. 2.** Dres¦seur *m,* Abrichter *m.* **3.** *Boxen:* a) Trainer *m,* b) Betreuer *m,* Sekun¦dant *m.* ¦**han·dling** *s* **1.** Berührung *f.* **2.** Handhabung *f,* Gebrauch *m.* **3.** ¦Durchführung *f,* Erledigung *f.* **4.** Behandlung *f.* **5.** *econ.* Beförderung *f,* Weiterleitung *f.* **6.** *Fußball:* Handspiel *n:* **to be cautioned for ~** wegen e-s Handspiels verwarnt werden. **charg·es** *pl econ.* ¦Umschlagspesen *pl.* **hand**¦**loom** *s tech.* Handwebstuhl *m.* ~

---

**lug·gage** *s* Handgepäck *n.* ¦**~ˈmade** *adj* handgearbeitet: **~ paper** Büttenpa-pier *n,* handgeschöpftes Papier. ¦**~ˈmaid(·en)** *s* **1.** *obs.* Dienerin *f,* Magd *f.* **2. to be a ~ of** *fig.* zur Verfügung stehen (dat). ¦**~me-down** *colloq.* **I** *adj* **1.** Konfektions..., „von der Stange". **2.** abgelegt (*Kleider*). **II** *s* **3.** *meist pl* Konfekti¦ons-anzug *m,* Kleid *n etc* „von der Stange", *pl* Konfekti¦onskleidung *f.* **4.** *meist* abgelegtes Kleidungsstück: **his big broth-er's ~s** die Kleider, aus denen sein großer Bruder herausgewachsen ist. **~ ˈmix·er** *s* Handmixer *m.* ¦**~ˈop·er·at·ed** *adj* mit Handbetrieb, handbedient, Hand... **~ or·gan** *s mus.* Drehorgel *f,* Leierkasten *m.* ¦**~ˈout** *s* **1.** Almosen *n,* milde Gabe. **2.** Pro¦spekt *m,* Hand-, Werbezettel *m.* **3.** Handout *n* (*Informationsunterlage, die an Pressevertreter, Tagungsteilnehmer etc verteilt wird*). ¦**~ˈpick** *v/t* **1.** mit der Hand pflücken *od.* auslesen: **~ed** handverlesen. **2.** *colloq.* sorgsam auswählen. **~ press** *s tech.* Handpresse *f.* ¦**~print** *s* Handabdruck *m.* **~ pup·pet** *s Am.* Handpuppe *f.* ¦**~rail** *s* Handlauf *m.* ¦**~saw** *s tech.* Handsäge *f.*

¦**hand's-breadth** *s* Handbreit *f.*

**hand·sel** [ˈhænsl] *obs. od. dial.* **I** *s* **1.** Einstands- *od.* Neujahrsgeschenk *n.* **2.** Morgengabe *f.* **3.** erste Einnahme (*in e-m Geschäft*). **4.** Hand-, Draufgeld *n.* **II** *v/t pret u. pp* **-seled,** *bes. Br.* **-selled 5.** *j-m* ein Einstandsgeschenk etc geben. **6.** einweihen (*a. fig.*).

¦**hand**¦**set** *s teleph.* Hörer *m.* ¦**~set** *adj print.* handgesetzt. ¦**~sewn** *adj* handgenäht. ¦**~shake** *s* Händedruck *m:* **to give s.o. a firm ~** j-m kräftig die Hand schütteln. ¦**~sign** *v/t* eigenhändig unter-¦zeichnen *od.* signieren. ¦**hands-ˈoff pol·i·cy** *s* Nicht¦einmi-schungspoli¦tik *f.* **hand·some** [ˈhænsəm] *adj* (*adv* **~ly**) **1.** hübsch, schön, stattlich (*alle a. fig.*), (*bes. Mann a.*) gutaussehend. **2.** *fig.* beträcht-lich, ansehnlich: **a ~ inheritance; a ~ sum. 3.** großzügig, nobel, „anständig": **~ is as ~ does** edel ist, wer edel handelt; → **come down** 10. **4.** *Am.* gewandt, geschickt: **a ~ speech** e-e geschickt aufgebaute Rede. ¦**hand·some·ness** *s* **1.** Schönheit *f,* Stattlichkeit *f,* gutes Aus-sehen. **2.** Beträchtlichkeit *f.* **3.** Groß-zügigkeit *f.*

¦**hands-ˈon train·ing** *s* praktische Ausbildung. ¦**hand**¦**spike** *s mar. tech.* Handspake *f,* Hebestange *f.* ¦**~spring** *s Turnen:* Handstand¦überschlag *m:* **to do a ~** e-n Handstand¦überschlag machen. ¦**~stand** *s sport* Handstand *m:* **to do a ~** e-n Handstand machen. ¦**~to-ˈhand** *adj* Mann gegen Mann: **~ combat** *mil.* Nahkampf *m.* ¦**~to-ˈmouth** *adj* kümmerlich: **to lead a ~ existence** von der Hand in den Mund leben. ¦**~wheel** *s tech.* Hand-, Stellrad *n.* ¦**~work** *s* Handarbeit *f.* ¦**~write** *v/t irr* mit der Hand schreiben: **handwritten** handgeschrieben. ¦**~writ·ing** *s* **1.** (Hand)Schrift *f:* **~ expert** *jur.* Schriftsachverständige(r) *m;* **the ~ on the wall** *fig.* die Schrift an der Wand, das Menetekel. **2.** (*etwas*) Handgeschriebenes. ¦**~ˈwrought** *adj* handgearbeitet.

**hand·y** [ˈhændɪ] *adj* (*adv* → **handily**) **1.** zur Hand, bei der Hand, greifbar, leicht erreichbar: **to have s.th. ~** etwas zur Hand haben. **2.** geschickt, gewandt: **to be ~ with a tool** mit e-m Werkzeug (gut) umgehen können. **3.** handlich, praktisch, leicht zu handhaben(d). **4.** *mar.* wendig. **5.** nützlich: **to come in ~** a) sich als nützlich erweisen, b) (sehr) gelegen kom-

men. '**~man** *s irr* ‚Mädchen *n* für alles', Fak'totum *n*.

**hang** [hæŋ] **I** *s* **1.** Hängen *n*, Fall *m*; Sitz *m* (*e-s Kleids etc*). **2.** *colloq.* a) Bedeutung *f*, Sinn *m*, b) (richtige) Handhabung: **to get the ~ of** s.th. etwas kapieren, hinter etwas kommen, den ‚Dreh rauskriegen' bei etwas. **3. I don't care** (*od.* **give**) **a ~!** *colloq.* das ist mir völlig ‚schnuppe'! **4.** (kurze) Pause, Stillstand *m*. **5.** Abhang *m*, Neigung *f*.

**II** *v/t pret u. pp* **hung** [hʌŋ] *od.* (*für 9 u. 10*) **hanged 6.** (**from**, **to**, **on**) aufhängen (an *dat*), hängen (an *acc*): **to ~ s.th. on a hook**; **to be hung to** (*od.* **from**) aufgehängt sein *od.* hängen an (*dat*), herabhängen von. **7.** (*zum Trocknen etc*) aufhängen: **hung beef** gedörrtes Rindfleisch. **8.** *tech. e-e Tür, e-e Karosserie etc* einhängen. **9.** (auf)hängen: **to ~ o.s.** sich erhängen; **I'll be ~ed first!** *colloq.* eher lasse ich mich hängen!; **I'll be ~ed if** *colloq.* ‚ich will mich hängen lassen', wenn; ~ **it (all)!** zum Henker damit! **10.** a) *j-n* an den Galgen bringen, b) *fig. j-m* ‚das Genick brechen'. **11. den Kopf** hängenlassen *od.* senken. **12.** behängen: **to ~ a wall with pictures. 13.** *Tapeten* anbringen, ankleben. **14.** *jur. Am.* die Geschworenen an der Entscheidung hindern (*durch Nichtzustimmung*): **it was a hung jury** die Geschworenen konnten sich (*über die Schuldfrage*) nicht einigen. **15.** → **fire** 9.

**III** *v/i* **16.** hängen, baumeln (**by**, **on** an *dat*): **to ~ by a rope**; **to ~ by a thread** *fig.* an e-m Faden hängen; **to ~ in the air** *bes. fig.* in der Luft hängen; **to ~ on(to)** (*od.* **upon**) s.o.'s **lips** (*od.* **words**) an j-s Lippen hängen; → **balance** 2. **17.** hängen, ein- *od.* aufgehängt sein. **18.** hängen, gehängt werden: **he will ~ for it** dafür wird er hängen; **to let** s.th. **go ~** *colloq.* sich den Teufel um etwas scheren; **let it go ~!** *colloq.* zum Henker damit! **19.** (her'ab)hängen, fallen (*Kleid, Vorhang etc*). **20.** sich senken, sich neigen, abfallen. **21.** ~ **on** hängen an (*dat*), abhängen von. **22.** ~ **on** sich hängen an (*acc*), sich festhalten an (*dat*), sich klammern an (*acc*). **23.** unentschlossen sein, zögern. **24.** → **heavy** 34. **25. to ~ tough** *colloq.* stur *od.* hart bleiben, nicht nachgeben.

*Verbindungen mit Präpositionen:*

**hang** | **a·bout**, **~ a·round** *v/i* her-'umlungern *od.* sich her'umtreiben in (*dat*) *od.* bei. **~ on** → **hang** 16, 21, 22. **~ o·ver** *v/i* **1.** *fig.* hängen *od.* schweben über (*dat*), drohen (*dat*). **2.** sich neigen über (*acc*). **3.** aufragen über (*dat*).

*Verbindungen mit Adverbien:*

**hang** | **a·bout**, **~ a·round** *v/i* **1.** her-'umlungern, sich her'umtreiben (**with** mit). **2.** trödeln. **3.** warten. **~ back** *v/i* **1.** zögern (**from** doing s.th. etwas zu tun). **2.** → **hang behind**. **~ be·hind** *v/i* zu-'rückhängen, -bleiben. **~ down** *v/i* hin-'unter-, her'unterhängen (**from** von). **~ on** *v/i* **1.** (**to**) sich klammern (an *acc*) (*a. fig.*), festhalten (*acc*), nicht loslassen *od.* aufgeben (*acc*). **2.** a) warten, b) *teleph.* am Appa'rat bleiben. **3.** nicht nachlassen (*Krankheit etc*). **~ out I** *v/t* **1.** (hin-, her)'aushängen, *Wäsche* (draußen) aufhängen. **II** *v/i* **2.** her'aushängen: **to let it all ~** *colloq.* a) sich ungezwungen benehmen, b) aus sich herausgehen, c) kein Blatt vor den Mund nehmen. **3.** ausgehängt sein. **4.** *colloq.* a) hausen, sich aufhalten, b) sich her'umtreiben. **~ o·ver I** *v/i* andauern, exi'stieren (**from** seit). **II** *v/t*: **to be hung over** *colloq.* e-n ‚Kater' haben. **~ to·geth·er** *v/i* **1.** zs.-halten (*Personen*). **2.** Zs.-hang haben, zs.-hängen. **~ up I** *v/t* **1.** aufhängen. **2.** auf-

schieben, hin'ausziehen: **to be hung up** verzögert *od.* aufgehalten werden. **3. to be hung up (on)** *colloq.* a) e-n Komplex haben (wegen), b) besessen sein (von). **II** *v/i* **4.** *teleph.* einhängen, auflegen: **she hung up on him** sie legte einfach auf.

**hang·ar** ['hæŋə(r)] *s aer.* Hangar *m*, Flugzeughalle *f*, -schuppen *m*.

'**hang·dog I** *s* **1.** Galgenvogel *m*, -strick *m*. **II** *adj* **2.** gemein, schurkisch. **3.** a) Armesündermiene *f*.

'**hang·er** *s* **1.** (Auf)Hänger *m*. **2.** Tape-'zierer *m*. **3.** a) Aufhängevorrichtung *f*, *bes.* a) Kleiderbügel *m*, b) Schlaufe *f*, Aufhänger *m* (*am Rock etc*), c) (Topf)Haken *m*. **4.** *tech.* a) Hängeeisen *n*, b) Hängebock *m*, c) 'Unterlitze *f*, d) Tra'versenträger *m*. **5.** a) Hirschfänger *m*, b) kurzer Säbel. **6.** Haken *m*, Kurvenlinie *f* (*bei Schreibversuchen*).

**hang·er bear·ing** *s tech.* Hängelager *n*. ,**hang·er-'on** *pl* ,**hang·ers-'on** *s contp.* **1.** Anhänger *m*, *pl* Anhang *m*, Gefolge *n*. **2.** ‚Klette' *f*.

'**hang** | **fire** *s mil.* Nachbrennen *n*, -zündung *f*. **~ glid·er** *s sport* **1.** Hängegleiter *m*, (Flug)Drachen *m*. **2.** Drachenflieger(in). **~ glid·ing** *s sport* Hängegleiten *n*, Drachenfliegen *n*.

'**hang·ing I** *s* **1.** (Auf)Hängen *n*. **2.** (Er-) Hängen *n*: (**execution by**) ~ Hinrichtung *f* durch den Strang. **3.** *meist pl* Wandbehang *m*, Ta'pete *f*, Vorhang *m*. **II** *adj* **4.** (her'ab)hängend. **5.** hängend, abschüssig, ter'rassenförmig: ~ **gardens** hängende Gärten. **6.** todeswürdig: **a ~ crime** ein Verbrechen, auf das die Todesstrafe (durch Erhängen) steht; **a ~ matter** e-e Sache, die *j-n* an den Galgen bringt. **7. a ~ judge** ein Richter, der mit dem Todesurteil rasch bei der Hand ist. **8.** Hänge..., ~ **bridge. 9.** *tech.* Aufhänge..., Halte..., Stütz... **~ com·mit·tee** *s* Hängeausschuß *m* (*bei Gemäldeausstellungen*). **~ in·den·tion** *s print.* Einzug *m* nach 'überstehender Kopfzeile. **~ wall** *s* Bergbau: Hangende(s) *n*.

'**hang·man** [-mən] *s irr* Henker *m*. '**~nail** *s med.* Nied-, Neidnagel *m*. '**~out** *s colloq.* **1.** ‚Bude' *f*, Wohnung *f*. **2.** a) 'Stammlo̧kal *n*, b) 'Unterschlupf *m*, Treff(punkt) *m*. '**~·o·ver** *s* **1.** 'Überbleibsel *n*, -rest *m*. **2.** *colloq.* ‚Katzenjammer' *m*, ‚Kater' *m* (*beide a. fig.*). '**~up** *s colloq.* **1.** Kom'plex *m*. **2.** Pro'blem *n*, Schwierigkeit *f*.

**hank** [hæŋk] *s* **1.** Strang *m*, Docke *f*, Wickel *m* (*Garn etc*). **2.** Hank *n* (*ein Garnmaß*). **3.** *mar.* Legel *m*.

**han·ker** ['hæŋkə(r)] *v/i* sich sehnen, Verlangen haben (**after**, **for** nach): **to ~ to do** s.th. sich danach sehnen, etwas zu tun. '**han·ker·ing** *s* Sehnsucht *f*, Verlangen *n* (**after**, **for** nach).

'**han·ky**, *a.* **han·kie** ['hæŋkɪ] *colloq. für* handkerchief 1.

**han·ky-pan·ky** [,hæŋkɪ'pæŋkɪ] *s colloq.* **1.** Hokus'pokus *m*, Schwindel *m*, fauler Zauber. **2.** Techtelmechtel *n*.

**Han·o·ve·ri·an** [,hænəʊ'vɪərɪən] **I** *adj* **1.** han'nover(i)sch. **2.** *pol. hist.* hannove'ranisch. **II** *s* **3.** Hannove'raner(in).

**Han·sard** [-sɑːd] *s Br.* amtliches Parla'mentsproto̧koll.

**hanse** [hæns] *s hist.* **1.** Kaufmannsgilde *f*. **2.** H~ Hanse *f*, Hansa *f*: H~ **town** Hansestadt *f*. **Han·se'at·ic** [-sɪ'ætɪk] *adj* hanse'atisch, Hanse...: **the ~ League** die Hanse.

**han·sel** ['hænsl] → handsel.

**Han·sen's dis·ease** ['hænsənz] *s med.* Lepra *f*, Aussatz *m*.

**han·som (cab)** ['hænsəm] *s hist.* Hansom *m* (*zweirädrige Kutsche*).

**hap** [hæp] *obs.* **I** *s* a) Zufall *m*, b) (zufäl-

liges) Ereignis, c) Glück(sfall *m*) *n*. **II** *v/i* → **happen**.

**ha·pax le·go·me·non** [,hæpækslɪ'gɒmɪnɒn; *Am.* -¹gɑmə,nɑn] *pl* **ha·pax le·go·me·na** [-nə] *s* Hapaxle'gomenon *n* (*nur einmal belegtes, in s-r Bedeutung oft nicht genau zu bestimmendes Wort e-r [nicht mehr gesprochenen] Sprache*).

**hap·haz·ard** [,hæp'hæzə(r)d] **I** *adj* (*adv* ~**ly**) *u. adv* willkürlich, plan-, wahllos. **II** *s* **at** ~ aufs Geratewohl.

'**hap·less** *adj* (*adv* ~**ly**) *obs.* unglücklich, glücklos, unselig.

**hap·lite** ['hæplaɪt] → aplite.

**hap·log·ra·phy** [hæp'lɒgrəfɪ; *Am.* -¹lɑ-] *s* Haplogra'phie *f* (*fehlerhafte Einfachschreibung von Buchstaben od. -gruppen*).

**hap·loid** ['hæplɔɪd] *biol.* **I** *adj* haplo'id (*mit einfacher Chromosomenzahl*). **II** *s* haplo'ide Zelle, haplo'ider Orga'nismus.

**hap·lol·o·gy** [hæp'lɒlədʒɪ; *Am.* -¹lɑ-] *s ling.* Haplolo'gie *f* (*Verschmelzung zweier gleicher od. ähnlicher Silben*).

**hap·ly** ['hæplɪ] *adv obs.* **1.** von ungefähr. **2.** viel'leicht.

**hap·pen** ['hæpən] **I** *v/i* **1.** geschehen, sich ereignen, vorfallen, pas'sieren, sich zutragen, vor sich gehen, vorkommen, eintreten: **what has ~ed?** was ist geschehen *od.* passiert?; ... **and nothing ~ed** ... u. nichts geschah. **2.** zufällig geschehen, sich zufällig ergeben, sich (gerade) treffen: **it ~ed that** es traf *od.* ergab sich, daß; **as it ~s** a) wie es sich (so *od.* gerade) trifft, zufällig, b) wie es nun (einmal) so geht. **3. if you ~ to see it** wenn du es zufällig siehst *od.* sehen solltest; **it ~ed to be cold** zufällig war es kalt. **4.** ~ **to** geschehen mit (*od. dat*), pas'sieren (*dat*), zustoßen (*dat*), werden aus: **what is going to ~ to our plans?** was wird aus unseren Plänen?; **if anything should ~ to me** wenn mir etwas zustoßen sollte. **5.** ~ **(up)on** a) zufällig begegnen (*dat od.* treffen (*acc*), b) zufällig stoßen auf (*acc*) *od.* finden (*acc*). **6.** *bes. Am. colloq.* ~ **to** ~ **along** (*od.* **by**) zufällig (vorbei)kommen; **to ~ in** ‚hereinschneien'. **II** *adv* **7.** *Br. dial.* viel'leicht.

**hap·pen·ing** ['hæpnɪŋ; 'hæpənɪŋ] *s* **1.** Ereignis *n*, Vorkommnis *n*: **there have been strange ~s here lately** hier sind in letzter Zeit merkwürdige Dinge passiert. **2.** Happening *n* (*künstlerische Veranstaltung, oft grotesker od. provozierender Art, bei der die Zuschauer miteinbezogen werden u. die die Grenzen zwischen Kunst u. täglichem Leben überwinden soll*): ~ **artist** Happenist *m*.

**hap·pen·stance** ['hæpən,stæns] *s Am.* Zufall *m*.

**hap·pi·ly** ['hæpɪlɪ] *adv* **1.** glücklich: ~ **married. 2.** glücklicherweise, zum Glück. '**hap·pi·ness** *s* **1.** Glück *n*, Glück'seligkeit *f*. **2.** *fig.* glückliche Wahl (*e-s Ausdrucks etc*), glückliche Formu'lierung (*e-s Textes*).

**hap·py** ['hæpɪ] *adj* (*adv* → **happily**) **1.** *allg.* glücklich: a) glück'selig: **I'm quite ~** ich bin wunschlos glücklich, b) beglückt, erfreut, froh (**at**, **about** über *acc*): **I am ~ to see you** es freut mich (sehr), Sie zu sehen; **I'd be ~ to do that** ich würde das liebend gern tun. c) voller Glück: ~ **days** glückliche Tage, Tage voller Glück, d) erfreulich: **a ~ event** ein freudiges Ereignis, e) glückverheißend: ~ **news**, f) gut, trefflich: **a ~ idea**, g) passend, treffend, geglückt: **a ~ phrase**, h) zu'frieden: **I'm not ~ with my new TV set. 2.** gewandt, geschickt. **3.** *colloq.* ‚beschwipst', ‚angesäuselt'. **4.** *in Glückwünschen:* ~ **new year!** gutes neues Jahr!; → **birthday** I, **Easter**[1] I. **5.** *in Zssgn* a) *colloq.* betäubt, wirr (im Kopf): → **slaphappy**, b) be-

geistert, verrückt: **ski-~** skisportbegei-
stert; → **trigger-happy,** c) *colloq.* süch-
tig: **publicity-~. ~ dis·patch** *s euphem.*
Hara'kiri *n.* **,~-go-'luck·y** *adj u. adv*
unbekümmert, sorglos, leichtfertig. **~
hour** *s* Zeit am frühen Abend, zu der in
Bars die alkoholischen Getränke im Preis
reduziert sind.
**hap·ten** ['hæptən; *Am.* 'hæp|ten], **hap-
tene** ['hæpti:n] *s Biochemie:* Hap'ten *n*
(*organische, eiweißfreie Verbindung, die
die Bildung von Antikörpern im Körper
verhindert*).
**hap·tic** ['hæptɪk] *adj* haptisch (*den Tast-
sinn betreffend*).
**hap·to·trop·ism** [,hæptəʊ'trəʊpɪzəm] *s
bot.* Haptotro'pismus *m* (*durch Berüh-
rungsreiz ausgelöste Krümmungsbewe-
gung, bes. bei Kletterpflanzen*).
**har·a-kir·i** [,hærə'kɪrɪ] *s* Hara'kiri *n* (*a.
fig.*): political ~.
**ha·rangue** [hə'ræŋ] **I** *s* **1.** Ansprache *f,*
Rede *f.* **2.** bom'bastische *od.* flammende
Rede. **3.** Ti'rade *f,* Wortschwall *m.* **4.**
Strafpredigt *f.* **II** *v/i* **5.** e-e (bom'basti-
sche *od.* flammende) Rede halten. **III** *v/t*
**6.** e-e (bom'bastische *od.* flammende)
Rede halten vor (*dat*). **7.** j-m e-e Straf-
predigt halten.
**har·ass** ['hærəs; *Am. a.* hə'ræs] *v/t* **1.**
ständig belästigen, quälen. **2.** aufreiben,
zermürben. **3.** schika'nieren. **4.** *mil.* stö-
ren: **~ing** fire Störfeuer *n.* **'har·ass-
ment** *s* **1.** ständige Belästigung. **2.** Zer-
mürbung *f.* **3.** Schika'nierung *f.*
**har·bin·ger** ['hɑ:(r)bɪndʒə(r)] **I** *s* **1.** *fig.*
a) Vorläufer *m:* the **~s of modern
science,** b) Vorbote *m:* the **~ of spring,**
c) (erstes) Anzeichen: the **~ of** a cold. **2.**
*obs.* Quar'tiermacher *m.* **II** *v/t* **3.** *fig.*
ankündigen, der Vorbote (*gen*) sein.
**har·bor,** *bes. Br.* **har·bour** ['hɑ:(r)-
bə(r)] **I** *s* **1.** Hafen *m.* **2.** Zufluchtsort *m,*
'Unterschlupf *m.* **II** *v/t* **3.** beherbergen,
j-m Schutz *od.* Zuflucht *od.* Obdach ge-
währen. **4.** verbergen, -stecken: **to ~
criminals. 5.** Gedanken, e-n Groll etc
hegen: **to ~ thoughts of revenge. II**
*v/i* **6.** (im Hafen) vor Anker gehen. **'har-
bo(u)r·age** *s* **1.** → harbor 2. **2.** Obdach
*n,* 'Unterkunft *f.*
**har·bo(u)r| bar** *s* Sandbank *f* vor dem
Hafen. **~ dues** *s pl* Hafengebühren *pl,*
-gelder *pl.*
**'har·bo(u)r·less** *adj* **1.** ohne Hafen,
hafenlos. **2.** obdachlos.
**har·bo(u)r| mas·ter** *s mar.* Hafen-
meister *m.* **~ pi·lot** *s mar.* Hafenlotse *m.*
**~ seal** *s zo.* Gemeiner Seehund.
**hard** [hɑ:(r)d] **I** *adj* **1.** *allg.* hart: →
**cheese**[1] 1. **2.** fest: a **~ knot. 3.** schwer,
schwierig: a) mühsam, anstrengend: **~
work** harte Arbeit; **~ to believe** kaum
zu glauben; **~ to please** schwer zufrie-
denzustellen; **he is ~ to please** man
kann es ihm nur schwer recht machen; **~
to imagine** schwer vorstellbar; **it is ~ for
me to accept this thesis** es fällt mir
schwer, diese These zu akzeptieren; **he
made it ~ for me to believe him** er
machte es mir schwer, ihm zu glauben, b)
schwerverständlich, schwer zu bewälti-
gen(d): **~ problems** schwierige Proble-
me. **4.** hart, zäh, 'widerstandsfähig: **in ~
condition** *sport* konditionsstark, fit; **a ~
customer** *colloq.* ein schwieriger 'Kun-
de', ein zäher Bursche; → **nail** *Bes.
Redew.* **5.** hart, angestrengt, inten'siv: **~
study. 6.** fleißig, tüchtig: **he is a ~
worker** er ist enorm fleißig; **to try one's
~est** sich alle Mühe geben. **7.** heftig,
stark: **~ rain;** a **~ blow** ein harter Schlag,
*fig.* a. ein schwerer Schlag; **to be ~ on**
*Kleidung, Teppich etc* strapazieren. **8.**
hart, streng, rauh: **~ climate** rauhes Kli-

ma; **~ winter** harter *od.* strenger Winter.
**9.** hart, gefühllos, streng: **~ words** harte
Worte; **to be ~ on** s.o. a) j-n hart *od.*
ungerecht behandeln, b) j-m hart zuset-
zen. **10.** hart, drückend: **it is ~ on him** es
ist hart für ihn, es trifft ihn schwer; **~
times** schwere Zeiten; **to have a ~ time**
Schlimmes durchmachen (müssen); **he
had a ~ time getting up early** es fiel
ihm schwer, früh aufzustehen; **to give
s.o. a ~ time** j-m das Leben sauer ma-
chen. **11.** *econ.* mit harten Bedingungen,
scharf: **~ selling,** *colloq.* **~ sell** aggres-
sive Verkaufstaktik. **12.** hart: **the ~ facts**
die unumstößlichen *od.* nackten Tatsa-
chen. **13.** nüchtern, kühl (über'legend),
'unsentimen|tal: a **~ businessman** ein
kühler Geschäftsmann; **he has a ~ head**
er denkt nüchtern. **14.** sauer, herb (*Ge-
tränk*). **15.** hart (*Droge*), (*Getränk a.*)
stark. **16.** *phys.* hart: **~ water; ~ X rays;
~ tube** Hochvakuumröhre *f.* **17.** *agr.* hart,
Hart...: **~ wheat. 18.** *econ.* hoch u. starr:
**~ prices. 19.** hart: **~ colo(u)rs; a ~
voice. 20.** *Phonetik:* a) hart, stimmlos, b)
nicht palatali'siert. **21. ~ of hearing**
schwerhörig. **22. ~ up** *colloq.* a) in (Geld-)
Schwierigkeiten, schlecht bei Kasse, b)
in Verlegenheit (**for** um).
**II** *adv* **23.** hart, fest: **frozen ~** hartge-
froren. **24.** *fig.* hart, schwer: **to work ~;
to brake ~** scharf bremsen; **to drink ~**
ein starker Trinker sein; **it will go ~ with
him** es wird ihm schlecht ergehen; **to hit
s.o. ~** a) j-m e-n harten *od.* heftigen
Schlag versetzen, b) *fig.* ein harter *od.*
schwerer Schlag für j-n sein; **to look ~ at**
scharf ansehen; **to be ~ pressed, to be ~
put to it** in schwerer Bedrängnis sein; **to
try ~** sich große Mühe geben; → **bear**[1]
21, hit 10. **25.** schwer, mühsam: → **die**[1]
**26.** nahe, dicht: **~ by** ganz in der Nähe,
nahe *od.* dicht dabei; **~ on** (*od.* after)
gleich nach. **27. ~ aport** *mar.* hart Back-
bord.
**III** *s* **28.** *Br.* festes Uferland. **29.** *Br. sl.*
Zwangsarbeit *f.* **30. to get (have) a ~ on**
*vulg.* e-n ,Ständer' (*e-e Erektion*) ,kriegen'
(haben).
**,hard|-and-'fast** *adj* abso'lut bindend,
strikt, fest(stehend), 'unum,stößlich: a **~
rule. '~back** → hardcover II. **'~ball**
**I** *s sport* a) Baseball(spiel *n*) *m* (*Ggs.*
softball): **to play ~** *Am. colloq.* energisch
*od.* hart durchgreifen, b) Baseball *m.* **II**
*adj Am. colloq.* e'nergisch, hart. **,~-'bit-
ten** *adj* **1.** verbissen, hartnäckig, zäh. **2.**
,abgebrüht'. **3.** hart, unerbittlich. **4.**
hard-boiled 2. **'~board** *s* Hartfaser-
platte *f.* **,~-'boiled** *adj* **1.** hart(gekocht):
a **~ egg. 2.** *fig.* a) hart, 'unsentimen|tal, b)
nüchtern, sachlich, rea'listisch. **'~-
bought** *adj Am.* schwererrungen. **~
case** *s* **1.** Härtefall *m.* **2.** schwieriger
Mensch. **3.** *Am.* Gewohnheitsverbrecher
*m.* **~ cash** *s econ.* **1.** Hartgeld *n.* **2.**
klingende Münze. **3.** Bargeld *n:* **to pay in
~** (in) bar (be)zahlen. **~ coal** *s* Anthra'zit
*m,* Steinkohle *f.* **~ cop·y** *s Computer:*
Hard copy *f,* 'Hartko,pie *f,* Pa'pieraus-
druck *m.* **~ core** *s* **1.** *Br.* Schotter *m.* **2.** *fig.*
harter Kern (*e-r Bande etc*). **'~-core** *adj*
**1.** zum harten Kern gehörend. **2.** hart: **~
pornography. ~ court** *s Tennis:* Hart-
platz *m.* **'~cov·er** *print.* **I** *adj* gebunden:
a **~ edition. II** *s* Hard cover *n,* gebun-
dene Ausgabe. **~ cur·ren·cy** *s econ.*
harte Währung. **,~-'earned** *adj* hartver-
dient, sauer verdient. **~ edge** *s paint.*
Hard edge *f* (*Stilrichtung, die geometri-
sche Formen u. kontrastreiche Farben be-
vorzugt*).
**hard·en** ['hɑ:(r)dn] **I** *v/t* **1.** härten (*a.
tech.*), hart *od.* härter machen. **2.** *fig.* hart
*od.* gefühllos machen, verhärten, ab-

stumpfen (**to** gegen): **~ed** verstockt, ,ab-
gebrüht'; **a ~ed sinner** ein verstockter
Sünder. **3.** *fig.* bestärken. **4.** *fig.* abhärten
(**to** gegen). **II** *v/i* **5.** hart werden, erhär-
ten. **6.** *tech.* erhärten, abbinden (*Zement
etc*). **7.** *fig.* hart *od.* gefühllos werden, sich
verhärten, abstumpfen (**to** gegen). **8.** *fig.*
abgehärtet werden, sich abhärten (**to**
gegen). **9.** a) *econ. u. fig.* sich festigen, b)
*econ.* anziehen, steigen (*Preise*). **'hard-
en·er** *s tech.* Härtemittel *n,* Härter *m.*
**'hard·en·ing I** *s* **1.** Härten *n,* Härtung
*f:* **~ of the arteries** med. Arterienverkal-
kung *f.* **2.** *tech.* a) Härtung *f,* b) Härte-
mittel *n.* **II** *adj* **3.** Härte...: **~ medium**
(*od.* compound) → 2 b.
**'hard|-face** *v/t tech.* verstählen, pan-
zern. **,~-'fa·vo(u)red, ,~-'fea·tured**
*adj* mit harten *od.* groben Gesichtszügen.
**'~fern** *s bot.* Rippenfarn *m.* **~ fi·ber,**
*bes. Br.* **~ fi·bre** *s tech.* Hartfaser *f,*
Vul'kanfiber *f.* **~ fin·ish** *s arch.* Feinputz
*m.* **,~-'fist·ed** *adj* **1.** *fig.* geizig, knauserig.
**2.** ro'bust, kräftig. **3.** *fig.* hart, streng,
ty'rannisch. **,~-'fought** *adj* erbittert,
hart. **~ goods** *s pl econ. Am.* Gebrauchs-
güter *pl.* **~ grass** *s bot.* Hartgras *n.*
**,~'hand·ed** → hardfisted 2 u. 3. **~ hat** *s*
**1.** *Br.* Me'lone *f* (*Hut*). **2.** a) Schutzhelm *m*
(*von Bauarbeitern etc*), b) *bes. Am. colloq.*
Bauarbeiter *m.* **3.** *Br.* 'Erzreaktio,när *m.*
**,~-'hat** *adj Br.* 'erzreaktio,när. **,~'head-
ed** *adj* **1.** praktisch, nüchtern, rea'li-
stisch. **2.** *bes. Am.* starr-, dickköpfig.
**,~'heart·ed** *adj (adv ~ly)* hart(herzig).
**,~'hit·ting** *adj Am. colloq.* e'nergisch,
aggres'siv, kämpferisch.
**har·di·hood** ['hɑ:(r)dɪhʊd], **'har·di-
ness** *s* **1.** Zähigkeit *f,* Ausdauer *f,* Ro-
'bustheit *f.* **2.** *bot.* Winterfestigkeit *f.* **3.**
Kühnheit *f:* a) Tapferkeit *f,* b) Verwegen-
heit *f,* c) Dreistigkeit *f.*
**hard| la·bo(u)r** *s jur.* Zwangsarbeit *f.*
**,~-'land** *v/t u. v/i Raumfahrt:* hart lan-
den. **~ land·ing** *s Raumfahrt:* harte
Landung. **~ line** *s* **1.** *bes. pol.* harter
Kurs: **to follow** (*od.* adopt) **a ~** e-n
harten Kurs einschlagen. **2.** *pl bes. Br.*
Pech *n* (**on** für). **,~-'line** *adj bes. pol.* hart,
kompro'mißlos. **,~'lin·er** *s bes. pol.* j-d,
der e-n harten Kurs einschlägt. **,~'luck
sto·ry** *s contp.* ,Jammergeschichte' *f.*
**'hard·ly** *adv* **1.** kaum, fast nicht: **I can ~
believe it; ~ ever** fast nie. **2.** (wohl)
kaum, schwerlich: **it will ~ be possible;
this is ~ the time to do it. 3.** (*zeitlich*)
kaum: **~ had he entered the room,
when. 4.** mit Mühe, mühsam. **5.** hart,
streng.
**hard| ma·ple** *s bot. Am.* Zucker-Ahorn
*m.* **~ met·al** *s tech.* 'Hartme,tall *n.* **~
mon·ey** *s* hard cash. **,~'mouthed**
*adj* **1.** hartmäulig (*Pferd*). **2.** *fig.* starr-,
dickköpfig.
**'hard·ness** *s* **1.** Härte *f.* **2.** Schwierigkeit
*f.* **3.** 'Widerstandsfähigkeit *f.* **4.** Nüch-
ternheit *f.* **5.** Herbheit *f.*
**,hard|-'nosed** *adj colloq.* für a) hard-
-bitten 1, b) hardheaded 2. **'~pan** *s* **1.**
*geol.* Ortstein *m* (*verhärteter Untergrund*).
**2.** harter, verkrusteter Boden. **3.** *fig.* a)
Grundlage *f,* Funda'ment *n:* **to get
down to the ~ of a matter** e-r Sache auf
den Grund gehen, b) (sachlicher) Kern
(*e-s Problems etc*). **,~-'rock** *s mus.* Hard-
rock *m* (*moderne Stilrichtung des Rock,
die durch starke Hervorhebung des Rhyth-
mus, 'Überlautstärke etc gekennzeichnet
ist*). **~ rub·ber** *s* Hartgummi *m, n.* **~
sauce** *s gastr.* Beilage für Süßspeisen aus
Puderzucker, Butter u. Vanille. **~ sci-
ence** *s* ex'akte Wissenschaft (*bes. Mathe-
matik, Physik u. Logik*). **,~'scrab·ble**
*Am.* **I** *adj* **1.** ärmlich, bescheiden (*Ver-
hältnisse etc*). **2.** karg (*Boden*). **II** *s* **3.**

karger Boden. ˌ~-ˈset *adj* **1.** hartbedrängt, in e-r schwierigen Lage. **2.** streng, starr. **3.** angebrütet (*Ei*). ˈ~-shell **I** *adj* **1.** *zo.* hartschalig: ~ clam → 3. **2.** *Am. colloq.* a) eisern, unnachgiebig, komproˈmißlos, b) eingefleischt. **II** *s* **3.** *zo.* Venusmuschel *f*.

**hard·ship** [ˈhɑː(r)dʃɪp] *s* **1.** Not *f*, Elend *n*. **2.** Härte *f*: **to work ~ on s.o.** e-e Härte bedeuten für j-n; ~ **case** Härtefall *m*.

**hard|shoul·der** *s mot. Br.* Standspur *f*. ~ **sol·der** *s tech.* Hart-, Schlaglot *n*. ˈ~-ˌsol·der *v/t* hartlöten. ˈ~-ˌspun *adj* festgezwirnt. ˈ~ˌstand(·ing) *s* befestigter Abstellplatz (*für Autos, Flugzeuge etc*). ˈ~ˌstuff *s Am. colloq.* ‚Hard stuff' *m*, harte Drogen *pl*. ˌ~-ˈsur·face *v/t* Straße *etc* befestigen. ˈ~ˌtack *s* Schiffszwieback *m*. ˈ~ˌtop *s mot.* Hardtop *n, m:* a) *festes, als Ganzes abnehmbares Dach,* b) *Auto, bes. Sportwagen mit a.* ˈ~ˌware *s* **1.** a) Meˈtall-, Eisenwaren *pl,* b) Haushaltswaren *pl.* **2.** *Am. sl.* ‚Schießeisen' *n od. pl.* **3.** *Computer, Sprachlabor:* Hardware *f* (*technische Ausrüstung*). **4.** *a.* **military ~** Waffen *pl* u. miliˈtärische Ausrüstung. ˈ~ˌware-man [-mən] *s irr a)* Meˈtallwaren-, Eisenwarenhändler *m,* b) Haushaltswarenhändler *m.* ˌ~-ˈwear·ing *adj Br.* strapaˈzierfähig (*Kleidung etc*). ˈ~ˌwood *s* Hartholz *n, bes.* Laubbaumholz *n.* ˌ~-ˈwork·ing *adj* fleißig, hart arbeitend, arbeitsam.

**har·dy** [ˈhɑː(r)dɪ] *adj (adv* **hardily*) **1.** a) zäh, ausdauernd, roˈbust, b) abgehärtet. **2.** *bot.* winterfest: ~ **annual** a) winterfeste Pflanze, b) *fig. humor.* Frage, die jedes Jahr wieder aktuell wird. **3.** kühn: a) tapfer, b) verwegen, c) dreist.

**Har·dy-Wein·berg law** [ˌhɑː(r)dɪˈwaɪnbɜːg; *Am.* -ˌbɜrg] *s Populationsgenetik:* Hardy-Weinberg-Formel *f,* -Regel *f.*

**hare** [heə(r)] **I** *s* **1.** *zo.* Hase *m:* **to run with the ~ and hunt with the hounds** es mit beiden Seiten halten; **to start a ~** a) e-n Hasen aufscheuchen, b) *fig.* von etwas (zu reden) anfangen, was nicht zur Sache gehört; (**as**) **mad as a March ~** *colloq.* total verrückt; **to play ~ and hounds** e-e Schnitzeljagd machen. **2.** Hasenfell *n.* **3.** *gastr.* Hase *m,* Hasenfleisch *n.* **II** *v/i* **4.** *colloq.* ‚flitzen', sausen: **to ~ off** davonflitzen. ˈ~ˌbell *s bot.* **1.** (Rundblättrige) Glockenblume. **2.** Wilde Hyaˈzinthe. ˈ~-ˌbrained *adj* verrückt (*Person, Plan etc*). ˈ~ˌfoot *s irr bot.* **1.** Ackerklee *m.* **2.** Balsabaum *m.*

**Ha·re Krish·na** [ˌhɑːrəˈkrɪʃnə] *pl* **Ha·re Krish·nas** *s* Hare-Krishna-Jünger *m.*

ˌhareˈlip *s med.* Hasenscharte *f.* ˌ~-ˈlipped *adj* hasenscharte.

**ha·rem** [ˈhɑːriːm; ˈhɑːrem; *bes. Am.* ˈheərəm] *s* **1.** Harem *m* (*a. humor.* Frau u. Töchter *etc*). **2.** *relig.* Haˈram *m* (*nur Mohammedanern zugänglicher heiliger Bezirk*).

ˈhare's|-ear [ˈheə(r)z-] *s bot.* **1.** Hasenöhrchen *n.* **2.** Ackerkohl *m.* ˈ~ˌfoot *s irr* → harefoot.

**har·i·cot** [ˈhærɪkəʊ] *s* **1.** *gastr.* (*bes.* ˈHammel)Raˌgout *n.* **2.** *a.* ~ **bean** *bot.* Garten-, Schminkbohne *f.*

**ha·ri-ka·ri** [ˌhærɪˈkɑːrɪ; *Am.* -ˈkæ-] → hara-kiri.

**hark** [hɑː(r)k] **I** *v/i* **1.** horchen (*obs. od. poet. außer in*): ~ **at him!** *bes. Br. colloq.* hör dir ihn an! **2.** ~ **back** a) *hunt.* zuˈrückgehen, um die Fährte neu aufzunehmen (*Hund*), b) *fig.* zuˈrückgreifen, -kommen, *a. zeitlich* zuˈrückgehen (**to** auf *acc*). **II** *v/t* **3.** *obs. od. poet.* lauschen (*dat*). **4.** *hunt.* Hunde rufen. **III** *s* **5.** *hunt.* (Hetz)Ruf *m.* ˈ~ˌback *s* Rückgriff *m,* Zuˈrückgehen *n* (**to** auf *acc*).

**hark·en** *bes. Am. für* hearken.

**har·le·quin** [ˈhɑː(r)lɪkwɪn; *Am. a.* -kən] **I** *s* **1.** *thea.* Harlekin *m,* Hanswurst *m* (*a. fig.*). **2.** *a.* ~ **duck** *orn.* Kragenente *f.* **II** *adj* **3.** bunt, scheckig. ˌhar·le·quin-ˈade [-ˈneɪd] *s thea.* Harlekiˈnade *f,* Possenspiel *n.*

**har·lot** [ˈhɑː(r)lət] *obs.* **I** *s* Metze *f,* Hure *f.* **II** *adj* metzenhaft. ˈhar·lot·ry [-rɪ] *s obs.* **1.** Hureˈrei *f.* **2.** → harlot 1.

**harm** [hɑː(r)m] **I** *s* **1.** Schaden *m:* **there is no ~ in doing s.th.** es kann *od.* könnte nicht(s) schaden, etwas zu tun; **there is no ~ in trying** ein Versuch kann nicht schaden; **to come to ~** zu Schaden kommen; **he came to no ~,** **no ~ came to him** er blieb unverletzt; **to do s.o.** ~ j-m schaden, j-m etwas antun; **it does more ~ than good** es schadet mehr, als daß es nützt; ... **could do no ~** ... könnte nicht schaden, ich hätte nichts gegen ...; **out of ~'s way** a) in Sicherheit, b) in sicherer Entfernung; **to keep** (*od.* **stay**) **out of ~'s way** die Gefahr meiden, der Gefahr aus dem Weg gehen; → **bodily** 1, **mean**[1] 1. **2.** Unrecht *n,* Übel *n.* **II** *v/t* **3.** j-n verletzen (*a. fig.*), j-m, j-s *Ruf etc* schaden: → **fly**[2] 1, **hair** *Bes. Redew.*

ˈharm·ful *adj* (*adv* **~ly**) nachteilig, schädlich (**to** für): ~ **to one's health** gesundheitsschädlich; ~ **publications** *jur.* jugendgefährdende Schriften. ˈharm·ful·ness *s* Schädlichkeit *f.*

ˈharm·less *adj* (*adv* **~ly**) **1.** harmlos: a) ungefährlich, unschädlich, b) unschuldig, c) unverfänglich. **2.** **to hold** (*od.* **save**) **s.o.** ~ *econ. jur.* j-n schadlos halten. ˈharm·less·ness *s* Harmlosigkeit *f.*

**har·mon·ic** [hɑː(r)ˈmɒnɪk; *Am.* -ˈmɑ-] *adj* (*adv* **~ally**) **1.** *math. mus. phys.* harˈmonisch: ~ **minor** (**scale**) *mus.* harmonische Molltonleiter; ~ **motion** *phys.* sinusförmige Bewegung; ~ **progression** *math.* harmonische Reihe; ~ **series** *mus.* Obertonreihe *f;* ~ **tone** *mus. phys.* Oberton *m.* **2.** *fig.* → harmonious. **II** *s* **3.** *mus. phys.* Harˈmonische *f:* a) Oberton *m,* b) Oberwelle *f.* **4.** *pl* (*meist als sg konstruiert*) Harˈmonik *f.* **har·mon·i·ca** [-kə] *s mus.* **1.** ˈMundharˌmonika *f.* **2.** *hist.* ˈGlasharˌmonika *f.* **har·mon·i·con** [-kən] *pl* **-ca** [-kə] *s mus.* **1.** → harmonica 1. **2.** Orˈchestrion *n.*

**har·mo·ni·ous** [hɑː(r)ˈməʊnjəs; -nɪəs] *adj* (*adv* **~ly**) harˈmonisch: a) ebenmäßig, b) überˈeinstimmend, c) wohlklingend, d) einträchtig. **har·mo·ni·ous·ness** *s* Harmoˈnie *f.*

**har·mo·nist** [ˈhɑː(r)mənɪst] *s* **1.** *mus.* Harˈmoniker *m* (*Komponist od. Lehrer*). **2.** Kolˈlator *m* (*von Paralleltexten, bes. der Bibel*).

**har·mo·ni·um** [hɑː(r)ˈməʊnjəm; -nɪəm] *s mus.* Harˈmonium *n.*

**har·mo·ni·za·tion** [ˌhɑː(r)mənaɪˈzeɪʃn; *Am.* -nəˈz-] *s* Harmoniˈsierung *f,* Angleichung *f.* **ˈhar·mo·nize** [-naɪz] **I** *v/i* **1.** harmoˈnieren (*a. mus.*), in Einklang sein, zs.-passen (**with** mit). **II** *v/t* **2.** (**with**) harmoniˈsieren, in Einklang bringen (mit), angleichen (an *acc*). **3.** versöhnen. **4.** *mus.* harmoniˈsieren, mehrstimmig setzen.

**har·mo·ny** [ˈhɑː(r)mənɪ] *s* **1.** Harmoˈnie *f:* a) Wohlklang *m,* b) Eben-, Gleichmaß *n,* Ordnung *f,* c) Einklang *m,* Übereinstimmung *f,* d) Eintracht *f,* Einklang *m.* **2.** Zs.-stellung *f* von Paralˈleltexten, (Evanˈgelien)Harmoˌnie *f.* **3.** *mus.* Harmoˈnie *f:* a) Harˈmonik *f,* Zs.-klang *m,* b) Akˈkord *m,* c) schöner Zs.-klang. **4.** *mus.* Harmoˈnielehre *f.* **5.** *mus.* (homoˈphoner) Satz: **open** (**close**) ~ weiter (enger) Satz; **two-part** ~ zweistimmiger Satz; **to sing in** ~ mehrstimmig singen.

**har·mo·tome** [ˈhɑː(r)mətəʊm] *s min.* Harmoˈtom *m.*

**har·ness** [ˈhɑː(r)nɪs] **I** *s* **1.** a) (Pferde*etc*)Geschirr *n:* **in** ~ *fig.* im täglichen Trott; **to die in** ~ *fig.* in den Sielen sterben, b) Laufgeschirr *n* (*für Kinder*). **2.** *Weberei:* Harnisch *m* (*des Zugstuhls*). **3.** a) *mot.* (Sicherheits)Gurt *m,* b) (Fallschirm)Gurtwerk *n.* **4.** *Am. sl.* (Arbeits)-Kluft *f,* Uniˈform *f* (*e-s Polizisten etc*): **hospital** ~ Schwesterntracht *f.* **5.** *mil. hist.* Harnisch *m.* **II** *v/t* **6.** *Pferde etc* a) anschirren, b) anspannen (**to** an *acc*). **7.** *fig. Naturkräfte etc* nutzbar machen, ‚einspannen'. ~ **bull,** ~ **cop** *s Am. sl.* ‚Bulle' *m* (*Polizist*) in Uniˈform. ~ **horse** *s* **1.** Traber(pferd *n*) *m.* **2.** Zugpferd *n.* ~ **race** *s* Trabrennen *n.*

**ha·roosh** [həˈruːʃ] *s Am. colloq.* Aufregung *f.*

**harp** [hɑː(r)p] **I** *s* **1.** *mus.* Harfe *f.* **II** *v/i* **2.** (die) Harfe spielen. **3.** *fig.* (**on, on about, upon**) herˈumreiten (auf *dat*), dauernd reden (von): **to** ~ **on one string** immer auf derselben Sache herumreiten. ˈharp·er, ˈharp·ist *s* Harfeˈnist(in).

**har·poon** [hɑː(r)ˈpuːn] **I** *s* Harˈpune *f:* ~ **gun** Harpunengeschütz *n,* -kanone *f.* **II** *v/t* harpuˈnieren. **har·poon·er** *s* Harpuˈnierer *m.*

**harp seal** *s zo.* Sattelrobbe *f.*

**harp·si·chord** [ˈhɑː(r)psɪkɔː(r)d] *s mus.* Cembalo *n.*

**har·py** [ˈhɑː(r)pɪ] *s* **1.** *antiq.* Harˈpyie *f.* **2.** *fig.* a) ‚Hyˈäne' *f,* Blutsauger *m,* b) ‚Hexe' *f.* **3.** *a.* ~ **eagle** *orn.* Harˈpyie *f.*

**har·que·bus** [ˈhɑː(r)kwɪbəs; *Am. a.* -kəbəs] *s mil. hist.* Hakenbüchse *f,* Arkeˈbuse *f.* **har·que·bus·ier** [-ˈsɪə(r)] *s* Arkebuˈsier *m.*

**har·ri·dan** [ˈhærɪdən] *s* alte Vettel.

**har·ri·er**[1] [ˈhærɪə(r)] *s* **1.** Verwüster *m.* **2.** Plünderer *m.* **3.** *orn.* Weihe *f.*

**har·ri·er**[2] [ˈhærɪə(r)] *s* **1.** *hunt.* Hund *m* für die Hasenjagd. **2.** *sport* Querfeldˈeinläufer(in).

**Har·ro·vi·an** [həˈrəʊvjən; -vɪən] **I** *s* Schüler *m* (*der Public School*) von Harrow. **II** *adj* aus *od.* in Harrow.

**har·row**[1] [ˈhærəʊ] **I** *s* **1.** *agr.* Egge *f:* **to be under the** ~ *fig.* in großer Not sein, unter Druck stehen. **II** *v/t* **2.** *agr.* eggen. **3.** *fig.* a) quälen, peinigen, b) *Gefühl* verletzen.

**har·row**[2] [ˈhærəʊ] *v/t obs. für* harry.

**har·row·ing** [ˈhærəʊɪŋ; *Am.* -rəwɪŋ] *adj* (*adv* **~ly**) quälend, qualvoll, peinigend.

**har·rumph** [həˈrʌmf] *v/i bes. Am.* **1.** sich (gewichtig) räuspern. **2.** *fig.* sich ‚mißbilligend äußern.

**har·ry** [ˈhærɪ] *v/t* **1.** verwüsten. **2.** plündern. **3.** *to* ~ **hell** *relig.* zur Hölle niederfahren (*Christus*).

**harsh** [hɑː(r)ʃ] *adj* (*adv* **~ly**) **1.** *allg.* hart: a) rauh: ~ **cloth,** b) rauh, scharf: ~ **voice,** c) grell: ~ **colo(u)r,** d) barsch, grob, schroff: ~ **manner** schroffe *od.* barsche Art, e) streng: ~ **discipline;** ~ **words** harte Worte. **2.** herb, scharf, sauer: ~ **taste.** ˈharsh·ness *s* Härte *f.*

**hars·let** [ˈhɑː(r)slɪt; *Br. a.* ˈhɑːz-] → haslet.

**hart** [hɑː(r)t] *s bes. Br.* Hirsch *m* (*bes. nach dem 5. Jahr*): ~ **of ten** Zehnender *m.*

**har·tal** [hɑː(r)ˈtɑːl] *s* (*in Indien*) Schließung der Geschäfte u. Arbeitsniederlegung, *bes. als Form des politischen Protests.*

**hart·beest** [ˈhɑː(r)tbiːst], **har·te·beest** [ˈhɑː(r)tɪbiːst] *s zo.* ˈKuhantiˌlope *f.*

ˈhart's-ˌclo·ver *s bot.* Stein-, Honigklee *m.*

ˈharts·horn *s pharm. obs.* Hirschhornsalz *n.*

ˈhart's-tongue *s bot.* Hirschzunge *f.*

**har·um-scar·um** [ˌheərəmˈskeərəm] **I** *adj* **1.** unbesonnen, leichtsinnig: he had a ~ youth er war in s-r Jugend ziemlich leichtsinnig. **II** *adv* **2.** → **1.** **3.** wie wild. **III** *s* **4.** unbesonnener *od.* leichtsinniger Mensch.

**ha·rus·pex** [həˈrʌspeks; ˈhærəspeks] *pl* **ha·rus·pi·ces** [-pɪsiːz] *s antiq.* Haruspex *m* (*j-d, der bes. aus den Eingeweiden von Opfertieren wahrsagt*).

**har·vest** [ˈhɑː(r)vɪst] **I** *s* **1.** Ernte *f*: a) Erntezeit *f*, b) Ernten *n*, c) (Ernte)Ertrag *m*. **2.** *fig.* Ertrag *m*, Früchte *pl*. **II** *v/t* **3.** ernten, *fig. a.* einheimsen. **4.** *e-e* Ernte einbringen: to ~ a crop. **5.** *fig.* sammeln. **III** *v/i* **6.** die Ernte einbringen. ~ **bug** → chigger 1.

**har·vest·er** *s* **1.** Erntearbeiter(in). **2.** *agr.* ˈMäh-, ˈErntemaˌschine *f*: → combine 9. **3.** *fig.* Sammler(in). **4.** → chigger 1. ~ **ant** *s zo.* Ernteameise *f*. ~ -ˈthresh·er → combine 9.

**har·vest|·fes·ti·val** *s* Ernteˈdankfest *n*. ~ **fly** *s zo.* (*e-e*) Ziˈkade. ~ **home** *s* **1.** → harvest 1 a, b. **2.** *bes. Br.* Erntefest *n*. **3.** Erntelied *n*. '~**man** [-mæn; *bes. Am.* -mən] *s irr* **1.** → harvester 1. **2.** *zo.* Kanker *m*, Weberknecht *m*. ~ **mite** → chigger 1. ~ **moon** *s Vollmond um die Herbst-Tagundnachtgleiche herum.*

**has** [hæz; *unbetont* həz; əz; ɪz] *3. sg pres von* have. '~**been** *s colloq.* **1.** (*etwas*) Überˈholtes. **2.** *j-d, der den Höhepunkt s-r Karriere überschritten od. s-e Glanzzeit überlebt hat*: a ~ of an actor ein ,ausranˈgierter' Schauspieler. **3.** *pl* alte Zeiten *pl*: for ~s um der alten Zeiten willen.

**hash¹** [hæʃ] **I** *v/t* **1.** *a.* ~ up Fleisch zerhacken, zerkleinern. **2.** *a.* ~ up *fig.* a) durcheinˈanderbringen, b) verpfuschen. **3.** *Am. colloq.* reden *od.* diskuˈtieren über (*acc*). **II** *v/i* **4.** *Am. sl.* (*in e-m Restaurant etc*) bedienen. **III** *s* **5.** *gastr.* Haˈschee *n*. **6.** *fig.* (*etwas*) Aufgewärmtes, Wiederˈholung *f*, Aufguß *m*: most of it was old ~ das meiste davon war ,ein alter Hut'. **7.** *fig.* Durcheinˈander *n*: to make a ~ of → 2; to settle (*od.* fix) s.o.'s ~ *colloq.* a) j-m ,den Mund stopfen', b) j-n unschädlich machen, c) mit j-m abrechnen.

**hash²** [hæʃ] *s colloq.* ,Hasch' *n* (*Haschisch*).

**hash·eesh** → hashish.

'**hash|·head** *s colloq.* ,Hascher(in)'. ~ **house** *s Am. sl.* billiges Restauˈrant.

**hash·ish** [ˈhæʃiːʃ] *s* Haschisch *n*.

**has·let** [ˈheɪzlɪt; ˈhæz-; *Am. bes.* ˈhæslət] *s gastr. Gericht aus Innereien.*

**hasp** [hɑːsp; *bes. Am.* hæsp] **I** *s* **1.** *tech.* a) Haspe *f*, Spange *f*, b) ˈÜberwurf *m*, Schließband *n*. **2.** Haspel *f*, Spule *f* (*für Garn*). **II** *v/t* **3.** mit e-r Haspe *etc* verschließen, zuhaken.

**has·sle** [ˈhæsl] *colloq.* **I** *s* **1.** ,Krach' *m*, (*a.* handgreifliche) Auseinˈandersetzung. **2.** Mühe *f*: it was quite a ~ getting (*od.* to get) rid of them es war ganz schön mühsam, sie loszuwerden; to take the ~s out of s.th. etwas leichter *od.* angenehmer machen. **II** *v/i* **3.** ,Krach' *od.* e-e (handgreifliche) Auseinˈandersetzung haben. **4.** *v/t Am.* schikaˈnieren.

**has·sock** [ˈhæsək] *s* **1.** Knie-, *bes.* Betkissen *n*. **2.** Grasbüschel *n*.

**hast** [hæst] *obs.* **2.** *sg pres von* have: thou ~.

**has·tate** [ˈhæsteɪt] *adj bot.* spießförmig.

**haste** [heɪst] **I** *s* **1.** Eile *f*, Schnelligkeit *f*. **2.** Hast *f*, Eile *f*: in ~ in Eile, eilends, hastig; to make ~ sich beeilen; ~ makes waste in der Eile geht alles schief; more ~, less speed eile mit Weile. **II** *v/i* **3.** *obs.* (sich) beˈeilen.

**has·ten** [ˈheɪsn] **I** *v/t* a) j-n antreiben, b) *etwas* beschleunigen: to ~ one's steps

den Schritt beschleunigen. **II** *v/i* (sich) beˈeilen: he ~ed home er hastete nach Haus; I ~ to add that ... ich möchte *od.* muß gleich hinzufügen, daß ...

**hast·i·ness** [ˈheɪstɪnɪs] *s* **1.** Eile *f*, Hastigkeit *f*. **2.** Voreiligkeit *f*. **3.** Heftigkeit *f*, Hitze *f*.

**hast·y** [ˈheɪstɪ] *adj* (*adv* hastily) **1.** eilig, hastig: he made a ~ er aß eilig *od.* hastig etwas; his ~ departure s-e überstürzte Abreise. **2.** voreilig, vorschnell, überˈeilt. **3.** heftig, hitzig. ~ **pud·ding** *s* (*Am.* Mais)Mehlbrei *m*.

**hat** [hæt] **I** *v/t* **1.** mit e-m Hut bekleiden *od.* bedecken: a ~ted man ein Mann mit Hut. **II** *s* **2.** Hut *m*. **3.** *relig.* a) Kardiˈnalshut *m*, b) *fig.* Kardiˈnalswürde *f*. *Besondere Redewendungen*: a bad ~ *Br. colloq.* ein ,übler Kunde'; ~ in hand demütig, unterˈwürfig; my ~! *colloq.* a) na, ich danke!, b) von wegen!, daß ich nicht lache!; I'll eat my ~ if *colloq.* ich fresse e-n Besen, wenn ...; somewhere (*od.* a place) to hang one's ~ ein Zuhause; hang (*od.* hold) on to your ~! *mot. humor.* halt dich fest!; to hang up one's ~ a) (for the last time) aufhören zu arbeiten, in Rente gehen; to keep s.th. under one's ~ etwas für sich behalten, geheimhalten; to pass (*od.* send) the ~ round den Hut herumgehen lassen (bei), e-e Sammlung veranstalten (unter *dat*); ~s off! Hut ab!, alle Achtung! (to vor *dat*); to take one's ~ off to s.o. vor j-m den Hut ziehen; to talk through one's ~ *colloq.* a) dummes Zeug reden, b) bluffen; he did not exactly throw his ~ in the air er machte nicht gerade Freudensprünge; to throw (*od.* toss) one's ~ in(to) the ring a) mitmischen, -reden, b) *bes. pol.* kandidieren; to tip one's ~ to Achtung haben vor (*j-m, etwas*); → cocked hat, drop 7, old hat.

**hat·a·ble** [ˈheɪtəbl] *adj* **1.** hassenswert. **2.** abˈscheulich.

'**hat|·band** *s* Hutband *n*. '~**box** *s* Hutschachtel *f*.

**hatch¹** [hætʃ] *s* **1.** *aer. mar.* Luke *f*: down the ~! *colloq.* prost!; → batten² 6. **2.** *mar.* Lukendeckel *m*: under ~es a) unter Deck, b) *colloq.* ,hinter Schloß u. Riegel', c) *colloq.* außer Sicht, d) *colloq.* ,hinüber' (*tot*). **3.** Luke *f*, Bodentür *f*, -öffnung *f*. **4.** Halbtür *f*. **5.** ˈDurchreiche *f* (*für Speisen*). **6.** *tech.* Schütz *n*.

**hatch²** [hætʃ] **I** *v/t* **1.** *a.* ~ out Eier, Junge ausbrüten: well, that's another book ~ed, matched, and dispatched so, damit ist ein weiteres Buch fertig; the ~ed, matched, and dispatched die Familienanzeigen (*in der Zeitung*). **2.** *a.* ~ out, ~ up a) e-n Racheplan etc ausbrüten, aushecken, b) ein Programm etc entwickeln. **II** *v/i* **3.** Junge ausbrüten. **4.** *a.* ~ out (*aus dem Ei*) ausschlüpfen: three eggs have already ~ed drei Junge sind bereits ausgeschlüpft. **5.** *fig.* sich entwickeln. **III** *s* **6.** → hatch¹ 1–3. **7.** ~es, matches, and dispatches Familienanzeigen (*in der Zeitung*).

**hatch³** [hætʃ] **I** *v/t* schrafˈfieren. **II** *s* (Schrafˈfier)Linie *f*.

'**hatch·back** *s mot.* (Wagen *m* mit) Hecktür *f*.

'**hat|check girl** *s Am.* Gardeˈrobenfräulein *n*.

**hatch·el** [ˈhætʃl] **I** *s* **1.** (Flachs-, Hanf-) Hechel *f*: → heckle 2, *bes. Br.* -elled **2.** hecheln. **3.** → heckle 2.

**hatch·er** [ˈhætʃə(r)] *s* **1.** Bruthenne *f*: a good ~ ein guter Brüter. **2.** ˈBrutappaˌrat *m*. **3.** *fig.* a) Aushecker(in), b) Entwickler(in). '**hatch·er·y** *s* Brutplatz *m*, -stätte *f*.

**hatch·et** [ˈhætʃɪt] *s* **1.** Beil *n*. **2.** Toma-

hawk *m*, Kriegsbeil *n*: to bury (take up) the ~ *fig.* das Kriegsbeil begraben (ausgraben); → helve **I.** ~ **face** *s* scharfgeschnittenes Gesicht. ~ **job** *s bes. Am. colloq.* ,Verriß' *m* (*vernichtende Kritik*) (on gen): to do a ~ on ,verreißen'. ~ **man** *s bes. Am. colloq.* **1.** j-d, der für s-n Chef unangenehme Dinge erledigt. **2.** Zuchtmeister *m* (*e-r Partei*). **3.** Killer *m* (*angeheuerter Mörder*). **4.** bösartiger Kritiker.

'**hatch·ing¹** *s* **1.** Ausbrüten *n*. **2.** Ausschlüpfen *n*. **3.** Brut *f*. **4.** *fig.* a) Aushecken *n*, b) Entwickeln *n*.

'**hatch·ing²** *s* **1.** Schrafˈfierung *f*, Schrafˈfur *f*. **2.** Schrafˈfieren *n*.

'**hatch·ment** *s her.* Totenschild *m*.

'**hatch·way** → hatch¹ 1–3.

**hate** [heɪt] **I** *v/t* **1.** hassen: to ~ s.o. like poison j-n wie die Pest hassen; ~d verhaßt. **2.** verabscheuen, nicht ausstehen können; → gut 1. **3.** nicht wollen, mögen, sehr ungern tun *od.* haben, sehr bedauern: I ~ to do it ich tue es (nur) äußerst ungern; I ~ having to tell you that ... ich bedaure sehr *od.* es ist mir sehr unangenehm, Ihnen mitteilen zu müssen, daß ... **II** *v/i* **4.** hassen. **III** *s* **5.** Haß *m* (of, for auf *acc*, gegen): full of ~ haßerfüllt; she looked at me with ~ (in her eyes) sie blickte mich haßerfüllt an; ~ tunes *fig.* Haßgesänge. **6.** (*etwas*) Verhaßtes: ... is my pet ~ *colloq.* ... kann ich ,auf den Tod' nicht ausstehen *od.* leiden. **7.** Abscheu *f* (of, for vor *dat*, gegen).

**hate·a·ble** → hatable.

'**hate·ful** *adj* (*adv* ~ly) **1.** hassenswert. **2.** abˈscheulich. **3.** *obs.* haßerfüllt. '**hate·ful·ness** *s* Abˈscheulichkeit *f*.

'**hate·mon·ger** *s* Aufhetzer *m*, Agiˈtator *m*.

'**hat·er** *s* Hasser(in).

**hat·ful** [ˈhætfʊl] *s* (ein) Hutvoll *m*.

**hath** [hæθ] *obs.* **3.** *sg pres von* have.

'**hat·less** *adj* ohne Hut, barhäuptig.

'**hat|·pin** *s* Hutnadel *f*. '~**rack** *s* Hutablage *f*.

**ha·tred** [ˈheɪtrɪd] → hate 5, 7.

**hat stand** *s* Hutständer *m*.

**hat·ter** [ˈhætə(r)] *s* Hutmacher *m*: (as) mad as a ~ total verrückt.

**hat| tree** *s bes. Am.* Hutständer *m*. ~ **trick** *s sport* Hat-Trick *m*, Hattrick *m*: a) *drei in unmittelbarer Folge vom gleichen Spieler (im gleichen Spielabschnitt) erzielte Tore*, b) *dreimaliger Erfolg (in e-r Meisterschaft etc)*: to do (*od.* score, bring off) a ~ e-n Hat-Trick erzielen.

**hau·berk** [ˈhɔːbɜːk; *Am.* ˈhɔːˌbɜrk] *s mil. hist.* Halsberge *f*, Kettenhemd *n*.

**haugh** [hɔː; hɑːx] *s Scot.* flaches (Fluß-) Uferland.

**haugh·ti·ness** [ˈhɔːtɪnɪs] *s* Hochmut *m*, Arroˈganz *f*. '**haugh·ty** *adj* (*adv* haughtily) **1.** hochmütig, -näsig, überˈheblich, arroˈgant. **2.** *obs.* edel.

**haul** [hɔːl] **I** *s* **1.** Ziehen *n*, Zerren *n*, Schleppen *n*. **2.** kräftiger Zug: to give the rope a ~ kräftig an dem Seil ziehen. **3.** (Fisch)Zug *m*. **4.** *fig.* Fischzug *m*, Fang *m*, Beute *f*: to make a big ~ e-n guten Fang machen. **5.** a) Beˈförderung *f*, Transˈport *m*, b) Transˈportweg *m*, -strecke *f*: it was quite a ~ home der Heimweg zog sich ganz schön hin; in (*od.* over) the long ~ in Zukunft, über e-n längeren Zeitraum. *c*) Ladung *f*, Transˈport *m*: a ~ of coal e-e Ladung Kohlen. **II** *v/t* **6.** ziehen, zerren, schleppen: → coal 4. **7.** beˈfördern, transporˈtieren. **8.** *Bergbau:* fördern. **9.** herˈaufholen (mit e-m Netz) fangen. **10.** *mar.* a) Brassen anholen, b) herˈumholen, *bes.* anluven. **11.** to ~ the wind a) *mar.* an den Wind gehen, b) *fig.* sich zuˈrückziehen. **12.** →

**haul up 2. III** v/i **13.** a. ~ **away** ziehen, zerren (**on**, at an dat). **14.** mit dem Schleppnetz fischen. **15.** 'umspringen (Wind). **16.** mar. a) abdrehen, den Kurs ändern, b) → **haul up 4**, c) e-n Kurs segeln, b) fig. s-e Meinung ändern, es sich anders über'legen.

*Verbindungen mit Adverbien:*

**haul| down** v/t e-e Flagge etc ein-, niederholen. **~ for·ward** v/i mar. schralen (Wind). **~ home** v/t mar. beiholen. **~ in** v/t mar. das Tau einholen. **~ off** v/i **1.** mar. → **haul 16 a. 2.** Am. colloq. ausholen: **she hauled off and slapped him. ~ round** → **haul 15. ~ up I** v/t **1.** colloq. sich j-n ,vorknöpfen'. **2.** colloq. a) j-n vor den ,Kadi' bringen od. ,schleppen', b) j-n ,schleppen' (**before** vor acc). **3.** → **haul 10 b. II** v/i **4.** mar. an den Wind gehen. **5.** Am. colloq. stehenbleiben.

**haul·age** [ˈhɔːlɪdʒ] s **1.** Ziehen n, Schleppen n. **2.** a) Beförderung f, Trans'port m: **~ contractor** → **hauler 2**, b) Trans'portkosten pl. **3.** Bergbau: Förderung f.

**'haul·a·way** s mot. 'Autotrans,porter m.

**'haul·er**, bes. Br. **haul·i·er** [-jə(r)] s **1.** bes. Bergbau: Schlepper m. **2.** Trans'portunter,nehmer m, 'Fuhrunter,nehmer m.

**'haul·ing** s → **haulage 1, 2 a, 3: ~ cable** tech. Zugseil n; **~ rope** Förderseil n.

**haulm** [hɔːm] s **1.** Halm m, Stengel m. **2.** collect. Br. Halme pl, Stengel pl, (Bohnenetc)Stroh n.

**haunch** [hɔːntʃ; Am. a. hɑːntʃ] s **1.** anat. Hüfte f. **2.** pl a) anat. Gesäß n: **to go down on one's ~es** in die Hocke gehen, b) zo. 'Hinterbacken pl. **3.** zo. Keule f. **4.** gastr. Lendenstück n, Keule f: **~ of beef** Rindslende f. **5.** arch. Schenkel m.

**haunt** [hɔːnt; Am. a. hɑːnt] **I** v/t **1.** spuken od. 'umgehen in (dat): **this room is ~ed** in diesem Zimmer spukt es; **~ed castle** Spukschloß n. **2.** a) verfolgen, quälen: **he was a ~ed man** er fand keine Ruhe (mehr); **~ed look** gehetzter Blick, b) j-m nicht mehr aus dem Kopf od. Sinn gehen. **3.** häufig besuchen, frequen'tieren. **II** v/i **4.** spuken, 'umgehen. **5.** ständig zu'sammen sein (**with s.o.** mit j-m). **III** s **6.** häufig besuchter Ort, beliebter Aufenthalt, bes. Lieblingsplatz m: **holiday ~** beliebter Ferienort. **7.** Schlupfwinkel m. **8.** zo. a) Lager n, Versteck n, b) Futterplatz m. **'haunt·ing** adj (adv **~ly**) **1.** quälend. **2.** unvergeßlich: **~ beauty** betörende Schönheit; **a ~ melody** (od. tune) ein ,Ohrwurm'.

**haut·boy** [ˈəʊbɔɪ] obs. für **oboe 1.**

**hau·teur** [əʊˈtɜː; Am. əʊˈtɜr; a. hɔːˈtɜr] s Hochmut m, Arro'ganz f.

**Ha·van·a (ci·gar)** [həˈvænə] s Ha'vanna(zi,garre) f.

**have** [hæv; unbetont həv; əv] **I** s **1. the ~s and the ~-nots** die Begüterten u. die Habenichtse, die Reichen u. die Armen. **2.** Br. colloq. Trick m.

**II** v/t pret u. pp **had** [hæd], 2. sg pres obs. **hast** [hæst], 3. sg pres a) **has** [hæz], b) obs. **hath** [hæθ], 2. sg pret obs. **hadst** [hædst] **3.** allg. haben, besitzen: **he has a house** (a friend, a good memory); **you ~ my word for it** ich gebe Ihnen mein Wort darauf; **I had the whole road to myself** ich hatte die ganze Straße für mich allein. **4.** haben, erleben: **we had a fine time** wir hatten viel Spaß, wir hatten es schön. **5.** a) ein Kind bekommen: **she had a baby in March**, b) zo. Junge werfen. **6.** behalten: **may I ~ it?; → honor 10. 7.** Gefühle, e-n Verdacht etc haben, hegen. **8.** erhalten, erlangen, bekommen: **we had no news;** (**not**) **to be had** (nicht) zu haben, (nicht) erhältlich. **9.** (erfahren) haben: **I ~ it from reliable sources** ich habe es aus verläßlicher

Quelle (erfahren); **I ~ it from my friend** ich habe od. weiß es von m-m Freund. **10.** Speisen etc zu sich nehmen, einnehmen, essen od. trinken etc: **I had a glass of sherry** ich trank ein Glas Sherry; **~ another sandwich!** nehmen Sie noch ein Sandwich!; **what will you ~?** was nehmen Sie?; **to ~ a cigar** e-e Zigarre rauchen; → **breakfast I, dinner 1**, etc. **11.** haben, ausführen, (mit)machen: **to ~ a discussion** e-e Diskussion haben od. abhalten; → **look 1, try 1, walk 1, wash 1. 12.** können, beherrschen: **she has no French** sie kann nicht od. kein Französisch; **to ~ s.th. by heart** etwas auswendig können. **13.** (be)sagen, behaupten: **he will ~ it that** er behauptet steif u. fest, daß; → **rumor 1. 14.** sagen, ausdrücken: **as Byron has it** wie Byron sagt. **15.** colloq. erwischt haben: **he had me there** da hatte er mich (an m-r schwachen Stelle) erwischt, da war ich überfragt. **16.** Br. colloq. j-n ,reinlegen': **you ~ been had** man hat Sie reingelegt od. ,übers Ohr gehauen'. **17.** haben, dulden: **I will not** (od. **won't**) **~ it** ich dulde es nicht, ich will es nicht (haben); **I won't ~ it mentioned** ich will nicht, daß es erwähnt wird; **he wasn't having any** colloq. er ließ sich auf nichts ein; → **none** Bes. Redew. **18.** haben, erleiden: **they had broken bones** sie erlitten Knochenbrüche. **19.** (vor inf) müssen: **I ~ to go now; he will ~ to do it** er wird es tun müssen; **we ~ to obey** wir haben zu od. müssen gehorchen; **it has to be done** es muß getan werden. **20.** (mit Objekt u. pp) lassen: **I had a suit made** ich ließ mir e-n Anzug machen; **they had him shot** sie ließen ihn erschießen. **21.** mit Objekt u. pp zum Ausdruck des Passivs: **I had my arm broken** ich brach mir den Arm; **he had a son born to him** ihm wurde ein Sohn geboren. **22.** (mit Objekt u. inf) (veran)lassen: **~ them come here at once** laß sie sofort hierherkommen; **I had him sit down** ich ließ ihn Platz nehmen. **23.** (mit Objekt u. inf) es erleben, daß: **I had all my friends turn against me** ich erlebte es od. ich mußte es erleben, daß sich alle m-e Freunde gegen mich wandten. **24.** (nach will od. would mit acc u. inf): **I would ~ you to know it** ich möchte, daß Sie es wissen.

**III** v/i **25.** eilen: **to ~ after s.o.** j-m nacheilen. **26. ~ at** obs. zu Leibe rücken (dat), sich 'hermachen über (acc). **27.** würde, täte (mit **as well, rather, better, best** etc): **I had rather go than stay** ich möchte lieber gehen als bleiben; **you had best go** du tätest am besten daran zu gehen; **he better had** das wäre das beste(, was er tun könnte).

**IV** v/aux **28.** haben: **I ~ seen** ich habe gesehen. **29.** (bei vielen v/i) sein: **I ~ been** ich bin gewesen.

*Besondere Redewendungen:*

**to ~ and hold** jur. Am. innehaben, besitzen; **I ~ it!** ich hab's! (ich habe die Lösung gefunden); **he has had it** colloq. a) er ist ,reingefallen', b) er hat ,sein Fett' (s-e Strafe) weg, c) er ist ,erledigt' (a. tot); **to let s.o. ~ it** ,es j-m (tüchtig) geben od. besorgen', j-n ,fertigmachen'; **to ~ it in for s.o.** colloq. j-n auf den ,Kieker' haben, es auf j-n abgesehen haben; **I didn't know he had it in him** ich wußte gar nicht, daß er dazu fähig ist od. daß er das Zeug dazu hat; **to ~ it off** (od. **away**) Br. sl. ,bumsen' (Geschlechtsverkehr haben) (**with** mit); **to ~ it out with s.o.** die Sache mit j-m endgültig ins reine bringen, sich mit j-m aussprechen; **to ~ nothing on s.o.** colloq. a) j-m in keiner Weise überlegen sein, b) nichts gegen j-n in der

Hand haben, j-m nichts anhaben können; **to ~ it (all) over s.o.** colloq. j-m (haushoch) überlegen sein; **he has it over me that** colloq. er ist mir insofern voraus, als; **to ~ what it takes** das Zeug dazu haben; → **do¹ 38.**

*Verbindungen mit Adverbien:*

**have| back** v/t zu'rückbekommen, -erhalten: **let me have it back soon** gib es mir bald wieder zurück. **~ down** v/t zu Besuch haben. **~ in** v/t her'einbitten. **2.** bes. Handwerker a) kommen lassen, b) im Haus haben. **3.** a) (zu sich) einladen, b) zu Besuch haben. **~ on** v/t **1.** tragen: a) Kleid etc anhaben, b) Hut aufhaben. **2.** colloq. j-n zum besten haben: **to have s.o. on. 3.** etwas vorhaben: **I have nothing on tomorrow. ~ up** v/t **1.** her'aufkommen lassen, her'aufholen. **2.** colloq. a) sich j-n ,vorknöpfen', b) j-n vor den ,Kadi' bringen (for wegen): **to be had up** vor dem Kadi stehen.

**have·lock** [ˈhævlɒk; Am. -,lɑk] s als Sonnenschutz dienender, über den Nacken herabhängender Mützenüberzug.

**ha·ven** [ˈheɪvn] s **1.** meist fig. (sicherer) Hafen. **2.** fig. Zufluchtsort m, -stätte f.

**'have-not** s meist pl Habenichts m: → **have 1.**

**ha·ver** [ˈheɪvə] **I** v/i **1.** Br. → **dither I. 2.** Scot. → **babble 2. II** s **3.** meist pl Scot. → **babble 7.**

**hav·er·sack** [ˈhævə(r)sæk] s bes. mil. Provi'anttasche f.

**hav·il·dar** [ˈhævɪldɑː] s Br. Ind. hist. eingeborener Ser'geant.

**hav·ing** [ˈhævɪŋ] **I** pres p von **have. II** s meist pl Besitz m, Habe f.

**hav·ior**, bes. Br. **hav·iour** [ˈheɪvjə(r)] obs. für **behavio(u)r.**

**hav·oc** [ˈhævək] **I** s Verwüstung f, Verheerung f, Zerstörung f: **to cause ~** schwere Zerstörungen od. (a. fig.) ein Chaos verursachen; **to play ~ with** (od. **among**), **to make ~ of** a) → **II**, b) fig. verheerend wirken auf (acc), übel mitspielen (dat). **II** v/t pret u. pp **hav·ocked** verwüsten, verheeren, zerstören.

**haw¹** [hɔː] s **1.** bot. Mehlbeere f (Weißdornfrucht). **2.** → **hawthorn.**

**haw²** [hɔː] **I** v/t s Äh n, Hm n. **III** v/i ,äh' od. ,hm' machen, sich räuspern, stockend sprechen: → **hem² III, hum¹ 3.**

**Ha·wai·ian** [həˈwaɪən; Am. həˈwɑːjən; həˈwaɪən] **I** adj **1.** ha'waiisch: **~ guitar** Hawaiigitarre f. **II** s **2.** Hawai'ianer(in). **3.** ling. Ha'waiisch n, das Hawaiische.

**haw-haw¹** [,hɔːˈhɔː] **I** interj ha'ha! **II** s [ˈhɔːhɔː] Ha'ha n, lautes Lachen. **III** v/i laut lachen.

**haw-haw²** [ˈhɔːhɔː] → **ha-ha¹.**

**hawk¹** [hɔːk] **I** s **1.** orn. (ein) Falke m, Bussard m, Habicht m, Weihe f. **2.** fig. Halsabschneider m. **3.** pol. ,Falke' m (Befürworter e-r militanten [Außen]Politik). **II** v/i **4.** im Flug jagen, Jagd machen (**at** auf acc). **5.** Beizjagd betreiben. **III** v/t **6.** jagen.

**hawk²** [hɔːk] v/t **1.** a) hau'sieren (gehen) mit, b) auf der Straße verkaufen. **2.** a. ~ **about** (od. **around**) ein Gerücht etc verbreiten.

**hawk³** [hɔːk] **I** v/i sich räuspern. **II** v/t oft ~ **up** aushusten. **III** s Räuspern n.

**hawk⁴** [hɔːk] s Mörtelbrett n (der Maurer).

**'hawk·bit** s bot. Herbstlöwenzahn m.

**'hawk·er¹** → **falconer.**

**'hawk·er²** s a) Hau'sierer(in), b) Straßenhändler(in).

**'hawk-eyed** adj scharfsichtig, mit scharfen Augen, adleräugig: **to be ~** Falken- od. Adleraugen haben.

**'Hawk,eye State** s Am. (*Spitzname für den Staat*) Iowa n.

**'hawk·ing** → falconry.

**hawk|moth** s zo. Schwärmer m. **~nose** s Adlernase f. **~ swal·low** s orn. Mauersegler m. **'~weed** s bot. Habichtskraut n.

**hawse** [hɔːz] s mar. **1.** (Anker)Klüse f. **2.** *Raum zwischen dem Schiffsbug u. den Ankern.* **3.** *Lage f der Ankertaue vor den Klüsen.* **'~hold** → hawse 1. **'~pipe** s mar. Klüsenrohr n.

**haw·ser** ['hɔːzə(r)] s mar. Kabeltau n, Trosse f.

**'haw·thorn** s bot. Weißdorn m.

**Haw·thorne ef·fect** ['hɔːθɔː(r)n] s sociol. psych. 'Hawthorne-Ef,fekt m (*Einfluß, den die bloße Teilnahme an e-m Experiment auf die Versuchsperson u. damit auf das Versuchsergebnis auszuüben vermag*).

**hay¹** [heɪ] **I** s **1.** Heu n: to make ~ → 6; to make ~ of s.th. *fig.* etwas durcheinanderbringen od. zunichte machen; to make ~ while the sun shines *fig.* das Eisen schmieden, solange es heiß ist; to hit the ~ *sl.* ,sich in die Falle od. Klappe hauen'; to roll in the ~, to have a roll in the ~ *colloq.* ,bumsen' (*Geschlechtsverkehr haben*). **2.** *sl.* ,Grass' n (*Marihuana*). **II** v/t **3.** *Gras* zu Heu machen. **4.** mit Heu füttern. **5.** *Land zur Heuerzeugung verwenden.* **III** v/i **6.** heuen, Heu machen.

**hay²** [heɪ] s hist. *ein ländlicher Reigen.*

**hay|ba·cil·lus** s irr med. 'Heuba,zillus m. **'~cock** s Heuschober m, -haufen m. **~ fe·ver** s med. Heuschnupfen m, -fieber n. **'~field** s Wiese f (*zum Mähen*). **'~fork** s Heugabel f. **'~lift** s Am. Heu-Luftbrücke f (*zur Viehversorgung*). **'~loft** s Heuboden m. **'~mak·er** s **1.** Heumacher m. **2.** *agr. tech.* Heuwender m. **3.** *Boxen: sl.* ,Heumacher' m, wilder Schwinger. **'~rack** s Heuraufe f. **'~rick** → haystack. **'~seed** s **1.** Grassame m. **2.** Heublumen pl. **3.** Am. colloq. contp. ,Bauer' m. **'~stack** s Heumiete f: → needle 1. **'~wire** s Ballendraht m. **II** adj colloq. a) ,ka'putt' (*Gerät*), b) (völlig) durchein'ander (*Pläne etc*), c) ,übergeschnappt' (*Person*): to go ~ kaputtgehen; (völlig) durcheinandergeraten; überschnappen.

**haz·ard** ['hæzə(r)d] **I** s **1.** Gefahr f, Wagnis n, Risiko n: ~ not covered (*Versicherung*) ausgeschlossenes Risiko; ~ bonus Gefahrenzulage f; at all ~s unter allen Umständen; at the ~ of one's life unter Lebensgefahr, unter Einsatz s-s Lebens; to run a ~ etwas riskieren; ~ warning device mot. Warnblinkanlage f. **2.** Zufall m: by ~ durch Zufall, zufällig; (game of) ~ Glücks-, Hasardspiel n. **3.** pl Launen pl (*des Wetters*). **4.** Golf: Hindernis n. **5.** Billard: Br. a) losing ~ Verläufer m, b) winning ~ Treffer m. **II** v/t **6.** ris'kieren, wagen, aufs Spiel setzen. **7.** zu sagen wagen, ris'kieren: to ~ a remark. **8.** sich (*e-r Gefahr etc*) aussetzen. **'haz·ard·ous** adj (adv ~ly) **1.** gewagt, gefährlich, ris'kant. **2.** unsicher, vom Zufall abhängig: ~ contract jur. Am. aleatorischer Vertrag, Spekulationsvertrag m.

**haze¹** [heɪz] **I** s **1.** Dunst(schleier) m, feiner Nebel. **2.** *fig.* Nebel m, Schleier m. **II** v/t **3.** in Dunst hüllen.

**haze²** [heɪz] v/t **1.** *bes.* Am. a) beleidigen, beschimpfen, b) lächerlich machen. **2.** *bes. mar.* schinden, schika'nieren.

**ha·zel** ['heɪzl] **I** s **1.** *bot.* Haselnuß f, Hasel(nuß)strauch m. **2.** a) Haselholz n, b) Haselstock m. **3.** (Hasel)Nußbraun n. **II** adj **4.** (hasel)nußbraun. **~ grouse** s orn. Haselhuhn n. **'~nut** s bot. Haselnuß f.

**ha·zi·ness** ['heɪzɪnɪs] s **1.** Dunstigkeit f. **2.** Unschärfe f. **3.** *fig.* Unklarheit f, Verschwommenheit f, Nebelhaftigkeit f.

**ha·zy** ['heɪzɪ] adj (adv hazily) **1.** dunstig, diesig, leicht nebelig: the mountains were ~ die Berge lagen im Dunst od. waren in Dunst gehüllt. **2.** unscharf, verschwommen: to be ~ nur undeutlich od. verschwommen zu sehen sein. **3.** *fig.* verschwommen, nebelhaft, unklar: a ~ idea; I'm rather ~ about it ich habe nur e-e ziemlich verschwommene od. vage Vorstellung davon.

**'H-bomb** mil. I s H-Bombe f (*Wasserstoffbombe*). **II** v/t e-e H-Bombe abwerfen auf (acc).

**he** [hiː; iː; hɪ; ɪ] **I** pron **1.** er: ~ who wer; derjenige, welcher. **2.** es: who is this man? ~ is John es ist Hans. **3.** contp. der: not ~! der nicht! **II** s **4.** ,Er' m: a) Junge m, Mann m: is the baby a ~ or a she? ist das Baby ein Er oder e-e Sie?, b) zo. Männchen n. **III** adj **5.** in Zssgn bes. zo. männlich, ...männchen n: ~-goat Ziegenbock m.

**head** [hed] **I** v/t **1.** anführen, an der Spitze od. an erster Stelle stehen von (od. gen): to ~ a list; to ~ the table sport an der Tabellenspitze stehen, die Tabelle anführen. **2.** vor'an-, vor'ausgehen (dat). **3.** (an)führen, leiten: a commission ~ed by ein Ausschuß unter der Leitung von. **4.** lenken, steuern, diri'gieren: to ~ off a) um-, ablenken, b) abfangen, c) *fig.* abwenden, verhindern. **5.** über'treffen. **6.** e-n Fluß etc (an der Quelle) um'gehen. **7.** mit e-m Kopf etc versehen. **8.** e-n Titel geben (dat), betiteln. **9.** die Spitze bilden von (od. gen). **10.** bes. Pflanzen köpfen, Bäume kappen, Schößlinge stutzen, zu'rückschneiden. **11.** Fußball: den Ball köpfen: to ~ in einköpfen. **12.** ~ up a) ein Faß ausböden, b) Wasser aufstauen.

**II** v/i **13.** a) gehen, fahren: where are you ~ing? b) (for) sich bewegen (auf acc ... zu), lossteuern, -gehen (auf acc): you are ~ing for trouble wenn du so weitermachst, bekommst du Ärger; → fall 1. **14.** mar. (for) Kurs halten (auf acc), zusteuern od. liegen (auf acc). **15.** (mit der Front) liegen nach: the house ~s south. **16.** (e-n Kopf) ansetzen (*Gemüse etc*). **17.** sich entwickeln. **18.** entspringen (*Fluß*).

**III** adj **19.** Kopf... **20.** Spitzen..., Vorder..., an der Spitze stehend od. gehend. **21.** Chef..., Haupt..., Ober..., Spitzen..., führend, oberst(er, e, es), erst(er, e, es): ~ cook Chefkoch m; ~ nurse Oberschwester f.

**IV** s **22.** Kopf m: to have a ~ colloq. e-n ,Brummschädel' haben, e-n ,dicken od. schweren Kopf' haben; to win by a ~ (*Pferderennen*) um e-e Kopflänge gewinnen, a. fig. um e-e Nasenlänge gewinnen; → stand 15. **23.** poet. u. fig. Haupt n: ~ of the family Haupt der Familie, Familienvorstand m, -oberhaupt; ~s of state Staatsoberhäupter; → crowned 1. **24.** Kopf m, Verstand m, a. Begabung f: he has a (good) ~ for languages er ist sehr sprachbegabt; ~ for figures Zahlengedächtnis n; to have a ~ for heights schwindelfrei sein; two ~s are better than one zwei Köpfe wissen mehr als einer. **25.** Spitze f, höchste Stelle, führende Stellung: at the ~ of an der Spitze (gen). **26.** a) (An)Führer m, Leiter m, b) Vorstand m, Vorsteher m, c) Chef m: ~ of government Regierungschef, d) ped. Di'rektor m, Direk'torin f. **27.** Ende n, oberer Teil od. Rand, Spitze f, z.B. a) oberer Absatz (e-r Treppe), b) Kopf (-ende n) m (e-s Bettes, der Tafel etc),

c) Kopf m (e-r Buchseite, e-s Briefes, e-s Nagels, e-r Stecknadel, e-s Hammers, e-s Golfschlägers etc), d) mar. Topp m (*Mast*). **28.** Kopf m (e-r Brücke od. Mole), oberes od. unteres Ende (e-s Sees etc), Boden m (e-s Fasses). **29.** a) Kopf m, Spitze f, vorderes Ende, Vorderteil m, n, b) mar. Bug m, c) mar. Toi'lette f (im Bug). **30.** Kopf m, (einzelne) Per'son: one pound a ~ ein Pfund pro Kopf od. Person. **31.** (pl ~) Stück n: 50 ~ of cattle 50 Stück Vieh. **32.** Br. Anzahl f, Herde f, Ansammlung f (bes. Wild). **33.** Höhepunkt m, Krise f: → bes. Redew. **34.** (Haupt)Haar n: a beautiful ~ of hair schönes, volles Haar. **35.** bot. a) (Salat etc)Kopf m, b) Köpfchen n (kopfig gedrängter Blütenstand), c) (Baum)Krone f, Wipfel m. **36.** anat. Kopf m (vom Knochen od. Muskel). **37.** med. 'Durchbruchstelle f (e-s Geschwürs etc). **38.** Vorgebirge n, Landspitze f, Kap n. **39.** Kopf m (e-r Münze): ~s or tails Kopf oder Adler, Kopf oder Wappen. **40.** hunt. Geweih n: a deer of the first ~ ein fünfjähriger Hirsch. **41.** Schaum(krone f) m (vom Bier etc). **42.** Br. Rahm m, Sahne f. **43.** Quelle f (e-s Flusses). **44.** a) 'Überschrift f, Titelkopf m, b) Abschnitt m, Ka'pitel n, c) (Haupt)Punkt m (e-r Rede etc): the ~ and front das Wesentliche. **45.** Ab'teilung f, Ru'brik f, Katego'rie f. **46.** print. (Titel-) Kopf m. **47.** ling. Oberbegriff m. **48.** → heading. **49.** tech. a) Stauwasser n, b) Staudamm m, -mauer f. **50.** phys. tech. a) Gefälle n, Gefällhöhe f, b) Druckhöhe f, c) (Dampf-, Luft-, Gas)Druck m, d) Säule f, Säulenhöhe f (zur Druckmessung): ~ of water Wassersäule f. **51.** tech. a) Spindelkopf m (e-r Fräsmaschine), b) Spindelbank f (e-r Drehbank), c) Sup'port m (e-r Bohrbank), d) (Gewinde)Schneidkopf m, e) Saugmassel f (Gießerei), f) Kopf-, Deckplatte f, Haube f. **52.** mus. a) (Trommel)Fell n, b) (Noten)Kopf m, c) Kopf m (e-r Violine etc). **53.** Verdeck n, Dach n (e-r Kutsche etc). **54.** in Zssgn: colloq. a) ...süchtige(r m) f: → acidhead, hashhead, b) ...fan m: film~.

*Besondere Redewendungen:*

above (od. over) s.o.'s ~ zu hoch für j-n; that is (od. goes) above my ~ das geht über m-n Horizont od. Verstand; to talk above s.o.'s ~ über j-s Kopf hinweg reden; by ~ and shoulders an den Haaren (herbeiziehen), gewaltsam; (by) ~ and shoulders um Haupteslänge (größer etc), weitaus; ~ and shoulders above the rest den anderen turm- od. haushoch überlegen; from ~ to foot von Kopf bis Fuß; off (od. out of) one's ~ colloq. ,übergeschnappt'; to go off one's ~ colloq. ,überschnappen'; on one's ~ auf dem Kopf stehend; I can do that (standing) on my ~ colloq. das mach' ich ,mit links'; on this ~ in diesem Punkt; out of one's own ~ a) von sich aus, allein, b) auf eigene Verantwortung; over s.o.'s ~ über j-s Kopf hinweg; to go over s.o.'s ~ to do s.th. j-n übergehen u. etwas tun; ~ over heels a) kopfüber (die Treppe hinunterstürzen), b) bis über die od. beide Ohren (verliebt sein); to be ~ over heels in debt bis über die Ohren in Schulden sitzen od. stecken; ~ first (od. foremost) → headlong I; to bite (od. snap) s.o.'s ~ off colloq. j-m den Kopf abreißen, j-n ,fressen'; to bring to a ~ zum Ausbruch od. zur Entscheidung bringen; to bury one's ~ in the sand den Kopf in den Sand stecken; to come to a ~ a) med. eitern, aufbrechen (Geschwür), b) fig. zur Entscheidung od. Krise kommen, sich zuspitzen; to cry one's ~ off colloq. sich die Augen aus-

weinen *od.* aus dem Kopf weinen; it never entered his ~ to help her es kam ihm nie in den Sinn, ihr zu helfen; to gather ~ überhandnehmen; to give a horse his ~ e-m Pferd die Zügel schießen lassen; to give s.o. his ~ *fig.* j-n gewähren *od.* machen lassen; to give s.o. ~ *Am. vulg.* j-m e-n ,blasen' (*j-n fellationieren*); to go to s.o.'s ~ j-m in den *od.* zu Kopf steigen (*Alkohol, Erfolg etc*); he has a good ~ on his shoulders er ist ein kluger Kopf; to have (*od.* be) an old ~ on young shoulders für sein Alter sehr reif *od.* vernünftig sein; to hold s.th. in one's ~ etwas behalten, sich etwas merken; to keep one's ~ kühlen Kopf bewahren, die Nerven behalten; to keep one's ~ above water sich über Wasser halten (*a. fig.*); to knock s.th. on the ~ *colloq.* a) etwas über den Haufen werfen, b) e-r Sache ein Ende bereiten, Schluß machen mit etwas; to laugh one's ~ off *colloq.* sich fast *od.* halb totlachen; to let s.o. have his ~ j-m s-n Willen lassen; it lies on my ~ es wird mir zur Last gelegt; to lose one's ~ den Kopf *od.* die Nerven verlieren; to make ~ (gut) vorankommen, Fortschritte machen; to make ~ against die Stirn bieten (*dat*), sich entgegenstemmen (*dat*); I cannot make ~ or tail of it ich kann daraus nicht schlau werden; to put s.th. into s.o.'s ~ j-m etwas in den Kopf setzen; to put s.th. out of one's ~ sich etwas aus dem Kopf schlagen; they put their ~s together sie steckten die Köpfe zusammen; to run in s.o.'s ~ j-m im Kopf herumgehen; to shout one's ~ off ,sich die Lunge aus dem Hals *od.* Leib schreien'; to take the ~ die Führung übernehmen; to take s.th. into one's ~ sich etwas in den Kopf setzen; to talk one's ~ off *colloq.* reden wie ein Wasserfall *od.* Buch; to talk s.o.'s ~ off *colloq.* ,j-m ein Loch in den Bauch reden'; to turn s.o.'s ~ j-m den Kopf verdrehen; → bang[1] 6, cloud 1, knock 5, roll 17, swelled 1, swollen II, top[1] 1.

**'head·ache** s **1.** Kopfschmerz(en *pl*) *m*, Kopfweh *n*: I have a ~ ich habe Kopfweh *od.* Kopfschmerzen. **2.** *colloq.* Pro'blem *n*, Sorge *f*: to be a bit of a ~ j-m Kopfschmerzen *od.* Sorgen machen. **'~·ach·y** *adj colloq.* **1.** an Kopfschmerzen leidend. **2.** Kopfschmerzen verursachend, mit Kopfschmerzen verbunden. **'~·band** s **1.** Kopf-, Stirnband *n*. **2.** *arch.* Kopf(zier)leiste *f*. **3.** Buchbinderei: Kapi'talband *n*. **'~·board** *f* Kopfbrett *n* (*am Bett*). **'~·cheese** s *gastr. Am.* (Schweine)Sülze *f*, Preßkopf *m*. **~·clerk** s Bü'rochef *m*, -vorsteher *m*. **'~·dress** s **1.** Kopfschmuck *m*. **2.** Fri'sur *f*.

**-headed** [hedɪd] *in Zssgn* ...köpfig. **head·ed** ['hedɪd] *adj* **1.** mit e-m Kopf *od.* e-r Spitze (versehen). **2.** mit e-r 'Überschrift (versehen), betitelt. **3.** reif, voll. **head·er** ['hedə(r)] s **1.** *tech.* a) Kopfmacher *m* (*für Nägel*), b) Stauchstempel *m* (*für Schrauben*), c) Sammelleitung *f*, Sammler *m*, d) Wasserkammer *f*. **2.** *agr.* 'Ährenköpfma,schine *f*. **3.** *arch. tech.* a) Schluß(stein) *m*, b) Binder *m*. **4.** Kopfsprung *m*: to make a ~ e-n Kopfsprung machen; he took a ~ down the stairs er stürzte kopfüber die Treppe hinunter. **5.** Fußball: Kopfball *m*, -stoß *m*.

**head|·fast** s *mar.* Bugleine *f*. **~'first, ~'fore·most** → headlong. **~·gate** s *tech.* Flut-, Schleusentor *n*. **'~·gear** s **1.** Kopfbedeckung *f*. **2.** Kopfgestell *n*, Zaumzeug *n* (*vom Pferd*). **3.** *Bergbau:* Kopfgestell *n*, Fördergerüst *n*. **'~·hunt·er** s **1.** Kopfjäger *m*. **2.** *colloq.* Abwerber *m*. **3.** *colloq.* j-d, der sich gern in Gesell-

schaft von berühmten *od.* wichtigen Persönlichkeiten zeigt.

**head·i·ness** ['hedɪnɪs] s **1.** Unbesonnenheit *f*, Voreiligkeit *f*. **2.** (*das*) Berauschende (*a. fig.*). **3.** *Am. colloq.* Gewitztheit *f*, Schlauheit *f*.

**head·ing** ['hedɪŋ] s **1.** Kopfstück *n*, -ende *n*, -teil *n*, *m*. **2.** Vorderende *n*, -teil *n*, *m*. **3.** 'Überschrift *f*, Titel(zeile *f*) *m*. **4.** (Brief-)Kopf *m*. **5.** (Rechnungs)Posten *m*. **6.** Thema *n*, (Gesprächs)Punkt *m*. **7.** a) Bodmung *f* (*von Fässern*), b) (Faß)Boden *m*. **8.** *Bergbau:* a) Stollen *m*, b) Richtstrecke *f*, c) Orts-, Abbaustoß *m*. **9.** Quertrieb *m* (*beim Tunnelbau*). **10.** a) *aer.* Steuerkurs *m*, b) *mar.* Kompaßkurs *m*. **11.** *Fußball:* Kopfballspiel *n*. **~·course** s *arch.* Binderschicht *f*. **~·stone** s *arch.* Schlußstein *m*.

**'head|·lamp** → headlight. **'~·land** s **1.** *agr.* Rain *m*. **2.** [-lənd] Landspitze *f*, Landzunge *f*.

**'head·less** *adj* **1.** kopflos, ohne Kopf: ~ rivet *tech.* kopfloser Niet. **2.** *fig.* führerlos. **3.** → catalectic.

**'head|·light** s **1.** *mot. etc* Scheinwerfer *m*: to turn on the ~s full beam aufblenden; ~ flasher Lichthupe *f*. **2.** *aer.* Mast-, Topplicht *n*. **'~·line** I s **1.** a) Zeitung: Schlagzeile *f*, b) *pl*, *a.* ~ news (*Rundfunk, TV*) (*das*) Wichtigste in Schlagzeilen: to hit the ~s Schlagzeilen machen. **2.** 'Überschrift *f*. **3.** *mar.* Rahseil *n*. **4.** Kopfseil *n* (*e-r Kuh etc*). II *v/t* **5.** mit e-r Schlagzeile *od.* 'Überschrift versehen. **6.** a) e-e Schlagzeile widmen (*dat*), b) *fig.* groß her'ausstellen. **7.** *thea. etc Am. colloq.* der Star (*gen*) sein: to ~ a show. **'~·lin·er** s *Am. colloq.* **1.** *thea. etc* Star *m*. **2.** promi'nente Per'sönlichkeit. **'~·lock** s Ringen: Kopfzange *f*. **'~·long** I *adv* **1.** kopf'über, mit dem Kopf vor'an. **2.** *fig.* a) Hals über Kopf, b) ungestüm, stürmisch. II *adj* **3.** mit dem Kopf vor'an: he had a ~ fall down the stairs er stürzte kopfüber die Treppe hinunter. **4.** *fig.* a) unbesonnen, voreilig, -schnell, b) → 2 b. **~·louse** s *irr zo.* Kopflaus *f*. **~·man** ['hedmæn] s *irr* **1.** Führer *m*. **2.** (Stammes)Häuptling *m*. **3.** [,hed'mæn; 'hedmæn] Aufseher *m*, Vorarbeiter *m*. **4.** → headsman 1. **~'mas·ter** s *ped.* Schulleiter *m*, Di'rektor *m*, Rektor *m* (*in den USA e-r privaten [Jungen]Schule*). **~'mis·tress** s *ped.* Schulleiterin *f*, Direk'torin *f*, Rek'torin *f* (*in den USA e-r privaten [Mädchen]Schule*). **~·mon·ey** s **1.** Kopfgeld *n*. **2.** *obs.* Steuersatz *f*. **~'most** [-məʊst] *adj* vorderst(er, e, es). **~·note** s kurze ('Inhalts)Übersicht (*am Beginn e-s Kapitels etc*). **~·of·fice** s 'Hauptbü,ro *n*, -geschäftsstelle *f*, -sitz *m*, Zen'trale *f*. **~'on** *adj u. adv* **1.** fron'tal: two cars collided ~; ~ attack *bes. mil.* Frontalangriff *m*; ~ collision Frontalzusammenstoß *m*. **2.** *fig.* di'rekt: in his ~ fashion. **'~·phone** s *meist pl* Kopfhörer *m*. **'~·piece** s **1.** Kopfbedeckung *f*. **2.** *mil. hist.* Helm *m*. **3.** *colloq. obs.* a) Verstand *m*, ,Köpfchen' *n*, b) kluger Kopf (*Person*). **4.** Oberteil *m*, *n*, *bes.* a) Türsturz *m*, b) Kopfbrett *n* (*am Bett*). **5.** *print.* 'Titelvi,gnette *f*. **6.** Stirnriemen *m* (*am Pferdehalfter*). **'~·pin** s König *m* (*Kegel*). **~'quar·ters** s *pl* (*oft als sg konstruiert*) **1.** *mil.* a) 'Hauptquar,tier *n*, b) Stab *m*, c) Kom'mandostelle *f*, d) 'Oberkom,mando *n*: ~ company Stabskompanie *f*. **2.** (Poli'zei)Prä'sidium *n*. **3.** ('Feuerwehr)Zen,trale *f*. **4.** a) (Par'tei)Zen,trale *f*, b) → head office. **~·race** s *tech.* Obergerinne *n*, 'Speiseka,nal *m*. **~·reg·is·ter** s *mus.* head voice. **~·rest, ~·re·straint** s Kopfstütze *f*. **~·room** s lichte Höhe. **'~·sail** s *mar.* Fockmast-, Vorsegel *n*. **'~·scarf** s *a. irr* Kopftuch *n*. **~·**

sea s *mar.* Gegensee *f*. **'~·set** s Kopfhörer *m*.

**'head·ship** s **1.** Führung *f*, Leitung *f*. **2.** *ped. Br.* Direkto'rat *n*, Rekto'rat *n*: under his ~ unter ihm als Direktor.

**'head,shrink·er** s **1.** *Kopfjäger, der die Schädel getöteter Feinde einschrumpfen läßt.* **2.** *sl.* Psychi'ater *m*.

**heads·man** ['hedzmən] s *irr* **1.** Scharfrichter *m*, Henker *m*. **2.** *Bergbau: Br.* Schlepper *m*.

**'head|·spring** s **1.** Hauptquelle *f*. **2.** *fig.* Quelle *f*, Ursprung *m*. **3.** *Turnen:* Kopfkippe *f*. **~·stall** → headgear 2. **'~·stand** s *sport* Kopfstand *m*: to do a ~ e-n Kopfstand machen. **~·start** s *sport* Vorgabe *f*, Vorsprung *m* (*a. fig.*): to have a ~ over (*od.* on) s.o. e-n Vorsprung vor j-m haben, j-m gegenüber im Vorteil sein. **'~·stock** s *tech.* **1.** (Werkzeug)Halter *m*, *bes.* Spindelstock *m*, -kasten *m*. **2.** Triebwerkgestell *n*. **'~·stone** s **1.** *arch.* Eck-, Grundstein *m* (*a. fig.*), b) Schlußstein *m*. **2.** Grabstein *m*. **'~·stream** s Quellfluß *m*. **'~·strong** *adj* **1.** eigensinnig, halsstarrig. **2.** unbesonnen, voreilig, -schnell (*Handlung*). **~·tax** s Kopf-, *bes.* Einwanderungssteuer *f* (*in den USA*). **~·teach·er** *Br. für* headmaster, headmistress. **~·to·'head** *Am.* I *adj* **1.** Mann gegen Mann: ~ combat *mil.* Nahkampf *m*. **2.** *fig.* Kopf-an-Kopf...: ~ race. II s **3.** *mil.* Nahkampf *m*. **4.** *fig.* Kopf-an-Kopf-Rennen *n*. **~·voice** s *mus.* Kopfstimme *f*. **~·wait·er** s Oberkellner *m*. **'~·wa·ter** s *meist pl* Oberlauf *m*, Quellgebiet *n* (*e-s Flusses*). **'~·way** s **1.** *bes. mar.* a) Fahrt *f*, Geschwindigkeit *f*, b) Fahrt *f* vor'aus. **2.** *fig.* Fortschritt(e *pl*) *m*: to make ~ (gut) vorankommen, Fortschritte machen. **3.** *arch.* lichte Höhe. **4.** *Bergbau: Br.* Hauptstollen *m*, Vortriebstrecke *f*. **5.** *rail.* (Zeit-, Zug)Abstand *m*, Zugfolge *f*. **~·wind** s *aer. mar.* Gegenwind *m*. **'~·word** s Anfangswort *n*, (*in e-m Wörterbuch*) Stichwort *n*. **'~·work** s **1.** geistige Arbeit, Geistes-, Kopfarbeit *f*. **2.** *arch.* Köpfe *pl*. **3.** *tech.* 'Wasserkon,trollanlage *f*. **4.** Fußball: Kopfballspiel *n*. **'~·work·er** s Geistes-, Kopfarbeiter *m*.

**head·y** ['hedɪ] *adj* (*adv* **headily**) **1.** unbesonnen, voreilig, vorschnell. **2.** berauschend (*a. fig. Parfüm, Erfolg etc*). **3.** berauscht (with von). **4.** *Am. colloq.* gewitzt, schlau.

**heal** [hiːl] I *v/t* **1.** *a. fig.* heilen, ku'rieren (s.o. of s.th. j-n von e-r Sache). **2.** *fig.* a) Gegensätze versöhnen, b) e-n Streit beilegen. II *v/i* **3.** *oft* ~ up, ~ over (zu)heilen. **4.** heilen, e-e Heilung bewirken. **5.** gesund werden, genesen. **'~·all** s *bot.* a) (*e-e*) nordamer. Collin'sonie, b) Braunwurz *f*, c) e-e grüne Orchidee.

**'heal·er** s Heiler(in), *bes.* Gesundbeter(in): time is a great ~ die Zeit heilt alle Wunden.

**'heal·ing** I s **1.** Heilen *n*, Heilung *f*. **2.** Genesung *f*, Gesundung *f*. II *adj* **3.** heilsam (*a. fig.*), heilend, Heil(ungs)...

**health** [helθ] s **1.** Gesundheit *f*: ~ is better than wealth lieber gesund als reich; Ministry of H~ Gesundheitsministerium *n*; ~ care medizinische Versorgung, Gesundheitsfürsorge *f*; ~ center (*bes. Br.* centre) Ärztezentrum *n*, -haus *n*; ~ certificate Gesundheitszeugnis *n*, ärztliches Attest; ~ club Fitneßclub *m*; H~ Department *Am.* Gesundheitsministerium *n*; ~ education Gesundheitserziehung *f*; ~ engineer Gesundheitsingenieur *m*; ~ food a) Reformkost *f*, b) Biokost *f*; ~ food shop (*bes. Am.* store) a) Reformhaus *n*, b) Bioladen *m*; ~ freak *sl.* Gesundheitsapostel *m*, -fanatiker *m*; ~ hazard Gesundheitsrisiko *n*; ~

**insurance** Krankenversicherung f; ~ **officer** Am. a) Beamte(r) m des Gesundheitsamtes, b) mar. Hafen-, Quarantänearzt m; ~ **resort** Kurort m; ~ **service** Gesundheitsdienst m; ~ **spa** Kur-, Heilbad n; ~ **visitor** Br. Angestellte(r) des Staatlichen Gesundheitsdienstes, der/die bes. alte u. pflegebedürftige Menschen betreut. **2.** a. state of ~ Gesundheitszustand m: ill ~; in good (poor) ~ gesund, bei guter Gesundheit (kränklich, bei schlechter Gesundheit); in the best of ~ bei bester Gesundheit; → keep 31. **3.** Gesundheit f, Wohl n: ~ pledge (propose) s.o.'s ~ auf j-s Wohl trinken; your (very good) ~! auf Ihr Wohl!; here is to the ~ of the host! ein Prosit dem Gastgeber! **4.** Heilkraft f.

'**health·ful** adj (adv ~ly) gesund (a. fig.): a) heilsam, bekömmlich, gesundheitsfördernd (to für), b) frisch, kräftig. '**health·ful·ness** s Gesundheit f, Heilsamkeit f.

**health·i·ness** ['helθɪnɪs] s Gesundheit f. '**health·y** adj (adv healthily) **1.** allg. gesund (a. fig.): ~ body (boy, climate, competition, finances, etc). **2.** gesund (-heitsfördernd), heilsam, bekömmlich. **3.** colloq. gesund, kräftig: ~ appetite. **4.** not ~ colloq. 'nicht gesund', unsicher, gefährlich.

**heap** [hi:p] **I** s **1.** Haufe(n) m: in ~s haufenweise. **2.** colloq. Haufen m, Menge f: ~s of time e-e Menge Zeit; ~s of times unzählige Male; ~s better sehr viel besser; to be struck (od. knocked) all of a ~ 'platt' od. sprachlos sein. **3.** Bergbau: (Berge)Halde f: ~ of charcoals Kohlenmeiler m. **4.** colloq. 'Karre' f (Auto). **II** v/t **5.** häufen: to ~ a plate with food Essen auf e-n Teller häufen; a ~ed spoonful ein gehäufter Löffel(voll); to ~ insults (praises) (up)on s.o. j-n mit Beschimpfungen (Lob) überschütten; → coal 4. **6.** meist ~ up aufhäufen, fig. a. anhäufen: to ~ up wealth (riches). **7.** beladen, (a. zum 'Überfließen) anfüllen. **8.** fig. über'häufen, -'schütten (with mit).

**hear** [hɪə(r)] pret u. pp **heard** [hɜ:d; Am. hɜrd] **I** v/t **1.** hören: I ~ him laugh(ing) ich höre ihn lachen; to make o.s. ~d sich Gehör verschaffen. **2.** hören, erfahren (about, of von, über acc). **3.** j-n anhören, j-m zuhören: to ~ s.o. out j-n bis zum Ende anhören, j-n ausreden lassen. **4.** (an)hören: to ~ a concert sich ein Konzert anhören; → Mass² 2. **5.** e-e Bitte etc erhören. **6.** hören auf (acc), j-s Rat folgen. **7.** jur. a) j-n vernehmen, (über) e-n Fall verhandeln: to ~ a witness b) (über) e-n Fall verhandeln: to ~ and decide a case über e-e Sache befinden; → evidence 2 b. **8.** e-n Schüler od. das Gelernte abhören. **II** v/i **9.** hören: to ~ say sagen hören; I have ~d tell of it colloq. ich habe davon sprechen hören; he would not ~ of it er wollte nichts davon hören od. wissen; ~! ~! a) bravo!, sehr richtig!, b) iro. hört! hört! **10.** hören, erfahren (about, of von), Nachricht(en) erhalten (from von): so I have ~d, so I ~ das habe ich gehört; you will ~ of this! colloq. das wirst du mir büßen! '**hear·a·ble** adj hörbar. '**hear·er** s (Zu)Hörer(in).

**hear·ing** ['hɪərɪŋ] s **1.** Hören n: within (out of) ~ in (außer) Hörweite; don't talk about it in his ~ sprich nicht darüber, solange er (noch) in Hörweite ist. **2.** Gehör(sinn m) n: → hard 21. **3.** Anhören n. **4.** jur. to gain (od. get) a ~ sich Gehör verschaffen; to give (od. grant) s.o. a ~ j-n anhören. **5.** Audi'enz f. **6.** thea. etc Hörprobe f. **7.** jur. a) Vernehmung f, b) 'Vorunter₁suchung f, c) (mündliche) Verhandlung f, (a. day od. date of ~)

(Ver'handlungs)Ter₁min m: to fix (a day for) a ~ e-n Termin anberaumen; → evidence 2 b. **8.** bes. pol. Hearing n, Anhörung f. ~ **aid** s 'Hörappa₁rat m, -gerät n, -hilfe f. ~ **spec·ta·cles** s pl a. pair of ~ Hörbrille f.

**heark·en** ['hɑ:(r)kən] v/i poet. **1.** horchen (to auf acc). **2.** (to) hören (auf acc), Beachtung schenken (dat).

**hear·say** ['hɪə(r)seɪ] s **1.** (by ~ vom) Hörensagen n: it is mere ~ es ist bloßes Gerede. **2.** → hearsay evidence. ~ **ev·i·dence** s jur. Beweis(e pl) m vom Hörensagen, mittelbarer Beweis. ~ **rule** s jur. Regel über den grundsätzlichen Ausschluß aller Beweise vom Hörensagen.

**hearse** [hɜ:s; Am. hɜrs] s **1.** Leichenwagen m. **2.** hist. Kata'falk m. **3.** obs. a) Bahre f, b) Sarg m, c) Grab n.

**heart** [hɑ:(r)t] s **1.** anat. Herz n: left ~ linke Herzhälfte. **2.** fig. Herz n: a) Seele f, Gemüt n, (das) Innere od. Innerste, b) Liebe f, Zuneigung f, c) (Mit)Gefühl n, d) Mut m, e) (mo'ralisches) Empfinden, Gewissen n: a mother's ~ ein Mutterherz; he has no ~ er hat kein Herz, er ist herzlos; to clasp s.o. to one's ~ j-n ans Herz drücken; → Bes. Redew. **3.** Herz n, (das) Innere, Kern m, Mitte f: in the ~ of Germany im Herzen Deutschlands. **4.** a) Kern(holz n) m (vom Baum), b) Herz n (von Kopfsalat): ~ of oak Eichenkernholz, fig. Standhaftigkeit f. **5.** Kern m (das) Wesentliche: the very ~ of the matter der eigentliche Kern der Sache, des Pudels Kern; to go to the ~ of the matter zum Kern der Sache vorstoßen, e-r Sache auf den Grund gehen. **6.** Herz n, Liebling m, Schatz m. **7.** herzförmiger Gegenstand. **8.** Kartenspiel: a) Herz(karte f) n, Cœur n, b) pl Herz n, Cœur n (Farbe), c) pl (als sg konstruiert) ein Kartenspiel, bei dem es darauf ankommt, möglichst wenige Herzen im Stich zu haben: ~ ace 1, queen 6, ring 5, etc. **9.** Fruchtbarkeit f (des Bodens): in good ~ fruchtbar, in gutem Zustand. **10.** ~ of the attack sport Angriffsmotor m.

Besondere Redewendungen:

~ and soul mit Leib u. Seele; ~'s desire Herzenswunsch m; after my (own) ~ ganz nach m-m Herzen od. Geschmack od. Wunsch; at ~ im Grunde (m-s etc Herzens), im Innersten; by ~ auswendig; for one's ~ für sein Leben gern; from one's ~ a) von Herzen, b) offen, aufrichtig, ,frisch von der Leber weg'; in one's ~ (of ~s) a) insgeheim, b) im Grunde (s-s Herzens); in ~ guten Mutes; out of ~ a) mutlos, b) unfruchtbar, in schlechtem Zustand (Boden); to one's ~'s content nach Herzenslust; with all my (od. my whole) ~ mit voll. von ganzem Herzen, mit Leib u. Seele; with a heavy ~ schweren Herzens; to bare one's ~ to s.o. j-m sein Herz ausschütten; his ~ is in his work er ist mit dem Herzen bei s-r Arbeit; it breaks my ~ es bricht mir das Herz; I break my ~ over mir bricht das Herz bei; to close (od. shut) one's ~ to s.th. sich gegen etwas verschließen; cross my ~ Hand aufs Herz, auf Ehre u. Gewissen; to cry (od. sob) one's ~ out sich die Augen ausweinen; it does my ~ good es tut m-m Herzen wohl; to eat one's ~ out sich vor Gram verzehren; to give one's ~ to s.o. j-m sein Herz schenken; to go to s.o.'s ~ j-m zu Herzen gehen; my ~ goes out to him ich empfinde tiefes Mitleid mit ihm; to have a ~ Erbarmen od. ein Herz haben; not to have the ~ to do s.th. nicht übers Herz haben, etwas zu tun; es nicht übers Herz od. über sich bringen, etwas zu tun; to have no ~ to do s.th. keine Lust haben,

etwas zu tun; to have s.th. at ~ etwas von Herzen wünschen; I have your health at ~ mir liegt d-e Gesundheit am Herzen; I had my ~ in my mouth das Herz schlug mir bis zum Halse, ich war zu Tode erschrocken; to have one's ~ in the right place das Herz auf dem rechten Fleck haben; to have one's ~ in one's work mit dem Herzen bei s-r Arbeit sein; to lose ~ den Mut verlieren; to lose one's ~ to s.o. sein Herz an j-n verlieren; my ~ missed (od. lost) a beat mir blieb fast das Herz stehen, mir stockte das Herz; to open one's ~ a) (to s.o. j-m) sein Herz ausschütten, b) großmütig sein; to put (od. throw) one's ~ into s.th. mit Leib u. Seele bei e-r Sache sein, ganz in e-r Sache aufgehen; to set one's ~ on sein Herz hängen an (acc); to take ~ Mut od. sich ein Herz fassen; to take s.th. to ~ sich etwas zu Herzen nehmen; to wear one's ~ (up)on one's sleeve das Herz auf der Zunge tragen; what the ~ thinketh, the mouth speaketh wes das Herz voll ist, des gehet der Mund über; to win s.o.'s ~ j-s Herz gewinnen; → bleed 3, bless Bes. Redew., boot¹ 1, bottom 1.

'**heart·ache** s Kummer m, Gram m. ~ **ac·tion** s physiol. Herztätigkeit f. ~ **at·tack** s med. a) Herzanfall m, b) 'Herz₁infarkt m. '~**beat** s **1.** physiol. Herzschlag m. **2.** fig. Herz n. '**~·block** s med. Herzblock m. '**~·break** s Leid n, großer Kummer. '**~·break·er** s Herzensbrecher m. '**~·break·ing** adj (adv ~ly) herzzerreißend. '**~·bro·ken** adj gebrochen, verzweifelt, untröstlich. '**~·burn·ing** s med. Sodbrennen n. '**~·burn·ing** s Neid m, Eifersucht f. ~ **cher·ry** s bot. Herzkirsche f. ~ **com·plaint** s med. Herzbeschwerden pl. ~ **con·di·tion** s med. Herzleiden n. ~ **dis·ease** s med. Herzkrankheit f.

-**hearted** ['hɑ:(r)tɪd] Wortelement mit der Bedeutung a) ...herzig, b) ...mütig.

**heart·en** ['hɑ:(r)tn] **I** v/t ermutigen, ermuntern. **II** v/i oft ~ up Mut fassen. '**heart·en·ing** adj (adv ~ly) ermutigend.

**heart| fail·ure** s med. a) 'Herzinsuffizi₁enz f, b) Herzversagen n. '**~·felt** adj tiefempfunden, herzlich, innig, aufrichtig. '**~·free** adj frei, ungebunden.

**hearth** [hɑ:(r)θ] s **1.** Herd(platte f) m, Feuerstelle f. **2.** Ka'min(platte f, -sohle f) m. **3.** a. ~ and home fig. häuslicher Herd, Heim m. **4.** tech. a) Herd m, Hochofengestell n, Schmelzraum m, b) Schmiedeherd m. '**~·rug** s Ka'minvorleger m. '**~·stone** s **1.** Ka'minplatte f. **2.** fig. → hearth 3. **3.** Scheuerstein m.

**heart·i·ly** ['hɑ:(r)tɪlɪ] adv **1.** herzlich: a) von Herzen, innig, aufrichtig, b) iro. sehr, gründlich: I dislike him ~ er ist mir von Herzen zuwider. **2.** herzhaft, kräftig, tüchtig: to eat ~. '**heart·i·ness** s **1.** Herzlichkeit f: a) Innigkeit f, Aufrichtigkeit f. **2.** Herzhaftigkeit f, Kräftigkeit f. **3.** Frische f.

'**heart·land** s Herzland n.

'**heart·less** adj (adv ~ly) herzlos, grausam. '**heart·less·ness** s Herzlosigkeit f, Grausamkeit f.

'**heart|-'lung ma·chine** s med. 'Herz-'Lungen-Ma₁schine f: to put on the ~ an die Herz-Lungen-Maschine anschließen. ~ **mur·mur** s med. Herzgeräusch n. ~ **pace·mak·er** s med. Herzschrittmacher m. ~ **rate** s physiol. 'Herzfre₁quenz f, Pulszahl f. '**~·rend·ing** adj herzzerreißend. ~ **rot** s Kernfäule f (im Baum). ~ **sac** s anat. Herzbeutel m.

**heart's blood** s: to give one's ~ for sein Herzblut hingeben für.

**'heart-₁search·ing** s Gewissenserfor-schung f, Selbstprüfung f.
**'heart's-ease, 'hearts·ease** s 1. bot. Wildes Stiefmütterchen. 2. fig. Seelen-frieden m.
**'heart|·seed** → balloonvine. **~shake** s Kernriß m (im Baum). **'~-shaped** adj herzförmig. **'~-sick** adj fig. verzweifelt, tiefbetrübt.
**heart·some** ['hɑ:tsəm] adj Br. dial. 1. ermutigend. 2. fröhlich.
**'heart|·sore** → heartsick. **~ start·er** s Austral. sl. „Muntermacher" m (erster Drink am Tag). **'~-strings** s pl Herz(fa-sern pl) n, (das) Innerste: to pull (od. tug) at s.o.'s ~ j-m zu Herzen gehen, j-m das Herz zerreißen; to play on s.o.'s ~ mit j-s Gefühlen spielen. **~ sur·geon** s med. 'Herzchir₁urg m. **~ sur·ger·y** s med. 'Herzchirur₁gie f. **'~-throb** s 1. physiol. Herzschlag m. 2. colloq. „Schwarm" m. **₁~-to-'heart** I adj frei, offen. II s offene Aussprache. **~ trans·plant** s med. 'Herzverpflanzung f, -transplanta-ti₁on f. **'~-₁warm·ing** adj 1. herzerfri-schend, -erquickend. 2. bewegend. **'~-whole** adj 1. ungebunden, frei. 2. auf-richtig. 3. unerschrocken. **'~wood** s Kernholz n.
**heart·y** ['hɑ:(r)tɪ] I adj (adv → heartily) 1. herzlich: a) von Herzen kommend, warm, innig, b) aufrichtig, tiefempfun-den, c) iro. „gründlich": ~ dislike. 2. a) munter: → hale², b) e'nergisch, c) be-geistert, d) herzlich, jovi'al. 3. herzhaft, kräftig: ~ appetite (curses, eater, meal, etc). 4. gesund, kräftig, stark. 5. fruchtbar: ~ soil. II s 6. colloq. Ma'trose m: my hearties! Kameraden!, Jungs! 7. sport bes. Br. colloq. dy'namischer Spie-ler: a rugger ~.
**heat** [hi:t] I s 1. Hitze f: a) große Wärme, b) heißes Wetter, 'Hitzeperi₁ode f. 2. Wärme f (a. phys.): what is the ~ of the water? wie warm ist das Wasser?; ~ of combustion Verbrennungswärme. 3. a) Erhitztheit f (des Körpers), b) bes. Fie-ber)Hitze f. 4. a) Ungestüm n, b) Zorn m, Wut f, c) Leidenschaftlichkeit f, Erregt-heit f, d) Eifer m: in the ~ of the mo-ment im Eifer od. in der Hitze des Gefechts; in the ~ of passion jur. im Affekt. 5. Höhepunkt m, größte Intensi-'tät: in the ~ of battle auf dem Höhe-punkt der Schlacht. 6. einmalige Kraft-anstrengung: at one (od. a) ~ in 'einem Zug. 7. sport a) (Einzel)Lauf m, b) a. preliminary ~ Vorlauf m. 8. metall. a) Schmelz-, Chargengang m, b) Charge f, Einsatz m. 9. (Glüh)Hitze f, Glut f. 10. zo. Brunst f, bes. a) Hitze f, Läufigkeit f (e-r Hündin od. Katze), b) Rossen n (e-r Stute), c) Stieren n (e-r Kuh): in (od. on, at) ~ brünstig; a bitch in ~ e-e läufige Hündin. 11. colloq. a) Großeinsatz m (der Polizei), b) Druck m: to turn on the ~ Druck machen; to turn the ~ on s.o. j-n unter Druck setzen; the ~ is on es weht ein scharfer Wind; the ~ is off man hat sich wieder beruhigt; to take the ~ on s.th. den Kopf für etwas hinhalten, c) the ~ collect. Am. die „Bullen" pl (Polizei). 12. Schärfe f (von Gewürzen etc).
**II** v/t 13. a. ~ up erhitzen, heiß machen, Speisen a. aufwärmen. 14. heizen. 15. fig. erhitzen, heftig erregen: ~ed with erhitzt od. erregt von. 16. ~ up e-e Diskussion, die Konjunktur etc anheizen.
**III** v/i 17. sich erhitzen (a. fig.).
**'heat·a·ble** adj 1. erhitzbar. 2. heizbar.
**heat| ap·o·plex·y** s med. Hitzschlag m. **~ bal·ance** s phys. 'Wärmebi₁lanz f, -haushalt m. **~ bar·ri·er** s aer. Hitze-mauer f, -schwelle f. **~ death** s Ther-modynamik: Wärmetod m.

**'heat·ed** adj erhitzt: a) heiß geworden, b) fig. erregt (with von): a ~ debate e-e erregte Debatte; a ~ discussion e-e hit-zige Diskussion.
**heat en·gine** s tech. 'Wärmekraftma-₁schine f.
**'heat·er** s 1. Heizgerät n, -körper m, (Heiz)Ofen m. 2. electr. Heizfaden m. 3. (Plätt)Bolzen m. 4. Heizer m, Glüher m (Person). 5. Am. sl. „Schießeisen" n, „Ka-'none" f (Pistole). **~ plug** s mot. Br. Glühkerze f.
**heat| ex·chang·er** s tech. Wärmetau-scher m. **~ ex·haus·tion** s med. Hitz-schlag m. **~ flash** s Hitzeblitz m (bei Atombombenexplosionen).
**heath** [hi:θ] s 1. bes. Br. Heide(land n) f: one's native ~ fig. die Heimat. 2. bot. a) Erika f, (Glocken)Heide f, b) Heide-krautgewächs n. 3. → heather 1. **~bell** s bot. 1. Erika-, Heideblüte f. 2. a) → bell heather, b) → harebell 1. **'~ber·ry** s 1. → crowberry. 2. → bilberry. **~cock** → blackcock.
**hea·then** ['hi:ðn] I s 1. Heide m, Heidin f: the ~ collect. die Heiden pl. 2. Bar'bar m. II adj 3. heidnisch, Heiden... 4. 'un-zivili₁siert, bar'barisch. **'hea·then-dom** s 1. → heathenism. 2. (die) Hei-den pl. 3. die heidnischen Länder pl. **'hea·then·ish** → heathen 3, 4. **'hea-then·ism** s 1. Heidentum n. 2. Götzen-anbetung f. 3. Barba'rei f. **'hea·then-ize** v/t u. v/i heidnisch machen (werden).
**heath·er** ['heðə(r)] I s bot. 1. Heidekraut n: to take to the ~ hist. Bandit werden; to set the ~ on fire fig. Furore machen. 2. (e-e) Erika. II adj 3. gesprenkelt (Stoff). **~ bell** s bot. Glockenheide f. **'~-₁mix-ture** adj u. s gesprenkelt(er Stoff).
**heat·ing** ['hi:tɪŋ] I s 1. Heizung f. 2. tech. a) Beheizung f, b) Heißwerden n, -laufen n. 3. phys. Erwärmung f. 4. Erhitzung f (a. fig.). II adj 5. heizend. 6. phys. erwär-mend. 7. Heiz...: ~ battery (costs, element, oil, surface, etc); ~ period (od. term) Heizperiode f; ~ system Heizsystem n, Heizung f. **~ en·gi·neer** s 'Heizungsmon₁teur m. **~ fur·nace** s a) Wärmofen m, b) tech. Glühofen m. **~ jack·et** s tech. Heizmantel m. **~ pad** s Heizkissen n.
**heat|in·su·la·tion** s tech. 'Wärmedäm-mung f, -isolati₁on f. **~ light·ning** s Wetterleuchten n. **~ pipe** s tech. Wärme-leitrohr n. **~ pol·lu·tion** s 'Umweltver-schmutzung f durch Wärme. **'~-proof** adj hitzebeständig, -fest. **~ pro·stra-tion** s med. Hitzschlag m. **~ pump** s tech. Wärmepumpe f. **~ rash** s med. Hitzeausschlag m, -bläs-chen pl. **'~-re-₁sist·ant, '~-re₁sist·ing** adj hitzefest, -proof. **'~-seal** v/t Kunststoffe heißsie-geln, warmschweißen. **~ seal·ing** s Heißsiegeln n, Warmschweißen n. **~ shield** s Raumfahrt: Hitzeschild m. **~ spot** s med. Hitzebläs-chen n. **'~-stroke** s med. Hitzschlag m. **~ trans·fer** s phys. 'Wärmeüber₁tragung f. **'~-treat** v/t tech. wärmebehandeln (a. med.). **~ treat-ment** s tech. Wärmebehandlung f (a. med.). **~ u·nit** s phys. Wärmeeinheit f. **~ val·ue** s phys. Heizwert m. **~ wave** s Hitzewelle f.
**heaume** [həʊm] s mil. hist. Topfhelm m.
**heave** [hi:v] I s 1. Heben n, Hub m, (mächtiger) Ruck. 2. Hochziehen n, Auf-winden n. 3. Wurf m. 4. Ringen: Hebe-griff m. 5. Wogen n: the ~ of her bosom; ~ of the sea mar. Seegang m. 6. geol. Verwerfung f, (horizon'tale) Verschie-bung. 7. pl (als sg konstruiert) vet. Dämp-figkeit f (von Pferden): to have the ~s dämpfig sein. 8. he's got the ~s colloq. a) ihn würgt es, b) er „kotzt" (übergibt sich).

**II** v/t pret u. pp **heaved** od. (bes. mar.) **hove** [həʊv] 9. (hoch)heben, (-)wuchten, (-)stemmen, ,(-)hieven': we ~d him to his feet wir hievten ihn auf die Beine. 10. hochziehen, -winden. 11. colloq. ,schmei-ßen', werfen. 12. mar. hieven: to ~ the anchor den Anker lichten; to ~ the lead (log) loten (loggen). 13. ausstoßen: to ~ a sigh; → groan 6, sigh 5. 14. colloq. ,auskotzen' (erbrechen). 15. heben u. sen-ken. 16. geol. (horizon'tal) verschieben, verdrängen.
**III** v/i 17. sich heben u. senken, wogen: her bosom was heaving; to ~ and set mar. stampfen (Schiff). 18. keuchen. 19. colloq. a) ,kotzen' (sich übergeben), b) würgen, Brechreiz haben: his stomach ~d ihm hob sich der Magen. 20. sich werfen od. verschieben (durch Frost etc). 21. mar. a) hieven, ziehen (at an dat): ~ ho! holt auf!, b) treiben: to ~ in(to) sight (od. view) in Sicht kommen, fig. humor. ,aufkreuzen'.

*Verbindungen mit Adverbien:*

**heave| a·head** mar. I v/t vorholen, vorwärts winden. II v/i vorwärts auf den Anker treiben. **~ a·stern** mar. I v/t rückwärts winden. II v/i von hinten auf den Anker treiben. **~ down** v/t mar. das Schiff kielholen. **~ in** v/t mar. einhieven. **~ out** v/t mar. das Segel losmachen. **~ to** v/t u. v/i mar. stoppen, beidrehen.
**₁heave-'ho** s: to give s.o. the (old) ~ colloq. a) j-n ,an die (frische) Luft setzen od. befördern' (aus dem Haus etc werfen, entlassen), b) j-m ,den Laufpaß geben'.
**heav·en** ['hevn] s 1. Himmel(reich n) m: in ~ and earth im Himmel u. auf Erden; to go to ~ in den Himmel eingehen (od. kommen); to move ~ and earth fig. Himmel u. Hölle in Bewegung setzen; the H~ of ~s, the seventh ~ der sieb(en)-te Himmel; in the seventh ~ (of delight) fig. im sieb(en)ten Himmel. 2. H~ Himmel m, Gott m: the H~s die himmlischen Mächte. 3. (in Ausrufen) Himmel m, Gott m: by ~!, (good) ~s! du lieber Himmel!; ~ knows what ... weiß der Himmel, was ...; thank ~! Gott sei Dank!; what in ~ ...? was in aller Welt ...?; → forbid 1, 3, sake¹ 1. 4. meist pl Himmel(sgewölbe n) m, Firma'ment n: the northern ~s der nördliche (Stern-) Himmel; the ~s opened der Himmel öffnete s-e Schleusen; → stink 2. 5. Himmel m, Klima n, Zone f. 6. fig. Himmel m, Para'dies n: ~ on earth der Himmel auf Erden; it was ~ es war himmlisch. 7. (Bühnen)Himmel m.
**'heav·en·ly** adj himmlisch: a) Him-mels...: ~ body astr. Himmelskörper m, b) göttlich, 'überirdisch, c) herrlich, wun-derbar. H~ Cit·y s Heilige Stadt, Neues Je'rusalem. ~ host s himmlische Heer-scharen pl.
**'heav·en-sent** adj vom Himmel ge-sandt, himmlisch: a ~ opportunity ein ,gefundenes Fressen'.
**'heav·en·ward** I adv himmelwärts, zum od. gen Himmel. II adj gen Himmel gerichtet. **'heav·en·wards** [-dz] → heavenward I.
**heav·er** ['hi:və(r)] s 1. Heber m. 2. tech. Heber m, Hebebaum m, -zeug n, Winde f.
**₁heav·i·er-than-'air** [₁hevɪə(r)-] adj schwerer als Luft (Flugzeug).
**heav·i·ly** ['hevɪlɪ] adv 1. schwer (etc → heavy): ~ armed schwerbewaffnet; ~ loaded (od. laden) schwerbeladen; it weighs ~ (up)on me es bedrückt mich schwer, es lastet schwer auf mir; to punish s.o. ~ j-n schwer bestrafen; to suffer ~ schwere (finanzielle) Verluste erleiden. 2. mit schwerer Stimme.
**heav·i·ness** ['hevɪnɪs] s 1. Schwere f (a.

*fig.*). **2.** Gewicht *n*, Druck *m*, Last *f.* **3.** Stärke *f*, Heftigkeit *f.* **4.** Massigkeit *f*, Wuchtigkeit *f.* **5.** Bedrücktheit *f.* **6.** Schwerfälligkeit *f.* **7.** Langweiligkeit *f.* **8.** Schläfrigkeit *f.*

**heav·y** [ˈhevɪ] **I** *adj* (*adv* → **heavily**) **1.** schwer (*a. chem. phys.*): ~ **load**; ~ **hydrocarbons**; ~ **benzene** Schwerbenzin *n*; ~ **industries** *pl* Schwerindustrie *f.* **2.** *mil.* schwer: ~ **artillery** (**bomber**, **cruiser**, *etc*); ~ **guns** schwere Geschütze; **to bring out** (*od.* **up**) **the** (*od.* **one's**) ~ **guns** *colloq.* ‚schweres Geschütz auffahren'. **3.** schwer: a) heftig, stark: ~ **fall** schwerer Sturz; ~ **losses** schwere Verluste; ~ **rain** starker Regen; ~ **sea** schwere See; ~ **traffic** starker Verkehr, b) massig: ~ **body**, c) wuchtig: a ~ **blow**; → **blow²** 2, d) drückend, hart: ~ **fine** hohe Geldstrafe; ~ **taxes** drückende *od.* hohe Steuern. **4.** beträchtlich, groß: ~ **buyer** Großabnehmer *m*; ~ **consumer**, ~ **user** Großverbraucher *m*; ~ **orders** große Aufträge. **5.** schwer, stark, übermäßig: a ~ **drinker** (**eater**, **smoker**) ein starker Trinker (Esser, Raucher); a ~ **loser** j-d, der schwere Verluste erleidet. **6.** ergiebig, reich: ~ **crops**. **7.** schwer: a) stark (alkoholhaltig): ~ **beer** Starkbier *n*, b) stark, betäubend: ~ **perfume**, c) schwerverdaulich: ~ **food**. **8.** pappig, klitschig: ~ **bread**. **9.** dröhnend, dumpf: ~ **roll of thunder** dumpfes Donnergrollen; ~ **steps** schwere Schritte. **10.** drückend, lastend: a ~ **silence**. **11.** a) schwer: ~ **clouds** tiefhängende Wolken, b) trüb, finster: ~ **sky** bedeckter Himmel, c) drückend, schwül: ~ **air**. **12.** (**with**) a) (schwer)beladen (mit), b) *fig.* über'laden, voll (von): ~ **with meaning** bedeutungsvoll, -schwer. **13.** schwer: a) schwierig, mühsam, hart: ~ **task**; ~ **worker** Schwerarbeiter *m*; → **going** 2, b) schwerverständlich: ~ **book**. **14.** plump, unbeholfen, schwerfällig: ~ **style**. **15.** a. ~ **in** (*od.* **on**) **hand** stumpfsinnig, langweilig: ~ **book**. **16.** begriffsstutzig, dumm (*Person*). **17.** schläfrig, benommen (**with** von): ~ **with sleep** schlaftrunken. **18.** folgenschwer: **of** ~ **consequence** mit weitreichenden Folgen. **19.** ernst, betrüblich: ~ **news**. **20.** *thea. etc* a) ernst, düster: ~ **scene**, b) würdevoll: ~ **husband**. **21.** bedrückt, niedergeschlagen: **with a** ~ **heart** schweren Herzens. **22.** *econ.* flau, schleppend: ~ **market** gedrückter Markt; ~ **sale** schlechter Absatz. **23.** unwegsam, aufgeweicht, lehmig: ~ **road**; ~ **going** (*Pferderennsport*) tiefes Geläuf. **24.** steil, jäh: ~ **grade** starkes Gefälle. **25.** breit, grob: ~ **scar** breite Narbe; ~ **features** grobe Züge. **26.** a) *a.* ~ **with child** schwanger, b) *a.* ~ **with young** *zo.* trächtig. **27.** *print.* fett(gedruckt).

**II** *s* **28.** *thea. etc* a) Schurke *m*, b) würdiger älterer Herr, c) Schurkenrolle *f*, d) Rolle *f* e-s würdigen älteren Herrn. **29.** *mil.* a) schweres Geschütz, b) *pl* schwere Artille'rie. **30.** *sport colloq.* Schwergewichtler *m*. **31.** *Scot.* Starkbier *n*. **32.** *Am. colloq.* ‚schwerer Junge' (*Verbrecher*). **33.** *pl Am. colloq.* warme 'Unterkleidung.

**III** *adv* **34. to hang** ~ langsam vergehen, dahinschleichen (*Zeit*); **time was hanging** ~ **on my hands** die Zeit wurde mir lang; **to lie** ~ **on s.o.** schwer auf j-m lasten, j-n schwer bedrücken.

‚**heav·y·l·**ˈ**armed** *adj* schwerbewaffnet. ~**chem·i·cals** *s pl* 'Schwerchemi₁kalien *pl.* ~**con·crete** *s tech.* 'Schwerbe₁ton *m.* ~ **cur·rent** *s electr.* Starkstrom *m.* ‚~**du·ty** *adj* **1.** *tech.* Hochleistungs...: ~ **machine**; ~ **truck** Schwerlastkraftwagen *m.* **2.** strapa'zierfähig: ~ **gloves**.

---

**earth** *s chem.* 'Bariumo₁xid *n.* ~**en·gi·neer·ing** *s tech.* 'Schwerma₁schinenbau *m.* ‚~**ˈfoot·ed** *adj* mit schwerem Gang. ‚~ˈ**hand·ed** *adj* **1.** plump, unbeholfen. **2.** streng, hart. ‚~ˈ**heart·ed** *adj* niedergeschlagen. ~**hy·dro·gen** *s chem.* schwerer Wasserstoff, Deu'terium *n.* ~**in·dus·try** *s* 'Schwerindu₁strie *f.* ‚~**ˈlad·en** *adj* **1.** schwerbeladen. **2.** *fig.* schwerbedrückt (**with** von). ~ **liq·uid** *s tech.* Schwerflüssigkeit *f.* ~ **man** → **heavy** 32. ~ **met·al** *s tech.* 'Schwerme₁tall *m.* ~**oil** *s tech.* Schweröl *n.* ~**plate** *s tech.* Grobblech *n.* ~ **spar** *s min.* Schwerspat *m.* ~ **type** *s print.* Fettdruck *m.* ~ **wa·ter** *s chem.* schweres Wasser. ‚~₁**wa·ter re·ac·tor** *s* 'Schwerwasserre₁aktor *m.* '~**weight I** *s* **1.** überschwere Per'son *od.* Sache, ‚Schwergewicht' *n.* **2.** *sport* Schwergewicht(ler *m*) **3.** *colloq.* Promi'nente(r) *m*, ‚großes *od.* hohes Tier'. **II** *adj* **4.** überschwer. **5.** *sport* Schwergewichts... **6.** *colloq.* promi'nent.

**heb·do·mad** [ˈhebdəmæd] *s* **1.** *obs.* a) Sieben *f* (*Zahl*), b) Siebenergruppe *f.* **2.** Woche *f.* **heb·dom·a·dal** [-ˈdɒmədl; *Am.* -ˈdɑ-] *adj* (*adv* ~**ly**) wöchentlich: **H~ Council** wöchentlich zs.-tretender Rat der Universität Oxford. **heb·dom·a·dar·y** [-ˈdɒmədərɪ; *Am.* -ˈdɑmə₁deri:] → **hebdomadal**.

**he·be·phre·ni·a** [₁hi:bɪˈfri:njə; -nɪə] *s psych.* Hebephre'nie *f*, Jugendirresein *n.*

**heb·e·tate** [ˈhebɪteɪt] *v/i u. v/t* abstumpfen.

**he·bet·ic** [hɪˈbetɪk] *adj* Pubertäts...

**heb·e·tude** [ˈhebɪtjuːd; *Am. a.* -₁tuːd] *s* Stumpfsinn(igkeit *f*) *m.*

**He·bra·ic** [hiːˈbreɪɪk] *adj* (*adv* ~**ally**) he'bräisch. **He·bra·ism** [ˈhiːbreɪɪzəm] *s* **1.** *ling.* Hebra'ismus *m.* **2.** Judentum *n*, das Jüdische. '**He·bra·ist** *s* Hebra'ist *m.* '**He·bra·ize** *v/t u. v/i* he'bräisch machen (werden).

**He·brew** [ˈhiːbruː] **I** *s* **1.** He'bräer(in), Israe'lit(in), Jude *m*, Jüdin *f.* **2.** *ling.* He'bräisch *n*, das Hebräische. **3.** *colloq.* Kauderwelsch *n.* **4.** *pl* (*als sg konstruiert*) *Bibl.* (Brief *m* an die) He'bräer *pl.* **II** *adj* **5.** he'bräisch: ~ **studies** Judaistik *f*, Hebraistik *f.* '**He·brew·ism** → **Hebraism**.

**Heb·ri·de·an** [₁hebrɪˈdiːən], *a.* **He·brid·i·an** [heˈbrɪdɪən] **I** *adj* he'bridisch. **II** *s* Bewohner(in) der He'briden.

**hec·a·tomb** [ˈhekətuːm; *bes. Am.* -təʊm] *s* Heka'tombe *f*: a) *antiq.* Opfer von 100 Rindern, b) *fig.* gewaltige Menschenverluste.

**heck** [hek] *colloq.* **I** *s* Hölle *f*: a ~ **of a row** ein Höllenkrach; a ~ **of a lot of money** e-e ‚schöne Stange' Geld; **what the** ~ ...? was zum Teufel ...? **II** *interj* verdammt!

**heck·le** [ˈhekl] **I** *v/t* **1.** Flachs hecheln. **2.** *fig.* a) j-n ‚piesacken', j-m zusetzen, b) e-n Redner durch Zwischenrufe *od.* Zwischenfragen aus der Fassung *od.* dem Kon'zept bringen *od.* in die Enge treiben. **II** *s* **3.** Hechel *f.* '**heck·ler** *s* Zwischenrufer *m.*

**hec·tare** [ˈhektɑː(r); -teə(r)] *s* Hektar *n*, *a. m.*

**hec·tic** [ˈhektɪk] **I** *adj* (*adv* ~**ally**) **1.** *med.* hektisch: a) auszehrend (*Krankheit*), b) schwindsüchtig (*Patient*): ~ **fever** → 3 a; ~ **flush** → 3 c. **2.** *fig.* fieberhaft, aufgeregt, hektisch: **I had a** ~ **time** ich hatte keinen Augenblick Ruhe. **II** *s* **3.** *med.* a) hektisches Fieber, b) Schwindsüchtige(r *m*) *f*, c) hektische Röte.

**hec·to·gram(me)** [ˈhektəʊgræm] *s* Hekto'gramm *n.*

**hec·to·graph** [ˈhektəʊgrɑːf; *bes. Am.*

---

-græf] **I** *s* Hekto'graph *m.* **II** *v/t* hekto'gra₁phieren.

**hec·to·li·ter**, *bes. Br.* **hec·to·li·tre** [ˈhektəʊ₁liːtə(r)] *s* Hektoliter *m*, *n.*

**hec·tor** [ˈhektə(r)] **I** *s* Ty'rann *m.* **II** *v/t* tyranni'sieren, einschüchtern, schika'nieren, ‚piesacken': **to** ~ **s.o. about** (*od.* **around**) j-n herumkommandieren. **III** *v/i* her'umkomman₁dieren.

**hed·dle** [ˈhedl] *tech.* **I** *s* **1.** Litze *f*, Helfe *f* (*zur Lenkung der Kettfäden*). **2.** Einziehhaken *m.* **II** *v/t* **3.** Kettfäden einziehen.

**hedge** [hedʒ] **I** *s* **1.** Hecke *f*, *bes.* Heckenzaun *m*: **that doesn't grow on every** ~ das findet man nicht alle Tage *od.* überall. **2.** Einzäunung *f*: **stone** ~ Mauer *f.* **3.** Absperrung *f*, Kette *f*: a ~ **of police**. **4.** (**against**) (Ab)Sicherung *f* (**gegen**), Schutz *m* (**gegen**, **vor** *dat*), Vorbeugungsmaßnahme *f* (**gegen**). **5.** *econ.* Hedge-, Deckungsgeschäft *n.* **6.** vorsichtige *od.* ausweichende Äußerung. **II** *adj* **7.** Hekken...: ~ **plants**. **8.** *fig.* drittrangig, -klassig. **III** *v/t* **9.** a. ~ **in** (*od.* **round**) a) mit e-r Hecke einfassen *od.* um'geben, b) a. ~ **about** (*od.* **around**) *fig.* etwas behindern, erschweren (**with** mit), c) *fig.* j-n einengen: **to** ~ **off** mit e-r Hecke abgrenzen *od.* abtrennen, *fig.* abgrenzen (**against** gegen). **10.** a) (**against**) (ab)sichern (**gegen**), schützen (**gegen**, **vor** *dat*), b) sich gegen den Verlust (e-r Wette *etc*) sichern: **to** ~ **a bet**; **to** ~ **one's bets** *fig.* auf Nummer Sicher gehen. **IV** *v/i* **11.** ausweichen, sich nicht festlegen (wollen), sich winden, ‚kneifen'. **12.** sich vorsichtig ausdrücken *od.* äußern. **13.** a) (**against**) sich sichern (**gegen**), sich schützen (**gegen**, **vor** *dat*), b) *econ.* Hedge- *od.* Deckungsgeschäfte abschließen. **14.** e-e Hecke anlegen. ~ **cut·ter** *s* Heckenschere *f.* ~ **fence** *s* Heckenzaun *m.* ~ **gar·lic** *s bot.* Lauchhederich *m.*

**hedge·hog** [ˈhedʒhɒg; *Am.* -₁hɑg] *s* **1.** *zo.* a) Igel *m*, b) *Am.* Stachelschwein *n.* **2.** *bot.* stachlige Frucht *od.* Samenkapsel. **3.** *mil.* a) Igelstellung *f*, b) Drahtigel *m*, c) *mar.* Wasserbombenwerfer *m.* ~ **cac·tus** *s a. irr bot.* Igelkaktus *m.*

'**hedge·hop** *v/i aer.* dicht über dem Boden fliegen. '~₁**hop·per** *s aer.* Tiefflieger *m*, *mil. a.* Heckenspringer *m.* **2.** Kleines Helmkraut. ~ **law·yer** *s* 'Winkeladvo₁kat *m.*

**hedg·er** [ˈhedʒə(r)] *s* **1.** Heckengärtner *m.* **2.** j-d, der sich nicht festlegt.

**hedge·row** [ˈhedʒrəʊ] *s* (Baum-, Rain-) Hecke *f.* ~ **shears** *s pl a.* **pair of** ~ Heckenschere *f.* ~ **spar·row**, ~ **war·bler** *s orn.* 'Heckenbrau₁nelle *f.*

**hedg·y** [ˈhedʒɪ] *adj* voller Hecken.

**he·don·ic** [hiːˈdɒnɪk; *Am.* hɪˈdɑnɪk] *adj* (*adv* ~**ally**) hedo'nistisch. **II** *s pl* (*meist als sg konstruiert*) → **hedonism**. **he·don·ism** [ˈhiːdəʊnɪzəm; *Am.* ˈhiːdn̩₁ɪzəm] *s philos.* Hedo'nismus *m*, He'donik *f* (*in der griechischen Antike begründete Lehre, nach der Lust u. Genuß das höchste Gut des Lebens u. das Streben danach die Triebfeder menschlichen Handelns sind*). '**he·don·ist** *s* Hedo'nist *m*, He'doniker *m*: a) *philos.* Anhänger des Hedonismus, b) j-d, dessen Denken u. Verhalten vorrangig von dem Streben nach Lust, Genuß u. sinnlicher Erfüllung geprägt ist. ‚**he·do'nis·tic** [-də'n-] *adj* (*adv* ~**ally**) hedo'nistisch.

**-hedral** [hedrl; *bes. Am.* hiːdrəl] *Wortelement mit der Bedeutung e-e bestimmte Anzahl von Flächen habend, ...flächig.

**-hedron** [hedrən; *bes. Am.* hiːdrən] *Wortelement mit der Bedeutung Figur mit e-r bestimmten Anzahl von Flächen, ...flächner.

**hee·bie-jee·bies** [₁hiːbɪˈdʒiːbɪz] *s pl colloq.*: **I always get the** ~ **when** ... ‚ich

bekomme jedesmal Zustände' od. ‚mir wird jedesmal ganz anders', wenn ...; **that old house gives me the ~** das alte Haus ist mir irgendwie unheimlich; **it gives me the ~ even to think about it** ‚schon bei dem Gedanken daran wird mir ganz anders'.
**heed** [hi:d] **I** v/t beachten, Beachtung schenken (*dat*). **II** v/i achtgeben, aufpassen. **III** s Beachtung f: **to give** (*od.* **pay**) **~ to,** to take **~ of** → I; **to take ~** → II; **she took no ~ of his warnings** sie schlug s-e Mahnungen in den Wind. **'heed·ful** adj (adv ~ly) achtsam: **to be ~ of** → heed I. **'heed·ful·ness** s Achtsamkeit f. **'heed·less** adj (adv ~ly) achtlos, unachtsam: **to be ~ of** nicht beachten, keine Beachtung schenken (*dat*), Mahnung *etc* in den Wind schlagen. **'heed·less·ness** s Achtlosigkeit f, Unachtsamkeit f.
**hee·haw** [ˌhiːˈhɔː; ˈhiːhɔː] **I** s **1.** I'ah n (*Eselsschrei*). **2.** fig. wieherndes Gelächter, ‚Gewieher' n. **II** v/i **3.** I'ah n (*Eselsschrei*). **4.** fig. ‚wiehern', wiehernd lachen.
**heel**¹ [hi:l] **I** v/t **1.** Absätze machen auf (*acc*). **2.** e-e Ferse anstricken an (*acc*). **3.** a) Golf: den Ball mit der Ferse des Schlägers treiben, b) Rugby: den Ball hakeln, c) Fußball: den Ball mit dem Absatz kicken. **4.** Kampfhähne mit Sporen bewaffnen. **5.** colloq. a) (bes. mit Geld) ausstatten, b) Am. infor'mieren, c) Am. arbeiten für e-e Zeitung. **6. ~ out** e-e Zigarette mit dem Absatz ausdrücken. **II** v/i **7.** bei Fuß gehen od. bleiben (*Hund*). **8.** Am. colloq. rennen, ‚flitzen'. **III** s **9.** anat. Ferse f: **~ of the hand** Am. Handballen m. **10.** zo. colloq. a) hinterer Teil des Hufs, b) pl ‚Hinterfüße pl, c) Fuß m. **11.** Absatz m, Hacken m (vom Schuh): → **drag** 27. **12.** Ferse f (vom Strumpf etc, a. vom Golfschläger). **13.** vorspringender Teil, Ende n, bes. (Brot)Kanten m. **14.** mar. Hiel(ing) f. **15.** bot. Achselsteckling m. **16.** Rest m. **17.** mus. Frosch m (am Bogen). **18.** Am. sl. ‚Scheißkerl' m.
*Besondere Redewendungen:*
**down at ~** a) mit schiefen Absätzen, b) a. out at ~s fig. heruntergekommen (*Person, Hotel etc*), abgerissen (*Person*); **on the ~s of** unmittelbar auf (*acc*), gleich nach (*dat*); **to ~** a) bei Fuß (*Hund*), b) fig. gefügig, gehorsam; **under the ~ of** unter j-s Knute; **to bring s.o. to ~** j-n gefügig od. ‚kirre' machen; **to be carried away ~s first** (*od.* **foremost**) mit den Füßen zuerst (*tot*) weggetragen werden; **to come to ~** a) bei Fuß gehen, b) gehorchen, ‚spuren'; **to cool** (*od.* **kick**) **one's ~s** colloq. ‚sich die Beine in den Bauch stehen'; **to follow at s.o.'s ~s,** to follow s.o. at ~, to follow s.o. at (*od.* on) his ~s j-m auf den Fersen folgen, sich j-m an die Fersen heften; **to kick up one's ~s** colloq. ‚auf den Putz hauen'; **to lay by the ~s** a) j-n dingfest machen, zur Strecke bringen, b) die Oberhand od. das Übergewicht gewinnen über (*acc*); **to rock s.o. back on his ~s** colloq. j-n ‚umhauen'; **to rock back on one's ~s** colloq. ‚aus den Latschen kippen'; **to show a clean pair of ~s** ‚die Beine in die Hand od. unter die Arme nehmen', ‚Fersengeld geben'; **to show s.o. a clean pair of ~s** ‚j-m die Fersen zeigen'; **to stick one's ~s in** colloq. ‚sich auf die Hinterbeine stellen' od. setzen'; **to take to one's ~s** ‚die Beine in die Hand od. unter den Arm nehmen', ‚Fersengeld geben'; **to tread on s.o.'s ~s** a) j-m auf die Hacken treten, b) j-m auf dem Fuß od. den Fersen folgen; **to turn on one's ~s** auf dem Absatz kehrtmachen; → **Achilles, dig in** 1.
**heel²** [hi:l] mar. **I** v/t u. v/i a. **~ over** (sich)

auf die Seite legen, krängen. **II** s Krängung f.
**ˌheel·-and-'toe walk·ing** s Leichtathletik: Gehen n. **'~·ball** s Po'lierwachs n. **~·bar** s 'Absatzbar f, -soˌfortdienst m. **~·bone** s anat. Fersenbein n.
**heeled** [hi:ld] adj **1.** mit e-r Ferse od. e-m Absatz (versehen). **2.** → **well-heeled**.
**'heel·er** s pol. Am. contp. ‚Laˈkai' m (e-s Parteibonzen).
**heel kick** s Fußball: Absatzkick m.
**'heel·less** adj ohne Absatz, flach.
**'heel·piece** s Absatzfleck m. **'~·tap** s **1.** Absatzfleck m. **2.** Neige f, letzter Rest (im Glas): **no ~s!** ex!
**heft** [heft] **I** s **1.** Gewicht n. **2.** Am. obs. Hauptteil m. **II** v/t **3.** hochheben. **4.** in der Hand wiegen. **'heft·y** adj (adv heftily) **1.** schwer. **2.** kräftig, stämmig. **3.** colloq. mächtig, gewaltig (Schlag etc), stattlich (Gehaltserhöhung, Mehrheit etc), ‚saftig' (Preise etc).
**He·ge·li·an** [heiˈgiːljən; heˈg-; Am. bes. heˈgeiliən] **I** adj a) hegeli'anisch (den Hegelianismus betreffend), b) Hegelsch(er, e, es). **II** s Hegeli'aner m. **He'ge·li·an·ism** s Hegelia'nismus m (Gesamtheit der philosophischen Richtungen im Anschluß an Hegel).
**heg·e·mon·ic** [ˌhegiˈmɒnik; ˌhedʒi-; Am. -'maːn-] adj hege'monisch, hegemoni'al. **he·gem·o·ny** [hɪˈgemənɪ; hiˈdʒe-; Br. a. 'hedʒɪmənɪ; 'hegɪ-; Am. a. 'hedʒəˌmaʊni] s Hegemo'nie f: a) Vorherrschaft od. Vormachtstellung e-s Staates, b) faktische Überlegenheit politischer, wirtschaftlicher etc Art: **claim to ~** Hegemonialanspruch m.
**Heg·i·ra** [ˈhedʒɪrə; hɪˈdʒaɪərə] s **1.** a) Hedschra f (Aufbruch Mohammeds von Mekka nach Medina 622 n.Chr., Beginn der islamischen Zeitrechnung), b) islamische Zeitrechnung. **2.** oft h~ Flucht f.
**he·gu·men** [hɪˈɡjuːmen; -mən] s relig. He'gumenos m (Vorsteher e-s orthodoxen Klosters).
**Hei·del·berg man** [ˈhaɪdlbɜːɡ; Am. -ˌbɜːrɡ] s Homo m heidelber'gensis.
**hei·fer** [ˈhefə(r)] s Färse f, junge Kuh.
**heigh-ho** [ˌheɪˈhəʊ; ˌhaɪ-] interj nun ja!
**height** [haɪt] s **1.** Höhe f: **~ of burst** mil. Sprengpunkthöhe f; **~ of fall** Fallhöhe f; **ten feet in ~** zehn Fuß hoch; **at a ~ of** five feet above the ground fünf Fuß über dem Boden; **from a great ~** aus großer Höhe; **~ to paper** print. Standardhöhe f der Druckschrift (in GB 0,9175 Zoll, in USA 0,9186 Zoll); **~ of land** geogr. Am. Wasserscheide f. **2.** (Körper)Größe f: **what is your ~?** wie groß sind Sie? **3.** (An)Höhe f, Erhebung f. **4.** fig. Höhe(punkt m) f, Gipfel m, höchster Grad: **at its ~** auf dem Höhepunkt; **at the ~ of one's fame** auf der Höhe s-s Ruhms; **at the ~ of summer** im Hochsommer; **dressed in the ~ of fashion** nach der neuesten Mode gekleidet; **the ~ of folly** der Gipfel der Torheit. **5.** arch. Pfeilhöhe f, Bogenstich m. **'height·en I** v/t **1.** erhöhen (a. fig.). **2.** fig. vergrößern, heben, steigern, verstärken, vertiefen. **3.** her'vorheben, betonen. **II** v/i **4.** fig. sich erhöhen, wachsen, (an)steigen, zunehmen.
**height·finder** s aer. mil. (Radar)Höhensuchgerät n. **~·ga·(u)ge, ~-in·di·ca·tor** s aer. Höhenmesser m.
**hei·mish** [ˈheɪmɪʃ] adj bes. Am. sl. **1.** behaglich, gemütlich. **2.** a) freundlich, b) ungezwungen.
**hei·nous** [ˈheɪnəs] adj (adv ~ly) ab'scheulich, scheußlich, gräßlich. **'hei·nous·ness** s Ab'scheulichkeit f.
**Heinz bod·ies** [haɪnts; haɪnz] s pl med. Heinz-Innenkörper pl, -Körperchen pl.

**heir** [eə(r)] s jur. u. fig. Erbe m (**to** od. of s.o. j-s): **~ apparent** gesetzlicher od. rechtmäßiger Erbe; **~ at law, ~ general** gesetzlicher Erbe; **~ by devise** Am. testamentarischer Erbe; **~ collateral** aus der Seitenlinie stammender Erbe; **~ of the body** leiblicher Erbe; **~ presumptive** mutmaßlicher Erbe; **~ to the throne** Thronerbe, -folger m; → **appoint** 1, **forced** 1.
**'heir·dom** → **heirship**.
**heir·ess** [ˈeərɪs] s (bes. reiche) Erbin.
**heir·loom** [ˈeə(r)luːm] s (Fa'milien)Erbstück n.
**'heir·ship** s jur. **1.** Erbrecht n. **2.** Erbschaft f, Erbe n: → **forced** 1.
**Hei·sen·berg (un·cer·tain·ty) prin·ci·ple** [ˈhaɪznbɜːɡ; Am. -ˌbɜːrɡ] s phys. Heisenbergsche 'Unsicherheitsrelatiˌon f.
**heist** [haɪst] bes. Am. sl. **I** s **1.** a) bewaffneter 'Raubˌüberfall, b) Diebstahl m. **2.** Beute f. **II** v/t **3.** über'fallen. **4.** a) erbeuten, b) stehlen. **'heist·er** bes. Am. sl. a) Räuber m, b) Dieb m.
**Hej·i·ra** → **Hegira**.
**held** [held] pret u. pp von **hold²**.
**he·li·a·cal** [hiːˈlaɪəkl] adj (adv ~ly) astr. heli'akisch (zur Sonne gehörend): **~ rising** (**setting**) heliakischer Aufgang (Untergang).
**he·li·an·thus** [ˌhiːlɪˈænθəs] s bot. Sonnenblume f.
**hel·i·borne** [ˈhelɪbɔː(r)n] adj im Hubschrauber befördert.
**hel·i·cal** [ˈhelɪkl] adj (adv ~ly) schrauben-, schnecken-, spi'ralförmig: **~ blower** tech. Propellergebläse n; **~ gear** tech. a) Schrägstirnrad n, b) a. **~ teeth** Schrägverzahnung f; **~ gears** pl tech. Schraubgetriebe n; **~ spring** tech. Schraubenfeder f; **~ staircase** Wendeltreppe f.
**hel·i·ces** [ˈhelɪsiːz; ˈhiː-] pl von **helix**.
**helico-** [helɪkəʊ] Wortelement mit der Bedeutung Spiralen..., Schrauben...
**hel·i·coid** [ˈhelɪkɔɪd] **I** adj spi'ralig, spi'ralförmig. **II** s math. Schraubenfläche f, Heliko'ide f. **hel·i·coi·dal** adj (adv ~ly) → **helicoid** I.
**Hel·i·con** [ˈhelɪkən; Br. a. -kɒn; Am. a. -ˌkɑːn] s **1.** fig. Helikon m, Sitz m der Musen. **2.** h~ mus. Helikon n (Kontrabaßtuba).
**hel·i·cop·ter** [ˈhelɪkɒptə; Am. -ˌkɑːptər] aer. **I** s Hubschrauber m, Heli'kopter m: **~ gunship** mil. Kampfhubschrauber m. **II** v/t mit dem Hubschrauber befördern od. fliegen. **III** v/i mit dem Hubschrauber fliegen.
**helio-** [hiːlɪəʊ] Wortelement mit der Bedeutung Sonnen...
**he·li·o** [ˈhiːlɪəʊ] pl **-os** colloq. für a) heliogram, b) heliograph.
**ˌhe·li·o'cen·tric** adj (adv ~ally) astr. helio'zentrisch (die Sonne als Mittelpunkt betrachtend).
**he·li·o·chro·my** [ˈhiːlɪəʊˌkrəʊmɪ] s phot. 'Farbfotograˌfie f.
**he·li·o·dor** [ˈhiːlɪədɔ(r)] s min. Helio'dor m.
**he·li·o·gram** [ˈhiːlɪəʊgræm] s Helio'gramm n (mit Hilfe des Sonnenlichts übermittelte Nachricht). **'he·li·o·graph** [-grɑːf; bes. Am. -græf] **I** s Helio'graph m: a) astr. Fernrohr mit fotografischem Gerät für Aufnahmen von der Sonne, b) Gerät zur Nachrichtenübermittlung mit Hilfe des Sonnenlichts. **II** v/t u. v/i heliogra'phieren. **ˌhe·li·o'graph·ic** [-ˈgræfɪk] adj helio'graphisch. **he·li'og·ra·phy** [-ˈɒgrəfɪ; Am. -ˈɑːg-] s Heliogra'phie f: a) print. ein Druckverfahren, das sich der Fotografie bedient, b) Zeichengebung mit Hilfe des Heliographen.

**he·li·o·gra·vure** s print. Heliogra'vüre f: a) ein Tiefdruckverfahren zur hochwertigen Bildreproduktion auf fotografischer Grundlage, b) im Heliogravüreverfahren hergestellter Druck.

**he·li·o·la·try** [ˌhiːlɪˈɒlətrɪ; Am. ˈ-əl-] s Sonnenanbetung f.

**he·li·om·e·ter** [ˌhiːlɪˈɒmɪtə; Am. ˈ-əmə-tər] s astr. Helio'meter n (Spezialfernrohr zur Bestimmung bes. kleinerer Winkel zwischen zwei Gestirnen).

**he·li·o·phile** [ˈhiːlɪəfaɪl] adj biol. helio-'phil, sonnenliebend.

**he·li·o·phobe** [ˈhiːlɪəfəʊb] adj biol. helio'phob (den Sonnenschein meidend).

**he·li·o·scope** [ˈhiːlɪəskəʊp; ˈ-lɪə-] s astr. Helio'skop n (Gerät zur direkten Sonnenbeobachtung, das die Strahlung abschwächt).

**he·li·o·sis** [ˌhiːlɪˈəʊsɪs] s med. Heli'osis f: a) Sonnenstich m, b) Hitzschlag m.

**he·li·o·stat** [ˈhiːlɪəstæt] s astr. Helio-'stat m (Gerät mit Uhrwerk u. Spiegel, das dem Sonnenlicht für Beobachtungszwecke stets die gleiche Richtung gibt).

**he·li·o·ther·a·py** s med. Heliothera'pie f (Behandlung mit Sonnenlicht u. -wärme).

**he·li·o·trope** [ˈheljətrəʊp; bes. Am. ˈhiːlɪə-] s 1. Helio'trop n: a) bot. Sonnenwende f, b) blauviolette Farbe, c) (Geodäsie) Sonnenspiegel zur Sichtbarmachung von Geländepunkten. 2. min. Helio'trop m. 3. mil. 'Spiegeltele,graf m.

**he·li·ot·ro·pism** [ˌhiːlɪˈɒtrəpɪzəm; Am. ˈ-ət-] s bot. Phototro'pismus m (bei Zimmerpflanzen häufig zu beobachtende Krümmungsreaktion bei einseitigem Lichteinfall).

**he·li·o·type** [ˈhiːlɪəʊtaɪp] s print. Lichtdruck m. **ˈhe·li·o,typ·y** [-ˌtaɪpɪ] s Lichtdruck(verfahren n) m.

**he·li·o·zo·an** [ˌhiːlɪəʊˈzəʊən] s zo. Helio-'zoon n, Sonnentierchen n.

**hel·i·pad** [ˈhelɪpæd] → heliport. **ˈhel·i-port** [-pɔː(r)t] s aer. Heli'port m, Hubschrauberlandeplatz m. **ˈhel·i,ski·ing** s Heli-Skiing n (Skilaufen mit Hilfe e-s Hubschraubers, der den Skifahrer auf die höchsten Gipfel bringt). **ˈhel·i·spot** s aer. provi'sorischer Hubschrauberlandeplatz. **ˈhel·i·stop** → heliport.

**he·li·um** [ˈhiːljəm; ˈhiːlɪəm] s chem. Helium n.

**he·lix** [ˈhiːlɪks] pl **hel·i·ces** [ˈhelɪsiːz; ˈhiː-], **he·lix·es** s 1. Spi'rale f. 2. anat. Helix f (umgebogener Rand der menschlichen Ohrmuschel). 3. arch. Schnecke f. 4. math. Schneckenlinie f: ~ angle Schrägungswinkel m. 5. zo. Helix f, Schnirkelschnecke f. 6. chem. Helix f (spiralische Molekülstruktur).

**hell** [hel] I s 1. Hölle f (a. fig.): to go to ~ in die Hölle kommen, zur Hölle fahren; it was ~ es war die (reine) Hölle; to beat (od. knock) ~ out of s.o. colloq. ,fürchterlich verdreschen'; to catch (od. get) ~ colloq. ,eins aufs Dach kriegen'; come ~ or high water colloq. unter allen Umständen; to give s.o. ~ colloq. j-m ,die Hölle heiß machen'; to make s.o.'s life a ~ j-m das Leben zur Hölle machen; there will be ~ to pay if we get caught colloq. wenn wir erwischt werden, ist der Teufel los; to play ~ with colloq. ,e-n Mordskrach schlagen'; I'll see you in ~ first! colloq. ich werd' den Teufel tun!; to suffer ~ on earth die Hölle auf Erden haben. 2. intens colloq. Teufel m, Hölle f: a ~ of a noise ein Höllenlärm; to be in a ~ of a temper e-e ,Mordswut' od. e-e ,Stinklaune' haben; a ~ of a good car ein ,verdammt' guter Wagen; a ~ of a guy ein ,Pfundskerl'; what the ~ ...? was zum Teufel ...?; like ~

wie verrückt (arbeiten etc); like ~ he paid for the meal! er dachte nicht im Traum daran, das Essen zu zahlen!; ~ for leather wie verrückt (fahren etc); go to ~! ,scher dich zum Teufel!'; get the ~ out of here! mach, daß du rauskommst!; the ~ I will! ich werd' den Teufel tun!; not a hope in ~ nicht die geringste Hoffnung; tired (sure) as ~ ,hundemüde' (,todsicher'); ~'s bells (od. teeth)! → 6. 3. colloq. a) Spaß m: for the ~ of it aus Spaß an der Freude; the ~ of it is that das Komische daran ist, daß, b) Am. Ausgelassenheit f, 'Übermut m. 4. Spielhölle f. 5. print. De'fektenkasten m. II interj 6. colloq. a) Br. sl. a. bloody ~! (verärgert) verdammt!, verflucht!, b) iro. ha, ha!, c) (überrascht) Teufel auch!, Teufel, Teufel!

**ˈhellˌbend·er** s 1. zo. Schlammteufel m (Riesensalamander). 2. Am. colloq. leichtsinniger od. eigensinniger Kerl. **ˌ~ˈbent** adj colloq. 1. ganz versessen, wie wild (on, for auf acc): to be ~ on doing (od. to do) s.th. ganz versessen darauf sein, etwas zu tun. 2. a) rasend: ~ driver Raser m, b) leichtsinnig. 3. selbstzerstörerisch. **~ bomb** colloq. für hydrogen bomb. **ˈ~box** → hell 5. **ˈ~broth** s Hexenzaubertrank m. **ˈ~cat** s Xan'thippe f, zänkisches Weib.

**hel·le·bore** [ˈhelɪbɔː(r)] s bot. 1. Nieswurz f (a. pharm.). 2. Germer m.

**hel·le·bo·rine** [ˈhelɪbərain] s bot. 1. Sumpfwurz f. 2. Waldvögelein n.

**Hel·lene** [ˈheliːn] s Hel'lene m, Grieche m.

**Hel·len·ic** [heˈliːnɪk; Am. heˈlenɪk] adj hel'lenisch, griechisch.

**Hel·len·ism** [ˈhelɪnɪzəm] s Helle'nismus m: a) Griechentum n, b) nachklassische Kulturepoche von Alexander dem Großen bis zur römischen Kaiserzeit. **ˈHel·len·ist** s Helle'nist m. **ˌHel·len·ˈis·tic** adj helle'nistisch. **ˈHel·len·ize** v/t u. v/i (sich) helleni'sieren.

**ˌhellˈfire** s 1. Höllenfeuer n. 2. fig. Höllenqualen pl. **ˈ~hole** s 1. ,scheußliches Loch' (Wohnung etc). 2. a) Sündenpfuhl m, b) anrüchiges Etablisse'ment. **ˈ~hound** s 1. Höllenhund m. 2. fig. Teufel m.

**hel·lion** [ˈheljən] s Am. colloq. Bengel m, Range f, m.

**hell·ish** [ˈhelɪʃ] I adj (adv ~ly) 1. höllisch (a. fig. colloq.). 2. colloq. ,verteufelt', ,scheußlich'. II adv 3. colloq. ,höllisch': a ~ cold day ein ,scheußlich' kalter Tag; ~ good idea e-e ,wahnsinnig' gute Idee. **ˈhell·kite** s Unmensch m, Teufel m.

**hel·lo** [həˈləʊ; heˈləʊ] I interj 1. hal'lo!, (überrascht a.) na'nu! II pl **-los** s 2. Hal'lo n. 3. Gruß m: to say ~ (to s.o.) (j-m) guten Tag sagen; she gave him a warm ~ sie begrüßte ihn herzlich; have you said all your ~s? hast du allen guten Tag gesagt? III v/i 4. hal'lo rufen.

**hell·uv·a** [ˈheləvə] adj u. adv colloq.: a ~ noise ein Höllenlärm; to be in a ~ temper e-e ,Mordswut' od. e-e ,Stinklaune' haben; a ~ good car ein ,verdammt' guter Wagen; a ~ guy ein ,Pfundskerl'.

**helm¹** [helm] s 1. mar. a) Helm m, (Ruder)Pinne f, b) Ruder n, Steuer n: ~ a-lee!, (beim Segeln) ~ down! Ruder in Lee!; ~ up! (beim Segeln) Ruder nach Luv! 2. fig. Ruder n, Führung f, Herrschaft f: ~ of State Staatsruder; to be at the ~ am Ruder od. an der Macht sein; to take the ~ das Ruder übernehmen.

**helm²** [helm] s obs. od. poet. Helm m.

**helmed** [helmd] adj obs. od. poet. behelmt.

**hel·met** [ˈhelmɪt] s 1. mil. Helm m. 2. (Schutz-, Sturz-, Tropen-, Taucher-)

Helm m. 3. bot. Kelch m. **ˈhel·met·ed** adj behelmt.

**hel·minth** [ˈhelmɪnθ] s zo. Hel'minthe f, Eingeweidewurm m. **hel·min·thi·a·sis** [ˌhelmɪnˈθaɪəsɪs] s med. Helmin'thiasis f, Wurmkrankheit f. **ˌhel·min·ˈthol·o·gy** [-ˈθɒlədʒɪ; Am. ˈ-θɑ-] s Helmintholo'gie f (Wissenschaft von den Eingeweidewürmern).

**helms·man** [ˈhelmzmən] s irr mar. Steuermann m (a. fig.).

**Hel·ot** [ˈhelət] s Hel'lot(e) m: a) hist. Staatssklave in Sparta, b) meist h~ Angehöriger e-r unterdrückten, ausgebeuteten Bevölkerungsgruppe e-s Landes. **ˈHel·ot·ism** s 1. Helo'tismus m, He'lotentum n. 2. biol. Helo'tismus m (Symbiose, aus der der e-e Partner größeren Nutzen zieht als der andere). **ˈhel·ot·ry** [-rɪ] s 1. He'lotentum n. 2. collect. He'loten pl.

**help** [help] I s 1. (Mit)Hilfe f, Beistand m, Unter'stützung f: ~! Hilfe!; by (od. with) the ~ of mit Hilfe von; he came to my ~ er kam mir zu Hilfe; it (she) is a great ~ es (sie) ist e-e große Hilfe; can I be of any ~ to you? kann ich Ihnen (irgendwie) helfen od. behilflich sein? 2. Abhilfe f: there's no ~ for it da kann man nichts machen, es läßt sich nicht ändern. 3. a) Angestellte(r m) f, Arbeiter(in), bes. Hausangestellte(r), Landarbeiter(in), b) collect. ('Dienst)Perso,nal n. 4. Hilfsmittel n. 5. Porti'on f (Essen) (→ helping 3).

II v/t 6. j-m helfen od. beistehen, j-n unter'stützen: to ~ s.o. (to) do s.th. j-m helfen, etwas zu tun; to ~ s.o. in (od. with) s.th. j-m bei etwas helfen; can I ~ you? a) werden Sie schon bedient?, b) kann ich Ihnen helfen od. behilflich sein?; to ~ s.o. out of a difficulty j-m aus e-r Schwierigkeit (heraus)helfen; so ~ me (I did, will, etc)! Ehrenwort!; → god 2, police 3. 7. fördern, e-r Sache nachhelfen, beitragen zu: to ~ s.o.'s downfall. 8. lindern, helfen od. Abhilfe schaffen bei: to ~ a cold. 9. to ~ s.th. a) j-m etwas verhelfen, b) (bes. bei Tisch) j-m etwas reichen od. geben; to ~ o.s. sich bedienen, zugreifen; to ~ o.s. to a) sich bedienen mit, sich etwas nehmen, b) sich etwas aneignen od. nehmen (a. stehlen). 10. (mit can) (dat) abhelfen, ändern, verhindern, -meiden: I cannot ~ it a) ich kann es nicht ändern, b) ich kann nichts dafür; it cannot be ~ed da kann man nichts machen, es ist nicht zu ändern; if I can ~ it wenn ich es vermeiden kann; don't be late if you can ~ it! komm möglichst nicht zu spät!; how could I ~ it? a) was konnte ich dagegen tun?, b) was konnte ich dafür?; she can't ~ her freckles für ihre Sommersprossen kann sie nichts; I could not ~ laughing ich mußte einfach lachen; I cannot ~ feeling ich werde das Gefühl nicht los; I cannot ~ myself ich kann nicht anders.

III v/i 11. helfen, Hilfe leisten: every little ~s jede Kleinigkeit hilft; nothing will ~ now jetzt hilft nichts mehr. 12. don't be longer than you can ~! bleib nicht länger als nötig!

*Verbindungen mit Adverbien:*

**help down** v/t 1. j-m her'unter-, hin-'unterhelfen. 2. fig. zum 'Untergang (gen) beitragen. **~ in** v/t j-m hin'ein-, her'einhelfen. **~off** v/t 1. ~ help on 1. 2. die Zeit vertreiben. 3. to help s.o. off with his coat j-m aus dem Mantel helfen. **~on** v/t 1. weiter-, forthelfen (dat). 2. to help s.o. on with his coat j-m in den Mantel helfen. **~ out** I v/t 1. j-m her'aus-, hin-'aushelfen. 2. fig. j-m aus der Not helfen. 3. fig. j-m aushelfen, j-n unter'stützen (with mit). II v/i 4. aushelfen (with bei,

mit). **5.** helfen, nützlich sein. **~ up** v/t j-m hin¹aufhelfen.

**'help·er** s **1.** Helfer(in). **2.** → help 3.
**'help·ful** adj (adv **~ly**) **1.** behilflich (to dat), hilfsbereit. **2.** hilfreich, nützlich (to dat). **'help·ful·ness** s **1.** Hilfsbereitschaft f. **2.** Nützlichkeit f. **'help·ing I** adj **1.** helfend, hilfreich: → hand 1. **II** s **2.** Helfen n, Hilfe f. **3.** Porti¹on f (Essen): to have (od. take) a second ~ sich nachnehmen, bes. mil. nachfassen, e-n Nachschlag fassen. **'help·less** adj (adv **~ly**) hilflos: a) ohne Hilfe: to be ~ with laughter sich vor Lachen nicht mehr halten können, b) ratlos, c) unbeholfen, unselbständig. **'help·less·ness** s Hilflosigkeit f.
**'help·mate,** a. **'help·meet** s obs. **1.** Gehilfe m, bes. Gehilfin f. **2.** (Ehe)Gefährte m, bes. (-)Gefährtin f.
**hel·ter-skel·ter** [ˌheltə(r)'skeltə(r)] **I** adv holterdie¹polter, Hals über Kopf. **II** adj hastig, über¹stürzt. **III** s (wildes) Durchein¹ander, (wilde) Hast.
**helve** [helv] **I** s Griff m, Stiel m: to throw the ~ after the hatchet fig. das Kind mit dem Bade ausschütten. **II** v/t e-n Griff einsetzen in (acc).
**Hel·ve·tian** [hel'viː∫ən; bes. Am. -[ən] **I** adj **1.** hel¹vetisch, schweizerisch. **II** s **2.** Hel¹vetier(in), Schweizer(in). **3.** geol. hel-¹vetische Peri¹ode. **Hel'vet·ic** [-'vetɪk] **I** adj → Helvetian I. **II** s relig. schweizerischer Refor¹mierter.
**hem¹** [hem] **I** s **1.** (Kleider)Saum m: to take one's coat ~ up s-n Mantel kürzer machen. **2.** Rand m, Einfassung f. **II** v/t **3.** Kleid etc (ein)säumen. **4.** meist ~ in, ~ about, ~ around um¹randen, einfassen. **5.** meist ~ in a) mil. einschließen, b) fig. einengen.
**hem²** [hem; hm] **I** interj hm!, hem! **II** s H(e)m n (Verlegenheitslaut). **III** v/i ‚hm' machen, sich (verlegen) räuspern: to ~ and haw ‚herumdrucksen', nicht recht mit der Sprache herauswollen.
**he·mal** bes. Am. für haemal.
**'he-man** [-mæn] s irr colloq. ‚He-man' m (besonders männlich u. potent wirkender Mann).
**he·ma·te·in, he·mat·ic, he·mat·o-blast,** etc bes. Am. für haematein, haematic, haematoblast, etc.
**hem·er·a·lo·pi·a** [ˌhemərə'ləʊpɪə] s Hemeralo¹pie f: a) Tagblindheit f, b) Nachtblindheit f.
**hemi-** [hemɪ] Wortelement mit der Bedeutung halb.
**ˌhem·i·al·gi·a** s med. Hemial¹gie f, halbseitige Kopfschmerzen pl.
**hem·i·an·op·si·a** [ˌhemɪæ'nɒpsɪə; Am. -ə'nɑ-] s med. Hemianop¹sie f, Halbsichtigkeit f.
**hem·i·dem·i·sem·i·qua·ver** [ˈhemɪ-ˌdemɪˈsemɪˌkweɪvə(r)] s mus. Vierund-¹sechzigstel(note f) n.
**hem·i·he·dral** [ˌhemɪ'hedrl; bes. Am. -'hiː-] adj hemi¹edrisch, halbflächig (Kristall). **ˌhem·i'he·dron** [-drən] pl **-drons, -dra** [-drə] s Hemi¹eder m, hemi¹edrischer Kri¹stall.
**hem·i·mor·phite** [ˌhemɪ'mɔː(r)faɪt] s min. Hemimor¹phit m.
**hem·i·ple·gi·a** [ˌhemɪ'pliːdʒɪə; -dʒə] s med. Hemiple¹gie f, halbseitige Lähmung. **ˌhem·i'ple·gic** adj hemi¹plegisch.
**he·mip·ter·on** [hɪ'mɪptərɒn; Am. -ˌrɑn] s zo. Halbflügler m.
**hem·i·sphere** [ˈhemɪˌsfɪə(r)] s **1.** bes. geogr. Halbkugel f, Hemi¹sphäre f. **2.** anat. Hemi¹sphäre f (des Groß- u. Kleinhirns). **ˌhem·i'spher·i·cal** [-'sferɪkl; Am. a. -'sfɪr-], a. **ˌhem·i'spher·ic** adj hemi¹sphärisch, halbkug(e)lig.

**hem·i·stich** [ˈhemɪstɪk] s metr. Hemi¹stichion n, Halb-, Kurzvers m.
**'hem·line** s (Kleider)Saum m: ~s are going up again die Kleider werden wieder kürzer.
**hem·lock** [ˈhemlɒk; Am. -ˌlɑk] s **1.** bot. Schierling m. **2.** fig. Schierlings-, Giftbecher m. **3.** a. ~ fir, ~ pine, ~ spruce bot. Hemlock-, Schierlingstanne f.
**he·mo·cy·te, he·mo·glo·bin, he·mol·y·sis, he·mo·sta·sis,** etc bes. Am. für haemocyte, haemoglobin, haemolysis, haemostasis, etc.
**hemp** [hemp] s **1.** bot. Hanf m: ~ agrimony Wasserhanf; ~ nettle (Gemeine) Hanfnessel; to steep (od. water) the ~ den Hanf rösten. **2.** Hanf(faser f) m: ~ comb Hanfhechel f. **3.** aus Hanf gewonnenes Narkotikum, bes. Haschisch n. **4.** obs. Henkerseil n, Strick m. **'hemp·en** adj hanfen, hänfen, Hanf...
**'hem·stitch** s Hohlsaum(stich) m.
**hen** [hen] s **1.** orn. Henne f, Huhn n: ~'s egg Hühnerei n; (as) scarce as ~'s teeth Br. äußerst selten; there's a ~ on Am. colloq. ‚es ist etwas im Busch'. **2.** zo. Weibchen n: a) von Vögeln, b) von Hummern, Krebsen etc. **3.** colloq. a) ‚Gschaftlhuberin' f, b) Klatschbase f, -maul n. ~ and chick·ens pl **hens and chick·ens** s bot. Pflanze mit zahlreichen Ablegern und Sprößlingen, bes. a) (e-e) Hauswurz, b) Gundermann m, c) Gänseblümchen n. **'~bane** s bot. pharm. Bilsenkraut n.
**hence** [hens] adv **1.** pleonastisch oft from ~ (räumlich) von hier, von hinnen, fort, hin¹weg: ~ with it! fort damit!; to go ~ von hinnen gehen, sterben. **2.** (zeitlich) von jetzt an, binnen (dat): a week~in od. nach e-r Woche. **3.** (begründend) folglich, daher, deshalb. **4.** hieraus, daraus: ~ it follows that daraus folgt, daß. **ˌ~'forth, ˌ~'for·ward(s)** adv von nun an, fort¹an, hin¹fort, künftig.
**hench·man** [ˈhent∫mən] s irr **1.** obs. a) Knappe m, Page m, b) Diener m. **2.** bes. pol. a) Anhänger m, Gefolgsmann m, pl a. Gefolge n, b) contp. Handlanger m, j-s Krea¹tur f.
**'hen·coop** s Hühnerstall m.
**hen·dec·a·gon** [hen'dekəgən; Am. -ˌgɑn] s math. Hendeka¹gon n, Elfeck n. **hen·de·cag·o·nal** [ˌhendɪ'kægənl] adj elfeckig.
**hen·dec·a·syl·lab·ic** [ˌhendekəsɪ-¹læbɪk; Am. a. henˌde-] metr. **I** adj elfsilbig. **II** s → hendecasyllable. **hen·dec·a·syl·la·ble** [ˈhendekəˌsɪləbl; Am. henˈdekəˌs-] s metr. Hendeka¹syllabus m, elfsilbiger Vers.
**hen·di·a·dys** [hen'daɪədɪs] s Rhetorik: Hendiady¹oin n, Hendia¹dys n: a) die Ausdruckskraft verstärkende Verbindung zweier synonymer Substantive od. Verben, b) das bes. in der Antike beliebte Ersetzen e-r Apposition durch e-e reihende Verbindung ‚und'.
**hen | har·ri·er** s orn. Kornweihe f. ~ **hawk** s orn. Am. (ein) Hühnerbussard m. **'~heart·ed** adj feig(e), furchtsam. **'~house** s Hühnerstall m.
**hen·na** [ˈhenə] **I** s **1.** bot. Hennastrauch m. **2.** Henna f (Färbemittel). **II** v/t **3.** mit Henna färben.
**hen·ner·y** [ˈhenərɪ] s **1.** Hühnerfarm f. **2.** Hühnerstall m.
**hen | par·ty** s colloq. Damengesellschaft f, Kaffeeklatsch m. **'~peck** v/t den Ehemann ‚unter dem Pan¹toffel haben'. **'~pecked** adj ‚unter dem Pan¹toffel stehend': ~ husband ein ‚Pantoffelheld'. **'~roost** s a) Hühnerstange f, b) Hühnerstall m. ~ **run** s Br. Auslauf m.
**hen·ry** [ˈhenrɪ] pl **-rys, -ries** s electr.

phys. Henry n (Einheit der Selbstinduktion).
**hent** [hent] pret u. pp **hent** v/t obs. **1.** ergreifen. **2.** erreichen.
**hep** [hep] → hip⁴.
**he·pat·ic** [hɪ'pætɪk] adj **1.** med. he¹patisch, Leber... **2.** rotbraun. **he'pat·i·ca** [-kə] pl **-cas, -cae** [-siː] s bot. **1.** Leberblümchen n. **2.** Lebermoos n.
**hepatico-** [hɪpætɪkəʊ] Wortelement mit der Bedeutung Leber...
**hep·a·ti·tis** [ˌhepə'taɪtɪs] s med. Hepa-¹titis f, Leberentzündung f. **'hep·a·tize** v/t med. Gewebe, bes. Lunge hepati¹sieren.
**hepato-** [hepətəʊ] → hepatico-.
**hep·a·tog·ra·phy** [ˌhepə'tɒgrəfɪ; Am. -¹tɑ-] s med. Hepatogra¹phie f (röntgenologische Darstellung der Leber nach Injektion von Kontrastmitteln).
**hep·a·tol·o·gist** [ˌhepə'tɒlədʒɪst; Am. -¹tɑ-] s med. Hepato¹loge m (Arzt mit speziellen Kenntnissen auf dem Gebiet der Leberkrankheiten). **ˌhep·a'tol·o·gy** s Hepatolo¹gie f (Lehre von der Leber u. ihren Krankheiten).
**hep·a·top·a·thy** [ˌhepə'tɒpəθɪ; Am. -¹tɑ-] s med. Hepatopa¹thie f, Leberleiden n.
**'hep·cat** s sl. obs. a) Jazz-, bes. Swingmusiker m, b) Jazz-, bes. Swingfreund m.
**Hep·ple·white** [ˈheplwaɪt] adj im Hepplewhitestil (Möbel).
**hep·tad** [ˈheptæd] s **1.** Sieben f (Zahl). **2.** Siebenergruppe f. **3.** chem. siebenwertiges A¹tom od. Radi¹kal.
**hep·ta·gon** [ˈheptəgən; Am. -ˌgɑn] s math. Hepta¹gon n, Siebeneck n. **hep-¹tag·o·nal** [-'tægənl] adj (adv **~ly**) siebeneckig.
**hep·ta·he·dral** [ˌheptə'hedrl; bes. Am. -'hiː-] adj math. siebenflächig. **ˌhep·ta-'he·dron** [-drən] pl **-drons, -dra** [-drə] s math. Hepta¹eder n, Siebenflach n, -flächner m.
**hep·tam·e·ter** [hep'tæmɪtə(r)] s metr. Hep¹tameter m, siebenfüßiger Vers.
**hep·ta·met·ri·cal** [ˌheptə'metrɪkl] adj siebenfüßig.
**hep·tarch·y** [ˈheptɑː(r)kɪ] s **1.** Heptar-¹chie f: a) Siebenherrschaft f, b) Staatenbund der sieben angelsächsischen Kleinkönigreiche (Kent, Sussex, Wessex, Essex, Northumbria, East Anglia, Mercia).
**Hep·ta·teuch** [ˈheptətjuːk; Am. -ˌtuːk] s Bibl. Hepta¹teuch m (die ersten sieben Bücher des Alten Testaments).
**hep·tath·lete** [hep'tæθliːt] s Leichtathletik: Siebenkämpferin f. **hep'tath·lon** [-lɒn; Am. -ˌlɑn] s Siebenkampf m.
**hep·ta·tom·ic** [ˌheptə'tomɪk; Am. -¹tɑ-] adj chem. **1.** ¹siebena¹tomig. **2.** siebenwertig.
**hep·ta·va·lent** [hep'tævələnt; bes. Am. ˌheptəˈveɪlənt] adj chem. siebenwertig.
**her** [hɜː; ɜ; unbetont hə; ə; Am. hər; hɜr; ər] **I** personal pron **1.** sie (acc von she): I know ~. **2.** ihr (dat von she): I gave ~ the book. **3.** colloq. sie (nom): it's ~, not him sie ist es, nicht er. **II** possessive pron **4.** ihr, ihre: ~ family. **III** reflex pron **5.** sich: she looked about ~ sie sah sich, sie sah sich um.
**her·ald** [ˈherəld] **I** s **1.** hist. a) Herold m, b) Wappenherold m. **2.** fig. Verkünder m. **3.** fig. Vorbote m: the ~ of spring. **II** v/t **4.** verkünden, ankündigen (a. fig.). **5.** a. ~ in a) feierlich einführen, b) fig. einleiten.
**he·ral·dic** [he'rældɪk] adj **1.** he¹raldisch, Wappen... **2.** hist. Herolds...
**her·ald·ry** [ˈherəldrɪ] s **1.** hist. Amt n e-s Herolds. **2.** He¹raldik f, Wappenkunde f. **3.** collect. a) Wappen n, b) he¹raldische Sym¹bole pl. **4.** poet. Pomp m.
**Her·alds' Col·lege** s Br. Wappenamt n.
**herb** [hɜːb; Am. ɜrb; hɜrb] s **1.** bot. Kraut

**n. 2.** *pharm.* (Heil)Kraut *n.* **3.** (Gewürz-, Küchen)Kraut *n.* **4.** *Am. sl.* ,Grass' *n* (*Marihuana*).

**her·ba·ceous** [hɜːˈbeɪʃəs; *Am.* ɜrˈb-; hɜrˈb-] *adj bot.* krautartig, krautig: ~ **border** Rabatte *f.*

**'herb·age** *s* **1.** *collect.* Kräuter *pl,* Gras *n.* **2.** *jur. Br.* Weiderecht *n.*

**herb·al** [ˈhɜːbl; *Am.* ˈɜrbəl; ˈhɜr-] **I** *adj* Kräuter..., Pflanzen... **II** *s* Kräuter-, Pflanzenbuch *n.* **'herb·al·ist** [-bəl-] *s* **1.** Kräuter-, Pflanzenkenner(in). **2.** Kräutersammler(in), -händler(in). **3.** Herbalist(in), Kräuterheilkundige(r *m*) *f.*

**her·bar·i·um** [hɜːˈbeərɪəm; *Am.* ɜrˈb-; hɜrˈb-] *s* Her'barium *n* (*systematisch angelegte Sammlung gepreßter u. getrockneter Pflanzen[teile]*).

**herb** | **ben·net** *pl* **herbs ben·net, herb ben·nets** *s bot.* (Echte) Nelkenwurz. ~ **but·ter** *s gastr.* Kräuterbutter *f.* ~ **Chris·to·pher** *pl* **herbs Chris·to·pher** *s bot.* (*ein*) Christophskraut *n.* ~ **doc·tor** *s* ,Kräuterdoktor' *m.*

**her·bi·vore** [ˈhɜːbɪvɔː(r); *Am.* ˈɜr-; ˈhɜr-; *a.* -ˌvəʊr] *s zo.* Pflanzenfresser *m.* **her·biv·o·rous** [-ˈbɪvərəs] *adj* (*adv* ~**ly**) *zo.* pflanzenfressend.

**her·bo·rist** [ˈhɜːbərɪst; *Am.* ˈɜr-; ˈhɜr-] → **herbalist.** **'her·bo·rize** *v/i* Pflanzen (*zu Studienzwecken*) sammeln, botani'sieren.

**herb** | **Par·is** *pl* **herbs Par·is** *s bot.* Vierblättrige Einbeere. ~ **Pe·ter** *pl* **herbs Pe·ter** *s bot.* Himmel(s)schlüssel *m.* ~ **Rob·ert** [ˈrɒbət; *Am.* ˈrɑbərt] *pl* **herbs Rob·ert** *s bot.* Ruprechtskraut *n.* ~ **tea** *s* Kräutertee *m.* ~ **trin·i·ty** *pl* **herbs trin·i·ty, herb trin·i·ties** *s bot.* Stiefmütterchen *n.*

**Her·cu·le·an** [ˌhɜːkjʊˈliːən; hɜːˈkjuːljən; *Am.* ˌhɑrkjəˈliːən; hɜrˈkjuːlɪən] *adj* **1.** Herkules... (*a. fig.* übermenschlich, schwierig): the ~ **labo(u)rs** *myth.* die Arbeiten des Herkules; a ~ **labo(u)r** *fig.* e-e Herkulesarbeit. **2.** *oft* H~ *fig.* her'kulisch, riesenstark, mächtig: a ~ **man**; ~ **strength** Riesenkräfte *pl.* **'Her·cu·les** [-liːz] *npr antiq.* Herkules *m* (*a. fig.* riesenstarker Mann): a **labo(u)r of** ~ *fig.* e-e Herkulesarbeit.

**herd** [hɜːd; *Am.* hɜrd] **I** *s* **1.** Herde *f,* (*wildlebender Tiere a.*) Rudel *n* (*a.* von Menschen): the **star was followed by a** ~ **of autograph hunters.** **2.** *contp.* Herde *f,* Masse *f* (*Menschen*): the (**common** *od.* **vulgar**) ~ die große *od.* breite Masse. **3.** *Am. colloq.* ,Haufen' *m* (*von Dingen*). **4.** *bes. in Zssgn* Hirt(in). **II** *v/i* **5.** *a.* ~ **together** a) in Herden gehen *od.* leben, b) sich zs.-drängen (*a.* Menschen). **6.** sich zs.-tun (**among, with** mit). **III** *v/t* **7.** Vieh, *a.* Menschen treiben: **to** ~ **together** zs.-treiben. **8.** Vieh hüten. **'~·book** *s agr.* Herd-, Stammbuch *n.*

**'herd·er** *s bes. Am.* Hirt *m.*

**'herd·ing** *s* Viehhüten *n.*

**herd in·stinct** *s zo.* 'Herdenin‚stinkt *m,* (*a.* bei Menschen, *a. contp.*) Herdentrieb *m.*

**'herds·man** [-mən] *s irr bes. Br.* **1.** Hirt *m.* **2.** Herdenbesitzer *m.*

**here** [hɪə(r)] **I** *adv* **1.** hier: **in** ~ hier drinnen; ~ **and there** a) hier u. da, da u. dort, hierhin u. dorthin, b) hin u. her, c) (*zeitlich*) hin u. wieder, hie u. da; ~ **and now** hier u. jetzt *od.* heute; ~, **there and everywhere** überall; → **below** hienieden; ~'**s to you!** auf dein Wohl!, prosit!; ~ **you** (*od.* **we**) **are!** hier (bitte)! (*da hast du es*); **that's neither** ~ **nor there** a) das gehört nicht zur Sache, b) das besagt nichts; ~ **today and gone tomorrow** flüchtig u. vergänglich; **this man** ~, *sl.*

**this** ~ **man** dieser Mann hier; **we are leaving** ~ **today** wir reisen heute (von hier) ab; **from** ~ **to eternity** hier in alle Ewigkeit; → **go** 1 15, **how** 2. **2.** (hier-)her, hierhin: **come** ~ komm her; **bring it** ~ bring es hierher; **this belongs** ~ das gehört hierher. **II** *s* **3.** the ~ **and now** a) das Hier u. Heute, b) das Diesseits.

**'here·a‚bout(s)** *adv* hier her'um, in dieser Gegend. **‚'af·ter I** *adv* **1.** → **hereinafter.** **2.** künftig, in Zukunft. **II** *s* **3.** Zukunft *f.* **4.** (*das*) Jenseits. **‚'at** *adv obs.* dessenthalben. **‚'by** *adv* hier-, dadurch, hiermit.

**he·re·des** [hɪˈriːdiːz; *Am. a.* heˈreɪˌdeɪs] *pl von* **heres.**                                  [**able.**]

**he·red·i·ta·ble** [hɪˈredɪtəbl] → **herit-**

**her·e·dit·a·ment** [ˌherɪˈdɪtəmənt] *s* a) *Br.* bebautes *od.* unbebautes Grundstück (*als Bemessungsgrundlage für die Kommunalabgaben*), b) *jur. Am.* vererblicher Vermögensgegenstand.

**he·red·i·tar·i·an·ism** [həˌredɪˈteərɪənɪzəm] *s biol. psych.* Lehre, nach der das menschliche Verhalten vor allem erbbedingt ist.

**he·red·i·tar·y** [hɪˈredɪtərɪ; *Am.* -ˌterɪ] *adj* (*adv* **hereditarily**) **1.** er-, vererbt, erblich, Erb...: ~ **disease** angeborene Krankheit, Erbkrankheit *f;* ~ **monarchy** Erbmonarchie *f;* ~ **peer** *Br.* Peer *m* mit ererbtem Titel; ~ **proprietor** Besitzer *m* durch Erbschaft; ~ **succession** *jur.* ans. **2.** Erbfolge *f;* ~ **right** erbliche Belastung. **2.** *fig.* alt'hergebracht, Erb...: ~ **enemy** Erbfeind *m.*

**he·red·i·ty** [hɪˈredɪtɪ] *s biol.* **1.** Heredität *f,* Erblichkeit *f,* Vererbbarkeit *f.* **2.** ererbte Anlagen *pl,* Erbmasse *f.*

**‚here** | **'from** *adv* hieraus. **‚'in** *adv* hierin. **‚in·a'bove** *adv* vorstehend, im vorstehenden (*erwähnt*), oben (*angeführt*). **‚'in·'af·ter** *adv* nachstehend, im folgenden (*erwähnt*), unten (*angeführt*). **‚in·be'fore** → **hereinabove.** **‚'of** *adv* hiervon, dessen.

**he·res** [ˈhɪərɪz; *Am. a.* ˈheɪˌreɪs] *pl* **he·re·des** [hɪˈriːdiːz; *Am. a.* heˈreɪˌdeɪs] *s jur.* Erbe *m.*

**he·re·si·arch** [heˈriːzɪɑː(r)k; hə-] *s relig.* Häresi'arch *m* (*Begründer u. geistliches Oberhaupt e-r Häresie*).

**her·e·sy** [ˈherəsɪ] *s* Häre'sie *f,* Ketze'rei *f:* a) *von der offiziellen Kirchenmeinung abweichende Lehre,* b) *Abweichen von e-r allgemein als gültig erklärten Meinung.* **'her·e·tic** [-tɪk] *s* Hä'retiker(in), Ketzer(in). **II** *adj* → **heretical.**

**he·ret·i·cal** [hɪˈretɪkl] *adj* (*adv* ~**ly**) hä'retisch, ketzerisch.

**‚here·'to** *adv* **1.** hierzu: **attached** ~ beigefügt. **2.** *obs.* bisher. **‚'to'fore I** *adv* vordem, ehemals. **II** *adj obs.* früher. **‚'un·der** *adv* **1.** → **hereinafter. 2.** *jur.* kraft dieses (*Vertrages etc*). **‚'un'to** *obs.* → **hereto.** **‚'up'on** *adv* hierauf, darauf(hin). **‚'with** *adv* hiermit, -durch.

**her·i·ot** [ˈherɪət] *s jur. hist.* Hauptfall *m* (*bestes Stück der Hinterlassenschaft, das dem Lehnsherrn zufiel*).

**her·it·a·ble** [ˈherɪtəbl] *adj* (*adv* **heritably**) **1.** Erb..., erblich, vererbbar: ~ **property** *Scot.* Grundbesitz *m;* ~ **security** *Scot.* Pfandbrief *m.* **2.** erbfähig.

**her·it·age** [ˈherɪtɪdʒ] *s* **1.** Erbe *n:* a) Erbschaft *f,* Erbgut *n,* b) *ererbtes Recht etc.* **2.** *jur. Scot.* Grundbesitz *m.* **3.** *Bibl.* (*das*) Volk Israel.

**her·i·tance** [ˈherɪtəns] *obs. für* a) **heritage,** b) **inheritance.** **'her·i·tor** [-tə(r)] *s* **1.** *obs. od. jur.* Erbe *m.* **2.** *jur. Scot.* Grundbesitzer *m.*

**her·maph·ro·dite** [hɜːˈmæfrədaɪt; *Am.* hɜr-] **I** *s* **1.** *biol.* Hermaphro'dit *m,* Zwitter *m.* **2.** *fig.* Zwitterwesen *n,* -ding *n.*

**3.** *a.* ~ **brig** *mar. hist.* Briggschoner *m.* **II** *adj* **4.** Zwitter..., zwitterhaft. **her·‚maph·ro'dit·ic** [-ˈdɪtɪk; *Br. a.* -ˈdaɪ-] *adj;* **her·‚maph·ro'dit·i·cal** *adj* (*adv* ~**ly**) → **hermaphrodite II. her·'maph·ro·dit·ism** [-daɪtɪzəm] *s biol.* Hermaphrodi'tismus *m:* a) Zwittertum *n,* b) Zwitterbildung *f.*

**her·me·neu·tic** [ˌhɜːmɪˈnjuːtɪk; *Am.* ˌhɜrməˈnuːtɪk; -ˈnjuː-] **I** *adj* (*adv* ~**ally**) herme'neutisch, auslegend. **II** *s pl* (*meist als sg konstruiert*) Herme'neutik *f* (*Kunst der Auslegung von Schriften, bes. der Bibel*).

**her·met·ic** [hɜːˈmetɪk; *Am.* hɜr-] *adj* (*adv* ~**ally**) **1.** her'metisch, dicht (*verschlossen*), *tech.* luftdicht: ~**ally sealed** luftdicht verschlossen. **2.** *oft* H~ magisch, alchi'mistisch, ok'kultistisch.

**her·mit** [ˈhɜːmɪt; *Am.* ˈhɜrmɪt] *s* **1.** *relig.* Einsiedler *m* (*a. fig.*), Ere'mit *m,* Klausner *m.* **2.** *obs.* Betbruder *m.* **3.** *orn.* (*ein*) Kolibri *m.* **4.** *Am.* (*ein*) Sirupplätzchen *n.* **'her·mit·age** *s* **1.** Einsiede'lei *f,* Klause *f* (*a. fig.*). **2.** Einsiedlerleben *n, fig. a.* Einsiedlertum *n.*

**her·mit crab** *s zo.* Einsiedlerkrebs *m.*

**her·ni·a** [ˈhɜːnjə; -nɪə; *Am.* ˈhɜr-] *pl* **-ni·as, -ni·ae** [-niː] *s med.* Hernie *f,* Bruch *m.* **'her·ni·al** *adj med.* Bruch...: ~ **sac** Bruchsack *m;* ~ **truss** Bruchband *n.* **'her·ni·at·ed** [-nɪeɪtɪd] *adj med.* **1.** bruchleidend. **2.** bruchsackartig.

**her·ni·ot·o·my** [ˌhɜːnɪˈɒtəmɪ; *Am.* ˌhɜrnɪˈɑ-] *s med.* Hernioto'mie *f* (*operative Spaltung des einschnürenden Bruchrings, um e-n eingeklemmten Bruch in die Bauchhöhle zurückzuschieben*).

**he·ro** [ˈhɪərəʊ] *s* **-roes** **1.** Held *m.* **2.** *antiq.* Heros *m,* Halbgott *m.* **3.** *thea. etc* Held *m,* 'Hauptper‚son *f.*

**he·ro·ic** [hɪˈrəʊɪk] **I** *adj* (*adv* ~**ally**) **1.** he'roisch (*a. paint. etc*), heldenmütig, -haft, Helden...: ~ **action** Heldentat *f;* ~ **age** Heldenzeitalter *n;* ~ **couplet** *metr.* heroisches Reimpaar; ~ **poem** → 4 b; ~ **tenor** *mus.* Heldentenor *m;* ~ **verse** → 4 a. **2.** a) grandi'os, erhaben, b) hochtrabend, bom'bastisch (*Sprache, Stil*). **3.** *med.* Radikal...: ~ **treatment** Radikalkur *f.* **II** *s* **4.** a) he'roisches Versmaß, b) heroisches Gedicht. **5.** *pl* hochtrabende *od.* bom'bastische Worte *pl.* **he'ro·i·cal·ness, he'ro·ic·ness** *s* (*das*) He'roische, Heldenhaftigkeit *f.*

**he·ro·i·com·ic** [hɪˌrəʊɪˈkɒmɪk; *Am.* -ˈkɑ-], *a.* **he·ro·i'com·i·cal** [-kəl] *adj* he'roisch-komisch (*Epos etc*).

**her·o·in** [ˈherəʊɪn; *Am.* ˈherəwən] *s* Hero'in *n:* **to be on** ~ heroinsüchtig sein.

**her·o·ine** [ˈherəʊɪn; *Am.* ˈherəwən] *s* **1.** Heldin *f, thea. etc a.* 'Hauptper‚son *f.* **2.** *antiq.* Halbgöttin *f.*

**her·o·in·ism** [ˈherəʊɪnɪzəm; *Am.* ˈherəwəˌnɪzəm] *s med.* Heroi'nismus *m,* Hero'insucht *f.*

**her·o·ism** [ˈherəʊɪzəm; *Am.* ˈherəˌwɪzəm] *s* Hero'ismus *m,* Heldentum *n.* **he·ro·ize** [ˈhɪərəʊaɪz] **I** *v/t* heroi'sieren, zum Helden machen. **II** *v/i* den Helden spielen.

**her·on** [ˈherən] *pl* **'her·ons,** *bes. collect.* **'her·on** *s orn.* Reiher *m.* **'her·on·ry** [-rɪ] *s orn.* Reiherstand *m.*

**he·ro|·wor·ship** *s* **1.** Heldenverehrung *f.* **2.** Schwärme'rei *f* (*for* für). **~·wor·ship** *v/t pret u. pp* **-shiped,** *bes. Br.* **-shipped 1.** als Helden verehren. **2.** schwärmen für.

**her·pes** [ˈhɜːpiːz; *Am.* ˈhɜr-] *s med.* Herpes *m,* Bläs·chenausschlag *m.* ~ **la·bi·al·is** [ˌleɪbɪˈælɪs] *s med.* Herpes *m* labi'alis, Lippen-, Gesichtsherpes *m,* Fieberbläs·chen *pl.* ~ **sim·plex** *s med.* Her-

pes *m* simplex, Virusherpes *m.* ~ **zos·ter** *s med.* Herpes *m* zoster, Gürtelrose *f.*
**her·pe·tol·o·gist** [ˌhɜːpɪˈtɒlədʒɪst; *Am.* ˌhɜrpəˈtɑ-] *s* Herpetoˈloge *m.* **ˌher·pe·ˈtol·o·gy** *s* Herpetoloˈgie *f* (*Teilgebiet der Zoologie, das sich mit der Erforschung der Lurche u. Kriechtiere befaßt*).
**her·ring** [ˈherɪŋ] *pl* **-rings**, *bes. collect.* **-ring** *s ichth.* Hering *m.* **~bone I** *s* 1. *a.* ~ **design**, ~ **pattern** Fischgrätenmuster *n.* 2. fischgrätenartige Anordnung. 3. *a.* ~ **stitch** (*Stickerei*) Fischgrätenstich *m.* 4. *Skilauf:* Grätenschritt *m.* **II** *adj* 5. ~ **bond** *arch.* Strom-, Kornähren-, Festungsverband *m*; ~ **gear** *tech.* Getriebe *n* mit Pfeilzahnrädern. **III** *v/t* 6. mit e-m Fischgrätenmuster versehen. 7. *Skilauf: e-e Steigung im Grätenschritt nehmen.* **IV** *v/i* 8. *Skilauf:* im Grätenschritt steigen. ~ **drift·er** *s mar.* Heringslogger *m.* ~ **gull** *s orn.* Silbermöwe *f.* ~ **king** *s ichth.* Falscher Heringskönig. ~ **pond** *s humor.* „Großer Teich' (*Atlantik*).
**hers** [hɜːz; *Am.* hɜrz] *possessive pron* ihr, der (die, das) ihr(ig)e (*prädikativ u. substantivisch gebraucht*), (*auf Handtüchern etc*) sie: this house is ~ das ist ihr Haus, dieses Haus gehört ihr; a friend of ~ ein(e) Freund(in) von ihr; my mother and ~ m-e u. ihre Mutter.
**her·ˈself** *pron* 1. (*verstärkend*) sie (*nom od. acc*) selbst, ihr (*dat*) selbst: she did it ~, she ~ did it sie hat es selbst getan, sie selbst hat es getan; by ~ von selbst, allein, ohne Hilfe; she is not quite ~ a) sie ist nicht ganz auf der Höhe, b) sie ist nicht ganz normal *od.* ˌbei Trost'; she is quite ~ again sie ist wieder ganz die alte. 2. *reflex* sich: she hurt ~; she thought ~ wise sie hielt sich für klug. 3. sich (selbst): she wants it for ~.
**hertz** [hɜːts; *Am.* hɜrts; heərts] *s phys.* Hertz *n* (*Maßeinheit der Wellenfrequenz*). **ˈHertz·i·an**, *a.* **h.~** *adj phys.* Hertzsch(er, e, es): ~ **waves** Hertzsche *od.* elektromagnetische Wellen.
**hes·i·tan·cy** [ˈhezɪtənsɪ], *a.* **ˈhes·i·tance** *s* Zögern *n*, Zaudern *n*, Unschlüssigkeit *f.* **ˈhes·i·tant** *adj* (*adv* **~ly**) 1. zögernd (*Antwort etc*), (*Person a.*) zaudernd, unschlüssig. 2. (*beim Sprechen*) stockend.
**hes·i·tate** [ˈhezɪteɪt] **I** *v/i* 1. zögern, zaudern, unschlüssig sein, Bedenken haben (to do zu tun): to make s.o. ~ j-n unschlüssig *od.* stutzig machen; not to ~ at nicht zurückschrecken vor (*dat*); I ~ to ask you but ... es ist mir unangenehm, Sie zu fragen, aber ... 2. (*beim Sprechen*) stocken. **II** *v/t* 3. zögernd äußern. **ˌhes·i·ˈta·tion** *s* 1. Zögern *n*, Zaudern *n*, Unschlüssigkeit *f*: without (any) ~ ohne zu zögern, bedenkenlos; I have no ~ in saying that ... ich kann ohne weiteres sagen, daß ... 2. Stocken *n*. 3. *a.* ~ **waltz** *mus.* Schleifer *m*, (*ein*) langsamer Walzer. **ˈhes·i·ta·tive** [-teɪtɪv] → **hesitant** 1.
**Hes·pe·ri·an** [heˈspɪərɪən] *poet.* **I** *adj* westlich, abendländisch. **II** *s* Abendländer *m.*
**Hes·per·i·des** [heˈsperɪdiːz] *s pl* 1. *myth.* Hespeˈriden *pl* (*Nymphen*). 2. (*als sg konstruiert*) *poet.* Garten *m* der Hespeˈriden.
**Hes·per·us** [ˈhespərəs] *s poet.* Hesperos *m*, Hesperus *m* (*Abendstern*).
**Hes·si·an** [ˈhesɪən; *Am.* ˈheʃən] **I** *adj* 1. hessisch. **II** *s* 2. Hesse *m*, Hessin *f.* 3. *mil. Am.* Söldner *m* (*bes. während der Amer. Revolution auf seiten der Briten*). 4. **h.~** Juteleinen *n* (*für Säcke etc*). ~ **boots** *s pl hist.* Schaftstiefel *pl.* ~ **fly** *s zo.* Hessenfliege *f.*
**hes·site** [ˈhesaɪt] *s min.* Hesˈsit *m.* **ˈhes·so·nite** [-ənaɪt] *s min.* Hessoˈnit *m.*

---

**hest** [hest] → **behest** 1.
**het** [het] *adj*: ~ **up** *colloq.* a) aufgeregt, b) ˌfuchtig', wütend; to get ~ up sich aufregen (about über *acc*, wegen); fuchtig werden.
**he·tae·ra** [hɪˈtɪərə] *pl* **-rae** [-riː] *s antiq.* Heˈtäre *f* (*meist hochgebildete, oft politisch einflußreiche Geliebte bedeutender Männer*).
**he·tai·ra** [hɪˈtaɪrə] *pl* **-rai** [-raɪ] → **hetaera**.
**hetero-** [hetərəʊ] *Wortelement mit der Bedeutung* anders, verschieden, fremd.
**het·er·o** [ˈhetərəʊ] *colloq.* **I** *adj* ˌhetero' (*heterosexuell*). **II** *pl* **-os** *s* ˌHetero' *m, f* (*Heterosexuelle[r]*).
**ˌhet·er·o·chro·mo·some** *s biol.* Heterochromoˈsom *n*, Geˈschlechtschromoˌsom *n.*
**het·er·o·chro·mous** [ˌhetərəʊˈkrəʊməs] *adj* verschiedenfarbig, *bes. biol.* heteroˈchrom.
**het·er·o·clite** [ˈhetərəʊklaɪt] **I** *adj* 1. abˈnorm, ausgefallen. 2. *ling.* heteroˈklitisch. **II** *s* 3. a) Sonderling *m*, b) ausgefallene Sache. 4. *ling.* Heteˈrokliton *n* (*Substantiv, dessen einzelne Deklinationsformen nach verschiedenen Stämmen od. Deklinationsmustern gebildet werden*).
**ˌhet·er·o·ˈcy·clic** *adj chem.* heteroˈzyklisch.
**het·er·o·dox** [ˈhetərəʊdɒks; *Am.* -rə-ˌdɑks] *adj* 1. *relig.* heteroˈdox, anders-, irrgläubig. 2. *fig.* ˌunkonventioˌnell, unˈüblich. **ˈhet·er·oˌdox·y** *s* 1. *relig.* Heterodoˈxie *f*, Andersgläubigkeit *f*, Irrglaube *m.* 2. heteroˈdoxer *od.* ˈunkonventioˌneller Chaˈrakter.
**het·er·o·dyne** [ˈhetərəʊdaɪn] *electr.* **I** *adj* Überlagerungs..., Superhet...: ~ **receiver** Überlagerungsempfänger *m*, Super(het) *m.* **II** *v/t u. v/i* überˈlagern.
**het·er·og·a·mous** [ˌhetəˈrɒgəməs; *Am.* -ˈrɑ-] *adj biol.* heterogaˈmetisch (*verschiedengeschlechtliche Gameten bildend*).
**ˌhet·er·ˈog·a·my** *s* Heterogaˈmie *f* (*Fortpflanzung durch ungleich gestaltete od. sich ungleich verhaltende Gameten*).
**het·er·o·ge·ne·i·ty** [ˌhetərəʊdʒɪˈniːətɪ] *s* Heterogeniˈtät *f*, Ungleichartigkeit *f*, Verschiedenartigkeit *f.* **ˌhet·er·o·ˈge·ne·ous** [-ˈdʒiːnjəs; -nɪəs] *adj* (*adv* **~ly**) heteroˈgen, ungleichartig, verschiedenartig: ~ **number** *math.* gemischte Zahl.
**het·er·o·gen·e·sis**, **ˌhet·er·ˈog·e·ny** [-ˈrɒdʒɪnɪ; *Am.* -ˈrɑ-] *s biol.* a) → **abiogenesis**, b) Generatiˈonswechsel *m.*
**het·er·og·o·ny** [ˌhetəˈrɒgənɪ; *Am.* -ˈrɑ-] *s biol.* Heterogoˈnie *f* (*besondere Form des Generationswechsels bei Tieren, wobei auf e-e sich geschlechtlich fortpflanzende Generation e-e andere folgt, die sich aus unbefruchteten Eiern entwickelt*).
**ˌhet·er·o·ˈgraph·ic** *adj ling.* heteroˈgraph (*orthographisch verschieden geschrieben, bes. bei gleichlautender Aussprache*).
**ˌhet·er·o·ˈmor·phic** [-ˈmɔː(r)fɪk], **ˌhet·er·o·ˈmor·phous** *adj biol. chem. phys.* heteroˈmorph, verschiedengestaltig.
**het·er·on·o·mous** [ˌhetəˈrɒnəməs; *Am.* -ˈrɑ-] *adj* (*adv* **~ly**) heteroˈnom: a) unselbständig, von fremden Gesetzen abhängig, b) biol. ungleichartig, -wertig. **ˌhet·er·ˈon·o·my** *s* Heteronoˈmie *f.*
**het·er·o·phyl·lous** [ˌhetərəʊˈfɪləs; *Br. a.* -ˈrɒfɪləs] *adj bot.* heteroˈphyll (*quantitativ ungleichblättrig*). **ˈhet·er·oˌphyl·ly** *s bot.* Heterophylˈlie *f.*
**ˈhet·er·oˌplas·ty** [-ˌplæstɪ] *s med.* Heterotransplantatiˈon *f*, Heteroˈplastik *f* (*Verpflanzung von Organen od. Gewebeteilen auf ein Lebewesen e-r anderen Art*).

---

terosexuˈell: a) *sexuell auf das andere Geschlecht ausgerichtet*, b) *die Heterosexualität betreffend*. **II** *s* Heterosexuˈelle(r *m*) *f.* **ˌhet·er·oˌsex·u·ˈal·i·ty** *s* Heterosexualiˈtät *f.*
**het·er·o·troph** [ˈhetərəʊtrəʊf; *Br. a.* -trɒf; *Am. a.* -ˌtrɑf] *s biol.* heteroˈtrophe Pflanze, heterotropher Orgaˈnismus. **ˌhet·er·o·ˈtroph·ic** [-ˈtrəʊfɪk; *Br. a.* -ˈtrɒfɪk; *Am. a.* -ˈtrɑ-] *adj biol.* heteroˈtroph (*in der Ernährung auf Körpersubstanz od. Stoffwechselprodukte anderer Organismen angewiesen*). **ˌhet·er·ˈot·ro·phy** [-ˈrɒtrəfɪ; *Am.* -ˈrɑ-] *s* Heterotroˈphie *f.*
**ˌhet·er·o·ˈzy·gote** *s biol.* Heterozyˈgot *m.* **ˌhet·er·o·ˈzy·gous** [-ˈzaɪgəs] *adj* heterozyˈgot, mischerbig.
**het·man** [ˈhetmən] *pl* **-mans** *s hist.* Hetman *m*: a) *vom König eingesetzter Oberbefehlshaber des Heeres in Polen u. Litauen*, b) *frei gewählter Führer der Kosaken mit militärischer u. ziviler Befehlsgewalt.*
**heu·land·ite** [ˈhjuːləndaɪt] *s min.* Heuˈlanˌdit *m.*
**heu·ris·tic** [hjʊəˈrɪstɪk] **I** *adj* (*adv* **~ally**) 1. heuˈristisch. **II** *s* 2. heuˈristische Meˈthode. 3. *meist pl* (*meist als sg konstruiert*) Heuˈristik *f* (*Lehre von den Wegen u. Methoden zur Gewinnung neuer wissenschaftlicher Erkenntnisse*).
**he·ve·a** [ˈhiːvɪə] *s bot.* Kautschukbaum *m.*
**hew** [hjuː] *pret* **hewed**, *pp* **hewed** *od.* **hewn** [hjuːn] **I** *v/t* 1. hauen, hacken: to ~ **to pieces** in Stücke hauen; to ~ **one's way** sich *od.* e-n Weg bahnen. 2. *Bäume* fällen. 3. *Steine etc* behauen. **II** *v/i* 4. ~ **to** *Am.* sich halten an (*acc*).
*Verbindungen mit Adverbien:*
**hew** | **down** *v/t* nieder-, ˌumhauen, fällen. ~ **off** *v/t* abhauen. ~ **out** *v/t* her'aushauen (of aus). 2. *fig.* mühsam schaffen: to ~ **a career for o.s.** sich s-n Weg bahnen, sich emporarbeiten. ~ **up** *v/t* zerhauen, zerhacken.
**hew·er** [ˈhjuːə(r)] *s* 1. (*Holz-, Stein-*) Hauer *m*: ~**s of wood and drawers of water** a) *Bibl.* Holzhauer u. Wasserträger, b) einfache Leute. 2. *Bergbau:* (Schräm)Hauer *m.*
**hewn** [hjuːn] *pp von* **hew.**
**hex** [heks] *Am. colloq.* **I** *s* 1. Hexe *f.* 2. Zauber *m*: to put the ~ on → **II.** **II** *v/t* 3. behexen, verzaubern. 4. *e-e Sache* ˌverˈhexen'.
**hex·a·bas·ic** [ˌheksəˈbeɪsɪk] *adj chem.* sechsbasisch.
**hex·a·chord** [ˈheksəkɔː(r)d] *s mus. hist.* Hexaˈchord *m, n* (*Aufeinanderfolge von sechs Tönen in der diatonischen Tonleiter*).
**hex·ad** [ˈheksæd] *s* 1. Sechs *f* (*Zahl*). 2. Sechsergruppe *f.*
**hex·a·dec·i·mal (no·ta·tion)** [ˌheksəˈdesɪml] *s math., Computer:* Hexadeziˈmalsyˌstem *n* (*Dezimalsystem mit der Grundzahl 16*).
**hex·a·gon** [ˈheksəgən; *Am.* -ˌgɑn] *s math.* Hexaˈgon *n*, Sechseck *n*: ~ **voltage** *electr.* Sechseckspannung *f.* **hexˈag·o·nal** [-ˈsægənl] *adj* (*adv* **~ly**) hexagoˈnal, sechseckig. **hex·a·gram** [ˈheksəgræm] *s* Hexaˈgramm *n* (*Sechsstern aus zwei gekreuzten gleichseitigen Dreiecken*).
**hex·a·he·dral** [ˌheksəˈhedrəl; *bes. Am.* -ˈhiː-] *adj math.* hexaˈedrisch, sechsflächig. **ˌhex·a·ˈhe·dron** [-ˈhedrən; *bes. Am.* -ˈhiː-] *pl* **-drons, -dra** [-drə] *s math.* Hexaˈeder *n*, Sechsflach *n*, Sechsflächner *m.*
**hex·am·e·ter** [hekˈsæmɪtə(r)] *metr.* **I** *s* Heˈxameter *m* (*Vers mit sechs Versfüßen, meist Daktylen*). **II** *adj* hexaˈmetrisch.

**hex·a·no·ic ac·id** [ˌheksəˈnəʊɪk] *s* *chem.* Heˈxansäure *f*.

**hex·a·pod** [ˈheksəpɒd; *Am.* -ˌpɑd] *zo.* **I** *adj* sechsfüßig. **II** *s* Sechsfüßer *m*.

**Hex·a·teuch** [ˈheksətjuːk; *Am. a.* -ˌtuːk] *s Bibl.* Hexaˈteuch *m* (*die ersten sechs Bücher des Alten Testaments*).

**hex·a·tom·ic** [ˌheksəˈtɒmɪk; *Am.* -ˈtɑ-] *adj chem.* **1.** ˈsechsaˌtomig. **2.** sechswertig.

**hex·a·va·lent** [ˌheksəˈveɪlənt; *Br. a.* hekˈsævələnt] *adj chem.* sechswertig.

**hey** [heɪ] *interj* **1.** hei!, ei!: → **presto** 2. **2.** he!, heda!

**hey·day** [ˈheɪdeɪ] *s* **1.** a) Höhe-, Gipfelpunkt *m*: in the ~ of one's power auf dem Gipfel der Macht, b) Blüte(zeit) *f*: the ~ of Hollywood. **2.** *obs.* ˈÜberschwang *m*, Sturm *m* (*der Leidenschaft*).

**H hour** *s mil.* Stunde *f* X (*festgelegter Zeitpunkt des Beginns e-r militärischen Operation*).

**hi** [haɪ] *interj* a) he!, heda!, b) *colloq.* halˈlo!

**hi·a·tus** [haɪˈeɪtəs] *pl* **-tus·es**, **-tus** *s* **1.** *anat.* Hiˈatus *m*, Spalt *m*, Lücke *f*, Zwischenraum *m*. **2.** Hiˈatus *m*, Lücke *f* (*in e-m alten Manuskript, zeitlichen Ablauf etc*). **3.** *ling.* Hiˈatus *m* (*Zs.-treffen zweier Vokale am Ende des e-n u. am Anfang des folgenden Wortes*).

**hi·ber·nal** [haɪˈbɜːnl; *Am.* haɪˈbɜrnl] *adj* winterlich.

**hi·ber·nate** [ˈhaɪbə(r)neɪt] *v/i* **1.** überˈwintern: a) *zo.* Winterschlaf halten, b) den Winter verbringen. **2.** *fig.* schlummern: to ~ in s.o.'s mind in j-m schlummern. ˌhi·berˈna·tion *s* **1.** Winterschlaf *m*, Überˈwinterung *f*. **2.** *a.* artificial ~ *med.* Hibernatiˈon *f*, Hibernisatiˈon *f* (*medikamentös herbeigeführter, langdauernder Schlafzustand des Organismus als therapeutische Maßnahme od. als Narkosemethode*). ˈhi·ber·na·tor *s* Tier, das Winterschlaf hält.

**Hi·ber·ni·an** [haɪˈbɜːnjən; -nɪən; *Am.* -ˈbɜr-] *poet.* **I** *adj* irisch. **II** *s* Ire *m*, Irin *f*, Irländer(in). **Hiˈber·ni·cism** [-nɪsɪzəm] *s* irische (Sprach)Eigenheit.

**hi·bis·cus** [hɪˈbɪskəs; haɪ-] *s bot.* Hiˈbiskus *m*, Eibisch *m*.

**hic** [hɪk] *interj* hick! (*beim Schluckauf*).

**hic·cup**, **hic·cough** [ˈhɪkʌp] **I** *s* **1.** Schluckauf *m*. **2.** *pl* (*a. als sg konstruiert*) Schluckauf(anfall) *m*: to have the ~s → 4. **3.** *colloq.* kleineres Proˈblem. **II** *v/i* **4.** den Schluckauf haben. **III** *v/t* **5.** abgehackt herˈvorbringen.

**hick** [hɪk] *bes. Am. colloq.* **I** *s* ‚Bauer‘ *m*, ‚Proˈvinzler‘ *m*. **II** *adj* provinziˈell, Bauern...: ~ **girl** ‚Bauerntrampel‘ *m*, *n*; ~ **town** ‚(Provinz)Nest‘ *n*, ‚(Bauern)Kaff‘ *n*.

**hick·ey** [ˈhɪkiː] *s Am.* **1.** *tech.* kleine Vorrichtung, *bes.* a) Gewindestück *n* (*für e-e Steckdose*), b) Biegezange *f* für Isoˈlierrohre. **2.** *colloq.* ‚Dingsbums‘ *n*. **3.** *colloq.* ‚Knutschfleck‘ *m*.

**hick·o·ry** [ˈhɪkəri] *s bot.* **1.** Hickory *m* (-baum) *m*, Nordamer. Walnußbaum *m*. **2.** Hickory(holz) *n*. **3.** Hickorystock *m*.

**hid** [hɪd] *pret u. pp von* **hide¹**.

**hid·den** [ˈhɪdn] **I** *pp von* **hide¹**. **II** *adj* **1.** versteckt, geheim: the ~ **persuaders** die geheimen Verführer (*Werbung*); ~ **taxes** *econ.* verdeckte *od.* indirekte Steuern. **2.** *mus.* verdeckt (*Intervall*).

**hid·den·ite** [ˈhɪdənaɪt] *s min.* Hiddeˈnit *m*.

**hide¹** [haɪd] **I** *v/t pret* **hid** [hɪd] *pp* **hidden** [ˈhɪdn] *od.* **hid** (from) verbergen (*dat od. vor dat*): a) verstecken (*dat od. vor dat*), b) verheimlichen (*dat od. vor dat*): to **have nothing to** ~ nichts zu verbergen haben, c) verhüllen: to ~ **s.th. from view** etwas den Blicken entziehen.

**II** *v/i a.* ~ **out** (*bes. Am.* **up**) sich verbergen, sich verstecken (*a. fig.*): he is hiding behind his boss; where is he (the letter) hiding? wo hat er sich (sich der Brief) versteckt?, wo steckt er (der Brief) bloß? **III** *s hunt. Br.* Deckung *f*.

**hide²** [haɪd] **I** *s* **1.** Haut *f*, Fell *n* (*beide a. fig.*): to **have a** ~ **like a rhinoceros** ein dickes Fell haben; to **save one's own** ~ die eigene Haut retten; **I haven't seen** ~ **or hair of her for two weeks** *colloq.* ich hab' sie schon seit zwei Wochen nicht einmal aus der Ferne gesehen; to **tan s.o.'s** ~ *colloq.* j-m ‚das Fell gerben‘. **II** *v/t* **2.** abhäuten. **3.** *colloq.* j-n ‚durchbleuen‘, verprügeln.

**hide³** [haɪd] *s* altes englisches Feldmaß (*zwischen 60 u. 120 acres*).

**ˌhide·and·ˈseek** *s* Versteckspiel *n*: to play ~ Verstecke spielen (*a. fig.*). **ˈ~a·way** *s* **1.** Versteck *n*. **2.** Zufluchtsort *m*. **ˈ~bound** *adj* **1.** mit enganliegender Haut *od.* Rinde. **2.** *fig.* engstirnig, beschränkt, borˈniert.

**hid·e·ous** [ˈhɪdɪəs] *adj* (*adv* ~ly) scheußlich, gräßlich, schrecklich, abˈscheulich: ~ **crime**; ~ **monster**. **ˈhid·e·ous·ness** *s* Scheußlichkeit *f*.

**ˈhide·out** → **hideaway**.

**hid·ey-hole** → **hidy-hole**.

**hid·ing¹** [ˈhaɪdɪŋ] *s* **1.** Verstecken *n*, Verbergen *n*. **2.** *a.* ~ **place** Versteck *n*: to be in ~ sich versteckt halten; to go into ~ untertauchen.

**hid·ing²** [ˈhaɪdɪŋ] *s colloq.* Tracht *f* Prügel: to **give s.o. a good** ~ j-m e-e Tracht Prügel ‚verpassen‘.

**hi·dro·sis** [hɪˈdrəʊsɪs; haɪ-] *s med.* Hiˈdrose *f*, Hiˈdrosis *f*: a) (*übermäßige*) Schweißbildung u. -absonderung, b) Hauterkrankung infolge übermäßiger Schweißabsonderung. **hi·drot·ic** [hɪˈdrɒtɪk; haɪ-; *Am.* -ˈdrɑ-] *med. pharm.* **I** *adj* hiˈdrotisch, schweißtreibend. **II** *s* Hiˈdrotikum *n*, schweißtreibendes Mittel.

**hid·y-hole** [ˈhaɪdɪhəʊl] *s colloq.* Versteck *n*.

**hie** [haɪ] *pret u. pp* **hied**, *pres p* ˈhie·ing *od.* ˈhy·ing *v/i u. v/t obs. od. humor.* eilen, sich hurtig begeben: I shall ~ (me *od.* myself) to the market.

**hi·er·arch** [ˈhaɪərɑː(r)k] *s* **1.** *relig.* Oberpriester *m*, *bes. antiq.* Hierˈarch *m*. **2.** hochstehende Perˈsönlichkeit. **ˌhier·ˈar·chic** *adj*, **ˌhi·er·ˈar·chi·cal** *adj* (*adv* ~ly) hierˈarchisch. **ˈhi·er·ar·chism** *s* hierˈarchische Grundsätze *pl od.* Macht. **ˈhi·er·arch·y** *s* Hierarˈchie *f*: a) Priesterherrschaft *f*, b) Priesterschaft *f*, c) Rangordnung *f*, -folge *f*, d) Gesamtheit der in e-r Rangfolge Stehenden.

**hi·er·at·ic** [ˌhaɪəˈrætɪk] *adj*, **ˌhi·er·ˈat·i·cal** *adj* (*adv* ~ly) hieˈratisch: a) priesterlich, Priester..., b) *art bes. antiq.* streng, starr.

**hiero-** [haɪərəʊ] *Wortelement mit der Bedeutung* heilig.

**hi·er·oc·ra·cy** [ˌhaɪəˈrɒkrəsi; *Am.* -ˈrɑ-] *s* Hierokraˈtie *f*, Priesterherrschaft *f*.

**hi·er·o·dule** [ˈhaɪərəʊdjuːl; *Am. a.* -ˌduːl] *s relig. antiq.* **1.** Hieroˈdule *m*, Tempelsklave *m*. **2.** Hieroˈdule *f*, ˈTempelsklavin *f*, -prostituˈierte *f*.

**hi·er·o·glyph** [ˈhaɪərəʊglɪf] → **hieroglyphic**. **ˌhi·er·o·ˈglyph·ic** **I** *adj* (*adv* ~ally) **1.** hieroˈglyphisch: a) Hieroglyphen..., b) rätselhaft verschlungen. **2.** unleserlich. **II** *s* (*meist als sg konstruiert*) Hieroˈglyphen... **3.** Hieroˈglyphe *f*. **4.** *pl* (*meist als sg konstruiert*) Hieroˈglyphenschrift *f*. **5.** *pl humor.* ‚Hieroˈglyphen‘ *pl*, unleserliches Gekritzel. **ˌhi·er·o·ˈglyph·i·cal** → **hieroglyphic I**. **ˌhi·er·ˈog·ly·phist** [-ˈrɒglɪfɪst; *Am.* -ˈrɑ-] Hieroˈglyphenkundige(r *m*) *f*.

**hi·er·o·gram** [ˈhaɪərəʊgræm] *s* Hiero-

ˈgramm *n* (*Zeichen e-r geheimen altägyptischen Priesterschrift, die ungewöhnliche Hieroglyphen aufweist*).

**hi·er·o·phant** [ˈhaɪərəʊfænt] *s relig. antiq.* Hieroˈphant *m*, Oberpriester *m*.

**hi·fa·lu·tin** → **highfalutin**.

**hi-fi** [ˌhaɪˈfaɪ] *colloq.* **I** *s* **1.** Hi-Fi *n* (→ **high fidelity**). **2.** Hi-Fi-Anlage *f*. **II** *adj* **3.** Hi-Fi-...

**hig·gle** [ˈhɪgl] → **haggle**.

**hig·gle·dy-pig·gle·dy** [ˌhɪgldɪˈpɪgldɪ] *colloq.* **I** *adv* drunter u. drüber, (wie Kraut u. Rüben) durcheinˈander. **II** *adj* kunterbunt. **III** *s* Durcheinˈander *n*.

**hig·gler** [ˈhɪglə(r)] *s* Hauˈsierer(in).

**high** [haɪ] **I** *adj* (*adv* ~ly) (→ **higher**, **highest**) **1.** hoch: **ten feet** ~ zehn Fuß hoch; → **horse** 1. **2.** hoch(gelegen): H~ **Asia** Hochasien *n*. **3.** *geogr.* hoch (*nahe den Polen*): ~ **latitude** hohe Breite. **4.** hoch (*Grad*): ~ **prices**; ~ **temperature**; ~ **favo(u)r** hohe Gunst; ~ **praise** großes Lob; ~ **speed** a) hohe Geschwindigkeit, b) *mar.* hohe Fahrt, äußerste Kraft; → **gear** 3. **5.** stark, heftig: ~ **passion** wilde Leidenschaft; ~ **wind** starker Wind; ~ **words** heftige *od.* scharfe Worte. **6.** hoch (*im Rang*), Hoch..., Ober..., Haupt...: a ~ **official** ein hoher Beamter; ~ **commissioner** Hoher Kommissar; **the Most** H~ der Allerhöchste (*Gott*). **7.** bedeutend, hoch, wichtig: ~ **aims** hohe Ziele; ~ **politics** hohe Politik. **8.** hoch (*Stellung*), vornehm, edel: **of** ~ **birth** von hoher *od.* edler Geburt, hochgeboren; ~ **society** High-Society *f*, gehobene Gesellschaftsschicht; → **standing** 1. **9.** hoch, erhaben, edel: ~ **spirit** erhabener Geist. **10.** hoch, gut, erstklassig: ~ **quality**; → **performance** hohe Leistung. **11.** hoch, Hoch... (*auf dem Höhepunkt stehend*): H~ **Middle Ages** Hochmittelalter *n*; ~ **period** Glanzzeit *f* (*e-s Künstlers etc*). **12.** hoch, vorgeschritten (*Zeit*): ~ **summer** Hochsommer *m*; **it is** ~ **day** es ist heller Tag; → **high time** 1, **noon** 1. **13.** (*zeitlich*) fern, tief: **in** ~ **antiquity** tief im Altertum. **14.** *ling.* a) Hoch... (*Sprache*), b) hoch (*Laut*): ~ **tone** Hochton *m*. **15.** hoch (*im Kurs*), teuer: **land is** ~ Land ist teuer. **16.** → **high and mighty**. **17.** exˈtrem, eifrig: a ~ **Tory**. **18.** a) hoch, hell, b) schrill, laut: ~ **note**; ~ **voice**. **19.** lebhaft: ~ **colo(u)r**; ~ **complexion** rosiger Teint. **20.** erregend, spannend: ~ **adventure**. **21.** a) gehoben, heiter: → **jinks**, **spirit** 8, b) *colloq.* ‚blau‘ (*betrunken*), c) *colloq.* ‚high‘ (*im Drogenrausch*), d) *colloq.* ‚high‘ (*in euphorischer Stimmung*). **22.** *colloq.* ‚scharf‘, erpicht (**on** auf *acc*). **23.** *gastr.* angegangen, mit Hautˈgout (*Wild*). **24.** *mar.* hoch am Wind.

**II** *adv* **25.** hoch: to **aim** ~ *fig.* sich hohe Ziele setzen *od.* stecken; to **lift** ~ in die Höhe heben, hochheben; to **run** ~ a) hochgehen (*See, Wellen*), b) *fig.* toben (*Gefühle*): **feelings ran** ~ die Gemüter erhitzten sich; to **search** ~ **and low** überall suchen, *etwas* wie e-e Stecknadel suchen. **26.** stark, heftig, in hohem Grad *od.* Maß. **27.** teuer: to **pay** ~ teuer bezahlen. **28.** hoch, mit hohem Einsatz: to **play** ~. **29.** üppig: to **live** ~ in Saus u. Braus leben. **30.** *mar.* hoch am Wind.

**III** *s* **31.** (An)Höhe *f*, hochgelegener Ort: **on** ~ a) hoch oben, droben, b) hoch hinauf, c) *im od.* zum Himmel; **from on** ~ a) von oben, b) vom Himmel. **32.** *meteor.* Hoch(druckgebiet) *n*. **33.** *tech.* a) ˈhochüberˌsetztes *od.* ˈhochunterˌsetztes Getriebe (*an Fahrzeugen*), *bes.* Geländegang *m*, b) höchster Gang: to **move** (*od.* **shift**) **into** ~ den höchsten Gang einlegen. **34.** *fig.* Höchststand *m*: **food prices**

have reached a new ~. **35.** *colloq. für* high school. **36.** he's still got his ~ *colloq.* er ist noch immer ‚blau' *od.* ‚high'. **high| al·tar** *s relig.* 'Hochal‚tar *m.* ‚~⁻'**al·ti·tude** *adj aer.* Höhen...: ~ flight; ~ **nausea** Höhenkrankheit *f.* ~ **and dry** *adj mar.* hoch u. trocken: to leave s.o. ~ *fig.* j-n im Stich lassen. ~ **and might·y** *adj colloq.* anmaßend, arro'gant. '~⁻**an·gle fire** *s mil.* Steilfeuer *n.* '~⁻**ball** *Am.* **I** *s* **1.** Highball *m* (Whisky-Cocktail). **2.** *rail.* a) Freie-'Fahrt-Si‚gnal *n,* b) Schnellzug *m.* **II** *v/t u. v/i* **3.** mit voller Geschwindigkeit fahren. ~ **beam** *s mot. Am.* Fernlicht *n.* '~⁻**bind·er** *s Am. colloq.* **1.** Gangster *m.* **2.** Rowdy *m,* Schläger *m.* **3.** Gauner *m,* Betrüger *m.* **4.** kor'rupter Po'litiker. '~⁻**blown** *adj fig.* aufgeblasen, großspurig. '~⁻**born** *adj* hochgeboren, von hoher Geburt. '~⁻**boy** *s Am.* Kom'mode *f* mit Aufsatz. '~⁻**bred** *adj* **1.** von edlem Blut. **2.** vornehm, wohlerzogen. '~⁻**brow** *oft contp.* **I** *s* Intellektu'elle(r *m*) *f.* **II** *adj* (betont) intellektu'ell, ‚hochgestochen', (geistig) anspruchsvoll. '~⁻**browed** → highbrow II. '~⁻**brow·ism** *s oft contp.* Intellektua'lismus *m.* '~⁻**chair** *s* (Kinder)Hochstuhl *m.* **H~ Church** *s relig.* High-Church *f,* angli'kanische Hochkirche. ‚**H~⁻'Church** *adj relig.* High-Church-..., der High-Church. '**H~⁻'Church·man** *s irr relig.* Anhänger *m* der High-Church. ‚~⁻**cir·cu·la·tion** *adj* auflagenstark: a ~ newspaper. ‚~⁻'**class** *adj* **1.** erstklassig. **2.** der High-So'ciety. ~ **cock·a·lo·rum** [‚kɒkə'lɔː-rəm; -'ləʊ-] *s Am. colloq.* a) ‚Angeber' *m,* b) ‚hohes Tier'. ‚~⁻'**col·o(u)red** *adj* rot: ~ **complexion.** ~ **com·e·dy** *s* Konversati'onsko‚mödie *f.* ~ **com·mand** *s mil.* 'Oberkom‚mando *n.* **H~ Court of Jus·tice** *s jur. Br.* oberstes (erstinstanzliches) Zi'vilgericht. **H~ Court of Jus·ti·ci·ar·y** *s jur. Scot.* oberstes Gericht für Strafsachen. **H~ Court of Par·lia·ment** *s Br.* Parla'mentsversammlung *f.* ~ **day** *s:* ~s **and holidays** Fest- u. Feiertage. ~ **div·ing** *s sport* Turmspringen *n.* ‚~⁻'**du·ty** *adj* **1.** *tech.* Hochleistungs... **2.** *econ.* hochbesteuert. ‚~⁻'**en·er·gy phys·ics** *s pl* (meist als sg konstruiert) 'Hochener‚giephy‚sik *f.*

**high·er** ['haɪə(r)] **I** *comp von* high. **II** *adj* **1.** höher(er, e, es) (a. *fig.*), Ober...: ~ **authority** höhere Instanz, übergeordnete Stelle, vorgesetzte Behörde; **the ~ grades of the civil service** der höhere Staatsdienst; ~ **learning** → higher education; ~ **mathematics** höhere Mathematik; **the ~ things** das Höhere. **2.** *bes. biol.* höher(entwickelt): **the ~ animals** die höheren (Säuge)Tiere. **III** *adv* **3.** höher, mehr: **to bid ~.** ~ **crit·i·cism** *s* hi'storische 'Bibelkri‚tik. ~**ed·u·ca·tion** *s* höhere Bildung, Hochschul(aus)bildung *f.* '~⁻**up** *s colloq.* ‚höheres Tier'.

**high·est** ['haɪɪst] **I** *sup von* high. **II** *adj* **1.** höchst(er, e, es), Höchst...: ~ **amount;** → **bid**[¹] **1, bidder 1. III** *adv* **2.** am höchsten: ~ **possible** höchstmöglich. **IV** *s* **3.** das Höchste: **at its ~** auf dem Höhepunkt. **4.** **the H~** der Allerhöchste (Gott).

**high| ex·plo·sive** *s* 'hochexplo‚siver *od.* 'hochbri‚santer Sprengstoff. ‚~⁻**ex'plo·sive** *adj* 'hochexplo‚siv, -bri‚sant: ~ **bomb** Sprengbombe *f.* ‚~⁻**fa'lu·tin** [-fə'luːtɪn], *a.* ‚~⁻**fa'lu·ting** [-tɪŋ] *adj colloq.* hochtrabend(es Geschwätz). ~ **farm·ing** *s agr.* inten'sive Bodenbewirtschaftung. ~ **fi·del·i·ty** *s* High-Fi'delity *f* (hohe, originalgetreue Übertragungs- u. Wiedergabequalität von Rundfunkgeräten, Plattenspielern etc). ‚~⁻**fi'del·i·ty** *adj* High-Fidelity-... ~ **fi-**

**nance** *s* 'Hochfi‚nanz *f.* ‚~⁻'**fli·er** *s* **1.** Erfolgsmensch *m.* **2.** *contp.* Ehrgeizling *m.* '~⁻**flown** *adj* **1.** bom'bastisch, hochtrabend (Worte etc). **2.** (allzu) ehrgeizig: a) (allzu) hochgesteckt (Ziele etc), b) (allzu) hochfliegend (Pläne etc). ‚~⁻'**fly·er** → highflier. '~⁻**fly·ing** *adj* **1.** hochfliegend. **2.** → high-flown. ~ **fre·quen·cy** *s electr.* 'Hochfre‚quenz *f.* ‚~⁻'**fre·quen·cy** *adj electr.* 'hochfre‚quent, Hochfrequenz... **H~ Ger·man** *s ling.* Hochdeutsch *n.* ‚~⁻'**grade** *adj* **1.** hochwertig: ~ **ore;** ~ **steel** Edel-, Qualitätsstahl *m.* **2.** *a. econ.* erstklassig: ~ **securities. 3.** *biol.* reinrassig, Edel... ‚~⁻'**hand·ed** *adj* (*adv* ~ly) anmaßend, selbstherrlich, willkürlich, eigenmächtig. ‚~⁻'**hand·ed·ness** *s* Anmaßung *f,* Willkür *f.* ~ **hat** *s* Zy'linder *m* (Hut). ‚~⁻'**hat** *bes. Am. colloq.* **I** *s* Snob *m,* hochnäsiger Mensch. **II** *adj* sno'bistisch, hochnäsig. **III** *v/t* j-n von oben her'ab behandeln. ‚~⁻'**heeled** *adj* hochhackig (Schuhe). '~⁻**jack** ~ hijack. '~⁻**jack·er** → hijacker. ~ **jump** *s Leichtathletik:* Hochsprung *m:* **to be for the** ~ *Br. colloq.* ‚fällig' od. ‚dran' sein. ~ **jump·er** *s Leichtathletik:* Hochspringer(in). ‚~⁻'**key** *adj paint. phot.* hell, über'wiegend in hellen Farben gehalten. ‚~⁻'**keyed** *adj* **1.** schrill. **2.** → high-strung. **3.** farbenprächtig. '~⁻**land** [-lənd] **I** *s* Hoch-, Bergland *n:* **the H~s of Scotland** das schottische Hochland. **II** *adj* hochländisch, Hochland... '~⁻**land·er** *s* **1.** Hochländer(in). **2.** **H~** schottischer Hochländer. ‚~⁻'**lev·el** *adj* hoch (a. *fig.*): ~ **bombing** Bombenwurf *m* aus großer Flughöhe; ~ **language** (Computer) höhere Programmiersprache; ~ **officials** hohe Beamte; ~ **railroad** (*bes. Br.* railway) Hochbahn *f;* ~ **talks** *pol.* Gespräche auf höherer Ebene; ~ **tank** Hochbehälter *m.* ~ **life** *s* Highlife *n* (exklusives Leben der vornehmen Gesellschaftsschicht). '~⁻**light** **I** *s* **1.** *paint. phot.* Schlaglicht *n.* **2.** *fig.* a) Höhe-, Glanzpunkt *m,* b) *pl* Querschnitt *m* (of durch e-e Oper etc). **3.** (blon'dierte) Strähne (im Haar). **II** *v/t* **4.** hell erleuchten. **5.** *fig.* ein Schlaglicht werfen auf (acc), her'vorheben. **6.** *fig.* den Höhe- od. Glanzpunkt (gen) bilden.

'**high·ly** *adv* **1.** hoch, in hohem Grade, höchst, äußerst, sehr: ~ **gifted** hochbegabt; ~ **inflammable** leichtentzündlich; ~ **interesting** hochinteressant; ~ **placed** hochgestellt; ~ **strung** reizbar, nervös. **2.** lobend, anerkennend: **to speak ~ of** s.o.; **to think ~ of** e-e hohe Meinung haben von, viel halten von. **3.** teuer: ~ **paid** a) teuer bezahlt, b) hochbezahlt.

**high| mal·low** *s bot.* Roßmalve *f.* **H~ Mass** *s R.C.* Hochamt *n.* ‚~⁻'**mind·ed** *adj* **1.** hochgesinnt, von hoher Gesinnung. **2.** *obs.* hochmütig. ‚~⁻'**mind·ed·ness** *s* hohe Gesinnung. '~⁻**muck·a-**‚**muck** *s sl.* arro'gantes ‚hohes Tier'. ‚~⁻'**necked** *adj* hochgeschlossen (Kleid). '**high·ness** *s* **1.** *meist fig.* Höhe *f.* **2.** Erhabenheit *f.* **3.** *gastr.* Haut'gout *m* (vom Wild). **4.** **H~** Hoheit *f* (Titel): **~ royal 1.** ‚**high·|⁻'oc·tane** *adj chem.* mit hoher Ok'tanzahl (Benzin). '~⁻**pass fil·ter** *s electr.* Hochpaß(filter *n, m*) *m.* ‚~⁻**'pitched** *adj* **1.** hoch (Ton etc). **2.** *arch.* steil, Steil...: ~ **roof. 3.** exal'tiert: a) über'spannt: **intellectually ~** ‚hochgestochen', b) aufgeregt. ‚~⁻**'point** *s* Höhepunkt *m:* **to mark a ~ in** s.o.'s life e-n Höhepunkt in j-s Leben darstellen. ‚~⁻**'pow·er(ed)** *adj* **1.** *tech.* Hochleistungs..., Groß..., stark. **2.** dy'namisch, e'nergisch. ‚~⁻**'pres·sure** **I** *v/t* **1.** *colloq.* Kunden etc ‚bearbeiten': **to ~** s.o. **into**

buying s.th. j-n so lange bearbeiten, bis er etwas kauft. **II** *adj* **2.** *meteor. tech.* Hochdruck...: ~ **area** Hoch(druckgebiet) *n;* ~ **engine** Hochdruckmaschine *f.* **3.** *colloq.* aufdringlich, hartnäckig (Verkäufer): ~ **salesmanship** aggressive Verkaufsmethoden *pl.* ‚~⁻'**priced** *adj* teuer. ~ **priest** *s relig.* Hohepriester *m* (a. *fig.*). ‚~⁻'**prin·ci·pled** *adj* mit strengen Grundsätzen. ‚~⁻'**proof** *adj chem.* hochgradig, stark alko'holisch. ‚~⁻'**qual·i·ty** → high-grade 1. '~⁻**rank·ing** *adj* hochrangig, von hohem Rang: ~ **officer** *mil.* hoher Offizier. ~ **re·lief** *s* 'Hochreli‚ef *n.* ‚~⁻'**rise** **I** *adj* a) Hoch...: ~ **building** → **II,** b) Hochhaus...: ~ **district.** **II** *s* Hochhaus *n.* '~⁻**ris·er** *s* **1.** → highrise II. **2.** High-riser *m* (Fahrrad od. Moped mit hohem, geteiltem Lenker u. Sattel mit Rückenlehne). '~⁻**road** *s* Hauptstraße *f* (bes. Br. außer in Wendungen wie): **the ~ to success** *fig.* der sicherste od. beste Weg zum Erfolg. ‚~⁻'**sal·a·ried** *adj* hochbezahlt. ~ **school** *s Am.* High-School *f* (weiterführende Schule im Sekundarbereich). ‚~⁻'**sea** *adj* Hochsee... ~ **sea·son** *s* 'Hochsai‚son *f.* ‚~⁻'**sea·soned** *adj* scharf gewürzt. ~ **seat** *s hunt.* Hochsitz *m.* ~ **sign** *s Am.* (bes. warnendes) Zeichen: **to give** s.o. **the ~** j-m ein warnendes Zeichen geben, j-n durch ein Zeichen warnen. '~⁻**sound·ing** *adj* hochtönend, -trabend: ~ **titles.** ‚~⁻'**speed** *adj* **1.** *tech.* a) schnellaufend: ~ **bearing;** ~ **motor,** b) Schnell..., Hochleistungs...: ~ **memory** (Computer) Schnellspeicher *m;* ~ **regulator** Schnellregler *m;* ~ **steel** Schnellarbeitsstahl *m.* **2.** *phot.* a) hochempfindlich: ~ **film,** b) lichtstark: ~ **lens.** ‚~⁻'**spir·it·ed** *adj* lebhaft, tempera'mentvoll. ‚~⁻'**spir·it·ed·ness** *s* Lebhaftigkeit *f,* Tempera'ment *n.* ~ **spot** *colloq. für* highlight 2 a. ‚~⁻'**step·per** *s* hochtrabendes Pferd. ‚~⁻'**step·ping** *adj* **1.** hochtrabend. **2.** *fig.* vergnügungssüchtig. ~ **street** *s* Hauptstraße *f.* ‚~⁻'**strung** *adj Am.* reizbar, ner'vös.

**high| ta·ble** *s ped. univ. Br.* erhöhte (Speise)Tafel (für Lehrer, Fellows etc). '~⁻**tail** *v/i, a. v/t:* **to ~** (it) *bes. Am. colloq.* rasen, flitzen. ~ **ta·per** *s bot.* Königskerze *f.* ~ **tea** *s Br.* (frühes) Abendessen. ‚~⁻'**tem·per·a·ture** *adj* Hochtemperatur...: ~ **chemistry;** ~ **steel** warmfester Stahl; ~ **strength** Warmfestigkeit *f* (des Stahls). ~ **ten·sion** *s electr.* Hochspannung *f.* ‚~⁻'**ten·sion** *adj electr.* Hochspannungs... ‚~⁻'**tide** **1.** Hochwasser *n* (höchster Flutwasserstand). **2.** *fig.* Höhe-, Gipfelpunkt *m.* ~ **time** *s* **1.** höchste Zeit: **it was** ~. **2.** **they had a high (old) time** *colloq.* sie verbrachten e-e herrliche Zeit. ‚~⁻'**toned** *adj* **1.** mit strengen Grundsätzen. **2.** vornehm (Person, Restaurant etc). **3.** geltungsbedürftig. **4.** hoch, erhaben (Gedanken etc). ~ **trea·son** *s electr.* Hochverrat *m.* **high·ty-tigh·ty** [‚haɪtɪ'taɪtɪ] → hoity-toity I.

'**high·|up** *s colloq.* ‚hohes Tier'. ~ **volt·age** *s electr.* Hochspannung *f.* ‚~⁻'**volt·age** *adj electr.* Hochspannungs...: ~ **test** Wicklungsprüfung *f.* ~ **wa·ter** *s* Hochwasser *n* (höchster Wasserstand). ‚~⁻'**wa·ter** *adj* Hochwasser...: ~ **mark** a) Hochwasserstandsmarke *f,* b) *fig.* Höhepunkt *m,* Höchststand *m;* ~ **pants** *Am. colloq.* ‚Hochwasserhosen'. ~ **way** *s* Highway *m,* Haupt(verkehrs)straße *f:* **Federal ~** *Am.* Bundesstraße *f;* ~ **code** *Br.* Straßenverkehrsordnung *f;* ~ **robbery** a) Straßenraub *m,* b) *colloq.* ‚reinster Nepp'; **all the ~s and byways** a) alle Wege,

b) *fig.* sämtliche Spielarten; **the ~ to success** *fig.* der sicherste *od.* beste Weg zum Erfolg. **'~·way·man** [-mən] *s irr* (*hist.* berittener) Straßenräuber. **~- -'wing** *adj:* **~ aircraft** Hochdecker *m.*

**hi·jack** ['haɪdʒæk] **I** *v/t* **1.** ein Flugzeug entführen. **2.** *j-n, e-n* Geldtransport *etc* über'fallen. **II** *s* **3.** (Flugzeug)Entführung *f.* **4.** 'Überfall *m.* **'hi·jack·er** *s* **1.** (Flugzeug)Entführer *m.* **2.** Räuber *m.* **'hi·jack·ing** → hijack II.

**hike** [haɪk] **I** *v/i* **1.** a) wandern, e-e Wanderung machen, b) *mil.* mar'schieren, e-n Geländemarsch machen. **2.** *meist* **~ up** *Am.* hochrutschen (*Kleidungsstück*). **3. ~ out** (*Segeln*) *Am.* das Boot ausreiten. **II** *v/t* **4.** *meist* **~ up** hochziehen: **to ~ up one's trousers. 5.** *Am.* Preise *etc* (drastisch) erhöhen *od.* anheben. **III** *s* **6.** a) Wanderung *f:* **to go on a ~** e-e Wanderung machen, b) *mil.* Geländemarsch *m.* **7.** *Am.* (drastische) Erhöhung: **a ~ in prices, a price ~** e-e drastische Preisanhebung. **'hik·er** *s* Wanderer *m.* **'hik·ing I** *s* Wandern *n.* **II** *adj* Wander...: **~ route.**

**hi·la** ['haɪlə] *pl von* hilum.

**hi·lar·i·ous** [hɪ'leərɪəs; *Am. a.* haɪ-] *adj* (*adv* **~ly**) **1.** vergnügt, ausgelassen, 'übermütig. **2.** lustig: **a ~ story. hi'lar·i·ous·ness, hi'lar·i·ty** [-'lærətɪ] *s* **1.** Vergnügtheit *f,* Ausgelassenheit *f,* 'Übermütigkeit *f.* **2.** Lustigkeit *f.*

**Hil·a·ry term** ['hɪlərɪ] *s Br.* **1.** *jur.* Gerichtstermine *in der Zeit vom 11. Januar bis Mittwoch vor Ostern.* **2.** *univ.* 'Frühjahrstri,mester *n.*     [bert-Raum *m.*]

**Hil·bert space** ['hɪlbə(r)t] *s math.* Hil-

**hi·li** ['haɪlaɪ] *pl von* hilus.

**hill** [hɪl] **I** *s* **1.** Hügel *m,* Anhöhe *f,* kleiner Berg: **up the ~** den Berg hinauf, bergauf; **up ~ and down dale** bergauf u. bergab; **(as) old as the ~s** ur-, steinalt; **to be over the ~** *colloq.* a) s-e besten Jahre *od.* s-e beste Zeit hinter sich haben, b) *bes. med.* über den Berg sein; **to go over the ~** *Am. colloq.* a) (*aus dem Gefängnis*) ausbrechen, b) *mil.* sich unerlaubt von der Truppe entfernen; c) ganz plötzlich *od.* unter mysteriösen Umständen verschwinden. **2.** (Erd)Haufen *m:* **~ of potatoes** *agr.* gehäufelte Reihe von Kartoffeln. **II** *v/t* **3.** a. **~ up** *agr.* Pflanzen häufeln.

**'hill·bil·ly** *s Am. meist contp.* Hillbilly *m,* 'Hinterwäldler *m* (*bes. aus den südlichen USA*). **~ mu·sic** *s* 'Hillbilly-Mu,sik *f:* a) Volksmusik *aus den südlichen USA,* b) kommerzialisierte Musik, die der Hillbilly-*od.* der Western-Musik entspringt *od.* deren Stil nachahmt.

**hill| climb** *s Auto-, Motorrad-, Radsport:* Bergrennen *n.* **'~·climb·ing a·bil·i·ty** *s mot.* Steigfähigkeit *f.* **hill·i·ness** ['hɪlɪnɪs] *s* Hügeligkeit *f.* **hill·ock** ['hɪlək] *s* kleiner Hügel. **hill·side** *s* Hang *m,* (Berg)Abhang *m.* **'~·site** *s* erhöhte Lage. **~ sta·tion** *s* (*indischer*) Bergland gelegener (*Erholungs*)Ort. **'~·top** *s* Hügel-, Bergspitze *f.* **~ walk** *s* Bergwanderung *f.* **~ walk·ing** *s* Bergwandern *n.*

**'hill·y** *adj* hügelig.

**hilt** [hɪlt] **I** *s* Heft *n,* Griff *m* (*Schwert, Dolch*): **armed to the ~** bis an die Zähne bewaffnet; **(up) to the ~** a) bis ans Heft, b) *fig.* durch u. durch, ganz u. gar; **to back s.o. up to the ~** j-n voll u. ganz unterstützen; **to be in trouble up to the ~** bis über die Ohren in Schwierigkeiten stecken; **to play one's part up to the ~** *thea. etc* s-e Rolle (voll) ausspielen; **to prove up to the ~** unwiderleglich beweisen. **II** *v/t* mit e-m Heft *etc* versehen.

**hin·ny[1]** ['hɪnɪ] *s zo.* Maulesel *m.* **hin·ny[2]** ['hɪnɪ] → whinny.

---

**hi·lum** ['haɪləm] *pl* **'hi·la** [-lə] *s* **1.** *bot.* a) Hilum *n,* Samennabel *m,* b) Kern *m* (*e-s Stärkekorns*). **2.** → hilus.

**hi·lus** ['haɪləs] *pl* **'hi·li** [-laɪ] *s anat.* Hilus *m* (*vertiefte Stelle an Organen, an der Nerven u. Gefäße ein- u. austreten*).

**him** [hɪm; ɪm] **I** *personal pron* **1.** ihn (*acc von* he): **I know ~; I saw ~ who did it** ich sah den(jenigen), der es tat; ich sah, wer es tat. **2.** ihm (*dat von* he): **I gave ~ the book. 3.** *colloq.* er: **it's ~, not her** er ist es, nicht sie. **II** *reflex pron* **4.** sich: **he looks about ~** er sieht um sich, er sieht sich um.

**Hi·ma·la·yan** [,hɪmə'leɪən; hɪ'mɑːljən] *adj* Himalaja...

**him'self** *pron* **1.** *reflex* sich: **he cut ~; he thought ~ wise** er hielt sich für klug. **2.** sich (selbst): **he needs it for ~. 3.** (er *od.* ihn *od.* ihm) selbst: **he ~ said it, he said it ~** er selbst sagte es, er sagte es selbst; **by ~ von** selbst, allein, ohne Hilfe; **he is not quite ~** a) er ist nicht ganz auf der Höhe, b) er ist nicht ganz normal *od.* ,bei Trost'; **he is quite ~ again** er ist wieder ganz der alte.

**hind[1]** [haɪnd] *s zo.* Hindin *f,* Hirschkuh *f.* **hind[2]** [haɪnd] *comp* **'hind·er,** *sup* **'hind·most** *od.* **'hind·er·most** *adj* hinter(er, e, es), Hinter...: **~ leg** Hinterbein *n;* **to get (up) on one's legs** *colloq.* (aufstehen u.) sich zu Wort melden; **he could talk the ~ legs off a donkey** *colloq.* (*od.* mule) *colloq.* wenn der einmal zu reden anfängt, hört er nicht mehr auf; **~ wheel** Hinterrad *n.*

**'hind·brain** *s anat.* Rautenhirn *n.*

**hin·der[1]** ['hɪndə(r)] **I** *v/t* **1.** *j-n, etwas* aufhalten (in bei): **to ~ s.o. in his work; to ~ s.o.'s work** j-s Arbeit behindern. **2.** (from) hindern (an *dat*), abhalten (von), zu'rückhalten (vor *dat*): **to ~ s.o. from doing s.th.** j-n daran hindern *od.* davon abhalten *od.* davor zurückhalten, etwas zu tun. **II** *v/i* **3.** hinderlich *od.* im Weg sein, hindern.

**hind·er[2]** ['haɪndə(r)] *comp von* hind[2]. **'hind·er·most** *sup von* hind[2].

**Hin·di** ['hɪndiː] *s ling.* Hindi *n:* a) Sammelname nordindischer Dialekte, b) e-e schriftsprachliche Form des Hindustani.

**'hind·most I** *sup von* hind[2]. **II** hinterst(er, e, es), letzt(er, e, es): → devil 1.

**,hind'quar·ter** *s* **1.** 'Hinterviertel *n* (*vom Schlachttier*). **2.** *meist pl* a) 'Hinterhand *f* (*vom Pferd*), b) 'Hinterteil *n.*

**hin·drance** ['hɪndrəns] *s* **1.** Behinderung *f:* **to be a ~ a) (to)** → **hinder[1]** 1, b) → **hinder[1]** 2. Hindernis *n* (to für).

**'hind·sight** *s* **1.** *mil.* → rear sight. **2.** nachträgliche Einsicht: **~ is easier than foresight** hinterher ist man fast immer klüger als vorher, *contp. a.* hinterher kann man leicht klüger sein als vorher.

**Hin·du** [,hɪn'duː; 'hɪnduː] **I** *s* **1.** *relig.* Hindu *m.* **2.** Inder *m.* **II** *adj* **3.** *relig.* Hindu-. **4.** indisch. **'Hin·du·ism** *s relig.* Hindu'ismus *m.*

**Hin·du·sta·ni** [,hɪndʊ'stɑːniː; -'stænɪ] *ling.* **I** *adj* hindu'stanisch, Hindustani... **II** *s* Hindu'stani *n.*

**hinge** [hɪndʒ] **I** *s* **1.** a. **~ joint** *tech.* Schar'nier *n,* Gelenk *n,* (Tür)Angel *f:* **~ band** Scharnierband *n;* **off its ~s** aus den Angeln. **2.** *anat.* Schar'niergelenk *n.* **3.** *fig.* Angelpunkt *m.* **4.** *geogr. obs.* Kardi'nalpunkt *m.* **II** *v/t* **5.** mit Schar'nieren *od.* Gelenken versehen: **~d** auf-, herunter-, zs.-klappbar, (um ein Gelenk) drehbar, Scharnier..., Gelenk... **6.** e-e Tür *etc* einhängen. **III** *v/i* **7.** (on, upon) *fig.* a) abhängen (von), ankommen (auf *acc*), b) sich drehen (um).

---

**hint** [hɪnt] **I** *s* **1.** Wink *m,* Andeutung *f:* **to drop a ~** e-e Andeutung machen, e-e Bemerkung fallenlassen; **to give s.o. a ~** j-m e-n Wink geben; **to take a ~** e-n Wink verstehen; **broad ~** Wink mit dem Zaunpfahl. **2.** Wink *m,* Fingerzeig *m,* 'Hinweis *m,* Tip *m* (on für): **~s for housewives** Tips für die Hausfrau. **3.** Anspielung *f* (at auf *acc*). **4.** *fig.* Anflug *m,* Spur *f* (of von). **5.** (leichter) Beigeschmack. **6.** *obs.* (günstige) Gelegenheit. **II** *v/t* **7.** andeuten: **to ~ s.th. to s.o.** j-m gegenüber etwas andeuten, j-m etwas indirekt zu verstehen geben. **III** *v/i* **8.** (at) andeuten (*acc*), e-e Andeutung machen (über *acc*), anspielen (auf *acc*).

**hin·ter·land** ['hɪntə(r)lænd] *s* **1.** 'Hinterland *n.* **2.** 'Umland *n.*

**hip[1]** [hɪp] *s* **1.** *anat.* Hüfte *f:* **to place** (*od.* **put**) **one's hands on one's ~s** die Arme in die Hüften stemmen; → shoot 26. **2.** → hip joint. **3.** *arch.* a) Gratanfall *m,* Walm *m* (*vom Walmdach*), b) Walmsparren *m.*

**hip[2]** [hɪp] *s bot.* Hagebutte *f.*

**hip[3]** [hɪp] *interj:* **~, ~, hurrah!** hipp, hipp, hurra!

**hip[4]** [hɪp] *adj sl.* **1. to be ~** alles mitmachen, was gerade ,in' ist. **2. to be ~** auf dem laufenden sein (**to** über *acc*).

**'hip|·bath** *s* Sitzbad *n.* **'~·bone** *s anat.* Hüftbein *n,* -knochen *m.* **~ boot** *s* Wasserstiefel *m.* **~ flask** *s* Taschenflasche *f,* ,Flachmann' *m.* **'~·hug·gers** *s pl a. pair of ~** *bes. Am.* Hüfthose *f.* **~ joint** *s anat.* Hüftgelenk *n.*

**hipped[1]** [hɪpt] *adj* **1.** mit ... Hüften, ...hüftig. **2.** *zo.* hüftlahm. **3.** *arch.* Walm...: **~ roof.**

**hipped[2]** [hɪpt] *adj Am. sl.* ,scharf', versessen (**on** auf *acc*).

**hip·pie** ['hɪpɪ] *s* Hippie *m* (*Angehöriger e-r in den sechziger Jahren entstandenen Bewegung, in der Jugendliche in friedlich-passiver Weise gegen die Konsum- u. Leistungsgesellschaft rebellieren mit dem Ziel, e-e humanere Welt zu schaffen*).

**hip·po** ['hɪpəʊ] *pl* **-pos** *s colloq. für* hippopotamus.

**hip·po·cam·pus** [,hɪpəʊ'kæmpəs] *pl* **-'cam·pi** [-paɪ] *s* **1.** *myth.* Hippo'kamp *m,* Meerpferd *n.* **2.** *zo.* Seepferdchen *n.* **3.** *anat.* Ammonshorn *n* (*des Gehirns*).

**hip pock·et** *s* Gesäßtasche *f.*

**Hip·po·crat·ic** [,hɪpəʊ'krætɪk] *adj* hippo'kratisch: **~ face** hippokratisches Gesicht (*Gesicht e-s Schwerkranken od. Sterbenden*); **~ oath** hippokratischer Eid, Eid *m* des Hippokrates.

**hip·po·drome** ['hɪpədrəʊm] *s* **1.** Hippo-'drom *m, n:* a) *antiq.* Pferde- u. Wagenrennbahn *f,* b) Reitbahn *f.* **2.** a) Zirkus *m,* b) Varie'té(the,ater) *n.* **3.** *sport Am. sl.* abgekartete Sache, ,Schiebung' *f.*

**hip·po·griff, a. hip·po·gryph** ['hɪpəʊgrɪf] *s* Hippo'gryph *m* (*geflügeltes Fabeltier mit Pferdeleib u. Greifenkopf*).

**hip·pol·o·gy** [hɪ'pɒlədʒɪ; *Am.* -'pɑ-] *s* Hippolo'gie *f,* Pferdekunde *f.*

**hip·poph·a·gy** [hɪ'pɒfədʒɪ; *Am.* -'pɑ-] *s* Essen *n* von Pferdefleisch.

**hip·po·pot·a·mus** [,hɪpə'pɒtəməs; *Am.* -'pɑ-] *pl* **-'pot·a·mus·es, -'pot·a·mi** [-maɪ] *s zo.* Fluß-, Nilpferd *n.*

**hip·pu·ric** [hɪ'pjʊərɪk] *adj chem.* Hippur...: → acid.

**hip·py[1]** ['hɪpɪ] → hippie.    [Hüften.]

**hip·py[2]** ['hɪpɪ] *adj colloq.* mit breiten]

**hip| raft·er** *s arch.* Gratsparren *m.* **~ roof** *s arch.* Walmdach *n.* **'~·shot** *adj* **1.** *med.* mit verrenkter Hüfte. **2.** *fig.* (lenden)lahm.

**hip·ster** ['hɪpstə(r)] **I** *s* **1.** *sl.* j-d, der alles mitmacht, was gerade ,in' ist. **2.** *sl. obs. für* hippie. **3.** *pl a.* **pair of ~s** *Br.* Hüfthose *f.* **II** *adj* **4.** Hüft...: **~ trousers** → 3.

**hir·a·ble** [ˈhaɪərəbl] *adj* mietbar, zu mieten(d).

**hire** [ˈhaɪə(r)] **I** *v/t* **1.** mieten: to ~ a car; to ~ a plane ein Flugzeug chartern; **~d car** Leih-, Mietwagen *m*; **~d airplane** Charterflugzeug *n*. **2.** *a.* ~ **on** a) *j-n* ein-, anstellen, in Dienst nehmen, *mar.* (an-)heuern, b) *j-n* enga'gieren, c) *bes. b.s.* anheuern: **~d killer** bezahlter *od.* gekaufter Mörder, Killer *m*. **3.** *meist* ~ **out** vermieten: to ~ o.s. (out) to e-e Beschäftigung annehmen bei. **II** *v/i* **4.** *meist* ~ **out** e-e Beschäftigung annehmen (to bei): to ~ **in** (*od.* **on**) *Am.* den Dienst antreten. **III** *s* **5.** Miete *f* (*von beweglichen Sachen*): ~ **car** Leih-, Mietwagen *m*; ~ **charge** Leihgebühr *f*, Miete *f*; ~ **company** Verleih(firma *f*) *m*; ~ **service** *mot.* Selbstfahrerdienst *m*, Autoverleih *m*; **on** ~ a) mietweise, b) zu vermieten: **to take** (**let**) **a car on** ~ ein Auto (ver)mieten; **for** ~ a) zu vermieten, b) frei (*Taxi*). **6.** (Arbeits-)Lohn *m*, Entgelt *n*.

**hire·ling** [ˈhaɪə(r)lɪŋ] **I** *s* **1.** *bes. contp.* Mietling *m*. **2.** *bes. contp.* j-d, der bereit ist, *für Geld* (*nahezu*) alles zu machen. **3.** Mietpferd *n*. **II** *adj* **4.** *bes. contp.* käuflich. **5.** *b.s.* angeheuert: ~ **killer** bezahlter *od.* gekaufter Mörder, Killer *m*.

**hire pur·chase** *s econ. bes. Br.* Abzahlungs-, Ratenkauf *m*, Kauf *m* auf Raten *od.* Teilzahlung: **to buy s.th. on** ~ etwas auf Abzahlung kaufen. **~-ˈpur·chase** *adj econ. bes. Br.* Abzahlungs..., Raten...: ~ **agreement** Abzahlungsvertrag *m*; ~ **system** Raten-, Teilzahlungssystem *n*.

**hir·er** [ˈhaɪərə(r)] *s* **1.** Mieter(in). **2.** Vermieter(in).

**hir·sute** [ˈhɜːsjuːt; *Am.* ˈhɜrˌsuːt; ˈhɪər-] *adj* **1.** haarig. **2.** mit zottigem *od.* struppigem Haar. **3.** *bot. zo.* rauhhaarig, borstig. **ˈhir·sute·ness** *s* Haarigkeit *f*.

**his** [hɪz; ɪz] *possessive pron* **1.** sein, seine: ~ **family**. **2.** seiner (seine, seines), der (die, das) seine *od.* seinige (*prädikativ u. substantivisch gebraucht*), (*auf Handtüchern etc*) er: **this hat is** ~ das ist sein Hut, dieser Hut gehört ihm; **a book of** ~ ein Buch von ihm; **my father and** ~ mein und sein Vater.

**His·pan·ic** [hɪˈspænɪk] *adj* spanisch. **His·pan·i·cism** [-sɪzəm] *s ling.* Hispa'nismus *m*, spanische Spracheigenheit. **His·pan·i·cize** [-saɪz] *v/t* hispani'sieren, spanisch machen.

**his·pid** [ˈhɪspɪd] → hirsute 3. **his·pid·u·lous** [-djʊləs; *Am.* -dʒələs] *adj bot. zo.* kurzborstig.

**hiss** [hɪs] **I** *v/i* **1.** zischen: to ~ **at** auszischen. **II** *v/t* **2.** auszischen: **he was ~ed off the stage** er wurde ausgezischt. **3.** zischeln, zischen(d sprechen). **III** *s* **4.** Zischen *n*. **5.** *ling.* Zischlaut *m*. **ˈhiss·ing** *s* Zischen *n*, Gezisch *n*.

**hist** [sːt; hɪst] *interj* sch!, pst!

**his·ta·mine** [ˈhɪstəmiːn] *s physiol.* Hista'min *n* (*den Blutdruck senkendes Gewebshormon*).

**histo-** [hɪstəʊ] Wortelement mit der Bedeutung Gewebe...

**his·to·chem·is·try** *s* Histoche'mie *f* (*Gesamtheit der innerhalb der Histologie angewandten chemischen Verfahren zur Bestimmung der Bestandteile von Zellen u. Geweben*).

**his·to·com·pat·i·bil·i·ty** *s med.* Histokompatibili'tät *f*, Gewebsverträglichkeit *f*. **his·to·com·pat·i·ble** *adj* histokompa'tibel, gewebsverträglich.

**his·to·gram** [ˈhɪstəgræm] *s Statistik:* Histo'gramm *n* (*graphische Darstellung e-r Häufigkeitsverteilung in Form von Rechtecken*).

**his·to·in·com·pat·i·bil·i·ty** *s med.* Histoinkompatibili'tät *f*, Gewebsunver-

träglichkeit *f*. **ˈhis·to·in·comˈpat·i·ble** *adj* histoinkompa'tibel, gewebsunverträglich.

**his·tol·o·gist** [hɪˈstɒlədʒɪst; *Am.* -ˈstɑ-] *s med. biol.* Histo'loge *m*. **his·tol·o·gy** *s* **1.** *med. biol.* Histolo'gie *f*, Gewebelehre *f*. **2.** *anat.* Ge'webs-, Or'ganstruk₁tur *f*.

**his·tol·y·sis** [hɪˈstɒlɪsɪs; *Am.* -ˈstɑ-] *s med.* Histo'lyse *f*: a) *Auflösung von Gewebe durch eiweißspaltende Fermente nach dem Tod*, b) *örtlich begrenzte Auflösung von Gewebe beim lebenden Organismus*.

**his·to·pa·thol·o·gy** *s med. biol.* Histopatholo'gie *f* (*Wissenschaft von den krankhaften Veränderungen des menschlichen, tierischen und pflanzlichen Gewebes*).

**his·to·ri·an** [hɪˈstɔːrɪən; *Am.* a. -ˈstəʊ-] *s* Hi'storiker *m*, Geschichtsforscher *m*, -wissenschaftler *m*.

**his·tor·ic** [hɪˈstɒrɪk; *Am.* a. -ˈstɑ-] *adj* (*adv* ~**ally**) **1.** hi'storisch, geschichtlich (berühmt *od.* bedeutsam): ~ **battlefield**; ~ **building**; a(n) ~ **occasion**; a(n) ~ **speech. 2.** → historical. **his·tor·i·cal I** *adj* (*adv* ~**ly**) **1.** → historic 1. **2.** hi'storisch: a) geschichtlich (belegt *od.* über'liefert): a(n) ~ **event**; ~ **painter** Historienmaler *m*; ~ **painting** Historienmalerei *f*; Historienbild *n*, b) mit Geschichte befaßt, Geschichts...: ~ **geography** historische Geographie; ~ **linguistics** historische Sprachwissenschaft; ~ **science** Geschichtswissenschaft *f*, c) geschichtlich orientiert: ~ **geology** historische Geologie; ~ **materialism** historischer Materialismus, ~ **method** historische Methode; ~ **school** *econ.* historische Schule, d) geschichtlich(en Inhalts): ~ **novel** historischer Roman. **3.** *ling. hi*'storisch: ~ **grammar**; ~ **present** historisches Präsens. **II** *s* **4.** *Am.* hi'storischer Film *od.* Ro'man, historisches Drama. **his·tor·i·cal·ness** *s* (*das*) Hi'storische.

**his·tor·i·cism** [hɪˈstɒrɪsɪzəm; *Am.* a. -ˈstɑ-] *s* Histo'rismus *m*, Histori'zismus *m*: a) *Geschichtsverständnis, das die Vergangenheit mit deren eigenen Maßstäben mißt*, b) *Geschichtsbetrachtung, die alle Erscheinungen aus ihren geschichtlichen Bedingungen heraus zu erklären u. zu verstehen sucht.*

**his·to·ric·i·ty** [ˌhɪstəˈrɪsətɪ] *s* Historizi'tät *f*, Geschichtlichkeit *f*.

**his·to·ried** [ˈhɪstərɪd] *adj* hi'storisch, geschichtlich (berühmt *od.* bedeutsam): **a richly** ~ **country** ein geschichtsträchtiges Land.

**his·to·ri·ette** [ˌhɪstɔːrɪˈet] *s* kurze Erzählung.

**his·to·ri·fy** [hɪˈstɒrɪfaɪ; *Am.* a. -ˈstɑ-] *v/t* aufzeichnen, festhalten.

**his·to·ri·og·ra·pher** [ˌhɪstɔːrɪˈɒgrəfə; *Am.* hɪsˌtəʊrɪˈɑgrəfər] *s* Historio'graph *m*, Geschichtsschreiber *m*. **his·to·ri·og·ra·phy** *s* Historiogra'phie *f*, Geschichtsschreibung *f*.

**his·to·rism** [ˈhɪstərɪzəm] → historicism.

**his·to·ry** [ˈhɪstərɪ; -trɪ] *s* **1.** Geschichte *f*, Erzählung *f*. **2.** Geschichte *f*: a) geschichtliche Vergangenheit *od.* Entwicklung, b) Geschichtswissenschaft *f*, Hi'storik *f*: **ancient** (**medieval, modern**) ~ Alte (Mittlere, Neue[re]) Geschichte; **that's ancient** (*od.* **past**) ~ das interessiert niemanden mehr; **contemporary** ~ Zeitgeschichte; ~ **of art** Kunstgeschichte; ~ **of civilization** Kulturgeschichte; ~ **of literature** Literaturgeschichte; ~ **of religions** Religionsgeschichte; **to go down in** ~ in die Geschichte eingehen; **to make** ~ Geschichte machen; **the chair has a** ~ der Stuhl hat e-e (interessante)

Vergangenheit; **that's all** ~ **now** das ist alles längst vorbei. **3.** (Entwicklungs-)Geschichte *f*, Werdegang *m* (*a. tech.*). **4.** *tech.* Bearbeitungsvorgang *m*. **5.** *allg., a. med.* Vorgeschichte *f*: (**case**) ~ Krankengeschichte *f*, Anamnese *f*. **6.** Lebensbeschreibung *f*, -lauf *m*. **7.** (zs.-hängende) Darstellung *od.* Beschreibung, Geschichte *f*: → natural history. **8.** hi'storisches Drama. **9.** Hi'storienbild *n*. ~ **paint·ing** *s* a) → history 9, b) Hi'storienmale₁rei *f*.

**his·tri·on·ic** [ˌhɪstrɪˈɒnɪk; *Am.* -ˈɑnɪk] **I** *adj* (*adv* ~**ally**) **1.** Schauspiel(er)..., schauspielerisch. **2.** *contp.* thea'tralisch. **II** *s* **3.** *pl* (*a. als sg konstruiert*) a) schauspielerische Darstellung, b) Schauspielkunst *f*, c) *contp.* thea'tralisches Getue, Schauspiele'rei` *f*. **his·tri·on·i·cal** → histrionic I. **ˈhis·tri·o·nism** [-trɪə-nɪzəm] → histrionic 3 c.

**hit** [hɪt] **I** *s* **1.** Schlag *m*, Hieb *m*. **2.** *a. sport u. fig.* Treffer *m*: **to make** (*od.* **score**) **a** ~ a) e-n Treffer erzielen, b) *fig.* gut ankommen (**with** bei). **3.** Glücksfall *m*, -treffer *m*. **4.** Hit *m* (*Buch, Schlager etc*): **it** (**he**) **was a big** ~ es (er) hat groß eingeschlagen. **5.** a) treffende Bemerkung, guter Einfall, b) Hieb *m* (**at** gegen), sar'kastische Bemerkung: **that was a** ~ **at me** das ging gegen mich. **6.** *print. Am.* (Ab-)Druck *m*. **7.** *sl.* `Schuß` *m* (*Drogeninjektion*): **to give o.s. a** ~ `sich e-n Schuß setzen *od.* drücken`. **8.** *bes. Am. sl.* (*von e-m hit man* ausgeführter) Mord.

**II** *v/t pret u. pp* **hit 9.** schlagen, e-n Schlag versetzen (*dat*): → hard 24. **10.** (*a. fig. seelisch, finanziell etc*) treffen: **to** ~ **the target**; **he was** ~ **by a bullet** er wurde von e-r Kugel getroffen; **to** ~ **the nail on the head** *fig.* den Nagel auf den Kopf treffen; **to be** ~ **hard** (*od.* **hard** ~) *fig.* schwer getroffen sein (**by** durch); **he's badly** ~ ihn hat es schlimm erwischt; **to** ~ **the** (*od.* **one's**) **books** *Am. colloq.* `büffeln`; **to** ~ **the bottle** *colloq.* `saufen`; **to** ~ **it** *sl.* `sich in die Falle *od.* Klappe hauen`; → **brick 1, hay 1, road 2, sack 1 6. 11.** *mot. etc j-n od.* etwas anfahren, *etwas* rammen: **to** ~ **a mine** *mar.* auf e-e Mine laufen. **12.** **to** ~ **one's head against** (*od.* **on**) sich den Kopf anschlagen an (*dat*), mit dem Kopf stoßen gegen. **13. to** ~ **s.o. a blow** j-m e-n Schlag versetzen. **14.** *bes. fig.* stoßen *od.* kommen auf (*acc*), treffen, finden: **to** ~ **oil** auf Öl stoßen; **to** ~ **the right road** auf die richtige Straße kommen; **to** ~ **the right solution** die richtige Lösung finden; **you have** ~ **it!** du hast es getroffen!, so ist es! **15. to** ~ **s.o.'s fancy** (*od.* **taste**) j-s Geschmack treffen, *a.* j-m zusagen. **16.** *fig.* geißeln, scharf kriti'sieren. **17.** erreichen, *etwas* `schaffen`: **the car** ~**s 100 mph; prices** ~ **an all-time high** die Preise erreichten e-e Rekordhöhe; → front page, headline 1. **18.** *a.* ~ **off** genau treffen *od.* `wiedergeben`, treffend nachahmen, über'zeugend darstellen *od.* schildern. **19.** *a.* ~ **up** *bes. Am. colloq.* j-n `anhauen`, anpumpen (**for** um). **20.** *colloq.* ankommen in (*dat*): **to** ~ **town** die Stadt erreichen. **21.** *bes. Am. sl.* j-n `umlegen` (hit man).

**III** *v/i* **22.** treffen. **23.** schlagen (**at** nach): **to** ~ **hard** e-n harten Schlag haben. **24.** stoßen, schlagen (**against** gegen; **on, upon** auf *acc*). **25.** *mil.* einschlagen (*Granate etc*). **26.** ~ (**up**)**on** *fig.* → 14. **27.** *mot. Am. colloq.* zünden, zünden, laufen: **to** ~ **on all four cylinders** gut laufen (*a. fig.*). **28.** *a.* ~ **up** *sl.* `schießen` (*Heroin etc spritzen*).

*Verbindungen mit Adverbien:*

**hit back I** *v/i* zu'rückschlagen (*a. fig.*): **to** ~ **at s.o.** j-m Kontra geben. **II** *v/t*

zu'rückschlagen. **~off I** v/t **1.** → hit 18. **2. to hit it off** colloq. sich gut vertragen (with j-m): **how do they hit it off?** wie kommen sie miteinander aus? **II** v/i **3.** colloq. (with) passen (zu), harmo'nieren (mit). **~ out** v/i **1.** um sich schlagen: **to ~ at** s.o. auf j-n einschlagen. **2.** fig. her-, losziehen (at, **against** über acc). **~up** v/t **1.** Kricket: Läufe erzielen. **2. to hit it up** colloq. sich mächtig ins Zeug legen. **3.** → hit 19.

**hit|-and-'miss** adj **1.** mit wechselndem Erfolg. **2.** → hit-or-miss. **~-and-'run I** adj **1.** ~ **accident** → 3; **~ driver** unfallflüchtiger Fahrer. **2.** kurz, rasch: ~ **merchandising** kurzlebige Verkaufsaktion; **~ raid** mil. Stippangriff m. **II** s **3.** Unfall m mit Fahrerflucht.

**hitch** [hɪtʃ] **I** s **1.** bes. mar. Stich m, Knoten m. **2.** Schwierigkeit f, Pro'blem n, ,Haken' m: **there is a ~ (somewhere)** die Sache hat (irgendwo) e-n Haken, irgend etwas stimmt da nicht; **without a ~** glatt, reibungslos. **3.** Ruck m, Zug m: **to give s.th. a ~** an etwas ziehen; **to give one's trousers a ~** s-e Hosen hochziehen. **4.** bes. Am. Humpeln n, Hinken n: **to walk with a ~** humpeln, hinken. **5.** tech. Verbindungshaken m, -glied n. **6. to get a ~** colloq. im Auto mitgenommen werden. **7.** Am. sl. Zeit(spanne) f, bes. a) Mili'tärzeit f, b) ,Knast' m (Gefängnisstrafe): **to serve a three-year ~ in prison** e-e dreijährige Strafe ,abbrummen'. **II** v/t **8.** (ruckartig) ziehen, rücken: **he ~ed his chair closer to the table** er rückte mit s-m Stuhl näher an den Tisch heran; **to ~ up one's trousers** s-e Hosen hochziehen. **9.** (to) befestigen, festmachen, -haken (an dat), anbinden, ankoppeln (an acc). **10.** e-e unpassende Bemerkung etc einbringen (into in ein literarisches Werk). **11. to ~ a ride** → 6. **12. to get ~ed** → 15. **III** v/i **13.** bes. Am. humpeln, hinken: **to ~ along** dahinhumpeln. **14.** sich festhaken, sich verfangen, hängenbleiben (on an dat). **15.** a. **~ up** colloq. heiraten. **16.** colloq. für **hitchhike.**

**Hitch·cock·i·an** [ˌhɪtʃ'kɒkɪən; Am. -'ka-] adj hitchcocksch, im Stile Hitchcocks.

**'hitch·er** colloq. für hitchhiker.

**'hitch|·hike** v/i ,per Anhalter' fahren, trampen. **~·hik·er** s Anhalter(in), Tramper(in).

**hith·er** ['hɪðə(r)] **I** adv **1.** hierher: ~ **and thither** hierhin u. dorthin. **II** adj obs. **2.** diesseitig, näher (gelegen): **the ~ side of the hill; H~ India** Vorderindien n. **~'to I** adv **1.** bisher, bis jetzt. **2.** obs. bis 'hierher (örtlich). **II** adj **3.** bis'herig.

**Hit·ler·ism** ['hɪtlərɪzəm] s hist. Na'zismus m. **'Hit·ler·ite** hist. **I** s Nazi m. **II** adj na'zistisch.

**hit| list** s bes. Am. sl. Abschußliste f (a. fig.): **to be on the ~** auf der Abschußliste stehen. **~ man** s irr bes. Am. sl. Killer m (e-s Verbrechersyndikats). **'~-off** s genaue 'Wiedergabe, treffende Nachahmung, über'zeugende Darstellung od. Schilderung: **to do a ~ of** → hit 18. **~ or miss** adv aufs Gerate'wohl, auf gut Glück. **~-or-'miss** adj **1.** unbekümmert, sorglos. **2.** aufs Gerate'wohl getan. **3.** unsicher. **~ pa·rade** s 'Hitpaˌrade f. **~ song** s Hit m.

**hit·ter** ['hɪtə(r)] s Boxen: colloq. Schläger m, Puncher m.

**Hit·tite** ['hɪtaɪt] hist. **I** s He'thiter(in). **II** adj he'thitisch.

**hive** [haɪv] s **1.** Bienenkorb m, -stock m: **~ dross** Bienenharz n. **2.** Bienenvolk n, -schwarm m. **3.** fig. a) Bienenhaus n: **what a ~ of industry (od. activity)!** das

---

ist ja das reinste Bienenhaus!, b) Sammelpunkt m, c) Schwarm m (von Menschen). **II** v/t **4.** Bienen in e-n Stock bringen. **5.** Honig im Bienenstock sammeln. **6.** a. **~ up** (od. **away**) fig. a) sammeln, sich e-n Vorrat anlegen von, b) auf die Seite legen. **7.** fig. beherbergen. **8. ~ off** bes. Br. a) (from) e-e Abteilung etc abtrennen (von), ausgliedern (aus), b) Teile e-r verstaatlichten Industrie repri'vati'sieren. **III** v/i **9.** in den Stock fliegen (Bienen): **to ~ off** fig. a) abschwenken (from von), b) a. **to ~ off from the firm, to ~ off into one's own business** sich selbständig machen, c) bes. Br. colloq. ,sich aus dem Staub machen'. **10.** sich zs.-drängen: **the multitudes that ~ in city apartments.**

**hives** [haɪvz] s pl (a. als sg construiert) med. Nesselausschlag m.

**h'm** [hm] interj hm!

**ho¹** [həʊ] interj **1.** (überrascht) na'nu! **2.** (erfreut) ah!, oh! **3.** (triumphierend) ha! **4.** iro. haha! **5.** hallo!, holla!, heda! **6.** auf nach ...: **westward ~!** auf nach Westen! **7.** land ~! mar. Land in Sicht!

**ho²** [həʊ] pl **hos** s Am. sl. ,Nutte' f (Prostituierte).

**hoar** [hɔː(r); Am. a. hɔʊr] **I** s **1.** → hoarfrost. **II** adj **2.** obs. für hoary 1, 2. **3.** (vom Frost) weiß, bereift.

**hoard** [hɔː(r)d; Am. a. hɔʊrd] **I** s a) Hort m, Schatz m, b) Vorrat m (of an dat). **II** v/t a. **~ up** horten, hamstern. **III** v/i hamstern, sich Vorräte anlegen.

**'hoard·er** s Hamsterer m.

**'hoard·ing¹** s **1.** Horten n, Hamste'rei f. **2.** gehortete Vorräte pl.

**'hoard·ing²** s **1.** Bau-, Bretterzaun m. **2.** Br. Re'klametafel f.

**'hoar·frost** s (Rauh)Reif m.

**hoar·i·ness** ['hɔːrɪnɪs; Am. a. 'həʊ-] s **1.** Weiß(grau) n, b) Silberhaarigkeit f, b) fig. Ehrwürdigkeit f.

**hoarse** [hɔː(r)s; Am. a. həʊrs] adj (adv ~ly) heiser: **(as) ~ as an old crow** colloq. ,stockheiser'; **~ shout** 6. **'hoars·en** [-sn] v/t u. v/i heiser machen (werden). **'hoarse·ness** s Heiserkeit f.

**hoar·y** ['hɔːrɪ; Am. a. 'həʊrɪ] adj (adv hoarily) **1.** weiß(grau). **2.** a) (alters)grau, ergraut, silberhaarig, b) fig. altersgrau, ehrwürdig, (ur)alt. **3.** bot. zo. mit weißen Härchen bedeckt.

**hoax** [həʊks] **I** s **1.** Falschmeldung f, (Zeitungs)Ente f, Schwindel m. **2.** Streich m, (übler) Scherz: **to play a ~ on** s.o. j-m e-n Streich spielen, sich mit j-m e-n Scherz erlauben. **II** v/t **3.** j-m e-n Bären aufbinden: **to ~ s.o. into believing s.th.** j-m etwas weismachen.

**hob¹** [hɒb; Am. hɑb] s **1.** bes. hist. Ka'mineinsatz m, -vorsprung m (für Teekessel etc). **2.** → hobnail. **3.** tech. a) Gewinde-, (Ab)Wälzfräser m, b) Strehlbohrer m: **~ arbor** Fräsdorn m. **II** v/t **4.** tech. Gewinde verzahnen, (ab)wälzen: **~bing machine** → 3 a.

**hob²** [hɒb; Am. hɑb] s **1.** Br. a) Elf m, Elfe f, b) Kobold m. **2.** colloq. **to play** (od. **raise**) ~ **with** a) ,kaputtmachen': **to play ~ with international trade**) b) Schindluder treiben mit: **a book that plays ~ with historical facts**; **to raise ~ with** s.o. j-m ,aufs Dach steigen'.

**hob·ble** ['hɒbl; Am. 'hɑbəl] **I** v/i **1.** hinken, humpeln. **2.** fig. holpern, humpeln (Vers). **II** v/t **3.** e-m Pferd Fußfesseln anlegen. **4.** fig. (be)hindern, hemmen. **III** s **5.** Hinken n, Humpeln n: **to walk with a ~** hinken, humpeln. **6.** Fußfessel f. **7.** fig. Hindernis n, Hemmnis n.

**hob·ble·de·hoy** [ˌhɒbldɪ'hɔɪ; Am. 'hɑbəldiˌhɔɪ] s obs. od. dial. a) Tolpatsch m, b) Flegel m.

---

hob·ble skirt s hist. Humpelrock m.

**hob·by¹** ['hɒbɪ; Am. 'hɑbiː] **I** s **1.** fig. Steckenpferd n, Hobby n, Liebhabe'rei f. **2.** obs. od. dial. ein starkes, mittelgroßes Pferd. **3.** hist. Drai'sine f, Laufrad n. **4.** → hobbyhorse 1. **II** v/i **5. to ~ at** (od. **in**) s.th. Am. etwas als Hobby betreiben.

**hob·by²** ['hɒbɪ; Am. 'hɑbiː] s orn. Baumfalke m.

**'hob·by·horse** s **1.** a) Steckenpferd n, b) Schaukelpferd n, c) Karus'sellpferd n. **2.** fig. a) Lieblingsthema n: **he is on** (od. **riding**) his ~ **again** er reitet schon wieder sein Steckenpferd, er ist schon wieder bei s-m Lieblingsthema, b) fixe I'dee. **3.** Pferdekopfmaske f. **4.** → hobby¹ 3.

**'hob·by·ist** s Hobby'ist m (j-d, der ein Hobby hat).

**hob·by room** s Hobbyraum m.

**hob·gob·lin** ['hɒbgɒblɪn; Am. 'hɑbˌgɑblən] s **1.** Kobold m. **2.** (Schreck)Gespenst n (a. fig.).

**'hob·nail** s grober Schuhnagel. **'hob·nailed** adj **1.** genagelt: ~ **shoes** a. Nagelschuhe. **2.** fig. ungehobelt.

**'hob·nail(ed) liv·er** s med. Alkoholleber f.

**'hob·nob** v/i **1.** (with mit) a) in'tim sein, freundschaftlich verkehren, auf du u. du sein, b) plaudern. **2.** obs. trinken (with mit).

**ho·bo** ['həʊbəʊ] pl **-bos, -boes** s Am. **1.** Wanderarbeiter m. **2.** Landstreicher m, ,Tippelbruder' m. **'ho·bo·ism** s Am. Landstreichertum n.

**hob·son-job·son** [ˌhɒbsn'dʒɒbsn; Am. ˌhɑbsən'dʒɑbsən] s 'Volksetymoloˌgie f.

**Hob·son's choice** ['hɒbsnz; Am. 'hɑbsənz] s: **it was (a case of)** ~ es gab nur 'eine Möglichkeit; **he had to take** ~ er hatte nur 'eine Möglichkeit, es blieb ihm keine andere Wahl.

**hock¹** [hɒk; Am. hɑk] **I** s zo. a) Sprung-, Fesselgelenk n (der Huftiere), b) Mittelfußgelenk n (der Vögel), c) Hachse f (beim Schlachttier). **II** v/t → hamstring 3.

**hock²** [hɒk; Am. hɑk] s **1.** weißer Rheinwein. **2.** trockener Weißwein.

**hock³** [hɒk; Am. hɑk] bes. Am. colloq. **I** s: **to be in ~** a) versetzt od. verpfändet sein, b) verschuldet sein, Schulden haben (to bei), c) im ,Kittchen' sein od. sitzen; **to get s.th. out of ~** etwas ein-od. auslösen; **to put into ~** → II. **II** v/t versetzen, -pfänden, ins Leihhaus tragen.

**hock·ey** ['hɒkɪ; Am. 'hɑkiː] s sport a) bes. Br. Hockey n, b) bes. Am. Eishockey n.

**hock shop** s bes. Am. colloq. Leihhaus n, Pfandhaus n, -leihe f.

**'Hock·tide** s hist. Br. am zweiten Montag u. Dienstag nach Ostern eingehaltene Feiertage.

**ho·cus** ['həʊkəs] v/t **1.** betrügen, 'übers Ohr hauen'. **2.** j-n betäuben. **3.** e-m Getränk ein Betäubungsmittel beimischen. **~-'po·cus** [-'pəʊkəs] **I** s Hokus'pokus m: a) Zauberformel, b) Schwindel m, fauler Zauber. **II** v/i faulen Zauber machen. **III** v/t → hocus 1.

**hod** [hɒd; Am. hɑd] s **1.** a) Mörteltrog m, Tragmulde f, b) Steinbrett n: ~ **carrier** Mörtel-, Ziegelträger m. **2.** Kohleneimer m. **3.** Br. Zinngießerei: (ein) Holzkohlenofen m.

**hod·den** ['hɒdn] s Scot. grober, ungefärbter Wollstoff.

**hodge·podge** ['hɒdʒpɒdʒ; Am. 'hɑdʒˌpɑdʒ] bes. Am. für hotchpotch 1 u. 2.

**Hodg·kin's dis·ease** ['hɒdʒkɪnz; Am. 'hɑdʒ-] s med. Hodgkin-Krankheit f.

**ho·di·er·nal** [ˌhɒdɪ'ɜːnl; Am. -'ɜːrnl] adj heutig.

**'hod·man** [-mən] s irr bes. Br. **1.** Mörtel-, Ziegelträger m. **2.** Handlanger m.

**hod·o·graph** ['hɒdəʊɡrɑːf; -græf; Am.

'hodə͵græf; 'həʊ-] s *phys.* Hodo'graph *m* (*Kurve, die die Größe u. Richtung der Geschwindigkeit e-s Körpers od. Massenpunktes anzeigt*).

**ho·dom·e·ter** [hɒ'dɒmɪtə; *Am.* həʊ-'dɑmətər] → **odometer**.

**hod·o·scope** ['hɒdəskəʊp; *Am.* 'hɑ-; 'həʊ-] *s phys.* Hodo'skop *n* (*Gerät zur Bestimmung der Bahn energiereicher Teilchen*).

**hoe** [həʊ] **I** *s* Hacke *f.* **II** *v/t* a) den Boden hacken, b) *Pflanzen* behacken, c) *a.* **~ up** *Unkraut* aushacken; **to ~ down** um-, niederhacken; **a long row to ~** e-e schwere Aufgabe. **III** *v/i* hacken: **to ~ in(to)** *Austral. colloq.* (*beim Essen*) ‚reinhauen' (*in acc*). '**~ cake** *s Am.* Maiskuchen *m.*

**hog** [hɒg; *Am. a.* hɑg] **I** *s* **1.** a) Hausschwein *n*, b) *Br.* ka'striertes Mastschwein, c) Schlachtschwein *n* (*über 102 kg*), d) *Am.* Keiler *m*, Eber *m*, e) *allg. Am.* Schwein *n*: **to live high off** (*od.* on) the **~**('s **back**) *colloq.* in Saus u. Braus leben; **to live low off** (*od.* on) the **~**('s **back**) *colloq.* bescheiden od. sparsam leben; **on the ~** *Am. colloq.* ‚pleite', ‚blank' (*ohne Geld*); → **whole hog 2.** *colloq.* a) rücksichtsloser Kerl: → **road hog,** b) gieriger *od.* gefräßiger Kerl, c) Schmutzfink *m,* ‚Ferkel' *n.* **3.** *mar.* Scheuerbesen *m.* **4.** *Papierfabrikation:* Rührwerk *n.* **5.** *tech. Am.* (Reiß)Wolf *m.* **6.** → **hogget 7.** *Am. sl.* a) (*bes. schwere*) ‚Ma'schine' (*Motorrad*), b) ‚Straßenkreuzer' *m.* **II** *v/t* **8.** nach oben krümmen: **to ~ one's back** → **14. 9.** *e-e Pferdemähne* stutzen, scheren. **10.** **to ~ a ship** *mar.* e-n Schiffsboden scheuern. **11.** *colloq.* rücksichtslos an sich reißen, mit Beschlag belegen: **to ~ the road** *mot.* a) die ganze Straße für sich brauchen, b) rücksichtslos fahren. **12.** *meist* **~ down** *colloq.* Essen hin'unterschlingen, *a. fig.* verschlingen: **to ~ down a book. III** *v/i* **13.** *mar.* sich in der Mitte nach oben krümmen (*Kiel-Längsachse*). **14.** den Rücken krümmen, e-n Buckel machen. **15.** *colloq.* rücksichtslos alles an sich reißen. **16.** *mot. colloq.* rücksichtslos fahren.

'**hog·back** *s geol.* langer u. scharfer Gebirgskamm. **~ chol·er·a** *s vet. Am.* Schweinepest *f.* **~ deer** *s zo.* Schweinshirsch *m.*

**hogg** [hɒg] → **hogget.**

**hogged** [hɒgd; *Am. a.* hɑgd] *adj* **1.** *mar.* (hoch)gekrümmt, aufgebuchtet. **2.** nach beiden Seiten steil abfallend. '**hog·ger** *s tech.* Schnellstahlfräser *m,* S'S-Fräser *m.* '**hog·ger·y** [-ərɪ] *s* **1.** Schweinestall *m.* **2.** → **hoggishness.**

**hog·get** ['hɒgɪt] *s Br. dial.* noch nicht geschorenes einjähriges Schaf.

**hog·gin** ['hɒgɪn; *Am. a.* 'hɑ-] *s* gesiebter Kies.

**hog·gish** ['hɒgɪʃ; *Am. a.* 'hɑ-] *adj* (*adv* **~ly**) a) rücksichtslos, b) gierig, gefräßig, c) schmutzig. '**hog·gish·ness** *s* a) Rücksichtslosigkeit *f,* b) Gier *f,* Gefräßigkeit *f,* c) Schmutzigkeit *f.*

**Hog·ma·nay** ['hɒgmənei] *s Scot.* Sil'vester(abend *m*) *m, n.*

'**hog·nut** *s bot.* **1.** a) Hickorynuß *f* (*Frucht von* b), b) Brauner Hickorybaum. **2.** → **pignut 2.** Euro'päische Erdnuß. '**~ round** *adj u. adv Am. colloq.* pau'schal, zu e-m Einheitspreis.

'**hog's-back** [-gz-] → **hogback.**

'**hogs·head** *s* **1.** Hohlmaß, *bes.* für alkoholische Getränke: *Br.* 238,5 *l, Am.* 234,5 *l.* **2.** großes Faß, *bes.* für **1.**

'**hog·skin** *s* Schweinsleder *n.* '**~ tie** *pres p* '**~ ty·ing** *v/t bes. Am.* **1.** e-m Tier alle vier Füße zs.-binden. **2.** *fig.* a) *die Wirtschaft etc* lähmen, lahmlegen, b) *j-n,*

etwas (be)hindern, c) *e-n Plan etc* durch-'kreuzen, vereiteln. **~ wal·low** *s Am.* **1.** Schweinepfuhl *m.* **2.** Mulde *f.* '**~ wash** *s* **1.** Schweinefutter *n.* **2.** *fig. contp.* ‚Spülwasser' *n* (*dünner Kaffee etc*). **3.** *fig. contp.* ‚Gewäsch' *n,* ‚Seich' *m,* Geschwätz *n.* **~ wild** *adj Am. colloq.* wild, ungezügelt: **~ enthusiasm; to go ~ over** ‚voll abfahren' auf (*acc*).

**hoick** [hɔɪk] *v/t aer.* ein Flugzeug hochreißen.

**hoicks** [hɔɪks] *hunt.* **I** *interj* hussa! (*Hetzruf an Hunde*). **II** *s* Hussa(ruf *m*) *n.*

**hoi·den** → **hoyden.**

**hoi pol·loi** [͵hɔɪ'pɒlɔɪ; ͵hɔɪpə'lɔɪ] (*Greek*) *s* **1.** the **~** *contp.* die (breite) Masse, der Pöbel. **2.** *Am. sl.* ‚Tam'tam' *n,* ‚Tra'ra' *n,* ‚Rummel' *m* (about um).

**hoise** [hɔɪz] *pret u. pp* **hoised, hoist** *obs. od. dial. für* **hoist¹** I.

**hoist¹** [hɔɪst] **I** *v/t* **1.** hochziehen, -winden, heben, hieven: **to ~ out a boat** *mar.* ein Boot aussetzen; → **flag¹ 2. 3.** *Am. sl.* ‚klauen' (*stehlen*). **4. to ~ a few** *Am. sl.* ein paar ‚heben' *od.* ‚kippen' (*trinken*). **II** *v/i* **5.** hochsteigen, hochgezogen werden. **III** *s* **6.** Hochziehen *n.* **7.** *tech.* (Lasten)Aufzug *m,* Hebezeug *n,* Winde *f.* **8.** *mar.* a) Tiefe *f* (*der Flagge od. des Segels*), b) Heiß *m* (*als Signal gehißte Flaggen*).

**hoist²** [hɔɪst] *pret u. pp von* **hoise: ~ with one's own petard** *fig.* in der eigenen Falle gefangen.

'**hoist·ing** *adj tech.* a) Hebe..., Hub..., b) *Bergbau:* Förder...: **~ cage** Förderkorb *m;* **~ crane** Hebekran *m;* **~ tackle** Flaschenzug *m.* **~ en·gine** *s tech.* **1.** Hebewerk *n,* Ladekran *m.* **2.** *Bergbau:* 'Fördermaschine *f.*

**hoi·ty-toi·ty** [͵hɔɪtɪ'tɔɪtɪ] **I** *adj* **1.** hochnäsig, eingebildet. **2.** *bes. Br.* unbesonnen, leichtsinnig. **II** *s* **3.** Hochnäsigkeit *f.*

**hoke** [həʊk] *v/t meist* **~ up** → **overact** I.

**ho·key-po·key** [͵həʊkɪ'pəʊkɪ] *s* **1.** *sl.* → **hocus-pocus** I b. **2.** (*von Straßenhändlern verkauftes*) Eis.

**ho·kum** ['həʊkəm] *s Am. colloq.* **1.** *thea. etc* (*bes. sentimen'tale*) ‚Mätzchen' *pl.* **2.** ‚Krampf' *m,* ‚Quatsch' *m.*

**hold¹** [həʊld] *s aer. mar.* Lade-, Frachtraum *m.*

**hold²** [həʊld] **I** *s* **1.** Halt *m,* Griff *m:* **to catch** (*od.* get, lay, seize, take) **~ of s.th.** etwas ergreifen *od.* in die Hand bekommen *od.* zu fassen bekommen *od.* erwischen; **to get ~ of s.o.** j-n erwischen; **to get ~ of o.s.** sich in die Gewalt bekommen; **to keep ~ of** festhalten; **to let go** (*od.* to quit) **one's ~ of s.th.** etwas loslassen; **to miss one's ~** danebengreifen. **2.** Halt *m,* Griff *m,* Stütze *f:* **to afford no ~** keinen Halt bieten; **to lose one's ~** den Halt verlieren. **3.** *Ringen:* Griff *m:* **in politics no ~s are barred** *fig.* in der Politik wird mit harten Bandagen gekämpft. **4.** (**on, over, of**) Gewalt *f,* Macht *f* (über acc), Einfluß *m* (auf acc): **to get a ~ on s.o.** j-n unter s-n Einfluß *od.* in s-e Macht bekommen; **to have a (firm) ~ on s.o.** j-n in s-r Gewalt haben, j-n beherrschen; **to lose ~ of o.s.** die Fassung verlieren. **5.** *Am.* Einhalt *m:* **to put a ~ on s.th.** etwas stoppen. **6.** *Am.* Haft *f,* Gewahrsam *m.* **7.** *mus.* Fer'mate *f.* **8.** *Raumfahrt:* Unter'brechung *f* des Countdowns. **9. to put s.th. on ~** *Am. fig.* etwas ‚auf Eis legen'. **10.** *obs.* Festung *f.*

**II** *v/t pret u. pp* **held** [held], *pp zur. od. obs. a.* **hold·en** ['həʊldən] **11.** (fest)halten: **the goalkeeper failed to ~ the ball** (*Fußball*) der Torhüter konnte den Ball nicht festhalten. **12.** sich *die Nase, die Ohren* zuhalten: **to ~ one's nose (ears). 13.** *ein Gewicht etc* tragen, (aus)halten.

**14.** (*in e-m Zustand etc*) halten: **to ~ o.s. erect** sich geradehalten; **to ~ (o.s.) ready** (sich) bereithalten; **the way he ~s himself** (so) wie er sich benimmt. **15.** (zu'rück-, ein)behalten: **to ~ the shipment** die Sendung zurück(be)halten; **~ everything!** *colloq.* sofort aufhören! **16.** zu'rück-, abhalten (**from** von), an-, aufhalten, im Zaume halten, zügeln: **to ~ s.o. from doing s.th.** j-n davon abhalten, etwas zu tun; **there is no ~ing him** er ist nicht zu halten *od.* zu bändigen; **to ~ the enemy** den Feind aufhalten. **17.** *Am.* a) festnehmen: **12 persons were held,** b) in Haft halten. **18.** *sport* sich erfolgreich verteidigen gegen *e-n Gegner.* **19.** *j-n* festlegen (**to** auf *acc*): **to ~ s.o. to his word** j-n beim Wort nehmen. **20.** a) *Wahlen, e-e Versammlung etc* abhalten, b) *ein Fest etc* veranstalten, c) *sport e-e Meisterschaft etc* austragen. **21.** beibehalten: **to ~ the course; to ~ prices at the same level** die Preise (auf dem gleichen Niveau) halten. **22.** *Alkohol* vertragen: **to ~ one's liquor** (*od.* drink) **well** e-e ganze Menge vertragen. **23.** *mil. u. fig. e-e Stellung* halten, behaupten: **to ~ one's own (with)** sich behaupten (gegen), bestehen (neben); **to ~ the stage** *fig.* die Szene beherrschen, im Mittelpunkt stehen (*Person*); → **fort 1, ground¹ 7, stage 3. 24.** innehaben: a) besitzen: **to ~ land (shares, rights, etc),** b) bekleiden: **to ~ an office. 25.** *e-n Platz etc* einnehmen, (inne)haben, *e-n Rekord* halten: **to ~ an academic degree** e-n akademischen Titel führen. **26.** fassen: a) enthalten: **the tank ~s ten gallons,** b) Platz bieten für, 'unterbringen: **the hotel ~s 300 guests. 27.** *a. fig.* enthalten, zum Inhalt haben: **the room ~s period furniture** das Zimmer ist mit Stilmöbeln eingerichtet; **the place ~s many memories** der Ort ist voll von Erinnerungen; **it ~s no pleasure for him** er findet kein Vergnügen daran; **life ~s many surprises** das Leben ist voller Überraschungen. **28.** *Bewunderung, Sympathie etc* hegen, haben (**for** für): **to ~ no prejudice** kein Vorurteil haben. **29.** behaupten: **to ~ (the view) that** die Ansicht vertreten *od.* der Ansicht sein, daß. **30.** halten für, betrachten als: **I ~ him to be a fool** ich halte ihn für e-n Narren; **it is held to be wise** man hält es für klug (**to do** zu tun). **31.** halten: **to ~ s.o. dear** j-n liebhaben; **to ~ s.o. responsible** j-n verantwortlich machen; → **contempt 1, esteem 3. 32.** *bes. jur.* entscheiden (**that** daß). **33.** fesseln, in Spannung halten: **to ~ the audience; to ~ s.o.'s attention** j-s Aufmerksamkeit fesseln. **34.** *Am. Hotelzimmer etc* reser'vieren. **35. ~ to** *Am.* beschränken auf (*acc*). **36. ~ against** a) *j-m etwas* vorhalten, vorwerfen, b) *j-m etwas* übelnehmen: **don't ~ it against me! 37.** *Am. j-m* (aus)reichen: **food to ~ him for a week. 38.** *mus. e-n Ton* (aus)halten. **39. to ~ s.th. over s.o.** *Am.* j-n mit etwas einschüchtern *od.* erpressen.

**III** *v/i* **40.** halten, nicht (zer)reißen *od.* (zer)brechen. **41.** stand-, aushalten, sich halten. **42.** (sich) festhalten (**by, to** an *dat*). **43.** bleiben: **to ~ on one's course** s-n Kurs weiterverfolgen; **to ~ on one's way** s-n Weg weitergehen; → **fast² 5. 44.** sich verhalten: **to ~ still** stillhalten. **45.** sich Recht ableiten (**of, from** von). **46.** *a.* **~ good** (weiterhin) gelten, gültig sein *od.* bleiben: **the rule ~s of** (*od.* in) **all cases** die Regel gilt in allen Fällen. **47.** *a.* **~ up** anhalten, andauern: **the fine weather held; my luck held** das Glück blieb mir treu. **48.** einhalten: **~! halt! 49. ~ by** (*od.*

to) j-m od. e-r Sache treu bleiben. **50.** ~ **with** a) über'einstimmen mit, b) einverstanden sein mit. **51.** stattfinden.

*Verbindungen mit Adverbien:*

**hold|back I** v/t **1.** zu'rückhalten. **2.** → hold in I. **3.** fig. zu'rückhalten mit, verschweigen. **II** v/i **4.** sich zu'rückhalten (a. fig.). **5.** nicht mit der Sprache her'ausrücken. ~ **down** v/t **1.** niederhalten, fig. a. unter'drücken. **2.** colloq. a) e-n Posten haben, b) sich in e-r Stellung, e-m Amt halten. **3.** Am. colloq. sich kümmern um. ~ **forth I** v/t a) (an)bieten. **2.** in Aussicht stellen. **II** v/i **3.** sich auslassen od. verbreiten (**on** über acc.). **4.** Am. stattfinden. ~ **in I** v/t im Zaum halten, zügeln, zu'rückhalten: **to hold** o.s. **in** a) → II, b) den Bauch einziehen. **II** v/i sich zu'rückhalten od. beherrschen. ~ **off I** v/t **1.** a) ab-, fernhalten, b) abwehren. **2.** etwas aufschieben, j-n 'hinhalten: → 5b. **3.** aer. abfangen. **II** v/i **4.** sich fernhalten (**from** von). **5.** a) zögern, b) warten: **he held off (from) buying a house** er wartete mit dem Hauskauf. **6.** ausbleiben: **the storm held off; will the rain** ~ **until after the game?** wird das Spiel trocken über die Bühne gehen? ~ **on** v/i **1.** a. fig. festhalten (**to** an dat). **2.** sich festhalten (**to** an dat). **3.** aus-, 'durchhalten. **4.** andauern, anhalten: **the rain held on all afternoon. 5.** → hold[2] 43. **6.** teleph. am Appa'rat bleiben. **7.** colloq. aufhören: ~! warte mal!, halt!, immer langsam! **8.** ~ **to** etwas behalten. ~ **out I** v/t **1.** die Hand etc ausstrecken: **he held out his hand for me to shake** er streckte mir die Hand entgegen; **to hold** s.th. **out to** s.o. j-m etwas hinhalten. **2.** in Aussicht stellen: **the doctors** ~ **little hope of his recovery** die Ärzte haben nur wenig Hoffnung, daß er wieder gesund wird. **3. to hold** o.s. **out as** Am. sich ausgeben für od. als. **II** v/t **4.** reichen (Vorräte). **5.** aus-, 'durchhalten. **6.** sich behaupten (**against** gegen). **7.** ~ **to on** s.o. colloq. a) j-m etwas verheimlichen, b) j-m etwas vorenthalten. **2.** ~ **for** colloq. bestehen auf (dat). ~ **o·ver I** v/t **1.** e-e Sitzung, Entscheidung etc vertagen, verschieben (**until** auf acc). **2.** econ. prolon'gieren. **3.** mus. e-n Ton hin'überhalten. **4.** ein Amt etc (über die festgesetzte Zeit hin'aus) behalten. **5.** e-n Film etc, das Engage'ment e-s Künstlers etc verlängern (**for** um): **the acrobats were held over for another month. II** v/i **6.** über die festgesetzte Zeit hin'aus dauern od. (im Amt etc) bleiben. ~ **to·geth·er** v/t u. v/i zs.-halten (a. fig.): **a marriage is often held together by the children.** ~ **up I** v/t **1.** (hoch)heben. **2.** hochhalten, in die Höhe halten: **to** ~ **to view** den Blicken darbieten; → ridicule I. **3.** halten, stützen, tragen. **4.** aufrechterhalten. **5.** 'hinstellen (**as** als): **to hold** s.o. **up as an example. 6.** a) j-n, etwas aufhalten, b) etwas verzögern, c) j-n, e-e Bank etc über'fallen. **7.** j-n, e-e Bank etc über'fallen. **II** v/i **8.** → hold out 5, 6. **9.** sich halten (Preise, Wetter etc). **10.** sich bewahrheiten, eintreffen. **11. to** ~ **on** s.o. → hold out 7.

**'hold|·all** s bes. Br. Reisetasche f. **'~·back** s **1.** Hindernis n. **2.** tech. a) Abwarten n, b) Einbehaltung f: ~ **pay** zurückbehaltener Lohn. **3.** tech. a) (Rücklauf)Sperre f, b) (Tür)Stopper m.
**hold·en** ['həʊldən] jur. od. obs. pp von hold[2].
**hold·er**[1] ['həʊldə(r)] s **1.** a) Haltende(r m) f, b) Halter m: ~ **cigar** (cigarette) holder. **2.** tech. a) Halter(ung f) m, b) Zwinge f, c) electr. (Lampen)Fassung f. **3.** (Grund)Pächter m. **4.** a. econ. jur.

Inhaber(in) (e-r Lizenz, e-s Patents, e-s Schecks, e-r Vollmacht etc, a. e-s Rekords, e-s Titels etc), Besitzer(in): ~ **in due course** (kraft guten Glaubens) legitimierter Inhaber (e-s Wechsels, Schecks); ~ **of a bill** Wechselinhaber.
**hold·er**[2] ['həʊldə(r)] s mar. Schauermann m.
**'hold·er-'up** pl **'hold·ers-'up** s tech. **1.** (Niet)Vor-, Gegenhalter m. **2.** Nietstock m, -kloben m.
**'hold·fast** s **1.** tech. a) Haltevorrichtung f, Halter m, b) Bankzwinge f, -haken m. **2.** bot. 'Haftor,gan n, Haftscheibe f.
**hold·ing** ['həʊldɪŋ] s **1.** (Fest)Halten n. **2.** Pachtung f, Pachtgut n. **3.** oft pl a) Besitz m, Bestand m (an Effekten etc), b) (Aktien)Anteil m, (-)Beteiligung f, c) Vorrat m, Lager n. **4.** jur. (gerichtliche) Entscheidung. ~ **at·tack** s mil. Fesselungsangriff m. ~ **com·pa·ny** s econ. Holding-, Dachgesellschaft f. ~ **pat·tern** s **1.** aer. Warteschleife f. **2.** fig. Stillstand m.
**'hold|·out** s Am. a) Aus-, 'Durchhalten n, b) j-d, der aus- od. durchhält. **'~·o·ver** s **1.** j-d, der über die festgesetzte Zeit hinaus im Amt bleibt. **2.** a) Verlängerung f (e-s Films etc), b) verlängerter Film etc, c) Künstler etc, dessen Engagement verlängert worden ist. **3.** sport später (im Ggs. zu e-m neu in die Mannschaft gekommenen) Spieler. **'~·up** s **1.** Verzögerung f, (a. Verkehrs)Stockung f. **2.** (bewaffneter) ('Raub),Überfall: **this is a** ~**!** das ist ein Überfall! **3.** Am. Wucher m.
**hole** [həʊl] **I** s **1.** Loch n: a ~ **in a contract** fig. im Schlupfloch od. e-e Lücke in e-m Vertrag; **full of** ~**s** a) durchlöchert, löch(e)rig, b) fig. fehlerhaft, ,wack(e)lig' (Theorie etc); **to make a** ~ **in** fig. a) ein Loch reißen in (Vorräte etc), b) j-s Ruf etc schaden, c) j-s Stolz etc verletzen, d) e-e Flasche anbrechen; **to pick** (od. **knock**) ~**s in** fig. a) an e-r Sache herumkritteln, b) ein Argument etc zerpflücken, c) j-m am Zeug flicken; **to wear one's socks into** ~**s** s-e Socken so lange tragen, bis sie Löcher haben; (**as**) **useless as a** ~ **in the head** colloq. ,so unnötig wie ein Kropf'; → ace 1, peg 1. **2.** Loch n, Grube f, Höhlung f. **3.** Höhle f, Bau m (e-s Tieres), Loch n (e-r Maus). **4.** tech. Loch n, Bohrung f, Öffnung f. **5.** colloq. a) a. ~ **in the wall** ,Loch' n, (Bruch)Bude' f, ,Kaff' n, ,Nest' n, ,Patsche' f, ,Klemme' f: **to be in a** ~ in der Klemme sein od. sitzen od. stecken; **to put in** (**get out of**) **a** ~ j-n hineinrutaten' (j-m ,aus der Patsche helfen'); **to be in the** ~ Schulden haben. **7.** Am. kleine Bucht. **8.** Golf: Loch n, Hole n: a) runde Vertiefung, in die der Ball geschlagen werden muß, b) (Spiel-)Bahn f: **in one As** n; → nineteenth 1. **9.** print. leere od. unbedruckte Stelle. **10.** sl. a) ,(Arsch)Loch' n, b) ,Loch' n (Vagina), c) ,Maul' n. **II** v/t **11.** a) ein Loch machen in (acc), b) durch'löchern. **12.** Bergbau: schrämen. **13.** ein Tier in s-e Höhle treiben. **14.** Golf: den Ball einlochen. **15.** ~ **up** Am. colloq. a) einsperren, b) fig. e-n Antrag etc ,auf Eis legen'. **III** v/i **16.** oft ~ **out** (Golf) einlochen: **to hole in one** ihm gelang ein As. **17.** meist ~ **up** a) sich in s-e Höhle verkriechen (Tier), b) bes. Am. colloq. sich verkriechen od. verstecken.
**,hole|-and-'cor·ner** adj **1.** heimlich, versteckt. **2.** zweifelhaft, anrüchig: **a** ~ **business.** ,~-**life** f. **'~proof** adj Am. **1.** zerreißfest. **2.** fig. unangreifbar, ,bombensicher'.
**hol·i·day** ['hɒlɪdeɪ; -deɪ; Am. 'hɑlə,deɪ] **I** s **1.** Feiertag m: → public 3. **2.** freier Tag, Ruhetag m: **to take a** ~ (sich) e-n Tag frei nehmen (→ 3); **to have a** ~ e-n freien Tag

haben; **to have a** ~ **from** s.th. fig. befreit sein von etwas, sich von etwas erholen können. **3.** meist pl bes. Br. Ferien pl, Urlaub m: **the Easter** ~**s** die Osterferien; ~ **with pay** bezahlter Urlaub; **to be on** ~ im Urlaub sein, Urlaub machen; **to go on** ~ in Urlaub gehen; **to have a** ~ Urlaub haben (→ 2); **to take a** ~ Urlaub nehmen, Urlaub machen. **4.** tech. Am. (beim Anstreichen) über'sehene u. freigelassene Stelle. **II** adj **5.** Feiertags...: ~ **clothes** Festtagskleidung f. **6.** bes. Br. Ferien..., Urlaubs...: ~ **camp** Feriendorf n mit organisiertem Unterhaltungsprogramm; ~ **course** Ferienkurs m; ~ **home** Ferienhaus n; **in a** ~ **mood** in Urlaubsstimmung. **III** v/i **7.** bes. Br. Urlaub machen. **'~·mak·er** s Urlauber(in).
**,ho·li·er-than-'thou** [,həʊlɪə(r)-] **I** s Phari'säer m. **II** adj phari'säisch, selbstgerecht.
**ho·li·ness** ['həʊlɪnɪs] s **1.** Heiligkeit f. **2.** Frömmigkeit f. **3.** Tugendhaftigkeit f. **4.** His H~ Seine Heiligkeit (der Papst).
**ho·lism** ['hɒlɪzm; bes. Am. 'həʊ-] s philos. Ho'lismus m (Lehre, die alle Erscheinungen des Lebens aus e-m ganzheitlichen Prinzip ableitet). **ho'lis·tic** adj (adv ~ally) **1.** philos. ho'listisch. **2.** ganzheitlich: ~ **medicine** Ganzheitsmedizin f.
**hol·la** ['hɒlə; Am. 'həlɑ] → halloo.
**hol·lan·daise** (**sauce**) [,hɒlən'deɪz; Am. ,hɑ-] s gastr. Sauce f hollan'daise.
**Hol·land·er** ['hɒləndə(r); Am. 'hɑ-] s **1.** Holländer(in). **2.** a. h~ Papierherstellung: Holländer m.
**Hol·lands** ['hɒləndz; Am. 'hɑ-], a. **Holland gin** s Ge'never m (niederländischer Wacholderschnaps).
**hol·ler** ['hɒlə; Am. 'hɑlər] colloq. **I** v/i schreien, brüllen: **to** ~ **for help** um Hilfe schreien; **to** ~ **at** s.o. j-n anbrüllen. **II** v/t a. ~ **out** etwas schreien, brüllen. **III** s Schrei m.
**hol·lo** ['hɒləʊ; Am. 'hɑləʊ; hɑ'ləʊ] (s: pl **-los**) → halloo.
**hol·low** ['hɒləʊ; Am. 'hɑləʊ] **I** s **1.** Höhle f, (Aus)Höhlung f, Hohlraum m: ~ **of the hand** hohle Hand; **to have** s.o. **in the** ~ **of one's hand** j-n völlig in s-r Gewalt haben; ~ **of the knee** Kniekehle f. **2.** Mulde f, Senke f, Vertiefung f. **3.** tech. a) Hohlkehle f, b) Gußblase f. **II** adj (adv ~ly) **4.** hohl, Hohl...: **to beat** s.o. ~ Br. colloq. j-n haushoch schlagen, sport a. j-n ,überfahren' od. ,vernaschen'; **he's got** ~ **legs** (od. a ~ **leg**) colloq. der kann essen, soviel er will, u. wird nicht dick. **5.** hohl, dumpf: ~ **sound**, ~ **voice**. **6.** fig. a) hohl, leer, b) falsch, unaufrichtig: → ring[2] 5. **7.** wertlos: ~ **victory**. **8.** hohl: ~ eingefallen: ~ **cheeks**, ~ **eyes**. **9.** leer, hungrig: **to feel** ~ Hunger haben. **III** adv **10.** hohl (a. fig.): **to ring** ~ a) hohl klingen (Versprechen etc), b) unglaubwürdig klingen (Protest etc). **IV** v/t oft ~ **out 11.** aushöhlen. **12.** tech. (aus)kehlen, ausnehmen, hohlbohren. **V** v/i oft ~ **out 13.** hohl werden.
**hol·low|back** s **1.** med. Hohlrücken m, -kreuz n. **2.** Buchbinderei: hohler Rücken. ~ **bit** s tech. Hohlmeißel m, -bohrer m. ~ **charge** s mil. Haft-Hohlladung f. **'~cheeked** adj hohlwangig. **'~eyed** adj hohläugig. **'~ground** adj tech. hohlgeschliffen. **'~heart·ed** adj fig. falsch, unaufrichtig.
**'hol·low·ness** s **1.** Hohlheit f (a. fig.). **2.** Dumpfheit f. **3.** fig. a) Leere f, b) Falschheit f.
**hol·low|square** s mil. Kar'ree n. ~ **tile** s tech. Hohlziegel m. **'~ware** s tiefes (Eß)Geschirr (Schüsseln etc) (Ggs. flatware).
**hol·ly** ['hɒlɪ; Am. 'hɑliː] s **1.** bot. Stech-

palme *f*. **2.** Stechpalmenzweige *pl od.*
-blätter *pl*. **3.** → holm oak. ~ **fern** *s bot*.
Lanzenförmiger Schildfarn.
'**hol·ly·hock** *s bot*. Stockrose *f*. ~ **rose** *s*
*bot*. Falsche Jericho-Rose. ~ **tree** *s bot*.
(*ein*) austral. Eibisch *m*.
**hol·ly oak** → holm oak.
'**Hol·ly·wood I** *s* Hollywood *n*: a) →
Anhang IV, b) *die amer. Filmindustrie*. **II**
*adj* Hollywood...: ~ **star**.
**holm**[1] [həʊm] *s* **1.** *Br*. Holm *m*, Werder *m*,
*n*. **2.** *bes. Br*. flaches, üppiges Uferland.
**holm**[2] [həʊm] → holm oak.
**hol·mi·um** ['hɒlmɪəm; *Am*. 'həʊmɪəm;
'hɔːl-] *s chem*. Holmium *n*.
**holm oak** *s bot*. Steineiche *f*.
**hol·o·caust** ['hɒləkɔːst; *Am*. 'hɑ-; 'həʊ-] *s*
**1.** Massenvernichtung *f*, -sterben *n*, (*bes*.
'Brand)Kata,strophe *f*: the **H~** *hist*. der
Holocaust (*Massenvernichtung der euro-
päischen Juden durch die Nationalsozia-
listen*). **2.** Brandopfer *n*.
**Hol·o·cene** ['hɒləʊsiːn; *Am*. 'həʊlə,siːn;
'hɑlə-] *s geol*. Holo'zän *n*, Al'luvium *n*.
**hol·o·gram** ['hɒləʊɡræm; *Am*. 'həʊlə-
,ɡræm; 'hɑlə-] *s phys*. Holo'gramm *n*
(*mit Hilfe der Holographie hergestellte
dreidimensionale Aufnahme von Gegen-
ständen*).
**hol·o·graph** ['hɒləʊɡrɑːf; -ɡræf; *Am*.
'həʊlə,ɡræf; 'hɑlə-] *adj u. s jur*. eigen-
händig geschrieben(e Urkunde). ,**hol-
o'graph·ic** [-ˈɡræfɪk] *adj* (*adv* ~**ally**) **1.**
*jur*. eigenhändig geschrieben: ~ **will. 2.**
*phys*. holo'graphisch. **ho·log·ra·phy**
[hɒ'lɒɡrəfɪ; *Am*. həʊ'lɑ-] *s phys*. Holo-
gra'phie *f* (*fotografisches Verfahren zum
Erzeugen räumlicher Bilder mittels Laser-
strahlen*).
**hol·o·mor·phic** [,hɒləʊ'mɔː(r)fɪk; *Am*.
,həʊlə-; ,hɑlə-] *adj math*. holo'morph
(*Funktion*). ,**hol·o'phras·tic** [-ˈfræstɪk]
*adj ling*. holo'phrastisch: a) *aus* [1]*einem
Wort bestehend (Satz)*, b) *mehrere Satz-
teile zu e-m einzigen Wort zs.-fassend
(Sprache)*. ,**hol·o'phyt·ic** [-ˈfɪtɪk] *adj*
*zo*. holo'phytisch, rein pflanzlich (*Er-
nährungsweise*).
**hol·o·thu·ri·an** [,hɒləʊ'θjʊərɪən; *Am*.
,həʊlə'θʊrɪən; ,hɑlə-] *s zo*. Holo'thurie *f*,
Seewalze *f*, Seegurke *f*.
**hol·ster** ['həʊlstə(r)] *s* (Pi'stolen)Halfter
*f, n*.
**holt** [həʊlt] *s obs. od. poet*. **1.** Gehölz *n*. **2.**
bewaldeter Hügel.
**ho·lus-bo·lus** [,həʊləs'bəʊləs] *adv*
*colloq*. a) ganz u. gar, b) plötzlich, schlag-
artig.
**ho·ly** ['həʊlɪ] **I** *adj* **1.** heilig, (*Hostie etc*)
geweiht: ~ **cow** (*od.* **mackerel, smoke**)!
*colloq*. ,heiliger Strohsack *od.* Bimbam!'
**2.** fromm. **3.** tugendhaft, gottgefällig. **II**
*s* **4.** the ~ **of holies** *Bibl*. das Allerhei-
ligste (*a. fig.*). **H~ Al·li·ance** *s hist*. (die)
Heilige Alli'anz. **H~ Bi·ble** *s relig*. Bibel
*f*. ~ **bread** *s relig*. Abendmahlsbrot *n*,
Hostie *f*. **H~ Cit·y** *s relig*. (die) Heilige
Stadt. **H~ Com·mun·ion** → com-
munion **6.** ,**H~-'Cross Day** *s relig*.
(Fest *n* der) Kreuzerhöhung (*14. Sep-
tember*). ~ **day** *s relig*. kirchlicher Fest-
tag. **H~ Fam·i·ly** *s relig*. (die) Heilige
Fa'milie. **H~ Fa·ther** *s R.C.* (der) Hei-
lige Vater. **H~ Ghost** *s relig*. (der) Hei-
lige Geist. ~ **grass** *s bot*. (*ein*) Ma'rien-
gras *n*. ~ **herb** *s bot*. **1.** Eisenkraut *n*. **2.**
Ba'silienkraut *n*. **H~ Joe** *s colloq*. **1.**
,Pfaffe' *m*. **2.** Frömmler *m*. **H~ Land** *s*
*relig*. (das) Heilige Land. **H~ Of·fice** *s*
*R.C.* a) (das) Heilige Of'fizium, b) *hist*.
(*die*) Inquisiti'on. ~ **or·ders** → order
**20** b. **H~ Roll·er** *s relig*. Mitglied e-r
nordamer. Sekte, deren Gottesdienste oft
zur Ekstase führen. **H~ Ro·man Em-
pire** *s hist*. (das) Heilige Römische Reich

(Deutscher Nati'on). **H~ Rood** *s relig*.
Kreuz *n* (Christi). **H~ Sat·ur·day** *s*
*relig*. Kar'samstag *m*. **H~ Scrip·ture** *s*
*relig*. (die) Heilige Schrift. **H~ See** *s R.C.*
(der) Heilige Stuhl. **H~ Spir·it** → Holy
Ghost. ~ **stone** *mar*. **I** *s* Scheuerstein *m*.
**II** *v/t u. v/i* (mit dem Scheuerstein)
scheuern. ~ **ter·ror** *s colloq*. ,Nerven-
säge' *f*. **H~ Thurs·day** *s relig*. **1.** Grün-
'donnerstag *m*. **2.** anglikanische Kirche:
Himmelfahrtstag *m*. **H~ Trin·i·ty** *s*
*relig*. (die) Heilige Drei'faltigkeit *od*.
Drei'einigkeit. ~ **war** *s relig*. heiliger Krieg. ~
**wa·ter** *s relig*. Weihwasser *n*. **H~ Week**
*s relig*. Karwoche *f*. **H~ Writ** *s relig*. (die)
Heilige Schrift.

**hom·age** ['hɒmɪdʒ; *Am*. 'hɑmɪdʒ;
'ɑmɪdʒ] *s* **1.** *hist*. Huldigung *f*, *fig. a*.
Reve'renz *f*, Anerkennung *f*: to **pay**
(*od.* **do**) ~ to s.o. j-m huldigen, j-m
(die *od.* s-e) Reverenz erweisen *od.* be-
zeigen, j-m Anerkennung zollen. **2.** *jur.
hist*. a) Lehnspflicht *f*, b) Lehnseid *m*.
'**hom·ag·er** *s hist*. Lehnsmann *m*, Va-
'sall *m*.
**Hom·burg (hat)** ['hɒmbɜːɡ; *Am*. 'hɑm-
,bɜrɡ] *s* Homburg *m* (*Herrenfilzhut*).
**home** [həʊm] **I** *s* **1.** Heim *n*: a) Haus *n*,
(*eigene*) Wohnung, b) Zu'hause *n*, Da-
'heim *n*, c) Elternhaus *n*: at ~ zu Hause,
daheim (*beide a. sport*) (→ 2); at ~ in (*od*.
**on, with**) zu Hause in (*e-m Fachgebiet
etc*), bewandert in (*dat*), vertraut mit; **not**
**at** ~ (to s.o.) nicht zu sprechen (für j-n);
to **feel at** ~ sich wie zu Hause fühlen; to
**make o.s. at** ~ es sich bequem machen;
tun, als ob man zu Hause wäre; **he made
his** ~ **at** er ließ sich in (*dat*) nieder; to
**leave** ~ von zu Hause fortgehen; **away
from** ~ abwesend, verreist, *bes. sport*
auswärts; **a ~ from** ~ ein Ort, an dem man
sich wie zu Hause fühlt; **pleasures of** ~
häusliche Freuden. **2.** Heimat *f* (*a. bot.,
zo. u. fig.*), Geburts-, Vaterland *n*: the **US
is the** ~ **of baseball** die USA sind die
Heimat des Baseball; **at** ~ a) im Lande, in
der Heimat, b) im Inland, daheim, c) im
(*englischen*) Mutterland (→ 1); **at** ~ **and
abroad** im In- u. Ausland; **Paris is his**
**second** ~ Paris ist s-e zweite Heimat;
**spiritual** ~ geistige Heimat; **a letter
from** ~ ein Brief aus der Heimat *od*.
zu Hause. **3.** (ständiger *od.* jetziger)
Wohnort, Heimatort *m*. **4.** Zufluchtsort
*m*: **last** (*od.* **long**) ~ letzte Ruhestätte. **5.**
Heim *n*: ~ **for the aged** Alters-, Alten-
heim; ~ **for the blind** Blindenheim,
-anstalt *f*; ~ **children, orphan** I. **6.**
*sport* a) Ziel *n*, b) ~ **home plate. 7.** *sport*
a) Heimspiel *n*, b) Heimsieg *m*.
**II** *adj* **8.** Heim...: a) häuslich, b) zu
Hause ausgeübt: ~ **circle** Familienkreis
*m*; ~ **life** häusliches Leben, Familien-
leben *n*; ~ **mechanic** Bastler *m*, Heim-
werker *m*; ~ **remedy** Hausmittel *n*. **9.**
Heimat...: ~ **city**; ~ **port**; ~ **academy**
heimatliche Hochschule; ~ **address**
Heimat- *od.* Privatanschrift *f*; ~ **fleet**
*mar*. Flotte *f* in Heimatgewässern; ~
**forces** *mil*. im Heimatland stationierte
Streitkräfte; ~ **waters** *mar*. heimatliche
Gewässer. **10.** einheimisch, inländisch,
Inlands..., Binnen...: ~ **affairs** *pol*. innere
Angelegenheiten, Innenpolitik *f*; ~ **de-
mand** *econ*. Inlandsbedarf *m*; ~ **market**
*econ*. Inlands-, Binnenmarkt *m*; ~ **trade**
*econ*. Binnenhandel *m*. **11.** *sport* a)
Heim...: ~ **advantage** (**defeat, game,
team, win,** *etc*); ~ **strength** Heimstärke
*f*; ~ **weakness** Heimschwäche *f*, b)
Ziel...: → **home straight, home-
stretch. 12.** *tech*. Normal...: ~ **position.**
**13.** Rück...: ~ **freight. 14.** a) gezielt,
wirkungsvoll (*Schlag etc*), b) *fig*. treffend,
beißend (*Bemerkung etc*): ~ **question**

gezielte *od.* peinliche Frage; → **home**
**thrust, home truth.**
**III** *adv* **15.** heim, nach Hause: **the way**
~ der Heimweg; to **go** ~ heimgehen, nach
Hause gehen (→ 17); to **take** ~ netto
verdienen *od.* bekommen; **that's noth-
ing to write** ~ **about** *colloq*. das ist nichts
Besonderes *od.* ,nicht so toll', darauf
brauchst du dir nichts einzubilden. **16.** zu
Hause, da'heim: **welcome** ~!; to **be** ~
**and dry** *Br. colloq*. a) in Sicherheit sein,
b) hundertprozentig sicher sein. **17.** *fig*.
a) ins Ziel *od.* Schwarze, b) im Ziel, im
Schwarzen, c) bis zum Ausgangspunkt,
d) soweit wie möglich, ganz: to **bring**
(*od.* **drive**) **s.th.** ~ **to** s.o. j-m etwas
klarmachen *od.* beibringen *od.* zum Be-
wußtsein bringen *od.* vor Augen führen;
to **bring a charge** ~ **to** s.o. j-n überfüh-
ren; to **drive a nail** ~ e-n Nagel fest
einschlagen; to **go** (*od.* **get, strike**) ~
,sitzen', treffen, s-e Wirkung tun (→ 15);
**the thrust went** ~ der Hieb saß.
**IV** *v/i* **18.** *bes. zo*. zu'rückkehren. **19.**
*aer*. a) (*mittels Leitstrahl*) das Ziel anflie-
gen: to ~ **on** (*od.* **in**) **a beam** e-m Leit-
strahl folgen, b) auto'matisch auf ein Ziel
zusteuern (*Rakete*): to ~ **in on** ein Ziel
automatisch ansteuern, *fig*. sich sofort
*etwas* herausgreifen.
**V** *v/t* **20.** Flugzeug (*mittels Radar*) ein-
weisen, ,her'unterholen'.
,**home-and-'home** *adj sport Am*. in
Vor- u. Rückspiel ausgetragen. ~
'**baked** *adj* selbstgebacken: ~ **bread.** ~
**base** → home plate. ~ **bird,** *Am*. '~
,**bod·y** *s colloq*. häuslicher Mensch,
*contp*. Stubenhocker(in): **I'm a** ~ ich
bin am liebsten zu Hause. '~**born** *adj*
einheimisch. '~**bound** *adj* ans Haus
gefesselt: **a** ~ **invalid.** '~**bred** *adj* **1.**
einheimisch. **2.** *obs*. hausbacken,
schlicht, einfach. ~**brew** *s* selbstge-
brautes Getränk, *bes*. selbstgebrautes
Bier. ~**brewed** *adj* selbstgebraut. ~
**built I** *adj* selbstgebaut, -gebastelt. **II**
*s* selbstgebautes Mo'dell. '~**com·ing** *s*
Heimkehr *f*. ~ **com·put·er** *s* 'Heim-
com,puter *m*. ~ **con·tents** *s pl* Hausrat
*m*: ~ **insurance** Hausratsversicherung *f*.
**H~ Coun·ties** *s pl die an London an-
grenzenden Grafschaften*. ~ **e·co·nom-
ics** *s pl* (*meist als sg konstruiert*) Haus-
wirtschaft(slehre) *f*. ~ **ex·er·cis·er** *s*
Heimtrainer *m*. ~ **front** *s* Heimatfront *f*
(*im Krieg*). ~ **ground** *s sport* eigener
Platz: to **be on** ~ *fig*. sich auf vertrautem
Gelände bewegen. ~**grown** *adj* a)
selbstangebaut (*Obst, Tabak*), (*Gemüse
a.*) selbstgezogen, b) einheimisch. ~
**guard** *s mil*. Bürgerwehr *f*. ~ **help** *s Br*.
Haushaltshilfe *f* (*Sozialarbeiterin*). ~
**im·prove·ment** *s* 'Eigenheimmoder-
ni,sierung *f*. ~ **in·dus·try** *s econ*. **1.**
'Heimindu,strie *f*. **2.** 'Heimindu-
,strie *f*. '~**keep·ing** *adj* häuslich, *contp*.
stubenhockerisch. '~**land** *s* **1.** Heimat-,
Vaterland *n*: the **H~** das Mutterland
(*England*). **2.** Homeland *n* (*in der Republik
Südafrika den verschiedenen farbigen Be-
völkerungsgruppen zugewiesenes Sied-
lungsgebiet*).
'**home·less** *adj* **1.** heimatlos. **2.** obdach-
los: **thousands were left** ~ Tausende
wurden obdachlos.
'**home·like** *adj* wie zu Hause, gemütlich,
anheimelnd: **a** ~ **atmosphere; a** ~ **meal**
ein Essen ,wie ,bei Muttern'.
**home·li·ness** ['həʊmlɪnɪs] *s* **1.** Freund-
lichkeit *f*. **2.** Einfachheit *f*. **3.** Gemütlich-
keit *f*. **4.** Unscheinbarkeit *f*, Reizlosigkeit
*f*. '**home·ly** *adj* **1.** freundlich (*with* zu).
**2.** vertraut. **3.** einfach: **a** ~ **meal;** ~
**people. 4.** → homelike. **5.** *Am*. un-
scheinbar, reizlos: **a** ~ **girl.**

**ˌhome|ˈmade** *adj* **1.** haus-, selbstgemacht, Hausmacher...: ~ **bread** selbstgebackenes Brot; ~ **bomb** selbstgebastelte Bombe. **2.** *econ.* a) inländisch, einheimisch, im Inland (hergestellt, b) hausgemacht: ~ **inflation**. **ˈ~ˌmak·er** *s Am.* **1.** Hausfrau *f.* **2.** Faˈmilienpflegerin *f.* **ˈ~ˌmak·ing** *s Am.* Haushaltsführung *f.* ~ **mis·sion** *s relig.* Innere Missiˈon.

**homeo-** → homoeo-.

**home|of·fice** *s* **1.** H~ O~ *pol. Br.* ˈInnenminiˌsterium *n.* **2.** *bes. econ. Am.* Hauptsitz *m,* Zenˈtrale *f.* ~ **plate** *s Baseball:* Heimbase *n.*

**hom·er** [ˈhəʊmə(r)] *s* **1.** *colloq. für* home run. **2.** Brieftaube *f.* **3.** *sport* Heimschiedsrichter *m.*

**Ho·mer·ic** [həʊˈmerɪk] *adj* hoˈmerisch: ~ **laughter** homerisches Gelächter.

**home|rule** *s pol.* a) ˈSelbstreˌgierung *f,* -verwaltung *f,* b) H~ R~ *hist.* Homerule *f* (*in Irland*). ~ **run** *s Baseball:* Homerun *m* (*Lauf über alle 4 Male*). **H~ Secˈre·tar·y** *s pol. Br.* ˈInnenmiˌnister *m.* **ˈ~ˌsick** *adj* heimwehkrank: to be ~ Heimweh haben. **ˈ~ˌsick·ness** *s* Heimweh *n.* ~ **sig·nal** *s rail.* a) ˈHauptsiˌgnal *n,* b) ˈEinfahrt(s)siˌgnal *n.* **ˈ~ˌspun I** *adj* **1.** zu Hause gesponnen, selbstgesponnen. **2.** *fig.* schlicht, einfach. **3.** Homespun...: ~ **garments. II** *s* **4.** Homespun *n:* a) dickes, grobes Streichgarn, b) grobfädiges, handwebeartiges Streichgarngewebe in Leinwand- od. Köperbindung. **ˈ~ˌstead** [ˈhəʊmsted; -stɪd] **I** *s* **1.** Heimstätte *f,* Gehöft *n.* **2.** *jur. (in USA)* 160 acres große, vom Staat den Siedlern verkaufte Grundparzelle, b) gegen den Zugriff von Gläubigern geschützte Heimstätte: ~ **law** Heimstättengesetz *n.* **II** *v/t* **3.** *jur. (in USA)* e-e Parzelle als Heimstätte erwerben. **ˈ~ˌstead·er** *s* Heimstättenbesitzer(in). ~ **straight, ˈ~ˌstretch** *s sport* Zielgerade *f:* to be on the ~ *fig.* kurz vor dem Ziel stehen. ~ **teach·er** *s Br. Lehrer(in), der/die kranke od. behinderte Kinder zu Hause unterrichtet.* ~ **thrust** *s fig.* gezielter Hieb, beißende Bemerkung: that was a ~ das hat ˌgesessen'. **ˈ~ˌtown** *s* Heimatstadt *f.* ~ **truth** *s* harte od. peinliche Wahrheit, unbequeme Tatsache.

**ˈhome·ward I** *adv* heimwärts, nach Hause: → **bound²**. **II** *adj* Heim..., Rück...: ~ **journey,** ~ **freight** Rückfracht *f.*

**ˈhome·wards** → homeward I.

**ˈhome|ˌwork** *s* **1.** *econ.* Heimarbeit *f.* **2.** *ped.* Schularbeit(en *pl*) *f,* Hausaufgabe(n *pl*) *f:* to do one's ~ s-e Hausaufgaben machen (*a. fig.*). **ˈ~ˌwork·er** *s econ.* Heimarbeiter(in). **ˈ~ˌwreck·er** *s Am.* j-d, der e-e Ehe zerstört.

**home·y** *bes. Am. für* homy.

**hom·i·cid·al** [ˌhɒmɪˈsaɪdl; *Am.* ˌhɑmə-; ˌhəʊmə-] *adj* **1.** mörderisch, mordlustig. **2.** Mord..., Totschlags...: ~ **attempt** versuchte Tötung. **ˈhom·i·cide** *s* **1.** *jur.* Tötung *f:* a) Mord *m,* b) Totschlag *m:* ~ **by misadventure** *Am.* Un(glücks)fall *m* mit Todesfolge; **felonious** ~ *Am.* Tötung als Verbrechen; **justifiable** ~ rechtmäßige Tötung (*im Strafvollzug etc*); **negligent** ~ fahrlässige Tötung; ~ **squad** Mordkommission *f.* **2.** a) Mörder(in), b) Totschläger(in).

**hom·i·let·ic** [ˌhɒmɪˈletɪk; *Am.* ˌhɑmə-] *adj relig.* (~ **ally**) homiˈletisch. **II** *s pl* (*a. als sg konstruiert*) Homiˈletik *f* (*Geschichte u. Theorie der Predigt*).

**hom·i·list** [ˈhɒmɪlɪst; *Am.* ˈhɑmə-] *s relig.* **1.** j-d, der e-e Homilie hält. **2.** Verfasser *m* von Homiˈlien.

**hom·i·ly** [ˈhɒmɪlɪ; *Am.* ˈhɑməliː] *s* **1.** *relig.* Homiˈlie *f* (*Predigt in der Form der Aus-*

legung e-s Bibeltextes, die e-e praktische Anwendung auf das Leben enthält). **2.** *fig.* Moˈralpredigt *f:* to give s.o. a ~ j-m e-e Moralpredigt halten.

**hom·i·nes** [ˈhɒmɪniːz; *Am.* ˈhɑmə-] *pl von* homo 1.

**hom·ing** [ˈhəʊmɪŋ] **I** *adj* **1.** zuˈrückkehrend: ~ **pigeon** Brieftaube *f;* ~ **instinct** *zo.* Heimkehrvermögen *n.* **2.** *mil.* zielansteuernd (*Rakete, Torpedo*). **II** *s* **3.** *aer.* a) Zielflug *m,* b) Zielpeilung *f,* c) Rückflug *m:* ~ **beacon** Zielflugfunkfeuer *n;* ~ **device** Zielfluggerät *n.*

**hom·i·nid** [ˈhɒmɪnɪd; *Am.* ˈhɑmə-] *zo.* **I** *adj* menschenartig. **II** *s* Homiˈnid(e) *m,* menschenartiges Wesen.

**hom·i·ni·za·tion** [ˌhɒmɪnaɪˈzeɪʃn; *Am.* ˌhɑmənəˈz-] *s biol.* Hominatiˈon *f,* Menschwerdung *f.*

**hom·i·noid** [ˈhɒmɪnɔɪd; *Am.* ˈhɑmə-] *adj u. s zo.* menschenähnlich(es Tier).

**hom·i·ny** [ˈhɒmɪnɪ] *s Am.* **1.** Maismehl *n.* **2.** Maisbrei *m.*

**ho·mo** [ˈhəʊməʊ] (*Lat.*) *s* **1.** *pl* **hom·i·nes** [ˈhɒmɪniːz; *Am.* ˈhɑmə-] Homo *m,* Mensch *m.* **2.** *pl* **-mos** *colloq.* ˌHomo' *m* (*Homosexueller*).

**homo-** [ˈhəʊməʊ] → homoeo-.

**ho·mo·cen·tric** *adj* (~ **ally**) *math.* homoˈzentrisch (*von ˈeinem Punkt ausgehend od. in ˈeinem Punkt zs.-laufend*) (*Strahlenbündel*).

**ˌho·mo·chroˈmat·ic** *adj phys.* monochroˈmatisch, einfarbig.

**homoeo-** [ˈhəʊmjəʊ; -mɪəʊ] *Wortelement mit der Bedeutung* gleich(artig).

**ˌho·moe·oˈmor·phic** [-ˈmɔː(r)fɪk], **ˌho·moe·oˈmor·phous** *adj* **1.** *chem. med.* homöoˈmorph (*gleichgestaltig, von gleicher Form u. Struktur*). **2.** → isoˈmorphic b.

**ho·moe·o·path** [ˈhəʊmjəʊpæθ; -mɪə-] *s med.* Homöoˈpath *m.* **ˌho·moe·oˈpath·ic** [ˌhəʊmɪˈɒpəθɪst; *Am.* -ˈɑp-] *s Am.* homoeopath. **ˌho·moe·opˈa·thy** *s* Homöopaˈthie *f* (*Heilverfahren, bei dem der Kranke mit kleinsten Dosen von Mitteln behandelt wird, die beim Gesunden die gleichen Krankheitserscheinungen hervorrufen würden*).

**ˌho·moe·oˈsta·sis** *s* Homöoˈstase *f,* Homöostaˈsie *f,* Homöoˈstasis *f:* a) *biol.* Eigenschaft von Organismen, bestimmte physiologische Größen in zulässigen Grenzen konstant zu halten, b) *sociol.* hohe Stabilität e-r sozialen Organisation, die trotz sich wandelnder innerer u. äußerer Störeinflüsse aufrechterhalten wird, c) (*Kybernetik*) Aufrechterhaltung des Systemgleichgewichts.

**ˌho·mo·eˈrot·ic** *adj* (~ **ally**) homoeˈrotisch. **ˌho·mo·eˈrot·i·cism,** *bes. Am.* **ˌho·moˈer·o·tism** *s* Homoeˈrotik *f* (*auf das eigene Geschlecht gerichtete Erotik*).

**ho·mog·a·my** [hɒˈmɒgəmɪ; *Am.* həʊˈmɑ-] *s bot.* Homogaˈmie *f* (*gleichzeitige Reife von Narbe u. Staubgefäßen bei zwittrigen Blütenpflanzen, die e-e Selbstbefruchtung ermöglicht*).

**ho·mo·ge·ne·i·ty** [ˌhɒməʊdʒəˈniːətɪ; *bes. Am.* ˌhəʊmə-] *s* Homogeniˈtät *f,* Gleichartigkeit *f.* **ˌho·moˈge·ne·ous** [-ˈdʒiːnjəs; -ɪəs] *adj* (~ **ly**) homoˈgen, gleichartig.

**ho·mog·e·ni·za·tion** [hɒˌmɒdʒənaɪˈzeɪʃn; *Am.* həʊˌmɑdʒənəˈz-] *s chem.* Homogeniˈsierung *f* (*a. fig.*). **hoˈmog·e·nize** *v/t* homogeniˈsieren.

**ho·mog·e·nous** [hɒˈmɒdʒənəs; *Am.* həʊˈmɑ-] *adj* **1.** → homogeneous. **2.** → homological a. **hoˈmog·e·ny** *s* **1.** → homogeneity. **2.** *biol.* Homoloˈgie *f.*

**hom·o·graph** [ˈhɒməʊgrɑːf; -græf; *Am.* ˈhɑməˌgræf; ˈhəʊ-] *s ling.* Homoˈgraph *n* (*Wort, das sich in der Aussprache von e-m anderen gleichgeschriebenen Wort unterscheidet*). **ˌhom·o·ˈgraph·ic** *adj* (~ **ally**) homoˈgraphisch. **ho·mog·ra·phy** [hɒˈmɒgrəfɪ; *Am.* həʊˈmɑ-] *s* Homograˈphie *f.*

**homoio-** [həʊˈmɔɪə] → homoeo-.

**hom·o·log** *Am.* → homologue.

**ho·mol·o·gate** [hɒˈmɒləgeɪt; *Am.* həʊˈmɑ-; həˈmɑ-] *v/t* **1.** a) genehmigen, b) beglaubigen, c) *jur. Scot.* e-n (*anfechtbaren*) Vertrag, e-e (*anfechtbare*) Urkunde bestätigen. **2.** *sport* homoloˈgieren: a) (*Serienwagen od. deren Einzelteile*) in die internationale Zulassungsliste für Rennwettbewerbe aufnehmen, b) (*e-e Rennstrecke*) nach den Normen des Internationalen Skiverbandes anlegen.

**ˌho·moˈlog·i·cal** *adj* (~ **ly**); **ho·mol·o·gous** [hɒˈmɒləgəs; *Am.* həʊˈmɑ-] *adj* homoˈlog: a) *biol.* stammesgeschichtlich übereinstimmend, von entwicklungsgeschichtlich gleicher Herkunft, b) *math.* gleichliegend, entsprechend, c) *chem.* gesetzmäßig aufeinanderfolgend. **hom·o·logue** [ˈhɒmɒlɒg; *Am.* ˈhɑməˌlɔːg; ˈhɑmə-; -ˌlɑg] *s* **1.** *biol.* homoˈloges Organ. **2.** *chem.* homoˈloge Verbindung. **ho·mol·o·gy** [-dʒɪ] *s* Homoloˈgie *f.*

**ˌho·mo·morˈphism** [-ˈmɔː(r)fɪzəm] *s math.* Homomorˈphismus *m* (*Abbildung e-r algebraischen Struktur auf e-e andere mit eindeutig einander zugeordneten, zweistelligen inneren Verknüpfungen*).

**hom·o·nym** [ˈhɒməʊnɪm; *Am.* ˈhɑmˌnɪm; ˈhɑʊ-] *s* **1.** *ling.* Homoˈnym *n* (*Wort, das mit e-m anderen lautlich u. von der Buchstabenfolge her identisch ist, aber e-e andere Bedeutung u. Herkunft hat*). **2.** Namensvetter(in). **3.** *biol.* gleichlautende Benennung für verschiedene Gattungen etc. **hom·oˈnym·ic** *adj;* **ho·mon·y·mous** [hɒˈmɒnɪməs; *Am.* həʊˈmɑ-] *adj* (~ **ly**) *ling.* homoˈnym.

**hom·o·phile** [ˈhɒməʊfaɪl; *bes. Am.* ˈhɑmə-] **I** *adj* homoˈsexuˈell. **II** *s* Homoˈphile(r *m*) *f,* Homosexuˈelle(r *m*) *f.*

**hom·o·phone** [ˈhɒməʊfəʊn; *Am.* ˈhɑmə-; ˈhəʊmə-] *s ling.* Homoˈphon *n* (*Wort, das mit e-m anderen gleich lautet, aber verschieden geschrieben wird*). **ˌhom·oˈphon·ic** [-ˈfɒnɪk; *Am.* -ˈfɑ-] *adj* (~ **ally**); **ho·moph·o·nous** [hɒˈmɒfənəs; *Am.* həʊˈmɑ-] *adj* **1.** *ling.* homoˈphon, ˈgleichlautend. **2.** *mus.* homoˈphon, akˈkordisch (*Satzweise*). **hoˈmoph·o·ny** *s* **1.** *ling.* Homophoˈnie *f.* **2.** *mus.* Homophoˈnie *f:* a) Uniˈsono *n,* Monoˈdie *f,* b) homoˈphone od. akˈkordische Satzweise. **3.** *mus.* homoˈphoner Satz.

**ho·mo·plas·ty** [ˈhɒməʊplæstɪ; *Am.* ˈhɑmə-; ˈhəʊmə-] *s med.* Homotransplantatiˈon *f,* Homoˈplastik *f* (*operativer Ersatz verlorengegangenen Gewebes durch arteigenes*).

**ho·mop·ter·a** [həʊˈmɒptərə; hɒˈm-; *Am.* həʊˈmɑp-] *s pl zo.* Gleichflügler *pl* (*Insekten*).

**ho·mor·gan·ic** [ˌhɒmɔː(r)ˈgænɪk; *bes. Am.* ˌhəʊm-; *Am. a.* ˌhɑm-] *adj ling.* homorˈgan (*an genau od. ungefähr derselben Artikulationsstelle gebildet*) (*Laut*).

**Ho·mo sa·pi·ens** [ˌhəʊməʊˈsæpɪenz; -ˈseɪ-] *s* Homo *m* sapiens (*Angehöriger e-r Art der Gattung Homo, die vom heutigen Menschen repräsentiert wird*).

**ˌho·moˈsex·u·al I** *adj* (~ **ly**) homoˈsexuˈell: a) sexuell auf das eigene Geschlecht ausgerichtet, b) die Homosexualität betreffend. **II** *s* Homosexuˈelle(r *m*) *f.*

**ho·mo·sex·u·al·i·ty** s Homosexuali-
'tät f.

**ho·mo·typ·al** [ˌhɒməʊˈtaɪpl; Am.
ˌhəʊməˌˌhəmə-] → homotypic. **hom-
o·type** [-taɪp] s biol. homoˈtypes Orˈgan.
**ˌho·moˈtyp·ic** [-ˈtɪpɪk] adj biol. homo-
ˈtyp (mit e-m Gegenstück auf der anderen
Körperseite) (Organ).
**ˌho·moˈzy·gote** s biol. Homozyˈgot m.
**ˌho·moˈzy·gous** [-ˈzaɪgəs] adj biol. ho-
mozyˈgot, rein-, gleicherbig.
**ho·mun·cu·lar** [hɒˈmʌŋkjʊlə(r); Am.
həʊ-] adj hoˈmunkulusähnlich. **ho-
ˈmun·cule** [-kjuːl] s, **ho·ˈmun·cu·lus**
[-kjʊləs] pl **-cu·li** [-laɪ] s 1. Hoˈmunkulus
m (künstlich erzeugter Mensch). 2.
Menschlein n, Knirps m.
**hom·y** [ˈhəʊmɪ] adj colloq. gemütlich,
behaglich.
**ho·nan** [ˌhəʊˈnæn] s Honan(seide f) m.
**hon·cho** [ˈhɒntʃəʊ] pl **-chos** s Am. sl.
ˌOberˈmenschˈ m, ˈBoßˈ m.
**hone¹** [həʊn] **I** s 1. tech. (feiner) Schleif-
stein. **II** v/t 2. tech. honen, fein-, zieh-
schleifen. 3. a. ~ **down** fig. ausfeilen.
**hone²** [həʊn] v/i dial. 1. sich sehnen (for,
after nach). 2. klagen, jammern.
**hon·est** [ˈɒnɪst; Am. ˈɑnəst] **I** adj 1. ehr-
lich: a) redlich, rechtschaffen: **an ~ man**;
**(as) ~ as the day is ~** colloq. ˌkreuz-
ehrlichˈ, b) offen, aufrichtig: **an ~ face**;
→ Injun. 2. humor. wacker, bieder. 3.
ehrlich verdient: ~ **wealth**; **to earn** (od.
**turn**) **an ~ penny** ehrlich od. auf ehr-
liche Weise sein Brot verdienen. 4. echt,
reˈell: ~ **goods**. 5. obs. ehrbar, tugend-
haft: **to make an ~ woman of** (durch
Heirat) zur ehrbaren Frau machen. **II**
adv → honestly **I**. **III** interj → honestly
**II**. **ˈhon·est·ly I** adv 1. → honest 1, 2, 5.
2. ehrlich, auf ehrliche Weise. **II** interj
colloq. 3. (empört od. überrascht) (nein
also) wirklich! 4. (beteuernd) ganz be-
stimmt!, ehrlich! 5. offen gesagt!
**ˌhon·estˈ-to-ˈGod, ~-to-ˈgood·ness**
adj colloq. ˌrichtigˈ, ˌwirklichˈ.
**hon·es·ty** [ˈɒnɪstɪ; Am. ˈɑnəstɪ:] s 1. Ehr-
lichkeit f: a) Redlichkeit f, Rechtschaf-
fenheit f: ~ **is the best policy** ehrlich
währt am längsten, b) Offenheit f, Auf-
richtigkeit f. 2. obs. Ehrbarkeit f, Tu-
gendhaftigkeit f. 3. bot. ˈMondviˌole f.
**hon·ey** [ˈhʌnɪ] **I** s 1. Honig m: **(as) sweet
as ~** honigsüß (a. fig.); **with ~ in one's
voice** mit honigsüßer Stimme, honig-
süß. 2. bot. Nektar m. 3. bes. Am. colloq.
Liebling m, Schatz m. 4. bes. Am. colloq.
**to be a (real) ~** (einfach) ˌKlasseˈ od.
ˌSpitzeˈ sein; **a ~ of a car** ein ˌklasseˈ
Wagen. **II** adj 5. (honig)süß. 6. honig-
farben, -gelb. **III** v/t pret u. pp **hon-
eyed, ˈhon·ied** 7. (mit Honig) süßen.
8. oft ~ **up** j-m ˌHonig um den Mund od.
ums Maul od. um den Bart schmierenˈ,
j-m schmeicheln. **IV** v/i 9. **to ~ (up)** →
8. **~ badg·er** → ratel. **~ bag** → honey
sac. **ˈ~bee** s zo. Honigbiene f. **~ bird** s
orn. 1. → honey guide. 2. → honey
eater. **ˈ~bun, ˈ~bunch** colloq. für
honey 3. **~ buz·zard** s orn. Wespen-
bussard m.
**hon·ey·comb** [ˈhʌnɪkəʊm] **I** s 1. Honig-
wabe f, -scheibe f. 2. etwas Wabenför-
miges, z. B. a) Waffelmuster n (Gewebe):
**(quilt)** Waffeldecke f, b) metall. Lunker
m, (Guß)Blase f. 3. a. ~ **stomach** zo.
Netzmagen m. **II** v/t 4. (wabenartig)
durchˈlöchern. 5. fig. durchˈsetzen (with
mit). **III** adj 6. a. tech. Waben...: ~
**radiator**; ~ **winding**; ~ **coil** electr. (Ho-
nig)Wabenspule f. **ˈhon·ey·combed**
[-kəʊmd] adj 1. (wabenartig) durchˈlö-
chert, löcherig, zellig. 2. metall. blasig. 3.
wabenartig gemustert. 4. fig. **(with)** a)
durchˈsetzt (mit), b) unterˈgraben (durch).

**ˈhon·eyˈ·dew** s 1. bot. Honigtau m,
Blatthonig m: ~ **melon** Honigmelone f.
2. mit Meˈlasse gesüßter Tabak. **~eat·er**
s orn. Honigfresser m.
**hon·eyed** [ˈhʌnɪd] adj 1. voller Honig. 2.
honigsüß (a. fig.).
**hon·ey| ex·trac·tor** s Honigschleuder
f. **ˈ~flow** s (Bienen)Tracht f. **~ guide** s
orn. Honiganzeiger m, -kuckuck m.
**ˈ~moon I** s a) Flitterwochen pl, b) a. ~
**trip** Hochzeitsreise f, c) fig. Zeit f der
anfänglichen Harmoˈnie. **II** v/i a) in den
Flitterwochen sein, b) s-e Hochzeitsreise
machen: **they are ~ing in Scotland** sie
verbringen ihre Flitterwochen in Schott-
land; **they are in Scotland on their Hoch-
zeitsreise. III** adj a) für Hochzeitsrei-
sende: **a ~ resort**, b) in den Flitter-
wochen, auf Hochzeitsreise: **a ~ couple**.
**ˈ~moon·er** s a) ˌFlitterwöchnerˈ m, b)
Hochzeitsreisende(r m) f. **~ sac** s zo.
Honigmagen m (der Bienen). **~ sep·a-
ra·tor** → honey extractor. **ˈ~suck·er**
s orn. Honigsauger m. **ˈ~suck·le** s bot.
Geißblatt n. **ˈ~sweet** adj honigsüß (a.
fig.).
**hong** [hɒŋ; Am. a. hɑŋ] s econ. 1. Waren-
lager n (in China). 2. hist. euroˈpäische
Handelsniederlassung (in China).
**Hong Kong| flu** s colloq., **~ in·flu·en-
za** s med. Hongkonggrippe f.
**hon·ied** → honeyed.
**honk** [hɒŋk; Am. a. hɑŋk] **I** s 1. Schrei m
(der Wildgans). 2. mot. ˈHupsiˌgnal n,
Hupen n. **II** v/i 3. schreien (Wildgans). 4.
mot. hupen. 5. Br. sl. ˌkotzenˈ (sich über-
geben). **III** v/t 6. **to ~ one's horn** → 4. 7.
**she ~ed her nose into her handker-
chief** sie schneuzte sich laut in ihr Ta-
schentuch.
**hon·key, hon·kie, hon·ky** [ˈhɔːŋkɪ;
ˈhaŋkɪ] s Am. sl. contp. Weiße(r) m.
**honk·y-tonk** [ˈhaŋkɪˌtaŋk; ˈhɔːŋkɪ-
ˌtɔːŋk] s Am. sl. ˌSpeˈlunkeˈ f.
**hon·or**, bes. Br. **hon·our** [ˈɒnə; Am.
ˈɑnər] **I** v/t 1. ehren. 2. ehren, auszeich-
nen: ~ **s.o. with s.th.** j-m etwas ver-
leihen. 3. beehren (with mit). 4. zur Ehre
gereichen (dat), Ehre machen (dat). 5. e-r
Einladung etc Folge leisten. 6. honoˈrie-
ren, anerkennen. 7. respekˈtieren. 8.
econ. a) e-n Wechsel, Scheck honoˈrieren,
einlösen, b) e-e Schuld bezahlen, c) e-n
Vertrag erfüllen.
**II** s 9. Ehre f: **(sense of) ~** Ehrgefühl n;
**(there is) ~ among thieves** (es gibt so
etwas wie) Ganovenehre; **(in) ~ bound,
on one's ~** moralisch verpflichtet; **~ to
whom ~ is due** Ehre, wem Ehre gebührt;
**(up)on my ~!**, Br. colloq. **~ bright!**
Ehrenwort!; **man of ~** Ehrenmann m;
**point of ~** Ehrensache f; **to do s.o. ~** j-m
zur Ehre gereichen, j-m Ehre machen; **to
do s.o. the ~ of doing s.th.** j-m die Ehre
erweisen, etwas zu tun; **I have the ~** ich
habe die Ehre **(of doing, to do** zu tun);
**may I have the ~ (of the next dance)?**
darf ich (um den nächsten Tanz) bitten?;
**to put s.o. on his ~** j-n bei s-r Ehre
packen; **to his ~ it must be said that** zu
s-r Ehre muß gesagt werden, daß; →
**affair** 1, **court** 10, **debt** 1. 10. Ehrung f,
Ehre(n pl) f: a) Ehrerbietung f, Ehrenbe-
zeigung f, b) Hochachtung f, Ehrfurcht f,
c) Auszeichnung f, (Ehren)Titel m, Eh-
renamt n, -zeichen n: **in ~ of s.o., to s.o.'s
~** zu j-s Ehren, j-m zu Ehren; **military ~s**
militärische Ehren; **~s of war** ehren-
voller Abzug; **to have** (od. **hold**) **s.o. in ~**
j-n in Ehren halten; **to pay s.o. the last**
(od. **funeral**) **~s** j-m die letzte Ehre er-
weisen. 11. Ehre f, Jungfräulichkeit f: **to
lose one's ~** die Ehre verlieren. 12. Ehre
f, Zierde f: **he is an ~ to his school
(parents)** er ist e-e Zierde s-r Schule (er

macht s-n Eltern Ehre); **what an ~ to my
poor abode!** oft iro. welcher Glanz in
m-r Hütte! 13. Golf: Ehre f (Berech-
tigung, den ersten Schlag auf e-m Abschlag
zu machen): **it is his ~** er hat die Ehre. 14.
obs. pl univ. besondere Auszeichnung: →
**honors degree**. 15. Kartenspiel: Bild n.
16. **to do the ~s** als Gastgeber(in) fun-
ˈgieren. 17. als Ehrentitel: **Your (His) ~**
Euer (Seine) Gnaden.
**ˈhon·or·a·ble**, bes. Br. **ˈhon·our·a·ble**
adj **(adv** honorably) 1. achtbar, ehren-
wert. 2. rühmlich, ehrenvoll, -haft: **an ~
peace treaty**. 3. angesehen. 4. redlich,
rechtschaffen: **he has ~ intentions, his
intentions are ~** er hat ehrliche (Hei-
rats)Absichten. 5. **H~** (der od. die) Ehren-
werte (in GB: Titel der jüngeren Kinder
der Earls u. aller Kinder der Viscounts u.
Barone, der Ehrendamen des Hofes, der
Mitglieder des Unterhauses, gewisser hö-
herer Richter u. der Bürgermeister; in
USA: Titel der Mitglieder des Kongresses,
hoher Regierungsbeamter, Richter u. Bür-
germeister): **the H~ Adam Smith; Right
H~** (der) Sehr Ehrenwerte (Titel der Earls,
Viscounts, Barone, der Mitglieder des
Privy Council, des Lord Mayor von Lon-
don etc); → **friend** 4.
**hon·o·rar·i·um** [ˌɒnəˈreərɪəm; Am.
ˌɑnə-] pl **-ˈrar·i·a** [-rɪə], **-ˈrar·i·ums** s
(freiwillig gezahltes) Honoˈrar.
**hon·o·rar·y** [ˈɒnərərɪ; Am. ˈɑnəˌreriː] adj
1. ehrend. 2. Ehren...: ~ **debt (doctor,
member, title, etc)**; ~ **degree** ehren-
halber verliehener akademischer Grad; ~
**freeman** Ehrenbürger m. 3. ehrenamt-
lich: ~ **president (secretary, treas-
urer, etc)**; ~ **consul** Honorar-, Wahl-
konsul m.
**hon·or·if·ic** [ˌɒnəˈrɪfɪk; Am. ˌɑnə-] **I** adj
**(adv ~ally)** 1. Ehren..., ehrend. **II** s 2.
ehrendes Wort, (Ehren)Titel m, Ehrung f.
3. ling. Höflichkeitssilbe f. **hon·orˈif-
i·cal** adj **(adv ~ly)** → honorific **I**.
**hon·ors| de·gree**, bes. Br. **hon·ours|
de·gree** [ˈɒnəz; Am. ˈɑnərz] s univ. aka-
demischer Grad mit Prüfung in e-m Spe-
zialfach. **~ list** s univ. Liste der Studenten,
die e-n **honors degree** anstreben od.
erworben haben.
**hon·or stu·dent** Am. für honours
man.
**hon·our, hon·our·a·ble,** etc bes. Br.
für **honor, honorable,** etc.
**hon·ours man** s irr univ. Br. Student,
der e-n **honours degree** anstrebt, od.
Graduierter, der e-n solchen innehat.
**hooch** [huːtʃ] s Am. sl. (bes. geschmug-
gelter od. schwarzgebrannter) Schnaps.
**hood¹** [hʊd] **I** s 1. Kaˈpuze f. 2. a)
ˈMönchskaˌpuze f, b) univ. kaˈpuzenar-
tiger ˈÜberwurf (am Talar als Abzeichen
der akademischen Würde). 3. bot. Helm
m. 4. mot. a) Br. Verdeck n, b) Am.
(Motor)Haube f. 5. tech. a) (Schutz)Hau-
be f (a. für Arbeiter), Kappe f, b) (Rauch-,
Gas)Abzug m, Abzugshaube f. 6. orn.
Haube f, Schopf m. 7. zo. Brillenzeich-
nung f (der Kobra). **II** v/t 8. j-m e-e
Kaˈpuze aufsetzen. 9. ver-, zudecken: **to
~ one's eyes** die Augen zs.-kneifen.
**hood²** [hʊd; huːd] → hoodlum.
**-hood** [hʊd] Wortelement zur Bezeich-
nung e-s Zustandes od. e-r Eigenschaft:
**childhood**; **likelihood**.
**hood·ed** [ˈhʊdɪd] adj 1. mit e-r Kaˈpuze
(bekleidet). 2. ver-, zugedeckt, (Augen)
zs.-gekniffen. 3. bot. kaˈpuzen-, helm-
förmig. 4. a) orn. mit e-r Haube, b) zo.
mit ausdehnbarem Hals (Kobra etc). ~
**crow** s orn. Nebelkrähe f. ~ **seal** s zo.
Mützenrobbe f. ~ **snake** s zo. Kobra f.
**hood·lum** [ˈhuːdləm] s colloq. 1. a)
Rowdy m, b) ˌSchlägerˈ m. 2. a) Gaˈnove

*m*, b) Gangster *m*. **'hood·lum·ism** *s* **1.** Rowdytum *n*. **2.** Gangstertum *n*.

**'hood·man-blind** [ˈhʊdmən-] *obs. für* **blindman's buff.**

**hoo·doo** [ˈhuːduː] **I** *s* **1.** → **voodoo I. 2.** *colloq.* a) Unglücksbringer *m*, b) Unglück *n*, Pech *n*. **II** *v/t* **3.** a) verhexen, b) *colloq.* j-m Unglück bringen. **III** *adj* **4.** *colloq.* Unglücks...

**'hood·wink** *v/t* **1.** *obs.* j-m die Augen verbinden. **2.** *fig.* hinters Licht führen, ‚reinlegen‘.

**hoo·ey** [ˈhuːɪ] *s bes. Am. sl.* ‚Krampf‘ *m*, ‚Quatsch‘ *m*.

**hoof** [huːf] **I** *pl* **hoofs, hooves** [-vz] *s* **1.** *zo.* a) Huf *m*, b) Fuß *m* (*vom Huftier*): **on the ~** lebend (*Vieh*), c) *colloq. humor.* ‚Pe'dal‘ *n* (*Fuß*). **2.** Huftier *n*. **II** *v/t* **3.** *colloq.* e-e Strecke (zu Fuß) gehen, mar'schieren: **to ~ it** → **5**, 6. **4.** *a.* **~ out** *colloq.* j-n ‚rausschmeißen‘, ‚an die frische Luft setzen‘. **III** *v/i* **5.** *colloq.* zu Fuß gehen, mar'schieren. **6.** *colloq.* tanzen, step-pen. **,~-and-'mouth dis·ease** *s vet.* Maul- u. Klauen-Seuche *f*. **'~beat** *s* Hufschlag *m*.

**hoofed** [huːft] *adj* **1.** gehuft, Huf...: **~ animal** Huftier *n*. **2.** hufförmig. **'hoof-er** *s Am. colloq.* Berufstänzer(in), *bes.* a) Re'vuegirl *n*, b) Stepper(in).

**hoo-ha** [ˈhuːhaː] *s colloq.* ‚Spek'takel‘ *m*, Lärm *m* um nichts.

**hook** [hʊk] **I** *s* **1.** Haken *m*: **~ and eye** Haken u. Öse; **by ~ or (by) crook** unter allen Umständen, mit allen Mitteln; **off the ~** *teleph.* ausgehängt (*Hörer*) (→ 3); **on one's own ~** *colloq.* auf eigene Faust. **2.** *tech.* a) Klammer-, Drehhaken *m*, b) Nase *f* (*am Dachziegel*), c) Türangel *f*, Haspe *f*. **3.** Angelhaken *m*: **to be off the ~** *colloq.* ‚aus dem Schneider‘ sein (→ 1); **to get s.o. off the ~** *colloq.* j-m ‚aus der Patsche‘ helfen; **to be on the ~** *colloq.* ‚in der Patsche‘ sein *od.* sitzen *od.* stecken; **to have s.o. on the ~** *colloq.* j-n ‚zappeln‘ lassen; **to fall for s.o.** (s.th.) **~, line and sinker** *colloq.* sich rettungslos in j-n verlieben (voll auf etwas ‚reinfallen‘); **to swallow s.th. ~, line and sinker** *colloq.* etwas voll u. ganz ‚schlucken‘; **to sling one's ~** → **18. 4.** *med.* a) (Knochen-, Wund- etc)Haken *m*, b) *bes. hist.* Greifhaken *m* (*e-r Armprothese*). **5.** *agr.* Sichel *f*. **6.** etwas Hakenförmiges, *bes.* a) scharfe Krümmung, b) gekrümmte Landspitze, c) *bes. anat.* hakenförmiger Fortsatz. **7.** *pl sl.* ‚Griffel‘ *pl* (*Finger*): **just let me get my ~s on him!** wenn ich den unter die Finger bekomme! **8.** *mus.* Notenfähnchen *n*. **9.** *sport* a) *Golf:* Hook *m* (*Schlag, bei dem der Ball in e-r der Schlagrichtung entgegengesetzten Kurve fliegt*), b) *Boxen:* Haken *m*: **~ to the body (liver)** Körperhaken (Leberhaken).

**II** *v/t* **10.** an-, ein-, fest-, zuhaken. **11.** **~ over** hängen an (*acc*) *od.* über (*acc*): **~ your coat over that nail. 12.** fangen, angeln (*a. fig. colloq.*): **to ~ a husband** sich e-n Mann angeln; **he is ~ed** *colloq.* er zappelt im Netz, er ist ‚geliefert‘. **13.** *colloq.* ‚klauen‘, stehlen. **14.** biegen, krümmen. **15.** auf die Hörner nehmen, aufspießen. **16.** tambu'rieren, mit Kettenstich bestieken. **17.** a) *Boxen:* j-m e-n Haken versetzen, b) *Golf:* den Ball mit (e-m) Hook schlagen *od.* spielen, c) *Eishockey etc:* e-n Gegenspieler haken. **18.** **~ it** *colloq.* ‚Leine ziehen‘, verschwinden.

**III** *v/i* **19.** sich krümmen. **20.** sich (zu)haken lassen. **21.** sich festhaken (**to** an *dat*). **22.** → **18. 23.** *Golf:* hooken, e-n Hook schlagen *od.* spielen.

*Verbindungen mit Adverbien:*

**hook in** *v/t* einhaken. **~ on I** *v/t* **1.** mit e-m Haken befestigen, ein-, anhaken. **II**

*v/i* **2.** → **hook 21. 3.** (sich) einhängen (**to** bei *j-m*). **~ up I** *v/t* **1.** → **hook on I. 2.** zuhaken. **3.** *tech.* ein Gerät a) zs.-bauen, b) anschließen. **4.** *Pferde* anspannen. **5.** *Rundfunk, TV:* a) zs.-schalten, in Konfe-'renz schalten, b) zuschalten (**with** *dat*). **II** *v/i* **6.** *colloq.* heiraten (**with** s.o. j-n).

**hook·a(h)** [ˈhʊkə] *s* Huka *f*, Wasserpfeife *f*.

**hook|and lad·der, ,~-and-'lad·der truck** *s Am.* Gerätewagen *m* (*der Feuerwehr*).

**hooked** [hʊkt] *adj* **1.** [*a.* ˈhʊkɪd] krumm, hakenförmig, Haken...: **~ nose. 2.** mit (e-m) Haken (versehen). **3.** tambu'riert, mit Kettenstich bestickt. **4.** *colloq.* verheiratet. **5.** *colloq.* süchtig (**on** nach) (*a. fig.*): **~ on heroin** (television) heroin-(fernseh)süchtig; **she's ~ on him** sie ist ihm hörig.

**hook·er¹** [ˈhʊkə(r)] *s* **1.** a) *Rugby:* Hakler *m*, b) *Hockey:* Spieler, dessen Spezialität die Hook ist). **2.** *Am. sl.* a) Taschendieb *m*, b) ‚Nutte‘ *f* (*Prostituierte*), c) kräftiger Schluck (*bes. Alkohol*).

**hook·er²** [ˈhʊkə] *s mar.* **1.** Huker *m* (*Hochseefischereifahrzeug*). **2.** Fischerboot *n*. **3.** *contp.* ‚alter Kahn‘.

**Hooke's| cou·pling, ~ joint** [hʊks] *s tech.* Kar'dangelenk *n*. **~ law** *s* Hookesches (Proportionali'täts)Gesetz.

**hook·ey** → **hooky.**

**'hook|-nose** *s* Hakennase *f*. **'~-nosed** *adj* hakennasig, mit e-r Hakennase. **~ pin** *s tech.* Hakenbolzen *m*, -stift *m*. **'~shop** *s Am. sl.* ‚Puff‘ *m*, *n* (*Bordell*). **~ shot** *s Basketball:* Hakenwurf *m*. **~ span·ner** → **hook wrench. '~up** *s* **1.** *electr. tech.* a) Sy'stem *n*, Schaltung *f*, b) Schaltbild *n*, c) Blockschaltung *f*, d) *mot.* 'Brems(en)über,setzung *f*. **2.** *tech.* Zs.-bau *m*. **3.** *Rundfunk, TV:* a) Zs.-schaltung *f*, Konfe'renzschaltung *f*, b) Zuschaltung *f*. **4.** a) Zs.-schluß *m*, Bündnis *n*, b) Absprache *f*, Verständigung *f*. **'~worm** *s zo.* (*ein*) Hakenwurm *m*. **~ wrench** *s tech.* Hakenschlüssel *m*.

**hook·y** [ˈhʊkɪ] *s:* **to play ~** *bes. Am. colloq.* (*bes. die Schule*) schwänzen.

**hoo·li·gan** [ˈhuːlɪgən] *s* Rowdy *m*. **'hoo-li·gan·ism** *s* Rowdytum *n*.

**hoop¹** [huːp] **I** *s* **1.** *allg.* Reif(en) *m* (*als Schmuck, im Reifrock, bei Kinderspielen, im Zirkus etc*): **~** (*skirt*) *hist.* Reifrock *m*; **to go through the ~(s)** *fig.* ‚durch die Mangel gedreht werden‘; **to put through the ~(s)** ‚durch die Mangel drehen‘, ‚in die Mangel nehmen‘. **2.** *tech.* a) (Faß-)Reif(en) *m*, (-)Band *n*, b) (Stahl)Band *n*, Ring *m*: **~ iron** Bandeisen *n*, c) Öse *f*, d) Bügel *m*: **~ drop relay** *electr.* Fallbügelrelais *n*. **3.** (Finger)Ring *m*. **4.** *Basketball:* Korbring *m*. **5.** *Krocket:* Tor *n*. **II** *v/t* **6.** *Fässer* binden, Reifen aufziehen auf (*acc*): **~ed skirt** *hist.* Reifrock *m*. **7.** (reifenförmig) runden. **8.** um'geben, um-'fassen. **9.** *Basketball: Punkte* erzielen: **to ~ 2 points. III** *v/i* **10.** sich runden, e-n Reifen bilden.

**hoop²** *obs.* → **whoop.** [Böttcher *m*.] **'hoop·er¹** *s* Faßbinder *m*, Küfer *m*.) **'hoop·er², ~ swan** *s orn.* Singschwan *m*. **'hoop·ing swan** → **hooper².**

**hoop·la** [ˈhuːplaː] *s* **1.** Ringwerfen *n* (*auf Jahrmärkten*). **2.** *Am. sl.* Rummel *m*.

**'hoop·man** [-mən] *s irr colloq.* Basketballer *m*.

**hoo·poe** [ˈhuːpuː] *s orn.* Wiedehopf *m*.

**hoop·ster** [ˈhuːpstə(r)] *s colloq.* Basketballer(in).

**hoo·ray** [huˈreɪ] → **hurrah.**

**hoos(e)·gow** [ˈhuːsˌgaʊ] *s Am. sl.* ‚Kittchen‘ *n* (*Gefängnis*).

**hoo·sier** [ˈhuːʒər] *s Am.* **1.** *contp.* ‚Bauer‘ *m*. **2.** **H~** (*Spitzname für e-n*) Bewohner

von Indi'ana. **H~ State** *s Am.* (*Beiname für*) Indi'ana *n*.

**hoot¹** [huːt] **I** *v/i* **1.** (*höhnisch*) johlen, schreien: **to ~ at s.o.** j-n verhöhnen. **2.** schreien (*Eule*). **3.** *bes. Br.* a) *mot.* hupen, b) pfeifen (*Zug etc*), heulen (*Fabriksirene etc*). **II** *v/t* **4.** j-n auszischen, -pfeifen, mit Pfuirufen über'schütten: **to ~ down** niederschreiben. **5.** **~ out, ~ away, ~ off** durch Gejohle vertreiben. **6.** *etwas* johlen. **III** *s* **7.** (*höhnischer, johlender*) Schrei: **it's not worth a ~** *colloq.* es ist keinen Pfifferling wert; **I don't care a ~** (*od.* **two ~s**) *colloq.* ‚das ist mir völlig piepe‘. **8.** Schrei *m* (*der Eule*). **9.** *bes. Br.* a) *mot.* Hupen *n*, b) Pfeifen *n*, Heulen *n*, c) → **hooter 2. 10.** **to be a ~** *Br. colloq.* ‚zum Schreien sein‘.

**hoot²** [huːt] *interj bes. Scot.* ach was!, dummes Zeug!

**hoot³** [huːt] *s Austral. sl.* ‚Zaster‘ *m*, ‚Mo'neten‘ *pl* (*Geld*).

**hootch** → **hooch.**

**hoot·er** [ˈhuːtə(r)] *s* **1.** Johler(in). **2.** *bes. Br.* a) *mot.* Hupe *f*, b) Si'rene *f*, Pfeife *f*. **3.** *Br. sl.* ‚Zinken‘ *m* (*Nase*).

**hoots** [huːts; uːts] → **hoot².**

**Hoo·ver** [ˈhuːvə(r)] (*TM*) **I** *s* Staubsauger *m*. **II** *v/t meist* **h~** (staub)saugen, *Teppich etc a.* absaugen: **to ~ up** a) aufsaugen, b) *colloq.* in sich aufsaugen. **III** *v/i meist* **h~** (staub)saugen.

**hooves** [huːvz] *pl von* **hoof.**

**hop¹** [hɒp; *Am.* hɑp] **I** *v/i* **1.** (hoch)hüpfen: **to ~ on** → **7**; **to ~ off** *Br. colloq.* ‚abschwirren‘, verschwinden. **2.** *colloq.* schwofen, tanzen. **3.** *colloq.* a) sausen, ‚flitzen‘, b) fahren, *bes. aer.* fliegen, c) *bes. aer.* e-n Abstecher machen: **he ~ped to London for the day** er flog für e-n Tag nach London. **4.** *meist* **~ off** *aer. colloq.* abheben. **5.** **to ~ to it** *Am. colloq.* sich an die Arbeit machen. **II** *v/t* **6.** hüpfen *od.* springen über (*acc*): **to ~ the twig** (*od.* **stick**) *Br. colloq.* a) **to ~ it** ‚abschwirren‘, verschwinden, b) ‚hops gehen‘ (*sterben*). **7.** *colloq.* a) einsteigen in (*acc*), b) (auf)springen auf (*acc*): **to ~ a fast-moving train. 8.** *aer. colloq.* über'fliegen, -'queren: **they ~ped the Atlantic in five hours. 9.** *Am.* e-n Ball etc hüpfen lassen. **10.** *Am.* a) arbeiten als: **to ~ bells** als (Hotel)Page arbeiten, b) bedienen in (*dat*): **to ~ bars** in Bars bedienen. **11.** *Am. sl.* angreifen (*a. kritisieren*). **III** *s* **12.** Sprung *m*: **~, step, and jump** (*Leichtathletik*) Dreisprung; **the shops are only a ~, step** (*od.* **skip**), **and jump away** es ist nur ein Katzensprung bis zu den Geschäften; **to be on the ~** *colloq.* ‚auf Trab sein‘: a) es eilig haben, b) viel zu tun haben; **to keep s.o. on the ~** *colloq.* j-n ‚in Trab halten‘; **to catch s.o. on the ~** überraschen *od.* überrumpeln. **13.** *colloq.* ‚Schwof‘ *m*, Tanz(-veranstaltung *f*) *m*. **14.** *colloq.* a) Fahrt *f*, *bes. aer.* Flug *m*: **it's only a short ~ from London to Paris** mit dem Flugzeug ist es nur ein Katzensprung von London nach Paris, b) *bes. aer.* Abstecher *m*.

**hop²** [hɒp; *Am.* hɑp] **I** *s* **1.** *bot.* a) Hopfen *m*, b) *pl* Hopfen(blüten *pl*) *m*: **to pick** (*od.* **gather**) **~s** → **5. 2.** *sl.* Droge *f*, *bes.* Opium *n*. **II** *v/t* **3.** *Bier* hopfen. **4.** **~ up** *sl.* a) unter Drogen setzen, b) aufputschen (*a. fig.*), c) *Am. sl. ein Auto, e-n Motor* ‚fri'sieren‘, ‚aufmotzen‘. **III** *v/i* **5.** Hopfen zupfen *od.* ernten.

**hop|back** *s Brauerei:* Hopfenseiher *m*. **'~bine,** *a.* **'~bind** *s bot.* Hopfenranke *f*.

**hope** [həʊp] **I** *s* **1.** Hoffnung *f* (**of** auf *acc*): **to live in ~(s)** die Hoffnung nicht aufgeben, optimistisch sein; **past** (*od.* **beyond**) (**all**) **~** hoffnungs-, aussichtslos; **he is past all ~** er ist ein hoffnungs-

loser Fall, für ihn gibt es keine Hoffnung mehr; **there is no ~ that** es besteht keine Hoffnung, daß; **in the ~ of doing** in der Hoffnung zu tun; **~ springs eternal (in the human breast)** der Mensch hofft, solange er lebt; **my ~ was for Peter to pass the examination** ich hoffte, Peter würde die Prüfung bestehen; → **hold out** 2, **raise** 5. **2.** Hoffnung *f*: a) Vertrauen *n*, Zuversicht *f*, b) Aussicht *f*: **no ~ of success** keine Aussicht auf Erfolg. **3.** Hoffnung *f* (*Person od. Sache*): **she is our only ~** (*od.* last) ~; **~ white hope. 4.** → **forlorn hope. II** *v/i* **5.** hoffen: **to ~ for** hoffen auf (*acc*), erhoffen; **to ~ for the best** das Beste hoffen; **to ~ for success** sich Erfolg erhoffen; **I ~ so** hoffentlich, ich hoffe es; **the ~d-for result** das erhoffte Ergebnis. **III** *v/t* **6.** *etwas* hoffen: **I ~ to meet her soon; to ~ against ~ that** die Hoffnung nicht aufgeben *od.* verzweifelt hoffen, daß; **to ~ and trust that** hoffen u. glauben, daß; **it is to be ~d** es ist zu hoffen, man kann *od.* darf *od.* muß hoffen. **~ chest** *s Am. colloq.* Aussteuertruhe *f*.

**'hope·ful I** *adj* **1.** hoffnungsvoll: **to be** (*od.* feel) **~ about the future** hoffnungsvoll in die Zukunft blicken, optimistisch sein; **to be ~ of success** hoffen, Erfolg zu haben; **to be ~ that** hoffen, daß. **2.** hoffnungsvoll, vielversprechend. **II** *s* **3.** *bes.* **young ~** hoffnungsvoller *od.* vielversprechender junger Mensch. **'hope·ful·ly** *adv* **1.** → hopeful I. **2.** hoffentlich. **'hope·ful·ness** *s* Opti'mismus *m*.

**'hope·less** *adj* (*adv* **~ly**) **1.** hoffnungslos: a) verzweifelt, mutlos: **~ tears** Tränen der Verzweiflung, b) aussichtslos: **a ~ situation,** c) unheilbar: **a ~ patient,** d) *colloq.* mise'rabel, ,unmöglich': **as an actor he is ~,** e) unverbes·serlich, heillos: **a ~ drunkard** ein unverbesserlicher Trinker; **he is a ~ case** er ist ein hoffnungsloser Fall. **'hope·less·ness** *s* Hoffnungslosigkeit *f*.

**hop**| **gar·den** *s* Hopfengarten *m*. **'~head** *s sl.* Drogen-, *bes.* Opiumsüchtige(r *m*) *f*.

**Ho·pi** ['həʊpɪ] *pl* **-pis, -pi** *s* Hopi *m, f*, 'Hopi-, 'Moquiindi,aner(in).

**hop kiln** *s* Hopfendarre *f*.

**hop·lite** ['hɒplaɪt; *Am.* 'hɑp-] *s antiq. mil.* Ho'plit *m* (*schwerbewaffneter Fußsoldat*).

**hop-o'-my-thumb** [,hɒpəmɪ'θʌm; *Am.* ,hɑp-] *s* Knirps *m*, Zwerg *m*, Drei'käsehoch *m*.

**hop·per[1]** ['hɒpə; *Am.* 'hɑpər] *s* **1.** Hüpfende(r *m*) *f*. **2.** *colloq.* Tänzer(in). **3.** *zo.* Hüpfer *m, bes.* hüpfendes In'sekt, *z.B.* Käsemade *f*. **4.** *tech.* a) (Füll)Trichter *m*, b) Schüttgut-, Vorratsbehälter *m*, c) Gichtverschluß *m* (*bei Hochöfen*), d) a. **~(-bottom) car rail.** Fallboden-, Selbstentladewagen *m*, e) *mar.* Baggerprahm *m*, f) Spülkasten *m*: **~ closet** Klosett *n* mit Spülkasten, g) *Computer:* 'Eingabemaga,zin *n*.

**hop·per[2]** ['hɒpə; *Am.* 'hɑpər] *s* **1.** Hopfenpflücker(in). **2.** *Brauerei:* a) Arbeiter, der den Hopfen zusetzt, b) Gosse *f*, Malztrichter *m*.

**'hop,pick·er** *s* Hopfenpflücker(in). **hop·ping** ['hɒpɪŋ; *Am.* 'hɑ-] *adv*: **to be ~ mad** *colloq.* ,e-e Stinkwut (im Bauch) haben'.

**hop·ple** ['hɒpl; *Am.* 'hɑpəl] → hobble 3.

**hop**| **pock·et** *s* Hopfenballen *m* (*etwa* 1¹/₂ *Zentner*). **~ pole** *s* Hopfenstange *f*. **sack** *s* **1.** Hopfensack *m*. **2.** → **hop sacking** *s* **1.** grobe Sackleinwand. **2.** grober Wollstoff. **'~scotch** *s* Himmel-und-Hölle-Spiel *n*. **'~vine** *s bot.* **1.** Hopfenranke *f*. **2.** Hopfenpflanze *f*.

---

**Ho·rae** ['hɔːriː; *Am. a.* 'həʊ-] *s pl myth.* Horen *pl*.

**ho·ral** ['hɔːrəl; *Am. a.* 'həʊ-] *adj* **1.** Stunden... **2.** stündlich.

**ho·ra·ry** ['hɔːrərɪ; *Am. a.* 'həʊ-] *obs.* → horal.

**Ho·ra·tian** [hə'reɪʃjən; *Am.* -ʃən] *adj* ho'razisch: **~ ode.**

**horde** [hɔː(r)d; *Am. a.* həʊrd] **I** *s* **1.** Horde *f*: a) (*asiatische*) Nomadengruppe, b) *bes. contp.* (wilder) Haufen. **2.** *zo.* Schwarm *m* (*Insekten*). **II** *v/i* **3.** e-e Horde bilden: **to ~ together** in Horden zs.-leben.

**ho·ri·zon** [hə'raɪzn] *s* **1.** *astr.* Hori'zont *m*, Gesichtskreis *m* (*beide a. fig., oft pl*): **on the ~** am Horizont (*auftauchend* etc. sichtbar) (*a. fig.*); **to appear on the ~** am Horizont auftauchen, *fig. a.* sich abzeichnen; **apparent** (*od.* sensible, visible) **~** scheinbarer Horizont; **celestial** (*od.* astronomical, geometrical, rational, true) **~** wahrer *od.* geozentrischer Horizont; **visual ~** *mar.* Seehorizont, Kimm *f*; → **artificial** 1, **broaden** I. **2.** *geol.* Hori'zont *m*, Zone *f*. **3.** *Anthropologie:* Hori'zont *m*, Kul'turschicht *f*. **4.** *paint.* Hori'zontlinie *f*.

**hor·i·zon·tal** [,hɒrɪ'zɒntl; *Am.* ,hɔːrə'zɑntl] **I** *adj* (*adv* **~ly**) **1.** horizon'tal: a) *math.* waag(e)recht: **~ line** → 4, b) horizon'tal: a) *math.* waag(e)recht: **~ engine;** **~ valve,** c) in der Horizon'talebene liegend, d) *mar.* in Kimmlinie liegend: **~ distance. 2.** *tech.* Seiten... (*bes. Steuerung*). **3.** a) gleich, auf der gleichen Ebene (*Alter etc*), b) *econ.* horizon'tal: **~ combination** horizontaler Zs.-schluß, Horizontalkonzern *m*. **II** *s* **4.** *math.* Horizon'tale *f*, Waag(e)rechte *f*. **~ bar** *s Turnen:* Reck *n.* **~ mo·bil·i·ty** *s sociol.* horizon'tale Mobili'tät. **~ par·al·lax** *s astr.* Horizon'talparal,laxe *f.* **~ plane** *s math.* Horizon'talebene *f.* **~ pro·jec·tion** *s math.* Horizon'talpro,jekti,on *f.* **~ pro·jec·tion plane** *s math.* Grundrißebene *f.* **~ rud·der** *s mar.* Horizon'tal(steuer)ruder *n*, Tiefenruder *n.* **~ sec·tion** *s tech.* Horizon'talschnitt *m*, Grundriß *m.* **~ sta·bi·liz·er** *s aer. Am.* Höhen-, Dämpfungsflosse *f.*

**hor·mo·nal** [hɔː(r)'məʊnl] *adj biol.* Hormon..., hormo'nal. **'hor·mone** [-məʊn] *s* Hor'mon *n*.

**horn** [hɔː(r)n] **I** *s* **1.** *zo.* a) Horn *n*: **to show one's ~s** *fig.* die Krallen zeigen, b) *pl* (*Hirsch*)Geweih *n*, c) *pl fig.* Hörner *pl* (*des betrogenen Ehemanns*): → **bull[1]** 1, **dilemma** 1, **lock[1]** 14. **2.** *horn*ähnliches *Organ, bes.* a) Stoßzahn *m* (*Narwal*), Horn *n* (*Nashorn*), c) *orn.* Ohrbüschel *n*, d) Fühler *m*, (Fühl)Horn *n* (*Insekt, Schnecke etc*): **to draw** (*od.* pull) **in one's ~s** *fig.* a) ,zurückstecken', ,den Gürtel enger schnallen', b) sich zurückhalten *od.* beherrschen. **3.** *chem.* Horn (-stoff *m*) *n*, Kera'tin *n.* **4.** *horn*artige *Substanz:* **~ spectacles** Hornbrille *f.* **5.** *Gegenstand aus Horn, bes.* a) Schuhlöffel *m*, b) Horngefäß *n*, -dose *f*, c) Hornlöffel *m.* **6.** Horn *n* (*hornförmiger Gegenstand*), *bes.* a) *tech.* seitlicher Ansatz am Amboß, b) Stütze am Damensattel, c) *hornförmige Bergspitze*, d) (*e-e*) Spitze (*der Mondsichel*), e) Pulver-, Trinkhorn *n*: **~ of plenty** Füllhorn; **the H~** (*das*) Kap Hoorn. **7.** *mus.* a) Horn *n*: → **blow[1]** 26, b) *colloq.* 'Blasinstru,ment *n*: **the ~s** die Bläser. **8.** a) *mus.* Hupe *f*: → **blow[1]** 26, **honk** 6, **sound[4]** 10, b) Si'gnalhorn *n.* **9.** *tech.* Schalltrichter *m*: **~ loudspeaker** Trichterlautsprecher *m.* **10.** *aer.* Leitflächenhebel *m*: **~ rudder** Rudernase *f.* **11.** *electr.* Hornstrahler *m.* **12.** Sattelknopf *m.* **13.** *Bibl.* Horn *n* (*als Symbol der Stärke od. des Stolzes*). **14.** *vulg.* ,Ständer'

---

*m* (*erigierter Penis*). **15.** *Am. sl.* Telefon *n*: **to get on the ~ to** s.o. j-n anrufen. **II** *v/t* **16.** a) mit den Hörnern stoßen, b) auf die Hörner nehmen. **17.** *obs. e-m Ehemann* Hörner aufsetzen. **III** *v/i* **18.** **~ in** *sl.* sich eindrängen *od.* einmischen (**on** in *acc*).

**'horn**| **beam** *s bot.* Hain-, Weißbuche *f.* **'~bill** *s orn.* (Nas)Hornvogel *m.* **'~blende** [-blend] *s min.* Hornblende *f.* **'~book** *s* **1.** *ped. hist.* (*Art*) Ab'c-Buch *n.* **2.** *fig.* Fibel *f.* **'~break switch** *s electr.* Streckenschalter *m* mit 'Hornkon,takten. **~ bug** *s zo. Am.* Hirschkäfer *m.*

**horned** [hɔː(r)nd] *adj* gehörnt, Horn...: **~ cattle** Hornvieh *n.* **~ owl** *s orn.* (*e-e*) Ohreule. **~ rat·tle·snake** *s zo.* Seitenwinder *m.*

**hor·net** ['hɔː(r)nɪt] *s zo.* Hor'nisse *f*: **to bring a ~'s nest about one's ears, to stir up a ~'s nest** *fig.* in ein Wespennest stechen.

**'horn**| **fels** [-felz] *s geol.* Hornfels *m.* **~ fly** *s zo.* Hornfliege *f.*

**horn·ist** ['hɔː(r)nɪst] *s mus.* Hor'nist *m.*

**'horn·less** *adj* hornlos, ohne Hörner.

**'horn**| **pipe** *s mus.* Hornpipe *f*: a) *Blasinstrument, dessen beide Enden aus Horn bestehen,* b) *alter englischer Tanz.* **~ plate** *s tech.* Achs(en)halter *m.* **~ quick·sil·ver** *s min.* Hornquecksilber *n.* **'~-rimmed** *adj* Horn...: **~ spectacles** Hornbrille *f.* **~ shav·ings** *s pl agr.* Hornspäne *pl* (*Dünger*). **~ sil·ver** *s min.* Horn-, Chlorsilber *n.* **~ snake** *s zo. Am.* Hornnatter *f.* **'~stone** *s* **1.** → chert. **2.** → hornfels. **'~swog·gle** [-,swɒgl; *Am.* -,swɑgəl] *v/t sl.* ,bescheißen', ,übers Ohr hauen'. **'~tail** *s zo.* Holzwespe *f.*

**horn·y** ['hɔː(r)nɪ] *adj* **1.** hornig, schwielig: **~handed** mit schwieligen Händen. **2.** aus Horn, Horn... **3.** gehörnt, Horn... **4.** *vulg.* geil.

**hor·o·loge** ['hɒrəlɒdʒ; *Am.* 'hɔːrə,ləʊdʒ; 'hɑr-] *s* Chrono'meter *n*, Zeitmesser *m*, Uhr *f.* **ho·rol·o·ger** [hɒ'rɒlədʒə; *Am.* hə'rɑlədʒər], **ho·rol·o·gist** *s* Uhrmacher *m.* **ho·rol·o·gy** [-dʒɪ] *s* **1.** Lehre *f* von der Zeitmessung. **2.** Uhrmacherkunst *f.*

**ho·rom·e·try** [hɒ'rɒmɪtrɪ; *Am.* hə'rɑ-] → horology 1.

**ho·rop·ter** [hɒ'rɒptə; *Am.* hə'rɑptər] *s physiol.* Ho'ropter(kreis) *m* (*kreisförmige horizontale Linie, auf der alle Punkte liegen, die mit beiden Augen nur einfach gesehen werden*).

**hor·o·scope** ['hɒrəskəʊp; *Am. a.* 'hɑr-] **I** *s* Horo'skop *n*: **to cast a ~** ein Horoskop stellen. **II** *v/i* horosko'pieren, Horoskope stellen. **'hor·o·scop·er** → horoscopist. **hor·o·scop·ic** [-'skɒpɪk; *Am.* -'ska-; -'skɑʊ-] *adj* horo'skopisch. **ho·ros·co·pist** [hɒ'rɒskəpɪst; *Am.* hə'rɑ-] *s* Horo'skopsteller(in). **ho·ros·co·py** [-ɪ] *s* Stellen *n* von Horo'skopen.

**hor·ren·dous** [hɒ'rendəs; *Am. a.* ha-] *adj* (*adv* **~ly**) → horrific.

**hor·ri·ble** ['hɒrəbl; *Am. a.* 'hɑ-] *adj* (*adv* **horribly**) **1.** schrecklich, furchtbar, scheußlich (*alle a. fig. colloq.*). **2.** *colloq.* gemein: **to be ~ to** s.o. **'hor·ri·ble·ness** *s* Schrecklichkeit *f*, Furchtbarkeit *f*, Scheußlichkeit *f.*

**hor·rid** ['hɒrɪd; *Am. a.* 'hɑrəd] *adj* (*adv* **~ly**) **1.** → horrible. **2.** *obs.* rauh, borstig. **'hor·rid·ness** *s* → horribleness.

**hor·rif·ic** [hɒ'rɪfɪk; *Am.* ha-] *adj* (*adv* **~ally**) **1.** schrecklich, entsetzlich. **2.** hor'rend: **~ penalties.**

**hor·ri·fy** ['hɒrɪfaɪ; *Am. a.* 'ha-] *v/t* entsetzen: a) mit Schrecken erfüllen, j-m Grauen einflößen: **to be horrified at** (*od.* by) entsetzt sein über (*acc*), b) mit Abscheu erfüllen, em'pören: **~ing** → horrible 1.

**hor·rip·i·la·tion** [hɒˌrɪpɪˈleɪʃn] *s* *physiol.* Gänsehaut *f.*

**hor·ror** [ˈhɒrə(r); *Am. a.* ˈhɑrər] **I** *s* **1.** Entsetzen *n,* Grau(s)en *n,* Schrecken *m:* to my ~ zu m-m Entsetzen; **seized with** ~ von Grauen gepackt. **2.** (**of**) Abscheu *m,* Ekel *m* (vor *dat*), ˈWiderwille *m* (gegen): to have a ~ of e-n Horror haben vor (*dat*); to have a ~ of doing s.th. e-n Horror davor haben, etwas zu tun. **3.** a) Schrecken *m,* Greuel *m:* the ~s of war; scene of ~ Schreckensszene *f,* Greueltat *f.* **4.** Grausigkeit *f,* Entsetzlichkeit *f,* (*das*) Schauerliche. **5.** *colloq.* (*etwas*) Scheußliches, Greuel *m* (*Person od. Sache*), Scheusal *n* (*Person od. Sache*): an architectural ~ e-e architektonische Scheußlichkeit; that hat is a (real) ~ der Hut sieht (einfach) ,verboten' aus. **6.** to have the ~s *colloq.* a) völlig ,down' sein, b) sich ,wahnsinnige' Sorgen machen, c) ,weiße Mäuse sehen', Wahnvorstellungen haben; it gave me the ~s *colloq.* mich packte dabei das kalte Grausen. **II** *adj* **7.** Horror...: ~ film. ˈ~-ˌstrick·en, ˈ~-struck *adj* von Schrecken *od.* Grauen *od.* Entsetzen gepackt.

**hors con·cours** [ˌɔːkɒŋˈkuːə; *Am.* ˌɔːr-ˌkəʊŋˈkuːər] *adj* **1.** (*a. adv*) hors conˈcours, außer Konkurrenz, unvergleichlich, *a. econ.* konkurˈrenzlos.

**hors de com·bat** [ˌhɔːdəˈkõːmbaː; *Am.* ˌɔːrdəkəʊmˈbɑː] *adj* außer Gefecht, kampfunfähig.

**hors d'oeu·vre** [ɔːˈdɜːvrə; *Am.* ɔːrˈdɜːrv] *pl* **- d'oeu·vre, - d'oeu·vres** [-ˈdɜː-vrəz; *Am.* -ˈdɜːrvz] *s* **1.** Hors d'œuvre *n,* Vorspeise *f.* **2.** *fig.* Nebensächlichkeit *f.*

**horse** [hɔː(r)s] **I** *s* **1.** Pferd *n:* to back the wrong ~ *fig.* aufs falsche Pferd setzen; to be on (*od.* ride) one's high ~ *fig.* auf dem *od.* e-m *od.* s-m hohen Roß sitzen; to breathe like a ~ wie e-e Dampflokomotive schnaufen; wild ~s will not drag me there keine zehn Pferde bringen mich dorthin; to eat like a ~ wie ein Scheunendrescher essen; to come (*od.* come) off one's high ~ *fig.* von s-m hohen Roß herunterkommen *od.* -steigen; to get on (*od.* mount) one's high ~ *fig.* sich aufs hohe Roß setzen; hold your ~s! *colloq.* langsam!, immer mit der Ruhe!; you can lead (*od.* take) a ~ to water but you can't make it drink man kann niemanden zwingen, e-n guten Vorschlag anzunehmen; to spur a willing ~ *fig.* j-n unnötigerweise antreiben; that's a ~ of another (*od.* a different) colo(u)r *fig.* das ist etwas (ganz) anderes; (straight *od.* right) from the ~'s mouth *colloq.* aus erster Hand, aus berufenem Mund; to ~! *mil. etc* aufgesessen!; → cart 1, dark horse, flog 1, gift 7, head *Bes. Redew.* **2.** a) Hengst *m,* b) Wallach *m.* **3.** *collect. mil.* Kavalleˈrie *f,* Reiteˈrei *f:* regiment of ~ Kavallerieregiment *n;* a thousand ~ tausend Reiter; ~ and foot Kavallerie u. Infanterie, die ganze Armee. **4.** *tech.* (Säge*etc*)Bock *m,* Gestell *n,* Ständer *m.* **5.** *print.* Anlegetisch *m.* **6.** *Bergbau:* a) Bühne *f,* b) Gebirgskeil *m.* **7.** *Turnen:* Pferd *n.* **8.** *colloq. für* horsepower. **9.** *Schach:* *colloq.* Pferd *n,* Springer *m.* **10.** *sl.* Heroˈin *n.*
**II** *v/t* **11.** mit Pferden versehen: a) *Truppen etc* beritten machen, b) *Wagen* bespannen. **12.** auf ein Pferd setzen *od.* laden. **13.** etwas Schweres schieben *od.* zerren. **14.** *colloq.* derbe Späße treiben mit.
**III** *v/i* **15.** aufsitzen, aufs Pferd steigen. **16.** ~ about (*od.* around) *colloq.* Unfug treiben. **17.** rossen (*Stute*).

**ˌhorse|-and-ˈbug·gy** *adj bes. Am.*

*colloq.* **1.** in ~ days als es noch keine Autos gab. **2.** ,vorsintflutlich', altmodisch. ~ **ar·til·ler·y** *s mil.* reitende *od.* berittene Artilleˈrie. ˈ~-back **I** *s* Pferderücken *m:* on ~ zu Pferd, beritten; to go (*od.* ride) on ~ reiten; → devil 1. **II** *adv* zu Pferde: to ride ~ reiten. ~ **bean** *s bot.* Saubohne *f.* ˈ~-box *s mot.* ˈPferdetransˌporter *m.* ~ **break·er** *s* Zureiter *m,* Bereiter *m.* ~ **chest·nut** *s bot.* ˈRoßkaˌstanie *f.* ˈ~-cloth *s* Pferdedecke *f,* Schaˈbracke *f.* ~ **cop·er** *s Br.* Pferdehändler *m.*

**horsed** [hɔː(r)st] *adj* **1.** beritten (*Person*). **2.** (mit Pferden) bespannt (*Wagen*).

**horse| deal·er** *s* Pferdehändler *m.* ~ **doc·tor** *s* **1.** Tierarzt *m.* **2.** *colloq. contp.* ,Viehdoktor' *m* (*miserabler Arzt*). ˈ~-drawn *adj* von Pferden gezogen, Pferde... ˈ~-flesh *s* **1.** Pferdefleisch *n.* **2.** *collect.* Pferde *pl:* he is a good judge of ~ er ist ein Pferdekenner. ˈ~-fly *s zo.* (Pferde)Bremse *f.* ~ **gow·an** *s bot.* Margeˈrite *f.* **H~ Guards** *s pl mil. Br.* ˈGardekavalleˌrieˌbriˌgade *f* (*bes. das 2. Regiment, die Royal* ~). ˈ~-hair **I** *s* **1.** Roß-, Pferdehaar *n.* **2.** → haircloth. **II** *adj* **3.** Roßhaar...: ~ mattress. ˈ~-hide *s* **1.** Pferdehaut *f.* **2.** Pferdeleder *n.* ~ **lat·i·tudes** *s pl geogr.* Roßbreiten *pl.* ˈ~-laugh **I** *s* wieherndes Gelächter. **II** *v/i Am.* wiehernd lachen, ,wiehern'. ~ **leech** *s* **1.** *zo.* Pferdeegel *m.* **2.** *obs.* Tierarzt *m.*

**ˈhorse·less** *adj* ohne Pferd(e).

**horse| mack·er·el** *s ichth.* **1.** Thunfisch *m.* **2.** ˈRoßmaˌkrele *f.* **3.** Boˈnito *m.* ˈ~-man [-mən] *s irr* **1.** (geübter) Reiter. **2.** Pferdezüchter *m.* **3.** *zo.* Sandkrabbe *f.* ˈ~-man·ship *s* Reitkunst *f.* ~ **ma·rine** *s Am.* **1.** *mil. hist.* Maˈrinekavalleˌrist. **2.** *j-d, der nicht in s-m Element ist.* ˈ~-meat *s* Pferdefleisch *n.* ~ **butcher** Pferdemetzger *m.* ˈ~-mint *s bot.* **1.** a) Wald- *od.* Pferdeminze *f,* b) Roßminze *f,* c) Wasserminze *f.* **2.** (*e-e*) Moˈnarde. ~ **mushroom** *s bot.* Schafchampignon *m.* ~ **nail** *s* Hufnagel *m.* ~ **op·er·a** *s colloq.* Western *m* (*Film*). ~ **pis·tol** *s hist.* große ˈSattelpiˌstole. ~ **play** *s* (derber) Spaß, Unfug *m.* ˈ~-pond *s* Pferdeschwemme *f.* ˈ~-pow·er *s phys.* Pferdestärke *f* (= 1,01 *PS*). ˈ~-pow·er-ˈhour *s phys.* Pferdestärkenstunde *f* (= 1,0139 *PS*-*Stunden*). ~ **race** *s sport* Pferderennen *n.* ~ **rac·er** *s* **1.** Rennstallbesitzer *m.* **2.** Jockey *m.* **3.** Anhänger *m* des Pferderennsports. ~ **rac·ing** *s* Pferderennen *n od. pl.* ˈ~-rad·ish *s bot.* Meerrettich *m.* ~ **sense** *s colloq.* gesunder Menschenverstand. ˈ~-shit *vulg.* **I** *s* **1.** ,Pferdescheiße' *f.* **2.** *fig.* ,Scheiß' *m:* to talk ~ → 3. **II** *v/i a. irr* **3.** ,Scheiß' reden. ~ **shoe** [ˈhɔː(r)ʃuː; ˈhɔː(r)s-] **I** *s* **1.** Hufeisen *n.* **2.** *pl* (*als sg konstruiert*) *Am.* Hufeisenwerfen *n* (*Spiel*). **II** *adj* **3.** Hufeisen..., hufeisenförmig: ~ bend (*od.* curve) Schleife *f* (*e-r Straße etc*); ~ magnet Hufeisenmagnet *m;* ~ nail Hufnagel *m;* ~ table in Hufeisenform aufgestellte Tische. ~ **show** *s sport* ˈReit- u. ˈSprungturˌnier *n.* ˈ~-tail *s* **1.** Pferdeschwanz *m* (*a. fig. als Frisur,* Roßschweif *m* (*a. hist. als türkisches Feldzeichen u. Rangabzeichen*). **2.** *bot.* a) Schachtelhalm *m,* b) Tann(en)wedel *m.* ~ **tick** *s zo.* Pferdeausfliege *f.* ~ **trade** *s* **1.** *Am.* Pferdehandel *m.* **2.** → horse trading 2. ~ **trad·er** *s Am.* Pferdehändler *m.* ~ **trad·ing** *s* **1.** → horse trade 1. **2.** *bes. pol. colloq.* ,Kuhhandel' *m.* ˈ~-whip *s* Reitpeitsche *f.* **II** *v/t* mit der Reitpeitsche schlagen, peitschen. ˈ~-ˌwom·an *s irr* (geübte) Reiterin.

**hors·ey** → horsy.

**horst** [hɔː(r)st] *s geol.* Horst *m.*

**hors·y** [ˈhɔː(r)sɪ] *adj* **1.** pferdenärrisch. **2.** Pferde...: a) Pferde betreffend: ~ talk Gespräch *n* über Pferde, b) nach Pferden: ~ smell Pferdegeruch *m,* c) pferdeähnlich, -artig: ~ face Pferdegesicht *n;* he bounced the boy on his knee in a ~ manner er ließ den Jungen auf s-m Knie reiten.

**hor·ta·to·ry** [ˈhɔː(r)tətərɪ; *Am.* -təˌtəʊ-riː; -ˌtɔːriː] *adj* (*adv* hortatorily), **ˈhor·ta·tive** [-tɪv] *adj* (*adv* ~ly) (er)mahnend, anspornend, aufmunternd.

**hor·ti·cul·tur·al** [ˌhɔː(r)tɪˈkʌltʃərəl] *adj* (*adv* ~ly) gartenbaulich, Garten(bau)...: ~ show Gartenschau *f.* ˈhor·ti·cul·ture *s* Hortikulˈtur *f,* Gartenbau *m.* ˌhor·ti·ˈcul·tur·ist *s* ˈGartenbauˌexperte *m.*

**hor·tus sic·cus** [ˌhɔː(r)təsˈsɪkəs] (*Lat.*) *s* Herˈbarium *n.*

**ho·san·na** [həʊˈzænə] **I** *interj* hosiˈanna!, hoˈsanna! **II** *s* Hosiˈanna *n,* Hoˈsanna *n.*

**hose**[1] [həʊz] *s* **1.** (*als pl konstruiert*) Strümpfe *pl,* Strumpfwaren *pl.* **2.** *pl* **hose, ˈhos·en** [-zn] *hist.* (Knie)Hose *f.*

**hose**[2] [həʊz] *s* **1.** Schlauch *m.* **2.** *tech.* Dille *f,* Tülle *f.* **II** *v/t* **3.** spritzen: to ~ down abspritzen; to ~ out ausspritzen.

**Ho·se·a** [həʊˈzɪə; *Am.* həʊˈzeɪə; -ˈziːə] *npr u. s Bibl.* (das Buch) Hoˈsea *m od.* Oˈsee *m.*

**hose| clip** *s tech.* Schlauchklemme *f,* -schelle *f.* ˈ~-man [-mən] *s irr* Schlauchführer *m* (*der Feuerwehr*). ~ **pipe** *s* Schlauchleitung *f.* ˈ~-proof *adj tech.* strahlwassergeschützt.

**ho·sier** [ˈhəʊzɪə; *Am.* -ʒər] *s* Strumpfwarenhändler(in). ˈho·sier·y *s econ. collect. bes.* Strumpfwaren *pl.*

**hos·pice** [ˈhɒspɪs; *Am.* ˈhɑspəs] *s* **1.** *hist.* Hoˈspiz *n,* Herberge *f.* **2.** Sterbeklinik *f.*

**hos·pi·ta·ble** [ˈhɒspɪtəbl; *Am.* hɑˈspɪ-] *adj* (*adv* hospitably) **1.** a) gast(freund)-lich: a ~ man, b) gastlich, gastfrei: a ~ house. **2.** *fig.* freundlich: ~ climate. **3.** *fig.* (to) empfänglich (für), aufgeschlossen (*dat*): ~ to new ideas. **hos·pi·ta·ble·ness** *s* → hospitality 1.

**hos·pi·tal** [ˈhɒspɪtl; *Am.* ˈhas-] *s* **1.** Krankenhaus *n,* Klinik *f:* in (*Am.* in the) ~ im Krankenhaus; ~ fever *med.* klassisches Fleckfieber; ~ gangrene *med.* Hospital-, Wundbrand *m;* ~ nurse Kranken(haus)-schwester *f.* **2.** *mil.* Lazaˈrett *n:* ~ ship Lazarettschiff *n;* ~ tent Sanitätszelt *n;* ~ train Lazarettzug *m.* **3.** Tierklinik *f.* **4.** *hist.* Spiˈtal *n, bes.* a) Armenhaus *n,* b) Altersheim *n,* c) ˈErziehungsheim *n.* **5.** *hist.* Herberge *f,* Hoˈspiz *n.* **6.** *humor.* Repaˈraturwerkstatt *f:* dolls' ~ Puppenklinik *f.* ˈhos·pi·tal·er, *bes. Br.* ˈhos·pi·tal·ler [-pɪtlə(r)] *s* **1.** H~ Hospitˈaliter *m,* Johanˈniter *m.* **2.** Mitglied *n* e-s Krankenpflegeordens, *z. B.* Barmˈherziger Bruder.

**hos·pi·tal·ism** [ˈhɒspɪtlɪzəm; *Am.* ˈhas-] *s* Hospitaˈlismus *m:* a) *das Auftreten von physischen u./od. psychischen Schädigungen, die durch die Besonderheiten e-s Krankenhaus-, Anstalts- od. Heimaufenthalts bedingt sind,* b) *das Auftreten von Entwicklungsstörungen u. -verzögerungen bei Kindern als Folge e-s Heimaufenthalts im Säuglingsalter.*

**hos·pi·tal·i·ty** [ˌhɒspɪˈtælɪtɪ; *Am.* ˌhɑspə-] *s* **1.** Gastfreundschaft *f,* Gastlichkeit *f.* **2.** Akt *m* der Gastfreundschaft. **3.** *fig.* Empfänglichkeit *f,* Aufgeschlossenheit *f* (*to* für).

**hos·pi·tal·i·za·tion** [ˌhɒspɪtəlaɪˈzeɪʃn; *Am.* ˌhɑspɪtlə'z-] *s* **1.** Aufnahme *f od.* Einweisung *f od.* Einlieferung *f* ins Krankenhaus. **2.** Krankenhausaufenthalt *m.* ~ **in·sur·ance** *s Am.* (*private*) Krankenhauskostenversicherung *f.*

**hos·pi·tal·ize** [ˈhɒspɪtlaɪz; *Am.* ˈhɑs-] *v/t* ins Krankenhaus einliefern *od.* einweisen.

**hos·pi·tal·ler** *bes. Br. für* hospitaller.

**host¹** [həʊst] *s* **1.** Menge *f*, Masse *f*: a ~ of questions e-e Unmenge Fragen. **2.** *obs. od. poet.* (Kriegs)Heer *n*: the ~(s) of heaven a) die Gestirne, b) die himmlischen Heerscharen; the Lord of ~s *Bibl.* der Herr der Heerscharen.

**host²** [həʊst] **I** *s* **1.** Gastgeber *m*: ~ country Gastland *n*; the ~ country for the Olympic Games das Gastgeberland für die Olympischen Spiele. **2.** (Gast)Wirt *m*: to reckon without one's ~ *fig.* die Rechnung ohne den Wirt machen. **3.** *biol.* Wirt *m*, Wirtspflanze *f od.* -tier *n*. **4.** *Rundfunk, TV:* a) Talkmaster *m*, b) Showmaster *m*, c) Mode'rator *m*: your ~ was ... durch die Sendung führte Sie ... **5.** *a.* ~ computer Verarbeitungsrechner *m*. **II** *v/t* **6.** a) als Gastgeber fun'gieren bei, b) j-n zu Gast haben. **7.** *Rundfunk, TV:* e-e Sendung mode'rieren.

**host³**, *oft* **H·** [həʊst] *s relig.* Hostie *f*.

**hos·tage** [ˈhɒstɪdʒ; *Am.* ˈhɑs-] *s* **1.** Geisel *f*: to take s.o. ~ j-n als Geisel nehmen; to give ~s to fortune sich Verlusten *od.* Gefahren aussetzen. **2.** ('Unter)Pfand *n*.

**hos·tel** [ˈhɒstl; *Am.* ˈhɑstl] *s* **1.** *meist* youth ~ Jugendherberge *f*. **2.** *bes. Br.* (Studenten-, Arbeiter- *etc*)Wohnheim *n*: students' ~ Studenten(wohn)heim. **3.** *obs.* Wirtshaus *n*. **1.** 'hos·tel·er, *bes. Br.* 'hos·tel·ler [-tələ(r)] *s* **1.** j-d, der in Jugendherbergen übernachtet. **2.** *bes. Br.* Heimbewohner(in). **3.** *obs.* Gastwirt *m*. 'hos·tel·ry [-trɪ] *s obs.* Wirtshaus *n*.

**host·ess** [ˈhəʊstɪs] *s* **1.** Gastgeberin *f*. **2.** (Gast)Wirtin *f*. **3.** Ho'stess *f* (*Betreuerin auf Messen etc*). **4.** Ani'mier-, Tischdame *f*. **5.** *aer.* Ho'stess *f*, Stewar'deß *f*.

**hos·tile** [ˈhɒstaɪl; *Am.* ˈhɑstl; -ˌtaɪl] *adj* (*adv* ~ly) **1.** feindlich, Feind(es)...: ~ act feindliche Handlung; ~ territory Feindgebiet *n*. **2.** (to) feindselig (gegen), feindlich gesinnt (*dat*): ~ to foreigners ausländerfeindlich; ~ witness *jur.* eigener Zeuge, der sich unerwartet als feindlich erweist.

**hos·til·i·ty** [hɒˈstɪlətɪ; *Am.* hɑ-] *s* **1.** Feindschaft *f*, Feindseligkeit *f* (to gegen): feelings of ~ feindselige Gefühle; to feel ~ toward(s) s.o. j-m feindlich gesinnt sein; ~ to foreigners Ausländerfeindlichkeit *f*. **2.** Feindseligkeit *f*, feindselige Handlung. **3.** *pl mil.* Feindseligkeiten *pl*, Kriegs-, Kampfhandlungen *pl*: hostilities only nur für den Kriegsfall.

**hos·tler** [ˈɒslə; *Am.* ˈhɑslər; ˈɑs-] → ostler.

**hot** [hɒt; *Am.* hɑt] **I** *adj* (*adv* ~ly) **1.** heiß (*a. fig.*): ~ climate (stove, tears, *etc*); ~ iron 1. **2.** warm, heiß (*Speisen*): ~ meal warme Mahlzeit; ~ and ~ ganz heiß, direkt vom Feuer. **3.** erhitzt, heiß: I am ~ mir ist heiß; I went ~ and cold es überlief mich heiß u. kalt. **4.** a) scharf: ~ spices, b) scharf gewürzt: ~ dish, c) *fig.* leuchtend, grell: ~ colo(u)r. **5.** heiß, hitzig, heftig, erbittert: a ~ fight; ~ words heftige Worte; they grew ~ over an argument sie erhitzten sich über e-n strittigen Punkt. **6.** leidenschaftlich, feurig: a ~ temper ein hitziges Temperament; a ~ patriot ein glühender Patriot; to be ~ for (*od.* on) *colloq.* ,scharf' sein auf (*acc*), brennen auf (*acc*). **7.** a) wütend, erbost, b) aufgeregt: to get ~ and bothered sich aufregen. **8.** ,heiß': a) *zo.* brünstig, b) *colloq.* ,spitz', geil. **9.** ,heiß' (*im Suchspiel*): you're getting ~(ter)! a) es wird schon heißer!, b) *fig.* du kommst der Sache schon näher! **10.** ganz neu *od.* frisch, ,noch warm': ~ from the press frisch aus der Presse (*Nachrichten*), soeben erschienen (*Buch etc*); a ~ scent (*od.* trail) *hunt.* e-e warme *od.* frische Fährte

*od.* Spur (*a. fig.*). **11.** *colloq.* a) ,toll', großartig: it (he) is not so ~ es (er) ist nicht so toll; ~ news sensationelle Nachrichten; to be ~ at (*od.* on) ,ganz groß' sein in (*e-m Fach*); → hot stuff, b) ,heiß', vielversprechend: a ~ tip; ~ favo(u)rite *bes. sport* heißer *od.* hoher Favorit. **12.** *sl.* ,heiß' (*erregend*): ~ music. **13.** *colloq.* ungemütlich, gefährlich: to make it ~ for s.o. j-m die Hölle heiß machen, j-m gründlich ,einheizen'; the place was getting ~ for him ihm wurde der Boden zu heiß (unter den Füßen); to be in ~ water in ,Schwulitäten' sein, Ärger *od.* Schwierigkeiten haben (*bes. mit e-r Behörde*); to get into ~ water a) j-n in ,Schwulitäten' bringen, b) in ,Schwulitäten' kommen, Ärger *od.* Schwierigkeiten ,kriegen'; to get into ~ water with s.o. es mit j-m zu tun ,kriegen'; ~ under the collar a) wütend, erbost, b) aufgeregt, c) verlegen. **14.** *colloq.* a) ,heiß' (*gestohlen, geschmuggelt etc*): ~ goods heiße Ware; → hot money, b) (von der Poli'zei) gesucht. **15.** *phys. colloq.* ,heiß' (*stark radioaktiv*): ~ cell; → hot spot 3. **16.** *electr.* stromführend: → hot wire 1. **17.** *tech. electr.* Heiß..., Warm..., Glüh...

**II** *adv* **18.** heiß: the sun shines ~; to get it ~ (and strong) *colloq.* ,eins auf den Deckel kriegen'; to give it s.o. ~ (and strong) *colloq.* j-m gründlich ,einheizen', j-m die Hölle heiß machen; → blow¹ 11, run 61, track 1, trail 20.

**III** *v/t* **19.** *meist* ~ up *bes. Br.* heiß machen, *Speisen a.* warm machen, aufwärmen. **20.** ~ up *colloq.* a) *fig.* an-, aufheizen: to ~ up the pace *sport* aufs Tempo drücken, b) Schwung bringen in (*acc*), c) *ein Auto, e-n Motor* ,fri'sieren', ,aufmotzen'.

**IV** *v/i* **21.** *meist* ~ up *bes. Br.* heiß werden, sich erhitzen. **22.** ~ up *colloq.* a) sich verschärfen (*Lage etc*), (*sport Tempo a.*) anziehen, b) schwungvoller werden.

**V** *s pl* **23.** to have the ~s for (*od.* on) *colloq.* ,spitz' *od.* geil sein auf (*acc*).

**hot| air** *s* **1.** *tech.* Heißluft *f*. **2.** *colloq.* ,heiße Luft', leeres Geschwätz. **~·'air** *adj tech.* Heißluft...: ~ balloon; ~ artist *colloq.* ,Windmacher' *m*; ~ blast → hot blast 2; ~ heating Warmluftheizung *f*; ~ engine Heißluftmotor *m*. **~·and-·'cold** *adj fig.* unbeständig, wetterwendisch. **~·'bed** *s agr.* Mist-, Frühbeet *n*. **2.** *fig.* Brutstätte *f*: a ~ of vice. **3.** *tech.* Kühlbett *n*. **~ blast** *s tech.* **1.** Heißluftgebläse *n*. **2.** heiße Gebläseluft, Heißwind *m*. **~·'blast** *adj tech.* Heißwind...: ~ furnace Heißwindofen *m*; ~ stove Winderhitzer *m*. **~·'blood·ed** *adj* **1.** heißblütig. **2.** reinrassig (*bes. Pferd*). **~·'box** *s tech.* heißgelaufene Lagerbuchse. **~·bulb** *s tech.* Glühkopf *m*. **~ cath·ode** *s electr.* 'Glüh-, 'Heizka,thode *f*; ~ tube Glühkathodenröhre *f*. **~·chair** → hot seat 2.

**¹hotch·pot** [ˈhɒtʃ-; *Am.* ˈhatʃ-] *s* **1.** *jur.* Verteilungsverfahren bei Nachlässen unter Berücksichtigung der Vorausempfänge. **2.** → hotchpotch 1 u. 2.

**hotch·potch** [ˈhɒtʃpɒtʃ; *Am.* ˈhatʃˌpatʃ] *s* **1.** *gastr.* Eintopfgericht *n*, *bes.* Gemüsesuppe *f* mit Fleisch. **2.** *fig.* Mischmasch *m*, Durchein'ander *n*. **3.** *jur.* → hotchpot 1.

**hot| cock·les** *s pl* (*als sg konstruiert*) Schinkenklopfen *n* (*Kinderspiel*). **~·cross bun** *s* traditionellerweise am Karfreitag gegessenes Rosinenbrötchen mit e-m eingeritzten Kreuz. **~·dog I** *s* Hot dog *n*, *a. m.* **II** *interj Am. colloq.* ,klasse!', ,toll!' **~·dog** *v/i colloq.* Tricks vorführen *od.* zeigen (*bes. Ski- od. Skateboardfahrer*).

**ho·tel** [həʊˈtel; *Br. a.* əʊˈtel] **I** *s* Ho'tel *n*.

**II** *adj* Hotel...: ~ chain (china, staff, *etc*); ~ industry Hotelgewerbe *n*; ~ mogul (*od.* tycoon) Hotelkönig *m*; ~ register Fremden-, Gästebuch *n*.

**ho·tel·ier** [həʊˈtelɪeɪ; -lɪə; *Am.* həʊˈteljər; ˌəʊtlˈjeɪ] *s* Hoteli'er *m*: a) Ho'telbesitzer *m*, b) Ho'tel·di,rektor *m*.

**hot| flush·es** *s pl med.* fliegende Hitze. **~·foot** *colloq.* **I** *adv* **1.** schleunigst, schnell. **II** *v/i* **2.** rennen. **III** *v/t* **3.** ~ it → II. **4.** *Am.* a) j-n verhöhnen, b) j-n anstacheln. **~·gal·va·nize** *v/t tech.* schmelztauch-, feuerverzinken. **~·gos·pel·(l)er** *s colloq.* (fa'natischer) Erweckungsprediger. **~·head** *s* Hitzkopf *m*. **~·head·ed** *adj* hitzköpfig. **~·head·ed·ness** *s* Hitzköpfigkeit *f*. **~·house** *s* **1.** Treib-, Gewächshaus *n*: ~ effect Treibhaus-, Glashauseffekt *m*; ~ plant a) Treibhausgewächs *n*, b) *fig. bes. contp.* ,Mimose' *f*. **2.** Trockenhaus *n*, -raum *m*. **3.** *obs.* a) Badehaus *n*, b) Bor'dell *n*. **~ jazz** *s mus.* Hot Jazz *m* (*scharf akzentuierter, oft synkopischer Jazzstil*). **~ line** *s* **1.** *bes. pol.* ,heißer Draht'. **2.** Tele'fondienst *m* (*e-r Drogenberatungsstelle etc*). **3.** *Canad.* → phone-in. **~ mon·ey** *s* Hot money *n*, ,heißes' Geld: a) *econ.* Geld, das, um größeren Gewinn zu erzielen, je nach Zinshöhe in andere Länder fließt, b) illegal erworbene Banknoten, deren Nummern möglicherweise notiert wurden u. die der Erwerber deshalb schnell wieder abstoßen will.

**¹hot·ness** *s* Hitze *f* (*a. fig.*).

**hot| pants** *s pl* **1.** Hot pants *pl*, ,heiße' Hös-chen *pl*. **2.** to have ~ for *colloq.* ,spitz' *od.* geil sein auf (*acc*). **~·plate** *s* **1.** a) Koch-, Heizplatte *f*, b) (Gas-, E'lektro)Kocher *m*, c) Warmhalteplatte *f*. **~·pot** *s gastr.* Eintopf *m*. **~·press** *tech.* **I** *s* **1.** Warm- *od.* Heißpresse *f*. **2.** Deka'tierpresse *f*. **II** *v/t* **3.** warm- *od.* heiß pressen. **4.** *Tuch* deka'tieren. **5.** *Papier* sati'nieren. **~·quench** *v/t metall.* warmhärten. **~ rock** *s aer. Am. sl.* verwegener Pi'lot. **~ rod** *s aer. Am. sl.* ,fri'sierter' *od.* ,aufgemotzter' Wagen. **~ rod·er** *s bes. Am. sl.* **1.** Fahrer m e-s hot rod. **2.** a) ,Raser' *m*, b) Verkehrsrowdy *m*. **~ saw** *s tech.* Warmsäge *f*. **~ seat** *s* **1.** *aer. sl.* Schleudersitz *m*. **2.** *sl.* e'lektrischer Stuhl. **3.** *colloq.* mißliche Situati'on: to be in the ~ in e-r kitzligen Situation sein. **~·'short** *adj tech.* rotbrüchig. **~·'shot** *s Am. colloq.* **1.** ,großes *od.* hohes Tier'. **2.** *sport* ,Ka'none' *f*, As *n* (at in *dat*): ~ at soccer Fußballstar *m*. **3.** *aer. mot.* ,Ra'kete' *f* (*sehr schnelles Flug- od. Fahrzeug*). **~ spot** *s* **1.** *bes. pol.* Unruhe-, Krisenherd *m*. **2.** *bes. Am. colloq.* Nachtklub *od.* Amüsierbetrieb, in dem etwas los ist. **3.** *colloq.* Hot spot *m* (*stark radioaktiv verseuchte Stelle*). **4.** *geol.* Hot spot *m* (*Stelle in der Erdkruste, aus der Magma austritt*). **~ spring** *s* heiße Quelle, Ther'malquelle *f*. **~·spur** *s* Heißsporn *m*. **~ stuff** *s colloq.* **1.** a) ,toller' Kerl: he's ~ er ist ,große Klasse', b) ,tolle' Sache. **2.** that film is ~ der Film ist ganz schön ,scharf' (*pornographisch*).

**Hot·ten·tot** [ˈhɒtntɒt; *Am.* ˈhatnˌtat] **I** *pl* **-tot, -tots** *s* **1.** Hotten'totte *m*, Hotten'tottin *f*. **2.** *ling.* Hotten'tottisch *n*. **II** *adj* **3.** hotten'tottisch, Hottentotten...

**hot·tie** [ˈhɒtɪ] *s Austral. colloq.* Wärmflasche *f*.

**hot·tish** [ˈhɒtɪʃ; *Am.* ˈha-] *adj* ziemlich heiß.

**hot| tube** *s electr.* Heiz-, Glührohr *n*. **~ war** *s* heißer Krieg. **~·'wa·ter** *adj* Heißwasser...: ~ bottle Wärmflasche *f*; ~ heating Heißwasserheizung *f*; ~ pollution Umweltschädigung *f* durch Wär-

me. **~ well** → hot spring. **~ wire** *s* **1.**
*electr.* a) stromführender Draht, b) Hitz-
draht *m* (*in Meßinstrumenten*). **2.** *bes.
pol.* ,heißer Draht'. '**~|wire** *v/t colloq.* ein
*Fahrzeug* kurzschließen. '**~work** *v/t
tech.* Metall warm(ver)formen, wärme-
behandeln.
**hound**[1] [haʊnd] **I** *s* **1.** Jagdhund *m*: to
ride to (*od.* to follow the) **~s** an e-r
Parforcejagd (*bes. Fuchsjagd*) teilneh-
men; **pack of ~s** Meute *f.* **2.** Verfolger *m*
(*bei der Schnitzeljagd*). **3.** *contp.* ,Hund'
*m*, gemeiner Kerl. **4.** *bes. Am. sl.* Fa'nati-
ker(in), ,Narr' *m*: **movie ~** Kinonarr *m.*
**II** *v/t* **5.** (*bes. mit Hunden, a. fig. j-n*) jagen,
hetzen, verfolgen: **he is ~ed by his
creditors** s-e Gläubiger sitzen ihm im
Nacken; **to ~ down** erlegen, zur Strecke
bringen; **to ~ out** hinausjagen, vertreiben
(*of aus*). **6.** *Hunde* hetzen (**at** auf *acc*): **to ~
a dog at a hare. 7.** *oft* **~ on** *j-n* hetzen,
(an)treiben.
**hound**[2] [haʊnd] *s* **1.** *mar.* Mastbacke *f.* **2.**
*pl tech.* Seiten-, Diago'nalstreben *pl* (*an
Fahrzeugen*).
'**hound·fish** → dogfish.
**hour** ['aʊə(r)] *s* **1.** Stunde *f*: **by the ~**
stundenweise; **for ~s** (**and ~s**) stunden-
lang; **at 14.20 ~s** um 14 Uhr 20; **the clock
strikes the ~** es schlägt voll; (**every ~**)
**on the ~** (immer) zur vollen Stunde; **10
minutes past the ~** 10 Minuten nach der
vollen Stunde; **twenty-four ~s a day**
rund um die Uhr, Tag u. Nacht; **an ~
from here** e-e Stunde von hier; **to sleep
till all ~s** bis ,in die Puppen' schlafen. **2.**
(Tages)Zeit *f*, Stunde *f*: **what's the ~?**
*obs.* wieviel Uhr ist es?; **at all ~s** zu jeder
Zeit, jederzeit; **at what ~?** um wieviel
Uhr?; **at an early ~** früh; **to keep
regular ~s** regelmäßige Zeiten einhal-
ten; → early 5, eleventh 1, late 1, small
hours, wee[1] 2. **3.** Zeitpunkt *m*, Stunde *f*:
**the ~ of death** die Todesstunde; **in my ~
of need** in der Stunde m-r Not; **his ~ has
come** a) s-e Stunde ist gekommen, b) *a.*
**his last ~ has come, his (last) ~ has
struck** s-e letzte Stunde *od.* sein letztes
Stündchen ist gekommen *od.* hat ge-
schlagen; **the ~ has come for us to have
a serious talk** es ist an der Zeit, daß wir
uns einmal ernsthaft unterhalten. **4.**
Stunde *f*, Tag *m*, Gegenwart *f*: **the man
of the ~** der Mann des Tages; **the
question of the ~** die aktuelle Frage. **5.**
*pl* (Arbeits)Zeit *f*, (Arbeits-, Dienst-, Ge-
schäfts)Stunden *pl*: **what are your ~s?**
wann haben Sie geöffnet?; **after ~s** a)
nach Geschäftsschluß, b) nach der Ar-
beit, c) *fig.* zu spät; **out of ~s** außerhalb
der (Geschäfts- *etc*)Zeit; → man-hour,
office hours. **6.** *ped.* a) (Schul-, 'Unter-
richts)Stunde *f*, b) *univ.* anrechenbare
Stunde. **7.** *astr. mar.* Stunde *f* (*15 Längen-
grade*). **8.** *pl relig.* a) Gebetsstunden *pl*, b)
Stundengebete *pl*, c) Stundenbuch *n.* **9.**
**H~s** *pl antiq.* Horen *pl.*
**hour|·an·gle** *s astr.* Zeit-, Stundenwin-
kel *m.* **~ cir·cle** *s astr.* Stundenkreis *m.*
'**~glass** *s* Stundenglas *n*, *bes.* Sanduhr *f.*
**~ hand** *s* Stundenzeiger *m.*
**hou·ri** ['hʊərɪ; *Am. a.* 'huːriː] *s* **1.** Huri *f*
(*mohammedanische Paradiesjungfrau*). **2.**
*fig.* betörend schöne Frau.
'**hour·ly** *adv u. adj* **1.** stündlich: **~ bus
service**; **~ performance** *tech.* Stunden-
leistung *f.* **2.** ständig, (an)dauernd. **3.** (*nur
adv*) stündlich, jeden Augenblick: **we
are expecting him ~.**
**house I** *s* [haʊs] *pl* **hous·es** ['haʊzɪz] **1.**
Haus *n* (*auch die Hausbewohner*): **the
whole ~ knew it** das ganze Haus wußte
es; **~ and home** Haus u. Hof; **to keep
the ~** das Haus hüten; **like a ~ on fire**
*colloq.* ,prima', ganz ,toll'; **~ of God**

Gotteshaus *n*; **~ of tolerance** Bordell *n*;
**to get like the side of a ~** *colloq.* ganz
schön in die Breite gehen (*bes. Frau*); →
eat 2, card[1] 1, correction 3, fame 1. **2.**
Haus(halt *m*, -haltung *f*) *n*: **to keep ~** den
Haushalt führen (**for s.o.** j-m); **to put**
(*od.* set) **one's ~ in order** *fig.* s-e Angele-
genheiten in Ordnung bringen; **put** (*od.*
set) **your own ~ in order first** *fig.* kehr
erst einmal vor d-r eigenen Tür; → open
15. **3.** Haus *n*, (*bes. Fürsten*)Geschlecht *n*,
Fa'milie *f*, Dyna'stie *f*: **the H~ of
Hanover** das Haus Hannover. **4.** *econ.*
a) (Handels)Haus *n*, Firma *f*: **on the ~**
auf Kosten der Firma, auf Firmenko-
sten, (*a. im Wirtshaus etc*) auf Kosten des
Hauses, b) **the H~** *colloq.* die Londoner
Börse (→ 5). **5.** *meist* **H~** *parl.* Haus *n*,
Kammer *f*, Parla'ment *n*: **the H~** a) →
House of Commons, b) → House of
Lords, c) → House of Represent-
atives, d) *collect.* das Haus (*die Abgeord-
neten*) (→ 4); **the H~s of Parliament** die
Parlamentsgebäude (*in London*); **to
enter the H~** Mitglied des Parlaments
werden; **there is a H~** es ist Parlaments-
sitzung; **the H~ rose at 5 o'clock** die
Sitzung endete um 5 Uhr; **to make a H~**
die zur Beschlußfähigkeit nötige Anzahl
von Parlamentsmitgliedern zs.-bringen;
**no H~** das Haus ist nicht beschlußfähig;
→ lower (upper) house. **6.** Ratsver-
sammlung *f*, Rat *m*: **the H~ of Bishops**
(*anglikanische Kirche*) das Haus der
Bischöfe. **7.** *thea.* a) Haus *n*: **a full ~**, b)
(*das*) Publikum, (*die*) Zuschauer *pl*: →
bring down 8, c) Vorstellung *f*: **the
second ~** die zweite Vorstellung (*des
Tages*). **8.** *univ. Br.* Haus *n*: a) Wohn-
gebäude *n* der Stu'denten (*e-s englischen
College*), b) College *n*: **the H~** Christ
Church (*College in Oxford*). **9.** *ped.*
Wohngebäude *n* (*e-s Internats*). **10.** *astr.*
a) Haus *n*, b) (*e-m Planeten zugeordnetes*)
Tierkreiszeichen. **11.** Curling: Zielkreis
*m.* **12.** *colloq.* Freudenhaus *n* (*Bordell*).
**II** *v/t* [haʊz] **13.** (in e-m Haus *od.* e-r
Wohnung) 'unterbringen. **14.** (in ein
Haus) aufnehmen, beherbergen (*a. fig.
enthalten*). **15.** unter Dach u. Fach brin-
gen, verwahren. **16.** *tech.* (in e-m Ge-
häuse) 'unterbringen. **17.** *mar.* a) bergen,
b) *die Bramstengen* streichen, c) in sichere
Lage bringen, befestigen. **18.** *Zimmerei:*
verzapfen.
**III** *v/i* **19.** wohnen, leben.
**house|·a·gent** *s econ. Br.* Häusermakler
*m.* **~ ar·rest** *s* 'Hausar₁rest *m*: **to be
under ~** unter Hausarrest stehen. **~ bill** *s*
**1.** *econ.* auf die eigene Geschäftsstelle
gezogener Wechsel. **2.** *parl. Am.* Geset-
zesvorlage *f* des Repräsen'tantenhauses.
'**~boat** *s* Hausboot *n.* '**~body·y** *s Am.
colloq.* häuslicher Mensch, *contp.* Stu-
benhocker *m*: **I'm a ~** ich bin am liebsten
zu Hause. '**~bound** *adj fig.* ans Haus
gefesselt. '**~boy** *s* Boy *m* (*im Hotel etc*).
'**~break** *v/t* **1.** e-n *Hund etc* stuben-
rein machen; → housebroken. **2.**
*colloq.* a) *j-m* Ma'nieren beibringen, b) *j-n*
,kirre' machen. '**~break·er** *s* **1.** Ein-
brecher *m.* **2.** *bes. Br.* ('Haus)Abbruch-
unter₁nehmer *m.* '**~break·ing** *s* **1.** Ein-
bruch(sdiebstahl) *m.* **2.** *bes. Br.* Ab-
bruch(arbeiten *pl*) *m.* '**~bro·ken** *adj
Am.* stubenrein (*Hund etc, colloq. a. Witz
etc*). '**~carl** *s hist.* Leibwächter *m.*
'**~clean** *v/t* **1.** Hausputz machen, ein
,Groß'reinemachen' veranstalten. **2.** (*a.
v/t*) *Am. colloq.* gründlich aufräumen (in
*dat*), e-e 'Säuberungsakti₁on 'durchfüh-
ren (in *dat*). '**~clean·ing** *s* **1.** Hausputz
*m*, ,Groß'reinemachen' *n.* **2.** *Am. colloq.*
'Säuberungsakti₁on *f.* '**~coat** *s* Morgen-
rock *m*, -mantel *m.* '**~craft** *s ped. Br.*

Hauswirtschaftslehre *f.* **~ de·tec·tive** *s*
'Hausdetek₁tiv *m* (*im Hotel etc*). **~ doc-
tor** → house physician. **~ dog** *s* Haus-
hund *m.* **~ dress** *s* Hauskleid *n.* '**~fa-
ther** *s* Hausvater *m*, Heimleiter *m* (*e-s
Internats etc*). '**~fly** *s zo.* Stubenfliege *f.*
**house·ful** ['haʊsfʊl] *s* (*ein*) Hausvoll *n*:
**a ~ of guests** ein Haus voller Gäste.
'**house·guest** *s* Gast *m* (*der e-e Nacht od.
länger bleibt*).
**house·hold** ['haʊshəʊld; 'haʊsəʊld] **I** *s*
**1.** Haushalt *m.* **2. the H~** *Br.* die könig-
liche Hofhaltung: **H~ Brigade, H~
Troops** (Leib)Garde *f*, Gardetruppen.
**II** *adj* **3.** Haushalts..., häuslich: **~ arts**
*Am.* → housecraft; **~ effects** Hausrat
*m*; **~ gods** a) *antiq.* Hausgötter (*Laren u.
Penaten*), b) *fig.* liebgewordene Dinge,
*contp.* Götzen (*bes. im Haushalt*), c) *fig.*
heiliggehaltene Institutionen, Tugenden
*etc*; **~ linen** Haushaltswäsche *f*; **~
remedy** Hausmittel *n*; **~ soap** Haus-
haltsseife *f*, einfache Seife. **5.** all'täglich,
Alltags...: **a ~ name** (*od.* word) ein
(fester *od.* geläufiger) Begriff. '**house-
hold·er** *s* **1.** Haushaltsvorstand *m.* **2.**
Haus- *od.* Wohnungsinhaber *m*: **single-~**
Einpersonenhaushalt *m.*
'**house|·hunt** *v/i* auf Haussuche sein: **to
go ~ing** auf Haussuche gehen. **~ hunt-
ing** *s* Haussuche *f.* '**~hus·band** *s bes.
Am.* Hausmann *m.* '**~keep** *v/i irr colloq.*
den Haushalt führen. '**~keep·er** *s* **1.**
Haushälterin *f*, Wirtschafterin *f*: **she is a
good ~** sie kann gut wirtschaften. **2.**
Hausmeister(in). '**~keep·ing** *s* **1.** Haus-
haltung *f*, Haushaltsführung *f.* **2.** *a.* **~
money** Haushalts-, Wirtschaftsgeld *n.*
**hou·sel** ['haʊzl] *R.C. obs.* **I** *s* heilige
Kommuni'on. **II** *v/t* pre und pp **-seled**,
*bes. Br.* **-selled** *j-m* die Kommuni'on
spenden.
'**house·leek** *s bot.* Hauslaub *n*, -wurz *f.*
'**house·less** *adj* **1.** obdachlos. **2.** ohne
Häuser, unbewohnt: **a ~ desert.**
'**house|·lights** *s pl thea.* Beleuchtung *f* im
Zuschauerraum. '**~line** *s mar.* Hüsing *f.*
'**~maid** *s* Hausmädchen *n*, -angestellte
*f*, -gehilfin *f.* '**~maid's knee** *s med.*
,Dienstmädchenknie' *n* (*Schleimbeutel-
entzündung am Knie*). '**~man** [-mən] *s
bes. Br.* Medizi'nalassi₁stent *m.* **~ mar-
tin** → martin 1. '**~mas·ter** *s ped.*
Lehrer, der für ein Wohngebäude (*e-s
Internats*) zuständig ist. '**~mate** *s* Haus-
genosse *m*, -genossin *f.* '**~mis·tress** *s
ped.* Lehrerin, die für ein Wohngebäude
(*e-s Internats*) zuständig ist. '**~moth·er**
*s* Hausmutter *f*, Heimleiterin *f* (*e-s Inter-
nats etc*). **H~ of As·sem·bly** *s pol.*
'Unterhaus *n* (*z. B. des südafrikanischen
Parlaments*). **H~ of Com·mons** *s parl.*
'Unterhaus *n* (*in Großbritannien u. Ka-
nada*). **H~ of Del·e·gates** *s parl.* Ab-
geordnetenhaus *n* (*in einigen Staaten der
USA*). **H~ of Keys** *s parl.* 'Unterhaus *n*
(*der Insel Man*). **H~ of Lords** *s parl.*
Oberhaus *n* (*in GB*). **H~ of Rep·re-
sent·a·tives** *s parl.* Repräsen'tanten-
haus *n*, Abgeordnetenhaus *n* (*Unterhaus
des US-Kongresses etc*). **~ or·gan** *s*
Hauszeitung *f*, Werk(s)zeitschrift *f.* '**~
paint·er** *s* Maler *m*, Anstreicher *m.*
'**~par·ents** *s pl* Hauseltern *pl* (*e-s In-
ternats etc*). **~ par·ty** *s* **1.** mehrtägige
Party (*bes. in e-m Landhaus*). **2.** *collect.*
(*die dabei anwesenden*) Gäste *pl.* '**~
phone** *s Am.* 'Hausgele₁fon *n.* '**~
phy·si·cian** *s* Hausarzt *m* (*im Hotel
etc*). **2.** im Krankenhaus wohnender Arzt. **~
plant** *s bot.* Zimmerpflanze *f.* '**~
-proud** *adj* über'trieben ordentlich
(*Hausfrau*): **to be ~** e-n ,Putzfimmel'
haben. '**~rais·ing** *s Am.* gemeinsamer
Hausbau (*durch mehrere Nachbarn*).

**ˈ~room** *s* Haus-, Wohnraum *m*: **to give s.o.** ~ j-n (ins Haus) aufnehmen; **he wouldn't give it** ~ er nähme es nicht einmal geschenkt. ~ **rules** *s pl* Hausordnung *f*. **ˈ~search** *s jur.* Haussuchung *f*. **ˈ~ˌsit·ter** *s bes. Am. colloq.* ~ **spar·row** *s orn.* Hausspatz *m*, -sperling *m.* **ˌ~-to-ˈhouse** *adj* von Haus zu Haus: ~ **collection** Haussammlung *f*; ~ **sales·man** a) Hausierer *m*, b) Vertreter *m*; ~ **selling** Verkauf *m* an der Haustür. **ˈ~top** *s* Dach *n*: **to cry** (*od.* **proclaim, shout**) **from the** ~**s** etwas öffentlich verkünden, *etwas Vertrauliches* ‚an die große Glocke hängen'. **ˈ~train** *v/t bes. Br. e-n Hund etc* stubenrein machen: ~**ed** stubenrein. **ˈ~ˌwarm·ing (par·ty)** *s* Einzugsparty *f* (*im neuen Haus*).
**house·wife** [ˈhaʊswaɪf] *s irr* **1.** Hausfrau *f.* **2.** [ˈhʌzɪf] *bes. Br.* ˈNähe,tui *n*, Nähzeug *n.* **ˈhouse,wife·ly** *adj* Hausfrauen..., hausfraulich: ~ **duties**; ~ **virtues**. **house·wif·er·y** [ˈhaʊsˌwɪfərɪ; *Am.* ˈhaʊsˌwaɪfrɪ:] → **housekeeping** 1.
**ˈhouse·work** *s* Hausarbeit *f.*
**hous·ing¹** [ˈhaʊzɪŋ] *s* **1.** ˈUnterbringung *f.* **2.** Obdach *n*, ˈUnterkunft *f.* **3.** a) Wohnung *f*: ~ **association** *Br.* Wohnungsgenossenschaft *f*; ~ **density** Wohndichte *f*; ~ **development** *bes. Am.*, ~ **estate** *Br.* Wohnsiedlung *f*; ~ **development scheme** (*od.* **plan**) *Br.* Wohnungsbauprojekt *n*; ~ **market** Wohnungsmarkt *m*; ~ **shortage** Wohnungsnot *f*, -mangel *m*; ~ **situation** Lage *f* auf dem Wohnungsmarkt; ~ **unit** Wohneinheit *f*, b) *collect.* Häuser *pl.* **4.** a) Wohnungsbeschaffung *f*, -wesen *n*, b) Wohnungsbau *m*: **Minister of H~ and Local Government** *Br.* Minister *m* für Wohnungsbau u. Kommunalverwaltung. **5.** Wohnen *n*: ~ **amenities** Wohnkomfort *m*; ~ **conditions** Wohnverhältnisse. **6.** *econ.* a) Lagerung *f*, b) Lagergeld *n.* **7.** Nische *f.* **8.** *tech.* a) Gehäuse *n*, b) *Zimmerei:* Nut *f*, c) Gerüst *n*, d) Achshalter *m.* **9.** *mar.* Hüsing *f.*
**hous·ing²** [ˈhaʊzɪŋ] *s* Satteldecke *f.*
**hove** [həʊv] *pret u. pp von* **heave.**
**hov·el** [ˈhɒvl; *Am.* ˈhʌvl] *s* **1.** offener (*bes.* Vieh)Schuppen. **2.** *contp.* ‚Bruchbude' *f*, ‚Loch' *n.* **3.** *tech.* (kegelförmiger) Backsteinmantel (*für Porzellanöfen*). **ˈhov·el·er**, *bes. Br.* **ˈhov·el·ler** *s mar.* **1.** Berger *m.* **2.** Bergungsboot *n.*
**hov·er** [ˈhɒvə; *Am.* ˈhʌvər] *v/i* **1.** schweben (*a. fig.*): **he is** ~**ing between life and death**; ~**ing accent** *metr.* schwebender Akzent. **2.** sich herˈumtreiben *od.* aufhalten (**about** *on in der Nähe von*): **a question** ~**ed on his lips** ihm lag e-e Frage auf den Lippen. **3.** schwanken, sich nicht entscheiden können: **she was** ~**ing between her husband and her lover. II** *s* **4.** Schweben *n.* **5.** Schwanken *n.* **~craft** *pl* **-craft** [ˈhɒvəkrɑːft; *Am.* ˈhʌvərˌkræft] *s* Hovercraft *n*, Luftkissenfahrzeug *n.* **~hawk** → **kestrel.** **~train** *s* Hover-, Aˈerotrain *m*, Luftkissen-, Schwebezug *m.*
**how** [haʊ] **I** *adv* **1.** (*fragend*) wie: ~ **are you?** wie geht es Ihnen?; ~ **about ...?** wie steht's mit ...?; ~ **about a cup of tea?** wie wäre es mit e-r Tasse Tee?; ~ **do you know?** woher wissen Sie das?; ~ **much?** wieviel?; ~ **many?** wieviel?, wie viele?; ~ **ever do you do it?** wie machen Sie das nur?; ~ **ever was I to know that?** wie konnte ich das denn ahnen?; → **be** 7, 15, **come** *Bes. Redew.*, **do¹** 34, **now** *Bes. Redew.*, **so** 4. **2.** (*ausrufend u. relativ*) wie: ~ **large it is!** wie groß es ist!; ~ **absurd!** wie absurd!; **he knows** ~ **to ride** er kann reiten; **I know** ~ **to do it** ich weiß, wie man es macht; ~ **they will stare!** die

---

werden vielleicht Augen machen!; **and** ~**!** *bes. Am. colloq.* und wie!; **here's** ~**!** *colloq.* auf Ihr Wohl!, prost!; → **old** 12. **3.** wie teuer, zu welchem Preis: ~ **do you sell your potatoes? II** *s* **4.** Wie *n*, Art *f* u. Weise *f*: **the** ~ **and the why** das Wie u. Warum.
**how·be·it** [ˌhaʊˈbiːɪt] *obs.* **I** *adv* nichtsdestoweniger. **II** *conj* obˈgleich.
**how·dah** [ˈhaʊdə] *s* (*meist überdachter*) Sitz auf dem Rücken e-s Eleˈfanten.
**how-do-you-do** [ˌhaʊdjəˈduː; -djəˈduː] *s*: **a fine** (*od.* **nice**) ~ *colloq.* e-e schöne ‚Bescherung'.
**how·dy** [ˈhaʊdɪ] *interj bes. Am. colloq.* ‚Tag'.
**how-d'ye-do** [ˌhaʊdjəˈduː; -djɪ-; -dɪ-] → **how-do-you-do.**
**how·e'er** [haʊˈeə(r)] *poet.* → **however.**
**how·ev·er** [haʊˈevə(r)] **I** *adv* **1.** wie auch (immer), wenn auch noch so: ~ **it** (**may**) **be** wie dem auch sei; ~ **you do it** wie du es auch machst; ~ **much we wish it** wie sehr wir es auch wünschen. **2.** *colloq.* wie (denn) nur: ~ **did you manage that? II** *conj* **3.** dennoch, (je)ˈdoch, aber, inˈdes.
**how·itz·er** [ˈhaʊɪtsə(r)] *s mil.* Hauˈbitze *f.*
**howl** [haʊl] **I** *v/i* **1.** heulen (*Wölfe, Wind etc*). **2.** brüllen, schreien (**in agony** vor Schmerzen; **with laughter** vor Lachen). **3.** *colloq.* ‚heulen', weinen. **4.** pfeifen (*Radio, Wind etc*). **II** *v/t* **5.** brüllen, schreien: **to** ~ **s.th. out** etwas herausbrüllen od. -schreien; **to** ~ **s.o. down** j-n niederschreien *od.* -brüllen. **III** *s* **6.** Heulen *n*, Geheul *n.* **7.** a) Schrei *m*: ~**s of laughter** brüllendes Gelächter, b) Brüllen *n*, Gebrüll *n*, Schreien *n*, Geschrei *n.* **8.** Pfeifen *n.* **9. to be a** ~ *colloq.* ‚zum Schreien sein'. **ˈhowl·er** *s* **1.** *zo.* Brüllaffe *m.* **2.** *colloq.* grober ‚Schnitzer'.
**ˈhowl·ing** *adj* **1.** heulend. **2.** *colloq.* Mords..., Riesen...: **a** ~ **success** ein Bombenerfolg. ~ **mon·key** *s zo.* Brüllaffe *m.*
**how·so·ev·er** [ˌhaʊsəʊˈevə; *Am.* -səˈwevər] → **however** 1.
**ˌhow-to-ˈdo-it book** *s* Bastelbuch *n.*
**hoy¹** [hɔɪ] *s mar.* Leichter *m*, Prahm *m.*
**hoy²** [hɔɪ] *interj* **1.** he! **2.** *mar.* aˈhoi! **II** *s* **3.** He(ruf *m*) *n.*
**hoy·a** [ˈhɔɪə] *s bot.* Wachsblume *f.*
**hoy·den** [ˈhɔɪdn] *s* Range *f*, Wildfang *m* (*Mädchen*). **ˈhoy·den·ish** *adj* wild, ausgelassen.
**Hoyle** [hɔɪl] *npr*: **according to** ~ genau nach den (Spiel)Regeln.
**hub** [hʌb] *s* **1.** *tech.* (Rad)Nabe *f.* **2.** *fig.* Zentrum *n*, Mittel-, Angelpunkt *m*: ~ **of industry** Industriezentrum; ~ **of the universe** Mittelpunkt *m* der Welt; **the H~** *Am.* (*Spitzname für*) Boston *n.* **3.** *tech.* a) Paˈtrize *f* (*für Münzprägungen*), b) Verbindungsstück *n* (*von Röhren*).
**hub·ba-hub·ba** [ˌhʌbəˈhʌbə] *interj Am. sl.* ‚prima!', ‚toll!'.
**Hub·bite** [ˈhʌbaɪt] *s Am. colloq.* Bewohner(in) von Boston.
**hub·ble-bub·ble** [ˈhʌblˌbʌbl] *s* **1.** a) Brodeln *n*, b) Gurgeln *n.* **2.** → **hubbub.** **3.** Wasserpfeife *f.*
**Hub·ble('s) con·stant** *s astr.* ˈHubble-Konˌstante *f.*
**hub·bub** [ˈhʌbʌb] *s* **1.** Stimmengewirr *n.* **2.** Tuˈmult *m.*
**hub·by** [ˈhʌbɪ] *s colloq.* ‚Männe' *m*, (Ehe-) Mann *m.*
**ˈhub·cap** *s mot.* Radkappe *f.*
**hu·bris** [ˈhjuːbrɪs] *s* Hybris *f*, Hochmut *m*, ‚Selbstüberˌhebung *f.* **huˈbris·tic** *adj* (*adv* ~**ally**) hochmütig, überˈheblich.
**huck·a·back** [ˈhʌkəbæk], *a.* **huck** *s* Gerstenkornleinen *n*, Drell *m.*

---

**huck·le** [ˈhʌkl] *s* **1.** *anat.* Hüfte *f.* **2.** Buckel *m*, Wulst *m*, *f.* **ˈ~back** *s* Buckel *m*, Höcker *m.*
**ˈhuck·le·ber·ry** [-bərɪ; -brɪ; *bes. Am.* -ˌberɪ] *s bot.* Amer. Heidelbeere *f.*
**ˈhuck·le·bone** *s anat.* **1.** Hüftknochen *m.* **2.** (Fuß)Knöchel *m.*
**huck·ster** [ˈhʌkstə(r)] **I** *s* **1.** → **hawker².** **2.** *j-d, der aggressive od. dubiose Verkaufsmethoden anwendet.* **3.** *Rundfunk, TV: Am.* Werbetexter *m*, contp. ‚Reˈklamefritze' *m.* **II** *v/i* **4.** → **haggle** 1. **III** *v/t* **5.** → **hawk²** 1. **6.** a) mit aggresˈsiven od. dubiˈosen Meˈthoden Reˈklame machen für, b) mit aggresˈsiven *od.* dubiˈosen Meˈthoden verkaufen. **ˈhuck·ster·ism** *s* aggresˈsive od. dubiˈose Verˈkaufs- od. ˈWerbeˌthoden *pl.*
**hud·dle** [ˈhʌdl] **I** *v/t* **1.** a) *meist* ~ **together** (*od.* **up**) zs.-werfen, auf e-n Haufen werfen, b) *meist* ~ **together** (*od.* **up**) zs.-drängen, c) *bes. Br.* stopfen: **he** ~**d his shirts into his suitcase. 2. to** ~ **o.s.** (**up**) sich zs.-kauern: **to be** ~**d** (sich) kauern; ~**d up** zs.-gekauert. **3. to** ~ **o.s.** (**up**) **against** (*od.* **to**) → **9. 4.** *meist* ~ **together** (*od.* **up**) *bes. Br.* e-n Zeitungsartikel *etc* a) ˈhinwerfen, b) ‚zs.-stoppeln'. **5.** ~ **on** a) sich *ein Kleidungsstück* ˈüberwerfen, b) schlüpfen in (*acc*). **6.** *fig.* vertuschen. **II** *v/i* **7.** (sich) kauern: **to** ~ **up** sich zs.-kauern. **8.** *meist* ~ **together** (*od.* **up**) sich zs.-drängen. **9. to** ~ (**up**) **against** (*od.* **to**) sich kuscheln *od.* schmiegen an (*acc*). **III** *s* **10.** a) (wirrer) Haufen, b) Wirrwarr *m*, Durcheinˈander *n*: **in a** ~ **auf e-m Haufen**, dicht zs.-gedrängt. **11. to go into a** ~ *colloq.* die Köpfe zs.-stecken, ‚Kriegsrat' halten: **to go into a** ~ **with s.o.** sich mit j-m beraten; **he went into a** ~ (**with himself**) er ging mit sich zu Rate.
**Hu·di·bras·tic** [ˌhjuːdɪˈbræstɪk] *adj* (*adv* ~**ally**) komisch-heˈroisch.
**hue¹** [hjuː] *s* **1.** Farbe *f.* **2.** (Farb)Ton *m*, Tönung *f*, (*a. fig.*) Färbung *f*, Schatˈtierung *f*: **political parties of all** ~**s**; **the sky darkened in** ~ der Himmel nahm e-e dunklere Färbung an.
**hue²** [hjuː] *s* Geschrei *n*: ~ **and cry** a) *obs.* (mit Geschrei verbundene) Verfolgung e-s Verbrechers, b) *fig.* großes Geschrei; **to raise a** ~ **and cry against** lautstark protestieren gegen, e-n Proteststurm entfachen gegen.
**hued** [hjuːd] *adj obs. od. poet. bes. in Zssgn* gefärbt, farbig: **golden-~** goldfarben.
**huff** [hʌf] **I** *v/t* **1.** a) ärgern, b) verstimmen: **easily** ~**ed** übelnehmerisch. **2.** *obs.* a) *j-n* grob anfahren, b) tyranniˈsieren, ‚piesacken': **to** ~ **s.o. into s.th.** j-n zu etwas zwingen. **3.** *Damespiel:* e-n Stein wegnehmen. **II** *v/i* **4.** a) sich ärgern, b) ‚einschnappen'. **5.** *a.* ~ **and puff** a) schnaufen, pusten, b) (vor Wut) schnauben, c) *fig.* sich aufblähen. **III** *s* **6.** a) Verärgerung *f*, Ärger *m*, b) Verstimmung *f*: **to be in a** ~ verärgert sein; verstimmt *od.* ‚eingeschnappt' sein; **to go into a** ~ → **4.**
**huff·i·ness** [ˈhʌfɪnɪs] *s* **1.** übelnehmerisches Wesen. **2.** a) Verärgerung *f*, b) Verstimmung *f.* **ˈhuff·ish** *adj* (*adv* ~**ly**), **ˈhuff·y** *adj* (*adv* **huffily**) **1.** übelnehmerisch. **2.** a) verärgert, b) verstimmt, ‚eingeschnappt'.
**hug** [hʌg] **I** *v/t* **1.** umˈarmen, (*a.* ~ **to one**) an sich drücken. **2.** ~ **o.s.** *fig.* sich beglückwünschen (**on, over** zu). **3.** umˈfassen, umˈklammern: **to** ~ **the ball** *sport* sich nicht vom Ball trennen können, sich zu spät vom Ball trennen. **4.** *fig.* (zäh) festhalten an (*dat*): **to** ~ **an opinion. 5.** sich dicht halten an (*acc*): **to** ~ **the coast** (**the side of the road**) sich nahe an der

Küste (am Straßenrand) halten; **the car ~s the road well** *mot.* der Wagen hat e-e gute Straßenlage. **II** *v/i* **6.** ein|ander *od.* sich um|armen. **III** *s* **7.** Um|armung *f:* **to give s.o. a ~** j-n umarmen.

**huge** [hju:dʒ] *adj* riesig, riesengroß, gewaltig, mächtig (*alle a. fig.*). **'huge·ly** *adv* ungeheuer, ungemein, gewaltig. **'huge·ness** *s* ungeheure *od.* gewaltige Größe, Riesenhaftigkeit *f.*

**huge·ous** [-əs] *obs. für* huge.

**hug·ger-mug·ger** ['hʌgə(r)ˌmʌgə(r)] **I** *s* **1.** ‚Kuddelmuddel' *m, n,* Durchein|ander *n.* **2.** Heimlichtue|rei *f.* **II** *adj u. adv obs.* **3.** heimlich, verstohlen. **4.** unordentlich. **III** *v/t* **5.** *obs.* vertuschen, -bergen. **IV** *v/i* **6.** *obs.* heimlichtun, Geheimnisse haben.

**'hug-me-tight** *s* Strickweste *f* (*für Damen*).

**Hu·gue·not** ['hju:gənɒt; -nəʊ; *Am.* ˌnɑt] *s hist.* Huge|notte *m,* Huge|nottin *f.* **Hu-gue'not·ic** [-'nɒtɪk; *Am.* -'nɑ-] *adj* huge'nottisch.

**huh** [hʌ] *interj* **1.** (fragend, erstaunt) was? **2.** *iro.* haha!

**hu·la** ['hu:lə] **I** *s* Hula *f, a. m (Tanz der Eingeborenen auf Hawaii):* **to do the ~** → II. **II** *v/i* Hula tanzen. **~ hoop** *s* Hula-Hoop(-Reifen) *m.* **~-'hu·la** → hula I. **~ skirt** *s* Bastrock *m.*

**hulk** [hʌlk] **I** *s* **1.** *mar.* Hulk *f, m.* **2.** Ko'loß *m:* **a)** *Gebilde von gewaltigem Ausmaß,* **b)** sperriges *od.* klotziges *od.* unhandliches Ding, **c)** ungeschlachter Kerl, schwerfälliger Riese: **a ~ of a man** ein Koloß von e-m Mann. **II** *v/i* **3.** *oft* **~ up** sich auftürmen, aufragen. **4.** *Br. colloq.* mit schweren Schritten gehen. **'hulk·ing, 'hulk·y** *adj* **1.** sperrig, klotzig, unhandlich. **2.** ungeschlacht, schwerfällig.

**hull¹** [hʌl] **I** *s bot.* **1.** Schale *f,* Hülle *f* (*beide a. weitS.*), Hülse *f.* **2.** Außenkelch *m.* **II** *v/t* **3.** schälen, enthülsen: **~ed barley** Graupen *pl.*

**hull²** [hʌl] **I** *s* **1.** *mar.* Rumpf *m,* Schiffskasko *m,* -körper *m:* **~ insurance** (Schiffs-, *a.* Flugzeug)Kaskoversicherung *f;* **~ down** a) weit entfernt (*Schiff*), b) *mil.* in verdeckter Stellung (*Panzer*). **2.** *aer.* a) Rumpf *m* (*e-s Flugboots*), b) Rumpf *m,* Hülle *f* (*e-s Starrluftschiffs*). **3.** *mil.* (Panzer)Wanne *f.* **II** *v/t* **4.** *mar.* den Rumpf treffen *od.* durch|schießen.

**hul·la·ba·l(l)oo** [ˌhʌləbə'lu:] *s* Lärm *m,* Getöse *n.*

**hull·er** ['hʌlə(r)] *s agr.* 'Schäl·ma|schine *f.*

**hul·lo** [hə'ləʊ; hʌ'ləʊ] → hello.

**hum¹** [hʌm] **I** *v/i* **1.** summen (*Bienen, Draht, Geschoß, Person etc*): **my head is ~ming** mir brummt der Kopf. **2.** *electr.* brummen. **3. to ~ and haw** a) herumdrucksen', nicht recht mit der Sprache herauswollen, b) unschlüssig sein, (hin u. her) schwanken. **4.** *a.* **to ~ with activity** *colloq.* voller Leben *od.* Akti'vität sein: **to make things ~** die Sache in Schwung bringen, ‚Leben in die Bude bringen'; **things are starting to ~** allmählich kommt Schwung in die Sache. ‚Leben in die Bude'. **5.** *colloq.* stinken. **II** *v/t* **6.** ein Lied summen. **III** *s* **7.** Summen *n.* **8.** *electr.* Brummen *n:* **~ frequency** Brummfrequenz *f.* **9.** Hm *n:* **~s and ha's** verlegenes Geräusper. **10.** *colloq.* Gestank *m.* **IV** *interj* **11.** hm!

**hum²** [hʌm] *colloq.* → humbug.

**hu·man** ['hju:mən] **I** *adj* (*adv* → **humanly**) **1.** menschlich, Menschen...: **I am only ~** ich bin auch nur ein Mensch; **that's only ~** das ist doch menschlich; **~ being** Mensch *m;* **~ chain** Menschenkette *f;* **~ counter** Human counter *m* (*der Strahlenschutzüberwachung dienendes Meßgerät zur Bestimmung der vom*

menschlichen Körper aufgenommenen u. wieder abgegebenen Strahlung); **~ dignity** Menschenwürde *f;* **~ interest** (*das*) menschlich Ansprechende, (*der*) menschliche Aspekt; **~-interest story** ergreifende *od.* ein menschliches Schicksal behandelnde Geschichte; **~ medicine** Humanmedizin *f;* **~ nature** menschliche Natur; **~ race** Menschengeschlecht *n;* **~ relations** zwischenmenschliche Beziehungen, (*econ.* innerbetriebliche) Kontaktpflege; **~ rights** Menschenrechte; **~ touch** menschliche Note; → err 1. **2.** → humane 1. **II** *s* **3.** Mensch *m.*

**hu·mane** [hju:'meɪn] *adj* **1.** hu'man, menschlich: **~ killer** *Mittel zum schmerzlosen Töten von Tieren;* **~ society** *Gesellschaft zur Verhinderung von Grausamkeiten an Tieren.* **2.** → humanistic 1. **hu'mane·ness** *s* Humani'tät *f,* Menschlichkeit *f.*

**hu·man·ism** ['hju:mənɪzəm] *s* **1.** *oft* H~ Huma'nismus *m:* a) (*auf das Bildungsideal der griechisch-römischen Antike gegründetes*) *Denken u. Handeln im Bewußtsein der Würde des Menschen,* b) *literarische u. philologische Neuentdekkung u. Wiederentdeckung der antiken Kultur, ihrer Sprachen, Kunst u. Geisteshaltung vom 13. bis 16. Jh.* **2.** a) → humaneness, b) → humanitarianism. **'hu·man·ist I** *s* **1.** Huma'nist(in). **2.** → humanitarian I. **II** *adj* → humanistic. **ˌhu·man'is·tic** *adj* (*adv* **~ally**) **1.** huma'nistisch: **~ education.** **2.** a) → humane 1, b) → humanitarian I.

**hu·man·i·tar·i·an** [hju:ˌmænɪ'teərɪən] **I** *adj* humani'tär, menschenfreundlich, Humanitäts... **II** *s* Menschenfreund *m.* **hu·man·i'tar·i·an·ism** *s* Menschenfreundlichkeit *f,* humani'täre Gesinnung.

**hu·man·i·ty** [hju:'mænətɪ] *s* **1.** die Menschheit, das Menschengeschlecht, die Menschen *pl,* der Mensch. **2.** Menschsein *n,* menschliche Na'tur. **3.** Humani'tät *f,* Menschlichkeit *f.* **4.** *pl* a) klassische Litera'tur (*Latein u. Griechisch*), b) 'Altphilolo·gie *f,* c) Geisteswissenschaften *pl.*

**hu·man·i·za·tion** [ˌhju:mənaɪ'zeɪʃn; *Am.* -nə'z-] *s* **1.** Humani'sierung *f.* **2.** Vermenschlichung *f,* Personifikati'on *f,* Personifi'zierung *f.* **'hu·man·ize** *v/t* **1.** humani'sieren, hu'maner *od.* menschenwürdiger gestalten. **2.** vermenschlichen, personifi'zieren.

**hu·man·kind** [ˌhju:mən'kaɪnd; '-kaɪnd] → humanity 1.

**'hu·man·ly** *adv* **1.** menschlich. **2.** nach menschlichen Begriffen: **~ possible** menschenmöglich; **to do everything ~ possible** alles menschenmögliche *od.* sein menschlichstes tun; **it is not ~ possible** es ist einfach unmöglich; **~ speaking** menschlich gesehen. **3.** hu'man, menschlich.

**hum·ble** ['hʌmbl; *Am. a.* 'ʌmbl] **I** *adj* (*adv* **humbly**) bescheiden: a) demütig: **in my ~ opinion** m-r unmaßgeblichen Meinung nach; **Your ~ servant** *obs.* Ihr ergebener Diener; **to eat ~ pie** *fig.* klein beigeben, zu Kreuze kriechen; → self 1, b) anspruchslos, einfach, c) niedrig, dürftig, ärmlich: **of ~ birth** von niedriger Geburt. **II** *v/t* demütigen, erniedrigen.

**'hum·ble-bee** → bumblebee.

**'hum·ble·ness** *s* Demut *f,* Bescheidenheit *f.*

**hum·bug** ['hʌmbʌg] **I** *s* **1.** ‚Humbug' *m:* a) Schwindel *m,* Betrug *m,* b) Unsinn *m,* dummes Zeug, ‚Mumpitz' *m.* **2.** Schwindler(in), Betrüger(in), *bes.* Hochstapler(in). **3.** *Br.* 'Pfefferminzbon·bon

*m, n.* **II** *v/t* **4.** beschwindeln, betrügen (*out of um*): **to ~ s.o. into doing s.th.** j-n dazu ‚kriegen', etwas zu tun. **'hum·bug·ger·y** [-ərɪ] → humbug 1 a.

**hum·ding·er** [ˌhʌm'dɪŋə(r)] *s bes. Am. colloq.* **1.** ‚Mordskerl' *m,* ‚toller' Bursche. **2.** ‚tolles Ding': **a ~ of a party** e-e ‚klasse' Party.

**hum·drum** ['hʌmdrʌm] **I** *adj* **1.** eintönig, langweilig, fad. **II** *s* **2.** Langweiligkeit *f,* Eintönigkeit *f.* **3.** a) langweilige *od.* eintönige Arbeit, b) Langweiler *m,* fader Kerl. **'hum·drum·ness** → humdrum 2.

**hu·mec·tant** [hju:'mektənt] *s chem.* Feuchthaltemittel *n,* Feuchthalter *m.*

**hu·mer·al** ['hju:mərəl] *adj anat.* **1.** hume'ral, Oberarmknochen... **2.** Schulter...

**hu·mer·us** ['hju:mərəs] *pl* **-mer·i** [-raɪ] *s anat.* Humerus *m,* Oberarmknochen *m.*

**hu·mic** ['hju:mɪk] *adj* Humus...: **~ acid** *chem.* Humin-, Humussäure *f.*

**hu·mid** ['hju:mɪd] *adj* feucht, *geogr. a.* hu'mid. **hu'mid·i·fi·er** [-dɪfaɪə(r)] *s tech.* (Luft)Befeuchter *m.* **hu'mid·i·fy** [-faɪ] *v/t* befeuchten. **hu'mid·i·stat** [-dɪstæt] *s tech.* Feuchtigkeitsregler *m.* **hu'mid·i·ty** *s* Feuchtigkeit(sgehalt *m*) *f:* **~ of the air** Luftfeuchtigkeit. **hu·mi·dor** ['hju:mɪdɔ:(r)] *s* Feuchthaltebehälter *m* (*für Zigarren etc*).

**hu·mil·i·ate** [hju:'mɪlɪeɪt] *v/t* demütigen, erniedrigen. **hu'mil·i·at·ing** *adj* (*adv* **~ly**) erniedrigend, demütigend. **hu·mil·i·a·tion** *s* Erniedrigung *f,* Demütigung *f.* **hu'mil·i·a·to·ry** [-lɪətərɪ; *Am.* -lɪˌtəʊri:; -ˌtɔ:ri:] → humiliating. **hu·mil·i·ty** [hju:'mɪlɪtɪ] → humbleness.

**Hum·ism** ['hju:mɪzəm] *s philos.* Humesche Philoso'phie.

**hum·mer** ['hʌmə(r)] *s* **1.** → hummingbird. **2.** → humdinger.

**hum·ming** ['hʌmɪŋ] *adj* **1.** summend. **2.** *electr.* brummend. **3.** *colloq.* a) geschäftig, b) lebhaft, schwungvoll: **~ trade** schwunghafter Handel. **'~·bird** *s orn.* Kolibri *m.* **'~·bird moth** *s zo. Am.* Schwärmer *m.* **~ top** *s* Brummkreisel *m.*

**hum·mock** ['hʌmək] *s* **1.** Hügel *m.* **2.** Eishügel *m.* **3.** → hammock².

**hu·mor,** *bes. Br.* **hu·mour** ['hju:mə(r); *Am. a.* 'ju:-] **I** *s* **1.** Gemütsart *f,* Tempera'ment *n.* **2.** (Gemüts)Verfassung *f,* Stimmung *f,* Laune *f:* **in a good (in a bad** *od.* **in an ill) ~** (bei) guter (schlechter) Laune; **out of ~** verstimmt, gereizt; **in the ~ for s.th.** zu etwas aufgelegt; **when the ~ takes him** wenn ihn die Lust dazu packt. **3.** Komik *f,* (*das*) Komische: **the ~ of the situation.** **4.** Hu'mor *m:* **sense of ~** (Sinn *m* für) Humor. **5.** *pl* Verrücktheiten *pl.* **6.** Spaß *m,* Scherz *m.* **7.** *physiol.* a) Körpersaft *m,* -flüssigkeit *f,* b) *obs.* Körpersaft *m:* **the cardinal ~s** die Hauptsäfte des Körpers (*Blut, Schleim, Galle, schwarze Galle*). **8.** *pl obs.* feuchte Dämpfe *pl.* **II** *v/t* **9.** a) j-m s-n Willen tun *od.* lassen, b) j-n *od.* etwas 'hinnehmen, mit Geduld ertragen. **10.** sich anpassen (*dat od.* an *acc*).

**'hu·mor·al** *adj physiol.* humo'ral: a) *die Körperflüssigkeiten betreffend,* b) *auf dem Weg über die Körperflüssigkeiten übertragen:* **~ pathology** Humoralpathologie *f (bes. in der Antike ausgebildete Lehre von den Körpersäften, deren richtige Mischung Gesundheit, deren Ungleichgewicht dagegen Krankheit bedeutete).*

**hu·mor·esque** [ˌhju:mə'resk; *Am. a.* ˌju:-] *s mus.* Humo'reske *f.*

**hu·mor·ist** ['hju:mərɪst; *Am. a.* 'ju:-] *s* **1.** Humo'rist(in). **2.** Spaßvogel *m.* **ˌhu·mor'is·tic** *adj* (*adv* **~ally**) humo'ristisch.

'hu·mor·less, *bes. Br.* 'hu·mour·less *adj* hu'morlos.

hu·mor·ous ['hju:mərəs; *Am. a.* 'ju:-] *adj* (*adv* ~ly) hu'morvoll, hu'morig, komisch: ~ paper Witzblatt *n*. 'hu·mor·ous·ness *s* hu'morvolle Art, (*das*) Hu'morvolle, Komik *f*.

hu·mour, hu·mour·less *bes. Br. für* humor, humorless.

hump [hʌmp] I *s* 1. Buckel *m*, (*e-s Kamels*) Höcker *m*. 2. (kleiner) Hügel: to be over the ~ *fig.* über den Berg sein. 3. *rail.* Ablaufberg *m*. 4. *Br. colloq.* a) Trübsinn *m*, b) 'Stinklaune' *f*: that gives me the ~ dabei werde ich trübsinnig, 'das fällt mir auf den Wecker'. 5. *Am. sl.* Tempo *m* in: to get a ~ on a) 'auf die Tube drücken', b) → 8. II *v/t* 6. *oft* ~ up (zu e-m Buckel) krümmen: to ~ one's back e-n Buckel machen. 7. *bes. Br. colloq.* a) auf den Rücken *od.* auf die Schulter nehmen, b) tragen. 8. ~ it, *o.s. Am. sl.* sich mächtig ins Zeug legen, 'sich ranhalten'. 9. *Br. colloq.* a) j-n trübsinnig machen, b) j-m 'auf den Wecker fallen'. 10. *vulg.* 'bumsen' (*Geschlechtsverkehr haben mit*). III *v/i* 11. sich buckelartig erheben. 12. *Am. sl.* → 8. 13. *Am. sl.* rasen, sausen. '~·back *s* 1. Buckel *m*. 2. Buck(e)lige(r *m*) *f*. 3. *zo.* Buckelwal *m*. 4. *ichth.* (*ein*) Lachs *m*. '~·backed *adj* buck(e)lig.

humped [hʌmpt] *adj* buck(e)lig.

humph [hʌmf; hmm] I *interj* hm! II *v/i* 'hm' machen.

hump·ty ['hʌmptɪ] *s Br.* Puff *m*, (rundes) Sitzpolster. ~·'dump·ty [-'dʌmptɪ] *s* 1. *bes. Br.* Dickerchen *n*. 2. *fig.* (*etwas*) Zerbrechliches (*was nicht wiederhergestellt werden kann*).

hump·y ['hʌmpɪ] *adj* 1. buck(e)lig. 2. *Br. colloq.* a) trübsinnig, b) verärgert.

hu·mus ['hju:məs] *s* Humus *m*.

Hun [hʌn] *s* 1. Hunne *m*, Hunnin *f*. 2. *fig.* Wan'dale *m*, Bar'bar *m*. 3. *colloq. contp.* Deutsche(r) *m*.

hunch [hʌntʃ] I *s* 1. → hump 1. 2. dickes Stück. 3. Ahnung *f*, Gefühl *n*: to have a ~ that das Gefühl *od.* den Verdacht haben, daß. II *v/t* 4. *a.* ~ up → hump 6: to ~ one's shoulders die Schultern hochziehen; he ~ed his shoulders over his book er beugte sich über sein Buch. III *v/i* 5. *a.* ~ up a) sich (zs.-)krümmen, b) (sich) kauern. 6. → hump 11. '~·back → humpback 1, 2. '~·backed → humpbacked.

hun·dred ['hʌndrəd; *Am. a.* -dərd] I *adj* 1. hundert: a (*od.* one) ~ (ein)hundert; several ~ men mehrere hundert Mann. 2. *oft* a ~ and one hundert(er)lei, zahllose. II *s* 3. Hundert *n* (*Einheit*): ~s and ~s Hunderte u. aber Hunderte: by the ~, by ~s hundertweise, immer hundert auf einmal; several ~ mehrere Hundert; ~s of thousands Hunderttausende; ~s of times hundertmal; a great (*od.* long) ~ hundertzwanzig. 4. Hundert *f* (*Zahl*). 5. *math.* Hunderter *m*. 6. *Br. hist.* Hundertschaft *f*, Bezirk *m* (*Teil e-r Grafschaft*). 7. *Am. hist.* Bezirk *m*, Kreis *m* (*nur noch in Delaware*). 8. ~s and thousands *gastr.* Liebesperlen. '~·fold I *adj u. adv* hundertfach. II *s* (*das*) Hundertfache. ~-'per'cent *adj u. adv* 'hundertpro,zentig. ~-'per'cent·er *s pol. Am.* Hur'rapatri,ot *m*. ~-'per'cent·ism *s pol. Am.* Hur'rapatrio,tismus *m*.

hun·dredth ['hʌndrədθ; -drətθ] I *adj* 1. hundertst(er, e, es). 2. hundertstel. II *s* 3. (der, die, das) Hundertste. 4. Hundertstel *n*.

'hun·dred·weight *s*: a) *a.* short ~ (*in USA*) 100 lbs. = 45,36 kg, b) *a.* long ~ (*in GB*) 112 lbs. = 50,80 kg, c) *a.* metric ~ Zentner *m*.

hung [hʌŋ] *pret u. pp von* hang: ~ jury → hang 14.

Hun·gar·i·an [hʌŋ'geərɪən] I *adj* 1. ungarisch. II *s* 2. Ungar(in). 3. *ling.* Ungarisch *n*, das Ungarische.

hun·ger ['hʌŋgə(r)] I *s* 1. Hunger *m*: ~ is the best sauce Hunger ist der beste Koch. 2. *fig.* Hunger *m*, (heftiges) Verlangen, Durst *m* (for, after nach): ~ for knowledge Wissensdurst. II *v/i* 3. Hunger haben. 4. *fig.* hungern (for, after nach): to ~ for news sehnsüchtig auf Nachricht warten. III *v/t* 5. a) hungern lassen, b) *bes. mil.* aushungern. 6. durch Hunger zwingen (into zu). ~ march *s* Hungermarsch *m*. ~ strike *s* Hungerstreik *m*.

hun·gry ['hʌŋgrɪ] *adj* (*adv* hungrily) 1. hungrig: to be (*od.* feel) ~ hungrig sein, Hunger haben; to go ~ hungern; (as) ~ as a hunter (*od.* bear) hungrig wie ein Wolf; the H~ Forties *hist.* die Hungerjahre (*1840 bis 1846 in England*). 2. *fig.* hungrig (for nach): ~ for knowledge wissensdurstig; ~ for love liebeshungrig. 3. *agr.* mager, karg (*Boden*). 4. gardening is ~ work Gartenarbeit macht hungrig.

hunk[1] [hʌŋk] *s* 1. großes Stück. 2. *a.* ~ of a man *bes. Am. colloq.* ein 'sexy' Mann.

hunk[2] [hʌŋk] *adj Am. colloq.* 1. → hunky-dory. 2. quitt: to get ~ on s.o. mit j-m quitt werden *od.* abrechnen.

hunk·er ['hʌŋkə(r)] *s Am. sl.* Konserva-'tive(r) *m*.

hunk·ers ['hʌŋkə(r)z] → haunch 2.

hunk·ie → hunky.

hunks [hʌŋks] *pl* hunks *s* 1. mürrischer alter Kerl. 2. Geizhals *m*.

hunk·y ['hʌŋkɪ] *s Am. sl. contp.* Arbeiter mittel- *od.* osteuropäischer Abstammung.

hunk·y-do·ry [,hʌŋkɪ'dɔ:rɪ] *adj bes. Am. colloq.* 'in Butter', bestens.

Hun·nish ['hʌnɪʃ] *adj* 1. hunnisch. 2. *fig.* bar'barisch. 3. *colloq. contp.* deutsch.

hunt [hʌnt] I *s* 1. Jagd *f*, Jagen *n*: the ~ is up (*od.* the Jagd hat begonnen (*a. fig.*). 2. 'Jagd(gebiet *n*, -re,vier *n*), -gesellschaft) *f*. 4. *fig.* Jagd *f*: a) Verfolgung *f*, b) Suche *f* (for, after nach): to be on the ~ for auf der Jagd sein nach. 5. *sport* Aufholjagd *f*. 6. *tech.* Flattern *n*, 'Tanzen' *n* (*von Reglern etc*). II *v/t* 7. (*a. fig. j-n*) jagen, Jagd machen auf (*acc*), hetzen: to ~ down erlegen, zur Strecke bringen (*a. fig.*); ~ the slipper (thimble) Pantoffel-(Fingerhut)suchen *n* (*Kinderspiel*); a ~ed look ein gehetzter Blick. 8. *j-n od. e-e* Spur verfolgen. 9. jagen, treiben: to ~ away (*od.* off) wegjagen, vertreiben; to ~ out hinausjagen, vertreiben (of aus). 10. *oft* ~ out (*od.* up) a) her'aussuchen, b) Nachforschungen anstellen über (*acc*), c) aufstöbern, -spüren. 11. *Revier* durch'jagen, -'stöbern, -'suchen (*a. fig.*) (for nach). 12. jagen mit (*Pferd, Hunden etc*). 13. *Radar, TV*: abtasten. III *v/i* 14. jagen: to go ~ing auf die Jagd gehen; to ~ for Jagd machen auf (*acc*) (*a. fig.*). 15. (after, for) a) suchen (nach), b) *fig.* jagen, streben (nach). 16. *tech.* flattern, 'tanzen' (*Regler etc*).

hunt-and-'peck meth·od *s colloq. humor.* 'Adler'suchsy,stem' *n*, Zweif'fin-gersy,stem *n* (*auf der Schreibmaschine*).

'hunt·er *s* 1. Jäger *m* (*a. zo. u. fig.*): ~'s moon Vollmond *m* nach dem harvest moon. 2. Jagdhund *m od.* -pferd *n*. 3. Sprungdeckeluhr *f*. 4. *a.* ~ green Jagdgrün *n*. 5. a. ~ 'kill·er sat·el·lite *s mil.* 'Killersatel,lit *m*.

'hunt·ing I *s* 1. Jagd *f*, Jagen *n*. 2. → hunt 4. 3. *tech.* a) → hunt 6, b) Pendelschwingung *f* (*Radar*), c) *TV* Abtastvorrichtung

*f*. II *adj* 4. Jagd... → box *s* Jagdhütte *f*. ~ case *s* Sprungdeckelgehäuse *n* (*Uhr*). ~ cat → cheetah. ~ crop *s* Jagdpeitsche *f*. ~ ground *s* Jagdrevier *n*, -gebiet *n* (*a. fig.*): the happy ~ die ewigen Jagdgründe; a happy ~ *fig.* ein beliebtes *od.* einträgliches Jagdrevier (for für). ~ horn *s* Jagdhorn *n*. ~ knife *s irr* Jagdmesser *n*. ~ leop·ard → cheetah. ~ li·cence, *Am.* ~ li·cense *s* Jagdschein *m*. ~ lodge *s* Jagdhütte *f*. ~ ri·fle *s* Jagdgewehr *n*. ~ scene *s paint.* Jagdszene *f*, -stück *n*. ~ sea·son *s* Jagdzeit *f*. ~ seat *s* Jagdsitz *m*, -schlößchen *n*. ~ watch → hunter 3.

hunt·ress ['hʌntrɪs] *s* Jägerin *f*.

hunts·man ['hʌntsmən] *s irr* 1. Jäger *m*, Weidmann *m*. 2. Rüdemeister *m*. 'hunts·man·ship *s* Jäge'rei *f*, Jagdwesen *n*, Weidwerk *n*.

hunt's-up [,hʌnts'ʌp] *s* 1. Aufbruch *m* zur Jagd (*Jagdsignal*). 2. Weckruf *m*.

hur·dle ['hɜ:dl; *Am.* 'hɜrdl] I *s* 1. a) *Leichtathletik:* Hürde *f*, (*Hindernislauf*) Hindernis *n* (*beide a. fig.*), b) *Pferdesport:* Hindernis *n*: to pass the last ~ *fig.* die letzte Hürde nehmen. 2. Hürde *f*, (Weiden-, Draht)Geflecht *n* (*für Zäune etc*). 3. *tech.* a) Fa'schine *f*, b) Bergbau: Gitter *n*, Rätter *m*. II *v/t* 4. *a.* ~ off mit Hürden um'geben, um'zäunen. 5. *ein* Hindernis über'springen. 6. *fig.* e-e Schwierigkeit etc über'winden. III *v/i* 7. a) *Leichtathletik:* e-n Hürden- *od.* Hindernislauf bestreiten, b) *Pferdesport:* ein Hindernisrennen bestreiten. 'hur·dler *s* 1. Hürdenmacher *m*. 2. *Leichtathletik:* a) Hürdenläufer(in), b) Hindernisläufer *m*.

hur·dle race *s* 1. *Leichtathletik:* a) Hürdenlauf *m*, b) Hindernislauf *m*. 2. *Pferdesport:* Hindernisrennen *n*.

hurds [hɜ:dz; *Am.* hɜrdz] *s pl* Werg *n*.

hur·dy-gur·dy ['hɜ:dɪ,gɜ:dɪ; *Am.* ,hɜr-di:'gɜrdi:] *s mus.* 1. *hist.* Drehleier *f*. 2. Leierkasten *m*.

hurl [hɜ:l; *Am.* hɜrl] I *v/t* 1. schleudern (*a. fig.*): to ~ down zu Boden schleudern; to ~ o.s. sich stürzen (on auf *acc*); to ~ abuse at s.o. j-m Beleidigungen ins Gesicht schleudern; to ~ invectives Beschimpfungen ausstoßen. II *v/i* 2. *sport* Hurling spielen. 3. → pitch[2] 20 a, b. III *s* 4. Schleudern *n*. 5. Hurling: Stock *m*, Schläger *m*. 'hurl·er *s* 1. *sport* Hurlingspieler(in). 2. → pitcher[1] 1. 'hurl·ey [-lɪ] *s sport* → hurling 1. 2. *a.* ~ stick Hurlingstock *m*, -schläger *m*. 'hurl·ing *s sport* Hurling(spiel) *n* (*ein dem Hockey ähnliches altes irisches Schlagballspiel*).

hurl·y ['hɜ:lɪ; *Am.* 'hɜrlɪ] → hurly-burly I. ~-'burl·y ['hɜ:lɪ,bɜ:lɪ; *Am.* ,hɜrlɪ'bɜrli:] I *s* Tu'mult *m*, Aufruhr *m*, Wirrwarr *m*. II *adj u. adv* tu'multartig, turbu'lent.

hur·rah [hʊ'rɑ:; *Am. a.* hʊ'rɔ:] I *interj* hur'ra!: to ~ for ...! hoch ...!, es lebe ...!, ein Hoch (dat)! II *s* Hur'ra(ruf *m*) *n*: to win ~s begeistert aufgenommen werden (from von) (*Platte etc*); last ~ *Am. fig.* letzter Versuch *od.* Anlauf. III *v/t* mit Hur'ra empfangen, j-n hochleben lassen, j-m zujubeln. IV *v/i* Hur'ra rufen.

hur·ray [hʊ'reɪ] → hurrah.

hur·ri·cane ['hʌrɪkən; -keɪn; *Am. bes.* 'hɜrə,keɪn; 'hɜrɪkən] *s* a) Hurrikan *m*, Wirbelsturm *m*, b) Or'kan *m*, *fig. a.* Sturm *m*: to rise to a ~ zum Orkan anschwellen; emotional ~s Orkane *od.* Stürme der Leidenschaft. ~ deck *s mar.* Sturmdeck *n*. ~ lamp *s* 'Sturmla,terne *f*. ~ roof *Am. für* hurricane deck.

hur·ried ['hʌrɪd; *Am. bes.* 'hɜrɪd] *adj* (*adv* ~ly) eilig, hastig, schnell, über'eilt: to write a few ~ lines hastig ein paar Zeilen schreiben; to shoot ~ly *sport* überhastet schießen. 'hur·ri·er *s* 1. An-

treiber *m.* **2.** *Bergbau: Br.* Fördermann *m.*

**hur·ry** [ˈhʌrɪ; *Am. bes.* ˈhɜrɪ:] **I** *s* **1.** Hast *f,* Eile *f:* **to be in a ~** es eilig haben (**to do s.th.** etwas zu tun), (in Eile sein; **to be in no ~** es nicht eilig haben (**to do s.th.** etwas zu tun); **to be in no ~ to do s.th.** a) nicht darauf erpicht sein, etwas zu tun, b) etwas nicht tun wollen; **I am in no ~ for you to do it** es eilt mir nicht, daß du es tust; laß dir ruhig Zeit damit; **to do s.th. in a ~** etwas eilig *od.* hastig tun, sich keine Zeit mit etwas lassen; **I need it in a ~** ich brauche es schnell *od.* dringend; **in my ~** I left my umbrella at home vor lauter Eile vergaß ich m-n Schirm zu Hause; **in my ~ to catch the train I** ... ich hatte es so eilig, den Zug zu erreichen, daß ich ...; **you will not beat that in a ~** *colloq.* das machst du nicht so schnell *od.* so leicht nach; **in the ~ of business** im Drang der Geschäfte; **there is no ~** es hat keine Eile, es eilt nicht. **2.** Hetze *f,* ‚Wirbel‘ *m:* **the ~ of daily life. 3.** *mus.* (Trommel*etc*)Wirbel *m.* **II** *v/t* **4.** schnell *od.* eilig befördern *od.* bringen: **to ~ through** *e-e Gesetzesvorlage etc* ‚durchpeitschen‘. **5.** *oft ~ up* a) *j-n* antreiben, hetzen, b) *etwas* beschleunigen: **to ~ one's pace** s-n Schritt beschleunigen. **6.** *etwas* übereilen. **III** *v/i* **7.** eilen, hasten: **to ~ away** (*od.* off) wegeilen; **to ~ over** s.th. etwas flüchtig *od.* hastig erledigen. **8.** *oft ~ up* sich beeilen: **~ up!** (mach) schnell! ~→ˈscurry, ~→ˈskur·ry [-ˈskʌrɪ; *Am. bes.* -ˈskɜrɪ:] ~→ˈhel·ter-ˈskel·ter. ˈ~-ˌup *adj Am.* **1.** eilig: **~ job; ~ call** Notruf *m.* **2.** hastig: **~ breakfast.**

**hurst** [hɜːst; *Am.* hɜrst] *s* **1.** (*obs.* außer in Ortsnamen) Forst *m,* Hain *m.* **2.** *obs.* Sandbank *f.* **3.** *obs.* bewaldeter Hügel.

**hurt**[1] [hɜːt; *Am.* hɜrt] **I** *v/t pret u. pp* **hurt 1.** verletzen, -wunden (*beide a. fig.*): **to ~ s.o.'s feelings; to feel ~** gekränkt sein; **to be ~** angeschlagen sein (*Boxer*); → **fly**[2] **1. 2.** schmerzen, *j-m* weh tun (*beide a. fig.*): **the wound still ~s me; it ~s her to think of it. 3.** schädigen, schaden (*dat*), Schaden zufügen (*dat*): **it won't ~ you to miss breakfast for once** *colloq.* du wirst nicht gleich verhungern, wenn du einmal nicht frühstückst. **4.** *etwas* beschädigen. **II** *v/i* **5.** schmerzen, weh tun (*beide a. fig.*): **she kicked the attackers where it ~s most. 6.** Schaden anrichten, schaden: **that won't ~ das schadet nichts. 7.** *colloq.* Schmerzen haben, *a. fig.* leiden (**from** an *dat*). **III** *s* **8.** Schmerz *m* (*a. fig.*). **9.** Verletzung *f,* Wunde *f.* **10.** Kränkung *f.* **11.** Schaden *m,* Nachteil *m* (**to** für).

**hurt**[2] [hɜːt; *Am.* hɜrt] *s her.* blauer Kreis (*im Schilde*).

**ˈhurt·ful** *adj* (*adv* **~ly**) **1.** verletzend: **~ remarks. 2.** schmerzlich: **a ~ sight. 3.** schädlich, nachteilig (**to** für): **~ to the health** gesundheitsschädlich.

**hur·tle** [hɜːtl; *Am.* hɜrtl] **I** *v/i* **1.** *obs.* (**against**) zs.-prallen (mit), prallen *od.* krachen (gegen). **2.** sausen, rasen, wirbeln, stürzen. **3.** rasseln, prasseln, poltern. **II** *v/t* **4.** schleudern, wirbeln, werfen.

**hus·band** [ˈhʌzbənd] **I** *s* **1.** Ehemann *m,* Gatte *m,* Gemahl *m:* **~ and wife** Mann u. Frau; **my ~** mein Mann. **2.** *obs.* a) → **husbandman,** b) Verwalter *m.* **3.** *a. ship's ~ mar.* Mitreeder *m.* **II** *v/t* **4.** haushälterisch *od.* sparsam ˈumgehen mit, haushalten mit. **5.** *obs.* a) *e-n* Mann heiraten *od.* b) *ein Mädchen* verheiraten. **6.** *obs.* a) *Land* bebauen, b) *Pflanzen* anbauen. **ˈhus·band·less** *adj* ohne Ehemann, unverheiratet. **ˈhus·band·man** [-mən] *s irr obs.* Bauer *m.* **ˈhus·band·ry** [-rɪ] *s* **1.** *agr.* Landwirtschaft *f.* **2.** *fig.*

Haushalten *n,* sparsamer ˈUmgang (**of** mit).

**hush** [hʌʃ] **I** *interj* **1.** still!, pst!, scht! **II** *v/t* **2.** zum Schweigen *od.* zur Ruhe bringen. **3.** besänftigen, beruhigen. **4.** *meist ~ up* vertuschen. **III** *v/i* **5.** still werden, verstummen. **IV** *s* **6.** Stille *f,* Ruhe *f,* Schweigen *n:* **policy of ~** (Politik *f* der) Geheimhaltung *f.*

**hush·a·by** [ˈhʌʃəbaɪ] **I** *interj* eiapoˈpeia! **II** *s* Wiegenlied *n.*

**ˈhush|-hush** *colloq.* **I** *v/t* **1.** zur Geheimhaltung verpflichten. **2.** vertuschen. **II** *adj* [*a.* ˌ-ˈhʌʃ] **3.** geheim, Geheim..., vertraulich. **III** *s* **4.** Geheimhaltung *f.* **~ mon·ey** *s* Schweigegeld *n.*

**husk** [hʌsk] **I** *s* **1.** *bot.* a) Hülse *f,* Schale *f,* Schote *f,* b) *Am. bes.* Maishülse *f.* **2.** *fig.* (leere) Schale. **3.** *tech.* Rahmen *m,* Bügel *m.* **4.** *Am. sl.* Kerl *m.* **II** *v/t* **5.** enthülsen, schälen. **6.** *etwas* mit heiserer *od.* rauher Stimme sagen *od.* singen. **III** *v/i* **7.** heiser *od.* rauh werden (*Stimme*). **ˈhusk·er** *s* **1.** Enthülser(in). **2.** ˈSchälma͜schine *f.* **ˈhusk·i·ly** *adv* mit heiserer *od.* rauher Stimme. **ˈhusk·i·ness** *s* Heiserkeit *f,* Rauheit *f* (*der Stimme*). **ˈhusk·ing** *s* **1.** Enthülsen *n,* Schälen *n.* **2.** *a. ~ bee Am.* geselliges Maisschälen.

**husk·y**[1] [ˈhʌskɪ] **I** *adj* (*adv* → **huskily**) **1.** hülsig. **2.** ausgedörrt. **3.** heiser, rauh (*Stimme*). **4.** *colloq.* stämmig, kräftig. **II** *s* **5.** *colloq.* stämmiger Kerl.

**hus·ky**[2] [ˈhʌskɪ] *s zo.* Husky *m,* Eskimohund *m.*

**hus·sar** [hʊˈzaː; *Am.* həˈzɑːr] *s mil. hist.* Huˈsar *m.*

**Huss·ite** [ˈhʌsaɪt] *s relig. hist.* Husˈsit *m.*

**hus·sy** [ˈhʌsɪ; -zɪ] *s* **1.** Fratz *m,* Göre *f.* **2.** ‚leichtes Mädchen‘, ‚Flittchen‘ *n.*

**hus·tings** [ˈhʌstɪŋz] *s pl* **1.** (*als sg konstruiert*) *Br. hist.* Podium, auf dem die Parlamentskandidaten nominiert wurden *u.* von dem aus sie zu den Wählern sprachen. **2.** (*a. als sg konstruiert*) a) Wahlkampf *m,* b) Wahl(en *pl*) *f.*

**hus·tle** [ˈhʌsl] **I** *v/t* **1.** a) stoßen, drängen, b) (an)rempeln. **2.** a) hetzen, (an)treiben, b) drängen (**into doing s.th.** etwas zu tun). **3.** (*in aller Eile*) wohin bringen *od.* schaffen *od.* schicken: **she ~d her children off** to school aus ‚verfrachtete‘ ihre Kinder in die Schule. **4.** sich beeilen mit. **5.** schütteln. **6.** *~ up bes. Am. colloq.* (schnell) zs.-basteln *od.* machen, ‚herzaubern‘. **7.** *bes. Am. colloq.* a) etwas ‚ergattern‘, b) (sich) *etwas* ergaunern, c) *j-n* betrügen (**out of** um). **II** *v/i* **8.** sich drängen. **9.** hasten, hetzen. **10.** sich beeilen. **11.** *bes. Am. colloq.* ‚mit *od.* unter Hochdruck‘ arbeiten, ‚wühlen‘. **12.** *bes. Am. colloq.* a) betteln, b) ‚klauen‘, stehlen, c) betrügen, d) auf Freierfang sein (*Prostituierte*). **III** *s* **13.** *meist ~ and bustle* a) Gedränge *n,* b) Gehetze *n,* c) ‚Betrieb‘ *m,* ‚Wirbel‘ *m.* **ˈhus·tler** *s bes. Am. colloq.* **1.** ‚Wühler‘ *m.* **2.** a) Gauner *m,* Betrüger *m,* b) ‚Nutte‘ *f* (*Prostituierte*).

**hut** [hʌt] **I** *s* **1.** Hütte *f:* **~ circle** (*prähistorischer*) Steinring *m.* **2.** *mil.* Baˈracke *f.* **3.** *Austral.* Arbeiterhaus *n* (*bes. für Schafscherer*). **II** *v/t u. v/i* **4.** in Baˈracken *od.* Hütten ˈunterbringen (hausen): **~ted camp** Barackenlager *n.*

**hutch** [hʌtʃ] **I** *s* **1.** Kiste *f,* Kasten *m.* **2.** (kleiner) Stall, Verschlag *m,* Käfig *m.* **3.** Trog *m.* **4.** *Am.* (kleiner) Geschirrschrank. **5.** *colloq. contp.* ‚Hütte‘ *f.* **6.** *Bergbau:* a) Schachtfördergefäß *n,* b) Hund *m,* c) Setzfaß *n.* **II** *v/t* **7.** Erz in e-m Sieb waschen.

**hut·ment** [ˈhʌtmənt] *s mil.* **1.** ˈUnterbringung *f* in Baˈracken. **2.** Baˈrackenlager *n.*

**hutz·pa(h)** → **chutzpa(h).**

**huz·za** [hʊˈzaː:; *bes. Am.* həˈzɑː:] *obs.* → **hurrah.**

**hy·a·cinth** [ˈhaɪəsɪnθ] *s* **1.** *bot.* Hyaˈzinthe *f.* **2.** *min.* Hyaˈzinth *m.* **3.** Hyaˈzinthrot *n.* **4.** *her.* Pomeˈranzengelb *n.*

**Hy·a·des** [ˈhaɪədiːz], **ˈHy·ads** [-ædz] *s pl astr.* Hyˈaden *pl.*

**hy·ae·na** → **hyena.**

**hy·a·lin** [ˈhaɪəlɪn] *s med.* Hyaˈlin *n* (*aus Geweben umgewandelte glasige Eiweißmasse*). **ˈhy·a·line** [ˈhaɪəlɪn; -laɪn] **I** *adj* **1.** hyaˈlin: a) *anat. med.* glasig, glasartig: **~ cartilage** Hyalinknorpel *m,* b) *geol.* glasig erstarrt. **2.** *obs.* ˈdurchsichtig. **II** *s* **3.** → **hyalin. 4.** *obs.* etwas Durchsichtiges, z. B. das ruhige Meer.

**hy·a·lite** [ˈhaɪəlaɪt] *s min.* Hyaˈlit *m,* ˈGlasoˌpal *m.*

**hy·a·loid** [ˈhaɪəlɔɪd] *adj anat. med.* hyaloˈid, glasartig: **~ membrane** Glashaut *f* (*des Auges*).

**hy·brid** [ˈhaɪbrɪd] **I** *s* **1.** *biol.* Hyˈbride *f, m,* Bastard *m,* Mischling *m,* Kreuzung *f.* **2.** *ling.* hyˈbride Bildung, Mischwort *n.* **II** *adj* **3.** hyˈbrid: a) *biol.* mischerbig, Misch..., Bastard..., Zwitter..., b) *fig.* ungleichartig, gemischt. **~ com·put·er** *s tech.* Hyˈbridrechner *m.*

**hy·brid·ism** [ˈhaɪbrɪdɪzəm] *s* **1.** → **hybridity. 2.** *biol.* Hyˈbridiˌsierung *f,* Kreuzung *f,* Bastarˈdierung *f.* **hyˈbridi·ty** *s* Mischbildung *f.* **ˌhy·brid·iˈzation** → **hybridism 2. ˈhy·brid·ize I** *v/t* hybridiˈsieren, bastarˈdieren, kreuzen. **II** *v/i* sich kreuzen.

**Hy·dra** [ˈhaɪdrə] *pl* **-dras, -drae** [-driː] *s* **1.** Hydra *f:* a) *antiq.* Wasserschlange, b) *astr.* Wasserschlange *f.* **2. h~** *fig.* Hydra *f* (*kaum auszurottendes Übel*). **3. h~** *zo.* Hydra *f,* ˈSüßwasserpoˌlyp *m.*

**hy·drac·id** [haɪˈdræsɪd] *s chem.* Wasserstoffsäure *f.*

**hy·dran·gea** [haɪˈdreɪndʒə] *s bot.* Horˈtensie *f.*

**hy·drant** [ˈhaɪdrənt] *s* Hyˈdrant *m.*

**hy·drar·gy·rism** [haɪˈdrɑː(r)dʒɪrɪzəm] *s med.* Hydrargyˈrose *f,* Quecksilbervergiftung *f.* **hyˈdrar·gy·rum** [-dʒɪrəm] *s chem.* Hyˈdrargyrum *n,* Quecksilber *n.*

**hy·drate** [ˈhaɪdreɪt] *chem.* **I** *s* Hyˈdrat *n.* **II** *v/t* hydratiˈsieren. **ˈhy·drat·ed** *adj chem. min.* mit Wasser chemisch verbunden, hyˈdrathaltig. **hyˈdra·tion** *s chem.* Hydratiˈon *f.*

**hy·drau·lic** [haɪˈdrɔːlɪk] **I** *adj* (*adv* **~ally**) *phys. tech.* hyˈdraulisch: a) (Druck-)Wasser...: **~ clutch** (**jack, press**) hydraulische Kupplung (Winde, Presse); **~ power** Wasserkraft *f;* **~ pressure** Wasserdruck *m,* b) unter Wasser erhärtend: **~ cement** (*od.* **mortar**) hydraulischer Mörtel, (Unter)Wassermörtel *m.* **II** *s pl* (*als sg konstruiert*) *phys.* Hyˈdraulik *f* (*Theorie u. Wissenschaft von den Strömungen der Flüssigkeiten*). **III** *v/t pret u. pp* **-licked** *Bergbau:* hyˈdraulisch abbauen, druckstrahlbaggern. **~ brake** *s tech.* hyˈdraulische Bremse, Flüssigkeitsbremse *f.* **~ dock** *s mar.* Schwimmdock *n.* **~ en·gi·neer** *s* ˈWasserbauingeˌnieur *m.* **~ en·gi·neer·ing** *s tech.* Wasserbau *m.* **~ min·ing** *s Bergbau:* hyˈdraulischer Abbau. **~ or·gan** *s mus.* Wasserorgel *f.*

**hy·dra·zo·ic** [ˌhaɪdrəˈzəʊɪk] *adj chem.* Stickstoffwasserstoff...: **~ acid.**

**hy·dric** [ˈhaɪdrɪk] *adj chem.* Wasserstoff...: **~ oxide** Wasser *n.*

**hy·dride** [ˈhaɪdraɪd] *s chem.* Hyˈdrid *n.*

**hy·dri·od·ic ac·id** [ˌhaɪdrɪˈɒdɪk; *Am.* -ˈɑd-] *s chem.* Jodwasserstoffsäure *f.*

**hy·dro** [ˈhaɪdrəʊ] *pl* **-dros 1.** *aer. colloq.* für **hydroplane 1. 2.** *med. Br. colloq.* a) hydroˈpathischer Kurort, b)

Ho'tel mit hydro'pathischen Einrichtungen.

**hydro-** [haɪdrəʊ] *Wortelement mit der Bedeutung* Wasser...

**ˌhy·dro·'air·plane** *Am.* → hydroplane 1.

**'hy·dro·bomb** *s mil.* 'Lufttor,pedo *m.*

**ˌhy·dro·bi'ol·o·gy** *s* Hydrobiolo'gie *f (Teilgebiet der Biologie, das sich mit den im Wasser lebenden Organismen beschäftigt).*

**ˌhy·dro'bro·mic ac·id** [-'brəʊmɪk] *s chem.* Bromwasserstoffsäure *f.*

**ˌhy·dro'car·bon** [-kɑː(r)bən] *s chem.* Kohlenwasserstoff *m.*

**'hy·dro·cele** [-siːl] *s med.* Hydro'zele *f,* (Hoden)Wasserbruch *m.*

**ˌhy·dro'cel·lu·lose** *s chem.* 'Hydrozellu,lose *f.*

**ˌhy·dro·ce'phal·ic** [-se'fælɪk; *Am.* -sə-], **ˌhy·dro'ceph·a·lous** [-'sefələs] *adj* mit e-m Wasserkopf. **ˌhy·dro'ceph·a·lus** [-ləs] *s med.* Hydro'zephalus *m,* Wasserkopf *m.*

**ˌhy·dro'chlo·ric** [-'klɒrɪk; *Am.* -'klɔː-; -'kləʊ-] *adj chem.* salzsauer: ~ **acid** Salzsäure *f,* Chlorwasserstoff *m.*

**ˌhy·dro·cy'an·ic** [-saɪ'ænɪk] *adj chem.* blausauer: ~ **acid** Blausäure *f,* Zyanwasserstoffsäure *f.*

**ˌhy·dro'cy·a·nide** [-'saɪənaɪd] *s chem.* zy'anwasserstoffsaures Salz.

**ˌhy·dro·dy'nam·ic** *phys.* **I** *adj (adv* ~ally) hydrody'namisch. **II** *s pl (meist als sg konstruiert)* Hydrody'namik *f (Wissenschaft von den Bewegungsgesetzen der Flüssigkeiten).*

**ˌhy·dro·e'lec·tric** *adj tech.* hydroe'lektrisch: ~ **power station** Wasserkraftwerk *n.*

**ˌhy·dro·ex'trac·tor** [-ɪk'stræktə(r)] *s tech.* 'Trockenzentri,fuge *f,* Schleudertrockner *m,* Trockenschleuder *f.*

**ˌhy·dro·flu'or·ic** *adj chem.* flußsauer: ~ **acid** Flußsäure *f.*

**'hy·dro·foil** ['haɪdrəʊfɔɪl] *s aer. mar.* a) Tragflächen-, Tragflügelboot *n,* b) Tragfläche *f,* -flügel *m.*

**'hy·dro·gen** ['haɪdrədʒən] *s chem.* Wasserstoff *m.* **'hy·dro·gen·ate** ['haɪdrədʒɪneɪt; *Br. a.* haɪ'drɒ-; *Am. a.* haɪ'drɑ-] *v/t u.* **1.** hy'drieren. **2.** Öle, Fette härten. **ˌhy·dro·gen'a·tion** *s chem.* Hy'drierung *f.*

**ˌhy·dro·gen| bomb** *s mil.* Wasserstoffbombe *f.* **~ i·on** *s chem. (positives)* 'Wasserstoffi,on.

**'hy·dro·gen·ize** ['haɪdrədʒɪnaɪz; *Br. a.* haɪ'drɒ-; *Am. a.* haɪ'drɑ-] → **hydrogenate. hy'drog·e·nous** [-'drɒdʒɪnəs; *Am.* -'drɑ-] *adj chem.* wasserstoffhaltig, Wasserstoff...

**ˌhy·dro·gen| per·ox·ide** *s chem.* Wasserstoff'supero,xid *n.* ~ **sul·phide** *s chem.* Schwefel'wasserstoff *m.*

**ˌhy·dro'graph·ic** *adj (adv* ~ally) hydro'graphisch: ~ **map** a) hydrographische Karte, b) *mar.* Seekarte *f;* ~ **office** *(od. department)* Seewarte *f.*

**hy·drog·ra·phy** [haɪ'drɒgrəfɪ; *Am.* -'drɑ-] *s* **1.** Hydrogra'phie *f,* Gewässerkunde *f.* **2.** Gewässer *pl (e-r Landkarte).*

**ˌhy·dro·log·ic** [ˌhaɪdrə'lɒdʒɪk; *Am.* -'lɑ-] *adj,* **ˌhy·dro'log·i·cal** [-kl] *adj (adv* ~ly) hydro'logisch. **hy'drol·o·gy** [-'drɒlədʒɪ; *Am.* -'drɑ-] *s* Hydrolo'gie *f (Lehre, die sich mit den Eigenschaften u. Gesetzen der ober- u. unterirdischen sowie der stehenden u. fließenden Gewässer beschäftigt).*

**hy·drol·y·sis** [haɪ'drɒlɪsɪs; *Am.* -'drɑ-] *pl* **-ses** [-siːz] *s chem.* Hydro'lyse *f (Spaltung chemischer Verbindungen durch Wasser, meist unter Mitwirkung e-s Katalysators od. Enzyms).* **'hy·dro·lyte** [-drəlaɪt] *s*

Hydro'lyt *m.* **ˌhy·dro'lyt·ic** [-'lɪtɪk] *adj* hydro'lytisch. **'hy·dro·lyze** [-laɪz] *v/t u. v/i* hydroly'sieren.

**hy·dro·man·cy** ['haɪdrəʊmænsɪ] *s* Hydroman'tie *f (Wahrsagen aus der Bewegung des Wassers od. aus Spiegelungen auf der Wasseroberfläche).*

**ˌhy·dro·me'chan·i·cal** *adj phys.* hydrome'chanisch. **ˌhy·dro·me'chan·ics** *s pl (meist als sg konstruiert)* Hydrome'chanik *f (Lehre von den bewegten u. unbewegten Flüssigkeiten).*

**hy·dro·mel** ['haɪdrəʊmel] *s* Honigwasser *n: vinous* ~ Met *m.*

**ˌhy·dro·met'al·lur·gy** *s tech.* Hydrometallur'gie *f (Metallgewinnung aus wäßrigen Metallösungen).*

**'hy·dro·me·te·or'ol·o·gy** *s* Hydrometeorolo'gie *f (Teilgebiet der Meteorologie, das sich mit dem Verhalten des Wasserdampfs u. s-r Kondensationsprodukte befaßt).*

**hy·drom·e·ter** [haɪ'drɒmɪtə; *Am.* -'drɑmətər] *s phys.* Hydro'meter *n (Gerät zur Messung der Geschwindigkeit fließenden Wassers, des spezifischen Gewichts von Wasser etc).* **ˌhy·dro'met·ric** [-drəʊ'metrɪk] *adj,* **ˌhy·dro'met·ri·cal** *adj (adv* ~ly) hydro'metrisch. **hy'drom·e·try** [-trɪ] *s* Hydrome'trie *f (Messung an Gewässern mit Hilfe des Hydrometers).*

**hy·dro·path** ['haɪdrəʊpæθ] *s med.* Hydro'path *m (j-d, der Patienten mit Hilfe der Hydropathie behandelt).* **ˌhy·dro'path·ic, ˌhy·dro'path·i·cal** *adj (adv* ~ly) hydro'pathisch. **hy'drop·a·thist** [-'drɒpəθɪst; *Am.* -'drɑ-] → **hydropath. hy'drop·a·thy** *s* Hydropa'thie *f (Lehre von der Heilbehandlung durch Anwendung von Wasser).*

**ˌhy·dro·pho·bi·a** [ˌhaɪdrəʊ'fəʊbjə; -bɪə] *s* **1.** *med. vet.* a) Hydropho'bie *f (Wasserscheu als Symptom bei Tollwut),* b) Tollwut *f.* **2.** *psych.* Hydropho'bie *f (krankhafte Furcht vor [tiefem] Wasser).*

**hy·dro·phone** ['haɪdrəfəʊn] *s tech.* Hydro'phon *n:* a) 'Unterwasserhorchgerät *n,* b) Gerät zum Überprüfen des Wasserdurchflusses durch Röhren, c) Verstärkungsgerät für Auskultation.

**hy·dro·phyte** ['haɪdrəʊfaɪt] *s bot.* Hydro'phyt *m,* Wasserpflanze *f.*

**hy·drop·ic** [haɪ'drɒpɪk; *Am.* -'drɑ-] *adj (adv* ~ally) *med.* hy'dropisch, wassersüchtig.

**hy·dro·plane** ['haɪdrəʊpleɪn] **I** *s* **1.** *aer.* a) Wasserflugzeug *n,* b) Gleitfläche *f (e-s Wasserflugzeugs).* **2.** *mar.* Gleitboot *n.* **3.** *mar.* Tiefenruder *n (e-s U-Boots).* **II** *v/i Am.* → **aquaplane 3. 'hy·dro,plan·ing** *Am.* → **aquaplaning 2.**

**hy·dro·pon·ic** [ˌhaɪdrəʊ'pɒnɪk; *Am.* -'pɑ-] **I** *adj (adv* ~ally) hydro'ponisch. **II** *s pl (als sg konstruiert)* Hydro'ponik *f,* 'Hydrokul,tur *f (Anbau ohne Erde in Nährlösungen).*

**'hy·dro,pow·er** *s* Wasserkraft *f (für Energiezwecke).*

**hy·drops** ['haɪdrɒps; *Am.* -,drɑps], **'hy·drop·sy** [-sɪ] *s med.* Hydrops *m,* Hydrop'sie *f,* Wassersucht *f.*

**hy·dro·qui·none** [ˌhaɪdrəʊkwɪ'nəʊn], *a.* **ˌhy·dro'quin·ol** [-'kwɪnɒl; -nəʊl] *s chem. phot.* Hydrochi'non *n (als fotografischer Entwickler verwendete organische Verbindung).*

**ˌhy·dro'rub·ber** *s chem.* Hydrokautschuk *m.*

**'hy·dro·salt** *s chem.* **1.** saures Salz. **2.** wasserhaltiges Salz.

**hy·dro·scope** ['haɪdrəskəʊp] *s tech.* Unter'wassersichtgerät *n.* **ˌhy·dro'scop·ic** [-'skɒpɪk; *Am.* -,skɑ-] *adj* hydro'skopisch.

**'hy·dro,skim·mer** *s Am.* Luftkissenboot *n.*

**'hy·dro,sphere** *s geol.* Hydro'sphäre *f (die Wasserhülle der Erde).*

**hy·dro·stat** ['haɪdrəʊstæt] *s tech.* Feuchtigkeitsregler *m.* **ˌhy·dro'stat·ic** *phys.* **I** *adj (adv* ~ally) hydro'statisch: ~ **pressure;** ~ **balance** hydrostatische Waage; ~ **press** hydraulische Presse. **II** *s pl (als sg konstruiert)* Hydro'statik *f (Lehre von den ruhenden Flüssigkeiten u. dem Gleichgewicht ihrer Kräfte).*

**hy·dro·sul·fate, hy·dro·sul·fide,** *etc* → hydrosulphate, hydrosulphide, *etc.*

**hy·dro·sul·phate** [ˌhaɪdrəʊ'sʌlfeɪt] *s chem.* Hydro'gensul,fat *n,* 'Bisul,fat *n.* **ˌhy·dro'sul·phide** [-faɪd] *s chem.* Hydrosul'fid *n.* **ˌhy·dro'sul·phite** [-faɪt] *s chem.* **1.** Hydrosul'fit *n.* **2.** 'Natriumhydrosul,fit *n.*

**ˌhy·dro·tel'lu·ric ac·id** *s chem.* Tellur'wasserstoffsäure *f.*

**'hy·dro,ther·a'peu·tic** *med.* **I** *adj (adv* ~ally) hydrothera'peutisch. **II** *s pl (als sg konstruiert)* Hydrothera'pie *f (Lehre von der Heilbehandlung durch Anwendung von Wasser).* **ˌhy·dro'ther·a·pist** *s* Hydrothera'peut *m.* **ˌhy·dro'ther·a·py** *s* Hydrothera'pie *f (Heilbehandlung durch Anwendung von Wasser in Form von Bädern, Güssen etc).*

**hy·drous** ['haɪdrəs] *adj bes. chem.* wasserhaltig.

**hy·drox·ide** [haɪ'drɒksaɪd; *Am.* -'drɑk-] *s* Hydro'xid *n:* ~ **of sodium** Ätznatron *n.*

**hy·drox·y** [haɪ'drɒksɪ; *Am.* -'drɑk-] *adj chem.* Hydroxyl...: ~ **acid;** ~ **aldehyde** Oxyaldehyd *n.* **hy'drox·yl** [-sɪl] *s chem.* Hydro'xyl *n.*

**hy·dro·zinc·ite** [ˌhaɪdrəʊ'zɪŋkaɪt] *s min.* Hydrozin'kit *m,* Zinkblüte *f.*

**hy·e·na** [haɪ'iːnə] *s zo.* Hy'äne *f (a. fig.):* **brown (spotted, striped)** ~ Schabracken-(Flecken-, Streifen)hyäne; ~ **dog** Hyänenhund *m.*

**hy·e·to·graph** ['haɪɪtəgrɑːf; *bes. Am.* -græf] *s* **1.** *geogr.* Regenkarte *f.* **2.** *Meteorologie:* Hyeto'graph *m,* Regenschreiber *m.* **hy·e·tog·ra·phy** [ˌhaɪɪ'tɒgrəfɪ; *Am.* -'ta-] *s Meteorologie:* Hyetogra'phie *f (Messung der Niederschläge u. Beschreibung ihrer Verteilung).* **hy·e'tom·e·ter** [-'tɒmɪtə; *Am.* -'tamətər] *s Meteorologie:* Hyeto'meter *n,* Regenmesser *m.*

**hy·giene** [haɪ'dʒiːn] *s med.* **1.** Hygi'ene *f,* Gesundheitspflege *f:* → **dental 1, industrial 4, mental[2] 2, personal 3, sex 6, tropical1 1. 2.** → **hygienic II. hy·gien·ic** [haɪ'dʒiːnɪk; *Am. a.* -dʒɪ'enɪk; -'dʒenɪk] **I** *adj (adv* ~ally) hygi'enisch. **II** *s pl (als sg konstruiert) med.* Hygi'ene *f,* Gesundheitslehre *f.* **hy·e'tom·e·ter** *hy·gien·ist* ['haɪdʒiːnɪst; *Am.* haɪ'dʒiː-; haɪdʒe-] *s med.* Hygi'eniker(in).

**hy·gro·graph** ['haɪgrəgrɑːf; *bes. Am.* -græf] *s Meteorologie:* Hygro'graph *m (Gerät zur Aufzeichnung der Luftfeuchtigkeit).*

**hy·grom·e·ter** [haɪ'grɒmɪtə; *Am.* -'gramətər] *s Meteorologie:* Hygro'meter *n,* Luftfeuchtigkeitsmesser *m.* **hy·gro·met·ric** [ˌhaɪgrəʊ'metrɪk] *adj (adv* ~ally) hygro'metrisch. **hy·grom·e·try** [-trɪ] *s* Hygrome'trie *f,* Luftfeuchtigkeitsmessung *f.*

**hy·gro·phyte** ['haɪgrəfaɪt] *s bot.* Hygro'phyt *m (an Standorten mit gleichbleibend hoher Boden- u. Luftfeuchtigkeit wachsende Pflanze mit großem Wasserverbrauch).*

**hy·gro·scope** ['haɪgrəskəʊp] *s Meteorologie:* Hygro'skop *n (Gerät zur ungefähren Anzeige von Veränderungen der Luftfeuchtigkeit, meist mit robusten Meß-

elementen). **ˌhy·groˈscop·ic** [-ˈskɒpɪk; Am. -ˈskɑ-] adj (adv ~ally) chem. hygro-ˈskopisch (Wasser od. [Luft]Feuchtigkeit anziehend od. aufnehmend).

**hy·le** [ˈhaɪliː] s philos. Hyle f, Stoff m, Subˈstanz f. **ˈhy·lic** adj hylisch, körperlich, stofflich.

**hy·men¹** [ˈhaɪmen; Am. -mən] s anat. Hymen n, Jungfernhäutchen n.

**Hy·men²** [ˈhaɪmen; Am. -mən] s myth. Hymen m, Gott m der Ehe.

**hy·me·ne·al** [ˌhaɪmeˈniːəl; Am. -məˈn-] I adj bes. poet. hochzeitlich, Hochzeits... II s Hochzeitslied n.

**hy·me·nop·ter·an** [ˌhaɪmeˈnɒptərən; Am. -məˈnɑp-] pl **-ter·ans, -ter·a** [-rə], **ˌhy·meˈnop·ter·on** pl **-ter·ons, -ter·a** s zo. Hautflügler m. **ˌhy·meˈnop·ter·ous** adj zu den Hautflüglern gehörig.

**hymn** [hɪm] I s 1. Hymne f, Loblied n, -gesang m. 2. Kirchenlied n, Choˈral m. II v/t 3. bes. relig. (lob)preisen. III v/i 4. Hymnen singen. **ˈhym·nal** [-nəl] I adj hymnisch, Hymnen... II s relig. Gesangbuch n. **ˈhymn·book** → hymnal II. **ˈhym·nic** [-nɪk] adj hymnenartig.

**hym·no·dist** [ˈhɪmnəʊdɪst] s Hymˈnode m, (bes. altgriechischer) Hymnensänger od. -dichter. **ˈhym·no·dy** s 1. Hymnensingen m. 2. Hymnoˈdie f, Hymnendichtung f. 3. collect. Hymnen pl. **hymˈnog·ra·pher** [-ˈnɒgrəfə(r); Am. -ˈnɑ-] s (bes. altgriechischer) Hymnenschreiber. **hymˈnol·o·gist** [-ˈnɒlədʒɪst; Am. -ˈnɑ-] s 1. Hymnoˈloge m. 2. → hymnodist. **hymˈnol·o·gy** s 1. Hymnoloˈgie f: a) Wissenschaft von den Hymnen, b) Wissenschaft von den Kirchenliedern. 2. → hymnody.

**hy·oid (bone)** [ˈhaɪɔɪd] s anat. Zungenbein n.

**hy·os·cine** [ˈhaɪəʊsiːn] s chem. Hyosˈcin n.

**hyp·aes·the·si·a** [ˌhɪpiːsˈθiːzɪə; ˌhaɪp-; Am. -esˈθiːʒə] s med. bes. Br. Hypästheˈsie f (verminderte Empfindlichkeit, bes. gegen Berührung).

**hy·pal·la·ge** [haɪˈpæləgiː; -lədʒɪ; Am. a. hɪ-] s rhet. Hypˈallage f (Veränderung der Beziehungen von Wörtern zueinander; Veränderung u. Vertauschung von Satzteilen).

**hy·pan·thi·um** [haɪˈpænθɪəm] pl **-thi·a** [-θɪə] s bot. Blütenbecher m.

**hype¹** [haɪp] sl. I s 1. Spritze f unter die Haut. 2. Rauschgiftsüchtige(r m) f. II v/i 3. meist ~ up ˌsich e-n Schuß setzen od. drückenˈ. III v/t 4. to be ~d up ˌhighˈ sein: a) im Drogenrausch sein, b) in euphorischer Stimmung sein.

**hype²** [haɪp] sl. I s 1. ˈTäuschungsmaˌnöver n, (a. Reˈklame)Trick m: to work a ~ on → 3. 2. Täuscher(in). II v/t 3. j-n austricksen.

**hyper-** [haɪpə(r)] Wortelement mit den Bedeutungen: hyper..., Hyper....: über..., b) höher, größer (als normal), c) übermäßig, d) übertrieben, e) math. bes. vierdimensional.

**ˌhy·per·aˈcid·i·ty** s med. Hyperazidiˈtät f, Überˈsäuerung f (des Magensafts).

**hy·per·ae·mi·a** [ˌhaɪpəˈriːmɪə] s med. bes. Br. Hyperäˈmie f (vermehrte Ansammlung von Blut in Organen od. Körperabschnitten). **ˌhy·perˈae·mic** adj hyperˈämisch.

**hy·per·aes·the·si·a** [ˌhaɪpəriːsˈθiːzɪə; Am. -esˈθiːʒə] s med. bes. Br. Hyperästheˈsie f (gesteigerte Empfindlichkeit für Berührungsreize). **ˌhy·per·aesˈthet·ic** [-ˈθetɪk] adj hyperäsˈthetisch.

**hy·per·al·ge·si·a** [ˌhaɪpərælˈdʒiːzɪə; -sɪə; Am. a. -ʒə] s med. Hyperalgeˈsie f (Überempfindlichkeit gegenüber Schmer-

---

zen). **ˌhy·per·alˈge·sic** adj med. hyperalˈgetisch.

**hy·per·ba·ton** [haɪˈpɜːbətɒn; Am. -ˈpɜːbəˌtɑn] pl **-tons, -ta** [-tə] s rhet. Hyˈperbaton n (Trennung syntaktisch zs.-gehörender Wörter durch eingeschobene Satzteile).

**hy·per·bo·la** [haɪˈpɜːbələ; Am. -ˈpɜːr-] pl **-las, -lae** [-liː] s math. Hyˈperbel f (Kegelschnitt, geometrischer Ort aller Punkte, die von zwei festen Punkten gleichbleibende Differenz der Entfernung haben).

**hy·per·bo·le** [haɪˈpɜːbəlɪ; Am. -ˈpɜːr-] s rhet. Hyˈperbel f, (im wörtlichen Sinne oft unglaubwürdige) Überˈtreibung.

**hy·per·bol·ic** [ˌhaɪpə(r)ˈbɒlɪk; Am. -ˈbɑ-] adj; **ˌhy·perˈbol·i·cal** [-kl] adj (adv ~ly) math. rhet. hyperˈbolisch.

**hy·per·bo·lism** [haɪˈpɜːbəlɪzəm; Am. -ˈpɜːr-] → hyperbole. **hyˈper·bo·lize** v/t etwas durch e-e Hyˈperbel ausdrücken.

**hy·per·bo·loid** [haɪˈpɜːbəlɔɪd; Am. -ˈpɜːr-] s math. Hyperboloˈid n (Körper, der durch Drehung e-r Hyperbel um ihre Achse entsteht).

**Hy·per·bo·re·an** [ˌhaɪpə(r)bɔːˈriːən; bes. Am. -pə(r)ˈbɔːrɪən] I s 1. myth. Hyperboˈreer m. II adj 2. myth. hyperboˈreisch. 3. meist h~ obs. hyperboˈreisch, im hohen Norden gelegen od. wohnend.

**ˌhy·per·corˈrect** adj ˈhyperkorˌrekt (a. ling.). **ˌhy·per·corˈrec·tion** s ling. ˈhyperkorˌrekter Ausdruck. **ˌhy·per·corˈrect·ness** s ˈHyperkorˌrektheit f.

**ˌhy·perˈcrit·ic** s überstrenger Kritiker. **ˌhy·perˈcrit·i·cal** adj (adv ~ly) hyperkritisch.

**hy·per·du·li·a** [ˌhaɪpə(r)djuːˈlaɪə; Am. a. -duː-] s R.C. Hyperduˈlie f (besondere Verehrung Marias als Gottesmutter).

**hy·per·e·mi·a, hy·per·e·mic** Am. für hyperaemia, hyperaemic.

**hy·per·es·the·si·a, hy·per·es·thet·ic** Am. für hyperaesthesia, hyperaesthetic.

**hy·per·gly·c(a)e·mi·a** [ˌhaɪpə(r)glaɪˈsiːmɪə] s med. Hyperglykäˈmie f (Erhöhung des Blutzuckergehaltes).

**hy·per·gol·ic** [ˌhaɪpə(r)ˈgɒlɪk; Am. -ˈgɑ-] adj chem. hyperˈgolisch (spontan u. unter Flammenbildung miteinander reagierend): ~ rocket fuel.

**hy·per·in·su·lin·ism** [ˌhaɪpəˈrɪnsjʊlɪnɪzəm; Am. -sələ-] s med. Hyperinsuliˈnismus m (erhöhte Bildung von Insulin in der Bauchspeicheldrüse u. dadurch bedingte Senkung des Blutzuckers).

**ˈhy·perˌker·aˈto·sis** s med. Hyperkeraˈtose f (auf vermehrter Hornbildung od. mangelhafter Abstoßung verhornter Zellen beruhende Verdickung der Hornschicht der Haut).

**ˈhy·perˌmar·ket** s Br. Groß-, Verbrauchermarkt m.

**hy·per·me·ter** [haɪˈpɜːmɪtə; Am. -ˈpɜːrmətər] s metr. Hyˈpermetron n, Hyˈpermeter m (Vers mit überzähliger Schlußsilbe, die aber durch Elision mit der Anfangssilbe des folgenden Verses verschmolzen wird).

**hy·per·me·tro·pi·a** [ˌhaɪpə(r)mɪˈtrəʊpɪə] → hyperopia. **ˌhy·per·meˈtrop·ic** [-ˈtrɒpɪk; Am. -ˈtrəʊ-; -ˈtrɑ-] → hyperopic. **ˌhy·perˈmet·ro·py** [-ˈmetrəpɪ] → hyperopia.

**hy·perm·ne·si·a** [ˌhaɪpə(r)mˈniːzɪə; bes. Am. -ʒə] s med. psych. Hypermneˈsie f (außergewöhnliche Verstärkung der Erinnerungsfähigkeit für Einzeldaten).

**hy·per·on** [ˈhaɪpərɒn; Am. -ˌrɑn] s phys. Hyperon n (Elementarteilchen, dessen Masse größer ist als die der Nukleonen).

**hy·per·o·pi·a** [ˌhaɪpəˈrəʊpɪə] s med.

---

**Hyperoˈpie** f, Hypermetroˈpie f, ˈÜber-, Weitsichtigkeit f. **ˌhy·perˈop·ic** [-ˈrɒpɪk; Am. -ˈrɑʊ-; -ˈrɑ-] adj hyperˈop, hypermeˈtropisch, ˈüber-, weitsichtig.

**hy·per·os·to·sis** [ˌhaɪpərɒˈstəʊsɪs; Am. -ɑsˈt-] s med. Hyperoˈstose f (Wucherung des Knochengewebes an der Oberfläche od. im Inneren des Knochens).

**ˌhy·perˈphys·i·cal** adj hyperˈphysisch, ˈübernaˌtürlich, -sinnlich.

**hy·per·plas·i·a** [ˌhaɪpə(r)ˈplæzɪə; -ˈpleɪ-; bes. Am. -ˈpleɪʒə] s med. Hyperplaˈsie f (übermäßige Entwicklung von Geweben od. Organen durch abnorme Vermehrung der Zellen).

**ˌhy·per·pyˈrex·i·a** s med. Hyperpyreˈxie f (sehr hohes Fieber).

**ˌhy·perˈsen·si·tive** adj (adv ~ly) ˈhypersenˌsibel, a. med. ˈüberempfindlich (to gegen).

**ˌhy·perˈson·ic** adj phys. hyperˈsonisch (etwa oberhalb fünffacher Schallgeschwindigkeit liegend).

**ˌhy·perˈspace** s math. Hyperraum m, ˈvierdimensioˌnaler Raum.

**ˌhy·perˈten·sion** s med. Hypertoˈnie f, Hypertensiˈon f, erhöhter Blutdruck.

**hy·per·ther·mi·a** [ˌhaɪpə(r)ˈθɜːmɪə; Am. -ˈθɜːr-], **ˌhy·perˈther·my** [-mɪ] s med. Hypertherˈmie f (erhöhte Körpertemperatur als Folge e-r Überwärmung).

**ˌhy·perˈthy·roid·ism** s med. Hyperthyreˈose f, Hyperthyreoiˈdismus m (Überfunktion der Schilddrüse).

**hy·per·troph·ic** [ˌhaɪpə(r)ˈtrɒfɪk; Am. -ˈtrəʊ-; -ˈtrɑ-] adj 1. biol. med. hyperˈtroph(isch), fig. a. hypertroˈphiert. **hy·per·tro·phy** [haɪˈpɜːtrəfɪ; Am. -ˈpɜːrtrə-] I s Hypertroˈphie f: a) biol. med. übermäßige Vergrößerung von Geweben od. Organen nur durch Vergrößerung, nicht durch Vermehrung der Zellen, b) Überˈzogenheit f, Überˈspanntheit f. II v/i u. v/t biol. med. (sich) ˈübermäßig vergrößern (a. fig.).

**ˌhy·perˈur·ban·ism** s ling. Hyperurbaˈnismus m, ˈhyperkorˌrekter Ausdruck.

**hy·phen** [ˈhaɪfn] I s a) Bindestrich m, b) Trennungszeichen n. II v/t → hyphenate I.

**hy·phen·ate** [ˈhaɪfəneɪt] I v/t a) mit Bindestrich schreiben: ~d American → II, b) trennen. II s meist contp. ˌBindestrichameriˌkanerˈ m, ˈHalbameriˌkaner m. **ˌhy·phenˈa·tion, ˌhy·phen·iˈza·tion** s a) Schreibung f mit Bindestrich, b) (Silben)Trennung f. **ˈhy·phen·ize** → hyphenate I.

**hyp·no·a·nal·y·sis** [ˌhɪpnəʊəˈnæləsɪs] s psych. Hypnoanaˈlyse f (Psychoanalyse unter Anwendung von Hypnose).

**hyp·no·ge·net·ic** [ˌhɪpnəʊdʒɪˈnetɪk] adj (adv ~ally) med. 1. Schlaf erzeugend. 2. Hypˈnose bewirkend.

**hyp·noid** [ˈhɪpnɔɪd] adj med. hypnoˈid: a) schlafähnlich, b) hypˈnoseähnlich.

**hyp·no·p(a)e·di·a** [ˌhɪpnəʊˈpiːdɪə] s Hypnopäˈdie f, ˈSchlaflernmeˌthode f.

**hyp·no·sis** [hɪpˈnəʊsɪs] pl **-ses** [-siːz] s med. Hypˈnose f: to be under ~ unter Hypnose stehen.

**hyp·no·ther·a·py** [ˌhɪpnəʊˈθerəpɪ] s psych. Hypnotheraˈpie f (Psychotherapie unter Anwendung von Hypnose).

**hyp·not·ic** [hɪpˈnɒtɪk; Am. -ˈnɑ-] med. I adj (adv ~ally) 1. hypˈnotisch. 2. einschläfernd. 3. hypnotiˈsierbar. II s 4. pharm. Hypˈnotikum n, Schlafmittel n. 5. a) Hypnotiˈsierte(r m) f, b) der hypnotisierbar ist.

**hyp·no·tism** [ˈhɪpnətɪzəm] s med. 1. Hypˈnotik f (Lehre von der Hypnose). 2. Hypnoˈtismus m (Gesamtheit der hypnotischen Erscheinungen u. der Theorien zu ihrer Erklärung). 3. →

**hypnotization. 4.** → hypnosis. **'hyp·no·tist** s Hypnoti'seur m. **hyp·no·ti·'za·tion** [-taɪ'zeɪʃn; Am. -tə'z-] s Hypnoti'sierung f (a. fig.). **'hyp·no·tize** [-taɪz] v/t hypnoti'sieren (a. fig.). **'hyp·no·tiz·er** [-taɪzə(r)] → hypnotist.

**hy·po¹** ['haɪpəʊ] s chem. phot. Natrium·'thiosul,fat n, Fi'xiersalz n.

**hy·po²** ['haɪpəʊ] pl **-pos** colloq. für a) hypodermic injection, b) hypodermic syringe.

**hypo-** [haɪpəʊ; -pə] Wortelement mit den Bedeutungen a) unter(halb), tiefer, b) geringer, abnorm gering, c) Unter..., Hypo..., Sub...

**hy·po·a·'cid·i·ty** s med. Hypoazidi'tät f, Unter'säuerung f (des Magensafts).

**hy·po·blast** ['haɪpəblæst] s biol. med. Hypo'blast n (→ entoderm).

**hy·po·'bro·mous ac·id** [-'brəʊməs] s chem. hypo'bromige od. 'unterbromige Säure.

**'hy·po·caust** [-kɔːst] s antiq. arch. Hypo'kaustum n (Raumheizung, bei der von e-m Heizraum aus Heißluft durch Hohlräume unter den Fußboden, a. durch Tonröhren in die Wände geleitet wurde).

**hy·po·'chlo·rite** s chem. Hypochlo·'rit n.

**hy·po·chon·dri·a** [ˌhaɪpəʊ'kɒndrɪə; Am. -'kɑn-] s med. Hypochon'drie f (übertriebene od. krankhafte Besorgnis um den eigenen Gesundheitszustand). **hy·po·'chon·dri·ac** [-dræk] I adj hypo'chondrisch. II s Hypo'chonder m. **hy·po·chon'dri·a·cal** ['draɪəkl] adj (adv ~ly) → hypochondriac I. **hy·po·chon·'dri·a·sis** [-'draɪəsɪs] → hypochondria.

**hy·po·cot·yl** [ˌhaɪpə'kɒtɪl; Am. -ˌkɑtl] s bot. Hypoko'tyl n (Keimachse unterhalb der Keimblätter).

**hy·po·cri·sy** [hɪ'pɒkrəsɪ; Am. -'pɑ-] s Hypokri'sie f, Heuche'lei f, Scheinheiligkeit f. **hyp·o·crite** ['hɪpəkrɪt] s Hypo·'krit m, Heuchler(in), Scheinheilige(r m) f. **hyp·o'crit·i·cal** adj (adv ~ly) hypo·'kritisch, heuchlerisch, scheinheilig.

**hy·po·cy·cloid** [ˌhaɪpəʊ'saɪklɔɪd] s math. Hypozyklo'ide f (Kurve, die ein mit e-m Kreis fest verbundener Punkt beschreibt, wenn dieser Kreis im Innern e-s Festkreises gleitfrei abgerollt wird).

**hy·po·derm** ['haɪpədɜːm; Am. -ˌdɜrm], **hy·po·'der·ma** [-pəʊ'dɜːmə; Am. -'dɜrmə] → hypodermis.

**hy·po·der·mic** [ˌhaɪpəʊ'dɜːmɪk; Am. -'dɜr-] I adj (adv ~ally) 1. med. hypoder·'mal, subku'tan, unter der od. die Haut. 2. bot. zo. Hypoderm... II s med. 3. → hypodermic injection. 4. → hypodermic syringe. 5. subku'tan angewandtes Mittel. ~ in·jec·tion s med. subku'tane Injekti'on od. Einspritzung. ~ med·i·ca·tion s med. Verabreichung f von Heilmitteln durch subku'tane Injekti'on. ~ syr·inge s med. Spritze f zur subku'tanen Injekti'on.

**hy·po·der·mis** [ˌhaɪpəʊ'dɜːmɪs; Am. -'dɜr-] s Hypo'derm n: a) bot. 'Unterhautgewebe n, b) zo. aus e-r einschichtigen Zellage bestehende Epidermis, die den Hautpanzer abscheidet.

**hy·po·gas·tric** [ˌhaɪpəʊ'gæstrɪk] adj anat. hypo'gastrisch, Unterbauch... **hy·po'gas·tri·um** [-trɪəm] pl **-tri·a** [-trɪə] s Hypo'gastrium n, 'Unterbauchgegend f.

**hy·po·ge·al** [ˌhaɪpə'dʒiːəl], **hy·po'ge·an** adj 1. 'unterirdisch. 2. → hypogeous. **'hy·po·gene** [-dʒiːn] adj geol. unter der Erdoberfläche gebildet: ~ agents Unterkräfte. **hy'pog·e·nous** [-'pɒdʒɪnəs; Am. -'pɑ-] adj bot. auf der 'Unterseite (von Blättern etc) wachsend. **hy·po'ge·ous** [-'dʒiːəs] adj 1. bot. hypo'gäisch, 'unterirdisch wachsend. 2. zo. 'unterirdisch lebend. 3. 'unterirdisch.

**hy·po·gly·c(a)e·mi·a** [ˌhaɪpəʊglaɪ·'siːmɪə] s med. Hypoglykä'mie f (Absinken des Blutzuckergehaltes unter den Normalwert).

**hy·po·ma·ni·a** [ˌhaɪpəʊ'meɪnɪə] s med. Hypoma'nie f, leichte Ma'nie.

**hy·po·phos·phate** s chem. 'Hypophosˌphat n.

**hy·po·phos'phor·ic ac·id** s chem. Hypo-, 'Unterphosphorsäure f.

**hy·poph·y·sis** [haɪ'pɒfɪsɪs; Am. -'pɑ-] pl **-ses** [-siːz] s Hypo'physe f: a) anat. Hirnanhangdrüse f, b) bot. Zelle od. Zellgruppe, die den Embryo mit dem Embryoträger verbindet.

**hy·po·pla·si·a** [ˌhaɪpəʊ'plæzɪə; -'pleɪ-] bes. Am. -'pleɪʒə] s med. Hypopla'sie f (Unterentwicklung von Geweben od. Organen).

**hy·pos·ta·sis** [haɪ'pɒstəsɪs; Am. -'pɑ-] pl **-ses** [-siːz] s 1. Hypo'stase f: a) philos. Grundlage f, Sub'stanz f, (das) Zu'grundeliegende, b) bes. philos. Vergegenständlichung f (e-s Begriffs). 2. myth. relig. Hypo'stase f: a) Personifizierung göttlicher Eigenschaften od. religiöser Vorstellungen zu e-m eigenständigen göttlichen Wesen, b) Wesensmerkmal e-r personifizierten göttlichen Gestalt. 3. med. Hypo'stase f, Hyposta'sie f (vermehrte Ansammlung von Blut in den tiefer liegenden Körperteilen). 4. Genetik: Hypo'stase f, Hyposta'sie f (Unterdrückung der Wirkung e-s Gens durch die Wirkung e-s anderen Gens, das nicht zum gleichen Paar von Erbanlagen gehört). **hy·po'stat·ic** [-pəʊ'stætɪk] adj; **hy·po'stat·i·cal** adj (adv ~ly) hypo'statisch: ~ union hypo'statische Union (die Vereinigung der göttlichen u. der menschlichen Natur Jesu in 'einer Person).

**hy·po'sul·fite**, bes. Br. **hy·po'sul·phite** s chem. 1. Hyposul'fit n, 'unterschwefligsaures Salz. 2. Hypo'disul,fit n. 3. → hyposulfurous acid.

**hy·po'sul·fu·rous ac·id**, bes. Br. **hy·po'sul·phu·rous ac·id** [-'sʌlfərəs; Am. a. -ˌsʌl'fjʊərəs] s chem. 'unterschweflige Säure.

**hy·po·tac·tic** [ˌhaɪpəʊ'tæktɪk] adj (adv ~ally) ling. hypo'taktisch, 'unterordnend. **hy·po'tax·is** [-'tæksɪs] s Hypo'taxe f, -'taxis f, 'Unterordnung f (von Sätzen od. Satzgliedern).

**hy·po'ten·sion** s med. Hypoto'nie f, Hypotensi'on f, zu niedriger Blutdruck.

**hy·pot·e·nuse** [haɪ'pɒtɪnjuːz; -juːs; Am. haɪ'pɑtn̩uːs; -ˌjuːs; -z] s math. Hypote·'nuse f.

**hy·poth·ec** [haɪ'pɒθɪk; hɪ-; Am. -'pɑ-] s jur. Scot. Hypo'thek f. **hy'poth·e·car·y** [-kərɪ; Am. -ˌkeri-] adj jur. hypothe'karisch: ~ debt Hypothekenschuld f; ~ value Beleihungswert m. **hy'poth·e·cate** [-keɪt] v/t 1. jur. verpfänden, Grundstück etc hypothe'karisch belasten. 2. Schiff verbodmen. 3. econ. Effekten lombar'dieren. **hy,poth·e'ca·tion** s 1. jur. Verpfändung f, hypothe'karische Bela-

stung. 2. mar. Verbodmung f. 3. econ. Lombar'dierung f.

**hy·poth·e·nuse** [haɪ'pɒθənjuːz; -juːs; Am. haɪ'pɑθən̩uːs; -ˌjuːs; -z] → hypotenuse.

**hy·po·ther·mi·a** [ˌhaɪpəʊ'θɜːmɪə; Am. -'θɜr-] s med. Hypother'mie f: a) abnorm niedrige Körpertemperatur, b) künstliche Unterkühlung des Körpers zur Reduktion der Stoffwechsel- u. Lebensvorgänge im Organismus.

**hy·poth·e·sis** [haɪ'pɒθɪsɪs; Am. -'pɑ-] pl **-ses** [-siːz] s Hypo'these f: a) Annahme f, Vor'aussetzung f: → working 10, b) (bloße) Vermutung. **hy'poth·e·sist** s Urheber m e-r Hypo'these. **hy'poth·e·size** I v/i e-e Hypo'these aufstellen. II v/t a) vor'aussetzen, annehmen, b) vermuten.

**hy·po·thet·ic** [ˌhaɪpəʊ'θetɪk] adj; **hy·po'thet·i·cal** adj (adv ~ly) hypo'thetisch (a. philos.).

**hy·po'thy·roid·ism** s med. Hypothyre'ose f, Hypothyreoi'dismus m (Unterfunktion der Schilddrüse).

**hy·pot·ro·phy** [haɪ'pɒtrəfɪ; Am. -'pɑ-] s biol. med. Hypotro'phie f (unterdurchschnittliches Wachstum von Geweben od. Organen durch Zellverkleinerung).

**hyp·sog·ra·phy** [hɪp'sɒgrəfɪ; Am. -'sɑ-] s geogr. 1. Hypsogra'phie f: a) Höhen-, Gebirgsbeschreibung f, b) Gebirgsdarstellung f. 2. → hypsometry. **hyp'som·e·ter** [-'sɒmɪtə; Am. -'sɑmətər] s 1. phys. Hypso'meter n, 'Siedethermoˌmeter n. 2. (Baum)Höhenmesser m. **hyp'som·e·try** [-trɪ] s geogr. Hypsome'trie f, Höhenmessung f.

**hy·son** ['haɪsn] s Hyson m, Haisan m (ein grüner chinesischer Tee).

**hy spy** ['haɪspaɪ] s Versteckspiel n: to play ~ Versteck spielen.

**hys·sop** ['hɪsəp] s 1. bot. Ysop m. 2. R.C. Weihwedel m.

**hys·ter·al·gia** [ˌhɪstə'rældʒə] s med. Hyteral'gie f (Schmerzen im Bereich der Gebärmutter).

**hys·ter·ec·to·mize** [ˌhɪstə'rektəmaɪz] v/t med. e-r Frau die Gebärmutter entfernen. **hys·ter'ec·to·my** [-'rektəmɪ] s Hysterekto'mie f (operative Entfernung der Gebärmutter).

**hys·ter·e·sis** [ˌhɪstə'riːsɪs] s phys. Hy'steresis f, Hyste'rese f (Ummagnetisierung): ~ loop Hystereseschleife f; ~ motor Hysteresemotor m. **hys·ter'et·ic** [-'retɪk] adj phys. hyste'retisch, Hysteresis...

**hys·te·ri·a** [hɪs'tɪərɪə; Am. a. hɪ'ste-] s med. u. fig. Hyste'rie f. **hys·ter·ic** [hɪ·'sterɪk] I s 1. Hy'steriker(in). 2. pl Hyste·'rie f, hy'sterischer Anfall: to go (off) into ~s a) e-n hysterischen Anfall bekommen, hysterisch werden, b) colloq. e-n Lachkrampf bekommen. II adj → hysterical. **hys'ter·i·cal** adj (adv ~ly) 1. med. u. fig. hy'sterisch. 2. colloq. 'wahnsinnig' komisch.

**hys·ter·ol·o·gy** [ˌhɪstə'rɒlədʒɪ; Am. -'rɑ-] s med. Hysterolo'gie f (Lehre von den Gebärmutterkrankheiten).

**hys·ter·on prot·er·on** [ˌhɪstərɒn·'prɒtərɒn; Am. -ˌrɑn'prɑtəˌrɑn] s Hysteron-Proteron n: a) philos., Logik: Beweis aus e-m Satz, der selbst erst zu beweisen ist, b) rhet. Redefigur, bei der das nach Logik od. Zeitfolge Spätere zuerst steht.

**hys·ter·ot·o·my** [ˌhɪstə'rɒtəmɪ; Am. -'rɑ-] s med. Hysteroto'mie f, Gebärmutterschnitt m.

# I

**I¹, i** [aɪ] **I** _pl_ **I's, Is, i's, is** [aɪz] _s_ **1.** I, i _n_ (_Buchstabe_): → dot² 5. **2.** i _math._ i (= √−1; _imaginäre Einheit_). **3.** I I _n_, I-förmiger Gegenstand. **II** _adj_ **4.** neunt(er, e, es): **Company I. 5.** I I-..., I-förmig.

**I²** [aɪ] **I** _pron_ ich: it is I ich bin es; to play the great I am _colloq._ sich ‚fürchtbar' aufspielen. **II** _pl_ **I's** _s_ (_das_) Ich.

**i·amb** [ˈaɪæmb; ˈaɪæm] → iambus.

**i'am·bic** [-bɪk] **I** _adj_ (_adv_ ~ally) **1.** _metr._ jambisch. **II** _s_ **2.** _metr._ a) → iambus, b) jambischer Vers. **3.** jambisches (_satirisches_) Gedicht. **i'am·bus** [-bəs] _pl_ **-bi** [-baɪ], **-bus·es** _s metr._ Jambus _m_, Jambe _f_ (_Versfuß aus e-r kurzen_ [_unbetonten_] _u. e-r folgenden langen_ [_betonten_] _Silbe_).

**i·at·ric** [aɪˈætrɪk], **i'at·ri·cal** [-kl] _adj_ i'atrisch (_die ärztliche Lehre od. Heilkunst betreffend_).

**i·at·ro·gen·ic** [aɪˌætrəʊˈdʒenɪk] _adj_ iatro'gen (_durch den Arzt hervorgerufen od. verursacht_).

**I beam** _s tech._ a) I-Träger _m_, Doppel-T-Träger _m_, b) I-Eisen _n_, Doppel-T-Eisen _n_: ~ **girder** (zs.-genieteter) I-Träger; ~ **section** I-Profil _n_.

**I·be·ri·an** [aɪˈbɪərɪən] **I** _s_ **1.** I'berer(in). **2.** _ling._ I'berisch _n_, das Iberische (_Sprache der Ureinwohner Spaniens_). **II** _adj_ **3.** i'berisch.

**i·bex** [ˈaɪbeks] _pl_ **i·bex·es, ib·i·ces** [ˈɪbɪsiːz; ˈaɪ-], _bes. collect._ **i·bex** _s zo._ Steinbock _m_.

**i·bi·dem** [ɪˈbaɪdem; ˈɪbɪdem] (_Lat._) _adv_ i'bidem, ebenda, -dort.

**i·bis** [ˈaɪbɪs] _pl_ **i·bis·es**, _bes. collect._ **i·bis** _s orn._ Ibis _m_.

**ice** [aɪs] **I** _s_ **1.** Eis _n_ (_a. Spielfläche beim Eishockey_): breaking up of the ~ Eisgang _m_; broken ~ Eisstücke _pl_; to be on ~ _colloq._ a) ‚auf Eis liegen', b) eingefroren sein (_diplomatische Beziehungen etc_); to be (skating) on thin ~ _fig._ sich vorwagen, sich auf gefährlichem Boden bewegen, _engS._ ein heikles Thema berühren; to break the ~ _fig._ a) das Eis brechen, b) den Anfang machen; to cut no ~ (with) _colloq._ keinen Eindruck machen (auf _acc_), nicht ‚ziehen' (bei); to keep on ~ _colloq._ in Reserve halten, aufheben; to put on ~ a) kalt stellen, b) _colloq._ ‚auf Eis legen', c) _colloq._ diplomatische Beziehungen etc einfrieren; he was sent off the ~ (_Eishockey_) er wurde vom Eis gestellt. **2.** a) _Am._ Fruchteis _n_, b) _Br._ → ice cream. **3.** → icing 3. **4.** _fig._ (eisige) Kälte (_im Benehmen_): the ~ in her voice. **5.** _Am. sl._ ‚Klunker(n)' _pl_ (_Diamanten etc_). **6.** _Am. sl._ ‚Schmiergeld(er _pl_)' _n_. **II** _v/t_ **7.** mit Eis bedecken _od._ über'ziehen. **8.** in Eis verwandeln, gefrieren lassen. **9.** _Getränke etc_ mit _od._ in Eis kühlen. **10.** _gastr._ mit Zuckerguß über'ziehen, gla'sieren. **11.** _colloq._ a) ‚auf Eis legen', b) _Sieg etc_ sicherstellen. **12.** _Am. colloq._

‚kaltmachen', ‚umbringen. **13.** ~ out _Am. colloq._ (_gesellschaftlich_) ‚kaltstellen'. **III** _v/i_ **14.** gefrieren. **15.** _meist_ ~ up (_od._ over) a) zufrieren, b) vereisen. **16.** ~ out auftauen (_Gewässer_).

**ice|age** _s geol._ Eiszeit _f_. ~ **a·pron** _s arch._ Eisbrecher _m_ (_an Brücken_). ~ **ax(e)** _s_ Eispickel _m_. ~ **bag** _s med._ Eisbeutel _m_. ~ **belt** → ice foot. '~**berg** [-bɜːg; _Am._ -ˌbɜːg] _s_ Eisberg _m_ (_a. fig. Person_): the tip of the ~ die Spitze des Eisbergs (_a. fig._). ~ **bird** _s orn._ **1.** Kleiner Krabbentaucher. **2.** Nachtschwalbe _f_. '~**blink** _s_ Eisblink _m_ (_in dem Polarmeeren der helle Widerschein des Eises am Horizont_). '~**boat** _s_ **1.** Eisjacht _f_. **2.** _mar._ Eisbrecher _m_. '~ˌ**boat·ing** _s sport_ Eissegeln _n_. '~**bound** _adj_ a) eingefroren, vom Eis eingeschlossen (_Schiff_), b) zugefroren (_Hafen_). '~**box** _s_ **1.** Eisfach _n_ (_e-s Kühlschranks_). **2.** _Am._ Eis-, Kühlschrank _m_. **3.** Kühlbox _f_, -tasche _f_. '~**break·er** _s_ **1.** _mar._ Eisbrecher _m_ (_a. fig._): his joke was meant to be an ~ sein Witz sollte das Eis brechen. **2.** → ice apron. **3.** _tech._ Eiszerkleinerer _m_ (_Gerät_). ~ **buck·et** _s_ Eiskübel _m_. '~**cap** _s geol._ a) (_bes. polare_) Eiskappe, b) (_bes. arktische_) Eisdecke. ~ˌ**cold** _adj_ eiskalt (_a. fig._). ~ **cream** _s_ (Speise)Eis _n_, Eiscreme _f_: chocolate ~ Schokoladeneis. '~**cream** _s_: ~ _of_ Eis...: ~ **powder;** ~ **cone** (_Br. a._ cornet) Eistüte _f_; ~ **freezer** _tech._ Eismaschine _f_; ~ **par·lo(u)r** Eisdiele _f_; ~ **soda** Eisbecher mit Sirup u. Sodawasser. ~ **crush·er** _s_ Eiszerkleinerer _m_ (_Gerät_). ~ **cube** _s_ Eiswürfel _m_.

**iced** [aɪst] _adj_ **1.** eisbedeckt. **2.** eisgekühlt. **3.** gefroren. **4.** _gastr._ gla'siert, mit Zuckerguß (über'zogen).

'**ice|fall** _s_ gefrorener Wasserfall. ~ **feath·ers** _s pl_ rauhreifähnliche Eisbildungen _pl_. ~ **field** _s_ Eisfeld _n_. ~ **floe** _s_ **1.** Treibeis _n_. **2.** Eisscholle _f_. ~ **foot** _s irr_ (_arktischer_) Eisgürtel. ~ **fox** _s zo._ Po'larfuchs _m_. '~**free** _adj_ eisfrei (_Hafen, Straße etc_). ~ **hock·ey** _s sport_ Eishockey _n_.

**Ice·land·er** [ˈaɪsləndə(r); -læn-] _s_ **1.** Isländer(in). **2.** _orn._ G(i)erfalke _m_. **Ice·lan·dic** [aɪsˈlændɪk] **I** _adj_ isländisch. **II** _s ling._ Isländisch _n_, das Isländische.

**ice|lol·ly** _s Br._ Eis _n_ am Stiel. ~ **ma·chine** _s tech._ Eis-, Kältema‚schine _f_. '~**man** [-ˌmæn] _s irr Am._ Eismann _m_, Eisverkäufer _m_. '~**out** _s_ Eisschmelze _f_, Auftauen _n_ (_von Gewässern_). ~ **pack** _s_ **1.** Packeis _n_. **2.** _med._ Eisbeutel _m_. **3.** 'Kühlaggreˌgat _n_ (_e-r Kühlbox_). ~ **pail** _s_ Eiskübel _m_. ~ **pa·per** _s tech._ sehr dünnes, 'durchsichtiges Gela'tinepaˌpier. ~ **pick** _s_ Eishacke _f_, _bes. mount._ Eispickel _m_. ~ **pi·lot** _s mar._ Eislotse _m_. ~ **plant** _s bot._ Eiskraut _n_. ~ **point** _s phys._ Gefrierpunkt _m_. '~**quake** _s_ Krachen _n_ berstender

Eismassen. ~ **rink** _s_ (Kunst)Eisbahn _f_. ~ **sheet** _s geol._ Eisdecke _f_. ~ **show** _s_ 'Eisreˌvue _f_. ~ **skate** → skate² 1. '~**skate** → skate² 3. ~ **skat·er** → skater 1. ~ **skat·ing** → skating 1. ~ **spar** _s min._ Eisspat _m_, glasiger Feldspat. ~ **tray** _s_ Eis(würfel)schale _f_ (_im Kühlschrank_). ~ **wa·ter** _s_ Eiswasser _n_: a) eisgekühltes Wasser, b) Schmelzwasser. ~ **yacht** _s_ Eisjacht _f_.

**ich·neu·mon** [ɪkˈnjuːmən; _Am. a._ -ˈnuː-] _s zo._ **1.** Ich'neumon _n, m_, Mungo _m_. **2.** _a._ ~ **fly** (_od._ **wasp**) Schlupfwespe _f_.

**ich·nite** [ˈɪknaɪt] → ichnolite.

**ich·nog·ra·phy** [ɪkˈnɒɡrəfɪ; _Am._ -ˈnɑ-] _s_ **1.** Grundriß _m_. **2.** Zeichnen _n_ von Grundrissen.

**ich·no·lite** [ˈɪknəlaɪt] _s geol._ fos'sile Fußspur.

**i·chor** [ˈaɪkɔː(r)] _s_ I'chor _n_: a) _myth._ Götterblut _n_, b) _med._ blutig-seröse Absonderung gangränöser Geschwüre.

**ich·thy·oid** [ˈɪkθɪɔɪd] _adj u. s zo._ fischartig(es Wirbeltier).

**ich·thy·o·lite** [ˈɪkθɪəlaɪt] _s geol._ Ichthyo'lith _m_, fos'siler Fisch.

**ich·thy·o·log·i·cal** [ɪkθɪəˈlɒdʒɪkl; _Am._ -ˈlɑ-] _adj_ ichthyo'logisch. **ich·thy·ol·o·gist** [-ˈɒlədʒɪst; _Am._ -ˈɑl-] _s_ Ichthyo'loge _m_. **ich·thy·ol·o·gy** _s_ Ichthyolo'gie _f_, Fischkunde _f_.

**ich·thy·oph·a·gous** [ˌɪkθɪˈɒfəɡəs; _Am._ -ˈɑf-] _adj_ fisch(fr)essend. **ich·thy·o·sau·rus** [-rəs] _pl_ **-ri** [-raɪ] _s zo. hist._ Ichthyo'saurus _m_, -'saurier _m_.

**ich·thy·o·sis** [ˌɪkθɪˈəʊsɪs] _s med._ Ichthy'osis, Fischschuppenkrankheit _f_.

**i·ci·cle** [ˈaɪsɪkl] _s_ Eiszapfen _m_.

**i·ci·ness** [ˈaɪsɪnɪs] _s_ **1.** Eisigkeit _f_, eisige Kälte. **2.** → ice 4.

**ic·ing** [ˈaɪsɪŋ] _s_ **1.** Gefrieren _n_. **2.** a) Zufrieren _n_, b) Vereisung _f_. **3.** Eisschicht _f_. **4.** _Eishockey:_ unerlaubter Weitschuß. **5.** _gastr._ Zuckerguß _m_, Gla'sur _f_: ~ **sugar** _bes. Br._ Puderzucker _m_.

**i·con** [ˈaɪkɒn; _Am._ ˈaɪˌkɑn] _s_ **1.** (Ab)Bild _n_, Statue _f_. **2.** I'kone _f_, Heiligenbild _n_. **3.** sym'bolische Darstellung. **i·con·ize** _v/t_ abgöttisch verehren, vergöttern.

**i·con·o·clasm** [aɪˈkɒnəʊklæzəm; _Am._ -ˈkɑnə-] _s_ **1.** _bes. hist._ Ikono'klasmus _m_, Bildersturm _m_. **2.** _fig._ Bilderstürme'rei _f_. **i·con·o·clast** [-klæst] _s_ Ikono'klast _m_, Bilderstürmer _m_ (_a. fig._). **i·con·o·clas·tic** _adj_ (_adv_ ~ally) ikono'klastisch, bilderstürmerisch (_a. fig._).

**i·co·nog·ra·pher** [ˌaɪkɒˈnɒɡrəfə; _Am._ ˌaɪkəˈnɑɡrəfər] _s_ Ikono'graph _m_. **i·con·o·graph·ic** [aɪˌkɒnəʊˈɡræfɪk; _Am._ aɪˌkɑnə-] _adj_; **i·con·o·graph·i·cal** _adj_ (_adv_ ~ly) **1.** ikono'graphisch. **2.** bildlich darstellend, durch Bilder beschreibend. **i·co·nog·ra·phy** [ˌaɪkɒˈnɒɡrəfɪ; _Am._ ˌaɪkəˈnɑ-] _s_ Ikonogra'phie _f_: a) _bild-_

*liche Darstellung*, b) *Kunst der bildlichen Darstellung*, c) *Sammlung von Bildwerken*, d) *Beschreibung von Bildwerken*.

**i·co·nol·a·ter** [ˌaɪkɒˈnɒlətə; *Am.* ˌaɪkəˈnɑlətər] *s* Bilderverehrer *m*. ˌi·coˈnol·a·try [-trɪ] *s* Ikonolaˈtrie *f*, Bilderverehrung *f*.

**i·co·nol·o·gy** [ˌaɪkɒˈnɒlədʒɪ; *Am.* ˌaɪkəˈnɑ-] *s* **1.** Ikonoloˈgie *f*, Bilderkunde *f*. **2.** symˈbolische Darstellungen *pl*.

**i·co·nom·e·ter** [ˌaɪkɒˈnɒmɪtə; *Am.* ˌaɪkəˈnɑmətər] *s* Ikonoˈmeter *n*: a) *phys. tech.* Gerät zur Messung der Entfernung u. Größe entfernter Gegenstände, b) *phot.* Rahmensucher *m*.

**i·con·o·scope** [aɪˈkɒnəskəʊp; *Am.* -ˈkɑ-] *s TV* Ikonoˈskop *n*, Bildzerleger *m*.

**i·con·o·stas** [aɪˈkɒnəstæs; *Am.* -ˈkɑ-] *pl* **i·co·nos·ta·ses** → iconostasis. **i·co·nos·ta·sis** [ˌaɪkəʊˈnɒstəsɪs; *Am.* -ˈnɑ-] *pl* **-ses** [-siːz] *s arch. relig.* Ikonoˈstasis *f*, Ikonoˈstase *f*, Ikonoˈstas *m*, Bilderwand *f*.

**i·co·sa·he·dral** [ˌaɪkəsəˈhedrəl; -ˈhiː-; *Am.* aɪˌkəʊsə-] *adj math.* ikosaˈedrisch, zwanzigflächig. ˌi·co·saˈhe·dron [-drən] *pl* **-drons, -dra** [-drə] *s* Ikosaˈeder *n*, Zwanzigflächner *m*.

**ic·tus** [ˈɪktəs] *pl* **-tus·es, -tus** *s* **1.** *metr.* Iktus *m*, ˈVersakˌzent *m*. **2.** *med.* Iktus *m*: a) Stoß *m*, Schlag *m*, b) *plötzlich auftretendes, schweres Krankheitsmerkmal*.

**i·cy** [ˈaɪsɪ] *adj* (*adv* **icily**) **1.** eisig: a) vereist, b) eiskalt. **2.** *fig.* eisig, (eis)kalt.

**id** [ɪd] *s psych.* Id *n*, Es *n*.

**I·da·ho·an** [ˈaɪdəhəʊən; ˌaɪdəˈh-] **I** *adj* Idaho... **II** *s* Bewohner(in) von Idaho (*USA*).

**ID card** → identity card.

**ide** [aɪd] *s ichth.* Kühling *m*, Aland *m*.

**i·de·a** [aɪˈdɪə] *s* **1.** Iˈdee *f*, Vorstellung *f*, Begriff *m*: that's not my ~ of ... unter (*dat*) ... stelle ich mir etwas anderes vor; das ist nicht (gerade) das, was ich mir unter (*dat*) ... vorstelle; she's everyone's ~ of a pretty girl sie entspricht der allgemeinen Vorstellung von e-m hübschen Mädchen; to form an ~ of sich etwas vorstellen, sich e-n Begriff machen von; to get ~s sich falsche Hoffnungen *od.* Vorstellungen machen; can you give me an ~ how (where, *etc*) ...? kannst du mir ungefähr sagen, wie (wo *etc*) ...?; he has no ~ (of it) er hat keine Ahnung (davon); you have no ~ how ... du kannst dir gar nicht vorstellen, wie ...; to put ~s into s.o.'s head j-m Flausen in den Kopf setzen; the ~ of such a thing!, the (very) ~! what an ~! was für e-e Idee!, so ein Unsinn! **2.** Gedanke *m*, Meinung *f*, Ansicht *f*: it is my ~ that ich bin der Ansicht, daß. **3.** Absicht *f*, Plan *m*, Gedanke *m*, Iˈdee *f*: that's not a bad ~ das ist keine schlechte Idee, das ist gar nicht schlecht; the ~ is ... der Zweck der Sache ist, ...; es geht darum, ...; that's the ~! darum dreht es sich!, so ist es!; the ~ entered my mind mir kam der Gedanke; I've got the ~ ich habe verstanden; → big 7. **4.** unbestimmtes Gefühl: I have an ~ that ich habe so das Gefühl, daß; es kommt mir (so) vor, als ob. **5.** ~ of reference *psych.* Beachtungswahn *m*. **6.** *philos.* Iˈdee *f*: a) geistige Vorstellung, b) Ideˈal(vorstellung *f*), c) Urbild *n* (*Plato*), d) unmittelbares Obˈjekt des Denkens (*Locke, Descartes*), e) transzendenˈtaler Vernunftbegriff (*Kant*), f) (*das*) Absoˈlute (*Hegel*). **7.** *bes. mus.* Iˈdee *f*, Thema *n*.

**i·de·aed**, *a.* **i·de·a'd** [aɪˈdɪəd] *adj* iˈdeenreich.

**i·de·al** [aɪˈdɪəl; aɪˈdiːl] **I** *adj* (*adv* → **ideally**) **1.** ideˈal, vollˈendet, vollkommen, vorbildlich, Muster...: ~ type Idealtyp(us) *m* (*a. sociol.*). **2.** ideˈell: a) Ideen...,

b) auf Ideˈalen beruhend, c) (nur) eingebildet. **3.** *philos.* a) ideˈal, als Urbild exiˈstierend (*Plato*), b) ideˈal, wünschenswert, c) ideaˈlistisch: ~ realism Ideal-Realismus *m*. **4.** *math.* ideˈell, uneigentlich: ~ number ideelle Zahl. **II** *s* **5.** Ideˈal *n*: a) Leitgedanke *m*, b) Ideˈalbild *n*. **6.** (*das*) Ideˈelle (*Ggs. das Wirkliche*). **7.** *math.* Ideˈal *n* (*Teilmenge e-s Rings, die die Eigenschaft hat, daß mit jedem Element auch die Vielfachen des Elements u. mit je zwei Elementen a. ihre Differenz zur Teilmenge gehört*).

**i·de·a·less** *adj* iˈdeenlos.

**i·de·al·ism** [aɪˈdɪəlɪzəm] *s* **1.** *philos. u. fig.* Ideaˈlismus *m*. **2.** Idealiˈsierung *f*. **3.** (*das*) Ideˈale, Ideˈalbild *n*. **i·de·al·ist** *s* Ideaˈlist(in) *pl*. **i·de·alˈis·tic** *adj* (*adv* ~**ally**) ideaˈlistisch.

**i·de·al·i·ty** [ˌaɪdɪˈælətɪ] *s* **1.** ideˈaler Zustand. **2.** *philos.* Idealiˈtät *f*. **3.** Vorstellungskraft *f*.

**i·de·al·i·za·tion** [aɪˌdɪəlaɪˈzeɪʃn; *Am.* aɪˌdiːələˈz-] *s* Idealiˈsierung *f*. **i·de·al·ize** *v/t u. v/i* idealiˈsieren.

**i·de·al·ly** [aɪˈdɪəlɪ] *adv* **1.** ideˈal. **2.** ideˈalerweise, im Ideˈalfall. **3.** ideˈell.

**i·de·al·ˈtyp·i·cal** *adj* ideˈaltypisch (*a. sociol.*).

**i·de·a man** *s irr* Planer *m*.

**i·de·ate** [ˈaɪdɪeɪt; aɪˈdiːeɪt] **I** *v/t* sich *etwas* vorstellen, sich e-n Begriff machen von. **II** *v/i* Iˈdeen bilden, denken. **III** [aɪˈdiːɪt; ˈaɪdɪeɪt; -ɪt] *s philos.* Abbild *n* der Iˈdee in der Erscheinungswelt. **i·de·a·tion** *s* **1.** Vorstellungsvermögen *n*. **2.** Ideatiˈon *f*, Iˈdeenbildung *f*. **i·de·a·tum** [-təm] *pl* **-ta** [-tə] → ideate III.

**i·dem** [ˈaɪdem; ˈɪdem] (*Lat.*) *pron od. adj* idem, derˈselbe (*Verfasser*).

**i·den·tic** [aɪˈdentɪk; ɪˈd-] *adj* (*adv* ~**ally**) → identical (*obs. außer in Verbindungen wie*): ~ note *pol.* gleichlautende *od.* identische Note. **i·denˈti·cal** *adj* (*adv* ~**ly**) **1.** (with) a) iˈdentisch (mit), (genau) gleich (*dat*): ~ twins eineiige Zwillinge, b) der-, die-, dasˈselbe (wie), c) gleichbedeutend (mit), d) iˈdentisch (mit), gleichlautend (wie). **2.** *math.* iˈdentisch: ~ equation; ~ proposition (*Logik*) identischer Satz.

**i·den·ti·fi·a·ble** [aɪˈdentɪfaɪəbl; ɪˈd-] *adj* identifiˈzierbar, feststellbar, erkennbar.

**i·den·ti·fi·ca·tion** [aɪˌdentɪfɪˈkeɪʃn; ɪˌd-] *s* **1.** Identifiˈzierung *f*: a) Gleichsetzung *f*, b) Erkennung *f*, Feststellung *f*: ~ card = identity card; ~ disk (*Am.* tag) *mil.* Erkennungsmarke *f*; ~ papers *pl* Ausweispapiere; ~ parade *jur. Br.* Gegenüberstellung *f*. **2.** Legitimatiˈon *f*, Ausweis *m*. **3.** *Funk, Radar:* Kennung *f*: ~ friend/foe Freund-Feind-Kennung; ~ letter Kennbuchstabe *m*.

**i·den·ti·fy** [aɪˈdentɪfaɪ; ɪˈd-] **I** *v/t* **1.** identifiˈzieren, gleichsetzen, als iˈdentisch betrachten (with mit): to ~ o.s. with → 4. **2.** identifiˈzieren: a) erkennen (as als), die Identiˈtät feststellen von (*od. gen*), b) *biol. etc* die Art feststellen von (*od. gen*). **3.** ausweisen, legitiˈmieren: to ~ o.s. **II** *v/i* **4.** ~ with sich identifiˈzieren mit: a) sich soliˈdarisch erklären mit, b) sich anschließen (*dat od. an acc*).

**i·den·ti·kit** (**pic·ture**) [aɪˈdentɪkɪt; ɪˈd-] *s jur. Br.* Phanˈtombild *n*.

**i·den·tism** [aɪˈdentɪzəm; ɪˈd-] → identity philosophy.

**i·den·ti·ty** [aɪˈdentətɪ; ɪˈd-] *s* **1.** Identiˈtät *f*: a) (völlige) Gleichheit, b) Perˈsönlichkeit *f*, Individualiˈtät *f*: to prove one's ~ sich ausweisen, sich legitimieren; to reveal one's ~ sich zu erkennen geben; to establish s.o.'s ~ j-s Identität feststellen, j-n identifizieren; loss of ~ Iden-

titätsverlust *m*; → mistaken 2. **2.** *math.* a) iˈdentischer Satz, b) identische Gleichung. **3.** *biol.* Artgleichheit *f*. ~ card *s* (Persoˈnal)Ausweis *m*. ~ **cri·sis** *s irr* Identiˈtätskrise *f*. ~ **pa·rade** *s jur.* Gegenüberstellung *f*. ~ **phi·los·o·phy** *s* Identiˈtätsphiloˌphie *f* (*Lehre, nach der Geist u. Materie, Denken u. Sein, Subjekt u. Objekt nur zwei Seiten ein u. desselben Wesens sind*).

**id·e·o·gram** [ˈɪdɪəʊgræm; ˈaɪd-], **id·e·o·graph** [ˈɪdɪəʊgrɑːf; ˈaɪd-; *bes. Am.* -græf] *s ling.* Ideoˈgramm *n*, Begriffszeichen *n*.

**id·e·o·log·ic** [ˌɪdɪəˈlɒdʒɪk; ˌɪd-; *Am.* -ˈlɑ-] *adj*; ˌid·e·oˈlog·i·cal [-kl] *adj* (*adv* ~**ly**) ideoˈlogisch. ˌid·e·ol·o·gism [-ˈɒlədʒɪzəm; *Am.* -ˈɑl-] *s* Ideoˈgiegebundenheit *f*. ˌid·e·ol·o·gist [-dʒɪst] *s* Ideoˈloge *m*: a) (*führender*) *Vertreter e-r Ideologie*; *politischer Theoretiker*, b) *weltfremder Theoretiker*. ˌid·e·ol·o·gize [-dʒaɪz] *v/t* ideologiˈsieren. ˈid·e·o·logue [-lɒg; *Am. a.* -ˌlɑg] → ideologist. ˌid·e·ol·o·gy [-dʒɪ] *s* Ideoloˈgie *f*: a) *Gesamtheit der von e-r Gesellschaftsgruppe od. Kultur hervorgebrachten Denksysteme*, b) *politische Theorie od. Grundanschauung*, c) *meist contp. rein theoretisches Wirklichkeitsbild*; *weltfremde, spekulative Lehre*.

**i·de·o·mo·tor** [ˌaɪdɪəˈməʊtə(r); ˌɪd-] *adj psych.* ideomoˈtorisch (*unbewußt, ohne Mitwirkung des Willens ausgeführt*) (*Bewegungen, Handlungen*).

**ides** [aɪdz] *s pl* (*a. als sg konstruiert*) *antiq.* Iden *pl* (*13. od. 15. Monatstag des altrömischen Kalenders*).

**id est** [ɪdˈest] (*Lat.*) id est, das heißt.

**id·i·o·blast** [ˈɪdɪəʊblæst] *s bot.* Idioˈblast *m* (*in e-n andersartigen pflanzlichen Gewebeverband eingelagerte Einzelzelle od. Zellgruppe mit spezifischem Bau u. besonderer Aufgabe*).

**id·i·o·chro·mat·ic** [ˌɪdɪəʊkrəʊˈmætɪk] *adj min.* idiochroˈmatisch (*eine Farbe aufweisend, die nicht von Verunreinigungen, sondern von der Kristallsubstanz selbst herrührt*).

**id·i·o·cy** [ˈɪdɪəsɪ] *s* Idioˈtie *f*: a) *med.* hochgradiger Schwachsinn, b) *contp.* Blödheit *f*, Dummheit *f*.

**id·i·o·lect** [ˈɪdɪəʊlekt; -ɪə-] *s ling.* Idioˈlekt *m* (*Wortschatz u. Ausdrucksweise e-s Individuums*). ˌid·i·oˈlect·al, ˌid·i·oˈlect·ic *adj* idiolekˈtal.

**id·i·om** [ˈɪdɪəm] *s* **1.** *ling.* Idiˈom *n*: a) *eigentümliche Sprache od. Sprechweise e-r regional od. sozial abgegrenzten Gruppe*, b) idioˈmatischer Ausdruck, Redewendung *f*. **2.** *pl ling.* Idioˈmatik *f* (*Gesamtbestand der Idiome e-r Sprache*). **3.** *art* (*charakteˈristischer*) *Stil* (*e-s Individuums, e-r Schule, e-r Periode etc*). ˌid·i·oˈmat·ic [-ˈmætɪk] *adj*; ˌid·i·oˈmat·i·cal *adj* (*adv* ~**ly**) *ling.* idioˈmatisch. ˌid·i·oˈmat·i·cal·ness *s ling.* (*das*) Idioˈmatische.

**id·i·o·path·ic** [ˌɪdɪəˈpæθɪk] *adj med.* idioˈpathisch (*unabhängig von anderen Krankheiten od. ohne erkennbare Ursache auftretend*).

**id·i·o·plasm** [ˈɪdɪəʊplæzəm] *s biol.* Idioˈplasma *n*, Erbsubˌstanz *f*.

**id·i·o·syn·cra·sy** [ˌɪdɪəˈsɪŋkrəsɪ] *s* **1.** Eigenart *f*. **2.** Veranlagung *f*, Naˈtur *f*. **3.** Idiosynkraˈsie *f*: a) *med. hochgradige, angeborene Überempfindlichkeit gegen bestimmte Stoffe*: ~ to protein Eiweißidiosynkrasie, b) *psych. heftige Abneigung gegen bestimmte Personen, Tiere, Speisen etc*. ˌid·i·o·synˈcrat·ic [-sɪŋˈkrætɪk] *adj* (*adv* ~**ally**) **1.** charakteˈristisch, typisch. **2.** *med. psych.* idiosynˈkratisch.

**id·i·ot** [ˈɪdɪət] *s* Idiˈot *m*: a) *med.* hoch-

gradig Schwachsinnige(r *m*) *f*, b) *contp.* Trottel *m*: ~'s lantern *Br. colloq.* ‚Glotze' *f*, ‚Glotzkiste' *f* ~ **board** *colloq. für* teleprompter. **~ box** *s colloq.* ‚Glotze' *f*, ‚Glotzkiste' *f* (*Fernseher*). **~ card** *s TV colloq.* ‚Neger' *m* (*Texttafel als Gedächtnisstütze*).

**id·i·ot·ic** [ˌɪdɪˈɒtɪk; *Am.* -ˈɑtɪk] *adj* idiˈotisch: a) *med.* hochgradig schwachsinnig, b) *contp.* blöd, vertrottelt. **ˌid·iˈot·i·cal·ly** *adv* **1.** → idiotic. **2.** blöderweise. **3.** *colloq.* lächerlich: ~ **cheap** spottbillig.

**id·i·ot·ism** [ˈɪdɪətɪzəm] *s obs.* **1.** → idiocy. **2.** → idiom 1.

**i·dle** [ˈaɪdl] **I** *adj* (*adv* idly) **1.** untätig, müßig: the ~ **rich** die reichen Müßiggänger. **2.** unbeschäftigt, arbeitslos: to **make s.o.** ~. **3.** ungenutzt, ruhig, still, Muße...: ~ **hours**; ~ **time** *econ.* Verlust-, Totzeit *f*. **4.** faul, träge: **an ~ fellow. 5.** *tech.* a) stillstehend, außer Betrieb, b) leer laufend, im Leerlauf: to **lie** ~ stilliegen; to **run** ~ leer laufen; ~ **current** Leerlaufstrom *m*; ~ **motion** Leergang *m*; ~ **pulley** → idler 3 b; ~ **speed** Leerlaufdrehzahl *f*; ~ **stroke** *mot.* Leertakt *m*. **6.** *agr.* brachliegend (*a. fig.*). **7.** *econ.* ˈunprodukˌtiv, tot: ~ **capital. 8.** beiläufig: ~ **glance;** ~ **remark;** ~ **curiosity** bloße Neugier. **9.** a) müßig, nutz-, sinn-, zwecklos: **it was** ~ **to warn her**, b) vergeblich: **an ~ attempt. 10.** leer, hohl: ~ **talk** (*od.* **gossip**) leeres *od.* seichtes Geschwätz; ~ **threats** leere Drohungen. **II** *v/i* **11.** nichts tun, faulenzen: to ~ **about** (*od.* **around**) herumtrödeln. **12.** *tech.* leer laufen. **III** *v/t* **13.** *meist* ~ **away** müßig zubringen, vertrödeln. **14.** zum Nichtstun verurteilen: ~**d** → 2. **15.** *tech.* leer laufen lassen. **ˈi·dle·ness** *s* **1.** Untätigkeit *f*, Müßiggang *m*. **2.** Faulheit *f*. **3.** Muße *f*. **4.** a) Zwecklosigkeit *f*, b) Vergeblichkeit *f*. **5.** Hohl-, Seichtheit *f*. **ˈi·dler** *s* **1.** Müßiggänger(in). **2.** Faulenzer(in). **3** *tech.* a) ~ **wheel** → idle wheel 1, b) a. ~ **pulley** Leitrolle *f*, Leitscheibe *f*. **4.** *rail.* ˈLeerwagˌgon *m*. **5.** *mar.* Freiwächter *m*.

**i·dle wheel** *s tech.* **1.** Zwischen(zahn)rad *n*. **2.** → idler 3 b.

**i·dling** [ˈaɪdlɪŋ] *s* **1.** Nichtstun *n*, Müßiggang *m*. **2.** *tech.* Leerlauf *m*.

**i·dol** [ˈaɪdl] *s* **1.** a) Götze *m*: to **make an ~ of** → idolize I b, b) ˈIdol *n*, Götzenbild *n*. **2.** *fig.* Idol *n*: he **was the** ~ **of his parents** er war der Abgott s-r Eltern. **3.** Trugschluß *m*.

**i·do·la** [aɪˈdəʊlə] *pl von* idolum.

**i·dol·a·ter** [aɪˈdɒlətə; *Am.* aɪˈdɑlətər] *s* **1.** Götzenanbeter *m*, -diener *m*. **2.** *fig.* abgöttischer Verehrer. **iˈdol·a·tress** [-trɪs] *s* **1.** Götzenanbeterin *f*, -dienerin *f*. **2.** *fig.* abgöttische Verehrerin. **iˈdol·a·trize** → idolize. **iˈdol·a·trous** [-trəs] *adj* (*adv* ~ly) **1.** götzendienerisch, Götzen... **2.** *fig.* abgöttisch. **iˈdol·a·try** [-trɪ] *s* **1.** Idolaˈtrie *f*, Götzenanbetung *f*, -dienst *m*. **2.** *fig.* abgöttische Verehrung, Vergötterung *f*.

**i·dol·ism** [ˈaɪdəlɪzəm] *s* **1.** a) → idolatry, b) → idolization 2. **2.** Trugschluß *m*. **ˈi·dol·a·ter** → idolater, idolatress. **i·dol·i·za·tion** [ˌaɪdəlaɪˈzeɪʃn; *Am.* ˌaɪdələˈz-] *s* **1.** → idolatry. **2.** *fig.* Idoliˈsierung *f*. **ˈi·dol·ize I** *v/t* **1.** abgöttisch verehren, vergöttern, b) idoliˈsieren, zum ˈIdol machen. **II** *v/i* Abgötteˈrei treiben. **ˈi·dol·iz·er** → idolater, idolatress.

**i·do·lum** [aɪˈdəʊləm] *pl* **i·do·la** [-lə] *s* **1.** ˈIdee *f*, Vorstellung *f*, Begriff *m*. **2.** Trugschluß *m*.

**i·dyl(l)** [ˈaɪdɪl; *Am.* ˈaɪdl] *s* **1.** Iˈdylle *f*, bes. Schäfer-, Hirtengedicht *n*. **2.** Iˈdyll *n* (*a. mus.*), iˈdyllische Szene. **i·dyl·lic** [aɪˈdɪlɪk; *Br. a.* ɪˈd-] *adj* (*adv* ~ally) iˈdyl-

---

lisch. **i·dyll·ist** [ˈaɪdɪlɪst] *s* Iˈdyllendichter *m od.* -kompoˌnist *m*.

**if** [ɪf] **I** *conj* **1.** wenn, falls: ~ **I were you** wenn ich du wäre, (ich) an d-r Stelle; **as** ~ als wenn, als ob; **even** ~ wenn auch, selbst wenn; ~ **any** wenn überhaupt (e-r, e-e, e-s *od.* etwas *od.* welche[s]); **she's thirty years** ~ **she's a day** sie ist mindestens 30 Jahre alt; ~ **too** gegebenenfalls, b) wenn ja; → **even**[1] 1. **2.** wenn auch: **I will do it,** ~ **I die for it** ich werde es tun, und wenn ich dafür sterben sollte; **it is interesting,** ~ **a little long** es ist interessant, aber *od.* wenn auch ein bißchen lang; ~ **he be ever so rich** mag er noch so reich sein. **3.** (*indirekt fragend*) ob: **try** ~ **you can do it. 4.** *in Ausrufen*: ~ **that is not a shame!** das ist doch e-e Schande!, wenn das keine Schande ist!; **and** ~**!** *colloq.* und ob! **II** *s* **5.** Wenn *n*: **without** ~**s and buts** ohne Wenn u. Aber.

**ig·loo,** *a.* **ig·lu** [ˈɪɡluː] *s* **1.** Iglu *m*, *n.* **2.** kuppelförmige Hütte *etc*, *a.* mil. Munitiˈonsbunker *m*. **3.** Schneehöhle *f* (*der Seehunde*).

**ig·ne·ous** [ˈɪɡnɪəs] *adj* **1.** *geol.* vulˈkanisch, Eruptiv...: ~ **rock** Eruptivgestein *n*. **2.** Feuer...

**ig·nis fat·u·us** [ˌɪɡnɪsˈfætjʊəs; *Am.* -ˈfætʃəwəs] *pl* **ig·nes fat·u·i** [ˌɪɡnɪːzˈfætjʊaɪ; *Am.* -ˈfætʃəˌwaɪ] (*Lat.*) *s* **1.** Irrlicht *n.* **2.** *fig.* Trugbild *n*.

**ig·nit·a·ble** → ignitible.

**ig·nite** [ɪɡˈnaɪt] **I** *v/t* **1.** an-, entzünden. **2.** *mot. tech.* zünden. **3.** *chem.* bis zur Verbrennung erhitzen **4.** *fig.* entzünden, -flammen. **II** *v/i* **5.** sich entzünden, Feuer fangen. **6.** *mot. tech.* zünden. **igˈnit·er** *s tech.* **1.** Zündvorrichtung *f*, Zünder *m*. **2.** Zündladung *f*, -satz *m.* **igˈnit·i·ble** *adj* entzündbar.

**ig·ni·tion** [ɪɡˈnɪʃn] **I** *s* **1.** An-, Entzündung *n.* **2.** *mot. tech.* Zündung *f*: **advanced** (**retarded**) ~ Früh-(Spät)zündung. **3.** *chem.* Erhitzung *f*. **II** *adj* **4.** *mot. tech.* Zünd...: ~ **battery** (**cable, distributor, key, lock, switch, voltage**). ~ **charge** → igniter 2. ~ **coil** *s mot.* Zündspule *f*. ~ **de·lay** *s* Zündverzögerung *f*. ~ **or·der** *s* Zündfolge *f*. ~ **point** *s chem.* Zündpunkt *m.* ~ **tim·ing** *s* Zündeinstellung *f*: ~ **adjuster** Zündfolgeeinstellung *f* (*Vorrichtung*). ~ **tube** *s chem.* Glührohr *n*.

**ig·ni·tor** → igniter.

**ig·ni·tron** [ɪɡˈnaɪtrɒn; *Am.* -ˌtrɑn; *Br. a.* ˈɪɡnɪtrɒn] *s phys.* Ignitron *n* (*mit e-r Quecksilberkathode versehene Gasentladungsröhre mit der Wirkungsweise e-s Relais*).

**ig·no·bil·i·ty** [ˌɪɡnəʊˈbɪlətɪ] *s* Gemeinheit *f*, Unehrenhaftigkeit *f*. **ig·no·ble** [ɪɡˈnəʊbl] *adj* (*adv* ignobly) **1.** gemein, unehrenhaft. **2.** von niedriger Geburt. **igˈno·ble·ness** → ignobility.

**ig·no·min·i·ous** [ˌɪɡnəʊˈmɪnɪəs] *adj* (*adv* ~ly) schändlich, schimpflich.

**ig·no·min·y** [ˈɪɡnəmɪnɪ; *Am. a.* ɪɡˈnɑˌmənɪ:] *s* **1.** Schande *f*, Schimpf *m.* **2.** Schändlichkeit *f*.

**ig·no·ra·mus** [ˌɪɡnəˈreɪməs] *s* Ignoˈrant(in).

**ig·no·rance** [ˈɪɡnərəns] *s* **1.** Unwissenheit *f*, Unkenntnis *f* (*of gen*): from (*od.* **through**) ~ aus Unwissenheit; to **be in** ~ **of s.th.** etwas nicht wissen *od.* kennen, nichts wissen von etwas; ~ **of the law is no excuse** Unkenntnis schützt vor Strafe nicht. **2.** *contp.* Ignoˈranz *f*, Beschränktheit *f*. **ˈig·no·rant** *adj* **1.** unkundig (**of gen**): to **be** ~ **of s.th.** etwas nicht kennen, nichts wissen von etwas; **he is not** ~ **of what happened** er weiß sehr wohl, was geschehen ist. **2.** *contp.* a) ignoˈrant, beschränkt, b) un-

---

gebildet. **3.** von Unwissen zeugend: **an ~ remark. 4.** unwissentlich: **an ~ sin.** **ˈig·no·rant·ly** *adv* unwissentlich.

**ig·nore** [ɪɡˈnɔː(r)] *v/t* **1.** ignoˈrieren, nicht beachten, keine Noˈtiz nehmen von. **2.** *jur. Am.* e-e Anklage verwerfen, als unbegründet abweisen.

**i·gua·na** [ɪˈɡwɑːnə] *s* **1.** *zo.* (*ein*) Leguˈan *m.* **2.** *allg.* große Eidechse.

**i·ke·ba·na** [ˌiːkəˈbɑːnə; ˌɪkɪ-; ˌɪkeɪ-] *s* Ikeˈbana *n* (*japanische Kunst des Blumensteckens*).

**i·kon** → icon.

**i·lang-i·lang** [ˌiːlæŋˈiːlæŋ; *Am.* ˌiːlɑːŋˈiːlɑːŋ] *s* **1.** *bot.* Ilang-Ilang *n*, Ylang-Ylang *n.* **2.** Ilang-Ilang-Öl *n*, Ylang-Ylang-Öl *n*.

**il·e·i·tis** [ˌɪlɪˈaɪtɪs] *s med.* Ileˈitis *f*, Krummdarmentzündung *f*. **il·e·um** [ˈɪlɪəm] *s anat.* Ileum *n*, Krummdarm *m.* **ˈil·e·us** [-əs] *s med.* Ileus *m*, Darmverschluß *m*.

**i·lex** [ˈaɪleks] *s bot.* **1.** Stecheiche *f*. **2.** Stechpalme *f*.

**il·i·a** [ˈɪlɪə] *pl von* ilium.

**il·i·ac** [ˈɪlɪæk] *adj anat.* Darmbein...

**Il·i·ad** [ˈɪlɪəd; -æd] *s* Ilias *f*, Iliˈade *f*: **an ~ of woes** e-e endlose Leidensgeschichte.

**il·i·um** [ˈɪlɪəm] *pl* **il·i·a** [ˈɪlɪə] *s anat.* **1.** Darmbein *n.* **2.** Hüfte *f*.

**ilk** [ɪlk] *s* **1.** Art *f*, Sorte *f*: **people of his (that)** ~ Leute s-r Sorte (solche Leute). **2.** **of that** ~ *Scot.* gleichnamigen Ortes: **Kinloch of that** ~ → **Kinloch of Kinloch**.

**ill** [ɪl] **I** *adj comp* **worse** [wɜːs; *Am.* wɜrs], *sup* **worst** [wɜːst; *Am.* wɜrst] **1.** schlimm, schlecht, übel, unheilvoll, verderblich, widrig, nachteilig, ungünstig, schädlich: ~ **effects**; ~ **moment** ungünstiger Augenblick; to **do s.o. an ~ service** j-m ein schlechten Dienst *od.* e-n ‚Bärendienst' erweisen; ~ **wind** widriger *od.* ungünstiger Wind; **it's an ~ wind that blows nobody good** etwas Gutes ist an allem; → **fortune** 3, **luck** 1, **omen** I, **weed**[1] 1. **2.** (*moralisch*) schlecht, schlimm, übel, böse: ~ **deed** Missetat *f*; → **fame** 1, **repute** 1. **3.** bösartig, böse, feindselig, schlimm: ~ **nature** a) Unfreundlichkeit *f*, ruppiges Wesen, b) bösartiges *od.* ruppiges Benehmen; ~ **treatment** a) schlechte Behandlung, b) Mißhandlung *f*; → **blood** 2, **feeling** 2, **grace** 1, **humor** 1, **temper** 2, **will**[2] 6. **4.** schlecht, übel, ˈwiderwärtig: ~ **smells. 5.** schlecht, mangelhaft: ~ **breeding** a) schlechte Erziehung, b) Ungezogenheit *f*; ~ **health** schlechter Gesundheitszustand. **6.** *nur pred* krank: to **be taken** (*od.* to **fall**) ~ krank werden, erkranken (**with an dat**); to **be** ~ **with a cold (a fever)** e-e Erkältung (Fieber) haben; **incurably** ~ **with cancer** unheilbar krebskrank. **7.** *nur pred Br.* verletzt: **he is seriously** ~ **in hospital** er liegt schwer verletzt im Krankenhaus.

**II** *adv* **8.** schlecht, schlimm, übel (*etc* → 1–5): to **be** ~ **off** schlimm *od.* übel d(a)ran sein; to **speak** (**think**) ~ **of s.o.** schlecht von j-m reden (denken); to **turn out** ~ schlecht ausgehen; **it went** ~ **with him** es erging ihm übel; **it** ~ **becomes** (*od.* **befits**, *obs. od. poet.* **beseems**) **you** es steht dir schlecht an; → **ease** 2, **fare** 5, **wish** 4. **9.** schwerlich, kaum, schlecht, nicht gut: **I can** ~ **afford it**.

**III** *s* **10.** Übel *n*, Unglück *n*, ˈMißgeschick *n*. **11.** Krankheit *f*, Leiden *n* (*beide a. fig.*). **12.** a) *oft pl* Übel *n*, ˈMißstand *m*, b) (*etwas*) Übles *od.* Böses.

**ˌill-adˈvised** *adj* **1.** schlecht beraten: **you would be** ~ **to sell your house now** du wärst schlecht beraten, wenn du dein Haus jetzt verkauftest. **2.** unbeson-

nen, unklug, unbedacht. **~-as'sort·ed** *adj* schlecht zs.-passend.

**il·la·tion** [ɪˈleɪʃn] *s* 1. Folgern *n*. 2. Schluß *m*, Folgerung *f*.

**ill-'be'haved** → ill-bred 2. **~-'bod·ing** *adj* unheilverkündend. **~-'bred** *adj* 1. schlechterzogen. 2. ungezogen, unhöflich. **~-con'di·tioned** *adj* übellaunig. **~-de'fined** → ill-advised 2. **~-de'fined** *adj* undeutlich, unklar. **~-dis'posed** *adj* 1. übelgesinnt: to be ~ to (ward[s]) *j-m* übel gesinnt sein, *j-m* übelwollen, b) *e-m* Plan *etc* ablehnend gegenüberstehen. 2. bösartig, böse.

**il·le·gal** [ɪˈliːɡl] *adj* (*adv* ~ly) unerlaubt, verboten: a) *jur.* ˈilleˌgal, ungesetzlich, gesetz-, rechtswidrig, ˈwiderrechtlich: ~ **parking** falsches Parken, Falschparken *n*; ~ **possession of weapons** unerlaubter Waffenbesitz, b) *sport* regelwidrig. **il·le·gal·i·ty** [ˌiːliˈɡælətɪ] *s* 1. *jur.* Gesetzwidrigkeit *f*: a) Ungesetzlichkeit *f*, Illegaliˈtät *f*, b) gesetzwidrige Handlung. 2. *sport* Regelwidrigkeit *f*. **il·le·gal·ize** [ɪˈliːɡəlaɪz] *v/t* für gesetzwidrig erklären, verbieten.

**il·leg·i·bil·i·ty** [ˌiˌledʒɪˈbɪlətɪ] *s* Unleserlichkeit *f*. **il'leg·i·ble** *adj* (*adv* illegibly) unleserlich. **il'leg·i·ble·ness** → illegibility.

**il·le·git·i·ma·cy** [ˌiːliˈdʒɪtɪməsɪ] *s* 1. → illegality 1 a. 2. Nicht-, Unehelichkeit *f*. **ˌil·le'git·i·mate** [-mət] *adj* (*adv* ~ly) 1. → illegal 1 a. 2. nicht-, unehelich: **an ~ child**. 3. fehlerhaft, ˈinkorˌrekt: **an ~ word**. 4. unlogisch. **II** *v/t* [-meɪt] 5. → illegalize. 6. für nicht- *od.* unehelich erklären. **ˌil·le'git·i·mate·ness** *s* 1. → illegality 1 a. 2. → illegitimacy 2. **ˌil·le'git·i·ma·tize** [-mətaɪz] *v/t* 1. → illegalize. 2. → illegitimate 6.

**ˌill-'fat·ed** *adj* unglücklich: a) Unglücks..., vom Unglück verfolgt, b) ungünstig. **~-'fa·vo(u)red** *adj* (*adv* ~ly) 1. unschön, häßlich. 2. anstößig. **~-'found·ed** *adj* unbegründet. **~-'got·ten** *adj* unrechtmäßig (erworben): ~ **gains**. **~-'hu·mo(u)red** *adj* schlecht-, übelgelaunt.

**il·lib·er·al** [ɪˈlɪbərəl] *adj* (*adv* ~ly) 1. knauserig. 2. engstirnig. 3. *pol.* ˈillibeˌral. 4. unfein, gewöhnlich. **il'lib·er·al·ism** *s pol.* ˈillibeˌraler Standpunkt. **il,lib·er·'al·i·ty** [-ˈrælətɪ] *s* 1. Knauseˈrei *f*. 2. Engstirnigkeit *f*. 3. Unfeinheit *f*.

**il·lic·it** [ɪˈlɪsɪt] *adj* (*adv* ~ly) unerlaubt, unzulässig, verboten, gesetzwidrig: ~ **trade** Schwarzhandel *m*; ~ **work** Schwarzarbeit *f*.

**Il·li·noi·an** [ˌiliˈnɔɪən], **ˌIl·li'nois·an** [-ˈnɔɪən], **ˌIl·li'nois·i·an** [-ˈnɔɪzɪən] *Am. a.* -ʒən] **I** *adj* aus Illiˈnois, Illinois-. **II** *s* Bewohner(in) von Illiˈnois (*in USA*).

**il·liq·uid** [ɪˈlɪkwɪd] *adj econ.* 1. nicht flüssig: ~ **assets**. 2. ˈilliˌquid, vorˈübergehend zahlungsunfähig.

**il·lit·er·a·cy** [ɪˈlɪtərəsɪ] *s* 1. Unbildung *f*, Unwissenheit *f*. 2. Analphaˈbetentum *n*. 3. grober (gramˈmatischer *etc*) Fehler. **il'lit·er·ate** [-rət] *adj* (*adv* ~ly) 1. unwissend, ungebildet. 2. analphaˈbetisch. 3. a) ungebildet, ˈunkultiˌviert: **an ~ person**, b) voller grober (gramˈmatischer *etc*) Fehler: **an ~ composition**. **II** *s* 4. Ungebildete(r *m*) *f*. 5. Analphaˈbet(in). **il'lit·er·ate·ness** → illiteracy 1 u. 2.

**ˌill-'judged** → ill-advised 2. **~-'man·nered** *adj* (*adv* ~ly) mit schlechten ˈUmgangsformen, ungehobelt, ungezogen. **~-'matched** *adj* schlecht zs.-passend. **~-'na·tured** *adj* 1. unfreundlich, bösartig, boshaft. 2. → ill-tempered.

**ill·ness** [ˈɪlnɪs] *s* Krankheit *f*: **after a long ~** nach langer Krankheit.

**il·log·i·cal** [ɪˈlɒdʒɪkl; *Am.* ɪˈlɑ-] *adj* (*adv* ~ly) unlogisch. **il,log·i'cal·i·ty** [-ˈkælətɪ] *s a)* Unlogik *f*, b) Ungereimtheit *f*. **il'log·i·cal·ness** → illogicality a.

**ˌill-'o·mened** → ill-starred. **~-'spent** *adj*: ~ **youth** vergeudete Jugend. **~-'starred** *adj* unglücklich, Unglücks..., vom Unglück verfolgt: **to be ~** unter *e-m* ungünstigen Stern stehen. **~-'tem·pered** *adj* schlechtgelaunt, übellaunig. **~-'timed** *adj* ungelegen, unpassend, zur unrechten Zeit. **~-'treat** → maltreat.

**il·lume** [ɪˈljuːm; *bes. Am.* ɪˈluːm] *obs. od. poet. für* illuminate. **il'lu·mi·nant** [-mɪnənt] **I** *adj* → illuminating. **II** *s a)* Beleuchtungs-, Leuchtmittel *n*, b) Beleuchtungskörper *m*, Leuchte *f*.

**il·lu·mi·nate** [ɪˈljuːmɪneɪt; *bes. Am.* ɪˈluː-] *v/t* 1. be-, erleuchten, erhellen. 2. illumiˈnieren, festlich beleuchten. 3. *fig.* a) *etwas* aufhellen, erläutern, erklären, b) *j-n* erleuchten. 4. *bes. fig.* (Licht u.) Glanz verleihen (*dat*). 5. *bes. hist.* Bücher *etc* illumiˈnieren, mit Buchmaleˈreien verzieren. **il'lu·mi·nat·ed** *adj* beleuchtet, leuchtend, Leucht..., Licht...: ~ **advertising** Leuchtreklame *f*. **il'lu·mi·nat·ing** *adj* 1. leuchtend, Leucht...: ~ **engineer** Beleuchtungsingenieur *m*; ~ **gas** Leuchtgas *n*; ~ **power** Leuchtkraft *f*; ~ **projectile** *mil.* Leuchtgeschoß *n*. 2. *fig.* aufschlußreich.

**il·lu·mi·na·tion** [ɪˌljuːmɪˈneɪʃn; *bes. Am.* ɪˌluː-] *s* 1. Be-, Erleuchtung *f*. 2. a) Illumiɑtiˈon *f*, Festbeleuchtung *f*, b) *pl* Beleuchtungskörper *pl*, -anlage *f*. 3. *fig.* a) Erläuterung *f*, Erklärung *f*, b) Erleuchtung *f*. 4. *bes. fig.* (Licht *n* u.) Glanz *m*. 5. *bes. hist.* Illumiɑtiˈon *f*, Verzierung *f* mit Buchmaleˈreien. **il'lu·mi·na·tive** [-nətɪv; *bes. Am.* -neɪtɪv] → illuminating. **il'lu·mi·na·tor** [-neɪtə(r)] *s* 1. a) Erläuterer *m*, b) Erleuchter *m*. 2. *bes. hist.* Illumiˈnator *m*. 3. *opt.* Illumiˈnator *m*, Beleuchtungsgerät *n*, -quelle *f*.

**il·lu·mine** [ɪˈljuːmɪn; *bes. Am.* ɪˈluː-] *obs. od. poet. für* illuminate.

**ˌill-'use** → maltreat.

**il·lu·sion** [ɪˈluːʒn] *s* 1. Illusiˈon *f*: a) Sinnestäuschung *f*: → **optical**, b) *psych.* Trugwahrnehmung *f*, c) Trugbild *n*, d) Wahn *m*, falsche Vorstellung, Einbildung *f*, Selbsttäuschung *f*: **to be under an ~** sich täuschen; **to be under the ~ that** glauben *od.* sich einbilden, daß; **to cherish the ~ that** sich der Illusion hingeben, daß; **to have no ~s** sich keine Illusionen machen (**about** über *acc*). 2. Blendwerk *n*. 3. (*ein*) zarter Tüll. **il'lu·sion·al** [-ʒənl], **il'lu·sion·ar·y** [-ʒnərɪ; *Am.* -ʃəˌneriː] *adj* illuˈsorisch. **il'lu·sion·ism** [-ʃənɪzəm] *s* Illusioˈnismus *m*: a) *philos.* Auffassung, daß Wahrheit, Schönheit u. sittliche Werte nur Schein sind, b) *art* illusionistische (*Bild*)Wirkung. **il'lu·sion·ist** *s* Illusioˈnist *m*: a) *philos.* Anhänger(in) des Illusionismus, b) Schwärmer(in), Träumer(in), c) Zauberkünstler *m*.

**il·lu·sive** [ɪˈluːsɪv] *adj* (*adv* ~ly) illuˈsorisch, trügerisch: **to be ~** trügen. **il'lu·sive·ness, il'lu·so·ri·ness** [-sərɪnɪs] *s* 1. Unwirklichkeit *f*, Schein *m*, (*das*) Illuˈsorische. 2. Täuschung *f*. **il'lu·so·ry** [-sərɪ] *adj* (*adv* illusorily) → illusive.

**il·lus·trate** [ˈɪləstreɪt; *Am. a.* ɪˈlʌs-] *v/t* 1. erläutern, erklären, veranschaulichen. 2. illuˈstrieren, bebildern.

**il·lus·tra·tion** [ˌɪləˈstreɪʃn] *s* Illustratiˈon *f*: a) Erläuterung *f*, Erklärung *f*, Veranschaulichung *f*: **in ~ of** zur Erläuterung von (*od. gen*), b) Beispiel *n*: **by way of ~** als Beispiel, c) Bebilderung *f*, d) Bild(beigabe *f*) *n*, Abbildung *f*.

**il·lus·tra·tive** [ˈɪləstrətɪv; -streɪtɪv; *Am. bes.* ɪˈlʌstrətɪv] *adj* erläuternd, veranschaulichend, illustraˈtiv: ~ **material** Anschauungsmaterial *n*; **to be ~ of** → illustrate 1.

**il·lus·tra·tor** [ˈɪləstreɪtə(r); *Am. a.* ɪˈlʌs-] *s* Illuˈstrator *m*: a) Erläuterer *m*, b) illustrierender Künstler *m*.

**il·lus·tri·ous** [ɪˈlʌstrɪəs] *adj* (*adv* ~ly) 1. ilˈluster, glanzvoll, erlaucht. 2. berühmt. **il'lus·tri·ous·ness** *s* 1. Glanz *m*, Erlauchtheit *f*. 2. Berühmtheit *f*.

**il·ly** [ˈɪlɪ] *bes. Am. für* ill II.

**Il·lyr·i·an** [ɪˈlɪrɪən] *hist.* **I** *adj* 1. ilˈlyrisch. **II** *s* 2. Ilˈlyrier(in). 3. *ling.* Ilˈlyrisch *n*, das Illyrische.

**im-** [ɪm] → in-².

**im·age** [ˈɪmɪdʒ] **I** *s* 1. Bild(nis) *n*. 2. a) Bildsäule *f*, Statue *f*, b) *relig.* Heiligenbild *n*, c) Götzenbild *n*, Iˈdol *n*: ~ **worship** Bilderanbetung *f*, -verehrung *f*; Götzenanbetung *f*, -dienst *m*; ~ **graven** II. 3. (*abstrakt*) Bild *n*, Erscheinungsform *f*, Gestalt *f*. 4. Ab-, Ebenbild *n*: **he is the very ~ of his father** er ist ganz der Vater, er ist s-m Vater wie aus dem Gesicht geschnitten; → **spit¹** 12, **spitting image**. 5. *math. opt. phys.* Bild *n*: ~ **carrier** *TV* Bildträger *m*; ~ **converter** *TV* Bildwandler *m*; **real** (**virtual**) ~ *opt.* reelles (scheinbares) Bild. 6. Image *n*: a) *Vorstellungsbild, das e-e Person od. Gruppe von sich selbst od. anderen Personen, Sachen od. Verhältnissen hat*, b) *das durch Werbung od. Public Relations von e-r Person, e-r Gruppe od. e-r Sache in der Öffentlichkeit erzeugte Bild*. 7. (Leit)Bild *n*, Iˈdee *f*. 8. *psych.* ˈWiedererleben *n*. 9. Verkörperung *f*: **he is the ~ of loyalty** er ist die Treue selbst *od.* in Person. 10. Symˈbol *n*. 11. (sprachliches) Bild, bildlicher Ausdruck, Meˈtapher *f*: **to speak in ~s** in Bildern *od.* Metaphern sprechen. **II** *v/t* 12. abbilden, bildlich darstellen. 13. ˈwiderspiegeln. 14. sich (*etwas*) vorstellen. 15. verkörpern. **~-build·ing** *s* Imagepflege *f*. **~-or·thi·con** [ˈɔː(r)θɪkɒn; *Am.* -ˌkɑn] *s TV* Imageorthikon *n* (*speichernde Aufnahmeröhre*).

**im·age·ry** [ˈɪmɪdʒərɪ; -dʒrɪ] *s* 1. *collect.* Bilder *pl*, Bildwerk(e *pl*) *n*. 2. *collect.* Vorstellungen *pl*, geistige Bilder *pl*. 3. bildliche Darstellung. 4. Bilder(sprache *f*) *pl*, Metaˈphorik *f*.

**im·ag·i·na·ble** [ɪˈmædʒɪnəbl] *adj* (*adv* imaginably) vorstellbar, erdenklich, denkbar: **the greatest difficulty** ~ die denkbar größte Schwierigkeit.

**im·ag·i·nar·i·ly** [ɪˈmædʒɪnərəlɪ; *Am.* ɪmˌmædʒəˈnerəli] *adv* imagiˈnär, in der Einbildung. **im·ag·i·nar·y** [-nərɪ; *Am.* -ˌnerɪ] *adj* imagiˈnär (*a. math.*), nur in der Einbildung *od.* Vorstellung vorˈhanden, eingebildet, (nur) gedacht, Schein..., Phantasie...: **the characters of this novel are** ~ die Personen dieses Romans sind frei erfunden. **II** *s math.* imagiˈnäre Zahl.

**im·ag·i·na·tion** [ɪˌmædʒɪˈneɪʃn] *s* 1. (*schöpferische*) Phantaˈsie, Vorstellungs-, Einbildungskraft *f*, Phantaˈsie-, Einfalls-, Iˈdeenreichtum *m*: **he has no ~** er hat keine Phantasie, er ist phantasielos; **use your ~!** laß dir etwas einfallen!, laß d-e Phantasie spielen! 2. Vorstellen *n*, Vorstellung *f*: **in the ~** in der Vorstellung, im Geiste. 3. Vorstellung *f*: a) Einbildung *f*: **pure ~** reine Einbildung; **maybe it was just my ~** vielleicht habe ich mir das alles auch nur eingebildet, b) Iˈdee *f*, Gedanke *m*, Einfall *m*. 4. *collect.* Einfälle *pl*, Iˈdeen(reichtum *m*) *pl*. 5. Schöpfergeist *m* (*Person*).

**im·ag·i·na·tive** [ɪˈmædʒɪnətɪv; *Am. a.* -ˌneɪtɪv] *adj* (*adv* ~ly) 1. phantaˈsie-, ein-

fallsreich: **an ~ writer; ~ faculty, ~ power → imagination** 1. **2.** phanta'sie-voll, phan'tastisch: **an ~ story. 3.** *contp.* ‚erdichtet', aus der Luft gegriffen. **im-ag·i·na·tive·ness → imagination** 1. **im·ag·ine** [ɪ'mædʒɪn] **I** *v/t* **1.** sich vorstellen, sich denken: **you can't ~ my joy; I ~ him as a tall man** ich stelle ihn mir groß vor; **I ~ him to be rich** ich halte ihn für reich; **can you ~ him becoming famous?** kannst du dir vorstellen, daß er einmal berühmt wird?; **it is not to be ~d** es ist nicht auszudenken. **2.** ersinnen, sich ausdenken. **3.** sich *etwas* einbilden: **don't ~ that** bilde dir nur nicht ein *od.* denke bloß nicht, daß; **you are imagining things!** du bildest *od.* redest dir etwas ein!, das bildest *od.* redest du dir nur ein! **II** *v/i* **4.** just ~! *iro.* stell dir vor!, denk dir nur!

**i·mag·i·nes** [ɪ'meɪdʒɪniːz; ɪ'maːgɪneɪz; *Am. a.* ɪ'meɪɡəniːz] *pl von* **imago**.

**im·ag·ism** ['ɪmɪdʒɪzəm] *s hist.* Ima'gismus *m* (*anglo-amerikanische literarische Bewegung, 1912–1920, die e-e Knappheit des Ausdrucks u. e-e Genauigkeit des dichterischen Bildes anstrebte*).

**i·ma·go** [ɪ'meɪɡəʊ; ɪ'maː-] *pl* **-goes, i·mag·i·nes** [ɪ'meɪdʒɪniːz; ɪ'maːɡɪneɪz; *Am. a.* ɪ'meɪɡəniːz] *s* **1.** *zo.* I'mago *f*, vollentwickeltes In'sekt. **2.** *psych.* I'mago *f* (*aus der Kindheit bewahrtes, unbewußtes Idealbild*).

**i·mam** [ɪ'maːm] *s* I'mam *m*: a) *Vorbeter in der Moschee,* b) *Titel für verdiente Gelehrte des Islams,* c) *Prophet u. religiöses Oberhaupt der Schiiten.*

**im·bal·ance** [ˌɪm'bæləns] *s* **1.** Unausgewogenheit *f*, Unausgeglichenheit *f*. **2.** *med.* gestörtes Gleichgewicht (*im Körperhaushalt etc*): **glandular ~** Störung *f* im hormonalen Gleichgewicht. **3.** *pol. etc* Ungleichgewicht *n*.

**im·be·cile** ['ɪmbɪsiːl; -saɪl; *Am.* 'ɪmbəsəl; -ˌsaɪl] **I** *adj* (*adv* ~**ly**) **1.** *med.* imbe'zil(l), mittelgradig schwachsinnig. **2.** *contp.* idi'otisch, vertrottelt. **II** *s* **3.** *med.* Schwachsinnige(r *m*) *f* mittleren Grades. **4.** *contp.* Idi'ot *m*, Trottel *m.* **im·be·cil·ic** [-'sɪlɪk] *adj* (*adv* ~**ally**) → imbecile I. **im·be·cil·i·ty** [-'sɪlətɪ] *s* **1.** *med.* Imbezili'tät *f*, Schwachsinn *m* mittleren Grades. **2.** *contp.* Idio'tie *f*, Blödheit *f.*

**im·bed** [ɪm'bed] → embed.

**im·bibe** [ɪm'baɪb] *v/t* **1.** trinken. **2.** *Luft etc* schöpfen. **3.** *Feuchtigkeit etc* aufsaugen. **4.** *Wissen etc* einsaugen, sich zu eigen machen.

**im·bri·cate I** *adj* ['ɪmbrɪkɪt; -keɪt] **1.** dachziegel- *od.* schuppenartig angeordnet *od.* verziert, geschuppt. **II** *v/t* [-keɪt] **2.** dachziegelartig anordnen. **3.** schuppenartig verzieren. **III** *v/i* [-keɪt] **4.** dachziegelartig übereinander liegen. **im·bri·cat·ed** [-keɪtɪd] → imbricate I.

**im·bro·glio** [ɪm'brəʊljəʊ; -ljəʊ] *pl* **-glios** *s* **1.** Verwicklung *f*, -wirrung *f*, Komplikati'on *f*, verwickelte Lage. **2.** a) ernstes 'Mißverständnis, b) heftige Auseinandersetzung. **3.** *mus.* Im'broglio *n*, Taktartmischung *f.*

**im·brue** [ɪm'bruː] *v/t* (**with, in**) a) baden (**in** *dat*), tränken (**mit**) (*a. fig.*), b) beflecken, färben (**mit**).

**im·bue** [ɪm'bjuː] *v/t* **1.** durch'tränken, eintauchen. **2.** tief färben. **3.** *fig.* durch'dringen, erfüllen (**with** mit): ~**d with hatred** haßerfüllt.

**i·mid·o·gen** [ɪ'mɪdədʒen; -dʒən] *s chem.* N'H-Gruppe *f*, I'midogruppe *f.*

**im·i·ta·ble** ['ɪmɪtəbl] *adj* nachahmbar. **im·i·tate** ['ɪmɪteɪt] *v/t* **1.** *etwas od. j-n* nachahmen, -machen, imi'tieren, *etwas a.* nachbilden: **not to be ~d** unnach-

ahmlich. **2.** fälschen. **3.** *j-m* nacheifern. **4.** ähneln (*dat*), aussehen wie. **5.** *biol.* sich anpassen an (*acc*). **im·i·tat·ed** *adj* **1.** nachgeahmt, unecht, künstlich, imi'tiert. **2.** gefälscht.

**im·i·ta·tion** [ˌɪmɪ'teɪʃn] **I** *s* **1.** Nachahmung *f*, -ahmen *n*, Imi'tieren *n*: **for ~** zur Nachahmung; **in ~ of** nach dem Muster von (*od. gen*). **2.** Imitati'on *f*, Nachahmung *f* (*beide a. mus. psych.*), Nachbildung *f*. **3.** Fälschung *f*. **4.** *biol.* Anpassung *f.* **II** *adj* **5.** nachgemacht, unecht, künstlich, Kunst..., Imitations...: **~ leather** Kunstleder *n.*

**im·i·ta·tive** ['ɪmɪtətɪv; *Am.* 'ɪməˌteɪtɪv] *adj* (*adv* ~**ly**) **1.** nachahmend, imi'tierend: **to be ~ of** nachahmen, imitieren. **2.** zur Nachahmung neigend. **3.** nachgemacht, -gebildet, -geahmt (**of** *dat*). **4.** *biol.* sich anpassend. **5.** *ling.* lautmalend. **im·i·ta·tor** [-teɪtə(r)] *s* Nachahmer *m*, Imi'tator *m.*

**im·mac·u·la·cy** [ɪ'mækjʊləsɪ] *s* Unbeflecktheit *f*, Makellosigkeit *f*, Reinheit *f.* **im'mac·u·late** [-lət] *adj* (*adv* ~**ly**) **1.** *fig.* unbefleckt, makellos, rein: **I~ Conception** *R.C.* Unbefleckte Empfängnis. **2.** tadel-, fehlerlos, einwandfrei. **3.** fleckenlos, sauber. **4.** *bot. zo.* ungefleckt. **im'mac·u·late·ness →** immaculacy.

**im·ma·nence** ['ɪmənəns], **'im·ma·nen·cy** [-sɪ] *s* Imma'nenz *f*: a) Innewohnen *n*, b) *philos. das Verbleiben in e-m vorgegebenen Bereich, ohne Überschreitung der Grenzen.* **'im·ma·nent** *adj* imma'nent (*a. philos.*), innewohnend: **to be ~ in s.th.** e-r Sache innewohnen.

**im·ma·te·ri·al** [ˌɪmə'tɪərɪəl] *adj* (*adv* ~**ly**) **1.** immateri'ell, unkörperlich, unstofflich. **2.** unwesentlich, belanglos, unerheblich (**to** für) (*a. jur.*). **im·ma'te·ri·al·ism** *s philos.* Immateria'lismus *m* (*Lehre, die die Materie als selbständige Substanz leugnet u. dagegen ein geistig-seelisches Bewußtsein setzt*). **'im·ma·te·ri·al·i·ty** [-'ælətɪ] *s* **1.** Immaterialität *f*, Unkörperlichkeit *f*, Unstofflichkeit *f*. **2.** Unwesentlichkeit *f*, Belanglosigkeit *f*, Unerheblichkeit *f* (*a. jur.*). **im·ma'te·ri·al·ize** *v/t* unkörperlich *od.* unstofflich machen, vergeistigen.

**im·ma·ture** [ˌɪmə'tjʊə(r); *Am. a.* -'tʊər] *adj* (*adv* ~**ly**) unreif, unausgereift (*beide a. fig.*). **ˌim·ma'tu·ri·ty** *s* Unreife *f.*

**im·meas·ur·a·bil·i·ty** [ɪˌmeʒərə'bɪlətɪ; ˌɪˌmeʒə-; *Am. a.* ˌɪˌmeɪ-] *s* Unermeßlichkeit *f.* **im'meas·ur·a·ble** *adj* (*adv* immeasurably) unermeßlich, grenzenlos. **im'meas·ur·a·ble·ness →** immeasurability.

**im·me·di·a·cy** [ɪ'miːdjəsɪ; -dɪəsɪ] *s* **1.** Unmittelbarkeit *f*, Di'rektheit *f.* **2.** Unverzüglichkeit *f.* **3.** *philos.* a) unmittelbar gegebener Bewußtseinsinhalt, b) unmittelbare Gegebenheit.

**im·me·di·ate** [ɪ'miːdjət; -dɪət; *Br. a.* -dʒət] *adj* **1.** unmittelbar: a) nächst(gelegen): **in the ~ vicinity** in unmittelbarer Nähe, in der nächsten Umgebung; **~ constituent** *ling.* (größeres) Satzglied, Wortgruppe *f*, b) di'rekt: **~ contact** unmittelbare Berührung; **~ cause** unmittelbare Ursache; **~ information** Informationen aus erster Hand. **2.** (*zeitlich*) unmittelbar (*bevorstehend*), nächst(er, e, es): **in the ~ future** in nächster Zukunft. **3.** unverzüglich, so'fortig, 'umgehend: **~ answer; to take ~ action** sofort handeln; **~ annuity** sofort fällige Rente; **~ matter** *jur.* Sofortsache *f*; **~ objective** *mil.* Nahziel *n*; **~ steps** Sofortmaßnahmen; **~!** (*auf Briefen*) Eilt! **4.** derzeitig, augenblicklich: **my ~ plans. 5.** nächst(er, e, es) (*in der Verwandtschaftslinie*): **my ~ family** m-e nächsten Angehörigen. **6.**

*philos.* intui'tiv, di'rekt, unmittelbar. **7.** di'rekt betreffend, unmittelbar berührend. **im'me·di·ate·ly I** *adv* **1.** unmittelbar, di'rekt. **2.** so'fort, unverzüglich. **II** *conj* **3.** *bes. Br.* so'bald; sofort, als.

**im'me·di·ate·ness →** immediacy 1 *u.* 2.

**Im·mel·mann (turn)** ['ɪmlmaːn; -mən] *s aer. sport* Immelmann-Turn *m* (*halber Looping u. halbe Rolle*).

**im·me·mo·ri·al** [ˌɪmɪ'mɔːrɪəl; *Am. a.* -'məʊ-] *adj* uralt: **~ customs; from** (*od. since*) **time ~** seit undenklichen Zeiten.

**im·mense** [ɪ'mens] *adj* (*adv* ~**ly**) **1.** riesig: **an ~ palace. 2.** *fig.* e'norm, im'mens, riesig: **~ costs. 3. →** immeasurable. **4.** *colloq.* ‚prima', großartig: **they enjoyed themselves ~ly. im'mense·ness, im'men·si·ty** *s* Riesigkeit *f.*

**im·men·su·ra·bil·i·ty** [ɪˌmenʃʊrə-'bɪlətɪ; *bes. Am.* -ˌsərə-], **im'men·su·ra·ble, im'men·su·ra·ble·ness →** immeasurability, *etc.*

**im·merse** [ɪ'mɜːs; *Am.* ɪ'mɜrs] *v/t* **1.** (ein)tauchen (**in in** *acc*), 'untertauchen. **2.** *relig.* (*bei der Taufe*) 'untertauchen. **3.** einbetten, -graben (**in in** *acc*). **4. ~ to ~ o.s.** in sich vertiefen *od.* versenken in (*acc*): **he ~d himself in a book. im'mersed** [ɪ'mɜːst; *Am.* ɪ'mɜrst] *adj* **1.** eingetaucht: **~ compass** *tech.* Flüssigkeitskompaß *m.* **2.** versunken, -tieft (**in in** *acc*): **~ in a book; ~ in thought** gedankenversunken. **3.** *biol.* in benachbarte Teile eingebettet. **4.** *bot.* ganz unter Wasser wachsend.

**im·mer·sion** [ɪ'mɜːʃn; *Am.* ɪ'mɜrʒən; -ʃən] *s* **1.** Ein-, 'Untertauchen *n*, *phys.* Immersi'on *f*: **~ heater** Tauchsieder *m*; **~ lens** (*od. objective*) *opt.* Immersionsobjektiv *n.* **2.** Versunkenheit *f*, Vertiefung *f*. **3.** *relig.* Immersi'onstaufe *f*. **4.** *astr.* Immersi'on *f* (*Eintreten e-s Gestirns in den Schatten e-s anderen*).

**im·mi·grant** ['ɪmɪɡrənt] **I** *s* Einwanderer *m*, Einwanderin *f*, Immi'grant(in). **II** *adj* einwandernd (*a. biol. med.*).

**im·mi·grate** ['ɪmɪɡreɪt] **I** *v/i* einwandern (**into** *acc*) (*a. biol. med.*). **II** *v/t* ansiedeln (**into** *in dat*). **im·mi'gra·tion** *s* **1.** Einwanderung *f*, Immigrati'on *f*. **2.** Einwandererzahl *f.*

**im·mi·nence** ['ɪmɪnəns], **'im·mi·nen·cy** [-sɪ] *s* **1.** nahes Bevorstehen. **2.** drohende Gefahr, Drohen *n*. **'im·mi·nent** *adj* (*adv* ~**ly**) **1.** nahe bevorstehend: **his ~ death** sein naher Tod. **2.** drohend: **~ danger.**

**im·mis·ci·bil·i·ty** [ɪˌmɪsə'bɪlətɪ] *s* Unvermischbarkeit *f.* **im'mis·ci·ble** *adj* (*adv* immiscibly) unvermischbar.

**im·mit·i·ga·ble** [ɪ'mɪtɪɡəbl] *adj* (*adv* immitigably) nicht zu mildern(d).

**im·mo·bile** [ɪ'məʊbaɪl; -biːl; *Am. bes.* -bəl] *adj* unbeweglich: a) bewegungslos: **to keep one's injured arm ~** s-n verletzten Arm ruhig halten, b) starr, fest. **im·mo·bil·i·ty** [ˌɪməʊ'bɪlətɪ] *s* **1.** Unbeweglichkeit *f*. **2.** Bewegungslosigkeit *f.* **im·mo·bi·li·za·tion** [ɪˌməʊbɪlaɪ'zeɪʃn; *Am.* -lə'z-] *s* **1.** Unbeweglichmachen *n*. **2.** *econ.* a) Festlegung *f*, b) Einziehung *f*. **3.** *med.* Ruhigstellung *f*, Immobili'sierung *f*, Immobilisati'on *f*. **im'mo·bi·lize** *v/t* **1.** unbeweglich machen: **~d** bewegungsunfähig (*a. Fahrzeug etc*). **2.** *econ.* a) *Kapital* festlegen, b) *Metallgeld* aus dem Verkehr ziehen. **3.** *med.* ruhigstellen, immobili'sieren. **4.** *mil. Truppen* lähmen, fesseln.

**im·mod·er·a·cy** [ɪ'mɒdərəsɪ; -drəsɪ; *Am.* ɪ'maː-] *s* 'Übermaß *n*, Unmäßigkeit *f*, Maßlosigkeit *f.* **im'mod·er·ate** [-rət] *adj* (*adv* ~**ly**) 'über-, unmäßig, maßlos. **im'mod·er·ate-**

**ness, im·mod·er·a·tion** → immod-
eracy.
**im·mod·est** [ı'mɒdıst; *Am.* ı'mɑdəst] *adj*
(*adv* ~ly) **1.** unbescheiden, aufdringlich,
anmaßend, vorlaut. **2.** unanständig,
schamlos. **im'mod·es·ty** *s* **1.** Unbe-
scheidenheit *f*, Aufdringlichkeit *f*. **2.**
Unanständigkeit *f*, Schamlosigkeit *f*.
**im·mo·late** [ˈıməʊleıt] *v/t* opfern (*a.*
*fig.*), als Opfer darbringen. **ˌim·moˈla-**
**tion** *s a. fig.* **1.** Opfern *n*, Opferung *f*. **2.**
Opfer *n*.
**im·mor·al** [ı'mɒrəl; *Am. a.* ı'mɑ-] *adj*
(*adv* ~ly) **1.** ˈunmoˌralisch, unsittlich (*a.*
*jur.*): ~ **life. 2.** *jur.* unsittlich, sitten-
widrig: ~ **contract. im·mo·ral·i·ty**
[ˌıməˈrælətı; ˌımɒ-] *s* Unsittlichkeit *f*: a)
(*das*) ˈUnmoˌralische, b) ˈUnmoˌral *f*, c)
unsittliche *od.* unzüchtige Handlung (*a.*
*jur.*), d) unsittlicher Lebenswandel, e) *jur.*
Sittenwidrigkeit *f*: ~ **of a transaction.**
**im·mor·tal** [ı'mɔː(r)tl] **I** *adj* (*adv* ~ly) **1.**
unsterblich (*a. fig.*). **2.** *fig.* ewig, unver-
gänglich. **II** *s* **3.** Unsterbliche(r *m*) *f* (*a.*
*fig.*). **ˌim·morˈtal·i·ty** [-ˈtælətı] *s* **1.**
Unsterblichkeit *f* (*a. fig.*). **2.** Unvergäng-
lichkeit *f*. **imˈmor·tal·ize**
[-tələrˈzeıʃn; *Am.* -ləˈz-] *s* Unsterblichma-
chen *n*, Verewigen *n*. **imˈmor·tal·ize**
*v/t* unsterblich machen, verewigen.
**im·mor·telle** [ˌımɔː(r)ˈtel] *s bot.* Immor-
ˈtelle *f*, Strohblume *f*.
**im·mo·tile** [ı'məʊtaıl; *Am. bes.* -tl] *adj*
*biol.* feststehend, unbeweglich.
**im·mov·a·bil·i·ty** [ıˌmuːvəˈbılətı] *s* **1.**
Unbeweglichkeit *f*. **2.** *fig.* Unerschütter-
lichkeit *f*. **imˈmov·a·ble I** *adj* (*adv*
immovably) **1.** unbeweglich: a) fest(ste-
hend), ortsfest: ~ **property** → 5, b) unbe-
wegt, bewegungslos. **2.** unabänderlich. **3.**
*fig.* a) fest, unerschütterlich, b) hart, un-
nachgiebig. **4.** (*zeitlich*) unveränderlich:
~ **feast** *relig.* unbeweglicher Feiertag. **II**
*s* **5.** *pl jur.* Liegenschaften *pl*, Immoˈbilien
*pl*, unbewegliches Eigentum.
**im·mune** [ı'mjuːn] **I** *adj* **1.** *med. u. fig.*
(against, from, to) imˈmun (gegen), un-
empfänglich (für): ~ **body (response,**
**serum)** Immunkörper *m* (-reaktion *f*,
-serum *n*). **2.** (against, from, to) ge-
schützt *od.* gefeit (gegen), frei (von): ~ **to**
**corrosion** *tech.* korrosionsbeständig. **3.**
befreit, ausgenommen (from von): ~
**from taxation. II** *s* **4.** imˈmune Perˈson.
**imˈmu·ni·ty** *s* **1.** Immuniˈtät *f*: a) *med.*
*u. fig.* Unempfänglichkeit *f*: ~ **to heat**
*tech.* Wärmebeständigkeit *f*, b) *jur.* Frei-
heit *f*, Befreiung *f*: **diplomatic** ~ diplo-
matische Immuniˈtät; **to enjoy** ~ Immu-
niˈtät genießen; ~ **from criminal prose-**
**cution** (from suit) strafrechtliche (zivil-
rechtliche) Immuniˈtät; ~ **from punish-**
**ment** Straflosigkeit *f*; ~ **from taxes**
Steuer-, Abgabefreiheit; ~ **of witness**
Zeugnisverweigerungsrecht *n*. **2.** *jur.*
Priviˈleg *n*, Sonderrecht *n*. **3.** Freisein *n*
(from von): ~ **from error** Unfehlbar-
keit *f*.
**im·mu·ni·za·tion** [ˌımjuːnaıˈzeıʃn;
*Am.* ˌımjənəˈz-] *s med.* Immuniˈsierung
*f*. **ˈim·mu·nize** *v/t* immuniˈsieren, im-
ˈmun machen (**against** gegen) (*a.*
*fig.*).
**immuno-** [ımjuːnəʊ] *Wortelement mit*
*der Bedeutung* Immun...
**ˌim·mu·no·biˈol·o·gy** *s* Imˈmunbiolo-
ˌgie *f* (*Teilgebiet der Mikrobiologie, das*
*sich mit den im menschlichen u. tierischen*
*Körper ablaufenden Immunreaktionen be-*
*faßt*).
**ˌim·mu·noˈchem·is·try** *s* Imˈmunche-
ˌmie *f* (*Teilgebiet der Chemie, das die*
*stofflichen Grundlagen der Immunität u.*
*der biologischen Vorgänge, die zum Im-*
*munitätszustand führen, untersucht*).

**ˌim·mu·no·geˈnet·ics** *s pl* (*meist als sg*
*konstruiert*) Imˈmungeˌnetik *f* (*Teilgebiet*
*der Genetik, das die Vererbung der Blut-*
*gruppen bei Mensch u. Tier sowie die*
*genetischen Faktoren, die für Entstehung*
*und Ablauf von Infektionskrankheiten von*
*Bedeutung sind, untersucht*).
**ˌim·mu·noˈlog·ic** [ˌımjuːnəˈlɒdʒık; *Am.*
ˌımjənˈlˈadʒık] *adj*; **ˌim·mu·noˈlog·i-**
**cal** (*adv* ~ly) *med.* immunoˈlogisch:
a) *die Immunologie betreffend*, b) *die Im-*
*munität betreffend*: ~ **reaction** Immun-
reaktion *f*. **ˌim·mu·nol·o·gist** [ˌımjuː-
ˈnɒlədʒıst; *Am.* ˌımjənˈal-] *s* Immunoˈloge
*m*. **ˌim·muˈnol·o·gy** *s* Immunoloˈgie *f*,
Immuniˈtätsforschung *f*, -lehre *f*.
**ˌim·mu·noˈre·ac·tion** *s biol. med.* Imˈmun-
ˈmunreaktiˌon *f* (*Abwehrreaktion von*
*Lebewesen auf Krankheitserreger od.*
*Gifte*).
**ˌim·mu·noˈther·a·py** *s med.* Imˈmun-
theraˌpie *f* (*Behandlungsweise von Infek-*
*tionskrankheiten u. Toxinvergiftungen, bei*
*der spezifische Mittel angewandt werden,*
*um e-e künstliche Immunität herzustellen*).
**im·mure** [ı'mjʊə(r)] *v/t* **1.** einsperren,
-kerkern: ~ **o.s.** sich vergraben, sich
abschließen. **2.** *obs.* einmauern.
**im·mu·ta·bil·i·ty** [ıˌmjuːtəˈbılətı] *s* Un-
veränderlichkeit *f*. **imˈmu·ta·ble** *adj*
(*adv* immutably) unveränderlich.
**imp** [ımp] *s* **1.** Kobold *m*. **2.** *colloq.*
ˌRackerˈ *m*.
**im·pact I** *s* [ˈımpækt] **1.** Zs.-, Anprall *m*.
**2.** Auftreffen *n*, -prall *m*. **3.** a) *mil.* Auf-,
Einschlag *m*: ~ **of fire** Aufschlagschie-
ßen *n*; ~ **fuse** Aufschlagzünder *m*, b)
Imˈpakt *m*, Meteoˈriteneinschlag *m*: ~
**crater** Meteoritenkrater *m*. **4.** *phys. tech.*
a) Stoß *m*, Schlag *m*, b) Wucht *f*: ~
**crusher** (*Bergbau*) Schlagbrecher *m*; ~
**extrusion** Schlagstrangpressen *n*; ~
**pressure** Staudruck *m*; ~ **strength**
Schlagbiegefestigkeit *f*. **5.** *fig.* a) (heftige)
(Ein)Wirkung, Auswirkungen *pl*, (star-
ker) Einfluß (on auf *acc*), (*von Werbe-*
*maßnahmen*) Imˈpact *m*, b) (starker) Ein-
druck (on auf *acc*), c) Wucht *f*, Gewalt *f*,
d) (on) Belastung (*gen*), Druck *m* (auf
*acc*): **to make an** ~ (**on**) ˌeinschlagenˈ *od.*
e-n starken Eindruck hinterlassen (bei),
sich mächtig auswirken (auf *acc*); **s.th.**
**has lost its** ~ etwas ˌgreiftˈ *od.* ˌziehtˈ
nicht mehr. **II** *v/t* [ımˈpækt] **6.** zs.-pres-
sen, -drücken. **7.** voll-, verstopfen. **8.**
*med.* ein-, festklemmen, einkeilen: ~ed
**fracture** eingekeilter Bruch; ~ed **tooth**
impaktierter Zahn. **imˈpac·tion** *s bes.*
*med.* Einkeilung *f*.
**im·pair** [ımˈpeə(r)] **I** *v/t* beeinträchtigen:
**to** ~ **one's health** s-r Gesundheit scha-
den. **II** *s obs. für* impairment. **im-**
**ˈpair·ment** *s* Beeinträchtigung *f*.
**im·pa·la** [ımˈpɑːlə; ımˈpælə] *pl* **-las,**
*bes. collect.* **-la** *s zo.* Imˈpala *f* (*e-e Anti-*
*lope*).
**im·pale** [ımˈpeıl] *v/t* **1.** aufspießen (on
auf *acc*), durchˈbohren. **2.** *hist.* pfählen. **3.**
*her. zwei Wappen auf e-m Schild* durch e-n
senkrechten Pfahl getrennt nebeneinˈan-
der anbringen. **4.** *fig.* festnageln. **im-**
**ˈpale·ment** *s* **1.** *hist.* Pfählung *f*. **2.**
Aufspießung *f*, Durchˈbohrung *f*. **3.** *her.*
Vereinigung zweier durch e-n Pfahl ge-
trennter Wappen auf einem Schild.
**im·pal·pa·ble** [ımˈpælpəbl] *adj* (*adv*
impalpably) **1.** unfühlbar, ungreifbar.
**2.** äußerst fein. **3.** *fig.* kaum (er)faßbar
*od.* greifbar.
**im·pa·na·tion** [ˌımpæˈneıʃn] *s relig.* Im-
panatiˈon *f* (*Verkörperung Christi im*
*Abendmahl ohne Transsubstantiation*).
**im·pan·el** [ımˈpænl] *v/t pret u. pp* **-eled,**
*bes. Br.* **-elled 1.** in e-e Liste eintragen.
**2.** *jur.* a) in die Geschworenenliste ein-

tragen, b) *Am. die Geschworenen* aus der
Liste auswählen.
**im·par·i·pin·nate** [ˌımpærıˈpınıt;
-neıt] *adj bot.* unpaarig gefiedert.
**im·par·i·syl·lab·ic** [ˈımˌpærısıˈlæbık]
*adj u. s ling.* ungleichsilbig(es Wort).
**im·par·i·ty** [ımˈpærətı] *s* Ungleichheit *f*.
**im·part** [ımˈpɑː(r)t] *v/t* **1.** (to *dat*) geben:
a) gewähren, zukommen lassen, b) *e-e*
*Eigenschaft etc* verleihen. **2.** a) mitteilen
(to *dat*): **to** ~ **news,** b) vermitteln (to *dat*):
**to** ~ **knowledge,** c) *a. phys.* überˈtragen
(to auf *acc*): **to** ~ **a motion; to be** ~ed **to**
sich mitteilen (*dat*); sich übertragen auf
(*acc*).
**im·par·tial** [ımˈpɑː(r)ʃl] *adj* (*adv* ~ly)
ˈunparˌteiisch, unvoreingenommen, un-
befangen. **imˌpar·ti·al·i·ty** [-ʃıˈælətı],
**imˈpar·tial·ness** *s* ˈUnparˌteilichkeit
*f*, Unvoreingenommenheit *f*.
**im·pass·a·ble** [ımˈpɑːsəbl; *Am.* -ˈpæ-]
*adj* (*adv* impassably) **1.** ˈunpasˌsierbar:
~ **roads. 2.** *bes. fig.* ˈunüberˌwindbar: **an**
~ **obstacle to freedom. 3.** nicht ˈum-
lauffähig: ~ **counterfeit money.**
**im·passe** [æmˈpɑːs; ˈæmpɑːs; *Am.*
ˈımˌpæs; ımˈpæs] *s* **1.** Sackgasse *f* (*a. fig.*).
**2.** *fig.* völliger Stillstand, toter Punkt: **to**
**reach an** ~ in e-e Sackgasse geraten, sich
festfahren; **to break the** ~ aus der Sack-
gasse herauskommen.
**im·pas·si·bil·i·ty** [ımˌpæsıˈbılətı] *s* **1.**
Unempfindlichkeit *f*. **2.** Ungerührtheit *f*.
**imˈpas·si·ble** *adj* (*adv* impassibly) **1.**
(to) gefühllos (gegen), unempfindlich
(für) (*beide a. fig.*). **2.** ungerührt, mit-
leidlos.
**im·pas·sion** [ımˈpæʃn] *v/t* leidenschaft-
lich bewegen *od.* erregen, aufwühlen:
~ed leidenschaftlich.
**im·pas·sive** [ımˈpæsıv] *adj* (*adv* ~ly) **1.** a)
teilnahmslos, leidenschaftslos, b) unge-
rührt. **2.** gleichmütig, gelassen. **3.** heiter.
**4.** unbewegt, ausdruckslos: ~ **face. im-**
**ˈpas·sive·ness, ˌim·pasˈsiv·i·ty** *s* **1.**
a) Teilnahmslosigkeit *f*, b) Ungerührt-
heit *f*. **2.** Gleichmütigkeit *f*, Gelassenheit
*f*. **3.** Heiterkeit *f*. **4.** Ausdruckslosigkeit *f*.
**im·paste** [ımˈpeıst] *v/t* **1.** zu e-m Teig
kneten. **2.** *paint.* paˈstos malen.
**im·pas·to** [ımˈpæstəʊ; ımˈpɑː-] *s paint.*
Imˈpasto *n*, dicker Farbauftrag.
**im·pa·tience** [ımˈpeıʃns] *s* **1.** Ungeduld
*f*. **2.** ungeduldiges Verlangen (**for** nach;
**to do** zu tun). **3.** a) Unduldsamkeit *f*,
ˈIntoleˌranz *f*, b) Unzufriedenheit *f*, Ver-
ärgerung *f*.
**im·pa·tient** [ımˈpeıʃnt] *adj* (*adv* ~ly) **1.**
ungeduldig: ~ **questions. 2. to be** ~ **for**
**s.th.** etwas nicht erwarten können; **to be**
~ **to do s.th.** darauf brennen, etwas zu
tun; es nicht erwarten können, etwas zu
tun. **3.** (**of**) a) unduldsam, ˈintoleˌrant
(gegenˈüber): **to be** ~ **of** nicht (v)ertragen
können, nichts übrig haben für, b) unzu-
frieden (mit), ärgerlich, ungehalten (über
*acc*).
**im·peach** [ımˈpiːtʃ] *v/t* **1.** *jur.* j-n ankla-
gen (**for, of, with** *gen*): **to** ~ **s.o. for**
**doing s.th.** j-n anklagen, etwas getan zu
haben. **2.** *jur. bes. Am.* e-n hohen Staats-
beamten, (*in den USA*) bes. den Präsiden-
ten unter Amtsanklage stellen. **3.** *jur.*
anfechten: **to** ~ **a document** die Gültig-
keit e-s Schriftstücks anfechten *od.* in
Zweifel ziehen *od.* bestreiten; **to** ~ **a**
**witness** *Am.* die Glaubwürdigkeit e-s
Zeugen anzweifeln. **4.** *etwas* in Frage
stellen, in Zweifel ziehen: **to** ~ **s.o.'s**
**motives. imˈpeach·a·ble** *adj* **1.** *jur.*
anklagbar. **2.** *jur.* anfechtbar.
**im·peach·ment** [ımˈpiːtʃmənt] *s* **1.** *jur.*
Anklage *f*, Beschuldigung *f*. **2.** *jur. bes.*
*Am.* Imˈpeachment *n* (*Amtsanklage gegen*
*e-n hohen Staatsbeamten, in den USA bes.*

*gegen den Präsidenten, zum Zwecke der Amtsenthebung*. **3.** *jur.* Anfechtung *f* (der Gültigkeit): ~ **of a witness** *Am.* Anzweiflung der Glaubwürdigkeit e-s Zeugen. **4.** In'fragestellung *f.* ~ **of waste** *s jur.* Pächterhaftung *f* für Wertminderung des Pachtlandes.

**im·pec·ca·bil·i·ty** [ɪm‚pekə'bɪlətɪ] *s* **1.** Sünd(en)losigkeit *f.* **2.** Tadellosigkeit *f.* **im'pec·ca·ble** *adj (adv* **impeccably) 1.** sünd(en)los. **2.** tadellos, untadelig, einwandfrei. **im'pec·cant** *adj* sünd(en)los.

**im·pe·cu·ni·os·i·ty** ['ɪmpɪ‚kjuːnɪ'ɒsətɪ; *Am.* -nɪəs-] *s* Mittellosigkeit *f.* ‚**im·pe·'cu·ni·ous** [-'kjuːnjəs; -nɪəs] *adj (adv* ~**ly)** mittellos, unbemittelt.

**im·pe·dance** [ɪm'piːdəns; -dns] *s electr.* Impe'danz *f,* 'Schein‚widerstand *m*: **characteristic** ~ Wellenwiderstand; ~ **coil** Drosselspule *f.*

**im·pede** [ɪm'piːd] *v/t* **1.** j-n *od.* etwas (be)hindern: **what** ~**s your telling him the truth?** was hindert Sie daran, ihm die Wahrheit zu sagen? **2.** etwas erschweren. **im'pe·di·ent** [-dɪənt] *adj* hindernd, hinderlich.

**im·ped·i·ment** [ɪm'pedɪmənt] *s* **1.** Behinderung *f.* **2.** Hindernis *n* (to für). **3.** *med.* Funkti'onsstörung *f:* ~ **(in one's speech)** Sprachfehler *m.* **4.** *pl a.* **im‚ped·i'men·ta** [-'mentə] *jur.* Hinderungsgrund *m:* ~ **(to marriage)** Ehehindernis *n.* **im‚ped·i'men·ta** [-'mentə] *s pl* **1.** *mil.* Gepäck *n.* **2.** *colloq. a.* (hinderliches) Gepäck, b) (*j-s*) ‚Siebensachen' *pl.*

**im·pel** [ɪm'pel] *v/t* **1.** *a. fig.* (an-, vorwärts)treiben, drängen. **2.** zwingen, nötigen, bewegen: **I felt** ~**led** ich sah mich gezwungen *od.* fühlte mich genötigt (**to do** zu tun). **3.** führen zu, verursachen. **im'pel·lent I** *adj* (an)treibend, Trieb... **II** *s* Triebkraft *f,* Antrieb *m.* **im'pel·ler** *s* **1.** Antreibende(r *m*) *f.* **2.** *tech.* a) Laufrad *n,* b) Flügelrad *n* (e-r Pumpe), c) *aer.* Laderlaufrad *n.*

**im·pend** [ɪm'pend] *v/t* **1.** hängen, schweben (**over** über *dat*). **2.** *fig.* a) (**over**) drohend schweben (über *dat*), drohen (*dat*), b) nahe bevorstehen. **im'pend·ent, im'pend·ing** *adj* a) nahe bevorstehend: **his** ~ **death** sein naher Tod, b) drohend: ~ **danger.**

**im·pen·e·tra·bil·i·ty** [ɪm‚penɪtrə'bɪlətɪ] *s* **1.** *a. phys. u. fig.* Undurch‚dringlichkeit *f.* **2.** *fig.* Unergründlichkeit *f,* Unerforschlichkeit *f.* **im'pen·e·tra·ble** *adj (adv* **impenetrably) 1.** *a. phys. u. fig.* 'undurch‚dringlich (**by** für). **2.** *fig.* unergründlich, unerforschlich: **an** ~ **mystery. 3.** *fig.* (**to, by**) unempfänglich (für), unzugänglich (*dat*).

**im·pen·i·tence** [ɪm'penɪtəns], *a.* **im'pen·i·ten·cy** [-sɪ] *s a) relig.* Unbußfertigkeit *f,* b) Verstocktheit *f.* **im'pen·i·tent** *adj (adv* ~**ly)** a) *relig.* unbußfertig, b) verstockt.

**im·per·a·ti·val** [ɪm‚perə'taɪvl] → **imperative 3.**

**im·per·a·tive** [ɪm'perətɪv] **I** *adj (adv* ~**ly) 1.** befehlend, gebieterisch, herrisch, Befehls... **2.** 'unum‚gänglich, zwingend, dringend (notwendig), unbedingt erforderlich. **3.** *ling.* impera'tivisch, Imperativ..., Befehls...: ~ **mood** → **5. II** *s* **4.** Befehl *m.* **5.** *ling.* Imperativ *m,* Befehlsform *f.* **6.** a) 'unum‚gängliche Pflicht, b) dringendes Erfordernis, Notwendigkeit *f.*

**im·per·cep·ti·ble** [‚ɪmpə(r)'septəbl] *adj (adv* **imperceptibly) 1.** nicht wahrnehmbar, unmerklich. **2.** verschwindend klein. ‚**im·per'cep·tive** *adj* imperci‚pient. ‚**im·per'cip·i·ent** [-'sɪpɪənt] *adj* **1.** ohne Wahrnehmung, nicht wahrnehmend. **2.** begriffsstutzig, beschränkt.

**im·per·fect** [ɪm'pɜːfɪkt; *Am.* -'pɜr-] **I** *adj (adv* ~**ly) 1.** unvollkommen (*a. mus.*): **2.** unvollständig (*a. bot.*), 'unvoll‚endet, b) mangel-, fehlerhaft, schwach: ~ **number** *math.* unvollkommene Zahl; ~ **title** *jur.* fehlerhafter Eigentumstitel. **2.** *ling.* Imperfekt...: ~ **tense** → **4. 3.** *jur.* nicht einklagbar. **II** *s* **4.** *ling.* Imperfekt *n,* 'unvoll‚endete Vergangenheit. **im·per·fec·tion** [‚ɪmpə(r)'fekʃn] *s* **1.** Unvollkommenheit *f,* Mangelhaftigkeit *f.* **2.** Mangel *m,* Fehler *m,* Schwäche *f.* **3.** *print.* De'fekt(buchstabe) *m.*

**im·per·fo·rate** [ɪm'pɜːfərət; *Am.* -'pɜr-; *a.* ‚-reɪt] **I** *adj* **1.** *bes. med.* ohne Öffnung. **2.** nicht durch'bohrt *od.* -'löchert, nicht gelocht *od.* perfo'riert: ~ **stamp** → **3. II** *s* **3.** ungezähnte Briefmarke.

**im·pe·ri·al** [ɪm'pɪərɪəl] **I** *adj (adv* ~**ly) 1.** kaiserlich, Kaiser... **2.** *hist.* Reichs...: **I**~ **Diet** Reichstag *m.* **3.** des Brit. Weltreichs, Reichs..., Empire... **4.** *fig.* a) souve'rän, b) gebieterisch. **5.** *fig.* a) königlich, fürstlich, prächtig, großartig, b) her'vorragend, exqui'sit, c) impo'sant, mächtig, riesig. **6.** *Br.* gesetzlich (*Maße u. Gewichte*): ~ **gallon** Gallone *f* (= 4,55 *l*). **II** *s* **7.** Kaiserliche(r) *m* (*Anhänger od. Soldat*). **8.** Knebelbart *m.* **9.** Imperi'al (-pa‚pier) *n* (*Format: in den USA 23 × 31 in., in GB 22 × 30 in.*). **10.** dunkles Purpurrot. ~ **blue** *s chem.* in Spiritus lösliches Anilinblau. ~ **cit·y** *s hist.* **1.** freie Reichsstadt. **2.** I~ C~ Kaiserstadt *f* (*bes. Rom*). ~ **dome** *s arch.* Spitzkuppel *f.* ~ **ea·gle** *s orn.* Kaiseradler *m.*

**im·pe·ri·al·ism** *s pol.* **1.** Imperia'lismus *m* (*Streben e-s Staates nach Macht- u. Besitzerweiterung*). **2.** Kaiserherrschaft *f.* **im·pe·ri·al·ist I** *s* **1.** *pol.* Imperia'list *m.* **2.** kaiserlich Gesinnte(r) *m,* Kaiserliche(r) *m.* **II** *adj* **3.** imperia'listisch. **4.** kaiserlich, -treu. **im·pe·ri·al'is·tic** *adj (adv* ~**ally)** → **imperialist II. im·pe·ri·al·ize** *v/t* **1.** kaiserlich machen, mit kaiserlicher Würde ausstatten. **2.** zu e-m Kaiserreich machen.

**im·pe·ri·al | moth** *s zo.* Kaiserspinner *m.* ~ **pref·er·ence** *s econ.* Zollbegünstigung *f,* Vorzugszoll *m* (*für den Handel zwischen Großbritannien u. s-n Dominions*).

**im·per·il** [ɪm'perəl] *v/t* gefährden, in Gefahr bringen.

**im·pe·ri·ous** [ɪm'pɪərɪəs] *adj (adv* ~**ly) 1.** herrisch, gebieterisch. **2.** dringend, zwingend: **an** ~ **necessity. im'pe·ri·ous·ness** *s* **1.** herrisches *od.* gebieterisches Wesen. **2.** Dringlichkeit *f.*

**im·per·ish·a·ble** [ɪm'perɪʃəbl] *adj (adv* **imperishably) 1.** unverderblich. **2.** *fig.* unvergänglich, ewig. **im'per·ish·a·ble·ness** *s* **1.** Unverderblichkeit *f.* **2.** *fig.* Unvergänglichkeit *f.*

**im·per·ma·nence** [ɪm'pɜːmənəns; *Am.* -'pɜr-], **im'per·ma·nen·cy** [-sɪ] *s* vor'übergehende Art. **im'per·ma·nent** *adj (adv* ~**ly)** vor'übergehend, nicht von Dauer.

**im·per·me·a·bil·i·ty** [ɪm‚pɜːmjə'bɪlətɪ; -mɪə-; *Am.* -‚pɜr-] *s* 'Undurch‚dringbarkeit *f,* 'Un‚durchlässigkeit *f, bes. phys.* Impermeabili'tät *f.* **im'per·me·a·ble** *adj (adv* **impermeably)** 'undurch‚dringbar, 'un‚durchlässig, *bes. phys.* imperme'abel (**to** für): ~ **to gas(es)** *phys.* gasundurchlässig; ~ **to water** wasserdicht.

**im·per·mis·si·ble** [‚ɪmpə(r)'mɪsəbl] *adj* unzulässig, unstatthaft.

**im·per·script·i·ble** [‚ɪmpə(r)'skrɪptəbl] *adj* nicht schriftlich belegt.

**im·per·son·al** [ɪm'pɜːsnl; *Am.* -'pɜrsnəl] **I** *adj (adv* ~**ly) 1.** 'unper‚sönlich: **an** ~ **deity; ~ account** *econ.* Sachkonto *n.* **2.** *ling.* a) 'unper‚sönlich: ~ **verb,** b) unbestimmt: ~ **pronoun** unbestimmtes Fürwort, Indefinitpronomen *n.* **II** *s* **3.** (*das*) 'Unper‚sönliche. **4.** *ling.* 'unper‚sönliches Zeitwort. **im·per‚son·al·i·ty** [-sə'nælətɪ] *s* 'Unper‚sönlichkeit *f.* **im'per·son·al·ize** [-nəlaɪz] *v/t* **1.** 'unper‚sönlich machen. **2.** entmenschlichen.

**im·per·son·ate** [ɪm'pɜːsəneɪt; *Am.* ɪm'pɜrsn‚eɪt] *v/t* **1.** *thea. etc* verkörpern, mimen. **2.** *j-n* imi'tieren, nachahmen. **3.** sich ausgeben als *od.* für. **im‚per·son·'a·tion** *s* **1.** *thea. etc* Verkörperung *f,* Darstellung *f.* **2.** Imitati'on *f,* Nachahmung *f:* **to give an** ~ **of** → **impersonate 2. 3.** (betrügerisches *od.* scherzhaftes) Auftreten (**of** als). **im'per·son·a·tive** [-ətɪv; -eɪtɪv] *adj thea. etc* Darstellungs..., darstellend. **im'per·son·a·tor** [-tə(r)] *s* **1.** *thea. etc* Darsteller(in). **2.** Imi'tator *m,* Nachahmer *m.* **3.** Hochstapler(in).

**im·per·ti·nence** [ɪm'pɜːtɪnəns; *Am.* ɪm'pɜrtnəns] *s* **1.** Unverschämtheit *f,* Ungehörigkeit *f,* Frechheit *f.* **2.** Zudringlichkeit *f.* **3.** Belanglosigkeit *f.* **im'per·ti·nent** *adj (adv* ~**ly) 1.** unverschämt, ungehörig, frech. **2.** zudringlich. **3.** nicht zur Sache gehörig, 'irrele‚vant: **to be** ~ **to** keinen Bezug haben *od.* (*acc*). **4.** unerheblich, belanglos (**to** für).

**im·per·turb·a·bil·i·ty** ['ɪmpə‚tɜːbə'bɪlətɪ; *Am.* 'ɪmpər‚tɜr-] *s* Unerschütterlichkeit *f,* Gelassenheit *f,* Gleichmut *m.* ‚**im·per'turb·a·ble** *adj (adv* **imperturbably)** unerschütterlich, gelassen, gleichmütig.

**im·per·vi·ous** [ɪm'pɜːvjəs; -vɪəs; *Am.* ɪm'pɜr-] *adj (adv* ~**ly) 1.** ~ **impermeable. 2.** unempfindlich (**to** gegen) (*a. fig.*). **3.** *fig.* (**to**) a) unzugänglich (für *od. dat*), taub (gegen): ~ **to advice,** b) nicht zu erschüttern(d) (durch): **he is** ~ **to criticism** an ihm prallt jede Kritik wirkungslos ab, c) ungerührt (von): **he was** ~ **to her tears.** **im'per·vi·ous·ness** *s* **1.** → **impermeability. 2.** Unempfindlichkeit *f* (*a. fig.*). **3.** *fig.* Unzugänglichkeit *f.*

**im·pet·ig·i·nous** [‚ɪmpɪ'tɪdʒɪnəs] *adj (adv* ~**ly)** *med.* impetigi'nös. ‚**im·pe'ti·go** [-'taɪgəʊ; *Am. a.* -'tiː-] *pl* -**gos** *s* Impe'tigo *f,* Eiterflechte *f.*

**im·pet·u·os·i·ty** [ɪm‚petjʊ'ɒsətɪ; *Am.* ɪm‚petʃʊ'wasətɪ] *s* **1.** Heftigkeit *f,* Ungestüm *n.* **2.** impul'sive Handlung. **3.** über'eilte *od.* vorschnelle Handlung. **im'pet·u·ous** [-tjʊəs; *Am.* -tʃəwəs] *adj (adv* ~**ly) 1.** heftig, ungestüm. **2.** impul'siv. **3.** über'eilt, vorschnell. **4.** *poet.* stürmisch: ~ **winds.**

**im·pe·tus** ['ɪmpɪtəs] *s* **1.** *phys.* Stoß-, Triebkraft *f,* Antrieb *m,* Schwung *m.* **2.** *fig.* Impetus *m:* a) Antrieb *m,* Anstoß *m,* Im'puls *m,* b) Schwung *m:* **to give an** ~ **to** Auftrieb *od.* Schwung verleihen (*dat*).

**im·pi·e·ty** [ɪm'paɪətɪ] *s* **1.** Gottlosigkeit *f.* **2.** (**to** gegen'über) a) Pie'tätlosigkeit *f,* b) Re'spektlosigkeit *f.*

**im·pinge** [ɪm'pɪndʒ] *v/i* **1.** (**on, upon, against**) a) auftreffen (auf *acc*), (an)prallen, stoßen (an *acc,* gegen), zs.-stoßen (mit), b) treffen (auf *acc*): **strong light impinging on the eye causes pain; to** ~ **on s.o.'s ear** in j-s Ohr dringen. **2.** (**on, upon**) sich auswirken (auf *acc*), beeinflussen (*acc*). **3.** (**on, upon**) eingreifen (in *acc*), unberechtigt eindringen (in *acc*), sich 'Übergriffe leisten (in, auf *acc*), (*j-s Recht*) verletzen. **im'pinge·ment** *s* **1.** (**on, upon, against**) Auftreffen *n* (auf *acc*), Stoß *m* (gegen), Zs.-stoß *m* (mit). **2.** (**on, upon**) Auswirkung *f* (auf *acc*), Beeinflussung *f* (*gen*).

**3.** (on, upon) Eingriff *m* (in *acc*), 'Übergriff *m* (in, auf *acc*), Verletzung *f* (*gen*). **im·pi·ous** ['ɪmpɪəs; *Am.* a. ɪm'paɪəs] *adj* (*adv* ~ly) **1.** gottlos. **2.** (to gegen'über) a) pie'tätlos, b) re'spektlos.

**imp·ish** ['ɪmpɪʃ] *adj* (*adv* ~ly) schelmisch, spitzbübisch.

**im·plac·a·bil·i·ty** [ˌɪmˌplækə'bɪlətɪ; -ˌpleɪ-] *s* Unversöhnlichkeit *f*, Unnachgiebigkeit *f*. **im'plac·a·ble** *adj* (*adv* implacably) unversöhnlich, unnachgiebig. **im'plac·a·ble·ness** → implacability.

**im·plant I** *v/t* [ɪm'plɑːnt; *Am.* -'plænt] **1.** *med.* implan'tieren, einpflanzen (a. *fig.*) (in, into *dat*). **2.** *fig.* einprägen (in, into *dat*): deeply ~ed hatred tiefverwurzelter Haß. **II** *s* ['ɪmplɑːnt; *Am.* -ˌplænt] **3.** *med.* Implan'tat *n*. ˌim·plan'ta·tion *s* **1.** *med.* Implantati'on *f*, Einpflanzung *f* (a. *fig.*). **2.** *fig.* Einprägung *f*.

**im·plau·si·bil·i·ty** [ˌɪmˌplɔːzə'bɪlətɪ] *s* Unwahrscheinlichkeit *f*. **im'plau·si·ble** *adj* (*adv* implausibly) unwahrscheinlich, unglaubwürdig, nicht plau'sibel od. einleuchtend.

**im·plead** [ɪm'pliːd] *v/t jur.* **1.** a) verklagen, b) Klage erheben gegen. **2.** *Am.* e-e dritte Person in den Pro'zeß hin'einbringen.

**im·ple·ment I** *s* ['ɪmplɪmənt] **1.** Werkzeug *n* (a. *fig.*), (Arbeits)Gerät *n*. **2.** *pl* Uten'silien *pl*, Gerät *n*, Zubehör *n*, Handwerkszeug *n*. **3.** Hilfsmittel *n*. **4.** *jur. Scot.* Erfüllung *f* (e-s Vertrags). **II** *v/t* [-ment] **5.** aus-, 'durchführen. **6.** *jur. Scot.* e-n Vertrag erfüllen. **'im·ple·ment·ing**, ˌim·ple'men·ta·ry *adj* ausführend: ~ order Ausführungsverordnung *f*; ~ regulations Ausführungsbestimmungen. ˌim·ple·men'ta·tion *s* Aus-, 'Durchführung *f*.

**im·pli·cate** ['ɪmplɪkeɪt] *v/t* **1.** *fig.* verwickeln, hin'einziehen (in in *acc*), in Zs.-hang *od.* Verbindung bringen (with mit): ~d in a crime in ein Verbrechen verwickelt. **2.** *fig.* mit sich bringen, zur Folge haben. **3.** → imply 1.

**im·pli·ca·tion** [ˌɪmplɪ'keɪʃn] *s* **1.** Verwicklung *f*. **2.** Implikati'on *f*, Einbegreifen *n*, Einbeziehung *f*. **3.** Einbegriffensein *n*. **4.** (stillschweigende *od.* selbstverständliche) Folgerung: by ~ a) als natürliche Folgerung (*od.* Folge, b) stillschweigend, ohne weiteres, durch sinngemäße Auslegung. **5.** Begleiterscheinung *f*, Folge *f*, Auswirkung *f*, *pl* a. Weiterungen *pl*: a war and all its ~s ein Krieg u. alles, was er mit sich bringt. **6.** (enger) Zs.-hang, Verflechtung *f*, *pl* a. 'Hintergründe *pl*. **7.** tieferer Sinn, eigentliche Bedeutung. **8.** (versteckte) Andeutung (of von). **9.** *Logik:* Implikati'on *f* (*Beziehung zwischen zwei Sachverhalten, von denen der e-e den anderen in sich schließt od. schließen soll*). **im·pli·ca·tive** [ɪm'plɪkətɪv; 'ɪmplɪkeɪtɪv] *adj* (*adv* ~ly) in sich schließend, impli'zierend: to be ~ of → imply 1.

**im·plic·it** [ɪm'plɪsɪt] *adj* **1.** → implied. **2.** *math.* impli'zit: ~ function implizite *od.* nicht entwickelte Funktion. **3.** verborgen, 'hintergründig. **4.** abso'lut, vorbehaltlos, bedingungslos: ~ faith (obedience) blinder Glaube (Gehorsam). **im'plic·it·ly** *adv* **1.** im'plizite, stillschweigend, ohne weiteres. **2.** → implicit 4. **im'plic·it·ness** *s* **1.** Mit'inbegriffensein *n*. **2.** stillschweigende Folgerung. **3.** Abso'lutheit *f*.

**im·plied** [ɪm'plaɪd] *adj* impli'ziert, (stillschweigend *od.* mit) inbegriffen, mitverstanden, -enthalten, einbezogen, sinngemäß (dar'in) enthalten *od.* (dar'aus) her'vorgehend: ~ contract stillschwei-

gend geschlossener Vertrag; ~ powers stillschweigend zuerkannte Befugnisse, mit stillschweigender Zuständigkeit. **im·pli·ed·ly** [ɪm'plaɪɪdlɪ] → implicitly 1.

**im·plode** [ɪm'pləʊd] **I** *v/i phys.* implo'dieren. **II** *v/t ling.* als Implo'sivlaut aussprechen.

**im·plo·ra·tion** [ˌɪmplɔː'reɪʃn] *s* Flehen *n*, dringende Bitte (for um). **im·plore** [ɪm'plɔː(r)] **I** *v/t* **1.** inständig bitten, anflehen, beschwören. **2.** erflehen, erbitten, flehen um. **II** *v/i* **3.** flehen, inständig bitten (for um). **im'plor·ing** *adj* (*adv* ~ly) flehentlich (bittend), flehend.

**im·plo·sion** [ɪm'pləʊʒn] *s phys.* Implosi'on *f* (a. *ling. Einströmem der Luft in die Mundhöhle bei Verschlußlauten*). **im'plo·sive** [-sɪv] *ling.* **I** *adj* implo'siv. **II** *s* Implo'sivlaut *m*.

**im·ply** [ɪm'plaɪ] *v/t* **1.** impli'zieren, (stillschweigend *od.* mit) einbegreifen, einbeziehen, mit enthalten, (sinngemäß *od.* stillschweigend) be-inhalten, in sich schließen: this implies daraus ergibt sich, dies bedeutet. **2.** bedeuten, besagen (*Wort*). **3.** andeuten, 'durchblicken lassen, zu verstehen geben. **4.** mit sich bringen, bedeuten, zur Folge haben.

**im·pol·der** [ɪm'pəʊldə(r)] *v/t* eindeichen, trockenlegen.

**im·pol·i·cy** [ɪm'pɒlɪsɪ; *Am.* ɪm'pɑ-] *s* Unklugheit *f*, 'undiplo'matisches Vorgehen.

**im·po·lite** [ˌɪmpə'laɪt] *adj* (*adv* ~ly) unhöflich. ˌim·po'lite·ness *s* Unhöflichkeit *f*.

**im·pol·i·tic** [ɪm'pɒlətɪk; *Am.* ɪm'pɑ-] *adj* (*adv* ~ly) unklug, 'undiplo'matisch, unklug.

**im·pon·de·ra·bil·i·a** [ɪmˌpɒndərə'bɪlɪə; *Am.* ɪmˌpɑn-] *s pl* Impondera'bilien *pl*, Unwägbarkeiten *pl*.

**im·pon·der·a·bil·i·ty** [ɪmˌpɒndərə'bɪlətɪ; *Am.* ɪmˌpɑn-] *s* Unwägbarkeit *f*. **im'pon·der·a·ble I** *adj* unwägbar, nicht ab- *od.* einschätzbar. **II** *s* Unwägbarkeit *f*: ~s → a. imponderabilia.

**im·port** [ɪm'pɔː(r)t; *Am.* a. ɪm'pəʊrt] **I** *v/t* **1.** impor'tieren, einführen: ~ed articles (*od.* commodities) → 10 b. **2.** *fig.* (into) einführen *od.* hin'einbringen (in *acc*), über'tragen (auf *acc*). **3.** bedeuten, besagen. **4.** mit enthalten, einbegreifen. **5.** betreffen, angehen, interes'sieren, Bedeutung haben für. **II** *v/i* **6.** *econ.* impor'tieren, einführen: ~ing country Einfuhrland *n*; ~ing firm Importfirma *f*. **7.** von Wichtigkeit sein, Bedeutung haben. **III** *s* ['ɪm-] **8.** *econ.* Einfuhr(handel *m*) *f*, Im'port *m*. **9.** *econ.* Im'port-, 'Einfuhrar-ˌtikel *m*. **10.** *pl econ.* a) (Ge'samt)Im'port *m*, (-)Einfuhr *f*, b) Im'portgüter *pl*, Einfuhrware *f*. **11.** Bedeutung *f*: a) Sinn *m*, b) Wichtigkeit *f*, Tragweite *f*, Gewicht *n*. **IV** *adj* **12.** *econ.* Einfuhr…, Import…: ~ bounty Einfuhrprämie *f*; ~ duty Einfuhrzoll *m*; ~ licence (*bes. Am.* license) Einfuhrgenehmigung *f*, Importlizenz *f*; ~ permit Einfuhrbewilligung *f*; ~ trade Einfuhrhandel *m*, Importgeschäft *n*. **im·port·a·ble** *adj econ.* im'portfähig, einführbar, Einfuhr…

**im·por·tance** [ɪm'pɔː(r)təns; *Am.* a. ɪm'pəʊr-] *s* **1.** Bedeutung *f*: a) Wichtigkeit *f*, Bedeutsamkeit *f*: to be of no ~ unwichtig od. belanglos sein (to für); to attach ~ to s.th. e-r Sache Bedeutung beimessen; conscious (*od.* full) of one's ~ (äußerst) selbstbewußt, wichtigtuerisch, eingebildet; of such ~ von solcher Größenordnung; of the first ~ ersten Ranges; → air[6], b) Einfluß *m*, Gewicht *n*, Ansehen *n*: a person of ~ e-e bedeutende *od.* gewichtige Persönlichkeit. **2.** wichtigtuerisches Gehabe, Wichtigtue-'rei *f*. **im'por·tant** *adj* (*adv* ~ly) **1.**

bedeutend: a) wichtig, bedeutsam, wesentlich, von Belang (to für), b) her'vorragend, c) einflußreich, angesehen. **2.** wichtig(tuerisch), eingebildet.

**im·por·ta·tion** [ˌɪmpɔː(r)'teɪʃn; *Am.* a. ˌɪmpəʊr-, ˌɪmpər-] → import 8–10.

**im'port·er** *s econ.* Impor'teur *m*.

**im·por·tu·nate** [ɪm'pɔː(r)tjʊnət; -tʃʊ-; *bes. Am.* -tʃə-] *adj* (*adv* ~ly) lästig, zu-, aufdringlich, hartnäckig. **im'por·tu·nate·ness** *s* Lästigkeit *f*, Zu-, Aufdringlichkeit *f*.

**im·por·tune** [ɪm'pɔː(r)tjuːn; -tʃuːn; ˌɪm-'tjuːn; *Am.* ˌɪmpər'tuːn; ɪm'pɔː(r)tʃən] *v/t* **1.** j-n bedrängen, (a. unsittlich) belästigen, bestürmen, dauernd (*bes.* mit Bitten) behelligen. **2.** etwas hartnäckig fordern. ˌim·por'tu·ni·ty *s* **1.** → importunateness. **2.** hartnäckige Forderung.

**im·pose** [ɪm'pəʊz] **I** *v/t* **1.** e-e Pflicht, Steuer etc auferlegen, -bürden (on, upon *dat*): to ~ a penalty on s.o. e-e Strafe verhängen gegen j-n, j-n mit e-r Strafe belegen; to ~ a tax on s.o. (s.th.) j-n (etwas) mit e-r Steuer belegen, j-n (etwas) besteuern. **2.** (on, upon) a) etwas aufdrängen, -zwingen (*dat*): to ~ o.s. (*od.* one's presence) on s.o. sich j-m aufdrängen, b) etwas (mit Gewalt) einführen *od.* 'durchsetzen (bei): to ~ law and order Recht u. Ordnung schaffen. **3.** etwas aufschwatzen, 'andrehen' (on, upon *dat*). **4.** *relig.* die Hände segnend auflegen. **5.** *print.* Kolumnen ausschießen: to ~ anew umschießen; to ~ wrong verschießen. **6.** (*als Pflicht*) vorschreiben. **II** *v/i* **7.** (on, upon) beeindrucken (*acc*), impo'nieren (*dat*): he is not to be ~d upon er läßt sich nichts vormachen. **8.** ausnutzen, *b.s.* a. miß'brauchen (on, upon *acc*): to ~ on s.o.'s kindness. **9.** (on, upon *dat*) a) sich aufdrängen, b) zur Last fallen: I don't want to ~ ich möchte Ihnen nicht zur Last fallen. **10.** täuschen, betrügen, hinter'gehen (on, upon *acc*). **im'pos·ing** *adj* (*adv* ~ly) eindrucksvoll, impo'nierend, impo'sant, großartig. **im'pos·ing·ness** *s* impo'nierende Wirkung.

**im·po·si·tion** [ˌɪmpə'zɪʃn] *s* **1.** Auferlegung *f*, Aufbürdung *f* (*von Steuern, Pflichten etc*): ~ of a penalty Verhängung *f* e-r Strafe; ~ of taxes Besteuerung *f* (on, upon *gen*). **2.** a) (auferlegte) Last *od.* Pflicht, Auflage *f*, b) Steuer *f*, Abgabe *f*. **3.** *ped. Br.* Strafarbeit *f*. **4.** Sich'aufdrängen *n*. **5.** Ausnutzung *f*, 'Mißbrauch *m* (on, upon *gen*). **6.** Täuschung *f*, Betrug *m*, Schwindel *m*. **7.** *relig.* Auflegung *f* (*der Hände*). **8.** *print.* Ausschießen *n*.

**im·pos·si·bil·i·ty** [ɪmˌpɒsə'bɪlətɪ; *Am.* ɪmˌpɑ-] *s* **1.** Unmöglichkeit *f*. **2.** (*das*) Unmögliche.

**im·pos·si·ble** [ɪm'pɒsəbl; *Am.* ɪm'pɑ-] **I** *adj* unmöglich: a) undenkbar, ausgeschlossen: it is ~ for me to think of him as a priest ich kann ihn mir einfach nicht als Priester vorstellen, b) unausführbar, 'undurchˌführbar: ~ of conquest unmöglich zu erobern; it is ~ for him to return er kann unmöglich zurückkehren; in some countries it is ~ for a woman to get a divorce in einigen Ländern hat e-e Frau keine Möglichkeit, sich scheiden zu lassen, c) *colloq.* unglaublich, unerträglich: an ~ fellow ein unmöglicher Kerl. **II** *s* Unmöglichkeit *f*, (*das*) Unmögliche. **im'pos·si·bly** *adv* unglaublich: ~ expensive.

**im·post¹** ['ɪmpəʊst] *s* **1.** *econ.* Abgabe *f*, Steuer *f*, *bes.* Einfuhrzoll *m*. **2.** *sport* Ausgleichsgewicht *n* (*für Rennpferde*). **II** *v/t* **3.** *econ. Am.* Importwaren zur Zollfestsetzung klassifi'zieren.

**im·post²** ['ɪmpəʊst] *s arch.* Kämpfer *m*.

**im·post·er, im·pos·tor** [ɪmˈpɒstə; *Am.* ɪmˈpɑstər] *s* Betrüger(in), Schwindler(in), *bes.* Hochstapler(in).
**im·pos·ture** [ɪmˈpɒstʃə; *Am.* ɪmˈpɑstʃər] *s* Betrug *m*, Schwindel *m*, *bes.* Hochstapeˈlei *f*.
**im·po·tence** [ˈɪmpətəns], *a.* **ˈim·po·ten·cy** [-sɪ] *s* **1.** a) Unvermögen *n*, Unfähigkeit *f*: **intellectual** ~ geistige Impotenz, b) Hilflosigkeit *f*, Ohnmacht *f*. **2.** Schwäche *f*, Kraftlosigkeit *f*. **3.** *med.* Impotenz *f*. **ˈim·po·tent** *adj* (*adv* ~ly) **1.** a) unfähig (**in doing, to do** zu tun), b) hilflos, ohnmächtig: **I watched them in** ~ **rage. 2.** schwach, kraftlos. **3.** *med.* impotent: a) zeugungsunfähig, b) *unfähig, e-n Geschlechtsakt zu vollziehen.*
**im·pound** [ɪmˈpaʊnd] *v/t* **1.** a) *streunende od. entwichene Tiere* ins Tierheim bringen, b) *falsch geparkte Fahrzeuge* abschleppen (lassen). **2.** *Wasser* sammeln. **3.** *jur.* a) in Besitz nehmen, b) beschlagnahmen, sicherstellen. **4.** *fig.* an sich reißen.
**im·pov·er·ish** [ɪmˈpɒvərɪʃ; -vrɪʃ; *Am.* ɪmˈpɑ-] *v/t* **1.** arm machen, verarmen lassen: **to be** ~ed verarmen *od.* verarmt sein. **2.** *ein Land etc* auspowern, *den Boden etc a.* auslaugen. **3.** *fig.* a) (*of*) ärmer machen (um), berauben (*gen*), b) *verarmen lassen,* reizlos machen. **im·ˈpov·er·ish·ment** *s* **1.** Verarmung *f* (*a. fig.*). **2.** Auslaugung *f*.
**im·prac·ti·ca·bil·i·ty** [ɪmˌpræktɪkəˈbɪlətɪ] *s* **1.** ˈUndurchˌführbarkeit *f*. **2.** Unbrauchbarkeit *f*. **3.** ˈUnpasˌsierbarkeit *f*. **4.** *obs.* Unlenksamkeit *f*. **im·ˈprac·ti·ca·ble** *adj* (*adv* impracticably) **1.** ˈundurchˌführbar, unausführbar, unmöglich. **2.** unbrauchbar. **3.** ˈunpasˌsierbar (*Straße etc*). **4.** *obs.* unlenksam, ˈwiderspenstig, störrisch (*Person*). **im·ˈprac·ti·ca·ble·ness** → impracticability.
**im·prac·ti·cal** [ɪmˈpræktɪkl] *adj* (*adv* ~ly) **1.** unpraktisch (denkend *od.* veranlagt). **2.** (rein) theoˈretisch. **3.** unklug. **4.** → impracticable. **1. im·ˈprac·ti·ˈcal·i·ty** [-ˈkælətɪ], **im·ˈprac·ti·cal·ness** *s* **1.** (*das*) Unpraktische, unpraktisches Wesen. **2.** → impracticability.
**im·pre·cate** [ˈɪmprɪkeɪt] *v/t* **1.** *Unglück etc* herˈabwünschen (**on, upon** auf *acc*): **to** ~ **curses on s.o.** j-n verfluchen. **2.** verfluchen, verwünschen. **ˌim·pre·ˈca·tion** *s* Verwünschung *f*, Fluch *m*.
**im·pre·cise** [ˌɪmprɪˈsaɪs] *adj* (*adv* ~ly) ungenau. **ˌim·pre·ˈci·sion** [-ˈsɪʒn] *s* Ungenauigkeit *f*.
**im·preg** [ˈɪmpreg] *s Am.* harzbehandeltes Holz.
**im·preg·na·bil·i·ty** [ɪmˌpregnəˈbɪlətɪ] *s* **1.** Uneinnehmbarkeit *f*. **2.** *fig.* a) Unerschütterlichkeit *f*, b) Unangreifbarkeit *f*. **im·ˈpreg·na·ble** *adj* (*adv* impregnably) **1.** uneinnehmbar: **an** ~ **town. 2.** *fig.* a) unerschütterlich: ~ **self-confidence,** b) unangreifbar: **an** ~ **argument. im·ˈpreg·na·ble·ness** → impregnability.
**im·preg·nate I** *v/t* [ˈɪmpregneɪt; ɪmˈpreg-] **1.** *biol.* a) schwängern, b) befruchten (*a. fig.*). **2.** a) *bes. chem.* sättigen, durchˈdringen, b) *chem. tech.* impräˈgnieren, tränken. **3.** *fig.* (durch)ˈtränken, durchˈdringen, erfüllen (**with** mit): ~d **with history** geschichtsträchtig. **II** *adj* [ɪmˈpregnɪt; -neɪt] **4.** *biol.* a) geschwängert, schwanger, b) befruchtet. **5.** *fig.* erfüllt, voll, durchˈtränkt, durchˈdrungen (**with** von). **ˌim·preg·ˈna·tion** *s* **1.** *biol.* a) Schwängerung *f*, b) Befruchtung *f* (*a. fig.*). **2.** *chem. tech.* Sättigung *f*, Impräˈgnierung *f*. **3.** *fig.* Durchˈdringung *f*, Erfüllung *f*. **4.** *geol.* Imprägnatiˈon *f* (*fei-*

*ne Verteilung von Erz od. Erdöl in Spalten od. Poren e-s Gesteins*). **im·ˈpreg·na·tor** [-tə(r)] *s* **1.** *tech.* Impräˈgnierer *m*. **2.** Appaˈrat *m* zur künstlichen Befruchtung.
**im·pre·sa** [ɪmˈpreɪzə] *s obs.* **1.** Emˈblem *n*, Sinnbild *n*. **2.** Deˈvise *f*, Wahlspruch *m*.
**im·pre·sa·ri·o** [ˌɪmprɪˈsɑːrɪəʊ; -ˈzɑː-] *pl* **-os** *s* **1.** Impreˈsario *m*, Theˈater-, Konˈzertaˌgent *m*. **2.** Theˈater-, ˈOperndiˌrektor *m*.
**im·pre·scrip·ti·ble** [ˌɪmprɪˈskrɪptəbl] *adj jur.* a) unverjährbar, b) unveräußerlich: ~ **rights.**
**im·press¹** [ɪmˈpres] **I** *v/t* **1.** beeindrucken, Eindruck machen auf (*acc*), impoˈnieren (*dat*): **not to be easily** ~ed nicht leicht zu beeindrucken sein; **to be favo(u)rably** ~ed **by** (*od.* **at, with**) **s.th.** von e-r Sache e-n guten Eindruck gewinnen *od.* haben; **he** ~ed **me unfavo(u)rably** er machte auf mich keinen guten Eindruck. **2.** *j-n* erfüllen, durchˈdringen (**with** mit): ~ed **with** durchdrungen von. **3.** tief einprägen (**on, upon** *dat*): **to** ~ **itself on s.o.** j-n beeindrucken. **4.** (auf-)drücken (**on auf** *acc*), (ein)drücken (**in, into** in *acc*). **5.** *ein Zeichen etc* aufprägen (**on** auf *acc*): ~ed **stamp** Prägestempel *m*. **6.** *e-e Eigenschaft* verleihen (**on, upon** *dat*). **7.** *electr.* Spannung *od. Strom* aufdrücken, einprägen: ~ed **source** eingeprägte (Spannungs-, Strom)Quelle; ~ed **voltage** eingeprägte Spannung. **II** *v/i* **8.** Eindruck machen, impoˈnieren. **III** *s* [ˈɪmpres] **9.** Prägung *f*, Kennzeichnung *f*. **10.** Abdruck *m*, Eindruck *m*, Stempel *m*: **time has left its** ~ **on him** *fig.* die Zeit ist nicht spurlos an ihm vorübergegangen. **11.** *fig.* Gepräge *n*.
**im·press²** [ɪmˈpres] *v/t* **1.** requiˈrieren, beschlagnahmen. **2.** *bes. mar.* (zum Dienst) pressen. **II** *s* [ˈɪmpres] → impressment.
**im·press·i·bil·i·ty** [ɪmˌpresɪˈbɪlətɪ] *s* Empfänglichkeit *f*. **im·ˈpress·i·ble** [-əbl] *adj* (**to**) beeinflußbar, leicht zu beeindrucken(d) (durch), empfänglich (für).
**im·pres·sion** [ɪmˈpreʃn] *s* **1.** Eindruck *m* (**of** von): **to give s.o. a wrong** ~ bei j-m e-n falschen Eindruck erwecken; **to make a good (bad)** ~ e-n guten (schlechten) Eindruck machen; **to make a strong** ~ **on s.o.** j-n stark beeindrucken. **2.** Einwirkung *f* (**on** auf *acc*): **the** ~ **of light. 3.** *psych.* a) unmittelbarer Sinneseindruck, b) vermittelter Sinneseindruck, c) sinnlicher Reiz. **4.** Eindruck *m*, (dunkles) Gefühl, Vermutung *f*: **I have an** (*od.* **the**) ~ (*od.* **I am under the** ~) **that** ich habe den Eindruck, daß; **under the** ~ **that** in der Annahme, daß. **5.** Nachahmung *f*, Imitatiˈon *f*: **to do** (*od.* **give**) **an** ~ **of** nachahmen, imitieren. **6.** Abdruck *m* (*a. med.*), Eindruck *m*. **7.** Aufdruck *m*, Prägung *f*. **8.** Vertiefung *f*. **9.** Stempel *m*, *fig.* a. Gepräge *n*. **10.** *print.* a) Abzug *m*, (Ab)Druck *m*, b) gedrucktes Exemˈplar, c) (*bes.* unveränderte) Auflage, Nachdruck *m*. **11.** *tech.* a) Holzschnitt *m*, b) Kupfer-, Stahlstich *m*. **12.** *paint.* Grunˈdierung *f*. **13.** Aufdrücken *n* (**on** auf *acc*), Eindrücken *n* (**in, into** in *acc*). **14.** Anschlag *m* (*Schreibmaschinentaste*). **im·ˈpres·sion·a·ble** *adj* **1.** für Eindrücke empfänglich. **2.** → impressible.
**im·ˈpres·sion·ism** *s* Impressioˈnismus *m* (*Stilrichtung der bildenden Kunst, der Literatur u. der Musik, deren Vertreter persönliche Umwelteindrücke u. Stimmungen in künstlerischen Kleinformen wiedergeben*). **im·ˈpres·sion·ist I** *s* **1.** Impressioˈnist(in). **2.** Nachahmer *m*, Imiˈtator *m*. **II** *adj* **3.** impressioˈnistisch. **im-**

**ˌim·pres·sion·ˈis·tic** [-ʃən-] *adj* (*adv* ~ally) → impressionist II.
**im·pres·sive** [ɪmˈpresɪv] *adj* (*adv* ~ly) **1.** eindrucksvoll, impoˈnierend, impoˈsant. **2.** wirkungsvoll, packend: **an** ~ **scene. im·ˈpres·sive·ness** *s* (*das*) Eindrucksvolle.
**im·press·ment** [ɪmˈpresmənt] *s* **1.** Beschlagnahme *f*, Requiˈrierung *f*. **2.** *bes. mar.* Pressen *n* (*zum Dienst*).
**im·prest** [ˈɪmprest] *s bes. Br.* Vorschuß *m* aus öffentlichen Mitteln.
**im·pri·ma·tur** [ˌɪmprɪˈmeɪtə; *Am.* ˌɪmprəˈmɑːˌtʊr] *s* **1.** Impriˈmatur *n*: a) Druckerlaubnis *f*, b) *R.C. bischöfliche Druckerlaubnis (für Bibelausgaben u. religiöse Schriften*). **2.** *fig.* Zustimmung *f*: **to give one's** ~ **to s.th.**
**im·print I** *s* [ˈɪmprɪnt] **1.** Ab-, Eindruck *m*. **2.** Aufdruck *m*, Stempel *m*. **3.** *fig.* Stempel *m*, Gepräge *n*. **4.** *fig.* Eindruck *m*. **5.** *print.* Imˈpressum *n*, Erscheinungs-, Druckvermerk *m*. **II** *v/t* [ɪmˈprɪnt] **6.** (auf)drücken, aufprägen (**on** auf *acc*). **7.** *print.* (auf-, ab)drucken. **8.** *e-n Kuß* aufdrücken (**on** auf *acc*). **9.** *Gedanken etc* einprägen: **to** ~ **s.th. on** (*od.* **in**) **s.o.'s memory** j-m etwas ins Gedächtnis einprägen.
**im·pris·on** [ɪmˈprɪzn] *v/t* **1.** *jur.* inhafˈtieren, ˌeinsperren' (*a. weitS.*). **2.** *fig.* a) einschließen: **he is** ~ed **in his memories** er kommt von s-n Erinnerungen nicht los, b) beschränken, einengen. **im·ˈpris·on·ment** *s* **1.** *jur.* a) Freiheitsstrafe *f*, Gefängnis(strafe *f*) *n*, Haft *f*: **conditions of** ~ **Haftbedingungen;** ~ **for three months** 3 Monate Gefängnis; **he was given 10 years'** ~ er wurde zu e-r zehnjährigen Freiheitsstrafe verurteilt; ~ **with hard labor** *Am.* Zuchthausstrafe *f*; → **false I i,** b) Inhafˈtierung *f*. **2.** *fig.* Beschränkung *f*, Einengung *f*.
**im·prob·a·bil·i·ty** [ɪmˌprɒbəˈbɪlətɪ; *Am.* ɪmˌprɑ-] *s* Unwahrscheinlichkeit *f*. **im·ˈprob·a·ble** *adj* (*adv* improbably) unwahrscheinlich.
**im·pro·bi·ty** [ɪmˈprəʊbətɪ] *s* Unredlichkeit *f*, Unehrlichkeit *f*.
**im·promp·tu** [ɪmˈprɒmptjuː; -mtjuː; *Am.* -ˈprɑm-; *a.* -tuː] **I** *s* **1.** Improvisatiˈon *f*, (*etwas*) Improviˈsiertes. **2.** *mus.* Impromptu' tu *n* (*nach e-m Einfall frei gestaltetes, der Improvisation ähnliches Musikstück, bes. für Klavier*). **II** *adj u. adv* **3.** aus dem Stegreif, improviˈsiert, Stegreif...
**im·prop·er** [ɪmˈprɒpə; *Am.* ɪmˈprɑpər] *adj* (*adv* ~ly) **1.** ungeeignet, unpassend. **2.** unanständig, unschicklich (*Benehmen etc*). **3.** ungenau, ˈinexˌakt. **4.** *math.* unecht: ~ **fraction;** → **integral** uneigentliches Integral.
**im·pro·pri·ate I** *v/t* [ɪmˈprəʊprɪeɪt] *jur. relig. Br. ein Kirchengut* an Laien überˈtragen. **II** *adj* [-prɪət] **e-m** Laien überˈtragen. **im·ˌpro·pri·ˈa·tion** *s* a) Überˈtragung *f* an Laien, b) an Laien überˈtragenes Kirchengut. **im·ˈpro·pri·a·tor** [-eɪtə(r)] *s* weltlicher Besitzer von Kirchengut.
**im·pro·pri·e·ty** [ˌɪmprəˈpraɪətɪ] *s* **1.** Ungeeignetheit *f*. **2.** Unschicklichkeit *f*. **3.** Unrichtigkeit *f*.
**im·prov·a·ble** [ɪmˈpruːvəbl] *adj* (*adv* improvably) **1.** verbesserungsfähig. **2.** *agr.* melioˈrierbar.
**im·prove** [ɪmˈpruːv] *v/t* **1.** *allg., a. tech.* verbessern. **2.** *Land* a) *agr.* melioˈrieren, b) erschließen u. im Wert steigern. **3.** vorteilhaft *od.* nutzbringend verwenden, ausnutzen: → **occasion 2.** **4.** veredeln, verfeinern (**into** zu). **5.** vermehren, erhöhen, steigern: **to** ~ **the value. 6.** ~ **away** (*od.* **off**) (durch Verbesserungsversuche) verderben *od.* zerstören. **II** *v/i*

**7.** sich (ver)bessern, besser werden, Fortschritte machen (a. *Patient*), sich erholen (*gesundheitlich od. econ. Markt, Preise*): **he is improving** (in health) es geht ihm besser; **to ~ in strength** kräftiger werden; **to ~ on acquaintance** bei näherer Bekanntschaft gewinnen. **8.** *econ.* steigen, anziehen (*Preise*). **9.** ~ (up)on über'bieten, -'treffen: **not to be ~d upon** unübertrefflich. **III** *s* **10.** to be on the ~ *Austral.* → 7.

**im·prove·ment** *s* **1.** (Ver)Besserung *f* (**in** *gen*; **on** gegen'über, im Vergleich zu): ~ **in health** Besserung der Gesundheit; ~ **in prices** *econ.* Preisbesserung, -erholung *f*; ~ **in the weather** Wetterbesserung; **today's weather is an ~ on yesterday's** heute ist das Wetter besser als gestern. **2.** a) *agr.* Meliorati'on *f*, b) Erschließung *f* u. Wertsteigerung *f*. **3.** Ausnutzung *f*. **4.** Vered(e)lung *f*, Verfeinerung *f*: ~ **industry** *econ.* Veredelungsindustrie *f*. **5.** Vermehrung *f*, Erhöhung *f*, Steigerung *f*.

**im·prov·er** *s* **1.** Verbesserer *m*. **2.** Verbesserungsmittel *n*.

**im·prov·i·dence** [ɪm'prɒvɪdəns; *Am.* -'prɑ-] *s* **1.** mangelnde Vor'aussicht. **2.** Verschwendung *f*. **im'prov·i·dent** *adj* (*adv* ~**ly**) **1.** sorglos: **to be ~ of** nicht vorsorgen für. **2.** verschwenderisch.

**im·prov·ing** [ɪm'pruːvɪŋ] *adj* (*adv* ~**ly**) **1.** (sich) (ver)bessernd. **2.** a) lehrreich, b) erbaulich: ~ **literature** Erbauungsliteratur *f*.

**im·pro·vi·sa·tion** [ˌɪmprəvaɪ'zeɪʃn; *Am.* ɪmˌprɑvə'z-; ˌɪmprəvə'z-] *s* Improvisati'on *f*: a) unvorbereitete Veranstaltung, b) aus dem Stegreif Dargebotenes, 'Stegreifkompositi·on *f*, -rede *f*, c) Provi'sorium *n*, Behelfsmaßnahme *f*, d) Provi'sorium *n*, behelfsmäßige Vorrichtung. **ˌim·pro·vi'sa·tion·al** [-ʃənl] → **improvisatorial**.

**im·prov·i·sa·tor** [ɪm'prɒvɪzeɪtə(r); *Am.* ɪm'prɑvə-] *s* Improvi'sator *m*: a) *j-d, der zu improvisieren versteht*, b) Stegreifdichter *m*, -musiker *m*, -redner *m*. **im·ˌprov·i·sa'to·ri·al** [-zə'tɔːrɪəl; *Am.* a. -'təʊ-] *adj* (*adv* ~**ly**); **im·pro·vi·sa·to·ry** [ˌɪmprəvaɪ'zeɪtərɪ; ɪmprə'vaɪzətrɪ; *Am.* ɪm'prɑvəzəˌtɔːriː; -ˌtəʊ-; ˌɪmprə'vaɪzə-] *adj* **1.** improvisa'torisch. **2.** → **improvised**.

**im·pro·vise** ['ɪmprəvaɪz] **I** *v/t* improvi'sieren: a) extempo'rieren, aus dem Stegreif dichten *od.* kompo'nieren *od.* sprechen *od.* spielen, b) provi'sorisch *od.* behelfsmäßig 'herstellen, c) ohne Vorbereitung tun. **II** *v/i* improvi'sieren. **'im·pro·vised** *adj* improvi'siert: a) Stegreif..., b) unvorbereitet, c) provi'sorisch, behelfsmäßig. **'im·pro·vis·er** *s* improvisator *m*.

**im·pru·dence** [ɪm'pruːdəns; -dns] *s* **1.** Unklugheit *f*. **2.** Unvorsichtigkeit *f*. **im'pru·dent** *adj* (*adv* ~**ly**) **1.** unklug, unvernünftig. **2.** unvorsichtig, unbesonnen, 'unüber₁legt.

**im·pu·dence** ['ɪmpjʊdəns], **'im·pu·den·cy** [-sɪ] *s* Unverschämtheit *f*. **'im·pu·dent** *adj* (*adv* ~**ly**) unverschämt.

**im·pugn** [ɪm'pjuːn] *v/t* a) bestreiten, b) anfechten, c) angreifen, d) in Zweifel ziehen. **im'pugn·a·ble** *adj* a) bestreitbar, b) anfechtbar. **im'pugn·ment** *s* a) Bestreitung *f*, b) Anfechtung *f*.

**im·pulse** ['ɪmpʌls] *s* **1.** Antrieb *m*, Stoß *m*, Triebkraft *f*. **2.** *fig.* Im'puls *m*: a) Antrieb *m*, Anstoß *m*, Anreiz *m*, b) Anregung *f*, c) plötzliche Regung *od.* Eingebung: **to act on ~** impulsiv *od.* spontan handeln; **on the ~ of the moment** e-r plötzlichen Regung *od.* Eingebung folgend; ~ **buying** *econ.* spontaner Kauf; ~

**goods** *econ.* Waren, die spontan (*auf Grund ihrer Aufmachung etc*) gekauft werden. **3.** Im'puls *m*: a) *math. phys.* Bewegungsgröße *f*, line'ares Im'puls, b) *med.* (An)Reiz *m*, c) *electr.* (Spannungs-, Strom)Stoß *m*: ~ **circuit** Stoßkreis *m*; ~ **modulation** Impulsmodulation *f*; ~ **voltage** Stoßspannung *f*, d) *tech.* (An)Stoß *m*: ~ **load** stoßweise Belastung; ~ **turbine** (Gleich)Druck-, Aktionsturbine *f*. **4.** Aufwallung *f*: **a sudden ~ of anger arose in him** plötzlich wallte Zorn in ihm auf.

**im·pul·sion** [ɪm'pʌlʃn] *s* **1.** Stoß *m*, Antrieb *m*. **2.** Triebkraft *f* (*a. fig.*). **3.** → **impulse** 2 a u. b. **4.** *psych.* Zwang *m*, 'unwider₁stehlicher Drang.

**im·pul·sive** [ɪm'pʌlsɪv] *adj* (*adv* ~**ly**) **1.** (an-, vorwärts)treibend, Trieb... **2.** *fig.* impul'siv: a) leidenschaftlich, gefühlsbeherrscht, b) spon'tan. **3.** *phys.* plötzlich *od.* momen'tan wirkend: ~ **force** Stoßkraft *f*. **im'pul·sive·ness**, **ˌim·pul'siv·i·ty** *s* Impulsivi'tät *f*, Leidenschaftlichkeit *f*, impul'sives Wesen.

**im·pu·ni·ty** [ɪm'pjuːnətɪ] *s* Straflosigkeit *f*: **with ~** ungestraft, straflos.

**im·pure** [ɪm'pjʊə(r)] *adj* (*adv* ~**ly**) unrein (*a. relig.*): a) schmutzig, unsauber, verunreinigt, b) verfälscht, mit Beimischungen, c) *fig.* gemischt, uneinheitlich (*Stil etc*), d) *fig.* schlecht, 'unmo₁ralisch. **im'pure·ness, im'pu·ri·ty** *s* **1.** Unreinheit *f*: a) Verunreinigung *f*, b) Uneinheitlichkeit *f*, c) Schlechtheit *f*. **2.** Schmutz (-teilchen *n*) *m*.

**im·put·a·ble** [ɪm'pjuːtəbl] *adj* (*adv* **imputably**) zuschreibbar, zuzuschreiben(d) (**to** *dat*).

**im·pu·ta·tion** [ˌɪmpjuː'teɪʃn; *Am.* -pjə-] *s* **1.** Zuschreibung *f*, Beimessung *f*. **2.** a) Bezichtigung *f*, b) Unter'stellung *f*. **3.** *relig.* stellvertretende Zurechnung der Sünden *od.* Verdienste.

**im·pute** [ɪm'pjuːt] *v/t* **1.** zuschreiben, beimessen (**to** *dat*): ~**d value** *econ.* veranschlagter *od.* abgeleiteter Wert. **2.** zuschreiben, zur Last legen, anlasten (**to** s.o. *j-m*): **to ~ s.th. to s.o.** a) j-n e-r Sache bezichtigen, b) j-m etwas unterstellen; ~**d negligence** *jur.* zurechenbare Fahrlässigkeit.

**in** [ɪn] **I** *prep* **1.** (*räumlich, auf die Frage: wo?*) in (*dat*), innerhalb (*gen*), an (*dat*), auf (*dat*): ~ **England** in England; ~ **London** in London (**in** *steht bei größeren Städten u. bei dem Ort, in dem sich der Sprecher befindet*); → **blind** 1, **country** 5, **field** 1, **room** 2, **sky** 1, **street** 1, *etc.* **2.** *fig.* in (*dat*), bei, auf (*dat*), an (*dat*): → **army** 3, **politics** 3, **share**[1] 4, **stock** 25, *etc.* **3.** bei (*Schriftstellern*): → **Shakespeare**. **4.** (*auf die Frage: wohin?*) in (*acc*): **put it ~ your pocket** steck es in die Tasche. **5.** (*Zustand, Beschaffenheit, Art u. Weise*) in (*dat*), auf (*acc*), mit: ~ **G major** *mus.* in G-Dur; → **arm**[2] *Bes. Redew.*, **brief** 14, **case**[1] 2, **cash**[1] 2, **doubt** 9, **dozen** 2, **English** 3, **group** 1, **manner** 1, **ruin** 1, **short** 19, **tear**[1] 1, **word** *Bes. Redew.*, **writing** 4, *etc.* **6.** (*Beteiligung*) in (*dat*), an (*dat*), bei: **to be ~ it** beteiligt sein, teilnehmen; **he isn't ~ it** er gehört nicht dazu; **there is nothing ~ it** a) es ist nicht wahr, b) → **nothing** *Bes. Redew.* **7.** (*Tätigkeit, Beschäftigung*) in (*dat*), bei, mit, auf (*dat*): ~ **crossing the river** beim Überqueren des Flusses; → **accident** 3, **search** 15. **8.** (*im Besitz, in der Macht*) in (*dat*), bei, an (*dat*): **it is not ~ her to** es liegt nicht in ihrer Art zu; → **have** *Bes. Redew.*, *etc.* **9.** (*zeitlich*) in (*dat*), an (*dat*), bei, binnen, unter (*dat*), während, zu: ~ **two hours** a) in (*od.* binnen zwei Stunden, b) während zweier

Stunden; **in 1985** 1985; → **beginning** 1, **daytime**, **evening** 1, **flight**[2], **October**, **reign** 1, **time** *Bes. Redew.*, **winter**, **year** 1, *etc.* **10.** (*Richtung*) in (*acc, dat*), auf (*acc*), zu: → **confidence** 1, **trust** 10, *etc.* **11.** (*Zweck*) in (*dat*), zu, als: → **answer** 1, **defence** 5, *etc.* **12.** (*Grund*) in (*dat*), aus, wegen, zu: → **honor** 10, **sport** 4, *etc.* **13.** (*Hinsicht, Beziehung*) in (*dat*), an (*dat*), in bezug auf (*acc*): **the latest thing ~** das Neueste in *od.* an *od.* auf dem Gebiet (*gen*); → **equal** 10, **far** *Bes. Redew.*, **itself** 3, **number** 2, **that**[3] 4, **width** 1, *etc.* **14.** nach, gemäß: → **opinion** 1, **probability** 1, *etc.* **15.** (*Mittel, Material, Stoff*) in (*dat*), aus, mit, durch: ~ **black boots** in *od.* mit schwarzen Stiefeln; **a statue ~ bronze** e-e Bronzestatue; → **oil** 12, **pencil** 1, **white** 8, *etc.* **16.** (*Zahl, Betrag*) in (*dat*), aus, von, zu: **seven ~ all** insgesamt *od.* im ganzen sieben; **there are 60 minutes ~ an hour** e-e Stunde hat 60 Minuten; **five ~ the hundred** 5 vom Hundert, 5%; → **all** *Bes. Redew.*, **one** 1, **two** 2, *etc.*

**II** *adv* **17.** innen, drinnen: ~ **among** mitten unter; **to know ~ and out** *j-n, etwas* ganz genau kennen, in- u. auswendig kennen; **to be ~ for** s.th. etwas zu erwarten haben; **now you are ~ for it** *colloq.* jetzt bist du ,dran': a) jetzt kannst du nicht mehr zurück, b) jetzt ,bist *od.* sitzt *od.* steckst du in der Patsche', jetzt ,geht's dir an den Kragen'; **he is ~ for a shock** er wird e-n gewaltigen Schreck *od.* e-n Schock bekommen; **I am ~ for an examination** mir steht e-e Prüfung bevor; **to be ~ on** a) eingeweiht sein in (*acc*), b) beteiligt sein an (*dat*); **to be ~ with s.o.** mit j-m gut stehen; **the harvest is ~** die Ernte ist eingebracht; → **penny** 1, **keep in** 9, *etc.* **18.** her'ein: → **come in** 1, **show in**, *etc.* **19.** hin'ein: **the way ~** der Eingang, der Weg nach innen; → **walk in**, *etc.* **20.** da, (an)gekommen: **the train is ~. 21.** zu Hause, im Zimmer *etc*: **Mrs. Brown is not ~** Mrs. Brown ist nicht da *od.* zu Hause; **he has been ~ and out all day** er kommt u. geht schon den ganzen Tag. **22.** *pol.* am Ruder, an der Re'gierung: **the Conservatives are ~**; → **come in** 4. **23.** *sport* d(a)ran, am Spiel, an der Reihe: **to be ~** (*Baseball, Kricket*) am Schlagen sein. **24.** ,in', in Mode: → **come in** 3. **25.** *mar.* a) im Hafen, b) beschlagen, festgemacht (*Segel*), c) zum Hafen: **on the way ~** beim Einlaufen (in den Hafen). **26.** da'zu, zusätzlich, als Zugabe: → **throw in** 3.

**III** *adj* **27.** im Innern *od.* im Hause *od.* am Spiel *od.* an der Macht befindlich, Innen...: ~ **party** *pol.* Regierungspartei *f*; **the ~ side** (*Baseball, Kricket*) die schlagende Partei. **28.** nach Hause kommend: **the ~ train** der ankommende Zug. **29.** an ~ **restaurant** ein Restaurant, das gerade ,in' ist; **the ~ people** die Leute, die alles mitmachen, was gerade ,in' ist. **30.** *colloq.* (nur) für Eingeweihte *od.* Kenner: **an ~ joke**.

**IV** *s* **31.** *pl pol. Am.* Re'gierungspar₁tei *f*. **32.** Winkel *m*, Ecke *f*: **the ~s and outs** a) alle Winkel u. Ecken, b) *fig.* (alle) Einzelheiten *od.* Schwierigkeiten *od.* Feinheiten; **to know all the ~s and outs of** sich ganz genau auskennen bei *od.* in (*dat*), in- u. auswendig kennen (*acc*).

**in-**[1] [ɪn] *Vorsilbe mit den Bedeutungen* in..., innen, ein..., hinein..., hin...

**in-**[2] [ɪn] *Vorsilbe mit der Bedeutung* un..., nicht.

**in·a·bil·i·ty** [ˌɪnə'bɪlətɪ] *s* Unfähigkeit *f*, Unvermögen *n*: ~ **to pay** *econ.* Zahlungsunfähigkeit.

**in·ab·sen·ti·a** [ˌɪnæbˈsentɪə; -ʃɪə] (*Lat.*) *adv bes. jur.* in abˈsentia, in Abwesenheit: he was sentenced to death ~.

**in·ac·ces·si·bil·i·ty** [ˈɪnækˌsesəˈbɪlətɪ; *Am. a.* ˈɪnɪkˌs-] *s* Unzugänglichkeit *f*, Unerreichbarkeit *f* (*beide a. fig.*). **ˌin·ac·ces·si·ble** *adj* (*adv* **inaccessibly**) **(to)** unzugänglich (für *od.* dat) (*a. fig.*): a) unerreichbar (für *od.* dat), b) unnahbar (*Person*), c) unempfänglich (für).

**in·ac·cu·ra·cy** [ɪnˈækjʊrəsɪ] *s* **1.** Ungenauigkeit *f*. **2.** Fehler *m*, Irrtum *m*. **inˈac·cu·rate** [-rət] *adj* (*adv* **~ly**) **1.** ungenau. **2.** unrichtig, falsch: to be ~ falsch gehen (*Uhr*). **inˈac·cu·rate·ness** *s* Ungenauigkeit *f*.

**in·ac·tion** [ɪnˈækʃn] *s* **1.** Untätigkeit *f*. **2.** Trägheit *f*, Faulheit *f*. **3.** Ruhe *f*.

**in·ac·ti·vate** [ɪnˈæktɪveɪt] *v/t* **1.** *bes. med.* inaktivieren. **2.** *mil.* außer Dienst stellen.

**in·ac·tive** [ɪnˈæktɪv] *adj* (*adv* **~ly**) **1.** untätig. **2.** träge, faul. **3.** *econ.* lustlos, flau: ~ market; ~ account umsatzloses Konto; ~ capital brachliegendes Kapital. **4.** a) *chem. phys.* ˈinakˌtiv, unwirksam: ~ mass träge Masse, b) *phys.* nicht radioakˈtiv. **5.** *med.* ˈinakˌtiv. **6.** *mil.* außer akˈtiv. außer Dienst. **ˌin·acˈtiv·i·ty** *s* **1.** → inaction 1, 2. **2.** *econ.* Lustlosigkeit *f*, Flauheit *f*. **3.** *chem. phys.* ˈInaktiviˌtät *f* (*a. med.*), Unwirksamkeit *f*.

**in·a·dapt·a·bil·i·ty** [ˈɪnəˌdæptəˈbɪlətɪ] *s* **1.** Mangel *m* an Anpassungsfähigkeit. **2.** Unverwendbarkeit *f*. **ˌin·aˈdapt·a·ble** *adj* **1.** nicht anpassungsfähig (**to** an *acc*). **2.** unverwendbar (**to** für).

**in·ad·e·qua·cy** [ɪnˈædɪkwəsɪ] *s* **1.** Unzulänglichkeit *f*. **2.** Unangemessenheit *f*, ˈInadäˌquatheit *f*. **inˈad·e·quate** [-kwət] *adj* (*adv* **~ly**) **1.** unzulänglich, ungenügend: the food was ~ for all of us das Essen reichte nicht für uns alle. **2.** unangemessen (**to** *dat*), ˈinadäˌquat: to feel ~ to the occasion sich der Situation nicht gewachsen fühlen.

**in·ad·mis·si·bil·i·ty** [ˈɪnədˌmɪsəˈbɪlətɪ] *s* Unzulässigkeit *f*. **ˌin·adˈmis·si·ble** *adj* unzulässig (*a. jur.*), unerlaubt, unstatthaft.

**in·ad·vert·ence** [ˌɪnədˈvɜːtəns; *Am.* -ˈvɜrtəns], **ˌin·adˈvert·en·cy** [-sɪ] *s* **1.** Unachtsamkeit *f*. **2.** Unabsichtlichkeit *f*. **3.** Versehen *n*. **ˌin·adˈvert·ent** *adj* (*adv* **~ly**) **1.** unachtsam, unvorsichtig, nachlässig. **2.** unbeabsichtigt, unabsichtlich, versehentlich: **~ly** *a.* aus Versehen.

**in·ad·vis·a·bil·i·ty** [ˈɪnədˌvaɪzəˈbɪlətɪ] *s* Unratsamkeit *f*. **ˌin·adˈvis·a·ble** *adj* unratsam, nicht ratsam *od.* empfehlenswert.

**in·al·ien·a·bil·i·ty** [ɪnˌeɪljənəˈbɪlətɪ; -lɪənə-] *s* *jur.* Unveräußerlichkeit *f*. **inˈal·ien·a·ble** *adj* (*adv* **inalienably**) unveräußerlich, ˈunüberˌtragbar: ~ rights. **inˈal·ien·a·ble·ness** → inalienability.

**in·al·ter·a·ble** [ɪnˈɔːltərəbl; -trəbl] *adj* (*adv* **inalterably**) unveränderlich, ˈunabˌänderlich: it is ~ es läßt sich nicht (ab)ändern.

**in·am·o·ra·ta** [ɪnˌæməˈrɑːtə] *s* Geliebte *f*. **ˌin·amˈo·ra·to** [-təʊ] *pl* **-tos** *s* Geliebte(r) *m*.

**ˌin·and-ˈin** *adj u. adv* Inzucht...: ~ breeding Inzucht *f*; to breed ~ sich durch Inzucht vermehren.

**ˌin·and-ˈout** *adj* wechselhaft, schwankend: ~ performances schwankende Leistungen.

**in·ane** [ɪˈneɪn] **I** *adj* (*adv* **~ly**) **1.** leer. **2.** *fig.* geistlos, albern. **II** *s* **3.** Leere *f*, *bes.* leerer (Welten)Raum.

**in·an·i·mate** [ɪnˈænɪmət] *adj* (*adv* **~ly**) **1.** leblos: ~ nature unbelebte Natur. **2.** *fig.* schwunglos, langweilig, fad. **3.** *econ.* flau,

---

lustlos. **in·an·i·mate·ness, inˌan·iˈma·tion** *s* **1.** Leblosigkeit *f*, Unbelebtheit *f*. **2.** *fig.* Schwunglosigkeit *f*, Langweiligkeit *f*, Fadheit *f*. **3.** *econ.* Flauheit *f*, Lustlosigkeit *f*.

**in·a·ni·tion** [ˌɪnəˈnɪʃn] *s med.* Inaniˈti·on *f* (*Abmagerung mit völliger Entkräftung u. Erschöpfung als Folge unzureichender Ernährung od. auszehrender Krankheiten*).

**in·an·i·ty** [ɪˈnænətɪ] *s* Geistlosigkeit *f*, Albernheit *f*: a) geistige Leere, b) dumme Bemerkung: inanities *pl* albernes Geschwätz.

**in·ap·peas·a·ble** [ˌɪnəˈpiːzəbl] *adj* **1.** nicht zu besänftigen(d), unversöhnlich. **2.** nicht zuˈfriedenzustellen(d), unersättlich.

**in·ap·pe·tence** [ɪnˈæpɪtəns], **inˈap·pe·ten·cy** [-sɪ] *s* **1.** *med.* Appeˈtitlosigkeit *f*. **2.** Unlust *f*. **inˈap·pe·tent** *adj* **1.** *med.* appeˈtitlos. **2.** lustlos, unlustig.

**in·ap·pli·ca·bil·i·ty** [ˈɪnˌæplɪkəˈbɪlətɪ] *s* Un-, Nichtanwendbarkeit *f*. **inˈap·pli·ca·ble** *adj* (*adv* **inapplicably**) **(to)** unanwendbar, nicht anwendbar *od.* zutreffend (auf *acc*), ungeeignet (für): → delete.

**in·ap·po·site** [ɪnˈæpəzɪt] *adj* (*adv* **~ly**) unpassend, unangemessen (**to** *dat*), unangebracht.

**in·ap·pre·ci·a·ble** [ˌɪnəˈpriːʃəbl] *adj* (*adv* **inappreciably**) unmerklich: an ~ change. **ˌin·apˌpre·ci·a·tion** [-ʃɪ-] *s* Mangel *m* an Würdigung *od.* Anerkennung. **ˌin·apˈpre·ci·a·tive** [-ʃjətɪv; *Am.* -ʃətɪv] *adj*: to be ~ of a) nicht zu schätzen *od.* zu würdigen wissen (*acc*), b) keinen Sinn haben für, c) nicht richtig beurteilen *od.* einschätzen (*acc*), sich nicht bewußt sein (*gen*).

**in·ap·pro·pri·ate** [ˌɪnəˈprəʊprɪət] *adj* (*adv* **~ly**) **(to, for)** unpassend, ungeeignet (für), unangemessen (*dat*).

**in·apt** [ɪnˈæpt] *adj* (*adv* **~ly**) **1.** unpassend, ungeeignet. **2.** ungeschickt. **3.** unfähig, außerˈstande (**to do** zu tun). **inˈapt·i·tude** [-tɪtjuːd; *Am. bes.* -tuːd], **inˈapt·ness** *s* **1.** Ungeeignetheit *f*. **2.** Ungeschicktheit *f*. **3.** Unfähigkeit *f*.

**in·ar·tic·u·late** [ˌɪnɑː(r)ˈtɪkjʊlət] *adj* (*adv* **~ly**) **1.** ˈunartikuˌliert, undeutlich (ausgesprochen), unverständlich (*Wörter etc*). **2.** unfähig(, deutlich) zu sprechen. **3.** unfähig, sich klar auszudrükken: he is ~ a) er kann sich nicht ausdrücken *od.* artikulieren, b) er macht *od.* ˌkriegt den Mund nicht auf. **4.** sprachlos (with vor *dat*). **5.** unaussprechlich: ~ suffering. **6.** *bot. zo.* ungegliedert. **ˌin·arˈtic·u·lat·ed** [-leɪtɪd] *adj* → inarticulate 1, 2. **ˌin·arˈtic·u·late·ness** *s* **1.** Undeutlichkeit *f*, Unverständlichkeit *f*. **2.** Unfähigkeit *f*(, deutlich) zu sprechen.

**in·ar·tis·tic** [ˌɪnɑː(r)ˈtɪstɪk] *adj* (*adv* **~ally**) unkünstlerisch: a) kunstlos, b) ohne Kunstverständnis.

**in·as·much as** [ˌɪnəzˈmʌtʃ] *conj* **1.** in Anbetracht der Tatsache, daß; da (ja), weil. **2.** *obs.* inˈsofern als.

**in·at·ten·tion** [ˌɪnəˈtenʃn] *s* Unaufmerksamkeit *f*. **ˌin·atˈten·tive** [-tɪv] *adj* (*adv* **~ly**) unachtsam, unaufmerksam (**to** gegen): to be ~ to s.th. etwas nicht beachten. **ˌin·atˈten·tive·ness** *s* Unaufmerksamkeit *f*.

**in·au·di·bil·i·ty** [ɪnˌɔːdəˈbɪlətɪ] *s* Unhörbarkeit *f*. **inˈau·di·ble** *adj* (*adv* **inaudibly**) unhörbar. **inˈau·di·ble·ness** *s* Unhörbarkeit *f*.

**in·au·gu·ral** [ɪnˈɔːgjʊrəl; -gjə-; *Am. a.* -gərəl] **I** *adj* Einführungs-, Einweihungs-, Antritts-, Eröffnungs...: ~ speech → II. **II** *s* Antrittsrede *f*. **inˈau·gu·rate** [-reɪt] *v/t* **1.** j-n (feierlich) (in sein Amt) einführen *od.* einsetzen. **2.**

---

einweihen, eröffnen. **3.** *ein Denkmal* enthüllen. **4.** einleiten *od.* ~ a new era.

**inˌau·gu·ra·tion** *s* **1.** (feierliche) Amtseinsetzung *od.* Amtseinführung: I~ Day *pol. Am.* Tag *m* des Amtsantritts des Präsidenten (*20. Januar*). **2.** Einweihung *f*, Eröffnung *f*. **3.** Enthüllung *f*. **4.** Beginn *m*. **inˈau·gu·ra·tor** [-reɪtə(r)] *s* Einführende(r *m*) *f*. **inˈau·gu·ra·to·ry** [-rətərɪ; *Am.* -ˌtəʊrɪ; -ˌtɔː-] → inaugural I.

**in·aus·pi·cious** [ˌɪnɔːˈspɪʃəs] *adj* (*adv* **~ly**) ungünstig: a) unheildrohend, b) unglücklich: to be ~ unter e-m ungünstigen Stern stehen. **ˌin·ausˈpi·cious·ness** *s* ungünstige Aussicht.

**in·be·ing** [ˈɪnˌbiːɪŋ] *s* **1.** *philos.* Innewohnen *n*, Immaˈnenz *f*. **2.** Wesen *n*.

**ˌin·beˈtween** **I** *s* **1.** a) Mittelsmann *m*, b) *econ.* Zwischenhändler(in), c) j-d, der e-e Zwischenstellung einnimmt. **2.** Mittelding *n*. **II** *adj* **3.** Mittel-, Zwischen...: ~ weather Übergangswetter *n*.

**in·board** [ˈɪnbɔː(r)d] *mar.* **I** *adj* **1.** Innenbord...: ~ motor. **II** *adv* **2.** binnenbords. **III** *s* **3.** Innenbordmotor *m*. **4.** Innenborder *m* (*Boot*).

**in·born** [ˌɪnˈbɔː(r)n] *adj* angeboren.

**in·bound** [ˈɪnbaʊnd] *adj mar.* a) einlaufend, -fahrend, b) auf der Heimreise befindlich.

**in·bred** [ˌɪnˈbred] *adj* **1.** a) angeboren, b) tief eingewurzelt. **2.** durch Inzucht erzeugt.

**in·breed** [ˌɪnˈbriːd] *v/t irr* Tiere durch Inzucht züchten. **ˌinˈbreed·ing** *s* Inzucht *f* (*a. fig.*).

**in·built** [ˌɪnˈbɪlt] *adj arch. tech.* eingebaut (*a. fig.*), Einbau...: ~ furniture Einbaumöbel *pl*.

**in·cal·cu·la·ble** [ɪnˈkælkjʊləbl] *adj* **1.** unberechenbar (*a. Person etc*). **2.** unermeßlich.

**in·can·desce** [ˌɪnkænˈdes; -kən-] *v/t u. v/i* (weiß)glühend machen (werden). **ˌin·canˈdes·cence** [-ˈdesns], **ˌin·canˈdes·cen·cy** [-ˈdesnsɪ] *s* (Weiß)Glühen *n*, (-)Glut *f*. **ˌin·canˈdes·cent** *adj* (*adv* **~ly**) **1.** (weiß)glühend: ~ lamp Glühlampe *f*. **2.** *fig.* leuchtend, strahlend.

**in·can·ta·tion** [ˌɪnkænˈteɪʃn] *s* **1.** Beschwörung *f*. **2.** Zauber *m*, Zauberformel *f*, -spruch *m*.

**in·ca·pa·bil·i·ty** [ɪnˌkeɪpəˈbɪlətɪ] *s* **1.** Unfähigkeit *f*. **2.** Untauglichkeit *f*. **3.** Hilflosigkeit *f*.

**in·ca·pa·ble** [ɪnˈkeɪpəbl] *adj* (*adv* **incapably**) **1.** unfähig (**of** zu *od. gen*; **of doing** zu tun), nicht imˈstande (**of doing** zu tun): ~ of murder nicht fähig, e-n Mord zu begehen. **2.** hilflos: drunk and ~ volltrunken. **3.** ungeeignet, untauglich (**for** für). **4.** nicht zulassend (**of** *acc*): a problem ~ of solution ein unlösbares Problem; ~ of being misunderstood unmißverständlich. **5.** legally ~ geschäfts-, rechtsunfähig.

**in·ca·pac·i·tate** [ˌɪnkəˈpæsɪteɪt] *v/t* **1.** unfähig *od.* untauglich machen (**for** s.th. für etwas; **for** [*od.* **from**] **doing** zu tun). **2.** *jur.* für rechts- *od.* geschäftsunfähig erklären. **ˌin·caˈpac·i·tat·ed** *adj* **1.** a. ~ for work a) arbeitsunfähig, b) erwerbsunfähig. **2.** behindert: physically (mentally) ~. **3.** a. legally ~ geschäfts-, rechtsunfähig. **ˈin·caˌpac·iˈta·tion** *s* **1.** Unfähigmachen *n*. **2.** incapacity. **ˌin·caˈpac·i·ty** [-ətɪ] *s* **1.** Unfähigkeit *f*, Untauglichkeit *f*: ~ for work a) Arbeitsunfähigkeit *f*, b) Erwerbsunfähigkeit *f*. **2.** a. legal ~ Rechts-, Geschäftsunfähigkeit *f*: ~ to sue Prozeßunfähigkeit *f*.

**in·cap·su·late** [ɪnˈkæpsjʊleɪt; *Am.* -səˌleɪt] → encapsulate.

**in·car·cer·ate** [ɪnˈkɑː(r)səreɪt] *v/t* **1.** ein-

kerkern. **2.** → imprison 2. **in¦car·cer·at·ed** *adj med.* inkarze¦riert, eingeklemmt (*bes. Bruch*). **in¦car·cer¦a·tion** *s* **1.** Einkerkerung *f.* **2.** → imprisonment 2. **3.** *med.* Inkarzerati¦on *f,* Einklemmung *f.*

**in·car·nate I** *v/t* [¹ɪnkɑː(r)neɪt; ɪnˈk-] **1.** kon¦krete *od.* feste Form geben (*dat*), verwirklichen: **to ~ an ideal; to be ~d** *relig.* Fleisch werden. **2.** verkörpern, personifi¦zieren. **II** *adj* [ɪnˈkɑː(r)neɪt; -nɪt] **3.** *relig.* inkar¦niert, fleischgeworden: **God ~** Gott *m* in Menschengestalt. **4.** *fig.* leib¦haftig: **a devil ~** ein Teufel in Menschengestalt. **5.** personifi¦ziert, verkörpert: **innocence ~** die personifizierte Unschuld, die Unschuld in Person. **6.** fleischfarben. **in¦car¦na·tion** *s* Inkarnati¦on *f:* a) *relig.* Fleisch-, Menschwerdung *f,* b) *fig.* Verkörperung *f,* Inbegriff *m.*

**in·cen·di·a·rism** [ɪnˈsendjərɪzəm; -dɪə-] *s* **1.** Brandstiftung *f.* **2.** *fig.* Aufwiegelung *f.* **in¦cen·di·ar·y** [-djərɪ; *Am.* -dɪeri:] **I** *adj* **1.** Brandstiftungs..., durch Brandstiftung verursacht. **2.** Brand..., Feuer... **3.** *mil.* Brand...: **~ agent** → 7 c; **~ bomb** → 7 a; **~ bullet** (*od.* **projectile, shell**) → 7 b. **4.** *fig.* aufwiegelnd, aufhetzend: **~ speech** Hetzrede *f.* **5.** *fig.* erregend, ¦hinreißend: **an ~ woman.** **II** *s* **6.** Brandstifter(in). **7.** *mil.* a) Brandbombe *f,* b) Brandgeschoß *n,* c) Brand-, Zündstoff *m.* **8.** *fig.* Aufwiegler(in), Hetzer(in), Agi¦tator *m.*

**in·cense¹** [¹ɪnsens] **I** *s* **1.** Weihrauch *m:* **~ boat** *relig.* Weihrauchgefäß *n;* **~ burner** *relig.* Räucherfaß *n,* -vase *f.* **2.** Weihrauch(wolke *f,* -duft *m*) *m.* **3.** Duft *m.* **4.** *fig.* Beweihräucherung *f.* **II** *v/t* **5.** beweihräuchern. **6.** durch¦duften. **7.** *fig. obs.* j-n beweihräuchern.

**in·cense²** [ɪnˈsens] *v/t* erzürnen, erbosen, in Rage bringen: **~d** zornig, wütend (**at** über *acc*).

**in·cen·so·ry** [¹ɪnsensərɪ] *s relig.* Weihrauchgefäß *n.*

**in·cen·ter,** *bes. Br.* **in·cen·tre** [¹ɪn¦sentə(r)] *s math.* Inkreismittelpunkt *m:* **~ of triangle** Mittelpunkt e-s in ein Dreieck einbeschriebenen Kreises.

**in·cen·tive** [ɪnˈsentɪv] **I** *adj* anspornend, antreibend, anreizend (**to** zu): **to be ~ to** ansporⁿⁿen zu; **~ bonus** *econ.* Leistungsprämie *f;* **~ pay** (*od.* **wage[s]**) höherer Lohn für höhere Leistung, Leistungslohn *m.* **II** *s* Ansporn *m,* Antrieb *m,* Anreiz *m* (**to** zu): **~ to buy** Kaufanreiz; **to give s.o. (an) ~** j-n anspornen.

**in·cen·tre** *bes. Br. für* incenter.

**in·cept** [ɪnˈsept] **I** *v/t bes. biol.* in sich aufnehmen. **II** *v/i univ. Br. obs.* a) sich für den Grad e-s **Master** *od.* **Doctor** quali-fi¦zieren, b) sich habili¦tieren. **in¦cep·tion** *s* **1.** Beginn *m,* Anfang *m, bes.* Gründung *f* (e-r *Institution*). **2.** *univ. Br. obs.* a) Promoti¦on *f* zum **Master** *od.* **Doctor,** b) Habilitati¦on *f.* **in¦cep·tive** **I** *adj* (*adv* **~ly**) **1.** Anfangs...: a) beginnend, anfangend, b) anfänglich. **2.** → inchoative 2. **II** *s* → inchoative 3.

**in·cer·ti·tude** [ɪnˈsɜːtɪtjuːd; *Am.* ɪnˈsɜːrtə¦tuːd] *s* Unsicherheit *f,* Ungewißheit *f.*

**in·ces·san·cy** [ɪnˈsesnsɪ] *s* Unablässigkeit *f.* **in¦ces·sant** [-snt] *adj* (*adv* **~ly**) unaufhörlich, unablässig, ständig. **in¦ces·sant·ness** → incessancy.

**in·cest** [¹ɪnsest] *s* Blutschande *f,* In¦zest *m:* (**spiritual**) **~** *relig.* geistlicher Inzest. **in·cest·u·ous** [ɪnˈsestjʊəs; *Am.* ɪn¦sestʃəwəs] *adj* (*adv* **~ly**) blutschänderisch, inzestu¦ös.

**inch¹** [ɪntʃ] **I** *s* Inch *m* (= *2,54 cm*), Zoll *m* (*a. fig.*): **two ~es of rain** *meteor.* zwei Zoll Regen; **by ~es, ~ by ~** a) Zentimeter um

Zentimeter, b) *fig.* allmählich, ganz langsam, Schritt für Schritt; **he missed the goal by ~es** *sport* er verfehlte das Tor nur ganz knapp *od.* nur um Zentimeter; **a man of your ~es** ein Mann von Ihrer Statur *od.* Größe; **every ~** *fig.* jeder Zoll, durch u. durch; **every ~ a gentleman** ein Gentleman vom Scheitel bis zur Sohle; **not to budge** (*od.* **give, yield**) **an ~** *fig.* nicht e-n Zentimeter weichen *od.* nachgeben; **give him an ~ and he'll take a yard** (*od.* **mile**) *fig.* wenn man ihm den kleinen Finger gibt, nimmt er gleich die ganze Hand; **within an ~** *fig.* um ein Haar, fast; **to be beaten** (**to**) **within an ~ of one's life** fast zu Tode geprügelt werden; **he came within an ~ of death** er wäre beinahe *od.* um Haaresbreite gestorben. **II** *adj* ...zöllig: **a three-~ rope.** **III** *v/t u. v/i* (sich) zenti¦meterweise *od.* sehr langsam bewegen: **we ~ed the wardrobe into the corner** wir schoben den Schrank zentimeterweise in die Ecke.

**inch²** [ɪntʃ] *s Scot. od. Ir.* kleine Insel.

**inched** [ɪntʃt] *adj* **1.** *in Zssgn* ...zöllig: **four-~.** **2.** *mit Inch- od.* Zolleinteilung (versehen), Zoll...: **~ staff** Zollstock *m.*

**-incher** [ɪntʃə(r)] *s in Zssgn wie* **four--incher** Gegenstand *m* von 4 Inch(es) *od.* Zoll Dicke *od.* Länge.

**¹inch·meal** *adv:* **(by) ~** a) Zentimeter um Zentimeter, b) *fig.* Schritt für Schritt.

**in·cho·ate I** [ɪnˈkəʊeɪt; *Am.* ɪnˈkəʊət; ¹ɪnkə¦weɪt] **1.** angefangen. **2.** beginnend, anfangend, Anfangs... **3.** unvollständig: **~ agreement** Vertrag, der noch nicht von allen Parteien unterzeichnet ist. **II** *v/t u. v/i* [¹ɪnkəʊeɪt; *Am.* ¹ɪnkə¦weɪt] **4.** *obs.* beginnen, anfangen. **in·cho·a·tive** [¹ɪnkəʊeɪtɪv; *bes. Am.* ɪnˈkəʊətɪv] **I** *adj* **1.** → inchoate 1. **2.** *ling.* inchoa¦tiv (*e-n Beginn ausdrückend*): **~ verb** → 3 b. **II** *s* **3.** *ling.* a) inchoa¦tive Akti¦onsart, b) Inchoa¦tiv *n,* inchoa¦tives Verb.

**in·ci·dence** [¹ɪnsɪdəns; *Am. a.* ¹ɪnsə¦dens] *s* **1.** Auftreten *n,* Vorkommen *n,* Häufigkeit *f,* Verbreitung *f:* **high ~** häufiges Vorkommen, weite Verbreitung; **to have a high ~** häufig vorkommen, weit verbreitet sein. **2.** a) Auftreffen *n* (**on, upon** auf *acc*) (*a. phys.*), b) *phys.* Einfall(en *n*) *m* (*von Strahlen*): → angle¹ 1. **3.** *econ.* Anfall *m* (*e-r Steuer*): **~ of taxation** Verteilung *f* der Steuerlast, Steuerbelastung *f.*

**in·ci·dent** [¹ɪnsɪdənt; *Am. a.* ¹ɪnsə¦dent] **I** *adj* **1.** (**to**) a) verbunden (mit), b) gehörend (zu). **2.** a) auftreffend (*a. phys.*), b) *phys.* einfallend. **II** *s* **3.** Vorfall *m,* Ereignis *n,* Vorkommnis *n, a. pol.* Zwischenfall *m:* **full of ~s** ereignisreich. **4.** ¹Neben¦umstand *m,* -sache *f.* **5.** Epi¦sode *f,* Nebenhandlung *f* (*im Drama etc*). **6.** *jur.* a) (Neben)Folge *f* (*of aus*), b) Nebensache *f,* c) (*mit e-m Amt etc verbundene*) Verpflichtung.

**in·ci·den·tal** [¸ɪnsɪˈdentl] **I** *adj* **1.** nebensächlich, Neben...: **~ earnings** Nebenverdienst *m;* **~ expenses** → 8; **~ music** Begleit-, Hintergrundmusik *f.* **2.** beiläufig. **3.** gelegentlich. **4.** zufällig. **5.** → incident 1: **the expenses ~ thereto** die dabei entstehenden *od.* damit verbundenen Unkosten. **6.** folgend (**on, upon** auf *acc*), nachher auftretend: **~ images** *psych.* Nachbilder. **II** *s* **7.** ¹Neben¦umstand *m,* -sächlichkeit *f.* **8.** *pl econ.* Nebenausgaben *pl,* -kosten *pl.* **in¦ci·den·tal·ly** [-tlɪ] *adv* **1.** neben¦bei. **2.** beiläufig. **3.** gelegentlich. **4.** zufällig. **5.** neben¦bei bemerkt, übrigens.

**in·cin·er·ate** [ɪnˈsɪnəreɪt] *v/t u. v/i* verbrennen. **in¦cin·er¦a·tion** *s* Verbrennung *f:* **~ plant** → incinerator b. **in-**

**¹cin·er·a·tor** [-reɪtə(r)] *s* a) Verbrennungsofen *m,* b) Verbrennungsanlage *f.*

**in·cip·i·ence** [ɪnˈsɪpɪəns], *a.* **in¦cip·i·en·cy** [-sɪ] *s* **1.** Beginn *m,* Anfang *m.* **2.** Anfangsstadium *n.* **in¦cip·i·ent** *adj* beginnend, anfangend, einleitend, anfänglich, Anfangs...: **~ stage** Anfangsstadium *n.* **in¦cip·i·ent·ly** *adv* anfänglich, anfangs, zu Anfang.

**in·cise** [ɪnˈsaɪz] *v/t* **1.** ein-, aufschneiden (*a. med.*). **2.** a) *ein Muster etc* einritzen, -schnitzen, -kerben (**on** in *acc*), b) **to ~ s.th. with a pattern** ein Muster in etwas einritzen *od.* -schnitzen *od.* -kerben. **in¦cised** *adj* **1.** eingeschnitten (*a. bot. zo.*). **2.** Schnitt...: **~ wound.**

**in·ci·sion** [ɪnˈsɪʒn] *s* **1.** (Ein)Schnitt *m* (*a. med.*). **2.** *bot. zo.* Einschnitt *m.*

**in·ci·sive** [ɪnˈsaɪsɪv] *adj* (*adv* **~ly**) **1.** (ein-)schneidend. **2.** *fig.* scharf: a) ¹durchdringend: **~ intellect,** b) beißend: **~ irony,** c) schneidend: **~ tone.** **3.** *fig.* treffend, prä¹gnant. **4.** *anat.* Schneide(zahn)...: **~ bone** Zwischenkieferknochen *m;* **~ tooth** → incisor. **in¦ci·sive·ness** *s* Schärfe *f.*

**in·ci·sor** [ɪnˈsaɪzə(r)] *s anat.* Schneidezahn *m.*

**in·cit·ant** [ɪnˈsaɪtənt] **I** *adj* anreizend. **II** *s* Reiz-, Anregungsmittel *n.* **in¦ci·ta·tion** [-saɪ-; -sɪ-] *s* **1.** Anregung *f.* **2.** Anreiz *m,* Ansporn *m,* Antrieb *m* (**to** zu). **3.** → incitement 2.

**in·cite** [ɪnˈsaɪt] *v/t* **1.** anregen (*a. med.*), ansporⁿⁿen, anstacheln, antreiben (**to** zu). **2.** aufwiegeln, -hetzen, *jur.* anstiften (**to** zu). **3.** *Zorn etc* erregen: **to ~ anger in s.o.** j-s Zorn erregen, j-n erzürnen. **in¦cite·ment** *s* **1.** → incitation 1 *u.* 2. **2.** Aufwiegelung *f,* -hetzung *f, jur.* Anstiftung *f* (**to** zu). **in¦cit·er** *s* **1.** Ansporner(in), Antreiber(in). **2.** Aufwiegler(in), Hetzer(in), Agi¦tator *m.*

**in·ci·vil·i·ty** [¸ɪnsɪˈvɪlətɪ] *s* Unhöflichkeit *f,* Grobheit *f* (*beide a. Bemerkung etc*).

**in·ci·vism** [¹ɪnsɪvɪzəm] *s* Mangel *m* an Bürgersinn.

**¹in·¸clear·ing** *s econ. Br.* Gesamtbetrag *m* der auf ein Bankhaus laufenden ·Schecks, Abrechnungsbetrag *m.*

**in·clem·en·cy** [ɪnˈklemənsɪ] *s* **1.** Rauheit *f,* Unfreundlichkeit *f:* **inclemencies of the weather** Unbilden der Witterung. **2.** Härte *f,* Unerbittlichkeit *f.* **in¦clem·ent** *adj* (*adv* **~ly**) **1.** rauh, unfreundlich (*Klima*). **2.** hart, unerbittlich.

**in·clin·a·ble** [ɪnˈklaɪnəbl] *adj* **1.** (¹hin-) neigend, ten¹dierend (**to** zu): **to be ~ to** tendieren zu, wohlwollend gegen¹überstehend, günstig gesinnt (**to** *dat*). **3.** *tech.* schrägstellbar.

**in·cli·na·tion** [¸ɪnklɪˈneɪʃn] *s* **1.** *fig.* Neigung *f,* Hang *m* (**to, for** zu): **~ to buy** *econ.* Kauflust *f;* **~ to stoutness** Anlage *f* zur Korpulenz. **2.** *fig.* Zuneigung *f* (**for** zu). **3.** Neigen *n,* Beugen *n,* Neigung *f.* **4.** Gefälle *n.* **5.** *math.* a) Neigung *f,* Schrägstellung *f,* Schräge *f,* Senkung *f,* b) geneigte Fläche *f,* c) Neigungswinkel *m:* **the ~ of two planes** der Winkel zwischen zwei Ebenen. **6.** Inklinati¦on *f:* a) *astr.* Neigung der Ebene e-r Planetenbahn zur Ebene der Erdbahn, b) (*Geophysik*) Winkel zwischen den erdmagnetischen Feldlinien u. der Horizontalen.

**in·cline** [ɪnˈklaɪn] *v/i* **1.** *fig.* ¹hinneigen, geneigt sein, (dazu) neigen (**to, toward[s]** zu; **to do** zu tun). **2.** *fig.* e-e Anlage haben, neigen (**to** zu): **to ~ to stoutness; to ~ to red** ins Rötliche spielen. **3.** sich neigen (**to, toward[s]** nach), (schräg) abfallen: **the roof ~s sharply** das Dach fällt steil ab. **4.** *Bergbau:* einfallen. **5.** sich neigen, zu Ende gehen (*Tag*). **6.** *fig.* wohlwollend gegen-

ˈüberstehen, günstig gesinnt sein (to dat). **II** v/t **7.** fig. geneigt machen, veranlassen, bewegen (**to** zu): this ~s me to doubt dies läßt mich zweifeln; this ~s me to the view dies bringt mich zu der Ansicht; **to** ~ s.o. to do s.th. j-n dazu bringen, etwas zu tun. **8.** neigen, beugen, senken: **to** ~ the head; **to** ~ one's ear to s.o. fig. j-m sein Ohr leihen. **9.** Neigung geben (dat), neigen, schräg (ver)stellen, beugen. **10.** (**to, toward[s]**) richten (auf acc), lenken (nach ... hin). **III** s [ɪnˈklaɪn; ˈɪnklaɪn] **11.** Gefälle n. **12.** (Ab)Hang m. **13.** math. phys. schiefe Ebene. **14.** Bergbau: tonnlägiger Schacht, einfallende Strecke. **15.** double ~ rail. Ablaufberg m.

**in·clined** [ɪnˈklaɪnd] adj **1.** (**to**) fig. a) geneigt (zu), b) neigend (zu): **to be** ~ **to do s.th.** dazu neigen, etwas zu tun. **2.** fig. gewogen, wohlgesinnt (to dat). **3.** geneigt, schräg, schief, abschüssig: **to be** ~ sich neigen; ~ **plane** math. phys. schiefe Ebene.

**in·cli·nom·e·ter** [ˌɪnklɪˈnɒmɪtə; Am. -ˈnɑmətər] s tech. **1.** Inklinatiˈonskompaß m, -nadel f. **2.** aer. Neigungsmesser m. **3.** → clinometer.

**in·close** → enclose.

**in·clude** [ɪnˈkluːd] v/t **1.** einschließen, umˈgeben, in sich einschließen, umˈfassen, enthalten. **2.** einschließen, -beziehen, -rechnen (**in** in acc), rechnen (**among** unter acc, zu): speakers ~ ... unter den Sprechern sind ..., unter anderem sprechen ... **4.** erfassen, aufnehmen: not to be ~d on the list nicht auf der Liste stehen; **to** ~ s.th. in the agenda etwas auf die Tagesordnung setzen; **to** ~ s.o. in one's will j-n in s-m Testament bedenken.

**in·clud·ed** [ɪnˈkluːdɪd] adj **1.** eingeschlossen (a. math.). **2.** mit inbegriffen, mit eingeschlossen: **tax** ~ einschließlich od. inklusive Steuer. **in·clud·i·ble** adj einbeziehbar. **in·clud·ing** prep einschließlich: ~ all charges econ. einschließlich od. inklusive aller Kosten.

**in·clu·sion** [ɪnˈkluːʒn] s **1.** Einschluß m, Einbeziehung f (**in** in acc): with the ~ of einschließlich (gen), mit (dat). **2.** min. tech. Einschluß m. **3.** biol. Zelleinschluß m: ~ **body** med. Einschlußkörperchen n.

**in·clu·sive** [ɪnˈkluːsɪv] adj (adv ~ly) **1.** einschließlich, inkluˈsive (**of** gen): **to be** ~ **of** einschließen (acc); **to Friday** ~ bis einschließlich Freitag, bis Freitag inklusive. **2.** alles einschließend od. enthaltend, Pauschal...: ~ **price** Pauschalpreis m.

**in·co·er·ci·ble** [ˌɪnkəʊˈɜːsɪbl; Am. -ˈɜrsəbl] adj (adv incoercibly) **1.** unerzwingbar, nicht zu erzwingen(d): **to be** ~ sich nicht erzwingen lassen. **2.** phys. nicht kompriˈmierbar.

**in·cog·ni·to** [ɪnˈkɒɡnɪtəʊ; ˌɪnkɒɡˈniː-; Am. ˌɪnkɑɡˈniːtəʊ; ɪnˈkɑɡnə-] **I** adv **1.** inˈkognito, unter fremdem Namen: **to travel** ~. **II** adj **2.** unter fremdem Namen: **a king** ~. **III** pl **-tos** s **3.** Inˈkognito n: **to preserve** (**disclose** od. **reveal**) one's ~ sein Inkognito wahren (lüften). **4.** j-d, der inkognito reist etc.

**in·cog·ni·za·ble** [ɪnˈkɒɡnɪzəbl; Am. ɪnˈkɑɡ-] adj a) nicht erkennbar, b) nicht wahrnehmbar. **in·ˈcog·ni·zant** adj nicht unterˈrichtet (**of** über acc od. von): **to be** ~ **of s.th.** a) von etwas keine Kenntnis haben, b) sich einer Sache nicht bewußt sein.

**in·co·her·ence** [ˌɪnkəʊˈhɪərəns; Am. a. -ˈher-], **in·co·ˈher·en·cy** s **1.** fehlender Zs.-halt (a. fig.). **2.** Zs.-hang(s)losigkeit f. **3.** fehlende Überˈeinstimmung. **in·co·ˈher·ent** adj (adv ~ly) **1.** unverbunden. **2.** phys. inkohäˈrent. **3.** (logisch) ˈunzuˌsammenhängend, unklar, unverständ-

lich: **to be** ~ **in one's speech** sich nicht klar ausdrücken (können).

**in·com·bus·ti·ble** [ˌɪnkəmˈbʌstəbl] **I** adj (adv incombustibly) un(ver)brennbar. **II** s a) un(ver)brennbarer Gegenstand, b) un(ver)brennbares Materiˈal.

**in·come** [ˈɪŋkʌm; ˈɪnkʌm] s econ. Einkommen n, Einkünfte pl (**from** aus): ~ from employment Arbeitseinkommen; **to live within** (**beyond**) one's ~ s-n Verhältnissen entsprechend (über s-e Verhältnisse) leben; → **earn** 1, un·earned. ~ **ac·count** s Ertragskonto n. ~ **bond** s Schuldverschreibung f mit vom Gewinn (der Gesellschaft) abhängiger Verzinsung. ~ **brack·et** s Einkommensstufe f, -gruppe f: **the lower** ~s die unteren Einkommensschichten. ~ **group** s Einkommensgruppe f.

**in·com·er** [ˈɪnˌkʌmə(r)] s **1.** Herˈeinkommende(r m) f, Ankömmling m. **2.** econ. jur. (Rechts)Nachfolger(in).

**in·come| split·ting** s Am. Einkommensaufteilung f zur getrennten Veranlagung. ~ **state·ment** s econ. Am. Gewinn- u. Verlustrechnung f. ~ **tax** s econ. Einkommensteuer f: ~ **return** Einkommensteuererklärung f.

**in·com·ing** [ˈɪnˌkʌmɪŋ] **I** adj **1.** herˈeinkommend: **the** ~ **tide.** **2.** ankommend (Telefongespräch, Verkehr, electr. Strom etc), nachfolgend, neu (Mieter, Regierung etc). **3.** econ. a) erwachsend (Nutzen, Gewinn), b) eingehend, einlaufend: ~ **orders** Auftragseingänge; ~ **mail** Posteingang m; ~ **stocks** Warenzugänge. **4.** beginnend: **the** ~ **year.** **5.** psych. nach innen gekehrt, verschlossen, introverˈtiert. **II** s **6.** Kommen n, Eintritt m, Eintreffen n, Ankunft f. **7.** meist pl econ. a) Eingänge pl, b) Einkünfte pl.

**in·com·men·su·ra·bil·i·ty** [ˈɪnkəˌmenʃərəˈbɪlətɪ; Am. a. -ˌmensərə-] s Inkommensurabiliˈtät f (a. math. phys.), Unvergleichbarkeit f. **in·com·ˈmen·su·ra·ble I** adj (adv incommensuraˈbly) **1.** (**with**) inkommensuˈrabel (a. math. phys.), nicht vergleichbar (mit), nicht mit demˈselben Maß meßbar (wie). **2.** unangemessen, unverhältnismäßig. **II** s **3.** math. inkommensuˈrable Größe.

**in·com·men·su·rate** [ˌɪnkəˈmenʃərət; Am. a. -ˈmensə-] adj (adv ~ly) **1.** unangemessen, nicht entsprechend (**with, to** dat). **2.** → incommensurable I.

**in·com·mode** [ˌɪnkəˈməʊd] v/t **1.** Unannehmlichkeiten bereiten. **2.** belästigen, j-m zur Last fallen. **in·com·ˈmo·di·ous** [-djəs; -dɪəs] adj (adv ~ly) unbequem: a) lästig, beschwerlich (**to** dat od. für), b) beengt, eng.

**in·com·mu·ni·ca·ble** [ˌɪnkəˈmjuːnɪkəbl] adj (adv incommunicably) **1.** nicht mitteilbar. **2.** obs. für incommunicative. **in·com·mu·ni·ˈca·do** [-ˈkɑːdəʊ] adj von der Außenwelt isoˈliert, jur. a. in Isoˈlierhaft: **to keep** ~ von der Außenwelt isolieren, jur. a. in Isolierhaft halten. **in·com·ˈmu·ni·ca·tive** [-nɪkətɪv; Am. bes. -nəˌkeɪtɪv] adj (adv ~ly) nicht mitteilsam, reserviert, verschlossen.

**in·com·mut·a·ble** [ˌɪnkəˈmjuːtəbl] adj **1.** nicht austauschbar. **2.** nicht ablösbar (Verpflichtung etc), (a. jur. Strafe) nicht ˈumwandelbar.

**ˈin-ˌcom·pa·ny** adj ˈfirmeninˌtern.

**in·com·pa·ra·ble** [ɪnˈkɒmpərəbl; -prəbl; Am. -ˈkɑm-] **I** adj **1.** unvergleichbar, einzigartig. **2.** nicht zu vergleichen(d), unvergleichbar (**with, to** mit). **II** s **3.** orn. Nonpareil m. **in·ˈcom·pa·ra·bly** adv → imcomparable 1.

**in·com·pat·i·bil·i·ty** [ˈɪnkəmˌpætəˈbɪlətɪ] s **1.** Unvereinbarkeit f: a) ˈWidersprüchlichkeit f, b) Inkompatibiliˈtät f. **2.**

ˈWiderspruch m. **3.** Unverträglichkeit f, Gegensätzlichkeit f: ~ **between husband and wife** jur. Am. unüberwindliche Abneigung (Scheidungsgrund). **in·com·ˈpat·i·ble** adj (adv incompatibly) **1.** unvereinbar: a) ˈwidersprüchlich, b) inkompaˈtibel (Ämter). **2.** unverträglich: a) nicht zs.-passend, gegensätzlich (a. Personen), b) med. inkompaˈtibel (Blutgruppen, Arzneimittel): **to be** ~ (**with**) sich nicht vertragen (mit), nicht zs.-passen (mit), nicht passen (zu). **II** s **3.** pl unverträgliche Perˈsonen od. Sachen. **in·com·ˈpat·i·ble·ness** → incompatibility.

**in·com·pe·tence** [ɪnˈkɒmpɪtəns; Am. ɪnˈkɑmpə-], **in·ˈcom·pe·ten·cy** [-sɪ] s **1.** Unfähigkeit f, Untüchtigkeit f. **2.** jur. a) a. weitS. Nichtzuständigkeit f, ˈInkompeˌtenz f, b) Unzulässigkeit f, c) Geschäftsunfähigkeit f. **3.** Unzulänglichkeit f. **in·ˈcom·pe·tent I** adj (adv ~ly) **1.** unfähig (**to do** zu tun), untüchtig. **2.** nicht fach- od. sachkundig, ˈunqualiˌfiziert. **3.** jur. a. weitS. unzuständig, ˈinkompeˌtent (Richter, Gericht), b) unzulässig (Beweise, Zeuge), c) geschäftsunfähig. **4.** nicht ausreichend (**for** für), unzulänglich, mangelhaft. **5.** geol. inkompeˌtent, tekˈtonisch nicht verformbar (Gestein). **II** s **6.** unfähige Perˈson, Nichtskönner(in). **7.** jur. geschäftsunfähige Perˈson.

**in·com·plete** [ˌɪnkəmˈpliːt] adj (adv ~ly) **1.** ˈinkomˌplett, unvollständig, ˈunvollˌkommen: ~ **shadow** math. phys. Halbschatten m. **2.** unvollzählig, ˈinkomˌplett. **3.** ˈunvollˌendet, unfertig. **in·com·ˈplete·ness**, **in·com·ˈple·tion** [-ˈpliːʃn] s Unvollständigkeit f, ˈUnvollˌkommenheit f.

**in·com·pre·hend·ing** [ˌɪnkɒmprɪˈhendɪŋ; Am. ɪnˌkɑmprə-] adj (adv ~ly) verständnislos. **in·com·pre·hen·si·bil·i·ty** [-səˈbɪlətɪ] s Unbegreiflichkeit f. **in·com·pre·ˈhen·si·ble** adj (adv ~) unbegreiflich, unfaßbar, unverständlich. **in·com·pre·ˈhen·si·bly** adv unverständlicherweise. **in·com·pre·ˈhen·sion** s Unverständnis n (**of** für).

**in·com·press·i·ble** [ˌɪnkəmˈpresəbl] adj (adv incompressibly) nicht zs.-drückbar, phys. tech. nicht kompriˈmierbar od. verdichtbar.

**in·con·ceiv·a·bil·i·ty** [ˈɪnkənˌsiːvəˈbɪlətɪ] s Unbegreiflichkeit f. **in·con·ˈceiv·a·ble** adj (adv inconceivably) **1.** unbegreiflich, unfaßbar. **2.** undenkbar, unvorstellbar (**to** für): it is ~ **to me** that ich kann mir nicht vorstellen, daß. **in·con·ˈceiv·a·ble·ness** → inconceivability.

**in·con·clu·sive** [ˌɪnkənˈkluːsɪv] adj (adv ~ly) **1.** nicht überˈzeugend od. schlüssig, ohne Beweiskraft. **2.** ergebnis-, erfolglos. **in·con·ˈclu·sive·ness** s **1.** Mangel m an Beweiskraft. **2.** Ergebnislosigkeit f.

**in·con·dite** [ɪnˈkɒndɪt; -daɪt; Am. -ˈkɑn-] adj **1.** unausgefeilt (Stil etc). **2.** ungehobelt, ungeschliffen (Benehmen, Kerl etc).

**in·con·gru·ence** [ɪnˈkɒŋɡruəns; Am. ˈɪnkənˌgruːəns; ɪnˈkɑŋgrəəns] s **1.** Nichtüberˈeinstimmung f. **2.** math. Inkongruˈenz f: a) mangelnde Deckungsgleichheit f: **to be in** ~ sich nicht decken, inkongruent sein, b) mangelnde Übereinstimmung von zwei Zahlen, die, durch e-e dritte geteilt, ungleiche Reste liefern. **in·con·gru·ent** adj (adv ~ly) **1.** nicht überˈeinstimmend (**to, with** mit). **2.** (**to, with**) nicht passend (zu), unvereinbar (mit): his conduct is ~ with his principles. **3.** math. ˈinkongruˌent (a. fig.). **4.** ungereimt, ˈwidersinnig: an ~ story. **in·con·gru·i·ty** [ˌɪnkɒnˈgruːətɪ; Am. ˌɪnkən-] s

**1.** Nichtüber'einstimmung f. **2.** Unvereinbarkeit f. **3.** → incongruence **2. 4.** Ungereimtheit f, 'Widersinnigkeit f. **in·con·gru·ous** [-grʊəs; Am. -grəwəs] → incongruent. **in'con·gru·ous·ness** → incongruity.

**in·con·se·quence** [ɪn'kɒnsɪkwəns; Am. ɪn'kɑnsəˌkwens] s **1.** 'Inkonseˌquenz f, Unlogik f, Folgewidrigkeit f. **2.** Belanglosigkeit f. **in'con·se·quent** [-kwənt] adj (adv ~ly) **1.** 'inkonseˌquent, folgewidrig, unlogisch. **2.** 'unzuˌsammenhängend. **3.** nicht zur Sache gehörig, 'irreleˌvant. **4.** belanglos, unwichtig. **in·con·se·quen·tial** [ˌɪnkɒnsɪ'kwenʃl; Am. ɪnˌkɑnsə-] → inconsequent.

**in·con·sid·er·a·ble** [ˌɪnkən'sɪdərəbl; -drəbl] adj (adv inconsiderably) **1.** gering(fügig). **2.** unbedeutend, unwichtig (a. Person).

**in·con·sid·er·ate** [ˌɪnkən'sɪdərət; -drət] adj (adv ~ly) **1.** rücksichtslos (to, toward[s] gegen). **2.** taktlos. **3.** unbesonnen, (Handlung a.) 'unüberˌlegt. **in·con'sid·er·ate·ness, in·conˌsid·er'a·tion** [-də'reɪʃn] s **1.** Rücksichtslosigkeit f. **2.** Unbesonnenheit f.

**in·con·sist·ence** [ˌɪnkən'sɪstəns], **in·con'sist·en·cy** [-sɪ] s **1.** 'Inkonseˌquenz f: a) Folgewidrigkeit f, b) Unbeständigkeit f, Wankelmut m. **2.** Unvereinbarkeit f, 'Widerspruch m. **3.** 'Widersprüchlichkeit f, 'Inkonsiˌstenz f. **in·con'sist·ent** adj (adv ~ly) **1.** 'inkonseˌquent: a) folgewidrig, b) unbeständig, wankelmütig. **2.** (with) unvereinbar (mit), im 'Widerspruch od. Gegensatz stehend (zu). **3.** 'widersprüchlich, (bes. Logik a.) 'inkonsiˌstent.

**in·con·sol·a·ble** [ˌɪnkən'səʊləbl] adj (adv inconsolably) **1.** un'tröstlich (for über acc). **2.** unermeßlich: ~ grief; her grief was ~ nichts konnte sie in ihrem Schmerz trösten.

**in·con·spic·u·ous** [ˌɪnkən'spɪkjʊəs; Am. -kjəwəs] adj (adv ~ly) **1.** unauffällig: he tried to make himself as ~ as possible er versuchte, so wenig wie möglich aufzufallen. **2.** bot. klein, unscheinbar (Blüten). **in·con'spic·u·ous·ness** s Unauffälligkeit f.

**in·con·stan·cy** [ɪn'kɒnstənsɪ; Am. -'kɑn-] s **1.** Unbeständigkeit f, Veränderlichkeit f, 'Inkonˌstanz f. **2.** Wankelmut m. **in'con·stant** adj (adv ~ly) **1.** unbeständig, veränderlich, 'inkonˌstant (a. electr. math. phys.). **2.** wankelmütig.

**in·con·test·a·ble** [ˌɪnkən'testəbl] adj (adv incontestably) unanfechtbar.

**in·con·ti·nence** [ɪn'kɒntɪnəns; Am. -'kɑntnəns], **in'con·ti·nen·cy** s **1.** (bes. sexuelle) Unmäßigkeit f, Zügellosigkeit f. **2.** 'Unaufˌhörlichkeit f: ~ of speech Geschwätzigkeit f. **3.** med. 'Inkontiˌnenz f (Unfähigkeit, Harn od. Stuhl zurückzuhalten): ~ of the f(a)eces, f(a)ecal (od. rectal) ~ Stuhlinkontinenz; urinary ~ Harninkontinenz.

**in·con·ti·nent¹** [ɪn'kɒntɪnənt; Am. -'kɑntnənt] adj (adv ~ly) **1.** (bes. sexuell) unmäßig, zügellos. **2.** 'unaufˌhörlich: ~ flow of talk pausenloser Redestrom. **3.** to be ~ of s.th. etwas nicht zurückhalten können: to be ~ of a secret ein Geheimnis nicht für sich behalten können. **4.** med. 'inkontiˌnent: to be ~ an Stuhlod. Harninkontinenz leiden.

**in·con·ti·nent²** [ɪn'kɒntɪnənt; Am. -'kɑntnənt], a. **in'con·ti·nent·ly** [-lɪ] adv obs. spornstreichs, schnurstracks.

**in·con·tro·vert·i·ble** [ˌɪnkɒntrə'vɜː-təbl; Am. ɪnˌkɑntrə'vɜrtəbəl] adj (adv incontrovertibly) **1.** unbestreitbar, unstreitig. **2.** unanfechtbar.

**in·con·ven·ience** [ˌɪnkən'viːnjəns;

-nɪəns] I s **1.** Unbequemlichkeit f. **2.** a) Ungelegenheit f, Lästigkeit f, b) Unannehmlichkeit f, Schwierigkeit f: to put s.o. to ~ → **4.** II v/t **3.** j-n belästigen, stören, j-m lästig sein od. zur Last fallen. **4.** j-m Unannehmlichkeiten od. Ungelegenheiten bereiten, j-m 'Umstände machen. **in·con'ven·ient** adj (adv ~ly) **1.** unbequem (to für). **2.** ungelegen, lästig, störend (to für): at an ~ time zu e-r ungünstigen Zeit, ungelegen.

**in·con·vert·i·bil·i·ty** ['ɪnkənˌvɜːtə-ˌbɪlətɪ; Am. -ˌvɜr-] s **1.** Unverwandelbarkeit f. **2.** econ. a) Nichtkonver'tierbarkeit f, b) Nicht'umwechselbarkeit f, c) Nicht'umstellbarkeit f. **in·con'vert·i·ble** adj (adv inconvertibly) **1.** nicht 'umwandelbar od. verwandelbar (into in acc). **2.** econ. a) nicht konver'tierbar (Wertpapiere, Schulden etc), b) nicht 'umod. einwechselbar (Geld), c) nicht 'umstellbar (to auf acc) (Währung). **3.** nicht bekehrbar (to zu) (a. relig.). **in·con'vert·i·ble·ness** → inconvertibility.

**in·con·vin·ci·ble** [ˌɪnkən'vɪnsəbl] adj nicht zu über'zeugen(d).

**in·co·or·di·na·tion** ['ɪnkəʊˌɔːdɪ'neɪʃn; Am. -ˌɔːrdn'eɪ-] s **1.** Mangel m an Koordinati'on, mangelnde Abstimmung (auf-ein'ander). **2.** med. Inkoordinati'on f (gestörtes od. fehlendes Zs.-wirken der einzelnen Muskeln e-r Muskelgruppe).

**in·cor·po·rate** [ɪn'kɔː(r)pəreɪt] I v/t **1.** vereinigen, verbinden, zs.-schließen (with, into, in mit). **2.** (in, into) e-e Idee etc einverleiben (dat), aufnehmen (in acc), ein Staatsgebiet a. eingliedern, inkorpo'rieren (in acc). **3.** e-e Stadt eingemeinden, inkorpo'rieren. **4.** (zu e-r Körperschaft) vereinigen, zs.-schließen (into, in zu). **5.** econ. jur. a) als (Am. Aktien)Gesellschaft eintragen (lassen), b) e-e Gesellschaft gründen, c) 'Rechtsperˌsönlichkeit verleihen (dat). **6.** (als Mitglied) aufnehmen (into, in in acc). **7.** in sich schließen, enthalten. **8.** chem. tech. vermischen (into zu). **9.** tech. u. fig. einbauen (into, in in acc). **10.** verkörpern. II v/i **11.** sich (eng) verbinden od. vereinigen od. zs.-schließen (with mit): these ideas ~d with existing ones to form a new philosophy diese Vorstellungen verbanden sich mit bereits bestehenden zu e-r neuen Philosophie. **12.** econ. jur. e-e Gesellschaft gründen. III adj [-rət] → incorporated.

**in·cor·po·rat·ed** [ɪn'kɔː(r)pəreɪtɪd] adj **1.** econ. jur. als (Am. Aktien)Gesellschaft eingetragen: ~ bank Am. Aktienbank f; ~ company a) Br. rechtsfähige (Handels-)Gesellschaft, b) Am. Aktiengesellschaft f; ~ society eingetragener Verein. **2.** (eng) verbunden, zs.-geschlossen (in, into mit). **3.** einverleibt (in, into dat): to become ~ in(to) einverleibt werden (dat), aufgehen in (dat); ~ territories eingegliederte od. inkorporierte Staatsgebiete. **4.** eingemeindet, inkorpo'riert: ~ city (od. town) Stadtgemeinde f. **in'cor·po·rat·ing** adj: ~ languages inkorpo-rierende Sprachen (bei denen mehrere Satzteile zu e-m einzigen Wort zs.-geschlossen werden). **in·corpo'ra·tion** s **1.** Vereinigung f, Verbindung f, Zs.-schluß m. **2.** Einverleibung f, Eingliederung f, Inkorporati'on f. **3.** Eingemeindung f. **4.** econ. jur. a) Eintragung f als (Am. Aktien)Gesellschaft, b) Gründung f, c) Verleihung f der 'Rechtsperˌsönlichkeit: → article 6, certificate 1. **in'cor·po·ra·tive** [-rətɪv; Am. bes. -ˌreɪtɪv] adj **1.** einverleibend. **2.** incorporating. **in'cor·po·ra·tor** [-reɪtə(r)] s econ. Am. Gründungsmitglied n.

**in·cor·po·re·al** [ˌɪnkɔː(r)'pɔːrɪəl] adj

(adv ~ly) **1.** unkörperlich. **2.** immateri'ell: ~ chattels jur. immaterielle Vermögenswerte; ~ hereditaments jur. (mit Grund u. Boden verbundene) (Am. vererbliche) Rechte; ~ right jur. Immaterialgüterrecht n. **3.** a) geistig, b) 'übersinnlich. **in·corˌpo're·i·ty** [-pə'riːətɪ] s Unkörperlichkeit f.

**in·cor·rect** [ˌɪnkə'rekt] adj (adv ~ly) **1.** 'inkorˌrekt, unrichtig: a) fehlerhaft, b) unwahr, unzutreffend: that is ~ das stimmt nicht; you are ~ (in saying) Sie haben unrecht(, wenn Sie sagen). **2.** 'inkorˌrekt, ungehörig: ~ behavio(u)r; this is an ~ thing to do das gehört sich nicht. **in·cor'rect·ness** s 'Inkorˌrektheit f: a) Unrichtigkeit f, b) Ungehörigkeit f.

**in·cor·ri·gi·bil·i·ty** [ɪnˌkɒrɪdʒə'bɪlətɪ; Am. a. -ˌkɑː-] s Unverbesserlichkeit f. **in'cor·ri·gi·ble** I adj (adv incorrigibly) **1.** unverbesserlich. **2.** unfügsam, unlenksam: an ~ child. II s **3.** unverbesserlicher Mensch.

**in·cor·rupt** [ˌɪnkə'rʌpt] adj (adv ~ly), a. **in·cor'rupt·ed** [-tɪd] adj **1.** (moralisch) unverdorben. **2.** lauter, redlich. **3.** unbestechlich. **4.** unverfälscht. **in·cor'rupt·i·ble** adj (adv incorruptibly) **1.** mo'ralisch gefestigt, unverführbar. **2.** unbestechlich. **3.** unverderblich (Speisen). **in·corˌrup·tion, in·cor'rupt·ness** s **1.** Unverdorbenheit f. **2.** Lauterkeit f, Redlichkeit f. **3.** Unbestechlichkeit f.

**in·crease** [ɪn'kriːs] I v/i **1.** zunehmen, größer werden, (an)wachsen, (an)steigen, sich vergrößern od. vermehren od. erhöhen od. steigern od. verstärken: prices have ~d die Preise sind gestiegen od. haben angezogen; to ~ in size (value) an Größe (Wert) zunehmen, größer (wertvoller) werden; to ~ in price im Preis steigen, teurer werden; ~d demand a) Mehrbedarf m, b) econ. verstärkte Nachfrage; ~d production econ. Produktionssteigerung f. **2.** sich (durch Fortpflanzung) vermehren. II v/t **3.** vergrößern, -stärken, -mehren, erhöhen, steigern, sport Führung etc ausbauen: to ~ tenfold verzehnfachen; to ~ the salary das Gehalt erhöhen od. aufbessern; to ~ a sentence e-e Strafe erhöhen od. verschärfen; to ~ the speed die Geschwindigkeit steigern od. erhöhen od. heraufsetzen; to ~ one's lead s-n Vorsprung ausdehnen (to auf acc). III s ['ɪnkriːs] **4.** Vergrößerung f, -mehrung f, -stärkung f, Zunahme f, (An)Wachsen n, Zuwachs m, Wachstum n, Steigen n, Steigerung f, Erhöhung f: to be on the ~ zunehmen; ~ in the bank rate econ. Heraufsetzung f od. Erhöhung f des Diskontsatzes; ~ in population Bevölkerungszunahme, -zuwachs; ~ in trade econ. Aufschwung m des Handels; ~ in value Wertsteigerung, -zuwachs; ~ of capital econ. Kapitalerhöhung; ~ of a function math. Zunahme e-r Funktion; ~ of (od. in) salary econ. Gehaltserhöhung, -aufbesserung f, -zulage f; ~ twist tech. Progressivdrall m. **5.** Vermehrung f (durch Fortpflanzung). **6.** Zuwachs m (e-s Betrages), Mehrbetrag m.

**in'creas·er** s (der, die, das) Vergrößernde od. Vermehrende. **in'creas·ing·ly** adv immer mehr, in zunehmendem Maße: ~ clear immer klarer.

**in·cred·i·bil·i·ty** [ɪnˌkredɪ'bɪlətɪ] s **1.** Unˌglaublichkeit f. **2.** Unglaubwürdigkeit f. **in'cred·i·ble** [-əbl] adj (adv incredibly) **1.** un'glaublich (a. colloq. unerhört, äußerst, riesig, sagenhaft). **2.** unglaubwürdig.

**in·cre·du·li·ty** [ˌɪnkrɪ'djuːlətɪ; Am. bes. -'duː-] s Ungläubigkeit f, Skepsis f.

**in·cred·u·lous** [ɪnˈkredjʊləs; *Am.* -dʒə-] *adj* (*adv* ~ly) ungläubig: **an ~ look**; **to be ~ of** s.th. e-r Sache skeptisch gegenüberstehen.

**in·cre·ment** [ˈɪnkrɪmənt; ˈɪŋk-] *s* **1.** Zuwachs *m*, Zunahme *f*. **2.** *econ.* (Gewinn-) Zuwachs *m*, (Mehr)Ertrag *m*: ~ **value** Wertzuwachs; → **unearned**. **3.** *math. phys.* Inkreˈment *n*, Zuwachs *m*. **in·cre·men·tal** [-ˈmentl] *adj* Zuwachs...: ~ **computer** digitale Integrieranlage.

**in·cre·tion** [ɪnˈkriːʃn] *s physiol.* **1.** Inkretiˈon *f* (*innere Sekretion*). **2.** Inkret *n* (*vom körpereigenen Stoffwechsel gebildeter u. ins Blut abgegebener Stoff, bes. Hormon*).

**in·crim·i·nate** [ɪnˈkrɪmɪneɪt] *v/t* j-n (e-s *Verbrechens od. Vergehens*) beschuldigen, j-n belasten: **to ~ o.s.** sich (selbst) bezichtigen. **in·crim·i·nat·ing** *adj* belastend: ~ **evidence** *jur.* Belastungsmaterial *n*. **in·crim·i·na·tion** *s* Beschuldigung *f*, Belastung *f*. **in·crim·i·na·tor** [-tə(r)] *s* Beschuldiger *m*. **in·crim·i·na·to·ry** [-nətərɪ; -trɪ; *Am.* -nəˌtəʊriː; -ˌtɔː-] → **incriminating**.

**in·crust** [ɪnˈkrʌst] **I** *v/t* **1.** mit e-r Kruste überˈziehen, ver-, überˈkrusten. **2.** a) reich verzieren, b) inkruˈstieren, mit e-r Inkrustatiˈon verzieren. **3.** *fig.* überˈdecken. **II** *v/i* **4.** sich ver- od. überˈkrusten. **5.** e-e Kruste bilden. **6.** *geol.* inkruˈstieren. **in·crus·ta·tion** *s* **1.** Krustenbildung *f*. **2.** a) reiche Verzierung, b) Inkrustatiˈon *f* (*farbige Verzierung von Flächen durch Einlagen*). **3.** *geol.* Inkrustatiˈon *f* (*Krustenbildung durch chemische Ausscheidung*). **4.** *fig.* Überˈdeckung *f*.

**in·cu·bate** [ˈɪnkjʊbeɪt; ˈɪŋk-] **I** *v/t* **1.** Eier ausbrüten (*a. künstlich*). **2.** Bakterien im Inkuˈbator züchten. **3.** *fig.* e-n Plan, e-e Krankheit ausbrüten. **II** *v/i* **4.** ausgebrütet werden. **5.** sich im Inkuˈbator entwickeln. **6.** *fig.* sich entwickeln, reifen. **in·cu·ba·tion** *s* **1.** Ausbrütung *f* (*a. fig.*), Brüten *n*: ~ **apparatus** → **incubator**. **2.** *med.* Inkubatiˈon *f* (*das Sichfestsetzen von Krankheitserregern im Körper*): ~ (**period**) Inkubationszeit *f*. **3.** *antiq.* Inkubatiˈon *f*, Tempelschlaf *m*. **ˈin·cu·ba·tive** *adj* **1.** Brüt..., Brut... **2.** *med.* Inkubations... **ˈin·cu·ba·tor** [-tə(r)] *s* a) *med.* Inkuˈbator *m*, Brutkasten *m* (*für Frühgeburten*), b) *biol. med.* Inkuˈbator *m* (*zum Züchten von Bakterien*), c) ˈBrutappaˌrat *m*, -käfig *m*, -maˌschine *f*, -ofen *m* (*zum Ausbrüten von Eiern*). **ˈin·cu·ba·to·ry** [-beɪtərɪ; *Am. a.* -bəˌtɔːriː; -ˌtəː-] → **incubative**.

**in·cu·bus** [ˈɪŋkjʊbəs; ˈɪn-] *pl* **-bi** [-baɪ] *od.* **-bus·es** *s* **1.** Inkubus *m*, Alp *m*. **2.** *med.* Alpdrücken *n*. **3.** *fig.* a) Alpdruck *m*, b) Schreckgespenst *n*.

**in·cu·des** [ɪnˈkjuːdiːz; ɪŋ-] *pl von* incus.

**in·cul·cate** [ˈɪnkʌlkeɪt; ˈɪŋk-] *v/t*: **to ~** s.th. in(to) (*od. on, upon*) s.o., **to ~** s.o. **with** s.th. j-m etwas einprägen *od.* einschärfen. **in·cul·ca·tion** *s* Einschärfung *f*.

**in·cul·pate** [ˈɪnkʌlpeɪt; ɪnˈk-] → **incriminate**. **in·cul·pa·tion** → **incrimination**. **in·cul·pa·to·ry** [-pətərɪ; -trɪ; *Am.* -ˌtəʊriː; -ˌtɔː-] → **incriminating**.

**in·cum·ben·cy** [ɪnˈkʌmbənsɪ] *s* **1.** a) Innehaben *n* e-s Amtes, b) Amtsbereich *m*, c) Amtszeit *f*. **2.** *relig. Br.* a) Pfründenbesitz *m*, b) Pfründe *f*. **3.** Obliegenheit *f*, Pflicht *f*. **in·cum·bent I** *adj* (*adv* ~ly) **1.** obliegend: **it is ~** (up)on him es ist s-e Pflicht, es liegt ihm ob. **2.** amˈtierend. **3.** lastend (**on, upon** auf *dat*). **4.** *bot. zo.* aufliegend. **5.** liegend, (sich zuˈrück)lehnend. **II** *s* **4.** Amtsinhaber *m*. **7.** *relig. Br.* Pfründeninhaber *m*, -besitzer *m*. **in·cum·ber** → **encumber**. **in·cum·brance** [-brəns] → **encumbrance**.

**in·cu·nab·u·lum** [ˌɪnkjuˈnæbjʊləm; *Am.* ˌɪnkjə-] *pl* **-la** [-lə] *s* **1.** *print. hist.* Inkuˈnabel *f*, Wiegen-, Frühdruck *m*. **2.** *pl* früheste Anfänge *pl*, Anfangsstadium *n*.

**in·cur** [ɪnˈkɜː; *Am.* ɪnˈkɜr] *v/t* **1.** sich etwas zuziehen, auf sich laden, geraten in (*acc*): **to ~ a fine** sich e-e Geldstrafe zuziehen; **to ~ debts** *econ.* Schulden machen, in Schulden geraten; **to ~ liabilities** *econ.* Verpflichtungen eingehen; **to ~ losses** *econ.* Verluste erleiden. **2.** sich (*e-r Gefahr etc*) aussetzen: **to ~ a danger**.

**in·cur·a·bil·i·ty** [ɪnˌkjʊərəˈbɪlətɪ] *s* Unheilbarkeit *f*. **in·cur·a·ble I** *adj* (*adv* incurably) **1.** *med.* unheilbar. **2.** *fig.* unheilbar, unverbesserlich: **an ~ pessimist**; **~ habits** eingefleischte Gewohnheiten. **II** *s* **3.** *med.* unheilbar Kranke(r *m*) *f*. **4.** *fig.* Unverbesserliche(r *m*) *f*.

**in·cu·ri·os·i·ty** [ɪnˌkjʊərɪˈɒsətɪ; *Am.* -ˈɑs-] *s* Interˈesselosigkeit *f*, Gleichgültigkeit *f*. **in·cu·ri·ous** *adj* (*adv* ~ly) a) nicht neugierig *od.* wißbegierig: **to be ~ about** s.th. von etwas nichts wissen wollen, b) (**about**) ˈuninteresˌsiert (an *dat*), gleichgültig (**gegen**, **gegen**ˈüber).

**in·cur·sion** [ɪnˈkɜːʃn; -ʒn; *Am.* ɪnˈkɜrʒən] *s* **1.** (feindlicher) Einfall: **to make an ~ on** einfallen in (*acc, a. dat*). **2.** Eindringen *n* (**into** in *acc*) (*a. fig.*). **in·cur·sive** [-sɪv] *adj* einfallend.

**in·cur·vate I** *v/t* [ˈɪnkɜːveɪt; *Am.* -kɜr-] **1.** (nach innen) krümmen, (ein)biegen. **II** *adj* [ɪnˈkɜːvɪt; -veɪt; *Am.* ˈɪnkɜrˌveɪt; ɪnˈkɜrvət] **2.** (nach innen) gekrümmt, (ein)gebogen. **3.** *med.* verkrümmt. **in·cur·va·tion** [-ˈveɪʃn] *s* **1.** Krümmen *n*. **2.** (Einwärts)Krümmung *f*. **3.** *med.* Verkrümmung *f*. **in·curve I** *v/t* [ˌɪnˈkɜːv; *Am.* ˌɪnˈkɜrv] **1.** → **incurvate** 1. **II** *adj* [ˌɪnˈkɜːv; *Am.* ˌɪnˈkɜrv] **2.** → **incurvate** 2. **III** *s* [ˈɪnkɜːv; *Am.* ˈɪnˌkɜrv] **3.** → **incurvation** 2. **4.** *Baseball:* sich nach innen drehender Ball.

**in·cus** [ˈɪŋkəs; ˈɪn-] *pl* **in·cu·des** [ɪnˈkjuːdiːz; ɪŋ-] *s anat.* Incus *m*, Amboß *m*.

**in·cuse** [ɪnˈkjuːz] **I** *adj* ein-, aufgeprägt. **II** *s* (Auf-, Ein)Prägung *f*. **III** *v/t*: **to ~ a coin with a design** ein Muster auf e-e Münze aufprägen *od.* in e-e Münze einprägen.

**in·debt·ed** [ɪnˈdetɪd] *adj* **1.** *econ.* verschuldet (**to** an *acc*, **bei**): **to be ~ to** Schulden haben bei, j-m Geld schulden. **2.** (zu Dank) verpflichtet (**to** s.o. j-m): **I am greatly ~ to you for** ich bin Ihnen zu großem Dank verpflichtet für, ich stehe tief in Ihrer Schuld wegen. **in·debt·ed·ness** *s* **1.** *econ.* a) Verschuldung *f*, b) Schulden(last *f*) *pl*, Verbindlichkeiten *pl*: → **certificate** 1, **excessive** 1. **2.** Dankesschuld *f*, Verpflichtung *f* (**to** gegenˈüber).

**in·de·cen·cy** [ɪnˈdiːsnsɪ] *s* **1.** Unanständigkeit *f*, Anstößigkeit *f*, *bes. jur.* Unzucht *f*: ~ **with children**. **2.** Zote *f*. **3.** Unschicklichkeit *f*. **in·de·cent** *adj* (*adv* ~ly) **1.** unanständig, anstößig, *bes. jur.* unzüchtig: → **assault** 3, **exposure** 5 a. **2.** unschicklich, ungehörig: ~ **haste** unziemliche Hast.

**in·de·cid·u·ous** [ˌɪndɪˈsɪdjʊəs; *Am.* -ˈsɪdʒəwəs] *adj bot.* **1.** immergrün (*Bäume*). **2.** nicht abfallend (*Blätter*).

**in·de·ci·pher·a·ble** [ˌɪndɪˈsaɪfərəbl] *adj* (*adv* indecipherably) **1.** unentzifferbar, nicht zu entziffern(d). **2.** ˈundechifˌfrierbar (*Geheimschrift*). **3.** *fig.* nicht enträtselbar.

**in·de·ci·sion** [ˌɪndɪˈsɪʒn] *s* Unentschlossenheit *f*, Unschlüssigkeit *f*.

**in·de·ci·sive** [ˌɪndɪˈsaɪsɪv] *adj* (*adv* ~ly) **1.** a) nicht entscheidend, b) noch nicht entschieden, unentschieden: **an ~ battle**. **2.** unentschlossen, unschlüssig. **3.** unbestimmt, ungewiß. **in·de·ci·sive·ness** *s* **1.** Unentschiedenheit *f*. **2.** → **indecision**. **3.** Unbestimmtheit *f*.

**in·de·clin·a·ble** [ˌɪndɪˈklaɪnəbl] *adj* (*adv* indeclinably) *ling.* ˈundekliˌnierbar.

**in·dec·o·rous** [ɪnˈdekərəs] *adj* (*adv* ~ly) unschicklich, unanständig, ungehörig. **in·dec·o·rous·ness**, **in·de·co·rum** [ˌɪndɪˈkɔːrəm; *Am. a.* -ˈkəʊ-] *s* Unschicklichkeit *f*, Ungehörigkeit *f*.

**in·deed** [ɪnˈdiːd] **I** *adv* **1.** in der Tat, tatsächlich, wirklich: **he is very strong ~** er ist wirklich sehr stark; **did you enjoy yourself? yes, ~!** oh ja, das kann man wohl sagen!; **und ob!**; **thank you very much ~** vielen herzlichen Dank!; **I didn't mind, ~** I was pleased ich war sogar froh; **that ~ is his name** er heißt tatsächlich so; **if ~ he should come** falls er tatsächlich kommen sollte; **who is she, ~!** Sie fragen noch, wer sie ist? **2.** (*fragend*) wirklich?, tatsächlich?: **I asked my boss for a salary increase. did you ~?** tatsächlich? **3.** a) allerdings, freilich, b) zwar: **there are ~ some difficulties, but ...** **II** *interj* **4.** ach wirklich?, was Sie nicht sagen!

**in·de·fat·i·ga·bil·i·ty** [ˈɪndɪˌfætɪgəˈbɪlətɪ] *s* Unermüdlichkeit *f*. **in·de·fat·i·ga·ble** *adj* (*adv* indefatigably) unermüdlich. **in·de·fat·i·ga·ble·ness** *s* Unermüdlichkeit *f*.

**in·de·fea·si·bil·i·ty** [ˈɪndɪˌfiːzəˈbɪlətɪ] *s* Unantastbarkeit *f*. **in·de·fea·si·ble** *adj* (*adv* indefeasibly) *jur.* unantastbar, unentziehbar: ~ **right** unangreifbares Recht. **in·de·fea·si·ble·ness** *s* Unantastbarkeit *f*.

**in·de·fect·i·bil·i·ty** [ˈɪndɪˌfektəˈbɪlətɪ] *s* **1.** Unvergänglichkeit *f*. **2.** Unfehlbarkeit *f*. **3.** Fehlerlosigkeit *f*. **in·de·fect·i·ble** *adj* (*adv* indefectibly) **1.** unvergänglich, ewig. **2.** unfehlbar, verläßlich. **3.** fehlerfrei, -los.

**in·de·fen·si·bil·i·ty** [ˈɪndɪˌfensəˈbɪlətɪ] *s* **1.** Unhaltbarkeit *f*. **2.** Unentschuldbarkeit *f*. **in·de·fen·si·ble** *adj* (*adv* indefensibly) **1.** unhaltbar: a) *mil.* nicht zu verteidigen(d) *od.* zu halten(d): **an ~ city**, b) *fig.* nicht aufrechtzuerhalten(d): ~ **argument**. **2.** *fig.* nicht zu rechtfertigen(d), unentschuldbar. **in·de·fen·si·ble·ness** *s* → **indefensibility**.

**in·de·fin·a·ble** [ˌɪndɪˈfaɪnəbl] *adj* (*adv* indefinably) ˈundefiˌnierbar: a) unbestimmbar: **of ~ age** unbestimmbaren Alters, b) unbestimmt.

**in·def·i·nite** [ɪnˈdefnət] **I** *adj* **1.** unbestimmt (*a. ling.*): **an ~ number**; **~ article** *ling.* unbestimmter Artikel; ~ **pronoun** → **4**. **2.** unbegrenzt, unbeschränkt: ~ **possibilities**. **3.** unklar, undeutlich: **an ~ answer** e-e vage Antwort. **II** *s* **4.** *ling.* Indefiˈnitproˌnomen *n*, unbestimmtes Fürwort. **in·def·i·nite·ly** *adv* **1.** auf unbestimmte Zeit. **2.** unbegrenzt. **in·def·i·nite·ness** *s* **1.** Unbestimmtheit *f*. **2.** Unbegrenztheit *f*.

**in·de·lib·er·ate** [ˌɪndɪˈlɪbərət; -brət] *adj* (*adv* ~ly) **1.** unüberlegt. **2.** unabsichtlich.

**in·del·i·bil·i·ty** [ɪnˌdeləˈbɪlətɪ] *s* Unauslöschlichkeit *f*. **in·del·i·ble** *adj* (*adv* indelibly) unauslöschlich: a) untilgbar (*a. fig.*): ~ **shame**; ~ **ink** Zeichen-, Kopiertinte *f*; ~ **pencil** Tintenstift *m*, b) *fig.* unvergeßlich: **an ~ impression**.

**in·del·i·ca·cy** [ɪnˈdelɪkəsɪ] *s* **1.** Taktlosigkeit *f* (*a. Bemerkung etc*), Mangel *m* an Zartgefühl. **2.** Unanständigkeit *f* (*a. Bemerkung etc*). **3.** Unfeinheit *f*. **in·del·i·cate** [-kət] *adj* (*adv* ~ly) **1.** taktlos: **an ~ remark**. **2.** unanständig, anstößig: **an ~ joke**. **3.** unfein, grob: ~ **manners**.

**in·dem·ni·fi·ca·tion** [ɪnˌdemnɪfɪˈkeɪʃn] *s econ.* a) → **indemnity** 1 a, b) Entschä-

digung *f*, Ersatzleistung *f*, c) → **indemnity** I d.

**in·dem·ni·fy** [ɪnˈdemnɪfaɪ] *v/t* **1.** *econ.* a) *j-m* Schadloshaltung zusagen, *j-n* sicherstellen (**from**, **against** gegen *zukünftige Verluste*), b) *j-n* freistellen (**from**, **against** von *der Haftung*). **2.** *j-n* entschädigen, *j-m* Schadenersatz leisten (**for** für). **3.** *jur. parl.* *j-m* Indemni¹tät erteilen (**for** für). **in,dem·ni¹tee** [-ˈtiː] *s Am.* Entschädigungsberechtigte(r *m*) *f*.

**in·dem·ni·ty** [ɪnˈdemnɪtɪ] *s* **1.** *econ.* a) Versprechen *n* der Schadloshaltung, Sicherstellung *f*: ~ **bond** Ausfallbürgschaft *f*; ~ **contract** Vertrag *m* über Schadloshaltung; ~ **insurance** Schadensversicherung *f*; → **double indemnity**, b) Freistellung *f*: ~ **against liability** Haftungsfreistellung *f*, c) → **indemnification** I b, d) Entschädigung(ssumme) *f*, Vergütung *f*, Abfindung(sbetrag *m*) *f*. **2.** *jur. parl.* Indemni¹tät *f* (*Straffreiheit des Abgeordneten in bezug auf alle im Parlament, in den Ausschüssen od. in der Fraktion gemachten Äußerungen mit Ausnahme verleumderischer Tatbestände*).

**in·dene** [ˈɪndiːn] *s chem.* In¹den *n*.

**in·dent¹** [ɪnˈdent] **I** *v/t* **1.** einzähnen, (ein-, aus)kerben, auszacken. **2.** *Balken* verzahnen, verzapfen. **3.** zerklüften. **4.** *print.* Zeile einrücken, -ziehen. **5.** *e-n Vertrag* in doppelter *od.* mehrfacher Ausfertigung aufsetzen. **6.** *econ. Waren* (*bes. aus Übersee*) bestellen. **II** *v/i* **7.** *jur. obs.* e-n Vertrag abschließen. **8.** ~ (**up**)**on** *econ.* an *j-n* e-e Forderung stellen: **to ~ upon s.o. for s.th.** a) etwas von *j-m* anfordern, b) etwas bei *j-m* bestellen. **9.** *mil. Br. Vorräte* requi¹rieren. **III** *s* [ˈɪndent; ɪnˈd-] **10.** Kerbe *f*, Einschnitt *m*, Auszackung *f*, Zacke *f*. **11.** *print.* Einzug *m*, Einrückung *f*. **12.** *jur.* Vertrag(surkunde *f*) *m*. **13.** *mil. Br.* Requisiti¹on *f*. **14.** *econ.* Warenbestellung *f* (*bes. aus Übersee*), Auslandsauftrag *m*.

**in·dent²** [ɪnˈdent] **I** *v/t* [ɪnˈdent] eindrücken: a) einprägen (**in** *acc*), b) einbeulen. **II** *s* [ˈɪndent; ɪnˈd-] Einbeulung *f*, Vertiefung *f*, Delle *f*.

**in·den·ta·tion** [ˌɪndenˈteɪʃn] *s* **1.** Einkerben *n*, Auszacken *n*. **2.** → **indent¹** 10. **3.** *tech.* Zahnung *f*. **4.** Einbuchtung *f*, Bucht *f*. **5.** Zickzacklinie *f*, -kurs *m*. **6.** → **indent²** II. **7.** *print.* a) Einzug *m*, Einrückung *f*, b) Abschnitt *m*, Absatz *m*.

**in¹dent·ed** *adj* **1.** (aus)gezackt, gezahnt. **2.** *econ.* vertraglich verpflichtet. **3.** *print.* eingerückt, -gezogen. **in¹den·tion** *s* **1.** → **indent¹** 10. **2.** → **indentation** 5, 7.

**in·den·ture** [ɪnˈdentʃə(r)] **I** *s* **1.** *jur.* a) Vertrag *m* (in doppelter Ausfertigung), b) (Vertrags)Urkunde *f*: ~ **of lease** Pachtvertrag. **2.** *oft pl econ. jur.* Ausbildungs-, Lehrvertrag *m*: **to bind by** ~ → 6; **to take up one's ~s** ausgelernt haben. **3.** *jur.* amtliches Verzeichnis. **4.** → **indent¹** 10. **5.** a) → **indentation** 3, b) *obs.* → **indentation** 5. **II** *v/t* **6.** *econ. jur.* durch Ausbildungs- *od.* Lehrvertrag binden.

**in·de·pend·ence** [ˌɪndɪˈpendəns] *s* Unabhängigkeit *f* (**from**, **of** von) (*a. pol.*), Selbständigkeit *f*: **I~ Day** *Am.* Unabhängigkeitstag *m* (*am 4. Juli zur Erinnerung an die Unabhängigkeitserklärung vom 4. 7. 1776*); ~ **movement** *pol.* Unabhängigkeitsbewegung *f*.

**in·de·pend·en·cy** [ˌɪndɪˈpendənsɪ] *s* **1.** → **independence**. **2.** *pol.* unabhängiger Staat. **3.** **I~** *relig.* → **Congregationalism** 2.

**in·de·pend·ent** [ˌɪndɪˈpendənt] **I** *adj* (*adv* ~**ly**) **1.** unabhängig (**of** von) (*a. pol.*), selbständig: ~ **travel(l)er** Einzelreisen-

de(r *m*) *f*. **2.** unbeeinflußt: **an ~ observer**. **3.** finanzi¹ell unabhängig: ~ **gentleman** Privatier *m*; **to be ~** auf eigenen Füßen stehen. **4.** finanzi¹ell unabhängig machend: **an ~ fortune**; **a man of ~ means** ein finanziell unabhängiger Mann. **5.** ~(**ly**) **of** ungeachtet (*gen*). **6.** freiheitsliebend. **7.** selbstbewußt, -sicher. **8.** *parl.* par¹tei-, frakti¹onslos. **9.** *math.* unabhängig: ~ **variable** unabhängige Veränderliche. **10.** *ling.* unabhängig, Haupt...: ~ **clause** Hauptsatz *m*. **11.** *tech.* unabhängig, eigen, Einzel...: ~**axle** Schwingachse *f*; ~ **fire** *mil.* Einzel-, Schützenfeuer *n*; ~ **suspension** *mot.* Einzelaufhängung *f*. **II** *s* **12.** Unabhängige(r *m*) *f*. **13.** *parl.* Par¹tei-, Frakti¹onslose(r *m*) *f*. **14.** *relig.* → **Congregationalist**.

**in-¹depth** *adj* tiefschürfend, gründlich: ~ **interview** *bes. sociol.* Tiefeninterview *n*.

**in·de·scrib·a·bil·i·ty** [ˈɪndɪˌskraɪbəˈbɪlətɪ] *s* Unbeschreiblichkeit *f*. **in·de-¹scrib·a·ble** *adj* (*adv* **indescribably**) **1.** unbeschreiblich. **2.** unbestimmt, ¹undefi,nierbar. **in·de¹scrib·a·ble·ness** *s* Unbeschreiblichkeit *f*.

**in·de·struct·i·bil·i·ty** [ˈɪndɪˌstrʌktəˈbɪlətɪ] *s* Unzerstörbarkeit *f*. **in·de-¹struct·i·ble** *adj* (*adv* **indestructibly**) unzerstörbar.

**in·de·ter·mi·na·ble** [ˌɪndɪˈtɜːmɪnəbl; *Am.* -ˈtɜr-] *adj* (*adv* **indeterminably**) **1.** unbestimmbar. **2.** ¹undefi,nierbar, nicht zu entscheiden(d).

**in·de·ter·mi·na·cy** [ˌɪndɪˈtɜːmɪnəsɪ; *Am.* -ˈtɜr-] *s* **indeterminateness**. ~ **prin·ci·ple** *s phys.* ¹Unschärferela-ti,on *f*.

**in·de·ter·mi·nate** [ˌɪndɪˈtɜːmɪnət; *Am.* -ˈtɜr-] *adj* (*adv* ~**ly**) **1.** unbestimmt (*a. math.*). **2.** unklar, ungewiß, unsicher. **3.** nicht defi¹niert, nicht genau festgelegt: ~ **sentence** *jur.* Strafe *f* von unbestimmter Dauer. **4.** unentschieden, ergebnislos. **5.** dem freien Willen folgend. **6.** *bot.* unbegrenzt: ~ **inflorescence** unbegrenzter Blütenstand. **7.** *ling.* unbetont u. von unbestimmter ¹Lautquali,tät. **in·de-¹ter·mi·nate·ness, in·de,ter·mi-¹na·tion** *s* **1.** Unbestimmtheit *f*. **2.** Ungewißheit *f*.

**in·de·ter·min·ism** [ˌɪndɪˈtɜːmɪnɪzəm; *Am.* -ˈtɜr-] *s philos.* Indetermi¹nismus *m* (*Lehrmeinung, nach der ein Geschehen nicht od. nur bedingt durch Kausalität od. Naturgeschehen bestimmt ist, vom einem bestimmtes Maß an Willensfreiheit angenommen wird*). **in·de¹ter·min·ist I** *s* Indetermi¹nist(in). **II** *adj* indetermi¹nistisch.

**in·dex** [ˈɪndeks] **I** *pl* **¹in·dex·es, ¹in·di·ces** [-dɪsiːz] *s* **1.** (Inhalts-, Namens-, Sach-, Stichwort)Verzeichnis *n*, Ta¹belle *f*, (¹Sach)Re,gister *n*, Index *m*. **2.** *a.* ~ **file** Kar¹tei *f*: ~ **card** Karteikarte *f*. **3.** *fig.* (of, to) a) (An)Zeichen *n* (von *od. für od. gen*), b) ¹Hinweis *m* (auf *acc*), c) Gradmesser *m* (für *od. gen*): **to be an ~ of** (*od.* **to**) → 17. **4.** *Statistik:* Index-, Meßziffer *f*, Vergleichs-, Meßzahl *f*, *econ.* Index *m*: ~ **of general business activity** Konjunkturindex. **5.** *tech.* a) (Uhr- *etc*)Zeiger *m*, b) Zunge *f* (*e-r Waage*), c) (Einstell)Marke *f*, Strich *m*. **6.** → **index finger**. **7.** *Wegweiser m*. **8.** *print.* Hand(zeichen *n*) *f*. **9.** *physiol.* (Schädel)Index *m*. **10.** (*pl nur* **indices**) *math.* a) Expo¹nent *m*, b) Index *m*, Kennziffer *f*: ~ **of a logarithm**; ~ **of refraction** *phys.* Brechungsindex *od.* -exponent. **11.** **I~** *R.C. hist.* Index *m* (*Liste der verbotenen Bücher*). **II** *v/t* **12.** mit e-m Inhaltsverzeichnis *etc* versehen: **to ~ a book**. **13.** a) in ein Verzeichnis aufneh-

men, b) in e-m Verzeichnis aufführen. **14.** kar¹teimäßig erfassen. **15.** *R.C. hist.* auf den Index setzen. **16.** *tech.* a) *Revolverkopf etc* schalten, b) einteilen (*in Maßeinheiten*): ~**ing disc** Schaltscheibe *f*. **17.** aufzeigen, ¹hinweisen *od.* -deuten auf (*acc*). **,in·dex¹a·tion** *s econ.* Inde¹xierung *f*. **¹in·dex·er** *s* Indexverfasser *m*.

**in·dex¹ fin·ger** *s* Zeigefinger *m*. ~ **fos·sils** *s pl geol.* ¹Leitfos,silien *pl.* **¹~-linked** *adj econ.* indexgebunden, Index...: ~ **pension**. ~ **num·ber** → **index** 4.

**In·di·a¹ ink** [ˈɪndjə; -dɪə] *s bes. Am.* (chi¹nesische) Tusche, Ausziehtusche *f*. **¹~-man** [-mən] *s irr mar. hist.* Ost¹indienfahrer *m* (*Schiff*).

**In·di·an** [ˈɪndjən; -dɪən] **I** *adj* **1.** (ost)indisch: **the ~ rope trick** der indische Seiltrick. **2.** indi¹anisch, Indianer...: ~ **reservations**. **3.** west¹indisch. **II** *s* **4.** a) Inder(in), b) Ost¹indier(in). **5.** *a.* **American ~**, **Red ~** Indi¹aner(in). **6.** *ling.* Indi¹anisch *n*. ~ **a·gent** *s Am.* Regierungsbeamter, der die Regierung gegenüber e-m Indianerstamm vertritt. ~ **bread** *s* **1.** Mani¹ok *m*. **2.** *Am.* Maisbrot *n*. ~ **club** *s sport* Keule *f*. ~ **corn** *s* Mais *m*. ~ **cress** *s bot.* Kapu¹zinerkresse *f*. ~ **Em·pire** *s pol.* Britisch-Indisches Reich (*bis 1947*). ~ **file** **I** *s*: **in ~** → II. **II** *adv* im Gänsemarsch. ~ **gift** *s Am. colloq.* Geschenk in Erwartung e-s Gegengeschenks. ~ **giv·er** *s Am. colloq.* a) *j-d*, der ein Geschenk in Erwartung e-s Gegengeschenks macht, b) *j-d*, der ein Geschenk zurückverlangt. ~ **hay** *s Am. sl.* Marihu¹ana *n*. ~ **hemp** *s bot.* **1.** Hanfartiges Hundsgift (*Nordamerika*). **2.** (*bes.* Ost¹indischer) Hanf.

**In·di·an·i·an** [ˌɪndɪˈænɪən] **I** *adj* aus (dem Staat) Indi¹ana (*USA*), Indiana... **II** *s* Bewohner(in) von Indi¹ana.

**In·di·an ink** *Br.* → **India ink**.

**In·di·an¹ lad·der** *s Am.* Leiter mit nur ¹einem Holm u. seitlichen Sprossen. ~ **lic·o·rice** *s bot.* Pater¹noster-Erbse *f*. ~ **list** *s Canad. colloq.* Liste von Personen, an die kein Alkohol verkauft werden darf. ~ **meal** *s Am.* Maismehl *n*. ~ **mil·let** *s bot.* **1.** Indi¹anerhirse *f*. **2.** Negerhirse *f*. ~ **nut** *s bot.* Betelnuß *f*. ~ **poke** *s bot.* Grüner Germer. ~ **pud·ding** *s gastr. Am.* gebackene Nachspeise aus Maismehl, Milch, Zucker, Butter u. Gewürzen. ~ **red** *s* Indisch-, Bergrot *n*. ~ **rice** *s bot.* Indi¹aner-, Wildreis *m*, Wasserhafer *m*. ~ **sum·mer** *s* Spät-, Alt¹weiber-, Nachsommer *m*. ~ **to·bac·co** *s bot. Amer.* Lo¹belie *f*. ~ **tur·nip** *s bot.* **1.** Feuerkolben *m*. **2.** Wurzel *f* des Feuerkolbens. ~ **wres·tling** *s* Armdrücken *n*.

**In·di·a¹ Of·fice** *s pol. Br.* Reichsamt *n* für Indien (*bis 1947*). ~ **pa·per** *s* **1.** ¹Chinapa,pier *n*. **2.** ¹Dünndruckpa,pier *n*. ~ **rub·ber, i~ rub·ber** *s* **1.** Kautschuk *m*, Gummi *m*, *u. a.* **2.** Ra¹diergummi *m*. **¹~-,rub·ber, i~-,rub·ber** *adj* Gummi...: ~ **ball**.

**In·dic¹** [ˈɪndɪk] *adj ling.* indisch (*die indischen Sprachen der indogermanischen Sprachfamilie betreffend*).

**in·dic²** [ˈɪndɪk] *adj chem.* Indium...

**in·di·cant** [ˈɪndɪkənt] **I** *adj* → **indicative** 1. **II** *s* → **indication**.

**in·di·cate** [ˈɪndɪkeɪt] *v/t* **1.** deuten *od.* zeigen *od.* weisen auf (*acc*). **2.** *fig.* a) aufzeigen, ¹hinweisen *od.* -deuten auf (*acc*), b) schließen lassen auf (*acc*), c) andeuten, zu erkennen *od.* verstehen geben. **3.** *fig.* angebracht *od.* angezeigt erscheinen lassen, *bes. med. a.* indi¹zieren: **to be ~d** angebracht *od.* angezeigt *od.* indiziert sein. **4.** *tech.* a) anzeigen (*Meßod. Prüfgerät*), b) (*mit e-m Meß- od. Prüfgerät*) nachweisen: ~**d air speed** *aer.*

angezeigte Fluggeschwindigkeit; **~d horsepower** indizierte Pferdestärke; **indicating range** Anzeigebereich *m*.

**in·di·ca·tion** *s* **1.** Deuten *n*, Zeigen *n* (of auf *acc*). **2.** *fig.* (of) a) (An)Zeichen *n* (für), b) 'Hinweis *m* (auf *acc*), c) Andeutung *f* (*gen*): **to give (some) ~ of →** indicate 2; **there is every ~** alles deutet darauf hin *od.* läßt darauf schließen (**that** daß). **3.** *med.* a) Indikati'on *f*, Heilanzeige *f*, b) Sym'ptom *n* (*a. fig.*). **4.** *tech.* Anzeige *f*.

**in·dic·a·tive** [ɪn'dɪkətɪv] **I** *adj* (*adv* ~ly) **1.** (of) a) aufzeigend (*acc*), b) andeutend (*acc*): **to be ~ of →** indicate 2. **2.** *ling.* indikativisch, Indikativ...: **~ mood →** 3. **II** *s* **3.** *ling.* Indikativ *m*, Wirklichkeitsform *f*.

**in·di·ca·tor** ['ɪndɪkeɪtə(r)] *s* **1.** *Statistik etc*: Indi'kator *m* (*Umstand etc, der als Anzeichen für e-e bestimmte Entwicklung etc dient*). **2.** *tech.* a) Zeiger *m*, b) Anzeiger *m*, Anzeige- *od.* Ablesegerät *n*, (Leistungs)Messer *m*, Zähler *m*: **~ board** Anzeigetafel *f*; **~ card, ~ diagram** Indikatordiagramm *n*, Leistungskurve *f* (*e-r Maschine*), c) Indi'kator *m* (*Instrument zum Messen des Druckverlaufs von Dampf, Gas od. Flüssigkeiten in e-m Zylinder*). **3.** *mot.* Richtungsanzeiger *m*, Blinker *m*. **4.** *chem.* Indi'kator *m* (*Stoff, der durch Farbänderung anzeigt, ob e-e Lösung alkalisch, neutral od. sauer reagiert*).

**in·dic·a·to·ry** [ɪn'dɪkətərɪ; *Am.* -ˌtəʊri:; -ˌtɔː-] → indicative 1.

**in·di·ca·trix** [ˌɪndɪ'keɪtrɪks] *s* Indi'katrix *f*: a) *math.* Kurve, die die Art der Krümmung e-r Fläche in der Umgebung e-s Flächenpunktes anzeigt, b) (*Optik*) Kurve, die die räumliche Lichtstärkeverteilung e-r Lichtquelle od. e-r beleuchteten Fläche angibt.

**in·di·ces** ['ɪndɪsiːz] *pl von* index.

**in·di·ci·a** [ɪn'dɪʃɪə; *Am. a.* -ʃə] *pl* **-a, -as** *s* **1.** In'diz *n*, Anzeichen *n* (of für). **2.** *mail Am.* Freimachungsvermerk *m*.

**in·di·ci·um** [ɪn'dɪʃɪəm] *pl* **-ci·a** [-ʃɪə; *Am. a.* -ʃə], **-ci·ums →** indicia 1.

**in·dict** [ɪn'daɪt] *v/t jur.* (öffentlich) anklagen (**for** wegen). **in'dict·a·ble** *adj* strafrechtlich verfolgbar: **~ offence** (*Am.* **offense**) a) *Br.* Straftat, die auf Grund e-r formellen Anklage unter Mitwirkung von Geschworenen abgeurteilt werden kann, b) *Am.* Straftat, die in der Regel auf Grund e-r formellen Anklage von Geschworenen abgeurteilt wird. **in·'dict·er** *s* (An)Kläger(in).

**in·dic·tion** [ɪn'dɪkʃn] *s* **1.** *hist.* a) E'dikt *n* (*e-s römischen Kaisers*) über die Steuerfestsetzung, b) Steuer *f*. **2.** *hist.* Indikti'onsperi,ode *f* (*15jährige Steuerperiode*). **3.** *obs.* Verkündigung *f*.

**in·dict·ment** [ɪn'daɪtmənt] *s jur.* **1.** (for-'melle) Anklage: **to bring an ~** Anklage erheben (**against** gegen); **to find an ~** *Am.* e-e Anklage für begründet erklären, (*etwa*) das Hauptverfahren eröffnen; **to dismiss** (*od.* **quash**) **the ~** die Anklage für nicht begründet erklären, (*etwa*) das Verfahren einstellen. **2.** *a.* **bill of ~** (for-'melle) Anklageschrift: **to prefer** (*od.* **present**) **a bill of ~** die Anklageschrift vorlegen.

**in·dic·tor** [ɪn'daɪtə(r)] → indicter.

**in·dif·fer·ence** [ɪn'dɪfrəns; *Am. a.* -fərns] *s* **1.** Gleichgültigkeit *f*, 'Indifferenz *f*. **2.** 'Unpar,teilichkeit *f*, Neutra-li'tät *f*. **3.** Mittelmäßigkeit *f*. **4.** Bedeutungslosigkeit *f*, Unwichtigkeit *f*: **it is a matter of ~** es ist belanglos.

**in·dif·fer·ent** [ɪn'dɪfrənt; *Am. a.* -fərnt] **I** *adj* (*adv* ~ly) **1.** gleichgültig, 'indiffe,rent (**to** gegen, gegen'über): **she is ~ to it** es

---

ist ihr gleichgültig. **2.** 'unpar,teilich, neu-'tral. **3.** mittelmäßig: a) leidlich, 'durchschnittlich: **~ quality**, b) nicht besonders gut: **she is an ~ cook** sie ist keine besonders gute Köchin. **4.** bedeutungs-, belanglos, unwichtig (**to** für). **5.** *chem. med. phys.* neu'tral, 'indiffe,rent. **6.** *biol.* nicht differen'ziert *od.* speziali'siert. **II** *s* **7.** Gleichgültige(r *m*) *f*. **8.** Neu'trale(r *m*) *f*.

**in'dif·fer·ent·ism** *s* **1.** Indifferen'tismus *m*, gleichgültiges Verhalten. **2. →** identity philosophy.

**in·di·gen** ['ɪndɪdʒən; -dʒiːn] → indigene.

**in·di·gence** ['ɪndɪdʒəns] *s* Armut *f*, Bedürftigkeit *f*, Mittellosigkeit *f*.

**in·di·gene** ['ɪndɪdʒiːn] *s* **1.** Eingeborene(r *m*) *f*. **2.** a) einheimisches Tier, b) einheimische Pflanze.

**in·dig·e·nize** [ɪn'dɪdʒənaɪz] *v/t Am.* **1.** *a. fig.* heimisch machen, einbürgern. **2.** (nur) mit einheimischem Perso'nal besetzen.

**in·dig·e·nous** [ɪn'dɪdʒɪnəs; -dʒə-] *adj* (*adv* ~ly) **1.** eingeboren, *a. bot. zo.* einheimisch (**to** in *dat*): **~ inhabitants** Ureinwohner. **2.** *fig.* angeboren (**to** *dat*). **3.** Eingeborenen...

**in·di·gent** ['ɪndɪdʒənt] **I** *adj* (*adv* ~ly) arm, bedürftig, mittellos. **II** *s* Bedürftige(r *m*) *f*, Mittellose(r *m*) *f*.

**in·di·gest·i·bil·i·ty** ['ɪndɪˌdʒestə'bɪlətɪ; *Am. a.* 'ɪndaɪˌdʒ-] *s* Unverdaulichkeit *f*. **in·di'gest·i·ble** *adj* (*adv* **indigestibly**) un-, schwerverdaulich (*a. fig.*). **in·di'ges·tion** [-'dʒestʃən; -tʃən] *s med.* Verdauungsstörung *f*: a) Indigesti'on *f* (*fehlende od. mangelhafte Verdauungstätigkeit*), b) Magenverstimmung *f*, verdorbener Magen. **in·di'ges·tive** *adj med.* a) mit Verdauungsstörungen verbunden, b) an e-r Verdauungsstörung leidend.

**in·dig·nant** [ɪn'dɪgnənt] *adj* (*adv* ~ly) entrüstet, ungehalten, empört, aufgebracht (**at, over, about, with** über *acc*).

**in·dig'na·tion** *s* Entrüstung *f*, Empörung *f*, Ungehaltenheit *f*, Unwille *m* (**at, with** über *acc*): **to my ~** zu m-r Entrüstung *od.* Empörung; **~ meeting** Protestversammlung *f*.

**in·dig·ni·ty** [ɪn'dɪgnətɪ] *s* Erniedrigung *f*, Demütigung *f*.

**in·di·go** ['ɪndɪgəʊ] *pl* **-gos, -goes** *s* **1.** Indigo *m* [Farbstoff]. **2. →** indigotin. **3.** Indigopflanze *f*. **4. →** indigo blue 1. **~ blue** *s* **1.** Indigoblau *n* (*Farbe*). **2. →** indigotin. **~·blue** *adj* indigoblau. **~ car·mine** *s chem.* 'Indigokar,min *n*. **~ cop·per** *s min.* Kupferindigo *m*.

**in·di·got·ic** [ˌɪndɪ'gɒtɪk; *Am.* -'gɑ-] *adj* **1.** Indigo... **2.** indigofarben.

**in·dig·o·tin** [ɪn'dɪgətɪn; ˌɪndɪ'gəʊtɪn] *s chem.* Indigo'tin *n*, Indigoblau *n*.

**in·di·rect** [ˌɪndɪ'rekt; -daɪ-] *adj* (*adv* ~ly) **1.** *allg.* 'indi,rekt: **~ election** (lighting, method, tax, *etc*). **2.** 'indi,rekt, mittelbar: **~ evidence; ~ cost** (*od.* **expense**) *econ.* Gemeinkosten *pl*; **~ exchange** *econ.* Preisnotierung *f* (*e-s Devisenkurses*); **~ labo(u)r cost** *econ.* Fertigungsgemeinkosten; **~ materials cost** Materialgemeinkosten. **3.** nicht di'rekt *od.* gerade (*a. fig.*): **an ~ answer** e-e ausweichende Antwort; **~ means** Umwege, Umschweife; **~ route** Umweg *m*. **4.** unehrlich, unredlich. **5.** *ling.* 'indi,rekt: **~ question, ~ object** indirektes Objekt, *bes.* Dativobjekt *n*; **~ passive** von e-m indirekten *od.* präpositionalen Objekt gebildetes Passiv; **~ speech** (*bes. Am.* **discourse**) indirekte Rede. **~ in·i·ti·a·tive** *s pol.* von Wählern ausgehender Gesetzesantrag, über den bei Ablehnung durch die gesetzgebende Ver-

---

sammlung ein Volksentscheid herbeigeführt wird.

**in·di·rec·tion** [ˌɪndɪ'rekʃn; -daɪ-] *s* **1.** 'indi,rektes Vorgehen. **2.** *fig.* 'Umweg *m*: **by ~** a) auf Umwegen, indirekt, b) hinten herum, auf unehrliche Weise. **3.** Unehrlichkeit *f*. **4.** Anspielung *f*. **5.** Ziellosigkeit *f*.

**in·di·rect·ness** *s* **1.** 'Indi,rektheit *f*. **2.** Unehrlichkeit *f*.

**in·di·ru·bin** [ˌɪndɪ'ruːbɪn] *s chem.* Indigorot *n*, Indiru'bin *n*.

**in·dis·cern·i·ble** [ˌɪndɪ'sɜːnəbl; -'zɜː-; *Am.* -'sɜr-; -'zɜr-] *adj* (*adv* **indiscernibly**) **1.** nicht wahrnehmbar, unmerklich. **2.** nicht unter'scheidbar (**from** von).

**in·dis·ci·pline** [ɪn'dɪsɪplɪn] *s* Diszi'plinlosigkeit *f*.

**in·dis·cov·er·a·ble** [ˌɪndɪ'skʌvərəbl] *adj* (*adv* **indiscoverably**) unauffindbar, nicht zu entdecken(d).

**in·dis·creet** [ˌɪndɪ'skriːt] *adj* (*adv* ~ly) **1.** unbesonnen, unbedacht. **2.** 'indis,kret: a) taktlos, b) nicht verschwiegen.

**in·dis·crete** [ˌɪndɪ'skriːt] *adj* (*adv* ~ly) kom'pakt, zs.-hängend, homo'gen.

**in·dis·cre·tion** [ˌɪndɪ'skreʃn] *s* **1.** Unbedachtheit *f*. **2.** Indiskreti'on *f*: a) Taktlosigkeit *f*, b) Mangel *m* an Verschwiegenheit.

**in·dis·crim·i·nate** [ˌɪndɪ'skrɪmɪnət] *adj* **1.** a) nicht wählerisch: **he is ~ in making friends** er schließt mit jedem Freundschaft, b) urteils-, kri'tiklos. **2.** a) wahl-, 'unterschiedslos: **he dealt out ~ blows** er schlug blind *od.* wahllos um sich, b) ungeordnet, kunterbunt. **in·dis'crim·i·nate·ly** *adv* ohne 'Unterschied (*etc*, *a.* → indiscriminate). **in·dis'crim·i·nate·ness** *s* **1.** Kri'tiklosigkeit *f*. **2.** Wahllosigkeit *f*. **in·dis-'crim·i·nat·ing** [-neɪtɪŋ] *s* → indiscriminate. **in·dis,crim·i'na·tion** *s* indiscriminateness. **in·dis'crim·i·na·tive** [-nətɪv; -neɪ-] → indiscriminate.

**in·dis·pen·sa·bil·i·ty** ['ɪndɪˌspensə-'bɪlətɪ] *s* Unentbehrlichkeit *f*, Unerläßlichkeit *f*. **in·dis'pen·sa·ble** *adj* (*adv* **indispensably**) **1.** unentbehrlich, unerläßlich (**to** für): **~ to life** lebensnotwendig. **2.** unerläßlich: **an ~ duty**. **II** *s* **3.** unentbehrliche Per'son *od.* Sache. **4.** *pl, a.* **pair of ~s** *obs. od. humor.* Hose *f*. **in·dis'pen·sa·ble·ness →** indispensability.

**in·dis·pose** [ˌɪndɪ'spəʊz] *v/t* **1.** untauglich machen (**for** zu). **2.** unpäßlich *od.* unwohl machen. **3.** abgeneigt machen (**to** do zu tun). **in·dis'posed** *adj* **1.** 'indispo,niert, unpäßlich, unwohl. **2.** abgeneigt (**for** *dat*; **to** do zu tun): **to be ~ to** do s.th. etwas nicht tun wollen.

**in·dis·po·si·tion** [ˌɪndɪspə'zɪʃn] *s* **1.** Indispositi'on *f*, 'Indispo,niertheit *f*, Unpäßlichkeit *f*, Unwohlsein *n*. **2.** Abgeneigtheit *f* (**for** gegen'über; **to** do zu tun).

**in·dis·put·a·ble** [ˌɪndɪ'spjuːtəbl] *adj* (*adv* **indisputably**) 'indispu,tabel, unstrittig, unstreitig.

**in·dis·so·lu·bil·i·ty** ['ɪndɪˌsɒljʊ'bɪlətɪ; *Am.* -,sɑljə'b-] *s* **1.** Unlöslichkeit *f*. **2.** *fig.* Unauflösbarkeit *f*. **in·dis'sol·u·ble** *adj* (*adv* **indissolubly**) **1.** unlöslich. **2.** *fig.* unauflösbar. **in·dis'sol·u·ble·ness →** indissolubility.

**in·dis·tinct** [ˌɪndɪ'stɪŋkt] *adj* (*adv* ~ly) **1.** a) undeutlich: **~ murmur; ~ outlines**, b) unscharf: **an ~ area in a photograph. 2.** unklar, verworren, dunkel, verschwommen: **~ ideas. in·dis'tinctive** *adj* (*adv* ~ly) ohne besondere Eigenart, nichtssagend: **~ features** ausdruckslose Züge. **in·dis'tinct·ness** *s* **1.** a) Undeutlichkeit *f*, b) Unschärfe *f*.

**2.** Unklarheit *f*, Verschwommenheit *f*.
**in·dis·tin·guish·a·ble** [ˌɪndɪˈstɪŋ-gwɪʃəbl] *adj* (*adv* **indistinguishably**) **1.** nicht zu 'unterscheiden(d) (**from** von). **2.** nicht wahrnehmbar *od.* erkennbar, nicht auszumachen(d).
**in·dite** [ɪnˈdaɪt] *v/t obs.* **1.** *e-n* Text abfassen, (nieder)schreiben. **2.** dik'tieren.
**in·di·vid·u·al** [ˌɪndɪˈvɪdjʊəl; -dʒəl; *Am.* ˌɪndɪˈvɪdʒwəl; -dʒəl] **I** *adj* (*adv →* **individually**) **1.** einzeln, individu'ell, Einzel..., Individual...: ~ **assets** *econ.* Privatvermögen *n* (*e-s* Gesellschafters); ~ **banker** *econ.* Privatbankier *m*; ~ **bargaining** *econ.* Einzel(tarif)verhandlung(en *pl*) *f*; ~ **case** Einzelfall *m*; ~ **credit** *econ.* Pro-Kopf-Einkommen *n*; ~ **income** *econ.* Individualeinkommen *n*; ~ **insurance** Einzelversicherung *f*; ~ **liberty** (*die*) Freiheit des einzelnen; ~ **psychology** Individualpsychologie *f* (*Forschungsrichtung, die sich mit dem Einzelwesen befaßt*); ~ **traffic** Individualverkehr *m*; ~ **travel(l)er** Einzelreisende(r *m*) *f*; **to give ~ attention to** individuell behandeln. **2.** für 'eine (einzelne) Per'son bestimmt, Einzel...: **she served the pudding in ~ portions. 3.** individu'ell, per'sönlich, eigentümlich, -willig, besonder(er, e, es), charakte'ristisch: **an ~ style;** ~ **behavio(u)r** Individualverhalten *n*. **4.** verschieden: **five ~ cups. 5.** *tech.* Einzel...: ~ **drive. II** *s* **6.** Indi'viduum *n*, 'Einzelmensch *m*, -wesen *n*, -per₁son *f*, Einzelne(r *m*) *f*. **7.** *meist contp.* Indi'viduum *n*, Per'son *f*. **8.** Einzelding *n*. **9.** untrennbares Ganzes. **10.** Einzelgruppe *f*. **11.** *biol.* 'Einzelorga₁nismus *m*, -wesen *n*. **in·di-'vid·u·al·ism** *s* **1.** Individua'lismus *m*: a) *philos.* Lehre, die dem Einzelwesen den Vorrang vor der Gemeinschaft gibt, b) *Betonung der Interessen des einzelnen, der besonderen Eigenarten u. Bedürfnisse des einzelnen Persönlichkeit,* c) *a. contp. Vertretung der eigenen Interessen;* Überbetonung der Bedürfnisse des einzelnen. **2.** → **individuality** 1. **in·di'vid·u·al·ist I** *s* Individua'list(in). **II** *adj* individua'listisch. **in·di₁vid·u·al'is·tic** *adj* (*adv ~ally*) individua'listisch.
**in·di·vid·u·al·i·ty** [ˈɪndɪˌvɪdjʊˈælətɪ; -dʒʊˈæ-; *Am.* -ˌvɪdʒəˈwæ-] *s* **1.** Individuali'tät *f*, (per'sönliche) Eigenart *od.* Note, Besonderheit *f*. **2.** Einzelwesen *n*, -mensch *m*. **3.** individu'elle Exi'stenz.
**in·di·vid·u·al·i·za·tion** [ˈɪndɪ-₁vɪdjʊəlaɪˈzeɪʃn; -dʒʊə-; *Am.* ˈɪndɪ₁vɪdʒwələˈz-; -₁vɪdʒələˈz-] *s* **1.** Individuali'sierung *f*: a) individu'elle Behandlung, b) einzelne Betrachtung. **2.** individu'elle Gestaltung. **in·di'vid·u·al·ize** *v/t* **1.** individuali'sieren: a) individu'ell behandeln, b) einzeln betrachten. **2.** individu'ell gestalten, e-e per'sönliche Note geben *od.* verleihen (*dat*): ~**d gifts** persönliche Geschenke. **in·di'vid·u·al·ly** *adv* **1.** einzeln, jed(er, e, es) für sich. **2.** einzeln betrachtet, für sich genommen. **3.** per-'sönlich: **this affects me ~.**
**in·di·vid·u·ate** [ˌɪndɪˈvɪdjʊeɪt; -dʒʊ-; *Am.* -dʒə₁weɪt] *v/t* **1.** → **individualize 2.** unter'scheiden (**from** von). **'in·di₁vid·u·a·tion** *s* **1.** Ausbildung *f* der Individuali'tät, *psych.* Individuati'on *f*. **2.** → **individualization 2.** *philos.* Individuati'on *f* (*Herausbildung des Einzelnen aus dem Allgemeinen*).
**in·di·vis·i·bil·i·ty** [ˈɪndɪˌvɪzɪˈbɪlətɪ] *s* Unteilbarkeit *f*. **in·di'vis·i·ble I** *adj* (*adv* **indivisibly**) unteilbar. **II** *s math.* unteilbare Größe. **in·di'vis·i·ble·ness** *s* Unteilbarkeit *f*.
**indo-¹** [ɪndəʊ] *chem.* Wortelement mit der Bedeutung Indigo...

**Indo-²** [ɪndəʊ] *Wortelement mit der Bedeutung* indisch, indo..., Indo...
**₁In·do-'-'Ar·y·an I** *adj* indisch-arisch. **II** *s* arischer *od.* indoger'manischer Inder. **~-Chi'nese, ~-chi'nese** *adj* indochi'nesisch, 'hinterindisch.
**in·do·cile** [ɪnˈdəʊsaɪl; *Am.* ɪnˈdɑsəl] *adj* **1.** ungelehrig. **2.** unfügsam. **in·do·cil·i·ty** [ˌɪndəʊˈsɪlətɪ; *Am. a.* -dɑ's-] *s* **1.** Ungelehrigkeit *f.* **2.** Unfügsamkeit *f.*
**in·doc·tri·nate** [ɪnˈdɒktrɪneɪt; *Am.* ɪnˈdɑk-] *v/t* **1.** *contp. bes. pol.* indoktri'nieren. **2.** unter'weisen, schulen (**in** in *dat*). **3.** erfüllen (**with** mit). **in₁doc·tri'na·tion** *s* **1.** Indoktrinati'on *f.* **2.** Unter'weisung *f*, Schulung *f.* **3.** Erfüllung *f.* **in'doc·tri·na·tor** [-tə(r)] *s* Unter'weiser *m*.
**'In·do-₁-¡Eu·ro'pe·an** *ling.* **I** *adj* **1.** indoger'manisch. **II** *s* **2.** Indoger'manisch *n*, das Indogermanische. **3.** Indoger-'mane *m*, -ger'manin *f.* **~-Ger'man·ic** → **Indo-European** 1 *u.* 2. **~-I'ra·ni·an** *ling.* **I** *adj* indoi'ranisch, arisch. **II** *s* Indoi'ranisch *n*, Arisch *n*.
**in·dol** ['ɪndəʊl; *Br. a.* -dɒl; *Am. a.* -₁dɑl], **in·dole** [-dəʊl] *s chem.* In'dol *n*.
**in·do·lence** ['ɪndələns] *s* **1.** Trägheit *f*, Indo'lenz *f* (*a. med.* [*Schmerz*]*Unempfindlichkeit, Schmerzlosigkeit*). **2.** *med.* a) langsamer Verlauf, b) langsamer 'Heilungspro₁zeß. **'in·do·lent** *adj* (*adv ~ly*) **1.** a) träg(e), indo'lent, b) träg(e) machend: **the ~ heat of the afternoon. 2.** *med.* a) indo'lent, (schmerz)unempfindlich, b) indo'lent, schmerzlos, c) langsam vor'anschreitend, d) langsam heilend.
**in·dom·i·ta·ble** [ɪnˈdɒmɪtəbl; *Am.* ɪnˈdɑmə-] *adj* (*adv* **indomitably**) **1.** unbezähmbar, nicht 'unterzukriegen(d). **2.** unbeugsam. **in'dom·i·ta·ble·ness** *s* Unbezähmbarkeit *f.*
**In·do·ne·sian** [ˌɪndəʊˈniːzjən; *Am.* -ʒən; -ʃən] **I** *s* **1.** Indo'nesier(in). **2.** *ling.* Indo-'nesisch *n*, das Indonesische. **II** *adj* **3.** indo'nesisch.
**in·door** ['ɪndɔː(r)] *adj* Haus..., Zimmer..., *sport* Hallen...: ~ **aerial** (*bes. Am.* **antenna**) Zimmerantenne *f*; ~ **dress** Hauskleid *n*; ~ **games** a) Spiele fürs Haus, b) *sport* Hallenspiele; ~ **garments** Hauskleidung *f*; ~ **plant** Zimmerpflanze *f*; ~ **shot** *phot.* Innenaufnahme *f*; ~ **swimming pool** Hallenbad *n*.
**in·doors** [₁ɪn'dɔː(r)z] *adv* **1.** im Haus, drinnen. **2.** ins Haus (hin'ein).
**in·dorse** [ɪnˈdɔː(r)s], *etc* → **endorse**, *etc.*
**in·draft,** *bes. Br.* **in·draught** [ˈɪndrɑːft; *Am.* ˈɪn₁dræft] *s* **1.** (Her)'Einziehen *n*, Ansaugen *n*, Sog *m*. **2.** Einwärtsströmung *f.* **3.** Zu-, Einströmen *n*.
**in·drawn** [₁ɪn'drɔːn] *adj* **1.** (hin-)'eingezogen. **2.** *fig.* zu'rückhaltend.
**in·du·bi·ta·ble** [ɪnˈdjuːbɪtəbl; *Am. a.* ɪnˈduː-] *adj* (*adv* **indubitably**) unzweifelhaft, zweifellos, fraglos.
**in·duce** [ɪnˈdjuːs; *Am. bes.* ɪnˈduːs] *v/t* **1.** *j-n* veranlassen, bewegen, bestimmen (**to** do zu tun). **2.** (*künstlich*) her'beiführen, her'vorrufen, bewirken, verursachen, auslösen, führen zu, fördern: **to ~ labo(u)r** *med.* die Geburt einleiten; ~**d sleep** *med.* künstlich erzeugter Schlaf. **3.** *Logik:* indu'zieren (*vom besonderen Einzelfall auf das Allgemeine schließen*) (**from** aus). **4.** *electr. etc* indu'zieren, erzeugen: ~**d** *electr.* induziert, sekundär; ~**d current** *electr.* Induktionsstrom *m*; ~**d draft** (*bes. Br.* **draught**) Saugzug *m*, künstlicher (Luft)Zug; ~**d transformation** (*Atomphysik*) künstliche Umwandlung. **in'duce·ment** *s* **1.** Anlaß *m*, Beweggrund *m.* **2.** a) Veranlassung *f*, b) Anreiz *m*: ~ **to buy** Kaufanreiz. **in'duc·er** *s* **1.** Veranlasser(in). **2.** *tech.* Vorverdichter *m.*

**in·duct** [ɪnˈdʌkt] *v/t* **1.** (*in ein Amt etc*) einführen, -setzen. **2.** *j-n* einführen, einweihen (**into, to** in *acc*). **3.** führen, geleiten (**into** in *acc*, zu). **4.** *mil. Am.* einziehen, -berufen. **in'duc·tance** *s electr.* **1.** Indukti'on *f*, Induktivi'tät *f*: ~ **coil** Induktionsspule *f.* **2.** Induk'tanz *f*, induk'tiver ('Blind)₁Widerstand. **in·duc·'tee** [-'tiː] *s mil. Am.* Re'krut *m.*
**in·duc·tile** [ɪnˈdʌktaɪl; *Am.* -tl] *adj* **1.** *phys. tech.* a) undehnbar, unstreckbar, unhämmerbar, b) un(aus)ziehbar, c) unbiegsam. **2.** *fig.* unfügsam.
**in·duc·tion** [ɪnˈdʌkʃn] **I** *s* **1.** (künstliche) Her'beiführung, Auslösung *f*: ~ **of labo(u)r** *med.* Geburtseinleitung *f.* **2.** *Logik:* a) Indukti'on *f*, b) Induktions'schluß *m.* **3.** *electr. etc* Indukti'on *f.* **4.** *mot.* Ansaugung *f*, Einlaß *m*: ~ **pipe** Ansaugkrümmer *m*, -leitung *f.* **5.** Einführung *f*, -setzung *f.* **6.** Einweihung *f.* **7.** *mil. Am.* Einberufung *f*, Einziehung *f*: ~ **order** Einberufungsbefehl *m.* **II** *adj* **8.** *electr. etc* Induktions...: ~ **coil** (**current, motor,** *etc*).
**in·duc·tive** [ɪnˈdʌktɪv] *adj* (*adv ~ly*) **1.** *electr. etc* induk'tiv, Induktions...: ~ **load** induktive Belastung; ~ **resistor** induktiver Widerstand. **2.** *Logik:* induk'tiv.
**in·duc·tor** [ɪnˈdʌktə(r)] *s* **1.** *electr.* Drosselspule *f.* **2.** *biol.* In'duktor *m*, Organi-'satorsub₁stanz *f.* **3.** *chem.* In'duktor *m*, Reakti'onsbeschleuniger *m.* **4.** (*in ein Amt etc*) Einführende(r *m*) *f.*
**in·due** → **endue.**
**in·dulge** [ɪnˈdʌldʒ] **I** *v/t* **1.** nachsichtig sein gegen, gewähren lassen, *j-m* nachgeben: **to ~ s.o. in s.th.** a) *j-m* etwas nachsehen, b) *j-m* in *e-r* Sache nachgeben; **to ~ o.s. in s.th.** sich etwas gönnen *od.* leisten. **2.** *Kinder* verwöhnen. **3.** *e-r Neigung etc* nachgeben, frönen, sich 'hingeben: **to ~ a passion. 4.** *econ. j-m* (Zahlungs)Aufschub gewähren: **to ~ a debtor. 5.** sich gütlich tun an (*dat*), genießen. **6.** *j-n* zu'friedenstellen, befriedigen (**with** mit). **II** *v/i* **7.** (**in**) schwelgen (in *dat*), sich 'hingeben (*dat*), frönen (*dat*), freien Lauf lassen (*dat*). **8.** (**in**) sich gütlich tun (an *dat*), genießen (*acc*): **to ~ in s.th.** sich etwas gönnen *od.* leisten. **9.** *colloq.* sich (gern *od.* oft) ,einen genehmigen' (*trinken*).
**in·dul·gence** [ɪnˈdʌldʒəns] *s* **1.** Nachsicht *f*: **to ask s.o.'s ~** *j-n* um Nachsicht bitten; **to treat s.o. with ~** *j-n* nachsichtig behandeln. **2.** Entgegenkommen *n*, Gefälligkeit *f.* **3.** Verwöhnung *f.* **4.** (**in**) Frönen *n* (*dat*), Schwelgen *n* (in *dat*): (**excessive**) ~ **in alcohol** übermäßiger Alkoholgenuß. **5.** Zügel-, Maßlosigkeit *f.* **6.** a) Luxus *m*: **an occasional cigar is his only ~,** b) Genuß *m.* **7.** *econ.* Stundung *f*, (Zahlungs)Aufschub *m.* **8.** Vorrecht *n*, Privi'leg *n.* **9.** *hist.* Gewährung *f* größerer religi'öser Freiheiten an Dissi-'denten u. Katho'liken. **10.** *R.C.* Ablaß *m*: **sale of** ~ Ablaßhandel *m.* **in·dul-genced** [-nst] *adj relig.* Ablaß...: ~ **prayer. in'dul·gent** *adj* (*adv ~ly*) nachsichtig (**to** gegen, gegen'über).
**in·du·men·tum** [ˌɪndjʊˈmentəm; *Am.* ₁ɪndə'm-; ₁ɪndʒə'm-] *pl* **-tums, -ta** [-tə] *s* **1.** *zo.* Federkleid *n*, Gefieder *n.* **2.** *bot.* (Haar)Kleid *n*, Flaum *m.*
**in·du·rate** ['ɪndjʊəreɪt; *Am.* 'ɪndə₁reɪt; 'ɪndʒə-] **I** *v/t* **1.** härten, hart machen. **2.** *fig.* a) verhärten, abstumpfen, b) abhärten (**against, to** gegen). **II** *v/i* **3.** sich verhärten: a) hart werden, b) *fig.* abstumpfen. **4.** *fig.* abgehärtet werden. **III** *adj* [-rət] **5.** verhärtet, *fig. a.* abgestumpft, hart. **in·du·ra·tion** *s* **1.** (*a. med.* Ver)Härtung *f.* **2.** *fig.* a) Verhärtung *f*, Abstumpfung *f*, b) Abhärtung *f.*

**in·dus·tri·al** [ɪnˈdʌstrɪəl] **I** *adj* (*adv* ~ly) **1.** industri'ell, gewerblich, Industrie..., Fabrik..., Gewerbe..., Wirtschafts...: ~ **action** *Br.* Arbeitskampf *m*; ~ **arch(a)eology** Industriearchäologie *f* (*Teilbereich der Denkmalpflege, der sich mit technischen Denkmälern, z. B. Fabriken, Brücken, beschäftigt*); ~ **area** Industriegebiet *n*; ~ **art** a) Werbegraphik *f*, b) *pl ped.* Werkunterricht *m*; ~ **artist** Werbegraphiker(in); ~ **association** *Am.* Industrie-, Wirtschaftsverband *m*; ~ **bonds** Industrieobligationen; ~ **diamond** Industriediamant *m*; ~ **disease** Berufskrankheit *f*; ~ **espionage** Industrie-, Werkspionage *f*; ~ **estate** *Br.* Industrie(an)siedlung *f*; ~ **front** *Br.* Streikfront *f*; ~ **law** *Br.* Arbeitsrecht *n*; ~ **park** *Am.* Industriepark *m*, -gebiet *n*; ~ **peace** Arbeitsfriede *m*; ~ **pollution** Umweltverschmutzung *f* durch die Industrie; ~ **spy** Industrie-, Werkspion *m*; ~ **shares** (*bes. Am.* **stocks**) Industrieaktien; ~ **town** Industriestadt *f*; ~ **tribunal** *Br.* Arbeitsgericht *n*; ~ **waste** Industrieabfälle *pl.* **2.** industriali'siert, Industrie...: an ~ **nation** Industriestaat *m*; ~ **society** Industriegesellschaft *f*. **3.** in der Indu'strie beschäftigt, Industrie...: ~ **workers** Industriearbeiterschaft *f*. **4.** Betriebs...: ~ **accident** Betriebsunfall *m*; ~ **hygiene** Gesundheitsschutz *m* am Arbeitsplatz; ~ **management** Betriebsführung *f*; ~ **medicine** Arbeitsmedizin *f*; ~ **psychology** Betriebspsychologie *f*. **5.** industri'ell erzeugt: ~ **products** Industrieprodukte, gewerbliche Erzeugnisse. **6.** nur für industri'ellen Gebrauch bestimmt: ~ **alcohol** Industriealkohol *m*, denaturierter Alkohol. **II** *s* **7.** Industri'elle(r *m*) *f*. **8.** *pl econ.* Indu'striepa₌piere *pl*, -werte *pl*.

**in·dus·tri·al| and prov·i·dent so·ci·e·ty** *s econ. Br.* Erwerbs- u. Wirtschaftsgenossenschaft *f*. ~ **as·sur·ance** *Br.* → **industrial life insurance**. ~ **code** *s econ.* Gewerbeordnung *f*. ~ **de·sign** *s* Indu'striede₌sign *n*, industri'elle Formgebung. ~ **de·sign·er** *s* Indu'striede₌signer *m*. ~ **en·gi·neer** *s Am.* 'Wirtschaftsingeni₌eur *m*. ~ **en·gi·neer·ing** *s Am.* In'dustrial engi'neering *n* (*Beschäftigung mit Fragen der industriellen Fertigung von Gütern mit dem Ziel, die wirtschaftliche Produktion mit humanen Arbeitsbedingungen zu verbinden*). ~ **in·sur·ance** → **industrial life insurance**.

**in·dus·tri·al·ism** [ɪnˈdʌstrɪəlɪzəm] *s econ.* Industria'lismus *m* (*Vorherrschen der Industrie in der Wirtschaft e-s Landes u. die sich daraus ergebenden Konsequenzen*). **in'dus·tri·al·ist** *s* Industri'elle(r *m*) *f*. **in₌dus·tri·al·i'za·tion** [-laɪˈzeɪʃn; *Am.* -lə'z-] *s* Industriali'sierung *f*. **in'dus·tri·al·ize** *v/t* industriali'sieren.

**in·dus·tri·al| life in·sur·ance** *s* Kleinlebensversicherung *f*. ~ **part·ner·ship** *s econ. Am.* Gewinnbeteiligung *f* der Arbeitnehmer. ~ **prop·er·ty** *s jur.* gewerbliches Eigentum (*Patente etc*): ~ **rights** gewerbliche Schutzrechte. ~ **re·la·tions** *s pl econ.* a) Beziehungen *pl* zwischen Arbeitgeber u. Arbeitnehmern, b) Beziehungen *pl* zwischen Betriebsführung u. Gewerkschaften. **I~ Rev·o·lu·tion** *s hist.* (die) industri'elle Revolu'tion. ~ **school** *s* **1.** *Br.* Gewerbeschule *f*. **2.** *Am.* (*einzelstaatliche*) Jugendstrafanstalt *f*. ~ **trust** *s* Finan'zierungsgesellschaft *f* für Indu'striebedarf. ~ **un·ion** *s econ.* Indu'striegewerkschaft *f*.

**in·dus·tri·ous** [ɪnˈdʌstrɪəs] *adj* (*adv* ~ly) fleißig: a) arbeitsam, b) eifrig, emsig. **in'dus·tri·ous·ness** *s* Fleiß *m*.

**in·dus·try** [ˈɪndəstrɪ] *s* **1.** *econ.* a) Indu-'strie *f* (*e-s Landes etc*), b) Indu'strie (-zweig *m*) *f*, Gewerbe(zweig *m*) *n*: the **steel** ~ die Stahlindustrie; **secondary industries** weiterverarbeitende Industrien; → **heavy 1, mining industry, tourist 3. 2.** *econ.* Unter'nehmer(schaft *f*) *pl.* **3.** *econ.* Arbeit *f* (*als volkswirtschaftlicher Wert*). **4.** Fleiß *m*, (Arbeits)Eifer *m*, Emsigkeit *f*.

**in·dwell** [₌ɪnˈdwel] *irr* **I** *v/t* **1.** bewohnen. **2.** *fig.* innewohnen (*dat*). **II** *v/i* **3.** (**in**) a) wohnen (in *dat*), b) *fig.* innewohnen (*dat*). **'in₌dwell·er** *s poet.* Bewohner(in). **'in₌dwell·ing** *adj* **1.** innewohnend. **2.** ~ **catheter** *med.* Verweilkatheter *m*.

**in·earth** [ɪnˈɜːθ; *Am.* ɪnˈɜrθ] *v/t poet.* zur letzten Ruhe betten, beerdigen.

**in·e·bri·ant** [ɪˈniːbrɪənt] *adj u. s* berauschend(es Mittel).

**in·e·bri·ate I** *v/t* [ɪˈniːbrɪeɪt] **1.** berauschen: a) betrunken machen, b) *fig.* trunken machen. **2.** *fig.* betäuben. **II** *s* [-ət] **3.** Betrunkene(r *m*) *f*. **4.** (Gewohnheits-)Trinker(in). **in₌e·bri'a·tion, in·e·bri·e·ty** [₌niːˈbraɪətɪ] *s* Trunkenheit *f*.

**in·ed·i·bil·i·ty** [ɪn₌edɪˈbɪlətɪ] *s* Ungenießbarkeit *f*. **in'ed·i·ble** *adj* ungenießbar, nicht eßbar.

**in·ed·it·ed** [ɪnˈedɪtɪd] *adj* **1.** unveröffentlicht. **2.** 'unredi₌giert.

**in·ed·u·ca·bil·i·ty** [ɪn₌edjʊkəˈbɪlətɪ; ɪn-₌edʒʊ-; *Am.* ɪn₌edʒəkə'b-] *s ped. psych.* Sonderschulbedürftigkeit *f*. **in'ed·u·ca·ble** *adj* sonderschulbedürftig.

**in·ed·u·ca·tion** [ɪn₌edjuːˈkeɪʃn; ₌edʒuː-; *Am.* ɪn₌edʒəˈk-] *s* Unbildung *f*.

**in·ef·fa·ble** [ɪnˈefəbl] *adj* (*adv* ineffably) unbeschreiblich, unsagbar, unsäglich: ~ **joy**.

**in·ef·face·a·ble** [₌ɪnɪˈfeɪsəbl] *adj* (*adv* ineffaceably) **1.** unlöschbar. **2.** *fig.* unauslöschlich.

**in·ef·fec·tive** [₌ɪnɪˈfektɪv] **I** *adj* (*adv* ~ly) **1.** 'ineffek₌tiv, unwirksam, wirkungslos: **to become** ~ *jur.* unwirksam werden, außer Kraft treten. **2.** 'ineffek₌tiv, frucht-, erfolglos. **3.** unfähig, untauglich (*a. mil.*). **4.** nicht eindrucks- od. ef'fektvoll. **II** *s* **5.** Unfähige(r *m*) *f*. **in·ef·fec·tive·ness** *s* **1.** Unwirksamkeit *f*, Wirkungslosigkeit *f*. **2.** Erfolglosigkeit *f*. **3.** Unfähigkeit *f*, Untauglichkeit *f*.

**in·ef·fec·tu·al** [₌ɪnɪˈfektʊəl; *Am.* -tʃəwəl; -kʃəwəl] *adj* (*adv* ~ly) → **ineffective 1–3**. **'in·ef₌fec·tu·al·i·ty** [-tʃʊˈæl ɪ; *Am.* -tʃəˈwæ-], **in·ef·fec·tu·al·ness** *s* ineffectiveness.

**in·ef·fi·ca·cious** [₌ɪnefɪˈkeɪʃəs] *adj* (*adv* ~ly) → **ineffective 1 u. 2. 2.** **in·ef·fi'ca·cious·ness, in'ef·fi·ca·cy** [-kəsɪ] → **ineffectiveness 1 u. 2**.

**in·ef·fi·cien·cy** [₌ɪnɪˈfɪʃnsɪ] *s* **1.** 'Ineffizi₌enz *f*, Untüchtigkeit *f*, (Leistungs-)Unfähigkeit *f*. **2.** 'Ineffizi₌enz *f*, Unwirksamkeit *f*, Wirkungslosigkeit *f*. **3.** 'Ineffizi₌enz *f*, Unwirtschaftlichkeit *f*, 'unratio₌nelle Arbeitsweise. **4.** 'Ineffizi₌enz *f*, Untauglichkeit *f*, Unbrauchbarkeit *f*. **in·ef'fi·cient** *adj* (*adv* ~ly) **1.** 'ineffizi₌ent, untüchtig, (leistungs)unfähig. **2.** 'ineffizi₌ent, unwirksam. **3.** 'ineffizi₌ent, 'unratio₌nell, unwirtschaftlich. **4.** 'ineffizi₌ent, unbrauchbar, untauglich, *tech. a.* leistungsschwach.

**in·e·las·tic** [₌ɪnɪˈlæstɪk] *adj* (*adv* ~ally) **1.** 'une₌lastisch (*a. fig.*): ~ **demand** *econ.* unelastische Nachfrage; ~ **scattering** *phys.* unelastische Streuung. **2.** *fig.* a) starr: ~ **policy**, b) nicht anpassungsfähig. **in·e·las'tic·i·ty** [-'tɪsətɪ] *s* **1.** Mangel *m* an Elastizi'tät. **2.** *fig.* a) Starrheit *f*, b) Mangel *m* an Anpassungsfähigkeit.

**in·el·e·gance** [ɪnˈelɪɡəns], **in'el·e·gan·cy** [-sɪ] *s* 'Unele₌ganz *f*. **in'el·e·gant** *adj* (*adv* ~ly) 'unele₌gant.

**in·el·i·gi·bil·i·ty** [ɪn₌elɪdʒəˈbɪlətɪ] *s* **1.** fehlende Eignung. **2.** fehlende Berechtigung. **3.** Unwählbarkeit *f*. **in'el·i·gi·ble I** *adj* (*adv* ineligibly) **1.** (**for**) nicht in Frage kommend (für): a) ungeeignet, unannehmbar, 'inakzep₌tabel (für), b) nicht berechtigt od. befähigt (zu), 'unqualifi₌ziert (für): **to be** ~ **for** keinen Anspruch haben auf (*acc*); ~ **to vote** nicht wahlberechtigt, c) nicht teilnahmeberechtigt (an *dat*), *sport a.* nicht startberechtigt (für), d) nicht wählbar. **2.** a) unerwünscht, b) unpassend, ungeeignet: **at an** ~ **moment**. **3.** *econ.* nicht bank- od. dis'kontfähig. **II** *s* **4.** *colloq.* nicht in Frage kommende Per'son od. Sache.

**in·el·o·quence** [ɪnˈeləkwəns] *s* Mangel *m* an Redegewandtheit. **in'el·o·quent** *adj* (*adv* ~ly) nicht redegewandt.

**in·e·luc·ta·ble** [₌ɪnɪˈlʌktəbl] *adj* (*adv* ineluctably) unabwendbar, unentrinnbar: ~ **fate**.

**in·ept** [ɪˈnept] *adj* (*adv* ~ly) **1.** unpassend: a) ungeeignet, b) verfehlt: **an** ~ **comparison** ein unpassender Vergleich. **2.** albern, töricht. **3.** a) ungeschickt, unbeholfen: **he's quite** ~ **at tennis** er stellt sich beim Tennis ziemlich ungeschickt an, b) unfähig. **in'ep·ti·tude** [-tɪtjuːd; *Am. a.* ₌tuːd], **in'ept·ness** *s* **1.** Albernheit *f*. **2.** a) Ungeschicklichkeit *f*, Unbeholfenheit *f*, b) Unfähigkeit *f*.

**in·e·qual·i·ty** [₌ɪnɪˈkwɒlətɪ; *Am.* ₌'kwɑ-] *s* **1.** Ungleichheit *f* (*a. astr. math. sociol.*), Verschiedenheit *f*: ~ **of opportunity** (*od.* **opportunities**) Chancenungleichheit. **2.** *math.* Ungleichung *f*.

**in·eq·ui·ta·ble** [ɪnˈekwɪtəbl] *adj* (*adv* inequitably) ungerecht, unbillig. **in'eq·ui·ta·ble·ness, in'eq·ui·ty** [-wətɪ] *s* Ungerechtigkeit *f*, Unbilligkeit *f*.

**in·e·rad·i·ca·ble** [₌ɪnɪˈrædɪkəbl] *adj* (*adv* ineradicably) unausrottbar (*a. fig.*).

**in·e·ras·a·ble** [₌ɪnɪˈreɪzəbl] *adj* (*adv* inerasably) **1.** unlöschbar. **2.** *fig.* unauslöschlich.

**in·er·ran·cy** [ɪnˈerənsɪ] *s* Unfehlbarkeit *f*. **in'er·rant** *adj* (*adv* ~ly) unfehlbar.

**in·ert** [ɪˈnɜːt; *Am.* ɪˈnɜrt] *adj* (*adv* ~ly) **1.** *phys.* träg(e): ~ **mass. 2.** *chem.* in'ert, reakti'onsträg(e): ~ **gas** Edelgas *n*. **3.** träg(e): a) *lustlos u. ohne Schwung*, b) *schwerfällig u. langsam*: **politically** ~ **citizens.**

**in·er·tia** [ɪˈnɜːʃjə; -ʃə; *Am.* ɪˈnɜr-] *s* **1.** *phys.* (Massen)Trägheit *f*, Beharrungsvermögen *n*: **law of** ~ Trägheitsgesetz *n*; **momentum of** ~ Trägheitsmoment *n*; ~**-reel seat belt** mot. Automatikgurt *m*; ~ **starter** mot. Schwungkraftanlasser *m*. **2.** *chem.* Iner'tie *f*, Reakti'onsträgheit *f*. **3.** Trägheit *f*: ~ **selling** *Br.* Praktik, unbestellte Waren zu versenden u. sie in Rechnung zu stellen, falls sie nicht zurückgeschickt werden. **in·er·tial** [ɪˈnɜːʃl; *Am.* ɪnˈɜrʃəl] *adj phys.* Trägheits...: ~ **force** Trägheitskraft *f*; ~ **system** (*od.* **reference frame**) (*Relativitätstheorie*) Inertialsystem *n* (*Bezugssystem, in dem es keine Gravitationskräfte gibt*). **in'ert·ness** → **inertia**.

**in·es·cap·a·ble** [₌ɪnɪˈskeɪpəbl] *adj* (*adv* inescapably) unvermeidlich: a) unentrinnbar, unabwendbar, b) zwangsläufig, unweigerlich.

**in·es·cutch·eon** [₌ɪnɪˈskʌtʃən] *s her.* Herzschild *m*.

**in·es·sen·tial** [₌ɪnɪˈsenʃl] *adj* unwesentlich, unwichtig, entbehrlich. **II** *s* (*etwas*) Unwesentliches, Nebensache *f*.

**in·es·ti·ma·ble** [ɪnˈestɪməbl] *adj* (*adv* inestimably) unschätzbar: **of** ~ **value** von unschätzbarem Wert.

**in·ev·i·ta·bil·i·ty** [ɪn₌evɪtəˈbɪlətɪ] *s* Un-

vermeidlichkeit f. **in'ev·i·ta·ble I** adj (adv **inevitably**) **1.** unvermeidlich: a) unentrinnbar: ~ **fate**; ~ **accident** jur. unvermeidliches Ereignis, b) 'unum·ˌgänglich, zwangsläufig: **it was** ~ **for their marriage to break up** ihre Ehe zerbrach zwangsläufig, c) colloq. obli·'gat: **she was wearing her** ~ **large hat. 2.** na'turgemäß gehörend (**to** zu). **II** s **3. the** ~ das Unvermeidliche: → **bow¹ 5. in'ev·i·ta·ble·ness** → inevitability.

**in·ex·act** [ˌɪnɪgˈzækt] adj (adv ~**ly**) ungenau. **ˌin·exˈac·ti·tude** [-tɪtjuːd; Am. a. -ˌtuːd], **ˌin·exˈact·ness** s Ungenauigkeit f.

**in·ex·cus·a·ble** [ˌɪnɪkˈskjuːzəbl] adj unverzeihlich, unentschuldbar. **ˌin·exˈcus·a·bly** adv unverzeihlich(erweise).

**in·ex·haust·i·ble** [ˌɪnɪgˈzɔːstəbl] adj (adv **inexhaustibly**) unerschöpflich. **ˌin·exˈhaus·tive** adj (adv ~**ly**) **1.** obs. → inexhaustible. **2.** fig. nicht erschöpfend.

**in·ex·o·ra·bil·i·ty** [ɪnˌeksərəˈbɪlətɪ] s Unerbittlichkeit f. **in'ex·o·ra·ble** adj (adv **inexorably**) unerbittlich. **in'ex·o·ra·ble·ness** → inexorability.

**in·ex·pe·di·ence** [ˌɪnɪkˈspiːdjəns; -dɪəns], **ˌin·exˈpe·di·en·cy** s Unzweckmäßigkeit f. **ˌin·exˈpe·di·ent** adj (adv ~**ly**) **1.** nicht ratsam, unangebracht. **2.** unzweckmäßig.

**in·ex·pen·sive** [ˌɪnɪkˈspensɪv] adj (adv ~**ly**) billig, nicht teuer. **ˌin·exˈpen·sive·ness** s Billigkeit f.

**in·ex·pe·ri·ence** [ˌɪnɪkˈspɪərɪəns] s Unerfahrenheit f. **ˌin·exˈpe·ri·enced** adj unerfahren.

**in·ex·pert** [ɪnˈekspɜːt; ˌɪnekˈspɜːt; Am. -ɜːrt] adj (adv ~**ly**) **1.** unerfahren: **to be** ~ **in** (od. **at**) keine Erfahrung haben in (dat). **2.** unfachmännisch. **3.** ungeschickt, unbeholfen (**in, at** in dat).

**in·ex·pi·a·ble** [ɪnˈekspɪəbl] adj (adv **inexpiably**) **1.** unsühnbar. **2.** obs. unversöhnlich, unerbittlich.

**in·ex·plain·a·bil·i·ty** [ˈɪnɪkˌspleɪnəˈbɪlətɪ] → inexplicability. **ˌin·exˈplain·a·ble** → inexplicable. **ˌin·exˈplain·a·ble·ness** → inexplicability. **ˌin·exˈplain·a·bly** → inexplicably.

**in·ex·pli·ca·bil·i·ty** [ɪnˌeksplɪkəˈbɪlətɪ; ˈɪnɪkˌsplɪkəˈb-] s Unerklärlichkeit f. **in·ex·pli·ca·ble** [ɪnˈeksplɪkəbl; ˈɪnɪkˈsplɪkəbl] adj unerklärbar, unerklärlich. **in·ex·pli·ca·ble·ness** → inexplicability. **in·ex·pli·ca·bly** adv unerklärlich(erweise).

**in·ex·plic·it** [ˌɪnɪkˈsplɪsɪt] adj (adv ~**ly**) **1.** undeutlich, unbestimmt, unklar. **2.** nicht offen od. deutlich (**about, on** in bezug auf acc).

**in·ex·plo·sive** [ˌɪnɪkˈspləʊsɪv] adj (adv ~**ly**) nicht explo'siv, explosi'onssicher.

**in·ex·press·i·ble** [ˌɪnɪkˈspresəbl] **I** adj (adv **inexpressibly**) unaussprechlich, unsäglich, unbeschreiblich. **II** s pl, a. **pair of** ~**s** obs. od. humor. Hose f.

**in·ex·pres·sive** [ˌɪnɪkˈspresɪv] adj (adv ~**ly**) **1.** ausdruckslos, nichtssagend: **an** ~ **face**; ~ **style** farbloser od. fader Stil; **to be** ~ **of** s.th. etwas nicht ausdrücken od. zum Ausdruck bringen. **2.** inhaltslos. **ˌin·exˈpres·sive·ness** s **1.** Ausdruckslosigkeit f. **2.** Inhaltslosigkeit f.

**in·ex·pug·na·bil·i·ty** [ˈɪnɪkˌspʌgnəˈbɪlətɪ; Am. a. -ˌspjuːnəˈb-] → impregnability. **in·exˈpug·na·ble** adj (adv **inexpugnably**) → impregnable. **ˌin·exˈpug·na·ble·ness** → impregnability.

**in·ex·ten·si·ble** [ˌɪnɪkˈstensəbl] adj unausdehnbar, nicht (aus)dehnbar.

**in ex·ten·so** [ˌɪnɪkˈstensəʊ] (Lat.) adv in ex'tenso: a) vollständig, ungekürzt, b) ausführlich.

**in·ex·tin·guish·a·ble** [ˌɪnɪkˈstɪŋgwɪʃəbl] adj (adv **inextinguishably**) **1.** unlöschbar. **2.** fig. unauslöschlich. **3.** untilgbar.

**in ex·tre·mis** [ˌɪnɪkˈstriːmɪs; Am. a. -ˈstreɪməs] (Lat.) adv **1.** in äußerster Not. **2.** in ex'tremis, im Sterben: **to be** ~ in den letzten Zügen liegen; **baptism** ~ Nottaufe f.

**in·ex·tri·ca·ble** [ɪnˈekstrɪkəbl; ˌɪnɪkˈstrɪ-] adj (adv **inextricably**) **1.** unentwirrbar (a. fig.): **an** ~ **knot. 2.** fig. äußerst verwickelt, (gänzlich) verworren. **3.** fig. ausweglos. **4.** kunstvoll verschlungen: **an** ~ **design.**

**in·fal·li·bi·lism** [ɪnˈfæləblɪzəm] s R.C. Infallibi'lismus m (Lehre von der Unfehlbarkeit). **in'fal·li·bi·list** s R.C. Infallibi'list(in). **in·fal·li'bil·i·ty** [-ˈbɪlətɪ] s Unfehlbarkeit f, R.C. a. Infallibili'tät f. **in'fal·li·ble** adj unfehlbar, R.C. a. infal'libel. **in'fal·li·bly** adv **1.** → infallible. **2.** colloq. todsicher, ganz bestimmt.

**in·fa·mize** ['ɪnfəmaɪz] v/t obs. **1.** entehren. **2.** verleumden.

**in·fa·mous** ['ɪnfəməs] adj (adv ~**ly**) **1.** verrufen, berüchtigt (**for** wegen). **2.** schändlich, niederträchtig, gemein, in'fam. **3.** jur. Am. **a) he is** ~ ihm wurden die bürgerlichen Ehrenrechte aberkannt, **b)** ~ **crime** Verbrechen, das den Verlust der bürgerlichen Ehrenrechte nach sich zieht. **4.** colloq. mise'rabel, ‚saumäßig‘: **an** ~ **meal. 'in·fa·mous·ness** → infamy 1, 2.

**in·fa·my** ['ɪnfəmɪ] s **1.** Verrufenheit f. **2.** Schändlichkeit f, Niedertracht f, Gemeinheit f, Infa'mie f. **3.** niederträchtige Handlung, Infa'mie f. **4.** jur. Am. Verlust m der bürgerlichen Ehrenrechte.

**in·fan·cy** ['ɪnfənsɪ] s **1.** frühe Kindheit, frühes Kindesalter, bes. Säuglingsalter n. **2.** jur. Minderjährigkeit f. **3.** fig. Anfang(sstadium n) m: **to be in its** ~ in den Anfängen od. ‚Kinderschuhen‘ stecken.

**in·fant** ['ɪnfənt] **I** s **1.** Säugling m. **2. a)** (kleines) Kind, **b)** ped. Br. Schüler(in) e-r **infant school** (→ 6). **3.** jur. Minderjährige(r m) f. **II** adj **4.** Säuglings...: ~ **mortality** Säuglingssterblichkeit f; ~ **welfare** Säuglingsfürsorge f. **5.** (noch) klein, im Kindesalter (stehend): **his** ~ **son** sein kleiner Sohn; ~ **Jesus** das Jesuskind; ~ **prodigy** Wunderkind n. **6.** Kinder..., Kindes...: ~ **school** Br. Grundschule f für Kinder zwischen 5 u. 7 (Jahren). **7.** jur. minderjährig. **8.** fig. in den Anfängen od. ‚Kinderschuhen‘ steckend, jung: **an** ~ **industry.**

**in·fan·ta** [ɪnˈfæntə] s hist. In'fantin f. **in'fan·te** [-tɪ] s hist. In'fant m.

**in·fan·ti·cid·al** [ɪnˌfæntɪˈsaɪdl] adj kind(e)smörderisch. **in'fan·ti·cide** s **1.** Kind(e)stötung f. **2.** Kind(e)s-, Kindermörder(in).

**in·fan·tile** ['ɪnfəntaɪl; Am. a. -tl; -ˌtiːl] adj **1.** infan'til: ~ **disease** Kinder..., Kindes...: ~ **diseases** Kinderkrankheiten; ~ (**spinal**) **paralysis** med. (spinale) Kinderlähmung. **4.** psych. frühkindlich: ~ **sexuality. 5.** → infant 8. **in·fan'til·i·ty** [-ˈtɪlətɪ] s **1.** Infantili'tät f, kindisches Wesen. **2.** Kindlichkeit f.

**in·fan·ti·lism** [ɪnˈfæntɪlɪzəm; Am. ˈɪnfənˌtaɪlɪzəm] s **1.** Infanti'lismus m: a) psych. Verharren in kindlichen Denk-, Äußerungs- u. Verhaltensweisen im Erwachsenenalter, b) med. aufgrund verschiedener Krankheiten bedingter Entwicklungszustand einzelner Organe od. des gesamten Organismus, der dem e-s (wesentlich jüngeren) Kindes entspricht. **2.** infan'tile od. kindische Sprechweise.

**in·fan·tine** ['ɪnfəntaɪn; Am. a. -ˌtiːn] → infantile.

**in·fan·try** ['ɪnfəntrɪ] s mil. Infante'rie f, Fußtruppe f. **'~man** [-mən] s irr Infante'rist m.

**in·farct** [ɪnˈfɑː(r)kt; 'ɪnfɑː(r)kt] s med. In'farkt m: → **cardiac infarct, pulmonary. in'farc·tion** [-kʃn] s med. **1.** In'farktbildung f. **2.** In'farkt m: → **cardiac infarction, pulmonary.**

**in·fare** ['ɪnfeə(r)] s bes. Br. dial. **a)** Einzugsparty f (im neuen Haus), **b)** Hochzeitsempfang m.

**in·fat·u·ate** [ɪnˈfætjʊeɪt; -tʃʊ-; Am. -tʃəˌweɪt] v/t **1.** betören (**with** durch). **2.** j-m völlig den Kopf verdrehen. **in'fat·u·at·ed** adj **1.** betört. **2.** vernarrt (**with** in acc).

**in·fat·u·a·tion** [ɪnˌfætjʊˈeɪʃn; -tʃʊ-; Am. -tʃəˈw-] s **1.** Betörung f. **2.** Vernarrtheit f (**for**, **with** in acc). **3.** Schwarm m: **she's his latest** ~; **this music is his** ~ er schwärmt für diese Musik.

**in·fect** [ɪnˈfekt] v/t **1.** med. j-n od. etwas infi'zieren, j-n anstecken (**with** mit; **by** durch): **to become** ~**ed** sich infizieren od. anstecken; ~**ed area** verseuchtes Gebiet. **2.** bot. befallen. **3.** a) verpesten: **to** ~ **the air**, b) fig. vergiften: **to** ~ **the atmosphere. 4.** fig. j-n anstecken (**with** mit): a) mitreißen, b) (moralisch) verderben, (ungünstig) beeinflussen.

**in·fec·tion** [ɪnˈfekʃn] s **1.** med. a) Infekti'on f, Ansteckung f: **to catch** (od. **take**) **an** ~ sich infizieren od. anstecken, b) Infekti'onskrankheit f, In'fekt m, c) Ansteckungskeim m, Infekti'onsstoff m. **2.** bot. Befall m. **3.** a) Verpestung f, b) fig. Vergiftung f. **4.** fig. Ansteckung f: a) Mitreißen n, b) (ungünstige) Beeinflussung.

**in·fec·tious** [ɪnˈfekʃəs] adj (adv ~**ly**) **1.** med. ansteckend, infekti'ös: ~ **disease** Infektionskrankheit f; **he is still** ~ bei ihm besteht noch immer Ansteckungsgefahr. **2.** fig. ansteckend: **laughing is** ~ Lachen steckt an. **in'fec·tious·ness** s **1.** (das) Ansteckende (a. fig.), Infektiosi'tät f. **in'fec·tive** [ɪnˈfektɪv] adj (adv ~**ly**) → infectious: ~ **agent** Infektionserreger m. **in'fec·tive·ness** → infectiousness.

**in·fe·cund** [ɪnˈfiːkənd] → infertile. **in·fe·cun·di·ty** [ˌɪnfiːˈkʌndətɪ] → infertility.

**in·feed** ['ɪnfiːd] tech. **I** s **1.** Vorschub m (Werkzeugmaschine). **2.** Aufgabe f, Zuführung f (von Füllgut etc): ~ **side** Beschickungsseite f; ~ **table** Aufgabetisch m. **II** v/t [a. ɪnˈfiːd] irr **3.** zuführen, aufgeben.

**in·fe·lic·i·tous** [ˌɪnfɪˈlɪsɪtəs] adj (adv ~**ly**) **1.** unglücklich. **2.** fig. unglücklich (gewählt), ungeschickt: **an** ~ **remark. in·fe'lic·i·ty** s **1.** Unglück n, Elend n. **2.** unglücklicher 'Umstand. **3.** unglücklicher Ausdruck.

**in·fer** [ɪnˈfɜː; Am. ɪnˈfɜːr] **I** v/t **1.** schließen, folgern, ableiten (**from** aus). **2.** schließen lassen auf (acc), erkennen lassen. **3.** andeuten, zu verstehen od. verstehen geben. **II** v/i **4.** Schlüsse ziehen.

**in·fer·a·ble** [ɪnˈfɜːrəbl] adj zu schließen(d), zu folgern(d), ableitbar (**from** aus).

**in·fer·ence** ['ɪnfərəns] s **1.** Folgern n. **2.** (Schluß)Folgerung f, (Rück)Schluß m: **to make** (od. **draw**) **~s** Schlüsse ziehen.

**in·fer·en·tial** [ˌɪnfəˈrenʃl] adj **1.** Schluß..., Folgerungs... **2.** gefolgert: ~ **evidence** jur. Indizienbeweis m. **3.** zu folgern(d). **4.** folgernd. **ˌin·fer'en·tial·ly** adv durch (Schluß)Folgerung(en).

**in·fer·i·ble** [ɪnˈfɜːrəbl] → inferable.

**in·fe·ri·or** [ɪnˈfɪərɪə(r)] **I** adj **1.** (to) ˈuntergeordnet (dat), (im Rang) tieferstehend, niedriger, geringer (als): **an ~ caste** e-e niedrige od. untere Kaste; **~ court** jur. niederes od. unteres od. untergeordnetes Gericht; **in an ~ position** in untergeordneter Stellung; **to be ~ to** s.o. a) j-m untergeordnet sein, b) j-m nachstehen, j-m unterlegen sein; **he is ~ to none** er nimmt es mit jedem auf. **2.** weniger wert, von geringerem Wert (**to** als). **3.** minderwertig, zweitklassig, -rangig, mittelmäßig: **~ quality** econ. minderwertige Waren. **4.** (räumlich) unter, tiefer, Unter...: **~ maxilla** anat. Unterkiefer m. **5.** bot. a) ˈunterständig: **an ~ ovary**, b) dem Deckblatt nahegelegen. **6.** astr. unter: a) der Sonne näher als die Erde: **an ~ planet**, b) der Erde näher als die Sonne: **an ~ conjunction**, c) unter dem Horizont liegend. **7.** print. tiefstehend: **~ character** → 10. **II** s **8.** ˈUntergeordnete(r m) f, Unterˈgebene(r m) f. **9.** Unterˈlegene(r m) f, Schwächere(r m) f: **to be s.o.'s ~ in** s.th. j-m in e-r Sache nachstehen od. unterlegen sein. **10.** print. Index m, tiefstehendes Zeichen.

**in·fe·ri·or·i·ty** [ɪnˌfɪərɪˈɒrətɪ; Am. -ˈɑr-] s **1.** ˈUntergeordnetheit f. **2.** (a. zahlen- u. mengenmäßige) Unterˈlegenheit f. **3.** Minderwertigkeit f, Mittelmäßigkeit f. **4.** a. **~ feeling** psych. Minderwertigkeitsgefühl n: **~ complex** psych. Minderwertigkeitskomplex m.

**in·fer·nal** [ɪnˈfɜːnl; Am. -ˈfɜr-] adj (adv **~ly**) **1.** ˈunterirdisch, stygisch: **the ~ regions** die Unterwelt. **2.** höllisch, inferˈnal(isch), Höllen...: **~ machine** obs. Höllenmaschine f. **3.** fig. teuflisch: **an ~ deed** e-e Teufelei. **4.** colloq. gräßlich, schrecklich, höllisch, inferˈnalisch: **an ~ noise** ein Höllenlärm. **in·fer·nal·i·ty** [-ˈnælətɪ] s **1.** teuflisches Wesen. **2.** Teufeˈlei f.

**in·fer·no** [ɪnˈfɜːnəʊ; Am. -ˈfɜr-] pl **-nos** s a) Inˈferno n, Hölle f (beide a. fig.): **the ~ of war** das Inferno des Krieges, b) Flammenmeer n.

**in·fer·ra·ble, in·fer·ri·ble** [ɪnˈfɜːrəbl] → inferable.

**in·fer·tile** [ɪnˈfɜːtaɪl; Am. ɪnˈfɜrtl] adj unfruchtbar: a) biol. med. steˈril, b) nicht ertragreich: **~ land**, c) fig. unschöpferisch. **in·fer·til·i·ty** [-ˈtɪlətɪ] s Unfruchtbarkeit f.

**in·fest** [ɪnˈfest] v/t **1.** bes. e-n Ort heimsuchen, unsicher machen. **2.** verseuchen, befallen (Parasiten etc): **~ed with** voll von, verseucht durch; **~ed with bugs** verwanzt. **3.** fig. überˈschwemmen, -ˈlaufen: **~ed with** wimmelnd von; **the streets were ~ed with people** auf den Straßen wimmelte es von Menschen. **in·fes·ta·tion** s **1.** Heimsuchung f. **2.** Verseuchung f, Befall m. **3.** fig. Überˈschwemmung f.

**in·feu·da·tion** [ˌɪnfjuːˈdeɪʃn] s jur. hist. **1.** Belehnung f. **2.** Zehntverleihung f an Laien.

**in·fi·del** [ˈɪnfɪdəl] relig. **I** s Ungläubige(r m) f. **II** adj ungläubig. **in·fi·del·i·ty** [-ˈdelətɪ] s **1.** relig. Ungläubigkeit f. **2.** a) (eheliche) Untreue f: **conjugal** (od. **marital**) **~** eheliche Untreue, b) ˈSeitensprung' m.

**in·field** [ˈɪnfiːld] s **1.** agr. a) dem Hof nahe Felder pl, b) Ackerland n. **2.** Baseball, Kricket: a) Innenfeld n, b) Innenfeldspieler pl. **ˈin·field·er** s Baseball, Kricket: Innenfeldspieler m.

**in·fight·ing** [ˈɪnˌfaɪtɪŋ] s **1.** Boxen: Nahkampf m, Infight m. **2.** (parˈtei- etc)inˌterne Kämpfe pl od. Streiteˈreien pl.

**in·fil·trate** [ˈɪnfɪltreɪt; ɪnˈfɪl-] **I** v/t **1.** einsickern in (acc) (a. mil.), infilˈtrieren (a. med.). **2.** durchˈsetzen, -ˈdringen,

-ˈtränken (**with** mit). **3.** einschleusen, -schmuggeln (**into** in acc). **4.** pol. unterˈwandern, infilˈtrieren. **II** v/i **5.** einsickern (**into** in acc) (a. mil.). **6. ~ into** → 4. **III** s **7.** med. Infilˈtrat n (in Gewebe eingedrungene Substanz). **in·fil·tra·tion** s **1.** Einsickern n, Infiltratiˈon f. **2.** Durchˈsetzen n, -ˈdringen n. **3.** Einschleusung f. **4.** pol. Unterˈwanderung f. **5.** med. a) Infiltratiˈon f: **~ an(a)esthesia** Infiltrationsanästhesie f (örtliche Betäubung durch Einspritzungen), b) → infiltrate 7.

**in·fin·i·tant** [ɪnˈfɪnɪtənt] adj Logik: negativ modifiˈzierend. **in·fin·i·tate** [-teɪt] v/t Logik: negativ modifiˈzieren.

**in·fi·nite** [ˈɪnfɪnət] **I** adj **1.** unˈendlich, grenzenlos, unermeßlich (alle a. fig.): **~ space** (**pleasure, wisdom**, etc); **his patience is ~** s-e Geduld kennt keine Grenzen. **2.** endlos. **3.** gewaltig, ungeheuer. **4.** mit s pl unzählige: **~ stars**. **5.** math., a. mus. unˈendlich: **~ integral; ~ series** unendliche Reihe. **6.** ling. nicht durch Perˈson u. Zahl bestimmt: **~ verb** Verbum n infinitum. **7.** Logik: negativ modifiˈziert. **II** s **8.** (das) Unˈendliche. **9.** **the I~** (**Being**) der Unendliche, Gott m. **10.** math. unˈendliche Größe od. Zahl. **ˈin·fi·nite·ly** adv unˈendlich (etc, → infinite): **~ variable** tech. stufenlos (regelbar). **ˈin·fi·nite·ness** → infinity 1.

**in·fin·i·tes·i·mal** [ˌɪnfɪnɪˈtesɪml] **I** adj (adv **~ly**) **1.** unˈendlich od. verschwindend klein, winzig. **2.** math. infinitesiˈmal (sich e-m Grenzwert annähernd, ohne ihn zu erreichen): **~ calculus** Infinitesimalrechnung f. **II** s **3.** unˈendlich kleine Menge. **4.** math. infinitesiˈmale Größe.

**in·fin·i·ti·val** [ˌɪnfɪnɪˈtaɪvl; ˌɪnfɪnˈt-] → infinitive I.

**in·fin·i·tive** [ɪnˈfɪnɪtɪv] ling. **I** s Infinitiv m, Grund-, Nennform f. **II** adj infinitivisch, Infinitiv...: **~ mood** → I.

**in·fin·i·tude** [ɪnˈfɪnɪtjuːd; Am. a. -ˌtuːd] **1.** unˈendliche Größe od. Zahl. **2.**

**in·fin·i·ty** [ɪnˈfɪnətɪ] s **1.** Unˈendlichkeit f, Grenzenlosigkeit f, Unermeßlichkeit f (alle a. fig.): **to ~** endlos, ad infinitum. **2.** unˈendlicher Raum, unˈendliche Menge od. Zahl od. Zeit od. Größe: **an ~ of people** unˈendlich viele Leute; **I seemed to wait for an ~** die Wartezeit kam mir endlos vor. **3.** math. unˈendliche Menge od. Größe, a. Unˈendliche (a. philos.).

**in·firm** [ɪnˈfɜːm; Am. ɪnˈfɜrm] adj (adv **~ly**) **1.** med. schwach, gebrechlich: **to walk with ~ steps** mit unsicheren Schritten gehen. **2.** a) med. geistesschwach, b) chaˈrakter-, willensschwach: **~ of purpose** unentschlossen, schwankend. **3.** anfechtbar, fragwürdig: **an ~ assumption.** **in·fir·ma·ry** [-ərɪ] s **1.** Krankenhaus n. **2.** Krankenzimmer n, -stube f (in Internaten etc). **3.** mil. (ˈKranken)Reˌvier n: **~ case** Revierkranke(r) m. **in·fir·mi·ty** s **1.** med. a) Schwäche f, Gebrechlichkeit f, b) Gebrechen n: **infirmities of old age** Altersgebrechen pl. **2.** a) med. Geistesschwäche f, b) Chaˈrakter-, Willensschwäche f: **~ of purpose** Unentschlossenheit f. **3.** Anfechtbarkeit f, Fragwürdigkeit f. **inˈfirm·ness** → infirmity 1 a, 2, 3.

**in·fix I** v/t [ɪnˈfɪks] **1.** hinˈeintreiben, einrammen. **2. to ~ s.th. in** s.o. j-m etwas einprägen od. einschärfen. **3.** ling. ein Affix einfügen. **II** s [ˈɪnfɪks] **4.** ling. Inˈfix n (Affix im Inneren e-s Stammes).

**in·flame** [ɪnˈfleɪm] **I** v/t **1.** entzünden (a. med.): **to become ~d** → 3. **2.** fig. a) j-s Blut in Wallung bringen: b) Gefühle etc entzünden, (ent)flammen, c) j-n entflammen, erregen: **~d with love** in Liebe entbrannt; **~d with rage** wutentbrannt. **II** v/i **3.** sich entzünden (a. med.), Feuer

fangen. **4.** fig. a) entbrennen (**with** vor dat), b) sich erhitzen, in Wut geraten. **in·flamed** adj **1.** entzündet (etc, → inflame I). **2.** her. a) brennend, b) mit Flämmchen verziert.

**in·flam·ma·bil·i·ty** [ɪnˌflæməˈbɪlətɪ] s **1.** Entflammbarkeit f, Entzündlichkeit f, Brennbarkeit f. **2.** Feuergefährlichkeit f. **3.** fig. Erregbarkeit f. **in·flam·ma·ble** **I** adj (adv **inflammably**) **1.** entflammbar, brennbar, leichtentzündlich: **~ gas**. **2.** feuergefährlich. **3.** fig. reizbar, leichterregbar, hitzig, jähzornig. **II** s **4.** leichtentzündlicher od. feuergefährlicher Stoff. **in·flam·ma·tion** [ˌɪnfləˈmeɪʃn] s **1.** med. Entzündung f. **2.** fig. Entflammung f, Erregung f. **in·flam·ma·to·ry** [ɪnˈflæmətərɪ; Am. -ˌtɔːriː] adj **1.** med. entzündlich, Entzündungs... **2.** fig. aufrührerisch, aufhetzend, Hetz...: **an ~ speech**.

**in·flat·a·ble** [ɪnˈfleɪtəbl] **I** adj aufblasbar: **~ boat** Schlauchboot n. **II** s aufblasbarer Gegenstand, z.B. Schlauchboot n.

**in·flate** [ɪnˈfleɪt] **I** v/t **1.** aufblasen, mit Luft od. Gas füllen, Reifen etc aufpumpen. **2.** med. aufblähen, -treiben. **3.** econ. den Geldumlauf ˈübermäßig steigern, die Preise etc in die Höhe treiben, Geld über die Deckung hinˈaus in ˈUmlauf setzen. **II** v/i **4.** aufgeblasen od. aufgepumpt werden, sich mit Luft od. Gas füllen. **in·flat·ed** adj **1.** aufgeblasen (a. fig.): **~ with pride** stolzgeschwellt. **2.** med. aufgebläht, -getrieben. **3.** fig. schwülstig, bomˈbastisch: **~ style**. **4.** fig. übersteigert, -ˈtrieben: **to have an ~ opinion of o.s.** ein übersteigertes Selbstbewußtsein haben. **5.** econ. überˈhöht: **~ prices**. **inˈflat·er** s tech. Luftpumpe f.

**in·fla·tion** [ɪnˈfleɪʃn] s **1.** Aufblasen n, Aufpumpen n. **2.** fig. a) Aufgeblasenheit f, b) Schwülstigkeit f. **3.** econ. Inflatiˈon f: **~ rate** Inflationsrate f; **~ creeping** 1, **galloping, runaway** 4. **in·fla·tion·ar·y** [-ʃnərɪ; Am. -ʃəˌneriː] adj econ. inflaˈtorisch, inflatioˈnär, Inflations...: **~ policy; ~ spiral** Inflationsspirale f. **inˈfla·tion·ism** s econ. Inflatioˈnismus m (wirtschaftspolitische Richtung, nach der zur Erhaltung der Vollbeschäftigung e-e schleichende Inflation in Kauf genommen werden kann). **inˈfla·tion·ist** econ. **I** s Inflatioˈnist m. **II** adj inflatioˈnistisch: a) den Inflationismus betreffend, b) → inflationary.

**in·fla·tion-proof** econ. **I** adj inflatiˈonssicher, -geschützt. **II** v/t inflatiˈonssicher machen, vor Inflatiˈon schützen. **in·fla·tion-racked** adj inflatiˈonsgeschädigt.

**inˈfla·tor** → inflater.

**in·flect** [ɪnˈflekt] **I** v/t **1.** beugen, (nach innen) biegen. **2.** mus. rhet. den Ton etc moduˈlieren, abwandeln. **3.** ling. beugen, flekˈtieren. **II** v/i **4.** mus. rhet. sich abwandeln. **5.** ling. beugen, flektˈieren. **in·flec·tion,** bes. Br. **in·flex·ion** [ɪnˈflekʃn] s **1.** Beugung, Biegung f, Krümmung f. **2.** mus. rhet. Modulatiˈon f, Abwandlung f. **3.** ling. a) Beugung f, Flexiˈon f, b) Flexiˈonsform f, -endung f. **4.** math. a) Wendung f, b) a. **~ point** Knick-, Wendepunkt m (e-r Kurve). **in·flec·tion·al,** bes. Br. **in·flex·ion·al** [-ʃənl] adj **1.** Beugungs... **2.** ling. Flexions..., flekˈtierend.

**in·flec·tive** [ɪnˈflektɪv] → inflectional.

**in·flex·i·bil·i·ty** [ɪnˌfleksəˈbɪlətɪ] s **1.** Inflexibiliˈtät f: a) Unbiegsamkeit f, b) fig. Unbeweglichkeit f. **2.** fig. Unbeugsamkeit f, Unfolgsamkeit f. **inˈflex·i·ble** adj (adv **inflexibly**) **1.** ˈinfleˌxibel: a) unbiegsam, ˈuneˌlastisch, starr, b) fig. nicht anpassungsfähig, unbeweglich. **2.**

*fig.* unlenkbar, unlenksam, unfolgsam.

**in·flex·ion**, *etc bes. Br. für* **inflection**, *etc.*

**in·flict** [ɪnˈflɪkt] *v/t* (**on, upon**) **1.** *Leid, Schaden etc* zufügen (*dat*), *e-e Niederlage, e-e Wunde, Verluste* beibringen (*dat*), *e-n Schlag* versetzen (*dat*). **2.** *e-e Strafe* auferlegen (*dat*), verhängen (*über acc*): **to ~ punishment on s.o. 3.** aufbürden (*dat*): **to ~ o.s. upon s.o.** sich j-m aufdrängen; **to ~ s.th. upon s.o.** j-n mit etwas belligen *od.* belästigen. **in·flic·tion** *s* **1.** Zufügung *f*. **2.** Auferlegung *f*, Verhängung *f* (*e-r Strafe*). **3.** Plage *f*, Last *f*: **they are ~s** sie sind so e-e Plage.

**ˈin-flight** *adj aer.* **1.** Bord...: **~ fare** Bordverpflegung *f*. **2.** während des Flugs: **~ refuel(l)ing** Auftanken *n* in der Luft.

**in·flo·res·cence** [ˌɪnfloːˈresns; -fləˈr-] *s* **1.** *bot.* a) Blütenstand *m*, b) Blüten *pl*. **2.** (Auf)Blühen *n*.

**in·flow** [ˈɪnfləʊ] → **influx**.

**in·flu·ence** [ˈɪnfluəns] **I** *s* **1.** Einfluß *m*, Einwirkung *f* (**on, upon, over** *auf acc*; **with** *bei*): **undue ~** *jur.* unzulässige Beeinflussung; **to be under s.o.'s ~** unter j-s Einfluß stehen; **under the ~ of drink** (*od.* **alcohol**) unter Alkoholeinfluß (stehend), in angetrunkenem Zustand; **under the ~** *colloq.* ‚blau‘; **to exercise** (*od.* **exert**) **a great ~** großen Einfluß ausüben; **to have ~ with** Einfluß haben bei; **to use one's ~ to bring about** hinwirken auf (*acc*). **2.** Einfluß *m*, Macht *f*: **sphere of ~** *pol.* Interessensphäre *f*, Machtbereich *m*. **3.** einflußreiche Persönlichkeit *od.* Kraft: **he is an ~ in politics; to be an ~ for good** e-n guten Einfluß ausüben. **4.** *electr.* Influenz *f* (*Trennung von Ladungen durch ein elektrisches Feld*). **5.** *astr.* Einfluß *m* der Gestirne. **II** *v/t* **6.** beeinflussen: **don't let him ~ your decision** lassen Sie sich nicht von ihm in Ihrer Entscheidung beeinflussen. **7.** bewegen (**to do** zu tun). **8.** e-n Schuß Alkohol geben in (*ein Getränk*). **ˈin·flu·ent** **I** *adj* **1.** (her)einströmend, -fließend. **II** *s* **2.** Zustrom *m*. **3.** *geogr.* Nebenfluß *m*. **4.** bestimmender Faktor (*Tier od. Pflanze, die für die Ökologie e-s Landes von Bedeutung ist*).

**in·flu·en·tial** [ˌɪnfluˈenʃl] *adj* (*adv* **~ly**) **1.** einflußreich. **2.** (**on**) von (großem) Einfluß (auf *acc*), maßgeblich (bei).

**in·flu·en·za** [ˌɪnfluˈenzə] *med. I s* Grippe *f*. **II** *adj* Grippe...: **~ epidemic** (**virus**, *etc*), **in·flu·en·zal** *adj* grip'pös.

**in·flux** [ˈɪnflʌks] *s* **1.** Einströmen *n*, Zustrom *m*, Zufluß *m*. **2.** *econ.* (*Kapital etc*)Zufluß *m*, (*Waren*)Zufuhr *f*: **~ of gold** Goldzufluß *m*. **3.** *geogr.* (Fluß)Mündung *f*. **4.** *fig.* Zustrom *m*: **~ of visitors** Besucherstrom *m*.

**in·fo** [ˈɪnfəʊ] *colloq. für* **information.**

**in·fold** [ɪnˈfəʊld] → **enfold.**

**in·form** [ɪnˈfɔː(r)m] **I** *v/t* **1.** (**of, about**) benachrichtigen, verständigen, in Kenntnis setzen, unter'richten (von), infor'mieren (über *acc*), j-m Mitteilung machen (von), j-m mitteilen (*acc*): **to keep s.o. ~ed** j-n auf dem laufenden halten; **to ~ o.s. of s.th.** sich über etwas informieren; **to ~ s.o. that** j-n davon in Kenntnis setzen, daß. **2.** durch'dringen, erfüllen, beseelen (**with** mit). **3.** Gestalt geben (*dat*), formen, bilden. **II** *v/i* **4.** An·zeige erstatten: **to ~ against** (*od.* **on**) **s.o.** a) j-n anzeigen, (*Straf*)Anzeige erstatten gegen j-n, b) *contp.* j-n denunzieren.

**in·for·mal** [ɪnˈfɔː(r)ml] *adj* (*adv* **~ly**) **1.** formlos: a) formwidrig: **~ test** *ped. psych.* ungeeichter Test, b) *jur.* formfrei: **~ contract. 2.** zwanglos, ungezwungen, nicht for'mell *od.* förmlich. **3.** 'inoffizi,ell: **an ~**

**visit. ˌin·for·mal·i·ty** [-ˈmælətɪ] *s* **1.** Formlosigkeit *f*. **2.** *bes. jur.* Formfehler *m*. **3.** Zwanglosigkeit *f*, Ungezwungenheit *f*. **4.** 'inoffizi,eller Cha'rakter.

**in·form·ant** [ɪnˈfɔː(r)mənt] *s* **1.** Infor'mant *m*: a) Gewährsmann *m*, b) *ling.* Muttersprachler, der entscheiden kann, ob e-e Ausdrucksweise möglich ist etc. **2.** → **informer.**

**in·for·mat·ics** [ˌɪnfə(r)ˈmætɪks; -fɔː(r)ˈmæ-] *s pl* (*als sg konstruiert*) Infor'matik *f* (*Wissenschaft vom Wesen u. der Funktion der Information, ihrer Verarbeitung sowie der Anwendung informationsverarbeitender Systeme*).

**in·for·ma·tion** [ˌɪnfə(r)ˈmeɪʃn] *s* **1.** a) Benachrichtigung *f*, Unter'richtung *f*, b) Nachricht *f*, Mitteilung *f*, Bescheid *m*. **2.** Auskünfte *pl*, Auskunft *f*, Informati'on *f* (*a. Computer*): **to give ~** Auskunft geben; **for your ~** zu Ihrer Information *od.* Kenntnisnahme. **3.** *collect.* Nachrichten *pl*, Informati'onen *pl* (*a. Computer*): **a bit** (*od.* **piece**) **of ~** e-e Nachricht *od.* Information; **we have no ~** wir sind nicht unterrichtet (**as to** über *acc*); **further ~** nähere Einzelheiten *pl*, Nähere *n*, Näheres. **4.** *collect.* Erkundigungen *pl*: **to gather ~** Erkundigungen einziehen, Auskünfte einholen, sich erkundigen. **5.** Wissen *n*, Kenntnisse *pl*. **6.** (*wissenswerte*) Tatsachen *pl*: **full of ~** inhalts-, aufschlußreich. **7.** *jur.* a) (*formelle*) Anklage, b) (Straf)Anzeige *f*: **to file** (*Am.* **lay**) **an ~ against s.o.** (Straf)Anzeige erstatten gegen j-n. **in·for·ma·tion·al** [-ʃənl] *adj* informa'torisch, Informations..., Auskunfts...: **~ value** Informationswert *m*.

**in·for·ma·tion| bul·le·tin** *s* Mitteilungsblatt *n*. **~ bu·reau** *s* Auskunftsstelle *f*. **~ desk** *s* Auskunft(sschalter *m*) *f*. **~ of·fice** *s* Auskunftsstelle *f*. **~ pol·lu·tion** *s bes. contp.* Informati'onsschwemme *f*. **~ pro·vid·er** *s* Informati'onsanbieter *m*. **~ re·triev·al** *s* Computer: Informati'ons,wiedergewinnung *f*. **~ sci·ence** → **informatics. ~ sci·en·tist** *s* Infor'matiker *m*. **~ sys·tem** *s* Informati'onssy,stem *n*. **~ the·o·ry** *s* Informati'onstheo,rie *f* (*mathematische Theorie, die mit Hilfe formaler Modelle u. eindeutiger Definitionen die Grundlage geschaffen hat für e-e Untersuchung der Zs.-hänge bei Übertragung, Speicherung u. Empfang von Informationen*).

**in·form·a·tive** [ɪnˈfɔː(r)mətɪv] *adj* (*adv* **~ly**) **1.** informa'tiv, aufschluß-, lehrreich. **2.** mitteilsam. **3.** → **informational. in·form·a·to·ry** [-tərɪ; *Am.* -ˌtəʊriː; -ˌtɔː-] → a) **informational,** b) **informative** 1.

**in·formed** [ɪnˈfɔː(r)md] *adj* **1.** unter'richtet, infor'miert: **~ quarters** unterrichtete Kreise; **to give ~ consent** *med. etc* s-e Zustimmung (zu e-r Behandlung *etc*) geben, nachdem man über die Risiken aufgeklärt worden ist. **2.** a) sachkundig, b) sachlich begründet *od.* einwandfrei: **an ~ estimate. 3.** gebildet, kulti'viert, von hohem (geistigen) Ni'veau. **in·form·er** *s* **1.** *contp.* Denunzi'ant(in). **2.** Spitzel *m*. **3.** *jur.* Erstatter(in) e-r (Straf)Anzeige.

**in·fra** [ˈɪnfrə] *adv* 'unterhalb, unten: → **vide** 2.

**infra-** [ɪnfrə] *Wortelement mit der Bedeutung*: a) unter(halb), b) innerhalb.

**ˌin·fra·cos·tal** *adj anat.* infra-, subko'stal (*unterhalb e-r od. mehrerer Rippen gelegen*).

**in·fract** [ɪnˈfrækt] *v/t ein Gesetz etc* verletzen, verstoßen gegen. **in·frac·tion** *s* **1.** Verletzung *f*, Verstoß *m*. **2.** *med.* Infrakti'on *f*, Knickbruch *m*. **in·frac·tor** [-tə(r)] *s* (*Gesetzes- etc*)Verletzer(in).

**in·fra| dig** [ˌɪnfrəˈdɪg] *adj*: **it is ~ for s.o.**

**to do s.th.** *colloq.* es ist unter j-s Würde, etwas zu tun; **he considered it to be ~** *colloq.* er hielt es für unter s-r Würde. **~ˈhu·man** *adj* 'untermenschlich.

**in·fran·gi·bil·i·ty** [ɪnˌfrændʒɪˈbɪlətɪ] *s* **1.** Unzerbrechlichkeit *f*. **2.** *fig.* Unverletzlichkeit *f*. **in·fran·gi·ble** *adj* (*adv* **infrangibly**) **1.** unzerbrechlich. **2.** *fig.* unverletzlich. **in·fran·gi·ble·ness** → **infrangibility.**

**ˌin·fraˈred** *adj phys.* infrarot: **~ lamp** Infrarotlampe *f*. **~ˈre·nal** *adj anat.* infrare'nal (*unterhalb der Nieren gelegen*). **~ˈson·ic** *phys.* **I** *adj* Infraschall... **II** *s pl* (*als sg konstruiert*) Lehre *f* vom Infraschall. **ˈ~sound** *s phys.* Infraschall *m*. **ˈ~struc·ture** *s* 'Infrastruk,tur *f*: a) *econ.* Unterbau e-r hochentwickelten Wirtschaft (*z. B. Verkehrsnetz, Arbeitskräfte etc*), b) *mili*'tärische Anlagen *pl* (*z. B. Flugplätze, Hafen- u. Fernmeldeanlagen*).

**in·fre·quence** [ɪnˈfriːkwəns], **in·fre·quen·cy** [-sɪ] *s* **1.** Seltenheit *f*. **2.** Spärlichkeit *f*. **in·fre·quent** *adj* (*adv* **~ly**) **1.** selten. **2.** spärlich, dünngesät.

**in·fringe** [ɪnˈfrɪndʒ] **I** *v/t Gesetze, Verträge etc* brechen, verletzen, verstoßen gegen: **to ~ a patent** ein Patent verletzen. **II** *v/i*: **~ (up)on** → I: **~ upon s.o.'s rights** in j-s Rechte eingreifen. **in·ˈfringe·ment** *s* **1.** (*Gesetzes-, a. Patent*)Verletzung *f*: **~ of a law** (**patent**). **2.** Verstoß *m* (**of** gegen). **3.** (**on, upon**) Eingriff *m* (in *acc*), 'Übergriff *m* (auf *acc*): **an ~ upon s.o.'s rights.**

**in·fruc·tu·ous** [ɪnˈfrʌktjʊəs; -ˈfruːk-; *Am.* -tʃwəs] *adj* (*adv* **~ly**) **1.** unfruchtbar. **2.** *fig.* fruchtlos, zwecklos.

**in·fu·ri·ate** [ɪnˈfjʊərɪeɪt] *v/t* in Wut versetzen, wütend machen. **in·ˈfu·ri·at·ing** *adj* (*adv* **~ly**) a) äußerst ärgerlich: **~ delays**, b) aufreizend: **his ~ indifference.**

**in·fus·cate** [ɪnˈfʌskeɪt] *adj zo.* braungewölkt.

**in·fuse** [ɪnˈfjuːz] **I** *v/t* **1.** *med. e-e Flüssigkeit* infun'dieren (**into** *dat*). **2.** *Mut etc* einflößen (**into** *dat*). **3.** *fig.* erfüllen (**with** mit): **his speech ~d** all listeners with enthusiasm. **4.** *Tee etc* a) aufgießen, b) ziehen lassen. **II** *v/i* **5.** ziehen (*Tee etc*). **in·ˈfus·er** *s bes. Br.* Tee-Ei *n*.

**in·fu·si·ble** [ɪnˈfjuːzəbl] *adj phys. tech.* unschmelzbar.

**in·fu·sion** [ɪnˈfjuːʒn] *s* **1.** *med.* Infusi'on *f*. **2.** *fig.* Einflößung *f*. **3.** *fig.* Erfüllung *f*. **4.** a) Aufgießen *n*, b) Ziehenlassen *n*. **5.** a) Aufguß *m*, b) Tee *m*. **in·ˈfu·sion·ism** *s relig.* Lehre, daß die Seele schon vor dem Körper existiert u. diesem bei der Empfängnis oder Geburt eingegeben wird.

**in·fu·so·ri·al** [ˌɪnfjuˈzɔːrɪəl; -ˈsɔː-] *adj zo.* infu'sorienartig, Infusorien...: **~ earth** *geol.* Infusorienerde *f*, Kieselgur *f*. **ˌin·fu·ˈso·ri·an I** *s* → **infusorium. II** *adj* → **infusorial. ˌin·fu·ˈso·ri·um** [-əm] *pl* **-ri·a** [-rɪə] *s* Infu'sorium *n*, Aufguß-, Wimpertierchen *n*.

**in·gath·er** [ɪnˈgæðə(r)] *v/t v/i* einsammeln, *bes.* ernten: **feast of ~ing** *Bibl.* Fest *n* der Einsammlung.

**in·gen·er·ate** [ɪnˈdʒenərət] *adj bes. relig.* nicht erschaffen, durch sich selbst exi'stierend: **God is ~** Gott existiert durch sich selbst.

**in·gen·ious** [ɪnˈdʒiːnjəs] *adj* (*adv* **~ly**) geni'al: a) erfinderisch, findig, b) sinnreich, raffi'niert: **~ design. in·ˈgen·ious·ness** → **ingenuity** 1.

**in·gé·nue** [ˈænʒeɪnjuː; *Am.* ˈændʒəˌnuː] *s* **1.** na'ives Mädchen. **2.** *thea.* Na'ive *f*.

**in·ge·nu·i·ty** [ˌɪndʒɪˈnjuːətɪ; *Am. bes.* -ˈnuː-] *s* **1.** Geniali'tät *f*: a) Erfindungsgabe *f*, Findigkeit *f*, b) (*das*) Sinnreiche

*od.* Geni'ale. **2.** sinnreiche Konstrukti'on *od.* Ausführung *od.* Erfindung.

**in·gen·u·ous** [ɪnˈdʒenjʊəs; *Am.* -jəwəs] *adj* (*adv* ~ly) **1.** offen(herzig), aufrichtig. **2.** na'iv, kindlich-unbefangen. **3.** *hist.* freigeboren. **in'gen·u·ous·ness** *s* **1.** Offenheit *f*, Aufrichtigkeit *f*. **2.** Naivi'tät *f*, kindliche Unbefangenheit.

**in·gest** [ɪnˈdʒest] *v/t biol.* Nahrung aufnehmen (*a. fig.*), zu sich nehmen: **to ~ an idea. in'ges·ta** [-tə] *s pl* In'gesta *pl*, aufgenommene Nahrung. **in'ges·tion** [-tʃn] *s* Nahrungsaufnahme *f*. **in'ges·tive** *adj* die Nahrungsaufnahme betreffend, zur Nahrungsaufnahme dienend.

**in·gle** [ˈɪŋgl] *s obs. od. dial.* **1.** Herd-, Ka'minfeuer *n*. **2.** Ka'min *m*, Herd *m*. **'~nook** [-nʊk] *s Br.* Ka'minecke *f*.

**in·glo·ri·ous** [ɪnˈglɔːrɪəs; *Am. a.* -ˈgləʊ-] *adj* (*adv* ~ly) **1.** unrühmlich, schimpflich, schmählich: **an ~ defeat. 2.** *obs.* unbekannt.

**in·glu·vi·es** [ɪnˈgluːviːz] *pl* **-vi·es** *s orn.* Kropf *m*.

**'in-goal** *s Rugby:* Malfeld *n*.

**in·go·ing** [ˈɪnˌgəʊɪŋ] **I** *adj* **1.** eintretend: **~ mail** Posteingang *m*. **2.** nachfolgend, neu: **~ tenant** a) neuer Mieter *od.* Pächter, b) Nachmieter *m*. **3.** *fig.* scharfsinnig. **II** *s* **4.** Eintreten *n*. **5.** *oft pl Br.* Ablöse *f*, Abstandssumme *f*, ,Abstand' *m* (*für übernommene Möbel etc*).

**in·got** [ˈɪŋgət] *metall.* **I** *s* Barren *m*, (Roh-)Block *m*, Massel *f*: **~ of gold** Goldbarren; **~ of steel** Stahlblock. **II** *v/t* in Barren gießen, zu Barren *od.* Blöcken verarbeiten. **~ i·ron** *s* Flußeisen *n*. **~ mill** *s* Blockwalzwerk *n*. **~ mo(u)ld** *s* Blockform *f*, Ko'kille(ngußform) *f*. **~ slab** *s* Rohbramme *f*. **~ steel** *s* (härtbarer) Flußstahl.

**in·graft** [ɪnˈgrɑːft; *Am.* ɪnˈgræft] → **engraft**.

**in·grain I** *v/t* [ˌɪnˈgreɪn] → **engrain. II** *adj* [ˈɪngreɪn] **1.** im Garn *od.* in der Faser gefärbt. **2.** → **engrained. III** *s* [ˈɪngreɪn] **3.** a) vor dem Weben gefärbtes Materi'al, b) *a.* **~ carpet** Teppich *m* aus a. **in·grained** [ˌɪnˈgreɪnd; ˈɪngreɪnd] → **engrained**.

**in·grate** [ˈɪngreɪt; ˈɪngreɪt] *obs.* **I** *adj* undankbar. **II** *s* Undankbare(r *m*) *f*.

**in·gra·ti·ate** [ɪnˈgreɪʃɪeɪt] *v/t:* **to ~ o.s.** (**with s.o.**) sich (bei j-m) lieb Kind machen *od.* einschmeicheln. **in'gra·ti·at·ing** *adj* (*adv* ~ly) **1.** einnehmend, gewinnend. **2.** schmeicherisch, einschmeichelnd.

**in·grat·i·tude** [ɪnˈgrætɪtjuːd; *Am. bes.* -ˌtuːd] *s* Undank(barkeit *f*) *m*.

**in·gra·ves·cence** [ˌɪŋgrəˈvesns] *s med.* Verschlimmerung *f*. **in·gra'ves·cent** *adj* sich verschlimmernd.

**in·gre·di·ent** [ɪnˈgriːdjənt; -dɪənt] *s* **1.** Bestandteil *m* (*a. fig.*): **primary ~** Grundbestandteil; **imagination is an ~ of success** zum Erfolg gehört Phantasie; **the ~s of a man's character** das, was den Charakter e-s Menschen ausmacht. **2.** *gastr.* Zutat *f*.

**in·gress** [ˈɪngres] *s* **1.** Eintritt *m* (*a. astr.*), Eintreten *n* (**into** in *acc*). **2.** *fig.* Zutritt *m*, Zugang *m*, Eintrittsrecht *n* (**into** zu). **3.** *fig.* Zustrom *m*: **~ of visitors** Besucherstrom *m*. **4.** Eingang(stür *f*) *m*.

**'in-group** *s sociol.* Ingroup *f* (*Gruppe, zu der man gehört u. der man sich innerlich stark verbunden fühlt*).

**in·grow·ing** [ˈɪnˌgrəʊɪŋ] *adj* **1.** einwärts wachsend, *bes. med.* einwachsend, eingewachsen: **an ~ nail. 2.** *fig.* nach innen gewandt, sich abschließend. **'in·grown** *adj* **1.** *bes. med.* eingewachsen. **2.** *fig.* in sich selbst zu'rückgezogen. **'in·growth** *s* **1.** Einwachsen *n*. **2.** Einwuchs *m*.

---

**in·gui·nal** [ˈɪŋgwɪnl] *adj anat.* inguiˈnal, Leisten...: **~ gland**; **~ hernia** *med.* Leistenbruch *m*.

**in·gur·gi·tate** [ɪnˈgɜːdʒɪteɪt; *Am.* -ˈgɜr-] *v/t* **1.** (gierig) hinˈunterschlingen, verschlingen (*a. fig.*): **the flood ~d trees and houses. 2.** Getränke hinˈunterstürzen.

**in·hab·it** [ɪnˈhæbɪt] *v/t* **1.** bewohnen, wohnen *od.* leben in (*dat*). **in,hab·it·aˈbil·i·ty** *s* Bewohnbarkeit *f*. **in'hab·it·a·ble** *adj* bewohnbar.

**in·hab·it·ance** [ɪnˈhæbɪtəns], **in'hab·it·an·cy** [-sɪ] *s* **1.** Wohnen *n*, ständiger Aufenthalt. **2.** Bewohnen *n*. **3.** Bewohntsein *n*. **4.** Wohnrecht *n*. **5.** (*bes.* Gesellschafts)Sitz *m*, Wohnort *m*. **in'hab·it·ant** *s* **1.** Einwohner(in) (*e-s Ortes od. Landes*), Bewohner(in) (*e-s Hauses*). **2.** *jur.* Ansässige(r *m*) *f*. **in'hab·i·tive·ness** *s* Seßhaftigkeit *f*.

**in·hal·ant** [ɪnˈheɪlənt] **I** *adj* **1.** einatmend. **2.** *med.* Inhalations... **II** *s* **3.** *med.* a) → **inhaler** 1, b) Inhalati'onsmittel *n*, -präpa,rat *n*.

**in·ha·la·tion** [ˌɪnhəˈleɪʃn; ˌɪnəˈl-] *s* **1.** Einatmung *f*. **2.** *med.* a) Inhalati'on *f*, b) → **inhalant** 3 b. **in·haˈla·tion·al** [-ʃnl] *adj med.* Inhalations...: **~ an-(a)esthetic** Inhalationsnarkotikum *n*. **'in·ha·la·tor** [-tə(r)] → **inhaler** 1.

**in·hale** [ɪnˈheɪl] **I** *v/t* **1.** einatmen, *med. a.* inha'lieren, ,Essen ,verdrücken', ,sich zu Gemüte führen'. **II** *v/i* **3.** einatmen. **4.** inha'lieren (*bes. beim Rauchen*), Lungenzüge machen. **in'hal·er** *s* **1.** *med.* Inhalati'onsappa,rat *m*, Inha'lator *m*. **2.** *Am.* Kognakschwenker *m*.

**in·har·mon·ic** [ˌɪnhɑː(r)ˈmɒnɪk; *Am.* -ˈmɑ-] *adj* (*adv* ~ally) → **inharmonious. in·har·mo·ni·ous** [ˌɪnhɑː(r)ˈməʊnjəs; -nɪəs] *adj* (*adv* ~ly) 'unhar,monisch: a) 'mißtönend, b) *fig.* uneinig.

**in·haust** [ɪnˈhɔːst] *v/t humor.* → **inhale** 2.

**in·here** [ɪnˈhɪə(r)] *v/i* **1.** innewohnen, eigen sein (**in** *dat*). **2.** enthalten sein, stecken (**in** *dat*). **in·her·ence** [ɪnˈhɪərəns; -ˈher-] *s* **1.** Innewohnen *n*. **2.** *philos.* Inhä'renz *f* (*das Verbundensein der Eigenschaften mit ihrem Träger, ohne den sie nicht existent sind*). **in'her·en·cy** [-sɪ] *s* **1.** → **inherence. 2.** innewohnende Eigenschaft. **in'her·ent** [ɪnˈhɪərənt; -ˈher-] *adj* innewohnend, eigen (**in** *dat*): **~ defect** (*od.* **vice**) *econ. jur.* innerer Fehler; **~ right** angeborenes *od.* natürliches Recht. **2.** eigen, rechtmäßig gehörend (**in** *dat*). **3.** eingewurzelt. **4.** *philos.* inhä'rent. **in'her·ent·ly** *adv* von Na'tur aus, dem Wesen (der Sache) nach, schon an sich.

**in·her·it** [ɪnˈherɪt] **I** *v/t* **1.** *jur., a. biol. u. fig.* erben (**from** von). **2.** *biol. u. fig.* ererben. **3.** *jur.* beerben. **II** *v/i* **4.** *jur.* a) erben: **to ~ from s.o.** j-n beerben, b) erbberechtigt *od.* -fähig sein. **in'her·it·a·ble** *adj* **1.** *jur., a. biol. u. fig.* vererbbar, erblich, Erb... **2.** *jur.* erbfähig, -berechtigt (*Person*).

**in·her·it·ance** [ɪnˈherɪtəns] *s* **1.** *jur.* a.) Erbe *n*, Erbschaft *f* (*beide a. fig.*), Nachlaß *m*: **~ tax** *Am.* Erbschaftssteuer *f*; → **accrual**, b) Vererbung *f* (*a. biol.*): **by ~** erblich, durch Vererbung (*beide a. biol.*), im Erbgang; **law of ~** (*objektives*) Erbrecht; → **right** 12, c) (*gesetzliche*) Erbfolge. **2.** *biol.* Erbgut *n*. **in'her·it·ed** *adj* ererbt, Erb... **in'her·i·tor** [-tə(r)] *s* Erbe *m*. **in'her·i·tress** [-trɪs], **in'her·i·trix** [-trɪks] *s* Erbin *f*.

**in·he·sion** [ɪnˈhiːʒn] → **inherence** 1.

**in·hib·it** [ɪnˈhɪbɪt] *v/t* **1.** hemmen (*a. med. psych.*), (ver)hindern. **2.** (**from**) j-n zu'rückhalten (von), hindern (an *dat*): **to ~**

---

**s.o. from doing s.th.** j-n daran hindern, etwas zu tun.

**in·hi·bi·tion** [ˌɪnhɪˈbɪʃn; ˌɪnɪˈb-] *s* **1.** Hemmung *f*, (Ver)Hinderung *f*. **2.** a) *jur.* Unter'sagung *f*, Verbot *n*, b) *jur.* Unter'sagungsbefehl *m* (*Befehl an e-n Richter, e-e Sache nicht weiter zu verfolgen*). **3.** *psych.* Hemmung *f*.

**in·hib·i·tive** [ɪnˈhɪbɪtɪv] → **inhibitory. in'hib·i·tor** [-tə(r)] *s* **1.** *chem.* In'hibitor *m*, Hemmstoff *m*. **2.** *metall.* a) (Oxyda-ti'ons)Kataly,sator *m*, b) Sparbeize *f*. **in'hib·i·to·ry** [-tərɪ; *Am.* -ˌtəʊrɪ; -ˌtɔː-] *adj* **1.** *a. med. psych.* hemmend, Hemmungs... **2.** verbietend, unter'sagend.

**in·hos·pi·ta·ble** [ɪnˈhɒspɪtəbl; *Am.* ɪnˈhɑ-] *adj* (*adv* **inhospitably**) **1.** a) wenig gastfreundlich: **an ~ man**, b) ungastlich: **an ~ house. 2.** *fig.* unfreundlich: **~ climate. 3.** *fig.* (**to**) unempfänglich (für), nicht aufgeschlossen (*dat*): **~ to new ideas. in·hos·pi·ta·ble·ness**, **in,hos·pi'tal·i·ty** [-ˈtælətɪ] *s* **1.** Ungastlichkeit *f*, Mangel *m* an Gastfreundschaft. **2.** *fig.* Unempfänglichkeit *f*.

**'in-house** *adj* **1.** 'firmenin,tern: **~ training program(me). 2.** firmeneigen: **~ computer.**

**in·hu·man** [ɪnˈhjuːmən] *adj* (*adv* ~ly) **1.** → **inhumane. 2.** menschen'unähnlich. **3.** 'übermenschlich. **in·hu'mane** [-ˈmeɪn] *adj* 'inhu,man, unmenschlich. **in·hu'man·i·ty** [-ˈmænətɪ] *s* 'Inhumani,tät *f*, Unmenschlichkeit *f*.

**in·hu·ma·tion** [ˌɪnhjuːˈmeɪʃn] *s* Beisetzung *f*, Bestattung *f*. **in·hume** [ɪnˈhjuːm] *v/t* beisetzen, bestatten.

**in·im·i·cal** [ɪˈnɪmɪkl] *adj* (*adv* ~ly) **1.** (**to**) feindselig (gegen), feindlich gesinnt (*dat*). **2.** (**to**) nachteilig (für), schädlich (*dat od.* für), abträglich (*dat*).

**in·im·i·ta·bil·i·ty** [ɪˌnɪmɪtəˈbɪlətɪ] *s* Unnachahmlichkeit *f*. **in'im·i·ta·ble** *adj* (*adv* **inimitably**) unnachahmlich, einzigartig. **in'im·i·ta·ble·ness** *s* Unnachahmlichkeit *f*.

**in·iq·ui·tous** [ɪˈnɪkwɪtəs] *adj* (*adv* ~ly) **1.** ungerecht. **2.** frevelhaft. **3.** schändlich, ungeheuerlich. **4.** niederträchtig, gemein. **5.** lasterhaft, sündig. **in'iq·ui·tous·ness** → **iniquity** 1–5.

**in·iq·ui·ty** [ɪˈnɪkwətɪ] *s* **1.** (schreiende) Ungerechtigkeit. **2.** Frevelhaftigkeit *f*. **3.** Schändlichkeit *f*, Ungeheuerlichkeit *f*. **4.** Niederträchtigkeit *f*, Gemeinheit *f*. **5.** Lasterhaftigkeit *f*, Sündigkeit *f*. **6.** Schandtat *f*. **7.** Sünde *f*, Laster *n*: → **den** 2.

**in·i·tial** [ɪˈnɪʃl] **I** *adj* (*adv* → **initially**) **1.** anfänglich, Anfangs..., Ausgangs..., erst(er, e, es): **~ advertising** *econ.* Einführungswerbung *f*; **~ capital expenditure** *econ.* a) Einrichtungskosten *pl*, b) Anlagekosten *pl*; **~ dividend** *econ.* Abschlagsdividende *f*; **~ position** *mil. tech. etc* Ausgangsstellung *f*; **~ material** *econ.* Ausgangsmaterial *n*; **~ payment** Anzahlung *f*; **~ salary** Anfangsgehalt *n*; **~ stage(s)** Anfangsstadium *n*; **~ subscription** *econ.* Erstzeichnung *f*; **~ symptoms** erste Symptome, Anfangssymptome; **~ teaching alphabet** Lautschrift *f* für den Anfangsunterricht im Lesen. **2.** *tech.* Anfangs..., Vor...: **~ tension** Vorspannung *f*. **3.** *ling.* anlautend: **~ word** → **initialism. II** *s* **4.** Initi'ale *f*, (großer) Anfangsbuchstabe. **5.** *pl* Mono'gramm *n*. **6.** *bot.* Meri'stemzelle *f*. **III** *v/t pret u. pp* **-tialed**, *bes. Br.* **-tialled 7.** mit s-n Initi'alen versehen *od.* unter'zeichnen, *pol.* para'phieren. **8.** mit e-m Mono'gramm versehen: **~(l)ed paper** Monogrammpapier *n*. **in'i·tial·ism** *s* Initi'alwort *n*, Akro'nym *n*. **in'i·tial·ize** *v/t Computer:* initiali'sieren. **in'i·tial·ly**

[-ʃəlɪ] *adv* am *od.* zu Anfang, zu'erst, anfänglich, ursprünglich.

**in·i·ti·ate I** *v/t* [ɪ'nɪʃɪeɪt] **1.** *etwas* beginnen, anfangen, einleiten, in die Wege leiten, in Gang setzen, ins Leben rufen, initi'ieren. **2. (against)** *jur. e-n Prozeß* einleiten, anstrengen (gegen), anhängig machen (*dat*): to ~ legal proceedings. **3.** (into, in) *j-n* einführen (in *acc*): a) einweihen (in *acc*), b) aufnehmen (in *e-e exklusive Gesellschaft etc*), (*sociol., Völkerkunde a.*) initi'ieren, c) einarbeiten (in *acc*). **4.** *parl.* als erster beantragen, *ein Gesetz* einbringen. **5.** *chem. e-e Reaktion etc* initi'ieren, auslösen. **II** *adj* [-ʃɪət; *Am. a.* -ʃət] **6.** → initiated. **III** *s* [-ʃɪət; *Am. a.* -ʃət] **7.** a) Eingeweihte(r *m*) *f*, b) Neuaufgenommene(r *m*) *f*, (*sociol., Völkerkunde a.*) Initi'ierte(r *m*) *f*. **8.** Neuling *m*, Anfänger(in). **in·i·ti·at·ed** [-ʃɪeɪtɪd] *adj* eingeweiht (*etc*; → initiate I): the ~ die Eingeweihten.

**in·i·ti·a·tion** [ɪ,nɪʃɪ'eɪʃn] *s* **1.** Einleitung *f*, In'gangsetzung *f*, Initi'ierung *f*. **2.** *jur.* Anstrengung *f*. **3.** Einführung *f*: a) Einweihung *f*, b) Aufnahme *f*, (*sociol., Völkerkunde a.*) Initiati'on *f*: ~ rite Initiationsritus *m*, c) Einarbeitung *f*. **4.** *parl.* Einbringung *f*.

**in·i·ti·a·tive** [ɪ'nɪʃɪətɪv; *bes. Am.* ɪ'nɪʃətɪv] **I** *s* **1.** Initia'tive *f*: a) erster Schritt: to take the ~ die Initiative ergreifen, den ersten Schritt tun, b) Anstoß *m*, Anregung *f*: on s.o.'s ~ auf j-s Initiative hin; on one's own ~ aus eigener Initiative, aus eigenem Antrieb, *c)* Unter'nehmungsgeist *m*, Entschlußkraft *f*. **2.** *pol.* (Ge'setzes)Initia,tive *f*, Initia'tivrecht *n* des Volkes. **II** *adj* (*adv* ~ly) **3.** einführend, Einführungs... **4.** beginnend, anfänglich. **5.** einleitend.

**in·i·ti·a·tor** [ɪ'nɪʃɪeɪtə(r)] *s* **1.** Initi'ator *m*, Urheber *m*. **2.** *mil.* (Initi'al)Zündladung *f*. **3.** *chem.* reakti'onsauslösende Sub'stanz. **in·i·ti·a·to·ry** [-ʃɪətərɪ; *Am.* -ʃɪə,təʊrɪ; -,tɔː-] *adj* **1.** einleitend: ~ steps. **2.** einführend, einweihend: ~ ceremonies Einweihungszeremonien.

**in·ject** [ɪn'dʒekt] *v/t* **1.** *med.* a) inji'zieren, einspritzen: to ~ s.th. into s.o., to ~ with s.th. j-m etwas spritzen; → blood 1, b) *Gefäße, Wunden etc* ausspritzen (with mit), c) e-e Einspritzung machen *od.* spritzen in (*acc*): to ~ the thigh. **2.** *tech.* einspritzen. **3.** *fig.* einflößen: to ~ fear into s.o., to ~ s.o. with fear j-m Furcht einflößen. **4.** *fig. etwas* (hin'ein)bringen (into in *acc*): to ~ humo(u)r into the subject; to ~ new life into neuen Schwung bringen in (*acc*), mit neuem Leben erfüllen (*acc*). **5.** *e-e Bemerkung* einwerfen. **in'ject·a·ble** *med.* **I** *adj* inji'zierbar. **II** *s* Injekti'onsmittel *n*.

**in·jec·tion** [ɪn'dʒekʃn] *s* **1.** *med.* Injekti'on *f*: a) Einspritzung *f*, Spritze *f*: to give s.o. an ~ j-m e-e Spritze *od.* e-e Injektion geben; ~ of money *fig.* ,Geld-, Finanzspritze', b) eingespritztes Medika'ment *c)* Ausspritzung *f* (*von Wunden etc*). **2.** *tech.* Injekti'on *f*: → fuel 4. **3.** *geol.* Injekti'on *f* (*das Eindringen von geschmolzenem Magma in Fugen u. Spalten e-s Gesteins*). **4.** *Raumfahrt:* Einschießen *n* (*e-s Flugkörpers*) in e-e 'Umlauf- *od.* Flugbahn. **5.** our club needs an ~ of new life unser Verein braucht neuen Schwung. **~ die** *s tech.* Spritzform *f*. **~ mo(u)ld·ing** *s tech.* Spritzguß(verfahren *n*) *m*. **~ noz·zle** *s tech.* Einspritzdüse *f*. **~ pres·sure** *s tech.* (Ein)Spritzdruck *m*. **~ pump** *s tech.* Einspritzpumpe *f*. **~ syr·inge** *s med.* Injekti'onsspritze *f*.

**in·jec·tor** [ɪn'dʒektə(r)] *s tech.* **1.** In'jektor *m* (*Dampfstrahlpumpe zur Speisung von Dampfkesseln*). **2.** → injection nozzle.

**in·ju·di·cious** [,ɪndʒuː'dɪʃəs] *adj* (*adv* ~ly) **1.** unklug, unvernünftig. **2.** 'unüber,legt. **in·ju'di·cious·ness** *s* **1.** Unklugheit *f*, Unvernünftigkeit *f*. **2.** 'Unüber,legtheit *f*.

**In·jun** [ɪndʒən] *s bes. Am. colloq.* Indi'aner *m*: honest ~! (mein) Ehrenwort!, ehrlich!

**in·junct** [ɪn'dʒʌŋkt] *v/t jur.* durch e-e einstweilige Verfügung unter'sagen.

**in·junc·tion** [ɪn'dʒʌŋkʃn] *s* **1.** *jur.* gerichtliches Verbot: (interim *od.* interlocutory) ~ einstweilige Verfügung. **2.** ausdrücklicher Befehl: to lay an ~ of secrecy on s.o. j-m ausdrücklich befehlen, Stillschweigen zu bewahren.

**in·jure** [ɪndʒə(r)] *v/t* **1.** verletzen: to ~ one's leg sich am Bein verletzen; to be ~d sich verletzen. **2.** *fig.* a) *Gefühle, a. j-n* kränken, verletzen, *j-m* weh tun, b) *j-m* unrecht tun. **3.** *etwas* beschädigen, verletzen. **4.** *fig.* schaden (*dat*), schädigen, beeinträchtigen: to ~ one's health s-r Gesundheit schaden; to ~ s.o.'s interests j-s Interessen schädigen. **'in·jured** *adj* **1.** verletzt. **2.** schadhaft, beschädigt. **3.** *fig.* gekränkt: ~ party *jur.* Geschädigte(r *m*) *f*. **4.** gekränkt, verletzt: ~ innocence gekränkte Unschuld.

**in·ju·ri·ous** [ɪn'dʒʊərɪəs] *adj* (*adv* ~ly) **1.** (to) schädlich (für), abträglich (*dat*): ~ to health gesundheitsschädlich; to be ~ (to) schaden (*dat*). **2.** kränkend, verletzend: ~ falsehood *jur. Br.* Anschwärzung *f*.

**in·ju·ry** [ɪndʒərɪ] *s* **1.** *med.* Verletzung *f* (to an *dat*): ~ to the head Kopfverletzung, -wunde *f*; to do s.o. (o.s.) an ~ j-n (sich) verletzen. **2.** (to) (Be)Schädigung *f* (*gen*), *a. jur.* Schaden *m* (an *dat*): ~ to person (property) Personen-(Sach)schaden; → personal 1. **3.** *fig.* Kränkung *f*, Verletzung *f* (to *gen*). **~ ben·e·fit** *s Br.* Unfall-, Krankengeld *n.* **~ time** *s Fußball:* verletzungsbedingte Nachspielzeit: the referee allowed five minutes' ~ der Schiedsrichter ließ wegen einiger Verletzungen fünf Minuten nachspielen.

**in·jus·tice** [ɪn'dʒʌstɪs] *s* Unrecht *n*, Ungerechtigkeit *f*: to do s.o. an ~ j-m ein Unrecht zufügen, j-m unrecht tun.

**ink** [ɪŋk] **I** *s* **1.** Tinte *f*. **2.** Tusche *f*. **3.** *print.* Druckfarbe *f*: (printer's) ~ Druckerschwärze *f*. **4.** *zo.* Tinte *f*, Sepia *f*. **II** *v/t* **5.** mit Tinte schwärzen *od.* beschmieren. **6.** *a.* ~ up *print. Druckwalzen etc* einfärben. **7.** ~ in, ~ over tu'schieren, mit Tusche ausziehen. **8.** mit Tinte schreiben. **9.** *Am. colloq.* a) unter'schreiben: to ~ a contract, b) *j-n* unter Vertrag nehmen, verpflichten: to ~ two new players. **~ bag** → ink sac. **~ ball** *s print. hist.* Anschwärzballen *m*. **'~·blot** *s psych.* Klecksbild *n* (*im Formdeutetest*). **'~·bot·tle** *s* Tintenfaß *n.* **~ e·ras·er** 'Tinten,ra,diergummi *m*. **~ foun·tain** → fount² 1 b. **'~·horn** *s hist.* tragbares Tintenfaß. **II** *adj* affek'tiert gelehrt *od.* pe'dantisch. **ink·ling** [ɪŋklɪŋ] *s* **1.** Andeutung *f*, Wink *m*. **2.** dunkle Ahnung: to give s.o. an ~ of (*od.* as to) s.th. j-m e-e ungefähre Vorstellung von etwas geben; to have an ~ of s.th. etwas dunkel ahnen; not the least ~ keine blasse Ahnung, nicht die leiseste Idee. **ink nut** *s bot.* Tintennuß *f*. **'~·pad** *s* Stempelkissen *n.* **~ pen·cil** *s* Tinten-, Ko'pierstift *m.* **'~·pot** *s* Tintenfaß *n.* **~ sac** *s zo.* Tintenbeutel *m* (*der Tintenfische*). **'~·sling·er** *s colloq.* Tintenklecker *m*, Schreiberling *m.* **~ stain** *s*

Tintenklecks *m*, -fleck *m.* **'~·stand** *s* Tintenfaß *n.* **'~·well** *s* (eingelassenes) Tintenfaß.

**ink·y** [ɪŋkɪ] *adj* **1.** tinten-, pechschwarz: ~ darkness. **2.** tintenartig. **3.** mit Tinte beschmiert, voll Tinte, tintig, Tinten...: ~ fingers. **~ cap** *s bot.* Tintling *m*, Tintenpilz *m.*

**in·lace** [ɪn'leɪs] → enlace.

**in·laid** [,ɪn'leɪd; 'ɪnleɪd] **I** *pp von* inlay. **II** *adj* **1.** eingelegt, Einlege...: ~ table Tisch *m* mit Einlegearbeit; ~ work Einlegearbeit *f*. **2.** parket'tiert, Parkett...: ~ floor Parkett(fußboden *m*) *n.*

**in·land I** *s* ['ɪnlənd; 'ɪnlænd] **1.** In-, Binnenland *n.* **2.** (*das*) Landesinnere. **II** *adj* ['ɪnlənd; -lænd] **3.** binnenländisch, Binnen...: ~ duty (market, navigation, town, trade, waters) Binnenzoll *m* (-markt *m*, -schiffahrt *f*, -stadt *f*, -handel *m*, -gewässer); ~ marine insurance Binnentransportversicherung *f*. **4.** inländisch, einheimisch, Inland..., Landes...: ~ commodities einheimische Waren; ~ produce Landeserzeugnisse *pl.* **5.** nur für das Inland bestimmt, Inlands...: ~ air traffic Inlandsluftverkehr *m*; ~ bill (of exchange) *econ.* Inlandswechsel *m*; ~ mail Inlandspost *f*; ~ payments *econ.* Inlandszahlungen *f*; ~ revenue *econ. Br.* a) Staatseinkünfte *pl* (*aus inländischen Steuern u. Abgaben*), b) I~ R~ Finanzverwaltung *f*, *colloq.* Finanzamt *n*; → board[1] 5. **III** *adv* [ɪn'lænd; *Am.* 'ɪn,lænd; 'ɪnlənd] **6.** land'einwärts: a) im Landesinneren, b) ins Landesinnere.

**in·land·er** ['ɪnləndə(r)] *s* Binnenländer (-in), im Landesinnern Lebende(r *m*) *f.*

**in·law** ['ɪnlɔː] *s* angeheiratete(r *m*) Verwandte(r), *pl a.* Schwiegereltern *pl.*

**in·lay I** *v/t irr* [,ɪn'leɪ] **1.** einlegen: to ~ wood with ivory. **2.** fur'nieren. **3.** täfeln, auslegen, parket'tieren: to ~ a floor. **4.** einbetten (in in *acc*). **5.** *Buchdeckel etc* mit eingelegten Illustrati'onen versehen. **II** *s* ['ɪnleɪ] **6.** Einlegearbeit *f*, In'tarsia *f*. **7.** Einlegestück *n*. **8.** Einsatz(stück *n*) *m* (*am Kleid*). **9.** *med.* Inlay *n*: a) (gegossene) (Zahn)Füllung, b) Knochenspan *m*, Implan'tat *n.* **10.** *a.* ~ graft *bot.* (In)Okulati'on *f*. **'in·lay·er** *s* innere Schicht. **in·lay·ing** [,ɪn'leɪɪŋ; 'ɪn,l-] *s* **1.** Einlegen *n*. **2.** Fur'nieren *n.* **3.** Auslegen *n*, Täfelung *f*: ~ of floors Parkettierung *f*; ~ saw Laub-, Schweifsäge *f*. **4.** → inlay 6 *u.* 7.

**in·let** ['ɪnlet] *s* **1.** Eingang *m* (*a. anat.*): pelvic ~ Beckeneingang. **2.** Einlaß *m* (*a. tech.*): ~ valve Einlaßventil *n.* **3.** a) schmale Bucht, b) schmaler Wasserlauf, c) Meeresarm *m*, d) *mar.* (*Hafen*)Einfahrt *f*. **4.** eingelegtes Stück, Einsatz *m.*

**in·li·er** ['ɪnlaɪə(r)] *s geol.* Einschluß *m.*

**'in-line en·gine** *s tech.* Reihenmotor *m.*

**in lo·co pa·ren·tis** [ɪn,ləʊkəʊpə'rentɪs] (*Lat.*) *adv bes. jur.* in loco pa'rentis, an Eltern Statt. (innig(lich).)

**in·ly** ['ɪnlɪ] *adv poet.* **1.** innerlich. **2.** tief, **in·ly·ing** ['ɪn,laɪɪŋ] *adj* innen (*od.* im Innern) liegend, Innen..., inner(er, e, es).

**'in,mar·riage** → endogamy.

**in·mate** ['ɪnmeɪt] *s* **1.** Insasse *m*, Insassin *f* (*bes. e-r Anstalt, e-s Gefängnisses etc*). **2.** *obs.* Bewohner(in). **3.** *obs.* Hausgenosse *m*, -genossin *f*, Mitbewohner(in).

**in me·di·as res** [ɪn,miːdɪæs'reɪz; -'reɪs; ɪn,miːdɪəs-] (*Lat.*) *adv*: to plunge ~ in medias res gehen *od.* kommen, ohne Umschweife zur Sache kommen.

**in me·mo·ri·am** [,ɪnmɪ'mɔːrɪəm; *Am. a.* -'məʊ-] (*Lat.*) *adv* in me'moriam, zum Andenken (an *acc*). zur Erinnerung (an *acc*)

**'in-,mi·grant** *s* Zugewanderte(r *m*) *f.* **'in-,mi·grate** *v/i* zuwandern.

**in·most** ['ɪnməʊst] *adj* **1.** innerst(er, e, es)

(*a. fig.*). **2.** *fig.* tiefst(er, e, es), geheimst(er, e, es): his ~ desires.

**inn** [ɪn] *s* **1.** Gasthaus *n*, -hof *m*. **2.** Wirtshaus *m*. **3.** → **Inns of Court**.

**in·nards** [ˈɪnə(r)dz] *s pl colloq.* a) Eingeweide *pl*: his ~ were rumbling ihm knurrte der Magen, es rumorte in s-m Bauch, b) (*das*) Innere: from the earth's ~ aus dem Erdinneren, c) ‚Inne'reien' *pl* (*e-r Maschine etc*).

**in·nate** [ɪˈneɪt; ˈɪneɪt] *adj* **1.** angeboren (in *dat*): his ~ courtesy die ihm angeborene Höflichkeit. **2.** → **inherent** 1. **3.** *bot.* a) angewachsen, b) → **endogenous** b. **in'nate·ly** *adv* von Na'tur (aus): ~ kind.

**in·nav·i·ga·ble** [ɪˈnævɪɡəbl] *adj* **1.** *mar.* a) nicht schiffbar, unbefahrbar, b) fahruntüchtig. **2.** *aer.* unlenkbar (*Luftschiff*).

**in·ner** [ˈɪnə(r)] **I** *adj* **1.** inner, inwendig, Innen...: ~ city *Am.* (*von ärmeren Bevölkerungsschichten bewohnte*) Innenstadt; ~ conductor *electr.* Innenleiter *m*; ~ ear *anat.* Innenohr *n*; ~ door Innentür *f*. **2.** *fig.* inner(er, e, es), vertraut, enger(er, e, es): the ~ circle of his friends sein engerer Freundeskreis. **3.** geistig, seelisch, innerlich: ~ life Innen-, Seelenleben *n*. **4.** verborgen, geheim: an ~ meaning. **5.** *mus.* Mittel...: ~ voice → inner part. **6.** *chem.* intramoleku'lar. **II** *s* **7.** *Bogenschießen*: (Treffer *m* in das) Schwarze (*e-r Schießbude*). **,~-di'rect·ed** *adj* nonkonfor'mistisch, eigenbestimmt. **~ man** *s irr* a) Seele *f*, Geist *m*, b) *humor.* Magen *m*, c) *humor.* Appe'tit *m*: to satisfy the ~ für sein leibliches Wohl sorgen.

**in·ner·most** [ˈɪnə(r)məʊst] → **inmost**.

**in·ner|part** *s mus.* Mittelstimme *f* (*Alt u. Tenor*). **~ span** *s arch.* lichte Weite. **~ square** *s tech.* innerer rechter Winkel (*Winkelmaß*). **~ sur·face** *s* Innenseite *f*, -fläche *f*.

**in·ner·vate** [ˈɪnɜːveɪt; ɪˈnɜːveɪt; *Am.* ɪnˈɜːr-; ˈɪnɜr-] *v/t physiol.* **1.** inner'vieren, mit Nerven(reizen) versorgen. **2.** (*durch Nervenreize*) anregen, stimu'lieren. **,in·ner'va·tion** *s* **1.** Innervati'on *f*, Versorgung *f* mit Nerven(reizen). **2.** Anregung *f od.* Stimulati'on *f* (*durch Nervenreize*).

**in·ning** [ˈɪnɪŋ] *s* **1.** a) *Baseball*: Inning *n* (*Spielabschnitt, bei dem eine Mannschaft die Schlag- u. die andere die Fangpartie ist*), b) *pl* (*als sg konstruiert*) *Kricket*: Zeit, während der ein Spieler *od.* e-e Mannschaft am Schlagen ist; *a. die während dieser Zeit erzielten Läufe*: to have one's ~(s) am Schlagen sein; *fig.* an der Reihe sein, *pol.* a. an der Macht sein; *fig.* s-e Chance haben; he had a good ~(s) *colloq.* er hatte ein langes u. glückliches Leben. **2.** *obs.* a) Zu'rückgewinnung *f* (*überfluteten Landes*), b) *pl* dem Meer abgewonnenes Land. **3.** *obs.* Einbringung *f* (*der Ernte*).

**'inn,keep·er** *s* (Gast)Wirt(in).

**in·no·cence** [ˈɪnəsəns] *s* **1.** Unschuld *f*: a) Schuldlosigkeit *f*, b) sittliche Reinheit, Unberührtheit *f*: to lose one's ~ s-e Unschuld verlieren, c) Harmlosigkeit *f*, d) Arglosigkeit *f*, Naivi'tät *f*, Einfalt *f*. **2.** Unkenntnis *f*, Unwissenheit *f*.

**in·no·cent** [ˈɪnəsnt] **I** *adj* **1.** unschuldig: a) schuldlos (of an *dat*), b) sittlich rein, (*Mädchen a.*) unberührt: (as) ~ as a newborn babe so unschuldig wie ein neugeborenes Kind, c) harmlos: ~ air Unschuldsmiene *f*, d) arglos, na'iv, einfältig. **2.** harmlos: an ~ sport. **3.** unbeabsichtigt: an ~ deception. **4.** *jur.* a) → 1 a, b) gutgläubig: ~ purchaser, c) (*gesetzlich*) zulässig, le'gal: ~ trade, d) nicht geschmuggelt: ~ goods, e) *Völkerrecht*: friedlich: ~ passage friedliche Durchfahrt (*von Handelsschiffen*). **5.** ~ of frei

von, bar (*gen*), ohne (*acc*): ~ of self-respect ohne jede Selbstachtung; he is ~ of Latin er kann kein Wort Latein; he is ~ of such things er hat noch nie etwas von diesen Dingen gehört; her face was ~ of cosmetics sie war ungeschminkt. **II** *s* **6.** Unschuldige(r *m*) *f*: the massacre (*od.* slaughter) of the I-s *Bibl.* der Kindermord zu Bethlehem. **7.** ‚Unschuld' *f*, na'iver Mensch, Einfaltspinsel *m*. **8.** Igno'rant(in), Nichtswisser(in), -könner(in). **'in·no·cent·ly** *adv* **1.** unschuldig (*etc*, → **innocent** I). **2.** in aller Unschuld.

**in·no·cu·i·ty** [ˌɪnɒˈkjuːətɪ; ˌɪnə-; *Am.* ˌɪnɑˈkj-] *s* Harmlosigkeit *f*, Unschädlichkeit *f*. **in·noc·u·ous** [ɪˈnɒkjʊəs; *Am.* ɪˈnɑkjəwəs] *adj* (*adv* ~ly) **1.** harmlos, unschädlich. **2.** → **inoffensive** 2. **3.** *fig.* fad(e), langweilig: an ~ novel.

**in·nom·i·nate** [ɪˈnɒmɪnət; *Am.* ɪˈnɑm-] *adj* **1.** namenlos. **2.** → **anonymous**. ~ bone *s anat.* Hüftbein *n*, -knochen *m*.

**in·no·vate** [ˈɪnəʊveɪt; ˈɪnə-] **I** *v/t* (neu) einführen. **II** *v/i* Neuerungen einführen *od.* vornehmen, *econ. sociol. a.* inno'vieren (on, in an *dat*, bei, in *dat*). **in·no·va·tion** [ˌɪnəʊˈveɪʃn; ˌɪnəˈv-] *s* **1.** (Neu)Einführung *f*. **2.** Neuerung *f*, *econ. sociol. a.* Innovati'on *f*. **3.** *bot.* Neubildung *f*, junger Jahrestrieb. **,in·no'va·tion·al** [-ʃənl] → **innovative**. **,in·no·'va·tion·ist** *s* Neuerer *m*, Neuerin *f*. **'in·no·va·tive** [-veɪtɪv] *adj* Neuerungs..., *econ. sociol. a.* innova'tiv, innova'torisch. **'in·no·va·tor** [-tə(r)] → innovationist. **'in·no·va·to·ry** [-veɪtərɪ; *Am. a.* -vəˌtəʊrɪ; -ˌtɔː-] → **innovative**.

**in·nox·ious** [ɪˈnɒkʃəs; *Am.* ɪˈnɑk-] *adj* (*adv* ~ly) → **innocuous** 1.

**Inns of Court** *s pl jur. Br.* die vier Innungen der barristers in London (Inner Temple, Middle Temple, Lincoln's Inn, Gray's Inn), *die für Ausbildung und Zulassung der* barristers *zuständig sind*.

**in·nu·en·do** [ˌɪnjuˈendəʊ; *Am.* ˌɪnjəˈwendəʊ] **I** *pl* **-does, -dos** *s* **1.** (about, at) versteckte Andeutung (über *acc*) *od.* Anspielung (auf *acc*) (*a. jur.* in *Beleidigungsklagen*), Zweideutigkeit *f*, Zweideutigkeit *f*. **II** *v/i* **3.** versteckte Andeutungen *od.* Anspielungen machen.

**in·nu·mer·a·ble** [ɪˈnjuːmərəbl; *Am.* ɪˈnuːm-] *adj* (*adv* **innumerably**) unzählig, zahllos.

**in·nu·tri·tion** [ˌɪnjuːˈtrɪʃn; *Am. a.* ˌɪnuːˈt-] *s* Nahrungsmangel *m*.

**in·ob·serv·ance** [ˌɪnəbˈzɜːvəns; *Am.* -ˈzɜr-] *s* **1.** Nichtbeachtung *f*, -befolgung *f*. **2.** Unaufmerksamkeit *f*, Unachtsamkeit *f*. **,in·ob'serv·ant** *adj* (*adv* ~ly) **1.** nicht beachtend *od.* befolgend (of *acc*). **2.** unaufmerksam, unachtsam: to be ~ of nicht achten auf (*acc*).

**in·oc·cu·pa·tion** [ˈɪnˌɒkjʊˈpeɪʃn; *Am.* -ˌɑkjə'p-] *s* Beschäftigungslosigkeit *f*.

**in·oc·u·la·ble** [ɪˈnɒkjʊləbl; *Am.* ɪˈnɑkjə-] *adj med.* **1.** impfbar. **2.** durch Impfung über'tragbar (*Krankheitserreger*). **in'oc·u·lant** [-lənt] *med.* Impfstoff *m*. **in'oc·u·late** [-leɪt] *v/t* **1.** to ~ s.th. on (*od.* into) s.o., to ~ s.o. with s.th. *med.* j-m etwas einimpfen. **2.** *med.* j-n impfen (against gegen). **3.** *med. Krankheitserreger* durch Impfung über'tragen. **4.** ~ with *fig.* j-m etwas einimpfen, j-n erfüllen mit: to ~ s.o. with new ideas. **in,oc·u'la·tion** *s* **1.** *med.* Impfung *f*: to give s.o. an ~ j-n impfen; he had an ~ against yellow fever er ließ sich gegen Gelbfieber impfen; ~ gun Impfpistole *f*; ~ preventive 1. *med.* Einimpfung *f*. **3.** *med.* Über'tragung *f* durch Impfung. **4.** *fig.* Einimpfung *f*, Erfüllung *f*. **in'oc·u·la·tive**

[-lətɪv; *Am.* -ˌleɪtɪv] *s med.* Impf..., Impfungs... **in'oc·u·la·tor** [-leɪtə(r)] *s med.* Impfarzt *m*. **in'oc·u·lum** [-ləm] *pl* **-la** [-lə] *s med.* Impfstoff *m*.

**in·o·cyte** [ˈɪnəʊsaɪt; ˈaɪ-] *s anat.* Fibro'blast *m*, Bindegewebszelle *f*.

**in·o·dor·ous** [ɪnˈəʊdərəs] *adj* geruchlos.

**in·of·fen·sive** [ˌɪnəˈfensɪv] *adj* (*adv* ~ly) **1.** harmlos, unschädlich. **2.** a) friedfertig: an ~ man, b) harmlos: an ~ remark. **,in·of'fen·sive·ness** *s* **1.** Harmlosigkeit *f*, Unschädlichkeit *f*. **2.** Friedfertigkeit *f*.

**in·of·fi·cious** [ˌɪnəˈfɪʃəs] *adj* (*adv* ~ly) *jur.* pflichtwidrig: ~ testament (*od.* will) gegen die natürlichen Pflichten des Erblassers verstoßendes Testament.

**in·op·er·a·ble** [ɪnˈɒpərəbl; *Am.* -ˈɑp-] *adj* **1.** undurch'führbar. **2.** *med.* ˈinopeˌrabel, nicht ope'rierbar.

**in·op·er·a·tive** [ɪnˈɒpərətɪv; *Am.* -ˈɑp-; ɪnˈɑpəˌreɪtɪv] *adj* **1.** unwirksam: a) wirkungslos, b) *jur.* ungültig: to become ~ unwirksam werden, außer Kraft treten. **2.** a) außer Betrieb, b) nicht einsatzfähig. **3.** stillgelegt (*Zeche etc*).

**in·op·por·tune** [ɪnˈɒpətjuːn; *Am.* ɪnˌɑpərˈtuːn] *adj* ungünstig, unpassend, unangebracht, unzweckmäßig, ungelegen, 'inopporˌtun: an ~ time (*od.* moment) zur Unzeit. **in·op·por·tune·ly** *adv* **1.** → **inopportune**. **2.** zur Unzeit. **in·op·por·tune·ness** *s* Ungelegenheit *f*, Unzweckmäßigkeit *f*.

**in·or·di·nate** [ɪˈnɔːdɪnət; *Am.* ɪnˈɔːrdnət] *adj* (*adv* ~ly) **1.** in Unordnung, durchein'ander. **2.** un-, 'übermäßig: a film of ~ length ein Film mit Überlänge; ~ demands for wages überzogene Lohnforderungen. **3.** *fig.* ungeregelt. **4.** *fig.* zügellos, ungezügelt: ~ passions. **in'or·di·nate·ness** *s* **1.** Un-, 'Übermäßigkeit *f*. **2.** Zügellosigkeit *f*.

**in·or·gan·ic** [ˌɪnɔː(r)ˈgænɪk] *adj* (*adv* ~ally) **1.** 'unorˌganisch. **2.** *chem.* 'anorˌganisch: ~ chemistry. **3.** *fig.* nicht or'ganisch (entstanden *od.* gewachsen), 'unorˌganisch.

**in·or·gan·i·za·tion** [ɪnˌɔː(r)gənaɪˈzeɪʃn; *Am.* -nəˈz-] *s* Mangel *m* an Organisati'on.

**in·or·nate** [ˌɪnɔː(r)ˈneɪt] *adj* schmucklos, einfach.

**in·os·cu·late** [ɪˈnɒskjʊleɪt; *Am.* ɪnˈɑskjə-] **I** *v/t* **1.** *med.* Gefäße verbinden, -einigen. **2.** *fig.* eng (mitein'ander) verbinden: to ~ past and present. **II** *v/i* **3.** *anat.* sich verbinden *od.* vereinigen (*Gefäße*). **4.** *fig.* sich eng (mitein'ander) verbinden. **in,os·cu'la·tion** *s. anat. med.* Verbindung *f*, Vereinigung *f*. **2.** *fig.* enge Verbindung.

**in·pa·tient** [ˈɪnˌpeɪʃnt] *s* statio'närer Pati'ent: ~ treatment stationäre Behandlung; to receive ~ treatment stationär behandelt werden.

**in·pay·ment** [ˈɪnˌpeɪmənt] *s econ.* Einzahlung *f*.

**in·phase** [ˈɪnfeɪz] *adj electr.* gleichphasig. **~ com·po·nent** *s electr.* 'Wirkkompoˌnente *f*.

**in·plant** [ˈɪnplɑːnt; *Am.* -ˌplænt] *adj bes. Am.* innerbetrieblich, be'triebsinˌtern: an ~ training program.

**in·pour·ing** [ˈɪnˌpɔːrɪŋ] **I** *adj* (her)'einströmend. **II** *s* (Her)'Einströmen *n*.

**in·put** [ˈɪnpʊt] **I** *s* Input *m*: a) eingesetztes Produkti'onsmittel *pl etc*, b) *electr.* zugeführte Leistung, Eingangsleistung *f*: ~ amplifier Eingangsverstärker *m*; ~ impedance Eingangswiderstand *m*, c) *tech.* eingespeiste Menge, d) *Computer*: (Daten)Eingabe *f*: ~ device Eingabegerät *n*; ~ file Eingabedatei *f*. **II** *v/t pret u. pp* **-put·ted, -put** *Computer*: Daten eingeben. **,~-ˈout·put a·nal·y·sis** *s irr*

'Input-'Output-Ana<sub>l</sub>lyse *f:* a) *Computer*: *Analyse der Wirkungsweise e-s Systems aufgrund der Gegenüberstellung von Input u. Output,* b) *econ. Betrachtung der ökonomischen Aktivitäten e-s Industriezweigs anhand der von ihm eingesetzten u. erzeugten Güter.*

**in·quest** ['ɪnkwest] *s* **1.** *jur.* a) gerichtliche Unter'suchung, b) *a.* **coroner's** ~ *a. gerichtliche Untersuchung der Todesursache bei nicht natürlichen Todesfällen.* **2.** *colloq. für* **inquiry 2.**

**in·qui·e·tude** [ɪn'kwaɪətjuːd; *Am. a.* -ˌtuːd] *s* Unruhe *f*, Beunruhigung *f*, Besorgnis *f*.

**in·qui·line** ['ɪnkwɪlaɪn] *zo.* **I** *s* Inqui'lin *m*, Einmieter *m*. **II** *adj* mitbewohnend.

**in·quire** [ɪn'kwaɪə(r)] **I** *v/t* **1.** (of s.o. bei j-m) sich erkundigen nach, erfragen. **II** *v/i* **2.** (of s.o. bei j-m) (nach)fragen, sich erkundigen (**after, for** nach; **about** wegen), Erkundigungen einziehen (**about** über *acc*, wegen): **to** ~ **after s.o.** sich nach j-m *od.* j-s Befinden erkundigen; **much** ~d **after** (*od.* **for**) sehr gefragt *od.* begehrt; ~ **within** Näheres im Hause (zu erfragen). **3.** Unter'suchungen anstellen, nachforschen: **to** ~ **into s.th.** etwas untersuchen *od.* prüfen *od.* erforschen. **in·'quir·er** *s* **1.** Fragesteller(in), (An)Fragende(r *m*) *f*. **2.** Unter'suchende(r *m*) *f*. **in·'quir·ing** *adj* (*adv* ~ly) **1.** forschend, fragend: ~ **looks. 2.** wißbegierig, forschend, neugierig.

**in·quir·y** [ɪn'kwaɪərɪ; *Am. a.* 'ɪnkwərɪ] *s* **1.** Erkundigung *f*, (An-, Nach)Frage *f*: **on** ~ auf Nach- *od.* Anfrage; **to make inquiries** Erkundigungen einziehen (**of** s.o. bei j-m; **about, after** über *acc*, wegen). **2.** Unter'suchung *f*, Prüfung *f* (**of, into** *gen*), Nachforschung *f*, Ermittlung *f*, Re'cherche *f*: **board of** ~ Untersuchungsausschuß *m*; **court of** ~ *mil. u. Br. econ.* Untersuchungsausschuß *m*. **3.** *pl rail. etc* Auskunft *f* (*Büro, Schalter*). ~ **of·fice** *s* 'Auskunftsbü<sub>r</sub>ro *n*, *rail. etc* Auskunft *f*.

**in·qui·si·tion** [ˌɪnkwɪ'zɪʃn] *s* **1.** Unter'suchung *f* (**into** *gen*). **2.** *jur.* a) gerichtliche *od.* amtliche Unter'suchung: ~ **in lunacy** *Br.* Untersuchung des Geisteszustandes (*e-r Person*), b) Gutachten *n*, c) Unter'suchungsproto<sub>t</sub>koll *n*. **3.** **I.** ~ *R.C.* a) *hist.* Inquisiti'on *f*, b) Kongregati'on *f* des heiligen Of'fiziums. **4.** eindringliche Befragung. ˌ**in·qui'si·tion·al** [-ʃənl] *adj* **1.** Untersuchungs... **2.** *R.C. hist.* Inquisitions... **3.** → **inquisitorial 3.**

**in·quis·i·tive** [ɪn'kwɪzətɪv] *adj* (*adv* ~ly) **1.** wißbegierig: **to be** ~ **about s.th.** etwas gern wissen wollen. **2.** neugierig. **in·'quis·i·tive·ness** *s* **1.** Wißbegier(de) *f*. **2.** Neugier(de) *f*. **in·'quis·i·tor** [-zɪtə(r)] *s* **1.** → **inquirer. 2.** *jur.* Unter'suchungsbe<sub>a</sub>mte(r) *m*, -richter *m*. **3.** *R.C. hist.* Inqui'sitor *m*: **Grand I.** Großinquisitor. **in·ˌquis·i'to·ri·al** [-zɪ'tɔːrɪəl; *Am. a.* -ˈtəʊ-] *adj* (*adv* ~ly) **1.** *jur.* Untersuchungs...: ~ **trial** a) *Prozeß, bei dem der Richter gleichzeitig staatsanwaltliche Funktionen ausübt,* b) *Prozeß mit geheimem Verfahren.* **2.** *R.C. hist.* Inquisitions... **3.** inquisi'torisch, unerbittlich. **4.** aufdringlich neugierig.

**in | re** [ɪn'reɪ] (*Lat.*) *prep jur.* in Sachen, betrifft. ~ **rem** [ɪn'rem] (*Lat.*) *adj jur.* dinglich: ~ **action; rights** ~.

**in·road** ['ɪnrəʊd] *s bes. mil.* **1.** *bes. mil.* Einfall *m* (**in, into, on, upon** in *acc*): **to make an** ~ einfallen. **2.** *fig.* (**in, into, on, upon**) Eingriff *m* (in *acc*), 'Übergriff *m* (auf *acc*): **to make** ~s **into s.o.'s rights** in j-s Rechte eingreifen. **3.** *a.* **heavy** ~ *fig.* 'übermäßige In'anspruchnahme (**in, into, on, upon** *gen*): **to make** ~s **on**

s.o.'s free time j-s Freizeit stark einschränken; **to make** ~s **into s.o.'s savings** ein großes Loch in j-s Ersparnisse reißen. **4.** *fig.* Eindringen *n* (**in, into, on, upon** in *acc*): **to make** ~s **into a market** *econ.* in e-n Markt eindringen.

**in·rush** ['ɪnrʌʃ] *s* **1.** (Her)'Einströmen *n*. **2.** *fig.* Flut *f*, (Zu)Strom *m*: ~ **of tourists** Touristenstrom.

**in·sal·i·vate** [ɪn'sælɪveɪt] *v/t med. Nahrung* einspeicheln.

**in·sa·lu·bri·ous** [ˌɪnsə'luːbrɪəs] *adj* (*adv* ~ly) ungesund, unzuträglich, unbekömmlich: **an** ~ **climate.** ˌ**in·sa'lu·bri·ty** [-brətɪ] *s* Unzuträglichkeit *f*, Unbekömmlichkeit *f*.

**in·sane** [ɪn'seɪn] *adj* (*adv* ~ly) wahnsinnig, irrsinnig: a) *med.* geisteskrank: ~ **asylum** *bes. Am.* Heil- u. Pflegeanstalt *f*, b) *fig.* verrückt, toll: ~ **ideas . in·'sane·ness** → **insanity.**

**in·san·i·tar·y** [ɪn'sænɪtərɪ; *Am.* -nəˌterɪ:] *adj* 'unhygi<sub>e</sub>nisch, gesundheitsschädlich. **in·ˌsan·i'ta·tion** *s* 'unhygi<sub>e</sub>nischer Zustand.

**in·san·i·ty** [ɪn'sænətɪ] *s* Wahnsinn *m*, Irrsinn *m*: a) *med.* Geisteskrankheit *f*, b) *fig.* Verrücktheit *f*, Tollheit *f*.

**in·sa·ti·a·bil·i·ty** [ɪnˌseɪʃjə'bɪlətɪ; *bes. Am.* -ʃə'b-] *s* Unersättlichkeit *f*. **in·'sa·ti·a·ble** *adj* (*adv* **insatiably**) unersättlich (*Person*), unstillbar (*Durst etc*) (*beide a. fig.*): **he is** ~ **of** (*od.* **for**) **power** sein Machthunger ist unersättlich; ~ **desire for knowledge** unstillbarer Wissensdurst. **in·'sa·ti·a·ble·ness** → **insatiability.**

**in·sa·ti·ate** [ɪn'seɪʃɪət; *Am. a.* -ʃət], *etc* → **insatiable**, *etc.*

**in·scribe** [ɪn'skraɪb] *v/t* **1.** → **engrave. 2.** (ein)schreiben, eintragen (**in** in *acc*): **to** ~ **one's name in a book** sich in ein Buch eintragen; **they have** ~d **their names (up)on the pages of history** sie haben Geschichte gemacht, sie sind in die Geschichte eingegangen; ~d **stock** *econ. Br.* Namensaktien *pl* (*nur bei der Emissionsstelle eingetragene Aktien ohne Besitzerzertifikat*). **3.** *ein Buch etc* mit e-r (per'sönlichen) Widmung versehen. **4.** *math.* einbeschreiben (**in** *dat*): ~d **angle** einbeschriebener Winkel.

**in·scrip·tion** [ɪn'skrɪpʃn] *s* **1.** In- *od.* Aufschrift *f*. **2.** Eintragung *f*. **3.** (per'sönliche) Widmung. **4.** *math.* Einbeschreibung *f*. **in·'scrip·tion·al** [-ʃənl], **in·'scrip·tive** [-tɪv] *adj* **1.** Inschriften... **2.** inschriftartig.

**in·scru·ta·bil·i·ty** [ɪnˌskruːtə'bɪlətɪ] *s* Unerforschlichkeit *f*, Unergründlichkeit *f*. **in·'scru·ta·ble** *adj* (*adv* **inscrutably**) unerforschlich, unergründlich: **the** ~ **ways of Providence.**

**in·sect** ['ɪnsekt] *s* **1.** *zo.* In'sekt *n*, Kerbtier *n*: ~ **bite** Insektenstich *m*; ~ **feeder** → **insectivore I** a, 2; ~ **pest** Insektenplage *f*; ~-**repellent** insektenvertreibend; ~ **repellent** → **insectifuge. 2.** *fig. contp.* ˌ**Gartenzwerg'** *m*. **in·'sec'tar·i·um** [-'teərɪəm] *pl* **-i·a** [-ɪə] *od.* **-i·ums**, **in·sec·tar·y** [ɪn'sektərɪ; *Am. a.* 'ɪnˌsek-] *s* Insek'tarium *n* (*der Aufzucht u. dem Studium von Insekten dienende Anlage*). **in·ˌsec·ti'cid·al** [-tɪ'saɪdl] *adj chem.* insekti'zid, in'sektenvernichtend. **in·'sec·ti·cide** [-saɪd] *s chem.* Insekti'zid *n*, In'sektenvernichtungsmittel *n*. **in·'sec·ti·fuge** [-fjuːdʒ] *s* In'sektenvertreibungsmittel *n*.

**in·sec·tion** [ɪn'sekʃn] *s* Einschnitt *m*.

**in·sec·ti·vore** [ɪn'sektɪvɔː(r)] *s* **1.** *zo.* In'sektenfresser *m*: a) *insektenfressendes Tier,* b) *Säugetier der Ordnung Insectivora.* **2.** *bot.* fleischfressende Pflanze. ˌ**in·sec'tiv·o·rous** [-'tɪvərəs] *adj* **1.** *zo.* in'sektenfressend. **2.** *bot.* fleischfressend.

**in·se·cure** [ˌɪnsɪ'kjʊə(r)] *adj* (*adv* ~ly) **1.** ungesichert, nicht fest. **2.** *fig.* unsicher: a) ungesichert, ris'kant: **an** ~ **investment**, b) gefährdet: **their marriage was** ~ **from the very beginning**, c) nicht selbstsicher: **to feel** ~ sich unsicher fühlen. **in·se·cu·ri·ty** [ˌɪnsɪ'kjʊərətɪ] *s* Unsicherheit *f*.

**in·sel·berg** ['ɪnzlbɜːg; *Am.* -ˌbɜrg] *pl* **-bergs**, **-ˌber·ge** [-gə] *s* Inselberg *m*.

**in·sem·i·nate** [ɪn'semɪneɪt] *v/t* **1.** *agr.* a) *den Boden* einsäen, b) *Samen* (aus)säen. **2.** (ein)pflanzen. **3.** *biol.* befruchten, *zo. a.* besamen. **4.** *fig.* einprägen: **to** ~ **s.th. in(to) s.o.'s mind, to** ~ **s.o.'s mind with s.th.** j-m etwas einimpfen. **in·ˌsem·i'na·tion** *s* **1.** *agr.* a) (Ein)Säen *n*. **2.** (Ein-)Pflanzen *n*. **3.** *biol.* Befruchtung *f*, Besamung *f*. **4.** *fig.* Einimpfung *f*.

**in·sen·sate** [ɪn'senseɪt; -sət] *adj* (*adv* ~ly) **1.** empfindungslos: a) empfindungslos, leblos: ~ **stone**, b) hart, bru'tal. **2.** unsinnig, unvernünftig. **3.** 'übermäßig, sinnlos: ~ **anger. 4.** → **insensible 3. in·'sen·sate·ness** *s* **1.** Gefühllosigkeit *f*: a) Empfindungs-, Leblosigkeit *f*, b) Härte *f*, Brutali'tät *f*. **2.** Unsinnigkeit *f*, Unvernunft *f*. **3.** → **insensibility 3.**

**in·sen·si·bil·i·ty** [ɪnˌsensə'bɪlətɪ] *s* **1.** Empfindungs-, Gefühllosigkeit *f*, Unempfindlichkeit *f* (**to** gegen): ~ **to pain** Schmerzunempfindlichkeit *f*. **2.** Bewußtlosigkeit *f*. **3.** *fig.* (**of, to**) Unempfänglichkeit *f* (für), Gleichgültigkeit *f* (gegen).

**in·sen·si·ble** [ɪn'sensəbl] *adj* (*adv* **insensibly**) **1.** empfindungslos, gefühllos, unempfindlich (**to** gegen): ~ **to pain** schmerzunempfindlich. **2.** bewußtlos: **to knock s.o.** ~; **to fall** ~ in Ohnmacht fallen. **3.** *fig.* (**of, to**) unempfänglich (für), gleichgültig (gegen). **4.** sich nicht bewußt (**of** *gen*): **to be** ~ **of s.th.** sich e-r Sache durchaus *od.* sehr wohl bewußt sein. **5.** unmerklich.

**in·sen·si·tive** [ɪn'sensɪtɪv] *adj* (*adv* ~ly) **1.** *a. phys. tech.* unempfindlich (**to** gegen): **an** ~ **skin**; ~ **to light** lichtunempfindlich. **2.** → **insensible 3.** **in·'sen·si·tive·ness**, **in·ˌsen·si'tiv·i·ty** *s* **1.** Unempfindlichkeit *f*: ~ **to light** Lichtunempfindlichkeit. **2.** → **insensibility 1, 3.**

**in·sen·ti·ent** [ɪn'senʃɪənt; -ʃnt] → **insensate 1, insensible 1.**

**in·sep·a·ra·bil·i·ty** [ɪnˌsepərə'bɪlətɪ; -prə'b-] *s* Untrennbarkeit *f*, Unzertrennlichkeit *f*. **in·'sep·a·ra·ble** **I** *adj* (*adv* **inseparably**) **1.** untrennbar (*a. ling.*). **2.** unzertrennlich (**from** von): ~ **friends. II** *s* **3.** *pl* untrennbare Dinge *pl.* **4.** *pl* unzertrennliche Freunde *pl*: **they are** ~s sie sind unzertrennlich.

**in·sert I** *v/t* [ɪn'sɜːt; *Am.* ɪn'sɜrt] **1.** einfügen, -setzen, -schieben, *Worte a.* einschalten, *ein Instrument etc* einführen, *e-n Schlüssel etc* (hin'ein)stecken, *e-e Münze etc* einwerfen (**in, into** in *acc*). **2.** *electr.* einschalten, zwischenschalten. **3. to** ~ **an advertisement in(to) a newspaper** e-e Anzeige in e-e Zeitung setzen, in e-r Zeitung inserieren. **II** *s* ['ɪnsɜːt; *Am.* 'ɪnsɜrt] **4.** → **insertion 2-5. 5.** *Film, TV:* Insert *n*, Einblendung *f*, Zwischenschnitt *m.*

**in·ser·tion** [ɪn'sɜːʃn; *Am.* -'sɜr-] *s* **1.** Einfügen *n*, -setzen *n*, Einführung *f*, Einwurf *m.* **2.** Einfügung *f*, Ein-, Zusatz *m*, Einschaltung *f.* **3.** Einsatz(stück *n*) *m*: ~ **of lace** Spitzeneinsatz. **4.** (Zeitungs)Anzeige *f*, Inse'rat *n.* **5.** (Zeitungs)Beilage *f*, (Buch)Einlage *f.* **6.** *electr.* Ein-, Zwischenschaltung *f.* **7.** *anat. bot.* a) Einfügung *f* (*e-s Organs*), b) Ansatz(stelle *f*) *m*: **muscular** ~ *anat.* Muskelansatz. **8.** → **injection 4.**

**in·ˌser·vice** *adj:* ~ **training** berufsgleitende Aus- *od.* Weiterbildung.

**in·ses·so·ri·al** [ˌɪnseˈsɔːrɪəl; *Am. a.* -ˈsəʊ-] *adj orn.* **1.** hockend: ~ **birds. 2.** zum Hocken geeignet (*Fuß*).

**in·set I** *s* [ˈɪnset] **1.** → **insertion** 2, 3, 5. **2.** Eckeinsatz *m*, Nebenbild *n*, -karte *f*. **3.** Einsetzen *n* (*der Flut*), Herˈeinströmen *n*. **II** *v/t* [ˌɪnˈset; *Am. a.* ˈɪnˌset] *irr pret u. pp a.* ˌɪnˈset·ted **4.** einfügen, -setzen, -schieben, -schalten (**in**, **into** *in acc*).

**in·shore** [ˌɪnˈʃɔː(r); *Am. a.* ˌɪnˈʃɔʊr] **I** *adj* **1.** an der Küste: ~ **fishing** Küstenfischerei *f*. **2.** sich auf die Küste zu bewegend: ~ **current** Küstenströmung *f*. **II** *adv* **3.** zur Küste hin. **4.** nahe der Küste. **5.** ~ **of the ship** zwischen Schiff u. Küste.

**in·shrine** [ɪnˈʃraɪn] → **enshrine**.

**in·side** [ˌɪnˈsaɪd; ˈɪnsaɪd] **I** *s* **1.** Innenseite *f*, -fläche *f*, innere Seite: **on the ~** innen (→ 2). **2.** (*das*) Innere: **from the ~** von innen; **~ out** das Innere *od.* die Innenseite nach außen (gekehrt), verkehrt, umgestülpt; **he was wearing his pullover ~ out** er hatte s-n Pullover links an; **to turn s.th. ~ out** a) etwas umdrehen *od.* umstülpen, b) *fig.* etwas (völlig) umkrempeln *od.* ˈauf den Kopf stellenˈ; **to know s.th. ~ out** etwas in- u. auswendig kennen; **on the ~** eingeweiht (→ 1); *s.o.* **on the ~** ein Insider, ein Eingeweihter. **3.** Häuserseite *f* (*e-s Radwegs etc*). **4.** *fig.* inneres Wesen, (*das*) Innerste *od.* Wesentliche: **to look into the ~ of s.th.** etwas gründlich untersuchen. **5.** *oft pl colloq.* Eingeweide *pl*, *bes.* Magen *m*, Bauch *m*: **a pain in one's ~s** Bauchschmerzen *pl*. **6.** Mitte *f*: **the ~ of a week** die Wochenmitte. **7.** *colloq.* ˈInsiderinformatiˌonen *pl*, inˈterne *od.* vertrauliche Informatiˈonen *pl* (**on** über *acc*). **II** *adj* [*meist* ˈɪnsaɪd] **8.** im Innern (befindlich), inner, Innen..., inwendig: ~ calˈl(l)iper *tech.* Lochzirkel *m*; ~ diameter Innendurchmesser *m*, lichte Weite; ~ broker *econ. Br.* amtlich zugelassener Makler; ~ director *econ. Am.* (*etwa*) Vorstandsmitglied *n*; ~ finish *arch. Am.* Ausbau *m*; ~ lane *sport* Innenbahn *f*; ~ left (right) (*Fußball, Hockey*) *hist.* Halblinke(r) *m* (Halbrechte[r] *m*); **to push s.th. onto the ~ pages** etwas von den Titelseiten verdrängen; ~ **track** a) *Radsport, Eisschnellauf:* Innenbahn *f*, b) *fig. Am.* Vorteil *m*, günstige (Ausgangs)Position. **9.** im Hause beschäftigt. **10.** im Hause entstanden: ~ **work. 11.** inˈtern, vertraulich: ~ **information** (*colloq.* **stuff**) → 7; **it was an ~ job** *colloq.* a) ˌdas Ding wurde von Insidern gedrehtˈ, b) an dem ˌDingˈ waren Insider beteiligt; ~ **man** *Am.* (*in e-e Organisation*) eingeschleuster Mann, Spitzel *m*; → **dope** 7 a. **III** *adv* [ˌɪnˈsaɪd] **12.** im Inner(e)n, (dr)innen. **13.** ins Innere, nach innen, hinˈein, herˈein. **14.** ~ **of** a) innerhalb (*gen*): ~ **of a week** innerhalb e-r Woche, b) *Am.* → 16. **15.** (von) innen, an der Innenseite: **painted red ~** innen rot gestrichen. **IV** *prep* [ˌɪnˈsaɪd] **16.** innerhalb, im Inner(e)n (*gen*): ~ **the house** im Hause.

**in·sid·er** [ˌɪnˈsaɪdə(r)] *s* Insider(in): a) Eingeweihte(r *m*) *f*, b) *Mitglied e-r (Wirtschafts)Gemeinschaft*.

**in·sid·i·ous** [ɪnˈsɪdɪəs] *adj* (*adv* ~**ly**) **1.** heimtückisch, ˈhinterhältig, -listig. **2.** *med.* (heim)tückisch, schleichend: ~ **disease**. **in·sid·i·ous·ness** *s* Heimtücke *f*, ˈHinterlist *f*.

**in·sight** [ˈɪnsaɪt] *s* **1.** (**into**) a) Einblick *m* (in *acc*): **to gain a ~ into s.th.** (e-n) Einblick in etwas gewinnen, **to provide ~ into s.th.** Einblick in etwas gewähren, b) Verständnis *n* (für): **a man of ~** ein verständnisvoller Mann. **2.** Einsicht *f* (*a. psych.*). **3.** Scharfblick *m*. **ˈin·sight·ful** *adj* (*adv* ~**ly**) aufschlußreich.

**in·sig·ne** [ɪnˈsɪgnɪ] *pl* **-ni·a** [-nɪə] → **insignia.**

**in·sig·ni·a** [ɪnˈsɪgnɪə] *pl* **-as, -a** *s* **1.** Inˈsigneˌf, Amts-, Ehrenzeichen *n*. **2.** *mil.* Abzeichen *n*. **3.** (Kenn)Zeichen *n*.

**in·sig·nif·i·cance** [ˌɪnsɪgˈnɪfɪkəns] *s* **1.** Bedeutungslosigkeit *f*, Unwichtigkeit *f*. **2.** Belanglosigkeit *f*, Geringfügigkeit *f*. **ˌin·sig·ˈnif·i·can·cy** [-sɪ] *s* **1.** → insignificance. **2.** (*etwas*) Belangloses, Lapˈpalie *f*. **3.** unbedeutender Mensch.

**in·sig·nif·i·cant** [ˌɪnsɪgˈnɪfɪkənt] *adj* (*adv* ~**ly**) **1.** bedeutungslos, unwichtig. **2.** geringfügig, unerheblich: **an ~ sum**. **3.** unbedeutend: **an ~ person. 4.** verächtlich, gemein: **an ~ fellow** ein gemeiner Kerl. **5.** nichtssagend: ~ **words**.

**in·sin·cere** [ˌɪnsɪnˈsɪə(r)] *adj* (*adv* ~**ly**) unaufrichtig, falsch. **ˌin·sin·ˈcer·i·ty** [-ˈserətɪ] *s* Unaufrichtigkeit *f*, Falschheit *f*.

**in·sin·u·ate** [ɪnˈsɪnjʊeɪt; *Am.* ɪnˈsɪnjəˌweɪt] **I** *v/t* **1.** andeuten, anspielen auf (*acc*), zu verstehen geben: **are you insinuating that …?** wollen Sie damit sagen, daß …? **2. ~ to s.th. into s.o.'s mind** j-m etwas geschickt beibringen *od.* einimpfen, j-m Furcht einflößen, j-s Argwohn, Zweifel *etc* wecken. **3. ~ o.s.** eindringen (**into** in *acc*): **to ~ o.s. into s.o.'s favo(u)r** sich bei j-m einschmeicheln; **to ~ o.s. into s.o.'s confidence** sich j-s Vertrauen erschleichen. **II** *v/i* **4.** Andeutungen machen. **inˈsin·u·at·ing** *adj* (*adv* ~**ly**) **1.** einschmeichelnd, schmeichlerisch. **2.** → insinuative 1.

**in·sin·u·a·tion** [ɪnˌsɪnjʊˈeɪʃn; *Am.* -jə·w-] *s* (**about**) Anspielung *f* (auf *acc*), (versteckte) Andeutung (über *acc*): **to make ~s, by ~** andeutungsweise. **inˈsin·u·a·tive** [-jʊətɪv; *Am.* -jəˌweɪtɪv; -jə·w-] *adj* **1.** andeutend: **an ~ remark** → insinuation 2. **2.** insinuating 1. **inˈsin·u·a·to·ry** [-jʊətərɪ; *Am.* -jəwəˌtəʊrɪ; -ˌtɔː-] *adj* **1.** andeutend: **an ~ remark** → insinuation 2. **2.** insinuating 1.

**in·sip·id** [ɪnˈsɪpɪd] *adj* (*adv* ~**ly**) fad(e): a) geschmacklos, (*bes. Getränk*) schal, b) *fig.* langweilig, geistlos (*Geschichte, Person etc*). **ˌin·siˈpid·i·ty, inˈsip·id·ness** *s* Fadheit *f*.

**in·sist** [ɪnˈsɪst] **I** *v/i* **1.** (**on, upon**) dringen (auf *acc*), bestehen (auf *dat*), verlangen (*acc*): **I ~ on doing it** ich bestehe darauf, es zu tun; ich will es unbedingt tun; **I ~ed on him** (*od.* **his**) **leaving** ich bestand darauf, daß er ging; **you must come with us, I ~** ich bestehe darauf; **if you ~** a) wenn Sie darauf bestehen, b) wenn es unbedingt sein muß. **2.** (**on**) beharren (auf *dat*, bei), beharrlich beteuern *od.* behaupten (*acc*), bleiben bei (*e-r Behauptung*). **3.** (**on, upon**) Gewicht legen (auf *acc*), herˈvorheben, (nachdrücklich) betonen (*acc*): **to ~ on a point. 4.** darˈauf bestehen, verlangen (**that** daß): **I ~ed that he (should) leave** ich bestand darauf, daß er ging. **5.** darˈauf beharren, da·bei bleiben (**that** daß): **he ~ed that he was innocent. inˈsist·ence, inˈsist·en·cy** *s* **1.** Bestehen *n*, Beharren *n* (**on, upon** auf *dat*): **I did it, but only at his ~** aber nur, weil er darauf bestand; aber nur auf sein Drängen (**on** *gen*). **2.** beharrliche Beteuerung (**on** *gen*): **his ~ that he was innocent** s-e beharrliche Behauptung, unschuldig zu sein. **3.** (**on, upon**) Betonung *f* (*gen*), Nachdruck *m* (auf *dat*): **with great ~** mit großem Nachdruck, sehr nachdrücklich *od.* eindringlich. **4.** Beharrlichkeit *f*, Hartnäckigkeit *f*. **inˈsist·ent** *adj* (*adv* ~**ly**) **1.** beharrlich, hartnäckig: **to be ~ (on)** → insist 1-3; **to be ~ on s.th.** a) auf e-r Sache bestehen, b)

etwas betonen; **to be ~ that** darauf bestehen, daß. **2.** drängend. **3.** eindringlich. **4.** dringend: ~ **demands. 5.** aufdringlich, grell: ~ **colo(u)rs**; ~ **sounds** grelle *od.* schrille Töne.

**in si·tu** [ɪnˈsɪtjuː; *Am. bes.* ɪnˈsaɪtuː] (*Lat.*) *adv* in situ: a) in der naˈtürlichen Lage (*a. anat.*), b) *med.* auf den Ausgangsort beschränkt (*Tumor etc*).

**in·so·bri·e·ty** [ˌɪnsəʊˈbraɪətɪ] *s* Unmäßigkeit *f*.

**ˌin·soˈfar,** *a.* **in so far** *adv*: ~ **as** soweit.

**in·so·late** [ˈɪnsəʊleɪt] *v/t* den Sonnenstrahlen aussetzen. **ˌin·soˈla·tion** *s* **1.** Sonnenbestrahlung *f*: **artificial ~** *med.* Höhensonnenbestrahlung. **2.** Sonnenbad *n*, -bäder *pl*. **3.** *med.* Sonnenstich *m*.

**in·sole** [ˈɪnsəʊl] *s* **1.** Brandsohle *f*. **2.** Einlegesohle *f*.

**in·so·lence** [ˈɪnsələns] *s* **1.** Anmaßung *f*, Überˈheblichkeit *f*. **2.** Unverschämtheit *f*, Frechheit *f*. **ˈin·so·lent** *adj* (*adv* ~**ly**) **1.** anmaßend, überˈheblich. **2.** unverschämt, frech (**to** zu).

**in·sol·u·bil·i·ty** [ɪnˌsɒljʊˈbɪlətɪ; *Am.* ɪnˌsaljəˈb-] *s* **1.** *chem.* Unlöslichkeit *f*. **2.** *fig.* Unlösbarkeit *f*. **inˈsol·u·ble I** *adj* (*adv* insolubly) **1.** *chem.* un(auf)löslich. **2.** *fig.* unlösbar. **II** *s* **3.** unlösliche Subˈstanz. **4.** *fig.* unlösbares Proˈblem.

**in·sol·ven·cy** [ɪnˈsɒlvənsɪ; *Am. bes.* ɪnˈsal-] *s* *econ. jur.* **1.** Zahlungsunfähigkeit *f*, -einstellung *f*, Insolˈvenz *f*. **2.** Konˈkurs *m*, Bankˈrott *m*. **3.** Überˈschuldung *f*. **in·sol·vent I** *adj* **1.** *econ. jur.* zahlungsunfähig, insolˈvent. **2.** *econ. jur.* konˈkursreif, bankˈrott: ~ **law** Bankrottgesetz *n*. **3.** *econ. jur.* überˈschuldet: ~ **estate** überschuldeter Nachlaß. **4.** *fig.* (*moralisch etc*) bankˈrott. **II** *s* **5.** *econ. jur.* zahlungsunfähiger Schuldner.

**in·som·ni·a** [ɪnˈsɒmnɪə; *Am.* ɪnˈsɑm-] *s* *med.* Schlaflosigkeit *f*. **inˈsom·ni·ac** [-æk] **I** *s* an Schlaflosigkeit Leidende(r *m*) *f*: **to be an ~** an Schlaflosigkeit leiden. **II** *adj* a) an Schlaflosigkeit leidend, b) zu Schlaflosigkeit führend.

**ˌin·soˈmuch** *adv* **1.** so sehr, dermaßen, so (**that** daß). **2.** → inasmuch as.

**in·sou·ci·ance** [ɪnˈsuːsjəns; -sɪəns] *s* Sorglosigkeit *f*, Unbekümmertheit *f*. **inˈsou·ci·ant** *adj* (*adv* ~**ly**) unbekümmert, sorglos.

**in·spect** [ɪnˈspekt] *v/t* **1.** unterˈsuchen, prüfen, sich genau ansehen (**for** auf *acc* [hin]). **2.** *jur.* Akten *etc* einsehen, Einsicht nehmen in (*acc*). **3.** besichtigen, inspiˈzieren: **to ~ troops**.

**in·spec·tion** [ɪnˈspekʃn] *s* **1.** Besichtigung *f*, Unterˈsuchung *f*, Prüfung *f*, (*bes. amtliche*) Konˈtrolle, *mar. a.* Abnahme *f*: **on ~** bei näherer Prüfung; **not to bear** (*od.* **stand**) **close ~** e-r näheren Prüfung nicht standhalten; **for** (**your kind**) ~ *econ.* zur (gefälligen) Ansicht; **free ~** (**invited**) Besichtigung ohne Kaufzwang; ~ **copy** *print.* Prüfstück *n*; ~ **hole** *tech.* Schauloch *n*; ~ **lamp** *tech.* Ableuchtlampe *f*; ~ **test** *tech.* Abnahmeprüfung; ~ **window** *tech.* Ablesefenster *n*, Schauglas *n*. **2.** *jur.* Einsicht(nahme) *f*: ~ **of the books and accounts** Buchprüfung *f*, Einsichtnahme in die (Geschäfts)Bücher; **to be (laid) open to ~** zur Einsicht ausliegen. **3.** (offiziˈelle) Besichtigung, Inspiˈzierung *f*, Inspektiˈon *f*: ~ **of the troops** Truppenbesichtigung. **4.** *mil.* (Waffen- *etc*) Apˈpell *m*. **5.** Aufsicht *f* (**of, over** über *acc*): **under sanitary ~** unter gesundheitspolizeilicher Aufsicht; **committee of ~** *jur.* Gläubigerausschuß *m* (*zur Unterstützung des Konkursverwalters*).

**in·spec·tor** [ɪnˈspektə(r)] *s* **1.** Inˈspektor *m*, Aufsichtsbeamte(r) *m*, Aufseher *m*,

Prüfer *m*, Kontrol'leur *m* (*a. rail. etc*): ~ **of schools** Schulinspektor; → **weight** 2. **2. customs** ~ Zollbeamte(r) *m*. **3. police** ~ *Br.* Poli'zeiin₁spektor *m*, -kommis₁sar *m*. **4.** *mil.* Inspek'teur *m*: I~ **General** Generalinspekteur. **in'spec·to·ral** [-rəl] *adj* **1.** Inspektor(en)... **2.** Aufsichts... **~ staff** Aufsichtspersonal *n*. **in'spec·tor·ate** [-rət] *s* **1.** Inspekto'rat *n*: a) Aufseheramt *n*, b) Aufsichtsbezirk *m*. **2.** Inspekti'on(s-behörde) *f*.
**in·spec·to·ri·al** [₁ɪnspek'tɔːrɪəl; *Am. a.* -'tɔʊ-] → **inspectoral**.
**in'spec·tor·ship** *s* **1.** Inspekto'rat *n*, In'spektoramt *n*. **2.** Aufsicht *f* (**of** über *acc*).
**in·spec·to·scope** [ɪn'spektəskəʊp] *s Am.* Röntgenapparat zur Untersuchung von Gepäckstücken *etc*.
**in·spi·ra·tion** [₁ɪnspə'reɪʃn] *s* **1.** Inspirati'on *f*: a) *physiol.* Einatmung *f*, b) *relig.* göttliche Eingebung, (plötzlicher) Einfall, c) *fig.* Anregung *f*: **to draw one's ~ from** s-e Anregung(en) beziehen aus; **to be** s.o.'s ~, **to be an ~ to** (*od.* **for**) s.o. j-n inspirieren. **2.** Gedankenflug *m*. **3.** Veranlassung *f*: **at** s.o.'s ~ auf j-s Veranlassung (hin). **in·spi·ra·tion·al** [-ʃənl] *adj* (*adv* ~ly) **1.** inspi'riert. **2.** Inspirations... **3.** → **inspirative**. **in·spi·ra·tion·ist** *s relig.* j-d, der glaubt, daß die Heilige Schrift unter göttlicher Eingebung geschrieben wurde. **in·spir·a·tive** [ɪn'spaɪərətɪv] *adj* inspi'rierend.
**in·spi·ra·tor** ['ɪnspəreɪtə(r)] *s med.* Inha'lator *m*, Inhalati'onsappa₁rat *m*. **in·spir·a·to·ry** [ɪn'spaɪərətərɪ; *Am.* -₁tɔʊ-riː; -₁tɔː-] *adj* Einatmungs...
**in·spire** [ɪn'spaɪə(r)] **I** *v/t* **1.** einatmen. **2.** inspi'rieren: a) *j-n* erleuchten, b) *j-n* anregen, beflügeln, veranlassen (**to** zu; **to do** zu tun), c) *etwas* anregen, beflügeln. **3.** *ein Gefühl etc* erwecken, auslösen (**in** *dat*): **to ~ confidence in** s.o. j-m Vertrauen einflößen. **4.** *fig.* beseelen (**with** mit). **5.** her'vorbringen, verursachen. **6.** *obs.* einhauchen (**into** *dat*). **II** *v/i* **7.** inspi'rieren. **8.** einatmen. **in'spired** *adj* **1.** *relig. u. fig.* erleuchtet. **2.** inspi'riert. **3.** glänzend, her'vorragend: **it was an ~ guess** das war glänzend geraten. **4.** schwungvoll, zündend. **5.** von ‚oben‘ (*von der Regierung etc*) veranlaßt. **6.** ~ **leak** gezielte Indiskretion. **in'spir·er** *s* Inspi'rator *m*.
**in·spir·it** [ɪn'spɪrɪt] → **inspire** 2 b.
**in·sta·bil·i·ty** [₁ɪnstə'bɪlətɪ] *s* **1.** mangelnde Festigkeit *od.* Stabili'tät. **2.** *bes. chem. tech.* 'Instabili₁tät *f*. **3.** *fig.* Unbeständigkeit *f*. **4.** *fig.* mangelnde Festigkeit: (**emotional**) ~ Labili'tät *f*. **in·sta·ble** [ɪn'steɪbl] → **unstable**.
**in·stall**, *bes. Am. a.* **in·stal** [ɪn'stɔːl] *v/t* **1.** *tech.* instal'lieren: a) *ein Bad, e-e Maschine, e-e Heizung* einbauen, b) *e-e Leitung etc* legen, c) *ein Telefon etc* anschließen. **2.** in ein Amt einführen *od.* einsetzen, *e-n Geistlichen* inve'stieren. **3.** *etwas* setzen, stellen, legen: **he ~ed himself in front of the fireplace** er ließ sich vor dem Kamin nieder. **4.** *j-n* (*beruflich, häuslich*) 'unterbringen: **he ~ed his sister as secretary**.
**in·stal·la·tion** [₁ɪnstə'leɪʃn] *s* **1.** *tech.* Instal'lierung *f*, Installati'on *f*, Einbau *m*, Anschluß *m*. **2.** *tech.* (*fertige*) Anlage, (Betriebs)Einrichtung *f*: **military** ~ militärische Anlage. **3.** *pl* Inven'tar *n*. **4.** (Amts)Einsetzung *f*, (-)Einführung *f*.
**in'stall·ment¹**, *bes. Br.* **in'stal·ment** *s* **1.** *econ.* Rate *f*: **by** (*od.* **in**) ~**s** in Raten, ratenweise (→ 2); **first** ~ Anzahlung *f* (**toward[s]** auf *acc*); **monthly** ~ Monatsrate. **2.** (Teil)Lieferung *f* (*e-s Buches etc*): **by** (*od.* **in**) ~**s** in (Teil)Lieferungen (→ 1).

**3.** a) Fortsetzung *f*: **a novel by** (*od.* **in**) ~**s** ein Fortsetzungsroman, b) *Rundfunk, TV*: Folge *f*: **program(me) in two** ~**s** Zweiteiler *m*.
**in'stall·ment²**, *bes. Br.* **in'stal·ment** → **installation** 1.
**in'stall·ment** | **busi·ness** *s econ.* Teilzahlungs-, Ratenzahlungs-, Abzahlungsgeschäft *n*. ~ **buy·ing** *s* Teilzahlungs-, Ratenzahlungs-, Abzahlungskauf *m*. ~ **con·tract** *s* Teilzahlungs-, Abzahlungsvertrag *m*. ~ **cred·it** *s* 'Teilzahlungs-, 'Abzahlungskre₁dit *m*. ~ **plan**, ~ **sys·tem** *s Am.* 'Teilzahlungs-, 'Ratenzahlungs-, 'Abzahlungssy₁stem *n*: **to buy on the** ~ auf Abzahlung *od.* Raten kaufen.
**in·stal·ment** *bes. Br. für* **installment¹** u. ².
**in·stance** ['ɪnstəns] **I** *s* **1.** (*einzelner*) Fall: **in this** ~ in diesem (besonderen) Fall; **in a given** ~ in e-m Einzelfall. **2.** Beispiel *n*: **for** ~ zum Beispiel; **as an** ~ **of** s.th. als Beispiel für etwas; → **for instance**. **3.** dringende Bitte, An-, Ersuchen *n*: **at his** ~ auf s-e Veranlassung (hin), auf sein Betreiben *od.* Drängen. **4.** *jur.* In'stanz *f*: **a court of the first** ~ ein Gericht erster Instanz; **in the last** ~ in letzter Instanz, b) *fig.* letztlich; **in the first** ~ *fig.* a) in erster Linie, b) zu'erst. **II** *v/t* **5.** als Beispiel anführen. **6.** mit Beispielen belegen. **'in·stan·cy** [-sɪ] *s* **1.** Dringlichkeit *f*. **2.** Unverzüglichkeit *f*.
**in·stant** ['ɪnstənt] **I** *s* **1.** Mo'ment *m*: a) (*kurzer*) Augenblick: **in an** ~, **on the** ~ sofort, augenblicklich, im Nu, b) (*genauer*) Zeitpunkt, Augenblick *m*: **at this** ~ in diesem Augenblick; **this** ~ sofort, auf der Stelle; **the** ~ **I saw her** sobald ich sie sah. **II** *adj* (*adv* ~**instantly**) **2.** so'fortig, unverzüglich, augenblicklich: ~ **camera** *phot.* Sofortbild-, Instantkamera *f*; ~ **replay** *sport, TV* (*bes. Zeitlupen*)Wiederholung *f* (*e-r Spielszene etc*). **3.** di'rekt, unmittelbar. **4.** *gastr.* Fertig...: ~ **cake mix** Backmischung *f*; ~ **coffee** Instant-, Pulverkaffee *m*; ~ **meal** Fertig-, Schnellgericht *n*. **5.** *econ.* gegenwärtig, laufend: **the 10th** ~ der 10. dieses Monats. **6.** dringend: **to be in** ~ **need of** s.th. etwas dringend brauchen.
**in·stan·ta·ne·ous** [₁ɪnstən'teɪnjəs; -nɪəs] *adj* **1.** so'fortig, unverzüglich, augenblicklich: ~ **action**; **death was** ~ der Tod trat auf der Stelle ein; **his death was** ~ er war auf der Stelle *od.* sofort tot. **2.** *a. phys. tech.* momen'tan, Moment..., Augenblicks...: ~ **heater** Durchlauferhitzer *m*; ~ **photo(graph)** Momentaufnahme *f*; ~ **shutter** Momentverschluß *m*; ~ **value** Momentan-, Augenblickswert *m*. **3.** gleichzeitig: ~ **events**. **4.** augenblicklich, momen'tan. **in·stan·ta·ne·ous·ly** *adv* augenblicklich, so'fort, unverzüglich, auf der Stelle. **in·stan·ta·ne·ous·ness** *s* Unverzüglichkeit *f*.
**in·stan·ter** [ɪn'stæntə(r)] *adv bes. jur.* so'fort, unverzüglich.
**in·stan·ti·ate** [ɪn'stænʃɪeɪt] *v/t etwas* durch ein (kon'kretes) Beispiel darlegen.
**in·stant·ly** ['ɪnstəntlɪ] *adv* augenblicklich, so'fort, unverzüglich.
**in·state** [ɪn'steɪt] → **install** 2.
**in·stead** [ɪn'sted] *adv* **1.** ~ **of** an Stelle von (*od. gen*), (an)statt (*gen*): ~ **of me** an m-r Stelle; ~ **of going** anstatt zu gehen; ~ **of at work** statt bei der Arbeit; ~ **worse** ~ **of better** schlechter statt besser. **2.** statt dessen, da'für: **take this** ~.
**in·step** [ɪn'step] *s* **1.** *anat.* Rist *m*, Spann *m*: ~ **raiser** *med.* Senk- *od.* Plattfußeinlage *f*. **2.** Blatt *n* (*e-s Schuhs*).
**in·sti·gate** ['ɪnstɪgeɪt] *v/t* **1.** *j-n* aufhetzen, *a. jur.* anstiften (**to** zu; **to do** zu tun). **2.** a) *etwas Böses* anstiften, anzetteln, b)

etwas in Gang setzen, in die Wege leiten, initi'ieren. **in·sti·ga·tion** *s* **1.** Anstiftung *f*, Aufhetzung *f*. **2.** Anregung *f*: **at** s.o.'s ~ auf j-s Veranlassung (hin), auf j-s Betreiben *od.* Drängen. **in·sti·ga·tor** [-tə(r)] *s* **1.** Anstifter(in), (Auf)Hetzer(in): ~ **of a crime** Anstifter(in) e-s Verbrechens *od.* zu e-m Verbrechen. **2.** a) Anzett(e)ler(in), b) Initi'ator *m*, Initia'torin *f*.
**in·stil(l)** [ɪn'stɪl] *v/t* **1.** einträufeln (**into** *dat*). **2.** *fig.* einflößen, -impfen, beibringen (**into** *dat*). **in·stil·la·tion**, **in'stil(l)·ment** *s* **1.** Einträuf(e)lung *f*. **2.** *fig.* Einflößung *f*, Einimpfung *f*.
**in·stinct¹** ['ɪnstɪŋkt] *s* **1.** In'stinkt *m*, (Na'tur)Trieb *m*: **the** ~ **of self-preservation** der Selbsterhaltungstrieb; **by** (*od.* **from**) ~ instinktiv. **2.** (*sicherer*) In'stinkt, na'türliche Begabung (**for** für): **to have an** ~ **for doing** (*od.* **to do**) s.th. etwas instinktiv tun. **3.** instink'tives Gefühl (**for** für).
**in·stinct²** [ɪn'stɪŋkt] *adj* erfüllt, durch'drungen (**with** von).
**in·stinc·tive** [ɪn'stɪŋktɪv] *adj* (*adv* ~**ly**) instink'tiv: a) in'stinkt-, triebmäßig, b) unwillkürlich: ~ **act(ion)** Instinktivhandlung *f*, c) instinktiv.
**in·sti·tute** ['ɪnstɪtjuːt; *Am. a.* -₁tuːt] **I** *v/t* **1.** er-, einrichten, gründen, ins Leben rufen: **to** ~ **a society**. **2.** einsetzen: **to** ~ **a government**. **3.** einführen: **to** ~ **laws**. **4.** in Gang setzen, in die Wege leiten, initi'ieren: **to** ~ **an inquiry** e-e Untersuchung einleiten; **to** ~ **inquiries** Nachforschungen anstellen; → **action** 12, **suit** 4. **5.** a) → **install** 2, b) *relig.* einsetzen (**in**, **into** in *acc*): **to** ~ **into a benefice** in e-e Pfründe einsetzen. **6.** *jur.* einsetzen: **to** ~ **as heir** j-n zum *od.* als Erben). **II** *s* **7.** a) Insti'tut *n*: ~ **for business cycle research** *econ.* Konjunkturinstitut, b) Anstalt *f*, c) Akade'mie *f*, d) (*literarische etc*) Gesellschaft *f*. **8.** a) Insti'tut(sgebäude) *n*, b) Anstalt(sgebäude *n*) *f*. **9.** *ped.* a) höhere technische Schule: ~ **of technology** Technische Hochschule; **textile** ~ Textilfachschule *f*, b) Universi'tätsinsti₁tut *n*, c) *a.* **teachers'** ~ 'Lehrsemi₁nar *n*. **10.** *pl a.* *jur.* Instituti'onen *pl*, Sammlung *f* grundlegender Gesetze, ('Rechts)Kommen₁tar *m*, b) Grundlehren *pl* (*e-r Wissenschaft*).
**in·sti·tu·tion** [₁ɪnstɪ'tjuːʃn; *Am. a.* -'tuː-] *s* **1.** a) Instituti'on *f*, Einrichtung *f*, b) Insti'tut *n*, c) Anstalt *f*, d) Heim *n*, e) Stiftung *f*, f) Gesellschaft *f*: **charitable** ~ Wohltätigkeitseinrichtung; **educational** ~ Bildungs-, Lehranstalt; → **penal** 1. **2.** a) Insti'tut(sgebäude) *n*, b) Anstalt(sgebäude *n*) *f*, c) Heim *n*. **3.** *sociol.* a) Instituti'on *f*, Einrichtung *f*: **the** ~ **of marriage**, b) (über'kommene) Sitte, (fester) Brauch. **4.** → **institute** 10 a. **5.** *colloq.* a) eingefleischte Gewohnheit: **Tom's sundowner was an** ~ Tom trank regelmäßig zur Dämmerschoppen, b) vertraute Sache, feste Einrichtung: **the old man in the park is a regular** ~ ist ein vertrauter Anblick; **he's become a living** ~ er gehört schon zum lebenden Inventar. **6.** Er-, Einrichtung *f*, Gründung *f*. **7.** Einsetzung *f*. **8.** Einführung *f*. **9.** In'gangsetzung *f*, Initi'ierung *f*. **10.** a) → **installation** 4, b) *relig.* Einsetzung *f*. **11.** *jur.* Einsetzung *f*.
**in·sti·tu·tion·al** [₁ɪnstɪ'tjuːʃənl; *Am. a.* -'tuː-] *adj* **1.** institutio'nell, Institutions...: ~ **advertising** institutionelle Werbung, Goodwill-Werbung *f*; ~ **investors** *econ.* institutionelle Anleger (*Banken etc*). **2.** a) Instituts..., b) Anstalts...: ~ **clothing**, c) Heim...: ~ **care** (stationäre) Pflege *od.* Versorgung in e-m Heim *od.* e-r Anstalt. **3.** *bes. contp.* Einheits...: ~ **furniture**

(meals, etc). **in·sti·tu·tion·al·ism** [-ʃnəlɪzəm] s **1.** Festhalten n an über'kommenen Sitten u. Gebräuchen. **2.** Institutiona'lismus m (Richtung der Nationalökonomie, die auf den Institutionen als der Gesamtheit der in e-r Gesellschaft gegebenen Organisationsformen menschlichen Handelns aufbaut). **in·sti·tu·tion·al·ize** v/t **1.** institutionali'sieren, zu e-r Instituti'on machen. **2.** in ein Heim od. e-e Anstalt einweisen. **3.** he was ~d into apathy er wurde im Heim od. in der Anstalt apathisch.

**in·struct** [ɪn'strʌkt] v/t **1.** a) unter'richten (in in dat): to ~ a class in biology e-r Klasse Biologieunterricht geben od. erteilen, b) ausbilden, schulen (in in dat). **2.** infor'mieren, unter'richten, j-m Bescheid geben od. sagen. **3.** instru'ieren, anweisen, beauftragen (to do zu tun): he has been ~ed to come earlier er hat Anweisung, früher zu kommen. **4.** jur. e-n Zeugen etc belehren (to do zu tun): the judge ~ed the jury der Richter erteilte den Geschworenen Rechtsbelehrung.

**in·struc·tion** [ɪn'strʌkʃn] s **1.** a) 'Unterricht m: to give a class ~ in biology e-r Klasse Biologieunterricht geben od. erteilen, private ~ Privatunterricht; → course 15, b) Ausbildung f, Schulung f: he is still under ~ er ist od. steht noch in der Ausbildung. **2.** Infor'mierung f, Unter'richtung f. **3.** Instrukti'on f: a) Anweisung f, Auftrag m: according to ~s auftrags-, weisungsgemäß; ~s for use Gebrauchsanweisung, -anleitung f; → operating 1, b) Computer: Befehl m. **4.** mil. Dienstanweisung f, Instrukti'on f. **5.** jur. a) Belehrung f, b) meist pl Rechtsbelehrung f. **in·struction·al** [-ʃənl] adj **1.** a) Unterrichts..., Lehr...: ~ film Lehrfilm m; ~ television Schulfernsehen n, b) Ausbildungs..., Schulungs... **2.** → instructive.

**in·struc·tive** [ɪn'strʌktɪv] adj (adv ~ly) instruk'tiv, aufschluß-, lehrreich. **in·struc·tive·ness** s (das) Instruk'tive. **in·struc·tor** [-tə(r)] s **1.** Lehrer m. **2.** mil. etc Ausbilder m. **3.** univ. Am. (etwa) außerplanmäßiger Pro'fessor. **in·struc·tress** [-trɪs] s Lehrerin f.

**in·stru·ment** ['ɪnstrəmənt] s **1.** tech. Instru'ment n: a) (feines) Werkzeug n, Appa'rat m, (technische) Vorrichtung f, (bes. Meß)Gerät n: to fly on ~s aer. im Blind- od. Instrumentenflug fliegen. **2.** med. Instru'ment n, pl a. Besteck n: → surgical 2. **3.** mus. Instru'ment n. **4.** econ. jur. a) Doku'ment n, Urkunde f, econ. a. ('Wert)Pa,pier n: ~ of payment Zahlungsmittel n; ~ of ratification pol. Ratifikationsurkunde; ~ of title Eigentums-, Besitztitel m; ~ (payable) to bearer Inhaberpapier n, b) pl Instrumen'tarium n: the ~s of credit policy. **5.** fig. Werkzeug n: a) (Hilfs)Mittel n, Instru'ment n, b) Handlanger(in). **II** v/t [a. -ment] **6.** instrumen'tieren, mit Instru'menten ausstatten od. ausrüsten. **7.** mus. instrumen'tieren: a) die Stimmen (e-s Kompositionsentwurfs) auf die Orchesterinstrumente verteilen, b) (ein Musikstück) (nachträglich) für Orchester umschreiben. **III** adj **8.** tech. Instrumenten..., Geräte...: ~ board (od. panel) mot. Armaturenbrett n, -tafel f, aer. a. Instrumentenbrett n, -tafel f; ~ engineering Meß- u. Regeltechnik f; ~ maker Apparate-, Instrumentenbauer m, Feinmechaniker m. **9.** aer. Blind..., Instrumenten...: ~ flying; ~ landing; ~ landing system Instrumentenlandesystem n, ILS-Anlage f; ~ rating Instrumentenflugschein m.

**in·stru·men·tal** [ˌɪnstrʊ'mentl] **I** adj

(adv → instrumentally) **1.** behilflich, dienlich, förderlich: to be ~ in s.th. zu etwas beitragen, bei etwas mitwirken; to be ~ in doing s.th. mithelfen od. dazu beitragen, etwas zu tun. **2.** mus. instrumen'tal, Instrumental...: ~ music. **3.** tech. Instrumenten-...: ~ error Instrumentenfehler m. **4.** ling. instrumen'tal: ~ case → 6. **II** s **5.** Instrumen'talstück n. **6.** ling. Instrumen'tal(is) m (Kasus im Slawischen, der das Mittel od. Werkzeug bezeichnet). **in·stru·men·tal·ism** [-təlɪzəm] s philos. Instrumenta'lismus m (Auffassung, nach der das Denken u. Ideen nur als Instrumente der Naturbeherrschung Geltung haben). **in·stru'men·tal·ist** s Instrumenta'list m: a) mus. Spieler e-s Instruments, b) philos. Anhänger des Instrumentalismus. **in·stru·men'tal·i·ty** [-'tæləti] s **1.** Mitwirkung f, (Mit)Hilfe f: by (od. through) his ~ mit s-r Hilfe. **2.** (Hilfs)Mittel n: by (od. through) the ~ of (ver)mittels (gen). **in·stru'men·tal·ly** [-təlɪ] adv **1.** durch Instru'mente. **2.** mus. instrumen'tal, mit Instru'menten: to accompany s.o. ~. **3.** → instrumental 1. **in·stru·men·ta·tion** s **1.** mus. a) Instrumentati'on f, Instrumen'tierung f, b) Vortrag m, Spiel n. **2.** Anwendung f von Instru'menten. **3.** Instrumen'tierung f, Ausstattung f mit Instru'menten. **4.** → instrumentality.

**in·sub·or·di·nate** [ˌɪnsə'bɔ:r(r)dnət] adj (adv ~ly) wider'setzlich, aufsässig: ~ conduct → insubordination 1. **in·sub,or·di'na·tion** [-,bɔ:rdɪ'neɪʃn; Am. -,bɔ:rdn'eɪʃən] s **1.** Wider'setzlichkeit f, Aufsässigkeit f. **2.** bes. mil. Insubordinati'on f, Gehorsamsverweigerung f.

**in·sub·stan·tial** [ˌɪnsəb'stænʃl] adj (adv ~ly) **1.** nicht stofflich, unkörperlich, immateri'ell. **2.** unwirklich. **3.** wenig od. nicht nahrhaft od. gehaltvoll (Essen etc). **4.** geringfügig, unwesentlich (Unterschied etc). **5.** a) nicht od. wenig stichhaltig, 'unfun,diert (Argumente etc), b) gegenstandslos (Befürchtungen etc). **in·sub,stan·ti'al·i·ty** [-ʃi'æləti] s **1.** Unkörperlichkeit f. **2.** Unwirklichkeit f.

**in·suf·fer·a·ble** [ɪn'sʌfərəbl] adj (adv insufferably) unerträglich, 'unaus,stehlich. **in'suf·fer·a·ble·ness** s Unerträglichkeit f, 'Unaus,stehlichkeit f.

**in·suf·fi·cien·cy** [ˌɪnsə'fɪʃnsɪ] s **1.** 'Unzu,länglichkeit f. **2.** Untauglichkeit f, Unfähigkeit f: ~ feeling, feeling of ~ psych. Insuffizienz-, Minderwertigkeitsgefühl n. **3.** med. Insuffizi'enz f, Funkti'onsschwäche f. **in·suf'fi·cient** adj (adv ~ly) **1.** 'unzu,länglich, ungenügend: to be ~ nicht genügen od. (aus)reichen; ~ funds econ. (Wechselvermerk) ungenügende Deckung. **2.** untauglich, unfähig (to do zu tun).

**in·suf·flate** ['ɪnsʌfleɪt; Am. a. ɪn'sʌf-] v/t **1.** tech. einblasen, med. a. insuf'flieren. **2.** a) hin'einblasen in (acc), b) ausblasen: to ~ a room with an insecticide. **3.** R.C. anhauchen. **in·suf·fla·tion** [ˌɪnsʌ'fleɪʃn] s **1.** tech. Einblasung f, med. a. Insufflati'on f. **2.** Ausblasung f. **3.** R.C. Anhauchung f. **in·suf·fla·tor** [-tə(r)] s med. tech. 'Einblaseappa,rat m.

**in·su·la** ['ɪnsjʊlə; Am. 'ɪnsələ; -ʃələ] pl **-lae** [-li:] s anat. Insula f (Teil der Großhirnrinde).

**in·su·lant** ['ɪnsjʊlənt; Am. 'ɪnsələnt] s electr. tech. Iso'lierstoff m, -materi,al n, (von Räumen etc) Dämmstoff m.

**in·su·lar** ['ɪnsjʊlə; Am. 'ɪnsələr; -ʃələr] **I** adj (adv ~ly) **1.** inselartig, -förmig. **2.** insu'lar, Insel... **3.** fig. iso'liert, abgeschlossen. **4.** fig. engstirnig: ~ outlook Engstirnigkeit f. **II** s **5.** Inselbewohner(in). **in·su-**

lar·ism → insularity 2, 3. **in·su·lar·i·ty** [-'lærəti] s insu'lare Lage, Insellage f, geogr. a. Insulari'tät f. **2.** fig. iso'lierte Lage, Abgeschlossenheit f. **3.** fig. Engstirnigkeit f.

**in·su·late** ['ɪnsjʊleɪt; Am. -sə-] v/t **1.** electr. tech. iso'lieren, Räume etc a. dämmen. **2.** Schall, Wärme dämmen. **3.** fig. (from) a) iso'lieren, absondern (von), b) schützen (vor dat), abschirmen (gegen). **in·su·lat·ing** ['ɪnsjʊleɪtɪŋ; Am. -sə-] adj electr. tech. iso'lierend, Isolier..., Dämm... ~ board Iso'lier-, Dämmplatte f. ~ **com·pound** s Iso'liermasse f. ~ **joint** s Iso'lierverbindung f, -kupplung f. ~ **ma·te·ri·al** → insulant. ~ **switch** s Trennschalter m. ~ **tape** s Br. Iso'lierband n. **in·su·la·tion** [ˌɪnsjʊ'leɪʃn; Am. -sə'l-] s electr. tech. a) Iso'lierung f, Isolati'on f: ~ resistance Isolationswiderstand m, b) → insulant. **in·su·la·tor** [-tə(r)] s **1.** electr. Iso'lator m: a) Nichtleiter m, Iso'lierstoff m, b) Iso'liervorrichtung f: ~ chain Isolator(en)kette f. **2.** Iso'lierer m (Arbeiter).

**in·su·lin** ['ɪnsjʊlɪn; Am. 'ɪnsələn] s med. Insu'lin n: ~ shock Insulinschock m; ~ shock therapy Insulinschocktherapie f. **in·su·lin·ize** ['ɪnsjʊlɪnaɪz] v/t mit Insu'lin behandeln.

**in·sult** **I** v/t [ɪn'sʌlt] **1.** beleidigen (by durch, mit) (a. fig.). **II** s ['ɪnsʌlt] **2.** Beleidigung f (to für od. gen) (a. fig.): to add ~ to injury alles noch (viel) schlimmer machen; to be an ~ to the ear (eye) das Ohr (Auge) beleidigen. **3.** med. Verletzung f, Wunde f. **in'sult·ing** adj (adv ~ly) **1.** beleidigend. **2.** unverschämt, frech.

**in·su·per·a·bil·i·ty** [ˌɪnsju:pərə'bɪlətɪ; bes. Am. -,su:-] s 'Unüber,windlichkeit f. **in'su·per·a·ble** adj (adv insuperably) 'unüber,windlich (a. fig.): ~ **difficulties**. **in·su·per·a·bil·i·ty** ['ɪnsəpɔ:(r)tə'bɪlətɪ] s Unerträglichkeit f, 'Unaus,stehlichkeit f. **in·sup'port·a·ble** adj (adv insupportably) unerträglich, 'unaus,stehlich.

**in·sur·a·bil·i·ty** [ɪnˌʃʊərə'bɪlətɪ] s econ. Versicherungsfähigkeit f. **in'sur·a·ble** adj econ. versicherbar, versicherungsfähig: ~ **interest** versicherbares Interesse; ~ **value** Versicherungswert m.

**in·sur·ance** [ɪn'ʃʊərəns] s **1.** econ. Versicherung f: → buy 4, carry 10 d, effect 14 a, take out 4 b. **2.** econ. Versicherungsbranche f: he works in ~ er ist bei e-r Versicherung beschäftigt. **3.** econ. a) Ver'sicherungsvertrag m, -po,lice f, b) Versicherungssumme f: he received £ 10,000.~ er bekam 10 000 Pfund von der Versicherung, c) Versicherungsprämie f: he pays £ 100.~ every year er zahlt e-e Jahresprämie von 100 Pfund. **4.** fig. (Ab-) Sicherung f (against gegen): as an ~ sicherheitshalber, für alle Fälle. **II** adj **5.** econ. Versicherungs...: ~ **agent** (benefit, broker, clause, claim, company, coverage, fraud od. swindle, premium, value) Versicherungsvertreter m (-leistung f, -makler m, -klausel f, -anspruch m, -gesellschaft f, -deckung f, -betrug m, -prämie f, -wert m). ~ **pol·i·cy** s econ. Ver'sicherungspo,lice f, -schein m: ~ take out 4 b. ~ **trust** s Am. treuhänderische Verwaltung von Lebensversicherungsbezügen.

**in·sur·ant** [ɪn'ʃʊərənt] → insured II.

**in·sure** [ɪn'ʃʊə(r)] **I** v/t **1.** econ. versichern (against gegen; for mit e-r Summe): occurrence of the event ~d against Eintritt m des Versicherungsfalls. **2.** bes. Am. → ensure. **II** v/i **3.** econ. Versicherungsgeschäfte machen. **4.** econ. sich versichern lassen.

**in·sured** [ɪnˈʃʊə(r)d] *econ.* **I** *adj* versichert: the ~ party → II. **II** *s* Versicherte(r *m*) *f*, Versicherungsnehmer(in).
**in·sur·er** [ɪnˈʃʊərə(r)] *s econ.* Versicherer *m*, Versicherungsträger *m*: the ~s die Versicherungsgesellschaft.
**in·sur·gence** [ɪnˈsɜːdʒəns; *Am.* -ˈsɜːr-], **inˈsur·gen·cy** [-sɪ] *s* Aufruhr *m*, -stand *m*, Rebelli'on *f*, Re'volte *f*. **inˈsur·gent** **I** *adj* aufrührerisch, -ständisch, re'bellisch. **II** *s* Aufrührer *m*, (*a.* Par'tei)Re₁bell *m*, Aufständische(r) *m*.
**in·sur·mount·a·bil·i·ty** [ˈɪnsə(r)-ˌmaʊntəˈbɪlətɪ] *s* 1. 'Unüber₁steigbarkeit *f*. 2. *fig.* 'Unüber₁windlichkeit *f*. **₁in·surˈmount·a·ble** *adj* (*adv* insurmountably) 1. 'unüber₁steigbar. 2. *fig.* 'unüber₁windlich. **₁in·surˈmount·a·ble·ness** → insurmountability.
**in·sur·rec·tion** [ˌɪnsəˈrekʃn] → insurgence. **₁in·surˈrec·tion·al** [-ʃənl], **₁in·surˈrec·tion·ar·y** [-ʃnərɪ; *Am.* -ʃəˌneri] → insurgent I. **₁in·surˈrec·tion·ist** *s* Aufrührer *m*, Re'bell *m*, Aufständische(r) *m*.
**in·sus·cep·ti·bil·i·ty** [ˈɪnsəˌseptəˈbɪlətɪ] *s* 1. Unempfindlichkeit *f* (to gegen): ~ to pain Schmerzunempfindlichkeit. 2. Unempfänglichkeit *f* (to für). **₁in·susˈcep·ti·ble** *adj* (*adv* insusceptibly) 1. nicht anfällig (to für). 2. unempfindlich (to gegen): ~ to pain schmerzunempfindlich. 3. unempfänglich (to für): ~ to flattery. 4. to be ~ of (*od.* to) *etwas* nicht zulassen: the passage is ~ of a different interpretation.
**in·tact** [ɪnˈtækt] *adj* in'takt: a) unversehrt, unbeschädigt, b) ganz, vollständig: he left his savings ~ er rührte od. tastete s-e Ersparnisse nicht an. **inˈtact·ness** *s* In'taktheit *f*.
**in·tag·li·at·ed** [ɪnˈtɑːlɪeɪtɪd; -ˈtæ-] *adj* eingeschnitten, in In'taglio gearbeitet.
**in·tag·li·o** [ɪnˈtɑːlɪəʊ; *Am.* ɪnˈtæljəʊ] **I** *pl* -os *s* 1. In'taglio *n*, Gemme *f*. 2. 'eingraviertes Bild, eingeschnittene Verzierung. 3. In'taglioverfahren *n*, -arbeit *f*, -kunst *f*. 4. tiefgeschnittener Druckstempel. 5. *a.* ~ printing *Am.* Tiefdruckverfahren *n*. **II** *v/t* 6. einschneiden, 'eingra₁vieren.
**in·take** [ˈɪnteɪk] *s* 1. *tech.* Einlaß(öffnung *f*) *m*: ~ valve Einlaßventil *n*. 2. Ein-, Ansaugen *n*: ~ of breath Atemholen *n*; ~ stroke *mot.* Saughub *m*. 3. Aufnahme *f*: → food 1. 4. a) aufgenommene Menge, Zufuhr *f*, b) (Neu)Aufnahme(n *pl*) *f*, (Neu)Zugänge *pl*: our school has a yearly ~ of 500 pupils unsere Schule nimmt jährlich 500 neue Schüler auf. 5. Verengung *f*, enge Stelle.
**in·tan·gi·ble** [ɪnˈtændʒəbl] **I** *adj* (*adv* intangibly) 1. nicht greifbar, immateri'ell, unkörperlich. 2. *fig.* unklar, unbestimmt, vage. 3. *econ.* immateri'ell: ~ assets → 5 a; ~ property → 5 b. **II** *s* 4. (*etwas*) nicht Greifbares. 5. *pl econ.* a) immateri'elle Vermögenswerte *pl*, b) immateri'elles Vermögen.
**in·tar·si** [ɪnˈtɑː(r)sɪ] *pl von* intarsio.
**in·tar·si·a** [ɪnˈtɑː(r)sɪə] *s* In'tarsia *f*, Einlegearbeit *f*.
**in·tar·si·o** [ɪnˈtɑː(r)sɪəʊ] *pl* -si [-si:] → intarsia.
**in·te·ger** [ˈɪntɪdʒə(r)] *s* 1. *math.* ganze Zahl. 2. → integral 7.
**in·te·gral** [ˈɪntɪɡrəl] **I** *adj* (*adv* ~ly) 1. inte'gral, (zur Vollständigkeit) unerläßlich: an ~ part ein integraler Bestandteil. 2. a) aus inte'gralen Teilen bestehend, inte'griert, einheitlich, geschlossen, b) ganz, vollständig: an ~ whole ein einheitliches *od.* vollständiges Ganzes. 3. *tech.* a) (fest) eingebaut, b) e-e Einheit bildend (with mit). 4. unversehrt, unverletzt. 5. voll'kommen. 6. *math.* a) ganz

(-zahlig): ~ multiple, b) e-e ganze Zahl *od.* ein Ganzes betreffend, c) Integral...: ~ calculus Integralrechnung *f*; ~ equation Integralgleichung *f*; ~ sign Integralzeichen *n*; ~ theorem Integralsatz *m*. **II** *s* 7. (*ein*) vollständiges Ganzes. 8. *math.* Inte'gral *n*: ~ with respect to x from a to b Integral nach x von a bis b.
**in·te·grand** [ˈɪntɪɡrænd] *s math.* Inte'grand *m* (*das, was unter dem Integralzeichen steht*). **ˈin·te·grant** [-ɡrənt] → integral 1.
**in·te·grate** [ˈɪntɪɡreɪt] **I** *v/t* 1. inte'grieren: a) zs.-schließen (into zu), b) eingliedern (into in *acc*): to ~ a criminal into society, c) einbeziehen, einbauen (into, with in *acc*), d) *math.* das Inte'gral (*gen*) berechnen. 2. *bes. Am.* Einrichtungen für Farbige zugänglich machen. 3. *electr.* zählen (*Meßgerät*). **II** *v/i* 4. sich inte'grieren: a) sich zs.-schließen (into zu), b) sich eingliedern (lassen) (into in *acc*), c) sich einbeziehen *od.* einbauen lassen (into, with in *acc*). 5. *bes. Am.* für Farbige zugänglich werden (*Einrichtungen*). **III** *adj* [-ɡrət; -ɡreɪt] 6. vollständig, ganz. **ˈin·te·grat·ed** *adj* 1. *allg.* inte'griert: ~ circuit *electr.* integrierter Schaltkreis; ~ data processing integrierte Datenverarbeitung. 2. ausgeglichen: an ~ person (*character, etc*). 3. *bes. Am.* für Farbige zugänglich: an ~ school. 4. *econ.* Verbund...: ~ economy; ~ store Filiale *f*. **ˈin·te·grat·ing** *adj* 1. *allg.* inte'grierend. 2. *electr.* Zähl...: ~ device Zählwerk *n*.
**in·te·gra·tion** [ˌɪntɪˈɡreɪʃn] *s* 1. Integrati'on *f*, Inte'grierung *f*: a) Zs.-Schluß *m* (into zu), b) Eingliederung *f* (into in *acc*), c) Einbeziehung *f*, Einbau *m* (into, with in *acc*), d) *math.* Berechnung *f* des Inte'grals. 2. *bes. Am.* Aufhebung *f* der Rassenschranken. 3. *psych.* Integrati'on *f* (*Einheit im Aufbau der Persönlichkeit u. ihrer Beziehung zur Umwelt*). **₁in·te·gra·tion·ist** *s bes. Am.* Verfechter(in) der rassischen Gleichberechtigung.
**in·te·gra·tive** [ˈɪntɪɡreɪtɪv] *adj* integra'tiv: a) e-e Integration herbeiführend, b) auf e-e Integration abzielend. **ˈin·te·gra·tor** [-tə(r)] *s* 1. *Person od. Sache, die* integriert. 2. *math.* Inte'grator *m* (*Rechenmaschine zur zahlenmäßigen Darstellung von Infinitesimalrechnungen*). 3. *electr.* inte'grierende Schaltung.
**in·teg·ri·ty** [ɪnˈteɡrɪtɪ] *s* 1. Integri'tät *f*, Rechtschaffenheit *f*, Unbescholtenheit *f*. 2. a) Vollständigkeit *f*, b) Einheit *f*: seen in its ~ it is ... als Ganzes gesehen ist es ...
**in·teg·u·ment** [ɪnˈteɡjʊmənt] *s* 1. Hülle *f*. 2. Integu'ment *n*: a) *bot.* Samenhülle *f*, b) *anat.* Haut *f*, Körperdecke *f*. **inˌteg·uˈmen·tal**, **inˌteg·uˈmen·ta·ry** *adj anat.* Haut...
**in·tel·lect** [ˈɪntəlekt] *s* 1. Intel'lekt *m*, Verstand *m*, Denk-, Erkenntnisvermögen *n*, Urteilskraft *f*. 2. a) kluger Kopf, her'vorragender Geist, b) *collect.* große Geister *pl*, her'vorragende Köpfe *pl*. Intelli'genz *f*. **in·telˈlec·tion** *s* 1. Denken *n*, Verstandes-, Denktätigkeit *f*. 2. Gedanke *m*, I'dee *f*. **in·telˈlec·tive** *adj* (*adv* ~ly) 1. denkend. 2. Verstandes... intelli'gent.
**in·tel·lec·tu·al** [ˌɪntəˈlektjʊəl; -tʃʊəl; *Am.* -tʃəwəl; -kʃwəl] **I** *adj* (*adv* ~ intellectually) 1. intellektu'ell, verstandesmäßig, Verstandes..., geistig, Geistes...: ~ history Geistesgeschichte *f*; ~ interests geistige Interessen; ~ power Verstandes-, Geisteskraft *f*; ~ worker Geistesarbeiter *m*. 2. klug, vernünftig, intelli'gent: an ~ being ein vernunftbegabtes Wesen. 3. intellektu'ell, verstandesbetont, (geistig) anspruchsvoll. **II** *s* 4. Intel-

lektu'elle(r *m*) *f*, Verstandesmensch *m*: the ~s die Intellektuellen, die Intelligenz. **₁in·telˈlec·tu·al·ism** *s* Intellektua'lismus *m*: a) *a. contp. Überbetonung des Intellekts*, b) *philos.* Lehre, *die dem Verstand vor den Willens- u. Gemütskräften den Vorrang gibt*. **₁in·telˈlec·tu·al·ist** **I** *s* Intellektua'list *m* (*a. philos.*). **II** *adj* intellektua'listisch (*a. philos.*). **ˈin·telˌlec·tu·alˈis·tic** *adj* (*adv* ~ally) → intellectualist II. **ˈin·telˌlec·tu·alˈi·ty** [-ˈælətɪ; *Am.* -ˈwælətɪ] *s* 1. Intellektuali'tät *f*, Verstandesmäßigkeit *f*. 2. Verstandes-, Geisteskraft *f*. **ˈin·telˌlec·tu·alˈi·za·tion** *s* Intellektuali'sierung *f*, intellektu'elle Behandlung. **₁in·telˈlec·tu·al·ize** *v/t* intellektuali'sieren, intellektu'ell behandeln. **in·telˈlec·tu·al·ly** *adv* 1. verstandesmäßig, intellektu'ell. 2. mit dem *od.* durch den Verstand. **₁in·telˈlec·tu·al·ness** → intellectuality.
**in·tel·li·gence** [ɪnˈtelɪdʒəns] *s* 1. Intelli'genz *f*: ~ quotient Intelligenzquotient *m*; ~ test Intelligenztest *m*. 2. Einsicht *f*, Verständnis *n*. 3. → intellect 2. 4. a) *obs.* Nachrichten *pl*, Mitteilungen *pl*, Informati'onen *pl*, b) nachrichtendienstliche Informati'onen *pl*. 5. *a.* ~ service Nachrichten-, Geheimdienst *m*: he is in ~ er arbeitet für e-n Nachrichtendienst; ~ officer Nachrichtenoffizier *m*. 6. *Christian Science*: die ewige Eigenschaft des unendlichen Geistes. **inˈtel·li·genc·er** *s obs.* 1. Berichterstatter(in). 2. Spi'on(in), A'gent(in).
**in·tel·li·gent** [ɪnˈtelɪdʒənt] *adj* (*adv* ~ly) 1. intelli'gent, klug, gescheit. 2. vernünftig: a) verständig, einsichtsvoll, b) vernunftbegabt, c) sinnvoll: by ~ use of the material. **inˌtel·liˈgen·tial** [-ˈdʒenʃl] → intellectual 1 *u.* 2. **in·tel·liˈgent·si·a** [-ˈdʒentsɪə; -ˈɡent-] *s* (*als pl konstruiert*) *collect.* (*die*) Intelli'genz, (*die*) Intellektu'ellen *pl*.
**in·tel·li·gi·bil·i·ty** [ɪnˌtelɪdʒəˈbɪlətɪ] *s* Verständlichkeit *f*. **inˈtel·li·gi·ble** *adj* (*adv* intelligibly) 1. verständlich (to für *od. dat*). 2. *philos.* intelli'gibel (*nur durch den Intellekt u. nicht durch die sinnliche Wahrnehmung erkennbar*).
**in·tem·per·ance** [ɪnˈtempərəns] *s* 1. Unmäßigkeit *f*. 2. Unbeherrschtheit *f*. 3. Trunksucht *f*. 4. Rauheit *f* (*des Klimas*). **inˈtem·per·ate** [-pərət] *adj* (*adv* ~ly) 1. unmäßig: a) ausschweifend, zügellos, b) maßlos. 2. unbeherrscht: ~ rage unbändige Wut. 3. trunksüchtig. 4. rauh (*Klima*).
**in·tend** [ɪnˈtend] *v/t* 1. beabsichtigen, vorhaben, planen, im Sinn haben (s.th. etwas; to do *od.* doing zu tun): we ~ no harm wir haben nichts Böses im Sinn; was this ~ed? war das Absicht?; → offence 3. 2. bezwecken, im Auge haben, 'hinzielen auf (*acc*). 3. bestimmen (for für, zu): what is it ~ed for? was ist der Zweck der Sache?, wozu soll das dienen?; it was ~ed for you es war für dich (bestimmt); our son is ~ed for the legal profession (*od.* to be a lawyer) unser Sohn soll (einmal) Anwalt werden; it is not ~ed for sale es ist nicht verkäuflich *od.* zum Verkauf bestimmt. 4. sagen wollen, meinen: what do you ~ by this? was wollen Sie damit sagen? 5. bedeuten, sein sollen: it was ~ed for (*od.* as, to be) a compliment es sollte ein Kompliment sein. 6. wollen, wünschen: we ~ him to go, we ~ that he should go wir wünschen *od.* möchten, daß er geht.
**in·tend·ant** [ɪnˈtendənt] *s* Verwalter *m*.
**in·tend·ed** [ɪnˈtendɪd] *adj* (*adv* ~ly) 1. beabsichtigt, geplant. 2. gewünscht. 3. absichtlich. 4. *colloq.* zukünftig: her ~ husband

ihr ‚Zukünftiger'. **II** s **5.** colloq. Verlobte(r m) f: her ~ ihr ‚Zukünftiger'; his ~ s-e ‚Zukünftige'. **in'tend·ing** adj angehend, zukünftig: ~ **buyer** econ. (Kauf-)Interessent m. **in'tend·ment** s jur. wahre Bedeutung: ~ **of the law** gesetzgeberische Absicht.

**in·tense** [ɪn'tens] adj **1.** inten'siv: a) stark, heftig: ~ **heat** starke Hitze; ~ **longing** heftige Sehnsucht, intensives Verlangen, b) hell, grell: ~ **light,** c) tief, satt: ~ **colo(u)rs,** d) 'durchdringend (Geräusch, Geruch), e) angespannt, angestrengt: ~ **study,** f) (an)gespannt, konzen'triert: ~ **look,** g) eifrig, h) sehnlich, dringend, i) eindringlich: ~ **style. 2.** leidenschaftlich, stark gefühlsbetont. **3.** beträchtlich: **an ~ amount. 4.** phot. dicht (Negativ). **in'tense·ly** adv **1.** äußerst, höchst. **2.** → **intense. in'tense·ness** s **1.** Intensi'tät f: a) Stärke f, Heftigkeit f, b) Grelle f, Grellheit f, c) Tiefe f, Sattheit f, d) Anspannung f, Angestrengtheit f, e) Eifer m, f) Eindringlichkeit f. **2.** Leidenschaftlichkeit f, starke Gefühlsbetontheit. **3.** Beträchtlichkeit f. **4.** phot. Dichte f.

**in·ten·si·fi·ca·tion** [ɪn,tensɪfɪ'keɪʃn] s Verstärkung f (a. phot.), Intensi'vierung f. **in'ten·si·fi·er** [-faɪə(r)] s **1.** phot. Verstärker m. **2.** ling. verstärkendes Adjektiv, Ad'verb etc. **in'ten·si·fy** [-faɪ] **I** v/t verstärken (a. phot.), intensi'vieren: **to ~ a negative** ein Negativ verstärken. **II** v/i sich verstärken.

**in·ten·sion** [ɪn'tenʃn] s **1.** → **intensification. 2.** → **intenseness** 1 a u. d. **3.** philos. Intensi'on f, Inhalt m (e-s Begriffs). **4.** → **intensional meaning. in'ten·sion·al mean·ing** [-ʃənl] s ling. Bedeutungsinhalt m.

**in·ten·si·ty** [ɪn'tensətɪ] s Intensi'tät f: a) (hoher) Grad, Stärke f, Heftigkeit f, b) electr. phys. tech. (Laut-, Licht-, Strom-etc)Stärke f, (Stärke)Grad m: ~ **of radiation** Strahlungsintensität, c) → **intenseness.**

**in·ten·sive** [ɪn'tensɪv] **I** adj (adv ~ly). **1.** inten'siv: a) stark, heftig, b) gründlich, erschöpfend: ~ **study;** ~ **research;** ~ **course** Intensiv-, Schnellkurs m. **2.** verstärkend (a. ling.): ~ **adverb;** ~ **pronoun. 3.** sich verstärkend. **4.** med. a) stark wirkend, b) ~ **care** Intensivpflege f; **he is in** ~ **care, he is in the** ~ **care unit** er liegt auf der Intensivstation. **5.** a) econ. inten'siv, ertragssteigernd: ~ **cultivation of land** intensive Bodenbewirtschaftung, b) in Zssgn ...intensiv: ~ **wage--intensive,** etc. **II** s **6.** → **intensifier** 2.

**in·tent** [ɪn'tent] **I** s **1.** Absicht f, Vorsatz m: **with** ~ absichtlich, mit Absicht, bes. jur. vorsätzlich; **with** ~ **to defraud** jur. in betrügerischer Absicht; **to all ~s and purposes** a) in jeder Hinsicht, durchaus, b) im Grunde, eigentlich, c) praktisch, fast völlig, sozusagen; → **criminal** 1, **declaration** 1. **2.** Ziel n, Zweck m, Plan m. **II** adj (adv ~ly) **3. to be** ~ **(up)on** eifrig beschäftigt sein mit, vertieft sein in (acc): **to be** ~ **(up)on doing s.th.** fest entschlossen sein, etwas zu tun; etwas unbedingt tun wollen. **4.** aufmerksam, gespannt: **an** ~ **look.**

**in·ten·tion** [ɪn'tenʃn] s **1.** Absicht f, Vorhaben n, Vorsatz m, Plan m (of doing zu tun): **to have every** ~ **of doing s.th.** fest entschlossen sein, etwas zu tun; etwas unbedingt tun wollen; **it wasn't my** ~ **to insult you** es war nicht meine Absicht, Sie zu beleidigen; ich wollte Sie nicht beleidigen; **with the best (of) ~s** in bester Absicht; **with the** ~ **of going** in der Absicht zu gehen; **it was without** ~ es geschah unabsichtlich od. unbeabsichtigt; → **pave. 2.** jur. Vorsatz m. **3.** Zweck

m, Ziel n. **4.** obs. Sinn m, Bedeutung f. **5.** pl (Heirats)Absichten pl: → **honorable** 4. **6.** med. Intenti'on f, 'Heilpro,zeß m: **first** ~ **Wundheilung** f ohne Eiterung; **second** ~ **Wundheilung** f mit Granulations- u. Narbenbildung. **in'ten·tion·al** [-ʃənl] adj (adv ~ly) **1.** absichtlich, bes. jur. vorsätzlich: ~ly a. mit Absicht. **2.** intentio'nal, intentio'nell, zweckbestimmt. **in-'ten·tioned** adj in Zssgn ...gemeint, ...meinend: → **well-intentioned.**

**in·tent·ness** s **1.** gespannte Aufmerksamkeit. **2.** Eifer m: ~ **of purpose** Zielstrebigkeit f.

**in·ter¹** [ɪn'tɜː; Am. ɪn'tɜr] v/t beerdigen, bestatten.

**in·ter²** ['ɪntə(r)] (Lat.) prep zwischen, unter: ~ **alia** unter anderem.

**inter-** [ɪntə(r); vor Vokal a. ɪntər] Wortelement mit der Bedeutung: a) (da-)zwischen, Zwischen..., b) (dar)unter, c) gegen-, wechselseitig, einander, Wechsel...

**in·ter·a·bang** → **interrobang.**

**in·ter'act¹** v/i aufein'ander (ein)wirken, sich gegenseitig beeinflussen, psych. sociol. intera'gieren.

**'in·ter·act²** s thea. Zwischenakt m.

**in·ter'ac·tion** s Wechselwirkung f, psych. sociol. Interakti'on f: **electromagnetic (strong, weak)** ~ phys. elektromagnetische (starke, schwache) Wechselwirkung; **gravitational** ~ phys. Gravitationswechselwirkung. **in·ter-'ac·tion·ism** s psych. Interaktiona'lismus m, Interaktio'nismus m (Theorie, die die gesellschaftlichen Beziehungen als Gesamtheit der Interaktionen zwischen Individuen u. Gruppen deutet). **in·ter'ac·tive** adj aufein'ander (ein)wirkend, sich gegenseitig beeinflussend, psych. sociol. intera'gierend.

**in·ter'al·lied** adj mil. pol. interalli'iert: a) mehrere Verbündete gemeinsam betreffend, b) aus Verbündeten bestehend.

**in·ter·a'tom·ic** adj chem. interato'mar (zwischen mehreren Atomen bestehend od. stattfindend).

**in·ter'blend** v/t u. v/i (sich) vermischen.

**'in·ter,bourse** adj: ~ **securities** econ. Am. international gehandelte Effekten.

**'in·ter,brain** s anat. Zwischenhirn n.

**in·ter'breed** irr biol. **I** v/t **1.** durch Kreuzung züchten, kreuzen. **II** v/i **2.** sich kreuzen. **3.** sich unterein'ander vermehren.

**in·ter·ca·lar·y** [ɪn'tɜːkələrɪ; Am. ɪn-'tɜrkə,lerɪ] adj **1.** eingeschaltet, -geschoben. **2.** Schalt...: ~ **day;** ~ **year. in'ter·ca·late** [-leɪt] v/t **1.** einschieben, -schalten. **2.** geol. einschließen. **in,ter·ca'la·tion** s **1.** Einschiebung f, -schaltung f. **2.** geol. Einschließung f.

**in·ter·cede** [,ɪntə(r)'siːd] v/i sich verwenden od. einsetzen, Fürsprache od. Fürbitte einlegen (**with** bei; **for, on behalf of** für). **in·ter'ced·er** s Fürsprecher(in).

**in·ter'cel·lu·lar** adj biol. med. interzellu'lar, interzellu'lär: a) zwischen den Zellen gelegen, b) sich zwischen den Zellen abspielend.

**in·ter·cept I** v/t [,ɪntə(r)'sept] **1.** e-n Brief, e-n Boten, e-n Funkspruch, ein Flugzeug, sport e-n Paß etc abfangen. **2.** e-e Meldung mit-, abhören, auffangen. **3.** j-m den Weg abschneiden. **4.** math. a) abschneiden, b) einschließen (**between** zwischen dat). **II** s ['ɪntə(r)sept] **5.** math. Abschnitt m: ~ **on axis of coordinates** Achsenabschnitt. **6.** aufgefangene Funkmeldung. **in·ter'cept·er** → **interceptor.**

**in·ter·cep·tion** [,ɪntə(r)'sepʃn] s **1.** Ab-

fangen n: ~ **flight** aer. mil. Sperrflug m; ~ **plane** → **interceptor** 2. **2.** Abhören n, Auffangen n: ~ **circuit** teleph. Fangschaltung f; ~ **service** Abhördienst m. **3.** math. a) Abschneidung f, b) Einschließung f. **in·ter'cep·tor** [-tə(r)] s **1.** Auffänger m. **2.** a. ~ **plane** aer. mil. Abfangjäger m. **3.** tech. 'Auffanga,nal m.

**in·ter·ces·sion** [,ɪntə(r)'seʃn] s Fürbitte f (a. relig.), Fürsprache f. **in·ter'ces·sor** [-sə(r)] s **1.** Fürsprecher(in). **2.** relig. Bistumsverweser m. **in·ter'ces·so·ry** [-sərɪ] adj fürsprechend, Fürsprech...

**in·ter'change I** v/t **1.** gegen- od. unterein'ander austauschen, auswechseln. **2.** Geschenke, Meinungen etc austauschen, Briefe wechseln (**with** mit). **II** s **3.** Auswechslung f. **4.** Austausch m: ~ **of civilities** Austausch von Höflichkeiten; ~ **of ideas** Gedanken austausch. **5.** mot. Autobahnkreuz n. **6.** a. ~ **station** 'Umsteig(e)bahnhof m, -stati,on f. **in·ter-'change·a·ble** adj (adv **interchangeably**) austausch-, auswechselbar. **in·ter'chang·er** s tech. (Luft-, Wärme-)Austauscher m.

**in·ter'cit·i·zen,ship** s Am. gleichzeitige od. doppelte Staatsangehörigkeit (bes. hinsichtlich verschiedener Einzelstaaten).

**in·ter-'cit·y** s rail. Br. Inter'city m: ~ **train** Intercity-Zug m.

**in·ter·col'le·gi·ate** adj zwischen (verschiedenen) Colleges (bestehend od. stattfindend).

**in·ter·com** ['ɪntəkɒm; Am. 'ɪntər,kɑm] s (Gegen-, Haus-, aer. mar. Bord)Sprechanlage f: **on** (od. **over**) **the** ~ über die Sprechanlage.

**in·ter·com'mu·ni·cate** v/i **1.** mitein'ander in Verbindung stehen, kommuni'zieren. **2.** mitein'ander (durch e-e Tür etc) verbunden sein: **these two rooms** ~ diese beiden Räume haben e-e Verbindungstür. **in·ter·com,mu·ni·ca·tion** s gegenseitige Verbindung: ~ **system** → **intercom.**

**in·ter·com'mun·ion** s relig. interkonfessio'nelles Abendmahl.

**in·ter·con'fes·sion·al** adj relig. interkonfessio'nell.

**in·ter·con'nect** v/t mitein'ander verbinden, electr. a. zs.-schalten. **in·ter·con'nec·tion** s gegenseitige Verbindung, electr. a. Zs.-schluß m.

**in·ter·con·ti'nen·tal** adj interkontinen'tal, Interkontinental...: ~ **flight;** ~ **ballistic missile** mil. Interkontinentalrakete f.

**in·ter'cos·tal I** adj **1.** anat. interko'stal, Zwischenrippen...: ~ **muscle** → 4 a. **2.** bot. zwischen den Blattrippen. **3.** mar. zwischen den Schiffsrippen. **II** s **4.** anat. a) Zwischenrippenmuskel m, b) Zwischenrippenraum m. **5.** tech. Zwischenblech n.

**'in·ter·course** s **1.** 'Umgang m, Verkehr m (**with** mit): **commercial** ~ Geschäftsverkehr m; **social** ~ gesellschaftlicher Verkehr m. **2.** (Geschlechts)Verkehr m: → **anal, oral** 2.

**in·ter'cross I** v/t **1. to** ~ **each other** sich kreuzen (Straßen). **2.** biol. kreuzen. **II** v/i **3.** sich kreuzen (a. biol.). **III** s [Am. '-,krɔs] **4.** biol. a) Kreuzung f, Kreuzen n, b) 'Kreuzung(spro,dukt n) f.

**in·ter'cur·rent** adj **1.** da'zwischenkommend. **2.** med. interkur'rent, hin'zutretend: **an** ~ **disease.**

**in·ter·de,nom·i'na·tion·al** adj relig. interkonfessio'nell.

**in·ter'den·tal** adj (adv ~ly) interden'tal: a) anat. zwischen den Zähnen liegend; den Zahnzwischenraum betreffend, b) ling. zwischen den Zähnen gebildet: ~ **conso-**

nant Interdental *m*, Zahnzwischenlaut *m*.

**'in·ter·de₁part'men·tal** *adj* (*adv* ~ly) **1.** zwischen den Ab'teilungen: ~ rela·tions. **2.** mehrere Ab'teilungen betreffend: ~ matters.

**₁in·ter·de'pend** *v/i* vonein'ander ab·hängen. **₁in·ter·de'pend·ence**, **₁in·ter·de'pend·en·cy** *s* gegenseitige Abhängigkeit. **₁in·ter·de'pend·ent** *adj* vonein'ander abhängig.

**in·ter·dict I** *s* ['ɪntə(r)dɪkt] **1.** (amtliches) Verbot: **to put an ~ upon →** 4. **2.** *jur. Scot.* a) einstweilige Verfügung, b) gerichtliches Verbot. **3.** *R.C.* Inter'dikt *n* (*Verbot von kirchlichen Amtshandlungen als Strafe für e-e Person od. e-n Bezirk*): **lay** (*od.* **put**) **under an ~ →** 5. **II** *v/t* [₁ɪntə(r)'dɪkt] **4.** (amtlich) unter'sagen, verbieten (**to s.o.** j-m). **5.** *R.C.* mit dem Inter'dikt belegen. **6.** *mil.* Nachschubwege unter'brechen, *feindliches Vorrücken* behindern *od.* zum Stillstand bringen. **₁in·ter'dic·tion →** interdict 1 *u.* 3. **₁in·ter'dic·tive**, **₁in·ter'dic·to·ry** [-tərɪ] *adj* unter'sagend, Verbots...

**in·ter·dig·i·tate** [₁ɪntə(r)'dɪdʒɪteɪt] **I** *v/i* **1.** verflochten sein (**with** mit). **2.** inein'andergreifen. **II** *v/t* **3.** mitein'ander verflechten.

**₁in·ter'dis·ci·pli·nar·y** *adj* interdiszipli'när: a) *mehrere (wissenschaftliche) Disziplinen umfassend*, b) *die Zs.-arbeit mehrerer (wissenschaftlicher) Disziplinen betreffend*: ~ **research**.

**in·ter·est** ['ɪntrɪst; 'ɪntərest] **I** *s* **1.** (in) Inter'esse *n* (**an** *dat*, **für**), (An)Teilnahme *f* (**an** *dat*): **to lose ~** das Interesse verlieren; **to take** (*od.* **have**) **an ~ in** s.th. sich für etwas interessieren; **music is his only ~** er interessiert sich nur für Musik. **2.** Reiz *m*, Inter'esse *n*: **to add ~ to** reizvoll *od.* interessant machen (*acc*); **to be of ~** (**to**) interessieren (*acc*), reizvoll sein (**für**); **there is no ~ in doing** s.th. es ist uninteressant *od.* sinnlos, etwas zu tun; **→ human** 1. **3.** Wichtigkeit *f*, Bedeutung *f*, Inter'esse *n*: **of great** (**little**) **~** von großer Wichtigkeit (von geringer Bedeutung). **4.** *bes. econ.* Beteiligung *f*, Anteil *m* (**in** an *dat*): **to have an ~ in** s.th. an *od.* bei e-r Sache beteiligt sein; **→ control** 1. **5.** *meist pl bes. econ.* Geschäfte *pl*, Inter'essen *pl*, Belange *pl*: **~(s)** Reedereigeschäfte, -betrieb *m*. **6.** *a. pl econ.* Inter'es'senten *pl*, Inter'essengruppe(n *pl*), (*die*) beteiligten Kreise *pl*: **the banking ~** die Bankkreise; **the business ~s** die Geschäftswelt; **the shipping ~** die Reeder *pl*; **the ~s** die Interessenten; **→ landed, vest** 9. **7.** Inter'esse *n*, Vorteil *m*, Nutzen *m*, Gewinn *m*: **to be in** (*od.* **to**) **s.o.'s ~** in j-s Interesse liegen; **in your** (**own**) **~** zu Ihrem (eigenen) Vorteil, in Ihrem (eigenen) Interesse; **in the public ~** im öffentlichen Interesse; **to look after** (*od.* **protect, safeguard**) **s.o.'s ~s** j-s Interessen wahrnehmen *od.* wahren; **to study s.o.'s ~s** j-s Vorteil im Auge haben; **~ lie²** Bes. *Redew.* **8.** Eigennutz *m.* **9.** Einfluß *m* (**with** bei), Macht *f*: **→ sphere** 6. **10.** *jur.* (An)Recht *n*, Anspruch *m* (**in** auf *acc*): **→ vest** 9. **11.** (*only sg*) *econ.* Zins *m*, Zinsen *pl*: **~ due** fällige Zinsen; **~ from** (*od.* **on**) **capital** Kapitalzinsen; **~ charged** franko Zinsen; **and** (*od.* **plus**) **~** zuzüglich Zinsen; **as ~** zinsweise; **ex ~** ohne Zinsen; **free of ~** zinslos; **to bear** (*od.* **carry, earn, pay, yield**) **~** Zinsen tragen, sich verzinsen (**at** 4% mit 4%); **~ for default** (*od.* **delay**), **~ on arrears** Verzugszinsen; **~ on credit balances** Habenzinsen; **~ on debit balances** Sollzinsen; **~ on deposits** Zinsen auf (Bank-) Einlagen; **~ on shares** Stückzinsen; **~**

rate **→** 12; **to invest money at ~** Geld verzinslich anlegen; **to return a blow** (**an insult**) **with ~** *fig.* e-n Schlag (e-e Beleidigung) mit Zinsen *od.* mit Zins u. Zinseszins zurückgeben; **to return s.o.'s kindness with ~** *fig.* sich für j-s Freundlichkeit mehr als nur erkenntlich zeigen; **→ rate¹** 2. **12.** *econ.* Zinsfuß *m*, -satz *m*.

**II** *v/t* **13.** interes'sieren (**in** für), j-s Inter'esse *od.* Teilnahme erwecken (**in** s.th. an e-r Sache; **for s.o.** für j-n): **to ~ o.s. in** sich interessieren für. **14.** angehen, betreffen: **every citizen is ~ed in this law** dieses Gesetz geht jeden Bürger an. **15.** interes'sieren, fesseln, anziehen, reizen. **16.** *bes. econ.* beteiligen (**in** an *dat*).

**in·ter·est| ac·count** *s econ.* Zinsenkonto *n*. **'~-₁bear·ing** *adj* verzinslich, zinstragend. **~ cou·pon** *s econ.* 'Zinsabschnitt *m*, -schein *m*, -ku₁pon *m*.

**'in·ter·est·ed** *adj* **1.** interes'siert (**in** an *dat*): **to be ~ in** s.th. sich für etwas interessieren; **I was ~ to know** es interessierte mich zu wissen. **2.** *bes. econ.* beteiligt (**in** an *dat*, **bei**): **the parties ~** a) die Beteiligten, b) die Interessenten. **3.** voreingenommen, befangen: **an ~ witness. 4.** eigennützig. **'in·ter·est·ed·ly** *adv* **1.** mit Inter'esse, aufmerksam. **2.** in interes'santer Weise. **'in·ter·est·ed·ness** *s* **1.** Interes'siertheit *f*. **2.** Voreingenommenheit *f*. **3.** Eigennutz *m*.

**'in·ter·est|-free** *adj econ.* zinslos. **~ group** *s* Inter'essengruppe *f*.

**'in·ter·est·ing** *adj* interes'sant: **to be in an ~ condition** *obs.* in anderen Umständen sein. **'in·ter·est·ing·ly** *adv* interes₁santer'weise.

**in·ter·est| in·stal(l)·ment** *s econ.* Zinsrate *f*. **~ lot·ter·y** *s* 'Prämienlotte₁rie *f*. **~ state·ment** *s* Zinsaufstellung *f*. **~ tick·et, ~ war·rant →** interest coupon.

**'in·ter·face** *s* **1.** *chem. phys.* Grenz-, Trennungsfläche *f*. **2.** *electr.* Schnittstelle *f*, (*Computer a.*) Nahtstelle *f*. **3.** *fig.* Nahtstelle *f* (**of** [*od.* **between**] ... **and** zwischen [*dat*] ... und).

**'in·ter·fac·ing** *s* **1.** Einlage *f* (*in e-m Kleidungsstück*). **2. →** interlining².

**in·ter·fere** [₁ɪntə(r)'fɪə(r)] *v/i* **1.** (**with**) stören, behindern (*acc*): a) (*j-n*) beeinträchtigen, b) (*etwas*) beeinträchtigen: **to ~ with s.o.'s plans** j-s Pläne durchkreuzen; **the noise ~d with my work** der Krach störte mich bei der Arbeit. **2.** eingreifen (**in** in *acc*). **3.** sich einmischen (**in** in *acc*). **4.** (**with** an *dat*) a) sich zu schaffen machen, b) sich vergreifen: **who's been interfering with my wine?** wer war an m-m Wein? **5. to ~ with s.o.** a) sich an j-n ₁heranmachen, b) **stop interfering with that girl!** laß das Mädchen in Ruhe!, b) sich an j-m vergehen, j-n vergewaltigen: **the girl was brutally ~d with. 6.** *fig.* kolli'dieren (**with** mit), aufein'anderprallen. **7.** *jur. Am.* das Priori'tätsrecht (für e-e Erfindung) geltend machen. **8.** *electr.* a) sich über'lagern, *phys. a.* interfe'rieren: **to ~ with** überlagern (*acc*), b) stören (**with** *acc*): **the reception was ~d with. 9.** *sport* sperren: **to ~ with s.o.** a) j-n regelwidrig behindern. **10.** *ling.* interfe'rieren, sich über'lagern (*Strukturen verschiedener Sprachsysteme*).

**in·ter·fer·ence** [₁ɪntə(r)'fɪərəns] *s* **1.** Störung *f* (**with** *gen*): a) Belästigung *f*, Behinderung *f*, b) Beeinträchtigung *f*. **2.** Eingriff *m* (**in** in *acc*). **3.** Einmischung *f* (**in** in *acc*). **4.** *fig.* Kollisi'on *f* (**with** mit), Aufein'anderprallen *n*. **5.** *electr.* a) Über'lagerung *f* (**with** *gen*), *phys. a.* Interfe-'renz *f*: **~ colo(u)r** Interferenzfarbe *f*, b)

Störung *f* (**with** *gen*): **~ signal** Störsignal *n*; **~ suppression** Entstörung *f*; **~ suppressor** Entstörfilter *n*, *m*. **6.** *sport* Sperren *n*, regelwidrige Behinderung (**with** *gen*). **7.** *ling.* Interfe'renz *f* (*Einwirkung von Strukturen e-s Sprachsystems auf Strukturen e-s anderen Sprachsystems*). **8.** *psych.* Interfe'renz *f* (*Hemmung od. Löschung e-s psychischen Prozesses, wenn er mit e-m anderen zs.-fällt*). **9.** *biol. med.* Interfe'renz *f* (*Hemmung e-s biologischen Vorgangs durch e-n gleichzeitigen u. gleichartigen anderen*).

**₁in·ter·fe'ren·tial** [₁ɪntə(r)fə'renʃl] *adj phys.* Interferenz...

**₁in·ter'fer·ing** *adj* (*adv* ~ly) **1.** störend, lästig. **2.** sich einmischend: **don't be so ~** misch dich doch nicht ständig ein. **3.** *fig.* kolli'dierend. **4.** *electr.* störend, (sich) über'lagernd, *phys. a.* interfe'rierend.

**in·ter·fer·om·e·ter** [₁ɪntə(r)fə'rɒmɪtə; *Am.* -ᴶ'rɑmətər] *s* **1.** *phys.* Interfero'meter *n* (*Gerät, das die Interferenz von Licht- od. Schallwellen für Messungen ausnutzt*). **2. → radio interferometer. ₁in·ter·fer-'om·e·try** [-trɪ] *s phys.* Interferome'trie *f* (*Gesamtheit der Präzisionsmeßverfahren, die auf der Interferenz des Lichts beruhen*).

**in·ter·fer·on** [₁ɪntə(r)'fɪərɒn; *Am.* -₁rɑn] *s* Biochemie: Interfe'ron *n* (*von Körperzellen gebildeter Eiweißkörper, der als Abwehrsubstanz gegen Infektionen wirksam ist*).

**in·ter·flow I** *s* ['ɪntə(r)fləʊ] Inein'ander·fließen *n*. **II** *v/i* [₁-'fləʊ] inein'anderfließen, sich vermischen.

**in·ter·flu·ent** [ɪn'tɜːfluənt; *Am.* in-'tɜrfləwənt; ₁ɪntər'fluːənt] *adj* inein'anderfließend, sich vermischend.

**₁in·ter'fo·li·ate →** interleave.

**₁in·ter'fuse I** *v/t* **1.** durch'dringen. **2.** (ver)mischen, durch'setzen (**with** mit). **3.** (eng) verbinden. **II** *v/i* **4.** sich (mitein'ander) vermischen. **5.** sich (eng) (mitein'ander) verbinden. **₁in·ter'fu·sion** *s* **1.** Durch'dringung *f*. **2.** Vermischung *f*, Durch'setzung *f* (**with** mit). **3.** (enge) Verbindung *f*.

**₁in·ter'gla·cial** *geol.* **I** *adj* interglazi'al, zwischeneiszeitlich: **~ period →** II. **II** *s* Interglazi'al *n*, Zwischeneiszeit *f*.

**₁in·ter·gra'da·tion** *s* all'mähliches Inein₁ander'übergehen. **in·ter·grade** *bes. biol.* **I** *v/i* [₁ɪntə(r)'greɪd] all'mählich inein'ander 'übergehen. **II** *s* ['-greɪd] Zwischenstufe *f*.

**in·ter·im** ['ɪntərɪm] **I** *s* **1.** Zwischenzeit *f*: **in the ~** inzwischen, mittlerweile, unterdessen, in der Zwischenzeit, zwischenzeitlich. **2.** Interim *n*, einstweilige Regelung, 'Übergangsregelung *f*. **3.** **I~** *hist.* (Augsburger) Interim *n* (*vorläufige Lösung der Religionsfrage zwischen Protestanten u. Katholiken; 1548*). **II** *adj* **4.** interi'mistisch, einstweilig, vorläufig, Interims..., Zwischen...: **~ aid** Überbrückungshilfe *f*; **~ balance sheet** *econ.* Zwischenbilanz *f*; **~ certificate** *econ.* Interimsschein *m*; **~ credit** *econ.* Zwischenkredit *m*; **~ dividend** *econ.* Abschlagsdividende *f*; **~ government** *pol.* Interims-, Übergangsregierung *f*; **~ measure** Übergangsmaßnahme *f*; **~ report** Zwischenbericht *m*; **~ solution** Interims-, Zwischenlösung *f*; **→ injunction** 1.

**in·ter·im·is·tic** [₁ɪntərɪ'mɪstɪk] *adj →* interim 4.

**'in·ter₁in·di'vid·u·al** *adj* zwischenmenschlich.

**in·te·ri·or** [ɪn'tɪərɪə(r)] **I** *adj* (*adv* ~ly) **1.** inner(er, e, es), Innen...: **~ angle** *math.* Innenwinkel *m*; **~ decoration** a) Innenausstattung *f*, b) *a.* **~ design** Innenarchi-

tektur *f*; ~ **decorator** a) Innenausstatter(in), b) *a.* ~ **designer** Innenarchitekt(in), c) → **decorator** 3; ~ **light** *mot.* Innenbeleuchtung *f*; ~ **monologue** innerer Monolog; ~ **planet** *astr.* innerer Planet. **2.** *geogr.* binnenländisch, Binnen... **3.** inländisch, Inlands... **4.** inner(er, e, es): a) pri'vat, in'tern, b) verborgen, geheim. **5.** innerlich, geistig. **II** *s* **6.** *oft pl* (*das*) Innere. **7.** Innenraum *m*, -seite *f.* **8.** *paint.* Interi'eur *n.* **9.** *phot.* Innenaufnahme *f*, Film, *TV*: *a.* Studioaufnahme *f.* **10.** *geogr.* Binnenland *n*, (*das*) Innere: in the ~ of Australia im Inneren od. Herzen Australiens. **11.** *pol.* innere Angelegenheiten *pl*, (*das*) Innere: → **department** 6. **12.** inneres *od.* wahres Wesen.

**in·te·ri·or·ize** → internalize.

**in·te·ri·or-sprung** *adj*: ~ **mattress** Sprungfeder-, Federkernmatratze *f.*

**in·ter·ja·cent** [ˌɪntə(r)'dʒeɪsnt] *adj* da'zwischenliegend.

**in·ter·ject** [ˌɪntə(r)'dʒekt] *v/t* **1.** da'zwischen-, einwerfen: ~ **a remark. 2.** aus-, da'zwischenrufen. **in·ter·jec·tion** [-kʃn] *s* **1.** Da'zwischenwerfen *n*, Einwurf *m.* **2.** Aus-, Zwischenruf *m.* **3.** *ling.* Interjekti'on *f.* **in·ter·jec·tion·al** [-ʃənl] *adj* **1.** da'zwischen-, eingeworfen. **2.** *ling.* Interjektions...

**in·ter·lace I** *v/t* **1.** (mitein'ander) verflechten, verschlingen, *a. fig.* (inein'ander) verweben. **2.** (ver)mischen (**with** mit). **3.** durch'flechten, -'weben (*a. fig.*): to ~ **a speech with** humo(u)r; ~d **scanning** *TV* Zeilensprung(verfahren *n*) *m.* **4.** einflechten. **II** *v/i* **5.** sich verflechten, sich kreuzen: **interlacing arches** *arch.* verschränkte Bogen; **interlacing boughs** verschlungene Zweige. **in·ter·lace·ment** *s* **1.** Verflechtung *f.* **2.** Verflochtenheit *f.* **3.** Vermischung *f.*

**in·ter·lam·i·nate** *v/t* **1.** zwischen Schichten einfügen. **2.** schichtweise anordnen *od.* aufhäufen.

**in·ter·lan·guage** *s* Verkehrssprache *f.*

**in·ter·lard** *v/t* **1.** spicken, durch'setzen (**with** mit): **a speech** ~ed **with oaths. 2. foreign words** ~ **his book** sein Buch ist mit Fremdwörtern gespickt, in s-m Buch wimmelt es von Fremdwörtern.

**in·ter·leaf** *s irr* leeres Zwischenblatt.

**in·ter·leave** *v/t* Bücher durch'schießen.

**in·ter·li·brar·y loan** *s* **1.** Fernleihe *f*, Fernleihverkehr *m*: **to get a book on** ~ ein Buch über den Fernleihverkehr bekommen. **2.** über den Fernleihverkehr ausgeliehenes Buch *etc.*

**in·ter·line[1]** [ˌɪntə(r)'laɪn] *v/t* **1.** *Text* zwischenzeilig schreiben, zwischen die Zeilen schreiben *od.* setzen, einfügen. **2.** *Schriftstücke* interlini'ieren: ~d **manuscript** Interlinearmanuskript *n.* **3.** *print.* durch'schießen.

**in·ter·line[2]** *v/t Kleidungsstück* mit e-m Zwischenfutter versehen.

**in·ter·lin·e·ar** *adj* **1.** zwischengeschrieben, zwischenzeilig (geschrieben), inter·line'ar: ~ **translation** *ling.* Interlinearübersetzung *f.* **2.** *print.* blank: ~ **space** Durchschuß *m.* **in·ter·lin·e·a·tion** (*das*) Da'zwischengeschriebene, interline'arer Text.

**in·ter·lin·gua** *s* **1.** → interlanguage. **2.** *meist* I~ Inter'lingua *f* (*Welthilfssprache, die auf Latein u. den romanischen Sprachen fußt*).

**in·ter·lin·guis·tics** *s pl* (*als sg konstruiert*) Interlin'guistik *f* (*Teilgebiet der Sprachwissenschaft, das auf synchroner Ebene die Gemeinsamkeiten u. Unterschiede natürlicher Sprachen untersucht*).

**in·ter·lin·ing[1]** → interlineation.

**in·ter·lin·ing[2]** *s* Zwischenfutter(stoff *m*) *n.*

**in·ter·link I** *v/t* [ˌɪntə(r)'lɪŋk] (mitein'ander) verketten *od.* verbinden *od.* ver·knüpfen: ~ed **fates;** ~ed **voltage** *electr.* verkettete Spannung. **II** *s* ['lɪŋk] Binde-, Zwischenglied *n.*

**in·ter·lock I** *v/i* **1.** inein'andergreifen (*a. fig.*): ~ing **directorates** *econ. bes. Am.* personelle Unternehmensverflechtung (*auf Verwaltungsratsebene*). **2.** *rail.* verriegelt *od.* verblockt sein: ~ing **signals** verriegelte Signale. **II** *v/t* **3.** eng zs.-schließen, inein'anderschachteln. **4.** inein'anderhaken, (mitein'ander) verzahnen. **5.** *Eisenbahnsignale* verriegeln, verblocken.

**in·ter·lo·cu·tion** [ˌɪntə(r)ləʊ'kjuːʃn] *s* Gespräch *n*, Unter'redung *f.* **in·ter·loc·u·tor** [-'lɒkjʊtə; *Am.* -'lɑkjətər] *s* **1.** Gesprächspartner *m.* **2.** *jur. Scot.* gerichtliche (Zwischen)Entscheidung. **in·ter·loc·u·to·ry** [-tərɪ; *Am.* -ˌtɔːri:, -ˌtɔː-] *adj* **1.** gesprächsweise, in Gesprächsform. **2.** ins Gespräch eingeflochten. **3.** Gesprächs... **4.** *jur.* einstweilig, vorläufig, Zwischen...: ~ **decree**, ~ **judg(e)ment** Zwischenurteil *n*; ~ **judg(e)ment of divorce** *Am.* vorläufiges Scheidungsurteil (*das nach e-r Übergangszeit wirksam wird*); → **injunction** 1.

**in·ter·loc·u·tress** [-trɪs] *s*, **in·ter·loc·u·trice** [-trɪs] *s*, **in·ter·loc·u·trix** [-trɪks] *pl* **in·ter·loc·u·tri·ces** [-'traɪsiːz] *s* Gesprächspartnerin *f.*

**in·ter·lope** *v/i* **1.** sich eindrängen *od.* einmischen. **2.** *econ.* Schleich- *od.* Schwarzhandel treiben. **in·ter·lop·er** *s* **1.** Eindringling *m.* **2.** *econ.* Schleich-, Schwarzhändler *m.*

**in·ter·lude** ['ɪntə(r)luːd] *s* **1.** a) (kurze) Zeit, Peri'ode *f*: **an** ~ **of bright weather** e-e Schönwetterperiode, b) Unter'brechung *f* (**in** gen). **2.** *thea.* a) Pause *f*, b) Zwischenspiel *n*, Inter'mezzo *n* (*beide a. mus. u. fig.*).

**in·ter·lu·na·tion** *s* Inter'lunium *n* (*Zeit des Neumonds*).

**in·ter·mar·riage** *s* **1.** Mischehe *f* (*zwischen Angehörigen verschiedener Stämme, Rassen od. Konfessionen*). **2.** Heirat *f* innerhalb der Fa'milie *od.* zwischen Blutsverwandten. **in·ter·mar·ry** *v/i* **1.** a) e-e Mischehe eingehen, b) unterein'ander heiraten: **the two families have intermarried for many years. 2.** innerhalb der Fa'milie heiraten: *members of some ancient races* **intermarried with their own sisters** heirateten ihre eigene Schwester.

**in·ter·max·il·lar·y** [ˌɪntə(r)mæk'sɪlərɪ; *Am.* -'mæksəˌleri:] *anat.* **I** *adj* Intermaxil·lar...: ~ **bone** → II. **II** *s* Intermaxil'lar-, Zwischenkieferknochen *m.*

**in·ter·med·dle** *v/i* sich einmischen (**with** in *acc*).

**in·ter·me·di·a I** *s* Multi'media *pl.* **II** *adj* multimedi'al: ~ **show** Multimedia-Show *f.*

**in·ter·me·di·a·cy** *s* Da'zwischenliegen *n.*

**in·ter·me·di·ar·y** [ˌɪntə(r)'miːdjərɪ; *Am.* -dɪˌeri:] **I** *adj* **1.** → intermediate[1] 1-3: ~ **storage** Zwischenlagerung *f* (*von Atommüll etc*). **2.** *med. physiol.* intermedi'är: ~ **metabolism** intermediärer Stoffwechsel, Zwischenstoffwechsel *m.* **II** *s* **3.** Vermittler(in), Mittelsmann *m.* **4.** *econ.* Zwischenhändler *m.* **5.** Vermittlung *f.* **6.** a) Zwischenform *f*, b) Zwischenstadium *n.*

**in·ter·me·di·ate[1]** [ˌɪntə(r)'miːdjət; -dɪət] **I** *adj* (*adv* ~**ly**) **1.** da'zwischenliegend, da'zwischen befindlich, eingeschaltet, Zwischen..., Mittel...: **to be** ~

**between ... and ...** zwischen (*dat*) ... u. ... liegen; ~ **colo(u)r** (**credit, examination, frequency, product, seller, stage, trade**) Zwischenfarbe *f* (-kredit *m*, -prüfung *f*, -frequenz *f*, -produkt *n*, -verkäufer *m*, -stadium *n*, -handel *m*); ~ **school** → **junior high** (**school**); ~-**range ballistic missile** *mil.* Mittelstreckenrakete *f*; ~ **terms** *math.* innere Glieder, Mittelglieder. **2.** *ped.* für fortgeschrittene Anfänger: → **course. 3.** vermittelnd, Verbindungs..., Zwischen..., Mittel(s)...: ~ **agent** → 7. **4.** mittelbar, 'indi·rekt. **II** *s* **5.** Zwischenglied *n*, -gruppe *f*, -form *f.* **6.** *chem.* 'Zwischenpro·dukt *n.* **7.** Vermittler(in), Mittelsmann *m.* **8.** *ped.* Zwischenprüfung *f.*

**in·ter·me·di·ate[2]** [ˌɪntə(r)'miːdɪeɪt] *v/i* **1.** da'zwischentreten, interve'nieren. **2.** vermitteln.

**in·ter·me·di·ate·ness** *s* Da'zwischenliegen *n.*

**in·ter·me·di·a·tion** *s* **1.** Da'zwischentreten *n*, Interve'nieren *n.* **2.** Vermittlung *f.* **in·ter·me·di·a·tor** [-tə(r)] *s* Vermittler(in).

**in·ter·ment** [ɪn'tɜːmənt; *Am.* -'tɜr-] *s* Beerdigung *f*, Bestattung *f.*

**in·ter·mez·zo** [ˌɪntə(r)'metsəʊ; -'medzəʊ] *pl* -'**mez·zi** [-tsiː; -dziː] *od.* -'**mez·zos** *s mus.* Inter'mezzo *n*, Zwischenspiel *n.*

**in·ter·mi·na·bil·i·ty** [ɪnˌtɜːmɪnə'bɪlətɪ; *Am.* -ˌtɜr-] *s* Endlosigkeit *f.* **in·ter·mi·na·ble** *adj* (*adv* **interminably**) endlos: **an** ~ **desert** (**sermon**, *etc*); **housework is an** ~ **job** die Hausarbeit nimmt nie ein Ende. **in·ter·mi·na·ble·ness** *s* Endlosigkeit *f.*

**in·ter·min·gle I** *v/t* **1.** vermischen, vermengen. **II** *v/i* **2.** sich vermischen. **3.** ~ **with** sich mischen unter (*acc*).

**in·ter·mis·sion** *s* Pause *f* (*a. thea. etc*), Unter'brechung *f*: **there will now be a short** ~ es folgt e-e kurze Pause; **without** ~ ohne Pause, pausenlos, unaufhörlich. **2.** *med.* Intermissi'on *f* (*beschwerdefreie Zwischenzeit im Krankheitsverlauf*).

**in·ter·mit** [ˌɪntə(r)'mɪt] **I** *v/t* (*zeitweilig*) unter'brechen, aussetzen mit. **II** *v/i* (*zeitweilig*) aussetzen, vor'übergehend aufhören. **in·ter·mit·tence** [-təns], **in·ter·mit·ten·cy** [-sɪ] *s* **1.** Unter'brechung *f*, (*zeitweiliges*) Aussetzen. **2.** → **intermission** 2.

**in·ter·mit·tent** [ˌɪntə(r)'mɪtənt] *adj* (*adv* ~**ly**) mit Unter'brechungen, (*zeitweilig*) aussetzend, stoßweise, peri'odisch (auftretend), intermit'tierend: ~ **claudication** *med.* intermittierendes Hinken, 'Schaufensterkrankheit' *f*; ~ **current** *electr.* intermittierender *od.* pulsierender Strom; ~ **fever** *med.* intermittierendes Fieber, Wechselfieber *n*; ~ **light** Blinklicht *n*; ~ **river** *geogr.* intermittierender Fluß.

**in·ter·mix** *v/t u. v/i* (sich) vermischen. **in·ter·mix·ture** *s* **1.** Vermischen *n.* **2.** Mischung *f*, Gemisch *n.* **3.** Beimischung *f*, Zusatz *m.*

**in·ter·mo·lec·u·lar** *adj chem. phys.* intermoleku'lar (*zwischen den Molekülen liegend od. stattfindend*).

**in·tern[1]** **I** *v/t* [ɪn'tɜːn; *Am.* 'ɪnˌtɜrn] a) j-n inter'nieren, b) *Schiffe etc* festhalten. **II** *s* ['ɪntɜːn; *Am.* 'ɪnˌtɜrn] → interniertе(r *m*) *f.*

**in·tern[2]** ['ɪntɜːn; *Am.* 'ɪnˌtɜrn; *Am. a.* ɪn'tɜrn] *bes. Am.* **I** *s* a) im Krankenhaus wohnender Medizinalassistent, b) *ped.* Referen'dar(in). **II** *v/i* a) sein Medizi'nalpraktikum ab'solvieren, b) *ped.* sein Referendari'at absol'vieren.

**in·tern[3]** [ɪn'tɜːn; *Am.* ɪn'tɜrn] *adj obs.* inner(er, e, es).

**in·ter·nal** [ɪn'tɜːnl; *Am.* ɪn'tɜrnl] **I** *adj* (*adv* ~**ly**) **1.** inner(er, e, es), inwendig: ~

angle *math.* Innenwinkel *m*; ~ **ear** *anat.* Innenohr *n*; ~ **evidence** *jur.* reiner Urkundenbeweis; ~ **injury** *med.* innere Verletzung; ~ **medicine** innere Medizin; ~ **organs** innere Organe; ~ **rhyme** *metr.* Binnenreim *m*; ~ **specialist** → **internist**; ~ **telephone** Hausapparat *m*; ~ **thread** *tech.* Innengewinde *n*; **he was bleeding** ~**ly** er hatte innere Blutungen. **2.** *med. pharm.* innerlich anzuwenden(d): **an** ~ **remedy**; "**not to be taken** ~**ly**" „nicht zur inneren Anwendung". **3.** inner(er, e, es), innerlich, geistig: **the** ~ **law** das innere Gesetz. **4.** einheimisch, in-, binnenländisch, Inlands..., Innen..., Binnen...: ~ **loan** *econ.* Inlandsanleihe *f*; ~ **trade** Binnenhandel *m*. **5.** *pol.* inner(er, e, es), innen*po*litisch, Innen...: ~ **affairs** innere Angelegenheiten. **6.** *econ.* (be'triebs)in,tern, innerbetrieblich: ~ **control**. **II** *s* **7.** *pl anat.* innere Or'gane *pl.* **8.** wesentliche Eigenschaft. **9.** *med.* gynäko'logische Unter'suchung.

**in,ter·nal-com'bus·tion en·gine** *s* Verbrennungsmotor *m*.

**in·ter·nal·i·za·tion** [ɪn,tɜːnəlaɪˈzeɪʃn; *Am.* ɪn,tɜːnləˈz-] *s* Verinnerlichung *f*, Internali'sierung *f*. **in'ter·nal·ize** *v/t psych. sociol. Verhaltensnormen, Konflikte etc* internali'sieren, verinnerlichen.

**in·ter·nal rev·e·nue** *s econ. Am.* Staatseinkünfte *pl (aus inländischen Steuern u. Abgaben): I~ R~ Service (Bundes)Finanzamt n.*

**in·ter·na·tion·al** [ɪntə(r)ˈnæʃənl] **I** *adj* (*adv* ~**ly**) **1.** internatio'nal, zwischenstaatlich, Welt..., Völker...: ~ **copyright** internationales Urheberrecht; ~ **date line** Datumsgrenze *f*; ~ **law** Völkerrecht *n*, internationales Recht; ~ **nautical mile** Seemeile *f*; ~ **reply coupon** *mail* internationaler Antwortschein. **2.** Auslands...: ~ **call**; ~ **flight**; ~ **money order** Auslandspostanweisung *f*. **II** *s* **3.** *sport* a) Internatio'nale(r *m*) *f*, Natio'nalspieler(in), b) Länderkampf *m*, -spiel *n*. **4.** I~ a) *pol.* (Mitglied *n* e-r) Internatio'nale: → **socialist** II, b) Internatio'nale *f (sozialistisches Kampflied).* **5.** *pl econ.* internatio'nal gehandelte 'Wertpa,piere *pl.*

**In·ter·na·tion·al Bank for Re·con·struc·tion and De·vel·op·ment** *s econ.* Internatio'nale Bank für Wieder'aufbau u. Entwicklung. ~ **Court of Jus·tice** *s* Internatio'naler Gerichtshof. ~ **Crim·i·nal Po·lice Or·gan·i·za·tion** *s* Internatio'nale Kri*mi*'nalpo,li,zeiliche Organisati'on (*Interpol*). ~ **De·vel·op·ment As·so·ci·a·tion** *s econ.* Internatio'nale Ent'wicklungsorganisati,on.

**In·ter·na·tio·nale** [ɪntə(r)næʃəˈnɑːl; *Am. a.* ˈ-næl] → **international** 4 b.

**In·ter·na·tion·al Fi·nance Cor·po·ra·tion** *s econ.* Internatio'nale Fi'nanz-Corporati,on.

**in·ter·na·tion·al·ism** [ɪntə(r)ˈnæʃnəlɪzəm] *s* **1.** Internatio'nalismus *m (Streben nach internationalem Zs.-schluß).* **2.** internatio'nale Zs.-arbeit. **3.** I~ *pol.* Grundsätze *pl od.* Bestrebungen *pl* e-r Internatio'nale. **in·ter'na·tion·al·ist** *s* **1.** Internatio'nal(ist(in)). **2.** Völkerrechtler *m.* **3.** I~ *pol.* Mitglied *n* e-r Internatio'nale. **'in·ter,na·tion·al·i·ty** *s* internatio'naler Cha'rakter. **in·ter'na·tion·al·ize** *v/t* **1.** internatio'nal machen, internationali'sieren. **2.** unter internatio'nale Kon'trolle stellen.

**In·ter·na·tion·al La·bo(u)r Of·fice** *s pol.* Internatio'nales Arbeitsamt. ~ **La·bo(u)r Or·gan·i·za·tion** *s pol.* Internatio'nale 'Arbeitsorganisati,on. ~ **Mon·e·tar·y Fund** *s econ.* Internatio'naler Währungsfonds. ~ **Stand-**

**ards Or·gan·i·za·tion** *s* Internatio'naler Normenausschuß.

**in·terne** [ˈɪntɜːn; *Am.* ˈɪn,tɜːrn] → **intern²** I *u.* ³.

**in·ter·ne·cine** [ɪntə(r)ˈniːsaɪn; *Am. a.* -ˈnesiːn] *adj* **1.** zur gegenseitigen Vernichtung führend: **an** ~ **war** ein gegenseitiger Vernichtungskrieg. **2.** mörderisch, vernichtend. **3.** innerhalb e-r Gruppe (ausgetragen), in'tern: ~ **quarrels**.

**in·tern·ee** [ɪntɜːˈniː; *Am.* -tɜːr-] *s mil.* Inter'nierte(r *m*) *f.*

**in·ter·nist** [ˈɪntɜːnɪst; *Am.* ˈɪn,tɜːr-] *s med.* Inter'nist *m*, Facharzt *m* für innere Krankheiten.

**in·tern·ment** [ɪnˈtɜːnmənt; *Am.* -ˈtɜːrn-] *s mil.* a) Inter'nierung *f (von Personen):* ~ **camp** Internierungslager *n*, b) Festhalten *n (von Schiffen etc).*

**in·ter·nod·al** [ɪntə(r)ˈnəʊdl] *adj anat. bot.* interno'dal. **'in·ter·node** [-nəʊd] *s* Inter'nodium *n*: a) *anat.* interno'dales Seg'ment (*e-r Nervenfaser*), b) *bot.* zwischen zwei Blattknoten liegender Sproßabschnitt.

**'in·tern·ship** *s bes. Am.* **1.** *med.* Medizi'nalpraktikum *n.* **2.** *ped.* Referendari'at *n.*

**in·ter'nu·cle·ar** *adj biol.* zwischen (Zell)Kernen gelegen.

**in·ter'nun·ci·o** *od.* **-os** *s R.C.* Inter'nuntius *m (päpstlicher Gesandter der zweiten Rangklasse).*

**'in·ter,o·ce'an·ic** *adj* interoze'anisch: a) *zwischen Weltmeeren* (*gelegen*), b) (*zwei*) *Weltmeere verbindend.*

**in·ter'oc·u·lar** *adj* zwischen den Augen (befindlich): ~ **distance** Augenabstand *m.*

**in·ter'os·cu·late** *v/i* **1.** inein'ander 'übergehen. **2.** sich gegenseitig durch'dringen. **3.** *bes. biol.* ein Verbindungsglied bilden.

**in·ter'page** *v/t* zwischen die Blattseiten einschieben.

**in·ter·pel·lant** [ɪntə(r)ˈpelənt] *s parl.* Interpel'lant *m.*

**in·ter·pel·late** [ɪnˈtɜːpeleɪt; *Am.* ˌɪntər'peleɪt] *v/t parl.* e-e Interpellati'on *od.* Anfrage richten an (*acc*). **in·ter·pel·la·tion** [ɪntɜːpeˈleɪʃn; *Am.* ˌɪntərpəˈl-] *s* **1.** *parl.* Interpellati'on *f*, Anfrage *f.* **2.** Unter'brechung *f.* **3.** Einspruch *m.*

**in·ter'pen·e·trate I** *v/t* (vollständig) durch'dringen. **II** *v/i* sich gegenseitig durch'dringen. **'in·ter,pen·e'tra·tion** *s* gegenseitige Durch'dringung.

**in·ter'per·son·al** *adj* **1.** interperso'nal, interperso'nell: a) *zwischen mehreren Personen ablaufend*, b) *mehrere Personen betreffend.* **2.** zwischenmenschlich.

**in·ter·phone** [ˈɪntə(r)fəʊn] → **intercom**.

**in·ter'plan·e·tar·y** *adj* interplane-

**'in·ter·play** *s* Wechselwirkung *f*, -spiel *n*: **the** ~ **of forces** das wechselseitige Spiel der Kräfte.

**in·ter'plead** *v/i a. irr jur.* gerichtlich untereinander austragen, wer der wahre Gläubiger ist. **in·ter'plead·er** *s* prozessuale Verfahrensmöglichkeit zur Feststellung des wahren Gläubigers.

**in·ter'po·lar** *adj bes. electr.* die Pole verbindend, zwischen den Polen (liegend).

**in·ter·po·late** [ɪnˈtɜːpəʊleɪt; *Am.* ɪnˈtɜːrpəˌl-] *v/t* **1.** interpo'lieren: a) *etwas* einschalten, einfügen, b) *e-n Text* (durch Einschiebungen) ändern, *bes.* verfälschen. **2.** *math.* interpo'lieren (*Werte zwischen bekannten Werten e-r Funktion errechnen*). **in·ter·po'la·tion** *s* **1.** Interpolati'on *f*: a) Einschaltung *f*, Einfügung *f*, b) Änderung *f*, *bes.* Verfälschung *f (durch Einschiebungen)*. **2.** Interpo'lieren *n*, Einschalten *n*, Einfügen *n.* **3.** *math.*

Interpolati'on *f*: **calculus of** ~ Interpolationsrechnung *f.*

**'in·ter·pole** *s electr.* Zwischenpol *m.*

**in·ter·pose** [ɪntə(r)ˈpəʊz] **I** *v/t* **1.** da'zwischenstellen, -legen, -bringen: **to** ~ **o.s. between** *fig.* vermitteln zwischen (*dat*). **2.** *ein Hindernis* in den Weg legen. **3.** *e-e Bemerkung* einwerfen, einflechten. **4.** *e-n Einwand* vorbringen, *Einspruch* erheben, *ein Veto* einlegen. **5.** *geol.* einlagern. **6.** *tech.* zwischen-, einschalten. **II** *v/i* **7.** da'zwischenkommen, -treten. **8.** vermitteln (**in** in *dat*; **between** zwischen *dat*), eingreifen (**in** in *acc*). **9.** sich unter'brechen. **in·ter·po·si·tion** [ɪn,tɜːpəˈzɪʃn; *bes. Am.* ,ɪntə(r)pəˈz-] *s* **1.** Da'zwischentreten *n*, -legen *n*, -bringen *n.* **2.** Einwerfen *n*, Einflechten *n.* **3.** Einwurf *m.* **4.** Vorbringen *n*, Erheben *n*, Einlegen *n.* **5.** *tech.* Zwischen-, Einschaltung *f.* **6.** Vermittlung *f*, Eingreifen *n.*

**in·ter·pret** [ɪnˈtɜːprɪt; *Am.* -ˈtɜːr-] **I** *v/t* **1.** auslegen, auffassen, deuten, interpre'tieren (**as** als): **I** ~ **his silence as agreement**. **2.** dolmetschen. **3.** *mus. thea. etc* interpre'tieren, 'wiedergeben. **4.** *Daten etc* auswerten. **II** *v/i* **5.** dolmetschen, als Dolmetscher(in) fun'gieren: **to** ~ **for s.o.** j-m dolmetschen. **in·ter·pre'ta·tion** *s* **1.** Auslegung *f*, Deutung *f*, Interpre'tierung *f*, Interpretati'on *f*: **his remark may be given several** ~**s** s-e Bemerkung kann verschieden ausgelegt werden; ~ **clause** Auslegungsbestimmung *f.* **2.** Dolmetschen *n.* **3.** *mus. thea. etc* Interpretati'on *f*, 'Wiedergabe *f.* **4.** Auswertung *f.* **in·ter·pre·ta·tive** [-tətɪv; *Am.* -,teɪtɪv] *adj* (*adv* ~**ly**) auslegend: **to be** ~ **of s.th.** etwas auslegen *od.* deuten *od.* interpretieren. **in·ter·pret·er** *s* **1.** Ausleger(in), Deuter(in), Inter'pret(in). **2.** Dolmetscher(in). **3.** *mus. thea. etc* Inter'pret(in). **in·ter·pre·tive** → **interpretative**.

**in·ter·punc·tion** [ɪntə(r)ˈpʌŋkʃn], **'in·ter,punc·tu'a·tion** → **punctuation**.

**in·ter'ra·cial** *adj* **1.** zwischen verschiedenen Rassen (vorkommend *od.* bestehend): ~ **tensions** Rassenspannungen. **2.** gemischtrassig: ~ **schools**.

**'In·ter·rail pass** *s* Interrailkarte *f.*

**in·ter·re'act** *v/i* aufein'ander *od.* wechselseitig rea'gieren, sich gegenseitig beeinflussen. **in·ter·re'ac·tion** *s* wechselseitige Reakti'on, gegenseitige Beeinflussung.

**in·ter·reg·num** [ɪntəˈregnəm] *pl* **-na** [-nə], **-nums** *s* **1.** Inter'regnum *n*: a) *Zeit zwischen Tod, Absetzung od. Abdankung e-s Herrschers u. der Inthronisation s-s Nachfolgers*, b) *Übergangszeit zwischen zwei Regierungen.* **2.** herrscher- *od.* re'gierungslose Zeit. **3.** Unter'brechung *f*, Pause *f.*

**in·ter·re'late I** *v/t* (zuein'ander) in Beziehung bringen *od.* setzen. **II** *v/i* (zuein'ander) in Beziehung stehen, zs.-hängen. **in·ter·re'lat·ed** *adj* in Wechselbeziehung stehend, zs.-hängend. **in·ter·re'la·tion** *s* Wechselbeziehung *f.*

**in·ter·ro·bang** [ɪnˈterəbæŋ] *s* Ausrufezeichen *n* u. Fragezeichen *n (nach e-r rhetorischen Frage).*

**in·ter·ro·gate** [ɪnˈterəʊgeɪt] *v/t* **1.** verhören, vernehmen. **2.** *Computer:* den *Speicher* abfragen. **3.** *fig.* (zu) ergründen (suchen). **in,ter·ro·ga·tion** *s* **1.** Verhör *n*, Vernehmung *f.* **2.** Frage *f (a. ling.):* ~ **mark** (*od.* **point**) → **3**. **3.** Fragezeichen *n.* **4.** *Computer:* Abfragen *n.*

**in·ter·rog·a·tive** [ɪntəˈrogətɪv; *Am.* -ˈrɑː-] **I** *adj* (*adv* ~**ly**) **1.** fragend: **an** ~ **look**; **an** ~ **sentence** → **3 c**. **2.** *ling.* interroga'tiv, Frage...: ~ **adverb** → **3 a**; ~ **pronoun** → **3 b**; ~ **sentence** → **3 c**. **II** *s* **3.**

**ling.** a) Interroga'tivad,verb n, 'Frage-
,umstandswort n, b) Interroga'tivpro,no-
men n, Interroga'tiv(um) n, Fragefür-
wort n, c) Interroga'tiv-, Fragesatz m. **4.**
Fragezeichen n.

**in·ter·ro·ga·tor** [ɪn'terəʊɡeɪtə(r)] s
Ver'nehmungsbe,amte(r) m. **in·ter-
rog·a·to·ry** [,ɪntə'rɒɡətərɪ; Am. -'rɑɡə-
təʊrɪ;; -,tɔː-] **I** adj **1.** → interrogative 1.
**II** s **2.** Frage f. **3.** pl jur. schriftliche
Beweisfragen pl (vor der Verhandlung an
e-e Prozeßpartei, die schriftlich unter Eid
beantwortet werden müssen).

**in·ter·rupt** [,ɪntə'rʌpt] **I** v/t **1.** unter-
'brechen (a. electr.), j-m ins Wort fallen:
to ~ a pregnancy e-e Schwangerschaft
abbrechen od. unterbrechen. **2.** aufhal-
ten, stören, behindern, den Verkehr a.
zum Stocken bringen. **3.** die Sicht ver-
sperren: to ~ the view. **II** v/i **4.** unter-
'brechen: **don't** ~! unterbrich od. stör
mich etc nicht! **III** s **5.** Unter'brechung f.
**in·ter'rupt·ed·ly** adv mit Unter'bre-
chungen. **in·ter'rupt·er** s **1.** Unter-
'brecher(in). **2.** Störer(in). **3.** electr. Un-
ter'brecher m. **in·ter'rup·tion** s **1.**
Unter'brechung f (a. electr.): without ~
ohne Unterbrechung, ununterbrochen; ~
**of pregnancy** Schwangerschaftsab-
bruch m, -unterbrechung f. **2.** Störung f,
Behinderung: ~ **of traffic** Verkehrs-
stockung f. **3.** Versperrung f. **in·ter-
'rup·tive** adj (adv ~ly) **1.** unter'bre-
chend. **2.** störend. **in·ter'rup·tor** →
interrupter.

**in·ter·scho'las·tic** adj zwischen meh-
reren Schulen (bestehend, stattfindend
etc).

**in·ter·sect** [,ɪntə(r)'sekt] **I** v/t **1.** (durch-)
'schneiden, (-)'kreuzen. **II** v/i **2.** sich
(durch-, über)'schneiden, sich kreuzen:
~ing roads (Straßen)Kreuzung f; ~ing
line → intersection 3 c; ~ing point →
intersection 2, 3 b. **3.** fig. sich über-
'schneiden. **III** s ['-sekt] → intersection
3 b u. c, 4.

**in·ter·sec·tion** [,ɪntə(r)'sek∫n] s **1.**
Durch'schneiden n. **2.** a. point of ~
Schnitt-, Kreuzungspunkt m. **3.** math. a)
Schnitt m, b) a. point of ~ Schnittpunkt
m, c) a. line of ~ Schnittlinie f; angle of ~
Schnittwinkel m; ~ of the axes Null-
punkt m e-s Koordinatensystems. **4.**
(Straßen)Kreuzung f. **5.** arch. Vierung f.
**6.** Bergbau: Durch'örterung f. **in·ter-
'sec·tion·al** [-∫ənl] adj Kreuzungs...,
Schnitt...

**in·ter·sex** [',ɪn·ter·sex] **I** s **1.** biol. Inter'sex n (Indi-
viduum, das die typischen Merkmale der
Intersexualität zeigt). **2.** → unisex I. **II**
adj → unisex II. **in·ter'sex·u·al** adj
(adv ~ly) biol. intersexu'ell... **in·ter'sex-
u·al·ism, 'in·ter,sex·u'al·i·ty** s biol.
Intersexuali'tät f (abnorme Mischung von
männlichen u. weiblichen Geschlechts-
merkmalen in e-m Individuum).

**in·ter'space** **I** s **1.** Zwischenraum m. **2.**
interplane'tar(isch)er od. interstel'larer
Raum. **II** v/t **3.** Raum lassen zwischen
(dat). **4.** a) trennen, b) unter'brechen.
**in·ter'spa·tial** adj Zwischenraum...

**in·ter·sperse** [,ɪntə'spɜːs; Am. ,ɪntər-
'spɜːrs] v/t **1.** einstreuen, hier u. da einfü-
gen. **2.** durch'setzen (with mit). **in·ter-
'sper·sion** [-'spɜː∫n; Am. -'spɜːrʒən;
-∫ən] s **1.** Einstreuung f. **2.** Durch'set-
zung f.

**'in·ter,state** Am. **I** adj zwischenstaat-
lich, zwischen den einzelnen (Bundes-)
Staaten (bestehend etc): ~ **commerce**
Handel m zwischen den Einzelstaaten; ~
**highway** → Int. **II** s (zwei od. mehrere
Staaten verbindende) Autobahn.

**in·ter'stel·lar** adj interstel'lar, zwi-
schen den Sternen (befindlich).

**in·ter·stice** [ɪn'tɜːstɪs; Am. -'tɜr-] s **1.**
Zwischenraum m, anat. a. Inter'stitium n.
**2.** Lücke f, Spalt m. **3.** R.C. Inter'stitien pl
(vorgeschriebene Zwischenzeit zwischen
dem Empfang zweier geistlicher Weihen).
**in·ter'sti·tial** [-'stɪ∫l] adj in Zwischen-
räumen gelegen, anat. a. interstiti'ell: ~
tissue.

**in·ter'trib·al** adj (adv ~ly) zwischen
verschiedenen Stämmen: ~ **war** Stam-
meskrieg m.

**in·ter·tri·go** [,ɪntə(r)'traɪɡəʊ] pl **-goes** s
med. Inter'trigo f, Hautwolf m.

**in·ter'twine** v/t u. v/i (sich) verflechten
od. verschlingen. **in·ter'twine·ment**
s Verflechtung f.

**in·ter'twist** → intertwine.

**in·ter'ur·ban** **I** adj zwischen mehreren
Städten (bestehend od. verkehrend),
Überland...: ~ **bus; ~ traffic. II** s 'Über-
landbahn f, -bus m.

**in·ter'u·ter·ine** adj anat. interute'rin,
intra-ute'rin: a) im Inneren der Gebärmut-
ter gelegen: ~ **device** med. Interuterin-,
Intra-uterinpessar n, b) das Innere der
Gebärmutter betreffend.

**in·ter·val** ['ɪntvl; Am. 'ɪntərvəl] s **1.**
(zeitlicher od. räumlicher) Abstand, (zeit-
lich a.) Inter'vall n: at ~s dann u. wann, ab
u. zu, in Abständen; at regular ~s in
regelmäßigen Abständen; at ten-min-
ute ~s, at ~s of ten minutes in Abstän-
den von zehn Minuten, im Zehn-Minu-
ten-Takt; at ~s of fifty feet in Abständen
von 50 Fuß; sunny ~s meteor. Aufheite-
rungen; ~ **training** sport Intervalltrai-
ning n; → lucid 1. **2.** Br. Pause f (a. thea.
etc), Unter'brechung f: there was a long
~ before he answered er antwortete
erst nach e-r langen Pause; ~ **signal**
(Rundfunk, TV) Pausenzeichen n. **3.** mus.
Inter'vall n (Höhenunterschied zwischen
zwei Tönen, die gleichzeitig od. nachein-
ander erklingen). **4.** math. Inter'vall n
(Bereich zwischen zwei Punkten auf e-r
Strecke od. Skala). **5.** Bergbau: Getriebs-
feld n, Fach n.

**in·ter·vene** [,ɪntə(r)'viːn] v/i **1.** eingrei-
fen, einschreiten, bes. mil. pol. interve-
'nieren: to ~ in the affairs of another
country sich gewaltsam in die Angele-
genheiten e-s anderen Landes einmi-
schen. **2.** vermitteln (in in dat; between
zwischen dat). **3.** jur. (e-m Rechtsstreit)
beitreten: intervening party → inter-
vener 2. **4.** (zeitlich) da'zwischenliegen:
in the years that ~d, in the interven-
ing years in den dazwischenliegenden
Jahren, in den Jahren dazwischen. **5.** sich
in'zwischen ereignen: nothing interest-
ing has ~d in der Zwischenzeit hat sich
nichts Interessantes ereignet. **6.** (plötz-
lich) eintreten, (unerwartet) da'zwi-
schenkommen: if nothing ~s wenn
nichts dazwischenkommt. **in·ter'ven-
er** s **1.** Vermittler(in). **2.** jur. 'Nebeninter-
veni,ent m.

**in·ter·ven·tion** [,ɪntə(r)'ven∫n] s **1.** Ein-
greifen n, Einschreiten n, Eingriff m, bes.
mil. pol. Interventi'on f: armed ~. **2.**
Vermittlung f. **3.** jur. Nebeneintritt m.
**in·ter'ven·tion·ism** s a) econ. pol.
Interventio'nismus m (Eingreifen des
Staates in die [private] Wirtschaft), b) mil.
Befürwortung f e-r Interventi'on. **in·ter·
ven·tion·ist** s a) econ. pol. Inter-
ventio'nist m, b) mil. Befürworter m e-r
Interventi'on.

**in·ter'ver·te·bral** adj anat. interver-
te'bral, Zwischenwirbel...: ~ **disc** (od.
**disk)** Bandscheibe f.

**in·ter·view** ['ɪntə(r)vjuː] **I** s **1.** Inter'view
n: to give s.o. an ~. **2.** Einstellungsge-
spräch n. **II** v/t **3.** j-n inter'viewen, ein
Inter'view führen mit. **4.** ein Einstellungs-

gespräch führen mit. **III** v/i **5.** inter-
'viewen. **6.** ein Einstellungsgespräch füh-
ren. **in·ter·view·ee** [-'iː] s **1.** Inter-
'viewte(r m) f. **2.** j-d, mit dem ein Einstel-
lungsgespräch geführt wird. **'in·ter-
,view·er** s **1.** Inter'viewer(in). **2.** Lei-
ter(in) e-s Einstellungsgesprächs.

**in·ter·vo'cal·ic** adj (adv ~ally) ling.
'inter-, 'zwischenvo,kalisch.

**'in·ter·war** adj: the ~ **period** die Zeit
zwischen den (Welt)Kriegen.

**in·ter'weave** irr **I** v/t **1.** (mitein'ander)
verweben od. verflechten: their lives
were interwoven. **2.** vermengen, ver-
mischen (a. fig.): to ~ truth with fiction.
**II** v/i **3.** sich verweben od. verflechten (a.
fig.).

**in·ter·wind** [,ɪntə(r)'waɪnd] v/t u. v/i irr
(sich) verflechten.

**in·ter'zon·al** adj interzo'nal, Interzo-
nen...

**in·tes·ta·cy** [ɪn'testəsɪ] s jur. Sterben n
ohne Hinter'lassung e-s Testa'ments:
succession on ~ Intestaterbfolge f, ge-
setzliche Erbfolge; the property goes
by ~ der Nachlaß fällt an die gesetzlichen
Erben. **in'tes·tate** [-teɪt; -tət] **I** adj **1.**
ohne Hinter'lassung e-s Testa'ments: to
die ~; ~ **decedent** Am. → 3. **2.** nicht
testamen'tarisch geregelt: ~ **estate;** ~
**succession** Intestaterbfolge f, gesetz-
liche Erbfolge; ~ **successor** Intestaterbe
m, gesetzlicher Erbe. **II** s **3.** Erblas-
ser(in), der (die) kein Testa'ment hinter-
'lassen hat.

**in·tes·ti·nal** [ɪn'testɪnl; Br. a. ,ɪntes-
'taɪnl] adj anat. Darm..., Eingeweide...: ~
flora Darmflora f; ~ **influenza** med.
Darmgrippe f.

**in·tes·tine** [ɪn'testɪn] **I** s **1.** anat. Darm
m: ~s Gedärme, Eingeweide; large ~
Dickdarm; small ~ Dünndarm. **II** adj **2.**
→ intestinal. **3.** fig. inner(e, es): ~
strife; ~ **war** Bürgerkrieg m.

**in·thral(l)** [ɪn'θrɔːl] → enthral(l).

**in·throne** [ɪn'θrəʊn], etc → enthrone,
etc.

**in·ti·ma·cy** ['ɪntɪməsɪ] s Intimi'tät f: a)
Vertrautheit f, vertrauter 'Umgang, b) (a.
contp. plumpe) Vertraulichkeit, c) in'time
(sexuelle) Beziehungen pl, d) Gemütlich-
keit f: to be on terms of ~ (with) auf
vertrautem Fuß stehen (mit); intime Be-
ziehungen haben (zu).

**in·ti·mate¹** ['ɪntɪmət] **I** adj (adv ~ly) **1.**
in'tim: a) vertraut, eng (Freund etc), b)
vertraulich (Mitteilung etc), contp. a.
plump-vertraulich, c) in sexu'ellen Bezie-
hungen stehend, d) anheimelnd, gemüt-
lich (Atmosphäre etc), e) innerst(er, e, es)
(Wünsche etc), f) gründlich, genau
(Kenntnisse etc): they became ~ sie wur-
den vertraut miteinander; sie wurden
intim; to have ~ knowledge of ein
Intimkenner (gen) sein; to be on ~ terms
(with) auf vertrautem Fuße stehen (mit);
intime Beziehungen haben (zu). **2.** chem.
innig: ~ **mixture. 3.** tech. eng, innig: ~
**contact. II** s **4.** Vertraute(r m) f, Intimus
m. **5.** In'timkenner(in).

**in·ti·mate²** ['ɪntɪmeɪt] v/t **1.** andeuten:
to ~ to s.o. that j-m zu verstehen geben,
daß. **2.** a) ankündigen, b) mitteilen.
**in·ti·mate·ness** ['ɪntɪmətnɪs] → in-
timacy.

**in·ti·ma·tion** [,ɪntɪ'meɪ∫n] s **1.** An-
deutung f. **2.** a) Ankündigung f, b) Mittei-
lung f.

**in·tim·i·date** [ɪn'tɪmɪdeɪt] v/t ein-
schüchtern: to ~ s.o. into doing s.th. j-n
nötigen, etwas zu tun. **in,tim·i'da-
tion** s Einschüchterung f. **in'tim·i·da-
tor** [-tə(r)] s Einschüchterer m. **in'tim-
i·da·to·ry** [-dətərɪ; Am. -də,təʊrɪ;
-,tɔː-] adj einschüchternd.

**in·tit·ule** [ɪnˈtɪtjuːl] v/t parl. ein Gesetz betiteln.

**in·to** [ˈɪntʊ; nur vor Konsonanten: ˈɪntə] prep **1.** in (acc), in (acc) … hinˈein: he went~ the house; → run into 5, translate 1, etc. **2.** gegen: → drive 32, etc. **3.** Zustandsänderung: zu: to make water~ ice; → cash¹ 2, etc. **4.** math. in (acc): 7~ 49 goes 7 (times) 7 geht siebenmal in 49; → divide 7 a. **5.** Zustand: colloq. in (dat): they are~ the second half sport sie sind (schon) in der zweiten Halbzeit; he is~ his fifth whisky er ist schon beim fünften Whisky; he is~ modern music er ‚steht auf' moderne Musik, er ‚hat's mit' moderner Musik; he's~ me (for £ 500) ,er steht bei mir (mit 500 Pfund) in der Kreide'; → juice 5.

**in·toed** [ˈɪntəʊd] adj mit einwärts gekehrten Fußspitzen.

**in·tol·er·a·ble** [ɪnˈtɒlərəbl; Am. -ˈtɑ-] adj (adv **intolerably**) unerträglich. **in·tol·er·a·ble·ness** s Unerträglichkeit f.

**in·tol·er·ance** [ɪnˈtɒlərəns; Am. -ˈtɑ-] s **1.** Unduldsamkeit f, ˈIntoleˌranz f (to gegen). **2.** ˈÜberempfindlichkeit f (of gegen):~ of heat. **in·tol·er·ant I** adj (adv ~ly) **1.** unduldsam, ˈintoleˌrant (of gegenˈüber): to be~ of s.th. etwas nicht dulden od. tolerieren; he is~ of opinions different from his own er läßt nur s-e eigene Meinung gelten. **2.** to be~ of s.th. a) etwas nicht (v)ertragen können, überempfindlich sein gegen etwas: he is~ of noise er ist sehr lärmempfindlich, b) med. ˈintoleˌrant od. nicht ˈwiderstandsfähig sein gegen: he is~ of alcohol er verträgt keinen Alkohol. **II** s **3.** unduldsamer od. ˈintoleˌranter Mensch.

**in·to·nate** [ˈɪntəʊneɪt] → intone. **in·to·na·tion** s **1.** ling. Intonatiˈon f, ˈSatzmeloˌdie f. **2.** Tonfall m. **3.** mus. Intonatiˈon f: a) (in der Gregorianik) die vom Priester etc gesungenen Anfangsworte e-s liturgischen Gesangs, der dann vom Chor od. von der Gemeinde weitergeführt wird, b) präludierende Einleitung in größeren Tonsätzen, c) Art der Tongebung bei Sängern u. Instrumentalisten. **4.** a) Psalmoˈdieren n, liˈturgischer Sprechgesang, b) Singsang m.

**in·tone** [ɪnˈtəʊn] **I** v/t **1.** mus. intoˈnieren: a) ein Lied etc anstimmen, b) e-n Ton angeben. **2.** psalmoˈdieren. **II** v/i **3.** mus. intoˈnieren. **4.** psalmoˈdieren.

**in to·to** [ɪnˈtəʊtəʊ] (Lat.) adv in toto: a) im ganzen, b) vollständig.

**in·tox·i·cant** [ɪnˈtɒksɪkənt; Am. -ˈtɑk-] **I** adj berauschend (a. fig.). **II** s Rauschmittel n, -gift n, bes. berauschendes Getränk.

**in·tox·i·cate** [ɪnˈtɒksɪkeɪt; Am. -ˈtɑk-] **I** v/t **1.** berauschen (a. fig.): driving while ~d Am. Trunkenheit f am Steuer; ~d with joy freudetrunken. **2.** med. vergiften. **II** v/i **3.** berauschen(d wirken) (a. fig.): intoxicating drinks berauschende od. alkoholische Getränke. **in·tox·i·ca·tion** s **1.** Rausch m, fig. a. Trunkenheit f. **2.** med. Vergiftung f.

**intra-** [ɪntrə] Wortelement mit der Bedeutung innerhalb, inner…

**in·tra·car·di·ac** adj intrakardiˈal: a) anat. innerhalb des Herzens gelegen, b) med. unmittelbar ins Herz hinein erfolgend: an~ injection.

**in·tra·cel·lu·lar** adj biol. intrazelluˈlär, -zelluˈlar (innerhalb der Zelle[n]).

**in·tra·cra·ni·al** adj anat. intrakraniˈell (innerhalb des Schädels gelegen).

**in·trac·ta·bil·i·ty** [ɪnˌtræktəˈbɪlətɪ] s **1.** Unlenkbarkeit f, Eigensinn m. **2.** Hartnäckigkeit f. **in·trac·ta·ble** adj (adv **intractably**) **1.** unlenkbar, eigensinnig.

**2.** hartnäckig (Krankheit, Problem etc). **3.** schwer zu bearbeiten(d) (Material). **in·trac·ta·ble·ness** → intractability.

**in·tra·cu·ta·ne·ous** adj intrakuˈtan: a) anat. in der Haut (gelegen), b) med. in die Haut hinein erfolgend:~ an~ injection.

**in·tra·der·mal** adj (adv ~ly); **in·tra·der·mic** adj (adv ~ally) → intracutaneous.

**in·tra·dos** [ɪnˈtreɪdɒs; Am. -ˌdɑs; ˈɪntrəˌdɑs] pl **-dos** [-dɒs; Am. -ˌdɑʊz; -ˌdɑs], **-dos·es** s arch. (Bogen-, Gewölbe)Laibung f.

**in·tra·mo·lec·u·lar** adj chem. intramoleku'lar (sich innerhalb der Moleküle vollziehend).

**in·tra·mu·ral** adj **1.** innerhalb der Mauern (e-r Schule od. Universität), weitS. inˈtern: an~ investigation;~ courses (od. classes) lehrplanmäßige Kurse der Universität. **2.** anat. intramuˈral (innerhalb der Wand e-s Hohlraums gelegen):~ gland Zwischenwanddrüse f.

**in·tra·mus·cu·lar** adj (adv ~ly) intramuskuˈlär: a) anat. innerhalb des Muskels gelegen, b) med. in den Muskel hinein erfolgend: an~ injection; to inject s.th. ~ly.

**in·tran·si·gence** [ɪnˈtrænsɪdʒəns; -zɪ-], **in·tran·si·gen·cy** s Unversöhnlichkeit f, Komproˈmißlosigkeit f, Intransiˈgenz f. **in·tran·si·gent I** adj (adv ~ly) unnachgiebig, unversöhnlich, komproˈmißlos, intransiˈgent. **II** s Unnachgiebige(r m) f, bes. pol. Intransiˈgent(in).

**in·tran·si·tive** [ɪnˈtrænsɪtɪv; -zɪ-] **I** adj (adv ~ly) **1.** ling. intransitiv, nichtzielend:~ verb → 3. **2.** Logik: intransitiv: an~ equation. **II** s **3.** ling. Intransiˈtiv(um) n, intransitives Verb, nichtzielendes Zeitwort.

**in·tra·par·ty** adj pol. ˈinnerparˌteilich, parˈteiinˌtern.

**in·tra·plant** adj econ. beˈtriebsinˌtern, innerbetrieblich.

**in·tra·state** adj Am. innerstaatlich, innerhalb e-s Bundesstaates.

**in·tra·tel·lu·ric** adj geol. intratelˈlurisch (im Erdinneren liegend od. entstanden).

**in·tra-u·ter·ine** → interuterine.

**in·trav·a·sa·tion** [ɪnˌtrævəˈseɪʃn] s med. Intravasatiˈon f (Eintritt e-s Fremdkörpers in ein Blutgefäß).

**in·tra·ve·nous I** adj (adv ~ly) intraveˈnös: a) anat. innerhalb e-r Vene (gelegen od. vorkommend), b) med. in e-e Vene hinein erfolgend: to inject s.th. ~ly;~ infusion → II b. II s med. a) intraveˈnöse Injektiˈon, b) intraveˈnöse Infusiˈon.

**in·trench** [ɪnˈtrentʃ] → entrench.
**in·trep·id** [ɪnˈtrepɪd] adj (adv ~ly) unerschrocken, kühn. **in·tre·pid·i·ty** [ˌɪntrɪˈpɪdətɪ], **in·trep·id·ness** s Unerschrockenheit f, Kühnheit f.

**in·tri·ca·cy** [ˈɪntrɪkəsɪ] s **1.** Kompliˈziertheit f. **2.** Kniff(e)ligkeit f. **3.** Verworrenheit f, Schwierigkeit f. **'in·tri·cate** [-kət] adj (adv ~ly) **1.** verzweigt, verschlungen:~ patterns. **2.** fig. verwickelt, kompliˈziert. **3.** fig. ausgeklügelt, kniff(e)lig. **4.** fig. verworren, schwierig. **'in·tri·cate·ness** → intricacy.

**in·trigue** [ɪnˈtriːg] **I** v/t **1.** a) fasziˈnieren, b) interesˈsieren, c) neugierig machen. **2.** to~ s.o.'s interest j-s Interesse wecken. **II** v/i **3.** intriˈgieren (against gegen). **4.** e-e heimliche ˈLiebesafˌfäre haben (with mit). **III** s [a. ˈɪntriːg] **5.** Inˈtrige f: to weave a web of~ Intrigen spinnen. **6.** thea. etc Inˈtrige f (durch List absichtlich zu e-m meist komischen Zweck herbeigeführte Verwicklung von Handlungen u.

Personenbeziehungen). **7.** heimliche ˈLiebesˌaffäre. **in·tri·guer** s Intriˈgant(in).

**in·tri·guing I** adj (adv ~ly) **1.** a) fasziˈnierend, b) interesˈsant. **2.** intriˈgant. **II** s **3.** Inˈtrigen(spiel n) pl.

**in·trin·sic** [ɪnˈtrɪnsɪk; -zɪk] adj **1.** inner(er, e, es): a) innewohnend:~ value innerer od. wirklicher Wert, b) von innen (wirkend etc), bes. ped. psych. inˈtrinsisch:~ motivation intrinsische Motivation. **2.** wesentlich. **in·trin·si·cal·ly** adv **1.** wirklich, eigentlich. **2.** an sich:~ safe electr. eigensicher.

**in·trin·sic|ev·i·dence** s jur. reiner Urkundenbeweis.~ **sem·i·con·duc·tor** s electr. Eigenhalbleiter m.

**intro-** [ɪntrəʊ] Wortelement mit der Bedeutung hinein, nach innen.

**in·tro** [ˈɪntrəʊ] pl **-tros** s colloq. für introduction.

**in·tro·duce** [ˌɪntrəˈdjuːs; Am. a. -ˈduːs] v/t **1.** einführen: to~ a new fashion (method, etc). **2.** (to) j-n bekannt machen (mit), vorstellen (dat): to~ o.s. sich vorstellen; I don't think we've been~d ich glaube nicht, daß wir uns kennen. **3.** j-n einführen (at bei). **4.** (to) j-n einführen (in e-e Wissenschaft etc), bekannt machen (mit e-r Sache): he was~d to drink as a boy er machte schon als Junge mit dem Alkohol Bekanntschaft. **5.** ein Thema etc anschneiden, zur Sprache bringen, aufwerfen. **6.** einleiten: to~ a new epoch. **7.** e-n Redner, ein Programm etc ankündigen. **8.** e-e Krankheit einschleppen (into in acc). **9.** e-n Gedanken etc, parl. e-e Gesetzesvorlage einbringen (into in acc). **10.** (into) a) einfügen (in acc), neu hinˈzufügen (zu), b) herˈein-, hinˈeinbringen (in acc), c) hinˈeinstecken, einführen: to~ a probe e-e Sonde einführen. **in·tro·duc·er** s Einführer(in). **2.** Vorstellende(r m) f. **3.** med. Intuˈbator m.

**in·tro·duc·tion** [ˌɪntrəˈdʌkʃn] s **1.** Einführung f, Vorstellung f: to make the ~s die Vorstellung übernehmen. **3.** Einführung f: → letter¹ 2. Anschneiden n, Aufwerfen n. **5.** Einleitung f, Vorrede f, Vorwort n. **6.** mus. Introduktiˈon f: a) freier Einleitungssatz vor dem Hauptsatz e-r Sonate etc, b) erste Gesangsnummer e-r Oper. **7.** Leitfaden m, Anleitung f, Lehrbuch n: an~ to botany ein Leitfaden der Botanik. **8.** Einschleppung f. **9.** Einbringung f. **in·tro·duc·to·ry** adj **1.** einführend, Einführungs…:~ offer (price, etc). **2.** einleitend, Einleitungs…

**in·tro·it** [ˈɪntrɔɪt; ˈɪntrəʊɪt] s relig. Inˈtroitus m, Eingangslied n.

**in·tro·mis·sion** [ˌɪntrəʊˈmɪʃn] s Intromissiˈon f. **in·tro·mit** v/t intromitˈtieren: a) hinˈeinstecken, -schieben, b) in die Vagina eindringen (Penis).

**in·tro·pu·ni·tive** adj psych. sich selbst bestrafend.

**in·trorse** [ɪnˈtrɔː(r)s] adj (adv ~ly) bot. inˈtrors, einwärts gewendet (Staubbeutel).

**in·tro·spect** [ˌɪntrəʊˈspekt] v/i psych. sich selbst beobachten. **in·tro·spec·tion** s **1.** Introspektiˈon f, Selbstbeobachtung f. **2.** sympathetic~ sociol. Untersuchung menschlichen Verhaltens durch persönliche Einfühlung in die entsprechenden Bedingungen. **in·tro·spec·tive** adj (adv ~ly) psych. introspekˈtiv.

**in·tro·ver·si·ble** [ˌɪntrəʊˈvɜːsəbl; Am. -ˈvɜr-] adj bes. zo. einstülpbar. **in·tro·ver·sion** [-ˈvɜːʃn; Am. -ˈvɜrʒən; -ʃən] s psych. Introversiˈon f, Introverˈtiertheit f.

**in·tro·vert** [ˈɪntrəʊvɜːt; Am. -ˌvɜrt] **I** s **1.** psych. introverˈtierter Mensch. **2.** bes. zo. Organ, das eingestülpt ist od. werden kann.

**II** *adj* **3.** *psych.* introver'tiert, nach innen gewandt. **III** *v/t* [*Br.* ˌ-'vɜːt] **4.** *Gedanken etc* nach innen richten. **5.** *bes. zo.* ein-stülpen.

**in·trude** [ɪn'truːd] **I** *v/t* **1.** to ~ o.s. into sich eindrängen in (*acc*) (*a. fig.*): to ~ o.s. into s.o.'s affairs sich in j-s Angelegenheiten eindrängen *od.* einmischen; a suspicion ~d itself into his mind ein Verdacht drängte sich ihm auf; he ~d his ideas into our conversation er mischte sich mit s-n Ansichten in unsere Unterhaltung. **2.** aufdrängen (s.th. [up]on s.o. j-m etwas; s.o. [up]on s.o. sich j-m). **II** *v/i* **3.** sich eindrängen (into in *acc*) (*a. fig.*). **4.** sich aufdrängen (on, upon *dat*). **5.** stören: to ~ (up)on s.o. j-n belästigen *od.* stören; to ~ (up)on s.o.'s privacy in j-s Privatsphäre eindringen *od.* eingreifen; to ~ (up)on s.o.'s time j-s Zeit ungebührlich in Anspruch nehmen; am I intruding? störe ich? **6.** *geol.* intru'dieren (*in Gestein eindringen*) (*Magma*). **in'trud·er** *s* **1.** Eindringling *m.* **2.** Störenfried *m.* **3.** *aer. mil.* In'truder *m.*

**in·tru·sion** [ɪn'truːʒn] *s* **1.** Eindrängen *n, fig. a.* Einmischung *f.* **2.** Aufdrängen *n.* **3.** Störung *f* (on, upon *gen*). **4.** *geol.* a) Intrusi'on *f,* b) Intru'siv-, Tiefengestein *f.*

**in·tru·sive** [ɪn'truːsɪv] *adj* (*adv* ~ly) **1.** aufdringlich. **2.** *geol.* intru'siv: ~ rocks → intrusion 4 b. **3.** ~ r *ling.* intrusives r (*Einschub e-s unberechtigten R-Lauts im Englischen:* the idea of ... [ðɪ aɪ'dɪərəv ...]). **in'tru·sive·ness** *s* Auf-, Zudringlichkeit *f.*

**in·trust** [ɪn'trʌst] → entrust.

**in·tu·bate** ['ɪntjuːbeɪt] *v/t med.* intu'bieren, e-e Intubati'on vornehmen an (*dat*). **ˌin·tu'ba·tion** *s* Intubati'on *f* (*Einführung e-s Rohrs in die Luftröhre zur künstlichen Beatmung während e-r Narkose od. zum Einbringen von Medikamenten in die Luftwege*). **'in·tu·ba·tor** [-tə(r)] *s* Intu'bator *m.*

**in·tu·i·tion** [ˌɪntjuː'ɪʃn; *Am. a.* -tuː-] *s* **1.** Intuiti'on *f:* a) unmittelbares Erkennen *od.* Wahrnehmen, b) (plötzliche) Eingebung *od.* Erkenntnis. **2.** intui'tives Wissen. **ˌin·tu'i·tion·al** [-ʃənl] *adj* (*adv* ~ly) intui'tiv, Intuitions... **ˌin·tu'i·tion-(·al)·ism** *s* **1.** *philos.* Intuitio'nismus *m* (*Lehre von der Intuition als ursprünglicher u. sicherster Erkenntnisquelle*). **2.** *math.* Intuitio'nismus *m* (*Richtung der mathematischen Grundlagenforschung, nach der die natürlichen Zahlen u. deren Theorie intuitiv gegeben u. als Anfang aller Mathematik zu betrachten sind*). **ˌin·tu'i·tion(·al)·ist** *s* Intuitio'nist(in). **II** *adj* intuitio'nistisch.

**in·tu·i·tive** [ɪn'tjuːɪtɪv; *Am.* -'tuː-] *adj* (*adv* ~ly) intui'tiv, Intuitions... **in'tu·i·tive·ness** *s* unmittelbare Erkenntnisfähigkeit. **in'tu·i·tiv·ism** *s* **1.** → intuition(al)ism 1. **2.** → intuition 2.

**in·tu·mes·cence** [ˌɪntjuː'mesns; *Am. a.* -'tuː-] *s med. physiol.* **1.** Intumes'zenz *f,* Anschwellen *n.* **2.** Anschwellung *f.*

**in·twine** [ɪn'twaɪn] → entwine.

**in·twist** [ɪn'twɪst] → entwist.

**in·unc·tion** [ɪn'ʌŋkʃn] *s* **1.** Salbung *f.* **2.** *med.* Inunkti'on *f:* a) Einsalbung *f,* b) Einreibung *f.*

**in·un·date** ['ɪnʌndeɪt] *v/t* über'schwemmen, -'fluten (*a. fig.*): to be ~d by (*od.* with) überschwemmt werden mit, sich nicht retten können vor. **ˌin·un'da·tion** *s* **1.** Über'schwemmung *f,* -'flutung *f* (*a. fig.*). **2.** *fig.* Flut *f:* an ~ of letters; ~ of tourists Touristenstrom *m.*

**in·ure** [ɪn'jʊə(r); *Am. a.* ɪn'jʊr] **I** *v/t* **1.** meist pass abhärten (to gegen), *fig. a.*

---

gewöhnen (to an *acc*): to ~ o.s. to do s.th. sich daran gewöhnen, etwas zu tun; to be ~d to cold gegen Kälte abgehärtet sein, unempfindlich gegen Kälte sein. **II** *v/i* **2.** *bes. jur.* wirksam *od.* gültig werden, in Kraft treten. **3.** dienen, zu'gute kommen (to *dat*). **in'ure·ment** *s* (to) Abhärtung *f* (gegen), Gewöhnung *f* (an *acc*).

**in·urn** [ɪn'ɜːn; *Am.* ɪn'ɜrn] *v/t* **1.** in e-e Urne tun. **2.** bestatten.

**in·u·til·i·ty** [ˌɪnjuː'tɪlətɪ] *s* **1.** Nutz-, Zwecklosigkeit *f.* **2.** (*etwas*) Nutzloses *od.* Zweckloses, unnütze Einrichtung *od.* Sache.

**in·vade** [ɪn'veɪd] **I** *v/t* **1.** einfallen *od.* eindringen in (*acc*), *mil. a.* 'einmar,schieren in (*acc*). **2.** sich ausbreiten über (*acc*) *od.* in (*dat*), erfüllen: the smell of baking was invading the house; fear ~d all sie wurden von Furcht ergriffen. **3.** eindringen *od.* sich einmischen in (*acc*). **4.** *fig.* über'laufen, -'schwemmen: the village was ~d by tourists. **5.** *fig.* j-s Privatsphäre *etc* verletzen, eingreifen in (*j-s Rechte*). **II** *v/i* **6.** einfallen, *mil. a.* 'einmar,schieren: invading troops Invasionstruppen. **in'vad·er** *s* **1.** Eindringling *m.* **2.** *pl mil.* Inva'soren *pl.*

**in·vag·i·na·tion** [ɪnˌvædʒɪ'neɪʃn] *s* Invaginati'on *f:* a) *med.* Darmeinstülpung *f,* b) *biol.* Einstülpung *od.* Einfaltung e-r embryonalen Keimschicht in e-e andere, die dann die erstere umhüllt.

**in·va·lid¹** [ɪn'vælɪd] **I** *adj* **1.** a) kränklich, krank, gebrechlich, b) inva'lid(e), arbeits-, dienst-, erwerbsunfähig, c) kriegsbeschädigt. **2.** Kranken...: ~ chair Rollstuhl *m,* Kranken(fahr)stuhl *m;* ~ diet Krankenkost *f.* **II** *s* **3.** a) Kranke(r *m*) *f,* Gebrechliche(r *m*) *f,* b) Inva'lide *m,* Arbeits-, Dienst-, Erwerbsunfähige(r *m*) *f.* **III** *v/t* ['ɪnvəliːd; *Am.* -lɪd] **4.** zum Inva'liden machen. **5.** *bes. mil.* a) dienstuntauglich erklären, b) *meist* ~ out als dienstuntauglich entlassen: to be ~ed out of the army als Invalide aus dem Heer entlassen werden.

**in·val·id²** [ɪn'vælɪd] *adj* (*adv* ~ly) **1.** *jur.* (rechts)ungültig, unwirksam, (null u.) nichtig. **2.** a) nicht stichhaltig *od.* triftig: ~ evidence, b) unbegründet, unberechtigt: ~ claims.

**in·val·i·date** [ɪn'vælɪdeɪt] *v/t* **1.** *jur.* außer Kraft setzen: a) für ungültig *od.* nichtig erklären, b) ungültig *od.* 'hinfällig *od.* unwirksam machen. **2.** *Argumente etc* entkräften. **in,val·i'da·tion** *s* **1.** Außer'kraftsetzung *f,* Ungültigkeitserklärung *f.* **2.** Entkräftung *f.*

**in·va·lid·ism** ['ɪnvəlɪdɪzəm] *s* **1.** a) (körperliches) Kranksein, b) → invalidity¹. **2.** Ge'sundheitsfana,tismus *m.*

**in·va·lid·i·ty¹** [ˌɪnvə'lɪdətɪ] *s* a) Invalidi'tät *f,* Arbeits-, Dienstunfähigkeit *f:* ~ benefit *Br.* Leistung *f* (*der Sozialversicherung*) bei Invalidität; ~ pension Frührente *f;* ~ pensioner Frührentner(in).

**in·va·lid·i·ty²** [ˌɪnvə'lɪdətɪ] *s* *jur.* (Rechts)Ungültigkeit *f,* Nichtigkeit *f.*

**in·val·u·a·ble** [ɪn'væljʊəbl; *Am.* -jəbl] *adj* (*adv* invaluably) unschätzbar (*a. fig.*): ~ services; to be ~ to s.o. für j-n von unschätzbarem Wert sein.

**in·var·i·a·bil·i·ty** [ɪnˌveərɪə'bɪlətɪ] *s* Unveränderlichkeit *f.* **in'var·i·a·ble I** *adj* (*adv* invariably) **1.** unveränderlich, kon'stant: a) gleichbleibend, b) *math.* invari'abel. **II** *s* **2.** (*etwas*) Unveränderliches. **3.** *math.* Kon'stante *f,* invari'able Größe. **in'var·i·a·ble·ness** → invariability. **in'var·i·a·bly** [-blɪ] *adv* ausnahmslos, dauernd, immer.

**in·va·sion** [ɪn'veɪʒn] *s* **1.** (of) Einfall *m* (in *acc*), Eindringen *n* (in *acc*), *mil. a.* Inva-

---

si'on *f* (*gen*), Einmarsch *m* (in *acc*): the German ~ of France *hist.* der Einmarsch der Deutschen in Frankreich; an ~ of tourists *fig.* e-e Touristeninvasion. **2.** *meteor.* Einbruch *m:* ~ of cold air Kälteeinbruch *m.* **3.** *fig.* (of) Verletzung *f* (*gen*), Eingriff *m* (in *acc*). **in'va·sive** [-sɪv] *adj* **1.** *mil.* Invasions...: ~ war. **2.** *med.* inva'siv (*in das umgebende Bindegewebe hineinwachsend*): ~ cancer cells.

**in·vec·tive** [ɪn'vektɪv] **I** *s* a) Beschimpfung *f,* Schmähung(en *pl*) *f:* to thunder ~ against wüste Beschimpfungen ausstoßen gegen, b) *pl* Schimpfworte *pl.* **II** *adj* schimpfend, schmähend, Schmäh...

**in·veigh** [ɪn'veɪ] *v/i* (against) schimpfen (über *od.* auf *acc*), 'herziehen (über *acc*).

**in·vei·gle** [ɪn'veɪgl; ɪn'viːgl] *v/t* **1.** verlocken, verleiten, verführen (into zu): to ~ s.o. into doing s.th. j-n dazu verführen, etwas zu tun. **2.** to ~ s.th. from s.o. j-m etwas ablocken. **in'vei·gle·ment** *s* Verlockung *f,* Verleitung *f,* Verführung *f.*

**in·vent** [ɪn'vent] *v/t* **1.** erfinden. **2.** ersinnen. **3.** *etwas Unwahres* erfinden, erdichten.

**in·ven·tion** [ɪn'venʃn] *s* **1.** Erfindung *f:* a) Erfinden *n,* b) *etwas Erfundenes.* **2.** Erfindungsgabe *f,* Phanta'sie *f,* Einfallsreichtum *m.* **3.** Erfindung *f,* Märchen *n:* it is pure ~ es ist von A bis Z erfunden. **4.** Rhetorik: Inventi'on *f* (*auf Stoffsammlung u. das Finden von Beweisgründen ausgerichtete Phase bei der Vorbereitung e-r Rede*). **5.** *mus.* Inventi'on *f* (*nur 'ein Thema, 'einen Einfall kontrapunktisch verarbeitendes Musikstück in freier Form*). **6.** **I. of the Cross** *relig.* Kreuzauffindung *f.*

**in·ven·tive** [ɪn'ventɪv] *adj* (*adv* ~ly) **1.** erfinderisch: ~ merit (*Patentrecht*) erfinderische Leistung, Erfindungshöhe *f.* **2.** origi'nell, einfallsreich. **3.** Erfindungs...: ~ faculty (*od.* powers *pl*) → invention 2. **in'ven·tive·ness** → invention 2. **in·'ven·tor** [-tə(r)] *s* Erfinder(in).

**in·ven·to·ry** ['ɪnvəntrɪ; *Am.* -ˌtəʊriː; -ˌtɔː-] **I** *s* **1.** Bestandsverzeichnis *n,* Liste *f* der Vermögensgegenstände: ~ of property *jur.* (*bes.* Konkurs)Masseverzeichnis *n.* **2.** *econ.* Inven'tar *n,* Lager(bestands)verzeichnis *n,* Bestandsliste *f:* to make (*od.* take) an ~ of → 5 a. **3.** *econ.* Inven'tar *n,* (Waren-, Lager)Bestand *m:* ~ control Lager(bestands)kontrolle *f;* ~ sheet Inventarverzeichnis *n;* ~ value Inventarwert *m.* **4.** *econ.* Inven'tur *f,* Bestandsaufnahme *f:* to take ~ Inventur machen. **II** *v/t* **5.** *econ.* inventari'sieren: a) e-e Bestandsliste machen von, b) in e-e Bestandsliste aufnehmen.

**in·verse** [ˌɪn'vɜːs; *Am.* ˈɪnˌvɜrs] **I** *adj* (*adv* ~ly) **1.** 'umgekehrt, entgegengesetzt: in ~ order in umgekehrter Reihenfolge; to be in ~ proportion (*od.* relation) to im umgekehrten Verhältnis stehen zu (→ 3). **2.** verkehrt. **3.** *math.* in'vers, rezi'prok, 'umgekehrt, entgegengesetzt: ~ function inverse *od.* reziproke Funktion, Umkehrfunktion *f;* ~ly proportional umgekehrt proportional; to be in ~ proportion (*od.* relation) to umgekehrt proportional sein zu (→ 1). **4.** *math.* Arkus...: ~ sine Arkussinus *m.* **II** *s* **5.** 'Umkehrung *f,* Gegenteil *n.* **6.** *math.* In'verse(s) *n,* Rezi'proke(s) *n.* ~ **cur·rent** *s electr.* Gegenstrom *m.* ~ **feed·back** *s electr.* negative Rückkopplung. ~ **hy·per·bol·ic func·tion** *s* 'Areafunkti,on *f.*

**in·ver·sion** [ɪn'vɜːʃn; *Am.* ɪn'vɜrʒən; -ʃən] *s* **1.** 'Umkehrung *f, mus. a.* Inversi'on *f;* of start *sport* umgekehrte Startfolge. **2.** *ling.* Inversi'on *f* (*Umkehrung der normalen Satzstellung Subjekt-Prädikat*). **3.** *chem.* Inversi'on *f* (*Umkehrung der Drehungsrichtung bei optisch aktiven Ver-*

bindungen). **4.** *med.* Inversi'on *f* (*Umstülpung von Hohlorganen*). **5.** *psych.* (*sexu'elle*) Inversi'on, Homosexuali'tät *f*. **6.** *Genetik:* Inversi'on *f* (*innerhalb desselben Chromosoms stattfindende Genmutation, bei der nach e-m Bruch u. e-r Wiedervereinigung die Reihenfolge der Gene umgekehrt geworden ist*). **7.** *math.* Inversi'on *f* (*Berechnung der inversen Funktion*). **8.** *meteor.* Inversi'on *f* (*Temperaturumkehr an e-r Sperrschicht, an der die normalerweise mit der Höhe abnehmende Temperatur sprunghaft zunimmt*).

**in·vert** **I** *v/t* [ɪnˈvɜːt; *Am.* ɪnˈvɜrt] **1.** 'umkehren (*a. mus.*). **2.** 'umwenden, 'umstülpen, auf den Kopf stellen. **3.** *ling.* *Subjekt u. Prädikat* 'umkehren, *e-n Satz* inver'tieren. **4.** *chem.* inver'tieren, *e-r Inversi'on unter'ziehen.* **II** *s* ['ɪnvɜːt; *Am.* 'ɪnˌvɜrt] **5.** (*etwas*) 'Umgekehrtes, *z. B. arch.* 'umgekehrter Bogen. **6.** *psych.* Inver'tierte(*r* *m*) *f*, Homosexu'elle(*r* *m*) *f*. **7.** *tech.* Sohle *f* (*e-r Schleuse etc*).

**in·vert·ase** [ɪnˈvɜːteɪz; -s; *Am.* -ˈvɜr-] *s chem.* Inver'tase *f* (*Enzym, das Rohrzucker in Trauben- u. Fruchtzucker spaltet*).

**in·ver·te·brate** [ɪnˈvɜːtɪbrət; -breɪt; *Am.* -ˈvɜr-] **I** *adj* **1.** *zo.* wirbellos. **2.** *fig.* ohne Rückgrat, rückgratlos. **II** *s* **3.** *zo.* wirbelloses Tier. **4.** *fig.* Mensch *m* ohne Rückgrat.

**in·vert·ed** *adj* **1.** 'umgekehrt. **2.** *geol.* über'kippt. **3.** *psych.* inver'tiert, homosexu'ell. **4.** *tech.* hängend: ~ **engine** Motor *m* mit hängenden Zylindern. ~ **com·mas** *s pl bes. Br.* Anführungszeichen *pl*, ‚Gänsefüßchen' *pl*: **to put** (*od.* **place**) **in** ~ in Anführungszeichen setzen. ~ **flight** *s aer.* Rückenflug *m*. ~ **im·age** *s phys.* Kehrbild *n.* ~ **loop** *s aer.* Looping *m*, *n* aus der Rückenlage. ~ **mor·dent** *s mus.* Pralltriller *m*.

**in'vert·er** *s* **1.** *electr.* Wechselrichter *m.* **2.** *Computer:* In'verter *m* (*Rechenelement, das e-e Eingangsgröße mit −1 multipliziert*). **in'vert·i·ble** *adj* **1.** 'umkehrbar. **2.** *chem.* inver'tierbar.

**'in·vert· soap** *s chem.* In'vertseife *f*, kati'onenak₁tive Seife. ~ **sug·ar** *s chem.* In'vertzucker *m*.

**in·vest** [ɪnˈvest] **I** *v/t* **1.** (**in**) *econ.* Kapital inve'stieren (in *acc od. dat*), anlegen (in *dat*): **he** ~**ed a lot of time and effort in this plan** *fig.* er investierte e-e Menge Zeit und Mühe in diesen Plan. **2.** *obs.* bekleiden (**in**, **with** mit). **3.** *poet.* schmücken: **spring** ~**ed the trees with leaves. 4.** *mil.* belagern, einschließen. **5.** (in Amt u. Würden) einsetzen, *bes. relig.* inve'stieren. **6. to** ~ **s.o. with** *fig.* a) j-m *etwas* verleihen, b) j-n ausstatten mit (*Befugnissen etc*). **II** *v/i* **7.** *econ.* inve'stieren (in *in acc od. dat*): **she** ~**ed in paintings** sie legte ihr Geld in Gemälden an. **8. to** ~ **in s.th.** *colloq.* sich etwas kaufen *od.* zulegen.

**in·ves·ti·gate** [ɪnˈvestɪɡeɪt] **I** *v/t ein Verbrechen etc* unter'suchen, Ermittlungen *od.* Nachforschungen anstellen über (*acc*), *e-n Fall* recher'chieren, *j-n*, *e-n Anspruch etc* über'prüfen, *e-r Beschwerde etc* nachgehen, *ein Gebiet etc* (*wissenschaftlich*) erforschen: **to** ~ **statistically** statistische Erhebungen anstellen über (*acc*); **the police are investigating the case** die Polizei ermittelt in dem Fall. **II** *v/i* ermitteln, recher'chieren, Ermittlungen *od.* Nachforschungen anstellen (**into** über *acc*): **investigating committee** Untersuchungsausschuß *m*. **in₁ves·ti·'ga·tion** *s* **1.** Unter'suchung *f* (**into**, *od. gen*), Ermittlung *f*, Nachforschung *f*, Re'cherche *f*, Über'prüfung *f*: **statistical** ~**s** statistische Erhebungen; **to be under** ~

untersucht werden; **he is under** ~ gegen ihn wird ermittelt. **2.** (*wissenschaftliche*) (Er)Forschung. **in'ves·ti·ga·tive** *adj* a) Forschungs...: ~ **method** (**technique**, *etc*), b) Forscher...: ~ **mind**. **in'ves·ti·ga·tor** [-tə(r)] *s* **1.** Ermittler(in). **2.** Unter'suchungs-, Ermittlungsbeamte(r) *m*. **in'ves·ti·ga·to·ry** [-tərɪ; *Am.* -ɡəˌtəʊriː; ₁tɔː-] → **investigative**.

**in·ves·ti·ture** [ɪnˈvestɪtʃə(r); *Am. a.* -təˌtʃʊər] *s* **1.** (feierliche) Amtseinsetzung, *bes. relig.* Investi'tur *f.* **2.** (**with**) a) Verleihung *f* (*gen*): **after her** ~ **with the award** nachdem ihr die Auszeichnung verliehen worden war, b) Ausstattung *f* (**mit**).

**in'vest·ment** *s* **1.** *econ.* Inve'stierung *f*, Anlage *f*: **terms of** ~ Anlagebedingungen. **2.** *econ.* a) Investiti'on *f*, (Kapi'tal-)Anlage *f*: **foreign languages are a good** ~ *fig.* es lohnt sich, Fremdsprachen zu lernen; Fremdsprachen machen sich bezahlt, b) 'Anlagekapi₁tal *n*, *pl* Anlagewerte *pl*, Investiti'onen *pl*. **3.** *econ.* Einlage *f*, Beteiligung *f* (*e-s Gesellschafters*). **4.** *mil.* Belagerung *f*, Einschließung *f*. **5.** → **investiture** 2. ~ **ad·vis·er** *s econ.* Anlageberater(in). ~ **al·low·ance** *s* Investiti'onsabschreibung *f.* ~ **bank** *s* Investiti'onsbank *f.* ~ **bonds** *s pl* festverzinsliche 'Anlagepa₁piere *pl.* ~ **cer·tif·i·cate** *s* In'vestmentzertifi₁kat *n*. ~ **com·pa·ny** *s* Kapi'talanlage-, In'vestmentgesellschaft *f.* ~ **con·sult·ant**, ~ **coun·sel** *s* Anlageberater(in). ~ **cred·it** *s* Investiti'onskre₁dit *m.* ~ **fail·ure** *s* 'Fehlinvestiti₁on *f.* ~ **in·cen·tive** *s* Investiti'onsanreiz *m.* ~ **mar·ket** *s* Markt *m* für Anlagewerte. ~ **se·cu·ri·ties** *s pl* 'Anlagepa₁piere *pl*, -werte *pl.* ~ **trust** *s* In'vestmenttrust *m*, Kapi'talanlage-, In'vestmentgesellschaft *f*: ~ **certificate** Investmentzertifikat *n*.

**in·ves·tor** [ɪnˈvestə(r)] *s econ.* Geld-, Kapi'talanleger *m*, In'vestor *m*, *pl a.* Anlagepublikum *n*.

**in·vet·er·a·cy** [ɪnˈvetərəsɪ] *s* **1.** Unausrottbarkeit *f.* **2.** *med.* Hartnäckigkeit *f.* **in'vet·er·ate** [-rət] *adj* (*adv* ~**ly**) **1.** eingewurzelt, unausrottbar: ~ **prejudice**; ~ **hatred** tief verwurzelter Haß. **2.** *med.* a) hartnäckig, b) chronisch. **3.** eingefleischt, unverbesserlich: ~ **liar**; ~ **drinker** Gewohnheitstrinker *m*.

**in·vid·i·ous** [ɪnˈvɪdɪəs] *adj* (*adv* ~**ly**) **1.** Ärgernis *od.* Neid erregend: **an** ~ **task** e-e unpopuläre Aufgabe. **2.** gehässig, boshaft, gemein: ~ **remarks. 3.** unfair: **an** ~ **comparison. in'vid·i·ous·ness** *s* **1.** (*das*) Ärgerliche. **2.** Gehässigkeit *f*, Boshaftigkeit *f*, Gemeinheit *f*.

**in·vig·i·late** [ɪnˈvɪdʒɪleɪt] *v/i* **1.** *ped. Br.* (*bei Prüfungen*) die Aufsicht führen. **2.** *obs.* wachen, Wache halten. **in₁vig·i·'la·tion** *s ped. Br.* Aufsicht *f*.

**in·vig·o·rant** [ɪnˈvɪɡərənt] *s med. pharm.* Stärkungs-, Kräftigungsmittel *n*. **in·'vig·o·rate** [-reɪt] *v/t* a) stärken, kräftigen, b) beleben, anregen: **to** ~ **the imagination** *fig.* die Phantasie anregen, c) ermuntern, aufmuntern: **an invigorating speech. in₁vig·o·'ra·tion** *s* a) Stärkung *f*, Kräftigung *f*, b) Belebung *f*, Anregung *f*, c) Ermunterung *f*, Aufmunterung *f*. **in'vig·o·ra·tive** [-rətɪv; *Am.* -₁reɪtɪv] *adj* (*adv* ~**ly**) a) stärkend, kräftigend, b) belebend, anregend, c) ermunternd, aufmunternd.

**in·vin·ci·bil·i·ty** [ɪn₁vɪnsəˈbɪlətɪ] *s* **1.** *mil. sport* Unbesiegbarkeit *f.* **2.** *fig.* 'Unüber₁windlichkeit *f.* **in'vin·ci·ble** *adj* (*adv* **invincibly**) **1.** *mil. sport* unbesiegbar. **2.** *fig.* a) 'unüber₁windlich: ~ **difficulties**, b) unerschütterlich: **his** ~ **conviction**, c) eisern: **his** ~ **will**.

**in·vi·o·la·bil·i·ty** [ɪn₁vaɪələˈbɪlətɪ] *s* Unverletzlichkeit *f*, Unantastbarkeit *f*. **in·'vi·o·la·ble** *adj* (*adv* **inviolably**) unverletzlich, unantastbar. **in'vi·o·la·ble·ness** → **inviolability**.

**in·vi·o·la·cy** [ɪnˈvaɪələsɪ] *s* **1.** Unversehrtheit *f.* **2.** Unberührtheit *f.* **3.** → **inviolability. in'vi·o·late** [-lət] *adj* (*adv* ~**ly**) **1.** unverletzt, nicht verletzt *od.* gebrochen (*Gesetz etc*). **2.** nicht entweiht, unberührt. **3.** unversehrt. **4.** → **inviolable**.

**in·vis·i·bil·i·ty** [ɪn₁vɪzəˈbɪlətɪ] *s* Unsichtbarkeit *f*. **in'vis·i·ble I** *adj* (*adv* **invisibly**) **1.** *a. fig.* unsichtbar (**to** für): **he was** ~ er war nicht zu sehen, *fig. a.* er ließ sich nicht sehen *od.* blicken; ~ **church** → **church invisible**; ~ **exports** *econ.* unsichtbare Exporte (*aktive Dienstleistungen*); ~ **imports** *econ.* unsichtbare Importe (*passive Dienstleistungen*); ~ **ink** Geheimtinte *f*; → **mending** 1. **II** *s* **2.** (*etwas*) Unsichtbares. **3. the** ~ das Unsichtbare, die nicht sichtbare Welt. **4.** *pl econ.* unsichtbare Ex- u. Im'porte *pl.* **in'vis·i·ble·ness** → **invisibility**.

**in·vi·ta·tion** [₁ɪnvɪˈteɪʃn] *s* **1.** Einladung *f* (**to an** *acc*; **zu**): **at the** ~ **of** auf Einladung von (*od. gen*); "**admission by written** ~ **only**" „Zutritt nur mit schriftlicher Einladung"; ~ **card** Einladungskarte *f*; ~ **performance** Privatvorstellung *f*. **2.** (höfliche *od.* freundliche) Aufforderung, Bitte *f*, Ersuchen *n*: **at her** ~ auf ihre Bitte hin. **3.** Her'ausforderung *f*: **to be an** ~ **for** → **invite** 4. **4.** Verlockung *f*, (*etwas*) Verlockendes. **5.** *econ.* → **bid**[1] 1 *u.* 10, **tender**[2] 5.

**in·vi·ta·to·ry** [ɪnˈvaɪtətərɪ; *Am.* ₁təʊriː; ₁tɔː-] *adj* einladend, Einladungs...

**in·vite** [ɪnˈvaɪt] **I** *v/t* **1.** ~ **s.o.** **to dinner** (**for a drink**) j-n zum Essen (auf e-n Drink) einladen; **to** ~ **s.o. to one's house** j-n zu sich (nach Hause) einladen; **to** ~ **s.o. in** j-n herein- *od.* hineinbitten; **she gets only seldom** ~**d** sie wird nur selten eingeladen. **2.** *j-n* (höflich *od.* freundlich) auffordern, ersuchen, bitten (**to do** zu tun). **3.** bitten *od.* ersuchen um (*Spenden etc*), *a.* Fragen *etc* erbitten. **4.** einladen *od.* ermutigen *od.* verlocken zu, her'ausfordern: **to** ~ **criticism** (zur) Kritik herausfordern; **your behavio(u)r will** ~ **ridicule** mit d-m Benehmen läufst du Gefahr, dich lächerlich *od.* zum Gespött zu machen. **5.** *j-n* einladen *od.* ermutigen *od.* verlocken (**to do** zu tun): **the lake** ~**d us to swim** der See verlockte uns zum Schwimmen. **6. to** ~ **applications for a position** *econ.* e-e Stelle ausschreiben; → **bid**[1] 1, **subscription** 8, **tender**[2] 8. **II** *v/i* **7.** einladen. **II** *s* ['ɪnvaɪt] **8.** *colloq.* Einladung *f*. **in'vit·ing** *adj* (*adv* ~**ly**) einladend, verlockend. **in'vit·ing·ness** *s* (*das*) Einladende *od.* Verlockende.

**in·vo·ca·tion** [₁ɪnvəʊˈkeɪʃn] *s* **1.** (**to** *gen*) Anrufung *f*, (Gottes, der Musen *a.*) Invokati'on *f*, *relig.* Bittgebet *n*. **3.** Ap'pell *m* (**of** *an acc*). **4.** (**of**) Anführung *f* (*von od. gen*), Berufung *f* (auf *acc*). **5.** a) Beschwörung *f*, b) Beschwörungsformel *f*. **in·voc·a·to·ry** [ɪnˈvɒkətərɪ; *Am.* ˈvɑkə₁təʊriː; ₁tɔː-] *adj* anrufend, anflehend: ~ **prayer** Bittgebet *n*.

**in·voice** [ɪnˈvɔɪs] *econ.* **I** *s* (Waren)Rechnung *f*, Fak'tura *f*: **as per** ~ laut Rechnung *od.* Faktura; ~ **amount** Rechnungsbetrag *m*; ~ **clerk** Fakturist(in); ~ **number** Rechnungsnummer *f*; → **consular. II** *v/t a*) faktu'rieren, in Rechnung stellen: **as** ~**d** laut Rechnung *od.* Faktura, b) j-m e-e Rechnung ausstellen.

**in·voke** [ɪnˈvəʊk] *v/t* **1.** flehen um, her'abflehen, erflehen: **to** ~ **God's blessing**

Gottes Segen erflehen *od.* erbitten; **to ~ s.o.'s forgiveness** j-n um Verzeihung anflehen, j-n inständig um Verzeihung bitten; **to ~ vengeance (up)on one's enemies** Rache auf s-e Feinde herabflehen. **2.** *Gott, die Musen etc* anrufen. **3.** *fig.* appel'lieren an (*acc*): **to ~ s.o.'s help** an j-s Hilfsbereitschaft appellieren. **4.** *fig.* (*als Autorität*) zu Hilfe rufen, (*zur Bestätigung*) anführen *od.* zi'tieren *od.* her'anziehen, sich berufen auf (*acc*). **5.** *e-n Geist* beschwören.

**in·vo·lu·cre** ['ɪnvəluːkə(r)], a. ˌin·vo-'lu·crum [-krəm] *pl* -cra [-krə] *s bot.* Invo'lucrum *n*, Hüll-, Außenkelch *m*.

**in·vol·un·tar·i·ness** [ɪn'vɒləntərɪnɪs; *Am.* ɪn'vɑlən‚teri-] *s* **1.** Unfreiwilligkeit *f.* **2.** Unwillkürlichkeit *f.* **in·vol·un·tar·y** *adj* (*adv* **involuntarily**) **1.** unfreiwillig, erzwungen: **~ bankruptcy** *Am.* unfreiwilliger Konkurs. **2.** unabsichtlich, unbeabsichtigt: **~ manslaughter** *jur.* fahrlässige Tötung. **3.** unwillkürlich: **~ laughter;** **~ nervous system** *physiol.* vegetatives Nervensystem.

**in·vo·lute** ['ɪnvəluːt] **I** *adj* **1.** *fig.* kompli'ziert, verwickelt. **2.** *bot.* eingerollt (*Blatt*). **3.** *zo.* mit engen Windungen (*Muschel*). **II** *s* **4.** *math.* Evol'vente *f*, Invo'lute *f*, Abwick(e)lungskurve *f*: **~ gear** *tech.* Evolventenrad *n*; **~ gear teeth** *tech.* Evolventenverzahnung *f.*

**in·vo·lu·tion** [ˌɪnvə'luːʃn] *s* **1.** *fig.* Verwirrung *f.* **2.** *fig.* tieferer Sinn. **3.** *bot.* Einrollung *f* (*Blatt*). **4.** *biol.* Involuti'on *f*, Rückbildung *f*: **the ~ of the uterus after pregnancy; senile ~** Altersrückbildung. **5.** *ling.* verschachtelte Konstrukti'on. **6.** *math.* Involuti'on *f* (*Darstellung des Verhältnisses zwischen Punkten, Geraden od. Ebenen in der projektiven Geometrie*).

**in·volve** [ɪn'vɒlv; *Am.* ɪn'vɑlv] *v/t* **1.** a) j-n verwickeln, hin'einziehen (**in** in *acc*): **to ~ s.o. in a crime; I don't want to get ~d** ich will damit nichts zu tun haben; **~d in an accident** in e-n Unfall verwickelt, an e-m Unfall beteiligt; **~d in** *contp.* verschuldet; **to be completely ~d in one's work** von s-r Arbeit völlig in Anspruch genommen sein, b) j-n, *etwas* angehen, berühren, betreffen: **the persons ~d** die Betroffenen; **we are all ~d (in this case)** es (dieser Fall) geht uns alle an, wir sind alle davon (von diesem Fall) betroffen; **to feel personally ~d** sich persönlich betroffen fühlen; **the national prestige was ~d** das nationale Prestige stand auf dem Spiel; **a question of principle is ~d** es geht um e-e prinzipielle Frage, c) *etwas* in Mitleidenschaft ziehen: **diseases that ~ the nervous system.** **2.** **to be ~d with** a) zu tun haben mit *j-m, etwas,* b) enge Beziehungen haben zu *j-m*; **to get ~d with s.o.** mit j-m engen Kontakt bekommen, *contp.* sich mit j-m einlassen; **to ~ o.s. in** sich einsetzen *od.* engagieren für. **3.** a) mit sich bringen, zur Folge haben, nach sich ziehen, b) verbunden sein mit: **the expense ~d** die damit verbundenen Kosten, c) erfordern, nötig machen: **taking the job would ~ living abroad** wenn ich die Stelle annehme, müßte ich im Ausland leben, d) um'fassen, einschließen. **4.** *etwas* verwirren, kompli'zieren: **the situation was further ~d by her disappearance.** **in·volved** *adj* **1.** → **involve. 2.** a) kompli'ziert, b) verworren. **3.** *ling.* verschachtelt: **~ sentence** Schachtelsatz *m.* **in·volve·ment** *s* **1.** Verwick(e)lung *f* (**in** in *acc*). **2.** Betroffensein *n* (**in** von). **3.** a) Kompli'ziertheit *f*, b) Verworrenheit *f.* **4.** verworrene Situati'on.

---

**in·vul·ner·a·bil·i·ty** [ɪnˌvʌlnərə'bɪlətɪ] *s* **1.** Unverwundbarkeit *f.* **2.** *fig.* Unanfechtbarkeit *f.* **in·vul·ner·a·ble** *adj* (*adv* **invulnerably**) **1.** unverwundbar (*a. fig.*). **2.** *mil.* uneinnehmbar: **an ~ fortress. 3.** *fig.* gefeit (**to** gegen). **4.** *fig.* a) unanfechtbar, hieb- u. stichfest: **an ~ argument,** b) unangreifbar, abso'lut sicher: **an ~ position.**

**in·ward** ['ɪnwə(r)d] **I** *adv* **1.** einwärts, nach innen: **to clear ~** *mar.* einklarieren. **2.** → **inwardly** 1-3. **II** *adj* **3.** inner(er, e, es), innerlich, Innen...: **~ convulsions** *med.* innere Krämpfe. **4.** *fig.* inner(er, e, es), innerlich, seelisch, geistig. **5.** *fig.* inner(er, e, es), eigentlich: **the ~ meaning** die eigentliche *od.* tiefere Bedeutung. **6.** **~ trade** *econ.* Einfuhrhandel *m.* **III** *s* **7.** (*das*) Innere (*a. fig.*). **8.** *pl* ['ɪnə(r)dz] *colloq.* Eingeweide *pl.* **in·ward·ly** *adv* **1.** *a. fig.* innerlich, im Inner(e)n. **2.** *fig.* im stillen, insgeheim: **to laugh ~.** **3.** leise, gedämpft, für sich. **4.** → **inward 1. in·ward·ness** *s* **1.** Innerlichkeit *f.* **2.** innere Na'tur, (innere *od.* wahre) Bedeutung. **in·wards** ['ɪnwə(r)dz] → **inward I.**

**in·weave** [ɪn'wiːv] *v/t irr* **1.** einweben (**into, in** in *acc*). **2.** *a. fig.* einflechten (**into, in** in *acc*), verflechten (**with** mit).

**in·wrap** [ɪn'ræp] → **enwrap.**

**in·wrought** [ˌɪn'rɔːt] *adj* **1.** (ein)gewirkt, eingewoben, eingearbeitet (**in, into** in *acc*). **2.** verziert (**with** mit). **3.** *fig.* (eng) verflochten (**with** mit).

**i·o·date** ['aɪədeɪt] **I** *s chem.* Jo'dat *n*, jodsaures Salz. **II** *v/t* → **iodize.**

**i·od·ic** [aɪ'ɒdɪk; *Am.* -'ɑ-] *adj chem.* jodhaltig, Jod...: **~ acid.**

**i·o·dide** ['aɪədaɪd] *s chem.* Jo'did *n*: **~ of nitrogen** Jodstickstoff *m*; **~ of potassium** Kaliumjodid *n.*

**i·o·dine** ['aɪədiːn; 'aɪədaɪn] *s chem.* Jod *n*: **~ tincture 1. i·o·dism** *med.* Jo'dismus *m*, Jodvergiftung *f.* **'i·o·dize** *v/t med. phot.* mit Jod behandeln, jo'dieren.

**i·o·do·form** [aɪ'ɒdəfɔːm; *Am.* -'əʊdə-; -'ɑdə-] *s med. pharm.* Jodo'form *n* (*ein stark antiseptisches Mittel*).

**i·o·dom·e·try** [ˌaɪə'dɒmɪtrɪ; *Am.* -'dɑmə-] *s chem.* Jodome'trie *f* (*Maßanalyse mit Hilfe von Jod*).

**i·o·dous** [aɪ'ɒdəs; *Am.* aɪ'əʊdəs; 'aɪədəs] *adj chem.* **1.** jodartig. **2.** Jod...: **~ acid.**

**i·on** ['aɪən] *s chem. phys.* I'on *n* (*elektrisch geladenes Teilchen, das aus neutralen Atomen od. Molekülen durch Anlagerung od. Abgabe von Elektronen entsteht*): **positive (negative) ~s.** **~ ac·cel·er·a·tor** *s phys.* I'onenbeschleuniger *m.* **~ en·gine** *s Raumfahrt:* I'onentriebwerk *n.* **~ ex·change** *s chem. phys.* I'onenaustausch *m.*

**I·o·ni·an** [aɪ'əʊnjən; -nɪən] **I** *adj* **1.** *hist.* i'onisch. **2.** *mus.* i'onisch: **~ mode** ionischer Kirchenton, ionische Tonart. **II** *s* **3.** *hist.* I'onier(in).

**I·on·ic**[1] [aɪ'ɒnɪk; *Am.* -'ɑ-] **I** *adj* **1.** *bes. arch.* i'onisch: **~ order** ionische Säulenordnung. **II** *s* **2.** *hist.* i'onischer Dia'lekt. **3.** *metr.* i'onischer Versfuß, I'onikus *m.* **4.** *print.* Egypti'enne *f.*

**i·on·ic**[2] [aɪ'ɒnɪk; *Am.* -'ɑ-] *adj phys. chem.* i'onisch, Ionen...

**i·on·ic at·mos·phere** *s chem. phys.* I'onenwolke *f.* **~ mi·gra·tion** *s chem. phys.* I'onenwanderung *f.* **~ pro·pul·sion** *s Raumfahrt:* I'onenantrieb *m.* **~ valve** *s electr.* I'onenröhre *f.*

**i·o·ni·um** [aɪ'əʊnjəm; -nɪəm] *s chem.* I'onium *n* (*radioaktives Zerfallsprodukt des Urans*).

**i·on·i·za·tion** [ˌaɪənaɪ'zeɪʃn; *Am.* -nə'z-] *s chem. phys.* Ioni'sierung *f*, Ionisati'on *f* (*Bildung von Ionen durch Anlagerung od.*

---

*Abspaltung von Elektronen*): **~ by collision** Stoßionisation; **~ chamber** Ionisationskammer *f*; **~ ga(u)ge** Ionisationsmanometer *n.* **'i·on·ize** **I** *v/t* ioni'sieren, e-e Ionisati'on bewirken an (*dat*). **II** *v/t* in I'onen zerfallen. **'i·on·iz·er** *s* Ioni'sator *m* (*Gerät zur Beseitigung elektrostatischer Aufladungen*).

**i·o·nom·e·ter** [ˌaɪə'nɒmɪtə; *Am.* -'nɑmətər] *s chem. phys.* Iono'meter *n* (*Meßgerät zur Bestimmung der Ionisation e-s Gases, um Rückschlüsse auf vorhandene Strahlung zu ziehen*).

**i·on·o·sphere** [aɪ'ɒnəˌsfɪə(r); *Am.* -'ɑ-] *s* Iono'sphäre *f* (*äußerste Hülle der Erdatmosphäre*).

**i·on·o·ther·a·py** [ˌaɪ‚ɒnə'θerəpɪ; *Am.* -'ɑ-] *s med.* I'onentherapie *f* (*Heilmethode zur Beeinflussung des Ionenhaushalts des menschlichen Körpers durch Ionenaustausch*).

**i·on pro·pul·sion** *s Raumfahrt:* I'onenantrieb *m.* **~ rock·et** *s* Ra'kete *f* mit I'onenantrieb.

**i·on·to·pho·re·sis** [aɪˌɒntəʊfə'riːsɪs; *Am.* -ˌɑntə-] *s med.* Iontopho'rese *f* (*Einführung von Ionen mit Hilfe des galvanischen Stroms durch die Haut in den Körper zu therapeutischen Zwecken*).

**i·o·ta** [aɪ'əʊtə] *s* I'ota *n:* a) griechischer Buchstabe, b) *fig.* Spur *f:* **not an ~ of truth** kein Funke *od.* Körnchen Wahrheit; **there is not one ~ of truth in that story** an der Geschichte ist kein einziges Wort wahr.

**IOU** [ˌaɪəʊ'juː] *s* Schuldschein *m* (= **I owe you**).

**I·o·wan** ['aɪəʊən; *bes. Am.* 'aɪəwən] **I** *s* Io'waner(in), Einwohner(in) von Iowa (*USA*). **II** *adj* Iowa..., von Iowa.

**ip·e·cac** ['ɪpɪkæk], **ip·e·cac·u·an·ha** [ˌɪpɪkækjʊ'ænə; *Am. a.* ˌɪpekə'ʊ'ænjə] *s bot.* Brechwurz(el) *f.*

**ip·so fac·to** [ˌɪpsəʊ'fæktəʊ] (*Lat.*) *adv* ipso facto, durch die Tat selbst. **~ ju·re** [-'jʊərɪ; *Am. a.* -'dʒʊərɪ:] (*Lat.*) *adv* ipso jure, durch das Recht selbst, von Rechts wegen.

**I·ra·ni·an** [ɪ'reɪnjən; -nɪən] **I** *adj* **1.** i'ranisch. **II** *s* **2.** I'raner(in). **3.** *ling.* I'ranisch *n*, das Iranische (*Untergruppe der indoeuropäischen Sprachenfamilie*).

**I·ra·qi** [ɪ'rɑːkɪ] **I** *s* **1.** I'raker(in). **2.** *ling.* I'rakisch *n*, das Irakische. **II** *adj* **3.** i'rakisch. **I·ra·qi·an** → **Iraqi II.**

**i·ras·ci·bil·i·ty** [ɪˌræsɪ'bɪlətɪ] *s* Jähzorn *m*, Reizbarkeit *f.* **i·ras·ci·ble** *adj* (*adv* **irascibly**) jähzornig, reizbar.

**i·rate** [aɪ'reɪt] *adj* zornig, wütend (*beide a. fig. Brief etc*), gereizt.

**ire** [aɪə(r)] *s poet.* Zorn *m*, Wut *f.* **'ire·ful** *adj* (*adv* **~ly**) *poet.* zornig.

**i·ren·ic** [aɪ'riːnɪk; -'ren-] **I** *adj* (*adv* **~ally**) i'renisch, friedfertig, friedliebend. **II** *s pl* (*meist als sg konstruiert*) *relig.* I'renik *f* (*theologische Richtung, die e-e interkonfessionelle Verständigung anstrebt*). **i'ren·i·cal** → **irenic I.**

**i·ren·ol·o·gy** [ˌaɪrən'ɒlədʒɪ; *Am.* -'ɑl-] *s* Friedensforschung *f.*

**ir·i·dec·to·my** [ˌɪrɪ'dektəmɪ; ˌaɪ-] *s med.* Iridekto'mie *f* (*operative Entfernung e-s Teils der Regenbogenhaut*).

**ir·i·des** ['aɪrɪdiːz; 'aɪ-] *pl von* **iris.**

**ir·i·des·cence** [ˌɪrɪ'desns] *s* Schillern *n*, Iri'sieren *n.* **ˌir·i'des·cent** *adj* (*adv* **~ly**) (*in den Regenbogenfarben*) schillernd, iri'sierend: **~ colo(u)r** Schillerfarbe *f.*

**i·rid·i·um** [aɪ'rɪdɪəm; 'ɪr-] *s chem.* I'ridium *n.*

**ir·i·dot·o·my** [ˌɪrɪ'dɒtəmɪ; ˌaɪ-; *Am.* -'dɑ-] *s med.* Iridoto'mie *f* (*Einschnitt in die Regenbogenhaut*).

**ir·i·dous** ['ɪrɪdəs; 'aɪ-] *adj chem.* Iri'dium...

**i·ris** ['aɪərɪs] *pl* **i·ris·es** [-sɪz], **ir·i·des** ['aɪrɪdiːz; 'ɪr-] *s* **1.** *phys.* Regenbogenglanz *m*, -farben *pl.* **2.** *anat.* Iris *f*, Regenbogenhaut *f*. **3.** *bot.* Iris *f*, Schwertlilie *f*. **4.** *min.* Regenbogenquarz *m*. **~ di·a·phragm** *s Film, phot.* Irisblende *f*.

**I·rish** ['aɪərɪʃ] **I** *s* **1.** the ~ *pl* die Iren *pl*, die Irländer *pl*. **2.** *ling.* Irisch *n*, das Irische: ~ (English) (Anglo)Irisch *n*. **II** *adj* **3.** irisch, irländisch: the ~ Free State *obs.* der Irische Freistaat. **~ bull** → bull³ 1 c. **~ cof·fee** *s* Irish Coffee *m* (*starker, heißer Kaffee mit Whisky u. Schlagsahne*). **I·rish·ism** *s* irische (Sprach)Eigentümlichkeit.

**I·rish·man** [-mən] *s irr* Ire *m*, Irländer *m*. **~ moss** *s bot.* Irisches *od.* Irländisches Moos. **~ po·ta·to** *s bes.* Am. Kartoffel *f*. **~ Re·pub·li·can Ar·my** *s* 'Irisch-Republi'kanische Ar'mee. **~ set·ter** *s* Irischer Setter (*ein Jagdhund*). **~ stew** *s gastr.* Irish-Stew *n* (*Eintopfgericht aus gekochtem Hammelfleisch mit Weißkraut, Kartoffeln, Zwiebeln u. gehackter Petersilie*). **~ ter·ri·er** *s* Irischer Terrier (*ein Haus- u. Begleithund*). **~ whis·key** *s* irischer Whiskey. **I·wom·an** *s irr* Irin *f*, Irländerin *f*.

**i·ri·tis** [aɪə'raɪtɪs] *s med.* I'ritis *f*, Regenbogenhautentzündung *f*.

**irk** [ɜːk; *Am.* ɜrk] *v/t* **1.** ärgern, verdrießen: it ~s me es ärgert *od.* stört mich (that daß). **2.** ermüden, langweilen.

**irk·some** ['ɜːksəm; *Am.* 'ɜrksəm] *adj* (*adv* ~ly) **1.** ärgerlich, verdrießlich, lästig. **2.** ermüdend, langweilig. **'irk·some·ness** *s* Ärgerlichkeit *f*, Verdrießlichkeit *f*.

**i·ron** ['aɪə(r)n] **I** *s* **1.** Eisen *n*: to have several ~s in the fire mehrere Eisen im Feuer haben; to pump ~ *sport sl.* Gewichtheber sein; to strike while the ~ is hot das Eisen schmieden, solange es heiß ist; a man ~ of harter Mann; he is made of ~ er hat e-e eiserne Gesundheit; a heart of ~ ein Herz von Stein; a will of ~ ein eiserner Wille; in ~s *mar.* im Wind, nicht wendefähig; the ~ entered his soul *Bibl.* Pein u. Trübsal beschlichen s-e Seele; → rod 4 d. **2.** Gegenstand *aus Eisen*, *z.B.* a) Brandeisen *n*, -stempel *m*, b) (Bügel)Eisen *n*, c) Har'pune *f*, d) Steigbügel *m*. **3.** Eisen *n* (*Schneide e-s Werkzeugs*). **4.** *Golf:* Eisen *n* (*Golfschläger mit eisernem Kopf*). **5.** *a.* shooting ~ *bes.* Am. *sl.* ‚Schießeisen' *n*. **6.** *med. pharm.* 'Eisen(präpa‚rat) *n*: to take ~ Eisen einnehmen. **7.** *pl* Hand-, Fußschellen *pl*, Eisen *pl*: to put in ~s → 17. **8.** *med.* Am. *colloq.* Beinschiene *f* (*Stützapparat*): to put s.o.'s leg in ~s j-m das Bein schienen. **9.** Eisengrau *n*. **II** *adj* **10.** eisern, Eisen..., aus Eisen: an ~ bar. **11.** eisenfarben. **12.** *fig.* eisern: a) kräftig, ro'bust: an ~ constitution e-e eiserne Gesundheit, b) unerbittlich, grausam, hart, c) unbeugsam, unerschütterlich: the I~ Chancellor der Eiserne Kanzler (*Bismarck*); the I~ Duke der Eiserne Herzog (*Wellington*); ~ discipline eiserne Disziplin; with an ~ hand mit eiserner Hand, unerbittlich; an ~ will ein eiserner Wille. **13.** *hist.* Eisenzeit... **III** *v/t* **14.** bügeln, plätten. **15.** ~ out a) *Kleidungsstück, Falten etc* ausbügeln, b) *fig.* Meinungsverschiedenheiten, Schwierigkeiten etc aus der Welt schaffen, beseitigen. **16.** mit Eisen beschlagen. **17.** *j-n* in Eisen legen. **IV** *v/i* **18.** bügeln, plätten.

**i·ron**|**age** *s meist* I~ A~ *hist.* Eisenzeit *f*. **'~bark (tree)** *s bot.* (ein) Eisenrinden-, Euka'lyptusbaum *m*. **'~bound** *adj* **1.** in Eisen gefaßt, eisenbeschlagen. **2.** *fig.* zerklüftet, felsig: an ~ coast. **3.** *fig.* eisern,

unerbittlich. **~ cast·ing** *s tech.* Eisenguß(stück *n*) *m*. **~ ce·ment** *s tech.* Eisenkitt *m*. **'~clad I** *adj* [*pred* ‚-'klæd] **1.** gepanzert (*Schiff*), eisenverkleidet, gußgekapselt (*Elektromotor etc*). **2.** *fig.* a) eisern, unerbittlich, b) unanfechtbar, hieb- u. stichfest: an ~ argument. **II** *s* **3.** *mar. hist.* Panzerschiff *n*. **~ con·crete** *s tech.* 'Eisenbe‚ton *m*. **~ core** *s tech.* Eisenkern *m*. **I~ Cross** *s mil.* Eisernes Kreuz. **I~ Cur·tain** *s pol.* Eiserner Vorhang: the ~ countries die Länder hinter dem Eisernen Vorhang. **~ dross** *s tech.* Hochofenschlacke *f*.

**i·ron·er** ['aɪə(r)nə(r)] *s* Bügler(in), Plätter(in).

**i·ron**|**found·ry** *s tech.* Eisengieße'rei *f*. **~ gird·er** *s tech.* (genieteter) Eisenträger. **~ glance** → haematite. **~ grass** *s bot.* **1.** Frühlings-Segge *f*. **2.** Vogelknöterich *m*. **'~gray**, *bes.* Br. **'~grey** *adj* eisengrau. **'~hand·ed** *adj* (*adv* ~ly) mit eiserner Hand, unerbittlich. **~ horse** *s colloq.* **1.** ‚Dampfroß' *n* (*Lokomotive*). **2.** ‚Stahlroß' *n* (*Fahrrad*).

**i·ron·ic** [aɪ'rɒnɪk; *Am.* ‚-'rɑ-]; **i'ron·i·cal** *adj* **1.** i'ronisch. **2.** voller Iro'nie: it is ~ that es entbehrt nicht e-r gewissen Ironie, daß. **i'ron·i·cal·ly** *adv* **1.** i'ronisch. **2.** i'ronischerweise. **i'ron·i·cal·ness** *s* Iro'nie *f*, (das) I'ronische.

**i·ron·ing** ['aɪə(r)nɪŋ] *s* **1.** Bügeln *n*, Plätten *n*. **2.** Bügel-, Plättwäsche *f*. **~ board** *s* Bügel-, Plättbrett *n*.

**i·ron·ize** ['aɪərənaɪz] *v/t u. v/i* ironi'sieren. **i·ron**|**lung** *s med.* eiserne Lunge. **~ maid·en** *s hist.* eiserne Jungfrau. **~ man** *s irr* **1.** Am. → ironmaster. **2.** Am. → ironworker. **3.** *sport* Am. *u.* Austral. Triathlon *m* (*Ausdauermehrkampf, der aus Schwimmen, Radfahren u. Laufen besteht*). **4.** Am. *colloq.* Roboter *m*. **5.** Am. *sl.* (*bes.* Silber)Dollar *m*. **'~mas·ter** *s* 'Eisenfabri‚kant *m*. **~ mike** *s aer. sl.* Autopi'lot *m*, auto'matische Steuerungsanlage. **~ mold**, *bes. Br.* **~ mould** *s* a) Eisen-, Rostfleck *m*, b) Tintenfleck *m*. **'~mon·ger** *s Br.* a) Eisen-, Me'tallwarenhändler *m*, b) Haushaltswarenhändler *m*. **'~mon·ger·y** *s Br.* **1.** a) Eisen-, Me'tallwaren *pl*, b) Haushaltswaren *pl*. **2.** a) Eisen-, Me'tallwarenhandlung *f*, b) Haushaltswarenhandlung *f*. **~ ore** *s min.* Eisenerz *n*. **'~pump·er** *s sport sl.* Gewichtheber *m*. **~ py·ri·tes** *s min.* **1.** Eisen-, Schwefelkies *m*, Py'rit *m*. **2.** Pyrrho'tin *n*, Ma'gnetkies *m*. **~ ra·tion** *s mil. etc* eiserne Rati'on. **~ scale** *s min. tech.* (Eisen)Hammerschlag *m*. **~ scrap** *s tech.* Eisenschrott *m*. **'~side** *s* **1.** *a. pl* (*als sg konstruiert*) Mann *m* von großer Tapferkeit. **2.** *hist. Br.* Beiname von Edmund II. **3.** I~s *pl hist. Br.* a) Cromwells Reite'rei, b) Cromwells Ar'mee. **4.** *pl* (*als sg konstruiert*) → ironclad 3. **'~stone** *s min.* Eisenstein *m*: ~ (china) Hartsteingut *n*. **~ sul·phate** *s chem.* 'Eisenvitri‚ol *n*, 'Ferrosul‚fat *n*. **~ sul·phide** *s chem.* 'Eisensul‚fid *n*. **'~ware** *s* a) Eisen-, Me'tallwaren *pl*, b) Haushaltswaren *pl*. **'~wood** *s* **1.** *bot.* Eisenbaum *m*. **2.** Eisenholz *n*. **'~work** *s* **1.** Eisenbeschläge *pl*: ornamental ~ Eisenverzierung *f*. **2.** *pl* (*oft als sg konstruiert*) Eisenhütte *f*, -werk *n*. **'~work·er** *s* **1.** Eisen-, Hüttenarbeiter *m*. **2.** ('Stahlbau)Mon‚teur *m*.

**i·ron·y¹** ['aɪə(r)nɪ] *adj* **1.** eisern. **2.** eisenhaltig (*Erde*). **3.** eisenartig.

**i·ron·y²** ['aɪərənɪ] *s* **1.** Iro'nie *f*: ~ of fate Ironie des Schicksals. **2.** i'ronische Bemerkung. **3.** *e-e* iro'nie des Schicksals.

**Ir·o·quoi·an** [‚ɪrə'kwɔɪən] *adj* iro'kesisch. **Ir·o·quois** ['ɪrəkwɔɪ; -kwɔɪz] **I** *pl* **-quois** [-kwɔɪz; -kwɔɪ] *s* Iro'kese *m*, Iro'kesin *f*. **II** *adj* iro'kesisch.

**ir·ra·di·ance** [ɪ'reɪdjəns; -dɪəns], *a.* **ir·ra·di·an·cy** [-sɪ] *s* **1.** *phys.* → irradiation 4. **2.** *fig.* → irradiation 3. **ir·ra·di·ant** *adj a. fig.* strahlend (with vor *dat*).

**ir·ra·di·ate** [ɪ'reɪdɪeɪt] *v/t* **1.** bestrahlen (*a. med.*), erleuchten, anstrahlen. **2.** *Licht etc* ausstrahlen, verbreiten, Strahlen aussenden. **3.** *fig.* Gesicht etc aufheitern, verklären. **4.** *fig.* a) *j-n* erleuchten, aufklären, b) *etwas* erhellen, Licht werfen auf (*acc*).

**ir·ra·di·a·tion** [ɪ‚reɪdɪ'eɪʃn] *s* **1.** Bestrahlung *f* (*a. med.*), Erleuchtung *f*, Anstrahlung *f*. **2.** Ausstrahlung *f*, Aussendung *f*. **3.** *fig.* Erleuchtung *f*, Aufklärung *f*. **4.** *phys.* a) 'Strahlungsintensi‚tät *f*, b) spe'zifische 'Strahlungsener‚gie. **5.** *med.* Irradiati'on *f* (*Ausstrahlung e-s Schmerzes über den betroffenen Teil hinaus*). **6.** *psych.* Irradiati'on *f* (*optische Täuschung, die darin besteht, daß e-e helle Figur auf dunklem Grund größer erscheint als e-e gleich große dunkle auf hellem Hintergrund*).

**ir·ra·tion·al** [ɪ'ræʃənl] **I** *adj* (*adv* ~ly) **1.** 'irratio‚nal, unvernünftig: a) vernunftlos: ~ animals vernunftlose Tiere, b) vernunftwidrig, unlogisch. **2.** *math.* 'irratio‚nal: ~ number → 4. **3.** *metr.* unregelmäßig. **II** *s* **4.** *math.* 'irratio‚nale Zahl. **ir·ra·tion·al·ism** [-ʃnəlɪzəm] *s* **1.** *philos.* Irrationa'lismus *m* (*Lehre, wonach das Wesen der Welt durch den Verstand nicht begriffbar ist u. das Irrationale das Prinzip der Welt ist*). **2.** Irrationa'lismus *m*, 'irratio‚nale Äußerung, Handlung *etc*. **ir·ra·tion·al·i·ty** [ɪ‚ræʃə'nælətɪ] *s* **1.** Irrationali'tät *f*, Unvernunft *f*: a) Vernunftlosigkeit *f*, b) Vernunftwidrigkeit *f*, Unlogik *f*. **2.** → irrationalism 2.

**ir·re·al·i·ty** [‚ɪrɪ'ælətɪ] *s* Irreali'tät *f*, Unwirklichkeit *f*.

**ir·re·al** [ɪ'rɪəl] *adj* 'irre‚al, unwirklich.

**ir·re·but·ta·ble** [‚ɪrɪ'bʌtəbl] *adj* 'unwider‚legbar: ~ presumption *jur.* unwiderlegbare Rechtsvermutung.

**ir·re·claim·a·ble** [‚ɪrɪ'kleɪməbl] *adj* (*adv* irreclaimably) **1.** unverbesserlich, ‚hoffnungslos'. **2.** *agr.* nicht kul'turfähig (*Land*). **3.** *tech.* nicht regene'rierfähig.

**ir·rec·og·niz·a·ble** [ɪ'rekəgnaɪzəbl] *adj* (*adv* irrecognizably) nicht zu erkennen(d) *od.* 'wiederzuer‚kennen(d), unkenntlich.

**ir·rec·on·cil·a·bil·i·ty** [ɪ‚rekənsaɪlə'bɪlətɪ] *s* **1.** Unvereinbarkeit *f*. **2.** Unversöhnlichkeit *f*. **ir·rec·on·cil·a·ble** [ɪ'rekənsaɪləbl; ɪ‚rekən's-] **I** *adj* (*adv* irreconcilably) **1.** unvereinbar (with mit). **2.** unversöhnlich: ~ enemies **II** *s* **3.** unversöhnlicher Gegner.

**ir·re·cov·er·a·ble** [‚ɪrɪ'kʌvərəbl] *adj* (*adv* irrecoverably) **1.** nicht 'wiederzuerlangbar. **2.** nicht wieder'gutzumachen(d), unersetzlich (*Verlust, Schaden*). **3.** *jur.* uneintreibbar, nicht beitreibbar (*Schuld*). **4.** nicht wieder'herstellbar. **5.** *tech.* nicht regene'rierbar.

**ir·re·cu·sa·ble** [‚ɪrɪ'kjuːzəbl] *adj* unabweisbar, unablehnbar.

**ir·re·deem·a·ble** [‚ɪrɪ'diːməbl] *adj* (*adv* irredeemably) **1.** nicht rückkaufbar. **2.** *econ.* nicht (in Gold) einlösbar: paper money. **3.** *econ.* a) untilgbar: ~ loan, b) nicht ablösbar (*unkündbar*): ~ bond (*vor dem Fälligkeitstermin*) unkündbare Schuldverschreibung. **4.** *fig.* unverbesserlich, unrettbar (verloren): ~ sinners. **5.** nicht wieder'gutzumachen(d): ~ loss.

**ir·re·den·ta** [‚ɪrɪ'dentə] *s pol.* Irre'denta *f*: a) Bewegung, die danach strebt, abgetrennte Gebiete mit e-r nationalen Minderheit wieder dem Mutterland staatlich

anzuschließen, b) *Gebiet mit e-r Irredenta-Bewegung.* **ˌirˈreˈdenˈtism** *s* Irredenˈtismus *m* (*Geisteshaltung e-r Irredenta-Bewegung*). **ˌirˈreˈdenˈtist** **I** *s* Irredenˈtist(in). **II** *adj* irredenˈtistisch.

**irˈreˈducˈiˈble** [ˌɪrɪˈdjuːsəbl; *Am. a.* -ˈduː-] *adj* (*adv* **irreducibly**) **1.** nicht reduˈzierbar: a) nicht zuˈrückführbar (**to** auf *acc*): **to be ~ to a simpler form** sich nicht vereinfachen lassen, b) *chem. math.* ˈirreduˌzibel, c) nicht herˈabsetzbar: **the ~ minimum** das absolute Minimum, das Mindestmaß (*of an dat*). **2.** nicht verwandelbar (**into**, **to** in *acc*).

**irˈrefˈraˈgaˈble** [ɪˈrefrəgəbl] *adj* (*adv* **irrefragably**) ˈunwiderˌlegbar, ˈunumˌstößlich.

**irˈreˈfranˈgiˈble** [ˌɪrɪˈfrændʒəbl] *adj* **1.** unverletzlich, ˈunüberˌtretbar, ˈunumˌstößlich: **an ~ rule.** **2.** *phys.* unbrechbar: **~ rays.**

**irˈrefˈuˈtaˈbilˈiˈty** [ɪˌrefjʊtəˈbɪlətɪ; ˈɪrɪˌfjuːtə'b-] *s* ˈUnwiderˌlegbarkeit *f.* **irˈrefˈuˈtaˈble** *adj* (*adv* **irrefutably**) ˈunwiderˌlegbar, ˈunwiderˌleglich, nicht zu widerˈlegen(d).

**irˈreˈgardˈless** [ˌɪrɪɡəˈrdləs] *Am. colloq. für* **regardless I.**

**irˈregˈuˈlar** [ɪˈreɡjʊlə(r)] **I** *adj* (*adv* **~ly**) **1.** unregelmäßig: a) *a. bot.* ungleichmäßig, -förmig: **~ teeth** unregelmäßige Zähne, b) *a. econ.* uneinheitlich, schwankend, c) ungeordnet, ˈunsysteˌmatisch, d) unpünktlich: **at ~ intervals** in unregelmäßigen Abständen. **2.** uneben: **~ terrain.** **3.** a) regelwidrig, b) vorschriftswidrig, nicht ordnungsgemäß: **~ papers,** c) ungesetzlich, ungültig: **~ procedure.** **4.** a) ungeregelt, unordentlich: **an ~ life,** b) ungehörig, ungebührlich: **~ conduct,** c) unstet, ausschweifend: **an ~ man.** **5.** nicht reguˈlär, nicht voll gültig *od.* anerkannt: **an ~ physician** kein richtiger Arzt, ein Kurpfuscher. **6.** *ling.* unregelmäßig: **~ verbs.** **7.** *mil.* ˈirreguˌlär. **II** *s* **8.** *mil.* a) ˈIrreguˌläre(r) *m,* irreguˌlärer Solˈdat, b) *pl* ˈirreguˌläre Truppe(n *pl*). **irˈregˈuˈlarˈiˈty** [-ˈlærətɪ] *s* **1.** Unregelˈmäßigkeit *f* (*a. ling.*), Ungleichmäßigkeit *f.* **2.** Unebenheit *f.* **3.** a) Vorschrifts-, Regelwidrigkeit *f,* b) *jur.* Formfehler *m,* Verfahrensmangel *m,* c) Verstoß *m,* Vergehen *n.* **4.** a) Ungeregeltheit *f,* b) Ungehörigkeit *f.*

**irˈrelˈaˈtive** [ɪˈrelətɪv] *adj* (*adv* **~ly**) **1.** (**to**) unabhängig (von), nicht bedingt (durch). **2.** beziehungslos, absoˈlut.

**irˈrelˈeˈvance** [ɪˈreləvəns], **irˈrelˈeˈvanˈcy** [-sɪ] *s* **1.** Irreleˈvanz *f,* Unerheblichkeit *f,* Belanglosigkeit *f.* **2.** Unanwendbarkeit *f.* **irˈrelˈeˈvant** *adj* (*adv* **~ly**) **1.** ˈirreleˌvant, nicht zur Sache gehörig: **to be ~ to** sich nicht beziehen auf (*acc*). **2.** ˈirreleˌvant, unerheblich, belanglos (**to** für). **3.** unanwendbar (**to** auf *acc*).

**irˈreˈliˈgion** [ˌɪrɪˈlɪdʒən] *s* **1.** Irreligiosiˈtät *f.* **2.** Gottlosigkeit *f.* **3.** Religiˈonsfeindlichkeit *f.* **irˈreˈliˈgious** [-dʒəs] *adj* (*adv* **~ly**) **1.** ˈunreligiˌös, ˈirreligiˌös. **2.** gottlos. **3.** religiˈonsfeindlich.

**irˈremˈeˈaˈble** [ɪˈremɪəbl; ɪˈriː-] *adj obs. od. poet.* ohne ˈWiederkehr.

**irˈreˈmeˈdiˈaˈble** [ˌɪrɪˈmiːdjəbl; -dɪəbl] *adj* (*adv* **irremediably**) nicht behebbar *od.* abstellbar: **this is ~** dem ist nicht abzuhelfen, das läßt sich nicht beheben.

**irˈreˈmisˈsiˈble** [ˌɪrɪˈmɪsəbl] *adj* (*adv* **irremissibly**) **1.** ˈunverzeihlich: **an ~ offence.** **2.** unerläßlich: **an ~ duty.**

**irˈreˈmovˈaˈble** [ˌɪrɪˈmuːvəbl] *adj* (*adv* **irremovably**) **1.** nicht entfernbar, unbeweglich. **2.** unabsetzbar: **~ judges.** **3.** nicht behebbar: **~ faults.**

**irˈrepˈaˈraˈble** [ɪˈrepərəbl] *adj* (*adv* **irreparably**) **1.** ˈirrepaˌrabel, nicht wieder-

---

derˈgutzumachen(d): **~ damage.** **2.** unersetzlich, unersetzbar: **~ loss.**

**irˈreˈplaceˈaˈble** [ˌɪrɪˈpleɪsəbl] *adj* (*adv* **irreplaceably**) unersetzlich, unersetzbar.

**irˈreˈpressˈiˈble** [ˌɪrɪˈpresəbl] *adj* (*adv* **irrepressibly**) **1.** ˈununterˌdrückbar, nicht zu unterˈdrücken(d): **~ laughter.** **2.** un(be)zähmbar (*Person*).

**irˈreˈproachˈaˈble** [ˌɪrɪˈprəʊtʃəbl] *adj* (*adv* **irreproachably**) untadelig, tadellos, einwandfrei: **~ conduct.** **ˌirˈreˈproachˈaˈbleˈness** *s* **1.** Untadeligkeit *f.* **2.** einwandfreies Benehmen.

**irˈreˈsistˈiˈbilˈiˈty** [ˌɪrɪˌzɪstəˈbɪlətɪ] *s* ˈUnwiderˌstehlichkeit *f.* **ˌirˈreˈsistˈiˈble** *adj* (*adv* **irresistibly**) ˈunwiderˌstehlich: **an ~ impulse; an ~ woman.**

**irˈresˈoˈlute** [ɪˈrezəluːt; *Am. a.* -lət] *adj* (*adv* **~ly**) **1.** unentschieden, unentschlossen, unschlüssig, schwankend. **2.** unbestimmt (*Antwort etc*). **irˈresˈoˈluteˈness,** **irˌresˈoˈluˈtion** *s* Unentschlossenheit *f,* Unschlüssigkeit *f.*

**irˈreˈspecˈtive** [ˌɪrɪˈspektɪv] *adj* (*adv* **~ly**): **~ of** ohne Rücksicht auf (*acc*), ungeachtet (*gen*), unabhängig von.

**irˈreˈsponˈsiˈbilˈiˈty** [ˌɪrɪˌspɒnsəˈbɪlətɪ; *Am.* -spən-] *s* **1.** Verantwortungslosigkeit *f.* **2.** Unverantwortlichkeit *f.* **3.** *jur.* Unzurechnungsfähigkeit *f.* **ˌirˈreˈsponˈsiˈble** **I** *adj* (*adv* **irresponsibly**) **1.** nicht verantwortlich (**to** *dat*; **for** für): **to be ~ to s.o.** j-m nicht unterstellt sein; **to be ~ to s.o. for s.th.** j-m (gegenüber) für etwas nicht haften *od.* verantwortlich sein. **2.** *jur.* a) unzurechnungsfähig, b) nicht haftbar (**for** für). **3.** verantwortungslos, unzuverlässig. **4.** verantwortungslos, unverantwortlich. **5.** (**for**) nicht verantwortlich (für), nicht schuld an (*dat*), nicht die Ursache (von *od. gen*). **II** *s* **6.** verantwortungslose Perˈson. **7.** *jur.* unzurechnungsfähige Perˈson.

**irˈreˈsponˈsive** [ˌɪrɪˈspɒnsɪv; *Am.* -ˈspɑn-] *adj*: **to be ~ to** a) nicht ansprechen *od.* reagieren auf (*acc*) (*a. electr. tech.*), b) nicht empfänglich *od.* aufgeschlossen sein für, c) nicht eingehen auf (*j-n od. etwas*).

**irˈreˈtenˈtive** [ˌɪrɪˈtentɪv] *adj* (*adv* **~ly**) **1.** gedächtnisschwach. **2.** **~ memory** (*od.* **mind**) schwaches Gedächtnis.

**irˈreˈtrievˈaˈble** [ˌɪrɪˈtriːvəbl] *adj* (*adv* **irretrievably**) **1.** unersetzlich, unersetzbar (*Verlust*). **2.** nicht wiederˈgutzumachen(d): **→ break down 9, breakdown 1.**

**irˈrevˈerˈence** [ɪˈrevərəns] *s* Reˈspekt-, Ehrfurchtslosigkeit *f.* **irˈrevˈerˈent** *adj* (*adv* **~ly**), **irˈrevˈerˈenˈtial** [-ˈrenʃl] *adj* reˈspektlos, ehrfurchtslos.

**irˈreˈversˈiˈbilˈiˈty** [ˌɪrɪˌvɜːsəˈbɪlətɪ; *Am.* -ˌvɜr-] *s* **1.** Nichtˈumkehrbarkeit *f,* Irreversibiliˈtät *f.* **2.** ˈUnwiderˌruflichkeit *f.* **ˌirˈreˈversˈiˈble** *adj* (*adv* **irreversibly**) **1.** *a. chem. math. phys.* nicht ˈumkehrbar, irreverˈsibel. **2.** *tech.* nur in ˈeiner Richtung laufend. **3.** *electr.* selbstsperrend. **4. → irrevocable.**

**irˈrevˈoˈcaˈbilˈiˈty** [ˌɪrevəkəˈbɪlətɪ] *s* ˈUnwiderˌruflichkeit *f.* **irˈrevˈoˈcaˈble** [ɪˈrevəkəbl; *letters of credit:* ˌɪrɪˈvəʊkəbl] *adj* (*adv* **irrevocably**) ˈunwiderˌruflich, ˈunabˌänderlich, ˈunumˌstößlich: **~ letter of credit** *econ.* unwiderrufliches Akkreditiv.

**irˈriˈgate** [ˈɪrɪgeɪt] *v/t* **1.** *agr.* (künstlich) bewässern, berieseln. **2.** *med.* e-e Wunde *etc* ausspülen. **ˌirˈriˈgaˈtion** *s* **1.** *agr.* (künstliche) Bewässerung *od.* Berieselung: **~ canal** Bewässerungskanal *m.* **2.** *med.* Ausspülung *f,* Irrigatiˈon *f:* **gastric ~** Magenspülung. **ˈirˈriˈgaˈtionˈal** [-ʃənl], **ˈirˈriˈgaˈtive** [-gətɪv; *bes. Am.*

---

-geɪtɪv] *adj* Bewässerungs..., Riesel... **ˈirˈriˈgaˈtor** [-geɪtə(r)] *s* **1.** Bewässerungsgerät *n,* -anlage *f.* **2.** *med.* Irriˈgator *m,* ˈSpülappaˌrat *m.*

**irˈriˈtaˈbilˈiˈty** [ˌɪrɪtəˈbɪlətɪ] *s* Reizbarkeit *f.* **ˈirˈriˈtaˈble** *adj* (*adv* **irritably**) **1.** a) reizbar, b) gereizt. **2.** *med. physiol.* a) reizbar, empfindlich (*Gewebe, Nerv etc*), b) nerˈvös: **~ heart** nervöses Herz, Herzneurose *f.* [(*das*) Ärgerliche.\]

**irˈriˈtanˈcy** [ˈɪrɪtənsɪ] *s* Ärgernis *n,*⟩ **irˈriˈtant** [ˈɪrɪtənt] **I** *adj* Reiz erzeugend, Reiz... **~ → irritate II. II** *s* Reizstoff *m.*

**irˈriˈtate** [ˈɪrɪteɪt] *v/t* reizen (*a. med.*), (ver)ärgern, irriˈtieren: **~d at** (*od.* **by, with**) verärgert *od.* ärgerlich über (*acc*). **ˈirˈriˈtatˈing** *adj* (*adv* **~ly**) **1.** ärgerlich, irriˈtierend. **2. → irritant I.** **ˌirˈriˈtaˈtion** *s* **1.** Verärgerung *f,* Reizung *f,* Irritatiˈon *f.* **2.** Ärger *m* (**at** über *acc*). **3.** *med.* Reizung *f:* a) Reiz *m,* b) Reizzustand *m:* **~ of the kidneys** Nierenreizung. **ˈirˈriˈtaˈtive** *adj* **1. → irritant I.** **2.** Reiz...: **~ cough.**

**irˈrupˈtion** [ɪˈrʌpʃn] *s* **1.** Einbruch *m,* Herˈeinbrechen *n* (**into** in *acc*): **~ of water** Wassereinbruch. **2.** *mil.* Einfall *m* (**into** in *acc*). **irˈrupˈtive** [-tɪv] *adj* (*adv* **~ly**) **1.** herˈeinbrechend. **2.** *geol.* → **intrusive 2.**

**is** [ɪz; *unbetont:* z; s] *a)* (*3. sg pres von* **be**) ist, b) *dial. in allen Personen des pres gebraucht:* **I ~, you ~,** *etc.*

**Isˈaˈbelˈla** [ˌɪzəˈbelə], *a.* **Isˈaˈbel** [ˈɪzəˈbel] Isaˈbellfarbe *f.* **ˌisˈaˈbelˈline** [-laɪn; *Am. a.* -lɪn] *adj* isaˈbellfarben, -farbig, graugelb.

**isˈaˈcousˈtic** [ˌaɪsəˈkuːstɪk] *adj* von gleicher Schallstärke: **~ line** (*Geophysik*) Isakuste *f* (*Kurve, die bei Erdbeben die Punkte gleicher Schallstärke verbindet*).

**iˈsaˈgoˈge** [ˈaɪsəgəʊdʒɪ] *s* Isaˈgoge *f* (*Einführung in e-e Wissenschaft*). **ˌisˈaˈgogˈic** [-ˈgɒdʒɪk; *Am.* -ˈgɑ-] **I** *adj* einführend, Einführungs... **II** *s pl* (*meist als sg konstruiert*) Isaˈgogik *f* (*Kunst der Einführung in e-e Wissenschaft, bes. die Lehre von der Entstehung der biblischen Bücher*).

**Iˈsaˈiah** [aɪˈzaɪə; *Am.* aˈzeɪə], *a.* **Iˈsaˈias** [-əs] *npr u. s Bibl.* (das Buch) Jeˈsaja(s) *od.* Iˈsaias.

**iˈsaˈtin** [ˈaɪsətɪn] *s chem.* Isaˈtin *n.*

**isˈch(a)eˈmiˈa** [ɪˈskiːmjə; -mɪə] *s med.* Isˈchämie *f* (*mangelhafte Versorgung einzelner Organe mit Blut*).

**isˈchiˈadˈic** [ˌɪskɪˈædɪk] *adj anat.* Sitzbein...

**isˈchiˈum** [ˈɪskɪəm] *pl* **-chiˈa** [-ə] *s anat.* Sitzbein...

**isˈchiˈum** [ˈɪskɪəm] *pl* **-chiˈa** [-ə] *s anat.* Is-chium *n,* Sitzbein *n.*

**Ishˈmaˈel** [ˈɪʃmeɪl; *Am.* ˈɪʃmiːəl] **I** *npr Bibl.* Ismael *m.* **II** *s →* **Ishmaelite 1.** **Ishˈmaˈelˈite** [ˈɪʃˌmɪəlaɪt] *s* **1.** *relig.* Ismaeˈlit(in). **2.** *fig.* Verstoßene(r *m*) *f,* Ausgestoßene(r *m*) *f.*

**iˈsinˈglass** [ˈaɪzɪŋglɑːs; *Am.* ˈaɪznˌglæs] *s* Hausenblase *f.*

**Isˈlam** [ˈɪzlɑːm; ɪzˈlɑːm; ɪs-] *s relig.* a) Isˈlam *m,* Islaˈmismus *m,* b) *collect.* Mohammeˈdaner *pl,* Islaˈmiten *pl.* **Isˈlamˈic** [-ˈlæmɪk; -ˈlɑː-] *adj* isˈlamisch, islaˈmitisch, mohammeˈdanisch, Islam... **Isˈlamˈism** [ˈɪzləmɪzəm] *s* Islam. **ˈIsˈlamˈite** [-laɪt] *s* Islaˈmit(in), Mohammeˈdaner(in). **Isˈlamˈiˈzaˈtion** [ˌɪzləmaɪˈzeɪʃn; *Am.* -məˈz-] *s* Islamiˈsierung *f.* **ˈIsˈlamˈize** *v/t* islamiˈsieren.

**isˈland** [ˈaɪlənd] **I** *s* **1.** Insel *f* (*a. weitS. u. fig.*): **~ arc** *geogr.* Inselbogen *m;* **~ chain** Inselkette *f;* **~ universe** *astr. obs.* Milchstraßensystem *n;* **the I~s of the Blessed** *myth.* die Inseln der Seligen; **→ speech 9.** **2.** Verkehrsinsel *f.* **3.** *anat.* Zellinsel *f:* **~s**

of **Langerhans** Langerhanssche Inseln.
**4.** *mar.* Insel *f*, Aufbau *m* (*bes. auf Flug-zeugträgern, mit Kommandobrücke etc*):
**three-~ ship** Dreiinselschiff *n*. **II** *v/t* **5.**
zur Insel machen. **6. to be ~ed** mit Inseln
durchsetzt sein. **7.** auf e-r Insel ausset-
zen. **8.** *fig.* iso'lieren. **'is·land·er** *s* Insel-
bewohner(in), Insu'laner(in).
**isle** [aɪl] *s poet. u. in npr* (*bes.* kleine) Insel,
Eiland *n*: **the L-s of the Blest** *myth.* die
Inseln der Seligen.
**is·let** ['aɪlɪt] *s* **1.** Inselchen *n*. **2.** → island 3.
**ism** ['ɪzəm] *s oft contp.* Ismus *m* (*e-e*
[*bloße*] *Theorie*).
**iso-** [aɪsəʊ] *Wortelement mit der Bedeu-
tung* gleich, iso..., Iso...
**i·so·bar** ['aɪsəʊba:(r)] *s* **1.** *meteor.* Iso-
'bare *f* (*Verbindungslinie zwischen Orten
gleichen Luftdrucks*). **2.** *phys.* Iso'bar *n*
(*Atomkern mit isobaren Eigenschaften*).
**i·so·bar·ic** [-'bærɪk] *adj* **1.** *meteor.* iso-
'bar, gleichen Luftdrucks. **2.** *phys.* iso'bar
(*e-e gleiche Anzahl Neutronen u. e-e ver-
schiedene Anzahl Protonen aufweisend*)
(*Atomkerne*).
**i·so·base** ['aɪsəʊbeɪs] *s Geophysik:* Iso-
'base *f* (*Linie, die alle Orte gleich großer
Hebung verbindet*).
**i·so·bath** ['aɪsəʊbæθ] *s meteor.* Iso'bathe
*f* (*Linie, die alle Orte gleicher Wassertiefe
verbindet*).
**i·so·chro·mat·ic** [ˌaɪsəʊkrəʊ'mætɪk]
*adj phys.* isochro'matisch, gleichfarbig.
**i·soch·ro·nal** [aɪ'sɒkrənl] *adj*
(*adv* ~ly) *phys.* iso'chron (*von gleicher
Dauer*). **i·so·chrone** ['aɪsəʊkrəʊn] *s* **1.**
*Geophysik:* Iso'chrone *f* (*Linie, die alle
Orte des gleichzeitigen Eintreffens be-
stimmter Erscheinungen verbindet*). **2.**
*geogr.* Iso'chrone *f* (*Linie, die alle Orte
verbindet, von denen aus im Zielpunkt bei
gleicher Reisedauer erreicht werden kann*).
**i·soch·ro·nism** [-nɪzəm] *s phys.* Iso-
chro'nismus *m* (*Eigenschaft schwingender
Körper od. schwingender mechanischer
Systeme, die Schwingungsdauer unabhän-
gig von der Weite des Schwingungsbogens
konstant zu halten*). **i·soch·ro·nous** →
isochronal.
**i·so·cli·nal** [aɪsəʊ'klaɪnl] **I** *adj geol.* iso-
kli'nal (*gleichsinnig einfallend*): **~ fold**
Isoklinalfalte *f*; **~ line** → II. **II** *s geogr.*
Iso'kline *f* (*Linie, die alle Orte gleicher
Neigung der Magnetnadel verbindet*).
**i·sog·a·my** [aɪ'sɒgəmɪ; *Am.* ˈ-sa-] *s biol.*
Isoga'mie *f* (*Vereinigung gleichgestalteter
Geschlechtszellen*).
**i·sog·e·nous** [aɪ'sɒdʒɪnəs; *Am.* ˈ-sa-] *adj
biol.* iso'gen, ge'netisch i'dentisch. **i·sog-
e·ny** *s* Isoge'nie *f* (*genetische Identität
aller Individuen e-r Gruppe*).
**i·so·gloss** ['aɪsəʊglɒs; *Am.* ˈaɪsəˌglɑs;
ˌ-glɔːs] *s ling.* Iso'glosse *f* (*Linie, die Ge-
biete gleicher sprachlicher Erscheinungen
umgrenzt*).
**i·so·gon** ['aɪsəʊgɒn; *Am.* ˈaɪsəˌgɑn] *s
math.* Iso'gon *n*, regelmäßiges Vieleck.
**i·so·gon·ic** [aɪsəʊ'gɒnɪk] **I** *adj* **1.** *math.*
isogo'nal,
gleichwink(e)lig. **2.** *Kartographie, math.*
isogo'nal, winkeltreu. **3.** **~ line** → 4.
**II** *s* **4.** iso'gone *f:* a) (*Geophysik*) Li-
nie, die alle Orte gleicher erdmagne-
tischer Deklination verbindet, b) *meteor.*
Linie, die alle Orte gleicher Windrich-
tung verbindet.
**i·so·late** ['aɪsəleɪt] *v/t* **1.** *a. med.* iso'lieren,
absondern (**from** von): **isolating lan-
guages** isolierende Sprachen (*ohne For-
menbildung*). **2.** *chem. electr. phys.* iso'lie-
ren. **3.** *fig.* a) iso'liert *od.* getrennt *od.* für
sich betrachten, b) trennen (**from** von).
**'i·so·lat·ed** *adj* **1.** iso'liert, abgeson-
dert: **~ camera** *sport, TV* a) Hinter-Tor-
Kamera *f*, b) Zeitlupenkamera *f*. **2.** ein-
zeln, vereinzelt: **an ~ case** ein Einzelfall

*m.* **3.** abgeschieden. **4.** *chem. electr. phys.*
iso'liert.
**i·so·la·tion** [ˌaɪsə'leɪʃn] *s* **1.** Iso'lierung *f*,
Isolati'on *f*, Absonderung *f:* **~ block**
Isolationsblock *m* (*in e-m Gefängnis*); **~
hospital** Klinik *f* für ansteckende
Krankheiten, *mil.* Seuchenlazarett *n*;
**~ torture** Isolationsfolter *f*; **~ ward** med.
Isolierstation *f*. **2. to consider in ~** →
isolate 3 a. **3.** Abgeschiedenheit *f:* **to
live in ~** zurückgezogen leben. **i·so·la-
tion·ism** *s pol.* Isolatio'nismus *m* (*Ten-
denz, sich vom Ausland abzuschließen u.
staatliche Eigeninteresse zu betonen*).
**i·so·la·tion·ist** *pol.* **I** *s* Isolatio'nist *m*.
**II** *adj* isolatio'nistisch.
**i·so·mer** ['aɪsəmə(r)] *s chem.* Iso'mer(e *f*)
*n* (*Verbindung mit gleicher Summenfor-
mel, aber mit verschiedenem Molekülauf-
bau u. unterschiedlichen physikalischen u.
chemischen Eigenschaften*). **i·so·mer·ic**
[-'merɪk] *adj* iso'mer. **i·som·er·ism**
[aɪ'sɒmərɪzəm; *Am.* ˈ-sa-] *s* Isome'rie *f*
(*Auftreten von Isomeren*). **i·som·er·i-
za·tion** *s* Isomerisati'on *f*, Isomeri'sie-
rung *f*. **i·som·er·ize** *v/t* isomeri'sieren.
**i·so·met·ric** [ˌaɪsəʊ'metrɪk] **I** *adj* (*adv*
~ally) iso'metrisch (*die gleiche Längen-
ausdehnung beibehaltend*). **II** *s pl* (*a. als sg
konstruiert*) Iso'metrik *f*, iso'metrisches
Muskeltraining.
**i·som·e·try** [aɪ'sɒmɪtrɪ; *Am.* ˈ-sa-] *s*
Isome'trie *f*, Längengleichheit *f*, -treue *f*
(*bes. bei Landkarten*).
**i·so·morph** ['aɪsəʊmɔː(r)f] *s* **1.** *chem.*
iso'morphe Verbindung. **2.** *ling.* Iso-
'morphe *f* (*Isoglosse, die e-e Eigentümlich-
keit der grammatischen Formen betrifft*).
**i·so·mor·phic** *adj chem. ling. math.*
iso'morph. **i·so·mor·phism** *s* **1.** *chem.*
Isomor'phismus *m* (*Eigenschaft gewisser
Stoffe, gemeinsam dieselben Kristalle zu
bilden*). **2.** *math.* Isomor'phismus *m* (*spe-
zielle, umkehrbar eindeutige Abbildung e-r
algebraischen Struktur auf e-e andere*). **3.**
*ling.* Isomor'phismus *m* (*Gleichgestaltig-
keit der verschiedenen Ebenen im Sprach-
system ohne Berücksichtigung qualitativer
Unterschiede zwischen ihnen*).
**i·so·pod** ['aɪsəʊpɒd; *Am.* -səˌpɑd] *s zo.*
Iso'pode *m*, Assel *f*.
**i·so·prene** ['aɪsəʊpriːn] *s chem.* Iso'pren
*n* (*flüssiger, ungesättigter Kohlenwasser-
stoff*).
**i·sos·ce·les** [aɪ'sɒsɪliːz; *Am.* ˈ-sasə-] *adj
math.* gleichschenk(e)lig (*Dreieck*).
**i·so·spin** ['aɪsəʊspɪn] *s Kernphysik:*
Iso'spin *m* (*Quantenzahl, die die Ladung
e-s Elementarteilchens beschreibt*).
**i·sos·ta·sy** [aɪ'sɒstəsɪ; *Am.* ˈ-sas-] *s Geo-
physik:* Isosta'sie *f* (*Massengleichgewicht
innerhalb der Erdkruste*).
**i·so·therm** ['aɪsəʊθɜːm; *Am.* ˈaɪsəˌθɑrm]
*s* **1.** *meteor.* Iso'therme *f* (*Linie, die alle
Orte gleicher Lufttemperatur zu e-m be-
stimmten Zeitpunkt od. im Durchschnitt
e-s Zeitraums verbindet*). **2.** *chem. phys.*
**isothermal** II. **i·so·ther·mal** *chem.
phys.* **I** *adj* iso'therm (*bei konstanter Tem-
peratur verlaufend*): **~ line** → II. **II** *s*
Iso'therme *f* (*Kurve, die in e-m Zustands-
diagramm die Abhängigkeit e-r thermo-
dynamischen Größe von e-r anderen bei
konstanter Temperatur angibt*).
**i·so·tope** ['aɪsəʊtəʊp] *s Kernphysik:* Iso-
'top *n* (*Atomart desselben Elements mit
gleicher Ordnungszahl, aber verschiedener
Massenzahl*). **i·so·top·ic** [-'tɒpɪk; *Am.*
ˈ-tɑ-] *adj* (*adv* ~ally) iso'top: **~ spin** →
isospin. **i·sot·o·py** [aɪ'sɒtəpɪ; *Am.* ˈaɪsəˌtɑpɪ;
ˈ-sa-] *s* Isoto'pie *f* (*das Vorkommen von
Isotopen*).
**i·so·trop·ic** [ˌaɪsəʊ'trɒpɪk; *Am.* -sə'trəʊ-;
ˈ-trɑ-], **i·sot·ro·pous** [aɪ'sɒtrəpəs; *Am.*
ˈ-sa-] *adj phys.* iso'trop. **i·sot·ro·py**

[aɪ'sɒtrəpɪ; *Am.* ˈ-sa-] *s* Isotro'pie *f* (*Rich-
tungsunabhängigkeit der physikalischen u.
chemischen Eigenschaften von Stoffen*).
**Is·ra·el** ['ɪzreɪəl; -ˌrɪəl; *Am.* 'ɪzriːəl] *s Bibl.*
(*das Volk*) Israel *n*.
**Is·rae·li** [ɪz'reɪlɪ] **I** *adj* isra'elisch. **II** *s*
Isra'eli *m*, Bewohner(in) des Staates
Israel.
**Is·rae·lite** ['ɪzˌrɪəlaɪt] *Bibl.* **I** *s* Israe-
'lit(in). **II** *adj* israe'litisch.
**is·sei** [ɪˈseɪ; 'ɪˌseɪ] *pl* **-sei, -seis** *s japa-
nischer Einwanderer in den USA*.
**is·su·a·ble** ['ɪʃuːəbl; *Br. a.* 'ɪsjuː-] *adj* (*adv
issuably*) **1.** auszugeben(d), zu erlas-
sen(d). **2.** *econ.* emissi'onsfähig.
**is·su·ance** ['ɪʃuːəns; 'ɪsjuː-; *Am.* 'ɪʃəwəns]
→ issue 1, 2.
**is·sue** ['ɪʃuː; *Br. a.* 'ɪsjuː] **I** *s* **1.** Ausgabe *f*,
Erlaß *m*, Erteilung *f* (*von Befehlen etc*):
**~ of orders** Befehlsausgabe. **2.** *econ.* Aus-
gabe *f* (*von Banknoten, Wertpapieren etc*),
Emissi'on *f* (*von Wertpapieren*), Bege-
bung *f*, Auflegung *f* (*e-r Anleihe*), Aus-
stellung *f* (*e-s Dokuments, Schecks, Wech-
sels etc*): **~ of securities** Effektenemis-
sion; **~ of shares** (*od.* **stocks**) Aktien-
ausgabe; **→ bank**[1] 1. **3.** *print.* a) Her'aus-,
Ausgabe *f*, Veröffentlichung *f*, Auflage *f*
(*e-s Buches*), b) Ausgabe *f*, Nummer *f* (*e-r
Zeitung*). **4.** Streitfall *m*, -frage *f*, -punkt
*m*, (strittiger *od.* wesentlicher) Punkt: **~
of fact** (**law**) *jur.* Tatsachen-(Rechts)fra-
ge *f*; **at ~** strittig, streitig, zur Debatte
stehend; **point at ~** umstrittener Punkt,
strittige Frage; **the point at ~ is ...** es
dreht sich darum, ...; **the national
prestige is at ~** es geht um das nationale
Prestige, das nationale Prestige steht auf
dem Spiel; **to be at ~ with s.o.** mit j-m im
Streit liegen *od.* uneinig sein; **that
decided the ~** das war ausschlaggebend
*od.* entscheidend; **to evade the ~** aus-
weichen; **to make an ~ of s.th.** etwas
aufbauschen *od.* dramatisieren; **to join**
(*od.* **take**) **~ with s.o.** sich auf e-e Ausein-
andersetzung einlassen mit j-m. **5.** Kern-
frage *f*, (a'kutes) Pro'blem, Angelpunkt
*m*: **this question raises the whole ~**
diese Frage schneidet den ganzen Sach-
verhalt an. **6.** Ausgang *m*, Ergebnis *n*,
Resul'tat *n*, Schluß *m*: **in the ~** schließ-
lich; **to bring s.th. to an ~** etwas zur
Entscheidung bringen; **to force an ~** e-e
Entscheidung erzwingen. **7.** *bes. mil.*
Ausgabe *f*, Zu-, Verteilung *f*. **8.** *jur.*
Nachkommen(schaft *f*) *pl*, (Leibes)Er-
ben *pl*, Abkömmling *pl*: **to die without
~** ohne Nachkommen *od.* kinderlos ster-
ben. **9.** Abfluß *m*, Abzug *m*, Öffnung *f*,
Mündung *f*. **10.** *med.* a) Ausfluß *m* (*von
Eiter, Blut etc*), b) eiterndes Geschwür.
**11.** *econ.* Erlös *m*, Ertrag *m*, Einkünfte *pl*
(*aus Landbesitz etc*). **12.** Her'ausgehen *n*,
-kommen *n*: **free ~ and entry** freies
Kommen u. Gehen.
**II** *v/t* **13.** Befehle etc ausgeben, erlassen,
erteilen, ergehen lassen. **14.** *econ. Bank-
noten, Wertpapiere etc* ausgeben, in 'Um-
lauf setzen, emit'tieren, *e-e Anleihe* bege-
ben, auflegen, *ein Dokument, e-n Wechsel,
Scheck etc* ausstellen: **~d capital** effektiv
ausgegebenes Kapital. **15.** *ein Buch, e-e
Zeitung* her'ausgeben, veröffentlichen,
auflegen, publi'zieren. **16.** *bes. mil.* a)
*Essen, Munition etc* ausgeben, zu-, vertei-
len, b) ausrüsten, beliefern (**with** mit).
**III** *v/i* **17.** her'aus-, her'vorkommen.
**18.** her'vorstürzen, -brechen. **19.** her-
'ausfließen, -strömen. **20.** a) (**from**) ent-
springen (dat), 'herkommen, -rühren
(von), b) abstammen (**from** von). **21.**
her'auskommen, her'ausgegeben werden
(*Schriften etc*). **22.** ergehen, erteilt werden
(*Befehl etc*). **23.** enden (**in** in *dat*).
**'is·sue·less** *adj jur.* ohne Nachkommen,

kinderlos. **ˈis·su·er** *s econ.* **1.** Aussteller(in). **2.** Emitˈtent(in), Ausgeber(in).
**ˈis·sue-reˌlat·ed** *adj* sachbezogen.
**isth·mi·an** [ˈɪsθmɪən; *bes. Am.* ˈɪsmɪən] *adj* isthmisch. **isth·mus** [ˈɪsməs] *pl* **-mus·es, -mi** [-maɪ] *s* **1.** *geogr.* Isthmus *m*, Landenge *f*: **the L̃** der Isthmus (*von Korinth od. Panama od. Suez*). **2.** *anat.* Isthmus *m*, Vereng(er)ung *f*.
**it** [ɪt] **I** *pron* **1.** es (*nom od. acc*): **what is it?** was ist es?; **do you understand it?** verstehen Sie es? **2.** (*wenn auf schon Genanntes bezogen*) es, er, ihn, sie: (**pencil**) ... it writes well (Bleistift) ... er schreibt gut. **3.** (*als Subjekt bei unpersönlichen Verben u. Konstruktionen*) es: **it rains; it is cold; it is 6 miles to** es sind 6 Meilen (bis) nach; **it is pointed out that** es wird darauf hingewiesen, daß; → **follow** 10, **time** 4, *etc.* (*als grammatisches Subjekt*) es: **oh, it was you** oh, Sie waren es *od.* das; → **be** 7. **5.** (*verstärkend*) es: **it is to him that you should turn** an ˈihn solltest du dich wenden; → **Bes. Redew. 6.** (*als unbestimmtes Objekt*) es (*oft unübersetzt*): → **foot** 12, **go¹** 58, **take** 59, *etc.* **7.** *nach Präpositionen*: **at it** daran, dazu, darüber; **by it** dadurch, dabei; **for it** dafür, deswegen; **in it** darin; **of it** davon, darüber; **little was left of it** wenig blieb davon übrig. **8.** *reflex* sich: **the development brought with it that** die Entwicklung brachte (es) mit sich, daß.
**II** *s* **9.** *colloq.* ˈder (die, das) Größteˈ: **he thinks he's ˈit,** b) **this is really ˈit** das ist genau das richtige, genau ˈdas ist es. **10.** *colloq.* das gewisse Etwas, Sex-Apˈpeal *m*. **11. now you are it** (*in Kinderspielen*) jetzt bist du dran.
**Iˈtal·ian** [ɪˈtæljən] **I** *adj* **1.** italiˈenisch: **~ hand** lateinische Schreibschrift. **II** *s* **2.** Italiˈener(in). **3.** *ling.* Italiˈenisch *n*, das Italienische. **Iˈtal·ian·ate** *I adj* [-neɪt, -nət] italianiˈsiert. **II** *v/t* [-neɪt] italianiˈsieren. **Iˈtal·ian·ism** *s* Italiaˈnismus *m*, italiˈenische (Sprach- *etc*)Eigenheit. **Iˈtal·ian·ize** **I** *v/i* italiˈenische Art annehmen, italienisch werden. **II** *v/t* italianiˈsieren.
**i·tal·ic** [ɪˈtælɪk] **I** *adj* **1.** *print.* kurˈsiv: **~ type** → 3. **2. L̃** *ling. hist.* iˈtalisch. **II** *s* **3.** *print.* Kurˈsiv-, Schrägschrift *f*: **in ~s** kursiv (gedruckt). **4. L̃** *ling. hist.* iˈtalisch *n*, das Italische. **Iˈtal·i·cism** [-sɪzəm] → Italianism. **iˈtal·i·cize** [-saɪz] *v/t print.* **1.** kurˈsiv drucken. **2.** durch Kurˈsivschrift herˈvorheben.
**itch** [ɪtʃ] **I** *s* **1.** Jucken *n*, Juckreiz *m*: **he had an ~** ihn juckte es. **2.** *med.* Krätze *f*. **3.** *fig.* Verlangen *n* (**for** nach): **to have an**

**~ for money** geldgierig sein; **to have** (*od.* **feel**) **an ~ to do s.th.** große Lust haben *od.* darauf brennen, etwas zu tun; etwas unbedingt tun wollen. **II** *v/i* **4.** jucken: a) kratzen: **his sweater ~ed** sein Pullover juckte *od.* kratzte (ihn), b) von e-m Juckreiz befallen sein: **my hand ~es** m-e Hand juckt (mich), mir *od.* mich juckt die Hand; **my fingers ~** die Finger jucken mich; **my fingers are ~ing to do it, I'm feeling my fingers ~ to do it** *colloq.* mir *od.* mich juckt's in den Fingern, es zu tun. **5.** e-n Juckreiz verspüren: **I am ~ing all over** mir *od.* mich juckt es überall *od.* am ganzen Körper. **6.** *colloq.* **I am ~ing to try it** es reizt *od.* ˈjucktˈ mich, es zu versuchen; ich möchte es unbedingt versuchen; **to be ~ing for s.th.** etwas unbedingt (haben) wollen; **he's ~ing for his girlfriend to come** er kann es kaum erwarten, bis s-e Freundin kommt. **III** *v/t* **7.** *j-n* jucken, kratzen. **8.** *j-n* (ver)ärgern, irriˈtieren. **itch·i·ness** [ˈɪtʃɪnɪs] *s* **1.** ~ itch 1. **2.** ~ **of his sweater was so great that** ... sein Pullover juckte *od.* kratzte (ihn) so sehr, daß ... **ˈitch·ing I** *adj* a) juckend: **an ~ eczema; an ~ sweater** ein juckender *od.* kratzender *od.* kratziger Pullover; **he's got ~ feet** *colloq.* er muß unbedingt wieder einmal irgendwohin fahren, *weitS.* er hält es nirgendwo lange aus; → **palm¹** 1, b) Juck...: **~ powder** Juckpulver *n*. **II** *s* **1.** ~ itch 1 *u.* 3. **ˈitch·y** *adj* **1.** ~ itching I a. **2.** *med.* krätzig. **3.** *fig.* unruhig, nerˈvös.
**i·tem** [ˈaɪtəm] *s* **1.** Punkt *m*, Gegenstand *m* (*der Tagesordnung etc*), Ziffer *f* (*in e-m Vertrag etc*), (Biˈlanz-, Buchungs-, Rechnungs)Posten *m*: **an important ~** ein wesentlicher Punkt; **to discuss a problem ~ by ~** ein Problem Punkt für Punkt erörtern; **~ veto** *pol. Am.* Einspruchsrecht *n* (*bes. e-s Gouverneurs*) gegen einzelne Punkte e-r Gesetzesvorlage. **2.** Einzelheit *f*, Deˈtail *n*. **3.** (ˈWaren)Arˌtikel *m*, *weitS.* Gegenstand *m*, Ding *n*. **4.** (ˈPresse-, ˈZeitungs)Noˌtiz *f*, (a. Rundfunk, TV) Nachricht *f*, Meldung *f*. **5.** *mus. thea. etc* Stück *n.* ˌi·tem·iˈza·tion *s* einzelne Aufführung, Spezifikatiˈon *f*, Aufgliederung *f*. **ˈi·tem·ize** *v/t* Rechnungsposten einzeln aufführen, *a.* e-e Rechnung spezifiˈzieren, Koˈsten etc aufgliedern.
**it·er·ance** [ˈɪtərəns] → iteration. **ˈit·er·ant** *adj* sich wiederˈholend. **ˈit·er·ate** [-reɪt] *v/t* wiederˈholen. ˌit·er·aˈtion *s* **1.** Wiederˈholung *f*. **2.** *math.* Iteratiˈon *f* (*schrittweises Rechenverfahren zur Annäherung an die Lösung e-r Gleichung*): **~ loop** (*Computer*) Iterationsschleife *f*. **3.**

*ling.* Iteratiˈon *f* (*Wiederholung e-r Silbe od. e-s Wortes*). **ˈit·er·a·tive** [-rətɪv; *Am. bes.* -ˌreɪ-] *adj* **1.** sich wiederˈholend. **2.** *math.* iteraˈtiv: **~ loop** (*Computer*) Iterationsschleife *f*. **3.** *ling.* iteraˈtiv.
**i·tin·er·an·cy** [ɪˈtɪnərənsɪ; aɪˈt-], *a.* **iˈtin·er·a·cy** [-rəsɪ] *s* **1.** Umˈherreisen *n*, -wandern *n*, -ziehen *n*. **2.** reisende Kommissiˈon, Beamte *pl etc* auf e-r Dienstreise. **3.** *relig.* festgelegtes Wechseln von Pfarrstellen (*bes. der Methodisten*). **iˈtin·er·ant** (*adv* **~ly**) (*beruflich*) reisend, umˈherziehend, Reise..., Wander...: **~ preacher** Wanderprediger *m*; **~ trade** *econ.* Wandergewerbe *n*; **~ worker** Wanderarbeiter *m*. **i·tin·er·ar·y** [aɪˈtɪnərərɪ; ɪˈt-; *Am.* -ˌrerɪ] **I** *s* **1.** a) Reiseweg *m*, -route *f*, b) Reiseplan *m*. **2.** Reisebericht *m*, -beschreibung *f*. **3.** Reiseführer *m* (*Buch*). **II** *adj* **4.** Reise... **iˈtin·er·ate** [-reɪt] *v/i* (umˈher)reisen.
**its** [ɪts] *pron* sein, seine, ihr, ihre: **the house and ~ roof** das Haus u. sein Dach. **it·self** [ɪtˈself] *pron* **1.** *reflex* sich: **the animal hides ~.** **2.** sich selbst: **the kitten wants it for ~.** **3.** (*verstärkend*) selbst: **like innocence ~** wie die Unschuld selbst; **by ~** a) (für sich) allein, b) von allein, von selbst; **in ~** an sich (betrachtet).
**it·sy-bit·sy** [ˌɪtsɪˈbɪtsɪ] *adj colloq.* **1.** ˌklitzekleinˈ, winzig. **2.** zs.-gestückelt. **it·ty-bit·ty** [ˌɪtɪˈbɪtɪ] *adj* ˈitsy-bitsy 1.
**i·vied** [ˈaɪvɪd] *adj* ˈefeuumˌrankt, mit Efeu bewachsen.
**i·vo·ry** [ˈaɪvərɪ; -vrɪ] **I** *s* **1.** Elfenbein *n*: **black ~** *obs.* ˌschwarzes Elfenbeinˈ (*Negersklaven*). **2.** Stoßzahn *m* (*bes. des Elefanten*). **3.** *pl a.* **-ry** ˈElfenbein(schnitzeˌrei *f*, -arbeit *f*) *n.* **4.** *pl a.* **-ry** *sl.* a) Zahn *m*, *pl a.* Gebiß *n*: **to show one's ivories** die Zähne fletschen; breit grinsen, b) Würfel *m*, c) Billardkugel *f*, d) (*bes.* Klaˈvier-) Taste *f*: **to tickle the ivories** (auf dem Klavier) klimpern. **5.** *a.* **~ white** (*od.* **yellow**) Elfenbeinfarbe *f*. **II** *adj* **6.** elfenbeinern, Elfenbein... **7.** elfenbeinfarben. **~ black** *s* Elfenbeinschwarz *n* (*Farbstoff*). **~ nut** *s bot.* Elfenbein-, Steinnuß *f*. **~ palm** *s bot.* Elfenbeinpalme *f*. **~ tow·er** *s fig.* **1.** Elfenbeinturm *m*: **to live in an ~** in e-m Elfenbeinturm leben *od.* sitzen. **2.** Weltfremdheit *f*: **the ~ of some researchers** *etc.* **~-tow·er(ed)** *adj fig.* **1.** weltabgewandt. **2.** weltfremd.
**i·vy** [ˈaɪvɪ] *s bot.* Efeu *m*: **American ~** Wilder Wein, Jungfernrebe *f*. **~ bush** *s bot.* Efeubusch *m*. **L̃ League** *s Am.* die Eliteuniversitäten im Osten der USA. **ˈ~-leaved** *adj* efeublätt(e)rig.
**i·wis** [ɪˈwɪs] *adv obs.* gewiß.
**iz·zard** [ˈɪzə(r)d] *s obs.* Z, z *n* (Buchstabe).

# J

**J, j** [dʒeɪ] **I** *pl* **J's, Js, j's, js** [dʒeɪz] *s* **1.** J, j *n*, Jot *n* (*Buchstabe*). **2.** J J *n*, J-förmiger Gegenstand. **3.** → joint 7. **II** *adj* **4.** zehnt(er, e, es): **Company J. 5.** J J-..., J-förmig.

**jab** [dʒæb] **I** *v/t* **1.** *etwas* (hin¦ein)stechen, (-)stoßen (**into** in *acc*): he ~bed his elbow in**to** my side er stieß mir den Ellbogen in die Seite; **to ~ out** *Auge etc* ausstechen. **II** *v/i* **2.** stechen, stoßen (**at** nach; **with** mit): suddenly a stick ~bed in**to** my face plötzlich stach mir j-d mit e-m Stock ins Gesicht; he ~bed at the mistake with his pencil er tippte mit s-m Bleistift auf den Fehler. **3.** *Boxen:* e-n Jab schlagen: they ~bed (**away**) at each other *allg.* sie schlugen aufeinander ein. **III** *s* **4.** Stich *m*, Stoß *m* **5.** *Boxen:* Jab *m* (*hakenartiger Schlag aus kurzer Distanz*). **6.** *med. colloq.* Spritze *f:* have you had your polio ~s yet? bist du schon gegen Kinderlähmung geimpft worden?

**jab·ber** [ˈdʒæbə(r)] **I** *v/t a.* ~ **out** (da¦her-) plappern, *Gebet etc* ¦her¦unterrasseln'. **II** *v/i a.* ~ **away** plappern, schwatzen. **III** *s* Geplapper *n*, Geschwätz *n.* **ˈjab·ber·er** *s* Schwätzer(in).

**ja·bot** [ˈʒæbəʊ; *Am. a.* ʒæˈbəʊ] *s* Ja¦bot *n* (*am Kragen befestigte Spitzenrüsche zum Verdecken des vorderen Verschlusses an Damenblusen u., bes. hist., an Männerhemden*).

**ja·cal** [həˈkɑːl] *s* primi¦tive mexi¦kanische Hütte.

**ja·cinth** [ˈdʒæsɪnθ; ˈdʒeɪ-] *s* min. Hya-¦zinth *m.*

**jack¹** [dʒæk] **I** *s* **1.** J~ *colloq für* John: before you could say J~ Robinson im Nu, im Handumdrehen; → all *Bes. Redew.* **2.** *colloq.* Mann *m*, Kerl *m*: every man ~ jeder(mann), alle; every man ~ of them (**us, you**) jeder von ihnen (uns, euch), sie (wir, ihr) alle. **3.** *oft* J~ Ma¦trose *m*, Seemann *m.* **4.** *Kartenspiel:* Bube *m:* ~ of hearts Herzbube *m.* **5.** *oft* J~ *Br. sl.* 'Bulle' *m* (*Polizist*). **6.** *a.* lifting ~ *tech.* Hebevorrichtung *f*, (Hebe)Winde *f*, (-)Bock *m*: (**car**) ~ Wagenheber *m.* **7.** *a.* roasting ~ Bratenwender *m.* **8.** *Bowls:* Zielkugel *f.* **9.** *mar.* Gösch *f*, (kleine) Flagge: pilot's ~ Lotsenflagge. **10.** *electr.* a) Klinke *f:* ~ **panel** Klinkenfeld *n*, b) Steckdose *f*, Buchse *f.* **11.** *mar.* Oberbramsaling *f.* **12.** a) *zo.* Männchen *n*, *bes.* → jackass 1, b) *ichth.* Grashecht *m.* **13.** *Am. sl.* 'Zaster' *m*, 'Kohlen' *pl*, 'Moos' *n* (*Geld*). **II** *adj* **14.** to be ~ of s.th. *Austral. colloq.* genug od. 'die Nase voll' haben von etwas, etwas satt haben. **III** *v/t* **15.** *meist* ~ **up** hochheben, hoch-, aufwinden, *Auto* aufbocken. **16.** ~ **up** *colloq.* a) *Gehälter, Preise etc* erhöhen, j-s *Moral etc* heben: **to** ~ **s.o. up** j-n 'auf Touren bringen', b) *etwas* erledigen. **17.** ~ **in** *Br.*

*sl. etwas* 'aufstecken', '¦hinschmeißen': he ~ed his job in. **18.** *Am.* mit e-m jacklight fischen *od.* jagen.

**jack²** [dʒæk] *s bot.* Jackbaum *m.*

**jack³** [dʒæk] *s mil. hist.* (ledernes) Koller.

**jack-a-ˈdan·dy** *s* Dandy *m*, Geck *m*, Stutzer *m.*

**jack·al** [ˈdʒækɔːl; *Am. bes.* -kəl] *s* **1.** *zo.* Scha¦kal *m.* **2.** Handlanger *m.* **3.** a) Betrüger *m*, Schwindler *m*, b) Kom¦plize *m*, Helfershelfer *m.*

**jack·a·napes** [ˈdʒækəneɪps] *s* **1.** eingebildeter Kerl. **2.** a) Naseweis *m*, (kleiner) Frechdachs, b) Racker *m*, Schlingel *m.* **3.** *obs.* Affe *m.*

**jack·ass** [ˈdʒækæs] *s* **1.** (männlicher) Esel. **2.** *fig.* Esel *m*, Dummkopf *m.*

**ˈjack·boot** *s* **1.** Stulp(en)-, *hist. a.* Ka-¦nonenstiefel *m.* **2.** Wasserstiefel *m.* **3.** *pol.* a) bru¦tale Unter¦drückung (**on** *gen*), b) bru¦taler Unter¦drücker. **~by-the-ˈhedge** *s bot.* Lauchhederich *m.* **~cross·tree** → jack¹ 11. **~cur·lew** *s orn.* Regenbrachvogel *m.* **~daw** *s orn.* Dohle *f.*

**jack·et** [ˈdʒækɪt] **I** *s* **1.** Jacke *f*, Jac¦kett *n:* → dust 10. **2.** *tech.* Mantel *m*, Um¦mantelung *f*, Um¦hüllung *f*, Um¦wicklung *f*, Hülle *f*, Verkleidung *f:* cylinder ~ Zylindermantel; ~ **pipe**, ~ **tube** Mantelrohr *n.* **3.** *phys.* Hülle *f*, Hülse *f* (*des spaltbaren Materials im Reaktor*). **4.** *mil.* (Geschoß-, *a.* Rohr)Mantel *m.* **5.** (¦Schutz-)¦Umschlag *m*, (*Buch-*, *Am. a.* Schallplatten*)*Hülle *f.* **6.** *Am.* ¦Umschlag *m* (*e-s Dokuments*). **7.** *zo.* a) Fell *n*, Pelz *m*, b) Haut *f.* **8.** Schale *f:* potatoes (boiled) in their ~s Pellkartoffeln. **II** *v/t* **9.** mit e-r Jacke bekleiden. **10.** *tech.* um¦manteln, verkleiden: ~ed barrel *mil.* Mantelrohr *n.* **11.** in e-n ¦Umschlag stecken. **~crown** *s Zahnmedizin:* Jacketkrone *f.*

**ˈjack·et·ing** *s* **1.** *tech.* a) Um¦mantelung *f*, Verkleidung *f*, b) *(Buch-, a. Schallplatten)*Mantelmateri¦al *n.* **2.** to give s.o. a ~ *fig.* j-m die Jacke vollhauen'.

**jack¦flag** *s mar.* Gösch *f.* **~frame** *s tech.* ¦Feinspul¦maschine *f*, Spindelbank *f.* **J~ Frost** *s* Väterchen *m* Frost: ~ **has been again** Väterchen Frost hat wieder zugeschlagen. **~ham·mer** *s tech.* Preßlufthammer *m.* **~in-¦of·fice** *pl* **~s-in-¦of·fice** *s* wichtigtuerischer (kleiner) Beamter. **~in-the-¦box** *pl* **~in-the-¦box·es**, *a.* **~s-in-the-¦box** *s* Schachtelmännchen *n*, -teufel *m* (*Kinderspielzeug*). **J~ Ketch** [ketʃ] *s Br. obs.* der Henker. **~knife I** *s irr* **1.** Klappmesser *n.* **2.** *a.* dive (*Wasserspringen*) gehefteter Sprung. **II** *v/i* **3.** (wie ein Taschenmesser) zs.-klappen. **4.** the tractor and its trailer ~ed der Anhänger stellte sich quer. **5.** *Wasserspringen:* e-n gehefteten Sprung voll¦führen. **III** *adj* **6.** *tech.* Scheren... **~lad·der** → Jacob's ladder 2. **~light** *Am.* **I** *s* (*bes. verbotenerweise*)

zum Fischen *od.* Jagen verwendete Lichtquelle. **II** *v/t* → jack 18. **~of-¦all-¦trades** *s a. contp.* Hans¦dampf *m* in allen Gassen. **~o'-¦lan·tern** *pl* **~o'-¦lan·terns** *n* **1.** Irrlicht *n.* **2.** *meteor.* Elmsfeuer *n.* **3.** ¦Kürbisla¦terne *f.* **~pine** *s bot.* Banks-, Strauchkiefer *f.* **~plane** *s tech.* Schrupphobel *m.* **~pot** *s Poker etc:* Jackpot *m:* **to hit the ~** *colloq.* a) den Jackpot gewinnen, b) *fig.* das große Los ziehen (**with** mit), c) *fig.* den Vogel abschießen (**with** mit). **~rab·bit** *s zo.* (*ein*) Eselhase *m.* **~roll·er** *s Am. sl.* j-d, der schlafende od. betrunkene Personen bestiehlt. **~screw** *s tech.* Schraubenwinde *f*, Hebespindel *f.* **~shaft** *s tech.* Zwischen-, Blindwelle *f.*

**Jack·son Day** [ˈdʒæksn] *s* Jackson-Tag *m* (*8. Januar; von der Demokratischen Partei in den USA gefeiert*).

**jack¦staff** *s mar.* Jackstag *m.* **~straw** *s* a) Mi¦kadostäbchen *n*, b) *pl* (*als sg konstruiert*) Mi¦kado(spiel) *n.* **~switch** *s electr.* Knebelschalter *m.* **~tar** *s obs.* Teerjacke *f* (*Matrose*). **~tree** → jack². **~up** *s* **1.** Erhöhung *f* (**in** gen): ~ **in prices** Preiserhöhung. **2.** Bohrhubinsel *f.* **~yard** *s mar.* Schotrah *f.*

**Ja·cob** [ˈdʒeɪkəb] *npr Bibl.* Jakob *m.*

**Jac·o·be·an** [ˌdʒækəˈbiːən] *adj* Jakob I. *od.* die Re¦gierungszeit Jakobs I. (*1603 bis 1625*) betreffend: ~ **architecture** Bauweise *f* der Zeit Jakobs I.

**Jac·o·bin** [ˈdʒækəʊbɪn] *s* **1.** *hist.* Jako-¦biner *m* (*Französische Revolution*). **2.** *pol.* Extre¦mist *m*, Radi¦kale(r) *m.* **3.** Jako-¦biner *m* (*Dominikaner in Frankreich*). **4.** *oft j~ orn.* Jako¦binertaube *f.* **Jac·o-ˈbin·ic** *adj;* **Jac·o·ˈbin·i·cal** *adj (adv* ~**ly**) **1.** *hist.* jako¦binisch. **2.** *pol.* extre-¦mistisch, radi¦kal. **ˈJac·o·bin·ism** *s* **1.** *hist.* Jako¦binertum *n.* **2.** *pol.* Extre¦mismus *m*, Radika¦lismus *m.*

**Jac·o·bite** [ˈdʒækəʊbaɪt] *s hist.* Jako¦bit *m* (*Anhänger Jakobs II. od. s-r Nachkommen*).

**Ja·cob's¦lad·der** [ˈdʒeɪkəbz] *s* **1.** *Bibl., a. bot.* Jakobs-, Himmelsleiter *f.* **2.** *mar.* Jakobsleiter *f*, Lotsentreppe *f.* **~staff** *s bot.* Echte Königskerze.

**jac·o·net** [ˈdʒækənɪt; -net] *s* Jaco(n)net *m*, Jako¦nett *m* (*feiner, kattunähnlicher Baumwoll- od. Zellwollstoff, der als Futter für Anzüge u. Lederwaren verwendet wird*).

**Jac·quard** [ˈdʒækɑː(r)d; dʒəˈk-] *s* **1.** *a.* ~ **weave** Jac¦quard *m* (*Stoff mit kompliziertem, auf Jacquardmaschinen hergestelltem Webmuster*). **2.** *a.* ~ **loom** *tech.* Jac¦quardma¦schine *f.*

**jac·ta·tion** [dʒækˈteɪʃn] *s* **1.** Prahle-¦rei *f*, Jaktati¦on *f:* a) *med. unruhiges Sichhinundherwerfen von Kranken, z. B. im Delirium*, b) *psych. unruhiges Sichhinundherwerfen von Kindern vor dem Ein-*

*schlafen, als Zeichen unbefriedigter sozialer Bedürfnisse gewertet.*

**jac·ti·ta·tion** [ˌdʒæktɪˈteɪʃn] s **1.** → jactation. **2.** Vorspiegelung f (of marriage des Bestehens e-r Ehe).

**jade**[1] [dʒeɪd] **I** s **1.** min. Jade f, m. **2.** a. ~ green Jadegrün n. **II** adj **3.** jaden, Jade...: ~ ornaments.

**jade**[2] [dʒeɪd] s **1.** Klepper m. **2.** a) contp. ˈWeibsbild n, -stückˈ n, b) (kleines) ˈBiestˈ, c) koˈkettes Mädchen. **II** v/t **3.** ein Pferd abschinden. **4.** j-n erschöpfen, ermüden. **III** v/i **5.** ermatten, ermüden.

**jad·ed** [ˈdʒeɪdɪd] adj (adv ~ly) **1.** abgeschunden: ~ horse → jade[2] 1. **2.** erschöpft, ermattet. **3.** abgestumpft, überˈsättigt. **4.** schal, reizlos geworden: ~ pleasures Vergnügungen, die ihren Reiz verloren haben.

**jade·ite** [ˈdʒeɪdaɪt] s min. Jadeˈit m.

**jae·ger** [ˈjeɪgə(r)] s mil. Jäger m.

**jag**[1] [dʒæg] **I** s **1.** Zacke f. **2.** Loch n, Riß m. **3.** → jab 6. **II** v/t **4.** auszacken. **5.** ein Loch reißen in (acc).

**jag**[2] [dʒæg] s **1.** dial. kleine Ladung: a ~ of hay. **2.** sl. a) (Alkohol-, Drogen)Rausch m: to have a ~ on ˌe-n sitzen habenˈ, ˌhighˈ sein, b) ˌSauftourˈ f: to go on a ~ e-e Sauftour machen. **3.** crying ~ sl. ˌHeulanfallˈ m, -ˌkrampfˈ m: he ended in a crying ~ zum Schluß hatte er das ˌheulende Elendˈ.

**jag**[3] [dʒæg] s colloq. Jaguar m (Automarke).

**jä·ger** → jaeger.

**jag·ged** [ˈdʒægɪd] adj (adv ~ly) **1.** (aus-)gezackt, zackig. **2.** zerklüftet (Steilküste etc). **3.** ungleichmäßig: a ~ wound e-e ausgefranste Wunde. **4.** fig. abgehackt (Rhythmus etc). **5.** sl. a) ˌblauˈ, ˌbesoffenˈ, b) ˌhighˈ (im Drogenrausch).

**jag·gy** [ˈdʒægɪ] → jagged 1–3.

**jag·u·ar** [ˈdʒægjʊə; Am. ˈdʒægjəˌwɑ:r; ˈdʒægjəˌwɑ:r] s zo. Jaguar m.

**Jah·ve(h), Jah·we(h)** → Yahve(h).

**jail** [ˈdʒeɪl] **I** s Gefängnis n: in ~ im Gefängnis; to put in ~ → II. **II** v/t ins Gefängnis sperren od. werfen, einsperren. ˈ~bait s Am. sl. **1.** a) minderjähriges Mädchen (mit dem Geschlechtsverkehr strafbar ist), b) ˌsexyˈ Mädchen. **2.** Versuchung, etwas zu tun, worauf Gefängnis steht. ˈ~bird s colloq. ˌKnastbruderˈ m, ˌKnackiˈ m. ˈ~break s Ausbruch m (aus dem Gefängnis). ˈ~break·er s Ausbrecher m. ~ de·liv·er·y s (gewaltsame) Gefangenenbefreiung.

**jail·er** [ˈdʒeɪlə(r)] s Gefängnisaufseher m, -wärter m.

**jail| fe·ver** s med. Flecktyphus m. ˈ~house s Am. Gefängnis n.

**jail·or** → jailer.

**Jain·ism** [ˈdʒaɪnɪzəm] s relig. Jaiˈnismus m, Dschaiˈnismus m (dem Buddhismus nahestehende, auf Selbsterlösung gerichtete, im Unterschied zu ihm aber streng asketische indische Religion).

**jake**[1] s Am. colloq. a) allg. Kerl m, b) contp. ˌBauerˈ m.

**jake**[2] [dʒeɪk] adj bes. Am. sl. in Ordnung: everything is ~; it's ~ with me mir sollˈs recht sein.

**jal·ap** [ˈdʒæləp] s **1.** med. pharm. a) Jaˈlapenwurzel f (Abführ- u. Wurmmittel), b) Jaˈlapenharz n. **2.** bot. Jaˈlape f, Purˈgierwinde f.

**ja·lop·(p)y** [dʒəˈlɒpɪ; Am. -ˈlɑ-] s colloq. ˌalte Kiste od. Mühleˈ (Auto, Flugzeug).

**jal·ou·sie** [ˈʒæluːziː; Am. ˈdʒæləsiː] s Jaˈlouˈsie f.

**jam**[1] [dʒæm] **I** v/t **1.** etwas (hinˈein)pressen, -ˌquetschen, (-)zwängen, Menschen a. (-)pferchen (into in acc): to ~ in hineinpressen etc; to ~ together zs.-pressen etc. **2.** (ein)klemmen, (-)quetschen: he

~med his finger (od. got his finger ~med) in the door sich den Finger in der Tür, er brachte den Finger in die Tür; to be ~med in eingekeilt sein (between, by zwischen dat); the ship was ~med in the ice das Schiff saß im Eis fest. **3.** a. ~ up blocˈkieren, versperren, verstopfen: the corridors were ~med with (od. by) people auf den Gängen drängten sich die Menschen. **4.** a. ~ up tech. etc verklemmen. **5.** a. ~ up (Funk etc) den Empfang (durch Störsender) stören. **6.** a) etwas schmettern, schleudern (into in acc; on auf acc), das Knie etc rammen (into in acc), b) j-n drängen (against gegen): to ~ on the brakes mot. voll auf die Bremse treten, e-e Vollbremsung machen. **II** v/i **8.** sich (hinˈein)drängen od. (-)quetschen od. (-)zwängen (into in acc): to ~ in sich hineindrängen etc. **9.** a) tech. etc sich verklemmen od. verkeilen, (Bremsen) blocˈkieren, b) sich fest klemmen, verklemmt sein, c) Ladehemmung haben (Gewehr etc). **10.** Jazz: a) frei improviˈsieren, b) an e-r Jam Session teilnehmen. **III** s **11.** Gedränge n, Gewühl n. **12.** Verstopfung f: there is a ~ in the pipe das Rohr ist verstopft; → traffic jam. **13.** a) tech. etc Verklemmung f, Blocˈkierung f, b) Ladehemmung f. **14.** colloq. ˌKlemmeˈ f: to be in a ~ in der Klemme sein od. sitzen od. stecken.

**jam**[2] [dʒæm] **I** s **1.** Marmeˈlade f: ~ jar (od. pot) Marmelade(n)glas n; to have ~ on (od. all over) one's face Br. colloq. ˌdumm aus der Wäsche schauenˈ; d'you want ~ on it? Br. colloq. ˌdu kriegst den Hals wohl nie vollˈ; → money 2. **II** v/t **2.** zu Marmeˈlade verarbeiten, Marmelade machen aus. **3.** mit Marmeˈlade bestreichen: ~med bread Marmelade(n)brot n.

**Ja·mai·ca** [dʒəˈmeɪkə] → Jamaica rum. ~ bark s bot. Fieberrinde f.

**Ja·mai·can I** adj jamaiˈkanisch, jaˈmaikisch, Jamaika... **II** s Jamaiˈkaner(in), Jaˈmaiker(in).

**Ja·mai·ca| pep·per** s Jaˈmaikapfeffer m. ~ rum s Jaˈmaikarum m.

**jamb** [dʒæm] s **1.** (Tür-, Fenster)Pfosten m. **2.** seitliche Einfassung (bes. e-s Kamins). **3.** mil. hist. Beinschiene f.

**jambe** → jamb 3.

**jam·beau** [ˈdʒæmbəʊ] pl -beaux [-bəʊz] → jamb 3.

**jam·bo·ree** [ˌdʒæmbəˈriː] s **1.** Jamboˈree n, (internatioˈnales) Pfadfindertreffen n. **2.** große (Parˈtei- etc)Veranstaltung (mit Unterhaltungsprogramm). **3.** colloq. ausgelassene Feier: to go (out) on a ~ ˌe-n draufmachenˈ.

**James** [dʒeɪmz] npr Jakob m, Bibl. Jaˈkobus m: (the Epistle of) ~ der Jakobusbrief; → St. James's.

**jam·mer** [ˈdʒæmə(r)] s Rundfunk: Störsender m.

**jam·ming** [ˈdʒæmɪŋ] s **1.** → jam[1] 13. **2.** Funk etc: Störung f: ~ station (od. transmitter) → jammer.

**jam·my** [ˈdʒæmɪ] adj Br. sl. **1.** (kinder-)leicht. **2.** Glücks...: ~ fellow Glückspilz m.

**jam| nut** s tech. Gegenmutter f. ˌ~-ˈpacked adj colloq. vollgestopft (with mit), (Stadion etc) bis auf den letzten Platz besetzt.

**jams** [dʒæmz] s pl bes. Am. colloq. Schlafanzug m.

**jam ses·sion** s Jazz: Jam Session f (zwanglose Zs.-kunft von Musikern, bei der improvisiert wird).

**Jane** [dʒeɪn] **I** npr **1.** Joˈhanna f: plain ~ ˌMauerblümchenˈ n, ˌgraue Mausˈ. **II** s **2.** a. j~ bes. Am. sl. ˌWeibˈ n. **3.** j~ Am. colloq. ˌDamenkloˈ n. ~ Crow s Am. sl.

ˈFrauendiskrimiˌnierung f. ~ Doe [dəʊ] s jur. fiktiver weiblicher Name für e-e unbekannte Partei in e-m Rechtsstreit.

**jan·gle** [ˈdʒæŋgl] **I** v/i **1.** a) schrill od. mißtönend erklingen, schrillen: jangling noise schrilles Geräusch, b) klimpern (Münzen etc), klirren, rasseln (Ketten etc). **2.** keifen. **II** v/t **3.** a) schrill od. mißtönend erklingen lassen, b) klimpern od. klirren mit. **4.** keifen. **5.** to ~ s.o.'s nerves j-m auf die Nerven gehen. **III** s **6.** a) Schrillen n, b) Klimpern n, Klirren n. **7.** Keifen n.

**Jan·is·sar·y, j~** [ˈdʒænɪsərɪ; Am. -nəˌserɪ] → Janizary.

**jan·i·tor** [ˈdʒænɪtə(r)] s **1.** Pförtner m. **2.** bes. Am. Hausmeister m. **jan·i·tress** [-trɪs] s **1.** Pförtnerin f. **2.** bes. Am. Hausmeisterin f.

**Jan·i·zar·y, j~** [ˈdʒænɪzərɪ; Am. -nəˌzerɪ] s **1.** hist. Janiˈtschar m (Angehöriger e-r vom Sultan unterstellten Kerntruppe des türkischen Heeres, die mit gewissen Vorrechten ausgestattet war). **2.** bes. pol. Handlanger m.

**Jan·u·ar·y** [ˈdʒænjʊərɪ; Am. -jəˌwerɪ:] s Januar m: in ~ im Januar.

**Ja·nus** [ˈdʒeɪnəs] s myth. Janus m (römischer Gott). ˈ~-faced adj janusköpfig: a) doppelgesichtig (a. fig.), b) fig. zwei-, mehrdeutig.

**Jap** [dʒæp] colloq. **I** s ˌJapsˈ m (Japaner). **II** adj jaˈpanisch.

**ja·pan** [dʒəˈpæn] **I** s **1.** Japanlack m. **2.** mit Japanlack überˈzogene Arbeit. **II** adj **3.** jaˈpanisch. **4.** mit Japanlack überˈzogen. **III** v/t **5.** mit Japanlack überˈziehen. **6.** bes. Leder poˈlieren.

**Jap·a·nese** [ˌdʒæpəˈniːz] **I** s **1.** pl -nese Jaˈpaner(in). **2.** ling. Jaˈpanisch n, das Japanische. **II** adj **3.** jaˈpanisch: ~ quince → japonica 2.

**jape** [dʒeɪp] **I** s obs. Witz m, verspotten, foppen. **II** v/i **2.** scherzen, spaßen. **III** s **3.** Scherz m, Spaß m. **4.** Spott m. ˈjap·er·y [-ərɪ] s Gespött n.

**Ja·pon·ic** [dʒəˈpɒnɪk; Am. -ˈpɑ-] adj jaˈpanisch, Japon...: ~ acid chem. Japonsäure f; ~ earth Katechu n. **ja·pon·i·ca** [-kə] s bot. **1.** Kaˈmel(l)ie f. **2.** Jaˈpanische Quitte.

**jar**[1] [dʒɑ:(r)] s **1.** (irdenes od. gläsernes) Gefäß, Krug m, Topf m. **2.** (Marmelade-, Einmach)Glas n. **3.** Br. colloq. Glas n Bier: to have a ~ with s.o. mit j-m ein Bier trinken.

**jar**[2] [dʒɑ:(r)] **I** v/i **1.** kratzen, kreischen, quietschen (on auf dat). **2.** nicht harmoˈnieren: a) sich ˌbeißenˈ (Farben), b) sich widerˈsprechen (Meinungen etc): ~ring opinions widerstreitende Meinungen, c) mus. dissoˈnieren: ~ring mißtönend; ~ring tone Mißton m (a. fig.). **3.** ~ (up)on weh tun (dat) (Farbe, Geräusch etc), das Auge, Ohr, ein Gefühl beleidigen: to ~ on s.o.'s nerves j-m auf die Nerven gehen. **4.** a) wackeln: to ~ loose sich lockern, b) zittern, beben. **II** v/t **5.** kratzen od. quietschen mit. **6.** a) erschüttern (a. fig.), b) ˈdurchrütteln, c) fig. er-, aufregen. **7.** → 3. **III** s **8.** Kratzen n, Kreischen n, Quietschen n. **9.** a) Erschütterung f (a. fig.), b) Stoß m. **10.** mus. ˈMißklang m, Dissoˈnanz f (beide a. fig.). **11.** a) Streit m, b) Zs.-stoß m.

**jar**[3] [dʒɑ:(r)] s: on a (od. the) ~ angelehnt (Tür etc).

**jar·di·nière** [ˌdʒɑ:(r)dɪˈnjeə(r)], Am. a. **jar·di·niere** [ˌdʒɑ:(r)dnˈɪər] s **1.** Jardiˈnière f, Blumenschale f od. -ständer m. **2.** gastr. Jardiniˈère f, Geˈmüsegarˌnierung f.

**ˈjar·fly** → cicada.

**jar·ful** [ˈdʒɑ:(r)fʊl] s (ein) Krug(voll) m.

**jar·gon**[1] [ˈdʒɑ:(r)gən] **I** s **1.** Jarˈgon m:

a) *besondere umgangssprachliche Ausdrucksweise innerhalb bestimmter sozialer Schichten od. Berufsgruppen*, b) *ungepflegte Ausdrucksweise.* **2.** Kauderwelsch *n.* **3.** hochtrabende Sprache. **4.** *orn.* Zwitschern *n.* **II** *v/i* **5.** *orn.* zwitschern. **6.** → **jargonize 1.**

**jar·gon²** ['dʒɑː(r)gɒn; *Am.* ˌ-gɑn] *s min.* Jar'gon *m.*

**jar·gon·ize** ['dʒɑː(r)gənaɪz] **I** *v/i* **1.** Jar'gon sprechen *od.* schreiben. **2.** kauderwelschen. **II** *v/t* **3.** *etwas* im Jar'gon ausdrücken. **4.** *e-e Sprache* verkauderwelschen.

**jar·goon** [dʒɑː(r)ˈguːn] → **jargon².**

**jar·o·site** ['dʒærəsaɪt] *s min.* Jaro'sit *m.*

**jas·min(e)** ['dʒæsmɪn; ˈdʒæz-] *s bot.* (Echter) Jas'min.

**jas·per** ['dʒæspə(r)] *s min.* Jaspis *m.*

**ja·to** ['dʒeɪtəʊ] *pl* **-tos** *s aer.* Start *m* mit 'Starthilfsraˌkete *f.* **~ u·nit** *s* 'Starthilfsraˌkete *f.*

**jaun·dice** ['dʒɔːndɪs; *Am. a.* ˈdʒɑːn-] **I** *s* **1.** *med.* Gelbsucht *f.* **2.** *fig.* a) Voreingenommenheit *f,* b) Neid *m,* Eifersucht *f,* c) Feindseligkeit *f.* **II** *v/t* **3.** *fig.* a) voreingenommen machen, b) mit Neid *od.* Eifersucht erfüllen, neidisch *od.* eifersüchtig machen, c) feindselig machen. **'jaun·diced** *adj* **1.** *med.* gelbsüchtig. **2.** *fig.* a) voreingenommen, b) neidisch, eifersüchtig, c) feindselig: **to take a ~ view of s.th.** e-r Sache feindselig gegenüberstehen.

**jaunt** [dʒɔːnt; *Am. a.* dʒɑːnt] **I** *v/i* e-n Ausflug *od.* e-e Spritztour machen. **II** *s* Ausflug *m, mot.* Spritztour *f:* **to go for** (*od.* **on**) **a ~** → I.

**jaun·ti·ness** ['dʒɔːntɪnɪs; *Am. a.* ˈdʒɑːn-] *s* Unbeschwertheit *f,* Unbekümmertheit *f.*

**'jaunt·ing car** *s leichter, zweirädriger Wagen mit Längssitzen.*

**jaun·ty** ['dʒɔːntɪ; *Am. a.* ˈdʒɑːn-] *adj* (*adv* **jauntily**) **1.** fesch, flott (*Hut etc*). **2.** unbeschwert, unbekümmert (*Einstellung, Person*): **he wore his hat at a ~ angle** er hatte s-n Hut lässig aufgesetzt. **3.** flott, schwungvoll (*Melodie*). **4.** beschwingt: **with a ~ step** mit beschwingten Schritten.

**Ja·va** ['dʒɑːvə; -viː] *s Am. sl.* Kaffee *m.*

**Ja·va man** ['dʒɑːvə; *Am. a.* ˈdʒɑːvə] *s hist.* Ja'vanthropus *m* (*eiszeitlicher Menschentyp, dessen Reste in Ngandong auf Java gefunden wurden*).

**Ja·van** ['dʒɑːvən; *Am. a.* ˈdʒæ-] → **Javanese.**

**Ja·va·nese** [ˌdʒɑːvəˈniːz; *Am. a.* ˌdʒæ-] **I** *s* **1.** *pl* **-nese** Ja'vaner(in). **2.** *ling.* Ja'vanisch *n,* das Javanische. **II** *adj* **3.** ja'vanisch.

**jave·lin** ['dʒævlɪn] *s* **1.** Wurfspieß *m.* **2.** *Leichtathletik:* a) Speer *m:* **~ throw** Speerwerfen *n;* **~ thrower** Speerwerfer (-in), b) Speerwerfen *n.*

**jaw** [dʒɔː] **I** *s* **1.** *anat.* Kiefer *m,* Kinnbacke *f,* -lade *f:* **lower ~** Unterkiefer; **upper ~** Oberkiefer. **2.** → **jawbone 1. 3.** *meist pl* a) Mund *m,* b) *zo.* Maul *n,* Rachen *m:* **the ~s of death** *fig.* der Rachen des Todes. **4.** *zo.* Mundöffnung *f,* Kauwerkzeuge *pl* (*bei Wirbellosen*). **5.** *tech.* a) (Klemm-) Backe *f,* Backen *m,* b) Klaue *f:* **~ clutch** Klauenkupplung *f;* **~s** *pl of* Life Rettungsspreizer *m.* **6.** *mar.* Gaffelklaue *f.* **7.** *colloq.* a) Geschwätz *n,* Gerede *n,* b) Plaude'rei *f,* Schwätzchen *n,* Plausch *m,* c) freches *od.* unverschämtes Gerede: **hold your ~!, none of your ~!** sei gefälligst nicht so frech!, komm mir ja nicht ˌdumm'!, d) Mo'ralpredigt *f.* **II** *v/i* **8.** *colloq.* a) **~ away** plaudern, plauschen, schwatzen, b) ˌpredigen': **to ~ at s.o.** j-m e-e Moralpredigt halten. **III** *v/t* **9.** *colloq.* j-m ˌdumm' kommen.

---

**'jaw·bone I** *s* **1.** *anat.* Kiefer(knochen) *m.* **2.** *Am. sl.* Kre'dit *m:* **on ~** auf Kredit. **II** *v/t* **3.** *Am. sl.* a) eindringliche Ap'pelle richten an (*Wirtschafts-, Gewerkschaftsführer*), b) *Preiserhöhungen, Lohnforderungen* durch eindringliche Ap'pelle beeinflussen. **'~bon·ing** *s Am. sl.* eindringliche Appelle *e-s* Regierungschefs *etc* an die Wirtschafts- u. Gewerkschaftsführer zur Mäßigung bei Preiserhöhungen u. Lohnforderungen. **'~break·er** *s* **1.** *tech.* Zer'kleinerungsmaˌschine *f.* **2.** *colloq.* ˌZungenbrecher' *m* (*Wort*). **'~break·ing** *adj colloq.* ˌzungenbrecherisch'. **~chuck** *s tech.* Backenfutter *n.* **~crush·er** → **jawbreaker 1.**

**jawed** [dʒɔːd] *adj in Zssgn mit … Kinn-backen:* **broad-~.**

**ˌjaw-'jaw** *Br. colloq.* **I** *v/i* endlos reden. **II** *s* endloses Gerede.

**jay¹** [dʒeɪ] *s* **1.** *orn.* Eichelhäher *m.* **2.** *colloq.* Lästermaul *n,* Klatschtante *f.* **3.** *colloq.* a) ˌBauer' *m:* **~ girl** ˌBauerntrampel' *m,* b) ˌEinfaltspinsel' *m,* ˌTrottel' *m.*

**jay²** [dʒeɪ] *s* **1.** Jot *n* (*Buchstabe*). **2.** → **joint 7.**

**'Jayˌhawk·er** *s Am.* (*Spitzname für e-n*) Bewohner von Kansas.

**'jay·walk** *v/i* unachtsam *od.* verkehrswidrig auf *od.* über die Straße gehen. **'~ˌwalk·er** *s* unachtsamer Fußgänger. **'~ˌwalk·ing** *s* unachtsames *od.* verkehrswidriges Verhalten (*e-s Fußgängers*).

**jazz** [dʒæz] **I** *s* **1.** *mus.* 'Jazz(muˌsik) *m.* **2.** *colloq.* ˌSchmiß' *m,* Schwung *m.* **3.** *colloq.* a) ˌKrampf' *m,* Blödsinn *m,* b) **and all that ~** u. so ein ˌZeug(s)'. **II** *adj* **4.** Jazz…: **~ band (music,** *etc*). **5.** → **jazzy 2. III** *v/t* **6.** *oft* **~ up** *mus.* verjazzen. **7.** *meist* **~ up** *colloq.* a) ˌSchmiß' *od.* Schwung bringen in (*acc*), b) *j-n* ˌaufmöbeln', c) *etwas* ˌaufmöbeln', ˌaufmotzen'. **IV** *v/i* **8.** jazzen, Jazz spielen. **9.** *colloq.* her'umhopsen. **'jazz·man** *s irr* → **jazzer.**

**jazz·y** ['dʒæzɪ] *adj* (*adv* **jazzily**) **1.** jazzartig. **2.** *colloq.* ˌknallig' (*Farben*), (*a. Kleider etc*) ˌpoppig'.

**jeal·ous** ['dʒeləs] *adj* (*adv* **~ly**) **1.** eifersüchtig: **~ husband. 2.** neidisch (of auf *acc*), 'mißgünstig: **to be ~ of s.o.** auf j-n neidisch *od.* eifersüchtig sein; **she is ~ of his success** sie mißgönnt ihm s-n Erfolg. **3.** (of) eifersüchtig besorgt (um), sehr bedacht (auf *acc*): **to be ~ of one's rights. 4.** argwöhnisch, 'mißtrauisch (of gegen'über): **to keep a ~ eye on s.o.** j-n argwöhnisch beobachten. **jeal·ous·y** ['dʒeləsɪ] *s* **1.** a) Eifersucht *f,* b) *meist pl* Eifersüchte'lei *f* (*a. weitS.*). **2.** Neid *m,* 'Mißgunst *f.* **3.** Argwohn *m,* 'Mißtrauen *n.*

**jean** [dʒiː n] *s* **1.** [*Br. a.* dʒeɪn] geköperter Baumwollstoff. **2.** *pl* Jeans *pl.* **jeaned** *adj* in Jeans.

**jeep** [dʒiː p] (*TM*) *s mot. mil.* Jeep *m.*

**jee·pers (cree·pers)** ['dʒiː pəz; ˌ-'kriːpəz] *interj Am. colloq.* ˌMensch Meier!'

**jeer¹** [dʒɪə(r)] **I** *v/i* (**at**) a) höhnische Bemerkungen machen (über *acc*), b) höhnisch lachen (über *acc*): **to ~ at** → a. II. **II** *v/t* verhöhnen. **III** *s* a) höhnische Bemerkung, b) Hohngelächter *n.*

**jeer²** [dʒɪə(r)] *s meist pl mar.* Rahtakel *f.*

**'jeer·ing** *s meist pl* höhnisch: **~ laugh-ter** Hohngelächter *n.*

**je·had** → **jihad.**

**Je·ho·va** [dʒɪˈhəʊvə] *s Bibl.* Je'hova *m.* **~'s Wit·ness** *s relig.* Zeuge *m* Je'hovas.

**Je·hu** ['dʒiː hjuː; *Am. a.* -huː] **I** *npr Bibl.* Jehu *m* (*König von Jerusalem*). **II** *s* j~ *mot. colloq.* ˌRaser' *m.*

**je·june** [dʒɪˈdʒuː n] *adj* (*adv* **~ly**) **1.** ohne Nährwert: **~ food. 2.** *fig.* trocken, lang-

---

weilig. **3.** *fig.* kindisch, na'iv. **je'june-ness** *s* **1.** Trockenheit *f,* Langweiligkeit *f.* **2.** Naivi'tät *f.*

**je·ju·num** [dʒɪˈdʒuː nəm] *s anat.* Je'junum *n,* Leerdarm *m.*

**Jek·yll and Hyde** [ˌdʒekɪləndˈhaɪd; ˌdʒiː-] *s* Mensch *m* mit e-r gespaltenen Per'sönlichkeit. **ˌ~-and-'Hyde** *adj* gespalten: **~ personality.**

**jell** [dʒel] **I** *v/i* **1.** ge'lieren. **2.** *fig.* Gestalt annehmen. **II** *v/t* **3.** ge'lieren lassen, zum Ge'lieren bringen. **III** *s Am. colloq. für* **jelly I.**

**jel·lied** ['dʒelɪd] *adj* **1.** gal'lertartig. **2.** in As'pik *od.* Sülze: **~ fish.**

**jel·li·fy** ['dʒelɪfaɪ] → **jell 1, 3.**

**jel·lo** ['dʒeləʊ] *pl* **-los** *Am.* → **jelly 1 d.**

**jel·ly** ['dʒelɪ] **I** *s* **1.** a) Gal'lert(e *f*) *n,* b) Ge'lee *n,* c) As'pik *m,* Sülze *f,* d) Götterspeise *f,* ˌWackelpeter *m,* -pudding' *m:* **his knees shook like ~** er hatte ˌGummiknie'. **2.** *tech. Br. colloq.* Gela'tinedynaˌmit *n.* **II** *v/i* **3.** → **jell I. III** *v/t* **4.** → **jell 3. 5.** in *od.* Sülze einlegen: → **jellied 2. ~ba·by** *s Br.* Gummibärchen *n.* **'~fish** *s* **1.** *zo.* (*e-e*) Qualle. **2.** *colloq.* ˌWaschlappen' *m,* Schwächling *m,* Kerl *m* ohne Rückgrat.

**jem·my** ['dʒemɪ] *Br.* **I** *s* Brech-, Stemmeisen *n.* **II** *v/t* a. **~ open** aufbrechen, -stemmen.

**Je·na glass** ['jeɪnə] *s* Jenaer Glas *n.*

**jen·net** ['dʒenɪt] *s* **1.** *zo.* Eselin *f.* **2.** kleines spanisches Reitpferd.

**jen·ny** ['dʒenɪ] *s* **1.** → **spinning jenny. 2.** *zo.* Weibchen *n,* bes. Eselin *f:* **~ wren** Zaunkönigweibchen *n.* **3.** *tech.* Laufkran *m.*

**Jen·sen·ism** ['jensənɪzəm] *s* Jense'nismus *m* (*Lehre, nach der die Intelligenz weitestgehend erbbedingt ist*).

**jeop·ard·ize** ['dʒepə(r)daɪz] *v/t j-n, etwas* gefährden, in Gefahr bringen, *etwas* in Frage stellen. **'jeop·ard·y** *s* Gefahr *f:* **to be in ~** gefährdet *od.* in Gefahr sein; **to put** (*od.* **place**) **in ~** → **jeopardize; double ~** *jur. bes. Am.* (Verbot *n* der) doppelte(n) Strafverfolgung *e-s* Täters wegen derselben Tat.

**jer·bo·a** [dʒɜː(r)ˈbəʊə; *Am.* dʒər-] *s zo.* Wüstenspringmaus *f,* Jer'boa *m.*

**jer·e·mi·ad** [ˌdʒerɪˈmaɪəd; -æd] *s* Jeremi'ade *f,* Klagelied *n.*

**Jer·e·mi·ah** [ˌdʒerɪˈmaɪə] *npr u. s* **1.** *Bibl.* (das Buch) Jere'mia(s) *m.* **2.** *fig.* 'Unglücksproˌphet *m,* Schwarzseher *m.* **ˌJer·e'mi·as** [-əs] → **Jeremiah 1.**

**Jer·i·cho** ['dʒerɪkəʊ] *npr Bibl.* Jericho *n.*

**jerk¹** [dʒɜː k; *Am.* dʒɜːrk] **I** *s* **1.** a) Ruck *m,* b) ruckartige Bewegung, c) Sprung *m,* Satz *m:* **by ~s** sprung-, ruckweise; **at one ~** auf einmal; **with a ~** plötzlich, mit e-m Ruck; **to give a ~** rucken, e-n Satz machen (*Auto etc*), zs.-zucken (*Person*) (→ 2); **to give s.th. a ~** e-r Sache e-n Ruck geben, ruckartig an *etwas* ziehen. **2.** *med.* a) Zuckung *f:* **to give a ~** zucken (→ 1), b) (*bes.* 'Knie)Reˌflex *m,* c) *pl Am. sl.* Veitstanz *m.* **3.** *pl meist* **physical ~s** *Br. colloq. gym'*nastische Übungen *pl.* **4.** Gewichtheben: Stoßen *n.* **5.** *bes. Am. sl.* ˌTrottel' *m,* ˌBlödmann' *m.* **II** *v/t* **6.** e-n Ruck geben (*dat*); ruckartig ziehen an (*dat*): **to ~ out** mit e-m Ruck herausziehen; **to ~ o.s. free** sich losreißen; **she ~ed the letter out of my hand** sie riß mir den Brief aus der Hand. **7.** *meist* **~ out** *Worte* her'vorstoßen: **to ~ out one's words** abgehackt sprechen. **8.** **to ~ o.s. off** → 11. **III** *v/i* **9.** sich ruckartig *od.* ruckweise bewegen: **to ~ along** dahinruckeln; **to ~ forward** e-n Ruck *od.* Satz nach vorn machen; **to ~ to a stop** ruckartig *od.* mit e-m Ruck stehenbleiben. **10.** (zs.-)zucken. **11.** **~ off** *bes. Am. vulg.*

,wichsen', ,sich e-n runterholen' (*masturbieren*).

**jerk²** [dʒɜːk; *Am.* dʒɜrk] **I** *v/t Fleisch in Streifen schneiden u.* an der Luft dörren. **II** *s* in Streifen geschnittenes u. an der Luft gedörrtes Fleisch.

**jerk·er** ['dʒɜːkə; *Am.* 'dʒɜrkər] → **soda jerk(er).**

**jer·kin¹** ['dʒɜːkɪn; *Am.* 'dʒɜr-] *s* **1.** Weste *f.* **2.** *hist.* (Leder)Wams *n.*

**jer·kin²** ['dʒɜːkɪn; *Am.* 'dʒɜr-] *s orn.* männlicher Gerfalke.

**'jerk₁wa·ter** *adj Am. colloq.* unbedeutend, Provinz...: ~ **college;** ~ **politician** ,Schmalspurpolitiker' *m;* ~ **town** ,Nest' *n,* ,Kaff' *n.*

**jerk·y¹** ['dʒɜːkɪ; *Am.* 'dʒɜrkiː] *adj (adv* **jerkily) 1.** a) ruckartig, (Bewegungen) fahrig, b) stoß-, ruckweise. **2.** *bes. Am. sl.* blöd, albern.

**jerk·y²** ['dʒɜːkɪ; *Am.* 'dʒɜrkiː] → **jerk² II.**

**jer·o·bo·am** [ˌdʒerə'bəʊəm] *s* große Weinflasche, (*etwa*) Vier'literflasche *f.*

**jerque** [dʒɜːk] *v/t Br.* Schiffspapiere zollamtlich über'prüfen.

**jer·ry¹** ['dʒerɪ] *s colloq.* **1.** *Br.* ,Pott' *m,* ,Thron' *m* (*Nachttopf*). **2.** → **jeroboam.**

**Jer·ry²** ['dʒerɪ] *s bes. Br. sl.* a) Deutsche(r) *m, bes.* deutscher Sol'dat, b) *collect.* (*die*) Deutschen *pl.*

**'jer·ry₁build** *v/t irr* **1.** schlampig bauen: **jerry-built house** ,Bruchbude' *f.* **2.** *fig. ein Buch etc* ,zs.-stoppeln'. **'~-₁build·er** *s* Erbauer *m* von minderwertigen Häusern (*bes. zu Spekulationszwecken*). ~ **can** *s Br.* großer (Ben'zin-) Ka₁nister.

**jer·sey¹** ['dʒɜːzɪ; *Am.* 'dʒɜrziː] *s* **1.** Pull'over *m.* **2.** *sport* Tri'kot *n.* **3.** Jersey *m* (*feinmaschig gewirkter od. gestrickter Kleiderstoff aus Wolle, Baumwolle od. Chemiefasern*): ~ **suit** Jerseyanzug *m.*

**Jer·sey²** ['dʒɜːzɪ; *Am.* 'dʒɜrziː] *s zo.* Jersey(rind) *n.*

**Je·ru·sa·lem| ar·ti·choke** [dʒə'ruːsələm] *s bot.* 'Erdarti₁schocke *f.* ~ **cross** *s her.* Je'rusalemkreuz *n.*

**jes·sa·mine** ['dʒesəmɪn] → **jasmin(e).**

**Jesse win·dow** ['dʒesɪ] *s* mit dem Stammbaum Christi bemaltes Fenster.

**jest** [dʒest] **I** *s* **1.** Spaß *m:* **in** ~ im *od.* zum Scherz. **2.** Spott *m.* **3.** Zielscheibe *f* des Spotts: **standing** ~ Zielscheibe ständigen Spotts. **II** *v/i* **4.** spaßen: **to** ~ **with** (s-n) Spaß treiben mit; **he's not a man to** ~ **with** er läßt nicht mit sich spaßen. **5.** spotten (**about** über *acc*): **this is nothing to** ~ darüber sollte man so etwas spottet man nicht. **'jest·er** *s* **1.** Spaßvogel *m.* **2.** *hist.* (Hof)Narr *m.* **'jest·ing** **I** *adj* **1.** a) spaßend, b) spaßhaft. **2.** a) spottend, b) **this is no** ~ **matter** über so etwas sollte man nicht. **II** *s* **3.** Scherz(en *n*) *m.* **4.** Spott(en *n*) *m.* **'jest·ing·ly** *adv* im *od.* zum Scherz.

**Jes·u·it** ['dʒezjʊɪt; -zʊɪt; *Am.* 'dʒeʒwət; -zəwət] *s* **1.** *R.C.* Jesu'it *m.* **2.** *fig. contp.* Jesu'it *m* (*Mensch, der trickreich u. oft wortverdrehend zu argumentieren versteht u. den man für unaufrichtig hält*). **Jesu'it·ic** [-zjʊ'ɪtɪk; -zʊ'ɪ-; *Am.* -ʒə'wɪtɪk; -zə'w-] *adj;* **Jes·u'it·i·cal** *adj (adv* ~**ly)** *R.C.* jesu'itisch (*a. fig. contp.*), Jesuiten... **'Jes·u·it·ism, 'Jes·u·it·ry** [-rɪ] *s R.C.* Jesui'tismus *m* (*a. fig. contp.*), Jesu'itentum *n.*

**Je·sus| freak** ['dʒiːzəs] *s sl.* Anhänger(in) der Jesus-People-Bewegung. ~ **Movement** *s* Jesus-People-Bewegung *f* (*Anfang der 70er Jahre in den USA entstandene Jugendbewegung, die sich gegen die Leistungs- u. Konsumgesellschaft richtet u. durch stark emotionale Hingabe an Jesus gekennzeichnet ist*). ~ **Peo·ple** *s pl* Jesus People *pl* (*Anhänger der Jesus-People-Bewegung*).

**jet¹** [dʒet] **I** *s* **1.** *min.* Ga'gat *m,* Jet(t) *m, n,* schwarzer Bernstein. **2.** Jet(t)-, Tiefschwarz *n.* **II** *adj* **3.** aus Ga'gat. **4.** jet(t)-, tiefschwarz.

**jet²** [dʒet] **I** *s* **1.** (*Wasser-, Dampf-, Gasetc*)Strahl *m:* ~ **of flame** Feuerstrahl, Stichflamme *f.* **2.** *tech.* Düse *f,* Strahlrohr *n.* **3.** a) → **jet engine,** b) *aer.* Jet *m,* Düsenflugzeug *n.* **II** *v/i* **4.** (her'aus-, her'vor)schießen (**from** aus). **5.** *aer. mil.* mit e-m Jet fliegen, ,jetten'. **III** *v/t* **6.** ausstrahlen, -stoßen, -spritzen. **7.** an-, bespritzen (**with** mit). **8.** *aer.* mit e-m Jet fliegen *od.* befördern, ,jetten'.

**jet| age** *s* Düsenzeitalter *n.* ~ **air·lin·er** → **jetliner.** **'~-as₁sist·ed take-off** *s aer.* Start *m* mit 'Starthilfsra₁kete. ~ **black** → **jet¹ 2.** **'~boat** *s* Düsenboot *n.* **'~borne** *adj* im Jet befördert. ~ **carbu·re·t⟨t⟩or** *s aer.* Einspritz-, Düsenvergaser *m.* ~ **en·gine** *s aer.* Strahlmotor *m,* -triebwerk *n.* ~ **fa·tigue** → **jet lag.** ~ **fight·er** *s aer. mil.* Düsenjäger *m.* ~ **flame** *s* Stichflamme *f.* **'~hop** *v/i aer. colloq.* ,jetten'. ~ **lag** *s* Störung des gewohnten Alltagsrhythmus durch die Zeitverschiebung bei Langstreckenflugreisen: **he is suffering from** ~ er ist durch die Zeitverschiebung völlig aus dem Rhythmus (gekommen). **'~lin·er** *s* Jetliner *m,* Düsenverkehrsflugzeug *n.* **~pi·lot** *s aer.* 'Düsenpi₁lot *m.* ~ **plane** *s aer.* Düsenflugzeug *n.* **'~port** *s* Flugplatz *m* für Düsenflugzeuge. **'~pro₁pelled** *adj* **1.** *bes. aer.* düsengetrieben, mit Düsen- *od.* Strahlantrieb, Düsen... **2.** *colloq.* a) e'nergisch, dy'namisch, b) blitzschnell: **at** ~ **speed** mit rasender Geschwindigkeit. ~ **pro·pul·sion** *s bes. aer.* Düsen-, Strahlantrieb *m.*

**jet·sam** ['dʒetsəm] *s mar.* **1.** Seewurfgut *n* (*in Seenot über Bord geworfene Ladung*). **2.** Strandgut *n:* → **flotsam 1.**

**jet| set** *s* Jet-set *m* (*Schicht der internationalen Gesellschaft, die über genügend Geld verfügt, um sich – unter Benutzung von* [*Privat*]*Jets – an verschiedenen Plätzen, die gerade ,in' sind, zu vergnügen*). **'~setter** *s* Angehörige(r *m*) *f* des Jet-set. ~ **stream** *s meteor.* Jetstream *m* (*starker Luftstrom in der Tropo- od. Stratosphäre*).

**~ syn·drome** → **jet lag.**

**jet·ti·son** ['dʒetɪsn; -zn] **I** *s* **1.** *mar.* Über'bordwerfen *n* (*e-r Ladung, a. fig. von Prinzipien etc*), Seewurf *m.* **2.** *aer.* Notwurf *m.* **3.** Absprengung *f.* **4.** a) Wegwerfen, b) *fig.* Fallenlassen *n.* **II** *v/t* **5.** *mar.* über Bord werfen (*a. fig.*). **6.** *aer.* (im Notwurf) abwerfen, Treibstoff ablassen. **7.** ausgebrannte Raketenstufe absprengen. **8.** a) alte Kleidung *etc* wegwerfen, b) *fig.* j-n, e-n Plan *etc* fallenlassen. **'jet·ti·son·a·ble** *adj aer.* abwerfbar, Abwurf...: ~ **tank.**

**jet·ton** ['dʒetn] *s* Je'ton *m,* Spielmarke *f,* -münze *f.*

**jet·ty** ['dʒetɪ] *s mar.* **1.** Hafendamm *m,* Mole *f,* Außenpier *m.* **2.** Landungsplatz *m,* Anlegestelle *f.* **3.** Strombrecher *m* (*an Brücken*).

**jeu·nesse do·rée** [ˌʒɜːˌnesdɔː'reɪ] *s* Jeu'nesse *f* do'rée (*die zur begüterten Oberschicht gehörenden Jugendlichen*).

**Jew** [dʒuː] *s* **1.** Jude *m,* Jüdin *f.* **2.** *a.* **j-** *sl. contp.* a) *j-d, der hart verhandelt,* b) Geizhals *m,* -kragen *m.* **II** *adj* **3.** *oft contp.* → **Jewish 1. III** *v/t* **4.** *oft* **j-** *sl. contp.* hart verhandeln (**to** auf *acc*). **~down** herunterhandeln (**to** auf *acc*). **'~bait·ing** *s* a) Judenverfolgung *f,* b) Judenhetze *f.*

**jew·el** ['dʒuːəl] **I** *s* **1.** Ju'wel *m, n,* Edelstein *m:* ~ **box** Schmuckkassette *f,* -schatulle *f.* **2.** *tech.* Stein *m* (*e-r Uhr*). **3.** *fig.* Ju'wel *n:* a) Kleinod *n* (*Sache*), b) ,Schatz' *m* (*Person*). **II** *v/t pret u. pp* **-eled,** *bes. Br.*

**-elled 4.** mit Ju'welen schmücken *od.* besetzen. **5.** *tech. e-e Uhr* mit Steinen auslegen. **'jew·el·er,** *bes. Br.* **'jew·el·ler** *s* Juwe'lier *m.* **'jew·el·ry,** *bes. Br.* **'jew·el·ler·y** [-rɪ] *s* Ju'welen *pl, weit S.* Schmuck *m:* **piece of** ~ Schmuckstück *n;* ~ **case** Schmuckkassette *f,* -schatulle *f.*

**Jew·ess** ['dʒuːɪs] *s* Jüdin *f.*

**jew·ing** ['dʒuːɪŋ] *s orn.* Kehllappen *m.*

**Jew·ish** ['dʒuːɪʃ] *adj* **1.** jüdisch, Juden...: **the** ~ **calendar;** ~ **studies** Judaistik *f,* Hebraistik *f.* **2.** *sl. contp.* geizig.

**Jew·ry** ['dʒʊərɪ] *s* **1.** (*das*) Judentum, (*die*) Juden *pl:* **world** ~ Weltjudentum. **2.** *hist.* Judenviertel *n,* G(h)etto *n.*

**'Jew's-ear** *s* **1.** Judasohr *n,* Ho'lunderschwamm *m.* **2.** Becherling *m.* **j~-harp** [ˌ-'hɑː(r)p; *Am. bes.* '₁-h-] *s mus.* Maultrommel *f.* ~ **mal·low** *s bot.* Jutepflanze *f,* Indischer Flachs. ~ **myr·tle** *s bot.* Echte Myrte.

**Jews' thorn** *s bot.* Christusdorn *m.*

**Jez·e·bel** ['dʒezəbl; -bel] **I** *npr* Isebel *f,* Jezabel *f* (*jüdische Königin*). **II** *s fig.* a) schamlose Frau, b) Intri'gantin *f.*

**jib¹** [dʒɪb] **I** *s mar.* Klüver *m,* Fock *f* (*od. outer*) ~ **Außenklüver; the cut of his** ~ *colloq. obs.* a) sein Aussehen, s-e äußere Erscheinung, b) die Art, wie er sich gibt. **II** *v/i u. v/t* → **jibe¹.**

**jib²** [dʒɪb] *v/i* **1.** scheuen, bocken (**at** vor *dat*). **2.** *fig.* störrisch *od.* bockig sein: **to** ~ **at** a) sich sträuben gegen, b) ,streiken' bei.

**jib³** [dʒɪb] → **jibboom 2.**

**'jib₁boom** *s* **1.** *mar.* Klüverbaum *m.* **2.** *tech.* Ausleger *m* (*e-s Krans etc*). ~ **door** *s* Ta'petentür *f.*

**jibe¹** [dʒaɪb] *mar.* **I** *v/i* **1.** giepen, sich 'umlegen (*Segel*). **2.** drehen, den Kurs ändern. **II** *v/t* **3.** *Segel* 'übergehen lassen (*beim Segeln vor dem Wind*). **4.** *Segel* 'durchkaien.

**jibe²** [dʒaɪb] *v/i colloq.* über'einstimmen (**with** mit).

**jibe³** → **gibe¹.**

**jif·fy** ['dʒɪfɪ], *a.* **jiff** *s colloq.* Augenblick *m:* **in a** ~ im Nu, im Handumdrehen; **half a ~!, wait a ~!** Augenblick!; **I won't be a** ~ a) ich komme gleich, b) ich bin gleich wieder da.

**jig¹** [dʒɪg] **I** *s* **1.** *tech.* a) (Auf-, Ein-) Spannvorrichtung *f,* Bohrvorrichtung *f,* -futter *n,* b) ('Bohr)Scha₁blone *f.* **2.** *Angeln:* Heintzblinker *m.* **3.** *Bergbau:* a) Kohlenwippe *f,* b) 'Setzma₁schine *f.* **II** *v/t* **4.** *tech.* mit e-r Einstellvorrichtung *od.* e-r Scha'blone 'herstellen. **5.** *Bergbau: Erze* setzen, scheiden.

**jig²** [dʒɪg] **I** *s* **1.** *mus.* → **gigue: the** ~ **is up** *colloq.* das Spiel ist aus. **2.** ruckartige Auf- u. Abbewegung. **II** *v/t* **3.** ruckweise auf u. ab bewegen: **to** ~ **one's feet** mit den Füßen wippen; **he ~ged his son on his knees** er ließ s-n Sohn auf den Knien wippen *od.* reiten. **III** *v/i* **4.** e-e Gigue tanzen. **5.** *a.* sich ruckweise auf u. ab bewegen, b) ~ **about** (*od.* **around**) her'umhüpfen.

**jig³, jigg** [dʒɪg] *s Am. sl. contp.* ,Nigger' *m.*

**jig·ger¹** ['dʒɪgə(r)] **I** *s* **1.** Giguetänzer(in). **2.** *mar.* a) Be'san *m,* b) a. ~ **mast** Be'sanmast *m,* c) Jigger *m,* Handtalje *f,* d) Jollentau *m,* e) kleines Boot mit Jollentakelung. **3.** *tech.* Erzscheider *m,* Siebsetzer *m.* **4.** *tech.* Rüttelvorrichtung *f:* a) *Bergbau:* Setzsieb *n,* 'Sieb₁setzma₁schine *f,* b) 'Schleifma₁schine *f (für lithographische Steine),* c) Dreh-, Töpferscheibe *f,* d) Speicherkran *m,* e) *electr.* Kopplungsspule *f.* **5.** → **jig¹ 2. 6.** *Am.* a) kleiner Meßbecher (*für Cocktails*), (*etwa*) Schnapsglas *n,* b) kleines Whiskyglas. **7.** *Golf:* Jigger *m* (*meist für Annähe-*

*rungsschläge benutzter Eisenschläger).* **8.** Billard: (Holz)Bock *m (für das Queue).* **9.** *Am. colloq.* ‚Dingsbums' *n.* **II** *v/t* **10.** *Am. colloq. e-e Bilanz etc* ‚fri'sieren', manipu'lieren.

**jig·ger²** [ˈdʒɪgə(r)] *s zo.* **1.** *a.* ~ flea Sandfloh *m.* **2.** → **chigger** 1.

**jig·gered** [ˈdʒɪgə(r)d] *adj colloq.* **1.** I'm ~ if der Teufel soll mich holen, wenn. **2.** to be ~ *Br.* a) ‚baff' *od.* ‚platt' sein: well, I'm ~! da bin ich aber baff!, b) ‚kaputt' *od.* ‚fix u. fertig' sein.

**jig·ger·y-pok·er·y** [ˌdʒɪgərɪˈpəʊkərɪ] *s bes. Br. colloq.* ‚Schmu' *m,* ‚fauler Zauber'.

**jig·gle** [ˈdʒɪgl] **I** *v/t* a) wackeln mit, b) schütteln, c) rütteln an *(dat).* **II** *v/i* wackeln.

**'jig·saw** *s* **1.** *tech.* Deku'piersäge *f.* **2.** → jigsaw puzzle. ~ **puz·zle** *s* Puzzle(spiel) *n.*

**ji·had** [dʒɪˈhæd; ˈhɑːd] *s* Heiliger Krieg *(der Mohammedaner).*

**jil·lion** [ˈdʒɪljən] *s colloq.* Unmenge *f,* -zahl *f:* ~s of pounds jede Menge Pfund.

**jilt** [dʒɪlt] **I** *v/t* a) *ein Mädchen* ‚sitzenlassen', b) *e-m Liebhaber, e-m Mädchen* ‚den Laufpaß geben'. **II** *s* a) *Frau, die e-m Mann ‚den Laufpaß gibt',* b) *Mann, der häufig die Freundinnen wechselt.*

**Jim| Crow** [dʒɪmˈkrəʊ] *Am.* **I** *s* **1.** *contp.* ‚Nigger' *m (Neger).* **2.** → Jim Crowism. **3.** j~ c~ *tech.* Brechstange *f.* **II** *adj* **4.** (nur) für Schwarze. **5.** diskrimi'nierend. ~ **Crow·ism** *s Am.* 'Rassendiskrimi,nierung *f.*

**jim·i·ny** [ˈdʒɪmɪnɪ] *interj* herr'je!

**jim·jams** [ˈdʒɪmdʒæmz] *s pl colloq.* **1.** De'lirium *n* tremens. **2.** → jitter I.

**jim·my** [ˈdʒɪmɪ] *Am. für* jemmy.

**jin·gle** [ˈdʒɪŋgl] **I** *v/i* **1.** klimpern *(Münzen etc),* ‚bimmeln' *(Glöckchen etc).* **II** *v/t* **2.** klimpern mit, ‚bimmeln' lassen. **III** *s* **3.** Klimpern *n,* ‚Bimmeln' *n:* ~ bell a) → 5, b) Schlittenglocke *f,* c) *tech.* Si'gnalglocke *f.* **4.** Glöckchen *n.* **5.** einprägsames Verschen *od.* Liedchen *(bes. in der Werbung),* Werbespruch *m.* **'jin·gling** *adj* **1.** klimpernd, ‚bimmelnd'. **2.** *fig.* einprägsam, eingängig.

**jin·go** [ˈdʒɪŋgəʊ] **I** *s l. pl* **-goes** *pol.* Jingo *m,* Chauvi'nist *m,* Nationa'list *m.* **2.** → jingoism. **II** *adj* **3.** *pol.* chauvi'nistisch, nationa'listisch. **III** *interj* **4.** by ~! Donnerwetter! **'jin·go·ism** *s pol.* Jingo'ismus *m,* Chauvi'nismus *m,* Nationa'lismus *m.* **'jin·go·ist** **I** *s* → jingo 1. **II** *adj* → jingo 3. **,jin·go'is·tic** *adj (adv* ~ally) → jingo 3.

**jink** [dʒɪŋk] **I** *s* (geschickte) Ausweichbewegung. **II** *v/i* (geschickt) ausweichen.

**jinks** [dʒɪŋks] *s pl:* high ~ Ausgelassenheit *f;* they were having high ~ bei ihnen ‚ging es hoch her'.

**jinn** [dʒɪn] *s* **1.** *pl von* jinnee, jinni. **2.** *pl* jinns, jinn → jinnee. **jin·nee, jin·ni** [dʒɪˈniː; ˈdʒɪnɪ] *pl* **jinn** [dʒɪn] *s* Dschinn *m (Geist im islamischen Volksglauben).*

**jin·rick·sha, jin·rick·shaw, jin·rik·i·sha, jin·rik·sha** [dʒɪnˈrɪkʃə; -ʃɔː] *s* Rikscha *f.*

**jinx** [dʒɪŋks] *colloq.* **I** *s* **1.** Unglücksbringer *m.* **2.** Pech *n,* Unheil *n,* Unglück *n:* there seems to be a ~ on our work mit unserer Arbeit ist es wie verhext; to break the ~ den Bann brechen; to put a ~ on → 3. **II** *v/t* **3.** a) Unglück bringen *(dat),* ‚verhexen': our work seems to be ~ed mit unserer Arbeit ist es wie verhext. **4.** *etwas* ‚vermasseln'.

**jis·som** [ˈdʒɪsəm] *s vulg.* ‚Soße' *f (Sperma).*

**jit·ney** [ˈdʒɪtnɪ] *s Am.* **1.** *kleiner Bus, der in unregelmäßigen Abständen fährt.* **2.** *sl.* Fünf'centstück *n.*

**jit·ter** [ˈdʒɪtə(r)] *colloq.* **I** *s:* the ~s *pl* ‚Bammel' *m,* e-e ‚Heidenangst' (about vor *dat);* to have the ~s → II. **II** *v/i* a) ‚Bammel' *od.* e-e ‚Heidenangst' haben, b) ‚furchtbar' ner'vös sein.

**jit·ter·bug** [ˈdʒɪtəbʌg] **I** *s* **1.** *mus.* Jitterbug *m (um 1935 aus dem Boogie-Woogie entstandener Tanz, der durch akrobatische, formlose Bewegungen gekennzeichnet ist).* **2.** Jitterbugtänzer(in). **3.** *fig.* Nervenbündel *n.* **II** *v/i* **4.** Jitterbug tanzen.

**jit·ter·y** [ˈdʒɪtərɪ] *adj colloq.* ‚furchtbar' ner'vös: to be ~ → jitter II.

**jiu·jit·su, jiu·jut·su** [dʒjuːˈdʒɪtsuː; *bes. Am.* dʒuː-] → jujitsu.

**jive** [dʒaɪv] **I** *s* **1.** *mus.* Jive *m:* a) → jitterbug 1, b) 'Swing(mu,sik *f*) *m.* **2.** *Am. sl.* Jar'gon *m, bes.* Jargon der Drogen- *od.* Unter'haltungsszene. **3.** *Am. sl.* a) Schwindel *m:* don't give me any of that ~! erzähl mir doch keine Märchen!, b) ‚Gequatsche' *n.* **II** *adj* **4.** *Am. sl.* ‚faul': a ~ excuse; he's ~ an dem ist etwas faul. **III** *v/t* **5.** *Am. sl. j-n* ‚anschwindeln'. **III** *v/i* **6.** a) swingen, Swing spielen *od.* tanzen, b) → jitterbug 4. **7.** *Am. sl.* Jar'gon sprechen. **8.** *Am. sl.* a) schwindeln, Märchen erzählen, b) ‚quatschen'.

**jo** [dʒəʊ] *pl* **joes** *s Scot.* ‚Schatz' *m,* Liebste(r *m*) *f.*

**job¹** [dʒɒb; *Am.* dʒɑb] **I** *s* **1.** (einzelne) Arbeit: to be on the ~ a) bei der Arbeit sein, b) in Aktion sein *(Maschine etc),* c) *Br. vulg.* gerade ‚e-e Nummer machen *od.* schieben' *(koitieren);* it was quite a ~ es war e-e ‚Heidenarbeit'; to do a ~ of work *Br. colloq.* ganze Arbeit leisten; I had a ~ doing *(od.* to do) it es war gar nicht so einfach (für mich), das zu tun; to make a good (bad) ~ of s.th. etwas gut (schlecht) machen; ~ order Arbeitsauftrag *m;* ~ production Einzel(an)fertigung *f;* ~ simplification Arbeitsvereinfachung *f;* ~ ticket Arbeitsauftrag *m,* -laufzettel *m;* → odd 9. **2.** *a.* ~ work *econ.* Stück-, Ak'kordarbeit *f:* by the ~ im Akkord; ~ time Akkordzeit *f;* ~ wage(s) Akkordlohn *m.* **3.** a) Beschäftigung *f,* Stellung *f,* Stelle *f,* Arbeit *f,* ‚Job' *m,* b) Arbeitsplatz *m:* out of a ~ arbeits-, stellungslos; ~ analysis Arbeitsplatzanalyse *f;* ~ classification *Am.* Berufsklassifizierung *f;* ~ control *Am.* gewerkschaftliche Einflußnahme auf die Personalpolitik *(e-r Firma);* ~ creation Arbeits(platz)beschaffung *f,* Beschaffung *f* von Arbeitsplätzen; ~ creation program(me) *(od.* scheme) Arbeitsbeschaffungsprogramm *n;* ~ description Tätigkeits-, Arbeits(platz)beschreibung *f;* ~ discrimination Benachteiligung *f* im Arbeitsleben; ~ evaluation *(Am. a.* rating) Arbeits(platz)bewertung *f;* ~ interview Einstellungsgespräch *n;* computers are ~ killers Computer vernichten Arbeitsplätze; ~ maintenance Erhaltung *f* der Arbeitsplätze; ~ market Arbeits-, Stellenmarkt *m;* ~ opportunities Arbeitsplatzmöglichkeiten; ~ rotation turnusmäßiger Arbeitsplatztausch; ~ security Sicherheit *f* des Arbeitsplatzes; ~ specification *Am.* Arbeits(platz)-, Tätigkeitsbeschreibung *f;* to know one's ~ s-e Sache verstehen; → boy 1. **4.** Sache *f:* a) Aufgabe *f,* Pflicht *f:* it is your ~ (to do it) das ist d-e Sache, b) Geschmack *m:* this is not everybody's ~ das ist nicht jedermanns Sache, das liegt nicht jedem. **5.** *Computer:* ‚Job' *m,* Auftrag *m.* **6.** *colloq.* Sache *f,* Angelegenheit *f:* that's a good ~! so ein Glück!; he's gone, and a good ~ too! er ist Gott sei Dank weg!; it's a good ~ I saw you wie *od.* nur gut, daß ich dich sah; to make the best of a bad

~ a) gute Miene zum bösen Spiel machen, b) das Beste daraus machen; to give up (on) as a bad ~ als hoffnungslos aufgeben; just the ~ colloq. genau das Richtige. **7.** *colloq.* a) ‚Schiebung' *f,* ‚krumme Tour', *bes.* 'Amts,mißbrauch *m,* b) ‚Ding' *n,* ‚krumme Sache': bank ~ Bankraub *m,* -überfall *m;* to catch s.o. on the ~ j-n auf frischer Tat ertappen; to do a ~ on s.o. a) j-n zs.-schlagen, b) *fig.* j-n ‚kaputtmachen'; to pull a ~ ein Ding drehen. **8.** *colloq.* a) ‚Ding' *n,* ‚Appa'rat' *m:* that new car of yours is a beautiful ~ dein neuer Wagen sieht ‚klasse' aus, b) ‚Nummer' *f,* ‚Type' *f (Person):* he is a tough ~ er ist ein unangenehmer Kerl. **9.** *pl Am.* a) beschädigte Ware(n *pl),* bes. Remit'tenden *pl (Bücher),* b) Ladenhüter *pl.*

**II** *v/i* **10.** Gelegenheitsarbeiten machen, ‚jobben'. **11.** (im) Ak'kord arbeiten. **12.** *Börse:* als Jobber tätig sein: to ~ in handeln mit. **13.** *Am.* an der Börse speku'lieren. **14.** *colloq.* ‚schieben', ‚Schiebungen' machen, *bes.* sein Amt *od.* s-e Stellung miß'brauchen.

**III** *v/t* **15.** *a.* ~ out *Arbeit* a) in Auftrag geben, b) im Ak'kord vergeben. **16.** *Am.* an der Börse speku'lieren mit. **17.** to ~ s.o. into a post *colloq.* j-m e-n Posten ‚zuschanzen'.

**Job²** [dʒəʊb] *npr Bibl.* Hiob *m,* Job *m:* (the Book of) ~ (das Buch) Hiob *m od.* Job *m;* patience of ~ Engelsgeduld *f;* that would try the patience of ~ das würde selbst e-n Engel zur Verzweiflung treiben; ~'s comforter *j-d, der durch s-n Trost alles nur noch schlimmer macht.*

**job·ber** [ˈdʒɒbə; *Am.* ˈdʒɑbər] *s* **1.** Gelegenheitsarbeiter *m,* ‚Jobber' *m.* **2.** Ak'kordarbeiter *m.* **3.** *Börse: Br.* Jobber *m (der auf eigene Rechnung Geschäfte tätigt).* **4.** *Am.* 'Börsenspeku,lant *m.* **5.** *colloq.* ‚Schieber' *m, bes. j-d, der sein Amt od. s-e Stellung mißbraucht.*

**job·ber·y** [ˈdʒɒbərɪ; *Am.* ˈdʒɑ-] *s* ‚Schiebung' *f, bes.* 'Amts,mißbrauch *m.*

**job·bing** [ˈdʒɒbɪŋ; *Am.* ˈdʒɑ-] *adj* **1.** im Ak'kord arbeitend, Akkord... **2.** Gelegenheitsarbeiten verrichtend, Gelegenheits...: ~ worker; ~ printer Akzidenzdrucker *m;* ~ work *print.* Akzidenzarbeit *f.* **II** *s* **3.** Ak'kordarbeit *f.* **4.** Gelegenheitsarbeit *f.* **5.** *Br. Effektenhandel auf eigene Rechnung.* **6.** 'Börsenspekulati,on(en *pl) f.* **7.** → jobbery.

**'job,hold·er** *s* **1.** Stelleninhaber(in). **2.** *Am.* Angestellte(r *m*) *f* des öffentlichen Dienstes, Staatsbedienstete(r *m*) *f.* **'~-hop** *v/i colloq.* häufig den Arbeitsplatz wechseln. ~ **hop·per** *s colloq.* j-d, der häufig den Arbeitsplatz wechselt. ~ **hop·ping** *s colloq.* häufiger Arbeitsplatzwechsel. **'~-hunt** *v/i:* to go ~ing auf Arbeitssuche gehen. ~ **hunt·er** *s* Arbeitssuchende(r *m*) *f.* ~ **hunt·ing** *s* Arbeitssuche *f.*

**'job·less** **I** *adj* arbeits-, stellungslos. **II** *s:* the ~ *pl* die Arbeitslosen *pl.*

**job lot** *s econ.* Ramsch-, Par'tieware(n *pl) f:* to sell as a ~ im Ramsch verkaufen.

**Jock¹** [dʒɒk; *Am.* dʒɑk] *s colloq.* Schotte *m.*

**jock²** [dʒɒk; *Am.* dʒɑk] *colloq.* → jockey 1.

**jock³** [dʒɒk; *Am.* dʒɑk] *colloq.* → jockstrap.

**jock⁴** [dʒɑk] *s Am. colloq. (bes. Schul-, College)Sportler(in).*

**jock·ette** [dʒɑˈket] *s Pferderennsport: Am.* Ama'zone *f.*

**jock·ey** [ˈdʒɒkɪ; *Am.* ˈdʒɑkɪ] **I** *s* **1.** *Pferderennsport:* Jockey *m.* **2.** *Am. colloq.* a) Fahrer *m:* truck ~, b) Bedienungsmann *m:* elevator ~ Liftboy *m.* **II** *v/t* **3.** *Am. colloq. Pferd (als Jockey)* reiten. **4.** *Am. colloq.*

a) *e-n Lastwagen etc* fahren, b) *e-n Aufzug etc* bedienen. **5.** manö'vrieren (*a. fig.*): **to ~ s.o. away** j-n ‚weglotsen‘; **to ~ s.o. into s.th.** j-n in etwas hineinmanövrieren; **to ~ s.o. into a position** j-m eine Stellung ‚zuschanzen‘; **to ~ out of** (*a*) *j-n* ‚hinausbugsieren‘ aus (*e-r Stellung etc*), b) *j-n* betrügen um. **III** *v/i* **6.** als Jockey reiten: **he has ~ed in many races** er ist schon in vielen Rennen geritten. **7. ~ for** ‚rangeln‘ um (*a. fig.*): **to ~ for position** *sport etc* sich e-e günstige (Ausgangs)Position zu verschaffen suchen (*a. fig.*). **~ cap** *s* Jockeymütze *f*. **~ pul·ley** *s tech.* Spann-, Leitrolle *f*. **~ weight** *s tech.* Laufgewicht *n* (*e-r Waage*). **~ wheel** → **jockey pulley**.

**jock·o** [ˈdʒɒkəʊ; *Am.* ˈdʒɑ-] *pl* **-os** *s zo.* Schim'panse *m*.

**'jock·strap** *s sport* Suspen'sorium *n* (*Unterleibsschutz*).

**jo·cose** [dʒəʊˈkəʊs] *adj* **1.** ausgelassen (*Person*). **2.** witzig, spaßig, spaßhaft (*Bemerkung etc*). **jo'cose·ly** *adv* im *od.* zum Spaß. **jo'cose·ness, jo'cos·i·ty** [-ˈkɒsɪtɪ; *Am.* -ˈkɑ-] *s* **1.** Ausgelassenheit *f*. **2.** Witzigkeit *f*, Spaßhaftigkeit *f*. **3.** Spaß *m*, Scherz *m*.

**joc·u·lar** [ˈdʒɒkjʊlə; *Am.* ˈdʒɑkjələr] *adj* → **jocose**. **ˌjoc·u'lar·i·ty** [-ˈlærətɪ] → **jocoseness**. **'joc·u·lar·ly** → **jocosely**.

**joc·und** [ˈdʒɒkənd; *Am.* ˈdʒɑ-] *adj* (*adv* **~ly**) lustig, fröhlich, heiter. **'joc·und·ness, jo·cun·di·ty** [dʒəʊˈkʌndətɪ] *s* Lustig-, Fröhlich-, Heiterkeit *f*.

**jodh·pur breech·es** [ˌdʒɒdpəˈbrɪtʃɪz; *Am.* ˌdʒɑdpərˈbriː-], **'jodh·purs** *s pl a.* pair of **~** Reithose *f*.

**Joe¹** [dʒəʊ] *s Am. colloq.* Bursche *m*, Kerl *m*.

**joe²** → **jo**.

**Joe‖Blow** *s Am. colloq.* der Mann auf der Straße. **~ Col·lege** *s Am. colloq.* 'College-Stu₁dent *m*, bes. e-r, der sein Studium nicht allzu ernst nimmt. **~ Doakes** [dəʊks] → **Joe Blow**.

**Jo·el** [ˈdʒəʊel; -əl] *npr u. s Bibl.* (das Buch) Joel *m*.

**Joe Mil·ler** [ˌdʒəʊˈmɪlə(r)] *s* **1.** Witzbuch *n*. **2.** Witz *m*, bes. Witz ‚mit Bart‘.

**jo·ey** [ˈdʒəʊɪ] *s Austral. colloq.* **1.** a) junges Känguruh, b) junges Tier. **2.** kleines Kind.

**jog¹** [dʒɒg; *Am.* dʒɑg] **I** *v/t* **1.** stoßen an (*acc*) *od.* gegen, j-n anstoßen, ‚stupsen‘: **to ~ s.o.'s memory** *fig.* j-s Gedächtnis nachhelfen. **2. ~ up and down** durchrütteln (*Bus etc*). **3.** Papierbogen *etc* geradestoßen, ausrichten. **4.** *Maschine etc* nur kurz (an)laufen lassen. **II** *v/i* **5.** a) trotten (*Person, Tier*), ‚zuckeln‘ (*Bus etc*): **to ~ along** dahintrotten, -zuckeln, b) *sport* joggen. **6. ~ along** *fig.* a) ‚vor sich hin wursteln‘, b) sich dahinschleppen (*Leben etc*). **III** *s* **7.** Stoß *m*, ‚Stups‘ *m*: **to give s.o.'s memory a** → **jog** 1.

**jog²** [dʒɑg] *s Am.* a) Vorsprung *m*, b) Einbuchtung *f*, c) Kurve *f*.

**jog·ger** [ˈdʒɒgə; *Am.* ˈdʒɑgər] *s sport* Jogger(in). **'jog·ging I** *s* a) Trotten *n*, ‚Zuckeln‘ *n*, b) *sport* Joggen *n*, Jogging *n*. **II** *adj sport* Jogging...: **~ shoes** (suit, etc).

**jog·gle** [ˈdʒɒgl; *Am.* ˈdʒɑgəl] **I** *v/t* **1.** (leicht) schütteln, rütteln (an *dat*), erschüttern (*a. fig.*). **2.** *tech.* verschränken, -zahnen, (ver)kröpfen. **II** *v/i* **3.** wackeln. **III** *s* **4.** Schütteln *n*, Rütteln *n*. **5.** *tech.* a) Verzahnung *f*: **~ beam** verzahnter Balken, Zahnbalken *m*, b) Zapfen *m*, c) Kerbe *f*, d) Falz *m*, Nut *f*.

**jog‖trot** *s* **1.** gemächlicher Trab, Trott *m*. **2.** *fig.* Trott *m*: a) Schlendrian *m*, b) Eintönigkeit *f*. **'~-trot I** *adj fig.* eintönig.

---

**II** *v/i* gemächlich traben (*bes. Pferd*), trotten (*Person, Tier*).

**John** [dʒɒn; *Am.* dʒɑn] *npr u. s* **1.** *Bibl.* a) Jo'hannes *m*, b) Jo'hannesevan₁gelium *n*: **~ the Baptist** Johannes der Täufer; (**the Epistles of**) **~** die Johannesbriefe. **2.** Jo'hann(es) *m*. **3.** a. **j~** *Am. sl.* a) ‚Typ‘ *m*, Kerl *m*, b) Freier *m* (*e-r Prostituierten*). **4. j~** *Am. colloq.* ‚Klo‘ *n*. **~ Bull** *s* a) England *n*, die Engländer *pl*, b) ein typischer Engländer. **~ Chi·na·man** *s Am. bes. contp.* a) China *n*, die Chi'nesen *pl*, b) chi'nesischer Einwanderer. **~ Doe** [dəʊ] *s* **1.** *fiktiver männlicher Name für e-e unbekannte Partei in e-m Rechtsstreit*. **2.** *bes. Am. colloq.* 'Durchschnittsmann *m*. **~ Do·ry** [ˈdɔːrɪ] *s ichth.* Heringskönig *m*. **~ Han·cock** [ˈhæn₁kɒk], **~ Hen·ry** [ˈhenrɪ] *s Am. colloq.* ‚Friedrich Wilhelm‘ *m*(*Unterschrift*): **to put one's ~ on** s-n Friedrich Wilhelm setzen auf (*acc*).

**John·ny** [ˈdʒɒnɪ; *Am.* ˈdʒɑnɪː] *npr u. s* **1.** Koseform von **John 2.** a. **j~** *sl.* ‚Typ‘ *m*, Kerl *m*. **3. j~** *Br. sl.* ‚Pa'riser‘ *m*, ‚Gummi‘ *m* (*Kondom*). **'j~cake** *s Am.* (*ein*) Maiskuchen *m*. **~-come-'late·ly** *s Am. colloq.* **1.** Neuankömmling *m*. **2.** Nachzügler *m* (*a. fig.*). **~-on-the-'spot** *s Am. colloq.* a) j-d, der ‚auf Draht‘ ist, b) Retter *m* in der Not. **~ Tax·pay·er** *s Am. colloq.* der (brave) Steuerzahler.

**John·son·ese** [ˌdʒɒnsəˈniːz; *Am.* ˌdʒɑn-] *s* **1.** Stil *m* von Samuel Johnson. **2.** pom'pöser *od.* hochtrabender Stil.

**John·so·ni·an** [dʒɒnˈsəʊnjən; -nɪən; *Am.* dʒɑn-] *adj* **1.** Johnsonsch(er, e, es) (*Samuel Johnson od. s-n Stil betreffend*). **2.** pom'pös, hochtrabend.

**joie de vi·vre** [ˌʒwɑːdəˈviːvrə] *s* Lebensfreude *f*, -lust *f*.

**join** [dʒɔɪn] **I** *v/t* **1.** etwas verbinden, -einigen, zs.-fügen (**to, on** to mit): **to ~ hands** a) die Hände falten, b) sich die Hand *od.* die Hände reichen, c) *fig.* gemeinsame Sache machen, sich zs.-tun (**with** mit). **2.** *Personen* vereinigen, zs.-bringen (**with, to** mit): **to ~ in friendship** freundschaftlich verbinden: **they are ~ed in marriage** sie sind ehelich (miteinander) verbunden. **3.** *fig.* verbinden, -ein(ig)en: **to ~ prayers** gemeinsam beten; → **force** 1. **4.** sich anschließen (**dat** *od.* an *acc*), stoßen *od.* sich gesellen zu: **I'll ~ you later** ich komme später nach; **I was ~ed by Mary** Mary schloß sich mir an; **to ~ s.o. in (doing)** s.th. etwas zusammen mit j-m tun; **to ~ s.o. in a walk** (gemeinsam) mit j-m e-n Spaziergang machen, sich j-m auf e-m Spaziergang anschließen; **to ~ one's regiment** sich zum Regiment stoßen; **to ~ one's ship** an Bord s-s Schiffes gehen; → **majority** 2. **5.** eintreten in (*acc*): a) e-m *Club, e-r Partei etc* beitreten, b) anfangen bei *e-r Firma etc*: **to ~ the army** ins Heer eintreten, *weitS.* Soldat werden. **6.** a) teilnehmen *od.* sich beteiligen an (*dat*), mitmachen bei, sich anschließen (*dat*), b) sich einlassen auf (*acc*), den *Kampf* aufnehmen: **to ~ an action** *jur.* e-m Prozeß beitreten; **to ~ a treaty** e-m (Staats)Vertrag beitreten; → **battle** *Bes. Redew.*, **issue** 4. **7.** sich vereinigen mit, zs.-kommen mit, (ein)münden in (*acc*) (*Fluß, Straße*). **8.** *math.* *Punkte* verbinden. **9.** (an)grenzen an (*acc*).

**II** *v/i* **10.** sich vereinigen *od.* verbinden (**with** mit). **11. ~ in** a) teilnehmen, sich beteiligen, mitmachen, sich anschließen: **~ in, everybody!** alle mitmachen *od.* mitsingen!, b) → 6 a: **to ~ with s.o. in (doing)** s.th. etwas zusammen mit j-m tun. **12.** sich vereinigen, zs.-kommen (*Straßen*), (*Flüsse a.*) zs.-fließen. **13.** an-

---

ein'andergrenzen, sich berühren. **14. ~ up** Sol'dat werden.

**III** *s* **15.** Verbindungsstelle *f*, -linie *f*, Naht *f*, Fuge *f*.

**join·der** [ˈdʒɔɪndə(r)] *s* **1.** Verbindung *f*. **2.** *jur.* a) **~ of causes of action** objektive Klagehäufung, b) **~ of parties** subjektive Klagehäufung, c) **~ of issue** Festlegung *f* der zu entscheidenden strittigen Fragen.

**join·er** [ˈdʒɔɪnə(r)] *s* **1.** Tischler *m*, Schreiner *m*: **~'s bench** Hobelbank *f*; **~'s clamp** Leim-, Schraubzwinge *f*. **2.** *j-d, der zs.-fügt:* **film ~** (Film)Kleber(in). **3.** *colloq.* ‚Vereinsmeier‘ *m*. **'join·er·y** [-ərɪ] *s* **1.** Tischler-, Schreinerhandwerk *n*, Tischle'rei *f*, Schreine'rei *f*. **2.** Tischler-, Schreinerarbeit *f*.

**joint** [dʒɔɪnt] **I** *s* **1.** Verbindung(sstelle) *f*, *bes.* a) Tischle'rei *f*: Fuge *f*, Stoß *m*, b) *rail.* Schienenstoß *m*, c) (Löt)Naht *f*, Nahtstelle *f*, d) *anat. biol. tech.* Gelenk *n*: **out of ~** ausgerenkt; *fig.* aus den Fugen; **to put out of ~** sich ausrenken; → **nose** *Bes. Redew.* **2.** *bot.* a) (Sproß)Glied *n*, b) (Blatt)Gelenk *n*, c) Gelenk(knoten *m*) *n*. **3.** Verbindungsstück *n*, Bindeglied *n*. **4.** *gastr.* Braten(stück *n*) *m*. **5.** *Buchbinderei:* Falz *m* (*der Buchdecke*). **6.** *sl.* ‚Laden‘ *m*, ‚Bude‘ *f*: a) Lo'kal *n*: → **clip joint**, b) Gebäude *n*, c) Firma *f*, Geschäft *n*. **7.** *sl.* ‚Joint‘ *m* (*mit Haschisch od. Marihuana versetzte Zigarette*).

**II** *adj* (*adv* → **jointly**) **8.** gemeinsam, gemeinschaftlich (*a. jur.*): **~ effort; ~ invention; ~ liability; ~ action** gemeinsames Vorgehen; **to take ~ action** gemeinsam vorgehen; **~ and several** a) *jur.* gesamtschuldnerisch, b) solidarisch, gemeinsam; **~ and several liability** gesamtschuldnerische Haftung; **~ and several note** *Am.* gesamtschuldnerisches Zahlungsversprechen; **for their ~ lives** solange sie beide *od.* alle leben. **9.** *bes. jur.* Mit..., Neben...: **~ heir** *bes. Am.* Miterbe *m*; **~ offender** Mittäter *m*; **~ plaintiff** Mitkläger *m*. **10.** vereint, zs.-hängend.

**III** *v/t* **11.** verbinden, zs.-fügen. **12.** *tech.* a) fugen, stoßen, verbinden, -zapfen, b) *Fugen* verstreichen. **13.** *Geflügel etc* zerlegen.

**joint‖ac·count** *s econ.* Gemeinschaftskonto *n*: **on** (*od.* **for**) **~** auf *od.* für gemeinsame Rechnung. **~ ad·ven·ture** → **joint venture**. **~ cap·i·tal** *s econ.* Ge'sellschaftskapi₁tal *n*. **~ com·mit·tee** *s bes. parl.* paritätischer Ausschuß. **~ cred·it** *s econ.* Konsorti'alkre₁dit *m*. **~ cred·i·tor** *s jur.* gemeinsamer Gläubiger, (*etwa*) Gesamthandgläubiger *m*. **~ debt** *s jur.* gemeinsame Verbindlichkeit, (*etwa*) Gesamthandschuld *f*. **~ debt·or** *s jur.* Mitschuldner *m*, (*etwa*) Gesamthandschuldner *m*.

**'joint·ed** *adj* **1.** verbunden. **2.** gegliedert, mit Gelenken (versehen): **~ doll** Gliederpuppe *f*. **'joint·er** *s tech.* **1.** Schlichthobel *m*. **2.** Fügebank *f*. **3.** *Maurerei:* Fugeisen *n*, Fugenkelle *f*.

**joint‖e·vil** *s vet.* Lähme *f*. **~ fam·i·ly, ~ house·hold** *s* 'Großfa₁milie *f*.

**'joint·ly** *adv* gemeinschaftlich: **~ and severally** a) *jur.* gesamtschuldnerisch, b) solidarisch, gemeinsam.

**joint‖own·er** *s econ.* Miteigentümer(in), Mitinhaber(in), Mitbesitzer(in): **~ of a ship** Mit-, Partenreeder *m*. **~ own·er·ship** *s econ.* Miteigentum *n*, Mitinhaberschaft *f*. **~ pro·duc·tion** *s Film, TV:* 'Koprodukti₁on *f*. **~ res·o·lu·tion** *s allg.* gemeinsame Entschließung, *parl.* gemeinsame Resoluti'on *f* (*des Senats u. des Repräsentantenhauses*). **~ stock** *s econ.* Ge'sellschafts-, 'Aktien-

kapi̱tal n. ~'**stock bank** s econ. Br. Aktienbank f. ~'**stock com·pa·ny** s econ. **1.** Br. a) Kapi'talgesellschaft f, b) Aktiengesellschaft f. **2.** Am. Offene Handelsgesellschaft auf Aktien. ~ **ten·an·cy** s jur. **1.** gemeinsames Eigentum, Miteigentum n. **2.** Mitpacht f, Mitmiete f. ~ **ten·ant** s jur. **1.** Miteigentümer (-in). **2.** Mitpächter(in), Mitmieter(in). ~ **un·der·tak·ing** → joint venture 2.

**join·ture** ['dʒɔɪntʃə(r)] jur. **I** s (vom Ehemann verfügte) Vermögenszuwendung (an die Ehefrau für die Zeit nach s-m Tod): **to settle a ~ upon one's wife** → II. **II** v/t: **to ~ one's wife** s-r Frau e-e Vermögenszuwendung aussetzen.

**joint ven·ture** s econ. **1.** Ge'meinschaftsunter̦nehmen n. **2.** Gelegenheitsgesellschaft f.

**joist** [dʒɔɪst] arch. **I** s **1.** Deckenträger m, -balken m. **2.** I-Träger m. **II** v/t **3.** Deckenträger einziehen in (acc).

**joke** [dʒəʊk] **I** s **1.** Witz m: **to crack ~s** Witze reißen; **to make ~s about** sich lustig machen über (acc), (s-e) Witze machen über (acc). **2.** a) Scherz m, Spaß m: **in** (od. **for a**) ~ im od. zum Spaß; **this time the ~'s on me** diesmal bin ich der Dumme; **to be no ~** e-e ernste Angelegenheit sein; keine Kleinigkeit sein; **that's going beyond a ~** das ist kein Spaß mehr, das ist nicht mehr lustig; **I don't see the ~** ich verstehe nicht, was daran so lustig sein soll; **he can't take a ~** er versteht keinen Spaß, b) meist **practical ~** Streich m: **to play a ~ on s.o.** j-m e-n Streich spielen. **3.** Zielscheibe f des Spotts, Gespött n. **II** v/i **4.** scherzen, Witze od. Spaß machen: **I was only joking** ich hab' nur Spaß gemacht, das war nicht ernst gemeint; **I'm not joking** ich meine das ernst, ich mache keinen Spaß; **you must be joking** das ist doch nicht dein Ernst! **III** v/t **5.** j-n hänseln, necken. '**jok·er** s **1.** Spaßvogel m, Witzbold m. **2.** sl. 'Typ' m, Kerl m. **3.** Joker m (Spielkarte). **4.** Am. sl. meist pol. ¦'Hintertürklausel' f. '**jok·ing** **I** adj scherzhaft, spaßend: **I'm not in a ~ mood** ich bin nicht zu Scherzen aufgelegt, mir ist nicht nach Späßen zumute. **II** s Witze pl: ~ **apart!** Scherz od. Spaß beiseite!

**jol·li·fi·ca·tion** [ˌdʒɒlɪfɪ'keɪʃn; Am. ˌdʒɑ-] s colloq. (feucht)fröhliches Fest, Festivi'tät f. '**jol·li·fy** [-faɪ] v/t colloq. **1.** in fröhliche Stimmung versetzen. **2.** beschwipst machen. '**jol·li·ness**, '**jol·li·ty** [-ətɪ] s Lustigkeit f, Fröhlichkeit f. **jol·ly¹** ['dʒɒlɪ; Am. 'dʒɑli:] **I** adj (adv jollily) **1.** lustig, fröhlich, vergnügt. **2.** nett, angenehm. **3.** colloq. angeheitert, beschwipst: **to be ~** e-n Schwips haben. **II** adv **4.** Br. colloq. 'ganz schön', ziemlich: ~ **late**; ~ **good!** ‚prima!', ‚klasse!'; **a ~ good fellow** ein ‚prima' Kerl; **he's ~ nice** er ist ‚unheimlich' nett; **you'll ~ well have to do it** du mußt (es tun), ob du willst oder nicht; **you ~ well know** du weißt ganz genau od. sehr genau. **III** v/t colloq. **5.** meist ~ **along** (od. **up**) j-n bei Laune halten. **6. to ~ s.o. into doing s.th.** j-n dazu bringen od. überreden, etwas zu tun. **7.** j-n ‚aufziehen', necken. **jol·ly²** ['dʒɒlɪ; Am. 'dʒɑli:], ~ **boat** s mar. Jolle f.

**Jol·ly Rog·er** [ˌdʒɒlɪ'rɒdʒə; Am. ˌdʒɑli:-'rɑdʒər] s Totenkopf-, Pi'ratenflagge f.

**jolt** [dʒəʊlt] **I** v/t **1.** a) e-n Ruck od. Stoß geben (dat), b) Passagiere 'durchrütteln, -schütteln. **2.** tech. Metallstäbe stauchen. **3.** fig. a) j-m e-n Schock versetzen, b) j-n auf- od. wachrütteln: **to ~ s.o. out of a.** j-n reißen aus. **II** v/i **4.** a) e-n Ruck machen, b) rütteln, holpern (bes. Fahrzeug): **to ~ along** dahinholpern. **5.** Am.

sl. ‚fixen', ‚schießen' (sich Drogen spritzen). **III** s **6.** Ruck m, Stoß m. **7.** fig. Schock m: **to give s.o. a ~** j-m e-n Schock versetzen; **a healthy ~** ein heilsamer Schock. **8.** Am. sl. ‚Schuß' m (Kognak, Heroin etc). '**jolt·er** s Am. sl. ‚Fixer(in)'. '**jolt·y** adj **1.** ruckartig. **2.** a) holp(e)rig (Fahrbahn etc), b) rüttelnd (Fahrzeug).

**Jo·nah** ['dʒəʊnə] npr u. s **1.** Bibl. (das Buch) Jona(s) m. **2.** fig. Unglücksbringer m. ~ **word** s Wort, mit dessen Aussprache ein Stotterer Schwierigkeiten hat.

**Jo·nas** ['dʒəʊnəs] → Jonah 1.

**Jon·a·than** ['dʒɒnəθən; Am. 'dʒɑ-] s Jonathan m (ein Tafelapfel).

**jon·gleur** [ʒɔ̃'glɑː; Am. -'glɑr] s hist. fahrender Sänger, Spielmann m.

**jon·quil** ['dʒɒŋkwɪl; Am. 'dʒɑn-; 'dʒɑn-] s **1.** bot. Jon'quille f (e-e Narzisse). **2.** a. ~ **yellow** helles Rötlichgelb.

**jo·rum** ['dʒɔːrəm] s großes Trinkgefäß.

**Jo·seph·son ef·fect** ['dʒəʊzɪfsn] s phys. 'Josephson-Ef̦fekt m.

**josh** [dʒɒʃ] Am. colloq. **I** v/t j-n ‚aufziehen', ‚veräppeln', necken. **II** v/i Spaß od. Witze machen (**with** mit). **III** s ‚Veräppelung' f.

**Josh·u·a** ['dʒɒʃwə; Am. 'dʒɑ-] npr u. s Bibl. (das Buch) Josua m od. Josue m.

**joss** [dʒɒs; Am. a. dʒɑs] s chi'nesischer (Haus)Götze. ~ **house** s chi'nesischer Tempel. ~ **stick** s Räucherstäbchen n.

**jos·tle** ['dʒɒsl; Am. 'dʒɑsəl] **I** v/t **1.** anrempeln. **2.** dränge(l)n: **to ~ one's way through** sich (hindurch)drängen durch. **II** v/i **3.** ~ **against** rempeln gegen, anrempeln. **4.** sich dränge(l)n. **5.** Am. sl. Taschendiebstähle begehen. **III** s **6.** Rempe'lei f. **7.** Gedränge n. '**jos·tler** s Am. sl. Taschendieb(in).

**Jos·u·e** ['dʒɒsjuɪ; Am. 'dʒɑʃəˌweɪ] → Joshua.

**jot** [dʒɒt; Am. dʒɑt] **I** s fig. Spur f: **not a ~ of truth** kein Funke od. Körnchen Wahrheit; **there is not one ~ of truth in that story** an der Geschichte ist kein Wort wahr. **II** v/t meist ~ **down** a) sich etwas no'tieren, b) etwas 'hinwerfen, flüchtig zu Pa'pier bringen. '**jot·ter** s No'tizbuch n, -block m. '**jot·ting** s meist pl No'tiz f.

**joule** [dʒuːl; dʒaʊl] s phys. Joule n (1 Wattsekunde).

**Joule-Thom·son ef·fect** [ˌdʒuːl'tɒmsn; Am. -¦'tɑmsən] s phys. 'Joule-'Thomson-Ef̦fekt m.

**jounce** [dʒaʊns] → jolt 1, 4, 6.

**jour·nal** ['dʒɜːnl; Am. 'dʒɜːrnl] s **1.** Tagebuch n. **2.** Buchhaltung: Jour'nal n, Grundbuch n: **cash ~** Kassenbuch n; **sales ~** Warenausgangsbuch n. **3.** parl. Proto'koll n: **the J~s** pl Br. das Protokollbuch. **4.** a) Jour'nal n, Zeitschrift f, b) Zeitung f. **5.** mar. Jour'nal n, Logbuch n. **6.** tech. (Lager-, Wellen)Zapfen m, Achsschenkel m: ~ **bearing** Achs-, Zapfenlager n; ~ **box** Lagerbüchse f. ‚**jour·nal'ese** [-nə'liːz] s Zeitungsstil m. '**jour·nal·ism** s Journa'lismus m: a) Zeitungs-, Pressewesen n, b) Tätigkeit des Journalisten, c) oft contp. charakteristische Art der Zeitungsberichterstattung. '**jour·nal·ist** s Journa'list(in). ‚**jour·nal'is·tic** adj (adv ~ally) journa'listisch. '**jour·nal·ize** **I** v/t in ein Tagebuch od. (econ.) in das Jour'nal eintragen. **II** v/i ein Tagebuch od. (econ.) ein Jour'nal führen.

**jour·ney** ['dʒɜːnɪ; Am. 'dʒɜːrniː] **I** s **1.** Reise f (a. fig.): **to make a ~**; **life is a ~ from birth to death**; **to go on a ~** verreisen; **to reach one's ~'s end** poet. a) am Ziel der Reise anlangen, b) fig. am Ende des Lebensweges anlangen. **2.** Reise f, Entfernung f, Weg m: **a two days' ~**

zwei Tagereisen (**to** nach). **3.** Route f, Strecke f. **II** v/i **4.** reisen. '**~·man** [-mən] s irr **1.** (Handwerks)Geselle m: ~ **tailor** Schneidergeselle. **2.** fig. (guter) Handwerker (j-d, der einwandfrei, aber unschöpferisch arbeitet): **a good ~ trumpeter** ein handwerklich guter Trompeter; **a ~ work** e-e handwerkliche Arbeit. '**~·work** s **1.** Gesellenarbeit f. **2.** (notwendige) Rou'tinearbeit.

**journ·o** ['dʒɜːnəʊ; Am. 'dʒɜːr-] pl -**os** Austral. colloq. Journa'list(in).

**joust** [dʒaʊst; dʒuːst] hist. **I** v/i **1.** im Tur'nier kämpfen, tur'nieren (**against**, **with** gegen). **II** s **2.** Lanzenbrechen n, -stechen n. **3.** Tur'nier n. '**joust·er** s hist. Tur'nierkämpfer m.

**Jove** [dʒəʊv] npr Jupiter m: **by ~!** Donnerwetter!

**jo·vi·al** ['dʒəʊvjəl; -vɪəl] adj (adv ~ly) lustig, fröhlich, vergnügt. ‚**jo·vi'al·i·ty** [-ælətɪ], '**jo·vi·al·ness** s Lustigkeit f, Fröhlichkeit f.

**Jo·vi·an** ['dʒəʊvjən; -vɪən] adj astr. u. myth. des Jupiter.

**jowl** [dʒaʊl] s **1.** ('Unter)Kiefer m. **2.** a) Wange f, Backe f: → cheek 1, b) Hängebacke f. **3.** zo. Wamme f. **4.** orn. Kehllappen m. **5.** ichth. Kopf(stück n) m.

**joy** [dʒɔɪ] **I** s **1.** Freude f (**at** über acc; **in** an dat): **for ~** vor Freude weinen etc; **in ~ and in sorrow** in Freud u. Leid; **tears of ~** Freudentränen; **to the ~ of s.o.**, **to s.o.'s ~** zu j-s Freude; **it gives me great ~, it is a great ~ to me** es macht od. bereitet mir große Freude; **to wish s.o. ~** j-m Glück wünschen (**of** zu); **I wish you ~!** iro. na dann viel Spaß!; → jump 18, leap 1, 2. **2.** Br. colloq. Erfolg m: **I got no ~, I didn't have any ~** ich hatte kein Glück. **II** v/i **3.** poet. sich freuen (**in** über acc). **III** v/t **4.** poet. erfreuen.

'**joy·ful** adj (adv ~ly) **1.** freudig, erfreut: **to be ~** sich freuen, froh sein. **2.** erfreulich, froh, freudig: **a ~ occasion.** '**joy·ful·ness** s Freudigkeit f. '**joy·less** adj (adv ~ly) **1.** freudlos. **2.** unerfreulich. '**joy·less·ness** s Freudlosigkeit f. **2.** Unerfreulichkeit f. '**joy·ous** adj (adv ~ly) → joyful. '**joy·ous·ness** → joyfulness.

'**joy·pop** v/i sl. ab u. zu Drogen nehmen. ~ **ride** s colloq. ‚Spritztour' f (bes. in e-m gestohlenen Wagen): **to go on a ~** → joy-ride. '**~·ride** v/i colloq. bes. in e-m gestohlenen Wagen) e-e ‚Spritztour' machen. ~ **rid·er** s colloq. j-d, der (bes. in e-m gestohlenen Wagen) e-e ‚Spritztour' macht. ~ **stick** s colloq. **1.** Steuerknüppel m. **2.** Computer: Joystick m.

**ju·be** ['dʒuːbi] s arch. **1.** Lettner m. **2.** ‚Lettnerem̦pore f.

**ju·bi·lant** ['dʒuːbɪlənt] adj (adv ~ly) **1.** 'überglücklich. **2.** jubelnd: ~ **shout** Jubelschrei m.

**ju·bi·late¹** ['dʒuːbɪleɪt] v/i jubeln, jubi'lieren.

**Ju·bi·la·te²** [ˌdʒuːbɪ'lɑːtɪ; ˌjuː-; Am. ˌ¬teɪ] s relig. **1.** (Sonntag m) Jubi'late (3. Sonntag nach Ostern). **2.** Jubi'latepsalm m.

**ju·bi·la·tion** [ˌdʒuːbɪ'leɪʃn] s Jubel m. **ju·bi·lee** ['dʒuːbɪliː; ˌ-'liː] **I** s **1.** Jubi'läum n: **silver** (**golden, diamond**) ~ fünfundzwanzigjähriges (fünfzigjähriges, sechzigjähriges) Jubiläum. **2.** fünfzigjähriges Jubiläum. **3.** R.C. Jubel-, Ablaßjahr n. **4.** Halljahr n (der Israeliten). **5.** a) Jubel-, Freudenfest n, b) Festzeit f. **6.** Jubel m. **II** adj **7.** Jubiläums...: ~ **stamp**.

**Ju·dae·an** → Judean.

**Ju·dah** ['dʒuːdə] Bibl. **I** npr Juda m. **II** s (Stamm m) Juda n.

**Ju·da·ic** [dʒuː'deɪɪk], a. **Ju'da·i·cal** adj jüdisch.

**Ju·da·ism** ['dʒuːdeɪɪzəm; Am. -dəɪzəm;

-dɪɪzəm] *s* Juda'ismus *m* (*jüdische Religion u. Sitten*). ˌJu·da'is·tic *adj* (*adv* ~ally) juda'istisch. 'Ju·da·ize **I** *v/i* dem Juda'ismus anhängen. **II** *v/t* zum Juda'ismus bekehren, jüdisch machen.

Ju·das ['dʒu:dəs] **I** *npr Bibl.* **1.** Judas *m*. **II** *s* **2.** Judas *m* (*Verräter*). **3.** *meist* j~ a) Guckloch *n*, Spi'on *m*, b) Guckfenster *n*. '~ˌcol·o(u)red *adj* rot, rötlich (*bes. Haar*). j~ hole → Judas 3 a. ~ kiss *s* Judaskuß *m*. ~ tree *s bot.* Judasbaum *m*. j~ win·dow → Judas 3 b.

jud·der ['dʒʌdə(r)] *bes. tech.* **I** *v/i* vi'brieren. **II** *s* Vi'brieren *n*.

Jude [dʒu:d] *npr u. s Bibl.* Judas *m*: (the Epistle of) ~ der Judasbrief.

Ju·de·an [dʒu:'dɪən] *hist.* **I** *adj* ju'däisch. **II** *s* Ju'däer *m*.

judge [dʒʌdʒ] **I** *s* **1.** *jur.* Richter *m*: body of ~s Richterkollegium *n*; → associate 7, sober l. **2.** *fig.* Richter *m* (of *über acc*). **3.** a) Schiedsrichter *m* (*a. sport*), b) Preisrichter *m* (*a. sport*), c) *sport* Kampfrichter *m*, (*Boxen*) Punktrichter *m*. **4.** Kenner *m*: a (good) ~ of wine ein Weinkenner; a good ~ of character ein guter Menschenkenner; I am no ~ of it ich kann es nicht beurteilen; let me be the ~ of that überlasse das od. die Entscheidung darüber ruhig mir. **5.** *Bibl.* a) Richter *m*, b) J~s *pl* (*als sg konstruiert*) (*das Buch der*) Richter. **II** *v/t* **6.** a) *e-n Fall* verhandeln, b) die Verhandlung führen gegen. **7.** richten (*Gott*): God will ~ all men. **8.** a) *Wettbewerbsteilnehmer, Leistungen etc* beurteilen, b) als Schieds- od. Preis- od. Kampf- od. Punktrichter fun'gieren bei. **9.** entscheiden (s.th. etwas; that daß). **10.** sich im Urteil bilden über (*acc*), beurteilen, einschätzen (by nach). **11.** betrachten als, halten für: he ~d it better to leave er hielt es für besser zu gehen. **12.** schätzen: to ~ the distance; I ~ him to be 60 ich schätze ihn auf 60. **13.** schließen, folgern (from, by aus). **14.** vermuten, annehmen. **III** *v/i* **15.** *jur.* Richter sein. **16.** als Schieds- od. Preis- od. Kampf- od. Punktrichter fun'gieren (at bei). **17.** urteilen, sich im Urteil bilden (of über): as far as one can ~ nach menschlichem Ermessen; ~ for yourself urteilen Sie selbst; judging by his words s-n Worten nach zu urteilen.

judge| ad·vo·cate *pl* judge ad·vo·cates *s mil.* Kriegsgerichtsrat *m*. ~ ad·vo·cate gen·er·al *pl* judge ad·vo·cates gen·er·al, judge ad·vo·cate gen·er·als *s mil.* Chef *m* der Mili'tärjuˌstiz. '~-made law *s jur.* auf richterlicher Entscheidung beruhendes Recht.

judge·mat·ic, judge·mat·i·cal, judge·ment → judgmatic, judgmatical, judgment.

'judge·ship *s jur.* Richteramt *n*.

judg·mat·ic [dʒʌdʒ'mætɪk] *adj*; judg·'mat·i·cal [-kl] *adj* (*adv* ~ly) klug, 'umsichtig, vernünftig.

judg·ment ['dʒʌdʒmənt] *s* **1.** *jur.* (Gerichts)Urteil *n*, gerichtliche Entscheidung: to sit in ~ on a) *e-n Fall* verhandeln, b) *a. weitS.* zu Gericht sitzen über (*acc*); → default 3. **2.** *jur.* a) Urteil(surkunde *f*) *n*, b) Br. Urteilsbegründung *f*. **3.** Urteil *n*, Beurteilung *f*. **4.** Urteilsvermögen *n*, -kraft *f*, Verständnis *n*, Einsicht *f*: a man of sound ~ ein urteilsfähiger Mensch; use your best ~ handeln Sie nach bestem Ermessen; against better ~ wider bessere Einsicht. **5.** Meinung *f*, Ansicht *f*, Urteil *n* (on *über acc*): to form a ~ on sich ein Urteil bilden über (*acc*); in my ~ m-s Erachtens. **6.** a) Strafe *f* (Gottes) (on s.o. für j-n), b) göttliches (Straf)Gericht: the Last J~ das Jüngste Gericht; Day of J~ → Judgment Day. **7.**

göttlicher Ratschluß. **8.** Glaube *m*: the Calvinist ~. ~ cred·i·tor *s jur.* Voll'streckungsgläubiger *m*. J~ Day *s relig.* Tag *m* des Jüngsten Gerichts, Jüngster Tag. ~ debt *s jur.* durch Urteil festgestellte Schuld. ~ debt·or *s jur.* Voll'streckungsschuldner *m*. ~ note *s econ. jur.* Am. Schuldanerkenntnisschein *m*. ~·'proof *adj jur.* Am. nicht eintreibbar *od.* pfändbar. J~ seat *s relig.* Richterstuhl *m* (*Gottes*).

ju·di·ca·ble ['dʒu:dɪkəbl] *adj jur.* a) verhandlungsfähig (*Fall*), b) rechtsfähig (*Person*). 'ju·di·ca·tive [-kətɪv; Am. -ˌkeɪtɪv] *adj* Urteils...: ~ faculty Urteilskraft *f*. 'ju·di·ca·to·ry [-kətərɪ; -keɪ-; Am. -kəˌtəʊri:; -ˌtɔ:ri:] *jur.* **I** *adj* → judicial. **II** *s* judicature 1 *u.* 5.

ju·di·ca·ture ['dʒu:dɪkətʃə(r); Am. a. -ˌtʃʊər] *s jur.* **1.** Rechtsprechung *f*, Rechtspflege *f*, Ju'stiz(verwaltung) *f*: Supreme Court of J~ Oberster Gerichtshof (*für England u. Wales*). **2.** Ge'richtswesen *n*, -syˌstem *n*: J~ Act Br. Gerichtsverfassungsgesetz *n*. **3.** a) Richteramt *n*, b) Amtszeit *f e-s* Richters, c) richterliche Gewalt. **4.** → judiciary 4. **5.** Gerichtshof *m*.

ju·di·cial [dʒu:'dɪʃl] *adj* (*adv* ~ly) **1.** *jur.* gerichtlich, Gerichts...: ~ authorities Justizbehörden; ~ decision gerichtliche *od.* richterliche Entscheidung; ~ district (*Am.* circuit) Gerichtsbezirk *m*; ~ error Justizirrtum *m*; ~ murder Justizmord *m*; ~ proceedings Gerichtsverfahren *n*, gerichtliches Verfahren; → separation 4. **2.** *jur.* richterlich: ~ discretion richterliches Ermessen; ~ oath vom Richter abgenommener Eid; ~ office Richteramt *n*; ~ power richterliche Gewalt. **3.** *jur.* gerichtlich (angeordnet *od.* gebilligt): ~ sale *Am. u. Scot.* gerichtliche Versteigerung, Zwangsversteigerung *f*. **4.** scharf urteilend, kritisch. **5.** 'unparˌteiisch. **6.** als göttliche Strafe verhängt: ~ pestilence.

ju·di·ci·ar·y [dʒu:'dɪʃɪərɪ; -ˌʃərɪ; Am. -ˌʃɪˌeri:] *jur.* **I** *adj* **1.** → judicial 1 *u.* 2. **II** *s* **2.** Am. richterliche Gewalt. **3.** → judicature 2. **4.** *collect.* Richter(schaft *f*, -stand *m*) *pl*.

ju·di·cious [dʒu:'dɪʃəs] *adj* (*adv* ~ly) **1.** vernünftig, klug, 'umsichtig. **2.** 'wohlüberˌlegt. ju·'di·cious·ness *s* Vernünftigkeit *f*, Klugheit *f*, 'Umsicht *f*.

Ju·dith ['dʒu:dɪθ] *npr u. s Bibl.* (das Buch) Judith *f*.

ju·do ['dʒu:dəʊ] *s sport* Judo *n*. 'ju·do·ist *s* 'Judoexˌperte *m*. 'ju·do·ka [-kɑ:] *s* **1.** Ju'doka *m*. **2.** → judoist.

'ju·do·man *s irr sport* Ju'doka *m*.

Ju·dy ['dʒu:dɪ] *s* **1.** Kasperletheater(-Gretel *f*: → Punch⁴. **2.** *oft* j~ *colloq.* ,Puppe' *f*, ,Biene' *f* (*Mädchen*).

jug¹ [dʒʌg] **I** *s* **1.** a) Krug *m*, b) *bes. Br.* Kanne *f*, b) *bes. Br.* Kännchen *n*. **2.** *sl.* ,Kittchen' *n*, ,Knast' *m* (*Gefängnis*). **3.** *econ. Am. sl.* Bank *f*. **II** *v/t* **4.** *gastr. bes. e-n Hasen* schmoren: ~ged hare Hasenpfeffer *m*. **5.** *sl.* ins ,Kittchen' stecken, ,einlochen'.

jug² [dʒʌg] **I** *v/i* schlagen (*Nachtigall*). **II** *s* Schlag *m*.

ju·gal ['dʒu:gl] *anat. zo.* **I** *adj* Jochbein... **II** *s a.* ~ bone Jochbein *n*.

ju·gate ['dʒu:gɪt] *adj* **1.** *biol.* paarig, gepaart. **2.** *bot.* ...paarig.

Ju·gend·stil ['ju:gəntʃti:l] (*Ger.*) *s art* Jugendstil *m*.

jug·ful ['dʒʌgfʊl] *s* (*ein*) Krug(voll) *m*.

jug·ger·naut ['dʒʌgə(r)nɔ:t] *s* **1.** *mot. Br.* Schwerlastzug *m*. **2.** *fig.* Moloch *m*: the ~ of war der Moloch Krieg.

jug·gins ['dʒʌgɪnz] *s bes. Br. colloq.* Trottel *m*.

jug·gle ['dʒʌgl] **I** *v/t* **1.** jon'glieren (mit). **2.** *fig.* a) jon'glieren mit (*Fakten, Worten etc*), b) *Fakten, Worte etc* verdrehen, c) *Konten etc* fälschen, ,fri'sieren'. **3.** *j-n* betrügen (out of um), ,reinlegen'. **II** *v/i* **4.** jon'glieren. **5.** ~ with → **2.** **6.** ein falsches (*od.* doppeltes) Spiel treiben (with s.o. mit j-m). **III** *s* **7.** Jon'gleurakt *m*. **8.** Schwindel *m*. 'jug·gler *s* **1.** Jon'gleur *m*. **2.** *j-d, der mit etwas jongliert od. der etwas verdreht od. fälscht*: ~ of words Wortverdreher *m*. **3.** Schwindler *m*. 'jug·gler·y *s* **1.** Jon'glieren *n*: act of ~ Jongleurakt *m*. **2.** Schwindel *m*.

Ju·go·slav, *etc* → Yugoslav, *etc*.

jug·u·lar ['dʒʌgjʊlə; Am. -jələr] **I** *adj* **1.** *anat.* Jugular... ~ vein → **3.** **2.** *fig.* mörderisch: ~ competition mörderischer *od.* unbarmherziger Konkurrenzkampf. **II** *s* **2.** *anat.* Drosselvene *f*, Jugu'laraderˌf*, -vene *f*. **4.** *ichth.* Kehlflosser *m*. **5.** *fig.* empfindliche Stelle: to have a feel (*od.* an instinct) for the ~ ein Gespür dafür haben, wo j-d verwundbar ist.

ju·gu·late ['dʒʌgjʊleɪt] *v/t* **1.** die Kehle 'durchschneiden (*dat*). **2.** *med. e-e Krankheit* ku'pieren.

juice [dʒu:s] **I** *s* **1.** a) (*Obst-, Fleischetc*)Saft *m*: to let s.o. stew in his own ~ *colloq.* ,j-n im eigenen Saft schmoren lassen', b) *meist pl physiol.* Körpersaft *m*: → digestive 2, gastric. **2.** *fig.* Saft *m* (*u.* Kraft *f*), Vitali'tät *f*. **3.** *fig.* (*das*) Wesentliche, Kern *m*. **4.** *sl.* *electr.* ,Saft' *m* (*Strom*), b) *mot.* ,Sprit' *m* (*Benzin*): to step on the ~ ,Saft' *od.* Gas geben. **5.** *bes. Am. sl.* Alkohol *m*: to be into ~ ,blau' sein. **6.** *Am. sl.* a) Wucherzinsen *pl*, b) Kre'dit *m* zu Wucherzinsen. **7.** *Am. sl.* a) Einfluß *m*, b) einflußreiche Positi'on. **II** *v/t* **8.** *entsaften.* **9.** ~ up *bes. Am. colloq.* Leben *od.* Schwung bringen in (*acc*): to ~ up a party. **11.** to get ~d up *bes. Am. sl.* ,sich vollaufen lassen' (on mit). juiced *adj bes. Am. sl.* ,blau', ,besoffen'.

juice| ex·trac·tor → juicer 1. '~head *s bes. Am. sl.* a) Gewohnheitstrinker *m*, b) ,Säufer' *m*.

'juice·less *adj* **1.** saftlos. **2.** *fig.* fad(e), ohne Saft (u. Kraft).

juice man *s irr Am. sl.* ,Kre'dithai' *m*.

'juic·er *s* **1.** Entsafter *m* (*Gerät*). **2.** *thea. etc sl.* Beleuchter *m*.

juic·i·ness ['dʒu:sɪnɪs] *s* **1.** Saftigkeit *f*. **2.** *colloq.* a) Pikante'rie *f*, b) ,Knackigkeit' *f*. 'juic·y *adj* (*adv* juicily) **1.** saftig. **2.** *colloq.* a) ,knackig' (*Mädchen*), b) ,saftig' (*Gewinn etc*), c) lukra'tiv (*Vertrag etc*), d) pi'kant (*Einzelheiten etc*).

ju·jit·su [dʒu:'dʒɪtsu:] *s sport* Jiu-Jitsu *n*.

ju·ju ['dʒu:dʒu:] *s* **1.** a) Fetisch *m* (*in Westafrika*), b) *der damit verbundene Zauber.*

ju·jube ['dʒu:dʒu:b] *s* **1.** *bot.* a) Ju'jube *f*, Judendorn *m*, b) Chi'nesische Dattel. **2.** *med. pharm.* Pa'stille *f* (*mit Fruchtgeschmack*).

ju·jut·su [dʒu:'dʒɪtsu:] → jujitsu.

'juke| box ['dʒu:k-] *s* Jukebox *f*, Mu'sikautoˌmat *m*. ~ joint *s Am. sl.* ,Jukeboxbude' *f*, 'Bumsloˌkal' *n*.

ju·lep ['dʒu:lep; -lɪp] *s Am.* Julep *n, m* (*alkoholisches Erfrischungsgetränk mit Pfefferminzgeschmack*).

Jul·ian ['dʒu:ljən] *adj* juli'anisch: the ~ calendar der Julianische Kalender.

ju·li·enne [ˌdʒu:lɪ'en; ˌʒu:-] **I** *s* Juli'ennesuppe *f*. **II** *adj* feingeschnitten (*Gemüse*).

Ju·ly [dʒu:'laɪ; dʒʊ-] *s* Juli *m*: in ~ im Juli.

jum·bal → jumble 5.

jum·ble ['dʒʌmbl] **I** *v/t* **1.** *a.* ~ together (*od.* up) a) *Sachen* durchein'anderwerfen: his clothes are all ~d up in the wardrobe s-e Kleidung liegt auf e-m

Haufen im Schrank, b) *Fakten etc* durchein'anderbringen: **his thoughts are all ~d up** er ist ganz wirr *od.* durcheinander. **II** *v/i* **2.** wild durchein'anderlaufen. **III** *s* **3.** Durchein'ander *n*: **our plans fell into a ~** unsere Pläne gerieten durcheinander. **4.** *Br.* Ramsch *m*: **~ sale** a) Ramschverkauf *m*, b) Wohltätigkeitsbasar *m*; **~ shop** Ramschladen *m*. **5.** Zuckerkringel *m*. '**jum·bly** [-blɪ] *adj* durchein'ander, wirr.

**jum·bo** ['dʒʌmbəʊ] **I** *pl* **-bos** *s* **1.** Ko'loß *m* (*Sache od. Person*). **2.** *aer.* Jumbo *m* (*Jumbo-Jet*). **II** *adj* **3.** riesig, Riesen... **~ jet** *s aer.* Jumbo-Jet *m* (*Großraumdüsenflugzeug*). '**~-sized** → jumbo 3.

**jump** [dʒʌmp] **I** *s* **1.** Sprung *m*, Satz *m*: **to make** (*od.* **take**) **a ~** e-n Sprung machen; **by ~s** *fig.* sprungweise; **to be on the ~** *bes. Am. colloq.* a) es eilig haben, b) viel zu tun haben; **to keep s.o. on the ~** *bes. Am. colloq.* j-n ,in Trab halten'; **to have the ~ on s.o.** *colloq.* j-m voraussein; **to get the ~ on s.o.** *colloq.* j-m zuvorkommen; **to be one ~ ahead (of)** *colloq.* e-n Schritt *od.* e-e Nasenlänge voraussein (*dat*). **2.** (Fallschirm)Absprung *m*: **~ area** (Ab-)Sprunggebiet *n*. **3.** *sport* (Drei-, Hoch-, Ski-, Weit)Sprung *m*. **4.** Hindernis *n*: **to take the ~.** **5.** *fig.* sprunghaftes Anwachsen, Em'porschnellen *n* (*der Preise etc*): **~ in production** rapider Produktionsanstieg. **6.** (plötzlicher) Ruck *od.* Stoß. **7.** Über'springen *n* (*a. fig.*). **8.** *Damespiel:* Schlagen *n*. **9.** → jump cut. **10.** (Zs.-)Zucken *n*, Auf-, Zs.-fahren *n*: **to give a ~** → 17; **it gives me the ~s** *colloq.* es macht mich ganz nervös *od.* unruhig; **to have the ~s** *colloq.* ganz nervös *od.* aufgeregt *od.* unruhig sein. **11.** *colloq.* a) Fahrt *f*, *bes. aer.* Flug *m*: **it's only a short ~ from London to Paris** mit dem Flugzeug ist es nur ein Katzensprung von London nach Paris, b) *bes. aer.* Abstecher *m*. **12.** a) Rückstoß *m* (*e-r Feuerwaffe*), b) *mil.* Abgangsfehler *m* (*beim Schießen*). **13.** *bes. Br. vulg.* ,Nummer' *f* (*Geschlechtsverkehr*): **to have a ~** e-e Nummer machen *od.* schieben.

**II** *v/i* **14.** springen: **to ~ clear of s.th.** von etwas wegspringen; **to ~ at** a) *sport* e-n Gegenspieler anspringen, b) *fig.* sich stürzen auf (*acc*); **to ~ at the chance** mit beiden Händen zugreifen, sofort zupakken; **to ~ at the idea** den Gedanken sofort aufgreifen; **to ~ down s.o.'s throat** *colloq.* j-n ,anfahren' *od.* anschnauzen'; **to ~ off** a) abspringen (von), b) (*Springreiten*) das Stechen bestreiten; **to ~ on s.o.** *colloq.* a) über j-n herfallen, b) j-m ,aufs Dach steigen'; **to ~ out of one's skin** aus der Haut fahren; **to ~ all over s.o.** *Am. colloq.* j-n ,zur Schnecke' machen; **to ~ to one's feet** auf-, hochspringen; **to ~ to it** *colloq.* mit Schwung ,rangehen', zupacken; **to ~ up** auf-, hochspringen → **conclusion** 3. **15.** hüpfen, springen: **to ~ about** (*od.* **around**) herumhüpfen; **to ~ for joy** Freudensprünge machen; **to make hearts ~ for joy** die Herzen höher schlagen lassen. **16.** (*mit dem Fallschirm*) abspringen. **17.** zs.-zukken, auf-, zs.-fahren (*at bei*): **the news made him ~** die Nachricht ließ ihn zs.-fahren, er fuhr bei der Nachricht zusammen. **18.** *fig.* ab'rupt 'übergehen, 'überspringen, -wechseln (**to** zu): **to ~ from one topic to another.** **19.** a) rütteln, stoßen (*Wagen etc*), b) gerüttelt werden, schaukeln, wackeln. **20.** *Damespiel:* schlagen. **21.** sprunghaft (an)steigen, em'porschnellen (*Preise etc*). **22.** *tech.* springen (*Filmstreifen, Schreibmaschine etc*). **23.** *Bridge:* unnötig hoch reizen. **24.**

*colloq.* voller Leben sein: **the party was ~ing** auf der Party war ,schwer was los'. **25.** (**with**) über'einstimmen (mit), passen (**zu**).

**III** *v/t* **26.** (hin'weg)springen über (*acc*). **27.** *fig.* über'springen, auslassen: **he must have ~ed a few lines; to ~ channels** den Instanzenweg nicht einhalten; **to ~ the line** (*bes. Br.* **queue**) a) sich vordränge(l)n (*beim Schlangestehen u. fig.*), b) *mot.* aus e-r Kolonne ausscheren u. überholen; → **gun**[1] 3, **light**[1] 5. **28.** springen lassen: **he ~ed his horse across the ditch** er setzte mit s-m Pferd über den Graben; **to ~ s.o. into s.th.** *fig.* j-n in e-e Sache hineinstoßen. **29.** *Damespiel:* schlagen. **30.** *mot.* ein Auto mit e-m Starthilfekabel starten. **31.** *Am. colloq.* ,abhauen' aus *od.* von: → **bail**[1] 2. **32.** 'widerrechtlich Besitz ergreifen von (*fremdem Besitztum etc*). **33.** her'unterspringen von, (her'aus)springen aus: → **rail**[1] 4. **34.** *colloq.* a) aufspringen auf (*acc*), b) abspringen von (*e-m fahrenden Zug etc*). **35.** *a.* → **out** *Am. colloq.* ,anschnauzen'. **36.** *j-n* über'fallen, über *j-n* 'herfallen. **37.** em'porschnellen lassen, hochtreiben: **to ~ prices. 38.** *bes. Br. vulg.* ,bumsen', ,vögeln' (*schlafen mit*).

**jump·a·ble** ['dʒʌmpəbl] *adj* über'springbar, zu über'springen(d).

**jump|ball** *s Basketball:* Sprungball *m.* **~ cut** *s Film, TV:* harter Schnitt (*zwischen zwei Szenen*). '**~-cut** *v/i irr Film, TV:* harte Schnitte machen.

**jumped-up** [ˌdʒʌmpt'ʌp] *adj colloq.* **1.** (parve'nühaft) hochnäsig. **2.** em'porgekommen: **a ~ lot** ein Haufen von Emporkömmlingen.

**jump·er**[1] ['dʒʌmpə(r)] *s* **1.** *sport* (Drei-, Hoch-, Ski-, Weit)Springer *m.* **2.** Sprungpferd *n.* **3.** *tech.* a) Stoß-, Steinbohrer *m*, b) Bohrmeißel *m*, c) Stauchhammer *m.* **4.** *electr.* Über'brückungsdraht *m.*

**jump·er**[2] ['dʒʌmpə(r)] *s* **1.** *bes. Br.* Pull'over *m.* **2.** *Am.* Kittel *m.* **3.** *Am.* Trägerrock *m*, -kleid *n.*

**jump·er ca·bles** *s pl mot. Am.* Starthilfekabel *n.*

**jump·i·ness** ['dʒʌmpɪnɪs] *s* a) Nervosi'tät *f*, b) Schreckhaftigkeit *f.*

**jump·ing** ['dʒʌmpɪŋ] *s* **1.** Springen *n.* **2.** *Skisport:* Sprunglauf *m*, Springen *n.* **~ bean** *s bot.* Springende Bohne. **~ hill** *s Skispringen:* Sprungschanze *f.* **~ jack** *s* Hampelmann *m* (*Spielzeug u. in der Gymnastik*). **~ mouse** *s irr zo.* Hüpfmaus *f.* '**~-off place** (*od.* **point**) *s* **1.** Ausgangspunkt *m*, -basis *f.* **2.** *Am.* a) entlegener Ort, b) Ende *n* der Welt.

**jump|jet** *s aer. colloq.* Düsensenkrechtstarter *m.* **~ leads** *Br.* → **jumper cables.** '**~-off** *s Springreiten:* Stechen *n.* **pass** *s Basketball:* Sprungpaß *m.* **~ rope** *s Am.* Spring-, Sprungseil *n.* **~ seat** *s* Klapp-, Notsitz *m.* **~ shot** *s Basketball:* Sprungwurf *m.* **~ spark** *s electr.* 'Überschlagfunken *m.* **~ start** *s mot.* Starthilfe *f:* **to give s.o. a ~** j-m Starthilfe geben. **~ suit** *s* Overall *m.* **~ turn** *s Skisport:* 'Umsprung *m.*

**jump·y** ['dʒʌmpɪ] *adj* **1.** a) ner'vös, b) schreckhaft. **2.** a) ruckartig, b) ruckelnd.

**junc·tion** ['dʒʌŋkʃn] *I s* **1.** Verbindung *f*, -einigung *f.* **2.** *rail.* a) Knotenpunkt *m*, b) 'Anschlußstati,on *f.* **3.** (Straßen)Kreuzung *f*, (-)Einmündung *f:* **traffic ~** Verkehrsknotenpunkt *m.* **4.** Verbindungspunkt *m.* **5.** *math.* Berührung(spunkt *m*) *f.* **6.** *Bergbau:* 'Durchschlag *m.* **7.** *tech.* Anschluß *m.* **II** *adj* **8.** Verbindungs..., Anschluß...: **~ piece** *electr.* Anschluß-, Klemmenkasten *m*; **~ line** rail. Verbindungs-, Nebenbahn *f.*

**junc·ture** ['dʒʌŋktʃə(r)] *s* **1.** (kritischer)

Augenblick *od.* Zeitpunkt: **at this ~** in diesem Augenblick, zu diesem Zeitpunkt. **2.** a) Verbindung(sstelle) *f*, b) Verbindungsstück *n*, Gelenk *n*, c) Fuge *f*, d) Naht *f.*

**June** [dʒuːn] *s* Juni *m:* **in ~** im Juni. **~ bee·tle, ~ bug** *s zo. Am.* Junikäfer *m.*

**jun·gle** ['dʒʌŋgl] *s* Dschungel *m*, *a. n*, *f* (*a. fig.*): **the ~ of tax laws; the law of the ~** das Gesetz des Dschungels. **~ bear** *s zo.* Lippenbär *m.* **~ cat** *s zo.* Sumpfluchs *m.*

**jun·gled** ['dʒʌŋgld] *adj* mit Dschungel(n) bedeckt.

**jun·gle| fe·ver** *s med.* Dschungelfieber *n.* **~ gym** *s* Klettergerüst *n* (*für Kinder*).

**jun·gly** ['dʒʌŋglɪ] *adj* **1.** dschungelartig, Dschungel... **2.** → jungled.

**jun·ior** ['dʒuːnjə(r)] **I** *adj* **1.** junior (*meist nach Familiennamen u. abgekürzt zu Jr., jr., Jun., jun.*): **George Smith jr.; Smith ~ Smith II** (*von Schülern*). **2.** jünger(e, e, es), 'untergeordnet, zweit(er, e, es): **~ clerk** a) untere(r) Büroangestellte(r), b) zweiter Buchhalter, c) *jur. Br.* Anwaltspraktikant *m*; **~ partner** *econ.* Junior (-partner) *m*; **~ staff** untere Angestellte *pl.* **3.** a) *ped.* Unter...: **the ~ classes**, b) *univ.* im vorletzten Studienjahr: **~ student. 4.** *jur.* rangjünger, (im Rang) nachstehend: **~ lien** *Am.* nachrangiges Pfandrecht. **5.** *sport* Junioren...: **~ championship. 6.** Kinder..., Jugend...: **~ books; ~ library. 7.** *Am.* jugendlich, jung: **~ skin. 8.** *Am. colloq.* kleiner(er, e, es): **a ~ hurricane. II** *s* **3.** Jüngere(r *m*) *f:* **he is my ~ by 2 years, he is 2 years my ~** er ist 2 Jahre jünger als ich; **my ~s** Leute, die jünger sind als ich. **10.** *univ. Am.* Stu'dent(in) im vorletzten Studienjahr. **11.** *a.* J~ (*ohne art*) a) Junior *m* (*Sohn mit dem Vornamen des Vaters*), b) *allg.* der Sohn, der Junge, c) *Am. colloq.* Kleine(r) *m.* **12.** Jugendliche(r *m*) *f*, Her'anwachsende(r *m*) *f:* → **junior miss. 13.** 'Untergeordnete(r *m*) *f* (im Amt), jüngere(r) Angestellte(r): **he is my ~ in this office** er untersteht mir in diesem Amt, b) er ist in dieses Amt nach mir eingetreten. **14.** *sport* Junior *m.* **~ bar·ris·ter** *s jur.* junior counsel. **~ col·lege** *s Am.* College, an dem die ersten beiden Jahre e-s vierjährigen Studiums absolviert werden. **~ coun·sel** *s jur. Br.* barrister, der kein King's Counsel ist. **~ high (school)** *s ped. Am.* die unteren Klassen der High-School.

**jun·ior·i·ty** [ˌdʒuːnɪ'ɒrɪtɪ; *Am.* dʒuːn'jɔːr-; -'jɑr-] *s* **1.** geringeres Alter *od.* Dienstalter. **2.** 'untergeordnete Stellung, niedrigerer Rang.

**jun·ior|light·weight** *s Boxen:* Junior'Leichtgewicht(ler *m*) *n.* '**~-'lightweight** *adj Boxen:* Junior-Leichtgewichts... **~ mid·dle·weight** *s Boxen:* Junior-'Mittelgewicht(ler *m*) *n.* '**~-'mid·dle·weight** *adj Boxen:* Junior-'Mittelgewichts... **~ miss** *s Am.* ,junge Dame', her'anwachsendes Mädchen. **~ right** → ultimogeniture. **~ school** *s ped. Br.* Grundschule *f* für Kinder von 7–11. **~ wel·ter·weight** *s Boxen:* Junior-'Weltergewicht(ler *m*) *n.* '**~-'welter·weight** *adj Boxen:* Junior-Weltergewichts...

**ju·ni·per** ['dʒuːnɪpə(r)] *s bot.* **1.** Wa'cholder(busch *od.* -baum) *m.* **2.** *Am.* 'Zederzy,presse *f.* **3.** *Amer.* Lärche *f.*

**junk**[1] [dʒʌŋk] **I** *s* **1.** a) Ausschuß(ware *f*) *m*, Trödel *m*, Kram *m*, b) 'Altmateri,al *n*, Altwaren *pl*, c) Schrott *m.* **2.** Plunder *m*, Gerümpel *n*, Abfall *m.* **3.** *contp.* Schund *m*, ,Mist'. **4.** *sl.* ,Stoff' *m*, *bes.* Hero'in *n.* **II** *v/t* **5.** etwas unbrauchbar Gewordenes ,'ausran,gieren', *ein Auto etc* verschrotten. **6.** *fig.* ein Projekt etc fallenlassen.

**junk**[2] [dʒʌŋk] *s* Dschunke *f.*

**junk|art** s Junk-art f (Kunstform, bei der Konsumabfall der modernen Zivilisation verwendet wird). **~ deal·er** s Trödler m, Altwarenhändler m.

**Jun·ker** ['juŋkər] (Ger.) s hist. Junker m. **'Jun·ker·dom, 'Jun·ker·ism** s Junkertum n.

**jun·ket** ['dʒʌŋkɪt] **I** s **1.** a) Quark m, b) Dickmilch f. **2.** a) Sahnequark m, b) Quarkspeise f mit Sahne. **3.** Fest n, Gelage n. **4.** Am. als Dienstreise dekla'rierte Vergnügungsreise auf öffentliche Kosten. **II** v/i **5.** feiern, ein Fest geben. **6.** Am. e-e als Dienstreise dekla'rierte Vergnügungsreise auf öffentliche Kosten machen. **III** v/t **7.** festlich bewirten.

**junk·ie** ['dʒʌŋkɪ] s sl. **1.** „Junkie" m (Rauschgiftsüchtiger), bes. ,H-Fixer' m. **2.** in Zssgn ...süchtige(r m) f: to be a publicity ~ publicitysüchtig sein.

**junk| mail** s Am. Postwurfsendung f. **'~man** Am. → junk dealer. **~ press** s tech. Schrottpresse f. **~ room** s Rumpelkammer f. **~ shop** s **1.** Trödelladen m. **2.** contp. Antiqui'tätenladen m.

**junk·y** → junkie.

**'junk·yard** s a) Schuttabladeplatz m, b) Schrottplatz m.

**Ju·no** ['dʒuːnəʊ] s astr. myth. u. fig. Juno f. **,Ju·no'esque** [-'esk], **Ju'no·ni·an** [-njən; -nɪən] adj ju'nonisch.

**jun·ta** ['dʒʌntə; 'dʒʊntə; Am. bes. 'hʊntə] s **1.** pol. Junta f. **2.** → junto.

**jun·to** ['dʒʌntəʊ] pl **-tos** s bes. pol. Clique f, Klüngel m.

**Ju·pi·ter** ['dʒuːpɪtə(r)] s astr. myth. Jupiter m.

**ju·ra** ['dʒʊərə] pl von jus.

**Ju·ras·sic** [,dʒʊə'ræsɪk] geol. **I** adj Jura..., ju'rassisch: ~ period → **II. II** s 'Jura(formati₀n f) m.

**ju·rat** ['dʒʊəræt] s jur. **1.** Eidesformel f in e-r (schriftlichen) eidlichen Erklärung. **2.** Ratsherr m (in Kent u. Sussex). **3.** Richter m (auf den Kanalinseln).

**ju·rid·ic** [,dʒʊə'rɪdɪk] adj; **ju'rid·i·cal** adj (adv ~ly) **1.** gerichtlich, Gerichts...: ~ days Gerichts-, Verhandlungstage. **2.** ju'ristisch, Rechts...

**ju·ri·met·rics** [,dʒʊərɪ'metrɪks] s pl (meist als sg konstruiert) Anwendung f na'turwissenschaftlicher Me'thoden auf 'Rechtspro₀bleme.

**ju·ris·con·sult** ['dʒʊərɪ'kɒn₀sʌlt; Am. ,dʒʊərə'skɒnsʌlt] → jurist 1.

**ju·ris·dic·tion** [,dʒʊərɪs'dɪkʃn] s **1.** Rechtsprechung f. **2.** a) Gerichtsbarkeit f, b) (örtliche u. sachliche) Zuständigkeit (of, over für): to come (od. fall) under (od. within) the ~ of unter die Zuständigkeit fallen von (od. gen); to have ~ over zuständig sein für. **3.** Gerichtshoheit f. **4.** a) Gerichts-, Verwaltungsbezirk m, b) Zuständigkeitsbereich m. **,ju·ris'dic·tion·al** [-ʃənl] adj a) Gerichtsbarkeits..., b) Zuständigkeits...: ~ amount Am. Streitwert m; ~ dispute Kompetenzstreitigkeit f.

**ju·ris·pru·dence** [,dʒʊərɪs'pruːdəns] s **1.** 'Rechtswissenschaft f, -philoso₀phie f, Jurispru'denz f: → medical jurisprudence. **2.** Rechtsgelehrsamkeit f. **,ju·ris'pru·dent I** s → jurist 1. **II** adj rechtskundig. **,ju·ris·pru'den·tial** [-'denʃl] adj rechtswissenschaftlich. **ju·rist** ['dʒʊərɪst] s **1.** Ju'rist m, Rechtsgelehrte(r) m. **2.** Br. 'Rechtsstu₀dent m, Stu'dent m der Rechtswissenschaft, Ju'rist m. **3.** Am. a) Rechtsanwalt m, b) Richter m. **ju'ris·tic** adj (adv ~ally) ju'ristisch, rechtlich: ~ Rechtsgeschäft n; ~ person 1. **ju'ris·ti·cal** adj (adv ~ly) → juristic.

**ju·ror** ['dʒʊərə(r)] s **1.** jur. Geschworene(r m) f. **2.** Ju'ror m, Preisrichter m.

---

**ju·ry¹** ['dʒʊərɪ] s **1.** jur. (die) Geschworenen pl, Ju'ry f: → trial Schwurgerichtsverfahren n; → grand jury, petty jury, serve 3, special jury, trial 2. **2.** Ju'ry f, Preisgericht n, sport a. Kampfgericht n.

**ju·ry²** ['dʒʊərɪ] adj mar. Hilfs..., Not...: ~ rudder Notruder n.

**ju·ry| box** s jur. Geschworenenbank f. **~ fix·ing** s colloq. Geschworenenbestechung f. **~ list** s jur. Geschworenenliste f. **'~man** [-mən] s irr jur. Geschworene(r) m. **~ pan·el** → jury list. **'~wom·an** s irr jur. Geschworene f.

**jus** [dʒʌs] pl **ju·ra** ['dʒʊərə] (Lat.) s jur. Recht n. **~ca·no·ni·cum** [kə'nɒnɪkəm; Am. -'nɑ-] (Lat.) s jur. ka'nonisches Recht, Kirchenrecht n. **~ di·vi·num** [dɪ'vaɪnəm] (Lat.) s göttliches Recht. **~ gen·ti·um** ['dʒentɪəm] (Lat.) s jur. Völkerrecht n.

**jus·sive** ['dʒʌsɪv] ling. **I** adj: ~ mood → **II. II** s Jussiv m (imperativisch gebrauchter Konjunktiv).

**just** [dʒʌst] **I** adj (adv → justly) **1.** gerecht (to gegen): to be ~ to s.o. j-n gerecht behandeln. **2.** gerecht, angemessen, gehörig, (wohl)verdient: it was only ~ es war nur recht u. billig; ~ reward gerechter od. wohlverdienter Lohn. **3.** rechtmäßig, zu Recht bestehend, (wohl)begründet: a ~ claim. **4.** berechtigt, gerechtfertigt, (wohl)begründet: ~ indignation. **5.** richtig, gehörig. **6.** a) genau, kor'rekt, b) wahr, richtig: a ~ statement. **7.** Bibl. gerecht, rechtschaffen. **8.** mus. rein.

**II** adv [unbetont dʒəst] **9.** gerade, (so-) 'eben: they have ~ gone sie sind gerade (fort)gegangen; → now 3. **10.** gerade, genau, eben: ~ there eben dort; ~ then a) gerade damals, b) gerade in diesem Augenblick; ~ five o'clock genau fünf Uhr; ~ as a) ebenso wie, b) (zeitlich) gerade als; ~ so! ganz recht!; that is ~ it das ist es (ja) gerade od. eben; that is ~ like you! das sieht dir ähnlich!; → thing² 1, well¹ 12. **11.** gerade (noch), ganz knapp, mit knapper Not: we ~ managed it wir schafften es gerade noch; the bullet ~ missed him die Kugel ging ganz knapp an ihm vorbei, die Kugel hätte ihn beinahe getroffen; → possible immerhin möglich, im Bereich des Möglichen; ~ too late gerade zu spät. **12.** nur, lediglich, bloß: ~ for the fun of it nur zum Spaß; ~ an ordinary man nur ein Mann wie alle anderen; → moment 1, etc. **13.** ~ about a) ungefähr, etwa: ~ about the same; I've ~ about had enough! colloq. so langsam reicht's mir!, b) gerade noch: I ~ about caught the train. **14.** vor imp a) doch, mal, b) nur: ~ tell me sag mir mal, sag mir nur od. bloß; ~ sit down, please setzen Sie sich doch bitte. **15.** colloq. einfach, wirklich: ~ wonderful. **16.** eigentlich: ~ how many are there?

**jus·tice** ['dʒʌstɪs] s **1.** Gerechtigkeit f (to gegen, gegenüber). **2.** Rechtmäßigkeit f, Berechtigung f: the ~ of a claim. **3.** Berechtigung f, Recht n: to complain with ~ sich mit od. zu Recht beschweren. **4.** Gerechtigkeit f, gerechter Lohn: to do ~ to a) j-m od. e-r Sache Gerechtigkeit widerfahren lassen, gerecht werden (dat), b) etwas recht zu würdigen wissen, richtig würdigen, c) e-r Speise, dem Wein etc tüchtig zusprechen; to do o.s. ~, to do ~ to o.s. a) sein wahres Können zeigen, s-e Fähigkeiten zeigen od. unter Beweis stellen, b) sich selbst gerecht werden; in ~ to him um ihm gerecht zu werden. **5.** jur. Gerechtigkeit f, Recht n: ~ was done od. Gerechtigkeit wurde Genüge getan; in ~ von Rechts wegen; → administer 2, flee 1. **6.** Rechtsprechung f, Rechtspflege f, Ju'stiz f: to bring to ~ vor den Richter bringen. **7.** jur. Richter m: ~ of the peace

---

Friedensrichter (Laienrichter für Bagatellsachen); ~'s warrant Br. Haftbefehl m e-s justice of the peace; → chief justice. **jus·tice·ship** s Richteramt n.

**jus·ti·ci·a·ble** [dʒʌ'stɪʃɪəbl; -ʃəbl] adj **1.** gerichtlicher Entscheidung unter'worfen. **2.** gerichtlich verwendbar.

**jus·ti·ci·ar·y** [dʒʌ'stɪʃɪərɪ; Am. -ʃɪeri:] **I** s Richter m. **II** adj Justiz..., gerichtlich.

**jus·ti·fi·a·bil·i·ty** ['dʒʌstɪ₀faɪə'bɪlətɪ] s Vertretbarkeit f. **'jus·ti·fi·a·ble** adj zu rechtfertigen(d), berechtigt, vertretbar, entschuldbar: → homicide 1. **'jus·ti·fi·a·bly** [-blɪ] adv berechtigterweise, mit gutem Grund, mit Recht.

**jus·ti·fi·ca·tion** [,dʒʌstɪfɪ'keɪʃn] s **1.** Rechtfertigung f (a. jur. u. relig.): in ~ of zur Rechtfertigung von (od. gen); to plead ~ jur. (im Beleidigungsprozeß) geltend machen, daß die angegriffene Behauptung wahr ist. **2.** Berechtigung f: with ~ justifiably. **3.** print. Ju'stierung f, Ausschluß m. **jus·ti·fi·ca·to·ry** ['dʒʌstɪfɪkeɪtərɪ; Am. bes. dʒʌs'tɪfɪkə₀təʊri:; ₀dʒʌstɪ-], a. **'jus·ti·fi·ca·tive** [-keɪtɪv] adj rechtfertigend, Rechtfertigungs...

**jus·ti·fy** ['dʒʌstɪfaɪ] **I** v/t **1.** rechtfertigen (before od. to s.o. vor j-m, j-m gegenüber): to be justified in doing s.th. a) etwas mit gutem Recht tun, b) berechtigt sein, etwas zu tun; you are not justified in talking to me like that Sie haben kein Recht, so mit mir zu sprechen; → end 18. **2.** a) gutheißen, b) entschuldigen, c) j-m Recht geben. **3.** relig. rechtfertigen, von Sündenschuld freisprechen. **4.** tech. richtigstellen, richten, e-e Waage etc ju'stieren. **5.** print. ju'stieren, ausschließen. **II** v/i **6.** jur. sich rechtfertigen (können).

**'just·ly** adv **1.** richtig. **2.** mit od. zu Recht: ~ indignant. **3.** gerechterweise, verdientermaßen.

**'just·ness** s **1.** Gerechtigkeit f. **2.** Rechtmäßigkeit f. **3.** Richtigkeit f. **4.** Genauigkeit f.

**jut** [dʒʌt] **I** v/i a. ~ out a) vorspringen, b) her'ausragen: to ~ into s.th. in etwas hineinragen. **II** s Vorsprung m.

**jute¹** [dʒuːt] **I** s **1.** Jute(faser) f. **2.** bot. Jutepflanze f. **II** adj Jute...

**Jute²** [dʒuːt] s Jüte m.

**Jut·land·er** ['dʒʌtləndə(r)] s Jütländer m.

**ju·ve·nes·cence** [,dʒuːvə'nesns] s **1.** Verjüngung f, Jungwerden n: well of ~ Jungbrunnen m. **2.** Jugend f. **,ju·ve'nes·cent** adj **1.** sich verjüngend. **2.** jugendlich.

**ju·ve·nile** ['dʒuːvənaɪl; Am. a. -vənl] **I** adj **1.** jugendlich, jung. **2.** Jugend...: ~ books; ~ court jur. Jugendgericht n; ~ delinquency Jugendkriminalität f; ~ delinquent (od. offender) jugendlicher Täter, straffälliger Jugendlicher; ~ offence (Am. offense) Straftat f e-s Jugendlichen. **3.** a) unreif, Entwicklungs...: ~ stage Entwicklungsstadium n, b) contp. kindisch, infan'til. **II** s **4.** Jugendliche(r m) f. **5.** thea. jugendlicher Liebhaber. **6.** Jugendbuch n. **7.** eben flügge gewordener Vogel.

**ju·ve·nil·i·a** [,dʒuːvə'nɪlɪə] (Lat.) s pl **1.** Jugendwerke pl (e-s Autors etc). **2.** a) Werke pl für die Jugend, b) (als sg konstruiert) Jugendbuch n, -film m etc.

**ju·ve·nil·i·ty** [,dʒuːvə'nɪlətɪ] s **1.** Jugendlichkeit f. **2.** a) jugendliche Torheit, jugendlicher Leichtsinn, b) oft pl Kinde'rei f. **3.** collect. (die) Jugendlichen pl, (die) Jugend.

**ju·vey, ju·vie** ['dʒuːviː] s Am. sl. jugendlicher Täter.

**jux·ta·pose** [,dʒʌkstə'pəʊz] v/t nebenein'anderstellen (a. fig.). **,jux·ta·po·si·tion** s **1.** Nebenein'anderstellung f. **2.** Nebenein'anderstehen n: to be in ~ nebeneinanderstehen.

# K

**K, k** [keɪ] **I** *pl* **K's, Ks, k's, ks** [keɪz] *s* **1.**
K, k *n* (*Buchstabe*). **2.** K K *n*, K-förmiger
Gegenstand. **II** *adj* **3.** elft(er, e, es). **4.** K
K-...., K-förmig: a K frame.
**ka(b)·ba·la**, *etc* → cabala, *etc.*
**ka·di** → cadi.
**Kaf·(f)ir** [ˈkæfə(r)] *pl* **-(f)irs, -(f)ir** *s*
*meist contp.* Kaffer(in) (*Angehörige[r] e-s
der südafrikanischen Bantuvölker*).
**Kaf·ka·esque** [ˌkæfkəˈesk; *Am. a.* ˌkɑːf-]
*adj* kafka'esk, bedrückend u. furchter-
regend.
**kaf·tan** → caftan.
**kai·ak** → kayak.
**kail, kail·yard** → kale, kaleyard.
**kai·nite** [ˈkaɪnaɪt; ˈkeɪ-] *s min.* Kai'nit *m.*
**Kai·ser, k~** [ˈkaɪzər] (*Ger.*) *s hist.* Kai-
ser *m.*
**ka·ke·mo·no** [ˌkækɪˈməʊnəʊ; *Am.* ˌkɑː-]
*pl* **-nos** *s* Kake'mono *n* (*ostasiatisches
hochformatiges Rollbild auf Papier, Bro-
kat od. Seide*).
**ka·ki** [ˈkɑːkɪ] *s bot.* **1.** Kakibaum *m.* **2.**
Kakipflaume *f*, -frucht *f.*
**kale** [keɪl] *s* **1.** *bot.* Grün-, Braun-, Win-
ter-, Krauskohl *m.* **2.** *Scot. a*) *bot.* Kohl *m*,
b) Kohlsuppe *f.* **3.** *Am. sl.* „Zaster‘ *m*,
‚Kies‘ *m* (*Geld*).
**ka·lei·do·scope** [kəˈlaɪdəskəʊp] *s* Ka-
leido'skop *n* (*a. fig.*): ~ of colo(u)rs
Farbkaleidoskop. **ka‚lei·do'scop·ic**
[-ˈskɒpɪk; *Am.* -ˈska-] *adj*; **ka‚lei·do-
'scop·i·cal** *adj* (*adv* ~ly) kaleido'sko-
pisch.
**kal·ends** → calends.
**'kale·yard** *s Scot.* Gemüsegarten *m.*
**kal·i** [ˈkælɪ; ˈkeɪlɪ] *s bot.* Salzkraut *n.*
**ka·lif, ka·liph** → caliph.
**kal·mi·a** [ˈkælmɪə] *s bot.* Lorbeerrose *f.*
**Kal·mu(c)k** [ˈkælmʌk], **'Kal·myk**
[-mɪk] **I** *s* **1.** Kal'mücke *m*, Kal'mückin *f.*
**2.** *ling.* Kal'mückisch *n.* **II** *adj* **3.** kal-
'mückisch.
**kame** [keɪm] *s geogr.* (langgestreckter)
Geschiebehügel.
**ka·mi·ka·ze** [ˌkæmɪˈkɑːzɪ; *Am.* ˌkɑː-] **I** *s*
**1.** *mil. hist. a*) *oft* K~ Kami'kaze(flieger)
*m*, b) Kami'kazeflugzeug *n.* **II** *adj* **2.**
Kamikaze... (*a. fig.*). **3.** *fig.* selbstmörde-
risch: the city's ~ taxi drivers.
**kam·pong** [kæmˈpɒŋ; *Am.* ˈkɑːmˌpɔːŋ;
ˈkæm-] *s* Kampong *m*, *n* (*indonesisches
Dorf*).
**Ka·nak·a** [kəˈnækə; ˈkænəkə] *s* Ka'nake
*m* (*Südseeinsulaner*).
**kan·ga·roo** [ˌkæŋɡəˈruː] **I** *s zo.* Kängu-
ruh *n.* **II** *v/i colloq.* Bocksprünge machen
(*Wagen*). **III** *v/t colloq.* Bocksprünge
machen mit (*e-m Wagen*). **~ clo·sure** *s
parl.* Verkürzung e-r Debatte dadurch, daß
nur bestimmte Anträge zur Diskussion ge-
stellt werden. **~ court** *s colloq. a*) ‚inoffi-
zi‘elles Gericht (*z. B. unter Strafgefange-
nen*), b) Feme(gericht *n*) *f.* **~ rat** *s zo.*
Känguruhratte *f.*

**Kant·i·an** [ˈkæntɪən] *philos.* **I** *adj a*) kan-
tisch (*nach Art Kants*), b) Kantisch (*von
Kant herrührend*). **II** *s* Kanti'aner(in),
Anhänger(in) Kants. **'Kant·i·an·ism**,
**'Kant·ism** *s* Kantia'nismus *m* (*Gesamt-
heit der an die Philosophie Kants anknüp-
fenden Lehren*).
**ka·o·lin(e)** [ˈkeɪəlɪn] *s* Kao'lin *n*, *m*, Por-
zel'lanerde *f.* **'ka·o·lin·ite** *s min.* Kaoli-
'nit *m.*
**ka·pok** [ˈkeɪpɒk; *Am.* ˌpɑk] *s* Kapok *m*
(*als Isolier-, Polstermaterial etc verwen-
dete Samenfaser des Kapokbaums*). **~
tree** *s bot.* Kapokbaum *m.*
**kap·pa** [ˈkæpə] *s* Kappa *n* (*griechischer
Buchstabe*).
**ka·put** [kæˈpʊt; kəˈpuːt; kɑː-] *adj pred
colloq.* ‚ka'putt‘.
**kar·a·bi·ner** [ˌkærəˈbiːnə(r)] *s mount.*
Kara'binerhaken *m.*
**kar·at** *bes. Am.* → carat.
**ka·ra·te** [kəˈrɑːtɪ] **I** *s* Ka'rate *n.* **II** *v/t j-m*
Ka'rateschläge *od.* e-n Ka'rateschlag
versetzen. **III** *v/i* Ka'rateschläge aus-
teilen. **~ chop** *s* Ka'rateschlag *m.*
**ka'ra·te·chop** → karate II, III.
**ka·ra·te·ka** [kəˈrɑːtɪkɑː] *s* Kara'teka *m*,
Ka'ratekämpfer *m.*
**kar·ma** [ˈkɑː(r)mə] *s* **1.** *Hinduismus, Bud-
dhismus:* Karma(n) *n* (*das die Form der
Wiedergeburt e-s Menschen bestimmende
Handeln bzw. das durch ein früheres Han-
deln bestimmte gegenwärtige Schicksal*). **2.**
*allg.* Schicksal *n.*
**ka(r)·roo** [kəˈruː] *s* Kar'ru *f* (*Trocken-
steppe in Südafrika*).
**karst** [kɑː(r)st] *s geol.* Karst *m.*
**kart** [kɑː(r)t] *s sport* Kart *m* (*Go-Kart*).
**'kart·ing** *s* Kart(ing)sport *m.*
**kar·y·og·a·my** [ˌkærɪˈɒɡəmɪ; *Am.* -ˈɑɡ-]
*s biol. med.* Karyoga'mie *f*, Kernver-
schmelzung *f.* **kar·y·o·ki·ne·sis** [ˌkær-
ɪəʊkɪˈniːsɪs; -kaɪˈn-] *s* Karyoki'nese *f*
(*Teilvorgang der Mitose, bei dem sich die
durch Längsspaltung entstandenen Chro-
mosomenhälften gleichmäßig auf die neuen
Kerne verteilen*). **kar·y·o·lymph** [ˈkær-
ɪəʊlɪmf] *s* Karyo'lymphe *f*, Kernsaft *m.*
**kar·y·ol·y·sis** [ˌkærɪˈɒlɪsɪs; *Am.* -ˈalə-] *s*
Karyo'lyse *f: a*) *zum Beginn der Kerntei-
lung auftretende, scheinbare Auflösung des
Zellkerns, b) Auflösung des Zellkerns im
Zustand zwischen zwei Kernteilungen in-
folge schädlicher Einwirkungen.* **kar·y-
o·plasm** [ˈkærɪəʊplæzəm] *s* Karyo'plas-
ma *n*, Kernplasma *n.* **kar·y·o·some**
[ˌkærɪəʊsəʊm] *s* Zellkern *m.* **kar·y·o-
tin** [ˌkærɪˈəʊtɪn] → chromatin.
**kas·bah** [ˈkæzbɑː] *s* Kasba(h) *f: a*) *Zita-
delle(nviertel) e-r nordafrikanischen Alt-
stadt, b) arabisches Viertel nordafrikani-
scher Städte.*
**ka·sha** [ˈkɑːʃə] *s gastr.* Kasch *m*, Kascha *f*
(*geröstete Buchweizen-, Grieß- od. Reis-
grütze*).

**ka·sher** [ˈkɑːʃə(r)] → kosher.
**kash·mir** → cashmere.
**Kash·mir·i** [ˌkæʃˈmɪərɪ] *s* **1.** *pl* **-is, -i** →
Kashmirian II. **2.** *ling.* Kasch'miri *n.*
**Kash'mir·i·an I** *adj* kasch'mirisch. **II**
*s* Einwohner(in) Kaschmirs.
**kat·a·bat·ic** [ˌkætəˈbætɪk] *adj meteor.*
kata'batisch, fallend: ~ wind Fallwind *m.*
**ka·tab·o·lism** → catabolism.
**ka·thar·sis**, *etc* → catharsis, *etc.*
**kat·zen·jam·mer** [ˈkætsənˌdʒæmə(r)] *s
bes. Am.* **1.** ‚Katzenjammer‘ *m*, ‚Kater‘ *m*
(*beide a. fig.*). **2.** Aufruhr *m*, Tu'mult *m.*
**kau·ri, kau·ry** [ˈkaʊrɪ] *s* **1.** *bot.* Kauri-,
Dam'marafichte *f.* **2.** *a.* ~ gum (*od.* res-
in) Dammarharz *n.*
**ka·va** [ˈkɑːvə] *s* **1.** *bot.* Kavapfeffer *m.* **2.**
Kavabier *n.*
**kay·ak** [ˈkaɪæk] *s* Kajak *m*, *n: a*) Eskimo-
boot *n*, b) Sportpaddelboot *n*: two-seat-
er ~ Zweierkajak.
**kay·o** [ˌkeɪˈəʊ] *sl.* **I** *pl* **-os** *s* → knockout I.
**II** *adj* → knockout II. **III** *v/t* → knock
out 2.
**ke·a** [ˈkeɪə; ˈkiːə] *s orn.* 'Keapapa‚gei *m.*
**keat** [kiːt] *s Am.* junges Perlhuhn.
**ke·bab** [kɪˈbæb; kəˈbɑːb; kəˈbɑːb] *s
gastr.* Ke'bab *m* (*orientalische Speise aus
am Spieß gebratenen, scharf gewürzten
Hammelfleischstückchen, mit Reis ange-
richtet*).
**keck** [kek] *v/i bes. Am.* **1.** würgen (*beim
Erbrechen*). **2.** *fig.* sich ekeln (**at** vor *dat*).
**ked·dah** [ˈkedə] *s* Ele'fantenfalle *f* (*in
Indien*).
**kedge** [kedʒ] *mar.* **I** *v/t* Schiff warpen,
verholen. **II** *v/i* sich verwarpen. **III** *s a.* ~
anchor Wurf-, Warpanker *m.*
**kedg·er·ee** [ˌkedʒəˈriː] *s gastr. bes. Br.*
Reisgericht mit Fisch u. harten Eiern.
**keef** [kiːf] → kif.
**keek** [kiːk] *bes. Scot.* **I** *v/i* gucken, lugen,
neugierig *od.* verstohlen blicken: to ~ at
e-n Blick werfen auf (*acc*). **II** *s* neugieri-
ger *od.* verstohlener Blick: to have (*od.*
take) a ~ e-n Blick werfen auf (*acc*).
**keel¹** [kiːl] **I** *s* **1.** *mar.* Kiel *m*: on an even
~ a) auf ebenem Kiel, gleichlastig, b) *fig.*
gleichmäßig, ausgeglichen, ruhig; to lay
down the ~ den Kiel legen. **2.** *poet.* Schiff
*n.* **3.** *aer.* Kiel *m*, Längsträger *m.* **4.** Kiel
*m: a*) *bot.* Längsrippe *f* (*vom Blatt*), b) *zo.*
scharfkantige Erhebung. **5.** *Br. dial. a*)
flaches Kohlenschiff, b) *ein Kohlenmaß*
(= 21,54 *Tonnen*). **II** *v/t* **6.** *meist* ~ over
(*od.* up) *Boot etc a*) kiel'oben legen, b)
kentern lassen. **7.** the heat ~ed (over)
quite a few tourists *colloq.* in der Hitze
‚kippten‘ etliche Touristen ‚um‘. **III** *v/i*
**8.** *meist* ~ over (*od.* up) ‚umschlagen,
kentern. **9.** *meist* ~ over *colloq.* ‚um-
kippen‘: he ~ed over with laughter er
kugelte sich vor Lachen.
**keel²** [kiːl] *s* Rötel *m.* **II** *v/t* Schafe, Holz
*etc* mit Rötel kennzeichnen.

**keeled** [ki:ld] *adj* **1.** gekielt, mit e-m Kiel. **2.** kielförmig.
'**keel·haul** *v/t* **1.** *hist.* j-n kielholen. **2.** *fig.* ‚abkanzeln‘, ‚zs.-stauchen‘.
**keel·son** ['kelsn; 'ki:lsn] *s mar.* Kielschwein *n*, Binnenkiel *m*.
**keen**[1] [ki:n] *adj* (*adv* ~ly) **1.** scharf (geschliffen), mit scharfer Schneide *od.* Kante: ~ **edge** scharfe Schneide. **2.** schneidend (*Kälte*), scharf (*Wind*). **3.** beißend: ~ **sarcasm. 4.** scharf (*Sinne, Verstand etc*): ~ **eyes**; ~ **ears** scharfes Gehör; **to have a** ~ **mind** e-n scharfen Verstand haben, scharfsinnig sein. **5.** fein (*Gefühl, Sinn*). **6.** durch'dringend, stechend: ~ **glance**; ~ **smell. 7.** grell (*Licht*), schrill (*Ton*). **8.** *econ.* a) scharf (*Wettbewerb*), b) lebhaft, stark (*Nachfrage*). **9.** heftig, stark (*Gefühl*): ~ **desire** heftiges Verlangen, heißer Wunsch; ~ **interest** starkes *od.* lebhaftes Interesse. **10.** *econ. bes. Br.* äußerst konkur'renz-*od.* wettbewerbsfähig (*Preise*). **11.** begeistert, eifrig, leidenschaftlich: **a** ~ **sportsman. 12.** *bes. Am. sl.* ‚prima‘, ‚klasse‘. **13.** versessen, scharf‘ (**on**, **about** auf *acc*): **to be** ~ **on doing** (*od.* **to do**) **s.th.** etwas unbedingt tun wollen; **she is very** ~ **on his doing it** ihr liegt sehr viel daran, daß er es tut; (**as**) ~ **as mustard** (**on**) *colloq.* ganz versessen (auf), Feuer u. Flamme (für); **not to be** ~ (**on**) keine Lust haben (zu). **14.** ~ **on** begeistert von, sehr interes'siert an (*dat*): ~ **on music**; **she is not very** ~ **on him** sie macht sich nicht sehr viel aus ihm.
**keen**[2] [ki:n] **I** *s* **1.** Totenklage *f*. **2.** Wehklage *f*. **II** *v/i* **3.** wehklagen. **III** *v/t* **4.** beklagen, klagen um.
'**keen·er** *s Ir.* Wehklagende(r *m*) *f*, *bes.* Klageweib *n*.
'**keen·ness** *s* **1.** Schärfe *f*. **2.** Heftigkeit *f*. **3.** Leidenschaftlichkeit *f*.
**kee·no** → keno.
**keep** [ki:p] **I** *s* **1.** ('Lebens)¡Unterhalt *m*: **to earn one's** ~. **2.** ('Unterkunft *f* u.) Verpflegung *f*. **3.** a) Bergfried *m*, Hauptturm *m*, b) Burgverlies *n*. **4.** 'Unterhaltskosten *pl*: **the** ~ **of a horse. 5. for** ~**s** *colloq.* a) für *od.* auf immer, endgültig: **to settle a controversy for** ~**s** e-n Streit ein für allemal beilegen; **it's mine for** ~**s** ich kann *od.* darf es behalten, b) ernsthaft. **6.** Obhut *f*, Verwahrung *f*.
**II** *v/t pret u. pp* **kept** [kept] **7.** (be)halten, haben: ~ **the ticket in your hand** behalte die Karte in der Hand. **8.** j-n *od. etwas* lassen, (*in e-m bestimmten Zustand*) (er)halten: **to** ~ **apart** getrennt halten, auseinanderhalten; **to** ~ **a door closed** e-e Tür geschlossen halten; **to** ~ **s.th. dry** etwas trocken halten *od.* vor Nässe schützen; **to** ~ **s.o. going** a) j-n finanziell unterstützen, b) j-n am Leben erhalten; **to** ~ **s.th. a secret** etwas geheimhalten (**from s.o.** vor j-m); → advised 2, go[1] 23, wait 6. **9.** *fig.* (er)halten, (be)wahren: ~ **balance** 2, **distance** 7. **10.** (*im Besitz*) behalten: **you may** ~ **the book**; ~ **the change!** der Rest (*des Geldes*) ist für Sie!; ~ **your seat, please** bitte behalten Sie Platz; **to** ~ **a seat for s.o.** j-m e-n Platz freihalten; **you can** ~ **it!** *colloq.* ‚das kannst du dir an den Hut stecken!‘ **11.** *fig.* halten, sich halten *od.* behaupten in *od.* auf (*dat*): → field 7. **12.** j-n aufhalten: **I won't** ~ **you long; don't let me** ~ **you!** laß dich nicht aufhalten!; **what's** ~**ing him?** wo bleibt er denn nur (so lange)? **13.** (fest)halten, bewachen: **to** ~ **s.o. in prison** j-n in Haft halten; **to** ~ **s.o. for lunch** j-n zum Mittagessen dabehalten; **she** ~**s him here** sie hält ihn hier fest, er bleibt ihretwegen hier; → goal 2, prisoner. **14.** aufheben, aufbewahren: **I** ~ **all**

my old letters; **to** ~ **a secret** ein Geheimnis bewahren; **can you** ~ **a secret?** kannst du schweigen?; **to** ~ **for a later date** für später *od.* für e-n späteren Zeitpunkt aufheben; → well-kept 2. **15.** (aufrechter)halten, unter'halten: **to** ~ **good relations with s.o.** zu j-m gute Beziehungen unterhalten; → eye 2. **16.** pflegen, (er)halten: **to** ~ **in good repair** in gutem Zustand erhalten, instand halten; **badly kept** a) in schlechtem Zustand, b) ungepflegt; → well-kept 1. **17.** e-e *Ware* führen: **we don't** ~ **this article. 18.** *ein Tagebuch etc* führen: → record 16. **19.** *ein Geschäft etc* führen: **to** ~ **a shop** (*bes. Am.* **store**) e-n Laden haben *od.* betreiben; → house 1, 2. **20.** *ein Amt etc* innehaben. **21.** *bes. Am.* e-e *Versammlung etc* (ab)halten: **to** ~ **school** Schule halten. **22.** *ein Versprechen etc* (ein)halten, einlösen: **to** ~ **an appointment** e-e Verabredung einhalten; → word 5. **23.** *das Bett, Haus, Zimmer* hüten, bleiben in (*dat*): **to** ~ **one's bed (house, room). 24.** *Vorschriften etc* beachten, einhalten, befolgen: **to** ~ **Sundays** die Sonntage einhalten. **25.** *ein Fest* begehen, feiern: **to** ~ **Christmas. 26.** ernähren, er-, unter'halten, sorgen für: **to have a family to** ~ e-e Familie ernähren müssen; **to** ~ **s.o. in money** j-n mit Geld versorgen; **to** ~ **s.o. in food** für j-s Ernährung sorgen, j-n ernähren. **27.** (*bei sich*) haben, beherbergen: **to** ~ **boarders. 28.** a) *Tiere* halten, b) sich *ein Hausmädchen, ein Auto etc* halten. **29.** (be)schützen: **God** ~ **you!**
**III** *v/i* **30.** bleiben: **to** ~ **at home; to** ~ **in bed** im Bett bleiben; **to** ~ **in sight** in Sicht(weite) bleiben; **to** ~ **out of danger** sich nicht in Gefahr bringen; → *Verbindungen mit Adv.* **31.** sich halten, (*in e-m bestimmten Zustand*) bleiben: **to** ~ **friends** (weiterhin) Freunde bleiben; **to** ~ **in good health** gesund bleiben; **the milk (weather) will** ~ die Milch (das Wetter) wird sich halten; **the weather** ~**s fine** das Wetter bleibt schön; **this matter will** ~ diese Sache hat Zeit *od.* eilt nicht; **the secret will** ~ das Geheimnis bleibt gewahrt; → cool 1, 5. **32.** weiter... (*Handlung beibehalten*): **the baby kept (on) crying for hours** das Baby weinte stundenlang; **prices** ~ (**on**) **increasing** die Preise steigen immer weiter; **to** ~ (**on**) **laughing** a) weiterlachen, nicht aufhören zu lachen, b) dauernd *od.* ständig lachen; ~ **smiling!** immer nur lächeln!, laß den Mut nicht sinken!, Kopf hoch!; **to** ~ (**on**) **trying** es weiterversuchen, immer wieder versuchen. **33. how are you** ~**ing?** wie geht es dir?
*Verbindungen mit Präpositionen:*
**keep at I** *v/i* **1.** weitermachen mit, dranbleiben an (*e-r Arbeit etc*): ~ **it!** nur nicht aufgeben! **2.** j-m keine Ruhe lassen, j-m zusetzen (**to do** zu tun). **II** *v/t* **3. to keep s.o. at s.th.** j-n mit etwas nicht aufhören lassen. ~ **from I** *v/t* **1.** ab-, zu'rück-, fernhalten von, hindern an (*dat*): **to keep s.o. from doing s.th.** j-n davon abhalten *od.* daran hindern, etwas zu tun; **he kept me from work** er hielt mich von der Arbeit ab; **I kept him from knowing too much** ich sorgte dafür, daß er nicht zuviel erfuhr. **2.** bewahren vor (*dat*): **he kept me from danger. 3.** j-m etwas vorenthalten, verschweigen: **you are keeping s.th. from me. II** *v/i* **4.** sich fernhalten von. **5.** vermeiden (*acc*), sich enthalten (*gen*): **to** ~ **doing s.th.** es vermeiden *od.* sich davor hüten, etwas zu tun; **I could hardly** ~ **laughing** ich konnte mir kaum das Lachen verkneifen. ~ **off I** *v/t* **1.** fernhalten von: **keep your**

**hands off it!** Hände weg (davon)! **II** *v/i* **2.** sich fernhalten von: → grass *Bes. Redew.* **3.** *ein Thema etc* nicht berühren *od.* erwähnen. ~ **on** *v/i* leben *od.* sich ernähren von: **to** ~ **rice. ~ to I** *v/i* **1.** bleiben in (*dat*): **to** ~ **the house; to** ~ **one's bed** das Bett hüten; **to** ~ **o.s.** für sich bleiben; → left[1] 1, right 17. **2.** *fig.* festhalten an (*dat*), bleiben bei: **to** ~ **the rules of the game** sich an die Spielregeln halten; **to** ~ **the agreed time** die vereinbarte Zeit einhalten; **to** ~ **the point** bei der Sache *od.* sachlich bleiben. **II** *v/t* **3. to keep s.th. to a** (*od.* **the**) **minimum** etwas auf ein Minimum beschränken. **4.** j-n zwingen, bei e-r *Sache* zu bleiben: **I kept him to his promise** ich nagelte ihn auf sein Versprechen fest. **5. to keep s.th. to o.s.** etwas für sich behalten; **to keep o.s. to o.s.** für sich bleiben.
*Verbindungen mit Adverbien:*
**keep a·head** *v/i* in Führung *od.* an der Spitze *od.* vorne bleiben: **to** ~ **of s.o.** j-m vorausbleiben. ~ **a·way I** *v/t* j-n, *etwas* fernhalten (**from** von). **II** *v/i* weg-, fernbleiben, sich fernhalten (**from** von). ~ **back I** *v/t* **1.** zu'rückhalten: **to keep s.o. back from doing s.th.** j-n davon abhalten *od.* daran hindern, etwas zu tun. **2.** *fig.* zu'rückhalten: a) *Lohn etc* einbehalten, b) *Tränen etc* drücken, c) *etwas* verschweigen, hinterm Berg halten mit. **3.** *etwas* verzögern, aufhalten. **II** *v/i* **4.** im 'Hintergrund bleiben. ~ **down I** *v/t* **1.** *den Kopf etc* unten behalten. **2.** *Kosten etc* niedrig halten. **3.** nicht hoch- *od.* aufkommen lassen, unter Kon'trolle halten, *Volk, Gefühle etc* a. unter'drücken. **4.** *Nahrung etc* bei sich behalten. **II** *v/i* **5.** a) unten bleiben, b) sich geduckt halten. ~ **in I** *v/t* **1.** nicht her'aus- *od.* hin'auslassen, nicht aus dem Haus *etc* lassen. **2.** *ped.* nachsitzen lassen. **3.** *den Atem* anhalten. **4.** *den Bauch* einziehen. **5.** *Gefühle* zu'rückhalten, unter'drücken. **6.** *Feuer* nicht ausgehen lassen. **II** *v/i* **7.** drin bleiben, nicht her'auskommen. **8.** nicht ausgehen (*Feuer*). **9.** ~ **with** sich mit j-m gut stellen, mit j-m gut Freund bleiben. ~ **off I** *v/t* **1.** j-n, *etwas* fernhalten: **keep your hands off!** Hände weg! **II** *v/i* **2.** sich fernhalten: ~! a) Berühren verboten!, b) Betreten verboten! **3.** ausbleiben (*Regen etc*): **if the rain keeps off** falls es nicht regnet *od.* anfängt zu regnen. ~ **on I** *v/t* **1.** *Kleider* anbehalten, anlassen, *den Hut* aufbehalten: → hair *Bes. Redew.*, shirt *Bes. Redew.* **2.** *das Licht* brennen lassen, anlassen. **3.** e-n *Angestellten etc* behalten. **II** *v/i* **4.** a) weitermachen, b) nicht lockerlassen. **5.** (*mit ger*) → keep 32. **6.** ~ **at** → keep at 2. **7.** ~ **about** dauernd *od.* ständig reden von. ~ **out I** *v/t* **1.** (**of**) nicht hin'ein- *od.* her'einlassen (in *acc*), fern-, abhalten (von): **warm clothing keeps out the cold. 2.** *fig.* j-n her'aushalten: **to** ~ **of** bewahren vor (*dat*), her'aushalten aus, fernhalten von. **II** *v/i* **3.** draußen bleiben: ~! Zutritt verboten! **4.** *fig.* sich her'aushalten (**of** aus): **to** ~ **of politics**; ~ (**of this**)! halte dich da raus!; **to** ~ **of debt** keine Schulden machen; ~ **of mischief!** mach keine Dummheiten!; **to** ~ **of sight** sich nicht blicken lassen; → keep 30. ~ **to·geth·er I** *v/t* *Dinge, Gruppe etc* zs.-halten. **II** *v/i* zs.-bleiben (*a. fig. Mannschaft etc*), zs.-halten (*a. fig. Freunde etc*). ~ **un·der I** *v/t* **1.** *ein Volk, Gefühle etc* unter'drücken. **2.** *ein Feuer etc* unter Kon'trolle halten. **3.** j-n streng behandeln. **4.** *med.* j-n unter Nar'kose halten. **II** *v/i* **5.** unter Wasser bleiben *od.* unter Wasser halten. ~ **up I** *v/t* **1.** oben halten, hochhalten: → chin I. **2.** *fig.* aufrechterhalten, *Brauch, Freund-*

*schaft etc a.* weiterpflegen, *das Tempo* halten, *Preise etc* (hoch)halten, *den Mut* nicht sinken lassen, sich *s-e gute Laune etc* nicht nehmen lassen; ~ **the good work!, keep it up!** (nur) weiter so!, (nur) nicht lockerlassen!; → **appearance** Bes. Redew. **3.** in gutem Zustand *od.* in Ordnung halten. **4.** *j-n* da'von abhalten, ins Bett zu gehen. **II** *v/i* **5.** oben bleiben. **6.** nicht 'umfallen. **7.** *fig.* a) sich halten: **prices are keeping up** die Preise behaupten sich, b) nicht sinken (*Mut etc*), c) andauern, nicht nachlassen: **the rain was keeping up** es regnete (unvermindert) weiter. **8.** ~ **with** a) Schritt halten mit (*a. fig.*): **to** ~ **with the Joneses** es den Nachbarn (*hinsichtlich des Lebensstandards*) gleichtun (wollen), b) sich auf dem laufenden halten über (*acc*), c) in Kon-'takt bleiben mit. **9.** (*abends*) aufbleiben: **to** ~ **late** lange aufbleiben.

'**keep·er** *s* **1.** Wächter *m*, Aufseher *m*: **am I my brother's** ~? *Bibl.* soll ich m-s Bruders Hüter sein?; → **gamekeeper, goalkeeper, lighthouse, parkkeeper, zoo,** *etc.* **2.** Verwahrer *m* (*als Titel*), Verwalter *m*: → **Lord Keeper (of the Great Seal). 3.** *meist in Zssgn* a) Inhaber *m*, Besitzer *m*: → **innkeeper, shopkeeper, storekeeper** 3, b) Halter *m*, Züchter *m*: → **beekeeper. 4.** Betreuer *m*, Verwalter *m*: → **boxkeeper, storekeeper** 1, 2. **5.** *tech.* Halter *m*, *bes.* a) Schutzring *m*, b) Schieber *m*, c) Gegenmutter *f*, d) Sperrung *f* (*Haken*), e) Ma-'gnetanker *m*. **6. to be a good** ~ sich gut halten (*Obst, Fisch etc*).

'**keep-,fresh bag** *s* Frischhaltebeutel *m*.
'**keep·ing I** *s* **1.** Verwahrung *f*, Aufsicht *f*, Pflege *f*, Obhut *f*: **to put in s.o.'s** ~ a) *j-n* in *j-s* Obhut geben, b) *j-m etwas zur* Aufbewahrung geben; → **safekeeping. 2.** Pflege *f*: **in good** ~ a) in gutem Zustand, b) gepflegt. **3.** Über'einstimmung *f*, Einklang *m*: **to be in** (**out of**) ~ **with** a) (nicht) in Einklang stehen *od.* (nicht) übereinstimmen mit, b) (nicht) passen zu, c) (nicht) entsprechen (*dat*): **in** ~ **with the times** zeitgemäß. **II** *adj* **4.** haltbar, dauerhaft: ~ **apples** Winteräpfel.
**keep·sake** ['ki:pseɪk] *s* (Geschenk *zum*) Andenken *n*: **as** (*od.* **for**) **a** ~ *od.* zum Andenken.
**kees·ter** → **keister.**
**kef** [kef] → **kif.**
**kef·ir** ['kefə(r); *Am. a.* ke'fɪər] *s* Kefir *m* (*aus* [*Stuten*]*Milch durch Gärung gewonnenes Getränk mit säuerlichem Geschmack u. geringem Alkoholgehalt*).
**keg** [keg] *s* kleines Faß, Fäßchen *n*.
**keis·ter** ['ki:stə(r)] *s bes. Am. sl.* **1.** a) Koffer *m*, b) Kasten *m*, Kiste *f*. **2.** ,Hintern' *m*.
**ke·loid** ['ki:lɔɪd] *s med.* Kelo'id *n*, Wulstnarbe *f*.
**kelp** [kelp] *s* **1.** Kelp *n*, Riementangasche *f*. **2.** *bot.* (*ein*) Riementang *m*, *bes.* (**giant** ~) Birntang *m*.
**kel·pie** ['kelpɪ] *s Scot.* Wassergeist *in* Pferdegestalt, *der s-e Reiter in die Tiefe zieht*.
**kel·son** ['kelsn] → **keelson.**
**Kelt¹** [kelt] → **Celt².**
**kelt²** [kelt] *s* geschwächter Lachs *od.* geschwächte Lachsforelle *nach dem Laichen.*
**kel·ter** ['keltə(r)] *s colloq.*: **to be in** (**good**) ~ in Ordnung sein; **to be out of** ~ ,kaputt' sein.
**Kelt·ic** ['keltɪk] → **Celtic. 'Kelt·i·cism** → **Celticism.**
**kel·vin** ['kelvɪn] *s phys.* Kelvin *n* (*Maßeinheit der Kelvinskala*). **K~ scale** *s* Kelvinskala *f* (*thermodynamische Temperaturskala, die am absoluten Nullpunkt beginnt*).

**kempt** [kempt] *adj* gekämmt.
**ken** [ken] **I** *s* **1. this is beyond** (*od.* **outside, not within**) **my** ~ a) das entzieht sich m-r Kenntnis, b) das ist mir zu hoch. **II** *v/t pret u. pp* **kenned, kent** [kent] **2.** *Scot.* wissen. **3.** *Scot.* begreifen, verstehen.
**ken·do** ['kendəʊ] *s sport* Kendo *n* (*als Kampfsport betriebenes Fechten mit Bambusstöcken*).
**ken·nel¹** ['kenl] **I** *s* **1.** Hundehütte *f.* **2.** *oft pl* (*als sg konstruiert*) a) Hundezwinger *m*, b) Hundeheim *n*. **3.** *zo.* Bau *m*. **4.** *fig.* ,Bruchbude' *f*, ,Loch' *n*. **5.** Meute *f* (*a. von Personen*). **II** *v/t pret u. pp* **-neled,** *bes. Br.* **-nelled 6.** in e-r Hundehütte *od.* in e-m Zwinger halten *od.* 'unterbringen. **III** *v/i* **7.** in e-r Hundehütte liegen. **8.** hausen.
**ken·nel²** ['kenl] *s obs.* Gosse *f*, Rinnstein *m*.
**ken·ning** ['kenɪŋ] *s* Kenning *f* (*mehrgliedrige Umschreibung von Begriffen in der altgermanischen Dichtung*).
**ke·no** [ki:nəʊ] *s Am.* ein Glücksspiel.
**ke·no·sis** [kɪ'nəʊsɪs] *s relig.* Kenosis *f*, Selbstentäußerung *f* Christi (*durch s-e Menschwerdung*).
**kent** [kent] *pret u. pp von* **ken.**
**Kent·ish** ['kentɪʃ] *adj* aus *od.* von (*der englischen Grafschaft*) Kent.
**Ken·tuck·i·an** [ken'tʌkɪən] **I** *adj* aus *od.* von (*dem Staat*) Ken'tucky. **II** *s* Einwohner(in) von Ken'tucky.
**Ken·tuck·y Der·by** [ken,tʌkɪ'dɑ:bɪ; *Am.* -'dɜrbɪ] *s* Ken'tucky Derby *n* (*seit 1875 bei Louisville ausgetragenes Galopprennen für dreijährige Vollblüter*).
**kep·i** ['keɪpi:; 'kepi:] *s* Käppi *n* (*Militärmütze*).
**Kep·le·ri·an** [kep'lɪərɪən] *adj* Kep-lersch(er, e, es): ~ **telescope. Kep·ler's laws** ['keplə(r)z] *s pl astr.* die Keplerschen Gesetze *pl*.
**kept** [kept] **I** *pret u. pp von* **keep. II** *adj*: ~ **woman** Mätresse *f*.
**ke·ram·ic** [kɪ'ræmɪk] → **ceramic.**
**ke·ra·tin** ['kerətɪn] *s chem.* Kera'tin *n*, Hornstoff *m*. **ke·rat·in·ize** [kɪ'rætɪ-naɪz; 'kerətɪnaɪz] *v/i* verhornen, hornig werden. **ker·a'ti·tis** [-rə'taɪtɪs] *s med.* Kera'titis *f*, Hornhautentzündung *f*.
**ker·a·to·plas·ty** ['kerətəʊplæstɪ] *s med.* Kerato'plastik *f*, 'Hornhautüber-,tragung *f*. **ker·a'to·sis** [-'təʊsɪs] *s med.* Kera'tose *f* (*übermäßige Verhornung der Haut*).
**kerb** [kɜ:b] *s Br.* **1.** Bordschwelle *f*, Bord-, Randstein *m*, Straßenkante *f*: ~ **drill** Verkehrserziehung *f* für Fußgänger; ~ **weight** Leergewicht *n* (*e-s Personenwagens*). **2.** (*steinerne*) Einfassung. **3.** *a.* ~ **market** *econ.* Freiverkehrsbörse *f*: ~ **prices** Freiverkehrskurse. '~**stone** → **kerb** 1.
**ker·chief** ['kɜ:tʃɪf; *Am.* 'kɜrtʃəf] *s* **1.** Hals-, Kopftuch *n*. **2.** *bes. poet.* Taschentuch *n*.
**kerf** [kɜ:f; *Am.* kɜrf] *s* Kerbe *f*, Einschnitt *m*.
**ker·fuf·fle** [kə'fʌfl] *s meist* **fuss and** ~ *Br. colloq.* ,Getue' *n*, ,The'ater' *n* (**over, about** um).
**ker·mes** ['kɜ:mɪz; *Am.* 'kɜrmi:z] *s* **1.** (*roter*) Kermesfarbstoff. **2.** *zo.* a) Kermes (-schildlaus *f*) *m*, b) Kermeskörner *pl* (*getrocknete Weibchen der Laus*). **3.** *a.* ~ **oak** *bot.* Kermeseiche *f*.
**ker·mess** ['kɜ:mɪs; *Am.* 'kɜrməs], '**ker·mis** [-mɪs; *Am.* -məs] *s* **1.** Kirmes *f*, Kirchweih *f* (*in Belgien u. den Niederlanden*). **2.** *Am.* Wohltätigkeitsfest *n*.
**kern** [kɜ:n; *Am.* kɜrn] *print.* **I** *s* 'Überhang *m*. **II** *v/t* unter'schneiden.
**ker·nel** ['kɜ:nl; *Am.* 'kɜrnl] *s* **1.** (*Nuß-*

*etc*)Kern *m*. **2.** (*Hafer-, Mais- etc*)Korn *n*. **3.** *fig.* Kern *m*: a) Kernpunkt *m*, b) (*das*) Innerste, Wesen *n*. **4.** *tech.* (*Guß- etc*) Kern *m*.
**ker·nite** ['kɜ:naɪt; *Am.* 'kɜr-] *s min.* Ker-'nit *m*.
**ker·o·sene, ker·o·sine** ['kerəsi:n; ,-'si:n] *s chem.* Kero'sin *n*.
**Kerr ef·fect** [kɑ:; kɜ:; *Am.* kɑ:r; kɜr] *s opt.* 'Kerr-Ef,fekt *m*.
**kes·trel** ['kestrəl] *s orn.* Turmfalke *m*.
**ketch** [ketʃ] *s mar.* Ketsch *f* (*zweimastiger Segler*).
**ketch·up** ['ketʃəp] *s* Ketchup *m*, *n*.
**ke·tene** ['ki:ti:n] *s chem.* Ke'ten *n*.
**ke·to\|ac·id** ['ki:təʊ] *s chem.* Keto-, Ke-'tonsäure *f*. ~ **form** *s* Keto-, Ke'tonform *f*.
**ke·tone** ['ki:təʊn] *s chem.* Ke'ton *n*: ~ **body** *physiol.* Ketonkörper *m*. **ke·to-nu·ri·a** [,ki:təʊ'njʊərɪə; *Am. a.* ,ki:tə'nʊ-rɪə] *s med.* Ketonu'rie *f* (*Ausscheidung von Ketonkörpern im Harn*). **ke·tose** ['ki:-təʊs; -təʊz] *s chem.* Ketozucker *m*, Ke-'tose *f.* **ke·to·sis** [kɪ'təʊsɪs] *s med.* Ke-'tose *f* (*Auftreten von Ketonen im Blut*).
**ket·tle** ['ketl] *s* **1.** (Koch)Kessel *m*: a **pretty** (*od.* **fine**) ~ **of fish** *iro.* e-e schöne Bescherung; **that's a different** ~ **of fish** das ist etwas ganz anderes; **to keep the** ~ **boiling** a) sich über Wasser halten, b) die Sache in Schwung halten. **2.** *geol.* a) Gletschertopf *m*, -mühle *f*, b) Soll *n*. '~**drum** *s mus.* (Kessel)Pauke *f*. '~-**drum·mer** *s* (Kessel)Pauker *m*. ~ **hole** → **kettle** 2.
**Keu·per** ['kɔɪpə(r)] *s geol.* Keuper *m*.
**kew·pie** ['kju:pi:] *s Am.* **1.** *pausbäckiger Engel mit hohem Haarknoten.* **2.** *a.* ~ **doll** *e-e Puppe dieser Art.*
**key¹** [ki:] **I** *s* **1.** Schlüssel *m*: **to turn the** ~ absperren, abschließen; **power of the** ~**s** *R.C.* Schlüsselgewalt *f.* **2.** *fig.* (**to**) Schlüssel *m* (zu): a) Erklärung *f* (für), b) Lösung *f* (*gen*). **3.** *fig.* (**to**) Schlüssel *m* (zu): a) Lösungsbuch *n* (für, zu), b) Zeichenerklärung *f* (für, zu) c) Code *m* (für, zu). **4.** *bot. zo.* (Klassifikati'ons)Ta,belle *f.* **5.** Kennwort *n*, -ziffer *f*, Chiffre *f* (*in Inseraten etc*). **6.** *tech.* a) Keil *m*, Splint *m*, Bolzen *m*, Paßfeder *f*, b) Schraubenschlüssel *m*, c) Taste *f* (*der Schreibmaschine etc*). **7.** *electr.* a) Taste *f*, Druckknopf *m*, b) Taster *m*, 'Tastkon,takt *m*, -schalter *m*. **8.** *tel.* Taster *m*, Geber *m*. **9.** *print.* Setz-, Schließkeil *m*. **10.** *Tischlerei:* Dübel *m*, Band *n.* **11.** *arch.* Schlußstein *m*. **12.** *mus.* a) Taste *f* (*bei Tasteninstrumenten*): **black** (**upper,** *od.* **chromatic**) ~ schwarze (Ober)Taste, b) Klappe *f* (*bei Blasinstrumenten*): **closed** (**open**) ~ Klappe zum Öffnen (Schließen). **13.** *mus.* Tonart *f*: **major** (**minor**) ~ Dur *n* (Moll *n*); **in the** ~ **of C** in C; ~ **of C** (**major**) C-Dur; ~ **of C minor** c-Moll; **to sing off** (*od.* **out of**) ~ falsch singen; **to be in** (**out of**) ~ **with** *fig.* a) (nicht) in Einklang stehen *od.* (nicht) übereinstimmen mit, b) (nicht) passen zu. **14.** → **key signature. 15.** *fig.* Ton *m*: (**all) in the same** ~ eintönig, monoton; **in a high** ~ a) laut, b) *paint. phot.* in hellen Tönen (gehalten); **in a low** ~ a) leise, b) *paint. phot.* in matten Tönen (gehalten), c) wenig spannend *od.* abwechslungsreich. **16.** → **keymove. 17.** **the K~s** *pl parl.* die Mitglieder des **House of Keys.**
**II** *v/t* **18.** ~ **in** (*od.* **on**) *tech.* ver-festkeilen. **19.** *print.* füttern, unter'legen. **20.** ~ **in** (*Computer*) Daten eintippen. **21.** *mus.* stimmen. **22.** ~ (**up**) **to,** ~ **in with** *fig.* abstimmen auf (*acc*), anpassen (*dat*) *od.* an (*acc*): **to** ~ **s.o. up for** *j-n* einstimmen auf (*acc*). **23.** ~ **up** *j-n* in ner'vöse Spannung versetzen: ~**ed up** nervös, aufge-

regt (**about** wegen). **24.** ~ **up** *fig.* steigern, erhöhen. **25.** *ein Inserat etc* mit e-m Kennwort versehen, chif'frieren.
**III** *adj* **26.** *fig.* Schlüssel...: ~ **industry** (position, role, *etc*); ~ **official** Beamte(r) *m* in e-r Schlüsselstellung.
**key²** [ki:; keı] → **cay**.
**key³** [ki:] *s sl.* Kilo *n* (*Drogen, bes. Haschisch*): **a** ~ **of hash**.
**key| bit** *s tech.* Schlüsselbart *m.* '~**board I** *s* **1.** *mus.* a) Klavia'tur *f*, Tasta'tur *f* (*e-s Klaviers*), b) Manu'al *n* (*e-r Orgel*). **2.** *tech.* Tastenfeld *n*, Tasta'tur *f* (*e-r Schreibmaschine etc*). **3.** Schlüsselbrett *n.* **II** *v/t* **4.** *print.* maschi'nell setzen. **5.** → **key** 20. ~ **bu·gle** *s mus.* Klappenhorn *n.* ~ **case** *s* 'Schlüsseletui *n.* ~ **chord** *s mus.* Grunddreiklang *m* (*e-r Tonart*). ~ **club** *s Am.* Pri'vatclub *m.* ~ **desk** *s mus.* Orgelpult *n.*
**keyed** [ki:d] *adj* **1.** *mus.* a) Tasten...: ~ **instrument**, b) Klappen...: ~ **horn**. **2.** *mus.* a) in e-r (*bestimmten*) Tonart gesetzt, b) gestimmt (*bis* auf *e-n Ton*). **3.** *tech.* ver-, festgekeilt. **4.** *arch.* durch e-n Schlußstein verstärkt. **5.** chif'friert: ~ **advertisement**. **6.** ~ **up** → **key** 23.
**key| fos·sil** *s geol.* 'Leitfos,sil *n.* ~ **harp** *s mus.* Tastenharfe *f.* '~**hole** *s* **1.** Schlüsselloch *n:* → **report** *fig.* Bericht *m* mit intimen Einzelheiten. **2.** *tech.* Dübelloch *n.* **3.** *Basketball: Am. colloq.* Freiwurfraum *m.* '~**hole saw** *s tech.* Stichsäge *f.* '~**man** [-mæn] *s irr* **1.** 'Schlüsselfi,gur *f.* **2.** Mann *m* in Schlüsselstellung, Schlüsselkraft *f.* ~ **map** *s arch.* Orien'tierungsplan *m.* ~ **mon·ey** *s* **1.** *Br.* (*vom Mieter an den Vermieter gezahlte*) Abstandssumme. **2.** (*von e-m potentiellen Mieter gezahltes*) Bestechungsgeld. '~**move** *s Schach:* Schlüsselzug *m.* '~**note I** *s* **1.** *mus.* Grundton *m.* **2.** *fig.* Grund-, Leitgedanke *m* (*e-r Rede, Politik etc*): **to strike the** ~ **of s.th.** das Wesentliche e-r Sache treffen; ~ **address** (*od.* speech) *pol.* programmatische Rede; ~ **speaker** → **keynoter.** **II** *v/t* **3.** *pol.* a) e-e program'matische Rede halten auf (*e-m Parteitag etc*), b) in e-r program'matischen Rede darlegen, c) als Grundgedanken enthalten. '~**not·er** *s pol. j-d, der e-e programmatische Rede hält.* ~ **plan** *s arch.* Lageplan *m.* ~ **point** *s* springender Punkt. ~ **punch** *s* **1.** *Computer:* (Loch)Kartenstanzer *m.* **2.** (*manueller*) Kartenlocher. ~ **ring** *s* Schlüsselring *m.* ~ **seat** → **keyway.** '~**seat·er** *s tech.* 'Keilnuten,ziehma,schine *f.* ~ **sig·na·ture** *s mus.* Vorzeichen *n u. pl.* ~ **sta·tion** *s Rundfunk, TV: Am.* Hauptsender *m.* ~ **step** *s* entscheidender Schritt. '~**stone** *s* **1.** *arch.* Schlußstein *m.* **2.** *fig.* Grundpfeiler *m.* **3.** *tech.* Füllsplitt *m* (*bei asphaltierten Straßen*). **4.** a. ~ **sack** *Baseball:* zweites Mal. '**K~stone State** *s* (*Beiname für*) Pennsyl'vanien *n.* '~**stroke** *s* Anschlag *m.* ~ **tone** *s mus.* Grundton *m.* '~**way** *s tech.* Keilnut *f*, -bahn *f.* ~ **word** *s* Schlüssel-, Stichwort *n.*
**kha·ki** ['ka:kı; *Am. a.* 'kæki:] **I** *s* **1.** Khaki *n* (*Farbe*). **2.** a) Khaki *m* (*Stoff*), b) *meist pl* 'Khakiuni,form *f.* **II** *adj* **3.** Khaki...: a) khakibraun, -farben, -farbig, b) aus Khaki.
**kham·sin** ['kæmsın; *bes. Am.* kæm'si:n] *s* Cham'sin *m*, Kam'sin *m* (*heißer Wüstenwind aus Ägypten*).
**khan¹** [ka:n; *Am. a.* kæn] *s* Khan *m* (*orientalischer Herrschertitel*).
**khan²** [ka:n; *Am. a.* kæn] → **caravansary.**
**khan·ate** ['ka:neıt; 'kæn-] *s* Kha'nat *n* (*Herrschaftsgebiet od. Amt e-s Khans*).
**khe·dive** [kı'di:v] *s hist.* Khe'dive *m* (*Titel des Vizekönigs von Ägypten*).

**khi** [kaı] *s* Chi *n* (*griechischer Buchstabe*).
**kib·ble¹** ['kıbl] *s Bergbau: Br.* Förderkorb *m.*
**kib·ble²** ['kıbl] *v/t* schroten.
**kib·butz** [kı'buts] *pl* **kib·butz·im** [kı'bu:tsım; *Am.* kı,but'si:m] *s* Kib'buz *m* (*Gemeinschaftssiedlung in Israel*).
**kibe** [kaıb] *s* offene Frostbeule (*bes. an der Ferse*).
**ki·bei** [kı'beı] *pl* **-bei, -beis** *s* in den USA geborener, aber in Japan erzogener Japaner.
**kib·itz** ['kıbıts] *v/i colloq.* kiebitzen. '**kib·itz·er** *s colloq.* **1.** Kiebitz *m* (*Zuschauer, bes. beim Kartenspiel*). **2.** *fig.* Besserwisser *m.*
**ki·bosh** ['kaıbɒʃ; *Am.* -,baʃ] *sl.* **I** *s:* **to put the** ~ **on** → **II. II** *v/t* Pläne, Hoffnungen *etc* ,ka'puttmachen', zerstören.
**kick** [kık] **I** *s* **1.** (*Fuß*)Tritt *m* (*a. fig.*), Stoß *m* (*mit dem Fuß*): **to give s.o. s.th. a** ~ e-n Tritt geben *od.* versetzen (*dat*); **to give s.o. a** ~ **in the arse** (*Am.* ass) *vulg.* j-m e-n ,Arschtritt' geben; **to get more** ~**s than halfpence** mehr Prügel als Lob ernten; **to get the** ~ *colloq.* ,(raus)fliegen' (*entlassen werden*); → **pants** 1, **tooth** 1. **2.** a) *Fußball:* Schuß *m:* → **corner kick, free kick** 1, **penalty kick** 1, b) *Rugby:* Tritt *m:* → **free kick** 2, **penalty kick** 2. **3.** *Schwimmsport:* Beinschlag *m.* **4.** *Leichtathletik: Am.* Spurt(kraft *f*) *m.* **5.** Stoß *m*, Ruck *m.* **6.** Rückstoß *m* (*e-r Schußwaffe*). **7.** *electr. Am.* a) (Strom-)Stoß *m*, Im'puls *m*, b) Ausschlag *m* (*e-s Zeigers etc*). **8.** Stoßkraft *f.* **9.** *colloq.* a) anregende *od.* berauschende Wirkung, (*e-r Droge*) ,Kick' *m:* **that cocktail has got a** ~ **in it** der Cocktail ,hat es (aber) in sich', Schwips *m:* **he's got a** ~ ,er hat einen sitzen'. **10.** *colloq.* Schwung *m*, E'lan *m:* **he has no** ~ **left** er hat keinen Schwung mehr; **to give a** ~ **to s.th.** in Schwung bringen, e-m Theaterstück etc ,Pfiff' verleihen; **a novel with a** ~ ein Roman mit ,Pfiff'. **11.** *colloq.* a) (Nerven)Kitzel *m*, prickelndes Gefühl, b) Spaß *m*, Vergnügen *n:* **for** ~**s** zum Spaß; **he just lives for** ~**s** er lebt nur zu s-m Vergnügen; **driving a car gives him a** ~, **he gets a** ~ **out of driving a car** das Autofahren macht ihm e-n ,Riesenspaß'. **12.** *colloq.* a) Abneigung *f:* **to have a** ~ **against s.th.** gegen etwas sein, b) Beschwerde *f* (**against** gegen *j-n*, **über** *etwas*), c) *oft pl* Grund *m* zur Beschwerde: **you've got no** ~ **at all** du hast keinerlei Grund, dich zu beklagen *od.* zu beschweren. **13.** *sl.* **he's on a new** ~ **every week** er ,steht' jede Woche auf etwas anderes; **she's on a health-food** ~ **at the moment** zur Zeit ,hat' sie es mit Biokost. **14.** *Am. colloq.* a) Tasche *f*, b) Geldbeutel *m:* **he was without a dime in his** ~.
**II** *v/t* **15.** (mit dem Fuß) stoßen, treten, e-n (Fuß)Tritt geben *od.* versetzen (*dat*): **to** ~ **s.o.'s shin, to** ~ **s.o. on the shin** j-n gegen das Schienbein treten; **to** ~ **s.o. downstairs** j-n die Treppe hinunterstoßen; **to** ~ **s.o. upstairs** *fig.* j-n durch Beförderung ,kaltstellen'; **to** ~ **s.o. when he is down** *fig.* j-m noch e-n Fußtritt geben, wenn er schon am Boden liegt; **I could have** ~**ed myself** ich hätte mich ohrfeigen *od.* mir in den ,Hintern' beißen können; → **bucket** 1, **heel¹** *Bes. Redew.* **16.** *Fußball: ein Tor schießen, den Ball a.* treten, spielen, schlagen. **17.** *colloq.* loskommen von (*e-r Droge, Gewohnheit etc*).
**III** *v/i* **18.** a) (mit dem Fuß) treten (**at** nach), b) um sich treten, strampeln, d) das Bein hochwerfen *od.* ausschlagen (*Pferd etc*): → **trace²** 1. **19.** hochspringen, -prallen (*Ball*). **20.** zu-

'rückstoßen, e-n *harten etc* Rückschlag *od.* Rückstoß haben: **the rifle** ~**s hard.** **21.** *mot. colloq.* schalten: **he** ~**ed into second** er schaltete in den zweiten Gang. **22.** *mot. colloq.* ,stottern' (*Motor*). **23.** *colloq.* a) ,meutern', ,rebel'lieren', sich (mit Händen u. Füßen) wehren (**against, at** gegen), b) sich beschweren (**about** über *acc*). **24.** ~ **about** (*od.* **around**) *colloq.* sich her'umtreiben in (*dat*). **25.** ~ **about** (*od.* **around**) *colloq.* her'umliegen in (*dat*) (*Gegenstand*). **26.** → **kick off** 3.
*Verbindungen mit Adverbien:*
**kick| a·bout,** ~ **a·round** *colloq.* **I** *v/t* **1.** *j-n* her'umkomman,dieren. **2.** *j-n, etwas* her'umstoßen, -schubsen. **3.** bereden, disku'tieren *über* (*acc*). **II** *v/i* **4.** her'umtreiben. **5.** her'umliegen (*Gegenstand*). ~ **back I** *v/i* **1.** zu'rücktreten. **2.** → **kick** 20. **3.** *fig.* zu'rückschlagen: **if you insult him he'll** ~ wenn du ihn beleidigst, zahlt er es dir heim; **his accusations kicked back** s-e Anschuldigungen schlugen auf ihn zurück *od.* erwiesen sich als Bumerang. **4.** *fig.* unangenehme Folgen haben (**at** für). **5.** *Am. colloq.* e-e (*illegale*) Provisi'on *od.* ,Schmiergeld(er)' zahlen. **II** *v/t* **6.** die Bettdecke etc wegstrampeln. **7.** *Fußball:* den Ball zu'rückspielen (**to** zu). **8.** *Am. colloq.* etwas Gestohlenes (*dem Eigentümer*) zu'rückgeben. **9.** *Am. colloq.* a) *j-m* e-e (*illegale*) Provisi'on *od.* ,Schmiergeld(er)' zahlen, b) e-n Betrag an (*illegaler*) Provisi'on *od.* ,Schmiergeld(ern)' zahlen. ~ **in I** *v/t* **1.** e-e Tür eintreten: **to kick s.o.'s teeth in** *a.* j-m die Zähne einschlagen. **2.** *Am. colloq.* etwas beisteuern (**for** zu). **II** *v/i* **3.** *Am. colloq.* (etwas) dazu beisteuern: **to** ~ **with** → **2. 4.** → **kick off** 3. ~ **off I** *v/i* **1.** *Fußball:* anstoßen: a) den Anstoß ausführen, b) Anstoß haben. **2.** *colloq.* anfangen, beginnen. **3.** *Am. sl.* ,den Löffel weglegen' (*sterben*). **II** *v/t* **4.** etwas wegtreten, Schuhe wegschleudern. **5.** *colloq.* etwas starten, den Anfang (*gen*) bilden. ~ **out I** *v/i* **1.** a) um sich treten, b) ~ **at s.o.** nach *j-m* treten, b) ausschlagen (*Pferd etc*). **II** *v/t* **2.** *Fußball:* den Ball (*absichtlich*) ins Aus schießen. **3.** *colloq.* *j-n* ,rausschmeißen' (**of** aus) (*a. fig.*). ~ **over I** *v/t* **1.** mit dem Fuß 'umstoßen. **II** *v/i* **3.** *mot. Am. colloq.* zünden (*Motor*). ~ **through** *v/i Am. sl.* **1.** → **kick off** 3. **2.** beichten. ~ **up** *v/t* **1.** mit dem Fuß hochschleudern, Staub aufwirbeln: → **dust** 2, **heel¹** *Bes. Redew.* **2.** → **din** 1, **fuss** 2, **row¹** 1, **stink** 10.
'**kick·back** *s* **1.** Rückschlag *m.* **2.** *fig.* a) unangenehme *od.* starke ('Gegen)Reakti,on, b) unangenehme Folge(n *pl*). **3.** *Am. colloq.* a) (*illegale*) Provisi'on, b) ,Schmiergeld(er)' *pl n.* '~**box·ing** *s sport* Thai-Boxen *n.* '~**down** *s mot.* Kickdown *m* (*Durchtreten des Gaspedals e-s Wagens mit Automatikgetriebe, um ein Herunter- bzw. späteres Heraufschalten zu erreichen*).
**kick·er** ['kıkə(r)] *s* **1.** (Aus)Schläger *m* (*Pferd*). **2.** *colloq.* Queru'lant *m.* **3.** *colloq.* kleiner Außenbordmotor. **4.** *Am. colloq.* unfaire *od.* nachteilige Klausel (*in e-m Vertrag etc*).
'**kick·off** *s* **1.** *Fußball:* Anstoß *m:* (**the**) ~ **is at 3 o'clock** Anstoß ist *od.* der Anstoß erfolgt um 3 Uhr; ~ (**time**) Anstoßzeit *f.* **2.** *colloq.* Anfang *m*, Beginn *m*, Start *m:* **for a** ~ a) zunächst (einmal), fürs erste, b) erstens (einmal), um es gleich zu sagen. '~**out** *s colloq.* ,Rausschmiß' *m* (*a. fig.*).
**kick·shaw** ['kıkʃɔ:], '**kick·shaws** [-ʃɔ:z] *s* **1.** billiges *od.* wertloses Schmuckstück. **2.** *obs.* kleiner Leckerbissen.
'**kick·stand** *s* Kippständer *m* (*e-s Fahr-*

rads etc). ~ **start** → kick starter. '~-**-start** v/t ein Motorrad mit dem Kick-starter anlassen. ~ **start·er** s Kickstar-ter m (Fußhebel als Anlasser e-s Motor-rads). ~ **turn** s Skifahren: Spitzkehre f. '~-**up** s Am. colloq. ,Wirbel' m, ,Wind' m, ,The!ater' n (about um).

'**kick·y** adj colloq. **1.** erregend, packend. **2.** Am. ,prima', ,klasse'.

**kid**[1] [kɪd] **I** s **1.** zo. Zicklein n, Kitz(e f) n. **2.** a. ~ **leather** Ziegen-, Gla'céleder n, Kid n. **3.** colloq. a) Kind n: **my** ~ **brother** mein kleiner Bruder; **that's** ~**s' stuff** das ist (nur) was für kleine Kinder; das ist kinderleicht od. ein Kinderspiel (**to** für); **listen,** ~, ... hör mal, Kleine(r), ..., b) bes. Am. Jugendliche(r m) f: **the college** ~**s** die jungen Leute auf dem College; **he's quite some** ~ ,der ist nicht ohne', ,der hat ganz schön was drauf'. **II** v/i **4.** zickeln, (Junge) werfen.

**kid**[2] [kɪd] colloq. **I** v/t j-n ,auf den Arm nehmen': **you're** ~**ding me!** das meinst du doch nicht im Ernst!; **to** ~ **o.s.** sich etwas vormachen. **II** v/i a) albern, b) Spaß machen, c) schwindeln: **he was only** ~**ding** er hat nur Spaß gemacht, er hat es nicht ernst gemeint; **no** ~**ding?** im Ernst?, ehrlich?; **no** ~**ding!** im Ernst!, ehrlich!

**kid**[3] [kɪd] s Fäßchen n.

**kid·die** → **kiddy.**

**kid·dle** ['kɪdl] s obs. Fischreuse f.

**kid·do** ['kɪdəʊ] pl **-dos, -does** s colloq. Kleine(r m) f (als Anrede): **listen,** ~**s,** ... hört mal, ihr Lieben, ...

**kid·dy** ['kɪdɪ] s colloq. (kleines) Kind: ~ **show** Kindervorstellung f. '~-**porn** s sl. 'Kinderpornogra,phie f.

**kid|glove** s Gla'céhandschuh m, pl a. **Kids** pl: **to handle s.o. with** ~**s** fig. j-n mit Samt- od. Glacéhandschuhen anfas-sen. '~-**glove** adj fig. **1.** wählerisch, an-spruchsvoll. **2.** zimperlich. **3.** a) diplo-'matisch, taktisch geschickt: **a** ~ **ap-proach,** b) rücksichtsvoll, behutsam: **to give s.o.** ~ **treatment** j-n mit Samt- od. Glacéhandschuhen anfassen.

**kid·nap** ['kɪdnæp] v/t pret u. pp **-naped,** bes. Br. **-napped** j-n kidnappen, ent-führen. '**kid·nap·(p)er** s Kidnapper m, Entführer m. '**kid·nap·(p)ing** s Kid-napping n, Entführung f, Menschenraub m.

**kid·ney** ['kɪdnɪ] s **1.** anat. Niere f: ~ **artificial 1. 2.** pl gastr. Nieren pl. **3.** fig. Art f, Sorte f, Schlag m: **a man of that** ~ ein Mann dieser Art; **he is of the right** ~ er ist vom richtigen Schlag. ~ **bean** s bot. Weiße Bohne. ~ **ma·chine** s med. künst-liche Niere: **to put s.o. on a** ~ j-n an e-e künstliche Niere anschließen. ~ **ore** s min. nierenförmiger Häma'tit. ~ **punch** s Boxen: Nierenschlag m. '~-**shaped** adj nierenförmig. ~ **stone** s med. Nieren-stein m. ~ **trans·plant** s med. 'Nieren-verpflanzung f, -transplantati,on f.

'**kid·skin** s **1.** Ziegenfell n. **2.** → **kid**[1] 2.

**kief** [kiːf] → **kif.**

**kie·sel·gu(h)r** ['kiːzl͵ɡʊə(r)] s geol. Kie-selgur f, -erde f.

**kie·ser·ite** ['kiːzəraɪt] s min. Kiese'rit m.

**kif** [kɪf; kiːf] s **1.** Kif m, Marihu'ana n. **2.** Droge, die, wenn geraucht, e-n euphori-schen Zustand hervorruft. **3.** (bes. durch das Rauchen von Marihuana hervorgeru-fener) eu'phorischer Zustand.

**kike** [kaɪk] s Am. sl. contp. ,Itzig' m, Jude m.

**kil·der·kin** ['kɪldə(r)kɪn] s **1.** Fäßchen n. **2.** altes englisches Flüssigkeitsmaß von 18 Gallonen = 82 l.

**Kil·ken·ny cats** [kɪl'kenɪ] s pl: **to fight like** ~ obs. erbittert kämpfen.

**kill** [kɪl] **I** v/t **1.** (o.s. sich) töten, ,um-

---

bringen, ermorden, (kaltblütig etc a.) ,kil-len': **his reckless driving will** ~ **him one day** sein rücksichtsloses Fahren wird ihn noch einmal das Leben kosten; **to** ~ **off** a) abschlachten, b) ausrotten, vertilgen; **to** ~ **two birds with one stone** zwei Fliegen mit e-r Klappe schla-gen; **to be** ~**ed** getötet werden, ums Leben kommen, umkommen; → **action** 13. **2.** Tiere schlachten: → **fat** 10. **3.** hunt. erlegen, schießen. **4.** mil. a) abschießen, b) zerstören, vernichten, c) versenken. **5.** (fast) 'umbringen: **the job is (my feet are)** ~**ing me** die Arbeit bringt m-e Füße bringen) mich (noch) um; **the sight nearly** ~**ed me** der Anblick war zum Totlachen; **to** ~ **s.o. with kindness** j-n vor Freundlichkeit fast umbringen. **6.** a. ~ **off** Knospen etc vernichten, zer-stören: **the frost** ~**ed the cherry blos-som. 7.** Gefühle (ab)töten, ersticken. **8.** Schmerzen stillen. **9.** unwirksam ma-chen, Farben etc a. neutrali'sieren, Wir-kung etc a. entschärfen, aufheben. **10.** Geräusche a) (ver)schlucken, b) über-'tönen. **11.** e-e Gesetzesvorlage etc zu Fall bringen, e-e Eingabe etc unter'drücken, e-n Plan etc durch'kreuzen. **12.** a) Tennis etc: e-n Ball töten, b) Fußball: e-n Ball stoppen. **13.** streichen: **to** ~ **a passage of the text. 14.** Zeit totschlagen: **to** ~ **time. 15.** a) e-e Maschine etc abstellen, ab-schalten, den Motor a. ,abwürgen', b) Lichter ausschalten, c) electr. abschalten, e-e Leitung spannungslos machen. **16.** colloq. a) e-e Flasche etc ,vernichten', austrinken, b) e-e Zigarette ausdrücken. **II** v/i **17.** töten: a) den Tod verursachen od. her'beiführen, b) morden. **18.** colloq. 'unwider,stehlich od. 'hinreißend sein, e-n ,tollen' Eindruck machen, ,e-n 'um-schmeißen': **dressed to** ~ ,todschick' gekleidet, contp. ,aufgedonnert'. **III** s **19.** a) Tötung f, b) Mord m: **on the** ~ auf Beute aus (Raubtier), fig. aufs Ganze gehend. **20.** hunt. a) Tötung f (e-s Wildes), Abschuß m: **to be in at the** ~ fig. am Schluß (mit) dabeisein, b) Jagdbeute f, Strecke f. **21.** mil. a) Abschuß m, b) Zerstörung f, Vernichtung f, c) Versen-kung f.

**kill·a·ble** ['kɪləbl] adj schlachtreif (Tier).
'**kill·deer** s orn. (ein) amer. Regen-pfeifer m.

'**kill·er I** s **1.** Mörder m, (kaltblütiger, professioneller) Killer m: **this disease is a** ~ diese Krankheit ist od. verläuft töd-lich; → **contract** 1 b. **2.** a) Raubtier n, b) **this snake is a** ~ der Biß dieser Schlange ist tödlich. **3.** Schlächter m. **4.** chem. bes. in Zssgn Vertilgungs- od. Vernichtungs-mittel n: → **weed killer. 5.** ~ **whale. 6.** Am. colloq. a) ,tolle' Frau, b) ,toller' Bursche, c) ,tolle' Sache. **II** adj **7.** tödlich: ~ **diseases.** → **in·stinct** s zo. 'Tötungsin,stinkt m. **2.** Boxen: 'Killer-in,stinkt m. ~ **sat·el·lite** s mil. 'Killer-satel,lit m. ~ **whale** s zo. Schwert-, Mör-der-, Mordwal m.

**kil·lick** ['kɪlɪk] s mar. **1.** (kleiner) Boots-anker. **2.** Ankerstein m.

'**kill·ing I** s **1.** a) Tötung f, Morden n, b) Mord m. **2.** → **kill** 20 b. **3.** Schlachten n: ~ **time** Schlachtzeit f. **4. to make a** ~ econ. colloq. e-n hohen u. unerwarteten Spe-kulationsgewinn erzielen. **II** adj (adv ~**ly**) **5.** tödlich. **6.** vernichtend, mörderisch (beide a. fig.): **a** ~ **glance** ein vernich-tender Blick; **a** ~ **pace** ein mörderisches Tempo. **7.** colloq. 'umwerfend, 'hinrei-ßend, ,toll'. **8.** colloq. urkomisch, zum Totlachen.

'**kill·joy** s Spielverderber(in), Mies-macher(in).

**kil·lock** ['kɪlək] → **killick.**

---

'**kill-time I** s Zeitvertreib m. **II** adj als Zeitvertreib (dienend), zum Zeitvertreib (getan).

**kiln** [kɪln; kɪl] **I** s a) Darre f (für Malz etc), b) Brennofen m (für Steingut etc): **ce-ment** ~ Zementofen m, c) Trockenofen m (für Gußformen etc), d) Kiln m (zur Me-tallgewinnung aus Schwefelerzen). **II** v/t → **kiln-dry. 'kiln-dry** v/t im Ofen trocknen.

**ki·lo** ['kiːləʊ] pl **-los** s **1.** Kilo n. **2.** → **kilometer.**

**ki·lo·am·pere** ['kɪləʊ͵æmpeə; Am. -͵pɪr] s electr. Kiloam'pere n. '**ki·lo,cal·o·rie** s phys. Kilokalo'rie f. '**ki·lo-e͵lec-tron-'volt** s phys. Kiloelek'tronenvolt n. '**ki·lo·gram(me)** s Kilo'gramm n. '**ki·lo·joule** s phys. Kilo'joule n. '**ki·lo,li·ter,** bes. Br. '**ki·lo,li·tre** s Kilo'liter m, n. **ki·lo·me·ter,** bes. Br. **ki·lo-me·tre** ['kɪləʊ͵miːtə; kɪ'lɒmɪtə; Am. kɪ-'lɒmətər] s Kilo'meter m. **ki·lo·met·ric** [-'metrɪk], **ki·lo·met·ri·cal** adj kilo-'metrisch. '**ki·lo·ton** s Kilo'tonne f: a) 1000 Tonnen, b) mil. Detonationswert e-s Atomsprengkörpers, der dem von 1000 Tonnen TNT entspricht. '**ki·lo·volt** s electr. Kilo'volt n. '**ki·lo·watt** s electr. Kilo'watt n. '**ki·lo-watt-'hour** s electr. Kilo'wattstunde f.

**kilt** [kɪlt] **I** s **1.** Kilt m, Schottenrock m. **II** v/t **2.** aufschürzen, plis'sieren. '**kilt·ed** adj **1.** mit e-m Kilt (bekleidet). **2.** plis'siert.

'**kilt·er** ['kɪltə(r)] bes. Am. für **kelter.**
'**kilt·ing** ['kɪltɪŋ] s Plis'see n.

**kim·ber·lite** ['kɪmbə(r)laɪt] s min. Kim-ber'lit m.

**ki·mo·no** [kɪ'məʊnəʊ; Am. kə'məʊnə] pl **-nos** s **1.** Kimono m: ~ **sleeve** Kimono-ärmel m. **2.** (kimonoähnlicher) Morgen-rock. **ki'mo·noed** adj mit e-m Kimono bekleidet.

**kin** [kɪn] **I** s **1.** Sippe f, Geschlecht n, Fa'milie f: **of good** ~ aus guter Familie. **2.** collect. (als pl konstruiert) (Bluts)Ver-wandtschaft f, (die) Verwandten (pl): **to be of** ~ **to s.o.** mit j-m verwandt sein; **to be no** ~ **to** nicht verwandt sein mit; **of the same** ~ **as** fig. von derselben Art wie; **near of** ~ nahe verwandt (a. fig.); → **kith,** **next of kin. II** adj **3.** verwandt (**to** mit): **we are** ~ wir sind (miteinander) ver-wandt. **4.** fig. (**to**) verwandt (mit), ähnlich (dat).

**kin·aes·the·si·a** [͵kaɪniːs'θiːzjə; Am. ͵kɪnəs'θiːʒə], **kin·aes·the·sis** [-sɪs] s med. bes. Br. Kinästhe'sie f, Muskel-gefühl n.

**kind**[1] [kaɪnd] s **1.** Art f, Sorte f: **all** ~**(s) of** alle möglichen, allerlei; **all of a** ~ (**with**) von der gleichen Art (wie); **two of a** ~ zwei von derselben Sorte od. vom selben Schlag; **nothing of the** ~ a) nichts der-gleichen, b) keineswegs; **s.th. of the** ~, **this** ~ **of thing** etwas Derartiges, so etwas; **that** ~ **of place** so ein Ort; **I haven't got that** ~ **of money** colloq. so viel Geld hab' ich nicht; **what** ~ **of man is he?** was für ein Mann od. Mensch ist er?; **she is not that** ~ **of girl** sie ist nicht so e-e; **he is not the** ~ **of man to do such a thing** er ist nicht der Typ, der so etwas tut; **he felt a** ~ **of compunction** er empfand so etwas (Ähnliches) wie Reue; **coffee of a** ~ colloq. so etwas Ähnliches wie Kaffee, etwas Kaffeeartiges; **the lit-erary** ~ die Leute, die sich mit Literatur befassen. **2.** Geschlecht n, Klasse f, Art f, Gattung f: → **humankind. 3.** Art f, Wesen n: **different in** ~ der Art od. dem Wesen nach verschieden. **4.** ~ **of** colloq. ein bißchen, irgendwie: **he's** ~ **of crazy;** **I** ~ **of expected it** ich hatte es irgendwie erwartet; **I've** ~ **of promised it** ich habe

es halb u. halb versprochen. **5.** Natu¹ra-
lien *pl*, Waren *pl*: **to pay in ~** in Natu-
ralien zahlen; **to pay s.o. in ~** *fig.* es j-m
mit gleicher Münze heimzahlen.

**kind²** [kaɪnd] *adj* (*adv* → **kindly** II) **1.**
freundlich, liebenswürdig, nett (**to s.o.**
zu j-m): ~ **words**; **to be ~ to animals**
tierlieb sein; ~ **to the skin** hautfreund-
lich (*Creme etc*); **it was very ~ of you to
help me** es war sehr nett *od.* lieb (von
dir), daß du mir geholfen hast; **would
you be so ~ as to** do this for me? sei so
gut *od.* freundlich u. erledige das für
mich, erledige das doch bitte für mich; →
**enough** III. **2.** hilfreich: **a ~ deed. 3.**
herzlich: → **regard** 12. **4.** freundlich,
mild, angenehm: ~ **climate.**

**kin·der·gar·ten** [ˈkɪndə(r)ˌgɑː(r)tn] *s*
Kindergarten *m*: ~ **teacher** Kindergärt-
nerin *f*. '**kin·derˌgart·ner** [-nə(r)], *a.*
'**kin·derˌgart·en·er** [-nə(r)] *s* **1.** Kindergärt-
nerin *f*. **2.** *Am.* Kind, das e-n Kindergarten
besucht.

¸**kind¹heart·ed** *adj* (*adv* ~ly) gütig, gut-
herzig. ¸**kind¹heart·ed·ness** *s* Gut-
herzigkeit *f*, (Herzens)Güte *f*.

**kin·dle** [ˈkɪndl] **I** *v/t* **1.** an-, entzünden. **2.**
Haß entfachen, -flammen, *Interesse
etc* wecken. **3.** erleuchten: **the moon** ~d
**the countryside**; **happiness** ~d **her
eyes** ihre Augen leuchteten vor Glück.
**II** *v/i* **4.** sich entzünden, Feuer fangen. **5.**
*fig.* entbrennen, -flammen. **6.** *fig.* (er)glü-
hen (**with** *vor dat*). '**kin·dler** *s* **1.** →
**kindling** 3. **2.** *j-d, der* (*Haß etc*) *entfacht
od. entflammt*: **a ~ of hatred.**

**kind·li·ness** [ˈkaɪndlɪnɪs] *s* Güte *f*,
Freundlichkeit *f*, Liebenswürdigkeit *f*.

**kin·dling** [ˈkɪndlɪŋ] *s* **1.** An- Entzünden
*n*. **2.** *fig.* Entfachen *n*, -flammen *n*. **3.**
¹Anzündmateri¸al *n*.

**kind·ly** [ˈkaɪndlɪ] **I** *adj* **1.** gütig, freund-
lich, liebenswürdig. **2.** → **kind²** 4. **II** *adv*
**3.** → **kind²** 1. **4.** freundlicher-, liebens-
würdiger-, netterweise: ~ **tell me** sagen
Sie mir bitte; **would you ~ shut up!**
*colloq. iro.* halt gefälligst die ‚Klappe'! **5.**
**to take s.th.** ~ etwas gut aufnehmen: **I
would take it ~ if you** ... Sie täten mir e-n
großen Gefallen od. es wäre sehr freund-
lich von Ihnen, wenn Sie ... **6. to take ~ to
s.th.** sich mit etwas an- *od.* befreunden.
**7.** herzlich: **we thank you** ~.

¹**kind·ness** *s* **1.** Freundlichkeit *f*, Lie-
benswürdigkeit *f*: **to show s.o.** ~
freundlich *od.* liebenswürdig zu j-m
sein; **please have the** ~ (*Br. a.* **please
do me the** ~) **to close the window** sei
so gut *od.* freundlich u. schließ doch bitte das
Fenster, schließ doch bitte das Fenster.
**2.** Gefälligkeit *f*, Freundlichkeit *f*:
**to do s.o. a** ~ j-m e-e Gefälligkeit er-
weisen.

**kin·dred** [ˈkɪndrɪd] **I** *s* **1.** (Bluts)Ver-
wandtschaft *f*: **he claims** ~ **to** (*od.* **with**)
**me** er behauptet, mit mir verwandt zu
sein. **2.** *fig.* Verwandtschaft *f*. **3.** *collect.*
(*als pl konstruiert*) Verwandte *pl*, Ver-
wandtschaft *f*. **4.** Stamm *m*, Fa¹milie *f*. **II**
*adj* **5.** (bluts)verwandt: **of** ~ **blood** bluts-
verwandt **6.** *fig.* verwandt, ähnlich: ~
**spirit** Gleichgesinnte(r *m*) *f*.

**kine** [kaɪn] *pl obs. von* **cow¹**.

**kin·e·mat·ic** [ˌkɪnɪˈmætɪk; ˌkaɪ-] *phys.* **I**
*adj* (*adv* ~ally) kine¹matisch. **II** *s pl* (*als sg
konstruiert*) Kine¹matik *f*, Bewegungs-
lehre *f*. ¸**kin·eˈmat·i·cal** [-kl] → **kine-
matic** I.

**kin·e·mat·o·graph** [ˌkɪnɪˈmætəʊgrɑːf;
ˌkaɪ-] *bes. Am.* -təgræf], *etc* → **cine-
matograph**, *etc*.

**ki·ne·sics** [kɪˈniːsɪks; kaɪ-] *s pl* (*als sg
konstruiert*) Ki¹nesik *f* (*Wissenschaft, die
sich mit der Erforschung nichtsprachlicher
Kommunikation befaßt*).

---

**kin·es·the·si·a, kin·es·the·sis** *Am.* →
**kinaesthesia, kinaesthesis.**

**ki·net·ic** [kaɪˈnetɪk; kɪˈn-] **I** *adj* **1.** *phys.*
ki¹netisch: ~ **energy** kinetische Energie,
Bewegungsenergie *f*; ~ **pressure** Stau-
druck *m*; ~ **theory of gases** kinetische
Gastheorie. **2.** *art* ki¹netisch: ~ **sculp-
ture**; ~ **art** → **kineticism**; ~ **artist** →
**kineticist. II** *s pl* (*als sg konstruiert*) **3.**
*phys.* Ki¹netik *f* (*Lehre des Zs.-hangs zwi-
schen den Kräften u. den daraus folgenden
Bewegungen e-s Körpers*). **ki¹net·i-
cism** [-sɪzəm] *s art* Ki¹netik *f* (*moderne
Kunstrichtung, die die Wirkung beweg-
licher Objekte durch Lichteffekte, Spiege-
lungen u. Geräusche steigert*). **ki¹net·i-
cist** *s art* Ki¹netiker *m*.

¹**kin·folk** *bes. Am.* → **kinsfolk.**

**king** [kɪŋ] **I** *s* **1.** König *m*: ~ **of beasts** Kö-
nig der Tiere (*Löwe*); **the ~ of the castle**
*fig. bes. Br.* der wichtigste Mann; → **Eng-
lish** 3, **evidence** 2 c. **2.** *relig.* a) K~ **of K~s**
König *m* der Könige (*Gott, Christus*), b)
(**Book of**) K~**s** (*das Buch der*) Könige
*pl.* **3.** *Schach*: König *m*: ~**'s knight** Kö-
nigsspringer *m*. **4.** *Damespiel*: Dame *f*. **5.**
*Kartenspiel*: König *m*: ~ **of hearts** Herz-
könig. **6.** *fig.* König *m*, Ma¹gnat *m*: **oil** ~.
**II** *v/i* **7.** *meist* ~ **it** herrschen (**over** über
*acc*). **III** *v/t* **8.** zum König machen.

¹**king·bird** *s orn.* Ty¹rann *m*, *bes.* Kö-
nigsvogel *m*. '~**bolt** *s tech.* Drehbolzen
*m*, Achs(schenkel)bolzen *m*. ~ **co·bra** *s
zo.* Königskobra *f*, -hutschlange *f*. ~**crab**
*s zo.* Teufelskrabbe *f*, Meerspinne *f*.

**king·dom** [ˈkɪndəm] *s* **1.** Königreich *n*:
→ **United Kingdom. 2.** *fig.* Reich *n,*
Gebiet *n*: ~ **of thought** (*od.* **of the mind**)
Reich der Gedanken. **3.** *a.* K~, ~ **of
heaven** *relig.* Reich *n* (Gottes): **thy** ~
**come** (*im Vaterunser*) dein Reich kom-
me; **to go to** ~ **come** *colloq.* ,das Zeitliche
segnen'; **to knock s.o. to** ~ **come** *colloq.*
j-n ins ‚Reich der Träume' schicken (*be-
wußtlos schlagen*); **to send s.o. to** ~ **come**
*colloq.* j-n ins Jenseits befördern; **till** (*od.*
**until**) ~ **come** *colloq.* bis in alle Ewigkeit.
**4.** (Na¹tur)Reich *n*: **animal** (**mineral,
vegetable** *od.* **plant**) ~ Tier-(Mineral-,
Pflanzen)reich.

**king**| **duck,** ~ **ei·der** *s orn.* Königs-
eiderente *f.* K~ **Em·per·or** *s hist.* König
*m u.* Kaiser *m* (*Titel des Herrschers über
das Vereinigte Königreich u.* ¹Indien). ~
**fern** *s orn.* Königsfarn *m*. '~**fish** *s* **1.** a)
Königsdorsch *m*, b) Opah *m*, Getupfter
Sonnenfisch, c) ¹Königsma¸krele *f*. **2.**
*Am. colloq.* ,König' *m*: **the** ~ of Boston's
**underworld.** '~**fish·er** *s* Eisvogel *m*.

**King James**| **Bi·ble,** ~ **Ver·sion** *s*
englische Bibelversion von 1611.

**king·let** [ˈkɪŋlɪt] *s* **1.** a) unbedeutender *od.*
schwacher König, b) König *m* e-s kleinen
*od.* unbedeutenden Landes. **2.** *orn. Am.*
(*ein*) Goldhähnchen *n*.

¹**king·like** → **kingly.**

**king·li·ness** [ˈkɪŋlɪnɪs] *s* (*das*) König-
liche *n*, Maje¹stätische *n*.

**king·ly** [ˈkɪŋlɪ] **I** *adj* **1.** königlich. **2.**
maje¹stätisch. **II** *adv obs.* → I.

¹**king**¸**mak·er** *s fig.* Königsmacher *m*.
¸**K~-of-**¹**Arms** *pl* ¸**Kings-of-**¹**Arms**
*s her.* Wappenkönig *m*. '~**pin** *s* **1.** *Kegeln*:
König *m*. **2.** *colloq.* a) wichtigster Mann,
b) Dreh- u. Angelpunkt *m*. **3.** *tech.* →
**kingbolt. ~ post** *s arch.* einfache Hänge-
säule. ~ **salm·on** *s ichth.* Königslachs *m*.
**K~'s Bench Di·vi·sion** *s jur. Br.* Erste
Kammer des High Court of Justice.
**K~'s Coun·sel** *s jur. Br.* Kronanwalt *m*
(*ein* **barrister**, *der die Krone in Straf-
sachen vertritt*). ~**'s e·vil** *s med. obs.*
Skrofu¹lose *f*.

**king·ship** [ˈkɪŋʃɪp] *s* **1.** Königtum *n*,
Königswürde *f*. **2.** Monar¹chie *f*.

---

¹**king-size(d)** *adj* ¹über¸durchschnittlich
groß, Riesen...: ~ **cigarettes** King-size-
Zigaretten.

**King's**| **proc·tor** → **proctor** 3. ~
**speech** *s Br.* Thronrede *f*.

**king vul·ture** *s orn.* Königsgeier *m*.

**kink** [kɪŋk] **I** *s* **1.** Knick *m* (*in e-m Draht
etc*), *mar.* Kink *f* (*in e-r Stahltrosse*). **2.**
*fig.* a) Spleen *m*, ,Tick' *m*, b) schwacher
abartige Veranlagung, c) schwacher
Punkt, Mangel *m*. **3.** a) ~ **in one's back**
(**neck**) *med.* ein steifer Rücken (Hals). **II**
*v/i u. v/t* **4.** knicken.

**kin·kle** [ˈkɪŋkl] *s* kleiner Knick. ¹**kin·
kled** *adj* **1.** voller Knicke, verknickt. **2.**
kraus (*Haar*). **3.** *fig.* spleenig.

**kink·y** [ˈkɪŋkɪ] *adj* **1.** → **kinkled. 2.**
*colloq.* abartig (veranlagt), per¹vers. **3.** *sl.*
,irre', ,verrückt': ~ **clothes.**

**ki·no (gum)** [ˈkiːnəʊ] *s* Kinoharz *n*.

**kin·o·plasm** [ˈkɪnəʊplæzəm; ¹kaɪ-] *s
biol.* Kino¹plasma *n* (*Bündel von Filamen-
ten im Protozoenzellkörper*).

**kins·folk** [ˈkɪnzfəʊk] *s pl* Verwandt-
schaft *f*, (*die*) (Bluts)Verwandten *pl*.

**kin·ship** [ˈkɪnʃɪp] *s* **1.** (Bluts)Verwandt-
schaft *f*: ~ **family** *sociol.* Großfamilie *f*. **2.**
*fig.* Verwandtschaft *f*.

**kins·man** [ˈkɪnzmən] *s irr* (Bluts)Ver-
wandte(r) *m*, Angehörige(r) *m*. ¸**kins-
¸wom·an** *s irr* (Bluts)Verwandte *f*, An-
gehörige *f*.

**ki·osk** [ˈkiːɒsk; *Am.* ¹kiːˌɑsk] *s* **1.** Kiosk *m*:
a) orientalisches Gartenhaus, b) Verkaufs-
häus·chen. **2.** *Br.* Tele¹fon-, Fernsprech-
zelle *f*.

**kip¹** [kɪp] *s* **1.** (*ungegerbtes*) (*bes.* Kalbs-,
Lamm)Fell. **2.** Bündel *n* Felle.

**kip²** [kɪp] *sl.* **I** *s* **1.** Schlaf *m*: **to have a ~**
,pennen'. **2.** Schlafstelle *f*. **II** *v/i* **3.** ,pen-
nen'. **4.** *meist* ~ **down** ,sich ¹hinhauen'.

**kip³** [kɪp] (*Turnen*) *Am.* **I** *s* Kippe *f*. **II** *v/i*
e-e Kippe machen.

**kip⁴** [kɪp] *s* tausend englische Pfund *pl*
(= 453,59 *kg*).

**kip·per** [ˈkɪpə(r)] **I** *s* **1.** Kipper *m* (*am
Rücken aufgeschnittener, kurz gesalzener
u. dann kalt geräucherter Hering*). **2.**
männlicher Lachs, Hakenlachs *m* (*wäh-
rend od. nach der Laichzeit*). **II** *v/t* **3.** ~**ed
herring** → 1.

**Kipp's ap·pa·ra·tus** [kɪps] *s chem.*
Kippscher Appa¹rat.

**Kirch·hoff's laws** [ˈkɪə(r)kɒfs] *s pl
electr.* Kirchhoffsche Regeln *pl*.

**Kir·ghiz** [ˈkɜːgɪz; *Am.* kɪr¹giːz] **I** *s* **1.**
Kir¹gise *m*, Kir¹gisin *f*. **2.** *ling.* Kir¹gisisch
*n*, das Kirgisische. **II** *adj* **3.** kir¹gisisch.

**kirk** [kɜːk; *Am.* kərk; kɪrk] *s* **1.** *Scot.*
Kirche *f*. **2.** **the** K~ die schottische
Staatskirche. '~**man** [-mən] *s irr* **1.** Mit-
glied *n* der schottischen Staatskirche. **2.**
*Scot.* Geistliche(r) *m*.

**kir·mess** → **kermess.**

**kirsch(·was·ser)** [kɪə(r)ʃ; ¹-¸vɑːsə(r)] *s*
Kirsch(wasser *n*) *m*.

**kish** [kɪʃ] *s metall.* ¹Garschaumgra¸phit *m*.

**kis·met** [ˈkɪsmet; ¹kɪz-] *s* **1.** *relig.* Kismet
*n* (*das dem Menschen von Allah zugeteilte
Los*). **2.** Geschick *n*, Los *n*, Schicksal *n*.

**kiss** [kɪs] **I** *s* **1.** Kuß *m*: **to give s.o. a** ~; **to
blow** (*od.* **throw**) **s.o. a** ~ j-m e-n Kuß-
hand zuwerfen; ~ **of life** *Br.* Mund-zu-
Mund-Beatmung *f*; **to give s.th. the** ~
**of life** *fig.* etwas zu neuem Leben er-
wecken; **to give s.th. the** ~ **of death** e-r
Sache den Todesstoß versetzen. **2.** leichte
Berührung (*z. B.* zweier Billardbälle). **3.**
*Am.* a) Bai¹ser *n* (*Zuckergebäck*), b) Pra-
¹line *f*. **II** *v/t* **4.** küssen: **he** ~ed **her** (**on
the**) **lips** er küßte sie auf die Lippen *od.*
auf den Mund; **to** ~ **away s.o.'s tears** j-s
Tränen wegküssen; **to** ~ **s.o. goodby(e)**
(**good night**) j-m e-n Abschiedskuß
(Gutenachtkuß) geben; **to** ~ **the Book**

die Bibel küssen (*beim Eid*); **to ~** one's hand to s.o. j-m e-e Kußhand zuwerfen; **to ~ the dust** *colloq.* a) ‚ins Gras beißen' (*umkommen*), b) ‚abgeschmettert' werden (*Plan etc*), c) ‚dran glauben müssen' (*getrunken werden, ausrangiert werden*); → **rod** 3. **5.** leicht berühren. **6. ~ off** *bes. Am. colloq.* a) j-m e-e ‚Abfuhr' erteilen, b) j-n ‚rausschmeißen' (*entlassen*), c) *et-was* abtun: **he ~ed off their objections with a wave of his hand. III** *v/i* **7.** sich küssen: **they ~ed goodby(e) (good night)** sie gaben sich e-n Abschiedskuß (Gutenachtkuß). **8.** sich leicht berühren. **'kiss·a·ble** *adj* zum Küssen: **a ~ girl** ein Mädchen, das man (am liebsten) küssen möchte; **~ mouth** Kußmund *m*.

**kiss curl** *s bes. Br.* ‚Schmachtlocke' *f*.
**'kiss·er** *s* **1. to be a good ~** gut küssen. **2.** *sl.* a) ‚Schnauze' *f*, ‚Fresse' *f*, b) Vi'sage' *f*.
**'kiss·ing** *s* Küssen *n*. **~ gate** *s Br. kleines Schwingtor, das nur jeweils 'eine Person durchläßt.*
**‚kiss-in-the-'ring** *s ein Gesellschafts-spiel für junge Leute, bei dem e-r den andern fängt u. küßt.* **'~-me** *s bot.* Wildes Stiefmütterchen. **'~-off** *s bes. Am. colloq.* a) ‚Abfuhr' *f*, b) ‚Rausschmiß' *m*: **to give** *s.o., s.th.* **the ~** → **kiss** 6. **'~-proof** *adj* kußecht, -fest: **a ~ lipstick.**

**kit¹** [kɪt] **I** *s* **1.** (*Jagd-, Reise-, Reit- etc*) Ausrüstung *f*, Ausstattung *f*. **2.** *mil.* a) Mon'tur *f*, b) Gepäck *n*. **3.** a) Arbeits-gerät *n*, Werkzeug(e *pl*) *n*, b) Werkzeug-tasche *f*, -kasten *m*, c) *allg.* Behälter *m*: **a plastic ~ for medical supplies,** d) (abgepackter) Satz (Zubehör- *etc*)Teile: → **first-aid. 4.** *pl* Baukasten *m*, b) Bastelsatz *m*. **5. the whole ~ (and caboodle)** *colloq.* a) (*von Sachen*) der ganze Plunder *od.* Kram, b) (*von Personen*) die ganze ‚Blase' *od.* Sippschaft. **6.** *a.* **press ~** Pressemappe *f*. **II** *v/t* **7.** *oft* **~ out** (*od.* **up**) *bes. Br.* ausstatten (**with** mit).

**kit²** [kɪt] → **kitten.**

**kit bag** *s* **1.** *mil.* Kleider-, Seesack *m*. **2.** Reisetasche *f*.
**kitch·en** ['kɪtʃɪn] **I** *s* **1.** Küche *f*. **2.** *chem. tech.* Dampfraum *m*. **II** *adj* **3.** Küchen...: **~ knife** (machine, table, *etc*). **~ cab·i-net** *s* **1.** Küchenschrank *m*. **2.** *pol. Am. colloq.* 'Küchenkabi‚nett *n*.
**kitch·en·er** ['kɪtʃɪnə(r)] *s* Küchenmeister *m* (*in e-m Kloster*).
**kitch·en·ette** [‚kɪtʃɪ'net] *s* **1.** kleine Küche. **2.** Kochnische *f*.
**kitch·en| fa·tigue** *s mil.* Küchendienst *m*. **~ gar·den** *s* Küchen-, (Obst- u.) Gemüsegarten *m*. **~ gar·den·er** *s j-d, der e-n* **kitchen garden** *hat*. **~ help** *s* Küchenhilfe *f*. **'~-maid** *s* Küchenmäd-chen *n*. **~ mid·den** *s* Kjökkenmöddin-ger *pl*, Muschelhaufen *m* (*vorgeschicht-liche Speiseabfallhaufen*). **~ po·lice** *s mil. Am.* a) zum Küchendienst 'abkommen-‚dierte Sol'daten *pl*, b) Küchendienst *m*. **~ sink** *s* Ausguß(becken *n*) *m*, Spül-becken *n*, Spüle *f*: **with everything** (*od.* **all**) **but the ~** *humor.* mit Sack u. Pack. **'~-sink dra·ma** *s* rea'listisches Sozi'al-drama. **~ stuff** *s* **1.** Küchenbedarf *m* (*bes. Gemüse*). **2.** Küchenabfälle *pl*. **3.** abgetropftes Bratenfett. **~ u·nit** *s* Ein-bauküche *f*. **'~-ware** *s* Küchengeschirr *n*, -gerät *n*.

**kite** [kaɪt] **I** *s* **1.** Drachen *m*: **to fly a ~** a) e-n Drachen steigen lassen, b) *fig.* e-n Versuchsballon steigen lassen (→ 6); **go fly a ~!** *bes. Am. sl.* ‚hau ab!', ‚zieh Leine!' **2.** *orn.* (ein) Falke *m*, *bes.* Gabelweihe *f*, Roter Milan. **3.** *obs.* Ausbeuter *m*. **4.** *pl mar.* Drachen *pl* (*Segel*). **5.** *aer. Br. sl.* ‚Kiste' *f*, ‚Mühle' *f* (*Flugzeug*). **6.** *econ.* a) Kellerwechsel *m*, b) Gefälligkeitswechsel *m*: **to fly a ~** Wechselreiterei betreiben

(→ 1). **II** *v/i* **7.** (wie ein Drachen) steigen *od.* (da'hin)gleiten. **8.** *Am. colloq.* a) hochschnellen (*Preise*), b) ‚flitzen', sau-sen, c) ‚abhauen', sich aus dem Staub machen. **9.** *econ.* Wechselreite'rei betrei-ben. **III** *v/t* **10.** *Am. colloq.* die Preise hochschnellen lassen. **11. to ~ a check** *Am.* a) e-n (noch) ungedeckten Scheck ausstellen, b) e-n Scheckbetrag fälschen. **~ bal·loon** *s aer.* 'Drachen-, 'Fessel-bal‚lon *m*. **~ check** *s Am.* a) (noch) ungedeckter Scheck, b) gefälschter Scheck. **'~-fli·er** *s* **1.** *j-d, der e-n Drachen steigen läßt.* **2.** *econ.* Wechselreiter *m*. **'~-fly·ing** *s* **1.** Steigenlassen *n* e-s Dra-chens. **2.** *econ.* Wechselreite'rei *f*. **K~ mark** *s drachenförmiges Zeichen auf brit. Waren als Hinweis, daß deren Quali-tät, Größe etc den Bestimmungen der Brit-ish Standards Institution entspricht.*
**kit fox** *s zo.* Prä'riefuchs *m*.
**kith** [kɪθ] *s*: **~ and kin** Bekannte u. Ver-wandte; **with ~ and kin** mit Kind u. Kegel.
**kith·a·ra** ['kɪθərə] → **cithara.**
**kitsch** [kɪtʃ] (*Ger.*) **I** *s* Kitsch *m*. **II** *adj* kitschig. **'kitsch·i·fy** *v/t* verkitschen. **'kitsch·y** *adj* kitschig.
**kit·ten** ['kɪtn] **I** *s* **1.** Kätzchen *n*, junge Katze: **to have ~s** *Br. colloq.* ‚Zustände kriegen'. **2.** Junges *n* (*von Kaninchen etc*). **II** *v/i* **3.** (Junge) werfen. **3.** koket'tieren.
**'kit·ten·ish** *adj* **1.** kätzchenartig, wie ein Kätzchen (geartet). **2.** (kindlich) ver-spielt *od.* ausgelassen. **3.** ko'kett.
**kit·tle¹** ['kɪtl] *Scot.* **I** *v/t* **1.** kitzeln. **2.** *j-n* stören, *j-m* lästig sein. **3.** *j-n* verwirren. **II** *adj* **4.** kitzlig, heikel, schwierig.
**kit·ty¹** ['kɪtɪ] *s a)* Kätzchen *n*, b) Mieze *f*.
**kit·ty²** ['kɪtɪ] *s* **1.** *Kartenspiel*: (Spiel)Kas-se *f*. **2.** gemeinsame Kasse.
**ki·wi** ['kiːwiː] *s* **1.** *orn.* Kiwi *m*, Schnep-fenstrauß *m*. **2.** *bot.* Kiwi *f*: **~ fruit** (*od.* **berry**) Kiwi(frucht) *f*. **3.** *meist* **K~** *colloq.* Neu'seeländer *m*.
**Klan** [klæn] *s* Ku-Klux-Klan *m*.
**klang·far·be** ['klɑːŋ‚fɑː(r)bə] *s mus.* Klangfarbe *f*.
**Klans·man** ['klænzmən] *s irr* Mitglied *n* des Ku-Klux-Klan.
**klax·on** ['klæksn] *s mot.* Hupe *f*.
**Klebs-Löf·fler ba·cil·lus** [‚klebz-'lɒflə(r)] *s irr med.* 'Klebs-'Löffler-Ba‚zil-lus *m*.
**Kleen·ex, k~** ['kliːneks] (*TM*) *pl* **-ex, -ex·es** *s* Kleenex *n* (*ein Papiertuch*).
**klep·to·ma·ni·a** [‚kleptəʊ'meɪnjə; -nɪə] *s psych.* Kleptoma'nie *f* (*krankhafter Stehltrieb*). **‚klep·to'ma·ni·ac** [-nɪæk] **I** *s* Klepto'mane *m*, Klepto'manin *f*. **II** *adj* klepto'manisch.
**klieg| eyes** [kliːg] *s pl med.* durch Ein-wirkung grellen Lichts entzündete Augen. **~ light** *s Film*: Jupiterlampe *f*.
**kloof** [kluːf] *s S. Afr.* (Berg)Schlucht *f*.
**klutz** [klʌts] *s Am. sl. contp.* ‚Klotz' *m*, ‚Büffel' *m*, (*Frau*) ‚Trampel' *m*, **'klutz·y** *adj Am. sl. contp.* ‚büffelhaft', ‚trampelhaft'.
**klys·tron** ['klɪstrɒn; 'klaɪ-; *Am.* ‚‚strɑn] *s electr.* Klystron *n* (*Elektronenröhre zur Erzeugung, Gleichrichtung u. Verstärkung höchstfrequenter Schwingungen durch Steuerung der Geschwindigkeit e-s Elek-tronenstrahls*).
**knack** [næk] *s* **1.** Kniff *m*, Trick *m*: **to get the ~ of doing s.th.** dahinterkommen *od.* herausbekommen, wie man etwas tut; **to have the ~ of s.th.** den ‚Dreh' von *od.* bei etwas heraushaben; **to have the ~ of it** ‚den Bogen raushaben'. **2.** Geschick *n*, Ta-'lent *n*: **to have it (od. a) ~ of doing s.th.** Geschick *od.* das Talent haben, et-was zu tun, *iro.* ein besonderes Geschick *od.* Talent (dafür) haben, etwas zu tun.

**knäck·e·bröd** ['nekəbrɜːd] *s* Knäcke-brot *n*.
**knack·er** ['nækə] *s Br.* **1.** Abdecker *m*, Pferdeschlächter *m*: **~'s yard** Abdecke-rei *f*. **2.** 'Abbruchunter‚nehmer *m*. **3.** *pl sl.* ‚Eier' *pl* (*Hoden*).
**knack·ered** ['nækəd] *adj Br. colloq.* ‚ge-schlaucht', ‚ka'putt'.
**knack·er·y** ['nækərɪ] *s Br.* Abdecke'rei *f*.
**knack·wurst** ['nækwɜːst; *Am.* 'nɑːk-‚wɜrst] *s* Knackwurst *f*.
**knag** [næg] *s* **1.** Knorren *m*, Ast *m* (*im Holz*). **2.** Aststumpf *m*. **'knag·gy** *adj* knorrig.
**knap** [næp] *s bes. dial.* Kuppe *f* (*e-s Hügels*).
**knap·sack** ['næpsæk] **I** *s* **1.** *mil.* Tor-'nister *m*. **2.** Rucksack *m*. **3.** *a.* **~ tank** *tech. Am.* Tragbehälter *m*. **II** *v/i* **4.** *Am.* mit dem Rucksack wandern.
**'knap·weed** *s bot.* Flockenblume *f*.
**knar** [nɑː(r)] *s* Knorren *m*.
**knave** [neɪv] *s* **1.** *obs.* Schurke *m*, Bube *m*. **2.** *obs.* Diener *m*. **3.** *Kartenspiel*: Bube *m*: **~ of hearts** Herzbube *m*. **'knav·er·y** [-ərɪ] *s obs.* Schurke'rei *f*, Schurken-streich *m*, Bübe'rei *f*, Bubenstück *n*. **'knav·ish** *adj* (*adv* **~ly**) *obs.* bübisch, schurkisch.
**knead** [niːd] *v/t* **1.** a) *Teig* ('durch)kne-ten, b) *Zutaten* verkneten. **2.** *Muskeln* ('durch)kneten, mas'sieren. **3.** *fig.* for-men (**into** zu). **'knead·a·ble** *adj* knet-bar. **'knead·er** *s* 'Knetma‚schine *f*. **'knead·ing** *s* Kneten *n*: **~ trough** Back-trog *m*.
**knee** [niː] **I** *s* **1.** Knie *n*: **on one's ~s** kniefällig, auf Knien; **on the ~s of the gods** im Schoße der Götter; **to bend** (*od.* **bow**) **the ~s** to niederknien vor (*dat*); **to bring** s.o. **to his ~s** j-n auf *od.* in die Knie zwingen; **to go** (**down**) (*od.* **fall**) **on one's ~s** to auf die Knie sinken *od.* niederknien vor (*dat*), *fig. a.* in die Knie gehen vor (*dat*); **to learn** s.th. **at one's mother's ~** a) etwas von s-r Mutter lernen, b) etwas schon als kleines Kind lernen; **to put a child across one's ~** ein Kind übers Knie legen; → **bend** 7. **2.** *a. zo.* Vorderknie *n*, b) *orn.* Fußwurzel-gelenk *n*. **3.** *tech.* Knie(stück) *n*, Winkel *m*. **4.** *tech.* a) Knierohr *n*, Rohrknie *n*, (Rohr)Krümmer *m*, b) Winkeltisch *m*, c) Kröpfung *f*. **5.** *bot.* Knoten *m*, Knick *m*. **II** *v/t* **6.** mit dem Knie stoßen *od.* be-rühren: **he ~d the door open** er stieß die Tür mit dem Knie auf; **to ~** s.o. **in the stomach** j-m das Knie in den Magen rammen. **~ ac·tion** *s mot.* Kniegelenk-federung *f*. **~ bend** *s* Kniebeuge *f*. **~ boots** *s pl* Schaftstiefel *pl*. **~ breech·es** *s pl* **a. pair of ~** (Knie)Bundhose *f*. **'~-cap** **I** *s* **1.** *anat.* Kniescheibe *f*. **2.** Knie-leder *n*, -schützer *m*. **II** *v/t* **3.** j-m in die Kniescheibe(n) schießen *od.* die Knie-scheibe(n) zerschießen. **‚~-'deep** *adj u. adv* knietief, kniehoch: **the snow lay ~** der Schnee lag kniehoch; **the water was ~** das Wasser reichte bis an die Knie; **~ in water** bis an die Knie im Wasser; **to be ~ in work** *fig.* bis über die Ohren in Arbeit stecken. **‚~-'high** *adj* **1.** → **knee-deep**: **~ stockings** Kniestrümpfe *pl*. **2.** *colloq. a.* **to a grasshopper** ganz klein (*Kind*): **~ boy** ‚Dreikäsehoch' *m*. **'~-hole** *s* freier Raum für die Knie: **a ~ desk** Schreib-tisch *m* mit Öffnung für die Knie. **'~-jerk** *s med.* 'Knie(‚sehnen)re‚flex *m*. **'~-jerk** *adj fig.* **1.** a) auto'matisch, b) vor'herseh-bar: **a ~ reaction. 2.** auto'matisch *od.* vor'hersehbar rea'gierend. **~ joint** *s anat.* Kniegelenk *n* (*a. tech.*).
**kneel** [niːl] *v/i pret u. pp* **knelt** [nelt] *od.* **kneeled 1.** *a.* **~ down** (sich) 'hinknien, niederknien (**to** vor *dat*). **2.** a) knien, auf

den Knien liegen (**before** vor *dat*), b) *mil.* (*im Anschlag*) knien.

'**knee-length** *adj* knielang; ~ **skirt** kniefreier Rock; ~ **boots** kniehohe Stiefel; ~ **portrait** Halbfigur(enbild *n*) *f*.

**kneel·er** ['niːlə(r)] *s* **1**. Kniende(r *m*) *f*. **2**. a) Kniekissen *n*, b) Kniestuhl *m*.

'**knee|·pad** *s* Knieschützer *m*. '**~pan** → **kneecap** 1. '**~piece** *s* **1**. *mil. hist.* Kniestück *n od.* -buckel *m* (e-r *Rüstung*). **2**. *tech.* Kniestück *n*. ~ **pine** *s bot.* Legföhre *f*. '**~pipe** *s tech.* Knierohr *n*. ~ **raft·er** *s arch.* Kniesparren *m*. '**~room** *s mot. aer.* Kniefreiheit *f*. ~ **shot** *s Film, TV*: 'Halbto₁tale *f*. '**~₁slap·per** *s Am. colloq.* Witz *m* ,zum Totlachen'. ~ **stop,~swell** *s mus.* Knieschweller *m*. ~ **tim·ber** *s* Knie-, Krummholz *n*.

**Kneipp·ism** ['naɪpɪzəm], *a*. **Kneipp's cure** [naɪps] *s med.* Kneippkur *f*.

**knell** [nel] **I** *s* Grab-, Totengeläut(e) *n*: to **sound** (*od.* **ring**) the ~ of a) zu Grabe läuten, b) *fig.* das Ende (*gen*) bedeuten. **II** *v/i* läuten (*bes. Totenglocke*). **III** *v/t* (*bes. durch Läuten*) a) bekanntmachen, verkünden, b) zs.-rufen.

**knelt** [nelt] *pret u. pp von* **kneel**.

**Knes·set(h)** ['kneset] *s* Knesset(h) *f* (*israelisches Parlament*).

**knew** [njuː; *Am. bes.* nuː] *pret von* **know**.

**Knick·er·bock·er** ['nɪkəbɒkə; *Am.* 'nɪkər₁bakər] *s* **1**. (*Spitzname für den*) New Yorker. **2**. **k~s** *pl* Knickerbocker *pl*.

**knick·ers** ['nɪkə(r)z] *s pl* **1**. → **Knickerbocker** 2. **2**. *a.* **pair of** ~ *bes. Br.* (*Damen*)Schlüpfer *m*: to **get one's** ~ **in a twist** *colloq. oft humor.* ,sich ins Hemd machen'; ~**!** *colloq.* ,Mist!'

**knick·knack** ['nɪknæk] *s* **1**. Nippsache *f*. **2**. billiges Schmuckstück. **3**. Spiele'rei *f*, ,Schnickschnack' *m*. '**knick₁knack·er·y** [-ərɪ] *s* **1**. Nippes *pl*. **2**. billiger Schmuck. **3**. Spiele'reien *pl*, ,Schnickschnack' *m*.

**knick·point** ['nɪkpɔɪnt] *s geol.* Gefällstufe *f*, Knick(punkt) *m*.

**knife** [naɪf] **I** *pl* **knives** [naɪvz] *s* **1**. Messer *n*: **before you can say** ~ *bes. Br. colloq.* im Nu, im Handumdrehen; to **the** ~ bis aufs Messer, bis zum Äußersten; to **have one's** ~ **into s.o.** j-n ,auf dem Kieker haben', j-n ,gefressen haben'. **2**. *med.* (Se'zier-, Operati'ons)Messer *n*: **be (go) under the** ~ unterm Messer liegen (unters Messer kommen); **he died under the** ~ er starb während der Operation. **II** *v/t* **3**. (be)schneiden, mit e-m Messer bearbeiten, *Farbe* mit dem Messer auftragen. **4**. a) mit e-m Messer stechen *od.* verletzen: **he was** ~**d in the back** er bekam ein Messer in den Rükken, b) erstechen. **5**. *fig.* a) j-m in den Rücken fallen, j-m e-n Dolchstoß versetzen, b) j-n ,abschießen'.

**knife| blade** *s* Messerklinge *f*. '**~-blade con·tact** *s electr.* 'Messerkon₁takt *m*. ~ **edge** *s* **1**. Messerschneide *f*: to **be on a** ~ *fig.* ganz aufgeregt *od.* nervös sein (**about** wegen); to **be balanced on a** ~ *fig.* auf des Messers Schneide stehen. **2**. *tech.* Waageschneide *f*. **3**. Grat *m* (*am Berg*). '**~-edged** *adj* messerscharf (*a. fig.*): '**~pleats** ; **a** ~ **wit** ein messerscharfer Verstand. '**~-edge re·lay** *s electr.* Re-'lais *n* mit Schneidenlagerung. ~ **fight** *s* Messerstechel'rei *f*. ~ **grind·er** *s* Scheren-, Messerschleifer *m*. **2**. Schleifstein *m*, Schmirgelrad *n*. ~ **point** *s* Messerspitze *f*: **at** ~ mit vorgehaltenem Messer.

**knif·er** ['naɪfə(r)] *s* Messerstecher *m*.

**knife| rest** *s* **1**. Messerbänkchen *n* (*bei Tisch*). **2**. *mil.* Spanischer Reiter (*Hindernis*). '**~switch** *s electr.* Messerschalter *m*.

**knif·ing** ['naɪfɪŋ] *s* Messerstechel'rei *f*.

**knight** [naɪt] **I** *s* **1**. *hist.* Ritter *m*. **2**. Ritter

*m* (*unterste u. nicht erbliche Stufe des englischen Adels; Anrede* Sir *u.* Vorname). **3**. ~ **of the shire** *Br. hist.* Vertreter *m* e-r Grafschaft im Parla'ment. **4**. Ritter *m* (*Mitglied e-s Ritterordens*): **K~ of the Garter** Ritter des Hosenbandordens; **K~ of St. John of Jerusalem** → Hospitaler 1. **5**. *humor.* Ritter *m*: ~ **of the pen** Ritter der Feder (*Schriftsteller*); ~ **of the pestle** *obs.* Apotheker *m*; ~ **of the road** a) *obs.* Straßenräuber *m*, b) Handelsreisende(r) *m*, c) Tramp *m*, d) *Br.* Ritter der Landstraße. **6**. *Schach:* Springer *m*, Pferd *n*. **II** *v/t* **7**. zum Ritter schlagen. '**knight·age** *s* **1**. *collect.* Ritterschaft *f*. **2**. Ritterstand *m*.

**knight| bach·e·lor** *pl* **knights bach·e·lor(s)** *s Br.* Ritter *m* (*Mitglied des niedersten englischen Ritterordens*). ~ **ban·ner·et** *pl* **knights ban·ner·ets** → banneret[1]. ~ **com·mand·er** *pl* **knights com·mand·ers** *s* Kom'tur *m* (*e-s Ritterordens*). ~ **com·pan·ion** *pl* **knights com·pan·ions** → companion[1] 6. ~ **er·rant** *pl* **knights er·rant** *s* **1**. *hist.* fahrender Ritter. **2**. *fig.* ,Don Qui'chotte' *m*. ~ **er·rant·ry** [-rɪ] *s* **1**. *hist.* fahrendes Rittertum. **2**. *fig.* Donquichotte'rie *f*.

**knight·hood** ['naɪthʊd] *s* **1**. Rittertum *n*, -würde *f*. **2**. Ritter(stand *m*) *pl*: **order of** ~ Ritterorden *m*. **3**. *collect.* Ritterschaft *f*. **4**. *fig.* Ritterlichkeit *f*.

**Knight Hos·pi·tal·(l)er** *pl* **Knights Hos·pi·tal·(l)er** → Hospitaler 1.

**knight·li·ness** ['naɪtlɪnɪs] *s* Ritterlichkeit *f*. '**knight·ly** *adj u. adv* ritterlich.

**knight| ser·vice** *s* **1**. *hist.* Ritterdienst *m*. **2**. *fig.* wertvoller Dienst. **K~ Tem·plar** *pl* **Knights Tem·plar(s)** → Templar 1 *u.* 2.

**knit** [nɪt] **I** *v/t pret u. pp* **knit** *od.* '**knit·ted 1**. a) stricken, b) wirken: ~ **two, purl two** zwei rechts, zwei links (stricken). **2**. *a.* ~ **together** zs.-fügen, verbinden, -einigen (*alle a. fig.*): to ~ **the hands** die Hände falten; → close-knit, well-knit. **3**. *fig.* verknüpfen: to ~ **up** (*od.* **together**) **4**. a) fest verbinden, b) ab-, beschließen. **4**. a) *die Stirn* runzeln, b) ~ **one's brow**, b) *die Augenbrauen* zs.-ziehen: to ~ **one's eyebrows**, **4**. a) stricken, b) wirken. **6**. *meist* ~ **up** sich stricken: **this wool** ~**s well**. **7**. *a.* ~ **up** (*od.* **together**) *a. fig.* sich vereinigen, sich (eng) verbinden. **8**. *a.* zs.-fügen, zs.-wachsen (*gebrochene Knochen etc*). **8**. sich zs.-ziehen *od.* runzeln. **III** *s* **9**. Strickart *f*.

'**knit·ted** *a*) gestrickt, Strick..., b) gewirkt, Wirk...

'**knit·ter** *s* **1**. Stricker(in). **2**. *tech.* a) 'Strickma₁schine *f*, b) 'Wirkma₁schine *f*.

'**knit·ting** *s* **1**. a) Stricken *n*, b) Wirken *n*. **2**. Strickarbeit *f*, -zeug *n*, Strickel'rei *f*. ~ **ma·chine** → knitter 2. ~ **mag·a·zine** *s* Strickheft *n*. ~ **nee·dle** *s* Stricknadel *f*.

'**knit·wear** *s* a) Strickwaren *pl*, b) Wirkwaren *pl*.

**knives** [naɪvz] *pl von* **knife**.

**knob** [nɒb; *Am.* nab] *s* **1**. (*runder*) Griff, Knopf *m*, Knauf *m*: **(the) same to you with** ~**s on!** *colloq. iro.* danke gleichfalls! **2**. Buckel *m*, Beule *f*, Höcker *m*, Knoten *m*, Verdickung *f*. **3**. Knorren *m*, Ast *m* (*im Holz*). **4**. *bes. Br.* Stück(chen) *n* (*Zucker etc*). **5**. *arch.* Knauf *m* (*an Kapitellen etc*). **6**. *Br. vulg.* ,Schwanz' *m* (*Penis*).

**knobbed** *adj* **1**. mit e-m Knauf *od.* Griff (versehen). **2**. knorrig.

**knob·bi·ness** ['nɒbɪnɪs; *Am.* 'nɑ-] *s* Knorrigkeit *f*.

**knob·ble** ['nɒbl; *Am.* 'nɑbəl] *s* **1**. kleiner Knopf, 2. Knötchen *n*.

**knob·by** ['nɒbɪ; *Am.* 'nɑbiː] *adj* **1**. knorrig. **2**. knaufartig.

**knob·ker·rie** ['nɒb₁kerɪ; *Am.* 'nɑb-] *s* Knüppel *m* mit Knauf (*Waffe*).

'**knob·|like** → knobby 2. '**~stick** → knobkerrie.

**knock** [nɒk; *Am.* nak] **I** *s* **1**. a) Schlag *m*, Stoß *m*, b) *fig.* (Tief)Schlag *m*: to **take** (*od.* **have**) **a** ~ e-n Schlag einstecken müssen. **2**. Klopfen *n*, Pochen *n*: **there is a** ~ (**at** [*Am.* **on**] **the door**) es klopft; to **give a double** ~ zweimal klopfen; to **open to s.o.'s** ~ auf j-s Klopfen öffnen. **3**. *mot.* Klopfen *n*. **4**. *oft pl colloq.* Kri'tik *f*.

**II** *v/t* **5**. schlagen, stoßen: to ~ **on the head** a) bewußtlos schlagen, b) totschlagen; to ~ **one's head against** sich den Kopf anschlagen an (*dat*); to ~ **one's head against a brick wall** *fig.* mit dem Kopf gegen die Wand rennen; to ~ **s.o. into the middle of next week** *colloq.* j-n ,fertigmachen'; to ~ **s.th. into s.o.('s head)** j-m etwas einhämmern *od.* einbleuen; to ~ **some sense into s.o.** j-m den Kopf zurechtsetzen; to ~ **spots off s.o.** *colloq.* j-m haushoch überlegen sein (**at in** *dat*); to ~ **three seconds off a record** *sport colloq.* e-n Rekord um 3 Sekunden verbessern; **he's** ~**ed £5 off the bill (for us)** *colloq.* er hat (uns) 5 Pfund von der Rechnung nachgelassen; → **cold** 12, **head** *Bes. Redew.* **6**. schlagen, klopfen: to ~ **into shape** in Form bringen. **7**. *colloq.* her'unter-, schlechtmachen, kriti'sieren. **8**. *colloq.* a) j-n ,umhauen', sprachlos machen, b) j-n ,schocken'.

**III** *v/i* **9**. schlagen, pochen, klopfen: to ~ **at** (*Am.* **on**) **the door** an die Tür klopfen; **please** ~ **before entering** bitte (an)klopfen. **10**. schlagen, prallen, stoßen (**against, into** gegen; **on** auf *acc*). **11**. → **knock together** 3. **12**. *tech.* a) rattern, rütteln (*Maschine*), b) klopfen (*Motor, Brennstoff*). **13**. ~ **about** (*od.* **around**) *colloq.* her'umtreiben in (*dat*). **14**. ~ **about** (*od.* **around**) *colloq.* her'umliegen in (*dat*) (*Gegenstand*).

*Verbindungen mit Adverbien:*

**knock| a·bout, ~ a·round I** *v/t* **1**. her'umstoßen. **2**. *colloq.* prügeln, schlagen, miß'handeln. **3**. *colloq.* bereden, diskuˈtieren über (*acc*). **II** *v/i* **4**. *colloq.* sich her'umtreiben: to ~ **with** a) sich herumtreiben mit, b) ,gehen' mit (*e-m Mädchen etc*). **5**. *colloq.* her'umliegen (*Gegenstand*). ~ **back** *v/t bes. Br. colloq.* **1**. *ein Getränk* ,runterkippen', ,(sich) hinter die Binde gießen'. **2**. to **knock s.o.** ~ **back a few pounds** j-n ein paar Pfund kosten. **3**. ,umhauen', sprachlos machen. ~ **down** **I** *v/t* **1**. a) 'umstoßen, -werfen, b) niederschlagen: ~ **feather** 1, c) ,umfahren; über'fahren, d) *Leichtathletik:* Latte abwerfen, reißen, *Springreiten: Stange* abwerfen, e) *colloq.* ,umhauen', sprachlos machen. **2**. *Gebäude etc* abreißen, -brechen. **3**. *Maschine etc* zerlegen, auseinˈandernehmen. **4**. (**to** auf *acc*; £2 um 2 Pfund) a) j-n, *den Preis* herˈunterhandeln, b) mit *dem Preis* herˈuntergehen. **5**. to **knock s.th. down to s.o.** (*Auktion*) j-m etwas zuschlagen (**at, for** für). **6**. *Am. colloq.* a) *Geld* unterˈschlagen, b) e-e *Bank etc* ausrauben. **7**. *Am. colloq.* *ein Gehalt etc* ,einstreichen'. **8**. → **knock back** 1. **II** *v/i* **9**. sich zerlegen *od.* auseinˈandernehmen lassen. **10**. *Am. colloq.* a) sich legen (*Sturm etc*), b) ruhiger werden (*Meer etc*). ~ **in** *v/t* **1**. *e-n Nagel* einschlagen. ~ **off** **I** *v/t* **1**. herˈunter-, abschlagen, weghauen. **2**. *colloq.* aufhören mit: **knock it off!** hör auf (damit)!; to ~ **work(ing)** → 10 b. **3**. *colloq.* *Arbeit* erledigen. **4**. *colloq.* e-n *Artikel etc* a) ,hinhauen', b) ,aus dem Ärmel schütteln'. **5**. *colloq.* e-n *Betrag*

(von der Rechnung *etc*) nachlassen (for s.o. j-m). **6.** *colloq. j-n* ,umlegen' (*töten*). **7.** *colloq.* a) e-n *Gegner* erledigen, b) *Essen* ,wegputzen'. **8.** *colloq.* a) ,klauen' (*stehlen*), b) e-e *Bank etc* ausrauben. **9.** *sl. ein Mädchen* ,bumsen', ,vögeln' (*schlafen mit*). **II** *v/i* **10.** *colloq.* a) *allg.* aufhören, b) *Schluß* machen. Feierabend machen: **to ~ for tea** (e-e) Teepause machen. **~ out** *v/t* **1.** her'ausschlagen, -klopfen (**of** aus), *Pfeife* ausklopfen: **→ bottom** 3. **2.** a) bewußtlos schlagen, b) *Boxen*: k. o. schlagen, ausknocken, c) betäuben (*Droge etc*), d) *colloq.* ,umhauen' (*sprachlos machen, hinreißen*). **3.** *sport* e-n *Gegner* ausschalten: **to be knocked out** ausscheiden, ,rausfliegen' (**of** aus). **4. to ~ a tune on the piano** *colloq.* e-e Melodie auf dem Klavier ,hämmern'. **5.** *colloq. j-n* ,schlauchen', ,fertigmachen': **to knock o.s. out** ,sich umbringen', sich abrackern. **~ o·ver** *v/t* **1.** 'umwerfen, 'umstoßen. **2.** über'fahren. **~ to·geth·er I** *v/t* **1.** anein-'anderstoßen, -schlagen: **he knocked their heads together** er schlug sie mit den Köpfen aneinander (*um sie zur Vernunft zu bringen*). **2.** *colloq. etwas* schnell ,zs.-zimmern', *ein Essen etc* ,(her)zaubern'. **II** *v/i* **3.** anein'anderstoßen, -schlagen: **his knees were knocking together** ihm schlotterten die Knie. **~ up I** *v/t* **1.** hochschlagen, in die Höhe schlagen. **2.** *Br. colloq.* her'ausklopfen, (*durch Klopfen*) wecken. **3.** *Am. colloq.* a) *etwas* ,ka'puttmachen', b) *j-n* verletzen: **he was all knocked up** er war bös zugerichtet. **4. → knock together** 2. **5. → knock out** 5. **6.** *Br. colloq.* Geld verdienen. **7.** *Kricket*: *Läufe* machen. **7.** *sl.* e-m *Mädchen* ,ein Kind machen'. **II** *v/i* **8.** *Tennis etc*: sich einschlagen *od.* einspielen.

**'knock·a·bout I** *adj* **1.** lärmend, laut. **2.** *thea. etc* Klamauk...: **~ comedy → 6. 3.** a) *Gebrauchs*...: **~ car → 5,** b) strapa'zierfähig (*Kleidung etc*). **II** *s* **4.** *mar.* slupgetakeltes, halbgedecktes Kielboot für offene *Gewässer*. **5.** *mot.* Gebrauchsfahrzeug *n*, -wagen *m*. **6.** *thea.* Kla'mauknummer *f.* **'~down I** *adj* **1.** niederschmetternd (*a. fig.*): **a ~ blow; the news came as a ~ blow** to him die Nachricht war ein schwerer Schlag für ihn. **2.** zerlegbar, ausein'andernehmbar. **3. ~ price** a) Schleuderpreis *m*: **at a ~price** spottbillig, b) *econ.* Werbepreis *m*, c) *Auktion*: äußerster Preis. **II** *s* **4.** a) niederschmetternder Schlag (*a. fig.*), b) *Boxen*: Niederschlag *m.* **5.** *Leichtathletik, Springreiten*: Abwurf *m.* **6.** zerlegbares Möbelstück *od.* Gerät. **7.** *Am. u. Austral. colloq.* Vorstellung *f*: **to give s.o. a ~** *colloq. j-n* j-m vorstellen. **'knock·er** *s* **1.** Klopfende(r *m*) *f.* **2.** *Br.* a) Hau'sierer *m*, b) Vertreter *m.* **3.** (Tür-) Klopfer *m*: **to sell s.th. on the ~** *etwas* an der Haustür verkaufen. **4.** *colloq.* Krittler *m*, Kriti'kaster *m.* **5.** *Am. colloq.* ,Typ' *m*, Kerl *m.* **6.** *pl sl.* ,Titten' *pl* (*Brüste*).

**,knock-for-'knock a·gree·ment** *s Br.* Abkommen zwischen Autoversicherungen, daß bei Unfällen – unabhängig von der *Schuldfrage* – jede Gesellschaft den Schaden an dem bei ihr versicherten *Wagen* trägt.

**'knock·ing shop** *s Br. sl.* ,Puff' *m, a. n* (*Bordell*). **,knock·l-'kneed** *adj* **1.** X-beinig: **to be ~** X-Beine haben. **2.** *fig.* a) ,lahm' (*Ausrede etc*), b) plump, unförmig. **,~'knees** *s pl med.* X-Beine *pl.* **'~-me-,down** *adj Am. colloq.* über'wältigend. **'~-off** *s Am. colloq.* **1.** *tech.* a) auto'matisches Abschalten, b) auto'matischer Abschalter. **2.** Feierabend *m.* **'~out I** *s* **1.** *Boxen*: Knockout *m*, K. **'**o. *m*: **to win by a ~**

durch K. o. gewinnen; **→ technical** 2. **2.** *colloq.* a) ,tolle' Per'son *od.* Sache, b) Attrakti'on *f*: **she's a ~ at any party,** c) ,Bombenerfolg' *m*: **his latest film is a ~.** **II** *adj* **3.** a) *Boxen*: K.-o-....: **~ blow** (*od.* **punch**) K.-o.-Schlag *m*; **~ system** *sport* K.-o.-System *n*, b) betäubend: **~ drops** K.-o.-Tropfen. **'~proof** *adj tech.* klopffest: **~ petrol** K.-o.-Benzin *n*. **'~up** *s Tennis etc*: Einschlagen *n*, Einspielen *n*. **'~wurst** [-wɜːst; *Am.* -,wɜrst] *s* Knackwurst *f.*

**knoll** [nəʊl] *s* Hügel *m*, Kuppe *f.*

**knop** [nɒp; *Am.* nɑp] *s* **1.** Noppe *f*: **~ yarn** Noppengarn *n*. **2.** *obs.* (Zier)Knauf *m*. **3.** (Blüten)Knospe *f.*

**knot** [nɒt; *Am.* nɑt] **I** *s* **1.** Knoten *m*: **to make** (*od.* **tie**) **a ~** e-n Knoten machen; **to tie s.o.** (**up**) **in ~s** *fig.* j-n ganz konfus machen. **2.** Schleife *f*, Schlinge *f* (*als Verzierung*), *bes.* a) Achselstück *n*, Epau-'lette *f*, b) Ko'karde *f*. **3.** *mar.* Knoten *m*: a) Stich *m* (*im Tau*), b) *Marke an der Logleine,* c) Seemeile *f* (*1,853 km/h*): **at a rate of ~s** *fig.* in Windeseile. **4.** *fig.* a) Knoten *m*, Pro'blem *n*, Schwierigkeit *f*, Verwicklung *f*: **to cut the ~** den Knoten durchhauen, b) Verbindung *f*, Band *n*: **marriage ~** Band der Ehe. **5.** *bot.* a) Knoten *m* (*Blattansatzstelle*), b) Astknorren *m*, -knoten *m*, c) Knötchen *n*, knotenod. knötchenartiger Auswuchs, d) Knospe *f*, Auge *n*. **6.** *med.* (Gicht- *etc*)Knoten *m*. **7.** Gruppe *f*, Knäuel *m, n*, Haufen *m*, Traube *f* (*Menschen etc*). **II** *v/t* **8.** (e-n) Knoten machen in (*acc*). **9.** (ver)knoten, (-)knüpfen: **~ together** zs.-knoten, miteinander verknüpfen; **get ~ted!** *sl.* rutsch mir doch den Buckel runter!, du kannst mich mal! **10.** verwickeln, -heddern, -wirren. **III** *v/i* **11.** (e-n) Knoten bilden, sich verknoten. **12.** sich verwickeln.

**'knot·l·grass** *s bot.* Knöterich *m.* **'~hole** *s* Astloch *n* (*im Holz*). **~ stitch** *s Stickerei*: Knotenstich *m.*

**knot·ted** ['nɒtɪd; *Am.* 'nɑ-] *adj* **1.** ver-, geknotet, geknüpft. **2. → knotty.**

**knot·ter** ['nɒtə; *Am.* 'nɑtər] *s tech.* 'Knüpf-, Knotma,schine *f.*

**knot·ty** ['nɒtɪ; *Am.* 'nɑtɪ] *adj* **1.** ge-, verknotet. **2.** knotig, voller Knoten. **3.** knorrig, astig (*Holz*). **4.** *fig.* verwickelt, schwierig, kompli'ziert, verzwickt: **a ~ problem.**

**knout** [naʊt] **I** *s* Knute *f.* **II** *v/t* mit der Knute schlagen, j-m die Knute geben.

**know** [nəʊ] **I** *v/t pret* **knew** [nju:; *Am. bes.* nu:] *pp* **known** [nəʊn] **1.** *allg.* wissen: **he ~s what to do** er weiß, was zu tun ist; **to ~ all about it** genau Bescheid wissen; **don't I ~ it!** und ob ich das weiß!; **he wouldn't ~ (that)** er kann das nicht *od.* kaum wissen; **I would have you ~ that** ich möchte Ihnen klarmachen, daß; **I have never ~n him to lie** m-s Wissens hat er noch nie gelogen; **he ~s a thing or two** *colloq.* ,er ist nicht von gestern', er weiß ganz gut Bescheid (**about** über *acc*); **what do you ~!** *colloq.* na so was!; **→ answer** 1, **good** 18, **what** *Bes. Redew.* 2. a) können: **he ~s (some) German** er kann (etwas) Deutsch; **→ business** 1, **onion** 1, **rope** 1, *etc*, b) **to ~ how to do s.th.** etwas tun können: **do you ~ how to do it?** weißt du, wie man das macht?, kannst du das?; **he ~s how to treat children** er versteht mit Kindern umzugehen; **do you ~ how to drive a car?** können Sie Auto fahren?; **he doesn't ~ how to lose** er kann nicht verlieren. **3.** kennen: a) sich auskennen in (*dat*): **to ~ a town; do you ~ this place?** kennen Sie sich hier aus?, b) vertraut sein mit: **to ~ a novel; do you ~ Dickens?; to ~ s.th. backward(s)** *Br. colloq.* etwas in- u.

auswendig kennen, c) bekannt sein mit: **I have ~n him (for) five years** ich kennen ihn (schon) seit fünf Jahren; **after I first knew him** nachdem ich s-e Bekanntschaft gemacht hatte; **→ Adam.** **4.** erfahren, erleben: **he has ~n better days** er hat schon bessere Tage gesehen; **I have ~n it to happen** ich habe das schon erlebt. **5.** a) ('wieder)erkennen (**by** an *dat*): **I would ~ him anywhere** ich würde ihn überall erkennen; **before you ~ where you are** im Handumdrehen; **I don't ~ whether I shall ~ him again** ich weiß nicht, ob ich ihn wiedererkennen werde, b) unter'scheiden (können): **to ~ one from the other** den e-n vom anderen unterscheiden können, die beiden auseinanderhalten können. **6.** *Bibl.* (*geschlechtlich*) erkennen.

**II** *v/i* **7.** wissen (**of** von, um), im Bilde sein *od.* Bescheid wissen (**about** über *acc*): **to ~ of s.o.** who im weiß *od.* kenne j-n, der; **I ~ better!** so dumm bin ich nicht!; **you ought to ~ better (than that)** das sollten Sie besser wissen, so dumm werden Sie doch nicht sein; **to ~ better than to do s.th.** sich davor hüten, etwas zu tun; **he ought to ~ better than to go swimming after a big meal** er sollte soviel Verstand haben zu wissen, daß man nach e-r ausgiebigen Mahlzeit nicht baden geht; **not that I ~ of** nicht, daß ich wüßte; **do (od. don't) you ~?** *colloq.* nicht wahr?; **you ~** wissen Sie; **he is an alcoholic as you ~** (*od.* **as everybody ~s**) er ist bekanntlich Alkoholiker; **you never ~** man kann nie wissen.

**III** *s* **8. to be in the ~** Bescheid wissen, im Bilde *od.* eingeweiht sein. **'know·a·ble** *adj* erkennbar. **'know·l-all I** *s* Alles('besser)wisser *m*, Besserwisser *m.* **II** *adj* besserwisserisch. **'~how** *s* Know-'how *n*: a) Wissen um die praktische Durchführung e-r Sache, b) *econ.* auf organisatorischer *od.* technischer *Erfahrung beruhendes Spezialwissen*: **industrial ~** praktische Betriebserfahrung. **'know·ing I** *adj* **1.** intelli'gent, klug, gescheit. **2.** schlau, durch'trieben: **a ~ one** ein Schlauberger. **3.** verständnisvoll, wissend: **a ~ glance.** **II** *s* **4.** Wissen *n*, Kenntnis *f*: **there is no ~** man kann nie wissen. **'know·ing·ly** *adv* **1. → knowing** I. **2.** wissentlich, absichtlich, bewußt. **'know·ing·ness** *s* **1.** Klugheit *f.* **2.** Schlauheit *f.*

**'know-it-,all** *Am.* **→ know-all.**

**knowl·edge** ['nɒlɪdʒ; *Am.* 'nɑ-] *s* **1.** Kenntnis *f*: **the ~ of the victory** die Kunde vom Sieg; **to bring s.th. to s.o.'s ~** j-m etwas zur Kenntnis bringen, j-n von etwas in Kenntnis setzen; **it has come to my ~** es ist mir zur Kenntnis gelangt, ich habe erfahren (**that** daß); **to have ~ of** Kenntnis haben von; **from personal** (*od.* **one's own**) **~** aus eigener Kenntnis; (**not**) **to my ~** m-s Wissens (nicht); **to the best of one's ~ and belief** *jur.* nach bestem Wissen u. Gewissen; **my ~ of Mr. X** m-e Bekanntschaft mit Mr. X; **without my ~** ohne mein Wissen; **~ of life** Lebenserfahrung *f*; **→ carnal, common** 5, **tree** 1. **2.** Wissen *n*, Kenntnisse *pl* (**of, in** in *dat*): **basic ~** Grundwissen, -kenntnisse; **~ of the law** Rechtskenntnisse; **to have a good ~ of** viel verstehen von, sich gut auskennen in (*dat*); **→ general** 1. **'knowl·edge·a·ble** *adj colloq.* **1.** gescheit, klug. **2.** ('gut)unter,richtet. **3.** kenntnisreich: **to be very ~ about** viel verstehen von, sich gut auskennen in (*dat*).

**known** [nəʊn] **I** *pp von* **know. II** *adj* bekannt (**as** als; **to s.o.** j-m): **he is ~ to**

the police er ist polizeibekannt; to make ~ bekanntmachen; **to make o.s. ~ to s.o.** sich mit j-m bekannt machen, sich j-m vorstellen; **the ~ facts** die anerkannten Tatsachen; ~ **quantity** → III a; ~ **substance** → III b. **III** s etwas Bekanntes, *bes.* a) *math.* bekannte Größe, b) *chem.* bekannte Sub'stanz.

'**know-**,**noth·ing I** s **1.** Nichtswisser(in), Igno'rant(in). **2.** *philos.* A'gnostiker(in). **II** *adj* **3.** igno'rant.

**knuck·le** ['nʌkl] **I** s **1.** (Finger)Knöchel m: → **rap**[1] 1, 8. **2.** (Kalbs-, Schweins-) Haxe *f od.* (-)Hachse *f*: **of ham** Eisbein n; **near the ~** *colloq.* reichlich gewagt (*Witz etc*). **3.** *tech.* Gelenk n. **4.** *pl* (*a. als sg konstruiert*) *Am.* Schlagring m. **II** *v/i* **5.** ~ **down** sich anstrengen, ,sich da'hinterklemmen': **to ~ down to work** sich an die Arbeit machen, ,sich hinter die Arbeit klemmen'. **6.** ~ **under** sich unter-'werfen *od.* beugen (**to** *dat*), klein beigeben. '**~bone** s *anat.* Knöchelbein n. '**~**,**dust·er** s Schlagring m. '**~**,**head** s *colloq.* ,Blödmann' m. '**~**,**head·ed** *adj colloq.* ,blöd'. ~ **joint** s **1.** *anat.* Knöchel-, Fingergelenk n. **2.** *tech.* Gabelgelenk n.

**knur**, *Br. a.* **knurr** [nɜː; *Am.* nɜr] s Knorren m, Knoten m.

**knurl** [nɜːl; *Am.* nɜrl] s **I** s **1.** Einkerbung *f.* **2.** *tech.* Rändelrad n. **II** *v/t* **3.** *tech.* rändeln, kor'dieren: **~ed screw** Rändelschraube *f.*

**knurr** *Br. für* knur.

**KO** [ˌkeɪ'əʊ] *colloq.* **I** *pl* **KO's** s → knockout I. **II** *v/t pret u. pp* **KO'd** → knock out 2.

**ko·a·la (bear)** [kəʊ'ɑːlə] s *zo.* Ko'ala (-bär) m, Beutelbär m.

**ko·bold** ['kɒbəʊld; *Am.* 'kəʊˌbɔːld] s Kobold m.

**kohl·ra·bi** [ˌkəʊl'rɑːbɪ] *pl* **-bies** s *bot.* Kohl'rabi m.

**ko·la** [kəʊlə] s **1.** *a.* ~ **nut** Kolanuß *f.* **2.** 'Kolanußˌbex,trakt m. **3.** *bot.* Kolabaum m.

**kol·khoz**, *a.* **kol·khos** [kɒl'hɔːz; *Am.* kɑl'kɔːz] s Kolchos m, n, Kol'chose *f.*

**koo·doo** → kudu.

**kook** [kuːk] s *Am. colloq.* ,Spinner' m.

**kook·a·bur·ra** ['kʊkəˌbʌrə; *Am. bes.* -ˌbɜrə] s *orn.* Rieseneisvogel m, Lachender Hans.

**kook·ie, kook·y** ['kuːkɪ] *adj Am. colloq.* ,spinnig'.

**kop** [kɒp; *Am.* kɑp] s *S. Afr.* Hügel m, Berg m.

**ko·pe(c)k** ['kəʊpek] s Ko'peke *f.*

**kop·je** ['kɒpɪ; *Am.* 'kɑpiː] s *S. Afr.* kleiner Hügel.

**Ko·ran** [kɒ'rɑːn; *Am.* kə'ræn; kə'rɑːn] s *relig.* Ko'ran m.

**Ko·re·an** [kə'rɪən] **I** s **1.** Kore'aner(in). **2.** *ling.* Kore'anisch n, das Koreanische. **II** *adj* **3.** kore'anisch.

**ko·ru·na** [kɒ'ruːnə; *Am.* 'kɔːrəˌnɑː] s Ko-'runa *f*, Tschechenkrone *f.*

**ko·sher** ['kəʊʃə(r)] **I** *adj* **1.** *relig.* koscher, rein (*nach jüdischen Speisegesetzen*). **2.** *colloq.* a) echt, b) ,koscher', rechtmäßig, in Ordnung: **it is not ~ for him to do it** er hat kein Recht, es zu tun. **II** s **3.** *relig.* koschere Nahrung.

**ko·tow** [ˌkəʊ'taʊ] → kowtow.

**kot·wal** ['kɒtwɑːl; 'kəʊt-] s *Br. Ind.* hoher Poli'zeibeˌamter.

**kou·mis(s), kou·myss** → kumiss.

**kour·bash** → kurbash.

**kow·tow** [ˌkaʊ'taʊ] **I** *v/i* **1.** e-n Ko'tau machen (**to** vor *j-m*) (*a. fig.*). **2.** *fig.* kriechen (**to** vor *j-m*). **II** s **3.** *hist.* Ko'tau m (*tiefe Verbeugung mit Niederknien u. Neigen des Kopfes bis auf die Erde*).

**kraal** [krɑːl; krɔːl] s *S. Afr.* Kral m: a) Eingeborenendorf, b) umzäunter Viehhof.

**kraft** [krɑːft; *Am.* kræft] s starkes 'Packpaˌpier.

**krans** [krɑːns; *Am.* kræns], **krantz** [-ts] s *S. Afr.* steile Klippe.

**Kraut** [kraʊt] *sl. contp.* **I** s Deutsche(r m) *f.* **II** *adj* deutsch.

**Krebs cy·cle** [krebz] s *Biochemie:* Krebs-Zyklus m.

**Krem·lin** ['kremlɪn] *npr* Kreml m.

**krieg·spiel** ['kriːgspiːl] s *mil.* Kriegs-, Planspiel n.

**kris** [kriːs] s Kris m (*malaiischer Dolch*).

**Krish·na** ['krɪʃnə] *npr u.* s **1.** *Hinduismus:* Krischna m (*Gott*). **2.** → Hare Krishna.

'**Krish·na·ism** s *Hinduismus:* Krischna'ismus m, Krischnaverehrung *f.*

**kro·na** ['krəʊnə] *pl* **-nor** [-nɔː(r); -nə(r)] s Krone *f* (*Münzeinheit u. Silbermünze in Schweden*).

**kro·ne**[1] ['krəʊnə] *pl* **-ner** [-nə(r)] s Krone *f* (*Münzeinheit u. Silbermünze in Dänemark u. Norwegen*).

**kro·ne**[2] ['krəʊnə] *pl* **-nen** [-nən] s Krone *f* (*ehemalige Münze in Österreich u. Deutschland*).

**kro·ner** ['krəʊnə(r)] *pl von* **krone**[1].

**kro·nor** ['krəʊnɔː(r); -nə(r)] *pl von* krona.

**kryp·ton** ['krɪptɒn; *Am.* -ˌtɑn] s *chem.* Krypton n (*farb- u. geruchloses Edelgas*).

**ku·chen** ['kuːkən; 'kuːxən] s (Hefe-) Kuchen m.

**ku·dos** ['kjuːdɒs; *Am.* 'kuːˌdɑs] s *colloq.* Ruhm m, Ehre *f*, Ansehen n: **he got a great deal of ~ for it** es brachte ihm viel Ehre ein.

**ku·du** ['kuːduː] s *zo.* Kudu m, 'Schraubenantiˌlope *f.*

**Ku·fic** ['kjuːfɪk; 'kuː-] *adj* kufisch, 'altaˌrabisch (*Schrift*).

**ku·gel·blitz** ['kuːglblɪts] *pl* **-**,**blit·ze** [-ˌblɪtsə] s Kugelblitz m.

**Ku Klux** ['kjuːklʌks; 'kuː-] s **1.** Ku-Klux-Klan m. **2.** → Ku Kluxer. **Ku Klux·er** s Mitglied n des Ku-Klux-Klan. **Ku Klux Klan** [klæn] → Ku Klux 1.

**kuk·ri** ['kʊkrɪ] s Krummdolch m (*der Gurkhas*).

**ku·lak** ['kuːlæk; *Am. a.* kuː'læk] s *hist.* Ku'lak m, Großbauer m.

**Kul·tur** [kʊl'tʊə(r)] s Kul'tur *f.* **Kul·'tur·kreis** [-kraɪs] *pl* **-**,**krei·se** [-ˌkraɪzə] s Kul'turkreis m.

**ku·miss** ['kuːmɪs; *Am. a.* kuː'mɪs] s Kumyß m (*alkoholhaltiges Getränk aus gegorener Stutenmilch*).

**küm·mel** ['kʊməl; *bes. Am.* 'kɪməl] s Kümmel m (*Schnapssorte*).

**kum·quat** ['kʌmkwɒt; *Am.* -ˌkwɑt] s *bot.* Kumquat *f*, Kleinfrüchtige 'Goldoˌrange.

**kung fu** [ˌkʊŋ'fuː; ˌkʌŋ-] s Kung-'fu n (*e-e Selbstverteidigungssportart im Karatestil*).

**kunz·ite** ['kʊntsaɪt] s *min.* Kun'zit m.

**kur·bash** ['kʊə(r)bæʃ] s **I** s Kar'batsche *f.* **II** *v/t* kar'batschen.

**Kurd** [kɜːd; *Am.* kɜrd; kʊrd] s Kurde m, Kurdin *f.* '**Kurd·ish I** *adj* kurdisch. **II** s *ling.* Kurdisch n, das Kurdische.

**kur·saal** ['kʊə(r)zɑːl] *pl* **-**,**sä·le** [-ˌzɛːlə] s Kursaal m.

**kur·to·sis** [kɜː'təʊsɪs; *Am.* kɜr-] s *Statistik:* Häufungs-, Häufigkeitsgrad m.

**kvas(s)** [kvɑːs] s Kwaß m (*in der Sowjetunion beliebtes, leicht alkoholisches, bierähnliches Getränk aus vergorenem Malz, Mehl u. Brotbrei*).

**kvetch** [kvetʃ] *Am. sl.* **I** s Nörgler(in). **II** *v/i* nörgeln.

**ky·ack** ['kaɪˌæk] s *Am.* (Pferde)Packtaschen *pl.*

**ky·a·nite** ['kaɪənaɪt] → cyanite.

**ky·an·ize** ['kaɪənaɪz] *v/t tech.* Holz kyani-'sieren, zyani'sieren, mit 'Quecksilberchloˌrid behandeln.

**kyle** [kaɪl] s *Scot.* Meerenge *f*, Sund m.

**ky·mo·graph** ['kaɪməʊgrɑːf; *bes. Am.* -græf] s **1.** *tech.* Kymo'graph m (*Aufzeichnungsgerät physiologischer Zustandsänderungen*). **2.** *aer. mar.* Wendezeiger m.

**Kyr·i·e (e·lei·son)** ['kɪəriːeɪ; -rɪɪ; 'ɪ'leɪsən; *Br. a.* -sɒn; *Am. a.* -ˌsɑn] s *relig.* Kyrie(e'leison) n.

# L

**L, l** [el] **I** _pl_ **L's, Ls, l's, ls** [elz] _s_ **1.** L, l _n_ (_Buchstabe_). **2.** _phys._ L (_Selbstinduktions-koeffizient_). **3.** L _arch._ (Seiten)Flügel _m._ **4.** L L _n_, L-förmiger Gegenstand, _bes. tech._ Rohrbogen _m._ **II** _adj_ **5.** zwölft(er, e, es). **6.** L L ~..., L-förmig.

**la** [lɑː] _s mus._ la _n_ (_Solmisationssilbe_).

**laa·ger** [ˈlɑːgə(r)] **I** _s_ **1.** _S. Afr._ (befestigtes) Lager, _bes._ Wagenburg _f._ **2.** _mil._ Ringstellung _f_ von Panzerfahrzeugen. **II** _v/i_ **3.** _S. Afr._ ein Lager errichten, e-e Wagenburg bilden. **III** _v/t_ **4.** _S. Afr._ e-e Wagenburg bilden aus.

**lab** [læb] _s colloq._ La'bor _n._

**lab·e·fac·tion** [ˌlæbɪˈfækʃn], **lab·e-fac'ta·tion** [-fækˈteɪʃn] _s_ Schwächung _f_, Verschlechterung _f._

**la·bel** [ˈleɪbl] **I** _s_ **1.** Eti'kett _n_, (Klebe-, Anhänge)Zettel _m od._ (-)Schild(chen) _n._ **2.** Aufschrift _f_, Beschriftung _f._ **3.** Label _n:_ a) _Etikett, unter dem e-e Schallplatte geführt u. verkauft wird,_ b) _selbständige od. als Tochter geführte Schallplattenfirma._ **4.** _Computer:_ Label _n_, Pro'grammanschlußpunkt _m._ **5.** _arch._ Tür-, Fenstergesims _n._ **6.** _fig._ Bezeichnung _f_, _bes. contp._ Eti'kett _n._ **II** _v/t pret u. pp_ **-beled**, _Br._ **-belled 7.** etiket'tieren, mit e-m Zettel _od._ Schild(chen) _od._ e-r Aufschrift versehen, beschriften: **the bottle was ~(l)ed "poison"** die Flasche trug die Aufschrift „Gift". **8.** als ... bezeichnen, zu ... stempeln: **to be ~(l)ed a criminal** zum Verbrecher gestempelt werden. **'la·bel·(l)ing ma·chine** _s tech._ Etiket'tiermaˌschine _f._

**la·bel·lum** [ləˈbeləm] _pl_ **la·bel·la** [-ˈbelə] _s bot._ La'bellum _n_, Lippe _f_ (_e-r Blüte_).

**'lab-exˌam·ine** _v/t colloq._ im La'bor prüfen _od._ unter'suchen: **~d** laborgeprüft.

**la·bi·a** [ˈleɪbɪə] _pl von_ labium.

**la·bi·al** [ˈleɪbjəl; -bɪəl] **I** _adj (adv ~ly)_ **1.** Lippen-... **2.** _ling. mus._ Lippen..., labi'al: **~ consonant** → 4; **~ vowel** gerundeter Vokal; **~ pipe** → 3. **II** _s_ **3.** _mus._ Lippen-, Labi'alpfeife _f_ (_der Orgel_). **4.** _ling._ Labi'al _m_, Lippen-, Labi'allaut _m._ **'la·bi·al·ism**, **la·bi·al·i'za·tion** _s ling._ Labiali'sierung _f._ **'la·bi·al·ize** _v/t ling._ labiali'sieren.

**la·bi·a| ma·jo·ra** [məˈdʒɔːrə] _s pl anat._ große _od._ äußere Schamlippen _pl._ **~ mi·no·ra** [mɪˈnɔːrə] _s pl_ kleine _od._ innere Schamlippen _pl._

**la·bi·ate** [ˈleɪbɪeɪt; -bɪət] **I** _adj_ **1.** lippenförmig. **2.** _bot._ lippenblütig: **~ plant** → 3. **II** _s_ **3.** _bot._ Lippenblütler _m._

**la·bile** [ˈleɪbaɪl; -bɪl] _adj_ **1.** _med. phys. psych._ la'bil (_a. fig._). **2.** unsicher, unbeständig. **3.** _chem._ unbeständig, zersetzlich. **la·bil·i·ty** [ləˈbɪlətɪ] _s_ Labili'tät _f._

**la·bi·oˈden·tal** [ˌleɪbɪəʊ-] _ling._ **I** _adj_ labioden'tal. **II** _s_ Labioden'tal(laut) _m_,

Lippenzahnlaut _m._ **la·bi·oˈna·sal I** _adj_ labiona'sal. **II** _s_ Labiona'sal(laut) _m_, Lippennasenlaut _m._ **la·bi·oˈve·lar I** _adj_ labioveˈlar. **II** _s_ Labioveˈlar(laut) _m_, Lippengaumenlaut _m._

**la·bi·um** [ˈleɪbɪəm] _pl_ **-bi·a** [-bɪə] _s_ Labium _n:_ a) _anat._ Lippe _f_, b) _anat._ Schamlippe _f:_ → **labia majora, labia minora,** c) _zo._ 'Unterlippe _f_ (_der Insekten_).

**la·bor,** _bes. Br._ **la·bour** [ˈleɪbə(r)] **I** _s_ **1.** (schwere) Arbeit: **a ~ of love** e-e gerngetane _od._ unentgeltlich getane Arbeit, ein Liebesdienst; → **hard labo(u)r, Herculean** 1, **Hercules.** **2.** Mühe _f_, Plage _f_, Anstrengung _f:_ **lost ~** vergebliche Mühe. **3.** _econ._ a) Arbeiter(klasse _f_) _pl_, Arbeiterschaft _f_, b) Arbeiter _pl_, Arbeitskräfte _pl:_ **cheap ~** billige Arbeitskräfte; **shortage of ~** Mangel _m_ an Arbeitskräften; → **skilled** 2, **unskilled** 2. **4. Labour** (_ohne art_) _pol._ die Labour Party (_Großbritanniens etc_). **5.** _med._ Wehen _pl:_ **to be in ~** in den Wehen liegen. **6.** Schlingern _n_, Stampfen _n_ (_e-s Schiffs_). **II** _v/i_ **7.** (schwer) arbeiten (**at** an _dat_), sich bemühen (**for** s.th. um etwas), sich anstrengen _od._ abmühen (**to do** zu tun). **8.** _a._ **~ along** sich mühsam fortbewegen (_a._ _fig._), sich fortschleppen, nur schwer vor'ankommen: **~ through** sich kämpfen durch (_Schlamm etc, a. ein Buch etc_); **to ~ up the hill** sich den Berg hinaufquälen. **9.** stampfen, schlingern (_Schiff_). **10.** (**under**) zu leiden haben (unter _dat_), zu kämpfen haben (mit), kranken (an _dat_): **to ~ under difficulties** mit Schwierigkeiten zu kämpfen haben, b) befangen sein (in _dat_): → **delusion** 2, **misapprehension.** **11.** _med._ in den Wehen liegen. **III** _v/t_ **12.** ausführlich _od._ 'umständlich behandeln, bis ins einzelne ausarbeiten _od._ ausführen, ›breitwalzen‹: **to ~ a point** auf e-r Sache ›herumreiten‹. **13.** _obs. od. poet._ den Boden bestellen, bebauen. **IV** _adj_ **14.** Arbeits-...: **~ camp** (conditions, court, etc). **15.** Arbeiter-...: **~ leader** Arbeiterführer _m_ (→ 16, 17); **~ movement** Arbeiterbewegung _f_ (→ 16, 17); **~ demand** Nachfrage _f_ nach Arbeitskräften; **~ trouble(s)** Schwierigkeiten _pl_ mit der Arbeiterschaft. **16. Labour** _pol._ Labour-...: **Labour leader** führender Mann in der Labour Party (_Großbritanniens etc_) (→ 15, 17). **17. labor** _Am._ Gewerkschafts-...: **~ leader** Gewerkschaftsführer _m_ (→ 15, 16); **~ movement** Gewerkschaftsbewegung _f_ (→ 15).

**la·bor·a·to·ry** [ləˈbɒrətərɪ; -trɪ; _Am._ 'læbrəˌtɔːriː; -ˌtəʊriː] _s_ **1.** Labora'torium _n_, La'bor _n:_ **~ assistant** Laborant(in); **~ test** Laborversuch _m._ **2.** _weitS._ a) Versuchsanstalt _f_, b) (Sprach- etc) La'bor _n._ **3.** _fig._ Werkstätte _f_, -statt _f:_ **the ~ of the mind.**

**La·bor Day,** _bes. Br._ **La·bour Day** _s_

Tag _m_ der Arbeit (_der 1. Mai in den europäischen Ländern, der 1. Montag im September in den USA_).

**la·bored,** _bes. Br._ **la·boured** [ˈleɪbə(r)d] _adj_ **1.** schwerfällig: **a ~ style. 2.** mühsam, schwer: **~ breathing.**

**la·bor·er,** _bes. Br._ **la·bour·er** [ˈleɪbərə(r)] _s_ (_bes._ Hilfs)Arbeiter _m._

**la·bor force,** _bes. Br._ **la·bour force** _s_ **1.** (Gesamtzahl _f_ der) Arbeitskräfte _pl_, 'Arbeitspotentiˌal _n:_ **to enter the ~ ins** Arbeitsleben eintreten. **2.** Belegschaft _f_ (_e-r Firma_).

**la·bor·ing,** _bes. Br._ **la·bour·ing** [ˈleɪbərɪŋ] _adj_ Arbeiter...: **the ~ classes** _pl_ die Arbeiterklasse.

**'la·bor-inˌten·sive,** _bes. Br._ **'la·bour--inˌten·sive** _adj (adv ~ly)_ 'arbeitsintenˌsiv.

**la·bo·ri·ous** [ləˈbɔːrɪəs] _adj (adv ~ly)_ **1.** mühsam, mühselig, schwer, schwierig. **2.** schwerfällig: **a ~ style. 3.** arbeitsam, fleißig. **la'bo·ri·ous·ness** _s_ **1.** Mühseligkeit _f._ **2.** Schwerfälligkeit _f._ **3.** Arbeitsamkeit _f_, Fleiß _m._

**la·bor·ite,** _bes. Br._ **la·bour·ite** [ˈleɪbəraɪt] _s_ **1.** Anhänger(in) der Arbeiterbewegung. **2. Labourite** Anhänger(in) _od._ Mitglied _n_ der Labour Party (_Großbritanniens etc_).

**la·borˈman·age·ment reˈla·tions,** _bes. Br._ **la·bourˈ-man·age·ment reˈla·tions** _s pl_ Beziehungen _pl_ zwischen Arbeitˈgebern u. Arbeitˈnehmern. **~ mar·ket** _s_ Arbeitsmarkt _m:_ **situation on the ~** Arbeitsmarktlage _f._ **'~-ˌsav·ing** _adj_ arbeitsparend.

**la·bor un·ion** _s Am._ Gewerkschaft _f._

**la·bour, la·boured, la·bour·er** etc _bes. Br. für_ labor, labored, laborer etc.

**la·bour| ex·change** _s Br. obs._ Arbeitsamt _n._ **L~ Par·ty** _s pol._ Labour Party _f_ (_Großbritanniens etc_).

**la·bra** [ˈleɪbrə; ˈlæ-] _pl von_ labrum.

**Lab·ra·dor** [ˈlæbrədɔː(r)] _s_ Labraˈdor (-hund) _m._ **lab·ra·dor·ite** [ˌlæbrəˈdɔːraɪt; _bes. Am._ ˈlæbrədɔːraɪt] _s min._ Labradoˈrit _m._

**Lab·ra·dor re·triev·er** → Labrador.

**la·brum** [ˈleɪbrəm; ˈlæ-] _pl_ **-bra** [-brə] _s_ Labrum _n:_ a) _anat._ Lippe _f_ (_e-r Gelenkpfanne_), b) _zo._ Oberlippe _f_ (_der Insekten_).

**la·bur·num** [ləˈbɜːnəm; _Am._ ləˈbɜr-] _s bot._ Goldregen _m._

**lab·y·rinth** [ˈlæbərɪnθ] _s_ **1.** Labyˈrinth _n_, _fig. a._ Gewirr _n._ **2.** _fig._ verworrene Situatiˈon. **3.** _anat._ (ˈOhr)Labyˌrinth _n._ **lab·y-ˈrin·thi·an** _adj;_ **lab·yˈrin·thic** _adj (adv ~ally);_ **lab·yˈrin·thine** [-θaɪn; _Am. bes._ -θən] _adj_ labyˈrinthisch.

**lac¹** [læk] _s_ Gummilack _m_, Lackharz _n._

**lac²** [læk] _s Br. Ind._ Lak _n_ (_100 000, meist Rupien_).

**lac·co·lite** [ˈlækəlaɪt], **'lac·co·lith** [-lɪθ] _s geol._ Lakkoˈlith _m_ (_Magma, das erd-_

*oberflächennah pilzförmig zwischen Schichtgesteinen eingedrungen ist).*

**lace** [leɪs] **I** s **1.** *Textilwesen:* Spitze f. **2.** Litze f, Tresse f, Borte f: **gold** ~ Goldborte, -tresse. **3.** Schnürband n, -senkel m. **4.** Band n, Schnur f. **5.** Schuß m Alkohol (*in Getränken*): **tea with a** ~ **of rum** Tee m mit e-m Schuß Rum. **II** v/t **6.** a. ~ **up** (zu-, zs.-)schnüren. **7.** *j-n* od. *j-s Taille (durch ein Schnürkorsett)* (zs.-, ein-)schnüren: **her waist was** ~d **tight. 8.** a) *Schnürsenkel etc* ein-, 'durchziehen, b) *Film* einfädeln, -legen. **9.** *Kleid etc* mit Spitzen od. Litzen besetzen, verbrämen, einfassen. **10.** mit e-m Netz- od. Streifenmuster verzieren. **11.** *fig.* beleben, würzen (**with** mit): **a story** ~d **with jokes. 12.** *colloq.* (ver)prügeln. **13.** *e-m Getränk* e-n Schuß Alkohol zugeben: **to** ~ **one's tea with rum** e-n Schuß Rum in s-n Tee geben. **III** v/i **14.** a. ~ **up** sich schnüren (lassen). **15.** sich (*mit e-m Korsett*) schnüren. **16.** to ~ **into** s.o. *colloq.* über j-n herfallen (*a. mit Worten*). **'~,cur·tain** *adj Am. oft contp.* vornehm.

**laced** [leɪst] *adj* **1.** geschnürt, Schnür...: ~ **boot** Schnürstiefel m. **2.** buntgestreift. **3.** *zo.* andersfarbig gerändert (*Feder*). **4.** mit e-m Schuß Alkohol (versetzt): ~ **tea** Tee m mit Schuß; **tea** ~ **with rum** Tee m mit e-m Schuß Rum.

**lace| glass** s Venezi'anisches Fadenglas. **~ pa·per** s Pa'pierspitzen pl, 'Spitzenpa¡pier n. **~ pil·low** s Klöppelkissen n.

**lac·er·ant** ['læsərənt] *adj fig.* verletzend.

**lac·er·ate** **I** v/t ['læsəreɪt] **1.** *das Gesicht etc* a) aufreißen, b) zerschneiden, c) zerkratzen. **2.** *fig. j-n* od. *j-s Gefühle* verletzen. **II** *adj* [-rɪt; -reɪt] → **lacerated.**

**'lac·er·at·ed** *adj* **1.** a) aufgerissen, b) zerschnitten, c) zerkratzt: ~ **wound** ausgefranste Wunde. **2.** *bot. zo.* (*ungleichmäßig*) geschlitzt, gefranst. **,lac·er'a·tion** s **1.** a) Rißwunde f, b) Schnittwunde f, c) Kratzwunde f. **2.** *fig.* Verletzung f.

**lac·er·y** ['leɪsərɪ] → **lacework 2.**

**'lace-up** **I** *adj* Schnür..., zum Schnüren. **II** s Schnürschuh m, -stiefel m. **'~·wing** s *zo.* (ein) Netzflügler m, *bes.* Florfliege f, Goldauge n. **'~·work** s **1.** Spitzenarbeit f, -muster n. *weitS.* Fili'gran(muster) n.

**lach·es** ['leɪtʃɪz; 'læ-] s *jur.* a) (schuldhafte) Unter'lassung, b) Versäumnis n in der Geltendmachung e-s Anspruchs.

**Lach·ry·ma Chris·ti** [,lækrɪmə'krɪstɪ] s Lacrimae Christi m (*Rot- od. Weißwein vom Vesuv u. dessen Umgebung*).

**lach·ry·mal** ['lækrɪml] *adj* **1.** Tränen...: ~ **gland** *anat.* Tränendrüse f; ~ **duct** Tränenkanal m. **2.** → **lachrymose 1** u. **2.**

**lach·ry·ma·tor** ['lækrɪmeɪtə(r)] s *chem.* Tränengas n.

**lach·ry·ma·to·ry** ['lækrɪmətərɪ; *Am.* -¡tɔːrɪ; -¡təʊrɪ] **I** *adj* Tränen her'vorrufend, Tränen...: ~ **gas** Tränengas n. **II** s *antiq.* Tränenkrug m.

**lach·ry·mose** ['lækrɪməʊs] *adj* **1.** tränenreich. **2.** weinerlich. **3.** traurig, ergreifend.

**lac·ing** ['leɪsɪŋ] s **1.** (Zu-, Zs.-)Schnüren n. **2.** Litzen pl, Tressen pl, Borten pl, Schnüre pl. **3.** a) Schnürbänder pl, -senkel pl, b) (*Korsett*)Schnürung f. **4.** *colloq.* (Tracht f) Prügel pl: **to give s.o. a** ~ j-m e-e Tracht Prügel ¡verpassen. **5.** → **lace 5.**

**lack** [læk] **I** s **1.** Mangel m (**of** an *dat*): ~ **of interest** Desinteresse n, Interesselosigkeit f; **for** (od. **through**) ~ **of time** aus Zeitmangel; **there was no** ~ **of** es fehlte nicht an (*dat*); **water was the chief** ~ hauptsächlich fehlt es an Wasser; ~ **of leadership** mangelnde Führungsqualitäten pl. **II** v/t **2.** nicht haben, Mangel haben od. leiden an (*dat*): **we** ~ **coal** es fehlt uns an Kohle; **I** ~ **words with**

---

**which to express it** mir fehlen die Worte, um es auszudrücken. **3.** es fehlen lassen an (*dat*). **III** v/i **4.** a) (*nur im pres p*) fehlen: **wine was not** ~**ing** an Wein fehlte es nicht, b) ~ **in** Mangel haben od. leiden an (*dat*): **he is** ~**ing in courage** ihm fehlt der Mut, er hat keinen Mut; **what he** ~**ed in experience he made up in fighting spirit** *sport* s-e fehlende Routine machte er durch Kampfgeist wett. **5.** **to** ~ **for nothing** von allem genug haben: **he** ~**s for nothing** es fehlt ihm an nichts.

**lack·a·dai·si·cal** [,lækə'deɪzɪkl] *adj* (*adv* ~**ly**) **1.** lustlos. **2.** nachlässig.

**lack·ey** ['lækɪ] **I** s **1.** La'kai m (*a. fig. contp.*). **2.** *fig. contp.* Kriecher m, Speichellecker m. **II** v/t **3.** *j-n* bedienen. **4.** *contp.* um j-n (her'um)schar¡wenzeln.

**'lack·ing** *adj* **1.** **to be found** ~ sich nicht bewähren. **2.** *Br. colloq.* beschränkt, dumm.

**'lack|,lus·ter**, *bes. Br.* **'~,lus·tre** *adj* glanzlos, matt.

**lac·moid** ['lækmɔɪd] s *chem.* La(c)k¡mo'id n, Resor'cinblau n.

**lac·mus** ['lækməs] → **litmus.**

**la·con·ic** [lə'kɒnɪk; *Am.* lə'ka-] **I** *adj* (*adv* ~**ally**) **1.** la'konisch, kurz u. treffend. **2.** wortkarg. **II** s **3.** La'konik f, la'konische Art (*des Ausdrucks*). **4.** la'konischer Ausdruck, la'konische Aussage. **lac·o·nism** ['lækənɪzəm] s Lako'nismus m: a) → **laconic 3,** b) → **laconic 4.**

**lac·quer** ['lækə(r)] **I** s **1.** *tech.* Lack(firnis) m, Firnis m, Farblack m. **2.** a) Lackarbeit f, b) a. ~ **ware** collect. Lackarbeiten pl, -waren pl. **3.** (Haar)Festiger m. **II** v/t **4.** lac'kieren: **to** ~ **one's fingernails** sich die Fingernägel lackieren. **5.** **to** ~ **one's hair** sich Festiger ins Haar sprühen. **'lac·quer·ing** s Lac'kierung f: a) Lac'kieren n, b) 'Lack,überzug m.

**lac·quey** → **lackey.**

**lac·ri·mal**, *etc* → **lachrymal**, *etc.*

**la·crosse** [lə'krɒs] s *sport* La'crosse n (*dem Hockey verwandtes Spiel, bei dem ein Gummiball mit Schlägern, die ein Fangnetz haben, ins gegnerische Tor geschleudert wird*). ~ **stick** s La'crosseschläger m.

**lac·tase** ['lækteɪs; -z] s *chem.* Lak'tase f (*Enzym, das Milchzucker in Galaktose u. Glukose spaltet*).

**lac·tate** ['lækteɪt] **I** v/i *biol.* lak'tieren, Milch absondern (*Brustdrüse*). **II** s *chem.* Lak'tat n (*Salz der Milchsäure*).

**lac·ta·tion** s *biol.* Laktati'on f: a) Milchabsonderung f, b) Laktati'onsperi¡ode f.

**lac·te·al** ['læktɪəl] **I** *adj* **1.** milchig, Milch...: ~ **gland** *anat.* Milchdrüse f. **2.** *physiol.* Lymph... **II** s **3.** Lymphgefäß n.

**lac·te·ous** ['læktɪəs] *adj* milchig.

**lac·tes·cent** [læk'tesnt] *adj* **1.** milchartig, milchig. **2.** *biol.* lak'tierend, Milch absondernd.

**lac·tic** ['læktɪk] *adj chem. physiol.* Milch...: ~ **acid.**

**lac·tif·er·ous** [læk'tɪfərəs] *adj* **1.** milchführend: ~ **duct** *anat.* Milchgang m. **2.** *bot.* Milchsaft führend.

**lac·to·ba·cil·lus** [,læktəʊbə'sɪləs] s *irr med.* 'Lakto-, 'Milchsäurebak¡terie f.

**lac·to·fla·vin** [,læktəʊ'fleɪvɪn] s *chem.* Laktofla'vin n (*zum Vitamin-B₂-Komplex gehörende organische Verbindung*).

**lac·tom·e·ter** [læk'tɒmɪtə; *Am.* -'tɑːmə-tər] s Lakto(densi)'meter n, Milchwaage f.

**lac·tose** ['læktəʊs; -z] s *chem.* Lak'tose f, Milchzucker m.

**la·cu·na** [lə'kjuːnə; *Am. a.* -'kuː-] *pl* -**nae** [-niː] od. -**nas** s La'kune f: a) Grube f, Vertiefung f, b) *bes. anat. bot.* Spalt m, Hohlraum m, c) Lücke f (*in e-m Text*).

**la'cu·nal** *adj* Lakunen..., lückenhaft.

**la·cu·nar** [lə'kjuːnə(r); *Am. a.* -'kuː-] *pl*

---

-**nars**, a. **lac·u·nar·i·a** [,lækjʊ'neərɪə] s *arch.* **1.** Kas'sette f, (Decken)Feld n. **2.** Kas'settendecke f.

**la·cus·trine** [lə'kʌstraɪn; *Am.* -trən] *adj* See...: ~ **plants** *bot.* Seepflanzen. ~ **age** s (Zeit f der) 'Pfahlbaukul¡tur f. ~ **dwellings** s pl Pfahlbauten pl.

**lac·y** ['leɪsɪ] *adj* spitzenartig, Spitzen...

**lad** [læd] s **1.** junger Kerl od. Bursche. **2.** *colloq.* ,alter Junge'. **3.** a (bit of a) ~ *Br. colloq.* ein (ziemlicher) Draufgänger.

**lad·der** ['lædə(r)] **I** s **1.** Leiter f (*a. fig.*): **the social** ~ die gesellschaftliche Stufenleiter; **the** ~ **of fame** die (Stufen)Leiter des Ruhms; → **bottom 1, top¹ 2. 2.** → **ladder tournament. 3.** *bes. Br.* Laufmasche f (*im Strumpf etc*). **II** v/i **4.** *bes. Br.* Laufmaschen bekommen (*Strumpf etc*). **III** v/t **5.** *bes. Br.* sich e-e Laufmasche holen in (*dat*): **she's** ~d **her tights.** ~ **dredge** s *tech.* Eimerleiterbagger m. **'~proof** *adj bes. Br.* laufmaschensicher, maschenfest (*Strumpf etc*). ~ **stitch** s Stickerei: Leiterstich m. ~ **tour·na·ment** s *sport* 'Ranglistentur¡nier n. ~ **truck** s *Am.* Leiterfahrzeug n (*der Feuerwehr*). **'~·way** s Bergbau: Fahrschacht m.

**lad·die** ['lædɪ] s *bes. Scot.* Bürschchen n, Kleine(r) m.

**lade** [leɪd] *pret* **'lad·ed** *pp* **'lad·en** od. **'lad·ed** v/t **1.** beladen, befrachten: **to** ~ **a vessel.** *Güter* auf-, verladen, verfrachten: **to** ~ **goods on a vessel. 3.** *Wasser* schöpfen.

**lad·en** ['leɪdn] **I** *pp* von **lade. II** *adj* **1.** (**with**) (schwer) beladen (mit), voll (von), voller: **trees** ~ **with fruit;** ~ **tables** reichbeladene Tische. **2.** *fig.* bedrückt (**with** von): ~ **with sorrow** sorgen-, kummervoll; ~ **with guilt** schuldbeladen.

**la·di·da** [,lɑːdiː'dɑː] *colloq.* **I** s **1.** ,Affe' m, ,Fatzke' m. **2.** affek'tiertes od. ,affiges' Getue. **II** *adj* **3.** affek'tiert, ,affig'.

**La·dies' Aid** s *Am.* örtliche Vereinigung von Frauen, die es sich zur Aufgabe gemacht haben, ihre Kirche finanziell zu unterstützen. **L~ choice** s Damenwahl f (*beim Tanz*). **L~ man** s *irr* Frauenheld m. **L~ room** s 'Damentoi¡lette f.

**la·di·fy** ['leɪdɪfaɪ] v/t **1.** wie e-e Dame behandeln. **2.** damenhaft machen.

**lad·ing** ['leɪdɪŋ] s **1.** (Be-, Ver)Laden n, Befrachten n. **2.** Ladung f, Fracht f.

**La·di·no** [lə'diːnəʊ] s *ling.* La'dino n, Judenspanisch n.

**la·dle** ['leɪdl] **I** s **1.** Schöpflöffel m, -kelle f. **2.** *tech.* a) Gieß-, Schöpfkelle f, Gießlöffel m, -pfanne f, b) Schaufel f (*e-s Baggers, Wasserrads etc*). **II** v/t **3.** a. ~ **out** (aus)schöpfen. **4.** a. ~ **out** austeilen (*a. fig.*): **to** ~ **out praise** (hono[u]rs) **to** s.o. j-n mit Lob (Ehren) überhäufen.

**la·dy** ['leɪdɪ] **I** s **1.** *allg.* Dame f: **a perfect** ~; **young** ~ a) junge Dame, b) (*tadelnd etc*) mein Fräulein; **his young** ~ *colloq.* s-e (kleine) Freundin. **2.** Dame f (*ohne Zusatz als Anrede für Frauen im allgemeinen nur im pl üblich, ims sg poet. od. bes. Am. sl.*): **ladies and gentlemen** m-e Damen u. Herren!; **my dear** (od. **good**) ~ (verehrte) gnädige Frau. **3.** L~ Lady f (*als Titel:*) a) (*als weibliches Gegenstück zu* **Lord**) für die Gattin e-s Peers, b) für die Peereß im eigenen Recht, c) (*vor dem Vornamen*) für die Tochter e-s Duke, Marquis od. Earl, d) (*vor dem Familiennamen*) als Höflichkeitstitel für die Frau e-s Baronet od. Knight, e) (*vor dem Vornamen des Ehemannes*) für die Frau e-s Inhabers des Höflichkeitstitels **Lord. 4.** Herrin f, Gebieterin f (*poet. außer in*): ~ **of the house** Hausherrin, Dame f od. Frau f des Hauses; ~ **of the manor** Grundherrin (*unter dem Feudalsystem*); **our sovereign** ~ die

Königin. **5.** *obs.* Geliebte *f*. **6.** *obs. od. sl.* (*außer wenn auf* ~*e-e Inhaberin des Titels* **Lady** *angewandt*) Gattin *f*, Frau *f*, Gemahlin *f*: **your good** ~ Ihre Frau Gemahlin; **the old** ~ *humor*. m-e ‚Alte'. **7. Our L~** *R.C.* Unsere Liebe Frau, die Mutter Gottes: **Church of Our L~** Marien-, Frauenkirche *f*. **8. Ladies** *pl* (*als sg konstruiert*) 'Damentoi‚lette *f*. **9.** *zo. humor.* (*e-e*) ‚Sie', Weibchen *n*.
**II** *adj* **10.** weiblich: ~ **doctor** Ärztin *f*; ~ **friend** Freundin *f*; ~ **president** Präsidentin *f*; ~ **dog** *humor*. Hündin *f*, ‚Hundedame' *f*.
**III** *v/t* **11.** ~ **it** die Lady *od.* die große Dame spielen (**over** bei, **in** *dat*).
**La·dy| al·tar** *s R.C.* Ma'rienal‚tar *m*. **'L~bird** *s zo.* Ma'rien-, Blattlauskäfer *m*. ~ **Boun·ti·ful** *pl* **La·dy Boun·ti·fuls, La·dies Boun·ti·ful** *s* gute Fee. **'L~bug** *Am. für* ladybird. **L~ chair** *s* Vier'händesitz *m* (*Tragesitz für Verletzte, durch die verschlungenen Hände zweier Personen gebildet*). ~ **Chap·el** *s arch.* Ma'rien-, 'Scheitelka‚pelle *f*. **L~crab** *s zo.* Schwimmkrabbe *f*. ~ **Day** *s R.C.* Ma'riä Verkündigung *f* (25. *März*). **L~fern** *s bot.* Weiblicher Streifenfarn. **'L~fin·ger** *s* Löffelbiskuit *n, m*. **2.** → lady's-finger 1. **la·dy·fy** → ladify.
**‚la·dy|-in-'wait·ing** *pl* **‚la·dies-in--'wait·ing** *s* Hofdame *f*. **'~-‚kill·er** *colloq.* Ladykiller *m*, Herzensbrecher *m*. **'~like** *adj* **1.** damenhaft, vornehm, fein. **2.** *iro.* typisch weiblich. **3.** *contp.* weibisch. **'~love** *s obs.* Geliebte *f*. **L~ Luck** *s* For'tuna, die Glücksgöttin. **L~ of the Bed·cham·ber** *s* königliche Kammerfrau, Hofdame *f*.
**la·dy's| bed·straw** ['leɪdz] *s bot.* Echtes Labkraut. **'~·cush·ion** *s bot.* Moossteinbrech *m*. **'~·de'light** *s bot.* Wildes Stiefmütterchen. **'~·fin·ger** *s* **1.** *bot.* Gemeiner Wundklee. **2.** → ladyfinger 1. **'la·dy·ship** *s* Ladyschaft *f* (*Stand e-r* *Lady*): **Your L~** Eure Ladyschaft.
**la·dy's| lac·es** *s bot.* Ma'riengras *n*. ~ **maid** *s* Kammerzofe *f*. ~ **man** → ladies' man. **'~·'man·tle** *s bot.* Wiesenfrauenmantel *m*.
**'la·dy·snow** *s sl.* ‚Snow' *m*, ‚Schnee' *m* (*Kokain*).
**la·dy's| slip·per** *s bot.* **1.** Frauenschuh *m*. **2.** *Am.* 'Gartenbalsa‚mine *f*. ~ **smock** *s bot.* Wiesenschaumkraut *n*.
**Lae·ta·re Sun·day** [lɪ'teərɪ; *Am.* leɪ'tɑː-ri:] *s* Sonntag *m* Lä'tare (3. *Sonntag vor Ostern, R.C.* 4. *Fastensonntag*).
**lae·vo·gy·ra·tion** [‚liːvəʊdʒə'reɪʃn], **‚lae·vo·ro'ta·tion** *s chem. phys. bes. Br.* Linksdrehung *f*. **‚lae·vo'ro·ta·to·ry** *adj chem. phys. bes. Br.* linksdrehend.
**laev·u·lose** ['levjʊləʊs; -z] *s chem.* Lävu-'lose *f*, Fruchtzucker *m*.
**lag¹** [læg] **I** *v/i* **1.** *meist* ~ **behind** zu-'rückbleiben, nicht mitkommen, nach-hinken (*alle a. fig.*): **to** ~ **behind** s.o. hinter j-m zurückbleiben. **2.** *meist* ~ **behind** s.th. electr. nacheilen (*Strom*). **II** *s* **3.** Zu'rückbleiben *n*, Nachhinken *n* (*beide a. fig.*). **4.** a) → **time lag**, b) *electr.* negative Phasenverschiebung, (Phasen)Nacheilung *f*. **5.** *aer.* Rücktrift *f*.
**lag²** [læg] **I** *v/t* **1.** *bes. Br.* j-n ‚schnappen' (*verhaften*). **2.** ‚einlochen' (*einsperren*). **II** *s* **3.** ‚Knastbruder' *m*, ‚Knacki' *m*. **4.** *bes. Br.* ‚Knast' *m* (*Strafzeit*).
**lag³** [læg] **I** *s* **1.** (Faß)Daube *f*. **2.** *tech.* Schalbrett *n*. **II** *v/t* **3.** mit Dauben versehen. **4.** *tech.* a) verschalen, b) iso'lieren, um'manteln.
**lag·an** ['lægən] *s jur. mar.* (*freiwillig*) versenktes (Wrack)Gut, Seewurfgut *n*.
**la·ger** ['lɑːgə(r)] *s* Lagerbier *n*.

**lag·gard** ['lægə(r)d] **I** *adj* **1.** langsam, bumm(e)lig, träge. **II** *s* **2.** Nachzügler(in). **3.** träger Mensch, Bummler(in).
**lag·ger** ['lægə(r)] → laggard II.
**lag·ging¹** ['lægɪŋ] → lag¹ 3.
**lag·ging²** ['lægɪŋ] *s* **1.** *tech.* a) Verschalung *f*, b) Iso'lierung *f*, Um'mantelung *f*. **2.** *tech.* Iso'lier-, Um'mantelungsstoff *m*. **3.** *arch.* Blendboden *m*.
**la·gniappe** ['lænjæp; læn'jæp] *s Am.* Trinkgeld *n*.
**la·goon** [lə'guːn] *s* La'gune *f*.
**lag screw** *s tech.* Gewindeschraube *f* mit Vier- *od.* Sechskantkopf.
**la·gune** → lagoon.
**lah-di-dah** → la-di-da.
**la·ic** ['leɪɪk] **I** *adj* (*adv* ~**ally**) weltlich, Laien... **II** *s* Laie *m*. **'la·i·cal** → laic I. **'la·i·cize** [-saɪz] *v/t* verweltlichen, säkulari'sieren.
**laid** [leɪd] *pret u. pp von* lay¹. ~ **pa·per** *s* Pa'pier *n* mit Egou'tteurrippung.
**lain** [leɪn] *pp von* lie².
**lair** [leə(r)] *s* **1.** *zo.* a) Lager *n*, b) Bau *m*, c) Höhle *f*. **2.** Versteck *n*.
**laird** [leə(r)d] *s Scot.* Gutsherr *m*.
**lais·sez-faire** [‚leiseɪ'feə(r); ‚les-] **I** *s* Laissez-'faire *n*: a) *econ. bes. hist.* wirtschaftlicher Libera'lismus, b) *allg.* 'übermäßige Tole'ranz. **II** *adj* 'übermäßig tole'rant.
**la·i·ty** ['leɪətɪ] *s* **1.** Laienstand *m*, Laien *pl* (*Ggs. Geistlichkeit*). **2.** Laien *pl*, Nichtfachleute *pl*.
**lake¹** [leɪk] *s* **1.** *chem.* Beizenfarbstoff *m*. **2.** a) Farblack *m, bes.* → **crimson lake**, b) Pig'ment *n*.
**lake²** [leɪk] *s* See *m*: **the Great L~** der große Teich (*der Atlantische Ozean*); **the Great L~s** die Großen Seen (*an der Grenze zwischen den USA u. Kanada*).
**Lake| Dis·trict** *s* Lake District *m* (*Seengebiet im Nordwesten Englands*). **L~ dwell·er** *s* Pfahlbaubewohner(in). **L~ dwell·ing** *s* Pfahlbau *m*. **'~land** *s* Lake District. **~ Po·ets** *s pl die 3 Dichter des Lake District* (*Wordsworth, Coleridge u. Southey*).
**lak·er** ['leɪkə(r)] *s* **1.** Seefisch *m, bes.* → **lake trout**. **2.** Seedampfer *m*.
**'lake|-shore** *s* Seeufer *n*. **'~side** *s* Seeufer *n*: **by the** ~ am See; ~ **promenade** Uferpromenade *f*. ~ **trout** *s ichth.* 'Seefo‚relle *f*.
**lakh** → lac².
**lak·y** ['leɪkɪ] *adj* kar'min-, karme'sinrot.
**la·la·pa·loo·za** [‚lɑːləpə'luːzə] → lollapaloosa.
**Lal·lan(s)** ['lælən; -nz] *Scot.* **I** *adj* Tieflands... **II** *s ling.* Tieflandschottisch *n*, das Tieflandschottische.
**lal·la·pa·loo·za** [‚lɑːləpə'luːzə] → lollapaloosa.
**lal·la·tion** [læ'leɪʃn] *s* **1.** Lallen *n*. **2.** → lambdacism a.
**lal·ly·gag** ['lælɪ‚gæg] *v/i Am. colloq.* **1.** ‚rumgammeln', ‚rumhängen'. **2.** ‚(rum-) schmusen'.
**lam¹** [læm] *sl.* **I** *v/t* ‚verdreschen', ‚vermöbeln'. **II** *v/i:* ~ **into** s.o. a) auf j-n ‚eindreschen', b) über j-n herfallen (*a. mit Worten*).
**lam²** [læm] *Am. sl.* **I** *s* ‚Verduften' *n*: **on the** ~ auf der Flucht (*bes. vor der Polizei*); **to take it on the** ~ **II.** **II** *v/i* ‚abhauen', ‚verduften'.
**la·ma** ['lɑːmə] *s relig.* Lama *m*.
**La·ma·ism** ['lɑːməɪzəm] *s relig.* Lama-'ismus *m* (*in Tibet entstandene Form des Buddhismus*). **'La·ma·ist I** *s* Lama-'ist(in). **II** *adj* lama'istisch.
**La·marck·ism** [lɑː'mɑː(r)kɪzəm; lə-] *s biol.* Lamar'ckismus *m* (*Abstammungslehre, nach der die Wandlung der Arten durch Einstellung des Individuums auf*

veränderte Umweltbedingungen erfolgt sein soll).
**la·ma·ser·y** ['lɑːməsərɪ; *Am.* -‚seri:] *s* Lamakloster *n*.
**lamb** [læm] *s* **1.** Lamm *n* (*a. fig. Person*): **in** (*od.* **with**) ~ trächtig (*Schaf*); **like a** ~ (sanft) wie ein Lamm, lammfromm; **like a** ~ **to the slaughter** wie ein Lamm zur Schlachtbank. **2.** Lamm *n*: a) *gastr.* Lammfleisch *n*: ~ **chop** Lammkotelett *n*, b) → **lambskin. 3.** ‚Gimpel' *m*, leichtgläubiger Mensch, *bes.* unerfahrener Speku-'lant. **4. the L~** (**of God**) das Lamm (Gottes) (*Christus*). **II** *v/i* **5.** lammen.
**lam·baste** [læm'beɪst] *v/t sl.* **1.** ‚vermöbeln', ‚verdreschen'. **2.** *fig.* ‚her'unterputzen', zs.-stauchen'.
**lamb·da** ['læmdə] *s* Lambda *n* (*griechischer Buchstabe*).
**lamb·da·cism** ['læmdəsɪzəm] *s* Lambda'zismus *m*: a) *fehlerhafte Aussprache des R als L*, b) *falsche Aussprache des L bzw. Unvermögen, das L auszusprechen.*
**lam·ben·cy** ['læmbənsɪ] *s* **1.** Züngeln *n*, Tanzen *n* (*e-r Flamme etc*). **2.** (geistreiches) Funkeln, Sprühen *n*. **'lam·bent** *adj* (*adv* ~**ly**) **1.** züngelnd, flak-kernd, tanzend: ~ **flames.** **2.** sanft strahlend. **3.** funkelnd, sprühend (*Witz etc*).
**lam·bert** ['læmbə(r)t] *s phys.* Lambert *n* (*Einheit der Leuchtdichte*).
**Lam·beth (pal·ace)** ['læmbəθ] *s* **1.** *der Amtssitz des Erzbischofs von Canterbury im Süden von London.* **2.** *fig.* der Erzbischof von Canterbury (*als Vertreter der anglikanischen Kirche*).
**lamb·kin** ['læmkɪn] *s* **1.** Lämmchen *n*. **2.** *fig.* Häs-chen *n* (*Kosename*).
**'lamb·like** *adj* lammfromm, sanft (wie ein Lamm).
**'lamb·skin** *s* **1.** Lammfell *n*. **2.** Schafleder *n*. **3.** Lambskin *n* (*Lammfellimitation aus Plüsch*).
**lamb's| let·tuce** *s bot.* Ra'pünzchen *n*, 'Feldsa‚lat *m*. ~ **tails** *s pl bot.* **1.** *Br.* Haselkätzchen *pl*. **2.** *Am.* Weidenkätzchen *pl*. ~ **wool** *s* Lambswool *f*, Lamm-, Schafwolle *f*.
**lame¹** [leɪm] **I** *adj* (*adv* ~**ly**) **1.** a) lahm: ~ **in a leg** auf'e-inem Bein lahm; **to walk** ~**ly** hinken, (*Tier a.*) lahmen, b) gelähmt. **2.** *fig.* ‚lahm': a) ‚faul': **a** ~ **excuse,** b) schwach: **a** ~ **argument,** c) matt, schwach: ~ **efforts.** **3.** *fig.* hinkend, holp(e)rig (*Vers*). **4. to be** ~ *Am. sl.* ‚auf *od.* hinter dem Mond leben'. **II** *v/t* **5.** lähmen (*a. fig.*). **6.** *Am. sl. j-d,* ‚auf *od. hinter dem Mond lebt*'.
**lame²** [leɪm] *s* **1.** *hist.* Schuppe *f* (*e-s Panzers*). **2.** antike Me'tallplättchen *n*.
**la·mé** ['lɑːmeɪ; *Am.* lɑː'meɪ; læ-] *s* La'mé *m* (*Gewebe mit Metallfäden*).
**lame duck** *s colloq.* **1.** Körperbehinderte(r *m*) *f*. **2.** ‚Niete' *f*, Versager *m* (*Person od. Sache*). **3.** rui'nierter ('Börsen)Speku‚lant. **4.** *pol. Am.* nicht wiedergewählter Amtsinhaber, *bes.* Kongreßmitglied, bis zum Ablauf s-r Amtszeit.
**la·mel·la** [lə'melə] *pl* **-lae** [-liː], **-las** *s* La'melle *f*, dünnes Plättchen. **la'mel·lar, lam·el·late** ['læmɪleɪt; -lət; lə'me-leɪt; -lət], **'lam·el·lat·ed** [-leɪtɪd] *adj* la'mellen-, plättchenartig, Lamellen...
**'lame·ness** *s* **1.** a) Lahmheit *f* (*a. fig.*), b) Lähmung *f*. **2.** *fig.* Hinken *n*, Holp(e)rigkeit *f* (*von Versen*).
**la·ment** [lə'ment] **I** *v/i* **1.** jammern, (weh)klagen, *iro.* lamen'tieren (**for, over** um). **2.** trauern (**for, over** um). **II** *v/t* **3.** beklagen: a) bejammern, bedauern, b) betrauern: ~ **late** 5 b. **III** *s* **4.** Jammer *m*, (Weh)Klage *f*. **5.** Klagelied *n*.
**lam·en·ta·ble** ['læməntəbl; lə'men-] *adj* (*adv* **lamentably**) **1.** beklagenswert, bedauerlich. **2.** *contp.* erbärmlich, kläglich.

**lam·en·ta·tion** [ˌlæmenˈteɪʃn; -mən-] s
1. (Weh)Klage f. 2. iro. Laˈmento n,
Lamenˈtieren n. 3. the L~s (of Jere-
miah) pl (meist als sg konstruiert) Bibl. die
Klagelieder pl Jereˈmiae.

**la·mi·a** [ˈleɪmɪə] pl **-mi·as**, **-mi·ae**
[-miːˌ] s myth. Lamia f (blutsaugendes
Fabelwesen).

**lam·i·na** [ˈlæmɪnə] pl **-nae** [-niː], **-nas** s
1. Plättchen n, Blättchen n. 2. (dünne)
Schicht. 3. ˈÜberzug m. 4. bot. Blatt-
spreite f. 5. zo. blattförmiges Orˈgan.

**lam·i·na·ble** [ˈlæmɪnəbl] adj tech.
streckbar, (aus)walzbar.

**lam·i·nal** [ˈlæmɪnl] → laminar.

**lam·i·nar** [ˈlæmɪnə(r)] adj tech. laˈmel-
lenförmig, lamelˈliert. ~ **flow** s phys.
lamiˈnare Strömung, Schichtenströ-
mung f.

**lam·i·nate** [ˈlæmɪneɪt] tech. I v/t 1. lami-
ˈnieren: a) (aus)walzen, strecken, b)
schichten, schichtweise legen, c) mit
Folie überˈziehen: **laminating sheet**
Schichtfolie f. 2. lamelˈlieren, in Blätt-
chen aufspalten. II v/i 3. sich in Schich-
ten od. Plättchen spalten. III s [-nət;
-neɪt] 4. (Plastik-, Verbund)Folie f,
Schichtstoff m, Lamiˈnat n. IV adj [-nət;
-neɪt] → laminated. ˈ**lam·i·nat·ed** adj
tech. 1. lamiˈniert, geschichtet: ~ **brush
switch** electr. Bürstenschalter m; ~
**fabric** Hartgewebe n; ~ **glass** Verbund-
glas n; ~ **material** Schichtstoff m; ~
**paper** Hartpapier n; ~ **sheet** Schicht-
platte f; ~ **spring** Blattfeder f; ~
**windscreen** (Am. **windshield**) mot.
Windschutzscheibe f aus Verbundglas; ~
**wood** Schicht-, Preßholz n. 2. lamelˈliert,
geblättert. ˌ**lam·i·ˈna·tion** s 1. tech. La-
miˈnierung f: a) Streckung f, b) Schich-
tung f. 2. tech. Lamelˈlierung f. 3. tech.
Schicht f, (dünne) Lage. 4. geol. Lami-
natiˈon f (plattenartige Absonderung
durch gleitendes Fließen von Massen).

**Lam·mas** [ˈlæməs] s 1. relig. Petri Ket-
tenfeier f. 2. a. ~ **Day** Br. hist. Erntefest n
am 1. Auˈgust.

**lam·mer·gei·er**, **lam·mer·gey·er**
[ˈlæmə(r)gaɪə(r)] s orn. Lämmer-, Bart-
geier m.

**lamp** [læmp] s 1. Lampe f, (Straßen)La-
ˈterne f: to smell of the ~ fig. a) nach
harter Arbeit ˌriechen', b) mehr Fleiß als
Talent verraten. 2. electr. Lampe f: a)
Glühbirne f, b) Leuchte f, Beleuchtungs-
körper m; ~ **holder** Lampenfassung f. 3.
fig. Leuchte f, Licht n: to **pass** (od. **hand**)
**on the** ~ fig. die Fackel (des Fortschritts
etc) weitergeben.

**lam·pas¹** [ˈlæmpəs] s Lamˈpas m (schwe-
res Damastgewebe als Möbel- od. Deko-
rationsstoff).

**lam·pas²** [ˈlæmpəz] s vet. Frosch m (Gau-
menschwellung bei Pferden).

ˈ**lamp·black** s Lampenruß m, -schwarz
n. ~ **chim·ney** s ˈLampenzyˌlinder m.

**lam·pern** [ˈlæmpə(r)n] s ichth. Fluß-
neunauge n.

ˈ**lamp·light** s Lampen-, Laˈternenlicht
n: by ~ bei Lampenlicht. ˈ~**light·er** s
hist. Laˈternenanzünder m.

**lam·poon** [læmˈpuːn] I s Spott-,
Schmähschrift f, (saˈtirisches) Pamˈphlet.
II v/t (schriftlich) verspotten. **lam-
ˈpoon·er** s Verfasser(in) e-r Schmäh-
od. Spottschrift, Pamphleˈtist(in). **lam-
ˈpoon·er·y** [-ərɪ] s (schriftliche) Verspot-
tung. **lamˈpoon·ist** → lampooner.

ˈ**lamp·post** s Laˈternenpfahl m: → be-
tween 2.

**lam·prey** [ˈlæmprɪ] s ichth. Lamˈprete f,
Neunauge n.

ˈ**lamp**·**shade** s Lampenschirm m. ~
**shell** s zo. (ein) Armfüßer m. ~ **stan-
dard** s Laˈternenpfahl m.

**la·nate** [ˈleɪneɪt] adj biol. wollig, Woll...

**Lan·cas·tri·an** [læŋˈkæstrɪən] I adj 1.
Lancaster... II s 2. Bewohner(in) der
(englischen) Stadt Lancaster od. der
Grafschaft Lancashire. 3. hist. Angehö-
rige(r m) f od. Anhänger(in) des Hauses
Lancaster.

**lance** [lɑːns; Am. læns] I s 1. Lanze f: to
**break a** ~ **with** s.o. fig. mit j-m die
Klingen kreuzen. 2. Fischspeer m. 3. →
lancer 1 b. 4. → lancet 1. II v/t 5.
aufspießen, mit e-r Lanze durchˈbohren.
6. med. mit e-r Lanˈzette öffnen: to ~ **a
boil** ein Geschwür öffnen. ~ **buck·et** s
mil. hist. Lanzenschuh m. ~ **cor·po·ral**,
colloq. ˈ~**jack** s mil. Br. Ober-, Haupt-
gefreite(r) m.

**lance·let** [ˈlɑːnslɪt; Am. ˈlænslət] s ichth.
(ein) Lanˈzettfischchen n.

**lan·ce·o·late** [ˈlɑːnsɪəleɪt; -lɪt; Am. ˈlæn-]
adj bes. bot. lanˈzettförmig.

**lanc·er** [ˈlɑːnsə; Am. ˈlænsər] s 1. mil. a)
hist. Lanzenträger m, b) hist. Uˈlan m,
Lanzenreiter m, c) Soldat e-s brit. Lancer-
Regiments (jetzt leichte Panzerverbände).
2. pl (als sg konstruiert) Lanciˈer m,
Quaˈdrille f à la cour.

**lance·rest** s mil. hist. Stechtasche f (zum
Einlegen der Lanze). ~ **ser·geant** s mil.
Br. Gefreite(r) m in der Dienststellung e-s
ˈUnteroffiˌziers.

**lan·cet** [ˈlɑːnsɪt; Am. ˈlænsət] s 1. med.
Lanˈzette f. 2. arch. a) a. ~ **arch** Spitz-
bogen m, b) a. ~ **window** Spitzbogen-
fenster n. ˈ**lan·cet·ed** adj arch. 1. spitz-
bogig (Fenster). 2. mit Spitzbogenfen-
stern.

**lan·ci·nate** [ˈlɑːnsɪneɪt; Am. ˈlæn-] v/t
durchˈbohren: **lancinating pain** med.
lanzinierender Schmerz.

**land** [lænd] I s 1. Land n (Ggs. Meer,
Wasser, Luft): to → zu Land(e), auf dem
Landwege(e); by ~ and sea zu Wasser u.
zu Lande; to **see** (od. **find out**) **how the
~ lies** fig. a) ˌdie Lage peilen', b) sich e-n
Überblick verschaffen; to **make** ~ mar.
a) Land sichten, b) das (Fest)Land errei-
chen. 2. Land n, Boden m: **wet** ~ nasser
Boden; **ploughed** ~ Ackerland. 3. Land
n (Ggs. Stadt): **back to the** ~ zurück aufs
Land. 4. jur. a) Land-, Grundbesitz m,
Grund u. Boden m, b) pl Ländeˈreien pl,
Güter pl. 5. Land n, Staat m, Volk n,
Natiˈon f. 6. econ. naˈtürliche Reichtü-
mer pl (e-s Landes). 7. fig. Land n, Gebiet
n, Reich n: the ~ **of dreams** das Reich
od. Land der Träume; the ~ **of the living**
das Diesseits; → milk 1, nod 8. 8. Feld n
(zwischen den Zügen des Gewehrlaufs).
II v/i 9. mar. landen, mar. a. anlegen.
10. oft ~ **up** landen, (an)kommen: to ~
**in a ditch** in e-m Graben landen; to ~ **up**
**in prison** im Gefängnis landen; to ~
**second** sport an zweiter Stelle landen.
11. colloq. e-n Schlag od. Treffer landen:
to ~ **on** s.o. a) bei j-m e-n Treffer landen,
b) fig. ˌes j-m geben'.
III v/t 12. Personen, Güter, Flugzeug
landen: to ~ **goods** Güter ausladen
(mar. a. löschen). 13. e-n Fisch etc an
Land ziehen. 14. bes. Fahrgäste absetzen:
the **cab** ~**ed him at the station; he was**
~**ed in the mud er landete im Schlamm.**
15. j-n bringen: **that will** ~ **you in
prison;** to ~ o.s. (od. to **be** ~**ed**) **in
trouble** in Schwierigkeiten geraten od.
kommen; to ~ s.o. **in trouble** j-n in
Schwierigkeiten bringen. 16. to ~ s.o.
**with** s.th., to ~ s.th. **onto** s.o. colloq. j-m
etwas aufhalsen. 17. colloq. e-n Schlag od.
Treffer landen, anbringen: **he** ~**ed him
one** er ˌknallte' ihm eine, er ˌverpaßte'
ihm eins (od. ein Ding). 18. colloq. habhaft
etwas ˌkriegen', erwischen: **the police
have** ~**ed the criminal;** to ~ a **husband**

sich e-n Mann ˌangeln'; to ~ a **prize** sich
e-n Preis ˌholen', e-n Preis ˌergattern'.

**land**|**a·gent** s 1. Grundstücksmakler m.
2. Br. Gutsverwalter m. ~ **art** s Land-
-art f (Kunstrichtung, in der die Landschaft
zum Gestaltungsmaterial wird).

**lan·dau** [ˈlændɔː] s Landauer m (Kut-
sche).

**lan·dau·let(te)** [ˌlændɔːˈlet; Am. ˌlændl-
ˈet] s Landauˈlett n, Halblandauer m (Kut-
sche).

**land**|**bank** s 1. ˈBodenkreˌditanstalt f,
Hypoˈthekenbank f. 2. Am. (staatliche)
Landwirtschaftsbank. ~ **breeze** s Land-
wind m. ~ **bridge** s geogr. Landbrücke f.
~ **con·sol·i·da·tion** s Flurbereinigung
f. ~ **de·vel·op·ment** s Erschließung f
von Baugelände.

**land·ed** [ˈlændɪd] adj Land..., Grund...:
the ~ **gentry** collect. der Landadel; the ~
**interest** collect. die Grundbesitzer pl (als
Klasse); ~ **property**, ~ **estate** Grundbe-
sitz m, -eigentum n, Landbesitz m, Lie-
genschaften pl; ~ **proprietor** Grundbe-
sitzer m, -eigentümer m.

**land**|**fall** s 1. aer. Sichten n von Land,
mar. a. Landfall m. 2. aer. Landen n,
Landung f. 3. Erdrutsch m. ~ **forc·es** pl
mil. Landstreitkräfte pl. ~ **freeze** s staat-
liches Verbot, Land zu verkaufen. ˈ~-
-ˌ**grab·ber** s j-d, der auf ungesetzliche
Weise Land in Besitz nimmt. ~ **grant**
s Am. staatliche Landzuweisung. ˈ~-
-ˌ**grant u·ni·ver·si·ty** s Am. durch
staatliche (ursprünglich aus Land beste-
hende) Subventionen unterstützte Hoch-
schule. ˈ~**grave** s hist. (deutscher) Land-
graf. ˈ~**gra·vi·ate** [-ˈgreɪvɪət; -vɪeɪt] s
Landgrafschaft f. ˈ~**gra·vine** [-grəviːn]
s Landgräfin f. ˈ~**hold·er** s bes. Am. 1.
Grundpächter m. 2. Grundbesitzer m,
-eigentümer m.

**land·ing** [ˈlændɪŋ] s 1. aer. Landung f,
Landen n, mar. a. Anlegen n: → forced 1.
2. Landung f, Landen n (von Personen,
Gütern, Flugzeugen), Ausladen n, mar. a.
Löschen n (von Gütern). 3. mar. Lande-,
Anlegeplatz m. 4. Ausladestelle f. 5.
(Treppen)Absatz m. 6. tech. a) Gicht-
bühne f (e-s Hochofens), b) Bergbau:
Füllort m. ~ **an·gle** s aer. Ausrollwinkel
m. ~ **ap·proach** s aer. Landeanflug m. ~
**barge** s mar. mil. (großes) Landungs-
fahrzeug. ~ **beam** s aer. Landeleitstrahl
m. ~ **craft** s mar. mil. Landungsboot n. ~
**field** s aer. Landeplatz m. ~ **flap** s aer.
Landeklappe f. ~ **force** s mil. Landungs-
truppe f, amˈphibischer Kampfverband.
~ **gear** s aer. Fahrgestell n, -werk n. ~
**light** s aer. 1. Lande-, Bordscheinwerfer
m. 2. Landefeuer n (am Flugplatz). ~ **net**
s Kescher m. ~ **par·ty** s mil. bes. Br.
ˈLandungstrupp m, -komˌmando n. ~
**per·mit** s aer. Landeerlaubnis f. ~ **stage**
s mar. Landungsbrücke f, -steg m. ~
**strip** → airstrip. ~ **ve·hi·cle** s Raum-
fahrt: Landefähre f.

**land**|**job·ber** s ˈGrundstücksspekuˌlant
m. ˈ~**la·dy** [ˈlænˌleɪdɪ] s 1. (Haus-, Gast-,
Pensiˈons)Wirtin f. 2. Grundeigentüme-
rin f, -besitzerin f. ~ **law** s jur. Grund-
stücksrecht n.

**länd·ler** [ˈlentlə(r)] pl **-ler**, **-lers** s mus.
Ländler m.

ˈ**land·less** adj ohne Grundbesitz, grund-
besitzlos.

**land**|**line** s electr. ˈÜberlandleitung f. ˈ~-
**locked** adj ˈlandumˌschlossen: ~ **coun-
try** Binnenstaat m; ~ **salmon** ichth. im
Süßwasser verbleibender Lachs. ˈ~**lop-
er** s Landstreicher m. ˈ~**lord** [ˈlæn-
lɔː(r)d] s 1. Grundeigentümer m, -besit-
zer m. 2. (Haus-, Gast-, Pensiˈons)Wirt
m. ˈ~**lub·ber** s mar. ˌLandratte' f. ˈ~-
**mark** s 1. Grenzstein m, -zeichen n. 2. a)

*mar.* Landmarke *f*, Seezeichen *n*, b) Gelände-, Orien'tierungspunkt *m*. **3.** Kennzeichen *n*: **anatomical** ~ *med.* anatomischer Merkpunkt. **4.** Wahrzeichen *n* (*e-r Stadt etc*). **5.** *fig.* Mark-, Meilenstein *m*: **a** ~ **in history**. '**~mass** *s* Landmasse *f*. ~ **mine** *s mil.* Landmine *f*.

**land|of·fice** *s Am.* Grundbuchamt *n*. '**~-of·fice busi·ness** *s Am. colloq.* ,Bombengeschäft' *n*. '**~own·er** *s* Grundbesitzer(in), -eigentümer(in). '**~own·ing** *adj* grundbesitzend, Grundbesitz(er)... '**~plane** *s* Landflugzeug *n*. ~ **plan·ning** *s* Raumordnung *f*. '**~poor** *adj* über 'unren,tablen Grundbesitz verfügend. ~ **pow·er** *s pol.* Landmacht *f* (*Ggs. Seemacht*). ~ **rail** *s orn.* Wiesenknarre *f*. ~ **re·form** *s* 'Bodenre,form *f*. ~ **reg·is·ter** *s Br.* Grundbuch *n*. ~ **reg·is·try** *s Br.* Grundbuchamt *n*. **L~ Rov·er** (*TM*) *s mot.* Landrover *m* (*ein Geländefahrzeug*).

**land·scape** ['lænskeɪp; 'lænd-] **I** *s* **1.** Landschaft *f*. **2.** *paint.* a) Landschaft(sbild *n*) *f*, b) Landschaftsmale'rei *f*. **II** *v/t* **3.** landschaftlich verschönern od. gestalten. **III** *v/i* **4.** als Landschaftsgärtner arbeiten. ~ **ar·chi·tect** *s* 'Landschaftsarchi,tekt *m*. ~ **ar·chi·tec·ture** 'Landschaftsarchitek,tur *f*. ~ **for·mat** *s print.* 'Quer-, 'Langfor,mat *n*. ~ **gar·den·er** *s* Landschaftsgärtner *m*. ~ **gar·den·ing** *s* Landschaftsgärtne'rei *f*. ~ **mar·ble** *s* landschaftartig gezeichneter Marmor. ~ **paint·er** → **landscapist**.

**land·scap·ist** ['lænskeɪpɪst; 'lænd-] *s* Landschaftsmaler(in).

**land shark** *s colloq.* **1.** *j-d, der Matrosen an Land ausbeutet*. **2.** 'Bodenspeku,lant *m*.

**lands·knecht** ['læntskə,nekt] *s mil. hist.* Landsknecht *m*.

'**land|·slide** *s* **1.** Erdrutsch *m*. **2.** *a.* ~ **victory** (*od. win*) *pol.* über'wältigender Wahlsieg. '**~slip** *bes. Br. für* **landslide** 1. '**lands·man** ['lændzmən] *s irr* ,Landratte' *f*.

**land| sur·vey·or** *s* Landvermesser *m*, Geo'meter *m*. ~ **swell** *s mar.* Landschwell *f*, einlaufende Dünung. ~ **tax** *s hist.* Grundsteuer *f*. ~ **tie** *s arch.* Mauerstütze *f*.

,**land-to-'land** *adj mil.* Boden-Boden-...: ~ **weapons**.

**land| tor·toise** *s zo.* Landschildkröte *f*. '**~wait·er** *s Br.* 'Zollin,spektor *m*.

**land·ward** ['lændwə(r)d] **I** *adj* land-('ein)wärts gelegen. **II** *adv* land-('ein)wärts, (nach) dem Lande zu '**land·wards** [-dz] → **landward II**.

**land yacht** *s* Strandsegler *m*.

**lane** [leɪn] *s* **1.** (Feld)Weg *m*: **it is a long** ~ **that has no turning** *fig.* ala. wenn einmal ändern. **2.** Gasse *f*: a) Sträßchen *n*, b) 'Durchgang *m* (*zwischen Menschenreihen etc*): **to form a** ~ Spalier stehen, e-e Gasse bilden. **3.** Schneise *f*. **4.** *a.* ~ **route** *mar.* (Fahrt)Route *f*, Fahrrinne *f*. **5.** *aer.* Flugschneise *f*. **6.** *mot.* (Fahr)Spur *f*: **to change** ~**s** die Spur wechseln; **to get in** ~ sich einordnen; ~ **indication arrow** Richtungspfeil *m*. **7.** *sport* (einzelne) Bahn.

**lang·lauf** ['lɑ:ŋlaʊf] *s Skisport:* Langlauf *m*. '**~läu·fer** [-,lɔɪfə(r)] *pl* **-fer**, **-fers** *s* Langläufer(in).

**Lan·go·bard** ['læŋgəʊbɑ:(r)d; 'læŋgəb-] → **Lombard** 1.

**lan·gouste** ['lɒŋɡu:st; *Am.* lɑ:ŋ'gu:st] *s zo.* Languste *f*.

**lan·grage**, *a.* **lan·gridge** ['læŋgrɪdʒ] *s mar. hist.* Kar'tätschengeschoß *n*.

**lang syne** [,læŋ'saɪn] *Scot.* **I** *adv* einst, in längst vergangener Zeit. **II** *s* längst vergangene Zeit: → **auld lang syne**.

**lan·guage** ['læŋgwɪdʒ] *s* **1.** Sprache *f*: ~

**of flowers** *fig.* Blumensprache; **to speak the same** ~ dieselbe Sprache sprechen (*a. fig.*); **to talk s.o.'s** ~ j-s Sprache sprechen (*a. fig.*). **2.** Sprache *f*, Rede-, Ausdrucksweise *f*, Worte *pl*: ~! so etwas sagt man nicht!; → **bad**[1] 4, **strong** 7. **3.** Sprache *f*, Stil *m*. **4.** (Fach)Sprache *f*, Terminolo'gie *f*: **medical** ~ medizinische Fachsprache, Medizinersprache. **5.** a) Sprachwissenschaft *f*, b) 'Sprach,unterricht *m*. ~ **arts** *s pl ped. Am.* Sprachunterricht *m*. ~ **bar·ri·er** *s* 'Sprachbarri,ere *f*, -schranke *f*. ~ **cen·ter**, *bes. Br.* ~ **cen·tre** *s* Sprachenzentrum *n*. ~ **course** *s* Sprachkurs *m*. '**lan·guaged** *adj* **1.** *in Zssgn* ...sprachig: **many-**~ vielsprachig. **2.** sprachkundig, -gewandt. **3.** formu'liert: **his speech was well** ~.

**lan·guage| la·bor·a·to·ry** *s* 'Sprachla,bor *n*. ~ **mas·ter** *s ped. Br.* Sprachlehrer *m*. '**~me·di·a·tor** *s* Sprachmittler *m*. ~ **re·search** *s* Sprachforschung *f*. ~ **school** *s* Sprachenschule *f*. ~ **teach·er** *s* Sprachlehrer(in). ~ **teach·ing** *s* Spracherziehung *f*.

**langued** [læŋd] *adj her.* mit her'ausgestreckter Zunge.

**lan·guet(te)** ['læŋgwet] *s* **1.** Zunge *f*, zungenähnlicher Gegenstand. **2.** Landzunge *f*. **3.** *mus.* Zunge *f* (*e-r Orgelpfeife*).

**lan·guid** ['læŋgwɪd] *adj* (*adv* ~**ly**) **1.** schwach, matt. **2.** träge, schleppend. **3.** *fig.* lau, inter'esselos. **4.** *econ.* flau, lustlos. '**lan·guid·ness** *s* **1.** Schwachheit *f*, Mattigkeit *f*. **2.** Trägheit *f*. **3.** *fig.* Lauheit *f*, Inter'esselosigkeit *f*. **4.** *econ.* Flauheit *f*, Lustlosigkeit *f*.

**lan·guish** ['læŋgwɪʃ] *v/i* **1.** ermatten, erschlaffen. **2.** erlahmen (*Interesse, Konversation etc*). **3.** (ver)schmachten, da'hinsiechen: **to** ~ **in a dungeon** in e-m Kerker schmachten. **4.** da'niederliegen (*Handel, Industrie etc*). **5.** schmachtend *od.* sehnsüchtig blicken. **6.** sich sehnen, schmachten (*for* nach). **lan·guish·ing** *adj* (*adv* ~**ly**) **1.** ermattend, erschlaffend. **2.** erlahmend. **3.** (ver)schmachtend, da'hinsiechend. **4.** da'niederliegend. **5.** sehnsüchtig, schmachtend: **a** ~ **look**. **6.** langsam (*u. qualvoll*): **a** ~ **death**; **a** ~ **illness** e-e schleichende Krankheit. **5.** → **languid** 3 *u.* 4.

**lan·guor** ['læŋgə(r)] *s* **1.** → **languidness** 1-3. **2.** *oft pl* melan'cholische Sehnsucht (*for* nach). **3.** a) bedrückende *od.* einschläfernde Stille, b) einschläfernde Schwüle. '**lan·guor·ous** *adj* (*adv* ~**ly**) **1.** → **languid** 1-3. **2.** melan'cholisch-'sehnsuchtsvoll. **3.** a) bedrückend *od.* einschläfernd still, b) einschläfernd schwül.

**lan·gur** [lʌŋ'gʊə(r)] *s zo.* (*ein*) Schlankaffe *m*, *bes.* Langur *m*.

**lan·iard** → **lanyard**.

**la·ni·ar·y** ['læniəri; *Am.* 'leini,eri-; 'læn-] *zo.* **I** *s* Reißzahn *m*. **II** *adj* Reiß...: ~ **tooth**.

**la·nif·er·ous** [lə'nɪfərəs], **la·nig·er·ous** [lə'nɪdʒərəs] *adj biol.* wollig, Woll...

**lank** [læŋk] *adj* (*adv* ~**ly**) **1.** hager, mager. **2.** glatt (*Haar*).

**lank·i·ness** ['læŋkɪnɪs] *s* Schlaksigkeit *f*. '**lank·ness** *s* Hagerkeit *f*, Magerkeit *f*. '**lank·y** *adj* (*adv* **lankily**) schlaksig, hochaufgeschossen.

**lan·ner** ['lænə(r)] *s orn.* (*bes.* weiblicher) Feldeggsfalke. '**lan·ner·et** [-ret] *s* männlicher Feldeggsfalke.

**lan·o·lin(e)** ['lænəʊliːn; *Am.* 'lænlən] *s chem.* Lano'lin *n*, Wollfett *n*.

**la·nose** ['leɪnəʊs; -z] → **lanate**.

**lans·que·net** ['lænskə,net] *s mil. hist.* Landsknecht *m*.

**lan·tern** ['læntə(r)n] *s* **1.** La'terne *f*. **2.** La'terna *f* **magica**. **3.** *mar.* Leuchtkam-

mer *f* (*e-s Leuchtturms*). **4.** *arch.* La'terne *f*. **5.** *tech.* a) → **lantern pinion**, b) Gießerei: 'Kernske,lett *n*. **6.** *fig.* Leuchte *f*: **he was a** ~ **of science**. '**~-jawed** *adj* hohlwangig. ~ **jaws** *s pl* eingefallene *od.* hohle Wangen *pl*. ~ **lec·ture** *s* Lichtbildervortrag *m*. ~ **light** *s* **1.** La'ternenlicht *n*. **2.** 'durchscheinende Scheibe (*e-r Laterne*). **3.** *arch.* Oberlichtfenster *n*. ~ **pin·ion** *s tech.* Drehling *m*, Stockgetriebe *n*. ~ **slide** *s phot.* Dia(posi'tiv) *n*, Lichtbild *n*. '**~-slide lec·ture** *s* Lichtbildervortrag *m*.

**lan·tha·nide** ['lænθənaɪd] *s chem.* Lanthano'id *n*, Lantha'nid *n*: ~ **series** Lanthanoidenreihe *f*, -gruppe *f*.

**lan·tha·num** ['lænθənəm] *s chem.* Lan'than *n*.

**la·nu·go** [lə'njuːgəʊ; *Am. a.* -'nuː-] *s* La'nugo *f*: a) *zo.* Wollhaar *n*, b) *anat.* Flaum *m*, Wollhaar *n*.

**lan·yard** ['lænjə(r)d] *s* **1.** *mar.* Taljereep *n*. **2.** *mil.* Abzugsleine *f* (*e-r Kanone*). **3.** (*um den Hals getragene*) Kordel (*an der ein Messer, e-e Pfeife etc befestigt ist*).

**la·od·i·ce·an** [leɪˌɒdɪ'siːən; *Am.* leiˌɑdə-'siːən] *bes. relig.* **I** *adj* lau, halbherzig. **II** *s* lauer *od.* halbherziger Mensch.

**lap**[1] [læp] *s* **1.** Schoß *m* (*e-s Kleides od. des Körpers; a. fig.*): **to sit on s.o.'s** ~; **in the** ~ **of the Church**; **to be in the** ~ **of the gods** im Schoß der Götter liegen; **to drop** (*od.* **fall**) **into s.o.'s** ~ j-m in den Schoß fallen; **to live in the** ~ **of luxury** ein Luxusleben führen. **2.** (*Kleider- etc*) Zipfel *m*. **3.** *anat.* (Ohr)Läppchen *n*.

**lap**[2] [læp] *v/t* **1.** wickeln, falten (**about**, [**a**]**round** um). **2.** einhüllen, -schlagen, -wickeln (**in** in *acc*): ~**ped insulation** Bandisolierung *f*. **3.** *fig.* einhüllen: ~**ped in luxury** von Luxus umgeben. **4.** *fig.* hegen, pflegen. **5.** a) sich über'lappend legen über (*acc*), b) über-'lappt anordnen: ~ **to tiles**. **6.** hin'ausragen über (*acc*). **7.** *Zimmerei:* über'lappen. **8.** po'lieren, schleifen. **9.** *sport* a) *e-n Gegner* über'runden, b) *e-e Strecke* zu-'rücklegen: **to** ~ **the course** in 6 minutes. **II** *v/i* **10.** sich winden, sich legen (**about**, [**a**]**round** um). **11.** 'überstehen, hin'ausragen (**over** über *acc*). **12.** sich über'lappen. **13.** *sport* die Runde zu-'rücklegen: **he** ~**ped in less than 60 seconds**. **III** *s* **14.** (einzelne) Windung, Lage *f*, Wick(e)lung *f* (*e-r Spule etc*). **15.** Über'lappung *f*. **16.** 'übergreifende Kante, 'überstehender Teil, *bes.* a) Vorstoß *m*, b) *Buchbinderei:* Falz *m*. **17.** Über'lappungsbreite *f od.* -länge *f*. **18.** *tech.* Po-'lier-, Schleifscheibe *f*. **19.** *tech.* a) über-'walzte Naht, b) Falte *f* (*Oberflächenfehler*). **20.** *sport* Runde *f*: ~ **of hono(u)r** Ehrenrunde; **two** ~**s** (*Leichtathletik*) *colloq.* 800-m-Lauf *m od.* -Strecke *f*; **to be on the last** ~ a) in der letzten Runde sein, b) *fig.* kurz vor dem Ziel stehen. **21.** Abschnitt *m*, E'tappe *f* (*beide a. fig.*).

**lap**[3] [læp] **I** *v/t* **1.** plätschern(d schlagen) gegen *od.* an (*acc*). **2.** lecken, schlecken: **to** ~ **up** a) auflecken, -schlecken, b) *colloq.* ,fressen', schlucken, c) *colloq.* Komplimente etc gierig aufnehmen, *etwas* liebend gern hören; **she** ~**ped it up** es ging ihr runter wie Öl. **II** *v/i* **3.** plätschern: **to** ~ **against** → 1. **III** *s* **4.** Lecken *n*, Schlecken *n*: **to take a** ~ **at** lecken *od.* schlecken an (*dat*). **5.** Plätschern *n*. **6.** *colloq.* labb(e)riges Zeug.

**lap·a·ro·cele** ['læpərəʊsiːl] *s med.* Laparo'zele *f*, Eingeweide-, Bauch(wand)bruch *m*.

**lap·a·ro·scope** ['læpərəʊskəʊp] *s med.* Laparo'skop *n* (*Spezialendoskop zur Untersuchung der Bauchhöhle*). ,**lap·a·'ros·co·py** [-'rɒskəpɪ; *Am.* -'rɑ-] *s* La-

parosko|pie *f* (*Untersuchung mit e-m Laparoskop*).

**lap·a·rot·o·my** [ˌlæpəˈrɒtəmɪ; *Am.* -ˈrɑ-] *s med.* Laparoto|mie *f*, Bauchschnitt *m*.

**lap| belt** *s aer. mot.* Beckengurt *m*. **'~board** *s* Schoßbrett *n*. **~ dis·solve** *s Film, TV:* (ˈBild)Über|blendung *f*, ˈDurchblendung *f*. **~ dog** *s* **1.** Schoßhund *m*, Schoßhündchen *n*. **2.** *contp.* Schoßkind *n* (*Liebling*).

**la·pel** [ləˈpel] *s* Aufschlag *m*, Reˈvers *n*, *m*: **~ badge** Ansteckabzeichen *n*; **~ microphone** Ansteck-, Knopflochmikrophon *n*.

**'lap-fade** *v/t Film, TV: ein Bild* überˈblenden.

**lap·i·dar·y** [ˈlæpɪdərɪ; *Am.* -pəˌderiː] I *s* **1.** Steinschneider *m*. **2.** Steinschneidekunst *f*. II *adj* **3.** Steinschneide...: **~ art. 4.** in Stein gehauen: **a ~ inscription. 5.** *fig.* lapiˈdar: **~ style** Lapidarstil *m*.

**lap·i·date** [ˈlæpɪdeɪt] *v/t* steinigen. ˌ**lap·i·da·tion** *s* Steinigung *f*.

**lap·is laz·u·li** [ˌlæpɪsˈlæzjʊlaɪ; *Am.* -zəliː] *s* **1.** *min.* Lapisˈlazuli *m*, Laˈsur-, Aˈzurstein *m*. **2.** *a.* **~ blue** Lapis-, Laˈsur-, Aˈzurblau *n*.

**lap| joint** *s tech.* Überˈlappung(sverbindung) *f*. **'~-joint·ed** *adj* sich überˈlappend.

**La·place|op·er·a·tor** [ləˈplɑːs; ləˈplæs] *s math.* Laˈplace-Opeˌrator *m*. **~ transform** *s* Laˈplace-Transformatiˌon *f*.

**Lap·land·er** [ˈlæplændə(r)] → **Lapp** 1.

**Lapp** [læp] I *s* **1.** Lappe *m*, Lappländer(in). **2.** *ling.* Lappisch *n*, das Lappische. II *adj* **3.** lappisch.

**lap·pet** [ˈlæpɪt] *s* **1.** Zipfel *m*. **2.** (Rock-)Schoß *m*. **3.** *anat.* (Fleisch-, Haut)Lappen *m*.

**Lapp·ish** [ˈlæpɪʃ] → **Lapp** 2 *u.* 3.

**lap| riv·et·ing** *s tech.* Überˈlappungsnietung *f*. **~ robe** *s Am.* Reisedecke *f*.

**lapse** [læps] I *s* **1.** Lapsus *m*, Versehen *n*, (kleiner) Fehler *od.* Irrtum: **~ of the pen** Schreibfehler; **~ of justice** Justizirrtum; **~ of taste** Geschmacksverirrung *f*. **2.** Vergehen *n*, Entgleisung *f*, Fehltritt *m*, Sünde *f*: **~ from duty** Pflichtversäumnis *n*; **~ from faith** Abfall *m* vom Glauben; **moral ~**, **~ from virtue** moralische Entgleisung *od.* Verfehlung; **~ into heresy** Verfallen *n* in Ketzerei. **3.** a) Ab-, Verlauf *m*, Vergehen *n* (*der Zeit*), b) *jur.* (Frist-)Ablauf *m*: **~ of time**, c) Zeitspanne *f*. **4.** *jur.* a) Verfall *m*, Erlöschen *n* (*von Rechten etc*), b) Heimfall *m* (*von Erbteilen etc*). **5.** Verfall *m*, Absinken *n*, Niedergang *m*. **6.** Aufhören *n*, Verschwinden *n*, Aussterben *n*. **7.** *a.* **~ rate** *meteor.* vertikaler (Temperaˈtur)Gradiˌent. II *v/i* **8.** a) verstreichen (*Zeit*), b) ablaufen (*Frist*). **9.** verfallen, versinken (into *in acc*): **to ~ into silence. 10.** absinken, abgleiten, verfallen (into *in acc*): **to ~ into barbarism. 11.** (moˈralisch) entgleisen, e-n Fehltritt tun, sündigen. **12.** abfallen (from faith vom Glauben). **13.** versäumen (from duty s-e Pflicht). **14.** aufhören, ˌeinschlafen' (*Beziehungen, Unterhaltung etc*). **15.** verschwinden, aussterben. **16.** *jur.* a) verfallen, erlöschen (*Anspruch, Recht etc*), b) heimfallen (to an *acc*).

**'lap|strake, '~streak** *mar.* I *adj* klinkergebaut. II *s* klinkergebautes Boot.

**lap·sus** [ˈlæpsəs] (*Lat.*) *pl* **-sus** → **lapse** 1.

**La·pu·tan** [ləˈpjuːtən] *adj* phanˈtastisch, abˈsurd.

**'lap|-weld** *v/t tech.* überˈlapptschweißen. **~ weld** *s tech.* Überˈlapptschweißung *f*. **~ wind·ing** *s electr.* Schleifenwicklung *f*. **'~wing** *s orn.* Kiebitz *m*.

**lar·board** [ˈlɑː(r)bə(r)d] *mar. obs.* I *s* Backbord *n*. II *adj* Backbord...

**lar·ce·ner** [ˈlɑː(r)sənə(r)], **'lar·ce·nist** [-nɪst] *s* Dieb(in). **'lar·ce·nous** *adj* **1.** diebisch. **2.** Diebstahls... **'lar·ce·ny** [-nɪ] *s jur.* Diebstahl *m*: **grand (petty) ~** *Am.* schwerer (einfacher) Diebstahl.

**larch** [lɑː(r)tʃ] *s* **1.** *bot.* Lärche *f*. **2.** Lärche(nholz *n*) *f*.

**lard** [lɑː(r)d] I *s* **1.** Schweinefett *n*, -schmalz *n*: **~ oil** Schmalzöl *n*. II *v/t* **2.** einfetten. **3.** *Fleisch* spicken, **~ing needle** (*od.* **pin**) Spicknadel *f*. **4.** *fig.* spicken, (aus)schmücken (with mit).

**lard·er** [ˈlɑː(r)də(r)] *s* **1.** Speisekammer *f*. **2.** Speiseschrank *m*.

**lar·don** [ˈlɑː(r)dən], **lar·doon** [-ˈduːn] *s* Speckstreifen *m* (*zum Spicken*).

**lard pig** *s* Fettschwein *n*.

**lard·y cake** *s Br.* Hefekuchen mit Korinthen, Ingwer, Zimt *u.* Muskat.

**lar·dy-dar·dy** [ˌlɑː(r)dɪˈdɑː(r)dɪ] *adj colloq.* affekˈtiert, ˌaffig'.

**la·res** [ˈleəriːz; ˈlɑːreɪz] (*Lat.*) *s pl antiq.* Laren *pl* (*Schutzgötter von Haus u. Familie*): **~ and penates** a) Laren u. Penaten *pl*, b) *fig.* Penaten *pl*, Haus *n* u. Herd *m*.

**large** [lɑː(r)dʒ] I *adj* (*adv* → **largely**) **1.** groß: **a ~ horse** (house, rock, room, *etc*); **(as) ~ as life** in voller Lebensgröße; **~r than life** überlebensgroß (→ **larger-than-life**); **~ of limb** schwergliedrig. **2.** groß (*beträchtlich*): **a ~ business** (family, income, sum, *etc*); **a ~ meal** e-e ausgiebige *od.* reichliche Mahlzeit. **3.** umˈfassend, weitgehend, ausgedehnt: **~ discretion** weitgehende Ermessensfreiheit; **~ powers** umfassende Vollmachten. **4.** Groß...: **~ consumer** (farmer, *etc*); **~ producer** Großerzeuger *m*. **5.** *colloq.* großspurig. **6.** großzügig, -mütig (*obs. außer in Verbindungen wie*): **a ~ attitude** e-e vorurteilsfreie Einstellung; **to have a ~ heart** großherzig sein; **~ tolerance** große Toleranz; **~ views** weitherzige Ansichten. II *s* **7.** at **~** a) *in* Freiheit, auf freiem Fuße: **to set at ~** auf freien Fuß setzen, b) frei, ungebunden, c) (sehr) ausführlich: **to discuss s.th. at ~**, d) ganz allgemein, nicht präzise, e) in der Gesamtheit: **the nation at ~** die Nation in ihrer Gesamtheit, die ganze Nation; **the world at ~** die Weltöffentlichkeit, f) *pol. Am.* e-n gesamten Staat *etc* vertretend (*u. nicht nur e-n bestimmten Wahlbezirk*), g) planlos, aufs Geratewohl: **to talk at ~** ins Blaue hineinreden. **8. in** (**the**) **~** a) im großen, in großem Maßstab, b) im ganzen. III *adv* **9.** (sehr) groß: **to write ~. 10.** *colloq.* großspurig: **to talk ~**, ˌgroße Töne spucken', angeben.

**large|cal·o·rie** *s chem. phys.* ˈKilokaloˌrie *f*. **'~-hand·ed** *adj fig.* freigebig. **'~-hand·ed·ness** *s fig.* Freigebigkeit *f*. **'~-heart·ed** *adj fig.* großherzig. **'~-heart·ed·ness** *s fig.* Großherzigkeit *f*.

**'large·ly** *adv* **1.** in hohem Maße, großen-, größtenteils. **2.** weitgehend, in großem Umfang, im wesentlichen. **3.** reichlich. **4.** allgemein.

**large-'mind·ed** *adj* (*adv* **~ly**) vorurteilslos, aufgeschlossen, toleˈrant. **'~-'mind·ed·ness** *s* Aufgeschlossenheit *f*, Toleˈranz *f*.

**'large·ness** *s* **1.** Größe *f*. **2.** Ausgedehntheit *f*. **3.** *colloq.* Großspurigkeit *f*.

**larg·er-than-'life** *adj* **1.** überlebensgroß. **2.** *fig.* a) legenˈdär, b) heldenhaft, heˈroisch.

**'large-scale** *adj* **1.** groß(angelegt), umfangreich, ausgedehnt, Groß..., Massen...: **~ attack** Großangriff *m*; **~ experiment** Großversuch *m*; **~ manufac-**

ture Massenherstellung *f*; **~ technology** Großtechnik *f*. **2.** in großem Maßstab (gezeichnet *etc*): **a ~ map**.

**lar·gess(e)** [lɑː(r)ˈdʒes; -ˈʒes] *s* **1.** Großzügigkeit *f*, Freigebigkeit *f*. **2.** großzügige Gabe.

**lar·ghet·to** [lɑː(r)ˈgetəʊ] *mus.* I *adj u. adv* larˈghetto, ziemlich langsam. II *pl* **-tos** *s* Larˈghetto *n*.

**larg·ish** [ˈlɑː(r)dʒɪʃ] *adj* ziemlich groß.

**lar·go** [ˈlɑː(r)gəʊ] *mus.* I *adj u. adv* largo, breit, sehr langsam. II *pl* **-gos** *s* Largo *n*.

**lar·i·at** [ˈlærɪət] *s bes. Am.* Lasso *m, n*.

**la·rith·mics** [ləˈrɪðmɪks; ləˈrɪθ-] *s pl* (*als sg konstruiert*) Beˈvölkerungsstaˌtistik *f*.

**lark**[1] [lɑː(r)k] *s orn.* Lerche *f*: **to rise** (*od.* **be up**) **with the ~** mit den Hühnern aufstehen; → **merry** 1.

**lark**[2] [lɑː(r)k] *colloq.* I *s* Jux *m*, Ulk *m*, Spaß *m*: **for a ~** zum Spaß, aus Jux; **what a ~!**, ˌdas ist (ja) zum Brüllen!' II *v/i meist* **~ about** (*od.* **around**) Blödsinn machen, her·umalbern.

**'lark·ing** → **larksome**.

**lark·some** [ˈlɑː(r)ksəm] *adj colloq.* ausgelassen, übermütig, vergnügt.

**lark·spur** [ˈlɑːkspɜː; *Am.* ˈlɑrkˌspɜr] *s bot.* Rittersporn *m*.

**larn** [lɑː(r)n] *v/t colloq.* **1.** *humor.* lernen. **2.** that'll **~ you!** a) das wird dir e-e Lehre sein!, b) das kommt davon!

**lar·nax** [ˈlɑː(r)næks] *pl* **-na·kes** [-nəkiːz] *s Archäologie:* Larnax *f* (*Tonsarkophag der ägäischen Kultur*).

**lar·ri·kin** [ˈlærɪkɪn] *s Austral. colloq.* Rowdy *m*.

**lar·rup** [ˈlærəp] *v/t colloq.* ˌverdreschen', ˌvermöbeln'.

**lar·va** [ˈlɑː(r)və] *pl* **-vae** [-viː] *s zo.* Larve *f*. **'lar·val** [-vl] *adj* **1.** *zo.* larˈval, Larven... **2.** *med.* larˈviert, versteckt. **3.** *fig.* a) ˈunterentwickelt: **a ~ society**, b) aufkeimend: **~ hopes**. **'lar·vate** [-veɪt] *adj* **1.** masˈkiert, versteckt. **2.** → **larval** 2. **'lar·vi·cide** [-vɪsaɪd] *s* Larvenvertilgungsmittel *n*. **'lar·vi·form** [-vɪfɔː(r)m] *adj zo.* larvenförmig.

**la·ryn·gal** [ləˈrɪŋgl] I *adj* → **laryngeal** 2. II *s* → **laryngeal** 3. **la·ryn·ge·al** [ˌlærɪnˈdʒiːəl; ləˈrɪndʒəl] I *adj* (*adv* **~ly**) **1.** *anat.* laryngeˈal, Kehlkopf...: **~ mirror. 2.** *ling.* Kehlkopf..., larynˈgal: **~ articulation.** II *s* **3.** *ling.* Larynˈgal(laut) *m*, Kehlkopflaut *m*. **la·ryn·ges** [ləˈrɪndʒiːz] *pl von* larynx. **la·ryn·gis·mus** [ˌlærɪnˈdʒɪzməs] *s med.* Larynˈgismus *m*, Stimmritzenkrampf *m*. **lar·yn·gi·tis** [ˌlærɪnˈdʒaɪtɪs] *s med.* Larynˈgitis *f*, Kehlkopfentzündung *f*.

**lar·yn·gol·o·gist** [ˌlærɪnˈgɒlədʒɪst; *Am.* ˌlærənˈgɑ-] *s med.* Laryngoˈloge *m*. **ˌlar·yn·gol·o·gy** [ˌlærɪnˈgɒlədʒɪ; *Am.* ˌlærənˈgɑ-] *s* Laryngoloˈgie *f* (*Lehre vom Kehlkopf u. s-n Erkrankungen*).

**la·ryn·go·pha·ryn·ge·al** [ləˈrɪŋgəʊˌfærɪnˈdʒiːəl; ləˌrɪŋgəʊfəˈrɪndʒɪəl] *adj anat. med.* laˌryngophaˌrynge·al (*Kehlkopf u. Rachen betreffend*).

**la·ryn·go·phone** [ləˈrɪŋgəfəʊn] *s* ˈKehlkopfmikroˌphon *n*.

**la·ryn·go·scope** [ləˈrɪŋgəskəʊp] *s med.* Laryngoˈskop *n*, Kehlkopfspiegel *m*. **lar·yn·gos·co·py** [ˌlærɪŋˈgɒskəpɪ; *Am.* ˌlærənˈgɑ-] *s* Laryngoskoˈpie *f*, Kehlkopfspiegelung *f*.

**lar·yn·got·o·my** [ˌlærɪŋˈgɒtəmɪ; *Am.* ˌlærənˈgɑ-] *s med.* Laryngotoˈmie *f*, Kehlkopfschnitt *m*.

**lar·ynx** [ˈlærɪŋks] *pl* **la·ryn·ges** [ləˈrɪndʒiːz] *od.* **'lar·ynx·es** *s anat.* Larynx *m*, Kehlkopf *m*.

**las·car** [ˈlæskə(r)] *s mar.* Laskar *m* (*ostindischer Matrose*).

**las·civ·i·ous** [ləˈsɪvɪəs] *adj* (*adv* **~ly**) **1.** geil, lüstern. **2.** lasˈziv, schlüpfrig. **las·civ·i·ous·ness** *s* **1.** Geilheit *f*,

Lüsternheit *f*. **2.** Laszivi'tät *f*, Schlüpfrigkeit *f*.

**lase** [leɪz] *phys*. **I** *v/t* mit Laser bestrahlen. **II** *v/i* Laserstrahlen aussenden.

**las·er** ['leɪzə(r)] *s phys*. Laser *m*. **~ beam** *s phys*. Laserstrahl *m*. **~ fu·sion** *s phys*. 'Laserfusi‚on *f*. **~ gun·sight** *s* Laserzielgerät *n* (*am Gewehr*). **~ sur·ger·y** *s med*. 'Laserchirur‚gie *f*.

**lash¹** [læʃ] **I** *s* **1.** Peitschenschnur *f*. **2.** Peitschenhieb *m*: **to have a ~ at** s.th. *Austral. colloq*. etwas probieren *od*. versuchen. **3.** **the ~** die Prügelstrafe. **4.** *fig*. a) (at) (Peitschen)Hieb *m* (gegen), Geißelung *f* (*gen*), b) Schärfe *f*: **the ~ of her tongue** ihre scharfe Zunge; **the ~ of his criticism** s-e beißende Kritik. **5.** Peitschen *n* (*a. fig*.): **the ~ of the lion's tail**; **the ~ of the rain**. **6.** *fig*. Aufpeitschen *n*: **the ~ of public opinion**. **7.** (Augen-)Wimper *f*. **II** *v/t* **8.** (aus)peitschen. **9.** *fig*. a) peitschen: **the storm ~es the sea**, b) peitschen(d schlagen) an (*acc*) *od*. gegen: **the waves ~s the rocks**. **10.** peitschen mit: **to ~ its tail** mit dem Schwanz um sich schlagen. **11.** *fig*. aufpeitschen (**into** zu): **to ~ o.s. into a fury** sich in Wut hineinsteigern. **12.** *fig*. geißeln, vom Leder ziehen gegen. **13. ~ out** *colloq*. etwas ‚springen lassen', spen'dieren. **III** *v/i* **14.** peitschen(d schlagen) (**against** an *acc*, gegen): **to ~ down** niederprasseln (*Regen, Hagel*). **15.** schlagen (**at** nach): **to ~ about** (*od*. **around**) (wild) um sich schlagen; **to ~ back** zurückschlagen; **to ~ into** a) einschlagen auf (*acc*), b) *fig*. j-n ‚zs.-stauchen'; **to ~ out** a) (wild) um sich schlagen, b) ausschlagen (*Pferd*); **to ~ out at** a) einschlagen auf (*acc*) b) *a*. **to ~ out against** *fig*. geißeln (*acc*), vom Leder ziehen gegen. **16. ~ out** *colloq*. sich in Unkosten stürzen, viel Geld ausgeben (**on** für).

**lash²** [læʃ] *v/t* **1.** *a*. **~ down** (fest)binden (**to, on** an *dat*). **2.** *mar*. (fest)zurren.

**'lash·ing¹** *s* **1.** Peitschen *n*. **2.** Auspeitschung *f*. **3.** *fig*. Geißelung *f*. **4.** *pl bes. Br. colloq*. e-e Unmenge (**of** von, an *dat*): **~s of drink**, **~s to drink** ‚jede Menge' zu trinken.

**'lash·ing²** *s* **1.** Festbinden *n*. **2.** Strick *m*, Schnur *f*, Seil *n*. **3.** *mar*. Lasching *f*, Tau *n*.

**'lash·less** *adj* wimpernlos.

**lass** [læs] *s* **1.** Mädchen *n*. **2.** Freundin *f*, Schatz *m*.

**las·sie** ['læsɪ] → lass.

**las·si·tude** ['læsɪtjuːd; *Am. bes*. -‚tuːd] *s* Mattigkeit *f*, Abgespanntheit *f*.

**las·so** ['læsuː; 'læsəʊ] **I** *pl* **-sos, -soes** *s* Lasso *n, m*. **II** *v/t* mit e-m Lasso (ein-) fangen.

**last¹** [lɑːst; *Am*. læst] **I** *adj* (*adv* → **lastly**) **1.** letzt(er, e, es): **the ~ two** die beiden letzten; **~ but one** vorletzt(er, e, es); **~ but two** drittletzt(er, e, es); **for the ~ time** zum letzten Mal; **to the ~ man** bis auf den letzten Mann; **the L~ Day** *relig*. der Jüngste Tag; **~ thing** als letztes (*bes. vor dem Schlafengehen*). **2.** letzt(er, e, es), vorig(er, e, es): **~ Monday, Monday ~** (*am*) letzten *od*. vorigen Montag; **~ night** a) gestern abend, b) in der vergangenen Nacht, letzte Nacht; **~ week** in der letzten *od*. vorigen Woche, letzte *od*. vorige Woche. **3.** neuest(er, e, es): **the ~ news**; **the ~ thing in jazz** das Neueste im Jazz; → **word** *Bes. Redew*. **4.** letzt(er, e, es) (*allein übrigbleibend*): **my ~ hope** (*pound*, *etc*). **5.** letzt(er, e, es), endgültig, entscheidend: → **word** *Bes. Redew*. **6.** äußerst(er, e, es): **the ~ degree** der höchste Grad; **of the ~ importance** von höchster Bedeutung; **my ~ price** mein äußerster *od*. niedrigster Preis. **7.** letzt(er, e, es) (*am wenigsten*

erwartet *od. geeignet*): **the ~ man I would choose** der letzte, den ich wählen würde; **he was the ~ person I expected to see** mit ihm *od*. mit s-r Gegenwart hatte ich am wenigsten gerechnet; **the ~ thing I would do** das letzte, was ich tun würde; **this is the ~ thing to happen** es ist sehr unwahrscheinlich, daß das geschieht. **8.** ‚letzt(er, e, es)', mise'rabelst(er, e, es), scheußlichst(er, e, es): **the ~ form of vice**.

**II** *adv* **9.** zu'letzt, als letzt(er, e, es), an letzter Stelle: **he came ~** er kam als letzter; **~ but not least** nicht zuletzt, nicht zu vergessen; **~ of all** zuallerletzt, ganz zuletzt. **10.** zu'letzt, zum letzten Male: **I ~ met her in Berlin**. **11.** schließlich, zuguter'letzt. **12.** letzt...: **~-mentioned** letztgenannt, -erwähnt.

**III** *s* **13.** (*der, die, das*) Letzte: **the ~ of the Mohicans** der letzte Mohikaner; **he would be the ~ to say such a thing** er wäre der letzte, der so etwas sagen würde. **14.** (*der, die, das*) Letzte *od*. Letztgenannte. **15.** *colloq. für* **~ baby, ~ letter** *etc*: **I wrote in my ~** ich schrieb in m-m letzten Brief; **this is our ~** das ist unser Jüngstes. **16.** *colloq*. a) letzte Erwähnung, b) letztmaliger Anblick, c) letztes Mal: → *Bes. Redew*. **17.** Ende *n*: a) Schluß *m*, b) Tod *m*: → *Bes. Redew*.

*Besondere Redewendungen*:

**at ~** a) endlich, b) schließlich, zuletzt; **at long ~** schließlich (doch noch), nach langem Warten; **to the ~** a) bis zum äußersten, b) bis zum Ende *od*. Schluß, c) bis zum Tod; **to breathe one's ~** s-n letzten Atemzug tun; **to hear the ~ of** a) zum letzten Male hören von, b) nichts mehr hören von; **we've seen the ~ of him** den sehen wir nie mehr wieder; **we'll never see the ~ of that fellow** den Kerl werden wir nie mehr los.

**last²** [lɑːst; *Am*. læst] **I** *v/i* **1.** (an-, fort-) dauern: **too good to ~** zu schön, um lange zu währen. **2.** bestehen: **as long as the world ~s**. **3.** *a*. **~ out** 'durch-, aus-, standhalten, sich halten: **he won't ~ much longer** er wird es nicht mehr lange machen (*a. Kranker*). **4.** (sich) halten: **the paint will ~** die Farbe wird halten; **the book will ~** das Buch wird sich (lange) halten; **to ~ well** haltbar sein. **5.** *a*. **~ out** (aus)reichen, genügen: **while the money ~s** solange das Geld reicht; **we must make our supplies ~** wir müssen mit unseren Vorräten auskommen. **II** *v/t* **6.** j-m reichen: **it will ~ us a week** damit kommen wir e-e Woche aus. **7.** *meist* **~ out** a) über'dauern, -'leben, b) (es mindestens) ebenso lange aushalten wie.

**last³** [lɑːst; *Am*. læst] *s* Leisten *m*: **to put shoes on the ~** Schuhe über den Leisten schlagen; **to stick to one's ~** *fig*. bei s-m Leisten bleiben.

**last⁴** [lɑːst; *Am*. læst] *s* Last *f* (*Gewicht od. Hohlmaß, verschieden nach Ware u. Ort, meist etwa 4000 englische Pfund od. 30 hl*).

**'last|-ditch** *adj* **1.** allerletzt(er, e, es): **a ~ attempt** ein letzter verzweifelter Versuch. **2.** bis zum Äußersten: **a ~ fight**. **~ -'ditch·er** *s* j-d, der bereit ist, bis zum Äußersten zu kämpfen.

**'last·ing I** *adj* (*adv* **~ly**) **1.** dauerhaft: a) (an)dauernd, anhaltend, beständig: **~ peace** dauerhafter Friede; **~ effect** anhaltende Wirkung; **to have ~ value** von bleibendem Wert sein, b) haltbar. **2.** nachhaltig: **a ~ impression**. **II** *s* **3.** Lasting *n* (*festes Kammgarn, bes. für Möbel, Schuhe etc*). **'last·ing·ness** *s* **1.** Dauerhaftigkeit *f*: a) Beständigkeit *f*, b) Haltbarkeit *f*. **2.** Nachhaltigkeit *f*.

**'last·ly** *adv* zu'letzt, zum Schluß.

**‚last-'min·ute** *adj* in letzter Mi'nute: **~ changes**.

**Las Ve·gas Night** *s Am. Wohltätigkeitsveranstaltung mit Glücksspielen*.

**latch** [lætʃ] **I** *s* **1.** Schnäpper *m*, Schnappriegel *m*: **on the ~** (nur) eingeklinkt (*Tür*); **off the ~** angelehnt (*Tür*). **2.** Druck-, Schnappschloß *n*. **3.** *Computer*: Si'gnalspeicher *m*. **II** *v/t* **4.** ein-, zuklinken. **III** *v/i* **5.** (sich) einklinken, einschnappen. **6. ~ on to** (*od*. **onto**) *colloq*. a) festhalten (*acc*), sich (-)klammern an (*dat*), b) sich anschließen (*dat*), c) sich ‚hängen' an (*j-n*). **7. ~ on** *colloq*. ‚ka'pieren', verstehen: **to ~ on to** (*od*. **onto**) s.th. etwas kapieren *od*. verstehen. **~ bolt** *s* Falle *f* (*e-s Schnappschlosses*). **'~·key** *s* **1.** Schlüssel *m* (*für ein Schnappschloß*). **2.** Haus-, Wohnungsschlüssel *m*: **~ child** (*colloq*. **kid**) Schlüsselkind *n*.

**late** [leɪt] **I** *adj* (*adv* → **lately**) **1.** spät: **at a ~ hour** spät (*a. fig*.), zu später Stunde; **to keep ~ hours** spät aufstehen u. spät zu Bett gehen; **~ fruits** Spätobst *n*; **~ shift** *econ*. Spätschicht *f*; **it's getting ~** es ist schon spät. **2.** vorgerückt, spät..., Spät...: **~ summer** Spätsommer *m*; **L~ Latin** Spätlatein *n*; **the ~ 18th century** das späte 18. Jh.; **~ work** Spätwerk *n* (*e-s Künstlers*); **she is in her ~ sixties** sie ist hoch in den Sechzigern. **3.** verspätet, zu spät: **to be ~** a) zu spät kommen, sich verspäten, spät dran sein, b) Verspätung haben (*Zug etc*), c) im Rückstand sein; **to be ~ for dinner** zu spät zum Essen kommen; **you'll be ~ for your own funeral** *colloq. humor*. du kommst noch zu d-m eigenen Begräbnis zu spät; **it is too ~** es ist zu spät. **4.** letzt(er, e, es), jüngst(er, e, es), neu: **the ~ war** der letzte Krieg; **the ~st fashion** die neueste Mode; **the ~st news** die neuesten Nachrichten; **of ~ years** in den letzten Jahren; → **thing²** 3. **5.** a) letzt(er, e, es), früher(er, e, es), ehemalig, vormalig: **our ~ enemy** unser ehemaliger Feind; **the ~ government** die letzte Regierung; **my ~ residence** m-e frühere Wohnung; **~ of Oxford** früher in Oxford (wohnhaft), b) verstorben: **her ~ husband**; **the ~ lamented** der *od*. die jüngst Entschlafene *od*. Verstorbene. **II** *adv* spät: **as ~ as last year** erst *od*. noch letztes Jahr; **better ~ than never** lieber spät als gar nicht; **see you ~r!** auf bald!, bis später!; **~r on** später; **of ~** → **lately**; **to sit** (*od*. **stay**) **up ~** lang *od*. bis spät in die Nacht aufbleiben; **~ in the day** *colloq*. reichlich spät, ‚ein bißchen' spät; **to come ~st** als letzter *od*. zuletzt kommen. **7.** zu spät: **to come ~**; **the train came ~** der Zug hatte Verspätung. **'~·com·er** *s* a) Zu'spätkommende(r *m*) *f*, b) Zu'spätgekommene(r *m*) *f*: **he is a ~ into jazz music** er ist erst spät zur Jazzmusik gekommen.

**lat·ed** ['leɪtɪd] *adj poet*. verspätet.

**la·teen** [ləˈtiːn] *mar*. **I** *adj* **1.** Latein...: **~-rigged** Lateinsegel führend; **~-rigged boat** → 3; **~ sail** → 2. **II** *s* **2.** Lateinsegel *n*. **3.** La'teinsegelboot *n*.

**late·ly** ['leɪtlɪ] *adv* **1.** vor kurzem, kürzlich, neulich, unlängst. **2.** in letzter Zeit, seit einiger Zeit, neuerdings.

**la·ten·cy** ['leɪtənsɪ] *s* La'tenz *f*, Verborgenheit *f*: **~ period** a) *psych*. Latenzperiode *f* (*relativ ruhige Phase in der sexuellen Entwicklung des Menschen zwischen der kindlichen Sexualität u. der Pubertät*), b) *med*. Latenz-, Inkubationszeit *f*.

**La Tène** [lɑːˈten] *adj* La-Tène-..., la'tènezeitlich.

**late·ness** ['leɪtnɪs] *s* **1.** späte Zeit, spätes Stadium: **the ~ of the hour** die vor-

gerückte Stunde; **the ~ of his arrival** s-e späte Ankunft. **2.** Verspätung *f*, Zu'spätkommen *n*.

**la·tent** [ˈleɪtənt] *adj* (*adv* ~**ly**) **1.** la'tent, verborgen: ~ **abilities**; ~ **defect**; ~ **hatred** unterschwelliger Haß. **2.** *med. phys. psych.* la'tent: ~ **infection**; ~ **heat** *phys.* latente *od.* gebundene Wärme; ~ **image** *phot.* latentes Bild; ~ **period** a) *med.* Latenz-, Inkubationszeit *f*, b) *physiol.* Latenz *f* (*die durch die Nervenleitung bedingte Zeit zwischen Reizeinwirkung u. Reaktion*). **3.** *bot.* unentwickelt.

**lat·er·al** [ˈlætərəl] **I** *adj* (*adv* → **laterally**) **1.** seitlich, Seiten...: **to be ~ to** sich seitlich (*gen*) befinden; ~ **angle** Seitenwinkel *m*; ~ **axis** Querachse *f*; ~ **branch** Seitenlinie *f* (*e-s Stammbaums*); **a** ~ **deviation** e-e seitliche Abweichung; ~ **fin** *ichth.* Seitenflosse *f*; ~ **motion** Seitwärtsbewegung *f*; ~ **pass** → 7; ~ **stability** *tech.* Querstabilität *f*; ~ **thinking** unorthodoxe Denkweise; ~ **thrust** *tech.* Axialverschiebung *f*; ~ **view** Seitenansicht *f*; ~ **wind** Seitenwind *m*. **2.** *ling.* Lateral...: ~ **sound** → 6. **3.** *anat.* late'ral (*zur Körperseite hin gelegen*). **II** *s* **4.** Seitenteil *m*, *n*, -stück *n*. **5.** *bot.* Seitenzweig *m*. **6.** *ling.* Late'ral(laut) *m* (*Konsonant, bei dessen Artikulation die ausströmende Luft seitlich der Zunge entweicht*). **7.** *sport* Querpaß *m*. ˌ**lat·er·al·i·ty** [-'rælətɪ] *s anat. psych.* Laterali'tät *f* (*das Vorhandensein besonders ausgeprägter Eigenschaften e-r Körperseite*). '**lat·er·al·ly** *adv* **1.** seitlich, seitwärts. **2.** von der Seite.

**Lat·er·an** [ˈlætərən] **I** *s* **1.** *a.* ~ **palace** Late'ran(pa‚last) *m* (*Palast des Papstes in Rom*). **2.** Late'rankirche *f*. **II** *adj* **3.** late'ranisch.

**lat·er·ite** [ˈlætəraɪt] *s geol.* Late'rit (-boden) *m* (*unfruchtbarer, ziegelroter Verwitterungsboden der Tropen u. Subtropen*).

**lat·est** [ˈleɪtɪst] **I** *adj u. adv sup von* **late**. **II** *s* **1. at the** ~ spätestens: **on Monday at the** ~ spätestens am Montag. **2.** (*das*) Neueste: **have you heard the** ~ **about Mary?**; **what's the** ~**?** was gibt's Neues?; **she is wearing the** ~ **in hats** sie trägt das Neueste in *od.* an Hüten.

**la·tex** [ˈleɪteks] *pl* '**la·tex·es**, **lat·i·ces** [ˈlætɪsiːz] *s bot.* Latex *m* (*Kautschuk enthaltender Milchsaft*).

**lath** [lɑːθ; *Am.* læθ] *pl* **laths** [-θs; -ðz] **I** *s* **1.** Latte *f*, Leiste *f*: **(as) thin as a** ~ spindeldürr (*Person*). **2.** *collect.* Latten *pl*, Leisten *pl*. **3.** *arch.* a) Lattenwerk *n*, b) Putzträger *m*: ~ **and plaster** *tech.* Putzträger u. Putz *m*. **4.** *Bergbau:* (Getriebe-) Pfahl *m*. **II** *v/t* **5.** mit Latten *od.* Leisten verschalen.

**lathe**[1] [leɪð] *tech.* **I** *s* **1.** 'Drehbank *f*, -ma‚schine *f*: ~ **carriage** Drehbanksupport *m*; ~ **tool** Drehstahl *m*; ~ **tooling** Bearbeitung *f* auf der Drehbank. **2.** Töpferscheibe *f*. **3.** Lade *f* (*am Webstuhl*). **II** *v/t* **4.** auf der Drehbank bearbeiten.

**lathe**[2] [leɪð] *s Br. hist.* Grafschaftsbezirk *m* (*in Kent*).

**lath·er** [ˈlɑːðə; ˈlæðər] **I** *s* **1.** (Seifen)Schaum *m*. **2.** schäumender Schweiß (*bes. des Pferdes*): **to get in a** ~, **to work o.s. up into a** ~ *colloq.* außer sich geraten (**over** wegen). **II** *v/t* **3.** einseifen. **4.** *colloq.* ˌverdreschen', ˌvermöbeln'. **III** *v/i* **5.** schäumen. '**lath·er·y** *adj* schäumend, schaumbedeckt.

**lath·ing** [ˈlɑːθɪŋ; *Am.* ˈlæ-] *s* Lattenwerk *n*, *bes.* Lattenverschalung *f*.

'**lath·work** → **lathing**.

**lath·y** [ˈlɑːθɪ; *Am.* ˈlæ-] *adj* lang u. dünn.

**lath·y·rus** [ˈlæθɪrəs] *s bot.* Platterbse *f*.

**lat·i·ces** [ˈlætɪsiːz] *pl von* **latex**.

**lat·i·cif·er·ous** [ˌlætɪˈsɪfərəs] *adj bot.* Latex führend.

**lat·i·fun·di·um** [ˌlætɪˈfʌndɪəm] *pl* **-di·a** [-dɪə] *s hist.* Lati'fundium *n* (*von Sklaven bewirtschaftetes großes Landgut im Römischen Reich*).

**Lat·in** [ˈlætɪn; *Am.* ˈlætn] **I** *s* **1.** *ling.* La'tein(isch) *n*, das Lateinische. **2.** Ro'manisch *n*, das Romanische. **3.** *antiq.* a) La'tiner *m*, b) Römer *m*. **4.** Ro'mane *m*. **II** *adj* **5.** *ling.* la'teinisch, Latein... **6.** ro'manisch: **the ~ peoples**. **7.** *relig.* römisch-ka'tholisch: **the ~ Church**; ~ **cross** Lateinisches Kreuz. **8.** la'tinisch. ˌ**~·A'mer·i·can I** *adj* la'teinameri‚kanisch. **II** *s* La'teinameri‚kaner(in).

**Lat·in·er** [ˈlætɪnə; *Am.* ˈlætnər] *s colloq.* ˌLa'teiner' *m*.

'**Lat·in·ism** *s ling.* Lati'nismus *m*: a) Übertragung e-r für das Lateinische charakteristischen Erscheinung auf e-e nichtlateinische Sprache, b) e-r lateinischen Spracheigentümlichkeit nachgebildeter Ausdruck in e-r nichtlateinischen Sprache.

'**Lat·in·ist** *s ling.* Lati'nist(in) (*j-d, der sich wissenschaftlich mit der lateinischen Sprache u. Literatur befaßt*).

**La·tin·i·ty** [ləˈtɪnətɪ; læ-] *s* Latini'tät *f*: a) klassische lateinische Schreibweise, b) klassisches lateinisches Schrifttum.

**Lat·in·i·za·tion** [ˌlætɪnaɪˈzeɪʃn; *Am.* ˌlætnəˈz-] *s* Latini'sierung *f*.

**Lat·in·ize** [ˈlætɪnaɪz; *Am.* ˈlætnˌaɪz], *a.* **l** ~ **I** *v/t* **1.** e-e Sprache, ein Wort etc latini'sieren. **2.** ins La'teinische über'tragen. **3.** *relig.* der 'römisch-ka'tholischen Kirche annähern, dem Einfluß der 'römisch-ka'tholischen Kirche öffnen. **II** *v/i* **4.** Lati'nismen verwenden. **5.** *relig.* sich der 'römisch-ka'tholischen Kirche annähern.

**lat·ish** [ˈleɪtɪʃ] *adj* ziemlich *od.* etwas spät.

**lat·i·tude** [ˈlætɪtjuːd; *Am.* -bes. -ˌtuːd] *s* **1.** *astr. geogr.* Breite *f*: **in** ~ **40 N.** auf dem 40. Grad nördlicher Breite; **high** (**low**) ~**s** hohe (niedere) Breiten; **in these** ~**s in** diesen Breiten *od.* Gegenden; → **degree** 6. **2.** *Geodäsie:* Breite *f*. **3.** *fig.* a) Spielraum *m*, (Bewegungs)Freiheit *f*: **to allow** (*od.* **give**) **s.o. a great deal of** ~ j-m große Freiheit gewähren, b) großzügige Auslegung (*e-s Wortes*). **4.** *phot.* Belichtungsspielraum *m*. ˌ**lat·i·tu·di·nal** [-dɪnl; *Am.* -dnəl] *adj geogr.* latitudi'nal, Breiten...

**lat·i·tu·di·nar·i·an** [ˌlætɪtjuːdɪˈneərɪən; *Am.* -ˌtuːdnˈeran] **I** *adj* **1.** weitherzig, libe'ral, tole'rant. **2.** *bes. relig.* freidenkerisch. **II** *s* **3.** *bes. relig.* Freigeist *m*, Freidenker(in). ˌ**lat·i·tu·di·nar·i·an·ism** *s relig. hist.* Latitudina'rismus *m* (*Richtung in der anglikanischen Kirche, die für ein Christentum der Toleranz eintrat*).

**lat·i·tu·di·nous** [ˌlætɪˈtjuːdɪnəs; *Am.* -ˈtuːdnəs] *adj fig.* weit, großzügig: ~ **interpretation**.

**la·tri·a** [ləˈtraɪə] *s R.C.* La'trie *f* (*die Gott u. Christus allein zustehende Verehrung*).

**la·trine** [ləˈtriːn] *s* La'trine *f*.

**lat·ten** [ˈlætn] *s* **1.** *a.* ~ **brass** *obs.* Messingblech *n*. **2.** (*bes.* Zinn)Blech *n*.

**lat·ter** [ˈlætə(r)] *adj* (*adv* → **latterly**) **1.** letzterwähnt(er, e, es), letztgenannt(er, e, es) (*von zweien*): → **former**[2] **4. 2.** neuer, jünger, mo'dern: **in these** ~ **days** in der jüngsten Zeit. **3.** letzt(er, e, es), später: **the** ~ **half of June** die zweite Junihälfte; **the** ~ **years of one's life** s-e letzten *od.* spät(er)en Lebensjahre. '**L~-day** *adj* der Gegenwart, mo'dern. '**L~-day Saints** *s pl* (*die*) Heiligen *pl* der letzten Tage (*Mormonen*).

'**lat·ter·ly** *adv* in letzter Zeit, neuerdings.

'**lat·ter·most** *adj* letzt(er, e, es).

**lat·tice** [ˈlætɪs] **I** *s* **1.** Gitter(werk) *n*. **2.** Gitterfenster *n od.* -tür *f*. **3.** Gitter (-muster *n*, -anordnung *f*) *n*. **II** *v/t* **4.** vergittern. **5.** gitterartig erscheinen lassen. ~ **bridge** *s tech.* Gitter(träger)brükke *f*. ~ **con·stant** *s phys.* 'Gitterkon‚stante *f*. ~ **gird·er** *s tech.* Gitterträger *m*. ~ **the·o·ry** *s math.* Ver'bandstheo‚rie *f*. ~**win·dow** *s* Gitterfenster *n*. '**~·work** → **lattice** 1.

**Lat·vi·an** [ˈlætvɪən] **I** *adj* **1.** lettisch. **II** *s* **2.** Lette *m*, Lettin *f*. **3.** *ling.* Lettisch *n*, das Lettische.

**laud** [lɔːd] **I** *s* **1.** Lobeshymne *f*, Lobgesang *m*. **2.** *pl* (*a.* als *sg* konstruiert) *R.C.* Laudes *pl* (*Morgengebet des Stundenbuchs*). **II** *v/t* **3.** loben, preisen, rühmen: → **sky** 2. '**laud·a·bil·i·ty** *s* Löblichkeit *f*. '**laud·a·ble** *adj* löblich, lobenswert. '**laud·a·ble·ness** → **laudability**. '**laud·a·bly** *adv* **1.** → **laudable**. **2.** lobenswerterweise.

**lau·da·num** [ˈlɒdnəm; *bes. Am.* ˈlɔːd-] *s med. pharm. obs.* Laudanum *n*, 'Opium‚präpa‚rat *n*.

**lau·da·tion** [lɔːˈdeɪʃn] *s* Lob *n*.

**lau·da·to·ry** [ˈlɔːdətərɪ; *Am.* -ˌtəʊri; -ˌtɔːriː] *adj* lobend, Lob..., Belobigungs...: ~ **speech** Lobrede *f*, Laudatio *f*.

**laugh** [lɑːf; *Am.* læf] **I** *s* **1.** Lachen *n*, Gelächter *n*: **with a** ~ lachend; **to give a loud** ~ laut auf- *od.* herauslachen; **to have a good** ~ **at s.th.** herzlich über e-e Sache lachen; **to have** (*od.* **get**) **the** ~ **of** (*od.* **on**) **s.o.** über j-n (am Ende) triumphieren; **to have the** ~ **on one's side** den Lacher auf s-r Seite haben; **the** ~ **is against him** die Lacher sind auf der anderen Seite; **to have the last** ~ am Ende recht haben; **his jokes are always good for a** ~ *colloq.* über s-e Witze kann man immer lachen. **2.** *colloq.* Spaß *m*: **it's** (**he's**) **a** ~ **es** (er) ist zum Lachen; **for** ~**s** (nur) zum Spaß, ˌaus Blödsinn'. **II** *v/i* **3.** lachen: **to** ~ **at** über j-n *od.* etwas lachen, sich über j-n *od.* etwas lustig machen, j-n auslachen; **to** ~ **to o.s.** in sich hineinlachen; **to make s.o.** ~ a) j-n zum Lachen bringen, b) j-m lächerlich vorkommen; **don't make me** ~ *colloq.* daß ich nicht lache!; **he** ~**s best who** ~**s last** wer zuletzt lacht, lacht am besten; **you're** ~**ing** *colloq.* du hast's gut; → **beard** 1, **face** 1, **sleeve** 1, **wrong** 2. **III** *v/t* **4.** lachend äußern: **he** ~**ed his thanks** er dankte lachend. **5.** lachen: **to** ~ **a bitter** bitter lachen; **to** ~ **s.o. out of s.th.** j-n durch Lachen von etwas abbringen; → **court** 10, **scorn** 2.

*Verbindungen mit Adverbien:*

**laugh**|**a·way I** *v/t* **1.** *Sorgen etc* durch Lachen verscheuchen. **2.** → **laugh off** 1. **3.** *die Zeit* mit Scherzen verbringen. **II** *v/i* **4.** draufloslachen: ~**!** lach (du) nur! ~ **down** *v/t* **1.** j-n durch Gelächter zum Schweigen bringen. **2.** etwas durch Gelächter vereiteln *od.* unmöglich machen. ~ **off** *v/t* **1.** etwas lachend *od.* mit e-m Scherz abtun, sich hinwegsetzen über (acc), e-e peinliche Situation etc durch Lachen über'spielen. **2.** → **head** *Bes. Redew.* ~ **out** *v/i* a) auflachen, b) her'auslachen: → **laugh** 5.

'**laugh·a·ble** *adj* (*adv* **laughably**) **1.** ulkig, komisch. **2.** lachhaft, lächerlich.

'**laugh·er** *s* Lacher(in).

'**laugh·ing** **I** *s* **1.** Lachen *n*, Gelächter *n*. **II** *adj* (*adv* ~**ly**) **2.** lachend. **3.** lustig: **a** ~ **mood**; **it is no** ~ **matter** es ist nicht(s) zum Lachen. ~ **gas** *s chem.* Lachgas *n*. ~ **gull** *s orn.* Lachmöwe *f*. ~ **hy·e·na** *s zo.* 'Tüpfel-, 'Fleckenhy‚äne *f*. ~ **jack·ass** *s orn.* Lachender Hans, Rieseneisvogel *m*. ~ **mus·cle** *s anat.* Lachmuskel *m*. '~-

**stock** *s* Zielscheibe *f* des Spottes: **to make a ~ of o.s.** sich lächerlich machen; **this made him the ~ of the whole town** das machte ihn zum Gespött der ganzen Stadt.
**laugh line** *s* Lachfalte *f*.
**laugh·ter** [ˈlɑːftə; *Am.* ˈlæftər] *s* Lachen *n*, Gelächter *n*: **~ is the best medicine** Lachen ist die beste Medizin.
**laugh track** *s* TV nachträglich e-r Show unterlegtes Gelächter.
**launce** [lɑːns; *Am. a.* lɔːns] *s ichth.* Sandaal *m*.
**launch¹** [lɔːntʃ; *Am. a.* lɑːntʃ] **I** *v/t* **1.** *ein Boot* aussetzen, zu Wasser lassen. **2.** *ein Schiff* vom Stapel (laufen) lassen: **to be ~ed** vom Stapel laufen. **3.** *ein Flugzeug etc* (mit Kataˈpult) starten, katapulˈtieren, abschießen. **4.** *Geschoß, Torpedo* abschießen, *e-e Rakete, ein Raumfahrzeug a.* starten. **5.** *e-n Speer etc* schleudern. **6.** a) *e-e Rede, Kritik, e-n Protest etc, a. e-n Schlag* vom Stapel lassen, loslassen: **to ~ a stinging attack on s.o.** j-n scharf angreifen, b) *Drohungen etc* ausstoßen, c) *mil.* Truppen einsetzen, schicken (**against** gegen). **7.** a) *ein Projekt etc* in Gang setzen, starten, beginnen, lanˈcieren, b) *sport e-n Angriff* vortragen. **8.** (**into**) *j-n* lanˈcieren (in *acc*), *j-m* ‚Starthilfe' geben (bei). **9. to ~ o.s. on a task** (**into work**) sich auf e-e Aufgabe (in die Arbeit) stürzen. **II** *v/i* **10.** *a. ~ forth* starten, aufbrechen: **to ~ out into sea** in See gehen *od.* stechen; **to ~ out on a voyage of discovery** auf e-e Entdeckungsreise gehen, b) *a. ~ forth* anfangen (**into** *acc od.* mit): **to ~ out into a new career** e-e neue Laufbahn starten; **to ~ out into politics** in die Politik gehen, c) *fig.* sich stürzen (**into** in *acc*): **to ~ out into work**, d) *e-n Wortschwall von sich geben: e)* *colloq.* viel Geld ausgeben (**on** für). **III** *s* → launching **I**.
**launch²** [lɔːntʃ; *Am. a.* lɑːntʃ] *s mar.* Barˈkasse *f*: (**pleasure**) **~** Vergnügungs-, Ausflugsboot *n*.
**ˈlaunch·er** *s* **1.** *j-d, der (etwas) vom Stapel läßt od. in Gang setzt*, Initiˈator *m*. **2.** *mil.* a) Schießbecher *m*, b) (Raˈketen)Werfer *m*, c) Abschußvorrichtung *f* (*für Fernlenkgeschosse*). **3.** *aer.* Kataˈpult *n*, *a. m*, Startschleuder *f*.
**ˈlaunch·ing** *s* **1.** *mar.* Stapellauf *m*. **2.** *aer.* Kataˈpultstart *m*. **3.** Abschießen *n*, Abschuß *m*, Start *m*. **4.** *mil.* Einsatz *m*. **5.** Inˈgangsetzung *f*, Lanˈcierung *f*. **II** *adj* **6.** Abschuß..., Start... **~ pad** *s* **1.** Abschußrampe *f* (*für Raketen, Raumfahrzeuge*). **2.** *fig.* Sprungbrett *n*. **~ rail** *s tech.* Schleuderschiene *f* (*zum Raketenstart*). **~ rope** *s aer.* Startseil *n*. **~ site** *s* Abschußbasis *f* (*für Raketen, Raumfahrzeuge*). **~ tube** *s mar. mil.* Torˈpedo(ausstoß)rohr *n*. **~ ve·hi·cle** *s* Raumfahrt': Träger-, ˈStartraˌkete *f*. **~ ways** *s pl* (*a. als sg konstruiert*) *mar.* Helling *f*, Ablaufbahn *f*.
**ˈlaunch·man** *s irr mar.* Barˈkassenführer *m*. **~ pad** → launching pad. **~ ve·hi·cle** → launching vehicle. **ˈ~ways** → launching ways. **~ win·dow** *s astronomisch günstige Zeit für den Start e-s Raumfahrzeugs.*
**laun·der** [ˈlɔːndə(r); *Am. a.* ˈlɑːn-] **I** *v/t* **1.** *Wäsche* waschen (u. bügeln). **2.** *illegal erworbenes Geld* ‚waschen'. **II** *v/i* **3.** Wäsche waschen (u. bügeln). **4.** sich waschen (lassen): **to ~ well. III** *s* **5.** Trog *m*.
**laun·der·ette** [ˌlɔːndəˈret; *Am. a.* ˌlɑːn-] *s* ˈWaschsaˌlon *m*.
**laun·dress** [ˈlɔːndrɪs; *Am. a.* ˈlɑːn-] *s* Wäscherin *f*, Waschfrau *f*.

**laun·dro·mat** [ˈlɔːndrəmæt; *Am. a.* ˈlɑːn-] *s Am.* ˈWaschsaˌlon *m*.
**laun·dry** [ˈlɔːndrɪ; *Am. a.* ˈlɑːn-] *s* **1.** Wäscheˈrei *f*. **2.** Waschhaus *n*, -küche *f*. **3.** (*schmutzige od. gewaschene*) Wäsche. **4.** ‚Geldwaschanlage' *f*. **~ bag** *s* Wäschebeutel *m*, -sack *m*. **~ bas·ket** *s* Wäschekorb *m*. **~ list** *s* **1.** Wäschezettel *m* (*e-r Wäscherei*). **2.** *Am. colloq.* lange ‚Latte' *od.* Liste. **ˈ~·man** [-mən] *s irr* **1.** Wäscheˈreiangestellte(r) *m*. **2.** *j-d, der Wäsche abholt u. ausliefert*, ‚Wäschemann' *m*. **ˈ~·wom·an** *s irr* **1.** Wäscheˈreiangestellte *f*. **2.** → laundress.
**lau·re·ate** [ˈlɔːrɪət] **I** *adj* **1.** lorbeergekrönt, -bekränzt, -geschmückt. **II** *s* **2.** Lorbeergekrönte(r) *m*. **3.** → poet laureate. **4.** Laureˈat *m*, Preisträger *m*: **Nobel ~** Nobelpreisträger.
**lau·rel** [ˈlɒrəl; *Am. a.* ˈlɑː-] *s* **1.** *bot.* Lorbeer(baum) *m*. **2.** *bot. Am. e-e lorbeerähnliche Pflanze, bes.* a) Kalmie *f*, b) Rhodoˈdendron *n, m*: **great ~** Große Amer. Alpenrose. **3.** Lorbeer(laub *n*) *m* (*als Ehrenzeichen*). **4.** a) Lorbeerkranz *m*, b) Lorbeerzweig *m*. **5.** *pl fig.* Lorbeeren *pl*, Ehren *pl*, Ruhm *m*: **to look to one's ~s** a) eifersüchtig auf s-n Ruhm *od.* sein Ansehen bedacht sein, b) sich vor s-n Rivalen in acht nehmen; **to rest on one's ~s** (sich) auf s-n Lorbeeren ausruhen; **to win** (*od.* **gain**) **one's ~s** Lorbeeren ernten. **ˈlau·reled**, *bes. Br.* **ˈlau·relled** *adj* **1.** → laureate **1**. **2.** preisgekrönt.
**Lau·ren·ti·an** [lɔːˈrenʃn; -ʃjən] *adj* **1.** den Sankt-ˈLorenz-Strom betreffend. **2.** *geol.* lauˈrentisch.
**lau·ric ac·id** [ˈlɔːrɪk] *s chem.* Lauˈrinsäure *f*.
**lau·rite** [ˈlɔːraɪt] *s min.* Lauˈrit *m*.
**lau·ryl al·co·hol** [ˈlɔːrɪl] *s chem.* Lauˈrylalkohol *m*.
**lav** [læv] *s colloq.* **1.** → lavatory **1**, **3**. **2.** ‚Klo' *n* (*Klosett*).
**la·va** [ˈlɑːvə; *Am. a.* ˈlævə] *s* Lava *f*: **~ flow** a) Lavastrom *m*, b) Lavadecke *f*.
**la·va·bo** [ləˈveɪbəʊ; *Am. bes.* -ˈvɑː-] *pl* **-boes, -bos** *s* **1.** *R.C.* Laˈvabo *n*: a) *Handwaschung des Priesters*, b) *a.* **~ basin** *dabei verwendetes Becken*. **2.** *oft* **L~** *relig.* Laˈvabo *n* (*Psalm 25, 6–12*). **3.** großes steinernes Wasserbecken (*in Klöstern*). **4.** Waschbecken *n*.
**la·vage** [læˈvɑːʒ] *med.* **I** *s* (Aus)Spülung *f*. **II** *v/t* (aus)spülen.
**la·va·tion** [læˈveɪʃn] *s bes. poet.* Waschung *f*.
**lav·a·to·ry** [ˈlævətərɪ; *Am.* -ˌtəʊriː; -ˌtɔː-] *s* **1.** Waschraum *m*. **2.** Toiˈlette *f*, ‚Klo' *n*: **public ~** Bedürfnisanstalt *f*; **~ attendant** Toilettenfrau *f*, -mann *m*; **~ joke** ordinärer Witz; **~ paper** *Br.* Toiletten-, Klosettpapier *n*; **~ roll** *Br.* Rolle *f* Toiletten- *od.* Klosettpapier. **3.** Waschbecken *n*. **4.** *R.C.* Handwaschung *f* (*des Priesters*).
**lave** [leɪv] *poet.* **I** *v/t* **1.** a) waschen, b) baden. **2.** umˈspülen (*Meer etc*). **II** *v/i* **3.** a) sich waschen, b) (sich) baden. **4.** spülen (**against** an *acc*).
**lav·en·der** [ˈlævəndə(r)] **I** *s* **1.** *bot.* Laˈvendel *m*: **~ bag** Lavendelsäckchen *n*; **~ oil** *od.* **~ oil** Lavendelöl *n*; **~ cotton** Heiligenkraut *n*; **~ water** Lavendel(wasser) *n*. **2.** Laˈvendel(farbe *f*) *n*, ˈBlauvioˌlett *n*. **II** *adj* **3.** laˈvendel(farben), ˈblauvioˌlett.
**la·ver¹** [ˈleɪvə(r)] *s* **1.** *poet.* Waschgefäß *n*. **2.** *poet.* (Brunnen)Becken *n*, Wasserschale *f*. **3.** *Bibl.* Waschbecken *n* (*im jüdischen Heiligtum*).
**la·ver²** [ˈleɪvə(r); *Br. a.* ˈlɑːvə] *s bot.* **1.** *a.* **red ~** (*ein*) Purpurtang *m*. **2.** *a.* **green ~** ˈMeersaˌlat *m*.

**la·ver bread** [ˈlɑːvə; ˈleɪvə] *s Br.* brotähnliches Gebäck aus Tang.
**lav·er·ock** [ˈlævərək] *s orn. bes. Scot.* Lerche *f*.
**lav·ish** [ˈlævɪʃ] **I** *adj* (*adv* **~ly**) **1.** sehr freigebig, verschwenderisch (**of** mit; **in** *dat*): **to be** *od.* verschwenderisch umgehen mit; **to be ~ of praise** nicht mit Lob geizen; **to be a ~ spender**, **to spend the money ~ly** das Geld mit vollen Händen ausgeben. **2.** ˈüberschwenglich (*Lob, Zuneigung etc*), großzügig (*Geschenk etc*), luxuriˈös, aufwendig (*Einrichtung etc*). **II** *v/t* **3.** verschwenden, verschwenderisch (aus)geben: **to ~ s.th. on s.o.** j-n mit etwas überhäufen. **ˈlav·ish·ness** *s* **1.** ˈübergroße *od.* verschwenderische Freigebigkeit. **2.** ˈÜberschwenglichkeit *f*, Großzügigkeit *f*, Aufwendigkeit *f*.
**law¹** [lɔː] *s* **1.** (*objektives*) Recht, Gesetz *n*, Gesetze *pl*: **according to ~**, **by ~**, **in ~**, **under the ~** nach dem Gesetz, von Rechts wegen, gesetzlich; **contrary to ~**, **against the ~** gesetz-, rechtswidrig; **under German ~** nach deutschem Recht; **~ and order** Recht *od.* Ruhe u. Ordnung; **to act within the ~** sich im Rahmen des Gesetzes bewegen, gesetzmäßig handeln; **to take the ~ into one's own hands** sich selbst Recht verschaffen, zur Selbsthilfe greifen. **2.** (*einzelnes*) Gesetz: **the bill has become** (*od.* **passed into**) **~** die Gesetzesvorlage ist (zum) Gesetz geworden. **3.** → common law. **4.** Recht *n*: a) ˈRechtssyˌstem *n*: **the English ~**, b) (*einzelnes*) Rechtsgebiet: **~ of nations** Völkerrecht, internationales Recht; **~ commercial law, international ~**. **5.** Rechtswissenschaft *f*, Jura *pl*: **comparative ~** vergleichende Rechtswissenschaft; **to read** (*od.* **study, take**) **~** Jura studieren; **learned in the ~** rechtsgelehrt; **Doctor of L~s** Doktor *m* der Rechte. **6.** Juˈristenberuf *m*, juˈristische Laufbahn: **to be in the ~** Jurist sein. **7.** Rechtskenntnisse *pl*: **he has only little ~**. **8.** Gericht *n*, Rechtsweg *m*: **at ~** vor Gericht, gerichtlich; **to go to ~** vor Gericht gehen, den Rechtsweg beschreiten, prozessieren; **to go to ~ with s.o.** to **have** (*od.* **take**) **the ~ of** (*od.* **on**) **s.o.** j-n verklagen *od.* belangen. **9.** *colloq.* a) ‚Bullen' *pl* (*Polizei*), b) ‚Bulle' *m* (*Polizist*). **10.** *allg.* Gesetz *n*, Vorschrift *f*, Gebot *n*, Befehl *m*: **to be a ~ unto o.s.** sich über jegliche Konvention hinwegsetzen; tun, was e-m paßt; **to lay down the ~** sich als Autorität aufspielen (**to s.o.** j-m gegenüber); **to lay down the ~ to s.o.** j-m Vorschriften machen. **11.** a) Gesetz *n*, Grundsatz *m*, Prinˈzip *n*, b) *oft pl* (*Spiel*)Regel *f*: **the ~s of the game** die Spielregeln. **12.** a) *a.* **~ of nature**, **natural ~** Naturgesetz *n*, b) (*wissenschaftliches*) Gesetz: → causality **1**, c) (Lehr)Satz *m*: **~ of sines** *math.* Sinussatz; **~ of thermodynamics** *phys.* Hauptsatz der Thermodynamik. **13.** Gesetzmäßigkeit *f*, Ordnung *f* (*in der Natur*): **not chance, but ~** nicht Zufall, sondern Gesetzmäßigkeit. **14.** *relig.* a) (göttliches) Gesetz *od.* Gebot, b) *oft* **L~** *collect.* (göttliches) Gesetz, Gebote *pl* Gottes. **15.** *relig.* a) **the L~** (*of Moses*) das Gesetz (des Moses), der Pentaˈteuch, b) das Alte Testaˈment.
**law²** [lɔː] *interj colloq. dial.* herrˈje!
**ˈlaw-aˌbid·ing** *adj* gesetzestreu: **~ citizens**. **ˈ~ˌbreak·er** *s* Geˈsetzesüberˌtreter(in), Rechtsbrecher(in). **ˈ~ˌbreak·ing** *adj* geˈsetzesüberˌtretend, rechtsˈbrecherisch. **II** *s* Geˈsetzesüberˌtretung *f*, Rechtsbruch *m*. **~ cen·tre** *s Br.* Stelle *f* für kostenlose Rechtsberatung. **~ court**

s Gerichtshof m. **~ en·force·ment** s Ge'setzesvoll,zug m. **'~-en,force-ment** adj: ~ **authorities** Vollstrekkungsbehörden; ~ **officer** Polizeibeamte(r) m.

**'law·ful** adj (adv **~ly**) **1.** gesetzlich, gesetzmäßig, le'gal: ~ **age** gesetzliches Mindestalter, bes. Volljährigkeit f; ~ **money** gesetzliches Zahlungsmittel. **2.** rechtmäßig, legi'tim: ~ **ruler**; ~ **son** ehelicher od. legitimer Sohn. **3.** gesetzlich anerkannt, rechtsgültig: ~ **marriage** gültige Heirat. **'law·ful·ness** s **1.** Gesetzlichkeit f, Gesetzmäßigkeit f, Legali'tät f. **2.** Rechtmäßigkeit f, Legitimi'tät f. **3.** Rechtsgültigkeit f.

**'law|giv·er** s Gesetzgeber m. **'~giv·ing** I s Gesetzgebung f. II adj gesetzgebend: ~ **power** gesetzgebende Gewalt.

**lawks** [lɔːks] interj Br. colloq. dial. herr'je!

**law Lat·in** s Ju'ristenla,tein n.

**'law·less** adj (adv **~ly**) **1.** gesetzlos (Land od. Person). **2.** rechts-, gesetzwidrig, unrechtmäßig. **3.** zügellos: ~ **passions**. **'law·less·ness** s **1.** Gesetzlosigkeit f. **2.** Rechts-, Gesetzwidrigkeit f, Unrechtmäßigkeit f. **3.** Zügellosigkeit f.

**Law Lord** s Mitglied des brit. Oberhauses mit richterlicher Funktion.

**'law|,mak·er** → lawgiver. **'~,mak·ing** → lawgiving. **'~man** [-mən] s irr Am. **1.** Poli'zist m. **2.** Sheriff m. **~ mer·chant** s jur. bes. Br. Handelsrecht n.

**lawn**[1] [lɔːn] s **1.** Rasen m. **2.** obs. Lichtung f.

**lawn**[2] [lɔːn] s Textilwesen: Li'non m, Ba'tist m.

**lawn| chair** s Am. Liegestuhl m. **~ mow·er** s Rasenmäher m: have you had a fight with the **~**? humor. bist du die Treppe hinuntergefallen? (bist du beim Friseur gewesen?). **~par·ty** s Am. **1.** Gartenfest n, -party f. **2.** Wohltätigkeitsveranstaltung f im Freien. **~ sprin·kler** s Rasensprenger m. **~ ten·nis** s sport Lawn-Tennis n, (Rasen)Tennis n.

**law|of·fice** s bes. Am. ('Rechts)Anwaltsbü,ro n, -praxis f. ~ **of·fi·cer** s jur. **1.** Ju'stizbeamte(r) m. **2.** Br. für a) **attorney general** 1, b) **solicitor general** a.

**law·ren·ci·um** [lɒ'rensɪəm; lɔː-] s chem. Law'rencium n (ein Element).

**law|re·port** s jur. **1.** Bericht m über e-e richterliche Entscheidung. **2.** pl Sammlung f von richterlichen Entscheidungen. **~ school** s **1.** Br. 'Rechtsakade,mie f. **2.** univ. Am. ju'ristische Fakul'tät. **L~ So·ci·e·ty** s Br. Berufsverband m der solicitors. **'~suit** s jur. a) Pro'zeß m, (Gerichts)Verfahren n, b) Klage f: to **bring a ~** e-n Prozeß anstrengen, Klage einreichen od. erheben (**against** gegen). ~ **term** s **1.** ju'ristischer Ausdruck. **2.** Ge'richtsperi,ode f.

**law·yer** ['lɔːjə(r); 'lɔɪə(r)] s **1.** (Rechts-)Anwalt m. **2.** Rechtsberater m (e-r Firma etc). **3.** Ju'rist m, Rechtsgelehrte(r) m. **4.** zo. a) (ein) Stelzenläufer m, b) Amer. Quappe f. **5.** Schlammfisch m.

**lax** [læks] adj (adv **~ly**) **1.** lax, locker, (nach)lässig: a ~ **attitude** e-e lasche Einstellung; ~ **morals** lockere Sitten. **2.** unklar, verschwommen: ~ **ideas**. **3.** schlaff, lose, locker: a ~ **handshake** ein schlaffer Händedruck; a ~ **rope** ein schlaffes Seil; ~ **tissue** lockeres Gewebe. **4.** a) physiol. gut arbeitend: to have ~ **bowels** regelmäßig Stuhlgang haben, b) med. an 'Durchfall leidend, c) ling. schlaff artiku'liert, offen: ~ **vowel**.

**lax·a·tion** [læk'seɪʃn] s physiol. Darmentleerung f, Stuhl(gang) m.

**lax·a·tive** ['læksətɪv] med. pharm. I s Laxa'tiv n, mildes Abführmittel. II adj mild abführend.

**lax·i·ty** ['læksətɪ], **'lax·ness** [-nɪs] s **1.** Laxheit f, Lockerheit f, (Nach)Lässigkeit f. **2.** Unklarheit f, Verschwommenheit f. **3.** Schlaffheit f.

**lay**[1] [leɪ] **I** s **1.** (bes. geo'graphische) Lage: the ~ **of the land** fig. bes. Am. die Lage (der Dinge). **2.** Schicht f, Lage f. **3.** Schlag m (beim Tauwerk). **4.** Plan m. **5.** colloq. 'Job' m, Beschäftigung f, Tätigkeit f. **6.** Am. a) Preis m, b) (Verkaufs)Bedingungen pl. **7.** sl. a) she's an easy ~ die ist ,leicht zu haben', die geht mit jedem ins Bett; she's a good ~ sie ist gut im Bett, b) ,Nummer' f (Geschlechtsverkehr): to have a ~ e-e Nummer machen od. schieben.

**II** v/t pret u. pp **laid** [leɪd] **8.** legen: to ~ s.o. into the grave; to ~ s.th. on the table; to ~ bricks mauern; to ~ a bridge e-e Brücke schlagen; to ~ a cable ein Kabel (ver)legen; to ~ troops Truppen einquartieren od. in Quartier legen (on bei); → Verbindungen mit den entsprechenden Substantiven. **9.** Eier legen: → egg[1] 1. **10.** fig. legen, setzen: to ~ an ambush e-n Hinterhalt legen; to ~ one's hopes on s-e Hoffnungen setzen auf (acc); to ~ an offside trap sport e-e Abseitsfalle aufbauen; the scene is laid in Rome die Szene od. Ort der Handlung ist Rom, das Stück etc spielt in Rom; to ~ the whip to s.o.'s back obs. j-n auspeitschen; to ~ off work → lay off 1; → ax 1, stress 4. **11.** ('her)richten, anordnen, den Tisch decken: to ~ the fire das Feuer (im Kamin) anlegen; to ~ lunch den Tisch zum Mittagessen decken. **12.** belegen, auslegen (with mit): to ~ the floor with linoleum. **13.** Farbe etc auftragen. **14.** (before) vorlegen (dat), bringen (vor acc): to ~ one's case before a commission. **15.** geltend machen, erheben, vorbringen: → claim 7, information 7 b. **16.** Schaden etc festsetzen (at auf acc). **17.** Schuld etc zuschreiben, zur Last legen (to dat): to ~ a mistake to s.o. **18.** a) e-e Steuer auferlegen (on dat), b) e-e Strafe, ein Embargo etc verhängen (on über acc). **19.** e-n Plan schmieden, ersinnen. **20.** a) etwas wetten, b) setzen auf (acc). **21.** niederwerfen, -strecken, zu Boden strecken. **22.** Getreide etc zu Boden drücken, 'umlegen (Wind etc). **23.** die Wogen etc glätten, beruhigen, besänftigen: the wind is laid der Wind hat sich gelegt. **24.** Staub löschen. **25.** e-n Geist bannen, beschwören: to ~ the ghosts of the past fig. Vergangenheitsbewältigung betreiben. **26.** Stoff etc glätten, glattpressen. **27.** mar. Kurs nehmen auf (acc), ansteuern. **28.** mil. ein Geschütz richten. **29.** sl. e-e Frau ,aufs Kreuz legen' (mit e-r Frau schlafen).

**III** v/i **30.** (Eier) legen. **31.** wetten. **32.** to ~ about one (wild) um sich schlagen (with mit); to ~ into s.o. über j-n herfallen (a. mit Worten). **33.** ~ to (e'nergisch) rangehen' an e-e Sache. **34.** ~ for sl. j-m auflauern. **35.** ~ off colloq. a) j-n, etwas in Ruhe lassen, b) aufhören mit: ~ off it! hör auf damit! **36.** sit liegen.

*Verbindungen mit Adverbien:*

**lay|a·bout** v/i (wild) um sich schlagen (with mit). **~ a·side** v/t **1.** bei'seite legen, weglegen. **2.** ablegen, aufgeben: to ~ a bad habit. **3.** (für die Zukunft) bei'seite od. auf die Seite legen, zu'rücklegen. **a·way** v/t **1.** → lay aside 3. **2.** angezahlte Ware zu'rücklegen. **~ by** I v/t **1.** → lay aside 3. II v/i → lay to 2. **~ down** v/t **1.** 'hinlegen. **2.** ein Amt, die Waffen etc niederlegen: to ~ one's tools die Arbeit niederlegen, in den Streik treten. **3.** e-e Hoffnung aufgeben. **4.** sein Leben 'hingeben, opfern. **5.** a) den Grund

legen für, b) planen, entwerfen, c) e-e Straße etc anlegen. **6.** e-n Grundsatz etc aufstellen, Regeln etc festlegen, -setzen, vorschreiben, Bedingungen (in e-m Vertrag) niederlegen, verankern: → law[1] 10. **7.** Wein etc einlagern. **8.** agr. a) besäen, bepflanzen, b) säen, pflanzen. **~ in** v/t sich einlagern, einkaufen. **~ off I** v/t **1.** Arbeiter (bes. vor'übergehend) entlassen. **2.** die Arbeit einstellen. **3.** colloq. aufhören mit: to ~ smoking a. das Rauchen aufgeben, a. to ~ doing s.th. aufhören, etwas zu tun. II v/i **4.** colloq. a) Feierabend machen, b) Ferien machen, ausspannen, c) aufhören, d) e-e Pause machen, pau'sieren. **~ on I** v/t **1.** Farbe etc auftragen: to lay it on colloq. ,dick auftragen'; → thick 20, trowel 1. **2.** Pläne etc vorlegen. **3.** Br. Gas etc instal'lieren, (Wasser- etc)Leitung legen: to ~ gas to a house ein Haus ans Gasnetz anschließen. **4.** Br. a) veranstalten, organi'sieren, b) (zur Verfügung) stellen, c) Busse etc einsetzen. II v/i **5.** zuschlagen. **~ o·pen** v/t **1.** bloß-, freilegen. **2.** a) offen darlegen, b) aufdecken, enthüllen. **~ out** v/t **1.** ausbreiten, -legen. **2.** ausstellen. **3.** e-n Toten aufbahren. **4.** colloq. Geld (bes. mit vollen Händen) ausgeben. **5.** e-n Garten etc anlegen. **6.** a) e-n Plan entwerfen, b) etwas planen, entwerfen. **7.** 'herrichten, vorbereiten. **8.** print. gestalten, das Lay'out (gen) machen. **9.** colloq. zs.-schlagen, k. o. schlagen. **10.** to lay o.s. out colloq. sich ,mächtig' anstrengen. **~ o·ver** Am. **I** v/i 'Zwischenstati,on machen. **II** v/t verschieben, -tagen (until auf acc, bis). **~ to I** v/t **1.** mar. beidrehen mit. **II** v/i **2.** mar. beidrehen. **3.** Am. colloq. ,sich ranmachen'. **4.** Am. colloq. zuschlagen. **~ up** v/t **1.** a) anhäufen, (an)sammeln: to ~ trouble for o.s. sich Schwierigkeiten ,einbrocken' od. ,einhandeln', b) → lay aside 3. **2.** ein Schiff auflegen, (vor'übergehend) außer Dienst stellen. **3.** to be laid up das Bett hüten müssen, bettlägerig sein: to be laid up with influenza mit Grippe od. grippekrank im Bett liegen.

**lay**[2] [leɪ] pret von lie[2].

**lay**[3] [leɪ] adj Laien...: a) relig. weltlich, b) laienhaft, nicht fachmännisch: to the ~ mind für den Laien(verstand).

**lay**[4] [leɪ] s poet. Lied n, Weise f.

**'lay|·a·bout** s bes. Br. colloq. Faulenzer m, Tagedieb m. **'~·a,way** s angezahlte u. zu'rückgelegte Ware. **~ broth·er** s relig. Laienbruder m. **'~-by** s mot. Br. a) Park-, Rastplatz m (Autobahn), b) Parkbucht f (Landstraße). **'~ days** s mar. **1.** Liegetag m. **2.** pl Liegetage pl, -zeit f. **'~-down** adj Umlege...: ~ **collar**.

**lay·er** ['leɪə(r)] **I** s **1.** Schicht f, Lage f: in ~s lagen-, schichtweise; ~ of fat physiol. Fettschicht. **2.** geol. Schicht f, Lager n, Flöz n. **3.** j-d, der od. etwas, was legt; (in Zssgn) ...leger m: → pipelayer, etc. **4.** Leg(e)henne f: this hen is a good ~ diese Henne legt gut. **5.** agr. bot. Ableger m, Absenker m. **II** v/t **6.** e-e Pflanze absenken. **7.** lagen- od. schichtweise anordnen od. legen, schichten: ~ed look (Mode) Schichtenlook m. **III** v/i **8.** agr. bot. ablegen. **'lay·er·age** s agr. bot. Absenken n.

**lay·er cake** s gastr. Schichttorte f. **lay·ette** [leɪ'et] s Babyausstattung f.

**lay fig·ure** s **1.** a) paint. etc Gliederpuppe f (als Modell), b) Schaufensterpuppe f. **2.** fig. a) Mario'nette f, b) Null f.

**'lay·ing** s **1.** Legen n: ~ **on of hands** bes. relig. Handauflegung f. **2.** tech. (Ver)Legen n (von Leitungen etc). **3.** a) (Eier)Legen n: a hen past ~ e-e Henne, die nicht mehr legt; ~ bat-

**tery** Legebatterie *f*, b) Gelege *n* (*Eier*).

**lay|judge** *s jur.* Laienrichter *m.* **'~-man** [-mən] *s irr* **1.** Laie *m* (*Ggs. Geistlicher*). **2.** Laie *m*, Nichtfachmann *m.* **'~-off** *s* **1.** (*bes.* vor'übergehende) Entlassung *od.* Arbeitslosigkeit. **2.** Arbeitseinstellung *f.* **3.** *colloq.* Pause *f*, Pau'sieren *n.* **'~-out** *s* **1.** Ausbreiten *n*, -legen *n.* **2.** Grundriß *m*, Lageplan *m.* **3.** Plan *m*, Entwurf *m.* **4.** Anlage *f.* **5.** *print.* Lay'out *n:* ~ **man** Layouter *m.* **6.** Ausrüstung *f*, -stattung *f*, Gerät *n.* **7.** *Am. colloq.* Anwesen *n.* **~o·ver** *s Am.* **1.** (kurzer) Aufenthalt, 'Fahrtunter,brechung *f.* **2.** 'Zwischenstati̯on *f.* **~ preach·er** *s* Laienprediger *m.* **'~-shaft** *s mot. tech.* Vorgelegewelle *f.* **~ sis·ter** *s relig.* Laienschwester *f.* **'~-wom·an** *s irr* (*weiblicher*) Laie, Laiin *f.*

**la·zar** ['læzə(r); *Am. a.* 'leɪzər] *obs.* → leper.

**laz·a·ret(te)** [,læzə'ret] *s*, **,laz·a'ret·to** [-təʊ] *pl* **-tos** *s* **1.** a) Krankenhaus *n* für ansteckende Krankheiten, b) → leper house. **2.** a) Quaran'täne-, Iso'lierstati̯on *f*, b) Quaran'täneschiff *n.* **3.** *mar.* Zwischendeckkammer *f.*

**Laz·a·rus** ['læzərəs] *npr Bibl.* Lazarus *m.*

**laze** [leɪz] **I** *v/i* faulenzen: **to ~ in the sun** sich in der Sonne ,aalen'; **to ~ about** (*od.* **around**) faul herumliegen *od.* -sitzen *od.* -stehen. **II** *v/t meist* **~ away** Zeit vertrödeln, mit Nichtstun verbringen. **III** *s* Faulenzen *n:* **to have a ~** faulenzen; **to have a ~ at the beach** faul am Strand liegen.

**la·zi·ness** ['leɪzɪnɪs] *s* **1.** a) Faulheit *f*, b) Trägheit *f.* **2.** Langsamkeit *f.*

**laz·u·li** ['læzjʊlaɪ; *Am.* -zəli:] → lapis lazuli.

**laz·u·lite** ['læzjʊlaɪt; *Am.* -zə,laɪt] *s min.* Lazu'lith *m*, Blauspat *m.*

**laz·u·rite** ['læzjʊraɪt; *Am.* -zə,raɪt] *s min.* Lasu'rit *m.*

**la·zy** ['leɪzɪ] *adj* (*adv* **lazily**) **1.** a) faul: **to have a ~ afternoon** sich e-n faulen Nachmittag machen, b) träg(e). **2.** träg(e), langsam, sich langsam bewegend: **a ~ river** ein träge fließender Strom. **3.** faul *od.* träg(e) machend: **this is really ~ weather** bei diesem Wetter wird man so richtig faul. **4.** *bes. Am.* liegend (*Brandzeichen etc*). **'~-bones** *s pl* (*als sg konstruiert*) *colloq.* Faulpelz *m.* **eight** *s Kunstflug:* Stehende Acht. **~ pin·ion** *s tech.* Zwischenrad *n* (*im Zahnradgetriebe*). **~-Su·san** *s Am.* Kaba'rett *n*, drehbares Ta'blett (*für Speisen, Gewürze etc*).

**'L-,driv·er** → learner 3 b.

**lea¹** [li:] *s poet.* Flur *f*, Au(e) *f*, Wiese *f.*

**lea²** [li:] *s hist.* Lea *n* (*ein Garnmaß; für Wollgarn 80 Yards, für Baumwoll- od. Seidengarn 120 Yards, für Leinengarn 300 Yards*).

**leach** [li:tʃ] **I** *v/t* **1.** 'durchsickern lassen. **2.** *meist* ~ **out** (*od.* **away**) e-e Substanz auswaschen, -schwemmen. **3.** *meist* ~ **out** den Boden auslaugen. **II** *v/i* **4.** 'durchsickern. **5.** *meist* ~ **out** (*od.* **away**) ausgewaschen *od.* -geschwemmt werden. **6.** *meist* ~ **out** ausgelaugt werden.

**lead¹** [li:d] **I** *s* **1.** Führung *f:* a) Leitung *f:* **under s.o.'s ~,** b) führende Stelle, Spitze *f:* **to be in the ~** an der Spitze stehen, führend sein, *sport etc* in Führung *od.* vorn(e) liegen, führen; **to have the ~** die Führung innehaben, *sport etc* in Führung *od.* vorn(e) liegen, führen; **to take the ~** a) *sport* die Führung übernehmen (**from** von *dat*), sich an die Spitze setzen, b) die Initiative ergreifen, c) vorangehen, neue Wege weisen. **2.** Vorsprung *m* (**over** vor *dat*) (*a. sport*): **a one minute's** (*od.* **one-minute**) ~ 'eine Minute Vorsprung;

**to have a two-goal ~** mit zwei Toren führen; **to have the ~ over** e-n Vorsprung haben vor (*der Konkurrenz etc*). **3.** *Boxen:* (*e-e Schlagserie*) einleitender Schlag. **4.** Vorbild *n*, Beispiel *n:* **to follow s.o.'s ~** j-s Beispiel folgen; **to give s.o. a ~** j-m ein gutes Beispiel geben, j-m mit gutem Beispiel vorangehen. **5.** a) 'Hinweis *m*, Wink *m*, b) Anhaltspunkt *m*, c) Spur *f:* **to give s.o. a ~** j-m e-n Hinweis *od.* Anhaltspunkt geben; j-n auf die Spur bringen. **6.** *thea. etc* a) Hauptrolle *f*, b) Hauptdarsteller(in). **7.** *Kartenspiel:* a) Vorhand *f*, b) zu'erst ausgespielte Karte *od.* Farbe: **your ~!** Sie spielen aus! **8.** *Journalismus:* a) Vorspann *m* (*e-s Zeitungsartikels*), b) Aufmacher *m:* **the scandal was the ~ in the papers** der Skandal wurde von den Zeitungen groß herausgestellt. **9.** *tech.* Steigung *f*, Ganghöhe *f* (*e-s Gewindes*). **10.** *electr.* a) (Zu-) Leitung *f*, b) Leiter *m*, Leitungsdraht *m*, c) *a.* phase-Voreilung *f.* **11.** ('Mühl)Ka,nal *m.* **12.** Wasserrinne *f* (*in e-m Eisfeld*). **13.** (Hunde)Leine *f:* **to keep on the ~** an der Leine führen *od.* halten. **14.** *mil.* Vorhalt *m.*

**II** *adj* **15.** Leit..., Führungs..., Haupt...

**III** *v/t pret u. pp* **led** [led] **16.** führen, leiten, j-m den Weg zeigen: **to ~ the way** vorangehen, den Weg zeigen; → **garden path, nose** *Bes. Redew.* **17.** führen, bringen: **this road will ~ you to town;** → **temptation. 18.** bewegen, verleiten, -führen (**to** zu), dahin bringen, veranlassen (**to do** zu tun): **this led me to believe** dies veranlaßte mich zu glauben; **what led you to think so?** was brachte Sie zu dieser Ansicht? **19.** (an-) führen, leiten, an der Spitze stehen von: **to ~ an army** e-e Armee führen *od.* befehligen; **to ~ the field** *sport* das Feld anführen; **to ~ the table** *sport* die Tabellenspitze stehen. **20.** a) *bes. Am.* ein Orchester leiten, diri'gieren, b) *bes. Br.* die erste Geige spielen *od.* Kon'zertmeister sein in (*dat*) *od.* bei. **21.** *ein behagliches etc* Leben führen: **22.** j-m etwas bereiten: → **dance 8, dog** *Bes. Redew.* **23.** e-n Zeugen durch Sugge'stivfragen leiten. **24.** *e-e* Karte, Farbe *etc* aus-, anspielen. **25.** *Boxen:* e-n Schlag führen.

**IV** *v/i* **26.** führen: a) vor'angehen, den Weg weisen (*a. fig.*), b) die erste *od.* leitende Stelle einnehmen, Führer sein, c) *sport* an der Spitze *od.* in Führung liegen: **to ~ by points** nach Punkten führen. **27.** führen (*Straße, Gang etc*): **to ~ off** abgehen von; **to ~ to** *fig.* führen zu, zur Folge haben; → **Rome I. 28.** *Boxen:* (zu schlagen) beginnen: **to ~ with the left. 29.** ~ **with** (*Journalismus*) etwas als Aufmacher bringen.

*Verbindungen mit Adverbien:*

**lead|a·stray** *v/t fig.* a) irreführen, b) verführen. **~ a·way** *v/t* **1.** wegführen, *Verhafteten etc* abführen. **2.** *fig.* j-n abbringen (**from** von): **to be led away** *a.* sich abbringen lassen. **~ in** *v/i* s-e Rede *etc* einleiten (**with** mit). **~ off I** *v/t* **1.** → **lead away. 2.** *fig.* einleiten, er-öffnen, beginnen (**with** mit). **II** *v/i* **3.** *fig.* anfangen, beginnen: **he led off by saying** er sagte eingangs. **~ on** *v/t* **1.** verführen, verlocken (**with** mit). **2.** j-m etwas vor- *od.* weismachen: **to lead s.o. on to think** that j-n glauben machen, daß. **~ up I** *v/t* **1.** j-n hin'auf-, her'aufführen (**to** auf *acc*). **II** *v/i* **2.** hin'auf-, her'aufführen (**to** auf *acc*) (*Straße etc*). **3.** *fig.* (**to** a) (all'mählich *od.* schließlich) führen (zu), b) 'überleiten (zu), einleiten (*acc*), c) hin'auswollen (auf *acc*): **he was leading up to**

**s.th.** er wollte auf etwas ganz Bestimmtes hinaus.

**lead²** [led] **I** *s* **1.** *chem.* Blei *n.* **2.** *mar.* Senkblei *n*, Lot *n:* **to cast** (*od.* **heave**) **the ~** das Lot auswerfen, loten; **to swing the ~** *Br. sl.* sich (vor *od.* von der Arbeit) drücken, *bes.* ,krankmachen', ,krankfeiern'. **3.** Blei *n*, Kugeln *pl* (*Geschosse*). **4.** *chem.* Gra'phit *m*, Reißblei *n.* **5.** (Bleistift)Mine *f:* **to put ~ in s.o.'s pencil** *colloq. humor.* j-s Manneskraft stärken. **6.** *print.* 'Durchschuß *m.* **7.** Fensterblei *n*, Bleifassung *f.* **8.** *pl Br.* a) bleierne Dachplatten *pl*, b) (flaches) Bleidach. **9.** → **white lead. II** *v/t* **10.** verbleien: **~ed** verbleit, (*Benzin a.*) bleihaltig. **11.** a) mit Blei füllen, b) mit Blei beschweren. **12.** *Fensterglas* in Blei fassen: **~ed window** Bleiglasfenster *n.* **13.** *print.* durch'schießen. **III** *v/i* **14.** *mar.* loten.

**lead|ac·e·tate** [led] *s chem.* 'Bleiace,tat *n*, -zucker *m.* **~ ar·se·nate** *s chem.* 'Blei-arseni̯at *n.* **'~-,cham·ber pro·cess** *s chem.* Bleikammerverfahren *n.* **~ col·ic** *s med.* Bleikolik *f.* **~ con·tent** *s chem.* Bleigehalt *m.*

**lead·en** ['ledn] *adj* (*adv* **~ly**) **1.** bleiern: a) Blei...: ~ **cable,** b) bleigrau: ~ **sky,** c) *fig.* schwer: ~ **limbs** bleischwere Glieder; ~ **sleep** bleierner Schlaf. **2.** schwerfällig, hölzern: ~ **witticisms** geistlose Witze.

**lead·er** ['li:də(r)] *s* **1.** Führer(in). **2.** (An-)Führer *m*, *pol.* (Par'tei)Vorsitzende(r) *m*, *parl.* (*Fraktions-, Oppositions*)Führer *m*, *mil.* (*bes. Zug- od. Gruppen*)Führer *m:* **the ~ of the Labour Party;** ~ **of the delegation** Delegationsführer; ~ **of the opposition** *Br.* Oppositionsführer; **L~ of the House (of Commons)** *Br.* Fraktionsführer der Regierungspartei; → **floor leader. 3.** *mus.* a) *bes. Am.* Leiter *m*, Diri'gent *m*, b) *bes. Br.* Kon'zertmeister *m*, c) (*Band*)Leader *m.* **4.** *jur. Br.* a) erster Anwalt: ~ **for the defence** Hauptverteidiger *m*, b) Kronanwalt *m.* **5.** Leitpferd *n.* **6.** *bes. Br.* 'Leitar,tikel *m* (*e-r Zeitung*): ~ **writer** Leitartikler *m.* **7.** *sport etc* Spitzenreiter *m:* **to be the ~** a) *sport* in Führung liegen, führen, b) führend *od.* tonangebend sein (**in** auf e-m Gebiet). **8.** *econ.* a) 'Zug-, 'Lockar,tikel *m*, b) 'Spitzenar,tikel *m*, führende Marke, c) *pl* (*Börse*) führende Marktwerte *pl.* **9.** *tech.* a) Leitungs-, *bes.* Fallrohr *n*, b) Hauptantriebsrad *n.* **10.** Leitschnur *f* (*e-r Angel*). **11.** *pl print.* Leit-, Ta'bellenpunkte *pl.* **12.** *bot.* Leit-, Haupttrieb *m.* **13.** *anat.* Sehne *f.* **14.** Sugge'stivfrage *f.* **15.** Startband *n* (*e-s Films*).

**'lead·er·less** *adj* führerlos, ohne Führer, (*Partei etc a.*) führungslos.

**'lead·er·ship** *s* **1.** Führung *f*, Leitung *f:* **to relinquish one's party's ~** als Parteivorsitzender zurücktreten. **2.** Führerschaft *f.* **3.** *a.* **quality of ~** 'Führungsquali̯täten *pl:* ~ **lack 1.** ~ **role** → Führungsrolle *f.* ~ **style** *s* Führungsstil *m.*

**'lead-free** ['led-] *adj* bleifrei (*Benzin*).

**lead|gui·tar** *s mus.* 'Leadgi,tarre *f.* **~ gui·tar·ist** *s* 'Leadgita,rist *m.*

**lead|-in** ['li:dɪn] **I** *adj* **1.** *electr.* Zuleitungs...: ~ **cable. 2.** *fig.* einleitend, -führend. **II** *s* [*Br. a.* 'li:d'ɪn] **3.** *electr.* (*a.* An'tennen)Zuleitung *f.* **4.** *fig.* a) (to) Einleitung *f* (zu), Einführung *f* (in *acc*), b) → **lead¹ 8 a.**

**lead·ing¹** ['li:dɪŋ] **I** *s* **1.** Leitung *f*, Führung *f.* **II** *adj* **2.** Leit..., leitend, führend. **3.** erst(er, e, es): **the ~ car in the procession. 4.** führend, erst(er, e, es), (be)herrschend, maßgebend, tonangebend: ~ **citizen** einflußreicher Bürger; ~ **fashion** herrschende Mode.

**lead·ing²** ['ledɪŋ] *s* **1.** Bleiwaren *pl.* **2.**

Verbleiung f. **3.** a) 'Blei¡überzug m, b) Bleifassung f. **4.** → lead² 6.

**lead·ing**| **ar·ti·cle** ['li:dɪŋ] s **1.** → leader 6. **2.** Am. → lead¹ 8 b. **3.** → leader 8 a, b. **~ case** s jur. wichtiger Präze¹denzfall. **~ coun·sel** s leader 4 a. **~ edge** s **1.** Vorderkante f. **2.** electr. Anstiegsflanke f. **~ la·dy** s thea. etc Hauptdarstellerin f. **~ light** s **1.** mar. Leitfeuer n. **2.** fig. führende od. wichtige od. einflußreiche Per¹sönlichkeit. **~ man** s irr thea. etc Hauptdarsteller m. **~ mark** s mar. Leit-, Richtungsmarke f. **~ mo·tive** s **1.** 'Hauptmo¡tiv n. **2.** mus. 'Leitmo¡tiv n. **~ note** s mus. Leitton m. **~ ques·tion** s Sugge¹stivfrage f. **~ rein** s **1.** Leitzügel m. **2.** pl Br. → leading strings. **~ strings** s pl Am. Gängelband n (a. fig.): to keep s.o. in **~** j-n am Gängelband führen od. haben od. halten; to be in **~** to s.o. von j-m gegängelt werden. **~ tone** → leading note.

**lead·less** ['ledlɪs] adj bleifrei (Benzin).

**lead line** [led] s mar. Lotleine f.

'**lead-off** ['li:d-] **I** adj Eröffnungs..., einleitend, erst(er, e, es). **II** s [Br. a. ¡li:d¹ɒf] Eröffnung f, Einleitung f.

**lead**| **pen·cil** [led] s Bleistift m. '**~-pipe cinch** s Am. sl. a) 'Kinderspiel' n, b) ,todsichere' Sache: it's a **~** he'll come er kommt todsicher. **~ poi·son·ing** s med. Bleivergiftung f: he died of **~** er starb an e-r Bleivergiftung (Am. sl. a. er wurde erschossen).

**lead**| **screw** [li:d] s tech. Leitspindel f (e-r Drehbank). **~ sing·er** s mus. Leadsänger(in).

**lead soap** [led] s chem. Bleiseife f.

**lead sto·ry** [li:d] → lead¹ 8 b.

'**lead**|**swing·er** ['led-] s Br. sl. ,Drückeberger(in)', bes. j-d, der ,krankmacht' od. ,krankfeiert'. '**~swing·ing** s Br. sl. ,Drückeberge¹rei' f, bes. ,Krankmachen' n, ,Krankfeiern'.

**lead time** [li:d] s **1.** bes. Am. Vorlaufzeit f (e-s Projekts etc). **2.** econ. Lieferzeit f.

**lead**| **tree** [led] s bot., a. chem. Bleibaum m. **~ wool** s chem. tech. Bleiwolle f. '**~-work** s **1.** Bleiarbeit f. **2.** pl (oft als sg konstruiert) Bleihütte f.

**lead·y** ['ledɪ] adj **1.** bleiern, bleiartig. **2.** bleihaltig.

**leaf** [li:f] **I** pl **leaves** [li:vz] s **1.** bot. Blatt n: **~** blade Blattspreite f; **~** bud Blattknospe f; in **~** belaubt; to come into **~** ausschlagen, zu sprießen beginnen. **2.** bot. (Blüten)Blatt n: rose **~**. **3.** collect. a) Teeblätter pl, b) Tabakblätter pl. **4.** Blatt n (im Buch): to take a **~** out of s.o.'s book fig. sich ein Beispiel nehmen an j-m, ,sich von j-m e-e Scheibe abschneiden'; to turn over a new **~** fig. ein neues Leben beginnen, e-n neuen Anfang machen. **5.** tech. a) (Fenster-, Tür)Flügel m, b) (Tisch)Klappe f, c) Ausziehplatte f (e-s Tisches): to pull out the leaves den Tisch ausziehen, d) Aufziehklappe f (e-r Klappbrücke), e) (Vi¹sier)Klappe f (am Gewehr). **6.** tech. Blatt n, (dünne) Folie, La¹melle f: **~** brass Messingfolie. **7.** tech. a) Blatt n (e-r Feder), b) Zahn m (am Triebrad), c) Blattfeder f. **II** v/i **8.** a. **~** out ausschlagen, zu sprießen beginnen. **9.** **~** through 'durchblättern. **III** v/t **10.** Am. 'durchblättern.

**leaf·age** ['li:fɪdʒ] s Laub(werk) n, Blätter (-werk n) pl.

**leafed** [li:ft] adj **1.** belaubt. **2.** in Zssgn ...blätt(e)rig.

**leaf fat** s zo. Nierenfett n. **~ green** s bot. chem. Blattgrün n (a. Farbe).

'**leaf·less** adj blätterlos, entblättert, kahl: **~** in winter winterkahl.

**leaf·let** ['li:flɪt] **I** s **1.** bot. Blättchen n. **2.** a)

---

Flugblatt n, Hand-, Re¹klamezettel m, b) Merkblatt n, c) Pro¹spekt m. **II** v/i **3.** Flugblätter etc verteilen.

**leaf**| **met·al** s tech. 'Blattme¡tall n. **~ mo(u)ld** s agr. Kom¹post m. **~ sight** s 'Klappvi¡sier n (e-s Gewehrs). **~ spring** s tech. Blattfeder f. '**~-stalk** s bot. Blattstiel m. **~ to·bac·co** s **1.** Rohtabak m. **2.** Blättertabak m. '**~-work** s art Blatt-, Laubwerk n.

'**leaf·y** adj **1.** belaubt. **2.** Laub... **3.** blattartig, Blatt...

**league¹** [li:g] **I** s **1.** Liga f, Bund m: L~ of Nations hist. Völkerbund. **2.** Bündnis n, Bund m: to be in **~** with gemeinsame Sache machen mit, unter 'einer Decke stecken mit; to be in **~** with the devil mit dem Teufel im Bunde stehen. **3.** sport Liga f: **~** game Punktspiel n; **~** table Tabelle f. **4.** colloq. Klasse f: they are not in the same **~** with me an mich kommen sie nicht ran. **II** v/t u. v/i pres p '**lea·guing 5.** a. **~** together (sich) verbünden.

**league²** [li:g] s Br. hist. League f (ein . Längenmaß, etwa 3 Meilen).

**lea·guer¹** ['li:gə(r)] mil. obs. **I** s Belagerung f. **II** v/t belagern.

**lea·guer²** ['li:gə(r)] s bes. Am. Verbündete(r) m.

**leak** [li:k] **I** s **1.** a) mar. Leck n (a. in e-m Tank etc), b) Loch n, undichte Stelle (a. fig. in e-m Amt etc): to spring a **~** ein Leck od. Loch bekommen. **2.** a) Auslaufen n, b) 'Durchsickern n: → inspired 6. **3.** (das) auslaufende Wasser etc. **4.** electr. a) Verluststrom m, Streuung(sverluste pl) f, b) Fehlerstelle f. **5.** sl. ,Schiffen' n (Urinieren): to have a **~** schiffen; to go for a **~** schiffen gehen. **II** v/i **6.** lecken, leck sein. **7.** tropfen (Wasserhahn). **8.** electr. lecken, streuen. **9.** **~** out a) auslaufen, -strömen, -treten, entweichen, b) fig. 'durchsickern. **10.** **~** in eindringen, -strömen. **11.** sl. ,schiffen' (urinieren). **III** v/t **12.** 'durchlassen. **13.** fig. 'durchsickern lassen: → information.

**leak·age** ['li:kɪdʒ] s **1.** Lecken n. **2.** → leak 2–4. **3.** econ. Lec¹kage f (Gewichtsverlust durch Verdunsten od. Aussickern auf Grund e-r undichten Stelle). **~ conduct·ance** s electr. Ableitung f. **~ current** s electr. Reststrom m (e-s Kondensators). **~ flux** s electr. Streufluß m. **~ path** s electr. Kriechweg m. **~ re·sist·ance** s electr. 'Streu-, 'Ableit¡widerstand m.

'**leak·y** adj leck, undicht (a. fig.).

**leal** [li:l] adj Scot. od. poet. treu.

**lean¹** [li:n] **I** v/i pret u. pp **leaned** [li:nd; Br. bes. lent], bes. Br. **leant** [lent] **1.** sich neigen, schief sein od. stehen. **2.** sich neigen, sich lehnen, sich beugen (over über acc): to **~** back sich zurücklehnen; to **~** forward sich vorbeugen; to **~** out sich hinauslehnen (of aus); to **~** over backward(s) (to do s.th.) colloq. sich ,fast umbringen'(, etwas zu tun). **3.** sich lehnen (against gegen). **4.** lehnen (against an dat). **5.** **~** on a) sich stützen auf (acc), b) fig. sich verlassen auf (acc), bauen auf (acc), c) colloq. j-n unter Druck setzen. **6.** **~** to(ward[s]) fig. ('hin)neigen od. ten¹dieren zu. **II** v/t **7.** neigen, beugen. **8.** lehnen (against gegen, an, auf acc). **9.** stützen (on auf acc). **III** s **10.** Neigung f: a **~** of 60°.

**lean²** [li:n] **I** adj (adv **~ly**) **1.** mager (a. fig.): **~** man (cattle, meat, crop, soil, wages, years, etc); a **~** face ein hageres od. mageres Gesicht; (as) **~** as an alley cat völlig abgemagert; in (od. on) fig. arm an (dat). **2.** fig. prä¹gnant, knapp: **~** prose. **3.** tech. mager, arm: **~** coal Magerkohle f; **~** concrete Magerbeton

---

m; **~** gas Arm-, Schwachgas n; **~** mixture mageres od. armes Gemisch. **II** s **4.** (das) Magere (des Fleisches). '**~-burn en·gine** s mot. Magermotor m. '**~-faced** adj mit hagerem Gesicht: to be **~** ein hageres Gesicht haben.

'**lean·ing I** adj schräg, geneigt, schief: the L~ Tower of Pisa der Schiefe Turm von Pisa. **II** s fig. Neigung f, Ten¹denz f (to, toward[s] zu).

'**lean·ness** s Magerkeit f (a. fig.).

**leant** [lent] bes. Br. pret u. pp von lean¹.

'**lean-to I** pl **-tos** s Anbau m od. Schuppen m (mit Pultdach). **II** adj Anbau...: **~** roof Pultdach n.

**leap** [li:p] **I** v/i pret u. pp **leaped** [li:pt; Br. bes. lept] od. **leapt** [lept; Am. bes. li:pt] **1.** springen (a. fig.): look before you **~** erst wägen, dann wagen; to **~** aside auf die od. zur Seite springen; to **~** at fig. sich stürzen auf (ein Angebot etc); to **~** for joy Freudensprünge machen; to make hearts **~** for joy die Herzen höher schlagen lassen; to **~** from one subject to another von e-m Thema zum anderen springen; to **~** into fame schlagartig berühmt werden; to **~** into s.o.'s mind j-m plötzlich (in den Sinn) kommen; to **~** into view plötzlich auftauchen od. in Sicht kommen; to **~** out ins Auge springen (to s.o. j-m); to **~** to the eye ins Auge springen (to s.o. j-m); to **~** up a) aufspringen, b) hochschlagen (Flammen), c) fig. sprunghaft anwachsen, emporschnellen (Preise etc); → conclusion 3, foot 1. **II** v/t **2.** über¹springen (a. fig.), springen über (acc). **3.** Pferd etc springen lassen. **4.** e-e Stute etc bespringen, decken. **III** s **5.** Sprung m (a. mus. u. fig.): a great **~** forward; to take a **~** e-n Sprung machen; a **~** in the dark fig. ein Sprung ins Ungewisse; by **~s** and bounds fig. sprunghaft. **6.** fig. sprunghaftes Anwachsen, Emporschnellen n (von Preisen etc). **~ day** s Schalttag m. '**~-frog I** s **1.** Bockspringen n. **II** v/i **2.** bockspringen. **3.** a) ,hüpfen': he **~**ged from town to town, b) sich (immer wieder) gegenseitig über¹holen (a. fig.). **III** v/t **4.** bockspringen über (acc). **5.** a. **~** each other (od. one another) → 3 b. **6.** mil. zwei Einheiten im über¹schlagenden Einsatz vorgehen lassen. [von leap.]

**leapt** [lept; Am. bes. li:pt] pret u. pp

**leap year** s Schaltjahr n.

**learn** [lɜːn; Am. lɜrn] pret u. pp **learned** [-nt; -nd] od. **learnt** [-nt] **I** v/t **1.** (er)lernen: to **~** a language; to **~** a trade e-n Beruf erlernen; to **~** the piano Klavier spielen lernen; to **~** (how) to swim schwimmen lernen; to **~** by heart auswendig lernen; to **~** off (auswendig) lernen; → lesson 5. **2.** (from) a) erfahren, hören (von): to **~** the truth die Wahrheit erfahren; I am (od. have) yet to **~** that es ist mir nicht bekannt, daß; it was **~**ed yesterday gestern erfuhr man, b) ersehen, entnehmen (aus e-m Brief etc). **3.** sl. ,lernen' (lehren). **II** v/i **4.** lernen. **5.** hören, erfahren (about, of von). '**learn·a·ble** adj erlernbar.

**learn·ed** ['lɜːnɪd; Am. 'lɜrnəd] adj (adv **~ly**) **1.** gelehrt (Mensch), (Abhandlung etc a.) wissenschaftlich: **~** profession akademischer Beruf; → friend 4. **2.** erfahren, bewandert (in in dat). **3.** angelernt: **~** skills.

'**learn·er** s **1.** Anfänger(in). **2.** Lernende(r m) f: a foreign **~** of German ein Ausländer, der Deutsch lernt; to be a fast (slow) **~** schnell (langsam) lernen. **3.** a. **~** driver a) Fahrschüler(in), b) Br. Fahrschüler, der nur in Begleitung e-s Führerscheininhabers berechtigt ist, ein Kraftfahrzeug zu führen.

**'learn·ing** s **1.** Gelehrsamkeit f, Gelehrtheit f. **2.** (Er)Lernen n: ~ **by doing** Grundsatz, nach dem Lernen sich hauptsächlich in der praktischen Auseinandersetzung mit den Dingen vollzieht. **3.** meist pl Am. Lehrstoff m. ~ **dis·a·bil·i·ty** s Lernbehinderung f. **'~-dis₁a·bled** adj lernbehindert.

**learnt** [lɜ:nt; Am. lɜrnt] pret u. pp von learn.

**lease¹** [li:s] **I** s **1.** Pacht-, Mietvertrag m. **2.** a) Verpachtung f, Vermietung f (to an acc), b) Pacht f, Miete f: ~ **of life** Pacht auf Lebenszeit; **a new ~ of** (od. on) **life** fig. ein neues Leben (nach Krankheit etc); **to put out to** (od. **to let out on**) ~ → 5; **to take on ~, to take a ~ of →** 6; **by** (od. on) ~ auf Pacht. **3.** Pachtbesitz m, -gegenstand m, bes. Pachtgrundstück n. **4.** Pacht-, Mietzeit f: **put out to a ~ of 5 years** auf 5 Jahre verpachtet. **II** v/t **5.** ~ **out** verpachten, -mieten (to an acc). **6.** a) pachten, mieten, b) leasen.

**lease²** [li:s] s (Weberei) **1.** (Faden)Kreuz n, Schrank m. **2.** Latze f.

**'lease|·back** s Rückverpachtung f (an den Verkäufer). **'~·hold I** s **1.** Pacht-, Mietbesitz m. **2.** Pachtland n, -grundstück n. **II** adj **3.** Pacht..., Miet...: ~ **estate** Pachtgut n; ~ **insurance** Pachtgutversicherung f. **'~·hold·er** s Pächter(in), Mieter(in). **~₁·lend** → lend-lease.

**'leas·er** s Pächter(in), Mieter(in).

**leash** [li:ʃ] **I** s **1.** (Hunde)Leine f: **to keep on the ~** → 5 a; **to keep** (od. **hold**) **in ~** → 5 b; **to strain at the ~** a) an der Leine zerren, b) fig. kaum mehr zu halten sein; **to strain at the ~ to do s.th.** fig. a) alle möglichen Anstrengungen unternehmen, etwas zu tun, b) es kaum mehr erwarten können, etwas zu tun. **2.** a) hunt. Koppel f (Hunde, Füchse etc), b) fig. ‚Dreigespann' n: **a ~ of** drei. **3.** → lease² **2. II** v/t **4.** zs.-koppeln. **5.** a) an der Leine halten od. führen, b) fig. im Zaum halten.

**leas·ing** ['li:sɪŋ] s **1.** a) Pachten n, Mieten n, b) Leasen n. **2.** Verpachten n, -mieten n. **3.** Leasing n (Vermietung von längerlebigen Wirtschaftsgütern mit der Möglichkeit, sie nach Ablauf des Vertrags gegen geringere Gebühr weiter zu benutzen od. käuflich zu erwerben).

**least** [li:st] **I** adj (sup von little) **1.** geringst(er, e, es), mindest(er, e, es), wenigst(er, e, es): → **resistance** 1. **2.** geringst(er, e, es), unbedeutendst(er, e, es): **at the ~ thing** bei der geringsten Kleinigkeit. **II** s **3.** (das) Mindeste, (das) Geringste, (das) Wenigste: **at ~** wenigstens, zumindest; **at** (the) ~ mindestens; **at the very ~** allerwenigstens; **not in the ~** nicht im geringsten od. mindesten; **to say the ~** (of it) gelinde gesagt. **III** adv **4.** am wenigsten: **he worked ~;** ~ **possible** geringstmöglich; ~ **of all** am allerwenigsten; **tomorrow ~ of all** morgen schon gar nicht. ~ **com·mon mul·ti·ple** s math. kleinstes gemeinsames Vielfaches. ~ **squares (meth·od)** s math. Me'thode f der kleinsten Qua'drate. ~ **tern** s orn. Zwergseeschwalbe f.

**'least₁·ways,** Am. **'least₁·wise** adv colloq. wenigstens, zu'mindest.

**leat** [li:t] s Br. 'Mühlka₁nal m.

**leath·er** ['leðə(r)] **I** s **1.** Leder n (a. humor. Haut; a. sport Ball): → **hell** 2. **2.** Gegenstand aus Leder, bes. Lederball m, -riemen m, -lappen m. **3.** pl a) Lederhose(n pl) f, b) 'Lederga₁maschen pl. **II** v/t **4.** mit Leder über'ziehen. **5.** colloq. ‚versohlen', verprügeln. **'~·back** s zo. Lederschildkröte f. **'~·board** s Lederpappe f. **'~·bound** adj ledergebunden.

**leath·ern** ['leðə(r)n] adj obs. ledern.

**'leath·er·neck** s mil. sl. ‚Ledernacken' m (Marineinfanterist des U.S. Marine Corps).

**leath·er·y** ['leðərɪ] adj lederartig, zäh: ~ **meat.**

**leave¹** [li:v] pret u. pp **left** [left] **I** v/t **1.** verlassen: a) von j-m od. e-m Ort etc fort-, weggehen: **the car left the road** der Wagen kam von der Straße ab; → **home** 1, b) abreisen, abfahren etc von (for nach), c) von der Schule abgehen: **to ~ school,** d) j-n od. etwas im Stich lassen, etwas aufgeben: **she left him for another man** sie verließ ihn wegen e-s anderen Mannes; **to get left** colloq. im Stich gelassen werden. **2.** lassen: **to ~ s.th. about** (od. **around**) **the room** etwas im Zimmer herumliegen lassen; **to ~ it at that** es dabei belassen od. (bewenden) lassen; **to ~ things as they are** die Dinge so lassen, wie sie sind; **to ~ alone** 2; **to ~ s.o. to himself** j-n sich selbst überlassen; → **cold** 4 d, **lurch²** 3. **4.** (übrig)lassen: **6 from 8 ~s 2 8 minus 6 ist 2; to be left** übrigbleiben od. übrig sein; **there is plenty of wine left** es ist noch viel Wein übrig; **there's nothing left for us but to go** uns bleibt nichts (anderes) übrig als zu gehen; **to be left till called for** postlagernd; → **desire** 1, **stone** Bes. Redew., **undone** 1. **4.** e-e Narbe etc zu'rücklassen, e-n Eindruck, e-e Nachricht, e-e Spur etc hinter'lassen: **to ~ s.o. wondering whether** j-n im Zweifel darüber lassen, ob. **5.** hängen-, liegen-, stehenlassen, vergessen: **he left his umbrella at the restaurant. 6.** über'lassen, an'heimstellen (to s.o. j-m): **I ~ it to you to decide** ich überlasse die Entscheidung Ihnen; **to ~ nothing to accident** nichts dem Zufall überlassen. **7.** (nach dem Tode) hinter'lassen: **he ~s a widow and five children** er hinterläßt e-e Frau u. fünf Kinder; **he left his family well off** er ließ seine Familie in gesicherten Verhältnissen zurück. **8.** vermachen, -erben: **she left him a small fortune. 9.** (auf der Fahrt) links od. rechts liegen lassen: ~ **the village on the left. 10.** aufhören mit, einstellen, (unter')lassen. **II** v/t **11.** (fort-, weg)gehen, abreisen, abfahren (for nach): **the train ~s at six** der Zug fährt um 6 (Uhr) ab od. geht um 6. **12.** gehen (die Stellung aufgeben): **our cook has threatened to ~.**

Verbindungen mit Adverbien:

**leave|a·bout** v/t her'umliegen lassen. ~ **a·lone** v/t al'lein lassen. **2.** a) j-n od. etwas in Ruhe lassen (→ **severely** 1, b) etwas auf sich beruhen lassen. ~ **a·round** → leave about. ~ **a·side** v/t e-e Frage etc bei'seite lassen, ausklammern. ~ **be·hind** v/t **1.** zu'rücklassen. **2.** → leave¹ 4 u. 5. **3.** e-n Gegner etc hinter sich lassen (→ in ftz.). ~ **in** v/t **1.** im Ofen od. in der Röhre lassen. **2.** e-n Satz etc (stehen)lassen. ~ **off I** v/t **1.** einstellen, aufhören mit: **to ~ work** die Arbeit einstellen; **to ~ crying** zu weinen aufhören. **2.** e-e Gewohnheit etc aufgeben. **3.** Kleidungsstück ablegen, nicht mehr tragen od. anziehen. **II** v/i **4.** aufhören. ~ **on** v/t **1.** Kleidungsstück anbehalten, anlassen. **2.** das Radio etc anlassen. **3.** dar'auf lassen: **to leave the lid on.** ~ **out** v/t **1.** draußen lassen. **2.** aus-, weglassen (of von, bei). **3.** über'sehen, vergessen (of bei). ~ **o·ver** v/t Br. **1.** übriglassen: **to be left over** übrigbleiben od. übrig sein; **there is plenty of wine left over** es ist noch viel Wein übrig. **2.** verschieben (till, until auf acc, bis).

**leave²** [li:v] s **1.** Erlaubnis f, Genehmigung f: **to ask** ~ **of s.o., to ask s.o.'s** ~ j-n um Erlaubnis bitten; **to take** ~ **to say** sich zu sagen erlauben; **by** ~ **of** mit Genehmigung (gen); **by your** ~! mit Verlaub!; **without a 'with** (od. **by**) **your** ~' colloq. ohne auch nur zu fragen; → **absence** 2, **absent** 1. **2.** Urlaub m: (to go) **on** ~ auf Urlaub (gehen); **a man on** ~ ein Urlauber; ~ **pay** Urlaubsgeld n; → **absence** 2. **3.** Abschied m: **to take** (**one's**) ~ sich verabschieden, Abschied nehmen (**of s.o.** von j-m); → **sense** 2.

**leave³** [li:v] → **leaf** 8.

**leaved** [li:vd] adj (bes. in Zssgn) **1.** bot. ...blätt(e)rig. **2.** ...flügelig: **two-~ door** Flügeltür f.

**leav·en** ['levn] **I** s **1.** a) Sauerteig m, b) Treibmittel n. **2.** fig. Auflockerung f. **II** v/t **3.** Teig a) säuern, b) (auf)gehen lassen. **4.** fig. auflockern (**with** mit, durch).

**'leav·en·ing** → leaven I.

**leaves** [li:vz] pl von leaf.

**'leave-₁·tak·ing** s Abschied m, Abschiednehmen n.

**leav·ing** ['li:vɪŋ] s **1.** meist pl 'Überbleibsel n, Rest m. **2.** pl Abfall m. ~ **cer·tif·i·cate** s ped. Abgangszeugnis n.

**Leb·a·nese** [₁lebə'ni:z] **I** adj liba'nesisch. **II** pl -'nese s Liba'nese m, Liba'nesin f.

**Le·bens·raum** ['leɪbənzraʊm] s Lebensraum m.

**leb·ku·chen** ['leɪb₁ku:kən] pl -chen s Lebkuchen m.

**lech** [letʃ] colloq. **I** s **1.** → lechery. **2.** Lüstling m, Wüstling m, ‚Lustmolch' m. **II** adj **3.** → lecherous. **III** v/i **4.** geil od. ‚scharf' sein (after auf acc).

**le·cha·te·lier·ite** [ləʃə'teljəraɪt; Am. a. lə₁ʃɑ:tl'ɪr₁aɪt] s min. Lechatelie'rit m.

**'lech·er** s Lüstling m, Wüstling m. **'lech·er·ous** adj (adv ~ly) geil, lüstern. **'lech·er·ous·ness** s Geilheit f, Lüsternheit f. **'lech·er·y** s Geilheit f (a. Gedanke etc), Lüsternheit f.

**lec·i·thin** ['lesɪθɪn] s Biochemie: Lezi'thin n (in allen pflanzlichen u. tierischen Zellen enthaltener Stoff, der die Resorbierbarkeit der für den Körper schwerverdaulichen Fette steigert).

**lec·tern** ['lektɜ:n; -tən; Am. -tərn] s relig. Lese-, Chorpult m.

**lec·tion** ['lekʃn] s relig. Lekti'on f, Lesung f. **'lec·tion·ar·y** [-ʃnərɪ; Am. -ʃə₁neri:] s relig. Lektio'nar n (Sammlung von Bibelabschnitten in der Reihenfolge, in der sie im Laufe des Kirchenjahres in der Messe zu lesen sind).

**lec·ture** ['lektʃə(r)] **I** s **1.** (on über acc; to vor dat) a) Vortrag m, b) univ. Vorlesung f: ~ **room** Vortrags-, univ. Hörsaal m; ~ **tour** Vortragsreise f; **to give** (od. **read**) **a** ~ e-n Vortrag od. e-e Vorlesung halten. **2.** Strafpredigt f: **to give** (od. **read**) s.o. **a** ~ → 5. **II** v/i **3.** (on über acc; to vor dat) a) e-n Vortrag od. Vorträge halten, b) univ. e-e Vorlesung od. Vorlesungen halten, lesen. **III** v/t **4.** a) e-n Vortrag od. Vorträge halten vor (dat), b) univ. e-e Vorlesung od. Vorlesungen halten vor (dat). **5.** j-m e-e Strafpredigt od. ‚Standpauke' halten.

**lec·tur·er** ['lektʃərə(r)] s **1.** Vortragende(r m) f: **he is an excellent** ~ er trägt ausgezeichnet vor. **2.** univ. a) Br. (etwa) außerplanmäßiger Pro'fessor, b) Lehrbeauftragte(r) m.

**lec·tur·ette** [₁lektʃə'ret] s Kurzvortrag m.

**led** [led] pret u. pp von lead¹.

**ledge** [ledʒ] s **1.** Sims m, n, Leiste f, vorstehender Rand. **2.** (Fels)Gesims n. **3.** Felsbank f, Riff n. **4.** Bergbau: a) Lager n, b) Ader f.

**ledg·er** ['ledʒə(r)] s **1.** econ. Hauptbuch n. **2.** arch. Querbalken m, Sturz m (e-s Gerüsts). **3.** große Steinplatte. ~ **board** s Handleiste f (e-s Geländers etc). ~ **line** s

**1.** Angelleine *f* mit festliegendem Köder. **2.** *mus.* Hilfslinie *f*. **~ pa·per** *s* gutes ¡Schreib·pa¡pier (*für Hauptbücher*). **~ tack·le** *s* Grundangel *f*.

**lee** [li:] *s* **1.** Schutz *m*: **under** (*od.* **in**) **the ~** of im Schutz von (*od. gen*). **2.** (wind-) geschützte Stelle. **3.** a) Windschattenseite *f*, b) *mar.* Lee(seite) *f*: **to be under the ~** windgeschützt liegen; **to come by the ~** in Lee fallen; **to go by the ~** den Wind verlieren. **'~·board** *s mar.* Seitenschwert *n*.

**leech¹** [li:tʃ] *I s* **1.** *zo.* Blutegel *m*: **to apply ~es to** → **4**; **to stick** (*od.* **cling**) **like a ~ to s.o.** wie e-e Klette an j-m hängen. **2.** *fig.* a) Klette *f*, b) Blutsauger *m*. **3.** *obs.* Arzt *m*. *II v/t* **4.** j-m Blutegel setzen.

**leech²** [li:tʃ] *s mar.* Leick *n*, Liek *n*.

**leek** [li:k] *s* **1.** *bot.* (Breit)Lauch *m*, Porree *m*. **2.** Lauch *m* (*Emblem von Wales*).

**leer¹** [lɪə(r)] *I s* a) höhnisches *od.* boshaftes *od.* anzügliches Grinsen, b) lüsterner Seitenblick. *II v/i* a) höhnisch *od.* boshaft *od.* anzüglich grinsen, b) lüstern schielen (**at** nach).

**leer²** → **lehr**.

**leer·y** [ˈlɪərɪ] *adj sl.* argwöhnisch, ¡mißtrauisch (**of** gegen¡über): **I'm very ~ of that fellow** dem Kerl trau' ich nicht über den Weg.

**lees** [li:z] *s pl* Bodensatz *m*: **to drink** (*od.* **drain**) **to the ~** *fig.* a) bis zur Neige auskosten, b) bis zur bitteren Neige durchstehen.

**lee¦shore** *s mar.* Leeküste *f*. **~·side** *s mar.* Leeseite *f*.

**leet¹** [li:t] *s hist. Br.* **1.** Lehngericht *n*. **2.** (Lehn)Gerichtstag *m*.

**leet²** [li:t] *s Scot.* Bewerber-, Kandi¡datenliste *f*.

**lee tide** *s mar.* Leetide *f*.

**lee·ward** [ˈli:wə(r)d; *mar.* ¡lu:ə(r)d] *mar.* *I adj* Lee..., leewärts gelegen, nach Lee zu liegend *od.* sich bewegend. *II s* Lee(seite) *f*: **to ~** → III; **to drive to ~** abtreiben; **to fall to ~** abfallen. *III adv* leewärts, nach Lee.

**'lee·way** *s* **1.** *mar.* Leeweg *m*, Abtrift *f*: **to make ~** (*vom Kurs*) abtreiben. **2.** *aer.* Abtrift *f*. **3.** *fig.* Rückstand *m*, Zeitverlust *m*: **to make up ~** (den Rückstand *od.* den Zeitverlust) aufholen. **4.** *fig.* Spielraum *m*.

**left¹** [left] *I adj* **1.** link(er, e, es), Links...: **on the ~ hand** of linker Hand; **a wife of the ~ hand** *hist.* e-e morganatische Gattin; **on** (*od.* **to**) **the ~ side** links, linker Hand. *II s* **2.** (die) Linke, linke Seite (*a. von Stoff*): **on** (**at, to**) **the ~** (**of**) zur Linken (*gen*), links (von), auf der linken Seite (von *od. gen*), linker Hand (von); **on our ~** zu unserer Linken, uns zur Linken; **the second turning to** (*od.* **on**) **the ~** die zweite Querstraße links; **to keep to the ~** a) sich links halten, b) *mot.* links fahren. **3.** *Boxen*: Linke *f* (*Hand od. Schlag*). **4. the ~**, *a.* **the L~** *pol.* die Linke. *III adv* **5.** links (of von), auf der linken Seite, zur linken Hand: **to turn ~** a) (sich) nach links wenden, b) *mot.* links abbiegen; **~, right and center** (*bes. Br.* centre) *fig.* überall; **to spend one's money ~, right and center** (*bes. Br.* centre) sein Geld mit vollen Händen ausgeben.

**left²** [left] *pret u. pp von* **leave¹**.

**'left¦-hand** *adj* **1.** link(er, e, es): **~ glove**; **~ bend** Linkskurve *f*. **2.** linkshändig, mit der linken Hand (ausgeführt): **~ blow** (*Boxen*) Linke *f*. **3.** *bes. tech.* linksgängig, -läufig, Links...: **~ drive** Linkssteuerung *f*; **~ engine** linksläufiger Motor; **~ motion** Linksgang *m*; **~ rotation** Linksdrehung *f*; **~ screw** linksgängige Schraube; **~ thread** Linksgewinde *n*; **~ twist** Linksdrall *m*. **¡~·hand·ed** *I adj* (*adv*

**~·ly**) **1.** linkshändig: **~ person** Linkshänder(in). **2.** → **left-hand** 2, 3. **3.** zweifelhaft, fragwürdig: **~ compliments. 4.** linkisch, ungeschickt. **5.** *hist.* morga¡natisch: **~ marriage** a. Ehe *f* zur linken Hand. *II adv* **6.** mit der linken Hand. **¡~·'hand·ed·ness** *s* **1.** Linkshändigkeit *f*. **2.** Zweifelhaftigkeit *f*, Fragwürdigkeit *f*. **3.** Ungeschicktheit *f*. **¡~·'hand·er** *s* **1.** Linkshänder(in). **2.** *Boxen*: Linke *f*.

**left·ism** [ˈleftɪzəm] *s pol.* ¡Linkspoli¡tik *f*, -orien¡tierung *f*. **'left·ist** *I s* **1.** *pol.* ¡Linkspo¡litiker *m*, -stehende(r) *m*, -par¡teiler *m*, -radi¡kale(r) *m*. **2.** *Am.* Linkshänder(in). *II adj* **3.** *pol.* ¡linksgerichtet, -stehend, -radikal, Links... **'left-¡lean·ing** *adj pol.* nach links ten¡dierend.

**¡left¦-'lug·gage lock·er** *s rail. Br.* (Gepäck)Schließfach *n*. **¡~·'lug·gage office** *s rail. Br.* Gepäckaufbewahrung(sstelle) *f*. **'~-off** *adj* abgelegt: **~ clothes**. **'~·o·ver** *I adj* **1.** übrig(geblieben). *II s* **2.** *meist pl* ¡Überbleibsel *n*, Rest *m*. **3.** *gastr. Am.* Gericht *n* aus Resten.

**left¦ wing** *s* **1.** *bes. mil. pol. sport* linker Flügel. **2.** *sport* Linksaußen *m*. **'~-wing** *adj pol.* dem linken Flügel angehörend, Links...

**left·y** [ˈleftɪ] *s colloq.* **1.** *pol.* Linke(r) *m*. **2.** *bes. Am.* Linkshänder(in).

**leg** [leg] *I v/i* **1.** *meist* **~ it** a) die Beine gebrauchen, zu Fuß gehen, b) (weg)rennen. *II s* **2.** Bein *n*. **3.** ¡Unterschenkel *m*. **4.** (*Hammel- etc*)Keule *f*: **~ of mutton. 5.** a) (*Hosen-, Strumpf*)Bein *n*, b) (*Stiefel-*)Schaft *m*. **6.** a) (*Stuhl-, Tisch- etc*)Bein *n*, b) Stütze *f*, Strebe *f*, Stützpfosten *m*, c) Schenkel *m* (*e-s Zirkels*). **7.** *math.* Ka¡thete *f*, Schenkel *m* (*e-s Dreiecks*). **8.** E¡tappe *f*, Abschnitt *m* (*e-r Reise etc*), *a. aer. sport* (Teil)Strecke *f*. **9.** *mar.* Schlag *m* (*Strecke, die ein kreuzendes Schiff zurücklegt, ohne zu wenden*). **10.** *sport* ¡Durchgang *m*, Runde *f*: **first-~** (**second-~**) **game** Vorspiel *n* (Rückspiel *n*). **11.** *Kricket*: Seite des Spielfelds, die links vom Schläger (*u. rechts vom Werfer*) liegt. **12.** *hist.* Kratzfuß *m*: **to make a ~.**
*Besondere Redewendungen:*
**to be off one's ~s** sich ausruhen; **she is never off her ~s** sie kommt nie zur Ruhe; **to be on one's ~s again** wieder auf den Beinen sein (*nach e-r Krankheit*); **to be all ~s** *colloq.* nur aus Beinen bestehen, ¡Beine bis zum Kinn haben'; **to be on one's last ~s** auf dem letzten Loch pfeifen; **my car is on its last ~s** mein Wagen macht nicht mehr lange; **the government are on their last ~s** die Regierung ist am Ende *od.* hat abgewirtschaftet; **to find one's ~s** a) gehen *od.* laufen lernen (*Baby*), b) *fig.* sich freischwimmen; lernen, selbständig zu handeln, c) *fig.* sich eingewöhnen; **to get (up) on one's ~s** (aufstehen u.) sich zu Wort melden; **to get s.o. back on his ~s** *fig.* j-m wieder auf die Beine helfen; **to get a** (*od.* **one's**) **~ over** *sl.* ¡bumsen' (*Geschlechtsverkehr haben*); **to give s.o. a ~** j-m (hin)aufhelfen, b) j-m unter die Arme greifen; **to have the ~s of s.o.** *colloq.* schneller laufen (können) als j-d; **to have no ~ to stand on** a) keinerlei Beweise haben, b) sich nicht herausreden können; **to pull s.o.'s ~** *colloq.* j-n ¡auf den Arm nehmen' *od.* ¡aufziehen' *od.* foppen; **to run** (*od.* **rush**) **s.o. off his ~s** j-n in Trab halten; **to shake a ~** *colloq.* a) das Tanzbein schwingen, b) ¡Dampf od. Tempo machen'; **to show a ~** *colloq.* aufstehen, aus dem Bett steigen; **to stand on one's own (two) ~s** auf eigenen Beinen stehen; **to stretch one's ~s** sich die Beine ver-

treten; **to take to one's ~s** ¡die Beine in die Hand *od.* unter den Arm nehmen', ¡Fersengeld geben'; → **hind²**, **walk off** 3.

**leg·a·cy** [ˈlegəsɪ] *s jur.* Vermächtnis *n*, *fig. a.* Erbe *n*. **~ hunt·er** *s* Erbschleicher *m*.

**le·gal** [ˈli:gl] *adj* (*adv* **~·ly**) **1.** gesetzlich, rechtlich: **~ holiday** *Am.* gesetzlicher Feiertag; → **tender²** 7. **2.** le¡gal, gesetzmäßig, rechtsgültig. **3.** Rechts..., ju¡ristisch: **~ adviser** Rechtsberater *m*; **~ age** gesetzliches Mindestalter, *bes.* Volljährigkeit *f*; **~ agent** gesetzlicher Vertreter; **~ aid** (*unentgeltliche*) Rechtshilfe (*für bedürftige Personen*); **~ capacity** Rechts-, Geschäftsfähigkeit *f*; **~ dispute** Rechtsstreit *m*; **~ medicine** Gerichtsmedizin *f*; **~ position** Rechtslage *f*; **~ profession** a) juristischer Beruf, b) Anwaltsberuf *m*, c) (*der*) Anwaltsstand, (*die*) Anwaltschaft; **~ protection** Rechtsschutz *m*; → **capacity** 9, **entity** 2, **force** 5. **4.** gerichtlich: **a ~ decision**; **to take ~ action** den Rechtsweg beschreiten; **to take ~ action** (*od.* **steps**) **against s.o.** gerichtlich gegen j-n vorgehen; **~ separation** (gerichtliche) Aufhebung der ehelichen Gemeinschaft. **5.** *relig.* a) dem Gesetz des Moses entsprechend, b) auf die seligmachende Kraft der guten Werke (*u. nicht der Gnade*) bauend.

**le·gal·ese** [¡li:gə'li:z] *s* Ju¡ristensprache *f*, -jar¡gon *m*.

**le·gal·ism** [ˈli:gəlɪzəm] *s* Lega¡lismus *m*: a) *strikte Gesetzestreue*, b) *contp.* starres Festhalten an Paragraphen.

**le·gal·i·ty** [li:ˈgælətɪ] *s* **1.** Gesetzlichkeit *f*. **2.** Legali¡tät *f*, Gesetzmäßigkeit *f*, Rechtsgültigkeit *f*. **3.** *relig.* Werkgerechtigkeit *f*.

**le·gal·i·za·tion** [¡li:gəlarˈzeɪʃn; *Am.* -ləˈz-] *s* Legali¡sierung *f*. **'le·gal·ize** *v/t* legali¡sieren: a) *e-e Urkunde* amtlich beglaubigen *od.* bestätigen, b) *e-e Sache* le¡gal machen.

**leg·ate¹** [ˈlegɪt; -gət] *s pol.* Le¡gat *m*, päpstliche(r) Gesandte(r).

**le·gate²** [lɪˈgeɪt] *v/t* (testamen¡tarisch) vermachen.

**leg·a·tee** [¡legəˈti:] *s jur.* Lega¡tar(in), Vermächtnisnehmer(in).

**le·ga·tion** [lɪˈgeɪʃn] *s pol.* **1.** a) Gesandtschaft *f*, b) Legati¡on *f*, päpstliche Gesandtschaft. **2.** a) Entsendung *f* (*e-s bevollmächtigten Vertreters*), b) Auftrag *m*, Missi¡on *f*. **3.** Gesandtschaft(sgebäude *n*) *f*.

**le·ga·to** [ləˈgɑːtəʊ] *mus.* *I adj u. adv* le¡gato, gebunden. *II pl* **-tos** *s* Le¡gato *n*.

**le·ga·tor** [¡legəˈtɔː; *bes. Am.* lɪˈgeɪtə(r)] *s jur.* Vermächtnisgeber(in).

**leg bye** *s Kricket*: Lauf, nachdem der Ball das Bein *od.* e-n anderen Körperteil des Schlagmanns berührte, nicht aber den Schläger.

**leg·end** [ˈledʒənd] *s* **1.** Sage *f*, Le¡gende *f* (*a. fig.*). **2.** *collect.* Sage *f*, Sagen(schatz *m*) *pl*, Legende(n *pl*) *f*: **in ~** in der Sage *od.* Legende. **3.** (¡Heiligen)Le¡gende *f*. **4.** *fig.* legen¡däre Gestalt *od.* Sache, Mythus *m*: → **living** 1, **time** 7. **5.** Le¡gende *f*: a) erläuternder Text, ¡Bild¡unterschrift *f*, b) Zeichenerklärung *f* (*auf Karten, Schautafeln etc*), c) Inschrift *f* (*auf Münzen etc*).

**leg·end·ar·y** [ˈledʒəndərɪ; *Am.* -¡derɪ:] *I adj* **1.** legen¡där: a) le¡genden-, sagenhaft, b) unwahrscheinlich, c) zur Le¡gende geworden. *II s* **2.** Legen-, Le¡gendensammlung *f*. **3.** Sagen-, Le¡gendendichter *m*.

**leg·end·ry** [ˈledʒəndrɪ] → **legend** 2.

**leg·er·de·main** [¡ledʒə(r)dəˈmeɪn] *s* **1.** Taschenspiele¡rei *f* (*a. fig.*). **2.** Schwindel *m*.

**le·ges** [ˈli:dʒi:z] *pl von* **lex**.

**legged** [legd; *bes. Am.* ˈlegɪd] *adj* (*bes. in Zssgn*) mit (...) Beinen, ...beinig.

**leg·gings** ['legɪŋz], *Am. a.* **leg·gins** ['legənz] *s pl* **1.** a) (hohe) Ga'maschen *pl*, b) Leggins *pl*, Leggings *pl* (*vom Knöchel bis zum Oberschenkel reichende Ledergamaschen nordamerikanischer Indianer*). **2.** a) Strampelhose *f*, b) Ga'maschenhose *f*, c) *Am.* Steghose *f*.

**leg·gy** ['legɪ] *adj* **1.** langbeinig. **2.** *colloq.* mit langen, wohlgeformten Beinen: **a** ~ **girl**. **3. a** ~ **photo** (**show**) *colloq.* ein Foto, auf dem (e-e Show, in der) viel Bein zu sehen ist.

**leg·horn** *s* **1.** ['leghɔ:(r)n; *Br. a.* le'gɔ:n; *Am. a.* 'legərn] a) (*ein*) feines Strohgeflecht, b) *Hut aus* a. **2. L~** [le'gɔ:n; *Am.* 'leghɔ:rn; 'legərn] Leghorn *n* (*e-e Haushuhnrasse*).

**leg·i·bil·i·ty** [,ledʒɪ'bɪlətɪ] *s* Leserlichkeit *f*, Lesbarkeit *f*. **'leg·i·ble** [-əbl] *adj* (*adv* **legibly**) **1.** leserlich, lesbar. **2.** wahrnehmbar, erkennbar, sichtbar. **'leg·i·ble·ness** → **legibility**.

**le·gion** ['li:dʒən] *s* **1.** *antiq. mil.* Legi'on *f*. **2.** Legi'on *f*, (*bes.* Frontkämpfer)Verband *m*: **the American** (**the British**) **L~**; **L~ of Hono(u)r** (*französische*) Ehrenlegion; **L~ of Merit** *mil. Am.* Verdienstlegion (*Orden*); → **foreign** 1. **3.** *fig.* Legi'on *f*: a) Heer *n*, b) Unzahl *f*: **they are** ~ **ihre Zahl ist Legion**.

**le·gion·ar·y** ['li:dʒənərɪ; *Am.* -,nerɪ] **I** *adj* **1.** Legions... **II** *s* **2.** Legio'när *m*. **3.** *Br.* Angehörige(r) *m* des Brit. Frontkämpferverbands. **~ ant** → **driver ant**.

**le·gion·naire** [,li:dʒə'neə(r)] *s* **1.** Legio'när *m*. **2.** *oft* **L~** *Am.* Angehörige(r) *m* des Amer. Frontkämpferverbands. **le·gion·naires' dis·ease** [,li:dʒə-'neə(r)z] *s med.* Legio'närskrankheit *f*.

**leg·is·late** ['ledʒɪsleɪt] **I** *v/i* **1.** Gesetze erlassen. **2.** *fig.* **to** ~ **against s.th.** etwas verhindern; **to** ~ **against s.o. doing s.th.** verhindern, daß j-d etwas tut; **to** ~ **for s.th.** etwas berücksichtigen. **II** *v/t* **3.** durch Gesetzgebung bewirken *od.* schaffen.

**leg·is·la·tion** [,ledʒɪs'leɪʃn] *s* Gesetzgebung *f* (*a. weitS.* erlassene Gesetze).

**leg·is·la·tive** ['ledʒɪslətɪv; *Am.* 'ledʒə-,sleɪtɪv] **I** *adj* (*adv* ~**ly**) **1.** gesetzgebend, legisla'tiv: ~ **assembly** gesetzgebende Versammlung; ~ **body** → 4 b; ~ **power** → 4 a. **2.** gesetzgeberisch, legisla'torisch, Legislatur..., Gesetzgebungs...: ~ **period** Legislaturperiode *f*. **3.** gesetzlich, durch die Gesetzgebung festgelegt. **II** *s* **4.** Legisla'tive *f*: a) gesetzgebende Gewalt, b) gesetzgebende Körperschaft.

**leg·is·la·tor** ['ledʒɪsleɪtə(r)] *s* **1.** Gesetzgeber *m*. **2.** Mitglied *n* einer gesetzgebenden Körperschaft. **leg·is·la·to·ri·al** [-lə'tɔ:rɪəl] → **legislative** 2.

**leg·is·la·tress** ['ledʒɪsleɪtrɪs] *s* **1.** Gesetzgeberin *f*. **2.** → **legislator** 2.

**leg·is·la·ture** ['ledʒɪsleɪtʃə(r)] *s* **1.** → **legislative** 4 b. **2.** *obs.* → **legislative** 4 a.

**le·gist** ['li:dʒɪst] *s* **1.** Rechtskundige(r) *m*, Ju'rist *m*. **2.** *hist.* Le'gist *m* (*Jurist, der das römische Recht beherrschte*).

**le·git** ['li:dʒɪt] *sl.* **I** *adj* → **legitimate** 1 a *u.* b, 5. **II** *s* → **legitimate drama**.

**le·git·i·ma·cy** [lɪ'dʒɪtɪməsɪ] *s* **1.** Legiti'mi'tät *f*: a) Gesetzmäßigkeit *f*, Gesetzlichkeit *f*, b) Rechtmäßigkeit *f*, Berechtigung *f*, c) Ehelichkeit *f*. **2.** Richtigkeit *f*, Kor'rektheit *f*. **3.** Folgerichtigkeit *f*, Logik *f*. **4.** Echtheit *f*.

**le·git·i·mate** [lɪ'dʒɪtɪmət] **I** *adj* (*adv* ~**ly**) **1.** legi'tim: a) gesetzmäßig, gesetzlich, b) rechtmäßig, berechtigt: ~ **claims**; **the** ~ **ruler** der legitime Herrscher, c) ehelich: ~ **birth**; ~ **son**. **2.** richtig, kor'rekt. **3.** einwandfrei, folgerichtig, logisch. **4.** echt. **5.** a) ernst: ~ **music**, b) *thea.* Dramen...: ~ **playwright** Dramatiker *m*. **II**

*v/t* [-meɪt] **6.** legiti'mieren: a) für gesetzmäßig erklären, b) ehelichen Status verleihen (*dat*), für ehelich erklären. **7.** als (rechts)gültig anerkennen, sanktio'nieren. **8.** rechtfertigen. ~ **dra·ma** *s* (*das*) Drama (*Ggs. Revue, Musical etc*).

**le·git·i·mate·ness** → **legitimacy**.

**le·git·i·ma·tion** [lɪ,dʒɪtɪ'meɪʃn] *s* Legitimati'on *f*: a) Legiti'mierung *f*, a. Ehelichkeitserklärung *f*, b) Ausweis *m*. **le·'git·i·ma·tize** [-mətaɪz] → **legitimate** II.

**le·git·i·mism** [lɪ'dʒɪtɪmɪzəm] *s pol. hist.* Legiti'mismus *m* (*auf dem monarchischen Legitimitätsprinzip beruhende Auffassung von der Unabsetzbarkeit e-s regierenden Herrschers*). **le·'git·i·mist I** *s* Legiti-'mist(in). **II** *adj* legiti'mistisch.

**le·git·i·mi·za·tion** [lɪ,dʒɪtɪmaɪ'zeɪʃn; *Am.* -mə'z-] → **legitimation**. **le·'git·i·mize** → **legitimate** II.

**leg·less** ['leglɪs] *adj* ohne Beine, beinlos.

**leg·man** ['legmæn; *Am.* -,mən] *s irr bes. Am.* **1.** ('Zeitungs)Re,porter *m*. **2.** *colloq.* Laufbursche *m*.

**leg·-of·'mut·ton** *adj*: ~ **sail** *mar.* Schafschenkel *m*, Schratsegel *n*; ~ **sleeve** Keulenärmel *m*. **'~-pull** *s colloq.* Foppe-'rei *f*. **'~-room** *s bes. mot.* Beinfreiheit *f*, Platz *m* für die Beine. ~ **show** *s colloq.* Show, in der viel Bein zu sehen ist.

**leg·ume** ['legju:m; *a.* lɪ'gju:m] *s* **1.** *bot.* a) Legumi'nose *f*, Hülsenfrucht *f*, b) Le-'gumen *n*, Hülse *f* (*Frucht der Leguminosen*). **2.** *meist pl* a) Hülsenfrüchte *pl* (*als Gemüse*), b) Gemüse *n*. **le·gu·men** [le-'gju:men; -mən; lɪ-] *pl* **-mi·na** [-mɪnə], **-mens** → **legume** 2. **le·'gu·min** [-mɪn] *s chem.* Legu'min *n* (*Eiweißstoff in den Hülsenfrüchten*). **le·gu·mi·nous** [-mɪnəs] *adj* a) Hülsen..., b) hülsenartig, c) hülsentragend. **2.** erbsen- *od.* bohnenartig. **3.** *bot.* zu den Hülsenfrüchten gehörig.

**leg| warm·ers** *s pl* Mode: Legwarmers *pl*, Stulpen *pl*. **'~·work** *s colloq.* **1.** ,Laufe'rei' *f*. **2.** Kleinarbeit *f*.

**lehr** [lɪə(r)] *s tech.* (Band-, Tunnel)Kühlofen *m* (*für Glas*).

**le·hu·a** [leɪ'hu:ə] *s* **1.** *bot.* (*ein*) Eisenholzbaum *m*. **2.** *Blüte dieses Baumes* (*Emblem von Hawaii*).

**lei¹** ['leɪ:; leɪ] *s* Blumen-, Blütenkranz *m* (*auf Hawaii*).

**lei²** ['leɪɪ:; leɪ] *pl von* **leu**.

**Leices·ter** ['lestə(r)] *s* Leicester-Schaf *n* (*langwolliges englisches Schaf*).

**leish·ma·ni·a** [li:ʃ'meɪnɪə] *s zo.* Leish-'mania *f* (*ein schmarotzendes Geißeltierchen*). **leish·ma·ni·a·sis** [,li:ʃmə'naɪəsɪs], **leish·ma·ni·o·sis** [li:ʃ,meɪnɪ'əʊsɪs; -,mænɪ-] *s med.* Leishmani'ose *f* (*durch Leishmanien verursachte Tropenkrankheit*).

**leis·ter** ['li:stə(r)] *s* mehrzackiger Fischspeer.

**lei·sure** ['leʒə(r); *Am. bes.* 'li:ʒər] **I** *s* **1.** freie Zeit: **at** ~ a) mit Muße, ohne Hast, in (aller) Ruhe, b) frei, unbeschäftigt: **at your** ~ wenn es Ihnen (gerade) paßt, bei Gelegenheit; **lady of** ~ *colloq.* ,Gunstgewerblerin' (*Prostituierte*). **2.** ~ **lei·sureliness**. **II** *adj* **3.** Muße..., frei: ~ **activities** Freizeitgestaltung *f*; ~ **center** (*bes. Br.* **centre**) Freizeitzentrum *n*; ~ **facilities** Freizeiteinrichtungen; ~ **hours** Mußestunden; ~ **industry** Freizeitindustrie *f*; ~ **occupation** Freizeitbeschäftigung *f*; ~ **suit** Freizeitanzug *m*; ~ **time** Freizeit *f*; ~ **wear** Freizeitkleidung *f*. **'lei·sured** *adj* **1.** unbeschäftigt, müßig: **the** ~ **classes** die begüterten Klassen. **2.** ~ **leisurely**. **'lei·sure·li·ness** [-lɪnɪs] *s* Gemächlichkeit *f*, Gemütlichkeit *f*.

**'lei·sure·ly** *adj u. adv* gemächlich, gemütlich.

**leit·mo·tiv**, *a.* **leit·mo·tif** ['laɪtməʊ-,ti:f] *s mus.* 'Leitmo,tiv *n* (*a. in der Literatur*).

**lem·an** ['lemən] *s obs.* Buhle *m*, *f*, Geliebte(r *m*) *f*.

**lem·ma¹** ['lemə] *pl* **-mas** *od.* **-ma·ta** [-mətə] *s* Lemma *n*: a) *math., Logik*: Hilfssatz *m*, Annahme *f*, b) (*lexikographisches*) Stichwort, c) *ling.* Grundform *f* (*e-s Worts*), d) *obs. in Titel od. Motto* ausgedrückter Hauptinhalt e-s Werkes.

**lem·ma²** ['lemə] *pl* **-mas** *bot.* Deckspelze *f* (*der Gräser*).

**lem·ma·ta** ['lemətə] *pl von* **lemma¹**.

**lem·ming** ['lemɪŋ] *s zo.* Lemming *m*.

**lem·nis·cate** ['lemnɪskɪt; lem'nɪskeɪt; *Am.* lem'nɪskət] *s math.* Lemnis'kate *f* (*algebraische Kurve 4. Ordnung, die die Form e-r liegenden Acht hat*).

**lem·on** ['lemən] **I** *s* **1.** Zi'trone *f*. **2.** *bot.* Li'mone *f*, Zi'tronenbaum *m*. **3.** Zi'tronengelb *n*. **4.** *sl.* ,Niete' *f* (*Sache od. Person*). **II** *adj* **5.** Zitronen...: ~ **juice** (**taste, tea**, *etc*). **6.** zi'tronengelb.

**lem·on·ade** [,lemə'neɪd] *s* Zi'tronenlimo,nade *f*.

**lem·on| cheese**, ~ **curd** *s* Brotaufstrich *aus Eigelb, Zucker, Zitronensaft u. Butter*. **~ dab** *s ichth.* Rotzunge *f*. **~ drop** *s* Zi'tronenbon,bon *m*, *n*. **~ so·da** *s Am.* Zi'tronenlimo,nade *f*. **~ sole** *s ichth.* (*bes.* Fran'zösische) Seezunge. **~ squash** *s Br.* Getränk *aus Zitronenkonzentrat u. Wasser*. **~ squeez·er** *s* Zi'tronenpresse *f*.

**lem·on·y** ['lemənɪ] *adj* **1.** → **lemon** 5, 6. **2.** *Austral. sl.* ,sauer' (*verärgert*).

**le·mur** ['li:mə(r)] *s zo.* Halbaffe *m*, *bes.* a) Maki *m*, b) Gemeiner Le'mur(e).

**lem·u·res** ['lemjʊri:z; *Am. a.* 'lemə,reɪs] *s pl myth. antiq.* Le'muren *pl* (*nachts als Gespenster umherirrende Geister von Verstorbenen*).

**lem·u·roid** ['lemjʊrɔɪd] *zo.* **I** *adj* halbaffenartig. **II** *s* Halbaffe *m*.

**lend** [lend] *pret u. pp* **lent** [lent] *v/t* **1.** (ver-, aus)leihen: **to** ~ **s.o. money**, **to** ~ **money to s.o.** j-m Geld leihen, an j-n Geld leihen. **2.** *fig.* Würde, Nachdruck, Farbe *etc* verleihen (**to** *dat*). **3.** *fig.* leihen, gewähren, schenken: **to** ~ **one's name to s.th.** s-n Namen hergeben für etwas; **to** ~ **o.s. to s.th.** a) sich hergeben zu etwas, b) sich e-r Sache hingeben; **to** ~ **itself to s.th.** sich eignen für *od.* zu etwas; → **aid** 4, **ear¹** 3, **hand** 1. **'lend·er** *s* Aus-, Verleiher(in), Geld-, Kre'dit-, Darlehensgeber(in).

**'lend·ing** *s* Aus-, Verleihen *n*, (*e-r Bibliothek*) Leihverkehr *m*, *econ.* Kre'dit-, Darlehensgewährung *f*: **international** ~ internationaler Kreditverkehr. **~ li·brar·y** *s* 'Leihbüche,rei *f*.

**lend-'lease I** *s* 'Leih-'Pacht-Sy,stem *n*. **II** *v/t* auf Grund *od.* nach Art des Leih-Pacht-Gesetzes verleihen u. verpachten. **L~-'L~ Act** *s* Leih-Pacht-Gesetz *n* (*von* 1941).

**le·nes** ['leɪneɪz; 'li:ni:z] *pl von* **lenis**.

**length** [leŋθ; leŋkθ] *s* **1.** Länge *f* (*Dimension*): ~ **and breadth**; **they searched the** ~ **and breadth of the house** sie durchsuchten das ganze Haus; **an arm's** ~ e-e Armlänge; **two feet in** ~ 2 Fuß lang; **what** ~ **is it?** wie lang ist es? **2.** Länge *f*: a) Strecke *f*: **a** ~ **of three feet**, b) lange Strecke. **3.** *Maß*: a) Bahn *f* (*Stoff, Tapete etc*), b) Stück *n* (*Schnur etc*), c) Abschnitt *m* (*e-r Straße etc*), d) Bahn *f*, Länge *f* (*e-s Schwimmbeckens*). **4.** Länge *f*, 'Umfang *m* (*e-s Buches, e-r Liste etc*). **5.** (*zeitliche*) Länge: a) Dauer *f* (*a. ling. e-s Lautes*): **of some** ~ ziemlich lang, b) lange Dauer. **6.**

*sport* Länge *f*: **the horse won by a** ~ das Pferd gewann mit e-r Länge (Vorsprung). **7.** *metr.* Quanti'tät *f*.
*Besondere Redewendungen*:
**at** ~ a) ausführlich, b) endlich, schließlich; **at full** ~ a) in allen Einzelheiten, b) der Länge nach; **at great (some)** ~ sehr (ziemlich) ausführlich; **to go to great** ~**s** a) sehr weit gehen, b) sich sehr bemühen; **he went (to) the** ~ **of asserting** er ging so weit zu behaupten; **to go to all** ~**s** aufs Ganze gehen; **to go any** ~**(s) for s.o.** alles tun für j-n; **I wonder what** ~**(s) he will go to** wie weit er wohl gehen wird?; **I cannot go that** ~ **with you** darin gehen Sie mir zu weit; **to know the** ~ **of s.o.'s foot** j-s Schwächen *od.* Grenzen kennen; → **arm**[1] *Bes. Redew.*, **measure** 18.
**length·en** ['leŋθən; 'leŋkθən] **I** *v/t* **1.** verlängern, länger *od.* länger machen, *Kleidungsstück a.* auslassen. **2.** ausdehnen. **3.** *metr.* lang machen. **4.** *Wein etc* strecken. **II** *v/i* **5.** sich verlängern, länger werden: **his face** ~**ed** sein Gesicht wurde länger, er machte ein langes Gesicht; **the shadows** ~**ed** die Schatten wurden länger. **6.** ~ **out** sich in die Länge ziehen. **'length·en·ing I** *s* Verlängerung *f*. **II** *adj* Verlängerungs-...
**length·i·ness** ['leŋθɪnɪs; 'leŋkθ-] *s* Langatmigkeit *f*.
**'length·ways, 'length·wise I** *adv* der Länge nach, in der Länge, längs. **II** *adj* Längs-...: ~ **cut**.
**length·y** ['leŋθɪ; 'leŋkθɪ] *adj* (*adv* **lengthily**) **1.** sehr lang. **2.** 'übermäßig *od.* ermüdend lang, langatmig. **3.** *colloq.* ,lang': **a** ~ **fellow**.
**le·ni·en·cy** ['liːnjənsɪ; -nɪənsɪ], **'le·ni·ence** *s* Milde *f*, Nachsicht *f*. **'le·ni·ent** *adj* (*adv* ~**ly**) mild(e), nachsichtig (**to, toward[s]** gegen'über).
**Len·in·ism** ['lenɪnɪzəm] *s pol.* Leni'nismus *m*. **'Len·in·ist, 'Len·in·ite I** *s* Leni'nist(in). **II** *adj* leni'nistisch.
**le·nis** ['leɪnɪs; 'liː-] *I pl* **le·nes** ['leɪneɪz; 'liːniːz] *s* Lenis *f* (*mit schwachem Druck u. ungespannten Artikulationsorganen gebildeter Verschluß- od. Reibelaut*). **II** *adj* le'niert.
**le·ni·tion** [lɪ'nɪʃn] *s ling.* Le'nierung *f*, Konso'nantenschwächung *f* (*bes. in den keltischen Sprachen*).
**len·i·tive** ['lenɪtɪv] **I** *adj* **1.** *med. pharm.* lindernd. **2.** *fig.* besänftigend, beruhigend. **II** *s* **3.** *med. pharm.* Linderungsmittel *n*.
**len·i·ty** ['lenətɪ] *s* Nachsicht *f*, Milde *f*.
**le·no** ['liːnəʊ] **I** *pl* **-nos** *s* Li'non *m* (*feinfädiges Leinen- od. Baumwollgewebe in Leinwandbindung*). **II** *adj* Linon-...
**lens** [lenz] *s* **1.** *anat., a. phot. phys.* Linse *f*: ~ **aperture** *phot.* Blende *f*; **supplementary** ~ Vorsatzlinse. **2.** *phot. phys.* Objek'tiv *n*. **3.** (*einzelnes*) Glas (*e-r Brille*). **4.** Lupe *f*. **5.** *zo.* Sehkeil *m* (*des Facettenauges*). ~ **hood** → **lens screen.** ~ **mount** *s phot.* Objek'tivfassung *f*. ~ **screen** *s phot.* Gegenlichtblende *f*. ~ **tur·ret** *s phot.* Objek'tivre,volver *m*.
**lent**[1] [lent] *pret u. pp von* **lend**.
**Lent**[2] [lent] *s* **1.** Fasten(zeit *f*) *pl*. **2.** *pl* Frühjahrsbootsrennen *pl* (*der Universität Cambridge*).
**Lent·en, L** ['lentən] *adj* **1.** Fasten... **2.** *obs. od. poet.* fastenmäßig, karg, mager: ~ **fare** fleischlose Kost.
**len·tic·u·lar** [len'tɪkjʊlə(r)] *adj* **1.** linsenförmig. **2.** *phys.* bikon'vex. **3.** *anat.* Linsen-...
**len·ti·form** ['lentɪfɔː(r)m] *adj* linsenförmig.
**len·ti·go** [len'taɪgəʊ] *pl* **-tig·i·nes** [-'tɪdʒɪniːz] *s* **1.** *med.* Len'tigo *f*, Linsenfleck *m*, Muttermal *n*. **2.** Sommersprosse *f*.

**len·til** ['lentɪl; *bes. Am.* -tl] *s* **1.** *bot.* Linse *f*: ~ **soup** Linsensuppe *f*. **2.** *geol.* (Ge-steins)Linse *f*.
**Lent lil·y** *s bot. bes. Br.* Nar'zisse *f*.
**len·to** ['lentəʊ] *mus.* **I** *adj u. adv* lento, langsam. **II** *pl* **-tos** *s* Lento *n*.
**Lent term** *s univ. Br.* 'Frühjahrstri,mester *n*.
**Lenz's law** ['lentsɪz] *s phys.* Lenzsche Regel.
**Le·o** ['liːəʊ; 'lɪəʊ] *s astr.* Löwe *m*: **to be (a)** ~ Löwe sein.
**Le·on·i·des** [liː'ɒnɪdiːz; lɪ-; *Am.* -'ɑnə-], **Le·o·nids** ['liːəʊnɪdz; 'lɪə-] *s pl astr.* Leo'niden *pl* (*periodischer, zwischen dem 14. u. 19. November auftretender Meteorstrom, dessen Ausgangspunkt im Sternbild Löwe liegt*).
**le·o·nine**[1] ['liːəʊnaɪn; 'lɪə-] *adj* **1.** Löwen...: ~ **head** Löwenhaupt *n*. **2.** *jur.* leo'ninisch: ~ **partnership** leoninischer Vertrag.
**Le·o·nine**[2] ['liːəʊnaɪn; 'lɪə-] *adj*: ~ **verse** *metr.* leoninischer Vers.
**leop·ard** ['lepə(r)d] *s* **1.** *zo.* Leo'pard *m*, Panther *m*: **American** ~ Jaguar *m*; **black** ~ Schwarzer Panther; **a** ~ **never changes** (*od.* **cannot change**) **its spots** *fig.* der Mensch kann nicht aus s-r Haut heraus. **2.** Leo'pardenfell *n*. ~ **cat** *s zo.* Ben'galkatze *f*. **'~'s-bane** *s bot.* Gemswurz *f*.
**le·o·tard** ['liːəʊtɑː(r)d; 'lɪə-] *s* **1.** Tri'kot *n*. **2.** Gym'nastikanzug *m*.
**lep·er** ['lepə(r)] *s* **1.** *med.* Leprakranke(r *m*) *f*, Aussätzige(r *m*) *f*: ~ **hospital** Leprakrankenhaus *n*. **2.** *fig.* j-d, der von allen gemieden wird.
**lep·id·o·lite** [lɪ'pɪdəlaɪt; 'lepɪdəʊ-] *s min.* Lepido'lith *m*.
**lep·i·dop·ter·ist** [,lepɪ'dɒptərɪst; *Am.* -'dɑp-] *s* Lepidoptero'loge *m*, Schmetterlingskundler *m*. **,lep·i'dop·ter'ol·o·gist** [-'rɒlədʒɪst; *Am.* -'rɑ-] → **lepidopterist.** **,lep·i·dop·ter'ol·o·gy** *s* Lepidopterolo'gie *f*, Schmetterlingskunde *f*. **,lep·i'dop·ter·on** [-rən] *pl* **-ter·a** [-tərə] *s zo.* Schmetterling *m*. **,lep·i·'dop·ter·ous** *adj* Schmetterlings...
**lep·i·dote** ['lepɪdəʊt] *adj biol.* schuppig.
**lep·o·rine** ['lepəraɪn] *adj zo.* **1.** Hasen... **2.** hasenartig.
**lep·re·chaun** ['leprəkɔːn; *Am. a.* -,kɑːn] *s Ir.* Kobold *m*.
**lep·ro·sar·i·um** [,leprə'seərɪəm] *pl* **-i·a** [-ɪə] *s* Lepro'sorium *n* (*Spezialklinik für Leprakranke*).
**lep·rose** ['leprəʊs; -z] *adj biol.* schuppig.
**lep·ro·sy** ['leprəsɪ] *s* **1.** *med.* Lepra *f*, Aussatz *m*. **2.** *fig.* verderblicher Einfluß.
**'lep·rous** ['leprəs] *adj* **1.** *med.* le'pros, le'prös: a) Lepra-, b) leprakrank, aussätzig. **2.** *fig.* verderbt, verdorben: **a** ~ **character**.
**lep·ta** ['leptə; *Am. a.* lep'tɑː] *pl von* **lep·ton**[1].
**lep·to·dac·ty·lous** [,leptəʊ'dæktɪləs] *adj zo.* schmalzehig.
**lep·ton**[1] ['lepton; *Am.* lep'tɑn; 'lep,tɑn] *pl* **-ta** ['leptə; *Am. a.* lep'tɑː] *s* Lep'ton *n* (*griechische Münze*).
**lep·ton**[2] ['lepton; *Am.* -,tɑn] *s phys.* Lep'ton *n* (*Elementarteilchen, das keiner starken Wechselwirkung unterworfen ist*).
**Le·pus** ['liːpəs; 'lepəs] *s astr.* Hase *m* (*Sternbild*).
**les·bi·an** ['lezbɪən] **I** *adj* **1.** **L**~ lesbisch, von Lesbos. **2.** lesbisch: ~ **love.** **II** *s* **4.** Lesbierin *f*. **'Les·bi·an·ism** *s* Lesbia'nismus *m*, lesbische Liebe.
**lèse ma·jes·té** [,leɪz'mæʒesteɪ], **lese maj·es·ty** [,liːz'mædʒɪstɪ] *s* **1.** Maje'stätsbeleidigung *f* (*a. fig.*). **2.** Hochverrat *m*.
**le·sion** ['liːʒn] *s* **1.** *med.* a) Verletzung *f*, Wunde *f*, b) Läsi'on *f* (*Funktionsstörung*

**e-s Organs od. Körperteils*). **2.** *jur.* Schädigung *f*.
**less** [les] **I** *adv* (*comp von* **little**) **1.** weniger, in geringerem Maß *od.* Grad: ~ **known** weniger bekannt; ~ **and** ~ immer weniger; **still** (*od.* **much**) ~ noch viel weniger, geschweige denn; **the** ~ **so as** (dies) um so weniger, als; ~ **than smooth** alles andere als glatt; **we expected nothing** ~ **than** wir erwarteten alles eher als; → **none** *Bes. Redew.* **II** *adj* (*comp von* **little**) **2.** geringer, kleiner, weniger: **in a** ~ **degree** in geringerem Grad *od.* Maß; **of** ~ **value** von geringerem Wert; **he has** ~ **money** er hat weniger Geld; **in** ~ **time** in kürzerer Zeit; **no** ~ **a man than Churchill** kein Geringerer als Churchill. **3.** jünger (*obs. außer in*): **James the L**~ *Bibl.* Jakobus der Jüngere. **III** *s* **4.** weniger, eine kleinere Menge *od.* Zahl, ein geringeres (Aus)Maß: ~ **is sometimes more** weniger ist manchmal mehr; **it was** ~ **than five dollars** es kostete weniger als 5 Dollar; **in** ~ **than no time** im Nu; **to do with** ~ mit weniger auskommen; **for** ~ billiger; **little** ~ **than robbery** so gut wie *od.* schon fast Raub; **no** ~ **than** nicht weniger als; **nothing** ~ **than** a) zumindest, b) geradezu. **IV** *prep* **5.** weniger, minus: **five** ~ **two**; ~ **interest** abzüglich (der) Zinsen. **6.** ausgenommen.
**-less** [lɪs] *Wortelement mit der Bedeutung* **1.** ...los, ohne: → **childless,** *etc.* **2.** nicht zu ...: → **countless,** *etc.*
**les·see** [le'siː] *s jur.* a) Pächter(in), Mieter(in), b) Leasingnehmer(in).
**less·en** ['lesn] **I** *v/i* **1.** sich vermindern *od.* verringern, abnehmen, geringer *od.* kleiner werden. **II** *v/t* **2.** vermindern, -ringern, her'absetzen, verkleinern. **3.** *fig.* a) her'absetzen, schmälern, b) bagatelli'sieren.
**less·er** ['lesə(r)] *adj* (*nur attr*) **1.** kleiner, geringer: → **evil** 5. **2.** unbedeutender (*von zweien*): ~ **wife** Nebenfrau *f*.
**les·son** ['lesn] **I** *s* **1.** Lekti'on *f*, Übungsstück *n*. **2.** (Haus)Aufgabe *f*. **3.** a) (Lehr-, 'Unterrichts)Stunde *f*: **an English** ~ e-e Englischstunde, b) *pl* 'Unterricht *m*, Stunden *pl*: **to give** ~ Unterricht erteilen, unterrichten, Stunden geben; **to take** ~ **s from s.o.** Stunden *od.* Unterricht bei j-m nehmen; ~ **s in French** Französischunterricht. **4.** *fig.* Lehre *f*: **this was a** ~ **to me** das war mir e-e Lehre; **let this be a** ~ **to you** laß dir das zur Warnung dienen. **5.** *fig.* Lekti'on *f*, Denkzettel *m*: **he has learnt his** ~ er hat s-e Lektion gelernt; → **teach** 2. **6.** *relig.* (zu verlesender) (Bibel)Text. **II** *v/t* **7.** *j-m* 'Unterricht erteilen, *j-n* unter'richten, *j-n* unter'weisen (**in** *in dat*). **8.** *fig. j-m* e-n Denkzettel geben, *j-m* e-e Lekti'on erteilen.
**les·sor** [le'sɔː(r)] *s jur.* a) Verpächter(in), Vermieter(in), b) Leasinggeber(in).
**lest** [lest] *conj* **1.** (*meist mit folgendem* **should** *konstruiert*) daß *od.* da'mit nicht; aus Furcht, daß: **he ran away** ~ **he should be seen** er lief davon, um nicht gesehen zu werden. **2.** (*nach Ausdrücken des Befürchtens*) daß: **there is danger** ~ **the plan become known**.
**let**[1] [let] **I** *s* **1.** *Br.* a) Vermieten *n*, Vermietung *f*, b) 'Mietob,jekt *n*: **he is looking for a** ~ **in London** er will in London e-e Wohnung *od.* ein Haus mieten, c) *colloq.* Mieter(in): **they can't find a** ~ **for their flat**.
**II** *v/t pret u. pp* **let 2.** lassen, *j-m* erlauben: ~ **him talk** laß ihn reden; ~ **me help you** lassen Sie sich (von mir) helfen; **he** ~ **himself be deceived** er ließ sich täuschen; **to** ~ **s.o. know** j-n wissen lassen, j-m Bescheid geben; **to** ~ **into** a)

(her)einlassen in (*acc*), b) *j-n* einweihen in *ein Geheimnis*, c) *ein Stück Stoff etc* einsetzen in (*acc*); to ~ s.o. off a penalty j-m e-e Strafe erlassen; to ~ s.o. off a promise j-n von e-m Versprechen entbinden. **3.** *bes. Br.* vermieten, -pachten (to an *acc*; for auf *ein Jahr etc*): "to ~" „zu vermieten". **4.** *e-e Arbeit etc* vergeben (to an *acc*).
**III** *v/aux* **5.** lassen, mögen, sollen (*zur Umschreibung des Imperativs der 1. u. 3. Person, von Befehlen etc*): ~ us go! Yes, ~'s! gehen wir! Ja, gehen wir! (*od.* Ja, einverstanden!); ~ us pray lasset uns beten; ~ him go there at once! er soll sofort hingehen!; (just) ~ them try sie sollen es nur versuchen; ~ A be equal to B nehmen wir an, A ist gleich B.
**IV** *v/i* **6.** *bes. Br.* vermietet *od.* verpachtet werden (at, for für). **7.** sich *gut etc* vermieten *od.* verpachten lassen. **8.** ~ into 'herfallen über *j-n*.
*Besondere Redewendungen:*
~ alone a) geschweige denn, ganz zu schweigen von, b) → let alone; to ~ be a) *etwas* seinlassen, die Finger lassen von, b) *j-n, etwas* in Ruhe lassen; to ~ drive at s.o. auf j-n losschlagen *od.* -feuern; to ~ fall a) fallen lassen, b) *fig. e-e Bemerkung etc* fallenlassen, c) *math.* e-e Senkrechte fällen (on, upon auf *acc*); to ~ fly a) *etwas* abschießen, b) *fig. etwas* loslassen, vom Stapel lassen, c) schießen (at auf *acc*), d) *fig.* grob werden, vom Leder ziehen (at gegen); to ~ go loslassen; to ~ s.th. go, to ~ go of s.th. *etwas* loslassen; to ~ o.s. go a) sich gehenlassen, b) aus sich herausgehen, ~ it go at that laß es dabei bewenden; don't ~ it go any further erzählen Sie es nicht weiter; → loose 1, slip¹ 15, *etc.*
*Verbindungen mit Adverbien:*
let a·lone *v/t* a) *etwas* seinlassen, die Finger lassen von, b) *j-n, etwas* in Ruhe lassen: → let¹ *Bes. Redew.*, severely 1, well¹ 18. ~ by *v/t* 'vorbeilassen. ~ down **I** *v/t* **1.** her'unter-, hin'unterlassen: to let s.o. down gently *fig.* mit j-m glimpflich verfahren; → hair *Bes. Redew.* **2.** *Kleidungsstück* auslassen. **3.** die Luft lassen aus: to ~ a tyre. **4.** verdünnen. **5.** a) *j-n* im Stich lassen, b) enttäuschen. **II** *v/i* **6.** *Am.* nachlassen: to ~ in one's efforts. **7.** *aer. Am.* her'untergehen, zur Landung ansetzen. ~ in *v/t* **1.** (her-, hin)'einlassen; *Wasser etc* 'durchlassen: to let s.o. in; to ~ light; to let o.s. in (aufsperren *od.* die Tür aufmachen u.) hineingehen; it would ~ all sorts of evils es würde allen möglichen Übeln Tür u. Tor öffnen. **2.** *ein Stück etc* einlassen, -setzen. **3.** *Kleidungsstück* enger machen. **4.** *j-n* einweihen (on in *acc*). **5.** in Schwierigkeiten bringen: to let s.o. in for s.th. j-m etwas aufhalsen *od.* einbrocken; to let o.s. in for s.th. sich etwas aufhalsen lassen *od.* einbrocken, sich auf etwas einlassen. ~ off *v/t* **1.** *ein Feuerwerk* abbrennen, *e-e Dynamitladung etc* zur Explosi'on bringen, *ein Gewehr etc* abfeuern. **2.** *Gase etc* ablassen: → steam 1. **3.** *j-n* aussteigen lassen, absetzen. **4.** *fig.* *e-n Witz etc* vom Stapel lassen. **5.** *j-n* laufenlassen, mit e-r *Geldstrafe etc* da'vonkommen lassen: to let s.o. off with a fine. **6.** *j-n* gehenlassen, entlassen. ~ on *colloq.* **I** *v/i* **1.** ,plaudern' (*ein Geheimnis verraten*): don't ~! halt den Mund!, nichts verraten (about von)! **2.** sich etwas anmerken lassen (about von; was ... anbetrifft). **3.** so tun als ob. **II** *v/t* **4.** zugeben (that daß): he knows more than he lets on. **5.** vorgeben: he's not half as ill as he lets on. **6.** ,ausplaudern', verraten (that daß). **7.** sich anmerken lassen (that daß). ~ out **I**

*v/t* **1.** her'aus-, hin'auslassen (of aus): to let o.s. out (aufsperren *od.* die Tür aufmachen u.) hinausgehen; to let the air out of a tire (*bes. Br.* tyre) die Luft aus e-m Reifen lassen. **2.** *ein Kleidungsstück* auslassen. **3.** *e-n Schrei etc* ausstoßen. **4.** *ein Geheimnis* ,ausplaudern', verraten. **5.** *colloq. j-n* aus dem Spiel lassen, verschonen: to let s.o. out of doing s.th. es j-m erlassen, etwas zu tun. **6.** → let¹ 3, 4. **II** *v/i* **7.** 'herfallen (at über *acc*) (*a. mit Worten*). ~ through *v/t* 'durchlassen. ~ up *v/i colloq.* **1.** a) nachlassen, b) aufhören. **2.** (on) weniger streng sein (mit), nachsichtiger sein (gegen).
**let²** [let] *s* **1.** *bes. Tennis:* Let *n*, Netzaufschlag *m*. **2.** Hindernis *n* (*obs. außer in*): without ~ or hindrance völlig unbehindert.
'let·down *s* **1.** Enttäuschung *f.* **2.** *aer. Am.* Her'untergehen *n*.
le·thal ['li:θl] **I** *adj* **1.** tödlich, le'tal: ~ dosis tödliche Dosis; ~ injection *jur. Am.* Todesspritze *f.* **2.** Todes...: ~ chamber Todeskammer *f.* **II** *s* → lethal factor. ~ fac·tor, ~ gene *s biol.* Le'talfaktor *m.*
le·thar·gic [le'θɑː(r)dʒɪk; lɪ-] *adj*; le·thar·gi·cal [-kl] *adj* (*adv* ~ly) le'thargisch: a) teilnahmslos, träg(e), stumpf, b) *med.* schlafsüchtig. leth·ar·gy ['leθə(r)dʒɪ] *s* Lethar'gie *f:* a) Teilnahmslosigkeit *f*, Trägheit *f*, Stumpfheit *f*, b) *med.* Schlafsucht *f.*
Le·the ['li:θiː; -θɪ] *s* **1.** Lethe *f* (*Fluß des Vergessens im Hades*). **2.** *poet.* Vergessen(heit *f*) *n.*
let's [lets] *colloq. für* let us.
Lett [let] *s* **1.** Lette *m*, Lettin *f.* **2.** *ling.* Lettisch *n*, das Lettische.
let·ter¹ ['letə(r)] **I** *s* **1.** Buchstabe *m* (*a. fig. buchstäblicher Sinn*): to the ~ a) wortwörtlich, buchstäblich, b) *fig.* peinlich genau; the ~ of the law der Buchstabe des Gesetzes; in ~ and in spirit dem Buchstaben u. dem Sinne nach. **2.** Brief *m*, Schreiben *n* (to an *acc*): by ~ brieflich, schriftlich; last ~ Abschiedsbrief; ~ of application Bewerbungsschreiben; ~ of introduction Einführungsschreiben; ~ of thanks Dank(es)brief, Dankschreiben. **3.** *meist pl* (amtlicher) Brief, Urkunde *f:* ~s of administration *jur.* Nachlaßverwalterzeugnis *n*; ~ of attorney *jur.* Vollmacht(surkunde) *f*; ~s of credence, ~s credential *pol.* Beglaubigungsschreiben *n*; ~ of credit *econ.* Akkreditiv *n*; ~s patent a) (Adels- *etc*) Patent *n*, b) *jur.* Patenturkunde; ~s testamentary *jur. Am.* Testamentsvollstreckerzeugnis *n.* **4.** *print.* a) Letter *f*, Type *f*, b) *collect.* Lettern *pl*, Typen *pl*, Schrift(art) *f.* **5.** *pl* (*a. als sg konstruiert*) a) (schöne) Litera'tur, b) Bildung *f*, c) Wissenschaft *f:* man of ~s Literat *m*; Gelehrte(r) *m.* **6.** *ped. univ. Am.* Abzeichen *mit den Initialen e-r Schule etc, das bes. für herausragende sportliche Leistungen verliehen wird.*
**II** *v/t* **7.** beschriften. **8.** mit Buchstaben bezeichnen. **9.** *ein Buch* am Rand mit den Buchstaben (*des Alphabets als Daumenindex*) versehen.
let·ter² ['letə(r)] *s bes. Br.* Vermieter(in), Verpächter(in).
let·ter bag *s* Briefbeutel *m*, -sack *m.* ~ bomb *s* Briefbombe *f.* ~ book *s* Briefordner *m* (*für Kopien*). ~ box *s bes. Br.* Briefkasten *m.* ~ card *s Br.* Kartenbrief *m.* ~ car·ri·er *s Am.* Briefträger *m.* ~ case *s* **1.** Briefmappe *f.* **2.** *print.* Setzkasten *m.* ~ drop *s* Briefeinwurf *m.*
let·tered ['letə(r)d] *adj* **1.** (lite'rarisch) gebildet. **2.** gelehrt: a) stu'diert, b) wissenschaftlich. **3.** lite'rarisch. **4.** beschriftet.

let·ter file *s* Briefordner *m.* ~ found·er *s print.* Schriftgießer *m.* ~ found·ry *s print.* Schriftgieße'rei *f.*
let·ter·gram ['letər‚græm] *s Am.* 'Brieftele‚gramm *n.*
'let·ter·head *s* **1.** (gedruckter) Briefkopf. **2.** Kopfbogen *m.*
let·ter·ing ['letərɪŋ] *s* **1.** Beschriften *n:* ~ pen Tuschfeder *f.* **2.** Beschriftung *f.* **3.** Buchstaben *pl.*
let·ter lock *s* Buchstabenschloß *n.* '~·man [-‚mæn; -mən] *s irr ped. univ. Am.* Schüler *od.* Student, *der für herausragende sportliche Leistungen ein Abzeichen mit den Initialen s-r Schule etc verliehen bekommen hat.* ~ o·pen·er *s* Brieföffner *m.* ~ pa·per *s* 'Briefpa‚pier *n.* ~·'per·fect *adj bes. Am.* **1.** textsicher (*Redner, Schauspieler etc*). **2.** per'fekt auswendig gelernt (*Text etc*). ~ press *s* **1.** 'Briefko‚pierpresse *f.* **2.** *print. bes. Br.* (Druck)Text *m.* **3.** *print.* Hoch-, Buchdruck *m.* ~ scales *s pl* 'Briefwaage *f.* ~ tel·e·gram *s* 'Brieftele‚gramm *n.* '~·weight *s* Briefbeschwerer *m.* '~·wood *s bot.* Buchstabenholz *n.* ~ wor·ship *s* Buchstabengläubigkeit *f.* ~ writ·er *s* **1.** Briefschreiber(in). **2.** *hist.* Briefsteller(in).
Let·tic ['letɪk] → Lettish.
let·ting ['letɪŋ] *s bes. Br.* **1.** Vermieten *n*, Verpachten *n.* **2.** 'Mietob‚jekt *n.*
Let·tish ['letɪʃ] **I** *adj* lettisch. **II** *s ling.* Lettisch *n*, das Lettische.
let·tuce ['letɪs] *s bot.* Lattich *m*, (*bes.* Garten)Lattich *m*, (*bes.* 'Kopf)Sa‚lat *m.* ~ bird *s orn. Am.* Goldzeisig *m.*
'let·up *s colloq.* a) Nachlassen *n*, b) Aufhören *n.*
leu ['leɪuː; 'lɔːu] *pl* lei ['leɪiː; 'leɪ] *s* Leu *m* (*rumänische Währungseinheit*).
leu·c(a)e·mi·a → leuk(a)emia.
leu·co·base ['lju:kəʊbeɪs; *bes. Am.* 'lu:-] *s chem.* Leuko'base *f* (*meist farblose Verbindung mit basischen Eigenschaften, die bei der Reduktion bestimmter Farbstoffe entsteht*).
leu·co·cyte ['lju:kəʊsaɪt; *bes. Am.* 'lu:-] *s med.* Leuko'zyt *m*, weißes Blutkörperchen.
leu·co·cy·to·sis [‚lju:kəʊsaɪ'təʊsɪs; *bes. Am.* ‚lu:-] *s med.* Leukozy'tose *f* (*deutliche Vermehrung der weißen Blutkörperchen bei entzündlichen u. infektiösen Erkrankungen*).
leu·co·ma [lju:'kəʊmə; *bes. Am.* lu:-] *s med.* Leu'kom *n* (*weiße Trübung der Hornhaut des Auges durch e-e Narbe*).
leu·co·plast ['lju:kəʊplæst; *bes. Am.* 'lu:-] *s bot.* Leuko'plast *m* (*in Knollen, Wurzeln etc vorkommender, meist Stärke bildender u. speichernder Bestandteil der pflanzlichen Zelle*).
leu·cor·rh(o)e·a [‚lju:kə'ri:ə; *bes. Am.* ‚lu:-] *s med.* Leukor'rhö(e) *f*, Weißfluß *m.* ‚leu·cor'rh(o)e·al *adj* leukor'rhöisch.
leu·co·sis [lju:'kəʊsɪs; *bes. Am.* lu:-] *s* **1.** *med.* Leu'kose *f*, Leukä'mie *f.* **2.** *vet.* Ge'flügelleukä‚mie *f.*
leu·co·tome ['lju:kətəʊm; *bes. Am.* 'lu:-] *s med.* Leuko'tom *n* (*bei der Leukotomie verwendetes Messer*). leu·cot·o·my [lju:'kɒtəmɪ; *bes. Am.* lu:'ka-] *s med.* Leuko'tomie *f*, Loboto'mie *f* (*Durchtrennung der Nervenbahnen zwischen Stirnhirn u. anderen Hirnteilen zur Behandlung von Geisteskrankheiten*).
leu·k(a)e·mi·a [lju:'ki:mɪə; *bes. Am.* lu:-] *s med.* Leukä'mie *f.* leu·k(a)e·mic **I** *adj* leukä'kämisch. **II** *s* Leukä'miekranke(r *m*) *f.*
leu·ko·cyte, leu·ko·cy·to·sis, leu·ko·ma, leu·kor·rhe·a, leu·kor·rhe·al, leu·ko·sis *bes. Am.* → leucocyte, leucocytosis, *etc.*
Le·vant¹ [lɪ'vænt] *s* **1.** Le'vante *f* (*die*

*Länder um das östliche Mittelmeer).* **2.** *obs.* Morgenland *n,* Orient *m.* **3.** l~ → Levanter 2. **4.** l~, *a.* l~ morocco feines Saffianleder.
**le·vant²** [lɪˈvænt] *v/i Br.* ˌsich aus dem Staub machen' *(bes. Schuldner).*
**Le·vant·er** [lɪˈvæntə(r)] *s* **1.** Levan'tiner(in). **2.** *meist* l~ starker Süd'ostwind *(im Mittelmeer).*
**Le·van·tine** [ˈlevəntaɪn; -tiːn; lɪˈvæn-] **I** *s* Levan'tiner(in). **II** *adj* levan'tinisch.
**lev·ee¹** [ˈlevɪ; *Br. a.* ləˈviː] **I** *s* **1.** (Ufer-, Schutz)Damm *m,* (Fluß)Deich *m.* **2.** Lande-, Anlegeplatz *m.* **II** *v/t* **3.** eindämmen.
**lev·ee²** [ˈlevɪ; *Br. a.* ləˈviː] *s* **1.** *hist.* Le'ver *n,* Morgenempfang *m (e-s Fürsten).* **2.** a) *(in England)* Nachmittagsaudienz am Hof *für Männer,* b) *(in USA)* Empfang beim Präsidenten, c) *allg.* Empfang *m.*
**lev·ée en masse** [ləˌveɪɑːŋˈmæs] *s mil.* Volksaufgebot *n.*
**lev·el** [ˈlevl] **I** *s* **1.** *tech.* Li'belle *f,* Wasserwaage *f.* **2.** *surv. tech.* a) Nivel'lierinstruˌment *n,* b) Höhen-, Ni'veaumessung *f.* **3.** Ebene *f (a. geogr.),* ebene Fläche. **4.** Horizon'talebene *f,* Horizon'tale *f,* Waag(e)rechte *f.* **5.** Höhe *f (a. geogr.),* *(Wasser- etc)*Spiegel *m,* (-)Stand *m,* (-)Pegel *m:* ~ of sound Geräuschpegel, Tonstärke *f;* **to be on a** ~ **with** a) auf gleicher Höhe sein mit, b) genauso hoch sein wie (→ 6); **on the** ~ *colloq.* ˌin Ordnung', ehrlich, anständig. **6.** *fig. (a. geistiges)* Ni'veau *n,* Stand *m,* Grad *m,* Stufe *f:* ~ of employment Beschäftigungsstand; high ~ of technical skill hohes technisches Niveau; low production ~ niedriger Produktionsstand; to put o.s. on the ~ of others sich auf das Niveau anderer Leute begeben; to sink to the ~ of cut-throat practices auf das Niveau von Halsabschneidern absinken; to find one's (own) ~ s-n Platz finden *(an den man gehört);* to be on a ~ with auf dem gleichen Niveau *od.* auf der gleichen Stufe stehen wie (→ 5). **7.** *(politische etc)* Ebene: at government ~ auf Regierungsebene; a conference on the highest ~ e-e Konferenz auf höchster Ebene; on a ministerial ~ auf Ministerebene. **8.** *Bergbau:* a) Sohle *f,* b) Sohlenstrecke *f.*
**II** *adj (adv* ~**ly)* **9.** eben: a ~ road; a ~ teaspoon ein gestrichener Teelöffel (-voll). **10.** waag(e)recht, horizon'tal. **11.** gleich *(a. fig.):* ~ crossing *Br.* schienengleicher (Bahn)Übergang; it was ~ pegging between them *sport etc Br. colloq.* sie lagen gleichauf; to be on ~ points *sport etc* punktgleich sein; to be ~ with a) auf gleicher Höhe sein mit, b) genauso hoch sein wie, c) *fig.* auf dem gleichen Niveau *od.* auf der gleichen Stufe stehen wie; to make ~ with the ground dem Erdboden gleichmachen; to draw ~ with s.o. j-n einholen. **12.** a) gleichmäßig: ~ stress *ling.* schwebende Betonung, b) ausgeglichen: a ~ race. **13.** to do one's ~ best sein möglichstes tun. **14.** gleichbleibend: ~ temperature. **15.** vernünftig. **16.** ruhig: to have (keep) a ~ head e-n kühlen Kopf haben (bewahren), sich nicht aus der Ruhe bringen lassen; to give s.o. a ~ look j-n ruhig *od.* fest anschauen.
**III** *v/t pret u. pp* **-eled,** *bes. Br.* **-elled** **17.** a) *a.* ~ off (ein)ebnen, pla'nieren, b) *a.* ~ to *(od.* with) the ground dem Erdboden gleichmachen; to ~ off *(od.* out) *fig.* a) gleichmachen, nivel'lieren: to ~ the score *sport* ausgleichen, b) *Unterschiede* beseitigen, ausgleichen. **20.** a) *e-e Waffe* richten, *das Gewehr* anlegen (at auf *acc*):

to ~ one's rifle at s.o. auf j-n anlegen, b) *fig.* (at, against) *Anschuldigungen* erheben (gegen), *Kritik* üben (an *dat*): his criticism was ~ (l)led against me s-e Kritik richtete sich gegen mich. **21.** *surv.* nivel'lieren.
**IV** *v/i* **22.** die Waffe richten, *(das Gewehr)* anlegen (at auf *acc*). **23.** ~ with *colloq.* offen reden mit, ehrlich sein zu.
*Verbindungen mit Adverbien:*
**lev·el| down** *v/t* **1.** nach unten ausgleichen. **2.** *fig.* auf ein tieferes Ni'veau her'abdrücken, *Preise, Löhne etc* drükken, her'absetzen. ~**off I** *v/t* **1.** → level 17 a, 19. **2.** *ein Flugzeug* abfangen. **II** *v/i* **3.** flach werden *od.* auslaufen *(Gelände etc).* **4.** a) *das Flugzeug* abfangen, b) sich fangen *(Flugzeug).* **5.** *fig.* sich stabili'sieren, sich einpendeln (at bei). ~**out I** *v/t* **1.** → level 19. **2.** → level off 2. **II** *v/i* → level off II. ~ **up** *v/t* **1.** nach oben ausgleichen. **2.** *fig.* auf ein höheres Ni'veau bringen, *Preise, Löhne etc* hin'aufschrauben.
**lev·el·er,** *bes. Br.* **lev·el·ler** [ˈlevlə(r)] *s* **1.** a) Pla'nierer *m,* b) Pla'niergerät *n.* **2.** a) *oft contp.* Gleichmacher *m,* b) **Leveller** *hist.* Leveller *m (Angehöriger e-r radikalen demokratischen Gruppe zur Zeit Cromwells, die vollkommene bürgerliche u. religiöse Freiheit anstrebte),* c) ˌGleichmacher' *m (Faktor, der soziale Unterschiede ausgleicht).*
ˌ**lev·el·ˈhead·ed** *adj (adv* ~**ly)** vernünftig.
**lev·el·ing| rod,** *bes. Br.* **lev·el·ling| rod** *s surv.* Nivel'lierlatte *f,* -stab *m.* ~ **screw** *s tech.* Nivel'lier-, Fußschraube *f.*
**lev·el·ler, lev·el·ling rod** *etc bes. Br. für* leveler, leveling rod *etc.*
**le·ver** [ˈliːvə; *Am. a.* ˈlevər] **I** *s* **1.** *phys. tech.* Hebel *m:* ~ of the first order *(od.* kind) zweiarmiger Hebel; ~ of the second order *(od.* kind) einarmiger Hebel; ~ key *electr.* Kippschalter *m;* ~ ratio leverage 1 a; ~ switch Hebel-, Griffschalter *m.* **2.** *tech.* a) Hebebaum *m,* Brechstange *f,* b) Schwengel *m (e-r Pumpe etc),* c) Anker *m (e-r Uhr):* ~ escapement Ankerhemmung *f;* ~ watch Ankeruhr *f,* d) (Kammer)Stengel *m (e-s Gewehrschlosses),* e) *a.* ~ tumbler Zuhaltung *f.* **3.** *fig.* Druckmittel *n.* **II** *v/t* **4.** hebeln, stemmen: to ~ out (of) a) herausstemmen (aus), b) *fig.* j-n verdrängen (aus).
**le·ver·age** [ˈliːvərɪdʒ; *Am. a.* ˈlev-] *s* **1.** *tech.* a) ˈHebelüberˌsetzung *f,* b) Hebelkraft *f,* -wirkung *f.* **2.** *fig.* Macht *f,* Einfluß *m:* to have the better ~ am längeren Hebel sitzen. **3.** *econ.* Kapi'talanlage *f* mit geborgten Mitteln.
**lev·er·et** [ˈlevərɪt; -vrɪt] *s zo.* junger Hase *(im ersten Jahr),* Häs·chen *n.*
**le·vi·a·than** [lɪˈvaɪəθn] *s* **1.** *Bibl.* Levi'at(h)an *m (ein drachenartiges Meerungeheuer).* **2.** riesiges Meerestier *(bes. Wal).* **3.** *fig.* Ungetüm *n,* Ko'loß *m,* Riese *m (bes. Schiff).*
**lev·i·gate** [ˈlevɪɡeɪt] **I** *v/t* **1.** pulveri'sieren, *(a.* zu e-r Paste) verreiben. **2.** *chem.* homogeni'sieren. **II** *adj* [*a.* -ɡət] **3.** *bes. bot.* glatt.
**lev·in** [ˈlevɪn] *s obs.* Blitz(strahl) *m.*
**lev·i·rate** [ˈliːvɪrɪt; ˈlev-; -reɪt] *s* Levi'rat *n,* Levi'ratsehe *f.*
**lev·i·tate** [ˈlevɪteɪt] **I** *v/t* **1.** frei schweben lassen, *(Parapsychologie)* levi'tieren. **2.** *med. e-n Patienten* auf Luftkissen betten. **II** *v/i* **3.** frei schweben, *(Parapsychologie)* levi'tieren. ˌ**lev·iˈta·tion** *s* **1.** a) freies Schweben, *(Parapsychologie)* Levitati'on *f,* b) freies Schwebenlassen, *(Parapsychologie)* Levitati'on *f.* **3.** *psych.* Levitati'on *f*

*(subjektives Erleben des freien Schwebens im Raum).*
**Le·vite** [ˈliːvaɪt] *s Bibl.* Le'vit *m (jüdischer Tempeldiener aus dem Stamm Levi).* **Le·vit·ic** [lɪˈvɪtɪk] *adj;* **Le·vit·i·cal** *adj (adv* ~**ly)** le'vitisch.
**Le·vit·i·cus** [lɪˈvɪtɪkəs] *s Bibl.* Le'vitikus *m,* 3. Buch *n* Mose.
**lev·i·ty** [ˈlevətɪ] *s* Leichtfertigkeit *f:* with ~ leichtfertig.
**le·vo·gy·ra·tion,** *etc Am.* → laevogyration, *etc.*
**lev·u·lose** *bes. Am.* → laevulose.
**lev·y** [ˈlevɪ] **I** *s* **1.** *econ.* a) Erhebung *f (e-r Steuer etc),* b) Einziehung *f,* Eintreibung *f (e-r Steuer etc).* **2.** *econ.* Steuer *f,* Abgabe *f.* **3.** Beitrag *m,* 'Umlage *f.* **4.** *jur.* Pfändung *f (auf Grund e-s Vollstreckungstitels).* **5.** *mil.* a) Aushebung *f (von Truppen),* b) *a. pl* ausgehobene Truppen *pl,* Aufgebot *n.* **6.** *Steuern etc* a) erheben, b) legen (on auf *acc*), auferlegen (on *dat*): to ~ a tax on s.th. etwas besteuern. **7.** *jur. e-e Zwangsvollstreckung'* durchführen (against bei *j-m*): ~ execution 3 f. **8.** to ~ blackmail on s.o. j-n erpressen. **9.** *mil.* a) *Truppen* ausheben, b) *e-n Krieg* beginnen *od.* führen (on gegen). **III** *v/i* **10.** Steuern erheben: to ~ on land Landbesitz besteuern.
**lev·y en masse** [ˌlevɪɑːŋˈmæs] *s mil.* Volksaufgebot *n.*
**lewd** [luːd; *Br. a.* ljuːd] *adj (adv* ~**ly)** **1.** geil, lüstern. **2.** unanständig, ob'szön. **3.** *Bibl.* sündhaft, böse. **4.** *obs.* ungebildet. ˈ**lewd·ness** *s* **1.** Geilheit *f,* Lüsternheit *f.* **2.** Unanständigkeit *f,* Obszöni'tät *f.*
**lex** [leks] *pl* **le·ges** [ˈliːdʒiːz] *(Lat.) s* **1.** Gesetz *n,* Lex *f.* **2.** Recht *n.*
**lex·eme** [ˈleksiːm] *s ling.* Le'xem *n (Einheit des Wortschatzes, die die begriffliche Bedeutung trägt).*
**lex·i·cal** [ˈleksɪkl] *adj (adv* ~**ly)** lexi'kalisch: a) *das Lexikon betreffend;* in der Art e-s Lexikons, b) den Wortschatz betreffend. ~ **mean·ing** *s ling.* Stammbedeutung *f.*
**lex·i·cog·ra·pher** [ˌleksɪˈkɒɡrəfə(r); *Am.* -ˈkɑ-] *s* Lexiko'graph(in). ˌ**lex·i·co·ˈgraph·ic** [-kəʊˈɡræfɪk] *adj;* ˌ**lex·i·co·ˈgraph·i·cal** *adj (adv* ~**ly)** lexiko'graphisch. ˌ**lex·i·ˈcog·ra·phy** [-ˈkɒɡrəfɪ; *Am.* -ˈkɑ-] *s* Lexikogra'phie *f (Lehre von den Wörterbüchern, ihrer Zs.-stellung u. Abfassung).*
**lex·i·co·log·ic** [ˌleksɪkəʊˈlɒdʒɪk; *Am.* -ˈlɑ-] *adj;* ˌ**lex·i·co·ˈlog·i·cal** [-kl] *adj (adv* ~**ly)** lexiko'logisch. ˌ**lex·i·ˈcol·o·gist** [-ˈkɒlədʒɪst; *Am.* -ˈkɑ-] *s* Lexiko'loge *m.* ˌ**lex·i·ˈcol·o·gy** *s* Lexikolo'gie *f (Lehre vom Wortschatz, von der Erforschung u. Beschreibung s-r Struktur).*
**lex·i·con** [ˈleksɪkən; *Am. a.* -səˌkɑn] *s* **1.** Lexikon *n.* **2.** *(bes.* altsprachliches*)* Wörterbuch *n.* **3.** *ling.* Lexikon *n (Gesamtheit der bedeutungstragenden Einheiten e-r Sprache; der Wortschatz im Ggs. zur Grammatik).*
**lex·i·co·sta·tis·tics** [ˌleksɪkəʊstəˈtɪstɪks] *s pl (als sg konstruiert)* Lexikostatiˌstik *f,* 'Sprachstaˌtistik *f.*
**lex·ig·ra·phy** [lekˈsɪɡrəfɪ] *s* Wortschrift *f (z. B. chinesische Schrift).*
**lex·is** [ˈleksɪs] *s ling.* Lexik *f (Wortschatz e-r Sprache).*
**lex| lo·ci** [ˈləʊsaɪ; -kaɪ] *s* Recht *n* des Handlungsortes. ~ **non scrip·ta** [nɒnˈskrɪptə; *Am.* nɑn-] *s* ungeschriebenes Recht. ~ **scrip·ta** *s* Gesetzesrecht *n.*
**ley** [leɪ; liː] → lea¹.
**Ley·den jar** [ˌleɪdnˈdʒɑː(r); ˌlaɪdn-] *s phys.* Leidener Flasche *f.*
**lez** [lez] *s Am. sl.* ˌLesbe' *f (Lesbierin).*

**'L-head en·gine** *s tech.* seitengesteuerter Motor.

**li·a·bil·i·ty** [ˌlaɪəˈbɪlətɪ] *s* **1.** *econ. jur.* a) Verpflichtung *f*, Verbindlichkeit *f*, Schuld *f*, b) Haftung *f*, Haftpflicht *f*, Haftbarkeit *f*: ~ **insurance** Haftpflichtversicherung *f*; → **joint** 8, **limited** 1, c) *pl* Schuldenmasse *f* (*des Konkursschuldners*). **2.** *pl econ.* (*in der Bilanz*) Passiva *pl.* **3.** *allg.* Verantwortung *f*, Verantwortlichkeit *f.* **4.** Ausgesetztsein *n*, Unter-'worfensein *n* (**to** s.th. e-r Sache), (*Steuer- etc*)Pflicht *f*: ~ **to** (*colloq.* **for**) **taxation**; ~ **to penalty** Strafbarkeit *f.* **5.** (**to**) Hang *m*, Neigung *f* (zu), Anfälligkeit *f* (für). **6.** a) Nachteil *m*, b) Belastung *f.* **7.** Wahr'scheinlichkeit *f.*

**li·a·ble** ['laɪəbl] *adj* **1.** verantwortlich, haftbar, -pflichtig (**for** für): **to be** ~ **for** haften für. **2.** ausgesetzt, unter-'worfen (**to** s.th. e-r Sache): **to be** ~ **to** s.th. e-r Sache unterliegen; ~ **to** (*colloq.* **for**) **taxation** steuerpflichtig; ~ **to penalty** strafbar. **3. to be** ~ **to** neigen zu, anfällig sein für: **he is** ~ **to colds.** **4. to be** ~ **to do** s.th. a) etwas gern *od.* leicht tun, b) etwas wahrscheinlich tun: **he is** ~ **to come** er kommt wahrscheinlich; es ist anzunehmen, daß er kommt; **to be** ~ **to get excited** sich leicht aufregen; **we are all** ~ **to make mistakes occasionally** wir machen alle einmal e-n Fehler; **that is** ~ **to happen** das kann durchaus *od.* leicht passieren; **difficulties are** ~ **to occur** mit Schwierigkeiten muß gerechnet werden.

**li·aise** [lɪˈeɪz] *v/i* **1.** Verbindung aufnehmen (**with** mit). **2.** sich verbünden (**with** mit). **3.** zs.-arbeiten (**with** mit).

**li·ai·son** [liːˈeɪzɔ̃ː ŋ; lɪˈeɪzɒn; *Am.* ˈliːəˌzɑn; liːˈeɪˌzɑn] *s* **1.** Verbindung *f*: ~ **man** Verbindungsmann *m*; ~ **officer** *mil.* Verbindungsoffizier *m.* **2.** Bündnis *n.* **3.** Zs.-arbeit *f.* **4.** Liai'son *f*, (*Liebes*)Verhältnis *n.* **5.** *ling.* Liai'son *f* (*im Französischen das Aussprechen e-s sonst stummen Konsonanten am Wortende vor e-m vokalisch beginnenden Wort*). **6.** *gastr.* Eindickmittel *n.*

**li·a·na** [lɪˈɑːnə; *Am. a.* ˈliˈænə], **li·ane** [lɪˈɑːn] *s bot.* Li'ane *f*, Kletterpflanze *f.*

**li·ar** ['laɪə(r)] *s* Lügner(in).

**Li·as** ['laɪəs] *s geol.* Lias *m*, *f*, schwarzer Jura. **Li·as·sic** [laɪˈæsɪk] *adj* li'assisch, Lias...

**Lib** [lɪb] → a) **Gay Lib** (**gay** 5), b) **Women's Lib** (**women**).

**li·ba·tion** [laɪˈbeɪʃn] *s* **1.** *relig. hist.* Trankopfer *n.* **2.** *meist humor.* Trunk *m* (*bes. Wein*).

**Lib·ber** ['lɪbə(r)] → a) **Gay Libber** (**gay** 5), b) **Women's Libber** (**women**).

**li·bel** ['laɪbl] **I** *s* **1.** *jur.* a) *relig.* Klage *f* (-schrift) *f*, b) *Scot.* Anklage *f.* **2.** *jur.* a) (*schriftliche*) Verleumdung *od.* Beleidigung (**of**, **on** *gen*), b) Schmähschrift *f.* **3.** *allg.* (**on**) Verleumdung *f*, Verunglimpfung *f* (*gen*), Beleidigung *f* (*gen od.* für). **II** *v/t pret u. pp* **-beled**, *bes. Br.* **-belled** **4.** *jur.* a) *relig.* klagen gegen, b) *Scot.* anklagen. **5.** *jur.* (*schriftlich*) verleumden *od.* beleidigen. **6.** *allg.* verleumden, verunglimpfen, beleidigen.

**li·bel·(l)ant** ['laɪblənt] *s* **1.** *jur. relig.* Kläger(in). **2.** → **libel(l)er.** **li·bel·(l)ee** [-blˈiː] *s jur. relig.* Beklagte(r *m*) *f.* **'li·bel·(l)er**, **'li·bel·(l)ist** *s* Verleumder (-in), Verfasser(in) e-r Schmähschrift. **'li·bel·(l)ous** [-bləs] *adj* (*adv* **~ly**) verleumderisch.

**li·ber** ['laɪbə(r)] *s bot.* Bast *m.*

**lib·er·al** ['lɪbərəl; 'lɪbrəl] **I** *adj* (*adv* **~ly**) **1.** libe'ral, frei(sinnig), vorurteilslos, aufgeschlossen: **a** ~ **thinker** ein liberal denkender Mensch. **2.** *meist* **L~** *pol.* libe'ral: **the L~ Party.** **3.** großzügig: a) freigebig

(**of** mit): **a** ~ **donor**, b) reichlich (bemessen): **a** ~ **gift** ein großzügiges Geschenk; **a** ~ **quantity** e-e reichliche Menge, c) frei: **a** ~ **interpretation.** **4.** allgemein(bildend), nicht berufsbezogen: ~ **education** allgemeinbildende Erziehung, (*gute*) Allgemeinbildung. **5.** voll: ~ **lips.** **6.** ungezügelt, vorlaut: ~ **tongue.** **II** *s* **7.** libe'ral denkender Mensch. **8.** *meist* **L~** *pol.* Libe'rale(r *m*) *f.* ~ **arts** *s pl* **1.** Geisteswissenschaften *pl.* **2.** *hist.* freie Künste *pl.*

**lib·er·al·ism** ['lɪbərəlɪzəm; -brəl-] *s* Libera'lismus *m*: a) libe'rales Wesen, b) *meist* **L~** *im* 19. *Jh.* entstandene, im Individualismus wurzelnde Weltanschauung, die die freie gesellschaftliche u. politische Entfaltung des Individuums fordert u. staatliche Eingriffe auf ein Minimum beschränkt sehen will. **,lib·er·al'is·tic** *adj* libera'listisch.

**lib·er·al·i·ty** [ˌlɪbəˈrælətɪ] *s* **1.** Liberali'tät *f*, libe'rales Wesen. **2.** Großzügigkeit *f*: a) Freigebigkeit *f*, b) Reichlichkeit *f.* **3.** großzügiges Geschenk.

**lib·er·al·i·za·tion** [ˌlɪbərəlaɪˈzeɪʃn; -brəl-; *Am.* -ləˈz-] *s* Liberali'sierung *f.* **'lib·er·al·ize** *v/t* liberali'sieren. **'lib·er·al·ˌthink·ing** *adj* libe'ral denkend.

**lib·er·ate** ['lɪbəreɪt] *v/t* **1.** befreien (**from** von, aus) (*a. fig.*). **2.** Sklaven etc freilassen. **3.** *chem.* Gase etc, *fig.* Kräfte etc freisetzen: **to be** ~**d** *a.* freiwerden. **4.** *Am. sl.* ,organi'sieren', ,abstauben' (*stehlen*).

**lib·er·a·tion** [ˌlɪbəˈreɪʃn] *s* **1.** Befreiung *f*: ~ **theology** Befreiungstheologie *f.* **2.** Freilassung *f.* **3.** *chem. u. fig.* Freisetzung *f.* **,lib·er·a'tion·ism** *s* Befürwortung *f* der Trennung von Kirche u. Staat.

**lib·er·a·tor** ['lɪbəreɪtə(r)] *s* Befreier *m.*

**Li·be·ri·an** [laɪˈbɪərɪən] **I** *s* Liberi'aner (-in), Li'berier(in). **II** *adj* liberi'anisch, li'berisch.

**lib·er·tar·i·an** [ˌlɪbə(r)ˈteərɪən] *s* **1.** *bes. philos.* relig. Anhänger(in) *od.* Vertreter (-in) des Prin'zips der Willensfreiheit. **2.** Befürworter(in) der individu'ellen Gedanken- u. Handlungsfreiheit. **,lib·er·'tar·i·an·ism** *s* **1.** *bes. philos. relig.* Vertretung *f* des Prin'zips der Willensfreiheit. **2.** Befürwortung *f* der individu'ellen Gedanken- u. Handlungsfreiheit.

**li·ber·ti·cide** [lɪˈbɜːtɪsaɪd; *Am.* -ˈbɜr-] *s* **1.** Vernichter *m* der Freiheit. **2.** Vernichtung *f* der Freiheit. **[tinism.]**

**lib·er·tin·age** ['lɪbə(r)tɪnɪdʒ] → **liber-** **lib·er·tine** ['lɪbə(r)tiːn; *Br. a.* -taɪn] **I** *s* **1.** zügelloser Mensch, *bes.* Wüstling *m.* **2.** *bes. contp.* Freigeist *m.* **3.** *antiq.* Freigelassene(r) *m.* **II** *adj* **4.** zügellos, ausschweifend. **5.** *bes. contp.* freidenkerisch. **'lib·er·tin·ism** [-tɪnɪzəm] *s* **1.** Zügellosigkeit *f*, zügelloser *od.* ausschweifender Lebenswandel. **2.** *bes. contp.* Freigeiste'rei *f.*

**lib·er·ty** ['lɪbə(r)tɪ] *s* **1.** Freiheit *f*: **civil** ~ bürgerliche Freiheit; **religious** ~ Religionsfreiheit; ~ **of conscience** Gewissensfreiheit; ~ **of the press** Pressefreiheit; ~ **of speech** Redefreiheit; ~ **of thought** Gedankenfreiheit. **2.** Freiheit *f*, freie Wahl, Erlaubnis *f*: **large** ~ **of action** weitgehende Handlungsfreiheit. **3.** *bes. philos. relig.* Willensfreiheit *f.* **4.** *meist pl* Freiheit *f*, Privi'leg *n*, (*Vor*)Recht *n.* **5.** Dreistigkeit *f*, (*plumpe*) Vertraulichkeit. **6.** *mar.* (*kurzer*) Landurlaub. **7.** (*beschränkte*) Bewegungsfreiheit: **he was given the** ~ **of the house** er konnte sich im Haus frei bewegen. **8.** *hist. Br.* Freibezirk *m* (*e-r Stadt*).

*Besondere Redewendungen*:

**at** ~ a) in Freiheit, frei, auf freiem Fuß, b) unbeschäftigt, frei, c) unbenutzt; **to be**

**at** ~ **to do** s.th. etwas tun dürfen; berechtigt sein, etwas zu tun; **you are at** ~ **to go** es steht Ihnen frei zu gehen, Sie können gern(e) gehen; **to set at** ~ auf freien Fuß setzen, freilassen; **to take** (*od.* allow o.s.) **the** ~ **to do** (*od.* **of doing**) s.th. sich die Freiheit (heraus)nehmen *od.* sich erlauben, etwas zu tun; **to take liberties with** a) sich Freiheiten gegen *j*-n herausnehmen, b) willkürlich mit *etwas* umgehen; **he has taken liberties with the translation** er hat sehr frei übersetzt.

**lib·er·ty|hall** *s colloq.* Haus, in dem der Gast (fast) alles tun kann, was er will. ~ **man** *s irr mar.* Ma'trose *m* auf Landurlaub. **L~ ship** *s mar.* Liberty ship *n* (*während des 2. Weltkriegs in Serie gebautes amer. Frachtschiff*).

**li·bid·i·nal** [lɪˈbɪdɪnl] → **libidinous. li·ˈbid·i·nous** *adj* (*adv* **~ly**) *psych.* libidi-'nös: a) *die sexuelle Lust betreffend*, b) triebhaft.

**li·bi·do** [lɪˈbiːdəʊ; -ˈbaɪ-] *s psych.* Li'bido *f*: a) Geschlechtstrieb *m*, b) Lebenswille *m*, -kraft *f.*

**Li·bra** ['laɪbrə; 'liː-] *s astr.* Waage *f* (*Sternbild*): **to be** (a) ~ Waage sein.

**li·brar·i·an** [laɪˈbreərɪən] *s* Bibliothe-'kar(in). **li·ˈbrar·i·an·ship** *s* **1.** a) Biblio'thekswesen *n*, b) Biblio'thekslehre *f.* **2.** Bibliothe'karsstelle *f.*

**li·brar·y** ['laɪbrərɪ; *Am. a.* -ˌbreriː] *s* **1.** Biblio'thek *f*: a) (*öffentliche*) Büche'rei; → **reference** 8, b) (*private*) Büchersammlung, c) Biblio'thekszimmer *n*, d) Buchreihe *f.* **2.** ('Bild-, 'Zeitungs)Ar,chiv *n.* ~ **e·di·tion** *s* Biblio'theksausgabe *f.* ~ **pic·ture** *s* Ar'chivbild *n.* ~ **sci·ence** *s* Biblio'thekswissenschaft *f.* ~ **tick·et** *s* Leserausweis *m.*

**li·brate** ['laɪbreɪt] *v/i* **1.** schwingen, pendeln. **2.** schweben. **li·ˈbra·tion** *s* **1.** Schwingen *n*, Pendeln *n.* **2.** Schweben *n.* **3.** *astr.* Librati'on *f* (*scheinbare Schwankung des Mondes um die mittlere Lage*).

**li·bret·tist** [lɪˈbretɪst] *s* Libret'tist *m*, Textdichter *m.* **li·ˈbret·to** [-təʊ] *pl* **-tos,** **-ti** [-tɪ; -tiː] *s* Li'bretto *n*: a) Textbuch *n*, b) (*Opern- etc*)Text *m.*

**li·bri·form** ['laɪbrɪfɔ:(r)m] *adj bot.* bastfaserartig, Libriform...

**Lib·y·an** ['lɪbɪən] **I** *adj* **1.** libysch. **2.** *poet.* afri'kanisch. **II** *s* **3.** Libyer(in). **4.** *ling.* Libysch *n*, das Libysche.

**lice** [laɪs] *pl von* **louse.**

**li·cence** ['laɪsns] **I** *Am.* **li·cense** *s* **1.** (*offizielle*) Erlaubnis. **2.** (*a. econ.* Export-, Herstellungs-, Patent-, Verkaufs)Li'zenz *f*, Konzessi'on *f*, (*behördliche*) Genehmigung, Zulassung *f*, Gewerbeschein *m*: **to hold a** ~ e-e Lizenz haben; **to take out a** ~ sich e-e Lizenz beschaffen; ~ **fee** Lizenzgebühr *f* (→ 3). **3.** amtlicher Zulassungsschein, (*Führer-, Jagd-, Waffen- etc*)Schein *m*: **dog** ~ Erlaubnisschein zum Halten e-s Hundes; ~ **number** *mot.* Kennzeichen *n.* **4.** *a.* **marriage** ~ (*Br.* kirchliche, *Am.* amtliche) Heiratserlaubnis: → **special licence. 5.** *univ.* Befähigungsnachweis *m.* **6.** a) Handlungsfreiheit *f*, b) Gedankenfreiheit *f.* **7.** (*künstlerische, dichterische*) Freiheit: → **poetic** I. **8.** Zügellosigkeit *f.* **II** *v/t Am.* → **license** I.

**li·cense** ['laɪsns] *v/t Am.* **1.** *j*-m e-e (*behördliche*) Genehmigung *od.* e-e Li'zenz *od.* e-e Konzessi'on erteilen. **2.** lizen'zieren, konzessio'nieren, (*behördlich*) genehmigen *od.* zulassen. **3. to** ~ **to do** s.th. (es) *j*-m (*offiziell*) erlauben, etwas zu tun: **to be** ~**d to do** s.th. etwas tun dürfen; die Erlaubnis haben, etwas zu tun. **II** *s* **4.** *Am.* für **licence** I: ~ **plate** *mot.* Nummern-, Kennzeichenschild *n.*

**li·censed** ['laɪsnst] *adj* **1.** konzessio-'niert, lizen'ziert, (*behördlich*) genehmigt

*od.* zugelassen: **a ~ house** ein Lokal mit Schankkonzession; → **victual(l)er** 2. **2.** Lizenz...: **~ construction** Lizenzbau *m*.

**li·cen·see** [laɪsənˈsiː] *s* Liˈzenznehmer *m*, Konzessiˈonsinhaber *m*.

**li·cens·er, li·cen·sor** [ˈlaɪsənsə(r)] *s* Liˈzenzgeber *m*, Konzessiˈonserteiler *m*.

**li·cen·ti·ate** [laɪˈsenʃɪət] *s univ*. **1.** [*Am. bes.*] Lizentiˈat *n* (*ein akademischer Grad*). **2.** Lizentiˈat *m*.

**li·cen·tious** [laɪˈsenʃəs] *adj* (*adv* **~ly**) **1.** ausschweifend, zügellos. **2.** ˈunkorˌrekt.

**li·cen·tious·ness** *s* **1.** Zügellosigkeit *f*. **2.** ˈUnkorˌrektheit *f*.

**li·chen** [ˈlaɪkən; *Br. a.* ˈlɪtʃɪn] *s* Lichen *m*: a) *bot*. Flechte *f*, b) *med*. Knötchenflechte *f*, -ausschlag *m*. **ˌli·chen·ol·o·gy** [-ˈnɒlədʒɪ; *Am.* -ˈnɑ-] *s bot*. Lichenoloˈgie *f*, Flechtenkunde *f*.

**lich gate** [lɪtʃ] *s* überˈdachtes Friedhofstor (*wo früher zu Beginn der Begräbnisfeierlichkeiten der Sarg abgestellt wurde*).

**lic·it** [ˈlɪsɪt] *adj* leˈgal, gesetzlich, erlaubt. **ˈlic·it·ly** *adv* leˈgal, erlaubterweise.

**lick** [lɪk] **I** *v/t* **1.** (ab-, be)lecken: **to ~ up** a stamp eine Briefmarke belecken; **to ~ up (off, out)** auf-(weg-, aus)lecken; **he ~ed the jam off his lips** er leckte sich die Marmelade von den Lippen; **to ~ s.o.'s boots** (*od.* **shoes**) *fig*. vor j-m kriechen; **to ~ one's lips** sich die Lippen lecken (*a. fig.*); **to ~ into shape** *fig*. a) j-n ,auf Vordermann bringen', b) etwas in die richtige Form bringen, zurechtbiegen, -stutzen; **to ~ one's wounds** *fig*. s-e Wunden lecken; → **dust** 1. **2.** *fig*. a) plätschern an (*acc*) (*Wellen*), b) lecken an (*dat*): **the flames ~ed the roof** die Flammen leckten *od*. züngelten am Dach empor. **3.** *colloq*. a) verprügeln, ,verdreschen', b) schlagen, besiegen, c) fertigwerden mit *e-m Problem etc*, d) überˈtreffen, ,schlagen': **that ~s creation** das übertrifft alles; **this ~s me** das geht über m-n Horizont; **it ~s me how** es ist mir unbegreiflich, wie. **4.** *colloq*. pflegen, (tadellos) in Ordnung halten.

**II** *v/i* **5.** lecken: **to ~ at** belecken, lecken an (*dat*). **6.** *colloq*. sausen, flitzen.

**III** *s* **7.** Lecken *n*: **to give s.th. a ~** etwas belecken, an etwas lecken; **to give s.th. a ~ and a promise** *colloq*. etwas oberflächlich reinigen *od*. aufräumen. **8.** Spur *f*: **he has a ~ of a schoolmaster about him** er hat ein bißchen was von e-m Schulmeister an sich; **he didn't do a ~ (of work)** *colloq*. er hat keinen ,Strich' getan *od*. gemacht. **9.** (*Farb-, Regen- etc*)Spritzer *m*: **~ of paint (rain)**. **10.** *colloq*. Schlag *m*. **11.** *colloq*. Tempo *n*: **at full ~** mit voller Geschwindigkeit. **12.** a) (Salz)Lecke *f* (*für Wild*), b) Leckstein *m* (*für Haustiere u. Wild*).

**lick·er** [ˈlɪkə(r)] *s tech*. (Tropf)Öler *m*.

**lick·er·ish** [ˈlɪkərɪʃ] *adj* (*adv* **~ly**) *obs*. **1.** gierig, verlangend. **2.** geil, lüstern. **3.** lecker.

**ˌlick·et·y-ˈbrin·dle** [ˌlɪkətɪ-], **~-ˈcut**, **~-ˈsplit** *adv Am. colloq*. wie der Blitz.

**ˈlick·ing** *s* **1.** Lecken *n*. **2.** *colloq*. Prügel *pl*, ,Dresche' *f* (*a. fig. Niederlage*): **to get a ~** ,Dresche beziehen', *fig*. a. e-e ,Schlappe' erleiden; **to give s.o. a ~** j-m ,Dresche verpassen', *fig*. j-m e-e ,Abreibung verpassen', *fig*. j-m e-e ,Schlappe' beibringen.

**ˈlick·spit·tle** *s* Speichellecker *m*.

**lic·o·rice** [ˈlɪkərɪs; *Am. a.* -rɪʃ] *s* **1.** *bot*. Süßholz *n, bes.* Laˈkritze *f*. **2.** a) Süßholzwurzel *f*, b) Laˈkritze(nsaft *m*) *f*.

**lid** [lɪd] *s* **1.** Deckel *m*: **to blow** (*od.* **lift, take**) **the ~ off** *colloq*. etwas an die Öffentlichkeit bringen, e-n Skandal *etc* aufdecken; **to clamp** (*od.* **clap**) **the ~ (down) on** *Am. colloq*. a) drosseln, einschränken, b) stoppen; **to keep a tight ~**

*on colloq*. etwas unter strenger Kontrolle halten; **to put the ~ on** *Br. colloq*. a) e-r Sache die Krone aufsetzen, b) e-r Sache ein Ende bereiten *od*. machen; **that puts the ~ on it!** *Br. colloq*. das schlägt dem Faß den Boden aus! **2.** (Augen)Lid *n*. **3.** *bot*. a) Deckel *m*, b) Deckelkapsel *f*. **4.** *sl*. ,Deckel' *m* (*Hut*). **5.** *Am. sl*. Unze *f* Mariˈhuˈana. **lid·ded** [ˈlɪdɪd] *adj* **1.** mit e-m Deckel (versehen). **2.** (Augen)Lider habend: **heavy-~** mit schweren Lidern.

**li·do** [ˈliːdəʊ] *pl* **-dos** *Br.* a) Freibad *n*, b) Strandbad *n*.

**lie¹** [laɪ] **I** *s* **1.** Lüge *f*: **to tell ~s** (*od.* **a ~**) lügen; **that's a ~!** das ist e-e Lüge!, das ist gelogen!; **to give the ~ to** a) j-n der Lüge bezichtigen, b) etwas *od.* j-n Lügen strafen *od*. widerlegen, **~s have short wings** Lügen haben kurze Beine; → **white lie**. **II** *v/i pres p* **ly·ing** [ˈlaɪɪŋ] **2.** lügen: **to ~ to s.o.** j-n belügen, j-n anlügen: **to ~ through** (*od.* **in**) **one's teeth, to ~ in one's throat** *colloq*. ,das Blaue vom Himmel (herunter)lügen'. **3.** lügen, trügen, täuschen, e-n falschen Eindruck erwecken: **these figures ~**. **III** *v/t* **4.** **to ~ to s.o. that** j-m vorlügen, daß; **to ~ o.s.** (*od.* **one's way**) **out of** sich herauslügen aus.

**lie²** [laɪ] **I** *s* **1.** Lage *f* (*a. fig. u. Golf*): **the ~ of the land** *fig. Br*. die Lage (der Dinge). **2.** Lager *n* (*von Tieren*).

**II** *v/i pret* **lay** [leɪ], *pp* **lain** [leɪn] *obs*. **li·en** [ˈlaɪən], *pres p* **ly·ing** [ˈlaɪɪŋ] **3.** liegen: a) *allg*. im Bett, im Hinterhalt *etc* liegen: **to ~ in bed (in ambush)**; → **ruin** 2, *etc*, b) *ausgebreitet, tot etc* daliegen: **to ~ dead; to ~ dying** im Sterben liegen, c) gelegen sein, sich befinden: **the town ~s on a river** die Stadt liegt an e-m Fluß; **to ~ second** *sport etc* an zweiter Stelle *od*. auf dem zweiten Platz liegen, d) begründet liegen *od*. bestehen (**in** in *dat*), e) begraben sein *od*. liegen, ruhen: **here ~s** hier ruht. **4.** *mar. mil*. liegen (*Flotte, Truppe*). **5.** *mar*. a) vor Anker liegen, b) beidrehen: → **lie along, lie off** 1, **lie** to. **6.** a) liegen: **the goose lay heavy on his stomach** die Gans lag ihm schwer im Magen, b) *fig*. lasten (**on** auf *der Seele etc*): **his past ~s heavily on him** (*od.* **his mind**) s-e Vergangenheit lastet schwer auf ihm. **7.** führen, verlaufen: **the road ~s through a forest**. **8.** (**behind**) stecken (hinter *dat*), der Grund sein (für *od. gen*). **9.** *jur*. zulässig sein (*Klage etc*): **appeal ~s to the Supreme Court** Berufung kann vor dem Obersten Gericht eingelegt werden. **10.** **to ~ with s.o.** *obs. od. Bibl*. j-m beiliegen (*mit j-m schlafen*). *Besondere Redewendungen*:

**as far as in me ~s** *obs. od. poet*. soweit es an mir liegt, soweit es in m-n Kräften steht; **his greatness ~s in his courage** s-e Größe liegt in s-m Mut (begründet); **he knows where his interest ~s** er weiß, wo sein Vorteil liegt; **to ~ in s.o.'s way** a) j-m zur Hand sein, b) j-m möglich sein, c) in j-s Fach schlagen, d) j-m im Weg stehen; **his talents do not ~ that way** dazu hat er kein Talent; **to ~ on s.o.** *jur*. j-m obliegen; **the responsibility ~s on you** die Verantwortung liegt bei dir; **to ~ on s.o.'s hands** unbenutzt *od*. unverkauft bei j-m liegenbleiben; **to ~ to the north** *mar*. Nord anliegen; **the house lay under a curse** auf dem Haus lag *od*. lastete ein Fluch; **to ~ under an obligation** e-e Verpflichtung haben; **to ~ under the suspicion of murder** unter Mordverdacht stehen; **to ~ under a sentence of death** zum Tode verurteilt sein; **it ~s with you to do it** es liegt an dir

*od*. es ist d-e Sache, es zu tun; *siehe Verbindungen mit den entsprechenden Substantiven etc*.

*Verbindungen mit Adverbien*:

**lie| a·bout** *v/i* herˈumliegen. **~ a·head** *v/i*: **what lies ahead of us** was vor uns liegt, was uns bevorsteht, was auf uns zukommt; **he was thinking of the work that lay ahead** die vor ihm lag. **~ a·long** *v/i mar*. krängen, schiefliegen. **~ a·round** → **lie about. ~ back** *v/i* **1.** sich zuˈrücklegen *od*. -lehnen. **2.** *fig*. sich ausruhen, die Hände in den Schoß legen. **~ be·hind** *v/i* **1.** *fig*. daˈhinterstecken, der Grund sein. **~ by** *v/i* **1.** → **lie off** 2. **2.** nicht benutzt werden, (*Haus etc*) leerstehen. **~ down** *v/i* **1.** sich ˈhinlegen, sich niederlegen: **to ~ on** sich legen auf (*acc*); **to ~ on the job** *Am. colloq*. bummeln. **2.** **to ~ under, to take lying down** *e-e Beleidigung etc* ˈwiderspruchslos ˈhinnehmen, sich e-e Beleidigung etc gefallen lassen. **~ in** *v/i* **1.** *Br.* (*morgens*) lang(e) im Bett bleiben. **2.** im Wochenbett liegen. **~ low** *v/i* **1.** a) sich verstecken *od*. versteckt halten, b) sich ruhig verhalten. **2.** auf e-e günstige Gelegenheit warten, den rechten Augenblick abwarten *od*. abpassen. **~ off** *v/i* **1.** *mar*. vom Land *od*. von e-m anderen Schiff abhalten. **2.** e-e (Ruhe-)Pause einlegen, (sich) ausruhen. **~ o·ver** *v/i* **1.** *Am*. nicht rechtzeitig bezahlt werden. **2.** a) liegenbleiben, unerledigt bleiben, b) aufgeschoben *od.* zuˈrückgestellt werden. **~ to** *v/i mar*. beiliegen. **~ up** *v/i* **1.** das Bett *od*. das Zimmer hüten (müssen). **2.** → **lie low** 1 a. **3.** nicht benutzt werden, (*Maschine etc*) außer Betrieb sein.

**ˈlie-a·bed** *s* Langschläfer(in).

**lied** [liːd] *pl* **lie·der** [ˈliːdə(r)] *s mus*. (deutsches) (Kunst)Lied.

**lie·der| re·cit·al** *s* Liederabend *m*. **~ sing·er** *s* Liedersänger(in).

**lie de·tec·tor** *s* ˈLügenˌdetektor *m*.

**ˈlie-down** *s colloq*. Schläfchen *n*: **to have a ~** a) ein Schläfchen machen, b) sich (kurz) hinlegen.

**lief** [liːf] *obs*. **I** *adj* lieb, teuer. **II** *adv* gern: **I had (od. would) as ~ go** ich ginge ebenso gern, ich würde lieber gehen; **I would (od. had) as ~ die as betray a friend** ich würde eher sterben, als e-n Freund verraten; **~er than** lieber als.

**liege** [liːdʒ] **I** *s* **1.** *a.* **~ lord** Leh(e)nsherr *m. 2. a.* **~ man** Leh(e)nsmann *m*, Vaˈsall *m*. **II** *adj* **3.** Leh(e)ns...

**ˈlie-in** *s*: **to have a ~** *colloq*. → **lie in** 1.

**li·en¹** [lɪən; ˈliːən; *Am. a.* liːn] *s jur*. Pfandrecht *n*, Zuˈrückbehaltungsrecht *n*: **to lay a ~ on s.th.** das Pfandrecht auf e-e Sache geltend machen.

**li·en²** [ˈlaɪən] *obs. pp von* **lie²**.

**li·e·nal** [ˈlaɪənl; *Am. a.* laɪˈiːnl] *adj anat. med*. lieˈnal, Milz...

**li·en·ee** [lɪəˈniː; ˌliːəˈniː] *s jur*. Pfandschuldner *m*.

**li·e·ni·tis** [ˌlaɪəˈnaɪtɪs] *s med*. Lieˈnitis *f*, Milzentzündung *f*.

**li·en·or** [ˈlɪənə(r); ˈliːə-; *Am. a.* ˈliːnər] *s jur*. Pfandgläubiger *m*.

**li·en·ter·y** [ˈlaɪəntərɪ; *Am.* -ˌterɪ; laɪˈlentərɪ] *s med*. Lienterˈie *f* (*Durchfall mit Abgang unverdauter Speiseteile*).

**li·erne** [lɪˈɜːn; *Am.* lɪˈɜrn] *s arch*. Neben-, Zwischenrippe *f*.

**lieu** [ljuː; *bes. Am.* luː] *s*: **in ~ of** an Stelle von (*od. gen*), anstatt (*gen*); **in ~** statt dessen.

**lieu·ten·an·cy** [lefˈtenənsɪ; *mar.* ləˈt-; leˈt-; *Am.* luːˈt-] *s* **1.** *mar. mil*. a) Leutnantsrang *m*, b) *collect*. Leutnants *pl*. **2.** Statthalterschaft *f*.

**lieu·ten·ant** [lefˈtenənt; *mar.* ləˈt-; leˈt-; *Am.* luːˈt-] *s* **1.** Stellvertreter *m*. **2.** Statthalter *m*, Gouverˈneur *m*. **3.** *mar. mil*. a)

*allg.* Leutnant *m*, b) *Br.* (*Am.* **first** ~) Oberleutnant *m*: **second** ~ Leutnant, c) *mar.* (*Am. a.* ~ **senior grade**) Kapiˈtänleutnant *m*: ~ **junior grade** *Am.* Oberleutnant *m* zur See. ~ **coˈloˑnel** *s mil.* Oberstleutnant *m.* ~ **comˈmandˑer** *s mar.* Korˈvettenkapiˌtän *m.* ~ **genˑerˑal** *s mil.* Geneˈralleutnant *m.* ~ **govˑerˑnor** *s* ˈVizegouverˌneur *m* (*im brit. Commonwealth od. e-s amer. Bundesstaates*).

**life** [laɪf] *pl* **lives** [laɪvz] *s* **1.** (orˈganisches) Leben: **how did ~ begin?** wie ist das Leben entstanden? **2.** Leben(skraft *f*) *n.* **3.** Leben *n:* a) Lebenserscheinungen *pl*, b) Lebewesen *pl:* **there is no ~ on the moon** auf dem Mond gibt es kein Leben; **marine ~** das Leben im Meer, die Lebenserscheinungen *od.* Lebewesen im Meer. **4.** (Menschen)Leben *n:* **they lost their lives** sie verloren ihr Leben, sie kamen ums Leben; **three lives were lost** drei Menschenleben sind zu beklagen; **with great sacrifice of ~** mit schweren Verlusten an Menschenleben; **~ and limb** Leib u. Leben. **5.** Leben *n (e-s Einzelwesens):* **a matter (question) of ~ and death** e-e lebenswichtige Angelegenheit (Frage); **early in ~** in jungen Jahren; **my early ~** m-e Jugend; **late in ~** in vorgerücktem Alter; → **danger 1, matter 3, risk 3. 6.** a) Leben *n,* Lebenszeit *f,* Lebensdauer *f (a. tech. e-r Maschine etc)*, Dauer *f,* Bestehen *n:* **all his ~** sein ganzes Leben lang; **the ~ of a book** die Erfolgszeit e-s Buches; **during the ~ of the republic** während des Bestehens der Republik; → **expectation 3,** b) *econ. jur.* Laufzeit *f (e-s Wechsels, Vertrags etc), bes. econ.* Haltbarkeit *f,* Lagerfähigkeit *f:* **the ~ of packaged fresh meat. 7.** Leben *n,* Lebensweise *f,* -führung *f,* -art *f,* -wandel *m:* → **married 1. 8.** Leben(sbeschreibung *f*) *n,* Biograˈphie *f.* **9.** Leben *n,* menschliches Tun u. Treiben, Welt *f:* **~ in Australia** das Leben in Australien; **economic ~** Wirtschaftsleben *n;* **to see ~** das Leben kennenlernen *od.* genießen. **10.** Leben *n,* Schwung *m:* **full of ~** lebendig, voller Leben; **the ~ of the Constitution** der wesentliche Inhalt der Verfassung; **he was the ~ and soul of the party** er brachte Schwung in die Party, er unterhielt die ganze Party. **11.** *art* Leben *n:* **from (the) ~** nach dem Leben, nach der Natur; → **large 1. 12.** *Versicherungswesen:* a) auf Lebenszeit Versicherte(r *m*) *f (im Hinblick auf die Lebenserwartung),* b) *a.* ~ **business** Lebensversicherungsgeschäft *n.* **13.** *jur. colloq.* lebenslängliche Freiheitsstrafe: **he is doing ~** er ,sitzt' lebenslänglich; **he got ~** er bekam ,lebenslänglich'. *Besondere Redewendungen:*

**for** ~ a) fürs (ganze) Leben, für den Rest s-s Lebens, b) *bes. jur. pol.* lebenslänglich, auf Lebenszeit; **appointed for** ~ auf Lebenszeit ernannt; **imprisonment for** ~ lebenslängliche Freiheitsstrafe; **not for the ~ of me** *colloq.* nicht um alles in der Welt; **not on your ~** *colloq.* ganz bestimmt nicht, unter keinen Umständen; **to the** ~ nach dem Leben, lebensecht, naturgetreu; **upon my ~!** so wahr ich lebe!; **that's** ~ so ist es nun einmal das Leben; **to bring to** ~ a) *u. to* put ~ **into** beleben, Leben *od.* Schwung bringen in (*acc*), *a.* j-n in Schwung bringen, b) ins Leben rufen; **to come to** ~ sich beleben, (*a. Person*) in Schwung kommen; **after some time the party came to** ~ nach einiger Zeit kam Leben *od.* Schwung in die Party; **to come back to** ~ a) wieder zu(m) Bewußtsein *od.* zu sich kommen, b) wieder gesund werden; **to live** (*od.* **have**) **the** (*od.* **a**) ~ **of Riley** *colloq.* ein

---

angenehmes Leben haben; **to run for dear** (*od.* **one's**) ~ um sein Leben laufen; **to sell one's** ~ **dearly** sein Leben teuer verkaufen; **to show (signs of)** ~ Lebenszeichen von sich geben; **to seek s.o.'s** ~ j-m nach dem Leben trachten; **to take s.o.'s** ~ j-n umbringen; **to take one's own** ~ sich (selbst) das Leben nehmen; **to take one's** ~ **in one's (own) hands** *colloq.* sein Leben riskieren *od.* aufs Spiel setzen; → **bet 4, breathe 7, bring back 4, charm 5.**

ˌ**lifeˈ|-and-ˈdeath** *adj* auf Leben u. Tod: **a ~ struggle.** ~ **anˑnuˑiˑty** *s* Leibrente *f.* ~ **asˑsurˑance** *s bes. Br.* Lebensversicherung *f.* ~ **belt** *s mar.* Rettungsgürtel *m.* ˈ**~blood** *s* **1.** Blut *n (als lebensnotwendige Substanz).* **2.** *fig.* Lebensnerv *m.* ˈ**~boat** *s mar.* Rettungsboot *n:* ~ **gun** Rettungsraketenapparat *m.* ~ **buoy** *s mar.* Rettungsboje *f.* ~ **car** *s mar. Behälter, der an e-m Tau zwischen Schiff u. Land läuft.* ~ **cyˑcle** *s biol.* **1.** Lebenszyklus *m.* **2.** → **life history 1. 3.** Lebens-, Entwicklungsphase *f.* ~ **esˑtate** *s jur.* Grundbesitz *m* auf Lebenszeit. ~ **exˑpectˑanˑcy** *s* Lebenserwartung *f.* ~ **exˑpeˑriˑence** *s* Lebenserfahrung *f.* ~ **force** *s* Lebenskraft *f.* ˈ**~givˑing** *adj* lebengebend, -spendend, lebensnotwendig (*a. fig.*): **the ~ stream of foreign investments.** ˈ**~guard** *s* **1.** a) Rettungsschwimmer *m,* b) Bademeister *m.* **2.** *mil.* Leibgarde *f,* -wache *f.* **L-~ Guards** *s pl Br. ein zu den Gardetruppen gehörendes Kavallerieregiment.* ~ **hisˑtoˑry** *s* **1.** *biol. sociol.* Lebensgeschichte *f.* **2.** → **life cycle 1.** ~ **imˑprisˑonˑment** *s jur.* lebenslängliche Freiheitsstrafe. ~ **inˑstinct** *s psych.* Lebenstrieb *m.* ~ **inˑsurˑance** *s* Lebensversicherung *f.* ~ **inˑterˑest** *s jur.* lebenslänglicher Nießbrauch. ~ **isˑland** *s mar.* Rettungsweste *f.* **Life-island** *n (keimfreie Umgebung für infektgefährdete Kranke).* ~ **jackˑet** *s mar.* Rettungs-, Schwimmweste *f.* ˈ**lifeˑless** *adj (adv ~ly)* **1.** leblos: a) tot: **his ~ body,** b) unbelebt: ~ **matter. 2.** ohne Leben: ~ **planet; Mars seems to be** ~ auf dem Mars scheint es kein Leben zu geben. **3.** *fig.* matt (*a. Stimme etc*), teilnahmslos, schwunglos. **4.** *econ.* lustlos. ˈ**lifeˑ|like** *adj* lebensecht, naˈturgetreu. ˈ**~line** *s* **1.** *mar.* Rettungsleine *f.* **2.** Halteleine *f (für Schwimmer etc).* **3.** Siˈgnalleine *f (für Taucher).* **4.** *fig.* Rettungsanker *m.* **5.** *fig.* Lebensader *f (Versorgungsweg).* **6.** Lebenslinie *f (in der Hand).* ˈ**~long** *adj* lebenslang: **he is a ~ friend of mine** wir sind schon unser ganzes Leben lang Freunde. ˈ**lifeˑmanˑship** [ˈlaɪfmənʃɪp] *s* erfolgssicheres Auftreten; die Kunst, sich anderen Leuten überˈlegen zu zeigen. ˈ**lifeˑ| mask** *s (e-m Lebenden abgenommene)* Gipsmaske. ~ **memˑber** *s* Mitglied *n* auf Lebenszeit. ~ **net** *s* Sprungtuch *n (der Feuerwehr).* ~ **peer** *s* Peer *m* auf Lebenszeit. ~ **preˑservˑer** *s* **1.** *mar. Am.* a) Rettungs-, Schwimmweste *f,* b) Rettungsgürtel *m.* **2.** *bes. Br.* Totschläger *m (Waffe).* **lifˑer** [ˈlaɪfə(r)] *s colloq.* **1.** ,Lebenslängliche(r* m*) *f (Strafgefangene[r]).* **2.** *Am.* Beˈrufssolˌdat *m.* **lifeˑ| raft** *s mar.* Rettungsfloß *n.* ~ **ring** *s* Rettungsring *m* auf Lebenszeit. ~ **rockˑet** *s mar.* ˈRettungs-, ˈLeinenwurfraˌkete *f.* ˈ**~savˑer** *s* **1.** Lebensretter *m.* **2.** *bes. Br.* → **lifeguard 1. 3.** *colloq.* a) ,rettender Engel', b) Rettung *f:* **that money was a ~** das Geld war m-e Rettung *od.* hat mich gerettet. ˈ**~savˑing I** *s* Lebensrettung *f.* **II** *adj* lebensrettend, (Lebens)Rettungs-... ~ **sciˑence** *s meist pl* Biowissenschaft *f.* ~ **senˑtence** *s jur.* lebenslängliche Frei-

---

heitsstrafe. ˈ**~size(d)** *adj* lebensgroß, in Lebensgröße: **a ~ statue.** ~ **space** *s psych.* Lebensraum *m.* ~ **span** → **lifetime I.** ~ **style** *s* Lebensstil *m.* ˈ**~-supˌport sysˑtem** *s med., Raumfahrt:* ˈLife-Supˌport-Syˌstem *n (System zur Erhaltung des menschlichen Lebens in e-r zum Leben ungeeigneten Umgebung durch die automatische Regelung von Sauerstoff, der Luftfeuchtigkeit etc).* ˈ**~-susˌtainˑing measˑures** *s pl med.* lebenserhaltende Maßnahmen *pl.* ~ **taˑble** *s* ˈSterblichkeitstaˌbelle *f.* ˈ**~time I** *s* Lebenszeit *f,* Leben *n, a. tech. etc* Lebensdauer *f:* **once in a ~** sehr selten, ,einmal im Leben; **during (**od.** in) s.o.'s ~** a) zu j-s Lebzeiten, zu s-r Zeit, b) in j-s Leben; → **chance 4. II** *adj* auf Lebenszeit, lebenslang: ~ **post** Lebensstellung *f;* ~ **sport** Lifetime-Sport *m (Sport, der von Menschen jeder Altersstufe betrieben werden kann).* ~ **vest** *s* Rettungs-, Schwimmweste *f.* ˈ**~work** *s* Lebenswerk *n.*

**lift** [lɪft] **I** *s* **1.** (Hoch-, Auf)Heben *n:* **he gave the boy a ~ onto the chair** er hob den Jungen auf den Stuhl. **2.** Steigen *n.* **3.** Hochhalten *n,* aufrechte *od.* stolze Haltung: **the proud ~ of her head** ihre stolze Kopfhaltung. **4.** *tech.* a) Hub(höhe *f*) *m,* b) Förderhöhe *f,* c) Steighöhe *f,* d) Förder-, Hubmenge *f.* **5.** a) *Am.* Beförderung *f,* b) Luftbrücke *f.* **6.** *aer. phys.* Auftrieb *m, fig. a.* Aufschwung *m:* **to give s.o. a ~** → **18. 7.** Last *f:* **a heavy ~. 8.** Gewichtheben: Versuch *m.* **9.** Beistand *m,* Hilfe *f:* **to give s.o. a ~** a) j-m helfen, b) j-n (im Auto) mitnehmen; **to get a ~ from s.o.** von j-m mitgenommen werden; → **thumb 4. 10.** *tech.* Hebe-, Fördergerät *n,* -werk *n.* **11.** *bes. Br.* Lift *m,* Aufzug *m,* Fahrstuhl *m.* **12.** (Ski-, Sesseletc)Lift *m.* **13.** *Bergbau:* a) Pumpensatz *m,* b) Abbauhöhe *f.* **14.** *colloq.* Diebstahl *m.* **15.** *med.* Lift *m, n,* Lifting *n:* **to have a ~** sich liften lassen.

**II** *v/t* **16.** a) up a) (hoch-, auf)heben, b) die Stimme *etc* erheben: **to ~ one's eyes** aufschauen, -blicken; **to ~ one's hand to s.o.** die Hand gegen j-n erheben; **to ~ s.th. down** etwas herunterheben (**from** von); → **finger 1, hand Bes. Redew. 17.** *fig.* a) (geistig *od.* sittlich) heben, b) emˈporheben (**from, out of** aus der Armut *etc*). **18.** *a.* up j-n aufmuntern, j-m Auftrieb *od.* Aufschwung geben: ~**ed up with pride** stolzgeschwellt. **19.** *Bergbau:* fördern. **20.** die Preise *etc* anheben, erhöhen. **21.** *colloq.* ,klauen', stehlen: a) ,mitgehen lassen', b) plagiˈieren. **22.** Zelt, Lager abbrechen. **23.** a) Kartoffeln klauben, ernten, b) e-n Schatz heben. **24.** *Am. e-e Hypothek etc* tilgen. **25.** das Gesicht *etc* liften, straffen: **to have one's face ~ed** sich das Gesicht liften lassen. **26.** *e-e Belagerung, ein Embargo, ein Verbot etc* aufheben. **27.** *Fingerabdrücke* sichern.

**III** *v/i* **28.** sich heben, steigen (*a. Nebel*): **to ~ off** a) starten (*Rakete*), b) abheben (*Flugzeug*). **29.** sich (hoch)heben lassen.

ˈ**liftˑ|boy** *s bes. Br.* Liftboy *m.* ~ **bridge** *s tech.* Hubbrücke *f.* ˈ**liftˑer** *s* **1.** *sport* (Gewicht)Heber *m.* **2.** *tech.* Heber *m,* Hebegerät *n, z. B.* a) Hebebaum *m,* b) Nocken *m.* **3.** *colloq.* ,Langfinger' *m,* Dieb *m.* ˈ**liftˑing** *adj* Hebe..., Hub... ~ **bodˑy** *s aer.* Auftriebskörper *m.* ~ **bridge** → **lift bridge.** ~ **force** *s aer. phys. tech.* Auftriebs-, Hub-, Tragkraft *f.* ~ **jack** *s tech.* Hebevorrichtung *f,* (-)Winde *f,* (-)Bock *m.* ~ **platˑform** *s tech.* Hebebühne *f.* ~ **powˑer** → **lifting force.** ˈ**liftˑ|man** [-mæn] *s irr bes. Br.* Fahrstuhlführer *m.* ˈ**~off** *s* a) Start *m (e-r*

*Rakete*), b) Abheben *n* (*e-s Flugzeugs*). **~ pump** *s tech.* Hebepumpe *f*. **~ shaft** *s bes. Br.* Lift-, Aufzug(s)schacht *m*. **~ truck** *s tech.* Hubkarren *m*. **~ valve** *s tech.* 'Druckven,til *n*.

**lig·a·ment** ['lɪgəmənt] *s anat.* Liga'ment *n*, Band *n* (*a. fig.*). ,**lig·a·men·tous** [-'mentəs], *a.* ,**lig·a'men·ta·ry** *adj* **1.** *anat.* Band... **2.** bandförmig.

**li·gate** ['laɪgeɪt; laɪ'geɪt] *v/t med.* ein Gefäß li'gieren, unter'binden. **li'ga·tion** *s* **1.** *med.* Liga'tur *f*, Unter'bindung *f*. **2.** *fig.* Band *n*.

**lig·a·ture** ['lɪgə,tʃuə(r); -tʃə(r)] **I** *s* **1.** → ligation. **2.** *med.* Klemme *f*. **3.** *print.* Liga'tur *f* (*Verbindung zweier Buchstaben zu* 'einer *Type*). **4.** *mus.* Liga'tur *f*: a) *Verbindung e-r zs.-gehörenden Notengruppe*, b) *Bogen über zwei Noten gleicher Tonhöhe*. **II** *v/t* → ligate.

**li·ger** ['laɪgə(r)] *s Kreuzung zwischen Löwe u. Tigerin*.

**light¹** [laɪt] **I** *s* **1.** Licht *n*, Helligkeit *f*: let there be ~! *Bibl.* es werde Licht!; to stand (*od.* be) in s.o.'s ~ a) j-m im Licht stehen, b) *fig.* j-m im Weg stehen; to stand in one's own ~ a) sich im Licht stehen, b) *fig.* sich selbst im Weg stehen; get out of the ~! geh aus dem Licht!; to see the ~ at the end of the tunnel *fig.* das Licht am Ende des Tunnels sehen. **2.** Licht *n* (*a. phys.*), Beleuchtung *f*: in subdued ~ bei gedämpftem Licht. **3.** Licht *n*, Schein *m*: by the ~ of a candle beim Licht *od.* Schein e-r Kerze, bei Kerzenschein. **4.** a) Licht(quelle *f*) *n* (*Sonne, Lampe, Kerze etc*): to hide one's ~ under a bushel sein Licht unter den Scheffel stellen, b) *mot.* Scheinwerfer *m*: → flash 11. **5.** *Br. meist pl* (Verkehrs)Ampel *f*: to jump (*od.* shoot) the ~s die rot über die Kreuzung fahren, ein Rotlicht überfahren; the ~s were against him er hatte Rot; → green light, red light. **6.** *mar.* a) Leuchtfeuer *n*, b) Leuchtturm *m*. **7.** Sonnen-, Tageslicht *n*: I must finish my work while the ~ lasts solang(e) es noch hell ist; to see the ~ (of day) a) das Licht der Welt erblicken, geboren werden, b) *fig.* herauskommen, auf den Markt kommen (→ 9, 11); in the cold ~ of day (*od.* dawn) *fig.* bei Licht besehen *od.* betrachtet. **8.** Tagesanbruch *m*: at ~ bei Tagesanbruch. **9.** *fig.* (Tages)Licht *n*: to bring (come) to ~ ans Licht bringen (kommen); to see the ~ (of day) bekannt *od.* veröffentlicht werden (→ 7, 11). **10.** *fig.* Licht *n*, A'spekt *m*: in the ~ of unter dem Aspekt (*gen*), in Anbetracht (*gen*), angesichts (*gen*); I have never looked on the matter in that ~ von dieser Seite habe ich die Angelegenheit noch nie gesehen; to put s.th. in its true ~ etwas ins rechte Licht rücken; to reveal s.th. in a different ~ etwas in e-m anderen Licht erscheinen lassen; to see s.th. in a different ~ etwas mit anderen Augen sehen; to show s.th. in a bad ~ ein schlechtes Licht auf e-e Sache werfen. **11.** *fig.* Licht *n*, Erleuchtung *f* (*a. relig.*): to cast (*od.* shed, throw) ~ on s.th. a) Licht auf e-e Sache werfen, b) zur Lösung *od.* Aufklärung e-r Sache beitragen; I see the ~ mir geht ein Licht auf; to see the ~ a) zur Einsicht kommen, b) *relig.* erleuchtet werden (→ 7, 9); by the ~ of nature mit den natürlichen Verstandeskräften. **12.** *pl* Erkenntnisse *pl*, Informati'onen *pl*. **13.** *pl* Wissen *n*, Verstand *m*, geistige Fähigkeiten *pl*: according to his ~s so gut er es eben versteht. **14.** *paint.* a) Licht *n*: ~ and shade, b) Aufhellung *f*. **15.** Glanz *m*, Leuchten *n* (*der Augen*): the ~ went out of her eyes der Glanz ihrer Augen

erlosch. **16.** Feuer *n* (*zum Anzünden*), *bes.* Streichholz *n*: have you got a ~? haben Sie Feuer?; to put a (*od.* set) ~ to s.th. etwas anzünden *od.* in Brand stecken; to strike a ~ ein Streichholz anzünden. **17.** a) Fenster(scheibe *f*) *n*, b) Dachfenster *n*. **18.** *a.* shining ~ *fig.* Leuchte *f*, großes Licht (*Person*): → leading light 2. **19.** *a.* ~ of one's eyes *poet.* Augenlicht *n*. **20.** *pl sl.* 'Gucker' *pl* (*Augen*).

**II** *adj* **21.** hell, licht: a ~ colo(u)r; a ~ room; ~ hair helles Haar; ~ red Hellrot *n*.

**III** *v/t pret u. pp* 'light·ed *od.* lit [lɪt] **22.** *a.* ~ up anzünden: to ~ a fire (a lamp, *etc*); he lit a cigarette er zündete sich e-e Zigarette an. **23.** be-, erleuchten, erhellen: to ~ up hell beleuchten. **24.** *meist* ~ up j-s Augen etc aufleuchten lassen. **25.** j-m leuchten. **26.** to be lit up *colloq.* angeheitert sein: a) *durch Alkoholgenuß beschwingt sein*, b) *leicht angetrunken sein*.

**IV** *v/i* **27.** *a.* ~ up sich entzünden. **28.** *meist* ~ up a) sich erhellen, hell werden, b) *fig.* aufleuchten (*Augen etc*). **29.** ~ up a) Licht machen, b) die Straßenbeleuchtung einschalten, c) *mot.* die Scheinwerfer einschalten. **30.** ~ up *colloq.* 'sich e-e (*Zigarette etc*) anzünden'.

**light²** [laɪt] **I** *adj* (*adv* → lightly) **1.** leicht (*von geringem Gewicht*): (as) ~ as air (*od.* a feather) federleicht. **2.** (*spezifisch*) leicht: ~ metal Leichtmetall *n*. **3.** ~ coin *Am.* Münze *f* mit zu geringem Edelmetallgehalt. **4.** leicht (*zu ertragen od. auszuführen*): ~ punishment; ~ work; → work 1. **5.** leicht (*nicht tief*): ~ sleep; ~ sleeper 1. **6.** leicht, Unterhaltungs...: ~ literature Unterhaltungsliteratur *f*; ~ music leichte Musik, Unterhaltungsmusik *f*; ~ opera komische Oper, Spieloper *f*; ~ reading Unterhaltungslektüre *f*, leichte Lektüre. **7.** gering(fügig), unbedeutend, leicht: ~ illness; a ~ rain; a ~ eater ein schwacher Esser; a ~ error ein kleiner Irrtum; ~ traffic geringer Verkehr; no ~ matter keine Kleinigkeit; to make ~ of s.th. a) etwas auf die leichte Schulter nehmen, b) verharmlosen, bagatellisieren. **8.** leicht: a) leichtverdaulich: a ~ meal e-e leichte Mahlzeit, b) *mit* geringem Alkohol- *od.* Nikotingehalt: ~ cigars; a ~ wine. **9.** locker: ~ earth; ~ snow; ~ bread leichtes *od.* locker gebackenes Brot. **10.** leicht, sanft: a ~ touch. **11.** flink: to be ~ on one's feet flink auf den Beinen sein. **12.** grazi'ös, anmutig: she is a ~ dancer. **13.** a) unbeschwert, sorglos, heiter, fröhlich: with a ~ heart leichten Herzens, b) leichtfertig, -sinnig, c) unbeständig, flatterhaft, d) 'unmo,ralisch: a ~ girl ein ,leichtes' Mädchen. **14.** to be ~ in the head (leicht) benommen sein. **15.** *mar., mil.* leicht: ~ artillery; ~ cruiser; in ~ marching order mit leichtem Marschgepäck. **16.** a) leichtbeladen, b) unbeladen, leer (*von Ladung*): the ship returned ~; a ~ engine e-e alleinfahrende Lokomotive. **17.** *tech.* leicht(gebaut), für leichte Beanspruchung, Leicht...: ~ plane Leichtflugzeug *n*; ~ current *electr.* Schwachstrom *m*. **18.** *Phonetik:* a) un-, schwachbetont (*Silbe, Vokal*), b) schwach (*Betonung*), c) hell, vorn im Mund artiku'liert (*l-Laut*).

**II** *adv* **19.** to travel ~ mit leichtem Gepäck reisen.

**light³** [laɪt] *pret u. pp* 'light·ed *od.* lit [lɪt] *v/i* **1.** (ab)steigen (from, off von). **2.** fallen (on auf *acc*): a cat always ~s on its feet. **3.** sich niederlassen (on auf *dat*): the bird ~ed on a twig. **4.** *fig.* (zufällig) stoßen (on auf *acc*). **5.** *fig.* fallen: the choice ~ed on him. **6.** to ~ into s.o.

*colloq.* über j-n herfallen (*a. mit Worten*). **7.** ~ out *colloq.* ,verduften', verschwinden.

**light| air** *s* leiser Zug (*Windstärke I*). '~-'armed *adj mil.* leichtbewaffnet. ~ bar·ri·er *s electr.* Lichtschranke *f*. ~ day *s astr.* Lichttag *m*. '~-,du·ty → light² 17. ~ bea·con *s aer. mar.* Leuchtfeuer *n*, -bake *f*. ~ breeze *s* leichte Brise (*Windstärke 2*). ~ bulb *s electr.* Glühlampe *f*. '~-e,mit·ting di·ode *s electr.* 'Leuchtdi,ode *f*.

**light·en¹** ['laɪtn] **I** *v/i* **1.** sich aufhellen, hell(er) werden. **2.** leuchten. **3.** *impers* blitzen: it is ~ing. **II** *v/t* **4.** (*a.* blitzartig) erhellen. **5.** *fig. obs.* erleuchten.

**light·en²** ['laɪtn] **I** *v/t* **1.** leichter machen, erleichtern (*beide a. fig.*): to ~ s.o.'s heart j-m das Herz leichter machen. **2.** *ein Schiff* (ab)leichtern. **3.** j-n aufheitern. **II** *v/i* **4.** leichter werden: her heart ~ed *fig.* ihr wurde leichter ums Herz. **5.** *fig.* heiterer werden.

**light en·gi·neer·ing** *s* 'Leichtma,schinenbau *m*.

**light·er¹** ['laɪtə(r)] *s* **1.** Anzünder *m* (*a. Gerät*). **2.** Feuerzeug *n*.

**light·er²** ['laɪtə(r)] *mar.* **I** *s* Leichter *m*, Prahm *m*. **II** *v/t* in e-m Leichter befördern.

**light·er·age** ['laɪtərɪdʒ] *s mar.* **1.** Leichtergeld *n*. **2.** 'Leichtertrans,port *m*. '**light·er·man** [-mən] *s irr mar.* Leichterschiffer *m*.

,**light·er-than-'air** *adj:* ~ craft Luftfahrzeug *n* leichter als Luft.

**light| face** *s print.* magere Schrift. '~-faced *adj print.* mager. '~-fast *adj* lichtecht. '~-fast·ness *s* Lichtechtheit *f*. '~-fin·gered *adj* **1.** fingerfertig, geschickt. **2.** ,langfing(e)rig', diebisch. '~-'fin·gered·ness *s* Fingerfertigkeit *f*, Geschicktheit *f*. ~ fix·ture *s electr.* Beleuchtungskörper *m*. ~ fly·weight *s Boxen:* Halb-, Leicht'fliegengewicht(ler *m*) *n*. '~-'fly·weight *adj Boxen:* Halb-, Leicht'fliegengewichts... '~-'foot·ed *adj* (*adv* ~ly) leichtfüßig, flink. '~-'foot·ed·ness *s* Leichtfüßigkeit *f*, Flinkheit *f*. '~-hand·ed *adj* (*adv* ~ly) geschickt. '~-hand·ed·ness *s* Geschicktheit *f*. '~-head·ed *adj* (*adv* ~ly) **1.** leichtsinnig, -fertig. **2.** to feel ~ a) (leicht) benommen sein, b) wie auf Wolken schweben. '~-head·ed·ness *s* **1.** Leichtsinn *m*, -fertigkeit *f*. **2.** (leichte) Benommenheit. '~-heart·ed *adj* (*adv* ~ly) fröhlich, heiter, unbeschwert. '~-'heart·ed·ness *s* Fröhlichkeit *f*, Heiterkeit *f*, Unbeschwertheit *f*. ~ heav·y·weight *s sport* Halb-, Leicht'schwergewicht(ler *m*) *n*. '~-'heav·y·weight *adj sport* Halb-, Leichtschwergewichts... '~ house *s* Leuchtturm *m*: ~ keeper Leuchtturmwärter *m*; ~ tube *electr.* Leuchtturmröhre *f*. '~ house·man [-mən] *s irr* Leuchtturmwärter *m*.

'**light·ing** *s* **1.** Beleuchtung *f*: ~ battery Lichtbatterie *f*; ~ effect Beleuchtungseffekt *m*; ~ engineer Beleuchter *m*; ~ load Lichtnetzbelastung *f*; ~ point *electr.* Brennstelle *f*. **2.** Beleuchtung(sanlage) *f*. **3.** Anzünden *n*. **4.** *paint.* Lichtverteilung *f*. '~-'up time *s* (vorgeschriebene) Zeit des Einschaltens der Straßenbeleuchtung *od.* (*mot.*) der Scheinwerfer.

'**light·less** *adj* lichtlos, dunkel. '**light·ly** *adv* **1.** leicht. **2.** wenig: to eat ~; ~ booked weniger gebucht. **3.** gelassen: to bear s.th. ~. **4.** leichtfertig, -sinnig. **5.** leicht'hin. **6.** geringschätzig.

**light| me·ter** *s phot.* Belichtungsmesser *m*. ~ mid·dle·weight *s sport* Halb-'mittelgewicht(ler *m*) *n*. '~-'mid·dle·weight *adj sport* Halbmittelgewichts...

**~·'mind·ed** adj (adv ~ly) a) leichtfertig, -sinnig, b) unbeständig, flatterhaft. **~·'mind·ed·ness** s a) Leichtfertigkeit f, -sinn m, b) Unbeständigkeit f, Flatterhaftigkeit f. **~ min·ute** s astr. 'Lichtmi,nute f. **~ month** s astr. Lichtmonat m.

**light·ness¹** ['laɪtnɪs] s Helligkeit f.

**light·ness²** ['laɪtnɪs] s **1.** Leichtheit f, Leichtigkeit f, geringes Gewicht. **2.** Leichtverdaulichkeit f. **3.** Lockerheit f. **4.** Sanftheit f. **5.** Flinkheit f. **6.** Grazie f, Anmut f. **7.** a) Unbeschwertheit f, Sorglosigkeit f, Heiterkeit f, Fröhlichkeit f, b) Leichtfertigkeit f, -sinn m, c) Unbeständigkeit f, Flatterhaftigkeit f, d) 'Unmo,ral f.

**light·ning** ['laɪtnɪŋ] **I** s Blitz m: **struck by ~** vom Blitz getroffen; **~ struck a house** der Blitz schlug in ein Haus (ein); **like ~** wie der Blitz; → flash 1, grease 6, streak 2. **II** adj blitzschnell, Blitz..., Schnell...: **~ artist** Schnellzeichner m; **~ offensive** mil. Blitzoffensive f; **with ~ speed** mit Blitzesschnelle. **~·ar·rest·er** s electr. Blitzschutzvorrichtung f. **~ bug** Am. → firefly. **~·con·duc·tor** s electr. Blitzableiter m. **~ rod** s electr. Blitzableiter m (a. fig.): **to serve as a ~ for** s.o. j-m als Blitzableiter dienen, j-s Blitzableiter sein. **~ strike** s econ. Blitzstreik m. **~·vis·it** s 'Stippvi,site f, Blitzbesuch m.

**light|oil** s chem. tech. Leichtöl n. **~ pen** s Computer: Lichtstift m. **~ plant** s electr. Lichtanlage f. **~ pol·lu·tion** s 'Lichtüber,flutung f (in e-r Stadt). **~·proof** adj 'licht,undurchlässig. **~ quan·tum** s phys. Lichtquant n, Photon n. **~ re·ac·tion** s bot. 'Lichtreakti,on f.

**lights** [laɪts] s pl zo. Lunge f.

**light|sec·ond** s astr. 'Lichtse,kunde f. **~·ship** s mar. Feuer-, Leuchtschiff n. **~ show** s Light-Show f (Show mit besonderen Lichteffekten). **~·skinned** adj hellhäutig.

**light·some¹** ['laɪtsəm] adj (adv ~ly) obs. od. poet. **1.** grazi'ös, anmutig. **2.** flink. **3.** a) unbesorgt, sorglos, heiter, fröhlich, b) leichtfertig, -sinnig.

**light·some²** ['laɪtsəm] adj obs. od. poet. **1.** leuchtend. **2.** licht, hell.

**light source** s Lichtquelle f.

**lights-'out** s: **~ is at ten p.m.** um 22 Uhr heißt es „Licht aus".

**'light|-struck** adj phot. durch Lichteinwirkung verschleiert. **~ trap** s **1.** Lichtschleuse f. **2.** Insektenvernichtungsgerät, das aus e-r Lichtquelle u. e-m Behälter besteht. **~ week** s astr. Lichtwoche f. **'~·weight** I adj **1.** leicht(gewichtig): **pickup** Leichttonarm m. **2.** sport Leichtgewichts... **3.** fig. a) leicht: **~ reading** a. Unterhaltungslektüre f, b) unbedeutend (Person): **~ artist** künstlerisches Leichtgewicht. **II** s **4.** a) Leichtgewicht n (Person) (a. fig.), b) etwas Leichtes. **5.** sport Leichtgewicht(ler m) n. **6.** fig. unbedeutender Mensch. **~ wel·ter·weight** s Boxen: Halb'weltergewicht(ler m) n. **,~·'wel·ter·weight** adj Boxen: Halbweltergewichts... **'~·wood** s **1.** Anmachholz n. **2.** Am. Kienholz n. **~ year** s astr. Lichtjahr n: **~s away** fig. himmelweit entfernt; **it is ~s since** fig. es ist schon e-e Ewigkeit her, daß od. seit.

**lign·al·oes** [laɪ'næləʊz; lɪg'n-] s pl (als sg konstruiert) **1.** Aloeholz n. **2.** pharm. Aloe...

**lig·ne·ous** ['lɪgnɪəs] adj holzig, holzartig, Holz...

**lig·ni·fi·ca·tion** [,lɪgnɪfɪ'keɪʃn] s bot. Lignifi'zierung f, Verholzung f.

**lig·ni·fy** ['lɪgnɪfaɪ] bot. **I** v/t lignifi'zieren, in Holz verwandeln. **II** v/i lignifi'zieren, verholzen.

**lig·nin** ['lɪgnɪn] s chem. Li'gnin n, Holzstoff m.

**lig·nite** ['lɪgnaɪt] s geol. (verfestigte) Braunkohle. **lig·nit·ic** [-'nɪtɪk] adj braunkohlenhaltig. **'lig·ni·tize** [-nɪtaɪz] v/t in Braunkohle verwandeln.

**lig·niv·o·rous** [lɪg'nɪvərəs] adj zo. holzfressend.

**lig·num vi·tae** [,lɪgnəm'vaɪti:] s bot. Pockholz(baum m) n.

**lig·ro·in(e)** ['lɪgrəʊɪn; Am. 'lɪgrəwən] s chem. Ligro'in n, 'Lackben,zin n.

**lig·u·la** ['lɪgjʊlə] pl **-lae** [-li:] od. **-las 1.** → ligule. **2.** zo. Ligula f (verwachsene Zunge u. Nebenzunge von Insekten). **'lig·ule** [-ju:l] s bot. **1.** Ligula f, Blatthäutchen n (bes. an Gräsern). **2.** Zungenblütchen n.

**Li·gu·ri·an** [lɪ'gjʊərɪən] **I** adj li'gurisch: **~ Sea** Ligurisches Meer. **II** s Li'gurier(in).

**lik·a·ble** ['laɪkəbl] adj liebenswert, -würdig, sym'pathisch. **'lik·a·ble·ness** s liebenswerte Art, sym'pathisches Wesen.

**like¹** [laɪk] **I** adj **1.** gleich (dat), wie: **she is just ~ her sister** sie ist geradeso wie ihre Schwester; **a man ~ you** ein Mann wie du; **what is he ~?** wie ist er?; **he is ~ that** er ist nun einmal so; **he was not ~ that before** so war er doch früher nicht; **what does it look ~?** wie sieht es aus?; **a fool ~ that** ein derartiger od. so ein Dummkopf; **he felt ~ a criminal** er kam sich wie ein Verbrecher vor; **that's more ~ it!** colloq. das läßt sich (schon) eher hören; → master 5c, nothing 7 u. Bes. Redew., something 3. **2.** ähnlich (dat), bezeichnend für: **that is just ~ him!** das sieht ihm ähnlich! **3.** in bes. Verbindungen mit folgendem Substantiv od. Gerundium: **it is ~ having children** es ist (so), als ob man Kinder hätte; → feel 10. **4.** gleich: **a ~ amount;** in **~ manner** a) auf gleiche Weise, b) gleichermaßen; **of ~ mind** gleichgesinnt; **~ signs** math. gleiche Vorzeichen; **~ terms** math. gleichnamige Glieder; **~ unto his brethren** Bibl. s-n Brüdern gleich. **5.** ähnlich: **the portrait is not ~;** **the two signs are very ~;** **they are (as) ~ as two eggs** sie gleichen sich wie ein Ei dem anderen. **6.** ähnlich, gleichartig, derartig: ... **and other ~ problems** ... und andere derartige Probleme **7.** colloq. wahr'scheinlich.

**II** prep (siehe a. adj u. adv, die oft wie e-e prep gebraucht werden) **8.** wie: **to sing ~ a nightingale; do not shout ~ that** schrei nicht so; **a thing ~ that** so etwas.

**III** adv (siehe auch prep) **9.** (so) wie: **~ every teacher he has** so wie jeder Lehrer hat auch er; **I cannot play ~ you (do)** ich kann nicht so gut spielen wie du. **10.** colloq. wahr'scheinlich: **~ enough, as ~ as not, very ~** höchstwahrscheinlich, sehr wahrscheinlich. **11.** sl. irgendwie, merkwürdig, ziemlich. **12.** obs. so: **~ as** so wie.

**IV** conj **13.** colloq. wie, (eben)so wie. **14.** dial. als ob: **he trembled ~ he was afraid.**

**V** s **15.** (der, die das) gleiche, (etwas) Gleiches: **his ~** seinesgleichen; **did you ever see the ~(s) of that girl?** hast du jemals so etwas wie dieses Mädchen gesehen?; **the ~s of me** colloq. meinesgleichen, unsereiner, Leute wie ich; **~ attracts ~** gleich u. gleich gesellt sich gern; **the ~ of** dergleichen; **peas, beans, and the ~** Erbsen, Bohnen u. dergleichen; **cocoa or the ~** Kakao oder so etwas (Ähnliches); **he will never do the ~ again** so etwas wird er nie wieder tun; → such 7.

**like²** [laɪk] **I** v/t **1.** gern haben, (gern) mögen, (gut) leiden können, gern tun, essen, trinken etc: **I ~ it** ich habe es od. mag es gern, es gefällt mir; **I ~ him** ich mag ihn gern, ich kann ihn gut leiden; **how do you ~ it?** wie gefällt es dir?, wie findest du es?; **"As You L~ It"** „Wie es euch gefällt" (Lustspiel von Shakespeare); **I ~ that!** iro. so was hab' ich gern!; **do you ~ oysters?** mögen Sie Austern (gern)?; **I should much ~ to come** ich würde sehr gern kommen; **he ~s playing (od. to play) tennis** er spielt gern Tennis; **I should ~ to know** ich möchte gerne wissen; **what do you ~ better?** was hast du lieber?, was gefällt dir besser?; **I do not ~ such things discussed** ich habe es nicht gern, daß solche Dinge erörtert werden; **I ~ whisky, but it does not ~ me** colloq. ich trinke gern Whisky, aber er bekommt mir nicht; **(much) ~** (sehr) beliebt.

**II** v/i **2.** wollen: **(just) as you ~** (ganz) wie du willst, (ganz) nach Belieben; **do as you ~** mach, was du willst; **if you ~** wenn du willst; **I am stupid if you ~ but** ich bin vielleicht dumm, aber. **3.** obs. gefallen. **4.** obs. gedeihen.

**III** s **5.** Neigung f, Vorliebe f: **~s and dislikes** Neigungen u. Abneigungen; **I know his ~s and dislikes** ich weiß, was er mag u. was nicht.

**-like** [laɪk] Wortelement mit der Bedeutung wie, ...artig, ...ähnlich.

**like·a·ble**, etc → likable, etc.

**like·li·hood** ['laɪklɪhʊd] s **1.** Wahr'scheinlichkeit f: **in all ~** aller Wahrscheinlichkeit nach, höchstwahrscheinlich; **there is a strong ~ of his succeeding** es ist sehr wahrscheinlich, daß es ihm gelingt; **er wird mit großer Wahrscheinlichkeit Erfolg haben. 2.** (deutliches) Anzeichen (of für). **3.** obs. Verheißung f. **'like·li·ness** s likelihood.

**like·ly** ['laɪklɪ] **I** adj **1.** wahr'scheinlich, vor'aussichtlich: **it is not ~ that he will come,** he is not ~ to come es ist unwahrscheinlich, daß er kommt; **which is his most ~ route?** welchen Weg wird er aller Wahrscheinlichkeit nach nehmen?; **this is not ~ to happen** das wird wahrscheinlich nicht geschehen. **2.** glaubhaft: **a ~ story!** iro. das soll glauben, wer mag! **3.** in Frage kommend, geeignet: **a ~ candidate; a ~ remedy. 4.** aussichtsreich, vielversprechend: **a ~ young man. II** adv **5.** wahr'scheinlich: **very ~** sehr wahrscheinlich; **most ~** höchstwahrscheinlich; **as ~ as not** (sehr) wahrscheinlich; **not ~!** colloq. wohl kaum!

**,like-'mind·ed** adj (adv ~ly) gleichgesinnt. **,like-'mind·ed·ness** s Gleichgesinntheit f.

**lik·en** ['laɪkən] v/t vergleichen (to mit).

**like·ness** ['laɪknɪs] s **1.** Ähnlichkeit f (between zwischen dat; to mit). **2.** Gestalt f: **an enemy in the ~ of a friend.** **3.** Bild n, Por'trät n: **to have one's ~ taken** sich malen od. fotografieren lassen. **4.** Abbild n (of gen): **he is the exact ~ of his father.**

**'like·wise** adv **1.** außerdem, auch, zusätzlich. **2.** des'gleichen, ebenso: **to do ~** es ebenso machen, das gleiche tun; **pleased to meet you — ~** ganz meinerseits!; **have a nice day — ~** danke gleichfalls!

**lik·ing** ['laɪkɪŋ] s **(for)** Vorliebe f (für), Geschmack m (an dat): **to have a ~ for** e-e Vorliebe haben für j-n, etwas, Zuneigung für j-n empfinden, j-n, etwas gern mögen; **to take a ~ to** Zuneigung fassen zu j-m, Gefallen finden an j-m, etwas, Geschmack finden an etwas; **to be greatly to s.o.'s ~** j-m sehr zusagen; **this is not (to) my ~** das ist nicht nach m-m Geschmack; **it is not my ~ to have to**

get up early ich mag es nicht, früh aufstehen zu müssen; it is too old--fashioned for my ~ es ist mir zu altmodisch.

**li·lac** [ˈlaɪlək] **I** s **1.** bot. Spanischer Flieder. **2.** Lila n (Farbe). **II** adj **3.** lila (-farben).

**lil·i·a·ceous** [ˌlɪlɪˈeɪʃəs] adj bot. Lilien..., lilienartig.

**Lil·li·pu·tian** [ˌlɪlɪˈpjuːʃjən; -ˈʃɪən; bes. Am. -ʃn̩] **I** adj **1.** a) winzig, zwerghaft, b) Liliput..., Klein(st)... **2.** fig. engstirnig, ˈkleinkaˌriert'. **II** s **3.** Lilipuˈtaner(in) (Bewohner[in] des fiktiven Landes Liliput; weitS. Mensch von zwerghaftem Wuchs). **4.** fig. engstirniger od. ˈkleinkaˌrierter' Mensch.

**li·lo** [ˈlaɪləʊ] pl **-los** s Br. colloq. ˈLuftmaˌtratze f.

**lilt** [lɪlt] **I** s **1.** a) flotter Rhythmus, b) flotte od. schwungvolle Meloˈdie. **2.** (federnder) Schwung, Federn n: the ~ of her step ihr federnder Gang. **II** v/i **3.** e-n flotten Rhythmus haben: ~ing flott. **4.** mit federnden Schritten gehen.

**lil·y** [ˈlɪlɪ] **I** s **1.** bot. a) Lilie f, b) lilienartige Pflanze: ~ of the Nile Schmucklilie; ~ of the valley Maiglöckchen n; to gild (od. paint) the ~ fig. des Guten zuviel tun. **2.** her. Lilie f. **II** adj **3.** lilienweiß: a ~ hand. **4.** poet. zart, äˈtherisch. **5.** poet. rein (a. Wahrheit), unschuldig. **~-i·ron** s e-e Harpune mit abnehmbarer Spitze. **~-ˈliv·ered** adj feig(e). **~-ˈwhite** adj **1.** → lily 3. **2.** Am. colloq. nur für Weiße: a ~ club.

**Li·ma bean** [ˈliːmə; bes. Am. ˈlaɪmə] s bot. Limabohne f.

**lim·a·cine** [ˈlɪməsaɪn; -sɪn; ˈlaɪ-] adj zo. schneckenartig, Schnecken...

**li·ma·çon** [ˈlɪməsɒn; Am. ˌsæn; ˌliːməˈsɔ̃n] s math. Pasˈcalsche Schnecke.

**limb¹** [lɪm] s **1.** (Körper)Glied n: ~s pl a. Gliedmaßen pl; to tear s.o. ~ from ~ j-n in Stücke reißen. **2.** Hauptast m (e-s Baumes): to be out on a ~ colloq. a) in e-r gefährlichen Lage sein, b) Br. allein (da-)stehen. **3.** fig. a) Glied n, Teil m (e-s Ganzen), b) Arm m (e-s Kreuzes etc): ~ of the sea Meeresarm, c) Ausläufer m (e-s Gebirges), d) ling. (Satz)Glied n, e) jur. Absatz m, f) Arm m, Werkzeug n: ~ of the law Arm des Gesetzes (Jurist, Polizist etc). **4.** a. ~ of Satan (od. the devil) colloq. ˌRacker' m, Schlingel m.

**limb²** [lɪm] s **1.** bot. a) Limbus m, (Kelch)Saum m (e-r Blumenkrone), b) Blattrand m (bei Moosen). **2.** astr. Rand m (e-s Himmelskörpers). **3.** tech. Limbus m (Teilkreis an Instrumenten zur Winkelmessung).

**lim·bate** [ˈlɪmbeɪt] adj biol. andersfarbig gerandet od. gesäumt.

**limbed** [lɪmd] adj in Zssgn ...gliedrig.

**lim·ber¹** [ˈlɪmbə(r)] **I** adj **1.** biegsam, geschmeidig. **2.** beweglich, gelenkig. **3.** fig. fleˈxibel: ~ credit terms. **II** v/t **4.** meist ~ up biegsam od. geschmeidig machen, Muskeln a. auflockern: to ~ o.s. → 5. **III** v/i **5.** meist ~ up sich auflockern, Lockerungsübungen machen.

**lim·ber²** [ˈlɪmbə(r)] **I** s **1.** mil. Protze f: ~ chest Protzkasten m. **2.** pl mar. Pumpensod m. **II** v/t u. v/i **3.** meist ~ up aufprotzen.

ˈlim·ber·ing ex·er·cise s Lockerungsübung f.

**lim·ber·ness** [ˈlɪmbə(r)nɪs] s **1.** Biegsamkeit f, Geschmeidigkeit f. **2.** Beweglichkeit f, Gelenkigkeit f. **3.** fig. Flexibiliˈtät f.

**lim·bo¹** [ˈlɪmbəʊ] pl **-bos** s **1.** oft L~ relig. Limbus m, Vorhölle f. **2.** Gefängnis n. **3.** fig. Rumpelkammer f: to put s.o. into ~ j-n aufs Abstellgleis schieben. **4.** ˈÜbergangs-, Zwischenstadium n: to be in ~ a)

in der Schwebe sein (Entscheidung etc), b) ˌin der Luft hängen', im ungewissen sein (Person); to occupy a ~ (between ... and ...) ein Übergangsstadium darstellen (von ... zu ...), ein Zwischenstadium darstellen (zwischen dat ... und ...).

**lim·bo²** [ˈlɪmbəʊ] pl **-bos** s Limbo m (akrobatischer Tanz westindischer Herkunft, bei dem der Tänzer den Körper von den Knien an zurückbiegt u. sich mit schiebenden Tanzschritten unter e-r Querstange hindurchbewegt).

**Lim·burg·er** [ˈlɪmbɜːgə; Am. -bɜrgər], a. ˈLim·burg cheese s Limburger (Käse) m.

**lime¹** [laɪm] **I** s **1.** chem. Kalk m: hydrated ~ gelöschter Kalk; → unslaked 1. **2.** agr. Kalkdünger m. **3.** Vogelleim m. **II** v/t **4.** kalken: a) mit Kalk bestreichen od. behandeln, b) agr. mit Kalk düngen, c) → limewash I. **5.** mit Vogelleim bestreichen od. fangen.

**lime²** [laɪm] s bot. Linde f.

**lime³** [laɪm] s bot. **1.** Limoˈnelle f (Baum). **2.** Liˈmone f, Limoˈnelle f (Frucht).

**lime**|**burn·er** s Kalkbrenner m. **~·cast** s Kalkverputz m. **~ con·crete** s ˈKalkbeˌton m, ˈKalk-ˈSand-Beˌton m. **~ juice** s Liˈmonen-, Limoˈnellensaft m. **~-juic·er** s limey **I. '~-kiln** s Kalk-(brenn)ofen m. **'~-light** s **1.** tech. Kalklicht n, Drummondsches Licht. **2.** fig. Rampenlicht n, Licht n der Öffentlichkeit: to be in the ~ im Rampenlicht od. im Licht der Öffentlichkeit stehen. ~ **mor·tar** s Kalkmörtel m.

**li·men** [ˈlaɪmen] pl **li·mens, li·mi·na** [ˈlɪmɪnə] s psych. (Bewußtseins- od. Reiz-)Schwelle f.

**lime pit** s **1.** Kalkgrube f. **2.** Gerberei: Äscher(grube f) m.

**lim·er·ick** [ˈlɪmərɪk] s Limerick m (fünfzeiliges komisch-ironisches Gedicht mit dem Reimschema aabba).

ˈlime**·stone** s geol. Kalkstein m. **~ tree** s bot. **1.** Linde f. **2.** (ein) Tuˈpelobaum m. **~ twig** s **1.** Leimrute f. **2.** fig. Falle f, Schlinge f. **'~·wash** **I** v/t kalken, weißen, tünchen. **II** s (Kalk)Tünche f. **'~·wa·ter** s chem. **1.** Kalkmilch f, -lösung f. **2.** kalkhaltiges Wasser.

**li·mey** [ˈlaɪmɪ] Am. sl. **I** s **1.** a) Brite m, Britin f, b) britischer Maˈtrose. **2.** britisches Schiff. **II** adj **3.** britisch.

**li·mic·o·lous** [laɪˈmɪkələs] adj zo. limiˈkol, im Schlamm lebend, Schlamm...

**lim·i·na** [ˈlɪmɪnə] pl von limen. **'lim·i·nal** [-nl] adj psych. Schwellen...

**lim·it** [ˈlɪmɪt] **I** s **1.** fig. Grenze f, Begrenzung f, Beschränkung f, (Zeit- etc) Limit n: to the ~ bis zum Äußersten der Letzten; within ~s in (gewissen) Grenzen; without ~ ohne Grenzen, grenzen-, schrankenlos; there is a ~ to everything alles hat s-e Grenzen; there is no ~ to his greed, his greed knows no ~s s-e Gier kennt keine Grenzen; to know one's (own) ~s s-e Grenzen kennen; to put a ~ on s.th., to set a ~ to s.th. etwas begrenzen od. beschränken; he has reached the ~ of his patience s-e Geduld ist am Ende od. erschöpft; to go the ~ über die volle Distanz gehen (Boxer etc); superior ~ a) äußerster Termin, b) obere Grenze, Höchstgrenze f; inferior ~ a) frühestmöglicher Zeitpunkt, b) untere Grenze; off ~s Zutritt verboten (to für); that's the ~! colloq. das ist (doch) die Höhe!; he is the ~! colloq. er ist unglaublich od. unmöglich! **2.** Grenze f, Grenzlinie f. **3.** obs. Bezirk m, Bereich m. **4.** math. tech. Grenze f, Grenzwert m. **5.** econ. a) Börse: Höchstbetrag m, b) Limit n, Preisgrenze f: lowest ~ äußerster od. letzter Preis. **II** v/t **6.** beschränken, be-

grenzen (to auf acc): ~ing adjective ling. einschränkendes Adjektiv. **7.** econ. Preise limiˈtieren.

**lim·i·ta·tion** [ˌlɪmɪˈteɪʃn] s **1.** fig. Grenze f: to know one's (own) ~s s-e Grenzen kennen. **2.** fig. Begrenzung f, Beschränkung f: ~ of armament Rüstungsbeschränkung; ~ of liability Haftungsbeschränkung. **3.** jur. Verjährung f: ~ (period) Verjährungsfrist f; ~ of action Klageverjährung.

**lim·i·ta·tive** [ˈlɪmɪtətɪv; bes. Am. -teɪtɪv] adj limitaˈtiv, begrenzend, beschränkend.

ˈlim·it·ed **I** adj (adv ~ly) **1.** beschränkt, begrenzt (to auf acc): ~ intelligence; ~ space; ~ bus → 4 a; ~ (liability) company econ. Br. Aktiengesellschaft f; ~ edition begrenzte Auflage; ~ order econ. limitierte (Börsen)Order; ~ in time befristet; ~ train → 4 b. **2.** pol. konstitutioˈnell: ~ monarchy. **3.** fig. (geistig) beschränkt. **II** s **4.** Am. a) Schnellbus m, b) Schnellzug m.

ˈlim·it·er¹ s **1.** einschränkender Faktor. **2.** electr. (Ampliˈtuden)Begrenzer m.

ˈlim·it·less adj (adv ~ly) fig. grenzenlos.

**lim·i·trophe** [ˈlɪmɪtrəʊf] adj grenzend (to an acc), Grenz...: ~ region.

**lim·it switch** s electr. Endschalter m.

**limn** [lɪm] v/t obs. od. poet. **1.** malen, zeichnen, abbilden. **2.** fig. veranschaulichen, schildern. ˈlim·ner [-nə(r)] s obs. od. poet. (Porˈträt)Maler m.

**lim·net·ic** [lɪmˈnetɪk], **lim·nic** [ˈlɪmnɪk] adj limnisch: a) biol. im Süßwasser lebend od. entstanden, b) geol. im Süßwasser entstanden od. abgelagert.

**lim·nite** [ˈlɪmnaɪt] s min. Raseneisenerz n.

**lim·nol·o·gy** [lɪmˈnɒlədʒɪ; Am. -ˈnɑ-] s Limnoloˈgie f (Lehre von den Binnengewässern u. den in ihnen lebenden Organismen).

**lim·o** [ˈlɪməʊ] pl **-os** colloq. für limousine.

**lim·o·nene** [ˈlɪməniːn] s chem. Limoˈnen n (in ätherischen Ölen verbreiteter Kohlenwasserstoff mit zitronenartigem Geruch).

**li·mo·nite** [ˈlaɪmənaɪt] s min. Limoˈnit m, Brauneisenerz n.

**lim·ou·sine** [ˈlɪmuːziːn; Am. ˌlɪməˈziːn] s mot. Limouˈsine f.

**limp¹** [lɪmp] **I** v/i **1.** hinken (a. fig. Vers etc), humpeln. **2.** sich (daˈhin)schleppen (a. fig.). **II** s **3.** Hinken n: to walk with a ~ hinken, humpeln.

**limp²** [lɪmp] adj **1.** schlaff, schlapp: to go ~ erschlaffen; a ~ gesture e-e müde Handbewegung; a ~ joke ein ˌmüder' Witz. **2.** biegsam, weich: ~ book cover.

**limp·en** [ˈlɪmpən] v/i erschlaffen.

**lim·pet** [ˈlɪmpɪt] s zo. Napfschnecke f: to hold on (od. hang on, cling) to s.o. like a ~ fig. wie e-e Klette an j-m hängen. ~ **mine** s mil. Haftmine f.

**lim·pid** [ˈlɪmpɪd] adj (adv ~ly) **1.** ˈdurchsichtig, klar (Wasser etc). **2.** fig. klar (Stil etc). **3.** fig. ruhig, friedlich (Leben etc). **lim·ˈpid·i·ty**, **lim·ˈpid·ness** s ˈDurchsichtigkeit f, Klarheit f.

ˈlimp·ness s Schlaff-, Schlappheit f.

**limp**|**wrist** s Am. colloq. ˌSchwule(r)' m (Homosexueller). **'~-~wrist** adj Am. colloq. ˌschwul'.

**lim·y¹** [ˈlaɪmɪ] adj **1.** Kalk..., kalkig: a) kalkhaltig, b) kalkartig. **2.** gekalkt. **3.** mit Vogelleim beschmiert.

**lim·y²** [ˈlaɪmɪ] adj mit Liˈmonen- od. Limoˈnellengeschmack.

**lin·ac** [ˈlɪnæk] s phys. Lineˈarbeschleuniger m (aus linear accelerator).

**lin·age** [ˈlaɪnɪdʒ] s **1.** → alignment. **2.** Zeilenzahl f. **3.** ˈZeilenhonoˌrar n.

**linch·pin** [ˈlɪntʃpɪn] s **1.** tech. Lünse f,

Achsnagel *m.* **2.** *fig.* Stütze *f*: this fact is the ~ of his argumentation auf diese Tatsache stützt sich s-e Argumentation; he is the ~ of the company er hält die ganze Firma zusammen.

**Lin·coln** [ˈlɪŋkən] *s* Lincoln(schaf) *n.* ~ **green** *s* **1.** Lincolngrün *n* (*Tuchfarbe*). **2.** Lincolner Tuch *n*.

**lin·crus·ta** [lɪnˈkrʌstə] *s* Linˈkrusta *f* (*linoleumähnliche, abwaschbare Tapete mit reliefartiger Prägung*).

**lin·den** [ˈlɪndən] *s* **1.** *bot.* Linde *f.* **2.** Lindenholz *n*.

**line**[1] [laɪn] **I** *s* **1.** Linie *f* (*a. sport*), Strich *m.* **2.** a) (*Hand- etc*)Linie *f*: ~ **of fate** Schicksalslinie, b) Falte *f*, Runzel *f*, c) Zug *m* (*im Gesicht*). **3.** Zeile *f*: **to read between the ~s** *fig.* zwischen den Zeilen lesen; → **drop** 41. **4.** *TV* (Bild)Zeile *f*. **5.** a) (*Vers m*, b) *pl thea. etc* Rolle *f*, Text *m*, c) *pl ped. Br.* Strafarbeit *f*, -aufgabe *f*. **6.** *pl* (*meist als sg konstruiert*) *bes. Br. colloq.* Trauschein *m*. **7.** *colloq.* (**on**) Informatiˈon *f* (*über acc*), ˈHinweis *m* (*auf acc*). **8.** *Am. colloq.* a) ˌPlatteˈ (*Geschwätz*), b) ˌTourˈ, ˌMascheˈ *f* (*Trick*). **9.** Linie *f*, Richtung *f*: ~ **of attack** a) *mil.* Angriffsrichtung, b) *fig.* Taktik *f*; ~ **of fire** *mil.* Schußlinie *f*; ~ **of sight** a) Blickrichtung, b) *a.* ~ **of vision** Gesichtslinie, -achse *f*; **hung on the** ~ in Augenhöhe aufgehängt (*Bild*); **he said s.th. along these** ~s er sagte etwas in dieser Richtung; ~ **of resistance** 1. **10.** *pl* Grundsätze *pl*, Richtlinie(n *pl*) *f*: **the** ~s **of his policy** die Grundlinien s-r Politik; **along the** ~s **of** nach dem Prinzip (*gen*); **along these** ~s a) nach diesen Grundsätzen, b) folgendermaßen; **along general** ~s ganz allgemein, in großen Zügen; **along similar** ~s ähnlich. **11.** Art *f* u. Weise *f*, Meˈthode *f*, Verfahren *n*: ~ **of approach** (**to**) Art u. Weise (*etwas*) anzupacken, Methode; ~ **of argument** (Art der) Beweisführung *f*; ~ **of reasoning** Denkweise; ~ **of thought** a) Auffassung *f*, b) Gedankengang *m*; **to take a strong** ~ energisch auftreten *od.* werden (**with s.o.** gegenüber j-m); **to take the** ~ **that** den Standpunkt vertreten, daß; **don't take that** ~ **with me!** komm mir ja nicht so!; **in the** ~ **of** nach Art von (*od. gen*); **on strictly commercial** ~s auf streng geschäftlicher Grundlage, auf rein kommerzieller Basis; → **hard line** 1. **12.** Grenze *f* (*a. fig.*), Grenzlinie *f*: **to overstep the** ~ **of good taste** über die Grenzen des guten Geschmacks hinausgehen; **to be on the** ~ auf dem Spiel stehen; **to draw the** ~ die Grenze ziehen, haltmachen (**at** bei); **I draw the** ~ **at that** da hört es bei mir auf; **to go on the** ~ *Am.* ˌauf den Strich gehenˈ; **to lay** (*od.* **put**) **on the** ~ sein Leben, s-n *Ruf etc* aufs Spiel setzen; **to lay it on the** ~ **that** in aller Deutlichkeit sagen, daß; **I'll lay it on the** ~ **for you!** *colloq.* das kann ich Ihnen genau sagen!; ~s **of responsibility** Zuständigkeiten. **13.** *pl* a) Linien(führung *f*) *pl*, Konˈturen *pl*, Form *f*, b) *fig. tech.* Riß *m*. **14.** a) Reihe *f*, Kette *f*: a ~ **of poplars** e-e Pappelreihe, b) *bes. Am.* (Menschen-, *a.* Auto)Schlange *f*: **to stand in** ~ anstehen, Schlange stehen (**for** um, nach); **to drive in** ~ *mot.* Kolonne fahren; **to be in** ~ **for** *fig.* Aussichten haben auf (*acc*). **15.** Reihe *f*, Linie *f*: **in** ~ **with** *fig.* in Übereinstimmung mit, im Einklang mit; **to be in** ~ *fig.* übereinstimmen (**with** mit); **out of** ~ aus der Flucht, nicht in e-r Linie; **to be out of** ~ *fig.* nicht übereinstimmen (**with** mit); **to bring** (*od.* **get**) **into** ~ *fig.* a) in Einklang bringen (**with** mit), b) ˌauf Vordermann bringenˈ; **to fall into** ~ a) sich einordnen,

b) *mil.* (in Reih u. Glied) antreten, c) *fig.* sich anschließen (**with** *dat*); **to keep s.o. in** ~ *fig.* j-n bei der Stange halten; **to step** (*od.* **get**) **out of** ~ *fig.* aus der Reihe tanzen; **in** ~ **of duty** in Ausübung s-s Dienstes. s-r Pflicht; → **toe** 8. **16.** a) (Abstammungs)Linie *f*, b) (*Ahnen- etc*) Reihe *f*, c) *zo.* (Zucht)Stamm *m*, d) Faˈmilie *f*, Stamm *m*, Geschlecht *n*: **the male** ~ die männliche Linie; **in the direct** ~ in direkter Linie. **17.** *pl bes. Br.* Los *n*, Geschick *n*: → **hard line** 2. **18.** Fach *n*, Gebiet *n*, Sparte *f*: ~ (**of business**) Branche *f*, Geschäftszweig *m*; **in the banking** ~ im Bankfach *od.* -wesen; **that's not in my** ~ a) das schlägt nicht in mein Fach, b) das liegt mir nicht; **that's more in my** ~ das liegt mir schon eher. **19.** (*Verkehrs-, Eisenbahn- etc*)Linie *f*, Strecke *f*, Route *f*, *engS. rail.* Gleis *n*: **the end of the** ~ *fig.* das (bittere) Ende; **that's the end of the** ~! *fig.* Endstation!; **he was at the end of the** ~ *fig.* er war am Ende. **20.** (*Flug- etc*)Gesellschaft *f.* **21.** a) *bes. teleph.* Leitung *f*: **the** ~ **is busy** (*Br.* **engaged**) die Leitung ist besetzt; **to get off the** ~ aus der Leitung gehen; **hold the** ~! bleiben Sie am Apparat!; → **hot line**, b) *bes. teleph.* Anschluß *m*, c) *teleph.* Amt *n*: **can I have a** ~, **please?** **22.** *tech.* (Rohr)Leitung *f*: **oil** ~ Ölleitung. **23.** *tech.* (Fertigungs)Straße *f*: → **packaging** II. **24.** *econ.* a) Sorte *f*, Warengattung *f*, b) Posten *m*, Parˈtie *f*, c) Sortiˈment *n*, d) Arˈtikel *m od. pl*, Arˈtikelserie *f*. **25.** *mil.* a) Linie *f*: **behind the enemy** ~s hinter den feindlichen Linien; ~ **of communications** rückwärtige Verbindungen; ~ **of defence** (*Am.* **defense**) (**departure, retreat**) Verteidigungs-(Ausgangs-, Rückzugs)linie; → **battle** 4, b) Front *f*: **to go up the** ~ nach vorn *od.* an die Front gehen; **all along the** ~, **down the** ~ *fig.* auf der ganzen Linie, *a.* voll u. ganz; **to go down the** ~ **for** *Am. colloq.* sich voll einsetzen für, c) Fronttruppe(n *pl*) *f*. **26.** *geogr.* Längen- *od.* Breitenkreis *m*: **the L**~ der Äquator. **27.** *mar.* Linie *f*: ~ **abreast** Dwarslinie; ~ **ahead** Kiellinie. **28.** a) Leine *f*: **to hang the washing up on the** ~ die Wäsche auf die Leine hängen, b) Schnur *f*, c) Seil *n.* **29.** *teleph. etc* a) Draht *m*, b) Kabel *n*.

**II** *v/t* **30.** → **line up** 1 *u.* 2.

**III** *v/t* **31.** liˈnieren, liniˈieren: **to** ~ **paper. 32.** → **line up** 4. **33.** zeichnen. **34.** skizˈzieren. **35.** *das Gesicht* (zer)furchen. **36.** (ein)säumen: ~**d with trees; thousands of people** ~**d the streets** Tausende von Menschen säumten die Straßen; **soldiers** ~**d the street** Soldaten bildeten an der Straße Spalier.

*Verbindungen mit Adverbien:*

**line| in** *v/t* einzeichnen. ~ **off** *v/t* abgrenzen. ~ **through** *v/t* ˈdurchstreichen.

~ **up I** *v/i* **1.** sich in e-r Reihe *od.* Linie aufstellen. **2.** *bes. Am.* sich anstellen (**for** um, nach). **3.** *sich zs.-schließen*: **to** ~ **behind s.o.** sich hinter j-n stellen. **II** *v/t* **4.** in e-r Linie *od.* Reihe aufstellen. **5.** *fig. colloq.* ˌauf die Beine stellenˈ, organiˈsieren, arranˈgieren.

**line**[2] [laɪn] *v/t* **1.** *Kleid etc* füttern. **2.** *tech.* (auf der Innenseite) überˈziehen *od.* belegen, ausfüttern, -gießen, -kleiden, -schlagen, *Bremsen, Kupplung* belegen. **3.** als Futter *od.* ˈÜberzug dienen für. **4.** (an)füllen: **to** ~ **one's pocket(s)** (*od.* **purse**) in die eigene Tasche arbeiten, sich bereichern; **to** ~ **one's stomach** den Bauch ˌvollschlagenˈ.

**lin·e·age**[1] [ˈlɪniɪdʒ] *s* **1.** geradlinige Abstammung. **2.** Stammbaum *m.* **3.** Geschlecht *n*, Faˈmilie *f*.

**line·age**[2] → **linage**.

**lin·e·al** [ˈlɪniəl] *adj* (*adv* ~**ly**) **1.** geradlinig, in diˈrekter Linie, direkt: ~ **descent**; ~ **descendant** direkter Nachkomme. **2.** ererbt, Erb...: ~ **feud. 3.** → **linear**.

**lin·e·a·ment** [ˈlɪniəmənt] *s meist pl* **1.** (Gesichts)Zug *m.* **2.** *fig.* Zug *m*.

**lin·e·ar** [ˈlɪniə(r)] *adj* (*adv* ~**ly**) **1.** lineˈar, geradlinig: ~ **distance** Luftlinie *f.* **2.** *math. phys. tech.* Linear..., lineˈar: ~ **algebra** (function, perspective, *etc*). **3.** Längen...: ~ **dimension** Längenabmessung *f.* **4.** Linien..., Strich..., linien-, strichförmig. **5.** *bot.* lineˈalisch (*viel länger als breit u.* mit parallelen Rändern): ~ **leaves. L**~ **A** *s* Paläographie: LineˌarˈA-Schrift *f.* ~ **ac·cel·er·a·tor** *s phys.* Lineˈarbeschleuniger *m.* **L**~ **B** *s* Paläographie: LineˌarˈB-Schrift *f.* ~ **e·qua·tion** *s math.* lineˈare Gleichung, Gleichung *f* ersten Grades.

**lin·e·ate** [ˈlɪniɪt], -eɪt], *a.* ˈlin·e·at·ed [-eɪtɪd] *adj* **1.** (längs)gestrichelt. **2.** *bot.* gestreift, gerippt.

**lin·e·a·tion** [ˌlɪniˈeɪʃn] *s* **1.** Skizˈzierung *f.* **2.** (ˈUmriß)Linie *f.* **3.** Striche *pl*, Linien *pl.* **4.** Anordnung *f* in Linien *od.* Zeilen.

**line| blank·ing** *s TV* Zeilenabtastung *f.* ˈ~**breed** *v/t irr* reinzüchten. ~ **breeding** *s* Rein-, Faˈmilienzucht *f.* ~ **drawing** *s* Strichzeichnung *f.* ~ **en·grav·ing** *s art* (Stich *m* in) ˈLinienmaˌnier *f.* ~ **e·qua·tion** *s math.* Gleichung *f* e-r ebenen Kurve. ~ **etch·ing** *s art* Strichätzung *f.* ~ **in·te·gral** *s math.* ˈLinieninteˌgral *n.* ˈ~**man** [-mən] *s irr* **1.** *teleph. etc bes. Am.* Störungssucher *m*: **line·men's pliers** Kabelzange *f.* **2.** *rail. bes. Br.* Streckenarbeiter *m*.

**lin·en** [ˈlɪnɪn] **I** *s* **1.** Leinen *n*, Leinwand *f.* **2.** (*Bett-, Unter- etc*)Wäsche *f*: ~ **basket** *bes. Br.* Wäschekorb *m*; ~ **closet** (*od.* **cupboard**) Wäscheschrank *m*; **to change one's** ~ die (Unter)Wäsche wechseln; **to wash one's dirty** ~ (**in public**) *fig.* (s-e) schmutzige Wäsche (in der Öffentlichkeit) waschen. **3.** → **linen paper. II** *adj* **4.** Leinen..., leinen, Leinwand... ~ **fold** *s arch.* Faltenfüllung *f.* ~ **pa·per** *s* ˈLeinenpaˌpier *n*.

ˈ**line**|-**out** *s Rugby*: Gasse *f.* ~ **print·er** *s* Computer: Zeilendrucker *m*.

**lin·er**[1] [ˈlaɪnə(r)] *s* **1.** Abfütterer *m.* **2.** *tech.* Futter *n*, Buchse *f*, Einlage *f.* **3.** Einsatz(stück *n*) *m*.

**lin·er**[2] [ˈlaɪnə(r)] *s* **1.** *mar.* Liniendampfer *m*, -schiff *n.* **2.** *aer.* Verkehrsflugzeug *n.* **3.** Linienzieher *m* (*Person od. Gerät*). **4.** → **eye liner**.

**lines·man** [ˈlaɪnzmən] *s irr* **1.** *bes. Br.* → **lineman. 2.** *sport* Linienrichter *m*.

**line| spec·trum** *s phys.* Linienspektrum *n.* ~ **squall** *s meteor.* Linien-, Reihenbö *f.* ˈ~**up** *s* **1.** *sport* Aufstellung *f.* **2.** Gruppierung *f.* **3.** *bes. Am.* (Menschen-)Schlange *f.* **4.** *Rundfunk, TV*: Sendefolge *f*, Proˈgramm *n*.

**ling**[1] [lɪŋ] *pl* **lings,** *bes. collect.* **ling** *s ichth.* Leng(fisch) *m*.

**ling**[2] [lɪŋ] *s bot.* Heidekraut *n*.

**lin·ga** [ˈlɪŋɡə], **lin·gam** [ˈlɪŋɡəm] *s relig.* Linga(m) *n* (*Phallus als Symbol des indischen Gottes Schiwa*).

**lin·ger** [ˈlɪŋɡə(r)] *v/i* **1.** verweilen, sich aufhalten (*beide a. fig.* **over, on, upon** bei *e-m Thema etc*): **to** ~ **on** a) noch dableiben, b) nachklingen (*Ton*), c) *fig.* fortleben, -bestehen (*Tradition etc*). **2.** *fig.* (zuˈrück)bleiben (*Verdacht, ungutes Gefühl etc*). **3.** sich ˈhinziehen (*a.* -schleppen). **4.** daˈhinsiechen (*Kranker*). **5.** a) zögern, zaudern, b) ˌtrödelnˈ: **to** ~ **about** (*od.* **around**) herumtrödeln. **6.** schlendern, bummeln. **7.** *obs.* sich sehnen (**after** nach).

**lin·ge·rie** [ˈlæːnʒəriː; ˈlænʒ-; *Am. a.* ˌlɑn-dʒəˈreɪ] *s* ˈDamen(ˌunter)wäsche *f*.
**lin·ger·ing** [ˈlɪŋgərɪŋ] *adj* (*adv* ~ly) **1.** nachklingend. **2.** *fig.* (zuˈrück)bleibend. **3.** schleppend. **4.** schleichend: a ~ dis-ease. **5.** sehnsüchtig: a ~ look.
**lin·go** [ˈlɪŋgəʊ] *pl* **-goes** *s colloq.* **1.** Kau-derwelsch *n*. **2.** (ˈFach)Jarˌgon *m*. **3.** (Fremd)Sprache *f*.
**lin·gua fran·ca** [ˌlɪŋgwəˈfræŋkə] *s* Lin-gua *f* franca, Verkehrssprache *f*.
**lin·gual** [ˈlɪŋgwəl] **I** *adj* (*adv* ~ly) **1.** *anat. ling. med.* linguˈal, Zungen...: ~ bone Zungenbein *n*; ~ sound → **2.** → **2.** → linguistic **2.** **II** *s* **3.** *ling.* Linguˈal(laut) *m*, Zungenlaut *m*.
**lin·guist** [ˈlɪŋgwɪst] *s* **1.** Linguˈist(in), Sprachwissenschaftler(in). **2.** Sprach-kundige(r *m*) *f*: she's a good ~ sie ist sehr sprachbegabt.
**lin·guis·tic** [lɪŋˈgwɪstɪk] **I** *adj* (*adv* ~ally) **1.** sprachwissenschaftlich, linguˈi-stisch. **2.** Sprach(en)...: ~ atlas Sprach-atlas *m*; ~ borrowing Lehnwort *n*; ~ form bedeutungstragender Sprach-bestandteil (*Wort, Satz etc*); ~ geography Sprachgeographie *f*; ~ island Sprach-insel *f*; ~ science → **3.** → stock Sprach-familie *f*. **II** *s pl* (*meist als sg konstruiert*) **3.** Linguˈistik *f*, Sprachwissenschaft *f*.
**lin·gu·late** [ˈlɪŋgjʊleɪt; *Am. bes.* -gjələt] *adj* zungenförmig.
**lin·hay** [ˈlɪnɪ] *s Br. dial.* Feldscheune *f*.
**lin·i·ment** [ˈlɪnɪmənt] *s med. pharm.* Li-niˈment *n*, Einreibemittel *n*.
**lin·ing** [ˈlaɪnɪŋ] *s* **1.** Futter(stoff *m*) *n*, (Aus)Fütterung *f* (*von Kleidern etc*). **2.** *tech.* Futter *n*, Ver-, Auskleidung *f*, (Brems-, Kupplungs- *etc*)Belag *m*. **3.** *arch.* Ausmauerung *f*. **4.** *electr.* Isolatiˈon(s-schicht) *f*. **5.** *Buchbinderei:* Kapiˈtal-band *n*.
**link¹** [lɪŋk] **I** *s* **1.** (Ketten)Glied *n*. **2.** *fig.* a) Glied *n* (*in e-r Kette von Ereignissen, Beweisen etc*): → **missing** 1, b) Binde-glied *n*, c) Verbindung *f*, Zs.-hang *m*. **3.** Masche *f*, Schlinge *f* (*beim Stricken*). **4.** einzelnes Würstchen (*aus e-r Wurstket-te*). **5.** *surv.* Meßkettenglied *n* (*a. als Län-genmaß*, = 7,92 *Zoll*). **6.** Manˈschetten-knopf *m*. **7.** *tech.* (Befestigungs)Glied *n*, Verbindungsstück *n*, Gelenk(stück) *n*, Kuˈlisse *f*: flat ~ Lasche *f*; ~ drive Stan-genantrieb *m*. **8.** *Fernmeldewesen:* Kaˈnal *m*, Überˈtragungsweg *m*. **II** *v/t* **9.** a. ~ up verketten, -binden, -knüpfen (to, with mit): to ~ arms sich unter- *od.* einhaken (with bei). **10.** *a.* ~ up *fig.* in Verbindung bringen, e-n Zs.-hang ˈherstellen zwi-schen (*dat*): to be ~ed (together) a) in Verbindung *od.* Zs.-hang stehen, b) mit-einander verknüpft sein; his name is closely ~ed with the success of our firm sein Name ist eng verbunden mit dem Erfolg unserer Firma. **III** *v/i* **11.** a. ~ up sich verketten *od.* -binden *od.* -knüp-fen (to, with mit). **12.** *a.* ~ up *fig.* sich zs.-fügen.
**link²** [lɪŋk] *s hist.* Fackel *f* (*als Straßen-beleuchtung*).
**link·age** [ˈlɪŋkɪdʒ] *s* **1.** Verkettung *f*, -bin-dung *f*, -knüpfung *f* (*a. tech.*). **2.** *tech.* (Getriebe)Kette *f*. **3.** *electr.* Durchˈflu-tung *f*, Amˈperewindungszahl *f*. **4.** *biol. electr.* Kopplung *f*: ~ group *biol.* Kopp-lungsgruppe *f* (*von Genen*).
**ˈlink·boy** → linkman¹.   [träger *m*.]
**ˈlink·man¹** [-mən] *s irr hist.* Fackel-]
**ˈlink·man²** [-mən] *s irr Br.* **1.** *sport* Mit-telfeldspieler *m*. **2.** *Rundfunk, TV:* Mode-ˈrator *m*. **3.** Vermittler *m*, Mittelsmann *m*.
**link mo·tion** *s tech.* Kuˈlissensteue-rung *f*.
**links** [lɪŋks] *s pl* **1.** → golf links. **2.** *bes. Scot.* Dünen *pl*.

**Link train·er** [lɪŋk] (*TM*) *s aer.* Link-Trainer *m* (*Flugsimulator für die Piloten-schulung am Boden*).
**ˈlink·up** *s* **1.** → linkage 1. **2.** *fig.* Ver-bindung *f*, Zs.-hang *m*. ~ **verb** *s ling.* Kopula *f*.
**linn** [lɪn] *s bes. Scot.* **1.** a) Wasserfall *m*, b) Teich *m* am Fuß e-s Wasserfalls. **2.** a) Abgrund *m*, b) Schlucht *f*.
**lin·net** [ˈlɪnɪt] *s orn.* Hänfling *m*.
**li·no** [ˈlaɪnəʊ] *colloq. für* linoleum. **ˈ~cut** *s* Liˈnolschnitt *m*.
**li·no·le·ate** [lɪˈnəʊlɪeɪt] *s chem.* Linoleˈat *n* (*Salz u. Ester der Linolsäure*).
**li·no·le·ic ac·id** [ˌlɪnəʊˈliːɪk; -ˈleɪk] *s chem.* Liˈnol-, Leinölsäure *f*.  [leum *n*.]
**li·no·le·um** [lɪˈnəʊljəm; -lɪəm] *s* Liˈno-]
**li·no·type** [ˈlaɪnəʊtaɪp] *s print.* **1.** *a.* **L~** (*TM*) Linotype *f* (*Zeilensetz- u. -gieß-maschine*). **2.** (ˈSetzmaˌschinen)Zeile *f*.
**lin·seed** [ˈlɪnsiːd] *s bot.* Leinsamen *m*. ~ **cake** *s agr.* Leinkuchen *m*. ~ **meal** *s* Leinsamenmehl *n*. ~ **oil** *s* Leinöl *n*.
**lin·sey-wool·sey** [ˌlɪnzɪˈwʊlzɪ] *s* **1.** Lin-sey-Woolsey *m* (*grobe Baumwolle od. gro-bes Leinen*). **2.** *Am. fig.* Mischmasch *m*.
**lin·stock** [ˈlɪnstɒk; *Am.* -ˌstɑk] *s mil. hist.* Luntenstock *m*.
**lint** [lɪnt] **I** *s* **1.** *med.* Scharˈpie *f* (*gezupfte Baumwolle*). **2.** *bes. Am.* Lint *n* (*verspinn-bare Fasern der Baumwolle*). **3.** Fussel(n) *pl.* **II** *v/i* **4.** fusseln.
**lin·tel** [ˈlɪntl] *s arch.* Oberschwelle *f*, (Tür-, Fenster)Sturz *m*.
**lin·ter** [ˈlɪntə(r)] *s* **1.** *tech.* Maschine zur Gewinnung von **2**. **2.** *pl* Linters *pl* (*kurze Baumwollfasern, die beim Entkernen noch am Samen hängengeblieben sind u. die als Rohstoff für Kunstseide etc verwendet wer-den*).
**lin·y** [ˈlaɪnɪ] *adj* **1.** linien-, strichartig. **2.** voll Linien. **3.** faltig, runz(e)lig.
**li·on** [ˈlaɪən] *s* **1.** *zo.* Löwe *m*: a ~ in the way (*od.* path) *fig.* e-e (*bes. eingebildete*) Gefahr *od.* Schwierigkeit; to go into the ~'s den *fig.* sich in die Höhle des Löwen wagen; to put one's head into the ~'s mouth *fig.* sich in große Gefahr be-geben; to throw s.o. to the ~s *fig.* j-n ˌüber die Klinge springen lassen'; the ~'s share *fig.* der Löwenanteil; the British L~ der brit. Löwe (*als Wappentier od. als Personifikation Großbritanniens*); to twist the L~'s tail *fig.* dem Löwen auf den Schwanz treten, über die Briten her-ziehen; → **beard** 6. **2.** ,Größe' *f*, Be-rühmtheit *f* (*Person*). **3.** L~ *astr.* Löwe *m* (*Tierkreiszeichen od. Sternbild*): to be (a) L~ Löwe sein.
**li·on·ess** [ˈlaɪənɪs] *s* Löwin *f*.
**li·on·et** [ˈlaɪənət; -nɪt] *s* junger *od.* kleiner Löwe.
**ˈli·on·heart·ed** *adj* (*adv* ~ly) uner-schrocken, mutig. **ˈ~heart·ed·ness** *s* Unerschrockenheit *f*, Mut *m*. **~hunt·er** *s* **1.** Löwenjäger *m*. **2.** Promiˈnenten-jäger *m*.
**li·on·ize** [ˈlaɪənaɪz] **I** *v/t* **1.** j-n feiern. **2.** j-n berühmt machen. **II** *v/i* **3.** die Gesell-schaft Promiˈnenter suchen.
**lip** [lɪp] **I** *s* **1.** Lippe *f* (*a. zo. u. bot.*): lower (upper) ~ Unter-(Ober)lippe *f*; stiff up-per ~ *fig.* a) (unerschütterliche) Haltung, b) (Selbst)Beherrschung *f*; to have (*od.* keep, maintain, wear) a stiff upper ~ *fig.* a) Haltung bewahren, b) sich nichts anmerken lassen; to bite one's ~ *fig.* sich auf die Lippen beißen; we heard it from his own ~s wir hörten es aus s-m eigenen Mund; it never passed my ~s es kam nie über m-e Lippen; → **button** 7, hang 16, lick 1, seal² 17 a, smack² 7. **2.** *colloq.* Unverschämtheit *f*, freches Ge-schwätz: none of your ~! sei nicht so unverschämt *od.* frech! **3.** *mus.* a) Mund-

stück *n* (*am Blasinstrument*), b) Lippe *f* (*der Orgelpfeife*). **4.** Rand *m* (*e-r Wunde, e-r Schale, e-s Kraters etc*). **5.** Tülle *f*, Schnauze *f* (*e-s Kruges etc*). **6.** *tech.* Schneide *f*, Messer *n* (*e-s Stirnfräsers etc*). **II** *adj* **7.** *a. ling.* Lippen...: ~ consonant Lippenlaut *m*. **8.** *fig.* nur äußerlich, ge-heuchelt: ~ sympathy geheuchelte An-teilnahme. **III** *v/t* **9.** mit den Lippen berühren. **10.** *poet.* küssen. **11.** a) mur-meln, flüstern, b) *Am. sl.* singen. **12.** to ~ the hole (*Golf*) den Ball unmittelbar an den Rand des Loches spielen.
**li·pase** [ˈlɪpeɪs; -z; ˈlaɪ-] *s* Biochemie: Li-ˈpase *f*, Fettspalter *m*.
**ˌlip·deep** *adj* nur äußerlich, geheuchelt.
**lip·o·chrome** [ˈlɪpəʊkrəʊm] *s* Bioche-mie: Lipoˈchrom *n* (*zu den Lipoiden ge-hörender Farbstoff*).
**li·pog·ra·phy** [lɪˈpɒgrəfɪ; *Am.* -ˈpɑ-] *s* unbeabsichtigtes Auslassen e-s Buchsta-bens *od.* e-r Silbe.
**lip·oid** [ˈlɪpɔɪd; ˈlaɪ-] (*Biochemie*) **I** *adj* lipoˈid, fettartig. **II** *s* Lipoˈid *n* (*fettartige organische Substanz*).
**li·pol·y·sis** [lɪˈpɒlɪsɪs; *Am.* laɪˈpɑləsɪs] *s* Biochemie: Liˈpolyse *f*, Fettspaltung *f*.
**li·po·ma** [lɪˈpəʊmə; *Am. a.* laɪ-] *pl* **-ma·ta** [-mətə] *od.* **-mas** *s med.* Liˈpom *n*, Fettgeschwulst *f*.
**li·po·ma·to·sis** [lɪˌpəʊməˈtəʊsɪs] *s med.* Lipomaˈtose *f*: a) *Auftreten von Fett-geschwülsten an mehreren Körperstellen*, b) Fettsucht *f*.
**lipped** [lɪpt] *adj* **1.** *in Zssgn* ...lippig, mit ... Lippen: two-~ *bot.* zweilippig. **2.** Lip-pen *od.* e-e Lippe habend, mit Lippen (versehen). **3.** a) gerandet, b) mit e-r Tülle (versehen).
**lip·pie** [ˈlɪpɪ] *s Austral. colloq.* Lippenstift *m*.
**Lip·pi·zan·er** [ˌlɪpɪtˈsɑːnə(r)] *s zo.* Lipiz-ˈzaner *m*.
**lip print** *s* Lippenabdruck *m*.
**lip·py** [ˈlɪpɪ] *adj bes. Am. colloq.* unver-schämt, frech.
**ˈlip·read** *v/t u. v/i irr* von den Lippen ablesen. **~read·ing** *s* Lippenlesen *n*. **~round·ing** *s ling.* Lippenrundung *f*. **~salve** *s* ˈLippenpoˌmade *f*. **~ser·vice** *s* Lippenbekenntnis *n*: to pay ~ to ein Lippenbekenntnis ablegen zu e-r Idee *etc*. **ˈ~stick** *s* Lippenstift *m*. **ˈ~sync(h)** *colloq.* → lip-synchronized. **ˈ~syn·chro·nized** *adj Film etc*: ˈlippensyn-ˌchron.
**li·quate** [ˈlaɪkweɪt] *v/t oft* ~ out metall. (aus)seigern, *Kupfer* darren. **liˈqua·tion** *s tech.* (Aus)Seigerung *f*: ~ furnace Seigerofen *m*; ~ hearth Seigerherd *m*.
**liq·ue·fa·cient** [ˌlɪkwɪˈfeɪʃnt] *s* Ver-flüssigungsmittel *n*. **II** *adj* verflüssigend.
**ˌliq·ue·fac·tion** [-ˈfækʃn] *s* **1.** Verflüs-sigung *f*. **2.** Schmelzung *f*.
**liq·ue·fi·a·ble** [ˈlɪkwɪfaɪəbl] *adj* schmelzbar. **ˈliq·ue·fi·er** *s* Verflüssiger *m*, *bes.* Verˈflüssigungsappaˌrat *m*. **ˈliq·ue·fy** *v/t u. v/i* **1.** (sich) verflüssigen: liquefied petroleum gas Flüssiggas *n*. **2.** schmelzen.
**li·ques·cent** [lɪˈkwesnt] *adj* **1.** sich (leicht) verflüssigend. **2.** schmelzend.
**li·queur** [lɪˈkjʊə; *Am.* lɪˈkɜr] *s* Liˈkör *m*.
**liq·uid** [ˈlɪkwɪd] **I** *adj* (*adv* ~ly) **1.** flüssig, *chem. a.* liˈquid: ~ air; ~ body flüssiger Körper; ~-cooled reactor *phys.* flüssig-gekühlter Reaktor; ~ crystal flüssiger Kristall, Flüssigkristall *m*; ~ crystal dis-play Flüssigkristallanzeige *f*; ~ fuel (*Raumfahrt*) flüssiger Raketentreibstoff; ~-fuel rocket Flüssigkeitsrakete *f*; ~ manure Jauche *f*; ~ oxygen Flüssig-sauerstoff *m*, flüssiger Sauerstoff. **2.** Flüssigkeits...: ~ barometer; ~ com-pass; ~ measure Flüssigkeitsmaß(sy-

stem) *n.* **3.** a) klar: the ~ air of a spring morning, b) feucht: ~ eyes. **4.** *fig.* a) fließend: ~ movements, b) flüssig: a ~ speech. **5.** *ling.* li'quid: ~ consonant → **8. 6.** *econ.* li'quid, flüssig: ~ assets a) flüssige Anlagen *pl*, flüssiges Vermögen, b) (*Bilanz*) Umlaufvermögen *n*; ~ debt liquide *od.* fällige Schuld; ~ securities sofort realisierbare Wertpapiere. **II** *s* **7.** Flüssigkeit *f*. **8.** *ling.* Liquida *f*, Li'quid(laut) *m*, Schwing-, Schmelz-, Fließlaut *m*.

**liq·ui·date** ['lɪkwɪdeɪt] **I** *v/t* **1.** *econ.* liqui'dieren: a) *e-e Gesellschaft* auflösen, b) *Sachwerte etc* reali'sieren, zu Geld machen, c) *Schulden etc* begleichen, tilgen. **2.** *den Schuldbetrag etc* feststellen: ~d damages bezifferter Schadenersatz. **3.** *Konten* abrechnen, sal'dieren. **4.** *fig.* a) beseitigen, b) erledigen, c) *j-n* liqui'dieren, beseitigen, 'umbringen. **II** *v/i* **5.** *econ.* liqui'dieren, in Liquidati'on gehen *od.* treten.

**liq·ui·da·tion** [ˌlɪkwɪ'deɪʃn] *s* **1.** *econ.* Liquidati'on *f*: a) Auflösung *f*: to go into ~ in Liquidation gehen *od.* treten, b) Reali'sierung *f*, c) Begleichung *f*, Tilgung *f*. **2.** Feststellung *f*. **3.** Abrechnung *f*, Sal'dierung *f*. **4.** *fig.* Liqui'dierung *f*, Beseitigung *f*. **'liq·ui·da·tor** [-tə(r)] *s econ.* Liqui'dator *m*, Abwickler *m*.

**li·quid·i·ty** [lɪ'kwɪdɪtɪ] *s* **1.** flüssiger Zustand. **2.** a) Klarheit *f*, b) Wässerigkeit *f*. **3.** *econ.* Liquidi'tät *f*, Flüssigkeit *f*.

**liq·uor** ['lɪkə(r)] **I** *s* **1.** a) *Br.* alko'holische Getränke *pl*, Alkohol *m*: hard ~ → b, b) *Am.* Schnaps *m*, Spiritu'osen *pl*: in ~ betrunken; ~ cabinet *Am.* Hausbar *f*; ~ store *Am.* Spirituosengeschäft *n*; → carry 4, hold² 22. **2.** *gastr.* Brühe *f*, Saft *m*. **3.** *med. pharm.* Liquor *m*, Arz'neilösung *f*. **4.** *tech.* a) Lauge *f*, b) Flotte *f* (*Färbebad*), c) *allg.* Bad *n*. **5.** Brauwasser *n*. **II** *v/t* **6.** *meist* ~ up *Am. sl.* unter Alkohol setzen. **7.** *tech.* einweichen, mit e-r Flüssigkeit behandeln. **III** *v/i* **8.** *meist* ~ up *Am. sl.* sich ,vollaufen' lassen.

**liq·uo·rice** → licorice.

**liq·uor·ish** ['lɪkərɪʃ] *adj* **1.** → lickerish. **2.** *Am. sl.* ,versoffen', ,scharf' auf Alkohol.

**li·ra** ['lɪərə; *Am.* 'lɪrə; 'liːrə] *pl* **-re** ['lɪərɪ; *Am.* 'liːreɪ] *od.* **-ras** *s* **1.** Lira *f* (*italienische Währungseinheit*). **2.** türkisches Pfund.

**L i·ron** *s tech.* Winkeleisen *n*.

**lisle** [laɪl] *s Textilwesen:* Florgarn *n*.

**lisp** [lɪsp] **I** *s* **1.** Lispeln *n*, Anstoßen *n* (mit der Zunge): to speak with a ~ → **3. 2.** Stammeln *n*. **II** *v/i* **3.** lispeln, mit der Zunge anstoßen. **4.** stammeln. **III** *v/t* **5.** *etwas* lispeln. **6.** *etwas* stammeln.

**lis pen·dens** [ˌlɪs'pendenz] (*Lat.*) *s jur.* anhängiger Rechtsstreit.

**'lisp·er** *s* Lispler(in).

**Lis·sa·jous fig·ure** ['liːsəʒuː; ˌliːsə'ʒuː] *s phys.* Lissa'jous-Fi₁gur *f*.

**lis·some**, *a.* **lis·som** ['lɪsəm] *adj* (*adv* ~ly) **1.** geschmeidig. **2.** flink. **'lis·som(e)·ness** *s* **1.** Geschmeidigkeit *f*. **2.** Flinkheit *f*.

**list¹** [lɪst] **I** *s* **1.** Liste *f*, Verzeichnis *n*: to be on the ~ auf der Liste stehen; to make (*od.* draw up) a ~ e-e Liste aufstellen; to put s.o.'s name on the ~ j-n auf die Liste setzen; to take s.o.'s name off the ~ j-n von der Liste streichen; active ~ *mil.* erste Reserve der Offiziere; ~ price Listenpreis *m*; ~ system *pol.* Listenwahlsystem *n*. **2.** the ~ *econ.* die Liste der börsenfähigen 'Wertpa₁piere. **II** *v/t* **3.** (in e-r Liste) verzeichnen, aufführen, erfassen, regi'strieren: ~d securities börsenfähige *od.* an der Börse zugelassene Wertpapiere; ~d building *Br.* Gebäude *n* unter Denkmalschutz. **4.**

in e-e Liste eintragen. **5.** aufzählen, -führen. **III** *v/i* **6.** *econ.* aufgeführt sein (at mit *e-m Preis*).

**list²** [lɪst] **I** *s* **1.** Saum *m*, Rand *m*. **2.** → selvage. **3.** a) Leiste *f*, b) Salleiste *f*. **4.** (Farb-, Stoff)Streifen *m*. **5.** *pl hist.* a) Schranken *pl* (*e-s Turnierplatzes*), b) (*a. als sg konstruiert*) Tur'nier-, Kampfplatz *m*, Schranken *pl*: to enter the ~s *fig.* a) (*als Konkurrent*) auf den Plan treten, b) in die Schranken treten (against mit, gegen; for für). **II** *v/t* **6.** mit Stoffstreifen besetzen *od.* einfassen. **7.** *Bretter* abkanten.

**list³** [lɪst] **I** *s* **1.** Neigung *f*: there was a forward ~ to his body as he walked er ging vornübergebeugt. **2.** *mar.* Schlagseite *f*, Krängung *f*: to have a heavy ~ schwere Schlagseite haben. **3.** *fig.* Neigung *f*, Ten'denz *f* (to zu). **II** *v/i* **4.** sich neigen. **5.** *mar.* Schlagseite haben *od.* bekommen, krängen. **III** *v/t* **6.** the shifting cargo ~ed the ship durch die verrutschende Ladung bekam das Schiff Schlagseite.

**list⁴** [lɪst] *v/t pret u. pp* **'list·ed, list** *obs.* **1.** *j-n* gelüsten, *j-m* belieben: he did as him ~ er handelte, wie es ihm beliebte. **2.** wünschen.

**list⁵** [lɪst] *obs. od. poet.* **I** *v/t* hören auf (*acc*), anhören. **II** *v/i* → listen 1.

**lis·tel** ['lɪstl] *s arch.* Leiste *f*.

**lis·ten** ['lɪsn] **I** *v/i* **1.** horchen, hören, lauschen (to auf *acc*): to ~ to a) *j-m* zuhören, *j-n* anhören; ~! hör mal!, b) auf *j-n, j-s Rat* hören, c) *e-m Rat etc* folgen: to ~ for horchen auf (*acc*); to ~ for s.o. horchen, ob j-d kommt; ~ out for your name to be called *colloq.* paß auf, falls du aufgerufen wirst; → reason 3. **2.** ~ in a) Radio hören: to ~ in to a concert ein Konzert im Radio hören, sich ein Konzert im Radio anhören, b) (*am Telefon etc*) mithören (on [*od.* to] s.th. etwas): to ~ in on (*od.* to) a. belauschen, abhören. **3.** *Am. sl.* sich *gut etc* anhören, klingen. **II** *v/t obs.* → list⁵ I. **'lis·ten·er** *s* **1.** Horcher(in), Lauscher(in). **2.** Zuhörer(in): to be a good ~ (gut) zuhören können; to be a bad ~ nicht zuhören können. **3.** *Radio:* Hörer(in).

**lis·ten·ing| booth** ['lɪsnɪŋ] *s* 'Abhörka₁bine *f* (in e-m Schallplattengeschäft). ~ **post** *s mil.* Horchposten *m* (*a. fig.*). ~ **ser·vice** *s mil.* Abhördienst *m*.

**list·less** ['lɪstlɪs] *adj* (*adv* ~ly) lust-, teilnahmslos, matt, schlaff. **'list·less·ness** *s* Lust-, Teilnahmslosigkeit *f*.

**lit** [lɪt] *pret u. pp von* light¹ *u.* light³.

**lit·a·ny** ['lɪtənɪ; *Am.* 'lɪtni:] *s relig.* Lita'nei *f* (*a. fig.*).

**li·ter**, *bes. Br.* **li·tre** ['liːtə(r)] *s* Liter *m, a. n.*

**lit·er·a·cy** ['lɪtərəsɪ; -trəsɪ] *s* **1.** Fähigkeit *f* zu lesen u. zu schreiben. **2.** (lite'rarische) Bildung, Belesenheit *f*.

**lit·er·al** ['lɪtərəl; -trəl] **I** *adj* **1.** wörtlich: ~ translation. **2.** genau, wahrheitsgetreu: a ~ account. **3.** nüchtern, trocken, pro'saisch: a ~ approach. **4.** wörtlich, eigentlich: the ~ meaning of a word. **5.** buchstäblich: a ~ annihilation buchstäblich e-e Vernichtung. **6.** Buchstaben...: ~ equation *math.* Buchstabengleichung *f*, algebraische Gleichung; ~ error → 8. *Mar.* a ~ flood. **II** *s* **8.** Druck-, Schreibfehler *m*. **'lit·er·al·ism** *s* **1.** Festhalten *n* am Buchstaben, *bes.* strenge *od.* allzu wörtliche Über'setzung *od.* Auslegung, Buchstabenglaube *m*. **2.** *art* Rea'lismus *m*. **3.** Betonung *f* lite'rarischer *od.* huma'nistischer Werte. **'lit·er·al·ist** *s* **1.** Buchstabengläubige(r *m*) *f*. **2.** *art* Rea'list(in). **ˌlit·er·al·i·ty** [-tə'rælətɪ] *s* **1.** Wörtlichkeit *f*. **2.** wörtliche

Bedeutung. **3.** wörtliche Auslegung. **'lit·er·al·ize** [-rəlaɪz] *v/t* **1.** wörtlich 'wiedergeben. **2.** wörtlich auslegen. **'lit·er·al·ly** *adv* **1.** wörtlich: to translate ~; to take s.th. ~. **2.** buchstäblich: he did ~ nothing at all.

**lit·er·ar·y** ['lɪtərərɪ; -trərɪ; *Am.* 'lɪtəˌrerɪ:] *adj* (*adv* literarily) **1.** lite'rarisch, Literatur...: ~ critic Literaturkritiker(in); ~ criticism Literaturkritik *f*; ~ historian Literar-, Literaturhistoriker(in); ~ history Literaturgeschichte *f*; ~ language Schriftsprache *f*; ~ manager *thea. etc* Chefdramaturg *m*. **2.** schriftstellerisch: a ~ man ein Literat *m*. Schriftsteller: ~ property *jur.* geistiges *od.* literarisches Eigentum, *a.* Urheberrecht *n*. **3.** → literate 2. **4.** gewählt, ,hochgestochen': a ~ expression; ~ style *contp.* papierener Stil.

**lit·er·ate** ['lɪtərət] **I** *adj* (*adv* ~ly) **1.** to be ~ lesen u. schreiben können. **2.** (lite'rarisch) gebildet, belesen. **3.** lite'rarisch. **II** *s* **4.** des Lesens u. Schreibens Kundige(r *m*) *f*. **5.** (lite'rarisch) Gebildete(r *m*) *f*.

**lit·e·ra·ti** [ˌlɪtə'rɑːtiː] *s pl* Intelli'genz *f* (*Gesamtheit der Intellektuellen*).

**lit·e·ra·tim** [ˌlɪtə'rɑːtɪm; -'reɪ-] (*Lat.*) *adv* Buchstabe für Buchstabe.

**lit·e·ra·ture** ['lɪtərətʃə; 'lɪtrɪtʃə; *Am.* 'lɪtərəˌtʃʊə] *s* **1.** Litera'tur *f*, Schrifttum *n*: English ~ (die) englische Literatur; the ~ of medicine die medizinische (Fach)Literatur. **2.** *colloq.* Informati'onsmateri₁al *n*. **3.** Schriftstelle'rei *f*.

**lith-, -lith** [lɪθ] *Wortelement mit der Bedeutung* Stein.

**lith·arge** ['lɪθɑː(r)dʒ] *s chem.* **1.** Bleiglätte *f*. **2.** *weitS.* 'Bleimono₁xyd *n*.

**lithe** [laɪð] *adj* (*adv* ~ly) geschmeidig. **'lithe·ness** *s* Geschmeidigkeit *f*. **'lithe·some** ['laɪðsəm] → lissome.

**lith·i·a** ['lɪθɪə] *s chem.* 'Lithiummon₁oˌxid *n*.

**li·thi·a·sis** [lɪ'θaɪəsɪs] *s med.* Li'thiasis *f*, Steinleiden *n*.

**lith·ic¹** ['lɪθɪk] *adj chem.* Lithium...

**lith·ic²** ['lɪθɪk] *adj* Stein...

**lith·i·um** ['lɪθɪəm] *s chem.* Lithium *n*.

**li·tho** ['laɪθəʊ] **I** *pl* **-thos** *s* a) → lithograph I, b) → lithography. **II** *adj* → lithographic.

**litho-** [lɪθəʊ; lɪθə] *Wortelement mit der Bedeutung* Stein.

**ˌlith·o·gen·e·sis** *s geol.* Lithoge'nese *f* (*Entstehung von Gesteinen*).

**lith·o·graph** ['lɪθəʊɡrɑːf; *bes. Am.* -ɡræf] **I** *s* Lithogra'phie *f*, Steindruck *m* (*Erzeugnis*). **II** *v/t u. v/i* Lithogra'phieren.

**li·thog·ra·pher** [lɪ'θɒɡrəfə; *Am.* lɪ'θɑɡrəfər; *a.* 'lɪθəˌɡræfər] *s* Litho'graph *m*. **ˌlith·o·'graph·ic** *adj;* **ˌlith·o·'graph·i·cal** *adj* (*adv* ~ly) lithographisch, Steindruck... **li·'thog·ra·phy** *s* Lithogra'phie *f*, Steindruck(verfahren *n*) *m*.

**lith·o·log·ic** [ˌlɪθə'lɒdʒɪk; *Am.* -'lɑ-] *adj;* **ˌlith·o·'log·i·cal** *adj* (*adv* ~ly) litho'logisch. **li·thol·o·gist** [lɪ'θɒlədʒɪst; *Am.* lɪθˈɑl-] *s* Litho'loge *m*. **li·'thol·o·gy** *s* Litholo'gie *f*, Gesteinskunde *f*.

**ˌlith·o·'me·te·or** *s* 'Lithomete₁or *m* (*Ansammlung von meist feinen Teilchen, die in der Luft schweben od. vom Boden hochgewirbelt worden sind*).

**li·thoph·a·gous** [lɪ'θɒfəɡəs; *Am.* lɪθˈɑf-] *adj zo.* steinfressend.

**lith·o·phyte** ['lɪθəfaɪt] *s bot.* Litho'phyt *m* (*auf Felsoberflächen siedelnde od. in den Fels eindringende Pflanze*).

**'lith·o·ˌsphere** *s geol.* Litho'sphäre *f* (*Gesteinshülle der Erde*).

**lith·o·tome** ['lɪθəʊtəʊm] *s med.* Litho'tom *m*, *in form* (*Messer zur operativen Zerkleinerung u. Entfernung von Steinen, bes. von Blasensteinen*). **li·thot·o·my** [lɪ'θɒtəmɪ;

*Am.* lıθ'at-] *s* Lithoto'mie *f (operative Entfernung von Steinen, bes. von Blasensteinen).*

**Lith·u·a·ni·an** [ˌlıθju'eınjən; *Am.* ˌlıθə'weınıən] **I** *s* **1.** Litauer(in). **2.** *ling.* Litauisch *n,* das Litauische. **II** *adj* **3.** litauisch.

**lit·i·ga·ble** ['lıtıgəbl] *adj jur.* streitig, strittig. **'lit·i·gant** *jur.* **I** *s* Pro'zeßführende(r *m*) *f,* streitende Par'tei. **II** *adj* streitend, pro'zeßführend.

**lit·i·gate** ['lıtıgeıt] *jur.* **I** *v/t* **1.** prozes-'sieren *od.* streiten um. **2.** bestreiten, anfechten. **II** *v/i* **3.** prozes'sieren, streiten. **ˌlit·i'ga·tion** *s* **1.** *jur.* Rechtsstreit *m,* Pro'zeß *m.* **2.** *fig.* Streit *m.* **'lit·i·ga·tor** [-tə(r)] *s* litigant I.

**li·ti·gious** [lı'tıdʒəs] *adj (adv* ~ly**) 1.** *jur.* Prozeß... **2.** *jur.* strittig, streitig. **3.** pro-'zeß-, streitsüchtig: ~ **person** ,Prozeßhansel' *m.*

**lit·mus** ['lıtməs] *s chem.* Lackmus *n.* **~ pa·per** *s* 'Lackmuspa,pier *n.* ~ **test** *s fig.* Feuerprobe *f.*

**li·to·tes** ['laıtəuti:z] *s rhet.* Li'totes *f (Umschreibung e-r Aussage durch doppelte Verneinung od. durch Verneinung des Gegenteils).*

**li·tre** *bes. Br. für* liter.

**lit·ter** ['lıtə(r)] **I** *s* **1.** a) Trage *f,* b) Sänfte *f.* **2.** Streu *f (für Tiere),* (*a. für Pflanzen*) Stroh *n.* **3.** *agr.* Stallmist *m.* **4.** her'umliegende Sachen *pl, bes.* her'umliegender Abfall. **5.** Wust *m,* Durchein'ander *n,* Unordnung *f.* **6.** *Am.* Waldstreu *f (oberste Schicht des Waldbodens).* **7.** *zo.* Wurf *m:* a ~ of pigs ein Wurf Ferkel. **II** *v/t* **8.** *meist* ~ **down** a) Streu legen für, *den Pferden etc* einstreuen, b) *den Stall, den Boden* einstreuen. **9.** *Pflanzen mit Stroh abdecken.* **10.** a) *Abfall etc* her'umliegen lassen in (*dat*) *od.* auf (*dat*), werfen auf (*acc*), b) *e-n Raum etc* in Unordnung bringen, *e-n Park etc* verschandeln (*with* mit): to ~ a park with rubbish, c) *Abfall etc* her'umwerfen *od.* liegenlassen: to ~ rubbish all over the place, d) verstreut liegen *od.* unordentlich her'umliegen in (*dat*) *od.* auf (*dat*): rubbish was ~ing the park überall im Park lag Abfall herum. **11.** *zo.* Junge werfen. **III** *v/i* **12.** Abfall *etc* liegenlassen *od.* her'umwerfen. **13.** *zo.* (Junge) werfen.

**lit·te·rae hu·ma·ni·o·res** ['lıtəri:hju:ˌmænı'ɔ:ri:z] (*Lat.*) *s pl* → humanity 4.

**lit·té·ra·teur** [ˌlıtərə'tɜ:; *Am.* -'tɜr] *s* Lite'rat *m.*

**'lit·ter|bag** *s Am.* Abfalltüte *f (im Auto etc).* ~ **bas·ket,** '~ **bin** *s* Abfallkorb *m.* '~ **bug** *s bes. Am. colloq.* j-d, der Straßen *etc* mit Abfall *etc* verschandelt. ~ **lout** *bes. Br. colloq.* → litterbug.

**lit·tle** ['lıtl] **I** *adj comp* **less** [les], (*in gewissen Fällen*) **less·er** ['lesə(r)], (*bes. für* 1, 2) **small·er** ['smɔ:lə(r)], *sl.* '**lit·tler,** *sup* **least** [li:st], (*bes. für* 1, 2) **small·est** ['smɔ:lıst], *sl.* '**lit·tlest 1.** klein (*oft gefühlsbetont*): a ~ child; a nice ~ house ein nettes kleines Haus, ein nettes Häus·chen; ~ one Kleiner *m,* Kleine *f,* Kleines *n (Kind);* our ~ ones unsere Kleinen; → finger 1. **2.** klein(gewachsen): a ~ man ein kleiner Mann (*a. fig.*); the ~ people (*od.* folk) die Elfen *od.* Heinzelmännchen *pl.* **3.** (*zahlenmäßig*) klein: a ~ army. **4.** kurz: a ~ way; → while 1. **5.** wenig: ~ hope; a ~ honey ein wenig *od.* ein bißchen Honig, etwas Honig. **6.** schwach: a ~ voice. **7.** klein, gering(fügig), unbedeutend: ~ discomforts kleine Unannehmlichkeiten; ~ farmer Kleinbauer *m.* **8.** klein, beschränkt, engstirnig: ~ minds Kleingeister. **9.** *contp.* gemein, erbärmlich, armselig. **10.** *oft iro.* klein: his ~ intrigues; her

poor ~ efforts ihre rührenden kleinen Bemühungen; → game¹ 6.

**II** *adv comp* **less,** *sup* **least 11.** wenig, kaum, nicht sehr: ~ improved kaum besser; ~-known wenig bekannt; ~ better than nicht viel besser als; ~ does one expect man erwartet kaum; to ~ think ~ of wenig halten von; for as ~ as £10 für nur 10 Pfund. **12.** über'haupt nicht: he ~ knows, he ~ does he know er hat keine Ahnung. **13.** wenig, selten: I see him very ~.

**III** *s* **14.** Kleinigkeit *f,* (*das*) Wenige, (*das*) bißchen: a ~ ein wenig, ein bißchen, etwas; not a ~ nicht wenig; every ~ helps jede Kleinigkeit hilft; he did what ~ he could er tat das wenige, das er tun konnte; after a ~ nach e-m Weilchen; he went on a ~ er ging ein Stückchen weiter; by ~, by ~ and ~ (ganz) allmählich, nach und nach. **15.** in ~ im kleinen, in kleinem Maßstab.

**Lit·tle|Eng·land·er** *s pol. hist.* Gegner *m* der imperia'listischen Poli'tik Englands. ~ **En·tente** *s pol. hist.* Kleine En'tente. '**L~·ˌmind·ed** → little 8. '**lit·tle·ness** *s* **1.** Kleinheit *f.* **2.** Geringfügigkeit *f,* Bedeutungslosigkeit *f.* **3.** Beschränktheit *f,* Engstirnigkeit *f.*

**Lit·tle | Red Rid·ing·hood** *s* Rotkäppchen *n.* ~ **Rus·sian** *s* **1.** Kleinrusse *m,* -russin *f,* Ukra'iner(in). **2.** *ling.* Kleinrussisch *n,* das Ukra'inische. **L~ the·a·ter,** *bes.* **L~ the·a·tre** *s* **1.** Kleinbühne *f,* Kammerspiele *pl.* **2.** Experimen-'tierbühne *f.*

**lit·to·ral** ['lıtərəl] **I** *adj* lito'ral, Küsten..., Ufer...: ~ fauna litorale Fauna, Litoralfauna *f.* **II** *s* Lito'ral(e) *n,* 'Küstenregi,on *f,* Uferzone *f.*

**li·tur·gic** [lı'tɜ:dʒık; *Am.* lı'tɜr-] *relig.* **I** *adj (adv* ~ally) li'turgisch. **II** *s pl (meist als sg konstruiert)* Li'turgik *f,* Litur'giewissenschaft *f.* **li'tur·gi·cal** [-kl] → liturgic I.

**lit·ur·gy** ['lıtə(r)dʒı] *s relig.* Litur'gie *f.*

**liv·a·ble** ['lıvəbl] *adj* **1.** wohnlich, bewohnbar. **2.** lebenswert: the things that make life ~. **3.** *a.* ~ with erträglich: the pain is bad, but it is ~ aber man kann damit leben; not ~ (with) unerträglich. **4.** ~ with 'umgänglich (*Person*).

**live¹** [lıv] **I** *v/i* **1.** leben, am Leben sein: the characters in this novel seem to ~ die Gestalten in diesem Roman wirken lebendig; to get s.o. where he ~s *fig.* j-n an e-r empfindlichen Stelle treffen. **2.** leben, am Leben bleiben: to ~ long lange leben; the doctors don't think he will ~ die Ärzte glauben nicht, daß er durchkommt; to ~ through s.th. etwas durchleben *od.* -machen *od.* -stehen; the patient did not ~ through the night der Patient hat die Nacht nicht überlebt; to ~ to be old, to ~ to a great age ein hohes Alter erreichen, sehr alt werden; he wants to ~ to a hundred er will 100 werden; to ~ to see erleben; he will ~ to regret it er wird es noch bereuen; you ~ and learn man lernt nie aus; to ~ with s.th. *fig.* mit etwas leben; I'll have to ~ with it ich werde damit leben müssen. **3.** *oft* ~ on *bes. fig.* weiter-, fortleben: dead ~ on in our hearts; these ideas still ~. **4.** aushalten, sich halten, bestehen. **5.** leben (on, upon von), sich ernähren (on, upon von; by von, durch): to earn enough to ~ genug zum Leben verdienen; to ~ off one's capital von s-m Kapital leben *od.* zehren; he ~s on his wife er lebt auf Kosten *od.* von (den Einkünften) s-r Frau; to ~ by painting vom Malen leben, sich s-n Lebensunterhalt durch Malen verdienen. **6.** *ehrlich etc* leben, ein *ehrliches etc* Leben führen: to ~

honestly; to ~ well üppig *od.* gut leben; to ~ poorly ein kärgliches Leben fristen; to ~ to ~ to o.s. ganz für sich leben; to ~ within o.s. sich nur mit sich selbst beschäftigen; she ~d there a widow sie lebte dort als Witwe; → income, mean³ 7. **7.** leben, wohnen (with bei): to ~ in the country; to ~ with s.o. mit j-m zs.-leben. **8.** leben, das Leben genießen: ~ and let ~ leben u. leben lassen.

**II** *v/t* **9.** *ein bestimmtes Leben* führen *od.* leben: to ~ a double life ein Doppelleben führen. **10.** (vor)leben, im Leben verwirklichen: he ~s his faith er lebt s-n Glauben.

*Verbindungen mit Adverbien:*

**live| down** *v/t (bes. durch tadellosen Lebenswandel)* vergessen machen *od.* wieder'gutmachen. ~ **in** *v/i* am Arbeitsplatz wohnen. ~ **on** → live¹ 3. ~ **out I** *v/t* über'leben: he will not ~ the night. **II** *v/i* nicht am Arbeitsplatz wohnen. ~ **to·geth·er** *v/i* zs.-leben (with mit). ~ **up I** *v/i*: to ~ to s-n Grundsätzen *etc* gemäß leben, s-m Ruf *etc* gerecht werden, *den Erwartungen etc* entsprechen, *ein Versprechen etc* halten. **II** *v/t*: to live it up *colloq.* a) ,auf den Putz hauen', b) sich ein angenehmes Leben machen.

**live²** [laıv] **I** *adj (meist attr)* **1.** lebend, le'bendig: ~ animals; ~ birth Lebendgeburt *f;* ~ hair Haar *n* von lebenden Wesen; ~ oak Immergrüne Eiche; ~ rock lebender Fels: gewachsener Fels; ~ show Live-Show *f (Vorführung e-s Geschlechtsaktes vor Publikum)* (→ 9); ~ weight Lebendgewicht *n;* a real ~ lord *colloq.* ein richtiger *od.* echter Lord. **2.** e'nergisch, taİkräftig (*Vorgehen etc*). **3.** ak'tuell: a ~ question. **4.** glühend (*Kohle etc*), (*Zigarette etc. a.*) brennend. **5.** scharf (*Munition etc*): a ~ bomb. **6.** ungebraucht (*Streichholz*). **7.** ak'tiv: a ~ volcano. **8.** *electr.* spannung-, stromführend, unter Spannung *od.* Strom stehend; → live wire 1. **9.** *Rundfunk, TV:* Di'rekt..., Original..., Live-...: ~ broadcast; ~ show Live-Show *f (live übertragene Show)* (→ 1). **10.** lebhaft, le'bendig: ~ colo(u)rs. **11.** *tech.* a) Antriebs..., b) angetrieben: ~ center (*bes. Br.* centre) mitlaufende Spitze; ~ wheel Antriebsrad *n,* c) beweglich: ~ load Verkehrs-, Auflast *f.* **12.** *Akustik:* Hall...: ~ room Hallraum *m.* **13.** *print.* gebrauchs-, druckfertig: ~ matter druckfertiger Satz, Stehsatz *m.* **14.** *sport* im Spiel (befindlich): a ~ ball.

**II** *adv* **15.** *Rundfunk, TV:* di'rekt, origi'nal, live: the game will be broadcast ~.

'**live·a·ble** → livable.

**live·li·hood** ['laıvlıhud] *s* 'Lebensˌunterhalt *m,* Auskommen *n:* to pick up a scanty ~ sein knappes Auskommen haben; to earn (*od.* make, gain) a (*od.* one's) ~ s-n Lebensunterhalt verdienen.

**live·li·ness** ['laıvlınıs] *s* **1.** Lebhaftigkeit *f.* **2.** Le'bendigkeit *f.*

'**live·long** ['lıv-] *adj:* the ~ day *poet.* den lieben langen Tag.

**live·ly** ['laıvlı] **I** *adj (adv* livelily**) 1.** lebhaft (*Geist, Interesse, Person, Phantasie, Unterhaltung etc*): look ~! *colloq.* mach fix! **2.** le'bendig (*Schilderung etc*): he gave me a ~ idea of the accident er schilderte mir den Unfall lebhaft. **3.** → live² 10. **4.** aufregend (*Zeiten*): to make it (*od.* things) ~ for s.o., to give s.o. a ~ time j-m (kräftig) ,einheizen'. **5.** prickelnd, schäumend (*Getränk*). **6.** belebend, erfrischend (*Brise etc*). **7.** schnell, flott (*Tempo etc*). **8.** federnd, e'lastisch: a ~ ball ein Ball, der gut

springt. **9.** *mar.* handig. **II** *adv* **10.** →
1, 2, 7, 8.
**liv·en** [ˈlaɪvn] *meist* ~ **up I** *v/t* beleben,
Leben bringen in (*acc*): **to** ~ **things up**
für Leben *od.* Schwung sorgen. **II** *v/i* in
Schwung kommen.
**liv·er¹** [ˈlɪvə(r)] *s* **1.** *anat.* Leber *f*: ~
**complaint** *med.* Leberleiden *n.* **2.** *a.* ~
**colo(u)r** (*od.* **brown**) Rotbraun *n.*
**liv·er²** [ˈlɪvə(r)] *s* j-d, der ein bestimmtes
*Leben führt*: **clean** ~ anständiger *od.*
solider Mensch; **to be a fast** ~ ein flottes
Leben führen; **loose** ~ liederlicher
Mensch.
**liv·er·ied** [ˈlɪvərɪd] *adj* li'vriert.
**liv·er·ish** [ˈlɪvərɪʃ] *adj* **1. to be** ~ *colloq.*
,es mit der Leber haben'. **2.** mürrisch.
**Liv·er·pud·li·an** [ˌlɪvə(r)ˈpʌdlɪən] **I** *adj*
aus *od.* von Liverpool, Liverpooler. **II** *s*
Liverpooler(in).
**liv·er|rot** *s vet.* Leberfäule *f.* ~ **sau·sage**
*s gastr.* Leberwurst *f.* ~ **spot** *s med.*
Leberfleck *m.* '~**wort** *s bot.* **1.** Leber-
moos *n.* **2.** Leberblümchen *n.* '~**wurst**
[-wɜːst; *Am.* -ˌwɜrst; -ˌwʊrst] *s bes. Am.*
*gastr.* Leberwurst *f.*
**liv·er·y¹** [ˈlɪvərɪ] *s* **1.** Li'vree *f*: **in** ~ in
Livree, livriert. **2.** (Amts)Tracht *f.* **3.** *fig.*
*poet.* Kleid *n*, Tracht *f*, Gewand *n*: **ani-
mals in their winter** ~ Tiere im Winter-
kleid. **4. to be at** ~ in e-m Mietstall
untergebracht sein. **5.** *Am.* → **livery**
**stable. 6.** *jur.* a) 'Übergabe *f*, Über'tra-
gung *f*, b) *Br.* 'Übergabe *f* von vom
Vormundschaftsgericht freigegebenem
Eigentum, c) Über'tragungsurkunde *f*:
**to sue one's** ~ *Br.* beim Vormund-
schaftsgericht um Übertragung des Ei-
gentumsrechts an s-m Erbgut nachsu-
chen. **7.** *hist.* Zuteilung *f* von Nahrungs-
mitteln, Kleidung *etc* (*an die Gefolg-
schaft*).
**liv·er·y²** [ˈlɪvərɪ] *adj* **1.** leberartig, Le-
ber... **2.** rötlich-, rotbraun. **3.** → **liverish**.
**liv·er·y|com·pa·ny** *s e-e der Gilden der
City of London.* ~ **horse** *s* Mietpferd *n.*
'~**man** [-mən] *s irr* Mitglied *n* e-r **livery
company.** ~ **sta·ble** *s* Mietstall *m.*
**lives** [laɪvz] *pl von* **life.**
**live|steam** [laɪv] *s tech.* Frischdampf *m.*
'~**stock** *s* Vieh(bestand *m*) *n*, lebendes
Inven'tar. **2.** *colloq.* Ungeziefer *n.* ~ **trap**
*s* Falle, in der Tiere lebend gefangen wer-
den. '~**trap** *v/t* ein Tier lebend in e-r
Falle fangen. '~**ware** *s* Perso'nal *n* e-s
Rechenzentrums. ~ **wire** *s* **1.** strom-
führender Draht. **2.** *colloq.* ,Ener'gie-
bündel' *n.*
**liv·id** [ˈlɪvɪd] *adj* (*adv* ~**ly**) **1.** blau, bläulich
(verfärbt). **2.** bleifarben, graublau. **3.**
fahl, aschgrau, bleich, blaß (*with vor*
*dat*). **4.** *colloq.* ,fuchsteufelswild'. **li'vid-
i·ty,** 'liv·id·ness *s* Fahlheit *f*, Blässe *f.*
**liv·ing** [ˈlɪvɪŋ] **I** *adj* **1.** lebend: ~ **lan-
guages**; **no man** ~ kein Mensch *od.*
Sterblicher; **the greatest of** ~ **states-
men** der größte lebende Staatsmann;
**while** ~ bei *od.* zu Lebzeiten; **within** ~
**memory** seit Menschengedenken; **it is**
**within** ~ **memory** es leben noch Leute,
die sich daran erinnern (können); ~
**death** trostloses *od.* schreckliches Da-
sein; **she was a** ~ **legend** sie war schon
zu Lebzeiten e-e Legende; ~ **rock** leben-
der *od.* gewachsener Fels; → **daylight** 1,
**dictionary** 3. **2.** le'bendig: ~ **faith**; ~
**reality**; **the** ~ **God. 3.** → **live²** 4. **4.**
lebensecht, lebensnah: **the** ~ **image**
das getreue Abbild. **5.** Lebens...: ~ **con-
ditions** (**habits**, *etc*); ~ **standard** Le-
bensstandard *m.* **II** *s* **6. the** ~ die Leben-
den: → **land** 7. **7.** das Leben *n.* **8.**
**expensive** ~ **these days**; → **cost** 1. **8.**
Leben *n*, Lebensweise *f*: **good** ~ üppiges
Leben; **loose** ~ lockerer Lebenswandel;

---

→ **clean** 8, **plain¹** 1. **9.** 'Lebens,unterhalt
*m*: **to earn** (*od.* **gain**, **get**, **make**) **a** ~ s-n
Lebensunterhalt verdienen (**as** als; **out**
**of** durch, mit). **10.** Leben *n*, Wohnen *n.*
**11.** *relig. Br.* Pfründe *f.* ~ **pic·ture** *s*
lebendes Bild. ~ **room** *s* Wohnzimmer *n.*
~ **space** *s* **1.** Wohnfläche *f*, -raum *m.* **2.**
*pol.* Lebensraum *m.* ~ **wage** *s econ.*
Living-wage *n*, Exi'stenzminimum *n.* ~
**will** *s* schriftliche Erklärung e-r Person,
*daß ihr Leben nicht künstlich verlängert*
*werden soll, falls keine Aussicht auf Hei-
lung mehr besteht.*
**Li·vo·ni·an** [lɪˈvəʊnjən; -nɪən] *hist.* **I** *adj*
livländisch. **II** *s* Livländer(in).
**lix·iv·i·ate** [lɪkˈsɪvɪeɪt] *v/t chem.* aus-
laugen. **lix,iv·i'a·tion** *s* Auslaugung *f.*
**liz·ard** [ˈlɪzə(r)d] *s* **1.** *zo.* Eidechse *f*: ~
**common** ~ Berg-, Waldeidechse. **2.** Ei-
dechsleder *n*: ~ **bag** Eidechsentasche *f.* **3.**
*orn.* Lizard *m* (*Kanarienvogel*). **4.** →
**lounge lizard.**
**liz·zie** [ˈlɪzɪ] → **tin lizzie.**
**lla·ma** [ˈlɑːmə] *s* **1.** *zo.* Lama *n.* **2.** Lama-
wolle *f.*
**lla·no** [ˈlɑːnəʊ; *Am. a.* ˈlæ-] *s* Llano *m*
(*baumarme Hochebene der tropischen u.
subtropischen Gebiete Südamerikas*).
**lo** [ləʊ] *interj obs.* siehe!, seh(e)t!: ~ **and**
**behold!** (*oft humor.*) sieh(e) da!
**loach** [ləʊtʃ] *s ichth.* Schmerle *f.*
**load** [ləʊd] **I** *s* **1.** Last *f* (*a. phys.*). **2.**
Ladung *f* (*a. e-r Schußwaffe*), Fuhre *f*: **to**
**get a** ~ **of** *colloq.* a) sich *etwas* ansehen
*od.* anhören, b) *etwas* zu sehen *od.* zu
hören bekommen; **get a** ~ **of this!** *colloq.*
a) hör *od.* schau dir das mal an!, b) merk
dir das!; **to have a** ~ **on** *Am. colloq.*
,schwer geladen haben' (*betrunken sein*);
**to shoot one's** ~ *vulg.* ,abschießen' (*eja-
kulieren*). **3.** *fig.* Last *f*, Bürde *f*: **a** ~ **of**
**care** e-e Sorgenlast; **his decision took**
**a** ~ **off my mind** bei s-r Entscheidung fiel
mir ein Stein vom Herzen; **it is a** ~ **off my**
**mind to know that** ... seitdem ich weiß,
daß ..., ist mir bedeutend wohler. **4.** (**of**)
*pl colloq.* Massen *pl* (*von Geld etc*),
e-e Unmasse (*Leute etc*): **there were** ~s
**to eat** es gab massenhaft zu essen; →
**loads** II. **5.** (Arbeits)Pensum *n*, *econ. a.*
Leistungssoll *n.* **6.** *electr. tech.* a) Last *f*,
Belastung *f*: **safe** ~ zulässige Belastung;
**the** ~ **on a motor** die Belastung e-s
Motors; → **inductive** 1, **peak¹** 10, b)
Leistung *f.* **7.** *tech.* Ladung *f*, Füllung *f*
(*Beschickungsgut*).
**II** *v/t* **8.** *a.* ~ **up** ein Fahrzeug etc beladen
(**with** mit): **to be** ~**ed with coal** Kohle
geladen haben; **to** ~ **down** a) schwer
beladen, b) niederdrücken (*a. fig.*); **he is**
~**ed down with responsibilities** s-e
Verpflichtungen lasten schwer auf ihm.
**9.** *e-n Gegenstand etc* laden (**into** in *acc*;
**into** auf *acc*), *Güter* verladen: **to** ~ **up**
aufladen. **10.** *tech.* Beschickungsgut auf-
geben, einfüllen. **11.** *e-e Schußwaffe etc*
laden: **to** ~ **the camera** *phot.* e-n Film (in
die Kamera) einlegen. **12.** *j-n* über'häu-
fen (**with** mit *Arbeit*, *Geschenken*, *Vor-
würfen etc*): **to** ~ **duties on s.o.** j-n mit
Pflichten überhäufen. **13.** *den Magen*
über'laden. **14.** beschweren, schwerer ma-
chen, *engS.* Würfel einseitig beschweren,
präpa'rieren: **to** ~ **the dice in s.o.'s fa-
vo(u)r** *fig.* a) vorteilhaft für j-n sein, b) j-m
e-n Vorteil verschaffen; **to** ~ **the dice**
**against s.o.** *fig.* a) nachteilig für j-n sein,
b) j-n benachteiligen; **to be** ~**ed in fa-
vo(u)r of** (**against**) **s.o.** *fig.* j-n begünsti-
gen (benachteiligen), (un)günstig für j-n
sein. **15.** a) *Getränk* präpa'rieren, b) *Wein*
*etc* panschen. **16.** *electr.* pupini'sieren,
Pu'pinspulen einbauen in (*acc*). **17.** *Com-
puter: ein Programm* laden.
**III** *v/i* **18.** *meist* ~ **up** (auf-, ein)laden;

---

**19.** beladen werden. **20.** (*das Gewehr etc*)
laden, *phot.* e-n Film einlegen: **are you**
~**ed?** ist Ihre Waffe geladen? **21.** geladen
werden (*Schußwaffe etc*): **how does this**
**camera** ~? *phot.* wie wird in diese Ka-
mera der Film eingelegt?
'**load**|-,**bear·ing** *adj* tragend (*Wand*
*etc*). ~ **ca·pac·i·ty** *s* **1.** *tech.* a) Lade-
fähigkeit *f*, b) Tragfähigkeit *f.* **2.** *electr.
tech.* Belastbarkeit *f*, Leistungsaufnahme
*f.* ~ **cen·ter**, *bes. Br.* ~ **cen·tre** *s* Last-
schwerpunkt *m.* ~ **dis·place·ment** *s*
*mar.* Ladeverdrängung *f.*
'**load·ed** *adj* **1.** beladen. **2.** geladen
(*Schußwaffe etc*), *phot.* mit eingelegtem
Film. **3.** beschwert: ~ **cane** (*od.* **stick**)
Totschläger *m*; ~ **dice** falsche *od.* prä-
parierte Würfel. **4.** a) präpa'riert (*Ge-
tränk*), b) gepanscht (*Wein etc*). **5.** ~
**question** a) Fangfrage *f*, b) Suggestiv-
frage *f*; ~ **word** a) emotionsgeladenes
Wort, b) Reizwort *n.* **6.** *colloq.* ,stink-
reich': **to be** ~ *a.* ,Geld wie Heu haben'.
**7. to be** ~ *bes. Am. colloq.* a) ,schwer
geladen haben' (*betrunken sein*), b) ,high'
(*im Drogenrausch*) sein.
'**load·er** *s* **1.** (Ver-, Auf)Lader *m* (*Per-
son*). **2.** Ladevorrichtung *f*, (Auf)La-
der *m.* **3.** *in Zssgn* ...lader *m*: → **breech-
loader, muzzle-loader**, *etc.*
**load fac·tor** *s* **1.** *aer.* Lastvielfache(s) *n.*
**2.** *electr.* Belastungsfaktor *m.*
'**load·ing** *s* **1.** Beladen *n.* **2.** *tech.* Aufgabe
*f* (*von Beschickungsgut*). **3.** Ladung *f.* **4.**
*electr. tech.* Belastung *f.* **5.** *Versicherung:*
Verwaltungskostenanteil *m* (*der Prämie*).
~ **bridge** *s* **1.** Verladebrücke *f.* **2.** *aer.*
Fluggastbrücke *f.* ~ **coil** *s electr.* Pu'pin-
spule *f.*
**load| line** *s mar.* (Tief)Ladelinie *f.* ~
**re·sist·ance** *s electr.* Be'lastungs-, 'Ar-
beits,widerstand *m.*
**loads** [ləʊdz] *colloq.* **I** *s pl* → **load** 4. **II**
*adv:* ~ **better** viel besser; **thanks** ~ vielen
Dank.
'**load**|-**star** → **lodestar.** '~**stone** →
**lodestone.** ~ **test** *s electr. tech.* Be-
lastungsprobe *f.*
**loaf¹** [ləʊf] *s pl* **loaves** [ləʊvz] *s* **1.** a) Laib
*m* (Brot), b) *weitS.* Brot *n*: **a white** ~ ein
(Laib) Weißbrot; **half a** ~ **is better than**
**no bread** etwas ist besser als gar nichts;
**the miracle of the loaves and fishes**
*Bibl.* die Speisung der Fünftausend. **2.** *a.*
**sugar** ~ Zuckerhut *m*: ~ **sugar** Hut-
zucker *m.* **3.** *a. meat* ~ *gastr.* Hackbraten
*m.* **4.** *Br. sl.* ,Hirn' *m*, Verstand *m*: **to use**
**one's** ~ sein Hirn anstrengen, (nach-)
denken.
**loaf²** [ləʊf] *colloq.* **I** *v/i* **1.** *a.* ~ **about** (*od.*
**around**) her'umlungern: **to** ~ **about** (*od.*
**around**) **the streets** auf den Straßen
herumlungern. **2.** faulenzen. **II** *v/t* **3.** ~
**away** *Zeit* verbummeln. **III** *s* **4. to be on**
**the** ~ → I.
'**loaf·er** *s colloq.* **1.** Müßiggänger(in). **2.**
Faulenzer(in). **3.** *bes. Am.* leichter Slipper.
**loam** [ləʊm] **I** *s* Lehm *m.* **II** *v/t* mit Lehm
bedecken *od.* (auf)füllen. '**loam·y** *adj*
Lehm...: a) lehmig, ~ **soil** Lehmboden *m*,
b) lehmhaltig.
**loan** [ləʊn] **I** *s* **1.** (Ver)Leihen *n*, Auslei-
hung *f*: **on** ~ leihweise; **a book on** ~ ein
geliehenes Buch; **to ask for the** ~ **of** s.th.
darum bitten, (sich) etwas (aus)leihen zu
dürfen; **may I have the** ~ **of** ...? darf ich
(mir) ... (aus)leihen?; **to have s.th.** **on a** ~
**from s.o.** (sich) etwas von j-m (aus)
geliehen haben. **2.** *econ.* Anleihe *f* (*a. fig.*):
**to take up a** ~ e-e Anleihe aufnehmen
(**on** auf *acc*); → **government** 4. **3.** *econ.*
Darlehen *n*, Kre'dit *m*: ~ **on securities**
Lombardkredit. **4.** Leihgabe *f* (*für e-e
Ausstellung*): ~ **collection** Leihgaben
(-sammlung *f*) *pl.* **5.** *ling.* Lehnwort *n.*

**II** v/t **6.** bes. Am. (to) (aus)leihen (dat), ver-, ausleihen (an acc). **III** v/i **7.** bes. Am. Geld verleihen. **~ bank** s Br. Darlehensbank f, -kasse f, Kre'ditanstalt f. **'loan·er** s bes. Am. Verleiher m.
**loan|of·fice** s Darlehenskasse f. **~ shark** s colloq. Kre'dithai' m. **~ trans·la·tion** s ling. 'Lehnüber,setzung f. **~ val·ue** s Beleihungswert m (e-r Lebensversicherung). **'~word** s ling. Lehnwort n.
**loath** [ləʊθ] adj: **to be ~ to do s.th.** etwas nur (sehr) ungern od. (sehr) widerwillig tun; **I am ~ to go** ich habe (gar) keine Lust zu gehen; **to be ~ for s.o. to do s.th.** dagegen sein, daß j-d etwas tut; **to be nothing ~** durchaus nicht abgeneigt sein.
**loathe** [ləʊð] v/t **1.** verabscheuen, hassen, nicht ausstehen können: **to ~ doing s.th.** es hassen, etwas zu tun. **2.** sich ekeln vor (dat): **~ it** es ekelt mich od. mir davor, es ekelt mich an. **'loath·ing** s **1.** Abscheu m. **2.** Ekel m. **'loath·ing·ly** adv **1.** mit Abscheu. **2.** mit Ekel.
**loath·ly¹** ['ləʊθlɪ] adv (sehr) ungern od. 'widerwillig.
**loath·ly²** ['ləʊθlɪ] obs. → loathsome.
**loath·some** ['ləʊðsəm; -θ-] adj (adv **~ly**) **1.** widerlich, ab'scheulich, ekelhaft, verhaßt. **2.** eklig, ekelhaft: **~ diseases** ekelerregende Krankheiten. **'loath·some·ness** s Widerlichkeit f.
**loaves** [ləʊvz] pl von **loaf¹**.
**lob** [lɒb; Am. lab] **I** s **1.** bes. Tennis: Lob m. **II** v/t **2.** Tennis: a) **to ~ a ball** → 4, b) den Gegner über'lobben. **3.** colloq. (in hohem Bogen) werfen. **III** v/i **4.** bes. Tennis: lobben, e-n Lob spielen od. schlagen.
**lo·bar** ['ləʊbə(r)] → lobular.
**lo·bate** ['ləʊbeɪt] → lobed.
**lob·by** ['lɒbɪ; Am. 'labɪ:] **I** s **1.** a) Vor-, Eingangshalle f, Vesti'bül n, b) Vorzimmer n, -raum m, c) Wandelhalle f, d) thea. Foy'er n. **2.** parl. bes. Br. a) Lobby f (Vorraum e-s Parlamentsgebäudes, in dem die Abgeordneten mit Außenstehenden verhandeln können), b) a. **division** ~ e-r der beiden Vorräume, in denen sich die Abgeordneten zum Hammelsprung versammeln. **3.** pol. Lobby f, Inter'essengruppe f, -verband m. **II** v/i **4.** die Abgeordneten beeinflussen: **to ~ for (against) a bill** mit Hilfe e-r Lobby auf die Annahme (Ablehnung) e-r Gesetzesvorlage hinarbeiten. **III** v/t **5.** a. **~ through** e-e Gesetzesvorlage mit Hilfe e-r Lobby 'durchbringen. **6.** Abgeordnete beeinflussen. **II** v/i **3.** a. **~ through** e-e **'lob·by·ing** s Lobbying n (Beeinflussung von Abgeordneten durch Interessenverbände). **'lob·by·ism** s Lobby'ismus m (System der Beeinflussung von Abgeordneten durch Interessenverbände). **'lob·by·ist** s Lobby'ist m (Angehöriger e-r Lobby).
**lobe** [ləʊb] s **1.** bes. bot. Lappen m, anat. a. Lobus m: **~ (of the ear)** Ohrläppchen n; **~ of the lungs, pulmonary ~** Lungenlappen. **2.** Radar: Zipfel m, Schleife f.
**lo·bec·to·my** [ləʊ'bektəmɪ] s med. Lobekto'mie f (operative Entfernung e-s Lungenlappens).
**lobed** [ləʊbd] adj gelappt, lappig.
**lo·be·li·a** [ləʊ'bi:ljə; -lɪə] s bot. Lo'belie f.
**lo·be·line** [ləʊ'bəli:n] s med. pharm. Lobe'lin n (Alkaloid vieler Lobelienarten, das als Anregungsmittel bei Lähmungen des Atemzentrums sowie bei Alkohol- u. Schlafmittelmißbrauch verwendet wird).
**lob·lol·ly** ['lɒblɒlɪ; Am. 'labˌlali:] s **1.** mar. od. dial. dicker (Hafer)Brei. **2.** a. **~ pine** bot. Weihrauchkiefer f. **~ boy** s, **~ man** s irr mar. hist. Gehilfe m des Schiffsarztes.

**lo·bot·o·my** [ləʊ'bɒtəmɪ; Am. -'ba-] → leucotomy.
**lob·scouse** ['lɒbskaʊs; Am. -'lab-] s mar. gastr. Labskaus n.
**lob·ster** ['lɒbstə; Am. 'labstər] s **1.** zo. Hummer m: **hen ~** weiblicher Hummer; **(as) red as a ~** krebsrot. **2.** → **spiny lobster. 3.** zo. ein hummerähnlicher Krebs. **~ ther·mi·dor** s gastr. Gericht aus Hummerfleisch, Pilzen u. Rahmsoße, in e-r Hummerschale serviert.
**lob·u·lar** ['lɒbjʊlə; Am. 'labjələr] adj bes. bot. läppchenförmig, anat. med. a. lobu-'lär. **lob·ule** ['lɒbjuːl; Am. 'lab-] s bes. bot. Läppchen n, anat. a. Lobulus m.
**lo·cal** ['ləʊkl] **I** adj (adv → **locally**) **1.** lo'kal, örtlich, Lokal..., Orts...: **~ adverb** ling. lokales Adverb, Umstandswort n des Ortes; **~ authority** pol. Br. Kommunalbehörde f; **~ battery** teleph. Ortsbatterie f; **~ bill** (od. **draft**) econ. Platzwechsel m; **~ branch** Zweigstelle f, Filiale f; **~ bus** Nahverkehrsbus m; **~ call** teleph. Ortsgespräch n; **~ derby** sport Lokalderby n; **~ examination** ped. Br. von e-r Universitätskommission abgehaltene Prüfung an e-r höheren Schule; **~ government** a) Gemeinde-, Kommunalverwaltung f, b) örtliche Selbstverwaltung; **~ hero** bes. sport Lokalmatador m; **~ news** Lokalnachrichten; **~ newspaper** Lokalzeitung f; **~ oscillator** electr. eingebauter Oszillator; **~ patriotism** Lokalpatriotismus m; **~ politician** Lokal-, Kommunalpolitiker m; **~ politics** Lokal-, Kommunalpolitik f; **~ tax** Am. Kommunalsteuer f; **~ time** Ortszeit f; **~ traffic** Lokal-, Orts-, Nahverkehr m; **~ train** a) Nahverkehrszug m, b) Personenzug m; → color 5, option 1. **2.** Orts..., ortsansässig, hiesig: **the ~ doctor; the ~ hotels** die Hotels am Ort; **~ team** sport einheimische Mannschaft. **3.** lo'kal, örtlich (beschränkt), Lokal...: **~ an(a)esthesia** med. Lokalanästhesie f, örtliche Betäubung; **~ custom** ortsüblicher Brauch; **~ expression** ling. Lokalismus m; **~ inflammation** med. örtliche od. lokale Entzündung. **4.** lo'kal(patri,otisch): **from a ~ point of view** von e-m rein lokalen Gesichtspunkt aus. **II** s **5.** a) Nahverkehrsbus m, b) Nahverkehrs- od. Per'sonenzug m. **6.** Zeitung: bes. Am. Lo'kalnachricht f. **7.** Rundfunk, TV: Am. Regio'nalpro,gramm n. **8.** Am. Ortsgruppe f (e-r Gewerkschaft etc). **9.** a) meist pl Ortsansässige(r m) f, Einheimische(r m) f, b) pl sport Am. einheimische Mannschaft. **10.** Br. colloq. (nächstgelegene) Kneipe, bes. Stammkneipe f. **11.** med. örtliche Betäubung.
**lo·cale** [ləʊ'kɑːl; Am. bes. -'kæl] s Schauplatz m, Szene f.
**lo·cal·ism** ['ləʊkəlɪzəm] s **1.** ling. Loka-'lismus m. **2.** ortsüblicher Brauch. **3.** Lo'kalpatrio,tismus m. **4.** Bor'niertheit f, Engstirnigkeit f.
**lo·cal·i·ty** [ləʊ'kælətɪ] s **1.** a) Örtlichkeit f, Ort m: **~ bump** (od. **sense**) of **~** Ortssinn m, Orientierungsvermögen n, b) Gegend f. **2.** bot. zo. etc Fundort m. **3.** → locale. **4.** (örtliche) Lage.
**lo·cal·iz·a·ble** ['ləʊkəlaɪzəbl] adj lokali'sierbar. **,lo·cal·i'za·tion** s Lokali-'sierung f, örtliche Bestimmung od. Festlegung f. Beschränkung f. **'lo·cal·ize** v/t **1.** lokali'sieren: a) örtlich bestimmen, festlegen, b) örtlich beschränken (to auf acc). **2.** lo'kal färben, e-r Sache örtliches Gepräge geben (dat). **II** v/i **3.** a) sich festsetzen (in in dat), b) sich konzen'trieren (on auf acc). **'lo·cal·iz·er** s a. **~ beacon** (od. transmitter) aer. Landekurssender m: **~ beam** Leitstrahl m.
**lo·cal·ly** ['ləʊkəlɪ] adv **1.** lo'kal, örtlich.

**2.** am Ort: **we have no church ~** wir haben hier keine Kirche.
**lo·cate** [ləʊ'keɪt; Am. bes. 'ləʊˌkeɪt] **I** v/t **1.** ausfindig machen, aufspüren, den Aufenthaltsort ermitteln von (od. gen). **2.** a) mar. etc orten, b) mil. ein Ziel etc ausmachen. **3.** lokali'sieren, örtlich bestimmen od. festlegen. **4.** ein Büro etc errichten: **to ~ a new office in Detroit. 5.** Am. a) den Ort od. die Grenzen festsetzen für, b) Land etc abstecken, abgrenzen. **6.** e-n bestimmten Platz zuweisen (dat), (a. gedanklich) einordnen. **7.** a) (an e-m bestimmten Ort) an- od. 'unterbringen, b) (an e-n Ort) verlegen: **to be ~d** gelegen sein, liegen, sich befinden. **8.** Am. bewegliche Sachen vermieten. **II** v/i **9.** Am. sich niederlassen.
**lo·ca·tion** [ləʊ'keɪʃn] s **1.** Stelle f, Platz m. **2.** Lage f, Standort m. **3.** angewiesenes Land, bes. Am. zugewiesenes Schürffeld. **4.** Am. Grundstück n. **5.** Film, TV: Gelände n für Außenaufnahmen: **~ shooting, shooting on ~** Außenaufnahmen pl. **6.** Ausfindigmachen n. **7.** a) mar. etc Ortung f, b) mil. Ausmachen n. **8.** Lokali'sierung f, örtliche Bestimmung od. Festlegung f. **9.** Am. Niederlassung f. **10.** Am. Vermietung f.
**loc·a·tive (case)** ['lɒkətɪv; Am. 'lɑ-] s ling. Lokativ m (den Ort bestimmender Fall).
**lo·ca·tor** [ləʊ'keɪtə(r); Am. bes. 'ləʊˌk-] s aer. **1.** a. **~ beacon** Anflugfunkfeuer n. **2.** → localizer.
**loch** [lɒk; lɒx; Am. lak; lax] s Scot. Loch m: a) See m, b) Bucht f.
**lo·chi·a** ['lɒkɪə; Am. 'ləʊ-; 'lɑ-] s med. Lochien pl, Wochenfluß m.
**lo·ci** ['ləʊsaɪ; -kaɪ] pl von **locus**.
**lock¹** [lɒk; Am. lak] **I** s **1.** Schloß n (an Türen etc): **under ~ and key** a) hinter Schloß u. Riegel (Person), b) unter Verschluß (Sache). **2.** Verschluß m, Schließe f. **3.** Sperrvorrichtung f, Sicherung f. **4.** Bremsvorrichtung f. **5.** (Gewehr- etc) Schloß n: **~, stock, and barrel** fig. a) mit allem Drum u. Dran; b) mit Stumpf u. Stiel, voll u. ganz, ganz u. gar, c) mit Sack u. Pack. **6.** Schleuse(nkammer) f. **7.** Luft-, Druckschleuse f. **8.** mot. etc Br. Einschlag m (der Vorderräder): **angle of ~** Einschlagwinkel m. **9.** a) Knäuel m, n (von Fahrzeugen), b) → **traffic jam. 10.** Ringen: Fessel(ung) f.
**II** v/t **11.** a. **~ up** ab-, zu-, verschließen, zu-, versperren: **to ~ the stable door after the horse has bolted** (od. been stolen) den Brunnen (erst) zudecken, wenn das Kind hineingefallen ist. **12.** a. **~ up** a) j-n einschließen, (ein)sperren (in, into in acc), einsperren (gefangensetzen): **to ~ o.s. up** sich einschließen, b) → **lock up 2. 13.** um'schließen, um'fassen, in die Arme schließen: **~ed** fest gekeilt, b) eng umschlungen, c) ineinander verkrallt; **~ed by mountains** von Bergen umschlossen. **14.** inein'anderschlingen, die Arme verschränken: **to ~ horns** fig. (hart) aneinandergeraten (with mit). **15.** tech. sperren, sichern, arre'tieren, festklemmen. **16.** (beim Ringen) (um)fassen. **17.** ein Schiff ('durch)schleusen. **18.** e-n Kanal etc mit Schleusen ausstatten. **III** v/i **19.** sich schließen. **20.** sich ab-, zu- od. verschließen lassen, ab- od. verschließbar sein. **21.** inein'andergreifen. **22.** mot. etc bloc'kieren (Räder). **23.** mot. etc Br. a) sich einschlagen lassen (Räder), b) sich durch Einschlag der Vorderräder lenken lassen (Fahrzeug). **24.** ('durch)geschleust werden. **25.** **~ onto** a) (Radar) ein Ziel etc erfassen u. verfolgen, b) aer. mil. sich richten auf (acc) (Geschoß).

# lock - logbook

*Verbindungen mit Adverbien:*

**lock|a·way** *v/t* **1.** *etwas* wegschließen. **2.** *j-n* einsperren. **~ down** *v/t ein Schiff* hin'unter-, her'unterschleusen. **~ in** *v/t* einschließen, -sperren. **~off** *v/t* durch e-e Schleuse abteilen. **~ out** *v/t j-n* (*a. econ. Arbeitnehmer*) aussperren. **~ through** *v/t ein Schiff* 'durchschleusen. **~ up I** *v/t* **1.** → lock¹ 11, 12 a. **2.** *etwas* ver-, ein-, wegschließen. **3.** *print.* die Formen schließen. **4.** *Kapital* fest anlegen. **5.** *ein Schiff* hin'auf-, her'aufschleusen. **II** *v/i* **6.** abschließen.

**lock²** [lɒk; *Am.* lɑk] *s* **1.** (Haar)Locke *f*, (-)Strähne *f*, (-)Büschel *m.* **2.** *pl meist poet.* (*bes.* lockiges) Haar. **3.** (Woll)Flocke *f.*

**'lock·a·ble** *adj* ab-, verschließbar.

**'lock·age** *s* **1.** ('Durch)Schleusen *n.* **2.** 'Schleusen(anlage *f*, -sy,stem *n*) *pl.* **3.** Schleusengeld *n.*

**'lock·box** *s* **1.** verschließbare Kas'sette. **2.** Postfach *n.*

**'lock·er** *s* **1.** Schließfach *n.* **2.** a) verschließbarer Kasten *od.* Schrank, b) Spind *m, n*: **~ room** Umkleideraum *m.*

**lock·et** ['lɒkɪt; *Am.* 'lɑkət] *s tech.* Medail'lon *n.*

**lock| gate** *s tech.* Schleusentor *n.* **'~house** *s* Schleusenwärterhaus *n.*

**'lock-in** *s* Protestdemonstration, deren Teilnehmer sich in e-m Gebäude etc einschließen.

**'lock·ing** → lockable.

**'lock·jaw** *s med.* **1.** Kiefersperre *f*, Kaumuskelkrampf *m.* **2.** Wundstarrkrampf *m.* **~ keep·er** *s* Schleusenwärter *m.* **'~nut** *s tech.* **1.** Gegenmutter *f.* **2.** Feststellring *m* (*der Bügelmeßschraube*). **'~out** *s econ.* Aussperrung *f.* **~ saw** *s tech.* Schweif-, Loch-, Stichsäge *f.* **'~smith** *s* Schlosser *m.* **~ step** *s mil. etc* Mar'schieren *n* in dicht geschlossenen Gliedern. **~ stitch** *s* (Doppel)Steppstich *m* (*beim Nähen*). **'~up I** *s* **1.** Torschluß *m*: **~ is at six** die Tore werden um 6 (Uhr) geschlossen. **2.** a) Ar'restzelle *f*, b) colloq. 'Kittchen' *n* (*Gefängnis*). **3.** *Br.* kleiner Laden ohne dazugehörige Wohnung. **4.** *bes. Br.* ('Einzel)Ga,rage *f.* **5.** *print.* Formenschließen *n.* **6.** *econ.* feste Anlage (*von Kapital*). **~ wash·er** *s tech.* 'Unterleg-, Sicherungsscheibe *f.*

**lo·co¹** ['ləʊkəʊ] **I** *pl* **-coes, -cos** *s* **1.** → locoweed. **2.** → loco disease. **3.** a) *an der* loco disease *leidendes Tier*, b) *bes. Am. sl.* Verrückte(r *m*) *f.* **II** *adj* **4.** a) *an der* loco disease *leidend*, b) *bes. Am. sl.* verrückt (*a. Ideen etc*): **he went ~ with rage** er 'drehte durch' vor Wut. **III** *v/t* **5.** a) *mit* locoweed *vergiften*, b) *bes. Am. sl.* verrückt machen.

**lo·co²** ['ləʊkəʊ] *pl* **-cos** *s rail. colloq.* 'Lok' *f* (*Lokomotive*).

**lo·co ci·ta·to** [,ləʊkəʊsɪ'teɪtəʊ; *Am.* -saɪ't-] (*Lat.*) *adv* loco ci'tato, am angeführten Ort.

**lo·co dis·ease** *s vet.* durch den Genuß von locoweed hervorgerufene Erkrankung bei Rindern, Schafen u. Pferden, die durch Lähmungen u. Sehstörungen gekennzeichnet ist.

**lo·co·ism** ['ləʊkəʊɪzəm] → loco disease.

**'lo·co·man** [-mən] *s irr rail. Br. colloq.* 'Lokführer' *m.*

**lo·co·mo·bile** [,ləʊkə'məʊbɪl] **I** *s* Fahrzeug *n* mit Eigenantrieb. **II** *adj* selbstfahrend, -getrieben, mit Eigen- *od.* Selbstantrieb.

**lo·co·mo·tion** [,ləʊkə'məʊʃn] *s* **1.** Fortbewegung *f*, *biol. a.* Lokomoti'on *f.* **2.** Fortbewegungsfähigkeit *f.*

**lo·co·mo·tive** ['ləʊkə,məʊtɪv; ,ləʊkə'məʊ-] **I** *adj* (*adv* **~ly**) **1.** sich fortbewegend, Fortbewegungs..., *biol. a.* lokomo'torisch: **~ engine** → 4; **~ organ** *zo.*

Fortbewegungsorgan *n*; **~ power** Fortbewegungsfähigkeit *f.* **2.** fortbewegungsfähig. **3.** *rail.* Lokomotiv...: **~ engineer** *Am.* Lokomotivführer *m*; **~ shed** Lokomotivhalle *f*, -schuppen *m.* **II** *s* **4.** *rail.* Lokomo'tive *f.*

**lo·co·mo·tor** **I** *adj* [,ləʊkə'məʊtə(r)] → locomotive 1. **II** *s* ['ləʊkə,məʊtə(r)] *j-d, der od. etwas, was sich frei fortbewegt.* **,lo·co'mo·to·ry** → locomotive 1.

**'lo·co·weed** *s bot.* e-r von mehreren Schmetterlingsblütlern, deren Genuß die loco disease *verursacht.*

**loc·u·lar** ['lɒkjʊlər; *Am.* 'lɑkjələr] *adj* **1.** *bot.* fächerig. **2.** *zo.* gekammert.

**loc·u·lus** ['lɒkjʊləs; *Am.* 'lɑkjə-] *pl* **-li** [-laɪ] *s* **1.** *bes. anat. bot. zo.* Kammer *f*, Zelle *f.* **2.** *bot.* a) Pollenfachhälfte *f*, b) Fruchtknotenfach *n.*

**lo·cum** ['ləʊkəm] *colloq. für* locum tenens. **~ te·nens** ['ti:nenz] *pl* **~ te·nen·tes** [tɪ'nentiːz] *s bes. Br.* Stellvertreter(in).

**lo·cus** ['ləʊkəs] *pl* **lo·ci** ['ləʊsaɪ, -kaɪ] *s* **1.** *math.* geo'metrischer Ort, Ortskurve *f.* **2.** *biol.* Genort *m.* **~clas·si·cus** ['klæsɪkəs] *pl* **lo·ci clas·si·ci** [-saɪ; -kaɪ] (*Lat.*) *s* maßgebende u. oft zitierte Stelle e-s Standardwerkes. **~ si·gil·li** [sɪ'dʒɪlaɪ] *pl* **lo·ci si·gil·li** (*Lat.*) *s* (*in Abschriften*) Siegelstelle *f.* **~ stan·di** ['stændaɪ] (*Lat.*) *s jur.* Recht *n*, gehört zu werden.

**lo·cust** ['ləʊkəst] *s* **1.** *zo.* (*e-e*) (Wander- *od.* Feld)Heuschrecke. **2.** *a.* **~ tree** *bot. ein fieberblättriger Leguminosenbaum, bes.* a) Ro'binie *f*, 'Scheina,kazie *f*, b) Gle'ditschie *f*, c) Jo'hannisbrotbaum *m*, d) Heuschreckenbaum *m* (*Westindien*). **3.** *bot.* a) Jo'hannisbrot *n*, Ka'robe *f*, b) Kassiaschote *f.*

**lo·cu·tion** [ləʊ'kjuːʃn] *s* **1.** Ausdrucks-, Redeweise *f.* **2.** Redewendung *f*, Ausdruck *m.*

**lode** [ləʊd] *s* (Erz)Ader *f*, (-)Gang *m.*

**lo·den** ['ləʊdn] *s* Loden(stoff) *m.*

**'lode·star** *s* Leitstern *m* (*a. fig.*), *bes.* Po'larstern *m.* **'~stone** *s* **1.** Ma'gneteisen(stein *m*) *n.* **2.** *fig.* Magnet *m.*

**lodge** [lɒdʒ; *Am.* lɑdʒ] **I** *s* **1.** a) Sommer-, Gartenhaus *n*, b) (*Jagd- etc*)Hütte *f*, c) Gärtner-, Pförtnerhaus *n* (*auf e-m Gut etc*). **2.** Porti'er-, Pförtnerloge *f.* **3.** *Am.* 'Ferienho,tel *n.* **4.** *univ. Br.* Wohnung *f* (*e-s College-Leiters in Cambridge*). **5.** (*bes.* Freimaurer)Loge *f.* **6.** *bes. Am.* Ortsgruppe *f* (*e-r Gewerkschaft etc*). **7.** *zo.* (*bes.* Biber)Bau *m.* **8.** a) Wigwam *m*, b) Indi'aner,familie *f.*

**II** *v/i* **9.** logieren, (*bes.* vor'übergehend *od.* in 'Untermiete) wohnen. **10.** über'nachten. **11.** sich verbergen (*Wild*). **12.** stecken(bleiben) (*Geschoß, Bissen etc*): **it had ~d in his memory** *fig.* es war in s-r Erinnerung *od.* in s-m Gedächtnis haftengeblieben.

**III** *v/t* **13.** aufnehmen, beherbergen, (für die Nacht) 'unterbringen: **the house ~s ten people** das Haus beherbergt zehn Leute. **14.** in Lo'gis *od.* in 'Untermiete nehmen. **15.** **~ o.s.** a) *bes. mil.* sich festsetzen, b) sich 'einquar,tieren (**in** *in dat*): **to be ~d** → 9. **16.** *j-n* in Gewahrsam nehmen; **~d behind bars** hinter ,schwedischen Gardinen'. **17.** *Güter etc* 'unterbringen, einlagern. **18.** *Wertgegenstände etc* depo'nieren, hinter'legen, *Geld a.* einzahlen (**in a bank** bei e-r Bank). **19.** anvertrauen (**with** *dat*), *Befugnisse etc* über'tragen (**in,** *mit dat od. auf acc*). **20.** *bes. jur.* e-n Antrag, e-e Beschwerde etc einreichen, (*Straf*)Anzeige erstatten, Berufung, Protest einlegen (**with** bei). **21.** *ein Messer etc* stoßen, *e-e Kugel* schießen: **he ~d a bullet in his heart** er schoß sich e-e Kugel ins Herz. **22. to be ~d** → 12. **23.**

Schmutz etc ablagern. **24.** obs. Getreide etc 'umlegen (*Wind etc*).

**lodged** [lɒdʒd; *Am.* lɑdʒd] *adj her.* gelagert (*Tier*).

**lodge·ment** → lodgment.

**'lodg·er** *s* 'Untermieter(in): **she has a student as a ~** bei ihr wohnt e-e Studentin in *od.* zur Untermiete; **to take ~s** Zimmer vermieten.

**lodg·ing** ['lɒdʒɪŋ; *Am.* 'lɑ-] *s* **1.** Wohnen *n*, Lo'gieren *n.* **2.** *a. pl* Lo'gis *n*, 'Unterkunft *f*: **night's ~,** **~ for the night** Nachtquartier *n.* **3.** vor'übergehender Wohnsitz. **4.** a) *pl* mö'bliertes Zimmer, mö'blierte Zimmer *pl*: **to live in ~s** möbliert wohnen, b) *a. pl univ. Br.* Wohnung *f* (*e-s College-Leiters in Oxford*). **~ house** *s* Fremdenheim *n*, Pensi'on *f.* **~ in·dus·try** *s* Beherbergungsgewerbe *n.*

**'lodg·ment** *s* **1.** 'Unterbringung *f*, Einlagerung *f* (*von Gütern etc*). **2.** Depo'nierung *f*, Hinter'legung *f* (*von Wertgegenständen etc*). **3.** *bes. jur.* Einreichung *f* (*e-s Antrags, e-r Beschwerde etc*), Erstattung *f* (*e-r Anzeige*), Einlegung *f* (*e-r Berufung, e-s Protests*). **4.** Ablagerung *f* (*von Schmutz etc*). **5. to gain a ~** *mil.* sich festsetzen (*a. fig.*).

**lo·ess** ['ləʊɪs; ɜːs; *Am. a.* les] *s geol.* Löß *m.*

**loft** [lɒft] **I** *s* **1.** Dachboden *m*: **in the ~** auf dem Dachboden. **2.** Boden *m*, Speicher *m.* **3.** Heuboden *m.* **4.** *Am.* (*bes.* 'durchgehendes) Obergeschoß (*e-s Lagerhauses etc*). **5.** *arch.* Em'pore *f*: (Orgel)Chor *m.* **6.** Taubenschlag *m.* **7.** *Golf:* a) Loft *m* (*Winkel zwischen Schlagfläche u. Sohle e-s Schlägers*), b) Hochschlagen *n* des Balls, c) Hochschlag *m.* **II** *v/t* **8.** auf dem Boden *od.* Speicher aufbewahren. **9.** *Golf:* a) *den Ball* hochschlagen, b) *ein Hindernis* durch Hochschlag über'winden. **III** *v/i* **10.** *Golf:* e-n Hochschlag ausführen.

**'loft·er** *s Golf:* Schläger *m* für Hochbälle.

**loft·i·ness** ['lɒftɪnɪs] *s* **1.** Höhe *f.* **2.** Erhabenheit *f.* **3.** Stolz *m*, Hochmut *m.*

**loft·ing i·ron** → lofter.

**loft·y** *adj* (*adv* **loftily**) **1.** hoch(ragend). **2.** hochfliegend (*Pläne etc*), hochgesteckt (*Ziele etc*), erhaben (*Gedanken, Stil etc*). **3.** stolz, hochmütig: **a ~ smile** ein über'legenes Lächeln.

**log¹** [lɒg; *Am. a.* lɑg] **I** *s* **1.** a) (Holz)Klotz *m*, b) (*gefällter*) Baumstamm: **(as) easy (od. simple) as falling off a ~** *colloq.* kinderleicht; → sleep 1, c) (*großes*) (Holz)Scheit. **2.** *mar.* Log *n*, Logge *f*: **to heave** (*od.* throw) **the ~** loggen. **3.** → logbook. **II** *v/t* **4.** e-n Baum (fällen u.) abästen. **5.** *gefällte Bäume* in Klötze schneiden. **6.** e-n Wald, e-e Gegend etc abholzen. **7.** a. **~ up** a) *e-e Entfernung* zu'rücklegen, b) *allg. Ereignisse etc* aufzeichnen, festhalten, *Computer:* Daten protokol'lieren. **III** *v/i* **9.** Holz fällen.

**log²** [lɒg; *Am. a.* lɑg] *colloq. für* logarithm.

**lo·gan·ber·ry** ['ləʊgənbəri; -brɪ; *bes. Am.* -,berɪ] *s bot.* Loganbeere *f.*

**log·a·rithm** ['lɒgərɪðəm; *Am. a.* 'lɑ-] *s math.* Loga'rithmus *m*: **common ~** gewöhnlicher Logarithmus; **natural ~** natürlicher Logarithmus; → table 10. **,log·a'rith·mic** [-mɪk] *adj* (*adv* **~ally**) loga'rithmisch: **~ decrement** logarithmisches Dekrement; **~ function** Logarithmusfunktion *f*; **~ paper** Logarithmenpapier *n*; **~ scale** logarithmische Skala. **,log·a'rith·mi·cal** [-kl] → logarithmic.

**'log·book** *s* **1.** *mar.* Logbuch *n*, Schiffstagebuch *n.* **2.** *aer.* Flugbuch *n.* **3.** *mot.* Bord-, Fahrtenbuch *n.* **4.** *mot. Br.* Kraft-

**fahrzeugbrief** m. **5.** Dienstbuch n (e-s Polizeireviers etc). **6.** Film, TV: Schnittliste f. ~ **cab·in** s Blockhaus n, -hütte f.
**loge** [ləʊʒ] s **1.** thea. Loge f. **2.** a) Häuschen n, b) Verschlag m.
**logged** [lɒgd; Am. a. lɑgd] adj **1.** → waterlogged. **2.** schwer(fällig).
**log·ger** [ˈlɒgə(r); Am. a. ˈlɑgər] s **1.** Holzfäller m. **2.** Computer: Regi'striergerät n. '~**head** s **1.** to be at ~s Streit haben (with mit), ,sich in den Haaren liegen'. **2.** a. ~ turtle zo. Unechte Ka'rettschildkröte.
**log·gia** [ˈlɒʊdʒə; ˈlɒʊdʒɪə] pl -**gias, -gie** [-dʒeɪ] s arch. Loggia f.
**log glass** s mar. Logglas n.
**log·i·a** [ˈlɒgɪə; Am. ˈlɒʊgɪˌɑː] pl von logion.
**log·ic** [ˈlɒdʒɪk; Am. ˈlɑ-] s **1.** philos. Logik f (Lehre von den Formen u. Gesetzen folgerichtigen Denkens). **2.** Logik f (Folgerichtigkeit des Denkens: **female** ~ weibliche Logik; **to chop** ~ Haarspalterei treiben, b) Notwendigkeit f, Folgerichtigkeit f (e-r Entwicklung etc). **3.** Über'zeugungskraft f: **the** ~ **of facts.**
**log·i·cal** [ˈlɒdʒɪkl; Am. ˈlɑ-] adj (adv → logically) **1.** philos. logisch. **2.** logisch: a) folgerichtig: **to have a** ~ **mind** logisch denken (können), b) notwendig, folgerichtig: **the** ~ **consequence.** ~ **de·sign** s Computer: logischer Aufbau, logische Struk'tur.
**log·i·cal·ly** [ˈlɒdʒɪkəlɪ; -klɪ] adv **1.** logisch (etc, → logical). **2.** logischerweise.
'**log·i·cal·ness** [-klnɪs] s Logik f, (das) Logische.
**log·i·cal op·er·a·tion** s Computer: logische Operati'on.
**log·ic cir·cuit** s Computer: logische Schaltung.
**lo·gi·cian** [ləʊˈdʒɪʃn; ləˈdʒ-] s philos. Logiker m.
**log·i·cism** [ˈlɒdʒɪsɪzəm; Am. ˈlɑ-] s **1.** philos. Logi'zismus m (Bevorzugung der logischen vor der psychologischen Betrachtungsweise). **2.** math. Logi'zismus m (Auffassung, daß sich die gesamte konkrete Mathematik auf die Logik zurückführen läßt).
**lo·gie** [ˈləʊgɪ] s thea. Ju'welenimitati₂on f.
**log·i·on** [ˈləʊgɪɒn; Am. ˈləʊgɪˌɑːn] pl -**i·a** [-ɪə; Am. a. -ɪˌɑ] s relig. Logion n (Ausspruch Jesu).
**lo·gis·tic** [ləʊˈdʒɪstɪk; ləˈdʒ-] **I** adj (adv → ally) **1.** lo'gistisch. **II** s **2.** Lo'gistik f (mathematische u. formale Logik). **3.** pl (oft als sg konstruiert) mil. Lo'gistik f (Planung, Bereitstellung u. Einsatz der für militärische Zwecke erforderlichen Mittel u. Dienstleistungen zur Unterstützung der Streitkräfte). **4.** pl (oft als sg konstruiert) econ. Lo'gistik f (Lehre vom Material-, Energie- u. Produktfluß innerhalb e-r Betriebswirtschaft od. zwischen dieser u. ihrer Umwelt). **lo·gis·ti·cal** [-kl] → logistic I.
'**log·jam** s bes. Am. **1.** durch treibende Baumstämme verursachte Blockierung e-s Flusses etc. **2.** fig. → deadlock 2. ~ **line** s mar. Logleine f.
**log·o** [ˈlɒgəʊ; Br. a. ˈlɒʊ-; Am. a. ˈlɑ-] pl -**os** colloq. für logotype.
**log·o·gram** [ˈlɒgəʊgræm; Am. a. ˈlɒgə-], '**log·o·graph** [-grɑːf; bes. Am. -græf] s Logo'gramm n, Wortzeichen n.
**log·o·griph** [ˈlɒgəʊgrɪf; Am. a. ˈlɒgə-] s Logo'griph m (Rätsel, bei dem durch Wegnehmen, Hinzufügen od. Vertauschen e-s Buchstabens ein neues Wort entsteht).
**lo·gom·a·chy** [lɒˈgɒməkɪ; Am. ləʊˈgɑm-] s **1.** Wortklaube'rei f, Haarspalte'rei f. **2.** Am. 'Wortzu₁sammensetzspiel n.
**log·o·p(a)e·dics** [ˌlɒgəʊˈpiːdɪks; Am. a.

---

ˌlɑgə-] s pl (meist als sg konstruiert) med. Logopä'die f, Sprachheilkunde f.
**log·or·rh(o)e·a** [ˌlɒgəˈrɪə; Am. a. ˌlɑ-] s med. psych. Logor'rhö(e) f (krankhaft ungehemmter, häufig unzusammenhängender Redefluß).
**log·o·type** [ˈlɒgəʊtaɪp; Am. a. ˈlɒgə-] s **1.** print. Logo'type f (Type, die aus mehreren Buchstaben besteht, deren Kombination häufig vorkommt). **2.** 'Firmen₁emblem n.
'**log·roll** pol. bes. Am. **I** v/t ein Gesetz durch gegenseitiges In-die-'Hände-Arbeiten 'durchbringen (Parteien). **II** v/i sich gegenseitig in die Hände arbeiten (Parteien). '~**roll·ing** s **1.** pol. bes. Am. ,Kuhhandel' m, gegenseitiges In-die-'Hände-Arbeiten (zwischen Parteien). **2.** Wettkampf, bei dem zwei auf e-m schwimmenden Baumstamm stehende Gegner versuchen, sich durch Drehen des Stamms zu Fall zu bringen. '~**wood** s bot. Blauholz n.
**loin** [lɔɪn] s **1.** meist pl anat. Lende f: → gird[1] 4. **2.** pl Bibl. u. poet. Lenden pl (als Sitz der Zeugungskraft): **a child of his** ~**s. 3.** gastr. Lende(nstück) f. '~**cloth** s Lendenschurz m.
**loir** [ˈlɔɪə(r)] s zo. Siebenschläfer m.
**loi·ter** [ˈlɔɪtə(r)] **I** v/i **1.** bummeln: a) schlendern: **to** ~ **along** dahinschlendern, b) trödeln. **2.** a. ~ **about** (od. **around**) her'umlungern. **II** v/t **3.** ~ **away** Zeit vertrödeln, -bummeln. '**loi·ter·er** s Bummler(in).
**loll** [lɒl; Am. lɑl] **I** v/i **1.** sich ,rekeln' od. ,räkeln', sich ,lümmeln': **to** ~ **about** (od. **around**) a. sich herumlümmeln. **2.** (schlaff) her'abhängen: **to** ~ **out** heraushängen (Zunge). **II** v/t **3.** (schlaff) her'abhängen lassen, den Kopf hängenlassen: **to** ~ **out** die Zunge heraushängen lassen.
**lol·la·pa·loo·sa, lol·la·pa·loo·za** [ˌlɒləpəˈluːzə] s: **to be a** ~ Am. sl. ganz große ,Klasse' sein.
**Lol·lard** [ˈlɒləd; Am. ˈlɑlərd] s Lol'larde m (Anhänger Wycliffes im 14., 15. u. 16. Jh.).
**lol·li·pop** [ˈlɒlɪpɒp; Am. ˈlɑlɪˌpɑp] s **1.** Lutscher m. **2.** Br. Eis n am Stiel. ~ **man** s irr Br. colloq. (etwa) Schülerlotse m. ~ **wom·an** s irr Br. colloq. (etwa) Schülerlotsin f.
**lol·lop** [ˈlɒləp; Am. ˈlɑ-] v/i hoppeln (Hase, Fahrzeug), ,latschen' (Person).
**lol·ly** [ˈlɒlɪ; Am. ˈlɑliː] s **1.** colloq. → lollipop 1. **2.** → lollipop 2. **3.** Br. sl. ,Kies' m (Geld).
**Lom·bard** [ˈlɒmbə(r)d; -bɑː(r)d; Am. ˈlɑm-] **I** s **1.** hist. Lango'barde m, Lango'bardin f. **2.** Lom'barde m, Lom'bardin f. **II** adj **3.** hist. lango'bardisch. **4.** lom'bardisch. ~ **Street** s **1.** Londoner Bankviertel n. **2.** fig. Londoner Geldmarkt m.
**lo·ment** [ˈləʊment], **lo·men·tum** [ləʊˈmentəm] pl -**ta** [-tə] s bot. Gliederfrucht f, -hülse f.
**Lon·don·er** [ˈlʌndənə(r)] s Londoner (-in).
**Lon·don·ese** [ˌlʌndəˈniːz] s Londoner Mundart f, bes. Cockney n.
**Lon·don pride** s bot. Porzel'lanblümchen n.
**lone** [ləʊn] adj **1.** einzeln: ~ **hand** (Kartenspiel) Einzelspieler(in); **to play a** ~ **hand** fig. e-n Alleingang machen; → wolf 2 c. **2.** al'leinstehend, einzeln: **a** ~ **house. 3.** einzig: **our** ~ **competitor. 4.** al'leinstehend: a) ledig, unverheiratet, b) verwitwet. **5.** poet. → lonely b, c.
**lone·li·ness** [ˈləʊnlɪnɪs] s Einsamkeit f.
**lone·ly** [ˈləʊnlɪ] adj **1.** a) einsam: a) einzeln, b) verlassen: to ~ **allein,** c) (welt)abgeschieden, verlassen. ~ **hearts** adj der einsamen Herzen: **a** ~ **club.**

---

**lon·er** [ˈləʊnə(r)] s Einzelgänger m (Mensch u. Tier).
**lone·some** [ˈləʊnsəm] **I** adj (adv → ly) bes. Am. → lonely. **II** s: **by one's** ~ Am. colloq. (ganz) al'lein. '**lone·some·ness** bes. Am. → loneliness.
**Lone-'Star State** s (Beiname für) Texas n.
**long**[1] [lɒŋ] **I** adj **1.** allg. lang (a. fig. langwierig): **a** ~ **illness (journey, list, look, speech, etc); ~ years of misery; two miles (weeks)** ~ zwei Meilen (Wochen) lang; **a** ~ **way round** ein großer Umweg; **two** ~ **miles** zwei gute Meilen, mehr als zwei Meilen. **2.** zu lang: **the coat is** ~ **on him** der Mantel ist ihm zu lang. **3.** lang(gestreckt), länglich. **4.** Längs...: ~ **side. 5.** lang, hochgewachsen: **a** ~ **fellow. 6.** groß: **a** ~ **family; a** ~ **figure** e-e vielstellige Zahl; **a** ~ **price** ein hoher Preis. **7.** 'übergroß, Groß...: ~ **dozen** dreizehn; → hundred 3. **8.** weitreichend: ~ **thoughts; a** ~ **memory** ein gutes Gedächtnis; **to take the** ~ **view** weit vorausblicken; → view 7. **9.** grob: **a** ~ **guess. 10.** gering: **a** ~ **chance;** → **odds** 3. **11.** seit langem bestehend, alt: **a** ~ **custom; a** ~ **friendship. 12.** bes. econ. langfristig, mit langer Laufzeit, auf lange Sicht: ~ **bill** langfristiger Wechsel. **13.** (zeitlich) fern, weit in der Zukunft liegend: **a** ~ **date. 14.** econ. a) eingedeckt (of mit): ~ **of wool,** b) auf Preissteigerung wartend: **to be** (od. **go**) ~ **of the market, to be on the** ~ **side of the market** auf Hausse spekulieren. **15.** to **be** ~ **on** colloq. viel haben: **he's** ~ **on good ideas. 16.** mit Mineral-, Sodawasser od. Fruchtsaft aufgefüllt (alkoholisches Getränk): ~ **drink** Longdrink m. **17.** ling. lang: ~ **vowels. 18.** metr. a) lang, b) betont. **19.** chem. leichtflüssig.
**II** adv **20.** lang(e): ~ **dead** schon lange tot; **as** ~ **as he lives** solange er lebt; **as** (od. **so**) ~ **as** a) solange wie, b) sofern; vorausgesetzt, daß; falls; ~ **after** lange danach; **as** ~ **ago as** 1900 schon 1900; **so** ~! colloq. bis dann!, tschüs!; → ago, all 1, before 2, since 1. **21.** lange (in elliptischen Wendungen): **don't be** ~! beeil dich!, mach schnell!; **to be** ~ (in od. about) **doing s.th.** lange brauchen, um etwas zu tun; **it was not** ~ **before he came** es dauerte nicht lange, bis er kam. **22.** (in Steigerungsformen): **to hold out** → er länger aushalten; **no** → er, not any → er nicht mehr, nicht (mehr) länger.
**III** adv **23.** (e-e) lange Zeit: **at (the)** → est längstens; **for** ~ lange (Zeit); **it is** ~ **since I saw her** es ist lange her, daß ich sie gesehen habe; (**to do s.th.**) lange brauchen (, um etwas zu tun); **the** ~ **and (the) short of it is that** a) es dreht sich alles darum, daß, b) mit 'einem Wort'; → before 5. **24.** Länge f: a) ling. langer Laut, b) metr. lange Silbe. **25.** econ. Haussi'er m. **26.** pl a) lange Hosen pl, b) fig. 'Übergrößen pl.
**long**[2] [lɒŋ] v/i sich sehnen (for nach): **to** ~ **to do s.th.** sich danach sehnen, etwas zu tun; **she was** → **ing for the sermon to end** sie sehnte das Ende der Predigt herbei; **he** → **ed for the holidays** (Am. vacation) **to come** er sehnte sich nach den Ferien; **she is** → **ing for him to kiss her** sie sehnt sich danach, von ihm geküßt zu werden; → **ed-for** ersehnt.
'**long-a'go** adj längst vergangen, alt.
**lon·ga·nim·i·ty** [ˌlɒŋgəˈnɪmətɪ] s Langmut f. **lon·gan·i·mous** [ˌlɒŋˈgænɪməs] adj langmütig.
'**long·bill** s ein langschnäbeliger Vogel, bes. Schnepfe f. '~**boat** s mar. **1.** großes Beiboot (e-s Segelschiffs). **2.** → longship. '~**bow** [-bəʊ] s hist. Langbogen m.

'**~case clock** s Standuhr f. '**~-ˌcher-
ished** adj langgehegt (*Wunsch etc*). '**~-
ˌdat·ed** adj econ. langfristig (*Staats-
papiere*). **~ dis·tance** s 1. *teleph.* a)
Fernamt n, b) bes. Am. Ferngespräch n:
**by ~** per Ferngespräch. **2.** sport Lang-
strecke f. **ˌ~-'dis·tance I** adj **1.** Am.
Fern...: **~ call** teleph. Ferngespräch n; **~
driver** Fernfahrer m; **~** freight traffic
Güterfernverkehr m; **~ line** teleph. Fern-
leitung f; **~ lorry** (bes. Am. **truck**) Fern-
laster m. **2.** aer. sport Langstrecken...: **~
bomber**; **~ flight**; **~ race** a) sport Lang-
streckenrennen n, b) (*Leichtathletik*)
Langstreckenlauf m; **~ runner** (*Leicht-
athletik*) Langstreckenläufer(in), Lang-
streckler(in). **II** adv **3.** teleph. **to call** (*od.*
**phone**) **~** ein Ferngespräch führen; **to
call s.o. up ~** j-n per Ferngespräch an-
rufen. **III** v/t **4.** teleph. Am. a) j-n per
Ferngespräch anrufen, b) etwas per
Ferngespräch über|mitteln. **ˌ~-'drawn,
ˌ~-drawn-'out** adj langatmig (*Rede
etc*), in die Länge gezogen (*Verhandlun-
gen etc*).
**longe** [lʌndʒ] → **lunge²**.
'**long-ˌeared** adj **1.** langohrig. **2.** fig.
eselhaft, dumm. **~ bat** s zo. Langohr-
fledermaus f.
**lon·ge·ron** [ˈlɒndʒərən; Am. ˈlændʒə-
ˌrɑn] s aer. (Längs)Holm m.
**lon·gev·i·ty** [lɒnˈdʒevəti; Am. lɑn-;
lɔːn-] s **1.** Langlebigkeit f, langes Leben.
**2.** hohes od. höheres Dienstalter: **to be
promoted by ~** nach dem Dienstalter
befördert werden; **~ pay** Dienstalter-
zulage f. **lon·ge·vous** [-ˈdʒiːvəs] adj
langlebig.
'**long|-forˌgot·ten** adj (schon) längst
vergessen. '**~·hair I** s **1.** Langhaarige(r)
m. **2.** meist contp. a) (bes. weltfremder)
Intellektu'eller, b) Schöngeist m. **3.** contp.
ˌLanghaarige(r)' m, Langhaar' m, 'Links-
radiˌkale(r) m. **II** adj → **longhaired** 2, 3.
ˌ~'haired adj **1.** langhaarig. **2.** meist
contp. a) weltfremd, b) schöngeistig, c)
intellektu'ell. **3.** contp. ˌlanghaarig', (a.
Ansichten etc) link(er, e, es), 'linksradi-
ˌkal. '**~·hand** s Langschrift f. **ˌ~'head-
ed** adj **1.** biol. langköpfig od. -schädelig.
**2.** fig. a) 'umsichtig, klug, weitblickend,
b) schlau. '**~·horn** s **1.** langhörniges Tier.
**2.** (Lang-, Longhorn n (*ein Rind*). **~ horse**
s Turnen: Langpferd n.
**lon·gi·cau·date** [ˌlɒndʒiˈkɔːdeɪt; Am.
ˌlændʒə-] adj zo. langschwänzig.
**lon·gi·corn** [ˈlɒndʒikɔːn; Am. ˈlændʒə-
ˌkɔːrn] s zo. Langhornbock m (*ein Bock-
käfer*).
**long·ing** [ˈlɒnɪn] **I** adj (adv **~ly**) sehn-
süchtig: **a ~ look**. **II** s Sehnsucht f (*for*
nach): **his secret ~s**; **to have a ~ for** sich
sehnen nach.
**lon·gi·pen·nate** [ˌlɒndʒiˈpeneɪt; Am.
ˌlændʒə-] adj orn. mit langen Flügeln.
**long·ish** [ˈlɒnɪʃ] adj **1.** ziemlich lang. **2.**
länglich.
**lon·gi·tude** [ˈlɒndʒɪtjuːd; Am. ˈlændʒə-
ˌtuːd; -ˌtjuːd] s geogr. Länge f. **ˌlon·gi-
'tu·di·nal** [-dɪnl] **I** adj **1.** geogr. Län-
gen...: **~ section** tech. Längsschnitt m. **II** s **3.** aer.
→ **longeron. 4.** mar. Längsspant m.
**ˌlon·gi'tu·di·nal·ly** [-nəli] adv längs,
der Länge nach.
**long|johns** s pl colloq. lange 'Unterhose.
**~ jump** s Leichtathletik: bes. Br. Weit-
sprung m. **~ jump·er** s Leichtathletik:
bes. Br. Weitspringer(in). '**~-legged**
[-leɡd; ˌleɡɪd] adj langbeinig. '**~-legs** pl
**-legs** s **1.** orn. langbeiniger Vogel, bes. a)
Stelzenläufer m, b) Schlammstelzer m. **2.**
→ **daddy longlegs**. '**~-life milk** s
Dauermilch f, H-Milch f. **ˌ~'lived**
[-ˈlɪvd; Am. a. -ˈlaɪvd] adj **1.** langlebig. **2.**

---

dauerhaft: **a ~ friendship. 3. ~ assets**
econ. langfristige Vermögenswerte. **~
me·ter, bes. Br. ~ me·tre** s Strophe f
aus vier achtsilbigen Versen.
**Lon·go·bard** [ˈlɒnɡəbɑː(r)d; Am. a.
ˈlæn-] s pl **-bards, Lon·go·bar·di** [ˈlɒn-
ɡəbɑːdiː; Am. ˌlɔːnɡəˈbɑːrˌdaɪ; -diː; ˌlæn-]
→ **Lombard** 1.
**Long|Par·lia·ment** s Br. hist. Langes
Parla'ment (von 1640–53 u. 1659–60). **~
pig** s Menschenfleisch n (*bei den Kanni-
balen*). '**~-ˌplay·ing rec·ord** s Lang-
spielplatte f. **ˌ~-'range** adj **1.** mil.
a) weittragend, Fern(kampf)...: **~ gun**
Ferngeschütz n, b) bes. aer. Langstrek-
ken...: **~ bomber**; **~ radar**; **~ missile**
mil. Langstreckenrakete f; **~ reception**
(*Funk*) Fernempfang m; **~ reconnais-
sance** Fernaufklärung f. **2.** allg. auf
lange Sicht (geplant), langfristig. '**~-
-run** adj langfristig: **~ prospects.** '**~-
ship** s mar. hist. Langschiff n (*der Wi-
kinger*). '**~-shore** adj **1.** Küsten... **2.**
Hafen... '**~-shore·man** [-mən] s irr
bes. Am. Dock-, Hafenarbeiter m,
Schauermann m. **~ shot** s **1.** Film, TV:
To'tale f. **2.** sport Weitschuß m. **3.** fig. a)
ris'kante Wette, b) ris'kante Angelegen-
heit, c) vage Vermutung. **4. not by a ~** fig.
bei weitem nicht, nicht im entferntesten.
**5.** sport Außenseiter m. **ˌ~-'sight·ed**
adj (adv **~ly**) med. weitsichtig, fig. a.
weitblickend. **ˌ~-'sight·ed·ness** s **1.**
med. Weitsichtigkeit f. **2.** fig. Weitsicht f,
-blick m. **ˌ~-'stand·ing** adj seit langer
Zeit bestehend, alt: **a ~ feud. ˌ~-'suf-
fer·ing I** s a) Geduld f, b) geduldig
ertragenes Leid. **II** adj geduldig (lei-
dend). '**~-term** adj langfristig: **~ con-
tract**; **~ aim** Fernziel n; **~ memory**
psych. Langzeitgedächtnis n; **~ perspec-
tive** Langzeitperspektive f; **~ prescrip-
tion** med. Dauerverordnung f. '**~-time**
→ **long-standing. ~ tom** s sl. **1.** mar.
hist. lange 'Deckka,none. **2.** mil. Fern-
geschütz n.
**lon·gueur** [lɔːˈŋɡɜː; Am. -ˈɡɜːr] s oft pl
Länge f, langweilige Stelle (*in e-m Roman
etc*).
**long| va·ca·tion** s jur. univ. Br. große
Ferien pl. **~ wave** s electr. phys. Lang-
welle f. '**~-wave** adj electr. phys. **1.** lang-
wellig. **2.** Langwellen... '**~-ways** →
lengthways. '**~-wear·ing** adj Am.
strapa'zierfähig: **a ~ coat.** '**~-wind·ed**
[-ˈwɪndɪd] adj (adv **~ly**) **1.** ausdauernd
(*Person*). **2.** langatmig, weitschweifig
(*Erzählung etc*), (a. Person) 'umständlich.
'**~-wind·ed·ness** s **1.** Ausdauer f. **2.**
Langatmigkeit f, Weitschweifigkeit f,
'Umständlichkeit f. '**~-wise** → length-
ways.
**loo¹** [luː] s a) ein Kartenspiel um Geld, b)
Einsatz m (*bei a*).
**loo²** [luː] interj bes. Am. colloq. hal'lo!
**loo³** [luː] s bes. Br. colloq. ˌKlo' n (*Klosett*):
**public ~** öffentliche Toilette; **~ attend-
ant** Klofrau f; **~ paper** Klopapier n; **~
roll** Rolle f Klopapier.
**loo·by** [ˈluːbɪ] s **1.** Dummkopf m. **2.** Faul-
pelz m.
**loo·fa(h)** [ˈluːfə] s **1.** bot. Luffa f,
Schwammkürbis m, Schwamm-, Netz-
gurke f. **2.** Luffa(schwamm m) f.
**look** [lʊk] **I** s **1.** Blick m (at auf acc): **to
cast** (*od.* **throw**) **a ~ at** e-n Blick werfen
auf (*acc*); **to give s.o. an angry ~** j-m e-n
wütenden Blick zuwerfen, j-n wütend
ansehen; **to give s.th. a second ~** etwas
nochmals od. genauer ansehen; **to have
a ~ at** s.th. (sich) etwas ansehen; **let's
have a ~ round** schauen wir uns hier mal
etwas um. **2.** Miene f, (Gesichts)Aus-
druck m: **to take on a severe ~** e-e
strenge Miene aufsetzen. **3.** oft pl Aus-

---

sehen n: (good) **~s** gutes Aussehen; **she
kept her ~s even in old age** sie sah
auch noch im Alter gut aus; **to have a
strange ~** merkwürdig aussehen; **to
have the ~ of** aussehen wie; **by** (*od.*
**from**) **the ~(s) of it** (so) wie es aussieht,
fig. a. allem Anschein nach; **I do not like
the ~(s) of it** die Sache gefällt mir nicht.
**II** v/i **4.** schauen: **don't ~!** nicht her-
sehen!; **~ who is coming!** schau (mal),
wer da kommt!; **oft iro. ei, wer kommt
denn da!; **~ who is here!** schau (mal),
wer da ist!; **~ here!** schau mal (her)!, hör
mal (zu)!; **don't ~ like that!** mach nicht
so ein Gesicht!, schau nicht so!; **he'll ~!**
der wird (vielleicht) Augen machen od.
schauen!; **~ what you are doing!** paß
doch auf!; **~ where you are going!** paß
auf, wo du hintrittst!; → **leap** I. **5.** (nach-)
schauen, nachsehen: **have you ~ed in
the kitchen?; ~ and see!** überzeugen Sie
sich (selbst)! **6.** aussehen, -schauen (a.
fig.): **to ~ ill; she ~s nice in her new
dress; does this hat ~ well on me?**
steht mir dieser Hut?; **it ~s promising**
(to me) es sieht (mir) vielversprechend
aus; **things ~ bad for him** es sieht
schlimm für ihn aus; **it ~s as if** es sieht
(so) aus, als ob; **he ~s like my brother** er
sieht wie mein Bruder aus; **it ~s like
snow(ing)** es sieht nach Schnee aus; **he
~s like winning** es sieht so aus, als ob er
gewinnen sollte od. wird. **7.** liegen od.
(hin'aus)gehen nach: **my room ~s north.**
**III** v/t **8.** j-m (in die Augen etc) sehen od.
schauen od. blicken: **to ~ s.o. in the
eyes; to ~ death in the face** dem Tod
ins Angesicht sehen. **9.** aussehen wie, e-r
Sache entsprechend aussehen: **she does
not ~ her age** man sieht ihr ihr Alter
nicht an; **to ~ an idiot** wie ein Idiot
aussehen od. (fig.) dastehen; **he ~s it!** a)
so sieht er (auch) aus!, b) man sieht es
ihm (auch) an!; **(not) to ~ o.s.** (gesund-
heitlich) gut (schlecht) aussehen; **to ~
one's part** thea. etc s-e Rolle glaubhaft
od. überzeugend spielen; → **best** Bes.
Redew. **10.** durch Blicke ausdrücken: **~
compassion** (one's surprise) mit-
leidig (überrascht) blicken od. drein-
schauen; **to ~ one's thanks at s.o.** j-n
dankbar ansehen; → **dagger** 1. **11. ~ that**
darauf achten, daß; dafür sorgen, daß;
zusehen, daß.
*Verbindungen mit Präpositionen:*
**look| a·bout** → look around. **~ af-
ter** v/i **1.** nachblicken, -schauen, -sehen
(dat). **2.** aufpassen auf (acc), sich küm-
mern um, sorgen für: → **interest** 7. **~
a·round** v/i **1.** sich 'umschauen od.
-sehen in (dat). **2. to ~ one** sich umsehen
od. umblicken, um sich sehen od. blicken.
**~ at** v/i **1.** ansehen, anblicken, an-
schauen, betrachten: **to ~ one's watch**
auf die Uhr schauen; **~ that now!, just ~
it!** sieh dir das mal od. nur an!; **pretty to
~** hübsch anzusehen; **he is not much to ~**
er sieht nicht besonders gut aus; **to ~ him**
wenn man ihn (so) ansieht; **to ~ the facts**
die Tatsachen betrachten, den Tatsachen
ins Auge sehen. **2.** sich etwas anschauen,
etwas prüfen: **he wouldn't ~** it er wollte
nichts davon wissen; **he won't ~ a price
under £2,000** ein Preis unter 2000 Pfund
kommt für ihn nicht in Frage. **~ down**
v/i: → **nose** Bes. Redew. **~ for** v/i **1.**
suchen (nach): → **trouble** 9 b. **2.** a) er-
warten, b) hoffen auf (acc), erhoffen: **to ~
success** sich Erfolg erhoffen. **~ in·to** v/i
**1.** (hin'ein)schauen od. (-)sehen od. e-n
Blick werfen in (acc): **to ~ the mirror** in
den Spiegel schauen; **to ~ s.o.'s eyes** j-m
in die Augen schauen. **2.** unter'suchen,
prüfen: **I shall ~ the matter. ~ on** v/i
betrachten, ansehen (as als; with mit):

to ~ s.o. **as a great poet** j-n für e-n großen Dichter halten; **to ~ s.th. with distrust** etwas mißtrauisch betrachten; **to ~ s.th. favo(u)rably** etwas wohlwollend betrachten. **~ on·to** v/i (hin¹aus)gehen auf (acc) od. nach: **my room looks onto the garden.** **~ out** v/i colloq. hin-¹ausschauen od. -sehen zu, her¹ausschauen od. -sehen zu: **to ~ the window** aus dem Fenster schauen. **~ o·ver** v/i **1.** schauen od. blicken über (acc). **2.** (sich) etwas (flüchtig) ansehen od. anschauen, e-n Blick werfen in (acc), etwas (flüchtig) (über)¹prüfen. **3.** (absichtlich) über¹sehen. **~ round** → look around. **~ through** v/i **1.** blicken durch. **2.** (hin)¹durchsehen od. (-)¹durchschauen durch. **3.** fig. j-n od. etwas durch¹schauen. **4.** fig. j-n igno¹rieren, wie Luft behandeln. **5.** etwas (flüchtig) ¹durchsehen od. -schauen. **~ to** v/i **1.** ¹hinsehen od. ¹hinschauen zu. **2.** achten od. achtgeben od. aufpassen auf (acc): **~ it that** achte darauf, daß; sorge dafür, daß; sieh zu, daß; → laurel 5. **3.** zählen od. sich verlassen auf (acc), von j-m erwarten (daß er hilft etc): **I ~ you to help me** (od. for help) ich erwarte Hilfe von dir; ich verlasse mich darauf, daß du mir hilfst. **4.** sich wenden od. halten an (acc): **I shall ~ you for payment. 5.** → look for 2. **6.** → look 7. **7.** ¹hindeuten auf (acc), erwarten lassen: **the evidence looks to acquittal. ~ to·ward(s)** v/i **1.** → look 7. **2.** → look to 7. **~ up·on** → look on.

*Verbindungen mit Adverbien:*

**look| a·bout** → look around. **~ a·head** v/i **1.** nach vorne sehen od. blicken od. schauen. **2.** fig. vor¹ausschauen (**two years** um zwei Jahre). **~ a·round** v/i sich ¹umblicken od. -sehen od. -schauen (**for** nach). **~ a·way** v/i wegblicken, -sehen, -schauen. **~ back** v/i **1.** sich ¹umsehen. **2.** a. fig. zu¹rückblicken, -schauen ([up]on, to auf acc). **3.** since then he has never (od. not) looked back fig. seitdem hat er ständig Fortschritte gemacht, seitdem ist es ständig mit ihm bergauf gegangen. **~ down I** v/i **1.** hin¹unterblicken, -sehen, -schauen, her¹unterblicken, -sehen, -schauen ([up]on auf acc, zu): **to ~ (up)on** fig. a) herunterblicken od. -sehen od. herabsehen auf (acc), b) → look onto (prep). **2.** den Blick senken, zu Boden blicken. **II** v/t **3.** durch Blicke einschüchtern. **~ for·ward** v/i in die Zukunft blicken: **to ~ to s.th.** sich auf e-e Sache freuen, e-r Sache erwartungsvoll entgegensehen; **I ~ to meeting him** ich freue mich darauf, ihn zu treffen. **~ in** v/i **1.** hin¹einsehen, -schauen, her¹einsehen, -schauen. **2.** TV fernsehen. **3.** (als Besucher) vor¹beikommen, -schauen, e-n kurzen Besuch machen (**on** bei). **~ on** v/i **1.** zusehen, zuschauen. **2. to ~ with s.o.** mit j-m mitlesen. **~ out I** v/i **1.** hin¹ausblicken, -sehen, -schauen, her¹ausblicken, -sehen, -schauen (**of** zu): **to ~ of the window** aus dem Fenster blicken. **2.** (for) aufpassen (auf acc), sich vorsehen (vor dat); auf der Hut sein (vor dat): **~! paß auf!, Vorsicht! 3.** Ausschau halten (**for** nach). **4.** ~ **on** (od. **over**) → look onto (prep). **II** v/t **5.** bes. Br. a) etwas her¹aussuchen, b) j-n etwas aussuchen: **to look s.th. out for s.o.** j-m etwas aussuchen. **~ o·ver** v/t **(**sich**)** etwas (flüchtig) ansehen od. anschauen, e-n Blick werfen in (acc), etwas (flüchtig) (über)¹prüfen. **~ round** → look around. **~ through** v/t etwas (flüchtig) ¹durchsehen od. -schauen. **~ up I** v/i **1.** hin¹aufblicken, -sehen, -schauen, her¹aufblicken, -sehen, -schauen. **2.** aufblicken, -sehen, -schauen (**from** von; fig. to zu): **to ~ from one's book;** she

needs s.o. **to ~ to** sie braucht j-n, zu dem sie aufblicken kann. **3.** a) sich bessern, besser werden: **things are looking up** die Lage bessert sich, es geht bergauf, b) steigen (Chancen etc), (Aktien, Kurse, Preise a.) anziehen. **II** v/t **4.** a) nachschlagen: **to ~ a word in a dictionary**, b) nachschlagen in (dat). **5.** a) vor¹beischauen bei, besuchen, b) sich in Verbindung setzen mit. **6. to look s.o. up and down** j-n von oben bis unten mustern.

¹**look·a,like** s **1.** Doppelgänger(in). **2.** (genaues) Gegenstück.

**look·er** [¹lʊkə(r)] s **1.** in Zssgn colloq. j-d, der (gut etc) aussieht: → good-looker. **2.** colloq. gutaussehende Per¹son, bes. hübsches Mädchen: **she's a real ~** sie sieht einfach ,klasse' aus; **she's not much of a ~** sie ist nicht besonders hübsch. **,~·¹on** pl **,look·ers-¹on** s Zuschauer(in).

¹**look-in** s **1.** kurzer Besuch. **2.** flüchtiger Blick. **3.** colloq. (Erfolgs-, Gewinn-, Sieges)Chance f: **I don't get a ~** ich hab' keine Chance.

**look·ing** [¹lʊkɪŋ] adj in Zssgn ...aussehend: → good-looking.

¹**look·ing|glass** s **1.** Spiegel m (a. fig.): **to hold up the ~ to s.o.** j-m den Spiegel vorhalten. **2.** Spiegelglas n. **,~-glass** adj verkehrt: **a ~ world; ~ politics** Politik f verkehrt.

¹**look|out I** s **1.** Ausschau f: **to be on the ~ for s.th.** nach etwas Ausschau halten; **to be on the ~ for a wife** auf Freiersfüßen gehen; **to keep a good ~ (for)** auf der Hut sein (vor dat); **to stand ~** ,Schmiere stehen'. **2.** Wache f, Beobachtungsposten m: **to act as ~** ,Schmiere stehen'. **3.** Ausguck m: a) bes. mil. Beobachtungsstand m, b) mar. Krähennest n. **4.** bes. Br. Aussicht f, -blick m (über acc). **5.** bes. Br. fig. Aussicht(en pl) f: **it is a bad ~ for** es sieht schlecht aus für. **6.** colloq. Angelegenheit f: **that's his ~** das ist s-e Sache. **II** adj **7.** bes. mil. Beobachtungs..., Wach...: → **tower.** '**~-,o·ver** s: **to give s.th. a ~** (sich) etwas (flüchtig) ansehen od. anschauen, e-n Blick in etwas werfen, etwas (flüchtig) (über)¹prüfen. '**~-see** s: **to have a ~** bes. Am. colloq. sich mal umsehen, sich die Sache mal ansehen. '**~-through** s: **to give s.th. a ~** etwas (flüchtig) durchsehen od. -schauen.

**loom¹** [luːm] s **1.** ¹Webstuhl m, -ma¡schine f. **2.** mar. Riemenschaft m. **3.** Am. Rohrmantel m (für Kabel etc).

**loom²** [luːm] **I** v/i **1.** a. ~ **up** undeutlich od. drohend sichtbar werden: **a figure ~ed out of the fog** e-e Gestalt tauchte schemenhaft aus dem Nebel auf, b) fig. bedrohlich näher¹rücken (Prüfung etc). **2.** a. ~ **up** (drohend) aufragen: **to ~ over** ragen über (acc); **to ~ large** fig. a) sich auftürmen (Schwierigkeiten etc), b) großen Raum einnehmen, e-e große Rolle spielen. **II** s **3.** undeutliches od. drohendes Sichtbarwerden: **he could make out the ~ of the coast** er konnte die Küste schemenhaft erkennen.

**loon¹** [luːn] s orn. Seetaucher m: **common ~** Eistaucher.

**loon²** [luːn] s **1.** Dummkopf m. **2.** Faulpelz m.

**loon·y** [¹luːnɪ] sl. **I** adj ,bekloppt', verrückt. **II** s Verrückte(r m) f. ~ **bin** s sl. ,Klapsmühle' f (Nervenklinik).

**loop¹** [luːp] s **1.** Schlinge f, Schleife f: **to knock** (od. **throw**) **for a ~** Am. fig. a) ganz durcheinanderbringen, b) ins Unglück stürzen. **2.** Schleife f, Windung f (e-s Flusses etc). **3.** a) Schlaufe f, b) Öse f, c) Ring m. **4.** Eis-, Rollkunstlauf: Schleife f. **5.** aer. sport Looping m, a. n (Figur, bei

der das Flugzeug e-n vertikalen Kreis beschreibt). **6.** rail. etc (Wende)Schleife f. **7.** anat. (Darm- etc)Schlinge f. **8.** phys. a) (Schwingungs)Bauch m, b) Punkt m der größten Ampli¹tude. **9.** electr. a) Schleife f, geschlossener Stromkreis, b) geschlossenes ma¡gnetisches Feld. **10.** Computer: (Pro¹gramm)Schleife f. **11.** med. Spi¹rale f. **12.** → loop aerial. **13.** Am. Geschäftsviertel n. **II** v/t **14.** in e-e Schleife od. in Schleifen legen, schlingen. **15.** e-e Schlinge machen in (acc). **16.** Schnur etc schlingen ([a]round um). **17.** mit Schleifen od. Schlaufen festmachen od. versehen: **to ~ up** Haar, Kleid etc aufstecken. **18.** to ~ **the ~** aer. sport loopen, e-n Looping fliegen od. ausführen. **19.** electr. zu e-m geschlossenen Stromkreis zs.-schalten: **to ~ in** in den Stromkreis einschalten. **III** v/i **20.** e-e Schlinge bilden. **21.** e-e Schleife od. Schleifen machen, sich winden. **22.** sich schlingen ([a]round um). **23.** → 18.

**loop²** [luːp] s metall. Luppe f.

**loop| aer·i·al**, bes. Am. ~ **an·ten·na** s electr. ¹Rahmenan,tenne f. '**~·hole I** s **1.** Gluckloch n. **2.** Seh-, Mauerschlitz m. **3.** mil. a) Sehschlitz m, b) ¹Schießscharte f. **4.** fig. Schlupfloch n, ¹Hintertürchen n: **a ~ in the law** e-e Gesetzeslücke. **II** v/t **5.** mit Sehschlitzen etc versehen. ~ **knot** s einfacher Knoten. ~ **line** → loop¹ 6. '**~-the-'loop** s Am. Achterbahn f.

**loop·y** [¹luːpɪ] adj **1.** gewunden, verschlungen. **2.** colloq. ,leicht bekloppt'.

**loose** [luːs] **I** adj (adv ~ly) **1.** a) los(e), locker, b) frei, nicht angebunden od. eingesperrt: **to come** (od. **get**) ~ abgehen (Knopf etc), sich lockern (Schraube etc), sich ablösen, abblättern (Farbe etc), loskommen (Tier etc); **to let ~** Hund von der Leine lassen, e-r Fläche etc loslassen, s-m Ärger etc Luft machen, freien Lauf lassen, nachgeben (Material), sich lockern (Schraube etc); ~ **connection** electr. Wackelkontakt m; ~ **screw** 1. **2.** locker (Boden, Gewebe etc): **to have ~ bowels** weichen Stuhl(gang) haben. **3.** a) lose (Haar, Geldscheine etc): ~ **money** Kleingeld n, Münzen pl; **to wear one's hair** ~ das Haar offen tragen, b) offen, lose, unverpackt (Ware): **to buy s.th.** ~ etwas offen kaufen; **to be at a ~ end** (Am. at ~ **ends**) nichts zu tun haben; nicht recht wissen, was man (mit sich) anfangen soll. **4.** lose sitzend, weit (Kleidungsstück). **5.** fig. a) lose (Abmachung, Zs.-hang etc), b) frei, libe¹ral (Auslegung etc), c) frei, ungenau (Übersetzung etc), d) unlogisch, wirr (Gedankengang etc): ~ **thinker** Wirrkopf m, e) ¹unkonzen,triert, nachlässig (Spielweise etc), f) ¹unkontrol,liert: **to have a ~ tongue** den Mund nicht halten können. **6.** a) locker (Moral, Lebenswandel etc): → liver², living 8, b) schlüpfrig (Roman etc). **7.** econ. verfügbar (Geld etc).

**II** adv **8.** lose, locker (oft in Zssgn): → loose-fitting, etc.

**III** v/t **9.** los-, freilassen. **10.** e-n Knoten etc, a. fig. die Zunge lösen: **the wine ~d his tongue** der Wein löste ihm die Zunge. **11.** lösen, befreien (from von). **12.** mar. losmachen. **13.** den Boden etc (auf-)lockern. **14.** a. ~ **off** e-e Waffe, e-n Schuß abfeuern, e-n Pfeil etc abschießen. **15.** lockern: **to ~ one's hold of s.th.** etwas loslassen.

**IV** v/i **16.** mar. den Anker lichten. **17.** a. ~ **off** schießen (at auf acc).

**V** s **18. to be on the ~** a) auf freiem Fuß sein, b) a. **to go on the ~** colloq. ,auf den Putz hauen'.

¹**loose|-box** s Box f (für ein Pferd). ~ **cov·er** s bes. Br. Schonbezug m (für

*Möbel.* '~-ˌfit·ting *adj* lose sitzend, locker, weit (*Kleidungsstück*). ~-'joint-ed *adj* gelenkig, beweglich. '~-leaf *adj* Loseblatt...: ~ bookkeeping; ~ binder Schnellhefter *m*; ~ notebook Loseblattbuch *n*. ~-'limbed → loose-jointed.

loos·en ['luːsn] I *v/t* 1. *Knoten, Fesseln etc, a. med.* den Husten, *fig.* die Zunge lösen: the wine ~ed his tongue der Wein löste ihm die Zunge. 2. *e-e Schraube, s-n Griff etc, a. fig.* die Disziplin etc lockern: to ~ one's hold of s.th. etwas loslassen; to ~ one's belt (by two holes) den Gürtel (um zwei Löcher) weiter schnallen. 3. *a. ~ up* den Boden, die Muskeln etc, *a. fig.* j-n auflockern. 4. loslassen, -machen, freilassen. II *v/i* 5. sich lösen. 6. sich lockern. 7. ~ up *bes. sport* sich auflockern. 8. *a.* ~ up *fig.* aus sich herausgehen, auftauen.

loose·ness ['luːsnɪs] *s* 1. Lockerheit *f*. 2. loser Sitz (*e-s Kleidungsstücks*). 3. *fig.* a) Ungenauigkeit *f* (*e-r Übersetzung etc*), b) Unlogik *f* (*e-s Gedankengangs etc*). 4. a) Lockerheit *f* (*des Lebenswandels*), b) Schlüpfrigkeit *f* (*e-s Romans etc*).

'loose·strife *s bot.* 1. Felberich *m*: creeping~ Pfennigkraut *n*. 2. Weiderich *m*: purple ~ Blutweiderich. '~-tongued *adj*: to be ~ den Mund nicht halten können.

loot [luːt] I *s* 1. (Kriegs-, Diebes)Beute *f*. 2. *colloq.* ‚Zaster‘ *m* (*Geld*). 3. Plünderung *f.* II *v/t* 4. erbeuten. 5. *e-e Stadt etc* plündern. 6. *j-n, e-n Laden etc, fig. a.* Energievorkommen etc ausplündern. III *v/i* 7. plündern. 'loot·er *s* Plünderer *m*.

lop[1] [lɒp; *Am.* lɑp] I *v/t* 1. *e-n Baum etc* beschneiden, (zu)stutzen, abästen. 2. *oft ~ off Äste, a.* den Kopf etc abhauen, abhacken. II *s* 3. (abgehauene) kleine Äste *pl*: ~ and top (*od.* crop) abgehauenes Astwerk.

lop[2] [lɒp; *Am.* lɑp] I *v/i* 1. schlaff herunterhängen. 2. latschig gehen, latschen. 3. → lope I. II *v/t* 4. schlaff herunterhängen lassen.

lop[3] [lɒp; *Am.* lɑp] *s mar.* Seegang *m* mit kurzen, leichten Wellen.

lope [ləʊp] I *v/i* 1. mit federnden Schritten gehen *od.* laufen. 2. a) springen: the deer ~d down the hill, b) hoppeln (*Hase*), c) kantern (*Pferd*). II *v/t* 3. *ein Pferd* kantern lassen. III *s* 4. federnder Gang: at a ~ a) mit federnden Schritten, b) mit großen Sprüngen (*Tier*). 5. Kanter *m* (*e-s Pferds*).

lop|-ˌeared *adj* mit Hänge- *od.* ‚Schlappohren‘. ~ ears *s pl* Hänge-, ‚Schlappohren‘ *pl*.

lo·pho·bran·chi·ate [ˌləʊfəˈbræŋkɪeɪt; -kɪət] *s ichth.* Büschelkiemer *m*.

lop·pings ['lɒpɪŋz; *Am.* 'lɑ-] *s pl* abgehauene Äste *pl od.* Zweige *pl*.

lop|sid·ed *adj* 1. schief, nach 'einer Seite hängend, *bes. mar.* mit Schlagseite. 2. 'unsymˌmetrisch, auf 'einer Seite dicker *od.* schwerer. 3. *fig.* einseitig. lop-'sid·ed·ness *s* 1. Schiefheit *f*. 2. *fig.* Einseitigkeit *f*.

lo·qua·cious [ləʊˈkweɪʃəs; lə'kw-] *adj* (*adv* ~ly) geschwätzig, redselig. lo'qua-cious·ness, lo·quac·i·ty [ləʊˈkwæsə-tɪ; lə'kw-] *s* Geschwätzigkeit *f*, Redseligkeit *f*.

lo·qui·tur ['lɒkwɪtə(r); *Am.* 'lɑ-] (*Lat.*) *thea. obs.* er (sie, es) spricht.

lor [lɔː(r)] *interj bes. Br. sl.* → lord 10.

lo·ran ['lɔːrən; *Am. a.* 'lɔʊrˌæn] *s aer. mar.* (*aus* long-range navigation) Loran-Verfahren *n*.

lord [lɔː(r)d] I *s* 1. Herr *m*, Gebieter *m* (of über *acc*): the ~s of creation *humor.* die Herren der Schöpfung; her ~ and master *obs. od. humor.* ihr Herr u. Ge-

bieter. 2. *fig.* Ma'gnat *m*: → press lord. 3. *Br. hist.* Lehnsherr *m*: → manor 1. 4. the L~ a) *a.* L~ God Gott *m* (der Herr): L~ (only) knows where Gott *od.* der Himmel weiß, wo, b) *a.* our L~ (Christus *m*) der Herr: in the year of our L~ im Jahre des Herrn, Anno Domini. 5. Lord *m*: a) Angehöriger des hohen brit. Adels (*vom Baron bis zum Herzog*), b) *j-d, dem auf Grund s-s Amts od. aus Höflichkeit der Titel Lord zusteht*: to live like a ~ wie ein Fürst leben; → drunk 1. 6. L~ Lord *m*: a) Titel *e-s* Barons, b) weniger förmlicher Titel *e-s* Marquis, Earl *od.* Viscount, z. B. L~ Derby anstatt the Earl of Derby, c) Höflichkeitstitel für den ältesten Sohn *e-s* Peers, d) Höflichkeitstitel für jüngere Söhne *e-s* Herzogs *od.* Marquis, in Verbindung mit dem Vor- u. Familiennamen, z. B. L~ Peter Wimsey, e) Titel *e-s* Bischofs, f) Titel *e-s* bes. richterlicher Würdenträger. 7. the L~s die Lords, das Oberhaus (*des brit. Parlaments*). 8. my L~ [mɪ'lɔː(r)d; *jur. Br. a.* mɪ'lʌd] My'lord, Euer Gnaden (*Anrede*). 9. *astr.* re'gierender Pla'net.
II *interj* 10. L~! (du) lieber Gott *od.* Himmel!
III *v/t* 11. zum Lord erheben. 12. to ~ it den Herrn spielen: to ~ it over s.o. a) sich j-m gegenüber als Herr aufspielen, b) j-n herumkommandieren.

Lord| Ad·vo·cate *s jur. Scot.* Kronanwalt *m*. ~ Cham·ber·lain (of the House·hold) *s Br.* Haushofmeister *m*. ~ Chan·cel·lor *s Br.* Lordkanzler *m*. ~ Chief Jus·tice (of Eng·land) *s jur.* Lord'oberrichter *m*. ~ High Chan-cel·lor → Lord Chancellor. ~ High Com·mis·sion·er *s Br.* Vertreter der Krone bei der Generalversammlung der schottischen Staatskirche. ~ High Con-sta·ble *s Br. hist.* 'Großkonneˌtabel *m* von England (*jetzt noch bei Krönungen als Ehrenwürde*). ˌ~-in-'wait·ing → lords-in-'wait·ing *s* Hofherr *m*. ~ Jus·tice of Ap·peal *pl* Lords Jus-tic·es of Ap·peal *s jur. Br.* Richter *m* am Berufungsgericht. ~ Keep·er of the Great Seal → Lord Chancellor. ~ Lieu·ten·ant *pl* Lord(s) Lieu-ten·ants *s Br.* 1. Vertreter der Krone in *e-r* Grafschaft. 2. *hist.* Vizekönig in Irland.

lord·li·ness ['lɔː(r)dlɪnɪs] *s* 1. Großzügigkeit *f*. 2. Vornehmheit *f*. 3. Pracht *f*. 4. Stolz *m*. 5. Hochmut *m*, Arro'ganz *f*.

lord·ling ['lɔː(r)dlɪŋ] *s contp.* kleiner Lord, Herrchen *n*.

'lord·ly *adj u. adv* 1. *e-m* Lord geziemend *od.* gemäß. 2. großzügig. 3. vornehm, edel. 4. prächtig. 5. herrisch, gebieterisch. 6. stolz. 7. hochmütig, arro'gant.

Lord| May·or *pl* Lord May·ors *s Br.* Oberbürgermeister *m*: ~'s Day Tag des Amtsantritts des Oberbürgermeisters von London (9. November); ~'s Show Festzug des Oberbürgermeisters von London am 9. November. ~ of Ap·peal *s Br.* ein vom Oberhaus ernannter Richter, der das Haus bei Berufungsfällen unterstützen soll. ~ of the Bed·cham·ber *s* königlicher Kammerherr, Herr *m*.

lor·do·sis [lɔː(r)ˈdəʊsɪs] *s med.* Lor'dose *f* (*Rückgratverkrümmung nach vorn*).

Lord| Pres·i·dent of the Coun·cil *s Br.* Präsi'dent *m* des Geheimen Staatsrats. ~ Priv·y Seal *s Br.* Lord'siegelbewahrer *m*. ~ Pro·tec·tor *s hist.* 'Lordproˌtektor *m*: a) Reichsverweser *m*, b) Titel Oliver Cromwells (1653–58) *u.* Richard Cromwells (1658–59). ~ Prov-ost *pl* Lord Prov·osts *s Scot.* Oberbürgermeister *m*.

'lord·ship *s* 1. Lordschaft *f*: your (his) ~ Euer (Seine) Lordschaft. 2. *hist.* Ge-

richts- *od.* Herrschaftsgebiet *n e-s* Lords.

Lord's Prayer *s relig.* Vaterunser *n*.
Lords Spir·it·u·al *s pl Br.* die geistlichen Mitglieder des Oberhauses.
Lord's| Sup·per *s* 1. *Bibl.* (das) letzte Abendmahl. 2. *relig.* a) (das) (heilige) Abendmahl, b) *R.C.* (die) heilige Kommuni'on. ~ ta·ble *s relig.* 1. Al'tar *m*. 2. Tisch *m* des Herrn: a) → Lord's Supper, b) Abendmahlstisch *m*.
Lords Tem·po·ral *s pl Br.* die weltlichen Mitglieder des Oberhauses.

lore[1] [lɔː(r)] *s zo.* 1. Zügel *m* (*Raum zwischen Auge u. Schnabel bei Vögeln od. zwischen Auge u. Nasenlöchern bei Reptilien*). 2. Mundleiste *f* (*bei Insekten*).

lore[2] [lɔː(r)] *s* 1. Wissen *n* (*auf bestimmtem Gebiet*): animal ~ Tierkunde *f*. 2. über'lieferte Kunde (*e-r bestimmten Klasse*), (überliefertes) Sagen- u. Märchengut: gipsy ~. 3. *obs. od. poet.* Lehre *f*: the ~ of Christ.

Lo·rentz force ['lɒrəns; *Am.* 'lɔʊ-] *s phys.* Lorentz-Kraft *f*.

lor·gnette [lɔː(r)'njet] *s* Lor'gnette *f*, Lor'gnon *n* (*Brille ohne Bügel, die an e-m Stiel vor die Augen gehalten wird*).

lor·gnon [lɔː(r)ˈnjɔ̃ːŋ] *s* Lor'gnon *n*: a) Einglas mit Stiel, b) → lorgnette.

lor·i·cate ['lɒrɪkeɪt; *Am.* 'lɔːrɪkət; 'lɑr-] *adj zo.* gepanzert.

lor·i·keet ['lɒrɪkiːt; ˌ~'kiːt; *Am.* 'lɔːrəˌkiːt; 'lɑr-] *s orn.* (*ein*) kleiner Lori (*Papagei*).

lor·i·mer ['lɒrɪmə(r)], 'lor·i·ner [-nə(r)] *s obs.* Gürtler *m*, Sattler *m*.

lorn [lɔː(r)n] *adj obs. od. poet.* verlassen, einsam.

Lor·rain·er [lɒ'reɪnə(r); lə-] *s* Lothringer(in). Lor·rain·ese [ˌlɒˌreɪ'niːz; lə-] *adj* lothringisch.

lor·ry ['lɒrɪ] *s Br.* 1. Last(kraft)wagen *m*, Lastauto *n*. 2. *Bergbau*: Lore *f*, Förderwagen *m*.

lose [luːz] *pret u. pp* lost [lɒst; *Am. bes.* lɔːst] I *v/t* 1. *allg. e-e Sache, a. s-n Glauben, das Interesse, s-e Stimme, den Verstand, Zeit etc* verlieren: to have lost one's voice *a.* heiser sein; to ~ no time in doing s.th. sich beeilen, etwas zu tun; etwas sofort tun; (*siehe die Verbindungen mit den betreffenden Substantiven*); → lost II. 2. verlieren, einbüßen, kommen um: to ~ one's position (*property, etc*); to ~ one's health s-e Gesundheit einbüßen; he lost 10 pounds er nahm 10 Pfund ab. 3. verlieren (*durch Tod, Trennung etc*): she lost a son in the war; to ~ a patient a) e-n Patienten (*an e-n anderen Arzt*) verlieren, b) e-n Patienten nicht retten können. 4. *ein Spiel, e-n Prozeß etc* verlieren. 5. *e-n Preis etc* nicht gewinnen *od.* erringen. 6. *e-e Gesetzesvorlage* nicht 'durchbringen. 7. *den Zug etc, a. fig. e-e Gelegenheit etc* versäumen, -passen. 8. *e-e Rede etc* ‚nicht mitbekommen‘, etwas nicht hören *od.* sehen (können): I lost the end of his speech mir entging das Ende s-r Rede. 9. aus den Augen verlieren. 10. vergessen: I have lost my Greek. 11. *e-n Verfolger* abschütteln. 12. *e-e Krankheit* loswerden: he lost his cold. 13. nachgehen um (*Uhr*): my watch ~s two minutes a day m-e Uhr geht am Tag zwei Minuten nach. 14. *j-n s-e Stellung etc* kosten, *j-n bringen um*: this will ~ you your position. 15. to ~ o.s. in a) sich verirren in (*dat*): he lost himself in the maze, b) *fig.* sich verlieren in (*dat*): to ~ o.s. in thought; the path ~s itself in the woods, *c) fig.* sich vertiefen in (*acc*): he lost himself in the book. II *v/i* 16. *a.* ~ out (to) verlieren (gegen), unter'liegen (*dat*). 17. *a.* ~ out *colloq.* verlieren, ‚draufzahlen‘ (on bei): he lost on the deal; you won't ~ by doing it es

kann nicht(s) schaden, wenn du es tust. **18.** a) Verluste erleiden: **they lost heavily** sie erlitten schwere Verluste, b) verlieren (in bei, durch): **the story has lost in translation** die Geschichte hat durch die Übersetzung (sprachlich) verloren. **19.** verlieren (in an *dat*): **to ~ (in weight)** (an Gewicht) abnehmen; **the days were losing in warmth** die Tage wurden kälter. **20.** schlechter *od.* schwächer werden: **he lost daily** er wurde von Tag zu Tag schwächer. **21.** nachgehen (*Uhr*).

**los·er** [ˈluːzə(r)] *s* Verlierer(in): **a good** (**bad**) **~**; **to be a bad ~** *a.* nicht verlieren können; **to be the ~** den kürzeren ziehen; **to be a born ~** der geborene Verlierer sein.

**los·ing** [ˈluːzɪŋ] **I** *adj* **1.** verlierend. **2.** verlustbringend, Verlust...: **~ bargain** *econ.* Verlustgeschäft *n.* **3.** verloren, aussichtslos: **a ~ battle**; **a ~ game**; → **game**[1] **3. II** *s* **4.** *pl* (*bes.* Spiel)Verluste *pl.*

**loss** [lɒs; *Am. bes.* lɔːs] *s* **1.** Verlust *m*, Einbuße *f* (in an *dat*, von *od. gen*): **~ of blood** Blutverlust; **~ of earnings** Verdienstausfall *m*; **~ of memory** Gedächtnisverlust; **~ of prestige** Prestigeverlust; **~ of time** Zeitverlust; **dead ~** a) Totalverlust, b) hoffnungsloser Fall (*Person*); **to make a ~** Verlust machen, verlieren, ,draufzahlen' (**on bei**); **to sell s.th. at a ~** *econ.* etwas mit Verlust verkaufen; **to work at a ~** *econ.* mit Verlust arbeiten; **to throw s.o. for a ~** *Am. colloq.* j-n deprimieren *od.* ,fertigmachen'. **2.** Verlust *m*, Schaden *m*: **it is no great ~**; → **cut** 55. **3.** Verlust *m* (*verlorene Sache od. Person*): **he is a great ~ to his firm** sein Weggang ist ein großer Verlust für s-e Firma. **4.** Verlust *m* (*verlorene Schlacht, Wette etc*). **5.** Verlust *m*, Abnahme *f*, Schwund *m*: **~ in weight** Gewichtsverlust, -abnahme. **6.** *pl mil.* Verluste *pl*, Ausfälle *pl.* **7.** Untergang *m* (*e-r Kultur etc*). **8.** *electr. tech.* (Ener'gie)Verlust *m*: **~ friction** Reibungsverlust(e); **~ of heat** Wärmeverlust(e). **9.** *tech.* (Materi'al)Verlust *m*, *bes.* Abbrand *m* (*von Metall*). **10.** *Versicherungswesen:* Schadensfall *m:* **fire ~** Brandschaden *m.* **11.** **to be at a ~** in Verlegenheit sein (for um): **he is never at a ~ for an answer** er ist nie um e-e Antwort verlegen; **to be at a ~ for words** keine Worte finden; **to be at a ~ what to do** nicht wissen, was man tun soll; **he would have been at a ~ to explain why** ... es wäre ihm schwergefallen zu erklären, warum ...

**löss** [lɜːs] → **loess.**

**loss-lead·er** *s econ.* (*unter dem Selbstkostenpreis verkaufter*) Lockar,tikel. **~‚mak·er** *s econ.* **1.** mit Verlust arbeitender Betrieb. **2.** Verlustgeschäft *n.* **~‚mak·ing** *adj econ.* mit Verlust arbeitend. **~ ra·tio** *s Versicherungswesen:* Schadensquote *f.*

**lost** [lɒst; *Am. bes.* lɔːst] **I** *pret u. pp von* **lose. II** *adj* **1.** verloren: **~ articles**; **a ~ battle**; **~ friends**; **~ cause** *fig.* aussichtslose Sache; **~ heat** *tech.* Abwärme *f*; **~ motion** *tech.* toter Gang; **~ property office** Fundbüro *n.* **2.** verloren(gegangen): **~** a) verlorengehen, b) zugrunde gehen, untergehen, c) umkommen, d) verschwinden; **to give up for** (*od.* **as**) **~** verloren geben; **a ~ soul** e-e verlorene Seele. **3.** vergessen: **a ~ art. 4.** verirrt: **to be ~** sich verirrt haben, sich nicht mehr zurechtfinden (*a. fig.*); **to get ~!** *colloq.* ,hau ab!' **5.** verschwunden: **~ in the fog. 6.** verloren, vergeudet: **~ time** verlorene Zeit; **to be** (**up**)**on s.o.** *colloq.* keinen Eindruck machen auf j-n, an j-m verloren sein, j-n gleichgültig lassen *od.* kaltlassen; **this won't be ~ on**

---

me das wird *od.* soll mir e-e Lehre sein; → **labor** 2. **7.** versäumt, verpaßt: **a ~ chance. 8. ~ in** a) versunken in (*dat*): **~ in thought** in Gedanken versunken, *bes. adv.* gedankenversunken, -verloren, b) vertieft in (*acc*): **he was ~ in his book. 9. ~ to** a) verloren für, b) versagt (*dat*), nicht vergönnt (*dat*), c) nicht mehr empfänglich für, d) ohne Empfinden für, bar (*gen*): **to be ~ to all sense of shame** keinerlei Schamgefühl haben; **to be ~ to the world** nicht wahrnehmen, was um e herum vorgeht.

**lot** [lɒt; *Am.* lɑt] *s* **1.** Los *n*: **to cast** (*od.* **draw**) **~s** losen (**for** um); **to cast** (*od.* **throw**) **in one's ~ with s.o.** *fig.* j-s Los teilen, sich auf Gedeih u. Verderb mit j-m zs.-tun; **to choose s.th. by ~** etwas auslosen; **the ~ fell on** (*od.* **to**) **me** das Los fiel auf mich. **2.** Anteil *m*: → **part** 5. **3.** Los *n*, Geschick *n*, Schicksal *n*: **to fall to s.o.'s ~** j-m zufallen. **4.** 'festum‚grenztes Stück Land, *bes.* a) Par'zelle *f*, b) Grundstück *n*, c) Bauplatz *m*, d) (Indu'strie)Gelände *n*, e) (Müll- *etc*)Platz *m*, f) Parkplatz *m*. **5.** *Film, TV: bes. Am.* a) Gelände *n*, b) Studio *n*. **6.** *econ.* a) Ar'tikel *m*, b) Par'tie *f*, Posten *m* (*von Waren*): **in ~s** partienweise. **7.** Gruppe *f*, Gesellschaft *f*: **the whole ~** a) die ganze Gesellschaft, b) → 8; **get out, the** (**whole**) **~ of you!** raus, alle miteinander! **8. the ~** alles, das Ganze: **take the ~!; that's the ~** das ist alles. **9.** *colloq.* Menge *f*, Haufen *m*: **a ~ of**, **~s of** viel, e-e Menge; **a ~ of money**, **~s of money** viel Geld, e-e Menge *od.* ein Haufen Geld; **~ and ~s of** e-e Unmasse *Menschen etc*; **I'd give a ~**, **if** ich gäbe viel darum, wenn; **he has a ~ to learn** er muß noch viel lernen. **10. a bad ~** *colloq.* a) ein ,mieser Typ', b) ein ,mieses Pack'.

**II** *adv* **11. a ~**, **~s** *colloq.* (sehr) viel; **a ~ better; a** (**fat**)**~ I care!** *iro.* das (be)kümmert mich herzlich wenig!; → **fat** 4.

**III** *v/t* **12.** *obs.* losen um. **13.** durch Los verteilen, auslosen. **14.** a) *oft* **~ out** Land in Par'zellen einteilen, parzel'lieren, b) *econ. Ware* in Par'tien aufteilen.

**loth** → **loath.**

**Lo·thar·i·o** [ləʊˈθɑːriəʊ; -ˈθeər-] *pl* **-os** *s* Schwerenöter *m.*

**lo·tion** [ˈləʊʃn] *s* Loti'on *f*, (*Gesichts-, Rasier*)Wasser *n.*

**lot·ter·y** [ˈlɒtərɪ; *Am.* ˈlɑ-] *s* **1.** Lotte'rie *f*: **~ number** Losnummer *f*; **~ ticket** Lotterielos *n*; **~ wheel** Glücksrad *n*, Lostrommel *f.* **2.** *fig.* Glückssache *f*, Lotte'riespiel *n*: **life is a ~.**

**lot·to** [ˈlɒtəʊ; *Am.* ˈlɑ-] → **bingo** I.

**lo·tus** [ˈləʊtəs] *s* **1.** (*in griechischen Sagen*) a) Lotos *m* (*e-e wohlige Schlaffheit bewirkende Frucht*), b) → **lotus tree** 1. **2.** *bot.* Lotos(blume *f*) *m.* **3.** 'Lotosblumen‚orna‚ment *n.* **4.** *bot.* Honigklee *m.* **~-‚eat·er** *s* **1.** (*in der Odyssee*) Lotosesser *m.* **2.** verträumter Nichtstuer. **~ po·si·tion** *s Joga:* Lotussitz *m.* **~ tree** *s bot.* **1.** Lotos *m* (*Pflanze, von deren Frucht sich nach der Sage die Lotophagen ernährten*). **2.** a) Lotospflaume *f*, b) Vir'ginische Dattelpflaume.

**loud** [laʊd] **I** *adj* (*adv* **~ly**) **1.** laut (*a. fig.*): **a ~ cry**; **~ admiration**; **~ streets** lärmende Straßen. **2.** *fig.* schreiend, auffallend, grell, aufdringlich: **~ colo(u)rs** schreiende Farben; **~ dress** auffallende Kleidung; **~ manners** auffallendes *od.* aufdringliches Benehmen; **a ~ smell** *Am.* ein penetranter Geruch. **II** *adv* **3.** laut: **don't talk so ~; to say s.th. out ~** *colloq.* etwas hörbar *od.* laut sagen. **~‚hail·er** *s* Mega'phon *n.* **~‚mouth** *s colloq.* ,Großmaul' *n.* **~‚mouthed** *adj colloq.* ,großmäulig'.

---

**loud·ness** *s* **1.** Lautheit *f*, (*das*) Laute. **2.** *phys.* Lautstärke *f.* **3.** Lärm *m.* **4.** *fig.* (*das*) Auffallende *od.* Schreiende.

**loud·speak·er** *s electr.* Lautsprecher *m:* **external** (*od.* **extra**) **~** (*Radio etc*) Zweitlautsprecher; **~ van** *Br.* Lautsprecherwagen *m.*

**lough** [lɒk; lɒx; *Am.* lɑk; lɑx] *s Ir.* **1.** See *m.* **2.** Meeresarm *m.*

**lou·is** [ˈluːɪ] *pl* **lou·is** [-ɪz], **~ d'or** [‚luːɪˈdɔː(r)] *pl* **lou·is d'or** *s hist.* Louis'dor *m* (*französische Goldmünze*).

**Lou·i·si·an·a** [lu‚iːzi'ænən], *a.* **Lou‚i·si'an·an** [-nən] **I** *adj* louisi'anisch. **II** *s* Louisi'aner(in).

**lounge** [laʊndʒ] **I** *s* **1.** Chaise'longue *f*, Liege(sofa *n*) *f.* **2.** Wohnzimmer *n.* **3.** Gesellschaftsraum *m*, Sa'lon *m* (*e-s Hotels, Schiffs*). **4.** *fig.* (*e-s Theaters*). **5.** Wartehalle *f* (*e-s Flughafens*). **6.** *Br.* vornehmerer u. teurerer Teil e-s Lokals. **II** *v/i* **7.** sich ,rekeln' *od.* ,räkeln', sich ,lümmeln': **to ~ about** (*od.* **around**) *a.* herumlümmeln. **8.** schlendern. **III** *v/t* **9.** *meist* **~ away** *die Zeit* vertrödeln, -bummeln. **~ bar** → **lounge** 6. **~ car** *s rail. Am.* Sa'lonwagen *m.* **~ chair** *s* Klubsessel *m.* **~ liz·ard** *s colloq.* Sa'lonlöwe *m.* **~ suit** *s bes. Br.* Straßenanzug *m.* **~ suite** *s* 'Couch-, 'Polstergarni‚tur *f.*

**loupe** [luːp] *s* (*bes.* Juwe'lier-, Uhrmacher)Lupe *f.*

**lour** [ˈlaʊə(r)], **lour·ing** [-rɪŋ], **lour·y** → **lower**[1], *etc.*

**louse** [laʊs] **I** *s* **1.** *pl* **lice** [laɪs] *zo.* Laus *f.* **2.** *pl* **lous·es** [-ɪz] *sl.* ,Scheißkerl' *m*, ,Schwein' *n.* **II** *v/t* [laʊz; laʊs] **3.** (ent)lausen. **4. ~ up** *sl.* ,versauen', ,vermurksen'. **~‚wort** *s bot.* Läusekraut *n.*

**lous·i·ness** [ˈlaʊzɪnɪs] *s* Verlaustheit *f.*

**lous·y** *adj* (*adv* **lousily**) **1.** verlaust, voller Läuse. **2.** *sl.* a) ,fies', hundsgemein: **that was a ~ thing to do** das war ganz schön fies, b) ,lausig', ,mies': **a ~ film**; **to feel ~. 3. to be ~ with** *sl.* a) wimmeln von: **the streets were ~ with people** auf den Straßen wimmelte es von Menschen, b) strotzen vor (*dat*) *od.* von: **he's ~ with money** er ,stinkt' vor Geld.

**lout** [laʊt] *s* Flegel *m*, Rüpel *m.* **lout·ish** *adj* (*adv* **~ly**) flegel-, rüpelhaft. **lout·ish·ness** *s* Flegel-, Rüpelhaftigkeit *f.*

**lou·ver**, *bes. Br.* **lou·vre** [ˈluːvə(r)] *s* **1.** *arch. hist.* Dachtürmchen *n.* **2.** *arch.* a) a. **~ board** Schallbrett *n*, b) *pl* Schallbretter *pl* (*des Schallfensters an Glockenstuben*). **3.** Jalou'sie *f.* **4.** Belüftungsklappe *f.* **5.** Schallöffnung *f* (*e-s Lautsprechers*). **lou·vered** *adj* **1.** Jalousie... **2.** schräggestellt.

**lov·a·bil·i·ty** [‚lʌvəˈbɪlətɪ] *s* liebenswerte Art. **lov·a·ble** *adj* (*adv* **lovably**) liebenswert, reizend. **lov·a·ble·ness** → lovability.

**lov·age** [ˈlʌvɪdʒ] *s bot.* Liebstöckel *n.*

**love** [lʌv] **I** *s* **1.** (*sinnliche od. geistige*) Liebe (**of**, **for**, **to**, **toward[s]** zu): **~** herzliche Grüße (*Briefschluß*); **to be in ~** verliebt sein (**with** in *acc*); **to fall in ~** sich verlieben (**with** in *acc*); **to do s.th. for ~** etwas aus Spaß *od.* zum Vergnügen *od.* aus Gefälligkeit tun; **to play for ~** um nichts *od.* um die Ehre spielen; **for the ~ of God** um Gottes willen; **not for ~ or money** nicht für Geld u. gute Worte; **to send one's ~ to** j-n grüßen lassen; **to make ~** a) zärtlich werden (*körperlich*) lieben, b) **to make ~ to s.o.** a) j-m gegenüber zärtlich werden, b) j-n (*körperlich*) lieben; **there is no ~ lost between them** sie haben nichts füreinander übrig, sie können sich nicht leiden; **"L.'s Labour's Lost"** ,,Verlorene Liebesmüh'' (*Lustspiel von Shakespeare*); **~ of adventure** Abenteuerlust *f*; **~ of**

(one's) **country** Vaterlandsliebe *f*; ~ of learning Freude *f od.* Spaß *m* am Lernen; → **fair**[1] 11, **give** 18, **labor** 1. **2.** L~ die Liebe (*personifiziert*), (Gott *m*) Amor *m*, der Liebesgott. **3.** *pl art* Amo'retten *pl*. **4.** *colloq.* (*Anrede, oft unübersetzt*) ‚Schatz': **mind the step,** ~! Vorsicht, Stufe! **5.** *colloq.* ‚Schatz' *m*: **he's a real** ~ er ist ein richtiger Schatz; **a** ~ **of a car** ein ‚süßer' Wagen. **6.** *bes. Tennis*: null: ~ **all** null zu null.
**II** *v/t* **7.** *j-n* (*a. körperlich*) lieben, liebhaben. **8.** *etwas* lieben, gerne mögen: **to** ~ **to do** (*od.* **doing**) **s.th.** etwas sehr gern tun; **we** ~**d having you with us** wir haben uns sehr über d-n Besuch gefreut.
**III** *v/i* **9.** lieben, *bes.* verliebt sein.
**love·a·bil·i·ty,** *etc* → **lovability,** *etc*.
**love|af·fair** *s* ('Liebes)Af,färe *f*, Liebesabenteuer *n*, Liebschaft *f*. ~**ap·ple** *s bot. obs.* Liebesapfel *m*, To'mate *f*. '~**bird** *s* **1.** *orn.* Unzertrennliche(r) *m*, Insépa'rable *m*. **2.** *orn.* Edelsittich *m*. **3.** *meist pl fig. colloq.* ‚Turteltaube' *f*. ~**bite** *s colloq.* ‚Knutschfleck' *m*. ~ **child** *s irr* Kind *n* der Liebe. ~**du·et** *s mus.* 'Liebesdu,ett *n*. ~ **feast** *s* Liebesmahl *n*. ~ **game** *s Tennis*: Zu-'null-Spiel *n*. ~**hate (re·la·tion·ship)** *s* Haßliebe *f*. '~**in** *s* Love-'In *n* (*Protestveranstaltung jugendlicher Gruppen, bei der es zu öffentlichem Geschlechtsverkehr kommt*). ~**in-a-'mist** *s bot.* **1.** Jungfer *f* im Grünen. **2.** Stinkende Passi'onsblume. **3.** Filziges Hornkraut. ~**in-'i·dle·ness** *s bot.* Wildes Stiefmütterchen.
'**love·less** *adj* **1.** lieblos. **2.** ungeliebt.
**love| let·ter** *s* Liebesbrief *m*. ~**lies-'bleed·ing** *s bot.* **1.** Roter Fuchsschwanz. **2.** Flammendes Herz. **3.** Blutströpfchen *n*. ~ **life** *s* Liebesleben *n*.
**love·li·ness** ['lʌvlɪnɪs] *s* **1.** Schönheit *f*. **2.** Liebreiz *m*.
'**love|·lock** *s* ‚Schmachtlocke' *f*. '~**lorn** *adj* liebeskrank.
**love·ly** ['lʌvlɪ] **I** *adj* (*adv* **lovelily**) **1.** (*wunder*)schön. **2.** nett, reizend. **3.** *colloq.* ‚prima', großartig. **II** *s* **4.** *colloq.* (*oft als Anrede*) ‚Hübsche' *f*, ‚Süße' *f*.
'**love|,mak·ing** *s* **1.** a) Zärtlichkeiten *pl*, b)(*körperliche*) Liebe. **2.** Liebeskunst *f*. ~ **match** *s* Liebesheirat *f*. ~ **nest** *s* Liebesnest *n*. ~ **po·tion** *s* Liebestrank *m*.
**lov·er** ['lʌvə(r)] *s* **1.** a) Liebhaber *m*, Geliebte(r) *m*, b) Geliebte *f*. **2.** *pl* Liebende *pl*, Liebespaar *n*: **we are** ~**s** wir lieben uns; ~**s' lane** *colloq.* ‚Seufzergäßchen' *n*. **3.** Liebhaber(in), (*Musik- etc*)Freund(in): **a** ~ **of music, a music** ~.
**lov·er·ly** ['lʌvə(r)lɪ] *adj u. adv* zärtlich.
**love| scene** *s thea. etc* Liebesszene *f*. ~ **seat** *s* kleines Sofa für zwei. ~ **set** *s Tennis*: Zu-'null-Satz *m*. '~**sick** *adj* liebeskrank: **to be** ~ Liebeskummer haben. ~**song** *s* Liebeslied *n*. ~ **sto·ry** *s* Liebesgeschichte *f*, (*bes. rührselige a.*) Love-Story *f*. ~ **to·ken** *s* Liebespfand *n*.
**lov·ing** ['lʌvɪŋ] *adj* (*adv* ~**ly**) liebend, liebevoll, zärtlich: **your** ~ **father** (*als Briefschluß*) Dein Dich liebender Vater. ~**cup** *s* Po'kal *m* (*a. sport*). ~**kind·ness** *s* **1.** (*göttliche*) Gnade *od.* Barm'herzigkeit. **2.** Herzensgüte *f*.
**low**[1] [ləʊ] **I** *adj* **1.** niedrig (*a. fig.*): ~ **building** (**forehead, number, price, temperature, wages,** *etc*); ~ **brook** seichter Bach; ~ **speed** geringe Geschwindigkeit; **in fat** fettarm; **to bring** ~ *fig.* a) *j-n* demütigen, b) *j-n* ruinieren; **to lay** ~ a) *j-n* niederschlagen, -schießen, b) *j-n* ans Bett fesseln, ‚umwerfen' (*Krankheit*); **to sell** ~ billig verkaufen; **to lie** ~ a) tief *od.* ‚platt' liegen, b) *j-n* angreifen; (**bei** *boxing*) tief schlagen, -gelegen: ~ **ground**. **3.** tief: **a** ~ **bow** (~ **flying** *aer.* Tiefflug *m*; **the sun is** ~ die Sonne steht tief. **4.** → **low-necked.** **5.** a)

fast leer (*Gefäß*), b) fast erschöpft, knapp (*Vorrat etc*): **to get** (*od.* **run**) ~ knapp werden, zur Neige gehen; **he is getting** (*od.* **running**) ~ **on money** ihm geht allmählich das Geld aus; **to be** ~ **on funds** knapp bei Kasse sein. **6.** schwach, kraftlos, matt: ~ **pulse** schwacher Puls. **7.** *Kost etc*: a) wenig nahrhaft, b) einfach. **8.** gedrückt, niedergeschlagen, depri'miert: **to feel** ~ a) in gedrückter Stimmung sein, b) sich elend fühlen (→ 13 c). **9.** (*zeitlich*) verhältnismäßig neu *od.* jung: **of** ~ **date** (verhältnismäßig) neuen Datums. **10.** gering(schätzig): ~ **opinion** 3. **11.** minderwertig. **12.** (*sozial*) unter(er, e, es), nieder, niedrig: **of** ~ **birth** von niedriger Geburt; ~ **life** das Leben der einfachen Leute. **13.** a) gewöhnlich, niedrig (*denkend od. gesinnt*): ~ **thinking** niedrige Denkungsart, b) ordi'när, vul'gär: **a** ~ **expression;** c) gemein, niederträchtig: **a** ~ **trick; to feel** ~ sich gemein vorkommen (→ 8). **14.** nieder, primi'tiv: ~ **forms of life** niedere Lebensformen; ~ **race** primitive Rasse. **15.** tief (*Ton etc*). **16.** leise (*Ton, Stimme etc*): **in a** ~ **voice** leise. **17.** *ling.* offen. **18.** L~ → **Low-Church. 19.** *tech.* erst(er, e, es), niedrigst(er, e, es): ~ **gear** 3 b.
**II** *adv* **20.** niedrig: **it hangs** ~; **to aim** ~. **21.** tief: **to bow** ~. **22.** *fig.* tief: **sunk thus** ~ so tief gesunken. **23.** kärglich, dürftig: **to live** ~ ein kärgliches Leben führen. **24.** niedrig, mit geringem Einsatz: **to play** ~ niedrig spielen. **25.** tief (*-klingend*): **to sing** ~ tief singen. **26.** leise: **to talk** ~.
**III** *s* **27.** *mot.* erster *od.* niedrigster Gang. **28.** *meteor.* Tief(druckgebiet) *n*. **29.** *fig.* Tief(punkt *m*, -stand *m*) *n*: **to be at a new** ~ e-n neuen Tiefpunkt erreicht haben.
**low**[2] [ləʊ] **I** *v/i* brüllen, muhen (*Rind*). **II** *s* Brüllen *n*, Muhen *n*.
'**low|,ball** *v/t Am. colloq. j-m* bewußt e-n zu niedrigen Kostenvoranschlag machen. '~**bed trail·er** *s mot.* Tiefladeanhänger *m*. ~**blow** *s Boxen*: Tiefschlag *m*. ~**born** *adj* von niedriger Geburt. '~**boy** *s Am.* niedrige Kom'mode. ~**bred** *adj* ungebildet, unfein, ordi'när, gewöhnlich. '~**brow** *s* geistig Anspruchslose(r *m*) *f*, ‚Unbedarfte(r *m*) *f*. **II** *adj* geistig anspruchslos, ‚unbedarft'. '~**browed** → **lowbrow** II. '~**budg·et** *adj* billig, preiswert. '~**cal·o·rie** *adj* kalo'rienarm. '~**ceil·inged** *adj* niedrig (*Raum*). '~ **Church** *s relig.* Low-Church *f* (*protestantische Richtung innerhalb der anglikanischen Kirche*). ,L~**'Church** *adj relig.* Low-Church-..., der Low-Church. **L~**-'**Church·man** *s irr relig.* Anhänger *m* der Low-Church.
**com·e·dy** *s* Posse *f*, (*derber*) Schwank. '~**cost** *adj* kostengünstig, billig, Billig...: ~ **flights.** ~ **coun·try** *s geogr.* Tiefland *n*. '~**down** *adj colloq.* ‚fies', hundsgemein. '~**down** *s colloq.*: **to give s.o.** ~ **the** ~ *j-n* aufklären (on über *acc*); **to get the** ~ aufgeklärt werden (on über *acc*).
**low·er**[1] ['laʊə(r)] *v/i* **1.** finster *od.* drohend blicken: **to** ~ **at s.o.** *j-n* finster *od.* drohend ansehen. **2.** a) sich (am Himmel) auftürmen (*Wolken*), b) sich mit schwarzen Wolken über'ziehen (*Himmel*).
**low·er**[2] ['laʊə(r)] **I** *v/t* **1.** niedriger machen: **to** ~ **a wall. 2.** *die Augen, den Gewehrlauf etc, a. die Stimme, den Preis, die Temperatur etc* senken. **3.** *fig.* erniedrigen: **to** ~ **o.s.** a) sich demütigen, b) sich herablassen. **4.** abschwächen, mäßigen: **to** ~ **one's hopes** s-e Hoffnungen herabschrauben. **5.** her'unter-, her'ab-, niederlassen, *Fahne, Segel* niederholen,

streichen; → **flag**[1] 1. **6.** *mus.* (*im Ton*) erniedrigen. **II** *v/i* **7.** niedriger werden (*a. fig.*). **8.** *fig.* sinken, her'untergehen, fallen.
**low·er**[3] ['ləʊə(r)] **I** *comp von* **low**[1] I. **II** *adj* **1.** niedriger (*a. fig.*): **a** ~ **estimate** e-e niedrigere Schätzung. **2.** unter(er, e, es), Unter...: ~ **court** *jur.* untergeordnetes Gericht; ~ **jaw** Unterkiefer *m*; ~ **lip** Unterlippe *f*. **3.** *geogr.* Unter..., Nieder...: **L~ Austria** Niederösterreich *n*. **4.** neuer, jünger (*Datum*): **of a** ~ **date** jüngeren Datums. **5.** *biol.* nieder: **the** ~ **plants.**
**low·er|case** *s print.* **1.** 'Unterkasten *m*. **2.** Kleinbuchstaben *pl*. ~**case** ['keɪs; -'keɪs] *print.* **I** *adj* **1.** in Kleinbuchstaben (gedruckt *od.* geschrieben). **2.** Klein...: ~ **letters. II** *v/t* **3.** in Kleinbuchstaben drucken *od.* schreiben. ~**class** *s sociol.* 'Unterschicht *f*: **the** ~**es** die unteren Klassen. ~**class** *adj* **1.** *sociol.* ... der 'Unterschicht. **2.** zweitklassig. '~**class·man** [-mən] *s irr ped. Am.* Stu'dent *m* in den ersten beiden Studienjahren. ~**crit·i·cism** *s* 'Textkri,tik *f*. ~**deck** *s mar.* **1.** 'Unterdeck *n*. **2.** **the** ~ *Br. collect.* 'Unteroffi,ziere *pl* u. Mannschaftsgrade *pl*. ~**house** *s parl.* 'Unterhaus *n*.
**low·er·ing** ['laʊərɪŋ] *adj* (*adv* ~**ly**) finster, drohend.
**low·er·most** ['ləʊə(r)məʊst] **I** *adj* **1.** niedrigst(er, e, es) (*a. fig.*). **2.** unterst(er, e, es). **II** *adv* **3.** am niedrigsten. **4.** zu'unterst.
**low·er| re·gions** *s pl* → **lower world** 2. ~ **world** *s* **1.** (*die*) Erde. **2.** Hölle *f*, 'Unterwelt *f*.
**low·er·y** ['laʊərɪ] *adj* finster, drohend.
**low·est** ['ləʊɪst] **I** *sup von* **low**[1] I. **II** *adj* **1.** niedrigst(er, e, es) (*a. fig.*): ~ **bid** *econ.* Mindestgebot *n*; ~ **price** Tiefstpreis *m*. **2.** unterst(er, e, es). **III** *s* **3.** **at the** ~ wenigstens, mindestens.
**low| ex·plo·sive** *s chem.* Sprengstoff *m* geringer Bri'sanz. '~**fat** *adj* fettarm. '~-**fly·ing** *adj* tieffliegend: ~ **plane** Tefflieger *m*. ~ **fre·quen·cy** *s electr. phys.* 'Niederfre,quenz *f*. **L~ Ger·man** *s ling.* **1.** Niederdeutsch *n*, das Niederdeutsche. **2.** Platt(deutsch) *n*, das Platt(deutsche). '~**grade** *adj* **1.** minderwertig. **2.** leicht: ~ **fever.** '~**heeled** *adj* mit niedrigen *od.* flachen Absätzen. ~**in·come** *adj* einkommensschwach. ~**key(ed)** *adj* **1.** *paint. phot.* dunkel, 'überwiegend in dunklen Farben gehalten. **2.** gedämpft (*Farbe*), (*Ton a.*) leise. **3.** zu'rückhaltend (*Empfang etc*). '~**land** [-lənd; *Am. a.* -ˌlænd] **I** *s* Tief-, Flachland *n*: **the L~s of Scotland** das schottische Tiefland. **II** *adj* tief-, flachländisch, Tief-, Flachland... '~**land·er** [-ləndə(r); *Am. a.* -ˌlæn-] *s* **1.** Tief-, Flachländer(in). **2.** L~ schottischer Tiefländer. **L~ Lat·in** *s ling.* nichtklassisches La'tein. '~**lead** [-ˈled] *adj* bleiarm (*Benzin*). '~**lev·el** *adj* **1.** niedrig (*a. fig.*): ~ **officials** a. kleine Beamte; ~ **language** (*Computer*) maschinennahe *od.* -orientierte Programmiersprache. **2.** *aer. mil.* Tief...: ~ **attack;** ~ **bombing** Bombenwurf *m* aus niedriger Flughöhe; ~ **flight** Tiefflug *m*. '~**life** *s Am.* **1.** Angehörige(r *m*) *f* der 'Unterschicht. **2.** *colloq.* zwielichtiger ‚Typ'.
**low·li·ness** ['ləʊlɪnɪs] *s* Demut *f*, Bescheidenheit *f*.
**low load·er** *s mot.* Tieflader *m*.
**low·ly** ['ləʊlɪ] **I** *adj* (*adv* **lowlily**) **1.** demütig, bescheiden. **2.** → **low**[1] 12. **3.** ~ **low-ranking. 4.** unwichtig. **II** *adv* **5.** demütig (*etc*; → I). **6.** leise.
**Low| Mass** *s R.C.* Stille Messe. ,**L~**-'**mind·ed** *adj* (*adv* ~**ly**) gewöhnlich, ordi'när. ,**L~**-'**mind·ed·ness** *s* Ge-

wöhnlichkeit *f*, Ordi'närheit *f*. ‚**l-** **-'necked** *adj* tief ausgeschnitten, mit tiefem Ausschnitt (*Kleid*).

**low·ness** ['ləʊnɪs] *s* **1.** Niedrigkeit *f* (*a. fig.*). **2.** Tiefe *f* (*e-r Verbeugung, e-s Tons etc*). **3.** Knappheit *f* (*von Vorräten etc*). **4.** ~ of spirits → **low-spiritedness. 5.** Minderwertigkeit *f.* **6.** a) Ordi'närheit *f*, Vulgari'tät *f*, b) Gemeinheit *f*, Niederträchtigkeit *f.*

‚**low|-'noise** *adj* rauscharm (*Tonband etc*). ‚~-'**oc·tane** *adj chem.* mit niedriger Ok'tanzahl. ‚**~ pass** *s sport* Flachpaß *m*. '**~-pass fil·ter** *s electr.* Tiefpaß(filter *n*, *m*) *m*. ‚~-'**pitched** *adj* **1.** tief (*Ton etc*). **2.** mit geringer Neigung (*Dach*). ~ **pres·sure** *s* **1.** *tech.* Niederdruck *m*. **2.** *meteor.* Tiefdruck *m*. ‚~-'**pres·sure** *adj* **1.** *tech.* Niederdruck....: ~ **compressor** (*turbine, etc*). **2.** *meteor.* Tiefdruck....: ~ **area** Tief(druckgebiet) *n*. **3.** *fig.* a) wenig aggres'siv: a ~ sales campaign, b) sanft, ‚indi‚rekt: his ~ manner, c) unbeschwert: a ~ feeling. '**~-priced** *adj* → low- -cost. '**~-rank·ing** *adj* von niederem Rang, nieder: ~ officials *a.* kleine Beamte. ~ **re·lief** *s* 'Bas-, 'Flachreli‚ef *n*. '**~-rise I** *adj* Flach...: ~ building → II. **II** *s* Flachbau *m*. ~ **sea·son** *s* 'Vor-, 'Nachsai‚son *f*. ~ **shoe** *s* Halbschuh *m*. ‚**~-slung** *adj* niedrig. ‚~-'**spir·it·ed** *adj* (*adv* ~ly) niedergeschlagen, gedrückt, depri'miert. ‚~-'**spir·it·ed·ness** *s* Niedergeschlagenheit *f*, Gedrücktheit *f*, Depri'miertheit *f*. **L ~ Sun·day** *s relig.* Weißer Sonntag (*erster Sonntag nach Ostern*). ‚~-'**tem·per·a·ture** *adj tech.* Niedertemperatur...: ~ **carbonization** Schwelen *n*, Tieftemperaturverkokung *f*; ~ **coke** Schwel-, Tieftemperaturkoks *m*; ~ **dyeing** Kaltfärben *n*; ~ **physics** Tieftemperaturphysik *f*. ~ **ten·sion** *s electr.* Niederspannung *f*. ‚~-'**ten·sion** *adj electr.* Niederspannungs... ~ **volt·age** *s electr.* Niederspannung *f*. ‚~-'**volt·age** *adj* Niederspannungs... ~ **wa·ter** *s mar.* Niedrigwasser *n*, tiefster Gezeitenstand: to be in ~ *fig.* auf dem trockenen sitzen. ‚~-'**wa·ter mark** *s* **1.** *mar.* Niedrigwassermarke *f*. **2.** *fig.* Tiefpunkt *m*, -stand *m*. **L ~ Week** *s relig.* Woche *f* nach dem Weißen Sonntag. ‚~-'**wing** *adj*: ~ aircraft Tiefdecker *m*.

**lox** [lɒks; *Am.* lɑks] *s tech.* Flüssigsauerstoff *m*.

**lox·o·drome** ['lɒksədrəʊm; *Am.* 'lɑ-] *s math., Kartographie*: Loxo'drome *f* (*Kurve, die jede Kurve e-r Schar unter dem gleichen Winkel schneidet*; *bes. Verbindungslinie zweier Punkte der Erdoberfläche, die alle Längenkreise unter dem gleichen Winkel schneidet*). ‚**lox·o'drom·ic** [-'drɒmɪk; *Am.* -'drɑ-] *adj* (*adv* ~ally) loxo'drom(isch): ~ **curve** → loxodrome.

**lox·y·gen** ['lɒksɪdʒən; *Am.* 'lɑ-] → lox.

**loy·al** ['lɔɪəl] *adj* (*adv* ~ly) **1.** (to) loy'al (gegen'über), treu (ergeben) (*dat*): to be ~ to s.o. a. treu zu j-m stehen, sich j-m gegenüber loyal verhalten; a ~ friend ein treuer *od.* zuverlässiger Freund. **2.** (ge-) treu (to *dat*): ~ to his vow. '**loy·al·ist** *s* **1.** loy'aler Staatsbürger *od.* 'Untertan *etc*. **2.** *hist.* a) Loya'list *m* (*Kolonist, der im nordamer. Unabhängigkeitskrieg für das Verbleiben bei GB eintrat*), b) Republi'kaner *m* (*im spanischen Bürgerkrieg*). **loy·al·ty** ['lɔɪəltɪ] *s* Loyali'tät *f*, Treue *f* (to *dat*).

**loz·enge** ['lɒzɪndʒ; *Am.* 'lɑzndʒ] *s* **1.** *math.* Raute *f*, Rhombus *m*: ~ **mo(u)lding** *arch.* Rautenstab *m*. **2.** *her.* rautenförmiges Wappenschild (*von Witwen od. unverheirateten Frauen*). **3.** *pharm.* Pa'stille *f*, Ta'blette *f*. **4.** Raute *f*, rauten-

förmige Fa'cette (*e-s Edelsteins*). '**loz-enged** *adj* **1.** rautenförmig. **2.** gerautet. '**loz·eng·y** *adj her.* gerautet.

'**L-plate** *s Br. Schild mit der Aufschrift „L", das ein learner* 3 b *an s-m Fahrzeug anbringen muß*.

**lub·ber** ['lʌbə(r)] *s* **1.** a) Flegel *m*, Rüpel *m*, b) ‚Trottel' *m*, c) ‚Tolpatsch' *m*. **2.** *mar.* ‚Landratte' *f*: ~'s hole Soldatengatt *n*; ~('s) line Steuerstrich *m* (*im Kompaßgehäuse*). '**lub·ber·ly** *adj u. adv* a) flegel-, rüpelhaft, b) ‚vertrottelt', c) ‚tolpatschig'.

**lube** [lu:b] *s tech. bes. Am. colloq.* Schmiermittel *n*. ~ **oil** *s tech. bes. Am. colloq.* Schmieröl *n*.

**lu·bra** ['lu:brə] *s Austral.* Eingeborene *f*.

**lu·bri·cant** ['lu:brɪkənt] *tech.* **I** *adj* gleitfähig machend (*a. med.*), Schmier... **II** *s* Gleitmittel *n* (*a. med.*), Schmiermittel *n*. '**lu·bri·cate** [-keɪt] *v/t tech.* **1.** gleitfähig machen (*a. med.*). **2.** schmieren, ölen (*beide a. fig.*). '**lu·bri·cat·ing** *adj tech.* Schmier...: ~ **grease** Schmierfett *n*; ~ **oil** Schmieröl *n*; ~ **power** Schmierfähigkeit *f*. ‚**lu·bri'ca·tion** *s tech.* Schmieren *n*, Ölen *n* (*beide a. fig.*): ~ **chart** Schmierplan *m*; ~ **point** Schmierstelle *f*, -nippel *m*. ‚**lu·bri·ca·tion·al, 'lu·bri·ca·tive** [-keɪtɪv] *adj tech.* schmierend, ölend. '**lu·bri·ca·tor** [-tə(r)] *s tech.* Schmiervorrichtung *f*.

**lu·bric·i·ty** [lu:'brɪsətɪ] *s* **1.** *tech.* Gleitfähigkeit *f* (*a. med.*). **2.** *tech.* Schmierfähigkeit *f*. **3.** *fig.* a) Schlüpfrigkeit *f*, b) Geilheit *f*. '**lu·bri·cous** [-kəs] *adj tech.* **1.** gleitfähig (*a. med.*). **2.** *tech.* schmierfähig. **3.** *fig.* a) schlüpfrig, b) geil.

**lu·carne** [lu:'kɑ:(r)n] *s arch.* stehendes Dachfenster.

**luce** [lu:s] *s ichth.* (ausgewachsener) Hecht.

**lu·cen·cy** ['lu:snsɪ] *s* **1.** Glanz *m*. **2.** 'Durchsichtigkeit *f*, Klarheit *f*. '**lu·cent** *adj* (*adv* ~ly) **1.** glänzend, strahlend. **2.** 'durchsichtig, klar.

**lu·cer·nal** [lu:'sɜ:nl; *Am.* lu:'sɜrnl] *adj* Lampen...: ~ **microscope**.

**lu·cerne** [lu:'sɜ:rn; *Am.* -'sɜrn] *s bot. bes. Br.* Lu'zerne *f*.

**lu·cid** ['lu:sɪd] *adj* (*adv* ~ly) **1.** *fig.* klar (*Auskunft, Gedanke, Verstand etc*). **2.** *fig.* hell, (*geistig*) klar: ~ **interval** (*od. moment*) *bes. psych.* heller *od.* lichter Augenblick. **3.** *obs. od. poet.* → lucent. **4.** *bot. zo.* glatt u. glänzend. **lu'cid·i·ty, 'lu·cid·ness** *s* **1.** *fig.* Klarheit *f*. **2.** *obs. od. poet.* → lucency.

**Lu·ci·fer** ['lu:sɪfə(r)] *s* **1.** *Bibl.* Luzifer *m*: (as) proud as ~ sündhaft überheblich. **2.** *astr. poet.* Luzifer *m* (*der Planet Venus als Morgenstern*). **3.** l~, *a.* l~ **match** Streichholz *n*.

**lu·cif·er·ous** [lu:'sɪfərəs] *adj obs.* **1.** lichtspendend. **2.** *fig.* erleuchtend.

**luck** [lʌk] **I** *s* **1.** Schicksal *n*, Geschick *n*, Zufall *m*: by ~ durch e-n glücklichen Zufall; as ~ would have it wie es der Zufall wollte, (un)glücklicherweise; bad (*od. hard, ill*) ~ Unglück *n*, Pech *n*; bad ~! so ein Pech!; bad ~ to him! ich wünsch' ihm alles Schlechte!; better ~ next time! vielleicht klappt es beim nächsten Mal!; good ~ Glück *n*; good ~! viel Glück!; worse ~ (*als Einschaltung*) unglücklicherweise, leider; worse ~! wie schade!; worst ~ Pech *n*; to be down on one's ~ vom Pech verfolgt sein *od.* werden; just my ~! so geht es mir immer!, wieder einmal Pech gehabt!; → British 1. **2.** Glück *n*: for ~ als Glücksbringer; with ~ you will find it wenn Sie Glück haben, finden Sie es; ~ was with us das Glück stand uns bei *od.* war auf unserer Seite; to be in (out of) ~ (kein) Glück haben;

have the ~ to das Glück haben zu; I had the ~ to succeed glücklicherweise gelang es mir; to have the ~ of the devil (*Br. a. Irish*), to have the devil's own ~ *colloq.* (ein) ‚unverschämtes' Glück haben; to try one's ~ sein Glück versuchen. **II** *v/i* **3.** ~ out *Am. colloq.* Glück haben (on bei).

**luck·i·ly** ['lʌkɪlɪ] *adv* zum Glück, glücklicherweise: ~ for me zu m-m Glück. '**luck·i·ness** *s* Glück *n*.

**luck·less** ['lʌklɪs] *adj* **1.** unglücklich. **2.** glücklos, erfolglos. '**luck·less·ly** *adv* **1.** unglücklicherweise. **2.** ohne Glück. '**luck·less·ness** *s* **1.** Unglück *n*. **2.** Glück-, Erfolglosigkeit *f*.

**luck·y** ['lʌkɪ] *adj* (*adv* → luckily) **1.** Glücks..., glücklich: ~ bag *Am.* Grabbelsack *m*; a ~ day ein Glückstag; ~ dip *Br.* a) Glückstopf *m*, b) *colloq.* Glück(s)sache *f*, Glücksspiel *n*; ~ fellow Glückspilz *m*; ~ hit Glücks-, Zufallstreffer *m*; to be ~ Glück haben; you are ~ to be still alive du hast Glück, daß du noch lebst; it was ~ that ... es war ein Glück, daß ...; glücklicherweise ..., zum Glück ...; ~ for you! dein Glück! **2.** glückbringend, Glücks...: penny Glückspfennig *m*.

**lu·cra·tive** ['lu:krətɪv] *adj* (*adv* ~ly) einträglich, gewinnbringend, lukra'tiv.

**lu·cre** ['lu:kə(r)] *s contp.* **1.** Gewinn *m*, Pro'fit *m*. **2.** Mammon *n*, Geld *n*: he will do anything for ~ für Geld macht der alles; filthy ~ *oft humor.* schnöder Mammon.

**lu·cu·brate** ['lu:kju:breɪt; -kjʊ-; *Am. a.* -kə-] *v/i* **1.** (*bes.* in der Nacht) angestrengt arbeiten. **2.** gelehrte Schriften verfassen. ‚**lu·cu'bra·tion** *s* **1.** angestrengte (*bes.* Nacht)Arbeit. **2.** gelehrte Schrift.

**lu·cu·lent** ['lu:kjʊlənt] *adj* (*adv* ~ly) *fig.* klar, über'zeugend.

**Lu·cul·lan** [lu:'kʌlən], **Lu·cul·le·an** [ˌlu:kʌ'li:ən], **Lu'cul·li·an** [-liən] *adj* lu'kullisch: a ~ meal.

**lud** [lʌd] → lord 8.

**Lud·dite** ['lʌdaɪt] *s* Lud'dit *m* (*Anhänger des englischen Arbeiters Ned Ludd, der 1811–16 das Los der Arbeiter durch die Zerstörung der Maschinen in den Fabriken verbessern wollte*).

**lu·di·crous** ['lu:dɪkrəs] *adj* (*adv* ~ly) lächerlich, ab'surd, gro'tesk. '**lu·di·crous·ness** *s* Lächerlichkeit *f*.

**lu·do** ['lu:dəʊ] *s Br.* Mensch, ärgere dich nicht *n* (*ein Würfelspiel*).

**lu·es** ['lu:i:z] *s med.* Syphilis *f*, Lues *f*. **lu·et·ic** [lu:'etɪk] *adj* (*adv* ~ally) syphi'litisch, lu'etisch.

**luff**[1] [lʌf] *mar.* **I** *s* **1.** Luven *n*. **2.** *obs.* Luv(seite) *f*, Windseite *f*. **3.** *obs.* Backe *f* (*des Bugs*). **4.** Vorliek *n*. **II** *v/t* **5.** *a.* ~ up an-, aufluven, an den Wind bringen. **6.** *a.* ~ away über'loppen, *e-m Segelboot* den Wind wegfangen: ~ing match Luvkampf *m*. **III** *v/i* **7.** *a.* ~ up an-, aufluven.

**luff**[2] [lʌf] *s mil. Am. sl.* Leutnant *m*.

**luf·fa** ['lʌfə] *bes. Am.* → loofa(h).

**lug**[1] [lʌg] **I** *v/t* **1.** a) zerren, schleifen: to ~ s.th. into a discussion etwas mit Gewalt in e-e Diskussion einbringen, schleppen. **II** *s* **2.** heftiger Ruck. **3.** 28- bis 40-Pfund-Korb *od.* -Kiste zum Obst- u. Gemüsetransport. **4.** *pl Am. colloq.* Al'lüren *pl*: to put on ~s vornehm tun. **5.** to put the ~ on s.o. *Am. sl.* j-n (*finanziell*) erpressen *od.* unter Druck setzen. **6.** *mar.* → lugsail.

**lug**[2] [lʌg] *s* **1.** *bes. Scot.* Ohr *n*. **2.** (Leder)Schlaufe *f*. **3.** *electr.* a) (Löt)Fahne *f*, b) Kabelschuh *m*. **4.** a) Henkel *m*, Öhr *n*, b) Knagge *f*, Zinke *f*, c) Ansatz *m*, Halter *m*, d) *mot.* Radbolzen *m*. **5.** *sl.* a) ‚Trottel' *m*, b) ‚Tolpatsch' *m*, c) Kerl *m*, ‚Knülch' *m*.

**lug³** [lʌg] → **lugworm.**

**luge** [lu:ʒ] **I** s (Rodel)Schlitten m: ~ **slide** (od. **chute**) Rodelbahn f. **II** v/i Schlitten fahren, rodeln.

**lug·gage** [ˈlʌgɪdʒ] s (Reise)Gepäck n. ~ **al·low·ance** s aer. Freigepäck n. ~ **car·ri·er** s Gepäckträger m (am Fahrrad). ~ **com·part·ment** s **1.** aer. rail. Gepäckraum m. **2.** mot. Br. Kofferraum m. ~ **in·sur·ance** s Reisegepäckversicherung f. ~ **lock·er** s Gepäckschließfach n (auf Bahnhöfen etc). ~ **of·fice** s Gepäckschalter m. ~ **rack** s rail. Gepäcknetz n. ~ **van** s rail. Br. Gepäckwagen m.

**lug·ger** [ˈlʌgə(r)] s mar. Lugger m, Logger m (kleines Fischereifahrzeug mit Motor u./od. Segel).

**lug|nut** s mot. tech. Radmutter f. '~**sail** s mar. Lugger-, Logger-, Sturmsegel n, Breitfock f.

**lu·gu·bri·ous** [luːˈguːbrɪəs] adj (adv ~ly) traurig, kummervoll.

**'lug·worm** s zo. Köderwurm m.

**Luke** [luːk] npr u. s Bibl. 'Lukas(evan₁gelium n) m.

**luke·warm** [ˈluːkwɔː(r)m] adj (adv ~ly) lau(warm) (a. fig. Zustimmung etc), (Unterstützung etc a.) halbherzig, (Applaus etc) lau, mäßig. '**luke₁warm·ness** s Lauheit f (a. fig.).

**lull** [lʌl] **I** v/t **1.** meist ~ **to sleep** einlullen. **2.** fig. j-n (bes. durch Täuschung) beruhigen, beschwichtigen: **to** ~ **s.o.'s suspicions** j-s Argwohn zerstreuen; **to** ~ **s.o. into** (a false sense of) **security** j-n in Sicherheit wiegen. **3. to be** ~**ed** sich beruhigen, nachlassen (Sturm), sich beruhigen (Meer). **II** v/i **4.** → **3. III** s **5.** (in) (Ruhe)Pause f (in dat), vor'übergehendes Nachlassen (gen): **a** ~ (**in the wind**) e-e Flaute, e-e kurze Windstille; **a** ~ **in conversation** e-e Gesprächspause; **business** ~ Geschäftsstille f, Flaute f; **the** ~ **before the storm** die Stille vor dem Sturm (a. fig.).

**lull·a·by** [ˈlʌləbaɪ] **I** s Wiegen-, Schlaflied n. **II** v/t in den Schlaf singen.

**lu·lu** [ˈluːluː] s bes. Am. sl. ,tolles Ding', ,toller Typ': **a** ~ **of a story** e-e tolle Geschichte; **a** ~ **of a mistake** ein ,dicker Hund'.

**lum·bag·i·nous** [lʌmˈbædʒɪnəs, -ˈbeɪ-] adj med. lumbagi'nös, Hexenschuß...
**lum·ba·go** [-ˈbeɪgəʊ] s med. Lum'bago f, Hexenschuß m.

**lum·bar** [ˈlʌmbə(r)] adj anat. med. lum'bal, Lumbal..., Lenden...: ~ **puncture** Lumbalpunktion f, Lendenstich m; ~ **region** Lumbal-, Lendengegend f; ~ **vertebra** Lumbal-, Lendenwirbel m.

**lum·ber¹** [ˈlʌmbə(r)] **I** s **1.** bes. Am. u. Canad. (gesägtes od. roh behauenes) Bau-, Nutzholz n. **2.** Gerümpel n. **3.** fig. 'überflüssiger Ballast. **II** v/i **4.** bes. Am. Holz aufbereiten. **III** v/t **5.** planlos aufhäufen. **6.** a. ~ **up** Zimmer etc vollstopfen, a. e-e Erzählung etc über'laden (**with** mit): **to** ~ **one's mind with facts** sich (unnötig) mit Fakten belasten. **7.** etwas (hin'ein)stopfen (**into** in acc). **8. to** ~ **s.o. with s.th.** Br. colloq. j-m etwas ,aufhängen' od. ,aufhalsen'.

**lum·ber²** [ˈlʌmbə(r)] v/i **1.** sich (da'hin-)schleppen, schwerfällig gehen. **2.** (da'hin)rumpeln (Wagen).

**lum·ber·er** [ˈlʌmbərə(r)] s bes. Am. Holzfäller m, -arbeiter m.

**lum·ber·ing¹** [ˈlʌmbərɪŋ] s bes. Am. Holzaufbereitung f.

**lum·ber·ing²** [ˈlʌmbərɪŋ] adj (adv ~ly) **1.** schwerfällig. **2.** rumpelnd.

**'lum·ber|·jack** s **1.** bes. Am. Holzfäller m, -arbeiter m. **2.** Am. → **lumber jacket.** ~ **jack·et** s Lumberjack m (Jacke aus

*Leder od. Tuch mit gestricktem Bund an Taille u. Ärmeln).* '~**man** [-mən] s irr **1.** → **lumberjack 1. 2.** bes. Am. Holzhändler m. ~**mill** s bes. Am. Sägewerk n, -mühle f. ~ **room** s Rumpelkammer f. ~ **trade** s bes. Am. (Bau)Holzhandel m. '~**yard** s bes. Am. Holzplatz m.

**lum·bri·coid** [ˈlʌmbrɪkɔɪd] zo. **I** adj **1.** wurmartig, -förmig. **2.** Spulwurm... **II** s **3.** Spulwurm m.

**lu·men** [ˈluːmɪn] pl -**mens, -mi·na** [-mɪnə] s **1.** phys. Lumen n (Einheit des Lichtstroms). **2.** anat. Lumen n, Hohlraum m.

**lu·mi·nal art** [ˈluːmɪnl] s Lichtkunst f.
**lu·mi·nar·ist** [ˈluːmɪnərɪst; Am. -mə₁nerəst] s paint. Meister m in der Darstellung von 'Lichtef₁fekten.
**lu·mi·nar·y** [ˈluːmɪnərɪ; Am. -məˌneriː] s **1.** Leuchtkörper m. **2.** astr. bes. poet. Himmelskörper m. **3.** fig. a) Leuchte f (Person), b) Star m.
**lu·mi·nesce** [ˌluːmɪˈnes] v/i phys. lumines'zieren. **lu·mi'nes·cence** s Lumines'zenz f (Leuchten e-s Stoffs, das nicht durch Erhöhung der Temperatur bewirkt wird). ₁**lu·mi·nes·cent** adj lumines'zierend.
**lu·mi·nif·er·ous** [ˌluːmɪˈnɪfərəs] adj **1.** phys. a) lichterzeugend, b) lichtfortpflanzend. **2.** lichtspendend, leuchtend.
**lu·mi·nist** [ˈluːmɪnɪst] → **luminarist.** ~ **art** → **luminal art.**
**lu·mi·nos·i·ty** [ˌluːmɪˈnɒsətɪ] s **1.** Leuchten n. **2.** Leuchtkraft f. **3.** fig. Bril'lanz f. **4.** leuchtender Gegenstand. **5.** astr. phys. Lichtstärke f, Helligkeit f.
**lu·mi·nous** [ˈluːmɪnəs] adj (adv ~ly) **1.** leuchtend, strahlend, Leucht...: ~ **dial** Leuchtzifferblatt n; ~ **energy** phys. a) Licht-, Strahlungsenergie f, b) Leuchtkraft f; ~ **flux** phys. Lichtstrom m; ~ **paint** Leuchtfarbe f. **2.** hell erleuchtet: **a** ~ **hall. 3.** fig. glänzend: **a** ~ **future. 4.** fig. a) intelli'gent, bril'lant: **a** ~ **mind** ein klarer Verstand, b) klar, einleuchtend: ~ **ideas.** '**lu·mi·nous·ness** → **luminosity 1.**

**lum·me** [ˈlʌmɪ] interj Br. colloq. Donnerwetter!

**lum·mox** [ˈlʌməks] s bes. Am. colloq. a) ,Trottel' m, b) ,Tolpatsch' m.

**lum·my** [ˈlʌmɪ] → **lumme.**

**lump¹** [lʌmp] **I** s **1.** Klumpen m, Brocken m: **to have a** ~ **in one's** (od. **the**) **throat** fig. e-n Kloß im Hals haben; **he is a** ~ **of selfishness** er ist die Selbstsucht in Person. **2.** a) Schwellung f, Beule f, Höcker m, b) med. Geschwulst f, (in der Brust) Knoten m. **3.** unförmige Masse. **4.** Stück n Zucker etc. **5.** metall. Luppe f, Deul m. **6.** fig. Gesamtheit f, Masse f: **all of** (od. **in**) **a** ~ alles auf einmal; **in the** ~ a) in Bausch u. Bogen, im ganzen, pauschal, b) a. **taken in the** ~ im großen u. ganzen, alles in allem. **7.** a. pl colloq. Haufen m, Masse f, Unmenge f Geld etc. **8.** colloq. ,Klotz' m (ungeschlachter, dummer Mensch).
**II** adj **9.** Stück...: ~ **coal** Stückkohle f; ~ **sugar** Würfelzucker m. **10.** a. ~**sum** Pauschal...: **a** ~ **sum** e-e Pauschalsumme, e-e Pauschale; ~**sum settlement** Pauschalabfindung f.
**III** v/t **11.** oft ~ **together** a) zs.-ballen, b) fig. zs.-werfen, in 'einen Topf werfen (**with** mit), über 'einen Kamm scheren, c) zs.-fassen (**under one heading** unter 'einer 'Überschrift), d) Kosten etc zs.-legen.
**IV** v/i **12.** Klumpen bilden, klumpen. **13.** schwerfällig gehen.
**lump²** [lʌmp] v/t: ~ **it** (**to like it or**) ~ **it** colloq. sich damit abfinden; **like it or** ~ **it** ob es dir (nun) paßt oder nicht; **if you don't like it you may** (od. **can**) ~ **it** du

wirst dich eben damit abfinden müssen.
**lump·en** [ˈlʌmpən] adj colloq. a) dumm, b) nicht denkend.
**lum·pen·pro·le·tar·i·at** [ˈlʌmpənˌprəʊlɪˈteərɪət] s Marxismus: 'Lumpenproletari₁at n.
**lump·i·ness** [ˈlʌmpɪnɪs] s **1.** klumpige Beschaffenheit. **2.** → **lumpishness.**
'**lump·ish** adj (adv ~ly) **1.** massig, schwer. **2.** schwerfällig (a. fig.). '**lump·ish·ness** s **1.** Massigkeit f. **2.** Schwerfälligkeit f (a. fig.).
'**lump·y** adj (adv lumpily) **1.** klumpig. **2.** mar. unruhig (See). **3.** → **lumpish.**

**lu·na·cy** [ˈluːnəsɪ] s a) med. Wahnsinn m (a. fig.), Geistesstörung f: **that's sheer** ~! das ist doch heller od. purer od. reiner ,Wahnsinn'!, b) jur. bes. Am. Unzurechnungsfähigkeit f, c) fig. meist pl ,Verrücktheit' f.
**lu·nar** [ˈluːnə(r)] adj **1.** Mond..., Lunar..., lu'nar: ~ **bone** anat. Mondbein n; ~ **caustic** med. pharm. Höllenstein m; ~ **cycle** astr. Mondzyklus m; ~ **day** (**month, year**) astr. Mondtag m (-monat m, -jahr n); ~ **distance** Mondentfernung f; ~ **eclipse** astr. Mondfinsternis f; ~ **landing** (Raumfahrt) Mondlandung f; ~ **module** (Raumfahrt) Mond(lande)fähre f; ~ **observation** mar. Monddistanzbeobachtung f; ~ **rock** Mondgestein n; ~ **rover** (Raumfahrt) Mondfahrzeug n; ~ **tide** astr. Mondtide f. **2.** Silber...
**lu·na·tic** [ˈluːnətɪk] **I** adj a) med. wahnsinnig, geistesgestört: ~ **asylum** contp. Irrenanstalt f; ~ **fringe** ,Hundertfünfzigprozentige' pl (extremistische od. fanatische Kreise), b) jur. bes. Am. unzurechnungsfähig, c) fig. ,verrückt'. **II** s a) med. Wahnsinnige(r m) f, Geistesgestörte(r m) f, b) jur. bes. Am. Unzurechnungsfähige(r m) f, c) fig. ,Verrückte(r' m) f.
**lu·na·tion** [luːˈneɪʃn] s astr. Lunati'on f (vollständiger Ablauf aller Mondphasen).
**lu·na·tism** [ˈluːnətɪzəm] s med. Luna'tismus m, Mondsüchtigkeit f.
**lunch** [lʌntʃ] **I** s Mittagessen n: **to have** ~ (zu) Mittag essen; **to be at** ~ beim Mittagessen sein; **packed** ~ Lunchpaket(e pl) n; ~ **hour** (od. **break**) Mittagspause f, b) → **lunchtime. II** v/i (zu) Mittag essen: **they** ~**ed on cold meat** zu Mittag gab es e-e kalte Platte; **to** ~ **out** auswärts od. im Restaurant zu Mittag essen. **III** v/t zum Mittagessen einladen: **to** ~ **s.o. on s.th.** j-m etwas zum Mittagessen servieren od. vorsetzen.
**lunch·eon** [ˈlʌntʃən] **I** s formell für **lunch** I: ~ **meat** Frühstücksfleisch n; ~ **voucher** Essen(s)bon m, -gutschein m, -marke f. **II** v/i formell für **lunch** II. ₁**lunch·eon'ette** [-ˈnet] s Am. Imbißstube f.
'**lunch·er** s Speisende(r m) f.
'**lunch|·room** → **luncheonette.** '~**time** s Mittagszeit f: **at** ~ zur Mittagszeit.
**lune** [luːn] s **1.** math. Kugelzweieck n. **2.** halbmondförmiger Gegenstand etc. **3.** → **lunette 4.**
**lu·nette** [luːˈnet] s **1.** arch. a) Lü'nette f (halbkreisförmiges Bogenfeld über Türen u. Fenstern), b) Lichtraum m, Ohr n (e-s Gewölbes). **2.** mil. hist. Lü'nette f (etwa mondförmiger Grundriß von Schanzen u. Forts). **3.** mot. tech. Abschleppöse f. **4.** R.C. Lunula f (halbmondförmiger Halter für die Hostie in der Monstranz).
**lung** [lʌŋ] s anat. zo. Lunge(nflügel m) f: **the** ~**s** pl die Lunge (als Organ); **the** ~**s of a city** die Lungen e-r Großstadt (Grünanlagen etc).
**lunge¹** [lʌndʒ] **I** s a) bes. fenc. Ausfall m, b) Sprung m vorwärts, Satz m: **to make a** ~ → **II. II** v/i a) a. ~ **out** bes. fenc. e-n

Ausfall machen, b) *a.* ~ **out** e-n Sprung vorwärts *od.* e-n Satz machen, c) sich stürzen (**at** auf *acc*). **III** *v/t* vorstoßen: he ~d his finger accusingly.

**lunge²** [lʌndʒ] **I** *s* Longe *f (lange Leine, an der ein Pferd bei der Dressur im Kreis herumgeführt wird).* **II** *v/t* ein Pferd lon-'gieren.

**lung·er** [ˈlʌŋə(r)] *s colloq.* Lungenkranke(r *m*) *f*, *bes.* Tb'c-Kranke(r *m*) *f*. '**lung·fish** *s zo.* Lungenfisch *m*. '**~worm** *s zo.* Lungenwurm *m*. '**~wort** *s bot.* **1.** Lungenkraut *n*. **2.** Lungenflechte *f*.

**lu·ni·so·lar** [ˌluːnɪˈsəʊlə(r)] *adj astr.* luniso'lar: a) *Sonne u. Mond betreffend,* b) *von Sonne u. Mond ausgehend.*

**lu·ni·tid·al** [ˌluːnɪˈtaɪdl] *adj astr.* Mondtiden...

**lu·nu·la** [ˈluːnjʊlə] *pl* **-lae** [-liː] *s anat.* Lunula *f*, Nagelmöndchen *n*. '**lu·nu·lar**, '**lu·nu·late** [-leɪt] *adj* halbmondförmig.

**lu·nule** [ˈluːnjuːl] → lunula.

**lu·pin** [ˈluːpɪn] *s bot.* Lu'pine *f*.

**lu·pine¹** [ˈluːpɪn] *Am.* → lupin.

**lu·pine²** [ˈluːpaɪn] *adj* Wolfs..., wolfartig, wölfisch.

**lu·pus** [ˈluːpəs] *s med.* Lupus *m (meist chronische tuberkulöse Hautflechte, die oft entstellende Narben hinterläßt).*

**lurch¹** [lɜːtʃ; *Am.* lɜrtʃ] **I** *s* **1.** Taumeln *n*, Torkeln *n*. **2.** *mar.* Schlingern *n*. **3.** Ruck *m*: **to give a** ~ → 7. **4.** *Am. fig.* Hang *m*, Neigung *f* (**toward** zu). **II** *v/i* **5.** taumeln, torkeln. **6.** *mar.* schlingern. **7.** rucken, e-n Ruck machen.

**lurch²** [lɜːtʃ; *Am.* lɜrtʃ] *s*: **to leave s.o. in the** ~ j-n im Stich lassen, j-n sitzenlassen.

**lure** [ljʊə(r); *bes. Am.* lʊə(r)] **I** *s* **1.** Köder *m* (*a. fig.*). **2.** *fig.* Lockung *f*, Reiz *m*. **3.** *fig.* Falle *f*. **4.** *hunt.* Federspiel *n* (*bei der Falkenjagd*). **II** *v/t* **5.** (an)locken, ködern (*beide a. fig.*): **to** ~ **away** fortlocken. **6.** *fig.* verlocken, -führen (**into** zu). **III** *v/i* **7.** *fig.* (ver)locken.

**lu·rid** [ˈljʊərɪd; ˈlʊə-; *Am.* ˈlʊrəd] *adj* (*adv* ~**ly**) **1.** fahl, unheimlich, gespenstisch (*Beleuchtung etc*). **2.** düsterrot: ~ **flames.** **3.** grell: ~ **colo(u)rs.** **4.** geisterhaft, blaß, bleich, fahl. **5.** *bes. fig.* düster, finster, unheimlich: **it casts a** ~ **light on his character** das zeigt s-n Charakter in e-m unheimlichen Licht. **6.** gräßlich, schauerlich. **7.** *bot. zo.* schmutziggelb, -braun.

**lurk** [lɜːk; *Am.* lɜrk] **I** *v/i* **1.** sich versteckt halten, auf der Lauer liegen, lauern (*a. fig.*): **to** ~ **for s.o.** j-m auflauern. **2.** *fig.* a) verborgen liegen, schlummern, b) (heimlich) drohen. **3.** schleichen: **to** ~ **about** (*od.* **around**) herumschleichen. **II** *s* **1.** *Austral. sl.* Trick *m*, 'Masche *f*. '**lurking** *adj* **1.** lauernd (*a. fig.*). **2.** *fig.* verborgen, schlummernd.

**lus·cious** [ˈlʌʃəs] *adj* (*adv* ~**ly**) **1.** a) köstlich, lecker, b) süß (*u.* saftig). **2.** sinnlich (*Lippen etc*), üppig (*Figur, Frau etc*), 'knackig', 'knusprig' (*Mädchen*). **3.** *fig.* herrlich. **4.** über'laden (*Stil etc*). '**luscious·ness** *s* **1.** a) Köstlichkeit *f*, b) Süße *f* (*u.* Saftigkeit *f*). **2.** Sinnlichkeit *f*, Üppigkeit *f*, 'Knackigkeit' *f*. **3.** Herrlichkeit *f*. **4.** Über'ladenheit *f*.

**lush¹** [lʌʃ] *adj* (*adv* ~**ly**) **1.** saftig (*Gras etc*), üppig (*Vegetation*). **2.** → luscious 3, 4. **3.** *Am. fig.* a) reich(lich), 'überreich: ~ **supply**; ~ **salary** 'dickes' Gehalt, b) flo'rierend: ~ **industries**, c) luxuri'ös: **a** ~ **car.**

**lush²** [lʌʃ] *Am. sl.* **I** *s* **1.** 'Stoff *m*, 'Zeug' *n* (*Schnaps etc*). **2.** Säufer *m*. **II** *v/t* **3.** j-n unter Alkohol setzen: **to** ~ **o.s.** sich 'volllaufen lassen (**on** mit). **4.** sich Alkoholika 'hinter die Binde gießen'. **III** *v/i* **5.** 'saufen'.

**lust** [lʌst] **I** *s* **1.** sinnliche Begierde, Wollust *f*. **2.** Gier *f*, leidenschaftliches Verlangen (**of, for** nach): ~ **for life** Lebensgier; ~ **of power** Machtgier. **II** *v/i* **3.** gieren, lechzen (**for, after** nach): **they** ~ **for** (*od.* **after**) **power** es gelüstet sie nach (der) Macht.

**lus·ter¹**, *bes. Br.* **lus·tre** [ˈlʌstə(r)] **I** *s* **1.** Glanz *m* (*a. min. u. fig.*): **to add** ~ **to a name** e-m Namen Glanz verleihen. **2.** a) glänzender 'Überzug, b) *a.* metallic ~ Lüster *m* (*auf Glas, Porzellan etc*). **3.** a) Lüster *m*, Kronleuchter *m*, b) Kri'stallanhänger *m*. **4.** Lüster *m* (*dichtes, glänzendes Halbwollgewebe in Leinwandbindung*). **5.** → lusterware. **II** *v/t* **6.** Porzellan, Stoff etc lü'strieren.

**lus·ter²** [ˈlʌstə(r)] → lustrum.

'**lus·ter·less**, *bes. Br.* '**lus·tre·less** *adj* glanzlos, matt, stumpf.

'**lus·ter·ware**, *bes. Br.* '**lus·tre·ware** *s* Glas-, Ton- *od.* Porzel'langeschirr *n* mit Lüster.

'**lust·ful** *adj* (*adv* ~**ly**) wollüstig, lüstern. '**lust·ful·ness** *s* Wollüstigkeit *f*, Lüsternheit *f*.

**lust·i·ness** [ˈlʌstɪnɪs] *s* **1.** Kräftigkeit *f* (*a. fig.*), Ro'bustheit *f*. **2.** Tatkraft *f*. **3.** → lustfulness.

**lus·tra** [ˈlʌstrə] *pl von* lustrum.

**lus·trate** [ˈlʌstreɪt] *v/t antiq. relig.* lu-'strieren. **lus·tra·tion** [lʌˈstreɪʃn] *s* Lustrati'on *f (feierliche kultische Reinigung, im alten Rom durch Sühneopfer, in der lateinischen Liturgie durch Besprengen mit Weihwasser etc).*

**lus·tre¹** *bes. Br. für* luster¹.

**lus·tre²** [ˈlʌstə(r)] → lustrum.

**lus·tre·less, lus·tre·ware** *bes. Br. für* lusterless, lusterware.

**lus·tring** [ˈlʌstrɪŋ] *s* Lü'strine *f (stark glänzendes, leichtes Hutfuttergewebe in Taftbindung).*

**lus·trous** [ˈlʌstrəs] *adj* (*adv* ~**ly**) **1.** glänzend (*a. fig.*), strahlend. **2.** *fig.* il'luster.

**lus·trum** [ˈlʌstrəm] *pl* **-trums, -tra** [-trə] *s* Jahr'fünft *n, antiq. a.* Lustrum *m*.

**lust·y** [ˈlʌstɪ] *adj* (*adv* lustily) **1.** kräftig, ro'bust, stark *u.* gesund. **2.** tatkräftig. **3.** kräftig, stark (*Stoß, Wein etc*). **4.** → lustful.

**lu·ta·nist** [ˈluːtənɪst; *Am.* ˈluːtnəst] *s* Laute'nist(in), Lautenspieler(in).

**lute¹** [luːt] *s mus.* Laute *f*: ~ **rift** 2.

**lute²** [luːt] **I** *s* **1.** *tech.* Kitt *m*, Dichtungsmasse *f*. **2.** Gummiring *m (für Flaschen etc).* **II** *v/t* **3.** (ver)kitten.

**lu·te·in** [ˈluːtɪɪn; -tiːn] *s* Biochemie: Lute'in *n (in grünen Blättern, Eidotter, Kuhbutter etc vorkommender gelber organischer Farbstoff).*

**lu·te·nist** → lutanist.

**lu·te·ous** [ˈluːtɪəs] *adj* grüngelb.

'**lute·string** → lustring.

**Lu·ther·an** [ˈluːθərən] **I** *s relig.* Luthe-'raner(in). **II** *adj* lutherisch. '**Luther·an·ism** *s* Luthertum *n*. '**Lu·ther·an·ize** *v/t u.* *v/i* lutherisch machen (werden).

**lut·ing** [ˈluːtɪŋ] → lute² ing.

**lut·ist** [ˈluːtɪst] *Am.* → lutanist.

**luv** [lʌv] *s Br. sl. od. humor.* **1.** herzliche Grüße (*Briefschluß*). **2.** → love 4.

**lux** [lʌks] *pl* **lux, lux·es** [ˈlʌksɪz] *s phys.* Lux *n (Einheit der Beleuchtungsstärke).*

**lux·ate** [ˈlʌkseɪt] *v/t med.* lu'xieren, ausrenken: **he** ~**d his left shoulder** er renkte sich die linke Schulter aus; **the accident** ~**d his left shoulder** bei dem Unfall renkte er sich die linke Schulter aus. **lux·a·tion** *s* Luxati'on *f*, Verrenkung *f*.

'**lux·me·ter** *s phys.* Luxmeter *n (Meßinstrument zur Ermittlung der Beleuchtungsstärke).*

**lux·u·ri·ance** [lʌgˈzjʊərɪəns; *bes. Am.*

-ˈʒʊər-], **lux·u·ri·an·cy** [-sɪ] *s* **1.** Üppigkeit *f*. **2.** Fruchtbarkeit *f*. **3.** (of) Fülle *f* (von *od.* gen), Reichtum *m* (an *dat*), 'Überfluß *m* (an *dat*). **lux·u·ri·ant** *adj* (*adv* ~**ly**) **1.** üppig (*Vegetation*) (*a. fig.*). **2.** fruchtbar. **3.** *fig.* ('über)reich, verschwenderisch: **a** ~ **imagination** e-e blühende Phantasie. **4.** blumig, verschnörkelt, 'überschwenglich (*Rede, Stil etc*). **5.** reichverziert. **6.** → luxurious 1.

**lux·u·ri·ate** [lʌgˈzjʊərɪeɪt; *bes. Am.* -ˈʒʊər-] *v/i* **1.** üppig wachsen *od.* gedeihen. **2.** ~ **in** sich 'rekeln' *od.* 'räkeln' in (*dat*): **to** ~ **in the sun** sich in der Sonne 'aalen'. **3.** ~ **in** schwelgen in (*dat*) (*a. fig.*). **4.** ein Luxusleben führen.

**lux·u·ri·ous** [lʌgˈzjʊərɪəs; *bes. Am.* -ˈʒʊər-] *adj* (*adv* ~**ly**) **1.** luxuri'ös, Luxus...: **to live a** ~ **life** → luxuriate 4. **2.** schwelgerisch. **3.** verschwenderisch, genußsüchtig (*Person*). **4.** genüßlich, wohlig. **lux·u·ri·ous·ness** → luxury 1.

**lux·u·ry** [ˈlʌkʃərɪ] **I** *s* **1.** Luxus *m*: a) Wohlleben *n*, Reichtum *m*: **to live in** ~ im Überfluß *od.* Luxus leben; ~ **lap¹** 1, **lap²** 3, b) etwas Besonderes: **to permit o.s. the** ~ **of doing s.th.** sich den Luxus gestatten, etwas zu tun, c) Aufwand *m*, Pracht *f*. **2.** 'Luxusgegenstand *m*, -ar'tikel *m*: **he can't afford many luxuries** er kann sich nicht viel Luxus leisten. **II** *adj* **3.** Luxus..., der Luxusklasse: **a** ~ **hotel**; ~ **apartment** (*bes. Br.* **flat**) Luxus-, Komfortwohnung *f*.

**ly·can·thro·py** [laɪˈkænθrəpɪ] *s* **1.** *Volksglaube:* Verwandlung *f* in e-n Wolf. **2.** *psych.* Lykanthro'pie *f (Wahnvorstellung, in e-n [Wer]Wolf od. in ein anderes wildes Tier verwandelt zu sein).*

**ly·ce·um** [laɪˈsiːəm] *s Am.* (*Art*) Volkshochschule *f*.

**lych gate** → lich gate.

**lych·nis** [ˈlɪknɪs] *s bot.* Lichtnelke *f*.

**ly·co·pod** [ˈlaɪkəpɒd; *Am.* -ˌpɑd] *s bot.* Bärlapp *m*.

**lydd·ite** [ˈlɪdaɪt] *s chem.* Lyd'dit *n (Sprengstoff aus Pikrinsäure).*

**lye** [laɪ] *chem.* **I** *s* Lauge *f*. **II** *v/t* mit Lauge behandeln.

**ly·ing¹** [ˈlaɪɪŋ] **I** *pres p von* lie¹. **II** *adj* lügnerisch, verlogen, (*Angaben etc*) unwahr. **III** *s* Lügen *n od. pl.*

**ly·ing²** [ˈlaɪɪŋ] **I** *pres p von* lie². **II** *adj* liegend: ~ **shaft** *tech.* horizontale Welle.

**ly·ing³** [ˈlaɪɪŋ] *pres p von* lye II.

ˌ**ly·ing-'in** *pl* ˌ**ly·ings-'in**, ˌ**ly·ing-'ins** *s med.* a) Niederkunft *f*, Entbindung *f*, b) Wochenbett *n*.

**lyke·wake** [ˈlaɪkweɪk] *s Br.* Totenwache *f*.

**lyme grass** [laɪm] *s bot.* **1.** Haargras *n*. **2.** Fächer-Rispengras *n*.

**lymph** [lɪmf] *s* **1.** Lymphe *f*: a) *physiol.* Gewebsflüssigkeit *f*, b) *med. aus Lymphe von Kühen od. Kälbern gewonnener Impfstoff gegen Pocken.*

**lymph·ad·e·ni·tis** [lɪmˌfædɪˈnaɪtɪs] *s med.* Lymphade'nitis *f*, Lymphknotenentzündung *f*.

**lym·phat·ic** [lɪmˈfætɪk] **I** *adj anat. med. physiol.* lym'phatisch, Lymph...: ~ **gland** → lymph gland; ~ **system** Lymphgefäßsystem *n*; ~ **vessel** → II. **II** *s anat.* Lymphgefäß *n*.

**lymph| cell, ~ cor·pus·cle** → lymphocyte. ~ **gland, ~ node** *anat.* Lymphknoten *m*.

**lym·pho·cyte** [ˈlɪmfəʊsaɪt] *s physiol.* Lympho'zyt *m*, Lymphzelle *f*.

**lym·pho·cy·to·sis** [ˌlɪmfəʊsaɪˈtəʊsɪs; *Am.* a. -sɪˈt-] *s med.* Lymphozy'tose *f (krankhafte Vermehrung der Lymphozyten im Blut).*

**lym·phog·ra·phy** [lɪmˈfɒgrəfɪ; *Am.* -ˈfɑ-] *s med.* Lymphogra'phie *f (Rönt-

gendarstellung von Lymphgefäßen u. -kno-
ten).

**lymph·oid** [ˈlɪmfɔɪd] *adj anat. physiol.*
lymphoʹid, Lymph...

**lym·pho·ma** [lɪmˈfəʊmə] *pl* **-ma·ta**
[-mətə], **-mas** *s med.* Lymʹphom *n* (*gut-
u. bösartige Vergrößerung der Lymph-
knoten*).

**lynch** [lɪntʃ] *v/t* lynchen. **~ law** *s* ʹLynch-
ju₍stiz *f.*

**lynx** [lɪŋks] *s* **1.** *zo.* Luchs *m.* **2.** Luchs
(-pelz) *m.* **ʹ~-eyed** *adj fig.* mit Augen wie
ein Luchs, mit Luchsaugen.

**Ly·on King of Arms** [ˈlaɪən] *s* Kron-
Wappenherold *m* (*in Schottland*).

**Ly·ra** [ˈlaɪərə] *gen* **-rae** [-riː] *s astr.* Leier
*f* (*Sternbild*).

**ly·rate** [ˈlaɪərɪt; -reɪt], *a.* **ʹly·rat·ed**
[-tɪd] *adj* leierförmig.

**lyre** [ˈlaɪə(r)] *s* **1.** *antiq. mus.* Leier *f,* Lyra *f.*
**2.** L~ → Lyra. **ʹ~-bird** *s orn.* (*ein*) Leier-
schwanz *m.*

**lyr·ic** [ˈlɪrɪk] **I** *adj* (*adv* **~ally**) **1.** lyrisch: ~
poetry → 4 b. **2.** *fig.* lyrisch, gefühlvoll. **3.**
*mus.* a) Musik...: ~ **drama**, b) lyrisch: **a ~
voice. II** *s* **4.** a) lyrisches Gedicht, b) *pl*
Lyrik *f,* lyrische Dichtung. **5.** *pl mus.*
(Lied)Text *m.* **ʹlyr·i·cal** [-kl] *adj* (*adv*
~ly) **1.** → lyric I. **2.** schwärmerisch: **to
get ~** ins Schwärmen geraten.

**lyr·i·cism** [ˈlɪrɪsɪzəm] *s* **1.** Lyrik *f,* ly-
rischer Chaʹrakter *od.* Stil. **2.** Schwär-
meʹrei *f.* **ʹlyr·i·cist** *s* **1.** Lyriker *m,* ly-
rischer Dichter. **2.** Textdichter *m.*

**lyr·ist** *s* **1.** [ˈlɪrɪst] → lyricist **1. 2.**
[ˈlaɪərɪst] Leierspieler(in).

**lyse** [laɪs; laɪz] *v/t u. v/i biol. med.* (sich)
auflösen.

**ly·sim·e·ter** [laɪˈsɪmɪtə(r)] *s tech.* Lysi-
ʹmeter *n* (*Vorrichtung zur Messung der
Versickerung von Wassermengen im
Boden*).

**ly·sin** [ˈlaɪsɪn; *Am.* -sn] *s biol. med.*
Lyʹsin *n* (*Stoff od. Antikörper, der in
den Organismus eingedrungene Fremd-
substanzen u. Krankheitserreger aufzulö-
sen vermag*).

**ly·sine** [ˈlaɪsiːn; *Br. a.* -sɪn] *s Biochemie:*
Lyʹsin *n* (*basische Aminosäure, die als
Baustein in vielen Eiweißstoffen vor-
kommt*).

**ly·sis** [ˈlaɪsɪs] *s* **1.** *med.* Lysis *f* (*allmäh-
liches Zurückgehen des Fiebers*). **2.** *biol.
med.* Lysis *f* (*Auflösung von Zellen nach
Zerstörung der Zellwand durch Lysine*).

**lys·sa** [ˈlɪsə] *s med. vet.* Lyssa *f,* Toll-
wut *f.*

# M

**M, m** [em] **I** pl **M's, Ms, m's, ms** [emz] s **1.** M, m n (*Buchstabe*). **2.** print. → em 3. **3.** M M n, M-förmiger Gegenstand. **II** adj **4.** dreizehnt(er, e, es). **5.** M M-..., M-förmig.

**ma** [mɑː] s colloq. Ma'ma f, Mutti f.

**ma'am** s **1.** [mæm; məm; m] colloq. für madam. **2.** [mɑːm; mæm] Br. a) Maje-ˈstät (*Anrede für die Königin*), b) (königliche) Hoheit (*Anrede für Prinzessinnen*).

**mac¹** [mæk] Br. colloq. für mackintosh.

**Mac²** [mæk] s Am. colloq. (*als Anrede*) ‚Meister!', ‚Chef!'

**Mac-** [mæk; mək; mɪk; mə; mɪ] Wortelement in irischen u. schottischen Eigennamen mit der Bedeutung Sohn des: **Macdonald, Macdonald**.

**ma·ca·bre** [məˈkɑːbrə], Am. a. **ma·ˈca·ber** [-bər] adj maˈkaber: a) grausig, gräßlich, b) Toten...

**ma·ca·co** [məˈkɑːkəʊ; Br. a. -ˈkeɪ-] pl **-cos** (*ein*) Maki m, Leˈmure m.

**mac·ad·am** [məˈkædəm] (*Straßenbau*) **I** s **1.** Makaˈdam-, Schotterdecke f od. -straße f. **2.** a) Makaˈdam m, n (*Teersplitt*), b) Schotter m. **II** adj **3.** Makaˈdam..., Schotter...: ~ **road. mac,ad·am·iˈza·tion** s Makadamiˈsierung f, Chausˈsierung f. **mac'ad·am·ize** v/t makadamiˈsieren, chaussˈsieren: **~d road** Schotterstraße f.

**ma·caque** [məˈkɑːk; Am. a. məˈkæk] s zo. Maˈkak m (*Affe*).

**mac·a·ro·ni** [ˌmækəˈrəʊnɪ] s pl Makkaˈroni pl.

**mac·a·ron·ic** [ˌmækəˈrɒnɪk; Am. -ˈrɑ-] **I** adj **1.** makkaˈronisch: ~ **poetry. II** s **2.** pl makkaˈronische Verse pl. **3.** fig. Mischmasch m.

**mac·a·roon** [ˌmækəˈruːn] s Maˈkrone f.

**Ma·cas·sar** [məˈkæsə(r)], **~ oil** s Maˈkassaröl n (*ein Haaröl*).

**ma·caw¹** [məˈkɔː] s orn. Ara m.

**ma·caw²** [məˈkɔː], **~ palm, ~ tree** s bot. Macawbaum m.

**Mac·ca·be·an** [ˌmækəˈbiːən] adj Bibl. makkaˈbäisch. **Mac·ca·bees** [ˈmækəbiːz] s pl Bibl. **1.** Makkaˈbäer pl. **2.** (*als sg konstruiert*) (*das Buch der*) Makkaˈbäer pl.

**mac·ca·ro·ni** → macaroni.

**mace¹** [meɪs] s **1.** mil. hist. Keule f, Streitkolben m. **2.** Knüppel m. **3.** Amtsstab m. **4.** a. **~-bearer** Träger m des Amtsstabs. **5.** hist. Billardstock m. **6.** (a. **Chemical**) **M~** (*TM*) chemische Keule (*bei Polizeieinsätzen verwendeter Reizstoff*).

**mace²** [meɪs] s Musˈkatblüte f (*als Gewürz*).

**ma·cé·doine** [ˌmæsɪˈdwɑːn; masedwan] (*Fr.*) s Macéˈdoine f: a) Gemisch von kleingeschnittenen u. in Gelee servierten Früchten od. Gemüsen, b) ein Gemüsesalat.

**Mac·e·do·ni·an** [ˌmæsɪˈdəʊnjən] **I** s Mazeˈdonier(in). **II** adj mazeˈdonisch.

**mac·er** [ˈmeɪsə(r)] → mace¹ 4.

**mac·er·ate** [ˈmæsəreɪt] **I** v/t **1.** ein-, aufweichen, aufquellen u. erweichen. **2.** biol. Nahrungsmittel aufschließen. **3.** ausmergeln, entkräften. **4.** kaˈsteien. **II** v/i **5.** aufweichen, aufquellen u. weich werden. **6.** ausgemergelt werden. **mac·er·a·tion** s **1.** Einweichung f, Aufquellen n u. Erweichen n. **2.** biol. Aufschließen n (*von Nahrungsmitteln bei der Verdauung*). **3.** Ausmerg(e)lung f, Entkräftung f. **4.** Kaˈsteiung f. **'mac·er·a·tor** [-tə(r)] s tech. Stoffmühle f.

**Mach** [mɑːk; Br. a. mæk] s aer. phys. Mach n: **~ two** 2 Mach.

**ma·chan** [məˈtʃɑːn] s hunt. Br. Ind. Hochsitz m (*bei der Tigerjagd*).

**ma·che·te** [məˈtʃetɪ; Am. a. məˈʃetiː] s Maˈchete f.

**Mach·i·a·vel·li·an** [ˌmækɪəˈvelɪən] **I** adj **1.** Machiaˈvellisch. **2.** bes. pol. machiavelˈlistisch, skrupellos, ränkevoll. **II** s **3.** Machiavelˈlist m, skrupelloser Intriˈgant. **Mach·i·a·vel·li·an·ism** s pol. Machiavelˈlismus m.

**ma·chic·o·lat·ed** [mæˈtʃɪkəʊletɪd] adj mil. hist. maschikuˈliert, mit Pechnasen (*versehen od. bewehrt*). **ma,chic·o'la·tion** s **1.** Pechnase f, Gußerker m. **2.** Gußlochreihe f.

**mach·i·nate** [ˈmækɪneɪt] **I** v/i Ränke schmieden, intriˈgieren. **II** v/t aushecken. **mach·i'na·tion** s **1.** (tückischer) Anschlag, Inˈtrige f, Machenschaft f: political **~s** politische Ränke od. Umtriebe. **2.** Aushecken n. **'mach·i·na·tor** [-tə(r)] s Ränkeschmied m.

**ma·chine** [məˈʃiːn] **I** s **1.** phys. mech. Maˈschine f. **2.** a) Appaˈrat m, Vorrichtung f, b) Autoˈmat m. **3.** colloq. Maˈschine f (*Flugzeug, Motorrad, Auto etc*). **4.** thea. Maˈschinerie f, ˈBühnenmechaˌnismus m: → god 1. **5.** (*literarischer*) Kunstgriff. **6.** fig. ‚Maˈschine' f, ‚Roboter' m (*Mensch*). **7.** pol. Appaˈrat m (*maschinenmäßig funktionierende Organisation*): **party ~, political ~** Parteiapparat, -maschinerie f; **the ~ of government** der Regierungsapparat. **8.** hist. ˈKriegsmaˌschine f. **II** v/t **9.** tech. a) maschiˈnell ˈherstellen, b) Br. maschinell drucken, c) mit der (ˈNäh)Maˌschine nähen, d) Metall zerspanen. **~ ac·count·ing** s Maˈschinenbuchführung f. **~ age** s Maˈschinenzeitalter n. **~ book·keep·ing** s Maˈschinenbuchführung f. **~ fit·ter** s tech. Maˈschinenschlosser m.

**ma·chine gun** s mil. Maˈschinengewehr n, MˈG n. **ma·ˈchine-gun** v/t mit e-m Maˈschinengewehr beschießen, mit Maˈschinengewehrfeuer belegen od. bestreichen. **ma·ˈchine-ˌgun·ner** s mil. MˈG-Schütze m.

**ma·chine| in·tel·li·gence** s Computer: Maˈschinenintelliˌgenz f. **~ lan·guage** s Computer: Maˈschinensprache f. **~ load** s tech. Maˈschinenbelastung f.

**ma·ˈchine-made** adj **1.** maschiˈnell ˈhergestellt, Fabrik...: ~ **paper** Maschinenpapier n. **2.** fig. stereoˈtyp, genormt.

**ma·ˈchine·man** [-mən] s irr **1.** Maschiˈnist m. **2.** Br. für pressman.

**ma·chine| op·er·a·tor** s Maˈschinenarbeiter m, Maschiˈnist m. **~ pis·tol** s mil. Maˈschinenpiˌstole f. **~ pro·duc·tion** s maschiˈnelle ˈHerstellung. **~ pro·gram(me)** s Computer: Maˈschinenproˌgramm n.

**ma·ˈchine-ˌread·a·ble** adj Computer: maschiˈnell lesbar, maˈschinenlesbar.

**ma·chine rul·er** s Liˈniermaˌschine f.

**ma·chin·er·y** [məˈʃiːnərɪ] s **1.** Maˈschinen pl. **2.** Maˈschinerie f, Maˈschinen (-park m, -ausrüstung f) pl. **3.** Mechaˈnismus m, (Trieb)Werk n. **4.** fig. a) Maschiˈnerie f, Maˈschine f, Räderwerk n, b) → machine 7. **5.** Theˈatermaschineˌrie f. **6.** draˈmatische Kunstmittel pl.

**ma·chine| shop** s tech. Maˈschinenhalle f, -saal m, -werkstatt f. **~ steel** s tech. Maˈschinenbaustahl m. **~ time** s **1.** tech. Betriebszeit f (*e-r Maschine*). **2.** Computer: Maˈschinen-, Rechenzeit f. **~ tool** s tech. ˈWerkzeugmaˌschine f.

**ma·ˈchine-tooled** adj **1.** tech. auf der ˈWerkzeugmaˌschine ˈhergestellt od. bearbeitet. **2.** fig. präˈzise.

**ma·chine| trans·la·tion** s maschiˈnelle Überˈsetzung. **~ twist** s (ˈNäh-)Maˌschinenfaden m, -garn n.

**ma·ˈchine-ˌwash·a·ble** adj ˈwaschmaˌschinenfest (*Gewebe*).

**ma·chin·ist** [məˈʃiːnɪst] s **1.** tech. a) Maˈschinenschlosser m, b) Maschiˈnist m (*a. thea.*), Maˈschinenmeister m, c) Facharbeiter m für ˈWerkzeugmaˌschinen. **2.** Maˈschinennäherin f. **3.** mar. Maschiˈnist m.

**ma·chis·mo** [məˈtʃɪzməʊ; -ˈkɪz-; Am. mɑːˈtʃiz-] s Maˈchismo m, Männlichkeitswahn m.

**mach·me·ter** [ˈmɑːkˌmiːtə(r); Br. a. ˈmæk-] → machometer.

**Mach num·ber** s aer. phys. Machsche Zahl, Machzahl f.

**ma·cho** [ˈmɑːtʃəʊ] **I** pl **-chos** s ‚harter Bursche', Kraft- od. Sexprotz m. **II** adj hart, (betont) männlich.

**ma·chom·e·ter** [məˈkɒmɪtə(r); Am. -ˈkɑ-] s phys. Machmeter n, Machoˈmeter n.

**mac·in·tosh** → mackintosh.

**mack** [mæk] **1.** Br. colloq. für mackintosh. **2.** Am. colloq. für Mackinaw. **3.** sl. Zuhälter m.

**mack·er·el** [ˈmækərəl] pl **-el** s ichth. Maˈkrele f. **~ breeze** s mar. Maˈkrelenbrise f, -wind m (*der für den Makrelenfang günstig ist*). **~ shark** s ichth. (*ein*) Heringshai m. **~ sky** s meteor.

(Himmel *m* mit) Schäfchenwolken *pl.*

**mack·i·naw** ['mækəˌnɔː] *s Am.* **1.** *a.* ~ **blanket** Mackinaw-Decke *f (dicke Wolldecke).* **2.** *a.* ~ **coat** Stutzer *m,* kurzer (schwerer) Plaidmantel. **3.** *a.* ~ **boat** *mar.* Mackinaw-Boot *n (flachgehendes Boot).*

**mack·in·tosh** ['mækɪntɒʃ; *Am.* -ˌtɑʃ] *s* Mackintosh *m:* a) *durch e-e Gummischicht wasserdicht gemachter Stoff,* b) *bes. Br.* Regen-, Gummimantel *m.*

**mack·le** ['mækl] **I** *s* **1.** dunkler Fleck. **2.** *print.* Schmitz *m,* verwischter Druck, Doppeldruck *m.* **II** *v/t u. v/i* **3.** schmitzen.

**ma·cle** ['mækl] *s min.* **1.** 'Zwillingskriˌstall *m.* **2.** dunkler Fleck *(in e-m Mineral).*

**mac·ro** ['mækrəʊ] *pl* **-ros** *colloq. für* macroinstruction.

**macro-** [mækrəʊ; -rə] *Wortelement mit der Bedeutung* Makro..., (sehr) groß.

**ˌmac·ro·a'nal·y·sis** *s irr chem.* 'Makroanaˌlyse *f.*

**ˌmac·ro·bi'ot·ic I** *adj* makrobi'otisch. **II** *s pl (oft als sg konstruiert)* Makrobi'otik *f:* a) *med. Kunst, das Leben zu verlängern,* b) *spezielle, hauptsächlich auf Getreide u. Gemüse basierende Ernährung.*

**ˌmac·ro·ce'phal·ic,** **ˌmac·ro'ceph·a·lous** *adj med.* großköpfig, makroze-'phal. **ˌmac·ro'ceph·a·ly** *s* Großköpfigkeit *f.*

**ˌmac·roˌcli·mate** *s meteor.* Groß-, Makroklima *n.*

**ˈmac·ro·cosm** *s* Makro'kosmos *m.*

**ˌmac·ro'cos·mic** *adj* makro'kosmisch.

**ˈmac·ro·cyte** [-saɪt] *s med.* Makro'zyt *m (großes rotes Blutkörperchen).*

**ˈmac·roˌe·co'nom·ic** *adj econ.* makroöko'nomisch. **ˈmac·roˌe·co'nom·ics** *s pl (meist als sg konstruiert)* Makroökono'mie *f.*

**ˌmac·ro·in'struc·tion** *s Computer:* 'Makroinstruktiˌon *f,* -befehl *m.*

**ˌmac·ro·lin'guis·tics** *s pl (meist als sg konstruiert)* ling. Makrolin'guistik *f.*

**ma·cron** ['mækrɒn; *Am.* 'meɪkˌrɑn] *s ling.* Längestrich *m (über Vokalen).*

**ˌmac·ro'pho·to·graph** *s phot.* 'Makrofoto(graˌfie *f) n.* **ˌmac·ro·pho'tog·ra·phy** *s* 'Makrofotograˌfie *f.*

**ˌmac·ro'phys·ics** *s pl (als sg konstruiert) phys.* Makrophy'sik *f.*

**ˈmac·ro·phyte** [-faɪt] *s biol. med.* Makro'phyt *m.*

**ma·crop·ter·ous** [mæ'krɒptərəs; *Am.* -ˈkrɑ-] *adj zo.* **1.** langflüg(e)lig *(Vögel, Insekten).* **2.** langflossig *(Fische).*

**ˌmac·ro'scop·ic** [-'skɒpɪk; *Am.* -ˈskɑ-] *adj (adv* ~**ally**) makro'skopisch, mit bloßem Auge wahrnehmbar.

**ˈmac·ro·tome** [-təʊm] *s med.* 'Schnittappaˌrat *m* für grobe Schnitte *(in der Mikroskopie).*

**ma·cru·ral** [mə'krʊərəl], **ma·cru·rous** *adj zo.* zu den Langschwänzen gehörig.

**mac·u·la** ['mækjʊlə] *pl* **-lae** [-liː] *s* **1.** (dunkler) Fleck *(a. min.).* **2.** *med. (bes.* Haut)Fleck *m.* **3.** *astr.* Sonnenfleck *m.*

**ˈmac·u·lar** *adj* **1.** gefleckt, fleckig, makuˈlös. **2.** Flecken... **ˈmac·u·late** *v/t* [-leɪt] beflecken *(a. fig.).* **II** *adj* [-lət] befleckt *(a. fig.).* **ˌmac·u'la·tion** *s* Befleckung *f.* **2.** Fleck(en) *m,* Makel *m.*

**mac·ule** ['mækjuːl] *s* **1.** *print.* → mackle. **2.** *obs.* a) (Schmutz)Fleck *m,* b) Makel *m.*

**mad** [mæd] **I** *adj (adv* → **madly**) **1.** wahnsinnig, verrückt, toll, irr(e) *(alle a. fig.):* **to go** ~ verrückt *od.* toll werden; **to drive s.o.** ~ a) j-n verrückt *od.* wahnsinnig machen, b) j-m ˌauf den Wecker fallen'; **it's enough to drive one** ~ es ist zum Verrücktwerden; **like** ~ wie toll *od.* wild *od.* verrückt *(arbeiten etc);* **a** ~ **plan** ein verrücktes Vorhaben;

→ **hare** 1, **hatter.** **2.** *(after, about, for, on)* wild, versessen, erpicht *(auf acc),* verrückt *(nach),* vernarrt *(in acc).* **3.** *colloq.* außer sich, verrückt, rasend, wahnsinnig *(with* vor *Freude, Schmerz, Wut etc).* **4.** *bes. Am. colloq.* wütend, böse, ˌsauer' *(at, about* über *acc, auf acc).* **5.** toll, ausgelassen, wild, närrisch, 'übermütig: **they are having a** ~ **time** bei denen geht's toll zu, sie amüsieren sich großartig. **6.** wild (geworden): **a** ~ **bull** ein wilder Stier. **7.** *vet.* tollwütig *(Hund etc).* **8.** wild, heftig, wütend: **they made a** ~ **scramble for the door** sie stürzten wie wild zur Tür. **II** *v/t* **9.** *obs.* verrückt machen. **10.** *bes. Am. colloq.* wütend machen. **III** *v/i* **11.** *obs.* sich wie wahnsinnig *od.* toll gebärden.

**Mad·a·gas·can** [ˌmædə'gæskən] **I** *s* Made'gasse *m,* Mada'gassin *f.* **II** *adj* made'gassisch, aus Mada'gaskar.

**mad·am** ['mædəm] *pl* **mes·dames** ['meɪdæm; *Am.* mer'dɑːm; -ˌdæm] *od.* **'mad·ams** *s* **1.** *(im pl meist* ladies) gnädige Frau *od.* gnädiges Fräulein *(als Anrede, oft unübersetzt).* **2.** *pl* mesdames Frau *(als Titel):* **the cakes were provided by Mesdames X and Z.** **3.** *pl* madams Borˈdellwirtin *f,* ˌPuffmutter' *f.*

**'mad·cap I** *s* verwegener *od.* verrückter Kerl. **II** *adj* verwegen, verrückt *(Entschluß, Mensch etc):* ~ **driver** rücksichtsloser Fahrer.

**mad·den** ['mædn] **I** *v/t* verrückt *od.* toll *od.* rasend machen *(alle a. fig.* wütend machen). **II** *v/i* verrückt *etc* werden. **'mad·den·ing** *adj (adv* ~**ly**) aufreizend, verrückt *od.* rasend machend: **it is** ~ es ist zum Verrücktwerden.

**mad·der** ['mædə(r)] *s* **1.** *bot.* a) Krapppflanze *f, bes.* Färberröte *f,* b) Krapp *m,* Färberwurzel *f.* **2.** Krapp(rot *n) m:* ~ **lake,** ~ **pink** Krapprosa *n.*

**mad·ding** ['mædɪŋ] *adj poet.* **1.** rasend, tobend: **the** ~ **crowd.** **2.** → maddening.

**'mad-ˌdoc·tor** *s* Irrenarzt *m.*

**made** [meɪd] **I** *pret u. pp von* make. **II** *adj* **1.** (künstlich) 'hergestellt *od.* 'hergerichtet: ~ **dish** aus mehreren Zutaten zs.-gestelltes Gericht; ~ **ground** aufgeschütteter Boden; ~ **road** befestigte Straße; **English** ~ **article** *econ.* englisches Fabrikat; ~ **of wood** aus Holz (hergestellt), Holz... **2.** erfunden: **a** ~ **story.** **3.** gemacht, arriˈviert: **a** ~ **man** ein gemachter Mann. **4.** voll ausgebildet *(Soldat).* **5.** gutabgerichtet *(Hund, Pferd etc).* **6.** *(gut-, kräftig etc)* gebaut *(Person):* **a well-**~ **man.** **7.** *colloq.* bestimmt, gedacht, gemacht: **it's** ~ **for this purpose** es ist für diesen Zweck gedacht. **8.** **he had got it** ~ *colloq.* er hatte es geschafft.

**Ma·dei·ra** [mə'dɪərə] *s* Ma'deira(wein) *m.* ~ **cake** *s Br. (Art)* Bisˈkuitkuchen *m.*

**Ma·dei·ran** [mə'dɪərən] **I** *s* Bewohner (-in) der Insel Ma'deira. **II** *adj* aus Ma'deira, Madeira...

**ˌmade|-to-'meas·ure** *adj econ.* nach Maß *od.* angefertigt, Maß...: ~ **suit** maßgeschneiderter Anzug, Maßanzug *m.* **~-to-'or·der** *adj* **1.** → made-to-measure. **2.** *fig.* ˌmaßgeschneidert', ˌnach Maß'. **'~-up** *adj* **1.** (frei) erfunden: **a** ~ **story. 2.** geschminkt, zu'rechtgemacht. **3.** *fig.* unecht, gekünstelt. **4.** fertig, Fertig..., Fabrik...: ~ **clothes** Konfektionskleidung *f.* **'~work** *econ. Am.* 'Arbeitsbeschaffung(sproˌjekte *pl) f.*

**'mad·house** *s* Irrenhaus *n, fig. a.* Narren-, Tollhaus *n.*

**mad·ly** ['mædlɪ] *adv* **1.** wie verrückt, wie wild, wie besessen: **they worked** ~. **2.** *colloq.* ˌwahnsinnig', ˌschrecklich': ~ **in love. 3.** dummerweise. **4.** voreilig.

**'mad·man** [-mən] *s irr* Verrückte(r) *m,* Wahnsinnige(r) *m,* Irre(r) *m.* ~**min·ute** *s mil.* Schnellfeuerzeit *f (beim Mannschaftsschießen).*

**mad·ness** ['mædnɪs] *s* **1.** Wahnsinn *m (a. fig.):* **it's sheer** ~! das ist der helle *od.* blanke Wahnsinn! **2.** *fig.* Narrheit *f,* Tollheit *f,* Verrücktheit *f.* **3.** *bes. Am. colloq.* Wut *f (at über acc, auf acc).*

**Ma·don·na** [mə'dɒnə; *Am.* -ˈdɑ-] *s* **1. the** ~ *relig.* die Ma'donna. **2.** *a.* **m~ art** Ma'donna *f,* Ma'donnenbild *n.*

**mad·re·pore** [ˌmædrɪ'pɔː; *Am.* 'mædrəˌpɔʊər] *s zo.* Madre'pore *f,* 'Löcherkoˌralle *f.*

**mad·ri·gal** ['mædrɪgl] *s* Madri'gal *n:* a) *kurzes (bes. Liebes)Gedicht,* b) *mus.* polyphon gesetztes mehrstimmiges Chorlied. **'mad·ri·gal·ist** [-gəlɪst] *s* **1.** Madri'galdichter *m.* **2.** *mus.* Madriga'list *m:* a) *Komponist von Madrigalen,* b) *Madrigalsänger.*

**'madˌwom·an** *s irr* Wahnsinnige *f,* Irre *f,* Verrückte *f.*

**Mae·ce·nas** [miː'siːnæs] *s* Mä'zen *m.*

**mael·strom** ['meɪlstrɒm; *Am.* -strəm] *s* Ma(h)lstrom *m:* a) *a.* **M~** *Name e-s Strudels vor der norwegischen Westküste,* b) *allg. u. fig.* Strudel *m,* Sog *m,* Wirbel *m:* ~ **of traffic** Verkehrsgewühl *n;* **the** ~ **of war** der Moloch Krieg, die Wirren des Krieges.

**mae·nad** ['miːnæd] *s* Mä'nade *f.* **mae·nad·ic** *adj* mä'nadisch, bac'chantisch, rasend.

**ma·es·to·so** [ˌmɑːe'stəʊzəʊ; *Am. bes.* maɪ'stəʊsəʊ] *mus.* **I** *adj u. adv* mae-'stoso, maje'stätisch. **II** *pl* **-sos** *s* Mae-'stoso *n.*

**ma·es·tro** [mɑː'estrəʊ; *Am. bes.* 'maɪstrəʊ] *pl* **-stros, -stri** [-strɪ] *s* Ma'estro *m,* Meister *m.*

**Mae West** [meɪ'west] *s sl.* **1.** *aer.* aufblasbare Schwimmweste *(nach der amer. Schauspielerin).* **2.** *mil. Am.* Panzer *m* mit Zwillingsturm.

**Maf·fi·a** → Mafia.

**maf·fick** ['mæfɪk] *v/i Br. obs.* ausgelassen feiern.

**Ma·fi·a** ['mæfɪə; 'mɑː-] *s* Mafia *f (a. fig.).*

**ma·fi·o·so** [ˌmæfɪ'əʊsəʊ] *pl* **-sos** *od.* **-si** [-sɪ] *s* Mafi'oso *m (a. fig.).*

**mag¹** [mæg] *colloq. für* magazine 7.

**mag²** [mæg] *colloq. für* magneto: ~ **generator** Magnetodynamo *m.*

**mag·a·zine** [ˌmægə'ziːn; *Am. a.* 'mægəˌziːn] *s* **1.** *mil.* a) Muniti'onslager *n,* -deˌpot *n, bes.* 'Pulvermagaˌzin *n,* b) Nachschub-, Versorgungslager *n,* c) Maga'zin *n,* Kasten *m (in Mehrladewaffen):* ~ **gun,** ~ **rifle** Mehrladegewehr *n.* **2.** *tech.* Maga'zin *n,* Vorratsbehälter *m.* **3.** *phot.* a) ('Film)Magaˌzin *n,* b) Filmtrommel *f.* **4.** Maga'zin *n,* Speicher *m,* Warenlager *n,* Lagerhaus *n.* **5.** Vorrat *m,* Vorräte *pl.* **6.** *fig.* Vorrats-, Kornkammer *f (fruchtbares Gebiet e-s Landes).* **7.** Maga'zin *n,* (oft illu'strierte) Zeitschrift.

**mag·a·zin·ist** [ˌmægə'ziːnɪst] *s* Mitarbeiter(in) an e-m Maga'zin.

**mage** [meɪdʒ] *s obs.* **1.** Magier *m.* **2.** Weise(r) *m,* Gelehrte(r) *m.*

**ma·gen·ta** [mə'dʒentə] *chem.* **I** *s* Ma'genta(rot) *n,* Fuch'sin *n.* **II** *adj* ma'gentarot.

**Mag·gie's draw·ers** ['mægiːz] *s pl mil. Am. sl.* **1.** *Flaggenzeichen bei Fehlschuß.* **2.** ˌFahrkarte' *f (Fehlschuß).*

**mag·got** ['mægət] *s* **1.** *zo.* Made *f,* Larve *f.* **2.** *fig.* Grille *f,* verrückte I'dee, Spleen *m.* **'mag·got·y** *adj* **1.** voller Maden, madig. **2.** *fig.* schrullig, grillenhaft, wunderlich.

**Ma·gi** ['meɪdʒaɪ] *s pl* **1. the (three)** ~ **die** (drei) Weisen aus dem Morgenland, die Heiligen Drei Könige. **2.** *pl von* Magus 1.

**'Ma·gi·an** [-dʒɪən] s **1.** sg von Magi 1. **2.** m~ Magier m, Zauberer m. **3.** → Magus 1.

**mag·ic** ['mædʒɪk] **I** s **1.** Ma'gie f, Zau-be'rei f: as if by ~, like ~ wie durch Zauberei; it works like ~ es ist die reinste Hexerei. **2.** Zauber(kraft f) m, magische Kraft (a. fig.): the ~ of a great name. **3.** fig. Wunder n: like ~ wie ein Wunder. **II** adj (adv ~ally) **4.** magisch, Wunder..., Zauber...: ~ carpet fliegender Teppich; ~ arts magische Künste; ~ eye electr. magisches Auge; ~ lamp Wunderlampe f; ~ lantern Laterna f magica; ~ square magisches Quadrat. **5.** zauber-, märchenhaft: ~ beauty. **'mag·i·cal** adj (adv ~ly) → magic II.

**ma·gi·cian** [mə'dʒɪʃn] s **1.** Magier m, Zauberer m: I'm not a ~! ich kann doch (auch) nicht hexen! **2.** Zauberkünstler m.

**mag·is·te·ri·al** [ˌmædʒɪ'stɪərɪəl] adj (adv ~ly) **1.** obrigkeitlich, amtlich, behördlich. **2.** maßgeblich, autoritativ. **3.** gebieterisch, herrisch.

**mag·is·tra·cy** ['mædʒɪstrəsɪ] s **1.** jur. pol. Amt e-s magistrate. **2.** collect. jur. Richterschaft f. **3.** collect. pol. Verwaltung f. **4.** jur. pol. Amtsbereich e-s magistrate.

**mag·is·tral** ['mædʒɪstrəl] adj **1.** pharm. magi'stral (nach ärztlicher Vorschrift bereitet). **2.** selten für magisterial. **3.** Lehr(er)...

**mag·is·trate** ['mædʒɪstreɪt; -trɪt] s jur. Richter m (an e-m magistrates' court): ~s' court Br., ~s court Am. erstinstanzliches Gericht für Straf- und Zivilsachen niederer Ordnung; police ~ Am. Polizeirichter m. **2.** pol. (Verwaltungs)Beamte(r) m: chief ~ Am. oberster Verwaltungsbeamter: a) Präsident m, b) Gouverneur m, c) Bürgermeister m. **'mag·is·trate·ship** s jur. pol. Amt(szeit) e-s magistrate. **'mag·is·tra·ture** [-trətjʊə; Am. -ˌtreɪtʃər] → magistracy.

**mag·ma** ['mægmə] pl **-mas, -ma·ta** [-mətə] s **1.** dünn(flüssig)er Brei, knetbare Masse. **2.** geol. Magma n.

**Mag·na C(h)ar·ta** [ˌmægnə'kɑː(r)tə] s **1.** hist. Magna Charta f (die große Freiheitsurkunde des englischen Adels, 1215). **2.** Grundgesetz n.

**mag·nal·i·um** [mæg'neɪlɪəm] s chem. Ma'gnalium n (Magnesium-Aluminium-Legierung).

**mag·na·nim·i·ty** [ˌmægnə'nɪmətɪ] s Großmut f, Edelmut m, Großmütigkeit f. **mag'nan·i·mous** [-'nænɪməs] adj (adv ~ly) groß-, edelmütig.

**mag·nate** ['mægneɪt] s **1.** Ma'gnat m: a) hist. Adliger im ungarischen od. polnischen Landtag, b) 'Großindustri,elle(r) m: oil ~ Ölmagnat, c) Großgrundbesitzer m. **2.** Größe f, einflußreiche Per'sönlichkeit.

**mag·ne·sia** [mæg'niːʃə; -ʒə] s chem. **1.** Ma'gnesia f, Ma'gnesiumo,xyd n. **2.** pharm. gebrannte Ma'gnesia. **mag'ne·sian** adj **1.** Magnesia... **2.** Magnesium...

**mag·ne·site** ['mægnɪsaɪt] s min. Magne'sit m, Ma'gnesiumkar,bo,nat n.

**mag·ne·si·um** [mæg'niːzjəm; - zɪəm; Am. a. -ʒəm] s chem. Ma'gnesium n: ~ light Magnesiumlicht n.

**mag·net** ['mægnɪt] s **1.** Ma'gnet m (a. fig.). **2.** Ma'gneteisenstein m.

**mag·net·ic** [mæg'netɪk] adj (adv ~ally) **1.** ma'gnetisch, Magnet...: ~ compass; ~ field; ~ attraction phys. od. fig. magnetische Anziehung(skraft). **2.** magneti-'sierbar. **3.** fig. ma'gnetisch, anziehend, faszi'nierend, fesselnd: a ~ personality. **4.** bioma'gnetisch, mesmerisch hyp'notisch. ~ **bot·tle** s phys. ma'gnetische

Flasche. ~ **brake** s electr. Ma'gnetbremse f. ~ **core** s phys. Fer'rit-, Ma'gnetkern m. ~ **dec·li·na·tion, ~ dip** s geogr. phys. ma'gnetische Inklinati'on, 'Mißweisung f. ~ **disk stor·age** s Computer: Plattenspeicher m. ~ **e·qua·tor** s geogr. ma'gnetischer Ä'quator. ~ **fig·ure** s phys. Kraftlinienbild n. ~ **flux** s phys. Ma'gnetfluß m, ma'gnetischer (Kraft-)Fluß. ~ **in·duc·tion** s phys. ma'gnetische Indukti'on. ~ **mine** s Ma'gnet-, Haftmine f. ~ **nee·dle** s phys. Ma'gnetnadel f. ~ **north** s phys. ma'gnetisch Nord (Kurs). ~ **pole** s geogr. ma'gnetischer (Erd)Pol. ~ **re·cord·er** s electr. Ma'gnettongerät n.

**mag·net·ics** [mæg'netɪks] s pl (meist als sg konstruiert) Ma'gnetik f (Lehre vom Magnetismus).

**mag·net·ic storm** s phys. ma'gnetischer Sturm. ~ **tape** s electr. Ma'gnettonband n: ~ recorder → magnetophone; ~ storage (Computer) (Magnet)Bandspeicher m.

**mag·net·ism** ['mægnɪtɪzəm] s **1.** phys. Magne'tismus m. **2.** → mesmerism. **3.** fig. Anziehungskraft f.

**mag·net·ite** ['mægnɪtaɪt] s min. Magne-'tit m, Ma'gneteisenerz n.

**mag·net·i·za·tion** [ˌmægnɪtaɪ'zeɪʃn; Am. -nətə'z-] s Magneti'sierung f. **'magnet·ize** v/t **1.** magneti'sieren. **2.** fig. anziehen, fesseln. **'mag·net·iz·er** s med. Magneti'seur m.

**mag·ne·to** [mæg'niːtəʊ] pl **-tos** s electr. (Ma'gnet)Zündappa,rat m Ma'gnetzünder m, 'Zündma,gnet m.

**mag·ne·to al·ter·na·tor** s electr. (bes. 'Wechselstrom)Gene,rator m mit 'Dauerma,gnet. **mag,ne·to'dy·na·mo** s electr. Dy'namo m od. Gene'rator m mit Perma'nentma,gnet. **mag,ne·to·e'lec·tric** adj ma'gnetoe,lektrisch. **mag,ne·to'gen·er·a·tor** s electr. **1.** 'Kurbelin,duktor m. **2.** → magneto. **mag'ne·to·gram** [-græm] s phys. tech. Magneto-'gramm n. **mag'ne·to·graph** [-grɑːf; Am. -ˌgræf] s phys. tech. **1.** Magneto-'graph m. **2.** → magnetogram. **mag·ne·tom·e·ter** [ˌmægnɪ'tɒmɪtə(r); Am. -'tɑ-] s phys. Magneto'meter n. **mag,ne·to'mo·tive** adj phys. ma,gnetomo-'torisch.

**mag·ne·ton** ['mægnɪtɒn; Am. -ˌtɑn] s Kernphysik: Magne'ton n (Einheit des magnetischen Moments).

**mag'ne·to·phone** s electr. (TM) Magneto'phon n, Ma'gnettongerät n.

**mag'ne·to,sphere** s phys. Magneto-'sphäre f.

**mag'ne·tron** ['mægnɪtrɒn; Am. -ˌtrɑn] s electr. Magne'tron n.

**mag·ni·cide** ['mægnɪsaɪd] s Ermordung f e-r bedeutenden Per'sönlichkeit.

**mag·nif·ic** [mæg'nɪfɪk] adj; **mag'nif·i·cal** [-kl] adj (adv ~ly) obs. **1.** großartig, herrlich. **2.** erhaben.

**mag·ni·fi·ca·tion** [ˌmægnɪfɪ'keɪʃn] s **1.** Vergrößern n. **2.** Vergrößerung f. **3.** phys. Vergrößerungsstärke f. **4.** electr. Verstärkung f. **5.** obs. Verherrlichung f.

**mag·nif·i·cence** [mæg'nɪfɪsns] s **1.** Großartigkeit f, Pracht f, Herrlichkeit f. **2.** Erhabenheit f (des Stils etc).

**mag·nif·i·cent** [mæg'nɪfɪsnt] adj (adv ~ly) **1.** großartig, prächtig, prachtvoll, herrlich (alle a. fig. colloq. fabelhaft). **2.** groß(artig), erhaben.

**mag·nif·i·co** [mæg'nɪfɪkəʊ] pl **-coes** s **1.** (bes. vene,zi'anischer) Grande. **2.** hoher Würdenträger.

**mag·ni·fi·er** ['mægnɪfaɪə(r)] s **1.** Vergrößerungsglas n, Lupe f. **2.** electr. Verstärker m. **3.** obs. Verherrlicher m.

**mag·ni·fy** ['mægnɪfaɪ] v/t **1.** opt. u. fig. vergrößern: ~ing glass → magnifier 1.

**2.** fig. über'treiben, über'trieben, darstellen, aufbauschen. **3.** electr. verstärken. **4.** obs. verherrlichen.

**mag·nil·o·quence** [mæg'nɪləʊkwəns] s **1.** Großspreche'rei f. **2.** Schwulst m, Bom'bast m. **mag'nil·o·quent** adj (adv ~ly) **1.** großsprecherisch. **2.** hochtrabend, bom'bastisch.

**mag·ni·tude** ['mægnɪtjuːd; Am. -ˌtuːd] s **1.** Größe f, Größenordnung f, astr. a. Helligkeit f, math. a. Abso'lutwert m: a star of the first ~ ein Stern erster Größe. **2.** fig. Ausmaß n, Schwere f, Größe f: the ~ of the catastrophe. **3.** fig. Bedeutung f: of the first ~ von äußerster Wichtigkeit.

**mag·no·li·a** [mæg'nəʊljə] s bot. Ma'gnolie f: M~ State Am. (Beiname für den Staat) Mississippi n. **mag,no·li'a·ceous** [-lɪ'eɪʃəs] adj bot. Magnolien...

**mag·num** ['mægnəm] s Zweiquartflasche f (etwa 2 l enthaltend, bes. Wein).

**mag·num o·pus** [ˌmægnəm'əʊpəs] (Lat.) s a) Meisterwerk n, b) Hauptwerk n (e-s Künstlers).

**mag·pie** ['mægpaɪ] s **1.** orn. Elster f: black-billed ~ (Gemeine) Elster. **2.** orn. e-e Haustaubenrasse. **3.** fig. Schwätzer (-in). **4.** Scheibenschießen: a) zweiter Ring von außen, b) Schuß m in den zweiten Außenring. **5.** Br. fig. sammelwütiger Mensch.

**mag·uey** ['mægweɪ] s **1.** bot. (e-e) 'Faser-A,gave. **2.** Magueyfaser f.

**Ma·gus** ['meɪgəs] pl **-gi** [-dʒaɪ] s **1.** antiq. (persischer) Priester. **2.** m~ Magus m, Zauberer m. **3.** a. m~ sg von Magi 1.

**Mag·yar** ['mægjɑ(r)] **I** s **1.** Ma'djar m, Ungar m. **2.** ling. Ma'djarisch n, Ungarisch n. **II** adj **3.** ma'djarisch, ungarisch.

**ma·ha·ra·ja(h)** [ˌmɑːhə'rɑːdʒə] s Maha'radscha m.

**ma·ha·ra·nee** [ˌmɑːhə'rɑːniː] s Maha-'rani f.

**ma·hat·ma**, a. **M~** [mə'hɑːtmə; -'hæt-mə] s Ma'hatma m: a) (buddhistischer) Weiser, b) Heiliger mit übernatürlichen Kräften, c) edler Mensch.

**Mah·di** ['mɑːdiː] s relig. Mahdi m (von den Mohammedanern erwarteter letzter Imam).

**mah·jong(g)** [mɑː'dʒɒŋ; Am. a. -'dʒɑŋ] s Mah-'Jongg n (chinesisches Gesellschaftsspiel).

**mahl·stick** → maulstick.

**ma·hog·a·ny** [mə'hɒgənɪ; Am. -'hɑ-] s **1.** bot. Maha'gonibaum m. **2.** Maha'goni (-holz) n. **3.** Maha'goni(farbe f) n. **4.** to have (od. put) one's knees (od. feet) under s.o.'s ~ bei j-m zu Tisch sein, j-s Gastfreundschaft genießen. **II** adj **5.** aus Maha'goni, Mahagoni... **6.** maha'gonifarben.

**ma·hout** [mə'haʊt] s Br. Ind. Ele'fantentreiber m.

**maid** [meɪd] s **1.** obs. (junges) Mädchen, Maid f (a. iro.). **2.** obs. (junge) unverheiratete Frau: old ~ alte Jungfer; ~ of hono(u)r a) Ehren-, Hofdame f, b) Am. (erste) Brautjungfer, c) Br. (ein) Käsekuchen m. **3.** (Dienst)Mädchen n, Hausangestellte f: ~ of all work bes. Br. Mädchen für alles. **4.** poet. Jungfrau f, Maid f: the M~ (of Orléans) die Jungfrau von Orleans.

**mai·dan** [maɪ'dɑːn] s Br. Ind. **1.** (Markt-) Platz m. **2.** Espla'nade f.

**maid·en** ['meɪdn] **I** adj (adv → maiden-ly) **1.** mädchenhaft, Mädchen...: ~ name Mädchenname m (e-r Frau). **2.** jungfräulich, unberührt (a. fig.): ~ soil. **3.** unverheiratet: ~ aunt. **4.** Jungfern..., Erstlings..., Antritts...: ~ flight aer. Jungfernflug m; ~ speech parl. Jungfernrede f: ~ voyage mar. Jungfernfahrt f. **5.** noch nie

gedeckt (*Tier*). **6.** aus dem Samen gezogen (*Pflanze*). **7.** unerprobt (*Person od. Sache*). **II** *s* **8.** → maid 1 *u.* 2: **an answer to a ~'s prayer** ein Geschenk des Himmels. **9.** *a.* **the M~** *Scot. hist.* (*Art*) Guillo'tine *f.* **10.** *a.* **~ over** (*Kricket*) Serie *f* von 6 Bällen ohne Läufe. **11.** *Rennsport:* **Maiden** *n* (*Pferd, das noch keinen Sieg errungen hat*). **~ as·size** *s jur. hist.* Gerichtssitzung *f* ohne Krimi'nalfall. **'~hair (fern)** *s bot.* Frauenhaar(farn *m*) *n*, *bes.* Venushaar *n.* **'~hair tree** → ginkgo.
**maid·en·head** ['meɪdnhed] *s* **1.** → maidenhood. **2.** *anat.* Jungfernhäutchen *n.*
**maid·en·hood** ['meɪdnhʊd] *s* **1.** Jungfräulichkeit *f*, Unberührtheit *f*, Jungfernschaft *f.* **2.** Jung'mädchenzeit *f.*
**'maid·en·like** → maidenly. **maid·en·li·ness** ['meɪdnlɪnɪs] *s* mädchenhaftes *od.* jungfräuliches Wesen. **'maid·en·ly** *adj u. adv* **1.** mädchenhaft. **2.** jungfräulich, sittsam, züchtig.
**'maid serv·ant** → maid 3.
**ma·ieu·tic** [meɪ'juːtɪk] *s philos.* mä'eutisch, (auf so'kratische Weise) ausfragend.
**mail**[1] [meɪl] **I** *s* **1.** Post(sendung) *f*, -sachen *pl*, *bes.* Brief- *od.* Pa'ketpost *f:* **by ~** *Am.* mit der Post; **the ~ is not in yet** die Post ist noch nicht da; **incoming ~** Posteingang *m*; **outgoing ~** Postausgang *m.* **2.** Postbeutel *m*, Postsack *m.* **3.** *a)* Post(dienst *m*) *f:* **the Federal M~s** *Am.* die Bundespost, *b)* Postversand *m.* **4.** Postauto *n*, -schiff *n*, -bote *m*, -flugzeug *n*, -zug *m.* **5.** *bes. Scot.* (Reise)Tasche *f.* **II** *adj* **6.** Post...: **~ boat** Postschiff *n.* **III** *v/t* **7.** *bes. Am. a)* (mit der Post) (ab-)schicken *od.* (ab)senden, aufgeben, e-n Brief einwerfen, *b)* (zu)schicken (**to** *dat*).
**mail**[2] [meɪl] **I** *s* **1.** Kettenpanzer *m.* **2.** (Ritter)Rüstung *f.* **3.** *zo.* (Haut)Panzer *m.* **II** *v/t* **4.** panzern.
**mail·a·ble** ['meɪləbl] *adj bes. Am.* postversandfähig.
**'mail·bag** *s* Postsack *m*, Postbeutel *m.* **'~box** *s bes. Am.* Briefkasten *m.* **'~car** *s rail. Am.* Postwagen *m.* **~ car·ri·er** → mailman. **'~clad** *adj* gepanzert. **~ clerk** *s Am.* **1.** Postangestellte(r *m*) *f.* **2.** Postbearbeiter(in) (*in e-m Amt etc*). **'~coach** *s Br.* **1.** *rail.* Postwagen *m.* **2.** *hist.* Postkutsche *f.* **~ drop** *s Am.* **1.** Briefkastenschlitz *m*, Briefeinwurf *m.* **2.** ,toter Briefkasten' *m* (*von Spionen*). **3.** Posteingangskorb *m.*
**mailed** [meɪld] *adj* **1.** gepanzert (*a. zo.*): **the ~ fist** *fig.* die eiserne Faust. **2.** *orn.* mit (panzerähnlichen) Brustfedern.
**mail·er** ['meɪlə(r)] *s* **1.** *Am. a)* Adres'sierma,schine *f*, Fran'kierma,schine *f.* **2.** A'dressenschreiber(in). **3.** *Am.* Postwurfsendung *f.*
**mail·gram** ['meɪl,græm] *s Am.* 'Brieftele,gramm *m.*
**mail·ing list** ['meɪlɪŋ] *s* A'dressenliste *f.* **~ ma·chine** → mailer 1.
**mail·lot** [maɪ'əʊ; majo] (*Fr.*) *s* **1.** (*bes.* einteiliger, trägerloser) Badeanzug. **2.** Mail'lot *n, m* (*Trikot für Akrobaten etc*).
**'mail·man** *s irr bes. Am.* Postbote *m*, Briefträger *m.* **~ or·der** *s* Bestellung *f* (*von Waren*) durch die Post. **'~-,or·der** *adj* Postversand...: **~ busi·ness** Versandhandel *m*; **~ house**, **~ train** Postzug *m.*
**maim** [meɪm] *v/t* verstümmeln (*a. fig. e-n Text*), zum Krüppel machen.
**main**[1] [meɪn] **I** *adj* (*nur attr*) (*adv* → mainly) **1.** Haupt..., größt(er, e, es), wichtigst(er, e, es), vorwiegend, hauptsächlich: **~ girder** Längsträger *m*; **the ~ office** das Hauptbüro, die Zentrale;

---

road Hauptverkehrsstraße *f*; **the ~ reason** der Hauptgrund; **~ station** *a)* *teleph.* Hauptanschluß *m*, *b)* *rail.* Hauptbahnhof *m*; **the ~ thing** die Hauptsache; **by ~ force** mit äußerster Kraft, mit (roher) Gewalt. **2.** *mar.* groß, Groß...: **~top·gallant** Großbramstenge *f.* **3.** *poet.* (*weit*) offen: **the ~ sea** → 11. **4.** *ling. a)* Haupt..., *b)* des Hauptsatzes. **5.** *obs. a)* gewaltig, *b)* wichtig. **II** *s* **6.** *meist pl a)* Haupt(gas-, -wasser)leitung *f:* (**gas**) **~**; (**water**) **~**; *b)* Hauptstromleitung *f*, *c)* Strom(versorgungs)netz *n*, Netz(leitung *f*) *n:* **~ adapter** (*od. unit*) Netzteil *n*; **~s aerial** *Am.* **antenna** Netzantenne *f*; **~s cable** Netzkabel *n*; **~s connection** Netzanschluß *m*; **~s failure** Stromausfall *m*; **~ frequency** Betriebsfrequenz *f*; **~s-operated** Netz..., mit Netzanschluß; **~s voltage** Netzspannung *f.* **7.** Hauptleitung *f: a)* Hauptrohr *n*, *b)* Hauptkabel *n.* **8.** *Am.* Haupt(eisenbahn)linie *f.* **9.** *obs.* Kraft *f*, Gewalt *f:* → might[1] 2. **10.** Hauptsache *f*, Kern(punkt) *m*, (*das*) Wichtigste: **in** (*Am. a.* **for**) **the ~** hauptsächlich, in der Hauptsache. **11.** *poet.* (*das*) weite Meer, (*die*) offene *od.* hohe See. **III** *v/t* **12.** *sl.* sich (*Heroin etc*) spritzen.
**main**[2] [meɪn] *s* **1.** *in e-m alten Würfelspiel* (*Schanze*) die vom Spieler vor dem Wurf angesagte Zahl. **2.** Glücksspiel *n.* **3.** *obs.* Boxkampf *m.* **4.** Hahnenkampf *m.*
**main bang** *s Radar:* 'Auslöse-, 'Startim,puls *m.* **~ beam** *s mot. Br.* Fernlicht *n.* **~ brace** *s mar.* Großbrasse *f:* **to splice the ~** *sl. a)* e-e Extraration Rum an die Mannschaft austeilen, *b)* ,saufen'. **~ chance** *s* beste Gelegenheit (zu profi'tieren, (materi'eller) Vorteil: **to have an eye to the ~** s-n eigenen Vorteil im Auge haben *od.* behalten. **~ clause** *s ling.* Hauptsatz *m.* **~ course** → mainsail. **~ deck** *s mar.* **1.** Hauptdeck *n.* **2.** Batte'riedeck *n.* **~ drain** *s* **1.** 'Hauptrohr *n*, -ka,nal *m* (*für Abwässer*). **2.** *Am.* Hauptlenzleitung *f.* **~ es·tab·lish·ment** *s* Hauptniederlassung *f.* **'~frame** *s Computer:* Zen'traleinheit *f.* **~ fuse** *s electr.* Hauptsicherung *f.* **~ hatch** *s mar.* Großluke *f.* **'~land** [-lənd; -lænd] *s* Festland *n.* **~ line** *s* **1.** *mil. rail. etc* Hauptlinie *f:* **~ of resistance** Hauptkampf-, Hauptverteidigungslinie *f.* **2.** *Am.* Hauptverkehrsstraße *f.* **3.** *sl. a)* Hauptvene *f*, ,Schuß' *m* (*Heroin etc*). **'~line** *v/i sl.* ,fixen'. **~ lin·er** *s sl.* ,Fixer(in)'.
**main·ly** ['meɪnlɪ] *adv* hauptsächlich, größtenteils, vorwiegend, in erster Linie.
**main·mast** *s* ['meɪnmɑːst; *mar.* -məst; *Am.* -mæst] *s mar.* Großmast *m.* **~sail** ['meɪnseɪl; *mar.* -sl] *s mar.* Großsegel *n.* **'~sheet** *s mar.* Großschot *f.* **~spring** *s* **1.** Hauptfeder *f* (*e-r Uhr etc*). **2.** *fig.* (Haupt)Triebfeder *f*, treibende Kraft. **'~stay** *s* **1.** Großstag *n.* **2.** *fig.* Hauptstütze *f.* **~ stem** *s Am.* **1.** Hauptstraße *f.* **2.** Haupt(verkehrs)linie *f.* **3.** *fig.* (*das*) ,große Geschäft': **musical ~.** **'~stream** **I** *s* **1.** *fig.* Hauptströmung *f.* **2.** Mainstream *m* (*Jazzstil*). **II** *v/t* **3.** *ped. Am.* behinderte Kinder zu'sammen mit nichtbehinderten Kindern unter'richten. **'~stream·ing** *s ped. Am.* gemeinsame Unter'richtung von behinderten u. nichtbehinderten Kindern. **M~ Street** *adj Am.* provinzi'ell-materia'listisch. **M~ Street·er** *s Am.* provinzi'eller Spießer.
**main·tain** [meɪn'teɪn] *v/t* **1.** e-n Zustand (aufrecht)erhalten, beibehalten, (be-)wahren: **to ~ an attitude** e-e Haltung beibehalten; **to ~ good relations** gute Beziehungen aufrechterhalten; **to ~ one's reputation** s-n guten Ruf wahren. **2.** in'stand halten, unter'halten, pflegen, *tech. a.* warten: **to ~ a machine**;

---

expensive to ~ teuer im Unterhalt. **3.** unter'halten, (weiter)führen: **to ~ a correspondence. 4.** (*in e-m bestimmten Zustand*) lassen, bewahren: **by ~ force** mit äußerster Kraft, mit (roher) **in (an) excellent condition. 5.** *s-e Familie etc* unter'halten, versorgen. **6.** behaupten (**that** *daß*; **to** *inf zu inf*). **7.** *e-e Meinung, ein Recht etc* verfechten, -teidigen. **8.** *j-n* unter'stützen, *j-m* beipflichten. **9.** auf *e-r Forderung* bestehen: **to ~ a claim. 10.** nicht aufgeben, behaupten: **to ~ one's ground** *bes. fig.* sich (in s-r Stellung) behaupten *od.* halten. **11.** *jur. a)* e-e Klage anhängig machen: **to ~ an action**, *b)* e-e Prozeßpartei 'widerrechtlich unter'stützen. **12.** *econ. a)* e-n Preis halten, *b)* e-e Ware im Preis halten. **main'tain·a·ble** *adj* zu halten(d), verfechtbar, haltbar. **main'tain·er** *s* Unter'stützer(in): *a)* Verfechter(in) (*e-r Meinung etc*), *b)* Versorger(in), Erhalter(in). **main-'tain·or** [-nə(r)] *s jur.* außenstehender Pro'zeßtreiber.
**main·te·nance** ['meɪntɪnəns] *s* **1.** In'standhaltung *f* (*a. tech.*), 'Unterhaltung *f.* **2.** *tech.* Wartung *f*, Pflege *f:* **~ man** Wartungsmonteur *m*; **~-free** wartungsfrei. **3.** 'Unterhalt(smittel *pl*) *m:* **~ grant** Unterhaltszuschuß *m*; **~ order** Anordnung *f* von Unterhaltszahlungen. **4.** (Aufrecht)Erhaltung *f*, Beibehalten *n.* **5.** Betreuung *f:* **cap of ~** *hist.* Schirmhaube *f.* **6.** Behauptung *f*, Verfechtung *f.* **7.** *jur.* 'ille,gale Unter'stützung e-r pro'zeßführenden Par'tei.
**'main·top** *s mar.* Großmars *m.* **~-'top·mast** *s mar.* Großstenge *f.* **~-'top·sail** *s mar.* Großbramsegel *n.* **~,trav·el(l)ed** *adj* vielbefahren (*Straße*). **~ yard** *s mar.* Großrah(e) *f.*
**mai·son·(n)ette** [,meɪzə'net] *s* **1.** Maiso(n)'nette *f.* **2.** Einlieger wohnung *f.*
**maî·tre d'hô·tel** [,metrədʊ'tel; ,mɛt-rədɔtel] (*Fr.*) *s* **1.** *a)* Haushofmeister *m*, *b)* *hist.* Major'domus *m.* **2.** Oberkellner *m.* **3.** Ho'telbesitzer *m.* **4.** *meist* **~ butter** Hofmeistersoße *f* (*Buttersoße mit Kräutern*).
**maize** [meɪz] *s bes. Br.* **1.** *bot.* Mais *m.* **2.** Maiskorn *n.* **3.** Maisgelb *n.*
**ma·jes·tic** [mə'dʒestɪk] *adj* (*adv* **~ally**) maje'stätisch.
**maj·es·ty** ['mædʒəstɪ] *s* **1.** Maje'stät *f*, königliche Hoheit: **His (Her) M~** Seine (Ihre) Majestät *od.* königliche Hoheit; **Your M~** Eure Majestät; **in her ~** → her. mit Krone u. Zepter (*Adler*). **2.** Maje'stät *f*, maje'stätisches Aussehen, Erhabenheit *f*, Hoheit *f.* **3.** *art* (*die*) Herrlichkeit Gottes.
**ma·jol·i·ca** [mə'jɒlɪkə; -'dʒɒ-; *Am.* -al-] *s* Ma'jolika *f.*
**ma·jor** ['meɪdʒə(r)] **I** *s* **1.** *mil.* Ma'jor *m.* **2.** *ped. Am. a)* Hauptfach *n*, *b)* Stu'dent, der *Geschichte etc* als Hauptfach belegt hat: **history ~.** **3.** *jur.* Volljährige(r *m*) *f*, Mündige(r *m*) *f:* **to become ~** volljährig werden. **4.** *mus. a)* Dur *n*, *b)* 'Durak,kord *m*, *c)* Durtonart *f.* **5.** *Logik: a)* **~ term** Oberbegriff *m*, *b)* **~ premise** Obersatz *m.* **II** *adj* (*nur attr*) **6.** größer(er, e, es) (*fig. an Bedeutung, Interesse etc*), *fig. a.* bedeutend, wichtig, schwerwiegend: **~ axis** *math.* Hauptachse *f*; **~ event** *bes. sport* Großveranstaltung *f*; **~ illness** schwer(er) Krankheit; **~ offensive** Großoffensive *f*; **~ party** *pol.* große Partei; **~ poet** großer Dichter; **~ road** Haupt(verkehrs)straße *f*; **~ shareholder** *bes. Am.* **stockholder** *econ.* Großaktionär *m*; **~ operation 9. 7.** Mehrheits...: **~ vote** die von der Mehrheit abgegebenen Stimmen *pl.* **8.** *jur.* volljährig, majo'renn, mündig. **9.** *mus. a)* groß (*Terz etc*), *b)* Dur...: **C ~** C-Dur *n.*

**10.** *Am.* Hauptfach... **11.** der ältere *od.* erste: **Cato M~** der ältere Cato. **III** *v/i* **12.** ~ **in** *ped. Am.* als *od.* im Hauptfach stu'dieren.

**Ma·jor·can** [mə'dʒɔ:(r)kən; -'jɔ:(r)-] **I** *s* Mallor'quiner(in). **II** *adj* mallor'quinisch.

**ma·jor-do·mo** [ˌmeɪdʒə(r)'dəʊməʊ] *pl* **-mos** *s* **1.** Haushofmeister *m.* **2.** *hist.* Major'domus *m,* Hausmeier *m.*

**ma·jor·ette** [ˌmeɪdʒə'ret] *s Am.* 'Tambourma,jorin *f.*

**ma·jor| gen·er·al** *pl* ~ **gen·er·als** *s mil.* Gene'ralma,jor *m.*

**ma·jor·i·ty** [mə'dʒɒrɪtɪ; *Am. a.* -'dʒɑr-] *s* **1.** Mehrheit *f:* **by a large** ~ mit großer Mehrheit; ~ **of votes** (Stimmen)Mehrheit, Majorität *f;* ~ **decision,** ~ **vote** Mehrheitsbeschluß *m;* ~ **leader** *parl. Am.* Fraktionsführer *m* der Mehrheitspartei; ~ **rule** *pol.* Mehrheitsprinzip *n;* → **silent** 1. **2.** größere Zahl, größerer *od.* größter Teil, Mehrzahl *f:* **to be in the** (*od.* **a)** ~ in der Mehrzahl sein, **in the** ~ **of cases** in der Mehrzahl der Fälle; **to join the (great)** ~ zu den Vätern versammelt werden (*sterben*). **3.** *a.* ~ **party** *pol.* 'Mehrheitspar,tei *f.* **4.** *jur.* Voll-, Großjährigkeit *f,* Mündigkeit *f:* **to reach one's** ~ volljährig werden. **5.** *mil.* Ma'jorsrang *m od.* -stelle *f:* **to obtain one's** ~ zum Major befördert werden. ~ **car·ri·er** *s electr.* Majori'tätsträger *m.*

**ma·jor| key** *s mus.* Dur(tonart *f*) *n.* ~ **league** *s sport Am.* oberste Spielklasse. ~ **mode** *s mus.* Durgeschlecht *n.* ~ **or·ders** *s pl relig.* (die) höheren Weihen *pl.* **M~ Proph·ets** *s pl Bibl.* (die) großen Pro'pheten *pl.* ~ **scale** *s mus.* Durtonleiter *f.* ~ **suit** *s Bridge:* höhere Farbe (*Herz od. Pik*).

**ma·jus·cule** ['mædʒəskju:l; *Am. a.* mə'dʒʌs-] *s* Ma'juskel *f,* großer (Anfangs)Buchstabe *m.*

**make** [meɪk] **I** *s* **1. a)** Machart *f,* Ausführung *f,* **b)** Erzeugnis *n,* Pro'dukt *n,* Fabri'kat *n:* **our own** ~ (unser) eigenes Fabrikat; **of best English** ~ beste englische Qualität; **I like the** ~ **of this car** mir gefällt die Ausführung *od.* Form dieses Wagens; **has this car been made for your own** ~? haben Sie das (selbst) gemacht? **2.** *Mode:* Schnitt *m,* Fas'son *f.* **3.** *econ.* (Fa'brik-)Marke *f.* **4.** *tech.* Typ *m,* Bau(art *f*) *m.* **5.** Beschaffenheit *f,* Zustand *m.* **6.** Anfertigung *f,* 'Herstellung *f,* Produkti'on *f.* **7.** Produkti'on(smenge) *f,* Ausstoß *m.* **8. a)** (Körper)Bau *m,* **b)** Veranlagung *f,* Na'tur *f,* Art *f.* **9.** Bau *m,* Gefüge *n.* **10.** Fassung *f,* Stil *m* (*e-s Romans etc*). **11.** *electr.* Schließen *n* (*des Stromkreises*): **to be at** ~ geschlossen sein. **12.** *Kartenspiel:* **a)** Trumpfbestimmung *f,* **b)** *Bridge:* endgültiges Trumpfgebot, **c)** Mischen *n* (*der Karten*). **13.** **to be on the** ~ *sl. a*) ,schwer dahinter hersein', auf Geld *od.* auf s-n Vorteil aussein, **b)** auf ein (*sexuelles*) Abenteuer aussein, **c)** (*gesellschaftlich*) nach oben drängen, **d)** im Kommen *od.* Werden sein.

**II** *v/t pret u. pp* **made** [meɪd] **14.** *allg. z. B.* Anstrengungen, Einkäufe, Einwände, *e-e* Reise, sein Testament, *e-e* Verbeugung, *e-n* Versuch machen: **to** ~ **a fire** Feuer machen; **to** ~ **a price** *e-n* Preis festsetzen *od.* machen; **to** ~ **a speech** *e-e* Rede halten; (*siehe die Verbindungen mit den entsprechenden Stichwörtern*). **15.** machen: **a)** anfertigen, 'herstellen, erzeugen (**from, of, out of** von, aus), **b)** verarbeiten, bilden, formen (**to, into** in *acc,* zu), **c)** *Tee etc* (zu)bereiten, **d)** *ein Gedicht etc* verfassen, schreiben: **to** ~ **a sonnet.** **16.** errichten, bauen, *e-n Park, Weg etc* anlegen. **17.** (er)schaffen: **God made man**

Gott schuf den Menschen; **you are made for this job** du bist für diese Arbeit wie geschaffen. **18.** *fig.* machen zu: **he made her his wife; to~a doctor of s.o.** j-n Arzt werden lassen. **19.** ergeben, bilden, entstehen lassen: **oxygen and hydrogen** ~ **water** Wasserstoff u. Sauerstoff bilden Wasser. **20.** verursachen: **a)** *ein Geräusch, Lärm, Mühe, Schwierigkeiten etc* machen, **(mit sich) bringen: prosperity** ~**s contentment.** **21.** (er)geben, den Stoff abgeben zu, dienen als (*Sache*): **this** ~**s a good article** das gibt e-n guten Artikel; **this cloth will** ~ **a suit** dieses Tuch wird für e-n Anzug reichen. **22.** sich erweisen als (*Personen*): **he would** ~ **a good salesman** er würde e-n guten Verkäufer abgeben; **she made him a good wife** sie war ihm e-e gute Frau. **23.** bilden, (aus-)machen: **this** ~**s the tenth time** das ist das zehnte Mal. **24.** (*mit adj, pp etc*) machen: **to** ~ **angry** zornig machen, erzürnen; → **make good. 25.** (*mit folgendem Substantiv*) machen zu, ernennen zu: **they made him (a) general, he was made a general** er wurde zum General ernannt; **he made himself a martyr** er machte sich zum Märtyrer. **26.** *mit inf* (*act ohne* **to,** *pass mit* **to**) j-n lassen, veranlassen *od.* bringen *od.* zwingen zu, nötigen zu: **to** ~ **s.o. wait** j-n warten lassen; **we made him talk** wir brachten ihn zum Sprechen; **they made him repeat it, he was made to repeat it** man ließ es ihn wiederholen; **to** ~ **s.th. do, to** ~ **do with s.th.** mit etwas auskommen, sich mit etwas behelfen. **27.** *fig.* machen: **to** ~ **much of a)** viel Wesens um *etwas od.* j-n machen, **b)** viel halten von, e-e hohe Meinung haben von, große Stücke halten auf (*acc*). **28.** sich e-e Vorstellung von *etwas* machen, *etwas* halten für: **what do you** ~ **of it?** was halten Sie davon? **29.** *colloq.* j-n halten für: **I** ~ **him a greenhorn. 30.** schätzen auf (*acc*): **I** ~ **the distance three miles. 31.** feststellen: **I** ~ **it a quarter to five** nach m-r Uhr ist es Viertel vor fünf. **32.** erfolgreich 'durchführen: → **escape** 10. **33.** *j-m* zum Erfolg verhelfen, *j-s* Glück machen: **I can** ~ **and break you** ich kann aus Ihnen etwas machen u. ich kann Sie auch erledigen. **34.** sich *ein Vermögen etc* erwerben, verdienen, *Geld, e-n Profit* machen, *e-n Gewinn* erzielen: **to** ~ **money (a fortune, a profit);** → **name** *Bes. colloq.* **35.** *e-e Strecke* zu'rücklegen: **can we** ~ **it in 3 hours?,** **b)** *e-e Geschwindigkeit* erreichen, ,machen': **to** ~ **60 mph. 36.** *colloq. etwas* erreichen, ,schaffen': **a)** *e-n akademischen Grad* erlangen, *sport etc* Punkte, *a. e-e Schulnote* erzielen, *e-n Zug* erwischen: **to** ~ **it** es schaffen; **to** ~ **the team** *bes. Am.* sich e-n Platz (in der Mannschaft) erobern; → **regular** 14. **37.** *sl. e-e Frau* ,rumkriegen', ,umlegen' (*verführen*). **38.** ankommen in (*dat*), erreichen: **to** ~ **port** *mar.* in den Hafen einlaufen. **39.** *mar.* sichten, ausmachen: **to** ~ **land. 40.** *Br. e-e Mahlzeit* einnehmen. **41.** *ein Fest etc* veranstalten. **42.** *Kartenspiel:* **a)** *Karten* mischen, **b)** *e-n Stich* machen. **43.** *electr. den Stromkreis* schließen, *e-n Kontakt* 'herstellen. **44.** *ling. den Plural etc* bilden, werden zu. **45.** sich belaufen auf (*acc*), ergeben, machen: **two and two** ~ **four** 2 u. 2 macht *od.* ist 4. **46.** *bes. Br. ein Tier* abrichten, dres'sieren: **to** ~ **a horse. 47.** *obs.* über'setzen (*in e-e andere Sprache*). **48.** *Am. sl.* j-n identifi'zieren.

**III** *v/i* **49.** sich anschicken, den Versuch machen (**to do** zu tun): **he made to go** er wollte gehen. **50.** (**to** nach) **a)** sich be-

geben *od.* wenden, **b)** führen, gehen (*Weg etc*), sich erstrecken, **c)** fließen. **51.** einsetzen (*Ebbe, Flut*), (an)steigen (*Flut etc*). **52.** (*statt pass*) gemacht *od.* 'hergestellt werden: **bolts are making in this shop. 53.** *Kartenspiel:* e-n Stich machen. **54.** ~ **as if** (*od.* **as though**) so tun als ob *od.* als wenn: **to** ~ **believe (that** *od.* **to do)** vorgeben (daß *od.* zu tun); **to** ~ **like** *Am. sl.* sich benehmen *od.* aufführen wie.

*Verbindungen mit Präpositionen:*
**make| af·ter** *v/i obs.* j-m nachsetzen, *j-n* verfolgen. ~ **a·gainst** *v/i* **1.** ungünstig *od.* nachteilig sein für, schaden (*dat*). **2.** sprechen gegen (*a. von Umständen*). ~ **at** *v/i* losgehen *od.* sich stürzen auf (*acc*): **he made at me with a knife.** ~ **for** *v/i* **1. a)** zugehen *od.* lossteuern auf (*acc*), zustreben (*dat*), **b)** sich begeben nach, eilen nach, sich aufmachen nach, **c)** *mar.* Kurs haben auf (*acc*), **d)** sich stürzen auf (*acc*). **2.** förderlich sein (*dat*), dienen (*dat*), führen *od.* beitragen zu, (e-e Verbesserung *gen*) bewirken: **it makes for his advantage** es wirkt sich für ihn günstig aus; **the aerial** (*bes. Am.* **antenna**) **makes for better reception** die Antenne verbessert den Empfang; **it makes for good health** es ist gut für die Gesundheit; **to** ~ **the success of** zum Erfolg (*gen*) beitragen. ~ **from** *v/i* **1.** sich fortmachen von. **2.** *mar.* abtreiben von (*der Küste*). ~ **to·ward(s)** *v/i* **1.** → **make for** 1 a. **2.** sich nähern (*dat*). ~ **with** *v/i bes. Am. sl.* **1.** *Getränke etc* ,auffahren'. **2.** sich *e-n Vorschlag etc* einfallen lassen. **3.** **to** ~ **the face** Grimassen schneiden; ~ **the feet!** lauf schon!, mach schon!

*Verbindungen mit Adverbien:*
**make| a·way** *v/i* sich da'vonmachen: **to** ~ **with a)** sich davonmachen mit (*Geld etc*), **b)** *etwas od.* j-n beseitigen, aus dem Weg räumen, *etwas* aus der Welt schaffen, **c)** *Geld etc* durchbringen, **d)** sich entledigen (*gen*). ~ **good I** *v/t* **1. a)** (wieder)'gutmachen, **b)** ersetzen, vergüten: **to** ~ **a deficit** ein Defizit decken. **2. a)** begründen, rechtfertigen, **b)** be-, nachweisen. **3.** *ein Versprechen, sein Wort* halten, erfüllen, sich an *e-e Abmachung* halten. **4.** *den Erwartungen* entsprechen. **5.** *Flucht etc* glücklich bewerkstelligen. **6.** *e-e (berufliche etc)* Stellung ausbauen, sichern. **II** *v/i* **7.** sich 'durchsetzen (*a. Sache*), erfolgreich sein, sein Ziel erreichen. **8.** sich bewähren, den Erwartungen entsprechen. ~ **off** *v/i* sich da'vonmachen; **to** ~ **with the money** mit dem Geld durchbrennen; **to** ~ **with the prize** den Preis ergattern. ~ **out I** *v/t* **1.** *e-n Scheck etc* ausstellen. **2.** *ein Dokument etc* ausfertigen. **3.** *e-e Liste etc* aufstellen. **4.** ausmachen, erkennen: **to** ~ **a figure at a distance. 5.** *e-n Sachverhalt etc* feststellen, her'ausbekommen. **6. a)** j-n ausfindig machen, **b)** j-n verstehen, aus *j-m od. e-r Sache* klug werden: **I cannot make him (it) out. 7.** *e-e Handschrift etc* entziffern. **8. a)** behaupten, **b)** glaubhaft machen, **c)** beweisen: → **case**[1] 6; **to make s.o. out a liar** j-n als Lügner hinstellen. **9.** *Am.* **a)** (*bes. mühsam*) zu'stande bringen, **b)** ergeben, (aus-)machen. **10. a)** vervollkommnen, **b)** *art Einzelheiten* ausarbeiten, **c)** *e-e Summe* voll machen. **11.** halten für: **to make s.o. out to be a hypocrite. 12.** behaupten, vorgeben: **they** ~ **well informed. II** *v/i* **13.** *bes. Am. colloq.* **a)** Erfolg haben, erfolgreich sein (**as** als), **b)** sich ,sa'nieren', sich ,gesundstoßen' (**by** durch), **c)** *gut etc* abschneiden, **d)** *gut etc* zu'rechtkommen. **14.** *bes. Am.* auskommen (**with** mit *j-m*). **15.** *Am. colloq.* sich behelfen

(with mit). **16.** *bes. Am. sl.* a) ‚schmusen‘ (with mit), b) ‚bumsen‘ (*Geschlechtsverkehr haben*). **~ o·ver** *v/t* **1.** *Eigentum* über'tragen, -'eignen, vermachen. **2.** a) *e-n Anzug etc* 'umarbeiten, ändern, b) *ein Haus etc* 'umbauen *od.* reno'vieren, c) *j-n* ändern *od.* bessern. **~ up I** *v/t* **1.** bilden, zs.-setzen: **to ~ a whole** ein Ganzes bilden; **to be made up of** bestehen *od.* sich zs.-setzen aus. **2.** *e-e Arznei, Warenproben, e-n Bericht etc* zs.-stellen. **3.** *a. thea. etc* a) zu'rechtmachen, 'herrichten: **to ~ s.o.;** *od.* **one's face;** **to ~ a room,** b) schminken, c) 'ausstaf<sub> </sub>fieren. **4.** *ein Schriftstück etc* abfassen, aufsetzen, *e-e Liste* anfertigen, *e-e Tabelle* aufstellen. **5.** sich *e-e Geschichte etc* ausdenken, (*a. lügnerisch*) erfinden: **the story is made up. 6.** *ein Paket etc* (ver)packen, (ver-) schnüren: **to ~ parcels. 7.** *e-n Anzug etc* anfertigen, nähen. **8.** → **mind** 5. **9.** a) *Versäumtes* nachholen, wettmachen: → **leeway** 3, b) 'wiedergewinnen: **to ~ lost ground. 10.** ersetzen, vergüten. **11.** *e-n Streit etc* beilegen, begraben: **to make it up** a) es wiedergutmachen, b) sich versöhnen *od.* wieder vertragen (**with** mit). **12.** vervollständigen, *fehlende Summe etc* ergänzen, *e-n Betrag, e-e Gesellschaft etc* voll machen. **13.** *econ.* a) *e-e Bilanz* ziehen, b) *Konten, e-e Rechnung* ausgleichen: → **average** 2. **14.** *print.* den Satz um'brechen. **15.** *j-n* darstellen, sich verkleiden als. **II** *v/i* **16.** sich zu'rechtmachen, *bes.* sich pudern *od.* schminken. **17.** (**for** für) Ersatz leisten, als Ersatz dienen, entschädigen. **18.** (**for**) ausgleichen, aufholen (*acc*), (*e-n Verlust*) wieder-'gutmachen *od.* wettmachen, Ersatz leisten (für): **to ~ for lost time** den Zeitverlust wieder wettzumachen suchen, die verlorene Zeit wieder aufzuholen suchen. **19.** *Am.* (**to**) sich nähern (*dat*), zugehen (auf *acc*). **20.** *colloq.* sich (*j-m*) den Hof machen, (*j-m*) schöntun, sich einschmeicheln *od.* anbiedern (bei *j-m*), c) sich her'anmachen (an *j-n*). **21.** sich versöhnen *od.* wieder vertragen (**with** mit).

**make<sub>|</sub> and break** *s electr.* Unter-'brecher *m.* <sub>|</sub>**~-and-'break** *adj electr.* Unterbrecher...: **~ contact;** **~ ignition** Abreißzündung *f.* **~ and mend** *s mar. Br.* **1.** Putz- u. Flickstunde *f.* **2.** Halbtagsurlaub *m.* '**~-bate** *s obs.* Störenfried *m*, Unruhestifter(in). '**~-be<sub>|</sub>lieve I** *s* **1.** So-Tun-als-ob *n*, b) Verstellung *f*, c) Heuche'lei *f.* **2.** Vorwand *m.* **3.** (*falscher*) (An)Schein, Spiegelfechte'rei *f.* **4.** a) Heuchler(in), b) *fig.* Schauspieler(in). **II** *adj* **5.** angenommen, eingebildet, nur in der Phanta'sie exi'stierend: **~ world** Schein-, Phantasiewelt *f.* **6.** falsch: a) scheinbar, unecht, b) geheuchelt, unaufrichtig, c) vor-, angeblich. '**~-do** → **makeshift.** '**~-fast** *s mar.* **1.** Vertäupfahl *m.* **2.** Poller *m.* **3.** Vertäuboje *f.* '**~-peace** *s* Friedensstifter(in).

**mak·er** ['meɪkə(r)] *s* **1.** Macher *m*, Verfertiger *m.* **2.** *econ.* 'Hersteller *m*, Erzeuger *m.* **3.** **the M~** *relig.* der Schöpfer (*Gott*): **(to go) to meet one's ~** *euphem.* das Zeitliche segnen. **4.** *econ.* Aussteller *m e-s Eigenwechsels.* **5.** *obs.* Dichter *m*, Sänger *m.* **6.** *Bridge*: (Al'lein)Spieler *m.*

'**make-<sub>|</sub>read·y** *s print.* Zurichtung *f.* '**~-shift I** *s* Notbehelf *m.* **II** *adj* behelfsmäßig, provi'sorisch, Behelfs-, Not...: **~ construction;** **~ team** *sport* Verlegenheitsmannschaft *f.*

'**make-up** *s* **1.** Aufmachung *f*: a) *Film etc*: Ausstattung *f*, Kostü'mierung *f*, b) *econ.* Ausstattung *f*, Verpackung *f*, c) *humor.* Aufzug *m*, (Ver)Kleidung *f.* **2.** Make-'up *n*: a) Schminken *n*, Pudern *n*, b) Kos'metikum *n*, Schminke *f*, Puder *m*:

---

**~ case** Kosmetiktäschchen *n.* **3.** *Film etc*: Maske *f* (*a. im Abspann*). **4.** *fig.* Rüstung *f.* **5.** *chem. etc, a. pol. u. fig.* Zs.-setzung *f*: **the~ of the Cabinet; the~ of the team** *sport* die Mannschaftsaufstellung. **6.** Körperbau *m.* **7.** Veranlagung *f*, Na'tur *f.* **8.** Pose *f.* **9.** *fig. Am.* erfundene Geschichte, Erfindung *f.* **10.** *ped. Am.* a) Nachprüfung *f*, b) Wieder'holungsprüfung *f.* **11.** *print.* 'Umbruch *m.* **~man** *s irr* **1.** *Film etc*: Maskenbildner *m.* **2.** *print.* 'Umbruchredak<sub>|</sub>teur *m.*

'**make-weight** *s* **1.** (Gewichts)Zugabe *f*, Zusatz *m* (*bes. zum vollen Gewicht*). **2.** *a. fig.* Gegengewicht *n*, Ausgleich *m.* **3.** *fig.* a) Lückenbüßer *m* (*Person*), b) (kleiner) Notbehelf, Füllsel *n.*

'**make-<sub>|</sub>work** *s econ. Am.* Gewerkschaftspraxis, die verhindern soll, daß sich durch technischen Fortschritt bedingte Arbeitszeitverkürzungen negativ auf die Arbeitnehmer auswirken.

**ma·ki·mo·no** [<sub>|</sub>mɑːkɪ'məʊnəʊ] *pl* **-nos** *s* Maki'mono *n* (*ostasiatische Bildrolle*).

**mak·ing** ['meɪkɪŋ] *s* **1.** Machen *n*, Schaffen *n*: **this is of my own ~** das habe ich selbst gemacht, das ist mein eigenes Werk. **2.** Erzeugung *f*, 'Herstellung *f*, Fabrikati'on *f*: **~ order** spezifizierter Fertigungsauftrag; **to be in the ~** a) im Werden *od.* im Kommen *od.* in der Entwicklung sein, b) noch nicht fertig *od.* noch in Arbeit sein. **3.** Pro'dukt *n* (*e-s Arbeitsgangs*): **a ~ of bread** ein Schub *m* Brot. **4.** a) Zs.-setzung *f*, b) Verfassung *f*, c) Bau(art *f*) *m*, Aufbau *m*, d) Aufmachung *f.* **5.** Glück *n*, Chance *f*: **this will be the ~ of him** damit ist er ein gemachter Mann; **misfortune was the ~ of him** sein Unglück machte ihn groß. **6.** *oft pl* Anlagen *pl*, ‚Zeug‘ *n*: **he has the ~s of** er hat das Zeug *od.* die Anlagen zu. **7.** *pl* a) ('Roh)Materi<sub>|</sub>al *n* (*a. fig.*), b) *colloq.* (die) nötigen Zutaten *pl.* **8.** *pl* Pro'fit *m*, Verdienst *m.* **9.** *pl Bergbau*: Kohlengrus *m.* '**~-up day** *s econ. Br.* Re'porttag *m.* '**~-up price** *s econ. Br.* Liquidati'onspreis *m*, -kurs *m.*

**mal-** [mæl] *Wortelement mit der Bedeutung* schlecht.

**ma·lac·ca (cane)** [mə'lækə] *s* Ma'lakka(spa<sub>|</sub>zier)stöckchen *n.*

**Mal·a·chi** ['mæləkaɪ], <sub>|</sub>**Mal·a·chi·as** [-əs] *npr u. s Bibl.* (das Buch) Male'achi *m od.* Mala'chias *m.*

**mal·a·chite** ['mæləkaɪt] *s min.* Mala'chit *m*, Kupferspat *m.*

**mal·a·co·derm** ['mæləkəʊdɜːm; *Am.* -<sub>|</sub>dɜrm] *s zo.* Weichhäuter *m.*

**mal·a·col·o·gy** [<sub>|</sub>mælə'kɒlədʒɪ; *Am.* -'kɑ-] *s* Malakolo'gie *f*, Weichtierkunde *f.*

**mal·a·cop·ter·yg·i·an** ['mælə<sub>|</sub>kɒptə-'rɪdʒɪən; *Am.* -<sub>|</sub>kɑ-] *zo.* **I** *s* Weichflosser *m.* **II** *adj* weichflossig, Weichflosser...

**mal·a·cos·tra·can** [<sub>|</sub>mælə'kɒstrəkən; *Am.* -'kɑ-] *zo.* **I** *s* Schalenkrebs *m.* **II** *adj* Schalenkrebs...

'**mal·ad·ap'ta·tion** *s* schlechte Anpassung.

<sub>|</sub>**mal·ad'dress** *s* **1.** ungeschicktes Benehmen. **2.** Taktlosigkeit *f.*

<sub>|</sub>**mal·ad'just·ed** *adj* **1.** schlecht angepaßt *od.* angeglichen, unausgeglichen. **2.** *psych.* nicht angepaßt, 'dissozi<sub>|</sub>al, mi'lieugestört. <sub>|</sub>**mal·ad'just·ment** *s* **1.** schlechte Anpassung *od.* Angleichung. **2.** *tech.* falsche Einstellung. **3.** *fig.* a) 'Mißverhältnis *n*, b) gestörtes (*wirtschaftliches etc*) Gleichgewicht. **4.** *psych.* mangelnde Anpassung(sfähigkeit), Mi'lieustörung *f.*

'**mal·ad<sub>|</sub>min·is'tra·tion** *s* **1.** schlechte Verwaltung. **2.** *pol.* 'Mißwirtschaft *f.*

**mal·a·droit** [<sub>|</sub>mælə'drɔɪt] *adj* (*adv* **~ly**) **1.** ungeschickt. **2.** taktlos. <sub>|</sub>**mal·a-'droit·ness** *s* **1.** Ungeschick *n*, Un-

---

geschicklichkeit *f.* **2.** Taktlosigkeit *f.*

**mal·a·dy** ['mælədɪ] *s* **1.** Krankheit *f*, Gebrechen *n.* **2.** *fig.* Übel *n*: **a social ~.**

**ma·la fi·de** [<sub>|</sub>meɪlə'faɪdɪ; *bes. Am.* -mæ-] (*Lat.*) *adj u. adv* **1.** *jur.* a) arglistig, b) bösgläubig. **2.** falsch, unredlich. <sub>|</sub>**ma·la 'fi·des** [-diːz] (*Lat.*) *s* **1.** *jur.* a) Arglist *f*, b) böser Glauben. **2.** Unredlichkeit *f.*

**Mal·a·gas·y** [<sub>|</sub>mælə'gæsɪ] **I** *s* a) Mada'gasse *m*, Mada'gassin *f*, b) Mada'gassen *pl.* **II** *adj* mada'gassisch.

**ma·laise** [mæ'leɪz] *s* **1.** Unpäßlichkeit *f*, Unwohlsein *n* (*a. der Frau*), Kränklichkeit *f.* **2.** *fig.* Unbehagen *n.*

**ma·la·mute** ['mæləmjuːt] *s* Eskimohund *m.*

**mal·an·ders** ['mæləndə(r)z] *s pl* (*meist als sg konstruiert*) *vet.* Mauke *f* (*Pferdekrankheit*).

**mal·a·pert** ['mæləpɜːt; *Am.* <sub>|</sub>mælə'pɜrt] *adj u. s obs.* unverschämt(e Per'son).

**mal·a·prop** ['mæləprɒp; *Am.* -<sub>|</sub>prɑp], '**mal·a·prop·ism** *s* (lächerliche) Wortverwechslung, 'Mißgriff *m.*

**mal·ap·ro·pos** [<sub>|</sub>mæl'æprəpəʊ; -æprə-'pəʊ] **I** *adj* **1.** unangebracht, unpassend. **2.** unschicklich. **II** *adv* **3.** a) zur unrechten Zeit, b) im falschen Augenblick. **III** *s* **4.** (*etwas*) Unangebrachtes *etc.*

**ma·lar** ['meɪlə(r)] *anat.* **I** *adj* ma'lar, Backen...: **~ bone** → **II. II** *s* Backenknochen *m.*

**ma·lar·i·a** [mə'leərɪə] *s med.* Ma'laria *f*, Sumpffieber *n.* **ma·lar·i·al, ma·lar·i·an, ma·lar·i·ous** *adj* Malaria...

**ma·lar·k(e)y** [mə'lɑː(r)kɪ] *s colloq.* ‚Käse‘ *m*, ‚Quatsch‘ *m.*

**mal·ate** ['mæleɪt; 'meɪ-] *s chem.* Ma'lat *n*, Salz *n od.* Ester *m* der Apfelsäure.

**Ma·lay** [mə'leɪ; *Am. a.* 'meɪleɪ] **I** *s* **1.** Ma'laie *m*, Ma'laiin *f.* **2.** Eingeborene(r *m*) *f* von Ma'lakka. **3.** *ling.* Ma'laiisch *n*, das Ma'laiische. **II** *adj* **4.** ma'laiisch. **Mal·a·ya·lam** [<sub>|</sub>mælɪ'ɑːləm; *Am.* -'jɑ-] *s* Malaya'lam *n* (*malabarische Sprache*). **Ma·lay·an** [mə'leɪən; *Am. a.* 'meɪ<sub>|</sub>l-] → **Malay** II. **Ma·lay·si·an** [mə'leɪzɪən; *Am.* -ʒən; -ʃən] **I** *s* Ma'laysier(in). **II** *adj* ma'laysisch.

<sub>|</sub>**mal·con'tent I** *adj* unzufrieden (*a. pol.*). **II** *s* Unzufriedene(r *m*) *f* (*a. pol.*).

**male** [meɪl] **I** *adj* **1.** *biol.* männlich (*a. tech.*): **~ cat** Kater *m*; **~ child** Knabe *m*; **~ cousin** Vetter *m*; **~ fern** *bot.* Wurmfarn *m*; **~ nurse** Krankenpfleger *m*; **~ plug** *electr.* Stecker *m*; **~ prostitute** Strichjunge *m*; **~ screw** *tech.* Schraubenbolzen *m*, -spindel *f*; **without ~ issue** ohne männliche(n) Nachkommen. **2.** *weitS.* a) männlich, mannhaft, b) kräftig (*in der Farbe etc*), c) Männer...: **~ voice;** **~ choir** Männerchor *m.* **II** *s* **3.** a) Mann *m*, b) Knabe *m.* **4.** *zo.* Männchen *n.* **5.** *bot.* männliche Pflanze.

**ma·le·ate** ['mæleɪt; *Am.* 'meɪ-; *a.* -lɪət] *s chem.* Male'at *n.*

**mal·e·dic·tion** [<sub>|</sub>mælɪ'dɪkʃn] *s* **1.** Fluch *m*, Verwünschung *f.* **2.** Fluchen *n.* **mal·e'dic·to·ry** [-tərɪ] *adj* verwünschend, Verwünschungs..., Fluch...

**mal·e·fac·tion** [<sub>|</sub>mælɪ'fækʃn] *s* Missetat *f.* '**mal·e·fac·tor** [-tə(r)] *s* Misse-, Übeltäter *m.* '**mal·e·fac·tress** [-trɪs] *s* Misse-, Übeltäterin *f.*

**ma·lef·ic** [mə'lefɪk] *adj* (*adv* **~ally**) **1.** ruchlos, bösartig. **2.** unheilvoll. **ma·lef·i·cent** [-snt] *adj* **1.** bösartig. **2.** schädlich (**to** für *od. dat*). **3.** verbrecherisch.

**ma·le·ic ac·id** [mə'leɪɪk; *Am. a.* -'liːɪk] *s chem.* Male'insäure *f.*

**ma·le·mute** → **malamute.**

**ma·lev·o·lence** [mə'levələns] *s* 'Mißgunst *f*, Bosheit *f*, Feindseligkeit *f* (**to** gegen), Böswilligkeit *f.* **ma'lev·o·lent**

*adj* (*adv* ~**ly**) **1.** 'mißgünstig, widrig (*Umstände etc*). **2.** (**to**) feindselig (gegen), feindlich gesinnt (*dat*), übelwollend (*dat*), böswillig.

**mal·fea·sance** [mæl'fi:zns] *s jur.* strafbare Handlung, (*bes.* Amts)Vergehen *n*.

**mal'fea·sant I** *adj* gesetzwidrig, strafbar. **II** *s* Missetäter(in), *bes.* j-d, der sich e-s Amtsvergehens schuldig macht.

**‚mal·for'ma·tion** *s bes. med.* 'Mißbildung *f*. **‚mal'formed** *adj* 'mißgebildet.

**‚mal'func·tion I** *s* **1.** *med.* Funkti'onsstörung *f*. **2.** *tech.* a) schlechtes Funktio'nieren *od.* Arbeiten, b) Versagen *n*. **II** *v/i* **3.** *tech.* a) schlecht funktio'nieren *od.* arbeiten, b) versagen.

**mal·ic** ['mælɪk; 'meɪ-] *adj chem.* Apfel...: ~ **acid**.

**mal·ice** ['mælɪs] *s* **1.** Böswilligkeit *f*, Gehässigkeit *f*, Bosheit *f*: **out of pure ~** aus reiner Bosheit. **2.** Groll *m*: **to bear ~ to s.o., to bear s.o. ~** j-m grollen, Rachegefühle gegen j-n hegen *od.* nähren. **3.** Arglist *f*, (Heim)Tücke *f*: **the ~ of fate** die Tücke des Geschicks. **4.** (schelmische) Bosheit, Schalkhaftigkeit *f*: **with ~** boshaft, maliziös. **5.** *jur.* böse Absicht, Vorsatz *m*: **with ~** (**aforethought** *od.* **prepense**) vorsätzlich.

**ma·li·cious** [mə'lɪʃəs] *adj* (*adv* ~**ly**) **1.** böswillig, feindselig. **2.** arglistig, (heim-)tückisch. **3.** gehässig. **4.** maliziös: a) hämisch, schadenfroh, b) schalkhaft, boshaft. **5.** *jur.* böswillig, vorsätzlich: ~ **abandonment** böswilliges Verlassen; ~ **mischief** *Am. u. Scot.* (böswillige) Sachbeschädigung; ~ **prosecution** böswillige Strafverfolgung. **ma'li·cious·ness** → malice 1-3.

**ma·lign** [mə'laɪn] **I** *adj* **1.** verderblich, schädlich. **2.** unheilvoll. **3.** → malignant 1-4. **II** *v/t* **4.** verlästern, -leumden, beschimpfen. **ma·lig·nan·cy** [mə'lɪgnənsɪ] *s* **1.** Bösartigkeit *f* (*a. med.*), Böswilligkeit *f*, Feindseligkeit *f*. **2.** Bosheit *f*, Arglist *f*. **3.** hämisches Wesen. **4.** Schädlichkeit *f*, Verderblichkeit *f*. **ma'lig·nant** *adj* (*adv* ~**ly**) **1.** bösartig (*a. med.*), böswillig, feindselig. **2.** boshaft, arglistig, (heim)tückisch. **3.** hämisch, schadenfroh. **4.** gehässig. **5.** → malign 1, 2. **6.** *pol.* unzufrieden, re'bellisch. **II** *s* **7.** *Br. hist.* Königstreue(r *m*) *f*, Roya'list(in) (*bes.* Anhänger von Charles I). **8.** *pol.* Unzufriedene(r *m*) *f*. **ma·lig·ner** [mə'laɪnə(r)] *s* Verleumder(in). **ma·lig·ni·ty** [mə'lɪgnətɪ] *s* **1.** → malignancy 1, 2, 3. **2.** tiefer Haß. **3.** *pl* a) Bösgefühle *pl*, b) Gemeinheiten *pl*, böswillige Handlungen *pl*, c) unheilvolle Ereignisse *pl*.

**ma·lines** [mæ'li:n; *bes. Am.* mə-; malin] *pl* **-lines** [-'li:n; -nz; malin] (*Fr.*) *s* **1.** (früher handgewebtes) tüllartiges Maschenwerk. **2.** Mechelner Spitzen *pl*.

**ma·lin·ger** [mə'lɪŋgə(r)] *v/i* sich krank stellen, simu'lieren, ‚sich drücken'. **ma·lin·ger·er** *s* Simu'lant *m*, Drückeberger *m*.

**ma·lism** ['meɪlɪzəm] *s* Lehre, daß die Welt als Ganzes schlecht ist.

**mal·i·son** ['mælɪzn; -ɪsn] *s obs.* Verwünschung *f*, Fluch *m*.

**mal·kin** ['mɔːkɪn; 'mɔːl-; *Am. a.* 'mæl-] *s* **1.** *obs.* Schlampe *f*, Hure *f*. **2.** Vogelscheuche *f*.

**mall¹** [mɔːl; mæl] *s* **1.** schattiger Prome'nadenweg. **2.** *hist.* a) Mail(spiel) *n*, b) Mailschlegel *m*, c) Mailplatz *m*. **3.** *Am.* Einkaufszentrum *n*.

**mall²** [mɔːl; mɑːl] *s orn.* Sturmmöwe *f*.

**mall³** → maul.

**mal·lard** ['mælɑːd; *Am.* -ərd] *pl* **-lards**, *bes. collect.* **-lard** *s* **1.** *orn.* a) Wild-, Stockente *f*, b) wilder Enterich *m*. **2.** Wildente(nfleisch *n*) *f*.

**mal·le·a·bil·i·ty** [‚mælɪə'bɪlətɪ] *s* **1.** *tech.* a) (Kalt)Hämmerbarkeit *f*, b) Dehn-, Streckbarkeit *f*, c) Verformbarkeit *f*. **2.** *fig.* Geschmeidigkeit *f*, Formbarkeit *f*.

**mal·le·a·ble** ['mælɪəbl] *adj* **1.** *tech.* a) (kalt)hämmerbar, b) dehn-, streckbar, c) verformbar. **2.** *fig.* formbar, gefügig, geschmeidig. ~ **cast i·ron** *s tech.* **1.** Tempereisen *n*. **2.** Temperguß *m*. ~ **i·ron** *s tech.* **1.** a) Schmiede-, Schweißeisen *n*, b) schmiedbarer Guß. **2.** *Am.* → malleable cast iron.

**mal·le·a·ble·ize** ['mælɪəblaɪz] *v/t tech.* tempern, glühfrischen.

**mal·le·i** ['mælɪaɪ] *pl von* malleus.

**mal·le·i·form** [mə'li:ɪfɔː(r)m; mæ-] *adj zo.* hammerförmig.

**mal·le·muck** ['mælɪmʌk] *s orn.* a) Sturmvogel *m*, b) Eismöwe *f*, c) Fulmar *m*.

**mal·le·o·lar** [mə'li:ələ(r)] *adj anat.* malleo'lar, Knöchel... **mal'le·o·lus** [-ləs] *pl* **-li** [-laɪ] *s anat.* Mal'leolus *m*, Knöchel *m* (*am Ende des Schien- u. Wadenbeins*).

**mal·let** ['mælɪt] *s* **1.** Holzhammer *m*, Schlegel *m*. **2.** *Bergbau:* (Hand)Fäustel *m*, Schlägel *m*. **3.** *sport* a) (Krocket)Schläger *m*, b) (Polo)Schläger *m*.

**mal·le·us** ['mælɪəs] *pl* **-le·i** [-lɪaɪ] *s anat.* Hammer *m* (*Gehörknöchelchen*).

**mal·low** ['mæloʊ] *s bot.* **1.** Malve *f*. **2.** Malvengewächs *n*.

**malm** [mɑːm; *Am. a.* mɑːlm] *s geol.* Malm *m*, (*kalkhaltiger*) weicher Lehm.

**malm·sey** ['mɑːmzɪ; *Am. a.* 'mɑːlm-] *s* Malva'sier(wein) *m* (*Süßweinsorte*).

**‚mal·nu'tri·tion** *s* **1.** 'Unterer‚nährung *f*. **2.** Fehlernährung *f*.

**‚mal·oc'clu·sion** *s med.* Ge'biß‚anoma‚lie *f*.

**‚mal'o·dor·ous** *adj* übelriechend.

**Mal·pigh·i·an** [mæl'pɪgɪən] *adj bot. med. zo.* mal'pighisch (*nach dem italienischen Anatomen Malpighi*): ~ **body**, ~ **corpuscle** *med.* Malpighisches Körperchen.

**‚mal·po'si·tion** *s med.* 'Stellungs-, 'Lageanoma‚lie *f*.

**‚mal'prac·tice** *s* **1.** Übeltat *f*, Vergehen *n*. **2.** *jur.* a) Vernachlässigung *f* der beruflichen Sorgfalt, b) Kunstfehler *m*, falsche (ärztliche) Behandlung, c) Fahrlässigkeit *f* (*des Arztes*), d) Amtsvergehen *n*, e) Untreue *f* (*im Amt etc*).

**'mal‚pres·en'ta·tion** *s med.* ano'male Kindslage.

**malt** [mɔːlt] **I** *s* **1.** Malz *n*: **green ~** Grünmalz. **2.** *colloq.* (Malz)Bier *n*. **II** *v/t* **3.** mälzen, malzen: ~**ed milk** Malzmilch *f*. **4.** unter Zusatz von Malz 'herstellen. **III** *v/i* **5.** zu Malz werden. **6.** malzen. **IV** *adj* **7.** Malz...: ~ **extract**; ~ **liquor** gegorener Malztrank, *bes.* (Malz)Bier *n*; ~ **whisky** Malt-Whisky *m*, Malzwhisky *m*.

**malt·ase** ['mɔːlteɪs] *s biol. chem.* Mal'tase *f*, Dia'stase *f* (*Ferment*).

**Mal·tese** [‚mɔːl'ti:z; *Am. a.* -'ti:s] **I** *s* **1.** a) Mal'teser(in), b) *pl* Mal'teser *pl*. **2.** *ling.* Mal'tesisch *n*. **II** *adj* **3.** mal'tesisch, Malteser... ~ **cross** *s* **1.** Mal'teserkreuz *n*. **2.** *tech.* Mal'teserkreuz(getriebe) *n*.

**mal·tha** ['mælθə] *s* **1.** *min.* Berg-, Erdteer *m*. **2.** (*verschiedene Arten von*) Mörtel *m* *od.* Ze'ment *m*.

**'malt·house** *s* Mälze'rei *f*.

**Mal·thu·sian** [mæl'θjuːzjən; -'θuː-; *Am.* -ʒən] **I** *s* Malthusi'aner(in). **II** *adj* mal'thusisch, Malthus... **Mal'thu·si·an·ism** *s* Malthusia'nismus *m*.

**malt·ine** ['mɔːlti:n] *s chem. Br.* Mal'tin *n*, 'Malzdia‚stase *f*.

**malt·ing** ['mɔːltɪŋ] *s* Mälze'rei *f*.

**malt·ose** ['mɔːltəʊs; *Am.* -əʊs] *s chem.* Mal'tose *f*, Malzzucker *m*.

**‚mal'treat** *v/t* **1.** schlecht behandeln, malträ'tieren, grob 'umgehen mit. **2.**

miß'handeln. **‚mal'treat·ment** *s* **1.** schlechte Behandlung. **2.** Miß'handlung *f*.

**malt·ster** ['mɔːltstə(r)] *s* Mälzer *m*.

**malt sug·ar** → maltose.

**malt·y** ['mɔːltɪ] *adj* malzig, malzhaltig, Malz...

**mal·va·ceous** [mæl'veɪʃəs] *adj bot.* zu den Malvengewächsen gehörig.

**mal·ver·sa·tion** [‚mælvɜː'seɪʃn; *Am.* -vər-] *s jur.* **1.** Veruntreuung *f*, 'Unterschleif *m*. **2.** 'Amts‚mißbrauch *m*, -vergehen *n*.

**mal·voi·sie** ['mælvɔɪzɪ; *Am.* ‚mælvwə-'zi:] → malmsey.

**mam·ba** ['mæmbə; *Am. a.* 'mɑːmbə] *s zo.* Mamba *f* (*Giftnatter*).

**mam·e·lon** ['mæmələn] *s* Hügel *m*.

**Mam·e·luke** ['mæmɪluːk] *s hist.* **1.** Mame'luck *m*. **2.** m~ Sklave *m*.

**ma·mil·la** [mæ'mɪlə] *pl* **-lae** [-li:] *s* **1.** *anat.* Brustwarze *f*. **2.** *zo.* Zitze *f*. **3.** (brust)warzenförmiges Gebilde. **ma·mil·lar·y** ['mæmɪlərɪ; *Am.* -‚lerɪ] *adj* **1.** *anat.* Brustwarzen... **2.** (brust)warzenförmig. **'ma·mil·late** [-leɪt], **'ma·mil·lat·ed** *adj* **1.** mit Brustwarzen besetzt. **2.** → mamillary 2. **ma·mil·li·form** [mə'mɪlɪfɔː(r)m] → mamillary 2.

**mam·ma¹** [mə'mɑː; *Am. a.* 'mɑːmə] *s* Ma'ma *f*, Mutti *f*.

**mam·ma²** ['mæmə] *pl* **-mae** [-mi:; *Am. a.* -maɪ] *s* **1.** *anat.* (weibliche) Brust, Brustdrüse *f*. **2.** *zo.* Zitze *f*, Euter *n*.

**mam·mal** ['mæml] *s zo.* Säugetier *n*.

**Mam·ma·li·a** [mæ'meɪljə; -ɪə; mə-] *s pl zo.* Mam'malia *pl*, Säugetiere *pl*. **mam·ma·li·an** *zo.* **I** *s* Säugetier *n*. **II** *adj* Säugetier..., zu den Säugetieren gehörig.

**mam·ma·lif·er·ous** [‚mæmə'lɪfərəs] *adj geol.* (*fossile*) Säugetierreste enthaltend. **mam·ma·log·i·cal** *adj* mamma'logisch. **mam·mal·o·gy** [mæ'mæl-ədʒɪ; mə-] *s* Mammalo'gie *f*, Säugetierkunde *f*.

**mam·ma·ry** ['mæmərɪ] *adj* **1.** *anat.* Brust(warzen)..., Milch...: ~ **gland** Brust-, Milchdrüse *f*. **2.** *zo.* Euter...

**mam·mi·fer** ['mæmɪfə(r)] *s zo. selten* Säugetier *n*. **mam·mif·er·ous** [mæ'mɪfərəs] *adj* säugend, mit Brustwarzen (versehen). **'mam·mi·form** [-fɔː(r)m] *adj* **1.** brust(warzen)förmig. **2.** zitzen-, euterförmig.

**mam·mil·la,** *etc* *bes. Am.* für mamilla, *etc*.

**mam·mock** ['mæmək] *bes. dial.* **I** *s* Bruchstück *n*, Brocken *m*. **II** *v/t* (in Stücke) (zer)brechen.

**mam·mo·gram** ['mæməgræm] *s med.* Mammo'gramm *n* (*Röntgenaufnahme der weiblichen Brust*). **'mam·mo·graph** [-grɑːf; *bes. Am.* -græf] → mammogram. **mam·mog·ra·phy** [mæ'mɒgrəfɪ; *Am.* -'mɑː-] *s* Mammogra'phie *f* (*röntgenologische Untersuchung der weiblichen Brust*).

**mam·mon** ['mæmən] *s* Mammon *m*: a) Reichtum *m*, Geld *n*: **the ~ of unrighteousness** *Bibl.* der ungerechte Mammon, b) M~ Dämon des Geldes *od.* der Besitzgier: **to serve** (*od.* **worship**) M~ dem Mammon dienen. **'mam·mon·ish** *adj* dem Mammon ergeben. **'mam·mon·ism** *s* Mammo'nismus *m*, Geldgier *f*. **'mam·mon·ist**, **'mam·mon·ite** *s* Mammonsdiener *m*.

**mam·mo·plas·ty** [mæ'mɒpləstɪ; *Am.* -'mɑː-] *s med.* Mammo'plastik *f*.

**mam·moth** ['mæməθ] **I** *s zo.* Mammut *n*. **II** *adj* Mammut..., riesig, Riesen..., ungeheuer: ~ **enterprise** Mammutunternehmen *n*; ~ **tree** *bot.* Mammutbaum *m*.

**mam·my** ['mæmɪ] *s* **1.** *colloq.* Mami *f*, Mutti *f*. **2.** *contp. Am.* farbiges Kindermädchen.

**man** [mæn] **I** *pl* **men** [men] *s* **1.** Mensch *m.* **2.** *oft* M~ (*meist ohne the*) *collect.* der Mensch, die Menschen *pl*, die Menschheit: **the rights of** ~ die Menschenrechte. **3.** Mann *m*: ~ **about town** Lebemann; **the** ~ **in** (*Am. a.* **on**) **the street** der Mann auf der Straße, der Durchschnittsbürger, der gewöhnliche Sterbliche; ~ **of all work** a) Faktotum *n*, b) Allerweltskerl *m*; ~ **of God** Diener *m* Gottes; ~ **of straw** Strohmann; ~ **of the world** Mann von Welt; M~ **of Sorrows** *relig.* Schmerzensmann (*Christus*); **he is a** ~ **of few words** er macht nicht viele Worte; **he is an Oxford** ~ er hat in Oxford studiert; **I have known him** ~ **and boy** ich kenne ihn schon von Jugend auf; **to be one's own** ~ sein eigener Herr sein; **the** ~ **Smith** (besagter *od.* dieser) Smith; **a** ~ **and a brother** *Br. colloq.* ein patenter Kerl; **my good** ~! *iro.* mein lieber Herr!; → **honor** 9, **inner man**, **letter** 5. **4.** *weitS.* a) Mann *m*, Per'son *f*, b) jemand, c) man: **as a** ~ als Mensch (*schlechthin*); **any** ~ a) irgend jemand, b) jedermann; **every** ~ jeder(mann); **few men** nur wenige (Menschen); **no** ~ niemand; **50 p per** ~ 50 Pence pro Person *od.* Mann; **what can a** ~ **do in such a case?** was kann man da schon machen?; **to give a** ~ **a chance** einem e-e Chance geben; **the** M~ *Am. sl.* a) der Weiße, b) das (*bes.* weiße) Establishment, c) die 'Bullen' *pl*, die Polizei. **5.** Mann *m*: **as one** ~ wie 'ein Mann, geschlossen; ~ **by** ~ Mann für Mann; **to a** ~ bis auf den letzten Mann. **6.** (Ehe)Mann *m*: ~ **and wife** Mann u. Frau. **7.** (*der*) (richtige) Mann, (*der*) Richtige: **if you want a guide, he is your** ~; **I am your** ~! ich bin Ihr Mann!; **he is not the** ~ **to do it** er ist nicht der richtige Mann dafür. **8.** (wahrer, echter *od.* 'richtiger') Mann: **be a** ~! sei ein Mann!, reiß dich zusammen! **9.** *collect.* die Männer *pl*, der Mann. **10.** a) Diener *m*, b) Angestellte(r) *m*, c) Arbeiter *m*: **the men are on strike**. **11.** *mil.* Mann *m* (*a. pl*): a) Sol'dat *m*, b) Ma'trose *m*, c) *pl* Mannschaft *f*: ~ **on leave** Urlauber *m*; **20 men** zwanzig Mann. **12.** (*als interj*) *a.* ~ **alive!** Mensch!, Menschenskind!, Mann!: **hurry up,** ~! Mensch, beeil dich! **13.** *hist.* Lehnsmann *m*, 'Untertan *m*. **14.** *Brettspiele:* Stein *m*, ('Schach)Fi₁gur *f*. **II** *v/t* **15.** *mar. mil.* a) bemannen: **to** ~ **a ship**; ~**ned space flight**, b) besetzen: **to** ~ **a fort. 16.** *e-n Arbeitsplatz etc* besetzen, einnehmen, arbeiten *od.* beschäftigt sein an (*dat*). **17.** *fig. j-n* stärken: **to** ~ **o.s.** sich ermannen *od.* aufraffen. **III** *adj* **18.** männlich: ~ **cook** Koch *m*.

**ma·na** ['mɑːnə] *s* Mana *n*: a) *magische Elementarkraft*, b) *übernatürliche Macht (-stellung)*, Geltung.

**man·a·cle** ['mænəkl] **I** *s meist pl* **1.** Handfessel *f*, -schelle *f*, Fessel *f* (*a. fig.*). **II** *v/t* **2.** *j-m* Handfesseln *od.* -schellen anlegen. **3.** *fig. j-n* (be)hindern.

**man·age** ['mænɪdʒ] **I** *v/t* **1.** *e-e Sache* führen, verwalten: **to** ~ **one's own affairs** s-e eigenen Angelegenheiten erledigen. **2.** *e-n Betrieb etc* leiten, führen, vorstehen (*dat*): **to** ~ **a business. 3.** *ein Gut etc* bewirtschaften: **to** ~ **an estate. 4.** *e-n Künstler, Sportler etc* managen. **5.** *etwas* zu'stande bringen, bewerkstelligen. **6.** *es* fertigbringen: **he** ~**d to see the general himself** es gelang ihm, den General selbst zu sprechen. **7.** ,deichseln', ,einfädeln', ,managen': **to** ~ **matters** die Sache deichseln. **8.** *colloq. e-e Arbeit, a. Essen etc* bewältigen, ,schaffen'. **9.** 'umgehen (können) mit: a) *ein Werkzeug etc* handhaben, mit *e-e Maschine etc* bedienen, b) mit *j-m* 'umgehen *od. j-n* zu behandeln *od.* zu ,nehmen' wissen,

c) mit *j-m* fertig werden, *j-n* bändigen: **I can** ~ **him** ich werde schon mit ihm fertig, d) *j-n* her'umkriegen. **10.** *ein Fahrzeug etc* lenken (*a. fig.*). **11.** *ein Pferd* dres'sieren, zureiten. **12.** *Land* bearbeiten. **13.** *colloq.* (*durch Schwierigkeiten*) (hin)'durchbringen, -la₁vieren. **14.** *obs.* haushalten mit. **II** *v/i* **15.** wirtschaften. **16.** das Geschäft *od.* den Betrieb *etc* führen. **17.** auskommen, sich behelfen (**with** mit; **without** ohne). **18.** *colloq.* a) ,es schaffen', 'durchkommen, zu'rechtkommen, zu Rande kommen, b) (es) einrichten *od.* ermöglichen: **can you come this evening?** **I'm afraid, I can't** ~ (it) können Sie heute abend kommen? Es geht leider nicht *od.* es ist mir leider nicht möglich. **III** *s obs.* **19.** Reitschule *f*, Ma'nege *f*. **20.** a) Dres'sur *f* (*von Pferden*), b) Dres'surübungen *pl.*

**man·age·a·ble** ['mænɪdʒəbl] *adj* (*adv* **manageably**) **1.** lenksam, fügsam. **2.** gelehrig. **3.** dres'sierbar. **4.** handlich, leicht zu handhaben(d). ~ **'man·age·a·ble·ness** *s* **1.** Lenk-, Fügsamkeit *f.* **2.** Gelehrigkeit *f.* **3.** Handlichkeit *f.*

**man·aged| cur·ren·cy** ['mænɪdʒd] *s econ.* manipu'lierte *od.* (staatlich) gelenkte Währung. ~ **e·con·o·my** *s econ.* Planwirtschaft *f.*

**man·age·ment** ['mænɪdʒmənt] *s* **1.** (Haus- *etc*)Verwaltung *f.* **2.** *econ.* Management *n*, Unter'nehmensführung *f*: **junior (middle, top)** ~ untere (mittlere, obere) Führungskräfte *pl*; ~ **consultant** Betriebs-, Unternehmensberater *m*; ~ **engineering** *Am.* Betriebstechnik *f*; ~ **studies** Betriebswirtschaft *f*; ~ **science** Wissenschaft *f* von der Unternehmensführung. **3.** *econ.* Geschäftsleitung *f*, Di'rekti'on *f*: **under new** ~ unter neuer Leitung, (*Geschäft etc*) neu eröffnet; **la·bo(u)r and** ~ Arbeitnehmer *pl* u. Arbeitgeber *pl*; ~ **shares** *pes. Br.* Gründeraktien, -anteile; ~ **and union** Sozialpartner *pl.* **4.** *agr.* Bewirtschaftung *f*: ~ **of an estate. 5.** Erledigung *f*, Besorgung *f*: ~ **of affairs. 6.** Geschicklichkeit *f*, (kluge) Taktik *f*, Manipulati'on *f.* **7.** Kunstgriff *m*, Trick *m.* **8.** Handhabung *f*, Behandlung *f.* **9.** *med.* Behandlung *f* (u. Pflege *f*).

**man·ag·er** ['mænɪdʒə(r)] *s* **1.** (Haus- *etc*)Verwalter *m.* **2.** *econ.* a) Manager *m*, b) Führungskraft *f*, c) Geschäftsführer *m*, Leiter *m*, Di'rektor *m*: ~ **of a branch office** Filialleiter *m*; **hotel** ~ Hoteldirektor *m.* **3.** *thea.* a) Inten'dant *m*, b) Regis'seur *m*, c) Manager *m*, Impre'sario *m.* **4.** Manager *m* (*e-s Schauspielers etc*). **5.** *agr.* Bewirtschafter *m*, (Guts)Verwalter *m.* **6.** **to be a good** ~ gut *od.* sparsam wirtschaften können. **7.** *Fußball:* *Br.* Cheftrainer *m* u. Manager *m.* **8.** *parl. Br. Mitglied e-s Ausschusses für Angelegenheiten beider Häuser.* **man·ag·er·ess** [ˌmænɪdʒə'res; *bes. Am.* 'mænɪdʒəres] *s* **1.** (Haus- *etc*)Verwalterin *f.* **2.** *econ.* a) Managerin *f*, b) Geschäftsführerin *f*, Leiterin *f*, Direk'torin *f.* **3.** Managerin *f* (*e-s Schauspielers etc*).

**man·a·ger·i·al** [ˌmænə'dʒɪərɪəl] *adj econ.* geschäftsführend, leitend, Direktions...: ~ **function** leitende Funktion; **in a** ~ **capacity** in leitender Stellung; ~ **policy** Unternehmenspolitik *f*; ~ **position** leitende Stellung; ~ **qualities** Führungseigenschaften; ~ **staff** leitende Angestellte *pl.* **man·a'ger·i·al·ism** *s* Managertum *n.*

**man·ag·ing** ['mænɪdʒɪŋ] *adj* **1.** *bes. econ.* Betriebs... **2.** *econ.* geschäftsführend, leitend. ~ **board** *s econ.* Direk'torium *n*, geschäftsführender Vorstand, Verwal-

tungsrat *m.* ~ **clerk** *s econ.* **1.** Geschäftsführer *m.* **2.** Bü'rovorsteher *m.* ~ **com·mit·tee** *s econ.* **1.** Verwaltungsausschuß *m.* **2.** Vorstand *m.* ~ **di·rec·tor** *s econ.* Gene'raldi₁rektor *m*, leitender Di'rektor, Hauptgeschäftsführer *m.* ~ **ed·i·tor** *s* Chef *m* vom Dienst (*Zeitung*). ~ **part·ner** *s econ.* geschäftsführender Gesellschafter *od.* Teilhaber.

**man-at-'arms** *pl* **men-at-'arms** *s hist.* **1.** Mann *m*, Krieger *m.* **2.** schwerbewaffneter Reiter.

**man·a·tee** [ˌmænə'tiː; *Am.* 'mænə₁tiː] *s zo.* Laman'tin *m*, Rundschwanz-Seekuh *f.*

**man·bot(e)** ['mænbəʊt] *s jur. hist.* Wer-, Manngeld *n.*

**Man·ches·ter| goods** ['mæntʃɪstə(r); *bes. Am.* -tʃes-] *s pl* Baumwollwaren *pl.* ~ **school** *s* Manchestertum *n* (*liberalistische volkswirtschaftliche Richtung*).

**Man·chu** [ˌmæn'tʃuː; 'mæntʃuː] **I** *s* **1.** Mandschu *m* (*Eingeborener der Mandschurei*). **2.** *ling.* Mandschu *n.* **II** *adj* **3.** man'dschurisch. **Man'chu·ri·an** [-'tʃʊərɪən] *adj u.* Mandschu 1 *u.* 3.

**man·ci·ple** ['mænsɪpl] *s* Verwalter *m.*

**Man·cu·ni·an** [mæn'kjuːnjən] **I** *s* Einwohner(in) von Manchester. **II** *adj* Manchester...

**-mancy** [mænsɪ] *Wortelement mit der Bedeutung* Wahrsagung.

**man·da·mus** [mæn'deɪməs] *s jur. hist.* (*heute* **order** [*Am.* **writ**] **of** ~) *Befehl m e-s höheren Gerichts an ein untergeordnetes.*

**man·da·rin¹** ['mændərɪn] *s* **1.** *hist.* Manda'rin *m* (*chinesischer Titel*). **2.** *colloq.* ,hohes Tier', hoher Beamter. **3.** *Br. sl.* rückständiger Par'teiführer. **4.** *nickende chinesische Puppe.* **5.** M~ *ling.* Manda'rin *n* (*Hochchinesisch*).

**man·da·rin²** ['mændərɪn] *s* **1.** *bot.* Manda'rine *f.* **2.** Manda'rinenli₁kör *m.* **3.** Manda'ringelb *n.*

**man·da·rin duck** *s orn.* Manda'rinente *f.*

**man·da·rine** ['mændərɪn; *Br. a.* -riːn] → **mandarin²**.

**man·da·tar·y** ['mændətərɪ; *Am.* ₁teriː] *s* **1.** *jur.* Manda'tar *m*, (Pro'zeß)Bevollmächtigte(r) *m*, Sachwalter *m.* **2.** Manda'tarstaat *m.*

**man·date** ['mændeɪt] **I** *s* **1.** *jur.* Man'dat *n*: a) (Vertretungs)Auftrag *m*, (Pro'zeß-) Vollmacht *f*, b) Geschäftsbesorgungsauftrag *m.* **2.** *jur. pol.* a) ('Völkerbunds-) Man₁dat *n* (*Schutzherrschaftsauftrag*), b) Man'dat(sgebiet) *n.* **3.** *jur.* Anordnung *f*, Befehl *m* (*e-s übergeordneten Gerichts etc*). **4.** *parl.* Auftrag *m*, Man'dat *n.* **5.** *R.C.* päpstlicher Entscheid. **6.** *poet.* Befehl *m*, Geheiß *n.* **II** *v/t* **7.** e-m Man'dat unter'stellen: ~**d territory** Mandatsgebiet *n.* **'man·da·tor** [-tə(r)] *s jur.* Man'dant *m*, Auftrag-, Vollmachtgeber *m.* **man·da·to·ry** ['mændətərɪ; *Am.* ₁təʊriː; ₁tɔː-] **I** *adj* **1.** *jur.* vorschreibend, befehlend: ~ **regulation** Mußvorschrift *f*; **to make s.th.** ~ **upon s.o.** j-m etwas vorschreiben *od.* zur Pflicht machen; ~ **function** Weisungsfunktion *f*; ~ **sign** *mot.* Gebotszeichen *n.* **2.** obliga'torisch, zwingend vorgeschrieben, verbindlich, zwangsweise: ~ **retirement age** Zwangspensionierungsalter *n.* **3.** bevollmächtigend. **4.** *pol.* Mandatar...: ~ **state. II** *s* → **mandatary**.

**man·di·ble** ['mændɪbl] *s* **1.** *anat.* a) Kinnbacken *m*, -lade *f*, b) 'Unterkieferknochen *m.* **2.** *zo.* Man'dibel *f*, 'Unterkiefer *m.* **3.** *zo.* a) *pl* Schnabel *m*, b) (*der*) untere Teil des Schnabels, c) Vorderkiefer *m.*

**man·do·la** ['mændələ; *Am.* mæn'dəʊlə] *s mus. hist.* Man'dola *f*, Man'dora *f* (*e-e Laute*).

**man·do·lin** ['mændəlɪn], **man·do·line** [ˌmændəˈliːn] *s mus.* Mandoˈline *f*.

**man·do·ra** ['mændərə; *Am.* mænˈdɔʊrə; -ˈdɔːrə] → **mandola**.

**man·dor·la** [mænˈdɔːlə; *Am.* 'mɑːndəʊrˌlɑː] *s paint.* Mandorla *f (mandelförmige Gloriole)*.

**man·drag·o·ra** [mænˈdrægərə] → **mandrake** 1, 2.

**man·drake** ['mændreɪk] *s bot.* **1.** Alˈraunwurzel *f*. **2.** Alˈraun(e *f*) *m*. **3.** *Am.* Maiapfel *m*.

**man·drel, man·dril** ['mændrəl] *s tech.* **1.** Dorn *m*, Docke *f*. **2.** a) (Drehbank-)Spindel *f*, b) *(für Holz)* Docke(nspindel) *f*, c) Stößel *m*.

**man·drill** ['mændrɪl] *s zo.* Manˈdrill *m*.

**mane** [meɪn] *s* Mähne *f (a. fig. e-s Menschen)*.

**'man-ˌeat·er** *s* **1.** Menschenfresser *m*. **2.** menschenfressendes Tier *(Tiger, Hai etc)*. **3.** *ichth.* Menschenhai *m*. **4.** *fig. colloq.:* **she's a ~** sie hat einen großen Männerverschleiß. **'man-ˌeat·ing** *adj* **1.** menschenfressend. **2.** *fig. colloq.* ˌmännermordend'.

**maned** [meɪnd] *adj* gemähnt, mit e-r Mähne. **~ wolf** *s irr zo.* Mähnenwolf *m*.

**ma·nège**, *a.* **ma·nege** [mæˈneɪʒ; *Am.* -ˈneʒ] *s* **1.** Maˈnege *f*: a) Reitschule *f*, b) Reitbahn *f (bes. im Zirkus)*. **2.** Dresˈsier-, Reitkunst *f*. **3.** Gang *m*, Schule *f*. **4.** Schul-, Zureiten *n*.

**ma·nes** ['mɑːneɪz; 'meɪniːz] *s pl relig.* Manen *pl*.

**ma·neu·ver**, *bes. Br.* **ma·nœu·vre** [məˈnuːvə(r)] **I** *s* **1.** *mar. mil.* Maˈnöver *n*: a) taktische (Truppen- *od.* Flotten)Bewegung: **pivoting ~, wheeling ~** Schwenkung *f*, b) *a. pl* Truppen- *od.* Flottenübung *f*, Gefechtsübung *f*, *aer.* 'Luftmaˌnöver *n od. pl*: **to be on ~s** im Manöver sein; **room for ~** *bes. fig.* Handlungsspielraum *m*. **2.** (Hand)Griff *m*, Bewegung *f*. **3.** *fig.* Maˈnöver *n*, Schachzug *m*, List *f*. **4.** geschicktes Laˈvieren. **II** *v/i* **5.** *mar. mil.* manöˈvrieren. **6.** *fig.* manöˈvrieren, laˈvieren, geschickt zu Werke gehen. **III** *v/t* **7.** manöˈvrieren *(a. fig.)*: **to ~ s.o. into** s.th. j-n in etwas hineinmanövrieren *od.* -lotsen. **ma·ˌneu·ver·aˈbil·i·ty**, *bes. Br.* **ma·ˌnœu·vraˈbil·i·ty** [-vrə-] *s* **1.** Manöˈvrierbarkeit *f*. **2.** *tech.* Lenkbarkeit *f*. **3.** *fig.* Wendigkeit *f*, Beweglichkeit *f*. **ma·ˈneu·ver·a·ble**, *bes. Br.* **ma·ˈnœu·vra·ble** *adj* **1.** *mil.* manöˈvrierbar, -fähig. **2.** *tech.* lenk-, steuerbar. **3.** *fig.* wendig, beweglich. **ma·ˈneu·ver·er**, *bes. Br.* **ma·ˈnœu·vrer** *s fig.* **1.** schlauer Taktiker, gerissener Kerl. **2.** Intriˈgant *m*.

**ma·neu·vra·bil·i·ty, ma·neu·vra·ble** → maneuverability, *etc.*

**'man·ful** *adj (adv ~ly)* mannhaft, tapfer, beherzt. **'man·ful·ness** *s* Mannhaftigkeit *f*, Tapferkeit *f*, Beherztheit *f*.

**man·ga·nate** ['mæŋgəneɪt] *s chem.* manˈgansaures Salz, Mangaˈnat *n*.

**man·ga·nese** ['mæŋgəniːz] *s chem.* Manˈgan *n*: ~ **dioxide** Braunstein *m*, Mangandioxyd *n*; ~ **spar** *min.* Manganspat *m*.

**man·gan·ic** [mæŋˈgænɪk] *adj* manˈganhaltig, Mangan...: ~ **acid** Manganˈsäure *f*.

**man·ga·nite** ['mæŋgənaɪt] *s* **1.** *min.* Graubraunstein *m*. **2.** *chem.* Mangaˈnit *m*.

**man·ga·nous** ['mæŋgənəs] *adj chem.* manˈganig, Mangan... *(mit 2wertigem Mangan)*: ~ **oxide** Manganoxydul *n*.

**mange** [meɪndʒ] *s vet.* Räude *f*.

**man·gel(-wur·zel)** ['mæŋgl(ˌwɜːzl; *Am.* -ˌwɜrzəl)] *s bot.* Mangold *m*.

**man·ger** ['meɪndʒə(r)] *s* **1.** Krippe *f*,

---

Futtertrog *m*: → **dog** *Bes. Redew.* **2.** M~ *astr.* Krippe *f*.

**man·gle¹** ['mæŋgl] *v/t* **1.** zerfleischen, -reißen, -fetzen, -stückeln. **2.** *fig.* a) *e-n Text* verstümmeln *od.* entstellen, b) verhunzen, kaˈputtmachen.

**man·gle²** ['mæŋgl] **I** *s* (Wäsche)Mangel *f*. **II** *v/t* mangeln.

**man·gler** ['mæŋglə(r)] *s* **1.** 'Hackmaˌschine *f*, Fleischwolf *m*. **2.** *fig.* Verstümmler *m*.

**man·go** ['mæŋgəʊ] *pl* **-goes** *s* **1.** Mangopflaume *f*. **2.** *bot.* Mangobaum *m*: ~ **trick** indischer (Mango)Baumtrick. **3.** eingemachte Meˈlone.

**man·gold(-wur·zel)** ['mæŋgəld (-ˌwɜːzl; *Am.* -ˌwɜrzəl)] → **mangel (-wurzel)**.

**man·go·steen** ['mæŋgəʊstiːn; *bes. Am.* -gə-] *s bot.* Mangoˈstane *f*: a) Mangoˈstanbaum *m*, b) Mangoˈstin *m (Frucht)*.

**man·grove** ['mæŋgrəʊv] *s bot.* Manˈgrove(nbaum *m*) *f*.

**man·gy** ['meɪndʒɪ] *adj (adv mangily)* **1.** *vet.* krätzig, räudig: **a ~ dog**. **2.** *fig.* schmutzig, eklig. **3.** *fig.* schäbig, herˈuntergekommen: **a ~ hotel**.

**'man·ˌhan·dle** *v/t* **1.** mißˈhandeln. **2.** mit Menschenkraft bewegen *od.* meistern, (mit den Händen) heben *od.* befördern.

**Man·hat·tan (cock·tail)** [mænˈhætn] *s* Manˈhattan(cocktail) *m (aus Whisky, Wermut etc)*. **~ Dis·trict** *s* Deckname für das Projekt zur Herstellung von Atombomben in den USA während des 2. Weltkriegs.

**'man·hole** *s* **1.** Kaˈnal-, Einsteigeschacht *m*: ~ **cover** Schachtdeckel *m*. **2.** Mannloch *n (e-s Kessels etc)*. **3.** *mar. mil.* (Einsteig)Luke *f*.

**'man·hood** *s* **1.** Menschsein *n*, Menschentum *n*. **2.** Mannesalter *n*: **to reach ~** ins Mannesalter kommen. **3.** männliche Naˈtur, Männlichkeit *f*. **4.** Mannhaftigkeit *f*. **5.** *collect.* die Männer *pl (e-s Landes)*. **6.** *euphem.* Manneskraft *f*.

**'man|-hour** *s* Arbeitsstunde *f*. **'~·hunt** **I** *s* Großfahndung *f*. **II** *v/i*: **to go ~ing** auf Männerfang gehen.

**ma·ni·a** ['meɪnjə; -nɪə] *s* **1.** *med.* Maˈnie *f*, Wahn(sinn) *m*, Raseˈrei *f*, Besessensein *n*, Psyˈchose *f*: **religious ~** religiöser Wahn; → **persecution** 1. **2.** *fig.* (for) Besessenheit *f* (von), Sucht *f* (nach), Leidenschaft *f* (für), Maˈnie *f*, fixe Iˈdee, ˌFimmel' *m*: **collector's ~** Sammelwut *f*, -leidenschaft; **doubting ~** Zweifelsucht; **sports ~** ˌSportfimmel'; **for cleanliness** ˌSauberkeitsfimmel'; **he has a ~ for old cars** er ist verrückt nach alten Autos.

**ma·ni·ac¹** ['meɪnɪæk] *s* **1.** *med.* Wahnsinnige(r *m*) *f*, Rasende(r *m*) *f*, Verrückte(r *m*) *f*: **sex ~** Triebverbrecher *m*. **2.** *fig.* Faˈnatiker *m*: **sports ~**; **car ~** ˌAutonarr' *m*. **II** *adj (adv ~ally)* **2.** *med.* wahnsinnig, verrückt, irr(e).

**ma·ni·ac²** ['meɪnɪæk] *s tech. (ein)* elekˈtronischer 'Hochleistungsdigiˌtalrechner *(aus mathematical analyzer, numerical integrator, and computer)*.

**-maniac** *Wortelement mit der Bedeutung:* a) verrückt auf *od.* nach, ...süchtig, manisch, b) ...süchtiger, ...mane.

**ma·ni·a·cal** [məˈnaɪəkl] *adj (adv ~ly)* → **maniac¹** II.

**ma·nic** [ˈmænɪk] **I** *adj* **1.** *psych.* manisch. **2.** → **maniac¹** II. **II** *s* **3.** manische Perˈson. **~-de'pres·sive** *med.* **I** *adj* 'manisch-depresˈsiv: ~ **insanity** manisch-depressives Irresein. **II** *s* 'Manisch-Depresˈsive(r *m*) *f*: **she is a ~** sie ist manisch-depressiv.

**man·i·cure** ['mænɪˌkjʊə(r)] **I** *s* Maniˈküre *f*: a) Hand-, Nagelpflege *f*, b) Hand-, Nagelpflegerin *f*. **II** *v/t u. v/i*

---

maniˈküren. **'man·i·ˌcur·ist** → **manicure** I b.

**man·i·fest** ['mænɪfest] **I** *adj (adv ~ly)* **1.** offenbar, offenkundig, augenscheinlich, handgreiflich, deutlich (erkennbar), maniˈfest *(a. med. psych.)*. **II** *v/t* **2.** offenˈbaren, bekunden, kundtun, deutlich zeigen, manifeˈstieren. **3.** be-, erweisen. **4.** *mar.* im Ladungsverzeichnis aufführen. **III** *v/i* **5.** *pol.* Kundgebungen veranstalten. **6.** sich erklären (**for** für; **against** gegen). **7.** erscheinen, sich zeigen (*Geister*). **IV** *s* **8.** *mar.* Ladungsverzeichnis *n*. **9.** *econ.* ('Ladungs-, 'Schiffs)Maniˌfest *n*. **10.** → **manifesto**. **11.** *rail. bes. Am.* Güterschnellzug *m*. **12.** *aer. bes. Am.* Passaˈgierliste *f*. **man·i'fes·tant** *s* Teilnehmer(in) an e-r Kundgebung, *a.* Demonˈstrant(in). **man·i·fes'ta·tion** *s* **1.** Offenˈbarung *f*, Äußerung *f*, Ausdruck *m*. **2.** Manifestatiˈon *f*, Kundgebung *f*. **3.** (deutlicher) Beweis, Anzeichen *n*, Symˈptom *n*: ~ **of life** Lebensäußerung *f*. **4.** (poˈlitische) Kundgebung, Demonstratiˈon *f*. **5.** Erscheinen *n (e-s Geistes)*, Materialisatiˈon *f*. **man·i'fes·ta·tive** [-tətɪv] *adj* verdeutlichend, offenkundig (machend). **'man·i·fest·ness** *s* Offenkundigkeit *f*.

**man·i·fes·to** [ˌmænɪˈfestəʊ] *pl* **-tos, -toes** *s* Maniˈfest *n*: a) öffentliche Erklärung, b) *pol.* Grundsatzerklärung *f*, Proˈgramm *n (e-r Partei)*: **election ~** Wahlprogramm *n*.

**man·i·fold** ['mænɪfəʊld] **I** *adj (adv ~ly)* **1.** mannigfaltig, -fach, mehrfach, vielfältig, vielerlei. **2.** vielfältig, differenˈziert. **3.** mehrfach, in mehr als 'einer 'Hinsicht: **a ~ traitor**. **4.** *tech.* a) Mehr-, Vielfach..., Mehr-, Vielzweck..., b) Kombinations... **II** *s* **5.** a) *(etwas)* Vielfältiges, b) → **manifoldness**. **6.** *tech.* a) Verteiler(stück *n*) *m*, Rohrverzweigung *f*, b) Sammelleitung *f*. **7.** (vervielfältigte) Koˈpie, Abzug *m*. **III** *v/t* **8.** *Dokumente etc* vervielfältigen. **'man·i·fold·er** *s* Vervielfältigungsgerät *n*. **'man·i·fold·ness** *s* **1.** Mannigfaltigkeit *f*, Vielfältigkeit *f*. **2.** Vielfalt *f*.

**man·i·fold| pa·per** *s* 'Manifold-Paˌpier *n (festes Durchschlagpapier)*. **~ plug** *s electr.* Vielfachstecker *m*. **'~-ˌwrit·er** → **manifolder**.

**man·i·kin** ['mænɪkɪn] *s* **1.** *oft contp.* Männchen *n*, Knirps *m*. **2.** Gliederpuppe *f*: a) Kleiderpuppe *f*, b) Schaufensterpuppe *f*. **3.** *med.* anaˈtomisches Moˈdell, Phanˈtom *n*. **4.** → **mannequin** I.

**Ma·nil·(l)a** [məˈnɪlə] *abbr. für* a) Manil(l)a cheroot, b) Manil(l)a hemp, c) Manil(l)a paper. **~ che·root**, **~ ci·gar** *s* Maˈnilaziˌgarre *f*. **~ hemp** *s* Maˈnilahanf *m*. **~ pa·per** *s* Maˈnilapaˌpier *m*.

**man·i·oc** ['mænɪɒk; *Am.* -ˌɑk] *s bot.* Maniˈokstrauch *m*, Maniˈoka *f*.

**ma·nip·u·late** [məˈnɪpjʊleɪt] **I** *v/t* **1.** manipuˈlieren, (künstlich) beeinflussen: **to ~ prices**; **~d currency** manipulierte Währung. **2.** *(a. geschickt)* handhaben, *tech.* bedienen, betätigen, *Fahrzeug* lenken, steuern. **3.** *j-n* manipuˈlieren *od.* geschickt behandeln. **4.** ˌmanagen', ˌdeichseln', ˌschaukeln'. **5.** zuˈrechtstutzen, *bes. Bücher, Konten* ˌfriˈsieren': **to ~ accounts**. **II** *v/i* **6.** manipuˈlieren. **ma·ˌnip·u·la·tion** *s* **1.** Manipulatiˈon *f*. **2.** a) (Hand)Griff *m od.* (-)Griffe *pl*, b) Verfahren *n*, c) *tech.* Bedienen *n*, Betätigen *n*, Steuern *n*. **3.** *contp.* Machenschaft *f*, Manipulatiˈon *f*, ˌMaˈnöver' *n*. **4.** *contp.* ˌFriˈsieren' *n*. **ma·ˈnip·u·la·tive** [-lətɪv; *Am.* -ˌleɪ-] *adj* → **manipulatory**. **ma·ˈnip·u·la·tor** [-tə(r)] *s* **1.** (geschickter) Handhaber. **2.** *contp.* Drahtzieher *m*, Manipuˈlant *m*, Manipuˈlierer *m*, Maniˈpuˌlator *m (a. Zauberkünstler)*. **3.** *tech.*

Manipu'lator *m.* **ma'nip·u·la·to·ry** [-lətərɪ; *Am.* ˌ-təʊriː; ˌtɔː-] *adj* **1.** durch Manipulati'on her'beigeführt. **2.** manipu'lierend. **3.** Handhabungs...

**man·i·to** ['mænɪtəʊ], **'man·i·tou**, **'man·i·tu** [-tuː] *s* Manitu *m*, ‚Großer Geist' (*überirdische Macht bei den Indianern*).

**man jack** *s colloq.*: **every ~** jeder einzelne; **no ~** kein einziger.

**'man-ˌkill·er** *s* **1.** Totschläger *m.* **2.** Mörder *m.*

**man·kind** *s* **1.** [mæn'kaɪnd] die Menschheit, das Menschengeschlecht, die Menschen *pl*, der Mensch. **2.** ['mænkaɪnd] *collect.* die Männer *pl*, die Männerwelt.

**man·less** ['mænlɪs] *adj* **1.** männerlos. **2.** *obs.* unmännlich.

**'man·like** *adj* **1.** menschenähnlich. **2.** wie ein Mann, männlich. **3.** → **mannish**.

**man·li·ness** ['mænlɪnɪs] *s* **1.** Männlichkeit *f.* **2.** Mannhaftigkeit *f.* **'man·ly** *adj* **1.** männlich. **2.** mannhaft. **3.** Mannes..., Männer...: **~ sports** Männersport *m.*

**ˌman-ma'chine‖com·mu·ni·ca·tion** *s Computer*: 'Mensch-Ma'schine-Verkehr *m.* **~ di·a·log(ue)** *s Computer*: 'Mensch-Ma'schine-Dia‚log *m.*

**'man-made** *adj* a) vom Menschen geschaffen: **~ laws**, b) vom Menschen verursacht: **~ disasters**, c) künstlich: **~ satellites**, **~ fibers** (*bes.* **Br.** fibres) Kunst-, Chemiefasern.

**man·na** ['mænə] *s* **1.** *Bibl. u. fig.* Manna *n*, *f.* **2.** *bot. pharm.* Manna *n*: a) *zuckerhaltige Ausschwitzung der Manna-Esche etc*, b) *leichtes Abführmittel daraus.* **~ ash** *s bot.* Manna-Esche *f.* **~ croup**, **~ groats** *s pl* grobkörnige Weizengrütze.

**man·ne·quin** ['mænɪkɪn] *s* **1.** Mannequin *n*, Vorführdame *f.* **2.** → **manikin** 2.

**man·ner** ['mænə(r)] *s* **1.** Art *f*, Weise *f*, Art u. Weise (*etwas zu tun*): **after** (*od.* **in**) **the ~ of** (so) wie, nach (der) Art von (*od. gen*); **after** (*od.* **in**) **this ~** auf diese Art *od.* Weise, so; **in such a ~ (that)** so *od.* derart (daß); **in what ~?** wie?; **adverb of ~** ling. Umstandswort *n* der Art u. Weise, Modaladverb *n*; **in a ~ of speaking** sozusagen, wenn ich *od.* man so sagen darf; **in a gentle (rough) ~** sacht (grob); **as to the ~ born** wie selbstverständlich, als ob er *etc* das schon immer getan hätte. **2.** Art *f* (*sich zu geben*), Betragen *n*, Auftreten *n*, Verhalten *n* (**to** zu): **it's just his ~** das ist so s-e Art; **I don't like his ~** ich mag s-e Art nicht. **3.** *pl* Benehmen *n*, 'Umgangsformen *pl*, Ma'nieren *pl*: **bad (good) ~s**; **he has no ~s** er hat keine Manieren; **we shall teach them ~s**, ‚wir werden sie Mores lehren'; **it is bad ~s** (to *inf*) es gehört sich nicht (zu *inf*); **to make one's ~s** a) e-n ‚Diener' machen, sich verbeugen, b) e-n Knicks machen. **4.** *pl* Sitten *pl* (u. Gebräuche *pl*): **other times other ~s** andere Zeiten, andere Sitten. **5.** würdevolles Auftreten: **he had quite a ~** er hatte e-e distinguierte Art (des Auftretens); **the grand ~** das altväterlich würdevolle Benehmen *od.* Gehabe. **6.** *paint. etc* Stil(art *f*) *m*, Ma'nier *f.* **7.** → **mannerism** 2. **8.** *obs.* Art *f*, Sorte *f*, Beschaffenheit *f*: **all ~ of things** alles mögliche; **by no ~ of means** in keiner Weise, durchaus nicht; **in a ~ of means** Hinsicht, auf e-e (gewisse) Art, gewissermaßen; **what ~ of man is he?** was für ein Mensch ist er (eigentlich)? **'man·nered** [-nə(r)d] *adj* **1.** *bes. in Zssgn* gesittet, geartet: → **ill-mannered**, *etc.* **2.** gekünstelt, manie'riert.

**man·ner·ism** ['mænərɪzəm] *s* **1.** *paint. etc* Manie'rismus *m*, (über'triebene) Gewähltheit, Gespreiztheit *f*, Künste'lei *f.* **2.** Manie'riertheit *f*, Gespreiztheit *f.*

**3.** eigenartige *od.* manie'rierte Wendung (*in der Rede etc*). **'man·ner·ist** *s* **1.** Manie'rist *m* (*Künstler*). **2.** *contp.* manie'rierter Künstler *od.* (*allg.*) Kerl. **II** *adj* → **manneristic**. **ˌman·ner·is·tic** *adj*; **ˌman·ner·is·ti·cal** *adj* (*adv* **~ly**) **1.** manie'riert. **2.** manie'ristisch.

**man·ner·less** ['mænə(r)lɪs] *adj* 'unmaˌnierlich, ungezogen. **'man·ner·li·ness** [-lɪnɪs] *s* gute 'Umgangsformen *pl*, gute Kinderstube, gutes Benehmen, Ma'nierlichkeit *f.* **'man·ner·ly** *adj* ma'nierlich, gesittet, anständig.

**man·ni·kin** → **manikin**.

**man·nish** ['mænɪʃ] *adj* **1.** masku'lin, unweiblich. **2.** (*typisch*) männlich.

**man·nite (sug·ar)** ['mænaɪt], **manni·tol** ['mænɪtɒl; *Am.* ˌ-tɔːl; ˌ-təʊl] *s chem.* Man'nit *m*, Mannazucker *m.*

**ma·nœu·vra·bil·i·ty**, **ma·nœuvra·ble**, **ma·nœu·vre**, **ma·nœuvrer** *bes.* **Br.** *für* maneuverability, *etc.*

**ˌman-of-'war** *pl* **ˌmen-of-'war** *s mar. obs.* Kriegsschiff *n.*

**ma·nom·e·ter** [məˈnɒmɪtə(r); *Am.* -'nɑ-] *s tech.* Mano'meter *n*, (Dampf*etc*)Druckmesser *m*, Druckanzeiger *m.* **man·o·met·ric** [ˌmænəʊˈmetrɪk; *Am.* -nə'm-], **ˌman·o'met·ri·cal** *adj* mano'metrisch.

**man·or** ['mænə(r)] *s* **1.** *hist.* **Br.** Rittergut *n*: **lord (lady) of the ~** Gutsherr(in). **2.** **Br.** a) (Land)Gut *n*, b) **~ house** *od.* **seat** Herrenhaus *n*, -sitz *m.* **3.** *hist.* **Am.** Pachtland *n.* **4.** **Br.** *colloq.* Poli'zeibezirk *m.* **'man·or·chis** *s bot.* **1.** Männliches Knabenkraut. **2.** Ohnhorn *n.* **ma·no·ri·al** [məˈnɔːrɪəl; *Am. a.* -'nəʊ-] *adj* herrschaftlich, (Ritter)Guts..., Herrschafts..., grundherrlich.

**man pow·er**, *a.* **'man‚pow·er** *s* **1.** menschliche Arbeitskraft *od.* -leistung, Menschenkraft *f.* **2.** *meist* manpower 'Menschenpotenti‚al *n*, *bes.* a) Kriegsstärke *f* (*e-s Volkes*), b) (verfügbare) Arbeitskräfte *pl*: **~ shortage** Arbeitskräftemangel *m*; **~ situation** Lage *f* auf dem Arbeitsmarkt.

**man·qué** *m*, **man·quée** *f* ['mãːŋkeɪ; *Am.* mãːˈkeɪ, mãˈke] (*Fr.*) *adj*: **a poet manqué** a) ein ‚verhinderter' Dichter, b) ein ‚verkrachter' Dichter, c) ein Möchtegerndichter *m.*

**man·sard** ['mænsɑː(r)d] *s* **1.** *a.* **~ roof** Man'sardendach *n.* **2.** Man'sarde *f.*

**manse** [mæns] *s* Pfarrhaus *n* (*e-s freikirchlichen Pfarrers od. Scot. e-s Pfarrers der presbyterianischen Kirche*).

**'man‚ser·vant** *pl* **'men‚ser·vants** *s* Diener *m.*

**man·sion** ['mænʃn] *s* **1.** (herrschaftliches) Wohnhaus, Villa *f.* **2.** *meist pl bes.* **Br.** (großes) Miet(s)haus. **3.** → **mansion** house 1. **4.** *obs.* Bleibe *f*, Wohnung *f.* **5.** *astr.* Haus *n.* **~ house** *s* **Br. 1.** Herrenhaus *n*, -sitz *m.* **2.** Amtssitz *m*: **the M~ H~** *Amtssitz des* Lord Mayor *von London.*

**'man-size(d)** *adj* **1.** mannsgroß. **2.** *fig.* Männer...: **a ~ job. 3.** *fig. colloq.* riesig, Riesen...: **a ~ steak.**

**'man‖slaugh·ter** *s jur.* Totschlag *m*, Körperverletzung *f* mit Todesfolge: **involuntary ~** fahrlässige Tötung; **voluntary ~** Totschlag im Affekt. **'~‚slayer** *s jur.* Totschläger(in).

**man·sue·tude** ['mænswɪtjuːd; *Am. a.* ˌ-tuːd] *s obs.* Sanftmut *f*, Milde *f.*

**man·ta** ['mæntə] *s Am.* **1.** Pferde-, Reise-, Satteldecke *f.* **2.** 'Umhang *m.* **3.** → mantlet 2.

**man·tel** ['mæntl] *abbr. für* a) mantelpiece, b) mantelshelf.

**man·tel·et** ['mæntlet; -ɪt] *s* **1.** kurzer Mantel, 'Überwurf *m.* **2.** → mantlet.

**'man·tel‖·piece** *s arch.* **1.** Ka'mineinfassung *f*, -mantel *m.* **2.** Ka'minsims *m.* **'~·tree** *s irr* Ka'minsims *m.* **1.** Querbalken *m* an der Kaminöffnung. **2.** → mantelpiece 1.

**man·tic** ['mæntɪk] *adj* pro'phetisch.

**man·til·la** [mænˈtɪlə; *Am. a.* -'tiːjə] *s* Man'tille *f*: a) langes Spitzen- *od.* Schleiertuch, Man'tilla *f* (*bes. der Spanierin*), b) leichter 'Umhang, Cape *n.*

**man·tis** ['mæntɪs] *s zo.* Gottesanbeterin *f* (*Heuschrecke*). **~ crab**, **~ shrimp** *s zo.* Gemeiner Heuschreckenkrebs.

**man·tle** ['mæntl] **I** *s* **1.** (ärmelloser) 'Umhang, 'Überwurf *m.* **2.** *fig.* (Schutz-, Deck)Mantel *m*, Hülle *f*: **a ~ of snow** e-e Schneedecke; **the ~ of authority** die Aura der Würde; **the ~ of night** der Mantel der Nacht. **3.** *tech.* Mantel *m*, (Glüh)Strumpf *m*: **incandescent ~** Glühstrumpf. **4.** *tech.* Rauchfang *m* (*e-s Hochofens*). **5.** *zo.* Mantel *m.* **II** *v/i* **7.** sich über'ziehen (**with** mit). **8.** erröten, sich röten (*Gesicht*). **III** *v/t* **9.** über'ziehen. **10.** einhüllen. **11.** verbergen (*a. fig.* bemänteln). **12.** erröten lassen. **~ cav·i·ty** *s zo.* Mantel-, Kiemenhöhle *f.* **~ fi·bers**, *bes.* **Br.** **~ fi·bres** *s pl biol.* Zugfasern *pl.*

**mant·let** ['mæntlɪt] *s mil.* **1.** a) Schutzwall *m* (*der Anzeigerdeckung auf e-m Schießstand*), b) tragbarer kugelsicherer Schutzschild. **2.** *hist.* Sturmdach *n.*

**ˌman-to-'man** *adj* von Mann zu Mann: **a ~ talk.**

**man·tra** ['mæntrə; 'mʌn-] *s* Mantra *n* (*als wirkungskräftig geltender religiöser Spruch der Inder*).

**'man·trap** *s* **1.** Fußangel *f.* **2.** *fig.* Falle *f.*

**man·tu·a** ['mæntjʊə; *Am.* -tʃəwə; -təwə] *s hist.* Man'teau *m*, ('Frauen-) ‚Umhang *m.*

**man·u·al** ['mænjʊəl] **I** *adj* **1.** mit der Hand *od.* den Händen (verrichtet *od.* arbeitend), Hand..., manu'ell: **~ alphabet** Fingeralphabet *n*; **~ aptitude** (*od.* **skill**) manuelle Begabung, Handfertigkeit *f*; **~ exercise** → **labo(u)r** (*od.* **work**) körperliche Arbeit; **~ labo(u)rer** (*od.* **worker**) (Hand)Arbeiter *m*; **~ operation** Handbetrieb *m*; **~ press** Handpresse *f*; **~ training** *ped.* Werkunterricht *m.* **2.** handschriftlich: **~ bookkeeping**. **II** *s* **3.** a) Handbuch *n*, Leitfaden *m*, b) *mil.* Dienstvorschrift *f.* **4.** *mil.* Griff (-übung *f*) *m*: **~ of a rifle** Griffübung(en) am Gewehr. **5.** *mus.* Manu'al *n* (*e-r Orgel etc*). **6.** *relig. hist.* Manu'al *n* (*Ritualbuch*).

**'man·u·al·ly** *adv* von Hand, mit der Hand, manu'ell: **~ operated** a) mit Handbetrieb, b) *a.* **~ controlled** handgesteuert.

**man·u·fac·to·ry** [ˌmænjʊˈfæktərɪ; *Am. a.* ˌmænə-] *s obs.* Fa'brik *f.*

**man·u·fac·ture** [ˌmænjʊˈfæktʃə(r); *Am. a.* ˌmænə-] **I** *s* **1.** Fertigung *f*, Erzeugung *f*, 'Herstellung *f*, Fabrikati'on *f*, Produkti'on *f*: **~ year of ~** Herstellungs-, Baujahr *n*; **article of English ~** englisches Erzeugnis; **cost of ~** Herstellungskosten *pl.* **2.** Erzeugnis *n*, Fabri'kat *n*, Indu'striepro‚dukt *n*: **home** (*od.* **inland**) **~** einheimisches Erzeugnis, inländisches Fabrikat. **3.** Indu'strie(zweig *m*) *f*: **the linen ~** die Leinenindustrie. **4.** *allg.* Erzeugen *n*, *contp.* ‚Fabri'zieren' *n.* **II** *v/t* **5.** (an-, ver)fertigen, erzeugen, 'herstellen, fabri'zieren: **~d goods** Fabrik-, Fertig-, Manufakturwaren. **6.** verarbeiten (**into** zu). **7.** *contp.* ‚fabri'zieren': a) ‚produ'zieren', ‚liefern': **to ~ a speech**, b) erfinden: **to ~ excuses**, c) fälschen: **to ~ evidence**. **ˌman·u'fac·tur·er** *s* **1.** 'Hersteller *m*, Erzeuger *m.* **2.** Fabri'kant *m*, Industri'elle(r) *m.* **man·u'fac·tur·ing I** *adj* **1.**

Herstellungs..., Fabrikations..., Produktions...: ~ **business** produzierendes Unternehmen; ~ **cost** Herstellungskosten *pl*; ~ **engineering** Arbeitsplanung *f*; ~ **industries** Fertigungsindustrien; ~ **loss** Betriebsverlust *m*; ~ **order** Arbeits-, Werksauftrag *m*; ~ **plant** Fabrikationsbetrieb *m*; ~ **process** Herstellungsverfahren *n*; ~ **schedule** Arbeitsplan *m*. **2.** Industrie..., Fabrik...: ~ **town**, ~ **branch** Industriezweig *m*. **3.** gewerbetreibend. **II** *s* → manufacture 1.

**man·u·mis·sion** [ˌmænjʊˈmiʃn] *s hist.* Freilassung *f* (aus der Sklaveˈrei).

**ma·nure** [məˈnjʊə(r); *Am. a.* -ˈnʊər] **I** *s* (*bes. natürlicher*) Dünger, Mist *m*, Dung *m*: liquid ~ (Dung)Jauche *f*. **II** *v/t* düngen. **ma·ˈnu·ri·al** *adj* Dünger..., Dung...

**man·u·script** [ˈmænjʊskrɪpt] **I** *s* **1.** Manuˈskript *n*: a) Handschrift *f* (*alte Urkunde etc*), b) Urschrift *f* (*des Autors*), c) *print.* Satzvorlage *f*. **2.** (Hand)Schrift *f*. **II** *adj* **3.** Manuskript..., handschriftlich, *a.* maˈschinegeschrieben.

**man·ward** [ˈmænwə(r)d] *adj u. adv* auf den Menschen gerichtet.

**Manx** [mæŋks] **I** *s* **1.** Bewohner *pl* der Insel Man. **2.** *ling.* Manx *n* (*deren keltische Mundart*). **II** *adj* **3.** die Insel Man betreffend. **4.** *ling.* Manx... **'~·man** [-mən] *s irr* Bewohner *m* der Insel Man.

**man·y** [ˈmenɪ] **I** *adj comp* **more** [mɔː(r); *Am. a.* -ˈmɔʊər], *sup* **most** [mɔʊst] **1.** viel(e): ~ **times** oft; his reasons were ~ and good er hatte viele gute Gründe; in ~ respects in vieler Hinsicht; as ~ ebensoviel(e); as ~ as forty (nicht weniger als) vierzig; as ~ again (*od.* more), twice as ~ noch einmal soviel; in so ~ words wörtlich, ausdrücklich; he is (not) a man of ~ words er redet gern (er macht nicht viele Worte, er ist ein schweigsamer Mensch); they behaved like so ~ children sie benahmen sich wie (die) Kinder; too ~ by half um die Hälfte zuviel; one too ~ einer zu viel (*überflüssig*); he was (one) too ~ for them er war ihnen (allen) ,überˈ; he's had one too ~ er hat einen über den Durst getrunken. **2.** manch(er, e, es), manch ein(er, e, es): ~ a man manch einer; ~ another manch anderer; ~ (and ~) a time zu wiederholten Malen, so manches Mal. **II** *s* **3.** viele: the ~ (*als pl konstruiert*) die (große) Masse; ~ of us viele von uns; a good ~ ziemlich viel(e); a great ~ sehr viele. **'~·col·o(u)red** *adj* vielfarbig, bunt. **'~·head·ed beast** (*od.* **mon·ster**) *s fig.* (*das*) vielköpfige Ungeheuer, (*die*) große Masse. **'~-one** *adj math.* (*u. Logik*) mehreindeutig. **'~·root** *s bot.* (*e-e*) Ruˈellie. **~·ˈsid·ed** *adj* **1.** vielseitig (*a. fig.*). **2.** *fig.* vielschichtig (*Problem etc*). **~-ˈsid·ed·ness** *s* **1.** Vielseitigkeit *f* (*a. fig.*). **2.** *fig.* Vielschichtigkeit *f*.

**Mao·ism** [ˈmaʊɪzəm] *s pol.* Maoˈismus *m*. **ˈMao·ist** [-ɪst] **I** *s* Maoˈist(in). **II** *adj* maoˈistisch.

**Mao·ri** [ˈmaʊrɪ] **I** *s* **1.** Maˈori *m* (*Eingeborener Neuseelands*). **2.** *ling.* Maˈori *n*. **II** *adj* **3.** Maori... **'~·land** *s colloq.* Neuˈseeland *n*.

**map** [mæp] **I** *s* **1.** (Land-, See-, Himmels)Karte *f*, *weitS.* (Stadt- *etc*)Plan *m*: a ~ of the city; by ~ nach der Karte; off the ~ *colloq.* a) abgelegen, ,hinter dem Mond' (gelegen), b) *fig.* bedeutungslos, c) abgetan, veraltet, d) so gut wie nicht vorhanden; to wipe off the ~ e-e Stadt etc ,ausradieren', dem Erdboden gleichmachen; on the ~ *colloq.* a) in Rechnung zu stellen(d), beachtenswert, b) (noch) da *od.* vorhanden; to put on the ~ e-e Stadt etc bekannt machen. **2.** *sl.* ,Fresse' *f*,

,Viˈsage' *f* (*Gesicht*). **II** *v/t* **3.** e-e Karte machen von, kartoˈgraphisch darstellen. **4.** *ein Gebiet* kartoˈgraphisch erfassen. **5.** auf e-r Karte eintragen. **6.** *meist* ~ **out** *fig.* (bis in die Einzelheiten) (vorˈaus)planen, entwerfen, ausarbeiten: to ~ out one's time sich s-e Zeit einteilen. **7.** *fig.* (wie auf e-r Karte) (ver)zeichnen *od.* darstellen. **8.** *math.* abbilden. ~ **case** *s* Kartentasche *f*. ~ **con·duct of fire** → map fire. ~ **ex·er·cise** *s mil.* Planspiel *n*. ~ **fire** *s mil.* Planschießen *n*, Schießen *n* nach der Karte. ~ **grid** *s geogr. math.* Karten-, Grad-, Koordiˈnatennetz *n*.

**ma·ple** [ˈmeɪpl] **I** *s* **1.** *bot.* Ahorn *m*: broad-leaved ~ Großblättriger Ahorn. **2.** Ahorn(holz *n*) *m*. **II** *adj* **3.** aus Ahorn (-holz), Ahorn... ~ **leaf** *s irr* Ahornblatt *n* (*Sinnbild Kanadas*). ~ **sug·ar** *s bot. chem.* *Am. für* maple syrup. ~ **syr·up** *s bot. chem.* Ahornzucker *m*. ~ **syr·up** *s bot. chem.* Ahornsirup *m*.

**map|li·chen** *s bot.* Landkartenflechte *f*. **'~·mak·er** *s* Kartoˈgraph(in). **'~·mak·ing** *s* Kartograˈphie *f*.

**map·per** [ˈmæpə(r)] *s* Kartoˈgraph(in). **'map·ping** *s* Kartenzeichnen *n*, Kartograˈphie *f*.

**map|read·ing** *s* Kartenlesen *n*. ~ **scale** *s geogr. math.* Kartenmaßstab *m*. ~ **tur·tle** *s zo.* Landkartenschildkröte *f*.

**ma·quis** [ˈmækiː; *Am.* mæˈkiː-] *pl* **-quis** [-kiː; -kiːz] *s* a) Maˈquis *m*, franˈzösische ˈWiderstandsbewegung (*im 2. Weltkrieg*), b) Maquiˈsard *m*, ˈWiderstandskämpfer *m*, Partiˈsan *m*.

**mar** [mɑː(r)] *v/t* **1.** (be)schädigen. **2.** *obs.* verderben, ruiˈnieren: this will make or ~ us dies wird unser Glück oder Verderben sein. **3.** verunstalten, verschandeln, ruiˈnieren: ~-resistant *tech.* kratzfest. **4.** *fig.* a) *Pläne etc* stören, beeinträchtigen, vereiteln, b) *die Schönheit, den Spaß etc* verderben.

**mar·a·bou** [ˈmærəbuː] *s* **1.** *orn.* Marabu *m*. **2.** Marabufedern *pl* (*als Hutschmuck etc*). **3.** Marabuseide *f*.

**Mar·a·bout** [ˈmærəbuː] *s* Maraˈbut *m*: a) *mohammedanischer Einsiedler od. Heiliger*, b) *dessen (heilige) Grabstätte*.

**mar·a·schi·no** [ˌmærəˈskiːnəʊ; *Am.* -ˈʃiː-] *s* Marasˈchino(liˌkör) *m*. ~ **cher·ries** *s pl* Marasˈchinokirschen *pl*.

**ma·ras·mic** [məˈræzmɪk] *adj med.* maˈrastisch, verfallend, schwindend. **ma·ˈras·mus** [-məs] *s med.* Maˈrasmus *m*, geistig-körperlicher Kräfteverfall.

**mar·a·thon** [ˈmærəθən; *Am.* ˈmærəˌθɑn] **I** *s* **1.** *a.* ~ **race** *sport* a) Marathonlauf *m*, b) (Ski- *etc*)Marathon *n*. **2.** *fig.* Dauerwettkampf *m*: dance ~ Dauertanzturnier *n*. **II** *adj* **3.** *sport* Marathon...: ~ **runner**. **4.** *fig.* Marathon..., Dauer...: ~ **session**.

**ma·raud** [məˈrɔːd] *v/i* plündern. **II** *v/t* (aus)plündern. **ma·ˈraud·er** *s* **1.** Plünderer *m*. **2.** *zo.* Räuber *m*.

**mar·ble** [ˈmɑː(r)bl] **I** *s* **1.** *min.* Marmor *m*: artificial ~ Gipsmarmor, Stuck *m*; fibrous ~ rissiger Marmor; a heart of ~ *fig.* ein Herz aus Stein. **2.** Marmorbildwerk *n*, -statue *f*, -tafel *f*. **3.** a) Murmel (-kugel) *f*: he's lost his ~s *Br. sl.* ,er hat nicht mehr alle Tassen im Schrank'; to pass in one's ~s *Austral. colloq.* ,den Löffel weglegen' (*sterben*), b) *pl (als sg konstruiert)* Murmelspiel *n*: to play ~s (mit) Murmeln spielen. **4.** marmoˈrierter Buchschnitt *m*. **II** *adj* **5.** marmorn (*a. fig.*), aus Marmor. **6.** marmoˈriert, gesprenkelt: ~ **paper**. **7.** *fig.* steinern, gefühllos, hart u. kalt: a ~ **heart** ein Herz aus Stein. **III** *v/t* **8.** marmoˈrieren, sprenkeln: ~d cat gesprenkelte Katze; ~d meat durchwachsenes Fleisch. ~ **cake** *s* Marmor-

kuchen *m*. **'~·heart·ed** *adj fig.* hartherzig, gefühllos.

**mar·ble·ize** [ˈmɑː(r)blaɪz] → marble 8.

**mar·bler** [ˈmɑː(r)blə(r)] *s* **1.** Marmorarbeiter *m*, -schneider *m*. **2.** Marmoˈrierer *m* (*von Papier etc*).

**mar·bly** [ˈmɑː(r)blɪ] *adj* marmorn (*a. fig.*).

**marc** [mɑː(r)k] *s* **1.** Treber *pl*, Trester *pl*: ~ **brandy** Tresterbranntwein *m*. **2.** unlöslicher Rückstand, Satz *m*.

**mar·ca·site** [ˈmɑː(r)kəsaɪt; *Am. a.* ˌmɑː(r)kəˈziːt] *s min.* **1.** Markaˈsit *m*. **2.** aus Pyˈrit geschliffener Schmuckstein.

**mar·cel** [mɑː(r)ˈsel] **I** *v/t Haar* wellen, onduˈlieren. **II** *s a.* ~ **wave** Welle *f*.

**march¹** [mɑː(r)tʃ] **I** *v/i* **1.** *mil. etc* marˈschieren, ziehen: to ~ off abrücken; to ~ past (s.o.) (an j-m) vorbeiziehen *od.* -marschieren; to ~ up anrücken. **2.** *fig.* fort-, vorwärtsschreiten: time ~es on die Zeit schreitet fort. **3.** *fig.* Fortschritte machen. **II** *v/t* **4.** marˈschieren, (im Marsch) zuˈrücklegen: to ~ ten miles. **5.** marˈschieren lassen, (ab)führen: to ~ off prisoners Gefangene abführen. **III** *s* **6.** *mil.* Marsch *m* (*a. mus.*): ~ **past** Vorbeimarsch, Parade *f*; slow ~ langsamer Parademarsch; ~ **in file** Rottenmarsch; ~ **in line** Frontmarsch; ~ **order** *Am.* Marschbefehl *m*; to **be on the** ~ **again** *fig.* wieder im Kommen sein. **7.** *allg.* (Fuß)Marsch *m*. **8.** Marsch(strecke *f*) *m*: a day's ~ ein Tage(s)marsch; line of ~ *mil.* Marschroute *f*. **9.** Vormarsch *m* (on auf *acc*). **10.** Tage(s)marsch *m*. **11.** *fig.* (Ab)Lauf *m*: the ~ of events der Lauf der Dinge, der (Fort)Gang der Ereignisse. **12.** *fig.* Fortschritt *m*: ~ of progress fortschrittliche Entwicklung. **13.** *fig.* mühevoller Weg *od.* Marsch. **14.** Gangart *f*, Gang *m*.

*Besondere Redewendungen*:

~ **at ease!** *mil.* ohne Tritt (marsch)!; quick ~! *mil.* Abteilung marsch! ~ **order!** *mil.* in Marschordnung angetreten!; to steal a ~ on s.o. j-m ein Schnippchen schlagen, j-m den Rang ablaufen, j-m zuvorkommen.

**march²** [mɑː(r)tʃ] **I** *s* **1.** *hist.* Mark *f*. **2.** a) (*a.* umˈstrittenes) Grenzgebiet, -land, b) Grenze *f*. **3.** *pl* Marken *pl* (*bes. das Grenzgebiet zwischen England einerseits u. Schottland bzw. Wales andererseits*). **II** *v/i* **4.** grenzen (upon an *acc*). **5.** e-e gemeinsame Grenze haben (with mit).

**March³** [mɑː(r)tʃ] *s* März *m*: in ~ im März; ~ **brown** Märzfliege *f* (*Angelköder*); ~ **violet** Märzveilchen *n*: ~ **hare** 1.

**march·ing** [ˈmɑː(r)tʃɪŋ] **I** *adj mil.* Marsch..., marˈschierend: ~ **order** a) Marschausrüstung *f*, b) Marschordnung *f*; in heavy ~ **order** feldmarschmäßig; ~ **orders** *pl* Marschbefehl *m*; he got his ~ **orders** a) *fig. colloq.* er bekam den ,Laufpaß' (*von e-r Firma od. von s-r Freundin*), b) *sport colloq.* ,er flog vom Platz'. **II** *s* (Auf-, Vorˈbei)Marsch *m*, Marˈschieren *n*: ~ **in** Einmarsch *m*; ~-**off** point Abmarschpunkt *m*.

**mar·chion·ess** [ˈmɑː(r)ʃənɪs] *s* Marˈquise *f*, Markgräfin *f*.

**march·pane** [ˈmɑː(r)tʃpeɪn] *s obs.* Marziˈpan *n, m*.

**Mar·co·ni** [mɑː(r)ˈkəʊnɪ] **I** *adj* Marconi... **II** *s m* ~ **ni·gram** [-græm] *s hist.* ˈFunkteleˌgramm *n*. **III** *v/i u. v/t* m~ ein ˈFunkteleˌgramm senden (an *acc*). **mar·ˈco·ni·gram** [-græm] *s hist.* ˈFunkteleˌgramm *n*.

**Mar·di gras** [ˌmɑː(r)diˈɡrɑː; *Am.* ˈmɑː(r)diˌɡrɑː] *s* Fastnacht *f*, Fasching *m*, *bes.* Fastnachts-, Faschingsdienstag *m*.

**mare¹** [meə(r)] *s* Stute *f*: the **gray** (*Br.* **grey**) ~ **is the better horse** die Frau

ist der Herr im Hause *od.* hat die Hosen an.

**mare²** [meə(r)] *s obs.* (Nacht)Mahr *m.*

**ma·re³** [ˈmɑːreɪ] *pl* **-ri·a** [-rɪə] (*Lat.*) *s jur. pol.* Meer *n*: ~ **clausum** mare clausum, (*für ausländische Schiffe*) geschlossenes Meer; ~ **liberum** mare liberum, freies Meer.

**ma·rem·ma** [məˈremə] *s* Maˈremme *f* (*sumpfige Küstengegend*).

**mare's|-nest** [ˈmeə(r)znest] *s fig.* **1.** ‚Windei' *n, a.* (Zeitungs)Ente *f.* **2.** *bes. Am.* ‚Saustall' *m.* '**~-tail** *s* **1.** *meteor.* langgestreckte Federwolken *pl.* **2.** *bot.* Tann(en)wedel *m.*

**mar·gar·ic** [mɑː(r)ˈgærɪk] *adj chem.* Margarin...: ~ **acid.**

**mar·ga·rine** [ˌmɑː(r)dʒəˈriːn; *Am.* ˈmɑːrdʒərən; -ˌriːn] *s* Margaˈrine *f.*

**marge¹** [mɑː(r)dʒ] *s poet.* Rand *m,* Saum *m.*

**marge²** [mɑːdʒ] *s Br. colloq.* Margaˈrine *f.*

**mar·gin** [ˈmɑː(r)dʒɪn] **I** *s* **1.** Rand *m* (*a. fig.*): **at the ~ of the forest** am Rande des Waldes; **on the ~ of good taste** am Rande des guten Geschmacks; **the ~ of consciousness** *psych.* die Bewußtseinsschwelle. **2.** *a. pl* (Seiten)Rand *m* (*bei Büchern etc*): **as by** (*od.* **per**) ~ *econ.* wie nebenstehend; **in the ~** am Rande *od.* nebenstehend (*vermerkt etc*); **bled** ~ bis in die Schrift hinein beschnittener Rand; **cropped** ~ zu stark beschnittener Rand. **3.** Grenze *f* (*a. fig.*): ~ **of income** Einkommensgrenze. **4.** Spielraum *m:* **to leave a ~ (for)** Spielraum lassen (für). **5.** *fig.* ˈÜberschuß *m* (*a. econ.*), (*ein*) Mehr *n* (*an Zeit, Geld etc*): ~ **of safety** Sicherheitsspanne *f;* **by a narrow** ~ mit knapper Not. **6.** *meist* **profit** ~ *econ.* (Gewinn-, Verdienst)Spanne *f,* Marge *f,* Handelsspanne *f.* **7.** *Börse:* Hinterˈlegungssumme *f,* Deckung *f* (*von Kursschwankungen*), (Bar)Einschuß(zahlung *f*) *m,* Marge *f:* **to purchase securities on** ~ Wertpapiere auf Einschuß kaufen; ~ **business** *Am.* Effektendifferenzgeschäft *n;* ~ **system** *Am.* Art Effektenkäufe mit Einschüssen als Sicherheitsleistung. **8.** *econ.* Rentabiliˈtätsgrenze *f.* **9.** a) Mehrheit *f,* b) *sport* Abstand *m,* (*a.* Punkt)Vorsprung *m:* **by a** ~ **of four seconds** mit 4 Sekunden Vorsprung *od.* Abstand. **II** *v/t* **10.** mit e-m Rand versehen. **11.** a) umˈranden, b) säumen. **12.** Randbemerkungen schreiben an (*acc*). **13.** an den Rand schreiben. **14.** *econ.* (*durch Hinterlegung*) decken.

**mar·gin·al** [ˈmɑː(r)dʒɪnl] *adj* (*adv* → **marginally**) **1.** am Rande, auf den Rand gedruckt *etc,* Rand...: ~ **inscription** Umschrift *f* (*auf Münzen*); ~ **note** Randbemerkung *f;* ~ **release (stop)** Randauslöser *m* (Randsteller *m*) (*der Schreibmaschine*). **2.** am Rande, nebensächlich, Grenz... (*a. fig.*): ~ **sensations** Wahrnehmungen am Rande des Bewußtseins. **3.** *fig.* Mindest...: ~ **capacity.** **4.** *econ.* a) zum Selbstkostenpreis: ~ **sales,** b) knapp über der Rentabiliˈtätsgrenze (liegend), gerade noch renˈtabel, Grenz...: ~ **analysis** Grenzplanungsrechnung *f;* ~ **cost** Grenz-, Marginalkosten *pl;* ~ **disutility** *Am.* Grenze *f* der Arbeitswilligkeit (bei niedrigem Lohn); ~ **enterprise** Grenzbetrieb *m,* unrentabler Betrieb; ~ **land** *agr.* Grenz(ertrags)boden *m;* ~ **net product** Nettogrenzprodukt *n;* ~ **profits** Gewinnminimum *n,* Rentabilitätsgrenze *f;* **theory of** ~ **utility** Grenznutzentheorie *f.* **5.** *med.* margiˈnal, randständig. **6.** *sociol.* am Rande der Gesellschaft (stehend). **7.** *fig.* geringfügig: **a** ~ **improvement.**

**mar·gi·na·li·a** [ˌmɑː(r)dʒɪˈneɪljə; -ɪə] *s*

*pl* Margiˈnalien *pl,* Randbemerkungen *pl.*

**mar·gin·al·ism** [ˈmɑː(r)dʒɪnlɪzəm] *s econ.* ˈGrenznutzentheoˌrie *f.* **ˈmar·gin·al·ize** [-laɪz] → **margin** 12.

**mar·gin·al·ly** [ˈmɑː(r)dʒɪnəlɪ] *adv fig.* **1.** geringfügig, (um) eine Spur, eine Iˈdee. **2.** (nur) am Rande.

**mar·gra·vate** [ˈmɑː(r)grəvɪt; *Am.* -ˌveɪt] → **margraviate. ˈmar·grave** [-greɪv] *s hist.* Markgraf *m.* **marˈgra·vi·ate** [-vɪət; *Am. a.* -vɪˌeɪt] *s* Markgrafschaft *f.* **ˈmar·gra·vine** [-grəviːn] *s* Markgräfin *f.*

**mar·gue·rite** [ˌmɑː(r)gəˈriːt] *s bot.* **1.** Gänseblümchen *n,* Maßliebchen *n.* **2.** ˈStrauch-Margeˌrite *f.* **3.** Weiße Wucherblume, Margeˈrite *f.*

**ma·ri·a** [ˈmeərɪə] *pl von* **mare³.**

**Mar·i·an** [ˈmeərɪən; ˈmær-; *Am.* -meɪ-] **I** *adj* mariˈanisch: a) *R.C.* Marien..., die Jungfrau Maˈria betreffend, b) *hist.* die Königin Maˈria betreffend (*bes. Maria Stuart von Schottland, 1542–87, u. Maria, Königin von England, 1553–58*). **II** *s hist.* Anhänger(in) der Königin Maˈria (Stuart).

**mar·i·cul·ture** [ˈmærɪˌkʌltʃə(r)] *s biol.* (maˈrine) ˈAquakulˌtur *f.*

**mar·i·gold** [ˈmærɪgəʊld] *s bot.* **1.** Ringelblume *f.* **2.** a) **African** ~ Samtblume *f,* b) **French** ~ Stuˈdentenblume *f.*

**mar·i·jua·na, mar·i·hua·na** [ˌmærɪˈjuːənə] *s* **1.** *bot.* Marihuˈanahanf *m.* **2.** Marihuˈana *n* (*Rauschgift*).

**ma·ri·na** [məˈriːnə] *s* Boots-, Jachthafen *m.*

**mar·i·nade** [ˌmærɪˈneɪd] **I** *s* **1.** Mariˈnade *f,* Beize *f.* **2.** a) mariˈniertes Fleisch, b) mariˈnierter Fisch. **II** *v/t* → **marinate. ˈmar·i·nate** [-neɪt] *v/t* mariˈnieren.

**ma·rine** [məˈriːn] **I** *adj* **1.** a) See...; ~ **chart,** ~ **warfare,** ~ **insurance** See-(transport)versicherung *f,* b) Meeres...: ~ **animal,** ~ **climate,** ~ **plants.** **2.** Schiffs...: ~ **engineering** Schiffsmaschinenbau *m.* **3.** Marine...: ~ **painter. II** *s* **4.** Maˈrine *f:* **mercantile** (*od.* **merchant**) ~ Handelsmarine. **5.** *mar. mil.* Maˈrineinfanteˌrist *m:* a) ˈSeesolˌdat *m,* b) Angehörige(r) *m* des *amer.* **Marine Corps: tell that to the ~s!** *colloq.* das kannst du d-r Großmutter erzählen! **6.** *paint.* Seegemälde *n,* -stück *n.* ~ **belt** *s mar.* Hoheitsgewässer *pl.* ~ **blue** *s* Maˈrineblau *n* (*Farbe*). **M~ Corps** *s mar. mil. Am.* Maˈrineinfanteˌriekorps *n.* ~ **court** *s jur. Am.* Seegericht *n.* ~ **phos·pho·res·cence** *s* Meeresleuchten *n.*

**mar·in·er** [ˈmærɪnə(r)] *s* Seemann *m,* Maˈtrose *m:* **master** ~ Kapitän *m* e-s Handelsschiffs; **~'s compass** (See-)Kompaß *m.*

**Ma·rin·ism** [məˈriːnɪzəm] *s* Mariˈnismus *m* (*affektierter Dichtungsstil des 17. Jhs.*).

**Mar·i·ol·a·try** [ˌmeərɪˈɒlətrɪ; *Am.* -ˈɑl-] *s R.C.* Mariolaˈtrie *f,* Maˈrienkult *m,* -vergötterung *f.*

**Mar·i·ol·o·gist** [ˌmeərɪˈɒlədʒɪst; *Am.* -ˈɑl-] *s R.C.* Marioˈloge *m.* **ˌMar·iˈol·o·gy** *s R.C.* Marioloˈgie *f,* Lehre *f* von der Gottesmutter.

**mar·i·o·nette** [ˌmærɪəˈnet] *s* Marioˈnette *f:* ~ **play** Puppenspiel *n.*

**mar·ish** [ˈmærɪʃ] *poet.* **I** *s* Moor *n.* **II** *adj* sumpfig, moˈrastig.

**mar·i·tal** [ˈmærɪtl; *Br. a.* məˈraɪtl] *adj* (*adv* **~ly**) ehelich, Ehe..., Gatten...: ~ **partners** Ehegatten; ~ **duties** eheliche Pflichten; ~ **relations** eheliche Beziehungen; ~ **rights** eheliche Rechte; ~ **status** *jur.* Familienstand *m.*

**mar·i·time** [ˈmærɪtaɪm] *adj* **1.** See...: ~ **blockade** Seeblockade *f;* ~ **commerce** (Über)Seehandel *m;* ~ **court** Seeamt *n;* ~

**insurance** See(transport)versicherung *f;* ~ **law** Seerecht *n;* ~ **navigation** Seeschiffahrt *f;* ~ **port** Seehafen *m.* **2.** Schifffahrts...: ~ **affairs** Schiffahrtsangelegenheiten, Seewesen *n.* **3.** Marine... **4.** Seemanns...: ~ **life. 5.** a) seefahrend, b) Seehandel (be)treibend. **6.** Küsten...: ~ **provinces. 7.** *zo.* an der Küste lebend, Strand... **8.** Meer(es)... **M~ Com·mis·sion** *s Am.* oberste Handelsschiffahrtsbehörde der USA. ~ **dec·la·ra·tion** *s mar.* Verklarung *f.* **M~ La·bor Board** *s Am.* oberste Schlichtungsbehörde zwischen Reedern u. Seemannsvertretungen.

**mar·jo·ram** [ˈmɑː(r)dʒərəm] *s bot.* **1.** Majoran *m.* **2.** *a.* **sweet** ~, **true** ~ Echter Majoran. **3.** *a.* **common** ~, **wild** ~ Felddost(en) *m.*

**mark¹** [mɑː(r)k] **I** *s* **1.** Marˈkierung *f,* Bezeichnung *f,* Mal *n, bes. tech.* Marke *f:* **adjusting** ~ Einstellmarke; **boundary** ~ Grenzmal; **to make a ~ in the calendar** sich e-n Tag rot anstreichen. **2.** *fig.* Zeichen *n:* ~ **of confidence** Vertrauensbeweis *m;* ~ **of favo(u)r** Gunstbezeigung *f;* ~ **of respect** Zeichen der Hochachtung; **God bless** (*od.* **save**) **the** ~ *colloq.* mit Verlaub zu sagen. **3.** (Kenn)Zeichen *n,* (*a.* charakteˈristisches) Merkmal: **distinctive** ~ Kennzeichen. **4.** (Schrift-, Satz)Zeichen *n.* **5.** Orienˈtierungs-, Sichtzeichen *n:* **a** ~ **for pilots. 6.** (An)Zeichen *n:* **a** ~ **of great carelessness. 7.** a) (Eigentums)Zeichen *n,* b) Brandmal *n.* **8.** roter Fleck (*auf der Haut*), Strieme *f,* Schwiele *f.* **9.** Narbe *f* (*a. tech.*). **10.** Kerbe *f,* Einschnitt *m.* **11.** (Hand-, Namens-)Zeichen *n,* Kreuz *n* (*e-s Analphabeten*). **12.** Ziel(scheibe *f*) *n* (*a. fig.*): **wide of** (*od.* **beside**) **the** ~ *fig.* a) fehl am Platz, nicht zur Sache gehörig, b) ‚fehlgeschossen'; **you are quite off** (*od.* **wide of**) **the** ~ *fig.* Sie irren sich gewaltig; **to hit the** ~ (ins Schwarze) treffen; **to miss the** ~ a) fehl-, vorbeischießen, b) sein Ziel *od.* s-n Zweck verfehlen, ‚danebenhauen'; **£ 1,000** wide am Ziel od. ~ to come nearer to the ~ kommen eher hin. **13.** *fig.* Norm *f:* **below the** ~ a) unter dem Durchschnitt, b) *gesundheitlich etc* nicht auf der Höhe; **to be up to the** ~ a) der Sache gewachsen sein, b) den Erwartungen entsprechen, c) *gesundheitlich* auf der Höhe sein; **within the** ~ a) innerhalb der erlaubten Grenzen, b) berechtigt (**in doing s.th.** etwas zu tun); **to overshoot** (*od.* **overstep**) **the** ~ a) über das Ziel hinausschießen, b) zu weit gehen, es zu weit treiben. **14.** (aufgeprägter) Stempel, Gepräge *n.* **15.** (Fuß-, Bremsetc)Spur *f* (*a. fig.*): **to leave one's** ~ **upon** *fig.* a) s-n Stempel aufdrücken (*dat*), b) bei *j-m* s-e Spuren hinterlassen; **to make a** (*od.* **one's**) ~ sich e-n Namen machen (**upon** bei), Vorzügliches leisten, es zu etwas bringen. **16.** *fig.* Bedeutung *f,* Rang *m:* **a man of** ~ e-e markante *od.* bedeutende Persönlichkeit. **17.** Marke *f,* Sorte *f:* ~ **of quality** Qualitätsmarke. **18.** *econ.* a) (Faˈbrik-, Waren)Zeichen *n,* (Schutz-, Handels)Marke *f,* b) Preisangabe *f.* **19.** *mar.* a) (abgemarkte) Fadenlänge (*der Lotleine*), b) Landmarke *f,* c) Bake *f,* Leitzeichen *n,* d) Mark *n,* Ladungsbezeichnung *f,* e) Marke *f.* **20.** *mil. tech.* Moˈdell *n,* Type *f:* **a** ~ **V tank** ein Panzer (-wagen) der Type V. **21.** *ped.* a) (Schul-)Note *f,* Zenˈsur *f:* **to obtain full** ~**s** in allen Punkten voll bestehen; **to give s.o. full** ~**s for s.th.** *fig.* j-m für etwas höchstes Lob zollen; **he gained 20** ~**s for Greek** im Griechischen bekam er 20 Punkte; **bad** ~ a) Note für schlechtes Betragen, b) *pl* Zeugnis *n:* **bad** ~**s** (ein) schlechtes Zeugnis. **22.** *sl.* (*das*) Richtige: **not my** ~ nicht mein Geschmack, nicht das Rich-

tige für mich. **23.** *meist easy ~ sl.* Gimpel *m*, leichtes Opfer, leichte Beute: **to be an easy ~** ,leicht reinzulegen sein'. **24.** *sport* a) *Fußball:* Elf'meterpunkt *m*, b) *Boxen: sl.* Magengrube *f*, c) *Bowls:* Zielkugel *f*, d) *Laufsport:* Startlinie *f*: **on your ~s!** auf die Plätze!; **to be quick (slow) off the ~** a) e-n guten (schlechten) Start haben, b) *fig.* schnell (langsam) ,schalten'. **25.** *meist* **of mouth** Bohne *f*, Kennung *f* (*Alterszeichen an Pferdezähnen*). **26.** *hist.* a) Mark *f*, Grenzgebiet *n*, b) Gemeindemark *f*, All'mende *f*: **~ moot** Gemeindeversammlung *f*.

**II** *v/t* **27.** mar'kieren: a) *Wege, Gegenstände etc* kennzeichnen, b) *Stellen auf e-r Karte etc*, (*provisorisch*) andeuten, c) *Wäsche* zeichnen: **to ~ by a dotted line** durch e-e punktierte Linie kennzeichnen; **to ~ (with a hot iron)** brandmarken; **to ~ time** a) *mil.* auf der Stelle treten (*a. fig.*), b) *fig.* nicht vom Fleck kommen, c) abwarten, d) *mus.* den Takt schlagen. **28.** Spuren hinter'lassen auf (*dat*): **his hobnails ~ed the floor**. **29.** kennzeichnen, kennzeichnend sein für: **to ~ an era; the day was ~ed by heavy fighting** der Tag stand im Zeichen schwerer Kämpfe; **no triumph ~s her manner** es ist nicht ihre Art aufzutrumpfen. **30.** ein Zeichen sein (for für): **that ~s him for a leader** das zeigt, daß er sich zum Führer eignet. **31.** *a.* **~ out** (*aus mehreren*) bestimmen, (aus)wählen, aussersehen (**for** für). **32.** her'vorheben: **to ~ the occasion** zur Feier des Tages, aus diesem Anlaß. **33.** zum Ausdruck bringen, zeigen: **to ~ one's displeasure by hissing**. **34.** *ped.* benoten, zen'sieren. **35.** no'tieren, vermerken. **36.** sich (*etwas*) merken: **~ my words!** denke an m-e Worte (*od.* an mich)! **37.** bemerken, beachten, achtgeben auf (*acc*). **38.** *econ.* a) *Waren* auszeichnen, b) *Br.* (*öffentlich*) no'tieren (lassen), c) *den Preis* festsetzen: → **mark down** 1. **39.** *ling.* e-n Akzent setzen, e-e Länge bezeichnen. **40.** *sport* a) *s-n Gegenspieler* decken, (*gut etc*) mar'kieren, b) *Punkte, Tore etc* aufschreiben, no'tieren: **to ~ the game** → 44 b.

**III** *v/i* **41.** mar'kieren. **42.** achtgeben, aufpassen: **~!** Achtung! **43.** etwas merken: **~ you!** wohlgemerkt! **44.** *sport* a) decken, b) den Spielstand laufend no'tieren.

*Verbindungen mit Adverbien:*

**mark| down** *v/t* **1.** *econ.* (*im Preis etc*) her'unter-, her'absetzen. **2.** bestimmen, vormerken (**for** für, zu). **3.** no'tieren, vermerken. **~ off** *v/t* **1.** abgrenzen, abstecken. **2.** *fig.* trennen: a) absondern, b) abgrenzen, (unter)'scheiden. **3.** *math.* e-e *Strecke* ab-, auftragen. **4.** *tech.* vor-, anreißen. **5.** (*bes. auf e-r Liste*) abhaken. **~ out** *v/t* **1.** → **mark¹** 31. **2.** abgrenzen, (*durch Striche etc*) bezeichnen, mar'kieren. **3.** 'durchstreichen. **~ up** *v/t* *econ.* **1.** (*im Preis etc*) hin'auf-, her'aufsetzen. **2.** *den Diskontsatz etc* erhöhen.

**mark²** [mɑ:(r)k] *s econ.* **1.** (deutsche) Mark: **blocked ~** Sperrmark. **2.** *hist.* Mark *f*: a) *schottische Silbermünze im Werte von etwa 67 p*, b) *Gold- u. Silbergewicht von etwa 8 Unzen.*

**Mark³** [mɑ:(r)k] *npr u. s Bibl.* 'Markus (-evan,gelium *n*) *m*.

'**mark·down** *s econ.* **1.** niedrigere Auszeichnung (*e-r Ware*). **2.** Preissenkung *f*.

**marked** [mɑ:(r)kt] *adj* **1.** mar'kiert, gekennzeichnet, mit e-m Zeichen *od.* e-r Aufschrift (versehen): **a ~ check** (*Br.* **cheque**) a) *Am.* ein gekennzeichneter Scheck, b) *Br.* ein bestätigter Scheck. **2.** gezeichnet (*a. fig. gebrandmarkt*): **a face ~ with smallpox** ein pockennarbiges

---

Gesicht; **feathers ~ with black spots** Federn mit schwarzen Punkten; **a ~ man** *fig.* ein Gezeichneter *od.* Gebrandmarkter. **3.** *fig.* deutlich, merklich, ausgeprägt: **a ~ American accent; ~ progress** spürbarer *od.* deutlicher Fortschritt. **4.** auffällig, ostenta'tiv: **~ indifference.** '**mark·ed·ly** [-ɪd-] *adv* merklich, deutlich, ausgesprochen.

**mark·er** ['mɑ:(r)kə(r)] *s* **1.** Mar'kierer *m*: **~ (of goods)** Warenauszeichner *m*. **2.** (An-, Auf)Schreiber *m*, (*bes. Billard*) Mar-'kör *m*. **3.** *mil.* a) Anzeiger *m* (*beim Schießstand*): **~'s gallery** Anzeigerdeckung *f*, b) Flügelmann *m*. **4.** a) Kennzeichen *n*, b) ('Weg-, 'Grenz- *etc*)Mar,kierung *f*. **5.** Merk-, Lesezeichen *n*. **6.** *Am.* Straßen-, Verkehrsschild *n*. **7.** *Am.* Gedenkzeichen *n*, -tafel *f*. **8.** *aer. mil.* a) Sichtzeichen *n*, b) Leuchtbombe *f*, c) *a.* **~ aircraft** Beleuchter *m* (*bei Nachtangriffen*): **~ bomb** Markierungsbombe *f*; **~ panel** Fliegertuch *n*. **9.** *a.* **~ (radio) beacon** Mar'kierungsfunkfeuer *m*. **10.** *agr.* Furchenzieher *m* (*Gerät*). **11.** *bes. sport* a) Mar'kierer *m* (*Mann*), b) Mar'kiergerät *n* (*auf Tennisplätzen etc*). **12.** *sport* ,Bewacher' *m*, Gegenspieler *m*. **13.** *Wasserbau:* Pegel *m*. **14.** *econ. Am.* Schuldschein *m*.

**mar·ket** ['mɑ:(r)kɪt] *econ.* **I** *s* **1.** Markt *m* (*Handel*): **to be in the ~ for** Bedarf haben an (*dat*), kaufen *od.* haben wollen, suchen; **to be on** (*od.* **in**) **the ~** (zum Verkauf) angeboten werden; **to come into the ~** auf den Markt kommen; **to place** (*od.* **put**) **on the ~** → 14; **sale in the open ~** freihändiger Verkauf. **2.** Markt *m* (*Handelszweig*): **~ for cattle** Viehmarkt; **real estate ~** Grundstücks-, Immobilienmarkt. **3.** *Börse:* Markt *m*: **railway** (*Am.* **railroad**)**~** Markt für Eisenbahnwerte. **4.** Geldmarkt *m*: **to boom the ~** die Kurse in die Höhe treiben; **to make a ~** (durch Kaufmanöver) die Nachfrage (nach Aktien) künstlich hervorrufen; **to play the ~** (an der Börse) spekulieren. **5.** Markt *m*, Börse *f*, Handelsverkehr *m*, Wirtschaftslage *f*: **active (dull) ~** lebhafter (lustloser) Markt. **6.** a) Marktpreis *m*, -wert *m*, b) Marktpreise *pl*: **the ~ is low (rising)**; **at the ~** zum Marktpreis, b) *Börse:* zum ,Bestens'-Preis. **7.** Markt(platz) *m*, Handelsplatz *m*: **in the ~** auf dem Markt; **(covered) ~** Markthalle *f*; **settled ~** Stapelplatz *m*. **8.** (Wochen-, Jahr)Markt *m*: **to bring one's eggs** (*od.* **hogs, goods**) **to a bad** (*od.* **the wrong**) **~** *fig.* sich verkalkulieren *od.* ,verhauen'. **9.** Markt *m* (*Absatzgebiet*): **to hold the ~** a) den Markt beherrschen, b) (durch Kauf *od.* Verkauf) die Preise halten. **10.** Absatz *m*, Verkauf *m*, Markt *m*: **to meet with a ready ~** schnellen Absatz finden. **11.** (for) Nachfrage *f* (nach), Bedarf *m* (an *dat*): **a ~ for leather** 12. *Am.* (Lebensmittel)Geschäft *n*, Laden *m*: **meat ~** 13. **the ~** (*Börse*) a) der Standort der Jobber, b) *collect.* die Jobber *pl*.

**II** *v/t* **15.** auf den Markt bringen, (auf dem Markt) verkaufen, vertreiben.

**III** *v/i* **16.** Handel treiben, (ein)kaufen u. verkaufen. **17.** a) auf dem Markt handeln, b) Märkte besuchen.

**IV** *adj* **18.** Markt...: **basket** Marktkorb *m*. **19.** a) Börsen..., b) Kurs...

**mar·ket·a·bil·i·ty** [ˌmɑ:(r)kɪtə'bɪlətɪ] *s econ.* Marktfähigkeit *f*. '**mar·ket·a·ble** *adj econ.* **1.** a) marktfähig, -gängig, verkäuflich, b) gefragt: **~ title** *jur.* eingeschränktes, frei veräußerliches Eigentum. **2.** no'tiert, börsenfähig: **~ securities**.

**mar·ket| a·nal·y·sis** *s econ.* 'Marktana,lyse *f*. **~ con·di·tion** *s econ.* Marktlage *f*, Konjunk'tur *f*. **~ deal·ings** *s pl*

---

*econ. Br.* Börsenhandel *m*. **~ dom·i·nance** *s econ.* Marktbeherrschung *f*. '**~ -,dom·i·nat·ing** *adj econ.* marktbeherrschend (*Stellung*). **~ e·con·o·my** *s* Marktwirtschaft *f*: **free (social) ~** freie (soziale) Marktwirtschaft.

**mar·ket·eer** [ˌmɑ:(r)kə'tɪə(r)] *s* Verkäufer *m od.* Händler *m* (*auf e-m Markt*). '**mar·ket·er** [-tər] *s Am.* **1.** Markthändler(in). **2.** Marktbesucher(in).

**mar·ket| fish** *s Am.* Knurrfisch *m*. **~ fluc·tu·a·tion** *s econ.* **1.** Konjunk'turbewegung *f*. **2.** *pl* Marktschwankungen *pl*. **~ gap** *s econ.* Marktlücke *f*. **~ gar·den** *s* Handelsgärtne'rei *f*. **~ gar·den·er** *s* Handelsgärtner(in). **~ gar·den·ing** *s* (Betreiben *n* e-r) Handelsgärtne'rei *f*.

**mar·ket·ing** ['mɑ:(r)kɪtɪŋ] **I** *s* **1.** *econ.* Marketing *n*, 'Absatzpoli,tik *f*, -förderung *f*, Vertrieb *m*. **2.** Marktversorgung *f*. **3.** Marktbesuch *m*: **to do one's ~** s-e Einkäufe machen. **4.** Marktware *f*. **II** *adj* **5.** Absatz..., Markt...: **~ association** Marktverband *m*; **~ company** Vertriebsgesellschaft *f*; **~ cooperative** Vertriebs-, Absatzgenossenschaft *f*; **~ director** Marketingdirektor *m*; **~ organization** Marktvereinigung *f*, Absatzorganisation *f*; **~ research** Absatzforschung *f*; **~ strategy** Marktstrategie *f*.

**mar·ket| in·quir·y, ~ in·ves·ti·ga·tion** *s econ.* 'Marktunter,suchung *f*. **~ lead·ers** *s pl* führende Börsenwerte *pl*. **~ let·ter** *s Am.* Markt-, Börsenbericht *m*. **~ niche** *s* Marktnische *f*, -lücke *f*. **~ or·der** *s* **1.** Marktanweisung *f*. **2.** *Börse:* Bestensauftrag *m*. **~ place** *s* Marktplatz *m*. **~ po·si·tion** *s* 'Marktpositi,on *f*. **~ price** *s* **1.** Marktpreis *m*. **2.** *Börse:* Kurs (-wert) *m*. **~ quo·ta·tion** *s* 'Börsenno,tierung *f*, Marktkurs *m*: **list of ~s** Markt-, Börsenzettel *m*. **~ rate** → market price. **~ re·port** *s* **1.** Markt-, Handelsbericht *m*. **2.** Börsenbericht *m*. **~ re·search** *s* Marktforschung *f*. **~ re·search·er** *s* Marktforscher *m*. **~ rig·ging** *s* Kurstreibe'rei *f*, 'Börsenma,növer *n*. **~ share** *s* Marktanteil *m*. **~ sit·u·a·tion** *s* Marktlage *f*. **~ swing** *s Am.* Konjunk'turpei,ode *f*, -,umschwung *m*. **~ town** *s* Marktflecken *m*. **~ val·ue** *s* Markt-, Kurs-, Verkehrswert *m*.

**mark·ing** ['mɑ:(r)kɪŋ] **I** *s* **1.** Mar'kierung *f*, Kennzeichnung *f*, *a. mus.* Bezeichnung *f*. **2.** *aer.* Hoheitszeichen *n*. **3.** *zo.* (Haut-, Feder)Musterung *f*, Zeichnung *f*. **4.** *ped.* Zen'sieren *n*. **II** *adj* **5.** mar'kierend: **~ awl** Reißahle *f*; **~ hammer** Anschlaghammer *m*; **~ ink** (unauslöschliche) Zeichentinte, Wäschetinte *f*; **~ iron** Brand-, Brenneisen *n*; **~ tool** Anreißwerkzeug *n*. **~ nut** *s bot.* Ma'lakkanuß *f*.

**mark·ka** ['mɑ:(r)kɑ:] *pl* '**mark·kaa** [-kɑ:] *s* Markka *f*, Finnmark *f*.

**Mar·kov| chain** ['mɑ:(r)kɒf] *s Stochastik:* Markow-Kette *f*. **~ pro·cess** *s Stochastik:* 'Markow-Pro,zeß *m*.

**marks·man** ['mɑ:(r)ksmən] *s irr* **1.** guter Schütze, Meister-, Scharfschütze *m* (*a. fig. sport*). **2.** *mil. Am.* niedrigste Leistungsstufe bei Schießübungen. **3.** *Am.* Analpha'bet *m*, 'Kreuzlschreiber' *m*. '**marks·man·ship** *s* **1.** Schießkunst *f*. **2.** Treffsicherheit *f*.

**mark| tooth** *s irr* Kennzahn *m* (*e-s Pferdes*). '**~ up** *s econ.* **1.** höhere Auszeichnung (*e-r Ware*). **2.** Preiserhöhung *f*. **3.** Kalkulati'onsaufschlag *m*: **~ on selling price** Handelsspanne *f*.

**marl¹** [mɑ:(r)l] **I** *s* **1.** *geol.* Mergel *m*. **2.** *poet.* Erde *f*. **II** *v/t* **3.** mergeln, mit Mergel düngen.

**marl²** [mɑ:(r)l] *v/t mar.* ein Tau marlen, bekleiden.

**marl³** [mɑː(r)l] s Pfauenfederfaser f (für künstliche Angelfliegen).
**mar·la·ceous** [mɑː(r)ˈleɪʃəs] adj geol. mergelhaltig od. -artig.
**mar·line** [ˈmɑː(r)lɪn] s mar. Marlleine f, Marling f. **~spike** s 1. mar. Marlpfriem m. 2. orn. Raubmöwe f.
**marl·ite** [ˈmɑː(r)laɪt] s min. Marˈlit m (Art Kalkmergel).
**marl·y** [ˈmɑː(r)lɪ] adj merg(e)lig.
**marm** [mɑː(r)m] dial. für madam.
**mar·ma·lade** [ˈmɑː(r)məleɪd] s (bes. Oˈrangen)Marmeˌlade f. **~ tree** s bot. Große Saˈpote, Marmeˈladenpflaume f.
**mar·mo·lite** [ˈmɑː(r)məlaɪt] s min. Marmoˈlith m (blätteriger Serpentin).
**mar·mo·re·al** [mɑː(r)ˈmɔːrɪəl; Am. a. -ˈməʊ-] adj 1. marmorn, Marmor... 2. marmorartig.
**mar·mose** [ˈmɑː(r)məʊs] s zo. Beutelratte f.
**mar·mo·set** [ˈmɑː(r)məʊzet; Am. -məˌset] s zo. (ein) Krallenaffe m.
**mar·mot** [ˈmɑː(r)mət] s zo. 1. Murmeltier n. 2. Präˈriehund m. 3. a. ~ squirrel Ziesel m.
**mar·o·cain** [ˈmærəkeɪn] s Maroˈcain m, n (kreppartiger Kleiderstoff).
**ma·roon¹** [məˈruːn] I v/t 1. (auf e-r einsamen Insel etc) aussetzen. 2. fig. a) im Stich lassen, b) von der Außenwelt abschneiden. II v/i 3. hist. fliehen (Negersklave). 4. Am. a) einsam zelten, b) ein Picknick veranstalten. 5. herˈumlungern. III s 6. Busch-, Maˈronneger m (in Westindien u. Holländisch-Guayana). 7. Ausgesetzte(r m) f.
**ma·roon²** [məˈruːn] I s 1. Kaˈstanienbraun. n 2. Kaˈnonenschlag m (Feuerwerk). II adj 3. kaˈstanienbraun.
**ma·roon·er** [məˈruːnə(r)] s Piˈrat m.
**mar·plot** [ˈmɑː(r)plɒt; Am. -ˌplɑt] s 1. Quertreiber m. 2. Spielverderber m, Störenfried m.
**marque** [mɑː(r)k] s mar. hist. 1. Kapern n: letter(s) of ~ (and reprisal) Kaperbrief m. 2. Kaperschiff n.
**mar·quee** [mɑː(r)ˈkiː] s 1. großes Zelt (für Zirkus u. andere Vergnügungen; a. mil.). 2. Am. Marˈkise f, Schirmdach n (über e-m Hoteleingang etc). 3. Vordach n (über e-r Haustür).
**mar·quess** → marquis.
**mar·que·try**, a. **mar·que·te·rie** [ˈmɑː(r)kɪtrɪ] s Marketeˈrie f, Inˈtarsien pl, Holzeinlegearbeit f.
**mar·quis** [ˈmɑː(r)kwɪs] s Marˈquis m (englischer Adelstitel zwischen Duke u. Earl). **ˈmar·quis·ate** [-zət] s Marquiˈsat n (Würde u. Besitztum e-s Marquis).
**mar·quise** [mɑː(r)ˈkiːz] s 1. Marˈquise f (für nichtenglischen Adelstitel). 2. a. ~ ring Marˈquise f (Ring mit Edelsteinen in lanzettförmiger Fassung). 3. → marquee.
**mar·riage** [ˈmærɪdʒ] s 1. Heirat f, Vermählung f, Hochzeit f (to mit). 2. Ehe (-stand m) f: by ~ angeheiratet; related by ~ verschwägert; of his (her) first ~ aus erster Ehe; to contract a ~ die Ehe eingehen; to give s.o. in ~ j-n verheiraten; to take s.o. in ~ j-n heiraten; → civil marriage, companionate. 3. fig. Vermählung f, enge od. innige Verbindung: a ~ of ideas e-e Gedankenverbindung. 4. Mariˈage f: a) ein Kartenspiel, b) König u. Dame gleicher Farbe im Blatt. **ˈmar·riage·a·ble** adj heiratsfähig, mannbar, jur. ehemündig: ~ age Ehemündigkeit f. **ˈmar·riage·a·ble·ness** s Heiratsfähigkeit f.
**mar·riage| ar·ti·cles** s pl jur. Ehevertrag m. **~ bed** s Ehebett n. **~ bro·ker** s Heiratsvermittler m, jur. Ehemakler m. **~bu·reau** s ˈHeiratsinstiˌtut n. **~ cer·e·mo·ny** s Trauung f. **~ cer·tif·i·cate** s

Trauschein m. **~ con·tract** s jur. Ehevertrag m. **~ flight** s zo. Hochzeitsflug m (der Bienen). **~ guid·ance** s Eheberatung f. **~ guid·ance cen·ter** (bes. Br. **cen·tre**) s Eheberatungsstelle f. **~ guid·ance coun·sel·(l)or** s Eheberater(in). **~ li·cence** (Am. **li·cense**) s (Br. kirchliche, Am. amtliche) Heiratserlaubnis. **~ lines** s pl (meist als sg konstruiert) bes. Br. colloq. Trauschein m. **~ of con·ve·nience** s Geld-, Zweck-, Vernunftheirat f od. -ehe f. **~ por·tion** s jur. Mitgift f. **~ set·tle·ment** s jur. Ehevertrag m, Güterrechtstreuhandvertrag m. **~ vow** s Ehegelöbnis n.
**mar·ried** [ˈmærɪd] I adj 1. verheiratet, Ehe..., ehelich: (newly) ~ couple (jungvermähltes) Ehepaar; ~ life Eheleben n; ~ man Ehemann m; ~ state Ehestand m; ~ woman Ehefrau f. 2. fig. eng od. innig (miteinˈander) verbunden, vereint. 3. a) aus Teilen verschiedener (Möbel)Stücke zs.-gesetzt, b) Br. nur im ganzen verkäuflich, c) Br. mit Tonstreifen (Filmkopie). II s 4. Verheiratete(r m) f: the young ~s die Jungverheirateten.
**mar·ron** [ˈmærən] s Maˈrone f (eßbare Kastanie).
**mar·row¹** [ˈmærəʊ] s 1. anat. (Knochen)Mark n: red ~ rotes Knochenmark; yellow ~ Fettmark. 2. fig. Mark n, Kern m, (das) Innerste od. Wesentlichste: to the ~ (of one's bones) bis aufs Mark, bis ins Innerste; he was frozen to the ~ er war völlig durchgefroren. 3. fig. Lebenskraft f, Lebensmut m. 4. fig. Kraftnahrung f.
**mar·row²** [ˈmærəʊ] s Am. meist ~ squash, Br. a. vegetable ~ bot. Eier-, Markkürbis m.
**mar·row³** [ˈmærəʊ] s dial. 1. Genosse m, Genossin f. 2. Ehegespons m. 3. Ebenbürtige(r m) f. 4. fig. getreues Abbild.
**ˈmar·row·bone** s 1. Markknochen m. 2. pl humor. Knie pl. 3. pl Totenkopfknochen pl (Bildzeichen).
**mar·row·less** [ˈmærəʊlɪs] adj fig. mark-, kraftlos.
**mar·row pea** s bot. Markerbse f.
**mar·row·sky** [məˈraʊskɪ] s colloq. → spoonerism.
**mar·row·y** [ˈmærəʊɪ; Am. -əwɪ] adj fig. markig, kernig.
**mar·ry¹** [ˈmærɪ] I v/t 1. heiraten, sich vermählen od. verheiraten mit, zum Mann (zur Frau) nehmen: to be married to verheiratet sein mit (a. fig. iro.); to get married to sich verheiraten mit. 2. e-e Tochter etc verheiraten (to an acc, mit): to ~ off verheiraten, unter die Haube bringen. 3. ein Paar trauen, vermählen (Geistlicher). 4. fig. eng verbinden od. verknüpfen (to mit). 5. mar. Taue spleißen. 6. Weinsorten (miteinˈander) vermischen. II v/i 7. heiraten, sich verheiraten: to ~ into a family in e-e Familie einheiraten; ~ in haste and repent at leisure schnell gefreit, lange bereut; ~ing man Heiratslustige(r) m, Ehekandidat m. 8. fig. sich innig verbinden.
**mar·ry²** [ˈmærɪ] interj obs. od. dial. fürˈwahr!: ~ come up! na, mach's halblang!
**Mars** [mɑː(r)z] I npr 1. myth. Mars m (Kriegsgott). II s 2. poet. der Kriegsgott, Mars m (Krieg). 3. astr. Mars m.
**marsh** [mɑː(r)ʃ] s 1. Sumpf(land n) m, Marsch f. 2. Moˈrast m.
**mar·shal** [ˈmɑː(r)ʃl] I s 1. mil. Marschall m. 2. jur. Br. Gerichtsbeamter, der e-n reisenden High-Court-Richter begleitet. 3. jur. Am. a) US~ (ˈBundes)Vollˌzugsbeamte(r) m, b) Beˈzirkspoliˌzeichef m, c) a. city ~ Poliˈzeidiˌrektor m. 4. a. fire ~ Am. ˈBranddiˌrektor m. 5. Zereˈmonienmeister m, Festordner m, mot. sport Rennwart m. 6. hist. (Hof)Marschall m:

knight ~ Br. königlicher Hofmarschall. 7. Br. hist. königlicher Zereˈmonienmeister (jetzt Earl M~). 8. univ. Br. Begleiter m e-s Proktors. II v/t pret u. pp **-shaled**, bes. Br. **-shalled** 9. allg. auf-, zs.-stellen, zs.-fassen: to ~ one's thoughts s-e Gedanken ordnen. 10. mil. Truppen auf-, bereitstellen, antreten lassen, ˈaufmarˌschieren lassen (a. fig.). 11. (methodisch) (an)ordnen, arranˈgieren. 12. to ~ wag(g)ons into trains rail. Züge zs.-stellen. 13. (bes. feierlich) (hinˈein)geleiten (into in acc). 14. aer. einwinken. 15. jur. a) die Aktiva (zur Begleichung von Konˈkursforderungen) rangwertig zs.-stellen: to ~ the assets, b) die Reihenfolge der Masseˈgläubiger gemäß dem Vorrang ihrer Forderungen feststellen. III v/i 16. sich ordnen od. aufstellen. **ˈmar·shal·(l)er** s aer. Marshaler m (der gelandete Flugzeuge in ihre Parkposition einweist).
**mar·shal·(l)ing| ar·e·a** [ˈmɑː(r)ʃlɪŋ] s mil. Bereitstellungsraum m. **~yard** s rail. Ranˈgier-, Verschiebebahnhof m.
**Mar·shal·sea** [ˈmɑː(r)ʃlsɪ] s jur. Br. hist. 1. (a. court of) ~ Hofmarschallgericht n. 2. Hofmarschallgefängnis n.
**mar·shal·ship** [ˈmɑː(r)ʃlʃɪp] s Marschallamt n, -würde f.
**marsh| fe·ver** s med. Sumpf-, Wechselfieber n. **~ gas** s Sumpfgas n. **~ gen·tian** s bot. Lungenenzian m.
**marsh·i·ness** [ˈmɑː(r)ʃɪnɪs] s sumpfige Beschaffenheit, Sumpfigkeit f.
**ˈmarsh·land** s Sumpf-, Moor-, Marschland n. **~ˈmal·low** s 1. bot. Echter Eibisch, Alˈthee f. 2. Marshˈmallow n (Süßigkeit). **~ mar·i·gold** s bot. Sumpfdotterblume f.
**marsh·y** [ˈmɑː(r)ʃɪ] adj sumpfig, moˈrastig, Sumpf...
**mar·su·pi·al** [mɑː(r)ˈsjuːpjəl; Am. mɑːrˈsuːpiːəl] zo. I adj 1. Beuteltier... 2. a) beutelartig, b) Beutel..., Brut...: ~ pouch Brutsack m. II s 3. Beuteltier n.
**mart** [mɑː(r)t] s 1. Markt m, Handelszentrum n. 2. Auktiˈonsraum m. 3. obs. od. poet. a) Markt(platz) m, b) (Jahr-) Markt m, c) Handeln n.
**mar·tel** [mɑːˈtel; Am. ˈmɑːrˌtel] s mil. hist. Streitaxt f, -hammer m.
**mar·tel·lo** [mɑː(r)ˈtel·lo] pl **-los** s, a. ~ tow·er s mil. hist. Marˈtelloturm m (rundes Küstenfort).
**mar·ten** [ˈmɑːtɪn; Am. ˈmɑːrtn] s zo. Marder m.
**mar·tial** [ˈmɑː(r)ʃl] adj (adv ~ly) 1. M~ → Martian 2 u. 3. 2. kriegerisch, streitbar, kampfesfreudig. 3. miliˈtärisch, martialisch: ~ music Militärmusik f. 4. Kriegs..., Militär... 5. stramm, solˈdatisch (Haltung). 6. ~ arts asiatische Kampfsportarten. **~ law** s 1. Kriegsrecht n: state of ~ Ausnahme-, Belagerungszustand m; to try by ~ vor ein Kriegsgericht stellen. 2. Standrecht n.
**Mar·ti·an** [ˈmɑːʃjən; Am. ˈmɑːrʃən] I s 1. Marsmensch m, -bewohner(in). II adj 2. Mars..., astr. Mars...
**mar·tin** [ˈmɑː(r)tɪn] s orn. 1. a. house ~ Haus-, Mauerschwalbe f. 2. Baumschwalbe f.
**mar·ti·net** [ˌmɑː(r)tɪˈnet] s mil. od. fig. Zuchtmeister m, strenger od. kleinlicher Vorgesetzter. **ˌmar·ti·net·ish** adj ˌscharfˈ, streng, zuchtmeisterlich.
**mar·tin·gale** [ˈmɑː(r)tɪŋgeɪl; -tɪŋ-] s 1. Martingal n (zwischen den Vorderbeinen des Pferdes durchlaufender Sprungriemen). 2. mar. hist. Stampfstock m. 3. Glücksspiel: Verdoppeln n des Einsatzes nach e-m Verlust.
**mar·ti·ni** [mɑː(r)ˈtiːnɪ] s Marˈtini m (Cocktail aus Gin, Wermut etc).

**Mar·tin·mas** [ˈmɑː(r)tɪnməs] s Martinstag m, Marˈtini n (11. November).
**Mar·tin pro·cess** [ˈmɑː(r)tɪn] s metall. (Siemens-)ˈMartin-Proˌzeß m.
**mart·let** [ˈmɑː(r)tlɪt] s her. Vogel m (als Beizeichen im Wappen e-s 4. Sohnes).
**mar·tyr** [ˈmɑː(r)tə(r)] I s 1. Märtyrer(in), Blutzeuge m: to make a ~ of → 4. 2. fig. Märtyrer(in), Opfer n: to make a ~ of o.s. a) sich für etwas aufopfern, b) iro. den Märtyrer spielen; to die a ~ to (od. in the cause of) science sein Leben im Dienst der Wissenschaft opfern. 3. colloq. Dulder(in), armer Kerl: to be a ~ to gout ständig von Gicht geplagt werden. II v/t 4. zum Märtyrer machen. 5. zu Tode martern: to be ~ed den Märtyrertod sterben. 6. martern, peinigen, quälen. ˈmar·tyr·dom s 1. Marˈtyrium n (a. fig.), Märtyrertod m. 2. Marterqualen pl (a. fig.). ˈmar·tyr·ize v/t 1. (o.s. sich) zum Märtyrer machen (a. fig.). 2. → martyr 6.
**mar·tyr·ol·a·try** [ˌmɑː(r)təˈrɒlətrɪ; Am. -ˈrɑ-] s Märtyrerkult m.
**mar·tyr·o·log·i·cal** [ˌmɑː(r)tərəˈlɒdʒɪkl; Am. -ˈlɑ-] adj martyroˈlogisch. **ˌmar·tyrˈol·o·gist** [-ˈrɒlədʒɪst; Am. -ˈrɑ-] s Martyroˈloge m. **ˌmar·tyrˈol·o·gy** [-dʒɪ] s 1. Martyroloˈgie f. 2. Martyroˈlogium n: a) Geschichte f der Märtyrer, b) Märtyrererzählung f, c) Märtyrerbuch n.
**mar·vel** [ˈmɑː(r)vl] I s 1. Wunder(ding) n, (etwas) Wunderbares: an engineering ~ ein Wunder der Technik; it is a ~ at s.th. etwas fabelhaft können; it is a ~ that es ist (wie) ein Wunder, daß; it is a ~ to me how ich staune nur, wie; to work (od. do) ~s Wunder wirken. 2. Muster n (of an dat): he is a ~ of patience er ist die Geduld selber; he is a perfect ~ colloq. er ist ˌphantastischˈ od. ein Phänomen. 3. obs. Staunen n. II v/i pret u pp **-veled**, bes. Br. **-velled** 4. sich (ver-) wundern, staunen (at über acc). 5. sich verwundert fragen, sich wundern (that daß; how wie).
**mar·vel·(l)ous** [ˈmɑː(r)vələs] adj (adv ~ly) 1. erstaunlich, wunderbar. 2. unglaublich, unwahrscheinlich. 3. colloq. fabelhaft, phanˈtastisch, wunderbar. **ˈmar·vel·(l)ous·ness** s 1. (das) Wunderbare, (das) Erstaunliche, (das) Unglaubliche.
**mar·vie, mar·vy** [ˈmɑːrviː] interj Am. sl. ˌprima!ˈ, ˌKlasse!ˈ
**Marx·i·an** [ˈmɑː(r)ksjən; -ɪən] → Marxist.
**Marx·ism** [ˈmɑː(r)ksɪzəm], a. ˈMarx·i·an·ism [-sjənɪzəm; -ɪən-] s Marˈxismus m. ˈMarx·ist I s Marˈxist(in). II adj marˈxistisch.
**Mar·y Jane** [ˌmeərɪˈdʒeɪn] s Am. sl. Mary Jane f, Marihuˈana n.
**mar·zi·pan** [ˌmɑːzɪˈpæn; Am. ˈmɑːrtsəˌpɑːn; -ˌpæn] s Marziˈpan n, m.
**mas·ca·ra** [mæˈskɑːrə; Am. -ˈskærə] s Masˈcara n, Wimperntusche f.
**mas·cot** [ˈmæskət; -kɒt; Am. -ˌkɑt] s Masˈkottchen n od. Glücksbringer(in) m, b) Talisman m: radiator ~ mot. Kühlerfigur f.
**mas·cu·line** [ˈmæskjʊlɪn] I adj 1. männlich, Männer...: ~ voice. 2. ling. metr. männlich, maskuˈlin: ~ noun. 3. männlich: a) viˈtal, roˈbust, b) mannhaft. 4. kräftig, stark. 5. unweiblich, maskuˈlin. II s 6. Mann m. 7. ling. Maskulinum n: a) männliches Substantiv od. Proˈnomen, b) männliches Geschlecht.
**mas·cu·lin·i·ty** [ˌmæskjʊˈlɪnətɪ] s 1. Männlichkeit f: a) Vitaliˈtät f, Roˈbustheit f, b) Mannhaftigkeit f. 2. unweibliche od. maskuˈline Art.
**mas·cu·lin·ize** [ˈmæskjʊlɪnaɪz] I v/t 1. männlich machen. 2. e-e männliche Note

verleihen (dat). 3. med. zo. maskuliniˈsieren, vermännlichen. 4. zu e-m höheren Männeranteil führen in (dat). II v/i 5. männlich werden. 6. med. zo. maskuliniˈsieren, vermännlichen.
**mash¹** [mæʃ] I s 1. Brauerei: Maische f. 2. agr. Mengfutter n. 3. breiige Masse, Brei m, ˌManschˈ m. 4. Br. colloq. Karˈtoffelbrei m. 5. Mischmasch m. II v/t 6. (ein-) maischen: ~ing tub Maischbottich m. 7. (zu Brei) zerdrücken, -quetschen: ~ed potatoes Kartoffelpüree n, -brei m.
**mash²** [mæʃ] obs. sl. I v/t 1. j-m den Kopf verdrehen. 2. flirten od. schäkern mit. II v/i 3. flirten, schäkern. III s 4. Verliebtheit f. 5. a) Schwerenöter m, Schäker m, b) ˌFlammeˈ f.
**mash·er¹** [ˈmæʃə(r)] s 1. Stampfer m, Quetsche f (Küchengerät). 2. Brauerei: ˈMaischappaˌrat m.
**mash·er²** [ˈmæʃə(r)] → mash² 5 a.
**mash·ie** [ˈmæʃɪ] s Golf: obs. Mashie m (Eisenschläger Nr. 5). ~ i·ron s Golf: Mashie-Iron n (Eisenschläger Nr. 4). ~ nib·lick s Golf: obs. Mashie-Niblick m (Eisenschläger Nr. 7).
**mash·y¹** [ˈmæʃɪ] adj 1. (zu Brei) zerstampft, -quetscht. 2. breiig.
**mash·y²** → mashie.
**mask** [mɑːsk; Am. mæsk] I s 1. Maske f (Nachbildung des Gesichts). 2. (Schutz-, Gesichts)Maske f: fencing ~ Fechtmaske. 3. Gesichtsabguß m, (Kopf)Maske f. 4. Gasmaske f. 5. Maske f: a) Masˈkierte(r m) f, b) ˈMaskenkoˌstüm n, Masˈkierung f, c) fig. Verkleidung f, -kappung f, Vorwand m: to throw off the ~ die Maske fallen lassen; under the ~ of unter dem Deckmantel (gen). 6. → masque. 7. maskenhaftes Gesicht. 8. arch. Maskaˈron m (Fratzenskulptur), Maske f. 9. Kosmetik: (Gesichts)Maske f. 10. mil. Tarnung f, Blende f. 11. zo. Fangmaske f (der Libellen). 12. TV (Bildröhren)Maske f. 13. tech. (Abdeck)Blende f, Maske f. 14. phot. Vorsatzscheibe f. II v/t 15. j-n masˈkieren, verkleiden, -mummen. 16. fig. verschleiern, -hüllen, -decken, -bergen, tarnen. 17. mil. a) e-e Stellung etc tarnen, Gelände masˈkieren, b) feindliche Truppen binden, fesseln, c) die eigene Truppe behindern (wenn man in ihre Feuerlinie gerät). 18. Licht abblenden. 19. a. ~ out tech. korriˈgieren, retuˈschieren: to ~ out a stencil. 20. pharm. etc a) e-n Geschmack überˈdecken, b) mit geschmacksverbessernden Zusätzen versehen. III v/i 21. e-e Maske tragen.
**masked** [mɑːskt; Am. mæskt] adj 1. masˈkiert: ~ bandits ~ ball Maskenball m. 2. verdeckt, -borgen. 3. fig. verschleiert, -hüllt: ~ advertising econ. Schleichwerbung f. 4. mil. getarnt: ~ ground maskiertes Gelände. 5. med. larˈviert, verborgen: ~ disease. 6. bot. masˈkiert, geschlossen (Blüte). 7. zo. mit maskenartiger Kopfbildung.
**mask·er** [ˈmɑːskə; Am. ˈmæskər] s 1. Maske f, Maskentänzer(in), -spieler(in). 2. → mask 5 a.
**mask·ing tape** [ˈmɑːskɪŋ; Am. ˈmæskɪŋ] s tech. Kreppband n.
**mask·oid** [ˈmɑːskɔɪd; Am. ˈmæsk-] s Maske f (aus Stein od. Holz; an Gebäuden im alten Mexiko u. Peru).
**mas·och·ism** [ˈmæsəʊkɪzəm; -sək-] s psych. Masoˈchismus m. **ˈmas·och·ist** s Masoˈchist m. **ˌmas·ochˈis·tic** adj (adv ~ally) masoˈchistisch.
**ma·son** [ˈmeɪsn] I s 1. Steinmetz m, -hauer m: ~'s level Setzwaage f. 2. Maurer m. 3. oft M~ Freimaurer m. II v/t 4. aus Stein errichten. 5. mauern. **M~-Dix·on line** [ˌmeɪsnˈdɪksn] s Grenze zwischen Pennsylvania u. Maryland, frü-

her Grenzlinie zwischen Staaten mit u. ohne Sklaverei.
**ma·son·ic** [məˈsɒnɪk; Am. -ˈsɑ-] adj (adv ~ally) 1. Maurer... 2. meist M~ freimaurerisch, Freimaurer...: M~ lodge Freimaurerloge f.
**ma·son·ry** [ˈmeɪsnrɪ] s 1. Steinmetzarbeit f. 2. a) Maurerarbeit f, b) Mauerwerk n: bound ~ Quaderwerk n. 3. Maurerhandwerk n. 4. meist M~ Freimaureˈrei f.
**masque** [mɑːsk; Am. mæsk] s 1. thea. hist. Maskenspiel n. 2. Maskeˈrade f.
**mas·quer** → masker.
**mas·quer·ade** [ˌmæskəˈreɪd] I s 1. Maskeˈrade f: a) Maskenfest n, -ball m, b) Masˈkierung f, ˈMaskenkoˌstüm n, c) fig. Theˈater n, Verstellung f, d) fig. Maske f, Verkleidung f. II v/i 2. an e-r Maskeˈrade teilnehmen. 3. masˈkiert herˈumgehen. 4. sich masˈkieren od. verkleiden. 5. fig. Theˈater spielen, sich verstellen. 6. fig. sich ausgeben (as als). **ˌmas·querˈad·er** s 1. Teilnehmer(in) an e-m Maskenzug od. -ball. 2. fig. ˌSchauspieler(in)ˈ. 3. fig. ˌHochstapler(in)ˈ.
**mass¹** [mæs] I s 1. Masse f, Ansammlung f: a ~ of troops e-e Truppenansammlung. 2. Masse f (formloser Stoff): a ~ of blood ein Klumpen Blut. 3. Masse f, Stoff m, Subˈstanz f. 4. Masse f, (große) Menge: a ~ of data; a ~ of errors e-e (Un)Menge Fehler. 5. Gesamtheit f: in ~ → en masse; in the ~ im großen u. ganzen. 6. Hauptteil m, Mehrzahl f: the ~ of imports der überwiegende od. größere Teil der Einfuhr(en). 7. paint. etc größere einfarbige Fläche. 8. the ~ die Masse, die Allgeˈmeinheit: the ~es die (breite) Masse. 9. phys. Masse f (Quotient aus Gewicht u. Beschleunigung). 10. math. Voˈlumen n, Inhalt m. 11. mil. geschlossene Formatiˈon. II v/t u. v/i 12. (sich) (an)sammeln od. (an)häufen. 13. (sich) zs.-ballen od. -ziehen. 14. mil. (sich) masˈsieren od. konzenˈtrieren. III v/i 15. Massen...: ~ demonstration (dismissals, flight, grave, hysteria, murder, psychology, psychosis, suggestion, unemployment, etc).
**Mass²** [mæs] s relig. 1. (die heilige) Messe. 2. oft m~ Messe f, Meßfeier f: ~ was said die Messe wurde gelesen; to attend (the) ~, to go to ~ zur Messe gehen; to hear ~ die Messe hören; ~ for the dead Toten-, Seelenmesse; → Low Mass, High Mass. 3. Messe f, ˈMeßliturˌgie f. 4. mus. Messe f.
**mas·sa·cre** [ˈmæsəkə(r)] I s 1. Gemetzel n, Masˈsaker n, Blutbad n. II v/t 2. niedermetzeln, massaˈkrieren, ab-, ˈhinschlachten. 3. fig. a) kaˈputtmachen, b) sport sl. ˌauseinˈandernehmenˈ.
**mas·sage** [ˈmæsɑːʒ; Am. məˈsɑːʒ] I s Masˈsage f, Masˈsieren n: ~ machine Massagegerät n; ~ parlo(u)r a) Massageinstitut n, -praxis f, b) euphem. Massagesalon m (Bordell). II v/t masˈsieren. **mas·sag·er** [məˈsɑːʒər] s Am. → masseur.
**Mass| bell** s Sanktusglocke f. ~ book s R.C. Meßbuch n, Misˈsale n. **m~ com·mu·ni·ca·tion** s ˈMassenkommunikatiˌon f: ~ media Massenkommunikationsmittel, Massenmedien. **ˈm~ cult, m~ cul·ture** s ˈMassenkulˌtur f.
**mas·sé** [ˈmæseɪ; Am. mæˈseɪ] s Billard: Kopf-, Masˈséstoß m.
**ˌmass-ˈen·er·gy e·qua·tion** s phys. Masse-Enerˈgie-Gleichung f. **e·quiv·a·lence** s Masse-Enerˈgie-Äquivaˌlenz f.
**mas·se·ter** [mæˈsiːtə(r)] s anat. Masˈseter m, Kaumuskel m.
**mas·seur** [mæˈsɜː; Am. mæˈsɜr] s 1. Masˈseur m. 2. Massagegerät n. **masˈseuse** [-ˈsɜːz; Am. a. -ˈsuːz] s a) Masˈseurin f,

Mas¦seuse *f*, b) *euphem.* Mas¦seuse *f* (*Prostituierte, die in e-m Massagesalon arbeitet*).

**mas·si·cot** [ˈmæsɪkɒt; *Am.* -ˌkɑt; -ˌkəʊ] *s chem.* Massicot *n*, gelbes ¦Bleiˌxyd: **na·tive** ~ Arsenikblei *n*, Bleiblüte *f*.

**mas·sif** [ˈmæsiːf; *bes. Am.* mæˈsiːf] *s geol.* **1.** Ge¦birgsmasˌsiv *n*, -stock *m*. **2.** Scholle *f* (*der Erdrinde*).

**mas·sive** [ˈmæsɪv] *adj* (*adv* ~ly) **1.** masˈsiv: a) groß u. schwer, massig, b) gediegen (*Gold etc*), c) *fig.* wuchtig, ‚klotzig‘, d) *fig.* gewaltig, ‚mächtig‘, heftig: ~ **accusations** massive Beschuldigungen; ~ **construction** *arch.* Massivbauweise *f*; ~ **research** gewaltige Forschungsarbeiten *pl*; **on a** ~ **scale** in ganz großem Rahmen. **2.** *fig.* schwer(fällig). **3.** *geol.* masˈsiv. **4.** *min.* dicht. **5.** *psych.* stark, anhaltend (*Sinneseindruck*). **'mas·sive·ness** *s* **1.** (*das*) Masˈsive. **2.** Gewaltigkeit *f*, großes *od.* mächtiges Ausmaß. **3.** Gediegenheit *f* (*von Gold etc*). **4.** *fig.* Wucht *f*.

**mass¦ jump** *s aer. mil.* Massenabsprung *m*. ~ **me·di·a** *s pl* Massenmedien *pl*. ~ **meet·ing** *s* Massenversammlung *f*. ~ **num·ber** *s phys.* Massenzahl *f*. ~ **ob·ser·va·tion** *s Br.* Massenbeobachtung *f*, Meinungsbefragung *f* der gesamten Bevölkerung. ~ **par·ti·cle** *s math. phys.* Masse(n)teilchen *n*. **'~-proˌduce** *v/t* serienmäßig ¦herstellen: ~d **articles** Massenware *f*, Serienartikel *pl*. ~ **pro·duc·er** *s econ.* ¦Massenˌhersteller *m*. ~ **pro·duc·tion** *s econ.* Massenerzeugung *f*, ¦Massen-, ¦Serienproduktiˌon *f*: **stand·ardized** ~ Fließarbeit *f*. ~ **so·ci·e·ty** *s* Massengesellschaft *f*. ~ **spec·tro·graph** *s phys.* ¦Massenspektroˌgraph *m*. ~ **spec·trom·e·ter** *s phys.* ¦Massenspektroˌmeter *n*. ~ **spec·trum** *s phys.* Massenspektrum *n*. ~ **sur·vey** *s med.* ¦Reihenunterˌsuchung *f*. ~ **u·nit** *s phys.* Masseneinheit *f*.

**mass·y** [ˈmæsɪ] → massive 1 a–c.

**mast¹** [mɑːst; *Am.* mæst] **I** *s* **1.** *mar.* (Schiffs)Mast *m*: **to sail before the** ~ (als Matrose) zur See fahren. **2.** *mar.* Mast *m* (*stangen- od. turmartiger Aufbau*): **fighting** ~ Gefechtsmars *m*; **at (the)** ~ auf dem Hauptdeck. **3.** *electr.* (An!tennen-, Leitungs- *etc*)Mast *m*. **4.** *aer.* Ankermast *m* (*für Luftschiffe*). **II** *v/t* **5.** bemasten.

**mast²** [mɑːst; *Am.* mæst] *s agr.* Mast *f* (*-futter n*).

**mas·tec·to·my** [mæˈstektəmɪ] *s med.* ¦Brustamputatiˌon *f*.

**mast·ed** [ˈmɑːstɪd; *Am.* ˈmæstəd] *adj mar.* **1.** bemastet. **2.** *in Zssgn* ...mastig: **three-**~; **three-**~ **schooner** Dreimastschoner *m*.

**mas·ter** [ˈmɑːstə; *Am.* ˈmæstər] **I** *s* **1.** Meister *m*, Herr *m*, Gebieter *m*: **the M**~ *relig.* der Herr (*Christus*); **to be** ~ **of s.th.** etwas (*a. e-e Sprache etc*) beherrschen; **to be** ~ **of o.s.** sich in der Gewalt haben; **to be** ~ **of the situation** Herr der Lage sein; **to be one's own** ~ sein eigener Herr sein; **to be** ~ **in one's own house** der Herr im Hause sein; **to be** ~ **of one's time** über s-e Zeit (nach Belieben) verfügen können. **2.** Besitzer *m*, Eigentümer *m*, Herr *m*: **to make o.s.** ~ **of s.th.** etwas in s-n Besitz bringen. **3.** Hausherr *m*. **4.** Meister *m*, Sieger *m*. **5.** *econ.* a) Lehrherr *m*, Meister *m*, Prinziˌpal *m*, b) (Handwerks)Meister *m*: ~ **tailor** Schneidermeister, c) *jur.* Arbeitgeber *m*, Dienstherr *m*: like ~ like man wie der Herr, so's Gescherr. **6.** Vorsteher *m*, Leiter *m* (*e-r Innung etc*). **7.** *a.* ~ **mariner** *mar.* (¦Handels)Kapiˌtän *m*: ~'**s certificate** Kapitänspatent *n*. **8.** *fig.* (Lehr)Meister *m*. **9.** *bes. Br.* Lehrer *m*: ~ **in English**

Englischlehrer. **10.** *Br.* Rektor *m* (*Titel des Leiters einiger Colleges*). **11.** *paint. etc* Meister *m*, großer Künstler. **12.** *univ.* Ma¦gister *m* (*Grad*): **M**~ **of Arts** Magister Artium, Magister der Geisteswissenschaften; **M**~ **of Science** Magister der Naturwissenschaften. **13.** junger Herr (*a. als Anrede für Knaben der höheren Schichten bis zu 16 Jahren*). **14.** *Br.* (*in Titeln*) Leiter *m*, Aufseher *m* (*am königlichen Hof etc*): **M**~ **of (the) Hounds** Master *m*; **M**~ **of the Horse** Oberstallmeister *m* (*am englischen Königshof*); → **ceremony** 1. **15.** *jur.* proto!kollführender Gerichtsbeamter: **M**~ **of the Rolls** Oberarchivar *m* (*Leiter der Archive des* **High Court of Chancery**). **16.** *Scot.* (gesetzmäßiger) Erbe (*e-s Adligen vom Range e-s* **Baron** *od. e-s* **Viscount**). **17.** (¦Schall-) Plattenmaˌtrize *f*. **II** *v/t* **18.** Herr sein *od.* herrschen über (*acc*), beherrschen. **19.** sich zum Herrn machen über (*acc*), besiegen, unter!werfen. **20.** *ein Tier* zähmen, bändigen. **21.** *e-e* Aufgabe, Schwierigkeit *etc*, *a. ein* Gefühl, *a. s-n* Gegner meistern, Herr werden (*gen*), bezwingen, *e-e* Leidenschaft *etc a.* bezähmen, bändigen: **to** ~ **one's temper** sein Temperament zügeln *od.* im Zaum halten. **22.** *e-e* Sprache *etc* beherrschen, mächtig sein (*gen*). **III** *adj* **23.** Meister..., meisterhaft, meisterlich. **24.** Herren..., Meister...: ~ **race** Herrenrasse *f*. **25.** Haupt..., hauptsächlich: ~ **bedroom** *am.* Elternschlafzimmer *n*; ~ **container** Sammelbehälter *m*; ~ **fuse** *electr.* Hauptsicherung *f*; ~ **plan** Gesamtplan *m*; ~ **program(me)** Rahmenprogramm *n*; ~ **switch** *electr.* Hauptschalter *m*; ~ **tape** Mutterband *n*. **26.** leitend, führend (*a. fig.*). **27.** vorherrschend: ~ **passion**. **28.** *iro.* Erz..., ‚Mords...‘: **a** ~ **liar**.

**mas·ter¦ a·gree·ment** *s econ. Am.* ¦Mantelta¦rif *m*. ~**-at-'arms** *pl* ¦mas·ters-at-'arms *s mar.* ¦Schiffsproˌfos *m* (*Polizeibeamter*). ~ **build·er** *s* **1.** (*a.* großer) Baumeister. **2.** ¦Bauunterˌnehmer *m*. ~ **chord** *s mus.* Domi¦nantdreiklang *m*. ~ **clock** *s* Zen!traluhr *f*. ~ **com·pass** *s* Mutterkompaß *m*. ~ **cop·y** *s* **1.** Originalˌkoˌpie *f* (*von Dokumenten, a. Filmen u. Platten*). **2.** ¦Handexemˌplar *n* (*e-s literarischen etc Werks*). ~ **cyl·in·der** *s mot.* ¦Hauptˌbremszyˌlinder *m*. ~ **file** *s* ¦Haupt-, Zen!tralkarˌtei *f*. **'mas·ter·ful** *adj* (*adv* ~ly) **1.** herrisch, gebieterisch. **2.** willkürlich. **3.** ty!rannisch, despotisch. **4.** → **masterly**. **mas·ter¦ ga(u)ge** *s tech.* Prüf-, Vergleichs-, Abnahmelehre *f*. ~ **gen·er·al of the Ord·nance** *s mil. Br.* Geneˌral!feldzeugˌmeister *m*. ~ **gun·ner** *s mil.* **1.** *Br.* ¦Feldwebelˌleutnant *m*. **2.** *Am.* ¦Oberkanoˌnier *m* (*der Küstenartillerie*). ~ **hand** *s* **1.** Meister *m*, (großer) Könner (**at** *in dat*). **2.** *fig.* Meisterhand *f*. **'mas·ter·hood** → **mastership**. **mas·ter¦ in chan·cer·y** *s jur. hist.* beisitzender Refe!rent im Kanz!leigericht. ~ **key** *s* **1.** Hauptschlüssel *m*. **2.** *fig.* Schlüssel *m*.

**mas·ter·li·ness** [ˈmɑːstəlɪnɪs; *Am.* ˈmæstər-] *s* **1.** meisterhafte Ausführung, Meisterhaftigkeit *f*, -schaft *f*. **2.** (*das*) Meisterhafte. **'mas·ter·ly** *adj u. adv* meisterhaft, meisterlich. **mas·ter¦ma·son** *s* **1.** Maurermeister *m*. **2.** Meister *m* (*Freimaurer im 3. Grad*). ~ **me·chan·ic** *s* Werkmeister *m*, erster Me!chaniker. **'~mind I** *s* **1.** über!ragender Geist, Ge!nie *n*. **2.** (führender) Kopf. **II** *v/t* **3.** der Kopf (*gen*) sein: **he** ~**ed the coup** er steckt hinter dem Coup. ~ **pat·tern** *s tech.* ¦Muster-, ¦Muttermoˌdell *n*.

**'~piece** *s* **1.** Haupt-, Meisterwerk *n*. **2.** Meisterstück *n*. ~ **plan** *s* Gesamtplan *m*. ~ **ser·geant** *s mil. Am.* (Ober)Stabsfeldwebel *m*.

**mas·ter·ship** [ˈmɑːstəʃɪp; *Am.* ˈmæstər-] *s* **1.** meisterhafte Beherrschung (**of** *gen*), Meisterschaft *f*: **to attain a** ~ **in** es zur Meisterschaft bringen in (*dat*). **2.** Herrschaft *f*, Macht *f*, Gewalt *f* (**over** über *acc*). **3.** Vorsteheramt *n*. **4.** *bes. Br.* Lehramt *n*.

**mas·ter¦ sin·ew** *s zo.* Hauptsehne *f*. **'~sing·er** *s hist.* Meistersinger *m*. ~ **spring** *s tech.* Antriebsfeder *f*. **'~stroke** *s* Meisterstreich *m*, -stück *n*, -zug *m*, -leistung *f*, Glanzstück *n*: **a** ~ **of diplomacy** ein meisterhafter diplomatischer Schachzug; **your idea is a** ~ d-e Idee ist genial. ~ **tap** *s tech.* Gewinde-, Originalbohrer *m*. ~ **tooth** *s irr* Eck-, Fangzahn *m*. ~ **touch** *s* **1.** Meisterhaftigkeit *f*, -schaft *f*. **2.** Meisterzug *m*. **3.** *mus.* meisterhafter Anschlag. **4.** *tech. u. fig.* letzter Schliff. ~ **wheel** *s tech.* Antriebs-, Hauptrad *n*. **'~work** → **masterpiece**.

**mas·ter·y** [ˈmɑːstərɪ; *Am.* ˈmæs-] *s* **1.** Herrschaft *f*, Gewalt *f*, Macht *f* (**of**, **over** über *acc*). **2.** Über!legenheit *f*, Oberhand *f*: **to gain the** ~ **over s.o.** über j-n die Oberhand gewinnen. **3.** Beherrschung *f* (*e-r Sprache, von Spielregeln etc*). **4.** Beherrschung *f*, Bändigung *f* (*von Leidenschaften etc*). **5.** Meisterhaftigkeit *f*, -schaft *f*: **to gain the** ~ (*od. of*) es (bis) zur Meisterschaft bringen in (*dat*).

**'mast·head I** *s* **1.** *mar.* Masttopp *m*, -korb *m*, Mars *m*: ~ **light** Topplicht *n*. **2.** *print.* Druckvermerk *m*, Im!pressum *n* (*e-r Zeitung*). **II** *v/t* **3.** *mar.* Flagge *etc* vollmast hissen.

**mas·tic** [ˈmæstɪk] *s* **1.** Mastix(harz *n*) *m*. **2.** *bot.* ¦Mastixstrauch *m*, -piˌstazie *f*. **3.** Mastik *m*, ¦Mastixzeˌment *m*, (Stein-)Kitt *m*.

**mas·ti·ca·ble** [ˈmæstɪkəbl] *adj* kaubar. **'mas·ti·cate** [-keɪt] *v/t* **1.** (zer)kauen. **2.** zerkleinern, -stoßen, *Gummi* kneten. ¦**mas·ti'ca·tion** *s* **1.** (Zer)Kauen *n*. **2.** Zerkleinern *n*. **'mas·ti·ca·tor** [-tə(r)] *s* **1.** Kauende(r *m*) *f*. **2.** ¦Fleischwolf *m*, -ˌhackmaˌschine *f*. **3.** *tech.* a) ¦Mahlmaˌschine *f*, b) ¦Knetmaˌschine *f*. **'mas·ti·ca·to·ry** [-kətərɪ; *Am.* -kəˌtəʊriː; -ˌtɔː-] **I** *adj* Kau..., Freß...: ~ **organs**. **II** *s physiol.* Mastika!torium *n*, Kaumittel *n*.

**mas·tiff** [ˈmæstɪf; *Br. a.* ˈmɑːs-] *s* Mastiff *m*, Bulldogge *f*, englische Dogge.

**mas·ti·goph·o·ran** [ˌmæstɪˈɡɒfərən; *Am.* -ˈɡɑ-] *zo.* **I** *s* Geißeltierchen *n*. **II** *adj* zu den Geißeltierchen gehörig.

**mas·ti·tis** [mæˈstaɪtɪs] *s* **1.** *med.* Ma!stitis *f*, Brust(drüsen)entzündung *f*. **2.** *vet.* Entzündung *f* des Euters.

**mas·to·car·ci·no·ma** [ˌmæstəʊˌkɑː(r)sɪˈnəʊmə] *s med.* ¦Mammakarziˌnom *n*, Brustkrebs *m*.

**mas·to·don** [ˈmæstədɒn; *Am.* -ˌdɑn] *s zo.* Mastodon *n* (*Urelefant*).

**mas·toid** [ˈmæstɔɪd] *anat.* **I** *adj* masto!id, brust(warzen)förmig. **II** *s a.* ~ **process** Warzenfortsatz *m* (*des Schläfenbeins*).

**mas·tot·o·my** [mæˈstɒtəmɪ; *Am.* -ˈstɑ-] *s med.* ¦Brustoperatiˌon *f*.

**mas·tur·bate** [ˈmæstə(r)beɪt] *v/i* masturˈbieren (*a. v/t*), onaˌnieren. ¦**mas·tur'ba·tion** *s* Masturbatiˌon *f*, Onaˌnie *f*. **'mas·tur·ba·tor** [-tə(r)] *s* Onaˌnist *m*.

**mat¹** [mæt] **I** *s* **1.** Matte *f*. **2.** Untersetzer *m*, -satz *m*: **beer** ~ Bierdeckel *m*, -filz *m*. **3.** (Zier)Deckchen *n*. **4.** *sport* Matte *f*: **to be on the** ~ a) (*Ringen*) auf der Matte sein, b) am Boden sein, c) *fig.* ‚in der Tinte sitzen‘, d) *fig.* e-e ‚Zigarre verpaßt

bekommen'; **to go to the ~ with s.o.** *fig.*
mit j-m e-e heftige Auseinandersetzung
haben. **5.** Vorleger *m*, Abtreter *m*. **6.** a)
grober Sack (*zur Verpackung von Kaffee
etc*), b) *ein Handelsgewicht für Kaffee.*
**7.** verfilzte Masse (*Haar, Unkraut*).
**8.** Gewirr *n*, Geflecht *n*. **9.** *Spitzenwe-
berei:* dichter Spitzengrund. **10.** (glas-
loser) Wechselrahmen. **II** *v/t* **11.** mit
Matten belegen. **12.** *fig.* (wie mit e-r
Matte) bedecken. **13.** (mattenartig) ver-
flechten. **14.** verfilzen. **III** *v/i* **15.** sich
verfilzen *od.* verflechten.

**mat²** [mæt] **I** *adj* **1.** matt (*a. phot.*),
glanzlos, mat'tiert. **II** *s* **2.** Mat'tierung *f*.
**3.** mat'tierte Farbschicht (*auf Glas*).
**4.** mat'tierter (*meist* Gold)Rand (e-s Bil-
derrahmens). **III** *v/t* **5.** mat'tieren.

**mat·a·dor** ['mætədɔː(r)] *s* Mata'dor *m*:
a) *Stierkämpfer*, b) *Haupttrumpf in eini-
gen Kartenspielen.*

**match¹** [mætʃ] **I** *s* **1.** (*der, die, das*) gleiche
*od.* Ebenbürtige: **his ~** a) seinesgleichen,
b) sein Ebenbild, c) j-d, der es mit ihm
aufnehmen kann, d) s-e Lebensgefähr-
tin; **to find** (*od.* **meet**) **one's ~** s-n
Meister finden; **to be a ~ for s.o.** j-m
gewachsen sein; **to be more than a ~
for s.o.** j-m überlegen sein. **2.** (dazu)
passende Sache *od.* Per'son, Gegen-
stück *n*. **3.** (zs.-passendes) Paar, Ge-
spann *n* (*a. fig.*): **they are an excel-
lent ~** sie passen ausgezeichnet zuein-
ander. **4.** *econ.* Ar'tikel *m* gleicher
Quali'tät: **exact ~** genaue Bemusterung.
**5.** (Wett)Kampf *m*, (Wett)Spiel *n*, Par'tie
*f*, Treffen *n*, Match *n*, *m*: **cricket ~**
Kricketwettspiel, -partie; **singing ~**
Wettsingen *n*. **6.** a) Heirat *f*: **to make
a ~** e-e Ehe stiften; **to make a ~ of it**
heiraten, b) (*gute etc*) Par'tie: **she is a
good ~.**
**II** *v/t* **7.** a) j-n passend verheiraten (**to,
with** mit), b) *Tiere* paaren. **8.** e-r *Person
od. Sache* Gleiches gegen'überstel-
len, *j-n od. etwas* vergleichen (**with** mit).
**9.** *j-n* ausspielen (**against** gegen).
**10.** passend machen, anpassen (**to, with**
an *acc*). **11.** *j-m od.* e-r *Sache* (*a. farblich
etc*) entsprechen, passen zu: **the carpet
does not ~ the wallpaper** der Teppich
paßt nicht zur Tapete; → **well-matched**
2. **12.** zs.-fügen. **13.** etwas Gleiches *od.*
Passendes auswählen *od.* finden zu: **can
you ~ this velvet for me?** haben Sie
etwas Passendes zu diesem Samt(stoff)?
**14.** *electr.* angleichen, anpassen. **15.** *j-m*
ebenbürtig *od.* gewachsen sein, es auf-
nehmen mit (*j-m od.* e-r *Sache*): *od.* e-r *Sache*
gleichkommen: **not to be ~ed** uner-
reichbar, unvergleichbar; **the teams
are well ~ed** die Mannschaften sind
gleich stark. **16.** *Am. colloq.* a) e-e Münze
hochwerfen, b) knobeln mit (*j-m*).
**III** *v/i* **17.** *obs.* sich verheiraten (**with**
mit). **18.** zs.-passen, über'einstimmen
(**with** mit), entsprechen (**to** *dat*): **she
bought a brown coat and gloves to ~**
sie kaufte e-n braunen Mantel u. dazu
passende Handschuhe; **he had nothing
to ~** er hatte dem nichts entgegenzu-
setzen.

**match²** [mætʃ] *s* **1.** Zünd-, Streichholz *n*.
**2.** Zündschnur *f*. **3.** *obs. od. hist.* a) Zünd-
stock *m*, b) Lunte *f*.

**'match·board** *tech.* **I** *s* Spundbrett *n*
(*für Parkett etc*). **II** *v/t* mit Spundbrettern
abdecken. **'~board·ing** *s collect.* ge-
spundete Bretter *pl*. **'~book** *s* Streich-
holzbrief *m*. **'~box** *s* Streichholzschach-
tel *f*. **'~cloth** *s econ.* (*ein*) grober Woll-
stoff.

**match game** *s sport* Entscheidungs-
spiel *n*.

**match·ing** ['mætʃɪŋ] **I** *s* **1.** *electr. u.*

---

*Computer:* Anpassung *f*. **II** *adj* **2.** (da-
zu) passend (*farblich etc abgestimmt*).
**3.** *electr.* Anpassungs...: **~ transformer;
~ condenser** Abgleichkondensator *m*. **~
test** *s* Vergleichsprobe *f*.

**match joint** *s tech.* Verzinkung *f*.

**match·less** ['mætʃlɪs] *adj* (*adv* **~ly**) un-
vergleichlich, einzigartig.

**'match·lock** *s mil. hist.* **1.** Luntenschloß
*n* (*der Muskete*). **2.** 'Lunten(schloß)mus-
,kete *f*.

**'match,mak·er** *s* **1.** Ehestifter(in), Hei-
ratsvermittler(in). **2.** *contp.* Kuppler(in).

**'match,mak·ing** *s* **1.** Ehe-, Heiratsver-
mittlung *f*: **~ agency** Heiratsinstitut *n*. **2.**
*contp.* Kuppe'lei *f*.

**'match·mark** *s tech.* Mon'tagezeichen
*n*. **~ plane** *s tech.* Nut- u. Spundhobel *m*.
**~ play** *s sport* **1.** → match game. **2.** *Golf:*
Lochspiel *n*. **~ point** *s sport* (für den
Sieg) entscheidender Punkt, *Tennis etc:*
Matchball *m*. **~ race** *s sport Am.* Wett-
rennen *n*. **~ rope** *s mil. hist.* Zündschnur *f*
(*zu e-r Kanone*). **'~stick**, *a.* **'~stalk** *s
tech.* Stab *m* e-s Streichhölzchens. **'~
wood** *s* **1.** Streichhölzerholz *n*. **2.**
*collect.* (Holz)Späne *pl*, Splitter *pl*: **to
make ~ of s.th.**, **to smash s.th. to ~** aus
etwas Kleinholz machen, etwas kurz u.
klein schlagen.

**mate¹** [meɪt] **I** *s* **1.** a) ('Arbeits-, 'Werk-)
Kame,rad *m*, Genosse *m*, Gefährte *m*,
b) (*als Anrede*) Kame'rad *m*, ,Kumpel' *m*,
c) Gehilfe *m*, Handlanger *m*: **driver's ~**
Beifahrer *m*. **2.** Lebensgefährte *m*, Gatte
*m*, Gattin *f*. **3.** *zo., bes. orn.* Männchen *n
od.* Weibchen *n*. **4.** Gegenstück *n* (*von
Schuhen etc*), der andere *od.* da'zugehö-
rige (*Schuh etc*). **5.** *Handelsmarine:*
'Schiffsoffi,zier *m* (*unter dem Kapitän*).
**6.** *mar.* Maat *m*: **cook's ~** Kochsmaat.
**II** *v/t* **7.** zs.-gesellen. **8.** (*paarweise*) ver-
binden, *bes.* vermählen. **9.** *Tiere* paaren.
**10.** *fig.* ein'ander anpassen: **to ~ words
with deeds** auf Worte (entsprechende)
Taten folgen lassen. **11.** (**to**) *tech. Am.* zs.-
bauen (mit), mon'tieren (an *acc*), verbin-
den (mit). **III** *v/i* **12.** sich (ehelich) ver-
binden, vermählen. **13.** *zo.* sich paaren.
**14.** *tech.* a) (**with**) kämmen (mit), ein-
greifen (in *acc*) (*Zahnräder*), b) aufein-
'anderarbeiten: **mating surfaces** Ar-
beitsflächen.

**mate²** [meɪt] → checkmate.

**ma·té** ['mɑːteɪ; *Br. a.* 'mæteɪ] *s* **1.** Mate-,
Para'guaytee *m*. **2.** *bot.* Matestrauch *m*.
**3.** *a.* **~ gourd** *bot.* Flaschenkürbis *m*.

**ma·te·lot** ['mætləʊ] *s bes. Br. sl.* Ma-
'trose *m*.

**ma·ter** ['meɪtə(r)] (*Lat.*) *s ped. Br. sl.* die
Mutter. **~ do·lo·ro·sa** [,dɒlə'rəʊsə; *Am.*
,dəʊ-; ,dɑː-] (*Lat.*) *s* (*die*) Schmerzensmut-
ter.

**ma·te·ri·al** [mə'tɪərɪəl] **I** *adj* (*adv* **~ly**)
**1.** materi'ell, physisch, körperlich, sub-
stanti'ell: **~ existence** körperliches Da-
sein. **2.** stofflich, Material...: **~ damage**
Sachschaden *m*; **~ defect** Materialfehler
*m*; **~ fatigue** *tech.* Materialermüdung *f*; **~
goods** *econ.* Schgüter. **3.** materi'ell,
leiblich, körperlich: **~ comfort; ~ well-
-being.** **4.** materia'listisch (*Interessen,
Anschauung etc*). **5.** materi'ell, wirt-
schaftlich, re'al: **~ civilization** materielle
Kultur; **~ wealth** materieller Wohlstand.
**6.** *a. philos.* a) (sachlich) wichtig, gewich-
tig, von Belang, b) wesentlich, ausschlag-
gebend (**to** für). **7.** *jur.* erheblich, rele-
'vant, einschlägig: **~ facts; a ~ witness**
ein unentbehrlicher Zeuge. **8.** *Logik:*
(*nicht verbal od. formal*) sachlich: **~ con-
sequence** sachliche Folgerung. **9.** *math.*
materi'ell: **~ point.**
**II** *s* **10.** Materi'al *n*: a) (*a.* Roh-, Grund-)
Stoff *m*, Sub'stanz *f*, b) *tech.* Werkstoff

---

*m*: **test(ing)** Materialprüfung *f*; **~s-
-intensive** materialintensiv; **~s science**
Werkstoffkunde *f*, c) (Kleider)Stoff *m*:
**dress ~** Stoff für ein Damenkleid. **11.**
*collect. od. pl* Materi'al(ien *pl*) *n*, Aus-
rüstung *f*: **building ~s** Baustoffe; **war ~**
Kriegsmaterial; **writing ~s** Schreib-
material(ien). **12.** (*oft pl fig.*) Materi'al *n*
(Sammlungen, Urkunden, Belege, Noti-
zen, Ideen etc), Stoff *m* (**for** zu e-m *Buch
etc*), 'Unterlagen *pl*.

**ma·te·ri·al·ism** [mə'tɪərɪəlɪzəm] *s* Mate-
ria'lismus *m*. **ma·te·ri·al·ist I** *s* Mate-
ria'list(in). **II** *adj* materia'listisch.
**ma,te·ri·al'is·tic** *adj*, **ma,te·ri·al-
'is·ti·cal** *adj* (*adv* **~ly**) materia'listisch.
**ma,te·ri·al·i·ty** [-'ælətɪ] *s* **1.** Stofflich-
keit *f*, Körperlichkeit *f*. **2.** *a. jur.* Wichtig-
keit *f*.

**ma·te·ri·al·i·za·tion** [mə,tɪərɪəlaɪ-
'zeɪʃn; *Am.* -lə'z-] *s* **1.** Verkörperung *f*.
**2.** *Spiritismus:* Materialisati'on *f* (*von
Geistern*). **ma·te·ri·al·ize** **I** *v/t* **1.** ma-
teriali'sieren, verstofflichen, -körperli-
chen. **2.** etwas verwirklichen, reali'sieren.
**3.** *bes. Am.* materia'listisch machen: **to ~
thought.** **4.** *Geister* erscheinen lassen.
**II** *v/i* **5.** feste Gestalt annehmen, sinnlich
wahrnehmbar werden, sich verkörpern
(**in** in *dat*). **6.** sich verwirklichen, Tatsache
werden, zu'standekommen. **7.** erschei-
nen, sich materiali'sieren (*Geister*).

**ma·te·ri·al·man** [-mən] *s irr tech. Am.*
Materi'alliefe,rant *m*.

**ma·te·ri·a med·i·ca** [mə,tɪərɪə'medi-
kə] *s pharm.* **1.** *collect.* Arz'neimittel *pl*.
**2.** Pharmakolo'gie *f*, Arz'neimittel,lehre *f*.

**ma·té·ri·el, ma·te·ri·el** [mə,tɪərɪ'el] *s*
**1.** *econ.* Materi'al *n*, Ausrüstung *f*. **2.** *mil.*
a) 'Kriegsmateri,al *n*, -ausrüstung *f*,
b) Versorgungsgüter *pl*.

**ma·ter·nal** [mə'tɜːnl; *Am.* -'tɜrnl] *adj*
(*adv* **~ly**) **1.** mütterlich, Mutter...: **~ love;
~ instinct; ~ affection** mütterliche Zu-
neigung; **~ language** Muttersprache *f*.
**2.** *Großvater etc* mütterlicherseits, von
mütterlicher Seite: **~ grandfather; ~
inheritance.** **3.** Mütter...: **~ mortality**
Müttersterblichkeit *f*; **~ welfare (work)**
Mütterfürsorge *f*.

**ma·ter·ni·ty** [mə'tɜːnətɪ; *Am.* -'tɜr-] *s*
**1.** Mutterschaft *f*. **2.** *med.* Materni'tät *f*.
**3.** *Am.* a) Entbindungsklinik *f*, b) Ent-
'bindungsstati,on *f*, c) 'Umstandskleid *n*.
**II** *adj* **4.** Wöchnerin(nen)..., Schwanger-
schafts..., Umstands...: **~ allowance** (*od.*
**benefit**) (*wöchentliche*) Mutterschafts-
beihilfe; **~ dress** Umstandskleid *n*; **~
grant** *Br.* (*einmaliger*) Mutterschaftszu-
schuß; **~ home** Entbindungsheim *n*; **~
hospital** Entbindungsklinik *f*; **~ leave**
Mutterschaftsurlaub *m*; **~ ward** Entbin-
dungsstation *f*.

**mate·y**, *Br. a.* **mat·y** ['meɪtɪ] **I** *adj* ka-
me'radschaftlich, vertraulich, famili'är.
**II** *s Br. colloq.* → mate¹ 1 b.

**math** [mæθ] *s Am. colloq.* ,Mathe' *f*
(*Mathematik*).

**math·e·mat·i·cal** [,mæθə'mætɪkl] *adj*
(*adv* **~ly**) **1.** mathe'matisch: **~ expecta-
tion** (*Statistik*) mathematische Erwar-
tung; **~ point** gedachter *od.* ideeller
Punkt; **~ psychology** mathematische
Psychologie. **2.** Mathematik... **3.** *fig.*
(mathe'matisch) ex'akt: **with ~ preci-
sion.** **4.** *fig.* 'unum,stößlich, defini'tiv: **~
certainty.** **math·e·ma'ti·cian** [-mə-
'tɪʃn] *s* Mathe'matiker *m*. **math·e-
'mat·ics** [-'mætɪks] *s pl* **1.** (*meist als sg
konstruiert*) Mathema'tik *f* (*a.* **higher** (*ele-
mentary, pure, new*) höhere (elemen-
tare, reine, neue) Mathematik. **2.** (*oft als
pl konstruiert*) (j-s) Rechenkünste *pl*,
mathe'matische Berechnungen *pl*.
**'math·e·ma·tize** [-mətaɪz] *v/t* mathe-

mati'sieren, in mathe'matische Form bringen.

**maths** [mæθs] *s pl* (*meist als sg konstruiert*) *Br. colloq.* „Mathe' *f* (*Mathematik*).

**mat·in** ['mætɪn] **I** *s* **1.** *pl* (*als sg od. pl konstruiert*) *oft* M~s *relig.* a) *R.C.* (Früh-)Mette *f*, b) (*Church of England*) 'Morgen·litur,gie *f*. **2.** *poet.* Morgenlied *n* (*der Vögel*). **II** *adj* **3.** *poet.* Morgen..., morgendlich. **'mat·in·al** → matin II.

**mat·i·nee, mat·i·née** ['mætɪneɪ; *Am.* ,mætə'neɪ] *s* **1.** *thea.* Mati'nee *f*, *bes.* Nachmittagsvorstellung *f*. **2.** *Am.* Morgenrock *m* (*der Frauen*).

**mat·ing** ['meɪtɪŋ] *s zo.* Paarung *f*: ~ season Paarungszeit *f*.

**ma·tri·arch** ['meɪtrɪɑ:(r)k] *s sociol.* Fa'milien-, Stam(mes)mutter *f*. **,ma·tri·'ar·chal** *adj* matriar'chalisch. **,ma·tri·'ar·chal·ism** *s* matriar'chalisches Wesen *od.* Sy'stem. **'ma·tri·arch·ate** [-kɪt; -keɪt] *s* **1.** Mutterschaft *f*. **2.** *sociol.* Matriar'chat *n*. **,ma·tri·'ar·chic** → matriarchal. **'ma·tri·arch·y** → matriarchate.

**ma·tric¹** ['meɪtrɪk; 'mæt-] *adj math.* Matrix...

**ma·tric²** [mə'trɪk] *Br. colloq. für* matriculation.

**ma·tri·ces** ['meɪtrɪsi:z; 'mæ-] *pl von* matrix.

**ma·tri·cid·al** [,meɪtrɪ'saɪdl; ,mæt-] *adj* muttermörderisch. **'ma·tri·cide** *s* **1.** Muttermord *m*. **2.** Muttermörder(in).

**ma·tric·u·late** [mə'trɪkjʊleɪt] **I** *v/t* (*an e-r Universität*) immatriku'lieren. **II** *v/i* sich immatriku'lieren (lassen). **III** *s* [-lɪt] Immatriku'lierte(r *m*) *f*. **ma,tric·u'la·tion** *s* **1.** ,Immatrikulati'on *f*. **2.** *hist. Br.* Zulassungsprüfung *f* zum Universi'tätsstudium.

**mat·ri·mo·ni·al** [,mætrɪ'məʊnjəl] *adj* (*adv* ~ly) ehelich, Ehe...: ~ agency Heiratsinstitut *n*; ~ causes *jur.* Ehesachen; ~ home ehelicher Wohnsitz; ~ law Eherecht *n*; ~ offence (*Am.* offense) Eheverfehlung *f*; ~ troubles Eheprobleme.

**mat·ri·mo·ny** ['mætrɪmənɪ; *Am.* 'mætrə,məʊni:] *s* **1.** *a. jur.* Ehe(stand *m*) *f*: to enter into holy ~ in den heiligen Stand der Ehe treten. **2.** a) *ein Kartenspiel*, b) *Trumpfkönig u.* -*dame*, c) *König u. Dame derselben Farbe*.

**ma·trix** ['meɪtrɪks; 'mæt-] *pl* **'ma·tri·ces** [-trɪsi:z] *od.* **'ma·trix·es** *s* **1.** Mutter-, Nährboden *m* (*beide a. fig.*), 'Grund·sub,stanz *f*. **2.** *physiol.* Matrix *f*: a) Mutterboden *m*, b) Gewebeschicht *f*, c) Gebärmutter *f*: nail ~ Nagelbett *n*; ~ of bone Knochengrundsubstanz *f*. **3.** *bot.* Nährboden *m*. **4.** *min.* a) Grundmasse *f*, b) Ganggestein *n*. **5.** *tech.* Ma'trize *f* (*Gieß-, Stanz- od. Prägeform, a. e-r Schallplatte; a. print.*). **6.** *math.* Matrix *f*: system of matrices Matrizensystem *n*: ~ algebra Matrizenrechnung *f*.

**ma·tron** ['meɪtrən] *s* **1.** ältere (verheiratete) Frau, würdige Dame, Ma'trone *f*: ~ of hono(u)r a) verheiratete Brautführerin, b) verheiratete Hofdame. **2.** Hausmutter *f* (*e-s Internats etc*), Wirtschafterin *f*. **3.** a) Vorsteherin *f*, b) *Br.* Oberschwester *f*, Oberin *f*, c) Aufseherin *f* (*im Gefängnis etc*), d) *Am.* Toi'letten-, Klofrau *f*. **'ma·tron·hood** *s* Ma'tronentum *n*, Frauenstand *m*. **'ma·tron·ize** *v/t* **1.** ma'tronenhaft *od.* mütterlich machen. **2.** a) bemuttern, b) beaufsichtigen. **'ma·tron·li·ness** [-lɪnɪs] *s* Ma'tronenhaftigkeit *f*. **'ma·tron·ly** *adj* ma'tronenhaft, würdig, gesetzt: ~ duties hausmütterliche Pflichten. **II** *adv* ma'tronenhaft.

**ma·tross** [mə'trɒs; *Am.* -ɑs] *s mil. hist.* 'Unterkano,nier *m*.

**mat rush** *s bot.* Teichbinse *f*.

**matt** → mat².

**matte** [mæt] *s metall.* Stein *m*, Lech *m* (*Schmelzprodukt von Kupfer u. Bleisulfiderzen*).

**mat·ted¹** ['mætɪd] *adj* mat'tiert.

**mat·ted²** ['mætɪd] *adj* **1.** mit Matten belegt: a ~ floor. **2.** verfilzt: ~ hair.

**mat·ter** ['mætə(r)] **I** *s* **1.** Ma'terie *f* (*a. philos. u. phys.*), Materi'al *n*, Sub'stanz *f*, Stoff *m*: organic ~ organische Substanz; gaseous ~ gasförmiger Körper; → foreign 3. **2.** a) *physiol.* Sub'stanz *f*: → gray matter, b) *med.* Eiter *m*. **3.** Sache *f* (*a. jur.*), Angelegenheit *f*: this is a serious ~; the ~ in (*od.* at) hand die vorliegende Angelegenheit; a ~ of course e-e Selbstverständlichkeit; as a ~ of course selbstverständlich; a ~ of discretion e-e Ermessensfrage; as a ~ of fact a) e-e Tatsache, b) *jur. bes. Am.* e-e (*strittige*) Tatfrage; as a ~ of fact tatsächlich, eigentlich, um die Wahrheit zu sagen; a ~ of form e-e Formsache; ~ in controversy *jur.* Streitgegenstand *m*, Streitfall *m*; ~ in issue *jur.* Streitgegenstand *m*, Streitsache *f*; a ~ of taste (e-e) Geschmackssache; a ~ of time e-e Frage der Zeit, e-e Zeitfrage; for that ~, for the ~ of that was das betrifft, schließlich; in the ~ of a) hinsichtlich (*gen*), b) *jur.* in Sachen (*A. gegen B.*); it is a ~ of life and death es geht um Leben u. Tod; it is a ~ of finishing in time es geht darum, rechtzeitig fertig zu werden; → fact 1, laughing 3. **4.** *pl* (*ohne Artikel*) die Sache, die Dinge *pl*: to make ~s worse a) die Sache schlimmer machen, b) (*als feststehende Wendung*) was die Sache noch schlimmer macht; to carry ~s too far es zu weit treiben; as ~s stand wie die Dinge liegen; ~s were in a mess es war e-e verfahrene Geschichte. **5.** the ~ die Schwierigkeit: what's the ~? was ist los?, wo fehlt's?; what's the ~ with it (with him)? was ist (los) damit (mit ihm)?; what's the ~ with drinking? was ist (schon) dabei, wenn man trinkt?; what's the ~ now? was ist denn jetzt schon wieder los?; there's nothing the ~ nichts ist los; no ~! es hat nichts zu sagen!, nichts von Bedeutung!; it's no ~ whether es spielt keine Rolle, ob; no ~ what he says was er auch sagt; ganz gleich, wer, was er sagt; no ~ who gleichgültig, wer. **6.** (*mit verblaßter Bedeutung*) Sache *f*, Ding *n*: it's a ~ of £5 es kostet 5 Pfund; in a ~ of weeks in ein paar Wochen; a ~ of three weeks ungefähr 3 Wochen; it was a ~ of 5 minutes es dauerte nur 5 Minuten; it's a ~ of common knowledge es ist allgemein bekannt. **7.** Anlaß *m*, Veranlassung *f* (for zu): a ~ for reflection etwas zum Nachdenken. **8.** (*Ggs. äußere Form*) a) Stoff *m*, Thema *n*, (behandelter) Gegenstand, Inhalt *m* (*e-s Buches etc*), b) (innerer) Gehalt, Sub'stanz *f*: strong in ~ but weak in style inhaltlich stark, aber stilistisch schwach; ~ and manner Gehalt u. Gestalt. **9.** *Literaturgeschichte:* Sagenstoff *m*, -kreis *m*: ~ of France matière de France (*um Karl den Großen*); ~ of Britain Bretonischer Sagenkreis (*um König Arthur*). **10.** Materi'al *n*, Stoff *m*, 'Unterlagen *pl* (for für, zu): ~ for a biography. **11.** *Logik:* Inhalt *m* (*e-s Satzes*). **12.** *a.* postal (*bes. Am.* mail) ~ Postsache *f*: → print 3. **13.** *print.* a) Manu'skript *n*, b) (Schrift)Satz *m*: → dead 23, live² 13, standing 1. **II** *v/i* **14.** von Bedeutung sein (to für), darauf ankommen (to s.o. j-m): it doesn't ~ es macht nichts (aus), es tut nichts; it hardly ~s to me es macht mir nicht viel aus; it little ~s es spielt

kaum e-e Rolle, es ist ziemlich einerlei. **15.** *med.* eitern.

**,mat·ter|-of-'course** *adj* selbstverständlich, na'türlich. **~-of-'fact** *adj* **1.** sich an Tatsachen haltend, sachlich, nüchtern. **2.** pro'saisch. **~-of-'fact·ness** *s* Sachlichkeit *f*, Nüchternheit *f*.

**Mat·thew** ['mæθju:] *npr u. s Bibl.* Mat'thäus(evan,gelium *n*) *m*.

**mat·ting¹** ['mætɪŋ] *s tech.* **1.** Mattenflechten *n*. **2.** Materi'al *n* zur 'Herstellung von Matten. **3.** a) Mattenbelag *m*, b) *collect.* Matten *pl*. **4.** (*ein*) Zierrand *m* (*um Bilder*).

**mat·ting²** ['mætɪŋ] *s tech.* **1.** Mat'tierung *f*. **2.** Mattfläche *f*.

**mat·tock** ['mætək] *s* **1.** *tech.* (Breit-)Hacke *f*. **2.** *agr.* Karst *m*.

**mat·tress** ['mætrɪs] *s* **1.** Ma'tratze *f*. **2.** *a.* air ~ 'Luftma,tratze *f*. **3.** *tech.* Matte *f*, Strauch-, Packwerk *n*.

**mat·u·rate** ['mætjʊreɪt; *bes. Am.* -tʃə-] *v/i* **1.** reifen (*a. fig.*). **2.** *med.* reifen, zum Eitern kommen (*Abszeß etc*). **,mat·u·'ra·tion** *s* **1.** *med.* (Aus)Reifung *f*, Eiterung *f*. **2.** *biol.* Reifen *n*, Ausbildung *f* (*e-r Frucht, Zelle*): ~ division Reife-, Reduktionsteilung *f*. **3.** *fig.* (Her'an)Reifen *n*, Entwicklung *f*. **ma·tur·a·tive** [mə'tjʊərətɪv; *Am. a.* -'tʊ-; *Br. a.* -'tʃʊə-] *adj u. s med.* die Eiterung fördernd(es Mittel).

**ma·ture** [mə'tjʊə(r); *Am. a.* -'tʊər] **I** *adj* (*adv* ~ly) **1.** *biol.* reif, vollentwickelt: ~ germ cells; a ~ woman. **2.** *fig.* reif, gereift: a ~ judg(e)ment; a ~ mind; to be of a ~ age reiferen Alters sein. **3.** *fig.* reiflich erwogen, ('wohl)durchdacht, ausgereift: ~ plans; upon ~ reflection nach reiflicher Überlegung. **4.** reif, (aus)gereift: ~ cheese; ~ wine. **5.** *med.* reif: ~ abscess. **6.** *econ.* fällig, zahlbar: a ~ bill of exchange. **7.** *geogr.* a) durch Erosi'on stark zerklüftet: ~ land, b) der Ge'steinsstruk,tur folgend: a ~ stream. **II** *v/t* **8.** *Früchte, Wein, Käse, Geschwür zur* Reife bringen, (aus)reifen lassen. **9.** *fig.* Pläne etc reifen lassen. **III** *v/i* **10.** (her'an-, aus)reifen (into zu), reif werden. **11.** *econ.* fällig werden. **ma·'tured** *adj* **1.** (aus)gereift. **2.** abgelagert. **3.** *econ.* fällig. **ma'ture·ness** *s* **1.** Reife *f* (*a. fig.*). **2.** *econ.* Fälligkeit *f*.

**ma·tur·i·ty** [mə'tjʊərɪtɪ; -'tʃʊə-; *Am. a.* -'tʊ-] *s* **1.** Reife *f* (*a. fig.*): to bring (come) to ~ zur Reife bringen (kommen). **2.** *econ.* Fälligkeit *f*, Verfall(zeit *f*) *m*, Ablauf *m* (*of a bill* e-s Wechsels): at (*od.* on) ~ bei Verfall, bei Fälligkeit; ~ date Fälligkeitstag *m*.

**ma·tu·ti·nal** [,mætju:'taɪnl; *Am.* ,mætʃʊ-; mə'tju:tɪnl] *adj* morgendlich, Morgen..., früh.

**mat·y** *Br. Nebenform von* matey.

**maud** [mɔ:d] *s* **1.** graugestreifter 'Wollüberwurf, Plaid *n*, *m* (*der schottischen Schäfer*). **2.** Reisedecke *f*.

**maud·lin** ['mɔ:dlɪn] **I** *s* **1.** → maudlinism. **II** *adj* **2.** weinerlich: a ~ voice. **3.** rührselig: a ~ story. **4.** gefühlig, gefühlsdus(e)lig: a ~ poet. **'maud·lin·ism** *s* **1.** Weinerlichkeit *f*. **2.** Rührseligkeit *f*. **3.** Gefühligkeit *f*, Gefühlsduse'lei *f*.

**mau·gre, mau·ger** ['mɔ:gə(r)] *prep obs.* ungeachtet, trotz (*gen*).

**maul** [mɔ:l] **I** *s* **1.** *tech.* Schlegel *m*, schwerer Holzhammer. **II** *v/t* **2.** a) *j-n od. etwas* übel zurichten, roh 'umgehen mit, b) *j-n* 'durchprügeln *od.* miß'handeln, c) *j-n* trak'tieren (with mit), d) zerfleischen. **3.** *fig.* ,her'unterreißen', verreißen (*Kritiker*).

**maul·stick** ['mɔ:lstɪk] *s paint.* Malerstock *m*.

**mau-mau** ['maʊ,maʊ] *v/t Am. sl.* terrori'sieren.

**maun·der** ['mɔ:ndə(r); *Am. a.* 'mɑ:n-] *v/i*

**1.** schwafeln, faseln. **2.** a) ziellos her-ˈumschlendern, b) gedankenlos handeln.
**maun·dy** [ˈmɔːndɪ; *Am. a.* ˈmɑːn-] *relig.*
**I** s **1.** *R.C.* Fußwaschung *f.* **2.** *a.* **Royal M~** königliche Almosenverteilung am Grünˈdonnerstag. **II** *adj* **3.** Gründonners tags...: **~ money** *Br.* (königliches) Grünonnerstagsalmosen; **M~ Thursday** Gründonnerstag *m.*
**Mau·ser** [ˈmaʊzə(r)] s ˈMausergewehr *n*, -piˌstole *f* (*Markenname u. Typ*).
**mau·so·le·um** [ˌmɔːsəˈlɪəm; -zə-] *pl* **-ˈle·ums, -ˈle·a** [-ˈlɪə] s Mausoˈleum *n.*
**mauve** [məʊv; *Am. a.* ˈmɔːv] **I** s Mauveˈin *n.* **II** *adj* malvenfarbig, mauve.
**mav·er·ick** [ˈmævərɪk] s **1.** *Am.* herrenloses (Stück) Vieh ohne Brandzeichen. **2.** *Am.* mutterloses Kalb. **3.** a) *pol.* (abtrünniger) Einzelgänger, b) *allg.* Außenseiter *m.*
**ma·vin** [ˈmeɪvɪn] s *Am. sl.* As *n*, Exˈperte *m.* [drossel *f*.]
**ma·vis** [ˈmeɪvɪs] s *poet. od. dial.* Sing-]
**ma·vour·neen** [məˈvʊə(r)niːn] s *u. interj Ir.* mein Schatz.
**maw** [mɔː] s **1.** (Tier)Magen *m*, *bes.* Labmagen *m* (*der Wiederkäuer*). **2.** a) *zo.* Rachen *m*, b) *orn.* Kropf *m.* **3.** *humor.* Wanst *m.* **4.** *fig.* Schlund *m*, Rachen *m* (*des Todes etc*).
**mawk·ish** [ˈmɔːkɪʃ] *adj* **1.** leicht widerlich, (unangenehm) süßlich (*im Geschmack*). **2.** *fig.* rührselig, süßlich, kitschig. **ˈmawk·ish·ness** s **1.** Widerlichkeit *f.* **2.** Rührseligkeit *f*, (*das*) Süßlich-Sentimenˈtale.
**maw seed** s Mohnsame(n) *m.*
**ˈmaw·worm** s **1.** *zo.* Maden-, Spulwurm *m.* **2.** *fig.* Heuchler *m.*
**max·i** [ˈmæksɪ] **I** s **1.** Maximode *f*: **to wear ~** maxi tragen. **2.** a) Maximantel *m*, b) Maxikleid *n*, c) Maxirock *m.* **II** *adj* **3.** Maxi...: **~ coat**, *etc* → maxicoat, *etc.* **4.** riesig, Riesen...: **~ savings.**
**ˈmax·i·coat** s Maximantel *m.* **ˈ~dress** s Maxikleid *n.*
**max·il·la** [mækˈsɪlə] *pl* **-lae** [-liː] s **1.** *anat.* (Ober)Kiefer *m*, Maˈxilla *f*: **inferior (superior) ~** Unter-(Ober)kiefer. **2.** *zo.* Fußkiefer *m* (*von Krustentieren*), Zange *f.* **max·il·lar·y** [mækˈsɪlərɪ; *Am.* ˈmæksəˌlerɪ] **I** *adj anat.* maxilˈlar, Ober-(Ober)Kiefer...: **~ gland** Backendrüse *f*; **~ process** Kieferfortsatz *m.* **II** s **~ bone** Oberkieferknochen *m.* **max·il·li·ped** [-ped] s *zo.* Kieferfuß *m.*
**max·il·lo·pal·a·tal** [mækˌsɪləʊˈpælətl], **max·il·lo·pal·a·tine** [-taɪn] *adj biol.* ˌmaxillopalatiˈnal, Kinn u. Gaumen betreffend.
**max·im** [ˈmæksɪm] s **1.** Maˈxime *f*: a) (Haupt)Grundsatz *m* (*des Handelns*), Lebensregel *f*, b) Senˈtenz *f.* **2.** *math.* Axiˈom *n.*
**max·i·ma** [ˈmæksɪmə] *pl von* maximum.
**max·i·mal** [ˈmæksɪml] *adj* (*adv* **~ly**) → maximum **4.** **ˈmax·i·mal·ist** s Maximaˈlist *m.*
**Max·im (gun)** [ˈmæksɪm] s *mil.* ˈMaxim-(Maˌschinen)Gewehr *n.*
**max·i·mize** [ˈmæksɪmaɪz] *v/t econ. tech.* maxiˈmieren, bis zum Höchstmaß steigern.
**max·i·mum** [ˈmæksɪməm] **I** *pl* **-ma** [-mə], **-mums** s **1.** Maximum *n*, Höchstgrenze *f*, -maß *n*, -stand *m*, -wert *m*, -zahl *f*: **to smoke a ~ of 5 cigarettes a day** maximal 5 Zigaretten am Tag rauchen. **2.** *math.* Höchstwert *m* (*e-r Funktion*), Scheitel *m* (*e-r Kurve*). **3.** *econ.* Höchstpreis *m*, -angebot *n*, -betrag *m.* **II** *adj* **4.** höchst(er, e, es), maxiˈmal, Höchst..., Maximal...: **~ likelihood estimation** (*Statistik*) Schätzung *f* nach dem

höchsten Wahrscheinlichkeitswert; **~ load** *electr.* Höchstbelastung *f* (→ 5); **~ output** *econ.* (Produktions)Höchstleistung *f*; **~ performance** Höchst-, Spitzenleistung *f*; **~ (permissible) speed** (zulässige) Höchstgeschwindigkeit; **~ and minimum thermometer** Maximum-Minimum-Thermometer *n*; **~ voltage** *electr.* Maximalspannung *f*; **~ wages** Höchst-, Spitzenlohn *m.* **5.** höchstzulässig: **~ dose** *med.* Maximaldosis *f*; **~ (safety) load** (*od.* **stress**) *tech.* zulässige (Höchst)Beanspruchung (→ 4); **~ punishment** Höchststrafe *f.*
**ˈmax·i·sin·gle** s Maxisingle *f.* **ˈ~skirt** s Maxirock *m.*
**max·well** [ˈmækswəl; -wel] s *electr.* Maxwell *n* (*Einheit des magnetischen Flusses*).
**may¹** [meɪ] *obs.* **2. sg pres mayst** [meɪst], **3. sg pres may, pret u. optativ might** [maɪt] *v irr* (*defektiv, meist Hilfsverb*) **1.** (*Möglichkeit, Gelegenheit*) können, mögen: **it ~ happen any time** es kann jederzeit geschehen; **it might happen** es könnte geschehen; **you ~ be right** du magst recht haben, vielleicht hast du recht; **he ~ not come** vielleicht kommt er nicht; es ist möglich, daß er nicht kommt; **come what ~** komme, was da wolle; **he might lose his way** er könnte sich verirren. **2.** (*Erlaubnis*) dürfen, können: **you ~ go; ~ I ask?** darf ich fragen?; **I wish I might tell you** ich wollte, ich dürfte (es) dir sagen; *selten mit neg:* **he ~ not do it** er darf es nicht tun (*dafür oft* cannot *od.* eindringlicher **must not**). **3.** *mit* (as) **well, just as well: you ~ well say so** du hast gut reden; **we might as well go** wir können (auch) ebensogut gehen, gehen wir schon. **4.** *ungewisse Frage:* **how old ~ she be?** wie alt mag sie wohl sein?; **I wondered what he might be doing** ich fragte mich, was er wohl tue. **5.** (*Wunschgedanke, Segenswunsch*) mögen: **~ God bless you!; ~ you be happy!** es sei glücklich!; **~ it please your Grace** Euer Gnaden mögen geruhen. **6.** *als Aufforderung:* **you ~ post this letter for me** du kannst diesen Brief für mich einstecken; **you might help me** du könntest mir (eigentlich) helfen; **you might at least offer to help me** du könntest wenigstens d-e Hilfe anbieten. **7.** **~** *od.* **might** *als Konjunktionsumschreibung:* **I shall write to him so that he ~ know our plans** damit er unsere Pläne erfährt; **though it ~ cost a good deal** obwohl es e-e Menge kosten kann; **difficult as it ~ be** so schwierig es auch sein mag; **we feared they might attack** wir fürchteten, sie würden angreifen. **8.** *jur.* (*in Verordnungen*) können.
**May²** [meɪ] s **1.** Mai *m*, *poet.* Lenz *m*: **in ~** im Mai. **2.** *a.* **m~** *fig.* Lenz *m*, Blüte(zeit) *f*, Frühling *m*: **his ~ of youth** sein Jugendlenz. **3.** **m~** *bot.* Weißdorn(blüte *f*) *m.* **4.** *pl* → **May races.**
**may³** [meɪ] s *poet.* Maid *f.*
**Ma·ya¹** [ˈmaɪə] s **1.** Maya *m, f.* **2.** *ling.* Mayasprache *f.*
**ma·ya²** [ˈmaɪə; ˈmɑːjə] s *Hinduismus:* Maja *f*: a) (Naˈtur)Maˌgie *f*, b) Illusiˈon *f.*
**Ma·yan** [ˈmaɪən] **I** *adj* zu den Mayas gehörig. **II** s → Maya¹.
**May bas·ket** s *Am.* Mai-, Geschenkkörbchen *n* (*das man s-r Freundin am 1. Mai an die Türklinke hängt*).
**may·be** [ˈmeɪbɪ] *adv* vielˈleicht, möglicherweise: *I'm telling you to do it straight away*, **and I don't mean ~!** *bes. Am. colloq.* und ich mein' es ernst!
**Mayˈbee·tle** → May bug. **ˈ~bloom, ~blos·som** s *bot.* Weißdornblüte *f.* **~bug** s *zo.* Maikäfer *m.* **~ Day** s der 1. Mai. **ˈm~day** s *aer. mar.* internationaler Funknotruf. **ˈm~flow·er** s **1.** *bot. allg.*

**Maiblume** *f*, *z. B.* a) *Br.* Weißdorn *m od.* Wiesenschaumkraut *n*, b) *Am.* Primelstrauch *m od.* Aneˈmone *f.* **2.** **M~** *hist. Auswandererschiff der* **Pilgrim Fathers** (*1620*). **ˈm~fly** s **1.** *zo.* Eintagsfliege *f.* **2.** *Angelsport:* Maifliege *f.*
**may·hap** [ˈmeɪhæp; *Am. a.* meɪˈhæp] *adv obs.* vielˈleicht, möglicherweise.
**may·hem** [ˈmeɪhem; *Am. a.* ˈmeɪəm] s **1.** *jur. hist.* (*strafbare*) Verstümmelung *e-r* Person, um sie wehrlos zu machen. **2.** *bes. Am.* a) *jur.* schwere Körperverletzung, b) mutwillige Zerstörung, c) *fig.* destrukˈtive Chaos: **to ~ cause** (*od.* **create**) **~** ein Chaos auslösen.
**may·o** [ˈmeɪəʊ] *pl* **-os** *colloq. für* mayonnaise.
**may·on·naise** [ˌmeɪəˈneɪz; ˈmeɪəneɪz] s **1.** Mayonˈnaise *f.* **2.** Mayonˈnaisegericht *n*: **lobster ~** Hummermayonnaise *f.*
**may·or** [meə(r); *Am.* ˈmeɪər] s Bürgermeister *m*: **~'s court** *Am.* Bürgermeistergericht *n.* **ˈmay·or·al** *adj* bürgermeisterlich, Bürgermeister...: **~ candidate** Kandidat *m* für das Amt des Bürgermeisters. **ˈmay·or·al·ty** [-tɪ] s **1.** Bürgermeisteramt *n.* **2.** ˈAmtsperiˌode *f* e-s Bürgermeisters: **during his ~** als er (noch) Bürgermeister war. **ˈmay·or·ess** s **1.** Gattin *f* des Bürgermeisters. **2.** *Am.* Bürgermeisterin *f* (= *Br.* **Lady Mayor**). **3.** *Br.* Dame, die, falls der Bürgermeister ein Junggeselle ist, gewisse repräsentative Verpflichtungen übernimmt, die sonst der *Gattin des Bürgermeisters obliegen.*
**ˈmay·pole** s Maibaum *m.* **ˈ~pop** s *bot.* (*e-e nordamer.*) Passiˈonsblume. **M~ queen** s Maikönigin *f.* **M~ rac·es** *s pl Br.* Bootsrennen in Cambridge, spät im Mai *od.* früh im Juni.
**mayst** [meɪst] *obs. 2 sg pres von* may¹.
**ˈmay·thorn** s *bot.* Weißdorn *m.* **ˈM~time** s Mai(en)zeit *f.*
**maz·ard** → mazzard.
**maz·a·rine** [ˌmæzəˈriːn; *Am. a.* ˈmæzəˌriːn] **I** *adj* **1.** mazaˈrin-, dunkelblau. **II** s **2.** *a.* **~ blue** Mazaˈrinblau *n.* **3.** *obs.* blaues Tuch.
**Maz·da·ism** [ˈmæzdaɪzəm] s *hist.* Mazdaˈismus *m* (*altpersische Religion Zoroasters*). **Maz·de·an** [ˈmæzdɪən; *Am. a.* mæzˈdiːən] *adj* zoroˈastrisch. **Maz·de·ism** → Mazdaism.
**maze** [meɪz] s **1.** Irrgarten *m*, Labyˈrinth *n* (*a. fig.*): **~ of streets** Straßengewirr *n.* **2.** *fig.* Verwirrung *f*: **in a ~** → mazed.
**mazed** *adj* verdutzt, verwirrt.
**ma·zer** [ˈmeɪzə(r)] s großes Trinkgefäß (*ehemals aus Maserholz*).
**ma·zu·ma** [məˈzuːmə] s *bes. Am. sl.* ˌMoˈneten *pl* (*Geld*).
**ma·zur·ka** [məˈzɜːkə; *Am.* məˈzɜrkə; -ˈzʊərkə] s *mus.* Maˈzurka *f.*
**ma·zy** [ˈmeɪzɪ] *adj* (*adv* mazily) **1.** labyˈrinthisch, wirr, verworren. **2.** verwirrend.
**maz·zard** [ˈmæzə(r)d] s **1.** *bot.* wilde Süßkirsche. **2.** *obs.* a) Kopf *m*, b) Gesicht *n.*
**Mc·Car·thy·ism** [məˈkɑː(r)θɪɪzəm] s McCarthyˈismus *m* (*allzu rigorose Untersuchungsmethoden gegen politisch Verdächtige, Treibjagd auf* [*vermeintliche*] *Kommunisten etc*).
**Mc·Coy** [məˈkɔɪ] s: **the real ~** *Am. sl.* der (die, das) Richtige, ˌder wahre ›Jakob‹.
**ˈM-day** s *mil.* Moˈbilmachungstag *m.*
**me** [miː; mɪ] **I** *pron* **1.** (*dat*) mir: a) **he gave ~ money; he gave it to ~**, b) *obs. od. dial. als ethischer dat:* **I can buy ~ twenty; heat ~ these irons** mach mir diese Eisen heiß. **2.** (*acc*) mich: a) **he took ~ away** er führte mich weg; **will you open the door for ~** mach mir bitte die Tür auf, b) *reflex* (*nach prep*): **I looked behind ~**, c) *obs. od. dial. reflex:*

I sat ~ down. 3. *colloq.* ich: a) it's ~ ich bin's, b) *in Ausrufen:* poor ~ ich Arme(r); and ~ a widow wo ich doch Witwe bin. 4. of ~ (*statt* my *od.* mine) *in Wendungen wie:* not for the life of ~ unter gar keinen Umständen. II *s* 5. *oft* Me *psych.* Ich n: the real ~ mein wahres Ich.

**mead**[1] [miːd] *s* Met *m*, Honigwein *m*.

**mead**[2] [miːd] *poet. für* meadow 1.

**mead·ow** ['medəʊ] I *s* 1. (Heu-, Berg-) Wiese *f*, Matte *f*, Anger *m*. 2. Grasniederung *f* (*in Fluß- od. Seenähe*). 3. Futterplatz *m* für Fische. 4. Wiesengrün *n*. II *v/t* 5. zu Wies(en)land machen. ~ **saf·fron** *s bot.* (*bes.* Herbst)Zeitlose *f*. ~ **sax·i·frage** *s bot.* 1. (*ein*) Steinbrech *m*. 2. Wiesensilau *m*. 3. Sesel *m*. **~sweet** *s bot.* 1. Mädesüß *m*. 2. *Am.* Spierstrauch *m*.

**mead·ow·y** ['medəʊɪ] *adj* wiesenartig, -reich, Wiesen...

**mea·ger**, *bes. Br.* **mea·gre** ['miːgə(r)] *adj* (*adv* ~ly) 1. mager, dürr: a ~ face ein hageres Gesicht. 2. *fig.* dürftig, kärglich: a ~ salary; ~ fare magere Kost; ~ attendance spärlicher Besuch. 3. *fig.* dürftig, i'deenarm. **'mea·ger·ness**, *bes. Br.* **'mea·gre·ness** *s* 1. Magerkeit *f*. 2. *fig.* Dürftigkeit *f*.

**meal**[1] [miːl] *s* 1. grobes (Getreide)Mehl, Schrotmehl *n* (*Ggs.* flour = Weiß- *od.* Weizenmehl): rye ~ Roggenmehl. 2. Hafermehl *n*. 3. *Am.* Maismehl *n*. 4. Mehl *n*, Pulver *n* (*aus Früchten, Mineralen etc*).

**meal**[2] [miːl] *s* 1. Mahl(zeit *f*) *n*, Essen *n*: to have a ~ e-e Mahlzeit einnehmen; to take one's ~s s-e Mahlzeiten einnehmen, essen; to make a ~ of s.th. *fig. colloq.* a) sich in e-e Sache zu sehr ‚hineinknien‘, b) etwas aufbauschen; he made a ~ of it *fig. colloq.* er war nicht mehr zu bremsen; a ~ out ein Essen im Restaurant; to have a ~ out auswärts *od.* im Restaurant essen; ~s on wheels Essen auf Rädern. 2. *agr.* Milchmenge *f* e-r Kuh von 'einem Melken.

**meal·ie** ['miːlɪ] (*S.Afr.*) *s* 1. Maisähre *f*. 2. *meist pl* Mais *m*.

**meal·i·ness** ['miːlɪnɪs] *s* Mehligkeit *f*.

**meal** | **moth** *s zo.* (*ein*) Mehlzünsler *m*. **~pack** *s Am.* tiefgekühltes 'Fertigme‚nü. **~tick·et** *s Am.* 1. Essenbon(s *pl*) *m*. 2. *sl.* a) *b.s.* ‚Ernährer‘ *m*, b) Einnahmequelle *f*, c) Kapi'tal *n*: his voice is his ~. **'~time** *s* Essens-, Tischzeit *f*: fixed ~s. **~worm** *s zo.* Mehlwurm *m*.

**meal·y** ['miːlɪ] *adj* 1. mehlig: ~ potatoes. 2. mehlhaltig. 3. (wie) mit Mehl bestäubt. 4. blaß (*Gesicht*). 5. → mealymouthed. 6. (weiß u. grau) gefleckt (*Pferd*). **~ bug** *s zo.* (*e-e*) Schildlaus. **'~mouthed** [-maʊðd] *adj* schönfärberisch, heuchlerisch, unaufrichtig (*Person, Äußerung etc*), verschlüsselt (*Äußerung etc*): to be ~ about it um den (heißen) Brei herumreden. **~'mouth·ed·ness** [-ðɪd-] *s* Schönfärbe'rei *f*, Heuche'lei *f*, Unaufrichtigkeit *f*.

**mean**[1] [miːn] *pret u. pp* **meant** [ment] I *v/t* 1. etwas im Sinn od. im Auge haben, beabsichtigen, vorhaben, (*tun etc*) wollen, (*zu tun*) gedenken: I ~ to do it ich will es tun; he meant to write er wollte schreiben; I ~ it es ist mir Ernst damit; he ~s business er meint es ernst, er macht Ernst; he meant no harm er hat es nicht böse gemeint; no harm meant! nichts für ungut!; I ~ what I say ich mein's, wie ich's sage; ich spaße nicht; I ~ to say ich will sagen; I didn't ~ to disturb you ich wollte Sie nicht stören; without ~ing it ohne es zu wollen. 2. (*bes. pass*) bestimmen (for für, zu): they were meant for each other; he was meant to be a barrister er sollte Anwalt werden; this cake is meant to be eaten der

Kuchen ist zum Essen da; that remark was meant for you diese Bemerkung ging auf dich *od.* war an d-e Adresse gerichtet. *auf* dich abgezielt; that picture is meant to be Churchill das Bild soll Churchill sein *od.* darstellen. 3. meinen, sagen wollen: by 'liberal' I ~ unter ‚liberal‘ verstehe ich; I ~ his father ich meine s-n Vater. 4. bedeuten: a family ~s a lot of work; that ~s war; he ~s all the world to me er bedeutet mir alles. 5. (*von Wörtern u. Worten*) bedeuten, heißen: what does 'fair' ~?; does that ~ anything to you? ist Ihnen das ein Begriff? II *v/i* 6. to ~ well (ill) by (*od.* to) s.o. j-m wohlgesinnt (übel gesinnt) sein. 7. bedeuten (to für *od.* dat): to ~ little to s.o. j-m wenig bedeuten.

**mean**[2] [miːn] *adj* (*adv* → **meanly**) 1. gemein, gering, niedrig (*dem Stande nach*): ~ white *hist. Am.* Weiße(r) *m* (*in den Südstaaten*) ohne Landbesitz. 2. ärmlich, armselig, schäbig: ~ streets. 3. schlecht, unbedeutend, gering: no ~ artist ein recht bedeutender Künstler; no ~ foe ein nicht zu unterschätzender Gegner. 4. gemein, niederträchtig: → trick 2. 5. schäbig, geizig, knauserig, ‚filzig‘. 6. *colloq.* (*charakterlich*) schäbig: to feel ~ sich schäbig *od.* gemein vorkommen. 7. *bes. Am. colloq.* a) bös(artig), bissig, ‚ekelhaft‘, b) ‚scheußlich‘, ‚bös‘ (*Sache*), c) ‚toll‘, ‚wüst‘: a ~ fighter.

**mean**[3] [miːn] I *adj* 1. mittel, mittler(er, e, es), Mittel..., 'durchschnittlich, Durchschnitts...: ~ course *mar.* Mittelkurs *m*; ~ life *astr.* mittlere Lebensdauer, b) *phys.* Halbwertzeit *f*; ~ height mittlere Höhe (*über dem Meeresspiegel*); ~ annual temperature Temperaturjahresmittel *n*; ~ sea level Normalnull *n*; ~ proportional *math.* mittlere Proportionale; ~ value theorem *math.* Mittelwertsatz *m*. 2. da'zwischenliegend, Zwischen... II *s* 3. Mitte *f*, (*das*) Mittlere, Mittel *n*, 'Durchschnitt *m*, Mittelweg *m*: to hit the happy ~ die goldene Mitte treffen. 4. *math.* 'Durchschnittszahl *f*, Mittel(wert *m*) *n*: arithmetical ~ arithmetisches Mittel; to strike a ~ e-n Mittelwert errechnen; → golden mean. 5. *Logik:* Mittelsatz *m*. 6. *meist pl* (*als sg od. pl konstruiert*) (Hilfs)Mittel *n od. pl*, Werkzeug *n*, Weg *m*: by all (manner of) ~s auf alle Fälle, unbedingt, durchaus; by any ~s a) etwa, vielleicht, gar, b) überhaupt, c) auf irgendwelche Weise; by no (manner of) ~s, not by any ~s durchaus nicht, keineswegs, auf keinen Fall; by some ~s or other auf die eine oder die andere Weise; by ~s of mittels, vermittels(t), durch, mit; by this (*od.* these) ~s hierdurch, damit; a ~s of communication ein Verkehrsmittel; ~s of protection Schutzmittel; ~s of transport(ation *Am.*) Beförderungsmittel; to adjust the ~s to the end die Mittel dem Zwecke anpassen; to find the ~s Mittel u. Wege finden; → end 18. 7. *pl* (Geld)Mittel *pl*, Vermögen *n*, Einkommen *n*: to live within (beyond) one's ~s s-n Verhältnissen entsprechend (über s-e Verhältnisse) leben; a man of ~s ein bemittelter Mann; ~s test *Br.* a) Bedürftigkeitsermittlung *f*, b) (behördliche) Einkommensermittlung.

**me·an·der** [mɪ'ændə(r)] I *s* 1. *bes. pl* verschlungener Pfad, Schlängel-, Irrweg *m*, Windung *f*, Krümmung *f*. 2. *art* Mä'ander(linien *pl*) *m*, Schlangenlinien *pl*, spi'ralförmiges Zierband. II *v/i* 3. sich winden, sich schlängeln. 4. ziellos wandern. III *v/t* 5. winden. 6. mit verschlungenen Verzierungen versehen. **me·'an·der·ing** *adj* gewunden: ~ line Mäander(linie *f*) *m*.

**mean·ing** ['miːnɪŋ] I *s* 1. Sinn *m*, Bedeutung *f*: full of ~ bedeutungsvoll, bedeutsam; what's the ~ of this? was soll das bedeuten?; words with the same ~ Wörter mit gleicher Bedeutung. 2. Meinung *f*, Absicht *f*, Wille *m*, Zweck *m*, Ziel *n*: do you take my ~? verstehst du, was ich meine? II *adj* (*adv* ~ly) 3. bedeutend. 4. bedeutungsvoll, bedeutsam (*Blick etc*). 5. *in Zssgn* in ... Absicht: → well·meaning. **'mean·ing·ful** *adj* (*adv* ~ly) bedeutungsvoll. **'mean·ing·less** *adj* (*adv* ~ly) 1. sinnlos, bedeutungslos. 2. ausdruckslos (*Gesichtszüge*). **'mean·ing·less·ness** *s* Sinn-, Bedeutungslosigkeit *f*.

**mean·ly** ['miːnlɪ] *adv* 1. armselig, niedrig. 2. schlecht: ~ equipped. 3. schäbig, knauserig, geizig.

**mean·ness** ['miːnnɪs] *s* 1. Niedrigkeit *f*, niedriger Stand. 2. Ärmlichkeit *f*, Armseligkeit *f*, Schäbigkeit *f*. 3. Gemeinheit *f*, Niederträchtigkeit *f*. 4. Knauserigkeit *f*, Filzigkeit *f*, Schäbigkeit *f*, Geiz *m*. 5. *bes. Am. colloq.* Bösartigkeit *f*, Niedertracht *f*.

**meant** [ment] *pret u. pp von* **mean**[1].

**mean·time** [ˌmiːn'taɪm; *bes. Am.* 'miːntaɪm] I *adv* in'zwischen, mittler'weile, unter'dessen, in der Zwischenzeit, zwischenzeitlich. II *s* Zwischenzeit *f*: in the ~ I. → **time** *s astr.* mittlere (Sonnen-) Zeit. **~while** [ˌmiːn'waɪl; *bes. Am.* 'miːnwaɪl] → meantime.

**mea·sle** ['miːzl] *s zo.* Finne *f*, Blasenwurm *m*. **'mea·sled** *adj* vet. finnig.

**mea·sles** ['miːzlz] *s pl* (*meist als sg konstruiert*) 1. *med.* Masern *pl*: → German measles. 2. *vet.* Finnen *pl* (*der Schweine*). **mea·sly** ['miːzlɪ] *adj* 1. *med.* masernkrank. 2. *vet.* finnig. 3. *fig. colloq.* schäbig, dürftig, pop(e)lig, lumpig: a ~ present.

**meas·ur·a·bil·i·ty** [ˌmeʒərə'bɪlɪtɪ; *Am.* a. ˌmeɪ-] *s* Meßbarkeit *f*. **'meas·ur·a·ble** *adj* (*adv* ~ably) 1. meßbar: within ~ distance (of) in kurzer Entfernung (von), nahe (*dat*). 2. wesentlich, merklich. **'meas·ur·a·ble·ness** → measurability. **'meas·ur·a·bly** [-blɪ] *adv* 1. in meßbaren Ausmaßen. 2. *Am.* (bis) zu e-m gewissen Grad.

**meas·ure** ['meʒə(r); *Am. a.* 'meɪ-] I *s* 1. Maß(einheit *f*) *n*: cubic ~, solid ~ Körper-, Raum-, Kubikmaß; lineal ~, linear ~, long ~, ~ of length Längenmaß; square ~, superficial ~ Flächenmaß; ~ of capacity Hohlmaß; unit of ~ Maßeinheit *f*. 2. *fig.* richtiges Maß, Ausmaß *n*: beyond ~ (*od.* out of) all ~ über alle Maßen, außerordentlich; her joy was beyond ~ ihre Freude kannte keine Grenzen; for good ~ noch dazu, obendrein; in a great ~ a) in großem Maße, überaus, b) großenteils; in some ~, in a (certain) ~ gewissermaßen, bis zu e-m gewissen Grad; without ~ ohne Maßen. 3. Messen *n*, Maß *n*: (made) to ~ nach Maß (gearbeitet); → made-to-measure; to take the ~ of s.th. etwas abmessen; to take s.o.'s ~ a) j-m (*für e-n Anzug*) Maß nehmen, b) *fig.* j-n taxieren *od.* abeinschätzen; I have his ~ ich habe ihn durchschaut. 4. Maß *n*, Meßgerät *n*: to weigh with two ~s *fig.* mit zweierlei Maß messen; → tape measure. 5. *fig.* Maßstab *m* (of für): to be a ~ of s.th. e-r Sache als Maßstab dienen; man is the ~ of all things der Mensch ist das Maß aller Dinge. 6. Anteil *m*, Porti'on *f*, gewisse Menge. 7. a) *math.* Maß(einheit *f*) *n*, Teiler *m*, Faktor *m*, b) *phys.* Maßeinheit *f*: 2 is a ~ of 4 2 ist Teiler von 4; ~ of dispersion Streuungs-, Verteilungsmaß. 8. (abgemessener) Teil, Grenze *f*: to set a ~ to s.th. etwas begrenzen; the ~

of my days *Bibl.* die Dauer m-s Lebens.
**9.** *metr.* a) Silbenmaß *n*, b) Versglied *n*, c) Versmaß *n*, Metrum *n*. **10.** *mus.* a) Takt (-art *f*) *m*: **duple ~, two-in-a-~** Zweiertakt, b) Takt *m* (*als Quantität*): **the first** (*od.* **opening**) **~,** c) Zeitmaß *n*, Tempo *n*, d) Takt *m*, Rhythmus *m*, e) Men'sur *f* (*bei Orgelpfeifen*): **to tread a ~** sich im Takt *od.* Tanz bewegen, tanzen. **11.** *poet.* Weise *f*, Melo'die *f*. **12.** *pl geol.* Lager *n*, Flöz *n*. **13.** *chem.* Men'sur *f*, Grad *m* (*e-s graduierten Gefäßes*). **14.** *print.* Zeilen-, Satz-, Ko'lumnenbreite *f*. **15.** *fenc.* Men-'sur *f*, Abstand *m*. **16.** Maßnahme *f*, -regel *f*, Schritt *m*: **to take ~s** Maßnahmen treffen *od.* ergreifen; **to take legal ~s** den Rechtsweg beschreiten. **17.** *jur.* gesetzliche Maßnahme, Verfügung *f*.
**II** *v/t* **18.** (ver)messen, ab-, aus-, zumessen: **to ~ one's length** *fig.* der Länge nach *od.* längelang hinfallen; **to ~ swords** a) die Klingen messen (*vergleichen*), b) *bes. fig.* die Klingen kreuzen, sich messen (**with** mit); **to ~ s.o.** (**to be** *od.* **get ~d**) **for a suit** (**of clothes**) j-m Maß nehmen (sich Maß nehmen lassen) für e-n Anzug. **19.** **~ out** ausmessen, die Ausmaße *od.* Grenzen bestimmen, *im Bergwerk* markscheiden. **20.** *fig.* ermessen. **21.** (ab)messen, abschätzen (**by** an *dat*): **~d by** gemessen an. **22.** beurteilen (**by** nach). **23.** vergleichen, messen (**with** mit): **to ~ one's strength with s.o.** s-e Kräfte mit j-m messen. **24.** *e-e Strecke* durch'messen, zu'rücklegen.
**III** *v/i* **25.** Messungen vornehmen. **26.** messen, groß sein: **it ~s 7 inches** es mißt 7 Zoll, ist 7 Zoll lang. **27.~ up** to a) die Ansprüche (*gen*) erfüllen, gut abschneiden im Vergleich zu, b) *den Ansprüchen etc* gewachsen sein, c) her'anreichen an (*acc*).
**meas·ured** ['meʒə(r)d; *Am. a.* 'meɪ-] *adj* (*adv* **~ly**) **1.** (ab)gemessen: **~ in the clear** (*od.* **day**) *tech.* im Lichten gemessen; **~ distance** *aer. tech.* Stoppstrecke *f*; **~ value** Meßwert *m*; **a ~ mile** e-e amtlich gemessene *od.* richtige Meile. **2.** richtig proportio'niert. **3.** (ab)gemessen, gleich-, regelmäßig: **~ tread** gemessener Schritt. **4.** 'wohlüber,legt, abgewogen, gemessen: **to speak in ~ terms** sich maßvoll ausdrücken. **5.** gewollt, bewußt, berechnet: **with ~ insolence** mit betonter Frechheit. **6.** rhythmisch. **7.** im Versmaß, metrisch.
**meas·ure·less** ['meʒə(r)lɪs; *Am. a.* 'meɪ-] *adj* unermeßlich, grenzenlos.
**meas·ure·ment** ['meʒə(r)mənt; *Am. a.* 'meɪ-] *s* **1.** (Ver)Messung *f*, Messen *n*, 'Meßme,thode *f*: **~ of field intensity** *electr. phys.* Feldstärkemessung. **2.** Maß *n*: **to take s.o.'s ~s for a suit** j-m für e-n Anzug Maß nehmen. **3.** *pl* Abmessungen *pl*, Größe *f*, (Aus)Maße *pl*. **4.** *math.* (Maß)Einheit *f*. **5.** *mar.* Tonnengehalt *m*: **→ ton¹ 2. 6.** 'Maßsy,stem *n*. **~ goods** *s pl econ.* Maß-, Schüttgüter *pl*.
**meas·ur·ing** ['meʒərɪŋ; *Am. a.* 'meɪ-] **I** *s* Messen *n*, (Ver)Messung *f*. **II** *adj* Meß... **~ bridge** *s electr.* Meßbrücke *f*. **~ di·al** *s* Rundmaßskala *f*. **~ glass** *s* Meßglas *n*. **~ in·stru·ment** *s tech.* Meßgerät *n*. **~ -'off** *s math.* Abtragung *f*, Abmessung *f*. **~ range** *s phys.* Meßbereich *m*. **~ tape** *s tech.* Maß-, Meßband *n*, Bandmaß *n*. **~ volt·age** *s electr.* Meßspannung *f*.
**meat** [mi:t] *s* **1.** Fleisch *n* (*als Nahrung*): **~s** a) Fleischwaren, b) Fleischgerichte; **butcher's ~** Schlachtfleisch; **fresh ~** Frischfleisch; **~ and potatoes** *fig. sl.* solide Grundlage. **2.** *obs.* Speise *f* (*noch in den Wendungen*): **after** (**before**) **~** nach (vor) dem Essen; **~ and drink** Speise u. Trank; **this is ~ and drink to me** *fig.* es ist mir e-e Wonne, das ist ganz mein Fall;

one man's **~ is another man's poison** des e-n Freud, des andern Leid. **3.** *obs. od. dial.* Nahrung *f*. **4.** Fleischspeise *f*, -gericht *n*: **cold ~** a) kalte Platte, b) *Am. sl.* Leiche(n *pl*) *f*. **5.** *a. pl Am.* Fleisch *n* (*von Früchten, Fischen etc*), Kern *m* (*e-r Nuß*): **as full as an egg is of ~** (*a. Br.*) ganz voll. **6.** *Bibl.* Speiseopfer *n*. **7.** *fig.* Sub'stanz *f*, Gehalt *m*, (wesentlicher) Inhalt, I'deen(gut *n*) *pl*: **full of ~** gehaltvoll.
**8.** *Am. sl.* **→ easy** 1. **~-and-po'ta·toes** *adj sl.* grundlegend, fundamen'tal: **~ problems. ~ ax(e)** *s* Schlachtbeil *n*. **'~-ball** *s* **1.** Fleischklößchen *n*. **2.** *Am. sl.* a) ,Heini' *m*, b) Langweiler *m*. **~ broth** *s* Fleischbrühe *f*. **~ chop·per** *s* **1.** Hackmesser *n*. **2.** 'Fleisch,hackma,schine *f*, Fleischwolf *m*. **~ ex·tract** *s* 'Fleischex,trakt *m*. **~ fly** *s zo.* Schmeißfliege *f*. **~ grind·er** → **meat chopper** 2: **to put in a ~** *Am. colloq.* j-n *od. etwas* ,durch den Wolf drehen'. **'~-head** *s Am. sl.* ,Rindvieh' *n*. **~ in·spec·tion** *s* Fleischbeschau *f*. **~ in·spec·tor** *s* Fleischbeschauer *m*.
**meat·less** ['mi:tlɪs] *adj* fleischlos.
**'meat,man** [-,mæn] *s irr Am.* Metzger *m*, Fleischer *m*. **~meal** *s* Fleischmehl *n*. **~ of·fer·ing** *s Bibl.* Speiseopfer *n*. **~ pack·er** *s* 'Fleischwaren,hersteller *m*, -großhändler *m*. **~ pie** *s* 'Fleischpa,stete *f*. **~ safe** *s Br.* Fliegenschrank *m*.
**me·a·tus** [mɪ'eɪtəs] *pl* **-tus, -tus·es** *s anat.* Me'atus *m*, Gang *m*, Ka'nal *m*: **auditory ~** Gehörgang.
**meat·y** ['mi:tɪ] *adj* **1.** fleischig. **2.** fleischartig, Fleisch... **3.** *fig.* gehaltvoll (*Buch etc*), fruchtbar (*Diskussion etc*), handfest (*Vorschlag etc*).
**Mec·ca** ['mekə] *s geogr. relig. u. fig.* Mekka *n*: **a ~ for tourists.**
**Mec·ca·no, m~** [mɪ'kɑ:nəʊ; *Am.* mə-'kænəʊ] (*TM*) *pl* **-os** *s* Sta'bilbaukasten *m* (*Spielzeug*).
**me·chan·ic** [mɪ'kænɪk] **I** *adj* (*adv* **~ally**) → **mechanical. II** *s* **1.** a) Me'chaniker *m*, (Auto- *etc*)Schlosser *m*, Maschi'nist *m*, Mon'teur *m*, b) Handwerker *m*. **2.** *pl* (*als sg konstruiert*) *phys.* a) Me'chanik *f*, Bewegungslehre *f*, b) Ma'schinenlehre *f*: **~s of fluids** Flüssigkeits-, Hydro-, Strömungsmechanik. **3.** *pl* (*als sg konstruiert*) *tech.* Konstrukti'on *f* von Ma'schinen *etc*. **4.** *pl* (*als sg konstruiert*) *tech. u. fig.* Mecha'nismus *m*: **the ~s of politics. 5.** *pl* (*als sg konstruiert*) *fig.* Technik *f*: **the ~s of playwriting. 6.** *obs. contp.* Rüpel *m*.
**me·chan·i·cal** [mɪ'kænɪkl] *adj* (*adv* **~ly**) **1.** *mechanisch:* a) *phys.* mechanisch begründet, Bewegungs..., b) *tech.* Maschinen..., maschi'nell: **~ly operated** mechanisch betätigt. **2.** *tech.* mechanisch 'hergestellt. **3.** *tech.* auto'matisch. **4.** *fig.* me'chanisch: a) unwillkürlich, auto'matisch: **a ~ gesture,** b) rou'tine-, scha'blonenmäßig: **~ work. 5.** a) Handwerks..., Handwerker..., b) Mechaniker...: **~ art** Handwerk..., **~ dodge** *colloq.* Handwerkskniff *m*. **6.** *technisch veranlagt:* **~ genius** technisches Genie; **~ aptitude** technische Begabung. **~ ad·van·tage** *s tech.* **1.** Last-Kraft-Verhältnis *n*. **2.** me'chanische Kraftverstärkung, Kraftgewinn *m*. **~ cen·trif·u·gal ta·chom·e·ter** *s tech.* 'Fliehpendeltacho,meter *n*. **~ curve** *s math.* transzen'dente Kurve. **~ draw·ing** *s* me'chanisches Zeichnen (*Ggs. Freihandzeichnen*). **~ ef·fect** *s tech.* 'Nutzef,fekt *m*. **~ en·gi·neer** *s* Ma'schinenbauingeni,eur *m*. **~ en·gi·neer·ing** *s tech.* Ma'schinenbau *m*. **~ feed press** *s tech.* 'Stanzauto,mat *m*.
**me·chan·i·cal·ness** [mɪ'kænɪklnɪs] *s* (*das*) Me'chanische.
**me·chan·i·cal pen·cil** *s Am.* Dreh-

bleistift *m*. **~ pow·er** *s* **1.** *phys.* me'chanische Leistung. **2.** *tech.* Nutzleistung *f*. **~ wood·pulp** *s* (me'chanischer) Holzschliff.
**mech·a·ni·cian** [,mekə'nɪʃn] → **mechanic** 1.
**mech·a·nism** ['mekənɪzəm] *s* **1.** *allg., a. fig.* Mecha'nismus *m*: a) *tech.* me'chanische Ein- *od.* Vorrichtung: **the ~ of a watch; ~ of government** *fig.* Regierungs-, Verwaltungsapparat *m*, b) *a. weitS.* (me'chanische) Arbeits- *od.* Wirkungsweise. **2.** *biol. philos.* Mecha'nismus *m* (*mechanistische Auffassung*). **3.** *med. psych.* Mecha'nismus *m*, me'chanisches Reakti'onsvermögen: **~ of defence** (*Am.* **defense**) Abwehrmechanismus, -reaktion *f*.
**mech·a·nis·tic** [,mekə'nɪstɪk] *adj* (*adv* **~ally**) **1.** me'chanisch bestimmt. **2.** *philos.* mecha'nistisch. **3. → mechanical.**
**mech·a·ni·za·tion** [,mekənaɪ'zeɪʃn; *Am.* -nə'z-] *s* Mechani'sierung *f*, *mil. a.* Motori'sierung *f*. **'mech·a·nize** *v/t* me'chani'sieren, *mil. a.* motori'sieren: **~d division** *mil.* Panzergrenadierdivision *f*.
**Mech·lin (lace)** ['meklɪn] *s* Mechelner *od.* Bra'banter Spitzen *pl*.
**me·con·ic** [mɪ'kɒnɪk; *Am.* -'kɑ-; -'kəʊ-] *adj chem.* me'konsauer: **~ acid** Mekonsäure *f*.
**me·co·ni·um** [mɪ'kəʊnɪəm] *s physiol.* Me'konium *n*, Kindspech *n*.
**Med** [med] *s colloq. für* **mediterranean** 3.
**med·al** ['medl] **I** *s* Me'daille *f*: a) Denk-, Schaumünze *f*: **the reverse of the ~** *fig.* die Kehrseite der Medaille, b) Ehrenzeichen *n*, Auszeichnung *f*, Orden *m*: **service ~** Dienstmedaille; **M~ for Merit** *Am.* Verdienstorden; **M~ of Honor** *mil. Am.* Tapferkeitsmedaille; **~ play** (*Golf*) Zähl(wett)spiel *n*; **~ ribbon** Ordensband *n*. **II** *v/t pret u. pp* **-aled,** *bes. Br.* **-alled** *j-n* mit e-r Me'daille auszeichnen: **~(l)ed** *j-n* ordengeschmückt.
**med·al·ist,** *bes. Br.* **med·al·list** ['medlɪst] *s* **1.** Medail'leur *m*, Me'daillenschneider *m*. **2.** Me'daillenkenner(in), -liebhaber(in), -sammler(in). **3.** Me'daillengewinner(in): **gold** (**silver, bronze**) **~.** Me'daillenkenner(in).
**me·dal·lic** [mɪ'dælɪk] *adj* Medaillen..., Ordens...
**me·dal·lion** [mɪ'dæljən] *s* **1.** große Denk- *od.* Schaumünze. **2.** Medail'lon *n*. **3.** *Am.* 'Taxili,zenz *f*.
**med·al·list** *bes. Br. für* **medalist.**
**med·dle** ['medl] *v/i* **1.** sich (ungefragt) (ein)mischen (**with,** in in *acc*). **2.** sich (unaufgefordert) befassen, sich abgeben, sich einlassen (**with** mit): **do not ~ with him!** gib dich nicht mit ihm ab! **3.** (**with**) her'umhan,tieren, -spielen (mit), sich zu schaffen machen (an *dat*). **4.** *obs.* sich auf e-n Kampf einlassen (**with s.o.** mit j-m).
**'med·dler** *s* j-d, der sich in fremde Angelegenheiten (ein)mischt; auf- *od.* zudringlicher Mensch: **he's a terrible ~** der muß s-e Finger überall drinhaben. **'med·dle·some** [-səm] *adj* lästig, auf-, zudringlich. **'med·dle·some·ness** *s* **1.** Sucht *f*, sich einzumischen. **2.** Auf-, Zudringlichkeit *f*. **'med·dling** *adj* → **meddlesome. II** *s* (unerwünschte) Einmischung.
**med·e·vac** ['medə,væk] *mil. Am.* **I** *s* Sani'tätshubschrauber *m*. **II** *v/t* mit e-m Sani'tätshubschrauber befördern *od.* ausfliegen.
**me·di·a¹** ['medɪə; *Am.* 'mi:dɪə] *pl* **-di·ae** [-dɪi:] *s* **1.** *ling.* Media *f*, stimmhafter Verschlußlaut. **2.** *anat.* Media *f* (*mittlere Schicht*).
**me·di·a²** ['mi:djə; -ɪə] *I pl von* **medium. II** *s pl* Medien *pl*: **~ event** Medien-

ereignis *n*: a) *von den Medien inszeniertes od. provoziertes Ereignis*, b) *von den Medien aufgebauschtes Ereignis*, c) *aufsehenerregende Fernsehsendung etc*; **~-shy** medienscheu; → **mixed media**, *etc*.

**me·di·a·cy** [ˈmiːdɪəsɪ] *s* **1.** Vermittlung *f*. **2.** Zwischenzustand *m*.

**me·di·ae** [ˈmiːdiː; *Am*. ˈmiː-] *pl von* **media**¹.

**me·di·ae·val**, *etc* → **medieval**, *etc*.

**me·di·al** [ˈmiːdjəl; -ɪəl] **I** *adj* (*adv* **~ly**) **1.** mittler(er, e, es), Mittel...: **~ line** Mittellinie *f*. **2.** *ling.* medi'al, inlautend: **~ sound** Inlaut *m*. **3.** Durchschnitts...: **~ alligation** *math.* Durchschnittsrechnung *f*. **II** *s* → **media**¹ 1.

**me·di·an** [ˈmiːdjən; -ɪən] **I** *adj* **1.** die Mitte bildend *od.* einnehmend, mittler (-er, e, es), Mittel...: **~ digit** *anat. zo.* Mittelzehe *f*; **~ strip** *Am.* Mittelstreifen *m* (*e-r Autobahn*). **2.** *meist* **~ gray** (*bes. Br.* **grey**) mittelgrau. **3.** *Statistik*: in der Mitte *od.* zen'tral liegend: **~ salaries** mittlere Gehälter. **4.** *anat. math.* medi'an: **~ line** a) *anat.* Median-, Mittellinie *f* (*des Körpers*), b) *math.* Mittel- *od.* Halbierungslinie *f*; **~ point** → 5 b. **II** *s* **5.** *math.* a) → **bisector**, b) Mittelpunkt *m*, Schnittpunkt *m* der 'Winkelhal,bierenden, c) Mittelwert *m*.

**me·di·ant** [ˈmiːdjənt; -ɪənt] *s mus.* Medi'ante *f*.

**me·di·as·ti·nal** [ˌmiːdɪəˈstaɪnl] *adj anat.* mediasti'nal, Mittelfell...

**me·di·ate** [ˈmiːdɪeɪt] **I** *v/i* **1.** vermitteln, den Vermittler spielen (**between** zwischen *dat*). **2.** a) e-n mittleren Standpunkt einnehmen, b) ein Bindeglied bilden (**between** zwischen *dat*). **II** *v/t* **3.** a) vermitteln, (durch Vermittlung) zu'stande bringen: **to ~ an agreement**, b) (durch Vermittlung) beilegen: **to ~ East-West differences**. **4.** (**to**) *Wissen etc* vermitteln (*dat*), weitergeben (an *acc*). **III** *adj* [-dɪət] (*adv* **~ly**) **5.** in der Mitte *od.* da'zwischen liegend, mittler(er, e, es), Mittel... **6.** 'indi,rekt, mittelbar: **~ certainty** mittelbare (*durch Schlüsse erlangte*) Gewißheit. **7.** *jur. hist.* mittelbar, nicht souve'rän.

**me·di·a·tion** [ˌmiːdɪˈeɪʃn] *s* **1.** Vermittlung *f*, Fürsprache *f*, *a. relig.* Fürbitte *f*: **through his ~**. **2.** *jur. pol.* Mediati'on *f*.

**me·di·a·ti·za·tion** [ˌmiːdɪətaɪˈzeɪʃn; *Am*. -tə'z-] *s hist.* Mediati'sierung *f*.

**ˈme·di·a·tize** *v/t* **1.** *hist.* a) mediati'sieren (*die Reichsunmittelbarkeit od. Souveränität nehmen*), b) *ein Gebiet* einverleiben. **2.** *fig.* aufsaugen. **II** *v/i* **3.** *hist.* mediati'siert werden, die Reichsunmittelbarkeit verlieren.

**me·di·a·tor** [ˈmiːdɪeɪtə(r)] *s* **1.** Vermittler *m*. **2.** Fürsprecher *m*: **the M~** *relig.* der Mittler (*Christus*). **3.** *biol.* Ambo'zeptor *m*, Zwischenkörper *m*. **me·di·a'to·ri·al** [-dɪə'tɔːrɪəl; *Am*. *a.* -'təʊ-] *adj* vermittelnd, Vermittler..., Mittler...: **~ proposal** Vermittlungsvorschlag *m*. **'me·di·a·tor·ship** *s* Vermittleramt *n*, -rolle *f*, Vermittlung *f*. **'me·di·a·to·ry** [-dɪətə-rɪ; *Am*. -,təʊrɪ; -,tɔː-] → **mediatorial**. **'me·di·a·tress** [-eɪtrɪs], **ˌme·di·a·trix** [-trɪks] *s* Vermittlerin *f*.

**med·ic**¹ [ˈmedɪk] **I** *adj obs. für* **medical** I. **II** *s colloq.* a) Medi'ziner *m* (*Arzt u. Student*), b) *mil.* Sani'täter *m*.

**med·i·ca·ble** [ˈmedɪkəbl] *adj* heilbar.

**Med·i·caid** [ˈmedɪˌkeɪd] *s Am.* gemeinsames Gesundheitsfürsorgeprogramm der Staaten u. der Bundesregierung für Bedürftige.

**med·i·cal** [ˈmedɪkl] **I** *adj* (*adv* **~ly**) **1.** a) medi'zinisch, ärztlich, Kranken...: **~ association** Ärzteverband *m*; **~ attendance** (*od.* **care, treatment**) ärztliche

---

Behandlung; **~ board** Gesundheitsbehörde *f*; **~ certificate** ärztliches Attest; **on ~ grounds** aus gesundheitlichen Gründen; **~ laboratory technician** medi'zinisch-technische Assistentin; **~ record** Krankenblatt *n*; **~ retirement** Rücktritt *m* aus gesundheitlichen Gründen; **~ specialist** Facharzt *m*; **~ student** Medizinstudent(in); → **staff**¹ 8, b) inter-'nistisch: **~ ward** innere Abteilung (*e-r Klinik*). **2.** behandlungsbedürftig: **a ~ disease**. **3.** heilend, Heil... **4.** *mar. mil.* Sanitäts... **II** *s* **5.** *colloq.* a) Arzt *m*, b) ärztliche Unter'suchung. **M~ Corps** *s mil.* Sani'tätstruppe *f*. **~ di·rec·tor** *s mar. Am.* Ma'rineoberarzt *m*. **~ ex·am·in·er** *s* **1.** *jur. Am.* ärztlicher Leichenbeschauer. **2.** a) Vertrauensarzt *m* (*e-r Krankenkasse*), b) Amtsarzt *m*. **~ in·spec·tor** *s mar. Am.* Ma'rinearzt *m* zweiten Ranges. **~ ju·ris·pru·dence** *s jur.* Ge'richtsmedi,zin *f*. **~ man** *s irr* Arzt *m*, 'Doktor' *m*: **our ~** unser Hausarzt. **~ of·fi·cer** *s* **1.** *a.* **~ of health** Amtsarzt *m*. **2.** *mil.* Sani'tätsoffi,zier *m*. **~ prac·ti·tion·er** *s* praktischer Arzt. **~ sci·ence** → **medicine** 2 a.

**me·dic·a·ment** [meˈdɪkəmənt; mɪˈd-; ˈmedɪk-] **I** *s* Medika'ment *n*, Heil-, Arz'neimittel *n*. **II** *v/t* medikamen'tös behandeln.

**Med·i·care** [ˈmedɪˌkeə(r)] *s Am. Gesundheitsfürsorgeprogramm der Regierung, bes. für Bürger über 65.*

**med·i·cate** [ˈmedɪkeɪt] *v/t* **1.** medi'zinisch behandeln. **2.** mit Arz'neistoff(en) versetzen *od.* imprä'gnieren: **~d bath** Heil-, Medizinalbad *n*; **~d candle** Räucherkerzchen *n*; **~d cotton (wool)** medizinische Watte; **~d wine** Medizinalwein *m*. **med·i'ca·tion** *s med.* **1.** Beimischung *f von* Arz'neistoffen, Imprä'gnieren *n* mit medi'zinischen Zusätzen. **2.** Medikati'on *f*, (Arz'nei)Verordnung *f*, medi'zinische *od.* medikamen'töse Behandlung. **'med·i·ca·tive** [-kətɪv; -keɪ-], *a.* **'med·i·ca·to·ry** [-kətərɪ; -keɪ-; *Am.* -kəˌtəʊriː; -ˌtɔː-] → **medicinal** 1.

**Med·i·ce·an** [ˌmedɪˈtʃiːən; -ˈsiːən] *adj* Medi'ceisch, Medici...

**me·dic·i·nal** [meˈdɪsɪnl] *adj* (*adv* **~ly**) **1.** medizi'nal, medi'zinisch, heilkräftig, Heil...: **~ herbs** Arznei-, Heilkräuter, **~ properties** Heilkräfte; **~ spring** Heilquelle *f*. **2.** *fig.* heilsam.

**med·i·cine** [ˈmedsɪn; *Am.* ˈmedəsən] **I** *s* **1.** Medi'zin *f*, Arz'nei *f* (*a. fig.*): **to take one's ~** a) s-e Medizin (ein)nehmen, b) *fig.* ‚in den sauren Apfel beißen‘, ‚die (bittere) Pille schlucken‘; **he was given a taste** (*od.* **dose**) **of his own ~** *fig.* er bekam es in *od.* mit gleicher Münze heimgezahlt. **2.** a) Heilkunde *f*, Medi'zin *f*, ärztliche Wissenschaft, b) innere Medi'zin (*Ggs. Chirurgie*). **3.** *obs.* (Zauber)-Trank *m*. **4.** Zauber *m*, Medi'zin *f* (*bei den Indianern*): **~ bag** Zauberbeutel *m*, Talisman *m*; **he is bad ~** *Am. sl.* dem geht man am besten aus dem Weg; **it is big ~** *Am. sl.* es bedeutet (persönliche) Macht. **5. ~ ball** → **sport** Medi'zinball *m*. **~ chest** *s* Arz'neikasten *m*, 'Haus-, 'Reiseapo,theke *f*. **~ glass** *s med.* Medi'zin-, Tropfenglas *n*. **~ man** *s irr* Medi'zinmann *m* (*der Indianer etc*).

**med·i·co** [ˈmedɪkəʊ] *pl* **-cos** *s colloq.* Medi'ziner *m* (*Arzt u. Student*).

**medico-** [medɪkəʊ] *Wortelement mit der Bedeutung* medizinisch: **~legal** gerichtsmedizinisch.

**me·di·e·val** [ˌmedɪˈiːvl; ˌmiːdɪ-] *adj* (*adv* **~ly**) mittelalterlich (*a. colloq. fig. altmodisch, vorsintflutlich*): **M~ Greek** *ling.*

---

Mittelgriechisch *n*. **ˌme·di'e·val·ism** *s* **1.** Eigentümlichkeit *f od.* Geist *m* des Mittelalters. **2.** Vorliebe *f* für das Mittelalter. **3.** a) Mittelalterlichkeit *f*, b) 'Überbleibsel *n* aus dem Mittelalter. **ˌme·di'e·val·ist** *s* Mediä'vist(in), Erforscher(in) *od.* Kenner(in) *od.* Verehrer(in) des Mittelalters.

**me·di·o·cre** [ˌmiːdɪˈəʊkə(r)] *adj* mittelmäßig, zweitklassig. **ˌme·di'oc·ri·ty** [-ˈɒkrətɪ; *Am.* -ˈɑːk-] *s* **1.** Mittelmäßigkeit *f*. **2.** mittelmäßiger *od.* unbedeutender Mensch, kleiner Geist: **he is a ~** er ist nur Mittelmaß.

**med·i·tate** [ˈmedɪteɪt] **I** *v/i* nachsinnen, -denken, grübeln, medi'tieren (**on, upon** über *acc*). **II** *v/t* im Sinn haben, planen, vorhaben, erwägen: **to ~ revenge** auf Rache sinnen. **ˌmed·i'ta·tion** *s* **1.** tiefes Nachdenken, Sinnen *n*. **2.** Meditati'on *f*, (*bes. fromme*) Betrachtung; **~s book of** Betrachtungen, Besinnliches *n*; **~s** Erbauungs-, Andachtsbuch *n*.

**med·i·ta·tive** [ˈmedɪtətɪv; -teɪ-] *adj* (*adv* **~ly**) nachdenklich: a) nachsinnend, b) besinnlich (*a. Buch etc*). **'med·i·ta·tive·ness** *s* Nachdenklichkeit *f*.

**med·i·ter·ra·ne·an** [ˌmedɪtəˈreɪnjən; -nɪən] **I** *adj* **1.** von Land um'geben, binnenländisch. **2. M~** mittelmeerisch, mediter'ran, Mittelmeer...: **M~ Sea** → 3. **II** *s* **3. M~** Mittelmeer *n*, Mittelländisches Meer. **4. M~** Angehörige(r *m*) *f* der mediter'ranen Rasse.

**me·di·um** [ˈmiːdjəm; -ɪəm] **I** *pl* **-di·a** [-djə; -dɪə], **-di·ums** *s* **1.** *fig.* Mitte *f*, Mittel *n*, Mittelweg *m*: **the just ~** die richtige Mitte, der goldene Mittelweg; **to hit (upon)** (*od.* **find**) **the happy ~** die richtige Mitte treffen. **2.** 'Durchschnitt *m*, Mittel *n*. **3.** *biol. chem. phys.* Medium *n*, Träger *m*, Mittel *n*: (**culture**) **~** *med.* Nährboden *m*; **refractive ~** *phys.* brechendes Medium. **4.** *paint.* Bindemittel *n*. **5.** *econ.* Medium *n*: a) (*Zahlungs- etc*) Mittel *n*: **~ of exchange** Tauschmittel *od.* Valuta *f*, b) Werbemittel, -träger *m* (*Fernsehen, Zeitung etc*): **media man** *Am.* Media-man *m*, Media-Mann *m* (*Fachmann für Auswahl u. Einsatz von Werbemitteln*); **media research** Medien-, Werbeträgerforschung *f*. **6.** (künstlerisches) Medium, Ausdrucksmittel *n*. **7.** Medium *n*, (Hilfs)Mittel *n*, Werkzeug *n*, Vermittlung *f*: **by** (*od.* **through**) **the ~ of** a) durch, vermittels (*gen*), b) durch Vermittlung (*gen*). **8.** 'Lebensele,ment *n*, -bedingungen *pl*. **9.** *a.* **social ~** *fig.* Mili'eu *n*. **10.** *Hypnose, Parapsychologie*: Medium *n*: **trance (writing) ~** Trance-(Schreib)-medium. **11.** *econ.* Mittelware *f*, -gut *n*. **12.** *print.* Medi'anpa,pier *n* (*englisches Druckpapier 18 × 28, Schreibpapier 17¹/₂ × 22 Zoll; amer. Druckpapier 19 × 24, Schreibpapier 18 × 23 Zoll*). **13.** *phot.* (*Art*) Lack *m* (*zum Bestreichen der Negative vor dem Retuschieren*). **14.** *thea.* bunter Beleuchtungsschirm. **II** *adj* **15.** mittelmäßig, mittler(er, e, es), Mittel...: **~ talent** mittelmäßige Befähigung *od.* Begabung; **~ quality** mittlere Qualität. **16.** Durchschnitts... **17.** *gastr.* (*Steak*) halb durch. **~-dat·ed** *adj econ.* mittelfristig (*Staatspapier*). **'~-faced** *adj print.* halbfett. **~-fre·quen·cy** *s electr.* 'Mittelfre,quenz *f*, in *Zssgn* Mittelwellen...

**me·di·um·is·tic** [ˌmiːdjəˈmɪstɪk; -ɪə-] *adj Parapsychologie*: medi'al (begabt *od.* veranlagt).

**me·di·um|plane** *s math.* Mittelebene *f*. **'~-priced** *adj econ.* der mittleren Preislage. **'~-range** *adj* für mittlere Reichweite: **~ radar**; **~ flight** *aer.* Mittelstreckenflug *m*; **~ missile** *mil.* Mittel-

streckenrakete f. ~ **shot** s Film, TV: Mittelaufnahme f. ~ **size** s Mittelgröße f. '**~size(d)** adj **1.** mittelgroß: ~ car mot. Wagen m der Mittelklasse, Mittelklassewagen m. **2.** econ. mittelständisch (Unternehmen). '**~term** adj mittelfristig (Planung etc). ~ **wave** s electr. Mittelwelle f.

**med·lar** ['medlə(r)] s bot. **1.** a. ~ tree Mispelstrauch m. **2.** Mispel f (Frucht).

**med·ley** ['medlɪ] **I** s **1.** Gemisch n, contp. Mischmasch m, Durchein'ander n. **2.** gemischte Gesellschaft. **3.** a) mus. Medley n, Potpourri n, b) obs. lite'rarische Auslese. **4.** obs. Handgemenge n. **II** adj **5.** gemischt, bunt, contp. wirr: ~ relay a) (Schwimmen) Lagenstaffel f, b) (Schwimmen, Laufsport) Schwellstaffel f; ~ **swimming** Lagenschwimmen n.

**me·dul·la** [me'dʌlə; mɪ-] s **1.** physiol. a) a. ~ spinalis Rückenmark n, b) (Knochen)Mark n: adrenal ~ Nebennierenmark. **2.** bot. Mark n.

**med·ul·lar·y** [me'dʌlərɪ; mɪ-; Am. a. 'medəˌleriː; 'medʒə-] adj biol. medul'lär, markig, markhaltig, Mark...: ~ **ca·nal** s anat. 'Markka,nal m. ~ **mem·brane** s anat. End'ost n. ~ **ray** s bot. Markstrahl m (des Holzes). ~ **tube** s anat. 'Rückenmarkska,nal m.

**med·ul·li·tis** [ˌmedə'laɪtɪs] s med. Knochenmarkentzündung f.

**Me·du·sa** [mɪ'dju:zə; -sə; Am. a. -'du:-] **I** npr antiq. Me'dusa f: head of ~ Medusenhaupt n. **II** s m~ pl -sas, -sae [-zi:; -si:] zo. Meduse f, Qualle f. **Med·u·sae·an** [ˌmɪdju'si:ən; Am. a. -dʊ-] adj me'dusisch, Medusen... **me·du·sal** [mɪ'dju:sl; -zl; Am. a. -'du:-], **me'du·san** adj zo. zu den Quallen gehörig, quallenartig.

**meed** [mi:d] s poet. Lohn m, Sold m.

**meek** [mi:k] adj (adv ~ly) **1.** mild, sanft (-mütig). **2.** demütig: a) bescheiden, b) contp. unter'würfig, duckmäuserisch: to be ~ and mild sich alles gefallen lassen. **3.** fromm (Tier): (as) ~ as a lamb fig. lammfromm. '**meek·ness** s **1.** Sanftmut f, Milde f. **2.** Demut f, contp. Duckmäuse'rei f, Unter'würfigkeit f.

**meer·kat** ['mɪə(r)kæt] s zo. **1.** Meerkatze f. **2.** a. ~ **suricate**.

**meer·schaum** ['mɪə(r)ʃəm; Am. a. -ˌʃɔːm] s **1.** min. Meerschaum m. **2.** a. ~ **pipe** Meerschaumpfeife f.

**meet** [mi:t] **I** v/t pret u. pp **met** [met] **1.** a) begegnen (dat), zs.-treffen mit, treffen (auf acc), antreffen: to ~ **each other** einander begegnen, sich treffen; **well met!** schön, daß wir uns treffen!, b) treffen, sich treffen mit. **2.** j-n kennenlernen: **when I first met him** als ich s-e Bekanntschaft machte; **pleased to ~ you!** colloq. sehr erfreut(, Sie kennenzulernen)!; ~ **Mr. Brown** bes. Am. darf ich Ihnen Herrn Brown vorstellen? **3.** j-n abholen: **to ~ s.o. at the station** j-n von der Bahn abholen; **to be met** abgeholt od. empfangen werden; **the bus ~s all trains** der Omnibus ist zu allen Zügen an der Bahn; **to come (go) to ~ s.o.** j-m entgegengehen (-gehen). **4.** fig. j-m entgegenkommen (halfway auf halbem Wege). **5.** a. fig. gegen'übertreten (dat). **6.** (feindlich) zs.-treffen mit, begegnen (dat), sport a. antreten gegen, treffen auf (e-n Gegner): → fate 2. **7.** fig. entgegentreten (dat): a) e-r Sache widerstehen, der Not steuern, b) Schwierigkeiten über'winden, ein Problem lösen, fertig werden mit, Herr werden (gen): **to ~ a difficulty;** **to ~ the competition** der Konkurrenz begegnen, c) Einwände wider'legen, entgegnen auf (acc): **to ~ objections. 8.** fig. (an)treffen, finden, erfahren. **9.** pol. sich dem Parlament vorstellen (neue Regierung). **10.** berühren, münden in (acc)

(Straßen), stoßen od. treffen auf (acc), schneiden (a. math.): **to ~ s.o.'s eye** a) j-m ins Auge fallen, b) j-s Blick erwidern; **to ~ the eye** auffallen; **there is more in it than ~s the eye** da steckt mehr dahinter. **11.** versammeln (bes. pass): **to be met** sich zs.-gefunden haben, beisammen sein. **12.** Anforderungen etc entsprechen, gerecht werden (dat), über'einstimmen mit: **the supply ~s the demand** das Angebot entspricht der Nachfrage; **to be well met** gut zs.-passen; **that won't ~ my case** das löst mein Problem nicht, damit komme ich nicht weiter. **13.** j-s Wünschen entgegenkommen od. entsprechen, e-e Forderung erfüllen, e-r Verpflichtung nachkommen, Unkosten bestreiten od. decken, e-e Rechnung begleichen: **to ~ a demand** a) e-r Forderung nachkommen, b) e-e Nachfrage befriedigen; **to ~ s.o.'s expenses** j-s Auslagen decken; **to ~ a bill** econ. e-n Wechsel honorieren.

**II** v/i **14.** zs.-kommen, -treffen, -treten, sich versammeln, tagen. **15.** sich begegnen, sich (a. verabredungsgemäß) treffen: **to ~ again** sich wiedersehen. **16.** (feindlich) zs.-stoßen, anein'andergeraten, sport anein'andertreffen, sich begegnen (Gegner). **17.** sich kennenlernen, zs.-treffen. **18.** sich vereinigen (Straßen etc), sich berühren, in Berührung kommen (a. Interessen etc). **19.** genau zs.-treffen, -stimmen, -passen, sich decken: **this skirt does not ~** dieser Rock ist zu eng, geht nicht zu; → **end** Bes. Redew. **20.** ~ **with** a) zs.-treffen mit, b) sich treffen mit, c) (an)treffen, finden, (zufällig) stoßen auf (acc), d) erleben, erleiden, erfahren, betroffen od. befallen werden von, erhalten, bekommen: **to ~ with an accident** e-n Unfall erleiden od. haben, verunglücken; **to ~ with approval** Billigung od. Beifall finden; **to be well met** auf Ablehnung stoßen; **to ~ with success** Erfolg haben; **to ~ with a kind reception** freundlich aufgenommen werden.

**III** s **21.** Am. a) Treffen n (von Zügen etc), b) → **meeting** 6 b. **22.** hunt. a) Jagdtreffen n (zur Fuchsjagd), b) Jagdgesellschaft f, c) Sammelplatz m. **IV** adj obs. **23.** passend. **24.** angemessen, geziemend: **it is ~ that** es schickt sich, daß.

**meet·ing** ['mi:tɪŋ] s **1.** Begegnung f, Zs.-treffen n, -kunft f: ~ **of (the) minds** fig. völlige Übereinstimmung, jur. Konsens m (beim Vertragsabschluß). **2.** Versammlung f, Konfe'renz f, Sitzung f, Tagung f: **at a ~** auf e-r Versammlung; **to call a ~ for nine o'clock** e-e Versammlung auf neun Uhr einberufen; ~ **of members** Mitgliederversammlung f. **3.** relig. gottesdienstliche Versammlung. **4.** Stelldichein n, Rendez'vous n. **5.** Zweikampf m, Du'ell n. **6.** sport a) a. **race** ~ Pferdesport: Rennveranstaltung f, b) (leichtathletisches etc) Treffen, Wettkampf m, (Sport-)Veranstaltung f. **7.** Zs.-treffen n (zweier Linien etc). '**~·house** s relig. Andachts-, Bethaus n. ~ **place** s **1.** Tagungs-, Versammlungsort m. **2.** Sammelplatz m, Treffpunkt m. ~ **room** s Sitzungssaal m.

**meet·ness** ['mi:tnɪs] s Schicklichkeit f, Angemessenheit f.

**meg-** [meg], **mega-** [megə] Wortelement mit den Bedeutungen a) groß, b) Million. '**meg·a·bit** s Computer: Megabit n (1 Million Bit). '**meg·aˌbuck** s Am. sl. e-e Milli'on Dollar: **to make ~s** ein 'Schweinegeld' verdienen. '**meg·a·byte** s Computer: Megabyte n (1 Million Byte). **meg·a·ce'phal·ic**, **meg·a'ceph·a·lous** adj anat. megaloze'phal, großköp-

fig. **meg·a'ceph·a·ly** s med. Megalozepha'lie f, Großköpfigkeit f. '**meg·a·cy·cle** s electr. Megahertz n (1 Million Hertz). '**meg·a·death** s Tod m von e-r Milli'on Menschen, e-e Milli'on Tote (bes. in e-m Atomkrieg). **Me·gae·ra** [mɪ'dʒɪərə] npr antiq. Me'gäre f. [(-anlage f) n.] '**meg·a·fog** s mar. 'Nebelsi,gnal] '**meg·a·hertz** s electr. Megahertz n (1 Million Hertz). '**meg·a·lith** s Mega'lith m. **meg·a·'lith·ic** adj mega'lithisch.

**megalo-** [megələʊ] Wortelement mit der Bedeutung groß. **meg·a·lo'car·di·a** s med. Kardiomega'lie f, Herzerweiterung f. **meg·a·lo·ce'phal·ic** → megacephal·ic. **meg·a·lo·cyte** ['megələʊsaɪt] s physiol. Megalo'zyt m (abnorm großes rotes Blutkörperchen). **meg·a·lo'ma·ni·a** s psych. Megaloma'nie f, Größenwahn m. **meg·a·lo'ma·ni·ac I** s Größenwahnsinnige(r m) f: **to be a ~** an Größenwahn leiden, größenwahnsinnig sein. **II** adj megalo'manisch, größenwahnsinnig. **meg·a·lop·o·lis** [ˌmegə'lɒpəlɪs; Am. -'lɑ-] s **1.** Mega'lopolis f, Megalo'pole f, (aus mehreren Städten bestehende) Riesenstadt. **2.** Ballungsraum m, -gebiet n (um e-e Großstadt). **meg·a·lo·tech'nol·o·gy** s Großtechnik f. **meg·a·phone** ['megəfəʊn] **I** s Mega'phon n, Sprachrohr n, Schalltrichter m. **II** v/t u. v/i durch ein Mega'phon sprechen. **Me·gar·i·an** [mɪ'geərɪən] adj me'garisch: ~ **school** (von Euklid um 400 v. Chr. gegründete) Schule von Megara. **Me·gar·ic** [-'gærɪk] → **Megarian**. **meg·a·scope** ['megəskəʊp] s **1.** tech. Mega'skop n. **2.** phot. Vergrößerungskammer f. **meg·a'scop·ic** [-'skɒpɪk; Am. -'skɑ-] adj (adv ~ally) **1.** phot. vergrößert. **2.** mit bloßem Auge wahrnehmbar. **meg·a'seism** [-ˌsaɪzəm] s geol. phys. heftiges Erdbeben. **meg·a·spo'ran·gi·um** s irr bot. Makro-, Megaspo'rangium n. '**meg·a·spore** s Makro-, Megaspore f. **meg·a·'spo·ro·phyll** s Mega-, Makrosporo'phyll n. '**meg·aˌstruc·ture** s Mammutbau m. '**meg·a·ton** s Megatonne f (1 Million Tonnen): ~ **bomb** Bombe f mit der Sprengkraft von 1000 Kilotonnen TNT. **meg·a·ver·si·ty** [ˌmegə'vɜːsətɪ; Am. -'vɜr-] s 'Mammutuniversi,tät f. '**meg·a·volt** s electr. Megavolt n (1 Million Volt). '**meg·a·watt** s electr. Megawatt n (1 Million Watt). **meg·ger** ['megə(r)] s electr. Megohm'meter n, Isolati'onsmesser m. **me·gilp** [mə'gɪlp] **I** s (ein) Retu'schierfirnis m (aus Leinöl u. Mastix). **II** v/t firnissen. '**meg·ohm** s electr. Meg'ohm n (1 Million Ohm). **me·grim** ['mi:grɪm] s **1.** med. obs. Migräne f. **2.** obs. Grille f, Laune f, Spleen m. **3.** pl vet. Schwermut f, Melancho'lie f. **4.** pl vet. Koller m (der Pferde). **mei·o·sis** [maɪ'əʊsɪs] s **1.** ling. a) Li'totes f, b) Verkleinerung f. **2.** biol. Mei'ose f, Redukti'onsteilung f. **me·kom·e·ter** [mɪ'kɒmɪtə(r); Am. -'kɑ-] s mil. Entfernungsmesser m. **me·la·da** [mɪ'lɑːdə] s roher Zucker, Me'lasse f. **mel·am** ['meləm] s chem. Melam n.

'**mel·a·mine** [-miːn] s Mela'min n, Cya'nursäure,mid n. '**mel·a·mine-
-form'al·de·hyde res·ins** s pl Mel-a'min-Formalde'hyd-Harze pl.

**mel·an·cho·li·a** [ˌmelən'kəʊljə; -liə] s med. Melancho'lie f, Schwermut f. **mel·an'cho·li·ac** [-liæk], **mel·an'chol·ic** [-'kɒlɪk; Am. -'kɑ-] I adj → **melancholy** II. II s Melan'choliker(in).

**mel·an·chol·y** ['melənkəlɪ; Am. -ˌkɑliː] I s 1. Melancho'lie f: a) med. Depressi'on f, Gemütskrankheit f, b) Schwermut f, Trübsinn m. II adj 2. melan'cholisch: a) schwermütig, trübsinnig, b) fig. traurig, düster. 3. traurig, schmerzlich: a ~ **duty**.

**mé·lange,** Am. a. **me·lange** [meɪ'lɑːnʒ; melãʒ] (Fr.) s Mischung f, Gemisch n.

**mel·a·nin** ['melənɪn] s biol. chem. Mela'nin n. '**mel·a·nism** s 1. biol. Mela-'nismus m (Entwicklung dunklen Farb-stoffs in der Haut etc). 2. → **melanosis**.

**mel·a·nite** ['melənaɪt] s min. Mela'nit m.

**mel·a·no·blast** ['melənəʊblɑːst; Am. -ˌblæst; məˈlænə-] s biol. Melano'blast m, (dunkle) Pig'mentzelle.

**mel·a·no·sis** [ˌmelə'nəʊsɪs] s med. Mela-'nose f, Schwarzsucht f.

**mel·an·tha·ceous** [ˌmelən'θeɪʃəs] adj bot. zu den Zeitlosengewächsen gehörig.

**me·las·sic** [mɪ'læsɪk] adj chem. Melas-sin...: ~ **acid**.

**Mel·ba toast** ['melbə] s dünne hart-geröstete Brotscheiben pl.

**meld**[1] [meld] (Kartenspiel) I v/t u. v/i melden. II s zum Melden geeignete Kombinati'on.

**meld**[2] [meld] v/t u. v/i (sich) (ver)mischen.

**me·lee,** bes. Br. **mê·lée** ['meleɪ; Am. 'meɪ,-] s 1. Handgemenge n. 2. fig. Gewühl n, Gedränge n.

**me·le·na** [mɪ'liːnə] s med. Me'läna f, Blut-brechen n.

**mel·ic** ['melɪk] adj 1. melisch, lyrisch. 2. für Gesang bestimmt.

**mel·i·lot** ['melɪlɒt; Am. -ˌlɑt] s bot. Stein-, Honigklee m.

**me·line** ['miːlaɪn; -lɪn] zo. I adj dachs-artig. II s Dachs m.

**me·li·o·rate** ['miːljəreɪt; -lɪə-] I v/t 1. (ver)bessern. 2. agr. Ackerland melio'rie-ren. II v/i 3. besser werden, sich (ver)bes-sern. ˌme·li·o'ra·tion s 1. (Ver)Besse-rung f. 2. agr. Meliorati'on f.

**me·li·o·rism** ['miːljərɪzəm; -lɪə-] s philos. Melio'rismus m: a) Lehre von der Verbesserungsfähigkeit der Welt, b) Stre-ben nach Verbesserung der menschlichen Gesellschaft.

**me·liph·a·gous** [me'lɪfəgəs] adj zo. ho-nigfressend.

**me·lis·sa** [mɪ'lɪsə] s bot. pharm. (Zi'tro-nen)Me'lisse f.

**mel·i·t(a)e·mi·a** [ˌmelɪ'tiːmɪə], **mel·i·'th(a)e·mi·a** [-'θiːmɪə] s med. Melishä-'mie f, Glykä'mie f (erhöhter Blutzucker-gehalt).

**mell** [mel] v/t u. v/i obs. od. dial. (sich) mischen, (sich) (ein)mengen.

**mel·lif·er·ous** [me'lɪfərəs] adj 1. bot. honigerzeugend. 2. zo. Honig tragend od. bereitend.

**mel·lif·lu·ence** [me'lɪfluəns; Am. -fləwəns] s 1. Honigfluß m. 2. fig. Süßig-keit f, glattes Da'hinfließen (der Worte etc). **mel'lif·lu·ent** adj (adv ~ly), **mel·'lif·lu·ous** adj (adv ~ly) honigsüß, lieb-lich, einschmeichelnd.

**mel·lit·ic** [me'lɪtɪk] adj chem. Mellith..., Honigstein..., mel'lith-, honigsauer: ~ **acid** Mellith..., Honigsäure f.

**mel·low** ['meləʊ] I adj (adv ~ly) 1. reif, saftig, mürbe, weich (Obst). 2. agr. a) leicht zu bearbeiten(d), locker, b) reich: ~ **soil**. 3. ausgereift, weich, lieblich (Wein). 4. sanft, mild, de'zent, angenehm: ~

light; ~ **tints** zarte Farbtöne. 5. mus. weich, voll, lieblich. 6. fig. gereift u. gemildert, mild, abgeklärt, heiter: of ~ age reifen od. gereiften Alters. 7. an-geheitert, beschwipst. II v/t 8. weich od. mürbe machen, den Boden auflockern. 9. fig. sänftigen, mildern. 10. (aus)reifen, reifen lassen (a. fig.). III v/i 11. weich od. mürbe od. mild od. reif werden (Wein etc). 12. fig. sich abklären od. mil-dern. **mel'low·ing** adj weich, sanft, schmelzend: ~ voice. '**mel·low·ness** s 1. Weichheit f, Mürbheit f. 2. agr. Gare f. 3. Gereiftheit f. 4. Milde f, Sanftheit f, Weichheit f: ~ of colo(u)r.

**me·lo·de·on** [mɪ'ləʊdjən; -iən] s mus. 1. Me'lodium(orgel f) n (ein amer. Har-monium). 2. (Art) Ak'kordeon n. 3. obs. Am. Varie'téthe,ater n.

**me·lod·ic** [mɪ'lɒdɪk; Am. mə'lɑ-] I adj (adv ~ally) me'lodisch. II s pl (als sg kon-struiert) mus. Melo'dielehre f, Me'lodik f.

**me·lo·di·ous** [mɪ'ləʊdjəs; -ɪəs] adj (adv ~ly) me'lodisch, melodi'ös, wohlklin-gend. **me'lo·di·ous·ness** s Wohlklang m, (das) Me'lodische.

**mel·o·dist** ['melədɪst] s 1. Liedersän-ger(in). 2. a) 'Liederkompo,nist m, b) Me'lodiker m (Komponist).

**mel·o·dize** ['melədaɪz] I v/t 1. me'lo-disch machen. 2. Lieder vertonen. II v/i 3. Melo'dien singen od. kompo'nieren.

**mel·o·dra·ma** ['meləʊˌdrɑːmə; Am. a. -ˌdræmə] s Melo'dram(a) n: a) ro'man-tisches Sensati'onsstück (mit Musik), b) hist. sensatio'nelles (Volks)Stück, c) hist. Singspiel n, d) fig. melodra'matisches Er-eignis od. Getue, Rührszene f. ˌmel·o·dra'mat·ic [-drə'mætɪk] I adj (adv ~al-ly) melodra'matisch. II s pl (a. als sg kon-struiert) melodra'matisches Getue. ˌmel·o'dram·a·tist [-'dræmətɪst] s Melo-'dramenschreiber(in). ˌmel·o'dram-a·tize [-'dræmətaɪz] v/t melodra'matisch machen od. darstellen: to ~ s.th. fig. aus e-r Sache ein Melodrama machen.

**mel·o·dy** ['melədɪ] s 1. mus. Melo'die f: a) me'lodisches Ele'ment, b) Tonfolge f, c) Melo'diestimme f, d) Lied n, Weise f, e) Wohllaut m, -klang m. 2. ling. 'Sprach-, 'Satzmelo,die f. 3. fig. (etwas) Me'lodi-sches: in ~ ineinander übergehend (Far-ben).

**mel·on** ['melən] s 1. bot. Me'lone f. 2. econ. Am. sl. großer Pro'fit: to cut a ~ e-e Sonderdividende ausschütten.

**melt** [melt] I v/i pret u. pp '**melt·ed**, pp a. **mol·ten** ['məʊltən] 1. (zer)schmel-zen, flüssig werden, sich auflösen, zer-gehen: to ~ down zerfließen; to ~ in the mouth auf der Zunge zergehen; the crowd melted away fig. die Menge löste sich auf; → **butter** 1. 2. aufgehen (into in acc), sich verflüchtigen. 3. zs.-schrumpfen. 4. fig. zerschmelzen, -flie-ßen (with vor dat): to ~ into tears in Tränen zerfließen. 5. fig. auftauen, weich werden, schmelzen (Herz, Mensch). 6. fig. verzagen. 7. verschmelzen, ver-schwimmen, (inein'ander) 'übergehen (Ränder, Farben etc): outlines ~ing into each other verschwimmende Um-risse. 8. a. ~ away dy. hinschwinden, -schmelzen, zur Neige gehen: his mon-ey had soon ~ed away. 9. humor. vor Hitze vergehen, zerfließen. II v/t 10. schmelzen, lösen. 11. (zer)schmelzen od. (zer)fließen lassen (into in acc), Butter zerlassen. 12. tech. schmelzen: to ~ down nieder-, einschmelzen; to ~ out aus-schmelzen. 13. fig. erweichen, rühren: to ~ s.o.'s heart. 14. Farben etc verschmel-zen od. verschwimmen lassen. III s 15. metall. Schmelzen n. 16. Schmelze f, geschmolzene Masse. 17. → **melting**

charge. '**melt·age** s Schmelzen n, Schmelze f: ~ of ice Eisschmelze. '**melt·er** s 1. Schmelzer m. 2. tech. a) Schmelzofen m, b) Schmelztiegel m.

**melt·ing** ['meltɪŋ] I adj (adv ~ly) 1. schmelzend, Schmelz...: ~ heat schwüle Hitze. 2. fig. a) weich, zart, b) schmelzend, schmachtend, rührend: ~ look; ~ tones. II s 3. Schmelzen n, Verschmelzung f. 4. pl Schmelzmasse f. ~ **charge** s tech. Schmelzgut n, -beschickung f, Einsatz m. ~ **cone** s phys. tech. Schmelz-, Brennkegel m. ~ **fur·nace** s tech. Schmelzofen m. ~ **point** s phys. Schmelzpunkt m. ~ **pot** s Schmelztiegel m (a. fig. Land etc): to put into the ~ fig. von Grund auf ändern, gänzlich ummodeln. ~ **stock** s tech. Char-ge f, Beschickungsgut n (Hochofen). '**melt,wa·ter** s Schmelzwasser n.

**mem·ber** ['membə(r)] s 1. Mitglied n, Angehörige(r) f(e-r Gesellschaft, Fami-lie, Partei etc): ~ of the armed forces Angehörige(r) m der Streitkräfte. ~ **state** (od. **nation**) pol. Mitgliedstaat m. 2. parl. a) M~ of Parliament Br. Mitglied n des 'Unterhauses, b) M~ of Congress Am. Kon'greßmitglied n. 3. tech. (Bau-) Teil m, n, Glied n. 4. math. a) Glied n (e-r Reihe etc), b) Seite f (e-r Gleichung). 5. bot. Einzelteil m. 6. ling. Satzteil m, -glied n. 7. anat. a) Glied(maße f) n, b) (männliches) Glied.

**mem·ber·ship** ['membə(r)ʃɪp] s 1. (of) Mitgliedschaft f (bei), Zugehörigkeit f (zu e-r Vereinigung etc): ~ card Mit-gliedsausweis m; ~ fee Mitgliedsbeitrag m. 2. Mitgliederzahl f: to have a ~ of 200 200 Mitglieder haben. 3. collect. Mitglie-derschaft f, (die) Mitglieder pl.

**mem·brane** ['membreɪn] s 1. anat. Mem'bran(e) f, Häutchen n: drum ~ Trommelfell n. 2. ~ of connective tissue Bindegewebshaut f. 2. Mem'bran f, Perga'ment n (zum Schreiben). 3. phys. tech. Mem'bran(e) f.

**mem·bra·ne·ous** [mem'breɪnjəs; -nɪəs], **mem·bra·nous** [mem'breɪnəs; bes. Am. 'membrənəs] adj (adv ~ly) anat. bot. häutig, membra'nös, Membran...: ~ cartilage Hautknorpel m.

**me·men·to** [mɪ'mentəʊ] (Lat.) pl **-tos** s Me'mento n: a) Mahnzeichen n, Erinne-rung f (of an acc): ~ mori Memento mori n, Mahnung f an den Tod, b) R.C. Bitt-gebet n für Lebende u. Tote.

**mem·o** ['meməʊ] pl **-os** → **memoran-dum** 1.

**mem·oir** ['memwɑː(r); -wɔː(r)] s 1. Denkschrift f, Abhandlung f, Bericht m. 2. pl Me'moiren pl, (Lebens)Erinnerun-gen pl. 3. wissenschaftliche Unter'su-chung (on über acc). '**mem·oir·ist** s Me'moirenschriftsteller(in).

**mem·o·ra·bil·i·a** [ˌmemərə'bɪlɪə] s pl Denkwürdigkeiten pl. ˌmem·o·ra'bil-i·ty s 1. Denkwürdigkeit f. 2. Einpräg-samkeit f. '**mem·o·ra·ble** adj (adv memorably) 1. denkwürdig. 2. ein-prägsam. '**mem·o·ra·ble·ness** → memorability.

**mem·o·ran·dum** [ˌmemə'rændəm] pl **-da** [-də], **-dums** s 1. a) Vermerk m, No'tiz f: to make a ~ of s.th. etwas notieren, urgent ~ Dringlichkeitsver-merk, b) 'Aktenno,tiz f, -vermerk m. 2. econ. jur. Vereinbarung f, Vertrags-urkunde f: ~ of association Br. Grün-dungsurkunde f (e-r Aktiengesellschaft); ~ of deposit Br. Hinterlegungsurkunde f. 3. econ. a) Rechnung f, Nota f, b) Kommissi'onsnota f: to send on a ~ in Kommission senden. 4. jur. (kurze) Aufzeichnung (vereinbarter Punkte). 5. pol. diplo'matische Note, Denk-schrift f, Memo'randum n. 6. Merkblatt

*n.* **~ book** *s econ.* No'tizbuch *n*, Kladde *f.*
**me·mo·ri·al** [mɪˈmɔːrɪəl; *Am. a.* -ˈməʊ-]
**I** *adj* **1.** Gedenk..., Gedächtnis...: **~ park**
Ahnenpark *m*; **~ service** Gedenkgottes-
dienst *m*; **~ stone** Gedenkstein *m*. **II** *s* **2.**
Denk-, Ehrenmal *n* (**to** für). **3.** Gedenk-
feier *f.* **4.** Andenken *n* (**to** an *acc*). **5.** *jur.*
Auszug *m* (*aus e-r Urkunde etc*). **6.** Denk-
schrift *f*, Eingabe *f*, Gesuch *n*. **7.** → **me-
morandum** 5. **8.** *pl* → **memoir** 2. **M~
Day** *s Am.* Heldengedenktag *m* (*30. Mai*).
**me·mo·ri·al·ist** [mɪˈmɔːrɪəlɪst; *Am. a.*
-ˈməʊ-] *s* **1.** Me'moirenschreiber(in).
**2.** Bittsteller(in). **me'mo·ri·al·ize** *v/t*
**1.** e-e Denk- *od.* Bittschrift einreichen
bei: **to ~ Congress. 2.** erinnern an (*acc*).
**3.** e-e Gedenkfeier abhalten für, feiern.
**mem·o·rize** [ˈmeməraɪz] *v/t* **1.** sich ein-
prägen, auswendig lernen, memo'rieren.
**2.** niederschreiben, festhalten.
**mem·o·ry** [ˈmemərɪ] *s* **1.** Gedächtnis *n*,
Erinnerung(svermögen *n*) *f*: **from ~, by ~**
aus dem Gedächtnis, auswendig; **to
speak from ~** frei sprechen; **to call to ~**
sich *etwas* ins Gedächtnis zurückrufen;
**to escape s.o.'s ~** j-s Gedächtnis entfal-
len; **to have a good (weak) ~** ein gutes
(schwaches) Gedächtnis haben; **to have
a bad ~ for names** ein schlechtes Na-
mensgedächtnis haben; **~ image** *psych.*
Erinnerungsbild *n*; **to retain a clear ~ of
s.th.** etwas in klarer Erinnerung behal-
ten; **if my ~ serves me (right)** wenn ich
mich recht erinnere; **before ~, beyond ~**
vor unvordenklichen Zeiten; **to the best
of my ~** soweit ich mich erinnern kann;
→ **commit** 2, **living** 1, **sieve** 1, **sponge**
1. **2.** Andenken *n*, Erinnerung *f*: **in ~ of**
zum Andenken an (*acc*); → **blessed** 1.
**3.** Reminis'zenz *f*, Erinnerung *f* (*an
Vergangenes*): **sad memories; child-
hood memories** Kindheitserinnerun-
gen. **4.** *Computer*: Speicher *m*: **~ bank**
Speicherbank *f*; **~ unit** Speichereinheit *f.*
**mem·o·ry∣lane** *s*: **down ~** *colloq.* in die
Vergangenheit; **a trip** (*od.* **journey**)
**down ~. ~ span** *s psych.* Gedächtnis-
spanne *f.* **~ trace** *s psych.* En'gramm *n*,
Erinnerungsbild *n.*
**Mem·phi·an** [ˈmemfɪən] *adj antiq.*
memphisch, ä'gyptisch: **~ darkness**
ägyptische Finsternis.
**mem·sa·hib** [ˈmemˌsɑːhɪb; -sɑːb] *s Br.
Ind.* euro'päische (verheiratete) Frau.
**men** [men] *pl von* **man.**
**men·ace** [ˈmenəs] *v/t* **1.** bedrohen: a)
drohen (*dat*), b) gefährden. **2.** *etwas* an-
drohen. **II** *v/i* **3.** drohen (*a. fig.*), Droh-
ungen ausstoßen. **III** *s* **4.** Drohung *f*,
Bedrohung *f* (**to** *gen*), *fig. a.* drohende
Gefahr (**to** für). **5.** *colloq.* „Nervensäge" *f*,
Quälgeist *m.* **'men·ac·ing** *adj* (*adv* **~ly**)
drohend.
**me·nad** → **maenad.**
**mé·nage** [meˈnɑːʒ; *bes. Am.* meɪ-] *s*
Haushalt(ung *f*) *m.* **~à trois** [-aˈtrwɑː] *s*
Dreiecksverhältnis *n.*
**me·nag·er·ie** [mɪˈnædʒərɪ] *s* Menage'rie
*f*, Tierschau *f*, -park *m.*
**me·nar·che** [meˈnɑːkɪ; *Am.* ˌmenˌɑːrkiː] *s*
*physiol.* Men'arche *f* (*erste Menstruation*).
**mend** [mend] **I** *v/t* **1.** ausbessern, flicken,
repa'rieren: **to ~ boots** od. **stockings**
Strümpfe stopfen; **~ fence** 1. **2.** (ver-)
bessern: **to ~ one's efforts** s-e Anstren-
gungen verdoppeln; **to ~ the fire** das
Feuer schüren, nachlegen; **that won't ~
matters** das macht die Sache auch nicht
besser; **to ~ one's pace** den Schritt
beschleunigen; **to ~ sails** *mar.* die Segel
losmachen u. besser anschlagen; **to ~
one's ways** sich bessern (*Person*). **3.** in
Ordnung bringen, berichtigen: **to ~ a
text; least said soonest ~ed** je weniger
geredet wird, desto rascher wird alles

wieder gut; **~ or end!** besser machen
oder Schluß machen! **4.** a) heilen (*a. fig.*),
b) *fig.* „kitten", „repa'rieren": **to ~ a
friendship. 5.** *colloq.* schlagen, über-
'treffen (*bes. im Erzählen*). **II** *v/i* **6.** sich
bessern (*a. Person*): **it's never too late
to ~. 7.** genesen: **to be ~ing** am Wege
der Besserung sein; **the patient is
~ing nicely** der Patient macht gute Fort-
schritte. **III** *s* **8.** Besserung *f* (*gesundheit-
lich u. allg.*): **to be on the ~** auf dem
Wege der Besserung sein. **9.** ausgebes-
serte Stelle, Flicken *m*, Stopfstelle *f.*
**'mend·a·ble** *adj* (aus)besserungsfähig.
**men·da·cious** [menˈdeɪʃəs] *adj* (*adv* **~ly**)
**1.** lügnerisch, verlogen. **2.** lügenhaft, un-
wahr. **men·dac·i·ty** [-ˈdæsətɪ] *s* **1.** Lü-
genhaftigkeit *f*, Verlogenheit *f.* **2.** Lüge *f*,
Unwahrheit *f.*
**Men·de·li·an** [menˈdiːljən; -lɪən] *adj
biol.* Mendelsch(er, e, es), Mendel...: **~
ratio** Mendelsches Verhältnis. **Men-
del·ism** [ˈmendəlɪzəm] *s* Mende'lismus
*m*, Mendelsche Regeln *pl.* **'Men·del·ist**
*s* Anhänger(in) *der* Lehre Mendels.
**'Men·del·ize** *v/i* mendeln.
**Men·del's laws** [ˈmendlz] *s pl biol.* (die)
Mendelschen Gesetze.
**mend·er** [ˈmendə(r)] *s* Ausbesserer *m.*
**men·di·can·cy** [ˈmendɪkənsɪ] *s* Bet-
te'lei *f*, Betteln *n.* **'men·di·cant I** *adj*
**1.** bettelnd, Bettel...: **~ friar** → 3; **~ order**
Bettelorden *m.* **II** *s* **2.** Bettler(in).
**3.** Bettelmönch *m.*
**men·dic·i·ty** [menˈdɪsətɪ] *s* **1.** Bettel-
armut *f.* **2.** Bettelstand *m*: **to reduce to ~**
an den Bettelstab bringen. **3.** Bette'lei *f.*
**mend·ing** [ˈmendɪŋ] *s* **1.** a) Ausbessern
*n*, Flicken *n*: **his boots need ~** s-e Stiefel
müssen repariert werden; **invisible ~**
Kunststopfen *n*, b) Flickarbeit *f.* **2.** *pl*
Stopfgarn *n.*
**'men·folk(s)** *s pl* Mannsvolk *n*, -leute *pl.*
**men·ha·den** [menˈheɪdn] *s ichth.* Men-
'haden *m* (*ein Heringsfisch*).
**men·hir** [ˈmenˌhɪə(r)] *s* Menhir *m*,
Dru'idenstein *m*, Steinsäule *f.*
**me·ni·al** [ˈmiːnjəl; -nɪəl] **I** *adj* (*adv* **~ly**)
**1.** Diener..., Gesinde... **2.** knechtisch,
niedrig (*Arbeit*): **~ offices** niedrige
Dienste. **3.** knechtisch, unter'würfig. **II** *s*
**4.** Diener(in), Knecht *m*, Magd *f*, La'kai
*m* (*a. fig. contp.*): **~s** *pl* Gesinde *n.*
**me·nin·ge·al** [mɪˈnɪndʒɪəl; *Am.* ˌmenən-
ˈdʒiːəl] *adj anat.* meninge'al, Hirnhaut...
**me'nin·ges** [-dʒiːz] *pl von* **meninx.**
**men·in·gi·tis** [ˌmenɪnˈdʒaɪtɪs] *s med.*
Menin'gitis *f*, Hirnhautentzündung *f.*
**me·nin·go·cele** [mɪˈnɪŋɡəʊsiːl] *s med.*
Meningo'zele *f*, Hirnhautbruch *m.* **me-
ˌnin·goˈcoc·cal** [-ˈkɒkəl; *Am.* -ˈkɑ-] *adj*
Meningo'kokken betreffend.
**me·ninx** [ˈmiːnɪŋks] *pl* **me·nin·ges**
[mɪˈnɪndʒiːz] *s anat.* Meninx *f*, Hirnhaut *f.*
**me·nis·cus** [mɪˈnɪskəs] *pl* **-ci** [-ˈnɪsaɪ] *s*
**1.** Me'niskus *m*: a) halbmondförmiger
Körper, b) *anat.* Gelenkscheibe *f*, c) *phys.*
Wölbung *der* Flüssigkeitsoberfläche *in* Ka-
pillaren. **2.** *opt.* kon'vex-kon'kave Linse,
Me'niskenglas *n.*
**Men·non·ite** [ˈmenənaɪt] *relig.* **I** *s* Men-
no'nit(in). **II** *adj* menno'nitisch.
**men·o·pau·sal** [ˌmenəʊˈpɔːzl] *adj
physiol.* klimak'terisch. **'men·o·pause**
*s* Meno'pause *f*, Klimak'terium *n*, Wech-
seljahre *pl*, kritische Jahre *pl.*
**men·or·rha·gi·a** [ˌmenəˈreɪdʒɪə; -dʒə] *s
med.* Menorrha'gie *f*, übermäßige Regel-
blutung.
**men·sa** [ˈmensə] *pl* **-sae** [-siː] (*Lat.*) *s*
Tisch *m*: **divorce a ~ et thoro** *jur.*
Trennung *f* von Tisch u. Bett.
**men·ses** [ˈmensiːz] *s pl physiol.* Menses *pl*,
Monatsblutung *f*, Menstruati'on *f.*
**Men·she·vik** [ˈmenʃəvɪk; *Am.* -tʃə-] *s*

*pol. hist.* Mensche'wik *m.* **'Men·she-
vism** *s* Mensche'wismus *m.* **'Men·she-
vist I** *s* Mensche'wist *m.* **II** *adj* men-
sche'wistisch.
**men·stru·a** [ˈmenstrʊə; *Am.* -strʊwə;
-strə] *pl von* **menstruum.**
**men·stru·al** [ˈmenstrʊəl; *Am.* -strʊwəl;
-strəl] *adj* **1.** monatlich, Monats...: **~
equation** *astr.* Monatsgleichung *f.* **2.**
*physiol.* Menstruations...: **~ cycle** Mo-
natszyklus *m*; **~ flow** Monatsblutung *f.*
**'men·stru·ate** [-eɪt] *v/i physiol.* men-
stru'ieren. **men·struˈa·tion** *s physiol.*
Menstruati'on *f*, (monatliche) Regel,
Peri'ode *f.* **'men·stru·ous** *adj physiol.*
Menstruations...
**men·stru·um** [ˈmenstrʊəm; *Am.* -strʊ-
wəm; -strəm] *pl* **-stru·ums, -stru·a**
[-strʊə; *Am.* -strʊwə; -strə] *s chem.* Löse-
mittel *n.*
**men·su·ra·bil·i·ty** [ˌmenʃʊrəˈbɪlətɪ;
*Am.* -sərə-; -tʃərə-] *s* Meßbarkeit *f.*
**'men·su·ra·ble** *adj* **1.** meßbar. **2.** *mus.*
Mensural...: **~ music. 'men·su·ral**
[ˈmenʃʊrəl; *Am.* -sərəl; -tʃə-] *adj* **1.** men-
su'ral, Maß... **2.** *mus.* Mensural...
**men·su·ra·tion** [ˌmensjʊəˈreɪʃn; *Am.*
-səˈr-; -tʃəˈr-] *s* **1.** (Ab-, Aus-, Ver)Mes-
sung *f.* **2.** *math.* Meßkunst *f.*
**men·tal**[1] [ˈmentl] *adj anat. zo.* Kinn...
**men·tal**[2] [ˈmentl] **I** *adj* (*adv* **~ly**)
**1.** geistig, innerlich, intellektu'ell, Gei-
stes...: **~ arithmetic** Kopfrechnen *n*; **to
make a ~ note of s.th.** sich etwas mer-
ken; **~ power** Geisteskraft *f*; **~ reserva-
tion** geheimer Vorbehalt, Mentalreser-
vation *f*; **~ state** Geisteszustand *m*; **~
ratio** Intelligenzquotient *m*; **~ test** psy-
chologischer Test; **~ vigo(u)r** geistige
Frische. **2.** (geistig-)seelisch, psychisch:
**~ health; ~ hygiene** Psychohygiene *f.*
**3.** a) geisteskrank, -gestört: **~ disease, ~
illness** Geisteskrankheit *f*; **~ handicap**
geistige Behinderung; **~ hospital, ~ in-
stitution** psychiatrische Klinik, Nerven-
klinik *f*; **~ patient** Geisteskranke(r *m*) *f*,
b) *colloq.* verrückt: **to go ~** „überschnap-
pen". **II** *s* **4.** *colloq.* Verrückte(r *m*) *f.*
**men·tal∣age** *s psych.* Intelli'genzalter *n*:
**she has a ~ of fourteen** sie ist auf dem
geistigen Entwicklungsstand e-r Vier-
zehnjährigen. **~ ca·pac·i·ty** *s jur.* Zu-
rechnungsfähigkeit *f.* **~ cru·el·ty** *s jur.*
seelische Grausamkeit (*als Scheidungs-
grund*). **~ de·fec·tive** *s med.* Geistes-
schwache(r *m*) *f*, -gestörte(r *m*) *f.* **~ de·fi-
cien·cy** *s med.* Geistesschwäche *f*, -stö-
rung *f.* **~ de·range·ment** → **mental
deficiency. ~ heal·er** *s Parapsycholo-
gie:* Geistheiler(in). **~ heal·ing** *s Para-
psychologie:* Geistheilung *f.*
**men·tal·ism** [ˈmentəlɪzəm] *s ling. philos.*
*psych.* Menta'lismus *m.*
**men·tal·i·ty** [menˈtælətɪ] *s* **1.** Mentali-
'tät *f*, Geistes-, Denkart *f*, Gesinnung *f.*
**2.** Wesen *n*, Na'tur *f* (*e-s Menschen*).
**3.** geistige Fähigkeiten *pl.* **men·tal·ly**
[ˈmentlɪ] *adv* geistig, geistes...: **~ de-
ficient** *med.* geistesgestört; **~ handi-
capped** *med.* geistig behindert; **~ ill** *med.*
geisteskrank.
**men·tal phi·los·o·phy** *s univ. Am.* (die
Fächer *pl*) Psycholo'gie *f*, Logik *f* u.
Metaphy'sik *f.*
**men·thane** [ˈmenθeɪn] *s chem.* Men-
'than *n.*
**men·thene** [ˈmenθiːn] *s chem.* Men-
'then *n.*
**men·thol** [ˈmenθɒl; *Am. a.* -ˌθɔʊl] *s chem.*
Men'thol *n*: **~ cigarettes. men·tho-
lat·ed** [ˈmenθəleɪtɪd] *adj pharm.* mit
Men'thol behandelt, Men'thol enthal-
tend.
**men·ti·cide** [ˈmentɪsaɪd] → **brain-
washing.**

**men·tion** [ˈmenʃn] **I** s **1.** Erwähnung f: to make ~ of → 3; hono(u)rable ~ ehrenvolle Erwähnung; to give individual ~ to einzeln erwähnen. **2.** lobende Erwähnung (in Wettbewerben, Prüfungen etc). **II** v/t **3.** erwähnen (to gegen⏐über), anführen: as ~ed above wie oben erwähnt; don't ~ it! a) gern geschehen!, bitte (sehr)!, (es ist) nicht der Rede wert!, b) (auf e-e Entschuldigung hin) bitte!; not to ~ ganz zu schweigen von; not worth ~ing nicht der Rede wert; to be ~ed in dispatches mil. Br. im Kriegsbericht (lobend) erwähnt werden. **'men·tion·a·ble** adj erwähnenswert.

**men·tor** [ˈmentɔː(r)] s Mentor m, (weiser u. treuer) Ratgeber.

**men·u** [ˈmenjuː] s **1.** Speise(n)karte f. **2.** Speisenfolge f.

**me·ow** [miˈaʊ] **I** v/i miˈauen. **II** s Miˈauen n (der Katze).

**Me·phis·to·phe·le·an, Me·phis·to·phe·li·an** [ˌmefɪstəˈfiːljən; Am. a. məˌfɪstə-] adj mephistoˈphelisch, diaˈbolisch.

**me·phit·ic** [meˈfɪtɪk] adj bes. med. meˈphitisch, verpestet, giftig: ~ air Stickluft f. **meˈphi·tis** [-ˈfaɪtɪs] s faule Ausdünstung, Stickluft f.

**merc** [mɜːk; Am. mɜrk] colloq. für **mercenary** II.

**mer·can·tile** [ˈmɜːkəntaɪl; Am. ˈmɜr-; a. -tiːl] adj **1.** kaufmännisch, handeltreibend, Handels...: ~ agency a) Kreditauskunftei f, b) Handelsvertretung f; ~ credit Handelskredit m; ~ law Handelsrecht n; ~ paper Warenpapier n, -wechsel m. **2.** econ. hist. Merkantil...: ~ system → mercantilism 3.

**mer·can·til·ism** [ˈmɜːkəntɪlɪzəm; -taɪ-; Am. ˈmɜr-] s **1.** Handels-, Krämergeist m. **2.** kaufmännischer Unter⏐nehmergeist. **3.** econ. hist. Merkanti⏐lismus m, Merkan⏐til⏐sy⏐stem n. **'mer·can·til·ist** econ. hist. **I** s Merkanti⏐list m. **II** adj merkanti⏐listisch.

**mer·ce·nar·i·ly** [ˈmɜːsɪnərɪlɪ; Am. ˌmɜrsn̩ˈerəliː] adv um Lohn, für Geld, aus Gewinnsucht. **'mer·ce·nar·i·ness** s **1.** Käuflichkeit f. **'mer·ce·nar·y** [Am. -ˌeriː] **I** adj **1.** gedungen, Lohn...: ~ troops → 4 b. **2.** fig. käuflich. **3.** fig. Gewinn..., gewinnsüchtig, Geld...: ~ marriage Geldheirat f. **II** s **4.** mil. a) Söldner m, b) pl Söldnertruppen pl. **5.** contp. Mietling m.

**mer·cer** [ˈmɜːsə] s Br. Seiden- u. Tex⏐tilienhändler m. **mer·cer·i·za·tion** [ˌmɜːsəraɪˈzeɪʃn; Am. ˌmɜrsərəˈz-] s tech. Merzeri⏐sierung f. **'mer·cer·ize** v/t merzeri⏐sieren.

**mer·cer·y** [ˈmɜːsərɪ] s econ. Br. **1.** Seiden-, Schnittwaren pl. **2.** Seiden-, Schnittwarenhandel m od. -handlung f.

**mer·chan·dise** [ˈmɜːtʃəndaɪz; Am. ˈmɜr-] **I** s **1.** Waren pl, Handelsgüter pl: an article of ~ e-e Ware. **II** v/i **2.** Handel treiben, Waren vertreiben. **III** v/t **3.** Waren vertreiben. **4.** Werbung machen für e-e Ware, den Absatz e-r Ware (durch geeignete Mittel) zu steigern suchen. **'mer·chan·dis·ing** econ. **I** s **1.** Merchandising n, Ver⏐kaufspoli⏐tik f u. -förderung f (durch Marktforschung, Untersuchung der Verbrauchergewohnheiten, wirksame Gütergestaltung u. Werbung). **2.** Handel(sgeschäfte pl) m. **II** adj **3.** Handels...

**mer·chant** [ˈmɜːtʃənt; Am. ˈmɜr-] **I** s **1.** econ. (Groß)Kaufmann m, Handelsherr m, (Groß)Händler m: the ~s die Kaufmannschaft, die Handelskreise; ~'s clerk Handlungsgehilfe m; "The M~ of Venice" "Der Kaufmann von Venedig" (Drama von Shakespeare). **2.** econ. bes. Am. Ladenbesitzer m, Krämer m. **3.** ~ of

doom Br. sl. ,Unke' f. **4.** mar. obs. → merchantman. **II** adj **5.** econ. Handels..., Kaufmanns... **'mer·chant·a·ble** adj econ. **1.** zum Verkauf geeignet, marktgängig, -fähig. **2.** handelsüblich.

**mer·chant⏐ ad·ven·tur·er** pl **merchant(s) ad·ven·tur·ers** s econ. hist. **1.** kaufmännischer ⏐Überseespeku⏐lant. **2.** M~ A~s Titel e-r in England eingetragenen Handelsgesellschaft, die vom 14. bis 17. Jh. ein Monopol im Wollexport von England besaß. **~ bar** s tech. Stab-, Stangeneisen n. **~ fleet** s mar. Handelsflotte f. **'~·man** [-mən] s irr mar. Kauffahr⏐tei-, Handelsschiff n. **~ ma·rine, ~ na·vy** s mar. ⏐Handelsma⏐rine f. **~ prince** s econ. reicher Kaufherr, Handelsfürst m. **~ sea·man** s irr Ma⏐trose m der ⏐Handelsma⏐rine. **~ ser·vice** s mar. **1.** Handelsschiffahrt f. **2.** ⏐Handelsma⏐rine f. **~ ship** s Handelsschiff n. **~ tai·lor** s hist. (Herren)Schneider m (der im Stofflager hielt). **~ ven·tur·er** → merchant adventurer.

**mer·chet** [ˈmɜːtʃɪt; Am. ˈmɜr-] s jur. hist. Abgabe f des Hörigen an s-n Lehnsherrn (bei Verheiratung s-r Tochter).

**mer·ci·ful** [ˈmɜːsɪfʊl; Am. ˈmɜr-] adj (to) barm⏐herzig, mitleid(s)voll (gegen), gütig (gegen, zu), gnädig (dat). **'mer·ci·ful·ly** adv **1.** → merciful. **2.** glücklicherweise, Gott sei Dank. **'mer·ci·ful·ness** s Barm⏐herzigkeit f, Erbarmen n, Gnade f (Gottes). **'mer·ci·less** adj unbarmherzig, erbarmungs-, mitleid(s)los. **'mer·ci·less·ness** s Unbarmherzigkeit f, Erbarmungslosigkeit f.

**mer·cu·rate** [ˈmɜːkjʊreɪt; Am. ˈmɜr-] v/t chem. merku⏐rieren, mit Quecksilber (-salz) verbinden od. behandeln.

**mer·cu·ri·al** [mɜːˈkjʊərɪəl; Am. mɜr-] **I** adj (adv ~ly) **1.** fig. a) quecksilb(e)rig, quicklebendig, b) sprunghaft. **2.** med. Quecksilber...: ~ poisoning. **3.** chem. tech. quecksilberhaltig, -artig, Quecksilber... **4.** astr. dem (Einfluß des Planeten) Mer⏐kur unter⏐worfen. **5.** M~ myth. (den Gott) Mer⏐kur betreffend: M~ wand Merkurstab m. **II** s **6.** med. ⏐Quecksilberpräpa⏐rat n. **mer'cu·ri·al·ism** s med. Quecksilbervergiftung f. **mer'cu·ri·al·ize** v/t med. phot. mit Quecksilber behandeln.

**mer·cu·ric** [mɜːˈkjʊərɪk; Am. mɜr-] adj chem. Quecksilber..., Mercuri... ~ chlo·ride s chem. ⏐Quecksilberchlo⏐rid n. **~ ful·mi·nate** s chem. Knallquecksilber n.

**mer·cu·rous** [ˈmɜːkjʊrəs; Am. ˈmɜr-; a. mɜrˈkjʊərəs] adj chem. Quecksilber..., Mercuro...: ~ chloride Kalomel n.

**mer·cu·ry** [ˈmɜːkjʊrɪ; Am. ˈmɜr-] npr u. s **1.** M~ astr. u. myth. Mer⏐kur m. **2.** fig. Bote m. **3.** chem. med. Quecksilber n. **4.** tech. Quecksilber(säule f) n: the ~ is rising das Barometer steigt (a. fig.). **5.** bot. Bingelkraut n. **6.** → mercurial 6. **~ arc** s electr. Quecksilberlichtbogen m: ~ lamp Quecksilberdampflampe f. **~ chlo·ride** → mercuric chloride. **~ con·vert·er** s electr. Quecksilbergleichrichter m. **~ ful·mi·nate** → mercuric fulminate. **~ poi·son·ing** s med. Quecksilbervergiftung f. **~ pres·sure ga(u)ge** s phys. ⏐Quecksilbermano⏐meter n. **'~-va·po(u)r lamp** s phys. Quecksilberdampflampe f.

**mer·cy** [ˈmɜːsɪ; Am. ˈmɜrsiː] s **1.** Barm⏐herzigkeit f, Mitleid n, Erbarmen n, Gnade f: to be at the ~ of s.o. j-m auf Gedeih u. Verderb ausgeliefert sein; at the ~ of the waves den Wellen preisgegeben; to have (no) ~ on s.o. (kein) Mitleid od. Erbarmen mit j-m haben; Lord have ~ upon us! Herr, erbarme

Dich unser!; to be left to the tender mercies of s.o. iro. j-m in die Hände fallen; to show no ~ kein Erbarmen haben, keine Gnade walten lassen; his death was a ~ war e-e Erlösung; → throw on 2. **2.** (wahres) Glück, (wahrer) Segen, (wahre) Wohltat: it is a ~ he didn't come es ist ein wahres Glück, daß er nicht gekommen ist. **3.** jur. Am. Begnadigung f (e-s zum Tode Verurteilten) zu lebenslänglicher Zuchthausstrafe. **~ kill·ing** s Sterbehilfe f. **~ seat** s relig. **1.** Deckel m der Bundeslade. **2.** fig. Gottes Gnadenthron m.

**mere¹** [mɪə(r)] adj (adv → merely) **1.** bloß, nichts als, al⏐lein(ig), rein, völlig: a ~ excuse nur e-e Ausrede; ~ imagination bloße od. reine Einbildung; ~ nonsense purer Unsinn; a ~ trifle e-e bloße Kleinigkeit; he is no ~ craftsman, he is an artist er ist kein bloßer Handwerker, er ist ein Künstler; the ~st accident der reinste Zufall. **2.** jur. rein, bloß (ohne weitere Rechte): ~ right bloßes Eigentum(srecht).

**mere²** [mɪə] s Br. dial. od. obs. Teich m, Weiher m.

**mere³** [mɪə(r)] obs. **I** s Grenze f: ~ stone Markstein m. **II** v/t begrenzen.

**mere·ly** [ˈmɪə(r)lɪ] adv bloß, rein, nur, lediglich.

**meres·man** [ˈmɪəzmən] s irr Br. hist. Grenzabmesser m.

**mer·e·tri·cious** [ˌmerɪˈtrɪʃəs] adj (adv ~ly) **1.** obs. dirnenhaft, Dirnen... **2.** fig. unaufrichtig, falsch. **3.** fig. protzig (Schmuck etc), bom⏐bastisch (Stil etc).

**mer·gan·ser** [mɜːˈgænsə(r); Am. mɜr-] s orn. (bes. Gänse)Säger m.

**merge** [mɜːdʒ; Am. mɜrdʒ] **I** v/t **1.** (in) verschmelzen (mit), aufgehen lassen (in dat), vereinigen (mit), einverleiben (dat): to be ~d in etwas aufgehen. **2.** jur. tilgen, aufheben. **3.** econ. a) fusio⏐nieren, b) Aktien zs.-legen. **II** v/i **4.** (in) verschmelzen (mit), aufgehen (in dat), sich zs.-schließen (zu). **5.** zs.-laufen (Straßen). **6.** sich (in den Verkehr) einfädeln. **'mer·gence** s Aufgehen n (in in dat), Verschmelzung f (into mit). **'merg·er** s **1.** econ. jur. Fusi⏐on f (durch Aufnahme), Fusio⏐nierung f (von Gesellschaften), a. allg. Zs.-schluß m, Vereinigung f. **2.** econ. Zs.-legung f (von Aktien). **3.** econ. Verschmelzung(svertrag m) f, Aufgehen n (e-s Besitzes od. Vertrages in e-m anderen etc). **4.** jur. Konsumpti⏐on f (e-r Straftat durch e-e schwerere).

**me·rid·i·an** [məˈrɪdɪən] **I** adj **1.** mittägig, Mittags... **2.** astr. Kulminations..., Meridian...: ~ circle Meridiankreis m (a. Instrument); ~ transit Meridiandurchgang m (e-s Gestirns). **3.** fig. höchst(er, e, es). **II** s **4.** geogr. Meridi⏐an m, Längenkreis m: ~ of longitude Längenkreis; ~ of a place Ortsmeridian. **5.** poet. Mittag(szeit f) m. **6.** astr. Kulminati⏐onspunkt m. **7.** fig. a) Gipfel m, Ze⏐nit m, Höhepunkt m: the ~ of his career, b) Blüte(zeit) f. **8.** fig. geistiger Hori⏐zont.

**me·rid·i·o·nal** [məˈrɪdɪənl] **I** adj (adv ~ly) **1.** astr. meridio⏐nal, Meridian..., Mittags... **2.** südlich, südländisch. **II** s **3.** Südländer(in): ~ Südfran⏐zose m, ⏐Südfran⏐zösin f. **~ sec·tion** s math. Achsenschnitt m.

**me·ringue** [məˈræŋ] s Me⏐ringe f, Bai⏐ser n, Schaumgebäck n.

**me·ri·no** [məˈriːnəʊ] pl **-nos** s **1.** a. ~ sheep zo. Me⏐rinoschaf n. **2.** Me⏐rinowolle f. **3.** Me⏐rino m (Stoff).

**mer·is·mat·ic** [ˌmerɪzˈmætɪk; -rɪs-] adj: ~ process biol. Fortpflanzungsprozeß m durch Teilung (in Zellen).

**mer·i·stem** [ˈmerɪstem] s biol. Meri⏐stem n, Teilungsgewebe n.

**mer·it** [ˈmerɪt] **I** s **1.** Verdienst(lichkeit f) n: a man of ~ e-e verdiente Persönlichkeit; **according** to one's ~s nach Verdienst (belohnen etc); ~ **pay** econ. Bezahlung f nach Leistung, leistungsgerechte od. -bezogene Bezahlung; ~ **rating** econ. Leistungseinstufung f, -beurteilung f; ~ **system** pol. Am. auf Fähigkeit allein beruhendes Anstellungs- u. Beförderungssystem im öffentlichen Dienst. **2.** a) Wert m, b) Vorzug m: **work of** ~ bedeutendes Werk; **of artistic** ~ von künstlerischem Wert; **without** ~ a) wertlos, b) gehaltlos, nicht fundiert od. gültig, sachlich unbegründet; **the observation had some** ~ an der Beobachtung war etwas dran. **3. the** ~**s** pl jur. u. fig. die Hauptpunkte pl, die wesentlichen Gesichtspunkte pl, der sachliche Gehalt: **on its own** ~**s** aufs Wesentliche gesehen, an u. für sich betrachtet; **to consider a case on its** ~**s** jur. e-n Fall nach materiell-rechtlichen Gesichtspunkten od. aufgrund des vorliegenden Tatbestandes behandeln; **to discuss** s.th. **on its** ~**s** e-e Sache ihrem wesentlichen Inhalt nach besprechen; **to inquire into the** ~**s of a case** e-r Sache auf den Grund gehen. **II** v/t **4.** Lohn, Strafe etc verdienen. **ˈmer·it·ed** adj verdient. **ˈmer·it·ed·ly** adv verdientermaßen.

**ˈmer·it‚mon·ger** s obs. j-d, der sich auf s-e guten Werke beruft, um die Seligkeit zu erlangen.

**mer·i·toc·ra·cy** [ˌmerɪˈtɒkrəsɪ; Am. -ˈtɑ-] s **1.** (herrschende) Eˈlite. **2.** Leistungsgesellschaft f.

**mer·i·to·ri·ous** [ˌmerɪˈtɔːrɪəs; Am. a. -ˈtəʊ-] adj (adv ~**ly**) verdienstlich.

**mer·lin** [ˈmɜːlɪn; Am. ˈmɜr-] s orn. Merlin-, Zwergfalke m.

**mer·lon** [ˈmɜːlən; Am. ˈmɜr-] s mil. hist. Mauerzacke f, Schartenbacke f.

**mer·maid** [ˈmɜːmeɪd; Am. ˈmɜr-], a. ˈmer‚maid·en [-dn] s Meerjungfrau f, -weib n, Seejungfrau f, Nixe f.

**mer·man** [ˈmɜːmæn; Am. ˈmɜr-] s irr Wassergeist m, Nix m.

**mero-**[1] [merəʊ] Wortelement mit der Bedeutung Teil...

**mero-**[2] [mɪrəʊ] Wortelement mit der Bedeutung Schenkel..., Hüfte...

**me·ro·cele** [ˈmɪrəʊsiːl] s med. Schenkelbruch m.

**mer·o·gen·e·sis** [ˌmerəʊˈdʒenɪsɪs] s biol. Furchungsproˌzeß m (mehr Ei).

**me·rog·o·ny** [məˈrɒgənɪ; Am. -ˈrɑ-] s biol. Merogoˈnie f, Ei-Teilentwicklung f.

**Mer·o·vin·gi·an** [ˌmerəʊˈvɪndʒɪən] hist. **I** adj merowingisch. **II** s Merowinger m.

**mer·ri·ment** [ˈmerɪmənt] s **1.** Fröhlichkeit f, Lustigkeit f. **2.** Belustigung f, Lustbarkeit f, Spaß m.

**mer·ry** [ˈmerɪ] adj (adv merrily) **1.** lustig, heiter, fröhlich, fiˈdel: (**as**) ~ **as a lark** (od. **cricket**) kreuzfidel; **a** ~ **Christmas (to you)!** fröhliche Weihnachten!; **M**~ **England** das lustige, gemütliche (alte) England (bes. zur Zeit Elisabeths I.); **the M**~ **Monarch** volkstümliche Bezeichnung für Karl II. (1660–85); **to make** ~ lustig sein, (fröhlich) feiern (→ 2). **2.** spaßhaft, lustig: **to make** ~ **over** sich belustigen über (acc). **3.** colloq. beschwipst, angeheitert: **to get** ~ ‚sich e-n andudeln'. ~ **an·drew** s **1.** Hansˈwurst m, Spaßmacher m. **2.** hist. Gehilfe m e-s Quacksalbers (auf Jahrmärkten). ~ **danc·ers** s pl phys. Scot. Nordlicht n. **'~-go-‚round** s **1.** Karusˈsell n. **2.** fig. Wirbel m, ‚Hetzjagd' f. **'~‚mak·ing** s **1.** Belustigung f, Lustbarkeit f. **2.** Gelage n, Fest n. **'~‚thought** s bes. Br. Gabel-, Brustbein n (e-s Huhns etc).

---

**me·sa** [ˈmeɪsə] s geogr. Tafelland n.

**mé·sal·li·ance** [meˈzælɪəns; Am. ˌmeɪˌzælˈjɑːns] s Mesalliˈance f, nicht standesgemäße Ehe.

**me·sa oak** s bot. Am. Tischeiche f.

**mesc** [mesk] bes. Am. colloq. für **mescaline**.

**mes·cal** [meˈskæl] s **1.** bot. Peyˈote-Kaktus m. **2.** bot. ˈMescal-Aˌgave f. **3.** Mesˈkal m (Agavenbranntwein). **mes·ca·line** [ˈmeskəliːn; -lɪn], a. **mes·ca·lin** [-lɪn] s chem. Meskaˈlin n (Rauschgift).

**mes·dames** [ˈmeɪdæm; Am. meɪˈdɑːm; -ˈdæm] pl von **madam**.

**me·seems** [mɪˈsiːmz] v/impers obs. od. poet. mich dünkt.

**mes·en·ce·phal·ic** [ˌmesˌenkəˈfælɪk; bes. Am. -ˌensɪˈf-; ˌmez-] adj anat. Mittelhirn... **mes·en·ceph·a·lon** [-ˈsefəlɒn; Am. -ˌlɑn] s Mittelhirn n.

**mes·en·chyme** [ˈmeseŋkaɪm; Am. a. ˈmez-] s biol. Mesenˈchym n (embryonales Bindegewebe).

**mes·en·ter·ic** [ˌmesənˈterɪk; ˌmez-] adj anat. mesenteriˈal: ~ **artery** Gekrösearterie f. **mes·en·ter·y** [ˈmesəntərɪ; ˈmez-; ˌ-terɪ] s anat. Gekröse n.

**mesh** [meʃ] **I** s **1.** Masche f (e-s Netzes, Siebs etc). **2.** pl Netzwerk n, Geflecht n. **3.** tech. Maschenweite f. **4.** meist pl fig. Netz n, Schlingen pl: **to be caught in the** ~**es of the law** sich in den Schlingen des Gesetzes verfangen (haben). **5.** tech. Ineinˈandergreifen n, Eingriff m (von Zahnrädern): **to be in** ~ im Eingriff sein. **6.** → **mesh connection.** **II** v/t **7.** in e-m Netz fangen, verwickeln. **8.** tech. Zahnräder in Eingriff bringen, einrücken. **9.** fig. umˈgarnen, im Netz fangen. **10.** fig. eng zs.-schließen, (miteinˈander) verzahnen. **III** v/i **11.** tech. ein-, ineinˈandergreifen (Zahnräder; a. fig.). **12.** fig. a) miteinˈander verzahnt sein, b) sich (eng) verbinden (**with** mit). ~ **con·nec·tion** s electr. Vieleck-, bes. Delta- od. Dreieckschaltung f.

**meshed** [meʃt] adj netzartig, maschig: **close-**~ engmaschig.

**mesh stock·ing** s Netzstrumpf m.

**me·shu·ga** [mɪˈʃʊgə] adj meˈschugge.

**mesh|volt·age** s electr. verkettete Spannung, bes. Delta- od. Dreieckspannung f. **'~·work** s Maschen pl, Netzwerk n.

**me·si·al** [ˈmiːzjəl; -ɪəl] adj (adv ~**ly**) **1.** in der Mittelebene (des Körpers etc) gelegen. **2.** Zahnmedizin: mesiˈal.

**mes·mer·ic** [mezˈmerɪk; mes-] adj; **mes·mer·i·cal** [-kl] adj (adv ~**ly**) **1.** med. hist. mesmerisch, ˈheilmaˌgnetisch. **2.** fig. ˈunwiderˌstehlich, fasziˈnierend. **'mes·mer·ism** [-mərɪzəm] s med. hist. Mesmeˈrismus m, aniˈmalischer od. tieˈrischer Magneˈtismus. **'mes·mer·ist** s med. hist. **1.** ˈHeilmagneˌtiseur m. **2.** Mesmeriˈaner(in) (Anhänger des Mesmerismus). **'mes·mer·ize** v/t **1.** med. hist. ˈheilmagneˌtisieren, mesmeriˈsieren. **2.** fig. fasziˈnieren, ~**d** fasziniert, gebannt, wie hypnotisiert.

**mesne** [miːn] adj jur. Zwischen..., Mittel...: ~ **lord** Afterlehnsherr m. ~ **in·ter·est** s jur. Zwischenzins m. ~ **pro·cess** s jur. **1.** Verfahren zur Erwirkung e-r Verhaftung (wegen Fluchtgefahr). **2.** während der Verhandlung e-r Rechtssache entstehender Nebenproˌzeß m. ~ **prof·its** s pl jur. inˈzwischen bezogene Erträgnisse pl (e-s unrechtmäßigen Landbesitzers).

**meso-** [mesəʊ; -z-; -ə] Wortelement mit der Bedeutung Zwischen..., Mittel...

**'mes·o·blast** [-blæst] s → **mesoderm.**

**'mes·o·carp** [-kɑː(r)p] s bot. Mesoˈkarp n, mittlere Fruchthaut.

**'mes·o·derm** s biol. med. Mesoˈblast n, Mesoˈderm n (mittleres Keimblatt des menschlichen u. tierischen Embryos).

---

**'mes·o·labe** [-leɪb] s math. Mesoˈlabium n (Instrument).

**ˌmes·o·ˈlith·ic** adj geol. mesoˈlithisch, mittelsteinzeitlich.

**me·sol·o·gy** [meˈsɒlədʒɪ; Am. -ˈsɑ-] s biol. Mesoloˈgie f, Umweltlehre f.

**ˌmes·oˈmor·phic** adj med. mesoˈmorph. **'mes·o‚mor·phy** s med. Mesomorˈphie f (Konstitution e-s Menschentypus von muskulöser, knochiger Gestalt).

**mes·on** [ˈmiːzɒn; Am. ˈmezˌɑn] s phys. Meson n, Mesoˈtron n (Elementarteilchen, dessen Masse geringer ist als die e-s Protons, jedoch größer als die e-s Leptons).

**'mes·o·phyl(l)** [-fɪl] s bot. Mesoˈphyll n, Mittelblatt n. **'mes·o·phyte** [-faɪt] s bot. Mesoˈphyt m (Pflanze mit mittlerem Wasseranspruch). **'mes·o·plast** [-plæst] s biol. Zellkern m, Sameneikern m.

**Mes·o·po·ta·mi·an** [ˌmesəpəˈteɪmjən; -mɪən] adj mesopoˈtamisch.

**'mes·o·scale** adj mittlerer Größe od. Höhe, mittleren ˈUmfangs.

**'mes·o‚sphere** s meteor. Mesoˈsphäre f.

**ˌmes·oˈster·nal** adj anat. Mittelbrustbein...

**ˌmes·oˈtho·rax** s Mittelbrustring m (der Insekten).

**Mes·o·zo·ic** [ˌmesəʊˈzəʊɪk] geol. **I** adj mesoˈzoisch. **II** s Mesoˈzoikum n.

**mes·quite** [meˈskiːt; ˈmeskiːt] s bot. **1.** Süßhülsenbaum m, Mesˈquitbaum m. **2.** a) Gramagras n, b) Buffalogras n.

**mess** [mes] **I** s **1.** obs. Gericht n: ~ **of pottage** Bibl. Linsengericht (des Esau). **2.** (Portiˈon f) Viehfutter n. **3.** Messe f: a) mil. ~ **mess hall**, b) mil. Messegesellschaft f, c) mar. Back(mannschaft) f: ~ **council** Messevorstand m; **captain of a** ~ Backsmeister m; **cooks of the** ~ Backschaft f; **officers'** ~ Offiziersmesse, -kasino n. **4.** a) Unordnung f, Schmutz m, ‚Schweineˈrei' f, b) ˈMischmasch m, Manscheˈrei f, c) fig. Durcheinˈander n, d) ‚Schlaˈmassel' m, ‚böse Geschichte', e) ‚Patsche', ‚Klemme' f: **in a** ~ schmutzig, verwahrlost, in Unordnung, ‚schön' aussehend, fig. in e-m schlimmen Zustand, verfahren, ‚in der Klemme'; **to make a** ~ Schmutz od. e-e ‚Schweinerei' machen; **to make a** ~ **of** → 6; **you made a nice** ~ **of it** du hast was Schönes angerichtet; **he was a** ~ er sah gräßlich aus, fig. er war völlig verkommen od. verwahrlost; **a pretty** ~! e-e ‚schöne' Geschichte!; → **matter 4. II** v/t **5.** j-n verpflegen od. beköstigen. **6.** a) ~ **up** a) beschmutzen, übel zurichten, b) in Unordnung od. Verwirrung bringen, c) fig. verpfuschen, ‚versauen'. **III** v/i **7.** a) (an e-m gemeinsamen Tisch) essen (**with** mit), b) mar. mil. in der Messe essen: **to** ~ **together** mar. zu ˈeiner Back gehören. **8.** manschen, panschen (**in** dat). **9.** ~ **with** sich einmischen in (acc). **10.** ~ **about**, ~ **around** a) herˈummurksen, (-)pfuschen, b) sich herˈumtreiben, c) sich einlassen (**with** mit e-r Frau etc).

**mes·sage** [ˈmesɪdʒ] **I** s **1.** Botschaft f (**to** an acc): **can I take a** ~? kann ich etwas ausrichten?; ~ **presidential 1. 2.** Mitteilung f, Bescheid m: **to send a** ~ **to** s.o. j-m e-e Mitteilung zukommen lassen; **telephone** ~ fernˈmündliche Mitteilung, telephonische Nachricht; **he got the** ~ colloq. er hat kapiert; ~ **unit** teleph. Am. Gebühren-, Gesprächseinheit f; ~ **radio message, wireless 1. 3.** a) Bibl. Botschaft f, Verkündigung f, b) relig. Am. Predigt f. **4.** fig. Botschaft f, Anliegen n, Aussage f (e-s Dichters etc). **5.** physiol. Imˈpuls m, Siˈgnal n. **II** v/t **6.** melden, mitteilen, senden.

**mes·sen·ger** [ˈmesɪndʒə(r)] s **1.** (Post-,

Eil)Bote *m*: **by** ~ durch Boten; → ex-
**press** 7. **2.** (Kabi'netts)Ku‚rier *m*:
King's ~, Queen's ~ königlicher Kurier.
**3.** *mil.* Melder *m*, *hist.* Ku'rier *m*. **4.** *fig.*
(Vor)Bote *m*, Verkünder *m*. **5.** *pl Br. dial.*
kleine Einzelwolken *pl.* **6.** *mar.* a) Anhol-
tau *n*, b) Ankerkette *f*, Kabelar *n*. **7.**
‚A'postel' *m* (*beim Drachensteigenlassen
etc*). **~ boy** *s* Laufbursche *m*, Botenjunge
*m*. **~ ca·ble** *s* *electr.* Aufhänge-, Füh-
rungs-, Tragkabel *n*. **~ dog** *s* Meldehund
*m*. **~ pi·geon** *s* Brieftaube *f*. **~ wheel** *s*
*tech.* Treibrad *n*.
**mess∣ gear** → mess kit 1. **~ hall** *s mar.
mil.* Messe *f*, Ka'sino(raum *m*) *n*, Speise-
saal *m*.
**Mes·si·ah** [mɪ'saɪə] *s Bibl.* Mes'sias *m*,
Erlöser *m*. **Mes·si·an·ic** [‚mesɪ'ænɪk]
*adj* messi'anisch.
**mess∣ jack·et** *s mar. mil.* kurze Uni-
'formjacke, „Affenjäckchen' *n*. **~ kit** *s*
*mar. mil.* **1.** Koch-, Eßgeschirr *n*,Eßgerät
*n*. **2.** *Br.* Uni'form *f* für gesellschaftliche
Anlässe. **'~mate** *s* **1.** *mar. mil.* 'Tisch-,
'Meßgenosse *m*, -kame‚rad *m*. **2.** ~
**commensal** **3.** *bot.* (*ein*) Euka'lyptusbaum
*m*. **~ pork** *s Am.* gepökeltes Schweine-
fleisch. **'~room** *s* → mess hall.
**Messrs.** ['mesə(r)z] *s pl* **1.** (*die*) Herren *pl*
(*vor mehreren Namen bei Aufzählung*). **2.**
*econ.* Firma *f*, *abbr.* Fa.
**mess∣ ser·geant** *s mil.* 'Küchen‚unter-
offi‚zier *m*. **~ stew·ard** *s mar. mil.* 'Mes-
seordon‚nanz *f*. **'~tin** *s mar. mil. bes. Br.*
Koch-, Eßgeschirr *n*.
**mes·suage** ['meswɪdʒ] *s jur.* Wohnhaus
*n* (*meist mit dazugehörigen Ländereien*),
Anwesen *n*.
**'mess-up** *s colloq.* → mix-up 1.
**mess·y** ['mesɪ] *adj* **1.** unordentlich,
schlampig. **2.** unsauber, schmutzig (*a.
fig.*). **3.** *fig.* unangenehm, „vertrackt'.
**mes·ti·zo** [me'sti:zəʊ] *pl* **-zos, -zoes** *s*
**1.** Me'stize *m*. **2.** *allg.* Mischling *m*.
**met** [met] *pret u. pp von* meet.
**met-** [met], **meta-** [metə] Vorsilbe *mit
den Bedeutungen* a) mit, b) nach, c) höher,
d) *med.* hinten, e) *biol. chem.* Meta...,
meta..., f) Verwandlungs...
**met·a·bol·ic** [‚metə'bɒlɪk; *Am.* -'bɑ-] *adj*
**1.** *biol. physiol.* meta'bolisch, Stoffwech-
sel... **2.** sich verwandelnd. **met·ab·o-
lism** [me'tæbəlɪzəm] *s* **1.** *biol.* Metabo-
'lismus *m* (*a. chem.*), Verwandlung *f*,
Formveränderung *f*. **2.** *physiol.*, *a. bot.*
Stoffwechsel *m*: general ~, total ~ Ge-
samtstoffwechsel; → basal metabo-
lism. **me'tab·o·lite** [-laɪt] *s physiol.*
Metabo'lit *m*. **me'tab·o·lize** [-laɪz] *v/t
biol. chem.* 'umwandeln.
**met·a·car·pal** *anat.* **I** *adj* Mittelhand...
**II** *s* Mittelhandknochen *m*. **met·a-
**car·pus** *pl* **-pi** [-paɪ] *s zo.* **1.** Mittel-
hand *f*. **2.** Vordermittelfuß *m*.
**'met·a‚cen·ter**, *bes. Br.* **'met·a‚cen-
tre** *s* **1.** *mar. phys.* Meta'zentrum *n*.
**2.** *mar.* Schwankpunkt *m*.
**‚met·a'chem·is·try** **1.** *philos.* meta-
'physische Che'mie. **2.** *chem.* 'subato-
‚mare Che'mie, 'Kernche‚mie *f*. **3.** *Zweig
der Chemie, der sich mit spezifischen
Eigenschaften der Atome u. Moleküle be-
faßt.*
**met·a·chro·nism** [me'tækrənɪzəm] *s*
Metachro'nismus *m* (*Zuweisung in e-e
spätere Zeit*).
**‚met·a'chro·sis** [-'krəʊsɪs] *s* Farben-
wechsel *m* (*z. B. beim Chamäleon*).
**‚met·a'cy·clic** *adj math. phys.* meta'zy-
klisch.
**met·age** ['mi:tɪdʒ] *s* **1.** amtliches Messen
(*des Inhalts od. Gewichts von Kohlen etc*).
**2.** Meß-, Waagegeld *n*.
**‚met·a'gen·e·sis** *s biol.* Metage'nese *f*
(*Generationswechsel*).

**‚met·a'grob·o·lize** [-'grɒbəlaɪz; *Am.*
-'grɑ-] *v/t humor.* verwirren.
**‚met·a·ki'ne·sis** [-kaɪ'ni:sɪs; -kɪ-] *s biol.*
Metaki'nese *f*.
**met·al** ['metl] **I** *s* **1.** *chem. min.* Me'tall *n*.
**2.** *tech.* a) 'Nichteisenme‚tall *n*, b) Me'tall-
Le‚gierung *f*, *bes.* 'Typen-, Ge'schütz-
me‚tall *n*, c) 'Gußme‚tall *n*: brittle ~, red
~ Rotguß *m*, Tombak *m*; fine ~ Weiß-,
Feinmetall; gray (*bes. Br.* grey) ~ graues
Gußeisen; rolled ~ Walzblech *n*. **3.** *tech.*
a) (Me'tall)König *m*, Regulus *m*, Korn *n*,
b) Lech *m*, (Kupfer)Stein *m*: ~ of lead
Bleistein. **4.** *Bergbau:* Schieferton *m*.
**5.** *tech.* (flüssige) Glasmasse. **6.** *mar.*
(*Zahl der*) Geschütze *pl*. **7.** *pl Br.* (Eisen-
bahn)Schienen *pl*, G(e)leise *pl*: the train
ran off (*od.* left, jumped) the ~s der Zug
sprang aus den Schienen *od.* entgleiste.
**8.** *her.* Me'tall *n* (Gold- u. Silberfarbe).
**9.** *Straßenbau:* **Br.** Beschotterung *f*,
Schotter *m*. **10.** *fig.* Mut *m*. **11.** *fig.* Mate-
ri'al *n*, Stoff *m*. **II** *v/t pret u. pp* **-aled**,
*bes. Br.* **-alled 12.** mit Me'tall bedecken
*od.* versehen. **13.** *Straßenbau:* **Br.** be-
schottern. **III** *adj* **14.** Metall..., me'tallen,
aus Me'tall (angefertigt). **~ age** *s meist*
**M~ A~** *hist.* Bronze- u. Eisenzeitalter *n*.
**'met·a‚lan·guage** *s* Metasprache *f*.
**met·al∣ arc** *s tech.* Me'tall-Lichtbogen
*m*: ~ welding Lichtbogenschweißen *n*
mit Me'tallelektrode. **'~-clad** *adj tech.*
**1.** me'tallplat‚tiert. **2.** *bes. electr.* blech-
gekapselt. **'~-coat** *v/t* mit Me'tall über-
'ziehen, metalli'sieren. **'~-craft** *s* Me-
'tallorna‚mentik *f*. **~ cut·ting** *s tech.*
spanabhebende *od.* zerspanende Me'tall-
bearbeitung.
**met·aled**, *bes. Br.* **met·alled** ['metld]
*adj* Straßenbau: **Br.** Schotter...
**met·a·lep·sis** [‚metə'lepsɪs] *s Rhetorik:*
Meta'lepsis *f* (*Vertauschung des Vorher-
gehenden mit dem Nachfolgenden*).
**met·al∣ fa·tigue** *s tech.* Me'tallermü-
dung *f*. **~ form·ing** *s tech.* spanlose
Me'tallbearbeitung. **~ found·er** *s* Me-
'tallgießer *m*. **~ ga(u)ge** *s* Blechlehre *f*.
**‚met·a·lin'guis·tics** *s pl (als sg kon-
struiert)* 'Metalin‚guistik *f* (*Zweig der Lin-
guistik, der die Wechselbeziehung zwi-
schen der Sprache u. den anderen Kultur-
systemen analysiert*).
**met·al·ize**, *bes. Br.* **met·al·lize** ['met-
laɪz] *v/t tech.* metalli'sieren.
**me·tal·lic** [mɪ'tælɪk] *adj* (*adv* ~ally)
**1.** metallen, me'tallisch, Metall...: ~ cov-
er a) *tech.* Metallüberzug *m*, b) *econ.*
Metalldeckung *f*; ~ currency *econ.* Me-
tallwährung *f*, Hartgeld *n*. **2.** me'tallisch
(glänzend *od.* klingend): ~ voice; ~ bee-
tle Prachtkäfer *m*. **3.** → metalliferous.
**4.** *fig.* kalt u. hart: ~ woman. **~ ox·ide** *s*
*chem.* Me'tallo‚xyd *n*. **~ pa·per** *s tech.*
**1.** 'Kreidepa‚pier *n* (*auf dem mit Metall-
stift geschrieben werden kann*). **2.** Me'tall-
pa‚pier *n*. **~ soap** *s* Me'tallseife *f*.
**met·al·lif·er·ous** [‚metə'lɪfərəs] *adj*
me'tallführend, -reich. **met·al·line**
['metəlaɪn; -lɪn] *adj* **1.** me'tallisch.
**2.** me'tallhaltig.
**met·al·lize** *bes. Br. für* metalize.
**met·al·lo·chrome** [me'tæləʊkrəʊm],
**me'tal·lo‚chro·my** *s tech.* chemisch
erzeugte Me'tall(oberflächen)färbung.
**met·al·log·ra·phy** [‚metə'lɒgrəfɪ; *Am.*
‚metl'ɑg-] *s* Me‚tallogra'phie *f*: a) Wissen-
schaft *f* von den Me'tallen, b) Verzierung
*f* von Me'tallen durch Aufdruck, c)
Druck *m* mittels Me'tallplatten.
**met·al·loid** ['metələɪd] **I** *adj* metallo-
'idisch, me'tallartig. **II** *s chem.* Metal-
lo'id *n*, 'Nichtme‚tall *n*. **met·al'loi·dal**
→ metalloid I.
**me·tal·lo·phone** [me'tæləfəʊn] *s mus.*
Metallo'phon *n*.

**met·al·lur·gic** [‚metə'lɜ:dʒɪk; *Am.*
‚metl'ɜr-]; **met·al'lur·gi·cal** [-kl] *adj*
metall'urgisch, Hütten... **met·al·lur-
gist** [me'tælədʒɪst; *Am.* 'metl‚ɜrdʒəst] *s*
Metall'urg(e) *m*. **met·al·lur·gy**
[me'tælədʒɪ; *Am.* 'metl‚ɜrdʒi:] *s* Metall-
ur'gie *f*, Hüttenkunde *f*, -wesen *n*.
**met·al'log·ic** *s philos.* **1.** Metaphy'sik *f*
der Logik. **2.** Pseudologik *f*.
**'met·al‚plat·ing** *s tech.* (*bes.* E'lek-
tro)Plat'tierung *f*. **'~-‚pro·cess·ing** *adj
tech.* me'tallverarbeitend (*Industrie etc*).
**'~ware** *s econ.* Me'tallwaren *pl*. **'~‚work·er** *s* Me'tallbearbeiter *m*, -verar-
beiter *m*. **'~‚work·ing** **I** *s* Me'tallbe-
arbeitung *f*, -verarbeitung *f*. **II** *adj* me'tall-
verarbeitend: ~ industry.
**'met·a‚math·e'mat·ics** *s pl* (*als sg
konstruiert*) 'Metamathema‚tik *f*.
**met·a·mer** ['metəmə(r)] *s chem.* meta-
'mere Verbindung.
**met·a·mere** ['metəmɪə(r)] *s zo.* (*sekun-
'däres 'Ur*)Seg‚ment, Folgestück *n*. **met-
a'mer·ic** [-'merɪk] *adj chem. zo.* meta-
'mer.
**met·a·mor·phic** [‚metəmɔ:(r)fɪk] *adj*
**1.** *geol.* meta'morph. **2.** *biol.* gestalt-
verändernd. **‚met·a'mor·phism** *s*
**1.** *geol.* Metamor'phismus *m*. **2.** Meta-
mor'phose *f*.
**met·a·mor·phose** [‚metəmɔ:(r)fəʊz] **I**
*v/t* **1.** (to, into) 'umgestalten (zu),
verwandeln (in *acc*). **2.** verzaubern, -wan-
deln (to, into in *acc*). **3.** metamorphi-
'sieren, 'umbilden. **II** *v/i* **4.** *zo.* sich ver-
wandeln.
**met·a·mor·pho·sis** [‚metə'mɔ:(r)fəsɪs]
*pl* **-ses** [-si:z] *s* Metamor'phose *f* (*a. biol.
physiol.*), Ver-, 'Umwandlung *f*. **'met-
a‚mor'phot·ic** [-‚mɔ:(r)'fɒtɪk; *Am.*
-'fɑ-] *adj* metamor'photisch.
**'met·a‚phase** *s biol.* Meta'phase *f*, zwei-
te Kernteilungsphase.
**met·a·phor** ['metəfə(r); *Am. bes.* -‚fɔ:r] *s*
Me'tapher *f*, bildlicher Ausdruck. **‚met-
a'phor·ic** [-'fɒrɪk; *Am. a.* -'fɑ-] *adj*;
**‚met·a'phor·i·cal** *adj* (*adv* ~ly) meta-
'phorisch, bildlich. **'met·a·phor·ist**
[-fərɪst; *Am. a.* -‚fɔ:rəst] *s* Meta'phori-
ker(in).
**‚met·a'phos·phate** *s chem.* meta'phos-
phorsaures Salz, Metaphos'phat *n*.
**'met·a‚phrase** *s* **1.** Meta'phrase *f*,
wörtliche Über'setzung. **II** *v/t* **2.** wört-
lich über'setzen. **3.** *Text* a) abändern, b)
verfälschen.
**‚met·a'phys·i·cal** *adj* (*adv* ~ly) **1.** *philos.*
meta'physisch. **2.** 'übersinnlich. **‚met-
a·phy'si·cian** *s philos.* Meta'physiker
*m*. **‚met·a'phys·ics** *s pl* (*als sg kon-
struiert*) *philos.* Metaphy'sik *f*.
**met·a·plasm** ['metəplæzəm] *s* **1.** *ling.*
Meta'plasmus *m*, 'Wortveränderung *f*,
-‚umbildung *f*. **2.** *biol.* Meta'plasma *n*.
**'met·a·plast** [-plæst] *s ling.* 'umgebil-
deter Wortstamm.
**‚met·a'pol·i·tics** *s pl* (*als sg konstruiert*)
oft contp. po'litische Theo'rie.
**‚met·a·psy'chol·o·gy** **1.** Metapsy-
cholo'gie *f*. **2.** Parapsycholo'gie *f*.
**me·tas·ta·sis** [mɪ'tæstəsɪs] *pl* **-ses**
[-si:z] *s* **1.** *med.* a) Meta'stase *f*, Tochter-
geschwulst *f*, b) Meta'stasenbildung *f*.
**2.** *biol.* Sub'stanz-, Stoffwechsel *m*.
**3.** *geol.* Verwandlung *f* e-r Gesteinsart.
**me'tas·ta·size** *v/i med.* metasta'sieren,
Tochtergeschwülste bilden.
**‚met·a'tar·sal** *anat.* **I** *adj* metatar'sal,
Mittelfuß... **II** *s* Mittelfußknochen *m*.
**‚met·a'tar·sus** *pl* **-si** [-saɪ] *s anat. zo.*
Mittelfuß *m*.
**me·tath·e·sis** [me'tæθəsɪs] *pl* **-ses**
[-si:z] *s* Meta'these *f*: a) *ling.* 'Umstellung
*f*, Lautversetzung *f*, b) *biol.* Radi'kalaus-
tausch *m*.

**met·a·'tho·rax** *s* zo. hinterer Brustteil (*der Insekten*).

**mé·ta·yage** [ˌmetəˈjaːʒ] *s* agr. Halbpacht *f*.

**met·a·zo·an** [ˌmetəˈzəʊən] zo. **I** *adj* metaˈzoisch, vielzellig. **II** *s* Vielzeller *m*.

**mete** [miːt] **I** *v/t* **1.** *poet.* (ab-, aus-, ˈdurch)messen. **2.** *meist* ~ out *a.* e-e *Strafe* zumessen (to dat). **3.** *fig.* ermessen. **II** *s meist pl* **4.** Grenze *f:* to know one's ~s and bounds *fig.* s-e Grenzen kennen, Maß u. Ziel kennen.

**met·em·pir·ic** [ˌmetemˈpɪrɪk], **met·em·ˈpir·i·cal** *adj* (*adv* ~ly) *philos.* transzendenˈtal, jenseits der Erfahrung liegend. **ˌmet·em·ˈpir·i·cism** [-sɪzəm] *s* **1.** transzendenˈtale Ideaˈlismus. **2.** transzendenˈtale Philoˈsophie.

**me·tem·psy·cho·sis** [ˌmetempsɪˈkəʊsɪs; meˌtem-] *pl* -ses [-siːz] *s* Seelenwanderung *f*, Metempsyˈchose *f*.

**met·en·ce·phal·ic** [ˈmetˌenkəˈfælɪk; *bes. Am.* --ˌensɪ-] *adj anat.* Hinterhirn... **ˌmet·en·ˈceph·a·lon** [-ˈsefəlɒn; *Am.* -ˌlɑn] *pl* -la [-lə] *s* Metenˈzephalon *n*, ˈHinterhirn *n*.

**me·te·or** [ˈmiːtjə(r); -ɪə(r)] *s astr.* a) Meteˈor *m* (*a. fig.*), b) Sternschnuppe *f*, c) ˈFeuerkugel *f*, -meteˌor *m*: ~ dust kosmischer Staub; ~ steel *tech.* Meteorstahl *m*; ~ system Meteorschwarm *m*.

**me·te·or·ic** [ˌmiːtɪˈɒrɪk; *Am. a.* -ˈɑ-] *adj* **1.** *astr.* meteˈorisch, Meteor...: ~ iron Meteoreisen *n*; ~ shower Meteoritenschauer *m*, Steinregen *m*. **2.** *fig.* meteˈorhaft: a) glänzend: ~ fame, b) koˈmetenhaft: his ~ rise to power.

**me·te·or·ite** [ˈmiːtjəraɪt; -ɪə-] *s astr.* Meteoˈrit *m*, Meteˈorstein *m*.

**me·te·or·o·graph** [ˈmiːtjərəgraːf; *Am.* ˌmiːtɪˈɔːrəˌgræf; -ˈɑrə-] *s* Meteoroˈgraph *m*. **ˌme·te·or·o·ˈgraph·ic** [-ˈgræfɪk] *adj* meteoroˈgraphisch.

**me·te·or·o·log·ic** [ˈmiːtjərəˈlɒdʒɪk; -tɪə-; *Am.* -ˈlɑ-] *adj* (*adv* ~ally) → **meteorological**: ~ message *mil.* Barbarameldung *f*. **ˌme·te·or·o·ˈlog·i·cal** [-kl] *adj* (*adv* ~ly) *phys.* meteoroˈlogisch, Wetter..., Luft...: ~ conditions Witterungsverhältnisse; ~ observation Wetterbeobachtung *f*; ~ office Wetteramt *n*; ~ satellite Wettersatellit *m*.

**me·te·or·ol·o·gist** [ˌmiːtjəˈrɒlədʒɪst; -tɪə-; *Am.* -ˈrɑ-] *s phys.* Meteoroˈloge *m*. **ˌme·te·or·ˈol·o·gy** [-dʒɪ] *s phys.* **1.** Meteoroloˈgie *f*, Wetterkunde *f*. **2.** meteoroˈlogische Verhältnisse *pl* (*e-r Gegend*).

**me·ter¹** [*bes. Br.* **me·tre** [ˈmiːtə(r)] *s* **1.** Meter *m*, *n* (*Maß*). **2.** *metr.* Metrum *n*, Versmaß *n*. **3.** *mus.* a) Zeit-, Taktmaß *n*, b) Periˈodik *f*.

**me·ter²** [ˈmiːtə(r)] **I** *s* **1.** (*meist in Zssgn*) j-d, der mißt; Messende(r *m*) *f*. **2.** *tech.* Messer *m*, ˈMeßinstruˌment *n*, Zähler *m*: ~ board Zählertafel *f*; ~ candle *phys.* Meterkerze *f*, Lux *n*. **3.** *mail* a) Freistempler *m*, b) *a.* ~ impression Freistempel *m*. **II** *v/t* **4.** (*mit e-m Meßinstrument*) messen: ~ to **out** abgeben, dosieren; ~ing pump *tech.* Meßpumpe *f*. **5.** *Post* freistempeln.

**ˈme·ter-ˈkil·o·gram-ˈsec·ond sys·tem** *s* ˈMeter-Kiloˈgramm-Seˈkunden-Syˌstem *n*.

**me·ter maid** *s colloq.* Poliˈtesse *f*.

**meth·ac·ry·late** [meˈθækrɪleɪt] *s chem.* Methacryˈlat *n*. ~ **res·in**, *a.* ~ **plas·tic** *s chem.* Methaˈcrylharz *n* (*Kunststoff*).

**met·hae·mo·glo·bin** → **methemoglobin**.

**meth·ane** [ˈmiːθeɪn; *Am.* ˈme-] *s chem.* Meˈthan *n*, Sumpf-, Grubengas *n*.

**meth·a·nol** [ˈmeθənɒl; *Am. a.* -ˌnəʊl] *s chem.* Methaˈnol *n*.

---

**met·he·mo·glo·bin** [ˌmetˌhiːməʊˈgləʊbɪn] *s biol.* Methämogloˈbin *n*.

**meth·ene** [ˈmeθiːn] *s chem.* Methyˈlen *n*.

**me·thinks** [mɪˈθɪŋks] *pret* **me·ˈthought** [-ˈθɔːt] *v/impers obs. od. poet.* mich dünkt.

**meth·od** [ˈmeθəd] *s* **1.** Meˈthode *f* (*a. math.*), Verfahren *n* (*a. chem. tech.*): ~ of doing s.th. Art *f* u. Weise *f*, etwas zu tun; by a ~ nach e-r Methode; ~ of measuring Meßverfahren *n*; business ~s Geschäftsmethoden; differential ~ *math.* Differentialmethode; ~ of compensation *math.* Ausgleichungsrechnung *f*; ~ of payment Zahlungsweise *f*; ~ of financing Finanzierungsart *f*; ~ of operation a) Verfahrensweise *f*, Arbeitsmethode *f*, b) ˌHandschriftˈ *f* (*e-s Täters*). **2.** ˈLehrmeˌthode *f*. **3.** Syˈstem *n*. **4.** *philos.* (logische) ˈDenkmeˌthode. **5.** Meˈthode *f*, Planmäßigkeit *f*: to work with ~ methodisch arbeiten; there is ~ in his madness sein Wahnsinn hat Methode (*was er tut, ist nicht so verrückt, wie es aussieht*); there is ~ in all this da ist System drin.

**me·thod·ic** [mɪˈθɒdɪk; *Am.* -ˈθɑ-] *adj*, **me·ˈthod·i·cal** *adj* (*adv* ~ly) **1.** meˈthodisch, planmäßig, systeˈmatisch. **2.** überˈlegt.

**meth·od·ism** [ˈmeθədɪzəm] *s* **1.** meˈthodisches Verfahren. **2.** M~ *relig.* Meˈthodismus *m*. **ˈmeth·od·ist I** *s* **1.** Meˈthodiker(in). **2.** M~ *relig.* Methoˈdist(in). **II** *adj* **3.** M~ *relig.* methoˈdistisch, Methodisten... **ˌmeth·od·ˈis·tic** *adj* **1.** streng meˈthodisch. **2.** M~ → **methodist** 3.

**meth·od·ize** [ˈmeθədaɪz] *v/t* meˈthodisch ordnen.

**meth·od·less** [ˈmeθədlɪs] *adj* plan-, syˈstemlos.

**meth·od·ol·o·gy** [ˌmeθəˈdɒlədʒɪ; *Am.* -ˈdɑ-] *s* **1.** Methoˈdik *f*. **2.** Meˈthodenlehre *f*, Methodoloˈgie *f*.

**me·thought** [mɪˈθɔːt] *pret von* **methinks**.

**Me·thu·se·lah** [mɪˈθjuːzələ; -ˈθuː-] *npr Bibl.* Meˈthusalem *m*: (as) old as ~.

**meth·yl** [ˈmeθɪl; ˈmiːˌθaɪl] *s chem.* Meˈthyl *n*: ~ alcohol Methylalkohol *m*; ~ blue Methylblau *n*. **ˈmeth·yl·ate** [-leɪt] *chem.* **I** *v/t* **1.** methyˈlieren. **2.** denaturˈieren: ~d spirits denaturierter *od.* vergällter Spiritus. **II** *s* **3.** Methyˈlat *n*.

**meth·yl·ene** [ˈmeθɪliːn] *s chem.* Methyˈlen *n*: ~ blue Methylenblau *n*.

**me·thyl·ic** [meˈθɪlɪk] *adj chem.* Methyl...

**me·tic·u·los·i·ty** [mɪˌtɪkjʊˈlɒsɪtɪ; *Am.* -ˈlɑ-] *s* peinliche Genauigkeit, Akriˈbie *f*.

**me·tic·u·lous** [mɪˈtɪkjʊləs] *adj* (*adv* ~ly) peinlich genau, ˈübergenau, aˈkribisch. **me·ˈtic·u·lous·ness** → **meticulosity**.

**mé·tier** [ˈmeɪtɪeɪ; ˈmetjeɪ] *s* **1.** Gewerbe *n*, Handwerk *n*. **2.** *fig.* (Speziˈal)Gebiet *n*, Metiˈer *n*.

**mé·tis** [meˈtiːs; *Am.* meɪ-] *pl* **mé·tis** [-ˈtiːs; -ˈtiːz] *s* Mischling *m*, Meˈstize *m*, *bes. Canad.* Abkömmling *m* von Franˈzosen u. Indiˈanern.

**met of·fice** [met] *s colloq.* Wetteramt *n*.

**met·o·nym** [ˈmetənɪm] *s Rhetorik:* Meˈtoˈnym *n*. **me·ton·y·my** [mɪˈtɒnɪmɪ; *Am.* -ˈtɑ-] *s* Metonyˈmie *f* (*Begriffsvertauschung, z. B.* Heaven *für* God).

**met·ope** [ˈmetəʊp; *bes. Am.* ˈmetəpiː] *s arch.* Meˈtope *f*, Zwischenfeld *n*. **me·top·ic** [mɪˈtɒpɪk; *Am.* -ˈtɑ-] *adj anat.* meˈtopisch, Stirn...

**me·tre** *bes. Br. für* **meter¹**.

**met·ric** [ˈmetrɪk] **I** *adj* (*adv* ~ally) **1.** metrisch, Maß...: ~ method of analysis *chem.* Maßanalyse *f*. **2.** metrisch, Meter...: ~ system metrisches (Maß- u. Gewichts)System; to go ~, → metricate II; → hundredweight *c*, ton¹ 1 c. **3.** → metrical 2. **II** *s pl* (*als sg konstruiert*). **4.** Metrik *f*, Verslehre *f*. **5.** *mus.* Rhyth-

---

mik *f*, Taktlehre *f*. **ˈmet·ri·cal** *adj* (*adv* ~ly) **1.** → metric 1 *u.* 2. **2.** a) metrisch, nach Verssilbenmaß gemessen, b) rhythmisch. **ˈmet·ri·cate** [-keɪt] *Br.* **I** *v/t* auf das metrische Syˈstem ˈumstellen. **II** *v/i* das metrische Syˈstem einführen, sich auf das metrische Syˈstem ˈumstellen. **ˌmet·ri·ˈca·tion** *s Br.* ˈUmstellung *f* auf das metrische Syˈstem.

**me·trol·o·gy** [mɪˈtrɒlədʒɪ; *Am.* -ˈtrɑ-] *s* Metroloˈgie *f*, Maß- u. Gewichtskunde *f*.

**met·ro·nome** [ˈmetrənəʊm] *s mus.* Metroˈnom *n*, Taktmesser *m*. **ˌmet·ro·ˈnom·ic** [-ˈnɒmɪk; *Am.* -ˈnɑ-] *adj* **1.** metroˈnomisch: ~ mark Metronombezeichnung *f*, Taktvorschrift *f*. **2.** *fig.* monoˈton, regelmäßig.

**met·ro·nym·ic** [ˌmetrəˈnɪmɪk; *Am. a.* ˌmiːtrə-] *ling.* **I** *adj* matroˈnymisch, Mutter... **II** *s* Matroˈnymikum *n*, Muttername *m*.

**me·trop·o·lis** [mɪˈtrɒpəlɪs; *Am.* -ˈtrɑ-] *s* **1.** Metroˈpole *f*, Hauptstadt *f:* the M~ *Br.* London *n*; commercial ~ Handelsmetropole. **2.** Großstadt *f*. **3.** Zentrum *n*. **4.** *relig.* Sitz *m* e-s Metropoˈliten *od.* Erzbischofs. **5.** *zo.* Hauptfundort *m*.

**met·ro·pol·i·tan** [ˌmetrəˈpɒlɪtən; *Am.* -ˈpɑ-] **I** *adj* **1.** hauptstädtisch. **2.** *relig.* Metropolitan..., erzbischöflich. **3.** Mutterstadt..., -land... **II** *s* **4.** *relig.* Metropoˈlit *m*: a) *führender Geistlicher in der Ostkirche*, b) *R.C.* (*e-r Kirchenprovinz vorstehender*) Erzbischof. **5.** Bewohner(in) der Hauptstadt. **6.** Großstädter(in).

**met·tle** [ˈmetl] *s* **1.** Veranlagung *f*, Natuˈrell *n*. **2.** Eifer *m*, Enthusiˈasmus *m*, Mut *m*, Feuer *n*: a man of ~ ein Mann von echtem Schrot u. Korn; a horse of ~ ein feuriges Pferd; to be on one's ~ zeigen wollen, was man kann; to put s.o. on his ~ j-n zur Aufbietung aller s-r Kräfte anspornen; to try s.o.'s ~ j-n auf die Probe stellen. **ˈmet·tled, ˈmet·tle·some** [-səm] *adj* feurig, mutig.

**mew¹** [mjuː] *s orn.* Seemöwe *f*.

**mew²** [mjuː] → **meow**.

**mew³** [mjuː] **I** *v/t obs.* **1.** *zo.* das Geweih, die Haare etc verlieren: the bird ~s its feathers der Vogel mausert sich. **2.** *meist* ~ up einsperren. **II** *v/i* **3.** *zo. obs.* sich mausern, federn, haaren. **III** *s* **4.** Mauserkäfig *m* (*bes. für Falken*). **5.** *pl* (*als sg konstruiert*) *bes. Br.* a) Stall *m:* the Royal M~s der Königliche Marstall (*in London*), b) *zu* Wohnungen *od.* Garagen umgebaute ehemalige Stallungen.

**mewl** [mjuːl] *v/i* **1.** wimmern (*Baby*). **2.** miˈauen.

**Mex·i·can** [ˈmeksɪkən] **I** *adj* **1.** mexiˈkanisch. **II** *s* **2.** Mexiˈkaner(in). **3.** Azˈteke *m*. **4.** *ling.* die Naˈhuatlsprache. **5.** ~ **dol·lar** *s* mexiˈkanischer Dollar.

**mez·za·nine** [ˈmetsəniːn; *bes. Am.* ˈmez-] *s arch.* **1.** Mezzaˈnin *n*, Zwischen-, Halbgeschoß *n*. **2.** *thea. Br.* Raum *m od.* Boden *m* unter der Bühne.

**mez·zo** [ˈmedzəʊ; ˈmetsəʊ] **I** *adv* **1.** *mus.* mezzo, mittel, halb: ~ forte halbstark. **II** *pl* -zos *s* **2.** → mezzo-soprano. **3.** → mezzotint I. **~·re·ˈlie·vo, ~·ri·ˈlie·vo** *s Bildhauerei:* ˈHalbreliˌef *n*, Mezzorelievo. **~·so·ˈpra·no** *mus.* **I** *s* ˈMezzosoˌpran *m:* a) ˈMezzosoˌpranstimme *f*, b) ˈMezzosoˌpranistin *f*, c) ˈMezzosoˌpranparˌtie *f*. **II** *adj* Mezzosopran... **~·tint I** *s* Kupferstecherei: a) Mezzoˈtinto *n*, Schabkunst *f*, b) Schabkunstblatt *n* → engraving Stechkunst *f* in Mezzotintomanier. **II** *v/t* in Mezzoˈtinto graˈvieren.

**mho** [məʊ] *s electr.* Siemens *n* (*Einheit der Leitfähigkeit*). **mho·me·ter** [ˈməʊˌmiːtə(r)] *s* (*direktanzeigender*) Leitwertmesser.

**mi** [mi:] *s mus.* mi *n* (*Solmisationssilbe*).
**mi·aow** [miˈaʊ] → meow.
**mi·asm** [ˈmaɪæzəm], **mi'as·ma** [mɪˈæzmə; maɪ-] *pl* **-ma·ta** [-mətə] *s med.* Miˈasma *n*, Krankheits-, Ansteckungsstoff *m*. **mi'as·mal**, **ˌmi·asˈmat·ic** [-ˈmætɪk] *adj* **1.** miasˈmatisch, ansteckend. **2.** Miasma...
**mi·aul** [mɪˈaʊl] *v/i* miˈauen.
**mi·ca** [ˈmaɪkə] *min.* I *s* **1.** Glimmer(erde *f*) *m*: argentine ~ Silberglimmer, Katzensilber *n*; yellow ~ Goldglimmer, Katzengold *n*. **2.** Fraueneis *n*, Maˈrienglas *n*. II *adj* **3.** Glimmer...: ~ capacitor *electr.* Glimmerkondensator *m*; ~ schist, ~ slate Glimmerschiefer *m*; ~ sheet Glimmerblatt *n*. **mi'ca·ceous** [-ˈkeɪʃəs] *adj* Glimmer...: ~ iron ore Eisenglimmer *m*.
**Mi·cah** [ˈmaɪkə] *npr u. s Bibl.* (das Buch) Micha *m od.* Miˈchäas.
**Mi·caw·ber·ism** [mɪˈkɔːbərɪzəm] *s* kindlicher Optiˈmismus(, daß alles von alˈlein wieder gut wird) (*nach Mr. Wilkins Micawber in „David Copperfield" von Dickens*). **Mi'caw·ber·ist** *s* unentwegter Optiˈmist.
**mice** [maɪs] *pl von* mouse.
**Mich·ael·mas** [ˈmɪklməs] *s bes. Br.* Michaelstag *m*, Michaˈeli(s) *n* (*29. September*). ~ **Day** *s* **1.** → Michaelmas. **2.** e-r der vier brit. Quartalstage. ~ **term** *s univ. Br.* ˈHerbstseˌmester *n*.
**Mick** [mɪk] I *npr* Koseform von Michael. II *s* m~ *sl. contp.* a) Ire *m*, b) Kaˈthole *m*.
**Mick·ey** [ˈmɪkɪ] *s* **1.** *aer. Am. sl.* Flugzeug-Bordradar(gerät *n*) *m*: ~ navigator, ~ pilot Orter *m*. **2.** to take the m~ out of s.o. *bes. Br. colloq.* j-n ˈauf den Arm nehmen' *od.* ˌaufziehen'. **3.** m~ → Mick II. **4.** → Mickey Finn. ~ **Finn** [fɪn] *s sl.* a) präpaˈrierter Drink, b) Betäubungsmittel *n*. ~ **Mouse** *adj bes. Am. sl.* anspruchslos (*Musik, Job etc*).
**mick·le** [ˈmɪkl] *s obs. od. dial.* Menge *f*: many a little makes a ~ viele Wenig machen ein Viel.
**Mick·y** [ˈmɪkɪ] → Mick I, Mickey 2.
**mi·cra** [ˈmaɪkrə] *pl von* micron.
**micro-** [maɪkrəʊ] Wortelement mit den Bedeutungen a) Mikro..., (sehr) klein, b) (*bei Maßbezeichnungen*) ein Millionstel, c) mikroskopisch.
**mi·cro·am·me·ter** [ˌmaɪkrəʊˈæmɪtə(r)] *s electr.* ˈMikroˌampereˌmeter *n*.
**ˌmi·croˈa'nal·y·sis** *s irr chem.* Mikroanaˈlyse *f*.
**mi·crobe** [ˈmaɪkrəʊb] *s biol.* Miˈkrobe *f*.
**mi'cro·bi·al**, **mi'cro·bi·an**, **mi'cro·bic** *adj* miˈkrobisch, Mikroben...
**mi'cro·bi·cid·al** [-bɪsaɪdl] *adj* miˈkrobentötend, antibiˈotisch. **mi'cro·bi·cide** *s* Antibiˈotikum *n*. **ˈmi·croˌbi·oˈlog·ic**, **ˈmi·croˌbi·oˈlog·i·cal** *adj* (*adv ~ly*) mikrobioˈlogisch. **ˌmi·cro·biˈol·o·gist** *s* Mikrobioˈloge *m*. **ˌmi·cro·biˈol·o·gy** *s* Mikrobioloˈgie *f*. **ˌmi·cro·biˈo·sis** [-baɪˈəʊsɪs] *s med.* Mikrobiˈose *f*, Miˈkrobeninfektiˌon *f*.
**ˈmi·cro·card** *s* Mikrokarte *f*.
**ˌmi·cro·ceˈphal·ic** [-keˈfælɪk; *bes. Am.* -sɪˈf-] *adj med.* mikrozeˈphal, kleinköpfig. **ˌmi·croˈceph·a·lism** [-ˈkefəlɪzəm; *bes. Am.* -ˈsef-] *s* Kleinköpfigkeit *f*. **ˌmi·croˈceph·a·lous** → microcephalic.
**ˌmi·croˈchem·i·cal** *adj chem.* mikroˈchemisch. **ˌmi·croˈchem·is·try** *s* Mikroˈchemie *f*.
**ˈmi·cro·chip** *s electr.* Mikrochip *m*.
**ˈmi·croˌcir·cuit** *s electr.* Mikroschaltung *f*, ˈmikrominiaturiˌsierte Schaltung.
**ˈmi·croˌcli·mate** *s meteor.* Mikroklima *n*.

**ˌmi·croˈcoc·cal** [-ˈkɒkəl; *Am.* -ˈka-] *adj* Mikrokokken... **ˌmi·croˈcoc·cus** *s irr* Mikroˈkokkus *m*, ˈKugelbakˌterie *f*.
**ˈmi·croˌcop·y** *s* Mikrokoˈpie *f*.
**ˈmi·cro·cosm** *s* Mikroˈkosmos *m*: a) *philos.* (a. Mensch *m* als) Welt *f* im kleinen, b) kleine Gemeinschaft, c) kleine Darstellung. **ˌmi·croˈcos·mic** *adj* mikroˈkosmisch: ~ salt *chem.* mikrokosmisches Salz, Phosphorsalz *n*. **ˌmi·croˈcos·mog·ra·phy** *s philos.* Beschreibung *f* des Menschen (*als Welt im kleinen*).
**ˈmi·croˌcul·ture** *s Bakteriologie:* Mikrokulˈtur *f*.
**ˈmi·cro·cyte** [-saɪt] *s med.* Mikroˈzyt *m* (*kleines rotes Blutkörperchen*).
**ˌmi·cro·deˈtec·tor** *s* **1.** *tech.* Mikrodeˈtektor *m*. **2.** *electr.* hochempfindliches Galvanoˈmeter.
**ˈmi·croˌearth·quake** *s geol. phys.* sehr schwaches Erdbeben (*weniger als 2,5 auf der Richter-Skala*).
**ˈmi·croˌe·coˈnom·ic** *adj econ.* mikroökoˈnomisch. **ˈmi·croˌe·coˈnom·ics** *s pl* (*meist als sg konstruiert*) Mikroökonoˈmie *f*.
**ˈmi·croˌe·lecˈtron·ics** *s pl* (*als sg konstruiert*) *phys.* Mikroelekˈtronik *f*.
**ˈmi·croˌfar·ad** *s electr.* Mikrofaˈrad *n*.
**ˈmi·cro·fiche** *s* Mikrofiche *m*, Mikrofilmkarte *f*.
**ˈmi·cro·film** *phot.* I *s* Mikrofilm *m*. II *v/t* auf Mikrofilm aufnehmen.
**ˈmi·cro·gram**, *bes. Br.* **ˈmi·cro·gramme** *s phys.* Mikroˈgramm *n* (*ein millionstel Gramm*).
**ˈmi·cro·graph** *s* **1.** *tech.* (*Art*) Storchschnabel *m* (*Instrument zum Zeichnen*). **2.** mikroˈgraphische Darstellung. **3.** *phys.* Mikroˈgraph *m* (*selbstregistrierendes Meßinstrument für kleinste Bewegungen*).
**ˈmi·cro·groove** *s tech.* **1.** Mikrorille *f* (*e-r Schallplatte*). **2.** Schallplatte *f* mit Mikrorillen.
**ˈmi·cro·inch** *s* ein milliˈonstel Zoll.
**ˌmi·cro·inˈstruc·tion** *s Computer:* ˈMikroinstruktiˌon *f*, -befehl *m*.
**ˌmi·cro·linˈguis·tics** *s pl* (*meist als sg konstruiert*) *ling.* Mikrolinˈguistik *f*.
**ˌmi·croˈlog·i·cal** *adj* **1.** mikroˈlogisch. **2.** *fig.* peˈdantisch. **mi·croˈl·o·gy** [maɪˈkrɒlədʒɪ; *Am.* -ˈkra-] *s* **1.** Mikroloˈgie *f*. **2.** *fig.* Kleinigkeitskrämeˈrei *f*, Haarspalteˈrei *f*.
**mi·crom·e·ter¹** [maɪˈkrɒmɪtə(r); *Am.* -ˈkra-] *s* **1.** *opt.* Okuˈlar-Mikroˌmeter *n*. **2.** a. ~ caliper Mikroˈmeter *n*, Feinmeßschraube *f*, Schraublehre *f*.
**mi·crom·e·ter²**, *bes. Br.* **mi·cro·me·tre** [ˈmaɪkrəʊˌmiːtə(r)] *s phys.* Mikroˈmeter *n* (*ein millionstel Meter*): ~ adjustment *tech.* Feinsteinstellung *f*.
**mi·crom·e·ter screw** *s phys.* **1.** → micrometer¹ 2. **2.** (Meß-, Schraub)Spindel *f*, Meßschraube *f* (*e-r Schraublehre*).
**mi·cro·me·tre** *bes. Br. für* micrometer².
**ˌmi·croˈmet·ric**, **ˌmi·croˈmet·ri·cal** *adj phys.* mikroˈmetrisch.
**ˌmi·croˈmi·croˌfar·ad** *s electr.* Picofaˈrad *n* (= $10^{-12}$ *Farad*).
**ˌmi·croˈmil·li·ˌme·ter**, *bes. Br.* **ˌmi·croˈmil·li·ˌme·tre** *s* Mikromilliˈmeter *n* (*ein millionstel Millimeter*).
**mi·cron** [ˈmaɪkrɒn; *Am.* -ˌkrɑn] *pl* **-crons**, **-cra** [-krə] *s chem. phys.* Mikron *n* (*ein tausendstel Millimeter*).
**ˌmi·cro·orˈgan·ic** *adj biol.* mikroorˈganisch. **ˌmi·croˈor·gan·ism** *s* Mikroorgaˈnismus *m*.
**mi·cro·phone** [ˈmaɪkrəfəʊn] *s electr. phys.* **1.** Mikroˈphon *n*: at the ~ am Mikrophon; ~ key Mikrophon-, Sprechtaste *f*. **2.** *teleph.* Sprechkapsel *f*. **3.** *colloq.*

Radio *n*: through the ~ durch den Rundfunk. **ˌmi·croˈphon·ics** [-ˈfɒnɪks; *Am.* -ˈfɑ-] *s pl* **1.** (*als sg konstruiert*) *phys.* Mikrophoˈnie *f* (*Lehre von der Verstärkung schwacher Töne*). **2.** (*als pl konstruiert*) *electr.* Mikroˈphonefˌfekt *m*, aˈkustische Rückkopplung.
**ˌmi·croˈpho·to·graph** *s phot.* Mikrofoto(graˈfie *f*) *n*. **ˌmi·cro·phoˈtog·ra·phy** *s* Mikrofotograˈfie *f*.
**ˌmi·croˈphys·ics** *s pl* (*oft als sg konstruiert*) *phys.* Mikrophyˈsik *f*.
**mi·cro·phyte** [ˈmaɪkrəʊfaɪt] *s biol. med.* Mikroˈphyt *m*, pflanzliche Miˈkrobe.
**ˈmi·cro·print** *s* Mikrodruck *m*.
**ˌmi·croˈpro·ces·sor** *s Computer:* ˈMikroproˌzessor *m*.
**mi·cro·scope** [ˈmaɪkrəskəʊp] *phys.* I *s* Mikroˈskop *n*: compound ~ Verbundmikroskop; ~ stage Objektivtisch *m*; to put s.o. (s.th.) under ~ *fig.* j-n (etwas) genau unter die Lupe nehmen; → reflect 2. II *v/t* mikroˈskopisch unterˈsuchen. **ˌmi·croˈscop·ic** [-ˈskɒpɪk; *Am.* -ˈska-] *adj*; **ˌmi·croˈscop·i·cal** *adj* (*adv ~ly*) **1.** mikroˈskopisch: ~ examination; ~ slide Objektträger *m*. **2.** *fig.* (peinlich) genau, ins kleinste gehend. **3.** mikroˈskopisch klein, verschwindend klein (*a. fig.*). **mi·cros·co·py** [-ˈkrɒskəpɪ; *Am.* -ˈkrɑ-] *s* Mikroskoˈpie *f*.
**ˈmi·croˌsec·ond** *s* Mikroseˈkunde *f*.
**ˈmi·croˌseism** *s geol. phys.* leichtes Erdbeben.
**mi·cro·some** [ˈmaɪkrəʊsəʊm] *s biol.* Mikroˈsom *n*, feinstes Körnchen.
**ˌmi·cro·spoˈran·gi·um** *s irr bot.* Mikrosporˈrangium *n*, Pollensack *m*. **ˈmi·cro·spore** *s* Mikroˈspore *f*. **ˌmi·croˈspo·ro·phyll** *s* Mikrosporoˈphyll *n*, männliches Sporoˈphyll.
**ˈmi·cro·state** *s pol.* Zwergstaat *m*.
**mi·cro·tome** [ˈmaɪkrəʊtəʊm] *s phys.* Mikroˈtom *m, n* (*Vorrichtung zum Schneiden sehr dünner mikroskopischer Präparate*). **mi·crot·o·my** [maɪˈkrɒtəmɪ; *Am.* -ˈkrɑ-] *s phys.* Mikrotoˈmie *f*.
**ˈmi·cro·tone** *s mus.* ˈKlein-Interˌvall *n*.
**ˈmi·cro·volt** *s electr.* Mikrovolt *n*.
**ˈmi·cro·wave** *s electr.* Mikro-, Deziˈmeterwelle *f*: ~ engineering Höchstfrequenztechnik *f*; ~ oven Mikrowellenherd *m*.
**mi·cro·zo·a** [ˌmaɪkrəʊˈzəʊə] *s pl zo.* Mikroˈzoen *pl*, mikroˈskopisch kleine Tierchen *pl*, Urtiere *pl*.
**mic·tu·rate** [ˈmɪktjʊəreɪt; *Am. bes.* -tʃə-] *v/i med.* harnen, uriˈnieren. **ˌmic·tuˈri·tion** [-ˈrɪʃn] *s* **1.** Harndrang *m*. **2.** Harnen *n*, Uriˈnieren *n*.
**mid¹** [mɪd] *adj* **1.** *attr od. in Zssgn* mittler (-er, e, es), Mittel...: in ~air freischwebend, (mitten) in der Luft, über dem Boden; in ~April Mitte April; in ~morning am Vormittag; in the ~16th century in der Mitte des 16. Jhs.; in ~ocean auf offener See. **2.** *ling.* halb(offen) (*Vokal*).
**mid²** [mɪd] *prep meist poet.* inˈmitten von (*od. gen*).
**Mi·das** [ˈmaɪdæs; -dəs] I *npr antiq.* Midas *m*: he has the ~ touch *fig.* er macht aus allem Geld. II *s* m~ *zo.* Midasfliege *f*.
**ˈmid·brain** *s anat.* Mittelhirn *n*. ~**day** I *s* Mittag *m*: at ~ mittags. II *adj* mittägig, Mittag(s)...: ~ meal Mittagessen *n*.
**mid·den** [ˈmɪdn] *s obs. od. dial.* a) Misthaufen *m*, b) Abfallhaufen *m*.
**mid·dle** [ˈmɪdl] I *adj* **1.** (*a. zeitlich u. fig.*) mittler(er, e, es), Mittel...: ~ rail; ~ size; ~ C *mus.* eingestrichenes C; ~ finger Mittelfinger *m*; ~ life mittleres Lebensalter; ~ quality *econ.* Mittelqualität *f*; in the ~

**fifties** Mitte der Fünfziger(jahre). **2.** *ling.* a) Mittel...: **M~ Latin** Mittellatein *n*, b) medi'al. **II** *s* **3.** Mitte *f*: **in the ~** in der *od.* die Mitte; **in the ~ of** in der Mitte (*gen*), mitten in (*dat*), inmitten (*gen*); **in the ~ of speaking** mitten im Sprechen; **in the ~ of** July Mitte Juli. **4.** *Schlachttieres*). **6.** Mittelmann *m*. **7.** Mitte *f* (*des Leibes*), Taille *f*, Gürtel *m*. **8.** *ling.* Medium *n* (*griechische Verbform*). **9.** *Logik*: Mittelglied *n* (*e-s Schlusses*). **10.** *bes. Fußball*: Flanke(nball *m*) *f*. **11.** *a.* **~ article** *Br.* Feuille'ton *n*. **12.** *pl econ.* Mittelsorte *f*. **III** *v/t* **13.** in die Mitte pla'cieren. **14.** *bes. Fußball*: **den Ball** zur Mitte geben.

**mid·dle| age** *s* **1.** mittleres Alter. **2. the M~ A~s** *pl* das Mittelalter. **M~-'Age** *adj* mittelalterlich. **~-'aged** *adj* mittleren Alters. **M~ A·mer·i·ca** *s* die (konserva'tive) ameri'kanische Mittelschicht. **M~ At·lan·tic States** *s pl Am.* (*Sammelname für die Staaten*) New York, New Jersey u. Pennsyl'vania. **'~-brack·et** *adj* zur mittleren Einkommensstufe gehörend: **a ~ income** ein mittleres Einkommen. **'~·brow I** *adj* von 'durchschnittlichen geistigen Inter'essen. **II** *s* geistiger 'Nor'malverbraucher'. **~-'class** *adj* zum Mittelstand gehörig, Mittelstands... **~ class·es** *s pl* Mittelstand *m*. **~ course** *s fig.* Mittelweg *m*: **to take** (*od.* **follow**) **a ~** e-n Mittelweg gehen. **~ deck** *s mar.* Mitteldeck *n*. **~ dis·tance** *s* **1.** *paint.* Mittelgrund *m*. **2.** *sport* Mittelstrecke *f*. **~-'dis·tance** *adj sport* Mittelstrecken...: **~ race; ~ run·ner** Mittelstreckler(in), Mittelstreckenläufer(in). **~ ear** *s anat.* Mittelohr *n*. **'~-earth** *s obs.* Erde *f* (*als zwischen Himmel u. Hölle liegend betrachtet*). **M~ East** *s geogr.* **1.** (*der*) Mittlere Osten. **2.** *Br.* (*der*) Nahe Osten. **M~ Em·pire** → **Middle Kingdom** 1. **M~ Eng·lish** *s ling.* Mittelenglisch *n*. **M~ Greek** *s ling.* die griechische Sprache des Mittelalters. **~ ground** *s* **1.** → **middle distance** 1. **2.** *mar.* seichte Stelle. **3.** *fig.* mittlerer *od.* neu'traler Standpunkt. **M~ High Ger·man** *s ling.* Mittelhochdeutsch *n*. **'~-in·come** *adj* mit mittlerem Einkommen. **M~ King·dom** *s* **1.** *antiq.* mittleres Königreich Ä'gypten (*etwa 2400 bis 1580 v. Chr.*). **2.** *hist.* Reich *n* der Mitte (*China*). **'~·man** [-mæn] *s irr* **1.** Mittelsmann *m*. **2.** *econ.* a) Makler *m*, Zwischenhändler *m*, b) A'gent *m*, Vertreter *m*. **3.** *Br.* Feuilleto'nist *m*. **'~·most** [-məʊst] *adj* ganz in der Mitte (*liegend etc*). **~ name** *s* **1.** zweiter Vorname. **2.** *fig. colloq.* her'vorstechende Eigenschaft: **inertia is his ~** er ist die Faulheit in Person. **~-of-the-'road** *adj bes. pol.* gemäßigt: **~ policy. ~-of-the-'road·er** *s bes. pol.* Gemäßigte(r) *m*.

**'mid·dle range** *adj* **1.** Mittelstrecken... (*a. mil.*). **2.** Mittelklasse...: **~ car. 3.** *fig.* mittelfristig (*Pläne etc*). **'~-rate** *adj* mittelmäßig. **'~-school** *s ped. Br.* Hauptschule *f*. **'~-sized** *adj* (von) mittlerer Größe. **M~ States** → **Middle Atlantic States. ~ term** → **middle** 9. **'~-weight** *sport* **I** *s* Mittelgewicht(ler *m*) *m*. **II** *adj* Mittelgewichts... **M~ West** *s Am. u. Canad.* Mittelwesten *m*, (*der*) mittlere Westen.

**mid·dling** ['mɪdlɪŋ] **I** *adj* (*adv* **~ly**) **1.** von mittlerer Größe *od.* Güte *od.* Sorte, mittelmäßig (*a. contp.*), Mittel...: **how are you?** fair **to ~**, so lala'; **~ quality** Mittelqualität *f*. **2.** leidlich, ,mittelmäßig' (*Gesundheit*). **3.** ziemlich groß. **II** *adv colloq.* **4.** leidlich, ziemlich, erträglich: **~ good** leidlich gut; **~ large** mittelgroß. **5.** ziemlich *od.* ganz gut. **III** *s* **6.** *meist pl econ.* Ware *f* mittlerer Güte, Mittelsorte *f*. **7.** *pl*

a) Mittelmehl *n*, b) (*mit Kleie etc vermischtes*) Futtermehl. **8.** *pl metall.* 'Zwischenpro,dukt *n*.

**mid·dy** ['mɪdɪ] *s* **1.** *colloq. für* **midshipman. 2.** → **middy blouse. ~ blouse** *s* Ma'trosenbluse *f*.

**'mid,en·gined** *adj* Mittelmotor...

**,mid'field** *s bes. Fußball*: Mittelfeld *n*: **in ~** im Mittelfeld; **~ man, ~ player** Mittelfeldspieler *m*.

**midge** [mɪdʒ] *s* **1.** *zo.* kleine Mücke. **2.** → **midget** 1.

**midg·et** ['mɪdʒɪt] **I** *s* **1.** Zwerg *m*, Knirps *m*. **2.** Winzling *m* (*Person, a. Sache*). **II** *adj* Zwerg..., Miniatur..., Kleinst...: **~ car** *mot.* Klein(st)wagen *m*; **~ golf** Minigolf *n*; **~ railway** Liliputbahn *f*; **~ submarine** *mar.* Kleinst-U-Boot *n*.

**mid·i** ['mɪdɪ] **I** *s* **1.** Midimode *f*: **to wear ~** midi tragen. **2.** a) Midimantel *m*, b) Midikleid *n*, c) Midirock *m*. **II** *adj* **3.** Midi...: **~ coat**, *etc* → **midicoat**, *etc*. **'~-coat** *s* Midimantel *m*. **'~-dress** *s* Midikleid *n*.

**'mid,i·ron** *s Golf*: Midiron *m* (*Eisenschläger Nr. 2*).

**'mid·i·skirt** *s* Midirock *m*.

**'mid·land** [-lənd] **I** *s* **1.** *meist pl* Mittelland *n*. **2. the M~s** *pl* Mittelengland *n*. **II** *adj* **3.** binnenländisch. **4. M~** *geogr.* mittelenglisch. **'~-life cri·sis** *s psych.* Midlife-crisis *f*, Krise *f* in der Lebensmitte. **'~·line** *s math.* Mittellinie *f*, Ort *m* der Mittelpunkte, Medi'ane *f*. **'~·mash·ie** *s Golf*: Midmashie *m* (*Eisenschläger Nr. 3*). **'~·most I** *adj* **1.** ganz *od.* genau in der Mitte (*liegend etc*). **2.** innerst(er, e, es). **II** *adv* **3.** (ganz) im Innern *od.* in der Mitte. **'mid·night I** *s* Mitternacht *f*: **at ~** um Mitternacht. **II** *adj* mitternächtig, Mitternachts...: **to burn the ~ oil** bis spät in die Nacht arbeiten *od.* aufbleiben. **~ ap·point·ment** *s pol. Am.* Anstellung *f od.* Ernennung *f* von Be'amten in der letzten Mi'nute (*vor dem Ablauf der Amtsperiode e-r Regierung*). **~ blue** *s* Mitternachtsblau *n* (*Farbe*). **~ sun** *s* **1.** Mitternachtssonne *f*. **2.** *astr.* Nordersonne *f*.

**'mid·noon** *s* Mittag *m*. **,~-'off** (**,~-'on**) *s* (*Kricket*) **1.** links (rechts) vom Werfer po'stierter Spieler. **2.** links (rechts) vom Werfer liegende Seite des Spielfelds. **'~·point** *s* **1.** *math.* Mittelpunkt *m* (*e-r Linie*), Hal'bierungspunkt *m*. **2.** *fig.* Hälfte *f*, Mitte *f*: **to reach ~** die Hälfte hinter sich haben. **'~·rib** *s bot.* Mittelrippe *f* (*e-s Blatts*). **'~·riff** *s* **1.** *anat.* Zwerchfell *n*. **2.** a) Mittelteil *m*, *n* (*e-s Damenkleidungsstücks*), b) *Am.* zweiteiliges Damenkleidungsstück, das die Taille freiläßt. **3.** Obertaille *f*: **~ bulge** ,Rettungsring' *m* (*Fettwulst um die Taille*). **4.** Magengrube *f*: **a blow in the ~**. **'~·ship** *mar.* **I** *s* Mitte *f* des Schiffs. **II** *adj* Mittschiffs...: **~ section** Hauptspant *m*. **'~·ship·man** [-mən] *s irr mar.* Midshipman *m*: a) *Br.* unterster Rang e-s Seeoffiziers, b) *Am.* 'Seeoffi,ziersanwärter *m*. **'~·ships** *adv mar.* mittschiffs.

**midst** [mɪdst] **I** *s* (*das*) Mittelste, Mitte *f* (*nur mit prep*): **from the ~** aus der Mitte; **in the ~ of** inmitten (*gen*), mitten unter (*dat*); **in their** (**our**) **~** mitten unter ihnen (uns); **from our ~** aus unserer Mitte. **II** *prep obs. od. poet. für* amidst.

**'mid·stream** *s* Strommitte *f*.

**'mid,sum·mer I** *s* **1.** Mitte *f* des Sommers, Hochsommer *m*. **2.** *astr.* Sommersonnenwende *f* (*21. Juni*): **"A M~ Night's Dream"** „Ein Sommernachtstraum" (*Lustspiel von Shakespeare*). **II** *adj* **3.** hochsommerlich, Hochsommer..., im Hochsommer. **M~ Day** *s* **1.** Jo'hanni(stag *m*) *n* (*24. Juni*). **2.** e-r der

4 *brit.* Quartalstage. **~ mad·ness** *s* Wahnsinn *m*, Verrücktheit *f*.

**,Mid|-Vic'to·ri·an I** *adj* die Mitte der viktori'anischen E'poche (*Regierungszeit der Königin Victoria 1837–1901*) betreffend *od.* kennzeichnend: **~ ideas; ~ writers. II** *s* (*a. typischer*) Zeitgenosse der Mitte der viktorianischen Epoche. **'m~·way I** *s* **1.** Mitte *f od.* Hälfte *f* des Weges. **2.** *Am.* Haupt-, Mittelstraße *f* (*auf Ausstellungen etc*). **II** *adj* **3.** mittler(er, e, es). **III** *adv* **4.** *a. fig.* auf halbem Wege (**between** zwischen *dat*). **'m~·week I** *s* Mitte *f* der Woche. **II** *adj* **3.** (in der) Mitte der Woche stattfindend. **,m~·'week·ly I** *adj* **1.** → **midweek** II. **2.** in der Mitte jeder Woche stattfindend. **3.** in der Mitte der *od.* jeder Woche. **,m~·'west** *Am.* **I** *s* → **Middle West. II** *adj* den Mittelwesten betreffend. **,m~·'west·ern·er** *s Am.* Bewohner(in) des Mittelwestens.

**mid·wife** ['mɪdwaɪf] **I** *s irr* **1.** Hebamme *f*, Geburtshelferin *f* (*a. fig.*). **II** *v/i* **2.** Hebammendienste leisten. **III** *v/t* **3.** entbinden. **4.** *fig.* ins Leben rufen helfen. **mid·wife·ry** ['mɪdwɪfərɪ; *Am.* ,-waɪf-; ,mɪd'wɪf-] *s* **1.** Geburtshilfe *f*, Hebammendienst *m*. **2.** *fig.* Bei-, Mithilfe *f*. **'mid·wife toad** *s zo.* Geburtshelferkröte *f*.

**'mid·wing mon·o·plane** *s aer.* Mitteldecker *m*. **,~-'win·ter** *s* **1.** Mitte *f* des Winters. **2.** *astr.* Wintersonnenwende *f*. **,~-'year I** *adj* **1.** in der Mitte des Jahres vorkommend, in der Jahresmitte: **~ set·tlement** *econ.* Halbjahresabrechnung *f*. **II** *s* **2.** Jahresmitte *f*. **3.** *Am. colloq.* a) um die Jahresmitte stattfindende Prüfung, b) *pl* Prüfungszeit *f* (um die Jahresmitte).

**mien** [mi:n] *s poet.* a) Miene *f*, (Gesichts)Ausdruck *m*, b) Gebaren *n*, Haltung *f*, c) Aussehen *n*: **a man of haughty ~** ein Mann mit hochmütigem Auftreten; **noble ~** vornehme Haltung.

**miff** [mɪf] *colloq.* **I** *s* **1.** 'Mißmut *m*, Verstimmung *f*. **2.** belangloser Streit *m*. **II** *v/t* (*meist passiv*) **3.** ärgern: **to be ~ed** → 4. **III** *v/i* **4.** sich auf den Schlips getreten fühlen, beleidigt sein. **'miff·y** *adj colloq.* **1.** leicht beleidigt, mi'mosenhaft. **2.** empfindlich (*Pflanze*).

**might**[1] [maɪt] *s* **1.** Macht *f*, Gewalt *f*: **~ is** (**above**) **right** Gewalt geht vor Recht. **2.** Stärke *f*, Kraft *f*: **with ~ and main, with all one's ~** aus Leibeskräften, mit aller Kraft *od.* Gewalt.

**might**[2] [maɪt] *pret von* **may**[1].

**'might-have-been** *s colloq.* a) etwas, was hätte sein können, b) j-d, der es zu etwas hätte bringen können: **oh, for the glorious ~!** es wär' so schön gewesen!

**might·i·ly** ['maɪtɪlɪ] *adv* **1.** mit Macht, mit Gewalt, heftig, kräftig. **2.** *colloq.* riesig, gewaltig, mächtig, äußerst, sehr.

**'might·i·ness** *s* **1.** Macht *f*, Gewalt *f*, Größe *f*. **2. M~** *hist.* (*als Titel*) Hoheit *f*: **your high ~** *iro.* großmächtiger Herr!, Euer Gnaden!

**might·y** ['maɪtɪ] **I** *adj* (*adv* → **mightily** u. II) **1.** mächtig, kräftig, gewaltig, groß, stark: → **high and mighty. 2.** *fig.* mächtig, gewaltig, riesig, fabelhaft. **II** *adv* **3.** (*vor adj u. adv*) *colloq.* mächtig, e'norm, kolos'sal, riesig, ungeheuer, 'überaus: **~ easy** kinderleicht; **~ fine** ,prima', wunderbar.

**mi·gnon·ette** [,mɪnjə'net] *s* **1.** *bot.* Re'seda *f*. **2.** *a.* **~ green** Re'sedagrün *n*. **~ lace** *s* Migno'nnette *f* (*e-e zarte, schmale Zwirnspitze*).

**mi·graine** ['mi:greɪn; *bes. Am.* 'maɪ-] *s med.* Mi'gräne *f*: **ocular ~** Augenmigräne. **'mi·grain·ous** *adj* Migräne...

**mi·grant** ['maɪgrənt] **I** *adj* **1.** Wander..., Zug...: **~ birds** Zugvögel; **~ worker**

econ. Wanderarbeiter m. **II** s **2.** Wanderer m, 'Umsiedler m. **3.** zo. a) Zugvogel m, b) Wandertier n.

**mi·grate** [mar'grert; Am. bes. 'mar͵g-] v/i **1.** (ab-, aus)wandern, (a. orn. fort)ziehen: to ~ from the country to the town vom Land in die Stadt übersiedeln. **2.** (aus e-r Gegend in e-e andere) wandern. **3.** univ. Br. in ein anderes College 'umziehen.

**mi·gra·tion** [mar'grerʃn] s **1.** Wanderung f (a. chem. u. zo.): ~ of (the) peoples Völkerwanderung; intramolecular ~ intra- od. innermolekulare Wanderung; ~ of ions Ionenwanderung (Elektrolyse). **2.** a. zo. Abwandern n, Fortziehen n. **3.** Zug m (von Menschen od. Wandertieren). **4.** orn. Wanderzeit f. **5.** geol. na'türliche Wanderung von Erdölmassen. **mi'gra·tion·al** adj Wander..., Zug...

**mi·gra·to·ry** ['margrətərɪ; Am. -͵təʊrɪ; -͵tɔː-] adj **1.** (aus)wandernd. **2.** zo. Zug..., Wander...: ~ animal Wandertier n; ~ bird Zugvogel m; ~ fish Wanderfisch m; ~ instinct Wandertrieb m. **3.** um'herziehend, no'madisch: ~ life Wanderleben n; ~ worker Wanderarbeiter m.

**mi·ka·do** [mɪ'kɑːdəʊ] pl **-dos** s Mi'kado m (ehemalige Bezeichnung des Kaisers von Japan).

**Mike¹** [mark] → Mick.

**mike²** [mark] Br. sl. **I** v/i her'umlungern. **II** s: to do (od. have) a ~ → I.

**mike³** [mark] s colloq. ͵Mikro' n (Mikrophon).

**mi·kron** → micron.

**mil** [mɪl] s **1.** Tausend n: per ~ per Mille. **2.** tech. 1/1000 Zoll (Drahtdurchmesser). **3.** mil. (Teil)Strich m.

**mil·age** → mileage.

**Mil·a·nese** [͵mɪlə'niːz] **I** adj mailändisch, Mailänder. **II** s sg u. pl Mailänder(in), Mailänder(innen) pl.

**milch** [mɪltʃ; Am. a. mɪlk] adj milchgebend, Milch...: ~ cow a) Milchkuh f, b) fig. colloq. melkende Kuh, Melkkuh f (einträgliche Geldquelle). 'milch·er s Milchkuh f, -schaf n, -ziege f.

**mild** [marld] adj (adv ~ly) **1.** mild, gelind(e), sanft, leicht, schwach: ~ air milde Luft; ~ attempt schüchterner Versuch; ~ climate mildes Klima; ~ light sanftes Licht; ~ sarcasm milder Spott; ~ surprise gelinde Überraschung; to put it mild(ly) a) sich gelinde ausdrücken, b) (Redew.) gelinde gesagt; that's putting it ~ly das ist gar kein Ausdruck!; → draw 37. **2.** mild, sanft, nachsichtig, freundlich: a ~ disposition; a ~ man. **3.** mild, glimpflich: ~ punishment. **4.** mild, leicht: ~ drug; ~ cigar; ~ wine; ~ steel tech. Flußstahl m.

**mil·dew** ['mɪldjuː; Am. a. -͵duː] **I** s **1.** bot. Me(h)ltau(pilz) m, Brand m (am Getreide). **2.** Schimmel m, Moder m: a spot of ~ ein Stockfleck m (in Papier etc). **II** v/t **3.** mit Me(h)ltau od. Stock- od. Schimmel- od. Moderflecken über'ziehen: to be ~ed verschimmelt sein (a. fig.). **III** v/i **4.** brandig od. (a. fig.) schimm(e)lig od. mod(e)rig od. stockig werden. 'mil·dewed, 'mil·dew·y adj **1.** brandig, mod(e)rig, schimm(e)lig. **2.** bot. von Me(h)ltau befallen, me(h)ltauartig.

**mild·ness** ['marldnɪs] s **1.** Milde f, Sanftheit f. **2.** Sanftmut f, Nachsicht f.

**mile** [marl] s **1.** Meile f (zu Land = 1,609 km): Admiralty ~ Br. englische Seemeile (= 1,853 km); air ~ Luftmeile (= 1,852 km); geographical ~, nautical ~, sea ~ Seemeile (= 1,852 km); → statute mile; ~ after ~ of fields, ~s and ~s of fields meilenweite Felder; ~s apart meilenweit auseinander, fig. himmelweit (voneinan-

der) entfernt; not to come within a ~ of fig. nicht annähernd herankommen an (acc); there's no one within ~s (od. a ~) of him as a tennis player fig. im Tennis kann ihm niemand (auch nur annähernd) das Wasser reichen; to make short ~s mar. schnell segeln; to miss s.th. by a ~ fig. etwas (meilen)weit verfehlen; to run a ~ from s.o. fig. colloq. um j-n e-n großen Bogen machen; to talk a ~ a minute colloq. reden wie ein Maschinengewehr; that stands (od. sticks) out a ~ colloq. das sieht ja ein Blinder; she's feeling ~s better today colloq. sie fühlt sich heute wesentlich besser. **2.** sport Meilenrennen n.

**mile·age** ['marlɪdʒ] s **1.** Meilenlänge f, -zahl f. **2.** zu'rückgelegte Meilenzahl od. Fahrtstrecke, Meilenstand m: a used car with a low ~ ein Gebrauchtwagen mit geringem Meilenstand; ~ indicator, ~ recorder mot. Meilenzähler m. **3.** a. ~ allowance Meilengeld n. **4.** Fahrpreis m per Meile. **5.** a. ~ book rail. Am. Fahrscheinheft n: ~ ticket Fahrkarte f es-Fahrscheinhefts. **6.** colloq. Nutzen m, Gewinn m: to get a ~ out of s.th. etwas weidlich ausschlachten; there's no ~ in it das bringt nichts ein, da schaut nichts dabei raus.

**mile·om·e·ter** [mar'lɒmɪtə(r); Am. -'lɑ-] s mot. Meilenzähler m.

**mil·er** ['marlə(r)] s sport colloq. **1.** Meiler m (Pferd). **2.** Meilenläufer m.

**Mi·le·si·an¹** [mar'liːzjən; mɪ-; Am. -ʒən; -ʃən] **I** adj Mi'let betreffend, aus Milet. **II** s Einwohner(in) von Mi'let.

**Mi·le·si·an²** [mar'liːzjən; mɪ-; Am. -ʒən; -ʃən] **I** adj irisch. **II** s Irländer(in) (als Abkömmling des sagenhaften Königs Milesius).

'**mile·stone** s **1.** Meilenstein m. **2.** fig. Meilen-, Markstein m.

**mil·foil** ['mɪlfɔɪl] s bot. Schafgarbe f.

**mil·i·ar·i·a** [͵mɪlɪ'eərɪə] s med. Mili'aria pl, Frieselfieber n.

**mil·i·ar·y** ['mɪljərɪ; Am. 'mɪlɪ͵erɪ] adj med. mili'ar, hirsekornartig: ~ fever → miliaria; ~ gland Hirsedrüse f.

**mi·lieu** ['miːljɜː; Am. miːl'jɜː; -'juː] s Mili'eu n, Um'gebung f.

**mil·i·tan·cy** ['mɪlɪtənsɪ] s **1.** Kriegszustand m, Kampf m. **2.** Angriffs-, Kampfgeist m.

**mil·i·tant** ['mɪlɪtənt] **I** adj (adv ~ly) mili'tant: a) streitend, kämpfend, b) streitbar, kriegerisch, kämpferisch. **II** s Kämpfer m, Streiter m. 'mil·i·tant·ness s militancy. 'mil·i·ta·rist [-tərɪst] s **1.** pol. Milita'rist m. **2.** Fachmann m in mili'tärischen Angelegenheiten. ͵mil·i·ta·ris·tic adj milita'ristisch. ͵mil·i·ta·ri'za·tion s Militari'sierung f. 'mil·i·ta·rize v/t militari'sieren.

**mil·i·tar·y** ['mɪlɪtərɪ; Am. -͵terɪ] **I** adj **1.** mili'tärisch, Militär...: to be of ~ age im wehrpflichtigem Alter sein; to be of an old ~ family aus e-r alten Soldatenfamilie stammen. **2.** Heeres..., Kriegs... **II** s (als pl konstruiert) **3.** Mili'tär n, Sol'daten pl, Truppen pl. ~ a·cad·e·my s **1.** Mili'tärakade͵mie f. **2.** Am. (zivile) Schule mit mili'tärischer Diszi'plin u. Ausbildung. ~ ad·vis·er s Mili'tärberater m. ~ at·ta·ché s Mili'tärattaché m. ~ code s jur. mil. Mili'tärstrafgesetz(buch) n. ~ col·lege s Am. Mili'tärcollege n. M~ Cross s mil. Mili'tärverdienstkreuz n (England u. Belgien). ~ dic·ta·tor·ship s Mili'tärdiktatur f. ~ fe·ver s med. ('Unterleibs)Typhus m. ~ gov·ern·ment s Mili'tärregierung f. ~ heel s Blockabsatz m (an Damenschuhen). ~ hon·o(u)rs s pl mili'tärische Ehren pl. ~ hos·pi·tal s Laza-

'rett n. ~ in·tel·li·gence s mil. **1.** ausgewertete Feindnachrichten pl. **2.** a) (Am. Heeres)Nachrichtendienst m, b) Abwehr (-dienst m) f. ~ jun·ta s Mili'tärjunta f. ~ man s irr Sol'dat m, Mili'tär m. ~ map s mil. Gene'ralstabskarte f. ~ po·lice s mil. Mili'tärpoli͵zei f. ~ po·lice·man s irr Mili'tärpoli͵zist m. ~ pro·fes·sion s Sol'datenstand m. ~ prop·er·ty s mil. Heeresgut n. ~ school → military academy **2.** ~ sci·ence s Mili'tär-, Wehrwissenschaft f. ~ ser·vice s Mili'tär-, Wehrdienst m: to do one's ~ s-n Wehrdienst ableisten. ~ ser·vice book s mil. Wehrpaß m. ~ stores s pl Mili'tärbedarf m, 'Kriegsmateri͵al n (Munition, Proviant etc). ~ tes·ta·ment s jur. mil. 'Nottesta͵ment n (von Mili'tärper͵sonen) (im Krieg). ~ ve·hi·cle s Mili'tärfahrzeug n.

**mil·i·tate** ['mɪlɪteɪt] v/i fig. (against) sprechen (gegen), wider'streiten (dat), entgegenwirken (dat): to ~ in favo(u)r of (od. for) s.th. (s.o.) für etwas (j-n) sprechen od. eintreten; the facts ~ against this opinion die Tatsachen sprechen gegen diese Ansicht.

**mi·li·tia** [mɪ'lɪʃə] s mil. Mi'liz f, Bürgerwehr f. **mi'li·tia·man** [-mən] s irr mil. Mi'lizsol͵dat m.

**mil·i·um** ['mɪlɪəm] s med. Milium n, Hautgrieß m.

**milk** [mɪlk] **I** s **1.** Milch f: cow in ~ frischmilchende Kuh; ~ for babes fig. colloq. ͵simple Kost' (für geistig Unbedarfte); land of ~ and honey fig. Schlaraffenland n; ~ of human kindness Milch der frommen Denkungsart; it is no use crying over spilt ~ geschehen ist geschehen; to come home with the ~ Br. humor. ͵sehr früh' nach Hause kommen; → coconut 1. **2.** bot. (Pflanzen-) Milch f, Milchsaft m. **3.** Milch f, milchartige Flüssigkeit (a. chem.): ~ of magnesia pharm. Magnesiummilch; ~ of sulfur (bes. Br. sulphur) Schwefelmilch. **4.** zo. Austernlaich m. **5.** min. Wolken pl (in Diamanten). **II** v/t **6.** melken: to ~ a cow; to ~ the pigeon colloq. das Unmögliche versuchen. **7.** fig. a) Nachrichten etc ͵(her'aus)holen' (from aus), b) j-n ͵melken', ͵ausnehmen', c) das letzte her'ausholen aus: to ~ an enterprise; to ~ a joke einen Witz ͵totreiten'. **8.** e-e Leitung etc ͵anzapfen' (um mitzuhören). **III** v/i **9.** melken. **10.** Milch geben.

**milk and wa·ter** s fig. saft- u. kraftloses od. seichtes Zeug. ~-and-'wa·ter adj saft- u. kraftlos (Stil etc), seicht (Literatur etc). ~ bar s Milchbar f. ~ choc·o·late s 'Vollmilchschoko͵lade f. ~ churn s Br. Milchkanne f. ~ crust s med. Milchschorf m. ~ duct s anat. Milchdrüsengang m, 'Milchka͵nälchen n.

**milk·er** ['mɪlkə(r)] s **1.** Melker(in). **2.** tech. 'Melkma͵schine f. **3.** Milchkuh f, -schaf n, -ziege f.

**milk fe·ver** s med. vet. Milchfieber n. ~ float s Br. Milchwagen m. ~ glass s Milchglas n.

**milk·i·ness** ['mɪlkɪnɪs] s **1.** Milchigkeit f. **2.** fig. Sanft-, Weichheit f. **3.** fig. Ängstlichkeit f.

**milk·ing** ['mɪlkɪŋ] s **1.** Melken n: ~ machine tech. Melkmaschine f. ~ parlor Am. Melkraum m, -haus n; ~ stool Melkschemel m. **2.** gewonnene Milch.

**milk lake** s econ. Milchsee m. ~ leg s **1.** med. Venenentzündung f (im Wochenbett). **2.** vet. Fußgeschwulst f (bei Pferden). ~-'liv·ered adj fig. feige, furchtsam. ~'maid s Melkerin f, Milchmädchen n. ~ man [-mən] s irr **1.** Milchmann m. **2.** Melker m. ~ pars·ley s bot. Wilder Eppich. ~ plas·ma s biol. chem. Milchplasma n. ~ pow·der s Milchpulver n, Trockenmilch f. ~

**run** *s aer. colloq.* ‚gemütliche Sache‘,
Rou'tineeinsatz *m*, gefahrloser Einsatz.
**~ shake** *s* Milchshake *m* (*Mixgetränk*).
**'~shed** *s* Milch-Einzugsgebiet *n* (*e-r
Stadt*). **~ sick·ness** *s med. vet.* Milch-
krankheit *f.* **'~sop** *s fig.* Weichling *m*,
Muttersöhnchen *n*, ‚Schlappschwanz‘ *m*.
**~ sug·ar** *s chem.* Milchzucker *m*, Lak-
'tose *f.* **~ this·tle** *s bot.* **1.** Ma'riendistel *f.*
**2.** Gänsedistel *f.* **~ tooth** *s irr* Milchzahn
*m.* **'~weed** *s bot.* **1.** Schwalbenwurz-
gewächs *n*, *bes.* Seidenpflanze *f.* **2.** Wolfs-
milch *f.* **3.** Gänsedistel *f.* **4.** → milk
parsley. **'~white** *adj* milchweiß: **~**
**crystal** *min.* Milchquarz *m.*
**milk·y** ['mɪlkɪ] *adj* **1.** milchig: a) milch-
artig, Milch..., b) milchweiß, c) *min.* wol-
kig: **a ~ gem. 2.** molkig. **3.** milchreich.
**4.** *zo. Am.* voll Milch *od.* Laich: **~ oys-
ters. 5.** *fig.* mild, weich(lich), sanft. **6.** *fig.*
ängstlich. **M~ Way** *s astr.* Milchstraße *f.*
**mill[1]** [mɪl] **I** *s* **1.** *tech.* (Mehl-, Mahl-)
Mühle *f:* **the ~s of God grind slowly**
Gottes Mühlen mahlen langsam; → **
grist[1] 1. 2.** (*Kaffee-, Öl-, Säge- etc*) Müh-
le *f*, Zerkleinerungsvorrichtung *f:* **to go
through the ~** *fig.* e-e harte Schule
durchmachen; **to put s.o. through the
~** a) j-n e-e harte Schule schicken,
b) j-n hart rannehmen; **to have been
through the ~** viel durchgemacht haben.
**3.** *tech.* Hütten-, Hammer-, Walzwerk *n.*
**4.** *a.* spinning**~** *tech.* Spinne'rei *f.* **5.** *tech.*
a) *Münzherstellung:* Spindel-, Prägwerk
*n*, b) *Glasherstellung:* Reib-, Schleifka-
sten *m.* **6.** *print.* Druckwalze *f.* **7.** Fa'brik
*f*, Werk *n.* **8.** *colloq. contp.* ‚Fa'brik‘ *f:*
**diploma ~. 9.** *colloq.* Prüge'lei *f.* **II** *v/t*
**10.** *Korn etc* mahlen. **11.** *tech. allg.* ver-
bearbeiten, *z. B.* a) *Holz, Metall* fräsen, b)
*Papier, Metall* walzen, c) *Münzen* rän-
deln, d) *Tuch, Leder etc* walken, e) *Seide*
mouli'nieren, fi'lieren, zwirnen, f) *Scho-
kolade* quirlen, schlagen: **~ed lead** Walz-
blei *n.* **12.** *obs. colloq.* ‚durchwalken‘,
'(durch)prügeln. **III** *v/i* **13.** *obs. colloq.*
raufen, sich prügeln. **14.** *a.* **~ about, ~
around** her'umlaufen, ziellos her'umir-
ren: **~ing crowd** wogende Menge, (Men-
schen)Gewühl *n.* **15.** *tech.* gefräst *od.*
gewalzt werden, sich fräsen *od.* walzen
lassen.
**mill[2]** [mɪl] *s Am.* Tausendstel *n* (*bes.
1/1000 Dollar*).
**mill|bar** *s tech.* Pla'tine *f.* **'~board** *s
tech.* starke Pappe, Pappdeckel *m.* **~
cake** *s* Ölkuchen *m.* **'~course** *s tech.* **1.**
Mühlengerinne *n.* **2.** Mahlgang *m.* **'~
dam** *s* Mühlwehr *n.*
**mil·le·nar·i·an** [ˌmɪlɪ'neərɪən] **I** *adj* **1.**
tausendjährig. **2.** *relig.* das Tausendjäh-
rige Reich (Christi) betreffend. **II** *s* **3.**
*relig.* Chili'ast *m.* **mil·le'nar·i·an-
ism** *s relig.* Chili'asmus *m* (*Glaube an das
Tausendjährige Reich Christi auf Erden*).
**mil·le·nar·y** [mɪ'lenərɪ; *Am.* a. 'mɪlə-
ˌnerɪ:] **I** *adj* aus tausend (Jahren) be-
stehend, von tausend Jahren. **II** *s* →
millennium 1 u. 2.
**mil·len·ni·al** [mɪ'lenɪəl] *adj* **1.** → mil-
lenarian 1 u. 2. **2.** e-e Jahr'tausendfeier
betreffend. **mil'len·ni·um** [-əm] *pl*
**-ni·ums** *od.* **-ni·a** [-ə] *s* **1.** Jahr'tausend
*n.* **2.** Jahr'tausendfeier *f*, Tausend'jahr-
feier *f.* **3.** *relig.* Tausendjähriges Reich
Christi. **4.** *fig.* (zukünftiges) Zeitalter des
Glücks u. Friedens, Para'dies *n* auf Er-
den.
**mil·le·pede** ['mɪlɪpiːd], **'mil·le·ped**
[-ped] *s zo.* Tausendfüß(l)er *m.*
**mill·er** ['mɪlə(r)] *s* **1.** Müller *m:* **to drown
the ~** den Teig *od.* Wein *etc* verwässern
*od.* ‚pan(t)schen‘. **2.** *tech.* a) → milling
machine, b) milling cutter. **3.** *zo.*
Müller *m* (*Motte*).

**mil·ler·ite** ['mɪləraɪt] *s min.* Mille'rit *m.*
**mil·les·i·mal** [mɪ'lesɪml] **I** *adj* (*adv* **~ly**)
**1.** tausendst(er, e, es). **2.** aus Tausend-
steln bestehend. **II** *s* **3.** Tausendstel *n.*
**mil·let** ['mɪlɪt] *s bot.* (*bes.* Rispen)Hirse *f.*
**~ grass** *s bot.* Flattergras *n.*
**milli-** [mɪlɪ] *Wortelement mit der Bedeu-
tung* Tausendstel.
**ˌmil·li'am·me·ter** *s electr.* 'Milli-
amˌpereˌmeter *n.* **ˌmil·li'am·pere** *s
electr.* 'Milliamˌpere *m.*
**mil·li·ard** ['mɪljɑːd] *s Br.* Milli'arde *f.*
**mil·li·ar·y** ['mɪljərɪ; *Am.* -lɪˌerɪ:] *s a.* **~
column** (*römischer*) Meilenstein.
**'mil·li·bar** *s meteor.* Milli'bar *n.* **'mil·li·
cu·rie** *s phys.* Millicu'rie *n.*
**'mil·li·gram**, *bes. Br.* **'mil·li·
gramme** *s* Milli'gramm *n.* **'mil·li·li·
ter**, *bes. Br.* **'mil·li·li·tre** *s* Milli'liter
*m, n.* **'mil·li·me·ter**, *bes. Br.* **'mil·li·
me·tre** *s* Milli'meter *m, n.* **'mil·li·
micron** *s* Milli'mikron *n.*
**mil·li·ner** ['mɪlɪnə(r)] *s* Hut-, Putz-
macherin *f*, Mo'distin *f:* **man ~** a) Putz-
macher *m*, b) *fig.* Kleinigkeitskrämer *m.*
**'mil·li·ner·y** [-ɪnərɪ; *Am.* -əˌnerɪ:] *s*
**1.** Putz-, Modewaren *pl.* **2.** 'Hutsaˌlon *m.*
**mill·ing** ['mɪlɪŋ] *s* **1.** Mahlen *n*, Mülle'rei
*f.* **2.** *tech.* a) Walken *n*, b) Rändeln *n*,
c) Fräsen *n*, d) Walzen *n.* **3.** *colloq.* Tracht
*f* Prügel. **~ cut·ter** *s tech.* Fräser *m*,
Fräswerkzeug *n.* **~ i·ron** *s tech.* Rändel-
eisen *n.* **~ ma·chine** *s tech.* **1.** 'Fräs-
maˌschine *f.* **2.** Rändelwerk *n.* **~ plant** *s
chem.* Pi'lieranlage *f* (*für Seifenerzeu-
gung*). **~ tool** *s tech.* **1.** Fräswerkzeug *n.*
**2.** Rändeleisen *n.*
**mil·lion** ['mɪljən] *s* **1.** Milli'on *f:* **a ~
times** millionenmal; **two ~ men** 2 Mil-
lionen Mann; **by the ~** nach Millionen;
**~s of people** *fig.* e-e Unmasse Men-
schen; **to feel like a ~ dollars** *Am.
colloq.* sich ganz prächtig fühlen. **2. the ~**
die große Masse, das Volk. **ˌmil·lion-
'aire** [-'neə(r)] *s* Milli'onär *m.* **ˌmil·
lion'air·ess** *s* Millio'närin *f.* **'mil·
lion·ar·y** [-nərɪ; *Am.* -ˌnerɪ:] **I** *adj* mil-
li'onenschwer (*Industrielle etc*). **II** *s* →
millionaire. **'mil·lion·fold** [-fəʊld]
*adj u. adv* milli'onenfach. **mil·lion·
naire** *bes. Am. für* millionaire. **'mil-
lionth** [-jənθ] **I** *adj* milli'onst(er, e, es).
**II** *s* Milli'onstel *n.*
**mil·li·pede** ['mɪlɪpiːd] → millepede.
**'mil·li·sec·ond** *s* 'Milliseˌkunde *f.* **'mil·
li·stere** [-stɪə(r)] *s* Milli'ster *n* (*1/1000*
*Ster od. 1 Kubikdezimeter = 61.023 **cubic
inches**). 'mil·li·volt** *s electr. phys.* Mil-
livolt *n.* **'mil·li·volt·me·ter** *s* Milli-
voltmeter *n.*
**'mill|own·er** *s* **1.** Mühlenbesitzer *m.*
**2.** Spinne'rei-, Fa'brikbesitzer *m.* **'~
pond** *s* Mühlteich *m:* (**as) smooth as a ~**
spiegelglatt (*Meer etc*). **'~race** *s tech.*
Mühlgerinne *n.* **'~ream** *s tech.* Ries *n*
Pa'pier (*von 480 Bogen, von denen die zwei
äußeren Bogen schadhaft sind*).
**Mills bomb** [mɪlz], **Mills gre·nade** *s
mil.* 'Eierhandgraˌnate *f.*
**'mill·stone** *s* Mühlstein *m:* **to see
through a ~** *fig.* das Gras wachsen hö-
ren; **to be between the upper and
nether ~** *fig.* zwischen die Mühlsteine
geraten sein, zerrieben werden; **to be a ~
round s.o.'s neck** *fig.* a) j-m ein Klotz
am Bein sein (*Person*), b) j-m am Bein
hängen (*Hypothek etc*). **M~ Grit** *s geol.*
Kohlensandstein *m.*
**'mill·wheel** *s* Mühlrad *n.*
**mil·lom·e·ter** *s* → mileometer.
**milque·toast** ['mɪlkˌtəʊst] *s Am.* unter-
'würfiger *od.* duckmäuserischer Mensch.
**mil·reis** ['mɪlreɪs; *Am.* mɪl'reɪs] *s hist.*
Mil'reis *n:* a) brasilianische Silbermünze
*zu 1000 Reis; bis 1942*, b) portugiesische

*Rechnungsmünze von 1000 Reis; bis 1911.*
**milt[1]** [mɪlt] *s anat.* Milz *f.*
**milt[2]** [mɪlt] *ichth.* **I** *s* Milch *f* (*der männ-
lichen Fische*). **II** *v/t* den Rogen (mit Milch)
befruchten.
**milt·er** ['mɪltə(r)] *s ichth.* Milch(n)er *m*
(*männlicher Fisch zur Laichzeit*).
**Mil·to·ni·an** [mɪl'təʊnɪən], **Mil'ton·ic**
[-'tɒnɪk; *Am.* -'tɑ-] *adj* mil'tonisch, im Stil
Miltons, den englischen Dichter John
Milton (*1608–74*) betreffend.
**mime** [maɪm] **I** *s* **1.** *antiq.* Mimus *m*,
Posse(nspiel *n*) *f.* **2.** Mime *m*, Possen-
spieler *m.* **3.** Possenreißer *m.* **II** *v/t* **4.**
mimisch darstellen. **5.** mimen, nach-
ahmen. **III** *v/i* **6.** als Mime auftreten.
**mim·e·o·graph** ['mɪmɪəgrɑːf;
-ˌɡræf] **I** *s* Mimeo'graph *m* (*Vervielfälti-
gungsapparat*). **II** *v/t* vervielfältigen.
**ˌmim·e·o'graph·ic** [-'ɡræfɪk] *adj* (*adv*
**~ally**) mimeo'graphisch, vervielfältigt.
**mi·me·sis** [mɪ'miːsɪs; maɪ-] *s* **1.** *antiq.
Rhetorik:* Mimesis *f*, Nachahmung *f.* **2.**
a) → mimicry 3, b) *bot.* Nachahmung *f.*
**mi·met·ic** [mɪ'metɪk; maɪ-] *adj* (*adv*
**~ally**) **1.** nachahmend: a) mi'metisch, b)
*contp.* nachäffend, Schein..., c) *ling.* laut-
malend. **2.** *biol.* fremde Formen nach-
bildend.
**mim·ic** ['mɪmɪk] **I** *adj* **1.** mimisch. **2.**
(durch Gebärden) nachahmend. **2.**
Schauspiel...: **~ art** Schauspielkunst *f.* **3.**
nachgeahmt, Schein...: **~ warfare**
Kriegsspiel *n.* **II** *s* **4.** Nachahmer *m*,
Imi'tator *m.* **5.** *obs.* Mime *m*, Schauspie-
ler *m.* **III** *v/t pret u. pp* **'mim·icked,**
*pres p* **'mim·ick·ing 6.** nachahmen,
-äffen. **7.** *bot. zo.* fremde Formen *od.*
Farben *etc* nachahmen. **'mim·ick·er** *s*
Nachahmer *m*, -äffer *m.*
**mim·ic·ry** ['mɪmɪkrɪ] *s* **1.** (possenhaftes)
Nachahmen (*bes. Gebärden*), Nachäf-
fung *f*, Schauspielern *n.* **2.** Nachahmung
*f*, -bildung *f* (*Kunstgegenstand etc*). **3.** *zo.*
Mimikry *f*, Schutztracht *f*, Angleichung *f.*
**mim·i·ny-pim·i·ny** [ˌmɪmɪnɪ'pɪmɪnɪ]
*adj* affek'tiert, geziert, etepe'tete.
**mi·mo·sa** [mɪ'məʊzə; -sə; *Am. a.* maɪ-] *s
bot.* **1.** Mi'mose *f.* **2.** Echte A'kazie.
**min·a·ret** ['mɪnəret; ˌmɪnə'ret] *s arch.*
Mina'rett *n.*
**min·a·to·ry** ['mɪnətərɪ; 'maɪn-; *Am.*
ˌ-ˌtəʊrɪ:; ˌ-ˌtɔ:-] *adj* drohend.
**mince** [mɪns] **I** *v/t* **1.** zerhacken, in kleine
Stücke (zer)schneiden, zerstückeln: **to ~
meat** Fleisch hacken *od.* durchdrehen,
Hackfleisch machen. **2.** *fig.* mildern, be-
mänteln: **to ~ one's words** geziert *od.*
affektiert sprechen; **not to ~ matters**
(*od.* **one's words**) kein Blatt vor den
Mund nehmen. **3.** geziert tun: **to ~ one's
steps** → 5 b. **II** *v/i* **4.** Fleisch, Gemüse *etc*
(klein)schneiden, Hackfleisch machen.
**5.** a) sich geziert benehmen, b) geziert
gehen, trippeln. **III** *s* **6.** *bes. Br. für*
mincemeat **1.** **'~meat** *s* **1.** Hackfleisch
*n*, Gehacktes *n:* **to make ~ of** *fig.* a) ‚aus
j-m Hackfleisch machen‘, b) *ein Argu-
ment, Buch etc* ‚(in der Luft) zerreißen‘.
**2.** Pa'stetenfüllung *f* (*aus Korinthen, Äp-
feln, Rosinen, Zucker, Hammelfett,
Rum etc und ohne Fleisch*). **~ pie** *s* mit
mincemeat gefüllte Pastete.
**minc·er** ['mɪnsə(r)] → mincing ma-
chine.
**minc·ing** ['mɪnsɪŋ] *adj* (*adv* **~ly**) **1.** zer-
kleinernd, Hack... **2.** geziert, affek'tiert. **~
ma·chine** *s* 'Hackmaˌschine *f*, Fleisch-
wolf *m.*
**mind** [maɪnd] **I** *s* **1.** Sinn *m*, Gemüt *n*,
Herz *n:* **to have s.th. on one's ~** etwas
auf dem Herzen haben; **it was a weight
off my ~** mir fiel ein Stein vom Herzen;
**that might take his ~ off his worries**
das lenkt ihn vielleicht von s-n Sorgen

ab. **2.** Seele *f*, Verstand *m*, Geist *m*: before one's ~'s eye vor s-m geistigen Auge; to see s.th. in one's ~'s eye etwas im Geiste vor sich sehen; to be of sound ~, to be in one's right ~ bei (vollem) Verstand sein; anybody in his right ~ jeder halbwegs Normale; it is all in the ~ das ist rein seelisch bedingt *od.* reine Einbildung (*Krankheit etc*); of sound ~ and memory *jur.* im Vollbesitz s-r geistigen Kräfte; to be out of one's ~ nicht (recht) bei Sinnen sein, verrückt sein; to lose one's ~ den Verstand verlieren; to close (*od.* shut) one's ~ to s.th. sich gegen etwas verschließen; to have an open ~ unvoreingenommen sein; to cast back one's ~ sich zurückversetzen (to nach, in *acc*); to enter s.o.'s ~ j-m in den Sinn kommen; to give (*od.* put, set) one's ~ to s.th. sich mit e-r Sache befassen, sich e-r Sache widmen; to pay no ~ to nicht achten auf (*acc*); to put s.th. out of one's ~ sich etwas aus dem Kopf schlagen; to read s.o.'s ~ j-s Gedanken lesen; it slipped my ~ es ist mir entfallen; → presence 1. **3.** Geist *m* (*a. philos.*): the human ~; things of the ~ geistige Dinge; history of the ~ Geistesgeschichte *f*; his is a fine ~ er hat e-n feinen Verstand, er ist ein kluger Kopf; one of the greatest ~s of his time *fig.* e-r der größten Geister s-r Zeit; (the triumph of) ~ over matter der Sieg des Geistes über die Materie. **4.** Meinung *f*, Ansicht *f*: in (*od.* to) my ~ a) m-r Ansicht nach, m-s Erachtens, b) nach m-m Sinn *od.* Geschmack; to be of s.o.'s ~ j-s Meinung sein; to change one's ~ sich anders besinnen; to speak one's ~ (freely) s-e Meinung frei äußern; to give s.o. (*od.* bit) of one's ~ j-m gründlich die Meinung sagen; to know one's own ~ wissen, was man will; to be in two ~s about s.th. mit sich selbst über etwas nicht einig sein; there can be no two ~s about it darüber kann es keine geteilte Meinung geben; many men, many ~s viele Köpfe, viele Sinne. **5.** Neigung *f*, Lust *f*, Absicht *f*: to have (half) a ~ to do s.th. (nicht übel) Lust haben, etwas zu tun; to have s.th. in ~ a) sich wohl erinnern (that daß), b) etwas im Sinne haben; I have you in ~ ich denke (dabei) an dich; to have it in ~ to do s.th. beabsichtigen, etwas zu tun; to make up one's ~ a) sich entschließen, e-n Entschluß fassen, b) zu dem Schluß *od.* zu der Überzeugung kommen (that daß), sich klarwerden (about über *acc*); I can't make up your ~! du mußt d-e Entscheidung(en) schon selbst treffen! **6.** Erinnerung *f*, Gedächtnis *n*: to bear (*od.* keep) s.th. in ~ (immer) an e-e Sache denken, etwas nicht vergessen, etwas bedenken; to bring back (*od.* call) s.th. to ~ a) etwas ins Gedächtnis zurückrufen, an e-e Sache erinnern, b) sich etwas ins Gedächtnis zurückrufen, sich an e-e Sache erinnern; to put s.o. in ~ of s.th. j-n an etwas erinnern; nothing comes to ~ nichts fällt e-m (dabei) ein; time out of ~ seit *od.* vor undenklichen Zeiten. **7.** *Christian Science*: Gott *m*.

**II** *v/t* **8.** merken, beachten, achtgeben *od.* achten auf (*acc*): ~ you write *colloq.* denk daran (*od.* vergiß nicht) zu schreiben. **9.** achtgeben auf (*acc*), sich hüten vor (*dat*): ~ the step! Achtung Stufe!; ~ your head! stoß dir den Kopf nicht an!; → step 1, 7, 9. **10.** sorgen für, sehen nach: to ~ the fire nach dem Feuer sehen; to ~ the children sich um die Kinder kümmern, die Kinder hüten *od.* beaufsichtigen; ~ your own business! kümmere dich um d-e eigenen Dinge!; never ~

---

him! kümmere dich nicht um ihn!; don't ~ me! lassen Sie sich durch mich nicht stören! **11.** etwas haben gegen, es nicht gern sehen *od.* mögen, sich stoßen an (*dat*): do you ~ my smoking? haben Sie etwas dagegen, wenn ich rauche?; would you ~ coming? würden Sie so freundlich sein zu kommen?; I don't ~ it ich habe nichts dagegen, meinetwegen, von mir aus (gern); I should not ~ a drink ich wäre nicht abgeneigt, etwas zu trinken. **12.** *obs.* a) erinnern (of an *acc*), b) sich erinnern an (*acc*).

**III** *v/i* **13.** achthaben, aufpassen, bedenken: ~ (you)! a) wohlgemerkt!, b) sieh dich vor!; never ~! laß es gut sein!, es hat nichts zu sagen!, macht nichts!, schon gut! (→ 14). **14.** etwas dagegen haben: I don't ~ ich habe nichts dagegen, meinetwegen, von mir aus (gern); I don't ~ if I do *colloq.* a) ja, ganz gern *od.* ich möchte schon, b) ich bin so frei; he ~s a great deal er ist allerdings dagegen, es macht ihm sehr viel aus, es stört ihn schon; never ~! macht dir nichts draus! (→ 13). **15.** ~ out *Br.* aufpassen (for auf *acc*).

**'mind|-₁bend-er** *s sl.* **1.** bewußtseinsverändernde Droge. **2.** j-d, der bewußtseinsverändernde Drogen nimmt. **3.** ,harte Nuß', schwieriges Pro'blem. **4.** j-d, der sich auf sub'tile Beeinflussung versteht. **'~₁bend-ing** *adj sl.* **1.** bewußtseinsverändernd (*Droge*). **2.** nahezu unfaßbar *od.* unverständlich. **'~-blow** *v/t irr sl. j-n* ,vom Stuhl hauen'. **~ blow-er** *s sl.* → mind-bender 1, 2. **'~blow-ing** *adj sl.* **1.** → mind-bending 1. **2.** → mind-boggling. **'~₁bog-gling** *adj sl.* 'umwerfend, ,irr', ,toll'. **~ cure** *s* psychothera'peutische Behandlung. **~ doctor** *s* Psychi'ater *m*.

**mind-ed** ['maɪndɪd] *adj* **1.** geneigt, gesonnen: if you are so ~ wenn das d-e Absicht ist. **2.** *bes. in Zssgn* a) ...gesinnt, mit *od.* von er ... Gesinnung zu, ... geneigt: → evil-minded, *etc*) konventionell, international *etc* denkend: internationally ~, c) religiös, technisch *etc* veranlagt: mechanically ~, d) ...begeistert, interes'siert an (*dat*): → air-minded, *etc.* **'mind-ed-ness** *s in Zssgn* a) Gesinnung *f*, Neigung *f*: → evil-mindedness, *etc*, b) Begeisterung *f*: → air-mindedness, *etc*.

**Min-del** ['mɪndl] *geol.* **I** *s* Mindeleiszeit *f*. **II** *adj* Mindel... : ~ time → I.

**mind-er** ['maɪndə(r)] *s* **1.** Aufseher *m*, Wärter *m*: machine ~ Maschinenwart *m.* **2.** *Br. hist.* (armes) Kost- *od.* Pflegekind.

**'mind|-ex₁pand-er** *s* bewußtseinserweiternde Droge. **'~-ex₁pand-ing** *adj* bewußtseinserweiternd (*Droge*).

**'mind-ful** *adj* (*adv* ~ly) **1.** aufmerksam, achtsam: to be ~ of achten auf (*acc*). **2.** eingedenk (of *gen*): to be ~ of denken an (*acc*). **'mind-ful-ness** *s* Achtsamkeit *f*, Aufmerksamkeit *f*.

**mind-less** ['maɪndlɪs] *adj* (*adv* ~ly) **1.** (of) unbekümmert (um), ohne Rücksicht (auf *acc*), uneingedenk (*gen*). **2.** gedankenlos, blind. **3.** geistlos, ohne Intelli'genz. **4.** unbeseelt.

**mind| read-er** *s* Gedankenleser(in): I'm not a ~! ich kann doch keine Gedanken lesen! **~ read-ing** *s* Gedankenlesen *n*.

**mine¹** [maɪn] **I** *pron* der, die, das meinige *od.* meine: it is ~ es ist mein, es gehört mir; what is ~ was mir gehört, das Meinige; a friend of ~ ein Freund von mir; me and ~ ich u. die Mein(ig)en. **II** *adj poet. od. obs.* (statt my vor mit Vokal *od.* h anlautenden Wörtern) mein: ~ eyes; ~ host (der) Herr Wirt.

**mine²** [maɪn] **I** *v/i* **1.** mi'nieren. **2.** schür-

---

fen, graben (for nach). **3.** sich eingraben (*Tiere*). **II** *v/t* **4.** Erz, Kohlen abbauen, gewinnen. **5.** graben in (*dat*): to ~ the earth for ore nach Erz schürfen. **6.** *mar. mil.* a) verminen, b) mi'nieren. **7.** *fig.* unter'graben, untermi'nieren. **8.** ausgraben. **III** *s* **9.** *oft pl tech.* Mine *f*, Bergwerk *n*, Zeche *f*, Grube *f*. **10.** *mar. mil.* Mine *f*: to spring a ~ e-e Mine springen lassen (*a. fig.*). **11.** *fig.* Fundgrube *f* (of an *dat*): a ~ of information. **12.** *biol.* Mine *f*. ~ **bar-ri-er** *s mil.* Minensperre *f.* ~ **bomb** *s mil.* Minenbombe *f.* ~ **car** *s tech.* Gruben-, Förderwagen *m*, Hund *m.* ~ **cham-ber** *s mil. tech.* Sprengkammer *f.* ~ **de-tec-tor** *s mil.* Minensuchgerät *n.* ~**dis-as-ter** *s* Grubenunglück *n.* ~ **fan** *s tech.* 'Wetter₁schine *f*, 'Grubenventi₁lator *m.* '~**field** *s mil.* Minenfeld *n.* ~ **fire** *s tech.* Grubenbrand *m.* ~ **fore-man** *s irr* Obersteiger *m.* ~ **gal-ler-y** *s mil.* Minenstollen *m.* ~ **gas** *s* **1.** → methane. **2.** *tech.* Grubengas *n*, schlagende Wetter *pl.* ~ **hunt-er** *s mar. mil.* Minensuchboot *n.* ~**lay-er** *s mar. mil.* Minenleger *m*: cruiser ~ Minenkreuzer *m.*

**min-er** ['maɪnə(r)] *s* **1.** *tech.* Bergarbeiter *m*, -knappe *m*, -mann *m*, Grubenarbeiter *m*, Kumpel *m*: ~s' association Knappschaft *f*; ~'s lamp Grubenlampe *f*; ~'s lung *med.* (Kohlen)Staublunge *f.* **2.** *mar. mil.* Mi'neur *m*, Minenleger *m.*

**min-er-al** ['mɪnərəl] **I** *s* **1.** *chem. med. min.* Mine'ral *n.* **2.** *pl* Grubengut *n.* **3.** *min. colloq.* Erz *n.* **4.** *bes. pl Br.* Mine'ralwasser *n.* **II** *adj* **5.** mine'ralisch, Mineral... **6.** *chem.* 'anor₁ganisch. ~ **blue** *s min.* Bergblau *n.* ~ **car-bon** *s min. tech.* Gra'phit *m.* ~ **coal** *s min.* Steinkohle *f.* ~ **col-o(u)r** *s tech.* Erd-, Mine'ralfarbe *f.* ~ **de-pos-it** *s geol.* Erzlagerstätte *f.*

**min-er-al-i-za-tion** [₁mɪnərəlaɪ'zeɪʃn; *Am.* -lə'z-] *s* **1.** *geol. min.* Mineralisati'on *f*, Mine'ralbildung *f*, Vererzung *f.* **2.** *med.* Verkalkung *f* (*des Skeletts*). **'min-er-al-ize I** *v/t geol.* **1.** vererzen. **2.** minerali'sieren, in ein Mine'ral verwandeln, versteinern. **3.** mit 'anor₁ganischem Stoff durch'setzen. **II** *v/i* **4.** nach Mine'ralien suchen.

**min-er-al jel-ly** *s chem.* Vase'line *f.*

**min-er-al-og-i-cal** [₁mɪnərə'lɒdʒɪkl; *Am.* -'lɑ-] *adj* minera'logisch. **₁min-er-'al-o-gist** [-'rælədʒɪst] *s* Minera'loge *m.* **₁min-er-'al-o-gy** [-dʒɪ] *s* Mineralo'gie *f.*

**min-er-al| oil** *s chem.* Mine'ral-, Erdöl *n*, Pe'troleum *n.* ~ **pitch** *s tech.* As'phalt *m.* ~ **spring** *s* Mine'ralquelle *f*, Heilbrunnen *m.* ~ **vein** *s* Mine'ralgang *m*, Erzader *f.* ~ **wa-ter** *s* Mine'ralwasser *n.* ~ **wax** *s min. tech.* Ozoke'rit *m*, Berg-, Erdwachs *n.*

**mine| sur-vey** *s tech.* Gruben(ver)messung *f*, Markscheidung *f.* ~**sur-vey-or** *s tech.* Markscheider *m.* ~ **sweep-er** *s mar. mil.* Minenräum-, Minensuchboot *n*, Minenräumer *m.*

**min-e-ver** → miniver.

**min-gle** ['mɪŋgl] **I** *v/i* **1.** verschmelzen, sich vermischen, sich vereinigen, sich verbinden (with mit): with ~d feelings mit gemischten Gefühlen. **2.** a) sich (ein)mischen (in in *acc*), b) sich mischen (among, with unter *acc*): to ~ with the crowd; to ~ with politicians mit Politikern verkehren. **II** *v/t* **3.** vermischen, -mengen. **4.** vereinigen. **'~₁man-gle** [-₁mæŋgl] **I** *v/t* durcheinanderwerfen, vermengen. **II** *s* Mischmasch *m*, ,Kuddelmuddel' *m, n.*

**min-gy** ['mɪndʒɪ] *adj colloq.* geizig.

**mini-** [mɪnɪ] *Wortelement mit der Bedeutung* Mini..., Klein(st)...

**min-i** ['mɪnɪ] **I** *s* **1.** Minimode *f*: to wear

~ mini tragen. **2.** a) Minimantel *m*, b) Minikleid *n*, c) Minirock *m*. **3.** Kleinstwagen *m*. **II** *adj* **4.** Mini...: ~ **coat**, *etc* → **minicoat**, *etc*.

**min·i·ate** ['mɪnɪeɪt] *v/t* **1.** (*mit Mennige*) rot färben. **2.** *ein Buch* illumi'nieren.

**min·i·a·ture** ['mɪnətʃə(r); *Am. a.* 'mɪni:əˌtʃʊər] **I** *s* **1.** Minia'tur(gemälde *n*) *f*. **2.** *fig.* Minia'turausgabe *f*: in ~ → **5.** **3.** Minia'tur *f* (*Schachproblem, das aus höchstens 7 Figuren gefügt ist*). **4.** kleine Ordensschnalle. **II** *adj* **5.** Miniatur..., im kleinen, 'im 'Westentaschenfor,mat', en minia'ture: ~ **golf** Minigolf *n*; ~ **grand** *mus.* Stutzflügel *m*; ~ **painting** *print. hist.* Buchmalerei *f*; ~ **railway** (*Am.* railroad) Liliput(eisen)bahn *f*; ~ **score** *mus.* Studien-, Taschenpartitur *f*; ~ **valve** *electr.* Liliputröhre *f*. ~ **cam·er·a** *s phot.* Kleinbildkamera *f*.

**min·i·a·tur·ist** ['mɪnətjʊərɪst; *Am. a.* 'mɪni:əˌtʃʊərəst] *s* **1.** *print. hist.* Mini'ator *m*, Buchmaler *m*. **2.** Minia'turenmaler *m*.

**min·i·a·tur·i·za·tion** [ˌmɪnətʃərəɪ'zeɪʃn; *Am.* ˌmɪni:əˌtʃʊrə'z-] *s tech.* Miniaturi'sierung *f*. **'min·i·a·tur·ize** *v/t* *elektronische Elemente etc* miniaturi-'sieren.

**'min·i·bus** *s* Kleinbus *m*. **'~cab** Minicar *m* (*Kleintaxi*).

**min·i·cam** ['mɪnɪkæm], **'min·i,cam·er·a** *abbr. für* miniature camera.

**'min·i·car** *s* Kleinstwagen *m*. **'~coat** *s* Minimantel *m*. **~com'put·er** *s electr.* 'Klein-, 'Minicom,puter *m*. **'~dress** *s* Minikleid *n*.

**min·i·fy** ['mɪnɪfaɪ] *v/t* vermindern.

**min·i·kin** ['mɪnɪkɪn] **I** *adj* **1.** affek'tiert, geziert. **2.** winzig, zierlich. **II** *s* **3.** kleine Stecknadel. **4.** → minim 2.

**min·im** ['mɪnɪm] **I** *s* **1.** *mus.* halbe Note. **2.** (*etwas*) Winziges, Zwerg *m*, Knirps *m*. **3.** *pharm.* 1/60 Drachme *f* (*Apothekergewicht*). **4.** *Kalligraphie:* Grundstrich *m*: ~ **letters** Buchstaben mit Grundstrich (*z. B. m, n*). **5.** M~ *pl relig.* Mi'nimen *pl*, Pau'laner *pl* (*ein Bettelorden*). **II** *adj* **6.** winzig.

**min·i·ma** ['mɪnɪmə] *pl von* minimum.

**min·i·mal** ['mɪnɪml] → minimum II. ~ **art** *s* Minimal art *f* (*auf elementare Formen reduzierte Kunstrichtung*). **~art·ist** *s* Vertreter(in) der Minimal art.

**min·i·mal·ism** ['mɪnɪməlɪzəm] → minimal art. **'min·i·mal·ist** *s* Minima'list(in).

**'min·i,mind·ed** *adj* geistlos.

**min·i·mize** ['mɪnɪmaɪz] *v/t* **1.** auf das Mindestmaß her'absetzen, möglichst gering halten: **to ~ a loss. 2.** als geringfügig 'hinstellen, bagatelli'sieren, ,her'unterspielen': **to ~ s.o.'s achievements.**

**min·i·mum** ['mɪnɪməm] **I** *pl* **-ma** [-mə] *s* Minimum *n*: a) Mindestmaß *n*, -betrag *m*, -wert *m*, b) *math.* kleinster Abso'lutwert (*e-r Funktion*): **at a ~** auf dem Tiefststand; **with a ~ of effort** mit e-m Minimum an *od.* von Anstrengung. **II** *adj* mini'mal, Minimal..., mindest(er, e, es), Mindest..., kleinst(er, e, es), geringst(er, e, es): ~ **age** Mindestalter *n*; ~ **capacity** *electr.* a) Minimumkapazität *f*, b) Anfangskapazität *f* (*e-s Drehkondensators*); ~ **lending rate** *econ. Br.* Diskontsatz *m*; ~ **output** *tech.* Leistungsminimum *n*; ~ **price** Mindestpreis *m*; ~ **taxation** *econ.* Steuermindestsatz *m*; ~ **value** a) *math.* Kleinst-, Mindest-, Minimal-, Minimumwert *m*, b) *a.* ~ **value of response** *tech.* Ansprechwert *m*; ~ **wage** *econ.* Mindestlohn *m*.

**min·i·mus** ['mɪnɪməs] (*Lat.*) *adj ped. Br.* der jüngste (*von mehreren Brüdern an e-r Schule*): **Miller ~.**

**min·ing** ['maɪnɪŋ] *tech.* **I** *s* Bergbau *m*,

---

Bergwerk(s)betrieb *m*, Bergwesen *n*. **II** *adj* Bergwerks..., Berg(bau)..., Montan...: ~ **academy** Bergakademie *f*; ~ **claim** a) Grubenfeld *n*, b) Mutungsrecht *n*; ~ **disaster** Grubenunglück *n*; ~ **law** Bergrecht *n*; ~ **partnership** Abbaugesellschaft *f*; ~ **share** (*Am.* stock) Kux *m*, Bergwerksaktie *f*. ~ **en·gi·neer** *s econ.* 'Bergingeni,eur *m*. ~ **in·dus·try** *s* Bergbau *m*.

**min·ion** ['mɪnjən] *s* **1.** Günstling *m*, Favo'rit *m*. **2.** *contp.* La'kai *m*, Speichellecker *m*: ~ **of the law** *oft humor.* Gesetzeshüter *m*. **3.** *print.* Kolo'nel *f* (*Schriftgrad*): **double ~** Mittelschrift *f*.

**'min·i·pill** *s med.* Minipille *f*. **'~ski** *s* Kurzski *m*. **'~skirt** *s* Minirock *m*. **'~state** *s pol.* Zwergstaat *m*.

**min·is·ter** ['mɪnɪstə(r)] **I** *s* **1.** *relig.* Geistliche(r) *m*, Pfarrer *m* (*bes. e-r Dissenterkirche*). **2.** *pol. bes. Br.* Mi'nister *m*: **M~ of the Crown** (Kabinetts)Minister *m*; **M~ of Foreign Affairs** Minister des Äußeren, Außenminister; **M~ of Labour** Arbeitsminister; ~ **of state** Staatsminister. **3.** *pol.* Gesandte(r) *m*: ~ **plenipotentiary** bevollmächtigter Minister; ~ **resident** Ministerresident *m*. **4.** *fig.* Diener *m*, Werkzeug *n*. **II** *v/t* **5.** darbieten, -reichen: **to ~ the sacraments** *relig.* die Sakramente spenden. **III** *v/i* **6.** (**to**) behilflich *od.* dienlich sein (*dat*), helfen (*dat*), unter'stützen (*acc*): **to ~ to the wants of others** für die Bedürfnisse anderer sorgen. **7.** *fig.* (**to**) dienlich sein (*dat*), fördern (*acc*), beitragen (zu). **8.** als Diener *od.* Geistlicher wirken.

**min·is·te·ri·al** [ˌmɪnɪ'stɪərɪəl] *adj* (*adv* **~ly**) **1.** amtlich, Verwaltungs...: ~ **officer** Verwaltungs-, Exekutivbeamte(r) *m*. **2.** *relig.* geistlich. **3.** *pol. bes. Br.* ministeri'ell, Ministerial..., Minister...: ~ **benches** Ministerbänke. **4.** *pol. bes. Br.* Regierungs...: ~ **bill** Regierungsvorlage *f*. **min·is·te·ri·al·ist** *s pol. bes. Br.* Ministeri'elle(r) *m*, Anhänger *m* der Re-'gierung.

**min·is·trant** ['mɪnɪstrənt] **I** *adj* **1.** (**to** *dat*) dienend, dienstbar. **II** *s* **2.** Diener(in). **3.** *relig.* Mini'strant *m*. **min·is'tra·tion** [-'streɪʃn] *s* Dienst *m* (**to an** *dat*), bes. kirchliches Amt, Pfarrtätigkeit *f*. **'min·is·tra·tive** [-strətɪv; *Am.* -ˌstreɪ-] *adj* **1.** dienend, helfend. **2.** *relig.* mini'strierend.

**min·is·try** ['mɪnɪstrɪ] *s* **1.** *relig.* geistliches Amt. **2.** *pol. bes. Br.* a) Mini'sterium *m* (*a. Amtsdauer u. Gebäude*), b) Mi'nisterposten *m*, -amt *n*, c) Re'gierung *f*, Kabi'nett *n*. **3.** *pol.* Amt *n* e-s Gesandten. **4.** *relig.* Geistlichkeit *f*.

**'min·i·track** *s Verfolgen e-s Satelliten in s-r Bahn mittels der von ihm ausgesandten Signale.*

**min·i·um** ['mɪnɪəm] *s* **1.** → vermilion. **2.** *chem. min.* Mennige *f*.

**min·i·ver** ['mɪnɪvə(r)] *s* Grauwerk *n*, Feh *n* (*Pelz*).

**mink** [mɪŋk] *s* **1.** *zo.* Mink *m*, Amer. Nerz *m*. **2.** Nerz(fell *n*) *m*. **'mink·er·y** [-əri] *s Am.* Nerz(zucht)farm *f*.

**min·ne·sing·er** ['mɪnɪˌsɪŋə(r)] *s hist.* Minnesänger *m*. **'min·ne·song** *s* Minnesang *m*.

**min·now** ['mɪnəʊ] *s* **1.** *ichth.* Elritze *f*. **2.** *mar. Am. sl.* 'Aal' *m* (*Torpedo*). **3.** *fig.* unbedeutender Mensch: **to be a ~** ein Niemand sein.

**Mi·no·an** [mɪ'nəʊən; *Am. a.* maɪ-] *adj* mi'noisch.

**mi·nor** ['maɪnə(r)] **I** *adj* **1.** a) kleiner, geringer, b) klein, unbedeutend, geringfügig, c) 'untergeordnet (*a. philos.*): ~ **casualty** *mil.* Leichtverwundete(r) *m*; ~ **league** *sport Am.* untere Spielklasse; ~

---

**offence** (*Am.* offense) *jur.* leichtes Vergehen, Übertretung *f*; ~ **part** *thea. etc* kleinere Rolle; ~ **party** *pol.* kleine Partei; ~ **premise** → 8; **the M~ Prophets** *Bibl.* die kleinen Propheten; ~ **sentence** *ling.* unvollständiger Satz; ~ **shareholder** (*bes. Am.* stockholder) *econ.* Kleinaktionär *m*; ~ **subject** → 10; ~ **suit** (*Bridge*) geringere Farbe (*Karo od. Kreuz*); ~ **surgery** *med.* kleine Chirurgie; **of ~ importance** von zweitrangiger Bedeutung; → **operation** 9. **2.** Neben..., Hilfs..., Unter...: ~ **axis** *math. tech.* kleine Achse, Halb-, Nebenachse *f*; ~ **determinant** *math.* Minor *f*, Unterdeterminante *f*; **a ~ group** e-e Untergruppe. **3.** *jur.* minderjährig. **4.** *ped. Br.* jünger: **Smith ~** Smith der Jüngere. **5.** *mus.* a) klein (*Terz etc*), b) Moll...: **C ~** c-moll; ~ **key** Moll(tonart *f*) *n*; **in a ~ key** *fig.* a) gedämpft, b) im kleinen; ~ **mode** Mollgeschlecht *n*; ~ **scale** Molltonleiter *f*. **II** *s* **6.** *jur.* Minderjährige(r *m*) *f*. **7.** *mus.* a) Moll *n*, b) 'Mollak,kord *m*, c) Molltonart *f*. **8.** *philos.* 'Untersatz *m*. **9.** M~ *relig.* → Minorite. **10.** *ped. Am.* Nebenfach *n*. **III** *v/i* **11.** ~ **in** *ped. Am.* als *od.* im Nebenfach stu'dieren: **to ~ in geography**.

**Mi·nor·ite** ['maɪnəraɪt] *s relig.* Mino'rit *m*, Franzis'kaner *m*.

**mi·nor·i·ty** [maɪ'nɒrətɪ; mɪ-; *Am. a.* -ˈnɑ-] *s* **1.** *jur.* Minderjährigkeit *f*, Unmündigkeit *f*: **he is still in his ~** er ist noch minderjährig. **2.** Minori'tät *f*, Minderheit *f*, -zahl *f*: ~ **government** *pol.* Minderheitsregierung *f*; ~ **group** *pol. sociol.* Minderheitsgruppe *f*; ~ **leader** *parl. Am.* Fraktionsführer *m* der Minderheitspartei; ~ **party** *pol.* Minderheitspartei; ~ **shareholder** (*bes. Am.* stockholder) *econ.* Minderheitsaktionär *m*; **you are in a ~ of one** du stehst allein gegen alle anderen; **to be in the** (*od.* a) ~ in der Minderheit *od.* Minderzahl sein.

**Min·o·taur** ['maɪnətɔː(r); 'mɪn-] *npr antiq.* Mino'taurus *m*.

**min·ster** ['mɪnstə(r)] *s relig.* **1.** Klosterkirche *f*. **2.** Münster *n*, Kathe'drale *f*.

**min·strel** ['mɪnstrəl] *s* **1.** *mus. hist.* a) Spielmann *m*, b) Minnesänger *m*. **2.** *poet.* Sänger *m*, Dichter *m*. **3.** *Varietékünstler* (*bes. Sänger*), der als Neger geschminkt auftritt. **'min·strel·sy** [-sɪ] *s* **1.** Musi'kantentum *n*. **2.** a) Spielmannskunst *f*, -dichtung *f*, b) Minnesang *m*, -dichtung *f*, c) *poet.* Dichtkunst *f*. **3.** Spielleute *pl*.

**mint** [mɪnt] *s* **1.** *bot.* Minze *f*: ~ **camphor** *pharm.* Menthakampfer *m*, Menthol *n*; ~ **julep** → julep 2; ~ **sauce** (saure) Minzsoße. **2.** 'Pfefferminz(li,kör) *m*.

**mint** [mɪnt] **I** *s* **1.** Münze *f*: a) Münzstätte *f*, -anstalt *f*, b) Münzamt *n*: ~ **mark** Münzzeichen *n*; ~ **stamp** Münzgepräge *n*; **master of the ~**, ~-**master** (Ober-)Münzmeister *m*; ~ **par of exchange** *econ.* Münzpari *n*; ~ **price** Münzfuß *m*, Prägewert *m*; **fresh from the ~** frischgeprägt. **2.** *fig. colloq.* 'Heidengeld' *n*: **to earn** (**make**) **a ~.** **II** *adj* **3.** (wie) neu, tadellos erhalten, unbeschädigt (*von Briefmarken, Büchern etc*): **in ~ condition.** **III** *v/t* **4.** Geld münzen, schlagen, prägen. **5.** *fig. Wort* prägen.

**mint·age** ['mɪntɪdʒ] *s* **1.** Münzen *n*, Prägung *f* (*a. fig.*). **2.** (*das*) Geprägte, Geld *n*. **3.** Prägegebühr *f*. **4.** a) Münzgepräge *n*, b) *fig.* Gepräge *n*.

**min·u·end** ['mɪnjʊend] *s math.* Mi'nuend *m*.

**min·u·et** [ˌmɪnjʊ'et] *s mus.* Menu'ett *n*.

**mi·nus** ['maɪnəs] **I** *prep* **1.** *math.* minus, weniger, abzüglich. **2.** *colloq.* ohne: ~ **his hat**; *after the fight* **he was ~ a front tooth** fehlte ihm ein Schneidezahn. **II** *adv* **3.**

minus, unter null (*Temperatur*). **III** *adj* **4.** Minus..., negativ: ~ amount Fehlbetrag *m*; ~ quantity → 8; ~ reaction negative Reaktion; ~ sign → 7. **5.** *colloq.* schlecht: his manners are definitely ~. **6.** *bot.* minusgeschlechtig. **IV** *s* **7.** Minus(zeichen) *n*. **8.** *math.* negative Größe. **9.** Minus *n*, Mangel *m*.

**mi·nus·cule** [ˈmɪnəskjuːl; mɪˈnʌs-; *Am.* *a.* -maɪn-] **I** *s* **1.** Mi'nuskel *f*, kleiner (Anfangs)Buchstabe. **2.** Karo'lingische Mi'nuskel. **II** *adj* **3.** Minuskel... **4.** winzig.

**min·ute**[1] [ˈmɪnɪt] **I** *s* **1.** Mi'nute *f*: for a ~ e-e Minute (lang); ~ hand Minutenzeiger *m* (*e-r Uhr*); ~ steak Minutensteak *n*; to the ~ auf die Minute (genau); (up) to the ~ *fig.* hypermodern; I won't be a ~ ich bin gleich wieder da. **2.** Augenblick *m*: in a ~ sofort; just a ~! Moment mal!; come this ~! komm sofort!; the ~ that sobald. **3.** *econ.* a) Kon'zept *n*, kurzer Entwurf, b) No'tiz *f*, Memo'randum *n*, Proto'kolleintrag *m*; ~ book Protokollbuch *n*. **4.** *pl jur. pol.* (ˈSitzungs)Proto,koll *n*, Niederschrift *f*: (the) ~s of the proceedings (das) Verhandlungsprotokoll; to keep the ~s das Protokoll führen. **5.** *astr. math.* Mi'nute *f* (60. *Teil e-s Kreisgrades*): ~ of arc *math.* Bogenminute. **6.** *arch.* Mi'nute *f* (60. *Teil e-s Säulendurchmessers an der Basis*). **II** *v/t* **7.** a) entwerfen, aufsetzen, b) no'tieren, protokol'lieren, zu Proto'koll nehmen. **8.** mitstoppen, die Zeit (*gen*) nehmen: to ~ a match.

**mi·nute**[2] [maɪˈnjuːt; mɪ-; *Am.* *a.* -ˈnuːt] *adj* **1.** sehr *od.* ganz klein, winzig: ~ differences; in the ~st details in den kleinsten Einzelheiten. **2.** *fig.* unbedeutend, geringfügig. **3.** sorgfältig, sehr *od.* peinlich genau, minuzi'ös: a ~ report.

**min·ute·ly**[1] [ˈmɪnɪtlɪ] **I** *adj* jede Mi'nute geschehend, Minuten... **II** *adv* jede Mi'nute, von Minute zu Minute, im Mi'nutenabstand.

**mi·nute·ly**[2] [maɪˈnjuːtlɪ; mɪ-; *Am.* *a.* -ˈnuːt-] *adv von* **minute**[2].

**min·ute·man** [ˈmɪnɪtˌmæn] *s irr Am. hist.* Freiwilliger *im amer. Unabhängigkeitskrieg, der sich zu unverzüglichem Heeresdienst bei Abruf verpflichtete.*

**mi·nute·ness** [maɪˈnjuːtnɪs; mɪ-; *Am.* *a.* -ˈnuːt-] *s* **1.** Kleinheit *f*, Winzigkeit *f*. **2.** peinliche Genauigkeit.

**mi·nu·ti·a** [maɪˈnjuːʃɪə; mɪ-; *Am.* *a.* -ˈnuː-] *pl* **-ti·ae** [-ʃiː; *Am.* *a.* -ˌaɪ] (*Lat.*) *s* (kleinste) Einzelheit, De'tail *n*.

**minx** [mɪŋks] *s* (kleines) ,Biest'.

**Mi·o·cene** [ˈmaɪəsiːn] *geol.* **I** *s* Mio'zän(peri,ode *f*) *n*. **II** *adj* mio'zän, Miozän...

**mir·a·cle** [ˈmɪrəkl] *s* **1.** Wunder *n* (*a. fig.*), 'überna,türliches Ereignis, Wunderwerk *n*, -tat *f*: economic ~ Wirtschaftswunder *n*; ~ man, ~worker Wundertäter *m*; ~ drug *med.* Wundermittel *n*; a ~ of skill *fig.* ein Wunder an Geschicklichkeit; to a ~ überraschend gut, ausgezeichnet; to work (*od.* perform) ~s Wunder tun wirken; I can't work ~s! ich kann doch nicht hexen *od.* zaubern!; it would be a ~ if es wäre ein Wunder, wenn; the age of ~s is not past! *bes. humor.* Wunder über Wunder! **2.** Wunderkraft *f*. **3.** *a.* ~ play *hist.* Mi'rakel(spiel) *n*.

**mi·rac·u·lous** [mɪˈrækjʊləs] **I** *adj* **1.** 'überna,türlich, wunderbar, Wunder...: ~ cure Wunderkur *f*. **2.** *fig.* wunderbar, erstaunlich, unglaublich. **3.** (*das*) Wunderbare. **mi·rac·u·lous·ly** *adv* **1.** (wie) durch ein Wunder. **2.** wunderbar(erweise), erstaunlich(erweise). **mi·rac·u·lous·ness** *s* (*das*) Wunderbare.

**mi·rage** [ˈmɪrɑːʒ; *Am.* məˈrɑːʒ] *s* **1.** *phys.* Luftspiegelung *f*, Fata Mor'gana *f*. **2.** *fig.*

Trugbild *n*, Illusi'on *f*.

**mire** [ˈmaɪə(r)] **I** *s* **1.** Schlamm *m*, Sumpf *m*, Kot *m* (*alle a. fig.*). **2.** *fig.* ,Patsche' *f*, Verlegenheit *f*: to be deep in the ~ ,tief in der Klemme *od.* im Dreck sitzen'; to drag s.o. through the ~ j-n in den Schmutz ziehen. **II** *v/t* **3.** in den Schlamm fahren *od.* setzen: to be ~d im Sumpf *etc* stecken(bleiben). **4.** beschmutzen, besudeln. **5.** *fig.* in Schwierigkeiten bringen. **III** *v/i* **6.** im Sumpf versinken *od.* steckenbleiben. ~ crow *s orn.* Br. Lachmöwe *f*. ~ duck *s orn. Am.* Hausente *f*.

**mir·ror** [ˈmɪrə(r)] **I** *s* **1.** Spiegel *m* (*a. fig.*): to hold up the ~ to s.o. *fig.* j-m den Spiegel vorhalten; done with ~s *fig.* (wie) durch Zauberei. **2.** spiegelnde (Ober)Fläche: the ~ of the lake. **3.** *phys. tech.* Rückstrahler *m*, Re'flektor *m*. **4.** *fig.* Spiegel(bild *n*) *m*. **5.** *orn.* Spiegel *m* (*glänzender Fleck auf den Flügeln*). **II** *v/t* **6.** (ˈwider)spiegeln (*a. fig.*): to be ~ed sich spiegeln (in in *dat*). **7.** (e-n) Spiegel anbringen in (*dat*): ~ed room Spiegelzimmer *n*. ~ carp *s ichth.* Spiegelkarpfen *m*. ~ com·par·a·tor *s tech.* Spiegellehre *f*. ~ fin·ish *s tech.* Hochglanz *m*. ~ im·age *s* Spiegelbild *n*. '~-in,vert·ed *adj* seitenverkehrt. ~ sight *s tech.* 'Spiegelvi,sier *n*. ~ sym·me·try *s math. phys.* 'Spiegelsymme,trie *f*. ~ writ·ing *s* Spiegelschrift *f*.

**mirth** [mɜːθ; *Am.* mɜrθ] *s* Fröhlichkeit *f*, Frohsinn *m*, Heiterkeit *f*. **ˈmirth·ful** *adj* (*adv* ~ly) fröhlich, heiter, lustig. **ˈmirth·ful·ness** *s* Fröhlichkeit *f*. **ˈmirth·less** *adj* freudlos, traurig.

**mir·y** [ˈmaɪərɪ] *adj* **1.** sumpfig, schlammig, kotig. **2.** *fig.* schmutzig.

**mis-** [mɪs] *Wortelement mit der Bedeutung* falsch, Falsch..., schlecht, miß..., Miß..., verfehlt, Fehl...

**ˌmis·adˈven·ture** *s* **1.** Unfall *m*, Unglück(sfall *m*) *n*: death by ~ *jur.* Unglücksfall *m* mit tödlichem Ausgang. **2.** 'Mißgeschick *n*: she's had a ~ ihr ist ein Mißgeschick passiert.

**ˌmis·aˈligned** *adj* **1.** *tech.* nichtfluchtend, aus der Flucht, verlagert. **2.** *Radio, TV:* falsch ausgerichtet (*Antenne*). **ˌmis·aˈlign·ment** *s* **1.** *tech.* Flucht(ungs)fehler *m*. **2.** *Radio, TV:* schlechte Ausrichtung.

**ˌmis·alˈli·ance** → **mésalliance**.

**mis·an·thrope** [ˈmɪzənθrəʊp; *bes. Am.* ˈmɪs-] *s* Menschenfeind *m*, -hasser *m*, Misan'throp *m*. **ˌmis·anˈthrop·ic** [-ˈθrɒpɪk; *Am.* -ˈθrɑ-] *adj*; **ˌmis·anˈthrop·i·cal** *adj* (*adv* ~ly) menschenfeindlich, -scheu, misan'thropisch. **mis·an·thro·pist** [mɪˈzænθrəpɪst; *bes. Am.* mɪˈs-] *s* → misanthrope. **misˈan·thro·py** [-pɪ] *s* Menschenhaß *m*, -scheu *f*, Misanthro'pie *f*.

**ˈmisˌapˈpli·ca·tion** *s* **1.** falsche Verwendung. **2.** → misappropriation. **ˌmis·apˈply** *v/t* **1.** falsch anbringen *od.* ver-, anwenden. **2.** → misappropriate 1.

**ˈmisˌap·preˈhend** *v/t* 'mißverstehen. **ˈmisˌap·preˈhen·sion** *s* 'Mißverständnis *n*, falsche Auffassung: to be (*od.* labo[u]r) under a ~ sich in e-m Irrtum befinden.

**ˌmisˈap·proˈpri·ate** *v/t jur.* **1.** sich 'widerrechtlich aneignen, unter'schlagen, veruntreuen. **2.** 'widerrechtlich verwenden: ~d capital *econ.* fehlgeleitetes Kapital. **ˈmisˌap,pro·priˈa·tion** *s* **1.** 'widerrechtliche Aneignung. **2.** 'widerrechtliche Verwendung, Unter'schlagung *f*, Veruntreuung *f*.

**ˌmis·arˈrange** *v/t* falsch *od.* schlecht (an)ordnen.

**ˌmis·beˈcome** *v/t irr* j-m schlecht zu Gesicht stehen, sich nicht schicken *od.* ziemen für j-n. **ˌmis·beˈcom·ing** → unbecoming 2.

**ˌmis·beˈgot·ten** *adj* **1.** unehelich. **2.** unrechtmäßig erworben. **3.** *fig.* schlecht: ~ plan.

**ˌmis·beˈhave** *v/i od.* *v/reflex* **1.** sich schlecht benehmen *od.* aufführen, sich da'nebenbenehmen, ungezogen sein (*Kind*): to ~ (o.s.); ~d ungezogen. **2.** sich einlassen, in'tim werden (with mit). **3.** to ~ before the enemy *mil. Am.* sich der Feigheit vor dem Feind schuldig machen. **ˌmis·beˈhav·io(u)r** *s* **1.** schlechtes Benehmen *od.* Betragen, Ungezogenheit *f*. **2.** *mil. Am.* a) schlechte Führung, b) ~ before the enemy Feigheit *f* vor dem Feind.

**ˌmis·beˈlief** *s* Irrglaube *m*: a) irrige Ansicht, b) *relig.* Ketze'rei *f*. **ˌmis·beˈlieve** *v/i* irrgläubig sein. **ˌmis·beˈliev·er** *s* Irrgläubige(r *m*) *f*.

**ˌmisˈbrand** *v/t econ.* Waren falsch benennen *od.* unter falscher Bezeichnung in den Handel bringen.

**ˌmisˈcal·cu·late** **I** *v/t* falsch berechnen *od.* (ab)schätzen. **II** *v/i* sich verrechnen, sich verkalku'lieren. **ˈmisˌcal·cuˈla·tion** *s* Rechen-, Kalkulati'onsfehler *m*, falsche (Be)Rechnung, 'Fehlkalkulati,on *f*.

**ˌmisˈcall** *v/t* falsch *od.* zu Unrecht *od.* fälschlicherweise (be)nennen.

**ˌmisˈcar·riage** *s* **1.** Fehlschlag(en *n*) *m*, Miß'lingen *n*: ~ of justice Fehlspruch *m*, -urteil *n*, Justizirrtum *m*. **2.** *econ.* Versandfehler *m*. **3.** Fehlleitung *f* (*von Briefen etc*). **4.** *med.* Fehlgeburt *f*: to have a ~; to induce (*od.* procure) a ~ (on s.o. bei j-m) e-e Fehlgeburt herbeiführen, *a.* e-e Schwangerschaftsunterbrechung vornehmen.

**ˌmisˈcar·ry** *v/i* **1.** miß'lingen, -'glücken, fehlschlagen, scheitern. **2.** verlorengehen (*Brief*). **3.** *med.* e-e Fehlgeburt haben.

**ˌmisˈcast** *v/t irr thea. etc* ein Stück, e-e Rolle fehlbesetzen: to be ~ (as) e-e Fehlbesetzung sein (als), b) *fig.* s-n Beruf verfehlt haben.

**mis·ce·ge·na·tion** [ˌmɪsɪdʒɪˈneɪʃn] *s* Rassenmischung *f*.

**mis·cel·la·ne·a** [ˌmɪsəˈleɪnɪə] *s pl* **1.** Sammlung *f* vermischter Gegenstände, Mis'zellen *pl*. **2.** → miscellany 3. **ˌmis·celˈla·ne·ous** [-njəs] *adj* (*adv* ~ly) **1.** ge-, vermischt, di'vers. **2.** verschiedenartig, mannigfaltig. **ˌmis·celˈla·ne·ous·ness** *s* **1.** Gemischtheit *f*. **2.** Vielseitigkeit *f*, Mannigfaltigkeit *f*. **mis·cel·la·ny** [mɪˈselənɪ; *Am.* ˈmɪsəˌleɪniː] *s* **1.** Gemisch *n*. **2.** Sammlung *f*, Sammelband *m*. **3.** vermischte Schriften *pl od.* Aufsätze *pl*, Mis'zellen *pl*: a book of miscellanies ein Sammelband von vermischten Schriften *od.* Aufsätzen.

**ˌmisˈchance** *s* 'Mißgeschick *n*: by (*od.* through a) ~ durch e-n unglücklichen Zufall, unglücklicherweise.

**mis·chief** [ˈmɪstʃɪf] *s* **1.** Unheil *n*, Unglück *n*, Schaden *m*: to do ~ Unheil anrichten; to mean ~ auf Unheil sinnen, Böses im Schilde führen; to make ~ Zwietracht säen, böses Blut machen (between zwischen *dat*); to do s.o. (some) ~ j-m Schaden zufügen; the ~ was done es war schon passiert; the ~ of s.th. das Schlimme an *od.* bei e-r Sache. **2.** Verletzung *f*, (*körperlicher*) Schaden, Gefahr *f*: to run into ~ in Gefahr kommen. **3.** Ursache *f* des Unheils, Übelstand *m*, Unrecht *n*, Störenfried *m*: the ~ was a nail in the tire (*bes. Br.* tyre) die Ursache des Schadens war ein Nagel im Reifen. **4.** Unfug *m*, Possen *m*, Schalk-

heit f: **eyes full of** ~ schelmisch od. boshaft glitzernde Augen; **to get into** ~ ,etwas anstellen'; **to keep out of** ~ keine Dummheiten machen, brav sein; **that will keep you out of** ~! damit du auf keine dummen Gedanken kommst. 5. Racker m, ,Strick' m (Kind). 6. Mutwille m, 'Übermut m, Ausgelassenheit f: **to be full of** (od. **up to**) ~ immer zu Dummheiten aufgelegt sein. 7. euphem. Teufel m: **what (where, why) the** ~ ...? was (wo, warum) zum Teufel ...?; **to play the** ~ **with s.th.** Schindluder treiben mit etwas. '**~-**,**mak·er** s Unheil-, Unruhestifter(in), Störenfried m.

**mis·chie·vous** ['mɪstʃɪvəs] adj (adv ~ly) 1. schädlich, nachteilig, verderblich. 2. boshaft, mutwillig, schadenfroh. 3. schelmisch. '**mis·chie·vous·ness** s 1. Schädlichkeit f, Nachteiligkeit f. 2. Bosheit f, Mutwille m. 3. Schalkhaftigkeit f, Ausgelassenheit f.

**misch met·al** [mɪʃ] s tech. 'Mischme,tall n.

**mis·ci·bil·i·ty** [,mɪsɪ'bɪlətɪ] s Mischbarkeit f. '**mis·ci·ble** adj mischbar.

,**mis·'col·o(u)r** v/t 1. falsch färben. 2. fig. entstellen, färben.

'**mis·com·pre'hend** v/t 'mißverstehen.

,**mis·con'ceive** I v/t falsch auffassen od. verstehen, 'mißverstehen, sich ein falschen Begriff machen von. II v/i sich irren. ,**mis·con'cep·tion** s 'Mißverständnis n, falsche Auffassung.

**mis·con·duct** I v/t [,mɪskən'dʌkt] 1. schlecht führen od. verwalten. 2. ~ **o.s.** a) sich schlecht betragen od. benehmen, b) e-n Fehltritt begehen. II s [,mɪs'kɒndʌkt; Am. -'kɑn-] 3. Ungebühr f, schlechtes Betragen od. Benehmen. 4. Verfehlung f, Fehltritt m, bes. Ehebruch m: official ~, ~ in office jur. Amtsvergehen n; professional ~ standeswidriges Verhalten. 5. schlechte Verwaltung. 6. mil. schlechte Führung.

,**mis·con'struc·tion** s 1. 'Mißdeutung f, falsche Auslegung: **to be open to** ~ mißverständlich sein. 2. ling. falsche ('Satz)Konstrukti,on. ,**mis·con'strue** v/t falsch auslegen, miß'deuten, 'mißverstehen.

,**mis·cor'rect** v/t falsch verbessern, verschlimmbessern.

,**mis·'count** I v/t falsch (be)rechnen od. zählen. II v/i sich verrechnen. III s Rechenfehler m, falsche Zählung.

**mis·cre·ant** ['mɪskrɪənt] I adj 1. ruchlos, gemein, ab'scheulich. 2. obs. irr-, ungläubig. II s 3. Schurke m, Bösewicht m. 4. obs. Irr-, Ungläubige(r m) f.

,**mis·'creed** s poet. Irr-, Unglaube m.

,**mis·'date** I v/t falsch da'tieren. II s falsches Datum.

,**mis·'deal** I v/t u. v/i irr Kartenspiel: **to** ~ **(the cards)** sich vergeben. II s Vergeben n: **to make a** ~ → I.

,**mis·'deed** s Missetat f.

,**mis·de'liv·er** v/t falsch (an-, ab)liefern.

,**mis·de'mean** v/i od. v/reflex sich schlecht betragen, sich vergehen: **to** ~ **(o.s.).** ,**mis·de'mean·ant** s 1. Übel-, Missetäter(in). 2. jur. Straffällige(r m) f, Delin'quent(in). ,**mis·de'mean·o(u)r** s jur. Vergehen n, minderes De'likt: ~ **in office** Amtsvergehen.

,**mis·di'ag·nose** v/t med. e-e 'Fehldia,gnose stellen bei. '**mis·di·ag'no·sis** s irr 'Fehldia,gnose f.

,**mis·'di·al** v/i teleph. sich verwählen.

,**mis·di'rect** v/t 1. j-n od. etwas fehl-, irreleiten: ~ed charity falsch angebrachte Wohltätigkeit. 2. jur. die Geschworenen falsch belehren: **the judge** ~ed **the jury.** 3. e-n Brief falsch 'sieren. ,**mis·di'rec·tion** s 1. Irreleiten

n, -führung f. 2. falsche Richtung. 3. falsche Verwendung. 4. jur. unrichtige Rechtsbelehrung (der Geschworenen). 5. falsche Adres'sierung.

,**mis·'do·ing** → misdeed.

,**mis·'doubt** v/t obs. 1. etwas an-, bezweifeln. 2. j-n verdächtigen, j-m miß'trauen. 3. befürchten.

**mise** [miːz; maɪz] s 1. bes. jur. Kosten pl u. Gebühren pl. 2. hist. Vertrag m.

**mise en scène** [,miːzɑ̃'seɪn; mɪzɑ̃sɛn] (Fr.) s 1. thea. a) Bühnenbild n, b) Insze'nierung f (a. fig.). 2. Mili'eu n, 'Umwelt f, 'Hintergrund m.

,**mis·em'ploy** v/t falsch od. schlecht anwenden, miß'brauchen: **to** ~ **one's talents.** ,**mis·em'ploy·ment** s schlechte Anwendung, 'Mißbrauch m.

**mi·ser** ['maɪzə(r)] s Geizhals m, Geizkragen m.

**mis·er·a·ble** ['mɪzərəbl] I adj (adv miserably) 1. elend, jämmerlich, erbärmlich, armselig, kläglich (alle a. contp.). 2. traurig, unglücklich: **to make s.o.** ~. 3. mise'rabel: a) schlecht, b) schändlich, gemein. II s 4. Elende(r m) f, Unglückliche(r m) f.

**Mis·e·re·re** [,mɪzə'rɪərɪ; -'re-; Am. a. -'reɪ,reɪ] s 1. mus. relig. Mise'rere n, Bußpsalm m. 2. relig. Gebet n um Erbarmen. 3. m~ → misericord(e).

**mis·er·i·cord(e)** [mɪ'zerɪkɔː(r)d] s Miseri'kordie f (Vorsprung an den Klappsitzen des Chorgestühls als Stütze während des Stehens).

**mis·er·li·ness** ['maɪzə(r)lɪnɪs] s Geiz m. '**mi·ser·ly** adj geizig, filzig, knick(e)rig.

**mis·er·y** ['mɪzərɪ] s 1. Elend n, Not f: **to put s.o. out of his** ~ a. iro. j-n von s-m Leiden erlösen; **everyone to his own** ~ jedem sein eigenes, selbstverschuldetes Elend. 2. Trübsal f, Jammer m, (seelischer) Schmerz. 3. pl Leiden pl, Nöte pl, Unannehmlichkeiten pl. 4. Br. contp. ,Miesepeter'.

**mis·fea·sance** s jur. 1. unerlaubte Ausführung e-r an sich rechtmäßigen Handlung. 2. 'Mißbrauch m (der Amtsgewalt), 'Amts,mißbrauch m. **mis·fea·sor** [-zə(r)] s jur. j-d, der sich e-s 'Amts,mißbrauchs etc schuldig macht.

,**mis·'file** v/t Briefe etc falsch ablegen.

,**mis·'fire** I v/i 1. mil. versagen (Waffe). 2. bes. mot. fehlzünden, aussetzen. 3. fig. ,danebengehen' (Witz etc). II s 4. a) Versager m (beim Schießen etc), b) mot. etc Fehlzündung f.

**mis·fit** ['mɪsfɪt] s 1. schlechtsitzendes Kleidungsstück. 2. nichtpassender Gegenstand. 3. Außenseiter(in).

**mis·for·tune** s 1. 'Mißgeschick n, Unglück n. 2. Unglücksfall m. 3. → mishap 2.

,**mis·'give** v/t irr j-n Böses ahnen lassen: **my heart** ~s **me** mir ahnt Böses od. nichts Gutes. ,**mis·'giv·ing** s Befürchtung f, böse Ahnung, Zweifel m.

**mis·'got·ten** adj unrechtmäßig erworben.

,**mis·'gov·ern** v/t schlecht re'gieren od. verwalten. ,**mis·'gov·ern·ment** s 'Mißre,gierung f, schlechte Re'gierung.

**mis·'growth** s 1. 'Mißwuchs m. 2. fig. Auswuchs m: ~ **of patriotism.**

,**mis·'guid·ance** s Irreführung f, Verleitung f. ,**mis·'guide** v/t fehl-, verleiten, irreführen: **we were** ~d **into thinking that** wir wurden zu der Annahme verleitet, daß. ,**mis·'guid·ed** adj irrig (Entscheidung etc), unangebracht (Optimismus etc).

,**mis·'han·dle** v/t 1. miß'handeln. 2. etwas falsch behandeln, schlecht hand-

haben: **to** ~ **a car.** 3. fig. falsch anpacken, ,verpatzen'.

**mis·hap** ['mɪshæp; mɪs'hæp] s 1. Unglück n, Unfall m, mot. (a. humor. fig.) Panne f. 2. euphem. a) ,Fehltritt m mit Folgen', b) uneheliches Kind.

,**mis·'hear** I v/t irr falsch hören. II v/i sich verhören.

**mis·'hit** sport I v/t irr [,mɪs'hɪt] den Ball nicht richtig od. voll treffen. II s ['mɪshɪt] Fehlschlag m.

**mish·mash** ['mɪʃmæʃ] s Mischmasch m.

**Mish·na(h)** ['mɪʃnə] s relig. Mischna f (1. Teil des Talmuds).

,**mis·im'prove** v/t 1. verschlimmbessern. 2. Am. od. obs. miß'brauchen.

,**mis·in'form** v/t j-n falsch unter'richten. ,**mis·in·for'ma·tion** s falscher Bericht, falsche Auskunft od. Informati'on.

,**mis·in'ter·pret** v/t miß'deuten, falsch auffassen od. auslegen. '**mis·in,ter·pre'ta·tion** s 'Mißdeutung f, falsche Auslegung.

,**mis·'join·der** s jur. 1. unzulässige Klagenhäufung. 2. unzulässige od. ungehörige Hin'zuziehung (e-s Streitgenossen).

,**mis·'judge** v/t u. v/i 1. (v/t) falsch beurteilen, verkennen: ~d **pass** sport verunglückter Paß. 2. (v/i) falsch urteilen. 3. falsch (ein)schätzen: I ~d **the distance.** ,**mis·'judg(e)·ment** s irriges Urteil, falsche Beurteilung, Verkennung f.

,**mis·'lay** v/t irr etwas verlegen: **I have mislaid my gloves.**

,**mis·'lead** v/t irr 1. irreführen, täuschen. 2. verführen, -leiten (into doing zu tun): **to be misled (into doing s.th.)** sich verleiten lassen(, etwas zu tun). ,**mis·'lead·ing** adj irreführend: **to be** ~ täuschen.

,**mis·'like** obs. für dislike.

,**mis·'man·age** v/t schlecht verwalten od. handhaben. ,**mis·'man·age·ment** s schlechte Verwaltung od. Führung, 'Mißwirtschaft f.

,**mis·'mar·riage** s 'Mißheirat f.

,**mis·'matched** adj nicht od. schlecht zs.-passend: **a** ~ **couple** ein ungleiches Paar.

,**mis·'move** s Am. falscher Schritt (a. fig.), falsche Bewegung: **to make a** ~.

,**mis·'name** v/t falsch benennen.

**mis·no·mer** [,mɪs'nəʊmə(r)] s 1. jur. Namensirrtum m (in e-r Urkunde). 2. falsche Benennung od. Bezeichnung.

**mi·sog·a·mist** [mɪ'sɒgəmɪst; Am. -'sɑ-] s Miso'gam m, Ehefeind m. **mi·sog·a·my** s Misoga'mie f, Ehescheu f.

**mi·sog·y·nist** [mɪ'sɒdʒɪnɪst; Am. -'sɑ-] s Miso'gyn m, Frauenfeind m. **mi·sog·y·nis·tic, mi·sog·y·nous** adj frauenfeindlich. **mi·sog·y·ny** s Misogy'nie f, Frauenhaß m, -scheu f.

**mi·sol·o·gist** [mɪ'sɒlədʒɪst; Am. -'sɑ-] s Vernunfthasser m. **mi·sol·o·gy** s Misolo'gie f, Abneigung f gegen vernünftige sachliche Ausein'andersetzung.

**mis·o·ne·ism** [,mɪsəʊ'niːɪzəm] s psych. Misone'ismus m, Neopho'bie f, Haß m gegen Neuerung. ,**mis·o'ne·ist** s Neuerungshasser m.

,**mis·'place** v/t 1. etwas verlegen. 2. an e-e falsche Stelle legen od. setzen: **to** ~ **the decimal point** math. das Komma falsch setzen; ~d **pass** sport verunglückter Paß. 3. fig. falsch anbringen: **to be** ~d unangebracht od. deplaziert sein. ,**mis·'place·ment** s 1. Verlegen n. 2. fig. falsches Anbringen.

**mis·print** I v/t [,mɪs'prɪnt] verdrucken. II s ['mɪsprɪnt] Druckfehler m.

**mis·pri·sion**[1] [,mɪs'prɪʒn] s 1. jur. Vergehen n, Versäumnis f. 2. jur. Unter-

'lassung *f* der Anzeige: ~ **of felony** Nichtanzeige *f* e-s Verbrechens.
**mis·pri·sion**[2] [ˌmɪs'prɪʒn] *s obs.* Geringschätzung *f*.
ˌ**mis'prize** *v/t* **1.** verachten. **2.** geringschätzen, miß'achten, unter'schätzen.
ˌ**mis·pro'nounce** *v/t u. v/i* (ein Wort *etc*) falsch aussprechen. '**mis·pro͵nun·ci·'a·tion** *s* falsche Aussprache.
ˌ**mis'proud** *adj obs.* hoffärtig, stolz.
ˌ**mis·quo'ta·tion** *s* falsche Anführung, falsches Zi'tat. ˌ**mis'quote** *v/t u. v/i* falsch anführen *od.* zi'tieren.
ˌ**mis'read** *v/t irr* **1.** falsch lesen. **2.** miß-'deuten.
'**mis͵rep·re'sent** *v/t* **1.** falsch *od.* ungenau darstellen. **2.** entstellen, verdrehen. '**mis͵rep·re·sen'ta·tion** *s* **1.** falsche *od.* ungenaue Darstellung, Verdrehung *f*, falsches Bild. **2.** *jur.* falsche Angabe.
ˌ**mis'rule** **I** *v/t* **1.** schlecht re'gieren. **II** *s* **2.** schlechte Re'gierung, 'Mißre͵gierung *f*. **3.** Unordnung *f*, Tu'mult *m*.
**miss**[1] [mɪs] *s* **1.** M~ (*mit folgendem Namen*) Fräulein *n*: M~ Smith Fräulein Smith; M~ America Miß Amerika (*die Schönheitskönigin von Amerika*). **2.** *oft humor. od. contp.* ͵Ding' *n*, Dämchen *n*. **3.** *econ.* junges Mädchen, Teenager *m*: → **junior miss. 4.** (*ohne folgenden Namen*) Fräulein *n* (*Anrede für Lehrerinnen, Kellnerinnen etc*).
**miss**[2] [mɪs] **I** *v/t* **1.** e-e Gelegenheit, den Zug, e-e Verabredung *etc* verpassen, -säumen, den Beruf, j-n, das Tor, den Weg, das Ziel *etc* verfehlen: **to ~ the bus** (*od.* **boat**) *colloq.* den Anschluß *od.* s-e Chance verpassen; **to ~ one's opportunity (of doing** s.th. *od.* **to do** s.th.) die Gelegenheit entgehen lassen(, etwas zu tun); **to ~ the point (of an argument)** das Wesentliche (e-s Arguments) nicht begreifen; **he didn't ~ much** a) er versäumte nicht viel, b) ihm entging so gut wie nichts; **~ed approach** *aer.* Fehlanflug *m*; **~ed period** *physiol.* ausgebliebene Regel. **2.** *a.* ~ **out** auslassen, über-'gehen, -'springen. **3.** nicht haben, nicht bekommen: I ~**ed my breakfast** ich habe kein Frühstück (mehr) bekommen; → **fire** 9, **footing** 1, **hold**[2] 1, **mark**[1] 12. **4.** a) nicht hören können, über'hören, b) über'sehen, nicht bemerken. **5.** vermissen: **we ~ her very much** sie fehlt uns sehr; **he is ~ing his wallet** er vermißt seine Brieftasche; **he won't ~ £100** 100 Pfund ͵tun ihm nicht weh'. **6.** entkommen (*dat*), entgehen (*dat*), vermeiden: **he just ~ed being drowned** er wäre um ein Haar ertrunken; **I just ~ed running him over** um ein Haar hätte ich ihn überfahren.
**II** *v/i* **7.** nicht treffen: a) da'nebenschießen, -werfen, -schlagen *etc*, b) fehlgehen, da'nebengehen (*Schuß etc*). **8.** miß'glücken, -'lingen, fehlschlagen, ͵da'nebengehen'. **9.** ~ **out** zu kurz kommen: **to ~ out on** s.th. a) etwas verpassen, b) etwas weglassen *od.* nicht berücksichtigen; **he's ~ing out on his private life** sein Privatleben kommt zu kurz.
**III** *s* **10.** Fehlschuß *m*, -wurf *m*, -schlag *m*, -stoß *m*: **every shot a ~** jeder Schuß ging daneben. **11.** Danebengehen *n*, -fehlen *n*, Entrinnen *n*: **a ~ is as good as a mile** knapp daneben ist auch vorbei; **to give** s.th. **a ~** a) etwas vermeiden *od.* nicht nehmen *od.* nicht tun, die Finger lassen von etwas, b) etwas auslassen, verzichten auf etwas. **12.** *Am. colloq.* a) Fehlgeburt *f*, b) *mot.* Fehlzündung *f*.
**mis·sal** ['mɪsl] *relig.* **1.** *s* Meßbuch *n*. **II** *adj* Meß...: ~ **sacrifice** Meßopfer *n*.

ˌ**mis'shap·en** *adj* 'mißgebildet, ungestalt, unförmig, häßlich.
**mis·sile** ['mɪsaɪl; *Am.* -səl] **I** *s* **1.** (Wurf-)Geschoß *n*, Projek'til *n*. **2.** *mil.* Flugkörper *m*, Ra'kete *f*. **II** *adj* **3.** Schleuder..., Wurf... **4.** *mil.* Raketen...: ~ **base** (*od.* **site**) Raketen(abschuß)basis *f*; ~ **carrier** Raketenträger *m*. '~**man** [-mən] *s irr* Ra'ketenfachmann *m*, -techniker *m*.
**mis·sile·ry** ['mɪsaɪlrɪ; *Am.* ͵mɪsəlrɪ:] *s* **1.** Ra'ketentechnik *f*. **2.** *collect.* Ra'keten (-arse͵nal *n*) *pl*, Flugkörper *pl*.
**miss·ing** ['mɪsɪŋ] *adj* **1.** fehlend, weg, nicht da: **to be ~** a) fehlen, b) verschwunden *od.* weg sein (*Sache*); **the ~ link** a) das fehlende Glied, b) *Darwinismus:* das Missing link, die fehlende Übergangsform bei Primaten. **2.** vermißt (*mil. a.* **in action**), verschollen: **to be ~** vermißt sein *od.* werden; **the ~** die Vermißten *pl*, Verschollenen; **to be reported ~** als vermißt gemeldet werden.
**mis·sion** ['mɪʃn] *s* **1.** *pol.* (*Am.* ständige) Gesandtschaft. **2.** *pol.* (Mili'tär- *etc*)Missi͵on *f* (*im Ausland*): **the head of the ~** der Missionschef. **3.** *bes. pol.* Auftrag *m*, Missi'on *n*: **to be on** (*a*) **special ~** mit besonderem Auftrag. **4.** *relig.* Missi'on *f*: a) Sendung *f*, b) Missio'narstätigkeit *f*: **foreign** (**home**) ~ äußere (innere) Mission, c) Missi'onskurse *pl*, -predigten *pl*, d) Missi'onsgesellschaft *f*, e) Missi'onsstati͵on *f*. **5.** Missi'on *f*, Sendung *f*, (innere) Berufung, Lebenszweck *m*: ~ **in life** Lebensaufgabe *f*; **sense of ~** Sendungsbewußtsein *n*. **6.** *mil.* a) (Einsatz-, Kampf)Auftrag *m*: ~ **accomplished!** Auftrag ausgeführt!, b) *aer.* Feindflug *m*, Einsatz *m*.
**mis·sion·ar·y** ['mɪʃnərɪ; *Am.* ͵mɪʃəneri:] **I** *adj* **1.** missio'narisch, Missions...: ~ **work;** ~ **position** (*Geschlechtsverkehr*) Missionarsstellung *f*. **II** *s* **2.** Missio'nar (-in). **3.** *fig.* Bote *m*, Botin *f*.
**mis·sis** ['mɪsɪz] *s colloq.* **1.** ͵gnä' Frau' (*Hausfrau*). **2.** ͵Alte' *f*, ͵bessere Hälfte' (*Ehefrau*): **how's the** (*od.* **your**) ~?
**miss·ish** ['mɪsɪʃ] *adj* **1.** zimperlich. **2.** geziert, affek'tiert. **3.** alt'jüngferlich.
**mis·sive** ['mɪsɪv] *s* Sendschreiben *n*.
ˌ**mis'spell** *v/t a. irr* falsch buchsta'bieren *od.* schreiben. ˌ**mis'spell·ing** *s* **1.** falsches Buchsta'bieren. **2.** Rechtschreibfehler.
ˌ**mis'spend** *v/t irr* falsch verwenden, vergeuden, -schwenden: **misspent youth** vergeudete Jugend.
ˌ**mis'state** *v/t* falsch angeben, unrichtig darstellen. ˌ**mis'state·ment** *s* falsche Angabe *od.* Darstellung.
ˌ**mis'step** *s* **1.** Fehltritt *m* (*a. fig.*). **2.** *fig.* Fehler *m*, Dummheit *f*.
**mis·sus** ['mɪsəs; -əz] → **missis**.
**miss·y** ['mɪsɪ] *s colloq. humor.* kleines Fräulein.
**mist** [mɪst] **I** *s* **1.** *allg.* (feiner) Nebel. **2.** *meteor.* a) leichter Nebel, feuchter Dunst, b) *Am.* Sprühregen *m*. **3.** *fig.* Nebel *m*, Schleier *m* (*a. vor den Augen etc*): **to be in a ~** ganz verwirrt sein; **to see things through a ~** alles wie durch e-n Schleier sehen; **through a ~ of tears** durch e-n Tränenschleier. **4.** *colloq.* Beschlag *m*, Hauch *m* (*auf e-m Glas*). **II** *v/i* **5.** *a.* ~ **over** a) nebeln, neb(e)lig sein (*a. fig.*), b) sich verschleiern, sich um'floren, sich trüben (*Augen*), c) (sich) beschlagen (*Glas*). **III** *v/t* **6.** um'nebeln, um'wölken, verdunkeln.
**mis·tak·a·ble** [mɪ'steɪkəbl] *adj* **1.** (leicht) zu verwechseln(d). **2.** 'mißverständlich.
**mis·take** [mɪ'steɪk] **I** *v/t irr* **1.** a) (for) verwechseln (mit), (fälschlich) halten

(für), b) verfehlen, nicht erkennen, verkennen: **to ~** s.o.'s **character** sich in j-s Charakter *od.* Wesen irren. **2.** falsch verstehen, 'mißverstehen: **there is no mistaking** ... a) ... ist unverkennbar *od.* unmißverständlich, b) ... steht außer Frage. **II** *v/i* **3.** sich irren, sich versehen. **III** *s* **4.** 'Mißverständnis *n*. **5.** Irrtum *m* (*a. jur.*), Versehen *n*, 'Mißgriff *m*, Fehler *m*: **by ~** irrtümlich, aus Versehen; **to learn from one's ~s** aus s-n Fehlern lernen; **to make a ~** sich irren; **to make a ~ of two pounds** sich um 2 Pfund verrechnen; **to make a ~ about the number** sich in der Nummer irren; **make no ~** damit wir uns nicht falsch verstehen; **and no ~** *colloq.* daran besteht kein Zweifel; **I was scared and no ~ when** *colloq.* ich hatte vielleicht Angst, als. **6.** (Schreib-, Rechen- *etc*)Fehler *m*.
**mis·tak·en** [mɪ'steɪkən] **I** *pp von* **mistake. II** *adj* **1.** im Irrtum: **to be ~** sich irren; **unless I am very much ~** wenn ich mich nicht sehr irre, wenn mich nicht alles täuscht; **we were quite ~ in him** wir haben uns in ihm ganz schön getäuscht. **2.** irrig, falsch: **a ~ opinion; (case of** ~**) identity** (Personen)Verwechslung *f*; ~ **kindness** unangebrachte Freundlichkeit. **mis'tak·en·ly** *adv* fälschlicher-, irrtümlicherweise.
**mis·ter** ['mɪstə(r)] *s* **1.** M~ Herr *m* (*vor Familiennamen od. Titeln, a. mar. mil.*; *meist abbr.* Mr *od. Am.* Mr.): **Mr** (*od.* **Mr.**) **Smith; Mr. President. 2.** *sl.* (*in der Anrede*): ͵Meister!', ͵Chef!'
**mis·ti·gris** ['mɪstɪgri; -grɪs] *s* (*Poker*) **1.** Joker *m*. **2.** Abart des Pokerspiels, bei der Joker verwendet werden.
ˌ**mis'time** *v/t* **1.** a) zur unpassenden Zeit sagen *od.* tun, e-n falschen Zeitpunkt wählen für, b) *sport* Paß *etc* schlecht timen. **2.** e-e falsche Zeit angeben *od.* annehmen für. ˌ**mis'timed** *adj* unpassend, unangebracht, zur Unzeit.
**mist·i·ness** ['mɪstɪnɪs] *s* **1.** Neblichkeit *f*, Dunstigkeit *f*. **2.** *fig.* Unklarheit *f*, Verschwommenheit *f*.
**mis·tle·toe** ['mɪsltəʊ] *s bot.* **1.** Mistel *f*. **2.** Mistelzweig *m*.
ˌ**mis'trans·late** *v/t u. v/i* falsch über-'setzen. ˌ**mis·trans'la·tion** *s* falsche Über'setzung, Über'setzungsfehler *m*.
ˌ**mis'treat** → **maltreat**.
**mis·tress** ['mɪstrɪs] *s* **1.** Herrin *f* (*a. fig.*), Gebieterin *f*, Besitzerin *f*: **you are your own ~** du bist dein eigener Herr; **she is ~ of herself** sie weiß sich zu beherrschen; **M~ of the Sea(s)** Beherrscherin *f* der Meere (*Großbritannien*); **M~ of the World** Herrin der Welt (*das alte Rom*). **2.** Frau *f* des Hauses, Hausfrau *f*. **3.** Leiterin *f*, Vorsteherin *f*: **M~ of the Robes** erste Kammerfrau (*der brit. Königin*). **4.** *bes. Br.* Lehrerin *f*: **chemistry ~** Chemielehrerin *f*. **5.** Kennerin *f*, Meisterin *f*, Ex'pertin *f* (of **auf dem** Gebiet *gen*). **6.** Geliebte *f*, Mä'tresse *f*. **7.** *poet. od. obs.* geliebte Frau, Geliebte *f*. **8.** → **Mrs.**
ˌ**mis'tri·al** *s jur.* **1.** fehlerhaft geführter Pro'zeß. **2.** *Am.* ergebnisloser Pro'zeß (*z. B. wenn sich die Geschworenen nicht einigen können*).
ˌ**mis'trust** **I** *s* **1.** 'Mißtrauen *n*, Argwohn *m* (of **gegen**): **to have a** (**strong**) ~ **of** s.th. e-r Sache (tief) mißtrauen. **II** *v/t* **2.** j-m miß'trauen, nicht trauen. **3.** zweifeln an (*dat*). ͵**mis'trust·ful** *adj* (*adv* ~**ly**) 'mißtrauisch, argwöhnisch (of **gegen**).
**mist·y** ['mɪstɪ] *adj* (*adv* **mistily**) **1.** (leicht) neb(e)lig, dunstig. **2.** verschleiert (*Augen etc*): **her eyes grew ~** ihr Blick ver-

schleierte sich. **3.** *fig.* unklar, verschwommen: **a** ~ **idea**; ~ **memories** e-e schwache *od.* undeutliche Erinnerung. ˌ**mis·un·der'stand** *v/t irr* **1.** ¹miß'verstehen: **don't** ~ **me** verstehen Sie mich nicht falsch. **2.** *j-n* nicht verstehen: **his wife ~ s him.** ˌ**mis·un·der'stand·ing** *s* **1.** ¹Mißverständnis *n.* **2.** ¹Mißhelligkeit *f,* Unstimmigkeit *f,* Diffe'renz(*en pl*) *f.* ˌ**mis·un·der'stood** **I** *pret u. pp von* misunderstand. **II** *adj* **1.** ¹mißverstanden. **2.** verkannt (*Künstler etc*). ˌ**mis'us·age** → misuse I. ˌ**mis·use I** [ˌmɪs'juːs; *Am. a.* mɪʃ'uːs] *s* **1.** ¹Mißbrauch *m:* ~ **of power** Machtmißbrauch. **2.** falscher Gebrauch. **3.** ¹Mißˈhandlung *f.* **II** [ˌmɪs'juːz; *Am. a.* mɪʃ'uːz] *v/t* **4.** miß'brauchen, falsch *od.* zu unrechten Zwecken gebrauchen. **5.** falsch an- *od.* verwenden. **6.** miß'handeln. ˌ**mis'us·er** *s jur.* ¹Mißbrauch *m* e-s Rechts *od.* e-r Befugnis.
**mite**¹ [maɪt] *s zo.* Milbe *f.*
**mite**² [maɪt] *s* **1.** Heller *m* (*kleine Münze*). **2.** sehr kleine Geldsumme. **3.** Scherflein *n:* **to contribute one's** ~ **to** sein Scherflein beitragen zu. **4.** *colloq.* kleines Ding, Dingelchen *n:* **not a** ~ kein bißchen; **a** ~ **of a child** ein (kleines) Würmchen.
**mi·ter,** *bes. Br.* **mi·tre** [¹maɪtə(r)] **I** *s* **1.** *relig.* a) Mitra *f,* Bischofsmütze *f,* b) *fig.* Bischofsamt *n,* -würde *f.* **2.** *antiq.* (*Art*) Turban *m* (*der jüdischen Hohenpriester*). **3.** *antiq.* Mitra *f:* a) *Kopfbinde der griechischen u. römischen Frauen,* b) *orientalische Mütze.* **4.** *tech.* a) (Gehrungs)Fuge *f,* b) Gehrungsfläche *f,* c) → miter joint, d) → miter square. **5.** *zo.* → miter shell. **II** *v/t* **6.** mit der Mitra schmücken, infu'lieren, zum Bischof machen. **7.** *tech.* a) auf Gehrung verbinden, b) gehren, auf Gehrung zurichten. **III** *v/i* **8.** *tech.* sich in ¹einem Winkel treffen. ~ **block,** ~ **box** *s tech.* Gehrlade *f.*
**mi·tered,** *bes. Br.* **mi·tred** [¹maɪtə(r)d] *adj* **1.** infu'liert, e-e Mitra tragend, *Abt etc* im Bischofsrang. **2.** mitraförmig.
**mi·ter** | **gear,** *bes. Br.* **mi·tre** | **gear** *s tech.* Kegelradgetriebe *n.* ~ **joint** *s tech.* Gehrfuge *f,* -stoß *m.* ~ **mush·room** *s bot.* Lorchel *f.* ~ **saw** *s tech.* Gehrungssäge *f.* ~ **shell** *s zo.* Mitraschnecke *f, bes.* Bischofsmütze *f.* ~ **square** *s tech.* Gehrdreieck *n,* ¹Winkelline₁al *n von 45°.* ~ **valve** *s tech.* ¹Kegelven₁til *n.* ~ **wheel** *s tech.* Kegelrad *n.*
**mith·ri·da·tism** [¹mɪθrɪdeɪtɪzəm; *bes. Am.* ˌmɪθrɪ'deɪt-] *s med.* Mithrida'tismus *m* (*Giftfestigkeit durch Gewöhnung*). ¹**mith·ri·dat·ize** *v/t* (*durch allmählich gesteigerte Dosen*) gegen Gift im'mun machen.
**mit·i·ga·ble** [¹mɪtɪgəbl] *adj* zu lindern(d), zu mildern(d).
**mit·i·gate** [¹mɪtɪgeɪt] *v/t Schmerzen etc* lindern, *e-e Strafe etc* mildern, abschwächen, *Zorn etc* besänftigen, mäßigen: **mitigating circumstances** *jur.* mildernde Umstände. ˌ**mit·i'ga·tion** *s* **1.** Linderung *f,* Milderung *f.* **2.** Milderung *f,* Abschwächung *f:* ~ **of punishment** Strafmilderung: **to plead in** ~ *jur.* a) für Strafmilderung plädieren, b) strafmildernde Umstände geltend machen. **3.** Besänftigung *f,* Mäßigung *f.* **4.** mildernder ¹Umstand. ¹**mit·i·ga·tive,** ¹**mit·i·ga·to·ry** [-geɪtər; *Am.* -gəˌtəʊrɪː; ˌ-təː-] *adj* **1.** lindernd, mildernd. **2.** abschwächend, erleichternd. **3.** besänftigend, mäßigend, beruhigend.
**mi·to·sis** [maɪ'təʊsɪs; *Br. a.* mɪ-] *pl* -ses [-siːz] *s biol.* Mi'tose *f,* ¹indi₁rekte *od.* chromoso'male (Zell)Kernteilung. **mi·tot·ic** [-'tɒtɪk; *Am.* -¹taː-] *adj biol.* mi'totisch.

**mi·tral** [¹maɪtrəl] *adj* **1.** Mitra... **2.** mi'tral, bischofsmützenförmig. **3.** *anat.* Mi'tral...: ~ **valve** Mitralklappe *f.*
**mi·tre, mi·tred** *bes. Br. für* miter, mitered.
**mitt** [mɪt] *s* **1.** Halbhandschuh *m* (*langer Handschuh ohne Finger od. mit halben Fingern*). **2.** *Baseball:* Fanghandschuh *m.* **3.** → mitten 1. **4.** *sl.* ¹Flosse' *f,* ¹Pfote' *f* (*Hand*). **5.** *sl.* Boxhandschuh *m.*
**mit·ten** [¹mɪtn] *s* **1.** Fausthandschuh *m,* Fäustling *m:* **to get the** ~ *colloq.* a) ¹e-n Korb bekommen', abgewiesen werden, b) ¹hinausfliegen', entlassen werden; **to give a lover the** ~ *colloq.* e-m Liebhaber ¹den Laufpaß' geben. **2.** → mitt 1. **3.** *sl.* Boxhandschuh *m.*
**mit·ti·mus** [¹mɪtɪməs] *s* **1.** *jur.* Mittimus *n:* a) *richterlicher Befehl an die Gefängnisbehörde zur Aufnahme e-s Häftlings,* b) *Befehl zur Übersendung der Akten an ein anderes Gericht.* **2.** *Br. colloq.* ¹blauer Brief', Entlassung *f.*
**mix** [mɪks] **I** *v/t pret u. pp* **mixed,** *a.* **mixt 1.** (ver)mischen, vermengen (**with** mit), *e-n Cocktail etc* mixen, mischen, *den Teig* anrühren: **to** ~ **into** mischen in (*acc*), beimischen (*dat*). **2.** *oft* ~ **up** zs.-, durchein'andermischen. **3.** ~ **up** a) gründlich mischen, b) völlig durchein¹anderbringen, c) verwechseln (**with** mit). **4. to be** ~**ed up** a) verwickelt sein *od.* werden (**in, with** *in acc*), b) (*geistig*) ganz durchein'ander sein. **5.** *biol.* kreuzen. **6.** *Stoffe* me'lieren. **7.** *fig.* verbinden: **to** ~ **business with pleasure** das Angenehme mit dem Nützlichen verbinden. **8.** ~ **it (up)** *sl.* sich ¹n harten Kampf liefern. **II** *v/i* **9.** sich (ver)mischen. **10.** sich mischen lassen. **11.** *gut etc* auskommen, sich vertragen: **they will not** ~ **well. 12.** verkehren (**with** mit; **in** *in dat*): **to** ~ **in the best society. 13.** *biol.* sich kreuzen. **14.** *Am. colloq.* sich (ein-) mischen (**into, in** *in acc*), b) sich einlassen (**with s.o.** mit j-m). **III** *s* **15.** Mischung *f,* Gemisch *n.* **16.** *Am.* (koch-, back- *od.* gebrauchsfertige) Mischung: **cake** ~ Backmischung. **17.** *colloq.* Durchein¹ander *n,* Mischmasch *m.* **18.** *sl.* Keile'rei *f.* ¹**mixed-up** *adj* verwirrt, kon'fus, durchein'ander.

**mix·en** [¹mɪksn] *s dial.* Misthaufen *m.*
**mix·er** [¹mɪksə(r)] *s* **1.** a) Mischer *m,* b) Mixer *m* (*von Cocktails etc*). **2.** Mixer *m* (*Küchengerät*). **3.** *tech.* Mischer *m,* ¹Mischma₁schine *f.* **4.** *electr. TV etc:* Mischpult *n,* Mischer *m.* **5. to be a good** (**bad**) ~ *colloq.* kontaktfreudig (kontaktarm) sein. ~ **tube,** *Br.* ~ **valve** *s electr.* Mischröhre *f.*
**mix·ing** [¹mɪksɪŋ] *adj* Misch...: ~ **ratio** *mot. etc* Mischverhältnis *n.*
**mixt** [mɪkst] *pret u. pp von* mix.
**mix·ture** [¹mɪkstʃə(r)] *s* **1.** Mischung *f* (*a. von Tee, Tabak etc*), Gemisch *n* (**of** ... **and** aus ... und). **2.** a) Mischgewebe *n,* b) Me'lange *f* (*Garn*). **3.** *mot.* Gas-Luft-Gemisch *n.* **4.** *chem.* Gemenge *n,* Gemisch *n.* **5.** *pharm.* Mix'tur *f.* **6.** *biol.* Kreuzung *f.* **7.** *a.* ~ **stop** *mus.* Mix'tur *f* (*Orgelregister*).
¹**mix-up** *s colloq.* **1.** Wirrwarr *m,* Durchein¹ander *n.* **2.** Verwechslung *f.* **3.** Handgemenge *n.*
**miz·(z)en** [¹mɪzn] *s mar.* **1.** Be'san(segel *n*) *m.* **2.** → miz(z)enmast. ¹**~-mast** *s* Be'san-, Kreuzmast *m.* ¹**~-₁roy·al sail** *s* Kreuzoberbramsegel *n.* ¹**~-sail** → miz-(z)en 1. ¹**~-₁top'gal·lant sail** *s* Kreuzbramsegel *n.*
**miz·zle**¹ [¹mɪzl] *dial. od. colloq.* **I** *v/impers* nieseln, fein regnen. **II** *s* Nieseln *n,* Sprühregen *m.*
**miz·zle**² [¹mɪzl] *v/i bes. Br. sl.* ¹türmen'.
**MKS sys·tem** *s* MK¹S-Sy₁stem *n,* ¹Meter-Kilo¹gramm-Se'kunde-Sy₁stem *n.*
**mne·mon·ic** [niː'mɒnɪk; *Am.* -¹maː-] **I** *adj* **1.** mnemo'technisch. **2.** mne'monisch, Gedächtnis... **II** *s* **3.** Gedächtnishilfe *f.* **4.** → mnemonics 1. **mne'mon·ics** *s pl* **1.** (*a. als sg konstruiert*) Mne¹monik *f,* Mnemo'technik *f,* Gedächtniskunst *f.* **2.** mne'monische Zeichen *pl.*
**mne·mo·nist** [¹niːmənɪst] *s* Mne'moniker(in), Gedächtniskünstler(in).
**mne·mo·tech·nics** [ˌniːməʊ'teknɪks] *s pl* (*a. als sg konstruiert*), ¹**mne·mo₁tech·ny** *s* → mnemonics.
**mo** [məʊ] *s colloq.* **1.** Mo'ment *m:* **wait half a** ~**!** eine Sekunde! **2.** *Austral.* Schnurrbart *m.*
**mo·a** [¹məʊə] *s orn.* Moa *m* (*ausgestorbener Schnepfenstrauß Neuseelands*).
**Mo·ab·ite** [¹məʊəbaɪt] *Bibl.* **I** *s* Moa'biter(in). **II** *adj* moa'bitisch.
**moan** [məʊn] **I** *s* **1.** Stöhnen *n,* Ächzen *n* (*a. fig. des Windes etc*): **to make (one's)** ~ *obs.* → **4. II** *v/i* **2.** stöhnen, ächzen. **3.** *fig.* a) ächzen (*Wind etc*), b) (dumpf) rauschen (*Wasser*). **4.** (weh)klagen, jammern. **III** *v/t* **5.** beklagen. **6.** *Worte etc* (her'vor)stöhnen. ¹**moan·ful** *adj* (*adv* ~**ly**) (weh)klagend.
**moat** [məʊt] *mil.* **I** *s* (Wall-, Burg-, Stadt)Graben *m.* **II** *v/t* mit e-m Graben um'geben.
**mob** [mɒb; *Am.* maːb] **I** *s* **1.** Mob *m,* zs.-gerotteter Pöbel(haufen): ~ **law** Lynchjustiz *f.* **2.** *sociol.* Masse *f:* ~ **psychology** Massenpsychologie *f.* **3.** Pöbel *m,* Gesindel *n.* **4.** *sl.* a) (Verbrecher)Bande *f,* b) *allg.* Bande *f,* Sippschaft *f,* Clique *f.* **II** *v/t* **5.** (lärmend) bedrängen, anpöbeln, herfallen über (*acc*). **6.** (in e-r Rotte) attac'kieren *od.* angreifen. **7.** *Geschäfte etc* stürmen. **III** *v/i* **8.** sich zs.-rotten.
¹**mob·cap** *s hist.* Morgenhaube *f* (*der Frauen*).
**mo·bile** [¹məʊbaɪl; *Am. a.* -bəl, ˌ-biːl] **I** *adj* **1.** beweglich. **2.** schnell (beweglich), wendig (*a. fig. Geist etc*). **3.** lebhaft: ~ **features. 4.** *chem.* leicht-, dünnflüssig: ~ **liquids. 5.** *tech.* fahrbar, beweglich: ~ **bil,** *mil. a.* motori'siert: ~ **artillery** fahrbare Artillerie; ~ **crane** *tech.* Autokran *m*; ~ **defence** (*Am.* -se) *mil.* bewegliche

*mitt-ti·mus* ... 

**mixed** [mɪkst] *adj* **1.** gemischt (*a. fig. Gefühle, Gesellschaft, Kommission, Konto, Metapher etc*). **2.** vermischt. **3.** Misch... **4.** *colloq.* verwirrt, kon'fus. **5.** *bot.* gemischt, Misch... **6.** *math.* gemischt: ~ **fraction;** ~ **number;** ~ **proportion. 7.** ¹unterschiedlich: ~ **of success.** ~ **bag** *s colloq.* bunte Mischung. ~ **blessing** *s* zweifelhaftes Vergnügen. ~ **blood** *s* **1.** gemischtes Blut, gemischte (rassische) Abstammung. **2.** Mischling *m,* Halbblut *n.* ~ **car·go** *s econ.* Stückgutladung *f.* ~ **cloth** *s* me'liertes Tuch. ~ **con·struc·tion** *s arch.* Gemischtbauweise *f.* ¹**~-₁cy·cle en·gine** *s tech.* Semidieselmotor *m.* ~ **dou·ble** *s meist pl Tennis etc:* gemischtes Doppel, Doppel *n:* **a** ~**s match** ein gemischtes Doppel. **e·con·o·my** *s econ.* gemischte Wirtschaftsform. ˌ**~-e'con·o·my** *adj econ.* gemischtwirtschaftlich. ~ **ed·u·ca·tion** *s ped.* Gemeinschaftserziehung *f,* Koedukati'on *f.* ~ **farm·ing** *s* Ackerbau *m u.* Viehzucht *f.* ~ **grill** *s* Mixed grill *m.* ~ **lan·guage** *s* Mischsprache *f.* ~ **mar·riage** *s* Mischehe *f.* ~ **me·di·a** *pl* **1.** Multi'media *pl.* **2.** *art* Mischtechnik *f.* ˌ**~-'me·di·a** *adj* Mixed-media-..., multimedi'al. ~ **pick·les** *s pl* Mixed Pickles *pl,* Mixpickles *pl.* ~ **price** *s econ.* Mischpreis *m.* ~ **school** *s* Koedukati'onsschule *f.* ~ **train** *s rail.* gemischter Zug.

*od.* elastische Verteidigung; ~ **home** Wohnwagen *m*; ~ **library** Wander-, Autobücherei *f*; ~ **troops** *mil.* schnelle *od.* motorisierte Verbände; ~ **unit** a) *tech.* fahrbare Anlage, b) *mil.* (voll)motorisierte Einheit; ~ **warfare** Bewegungskrieg *m*; ~ **workshop** Werkstattwagen *m.* **6.** veränderlich, unstet. **7.** *econ.* flüssig, mo'bil: ~ **funds.** **II** *s* **8.** beweglicher Körper, *bes. tech.* beweglicher Teil (*e-s Mechanismus*). **9.** Mobile *n.*

**mo·bil·i·ty** [məʊ'bɪlətɪ] *s* **1.** Beweglichkeit *f.* **2.** Wendigkeit *f.* **3.** Veränderlichkeit *f.* **4.** *sociol.* a) Mobili'tät *f (der Bevölkerung),* b) sozi'ale Mobili'tät, sozialer Auf- *od.* Abstieg. **5.** *chem.* Leichtflüssigkeit *f.*

**mo·bi·li·za·tion** [ˌməʊbɪlaɪ'zeɪʃn; *Am.* -lə'z-] *s* Mobili'sierung *f*: a) *mil.* Mo'bilmachung *f,* b) *bes. fig.* Akti'vierung *f,* Aufgebot *n (der Kräfte etc),* c) *econ.* Flüssigmachung *f.* **'mo·bi·lize I** *v/t* mobili'sieren: a) *mil.* mo'bil machen, b) *mil. etc* dienstverpflichten, her'anziehen, c) *fig. Kräfte etc* aufbieten, einsetzen, d) *econ. Kapital* flüssigmachen. **II** *v/i mil.* mo'bil machen.

**mob·oc·ra·cy** [mɒ'bɒkrəsɪ; *Am.* mɑ'bɑ-] *s* **1.** Pöbelherrschaft *f.* **2.** (herrschender) Pöbel.

**mobs·man** ['mɒbzmən; *Am.* 'mɑbz-] *s irr* **1.** Gangster *m.* **2.** *Br. sl.* (ele'ganter) Taschendieb.

**mob·ster** ['mɒbstər] *Am. sl. für* **mobsman** l.

**moc·ca·sin** ['mɒkəsɪn; *Am.* 'mɑ-] *s* **1.** Mokas'sin *m (absatzloser Schuh der Indianer, a. Damenmodeschuh).* **2.** *zo.* Mokas'sinschlange *f.*

**mo·cha¹** ['mɒkə; *Am.* 'məʊkə] **I** *s* **1.** 'Mokka(kaf,fee) *m.* **2.** Mochaleder *n.* **II** *adj* **3.** Mokka...

**mo·cha²** ['mɒkə; *Am.* 'məʊkə], **Mo·cha stone** *s min.* Mochastein *m.*

**mock** [mɒk; *Am. a.* mɑk] **I** *v/t* **1.** verspotten, -höhnen, lächerlich machen. **2.** nachäffen. **3.** *poet.* nachahmen. **4.** täuschen, narren. **5.** spotten (*gen*), trotzen (*dat*), Trotz bieten (*dat*), nicht achten. **II** *v/i* **6.** sich lustig machen, spotten (**at** über *acc*). **III** *s* **7.** Spott *m,* Hohn *m.* **8.** → **mockery** **2** *u.* **3.** **IV** *adj* **9.** falsch, nachgemacht, Schein..., Pseudo...: ~ **attack** *mil.* Scheinangriff *m.*

**mock·er** ['mɒkər; *Am. a.* 'mɑ-] *s* **1.** Spötter(in). **2.** Nachäffer(in). **3.** to **put the** ~**s on** s.th. *Br. sl.* etwas ,vermasseln'.

**mock·er·y** ['mɒkərɪ; *Am. a.* 'mɑ-] *s* **1.** Spott *m,* Hohn *m,* Spötte'rei *f.* **2.** *fig.* Hohn *m* (**of** auf *acc*). **3.** Zielscheibe *f* des Spottes, Gespött *n*: **to make a** ~ **of** zum Gespött (der Leute) machen. **4.** Nachäffung *f.* **5.** *fig.* Possenspiel *n,* Farce *f.*

**mock-he'ro·ic I** *adj* (*adv* ~**ally**) **1.** 'komisch-he'roisch: ~ **poem** → **2.** **II** *s* **2.** 'komisch-he'roisches Gedicht, he'roische Bur'leske. **3.** 'komisch-he'roisches Getue *od.* Geschwätz.

**mock·ing** ['mɒkɪŋ; *Am. a.* 'mɑ-] *I s* Spott *m,* Gespött *n.* **II** *adj* (*adv* ~**ly**) spöttisch. **'~·bird** *s orn.* Spottdrossel *f.*

**mock| moon** *s astr.* Nebenmond *m.* ~ **or·ange** *s bot.* **1.** *Am.* Falscher Jas'min. **2.** Karo'linischer Kirschlorbeer. **3.** o'rangenähnlicher Kürbis. ~**priv·et** *s bot.* Steinlinde *f.* ~ **sun** *s astr.* Nebensonne *f.* ~**tri·al** *s jur.* 'Scheinpro,zeß *m.* ~ **tur·tle** *s gastr.* Kalbskopf *m* en tor'tue. ~ **tur·tle soup** *s gastr.* Mockturtlesuppe *f,* falsche Schildkrötensuppe. **'~·up** *s* Mo'dell *n* (in na'türlicher Größe), At'trappe *f.* ~ **vel·vet** *s* Trippsamt *m.*

**Mod¹** [mɒd] *s* musikalisches u. literarisches Jahresfest der Hochlandschotten.

**mod²** [mɒd; *Am.* mɑd] **I** *abbr. für* a) **model,** b) **moderate,** c) **moderation,** d) **modern,** e) **modification,** f) **modulator.** **II** *s* → **mods.**

**mod·al** ['məʊdl] *adj (adv* ~**ly**) **1.** mo'dal: a) die Art u. Weise *od.* die Form bezeichnend, b) durch Verhältnisse bedingt. **2.** *ling. mus. philos.* mo'dal, Mo'dal...: ~ **auxiliary,** ~ **verb** modales Hilfsverb; ~ **proposition** (*Logik*) Mo'dalsatz *m.* **3.** *Statistik:* häufigst(er, e, es), typisch.

**mo·dal·i·ty** [məʊ'dælətɪ] *s* **1.** Modali'tät *f,* Art *f* u. Weise *f,* Ausführungsart *f*: **modalities of payment** Zahlungsmodalitäten. **2.** *med.* a) Anwendung *f* e-s (physi'kalisch-technischen) Heilmittels, b) physi'kalisch-technisches Heilmittel.

**mode¹** [məʊd] *s* **1.** (Art *f* u.) Weise *f,* Me'thode *f*: ~ **of action** *tech.* Wirkungsweise; ~ **of life** Lebensweise; ~ **of payment** Zahlungsweise. **2.** (Erscheinungs-) Form *f,* Art *f*: **heat is a** ~ **of motion** Wärme ist e-e Form der Bewegung. **3.** *philos.* Modus *m,* Seinsweise *f.* **4.** *Logik:* a) Modali'tät *f,* b) Modus *m (e-r Schlußfigur).* **5.** *mus.* Modus *m,* Tonart *f,* -geschlecht *n*: **ecclesiastical** ~**s** Kirchentonarten. **6.** *ling.* Modus *m,* Aussageweise *f.* **7.** *Statistik:* Modus *m,* häufigster Wert.

**mode²** [məʊd] *s* Mode *f,* Brauch *m*: **to be all the** ~ (die) große Mode sein.

**mod·el** ['mɒdl; *Am.* 'mɑdl] **I** *s* **1.** Muster *n,* Vorbild *n* (**for** für): **after** (*od.* **on**) **the** ~ **of** nach dem Muster von (*od.* gen); **he is a** ~ **of self-control** er ist ein Muster an Selbstbeherrschung. **2.** (*fig.* 'Denk-) Mo,dell *n,* Nachbildung *f*: → **working model.** **3.** Muster *n,* Vorlage *f.* **4.** *paint. etc* Mo'dell *n*: **to act as a** ~ **to a painter** e-m Maler Modell stehen *od.* sitzen. **5.** *Mode:* Mannequin *n,* Vorführdame *f*: **male** ~ Dressman *m.* **6.** Mo'dellkleid *n.* **7.** *tech.* a) Bau(weise *f,* b) (Bau)Muster *n,* Mo'dell *n,* Typ(e *f) m.* **8.** Urbild *n,* -typ *m.* **9.** *dial.* Ebenbild *n.* **II** *adj* **10.** vorbildlich, musterhaft, Muster...: ~ **farm** landwirtschaftlicher Musterbetrieb; ~ **husband** Mustergatte *m*; ~ **plant** Musterbetrieb *m.* **11.** Modell...: ~ **airplane;** ~ **house;** ~ **builder** Modellbauer *m*; ~ **construction unit** Modellbaukasten *m*; ~ **dress** → **6**; ~ **school** Muster-, Experimentierschule *f*; ~ **tank** *mar.* Versuchstank *m.* **III** *v/t pret u. pp* **-eled,** *bes. Br.* **-elled** **12.** nach Mo'dell formen *od.* 'herstellen. **13.** model'lieren, nachbilden. **14.** Form geben (*dat*). **15.** abformen. **16.** *Mode: Kleider etc* vorführen. **17.** *fig.* formen, bilden, gestalten (**after, on, upon** nach [dem Vorbild *gen*]): **to** ~ **o.s. on** sich *j-n* zum Vorbild nehmen. **IV** *v/i* **18.** ein Mo'dell *od.* Modelle 'herstellen. **19.** *art* model'lieren. **20.** plastische Gestalt annehmen (*Graphik*). **21.** *Am.* Mo'dell stehen *od.* sitzen (**for** *dat*). **22.** als Mannequin arbeiten.

**mod·el·er,** *bes. Br.* **mod·el·ler** ['mɒdlə(r); *Am.* 'mɑ-] *s* **1.** Model'lierer *m.* **2.** Mo'dell-, Musterbauer *m.* **'mod·el·ing,** *bes. Br.* **'mod·el·ling I** *s* **1.** Model'lieren *n.* **2.** Formgebung *f,* Formung *f.* **3.** *Graphik:* Verleihen *n* e-s plastischen Aussehens. **4.** Mo'dellstehen *n od.* -sitzen *n.* **II** *adj* **5.** Modellier...: ~ **clay.**

**mo·dem** ['məʊdem] *s Computer:* Modem *m (Gerät zur Übertragung von Daten über Fernsprechleitungen).*

**mod·er·ate** ['mɒdərət; *Am.* 'mɑ-] **I** *adj* (*adv* ~**ly**) **1.** mäßig: a) gemäßigt (*a. Sprache etc*), zu'rückhaltend: ~ **in drinking** maßvoll im Trinken, b) *fru'gal* (*Lebensweise*), c) mittelmäßig, d) gering:

~ **interest,** e) vernünftig, angemessen, niedrig: ~ **demands;** ~ **prices. 2.** *pol.* gemäßigt. **3.** mild: a ~ **winter;** a ~ **punishment. II** *s* **4.** Gemäßigte(r *m*) *f* (*a. pol.*). **III** *v/t* [-reɪt] **5.** mäßigen, mildern. **6.** beruhigen. **7.** einschränken. **8.** *phys. tech.* dämpfen, abbremsen. **9.** *e-e Versammlung etc* leiten. **IV** *v/i* **10.** sich mäßigen. **11.** sich beruhigen, nachlassen (*Wind etc*). ~ **breeze** *s meteor.* mäßige Brise (*Windstärke* 4). ~ **gale** *s meteor.* steifer Wind (*Windstärke* 7).

**mod·er·ate·ness** ['mɒdərətnɪs; *Am.* 'mɑ-] *s* **1.** Mäßigkeit *f.* **2.** Gemäßigtheit *f.* **3.** Milde *f.* **4.** Mittelmäßigkeit *f.* **5.** Angemessenheit *f.*

**mod·er·a·tion** [ˌmɒdə'reɪʃn; *Am.* ˌmɑ-] *s* **1.** Mäßigung *f,* Maß(halten) *n*: **in** ~ mit Maßen. **2.** Mäßigkeit *f.* **3.** *pl univ.* erste öffentliche Prüfung für den B.A.-Grad (*in Oxford*).

**mod·er·at·ism** ['mɒdərətɪzəm; *Am.* 'mɑ-] *s* Mäßigung *f,* gemäßigte Anschauung.

**mod·e·ra·to** [ˌmɒdə'rɑːtəʊ; *Am.* ˌmɑ-] *adj u. adv mus.* mode'rato, mäßig.

**mod·er·a·tor** ['mɒdəreɪtə(r); *Am.* 'mɑ-] *s* **1.** Mäßiger *m,* Beruhiger *m.* **2.** Beruhigungsmittel *n.* **3.** Schiedsrichter *m,* Vermittler *m.* **4.** Vorsitzende(r) *m,* Diskussi'onsleiter *m.* **5.** Mode'rator *m*: a) *Vorsitzender e-s leitenden Kollegiums reformierter Kirchen,* b) *TV Programmleiter.* **6.** *phys. tech.* Mode'rator *m*: a) Dämpfer *m,* b) Ölzuflußregler *m,* c) Reakti'onsbremse *f (im Atommeiler).* **7.** *univ.* a) Exami'nator *m bei den* **moderations** (*in Oxford*), b) *Vorsitzender bei der höchsten Mathematikprüfung (in Cambridge).*

**mod·ern** ['mɒdə(r)n; *Am.* 'mɑ-] **I** *adj* (*adv* ~**ly**) **1.** mo'dern, neuzeitlich: ~ **times** die Neuzeit. **2.** mo'dern, (neu-) modisch. **3.** *meist* **M**~ *ling.* a) mo'dern, Neu..., b) neuer(er, e, es): **M**~ **Greek** Neugriechisch *n*; ~ **languages** neuere Sprachen; **M**~ **Languages** (*als Fach*) Neuphilologie *f.* **II** *s* **4.** Mo'derne(r *m*) *f,* Fortschrittliche(r *m*). **5.** Mensch *m* der Neuzeit: **the** ~**s** die Neueren. **6.** *print.* neuzeitliche An'tiqua. ~ **dance** *s* Ausdruckstanz *m.* **M**~ **Eng·lish** *s ling.* Neuenglisch *n,* das Neuenglische. **M**~ **Greats** *s pl* (*Oxford*) Bezeichnung der Fächergruppe Staatswissenschaft, Volkswirtschaft u. Philosophie.

**mod·ern·ism** ['mɒdə(r)nɪzəm; *Am.* 'mɑ-] *s* **1.** Moder'nismus *m*: a) fortschrittliche Einstellung, mo'derner Geschmack, b) *ling.* mo'dernes Wort, moderne Redewendung *pl,* moderner Gebrauch. **2.** **M**~ *relig.* Moder'nismus *m.* **'mod·ern·ist I** *s* **1.** Moder'nist(in). **2.** *art* Mo'derne(r *m*) *f.* **3.** **M**~ *relig.* Moder'nist(in). **II** *adj* **4.** moder'nistisch.

**mo·der·ni·ty** [mɒ'dɜːnətɪ; *Am.* mɑ'dɜr-] *s* Moderni'tät *f,* (das) Mo'derne.

**mod·ern·i·za·tion** [ˌmɒdənaɪ'zeɪʃn; *Am.* ˌmɑdərnə'z-] *s* Moderni'sierung *f.* **'mod·ern·ize** *v/t* moderni'sieren.

**mod·ern jazz** *s* Modern Jazz *m.* **'mod·ern·ness** *s* Moderni'tät *f.*

**mod·est** ['mɒdɪst; *Am.* 'mɑ-] *adj (adv* ~**ly**) **1.** bescheiden: a) anspruchslos, bescheiden (*Person od. Sache*): ~ **income** bescheidenes Einkommen. **2.** sittsam, schamhaft. **4.** maßvoll, bescheiden, vernünftig. **'mod·es·ty** *s* **1.** Bescheidenheit *f (Person, Einkommen etc)*: **in all** ~ bei aller Bescheidenheit. **2.** Anspruchslosigkeit *f,* Einfachheit *f.* **3.** Schamgefühl *n,* Sittsamkeit *f.* **4.** *a.* ~ **vest** Spitzeneinsatz *m (im Kleiderausschnitt).*

**mo·di** ['məʊdiː; -daɪ] *pl von* **modus.**

**mod·i·cum** ['mɒdɪkəm; *Am.* 'mɑ-;

'məʊ-] *s* kleine Menge, *(ein)* bißchen: **a ~ of sense** ein Funke (von) Verstand; **a ~ of truth** ein Körnchen Wahrheit.

**mod·i·fi·a·ble** ['mɒdɪfaɪəbl; *Am.* 'ma-] *adj* modifi'zierbar, (ab)änderungsfähig.

**mod·i·fi·ca·tion** [ˌmɒdɪfɪ'keɪʃn; *Am.* ˌma-] *s* **1.** *allg.* Modifikati'on *f*: a) Ab- änderung *f*, Abwandlung *f*: **to make a ~ to s.th.** etwas modifizieren, an e-r Sache e-e (teilweise) Änderung vornehmen, b) Abart *f*, modifi'zierte Form, *tech. a.* ab- geänderte Ausführung, c) Einschränkung *f*, nähere Bestimmung, d) *biol.* nichterbliche Abänderung, e) *ling.* nähe- re Bestimmung, f) *ling.* lautliche Verän- derung, *bes.* 'Umlaut *m*, g) *ling.* teilweise 'Umwandlung *f*, *bes.* Angleichung *f* (*e-s Lehnwortes*). **2.** Mäßigung *f*, Milderung *f*.

**mod·i·fi·ca·tive** ['mɒdɪfɪkeɪtɪv; *Am.* 'ma-], **'mod·i·fi·ca·to·ry** [-fɪkeɪtərɪ; *Am.* -fɪkəˌtəʊriː; -ˌtɔː-] *adj* modifi'zie- rend.

**mod·i·fied milk** ['mɒdɪfaɪd; *Am.* 'ma-] *s* Milch von künstlich geänderter Zs.- setzung.

**mod·i·fi·er** ['mɒdɪfaɪə(r); *Am.* 'ma-] *s* **1.** j-d, der etwas modifi'ziert. **2.** *ling.* a) nähere Bestimmung, b) e-e laut- liche Modifikati'on anzeigendes dia'kri- tisches Zeichen (*Umlautzeichen etc*).

**mod·i·fy** ['mɒdɪfaɪ; *Am.* 'ma-] *v/t* **1.** modifi'zieren: a) abändern, abwandeln, teilweise 'umwandeln, b) einschränken, näher bestimmen (*a. ling.*). **2.** *ling. e-n Vokal* 'umlauten. **3.** mildern, mäßigen, abschwächen.

**mod·ish** ['məʊdɪʃ] *adj* (*adv* **~ly**) **1.** mo- disch, mo'dern, nach der Mode. **2.** Mo- de...: **~ lady** Modedame *f*.

**mods** [mɒdz; *Am.* madz] *s pl* **1.** *colloq. abbr. für* **moderation** 3. **2.** *Br.* Halb- starke *pl* von betont dandyhaftem Äu- ßeren.

**mod·u·lar** ['mɒdjʊlə; *Am.* 'madʒələr] *adj* **1.** *math.* Modul..., Model... **2.** *tech.* Modul...: **~ design** Modulbauweise *f*. **3.** *fig.* bausteinartig.

**mod·u·late** ['mɒdjʊleɪt; *Am.* 'madʒə-] **I** *v/t* **1.** abstimmen, regu'lieren. **2.** anpas- sen (**to** an *acc*). **3.** dämpfen. **4.** *die Stim- me, den Ton etc* modu'lieren (*a. Funk*): **~d wave** modulierte Welle; **modulating valve** (*od.* **tube**) Modulations-, Steuer- röhre *f*. **5.** *Gebet etc* (im Sprechgesang) rezi'tieren. **II** *v/i* **6.** *Funk:* modu'lieren. **7.** *mus.* a) modu'lieren (**from** von; **to** nach), die Tonart wechseln, b) (*beim Vortrag*) modu'lieren. **8.** all'mählich 'übergehen (**into** in *acc*). **mod·u·la·tion** *s* **1.** Abstimmung *f*, Regu'lierung *f*. **2.** Anpassung *f*. **3.** Dämpfung *f*. **4.** *mus., a. Funk u. Stimme:* Modulati'on *f*. **5.** Intonati'on *f*, Tonfall *m*. **6.** *arch.* Be- stimmung *f* der Proporti'onen durch den Modul. **'mod·u·la·tor** [-tə(r)] *s* **1.** Reg- ler *m*. **2.** *electr.* Modu'lator *m*. **3.** *mus.* die Tonverwandtschaft (*nach der Tonic-Sol- fa-Method*) darstellende Skala. **'mod- u·la·to·ry** [-lətərɪ; *Am.* -ləˌtəʊriː; -ˌtɔː-] *adj mus.* Modulations...

**mod·ule** ['mɒdjuːl; *Am.* 'madʒəːl] *s* **1.** Modul *m*, Model *m*, Maßeinheit *f*, Einheits-, Verhältniszahl *f*. **2.** *arch.* Mo- dul *m*. **3.** *Numismatik:* Modul *m*, Model *m* (*Münzdurchmesser*). **4.** *tech.* (Zahn- rad-)Teilungsmodul *m*. **5.** *tech.* Baueinheit *f*: **~ construction** Baukastensystem *n*. **6.** *Raumfahrt:* (Kommando- etc)Kapsel *f*: **command ~;** → **lunar module.** **7.** *tech. allg.* Mo'dul *n* (*austauschbare Funktions- einheit*), *electr. a.* Baustein *m*.

**mod·u·lus** ['mɒdjʊləs; *Am.* 'madʒə-] *pl* **-li** [-laɪ] *s math. phys.* Modul *m*.

**mo·dus** ['məʊdəs] *pl* **'mo·di** [-diː; -daɪ] (*Lat.*) *s* **1.** Modus *m*, Art *f* u. Weise *f*.

**2.** *jur.* a) di'rekter Besitzerwerb, b) *Kir- chenrecht:* Ablösung *f* des Zehnten durch Geld. **~ o·pe·ran·di** [-ˌɒpə'rændiː; -daɪ; *Am.* -ˌapə-] (*Lat.*) *s* Modus ope'randi, Verfahrensweise *f*. **~ vi·ven·di** [-viː- 'vendiː; -daɪ] (*Lat.*) *s* **1.** Modus *m* vi'vendi (*erträgliche Form des Zs.-lebens, Verstän- digung*). **2.** Lebensweise *f*.     [Katze *f.*]

**mog** [mɒg], **mog·gy** ['mɒgɪ] *s Br. sl.*⟩

**Mo·gul** ['məʊgʌl; *Am.* mə'gʌl] *s* **1.** Mon'gole *m*, Mon'golin *f*. **2.** Mogul *m* (*mongolischer Beherrscher Indiens*): **the** (**Great od. Grand**) **~** der Großmogul. **3.** **m~** *fig.* ,großes Tier', Ma'gnat *m*, König *m*: **movie ~** Filmmagnat; **party ~** Partei- bonze *m*.

**mo·hair** ['məʊheə(r)] *s* **1.** Mo'hair *m* (*Angorahaar, -wolle*). **2.** unechter Mo- 'hair. **3.** Mo'hair(stoff *m od.* -kleidungs- stück *n*) *m*.

**Mo·ham·med·an** [məʊ'hæmɪdən] **I** *adj* mohamme'danisch. **II** *s* Moham- me'daner(in). **Mo·ham·med·an·ism** *s* Mohamme'danismus *m*, Is'lam *m*. **Mo- 'ham·med·an·ize** *v/t* zum Is'lam be- kehren, mohamme'danisch machen.

**Mo·ha·ve** [məʊ'hɑːvɪ] *pl* **-ves,** *bes. collect.* **-ve** *s* Mo'have-Indi,aner(in), Mo'have *m*.

**Mo·hawk** ['məʊhɔːk] *pl* **-hawks,** *bes. collect.* **-hawk** *s* 'Mohawk-Indi,aner (-in), Mohawk *m*.

**Mo·he·gan** ['məʊhiːgən] *pl* **-gans,** *bes. collect.* **-gan** *s* Mo'hegan-Indi,aner(in), Mo'hegan *m*.

**Mo·hi·can** ['məʊɪkən; *Am.* məʊ'hiː-] **I** *pl* **-cans,** *bes. collect.* **-can** *s* Mohi'ka- ner(in). **II** *adj* mohi'kanisch.

**Mo·hock** ['məʊhɒk; *Am.* -ˌhak] *s Mit- glied von größtenteils aus Aristokraten bestehenden Banden in London (18. Jh.).*

**moi·e·ty** ['mɔɪətɪ] *s* **1.** Hälfte *f*. **2.** Teil *m*.

**moil** [mɔɪl] *v/i obs. od. dial.* sich schinden, sich abrackern.

**moire** [mwɑː(r); *Am. a.* 'mɔɪər] *s* Moi'ré *n*, *m*, moi'rierter Stoff, Moi'réseide *f*.

**moi·ré** ['mwɑːreɪ; *Am.* mwaː'reɪ; -'mɔɪreɪ] **I** *adj* **1.** moi'riert, gewässert, geflammt, mit Wellenmuster. **2.** mit Wellenlinien auf der Rückseite (*Briefmarke*). **3.** wie moi'rierte Seide glänzend (*Metall*). **II** *s* **4.** Moi'ré *n*, Wasserglanz *m*. **5.** → **moire.**

**moist** [mɔɪst] *adj* (*adv* **~ly**) **1.** feucht (**with** von): **~ with tears** tränenfeucht. **2.** *med.* nässend. **3.** *fig.* rührselig.

**mois·ten** ['mɔɪsn] **I** *v/t* an-, befeuchten, benetzen. **II** *v/i* feucht werden.

**moist·ness** ['mɔɪstnɪs] *s* Feuchtheit *f*.

**mois·ture** ['mɔɪstʃə(r)] *s* Feuchtigkeit *f*: **~ meter** Feuchtigkeitsmesser *m*; **~ -proof** feuchtigkeitsfest.

**mois·tur·ize** ['mɔɪstʃəraɪz] *v/t* **1.** *Haut* mit e-r Feuchtigkeitscreme behandeln. **2.** *Luft* befeuchten. **'mois·tur·iz·er** *s* **1.** Feuchtigkeitscreme *f*. **2.** *tech.* Luftbe- feuchter *m*. **'mois·tur·iz·ing cream** *s* Feuchtigkeitscreme *f*.

**moke** [məʊk] *s* **1.** *sl. Br.* Esel *m*. **2.** *Am.* Nigger *m*. **3.** *Austral.* Klepper *m*.

**mol** → **mole**[4].

**mo·lar**[1] ['məʊlə(r)] **I** *s* Backen-, Mahl- zahn *m*, Mo'lar *m*. **II** *adj* Mahl..., Backen..., Molar...: **~ tooth** → I.

**mo·lar**[2] ['məʊlə(r)] *adj* **1.** *phys.* Mas- sen...: **~ motion.** **2.** *chem.* mo'lar, Mo- lar..., Mol...: **~ number** Molzahl *f*; **~ weight** Mol-, Molargewicht *n*.

**mo·lar**[3] ['məʊlə(r)] *adj* mol, mol'dal. → Molen...

**mo·las·ses** [məʊ'læsɪz; mə-] *s sg u. pl* **1.** *Am.* Me'lasse *f*. **2.** (Zucker)Sirup *m*.

**mold**[1], *bes. Br.* **mould** [məʊld] **I** *s* **1.** *tech.* (Gieß-, Guß)Form *f*: **firing ~** Brennform; **to be cast in the same** (**a different**) **~** *fig.* aus demselben (e-m anderen) Holz geschnitzt sein; **~ candle**

gegossene Kerze. **2.** (Körper)Bau *m*, Ge- stalt *f*, (*äußere*) Form. **3.** Art *f*, Na'tur *f*, Wesen *n*, Cha'rakter *m*. **4.** *tech.* a) Hohl- form *f*, b) Preßform *f*: (**female**) **~** Ma- trize *f*; **male ~** Patrize *f*, c) Ko'kille *f*, Hartgußform *f*, d) ('Form)Mo,dell *n*, e) Gesenk *n*, f) Dreherei: Druckfutter *n*. **5.** *tech.* 'Gußmateri,al *n*. **6.** *tech.* Guß (-stück *n*) *m*. **7.** *Schiffbau:* Mall *n*: **~ loft** Mall-, Schnürboden *m*. **8.** *arch.* a) Sims *m*, *n*, b) Leiste *f*, c) Hohlkehle *f*. **9.** *gastr.* a) Form *f* (*für Speisen*), b) *in der Form hergestellte Speise.* **10.** *geol.* Ab- druck *m* (*e-r Versteinerung*). **II** *v/t* **11.** *tech.* gießen. **12.** (ab)formen, model- 'lieren. **13.** formen (*a. fig. Charakter*), bilden (**out of** aus), gestalten (**on** nach dem Muster von [*od. gen*]). **14.** *Teig etc* formen, kneten. **15.** mit erhabenen Mu- stern verzieren. **16.** profi'lieren. **III** *v/i* **17.** Form *od.* Gestalt annehmen, sich formen (lassen).

**mold**[2], *bes. Br.* **mould** [məʊld] **I** *s* **1.** Schimmel *m*, Moder *m*. **2.** *bot.* Schim- melpilz *m*. **II** *v/i* **3.** (ver)schimmeln, schimm(e)lig werden.

**mold**[3], *bes. Br.* **mould** [məʊld] *s* **1.** lockere Erde, *bes.* Ackerkrume *f*: **a man of ~** ein Erdenkloß *m*, ein Sterblicher *m*. **2.** Humus(boden) *m*.

**mold·a·ble,** *bes. Br.* **mould·a·ble** ['məʊldəbl] *adj* formbar, bildsam: **~ ma- terial** Preßmasse *f*.

**'mold·board,** *bes. Br.* **'mould·board** *s* **1.** *agr.* Streichbrett *n*, -blech *n* (*am Pflug*). **2.** Formbrett *n* (*der Maurer*).

**mold·er**[1], *bes. Br.* **mould·er** ['məʊl- də(r)] *s* **1.** Former *m*, Gießer *m*. **2.** Mo- del'lierer(in), Bildner(in), Gestalter(in). **3.** 'Formma,schine *f*. **4.** *print.* 'Mutter- gal,vano *n*.

**mold·er**[2], *bes. Br.* **mould·er** ['məʊl- də(r)] *v/i a.* **~ away** vermodern, (*zu Staub*) zerfallen, zerbröckeln.

**mold·i·ness,** *bes. Br.* **mould·i·ness** ['məʊldɪnɪs] *s* **1.** Schimm(e)ligkeit *f*, Moder *m*. **2.** Schalheit *f* (*a. fig.*). **3.** *sl.* Fadheit *f*.

**mold·ing,** *bes. Br.* **mould·ing** ['məʊl- dɪŋ] *s* **1.** Formen *n*, Formung *f*, Form- gebung *f*. **2.** Formgieße'rei *f*. **3.** Model- 'lieren *n*. **4.** (*etwas*) Geformtes, *tech.* Formstück *n*, Preßteil *n*. **5.** *arch.* → **mold**[1] 8. → **board** (ad). **1.** Kuchen-, Nudel- brett *n*. **2.** Model'lierbrett *n*. **3.** Formbrett *n*. **4.** geharzte Pappe. **~ clay** *s tech.* Formerde *f*, -ton *m*. **~ ma·chine** *s tech.* **1.** 'Kehl(hobel)ma,schine *f* (*für Holz- bearbeitung*). **2.** Gießerei: 'Formma,schi- ne *f*. **3.** 'Blechformma,schine *f*. **4.** 'Spritz- ma,schine *f* (*für Spritzgut etc*). **~ plane** *s tech.* Kehl-, Hohlkehlenhobel *m*. **~ press** *s tech.* Formpresse *f*. **~ sand** *s tech.* Form-, Gießsand *m*.

**mold·y,** *bes. Br.* **mould·y** ['məʊldɪ] *adj* **1.** schimm(e)lig, mod(e)rig. **2.** Schimmel..., schimmelartig: **~ fungi** Schim- melpilze *pl*. **3.** muffig, schal (*a. fig.*). **4.** *sl.* fad.

**mole**[1] [məʊl] *s* **1.** *zo.* Maulwurf *m*: **~ cricket** Maulwurfsgrille *f*; (**as**) **blind as a ~** stockblind. **2.** *tech.* 'Tunnelvortriebs- ma,schine *f*. **3.** *colloq.* ,Maulwurf' *m* (*Agent, der sich lange im Hintergrund hält*).

**mole**[2] [məʊl] *s* (kleines) Muttermal, *bes.* Leberfleck *m*.

**mole**[3] [məʊl] *s* **1.** Mole *f*, Hafendamm *m*. **2.** künstlicher Hafen.

**mole**[4] [məʊl] *s chem.* Mol *n*, 'Gramm- mole,kül *n*.

**mole**[5] [məʊl] *s med.* Mole *f*, Mondkalb *n*.

**mo·lec·u·lar** [məʊ'lekjʊlə(r); *bes. Am.* mə'lekjə-] *adj* (*adv* **~ly**) *chem. phys.* mole- ku'lar, Molekular...: **~ biologist** Mole-

kularbiologe *m*; ~ **biology** Molekular-
biologie *f*; ~ **energy** Molekularkraft *f*;
~ **film** (mono)molekulare Schicht; ~ for-
mula Molekular-, Molekülformel *f*; ~
**genetics** *pl* Molekulargenetik *f*; ~
**weight** Molekulargewicht *n*.
**mo·lec·u·lar·i·ty** [mə‚lekjʊˈlærətɪ] *s*
*chem. phys.* Moleku'larzustand *m*.
**mol·e·cule** [ˈmɒlɪkjuːl; *Am.* ˈmɑ-] *s* **1.**
*chem. phys.* a) Mole'kül *n*, Mo'lekel *f*, b) →
**mole**[4]. **2.** *fig.* winziges Teilchen.
**'mole·head** *s mar.* Molenkopf *m*. **'~
hill** *s* Maulwurfshügel *m*: → **mountain**
1. **~ plough**, *bes. Am.* **~ plow** *s agr.*
Maulwurfspflug *m*. **~ rat** *s zo.* **1.** Blind-
maus *f*. **2.** a) (*e-e*) Maulwurfsratte, b) *a.*
**Cape ~** Sandmull *m*. **'~skin** *s* **1.** Maul-
wurfsfell *n*. **2.** Moleskin *m*, *n*, Englisch-
leder *n* (*ein Baumwollgewebe*). **3.** *pl* Klei-
dungsstücke *pl* (*bes.* Hosen *pl*) aus Mole-
skin.
**mo·lest** [məʊˈlest; məˈl-] *v/t* (*a. unsittlich*)
belästigen, *j-m* lästig *od.* zur Last fallen.
**mo·les·ta·tion** [‚məʊleˈsteɪʃn] *s* Be-
lästigung *f*.
**mo·line** [məˈlaɪn; -ˈliːn] *adj her.* kreuz-
eisenförmig, Anker...
**moll** [mɒl; *Am. a.* mɑl] *s sl.* **1.** ‚Nutte‘ *f*
(*Prostituierte*). **2.** Gangsterbraut *f*.
**mol·lah** [ˈmɒːlə] → **mullah.**
**mol·li·fi·ca·tion** [‚mɒlɪfɪˈkeɪʃn; *Am.*
‚mɑ-] *s* **1.** Besänftigung *f*. **2.** Erweichung
*f*. **'mol·li·fy** [-faɪ] *v/t* **1.** besänftigen,
beruhigen, beschwichtigen. **2.** mildern.
**3.** weich machen, erweichen.
**mol·lusc** → **mollusk.**
**mol·lus·can** [mɒˈlʌskən; *Am.* mə-; mɑ-]
**I** *adj* Weichtier... **II** *s* Weichtier *n*. **mol-
'lus·coid** *zo.* **I** *adj* **1.** weichtierähnlich.
**2.** zu den Muschellingen gehörig. **II** *s*
**3.** weichtierähnliches Tier. **4.** Muschel-
ling *m*. **mol'lus·cous** *adj* **1.** *zo.* Weich-
tier... **2.** schwammig, mol'luskenhaft.
**mol·lusk** [ˈmɒləsk; *Am.* ˈmɑ-] *s zo.* Mol-
'luske *f*, Weichtier *n*.
**mol·ly** [ˈmɒlɪ; *Am.* ˈmɑ-] *sl. für* a) **molly-
coddle I,** b) **moll.**
**mol·ly·cod·dle** [ˈmɒlɪ‚kɒdl; *Am.* ˈmɑlɪ-
‚kadl] **I** *s* Weichling *m*, Muttersöhnchen
*n*, ‚Schlappschwanz‘ *m*. **II** *v/t* verweich-
lichen, -zärteln, -hätscheln.
**Mol·ly Ma·guire** [‚mɒlɪməˈgwaɪə(r);
*Am.* ‚mɑ-] *pl* **Mol·ly Ma·guires** *s*
**1.** *Mitglied e-s irischen Landpächter-Ge-
heimbundes um 1843.* **2.** *Mitglied e-s
1877 in den Kohlendistrikten von Pennsyl-
vanien tätigen irischen Geheimbundes.*
**Mo·loch** [ˈməʊlɒk; *Am.* -‚lɑk; ˈmɑlək] *s* **1.**
Moloch *m* (*a. fig.*). **2.** *m*~ *zo.* Moloch *m*.
**Mol·o·tov breadbas·ket** [ˈmɒlətɒf;
*Am. a.* ˈmɑ-; ˈmɑʊ-] *s aer. mil.* (Brand-)
Bombenabwurfgerät *n*. **~ cocktail** *s*
*mil.* Molotowcocktail *m*.
**molt**, *bes. Br.* **moult** [məʊlt] **I** *v/i*
**1.** (sich) mausern. **2.** sich häuten. **3.** *fig.*
sich (ver)ändern. **4.** *fig.* sich wandeln, die
Gesinnung ändern. **II** *v/t* **5.** Federn,
*Haare, Haut etc* abwerfen, verlieren.
**III** *s* **6.** Mauser(ung) *f*. **7.** Häutung *f*.
**8.** beim Mausern abgeworfene Federn *pl*,
beim Haarwechsel verlorene Haare *pl*,
abgestoßene Haut.
**mol·ten** [ˈməʊltən] **I** *pp von* **melt. II** *adj*
**1.** geschmolzen, (schmelz)flüssig. **2.** ge-
gossen, Guß...
**mo·ly** [ˈməʊlɪ] *s* **1.** *bot.* Goldlauch *m*.
**2.** Moly *n* (*zauberabwehrendes Kraut in
der Odyssee*).
**mo·lyb·date** [mɒˈlɪbdeɪt; *bes. Am.* mə-]
*s chem.* Molyb'dat *n*, molyb'dänsaures
Salz. **mo'lyb·de·nite** [-dɪnaɪt] *s min.*
Molybdä'nit *m*, Molyb'dänglanz *m*.
**mo·lyb·de·num** [mɒˈlɪbdɪnəm; *bes.
Am.* mə-] *s chem.* Molyb'dän *n*. **mo'lyb-
dic** [-dɪk] *adj chem.* Molybdän...: **~ acid.**

**mom** [mɒm; *Am.* mɑm] *s bes. Am. colloq.*
Mami *f*, Mutti *f*.
**‚mom-and-'pop store** *s Am. colloq.*
Tante-Emma-Laden *m*.
**mo·ment** [ˈməʊmənt] *s* **1.** Mo'ment *m*,
Augenblick *m*: **wait a ~!, one ~!, just a ~!**
Augenblick mal!; **in a ~** gleich, sofort, im
Nu. **2.** (*bestimmter*) Zeitpunkt, Augen-
blick *m*: **come here this ~!** komm sofort
her!; **the very ~** I saw him in dem
Augenblick, in dem ich ihn sah; sobald
ich ihn sah; **at the ~** im Augenblick,
gerade (jetzt *od.* damals); **at the last ~** im
letzten Augenblick; **not for the ~** im
Augenblick nicht; **but this ~** noch eben,
gerade; **to the ~** auf die Sekunde genau,
pünktlich; **the ~** der (geeignete) Augen-
blick; **the catchword of the ~** die Lo-
sung der Stunde *od.* des Tages; **the ~ of
truth** die Stunde der Wahrheit; **at this ~
in time** *bes. Br.* derzeit, gegenwärtig,
augenblicklich. **3.** *fig.* (große) Stunde,
großer Augenblick: **he had his ~. 4.**
Punkt *m*, Stadium *n* (*e-r Entwicklung*).
**5.** Bedeutung *f*, Tragweite *f*, Belang *m* (to
für): **of great (little) ~** von großer (gerin-
ger) Bedeutung *od.* Tragweite. **6.** Mo-
'ment *n*: a) *philos.* wesentlicher, unselb-
ständiger Bestandteil, b) wesentlicher Um-
stand. **7.** *phys.* Mo'ment *n*: **~ of a force**
Moment e-r Kraft, Kraftmoment; **~ of
inertia** Trägheitsmoment. **8.** *Statistik:*
sta'tistisches Gewicht.
**mo·men·ta** [məʊˈmentə] *pl von* **mo-
mentum.**
**mo·men·tal** [məʊˈmentl] *adj phys.* Mo-
menten...
**mo·men·tar·i·ly** [ˈməʊməntərəlɪ; *Am.*
‚məʊmənˈterə-] *adv* **1.** für e-n Augen-
blick, kurz, vor'übergehend. **2.** jeden Au-
genblick. **3.** von Se'kunde zu Se'kunde:
**danger ~ increasing. 'mo·men·tar-
y** [-tərɪ; *Am.* -‚terɪ] *adj (adv* → **momen-
tarily) 1.** momen'tan, augenblicklich.
**2.** vor'übergehend, kurz, flüchtig. **3.** je-
den Augenblick geschehend *od.* möglich.
**mo·ment·ly** [ˈməʊməntlɪ] *adv* **1.** augen-
blicklich, so'fort, gleich. **2.** e-n Augen-
blick lang. **3.** → **momentarily 3.**
**mo·men·tous** [məʊˈmentəs] *adj (adv*
→ **ly) bedeutsam, bedeutend, folgen-
schwer, von großer Tragweite. mo-
'men·tous·ness** *s* Bedeutung *f*, Wich-
tigkeit *f*, Tragweite *f*.
**mo·men·tum** [məʊˈmentəm] *pl* **-ta**
[-tə] *s* **1.** Mo'ment *n*: a) *phys.* Im'puls *m*,
Bewegungsgröße *f*, b) *tech.* Triebkraft *f*:
**~ theorem** Momentensatz *m*; **~ transfer**
Impulsübertragung *f*; **~ of torsion** Dreh-
moment. **2.** *allg.* Wucht *f*, Schwung *m*,
Stoßkraft *f*: **to gather (od. gain) ~** in
Fahrt kommen, Stoßkraft gewinnen, *fig.
a.* an Boden gewinnen (*Bewegung etc*); **to
lose ~** an Schwung verlieren (*a. fig.*).
**mon·ac·id** [mɒnˈæsɪd; *Am.* ‚mɑn-] →
**monoacid.**
**mon·ad** [ˈmɒnæd; *bes. Am.* ˈməʊ-] *s*
**1.** *philos.* Mo'nade *f*. **2.** *allg.* Einheit *f*,
Einzahl *f*. **3.** *biol.* Einzeller *m*. **4.** *chem.*
einwertiges Ele'ment *od.* A'tom *od.* Radi-
'kal.
**mon·a·del·phous** [‚mɒnəˈdelfəs; *Am.*
‚mɑn-] *adj bot.* einbrüderig.
**mo·nad·ic** [mɒˈnædɪk; *Am.* məʊ-; mɑ-]
*adj* **1.** mo'nadisch, Monaden... **2.** *math.*
eingliedrig, -stellig.
**mo·nan·drous** [mɒˈnændrəs; *Am.* məʊ-;
mɑ-] *adj* **1.** *bot.* mon'andrisch, einmän-
nig, mit nur 'einem Staubgefäß. **2.** mit
nur 'einem Gatten (*Frau*). **3.** Einehen...
**mo·nan·dry** [mɒˈnændrɪ; *Am.* ˈmɑn-
‚æn-] *s* **1.** Einehe *f* (*der Frau*). **2.** *bot.*
Einmännigkeit *f*.
**mon·arch** [ˈmɒnə(r)k; *Am.* ˈmɑ-] *s*
**1.** Mon'arch(in): a) Herrscher(in), b) *hist.*

Al'leinherrscher(in). **2.** *fig.* König(in),
Herr(in). **3.** *zo.* Chry'sippusfalter *m*.
**mo·nar·chal** [mɒˈnɑː(r)kl; *Am.* mə-;
mɑ-] → **monarchic 1** *u.* **3. mo'nar-
chic** *adj*; **mo'nar·chi·cal** *adj (adv
→ ly) 1.** mon'archisch. **2.** monar'chistisch.
**3.** königlich (*a. fig.*).
**mon·arch·ism** [ˈmɒnə(r)kɪzəm; *Am.*
ˈmɑ-] *s* Monar'chismus *m*. **'mon·arch-
ist I** *s* Monar'chist(in). **II** *adj* monar-
'chistisch.
**mon·arch·y** [ˈmɒnə(r)kɪ; *Am.* ˈmɑ-] *s*
**1.** Monar'chie *f*: **constitutional ~** konsti-
tutionelle Monarchie. **2.** Al'leinherr-
schaft *f*.
**mon·as·ter·y** [ˈmɒnəstərɪ; *Am.* ˈmɑn-
ə‚sterɪ] *s* (Mönchs)Kloster *n*.
**mo·nas·tic** [məˈnæstɪk] **I** *adj (adv* → **ally)
1.** klösterlich, Kloster... **2.** mönchisch (*a.
fig.*), Mönchs...: **~ vows** Mönchsgelübde
*n*. **3.** Buchbinderei: Blinddruck... **II** *s
**4.** Mönch *m*. **mo'nas·ti·cism** [-tɪsɪ-
zəm] *s* **1.** Mönch(s)tum *n*. **2.** Klosterleben
*n*, mönchisches Leben, As'kese *f*.
**mon·a·tom·ic** [‚mɒnəˈtɒmɪk; *Am.*
‚mɑnəˈtɑ-] *adj chem.* ein'atomig.
**mon·ax·i·al** [mɒnˈæksɪəl; *Am.* mɑ-] *adj*
einachsig.
**Mon·day** [ˈmʌndɪ] *s* Montag *m*: **on ~**
(am) Montag; **on ~s** montags.
**Mo·nel (met·al)** [mɒˈnel; *Am.* məʊ-] *s*
*tech.* 'Monelme‚tall *n*.
**mon·e·tar·y** [ˈmʌnɪtərɪ; *Am.* ˈmɑnə‚terɪ]
*adj econ.* **1.** Währungs...: **~ reform;** **~
unit;** **~ management** Maßnahmen *pl*
zur Erhaltung der Währungsstabilität.
**2.** Münz...: **~ standard** Münzfuß *m*.
**3.** Geld..., geldlich, finanzi'ell: **~ matters.**
**mon·e·tize** [ˈmʌnɪtaɪz; *Am.* ˈmɑnə-] *v/t*
**1.** zu Münzen prägen. **2.** zum gesetz-
lichen Zahlungsmittel machen. **3.** den
Münzfuß (*gen*) festsetzen.
**mon·ey** [ˈmʌnɪ] *s econ.* **1.** Geld *n*: **~ of
account** Rechnungsmünze *f*; **in the ~**
*colloq.* ‚gut bei Kasse‘; **to be out of ~** kein
Geld (mehr) haben; **~ due** ausstehendes
Geld; **~ on account** Guthaben *n*; **~ on
hand** verfügbares Geld; **to get one's ~'s
worth** etwas (*Vollwertiges*) für sein Geld
bekommen; **to be (right) on the ~** *Am.
sl.* (genau) ins Schwarze treffen; → **call**
16 b, **ready** 7, **short** 8. **2.** Geld *n*, Ver-
mögen *n*: **to make ~** Geld machen, gut
verdienen (**by** bei, durch); **to marry ~**
Geld heiraten; **~ for jam** (*od.* **old rope**)
*Br. colloq.* guter Profit für wenig Mühe,
leichtverdientes Geld; **to have ~ to burn**
*colloq.* Geld wie Heu haben; **to be in the
~** *colloq.* reich *od.* vermögend sein.
**3.** Geldsorte *f*. **4.** Zahlungsmittel *n* (*jeder
Art*). **5.** Geldbetrag *m*, -summe *f*. **6.** *pl jur.
od. obs.* Gelder *pl*, (Geld)Beträge *pl*. **'~
bag** *s* **1.** Geldbeutel *m*. **2.** *pl colloq.*
a) Geldsäcke *pl*, Reichtum *m*, b) (*als sg
konstruiert*) ‚Geldsack‘ *m* (*reiche Person*).
**~ bill** *s pol.* Fi'nanzvorlage *f*. **~ box** *s*
Sparbüchse *f*. **~ bro·ker** *s econ.* Geld-,
Fi'nanzmakler *m*. **'~chang·er** *s*
**1.** (Geld)Wechsler *m*. **2.** *bes. Am.* 'Wech-
selauto‚mat *m*.
**mon·eyed** [ˈmʌnɪd] *adj* **1.** wohlhabend,
reich, vermögend. **2.** Geld...: **~ assist-
ance** finanzielle Hilfe; **~ capital** Geld-
kapital *n*. **~ cor·po·ra·tion** *s econ. Am.*
'Geld-, Kre'ditinsti‚tut *n*. **~ in·ter·est** *s
econ.* Fi'nanzwelt *f*.
**'mon·ey‚grub·ber** *s* Geldraffer *m*. **'~
‚grub·bing** *adj* geldraffend, -gierig. **'~
‚lend·er** *s econ.* Geldverleiher *m*.
**'mon·ey·less** *adj* ohne Geld, mittellos.
**mon·ey let·ter** *s econ.* Wertbrief *m*. **~
loan** *s econ.* Bar-, Kassendarlehen *n*.
**'~‚mak·er** *s* **1.** j-d, der es versteht, Geld
zu machen; guter Geschäftsmann. **2.** ein-
trägliche Sache, gutes Geschäft. **'~**

**ˌmak·ing I** *adj* gewinnbringend, einträglich. **II** *s* Geldmachen *n*, -verdienen *n*. **~ mar·ket** *s econ.* Geldmarkt *m*. **~ or·der** *s econ.* **1.** Zahlungsanweisung *f*. **2.** Postanweisung *f*. **~ spi·der** *s* Glücksspinne *f (die Glück bringen soll)*. **~ spin·ner** *s bes. Br. für* moneymaker 2. **'~ wort** *s bot.* Pfennigkraut *n*.

**mon·ger** ['mʌŋgə(r)] *s (meist in Zssgn)* **1.** Händler *m*, *bes.* Krämer *m*: **fish-** Fischhändler. **2.** *fig. contp.* → scandalmonger, scaremonger, *etc.*

**Mon·gol** ['mɒŋgɒl; *Am.* 'mɑŋgəl; -ˌgəʊl] **I** *s* **1.** Monˈgole *m*, Monˈgolin *f*. **2.** Mongoˈlide(r *m*) *f*. **3.** *ling.* Monˈgolisch *n*, das Mongolische. **4.** → Mongolian 5. **II** *adj* → Mongolian I. **Monˈgo·li·an** [-ˈgəʊljən; -ɪən] **I** *adj* **1.** monˈgolisch. **2.** mongoˈlid, gelb (*Rasse*). **3.** *med.* mongoloˈid, an Mongoˈlismus leidend. **II** *s* **4.** Mongol 1. **5.** *med.* an Mongoˈlismus Leidende(r *m*) *f*. **Mon·gol·ism** ['mɒŋgəlɪzəm; *Am.* 'mɑŋgə-] *s* Mongoˈlismus *m*, mongoloˈide Idioˈtie. **'Mon·gol·oid** *a. med.* **I** *adj* mongoloˈid. **II** *s* Mongoloˈide(r *m*) *f*.

**mon·goose** ['mɒŋguːs; *Am.* 'mɑŋ-] *pl* **-goos·es** *s zo.* **1.** Mungo *m (Schleichkatze)*. **2.** Mongoz(maki) *m (Halbaffe)*.

**mon·grel** ['mʌŋgrəl] **I** *s* **1.** *biol.* Bastard *m*, 'Kreuzungsproˌdukt *n*. **2.** Köter *m*, Promeˈnadenmischung *f*. **3.** Mischling *m (Mensch)*. **4.** Zwischending *n*. **II** *adj* **5.** Bastard...: **~ race** Mischrasse *f*. **6.** 'undefiˌnierbar.

**mongst** [mʌŋst; mʌŋkst] *abbr. für* amongst.

**mon·ick·er** → moniker.

**mon·ies** ['mʌnɪz] *s pl* → money 6.

**mon·i·ker** ['mɒnɪkə(r); *Am.* 'mɑ-] *s sl.* (Spitz)Name *m*.

**mon·ism** ['mɒnɪzəm; *Am.* 'məʊ-; 'mɑ-] *s philos.* Moˈnismus *m*.

**mo·ni·tion** [məʊˈnɪʃn; məˈn-] *s* **1.** (Er-)Mahnung *f*. **2.** Warnung *f*. **3.** *jur.* Vorladung *f*. **4.** *relig.* Mahnbrief *m*.

**mon·i·tor** ['mɒnɪtə(r); *Am.* 'mɑ-] **I** *s* **1.** (Er)Mahner *m*. **2.** a) Warner *m*, b) 'Überˌwacher *m*. **3.** *ped.* Monitor *m (älterer Schüler, in USA a. Student, der Aufsichtsu. Strafgewalt hat), bes.* Klassenordner *m*. **4.** Mahnung *f*. **5.** *mar.* a) Monitor *m*, Turmschiff *n (ein Panzerschiff)*, b) Feuerlöschboot *n*. **6.** *tech.* Wendestrahlrohr *n*. **7.** *electr. etc* Monitor *m:* a) Abhör-, Mithörgerät *n*, b) Konˈtrollgerät *n*, -schirm *m*. **8.** Warn-, Anzeigegerät *n (bes. für Radioaktivität)*. **9.** *a.* ~ lizard *zo.* Waˈran(eidechse *f*) *m*. **II** *v/t* **10.** *electr. teleph. etc, a. Funk:* ab-, mithören, über-'wachen, *die Akustik etc* durch Abhören kontrolˈlieren. **11.** *phys.* auf Radioaktiviˈtät überˈprüfen. **12.** *allg.* überˈwachen.

**ˌmon·i·to·ri·al** [-ˈtɔːrɪəl; *Am. a.* -ˈtəʊ-] *adj (adv* **-ly**) **1.** → monitory. **2.** *ped.* Monitor..., Klassenordner... **'mon·i·tor·ing** *adj electr.* Mithör..., Prüf..., Überwachungs...: **~ desk** Misch-, Reglerpult *n;* **~ operator** a) Tonmeister *m*, b) *mil.* Horchfunker *m*. **'mon·i·tor·ship** *s ped.* Stelle *f od.* Funktiˈon *f* e-s Monitors. **'mon·i·to·ry** [-tərɪ; *Am.* -ˌtɔːrɪː; -ˌtəʊ-] *adj* **1.** (er)mahnend, Mahn... **2.** warnend.

**monk** [mʌŋk] *s* **1.** Mönch *m*. **2.** a) *zo.* Mönchsaffe *m*, b) *ichth.* Engelhai *m*. **3.** *print. bes. Br.* Schmierstelle *f*. **'monk·er·y** [-ərɪ] *s* **1.** *oft contp.* a) Klosterˌ, Mönchsleben *n*, b) Mönch(s)tum *n*, c) *pl* Mönchspraktiken *pl*. **2.** *collect.* Mönche *pl*. **3.** Mönchskloster *n*.

**mon·key** ['mʌŋkɪ] **I** *s* **1.** *zo.* a) Affe *m*, b) *engS.* kleinerer (langschwänziger) Affe: **to make a ~ (out) of s.o.** *sl.* j-n zum Deppen machen; **to have a ~ on one's**

back *sl.* rauschgiftsüchtig sein. **2.** (kleiner) Schlingel. **3.** *tech.* a) Ramme *f*, Rammbock *m*, b) Fallhammer *m*, -bär *m*, -klotz *m*, Hammerbär *m*. **4.** kleiner Schmelztiegel. **5.** *Br. sl.* Wut *f:* **to get** (*od.* put) **s.o.'s ~ up** ,j-n auf die Palme bringen'; **to get one's ~ up** ,hochgehen', in Wut geraten. **6.** *Br. sl.* Hypoˈthek *f*. **7.** *sl.* a) *Br.* £500, 500 Pfund, b) *Am.* $500, 500 Dollar. **II** *v/i* **8.** ~ **about** (*od.* around) (herˈum)albern, Unsinn machen. **9.** (with) *colloq.* (herˈum)spielen (mit), herˈumpfuschen (an *dat*). **III** *v/t* **10.** nachäffen, verspotten. ~ **bread** *bot.* **1.** → baobab. **2.** Affenbrotbaum-Frucht *f*. ~ **busi·ness** *s sl.* **1.** ,krumme Tour', ,fauler Zauber'. **2.** Blödsinn *m*, Unfug *m*. ~ **en·gine** *tech.* (Pfahl)Ramme *f*. ~ **flow·er** *s bot.* Gauklerblume *f*. ~ **jack·et** *s mar. mil.* Affenjacke *f*, Affenjäckchen *n*. ~ **nut** *Br. für* peanut. ~ **puz·zle** *s bot.* Schuppentanne *f*. **'~ shine** *s meist pl Am. sl.* (dummer *od.* 'übermütiger) Streich, Unfug *m*, Blödsinn *m*. ~ **suit** *s Am. sl.* **1.** *mil.* Uniˈform *f*. **2.** Smoking *m*. ~ **trick** *s meist pl sl.* → monkeyshine. ~ **wrench** *s tech.* Engländer *m*, Univerˈsal(schrauben)schlüssel *m:* **to throw a ~ into s.th.** *Am. colloq.* etwas über den Haufen werfen.

**'monk·fish** *s* **1.** → angelfish 1. **2.** → angler 2.

**Mon-Khmer** [ˌmɒʊnˈkmeə; *Am.* -kəˈmeər] *adj ling.* Mon-Khmer-...

**'monk·hood** *s* **1.** Mönch(s)tum *n*. **2.** *collect.* Mönche *pl*. **'monk·ish** *adj* **1.** Mönchs... **2.** *meist contp.* mönchisch, pfäffisch, Pfaffen...

**monk seal** *s zo.* Mönchsrobbe *f*. **'monks·hood** *s bot.* Eisenhut *m*.

**mono-** [mɒnəʊ; -nə; *Am.* mɑ-] *Wortelement mit der Bedeutung* ein, einzeln, einfach.

**mon·o** ['mɒnəʊ; *Am.* 'mɑ-] **I** *pl* **-os** *s* **1.** *Radio etc:* Mono *n:* **to broadcast in ~**. **2.** *colloq.* Monogerät *n*. **II** *adj* **3.** *Radio etc:* Mono...; ~ **broadcast** (record, *etc*).

**ˌmon·oˈac·id** *chem.* **I** *adj* einsäurig. **II** *s* einbasige Säure.

**ˌmon·oˈbas·ic** *adj chem.* einbasisch, einbasig.

**ˌmon·oˈcar·pel·lar·y** [-ˈkɑː(r)pɪlərɪ; *Am.* -pəˌleriː] *adj bot.* aus nur ˈeinem Fruchtblatt bestehend. **ˌmon·oˈcar·pic** *adj bot.* nur einmal fruchtend. **ˌmon·oˈcar·pous** *adj bot.* **1.** einfrüchtig (*Blüte*). **2.** → monocarpic.

**ˌmon·oˈcel·lu·lar** *adj biol.* einzellig.

**mo·noc·er·os** [məˈnɒsərɒs; *Am.* -ˈnɑsə-rəs] *s* **1.** *ein Fisch mit e-m hornähnlichen Fortsatz, bes.* → a) swordfish, b) sawfish. **2.** M~ *astr.* Einhorn *n (Sternbild)*.

**ˌmon·oˈchlo·ride** *s chem.* Monochloˈrid *n*.

**ˌmon·oˈchord** *s mus.* Monoˈchord *n*.

**ˌmon·oˈchro·mat·ic**, *a.* **ˌmon·oˈchro·ic** [-ˈkrəʊɪk] *adj phys.* monochroˈmatisch, einfarbig. **'mon·oˈchrome** **I** *s* **1.** einfarbiges Gemälde. **2.** Schwarz-ˈweißaufnahme *f*. **II** *adj* **3.** monoˈchrom, einfarbig. **4.** Schwarzweiß...: ~ **film**. **'mon·oˈchrom·ist** *s* Speziaˈlist *m* für einfarbige Maleˈrei.

**mon·o·cle** ['mɒnɒkl; *Am.* 'mɑnɪkəl] *s* Monˈokel *n*. **'mon·oˈcled** *adj* ein Monˈokel tragend, mit Monokel.

**ˌmon·oˈcli·nal** [-ˈklaɪnl] *geol.* **I** *adj* monoˈklin, in nur ˈeiner Richtung geneigt. **II** *s* → monocline. **'mon·oˈcline** [-klaɪn] *s geol.* monoˈkline Falte. **ˌmon·oˈclin·ic** [-ˈklɪnɪk] *adj min.* monoˈklin (*Kristall*). **ˌmon·oˈcli·nous** [-ˈklaɪnəs] *adj bot.* monoˈklin, zwitt(e)rig.

**mon·o·coque** ['mɒnəkɒk; *Am.* 'mɑnə-ˌkəʊk; -ˌkɑk] *s aer.* **1.** Schalenrumpf *m:* ~

construction *tech.* Schalenbau(weise *f*) *m*. **2.** Flugzeug *n* mit Schalenrumpf.

**'mon·oˌcot·y·le·don** [-ˌkɒtɪˈliːdən; *Am.* -ˌkɑ-] *s bot.* Monokotyleˈdone *f*, Einkeimblättrige *f*.

**mo·noc·ra·cy** [mɒˈnɒkrəsɪ; *Am.* mə-ˈnɑ-; mə-] *s* Monokraˈtie *f*, Alˈleinherrschaft *f*.

**mo·noc·u·lar** [mɒˈnɒkjʊlə(r); *Am.* mə-ˈnɑ-; mə-] *adj* **1.** *selten* einäugig. **2.** monoku·lar, für nur ˈein Auge, nur mit ˈeinem Auge.

**'mon·oˌcul·ture** *s agr.* 'Monokulˌtur *f*. **'mon·oˌcy·cle** *s* Einrad *n*. **ˌmon·oˈcy·clic** *adj* **1.** *chem. math. phys.* monoˈzyklisch. **2.** *bot. zo.* in nur ˈeinem Kreis angeordnet. **3.** *bot.* → annual 2.

**mon·o·cyte** ['mɒnəʊsaɪt; *Am.* 'mɑnə-] *s med.* Monoˈzyt *m (ein weißes Blutkörperchen)*.

**ˌmon·oˈdac·ty·lous** [-ˈdæktɪləs] *adj zo.* einfingrig, einzehig.

**mo·nod·ic** [mɒˈnɒdɪk; *Am.* məˈnɑ-] *adj mus.* monˈodisch.

**'mon·oˌdra·ma** *s* Monoˈdrama *n*, Einperˈsonenstück *n*.

**mon·o·dy** ['mɒnədɪ; *Am.* 'mɑ-] *s* Monoˈdie *f:* a) Einzelgesang *m*, b) Klagelied *n*, c) *mus.* unbegleitete Einstimmigkeit, d) *mus.* Mehrstimmigkeit *f* mit Vorherrschaft ˈeiner Meloˈdie, e) *mus.* Homoˈphoˈnie *f*.

**mo·noe·cism** [mɒˈniːsɪzəm; mə-; *Am. a.* mɑ-] *s bot.* Monˈözie *f*, Zwittrigkeit *f*. **'mon·oˈfilm** *s chem. phys.* monomoleku·lare Schicht.

**ˌmon·oˈgam·ic** [-ˈgæmɪk] → monogamous. **ˌmon·oˈa·mist** [mɒˈnɒgə-mɪst; *Am.* məˈnɑ-] *s* Monogaˈmist(in). **mo·nog·a·mous** *adj* monoˈgam, mo-noˈgamisch. **mo·nog·a·my** *s* Monogaˈmie *f*, Einehe *f*.

**ˌmon·oˈgen·e·sis** *s* **1.** Monogeˈnese *f*, Gleichheit *f* der Abstammung. **2.** *(Theorie der)* Entwicklung aller Lebewesen aus ˈeiner Urzelle. **3.** → monogenism. **4.** *biol.* Monogeˈnese *f:* a) ungeschlechtliche Fortpflanzung, b) direkte Entwicklung ohne Metamorphose. **ˌmon·o·geˈnet·ic** *adj* monogeˈnetisch. **ˌmon·oˈgen·ic** *adj* **1.** monoˈgen (*a. geol. math.*), gemeinsamen Ursprungs. **2.** monoˈtisch. **3.** *zo.* monoˈgenisch, sich nur auf ˈeine Art fortpflanzend. **mo·nog·e·nism** [mɒˈnɒdʒɪnɪzəm; *Am.* mə-] *s* Monogeˈnismus *m (Ableitung aller heutigen Menschenrassen aus e-r einzigen Stammform)*. **mo·nog·e·ny** *s* **1.** → monogenism. **2.** → monogenesis 4 a.

**mon·o·glot** ['mɒnəglɒt; *Am.* 'mɑnəˌglɑt] **I** *adj* einsprachig. **II** *s* einsprachige Perˈson *f*.

**mo·nog·o·ny** [məˈnɒgənɪ; *Am.* -ˈnɑ-] *s biol.* Monogoˈnie *f*, monoˈgene *od.* ungeschlechtliche Fortpflanzung.

**mon·o·gram** ['mɒnəgræm; *Am.* 'mɑ-] *s* Monoˈgramm *n*.

**mon·o·graph** ['mɒnəgrɑːf; -græf; *Am.* 'mɑ-] **I** *s* Monograˈphie *f*. **II** *v/t in* e-r Monograˈphie behandeln. **mo·nog·ra·pher** [mɒˈnɒgrəfə(r); *Am.* məˈnɑ-] *s* Verfasser *m* e-r Monograˈphie. **ˌmon·oˈgraph·ic** *adj* **1.** monoˈgraphisch, in Einzeldarstellung. **2.** monoˈgrammartig.

**mo·nog·ra·phist** [mɒˈnɒgrəfɪst; *Am.* mə-] → monographer.

**mo·nog·y·nous** [mɒˈnɒdʒɪnəs; *Am.* məˈnɑ-] *adj* **1.** *bot.* einweibig. **2.** mit nur ˈeiner Ehefrau, in ˈeiner Ehe lebend. **3.** *zo.* mit nur ˈeinem Weibchen. **mo·nog·y·ny** *s* Monogyˈnie *f*, Einweibigkeit *f*.

**ˌmon·oˈhy·drate** *s chem.* Monohyˈdrat *n*. **ˌmon·oˈhy·dric** *adj chem.* einwertig: ~ **alcohol**.

**mon·o·i·de·ism** [ˌmɒnəʊaɪˈdiːɪzəm; -ˈaɪdɪ-; *Am.* ˌmɑ-] *s psych.* Monoideˈismus

*m (krankhaftes Vorherrschen e-r einzigen Leitvorstellung).*

**mo·nol·a·try** [mɒˈnɒlətrɪ; *Am.* məˈnɑ-] *s* Monolaˈtrie *f (Verehrung nur ˈeines Gottes, ohne die Existenz weiterer Götter zu leugnen).*

**ˌmon·oˈlin·gual** *adj* einsprachig.

**mon·o·lith** [ˈmɒnəʊlɪθ; *Am.* ˈmɑnə-] *s* **1.** Monoˈlith *m:* a) *großer Steinblock,* b) *aus e-m einzigen Stein hergestelltes Kunstwerk.* **2.** *meist* M~ *(TM)* Monoˈlith *n (steinähnlicher Bodenbelag).* **ˌmon·oˈlith·ic I** *adj* monoˈlith(isch) *(a. arch. electr. u. fig.).* **II** *s electr.* monoˈlithischer Schaltkreis.

**mon·oˈlog·ic** [ˌmɒnəˈlɒdʒɪk; *Am.* ˌmɑnlˈɑdʒɪk], **ˌmon·oˈlog·i·cal** *adj* monoˈlogisch. **mo·nol·o·gist** [mɒˈnɒlədʒɪst; *Am.* məˈnɑ-] *s* **1.** Monoˈlogsprecher(in). **2.** j-d, der die Unterˈhaltung alˈlein bestreitet. **mo·nol·o·gize** *v/i* monologiˈsieren, ein Selbstgespräch führen. **mon·o·logue** [ˈmɒnəlɒg; *Am.* -ˌlɔːg; -ˌlɑg] *s* Monoˈlog *m:* a) *thea. u. weitS.* Selbstgespräch *n,* b) *von ˈeiner Person aufgeführtes dramatisches Gedicht,* c) lange Rede *(in der Unterhaltung).* **ˈmon·o·logu·ist** → monologist 1.

**ˌmon·oˈma·ni·a** *s psych.* Monomaˈnie *f,* fixe Iˈdee. **ˌmon·oˈma·ni·ac I** *s* Monoˈmane *m,* Monoˈmanin *f.* **II** *adj* monoˈman(isch).

**ˈmon·o·mark** *s Br.* als Identifikationszeichen registrierte Kombination von Buchstaben und/oder Ziffern.

**mon·o·mer** [ˈmɒnəmə(r); *Am.* ˈmɑ-] *s chem.* Monoˈmer(e) *n.* **ˌmon·oˈmer·ic** [-ˈmerɪk] *adj* monoˈmer.

**ˌmon·oˈmet·al·ism** *s econ.* Monometalˈlismus *m (Verwendung nur ˈeines Währungsmetalls).*

**mo·nom·e·ter** [mɒˈnɒmɪtə; *Am.* məˈnɑmətər; -mə-] *s metr.* Moˈnometer *m.*

**mo·no·mi·al** [mɒˈnəʊmɪəl; *Am.* mə-; mə-] *math.* **I** *adj* moˈnomisch, eingliedrig. **II** *s* Moˈnom *n,* eingliedrige (Zahlen-)Größe.

**ˌmon·o·moˈlec·u·lar** *adj chem. phys.* monomolekuˈlar.

**ˌmon·oˈmor·phic,** **ˌmon·oˈmor·phous** [-fəs] *adj* monoˈmorph, gleichgestaltet.

**ˈmon·o·phase,** **ˌmon·oˈphas·ic** *adj electr.* einphasig.

**ˌmon·oˈpho·bi·a** *s psych.* Monophoˈbie *f,* Angst *f* vor dem Alˈleinsein.

**mon·oph·thong** [ˈmɒnəfθɒŋ; *Am.* ˈmɑ-] *s Phonetik:* Monoˈphthong *m,* einfacher Selbstlaut. **ˌmon·ophˈthon·gal** [-gl] *adj* monoˈphthongisch. **ˈmon·oph·thong·ize** *v/t* monophthonˈgieren.

**ˌmon·o·phyˈlet·ic** *adj biol.* monophyˈletisch, einstämmig.

**ˌmon·oˈphy·o·dont** [-ˈfaɪədɒnt; *Am.* -ˌdɑnt] *zo.* **I** *s* Monophyoˈdont *m,* Tier *n* ohne Zahnwechsel. **II** *adj* monophyoˈdont.

**Mo·noph·y·site** [mɒˈnɒfɪsaɪt; *Am.* məˈnɑ-] *s relig.* Monophyˈsit *m.*

**ˈmon·o·plane** *s aer.* Eindecker *m.*

**mon·o·pode** [ˈmɒnəpəʊd; *Am.* ˈmɑ-] **I** *adj* **1.** einfüßig. **II** *s* **2.** einfüßiges Wesen. **3.** → monopodium. **ˌmon·oˈpo·di·um** *pl* **-di·a** [-dɪə] *s bot.* Monoˈpodium *n,* echte Hauptachse.

**mo·nop·o·lism** [məˈnɒpəlɪzəm; -ˈnɑ-] *s econ.* Monoˈpolwirtschaft *f,* -kapitaˈlismus *m.* **mo·nop·o·list** *s econ.* Monoˈpolist *m,* Monoˈpolkapiˌtalist *m,* -inhaber *m.* **mo·ˌnop·oˈlis·tic** *adj* monopoˈlistisch, marktbeherrschend, Monopol...: ~ **position,** ~ **competition** *econ.* monopolistische Konkurrenz. **mo·ˌnop·o·liˈza·tion** *s* Monopoliˈsierung *f.* **mo·ˈnop·o·lize** *v/t* monopoli-

ˈsieren: a) *econ.* ein Monoˈpol erringen *od.* haben für, b) *fig.* an sich reißen: **to** ~ **the conversation** die Unterhaltung ganz allein bestreiten, c) *fig.* j-n *od.* etwas mit Beschlag belegen. **mo·ˈnop·o·liz·er** *s* j-d, der *(etwas)* monopoliˈsiert. **mo·ˈnop·o·ly** [-lɪ] *s econ.* **1.** Monoˈpol(stellung *f) n.* **2. (of)** Monoˈpol *n (auf acc),* Alˈleinverkaufs-, Alˈleinbetriebs-, Alˈleinˌherstellungsrecht *n* (für). **3.** Monoˈpol *n,* alˈleiniger Besitz, alˈleinige Beherrschung: ~ **of learning** Bildungsmonopol. **4.** Monoˈpol *n, (etwas)* Monopoliˈsiertes. **5.** Monoˈpolgesellschaft *f.*

**mo·nop·ter·al** [mɒˈnɒptərəl; *Am.* məˈnɑ-] *adj zo.* a) einflügelig, b) einflossig.

**ˈmon·o·rail** *s tech.* **1.** Einschiene *f.* **2.** Einschienenbahn *f.*

**ˌmon·oˈsyl·lab·ic** *adj ling. u. fig.* einsilbig. **2.** monosylˈlabisch *(Sprache).* **ˈmon·oˌsyl·la·bism** *s* Einsilbigkeit *f.* **ˈmon·oˌsyl·la·ble** *s* einsilbiges Wort: **to speak in** ~**s** einsilbige Antworten geben.

**ˈmon·o·the·ism** *s relig.* Monotheˈismus *m.* **ˈmon·o·the·ist** [ˈmɒnəʊθiˌɪst; -ˌθiːɪst; *Am.* ˈmɑnəˌθiːəst] *relig.* **I** *s* Monotheˈist *m.* **II** *adj* monotheˈistisch. **ˌmon·o·theˈis·tic,** **ˌmon·o·theˈis·ti·cal** *adj* monotheˈistisch.

**ˈmon·o·tint** → monochrome.

**mo·not·o·cous** [məˈnɒtəkəs; *Am.* -ˈnɑ-] *adj zo.* nur ˈein Junges gebärend.

**mon·o·tone** [ˈmɒnətəʊn; *Am.* ˈmɑ-] **I** *s* **1.** monoˈtones Geräusch, gleichbleibender Ton, eintönige Wiederˈholung. **2.** monoˈtones Reziˈtieren *od.* Singen. **3.** → monotony. **II** *adj* **4.** → monotonous. **III** *v/t u. v/i* **5.** in gleichbleibendem Ton reziˈtieren *od.* singen. **ˌmon·oˈton·ic** [-ˈtɒnɪk; *Am.* -ˈtɑ-] *adj mus.* monoˈton, eintönig. **mo·not·o·nous** [məˈnɒtnəs; *Am.* -ˈnɑ-] *adj (adv* ~**ly)** monoˈton, eintönig, -förmig *(alle a. fig.).* **mo·ˈnot·o·ny** [-tnɪ], *a.* **mo·ˈnot·o·nous·ness** *s* **1.** Monotoˈnie *f,* Eintönigkeit *f (a. fig.).* **2.** Eintönigkeit *f, (ewiges)* Einerlei.

**ˌmon·oˈtrem·a·tous** [-ˈtriːmətəs; -ˈtrem-] *adj zo.* zu den Kloˈakentieren gehörend. **ˈmon·o·treme** [-triːm] *s* Kloˈakentier *n.*

**ˈmon·o·type**[1] *s print.* **1.** *meist* M~ *(TM)* Monotype *f (Setz- u. Gießmaschine für Einzelbuchstaben).* **2.** a) mit der Monotype ˈhergestellte Letter, b) Monotypesatz *m.* **3.** Monotyˈpie *f (Abdruck e-s auf e-e Metallplatte etc gemalten Bildes).*

**ˈmon·o·type**[2] *s biol.* einziger Vertreter *(e-r Gruppe), bes.* einzige Art *(e-r Gattung etc).*

**ˌmon·oˈva·lent** *adj chem.* monovaˈlent, einwertig.

**mon·ox·ide** [mɒˈnɒksaɪd; *Am.* məˈnɑ-] *s chem.* Monˈoxyd *n.*

**Mon·roe Doc·trine** [mənˈrəʊ; *Br. a.* ˈmʌnrəʊ] *s pol.* ˈMonroedokˌtrin *f („Amerika den Amerikanern", 1823 vom Präsidenten James Monroe ausgesprochen).* **Monˈroe·ism** *s pol.* ˈMonroeˈismus *m.*

**mon·soon** [mɒnˈsuːn; *Am.* mɑn-] *s* **1.** Monˈsun *m:* **dry** ~ Wintermonsun; **wet** ~ Sommer-, Regenmonsun. **2.** (sommerliche) Regenzeit *(in Südasien).*

**mon·ster** [ˈmɒnstə(r); *Am.* ˈmɑn-] **I** *s* **1.** Monˈster *n,* Ungeheuer *n,* Scheusal *n (a. fig.).* **2.** Monˈstrum *n:* a) ˈMißgeburt *f,* -gestalt *f,* -bildung *f,* b) *fig.* Ungeheuer *n, (etwas)* Ungeheuerliches *od.* Unförmiges, Koˈloß *m.* **II** *adj* **3.** ungeheuer(lich), Riesen..., Monster...: ~ **film** Monsterfilm *m;* ~ **meeting** Massenversammlung *f.*

**mon·strance** [ˈmɒnstrəns; *Am.* ˈmɑn-] *s relig.* Monˈstranz *f.*

**mon·stros·i·ty** [mɒnˈstrɒsətɪ; *Am.*

manˈstras-] *s* **1.** Ungeheuerlichkeit *f.* **2.** → monster 2.

**mon·strous** [ˈmɒnstrəs; *Am.* ˈmɑn-] *adj (adv* ~**ly)** **1.** monˈströs: a) ungeheuer, riesenhaft, b) ungeheuerlich, fürchterlich, gräßlich, scheußlich, c) ˈmißgestaltet, unförmig, ungestalt. **2.** ˈun-, ˈwiderˌnatürlich. **3.** lächerlich, abˈsurd. **ˈmon·strous·ness** *s* **1.** Ungeheuerlichkeit *f.* **2.** Riesenhaftigkeit *f.* **3.** ˈWidernaˌtürlichkeit *f.*

**mon·tage** [mɒnˈtɑːʒ; *Am.* mɑn-; məʊn-] *s* **1.** ˈFoto-, ˈBildmonˌtage *f.* **2.** *Film, Rundfunk etc:* Monˈtage *f.*

**Mon·tan·an** [mɒnˈtænən; *Am.* mɑn-] **I** *s* Bewohner(in) von Monˈtana *(USA).* **II** *adj* aus *od.* von Monˈtana.

**mon·tane** [ˈmɒnteɪn; *Am.* ˈmɑn-; mɑnˈteɪn] *adj geogr.* Gebirgs..., Berg...: ~ **plants.**

**mon·te (bank)** [ˈmɒntiː] *s Am.* a) *ein Bauernfängerspiel mit Karten,* b) → three-card monte.

**monte-jus** [ˌmɒntˈdʒuːs; *Am.* ˌmɑnt-] *s tech.* Monteˈjus *m,* Saftheber *m.*

**month** [mʌnθ] *s* **1.** Monat *m:* **this day** ~ a) heute vor e-m Monat, b) heute in e-m Monat; **by the** ~ (all)monatlich; **once a** ~ einmal im Monat; **a** ~ **of Sundays** e-e ewig lange Zeit. **2.** *colloq.* vier Wochen *od.* 30 Tage.

**month·ly** [ˈmʌnθlɪ] **I** *s* **1.** Monatsschrift *f.* **2.** *pl* → menses. **II** *adj* **3.** e-n Monat dauernd. **4.** monatlich. **5.** Monats...: ~ **salary;** ~ **season ticket** *rail. etc Br.* Monatskarte *f.* **III** *adv* **6.** monatlich, einmal im Monat, jeden Monat.

**month's mind** *s* **1.** *relig.* Monatsgedächtnis *n (Gedenkmesse).* **2.** *obs. od. dial.* **(to)** Neigung *f* (zu), Verlangen *n* (nach).

**mon·ti·cule** [ˈmɒntɪkjuːl; *Am.* ˈmɑntə-] *s* **1.** (kleiner) Hügel. **2.** Höckerchen *n.*

**mon·u·ment** [ˈmɒnjʊmənt; *Am.* ˈmɑnjə-] *s* **1.** *a. fig.* Monuˈment *n,* Denkmal *n* (**to** für; **of** *gen):* **to erect a** ~ **to s.o.'s memory** zum Gedenken an j-n ein Denkmal errichten; **a** ~ **of literature** ein Literaturdenkmal; **the M~** *e-e* hohe Säule in London zur Erinnerung an den großen Brand im Jahre 1666. **2.** Naˈturdenkmal *n.* **3.** Grabmal *n,* -stein *m.* **4.** Statue *f.*

**mon·u·men·tal** [ˌmɒnjʊˈmentl; *Am.* ˌmɑnjə-] *adj (adv* ~**ly)** **1.** monumenˈtal: a) großartig, gewaltig, impoˈsant, b) *art* ˈüberlebensgroß. **2.** herˈvorragend, bedeutend: **a** ~ **event.** **3.** *colloq.* kolosˈsal, Riesen...: **a** ~ **error;** ~ **stupidity.** **4.** Denkmal(s)... **5.** Gedenk...: ~ **chapel** Gedenkkapelle *f.* **6.** Grabmal(s)...: ~ **mason** Steinbildhauer *m.* **M~ Cit·y** *s Am. (Spitzname für)* Baltimore *n.*

**mon·u·men·tal·ize** [ˌmɒnjʊˈmentəlaɪz; *Am.* ˌmɑnjə-] *v/t* j-m *od.* e-r Sache ein Denkmal setzen, j-n *od.* etwas verewigen.

**moo** [muː] **I** *v/i* **1.** muhen. **II** *s* **2.** Muhen *n.* **3.** *Br. sl. contp.* ˌ(blöde) Kuhˈ.

**mooch** [muːtʃ] *sl.* **I** *v/i* **1.** *a.* ~ **about** *(od.* **around)** herˈumlungern, -strolchen: **to** ~ **along** dahinlatschen. **II** *v/t bes. Am.* **2.** ˌabstaubenˈ, ˌmitgehen lasˈsen. **3.** ˌschnorrenˈ, ˌergatternˈ.

**mood**[1] [muːd] *s* **1.** Stimmung *f (a. art),* Laune *f:* **to be in the (in no)** ~ **to do** (nicht) dazu aufgelegt sein zu tun, (keine) Lust haben zu tun; **to be in the** ~ **to work** zur Arbeit aufgelegt sein; **in a good** ~ guter Laune, gut aufgelegt; **in no giving** ~ nicht in Geberlaune; **I'm in no laughing** ~ mir ist nicht nach *od.* zum Lachen zumute; **he's a man of** ~**s** er ist sehr launenhaft; **change of** ~, *Am. a.* ~ **swing** Stimmungsumschwung *m;* ~ **music** stimmungsvolle Musik. **2.** **in a** ~ *colloq.* schlechter Laune, schlecht aufgelegt. **3.** Gemüt *n:* **of somber** *(bes.*

*Br.* **sombre**) ~ von düsterem Gemüt. **4.** *paint. phot.* Stimmungsbild *n.* **5.** *obs.* a) Wut *f,* Ärger *m,* b) Eifer *m.*
**mood²** [muːd] *s* **1.** *ling.* Modus *m,* Aussageweise *f.* **2.** *mus.* Tonart *f.*
**mood·i·ness** ['muːdɪnɪs] *s* **1.** Launenhaftigkeit *f.* **2.** Übellaunigkeit *f,* Verstimmtheit *f.* **3.** Niedergeschlagenheit *f.*
**mood·y** ['muːdɪ] *adj (adv* **moodily***)* **1.** launisch, launenhaft. **2.** übellaunig, verstimmt. **3.** niedergeschlagen, trübsinnig.
**moon** [muːn] **I** *s (als Femininum konstruiert)* **1.** Mond *m:* **there is a** ~ der Mond scheint; **the man in the** ~ der Mann im Mond; **once in a blue** ~ *colloq.* alle Jubeljahre (einmal), höchst selten; **to bay at the** ~ den Mond anbellen; **to cry for the** ~ nach etwas Unmöglichem verlangen; **to promise s.o. the** ~ j-m das Blaue vom Himmel (herunter)versprechen; **to reach for the** ~ nach den Sternen greifen; **to shoot the** ~ *colloq.* bei Nacht u. Nebel ausziehen *(ohne die Miete zu bezahlen);* **to be over the** ~ *colloq.* ganz ‚weg‘ *(hingerissen)* sein. **2.** *astr.* Mond *m,* Tra'bant *m,* Satel'lit *m:* **man-made** ~, **baby** ~ (künstlicher *od.* Erd)Satellit. **3.** *poet.* Mond *m,* Monat *m.* **4.** (*bes.* Halb)Mond *m,* (*etwas*) (Halb-) Mondförmiges. **5.** *Alchimie:* Silber *n.* **II** *v/i* **6.** ~ **about** (*od.* **around**) her'umgeistern, -irren. **7.** a) träumen, dösen, b) schmachten. **III** *v/t* **8.** ~ **away** die Zeit vertrödeln, -träumen. ~**beam** *s* Mondstrahl *m.* '~**blind** *adj* **1.** *vet.* mondblind (*Pferd*). **2.** *med.* nachtblind. ~ **blindness** *s* **1.** *vet.* Mondblindheit *f.* **2.** *med.* Nachtblindheit *f.* '~**calf** *s irr* **1.** ‚Mondkalb‘ *n,* Trottel *m.* **2.** Träumer *m.* **3.** → **mole⁵.** '~**child** *s irr astrol.* Krebs *m (im Zeichen Krebs geborener Mensch).* ~ **daisy** *s bot.* Marge'rite *f.*
**mooned** [muːnd] *adj* **1.** mit e-m (Halb-) Mond geschmückt. **2.** (halb)mondförmig. **'moon·er** *s* **1.** Mondsüchtige(r *m*) *f.* **2.** *fig.* Träumer(in).
'**moon·eye** *s* **1.** *vet.* a) an Mondblindheit erkranktes Auge, b) Mondblindheit *f.* **2.** *ichth. Amer.* Mondfisch *m.* '~**faced** *adj* vollmondgesichtig. '~**light I** *s* **1.** Mondlicht *n,* -schein *m.* **2.** *colloq.* Schwarzarbeit *f.* **II** *adj* **3.** Mondlicht...: **a** ~ **walk** ein Mondscheinspaziergang. **4.** → **moonlit.** '~**light·er** *s* **1.** *colloq.* Schwarzarbeiter(in). **2.** *hist.* Mondscheinler *m (Teilnehmer an nächtlichen Ausschreitungen gegen Grundbesitzer in Irland).* **3.** → **moonshiner. '~lit** *adj* vom Mond beleuchtet, mondhell. '~**mad** *adj* wahnsinnig, verrückt. '~**quake** *s* Mondbeben *n.* '~**rak·er** *s mar.* Mondsegel *n.* '~**rise** *s* Mondaufgang *m.* '~**scape** *s* Mondlandschaft *f.* '~**set** *s* 'Mond,untergang *m.* '~**shine I** *s* **1.** Mondschein *m.* **2.** *fig.* a) ‚fauler Zauber‘, Schwindel *m,* b) Unsinn *m,* Geschwafel *m,* ‚Quatsch‘ *m:* **to talk** ~ Unsinn reden. **3.** *Am. sl.* geschmuggelter *od.* schwarzgebrannter Alkohol. **II** *v/i* **4.** *Am. sl.* a) ‚ille‚gal Schnaps brennen, b) Alkohol schmuggeln. '~**shin·er** *s Am. sl.* a) Alkoholschmuggler *m,* b) Schwarzbrenner *m.* '~**stone** *s min.* Mondstein *m.* '~**struck** *adj* **1.** mondsüchtig. **2.** → **moon-mad.** ~ **walk** *s* 'Mondspa,ziergang *m.*
**moon·y** ['muːnɪ] *adj* **1.** (halb)mondförmig. **2.** Mond..., Mondes... **3.** a) Mondlicht..., b) mondlichtartig. **4.** mondhell. **5.** verträumt, dösig. **6.** *colloq.* beschwipst. **7.** *colloq.* verrückt.
**moor¹** [muə(r)] *s* **1.** Moor *n, bes.* Hochmoor *n,* Bergheide *f.* **2.** Ödland *n, bes.* Heideland *n.* **3.** (*in Cornwall*) Heideland *n* mit Zinnvorkommen.
**moor²** [muə(r)] *mar.* **I** *v/t* **1.** vertäuen, fest-

machen. **II** *v/i* **2.** festmachen, das Schiff vertäuen. **3.** sich vermuren, festmachen. **4.** festgemacht *od.* vertäut liegen.
**Moor³** [muə(r)] *s* **1.** Maure *m,* Mohr *m.* **2.** (*in Südindien u. Ceylon*) Mohamme-'daner *m.* **3.** *Angehöriger e-s in Delaware, USA, lebenden Mischvolks, das durch Mischung zwischen Weißen, Indianern u. Negern entstand.*
**moor·age** ['muərɪdʒ] *s mar.* **1.** Vertäuung *f.* **2.** Liegeplatz *m.* **3.** Anlegegebühr *f.*
'**moor·cock** *s orn.* (männliches) Schottisches Moor-Schneehuhn. '~**fowl,** ~ **game** *s orn.* Schottisches Moor-Schneehuhn. '~**hen** *s orn.* **1.** (weibliches) Schottisches Moor-Schneehuhn. **2.** Gemeines Teichhuhn.
**moor·ing** ['muərɪŋ] *s mar.* **1.** Festmachen *n.* **2.** *meist pl* Vertäuung *f (Schiff).* **3.** *pl* Liegeplatz *m.* ~ **buoy** *s mar.* Vertäuboje *f.*
**moor·ish¹** ['muərɪʃ] *adj* moorig, sumpfig, Moor...
**Moor·ish²** ['muərɪʃ] *adj* maurisch.
'**moor·land** [-lənd; -lænd] *s* Heidemoor(land) *n.*
**moor·y** ['muərɪ] → **moorish¹.**
**moose** [muːs] *pl* **moose** *s* **1.** *zo.* Elch *m.* **2. M.** *Mitglied des Geheimordens* **Loyal Order of Moose.** '~**ber·ry** *s bot. Am.* Erlenblättriger Schneeball.
**moot** [muːt] **I** *s* **1.** *hist.* (beratende) Volksversammlung. **2.** *jur. univ.* Diskussi'on *f* hypo'thetischer (Rechts)Fälle. **II** *v/t* **3.** *e-e* Frage aufwerfen, anschneiden. **4.** erörtern, disku'tieren. **III** *adj* **5.** *jur.* hypo'thetisch, fik'tiv: **a** ~ **case.** **6.** *fig.* a) strittig: **a** ~ **point,** b) (rein) aka'demisch: **a** ~ **question** e-e Streitfrage.
**mop¹** [mɒp; *Am.* mɑp] **I** *s* **1.** Mop *m,* Fransenbesen *m.* **2.** Scheuer-, Wischlappen *m.* **3.** (Haar)Wust *m.* **4.** Tupfer *m,* Bausch *m.* **5.** *tech.* Schwabbelscheibe *f.* **II** *v/t* **6.** (*mit dem Mop*) (auf)wischen: **to** ~ **the floor with s.o.** *Am. sl.* ‚mit j-m den Schlitten fahren‘, j-n ‚fertigmachen‘; **to** ~ **one's face** sich das Gesicht (ab)wischen. **7.** ~ **up** a) → **6,** b) *mil. sl.* ein Gebiet (vom Feind) säubern, *e-n Wald etc* 'durchkämmen, c) *mil. sl.* restliche Feindtruppen ‚erledigen‘, d) *sl. e-n Profit etc* ‚schlucken‘, e) *sl.* völlig ‚erledigen‘, aufräumen mit, f) *Br. colloq.* austrinken. **8.** mit dem Mop auftragen. **9.** *tech.* schwabbeln.
**mop²** [mɒp; *Am.* mɑp] **I** *v/i meist* ~ **and mow** Gesichter schneiden. **II** *s* Gri'masse *f:* ~**s and mows** Grimassen.
'**mop,board** *s arch. Am.* Fuß-, Scheuerleiste *f.*
**mope** [məup] **I** *v/i* **1.** den Kopf hängenlassen, Trübsal blasen. **2.** ~ **about** (*od.* **around**) mit e-r Jammermiene herumlaufen. **II** *v/t* **3.** ~ **o.s.** ‚be ~d‘ → **1,** b) sich ‚mopsen‘ *(langweilen).* **III** *s* **4.** Trübsalbläser(in), Griesgram *m.* **5.** *pl* Trübsinn *m,* trübe Stimmung: **to have (a fit of) the** ~**s** ‚e-n Moralischen haben‘.
**mo·ped** ['məuped] *s mot. Br.* Moped *n.*
**mop·er** ['məupə(r)] → **mope 4.**
'**mop·head** *s* **1.** Mop-Ende *n.* **2.** *colloq.* a) Wuschelkopf *m,* b) Struwwelpeter *m.*
**mop·ing** ['məupɪŋ] *adj (adv* ~**ly**), '**mop·ish** *adj (adv* ~**ly**) trübselig, a'pathisch, kopfhängerisch. '**mop·ish·ness** → **mope 5.**
**mop·pet** ['mɒpɪt; *Am.* 'mɑ-] *s* **1.** langhaariger Schoßhund. **2.** *colloq.* Puppe *f:* a) Kind *n,* b) Mädchen *n.*
**mop·ping-up** ['mɒpɪŋʌp; *Am.* 'mɑ-] *s mil. sl.* **1.** Aufräumungsarbeiten *pl.* **2.** Säuberung *f (vom Feinde):* ~ **operation** Säuberungsaktion *f.*
**mo·quette** [mɒ'ket; *bes. Am.* məu-] *s* Mo'kett *m (Plüschgewebe).*
**mo·raine** [mɒ'reɪn; *bes. Am.* mə-] *s geol.*

('Gletscher)Mo,räne *f:* **lateral** ~ Seitenmoräne; **medial** ~ Mittelmoräne. **mo·'rain·ic** *adj* Moränen...
**mor·al** ['mɒrəl; *Am. a.* 'mɑ-] **I** *adj (adv* → **morally**) **1.** mo'ralisch, sittlich: ~ **force;** ~ **sense** moralisches *od.* sittliches Empfinden; **M~ Rearmament** Moralische Aufrüstung. **2.** mo'ralisch, geistig: ~ **obligation** moralische Verpflichtung; ~ **support** moralische Unterstützung; ~ **victory** moralischer Sieg. **3.** Moral..., Sitten...: ~ **law** Sittengesetz *n;* ~ **theology** Moraltheologie *f.* **4.** mo'ralisch, sittenstreng, sittsam, tugendhaft: **a** ~ **life.** **5.** (sittlich) gut: **a** ~ **act.** **6.** innerlich, cha'rakterlich: ~**ly firm** innerlich gefestigt. **7.** mo'ralisch, vernunftgemäß: ~ **certainty** moralische Gewißheit. **II** *s* **8.** Mo'ral *f,* Lehre *f,* Nutzanwendung *f (e-r Geschichte etc):* **to draw the** ~ **from** die Lehre ziehen aus. **9.** mo'ralischer Grundsatz: **to point a** ~ den sittlichen Standpunkt betonen. **10.** *pl* Mo'ral *f,* Sitten *pl,* sittliches Verhalten: **code of** ~**s** Sittenkodex *m;* **loose** ~**s** lockere Sitten. **11.** *pl (als sg konstruiert)* Sittenlehre *f,* Ethik *f.* **12.** [mɒ'rɑl; *Am.* mə'ræl] → **morale. 13.** *sl.* Gegenstück *n,* Ebenbild *n.*
**mo·rale** [mɒ'rɑːl; *Am.* mə'ræl] *s* Mo'ral *f,* Stimmung *f,* Haltung *f,* (Arbeits-, Kampf)Geist *m:* **the** ~ **of the army** die (Kampf)Moral *od.* Stimmung der Truppe; **to raise (lower) the** ~ die Moral heben (senken). **mo'rale-,boost·ing** *adj* die (Arbeits-, 'Kampf- *etc*)Mo,ral stärkend, aufrüttelnd (*Rede etc*).
**mor·al|fac·ul·ty** ['mɒrəl; *Am. a.* 'mɑ-] *s* Sittlichkeitsgefühl *n.* ~ **haz·ard** *s* Ver'sicherungswesen:* subjek'tives Risiko (*Risiko falscher Angaben des Versicherten*). ~ **in·san·i·ty** *s psych.* mo'ralischer De'fekt.
**mor·al·ism** ['mɒrəlɪzəm; *Am. a.* 'mɑ-] *s* **1.** Mo'ralspruch *m.* **2.** a) Mo'ralisieren *n,* b) Morali'sieren *n.* **3.** Leben *n* nach den Grundsätzen der bloßen Mo'ral (*Ggs. religiöses Leben*). '**mor·al·ist** *s* **1.** Mo'ra'list *m,* Sittenlehrer *m.* **2.** Ethiker *m.* **3.** (rein) mo'ralischer Mensch (*Ggs. gläubiger Mensch*).
**mo·ral·i·ty** [mə'rælətɪ; mɒ-] *s* **1.** Mo'ral *f,* Sittlichkeit *f,* Tugend(haftigkeit) *f.* **2.** Morali'tät *f,* sittliche Gesinnung. **3.** Ethik *f,* Sittenlehre *f.* **4.** *pl* mo'ralische Grundsätze *pl,* Ethik *f (e-r Person etc):* **commercial** ~ Geschäftsmoral *f.* **5.** *contp.* Mo'ralpredigt *f.* **6.** *a.* ~ **play** *thea. hist.* Morali'tät *f.*
**mor·al·ize** ['mɒrəlaɪz; *Am. a.* 'mɑ-] **I** *v/i* **1.** morali'sieren (**on** über *acc*). **II** *v/t* **2.** mo'ralisch auslegen, die Mo'ral (*gen*) aufzeigen. **3.** die Mo'ral (*gen*) heben. '**mor·al·iz·er** *s* Mo'ral-, Sittenprediger(in). '**mor·al·ly** [-rəlɪ] *adv* **1.** mo'ralisch (*etc,* → **moral** I). **2.** vom mo'ralischen Standpunkt.
**mor·al| phi·los·o·phy,** ~ **sci·ence** *s* Mo'ralphiloso,phie *f,* Ethik *f.*
**mo·rass** [mɒ'ræs; *Am.* mə-] *s* Morast *m,* Sumpf (-land) *m.* **2.** *fig.* a) Wirrnis *f,* b) ‚Klemme‘ *f,* schwierige Lage.
**mo·rat** ['mɒːræt; *Am.* 'mɒʊ,ræt] *s hist.* Getränk aus Honig, mit Maulbeeren gewürzt.
**mor·a·to·ri·um** [,mɒrə'tɔːrɪəm; *Am. a.* ,mɑrə'təʊ-] *pl* **-ri·a** [-rɪə] *od.* **-ri·ums** *s econ.* Mora'torium *n,* Zahlungsaufschub *m,* Stillhalteabkommen *n,* Stundung *f.* '**mor·a·to·ry** [-tərɪ; *Am.* ,təʊriː; -,tɔː-] *adj* Mora'toriums..., Stundungs...
**Mo·ra·vi·an¹** [mə'reɪvjən; -ɪən] **I** *s* **1.** Mähre *m,* Mährin *f.* **2.** *relig.* Herrnhuter(in). **3.** *ling.* Mährisch *n,* das Mährische. **II** *adj* **4.** mährisch. **5.** *relig.* herrnhutisch: ~ **Brethren** Herrnhuter Brüdergemein(d)e *f.*

**Mo·ra·vi·an²** [məˈreɪvjən; -ɪən] *hist.* **I** *s* Einwohner(in) der Grafschaft Moray (*Schottland*). **II** *adj* aus Moray.

**mor·bid** [ˈmɔː(r)bɪd] *adj* (*adv* ~ly) **1.** morˈbid, krankhaft, pathoˈlogisch. **2.** *med.* pathoˈlogisch: ~ anatomy. **3.** grausig, schauerlich. **morˈbid·i·ty** *s* Morbidiˈtät *f*: a) Krankhaftigkeit *f*, b) Erkrankungsziffer *f*.

**mor·bif·ic** [mɔː(r)ˈbɪfɪk] *adj med.* **1.** krankheitserregend. **2.** krankmachend.

**mor·bil·li** [mɔː(r)ˈbɪlaɪ] *s pl* (*als sg konstruiert*) *med.* Masern *pl*.

**mor·da·cious** [mɔː(r)ˈdeɪʃəs] *adj* (*adv* ~ly) *bes. fig.* beißend, bissig. **morˈdac·i·ty** [-ˈdæsətɪ], **ˈmor·dan·cy** [-dənsɪ] *s bes. fig.* Bissigkeit *f*, beißende Schärfe.

**mor·dant** [ˈmɔː(r)dənt] **I** *adj* **1.** beißend: a) brennend (*Schmerz*), b) scharf, sarˈkastisch (*Worte etc*). **2.** *tech.* a) beizend, ätzend, b) fiˈxierend (*Farben*). **3.** *med.* weiterfressend: ~ disease. **II** *s* **4.** *tech.* a) Ätzwasser *n*, b) (*bes. Färberei*) Beize *f*, c) Grund *m*, Kleb(e)stoff *m*.

**Mor·de·ca·i** [ˌmɔː(r)dɪˈkeɪaɪ; *Am.* ˈmɔː(r)dɪˌkaɪ] *npr Bibl.* Mardoˈchai *m*.

**mor·dent** [ˈmɔː(r)dənt; *Am. a.* mɔː(r)ˈdent] *s mus.* Morˈdent *m*, Pralltriller *m* nach unten.

**more** [mɔː(r); *Am. a.* ˈməʊər] **I** *adj* **1.** mehr: ~ money; ~ people; (no) ~ than (nicht) mehr als; they are ~ than we sie sind zahlreicher als wir. **2.** mehr, noch (mehr), weiter: some ~ tea noch etwas Tee; one ~ day noch ein(en) Tag; two ~ miles noch zwei Meilen, zwei weitere Meilen; some ~ children noch einige Kinder; so much the ~ courage um so mehr Mut; he is no ~ er ist nicht mehr (*ist tot*). **3.** größer (*obs. außer in*): the ~ fool der größere Tor; the ~ part der größere Teil. **II** *adv* **4.** mehr, in höherem Maße: they work ~ sie arbeiten mehr; ~ in theory than in practice mehr in der Theorie als in der Praxis; ~ dead than alive mehr *od.* eher tot als lebendig; ~ and ~ immer mehr; ~ and ~ difficult immer schwieriger; ~ or less mehr oder weniger, ungefähr; the ~ um so mehr; the ~ so because um so mehr, da; all the ~ so nur um so mehr; so much the ~ as um so mehr als; no (*od.* not any) ~ than ebensowenig wie; neither (*od.* no) ~ nor less than stupid nicht mehr u. nicht weniger als dumm, einfach dumm. **5.** (*zur Bildung des comp*): ~ conscientiously gewissenhafter; ~ important wichtiger; ~ often öfter. **6.** noch: never ~ niemals wieder; once ~ noch einmal; twice ~ noch zweimal; two hours (miles) ~ noch zwei Stunden (Meilen). **7.** darˈüber hinˈaus, überˈdies: it is wrong and, ~, it is foolish. **III** *s* **8.** Mehr *n* (of an *dat*). **9.** mehr: ~ than one person has seen it mehr als einer hat es gesehen; we shall see ~ of you wir werden dich noch öfter sehen; and what is ~ und was noch wichtiger ist; no ~ nichts mehr.

**mo·reen** [mɔːˈriːn; *Am. a.* mə-] *s* moiˈriertes Woll- *od.* Baumwollgewebe.

**more·ish** [ˈmɔːrɪʃ; *Am. a.* ˈməʊ-] *adj*: it tastes ~ *colloq.* es schmeckt nach (noch) mehr.

**mo·rel** [mɒˈrel; mə-] *s bot.* **1.** Morchel *f*. **2.** (*bes.* Schwarzer) Nachtschatten. **3.** → morello.

**mo·rel·lo** [məˈreləʊ] *pl* **-los** *s bot.* Moˈrelle *f*, Schwarze Sauerweichsel.

**more·o·ver** [mɔːˈrəʊvə(r)] *adv* außerdem, überˈdies, ferner, weiter.

**mo·res** [ˈmɔːriːz; *bes. Am.* -reɪz] *s pl sociol.* Sittenkodex *m*.

**Mo·resque** [mɔːˈresk] **I** *adj* maurisch. **II** *s* maurischer Stil.

**Mor·gan** [ˈmɔː(r)gən] *s* Morgan-Pferd *n* (*ein leichtes amer. Zug- u. Reitpferd*).

**mor·ga·nat·ic** [ˌmɔː(r)gəˈnætɪk] *adj* (*adv* ~ally) morgaˈnatisch.

**morgue** [mɔː(r)g] *s* **1.** Leichenschauhaus *n*. **2.** *colloq.* Arˈchiv *n* (*e-s Zeitungsverlages etc*).

**mor·i·bund** [ˈmɒrɪbʌnd; *Am. a.* ˈmɑr-] *adj* **1.** sterbend, im Sterben liegend, dem Tode geweiht. **2.** *fig.* zum Aussterben verurteilt (*Tradition etc*), zum Scheitern verurteilt (*Plan etc*).

**mo·ri·on¹** [ˈmɔːrɪən; *Am.* ˈməʊrɪˌɑn] *s min.* Morion *m*, dunkler Rauchquarz.

**mo·ri·on²** [ˈmɔːrɪən; *Am.* ˈməʊrɪˌɑn] *s hist.* Sturmhaube *f*.

**Mo·ris·co** [məˈrɪskəʊ] **I** *pl* **-cos, -coes** *s* **1.** Maure *m* (*bes. in Spanien*). **2.** m~ a) maurischer Tanz, b) → **morris**. **II** *adj* **3.** maurisch.

**Mor·mon** [ˈmɔː(r)mən] *relig.* **I** *s* Morˈmone *m*, Morˈmonin *f*. **II** *adj* morˈmonisch: ~ Church mormonische Kirche, Kirche Jesu Christi der Heiligen der letzten Tage; ~ State (*Beiname des Staates*) Utah *n* (*USA*). **ˈMor·mon·ism** *s relig.* Morˈmonentum *n*.

**morn** [mɔː(r)n] *s poet.* Morgen *m*: the ~ *Scot. od. obs.* morgen.

**morn·ing** [ˈmɔː(r)nɪŋ] **I** *s* **1.** Morgen *m*, Vormittag *m*: in the ~ morgens, am Morgen, vormittags; early in the ~ frühmorgens, früh am Morgen; on the ~ of May 5 am Morgen des 5. Mai; one (fine) ~ e-s (schönen) Morgens; (on) this ~ an diesem Morgen; this ~ heute morgen *od.* früh; tomorrow ~ morgen früh; the ~ after am Morgen darauf, am darauffolgenden Morgen; the ~ after (the night before) *colloq.* der ‚Katzenjammer‘, der ‚Kater‘; with (the) ~ *poet.* gegen Morgen; good ~! guten Morgen!; ~! *colloq.* (’n) Morgen! **2.** *fig.* Morgen *m*, Anfang *m*, Beginn *m*. **3.** Morgendämmerung *f*. **4.** M~ Auˈrora *f*. **II** *adj* **5.** a) Morgen..., Vormittags...: ~ walk, b) Früh...: ~ train.

**ˌmorn·ingˈaf·ter pill** *s med.* Pille *f* daˈnach. **ˌaf·ter·ish** *adj colloq.* ‚verkatert‘. **~ coat** *s* Cut(away) *m*. **~ dress** *s* **1.** Hauskleid *n* (*der Frau*). **2.** Besuchs-, Konfeˈrenzanzug *m*, ‚Stresemann‘ *m* (*schwarzer Rock, bes. Cut, mit gestreifter Hose*). **~ gift** *s jur. hist.* Morgengabe *f*. **ˈ~-ˈglo·ry** *s bot.* (*bes.* Purpur)Winde *f*. **~ gown** *s* **1.** (Damen)Morgenrock *m*. **2.** Hauskleid *n*. **~ gun** *s mil.* Weckschuß *m*. **~ per·form·ance** *s* Frühvorstellung *f*, Matiˈnee *f*. **~ prayer** *s relig.* **1.** Morgengebet *n*. **2.** Frühgottesdienst *m*. **~ room** *s* Damenzimmer *n* (*zum Aufenthalt am Morgen*). **~ sick·ness** *s med.* morgendliches Erbrechen (*bei Schwangeren*). **~ star** *s* **1.** *astr.* Morgenstern *m* (*bes. Venus*). **2.** *bot.* Menˈtzelie *f*. **3.** *mil. hist.* Morgenstern *m*. **ˈ~ tide** *s poet.* Morgen *m* (*bes. fig.*).

**Mo·roc·can** [məˈrɒkən; *Am.* -ˈrɑ-] **I** *adj* marokˈkanisch. **II** *s* Marokˈkaner(in).

**mo·roc·co** [məˈrɒkəʊ; *Am.* -ˈrɑ-] *s* **-cos** *s* Saffian(leder *n*) *m*, Maroˈquin *m*: French ~ ein minderwertiger Saffian.

**mo·ron** [ˈmɔːrɒn; *Am.* ˈməʊrɑn] *s* **1.** Schwachsinnige(r *m*) *f*. **2.** *colloq.* Trottel *m*, Idiˈot *m*. **mo·ron·ic** [mɒˈrɒnɪk; *Am.* məˈrɑ-] *adj* schwachsinnig.

**mo·rose** [məˈrəʊs] *adj* (*adv* ~ly) mürrisch, grämlich, verdrießlich. **moˈrose·ness** *s* Verdrießlichkeit *f*, mürrisches Wesen.

**-morph** [mɔː(r)f] *Wortelement mit der Bedeutung* Form, Gestalt.

**mor·pheme** [ˈmɔː(r)fiːm] *s ling.* Morˈphem *n*: a) *kleinstes bedeutungstragendes Sprachelement*, b) *gestaltbestimmendes Sprachelement*.

**Mor·pheus** [ˈmɔː(r)fjuːs; -fɪəs] *npr* Morpheus *m* (*Gott der Träume*): in the arms of ~ in Morpheus’ Armen.

**mor·phi·a** [ˈmɔː(r)fjə; -fɪə], **mor·phine** [ˈmɔː(r)fiːn] *s chem.* Morphium *n*. **ˈmor·phin·ism** *s* **1.** Morphiˈnismus *m*, Morˈphinsucht *f*. **2.** Morˈphinvergiftung *f*. **ˈmor·phin·ist** *s* Morphiˈnist(in).

**mor·pho·gen·e·sis** [ˌmɔː(r)fəʊˈdʒenɪsɪs] *s biol.* Morphoˈgenesis *f*, Morphogeˈnese *f*, Gestaltbildung *f*. **mor·pho·ge·net·ic** [-dʒɪˈnetɪk] *adj* morphogeˈnetisch, gestaltbildend.

**mor·pho·log·ic** [ˌmɔː(r)fəˈlɒdʒɪk; *Am.* -ˈlɑ-] *adj*; **mor·pho·log·i·cal** [-kl] *adj* (*adv* ~ly) morphoˈlogisch, Form...: ~ element Formelement *n*. **mor·phol·o·gist** [-ˈfɒlədʒɪst; *Am.* -ˈfɑ-] *s* Morphoˈloge *m*. **mor·phol·o·gy** *s* **1.** Morpholoˈgie *f*: a) *biol.* Formen-, Gestaltlehre *f*, -forschung *f*, b) *geogr. Lehre von den Oberflächenformen der Erde*, c) *ling.* Formen- u. Wortbildungslehre *f*. **2.** Gestalt *f*, Form *f*. **mor·pho·sis** [mɔː(r)ˈfəʊsɪs; *Am.* -fəsəs] *s* Morˈphose *f*, Gestaltbildung *f*.

**mor·ris** [ˈmɒrɪs; *Am. a.* ˈmɑ-] *s* **1.** morris dance *s* Moˈriskentanz *m*. **M~ chair** *s ein Lehnstuhl mit verstellbarer Rückenlehne u. losen Sitzpolstern*.

**mor·row** [ˈmɒrəʊ; *Am. a.* ˈmɑ-] *s* **1.** *rhet.* morgiger *od.* folgender Tag: on the ~ am folgenden Tag; the ~ of a) der Tag nach, b) *fig.* die Zeit unmittelbar nach; on the ~ of *fig.* (in der Zeit) unmittelbar nach; → thought 4. **2.** *obs.* Morgen *m*.

**Morse¹** [mɔː(r)s] **I** *adj* Morse... **II** *s colloq.* für a) Morse code, b) Morse telegraph. **III** *v/t u. v/i* m~ morsen.

**morse²** [mɔː(r)s] *s zo.* Walroß *n*.

**Morse code**, *a.* ~ **al·pha·bet** *s* ˈMorsealphaˌbet *n*.

**mor·sel** [ˈmɔː(r)sl] **I** *s* **1.** Bissen *m* (*a. weitS.* Imbiß). **2.** Stückchen *n*, (*das*) bißchen: a ~ of sense *fig.* ein Funke Verstand. **3.** Leckerbissen *m* (*a. fig.*). **II** *v/t* **4.** in kleine Stückchen teilen, in kleinen Portiˈonen austeilen.

**Morse tel·e·graph** *s electr.* ˈMorseteleˌgraf *m*, -appaˌrat *m*.

**mort¹** [mɔː(r)t] *s hunt.* (ˈHirsch)Totsiˌgnal *n*.

**mort²** [mɔː(r)t] *s* dreijähriger Lachs.

**mor·tal** [ˈmɔː(r)tl] **I** *adj* (*adv* ~ly) **1.** sterblich: a ~ man ein Sterblicher. **2.** tödlich, todbringend (*to* für): a ~ wound. **3.** tödlich, erbittert: ~ battle erbitterte Schlacht; ~ enemies Todfeinde; ~ hatred tödlicher Haß; ~ offence (*bes. Am.* offense) tödliche Beleidigung. **4.** Tod(es)...: ~ agony Todeskampf *m*; ~ fear Todesangst *f*; ~ hour Todesstunde *f*; → sin 1. **5.** menschlich, irdisch, vergänglich, Menschen...: this ~ life dieses vergängliche Leben; ~ power Menschenkraft *f*; by no ~ means *colloq.* auf keine menschenmögliche Art; of no ~ use *colloq.* völlig zwecklos; every ~ thing *colloq.* alles menschenmögliche. **6.** *colloq.* ‚Mords...‘, ‚mordsmäßig‘: I’m in a ~ hurry ich hab’s furchtbar eilig. **7.** *colloq.* ewig, sterbenslangweilig: three ~ hours drei endlose Stunden. **8.** *dial.* furchtbar, schrecklich. **II** *s* **9.** Sterbliche(r *m*) *f*: an ordinary ~ ein gewöhnlicher Sterblicher. **10.** *humor.* Kerl *m*.

**mor·tal·i·ty** [mɔː(r)ˈtælətɪ] *s* **1.** Sterblichkeit *f*. **2.** die (sterbliche) Menschheit. **3.** *a.* ~ rate a) Sterblichkeit(sziffer) *f*: ~ table Sterblichkeitstabelle *f*, b) *tech.* Verschleiß(quote *f*) *m*.

**mor·tar¹** [ˈmɔː(r)tə(r)] **I** *s* **1.** Mörser *m*,

Reibschale f. **2.** *metall.* Pochtrog m, -lade f. **3.** *mil.* a) Mörser m (*Geschütz*), b) Gra'natwerfer m. **4.** Ra'ketenappa,rat m. **5.** (Feuerwerks)Böller m. **II** v/t **6.** *mil.* a) mit Mörsern beschießen, b) mit Gra-'natfeuer belegen.

**mor·tar²** ['mɔː(r)tə(r)] *arch.* **I** s Mörtel m. **II** v/t mörteln, mit Mörtel verbinden. **'mor·tar|·board** s **1.** Mörtelbrett n (*der Maurer*). **2.** *univ.* (qua'dratisches) Ba'rett. **~ boat, ~ ves·sel** s *mar. hist.* Bom'barde f, Mörserschiff n.

**mort·gage** [...] *jur.* **I** s **1.** Verpfändung f: to give in ~ verpfänden. **2.** Pfandbrief m. **3.** Pfandrecht n. **4.** Hypo'thek f: by ~ hypothekarisch; to lend on ~ auf Hypothek ver(leihen); to raise a ~ e-e Hypothek aufnehmen (on auf acc). **5.** Hypo'thekenbrief m. **II** v/t **6.** a. *fig.* verpfänden (to an acc). **7.** hypothe'karisch belasten, e-e Hypo'thek aufnehmen auf (acc). **~ bond** s (Hypo-'theken)Pfandbrief m. **~ deed** s *jur.* **1.** Pfandbrief m. **2.** Hypo'thekenbrief m. **mort·ga·gee** [,mɔː(r)gə'dʒiː] s *jur.* Hypothe'kar m, Pfand- od. Hypo'theken-gläubiger m. **~ clause** s Klausel f (*in der Feuerversicherungspolice*) zum Schutz des Hypo'thekengläubigers.

**mort·ga·gor** [,mɔː(r)gə'dʒɔː(r)], a. **mort·gag·er** ['mɔː(r)gɪdʒə(r)] s *jur.* Pfand- od. Hypo'thekenschuldner m.

**mor·tice** → mortise.

**mor·ti·cian** [mɔːr'tɪʃən] s *Am.* Leichenbestatter m.

**mor·ti·fi·ca·tion** [,mɔː(r)tɪfɪ'keɪʃn] s **1.** Demütigung f, Kränkung f. **2.** Ärger m, Verdruß m. **3.** Ka'steiung f. **4.** Abtötung f (*von Leidenschaften*). **5.** *med.* (kalter) Brand, Ne'krose f. **'mor·ti·fied** [-faɪd] *adj* **1.** a) gedemütigt, gekränkt, b) verärgert (at über acc). **2.** *med.* brandig. **'mor·ti·fy** [-faɪ] **I** v/t **1.** demütigen, kränken. **2.** ärgern, verdrießen. **3.** Gefühle verletzen. **4.** den Körper, das Fleisch ka'steien. **5.** *Leidenschaften* abtöten. **6.** *med.* brandig machen, absterben lassen. **II** v/i **7.** *med.* brandig werden, absterben.

**mor·tise** ['mɔː(r)tɪs] **I** s **1.** *tech.* a) Zapfenloch n, b) Stemmloch n, c) (Keil)Nut f, d) Falz m, Fuge f. **2.** *fig.* fester Halt, feste Stütze. **II** v/t **3.** *tech.* a) verzapfen, b) nuten, c) einzapfen (**into** in acc), d) einlassen, e) verzinken, -schwalben. **4.** *allg.* fest verbinden, *fig. a.* verankern (**in** in dat). **~ chis·el** s Stech-, Lochbeitel m, Stemmeißel m. **~ ga(u)ge** s Zapfenstreichmaß n. **~ joint** s *tech.* Zapfenverbindung f, Verzapfung f. **~ lock** s *tech.* Einstemm-, Einsteckschloß n. **~ wheel** s *tech.* **1.** Zapfenrad n, -getriebe n. **2.** Zahnrad n mit Winkelzähnen.

**mort·main** ['mɔː(r)tmeɪn] s *jur.* unveräußerlicher Besitz, Besitz m der Toten Hand: in ~ unveräußerlich.

**mor·tu·ar·y** ['mɔː(r)tjʊərɪ; *Am.* 'mɔːrtʃə,werɪ] **I** s Leichenhalle f. **II** *adj* Begräbnis..., Leichen..., Toten...

**mo·sa·ic¹** [məʊ'zeɪɪk] **I** s **1.** Mosa'ik n (a. *fig.*). **2.** *aer.* ('Luftbild)Mosa,ik n, Reihenbild n. **3.** *bot.* Mosa'ikkrankheit f. **II** *adj* (*adv* **~ally**) **4.** Mosaik... **5.** mosa'ikartig. **III** v/t **6.** mit Mosa'ik schmücken. **7.** zu e-m Mosa'ik zs.-stellen.

**Mo·sa·ic²** [məʊ'zeɪɪk] *adj* mo'saisch.

**mo·sa·ic| dis·ease** → mosaic¹ 3. **~ gold** s Mu'sivgold n. **~ hy·brid** s *biol.* Mutati'onschi,märe f.

**mo·sa·i·cist** [məʊ'zeɪɪsɪst] s Mosai'zist m (*Hersteller von Mosaiken*).

**mo·sa·ic vi·sion** s *mus.* Mo'sivisches Sehen (*Sehen mit Facettenaugen*).

**mos·cha·tel** [,mɒskə'tel; *Am.* ,mɑs-] s *bot.* Moschuskraut n. **mos·chif·er-**

**ous** [mɒs'kɪfərəs; *Am.* mɑs-] *adj* Moschus erzeugend.

**Mo·selle, m~** [məʊ'zel] s Mosel (-wein) m.

**mo·sey** ['məʊzɪ] v/i *Am. sl.* **1.** ~ along (da'hin)schlendern, -latschen. **2.** ,abhauen'.

**mo·shav** [məʊ'ʃɑːv] pl **-sha·vim** [-ʃə-'viːm] s Moschaw m (*Genossenschaftssiedlung in Israel*).

**Mos·lem** ['mɒzlem; *Am.* 'mɑzləm] **I** s Moslem m, Muselman m. **II** *adj* mos-'lemisch, muselmanisch, mohamme'danisch. **'Mos·lem·ism** s *relig.* Is-'lam m.

**mosque** [mɒsk; *Am.* mɑsk] s Mo'schee f.

**mos·qui·to** [mə'skiːtəʊ] pl **-toes, -tos** s **1.** *zo.* a) Mos'kito m, b) *allg.* Stechmücke f. **2.** *aer.* Mos'kito m (*leichter brit. Bomber*). **~ boat, ~ craft** s *mar. mil.* Schnellboot n. **~ net** s Mos'kitonetz n. **M~ State** s *Am.* (*Beiname für*) New Jersey n (*USA*).

**moss** [mɒs] **I** s **1.** Moos n. **2.** *bot.* Laubmoos n. **3.** *bes. Scot.* (Torf)Moor n. **II** v/t u. v/i **4.** (sich) mit Moos bedecken. **~ ag·ate** s min. 'Moosa,chat m. **~ an·i·mal** → bryozoan. **'~back** s **1.** alter Fisch etc, dessen Rücken Moos anzusetzen scheint. **2.** *Am. sl.* a) 'Ultrakonserva,tive(r) m, b) altmodischer Kerl, c) 'Hinterwäldler m.

**Möss·bau·er ef·fect** ['mɒs,baʊə(r)] s *phys.* 'Mößbauer-Ef,fekt m.

**moss| cam·pi·on** s *bot.* Stengelloses Leimkraut. **'~grown** *adj* **1.** moosbewachsen, bemoost. **2.** *fig.* altmodisch. **~ hag** s *Br.* Torfboden m.

**moss·i·ness** ['mɒsɪnɪs] s **1.** Moosigkeit f, Bemoostheit f. **2.** Moosartigkeit f.

**moss| pink** s *bot.* Zwergphlox m. **~ rose** s *bot.* Moosrose f. **'~troop·er** s *hist.* Wegelagerer m (*an der englisch-schottischen Grenze*).

**moss·y** ['mɒsɪ] *adj* **1.** moosig, bemoost, moosbewachsen. **2.** moosartig. **3.** Moos...: ~ green Moosgrün n.

**most** [məʊst] **I** *adj* (*adv* → **mostly**) **1.** meist(er, e, es), größt(er, e, es): the ~ fear die meiste od. größte Angst; the ~ part größten-, meistenteils. **2.** (*vor e-m Substantiv im pl, meist ohne Artikel*) die meisten: ~ people die meisten Leute; (the) ~ votes die meisten Stimmen. **II** s **3.** (das) meiste, (das) Höchste, (das) Äußerste: the ~ he accomplished das Höchste, das er voll(brachte); to make the ~ of s.th. a) etwas nach Kräften ausnützen, (noch) das Beste aus e-r Sache herausholen, b) (*zum eigenen Vorteil*) etwas in beste Licht stellen; at (the) ~ höchstens, bestenfalls. **4.** das meiste, der größte Teil: he spent ~ of his time there er verbrachte die meiste Zeit dort. **5.** die meisten pl: better than ~ besser als die meisten; ~ of my friends die meisten m-r Freunde. **III** *adv* **6.** am meisten: what ~ tempted me was mich am meisten lockte; ~ of all am allermeisten. **7.** (*zur Bildung des sup*): the ~ important point der wichtigste Punkt; ~ deeply impressed am tiefsten beeindruckt; ~ rapidly am schnellsten, schnellstens. **8.** (*vor adj*) höchst, äußerst, 'überaus: a ~ indecent story. **9.** *Am. colloq. od. dial.* fast, beinahe.

**'most-,fa·vo(u)red-'na·tion clause** s *econ. pol.* Meistbegünstigungsklausel f.

**most·ly** ['məʊstlɪ] *adv* **1.** größtenteils, im wesentlichen, in der Hauptsache. **2.** hauptsächlich, meist(ens).

**mot** [məʊ] s Bon'mot n.

**mote¹** [məʊt] s (Sonnen)Stäubchen n, winziges Teilchen: the ~ in another's

eye *Bibl.* der Splitter im Auge des anderen.

**mote²** [məʊt] v/aux *obs.* mag, möge, darf: so ~ it be so sei es.

**mo·tel** [məʊ'tel] s Mo'tel n.

**mo·tet** [məʊ'tet] s *mus.* Mo'tette f.

**moth** [mɒθ] s *zo.* **1.** pl **moths** Nachtfalter m. **2.** pl **moths,** *bes. collect.* **moth** (Kleider)Motte f. **'~ball** s **1.** Mottenkugel f: to put in ~ → II. **II** v/t **2.** *Maschinen, Kriegsschiffe etc* ,einmotten'. **3.** *fig. Plan etc* ,auf Eis legen'. **'~-,eat·en** *adj* **1.** von Motten zerfressen. **2.** veraltet, anti'quiert.

**moth·er¹** ['mʌðə(r)] **I** s **1.** Mutter f (a. *fig.*).: ~'s boy Muttersöhnchen n; M~ Russia Mütterchen n Rußland. **2.** a. **mother superior**. **3.** a. **artificial ~** künstliche Glucke. **4.** *bes. Am. vulg.* → **motherfucker**. **II** *adj* **5.** Mutter... **III** v/t **6.** *meist fig.* gebären, her'vorbringen. **7.** bemuttern. **8.** die Mutterschaft (*gen*) anerkennen. **9.** *fig.* a) die Urheberschaft (*gen*) anerkennen, b) die Urheberschaft (*gen*) zuschreiben (on, upon s.o. j-m): to ~ a novel on s.o. j-m e-n Roman zuschreiben.

**moth·er²** ['mʌðə(r)] **I** s Essigmutter f. **II** v/i Essigmutter ansetzen.

**Moth·er Car·ey's chick·en** ['keərɪz] s orn. Sturmschwalbe f.

**moth·er| cell** s *biol.* Mutterzelle f. **~ church** s **1.** Mutterkirche f. **2.** Hauptkirche f, bes. Kathe'drale f. **~ coun·try** s **1.** Mutterland n. **2.** Vater-, Heimatland n. **'~craft** s Kinderpflege f u. andere mütterliche Pflichten pl. **'~earth** s Mutter f Erde. **~ fix·a·tion** s *psych.* 'Mutterbindung f, -fi,xierung f. **'~fuck·er** s bes. Am. vulg. ,Scheißkerl' m, ,Arschloch' n. **moth·er·hood** ['mʌðə(r)hʊd] s **1.** Mutterschaft f. **2.** collect. (die) Mütter pl.

**Moth·er Hub·bard** ['hʌbə(r)d] s (ein) weites, loses Frauenkleid.

**moth·er·ing** ['mʌðərɪŋ] s Br. die Sitte, am vierten Fastensonntag s-e Eltern zu besuchen: M~ Sunday. **'moth·er-in-law** pl **'moth·ers-in-law** Schwiegermutter f. **'moth·er·land** → mother country. **'moth·er·less** *adj* mutterlos. **'moth·er·li·ness** s Mütterlichkeit f. **moth·er| liq·uor,** a. **~ liq·uid** s chem. Mutterlauge f. **~ lode** s Bergbau: Hauptader f.

**moth·er·ly** ['mʌðə(r)lɪ] **I** *adj* **1.** mütterlich. **2.** Mutter...: ~ instincts. **II** *adv* **3.** obs. mütterlich, in mütterlicher Weise. **,moth·er-'na·ked** *adj* splitternackt. **M~ of God** s Mutter f Gottes. **,~-of-'pearl** s Perl'mutter f, Perlmutt n. **II** *adj* perl'muttern, Perlmutt... **~ of vin·e·gar** → mother² I.

**Moth·er's Day** s Muttertag m.

**moth·er ship** s mar. Mutterschiff n.

**moth·er's milk** s Muttermilch f: to drink (od. suck, take) s.th. in with the ~ fig. etwas mit der Muttermilch einsaugen.

**moth·er| su·pe·ri·or** s relig. Oberin f, Äb'tissin f. **~ tie** s psych. Mutterbindung f. **~ tongue** s **1.** Muttersprache f. **2.** ling. Stammsprache f. **~ wit** s Mutterwitz m. **'~wort** s bot. **1.** Herzgespann n. **2.** Beifuß m.

**'moth·proof I** *adj* mottensicher. **II** v/t mottensicher machen.

**moth·y** ['mɒθɪ] *adj* **1.** voller Motten. **2.** mottenzerfressen.

**mo·tif** [məʊ'tiːf] s **1.** *mus.* a) Mo'tiv n, kurzes Thema, b) 'Leitmo,tiv n. **2.** *Literatur u. Kunst:* Mo'tiv n. **3.** *fig.* a) Leitgedanke m, b) Struk'turprin,zip n. **4.** *Handarbeit:* Applikati'on f, Aufnäharbeit f.

**mo·tile** ['məʊtaɪl; *Am. a.* -tl] **I** *adj biol.* freibeweglich. **II** *s psych.* mo'torischer Mensch. **mo·til·i·ty** [məʊ'tɪlətɪ] *s* Motili'tät *f*, selbständiges Bewegungsvermögen.

**mo·tion** ['məʊʃn] **I** *s* **1.** Bewegung *f* (*a. math. mus. phys.*): to go through the ~s so tun als ob; to go through the ~s of doing *etwas* mechanisch od. pro forma *od.* andeutungsweise tun *od.* durchexerzieren. **2.** Gang *m* (*a. tech.*), Bewegung *f*: to set in ~ in Gang bringen (*a. fig.*), in Bewegung setzen; → idle 5, loted 1. **3.** (Körper-, Hand)Bewegung *f*, Wink *m*: ~ of the head Zeichen *n* mit dem Kopf. **4.** Antrieb *m*: of one's own ~ a) aus eigenem Antrieb, b) freiwillig. **5.** *pl* Schritte *pl*, Tun *n*, Handlungen *pl*: to watch s.o.'s ~s. **6.** *jur. parl. etc* Antrag *m*: to bring forward a ~ e-n Antrag stellen; on the ~ of auf Antrag von (*od. gen*); → carry 14 b. **7.** *tech.* Steuerung *f*: ~ bar Führungsstange *f*. **8.** *med.* a) Stuhlgang *m*: to have a ~, b) *oft pl* Stuhl *m*. **9.** *obs.* a) Puppenspiel *n*, b) Puppe *f*, Mario'nette *f*. **II** *v/i* **10.** winken (with mit; to dat). **III** *v/t* **11.** *j-m* (zu)winken, *j-n* durch e-n Wink auffordern, *j-m* ein Zeichen geben (to do zu tun). **'mo·tion·al** *adj* Bewegungs... **'mo·tion·less** *adj* bewegungs-, regungslos, unbeweglich.

**mo·tion| pic·ture** *s Am.* Film *m*. **'~-pic·ture** *adj Am.* Film...: ~ projector Filmvorführapparat *m*; ~ theater Filmtheater *n*, Kino *n*. **~ sick·ness** *s med.* Kine'tose *f*, *bes.* See-, Luft-, Autokrankheit *f*. **~ stud·y** *s econ.* Bewegungsstudie *f*. **~ ther·a·py** *s med.* Be'wegungsthera,pie *f*.

**mo·ti·vate** ['məʊtɪveɪt] *v/t* **1.** moti'vieren, begründen. **2.** anregen, her'vorrufen. **3.** *j-n* moti'vieren, anregen, anspornen. **mo·ti'va·tion** *s* **1.** Moti'vierung *f*: a) Begründung *f*, b) Motivati'on *f*, Ansporn *m*. **2.** Anregung *f*. **3.** Motivati'on *f*, (innere) Bereitschaft, Inter'esse *n*. **mo·ti'va·tion·al** *adj* Motiv...: ~ research *econ. psych.* Motivforschung *f*.

**mo·tive** ['məʊtɪv] **I** *s* **1.** Mo'tiv *n*, Beweggrund *m*, Antrieb *m* (for zu). **2.** → motif 1 u. 2. **3.** *obs.* a) Urheber(in), b) Ursache *f*, c) Vorschlag *m*. **II** *adj* **4.** bewegend, treibend (*a. fig.*): ~ power Triebkraft *f*. **III** *v/t* **5.** *meist pass* der Beweggrund sein von (*od. gen*), veranlassen, bestimmen: an act ~d by hatred e-e von Haß bestimmte Tat.

**mo·tiv·i·ty** [məʊ'tɪvətɪ] *s* Bewegungsfähigkeit *f*, -kraft *f*.

**mot juste**, *pl* **mots justes** [,məʊ'ʒu:st; mɔ:ʒyst] (*Fr.*) *s* passender *od.* treffender Ausdruck.

**mot·ley** ['mɒtlɪ; *Am.* 'mɑ-] **I** *adj* **1.** bunt (*a. fig. Menge etc*), scheckig. **II** *s* **2.** *hist.* Narrenkleid *n*: to wear the ~ *fig.* den Narren spielen. **3.** *fig.* buntes Gemisch, Kunterbunt *n*.

**mo·to·cross** ['məʊtəkrɒs; *Am.* -təʊ,k-] *s sport* Moto-'Cross *n*.

**mo·tor** ['məʊtə(r)] **I** *s* **1.** *tech.* Motor *m*, *bes.* a) Verbrennungsmotor *m*, b) E'lektromotor *m*. **2.** *fig.* treibende Kraft, Motor *m*. **3.** a) Kraftwagen *m*, Auto(mo'bil) *n*, b) mo'torisches Fahrzeug. **4.** *anat.* a) Muskel *m*, b) mo'torischer Nerv. **5.** *pl* Automo'bilaktien *pl*. **II** *adj* **6.** bewegend, (an)treibend. **7.** Motor... **8.** Auto... **9.** *physiol.* mo'torisch, Bewegungs...: ~ muscle. **III** *v/i* **10.** (*in e-m Kraftfahrzeug*) fahren. **IV** *v/t* **11.** in e-m Kraftfahrzeug befördern. **~ ac·ci·dent** *s* Autounfall *m*. **~ am·bu·lance** *s* Krankenwagen *m*, Ambu'lanz *f*. **~ bi·cy·cle** *s* **1.** Motorrad *n*. **2.** *Am.* a) Moped *n*, b) Mofa *n*. **'~-bike** *colloq. für* **motor bicycle.**

**'~-boat** *s* Motorboot *n*. **'~,boat·ing** *s* **1.** Motorbootfahren *n*, -sport *m*. **2.** *electr.* Blubbern *n*. **'~-bus** *s* Autobus *m*, Omnibus *m*. **'~-cab** *s* Taxe *f*, Taxi *n*. **'~-cade** [-keɪd] *s* 'Auto-, 'Wagenko,lonne *f*, Auto-, Wagenkorso *m*. **'~-car** *s* **1.** (Kraft)Wagen *m*, Kraftfahrzeug *n*, Auto(mo'bil) *n*: ~ industry Auto(mobil)industrie *f*. **2.** *rail.* Triebwagen *m*. **'~-car·a·van** *s Br.* 'Wohnmo,bil *n*. **~ coach** → motorbus. **~ court** → motel. **'~,cy·cle** **I** *s* Motorrad *n*. **II** *v/i* a) Motorrad fahren, b) mit dem Motorrad fahren. **'~,cy·cle trac·tor** *s mil.* Ketten(kraft)rad *n*. **'~,cy·clist** *s* Motorradfahrer(in). **'~-driv·en** *adj* mit Motorantrieb, Motor... **'~-drome** [-drəʊm] *s* Moto'drom *n*, Auto- *od.* Motorrad(rund)rennstrecke *f*.

**mo·tored** ['məʊtə(r)d] *adj tech.* **1.** motori'siert, mit e-m Motor *od.* mit Mo'toren (versehen). **2.** ...motorig.

**mo·tor|en·gine** *s tech.* 'Kraftma,schine *f*. **~ fit·ter** *s* Autoschlosser *m*. **~ gen·er·a·tor** *s tech.* 'Motorgene,rator *m*. **~ home** *s* 'Wohn-, 'Reisemo,bil *n*.

**mo·to·ri·al** [məʊ'tɔ:rɪəl; *Am. a.* -'təʊ-] → motor 6 u. 9.

**mo·tor·ing** ['məʊtərɪŋ] **I** *s* **1.** Autofahren *n*: school of ~ Fahrschule *f*. **2.** Motorsport *m*. **3.** Kraftfahrzeugwesen *n*. **II** *adj* **4.** Verkehrs..., Auto...: ~ accident; ~ offence (*bes. Am.* offense) Verkehrsdelikt *n*. **'mo·tor·ist** *s* Kraft-, Autofahrer(in).

**mo·tor·i·za·tion** [,məʊtəraɪ'zeɪʃn; *Am.* -rə'z-] *s* Motori'sierung *f*. **'mo·tor·ize** *v/t* motori'sieren: ~d division *mil.* leichte Division; ~d unit *mil.* (voll)motorisierte Einheit.

**mo·tor launch** *s* 'Motorbar,kasse *f*.

**mo·tor·less** ['məʊtə(r)lɪs] *adj* motorlos: ~ flight *aer.* Segelflug *m*.

**mo·tor|lor·ry** *s Br.* Lastkraftwagen *m*. **'~-man** [-mən] *s irr* Wagenführer *m* (*e-s elektrischen Triebwagens*). **~ me·chan·ic** *s* 'Autome,chaniker *m*. **~ nerve** *s physiol.* mo'torischer Nerv, Bewegungsnerv *m*. **~ oil** *s tech.* Motoröl *n*. **~ point** *s physiol.* mo'torischer Nervenpunkt, Reizpunkt *m*. **~ pool** *s mil.* Fahrbereitschaft *f*. **~ road** *s* Autostraße *f*. **~ scoot·er** *s* Motorroller *m*. **~ ship** *s mar.* Motorschiff *n*. **~ show** *s* Automo'bilausstellung *f*, Automo'bilsa,lon *m*. **~ start·er** *s electr.* (Motor)Anlasser *m*. **~ tor·pe·do boat** *s mar. mil.* Schnellboot *n*, E-Boot *n*. **~ trac·tor** → tractor 1. **~ truck** *s bes. Am.* Last(kraft)wagen *m*. **~ van** *s Br.* (kleiner) Lastkraftwagen, Lieferwagen *m*. **~ ve·hi·cle** *s* Kraftfahrzeug *n*. **'~-way** *s Br.* Autobahn *f*.

**mot·tle** ['mɒtl; *Am.* 'mɑtl] **I** *v/t* **1.** sprenkeln, marmo'rieren. **II** *s* **2.** (Farb)Fleck *m*. **3.** Sprenkelung *f*. **III** *adj* → mottled. **'mot·tled** *adj* gesprenkelt, gefleckt, bunt. **'mot·tling** *s* Sprenkelung *f*, Tüpfelung *f*.

**mot·to** ['mɒtəʊ; *Am.* 'mɑ-] *pl* **-toes, -tos** *s* **1.** Motto *n*: a) Denk-, Sinnspruch *m*, b) Wahlspruch *m*, c) Kennwort *n*. **2.** *mus.* Leitthema *n*. **3.** Scherzspruch *m* (*als Beilage zu Karnevalsartikeln etc*).

**mot·toed** ['mɒtəʊd; *Am.* 'mɑ-] *adj* mit e-m Motto versehen.

**mouf·(f)lon** ['mu:flɒn; *Am.* mu:'flɑʊn] *s zo.* Mufflon *m* (*Wildschaf*).

**mouil·la·tion** [mwi:'eɪʃn; *Am.* mu:'j-] *s ling.* palatali'sierte Aussprache, Mouil'lierung *f*. **mouil·lé** ['mwi:eɪ; *Am.* mu:'jeɪ] *adj* palatali'siert.

**mou·jik** → muzhik.

**mould** [1] *bes. Br. für* mold[1-3].

**mould** [2] [məʊld] *s mar. Br. sl.* ,Aal' *m*, Tor'pedo *m*.

**mould·a·ble, mould·er, mould·i-**

**ness, mould·ing, mould·y** [1] *bes. Br. für* moldable, *etc.*

**mould·y** [2] ['məʊldɪ] → minnow 2.

**mou·lin** ['mu:lɪn; *Am.* mu:'læ] *s geol.* Gletschermühle *f*.

**mou·li·net** [,mu:lɪ'net; 'mu:lɪnet] *s* **1.** *tech.* a) Haspelwelle *f*, b) Dreh-, Windebaum *m* (*e-s Krans etc*). **2.** *mil. hist.* Armbrustwinde *f*. **3.** *fenc.* Mouli'net *m* (*kreisförmiges Schwingen des Degens*).

**moult** *bes. Br. für* molt.

**mound** [1] [maʊnd] **I** *s* **1.** Erdwall *m*, -hügel *m*. **2.** Damm *m*. **3.** Grabhügel *m*. **4.** (*natürlicher*) Hügel: M~ Builders Moundbuilders (*nordamer. Indianerstämme*). **5.** *Baseball*: (*leicht erhöhte*) Abwurfstelle. **II** *v/t* **6.** mit e-m Erdwall um'geben *od.* versehen. **7.** auf-, zs.-häufen.

**mound** [2] [maʊnd] *s hist.* Reichsapfel *m*.

**mount** [1] [maʊnt] **I** *v/t* **1.** e-n Berg, ein Pferd etc, fig. den Thron besteigen. **2.** Treppen hin'aufgehen, ersteigen. **3.** e-n Fluß hin'auffahren. **4.** beritten machen: to ~ troops; ~ed police berittene Polizei. **5.** errichten, a. e-e Maschine aufstellen, mon'tieren. **6.** anbringen, einbauen, befestigen. **7.** ein Bild, Papier etc aufkleben, -ziehen, Briefmarken etc einkleben. **8.** zs.-stellen, arran'gieren. **9.** *phot. TV etc* mon'tieren. **10.** *mil.* a) ein Geschütz in Stellung bringen, b) Posten aufstellen, c) Posten beziehen: → guard 9. **11.** *mar. mil.* ausgerüstet *od.* bewaffnet sein mit, Geschütze etc führen, haben. **12.** *tech.* a) e-n Edelstein fassen, b) ein Gewehr anschäften, c) ein Messer etc stielen, mit e-m Griff versehen, d) ein Werkstück einspannen. **13.** *thea. u. fig.* in Szene setzen, insze'nieren, *fig. a.* aufziehen. **14.** *scient.* a) ein Versuchsobjekt präpa'rieren, b) ein Präparat (im Mikro'skop) fi'xieren. **15.** *zo.* decken, bespringen, begatten. **16.** ein Tier (in na'türlicher Haltung) ausstopfen *od.* präpa'rieren. **17.** etwas ausstellen, zeigen. **II** *v/i* **18.** (auf-, em'por-, hin'auf-, hoch)steigen. **19.** aufsitzen, aufs Pferd steigen. **20.** *fig.* steigen, (an)wachsen, zunehmen, sich auftürmen: ~ing debts (difficulties, suspense) wachsende Schulden (Schwierigkeiten, Spannung). **21.** *oft* ~ up sich belaufen (to auf *acc*): it ~s up ,es ergibt sich zusammen'. **III** *s* **22.** a) Gestell *n*, Ständer *m*, Träger *m*, b) Fassung *f*, c) Gehäuse *n*, d) 'Aufziehkar,ton *m*, -leinwand *f*, e) Passepar'tout *n*, Wechselrahmen *m*. **23.** *mil.* (Ge'schütz)La,fette *f*. **24.** Reittier *n*, *bes.* Pferd *n*. **25.** Ob'jektträger *m* (*am Mikroskop*). **26.** *Philatelie*: Klebefalz *m*. **27.** *colloq.* Ritt *m*: to have a ~ reiten dürfen.

**mount** [2] [maʊnt] *s* **1.** *poet.* a) Berg *m*, b) Hügel *m*. **2.** M~ (*in Eigennamen*) Berg *m*: M~ Sinai. **3.** *Handlesekunst*: (Hand)Berg *m*: → Venus 7.

**moun·tain** ['maʊntɪn] **I** *s* **1.** Berg *m* (*a. fig. von Arbeit etc*), *pl a.* Gebirge *n*: a ~ of work; ~ of butter *econ.* Butterberg *m*; to make a ~ out of a molehill aus e-r Mücke *m* en Elefanten machen. **2.** *a.* ~ wine heller Golddmalaga. **3.** the M~ *hist.* der Berg (*Jakobinerpartei der französischen Nationalversammlung*). **II** *adj* **4.** Berg..., Gebirgs...: ~ artillery *mil.* Gebirgsartillerie *f*. **~ ash** *s bot.* **1.** (*e-e*) Eberesche. **2.** *ein australischer Fieberbaum.* **~ blue** *s* Bergblau *n* (*Farbe*). **~ boom·er** *s zo. Am.* Rothörnchen *n*. **~ chain** *s* Berg-, Gebirgskette *f*. **~ cock** *s orn.* Auerhahn *m*. **~ crys·tal** *s min.* 'Bergkri,stall *m*. **~ dew** *s colloq.* schwarzgebrannter Whisky.

**moun·tained** ['maʊntɪnd] *adj* bergig, gebirgig.

**moun·tain·eer** [,maʊntɪ'nɪə(r)] **I** *s*

**1.** Berg-, Gebirgsbewohner(in). **2.** Bergsteiger(in). **II** v/i **3.** bergsteigen. |**moun·tain·eer·ing I** s Bergsteigen n. **II** adj bergsteigerisch.

**moun·tain·ous** ['maʊntɪnəs] adj **1.** bergig, gebirgig. **2.** Berg..., Gebirgs... **3.** fig. riesig, gewaltig: ~ waves haushohe Wellen.

**moun·tain|pride** s bot. Schaftbaum m. **~ rail·way** s Bergbahn f. **~ range** s Gebirgszug m, -kette f. **~ sheep** s zo. **1.** Dickhornschaf n. **2.** Bergschaf n (Hausschafrasse). **~ sick·ness** s med. Berg-, Höhenkrankheit f. **~ slide** s Bergrutsch m. **M~ State** s Am. (Beiname für) a) Mon'tana n, b) West Vir'ginia n (USA). **~ tal·low** s min. Bergtalg m. **~ tea** s bot. Gaul'therie f. **M~ time** s Standardzeit der Rocky-Mountains-Staaten (Basis: 105° W). **~ troops** s pl mil. Gebirgstruppen pl. **~ wood** s min. 'Holzas,best m.

**moun·tant** ['maʊntənt] **I** s tech. Klebstoff m. **II** adj obs. hoch.

**moun·te·bank** ['maʊntɪbæŋk] s **1.** Quacksalber m. **2.** Marktschreier m. **3.** Scharlatan m. '**moun·te·bank·er·y** [-ərɪ], '**moun·te·bank·ism** s Scharlatane'rie f.

**mount·ing** ['maʊntɪŋ] s **1.** tech. a) Einbau m, Aufstellung f, Mon'tage f (a. phot. TV etc), b) Gestell n, Fassung f, Rahmen m, c) Befestigung f, Aufhängung f, d) (Auf)Lagerung f, Einbettung f, e) Arma'tur f, f) Fassung f (e-s Edelsteins), g) Garni'tur f, Ausstattung f, h) pl Fenster-, Türbeschläge pl, i) pl Gewirre n (an Türschlössern), j) Weberei: Geschirr n, Zeug n. **2.** electr. (Ver)Schaltung f, Installati'on f. **3.** mil. a) La'fette f, b) Ausrüstung f. **4.** (An-, Auf)Steigen n. **~ brack·et** s Befestigungsschelle f.

**mourn** [mɔː(r)n; Am. a. 'mɔʊərn] **I** v/i **1.** trauern, klagen (at, over über acc; for, over um). **2.** Trauer(kleidung) tragen, trauern. **II** v/t **3.** j-n betrauern, beklagen, trauern um (j-n). **4.** etwas beklagen. **5.** traurig od. klagend sagen od. singen. '**mourn·er** s **1.** Trauernde(r m) f. **2.** relig. Am. Büßer(in) (j-d, der öffentlich s-e Sünden bekennt): ~'s bench Büßerbank f. '**mourn·ful** adj (adv ~ly) **1.** trauervoll, düster, Trauer... **2.** traurig. '**mourn·ful·ness** s Traurigkeit f.

**mourn·ing** ['mɔː(r)nɪŋ; Am. a. 'mɔʊr-] **I** s **1.** Trauer f, Trauern n: day of national ~ Staatstrauertag m. **2.** Trauer(kleidung) f: in ~ a) in Trauer(kleidung), b) sl. mit 'Trauerrändern', schmutzig (Fingernägel). **II** adj (adv ~ly) **3.** trauernd, traurig, trauervoll. **4.** Trauer...: ~ band Trauerband m, -flor m. ~ **bor·der** s Trauerrand m. ~ **dove** s orn. Trauertaube f. ~ **pa·per** s Pa'pier n mit Trauerrand.

**mouse** [maʊs] s pl **mice** [maɪs] **1.** zo. Maus f. **2.** fig. Feigling m, Angsthase m. **3.** colloq. 'Maus' f, 'Häs·chen' n (Mädchen). **4.** sl. blaues Auge, 'Veilchen' n. **5.** tech. Zugleine f mit Gewicht. **II** v/i [maʊz] **6.** mausen, Mäuse fangen: to go mousing auf Mäusejagd gehen. **7.** her'umschnüffeln, her'umschleichen. '~-,col·o(u)red, '~-dun adj mausfarbig, -grau. '~-ear s bot. **1.** Mausöhrlein n. **2.** (ein) Hornkraut n. **3.** Vergißmeinnicht n. '~-trap s **1.** Mausefalle f: ~ cheese billiger Käse. **2.** fig. Falle f. **3.** fig. 'Loch' n, winziges Häus·chen. **4.** econ. Am. sl. Verkaufsschlager m.

**mous·que·taire** [,mu:skə'teə(r)] s **1.** mil. hist. Muske'tier m. **2.** a. ~ glove Stulpenhandschuh m.

**mousse** [mu:s] s Schaumspeise f.

**mousse·line** ['mu:slɪn; bes. Am. ,mu:s-'li:n] s Musse'lin m (Gewebe).

**mous·tache**, Am. **mus·tache** [mə'stɑː(ʃ); Am. 'mʌs,tæʃ; məs'tæʃ] s **1.** Schnurrbart m. **2.** zo. Schnurrbart m, Schnurrhaare pl. **mous'tached**, Am. **mus'tached** [-ʃt] adj mit Schnurrbart, schnurrbärtig.

**Mous·t(i)e·ri·an** [muː'stɪərɪən] adj geol. zum Mousté·ri'en (letzte ältere Altsteinzeit) gehörend, Moustérien...

**mous·y** ['maʊsɪ] adj **1.** von Mäusen heimgesucht. **2.** mauseartig, Mäuse..., Mause... **3.** mausgrau. **4.** fig. grau, farblos. **5.** a) unscheinbar, b) furchtsam. **6.** leise, still.

**mouth I** s [maʊθ] pl **mouths** [maʊðz] **1.** Mund m: to give ~ Laut geben, anschlagen (Hund); to give ~ to one's thoughts s-n Gedanken Ausdruck verleihen; to keep one's ~ shut colloq. den Mund halten; to place (od. put) words into s.o.'s ~ a) j-m Worte in den Mund legen, b) j-m erklären, was er sagen soll; to take the words out of s.o.'s ~ j-m das Wort aus dem Mund nehmen; down in the ~ colloq. deprimiert; from s.o.'s ~ aus j-s Munde; from ~ to ~ von Mund zu Mund; in everybody's ~ in aller Munde; → shut 1, stop 8, word Bes. Redew., wrong 2. **2.** zo. Maul n, Schnauze f, Rachen m. **3.** Mündung f (e-s Flusses, e-r Schußwaffe etc). **4.** Öffnung f (e-r Flasche, e-s Sackes etc). **5.** Ein-, Ausgang m (e-r Höhle, Röhre etc). **6.** Ein-, Ausfahrt f (e-r Röhre etc). **7.** → mouthpiece 1. **8.** Gri'masse f. **9.** sl. a) Gimpel m, Narr m, b) Schwätzer m. **10.** tech. a) Mundloch n, b) Schnauze f, c) Mündung f, Öffnung f, d) Gichtöffnung f (des Hochofens), e) Abstichloch n (am Hoch-, Schmelzofen), f) pl Rostfeuerungen pl, g) (Schacht)Mundloch n, (Schacht-)Mündung f. **11.** (beim Pferd) Maul n (Art der Reaktion auf Zügelhilfen): with a good ~ weichmäulig. **II** v/t [maʊð] **12.** etwas affek'tiert od. gespreizt (aus)sprechen. **13.** a) (aus-)sprechen, b) Worte (unhörbar) mit den Lippen formen. **14.** in den Mund od. ins Maul nehmen. **15.** sorgfältig kauen, im Mund her'umwälzen. **III** v/i **16.** (laut od. affek'tiert) sprechen. **17.** Gri'massen schneiden (at dat).

'**mouth·ful** s **1.** (ein) Mundvoll m, Bissen m, Brocken m: I can't eat another ~ ich bringe keinen Bissen mehr hinunter. **2.** kleine Menge. **3.** 'Bandwurm' m, 'ellenlanges' Wort. **4.** 'Zungenbrecher' m. **5.** bes. Am. colloq. großes Wort: you've said a ~! du sprichst ein großes Wort gelassen aus!

**mouth| gag** s med. Mundöffner m, -sperrer m. '~-or·gan s mus. a) Panflöte f, b) 'Mundhar,monika f. '~-piece s **1.** mus. Mundstück n, Ansatz m (beim Blasinstrument). **2.** tech. a) Schalltrichter m, Sprechmuschel f, b) Mundstück n (a. der Tabakspfeife), Tülle f. **3.** fig. Sprachrohr n (a. Person), 'Wortführer m, Or'gan n. **4.** Gebiß n (des Pferdezaumes). **5.** Boxen: Mund-, Zahnschutz m. **6.** mil. (Atem-)Mundstück n (der Gasmaske). **7.** jur. sl. (Straf)Verteidiger m. '~-pipe s mus. **1.** Labi'alpfeife f (der Orgel). **2.** Anblasröhre f (bei Blasinstrumenten). ,~-to-'~-res·pi·ra·tion s med. Mund-zu-Mund-Beatmung f. '~-wash s med. Mundwasser n. '~-,wa·ter·ing adj appe'titlich, lecker: it smells really ~ da läuft einem das Wasser im Mund zusammen.

**mouth·y** ['maʊðɪ; Am. a. -θi:] adj **1.** schwülstig, bom'bastisch. **2.** geschwätzig.

**mov·a·bil·i·ty** [,mu:və'bɪlətɪ] s Beweglichkeit f, Bewegbarkeit f.

**mov·a·ble** ['mu:vəbl] **I** adj (adv movably) **1.** beweglich (a. jur. u. tech.), bewegbar: ~ crane Laufkran m; ~ feast relig. beweglicher Feiertag; ~ goods, ~ property → 4; ~ kidney med. Wanderniere f. **2.** tech. a) verschiebbar, verstellbar, b) fahrbar. **II** s **3.** pl Möbel pl. **4.** pl jur. Mo'bilien pl, bewegliche Habe. '**mov·a·ble·ness** s Beweglichkeit f, Bewegbarkeit f.

**move** [mu:v] **I** v/t **1.** fortbewegen, -ziehen, -rücken, -tragen, von der Stelle bewegen, verschieben, transpor'tieren: to ~ up a) mil. Truppen heranbringen od. vorziehen, b) ped. Br. Schüler versetzen; to ~ down ped. Br. Schüler zurückstufen; → heaven 1. **2.** a) entfernen, fortbringen, -schaffen, b) den Wohnsitz, e-e Militäreinheit etc verlegen: to ~ house umziehen. **3.** bewegen, in Bewegung od. in Gang setzen od. halten, (an)treiben: to ~ on vorwärtstreiben. **4.** fig. bewegen, rühren, ergreifen: to be ~d to tears zu Tränen gerührt sein. **5.** j-n veranlassen, bewegen, treiben, 'hinreißen (to zu): to ~ s.o. from an opinion j-n von e-r Ansicht abbringen; to ~ s.o. to anger j-n erzürnen. **6.** Schach etc: e-n Zug machen mit. **7.** den Appetit, ein Organ etc anregen: → bowel 1 b. **8.** j-n erregen, aufregen. **9.** etwas beantragen, (e-n) Antrag stellen auf (acc), vorschlagen: to ~ an amendment parl. e-n Abänderungsantrag stellen. **10.** e-n Antrag stellen, einbringen. **11.** econ. absetzen, verkaufen.

**II** v/i **12.** sich bewegen, sich rühren, sich regen: ~ it! Tempo!, mach(t) schon!, los! **13.** sich fortbewegen, gehen, fahren: to ~ on weitergehen; ~ along, please bitte weitergehen!; to ~ in a) anrücken (Polizei etc), b) vorgehen (on gegen Demonstranten etc), c) fig. ins Haus stehen (Veränderungen etc) (on dat); to ~ forward fig. Fortschritte machen, vorankommen; to ~ with the times mit der Zeit gehen. **14.** 'umziehen (to nach): to ~ to ziehen nach; to ~ in einziehen; to ~ away wegziehen, fortziehen; if ~d falls verzogen. **15.** fig. vor'an-, fortschreiten: the plot of the novel ~s swiftly; things began to ~ die Sache kam in Gang, es tat sich etwas. **16.** laufen, in Gang sein (Maschine etc). **17.** (weg)gehen, sich entfernen, abziehen. **18.** verkehren, sich bewegen: to ~ in good society. **19.** vorgehen, Schritte unter'nehmen, handeln (in s.th. in e-r Sache; against gegen): he ~d quickly er handelte rasch, er packte zu. **20.** ~ for beantragen, (e-n) Antrag stellen auf (acc): to ~ for an adjournment. **21.** Schach etc: e-n Zug machen, ziehen. **22.** med. sich entleeren (Darm): his bowels have ~d er hat Stuhlgang gehabt. **23.** econ. a) 'gehen', Absatz finden (Ware), b) ~ up anziehen, steigen (Preise). **24.** Bibl. leben: to ~ in God.

**III** s **25.** (Fort)Bewegung f, Aufbruch m: on the ~ a) in Bewegung, b) auf den Beinen; get a ~ on! Tempo!, mach(t) schon!, los!; to make a ~ a) aufbrechen, b) sich (von der Stelle) rühren, c) fig. handeln. **26.** 'Umzug m. **27.** a) Schach etc: Zug m, b) fig. Schritt m, Maßnahme f: a clever ~ ein kluger Schachzug od. Schritt; to make the first ~ den ersten Schritt tun; to make one's ~ handeln.

**move·a·bil·i·ty**, **move·a·ble**, **move·a·ble·ness** → movability, etc.

**move·ment** ['mu:vmənt] s **1.** Bewegung f (a. fig. paint. pol. relig. etc): free ~ Freizügigkeit f (der Arbeitskräfte etc). **2.** meist pl Handeln n, Tun n, Schritte pl, Maßnahmen pl. **3.** (rasche) Entwicklung f, Fortschreiten n (von Ereignissen), Fort-

gang *m* (*e-r Handlung etc*). **4.** Bestrebung *f*, Ten'denz *f*, Richtung *f*. **5.** mo'derne Richtung: **to be in the ~** mit der Zeit (mit)gehen. **6.** Rhythmus *m*, rhythmische Bewegung (*von Versen etc*). **7.** *mus.* a) Satz *m*: **a ~ of a sonata**, b) Tempo *n*. **8.** *mil.* (Truppen- *od.* Flotten)Bewegung *f*: **~by air** Lufttransport *m*; **~ order** Marschbefehl *m*. **9.** *tech.* a) Bewegung *f*, b) Lauf *m* (*e-r Maschine*), c) Gang-, Gehwerk *n* (*der Uhr*), 'Antriebsmecha,nismus *m*. **10.** (Hand)Griff *m*: **with two ~s. 11.** *physiol.* a) Stuhlgang *m*, b) Stuhl *m*. **12.** *econ.* a) Bewegung *f*: **upward ~** Steigen *n*, Aufwärtsbewegung (*der Preise*), b) 'Umsatz *m*.

**mov·er** ['mu:və(r)] *s* **1.** *fig.* treibende Kraft, Triebkraft *f*, Antrieb *m* (*Person od. Sache*). **2.** *tech.* Triebwerk *n*, Motor *m*: → **prime mover. 3.** Antragsteller(in). **4.** *Am.* a) Spedi'teur *m*, b) (Möbel)Packer *m*.

**mov·ie** ['mu:vɪ] *bes. Am. colloq.* **I** *s* **1.** Film(streifen) *m*. **2.** *pl* a) Film(branche *f*) *m*, b) Kino *n*, c) Kinovorstellung *f*: **to go to the ~s** ins Kino gehen. **II** *adj* **3.** Film..., Kino...: **~ camera** Filmkamera *f*; **~ film** Kinofilm *m*. '**~·go·er** *s bes. Am. colloq.* Kinobesucher(in). '**~·land** *s bes. Am. colloq.* Filmwelt *f*.

**mov·ing** ['mu:vɪŋ] *adj* (*adv* **~ly**) **1.** beweglich, sich bewegend: **~ traffic** fließender Verkehr; **to fall from a ~ train** aus e-m fahrenden Zug. **2.** beweglich, bewegend, treibend: **~ power** treibende Kraft. **3.** *fig.* a) rührend, bewegend, ergreifend, b) eindringlich, packend. **~ av·er·age** *s* Statistik: gleitender 'Durchschnitt. **~ coil** *s electr.* Drehspule *f*. '**~·i·ron me·ter** *s electr.* Dreheisenmeßwerk *n*. **~ mag·net** *s electr.* 'Drehma,gnet *m*. **~ man** *s irr Am.* **1.** Spedi'teur *m*. **2.** (Möbel)Packer *m*. **~ pic·ture** *colloq. für* motion picture. **~ sand** *s geol.* Wandersand *m*. **~ stair·case, ~ stair·way** *s* Rolltreppe *f*. **~ van** *s Am.* Möbelwagen *m*.

**mow¹** [məʊ] *pret* **mowed** *od.* **mown** [məʊn] **I** *v/t* (ab)mähen, schneiden: **to ~ down** niedermähen (*a. fig.*). **II** *v/i* mähen.

**mow²** [məʊ] *s* **1.** Heu-, Getreidevorrat *m* (*in der Scheune*). **2.** Heu-, Getreideboden *m* (*der Scheune*).

**mow³** [maʊ; *Am. a.* məʊ] **I** *s* Gri'masse *f*. **II** *v/i* Gri'massen schneiden.

**mow·er** ['məʊə(r)] *s* **1.** Mäher(in), Schnitter(in). **2.** *tech.* 'Mähma,schine *f*. **3.** *tech.* Rasenmäher *m*.

**mow·ing** ['məʊɪŋ] **I** *s* Mähen *n*, Mahd *f*. **II** *adj* Mäh...: **~ machine**.

**mown** [məʊn] *pp von* mow¹.

**Mr., Mr** → mister 1.

**Mrs., Mrs** ['mɪsɪz] *s* Frau *f* (*Anrede für verheiratete Frauen, mit folgendem Familiennamen*): **~ Smith** Frau Smith.

**Ms., Ms** [mɪz] *Anrede* (*mit folgendem Familiennamen*) *für Frauen, deren Familienstand man nicht kennt od. die nicht als 'Mrs.' etc tituliert werden wollen.*

**mu** [mju:; *Am. a.* mu:] *s* My *n* (*griechischer Buchstabe*).

**much** [mʌtʃ] *comp* **more** [mɔ:(r); *Am. a.* 'məʊər] *sup* **most** [məʊst] **I** *adj* **1.** viel: **~ money; he is too ~ for me** *colloq.* ich werde nicht mit ihm fertig. **2.** *obs.* a) viele *pl*, b) groß, c) gewaltig.

**II** *s* **3.** Menge *f*, große Sache, Besonderes *n*: **nothing ~** nichts Besonderes; **it did not come to ~** es kam nicht viel dabei heraus; **to think ~ of** viel halten von, e-e hohe Meinung haben von, große Stücke halten auf (*acc*); **he is not ~ of a dancer** er ist kein großer *od.* ,berühmter' Tänzer; **I'm not ~ of a drinker** ich mach' mir nicht viel aus Alkohol; **he's not ~ of a scholar** mit s-r Bildung ist es

nicht weit her; **it is ~ of him even to come** schon allein daß er kommt, will viel heißen; → **make 27.**

**III** *adv* **4.** sehr: **we ~ regret** wir bedauern sehr; **~ to my regret** sehr zu m-m Bedauern; **~ to my surprise** zu m-r großen Überraschung. **5.** (*in Zssgn*) viel...: **~·admired. 6.** (*vor comp*) viel, weit: **~ stronger** viel stärker. **7.** (*vor sup*) bei weitem, weitaus: **~ the oldest. 8.** fast, annähernd, ziemlich (genau): **he did it in ~ the same way** er tat es auf ungefähr die gleiche Weise; **it is ~ the same thing** es ist ziemlich dasselbe.

*Besondere Redewendungen:*

**as ~** a) so viel, b) so sehr, c) ungefähr, etwa; **as ~ as** so viel wie; **(as) ~ as I would like** so gern ich auch möchte; **as ~ more** (*od.* **again**) noch einmal soviel; **he said as ~** das war (ungefähr) der Sinn s-r Worte; **this is as ~ as to say** das soll so viel heißen wie, das heißt mit anderen Worten; **as ~ as to say** als wenn *er etc* sagen wollte; **I thought as ~** das habe ich mir gedacht; **he, as ~ as any** *er* so gut wie irgendeiner; **so ~** a) so sehr, b) so viel, c) lauter, nichts als; **so ~ the better** um so besser; **so ~ for today** soviel für heute; **so ~ for our plans** soviel (wäre also) zu unseren Plänen (zu sagen); **not so ~ as** nicht einmal; **without so ~ as to move** ohne sich auch nur zu bewegen; **so ~ so** (und zwar) so sehr; **~ less** a) viel weniger, b) geschweige denn; **not ~** (*als Antwort*) wohl kaum; **~ like a child** ganz wie ein Kind.

**much·ly** ['mʌtʃlɪ] *adv obs. od. humor.* sehr, viel, besonders.

**much·ness** ['mʌtʃnɪs] *s* große Menge: **much of a ~** *colloq.* ziemlich *od.* praktisch dasselbe; **they are much of a ~** *colloq.* sie sind praktisch einer wie der andere.

**mu·cic** ['mju:sɪk] *adj biol.* schleimig.

**mu·ci·lage** ['mju:sɪlɪdʒ] *s* **1.** *bot.* (Pflanzen)Schleim *m*. **2.** *bes. Am.* Klebstoff *m*, Gummilösung *f*. **3.** klebrige Masse. **mu·ci·lag·i·nous** [,mju:sɪ'lædʒɪnəs] *adj* **1.** *bot.* a) schleimig, b) Schleim absondernd: **~ cell** Schleimzelle *f*. **2.** klebrig.

**mu·cin** ['mju:sɪn] *s biol. chem.* Mu'cin *n*, Schleimstoff *m*.

**muck** [mʌk] **I** *s* **1.** Mist *m*, Dung *m*. **2.** Kot *m*, Dreck *m*, Unrat *m*, Schmutz *m* (*a. fig.*). **3.** *colloq.* ekelhaftes Zeug. **4.** *bes. Br. colloq.* Quatsch *m*, Blödsinn *m*, ,Mist' *m*: **to make a ~ of** → **11. 5.** *contp.* (schnödes) Geld, Mammon *m*. **6.** *geol.* Sumpferde *f*. **7.** *Bergbau:* Kohlengrus *m*. **II** *v/t* **8.** düngen. **9.** *a.* **~ out** ausmisten. **10.** *oft* **~ up** *colloq.* beschmutzen, besudeln. **11.** *bes. Br. colloq.* verpfuschen, ,vermasseln', ,verhunzen'. **III** *v/i* **12.** *meist* **~ about, ~ around** *bes. Br. colloq.* a) her'umgammeln, b) her'umpfuschen (**with** *an dat*), c) her'umalbern, -blödeln. **13.** **~ in** *colloq.* mit anpacken.

**muck·er** ['mʌkə(r)] *s* **1.** *Bergbau:* Lader *m*. **2.** *bes. Br. sl.* a) ,Kumpel' *m*, Freund *m*, b) ,Bauer' *m*, ungehobelter Kerl. **3.** *sl.* a) schwerer Sturz, b) *fig.* ,Reinfall' *m*: **to come a ~** auf die ,Schnauze' fallen, *fig.* ,reinfallen'.

'**muck·heap** *s* Mist-, Dreckhaufen *m*. '**~·hill** *s* Mist-, Dreckhaufen *m*. '**~·rake** *v/i* **1.** Skan'dale aufdecken. **2.** *fig.* im Schmutz wühlen. '**~·rak·ing** *adj*: **~ newspaper** Skandalblatt *n*.

**muck·y** ['mʌkɪ] *adj* **1.** schmutzig (*a. fig.*). **2.** *bes. Br. colloq.* ,dreckig', ekelhaft. **3.** *fig.* niederträchtig, gemein.

**mu·coid** ['mju:kɔɪd] *biol. chem.* **I** *adj* schleimig, schleimartig. **II** *s* Muco'id *n* (*ein Glykoproteid*).

**mu·co·pro·te·in** [,mju:kəʊ'prəʊti:n; *Am.* -kə'p-] *s biol. chem.* 'Mucoprote,id *n*.

**mu·cos·i·ty** [mju:'kɒsətɪ; *Am.* -'kɑ-] *s* **1.** Schleimigkeit *f*. **2.** Schleimartigkeit *f*.

**mu·cous** ['mju:kəs] *adj* **1.** schleimig. **2.** Schleim absondernd: **~ membrane** *anat.* Schleimhaut *f*.

**mu·cro** ['mju:krəʊ] *pl* **-cro·nes** [,-'krəʊ-ni:z] *s bot. zo.* Spitze *f*, Fortsatz *m*, Stachel *m*.

**mu·cus** ['mju:kəs] *s biol.* Schleim *m*.

**mud** [mʌd] **I** *s* **1.** Schlamm *m*, Matsch *m*: **~ and snow tires** (*bes. Br. tyres*) *mot.* Matsch-und-Schnee-Reifen. **2.** Mo'rast *m*, Kot *m*, Schmutz *m* (*alle a. fig.*): **to drag s.o.('s name) in the ~** *fig.* j-n in den Schmutz ziehen; **to stick in the ~** a) im Schlamm stecken(bleiben), b) *fig.* aus dem Dreck nicht mehr herauskommen; **to sling** (*od.* **throw**) **~ at s.o.** *fig.* j-n mit Schmutz bewerfen; **his name is ~** mit me er ist für mich erledigt; **(here's) ~ in your eye!** *colloq.* Prost!; **~ sticks!** *fig.* etwas bleibt immer hängen!; → **clear 1. II** *v/t* **3.** schlammig machen, trüben. **4.** mit Schlamm beschmieren.

**mud bath** *s med.* Moor-, Schlammbad *n*. '**~·boat** *s mar.* Baggerschute *f*. '**~·cap** *s Bergbau:* (ab)gedeckte Oberflächensprengung. **~ cat** *s ichth. Am.* (ein) Katzenwels *m*. **M~ Cat State** *s Am.* (*Beiname für*) Missis'sippi *n*.

**mud·i·ness** ['mʌdɪnɪs] *s* **1.** Schlammigkeit *f*, Trübheit *f* (*a. des Lichts*). **2.** Schmutzigkeit *f*.

**mud·dle** ['mʌdl] **I** *s* **1.** Durchein'ander *n*, Unordnung *f*, Wirrwarr *m*: **to make a ~ of s.th.** etwas durcheinanderbringen *od.* verpfuschen *od.* ,vermasseln'; **to get into a ~** in Schwierigkeiten geraten. **2.** Verwirrung *f*, Verworrenheit *f*, Unklarheit *f*: **to be in a ~** verwirrt *od.* in Verwirrung sein. **II** *v/t* **3.** *Gedanken etc* verwirren. **4.** *a.* **~ up** verwechseln, durchein'anderwerfen. **5.** in Unordnung bringen, durchein'anderbringen. **6.** ,benebeln' (*bes. durch Alkohol*): **to ~ one's brains** sich benebeln. **7.** verpfuschen. **8.** *Wasser* trüben. **9.** *Am. Getränke* auf-, 'umrühren. **III** *v/i* **10.** pfuschen, stümpern, ,wursteln': **to ~ about** (*od.* **around**) ,herumwursteln'; **to ~ along** (*od.* **on**) ,weiterwursteln'; **to ~ through** sich ,durchwursteln'.

**mud·dle·dom** ['mʌdldəm] *s humor.* Durchein'ander *n*.

'**mud·dle·head** *s* Wirrkopf *m*. '**~·head·ed** *adj* wirr(köpfig), kon'fus. '**~·head·ed·ness** *s* Wirrköpfigkeit *f*.

**mud·dler** ['mʌdlə(r)] *s* **1.** *Am.* Rührlöffel *m*, Rührstab *m*. **2.** a) Wirrkopf *m*, b) Pfuscher *m*, c) j-d, der sich ,'durchwurstelt'.

**mud·dy** ['mʌdɪ] **I** *adj* (*adv* **muddily**) **1.** schlammig, trüb(e) (*a. Licht*): **to fish in ~ waters** *fig. colloq.* im trüben fischen. **2.** ~ schmutzig, verdreckt. **3.** *fig.* unklar, verworren, -schwommen, kon'fus. **4.** blaß, verwaschen (*Farbe*). **5.** im Schlamm lebend, Schlamm... **II** *v/t* **6.** → mud II. '**~·head·ed** *adj* wirr(köpfig), kon'fus.

**mud eel** *s ichth.* **1.** Armolch *m*. **2.** Schlammaal *m*. **~ flat** *s geol.* Schlammzone *f* (*e-r Küste*). '**~·guard** *s tech.* **1.** Kotflügel *m*. **2.** Schutzblech *n*. **3.** Schmutzfänger *m*. '**~·hole** *s* **1.** Schlammloch *n*. **2.** *tech.* Schlammablaß *m*. **~ lark** *sl.* Gassenjunge *m*. '**~·la·va** *s geol.* Schlammlava *f*. **~ min·now** *s ichth.* Hundsfisch *m*. **~ pack** *s med.* Fangopackung *f*. '**~·sling·er** *s* Verleumder(in). '**~·sling·ing I** *s* Beschmutzung *f*, Verleumdung *f*. **II** *adj* verleumderisch. '**~·**

**ˌsuck·er** s **1.** orn. Schlamm-Wasservogel m. **2.** ichth. Kaliˈfornischer Schlammfisch. **~ torˈtoise, ~ turˈtle** s zo. Am. e-e amer. Schildkröte, bes. a) Klappschildkröte f, b) Alliˈgatorschildkröte f.

**muen·ster** [ˈmʊnstə(r); Am. a. ˈmʌn-] s Münsterkäse m.

**mues·li** [ˈmjuːzlɪ] s Müsli n.

**mu·ez·zin** [muːˈezɪn] s relig. Muˈezzin m.

**muff** [mʌf] **I** s **1.** Muff m. **2.** sport u. fig. colloq. ˌPatzerˈ m. **3.** colloq. ˌFlascheˈ f, Stümper m. **4.** tech. a) Stutzen m, b) Muffe f, Flanschstück n, c) Glasherstellung: Walze f. **5.** orn. Federbüschel n (am Kopf). **II** v/t **6.** sport u. fig. colloq. ˌverpatzenˈ. **III** v/i **7.** colloq. stümpern, ˌpatzenˈ.

**muf·fin** [ˈmʌfɪn] s Muffin n (Gebäck).

**muf·fin·eer** [ˌmʌfɪˈnɪə(r)] s **1.** Schüssel f zum Warmhalten gerösteter Muffins. **2.** Salz- od. Zuckerstreuer m.

**muf·fle** [ˈmʌfl] **I** v/t **1.** oft **~ up** einhüllen, -wickeln, -mumme(l)n. **2.** den Ton etc dämpfen (a. fig.). **3.** fig. zum Schweigen bringen. **II** s **4.** dumpfer od. gedämpfter Ton. **5.** (Schall)Dämpfer m. **6.** a) metall. Muffel f: **~ furnace** Muffelofen m, b) tech. Flaschenzug m. **7.** zo. Muffel f, Windfang m (Teil der Tierschnauze).

**muf·fler** [ˈmʌflə(r)] s **1.** (dicker) Schal m. **2.** tech. a) Schalldämpfer m, b) mot. Am. Auspufftopf m. **3.** mus. Dämpfer m.

**muf·ti** [ˈmʌftɪ; Am. a. ˈmʊf-] s **1.** Mufti m (mohammedanischer Rechtsgelehrter). **2.** bes. mil. Ziˈvil(kleidung f) n: **in ~** in Zivil.

**mug** [mʌg] **I** s **1.** Kanne f, Krug m. **2.** Becher m. **3.** sl. a) Viˈsageˌf,Gesicht n: **~ shot** Kopfbild n (bes. für das Verbrecheralbum); Film etc: Groß-, Nahaufnahme f, b) ˌFresseˈ f, Mund m, c) Griˈmasse f: **to pull ~s** Grimassen schneiden, d) Br. Trottel m, Gimpel m: **to be a ~'s game** nichts (ein)bringen, e) Br. ˌBüfflerˈ m, Streber m, f) Am. Boxer m, g) Am. Gaˈnove m. **II** v/t sl. **4.** bes. Verbrecher fotografˈieren. **5.** colloq. überˈfallen u. ausrauben. **6.** a. **~ up** Br. etwas ˌbüffelnˈ, ˌochsenˈ. **III** v/i sl. **7.** Griˈmassen schneiden. **8.** Br. ˌbüffelnˈ, ˌochsenˈ. **9.** Am. ˌschmusenˈ. **10. ~ up** ˌsich anmalenˈ.

**mug·ger¹** [ˈmʌɡə(r)] s sl. **1.** Straßenräuber m. **2.** Am. ˈSchmierenkomödiˌant m.

**mug·ger²** [ˈmʌɡə(r)] s zo. ˈSumpfkrokoˌdil n.

**mug·gi·ness** [ˈmʌɡɪnɪs] s **1.** Schwüle f. **2.** Muffigkeit f.

**mug·ging** [ˈmʌɡɪŋ] s ˈRaubˌüberfall m (auf der Straße).

**mug·gins** [ˈmʌɡɪnz] pl **ˈmug·gins** s **1.** sl. Trottel m. **2.** Art Dominospiel. **3.** ein Kartenspiel (für Kinder).

**mug·gy** [ˈmʌɡɪ] adj **1.** schwül (Wetter). **2.** dumpfig, muffig.

**mug·wump** [ˈmʌɡwʌmp] s **1.** colloq. ˌhohes Tierˈ, Bonze m. **2.** pol. sl. a) Unabhängige(r) m, Einzelgänger m, b) Abtrünnige(r) m, c) ˌReˈbellˈ m, d) ˌunsicherer Kantoˈnistˈ.

**Mu·ham·mad·an** [mʊˈhæmədən; Am. bes. məʊ-], **Muˈham·med·an** [-mɪ-] → **Mohammedan**.

**mu·lat·to** [mjuːˈlætəʊ; Am. mʊ-] **I** pl **-toes**, a. **-tos** s Muˈlatte m. **II** adj Mulatten...

**mul·ber·ry** [ˈmʌlbərɪ; Am. a. -ˌberiː] s **1.** bot. Maulbeerbaum m. **2.** Maulbeere f. **3.** dunkler Purpur (Farbton).

**mulch** [mʌltʃ; Br. a. mʌlʃ] agr. **I** s Mulch m. **II** v/t Boden mulchen.

**mulct** [mʌlkt] **I** s **1.** Geldstrafe f. **II** v/t **2.** mit e-r Geldstrafe belegen: **he was ~ed £50** er mußte 50 Pfund Strafe bezahlen. **3.** a) j-n betrügen (**of** um), b) Geld etc ˌabknöpfenˈ (**from s.o.** j-m).

---

**mule¹** [mjuːl] s **1.** zo. a) Maultier n, b) Maulesel m: **(as) stubborn** (od. **obsti**nate) **as a ~** (so) störrisch wie ein Maulesel. **2.** biol. Bastard m, Hyˈbride f (bes. von Kanarienvögeln). **3.** fig. sturer Kerl, Dickkopf m. **4.** tech. a) (Motor)Schlepper m, Traktor m, b) ˈFörderlokomoˌtive f, c) Spinnerei: ˈMulemaˌschine f, Selfˈaktor m.

**mule²** [mjuːl] s Panˈtoffel m.

**ˈmule·back** s: **to go on** (od. **by**) **~** auf e-m Maultier reiten. **~ deer** s zo. Maultierhirsch m. **~-ˌjen·ny** → **mule¹** 4 c. **~ skin·ner** s Am. colloq. Maultiertreiber m.

**mu·le·teer** [ˌmjuːlɪˈtɪə(r)] s Maultiertreiber m.

**ˈmule track** s Saumpfad m. **~ twist** s tech. Einschuß-, Mulegarn n.

**mu·ley saw** [ˈmjuːlɪ; Am. a. ˈmuː-] s tech. Blockbandsäge f.

**mul·ish** [ˈmjuːlɪʃ] adj (adv **~ly**) fig. störrisch, stur. **ˈmul·ish·ness** s Störrigkeit f, Sturheit f.

**mull¹** [mʌl] **I** s **1.** Br. colloq. a) Wirrwarr m, b) Fehlschlag m: **to make a ~ of** → **4**. **2.** Torfmull m. **II** v/t **3. ~ over** nachdenken od. -grübeln über (acc). **4.** Br. colloq. verpfuschen, ˌverpatzenˈ. **III** v/i **5.** nachdenken, -grübeln (**over** über acc).

**mull²** [mʌl] v/t ein Getränk heiß machen u. (süß) würzen: **~ed wine** (od. **claret**) Glühwein m.

**mull³** [mʌl] s (med. Verband)Mull m.

**mull⁴** [mʌl] s Scot. Vorgebirge n.

**mull⁵** [mʌl] s Scot. Schnupftabaksdose f.

**mul·la** → **mullah**.

**mul·lah** [ˈmʌlə; ˈmʊlə] s relig. Mulla m.

**mul·lein** [ˈmʌlɪn] s bot. Königskerze f.

**mull·er** [ˈmʌlə(r)] s tech. **1.** Reibstein m, Läufer m. **2.** ˈMahl-, ˈSchleifappaˌrat m.

**mul·let¹** [ˈmʌlɪt] s ichth. **1.** a. **gray ~** (Br. **grey**) **~** Meeräsche f. **2.** a. **red ~** Seebarbe f.

**mul·let²** [ˈmʌlɪt] s her. fünf- od. sechszackiger Stern.

**mul·ley** [ˈmjuːliː; ˈmuː-] adj u. s Am. hornlos(es Rind).

**mul·li·gan** [ˈmʌlɪɡən] s Am. Eintopfgericht n.

**mul·li·ga·taw·ny** [ˌmʌlɪɡəˈtɔːnɪ; Am. a. -ˈtɑ-] s Currysuppe f.

**mul·li·grubs** [ˈmʌlɪɡrʌbz] s pl colloq. **1.** Bauchweh n. **2.** miese Laune.

**mul·lion** [ˈmʌlɪən; -jən] arch. **I** s Mittelpfosten m (am Fenster etc). **II** v/t mit Mittelpfosten versehen.

**mul·lock** [ˈmʌlək] s **1.** geol. Austral. taubes Gestein, Abraum m (ohne Goldgehalt): **to poke ~ at** colloq. verspotten. **2.** bes. Br. dial. Abfall m.

**mul·tan·gu·lar** [mʌlˈtæŋɡjʊlə(r)] adj vielwink(e)lig, -eckig.

**mul·te·i·ty** [mʌlˈtiːətɪ] s Vielheit f.

**multi-** [mʌltɪ] Wortelement mit der Bedeutung viel..., mehr..., ...reich, Mehrfach..., Multi...

**ˌmul·tiˈan·gu·lar** → **multangular**.

**ˈmul·tiˌax·le drive** s tech. Mehrachsenantrieb m. **ˈmul·ti·break** s electr. Serienschalter m. **ˌmul·tiˈcel·lu·lar** adj biol. mehr-, vielzellig. **ˌmul·tiˈchan·nel** adj mehrkaˌnalig, Mehrkanal... (Fernsehen etc).

**ˈmul·ti·cide** [-saɪd] s Massenmord m. **ˌmul·tiˈcol·or**, **ˌmul·tiˈcol·o(u)red** adj mehrfarbig, Mehrfarben... **ˌmul·tiˈen·gine(d)** adj tech. ˈmehrmoˌtorig.

**ˌmul·tiˈfar·i·ous** [ˌmʌltɪˈfeərɪəs] adj (adv **~ly**) **1.** mannigfaltig. **2.** bot. vielreihig. **3.** jur. verschiedene ungleichartige Ansprüche in sich vereinigend (Klageschrift).

**ˈmul·ti·fold** adj viel-, mehrfach.

---

**ˈmul·ti·form** adj vielförmig, -gestaltig. **ˌmul·tiˈfor·mi·ty** s Vielförmigkeit f, -gestaltigkeit f.

**ˈmul·ti·graph** print. **I** s Verˈvielfältigungsmaˌschine f. **II** v/t u. v/i vervielfältigen. **ˈmul·ti·grid tube** s electr. Mehrgitterröhre f. **ˌmul·tiˈhand·i·capped** adj med. psych. mehrfach behindert. **ˌmul·tiˈlam·i·nate** adj aus vielen dünnen Plättchen od. Schichten bestehend. **ˌmul·tiˈlat·er·al** adj **1.** vielseitig (a. fig.). **2.** pol. multilateˈral, mehrseitig. **3.** biol. allseitwendig. **ˌmul·tiˈlin·gual** adj mehrsprachig. **ˌmul·tiˈme·di·a I** s Multiˈmedia pl, Medienverbund m. **II** adj multimediˈal, Multimedia... **ˌmul·tiˈmil·lion·aire** s mehrfacher Millioˈnär, ˈMultimillioˌnär m. **ˌmul·tiˈmod·al** adj math. mehrgipflig, mit mehreren Exˈtremwerten. **ˌmul·tiˈmo·lec·u·lar** adj biol. vielzellig. **ˌmul·tiˈna·tion·al** econ. **I** adj multinatioˈnal (Konzern). **II** s colloq. ˌMultiˈ m (multinationaler Konzern). **ˈmul·ti·pack** s Multipack m, n.

**mul·tip·a·ra** [mʌlˈtɪpərə] pl **-rae** [-riː], **-ras** s **1.** med. Mulˈtipara f (Frau, die mehrmals geboren hat). **2.** zo. Tier, das mehrere Junge gleichzeitig wirft. **mulˈtip·a·rous** adj **1.** med. mehrmals geboren habend: **~ woman** → multipara 1. **2.** zo. mehrere Junge gleichzeitig werfend. **3.** bot. mehrere Achsen od. Äste treibend.

**ˌmul·tiˈpar·tite** adj **1.** vielteilig. **2.** → multilateral 2. **ˈmul·ti·phase** adj electr. mehrphasig: **~ current** Mehrphasenstrom m. **ˈmul·ti·plane** s aer. Mehr-, Vieldecker m.

**mul·ti·ple** [ˈmʌltɪpl] **I** adj (adv multiply) **1.** viel-, mehrfach. **2.** mannigfaltig. **3.** mehrere, viele: **~ functions**. **4.** biol. med. mulˈtipel. **5.** electr. tech. a) Mehr(fach)..., Vielfach..., b) Parallel...: **~ connection** → **9**. **6.** ling. zs.-gesetzt: **~ clause**. **7.** vielseitig, mehrere Funktionen (gleichzeitig) ausübend: **~ executive**. **II** s **8.** a. math. (das) Vielfache. **9.** electr. Paralˈlelanordnung f, -schaltung f: **in ~** parallel (geschaltet). **~ al·leles** s pl biol. mulˈtiple Alˈlele pl. **~ birth** s med. Mehrlingsgeburt f. **~ ca·ble** s med. Vielfachkabel n. **~·choice** adj Multiple--choice-... **~ con·tact switch** s electr. Mehrfach-, Stufenschalter m. **~ crop·ping** s agr. mehrfache Bebauung (e-s Feldes im selben Jahr). **~ die** s tech. Mehrfachwerkzeug n: **~ press** Stufenpresse f. **~·disk clutch** s tech. Laˈmellenkupplung f. **~ dwell·ing** s ˈMehrfaˌmilienhaus n. **~ fac·tors** s pl biol. polyˈmere Gene pl. **~ fruit** s bot. Sammelfrucht f. **~ neu·ri·tis** s med. Polyneuˈritis f. **~·par·ty** adj pol. Mehrparteien...: **~ system**. **~ per·son·al·i·ty** s psych. mulˈtiple Perˈsönlichkeit f. **~ pro·duc·tion** s econ. ˈSerienˌherstellung f. **~ root** s math. mehrwertige Wurzel. **~ scle·ro·sis** s med. mulˈtiple Skleˈrose f. **~ store** s econ. bes. Br. Ketten-, Filiˈalgeschäft n. **~ sus·pen·sion** s tech. Vielfachaufhängung f. **~ switch** s electr. Mehrfach-, Vielfachschalter m. **~ tan·gent** s math. mehrfache Tanˈgente. **~ thread** s tech. mehrgängiges Gewinde. **~ trans·mis·sion** s electr. ˈVielfachüberˌtragung f, Mehrfachbetrieb m. **~ valve** s electr. Mehrfachröhre f.

**mul·ti·plex** [ˈmʌltɪpleks] **I** adj **1.** mehr-, vielfach. **2.** electr. Mehr(fach)...: **~ sys**tem Mehrfachbetrieb m; **~ telegraphy** Mehrfachtelegrafie f. **II** v/t **3.** electr. a) gleichzeitig senden, b) in Mehrfachschaltung betreiben.

**mul·ti·pli·a·ble** [ˈmʌltɪplaɪəbl], **'mul-ti·pli·ca·ble** [-plɪkəbl] *adj* multipli-'zierbar. ˌmul·ti·pli'**cand** [-ˈkænd] *s math.* Multipli'kand *m.* **'mul·ti·pli·cate** [-keɪt] *adj selten* mehr-, vielfach. **mul·ti·pli·ca·tion** [ˌmʌltɪplɪˈkeɪʃn] *s* **1.** Vermehrung *f* (*a. bot.*).**2.** *math.* a) Multiplikati'on *f*, b) Vervielfachung *f*: ~ **sign** Mal-, Multiplikationszeichen *n*; ~ **table** Einmaleins *n*. **3.** *tech.* (Ge'triebe-)Über ˌsetzung *f.* **mul·ti·pli·ca·tive** [ˌmʌltɪˈplɪkətɪv; ˈmʌltɪplɪkeɪtɪv] **I** *adj* **1.** vervielfältigend. **2.** *math.* multiplika'tiv. **II** *s* **3.** *ling.* Multiplika'tivum *n*, Vervielfältigungs-Zahlwort *n.* ˌmul·ti'**plic·i·ty** [-ˈplɪsətɪ] *s* **1.** Vielfältigkeit *f*, Vielfalt *f.* **2.** Mannigfaltigkeit *f.* **3.** Menge *f*, Vielzahl *f.* **4.** *math.* a) Mehrwertigkeit *f*, b) Mehrfachheit *f.* **mul·ti·pli·er** [ˈmʌltɪplaɪə(r)] *s* **1.** Vermehrer *m.* **2.** *math.* a) Multipli'kator *m*, b) Multipli'zierma ˌschine *f.* **3.** *phys.* a) Verstärker *m*, Vervielfacher *m*, b) Vergrößerungslinse *f*, -lupe *f.* **4.** *electr.* 'Vor- od. 'Neben ˌwiderstand *m*, Shunt *m* (*für Meßgeräte*). **5.** *tech.* Über'setzung *f.* **6.** *bot.* Brutzwiebel *f.*
**mul·ti·ply** [ˈmʌltɪplaɪ] **I** *v/t* **1.** vermehren (*a. biol.*), vervielfältigen: ~**ing glass** *opt.* Vergrößerungsglas *n*, -linse *f.* **2.** *math.* multipli'zieren, malnehmen (**by** mit): **6 multiplied by 5 is 30** 6 mal 5 ist 30. **3.** *electr.* vielfachschalten. **II** *v/i* **4.** sich vermehren (*a. biol.*), sich vervielfachen. **5.** *math.* multipli'zieren, malnehmen.
ˌmul·ti'**po·lar** *adj* **1.** *electr.* viel-, mehrpolig, multipo'lar. **2.** *med.* multi-, pluripo'lar (*Nervenzelle*). ˌmul·ti'**pro·ces·sing** *s Computer*: Simul'tanverarbeitung *f.* ˌmul·ti'**pro·gram·ming** *s Computer*: Pro'grammverzahnung *f*, Multi-'programming *n.* ˌmul·ti'**pur·pose** *adj* Mehrzweck...: ~ **furniture.** ˌmul·ti'**ra·cial** *adj* gemischtrassisch, Vielvölker...: **a** ~ **state.** 'mul·ti ˌseat·er *s aer.* Mehrsitzer *m.* **'mul·ti·speed trans·mis·sion** *s tech.* Mehrganggetriebe *n.* 'mul·ti·stage *adj tech.* mehrstufig, Mehrstufen...: ~ **rocket.** 'mul·ti ˌsto·r(e)y **I** *adj* vielstöckig: ~ **building** Hochhaus *n*; ~ **car park** Park(hoch)haus *n.* **II** *s* Park(hoch)haus *n.* 'mul·ti ˌsyl·la·ble *s* vielsilbiges Wort.
**mul·ti·tude** [ˈmʌltɪtjuːd; *Am. a.* -ˌtuːd] *s* **1.** große Zahl, Menge *f.* **2.** Vielheit *f.* **3.** Menschenmenge *f*: **the** ~ der große Haufen, die Masse. ˌmul·ti'**tu·di·nism** *s* Prin'zip *n* der Vorrechts der Masse (*vor dem Individuum*). ˌmul·ti-'**tu·di·nous** *adj* (*adv* ~ly) **1.** zahlreich. **2.** *selten* mannigfaltig, vielfältig. **3.** *poet.* dichtbevölkert.
ˌmul·ti'**va·lence** *s chem.* Mehr-, Vielwertigkeit *f.* ˌmul·ti'**va·lent** *adj* mehr-, vielwertig. **mul·ti·ver·si·ty** [ˌmʌltɪˈvɜːsətɪ] *s Am.* 'Mammutuniversi ˌtät *f.*
**mul·tiv·o·cal** [mʌlˈtɪvəkl] **I** *adj* vieldeutig. **II** *s* vieldeutiges Wort. **'mul·ti·way** *adj electr. tech.* mehrwegig: ~ **plug** Vielfachstecker *m.*
**mul·ture** [ˈmʌltʃə(r)] *s* Mahlgeld *n.*
**mum**[1] [mʌm] *colloq.* **I** *interj* pst!, still!: ~**'s the word!** Mund halten!, kein Wort darüber! **II** *adj* still, stumm: **to keep** ~ den Mund halten, nichts verraten (**about, on** von).
**mum**[2] [mʌm] *v/i* **1.** sich vermummen. **2.** Mummenschanz treiben.
**mum**[3] [mʌm] *s hist.* Mumme *f* (*süßliches dickes Bier*).
**mum**[4] [mʌm] *s bes. Br. colloq.* Mami *f*, Mutti *f.*
**mum·ble** [ˈmʌmbl] **I** *v/t u. v/i* **1.** mur-

meln. **2.** mummeln, knabbern. **II** *s* **3.** Gemurmel *n.* '~**-the-**ˌ**peg** *s Am.* Messerwerfen *n* (*ein Spiel*).
**Mum·bo Jum·bo** [ˌmʌmbəʊˈdʒʌmbəʊ] *s* **1.** Schutzgeist *m* (*bei den Sudannegern*). **2.** *a.* **m~ j~** Schreckgespenst *n*, Popanz *m.* **3.** **m~ j~** Hokus'pokus *m*, fauler Zauber. **4.** **m~ j~** Kauderwelsch *n.*
**mum·chance** [ˈmʌmtʃɑːns; *Am.* -ˌtʃæns] *adj* sprachlos.
**mum·mer** [ˈmʌmə(r)] *s* **1.** Vermummte(r *m*) *f*, Maske *f* (*Person*). **2.** *humor.* Komödi'ant(in). **'mum·mer·y** *s contp.* **1.** Mummenschanz *m.* **2.** Hokus'pokus *m.*
**mum·mi·fi·ca·tion** [ˌmʌmɪfɪˈkeɪʃn] *s* **1.** Mumifi'zierung *f.* **2.** *med.* trockener Brand. **'mum·mi·fied** [-faɪd] *adj* **1.** mumifi'ziert. **2.** vertrocknet, -dörrt (*oft fig.*). **3.** *med.* trocken brandig. **'mum·mi·fy** [-faɪ] **I** *v/t* mumifi'zieren. **II** *v/i* vertrocknen, -dorren, (ver-, ein-)schrumpeln.
**mum·my**[1] [ˈmʌmɪ] **I** *s* **1.** Mumie *f* (*a. fig.*). **2.** Brei *m*, breiige Masse: **to beat s.o. to a** ~ *fig.* j-n zu Brei schlagen. **3.** *paint.* Mumie *f* (*braune Farbe*). **4.** verschrumpelte Frucht. **II** *v/t* → **mummify** I.
**mum·my**[2] [ˈmʌmɪ] *s bes. Br. colloq.* Mami *f*, Mutti *f.*
**mump** [mʌmp] *v/i obs.* **1.** schmollen, schlecht gelaunt sein. **2.** *colloq.* schnorren', betteln. **'mump·ish** *adj* (*adv* ~ly) mürrisch, grämlich.
**mumps** [mʌmps] *s pl* **1.** (*als sg konstruiert*) *med.* Mumps *m*, Ziegenpeter *m.* **2.** ˌmiese' *od.* schlechte Laune.
**mump·si·mus** [ˈmʌmpsɪməs] *s* **1.** hartnäckiger Irrtum. **2.** j-d, der sich nicht von e-m hartnäckigen Irrtum abbringen läßt.
**munch** [mʌntʃ] *v/t u. v/i* geräuschvoll *od.* schmatzend kauen, ˌmampfen'.
**Mun·chau·sen** [mʌnˈtʃɔːzn; *Am.* ˈmʌn-ˌtʃaʊzən] **I** *adj* phan'tastisch, ˌtoll', frei erfunden. **II** *s* → **Munchausenism. Mun'chau·sen·ism** *s* phan'tastische Geschichte, Münchhausi'ade *f.*
**mun·dane** [ˌmʌnˈdeɪn; ˈmʌndeɪn] *adj* (*adv* ~ly) **1.** weltlich, Welt... **2.** irdisch, weltlich: ~ **poetry** weltliche Dichtung. **3.** Welten..., Weltall... **4.** *astr.* Horizont... **5.** pro'saisch, sachlich-nüchtern.
**mung·a** [ˈmʌŋgə] *s Austral. sl.* ˌFutter' *n* (*Essen*).
**mun·go**[1] [ˈmʌŋgəʊ] *s bot.* Schlangenwurz *f.*
**mun·go**[2] [ˈmʌŋgəʊ] *s econ.* Mungo *m*, Reißwollgarn *n*, -gewebe *n.*
**mu·nic·i·pal** [mjuːˈnɪsɪpl] *adj* (*adv* ~ly) **1.** städtisch, Stadt..., kommu'nal, Gemeinde...: ~ **elections** Kommunalwahlen. **2.** Selbstverwaltungs...: ~ **town** ~ **municipality** 1. **3.** Land(es)...: ~ **law** Landesrecht *n.* ~ **bank** *s econ.* Kommu-'nalbank *f.* ~ **bonds** *s pl econ.* Kommu-'nalobligati ˌonen *pl.* ~ **cor·po·ra·tion** *s* **1.** Gemeindebehörde *f.* **2.** Körperschaft *f* des öffentlichen Rechts.
**mu·nic·i·pal·i·ty** [mjuːˌnɪsɪˈpælətɪ] *s* **1.** Stadt *f* mit Selbstverwaltung. **2.** Stadtbehörde *f*, -verwaltung *f.*
**mu·nic·i·pal·i·za·tion** [mjuːˌnɪsɪpəlaɪ-ˈzeɪʃn; *Am.* -ləˈz-] *s* **1.** Verwandlung *f* in e-e po'litische Gemeinde mit Selbstverwaltung. **2.** Kommunali'sierung *f* (*e-s Betriebs etc*). **mu'nic·i·pal·ize** *v/t* **1.** *e-e Stadt* mit Obrigkeitsgewalt ausstatten. **2.** *e-n Betrieb etc* in städtischen Besitz 'überführen, kommunali-'sieren.
**mu·nic·i·pal** ˌ**loan** *s econ.* Kommu'nalanleihe *f*, städtische Anleihe. ~ **rates,** ~ **tax·es** *s pl econ.* Gemeindesteuern *pl*, -abgaben *pl.*

**mu·nif·i·cence** [mjuːˈnɪfɪsns] *s* Freigebigkeit *f*, Großzügigkeit *f.* **mu'nif·i·cent** *adj* (*adv* ~ly) freigebig, großzügig (*a. Geschenk etc*).
**mu·ni·ment** [ˈmjuːnɪmənt] *s* **1.** *pl jur.* Rechtsurkunde *f.* **2.** Urkundensammlung *f*, Ar'chiv *n.* **3.** *obs.* Schutzmittel *n*, -waffe *f.*
**mu·ni·tion** [mjuːˈnɪʃn] **I** *s* **1.** *meist pl mil.* 'Kriegsmateri ˌal *n*, -vorräte *pl*, *bes.* Muniti'on *f*: ~ **plant** Rüstungsfabrik *f*; ~ **worker** Munitionsarbeiter(in). **2.** *allg.* Ausrüstung *f.* **3.** *obs.* Bollwerk *n.* **II** *v/t* **4.** ausrüsten, mit Materi'al *od.* Muniti'on versehen.
**munt·jac,** *a.* **munt·jak** [ˈmʌntdʒæk] *s zo.* **1.** Muntjak(hirsch) *m*, *bes.* Indischer Muntjak. **2.** Schopfhirsch *m.*
**mu·on** [ˈmjuːɒn; *Am.* -ˌɑn] *s phys.* My-Meson *n* (*Elementarteilchen*).
**mu·ral** [ˈmjʊərəl] **I** *adj* **1.** Mauer..., Wand... **2.** mauerartig, steil. **3.** *anat.* mu'ral. **II** *s* **4.** *a.* ~ **painting** Wandgemälde *n.*
**Mu·ra·nese** [ˌmjʊərəˈniːz; *Am.* ˌmuː-] *adj* Murano... aus Mu'rano.
**mur·der** [ˈmɜːdə; *Am.* ˈmɜrdər] **I** *s* **1.** (**of**) Mord *m* (an *dat*), Ermordung *f* (*gen*): **first-degree (second-degree)** ~ *jur. Am.* Mord (Totschlag *m*); ~ **squad** *Br.* Mordkommission *f*; ~ **trial** Mordprozeß *m*; ~ **will out** *fig.* die Sonne bringt es an den Tag; **the** ~ **is out** *fig.* das Geheimnis ist gelüftet; **to cry blue** ~ *colloq.* zetermordio schreien; **it was** ~! *colloq.* es war fürchterlich!; **that will be** ~! *colloq.* das ist glatter Selbstmord!; **to get away with** ~ *colloq.* sich alles erlauben können. **2.** *obs.* Gemetzel *n.* **II** *v/t* **3.** (er)morden. **4.** 'hinschlachten, -morden. **5.** *fig. a. e-e Sprache* verschandeln, ˌverhunzen'. **6.** *sport colloq.* ˌausein'andernehmen'. **'mur·der·er** *m.* **'mur·der·ess** [-rɪs] *s* Mörderin *f.* **'mur·der·ous** *adj* (*adv* ~ly) **1.** mörderisch (*a. fig. Hitze, Tempo etc*). **2.** Mord...: ~ **intent** Mordabsicht *f*; ~ **weapon** Mordwaffe *f.* **3.** tödlich, todbringend. **4.** blutdürstig, mordgierig.
**mure** [mjʊə(r)] *v/t* **1.** einmauern. **2.** *a.* ~ **up** einsperren.
**mu·rex** [ˈmjʊəreks] *pl* **-rex·es** *od.* **-ri·ces** [-rɪsiːz] *s zo.* Stachelschnecke *f.*
**mu·ri·ate** [ˈmjʊərɪət; *Am.* -ˌeɪt] *s chem.* **1.** Muri'at *n*, Hydrochlo'rid *n.* **2.** 'Kaliumchlo ˌrid *n* (*ein Düngemittel*). **'mu·ri·at·ed** *adj* muri'atisch, *bes.* kochsalzhaltig, Kochsalz... **mu·ri'at·ic** [-ˈætɪk] *adj* muri'atisch, salzsauer: ~ **acid** Salzsäure *f.*
**mu·ri·ces** [ˈmjʊərɪsiːz] *pl von* **murex.**
**mu·rine** [ˈmjʊəraɪn; -rɪn] *zo.* **I** *adj* zu den Mäusen gehörig. **II** *s* Maus *f.*
**murk** [mɜːk; *Am.* mɜrk] *adj poet.* **1.** dunkel, düster. **2.** trüb(e). **3.** dicht (*Nebel*). **'murk·i·ness** *s* **1.** Dunkelheit *f*, Düsterkeit *f.* **2.** Nebligkeit *f.* **'murk·y** *adj* (*adv* murkily) **1.** dunkel, düster, trüb(e) (*alle a. fig.*). **2.** voller Nebel, dunstig. **3.** dicht (*Nebel etc*).
**mur·mur** [ˈmɜːmə; *Am.* ˈmɜrmər] **I** *s* **1.** Murmeln *n*, (leises) Rauschen (*von Wasser, Wind etc*). **2.** Gemurmel *n.* **3.** Murren *n*: *he obeyed* **without a** ~ ohne zu murren. **4.** *med.* (Atem-, Herz)Geräusch *n.* **5.** *a.* ~ **vowel** *ling.* Murmellaut *m.* **II** *v/i* **6.** murmeln: a) leise sprechen, b) leise rauschen (*Wasser etc*). **7.** murren (**at, against** gegen). **III** *v/t* **8.** *etwas* murmeln. **'mur·mur·ous** *adj* (*adv* ~ly) **1.** murmelnd. **2.** gemurmelt (*Worte*). **3.** murrend.
**mur·phy** [ˈmɜːfɪ; *Am.* ˈmɜrfɪ] *s sl.* Kar-'toffel *f.* **M~ bed** *s Am.* Schrankbett *n.*
**mur·rain** [ˈmʌrɪn; *Am. a.* ˈmɜrən] *s* **1.** *vet.* Viehseuche *f.* **2.** *obs.* Pest *f.*

**mur·rey** [ˈmʌrɪ; *Am. a.* ˈmɜːrɪ:] *s* her. Braunrot *n*.

**mu·sa·ceous** [mjuːˈzeɪʃəs] *adj bot.* zu den Baˈnanengewächsen gehörig.

**mus·ca·del** [ˌmʌskəˈdel] → muscatel.

**mus·ca·dine** [ˈmʌskədɪn; -daɪn], **mus·cat** [ˈmʌskət; *Am. a.* -ˌkæt], **mus·ca·tel** [-ˈtel] *s* 1. Muskaˈteller(traube *f*) *m*. 2. Muskaˈteller(wein) *m*.

**mus·cle** [ˈmʌsl] **I** *s* 1. *anat.* Muskel *m*: ~ fibre (*bes. Am.* fiber) Muskelfaser *f*; ~ sense *psych.* Muskelsinn *m*; not to move a ~ *fig.* sich nicht rühren, nicht mit der Wimper zucken. 2. (Muskel)Fleisch *n*, Muskeln *pl*: to be all ~ nur aus Muskeln bestehen. 3. *fig.* Macht *f*, Einfluß *m*. 4. *Am. sl.* a) Muskelprotz *m*, b) ‚Schläger‘ *m*. **II** *v/i* 5. *colloq.* mit Gewalt *in-n* Weg bahnen: to ~ in *fig.* sich rücksichtslos hineindrängen (on in *acc*). ‚**~-bound** *adj* 1. to be ~ *med.* Muskelkater haben. 2. *fig.* starr.

**mus·cled** [ˈmʌsld] *adj* 1. *anat.* mit Muskeln. 2. *in Zssgn* ...muskelig.

‚**mus·cle·man** [-mæn] *s irr* 1. Muskelmann *m*, ‚Muskelpaˌket‘ *n*. 2. ‚Schläger‘ *m* (*e-r Bande etc*). ~ **pill** *s med. colloq.* Muskelpille *f*.

**Mus·co·vite** [ˈmʌskəʊvaɪt; *bes. Am.* -kəˌv-] **I** *s* 1. a) Moskoˈwiter(in), b) Russe *m*, Russin *f*. 2. **m~** *min.* Muskoˈwit *m*, Kaliglimmer *m*. **II** *adj* 3. a) moskoˈwitisch, b) russisch.

**Mus·co·vy** [ˈmʌskəʊvɪ] *s hist.* Rußland *n*. ~ **duck** *s orn.* Moschusente *f*.

**mus·cu·lar** [ˈmʌskjʊlə(r)] *adj* (*adv* ~ly) 1. Muskel...: ~ **strength**; ~ **atrophy** Muskelschwund *m*. 2. muskuˈlös, (muskel)stark, kräftig. 3. *fig.* kraftvoll. ˌ**mus·cu·lar·i·ty** [-ˈlærətɪ] *s* muskuˈlöser Körperbau. ˈ**mus·cu·la·ture** [-lətʃə(r)] *s physiol.* Muskulaˈtur *f*.

**muse**[1] [mjuːz] **I** *v/i* 1. (nach)sinnen, (-)denken, (-)grübeln (on, upon über *acc*). 2. in Gedanken versunken sein, träumen. 3. nachdenklich blicken (on, upon auf *acc*). **II** *v/t* 4. *obs.* nachdenken über (*acc*). 5. nachdenklich sagen.

**Muse**[2] [mjuːz] *s* 1. *myth.* Muse *f*: son of the ~**s** *humor.* Musensohn *m*. 2. *a.* **m~** Muse *f* (*e-s Dichters*). 3. **m~** *poet.* Dichter *m*.

**mu·se·ol·o·gy** [ˌmjuːzɪˈɒlədʒɪ; *Am.* -ˈɑl-] *s* Muˈseumskunde *f*.

**mus·er** [ˈmjuːzə(r)] *s* Träumer(in), Sinnende(r *m*) *f*.

**mu·sette** [mjuːˈzet] *s* 1. *mus.* Muˈsette *f*: a) *kleiner Dudelsack*, b) *Zungenregister der Orgel*, c) *langsamer ländlicher Tanz in dreiteiligem Takt*, d) *trioartiger Zwischensatz, bes. in der Gavotte.* 2. → musette bag. ~ **bag** *s mil. Am.* Brotbeutel *m*.

**mu·se·um** [mjuːˈzɪəm] *s* Muˈseum *n*: ~ **piece** Museumsstück *n* (*a. fig.*).

**mush**[1] [mʌʃ] *s* 1. weiche Masse, Brei *m*, Mus *n*. 2. *Am.* (Maismehl)Brei *m*. 3. *colloq.* a) Gefühlsduseˈlei *f*, b) sentimenˈtales Zeug. 4. *Radio*: Knistergeräusch *n*: ~ **area** (*Radar*) Störgebiet *n*. 5. *sl.* ‚Fresse‘ *f* (*Mund, Gesicht*).

**mush**[2] [mʌʃ] *Am.* **I** *v/i* a) durch den Schnee stapfen, b) mit Hundeschlitten fahren. **II** *v/t die Schlittenhunde* anfeuern.

**mush**[3] [mʌʃ] *s sl.* Regenschirm *m*.

**mush·room** [ˈmʌʃrʊm; -ruːm] **I** *s* 1. *bot.* a) Ständerpilz *m*, b) *allg.* eßbarer Pilz, *bes.* (Wiesen)Champignon *m*: to grow like ~**s** wie Pilze aus dem Boden schießen; ~ **growth** rapides Wachstum. 2. *fig.* Emˈporkömmling *m*. 3. (*etwas*) Pilzförmiges, *bes.* a) *sl.* Regenschirm *m*, b) *colloq. ein (Damen)Hut*, c) flachgedrückte (*Gewehr- etc*)Kugel, d) *Am.* ein Wegweiser, e) Exploˈsionspilz *m*, -wolke *f*.

**II** *adj* 4. Pilz...: a ~ dish. 5. pilzförmig: ~ anchor *mar.* Pilz-, Schirmanker *m*; ~ bulb *electr.* Pilzbirne *f*; ~ cloud Atompilz *m*; ~ head *tech.* Pilzkopf *m* (*Niet*); ~ insulator *electr.* Pilzisolator *m*; ~ valve (pilzförmiges) Tellerventil. 6. *fig.* a) (über Nacht) aus dem Boden geschossen, b) kurzlebig: ~ fame. **III** *v/i* 7. Pilze sammeln. 8. *fig.* a) wie Pilze aus dem Boden schießen, b) sich ausbreiten, wachsen, c) pilzförmige Gestalt annehmen. **IV** *v/t* 9. *colloq.* e-e Zigarette ausdrücken.

**mush·y** [ˈmʌʃɪ] *adj* (*adv* mushily) 1. breiig, weich. 2. *fig.* weichlich, schlapp. 3. *colloq.* gefühlsduselig, sentimenˈtal. 4. *tech. Am. sl.* ‚müde‘.

**mu·sic** [ˈmjuːzɪk] *s* 1. Muˈsik *f*, Tonkunst *f*: to set (*od.* put) to ~ vertonen; that's ~ to my ears das ist Musik in m-n Ohren; to face the ~ *colloq.* die Suppe(, die man sich eingebrockt hat,) auslöffeln, dafür geradestehen. 2. a) Muˈsikstück *n*, Kompositiˈon *f*, b) *collect.* Kompositiˈonen *pl*. 3. Noten(blatt *n*) *pl*: to play from ~ vom Blatt spielen. 4. *collect.* Musiˈkalien *pl*: ~ shop → music house. 5. *fig.* Muˈsik *f*, Wohllaut *m*, Gesang *m*: the ~ of the birds der Gesang der Vögel. 6. Musikaliˈtät *f*. 7. *hunt.* Geläute *n*, Gebell *n* der Jagdhunde. 8. Lärm *m*, Getöse *n*: rough ~ a) Krach *m*, b) Katzenmusik *f*. 9. (Muˈsik-) Kaˌpelle *f*, Orˈchester *n*.

**mu·si·cal** [ˈmjuːzɪkl] **I** *adj* (*adv* ~ly) 1. Musik...: ~ history; ~ instrument. 2. wohlklingend, meˈlodisch. 3. musiˈkalisch. **II** *s* 4. Musical *n*. 5. *colloq. für* musical film. ~ art *s* (Kunst *f* der) Muˈsik, Tonkunst *f*. ~ box *s bes. Br.* Spieldose *f*. ~ chairs *s pl* (*als sg konstruiert*) Reise *f* nach Jeˈrusalem (*Gesellschaftsspiel*). ~ com·e·dy *s* musiˈkalische Koˈmödie. ~ crit·ic *s* Muˈsikkritiker(in).

**mu·si·cale** [ˌmjuːzɪˈkæl; -ˈkɑːl] *s mus. Am.* ˈHauskonˌzert *n*.

**mu·si·cal film** *s* Muˈsikfilm *m*. ~ glass·es *s pl mus.* Glasharfe *f*. **mu·si·cal·i·ty** [mjuːzɪˈkælətɪ], **mu·si·cal·ness** [ˈmjuːzɪklnɪs] *s* 1. Musikaliˈtät *f*. 2. Wohlklang *m*, (*das*) Musiˈkalische. ˈ**mu·sic-apˌpreˈciˈa·tion recˈord** *s* Schallplatte *f* mit muˈsikkundlichem Kommenˈtar.

**mu·si·cas·sette** [ˈmjuːzɪkæˌset] *s* ˈMusicasˌsette *f*, Muˈsikkassette *f*.

**mu·sic book** *s* Notenheft *n*, -buch *n*. ~ box *s bes. Am.* 1 → musical box. 2. → jukebox. ~ case *s* Notenmappe *f*. ~ cen·ter, *bes. Br.* ~ cen·tre *s* Kompaktanlage *f*. ~ de·my *s ein Papierformat* (20³/4 × 14³/8 Zoll). ~ dra·ma *s mus.* Muˈsikdrama *n*. ~ hall *s bes. Br.* Varieˈté(theˌater) *n*. ~ house *s* Musiˈkalienhandlung *f*.

**mu·si·cian** [mjuːˈzɪʃn] *s* 1. (*bes. Berufs-*) Musiker(in): to be a good ~ a) spielen *od.* singen, b) sehr musikalisch sein. 2. Musiˈkant *m*. **muˈsi·cian·ship** *s* musiˈkalisches Können.

**mu·si·co·log·i·cal** [ˌmjuːzɪkəˈlɒdʒɪkl; *Am.* -ˈlɑ-] *adj* muˈsikwissenschaftlich. **mu·si·col·o·gist** [ˌmjuːzɪˈkɒlədʒɪst; *Am.* -ˈkɑ-] *s* Muˈsikwissenschaftler(in). ˌ**mu·siˈcol·o·gy** *s* Muˈsikwissenschaft *f*.

**mu·si·co·ther·a·py** [ˌmjuːzɪkəʊˈθerəpɪ] *s med. psych.* Muˈsiktheraˌpie *f*.

**mu·sic paˈper** *s* ˈNotenpaˌpier *n*. ~ rack *s* Notenhalter *m*. ~ stand *s* Notenständer *m*. ~ stool *s* ‚Kaˈvierstuhl *m*. ~ teach·er *s* Muˈsiklehrer(in). ~ wire *s mus.* 1. Saitendraht *m*. 2. Draht-, Stahlsaite *f*.

**mus·ing** [ˈmjuːzɪŋ] **I** *s* 1. Sinnen *n*, Grübeln *n*, Nachdenken *n*, Betrachtung *f*.

2. *pl* Träumeˈreien *pl*. **II** *adj* (*adv* ~ly) 3. nachdenklich, in Gedanken (versunken), versonnen.

**musk** [mʌsk] *s* 1. Moschus *m*, Bisam *m*. 2. Moschusgeruch *m*. 3. → musk deer. 4. *bot.* Moschuspflanze *f*. ~ bag *s zo.* Moschusbeutel *m*. ~ ca·vy *s zo.* (*e-e*) Baumratte. ~ deer *s zo.* Moschustier *n*.

**musk·keg** [ˈmʌskeg; *Am. a.* -ˌkeɪg] *s* 1. *Am. od. Canad.* (Tundra)Moor *n*. 2. *bot.* Torf-, Sumpfmoos *n*.

**musk·kel·lunge** [ˈmʌskələndʒ] *pl* ˈ**musk·kel·lunge** *s ichth.* Muskalunge *m*.

**mus·ket** [ˈmʌskɪt] *s mil. hist.* Musˈkete *f*, Flinte *f*. ˌ**musˈket·eer** [-ˈtɪə(r)] *s* Musˈketier *n*. ˈ**musˈket·ry** [-rɪ] *s* 1. *hist. collect.* a) Musˈketen *pl*, b) Muskeˈtiere *pl*. 2. *hist.* Musˈketenschießen *n*. 3. ˈSchießˌunterricht *m*: ~ manual Schießvorschrift *f*.

**musk** ox *s irr zo.* Moschusochse *m*. ~ plant *s bot.* Moschus-Gauklerblume *f*. ‚**~·rat** *s* 1. *zo.* Bisamratte *f*. 2. Bisam *m* (*Fell*). ~ rose *s bot.* Moschusrose *f*. ~ sheep *s zo.* musk ox. ~ shrew *s zo.* Moschusspitzmaus *f*.

**musk·y** [ˈmʌskɪ] *adj* (*adv* muskily) 1. nach Moschus riechend. 2. moschusartig, Moschus...

**Mus·lem** [ˈmʊslem; ˈmʊz-; ˈmʌz-], *a.* ˈ**Mus·lim** [-lɪm] → Moslem.

**mus·lin** [ˈmʌzlɪn] *s* 1. Musseˈlin *m*. 2. *Am. Bezeichnung verschiedener schwererer Baumwollgewebe.* 3. *sl.* a) *mar.* Segel *pl*, b) *obs.* Frauen *pl*: a bit of ~ ein ‚Weib(errock‘ *m*) *n*.

**mus·mon** [ˈmʌsmɒn; *Am.* -ˌmɑn] → mouf(f)lon.

**mus·o** [ˈmjuːzəʊ] *pl* **-os** *s colloq.* (*bes. Berufs*)Musiker(in).

**mus·quash** [ˈmʌskwɒʃ; *Am. a.* -ˌkwɑʃ] → muskrat.

**mus·quaw** [ˈmʌskwɔː] *s zo.* Baribal *m*, Amer. Schwarzbär *m*.

**muss** [mʌs] *Am.* **I** *s* 1. a) Durcheinˈander *n*, Unordnung *f*, b) Plunder *m*. 2. Krach *m*, Streit *m*. **II** *v/t oft* ~ up 3. in Unordnung bringen, durcheinˈanderbringen, Haar zerwühlen. 4. ‚vermasseln‘, ‚vermurksen‘. 5. beschmutzen, ‚versauen‘. 6. zerknittern.

**mus·sel** [ˈmʌsl] *s zo.* (*e-e*) zweischalige Muschel, *bes.* a) Miesmuschel *f*, b) Flußmuschel *f*.

**Mus·sul·man** [ˈmʌslmən] **I** *pl* **-mans**, *a.* **-men** *s* Muselman(n) *m*. **II** *adj* muselmanisch.

**muss·y** [ˈmʌsɪ] *adj Am. colloq.* 1. unordentlich, schlampig. 2. schmutzig. 3. verknittert.

**must**[1] [mʌst] **I** *v/aux* 3. *sg pres* **must**, *pret* **must**, *inf u. Partizipien fehlen.* 1. er, sie, es muß, du mußt, wir, sie, Sie müssen, ihr müßt: all men ~ die alle Menschen müssen sterben; I ~ go now ich muß jetzt gehen; ~ he do that? muß er das tun?; he ~ be over eighty er muß über achtzig (Jahre alt) sein; it ~ look strange es muß (*notwendigerweise*) merkwürdig aussehen; you ~ have heard it du mußt es gehört haben. 2. (*mit Negationen*) er, sie, es darf, du darfst, wir, sie, Sie dürfen, ihr dürft: you ~ not smoke here du darfst hier nicht rauchen. 3. (*als pret*) er, sie, es mußte, du mußtest, wir, sie, Sie mußten, ihr mußtet: it was too late now, he ~ go on es war bereits zu spät, er mußte weitergehen; just as I was busiest, he ~ come gerade als ich am meisten zu tun hatte, mußte er kommen. 4. (*als pret mit Negationen*) er, sie, es durfte, du durftest, wir, sie, Sie durften, ihr durftet. **II** *adj* 5. unerläßlich, unbedingt zu erledigen(d) (*etc*), absoˈlut notwendig: a ~ book ein Buch, das man

(unbedingt) lesen *od.* gelesen haben muß. **III** *s* **6.** Muß *n*, Unerläßlichkeit *f*, unbedingtes Erfordernis: **it is a ~** es ist unerläßlich *od.* unbedingt erforderlich; **this place is a ~ for tourists** diesen Ort muß man (als Tourist) gesehen haben.

**must²** [mʌst] *s* Most *m*.

**must³** [mʌst] *s* **1.** Moder *m*, Schimmel *m*. **2.** Dumpfigkeit *f*, Modrigkeit *f*.

**must⁴** [mʌst] **I** *s* Brunst *f*, Wut *f* (*männlicher Elefanten od. Kamele*). **II** *adj* brünstig, wütend.

**mus·tache, mus·tached** *Am. für* **moustache**, *etc.*

**mus·ta·chi·o** [mə'stɑːʃɪəʊ; *Am. a.* məs'tæʃ-] *pl* **-chi·os** *s* Schnauzbart *m*.

**mus·tang** ['mʌstæŋ] *s* **1.** *zo.* Mustang *m* (*halbwildes Präriepferd*). **2.** M~ *aer.* Mustang *m* (*amer. Jagdflugzeugtyp im 2. Weltkrieg*).

**mus·tard** ['mʌstə(r)d] **I** *s* **1.** Senf *m*, Mostrich *m*: → **keen¹** 13. **2.** Senfmehl *n*. **3.** *bot.* (*ein*) Senf *m*. **4.** *Am. sl.* a) 'Mordskerl' *m*, b) 'tolle Sache', c) Schwung *m*. **5.** Senfgelb *n*. **II** *adj* **6.** senfgelb. **~ gas** *s chem. mil.* Senfgas *n*, Gelbkreuz *n*. **~ oil** *s chem.* ä'therisches Senföl. **~ plas·ter** *s med.* Senfpflaster *n*. **~ seed** *s* **1.** *bot.* Senfsame *m*: **grain of ~** *Bibl.* Senfkorn *n*. **2.** *hunt.* Vogelschrot *m*.

**mus·te·line** ['mʌstɪlaɪn; -lɪn] *zo.* **I** *adj* **1.** zu den Mardern gehörig. **2.** wieselartig. **II** *s* **3.** marderartiges Raubtier.

**mus·ter** ['mʌstə(r)] **I** *v/t* **1.** *mil.* a) (zum Ap'pell) antreten lassen, versammeln, b) mustern, die Anwesenheit (*gen*) feststellen, c) aufbieten: **to ~ in** *Am.* (*zum Wehrdienst*) einziehen; **to ~ out** *Am.* entlassen, ausmustern. **2.** zs.-rufen, -bringen, versammeln. **3.** *j-n od. etwas* auftreiben. **4.** *a.* **~ up** *fig.* s-e Kraft, s-n Mut etc aufbieten, zs.-nehmen: **to ~ up sympathy** Mitleid aufbringen *od.* fühlen; → **courage**. **5.** sich belaufen auf (*acc*), zählen, ausmachen. **II** *v/i* **6.** sich versammeln, *mil. a.* antreten. **7. ~ into** *Am.* eintreten in (*das Heer, den Staatsdienst etc*). **III** *s* **8.** *mar. mil.* a) (Antreten *n* zum) Ap'pell *m*, b) Inspekti'on *f*, Musterung *f*, Pa'rade *f*: **to pass ~** *fig.* durchgehen, Zustimmung finden (**with** bei). **9.** *mil. u. fig.* Aufgebot *n*. **10.** → **muster roll**. **11.** *econ. selten* Muster *n*. **~ book** *s mil.* Stammrollenbuch *n*. **'~·out** *pl* **'~s-out** *s mil. Am.* Entlassung *f*, Ausmusterung *f*. **~ roll** *s* **1.** *mar.* Musterrolle *f*. **2.** *mil.* Stammrolle *f*.

**mus·ti·ness** ['mʌstɪnɪs] *s* **1.** Muffigkeit *f*. **2.** Modrigkeit *f*. **3.** Schalheit *f* (*a. fig.*). **4.** *fig.* Verstaubtheit *f*.

**mus·ty** ['mʌstɪ] *adj* (*adv* **mustily**) **1.** muffig. **2.** mod(e)rig. **3.** schal (*a. fig.*), abgestanden. **4.** *fig.* a) verstaubt, anti'quiert, b) fad(e), abgedroschen.

**mu·ta·bil·i·ty** [ˌmjuːtə'bɪlətɪ] *s* **1.** Veränderlichkeit *f*. **2.** *fig.* Unbeständigkeit *f*. **3.** *biol.* Mutati'onsfähigkeit *f*. **'mu·ta·ble** *adj* (*adv* **mutably**) **1.** veränderlich, wechselhaft. **2.** *fig.* unbeständig, wankelmütig. **3.** *biol.* mutati'onsfähig.

**mu·tant** ['mjuːtənt] *biol.* **I** *adj* **1.** mu'tierend. **2.** mutati'onsbedingt. **II** *s* **3.** Vari'ante *f*, Mu'tant *m*.

**mu·tate** [mjuː'teɪt; *Am. a.* 'mjuːˌteɪt] **I** *v/t* **1.** verändern. **2.** *ling.* 'umlauten: **~d vowel** Umlaut *m*. **II** *v/i* **3.** sich ändern, wechseln. **4.** *ling.* 'umlauten. **5.** *biol.* mu'tieren.

**mu·ta·tion** [mjuː'teɪʃn] *s* **1.** (Ver)Änderung *f*. **2.** 'Umwandlung *f*: **~ of energy** *phys.* Energieumformung *f*. **3.** *biol.* a) Mutati'on *f*, b) Mutati'onspro,dukt *n*. **4.** *ling.* 'Umlaut *m*. **5.** *mus.* a) Mutati'on *f*, b) *a.* **~ stop** 'Obertonre,gister *n*. **mu'ta·tion·al** *adj* Mutations..., Änderungs...

**mu·ta·tive** ['mjuːtətɪv; *Am. a.* -ˌteɪ-; *Br. a.* mjuː'teɪtɪv] *adj* muta'tiv: a) *biol.* sich sprunghaft ändernd, b) *ling.* e-e Veränderung ausdrückend.

**mute** [mjuːt] **I** *adj* (*adv* **~ly**) **1.** stumm. **2.** *weitS.* stumm: a) still, schweigend, b) wort-, sprachlos: **to stand ~** stumm *od.* sprachlos dastehen; **to stand ~ (of malice)** *jur.* die Antwort verweigern. **3.** *ling.* stumm: **a ~ letter**; **~ sound** → 7b. **II** *s* **4.** Stumme(r *m*) *f*. **5.** *thea.* Sta'tist(in). **6.** *mus.* Dämpfer *m*. **7.** *ling.* a) stummer Buchstabe, b) Verschlußlaut *m*. **III** *v/t* **8.** *das Instrument* dämpfen. **'mute·ness** *s* **1.** Stummheit *f*. **2.** Lautlosigkeit *f*.

**mute swan** *s orn.* Höckerschwan *m*.

**mu·tic** ['mjuːtɪk] *adj* **1.** *zo.* unbewaffnet. **2.** *bot.* stachel-, dornlos. **'mu·ti·cous** → **mutic** 2.

**mu·ti·late** ['mjuːtɪleɪt] *v/t* verstümmeln (*a. fig.*). **ˌmu·ti'la·tion** *s* Verstümmelung *f*.

**mu·ti·neer** [ˌmjuːtɪ'nɪə(r)] **I** *s* Meuterer *m*. **II** *v/i* meutern. **'mu·ti·nous** *adj* (*adv* **~ly**) **1.** meuterisch. **2.** aufrührerisch, re'bellisch, *weitS. a.* aufsässig. **3.** wild: **~ passions**.

**mu·ti·ny** ['mjuːtɪnɪ] **I** *s* **1.** Meute'rei *f*: **M~ Act** *Br. hist.* Militärstrafgesetz *n*. **2.** Auflehnung *f*, Rebelli'on *f*. **3.** *fig.* Tu'mult *m*. **II** *v/i* **4.** meutern.

**mut·ism** ['mjuːtɪzm] *s* **1.** Stummheit *f*. **2.** *psych.* Mu'tismus *m*.

**mutt** [mʌt] *s sl.* **1.** Trottel *m*, Schaf(s)-kopf *m*. **2.** Köter *m*.

**mut·ter** ['mʌtə(r)] **I** *v/i* **1.** murmeln, brummen: **to ~ (away) to o.s.** vor sich hin murmeln. **2.** murren (**at** über *acc*; **against** gegen). **II** *v/t* **3.** murmeln. **III** *s* **4.** Gemurmel *n*. **5.** Murren *n*.

**mut·ton** ['mʌtn] *s* **1.** Hammel-, Schaffleisch *n*: **leg of ~** Hammelkeule *f*; **to be dressed (up) as lamb** auf jung machen; → **dead** 1. **2.** *bes. humor.* Schaf *n*: **to our ~s!** *fig.* zurück zur Sache! **~ chop** *s* **1.** 'Hammelkote,lett *n*: **~ whiskers** → 2. **2.** *pl* Kote'letten *pl* (*Backenbart*). **'~·head** *s sl.* Schaf(s)kopf *m*.

**mut·ton·y** ['mʌtnɪ] *adj* Hammel-(fleisch).

**mu·tu·al** ['mjuːtʃʊəl; *Am.* -tʃəwəl] *adj* (*adv* **~ly**) **1.** gegen-, wechselseitig: **~ aid** gegenseitige Hilfe; **~ aid association**, **~ benefit society** Unterstützungsverein *m* auf Gegenseitigkeit; **~ building association** Baugenossenschaft *f*; **~ conductance** *electr.* Gegenkapazität *f*, Steilheit *f*; **by ~ consent** in gegenseitigem Einvernehmen; **~ contributory negligence** *jur.* beiderseitiges Verschulden; **~ fund** *econ. Am.* Investmentfonds *m*; **~ improvement society** Fortbildungsverein *m*; **~ insurance (company)** Versicherung(sverein *m*) *f* auf Gegenseitigkeit; **~ investment trust** *econ. Am.* Investmentfonds *m*; **~ savings bank** *bes. Am.* Sparkasse *f* (*auf genossenschaftlicher Grundlage*); **~ will** *jur.* gegenseitiges Testament; **it's ~!** *colloq.* das beruht auf Gegenseitigkeit! **2.** (*inkorrekt, aber oft gebraucht*) gemeinsam: **our ~ friends; ~ efforts**.

**mu·tu·al·ism** ['mjuːtʃʊəlɪzm; -tʃʊə-; *Am.* -tʃəwəˌ-] *s biol. sociol.* Mutua'lismus *m*.

**mu·tu·al·i·ty** [ˌmjuːtʃʊ'ælɪtɪ; -tʃʊ'æ-; *Am.* -tʃə'æ-] *s* **1.** Gegenseitigkeit *f*. **2.** (Austausch *m* von) Gefälligkeiten *pl od.* Vertraulichkeiten *pl.* **'mu·tu·al·ize** [-əlaɪz] *v/t* **1.** auf die Grundlage der Gegenseitigkeit stellen. **2.** *econ. Am.* ein Unternehmen so umgestalten, daß die Angestellten *od.* Kunden die Mehrheit der Anteile besitzen.

**Mu·zak** ['mjuːzæk] (*TM*) *s* funktio'nelle Mu'sik (*psychologisch gezielte Klangberieselung*).

**mu·zhik, mu·zjik** ['muːʒɪk; *Am.* muː'ʒiːk] *s* Muschik *m* (*russischer Bauer*).

**muz·zle** ['mʌzl] **I** *s* **1.** *zo.* Maul *n*, Schnauze *f*. **2.** Maulkorb *m* (*a. fig.*). **3.** *mil.* Mündung *f* (*e-r Feuerwaffe*): **~ blast (burst, flash, report)** Mündungsdruck *m* (-krepierer *m*, -feuer *n*, -knall *m*). **4.** *tech.* Tülle *f*, Mündung *f*. **II** *v/t* **5.** e-n Maulkorb anlegen (*dat*), *fig. a.* die Presse etc knebeln, mundtot machen, *j-m* den Mund stopfen. **III** *v/i* **6.** (*mit der Schnauze*) her'umwühlen, -schnüffeln. **~ brake** *s mil.* Mündungsbremse *f*. **~ guide** *s mil.* Rohrklaue *f*. **'~·load·er** *s mil. hist.* Vorderlader *m*. **~ sight** *s mil.* Korn *n* (*Visier*). **~ ve·loc·i·ty** *s Ballistik:* Anfangs-, Mündungsgeschwindigkeit *f*.

**muz·zy** ['mʌzɪ] *adj* **1.** a) verwirrt, zerstreut, b) dus(e)lig, benommen, c) (*vom Alkohol*) benebelt. **2.** verschwommen. **3.** stumpfsinnig.

**my** [maɪ] *possessive pron* mein, meine: **I must wash ~ face** ich muß mir das Gesicht waschen; **(oh) ~!** *colloq.* (du) meine Güte!

**my·al·gi·a** [maɪ'ældʒɪə; *Am. a.* -dʒə] *s med.* Muskelschmerz *m*, 'Muskelrheuma(ˌtismus *m*) *n*, Myal'gie *f*.

**my·all¹** ['maɪɔːl; -əl], *a.* **~ wood** *s bot.* Vio'lettholz *n*.

**my·all²** ['maɪɔːl; -əl] *s Austral.* (*wilder*) Eingeborener.

**my·ce·li·um** [maɪ'siːlɪəm] *pl* **-li·a** [-ə] *s bot.* My'zel *n*, Pilzgeflecht *n*.

**my·ce·to·ma** [ˌmaɪsɪ'təʊmə] *pl* **-ma·ta** [-tə] *s med.* Myze'tom *n*.

**my·ce·to·zo·an** [maɪˌsiːtəʊ'zəʊən; *Am.* -tə'z-] *bot.* **I** *adj* Schleimpilz... **II** *s* Schleimpilz *m*.

**my·co·log·ic** [ˌmaɪkə'lɒdʒɪk; *Am.* -'lɑ-], **ˌmy·co'log·i·cal** [-kl] *adj* myko'logisch. **my'col·o·gist** [-'kɒlədʒɪst; *Am.* -'kɑ-] *s* Myko'loge *m*, Pilzforscher *m*. **my'col·o·gy** [-dʒɪ] *s bot.* **1.** Pilzkunde *f*, Mykolo'gie *f*. **2.** Pilzflora *f*, Pilze *pl* (*e-s Gebiets*).

**my·cose** ['maɪkəʊs] *s chem.* My'kose *f*.

**my·co·sis** [maɪ'kəʊsɪs] *s med.* Pilzkrankheit *f*, My'kose *f*.

**my·dri·a·sis** [mɪ'draɪəsɪs, maɪ-] *s med.* My'driasis *f*, Pu'pillenerweiterung *f*.

**my·e·la·troph·i·a** [ˌmaɪələ'trəʊfɪə] *s med.* Rückenmarksschwindsucht *f*.

**my·e·lin** ['maɪəlɪn] *s biol.* Mye'lin *n*.

**my·e·lit·ic** [ˌmaɪə'lɪtɪk] *adj med.* mye'litisch. **ˌmy·e'li·tis** [-'laɪtɪs] *s* Mye'litis *f*: a) Rückenmarkentzündung *f*, b) Knochenmarkentzündung *f*.

**my·e·loid** ['maɪəlɔɪd] *adj physiol.* myelo'id: a) Rückenmark..., b) Knochenmark..., markartig.

**my·e·lon** ['maɪəlɒn; *Am.* -ˌlɑn] *s physiol.* Rückenmark *n*.

**my·i·a·sis** ['maɪəsɪs; *Am.* maɪ'aɪə-; miː'aɪə-] *s med.* Myi'asis *f*, Madenfraß *m*, -krankheit *f*.

**myn·heer** [maɪn'hɪə(r); -'heə(r); mə-'nɪə(r)] *s colloq.* Mijn'heer *m*, Holländer *m*.

**my·o·car·di·o·gram** [ˌmaɪəʊ'kɑː(r)-dɪəɡræm; *Am.* ˌmaɪə'k-] *s* Elektrokardio'gramm *n*. **ˌmy·o'car·di·o·graph** [-ɡræf; *Br. a.* -ɡrɑːf] *s med.* Elektrokardio'graph *m*, EK'G-Appa,rat *m*.

**my·o·car·di·tis** [ˌmaɪəʊkɑː(r)'daɪtɪs; *Am.* ˌmaɪə-] *s med.* Myokar'ditis *f*, Herzmuskelentzündung *f*. **ˌmy·o'car·di·um** [-dɪəm] *s physiol.* Herzmuskel *m*, Myo'kard(ium) *n*.

**my·o·dy·nam·ics** [ˌmaɪəʊdaɪ'næmɪks] *s pl* (*als sg u. pl konstruiert*) *med.* Physiolo'gie *f* der Muskeltätigkeit.

**my·o·gram** ['maɪəgræm] s med. Myo-ˈgramm n, Muskelkurve f.

**my·o·log·ic** [ˌmaɪəˈlɒdʒɪk; Am. -ˈlɑ-], **ˌmy·oˈlog·i·cal** [-kl] adj myoˈlogisch. **myˈol·o·gist** [-ˈlɒdʒɪst; Am. -ˈɑl-] s Myoˈloge m. **myˈol·o·gy** [-dʒɪ] s Myolo'gie f, Muskelkunde f, -lehre f.

**my·o·ma** [maɪˈəʊmə] pl **-ma·ta** [-tə] od. **-mas** s med. Muskelgeschwulst f, Myˈom n. **myˈom·a·tous** [-təs] adj myomaˈtös.

**my·ope** ['maɪəʊp] s med. Kurzsichtige(r m) f.

**my·o·phys·ics** [ˌmaɪəʊˈfɪzɪks] s pl (meist als sg konstruiert) Phyˈsik f der Muskeltätigkeit.

**my·o·pi·a** [maɪˈəʊpjə; -pɪə] s med. Myoˈpie f, Kurzsichtigkeit f (a. fig.). **myˈop·ic** [-ˈɒpɪk; Am. -ˈəʊ-; -ˈɑ-] adj kurzsichtig. **ˈmy·o·py** [-əpɪ] → myopia.

**my·o·sin** ['maɪəsɪn] s biol. chem. Muskeleiweiß n, Myoˈsin n.

**my·o·sis** [maɪˈəʊsɪs] s med. (krankhafte) Puˈpillenverengerung, Miˈosis f.

**my·o·si·tis** [ˌmaɪəʊˈsaɪtɪs; Am. -əˈs-] s med. Muskelentzündung f, Myoˈsitis f.

**my·o·so·tis** [ˌmaɪəʊˈsəʊtɪs; Am. -əˈs-], a. **ˈmy·o·sote** s bot. Vergißmeinnicht n.

**my·ot·ic** [maɪˈɒtɪk; Am. -ˈɑ-] med. **I** adj puˈpillenverengernd, miˈotisch. **II** s Miˈotikum n.

**myri-** [mɪrɪ], **myria-** [mɪrɪə] Wortelement mit der Bedeutung zehntausend.

**myr·i·ad** ['mɪrɪəd] **I** s Myriˈade f: a) Anzahl von 10000, b) fig. Unzahl f. **II** adj unzählig, zahllos.

**ˈmyr·i·a·gram(me)** s Myriaˈgramm n (10000 Gramm).

**ˈmyr·i·a·pod** [-pɒd; Am. -ˌpɑd] s zo. Tausendfüß(l)er m.

**myr·in·gi·tis** [ˌmɪrɪnˈdʒaɪtɪs] s med. Myrinˈgitis f, Trommelfellentzündung f.

**myr·me·cobe** ['mɜ:mɪkəʊb; Am. 'mɜr-] s zo. Ameisenbär m.

**myr·me·col·o·gy** [ˌmɜ:mɪˈkɒlədʒɪ; Am. ˌmɜrməˈkɑ-] s Myrmekolo'gie f, Ameisenkunde f.

**myr·me·co·phile** ['mɜ:mɪkəʊfaɪl; Am. 'mɜrməkəˌf-] s zo. Ameisengast m (Insekt).

**myr·mi·don** ['mɜ:mɪdən; Am. 'mɜrməˌdɑn] s Scherge m, Häscher m, Helfershelfer m: ~ of law Hüter m des Gesetzes.

**myrrh** [mɜ:; Am. mɜr] s bot. Myrrhe f: a) Süßdolde f, b) Harz e-s Balsambaums.

**myr·tle** ['mɜ:tl; Am. 'mɜrtl] s bot. **1.** Myrte f. **2.** Am. a) Immergrün n, b)

Kaliˈfornischer Berglorbeer. **3.** a. ~ green Myrtengrün n.

**my·self** [maɪˈself; mɪ-] pl **our·selves** [aʊə(r)ˈselvz] pron **1.** intens (ich) selbst: I did it ~ ich habe es selbst getan; I ~ wouldn't do it ich (persönlich) würde es sein lassen. **2.** reflex mir (dat), mich (acc): I cut ~ ich habe mich geschnitten. **3.** mir selbst, mich selbst: I brought it for ~ ich habe es für mich (selbst) mitgebracht.

**mys·te·ri·ous** [mɪˈstɪərɪəs] adj mysteriˈös: a) geheimnisvoll, b) rätsel-, schleierhaft, unerklärlich. **mysˈte·ri·ous·ly** adv auf mysteriˈöse Weise. **mysˈte·ri·ous·ness** s Rätselhaftigkeit f, Unerklärlichkeit f, (das) Geheimnisvolle od. Mysteriˈöse.

**mys·ter·y¹** ['mɪstərɪ; -trɪ] s **1.** Geheimnis n, Rätsel n (to für od. dat): it is a (complete) ~ to me es ist mir (völlig) schleierhaft; to make a ~ of s.th. aus etwas ein Geheimnis machen, etwas in geheimnisvolles Dunkel hüllen. **2.** Rätselhaftigkeit f, Unerklärlichkeit f: wrapped in ~ in geheimnisvolles Dunkel gehüllt. **3.** Geheimniskrämeˈrei f. **4.** relig. Myˈsterium n, geoffenbarte Glaubenswahrheit. **5.** R.C. a) heilige Messe, b) (heilige) Wandlung (von Brot u. Wein), c) Sakraˈment n, d) Geheimnis n (des Rosenkranzes). **6.** pl Geheimlehre f, -kunst f, Myˈsterien pl. **7.** pl iro. Geheimnisse pl (e-s Berufs). **8.** hist. Myˈsterienspiel n. **9.** bes. Am. → mystery novel.

**mys·ter·y²** ['mɪstərɪ; -trɪ] s obs. **1.** Handwerk n, Beruf m. **2.** Gilde f, Zunft f.

**ˈmys·ter·y|mod·el** s mot. ˌErlkönigˈ m. **~ nov·el** s Krimiˈnal-, Detekˈtivroˌman m. **~ play** → mystery¹ 8. **~ ship** s mar. U-Boot-Falle f. **~ sto·ry** → mystery novel. **~ tour** s Fahrt f ins Blaue.

**mys·tic** ['mɪstɪk] **I** adj (adv ~ally) **1.** mystisch. **2.** esoˈterisch, geheim. **3.** → mysterious. **4.** Zauber...: ~ formula Zauberformel f. **5.** jur. Am. versiegelt, geheim (Testament). **6.** → mystical 1. **II** s **7.** Mystiker(in). **8.** Schwärmer(in).

**mys·ti·cal** ['mɪstɪkl] adj (adv ~ly) **1.** symˈbolisch, mystisch, sinnbildlich. **2.** relig. mystisch, intuiˈtiv. **3.** → mysterious.

**mys·ti·cism** ['mɪstɪsɪzəm] s **1.** philos. relig. a) Mystiˈzismus m, Glaubensschwärmeˈrei f, b) Mystik f. **2.** vage Mutmaßung f.

**mys·ti·fi·ca·tion** [ˌmɪstɪfɪˈkeɪʃn] s **1.** Täuschung f, Irreführung f, Mystifikatiˈon f. **2.** Foppeˈrei f. **3.** Verwirrung f,

-blüffung f. **ˈmys·ti·fied** [-faɪd] adj verwirrt, -blüfft. **ˈmys·ti·fy** [-faɪ] v/t **1.** täuschen, hinters Licht führen, anführen, foppen. **2.** verwirren, -blüffen. **3.** in Dunkel hüllen.

**mys·tique** [mɪˈstiːk] s Aura f, geheimnisvoller Nimbus.

**myth** [mɪθ] s **1.** (Götter-, Helden)Sage f, Mythos m, Mythus m, Mythe f. **2.** a) Märchen n, erfundene Geschichte, b) collect. Sagen pl, Mythen pl: realm of ~ Sagenwelt f. **3.** Phantaˈsiegebilde n. **4.** pol. sociol. Mythos m: the ~ of racial superiority. **5.** fig. Nimbus m. **ˈmyth·ic** adj; **ˈmyth·i·cal** adj (adv ~ly) **1.** mythisch, sagenhaft, legenˈdär (alle a. fig.). **2.** Sagen... **3.** mythisch: ~ literature. **4.** fig. erdichtet, fikˈtiv. **ˈmyth·i·cism** [-sɪzəm] s Mythiˈzismus m. **ˈmyth·i·cist** s Mythoˈloge m.

**my·thog·ra·pher** [mɪˈθɒgrəfə(r); Am. -ˈθɑ-] s Mythenschreiber m. **myˈthog·ra·phy** s **1.** Mythendarstellung f. **2.** beschreibende Mytholoˈgie.

**myth·o·log·i·cal** [ˌmɪθəˈlɒdʒɪkl], a. **ˌmyth·oˈlog·ic** adj mythoˈlogisch. **my·thol·o·gist** [mɪˈθɒlədʒɪst; Am. -ˈθɑ-] s Mythoˈloge m. **myˈthol·o·gize** v/t mythologiˈsieren: a) mythoˈlogisch erklären, b) e-n Mythos od. e-e Sage machen aus. **myˈthol·o·gy** [-dʒɪ] s **1.** Mythoˈlogie f, Götter- u. Heldensagen pl. **2.** Sagenforschung f, -kunde f.

**myth·o·ma·ni·a** [ˌmɪθəʊˈmeɪnjə; Am. -θəˈm-] s psych. Mythomaˈnie f (krankhafter Hang zur Übertreibung). **ˌmyth·oˈma·ni·ac** [-nɪæk] s an Mythomaˈnie Leidende(r m) f.

**myth·o·pe·ic**, etc bes. Am. für mythopoeic, etc.

**myth·o·poe·ic** [ˌmɪθəʊˈpiːɪk; Am. -θəˈp-] adj Mythen schaffend. **ˌmyth·oˈpo·e·ism** s Mythen-, Sagenschöpfung f. **ˌmyth·oˈpo·e·ist** s Mythenschöpfer m. **ˌmyth·oˈpo·et·ic** → mythopoeic.

**myx·(o)·e·de·ma** [ˌmɪksˈdiːmə] s med. Myxöˈdem n.

**myx·o·ma** [mɪkˈsəʊmə] pl **-ma·ta** [-tə] s med. Gallertgeschwulst f, Myˈxom n.

**myx·o·ma·to·sis** [ˌmɪksəʊməˈtəʊsɪs; Am. mɪkˌsəʊməˈt-] s med. vet. Myxomaˈtose f.

**myx·o·my·cete** [ˌmɪksəʊmaɪˈsiːt; Am. a. -ˈmaɪˌsiːt] s bot. Schleimpilz m, Myxomyˈzet m.

# N

**N,n** [en] **I** *pl* **N's, Ns, n's, ns** [enz] *s* **1.** N, n *n* (*Buchstabe*). **2. n** *math.* n (*unbestimmte Konstante*). **3.** *print.* → **en** 3. **4.** *chem.* N *n* (*Stickstoff*). **5.** N N *n*, N-förmiger Gegenstand. **II** *adj* **6.** vierzehnt(er, e, es). **7.** N N-..., N-förmig.

**'n** [ən; n] *dial. für* than: **more'n = more than.**

**nab¹** [næb] **I** *v/t* **1.** ‚schnappen‘, erwischen. **2.** (sich) *etwas* ‚schnappen‘. **II** *s sl.* **3.** ‚Bulle‘ *m* (*Polizist*). **4.** Verhaftung *f.*

**nab²** [næb] *s tech.* Schließblech *n.*

**na·bob** ['neɪbɒb; *Am.* -ˌbɑb] *s* **1.** Nabob *m* (*in Indien*): a) *Abgeordneter des Großmoguls*, b) *Statthalter e-r Provinz*. **2.** *fig.* Nabob *m*, Krösus *m.*

**na·celle** [næ'sel; nə-] *s aer.* **1.** (Motor- od. Luftschiff)Gondel *f.* **2.** (Flugzeug-) Rumpf *m.* **3.** Bal'lonkorb *m.*

**na·cre** ['neɪkə(r)] *s* **1.** Perl'mutter *f*, *n*, Perlmutt *n.* **2.** Perlmuschel *f.* **'na·cre·ous** [-krɪəs], **'na·crous** *adj* **1.** perl'mutterartig. **2.** Perlmutt(er)...

**na·dir** ['neɪˌdɪə(r); -də(r)] *s* **1.** *astr. geogr.* Na'dir *m*, Fußpunkt *m.* **2.** *fig.* tiefster Stand, Tief-, Nullpunkt *m*: **his spirits sank to their ~** s-e Stimmung sank auf den Nullpunkt. **'na·dir·al** *adj* Nadir..., im Na'dir befindlich.

**nae·vus** → **nevus.**

**nag¹** [næg] **I** *v/t* **1.** her'umnörgeln an (*dat*), ‚her'umhacken‘ auf (*j-m*). **2. to ~ s.o. into (doing) s.th.** j-m so lange zusetzen, bis er etwas tut; **she ~ged him into leaving the house** sie ekelte ihn aus dem Haus. **II** *v/i* **3.** nörgeln, keifen, ‚meckern‘: **to ~ at ~** 1. **4.** nagen, bohren (*Schmerz etc*). **III** *s* **5.** Nörgler(in).

**nag²** [næg] *s* **1.** kleines Reitpferd, Pony *n.* **2.** *colloq. contp.* Gaul *m*, Klepper *m.*

**nag·ger** ['nægə(r)] *s* Nörgler(in). **'nag·ging** **I** *s* **1.** Nörge'lei *f*, Gekeife *n.* **II** *adj* **2.** nörgelnd, ‚meckernd‘, keifend. **3.** *fig.* nagend: **~ doubt.** **'nag·gy** *adj* nörg(e)lig, zänkisch.

**Na·hum** ['neɪhəm] *npr u. s Bibl.* (das Buch) Nahum *m.*

**nai·ad** ['naɪæd; *Am. a.* 'neɪəd] *pl* **-ads** *od.* **-a·des** [-ədiːz] *s* **1.** *antiq. myth.* Na'jade *f*, Wassernymphe *f.* **2.** *fig.* (Bade)Nixe *f.*

**na·if** [nɑː'iːf] → **naïve.**

**nail** [neɪl] **I** *s* **1.** (Finger-, Zehen)Nagel *m.* **2.** *tech.* Nagel *m.* **3.** *zo.* a) Nagel *m*, b) Klaue *f*, Kralle *f*, c) Nagel *m* (*harte, hornige Platte auf der Schnabelspitze einiger Entenvögel*). **4.** *brit.* Längenmaß (= 5,715 cm).

*Besondere Redewendungen:*

**a ~ in s.o.'s coffin** *fig.* ein Nagel zu j-s Sarg; **on the ~** auf der Stelle, sofort; **to pay on the ~** bar bezahlen; **to the ~** bis ins letzte, vollendet; **(as) hard as ~s** a) von eiserner Gesundheit, b) eisern, uner-

bittlich; **(as) right as ~s** ganz recht *od.* richtig; → **bed** *Bes. Redew.*, **hit** 10.

**II** *v/t* **5.** (an)nageln (**on** auf *acc*; **to an** *acc*): **~ed to the spot** *fig.* wie angenagelt; → **color** 12. **6.** benageln, mit Nägeln beschlagen. **7.** *a.* **~ up** vernageln. **8.** *fig. j-n* festhalten (**to an** *dat*) (*Pflicht etc*). **9.** *fig. die Augen etc* heften, *s-e Aufmerksamkeit* richten (**to** auf *acc*). **10.** → **nail down** 2. **11.** *colloq.* Verbrecher etc ‚schnappen‘, erwischen. **12.** *colloq.* (sich) ‚schnappen‘, festhalten. **13.** *colloq.* a) *j-n* zur Rede stellen (**about** wegen), b) *j-n* in die Enge treiben. **14.** *colloq.* ‚klauen‘, sich ‚unter den Nagel reißen‘. **15.** *colloq. etwas* ‚spitzkriegen‘, entdecken.

*Verbindungen mit Adverbien:*

**nail down** *v/t* **1.** ver-, zunageln. **2.** *fig. j-n* festnageln (**to** auf *acc*), beim Wort nehmen. **3.** *fig.* a) *ein Argument etc* endgültig beweisen, b) *e-n Streit etc* endgültig beilegen. **~ up** *v/t* **1.** zs.-nageln. **2.** zu-, vernageln. **3.** *fig.* zs.-basteln: **a nailed-up drama.**

**nail¦bed** *s anat.* Nagelbett *n.* **~ bit** *s tech.* Nagelbohrer *m.* **'~ˌbit·ing** **I** *s* Nägelkauen *n.* **II** *adj* atemberaubend, atemlos (*Spannung etc*). **~ brush** *s* Nagelbürste *f.* **~ en·am·el** *s bes. Am.* Nagellack *m.*

**nail·er** ['neɪlə(r)] *s* **1.** Nagelschmied *m*: **to work like a ~** *colloq.* wie besessen arbeiten. **2.** (Zu)Nagler *m.* **3.** *sl.* ‚Ka'none‘ *f*, As *n*, Könner *m.*

**nail¦ file** *s* Nagelfeile *f.* **'~ˌhead** *s tech.* Nagelkopf *m.* **~ pol·ish** *s* Nagellack *m.* **~ pull·er** *s tech.* Nagelzange *f.* **~ scis·sors** *s pl* Nagelschere *f.* **~ var·nish** *bes. Br.* Nagellack *m.*

**na·ïve, na·ive** [nɑː'iːv] *adj* (*adv* **~ly**) na'iv: a) na'türlich, unbefangen: **~ painting art** naive Malerei, b) kindlich, c) einfältig, töricht, d) arglos. **na·ï·ve·té**, *a.* **na·ive·te** [-teɪ] *s* Naivi'tät *f.*

**na·ked** ['neɪkɪd] *adj* (*adv* **~ly**) **1.** nackt, bloß, unbekleidet, unbedeckt. **2.** bloß, nackt: **with the ~ eye.** **3.** nackt, blank: **~ sword.** **4.** nackt, kahl: **~ rocks; ~ walls; a ~ room** ein kahler Raum. **5.** entblößt (**of** von): **a tree ~ of leaves** ein entlaubter Baum; **~ of all provisions** bar aller Vorräte. **6.** a) schutz-, wehrlos, b) preisgegeben, ausgeliefert (**to** *dat*). **7.** nackt, ungeschminkt, unverblümt: **~ facts; the ~ truth; ~ hatred** nackter *od.* blanker Haß. **8.** bloß, einfach: **~ belief** **9.** *jur.* bloß, ohne Rechtsanspruch, unbestätigt: **~ debenture** *Br.* ungesicherte Schuldverschreibung; **~ confession** unbestätigtes Geständnis; **~ possession** tatsächlicher Besitz (*ohne Rechtsanspruch*). **10.** *bot.* nackt, unbehaart, blattlos: **~ lady** Herbstzeitlose *f.* **11.** *zo.* nackt: a) unbehaart, b) federlos, c) ohne Schale *od.* Haus.

**na·ked·ness** ['neɪkɪdnɪs] *s* **1.** Nacktheit

*f*, Blöße *f.* **2.** Kahlheit *f.* **3.** Schutz-, Wehrlosigkeit *f.* **4.** Armut *f*, Mangel *m* (**of** an *dat*). **5.** Ungeschminktheit *f.*

**nam·a·ble** ['neɪməbl] *adj* **1.** benennbar. **2.** nennenswert.

**nam·by-pam·by** [ˌnæmbɪ'pæmbɪ] **I** *adj* **1.** seicht, abgeschmackt. **2.** geziert, affek'tiert, etepe'tete. **3.** sentimen'tal. **4.** verweichlicht, verzärtelt. **II** *s* **5.** sentimen'tales Zeug, Kitsch *m.* **6.** sentimen'tale Per'son. **7.** Mutterkind *n*, (*Junge, Mann a.*) Muttersöhnchen *n.*

**name** [neɪm] **I** *v/t* **1.** (be)nennen (**after**, *Am. a.* **for** nach), e-n Namen geben (*dat*): **~d** genannt, namens. **2.** mit Namen nennen, beim Namen nennen. **3.** nennen, erwähnen, anführen: **he was ~d in the report; to ~ but one** um nur einen zu nennen. **4.** a) ernennen zu, b) nomi'nieren, vorschlagen (**for** für), c) wählen zu, d) benennen, bekanntgeben. **5.** *ein Datum etc* festsetzen, bestimmen. **6.** *parl. Br.* zur Ordnung rufen. **II** *v/i* **7.** ~! a) *parl. Br.* zur Ordnung rufen! (*Aufforderung an den Speaker*), b) Namen nennen! **III** *adj* **8.** Namen(s)... **9.** *Am. colloq.* berühmt, anerkannt gut. **IV** *s* **10.** Name *m*: **what is your ~?** wie heißen Sie? **11.** Name *m*, Bezeichnung *f*, Benennung *f.* **12.** Schimpfname *m*: **to call s.o. ~s** j-n mit Schimpfnamen belegen, j-n beschimpfen. **13.** Name *m*, Ruf *m*: **a bad ~.** **14.** (berühmter) Name, (guter) Ruf, Ruhm *m*: **a man of ~** ein Mann von Ruf. **15.** Name *m*, Berühmtheit *f*, berühmte Per'sönlichkeit: **the great ~s of our century. 16.** a) Sippe *f*, Geschlecht *n*, Fa'milie *f*, b) Rasse *f*, c) Volk *n.*

*Besondere Redewendungen:*

**by ~** a) mit Namen, namentlich, b) namens, c) dem Namen nach; **to call s.th. by its proper ~** etwas beim richtigen Namen nennen; **to mention by ~** namentlich erwähnen; **to know s.o. by ~** a) j-n mit Namen kennen, b) j-n nur dem Namen nach kennen; **by** (*od.* **under**) **the ~ of A.** unter dem Namen A.; **a man by** (*od.* **of**) **the ~ of A.** ein Mann namens A.; **in ~ only** nur dem Namen nach; **in all** (*od.* **everything**) **but ~** wenn auch nicht dem Namen nach; **in the ~ of** a) um (*gen*) willen, b) im Namen (*gen*), c) unter dem Namen (*gen*), d) auf den Namen (*gen*); **in the ~ of the law** im Namen des Gesetzes; **in one's own ~** in eigenem Namen; **I haven't a penny to my ~** ich besitze keinen Pfennig; **to give one's ~** s-n Namen nennen; **give it a ~!** *colloq.* (he)raus damit!, sagen Sie, was Sie wollen!; **to give s.o. a bad ~** j-n in Verruf bringen; **give a dog a bad ~ (and hang him)** eimal in Verruf, immer in Verruf; **to have a ~ for being a coward** im Rufe stehen *od.* dafür bekannt sein, ein Feigling zu sein; **to make**

one's ~, to make a ~ for o.s., to make o.s. a ~ sich e-n Namen machen (**as** als; **by** durch); **to put one's ~ down for** a) kandidieren für, b) sich anmelden für, c) sich vormerken lassen für; **to send in one's ~** sich (an)melden; **what's in a ~?** was bedeutet schon ein Name?, Namen sind Schall u. Rauch; **that's the ~ of the game!** a) darum dreht es sich!, b) so läuft das!

**name·a·ble** → namable.

**'name|-,call·ing** s Geschimpfe n, gegenseitige Beschimpfung. **'~-child** s irr nach j-m benanntes Kind: **my ~** das nach mir benannte Kind.

**named** [neimd] adj **1.** genannt, namens: ~ Peter. **2.** genannt, erwähnt: ~ **above** oben genannt, erwähnt. **name| day** s **1.** R.C. Namenstag m. **2.** econ. Br. Abrechnungs-, Skon'trierungstag m. **'~-drop** v/i colloq. dadurch Eindruck schinden, daß man ständig (angebliche) promi'nente Bekannte erwähnt. **'~-,drop·per** s colloq. j-d, der dadurch Eindruck schindet, daß er ständig (angebliche) promi'nente Bekannte erwähnt: **he's a ~** er muß ständig erwähnen, wen er alles kennt. **'~-,drop·ping** s colloq. Eindruckschinden n durch ständige Erwähnung (angeblicher) promi'nenter Bekannter.

**name·less** ['neimlis] adj (adv **~ly**) **1.** namenlos, unbekannt, ob'skur. **2.** ungenannt, unerwähnt: **a person who shall be** ~ j-d, der ungenannt bleiben soll. **3.** ano'nym. **4.** unehelich (Kind). **5.** namenlos, unbeschreiblich: ~ **fear. 6.** unaussprechlich, ab'scheulich: ~ **atrocities. name·ly** ['neimli] adv nämlich. **name| part** s thea. 'Titelrolle f, -par,tie f. **~ plate** s **1.** Tür-, Firmen-, Namensschild n. **2.** tech. Typen-, Leistungsschild n. **'~-sake** s Namensvetter m, -schwester f: **she is her grandmother's ~** sie ist nach ihrer Großmutter benannt. **'~-tape** s Wäschezeichen n.

**nam·ing** ['neimin] s Namengebung f.

**nan** [næn], **nan·(n)a** ['nænə] s Oma f, Omi f.

**na·na** ['nɑːnə] s Austral. sl. ,Birne' (Kopf): **to do one's ~** ,hochgehen', aufbrausen; **off one's ~** ,übergeschnappt', verrückt.

**nan·cy,** a. ~ **boy** ['nænsɪ] s sl. **1.** Weichling m, Muttersöhnchen n. **2.** ,Homo' m, ,Schwule(r)' m.

**NAND cir·cuit** [nænd] s Computer: NAND-Schaltung f.

**na·nism** ['neinizəm; 'næ-] s med. Na'nismus m, Zwergwuchs m. **,na·ni'za·tion** [-nar'zeiʃn; Am. -nə'z-] s bot. künstlich her'beigeführter Zwergwuchs.

**nan·keen** [næn'kiːn; næn-] s **1.** Nanking m (rötlichgelbes, festes Baumwollzeug). **2.** pl Nankinghosen pl. **3.** Rötlichgelb n. **4.** N~, a. N~ porcelain weißes chinesisches Porzellan mit blauem Muster.

**nan·ny** ['næni] s **1.** Kindermädchen n. **2.** a. ~ **goat** Geiß f, weibliche Ziege. **3.** Oma f, Omi f.

**na·no** ['nænəʊ; Am. -nə] s math. phys. Nano n (10⁻⁹). **'~,sec·ond** s Nano-se'kunde f.

**nap¹** [næp] I v/i **1.** ein Schläfchen od. ein Nickerchen machen. **2.** fig. ,schlafen', nicht auf der Hut sein: **to catch** s.o. **~ping** j-n überrumpeln. II s **3.** Schläfchen n, Nickerchen n: **to have** (od. **take**) **a ~** → 1.

**nap²** [næp] I s **1.** Haar(seite f) n (e-s Gewebes). **2.** a) Spinnerei: Noppe f, b) Weberei: (Gewebe)Flor m. **3.** pl rauhe Stoffe pl. II v/t u. v/i **4.** noppen.

**nap³** [næp] I s **1.** a) Na'poleon n (ein Kartenspiel), b) Ansagen aller 5 Stiche in

diesem Spiel: **a ~ hand** fig. e-e aussichtsreiche Lage, gute Chance(n); **to go ~** die höchste Zahl von Stichen ansagen, fig. das höchste Risiko eingehen, alles auf 'eine Karte setzen. **2.** Pferderennen: ('hundertpro,zentiger) Tip. II v/t **3.** Pferderennen: ein Pferd zum Favo'riten erklären.

**na·palm** ['neipɑːm; Am. a. -,pɑːlm] I s Napalm n: ~ **bomb** Napalmbombe f. II v/t mit Napalmbomben belegen od. angreifen.

**nape** [neip] s meist ~ **of the neck** Genick n, Nacken m.

**na·per·y** ['neipəri] s Scot. Weißzeug n, bes. Tischleinen n.

**naph·tha** ['næfθə; 'næpθə] s chem. **1.** Naphtha n, 'Leuchtpe,troleum n. **2.** ('Schwer)Ben,zin n: **cleaner's ~** Waschbenzin n; **painter's ~** Testbenzin n. **'naph·tha·lene** [-liːn] s Naphtha'lin n. **,naph·tha'len·ic** [-'lenik] adj naphtha'linsauer: ~ **acid** Naphthalsäure f. **'naph·tha·lin** [-θəlin], **'naph·tha·line** [-liːn] → naphthalene. **'naph·tha·lize** v/t naphthali'sieren. **'naph·thene** [-θiːn] s Naph'then n. **'naph·thol** [-θɒl; Am. a. -,θəʊl] s Naph'thol n. **'naph·thyl** [-θail; bes. Am. -θil] s Naph-'thyl n.

**Na·pier·i·an** [nə'piəriən; nei-] adj math. Napiersch(er, e, es): ~ **logarithm.**

**nap·kin** ['næpkin] s **1.** a. **table ~**, **dinner ~** Servi'ette f: ~ **ring** Serviettenring m. **2.** Wischtuch n. **3.** bes. Br. Windel f. **4.** meist sanitary ~ Damen-, Monatsbinde f.

**nap·less** ['næplis] adj **1.** ungenoppt, glatt (Stoff). **2.** fadenscheinig.

**na·po·le·on** [nə'pəʊljən] s **1.** Na'poleon m, Napoleon'dor m (20-Franc-Stück in Gold). **2.** → nap³ 1 a. **3.** Am. Cremeschnitte f aus Blätterteig. **Na,po·le'on·ic** [-lɪ'ɒnik; Am. -'ɑːnik] adj napole'onisch.

**na·poo** [nɑː'puː] mil. Br. sl. I adj u. interj ka'putt(!), futsch(!), fertig(!), erledigt(!), alle(!). II v/t j-n ,erledigen', ,umlegen' (töten).

**nap·pa** ['næpə] s geol. (Schub-, Über-'schiebungs)Decke f. **2.** math. Schale f (Teil e-s Kegelmantels).

**nappe** [næp] s **1.** geol. (Schub-, Über-'schiebungs)Decke f. **2.** math. Schale f (Teil e-s Kegelmantels).

**napped** [næpt] adj gerauht, genoppt.

**nap·per¹** ['næpə] s tech. Tuchnopper m (Maschine od. Arbeiter).

**nap·per²** ['næpə] s Br. sl. od. dial. ,Birne' f (Kopf).

**nap·ping** ['næpin] s tech. **1.** Ausnoppen n (der Wolle). **2.** Rauhen n (des Tuches): ~ **comb** Aufstreichkamm m; ~ **mill** Rauhmaschine f.

**nap·py¹** ['næpi] adj Br. stark, berauschend (Bier etc).

**nap·py²** ['næpi] s bes. Br. colloq. Windel f.

**narc** [nɑːrk] s Am. sl. Beamte(r) m des 'Rauschgiftdezer,nats: ~**s** pl Rauschgiftdezernat n.

**nar·ce·ine** ['nɑː(r)siːn; bes. Am. -siːn] s chem. Narce'in n (ein Opiumalkaloid).

**nar·cis·si** [nɑː(r)'sisai] pl von narcissus.

**nar·cis·sism** [nɑː'sisizəm; bes. Am. 'nɑː(r)sisizəm] s psych. Nar'zißmus m. **nar·cis·sist** [nɑː'sisist; bes. Am. 'nɑː(r)-sisist] Nar'zißt(in). **,nar·cis'sis·tic** adj nar'zißtisch.

**nar·cis·sus** [nɑː(r)'sisəs] pl -'cis·sus·es od. -'cis·si [-sai] s bot. Nar'zisse f.

**nar·co·hyp·no·sis** [,nɑː(r)kəʊhip'nəʊ-sis] s psych. Narkohyp'nose f.

**nar·co·lep·sy** ['nɑː(r)kə,lepsi] s med. Narkolep'sie f.

**nar·co·sis** [nɑː(r)'kəʊsis] pl -ses [-siːz] s med. Nar'kose f.

**nar·co·syn·the·sis** [,nɑː(r)kəʊ'sinθisis] s psych. Narkosyn'these f (Freisetzung unterdrückter Affekte mit Hilfe von Arzneimitteln).

**nar·co·ther·a·py** [,nɑː(r)kəʊ'θerəpi] s psych. Psychothera'pie f mit Hilfe von Beruhigungsmitteln.

**nar·cot·ic** [nɑː(r)'kɒtik; Am. -'kɑ-] I adj (adv **~ally**) a) med. u. fig. nar'kotisch, betäubend, einschläfernd, b) Rausch...: ~ **drug** Rauschgift n; ~ **addiction** Rauschgiftsucht f. II s a) med. Nar-'kotikum n, Betäubungsmittel n (a. fig.), b) Rauschgift n: ~**s squad** Rauschgiftdezernat n.

**nar·co·tism** ['nɑː(r)kətizəm] s **1.** Narko'tismus m (Sucht nach Narkosemitteln). **2.** nar'kotischer Zustand od. Rausch, Nar'kose f.

**nar·co·tize** ['nɑː(r)kətaiz] v/t narkoti-'sieren.

**nard** [nɑː(r)d] s **1.** bot. Narde f. **2.** Nardensalbe f.

**nar·es** ['neəriːz] pl von naris.

**nar·ghi·le, nar·gi·le(h)** ['nɑː(r)gili; Am. a. -,le] s Nargi'leh f, n (Wasserpfeife).

**nar·i·al** ['neəriəl] adj anat. Nasenloch...

**nar·is** ['neəris] pl -es [-iːz] s anat. Naris f, Nasenloch n.

**nark¹** [nɑːk] Br. sl. I s **1.** (Poli'zei-)Spitzel m, Denunzi'ant m. II v/t **2.** bespitzeln. **3.** ärgern: **to feel ~ed** sich ärgern (**at** über acc). III v/i **4.** sich als (Poli'zei)Spitzel betätigen. **5.** her'umjammern.

**nark²** → narc.

**nark·y** ['nɑːki] adj Br. sl. **1.** gereizt. **2.** grantig.

**nar·rate** [nə'reit; næ-; Am. a. 'næreit] v/t u. v/i erzählen. **nar·ra·tion** s **1.** Erzählung f, Geschichte f. **2.** Erzählen n. **3.** Rhetorik: Darstellung f der Tatsachen. **nar·ra·tive** ['nærətiv] I s **1.** Erzählung f, Geschichte f. **2.** Bericht m, Schilderung f. II adj **3.** erzählend: ~ **poem**; ~ **perspective** Erzählperspektive f. **4.** Erzählungs...: ~ **skill** Erzählungsgabe f. **'nar·ra·tive·ly** adv als od. in Form e-r Erzählung. **nar·ra·tor** [nə'reitə(r); næ-; Am. a. 'næreitər] s Erzähler(in). **nar·ra·to·ry** ['nærətəri; Am. -,təʊri; -,təː-] adj erzählend.

**nar·row** ['nærəʊ] I adj (adv **~ly**) **1.** eng, schmal: **the ~ seas** geogr. der Ärmelkanal u. die Irische See. **2.** eng (a. fig.), (räumlich) beschränkt, knapp: **the ~ bed** fig. das Grab; **within ~ bounds** in engen Grenzen; **in the ~est sense** im engsten Sinne. **3.** zs.-gekniffen (Augen). **4.** eingeschränkt, beschränkt (Auswahl). **5.** → narrow-minded. **6.** knapp, dürftig, kärglich: **a ~ income**; ~ **resources. 7.** knapp: ~ **majority; by a ~ margin** mit knappem Vorsprung; **they won ~ly but deservedly** sie gewannen knapp, aber verdient; → **escape** 11, **shave** 11, **squeak** 8, **squeeze** 22. **8.** gründlich, eingehend, (peinlich) genau: ~ **investigations.** II v/i **9.** enger od. schmäler werden, sich verengen ([in]to zu): **his eyes ~ed to slits. 10.** knapp(er) werden, zs.-schrumpfen (**to** auf acc). **11.** fig. sich annähern: **our positions have ~ed.** III v/t **12.** enger od. schmäler machen, verenge(r)n, die Augen zs.-kneifen, sport den Schußwinkel verkürzen: **to ~ the angle. 13.** enger, beengen. **14.** a. ~ **down** a) be-, einschränken (**to** auf acc), b) fig. eingrenzen. **15.** verringern, vermindern. **16.** Maschen abnehmen. **17.** engstirnig machen. IV s **18.** Enge f, enge od. schmale Stelle. **19.** meist pl a) (Meer)Enge f, b) bes. Am. Engpaß m.

**'nar·row|,cast·ing** s TV Am. 'Kabelfernsehüber,tragungen pl. ~ **cloth** s econ. schmalliegendes Tuch (weniger als 52 Zoll breit). ~ **ga(u)ge** s rail. Schmalspur f. **'~-ga(u)ge**, a. **'~-ga(u)ged** adj **1.** rail. schmalspurig, Schmalspur...

**2.** *fig. contp.* ‚Schmalspur...', beschränkt. ‚~'**mind·ed** *adj* engstirnig, bor'niert, beschränkt. ‚~'**mind·ed·ness** *s* Engstirnigkeit *f*, Bor'niertheit *f*, Beschränktheit *f.*

'**nar·row·ness** *s* **1.** Enge *f*, Schmalheit *f.* **2.** Knappheit *f.* **3.** → narrow-mindedness. **4.** Gründlichkeit *f.*

**nar·thex** ['nɑː(r)θeks] *s arch.* Narthex *m*, innere Kirchenvorhalle.

**nar·whal** ['nɑː(r)wəl; *Am. a.* -ˌhwɑl], *a.* '**nar·wal** [-wəl], '**nar·whale** [-weɪl; -hweɪl] *s zo.* Narwal *m*, Einhornwal *m.*

**nar·y** ['neəri] *adj* (*aus* never a) *Am. od. dial.* kein: ~ **a** one kein einziger.

**na·sal** ['neɪzl] **I** *adj* (*adv* → nasally) **1.** *anat.* Nasen...: ~ **bone** → 4; ~ **cavity** Nasenhöhle *f*; ~ **concha** Nasenmuschel *f*; ~ **septum** Nasenscheidewand *f*; ~ **spray** *med. pharm.* Nasenspray *m, n.* **2.** *ling.* na'sal, Nasal...: ~ **twang** Näseln *n*, nasale Aussprache. **II** *s* **3.** *ling.* Na'sal (-laut) *m.* **4.** *anat.* Nasenbein *n.* **na·sal·i·ty** [-ˈzæləti] *s* Nasali'tät *f.*

**na·sal·i·za·tion** [ˌneɪzəlaɪˈzeɪʃn; *Am.* -lə'z-] *s* **1.** Nasa'lierung *f*, na'sale Aussprache. **2.** Näseln *n.* '**na·sal·ize I** *v/t* nasa'lieren. **II** *v/i* näseln, durch die Nase sprechen. '**na·sal·ly** *adv* **1.** na'sal, durch die Nase. **2.** näselnd.

**nas·cen·cy** ['næsnsɪ; 'neɪ-] *s* Entstehen *n*, Werden *n*, Geburt *f.*

**nas·cent** ['næsnt; 'neɪ-] *adj* **1.** werdend, entstehend, aufkommend: ~ **suspicion** aufkommendes Mißtrauen; **in the** ~ **state** im Entwicklungszustand, im Werden. **2.** *chem.* freiwerdend, in statu nas'cendi, nas'zierend: ~ **state**, ~ **condition** Status *m* nascendi.

**nase·ber·ry** ['neɪzˌberɪ] *s bot.* Sapo'tillbaum *m.*

‚**na·so'fron·tal** [ˌneɪzəʊ-] *adj* nasofron'tal, Nasen- u. Stirn...

**nas·ti·ness** ['nɑːstɪnɪs; *Am.* 'næs-] *s* **1.** Schmutzigkeit *f.* **2.** Ekligkeit *f*, Widerlichkeit *f.* **3.** Unflätigkeit *f.* **4.** Gefährlichkeit *f.* **5.** a) Gehässigkeit *f*, Bosheit *f*, b) Gemeinheit *f*, c) Übellaunigkeit *f.*

**nas·tur·tium** [nəˈstɜːʃəm; *Am.* -ˈstɜr-] *s bot.* Kapu'zinerkresse *f.*

**nas·ty** ['nɑːstɪ; *Am.* 'næs-] **I** *adj* (*adv* nastily) **1.** schmutzig, dreckig. **2.** ekelhaft, eklig, widerlich, übel: **a** ~ **taste.** **3.** abstoßend, unangenehm: **a** ~ **habit.** **4.** *fig.* schmutzig, zotig: **a** ~ **book.** **5.** böse, schlimm, gefährlich, tückisch: ~ **accident** böser Unfall. **6.** a) häßlich (*Benehmen, Charakter*), boshaft, bös, gehässig, garstig (*to zu, gegen*): **he has a** ~ **temper** mit ihm ist nicht gut Kirschen essen, b) gemein, niederträchtig, ‚fies‘: **a** ~ **trick,** c) übelgelaunt, übellaunig, ‚eklig‘, d) ekelhaft: ~ **fellow. II** *s* **7.** *colloq.* porno'graphische *od.* gewaltverherrlichende 'Videokas,sette.

**na·tal¹** ['neɪtl] *adj* Geburts...

**na·tal²** ['neɪtl] *adj anat.* Gesäß...

**na·tal·i·ty** [neɪˈtæləti] *s bes. Am.* Geburtenziffer *f.*

**na·tant** ['neɪtənt] *adj* schwimmend. **na·ta·tion** [nəˈteɪʃn; *Am.* neɪ-; næ-] *s* Schwimmen *n.* **na·ta·to·ri·al** [ˌneɪtə-'tɔːrɪəl; *Am.* a. ˌneɪtə'təʊ-] *adj* Schwimm...: ~ **bird. na·ta·to·ry** ['neɪtətərɪ; nəˈteɪtərɪ; *Am.* 'neɪtəˌtəʊri:-; -ˌtɔː-] *adj* Schwimm...

**Natch·ez** ['nætʃɪz] *s sg u. pl* Natchez *m* (*Angehöriger e-s Indianerstammes*).

**na·tion** ['neɪʃn] *s* **1.** Nati'on *f:* a) Volk *n,* b) Staat *m.* **2.** (Einzel)Stamm *m* (*e-s Bundes von Indianerstämmen*). **3.** *univ. obs.* Landsmannschaft *f.* **4.** große Zahl, Menge *f.*

**na·tion·al** ['næʃənl] **I** *adj* (*adv* ~ly) **1.** natio'nal, National..., Landes..., Volks...: ~ **champion** *sport* Landesmeister *m;* ~

**championship** *sport* Landesmeisterschaft *f;* ~ **costume** Landestracht *f;* ~ **currency** *econ.* Landeswährung *f;* ~ **health** Volksgesundheit *f;* ~ **hero** Volksheld *m;* ~ **language** Landessprache *f;* ~ **pride** Nationalstolz *m;* ~ **record** *sport* Landesrekord *m;* ~ **team** *sport* Nationalmannschaft *f.* **2.** staatlich, öffentlich, Staats... **3.** a) landesweit (*Streik etc*), 'überregio,nal (*Zeitung, Sender etc*), b) Bundes... (*bei Bundesstaaten*), c) inländisch: ~ **call** *teleph.* Inlandsgespräch *n.* **4.** *pol.* (ein)heimisch. **5.** vaterländisch, patri'otisch. **II** *s* **6.** Staatsangehörige(r *m*) *f.* **7.** 'überregio,nale Zeitung. ~ **an·them** *s* Natio'nalhymne *f.* ~ **as·sem·bly** *s pol.* Natio'nalversammlung *f.* ~ **bank** *s econ.* Landes-, Natio'nalbank *f.* ~ **con·ven·tion** *s pol. Am.* Natio'nalkon,vent *m,* -par,teitag *m* (*e-r Partei, um den Präsidentschaftskandidaten aufzustellen, das Wahlprogramm festzulegen etc*). ~ **debt** *s econ.* öffentliche Schuld, Staatsschuld *f.* ~ **e·con·o·my** *s econ.* Natio'nalökono,mie *f*, Volkswirtschaft *f.* **N~ Gi·ro** Postscheckdienst *m* (*in Großbritannien*): ~ **account** Postscheckkonto *n.* **N~ Guard** *s Am.* Natio'nalgarde *f* (*Art Miliz*). **N~ Health Ser·vice** *s* staatlicher Gesundheitsdienst (*in Großbritannien*). **in·come** *s econ.* Volkseinkommen *n.* **N~In·sur·ance** *s* Sozi'alversicherung *f* (*in Großbritannien*).

**na·tion·al·ism** ['næʃnəlɪzəm] *s* **1.** Natio'nalgefühl *n*, -bewußtsein *n.* **2.** *pol.* a) Nationa'lismus *m*, b) natio'nale Poli'tik. **3.** *econ. Am.* Ver'staatlichungspoli,tik *f.* '**na·tion·al·ist I** *s pol.* Nationa'list(in). **II** *adj* nationa'listisch.

**na·tion·al·i·ty** [ˌnæʃəˈnæləti] *s* **1.** Nationali'tät *f*, Staatsangehörigkeit *f.* **2.** natio'nale Eigenart, Natio'nalcha,rakter *m.* **3.** natio'nale Einheit *od.* Unabhängigkeit. **4.** Nati'on *f.* **5.** Natio'nalgefühl *n.*

**na·tion·al·i·za·tion** [ˌnæʃnəlaɪˈzeɪʃn; *Am.* -lə'z-] *s* **1.** *bes. Am.* Einbürgerung *f*, Naturali'sierung *f.* **2.** *econ.* Verstaatlichung *f.* **3.** Verwandlung *f* in e-e (*einheitliche, unabhängige etc*) Nati'on. '**na·tion·al·ize** *v/t* **1.** einbürgern, naturali'sieren. **2.** *econ.* verstaatlichen. **3.** zu e-r Nati'on machen. **4.** *etwas zur Sache der* Nati'on machen: **to** ~ **a holiday** e-n Feiertag zum Nationalfeiertag erheben.

**na·tion·al**| **mon·u·ment** *s* Natio'naldenkmal *n.* ~ **park** *s* Natio'nalpark *m* (*Naturschutzgebiet*). ~ **prod·uct** *s econ.* Sozi'alpro,dukt *n.* ~ **ser·vice** *s bes. Br.* **1.** Wehr-, Mili'tärdienst *m:* **to do one's** ~ s-n Wehrdienst ableisten. **2.** Wehrpflicht *f.* **N~So·cial·ism** *s pol.* Natio'nalsozia,lismus *m.* **N~So·cial·ist** *pol.* **I** *s* Natio'nalsozia,list(in). **II** *adj* natio'nalsozia,listisch.

'**na·tion·hood** *s* (natio'nale) Souveräni'tät, Status *m* e-r Nati'on.

'**na·tion**|**-state** *s pol.* Natio'nalstaat *m.* '**~-wide** *adj* allgemein, das ganze Land um'fassend, natio'nal, landesweit.

'**na·tive** ['neɪtɪv] **I** *adj* (*adv* ~ly) **1.** angeboren (*to s.o.* j-m), na'türlich: ~ **ability;** ~ **right. 2.** eingeboren, Eingeborenen...: ~ **quarter** Eingeborenenviertel *n;* **to go** ~ a) unter den *od.* wie die Eingeborenen leben, b) *fig.* verwildern; **N~ American** Indianer(in). **3.** (ein)heimisch, inländisch, Landes...: ~ **plant** einheimische Pflanze; ~ **product** Landesprodukt *n.* **4.** heimatlich, Heimat...: ~ **country** Heimat *f*, Vaterland *n;* ~ **language** Muttersprache *f;* ~ **town** Heimat-, Vaterstadt *f;* ~ **place** Geburtsort *m*, Heimat *f.* **5.** ursprünglich, urwüchsig, na'turhaft: ~ **beauty. 6.** ursprünglich, eigentlich: **the** ~ **sense of a word. 7.** *Bergbau:* gediegen

(vorkommend), bergfein (*Metall etc*). **8.** *min.* a) roh, Jungfern..., b) na'türlich vorkommend. **9.** *obs.* a) nahe verwandt (**to** *dat*), b) (erb)rechtlich. **II** *s* **10.** Eingeborene(r *m*) *f.* **11.** Einheimische(r *m*) *f.* **12.** *Austral.* in Au'stralien geborener Brite. **13.** *bot. u. zo.* einheimisches Gewächs *od.* Tier. **14.** Na'tive *f* (*künstlich gezüchtete Auster*). **15.** *obs.* unfrei Geborene(r *m*) *f.*

'**na·tive**|**-born** *adj* gebürtig: **a** ~ **American. ~ cod** *s ichth.* Neu'england-Kabeljau *m.* ~ **speak·er** *s* Muttersprachler(in).

**na·tiv·ism** ['neɪtɪvɪzəm] *s* **1.** *pol. bes. Am.* Begünstigung *f* der Einheimischen vor den Einwanderern. **2.** *philos.* Nati'vismus *m.*

**na·tiv·i·ty** [nəˈtɪvəti; *Am.* a. neɪ-] *s* **1.** Geburt *f* (*a. fig.*). **2.** Geburt *f*, 'Herkunft *f.* **3. N~** *relig.* a) **the N~** die Geburt Christi (*a. paint. etc*), b) Weihnachten *n u. pl,* c) Ma'riä Geburt *f* (*8. September*): ~ **play** Krippenspiel *n.* **4.** *astr.* Nativi'tät *f,* (Ge'burts)Horo,skop *n.*

**na·tron** ['neɪtrɒn; *Am.* a. -ˌtrɑn] *s min.* kohlensaures Natron.

**nat·ter** ['nætə(r)] *bes. Br. colloq.* **I** *v/i* **1.** schwatzen, plaudern. **2.** *dial.* ‚mekkern‘, schimpfen (**about** *über acc*). **II** *s* **3.** Plausch *m*, Schwatz *m:* **to have a** ~ e-n Plausch *od.* Schwatz halten.

**nat·ti·ness** ['nætɪnɪs] *s* **1.** (*das*) Schmucke, Sauberkeit *f.* **2.** Gewandtheit *f.* '**nat·ty** *adj* (*adv* nattily) **1.** schick, ele'gant, geschniegelt, schmuck, sauber: **he is a** ~ **dresser** er ist immer piekfein angezogen. **2.** gewandt, schwungvoll.

**nat·u·ral** ['nætʃrəl] **I** *adj* (*adv* → naturally) **1.** na'türlich, Natur...: ~ **law** Naturgesetz *n;* **a** ~ **disaster** e-e Naturkatastrophe; **to die a** ~ **death** e-s natürlichen Todes sterben; ~ **person** 1. **2.** na'turgemäß, der menschlichen Na'tur entsprechend. **3.** na'turbedingt, den Na'turgesetzen entsprechend *od.* folgend. **4.** angeboren, na'türlich, eigen (**to** *dat*): ~ **talent** natürliche Begabung. **5.** geboren: **a** ~ **leader. 6.** re'al, wirklich, physisch. **7.** selbstverständlich, na'türlich: **it comes quite** ~ **to him** es fällt ihm leicht. **8.** na'türlich, ungezwungen, ungekünstelt (*Benehmen etc*). **9.** üblich, nor'mal, na'türlich: **it is** ~ **for him to get drunk** es ist ganz normal, daß er sich betrinkt. **10.** na'turgetreu, na'türlich wirkend (*Nachahmung, Bild etc*). **11.** unbearbeitet, Natur..., Roh... **12.** na'turhaft, urwüchsig. **13.** fleischfarben. **14.** unehelich: ~ **child;** ~ **father. 15.** *bot.* in der Na'tur *od.* wild wachsend. **16.** *math.* na'türlich: ~ **number. 17.** *mus.* a) ohne Vorzeichen, b) mit e-m Auflösungszeichen (versehen) (*Note*), c) Vokal...: ~ **music.**

**II** *s* **18.** *obs.* Idi'ot *m*, Schwachsinnige(r *m*) *f.* **19.** Art *f*, Na'tur *f*, Veranlagung *f.* **20.** *colloq.* a) na'turta,lent *n* (*Person*), b) (sicherer) Erfolg (*a. Person*), (e-e) ‚klare Sache‘ (**for** *s.o.* für j-n). **21.** *mus.* a) Auflösungszeichen *n*, b) aufgelöste Note, c) Stammton *m*, d) weiße Taste (*e-r Kla*viatur).

'**nat·u·ral**|**-born** *adj* von Geburt, geboren: ~ **genius** geborenes Genie. ~ **child·birth** *s med.* na'türliche Geburt. ~ **day** *s* na'türlicher Tag (*zwischen dem Auf- u. Untergang der Sonne*).

**nat·u·ral·esque** [ˌnætʃrəˈlesk] *adj paint. etc* natura'listisch.

**nat·u·ral**| **fre·quen·cy** *s phys.* 'Eigenfre,quenz *f.* ~ **gas** *s geol.* Erdgas *n.* ~ **gen·der** *s ling.* na'türliches Geschlecht. ~ **his·to·ry** *s* Na'turgeschichte *f.*

**nat·u·ral·ism** ['nætʃrəlɪzəm] *s* **1.** *philos. art* Natura'lismus *m.* **2.** *relig.* Na'turglaube *m.* '**nat·u·ral·ist I** *s* **1.** Na'tur-

kundige(r *m*) *f*, -wissenschaftler(in), -forscher(in), *bes.* Zooˈloge *m od.* Boˈtaniker *m*. **2.** *philos. art* Naturaˈlist *m*. **3.** *relig.* Naˈturgläubige(r *m*) *f*. **4.** *Br.* a) Tierhändler *m*, b) ˈTierpräpaˌrator *m*. **5.** Naˈturschützer(in). **II** *adj* **6.** naturaˈlistisch. ˌnat·u·ralˈis·tic *adj* **1.** *philos. art* naturaˈlistisch. **2.** *relig.* naˈturgläubig. **3.** naˈturkundlich, -geschichtlich.

**nat·u·ral·i·za·tion** [ˌnætʃrəlaiˈzeiʃn; *Am.* -ləˈz-] *s* **1.** *pol.* Naturaliˈsierung *f*, Einbürgerung *f* (*a. fig.*). **2.** Akklimatiˈsierung *f*. ˈnat·u·ral·ize **I** *v/t* **1.** naturaliˈsieren, einbürgern. **2.** *fig.* einbürgern: a) *ling. etc* aufnehmen, einführen, b) *bot. zo.* heimisch machen. **3.** akklimatiˈsieren (*a. fig.*). **4.** *etwas* naˈtürlich machen *od.* gestalten. **II** *v/i* **5.** eingebürgert *od.* naturaliˈsiert werden. **6.** sich akklimatiˈsieren.

**nat·u·ral·ly** [ˈnætʃrəli] *adv* **1.** von Naˈtur (aus). **2.** instinkˈtiv, sponˈtan: **learning comes ~ to him** das Lernen fällt ihm leicht. **3.** auf naˈtürlichem Wege, natürlich. **4.** *a. interj* naˈtürlich. ˈnat·u·ral·ness *s allg.* Naˈtürlichkeit *f*.

**nat·u·ral**| **or·der** *s* **1.** naˈtürliche (An-)Ordnung. **2.** *bot.* Ordnung *f* des naˈtürlichen ˈPflanzensyˌstems. **~ phi·los·o·pher** *s* **1.** Naˈturphiloˌsoph *m*, -forscher *m*. **2.** Physiker *m*. **~ phi·los·o·phy** *s* **1.** Naˈturphiloˌsophie *f*, -kunde *f*. **2.** Phyˈsik *f*. **~ re·li·gion** *s* Naˈturreligiˌon *f*. **~ rights** *s pl jur. pol.* Naˈturrechte *pl* (*der Menschen*). **~ scale** *s* **1.** *mus.* Stammtonleiter *f*, Naˈturskala *f*. **2.** *math.* Achse *f* der naˈtürlichen Zahlen. **~ sci·ence** *s* Naˈturwissenschaft *f*. **~ sci·en·tist** *s* Naˈturwissenschaftler(in). **~ se·lec·tion** *s biol.* naˈtürliche Auslese. **~ sign** *s mus.* Auflösungszeichen *n*, Auflöser *m*. **~ steel** *s metall.* Renn-, Roh-, Wolfsstahl *m*. **~ vow·el** *s ling.* Naˈturvoˌkal *m* (*unbetonter Vokal mittlerer Zungenstellung, bes. der Schwa-Laut*).

**na·ture** [ˈneitʃə(r)] *s* **1.** *allg.* Naˈtur *f*: a) Schöpfung *f*, Weltall *n*, b) *a.* N~ Naˈturkräfte *pl*: **law of** ~ Naturgesetz *n*; → **debt** 1, c) naˈtürliche Landschaft: **the beauty of** ~ die Schönheit der Natur; → *Conservancy Br.* Naturschutzbehörde *f*, d) Naˈturzustand *m*: **back to** ~ zurück zur Natur; → **state** 4, e) Konstitutiˈon *f* (*des Menschen etc*): → **ease** 10, **relieve** 1, f) Wirklichkeit *f*: **from** ~ **paint.** nach der Natur; → **true** 4. **2.** Naˈtur *f*: a) Chaˈrakter *m*, (Eigen)Art *f*, Wesen *n*, Veranlagung *f*: **by** ~ von Natur (aus); **it is in her** ~ es liegt in ihrem Wesen; → **alien** 6, **human** 1, **second**[1] 1, b) (Gemüts)Art *f*, Natuˈrell *n*, Wesen *n*: **her sunny** ~; **of good** ~ gutherzig, -mütig, c) *collect.* naˈtürliche Triebe *pl od.* Inˈstinkte *pl.* **3.** Freundlichkeit *f*, Liebe *f*. **4.** Art *f*, Sorte *f*: **things of this** ~ Dinge dieser Art; ~ **of the business** *econ.* Gegenstand *m* der Firma; **of a business** ~ geschäftlicher Art; **of** (*od.* **in**) **the** ~ **of a trial** nach Art *od.* in Form e-s Verhörs; **of a grave** ~ ernster Natur; **it is in the** ~ **of things** es liegt in der Natur der Sache. **5.** (naˈtürliche) Beschaffenheit *f*: **the** ~ **of the gases**. **-natured** [ˈneitʃə(r)d] *in Zssgn* geartet, ...artig, ...mütig: → **good-natured**, *etc.*

**na·ture**| **god** *s* Naˈturgottheit *f*. **~ myth** *s* Naˈturmythus *m*. **~ print·ing** *s* Naˈturselbstdruck *m*. **~ re·serve** *s* Naˈturschutzgebiet *n*. **~ spir·it** *s myth.* Elemenˈtargeist *m*. **~ stud·y** *s ped.* Naˈturlehre *f*, -kunde *f* (*als Lehrfach*). **~ trail** *s* Naˈturlehrpfad *m*. **~ wor·ship** *s relig.* Naˈturanbetung *f*.

**na·tur·ism** [ˈneitʃərizəm] *s* **1.** *Theorie*, nach welcher die früheste Religion e-e Naturreligion war. **2.** → **nudism** 1.

---

**na·tur·o·path** [ˈneitʃərəpæθ; *Am. a.* nəˈtjʊrə-] *s med.* **1.** Naˈturarzt *m*. **2.** Naˈturheilkundige(r) *m* (*Nichtarzt*). **na·tur·op·a·thy** [ˌneitʃəˈrɒpəθi; *Am.* -ˈrɑ-] *s med.* **1.** Naˈturheilverfahren *n*. **2.** Naˈturheilkunde *f*.

**naught** [nɔːt; *Am. a.* nɑːt] **I** *s* **1.** Null *f*. **2.** Verderben *n*: **to bring** (**come**) **to** ~ zunichte machen (werden). **3.** *poet. od. obs.* nichts: **to care** ~ **for** nichts übrig haben für; **to set at** ~ *etwas* ignorieren, in den Wind schlagen; **all for** ~ alles umsonst. **II** *adj* **4.** *obs.* a) wertlos, b) verloren, vernichtet, c) böse, schlecht, sündhaft. **III** *adv* **5.** *obs.* keineswegs. **naugh·ti·ness** [ˈnɔːtinis; *Am. a.* ˈnɑː-] *s* Ungezogenheit *f*, Unartigkeit *f*. ˈnaugh·ty *adj* (*adv* naughtily) **1.** frech, ungezogen, unartig: **a** ~ **child**; ~, ~! aber, aber! **2.** ungehörig: ~ **manners**. **3.** unanständig, schlimm: ~ **words**.

**nau·se·a** [ˈnɔːsjə; -ziə; *Am. a.* -ʃə; -ʒə] *s* **1.** Übelkeit *f*, Brechreiz *m*. **2.** Seekrankheit *f*. **3.** *fig.* Ekel *m*. ˈnau·se·ant *med.* **I** *adj* Ekel erregend. **II** *s* Brechmittel *n*. ˈnau·se·ate [-sieit; -zi-; *Am. a.* -ʒieit; -ʃi-] **I** *v/i* **1.** (e-n) Brechreiz empfinden, sich ekeln (**at** *vor dat*). **II** *v/t* **2.** sich ekeln vor (*dat*). **3.** mit Ekel erfüllen, anekeln, *j-m* Übelkeit erregen: **to be** ~**d** (**at**) → **1.** ˈnau·se·at·ing *adj* ekelerregend, widerlich. ˌnau·se·aˈtion *s* **1.** Übelsein *n*. **2.** Ekel *m*. **3.** Anekeln *n*. ˈnau·se·ous [-sjəs; *Am.* -ziəs; -ʃəs] *adj a. fig.* ekelhaft, Übelkeit erregend, widerlich, abˈscheulich.

**nautch** [nɔːtʃ] *s Br. Ind.* Natsch-Tanz *m*: ~ **girl** Bajadere *f*, Natsch-Mädchen *n*.

**nau·tic** [ˈnɔːtik] → **nautical**.

**nau·ti·cal** [ˈnɔːtikl] *adj* (*adv* ~**ly**) *mar.* nautisch, Schiffs..., Marine..., See(fahrts)...: ~ **school** Seefahrtsschule *f*. ~ **al·ma·nac** *s mar.* nautisches Jahrbuch. ~ **chart** *s mar.* Seekarte *f*.

**nau·ti·lus** [ˈnɔːtiləs; *Am. a.* ˈnɑː-] *pl* **-lus·es** *od.* **-li** [-lai] *s ichth.* Nautilus *m*.

**na·val** [ˈneivl] *adj mar.* **1.** Flotten..., (Kriegs)Marine... **2.** See..., Schiffs... ~ **a·cad·e·my** *s mar.* Maˈrineakadeˌmie *f*. **2.** Navigatiˈonsschule *f*. ~ **ar·chi·tect** *s mar.* ˈSchiffbauingeniˌeur *m*. ~ **ar·chi·tec·ture** *s mar.* Schiffbau *m*. ~ **at·ta·ché** *s mar. pol.* Maˈrineattaˌché *m*. ~ **base** *s mar.* Flottenstützpunkt *m*, -basis *f*. ~ **bat·tle** *s mar.* Seeschlacht *f*. ~ **ca·det** *s mar.* ˈSeekaˌdett *m*. ~ **con·struc·tor** *s mar. mil.* Schiffbaufachmann *m*, ˈSchiffbauoffiˌzier *m*. ~ **ex·er·cis·es** *s pl mar. mil.* Flottenmaˌnöver *pl.* ~ **forc·es** *s pl mar.* Seestreitkräfte *pl.* ~ **gun** *s mar.* Schiffsgeschütz *n*. ~ **in·tel·li·gence** *s mar.* Maˈrinenachrichtendienst *m*. ~ **of·fi·cer** *s mar.* **1.** *mil.* Maˈrineoffiˌzier *m*. **2.** *Am.* (höherer) Hafenzollbeamter. ~ **pow·er** *s mar. pol.* Seemacht *f*: **the** ~**s** die Seemächte. ~ **stores** *s pl mar.* Schiffsbedarf *m*.

**nave**[1] [neiv] *s arch.* Mittel-, Hauptschiff *n*: ~ **of a cathedral**.

**nave**[2] [neiv] *s* **1.** *tech.* (Rad)Nabe *f*: ~ **box** Nabenbüchse *f*. **2.** *obs.* Nabel *m*.

**na·vel** [ˈneivl] *s* **1.** *anat.* Nabel *m*. **2.** *fig.* Nabel *m*, Mittelpunkt *m*. **3.** *her.* Mittelpunkt *m* des Feldes. **4.** ˈNaveloˌrange *f*. ~ **or·ange** *s* ˈNaveloˌrange *f*. ~ **string** *s anat.* Nabelschnur *f*.

**nav·i·cert** [ˈnævisɑːt; *Am.* -ˌsɜːrt] *s econ. mar.* Navicert *n* (*Geleitschein für neutrale [Handels]Schiffe im Krieg*).

**na·vic·u·la** [nəˈvikjʊlə] *pl* **-lae** [-liː] *s relig.* Weihrauchgefäß *n*. naˈvic·u·lar **I** *adj* **1.** nachen-, boot-, kahnförmig: ~

---

**bone** → **3**. **2.** *bot.* kahnförmig. **II** *s* **3.** *anat.* Kahnbein *n*.

**nav·i·ga·bil·i·ty** [ˌnævigəˈbiləti] *s* **1.** *mar.* a) Schiffbarkeit *f*, Befahrbarkeit *f*: ~ **of a canal**, b) Fahrtüchtigkeit *f*: ~ **of a ship**. **2.** *aer.* Lenkbarkeit *f*. ˈnav·i·ga·ble *adj* **1.** *mar.* a) schiffbar, (be-)fahrbar, b) fahrtüchtig. **2.** *aer.* lenkbar (*Luftschiff*). ˈnav·i·ga·ble·ness → **navigability**.

**nav·i·gate** [ˈnævigeit] **I** *v/i* **1.** (zu Schiff) fahren, segeln. **2.** *bes. aer. mar.* naviˈgieren, steuern, orten (**to** nach). **II** *v/t* **3.** *mar.* a) befahren, beschiffen, b) durchˈfahren: **to** ~ **the seas**. **4.** *aer.* durchˈfliegen. **5.** *aer. mar.* steuern, lenken, naviˈgieren.

**nav·i·gat·ing of·fi·cer** [ˈnævigeitiŋ] *s aer. mar.* Navigatiˈonsoffiˌzier *m*.

**nav·i·ga·tion** [ˌnæviˈgeiʃn] *s* **1.** *mar.* Schiffahrt *f*, Seefahrt *f*. **2.** Navigatiˈon *f*: a) *mar.* Nautik *f*, Schiffahrtskunde *f*, b) *aer.* Flugzeugführung *f*, *engS.* Navigatiˈonskunde *f*, c) *aer. mar.* Ortung *f*. **3.** *obs.* a) Schiffe *pl*, b) (künstlicher) Wasserweg. **N~ Act** *s hist.* Navigatiˈonsakte *f* (*1651*). ˌnav·i·ga·tion·al [-ʃənl] *adj* Navigations...: ~ **aid**; ~ **chart**. **nav·i·ga·tion**| **chan·nel** *s mar.* Fahrwasser *n*. ~ **chart** *s* Navigatiˈonskarte *f*. ~ **guide** *s aer. mar.* Bake *f*. ~ **head** *s mar.* Schiffbarkeitsgrenze *f*, Endhafen *m*. ~ **light** *s aer.* Positiˈonslicht *n*. ~ **sat·el·lite** *s* Navigatiˈonssatelˌlit *m*.

**nav·i·ga·tor** [ˈnævigeitə(r)] *s* **1.** *mar.* a) Seefahrer *m*, b) Nautiker *m*, c) Steuermann *m*, d) *Am.* Navigatiˈonsoffiˌzier *m*. **2.** *aer.* a) Naviˈgator *m*, b) Beobachter *m*. **3.** → **navvy** 1.

**nav·vy** [ˈnævi] *s Br.* **1.** a) Kaˈnal-, Erd-, Streckenarbeiter *m*, b) Bauarbeiter *m*. **2.** *tech.* a) ˈAusschachtmaˌschine *f*, Exkaˈvator *m*, b) Trocken-, Löffelbagger *m*.

**na·vy** [ˈneivi] *s mar.* **1.** *meist* N~ ˈKriegsmaˌrine *f*: **the Royal** (**British**) N~. **2.** *mar.* Kriegsflotte *f*. **3.** *obs. allg.* Flotte *f*. ~ **blue** *s* Maˈrineblau *n*. **N~ Board** *s mar. Br.* Admiraliˈtät *f*. **N~ Cross** *s mar. Am.* ein Tapferkeitsorden für Verdienste im Seekrieg. ~ **cut** *s* Maˈrineschnitt *m* (*Tabak*). **N~ De·part·ment** *s Am.* Maˈrineamt *n*, -miniˌsterium *n*. ~ **league** *s* Flottenverein *m*. **N~ List** *s mar.* ˈrineˌrangliste *f*. ~ **plug** *s* (*starker, dunkler*) Plattentabak. **N~ Reg·is·ter** *s mar. Am.* (*jährlich erscheinende*) *Liste der Offiziere u. Schiffe der US-Marine*. ~ **yard** *s mar.* Maˈrinewerft *f*.

**na·wab** [nəˈwɑːb] *s* **1.** N~ Naˈwab *m* (*Fürsten- od. Ehrentitel in Indien*). **2.** Nabob *m*, in Indien reich gewordener Engländer.

**nay** [nei] **I** *adv* **1.** *obs.* nein (*als Antwort*): **to say** (**s.o.**) → (j-m) s-e Zustimmung verweigern. **2.** *obs.* ja soˈgar: **it is enough**, ~, **too much**. **II** *s* **3.** *parl. etc* Nein(stimme *f*) *m*: **the** ~**s** die Neinstimmen. **4.** *obs.* Nein *n*: **the** ~ **of a trial**. Der Antrag ist abgelehnt! **4.** *obs.* Nein *n*.

**Naz·a·rene** [ˌnæzəˈriːn] *s* Nazaˈrener *m*: a) Bewohner *von Nazareth*, b) *Christus*, c) Anhänger *Christi*, d) *streng judenchristlicher Sektierer*.

**naze** [neiz] *s* Landspitze *f*, Vorgebirge *n*.

**Na·zi** [ˈnɑːtsi; *Am. a.* ˈnætsi] *pol. hist.* **I** *s* ˌNaziˈ *m*, Natioˈnalsoziaˌlist *m*. **II** *adj* **1.** n~ Nazi... ˈNa·zism, *a.* ˈNa·zi·ism *s* Naˈzismus *m*.

**Ne·an·der·thal** [niˈændə(r)tɑːl; *Am.* ˌˈtɔːl; -ˌθɔːl] *adj* Neandertal...: ~ **man** Neandertaler *m*.

**neap** [niːp] **I** *adj* niedrig, abnehmend (*Flut*). **II** *s a.* ~ **tide** Nippflut *f*. **III** *v/i* zuˈrückgehen (*Flut*).

**Ne·a·pol·i·tan** [nɪəˈpɒlɪtən; *Am.* -ˈpɑ-] **I** *adj* neapoli'tanisch: ~ **ice-cream** Fürst-Pückler-Eis *n*. **II** *s* Neapoli'taner(in).

**near** [nɪə(r)] **I** *adv* **1.** nahe, (ganz) in der Nähe, dicht da'bei. **2.** nahe (bevorstehend) (*Zeitpunkt, Ereignis etc*), vor der Tür: ~ **upon five o'clock** ziemlich genau um 5 Uhr. **3.** nahe (her'an), näher: **he stepped** ~. **4.** *colloq.* annähernd, nahezu, beinahe, fast: **not** ~ **so bad** nicht annähernd so schlecht, bei weitem nicht so schlecht. **5.** *fig.* sparsam: **to live** ~ sparsam *od.* kärglich leben. **6.** *fig.* eng (verwandt, befreundet *etc*), innig (vertraut). **7.** *mar.* hart (*am Winde*): **to sail** ~ **to the wind**.

*Besondere Redewendungen:*
~ **at hand** a) → **1**, b) → **2**; ~ **by** → **nearby** I; **to come** (*od.* **go**) ~ **to** a) sich ungefähr belaufen auf (*acc*), b) e-r *Sache* sehr nahe- *od.* fast gleichkommen, fast (*etwas*) sein; **to come** (*od.* **go**) ~ **to doing s.th.** etwas fast *od.* beinahe tun; **not to come** ~ **to s.th.** in keinem Verhältnis stehen zu etwas; → **draw near**.

**II** *adj* (*adv* → **nearly**) **8.** nahe(gelegen), in der Nähe: **the** ~**est place** der nächstgelegene Ort. **9.** kurz, nahe: **the** ~**est way** der kürzeste Weg; ~ **miss** a) *mil.* Nachkrepierer *m*, b) *fig.* fast ein Erfolg, c) *aer.* Beinahezusammenstoß *m*. **10.** nahe (*Zeit, Ereignis*): **Christmas is** ~; **the** ~ **future**. **11.** nahe (verwandt): **the** ~**est relations** die nächsten Verwandten. **12.** eng (befreundet *od.* vertraut), in'tim, nahestehend (**s.o.** j-m): **a** ~ **friend** ein naher Freund. **13.** von unmittelbarem Inter'esse, a'kut, brennend: **a** ~ **problem**. **14.** knapp: **a** ~ **race; that was a** ~ **thing** *colloq.* ,das hätte ins Auge gehen können', das ist gerade noch einmal gutgegangen. **15.** genau, wörtlich, wortgetreu: **a** ~ **translation**. **16.** sparsam, geizig. **17.** nachgemacht, Imitations...: ~ **beer** Dünnbier *n*; ~ **leather** Imitationsleder *n*; ~ **silk** Halbseide *f*.

**III** *prep* **18.** nahe (*dat*), in der Nähe von (*od. gen*), nahe an (*dat*) *od.* bei, unweit (*gen*): ~ **our garden**; ~ **s.o.** in j-s Nähe; ~ **completion** der Vollendung nahe; ~ **here** nicht weit von hier; ~ **doing s.th.** nahe daran, etwas zu tun. **19.** (*zeitlich*) nahe, nicht weit von.

**IV** *v/t u. v/i* **20.** sich nähern, näherkommen (*dat*): **to be** ~**ing completion** der Vollendung entgegengehen.

**near·by** **I** *adv* [ˌnɪə(r)ˈbaɪ] in der Nähe, nahe. **II** *adj* [ˈnɪə(r)baɪ] → **near 8**.

**Ne·arc·tic** [nɪˈɑː(r)ktɪk; *Am. a.* -ˈɑːrtɪk] *adj geogr.* ne'arktisch (*zum gemäßigten u. arktischen Nordamerika gehörend*).

**ˌnear|-ˈdeath ex·pe·ri·ence** *s* Sterbeerlebnis *n*. **N~ East** *s geogr. pol.* **1.** *Br. obs.* (die) Balkanstaaten *pl*. **2.** (*der*) Nahe Osten.

**near·ly** [ˈnɪə(r)lɪ] *adv* **1.** beinahe, fast. **2.** annähernd: **he is not** ~ **so stupid** er ist bei weitem nicht so dumm. **3.** genau, gründlich, eingehend. **4.** nahe, eng (*verwandt etc*).

**near·ness** [ˈnɪə(r)nɪs] *s* **1.** Nähe *f*. **2.** Innigkeit *f*, Vertrautheit *f*. **3.** große Ähnlichkeit. **4.** Knauserigkeit *f*.

**near|point** *s opt.* Nahpunkt *m*. ~**ˈside** *mot.* Beifahrerseite *f*: ~ **door** Beifahrertür *f*. ~**ˈsight·ed** *adj* kurzsichtig. ~**ˈsight·ed·ness** *s* Kurzsichtigkeit *f*.

**neat¹** [niːt] *adj* (*adv* ~**ly**) **1.** sauber: a) ordentlich, reinlich, gepflegt: (**as**) ~ **as a pin** blitzsauber, b) gefällig, nett, a'drett, geschmackvoll, c) sorgfältig: ~ **style** gewandter Stil, d) 'übersichtlich, e) geschickt: **a** ~ **solution** e-e saubere *od.* ,elegante' Lösung, f) tadellos: **a** ~ **job**. **2.** raffi'niert, schlau: ~ **plans**. **3.** ,hübsch',

,schön': **a** ~ **profit**. **4.** treffend: **a** ~ **answer**. **5.** *bes. Am. sl.* ,klasse', ,prima'. **6.** a) rein: ~ **silk**, b) pur: **to drink one's whisky** ~.

**neat²** [niːt] **I** *s sg u. pl* **1.** collect. Rind-, Hornvieh *n*, Rinder *pl*. **2.** Ochse *m*, Rind *n*. **II** *adj* **3.** Rind(er)...: ~ **leather** Rind(s)leder *n*.

**'neath, neath** [niːθ] *prep poet. od. dial.* unter (*dat*), 'unterhalb (*gen*).

**'neat-,hand·ed** *adj* behend(e), geschickt, flink.

**'neat·herd** *s* Kuhhirte *m*.

**neat·ness** [ˈniːtnɪs] *s* **1.** Ordentlichkeit *f*, Sauberkeit *f*. **2.** Gefälligkeit *f*, Nettigkeit *f*. **3.** schlichte Ele'ganz, Klarheit *f* (*des Stils etc*). **4.** a) Gewandtheit *f*, b) Schlauheit *f*. **5.** Reinheit *f*.

**'neat's-foot oil** *s* Klauenfett *n*.

**Ne·bras·kan** [nɪˈbræskən] **I** *adj* aus *od.* von Ne'braska. **II** *s* Bewohner(in) von Ne'braska.

**neb·u·la** [ˈnebjʊlə] *pl* **-lae** [-liː] *od.* **-las** *s* **1.** *astr.* Nebel(fleck) *m*. **2.** *med.* a) Wolke *f*, Trübheit *f* (*im Urin*), b) Hornhauttrübung *f*. **'neb·u·lar** *adj astr.* **1.** Nebel-(fleck)..., Nebular... **2.** nebelartig.

**neb·u·lé** [ˈnebjʊleɪ; -lɪ] *adj* **1.** *her.* wellig. **2.** *arch.* Wellen...

**neb·u·lize** [ˈnebjʊlaɪz] **I** *v/t* Flüssigkeiten zerstäuben. **II** *v/i* zerstäubt werden. **'neb·u·liz·er** *s* Zerstäuber *m*.

**neb·u·los·i·ty** [ˌnebjʊˈlɒsətɪ; *Am.* -ˈlɑ-] *s* **1.** Neb(e)ligkeit *f*. **2.** Trübheit *f*. **3.** *fig.* Verschwommenheit *f*. **4.** *astr.* a) Nebelhülle *f*, b) Nebel(fleck) *m*.

**neb·u·lous** [ˈnebjʊləs] *adj* (*adv* ~**ly**) **1.** neb(e)lig, wolkig. **2.** trüb, wolkig (*Flüssigkeit*). **3.** *fig.* verschwommen, nebelhaft. **4.** *astr.* a) nebelartig, b) Nebel...: ~ **star** Nebelstern *m*.

**nec·es·sar·i·ly** [ˈnesəsərəlɪ; *bes. Am.* ˌnesəˈserəlɪ] *adv* **1.** notwendigerweise. **2.** unbedingt: **you need not** ~ **do it**.

**nec·es·sar·y** [ˈnesəsərɪ; *Am.* -ˌserɪ] **I** *adj* **1.** notwendig, nötig, erforderlich (**to** für): **it is** ~ **for me to do it** ich muß es tun; **a** ~ **evil** ein notwendiges Übel; **if** ~ nötigenfalls. **2.** unvermeidlich, zwangsläufig, notwendig: **a** ~ **consequence**. **3.** 'unum,stößlich: **a** ~ **truth**. **II** *s* **4.** Erfordernis *n*, Bedürfnis *n*: **necessaries of life** lebensnotwendiger Bedarf, Lebensbedürfnisse, *a. jur.* für den Lebensunterhalt notwendige Dinge *od.* Aufwendungen. **5.** *econ.* Be'darfsar,tikel *m*.

**ne·ces·si·tar·i·an** [nɪˌsesɪˈteərɪən] *philos.* **I** *s* Determi'nist *m*. **II** *adj* determi-'nistisch. **ne·ces·si'tar·i·an·ism** *s* Determi'nismus *m*.

**ne·ces·si·tate** [nɪˈsesɪteɪt] *v/t* **1.** etwas notwendig *od.* nötig machen, erfordern, verlangen. **2.** j-n zwingen, nötigen. **ne·ces·si'ta·tion** *s* Nötigung *f*.

**ne·ces·si·tous** [nɪˈsesɪtəs] *adj* (*adv* ~**ly**) **1.** bedürftig, notleidend. **2.** dürftig, ärmlich (*Umstände*).

**ne·ces·si·ty** [nɪˈsesɪtɪ] *s* **1.** Notwendigkeit *f*: a) Erforderlichkeit *f*: **as a** ~, **of** ~ notwendigerweise, zwangsläufig, notgedrungen, b) 'Unum,gänglichkeit *f*, Unvermeidlichkeit *f*, c) Zwang *m*: **to be under the** ~ **of doing** gezwungen sein zu tun. **2.** (dringendes) Bedürfnis: **necessities of life** lebensnotwendiger Bedarf. **3.** Not *f*, Zwangslage *f*: ~ **is the mother of invention** Not macht erfinderisch; ~ **knows no law** Not kennt kein Gebot; **in case of** ~ im Notfall; → **virtue 3**. **4.** Not(lage) *f*, Bedürftigkeit *f*. **5.** *jur.* Notstand *m*.

**neck** [nek] **I** *s* **1.** Hals *m* (*a. weitS.* e-r *Flasche, am Gewehr, am Saiteninstrument*). **2.** Nacken *m*, Genick *n*: **to break one's** ~ a) sich das Genick brechen, b) *fig. colloq.* sich ,umbringen'. **3.** a) (Land-,

Meer)Enge *f*, b) Engpaß *m*. **4.** → **neckline**. **5.** Hals-, Kammstück *n* (*von Schlachtvieh*). **6.** *anat.* Hals *m* (*bes. e-s Organs*): ~ **of a tooth** Zahnhals; ~ **of the uterus** Gebärmutterhals. **7.** *geol.* Stiel(gang) *m*, Schlotgang *m*. **8.** *arch.* Halsglied *n* (*e-r Säule*). **9.** *tech.* a) (Wellen)Hals *m*, b) Schenkel *m* (*e-r Achse*), c) (abgesetzter) Zapfen, d) Füllstutzen *m*, e) Ansatz *m* (*e-r Schraube*). **10.** *print.* Konus *m* (*der Type*).

*Besondere Redewendungen:*
~ **of the woods** *colloq.* Nachbarschaft *f*, Gegend *f*; ~ **and** ~ Kopf an Kopf (*a. fig.*); **to be** ~ **and** ~ Kopf an Kopf liegen; **to win by a** ~ um e-e Halslänge (*fig.* um e-e Nasenlänge) gewinnen; ~ **and crop** mit Stumpf u. Stiel; ~ **and heel** a) ganz u. gar, b) fest, sicher (*binden*); **to get** (*od.* **catch**) **it in the** ~ *colloq.* ,eins aufs Dach bekommen'; ~ **or nothing** a) (*adv*) auf Biegen oder Brechen, b) (*attr*) tollkühn, verzweifelt; **it is** ~ **or nothing** jetzt geht es aufs Ganze, jetzt geht es um alles oder nichts; **on** (*od.* **in**) **the** ~ **of** unmittelbar nach; **to be up to one's** ~ **in debt** bis über die Ohren in Schulden stecken; **to have s.o. round one's** ~ j-n am Hals haben; **to risk one's** ~ Kopf u. Kragen riskieren; **to save one's** ~ den Kopf aus der Schlinge ziehen; **to stick one's** ~ **out** viel riskieren, den Kopf hinhalten (**for** für); **to tread on s.o.'s** ~ j-m den Fuß in den Nacken setzen, j-n unterjochen; → **dead l**.

**II** *v/t* **11.** e-m *Huhn etc* den Hals 'umdrehen *od.* den Kopf abschlagen. **12.** *colloq.* ,(ab)knutschen', ,knutschen' *od.* ,schmusen' mit. **13.** *a.* ~ **out** *tech.* aushalsen: **to** ~ **down** absetzen (*Durchmesser nahe dem Ende verringern*). **III** *v/i* **14.** *colloq.* ,knutschen', ,schmusen'.

**ˌneck|-and-ˈneck** *adj* Kopf-an-Kopf-... (*a. fig.*): **a** ~ **race**. ~**ˈband** *s* Halsbund *m*. ~**ˈcloth** *s* Halstuch *n*.

**-necked** [nekt] *adj* ...halsig, ...nackig.

**neck·er·chief** [ˈnekə(r)tʃɪf] *s* Halstuch *n*.

**neck·ing** [ˈnekɪŋ] *s* **1.** *arch.* Säulenhals *m*. **2.** *tech.* a) Aushalsen *n* (*e-s Hohlkörpers*), b) Querschnittverminderung *f*. **3.** *colloq.* ,Geknutsch' *n*, ,Geschmuse' *n*.

**neck·lace** [ˈneklɪs] *s* **1.** Halskette *f*, -schmuck *m*. **2.** Halsband *n*: ~ **microphone** Kehlkopfmikrophon *n*.

**neck·let** [ˈneklɪt] → **necklace**.

**neck| le·ver** *s* Ringen: Nackenhebel *m*. ~**ˈline** *s* Ausschnitt *m* (*am Kleid*). ~**ˈmo(u)ld**, ~ **mo(u)ld·ing** *s arch.* Halsring *m* (*e-r Säule*). ~**ˈpiece** *s* **1.** Pelzkragen *m*. **2.** *tech.* Kehle *f*, Hals(stück *n*) *m*. ~ **scis·sors** *s pl* (*als sg konstruiert*) Ringen: Halsschere *f*. ~**ˈtie** *s* *Am.* **1.** Kra'watte *f*, Schlips *m*. **2.** *sl.* Schlinge *f* (*des Henkers*): ~ **party** Lynchen *n* durch (Auf)Hängen; ~ **wear** *s collect.* Kra-'watten *pl*, Kragen *pl*, Halstücher *pl*.

**ne·crol·o·gist** [neˈkrɒlədʒɪst; *Am.* -ˈkrɑ-] *s* Schreiber *m* von Nekro'logen.

**nec·ro·logue** [ˈnekrəlɒg; *Am. a.* -ˌlɑg] *s* Nekro'log *m*, Nachruf *m*. **ne'crol·o·gy** [-dʒɪ] *s* **1.** Toten-, Sterbeliste *f* (*in Klöstern etc*). **2.** → **necrologue**.

**nec·ro·man·cer** [ˈnekrəʊmænsə(r)] *s* **1.** Geister-, Totenbeschwörer *m*. **2.** *allg.* Schwarzkünstler *m*. **'nec·ro·man·cy** *s* **1.** Geister-, Totenbeschwörung *f*, Nekro-man'tie *f*. **2.** *allg.* Schwarze Kunst.

**nec·ro·man·tic** [nekrəʊˈmæntɪk] *adj* (*adv* ~**ally**) **1.** nekro'mantisch, geisterbeschwörend. **2.** Zauber...

**ne·croph·i·lism** [neˈkrɒfɪlɪzm; *Am.* -ˈkrɑ-] *s* *med. psych.* Nekrophi'lie *f*: a) krankhafte Vorliebe für Leichen, b) Leichenschändung *f*. **ne'croph·i·lous** *adj* *zo.* aasliebend.

**nec·ro·pho·bi·a** [ˌnekrəʊˈfəʊbɪə] *s* *med.*

*psych.* Nekropho'bie *f*, krankhafte Angst vor dem Tod *od.* vor Toten.

**ne·crop·o·lis** [neˈkrɒpəlɪs; *Am.* -ˈkrɑ-] *pl* **-o·lis·es** *od.* **-o·leis** [-leɪs] *s* **1.** *antiq.* Neˈkropolis *f*, Totenstadt *f.* **2.** (großer) Friedhof.

**nec·rop·sy** [ˈnekrɒpsɪ; *Am.* -ˌrɑp-], **ne·cros·co·py** [neˈkrɒskəpɪ; *Am.* -ˈkrɑ-] *s med.* Nekropˈsie *f*, Leichenschau *f*, -öffnung *f.*

**ne·crose** [neˈkrəʊs; ˈnekrəʊs] *bot. med.* **I** *v/i* brandig werden, absterben, nekroti'sieren (*Zellgewebe*). **II** *v/t* brandig machen, nekroti'sieren. **ne'cro·sis** [-ˈsɪs] *s* **1.** *med.* Neˈkrose *f*, Brand *m*: ~ **of the bone** Knochenfraß *m.* **2.** *bot.* Brand *m.* **ne'crot·ic** [-ˈkrɒtɪk; *Am.* -ˈkrɑ-] *adj bot. med.* brandig, neˈkrotisch, Brand...

**nec·tar** [ˈnektə(r)] *s* **1.** *myth. u. fig.* Nektar *m*, Göttertrank *m.* **2.** *bot.* Nektar *m*: ~ **gland** Honig-, Nektardrüse *f.*

**nec·tar·e·an** [nekˈteərɪən], **nec'tar·e·ous** *adj* **1.** Nektar... **2.** nektarsüß, köstlich.

**nec·tar·if·er·ous** [ˌnektəˈrɪfərəs] *adj* Nektar tragend *od.* liefernd.

**nec·tar·ine[1]** [ˈnektərɪn; *Am.* ˌnektəˈriːn] *s bot.* Nektaˈrine *f*, Nektaˈrinenpfirsich *m.*

**nec·tar·ine[2]** [ˈnektərɪn] → **nectarean**).

**nec·ta·ry** [ˈnektərɪ] *s bot. zo.* Nekˈtarium *n*, Honigdrüse *f.*

**ned·dy** [ˈnedɪ] *s* Esel *m.*

**nee,** *Br.* **née** [neɪ] *adj* geborene (*vor dem Mädchennamen e-r verheirateten Frau*): **Mrs Jones, ~ Good.**

**need** [niːd] *s* **1.** (of, for) (dringendes) Bedürfnis (nach), Bedarf *m* (an *dat*): **to be** (*od.* **stand**) **in ~ of** s.th. etwas dringend brauchen, etwas sehr nötig haben; **in ~ of repair** reparaturbedürftig; **to have no ~ to do** kein Bedürfnis haben zu tun; **to fill a ~** e-m Bedürfnis entgegenkommen. **2.** Mangel *m* (of, for *an dat*), Fehlen *n*: **to feel the ~ of** (*od.* **for**) s.th. etwas vermissen, Mangel an e-r Sache verspüren. **3.** dringende Notwendigkeit: **there is no ~ for you to come** es ist nicht notwendig, daß du kommst; du brauchst nicht zu kommen; **to have no ~ to do** keinen Grund haben zu tun; **to have ~ to do** tun müssen. **4.** Not(lage) *f*, Bedrängnis *f*: **in ~** in Bedrängnis; **in case of ~**, if ~ be, if ~ arise nötigenfalls, im Notfall. **5.** Armut *f*, Elend *n*, Not *f.* **6.** *pl* Erfordernisse *pl*, Bedürfnisse *pl*: **basic ~s** Grundbedürfnisse.
**II** *v/t* **7.** benötigen, nötig haben, brauchen, bedürfen (*gen*). **8.** erfordern: **it ~s all your strength;** **it ~ed doing** es mußte (einmal) getan werden.
**III** *v/i* **9.** *meist impers* nötig sein: **it ~s not that** (*od.* **it does not ~ that**) es ist nicht nötig, daß; **there ~s no excuse** e-e Entschuldigung ist nicht nötig.
**IV** *v/aux* **10.** müssen, brauchen: **it ~s to be done** es muß getan werden; **it ~s but to become known** es braucht nur bekannt zu werden. **11.** (*vor e-r Verneinung u. in Fragen, ohne* to; *3. sg pres* **need**) brauchen, müssen: **she ~ not do it** sie braucht es nicht zu tun; **you ~ not have come** du hättest nicht zu kommen brauchen; ~ **he do it?** muß er es tun?

**need·ful** [ˈniːdfʊl] **I** *adj* (*adv* ~ly) nötig, notwendig. **II** *s* (*das*) Nötige: **the ~** *colloq.* das nötige Kleingeld. **'need·ful·ness** *s* Notwendigkeit *f.*

**need·i·ness** [ˈniːdɪnɪs] *s* Bedürftigkeit *f*, Armut *f.*

**nee·dle** [ˈniːdl] **I** *s* **1.** (*Näh-, Strick- etc*) Nadel *f*: (**as**) **sharp as a ~** *fig.* äußerst intelligent, ˈauf Drahtˈ; **to get** (*od.* **take**) **the ~** *colloq.* ˈhochgehenˈ, die Wut kriegen; **to give the ~** → **12**; **a ~ in a haystack** *fig.* e-e Stecknadel im Heuhaufen *od.* Heuschober; **to be on the ~** *bes. Am.*

*sl.* ˈan der Nadel hängenˈ, ˈfixenˈ. **2.** *fig.* ˈSpitzeˈ *f*, boshafte *od.* sarˈkastische Bemerkung. **3.** *tech.* a) (Abspiel-, Grammoˈphon-, Maˈgnet)Nadel *f*, b) Venˈtilnadel *f*, c) *mot.* Schwimmernadel *f* (*im Vergaser*), d) Zeiger *m*, e) Zunge *f* (*der Waage*), f) *Bergbau:* Räumnadel *f*, g) *Weberei:* Rietnadel *f* (*beim Jacquardstuhl*), h) Gravierkunst: Raˈdiernadel *f.* **4.** *bot.* Nadel *f.* **5.** (Fels)Nadel *f*, Felsspitze *f.* **6.** Obeˈlisk *m.* **7.** *min.* Kriˈstallnadel *f.* **II** *v/t* **8.** (*mit e-r Nadel*) nähen. **9.** durchˈstechen. **10.** *med.* punkˈtieren. **11.** *fig.* anstacheln. **12.** *colloq.* j-n ˈaufziehenˈ, reizen, aufbringen, sticheln gegen. **13.** *colloq.* e-n Schuß Alkohol hinˈzufügen zu e-m Getränk. **14.** (*wie e-e Nadel*) hinˈdurchschieben, hin u. her bewegen: **to ~ one's way through** sich hindurchschlängeln. **15.** *e-e Erzählung etc* würzen (**with** humo[u]r *mit* Huˈmor). ~ **bath** *s* Strahldusche *f.* ~ **beam** *s arch.* Querbalken *m* (*e-r Brückenbahn*). ~ **bear·ing** *s tech.* Nadellager *n.* **'~book** *s* Nadelbuch *n.* **'~like** *adj* nadelartig. ~ **ore** *s min.* Nadelerz *n.* ~ **point** *s* **1.** → **needle-point lace. 2.** Petit point *n* (*feine Nadelarbeit*). **'~point lace** *s* Nadelspitze *f* (*Ggs. Klöppelspitze*).

**need·less** [ˈniːdlɪs] *adj* unnötig, ˈüberflüssig: ~ **to say** selbstredend, verständlich. **'need·less·ly** *adv* unnötig(erweise). **'need·less·ness** *s* Unnötigkeit *f*, ˈÜberflüssigkeit *f.*

**'nee·dle|·stone** *s min.* Nadelstein *m.* **'~talk** *s* Nadelgeräusch *n* (*beim Plattenspieler etc*). ~ **tel·e·graph** *s electr.* ˈZeigertele,graf *m.* ~ **ther·a·py** *s med.* Akupunkˈtur *f.* ~ **valve** *s tech.* ˈNadelven,til *n.* **'~wom·an** *s irr* Näherin *f.* **'~work** *s* Handarbeit *f*, *bes.* Näheˈrei *f*: ~ **magazine** Handarbeitsheft *n*; ~ **shop** (*bes. Am.* **store**) Handarbeitsgeschäft *n.*

**need·ments** [ˈniːdmənts] *s pl* Dinge *pl* des perˈsönlichen Bedarfs.

**needs** [niːdz] *adv* unbedingt, notwendigerweise, ˈdurchaus (*meist mit* **must** *gebraucht*): **if you must ~ do it** wenn du es unbedingt tun willst.

**need·y** [ˈniːdɪ] *adj* (*adv* **needily**) arm, bedürftig, notleidend.

**ne'er** [neə(r)] *s bes. poet. für* **never. '~do-,well I** *s* Taugenichts *m.* **II** *adj* nichtsnutzig.

**ne·fan·dous** [nɪˈfændəs] *adj* unaussprechlich, abˈscheulich.

**ne·far·i·ous** [nɪˈfeərɪəs] *adj* (*adv* ~ly) ruchlos, gemein, schändlich, böse. **ne·'far·i·ous·ness** *s* Ruchlosigkeit *f.*

**ne·gate** [nɪˈɡeɪt] *v/t* **1.** verneinen, neˈgieren, leugnen. **2.** annulˈlieren, unwirksam machen, aufheben. **ne'ga·tion** *s* **1.** Verneinung *f*, Verneinen *n*, Neˈgieren *n.* **2.** Verwerfung *f*, Annulˈlierung *f*, Aufhebung *f.* **3.** *philos.* a) *Logik:* Negatiˈon *f*, b) Nichts *n.*

**neg·a·tive** [ˈneɡətɪv] **I** *adj* (*adv* ~ly) **1.** negativ: a) verneinend: ~ **outlook on life** negative Lebenseinstellung, b) abschlägig, ablehnend: a ~ **reply**, ~! *bes. mil.* nein!, c) erfolglos, ergebnislos: ~! *bes. mil.* Fehlanzeige!, d) ohne positive Werte. **2.** *fig.* farblos. **3.** *biol. chem. electr. math. med. phot. phys.* negativ: ~ **electricity**; ~ **image. II** *s* **4.** Verneinung *f*, Neˈgierung *f*: **to answer in the ~** verneinen. **5.** abschlägige Antwort. **6.** *ling.* Negatiˈon *f*, Verneinung *f*, Verneinungssatz *m*, -wort *n.* **7.** a) Einspruch *m*, Veto *n*, b) ablehnende Stimme. **8.** negative Eigenschaft, Negaˈtivum *n.* **9.** *electr.* negativer Pol. **10.** *math.* a) Minuszeichen *n*, b) negative Zahl. **11.** *phot.* Negativ *n.* **III** *v/t* **12.** neˈgieren, verneinen. **13.** verwerfen, ablehnen. **14.** widerˈlegen. **15.** unwirk-

sam machen, neutraliˈsieren. ~ **ac·cel·er·a·tion** *s phys.* Verzögerung *f*, negative Beschleunigung. ~ **con·duc·tor** *s electr.* Minusleitung *f.* ~ **e·lec·trode** *s electr.* negative Elekˈtrode, Kaˈthode *f.* ~ **feed·back** *s electr.* Gegenkopplung *f.* ~ **lens** *s opt.* Zerstreuungslinse *f.* **'neg·a·tive·ness** *s* (*das*) Negative, negativer Chaˈrakter.

**neg·a·tive| pole** *s* negativer Pol: a) *electr.* Minuspol *m*, b) *phys.* Südpol *m* (*e-s Magneten*). ~ **pro·ton** *s phys.* Antiproton *n.* ~ **sign** *s math.* Minuszeichen *n*, negatives Vorzeichen.

**neg·a·tiv·ism** [ˈneɡətɪvɪzəm] *s a. philos. psych.* Negatiˈvismus *m.*

**neg·a·tiv·i·ty** [ˌneɡəˈtɪvətɪ] → **negativeness, negativism.**

**neg·a·tor** [nɪˈɡeɪtə(r)] *s* Verneiner *m*; j-d, der verneint *od.* ablehnt. **neg·a·to·ry** [ˈneɡətərɪ; *Am.* -ˌtəʊriː; -ˌtɔː-] *adj* verneinend, ablehnend, negativ.

**neg·lect** [nɪˈɡlekt] **I** *v/t* **1.** vernachlässigen, nicht sorgen für, schlecht behandeln: ~**ed appearance** ungepflegte Erscheinung; ~**ed child** verwahrlostes Kind. **2.** mißˈachten, geringschätzen. **3.** versäumen, verfehlen, unterˈlassen (**to do** *od.* **doing** zu tun), außer acht lassen. **4.** überˈsehen, -ˈgehen. **II** *s* **5.** Vernachlässigung *f*, Hintˈansetzung *f.* **6.** ˈMißachtung *f.* **7.** Unterˈlassung *f*, Versäumnis *n*: ~ **of duty** Pflichtversäumnis. **8.** Überˈsehen *n*, -ˈsehen *n*, Nachlässigkeit *f*, Unterˈlassung *f.* **9.** Nachlässigkeit *f*, Unterˈlassung *f.* **10.** Verwahrlosung *f*: **to be in a state of ~** vernachlässigt *od.* verwahrlost sein.

**ne'glect·ful** [-fʊl] *adj* (*adv* ~ly) → **negligent 1. ne'glect·ful·ness** → **negligence 1.**

**neg·li·gee, neg·li·gé(e)** [ˈneɡliʒeɪ; *Am.* ˌneɡləˈʒeɪ] *s* Negliˈgé *n*: a) *saloppe Kleidung*, b) *eleganter Morgenmantel.*

**neg·li·gence** [ˈneɡlɪdʒəns] *s* **1.** Nachlässigkeit *f*, Unachtsamkeit *f*, Gleichgültigkeit *f.* **2.** *jur.* Fahrlässigkeit *f*: → **contributory 4. 'neg·li·gent** *adj* (*adv* ~ly) **1.** nachlässig, unachtsam, gleichgültig (**of** gegen): **to be ~ of** s.th. etwas vernachlässigen, etwas außer acht lassen. **2.** *jur.* fahrlässig. **3.** lässig, saˈlopp, ungezwungen.

**neg·li·gi·ble** [ˈneɡlɪdʒəbl] *adj* (*adv* **negligibly**) **1.** nebensächlich, unwesentlich. **2.** geringfügig, unbedeutend: ~ **quantity 4.**

**ne·go·ti·a·bil·i·ty** [nɪˌɡəʊʃjəˈbɪlətɪ; -ʃɪə-] *s econ.* **1.** Verkäuflichkeit *f*, Handelsfähigkeit *f.* **2.** Begebbarkeit *f.* **3.** Bank-, Börsenfähigkeit *f.* **4.** Überˈtragbarkeit *f.* **5.** Verwertbarkeit *f.*

**ne·go·ti·a·ble** [nɪˈɡəʊʃjəbl; -ʃɪə-] *adj* (*adv* **negotiably**) **1.** *econ.* a) ˈumsetzbar, verˈkäuflich, veräußerlich, b) verkehrsfähig, c) bank-, börsenfähig, d) (*durch Indossaˈment*) überˈtragbar, begebbar, e) verwertbar: **not ~** nur zur Verrechnung; ~ **instrument** begebbares Wertpapier. **2.** begehbar (*Weg*), befahrbar (*Straße*), überˈwindbar (*Hindernis*). **3.** auf dem Verhandlungsweg erreichbar: **salary ~** Gehalt nach Vereinbarung; **not to be ~** kein Diskussionsgegenstand sein, nicht zur Diskussion stehen.

**ne·go·ti·ate** [nɪˈɡəʊʃɪeɪt] **I** *v/i* **1.** ver-, unterˈhandeln, in Verhandlung stehen (**with** mit; **for**, **about** um, wegen, über *acc*): **negotiating position** Verhandlungsposition *f*; **negotiating table** Verhandlungstisch *m.* **II** *v/t* **2.** *e-n Vertrag etc* (auf dem Verhandlungsweg) zuˈstande bringen, aushandeln. **3.** verhandeln über (*acc*). **4.** *econ.* a) *e-n Wechsel* begeben, ˈunterbringen: **to ~ back** zurück-

begeben, b) 'umsetzen, verkaufen. **5.** *e-e Straße etc* pas'sieren, *ein Hindernis etc* über'winden, *e-e Kurve* nehmen.

**ne·go·ti·a·tion** [nɪˌgəʊʃɪˈeɪʃn] *s* **1.** Ver-, Unter'handlung *f*: *to enter into ~s* in Verhandlungen eintreten; *by way of ~* auf dem Verhandlungsweg. **2.** Aushandeln *n* (*e-s Vertrags*). **3.** *econ.* Begebung *f*, Über'tragung *f*, 'Unterbringung *f* (*e-s Wechsels etc*): *further ~* Weiterbegebung. **4.** Pas'sieren *n*, Über'windung *f*, Nehmen *n*: *~ of a curve (a hill, etc)*.

**ne·go·ti·a·tor** [nɪˈgəʊʃɪeɪtə(r)] *s* **1.** 'Unterhändler *m*. **2.** Vermittler *m*.

**Ne·gress** ['niːgrɪs] *s* Negerin *f*.

**Ne·gril·lo** [neˈgrɪləʊ; nɪ-] *pl* **-los** *od.* **-loes** *s* Pyg'mäe *m*, Buschmann *m* (*Afrikas*).

**Ne·gri·to** [neˈgriːtəʊ; nɪ-] *pl* **-tos** *od.* **-toes** *s* Pyg'mäe *m*, Ne'grito *m* (*Südostasien*).

**ne·gri·tude** ['negrɪtjuːd; 'niː-; *Am. bes.* ˌtuːd] *s* Negri'tude *f* (*Rückbesinnung der Afrikaner u. Afroamerikaner auf afrikanische Kulturtraditionen*).

**Ne·gro** ['niːgrəʊ] **I** *pl* **-groes** *s* Neger *m*. **II** *adj* Neger...: *~ question* Negerfrage *f*, *-problem m*.

'**ne·gro·head** *s* **1.** starker schwarzer Priemtabak. **2.** minderwertiges Gummi.

**ne·groid** ['niːgrɔɪd] **I** *adj* **1.** ne'grid (*die eigentlich Neger, Papua-Melanesier u. Negritos umfassend*). **2.** negro'id, negerartig. **II** *s* **3.** Angehörige(r *m*) *f* der ne'griden Rasse.

**ne·gro·ism** ['niːgrəʊɪzəm] *s* **1.** Spracheigentümlichkeit *f* des Neger-Englisch. **2.** *pol.* Förderung *f* der Negerbewegung.

**ne·gro·phile** ['niːgrəʊfaɪl], *a.* '**ne·gro·phil** [-fɪl] **I** *s* Negerfreund(in). **II** *adj* negerfreundlich. **ne·groph·i·lism** [niːˈgrɒfɪlɪzəm; *Am.* ˈgrɑ-] *s* Negerfreundlichkeit *f*.

**ne·gro·phobe** ['niːgrəʊfəʊb] **I** *s* Negerfeind(in), -hasser(in). **II** *adj* negerfeindlich. ˌ**ne·gro'pho·bi·a** [-bjə; -bɪə] *s* **1.** Negerhaß *m*. **2.** Angst *f* vor Negern.

**Ne·gus**[1] ['niːgəs] *s* Negus *m* (*äthiopischer Königstitel*).

**ne·gus**[2] ['niːgəs] *s* Glühwein *m*.

**Ne·he·mi·ah** [ˌniːɪˈmaɪə; ˌniːhɪ-; ˌniːə-], **ˌNe·he'mi·as** [-əs] *npr u. s Bibl.* (das Buch) Nehe'mia *m*.

**neigh** [neɪ] **I** *v/i* wiehern (*Pferd*). **II** *s* Gewieher *n*, Wiehern *n*.

**neigh·bor**, *bes. Br.* **neigh·bour** ['neɪbə(r)] **I** *s* **1.** Nachbar(in): *~ at table* Tischnachbar(in). **2.** Nächste(r *m*) *f*, Mitmensch *m*. **II** *adj* **3.** benachbart, angrenzend, Nachbar...: *~ states.* **III** *v/t* **4.** (an)grenzen an (*acc*). **IV** *v/i* **5.** benachbart sein, in der Nachbarschaft wohnen. **6.** (an)grenzen (*on, upon an acc*). **7.** *~ with Am.* gut'nachbarliche Beziehungen unter'halten zu. '**neigh·bor·hood,** *bes. Br.* '**neigh·bour·hood** *s* **1.** *a. fig.* Nachbarschaft *f*, Um'gebung *f*, Nähe *f*: *in the ~ of* a) in der Umgebung von (*od. gen*), b) *colloq.* ungefähr, etwa, um (... herum). **2.** *collect.* Nachbarn *pl*, Nachbarschaft *f*. **3.** Gegend *f*: *a fashionable ~.* '**neigh·bor·ing,** *bes. Br.* '**neigh·bour·ing** *adj* **1.** benachbart, angrenzend. **2.** Nachbar... '**neigh·bor·li·ness,** *bes. Br.* '**neigh·bour·li·ness** *s* **1.** (gut)nachbarliches Verhalten. **2.** Freundlichkeit *f*. '**neigh·bor·ly,** *bes. Br.* '**neigh·bour·ly** *adj u. adv* **1.** (gut-) 'nachbarlich. **2.** freundlich, gesellig.

**neigh·bour,** *etc bes. Br. für* **neighbor,** *etc.*

**nei·ther** ['naɪðə(r); *bes. Am.* 'niːðə(r)] **I** *adj u. pron* **1.** kein(er, e, es) (von beiden): *on ~ side* auf keiner der beiden Seiten; *~ of you* keiner von euch (beiden). **II** *conj*

---

**2.** weder: *~ they nor we have done it* weder sie noch wir haben es getan; *~ you nor he knows* weder du weißt es noch er; *~ more nor less* nicht mehr u. nicht weniger. **3.** noch (auch), auch nicht, ebensowenig: *he does not know, ~ do I* er weiß es nicht, und ich auch nicht.

**nek** [nek] *s S.Afr.* (Gebirgs)Paß *m*.

**nek·ton** ['nektɒn; *Am.* -tən; -ˌtɑn] *s biol.* Nekton *n* (*im Wasser aktiv schwimmende Lebewesen, z.B. Fische*).

**nel·ly**[1] ['nelɪ] *s orn.* Rieseneismöwe *f*.

**nel·ly**[2] ['nelɪ] *s*: *not on your ~ Br. colloq.* nie und nimmer!, nie im Leben!

**nel·son** ['nelsn] *s Ringen:* Nelson *m*, Nackenhebel *m*.

**nem·a·to·da** [ˌneməˈtəʊdə] *s pl zo.* Fadenwürmer *pl*, Nema'toden *pl*. '**nem·a·tode** [-təʊd] *s* Fadenwurm *m*, Nema'tode *f*.

**nem con** [ˌnemˈkɒn; *Am.* -ˈkɑn] *adv* einstimmig, ohne Gegenstimme.

**Ne·me·an** [nɪˈmiːən; *Am. a.* 'niːmɪən] *adj antiq.* ne'meisch.

**nem·e·sis,** *a.* **N~** ['nemɪsɪs] *pl* **-e·ses** [-siːz] *s myth. u. fig.* Nemesis *f*, (die Göttin der) Vergeltung *f*.

**ne·mo** ['niːməʊ] *pl* **-mos** *s Rundfunk, TV:* 'Außenrepor₂tage *f*.

**neo-** [niːəʊ] *Wortelement mit der Bedeutung* neu, jung, neo..., Neo...

ˌ**ne·o·ars'phen·a·mine** [-ɑː(r)sˈfenəmɪn; -miːn] *s chem. med.* Neosalvar'san *n*, Neoarsphena'min *n*.

**Ne·o·'Cath·o·lic** *relig.* **I** *s* 'Neo-Ka₂tholik *m* (*bes. Anglikaner, der sehr stark der römisch-katholischen Kirche zuneigt*). **II** *adj* 'neo-ka₂tholisch.

**Ne·o·cene** [ˈniːəsiːn] *geol.* **I** *s* Neo'zän *n*. **II** *adj* neo'zän.

ˌ**ne·o'clas·sic** *adj bes. mus.* neoklassi'zistisch. ˌ**ne·o'clas·si·cism** *s* Neoklassi'zismus *m*.

ˌ**ne·o·co'lo·ni·al** *pol.* **I** *adj* neokolonia'listisch. **II** *s* neokolonia'listische Macht. ˌ**ne·o·co'lo·ni·al·ism** *s* Neokolonia'lismus *m*.

**Ne·o·'Dar·win·ism** *s* Neodarwi'nismus *m*.

ˌ**ne·o'fas·cism** *s pol.* Neofa'schismus *m*. ˌ**ne·o'fas·cist** **I** *s* Neofa'schist(in). **II** *adj* neofa'schistisch.

**Ne·o·gae·a** [ˌniːəʊˈdʒiːə] *s Biogeographie:* Neo'gäa *f*, neo'tropische Regi'on.

**Ne·o·'Goth·ic** *adj* neugotisch.

ˌ**ne·o·gram'mar·i·an** *s ling. hist.* 'Junggram₂matiker *m*.

**Ne·o·'Greek I** *adj* neugriechisch. **II** *s ling.* Neugriechisch *n*, das Neugriechische.

**Ne·o·'Hel·len·ism** *s* 'Neuhelle₂nismus *m*.

ˌ**ne·o·im'pres·sion·ism** *s paint.* Neoimpressio'nismus *m*.

**Ne·o·'Lat·in I** *s* **1.** a) *ling.* Ro'manisch *n*, das Romanische, b) Ro'mane *m*, Ro'manin *f*. **2.** *ling.* 'Neula₂tein *n*, das Neulateinische. **II** *adj* **3.** ro'manisch. **4.** 'neula₂teinisch.

**ne·o·lith** ['niːəʊlɪθ; *Am.* 'niːəʃ l-] *s* jungsteinzeitliches Gerät. ˌ**ne·o'lith·ic** *adj* jungsteinzeitlich, neo'lithisch: *N~ Period* Jungsteinzeit *f*, Neo'lithikum *n*.

**ne·ol·o·gism** [niːˈɒlədʒɪzəm; *Am.* -ˈɑl-] *s* **1.** *ling.* a) Neolo'gismus *m*, Wortneubildung *f*, b) neue Bedeutung (*e-s Worts*). **2.** *relig.* Neuerung *f*, Neolo'gismus *m, bes. Rationa'lismus m.* **ne₂ol·o'gis·tic** *adj* (*adv ~ally*) neolo'gistisch. **ne'ol·o·gize** *v/i* **1.** *ling.* neue Wörter bilden. **2.** *relig.* neue Lehren verkünden *od.* annehmen.

**ne·ol·o·gy** [-dʒɪ] *s* **1.** *ling.* a) Neolo'gie *f*, Bildung *f* neuer Wörter, b) → **neologism** 1. **2.** → **neologism** 2.

**ne·on** ['niːən; -ɒn; *Am.* -ˌɑn] *s chem.* Neon

---

*n* (*Edelgas*): *~ lamp* Neonlampe *f*; *~ sign* Neon-, Leuchtreklame *f*.

ˌ**ne·o·'Na·zi** *pol.* **I** *s* Neo'nazi *m*, Neona'zist *m*. **II** *adj* neona'zistisch. ˌ**ne·o·'Na·zism** *s* Neona'zismus *m*.

ˌ**ne·o'pa·gan·ism** *s* Neuheidentum *n*.

ˌ**ne·o'pho·bi·a** *s* Neopho'bie *f*, Neuerungsscheu *f*.

**ne·o·phyte** ['niːəʊfaɪt] *s* **1.** Neo'phyt(in): a) Neugetaufte(r *m*) *f*, b) Neubekehrte(r *m*) *f* (*a. fig.*), Konver'tit(in). **2.** *R.C.* a) Jungpriester *m*, b) No'vize *m, f*. **3.** *fig.* Neuling *m*, Anfänger(in).

**ne·o·plasm** ['niːəʊplæzəm] *s med.* Neo'plasma *n*, Gewächs *n*.

**ne·o·plas·ty** ['niːəʊplæstɪ] *s med.* Neubildung *f* durch plastische Operati'on.

ˌ**Ne·o·'Pla·to·nism** *s* 'Neuplato₂nismus *m*. ˌ**Ne·o·'Pla·to·nist** *s* 'Neuplato₂niker *m*.

**ne·o·ter·ic** [ˌniːəʊˈterɪk] *adj* (*adv ~ally*) neo'terisch, neuzeitlich, mo'dern.

**ne·ot·er·ism** [nɪˈɒtərɪzəm; *Am.* -ˈɑt-] *s* neues Wort *od.* neuer Ausdruck, Neote'rismus *m*. **ne'ot·er·ist** *s* Sprachneuerer *m*. **ne'ot·er·ize** *v/i* neue Wörter *od.* Ausdrücke einführen.

ˌ**Ne·o'trop·i·cal** *adj* neo'tropisch (*zu den Tropen der Neuen Welt gehörend*).

**Ne·o·zo·ic** [ˌniːəʊˈzəʊɪk] *geol.* **I** *s* Neo'zoikum *n*, Neuzeit *f*. **II** *adj* neo'zoisch.

**nep** [nep] *tech. Am.* **I** *s* Knoten *m* (*in Baumwollfasern*). **II** *v/t* Baumwollfasern knotig machen.

**Nep·a·lese** [ˌnepɔːˈliːz; *bes. Am.* -pəˈl-] **I** *s* Nepa'lese *m*, Bewohner(in) von Ne'pal. **II** *adj* nepa'lesisch.

**ne·pen·the** [neˈpenθɪ; nɪ-], *a.* **Ne'pen·thes** [-θiːz] *s poet.* Ne'penthes *n* (*Trank des Vergessens*). **ne'pen·the·an** *adj* Vergessen bringend.

**neph·e·line** [ˈnefɪlɪn; -liːn], **neph·e·lite** *s min.* Nephe'lin *m*, Fettstein *m*.

**neph·ew** [ˈnevjuː; *bes. Am.* ˈnef-] *s* **1.** Neffe *m*. **2.** *obs.* a) Enkel(in), b) Nichte *f*, c) Vetter *m*.

**neph·o·log·i·cal** [ˌnefəˈlɒdʒɪkl; *Am.* -ˈlɑ-] *adj* wolkenkundlich. **ne·phol·o·gy** [nɪˈfɒlədʒɪ; *Am.* neˈfɑ-] *s* Wolkenkunde *f*.

**neph·o·scope** [ˈnefəskəʊp] *s* Nepho'skop *n*, Wolkenmesser *m*.

**ne·phral·gi·a** [neˈfrældʒə; nɪ-] *s med.* Nephral'gie *f*, Nierenschmerz *m*.

**ne·phrec·to·my** [nɪˈfrektəmɪ] *s med.* Nephrekto'mie *f* (*chirurgische Entfernung e-r Niere*).

**neph·ric** [ˈnefrɪk] *adj* Nieren...

**neph·rite** [ˈnefraɪt] *s min.* Ne'phrit *m*.

**ne·phrit·ic** [nɪˈfrɪtɪk] *adj med.* Nieren..., ne'phritisch.

**neph·ri·tis** [neˈfraɪtɪs; nɪ-] *s med.* Ne'phritis *f*, Nierenentzündung *f*.

**neph·ro·cele** [ˈnefrəʊsiːl] *s med.* Nierenbruch *m*.

**neph·roid** [ˈnefrɔɪd] *adj* nierenförmig.

**neph·ro·lith** [ˈnefrəlɪθ] *s med.* Nierenstein *m*.

**ne·phrol·o·gist** [neˈfrɒlədʒɪst; nɪ-; *Am.* -ˈfrɑ-] *s med.* Nierenfacharzt *m*, Uro'loge *m*. **ne·phrol·o·gy** [-dʒɪ] *s* Nephrolo'gie *f*, Nierenkunde *f*.

**ne·phrot·o·my** [neˈfrɒtəmɪ; nɪ-; *Am.* -ˈfrɑ-] *s* Nephroto'mie *f*, Nierenschnitt *m*.

**ne·pot·ic** [nɪˈpɒtɪk; *Am.* -ˈpɑ-] *adj* **1.** Neffen..., Vettern... **2.** Vetternwirtschaft treibend. **nep·o·tism** [ˈnepətɪzəm] *s* Nepo'tismus *m*, Vetternwirtschaft *f*.

**Nep·tune** [ˈneptjuːn; *Am. a.* -ˌtuːn] **I** *npr antiq.* Neptun *m* (*Gott des Meeres*). **II** *s astr.* Nep'tun *m* (*Planet*). **Nep'tu·ni·an I** *adj* **1.** Neptun..., Meeres... **2.** *N~ geol.* nep'tunisch. **II** *s* **3.** *astr.* Nep'tunbewohner *m*. '**nep·tun·ism** *s geol.* Neptu'nismus *m*.

**nerd** [nɜrd] *s Am. sl.* Trottel *m.* **'nerd·y** *adj Am. sl.* vertrottelt.

**Ne·re·id** ['nɪərɪɪd] *pl* **-i·des** [nə'ri:ədi:z] *s antiq. myth.* Nere'ide *f,* See-, Wasser-nymphe *f.*

**ne·ri·um** ['nɪərɪəm] *s bot.* Ole'ander *m.*

**Nernst lamp** [neə(r)nst] *s phys.* Nernst-lampe *f.*

**ner·va·tion** [nɜr'veɪʃn; *Am.* ˌnɜr-], **'ner·va·ture** [-vətʃə(r)] *s* **1.** *anat.* Anordnung *f* der Nerven. **2.** *bot. zo.* Äderung *f,* Nerva'tur *f.*

**nerve** [nɜːv; *Am.* nɜrv] **I** *s* **1.** Nerv(en-faser *f*) *m:* **to get on s.o.'s ~s** j-m auf die Nerven gehen *od.* fallen; **to rob s.o. of his ~** j-m den Nerv rauben; **a bundle** (*od.* **bag**) **of ~s** ein Nervenbündel; **to have ~s of iron** Nerven wie Drahtseile *od.* Stricke haben. **2.** *fig.* a) Lebensnerv *m,* b) Kraft *f,* Stärke *f,* Ener'gie *f,* c) Seelen-stärke *f,* (Wage)Mut *m,* innere Ruhe, Selbstbeherrschung *f,* Nerven *pl,* d) *sl.* Frechheit *f,* Unverfrorenheit *f,* ,Nerven' *pl:* **to lose one's ~** die Nerven verlieren; **to have the ~ to do s.th.** den ,Nerv' haben, etwas zu tun; **he has** (*od.* got) **a 'nerv'** *colloq.* ,der hat (vielleicht) Nerven!' **3.** *pl* Nervosi'tät *f:* **a fit of ~s** e-e Nervenkrise; **to get ~s** Nerven bekommen; **he doesn't know what ~s are** er kennt keine Ner-ven. **4.** *bot.* Nerv *m,* Ader *f* (*vom Blatt*). **5.** *zo.* Ader *f* (*am Insektenflügel*). **6.** *arch.* (*Gewölbe*)Rippe *f.* **7.** Sehne *f* (*obs. außer in*): **to strain every ~** *fig.* alle Nerven anspannen, s-e ganze Kraft zs.-nehmen. **II** *v/t* **8.** *fig.* a) (*körperlich*) stärken, b) (*seelisch*) stärken, ermutigen: **to ~ o.s.** sich aufraffen. **~ block** *s med.* 'Leitungs-anästhe,sie *f.* **~ cell** *s anat.* Nervenzelle *f.* **cen·ter,** *bes. Br.* **~ cen·tre** *s anat. u. fig.* Nervenzentrum *n.* **~ cord** *s anat.* Nerven-strang *m.*

**nerved** [nɜːvd; *Am.* nɜrvd] *adj* **1.** nervig (*meist in Zssgn*): **strong-~** mit starken Nerven, nervenstark. **2.** *bot. zo.* gerippt, geädert.

**nerve fi·ber,** *bes. Br.* **~ fi·bre** *s anat.* Nervenfaser *f.* **~ gas** *s mil.* Nervengas *n.* **~ im·pulse** *s* Nervenreiz *m.*

**'nerve·less** *adj* (*adv* **~ly**) **1.** *fig.* kraft-, ener'gielos, schlapp. **2.** ohne Nerven, kaltblütig. **3.** *bot.* ohne Adern, nervenlos.

**nerve poi·son** *s* Nervengift *n.* **~-,(w)rack·ing** *adj* nervenaufreibend.

**ner·vine** ['nɜːviːn; *Am.* 'nɜr-] *med.* **I** *adj* **1.** nervenberuhigend, -stärkend. **2.** Ner-ven... **II** *s* Nervenstärkendes Mittel.

**ner·vous** ['nɜːvəs; *Am.* 'nɜr-] *adj* (*adv* **~ly**) **1.** Nerven..., ner'vös: **~ excitement** ner-vöse Erregung; **~ system** Nervensystem *n;* → **breakdown** 1. **2.** ner'vös: a) nerven-schwach, erregbar, b) aufgeregt, c) ge-reizt, d) ängstlich, scheu, unsicher: **he feels** (*od.* is) **~ of her** sie macht ihn nervös. **3.** aufregend. **4.** *obs.* a) sehnig, kräftig, nervig, b) markig (*Stil etc*). **'ner·vous·ness** *s* **1.** Nervosi'tät *f.* **2.** *obs.* Nervigkeit *f,* Sehnigkeit *f,* Kraft *f.*

**ner·vure** ['nɜːvjʊə; *Am.* 'nɜrvjər] → **nerve** 4–6.

**nerv·y** ['nɜːvɪ; *Am.* 'nɜr-] *adj* (*adv* **nervily**) **1.** a) kühn, mutig, b) *colloq.* dreist, keck. **2.** *Br. colloq.* ner'vös, aufgeregt. **3.** *colloq.* nervenaufreibend. **4.** *obs.* → **nervous** 4 a.

**nes·ci·ence** ['nesɪəns] *s* (vollständige) Unwissenheit. **'nes·ci·ent** *adj* **1.** unwis-send (*of* in *dat*). **2.** a'gnostisch.

**ness** [nes] *s* Vorgebirge *n.*

**nest** [nest] **I** *s* **1.** *orn. zo.* Nest *n:* → **befoul.** **2.** *fig.* a) Nest *n,* behagliches Heim, b) Zufluchtsort *m.* **3.** *fig.* a) Schlupfwinkel *m,* Versteck *n,* b) Brutstätte *f:* **~ of vice** Lasterhöhle *f.* **4.** Brut *f* (*junger Tiere*): **to take a ~** ein Nest ausnehmen. **5.** *mil.* (Widerstands-, Schützen-, Maschinenge-

wehr)Nest *n:* **a ~ of machine guns.** **6.** Serie *f,* Satz *m* (*ineinanderpassender Dinge, wie Schüsseln, Tische etc*). **7.** *geol.* Nest *n,* geschlossenes Gesteinslager: **~ of ore** Erznest. **8.** *tech.* Satz *m,* Gruppe *f* (*miteinander arbeitender Räder, Flaschen-züge etc*): **~ of boiler tubes** Heizrohr-bündel *n.* **II** *v/i* **9.** a) ein Nest bauen, b) nisten. **10.** sich einnisten, sich nieder-lassen. **11.** Vogelnester suchen u. aus-nehmen. **III** *v/t* **12.** 'unterbringen. **13.** *Töpfe etc* inein'anderstellen, -setzen.

**nest box** *s* Nistkasten *m.* **~ egg** *s* **1.** Nestei *n.* **2.** *fig.* Not-, Spargroschen *m.*

**nes·tle** ['nesl] **I** *v/i* **1.** a. **~ down** sich behaglich niederlassen, es sich gemütlich machen. **2.** sich anschmiegen *od.* ku-scheln (**to, against** an *acc*). **3.** sich ein-nisten. **II** *v/t* **4.** schmiegen, kuscheln (**on, to, against** an *acc*). **nest·ling** ['nestlɪŋ; 'neslɪŋ] *s* **1.** *orn.* Nestling *m:* **~ feather** Erstlings-, Nestdune *f.* **2.** *fig.* Nesthäk-chen *n.*

**Nes·tor** ['nestɔ:(r); -tə(r)] *s* Nestor *m* (*weiser alter Mann od. Ratgeber*).

**net¹** [net] **I** *s* **1.** Netz *n:* **tennis ~.** **2.** *fig.* Falle *f,* Netz *n,* Garn *n,* Schlinge(n *pl*) *f.* **3.** netzartiges Gewebe, Netz *n* (*Tüll, Gaze etc*). **4.** (*Straßen-, Leitungs-, Sender- etc*) Netz *n.* **5.** *math.* (Koordi'naten)Netz *n.* **6.** *Tennis etc:* Netzball *m.* **II** *v/t* **7.** mit e-m Netz fangen. **8.** *fig.* einfangen: **she's ~ted** (**herself**) **a rich husband** sie hat sich e-n reichen Mann geangelt. **9.** mit e-m Netz um'geben *od.* bedecken. **10.** mit Netzen abfischen. **11.** in Fi'let arbeiten, knüpfen. **12.** *Tennis etc:* den Ball ins Netz schlagen. **III** *v/i* **13.** Netz- *od.* Fi'letarbeit machen. **14.** *Tennis etc:* den Ball ins Netz schlagen.

**net²** [net] **I** *adj* **1.** *econ.* netto, Netto..., Rein..., Roh... **2.** *tech.* Nutz...: **~ effi-ciency** Nutzleistung *f.* **3.** End...: **~ result.** **II** *v/t* **4.** *econ.* netto einbringen, e-n Rein-gewinn von ... abwerfen. **5.** *econ.* netto verdienen, e-n Reingewinn haben von. **III** *s* **6.** *econ.* a) Nettoeinkommen *n,* b) Reingewinn *m,* c) Nettogewicht *n.*

**net a·mount** *s econ.* Nettobetrag *m,* Reinertrag *m.* **~ bal·ance** *s* Netto-bi,lanz *f,* 'Netto,überschuß *m.* **~ ball** *s sport* Korbball(spiel *n*) *m.* → **ball¹** 6. **~ cash** *s econ.* netto Kasse, ohne Abzug gegen bar: **~ in advance** netto Kasse im voraus. **~ cur·tain** *s* Store *m.*

**neth·er** ['neðə(r)] *adj* **1.** unter(er, e, es), Unter... **2.** *fig.* nieder(er, e, es), Nieder... **'Neth·er·land·er** ['neðə(r)ləndə(r); *Am.* a. -ˌlæn-] *s* Niederländer(in). **'Neth·er·land·ish** *adj* niederländisch.

**neth·er·most** ['neðə(r)məʊst] *adj* tiefst(er, e, es), unterst(er, e, es).

**neth·er re·gions** *s pl,* **~ world** *s* 'Un-terwelt *f.*

**net in·come** *s econ.* Nettoeinkommen *n.* **~ load** *s tech.* Nutzlast *f.* **~ price** *s econ.* Nettopreis *m.* **~ pro·ceeds** *s econ.* Rein-, Nettoeinnahme(n *pl*) *f,* -erlös *m,* -ertrag *m.* **~ prof·it** *s econ.* Rein-gewinn *m.*

**net-shaped e·lec·trode** *s electr.* 'Netzelek,trode *f.*

**nett** → **net².**

**net·ted** ['netɪd] *adj* **1.** netzförmig, ma-schig. **2.** mit Netzen um'geben *od.* be-deckt. **3.** *bot. zo.* netzartig geädert.

**net·ting** ['netɪŋ] *s* **1.** Netzstricken *n,* Fi-'letarbeit *f.* **2.** Netz(werk) *n,* Gitter *n* (*a. aus Draht*), *mil.* Tarngeflecht *n,* -netze *pl.*

**net·tle** ['netl] **I** *s* **1.** *bot.* Nessel *f:* **to grasp** (*od.* **seize**) **the ~** *fig.* den Stier bei den Hörnern packen. **II** *v/t* **2.** mit *od.* an Nesseln brennen. **3.** *fig.* ärgern, reizen: **to be ~d at** aufgebracht sein über (*acc*). **~ cloth** *s econ.* Nesseltuch *n.* **~ rash** *s med.* Nesselausschlag *m.*

**net weight** *s econ.* Netto-, Rein-, Eigen-, Trockengewicht *n.* **~-work** *s* **1.** Netz-, Maschenwerk *n,* Geflecht *n,* Netz *n.* **2.** Fi'let *n,* Netz-, Fi'letarbeit *f.* **3.** *fig.* (a. Eisenbahn-, Fluß-, Straßen- etc)Netz *n:* **~ of roads; social ~** soziales Netz; **~ of intrigues** Netz von Intrigen. **4.** *electr.* a) (Leitungs-, Verteilungs)Netz *n,* b) Rund-funk: Sendernetz *n,* -gruppe *f,* c) *Schal-tungstechnik:* Netzwerk *n.* **~ yield** *s econ.* effek'tive Ren'dite *od.* Verzinsung, Netto-ertrag *m.*

**neume** [nju:m; *Am. a.* nu:m] *s mus.* Neu-me *f* (*mittelalterliches Notenzeichen*).

**neu·ral** ['njʊərəl; *Am. a.* 'nʊrəl] *adj anat.* **1.** neu'ral, Nerven...: **~ axis** Ner-venachse *f.* **2.** Rücken...: **~ arch** oberer Wirbelbogen; **~ spine** Dornfortsatz *m* e-s Wirbels.

**neu·ral·gia** [ˌnjʊə'rældʒə; *Am. a.* nʊ'r-] *s med.* Neu'ralgie *f,* Nervenschmerz *m.* **ˌneu'ral·gic** *adj* (*adv* **~ally**) neur'al-gisch.

**neu·ras·the·ni·a** [ˌnjʊərəs'θiːnjə; -nɪə; *Am. a.* ˌnʊr-] *s med.* Neurasthe'nie *f,* Nervenschwäche *f.* **ˌneu·ras'then·ic** [-'θenɪk] *med.* **I** *adj* (*adv* **~ally**) neur-a'sthenisch, nervenschwach. **II** *s* Neur-a'stheniker(in).

**neu·ra·tion** [ˌnjʊə'reɪʃn; *Am. a.* nʊ'r-] → **nervation.**

**neu·rec·to·my** [ˌnjʊə'rektəmɪ; *Am. a.* nʊ'r-] *s med.* Neurekto'mie *f,* 'Nerven-exstirpati,on *f.*

**neu·ri·lem·ma** [ˌnjʊərɪ'lemə; *Am. a.* ˌnʊrə-] *s anat.* Neuri'lemm *n,* Nerven-scheide *f.*

**neu·rine** ['njʊəriːn; -rɪn; *Am. a.* 'nuː-; 'nʊr-] *s biol. chem.* Neu'rin *n.*

**neu·rit·ic** [ˌnjʊə'rɪtɪk; *Am.* nʊ'r-] *adj med.* neu'ritisch. **ˌneu'ri·tis** [-'raɪtɪs] *s* Neu'ritis *f,* Nervenentzündung *f.*

**neuro-** [njʊərəʊ; *Am.* nʊrə] *Wort-element mit der Bedeutung* Nerven..., die Nerven betreffend.

**'neu·ro·blast** [-blæst] *s biol.* Neuro'blast *m,* unausgereifte Nervenzelle.

**neu·rog·li·a** [ˌnjʊə'rɒglɪə; *Am.* nʊ'r-] *s anat.* Neuro'glia *f,* Nervenstütz-gewebe *n.*

**neu·ro·log·i·cal** [ˌnjʊərə'lɒdʒɪkl; *Am.* -'lɑ-; a. ˌnʊrə-] *adj med.* neuro'logisch. **ˌneu'rol·o·gist** [-'rɒlədʒɪst; *Am.* -'rɑ-] *s* Neuro'loge *m,* Nervenarzt *m.* **ˌneu'rol·o·gy** [-dʒɪ] *s* Neurolo'gie *f.*

**neu·rol·y·sis** [ˌnjʊə'rɒlɪsɪs; *Am.* nʊ'r-] *s* Neuro'lyse *f.*

**neu·ro·ma** [ˌnjʊə'rəʊmə; *Am.* nʊ'r-] *pl* **-ma·ta** [-tə] *s med.* Nervengeschwulst *f,* Neu'rom *n.*

**'neu·ro·path** [-pæθ] *s med.* Nervenlei-dende(r *m*) *f.* **ˌneu·ro'path·ic, ˌneu-ro'path·i·cal** *adj* neuro'pathisch: a) ner'vös (*Leiden etc*), b) nervenkrank, -leidend. **ˌneu'rop·a·thist** [-'rɒpəθɪst; *Am.* -'rɑ-] → **neurologist. ˌneu·ro-pa'thol·o·gy** *s* Neuropatholo'gie *f.* **ˌneu'rop·a·thy** *s* Nervenleiden *n.* **'neu·ro,phys·i'ol·o·gy** *s* Neuro-physiolo'gie *f.*

**ˌneu·ro·psy'chi·a·try** *s* Neuropsych-ia'trie *f.*

**ˌneu·ro·psy'cho·sis** *s med.* Neuropsy-'chose *f.*

**neu·rop·ter·an** [ˌnjʊə'rɒptərən; *Am.* -'rɑ-; a. nʊ'r-] *zo.* **I** *adj* Netzflügler... **II** *s* Netzflügler *m.*

**neu·ro·sis** [ˌnjʊə'rəʊsɪs; *Am.* nʊ'r-] *pl* **-ses** [-siːz] *s med.* Neu'rose *f.*

**ˌneu·ro'sur·geon** *s med.* 'Neurochir,urg *m.*

**neu·rot·ic** [ˌnjʊə'rɒtɪk; *Am.* -'rɑ-; a. nʊ'r-] *adj* (*adv* **~ally**) **1.** neu'rotisch: a) nervenleidend, -krank, b) Neurosen... **2.** ner'vös, Nerven...: **~ disease. 3.** Ner-

ven...: ~ **medicament** → 5. **II** *s*
**4.** Neu'rotiker(in). **5.** Nervenmittel *n*.
**neu·rot·o·my** [ˌnjuəˈrɒtəmɪ; *Am.* -ˈrɑ-; *a.* nʊˈr-] *s med.* **1.** 'Nervenanato|mie *f*. **2.** Nervenschnitt *m*.

**neu·ter** ['nju:tə(r); *Am. a.* 'nu:-] **I** *adj* **1.** *ling.* a) sächlich, b) intransitiv (*Verb*). **2.** *biol.* a) geschlechtslos, nicht fortpflanzungsfähig, b) mit nur rudimen'tären Ge'schlechtsor,ganen. **3.** *obs.* neu'tral. **II** *s* **4.** *ling.* a) Neutrum *n*, sächliches Hauptwort, b) intransitives Verb, In·transi'tivum *n*. **5.** *bot.* Blüte *f* ohne Staubgefäße u. Stempel. **6.** *zo.* geschlechtsloses *od.* ka'striertes Tier. **III** *v/t* **7.** Katzen etc ka'strieren.

**neu·tral** ['nju:trəl; *Am. a.* 'nu:-] **I** *adj* (*adv* ~ly) **1.** neu'tral, par'teilos, 'unpar,teiisch, unbeteiligt: ~ **ship** neutrales Schiff. **2.** neu'tral, unbestimmt, farblos. **3.** neu'tral (*a. chem. electr.*), gleichgültig, 'indiffe,rent (**to** gegen'über). **4.** → **neuter 2**. **5.** *mot.* a) Ruhe..., Null... (*Lage*), b) Leerlauf... (*Gang*). **II** *s* **6.** Neu'trale(r *m*) *f*, Par'teilose(r *m*) *f*. **7.** *pol.* a) neu'traler Staat, b) Angehörige(r *m*) *f* e-s neu'tralen Staates. **8.** *mot. tech.* a) Ruhelage *f*, b) Leerlaufstellung *f* (*des Getriebes*): **to put the car in** ~ den Gang herausnehmen. ~ **ax·is** *s math. phys. tech.* neu'trale Achse, Nullinie *f*. ~ **con·duc·tor** *s electr.* Mittel-, Neu'tralleiter *m*. ~ **e·qui·lib·ri·um** *s phys.* 'indiffe,rentes Gleichgewicht. ~ **gear** *s mot. tech.* Leerlauf *m*.

**neu·tral·ism** *s pol.* Neutra'lismus *m*, Neutrali'tätspoli,tik *f*. '**neu·tral·ist** *I s* Neutra'list *m*, Neu'trale(r) *m*. **II** *adj* neutra'listisch.

**neu·tral·i·ty** [nju:ˈtrælətɪ; *Am. a.* nu:-] *s* *a. chem. u. pol.* Neutrali'tät *f*.

**neu·tral·i·za·tion** [ˌnju:trəlaɪˈzeɪʃn; *Am.* -ləˈz-; *a.,*nu:-] *s* **1.** Neutrali'sierung *f*, Ausgleich *m*, (gegenseitige) Aufhebung. **2.** *chem.* Neutralisati'on *f*. **3.** *pol.* Neutrali'tätserklärung *f* (*e-s Staates etc*). **4.** *electr.* Entkopplung *f*, Neutralisati'on *f*. **5.** *mil.* Niederhaltung *f*, Lahmlegung *f*: ~ **fire** Niederhaltungsfeuer *n*. '**neu·tral·ize** *v/t* **1.** neutrali'sieren (*a. chem.*), ausgleichen, aufheben: **to** ~ **each other** sich gegenseitig aufheben. **2.** *pol.* für neu'tral erklären. **3.** *electr.* neutrali'sieren, entkoppeln. **4.** a) *mil.* niederhalten, -kämpfen, b) *sport* Gegenspieler ,kaltstellen', c) *mil.* Kampfstoffe entgiften.

**neu·tral| line** *s* **1.** *math. phys.* Neu'trale *f*, neu'trale Linie. **2.** *phys.* Nullinie *f*. **3.** → **neutral axis.** ~ **po·si·tion** *s tech.* Nullstellung *f*, Leerlaufstellung *f*, Ruhelage *f*, Ausgangsstellung *f*. ~ **wire** *s electr.* Nullleiter *m*.

**neu·tret·to** [nju:ˈtretəʊ; *Am. a.* nu:-] *pl* **-tos** *s phys.* Neu'tretto *n* (*neutrales Meson*).

**neu·tri·no** [nju:ˈtri:nəʊ; *Am. a.* nu:-] *pl* **-nos** *s phys.* Neu'trino *n* (*neutrales Elementarteilchen*).

**neu·tro·dyne** ['nju:trədaɪn; *Am.* 'nu:-] *s electr.* Neutro'dyn *n*: ~ **capacitor** Entkopplungskondensator *m*; ~ **receiver** Neutrodynempfänger *m*.

**neu·tron** ['nju:trɒn; *Am.* ,trɑn; *a.* 'nu:-] *s phys.* Neutron *n*: ~ **bomb** *mil.* Neutronenbombe *f*; ~ **number** Neutronenzahl *f*; ~ **star** *astr.* Neutronenstern *m*; ~ **weapon** *mil.* Neutronenwaffe *f*.

**Ne·vad·an** [neˈvɑːdən; nə-; *Am.* -ˈvæ-] *adj* von *od.* aus Ne'vada.

**né·vé** ['neveɪ; *Am.* neɪˈveɪ] *s geol.* Firn (-feld *n*) *m*.

**nev·er** ['nevə(r)] *adv* **1.** nie, niemals, nimmer(mehr). **2.** durch'aus nicht, (ganz u. gar) nicht, nicht im geringsten. **3.** *colloq.* doch nicht, (doch) wohl nicht: **you** ~ **mean to tell me that.**

*Besondere Redewendungen:*
~ **fear** nur keine Bange!, keine Sorge!; **well, I** ~! *colloq.* nein, so was!, das ist ja unerhört!; ~ **so** auch noch so, so sehr auch; **were he** ~ **so bad** mag er auch noch so schlecht sein; ~ **so much** noch so sehr *od.* viel; ~ **so much as** nicht einmal, sogar nicht; **he** ~ **so much as answered** er hat noch nicht einmal geantwortet; ~ **ever** garantiert nie, nie u. nimmer; → **die[1]** 1, **mind** 14.

'**nev·er|-do·,well** *s* Taugenichts *m*, Tunichtgut *m*. '~·,**end·ing** *adj* endlos, unaufhörlich, nicht enden wollend: ~ **dis·cussions.** '~·,**fail·ing** *adj* **1.** unfehlbar, untrüglich. **2.** nie versiegend. ,~·'**more** *adv* nimmermehr, nie wieder. ,~·'**nev·er** *s* **1.** *Br. colloq.* ,Stottern' *n* (*Ratenzahlung*): **to buy on the** ~ ,abstottern', auf Pump kaufen. **2.** *a.* ~ **land** a) Au'stralischer Busch, b) *fig.* Wolken'kuckucksheim *n*. ,**nev·er·the·less** *adv* nichtsdesto'weniger, dessen'ungeachtet, dennoch.

**ne·vus** ['ni:vəs] *pl* **-vi** [-vaɪ] *s physiol.* Muttermal *n*, Leberfleck *m*: **congenital** ~ Blutmal *n*; **vascular** ~ Feuermal *n*.

**new** [nju:; *Am. a.* nu:] **I** *adj* (*adv* → **newly**) **1.** *allg.* neu: **nothing** ~ nichts Neues; **that is not** ~ **to me** das ist mir nichts Neues; **what's** ~? was gibt es Neues?; → **broom** 1, **leaf** 4. **2.** *ling.* neu, mo'dern. **3.** *bes. contp.* neumodisch. **4.** neu (*Kartoffeln, Obst etc*), frisch (*Brot, Milch etc*). **5.** neu (-entdeckt *od.* -erschienen *od.* -erstanden *od.* -geschaffen): **a** ~ **book**; **a** ~ **star**; ~ **moon** Neumond *m*; ~ **publications** Neuerscheinungen; **the** ~ **woman** die Frau von heute, die moderne Frau. **6.** unerforscht: ~ **ground** Neuland *n* (*a. fig.*). **7.** neu(gewählt, -ernannt): **the** ~ **president. 8. (to)** a) (*j-m*) unbekannt, b) nicht vertraut (mit *e-r Sache*), unerfahren *od.* ungeübt (in *dat*), c) (*j-m*) ungewohnt. **9.** neu, ander(e, es), besser: **to feel a** ~ **man** sich wie neugeboren fühlen; **to lead a** ~ **life** ein neues (*besseres*) Leben führen. **10.** neu, erneut: **a** ~ **start** ein neuer Anfang. **11.** (*bes. bei Ortsnamen*) Neu... **II** *adv* **12.** neuerlich, erneut. **13.** neu, frisch (*bes. in Zssgn*): ~**-built** neuerbaut.

**new| birth** *s bes. fig. relig.* 'Wiedergeburt *f*. '~·**born** *adj* neugeboren. ~ **chum** *s bes. Austral.* Neuling *m*, Neuankömmling *m*. '~·**come** *adj* neuangekommen. '~·,**com·er** *s* **1.** Neuankömmling *m*, Fremde(r *m*) *f*. **2.** Neuling *m* (**to** **a subject** auf e-m Gebiet). **N~ Deal** *s* New Deal *m* (*Wirtschafts- u. Sozialpolitik des Präsidenten F. D. Roosevelt*). **N~ E·gyp·tian** *a ling.* Koptisch *n*, das Koptische.

**new·el** ['nju:əl; *Am. a.* 'nu:əl] *s tech.* **1.** Spindel *f* (*e-r Wendeltreppe, Gußform etc*). **2.** Endpfosten *m* (*e-r Geländerstange*).

**New Eng·land boiled din·ner** → **boiled dinner.**
'**new|,fan·gled** *adj contp.* neumodisch. ,~·'**fash·ioned** *adj* modisch, mo'dern. '~·**fledged** *adj* **1.** *orn.* flügge geworden, seit kurzem flügge. **2.** *fig.* neugebacken. '~·**found** *adj* **1.** neugefunden, neuerfunden. **2.** neuentdeckt.

**New·found·land (dog)** [nju:ˈfaʊnd·lənd; *Am. a.* 'nu:·fənd-] *s zo.* Neu'fundländer *m* (*Hund*).

**New·found·land·er** ['nju:·fəndlən·də(r); *Am. a.* 'nu:-] *s* **1.** Neu'fundländer(in). **2.** *mar.* Neu'fundlandfahrer *m* (*Fischereifahrzeug*). **3.** *zo.* Neu'fundländer *m* (*Hund*).

**new·ish** ['nju:ɪʃ; *Am. a.* 'nu:ɪʃ] *adj* ziemlich neu.

**New Je·ru·sa·lem Church** *s relig.* die auf den Lehren Emanuel Swedenborgs fußende Kirche. '**n~·laid** *adj* frischgelegt

(*Eier*). ~ **Left** *s pol.* (*die*) neue Linke. **n~ light** *s relig.* Moder'nist *m*, Libe'rale(r) *m*. ~ **Look** *s* New Look *m* (*neue Linie*).

**new·ly** ['nju:lɪ; *Am. a.* 'nu:-] *adv* **1.** neulich, kürzlich, jüngst: ~**married** jung-, frisch-, neuvermählt. **2.** von neuem: ~ **raised hope** neuerweckte Hoffnung. **3.** anders: ~ **arranged furniture** umgestellte Möbel. '~·**weds** *s pl* Neuvermählte *pl*, Jungverheiratete *pl*.

**new·ness** ['nju:nɪs; *Am. a.* 'nu:-] *s* **1.** (*Zustand der*) Neuheit *f*, (*das*) Neue. **2.** (*das*) Neue, (*etwas*) Neues. **3.** *fig.* Unerfahrenheit *f*.

'**new-rich I** *adj* neureich. **II** *s* Neureiche(r *m*) *f*, Parve'nü *m*.

**news** [nju:z; *Am. a.* nu:z] *s pl* (*als sg konstruiert*) **1.** (*das*) Neue, Neuigkeit(en *pl*) *f*, (*etwas*) Neues, Nachricht(en *pl*) *f*: **a piece** (*od.* **bit**) **of** ~ e-e Neuigkeit *od.* Nachricht; **at this** ~ bei dieser Nachricht; **good (bad)** ~ gute (schlechte) Nachricht(en); **commercial** ~ *econ.* Handelsteil *m* (*e-r Zeitung*); **to have** ~ **from s.o.** von j-m Nachricht haben; **what('s the)** ~? was gibt es Neues?; **it is** ~ **to me** das ist mir (ganz) neu; **ill** ~ **flies apace** schlechte Nachrichten erfährt man bald; **no** ~ **is good** ~ keine Nachricht ist gute Nachricht; → **bad[1]** 8, **good** 17. **2.** neueste (*Zeitungs- etc*)Nachrichten *pl*: **to be in the** ~ (in der Öffentlichkeit) von sich reden machen. ~ **a·gen·cy** *s* 'Nachrichtenagen,tur *f*, -bü,ro *n*. ~ **a·gent** *s* Zeitungshändler *m*. ~ **black·out** *s* Nachrichtensperre (**to order a** ~ **on s.th.** über etwas eine Nachrichtensperre verhängen). '~·**boy** *s* Zeitungsjunge *m*. '~·**break** *s Am.* (*für Zeitungsleser*) interes'santes Ereignis. ~ **bul·le·tin** *s Rundfunk, TV*: Kurznachricht(en *pl*) *f*. ~ **butch·er** *s Am.* Verkäufer *m* von Zeitungen, Süßigkeiten etc (*in Eisenbahnzügen*). '~·**cast** *s Rundfunk, TV*: Nachrichtensendung *f*. '~·,**cast·er** *s Rundfunk, TV*: Nachrichtensprecher(in). ~ **cin·e·ma** *s* Aktuali'tätenkino *n*, Aki *n*. ~ **con·fer·ence** *s* 'Pressekonfe,renz *f*. ~ **deal·er** *s Am.* Zeitungshändler *m*. ~ **flash** *s Rundfunk, TV*: Kurzmeldung *f*. ~ **hawk** *s Am. colloq.* 'Zeitungsre,porter(in). ~ **head·lines** *s pl* Kurznachrichten *pl*, Nachrichten *pl* in Schlagzeilen. '~·**hound** → **newshawk**. **news·ie** → **newsy** I.

**news·i·ness** ['nju:zɪnɪs; *Am. a.* 'nu:-] *s colloq.* 'Überfülle *f* von Nachrichten *od.* Neuigkeiten.

'**news|,let·ter** *s* **1.** (Nachrichten)Rundschreiben *n*, (in'ternes) Mitteilungsblatt. **2.** *hist.* geschriebene Zeitung. ~ **mag·a·zine** *s* 'Nachrichtenmaga,zin *n*. '~·,**mak·er** *s Am.* j-d, der Schlagzeilen macht. '~·**man** [-mən] *s irr* **1.** a) Zeitungshändler *m*, b) Zeitungsmann *m*, -austräger *m*. **2.** Journa'list *m*. ~ **me·di·a** *s pl* Medien *pl* (*Presse, Funk, Fernsehen*). '~·,**mon·ger** *s* Klatschmaul *n*.

'**news·pa·per** ['nju:s-; 'nju:z-; *Am. bes.* 'nu:z-] *s* **1.** Zeitung *f*: **commercial** ~ Börsenblatt *n*, Wirtschaftszeitung *f*. **2.** 'Zeitungspa,pier *n*. ~ **clip·ping** *s Am.*, ~ **cut·ting** *s Br.* Zeitungsausschnitt *m*. '~·**man** [-mæn] *s irr* **1.** Zeitungsverkäufer *m*. **2.** a) Re'porter *m*, b) ('Zeitungs-) Redak,teur *m*, c) Journa'list *m*. **3.** Zeitungsverleger *m*.

'**news·speak** *s* als bewußt mehrdeutig u. irreführend empfundene Sprache der Bürokraten u. Politiker (*nach G. Orwells „1984"*).

'**news|·print** *s* 'Zeitungspa,pier *n*. '~·,**read·er** *s Br.* für **newscaster**. '~·**reel** *s Film:* Wochenschau *f*. '~·**room** *s* **1.** 'Nachrichtenraum *m*, -zen,trale *f* (*e-r Nachrichtenagentur, Zeitung, Rundfunk- od. Fernsehstation*). **2.** Zeitschriftenlese-

saal *m*. **3.** *Am*. Zeitungsladen *m*, -kiosk *m*. **~ ser·vice** *s* Nachrichtendienst *m*. **'~sheet** *s* Informati'onsblatt *n*. **~stall** *s* *Br*., **'~stand** *s* Zeitungskiosk *m*, -stand *m*. **~ the·a·ter**, *bes*. *Br*. **~ the·a·tre** *s* Aktuali'tätenkino *n*, Aki *n*.

**New Style** *s* neue Zeitrechnung (nach dem Gregori'anischen Ka'lender).

**news| val·ue** *s* ,Nachrichtenwert' *m*, Interes'santheit *f*, Aktuali'tät *f*. **~ ven·dor** *s* Zeitungsverkäufer *m*. **'~,wor·thy** *adj* von Inter'esse für den Zeitungsleser, berichtenswert, aktu'ell.

**news·y** ['nju:zɪ; *Am. a.* 'nu:zi:] *colloq*. I *s* **1.** *Am*. Zeitungsjunge *m*. II *adj* **2.** voller Neuigkeiten. **3.** geschwätzig, schwatzhaft.

**newt** [nju:t; *Am. a.* nu:t] *s zo*. Wassermolch *m*.

**New| Tes·ta·ment** *s* *Bibl*. (das) Neue Testa'ment. **~ Thought** *s relig*. e-e moderne religiöse Bewegung, die an die Macht des Geistes glaubt, den Körper zu beherrschen u. Krankheiten fernzuhalten *od*. zu heilen.

**new·ton** ['nju:tn; *Am. a.* 'nu:tn] *s phys*. Newton *n* (*physikalische Krafteinheit*).

**New·to·ni·an** [nju:'təʊnjən; -ɪən; *Am. a.* nu:-] I *adj* **1.** Newton(i)sch: **~ force** (mechanics) Newtonsche Kraft (Mechanik). II *s* **2.** Anhänger *m* Newtons. **3.** *a*. **~ telescope** *phys*. Newton(i)scher Re'flektor.

**new| town** *s* Satel'liten-, Tra'bantenstadt *f*. **~ wave** *s* neue Welle (*Film etc*). **N~ World** *s* (die) Neue Welt (*Amerika*). **,~ -'world** *adj* (aus) der Neuen Welt. **~ year** *s* **1.** Neujahr *n*, (das) neue Jahr. **2.** N~ Y~ Neujahrstag *m*. **N~ Year's Day** *s* Neujahrstag *m*. **N~ Year's Eve** *s* Sil'vesterabend *m*.

**next** [nekst] I *adj* **1.** (*Ort, Lage*) nächst(er, e, es), erst(er, e, es) nach ..., dicht *od*. nahe bei ... (*befindlich*), nächststehend: **the ~ house;** **~ door** *Bes. Redew*. **2.** (*Zeit, Reihenfolge*) nächst(er, e, es), (*unmittelbar*) folgend, gleich nach: **~ month** nächsten Monat; **~ time** das nächste Mal, ein andermal, in Zukunft; **(the) ~ day** am nächsten *od*. folgenden Tag. **3.** unmittelbar vor'hergehend *od*. folgend: **~ in size** nächstgrößer(er, e, es) *od*. nächstkleiner (-er, e, es). **4.** (*an Rang*) nächst(er, e, es). **5.** *Am. sl*. infor'miert, im Bilde (**to** über *acc*). *Besondere Redewendungen:* **~ to** a) gleich neben, b) gleich nach (*Rang, Reihenfolge*), c) beinahe, fast *unmöglich etc*, so gut wie *nichts etc*; **~ to last** zweitletzt(er, e, es); **~ to the** (*od*. **the one's**) **skin** auf der bloßen Haut; **~ but one** übernächst(er, e, es); **the ~ best thing to** das nächstbeste; **(the) ~ moment** im nächsten Augenblick; **the ~ man** der erste beste; **the river ~** (*od*. **the ~ river**) **to the Thames in length** der nächstlängste Fluß nach der Themse; **not till ~ time** *humor*. nie mehr bis zum nächsten Mal; → **what** *Bes. Redew*.

II *adv* **6.** (*Ort, Zeit etc*) als nächste(r) *od*. nächste, gleich dar'auf: **to come ~** als nächster (nächste, nächstes) folgen. **7.** nächstens, demnächst, das nächste Mal: **when I saw him ~** als ich ihn das nächste Mal sah. **8.** (*bei Aufzählung*) dann, dar'auf.

III *prep* **9.** gleich neben *od*. bei *od*. an (*dat*). **10.** (*an Rang*) gleich nach.

IV *s* **11.** (der, die, das) Nächste: **the ~ to come** der Nächste; **to be continued in our ~** Fortsetzung folgt; **in my ~** *obs*. m-m nächsten Schreiben.

**,next|-'door** *adj* im Nebenhaus, benachbart, neben'an: **the ~ baker** der Bäcker nebenan; **~ house** Nachbar-, Nebenhaus *n*; **we are ~ neighbo(u)rs** wir wohnen

Tür an Tür. **~ friend** *s jur*. Pro'zeßpfleger *m* (*e-s Minderjährigen etc*). **~ of kin** *s sg u. pl* (*der od. die*) nächste Verwandte, (*die*) nächsten Angehörigen *pl od*. Verwandten *pl*. **~ world** *s* Jenseits *n*.

**nex·us** ['neksəs] *pl* **-us** (*Lat*.) *s* Nexus *m*, Verknüpfung *f*, Zs.-hang *m*.

**n-gon** ['engɒn; *Am*. 'en,gɑn] *s math*. n-Eck *n*.

**NHS| frame** *s* (*abbr. für* National Health Service) *Br*. Kassengestell *n*. **~ glass·es** *s pl Br*. Kassenbrille *f*. **~ treatment** *s med. Br*. Behandlung *f* auf Krankenschein.

**nib** [nɪb] I *s* **1.** *orn*. Schnabel *m*. **2.** (Gold-, Stahl)Spitze *f* (*e-r Schreibfeder*). **3.** Schreibfeder *f*. **4.** *tech*. (getrenntes, verstellbares) Glied e-s Kombinati'onsschlüssels. **5.** *pl* Kaffee- *od*. Ka'kaobohnenstückchen *pl*. **6.** Knoten *m* (*in Wolle od. Seide*). II *v/t* **7.** Füllfeder *etc* mit e-r Spitze versehen. **8.** *etwas* spitz(er) machen, anspitzen.

**nib·ble** ['nɪbl] I *v/t* **1.** nagen *od*. knabbern an (*dat*), anfressen: **to ~ off** abbeißen, abfressen. **2.** *den Köder* vorsichtig anbeißen (*Fisch*). II *v/i* **3.** a) nagen, knabbern (**at** an *dat*): **to ~ at one's food** im Essen herumstochern, b) ,knabbern', naschen (*beim Fernsehen etc*). **4.** (fast) anbeißen (*Fisch*; *a. fig. Käufer*). **5.** *fig*. kritteln, nörgeln. III *s* **6.** Nagen *n*, Knabbern *n*. **7.** (vorsichtiges) Anbeißen (*der Fische*). **8.** (kleiner) Bissen, Happen *m*.

**Ni·be·lungs** ['ni:bəlʊŋz] *npr pl* (die) Nibelungen *pl*.

**nib·lick** ['nɪblɪk] *s Golf*: *obs*. Niblick *m* (*Eisenschläger Nr. 9*).

**nibs** [nɪbz] *s pl* (*als sg konstruiert*) *colloq*. ,großes Tier': **his ~** ,seine Hoheit'.

**nice** [naɪs] *s* (*adv* **nicely**) **1.** fein, zart. **2.** fein, lecker (*Speise etc*). **3.** nett, freundlich (**to s.o.** zu j-m). **4.** nett, hübsch, schön (*alle a. iro*.): **a ~ girl; ~ weather** schönes Wetter; **a ~ mess** *iro*. e-e schöne Bescherung; **~ and fat** schön fett; **~ and warm** hübsch *od*. schön warm. **5.** heikel, wählerisch (**about** in *dat*). **6.** fein, scharf, genau: **a ~ distinction** ein feiner Unterschied; **~ judg(e)ment** feines Urteilsvermögen; **to have a ~ ear** ein scharfes Ohr haben. **7.** (peinlich) genau, sorgfältig, gewissenhaft, pünktlich. **8.** *fig*. heikel, ,kitzlig', schwierig: **a ~ question** e-e heikle Frage. **9.** (*meist mit* **not**) anständig: **not a ~ song** ein unanständiges Lied.

**nice·ly** ['naɪslɪ] *adv* **1.** fein, nett: **~ written** nett geschrieben. **2.** gut, fein, ausgezeichnet: **that will do ~** a) das genügt vollauf, b) das paßt ausgezeichnet; **she is doing ~** *colloq*. es geht ihr gut *od*. besser, sie macht gute Fortschritte; **to talk ~ to s.o.** j-m gute Worte geben. **3.** sorgfältig, genau. **4.** *iro*. schön: **I was done ~** *sl*. ich wurde ganz schön ,reingelegt'.

**Ni·cene Creed** [,naɪ'si:n; 'naɪsi:n] *s relig*. Ni'zänum *n*, Ni'zäisches Glaubensbekenntnis.

**nice·ness** ['naɪsnɪs] *s* **1.** Feinheit *f* (*des Geschmacks etc*), Schärfe *f* (*des Urteils*). **2.** Nettheit *f*, (*das*) Nette. **3.** Nettigkeit *f*, Freundlichkeit *f*. **4.** → **nicety** **2.**

**ni·ce·ty** ['naɪsətɪ] *s* **1.** Feinheit *f*, Schärfe *f* (*des Urteils etc*). **2.** peinliche Genauigkeit, Pünktlichkeit *f*: **to a ~** äußerst (*od*. peinlich) genau. **3.** Spitzfindigkeit *f*. **4.** *pl* feine 'Unterschiede *pl*, Feinheiten *pl*: **not to stand upon niceties** es nicht so genau nehmen. **5.** wählerisches Wesen. **6.** *meist pl* Annehmlichkeit *f*: **the niceties of life** die Annehmlichkeiten des Lebens.

**niche** [nɪtʃ; ni:ʃ] I *s* **1.** *arch*. Nische *f*. **2.** *fig*. Platz *m*, wo man 'hingehört: **he finally found his ~ in life** er hat endlich s-n Platz im Leben gefunden. **3.** *fig*.

(ruhiges) Plätzchen *n*. II *v/t* **4.** mit e-r Nische versehen. **5.** in e-e Nische stellen.

**ni·chrome** ['naɪkrəʊm] *s tech*. Nickelchrom *n*.

**Nick¹** [nɪk] *npr* **1.** Koseform von Nicholas. **2.** *meist* Old ~ *colloq*. der Teufel.

**nick²** [nɪk] I *s* **1.** Kerbe *f*, Einkerbung *f*, Einschnitt *m*. **2.** Kerbholz *n*. **3.** *tech*. Einschnitt *m*, Schlitz *m* (*am Schraubenkopf*). **4.** *print*. Signa'tur(rinne) *f*. **5.** (*rechter*) Zeitpunkt: **in the ~ of time** a) im richtigen Augenblick, wie gerufen, b) im letzten Moment. **6.** *Würfelspiel etc*: (hoher) Wurf, Treffer *m*. **7.** *Br. sl*. a) ,Kittchen' *n* (*Gefängnis*): **in the ~**, b) Poli'zeire,vier *n*. **8. to be in good ~** *colloq*. gut ,in Schuß' sein. II *v/t* **9.** (ein)kerben, einschneiden: **to ~ out** auszacken; **to ~ o.s. while shaving** sich beim Rasieren schneiden. **10.** *etwas* glücklich treffen: **to ~ the time** gerade den richtigen Zeitpunkt treffen. **11.** *e-n Zug etc* (gerade noch) erwischen. **12.** *Br. sl*. a) ,schnappen', festnehmen, b) *j-n* ,einlochen', einsperren. **13.** *Br. sl*. ,klauen', stehlen. **14.** *Am. sl*. ,übers Ohr hauen', betrügen (**for** um). III *v/i* **15.** ~ **in** sich vordrängen (*bes. durch Kurvenschneiden*). **16.** ~ **off** *Austral. colloq*. sich aus dem Staub machen.

**nick·el** [nɪkl] I *s* **1.** *chem. min*. Nickel *n*: **antimonial ~** Nickelspießglanzerz *n*; **arsenical ~** Arseniknickel; **chloride of ~** Nickelchlorid *n*. **2.** *Am. colloq*. ,Nickel' *m*, Fünf'centstück *n*: **not worth a plugged ~** keinen Pfifferling wert. II *adj* **3.** Nickel... III *v/t* **4.** vernickeln. **~ bloom** *s min*. Nickelblüte *f*. **~ glance** *s min*. Nickelglanz *m*.

**nick·el·ic** [nɪ'kelɪk] *adj chem. min*. nickelhaltig, Nickel... **nick·el·if·er·ous** [,nɪkə'lɪfərəs] *adj min*. nickelhaltig. **'nick·el·ize** *v/t* vernickeln.

**nick·el·o·de·on** [,nɪkə'ləʊdɪən] *s Am*. **1.** *hist*. billiges ('Film-, Varie'té)The,ater. **2.** → **juke box**.

**'nick·el|-plate** *v/t tech*. vernickeln. **'~ -,plat·ed** *adj* vernickelt, 'nickelplat,tiert. **'~-,plat·ing** *s* Vernickelung *f*. **~ sil·ver** *s* Neusilber *n*. **~ steel** *s* Nickelstahl *m*.

**nick·er¹** ['nɪkə(r)] *v/i* **1.** wiehern. **2.** kichern.

**nick·er²** ['nɪkə] *pl* '**nick·er** *s Br. sl*. Pfund *n* (Sterling): **it cost me 20 ~**.

**nick·nack** → **knickknack**.

**nick·name** ['nɪkneɪm] I *s* **1.** Spitzname *m*. **2.** Kosename *m*. **3.** *mil*. Deckname *m*. II *v/t* **4.** mit e-m Spitznamen *etc* bezeichnen, *j-m* e-n *od*. den Spitznamen ... geben.

**nic·o·tin·a·mide** [,nɪkə'ti:nəmaɪd; -'tɪn-] *s chem*. Niko'tina,mid *n*.

**nic·o·tine** ['nɪkəti:n] *s chem*. Niko'tin *n*. **~ con·tent** *s* Niko'tingehalt *m*: **of low ~** nikotinarm. **'~-stained** *adj* niko'tingelb (*Finger*).

**nic·o·tin·ic** [,nɪkə'ti:nɪk; -'tɪ-] *adj* niko'tinisch, Nikotin...

**nic·o·tin·ism** [,nɪkəti:nɪzəm; -tɪn-] *s med*. Niko'tinvergiftung *f*. **'nic·o·tin·ize** *v/t chem*. mit Niko'tin sättigen *od*. vergiften.

**nic·tate** ['nɪkteɪt], **nic·ti·tate** ['nɪktɪteɪt] *v/i* blinzeln: **nictitating membrane** *anat*. Blinzel-, Nickhaut *f*.

**nic·ti·ta·tion** [,nɪktɪ'teɪʃn] *s med*. Niktitati'on *f*, krampfhaftes Blinzeln.

**ni·dal** ['naɪdl] *adj zo*. Nest... **nid·a·men·tal** [,naɪdə'mentl] *adj zo*. nidamen'tal. **ni·da·tion** [naɪ'deɪʃn] *s* **1.** *physiol*. Nidati'on *f*, Einnisten *n* des Eies. **2.** *med*. Sich-'Festsetzen *n* von Erregern.

**nid·dle-nod·dle** ['nɪdlnɒdl; *Am*. -,nɑdl] I *v/i* wackeln. II *v/t* wackeln mit (*dem Kopf*). III *adj* wackelnd.

**nide** [naɪd] *s* (Fa'sanen)Nest *n*, Brut *f*.

**ni·di** [ˈnaɪdaɪ] *pl von* nidus.
**nid·i·fi·cate** [ˈnɪdɪfɪkeɪt; *Am. a.* naɪˈdɪ-], **nid·i·fy** [ˈnɪdɪfaɪ] *v/i* ein Nest bauen, nisten.
**nid-nod** [ˈnɪdnɒd; *Am.* -ˌnɑd] *v/i* ständig *od.* mehrmals nicken.
**ni·dus** [ˈnaɪdəs] *pl* **-di** [-daɪ] *s* **1.** *zo.* Nest *n*, Brutstätte *f*. **2.** *fig.* Lagerstätte *f*, Sitz *m*. **3.** *med.* Herd *m*, Nest *n* (*e-r Krankheit*).
**niece** [niːs] *s* **1.** Nichte *f*. **2.** *obs.* Enkelin *f*.
**ni·el·lo** [nɪˈeləʊ] **I** *pl* **-li** [-lɪ] *od.* **-los** *s* **1.** Niˈello *n*, Schwarzschmelz *m* (*schwarz ausgefüllte Metallgravierung*). **2.** *a.* ~ **work** Niˈello(arbeit *f*) *n*. **II** *v/t* **3.** nielˈlieren.
**Nie·tzsche·an** [ˈniːtʃɪən] **I** *s* Nietzscheanhänger(in). **II** *adj* Nietzsches Lehre betreffend. **ˈNie·tzsche·an·ism** *s* Philoˈphie *f* Friedrich Nietzsches.
**nieve** [niːv] *s dial.* Faust *f*.
**niff** [nɪf] *s Br. sl.* Gestank *m*. **ˈniff·y** *adj Br. sl.* stinkend: **to be** ~ stinken.
**nif·ty** [ˈnɪftɪ] *adj colloq.* **1.** ‚sauber': a) hübsch, schick, fesch, b) ‚prima', c) raffiˈniert. **2.** *Br.* stinkend.
**nig·gard** [ˈnɪɡə(r)d] **I** *s* ‚Knicker(in)', Geizhals *m*, ‚Filz' *m*. **II** *adj* → **niggardly**. **ˈnig·gard·li·ness** *s* ‚Knauseˈrei' *f*, Geiz *m*. **ˈnig·gard·ly** *adj u. adv* **1.** schäbig, kümmerlich: **a** ~ **gift**. **2.** geizig, ‚knaus(e)rig', ‚knick(e)rig'.
**nig·ger** [ˈnɪɡə(r)] *s* **1.** *colloq. contp.* ‚Nigger' *m*, Neger(in), Schwarze(r *m*) *f*: ~ **in the woodpile** *colloq.* a) geheime (böse) Absicht, b) (*der*) Haken an der Sache; **to work like a** ~ wie ein Pferd arbeiten, schuften. **2.** *zo.* Larve *f*. **~heav·en** *s thea. Am. colloq.* → **god** 5.
**nig·gle** [ˈnɪɡl] **I** *v/i* **1.** a) (peˈdantisch) ‚herˈumtüfteln', b) peˈdantisch sein. **2.** (herˈum)trödeln. **3.** (herˈum)nörgeln (**about, over** an *dat*). **ˈnig·gler** *s* **1.** a) Tüftler *m*, b) Peˈdant *m*. **2.** Trödler *m*. **3.** Nörgler *m*. **ˈnig·gling** *adj* ‚tüftelig', b) peˈdantisch.
**nigh** [naɪ] *obs. od. poet.* **I** *adv* **1.** (*Zeit u. Ort*) nahe (**to** *dat od.* an *dat*): ~ **to** (*od.* **unto**) **death** dem Tode nahe; ~ **but** beinahe; **to draw** ~ to sich nähern (*dat*). **2.** *meist* **well** ~ beinahe, nahezu. **II** *prep* **3.** nahe (bei) (*dat*), neben. **III** *adj* **4.** nahe.
**night** [naɪt] *s* **1.** Nacht *f*: **by** ~, **in the** ~ bei Nacht, nachts, des Nachts; **to bid** (*od.* **wish**) **s.o. good** ~ j-m gute Nacht wünschen; ~'s **lodging** Nachtquartier *n*. **2.** Abend *m*: **last** ~ gestern abend; **the** ~ **before last** vorgestern abend; **a** ~ **of Wagner** ein Wagnerabend; **on the** ~ **of May 5th** am Abend des 5. Mai. **3.** *fig.* Nacht *f*, Dunkel *n*, Dunkelheit *f*. *Besondere Redewendungen:* ~ **and day** Tag u. Nacht; **they are like** ~ **and day** sie sind so verschieden wie Tag u. Nacht; **late at** ~ (tief) in der Nacht, spät abends; **over** ~ über Nacht; ~ **out** freier Abend; **to have a** ~ **out** (*od.* **off**) a) e-n Abend lang ausspannen, b) ausgehen; **to have an early (a late)** ~ früh (spät) schlafen gehen; **to have a good (bad)** ~ gut (schlecht) schlafen; **to make a** ~ **of it** bis zum (nächsten) Morgen durchfeiern, ‚sich die Nacht um die Ohren schlagen'; **to stay the** ~ **at** übernachten in (*e-m Ort*) *od.* bei (*j-m*); **to turn** ~ **into day** die Nacht zum Tage machen.
**night| at·tack** *s mil.* Nachtangriff *m*. ~ **bell** *s* Nachtglocke *f*. ~ **bird** *s* **1.** *orn.* Nachtvogel *m*. **2.** *fig.* a) Nachtmensch *m*, ‚Nachteule' *f*, b) Nachtschwärmer *m*. **ˈ~blind** *adj med.* nachtblind. **~blind·ness** *s med.* Nachtblindheit *f*. **ˈ~bloom·ing** *adj bot.* nachtblütig. **ˈ~bloom·ing ce·re·us** *s bot.* Königin *f* der Nacht. **ˈ~cap** *s* **1.** Nachtmütze *f*, -haube *f*. **2.** *fig.* Schlummertrunk *m*.

**3.** *sport Am. colloq.* letzter Wettkampf des Tages. ~ **cel·lar** *s Br.* (*bes.* anrüchiges) ˈKellerloˌkal. ~ **chair** *s* Nachtstuhl *m*. **ˈ~churr** → **nightjar**. ~ **club** *s* Nachtklub *m*, ˈNachtloˌkal *n*. ~ **com·bat** *s mil.* Nachtgefecht *n*. **ˈ~dress** *s* Nachthemd *n* (*für Frauen u. Kinder*). ~ **ef·fect** *s Radar etc.:* ˈNacht-, ˈDämmerungseffekt *m*. ~ **ex·po·sure** *s phot.* Nachtaufnahme *f*. **ˈ~fall** *s* Einbruch *m* der Nacht *od.* Dunkelheit: **at** ~. ~ **fight·er** *s aer. mil.* Nachtjagdflugzeug *n*, Nachtjäger *m*. **ˈ~gear** *s* Nachtzeug *n*. ~ **glass** *s* Nachtfernrohr *n*, -glas *n*. **ˈ~gown** → **nightdress**. **ˈ~hawk** *s* **1.** *orn.* Ameriˈkanischer Ziegenmelker. **2.** → **night owl** 2.
**night·ie** [ˈnaɪtɪ] *s colloq.* (Damen-, Kinder)Nachthemd *n*.
**night·in·gale** [ˈnaɪtɪŋɡeɪl; *Am. a.* -tənˌg-] *s orn.* Nachtigall *f*.
**ˈnight·jar** *s orn.* Ziegenmelker *m*. ~ **latch** *s* Nachtschloß *n* (*Schnappschloß*). ~ **leave** *s mil.* Urlaub *m* bis zum Wecken. ~ **let·ter(·gram)** *s Am.* (verbilligtes) ˈNachtteleˌgramm. **ˈ~life** *s* Nachtleben *n*. ~ **light** *s* Nachtlicht *n* (*für Kinder etc.*). ~ **line** *s* Nacht-, Grundangel *f*. **ˈ~long I** *adj* e-e *od.* die ganze Nacht dauernd. **II** *adv* die ganze Nacht (hinˈdurch).
**night·ly** [ˈnaɪtlɪ] **I** *adj* **1.** nächtlich, Nacht... **2.** jede Nacht *od.* jeden Abend stattfindend, allˈnächtlich *od.* allˈabendlich. **II** *adv* **3.** a) (all)ˈnächtlich, jede Nacht, b) jeden Abend, (all)ˈabendlich. **4.**
**night| mail** *s* **1.** Nachtpost *f*. **2.** Nacht-(post)zug *m*. ~ **man** *s irr* **1.** Nachtarbeiter *m*. **2.** Nachtschicht *f*.
**night·mare** [ˈnaɪtmeə(r)] *s* **1.** Nachtmahr *m* (*böser Geist*). **2.** *med.* Alp(drükken *n*) *m*, böser Traum (*a. fig.*). **3.** *fig.* a) Schreckgespenst *n*, b) Alpdruck *m*, -traum *m*, Grauen *n*. **ˈnight·mar·ish** *adj* beklemmend, schauerlich.
**night| nurse** *s* Nachtschwester *f*. ~ **owl** *s* **1.** *orn.* Nachteule *f*. **2.** *colloq.* a) ‚Nachteule' *f*, Nachtmensch *m*, b) Nachtschwärmer *m*. ~ **per·son** *s* Nachtmensch *m*. **~piece** *s* **1.** *paint.* Nachtstück *n*. **2.** Nachtszene *f* (*Beschreibung*). **~por·ter** *s* ˈNachtportiˌer *m*. ~ **rid·er** *s hist. Am.* Mitglied e-r berittenen Terroristenbande. ~ **robe** *s Am.* (Damen)Nachthemd *n*.
**nights** [naɪts] *adv colloq.* bei Nacht, nachts: **to work** ~ Nachtschicht haben.
**night| safe** *s* ˈNachtsafe *m*, -treˌsor *m*: ~ **container** Geldbombe *f*. ~ **school** *s* Abend-, Fortbildungsschule *f*, (*Art*) Volkshochschule *f*. **ˈ~shade** *s bot.* **1.** Nachtschatten *m*. **2.** *a.* **deadly** ~ Tollkirsche *f*. ~ **shift** *s* Nachtschicht *f*: **to be** (*od.* **work**) **on** ~ Nachtschicht haben. **ˈ~shirt** *s* Nachthemd *n* (*für Männer u. Knaben*). **ˈ~side** *s astr.* Nachtseite *f*, *fig. a.* geheimnisvolle Seite. ~ **sky** *s* Nachthimmel *m*, nächtlicher Himmel. **ˈ~spot** *s colloq. für* **night club**. **ˈ~stand** *s Am.* Nachttisch *m*. **ˈ~stick** *s Am.* Gummiknüppel *m*, Schlagstock *m* (*der Polizei*). **ˈ~stool** *s* Nachtstuhl *m*. ~ **sweat** *s med.* Nachtschweiß *m*. ~ **ta·ble** → **nightstand**. ~ **ter·ror** *s med.* Nachtangst *f* (*nächtliches Aufschrecken bei Kindern*). **ˈ~tide** *s* **1.** *poet.* Nachtzeit *f*. **2.** *mar.* Flut *f* zur Nachtzeit. ~ **time** *s* Nacht(zeit) *f*: **at** ~ zur Nachtzeit, nachts. ~ **vi·sion** *s* **1.** nächtliche Erscheinung. **2.** *med.* Nachtsehvermögen *n*. **ˈ~walk·er** *s* **1.** Strichmädchen *n*. **2.** Nachtwandler *m*. ~ **watch** *s* **1.** Nachtwache *f*. **2.** Nachtwächter *m*. ~ **watch·man** *s irr* Nachtwächter *m*. **ˈ~wear** *s* Nachtkleidung *f*. **ˈ~work** *s* Nachtarbeit *f*.
**night·y** [ˈnaɪtɪ] → **nightie**.
**ni·gres·cence** [naɪˈɡresns] *s* **1.** Schwarz-

werden *n*. **2.** Dunkelheit *f*. **niˈgres·cent** *adj* **1.** schwarzwerdend. **2.** schwärzlich, dunkel.
**nig·ri·tude** [ˈnɪɡrɪtjuːd; *Am. a.* ˈnaɪ-; -ˌtuːd] *s* Schwärze *f*.
**ni·hil·ism** [ˈnaɪɪlɪzəm; *Am. a.* ˈniːə-] *s philos. pol.* Nihiˈlismus *m*. **ˈni·hil·ist I** *s* Nihiˈlist(in). **II** *adj* → **nihilistic**. **ˌni·hilˈis·tic** *adj* nihiˈlistisch.
**nil** [nɪl] *s* Nichts *n*, Null *f* (*bes. in Spielresultaten*): **two goals to** ~ (2–0) *bes. Br.* zwei zu null (2 : 0); ~ **report** (*od.* **return**) Fehlanzeige *f*; **his influence is** ~ sein Einfluß ist gleich Null.
**nill** [nɪl] *v/t u. v/i obs.* nicht wollen.
**Ni·lot·ic** [naɪˈlɒtɪk; *Am.* -ˈlɑ-] *adj* Nil...
**nil·po·tent** [ˈnɪlpətənt; *Am.* -ˌpəʊ-] *adj math.* nilpoˈtent.
**nim·bi** [ˈnɪmbaɪ] *pl von* **nimbus**.
**nim·ble** [ˈnɪmbl] *adj* (*adv* **nimbly**) **1.** flink, hurtig, gewandt, beˈhend(e). **2.** *fig.* geistig beweglich, ‚fix': ~ **mind** beweglicher Geist, rasche Auffassungsgabe. **ˈ~fin·gered** *adj* **1.** geschickt, fingerfertig. **2.** langfingerig, diebisch. **ˈ~foot·ed** *adj* leicht-, schnellfüßig.
**nim·ble·ness** [ˈnɪmblnɪs] *s* **1.** Beˈhendigkeit *f*, Gewandtheit *f*, Flinkheit *f*. **2.** *fig.* geistige Beweglichkeit.
**ˈnim·ble-ˌwit·ted** *adj* schlagfertig.
**nim·bus** [ˈnɪmbəs] *pl* **-bi** [-baɪ] *od.* **-bus·es** *s* **1.** *a.* ~ **cloud** *meteor.* Nimbus *m*, graue Regenwolke. **2.** Nimbus *m*: a) Heiligenschein *m*, Strahlenkranz *m* (*auf Gemälden etc*), b) *fig.* Ruhm(esglanz) *m*, Geltung *f*.
**ni·mi·e·ty** [nɪˈmaɪətɪ] *s selten* Zuˈviel *n*.
**nim·i·ny-pim·i·ny** [ˌnɪmɪnɪˈpɪmɪnɪ] *adj* affekˈtiert, geziert, gespreizt.
**Nim·rod** [ˈnɪmrɒd; *Am.* -ˌrɑd] *npr Bibl. u. s fig.* Nimrod *m* (*großer Jäger*).
**nin·com·poop** [ˈnɪŋkəmpuːp] *s* Einfaltspinsel *m*, Trottel *m*.
**nine** [naɪn] **I** *adj* **1.** neun. **II** *s* **2.** Neun *f*, Neuner *m* (*Zahl, Spielkarte etc*): **the** ~ **of hearts** die Herzneun; **by** ~ einer neun auf einmal. **3. the N**~ *pl* die neun Musen. **4.** *sport Am.* Baseballmannschaft *f*. *Besondere Redewendungen:* ~ **times out of ten** in neun von zehn Fällen, fast immer; **to the** ~**s** in höchstem Maße; **dressed (up) to the** ~**s** piekfein gekleidet, ‚in Schale'; **casting out the** ~**s** *math.* Neunerprobe *f*; → **wonder** 1.
**nine·fold** [ˈnaɪnfəʊld] **I** *adj u. adv* neunfach. **II** *s* (*das*) Neunfache.
**ˈnine·pin** *s* **1.** Kegel *m*. **2.** *pl* (*als sg konstruiert*) Kegeln *n*: **to play** ~**s** Kegel spielen, kegeln.
**nine·teen** [ˌnaɪnˈtiːn] **I** *adj* neunzehn: → **dozen** 2. **II** *s* Neunzehn *f*. **ˌnine·teenth** [-ˈtiːnθ] **I** *adj* **1.** neunzehnt(er, e, es): **the** ~ **hole** (*Golf*) *colloq.* ‚das neunzehnte Loch' (*Bar des Golfplatzes*). **2.** neunzehntel. **II** *s* **3.** (*der, die, das*) Neunzehnte. **4.** Neunzehntel *n*.
**nine·ti·eth** [ˈnaɪntɪθ] **I** *adj* **1.** neunzigst(er, e, es). **2.** neunzigstel. **II** *s* **3.** (*der, die, das*) Neunzigste. **4.** Neunzigstel *n*.
**ˌnine-to-ˈfive** [-fɪv] *adj* mit geregelter Arbeitszeit: **a** ~ **job**. **II** *s a.* **nine-to-fiver** *colloq.* j-d, der e-e geregelte Arbeitszeit hat.
**nine·ty** [ˈnaɪntɪ] **I** *s* Neunzig *f*: **he is in his nineties** er ist in den Neunzigern; **in the nineties** in den neunziger Jahren (*e-s Jahrhunderts*). **II** *adj* neunzig.
**nin·ny** [ˈnɪnɪ], *auch* **ˈnin·nyˌham·mer** [-ˌhæmə(r)] *s* Dummkopf *m*, Dussel *m*. **ˈnin·ny·ish** *adj* dußlig.
**ninth** [naɪnθ] **I** *adj* **1.** neunt(er, e, es): **in the** ~ **place** neuntens, an neunter Stelle. **2.** neuntel. **II** *s* **3.** (*der, die, das*) Neunte: **the** ~ **of May** der 9. Mai. **4.** Neuntel *n*. **5.** *mus.* None *f*: ~ **chord** Nonenakkord *m*. **ˈninth·ly** *adv* neuntens.

**ni·o·bic** [naɪˈəʊbɪk] *adj chem.* Niob...: ~ acid.

**ni·o·bi·um** [naɪˈəʊbɪəm] *s chem.* Niˈob *n*, Niˈobium *n*.

**nip¹** [nɪp] **I** *v/t* **1.** kneifen, zwicken: to ~ off abzwicken, abkneifen, abbeißen; ~ped by the ice vom Eis eingeschlossen (*Schiff*). **2.** *durch Frost etc* beschädigen, vernichten: → bud¹ 3. **3.** *sl.* a) ‚klauen‘, stehlen, b) ‚schnappen‘, verhaften. **II** *v/i* **4.** zwicken, schneiden, beißen (*Kälte, Wind*). **5.** *tech.* klemmen (*Maschine*). **6.** *colloq.* sausen, ‚flitzen‘: to ~ in hineinschlüpfen; to ~ on ahead nach vorn flitzen. **III** *s* **7.** Kneifen *n*, Biß *m*. **8.** *tech.* Knick *m* (*in e-m Draht etc*). **9.** *mar.* Einpressung *f* (*e-s Schiffs*). **10.** Abkneifen *n*, Abzwicken *n*. **11.** Beschädigung *f* (*durch Frost etc*), Frostbrand *m*. **12.** Schneiden *n* (*des Windes*), scharfer Frost.

**nip²** [nɪp] **I** *v/i u. v/t* nippen (an *dat*), ein Schlückchen nehmen (von). **II** *s* Schlückchen *n*: a ~ of whisky.

**Nip³** [nɪp] *s sl. contp.* ‚Japs‘ *m*, Jaˈpaner(in).

**nip¹ and tuck** *adv* Kopf an Kopf (*a. fig.*): to be ~ Kopf an Kopf liegen. ~--and-'tuck *adj* Kopf-an-Kopf-... (*a. fig.*): a ~ race.

**nip·per** [ˈnɪpə(r)] *s* **1.** *bes. Br. colloq.* a) ‚Stift‘ *m*, Handlanger *m* (*e-s Straßenhändlers*), b) Dreiˈkäsehoch *m*. **2.** *zo.* a) Vorder-, Schneidezahn *m* (*bes. vom Pferd*), b) Schere *f* (*vom Krebs etc*). **3.** *meist pl.* a) pair of ~s *tech.* a) (Kneif)Zange *f*, b) Pinˈzette *f*, c) Auslösungshaken *m*. **4.** *mar.* (Kabelar)Zeising *f*. **5.** *pl* Kneifer *m*. **6.** *pl colloq.* Handschellen *pl.*

**nip·ping** [ˈnɪpɪŋ] *adj* (*adv* **~ly**) **1.** kneifend. **2.** beißend, schneidend (*Kälte, Wind*; *a. fig. Spott etc*). **3.** *fig.* bissig.

**nip·ple** [ˈnɪpl] *s* **1.** *anat.* Brustwarze *f.* **2.** (Saug)Hütchen *n*, (Gummi)Sauger *m* (*e-r Saugflasche*). **3.** *tech.* (Speichen- *od.* Schmier)Nippel *m.* ~ **shield** *s med.* (Brust)Warzenhütchen *n* (*für stillende Mütter*). **~·wort** *s bot.* Hasenkohl *m.*

**Nip·pon·ese** [ˌnɪpəˈniːz] **I** *s* a) Jaˈpaner(in), b) *pl* Jaˈpaner *pl.* **II** *adj* jaˈpanisch.

**nip·py** [ˈnɪpɪ] **I** *adj* **1.** → nipping 2 u. 3. **2.** *colloq.* a) schnell, ‚fix‘, b) spritzig (*Wagen*). **II** *s* **3.** *Br. colloq.* Kellnerin *f.*

**Nir·va·na** [ˌnɪə(r)ˈvɑːnə; nɜːˈv-; *Am.* nɜːr-] *s relig. u. fig.* Nirˈwana *n.*

**ni·sei** [niːˈseɪ; ˈniːseɪ] *pl* **-sei, -seis** *s* Jaˈpaner(in) geboren in den USˈA.

**ni·si** [ˈnaɪsaɪ] (*Lat.*) *conj jur.* wenn nicht: decree ~ vorläufiges Scheidungsurteil.

**Nis·sen hut** [ˈnɪsn] *s mil.* Nissenhütte *f*, ˈWellblechbaˌracke *f* (mit Zeˈmentboden).

**ni·sus** [ˈnaɪsəs] *pl* **-sus** *s* **1.** Bestreben *n.* **2.** *biol.* periˈodisch auftretender Fortpflanzungstrieb.

**nit¹** [nɪt] *s zo.* Nisse *f*, Niß *f* (*Ei e-r Laus od. anderer Insekten*).

**nit²** [nɪt] *s Br. colloq.* Schwachkopf *m.*

**nit³** [nɪt] *s*: to keep ~ *Austral. colloq.* ‚Schmiere stehen‘, aufpassen.

**ni·ter**, *bes. Br.* **ni·tre** [ˈnaɪtə(r)] *s chem.* Salˈpeter *m*: ~ cake Natriumkuchen *m.*

**ni·ton** [ˈnaɪtɒn; *Am.* -ˌɑn; *a.* ˈniːt-] *s chem.* Niton *n.*

**'nit·,pick·er** *s colloq.* ‚Koˈrinthenkacker‘ *m*, ‚pingeliger‘ *od.* kleinlicher Mensch. **'~-,pick·ing** *colloq.* **I** *adj* ‚pingelig‘, kleinlich. **II** *s* ‚Koˌrinthenkackeˈrei‘ *f.*

**ni·trate** [ˈnaɪtreɪt] **I** *s chem.* Niˈtrat *n*, salˈpetersaures Salz: ~ of silver salpetersaures Silber(oxyd), Höllenstein *m*; ~ of soda (*od.* sodium) salpetersaures Natron. **II** *v/t* niˈtrieren, mit Salˈpetersäure

behandeln. **'ni·trat·ed** *adj* **1.** *chem.* salˈpetersauer. **2.** *phot.* mit salˈpetersaurem ˈSilberoˌxyd präpaˈriert (*Platte etc*).

**ni·tra·tion** [naɪˈtreɪʃn] *s chem.* Niˈtrierung *f.*

**ni·tre** *bes. Br. für* niter.

**ni·tric** [ˈnaɪtrɪk] *adj chem.* salˈpetersauer, Salpeter..., Stickstoff... ~ **ac·id** *s chem.* Salˈpetersäure *f*. ~ **ox·ide** *s chem.* ˈStickstoffoˌxyd *n*. ~ **per·ox·ide** *s chem.* ˈStickstofftetroˌxyd *n.*

**ni·tride** [ˈnaɪtraɪd] *chem.* **I** *s* Niˈtrid *n*. **II** *v/t* niˈtrieren. **ni·trif·er·ous** [-ˈtrɪfərəs] *adj* **1.** stickstoffhaltig. **2.** salˈpeterhaltig. **ni·tri·fi·ca·tion** [-fɪˈkeɪʃn] *s* Niˈtrierung *f*. **'ni·tri·fy** [-faɪ] **I** *v/t* niˈtrieren. **II** *v/i* sich in Salˈpeter verwandeln.

**ni·trite** [ˈnaɪtraɪt] *s* Niˈtrit *n*, salˈpetrigsaures Salz.

**nitro-** [ˈnaɪtrəʊ] *Wortelement mit der Bedeutung* Nitro..., Salpeter...

**ˌni·tro·bacˈte·ri·um** *s irr med.* ˈStickstoffbakˌterie *f.*

**ˌni·troˈben·zene, ˌni·troˈben·zol(e)** *s chem.* Nitrobenˈzol *n.*

**ˌni·troˈcel·lu·lose** *s chem.* Nitrozelluˈlose *f*, Schießbaumwolle *f*: ~ lacquer Nitro(zellulose)lack *m.*

**ˌni·troˈgel·a·tin(e)** *s chem.* Nitrogelaˈtine *f*, Gelaˈtinedynaˌmit *n.*

**ni·tro·gen** [ˈnaɪtrədʒən] *s chem.* Nitroˈgen *n*, Stickstoff *m*. **~·fix·a·tion** *s chem.* **1.** ˈUmwandlung *f* des freien Stickstoffs (*in technisch verwertbare Verbindungen*). **2.** Assimilatiˈon *f* des Luftstickstoffs (*durch bestimmte Bodenbakterien*).

**ni·tro·gen·ize** [ˈnaɪtrədʒɪnaɪz; *Am.* -ˈtrɑ-; *a.* ˈnaɪtrədʒəˌn-] *v/t chem.* mit Stickstoff verbinden *od.* anreichern: ~d foods stickstoffhaltige Nahrungsmittel. **ni·trog·e·nous** [naɪˈtrɒdʒɪnəs; *Am.* -ˈtrɑ-] *adj chem.* stickstoffhaltig.

**ˌni·troˈglyc·er·in(e)** *s chem.* Nitroglyceˈrin *n.*

**'ni·troˌhy·droˈchlo·ric** *adj chem.* Salˈpetersalz...: ~ acid.

**ni·tro pow·der** *s chem.* rauchschwaches Pulver.

**ni·trous** [ˈnaɪtrəs] *adj chem.* Salpeter..., salˈpeterhaltig, salˈpetrig. ~ **ac·id** *s* salˈpetrige Säure. **~ an·hy·dride** *s* Salˈpetrigsäureanhyˌdrid *n*, Stickstofftriˌoˌxyd *n*. ~ **ox·ide** *s* ˈStickstoffoxyˌdul *n*, Lachgas *n.*

**ni·trox·yl** [naɪˈtrɒksɪl; *Am.* -ˈtrɑk-], **ni·tryl** [ˈnaɪtrɪl] *s chem. das Radikal* -NO₂.

**nit·ty** [ˈnɪtɪ] *adj* voller Nissen.

**nit·ty²** [ˈnɪtɪ] *adj colloq.* blöd, dumm.

**nit·ty-grit·ty** [ˌnɪtɪˈɡrɪtɪ] *s*: to get down (*od.* come) to the ~ *colloq.* zur Sache kommen.

**nit·wit** [ˈnɪtwɪt] *s* Schwachkopf *m.*

**ni·val** [ˈnaɪvl] *adj bot.* niˈval, im Schnee wachsend.

**nix¹** [nɪks] *s* Nix *m*, Wassergeist *m.*

**nix²** [nɪks] *Am. colloq.* **I** *pron u. interj* **1.** ‚nix‘, nichts. **II** *adv u. interj* **2.** nein: to say ~ to s.th. **III** *v/t* **3.** a) ablehnen, b) verhindern, c) verbieten. **IV** *s* **4.** a) Ablehnung *f*, b) Verhinderung *f*, c) Verbot *f*. **5.** → nixie².

**nix·ie¹** [ˈnɪksə], *a.* **nix·ie¹** [ˈnɪksɪ] *s* (Wasser)Nixe *f.*

**nix·ie²** [ˈnɪksɪ] *s Am. colloq.* unzustellbare Postsache.

**no¹** [nəʊ] **I** *adv* **1.** nein: to answer ~ nein sagen; to say ~ to nein sagen zu. **2.** (*nach or am Ende e-s Satzes*) nicht (*jetzt meist not*): whether or ~ ob oder nicht; permitted or ~ erlaubt oder nicht. **3.** (*beim comp*) um nichts, nicht: ~ better a writer kein besserer Schriftsteller; ~ longer (ago) than yesterday erst gestern. **II** *pl* noes *s* **4.** Nein, verneinende Antwort,

Absage *f*, Weigerung *f*: a clear ~ to ein klares Nein auf (*acc*). **5.** *parl.* Gegenstimme *f*: the ayes and ~es die Stimmen für u. wider; the ~es have it die Mehrheit ist dagegen, der Antrag ist abgelehnt. **III** *adj* **6.** kein(e): ~ success kein Erfolg; ~ hope keine Hoffnung; ~ one keiner; at ~ time nie; in ~ time im Nu, im Handumdrehen; → way¹ Bes. Redew. **7.** kein, alles andere als ein(e): he is ~ artist; he is ~ Englishman er ist kein (typischer) Engländer. **8.** *vor ger*: → deny 1, knowing 5, please 2, saying 1.

**no²** [nəʊ] *s sg u. pl* No *n* (*e-e altjapanische Dramengattung*).

**ˌno-acˈcount** *adj Am. dial.* unbedeutend (*bes. Person*).

**No·a·chi·an** [nəʊˈeɪkɪən], *a.* **Noˈach·ic** [-ˈækɪk; -ˈeɪkɪk] *adj* **1.** *Bibl.* Noah u. s-e Zeit betreffend, noaˈchitisch. **2.** vorsintflutlich.

**No·ah's ark** [ˈnəʊəz] *s* **1.** *Bibl.* Arche *f* Noah(s) *od.* Noä. **2.** *meteor.* paralˈlele Federwolken *pl od.* -streifen *pl.* **3.** *zo.* Archenmuschel *f.* **4.** *bot.* Frauenschuh *m.*

**nob¹** [nɒb; *Am.* nɑb] *s colloq.* ‚Birne‘ *f* (*Kopf*).

**nob²** [nɒb; *Am.* nɑb] *s bes. Br. colloq.* ‚feiner Pinkel‘, ‚großes Tier‘, vornehmer Mann.

**ˌno-ˈball** *s Kricket:* ungültiger Ball.

**nob·ble** [ˈnɒbl] *v/t Br. colloq.* **1.** ‚reinlegen‘, betrügen. **2.** *j-n* auf s-e Seite ziehen, ‚her‘umkriegen‘. **3.** bestechen. **4.** ‚sich unter den Nagel reißen‘, ‚schnappen‘, ‚klauen‘. **5.** *sport* ein Rennpferd (*durch Drogen etc*) ‚müde machen‘. **'nob·bler** *s bes. Br. colloq.* **1.** a) Betrüger *m*, b) Helfershelfer *m* (*beim Bauernfängerspiel*). **2.** Schlag *m* (*auf den Kopf*).

**nob·by** [ˈnɒbɪ; *Am.* ˈnɑ-] *adj bes. Br. colloq.* (piek)fein, schick.

**nob·by²** [ˈnɒbɪ; *Am.* ˈnɑ-] *s mar.* kraˈweelgebautes Fischerboot.

**No·bel prize** [nəʊˈbel] *s* Noˈbelpreis *m*: Nobel peace prize Friedensnobelpreis; ~ winner Nobelpreisträger(in).

**no·bil·i·ar·y** [nəʊˈbɪljərɪ; *Am. a.* -lɪˌeriː] *adj* adlig, Adels...

**no·bil·i·ty** [nəʊˈbɪlətɪ] *s* **1.** *fig.* Adel *m*, Größe *f*, Würde *f*, Vornehmheit *f*: ~ of mind → noble-mindedness; ~ of soul Seelenadel, -größe. **2.** a) Adel(stand) *m*, (die) Adligen *pl*, b) (*bes. in England*) hoher Adel: the ~ and gentry der hohe u. niedere Adel. **3.** Adel *m*, adlige Abstammung.

**no·ble** [ˈnəʊbl] **I** *adj* (*adv* nobly) **1.** adlig, von Adel: to be of ~ birth adliger Abstammung sein. **2.** edel, erlaucht: the Most N~... *Titel e-s Herzogs*. **3.** *fig.* edel, Edel..., erhaben, groß(mütig), nobel, vorˈtrefflich: the ~ art (*od.* science) die edle Kunst der Selbstverteidigung (*Boxen*). **4.** prächtig, stattlich: a ~ edifice. **5.** prächtig geschmückt (with mit). **6.** *phys.* Edel...: ~ gas; ~ metals. **II** *s* **7.** Edelmann *m*, (hoher) Adliger: the ~s der Adel, die Adligen. **8.** *hist.* Nobel *m* (*alte englische Goldmünze*). **9.** *Am. sl.* Anführer *m* von Streikbrechern. **~ fir** *s bot.* Riesen-, Silbertanne *f.* **~·hawk** *s orn.* Edelfalke *m.* **'~·man** [-mən] *s irr* **1.** (hoher) Adliger, Edelmann *m.* **2.** *Br. Peer m. **3.** *pl Schach:* Offiˈziere *pl.* **~--'mind·ed** *adj* edeldenkend, edelmütig, vornehm. **~·-'mind·ed·ness** *s* Edelmut *m*, vornehme Denkungsart.

**no·ble·ness** [ˈnəʊblnɪs] *s* **1.** Adel *m*, hohe *od.* adlige Abstammung. **2.** *fig.* → noble-mindedness.

**'no·bleˌwom·an** *s irr* Adlige *f*, Edelfrau *f.*

**no·bod·y** [ˈnəʊbədɪ; -ˌbɒdɪ; *Am.* -ˌbɑ-] **I** *s*

**fig.** unbedeutende Per'son, ,Niemand' m, ,Null' f: **to be (a)** ~ nichts sein, nichts zu sagen haben; **they are** ~ **in particular** es sind keine besonderen Leute, es sind ganz gewöhnliche Menschen. **II** adj pron niemand, keiner.

**no·ci·as·so·ci·a·tion** ['nəʊsɪəˌsəʊsɪ'eɪʃn] s med. Entladung f von ner'vöser Spannung.

**nock** [nɒk; Am. nak] **I** s **1.** Bogenschießen: Kerbe f (für den Pfeil). **2.** Nuß f (e-r Armbrust). **II** v/t **3.** den Pfeil auf die Kerbe legen. **4.** e-n Bogen einkerben.

**no-'claim(s) bo·nus** s Haftpflichtversicherung: 'Schadenfreiheitsraˌbatt m.

**noc·tam·bu·la·tion** [nɒkˌtæmbjʊ'leɪʃn; Am. nak-], a. **noc'tam·bu·lism** [-lɪzəm] s med. Somnambu'lismus m, Schlaf-, Nachtwandeln n. **noc'tam·bu·list** s Somnam'bule(r m) f, Schlaf-, Nachtwandler(in).

**noc·ti·lu·ca** [ˌnɒktɪ'luːkə; Am. ˌnak-] pl **-cae** [-siː] s zo. Meerleuchte f.

**noc·to·graph** ['nɒktəgrɑːf; Am. -græf] s Schreibrahmen m für Blinde.

**noc·tu·id** ['nɒktjʊɪd; Am. 'naktʃəwəd] s zo. Eule f (Nachtschmetterling).

**noc·tule** ['nɒktjuːl; Am. 'naktʃuːl] s zo. Abendsegler m, Frühfliegende Fledermaus.

**noc·turn** ['nɒktɜːn; Am. 'nakˌtɜrn] s R.C. Nachtmette f. **noc'tur·nal** [-nl] adj (adv ~ly) **1.** nächtlich, Nacht...: ~ **comfort** Schlafkomfort m. **2.** bot. sich nur bei Nacht entfaltend. **3.** zo. 'nachtakˌtiv.

**noc·turne** ['nɒktɜːn; Am. 'nakˌtɜrn] s **1.** paint. Nachtstück n. **2.** mus. Noc'turne n, f, Not'turno n.

**noc·u·ous** ['nɒkjʊəs; Am. 'nakjəwəs] adj (adv ~ly) **1.** schädlich. **2.** giftig (Schlangen).

**nod** [nɒd; Am. nad] **I** v/i **1.** (mit dem Kopf) nicken: **to** ~ **to s.o.** j-m zunicken; ~**ding acquaintance** oberflächliche(r) Bekannte(r), Grußbekanntschaft f, flüchtige Bekanntschaft (a. fig. **with** mit); **to have a** ~**ding acquaintance with s.o.** j-n flüchtig kennen; **we are on** ~**ding terms** wir stehen auf dem Grüßfuß. **2.** weitS. nicken, sich neigen, wippen (Blumen, Hutfedern etc). **3.** fig. sich (in Demut) neigen (**to** ~ vor j-n). **4.** nicken, (im Sitzen) schlafen: **to** ~ **off** einnicken. **5.** fig. ,schlafen', unaufmerksam sein: **Homer sometimes** ~**s** zuweilen schlummert auch Homer. **II** v/t **6.** nicken mit: **to** ~ **one's head** → 1. **7.** a) (durch Nicken) andeuten: **to** ~ **one's assent** beifällig (zu)nicken, b) **to** ~ **s.o. out** j-n hinauswinken. **III** s **8.** (Kopf)Nicken n: **to give s.o. a** ~ j-m zunicken; ~**s of approval** beifälliges od. zustimmendes Nicken; **a** ~ **is as good as a wink** (**to a blind horse**) ein kurzer Wink (od. e-e Andeutung) genügt; **on the** ~ colloq. a) Br. formlos, b) Br. stillschweigend, c) auf Pump, auf Kredit. **9.** Nickerchen n: **to go to the land of N**~ einnicken, einschlafen.

**nod·al** ['nəʊdl] adj Knoten... ~ **curve** s math. Knoten(punkts)kurve f. ~ **point** s **1.** mus. phys. Schwingungsknoten m. **2.** math. phys. Knotenpunkt m.

**nod·dle** ['nɒdl; Am. 'na-] s colloq. **1.** ,Birne' f (Kopf). **2.** ,Grips' m (Verstand): **use your** ~! streng deinen Grips an!

**node** [nəʊd] s **1.** allg. Knoten m (a. astr. bot. math.; a. fig. im Drama etc): ~ **of a curve** math. Knotenpunkt m e-r Kurve. **2.** med. Knoten m, Knötchen n, 'Überbein n: **gouty** ~ Gichtknoten m; **singer's** ~ Stimmbandknötchen; **vital** ~ Lebensknoten. **3.** phys. Schwingungsknoten m.

**no·di** ['nəʊdaɪ] pl von **nodus**.

**no·dose** ['nəʊdəʊs; nəʊ'dəʊs] adj knotig (a. med.), voller Knoten. **no'dos·i·ty**

[-'dɒsətɪ; Am. -'dɑ-] s **1.** knotige Beschaffenheit. **2.** Knoten m.

**nod·u·lar** ['nɒdjʊlə; Am. 'nɑdʒələr] adj knoten-, knötchenförmig: ~**-ulcerous** med. tubero-ulzerös.

**nod·ule** ['nɒdjuːl; Am. 'nɑdʒuːl] s **1.** bot. med. Knötchen n: **lymphatic** ~ Lymphknötchen. **2.** geol. min. Nest n, Niere f.

**no·dus** ['nəʊdəs] pl **-di** [-daɪ] s fig. verzwickte Lage.

**no·e·sis** [nəʊ'iːsɪs] s philos. No'esis f: a) geistiges Erfassen, b) Sinneneinheit f e-r Wahrnehmung. **no'et·ic** [-'etɪk] adj no'etisch, (rein) intellektu'ell.

**no-'frill(s)** adj ohne besonderen Service (Flug etc), ohne besondere Ausstattung, einfach (Wohnung etc).

**nog¹** [nɒg; Am. nɑg] s Flip m (alkoholisches Mischgetränk mit Ei).

**nog²** [nɒg; Am. nɑg] **I** s **1.** Holznagel m, -klotz m. **2.** arch. a) Holm m (querliegender Balken), b) Maurerei: (in die Wand eingelassener) Holzblock, Riegel m. **II** v/t **3.** mit e-m Holznagel befestigen. **4.** Mauerwerk mit Holzbarren einfassen, Fachwerk ausmauern.

**nog·gin** ['nɒgɪn; Am. 'nɑ-] s **1.** kleiner (Holz)Krug. **2.** kleines Flüssigkeitsmaß (= ¼ pint): **what about a** ~? wie wär's mit e-m Schluck? **3.** colloq. ,Birne' f, Kopf m.

**nog·ging** ['nɒgɪŋ; Am. 'nɑgən; -ɪŋ] s arch. Riegelmauer f, (ausgemauertes) Fachwerk.

**no-'go a·re·a** s Stadtteil, der aus Furcht vor Feindseligkeiten s-r Bewohner von Leuten anderer Stadtteile nicht betreten wird.

**no-'good** Am. colloq. **I** s Nichtsnutz m, Taugenichts m. **II** adj nichtsnutzig.

**no-'hop·er** s Austral. colloq. ,Flasche' f, Versager m, Niete f.

**no·how** ['nəʊhaʊ] adv colloq. **1. not** ... ~ einfach nicht: **I can't learn this** ~. **2.** nichtssagend, unansehnlich: **to look** ~ nach nichts aussehen. **3.** unwohl: **to feel** ~ nicht auf der Höhe sein.

**noil** [nɔɪl] s sg u. pl tech. Kämmling m, Kurzwolle f.

**no-'i·ron** adj bügelfrei (Hemd etc).

**noise** [nɔɪz] **I** s **1.** Lärm m, Getöse n, Krach m, Geschrei n: ~ **of battle** Gefechtslärm; ~ **abatement**, ~ **control** a) Lärmbekämpfung f, b) civ.eng. Schallschutz m; ~ **nuisance** Lärmbelästigung f; **hold your** ~! colloq. halt den Mund!; **big** ~ → **bigwig. 2.** Geräusch n: **a small** ~ ein leises Geräusch. **3.** Rauschen n (a. electr. Störung), Summen n: ~ **factor**, ~ **figure** Rauschfaktor m. **4.** fig. ,Krach' m, Streit m: **to make a** ~ Krach machen (**about** wegen) (→ 5). **5.** fig. Aufsehen n, Geschrei n: **to make a** ~ viel Tamtam machen (**about** wegen); **to make a great** ~ **in the world** großes Aufsehen erregen, viel von sich reden machen. **6.** obs. Gerücht n. **II** v/i **7.** ~ **it** lärmen. **III** v/t **8.** ~ **abroad**, ~ **about** verbreiten; **it's being** ~**d about** that man erzählt sich, daß. ~ **di·ode** s electr. 'Rauschdiˌode f. ~ **field in·ten·si·ty** s electr. Störfeldstärke f.

**noise·less** ['nɔɪzlɪs] adj (adv ~ly) geräuschlos (a. tech.), lautlos, still. **'noise·less·ness** s Geräuschlosigkeit f.

**noise** | **lev·el** s **1.** Lärmpegel m (Auto etc). **2.** Radio: Rausch-, Störpegel m. **3.** Akustik: Lärm-, Störpegel m. ~ **lim·it·er** s electr. Störbegrenzer m. '~**mak·er** s Am. 'Lärminstruˌment n. ~ **me·ter** s electr. Geräuschmesser m. ~ **pol·lu·tion** s Lärmbelästigung f. ~**spec·trum** s Radio: Rauschspektrum n. ~ **sup·pres·sion**, ~ **sup·pres·sor** s electr. Störschutz m.

**noi·sette¹** [nwɑ:'zet; Am. nwə-] s meist pl gastr. zartes Fleischstückchen, bes. Nuß f.

**noi·sette²** [nwɑ:'zet; Am. nwə-] s bot. e-e Rosensorte.

**noise volt·age** s electr. Stör-, Geräuschspannung f.

**nois·i·ness** ['nɔɪzɪnɪs] s **1.** → **noise** 1. **2.** lärmendes Wesen.

**noi·some** ['nɔɪsəm] adj (adv ~ly) **1.** schädlich, ungesund. **2.** widerlich (Geruch). **'noi·some·ness** s **1.** Schädlichkeit f. **2.** Widerlichkeit f.

**nois·y** ['nɔɪzɪ] adj (adv **noisily**) **1.** geräuschvoll (a. tech.), laut: **a** ~ **street. 2.** lärmend, laut: ~ **child. 3.** fig. tobend, kra'keelend: ~ **fellow** Krakeeler m, Schreier m. **4.** fig. a) grell, schreiend (Farben etc), b) ,laut', aufdringlich.

**no·li me tan·ge·re** ['nəʊlɪˌmeɪ'tæŋgərɪ; Am. ˌnəʊliːmiː'tændʒəri; -laɪ-] (Lat.) s **1.** paint. 'Nolimeˌtangere n (Darstellung des der Maria Magdalena erscheinenden auferstandenen Christus). **2.** bot. Rührmichnichtan n. **3.** med. Ulcus m rodens, Lupus m (Hauterkrankung).

**nol·le** ['nɒliː], **nol·le'pros** [-'prɒs] (Lat.) jur. Am. **I** v/t a) die Zu'rücknahme der (Zivil)Klage einleiten, b) das (Straf)Verfahren einstellen. **II** s → **nolle prosequi**.

**nol·le pros·e·qui** [ˌnɒlɪ'prɒsɪkwaɪ; Am. ˌnɑliː'prɑ-] (Lat.) jur. **1.** Zu'rücknahme f der (Zivil)Klage. **2.** Einstellung f des (Straf)Verfahrens.

**no-'load** s electr. Leerlauf m: ~ **speed** Leerlaufdrehzahl f.

**no·lo con·ten·de·re** [ˌnəʊləʊkən'tendəri:] (Lat.) s jur. Am. Aussage f (e-s Angeklagten) ohne ausdrückliches Eingeständnis e-r Schuld (die zwar zu s-r Verurteilung führt, ihn aber berechtigt, in e-m Parallelverfahren s-e Schuld zu leugnen).

**nol-pros** [ˌnɑl'prɒs] → **nolle** I.

**no·ma** ['nəʊmə] s med. Noma f, Gesichtsbrand m.

**no·mad** ['nəʊmæd] **I** adj no'madisch, Nomaden... **II** s No'made m, No'madin f. **no'mad·ic** adj (adv ~ally) **1.** → **nomad** I. **2.** fig. unstet. **'no·mad·ism** s No'madentum n, Wanderleben n. **'no·mad·ize** v/i **1.** nomadi'sieren, ein Wanderleben führen. **II** v/t **2.** zu No'maden machen. **3.** No'maden seßhaft machen (in dat).

**'no-man's-land** s **1.** herrenloses Gebiet. **2.** mil. u. fig. Niemandsland n.

**nom·bril** ['nɒmbrɪl; Am. 'nɑm-] s her. Nabel m (des Wappenschilds).

**nom de plume** pl **noms de plume** [ˌnɔ̃:mdə'pluːm; ˌnɒm-; Am. ˌnɑmdɪ'pluːm] s Pseudo'nym n, Schriftstellername m.

**no·men·cla·ture** [nəʊ'menklətʃə(r); bes. Am. 'nəʊmənkleɪ-] s **1.** Nomenkla'tur f: a) (wissenschaftliche) Namengebung, b) Namenverzeichnis n. **2.** (fachliche) Terminolo'gie, Fachsprache f. **3.** collect. Namen pl, Bezeichnungen pl. **4.** math. Benennung f, Bezeichnung f.

**nom·ic** ['nəʊmɪk] adj gebräuchlich, üblich (bes. Schreibweise).

**nom·i·nal** ['nɒmɪnl; Am. 'nɑ-] adj (adv ~ly) **1.** Namen... **2.** nur dem Namen nach, nomi'nell, Nominal...: ~ **consideration** jur. formale Gegenleistung (z. B. $ 1); ~ **rank** Titularrang m; **a fine is** ~ **nominale** (sehr geringe) Geldstrafe. **3.** ling. nomi'nal, Nominal... **4.** electr. tech. Nenn..., Soll..., Nominal... ~ **ac·count** s econ. Sachkonto n. ~ **ca·pac·i·ty** s electr. tech. 'Nennleistung f, -kapaziˌtät f. ~ **cap·i·tal** s econ. 'Gründungs-, 'Grund-, 'Stammkapiˌtal n. ~ **cur·rent** s electr. Nennstrom m. ~ **fre·quen·cy** s

*electr.* 'Sollfre,quenz *f.* ~ **in·ter·est** *s econ.* Nomi'nalzinsfuß *m.*

**'nom·i·nal·ism** *s philos.* Nomina'lismus *m.* **'nom·i·nal·ist** *s* Nomina-'list(in). **,nom·i·nal'is·tic** *adj* nomina-'listisch.

**nom·i·nal| out·put** *s tech.* Nennleistung *f.* ~ **par** *s econ.* Nenn-, Nomi'nalwert *m.* ~ **par·i·ty** *s econ.* 'Nennwertpari,tät *f.* ~ **price** *s econ.* nomi'neller Kurs (*Preis*). ~ **speed** *s electr.* Nenndrehzahl *f.* ~ **stock** → **nominal capital**. ~ **val·ue** *s econ.* Nomi'nal-, Nennwert *m.*

**nom·i·nate I** *v/t* ['nɒmɪneɪt; *Am.* 'nɑ-] **1.** (to) berufen, ernennen (zu), einsetzen (in *ein Amt*): ~**d** (as) executor als Testamentsvollstrecker eingesetzt. **2.** nomi-'nieren, (zur Wahl) vorschlagen, als Kandi'daten aufstellen. **3.** *obs.* (be)nennen, bezeichnen. **II** *adj* [-nɪt] **4.** berufen, ernannt, nomi'niert.

**nom·i·na·tion** [,nɒmɪ'neɪʃn; *Am.* ,nɑ-] *s* **1.** (to) Berufung *f*, Ernennung *f* (zu), Einsetzung *f* (in *acc*): **in** ~ vorgeschlagen (**for** für). **2.** Vorschlagsrecht *n.* **3.** Aufstellung *f*, Nomi'nierung *f*, Vorwahl *f* (*e-s Kandidaten*): ~ **day** Wahlvorschlagstermin *m.*

**nom·i·na·tive** ['nɒmɪnətɪv; *Am.* 'nɑ-] **I** *adj* (*adv* ~**ly**) **1.** *ling.* nominativ, nomina'tivisch: ~ **case** → **3. 2.** durch Ernennung eingesetzt. **II** *s* **3.** *ling.* Nominativ *m*, erster Fall.

**nom·i·na·tor** ['nɒmɪneɪtə(r); *Am.* 'nɑ-] *s* Ernennende(r) *m.* **,nom·i'nee** [-'niː] *s* **1.** (*für ein Amt etc*) Vorgeschlagene(r *m*) *f*, Desi'gnierte(r *m*) *f*, Kandi'dat(in). **2.** *econ.* Begünstigte(r *m*) *f*, Empfänger(in) (*e-r Rente etc*).

**no·mism** ['nəʊmɪzəm] *s relig.* No'mismus *m.*

**nom·o·gram** ['nəʊməgræm; *Br. a.* 'nɒ-; *Am. a.* 'nɑ-], *a.* **'nom·o·graph** [-grɑːf; *bes. Am.* -græf] *s math.* Nomo'gramm *n.*

**non-** [nɒn; *Am.* nɑn] *Wortelement mit der Bedeutung* nicht..., Nicht..., un...

**,non·ac'cept·ance** *s* Annahmeverweigerung *f*, Nichtannahme *f.*

**,non·a'chiev·er** *s* j-d, der es zu nichts bringt, *a.* Versager *m.*

**,non'ad·dict** *s* nicht abhängiger 'Drogenkonsu,ment.

**non·age** ['nəʊnɪdʒ; *Br. a.* 'nɒn-; *Am. a.* 'nɑ-] *s* **1.** Unmündigkeit *f*, Minderjährigkeit *f.* **2.** *fig.* a) Kindheit *f*, b) Unreife *f.*

**non·a·ge·nar·i·an** [,nəʊnədʒɪ'neərɪən; *Br. a.* ,nɒn-; *Am. a.* ,nɑn-] **I** *adj* a) neunzigjährig, b) in den Neunzigern. **II** *s* Neunziger(in), Neunzigjährige(r *m*) *f.*

**,non·ag'gres·sion** *s* Nichtangriff *m*: ~ **pact** Nichtangriffspakt *m.*

**non·a·gon** ['nɒnəgɒn; *Am.* 'nəʊnə,gɑn] *s math.* Nona'gon, Neuneck *n.*

**'non,al·co'hol·ic** *adj* alkoholfrei.

**,non·a'ligned** *pol.* **I** *adj* blockfrei. **II** *s* blockfreies Land: **the** ~ *collect.* die Blockfreien *pl.* **,non·a'lign·ment** *s* Blockfreiheit *f*: **policy of** ~ Neutralitätspolitik *f.*

**,non·ap'pear·ance** *s* Nichterscheinen *n* (*vor Gericht etc*).

**no·na·ry** ['nəʊnərɪ] **I** *adj* auf neun aufgebaut (*Zählsystem*). **II** *s* Neunergruppe *f.*

**,non·as'sess·a·ble** *adj econ.* nicht steuerpflichtig, steuerfrei.

**,non·at'tend·ance** *s* Nichterscheinen *n.*

**,non·be'liev·er** *s* **1.** Ungläubige(r *m*) *f*, Athe'ist(in). **2.** j-d, der nicht an e-e Sache glaubt: **a** ~ **in ghosts**.

**,non·bel'lig·er·ent I** *adj* nicht kriegführend. **II** *s* nicht am Krieg teilnehmende Per'son *od.* Nati'on.

**,non'break·a·ble** *adj* unzerbrechlich.

**nonce** [nɒns; *Am.* nɑns] *s* (*nur in*): **for the** ~ a) für das 'eine Mal, nur für diesen Fall, b) einstweilen. ~ **word** *s ling.* Ad-'hoc-Bildung *f.*

**non·cha·lance** ['nɒnʃələns; *Am.* ,nɑn-ʃə'lɑːns; 'nɑnʃəl-] *s* Noncha'lance *f*, Lässigkeit *f*, Unbekümmertheit *f.* **non·cha·lant** *adj* (*adv* ~**ly**) noncha'lant, unbekümmert, ungezwungen, lässig.

**,non·col'le·gi·ate** *adj univ.* **1.** *Br.* keinem College angehörend. **2.** nicht aka-'demisch (*Studien*). **3.** nicht aus Colleges bestehend (*Universität*).

**non·com** ['nɒnkɒm; *Am.* 'nɑn,kɑm] *colloq. abbr. für* a) **noncommissioned officer**, b) *Am.* **noncommissioned**.

**,non'bat·ant** *mil.* **I** *s* 'Nichtkämpfer *m*, -kombat,tant *m.* **II** *adj* am Kampf nicht beteiligt.

**,non·com'mis·sioned** *adj* **1.** unbestallt, nicht bevollmächtigt. **2.** *mil.* im 'Unteroffi,ziersrang. ~ **of·fi·cer** *s mil.* 'Unteroffi'zier *m.*

**,non·com'mit·tal I** *adj* **1.** unverbindlich, nichtssagend, neu'tral. **2.** zu'rückhaltend: **to be** ~ sich nicht festlegen wollen. **II** *s* **3.** Unverbindlichkeit *f.*

**,non·com'mit·ted** *adj pol.* blockfrei.

**,non·com'pli·ance** *s* **1.** Zu'widerhandlung *f* (**with** gegen), Weigerung *f*, Nichtbefolgung *f.* **2.** Nichterfüllung *f*, Nichteinhaltung *f* (**with** von *od. gen*).

**non com·pos (men·tis)** [,nɒn'kɒmpəs ('mentɪs); *Am.* ,nɑn'kɑm-] (*Lat.*) *adj jur.* unzurechnungsfähig.

**,non·con'duc·tor** *s electr.* Nichtleiter *m.*

**,non·con'form·ing** *adj* nonkonfor'mistisch: a) individua'listisch, b) *relig.* Dissidenten... **,non·con'form·ist I** *s* Nonkonfor'mist(in): a) (po'litischer *od.* sozi'aler) Einzelgänger, b) *relig. Br.* Dissi'dent(in) (*Angehörige[r] e-r protestantischen Freikirche*). **II** *adj* → **nonconforming**. **,non·con'form·i·ty** *s* **1.** mangelnde Über'einstimmung (**with** mit) *od.* Anpassung (**to** an *acc*). **2.** Nonkonfor'mismus *m*, individua'listische Haltung. **3.** *relig.* Dissi'dententum *n*: a) Zugehörigkeit *f* zu e-r Freikirche, b) freikirchliche Gesinnung.

**,non'con·tact** *adj sport* körperlos: ~ **game**.

**,non·con'tent** *s parl. Br.* Neinstimme *f* (*im Oberhaus*).

**,non·con'ten·tious** *adj* nicht strittig: ~ **litigation** *jur.* freiwillige Gerichtsbarkeit.

**,non·con'trib·u·to·ry** *adj* beitragsfrei (*Organisation*).

**,non·cor'ro·sive** *adj tech.* **1.** korrosi'onsfrei. **2.** rostbeständig (*Stahl*). **3.** säurefest.

**,non'creas·ing** *adj* knitterfrei, -fest.

**,non'cu·mu·la·tive** *adj econ.* 'nichtkumula,tiv: ~ **stock**.

**,non'cut·ting** *adj tech.* spanlos: ~ **shaping** spanlose Formung.

**,non'cy·cli·cal** *adj econ.* keinen Konjunk'turschwankungen unter'worfen, konjunk'turunabhängig.

**,non'danc·er** *s* Nichttänzer(in).

**,non'daz·zling** *adj tech.* blendfrei.

**,non·de'liv·er·y** *s* **1.** *econ. jur.* Nichtauslieferung *f.* **2.** *mail* Nichtzustellung *f.*

**'non·de,nom·i'na·tion·al** *adj* nicht konfessi'onsgebunden: ~ **school** Simultan-, Gemeinschaftsschule *f.*

**non·de·script** ['nɒndɪskrɪpt; *Am.* ,nɑn-dɪ'-] **I** *adj* **1.** schwer zu beschreiben(d) *od.* 'unterzubringen(d), nicht klassifi-'zierbar, unbestimmbar. **2.** unbedeutend, nichtssagend. **II** *s* **3.** unbedeutende *od.*

nichtssagende Per'son *od.* Sache, (*etwas*) 'Undefi,nierbares.

**,non·di'rec·tion·al** *adj* Radio: ungerichtet: ~ **aerial** (*bes. Am.* **antenna**) Rundstrahlantenne *f.*

**none** [nʌn] **I** *pron u. s* (*meist als pl konstruiert*) kein(er, e, es), niemand: ~ **of them are** (*od.* **is**) here keiner von ihnen ist hier; **I have** ~ ich habe keine(n); ~ **but fools** nur Narren. **II** *adv* in keiner Weise, nicht im geringsten: ~ **too high** keineswegs zu hoch. *Besondere Redewendungen*: ~ **of the clearest** keineswegs klar; ~ **other than** kein anderer als; ~ **more so than he** er kam mehr als er; **we** ~ **of us believe it** keiner von uns glaubt es; **here are** ~ **but friends** hier sind lauter *od.* nichts als Freunde; ~ **of your tricks!** laß deine Späße!; ~ **of that** nichts dergleichen; **he will have** ~ **of me** er will von mir nichts wissen; **I will have** ~ **of it** das lasse ich keinesfalls zu; ~ **the less** nichtsdestoweniger; ~ **too soon** kein bißchen zu früh; **im letzten Augenblick**; ~ **too pleasant** nicht gerade angenehm; **he was** ~ **too pleased** er war gar nicht erfreut, er war wenig entzückt; → **business 9, second[1] 2, wise[1] 2.**

**,non'earth·ly** *adj* außerirdisch.

**,non·ef'fec·tive I** *adj* **1.** wirkungslos. **2.** *mar. mil.* dienstuntauglich. **II** *s* **3.** *mar. mil.* Dienstuntaugliche(r) *m.*

**,non·ef'fi·cient** *adj u. s mil.* nicht genügend ausgebildet(er Sol'dat).

**,non'e·go** *s philos.* Nicht-Ich *n.*

**non·en·ti·ty** [nɒ'nentətɪ; *Am.* nɑ-] *s* **1.** Nicht(da)sein *n.* **2.** etwas, was nicht exi'stiert. **3.** Unding *n*, Fikti'on *f*, Nichts *n.* **4.** *fig. contp.* 'Null' *f*, unbedeutender Mensch.

**nones** [nəʊnz] *s pl* (*a. als sg konstruiert*) **1.** *antiq.* Nonen *pl* (*9. Tag vor den Iden im altrömischen Kalender*). **2.** *R.C.* 'Mittagsof,fizium *n.*

**,non·es'sen·tial I** *adj* unwesentlich. **II** *s* unwesentliche Sache, Nebensächlichkeit *f*: ~**s** nicht lebensnotwendige Dinge.

**none·such** ['nʌnsʌtʃ] **I** *adj* **1.** unvergleichlich. **II** *s* **2.** Per'son *od.* Sache, die nicht ihresgleichen hat. **3.** *bot.* a) Brennende Liebe, b) Nonpa'reilleapfel *m.*

**,none·the'less** *adv* nichtsdestoweniger, dennoch.

**,non·e'vent** *s colloq.* 'Reinfall' *m*, 'Pleite' *f.*

**,non·ex'ist·ence** *s* **1.** Nicht(da)sein *n.* **2.** (*das*) Fehlen. **,non·ex'ist·ent** *adj* nicht exi'stierend.

**,non·ex'pend·a·ble sup·plies** *s pl mil.* Gebrauchsgüter *pl.*

**,non'fad·ing** *adj* lichtecht.

**,non'fea·sance** *s jur.* (pflichtwidrige) Unter'lassung.

**,non'fer·rous** *adj* **1.** nicht eisenhaltig. **2.** Nichteisen...: ~ **metal**.

**,non'fic·tion** *s* Sachbücher *pl.*

**,non'fis·sio·na·ble** *adj chem. phys.* nichtspaltbar.

**,non'flam·ma·ble** *adj* nicht entzündbar *od.* entflammbar.

**,non'freez·ing** *adj* kältebeständig: ~ **mixture** Frostschutzmittel *n.*

**,non·ful'fil(l)·ment** *s* Nichterfüllung *f.*

**nong** [nɒŋ] *s Austral. colloq.* **1.** Trottel *m.* **2.** 'Flasche' *f*, Versager *m.*

**,non'glare** *adj* spiegelfrei (*Glas*).

**,non'ha·lat·ing** *adj phot.* lichthoffrei.

**,non'hu·man** *adj* nicht zur menschlichen Rasse gehörig.

**,non·i'den·ti·cal** *adj* **1.** nicht i'dentisch. **2.** *biol.* zweieiig (*Zwillinge*).

**no·nil·lion** [nəʊ'nɪljən] *s math.* **1.** *Am.* Quintilli'on *f* (*$10^{30}$*). **2.** *Br.* Nonilli'on *f* (*$10^{54}$*).

**non·in'duc·tive** adj electr. indukti'onsfrei.

**non·in'flam·ma·ble** adj nicht entflammbar od. entzündbar.

**'non·in·ter,course** s Am. hist. Aufhebung f der Handelsbeziehungen mit der Außenwelt.

**non-'in·ter·est-,bear·ing** adj econ. zinslos, unverzinslich.

**'non,in·ter'fer·ence** s pol. Nichteinmischung f.

**'non,in·ter'ven·tion** s pol. Nichteinmischung f.

**non·i·ron** adj bügelfrei (Hemd etc).

**no·ni·us** ['nəʊniəs] s math. tech. Nonius (-teilung f) m.

**non'ju·ror** s Eidesverweigerer m.

**non'ju·ry** adj jur. ohne Hin'zuziehung von Geschworenen: ~ trial summarisches Verfahren.

**non'lad·der·ing** adj bes. Br. maschenfest, laufmaschensicher.

**non'lead·ed** [-'ledɪd] adj chem. bleifrei (Benzin).

**non'lin·e·ar** adj electr. math. phys. 'nichtline,ar.

**non,mem·ber** s Nichtmitglied n.

**non'met·al** s chem. 'Nichtme,tall n (Element). **non·me'tal·lic** adj 'nichtme,tallisch: ~ element Metalloid n.

**'non,mi·cro'phon·ic** adj electr. klingfrei (Röhre etc).

**non'mo·ral** adj 'amo,ralisch.

**non·ne'go·ti·a·ble** adj econ. 1. nicht über'tragbar, nicht begebbar: ~ bill (check, Br. cheque) Rektawechsel m (-scheck m). 2. nicht börsen- od. bankfähig.

**non'nu·cle·ar** I adj 1. ohne A'tomwaffen (Land). 2. mil. konventio'nell (Kriegführung). 3. tech. ohne A'tomkraft (Antriebssystem). II s 4. Land n ohne A'tomwaffen.

**'no-,no** pl -os, -o's s Am. sl. etwas (strikt) Verbotenes: sweets are ~s (with him) Süßigkeiten sind tabu (für ihn).

**non·ob'jec·tive** adj art ab'strakt, gegenstandslos.

**non·ob'serv·ance** s Nichtbeachtung f.

**no-'non·sense** adj sachlich, nüchtern.

**non·pa·reil** ['nɒnpərəl; Am. ˌnɑnpə'rel] I adj 1. unvergleichlich, ohne'gleichen. II s 2. unvergleichliche Per'son od. Sache. 3. econ. Nonpa'reille f (Obstsorte etc). 4. print. Nonpa'reille(schrift) f. 5. Am. a) Liebesperlen pl, b) mit Liebesperlen verziertes Schoko'ladenplätzchen. 6. orn. Am. Papstfink m.

**non·par'tic·i·pat·ing** adj 1. nicht teilhabend od. -nehmend. 2. econ. ohne Gewinnbeteiligung (Versicherungspolice).

**non'par·ti·san** adj 1. pol. par'teiunabhängig, 'überpar,teilich, nicht par'teigebunden. 2. unvoreingenommen, objek'tiv, 'unpar,teiisch.

**non'par·ty** → nonpartisan.

**non'pay·ment** s bes. econ. Nicht(be)zahlung f.

**non·per'form·ance** s Nichtleistung f, -erfüllung f.

**non·per·ish·a·ble** adj haltbar (Lebensmittel).

**non'per·son** s 1. 'Unper,son f (aus dem öffentlichen Bewußtsein eliminierte Person). 2. Per'son f ohne Ansehen.

**non'plus** I v/t pret u. pp -'plused, bes. Br. -'plussed j-n (völlig) verwirren, irremachen, verblüffen: to be ~(s)ed verdutzt od. ratlos sein. II s Verlegenheit f, ,Klemme' f: at a ~, brought to a ~ (völlig) ratlos od. verdutzt.

**non'poi·son·ous** adj ungiftig.

**non·po'lit·i·cal** adj 1. 'unpo,litisch. 2. 'unpo,litisch, an Poli'tik 'uninteres,siert. 3. 'unpar,teiisch.

**non·pol'lut·ing** adj 'umweltfreundlich, ungiftig.

**non·pro'duc·tive** adj bes. econ. 1. 'unproduk,tiv (Arbeit, Angestellter etc). 2. unergiebig (Ölquelle etc).

**non·pro'fes·sion·al** I adj 1. nicht fachmännisch, ama'teurhaft. 2. nicht berufsmäßig od. professio'nell, als Ama'teur. 3. ohne (bes. aka'demische) Berufsausbildung. II s 4. Ama'teur m, Nichtfachmann m.

**non'prof·it**, Br. **non-'prof·it-,making** adj gemeinnützig: a ~ institution.

**'non·pro,lif·er'a·tion** s pol. Nichtweitergabe f von A'tomwaffen: ~ treaty Atomsperrvertrag m.

**non-pros** [ˌnɒn'prɒs; Am. ˌnɑn'prɑs] v/t jur. e-n Kläger (wegen Nichterscheinens) abweisen. **non pro·se·qui·tur** [ˌnɒnprəʊ'sekwɪtə(r); Am. ˌnɑnprə'si-] (Lat.) s Abweisung f (e-s Klägers) (wegen Nichterscheinens).

**non·pro'vid·ed** adj ped. Br. 'nichtsubventio,niert (Schule).

**non'quo·ta** adj bes. econ. nicht kontingen'tiert: ~ imports.

**non·re'cur·ring** adj einmalig: ~ payment.

**'non,rep·re·sen'ta·tion·al** adj art gegenstandslos, ab'strakt.

**non'res·i·dent** I adj 1. außerhalb des Amtsbezirks wohnend, abwesend (Amtsperson). 2. nicht ansässig. 3. auswärtig (Klubmitglied etc): ~ traffic Durchgangsverkehr m. II s 4. Abwesende(r m) f. 5. Nichtansässige(r m) f, Auswärtige(r m) f, nicht im Hause Wohnende(r m) f. 6. econ. De'visenausländer(in).

**non·re'sist·ance** s 'Widerstandslosigkeit f.

**non·re'turn·a·ble** adj Einweg...: ~ bottle.

**non'rig·id** adj aer. tech. unstarr (Luftschiff etc; a. phys. Molekül).

**non'run** adj Am. maschenfest, laufmaschensicher.

**non'sched·uled** adj 1. außerplanmäßig (Flug etc; a. Am. Charter...: ~ airline.

**non·sense** ['nɒnsəns; Am. 'nɑn-] I s 1. Nonsens m, Unsinn m, dummes Zeug: to talk ~. 2. Unsinn m, ,Mätzchen' pl, ab'surdes Benehmen, Frechheit(en pl) f: to stand no ~ sich nichts gefallen lassen; there is no ~ about him er ist ein ganz kühler od. sachlicher Typ. 3. Un-, 'Widersinnigkeit f: to make ~ of a) ad absurdum führen, b) illusorisch machen. 4. Kleinigkeiten pl, Kinkerlitzchen pl. II interj 5. Unsinn!, Blödsinn! III adj 6. → nonsensical: ~ verses Nonsensverse; ~ word Nonsenswort n.

**non·sen·si·cal** [nɒn'sensɪkl; Am. nɑn-] adj (adv ~ly) unsinnig, sinnlos, ab'surd.

**non se·qui·tur** [ˌnɒn'sekwɪtə(r); Am. nɑn-] (Lat.) s Trugschluß m, irrige Folgerung.

**non'skid**, **non'slip** adj rutschsicher, -fest: ~ chain Gleitschutzkette f; ~ road surface schleuderfreie Straßenoberfläche; ~ tire (bes. Br. tyre) Gleitschutzreifen m; ~ tread Gleitschutzprofil n (am Reifen).

**non'smok·er** s 1. Nichtraucher(in). 2. rail. 'Nichtraucher(ab,teil n) m. **non-'smok·ing** adj Nichtraucher...

**non'stand·ard** adj ling. nicht hoch- od. schriftsprachlich, 'umgangssprachlich.

**non'start·er** s: to be a ~ keine od. kaum e-e Chance haben (Person u. Sache).

**non'stick** adj mit Anti'haftbeschichtung (Pfanne etc).

**non'stop** I adj ohne Halt, pausenlos, Nonstop..., 'durchgehend (Zug), ohne Zwischenlandung (Flug): ~ flight Non-

stopflug m; ~ run mot. Ohnehaltfahrt f; ~ operation tech. 24-Stunden-Betrieb m. II adv non'stop: to fly ~ to New York.

**non·such** → nonesuch.

**non'suit** jur. I s 1. (erzwungene) Zu'rücknahme e-r Klage. 2. Abweisung f e-r Klage. II v/t 3. den Kläger nicht mit der Klage abweisen. 4. e-e Klage (wegen Versäumnis des Klägers) abweisen.

**non'sup·port** s jur. Nichterfüllung f e-r 'Unterhaltsverpflichtung.

**non'swim·mer** s Nichtschwimmer(in).

**non-'tax·paid** adj econ. Am. (noch) unversteuert: ~ liquor.

**non'tech·ni·cal** adj 1. allg. nicht technisch. 2. nicht fachlich. 3. volkstümlich, nicht fachsprachlich.

**non-'U** adj Br. colloq. unfein, nicht vornehm, nicht dem Sprachgebrauch der Oberschicht entsprechend.

**no-'nukes move·ment** s bes. Am. sl. Anti'kernwaffenbewegung f.

**non'u·ni·form** adj phys. ungleichmäßig (a. math.), ungleichförmig (Bewegung).

**non'un·ion** adj econ. 1. keiner Gewerkschaft angehörig, nicht organi'siert: ~ shop Am. gewerkschaftsfreier Betrieb. 2. gewerkschaftsfeindlich. **non'union·ism** s econ. Gewerkschaftsfeindlichkeit f. **non'un·ion·ist** s econ. 1. nicht organi'sierter Arbeiter. 2. Gewerkschaftsgegner m, -feind m.

**non·u·plet** ['nɒnjʊplɪt; Am. 'nɑ-; a. -nʊ-] s 1. Neunergruppe f. 2. mus. Nove'mole f.

**non'us·er** s jur. Nichtausübung f e-s Rechts.

**non'va·lent** adj chem. math. phys. nullwertig.

**non'val·ue bill** s econ. Ge'fälligkeitsak,zept n, -wechsel m.

**non'vi·o·lence** s Gewaltlosigkeit f. **non'vi·o·lent** adj gewaltlos: ~ demonstration.

**non'vot·er** s pol. Nichtwähler(in).

**non'vot·ing** adj econ. pol. nicht stimmberechtigt.

**non'war·ran·ty** s jur. Haftungsausschluß m.

**non'white** I s Farbige(r m) f. II adj farbig: ~ population.

**noo·dle¹** ['nuːdl] s colloq. 1. ,Esel' m, ,Dussel' m, Trottel m. 2. Am. ,Birne' f, Schädel m.

**noo·dle²** ['nuːdl] s Nudel f: ~ soup Nudelsuppe f.

**nook** [nʊk] s 1. Winkel m, Ecke f: to search for s.th. in every ~ and cranny nach etwas in jedem Winkel od. in allen Ecken suchen; a shady ~ ein schattiges Plätzchen od. Fleckchen. 2. arch. Nische f.

**noon** [nuːn], a. **'~·day**, **'~·tide**, **'~·time** I s 1. Mittag(szeit f) m: at ~ zu od. am Mittag; at high ~ am hellen Mittag, um 12 Uhr mittags. 2. fig. Höhepunkt m. II adj 3. mittägig, Mittags...

**noose** [nuːs] I s 1. Schlinge f (a. fig.): running ~ Lauf-, Gleitschlinge; to slip one's head out of the hangman's ~ mit knapper Not dem Galgen entgehen; to put one's head in(to) the ~ fig. den Kopf in die Schlinge stecken; (matrimonial) ~ humor. Ehejoch n. II v/t 2. knüpfen, schlingen (over über acc; round um). 3. in od. mit e-r Schlinge fangen.

**no·pal** ['nəʊpəl; Am. a. nəʊ'pɑːl] s bot. Nopalpflanze f, Feigenkaktus m.

**no-'par** adj econ. nennwertlos: ~ share.

**nope** [nəʊp] adv colloq. nein.

**nor** [nɔː(r); nə(r)] conj 1. (meist nach neg) noch: neither ... ~ (obs. od. poet. nor ... nor) weder ... noch. 2. (nach e-m verneinten Satzglied od. zum Beginn e-s an-

**nor'** [nɔː(r)] *abbr. für* north (*in Zssgn*).

**NOR cir·cuit** *s Computer*: NOR-Schaltung *f*, WEDER-NOCH-Schaltung *f*.

**Nor·dic** [ˈnɔː(r)dɪk] **I** *adj* nordisch (*nordeuropäisch*): **~ combined** (*Skisport*) Nordische Kombination. **II** *s* nordischer Mensch *od.* Typ.

**Nor·folk jack·et** [ˈnɔː(r)fək] *s e-e* lose Jacke mit Gürtel. [(*Busen*).\

**norks** [nɔːks] *s pl Austral. sl.* ‚Titten'*pl*\

**nor·land** [ˈnɔː(r)lənd] *poet.* **I** *s* Nordland *n.* **II** *adj* Nordland...

**norm** [nɔː(r)m] *s* **1.** Norm *f* (*a. econ. math.*), Regel *f*, Richtschnur *f.* **2.** *biol.* Typus *m.* **3.** *bes. ped.* ˈDurchschnittsleistung *f.*

**nor·mal** [ˈnɔː(r)ml] **I** *adj* (*adv →* normally*) ***1.** norˈmal (*a. biol. chem. med. phys.*), Normal..., gewöhnlich, üblich: it is quite ~ for him to come home late *er* kommt meistens spät nach Hause. **2.** *math.* norˈmal: a) richtig: ~ **error curve** normale Fehlerkurve, b) lot-, senkrecht: ~ **line** → 6a; ~ **plane** → 6b. **II** *s* **3.** → north 8. **3.** norˈmale Perˈson *od.* Sache. **4.** (*das*) Norˈmale, Norˈmalzustand *m*: to be back to ~ sich normalisiert haben. **5.** Norˈmaltyp *m.* **6.** *math.* a) Norˈmale *f*, Senkrechte *f*, b) senkrechte Ebene, Norˈmalebene *f.* ~ **ac·cel·er·a·tion** *s math. phys.* Norˈmalbeschleunigung *f.*

**nor·mal·cy** [ˈnɔː(r)mlsɪ] *s* Normaliˈtät *f*, Norˈmalzustand *m*: to return to ~ sich normalisieren.

**nor·mal·i·ty** [nɔː(r)ˈmælətɪ] *s* Normaliˈtät *f* (*a. math.*).

**nor·mal·i·za·tion** [ˌnɔː(r)məlaɪˈzeɪʃn; *Am.* -ləˈz-] *s* **1.** Normaliˈsierung *f*: ~ **of diplomatic relations. 2.** Normung *f*, Vereinheitlichung *f.* **ˈnor·mal·ize** *v/t* **1.** normaliˈsieren. **2.** normen, vereinheitlichen. **3.** *tech.* norˈmalglühen. **ˈnor·mal·ly** *adv* **1.** norˈmal. **2.** norˈmalerweise, (für) gewöhnlich.

**nor·mal** | **out·put, ~ pow·er** *s tech.* Norˈmalleistung *f.* **~ school** *s hist. Am.* Lehrerbildungsanstalt *f.* **~ speed** *s tech.* **1.** Norˈmalgeschwindigkeit *f.* **2.** Betriebsdrehzahl *f.*

**Nor·man** [ˈnɔː(r)mən] **I** *s* **1.** *hist.* Norˈmanne *m*, Norˈmannin *f.* **2.** Bewohner (-in) der Normanˈdie. **3.** *ling.* Norˈmannisch *n*, das Normannische. **II** *adj* **4.** norˈmannisch: ~ **architecture, ~ style** normannischer Rundbogenstil; the ~ **Conquest** die normannische Eroberung (*von England, 1066*). **ˌ~ˈFrench** **I** *adj* anglofranˈzösisch. **II** *s ling.* Anglonorˈmannisch *n*, -franˈzösisch *n*, das Anglonormannische.

**nor·ma·tive** [ˈnɔː(r)mətɪv] *adj* normaˈtiv (*a. ling.*): ~ **grammar**.

**Norn** [nɔː(r)n] *s myth.* Norne *f.*

**Nor·roy** [ˈnɒrɔɪ] *s her.* der dritte der 3 englischen Wappenkönige.

**Norse** [nɔː(r)s] **I** *adj* **1.** skandiˈnavisch. **2.** altnordisch. **3.** (*bes. alt*)norwegisch. **II** *s* **4.** *ling.* a) Altnordisch *n*, das Altnordische, b) das (*bes. Alt*)Norwegische. **5.** *collect.* a) (*die*) Skandiˈnavier (*pl*), b) (*die*) Norweger *pl.*

**Norse·man** [ˈnɔː(r)smən] *s irr hist.* Nordländer *m*, *bes.* Norweger *m.*

**north** [nɔː(r)θ] **I** *s* **1.** Norden *m*: in the ~ of im Norden von; to the ~ of → 7; from the ~ aus dem Norden. **2.** *a.* N~ Norden *m*, nördlicher Landesteil: the N~ of Germany Norddeutschland *n*; the N~ a) *Br.* Nordengland *n*, b) *Am.* der Norden, die Nordstaaten *pl.* **3.** *poet.* Nord(wind) *m.* **II** *adj* **4.** nördlich, Nord... **III** *adv* **5.** nach Norden, nordwärts. **6.** aus dem

Norden (*bes. Wind*). **7.** ~ **of** nördlich von. **IV** *v/i* **8.** nach Norden gehen *od.* fahren.

**N~ A·mer·i·can** **I** *adj* ˈnordameriˌkanisch. **II** *s* ˈNordameriˌkaner(in). **N~ At·lan·tic Trea·ty** *s pol.* Nordatˈlantikpakt *m.* **ˈ~bound** *adj* nach Norden gehend *od.* fahrend. **N~ Brit·ain** *s* Schottland *n.* **~ by east** *s* Nordnordˈost *m.* **~ by west** *s* Nordnordˈwest *m.* **~ coun·try** *s* **1.** (*der*) Norden e-s Landes. **2.** the N~ C~ *Br.* Nordengland *n.* **ˌ~ˈcoun·try·man** [-mən] *s irr Br.* Nordengländer *m.* **ˌ~ˈeast** [ˌnɔː(r)θˈiːst; *mar.* nɔːrˈiːst] **I** *s* Nordˈosten *m.* **II** *adj* nordˈöstlich, Nordost...: **N~ Passage** *geogr.* Nordostpassage *f.* **III** *adv* nordˈöstlich, nach Nordˈosten. **ˌ~ˈeast·er** *s* Nordˈostwind *m.* **ˌ~ˈeast·er·ly** **I** *adj* nordˈöstlich, Nordost... **II** *adv* von *od.* nach Nordˈosten. **ˌ~ˈeast·ern** → northeast II. **ˌ~ˈeast·ward** **I** *adj u. adv* nordˈöstlich, nach Nordˈosten. **II** *s* nordˈöstliche Richtung. **ˌ~ˈeast·ward·ly** *adj u. adv* nordˈostwärts (gelegen *od.* gerichtet).

**north·er** [ˈnɔː(r)ðə(r)] **I** *s* **1.** Nordwind *m.* **II** *v/i* **2.** nach Norden drehen (*Wind*). **3.** → north 8.

**ˈnorth·er·ly** **I** *adj* nördlich, Nord... **II** *adv* von *od.* nach Norden.

**north·ern** [ˈnɔː(r)ðn; *Am.* ˈnɔːrðərn] *adj* **1.** nördlich, Nord...: **N~ Cross** *astr.* Kreuz *n* des Nordens; **N~ Europe** Nordeuropa *n*; ~ **lights** *pl* Nordlicht *n.* **2.** nordwärts, Nord...: ~ **course** Nordkurs *m.*

**ˈnorth·ern·er** *s* **1.** Bewohner(in) des Nordens (*e-s Landes*). **2.** N~ Nordstaatler(in) (*in den USA*).

**ˈnorth·ern·ly** → northerly.

**ˈnorth·ern·most** *adj* nördlichst(er, e, es).

**north·ing** [ˈnɔː(r)θɪŋ; -ðɪŋ] *s* **1.** *astr.* nördliche Deklinatiˈon (*e-s Planeten*). **2.** *mar.* Weg *m od.* Diˈstanz *f* nach Norden, nördliche Richtung.

**ˈnorth·land** [-lənd] *s bes. poet.* Nordland *n.* **N~man** [-mən] *s irr* Nordländer *m.*

**ˈnorth·most** → northernmost.

**north·north·east** [ˌnɔː(r)θnɔː(r)θˈiːst; *mar.* ˌnɔː(r)nɔːrˈiːst] **I** *adj* nordnordˈöstlich, Nordnordost... **II** *adv* nach *od.* aus Nordnordˈosten. **III** *s* Nordnordˈost *m.* **ˈ~ˈwest** *adj* nordnordˈwestlich, Nordnordwest... **II** *adv* nach *od.* aus Nordnordˈwesten. **III** *s* Nordˈnordˈwest *m.*

**north** | **point** *s phys.* Nordpunkt *m.* **N~ Pole** *s* Nordpol *m.* **N~ Sea** *s* Nordsee *f.* **N~ Star** *s astr.* Poˈlarstern *m.*

**ˈnorth·ward** *adj u. adv* nördlich, nordwärts, nach Norden: in a ~ **direction** Richtung Norden. **ˈnorth·wards** *adv* → northward.

**north** | **west** [ˌnɔː(r)θˈwest; *mar.* nɔː(r)ˈwest] **I** *s* Nordˈwesten *m.* **II** *adj* nordˈwestlich, Nordwest...: **N~ Passage** *geogr.* Nordwestpassage *f.* **III** *adv* nach *od.* aus Nordˈwesten. **ˌ~ˈwest·er** *s* **1.** Nordˈwestwind *m.* **2.** *mar. Am.* Ölzeug *n.* **ˌ~ˈwest·er·ly** **I** *adj* nordˈwestlich, Nordwest... **II** *adv* von *od.* nach Nordˈwesten. **ˌ~ˈwest·ern** → northwest II. **ˌ~ˈwest·ward** **I** *adj u. adv* nordˈwestlich, nach Nordˈwesten. **II** *s* nordˈwestliche Richtung. **ˌ~ˈwest·ward·ly** *adj u. adv* nordˈwestwärts (gelegen *od.* gerichtet).

**Nor·way** | **pine** *s bot.* Amer. Rotkiefer *f.* **~ rat** *s zo.* Wanderratte *f.* **~ spruce** *s bot.* Gemeine Fichte, Rottanne *f.*

**Nor·we·gian** [nɔː(r)ˈwiːdʒən] **I** *adj* **1.** norwegisch. **II** *s* **2.** Norweger(in). **3.** *ling.* Norwegisch *n*, das Norwegische.

**nor'west·er** [nɔː(r)ˈwestə(r)] → northwester.

**nose** [nəʊz] **I** *s* **1.** *anat.* Nase *f.* **2.** *fig.* Nase *f*, ‚Riecher' *m* (for für). **3.** Aˈroma *n*, starker Geruch (*von Tee, Heu etc*). **4.** *bes. tech.* a) Nase *f*, Vorsprung *m*, (*mil.* Geschoß)Spitze *f*, Schnabel *m*, b) Mündung *f*, c) Schneidkopf *m* (*e-s Drehstahls etc*). **5.** (Schiffs)Bug *m.* **6.** *mot.* ‚Schnauze' *f* (*Vorderteil des Autos*). **7.** *aer.* Nase *f*, (Rumpf)Bug *m*, Kanzel *f.* **8.** *sl.* Spiˈon(in), (*a.* Poliˈzei)Spitzel *m.*

*Besondere Redewendungen:*

to bite (*od.* snap) s.o.'s ~ off j-n ‚anschnauzen' *od.* anfahren; to cut off one's ~ to spite one's face sich ins eigene Fleisch schneiden; to follow one's ~ a) immer der Nase nach gehen, b) s-m Instinkt folgen; to get ~ of *colloq.* Wind bekommen von; to keep one's ~ clean sich nichts zuschulden kommen lassen; to lead s.o. by the ~ j-n völlig beherrschen; to look down one's ~ ein verdrießliches Gesicht machen; to look down one's ~ at die Nase rümpfen über (*acc*), auf j-n *od.* etwas herabblicken; to pay through the ~ sich ‚dumm u. dämlich' zahlen; to poke (*od.* put, stick, thrust) one's ~ into s-e Nase in e-e Sache stecken; to put s.o.'s ~ out of joint a) j-n ausstechen, b) j-n vor den Kopf stoßen; to see no further than (the end of) one's ~ a) kurzsichtig sein, b) *fig.* e-n engen (*geistigen*) Horizont haben; to turn up one's ~ (at) die Nase rümpfen (über *acc*); (as) plain as the ~ in your face sonnenklar; on the ~ *bes. Am. colloq.* (ganz) genau, pünktlich; under s.o.'s (very) ~ a) direkt vor j-s Nase, b) vor j-s Augen; → grindstone 1, thumb 5.

**II** *v/t* **9.** riechen, spüren, wittern. **10.** beschnüffeln. **11.** mit der Nase berühren *od.* stoßen. **12.** *fig.* a) s-n Weg vorsichtig suchen: the car ~d its way through the fog das Auto tastete sich durch den Nebel, b) *ein Auto etc* vorsichtig fahren: to ~ the car out of the garage. **13.** durch die Nase *od.* näselnd aussprechen. **14.** *colloq.* → nose out 2.

**III** *v/i* **15.** a) ~ **about, ~ around,** (herˈum)schnüffeln' (after, for nach). b) ~ **into** s-e Nase stecken in (*acc*). **17.** the car ~d through the fog das Auto tastete sich durch den Nebel. **18.** ~ **on** *sl.* j-n ‚hinhängen' (*denunzieren*).

*Verbindungen mit Adverbien:*

**nose** | **down** *aer.* **I** *v/t* das Flugzeug andrücken. **II** *v/i* im Steilflug niedergehen. **~ out** *v/t* **1.** ‚ausschnüffeln', ‚ausspioˌnieren', herˈausbekommen. **2.** um e-e Nasenlänge schlagen. **~ o·ver** *v/i aer.* sich überˈschlagen, e-n ‚Kopfstand' machen. **~ up** *aer.* **I** *v/t* das Flugzeug hochziehen. **II** *v/i* steil hochgehen.

**nose** | **ape** *s zo.* Nasenaffe *m.* **~ bag** *s* Freß-, Futterbeutel *m* (*für Pferde*). **ˈ~band** *s* Nasenriemen *m* (*am Zaumzeug*). **ˈ~bleed** *s med.* Nasenbluten *n*: to have a ~ Nasenbluten haben. **~ can·dy** *s Am. sl.* ‚Koks' *m*, ‚Schnee' *m* (*Kokain*). **~ cone** *s* Raˈketenspitze *f.*

**nosed** [nəʊzd] *adj* (*meist in Zssgn*) mit e-r dicken etc Nase, ...nasig.

**nose** | **dive** *s* **1.** *aer.* Sturzflug *m.* **2.** *econ. colloq.* (Preis- *etc*)Sturz *m*: prices took a ~ die Preise ‚purzelten'. **ˈ~dive** *v/i* **1.** *aer.* e-n Sturzflug machen. **2.** *econ. colloq.* ‚purzeln', raˈpid fallen (*Kurs, Preis*). **~ drops** *s pl med. pharm.* Nasentropfen *pl.* **~ flute** *s mus.* Nasenflöte *f.* **ˈ~gay** *s* Sträußchen *n.* **ˈ~heav·y** *adj aer.* vorderlastig. **ˈ~piece** *s* **1.** *hist.* Nasenteil *m*, *n* (*e-s Helms*). **2.** *tech.* Mundstück *n* (*vom Blasebalg, Schlauch etc*). **3.** *tech.* Reˈvol-

ver *m* (*Objektivende e-s Mikroskops*). **4.** Steg *m* (*e-r Brille*). **~ pipe** *s tech.* Balgrohr *n*, Düse *f*.

**nos·er** [ˈnəʊzə(r)] *s obs.* **1.** Schlag *m* auf die Nase. **2.** *mar.* starker Gegenwind.

**nose⎪rag** *s sl.* ‚Rotzfahne' *f* (*Taschentuch*). **~ ring** *s* Nasenring *m*. **~ spray** *s med. pharm.* Nasenspray *m, n*. **~ tur·ret** *s aer. mil.* vordere Kanzel. **~ wheel** *s aer.* Bugrad *n*.

**nos·ey** → nosy.

**nosh** [nɒʃ; *Am.* naʃ] *sl.* **I** *s* **1.** *bes. Br.* a) Essen *n*: **to have a ~** (etwas) essen, b) Küche *f*: **Chinese ~. 2.** *Am.* Bissen *m*, Happen *m*: **to have a ~** e-n Happen essen. **II** *v/i* **3.** *bes. Br.* essen. **4.** *Am.* e-n Bissen *od.* Happen essen.

**ˌno-ˈshow** *s bes. Am. colloq.* j-d, der etwas Gebuchtes *od.* Bestelltes nicht in Anspruch nimmt.

**ˈnosh-up** *s bes. Br. sl.* reichhaltiges Essen: **to have a ~** sich satt essen.

**ˌno-ˈside** *s Rugby:* ˈSpielˌende *n*.

**nos·ing** [ˈnəʊzɪŋ] *s arch.* Nase *f*, Ausladung *f*: **~ of the steps** (*od.* **of a staircase**) Treppenkante *f*. **~ o·ver** *s aer.* ‚Kopfstand' *m* (*beim Landen*).

**no·sog·ra·pher** [nɒˈsɒɡrəfə(r); *Am.* nəʊˈsɑ-] *s med.* Nosoˈgraph *m*. **nos·o·graph·ic** [ˌnɒsəˈɡræfɪk; *Am.* ˌnɑ-] *adj* nosoˈgraphisch. **no·sog·ra·phy** [-fɪ] *s* Nosograˈphie *f*, Krankheitsbeschreibung *f*.

**nos·o·log·i·cal** [ˌnɒsəˈlɒdʒɪkl; *Am.* ˌnɑsəˈlɑ-] *adj med.* nosoˈlogisch. **no·sol·o·gist** [nɒˈsɒlədʒɪst; *Am.* nəʊˈsɑ-] *s* Nosoˈloge *m*. **no·sol·o·gy** *s* Nosoloˈgie *f*, Krankheitslehre *f*.

**nos·tal·gi·a** [nɒˈstældʒɪə; -dʒə; *Am.* nɑ-] *s* **1.** *med.* Nostalˈgie *f*, Heimweh *n*. **2.** Heimweh(gefühl) *n*. **3.** Nostalˈgie *f*, Sehnsucht *f* (*for nach etwas Vergangenem etc*). **4.** Wehmut *f*, wehmütige Erinnerung. **nos·tal·gic** *adj* (*adv* **~ally**) **1.** an Heimweh leidend, Heimweh... **2.** noˈstalgisch, sehnsüchtig. **3.** wehmütig.

**nos·tril** [ˈnɒstrəl; *Am.* ˈnɑs-] *s* Nasenloch *n, bes. zo.* Nüster *f*: **it stinks in one's ~s** es ekelt einen an.

**nos·trum** [ˈnɒstrəm; *Am.* ˈnɑs-] *s* **1.** *med.* Geheimmittel *n*, ˈQuacksalbermediˌzin *f*. **2.** *fig.* (*soziales od. politisches*) Heilmittel, Paˈtentreˌzept *n*.

**nos·y** [ˈnəʊzɪ] *adj* **1.** *colloq.* neugierig: **~ parker** *bes. Br.* neugierige Person, Schnüffler(in). **2.** *obs.* a) übelriechend, muffig, b) aroˈmatisch, duftend (*bes. Tee*).

**not** [nɒt; *Am.* nɑt] *adv* **1.** nicht: → **yet** 1, 2. **2. ~ a** kein(e): **~ a few** nicht wenige. **3. ~ that** nicht, daß; nicht als ob.
*Besondere Redewendungen:*
**I think ~** ich glaube nicht; **I know ~** *obs. od. poet.* ich weiß (es) nicht; **~ I** ich nicht, ich denke nicht daran; **it is wrong, is it ~** (*od. colloq.* **isn't it?**) es ist falsch, nicht wahr?; **he is ~ an Englishman** er ist kein Engländer; **~ if I know it** ich weiß, wenn es nach mir geht.

**no·ta** [ˈnəʊtə] *pl von* notum.

**no·ta·bil·i·a** [ˌnəʊtəˈbɪlɪə] (*Lat.*) *s pl* das Bemerkenswerte.

**no·ta·bil·i·ty** [ˌnəʊtəˈbɪlətɪ] *s* **1.** wichtige *od.* promiˈnente Perˈsönlichkeit, ˈStandesperˌson *f, pl* (*die*) Honoratiˈoren *pl,* (*die*) Promiˈnenz. **2.** herˈvorragende Eigenschaft, Bedeutung *f*.

**no·ta·ble** [ˈnəʊtəbl] **I** *adj* (*adv* **notably**) **1.** beachtens-, bemerkenswert, denkwürdig, wichtig. **2.** ansehnlich, beträchtlich: **a ~ difference. 3.** angesehen, herˈvorragend: **a ~ scientist. 4.** *chem.* merklich. **5.** *obs.* häuslich. **II** *s* → notability 1.

**no·tar·i·al** [nəʊˈteərɪəl] *adj* (*adv* **~ly**) *jur.* **1.** notariˈell, Notariats... **2.** notariˈell (beglaubigt).

**no·ta·rize** [ˈnəʊtəraɪz] *v/t jur.* notariˈell beurkunden *od.* beglaubigen.

**no·ta·ry** [ˈnəʊtərɪ] *s meist* **~ public** *jur.* (öffentlicher) Noˈtar (*in Großbritannien u. USA nur zur Vornahme von Beglaubigungen, Beurkundungen u. zur Abnahme von Eiden berechtigt*).

**no·tate** [nəʊˈteɪt; *Am.* ˈnəʊˌt-] *v/t mus.* noˈtieren, in Notenschrift schreiben *od.* aufzeichnen.

**no·ta·tion** [nəʊˈteɪʃn] *s* **1.** Aufzeichnung *f:* a) Noˈtierung *f,* b) Noˈtiz *f.* **2.** *bes. chem. math.* Beˈzeichnungssyˌstem *n*, Schreibweise *f*, Bezeichnung *f:* **chemical ~** chemisches Formelzeichen. **3.** *mus.* a) Notenschrift *f,* b) Notatiˈon *f,* Aufzeichnen *n* in Notenschrift.

**notch** [nɒtʃ; *Am.* natʃ] **I** *s* **1.** Kerbe *f*, Einschnitt *m*, Aussparung *f*, Falz *m*, Nut(e) *f*. **2.** *Zimmerei:* Kamm *m*. **3.** *print.* Signaˈtur(rinne) *f*. **4.** *mil. tech.* (Viˈsier-) Kimme *f:* **~ and bead sights** Kimme u. Korn. **5.** *geol. Am.* a) Engpaß *m*, b) Kehle *f*. **6.** *colloq.* Grad *m*, Stufe *f:* **to be a ~ above** e-r Klasse besser sein als. **II** *v/t* **7.** *bes. tech.* (ein)kerben, (ein)schneiden, einfeilen. **8.** *tech.* ausklinken. **9.** *tech.* nuten, falzen. **10.** *oft* **~ up** *colloq. e-n Sieg, Einnahmen etc* erzielen: **to ~ s.o. s.th.** j-m etwas einbringen.

**notched** [nɒtʃt; *Am.* natʃt] *adj* **1.** *tech.* (ein)gekerbt, mit Nuten (versehen). **2.** *bot.* grob gezähnt (*Blatt*).

**NOT cir·cuit** [nɒt; *Am.* nɑt] *s Computer:* NICHT-Glied *n*, Negatiˈonsschaltung *f*, NICHT-Schaltung *f*.

**note** [nəʊt] **I** *s* **1.** (Kenn)Zeichen *n*, Merkmal *n*. **2.** *fig.* Ansehen *n*, Ruf *m*, Bedeutung *f:* **man of ~** bedeutender Mann; **nothing of ~** nichts von Bedeutung; **worthy of ~** beachtenswert. **3.** Noˈtiz *f,* Kenntnisnahme *f,* Beachtung *f:* **to take ~ of s.th.** von etwas Notiz *od.* etwas zur Kenntnis nehmen. **4.** *meist pl* Noˈtiz *f,* Aufzeichnung *f:* **to make a ~ of s.th.** sich etwas notieren *od.* vormerken; **to speak without ~s** frei sprechen; **to take ~s (of s.th.)** sich (über etwas) Notizen machen; → **compare** 3. **5.** (*diploˈmatische*) Note: **exchange of ~s** Notenwechsel *m*. **6.** Briefchen *n,* Zettel(chen *n*) *m*. **7.** *print.* a) Anmerkung *f,* b) Satzzeichen *n*. **8.** *econ.* a) Nota *f,* Rechnung *f:* **as per ~** laut Nota, b) (Schuld)Schein *m:* **~ of hand** → promissory note; **bought and sold ~** Schlußschein *m;* **customs' ~** Zollvermerkschein *m;* **~s payable (receivable)** *Am.* Wechselverbindlichkeiten (-forderungen), c) *a.* **bank ~** Banknote *f,* Geldschein *m:* **~ issue** Notenausgabe *f,* -kontingent *n,* d) Vermerk *m,* Noˈtiz *f:* **urgent ~** Dringlichkeitsvermerk, e) Mitteilung *f:* **advice ~** Versandanzeige *f;* **~ of exchange** Kursblatt *n*. **9.** *mus.* a) Note *f:* **whole ~** *Am.* ganze Note, b) Ton *m,* c) Taste *f:* **to strike the ~s** die Tasten anschlagen. **10.** *poet.* Klang *m,* Meloˈdie *f, bes.* (*Vogel*)Gesang *m*. **11.** *fig.* Ton(art *f*) *m:* **to strike the right ~** den richtigen Ton treffen; **to strike a false ~** a) sich im Ton vergreifen, b) sich danebenbenehmen; **he closed his speech on this (encouraging) ~** mit diesen (ermunternden) Worten; → **change** 1. **12.** *fig.* a) Ton *m,* Beiklang *m:* **with a ~ of irritation** mit e-m Unterton von Ärger, b) Note *f,* Eleˈment *n,* Faktor *m:* **a ~ of realism** e-e realistische Note. **13.** Brandmal *n,* Schandfleck *m*. **14.** *Am. colloq.* a) ‚tolles Ding', b) ‚böse' Sache.
**II** *v/t* **15.** bemerken. **16.** (besonders) beachten *od.* achten auf (*acc*). **17.** *oft* **~ down** niederschreiben, noˈtieren, vermerken, aufzeichnen. **18.** *econ. Wechsel* proteˈstieren lassen: **bill (of exchange)**

**~d for protest** protestierter Wechsel. **19.** *bes. Preise* angeben.

**note⎪bank** *s econ.* Notenbank *f.* **ˈ~ book** *s* **1.** Noˈtizbuch *n*. **2.** *econ. jur.* Kladde *f*. **~ bro·ker** *s econ. Am.* Wechselmakler *m*. **ˈ~ case** *s Br.* Brieftasche *f*.

**not·ed** [ˈnəʊtɪd] *adj* **1.** bekannt, berühmt (**for** wegen). **2.** *econ.* noˈtiert: **~ before official hours** vorbörslich (*Kurs*). **ˈnot·ed·ly** *adv* ausgesprochen, deutlich, besonders.

**note⎪pa·per** *s* ˈBriefpaˌpier *n*. **~ press** *s econ.* ˈBanknotenpresse *f,* -druckeˌrei *f*. **~ row** *s* Zwölftonmusik: Reihe *f*. **~ shav·er** *s econ. Am. sl.* wucherischer Wechselmakler. **~ val·ue** *s mus.* Zeitwert *m*.

**ˈnote⎪wor·thy** *adj* bemerkenswert: **a ~ book.**

**ˌnot-for-ˈprof·it** *adj Am.* gemeinnützig: **a ~ institution.**

**NOT gate** → NOT circuit.

**noth·ing** [ˈnʌθɪŋ] **I** *pron* **1.** nichts (**of** von): **~ much** nicht (sehr) viel, nichts Bedeutendes. **II** *s* **2.** Nichts *n:* **to ~** zu *od.* in nichts; **for ~** umsonst. **3.** *fig.* Nichts *n,* Unwichtigkeit *f*. **4.** Kleinigkeit *f,* Nichts *n*. **5.** *pl* Nichtigkeiten *pl,* leere Redensarten *pl:* **to say sweet** (*od.* **soft**) **~s** Süßholz raspeln. **6.** Null *f* (*a. Person*). **III** *adv* **7.** *colloq.* durchˈaus nicht, keineswegs: **~ like so bad as** bei weitem nicht so schlecht wie; **~ like complete** alles andere als *od.* längst nicht vollständig. **IV** *interj* **8.** (*in Antworten*) *colloq.* nichts dergleichen!, keine Spur!, Unsinn!
*Besondere Redewendungen:*
**good for ~** zu nichts zu gebrauchen; **next to ~** fast nichts; **~ additional** nichts weiter, außerdem nichts; **~ doing** *colloq.* a) das kommt nicht in Frage, b) nichts zu machen!; **~ but** nichts als, nur; **~ if not courageous** sehr mutig; **not for ~** nicht umsonst, nicht ohne Grund; **that is ~ to what we have seen** das ist nichts gegen das, was wir gesehen haben; **that's ~** a) das ist *od.* macht *od.* bedeutet gar nichts, b) das gilt nicht; **that's ~ to** das ist nichts im Vergleich zu; **that's ~ to me** das bedeutet mir nichts; **that is ~ to you** das geht dich nichts an; **he is ~ to me** er bedeutet mir nichts, er ist mir gleichgültig; **there is ~ to** (*od.* **in**) **it** a) da ist nichts dabei, das ist ganz einfach, b) an der Sache ist nichts dran; **there is ~ like es** geht nichts über (*acc*); **to end in ~** sich in nichts auflösen; **to feel like ~ on earth** sich hundeelend fühlen; **to make ~ of s.th.** a) nicht viel Wesens von etwas machen, b) sich nichts aus etwas machen; **I can make ~ of him** (it) ich kann mit ihm (damit) nichts anfangen, ich werde aus ihm (daraus) nicht schlau; **to say ~ of** ganz zu schweigen von; **to think ~ of** nichts halten von, *a.* sich nichts machen aus; **to think ~ of doing s.th.** nichts dabei finden, etwas zu tun; → **have** *Bes. Redew.*

**noth·ing·ar·i·an** [ˌnʌθɪŋˈeərɪən] **I** *adj* religiˈös gleichgültig, freigeistig. **II** *s* Freigeist *m*.

**ˈnoth·ing·ness** *s* **1.** Nichts *n:* a) Nichtsein *n,* b) Nichtigkeit *f*. **2.** Leere *f:* **a feeling of ~.**

**no·tice** [ˈnəʊtɪs] **I** *s* **1.** Beobachtung *f,* Wahrnehmung *f:* **to avoid ~** (*Redew.*) um Aufsehen zu vermeiden; **to bring s.th. to s.o.'s ~** j-m etwas zur Kenntnis bringen; **to come under s.o.'s ~** j-m bekanntwerden; **to escape ~** unbemerkt bleiben; **to escape s.o.'s ~** j-m *od.* j-s Aufmerksamkeit entgehen; **to take (no) ~ of** (keine) Notiz nehmen von j-m *od.* etwas, (nicht) beachten; **not worth a person's ~** nicht beachtenswert; **~! zur**

Beachtung! **2.** No'tiz *f*, Nachricht *f*, Anzeige *f*, Meldung *f*, Ankündigung *f*, Kunde *f*: ~ **of an engagement** Verlobungsanzeige *f*; **this is to give** ~ **that** es wird hiermit bekanntgemacht, daß; **to give s.o.** ~ **of s.th.** j-n von etwas benachrichtigen (→ 4). **3.** Anzeige *f*, Ankündigung *f*, 'Hinweis *m*, Bekanntgabe *f*, Benachrichtigung *f*, Mitteilung *f*, Bericht *m*, Anmeldung *f*: ~ **of assessment** *econ.* Steuerbescheid *m*; ~ **of a loss** Verlustanzeige; **to give** ~ **of appeal** *jur.* Berufung anmelden *od.* einlegen; **to give** ~ **of motion** a) e-n Antrag anmelden, b) *parl.* e-n Initiativantrag stellen; **to give** ~ **of a patent** ein Patent anmelden; **to serve** ~ **upon s.o.** *jur.* j-m e-e Vorladung zustellen, j-n vorladen. **4.** Warnung *f*, Kündigung(sfrist) *f*: **subject to a month's** ~ mit monatlicher Kündigung; **to give s.o.** ~ **(for Easter)** j-m (zu Ostern) kündigen; **to give s.o. three months'** ~ j-m 3 Monate vorher kündigen; **we have** ~ **to quit** uns ist (die Wohnung) gekündigt worden; **I am under** ~ **to leave** mir ist gekündigt worden; **at a day's** ~ binnen e-s Tages; **at a moment's** ~ jeden Augenblick, sogleich, jederzeit; **at short** ~ a) kurzfristig, auf Abruf, b) sofort, auf Anhieb; **it's a bit short** ~ *colloq.* das kommt etwas plötzlich; **till** *(od.* until**) further** ~ bis auf weiteres; **without** ~ fristlos *(entlassen etc).* **5.** schriftliche Bemerkung, *(a. Presse-, Zeitungs)*No'tiz *f*, *(bes.* kurze kritische*)* Rezensi'on, (Buch-) Besprechung *f*.
**II** *v/t* **6.** bemerken: **to** ~ **s.o. doing s.th.** bemerken, daß j-d etwas tut; j-n etwas tun sehen. **7.** (besonders) beachten *od.* achten auf *(acc).* **8.** *ein Buch* besprechen. **9.** anzeigen, melden, bekanntmachen. **10.** *jur.* benachrichtigen.
**'no·tice·a·ble** *adj* *(adv* noticeably*)* **1.** wahrnehmbar, merklich, sichtlich: ~ **results** spürbare Folgen. **2.** bemerkenswert, beachtlich. **3.** auffällig, ins Auge fallend.
**no·tice‖board** *s bes. Br.* **1.** Anschlagtafel *f*, Schwarzes Brett. **2.** Warnungstafel *f*, Warnschild *n.* ~ **pe·ri·od** *s* Kündigungsfrist *f*.
**no·ti·fi·a·ble** ['nəʊtɪfaɪəbl] *adj* meldepflichtig *(bes. Krankheit).*
**no·ti·fi·ca·tion** [ˌnəʊtɪfɪ'keɪʃn] *s* **1.** *(förmliche)* Anzeige, Meldung *f*, *(a. amtliche)* Mitteilung, Bekanntmachung *f*, Benachrichtigung *f*. **2.** schriftliche Ankündigung.
**no·ti·fy** ['nəʊtɪfaɪ] *v/t* **1.** *(förmlich)* bekanntgeben, anzeigen, avi'sieren, melden, (amtlich) mitteilen *(s.th. to s.o.* j-m etwas*).* **2.** *(of)* j-n benachrichtigen (von), in Kenntnis setzen (von, über *acc*; **that** daß), j-n unter'richten (von).
**no·tion** ['nəʊʃn] *s* **1.** Begriff *m* *(a. math. philos.),* Gedanke *m*, I'dee *f*, Vorstellung *f*, *weitS.* a. Ahnung *f* *(of* von*):* **not to have the vaguest** ~ **of s.th.** nicht die leiseste Ahnung von etwas haben; **I had no** ~ **of this** davon war mir nichts bekannt; **I have a** ~ **that** ich denke mir, daß. **2.** Meinung *f*, Ansicht *f*: **to fall into the** ~ **that** auf den Gedanken kommen, daß. **3.** Neigung *f*, Lust *f*, Absicht *f*, Im'puls *m*: **he hasn't a** ~ **of doing it** es fällt ihm gar nicht ein, es zu tun. **4.** Grille *f*, verrückte I'dee: **to take the** ~ **of doing s.th.** auf die I'dee kommen, etwas zu tun. **5.** *pl Am.* a) Kurzwaren *pl*, b) Kinkerlitzchen *pl*.
**no·tion·al** ['nəʊʃənl] *adj* *(adv* ~ly*)* **1.** begrifflich, Begriffs... **2.** *philos.* rein gedanklich, spekula'tiv *(nicht empirisch).* **3.** theo'retisch. **4.** imagi'när, fik'tiv, angenommen: **a** ~ **amount.**

**no·to·chord** ['nəʊtəkɔ:(r)d] *s anat. zo.* Rückenstrang *m*.
**No·to·gae·a** [ˌnəʊtə'dʒi:ə] *s zo.* Noto'gäa *f (tiergeographische Region der südlichen Halbkugel).*
**no·to·ri·e·ty** [ˌnəʊtə'raɪətɪ] *s* **1.** allgemeine Bekanntheit, *a. contp.* (traurige) Berühmtheit, schlechter Ruf: **to achieve** *(od.* **gain)** ~ traurige Berühmtheit erlangen. **2.** *contp.* Berüchtigtsein *n*, *(das)* No'torische. **3.** *all- od.* weltbekannte Per'son *od.* Sache *(a. contp.).*
**no·to·ri·ous** [nəʊ'tɔ:rɪəs; *Am. a.* -'təʊ-] *adj* *(adv* ~ly*)* no'torisch: a) offenkundig, all-, welt-, wohlbekannt *(alle a. contp.),* *iro.* bekannt wie ein bunter Hund, b) *contp.* berüchtigt *(for* wegen*):* **a** ~ **swindler.** **no'to·ri·ous·ness** → notoriety 1 *u.* 2.
**¡no-'trump** *(Bridgespiel)* **I** *adj* **1.** ohne Trumpf. **II** *s* **2.** ‚Ohne-Trumpf'-Ansage *f*. **3.** ‚Ohne-Trumpf'-Spiel *n*.
**no·tum** ['nəʊtəm] *pl* **-ta** [-tə] *s zo.* Rücken(platte *f*) *m (bei Insekten).*
**not·with·stand·ing** [ˌnɒtwɪθ'stændɪŋ; -wɪð-; *Am.* ˌnɑt-] **I** *prep* ungeachtet, unbeschadet, trotz *(gen):* ~ **the objections** ungeachtet *od.* trotz der Einwände; **his great reputation** ~ trotz s-s hohen Ansehens. **II** *conj a.* ~ **that** ob'gleich. **III** *adv* nichtsdesto'weniger, dennoch.
**nou·gat** ['nu:gɑ:; *Am. bes.* -gət] *s (etwa)* Türkischer Honig.
**nought** [nɔ:t; *Am. a.* nɑ:t] → naught.
**nou·me·non** ['nu:mɪnən; 'naʊ-; *Am.* -ˌnɑn] *pl* **-na** [-nə] *s philos.* No'umenon *n*, Ding an sich, reines Gedankending, bloße I'dee.
**noun** [naʊn] *ling.* **I** *s* Hauptwort *n*, Substantiv *n*. **II** *adj* substan'tivisch.
**nour·ish** ['nʌrɪʃ; *Am. bes.* 'nɜːrɪʃ] *v/t* **1.** (er)nähren, erhalten *(on* von*).* **2.** *fig.* nähren, hegen: **to** ~ **a feeling.** **3.** *fig.* (be)stärken, aufrechterhalten. **'nour·ish·ing** *adj* nahrhaft, Nähr...: ~ **power** Nährkraft *f*, -wert *m*. **'nour·ish·ment** *s* **1.** Ernährung *f*. **2.** Nahrung *f* *(a. fig.),* Nahrungsmittel *n*: **to take** ~ Nahrung zu sich nehmen.
**nous** [naʊs; *Am. bes.* nu:s] *s* **1.** *philos.* Vernunft *f*, Verstand *m*. **2.** *colloq.* ‚Grips' *m*, ‚Grütze' *f*, Verstand *m*.
**nou·veau riche** [ˌnu:vəʊ'ri:ʃ] **I** *pl* **nouveaux riches** [ˌnu:vəʊ'ri:ʃ] *(Fr.)* Neureiche(r *m*) *f*. **II** *adj* (typisch) neureich.
**no·va** ['nəʊvə] *pl* **-vae** [-vi:], **-vas** *s astr.* Nova *f*, neuer Stern.
**no·va·tion** [nəʊ'veɪʃn] *s jur.* Novati'on *f*: a) Forderungsablösung *f*, b) 'Forderungsüber,tragung *f*.
**nov·el** ['nɒvl; *Am.* 'nɑvəl] **I** *adj* **1.** neu (-artig). **2.** ungewöhnlich. **II** *s* **3.** Ro'man *m*: **the** ~ der Roman *(als Gattung);* **short** ~ Kurzroman; ~ **of manners** Sittenroman; ~ **writer** → novelist.
**nov·el·ese** [ˌnɒvə'li:z; *Am.* ˌnɑ-] *s contp.* 'Groschenro,manstil *m*.
**nov·el·ette** [ˌnɒvə'let; *Am.* ˌnɑ-] *s* **1.** a) kurzer Ro'man, b) *bes. Br. contp.* 'Groschenro,man *m*, seichter *od.* kitschiger Unter'haltungsro,man. **2.** *mus.* Ro'manze *f*. **¡nov·el'et·tish** *adj bes. contp.* a) seicht, b) rührselig, kitschig.
**nov·el·ist** ['nɒvəlɪst; *Am.* ˌnɑ-] *s* Ro'manschriftsteller(in), Romanci'er *m.* **¡nov·el'is·tic** *adj* ro'manhaft, Roman...
**nov·el·i·za·tion** [ˌnɒvəlaɪ'zeɪʃn; *Am.* ˌnɑvələ'z-] *s* Darstellung *f* in Ro'manform: ~ **s of films** nachträgliche Romanfassungen von Filmen. **'nov·el·ize** *v/t* in Ro'manform darstellen.
**no·vel·la** [nəʊ'velə] *pl* **-las**, **-le** [-li:; -leɪ] *s* No'velle *f*.
**nov·el·ty** ['nɒvltɪ; *Am.* ˌnɑ-] *s* **1.** Neuheit *f*: a) *(das)* Neue *(e-r Sache):* **the** ~ **had**

soon worn off der Reiz des Neuen war bald verflogen, b) *(etwas)* Neues. **2.** *(etwas)* Ungewöhnliches. **3.** *pl* ‚Krimskrams' *m*, billige Neuheiten. **4.** Neuerung *f*.
**No·vem·ber** [nəʊ'vembə(r)] *s* No'vember *m*: **in** ~ im November.
**no·ve·na** [nəʊ'vi:nə] *pl* **-nae** [-ni:; -neɪ] *s R.C.* No'vene *f*, neuntägige Andacht.
**nov·ice** ['nɒvɪs; *Am.* 'nɑ-] **I** *s* **1.** Anfänger(in), Neuling *m* (**at** auf e-m Gebiet). **2.** *R.C.* No'vize *m*, No'vizin *f* *(e-s Ordens).* **3.** *Bibl.* Neubekehrte(r *m*). **II** *adj* **4. he's a** ~ **swimmer** er hat gerade erst schwimmen gelernt. **5.** noch nie prä-mi'iert *(z.B. Hund bei e-r Ausstellung).*
**no·vi·ti·ate,** *a.* **no·vi·ci·ate** [nəʊ-'vɪʃɪət; -ɪeɪt; *Am. a.* -'vɪʃət] *s* **1.** Lehrzeit *f*, Lehre *f*. **2.** *R.C.* a) Novizi'at *n*, Probezeit *f*, b) → novice 1 *u.* 2.
**now** [naʊ] **I** *adv* **1.** nun, gegenwärtig, jetzt: **from** ~ von jetzt an; **up to** ~ bis jetzt. **2.** so'fort, bald. **3.** eben, so'eben: **just** ~ gerade eben, (erst) vor ein paar Minuten. **4.** *(in der Erzählung)* nun, dann, darauf, damals. **5.** *(nicht zeitlich)* nun (aber): ~ **I hold quite different opinions.** **II** *conj* **6. a.** ~ **that** nun aber da, nun da, da nun, jetzt wo: ~ **he is gone** nun da er fort ist. **III** *s* **7.** Jetzt *n*. **IV** *adj* **8.** *sl.* mo'dern: **it's a** ~ **tendency to do s.th.** es ist gerade ‚in', etwas zu tun.
*Besondere Redewendungen:*
**before** ~ a) schon einmal, schon früher, b) früher, eher, vorher; **by** ~ mittlerweile, jetzt, inzwischen; ~ **if** wenn (nun) aber; **how** ~? nun?, was gibt's?, was soll das heißen?; **what is it** ~? was ist jetzt schon wieder los?; **now ... now** bald ... bald; ~ **and again,** ~ **and then,** (**every**) ~ **and then** von Zeit zu Zeit, hie(r) u. da, dann u. wann, gelegentlich; ~ **then** (nun) also; **what** ~? was nun?; **it's** ~ **or never** jetzt oder nie.
**now·a·day** ['naʊədeɪ] → nowadays I, II.
**now·a·days** ['naʊədeɪz] **I** *adv* heutzutage, jetzt. **II** *adj* heutig. **III** *s* Jetzt *n*, Gegenwart *f*.
**'no·way(s)** *adv bes. Am.* keineswegs, in keiner Weise.
**now·el** ['nəʊəl; 'naʊəl] *s* Gießerei: (gro-ßer) Kern.
**'no·where I** *adv* **1.** nirgend, nirgendwo: **to come(in)** *(od.* **finish, be)** ~ *sport* unter „ferner liefen" *od.* im geschlagenen Feld enden. **2.** nirgendwohin: **to get** ~ **(fast)** überhaupt nicht weiterkommen, überhaupt keine Fortschritte machen; **to get** ~ **in life** es im Leben zu nichts bringen; **this will get you** ~ damit kommst du auch nicht weiter, das bringt dich auch nicht weiter; **£10 goes** ~ mit £10 kommt man nicht sehr weit *od.* kann man nicht sehr viel anfangen. **3.** ~ **near** bei weitem nicht, auch nicht annähernd: **£100 is** ~ **near enough. II** *s* **4.** Nirgendwo *n*, *weitS.* Wildnis *f*, Abgelegenheit *f*: **to appear from** *(od.* **out of)** ~ aus dem Nichts auftauchen; **miles from** ~ in e-r gottverlassenen Gegend; **the train stopped in the middle of** ~ auf freier Strecke.
**'no‚wheres** *adv Am. dial.* nirgends.
**'no·wise** → noway(s).
**nox·ious** ['nɒkʃəs; *Am.* 'nɑ-] *adj* *(adv* ~ly*)* schädlich: a) verderblich, b) ungesund (**to** für): ~ **substances** *chem.* Schadstoffe. **'nox·ious·ness** *s* Schädlichkeit *f*.
**no·yade** [nwɑ'jɑ:d] *s* No'yade *f*, ('Hinrichtung *f* durch) Ertränken *n*.
**noz·zle** ['nɒzl; *Am.* 'nɑzəl] *s* **1.** *obs.* Schnauze *f*, Rüssel *m*. **2.** *sl.* ‚Rüssel' *m* (Nase). **3.** *tech.* Schnauze *f*, Tülle *f*, Schnabel *m*, Mundstück *n*, Ausguß *m*, Röhre *f (an Gefäßen etc).* **4.** *tech.* Stutzen *m*, Mündung *f*, Ausström(ungs)öffnung *f*

(an Röhren etc). **5.** tech. (*Kraftstoff- etc*) Düse *f*, Zerstäuber *m*: ~ **angle** Anstellwinkel *m* der Düse; ~ **ring** a) Düsenring *m*, b) Leitkranz *m*. **6.** *a.* **pistol-grip** ~ *tech.* Zapfpistole *f*.

**nth** [enθ] *adj math.* n-te(r), n-te(s): ~ **degree** n-ter Grad, beliebiger bestimmter Grad; **to the ~ degree** a) *math.* bis zum n-ten Grade, b) *fig.* im höchsten Maße; **for the ~ time** *fig.* zum hundertsten Mal.

**nu** [nju:; *Am. a.* nu:] *s* **1.** Ny *n*: a) *griechischer Buchstabe*, b) *bes. math.* **13.** Glied e-r Reihe etc. **2.** N~ *astr.* Stern *m* von dreizehntem Helligkeitsgrad.

**nu·ance** [nju:'ā:ns; *Am.* 'nju:ˌɑːns; 'nju:-] *s* Nu'ance *f*: a) Schat'tierung *f*, Feinheit *f*, feiner 'Unterschied, b) Spur *f*, Kleinigkeit *f*.

**nub** [nʌb] *s* **1.** Knopf *m*, Knötchen *n*, Auswuchs *m*. **2.** (kleiner) Klumpen, Nuß *f* (*Kohle etc*). **3. the ~** *colloq.* der springende Punkt (**of** bei *e-r Sache*).

**nub·bin** ['nʌbən] *s Am.* unvollkommen ausgebildete Frucht, *bes.* kleiner *od.* verkümmerter Maiskolben.

**nub·ble** ['nʌbl] → **nub** I. **'nub·bly** [-blɪ] *adj* knotig.

**nu·bec·u·la** [nju:'bekjʊlə; *Am. a.* nu:-] *pl* **-lae** [-liː] *s astr.* Nebelfleck *m*.

**Nu·bi·an** ['nju:bjən; -ɪən; *Am. a.* 'nu:-] **I** *adj* **1.** nubisch. **II** *s* **2.** Nubier(in). **3.** *ling.* Nubisch *n*, das Nubische.

**nu·bile** ['nju:baɪl; *Am. a.* 'nu:bəl] *adj* **1.** mannbar, heiratsfähig, *jur.* ehemündig. **2.** ,sexy' (*attraktiv*). **nu'bil·i·ty** Mannbarkeit *f*, Heiratsfähigkeit *f*, *jur.* Ehemündigkeit *f*.

**nu·cel·lar** [nju:'selə(r); *Am. a.* nu:-] *adj bot.* den Eikern betreffend. **nu'cel·lus** [-ləs] *pl* **-li** [-laɪ] *s* Knospen-, Eikern *m*.

**nu·cha** ['nju:kə; *Am. a.* 'nu:-] *pl* **-chae** [-kiː] *s zo.* Nacken *m*. **'nu·chal** *adj* Nacken...

**nu·cif·er·ous** [nju:'sɪfərəs; *Am. a.* nu:-] *adj bot.* nüssetragend. **'nu·ci·form** [-fɔ:(r)m] *adj* nußförmig.

**nu·cle·al** ['nju:klɪəl; *Am. a.* 'nu:-] → **nuclear**.

**nu·cle·ar** ['nju:klɪə(r); *Am. a.* 'nu:-] **I** *adj* **1.** kernförmig, Kern...: ~ **division** *biol.* Kernteilung *f*. **2.** *phys.* nukle'ar, Nu-klear..., (Atom)Kern..., Atom..., ato-'mar: ~ **test** Atomtest *m*; ~ **weapons** Kernwaffen; ~ **deterrent** *pol.* atomare Abschreckung. **3.** *a.* ~-**powered** a'tomgetrieben, mit A'tomantrieb, Atom...: ~ **submarine** Atom-U-Boot *n*. **II** *s* **4.** Kernwaffe *f*, *bes.* A'tomraˌkete *f*. **5.** *pol.* A'tom-, Nukle'armacht *f*: ~ **age** A'tomzeitalter *n*. ~ **bomb** A'tombombe *f*. ~ **charge** *s phys.* Kernladung *f*. ~ **chem·is·try** *s chem.* 'Kerncheˌmie *f*. ~ **dis·in·te·gra·tion** *s phys.* Kernzerfall *m*. ~ **e·lec·tron** *s phys.* Kernelektron *n*. ~ **en·er·gy** *s phys.* **1.** 'Kernenerˌgie *f*. **2.** *allg.* 'A'tomenerˌgie *f*. ~ **fam·i·ly** *s sociol.* 'Kernfaˌmilie *f*. ~ **fis·sion** *s phys.* Kernspaltung *f*. **'~-free** *adj* a'tomwaffenfrei: ~ **zone.** ~ **fu·el** *s phys.* Kernbrennstoff *m*. ~ **fu·el rod** *s phys.* (Kern-)Brennstab *m*. ~ **fu·sion** *s phys.* 'Kernfuˌsiˌon *f*, -verschmelzung *f*. ~ **mat·ter** *s phys.* 'Kernmaˌterie *f*. ~ **med·i·cine** *s med.* Nukle'armediˌzin *f*. ~ **membrane** *s biol.* 'Kernmemˌbran *f*. ~ **mi·gra·tion** *s biol.* 'Kernwanderung *f*. ~ **mod·el** *s phys.* 'Kernmoˌdell *n*. ~ **par·ti·cle** *s phys.* Kernteilchen *n*. ~ **phys·i·cist** *s phys.* Kernphysiker *m*. ~ **phys·ics** *s pl* (*als sg konstruiert*) *phys.* 'Kernphyˌsik *f*. ~ **po·lym·er·ism** *s chem.* 'Kernpolymeˌrie *f*. ~ **pow·er** *s* **1.** *phys.* A'tomkraft *f*. **2.** *pol.* A'tom-, Nukle'armacht *f*. ~ **pow·er plant** *s* A'tomkraftwerk *n*. ~ **re·ac·tion** *s phys.* 'Kernreaktiˌon *f*. ~

**re·ac·tor** *s phys.* 'Kernreˌaktor *m*. ~ **ship** *s* Re'aktorschiff *n*. ~ **the·o·ry** *s phys.* 'Kerntheoˌrie *f*. ~ **war(·fare)** *s* A'tomkrieg(führung *f*) *m*. ~ **war·head** *s mil.* A'tomsprengkopf *m*. ~ **waste** *s* A'tommüll *m*.

**nu·cle·ase** ['nju:klɪeɪz; -eɪs; *Am. a.* 'nu:-] *s chem.* Nukle'ase *f*.

**nu·cle·ate** ['nju:klɪeɪt; *Am. a.* 'nu:-] *phys.* **I** *v/t* zu e-m Kern bilden. **II** *v/i* e-n Kern bilden. **III** *adj* [-ɪət; -ɪeɪt] e-n Kern besitzend, Kern... **'nu·cle·at·ed** *adj* **1.** kernhaltig. **2.** e-n Kern bildend: ~ **village** Haufendorf *n*. **nu·cle'a·tion** *s* Kernbildung *f*.

**nu·cle·i** ['nju:klɪaɪ; *Am. a.* 'nu:-] *pl von* **nucleus**.

**nu·cle·ic** ['nju:klɪɪk; *Am.* nʊ'kliːɪk; -'kleɪ-] *adj chem.* Nuklein...: ~ **acid**.

**nu·cle·in** ['nju:klɪɪn; *Am. a.* 'nu:-] *s chem.* Nukle'in *n*.

**nu·cle·ole** ['nju:klɪəʊl; *Am. a.* 'nu:-] → **nucleolus**.

**nu·cle·o·lus** [ˌnju:klɪ'əʊləs; *bes. Am.* njuˌ'kliːələs; *a.* nu:-] *pl* **-li** [-laɪ] *s biol.* Nukle'ole *f*, Nu'kleolus *m*, Kernkörperchen *n*.

**nu·cle·on** ['nju:klɪɒn; *Am.* -ˌɑn; *a.* 'nu:-] *s chem. phys.* Nukleon *n*, (A'tom)Kernbaustein *m* (*Proton od. Neutron*). **ˌnu·cle-'on·ics** *s pl* (*als sg konstruiert*) Nukle'onik *f*.

**nu·cle·o·plasm** ['nju:klɪəplæzəm; *Am. a.* 'nu:-] *s biol.* (Zell)Kernplasma *n*.

**nu·cle·o·pro·te·in** [ˌnju:klɪəʊ'prəʊtiːn; *Am. a.* ˌnu:-] *s biol. chem.* Nukleoprote'in *n*.

**nu·cle·us** ['nju:klɪəs; *Am. a.* 'nu:-] *pl* **-cle·i** [-aɪ], *a.* **-cle·us·es** *s* **1.** *allg.* (*a. phys.* A'tom-, *astr.* Ko'meten-, *biol.* Zell-) Kern *m*. **2.** *fig.* Kern *m*: a) Mittelpunkt *m*, b) Grundstock *m*. **3.** *opt.* Kernschatten *m*. **4.** *math.* Kern *m*: ~ **of an integral equation.** **5.** *geol.* Kerngebiet *n*.

**nu·clide** ['nju:klaɪd; *Am. a.* 'nu:-] *s phys.* Nu'klid *n*.

**nud·dy** ['nʌdɪ] *s*: **in the ~** *bes. Br. u. Austral. colloq.* nackt.

**nude** [nju:d; *Am. a.* nu:d] **I** *adj* **1.** nackt, bloß: ~ **beach** Nacktbadestrand *m*, FK'K-Strand *m*; ~ **swimming** Nacktbaden *n*. **2.** *fig.* nackt: ~ **fact. 3.** *jur.* unverbindlich, nicht bindend, nichtig (*falls nicht formell beglaubigt*): ~ **contract. 4.** nackt, kahl: ~ **hillside. 5.** fleischfarben. **II** *s* **6.** *art* Akt *m*. **7.** the ~ nackter Zustand, Nacktheit *f*: **in the ~** nackt; **study from the ~** *art* Aktstudie *f*. **'nude·ness** *s* Nacktheit *f*.

**nudge**[1] [nʌdʒ] **I** *v/t* **1.** *j-n* anstoßen, ,stupsen' (*a. fig.*): **to ~ s.o.'s memory** *fig.* j-s Gedächtnis ein bißchen nachhelfen. **2.** *fig.* nahe her'ankommen an (*acc*): **to ~ the two-million mark**; **to ~ the impossible** so gut wie praktisch unmöglich sein. **II** *v/i* **3.** *fig.* sich vorsichtig e-n Weg bahnen: **to ~ through the crowd.** **III** *s* **4.** ,Stups' *m*, ,Stupser' *m* (*a. fig.*): **to give s.o. a ~** j-m e-n ,stupsen'.

**nudge**[2] [nʊdʒ] *s Am. sl.* ,Nervensäge' *f*, lästiger Mensch.

**nu·di·bran·chi·ate** [ˌnju:dɪ'bræŋkɪeɪt; *Am. bes.* -kɪət; *a.* ˌnu:-] *zo.* **I** *adj* nacktkiemig. **II** *s* Nacktkiemer *m* (*Schnecke*).

**nu·die** ['nju:dɪ; *Am. a.* 'nu:-] *colloq.* **I** *s* a) Nacktfilm *m*, b) *thea.* Nacktstück *n*, c) 'Nacktmagaˌzin *n*. **II** *adj* Nackt...: ~ **film.**

**nu·dism** ['nju:dɪzəm; *Am. a.* 'nu:-] *s* Nu'dismus *m*, 'Freikörper-, 'Nacktkulˌtur *f*. **'nu·dist** *s* Nu'dist(in), Anhänger(in) der 'Freikörperkulˌtur, FK'K-Anhänger(in): ~ **beach** Nacktbadestrand *m*, FKK-Strand *m*.

**nu·di·ty** ['nju:dətɪ; *Am. a.* 'nu:-] *s* **1.** Nacktheit *f*, Blöße *f*. **2.** *fig.* Armut *f*.

**3.** Kahlheit *f*. **4.** *art* 'Akt(fiˌgur *f*) *m*.

**nudzh** → **nudge**[2].

**nu·ga·to·ry** ['nju:gətərɪ; *Am.* ˌ-təʊriː; ˌ-tɔ:-; *a.* 'nu:-] *adj* **1.** wertlos, albern. **2.** unwirksam, nichtig (*beide a. jur.*), wirkungslos, eitel, leer.

**nug·get** ['nʌgɪt] *s* **1.** Nugget *m* (*Goldklumpen*). **2.** *fig.* Brocken *m*, Bruchstück *n*: ~ **of information** bruchstückhafte Information. **3.** *Austral. colloq.* unter'setzter *od.* stämmiger Mensch. **'nug·get·y** *adj Austral. colloq.* unter'setzt, stämmig.

**nui·sance** ['nju:sns; *Am. a.* 'nu:-] *s* **1.** (*etwas*) Lästiges *od.* Unangenehmes, Ärgernis *n*, Plage *f*, Last *f*, Belästigung *f*, Unfug *m*, 'Mißstand *m*: **dust ~** Staubplage; **it's a ~ to us** es ist uns e-e (große) Plage *od.* Last; **what a ~!** wie ärgerlich!, ,das ist ja zum Auswachsen!'; **to abate a ~** e-n Unfug etc abstellen. **2.** ,Landplage' *f*, ,Nervensäge' *f*, Quälgeist *m*, lästiger Mensch: **to be a ~ to s.o.** j-m lästig fallen, j-n nerven; **to make a ~ of o.s.** anderen Leuten auf die Nerven gehen *od.* fallen; **don't be a ~!** nerv' mich nicht! **3.** *jur.* Poli'zeiwidrigkeit *f*, Störung *f*: **commit no ~!** das Verunreinigen (dieses Ortes) ist verboten!; **public ~** a) Störung *f* *od.* Gefährdung *f* der öffentlichen Sicherheit *od.* Ordnung, b) *bes. fig.* öffentliches Ärgernis; **private ~** Besitzstörung *f*; **to cause ~ to s.o.** j-n im Besitz stören. ~ **raid** *s aer. mil.* Störangriff *m*. ~ **tax** *s colloq.* lästige (Verbrauchs)Steuer.

**nuke** [nju:k; *Am. a.* nu:k] *bes. Am. sl.* **I** *s* **1.** Kernwaffe *f*. **2.** 'Kernreˌaktor *m*. **II** *v/t* **3.** mit Kernwaffen angreifen.

**null** [nʌl] **I** *adj* **1.** fehlend, nicht vor-'handen. **2.** *math.* leer. **3.** *bes. jur.* (null u.) nichtig, ungültig: **to declare ~ and void** für null u. nichtig erklären. **4.** leer, wert-, ausdrucks-, gehaltlos, nichtssagend, unbedeutend. **II** *s* **5.** *electr. math.* Null *f*: ~ **balance** *electr.* Nullabgleich *m*; ~ **hypothesis** (*Statistik*) Nullhypothese *f*; ~ **method** *electr.* Nullpunktmethode *f*; ~ **set** (*Mengenlehre*) Nullmenge *f*. **6.** *electr.* a) (*bei Funkpeilgeräten*) Minimum *n*, Peilnull *f*, b) (*bei Empfangsgeräten*) toter Punkt (*auf der Frequenzskala*).

**nul·li·fi·ca·tion** [ˌnʌlɪfɪ'keɪʃn] *s* **1.** Aufhebung *f*, Nichtigerklärung *f*. **2.** Zu'nichtemachen *n*.

**nul·li·fid·i·an** [ˌnʌlɪ'fɪdɪən] **I** *s* Ungläubige(r *m*) *f* (*a. relig.*), Zweifler(in). **II** *adj* ungläubig, zweiflerisch.

**nul·li·fy** ['nʌlɪfaɪ] *v/t* **1.** ungültig machen, (für) null u. nichtig erklären, aufheben. **2.** zu'nichte machen.

**nul·lip·a·ra** [nʌ'lɪpərə] *pl* **-rae** [-ri:], **-ras** *s med.* Nul'lipara *f* (*Frau, die noch nicht geboren hat*). **nul'lip·a·rous** [-rəs] *adj* noch nicht geboren habend: ~ **woman** → **nullipara**.

**nul·li·ty** ['nʌlətɪ] *s* **1.** Unwirksamkeit *f* (*a. jur.*). **2.** *bes. jur.* Ungültigkeit *f*, Nichtigkeit *f*: **decree of ~ (of a marriage)** Nichtigkeitsurteil *n* *od.* Annullierung *f* e-r Ehe; ~ **suit** Nichtigkeitsklage *f*; **to be a ~** (null u.) nichtig sein. **3.** Nichts *n*. **4.** ,Null' *f* (*Person*).

**numb** [nʌm] **I** *adj* **1.** starr, erstarrt (**with** vor *Kälte etc*), taub (*empfindungslos*): ~ **fingers**; ~ **with fear** starr vor Angst. **2.** *fig.* a) betäubt: ~ **with grief** wie betäubt vor Schmerz, b) abgestumpft. **II** *v/t* **3.** starr *od.* taub machen, erstarren lassen. **4.** *fig.* a) betäuben, b) abstumpfen.

**num·ber** ['nʌmbə(r)] **I** *s* **1.** *math.* Zahl *f*, Zahlenwert *m*, Ziffer *f*: **law of ~s** Gesetz *n* der Zahlen; **theory of ~s** Zahlentheorie *f*; **to be good at ~s** gut im Rechnen sein. **2.** (*Auto-, Haus-, Telefon-, Zimmer- etc*)

Nummer *f*: **by** ~s nummernweise; ~ **engaged** *teleph.* besetzt!; **to have (got) s.o.'s** ~ *colloq.* j-n durchschaut haben; **his** ~ **is up** *colloq.* s-e Stunde hat geschlagen, jetzt ist er ,dran'; → **number one.** **3.** (An)Zahl *f*: **a** ~ **of people** mehrere Leute; **a great** ~ **of people** sehr viele Leute; **five in** ~ fünf an der Zahl; ~s **of times** zu wiederholten Malen; **times without** ~ unzählige Male; **five times the** ~ **of people** fünfmal so viele Leute; **in large** ~s in großen Mengen, in großer Zahl; **in round** ~s round; **one of their** ~ e-r aus ihrer Mitte; **to win by (force of)** ~s aufgrund zahlenmäßiger Überlegenheit gewinnen. **4.** *econ.* a) (An)Zahl *f*, Nummer *f*: **to raise to the full** ~ komplettieren, b) Ar'tikel *m*, Ware *f*. **5.** Heft *n*, Nummer *f*, Ausgabe *f* (e-r Zeitschrift etc), Lieferung *f* (e-s Werks): **to appear in** ~s in Lieferungen erscheinen; → **back number. 6.** *ling.* Numerus *m*, Zahl *f*: **in the singular** ~ im Singular, in der Einzahl. **7.** *poet.* a) Silben-, Versmaß *n*, b) *pl* Verse *pl*, Poe'sie *f*. **8.** *thea. etc* (Pro'gramm)Nummer *f*: **to do a** ~ **on** s.o. *bes. Am. sl.* a) j-n ,bescheißen', b) j-n ,verarschen', c) mit j-m flirten. **9.** *mus.* a) Nummer *f* (abgeschlossener Satz), b) Mu'sikstück *n*, c) *colloq.* Schlager *m*, Tanznummer *f*. **10.** *colloq.* a) ,Geschäft' *n* (Notdurft): **to do** ~ **one (two)** sein kleines (großes) Geschäft machen, b) **to do** ~ **three** *colloq.* einen ,fahren lassen'. **11.** *sl.* ,Käfer' *m*, ,Mieze' *f* (Mädchen). **12.** N~s *Bibl.* Numeri *pl*, (das) Vierte Buch Mose. **13.** *colloq.* (Kleidungs)Stück *n*. **14.** *pl* (a. als sg konstruiert) → **number pool.**
**II** *v/t* **15.** (zs.-)zählen, aufrechnen: **to** ~ **off** abzählen; **his days are** ~ed s-e Tage sind gezählt. **16.** *math.* zählen, rechnen (a. *fig.* **among, in, with** zu *od.* unter *acc*). **17.** nume'rieren: **to** ~ **consecutively** durchnummerieren; ~ed **account** Nummernkonto *n*. **18.** zählen, sich belaufen auf (*acc*). **19.** *Jahre* zählen, alt sein.
**III** *v/i* **20.** zählen. **21.** *fig.* zählen (**among** zu *j-s Freunden etc*). **22.** ~ **off** abzählen.
**'num·ber·ing** *s* Nume'rierung *f*. ~ **stamp** *s* Zahlenstempel *m*.
**'num·ber·less** *adj* unzählig, zahllos.
**num·ber nine** *s mil. Br. colloq.* Abführpille *f*. ~ **one I** *adj* **1.** a) erstklassig, b) (aller)höchst: **of** ~ **priority.** **II** *s* **2.** Nummer *f* Eins; der, die, das Erste. **3.** erste Klasse. **4.** *colloq.* die eigene Per'son, das liebe Ich: **to look after** ~ auf s-n eigenen Vorteil bedacht sein, nur an sich (selbst) denken. **5.** → **number 10 a.** ~-**plate** *s bes. Br.* Nummernschild *n*, Kennzeichen *n*. ~ **pol·y·gon** *s math.* Zahlenvieleck *n*, -poly gon *n*. ~ **pool** *s Am.* (Art) Zahlenreihe(n *pl*) *f*. ~ **square** *s math.* 'Zahlenqua drat *n*, -viereck *n*. ~ **sym·bol** *s math.* Zahlzeichen *n*. **sym·bol·ism** *s* 'Zahlensym bolik *f*. ~ **work** *s math.* Rechnen *n*: **to do** ~ rechnen.
**'numb·ness** *s* **1.** Erstarrung *f*, Starrheit *f*, Taubheit *f*. **2.** *fig.* Betäubung *f*.
**'numb·skull** → **numskull.**
**nu·mer·a·ble** ['nju:mərəbl; *Am. a.* 'nu:-] *adj* zählbar.
**nu·mer·a·cy** ['nju:mərəsɪ; *Am. a.* 'nu:-] *s bes. Br.* rechnerische Fähigkeiten *pl*.
**nu·mer·al** ['nju:mərəl; *Am. a.* 'nu:-] **I** *adj* **1.** nu'merisch, Zahlen...: ~ **language** Ziffernsprache *f*; ~ **script** Ziffernschrift *f*. **II** *s* **2.** *math.* Ziffer *f*, Zahlzeichen *n*: **Arabic** ~s arabische Ziffern. **3.** *ling.* Nume'rale *n*, Zahlwort *n*.

**nu·mer·ar·y** ['nju:mərərɪ; *Am.* -,reri:; *a.* 'nu:-] *adj* Zahl(en)...
**nu·mer·ate I** *adj* ['nju:mərət; *Am. a.* 'nu:-] rechenkundig: **to be** ~ rechnen können. **II** *v/t* [-reɪt] aufzählen. **nu·mer'a·tion** [-'reɪʃn] *s* **1.** *math.* Zählen *n*: **decimal** ~ Dezimal(zahlen)system *n*. **2.** Zähl-, Rechenkunst *f*. **3.** Nume'rierung *f*. **4.** (Auf)Zählung *f*. **'nu·mer·a·tive** [-rətɪv; *Am.* -,reɪ-] *adj* zählend, Zahl(en)...: ~ **system** Zahlensystem *n*. **'nu·mer·a·tor** [-reɪtə(r)] *s math.* Zähler *m* (e-s Bruchs).
**nu·mer·i·cal** [nju:'merɪkl; *Am. a.* nu-] *adj (adv* ~ly) **1.** *math.* nu'merisch, Zahlen...: ~ **equation** ~ **analysis** numerische Analyse, Ziffernwertung *f*; ~ **order** Zahlen-, Nummernfolge *f*; ~ **value** Zahlenwert *m*. **2.** nu'merisch, zahlenmäßig: ~ **superiority.**
**nu·mer·ol·o·gy** [,nju:mə'rɒlədʒɪ; *Am.* -'rɑ-; *a.* ,nu:-] *s* Zahlenmystik *f*.
**nu·mer·ous** ['nju:mərəs; *Am. a.* 'nu:-] *adj (adv* ~ly) zahlreich: **a** ~ **assembly,** ~ly **attended** stark besucht; ~ **people** zahlreiche *od.* (sehr) viele Leute. **'nu·mer·ous·ness** *s* große Zahl, Menge *f*, Stärke *f*.
**Nu·mid·i·an** [nju:'mɪdɪən; *Am. a.* nu-] **I** *adj* **1.** nu'midisch. **2.** Nu'midier(in). **3.** *ling.* Nu'midisch *n*, das Numidische.
**nu·mis·mat·ic** [,nju:mɪz'mætɪk; *Am. a.* ,nu:-] *adj* numis'matisch, Münz(en)... **nu·mis·mat·ics** *s pl (als sg konstruiert)* Numis'matik *f*, Münzkunde *f*. **nu'mis·ma·tist** [-'mɪzmətɪst], **nu·mis·ma'tol·o·gist** [-'tɒlədʒɪst; *Am.* -'tɑ-] *s* Numis'matiker(in): a) Münzkenner(in), b) Münzsammler(in). **nu,mis·ma'tol·o·gy** [-dʒɪ] → **numismatics.**
**num·ma·ry** ['nʌmərɪ] *adj* Münz(en)... **'num·mu·lar** [-jolə(r)] *adj* **1.** Münz(en)... **2.** *med.* münzenartig.
**num·skull** ['nʌmskʌl] *s* Dummkopf *m*, ,Trottel' *m*.
**nun** [nʌn] *s* **1.** *relig.* Nonne *f*. **2.** Einsiedlerin *f*. **3.** *orn.* a) *Br.* Blaumeise *f*, b) Schleiertaube *f*, c) → **nunbird.** '~-**bird** *s orn.* (ein) Faulvogel *m*. ~ **buoy** *s mar.* Spitztonne *f*, -boje *f*.
**Nunc Di·mit·tis** [,nʌŋkdɪ'mɪtɪs] (*Lat.*) *s* **1.** *relig.* Nunc Di'mittis *n*, Hymne *f* Simeons (*Lukas* 2, 29–32). **2.** *fig.* Verabschiedung *f*; Erlaubnis *f*, sich zu entfernen; Abschied *m*.
**nun·ci·a·ture** ['nʌnsɪətʃə(r); *Am. a.* -,tʃor; -tor] *s R.C.* Nuntia'tur *f*. **nun·ci·o** ['nʌnʃɪəo; -sɪəo] *pl* -os *s R.C.* Nuntius *m*.
**nun·cu·pa·tion** [,nʌŋkjo'peɪʃn] *s* Abgabe *f* e-r mündlichen Erklärung, mündliche testamen'tarische Verfügung. **'nun·cu·pa·tive** *adj jur.* mündlich: ~ **will** mündliches Testament, *bes. mil.* Not-, *mar.* Seetestament *n*.
**'nun·hood** *s* **1.** Nonnentum *n*. **2.** *collect.* Nonnen *pl*. **'nun·like** *adj* nonnenhaft.
**nun·ner·y** ['nʌnərɪ] *s* Nonnenkloster *n*.
**nup·tial** ['nʌpʃl; -tʃəl] **I** *adj* hochzeitlich, Hochzeit(s)..., Ehe..., Braut...: ~ **bed** Brautbett *n*; ~ **ceremony** Trauungsfeierlichkeit *f*; ~ **flight** Hochzeitsflug *m* (der Bienen); ~ **plumage** *orn.* Hochzeits-, Prachtkleid *n*. **II** *s meist pl* Hochzeit *f*.
**nup·ti·al·i·ty** [,nʌpʃɪ'ælətɪ] *s* Zahl *f* der Eheschließungen.
**nurse** [nɜ:s; *Am.* nɜrs] **I** *s* **1.** *meist* **wet** ~ (Säug)Amme *f*. **2.** *a.* **dry** ~ Säuglingsschwester *f*. **3.** Krankenschwester *f*, -pfleger(in). **4.** a) Stillen *n*, Stillzeit *f*, b) Pflege: **at** ~ in Pflege; **to put out to** ~ *Kinder* in Pflege geben. **5.** *fig.* Nährerin *f*, Nährmutter *f*. **6.** *zo.* Arbeiterin *f*, Arbeitsbiene *f*. **7.** *agr.* Strauch *od.* Baum, der e-e junge Pflanze schützt. **8.** *zo.* Amme *f* (ungeschlechtlicher Organismus).

**II** *v/t* **9.** a) ein Kind säugen, nähren, stillen, e-m Kind die Brust geben, b) ein Kind in den Armen wiegen. **10.** ein Kind auf-, großziehen. **11.** Kranke pflegen. **12.** a) e-e Krankheit 'ausku,rieren: **to** ~ **one's cold,** b) etwas schonen: **to** ~ **one's voice. 13.** das Knie, den Nacken etc schützend (mit verschlungenen Händen) um'fassen. **14.** *fig. Gefühle etc* a) hegen, nähren, b) entfachen. **15.** *fig.* nähren, fördern. **16.** *fig.* streicheln, hätscheln. **17.** sparsam *od.* schonend 'umgehen mit (*Geld etc*): **to** ~ **a glass of wine** sich an e-m Glas Wein ,festhalten'. **18.** sich eifrig kümmern um, sich *etwas, a. pol.* den Wahlkreis ,warmhalten': **to** ~ **one's constituency. 19.** *sport* den Ball am Fuß ,halten'.
**III** *v/i* **20.** säugen, stillen. **21.** die Brust nehmen (*Säugling*). **22.** als (Kranken-)Pfleger(in) tätig sein.
**nurse cell** *s biol.* Nähr-, Saftzelle *f*. ~ **child** *s irr* Pflege-, Ziehkind *n*. ~ **crop** *s agr.* 'Untersaat *f*. ~ **frog** *s zo.* Geburtshelferkröte *f*.
**nurse·ling** → **nursling.**
**'nurse·maid** *s* Kindermädchen *n*.
**nurs·er·y** ['nɜ:sərɪ; *Am.* 'nɜr-] *s* **1.** Kinderzimmer *n*. **2.** Kindertagesstätte *f*. **3.** Pflanz-, Baumschule *f*, Schonung *f*. **4.** Fischpflege *f*, Streckteich *m*. **5.** *fig.* Pflanzstätte *f*, Schule *f*. **6.** *a.* ~ **stakes** *sport* (Pferde)Rennen *n* für Zweijährige. ~ **gov·ern·ess** *s* Kinderfräulein *n*. '~-**maid** *s* Kindermädchen *n*: **to play** ~ **to** s.o. Krankenschwester bei j-m spielen (*j-n trösten etc*). '~-**man** [-mən] *s irr* Pflanzenzüchter *m*, Baum-, Kunst-, Handelsgärtner *m*. ~ **plant** *s agr.* Setzling *m*. ~ **rhyme** *s* Kinderlied *n*, -reim *m*, -vers *m*. ~ **school** *s* Kindergarten *m* (*für Kinder unter 5 Jahren*). ~ **slope** *s* Skisport: ,Idi'otenhügel' *m*, Anfängerhügel *m*. ~ **tale** *s* Ammenmärchen *n*.
**nurs·ing** ['nɜ:sɪŋ; *Am.* 'nɜr-] **I** *s* **1.** Säugen *n*, Stillen *n*. **2.** *a.* **sick** ~ Krankenpflege *f*. **II** *adj* **3.** Nähr-..., Pflege... ~ **ben·e·fit** *s* Stillgeld *n*. ~ **bot·tle** *s bes. Am.* (Säuglings-, Saug)Flasche *f*. ~ **fa·ther** *s* Pflegevater *m*. ~ **fee** *s med.* Pflegekosten *pl*. ~ **home** *s* **1.** *bes. Br.* a) Pri'vatklinik *f*, b) pri'vate Entbindungsklinik. **2.** Pflegeheim *n*. ~ **moth·er** *s* **1.** stillende Mutter. **2.** Pflegemutter *f*. ~ **pe·ri·od** *s* Stillzeit *f*. ~ **staff** *s* 'Pflegeperso,nal *n*. ~ **treat·ment** *s* Pflege(behandlung) *f*.
**nurs·ling** ['nɜ:slɪŋ; *Am.* 'nɜrs-] *s* **1.** Säugling *m*. **2.** Pflegling *m*. **3.** *fig.* Liebling *m*, Hätschelkind *n*. **4.** *fig.* Schützling *m*.
**nur·ture** ['nɜ:tʃə; *Am.* 'nɜrtʃər] **I** *v/t* **1.** (er)nähren. **2.** auf-, erziehen. **3.** *fig. Gefühle etc* hegen. **II** *s* **4.** Nahrung *f*. **5.** Pflege *f*, Erziehung *f*.
**nut** [nʌt] **I** *s* **1.** *bot.* Nuß *f*. **2.** *tech.* a) (Schrauben)Mutter *f*: **the** ~s **and bolts** *colloq.* die praktischen Grundlagen, die grundlegenden Fakten, b) Triebel *m*, c) Radnabenmutter *f*, d) Türschließknauf *f*. **3.** *mus.* a) Frosch *m* (*am Bogen*), b) Saitensattel *m*. **4.** *pl econ.* Nußkohle *f*. **5.** *fig.* schwierige Sache: **a hard** ~ **to crack** ,e-e harte Nuß'; b) Kern *m* (*e-s Problems etc*). **6.** *colloq.* a) ,Birne' *f* (*Kopf*): **to be (go) off one's** ~ verrückt sein (werden), b) Dandy *m*, Geck *m*, c) *contp.* ,Heini' *m*, Kerl *m*, d) komischer Kauz, ,Spinner' *m*, e) Idi'ot *m*: **to be** ~s verrückt *od.* ,bekloppt' sein, *a.* verrückt sein (**on** nach), ,wild' *od.* ,scharf' sein (**on** auf *acc*); **to drive** ~s verrückt machen; **to go** ~ überschnappen; ~s! du bist wohl verrückt!; ~s **(to you)!** rutsch mir den Buckel runter!, du ,kannst mich mal'!; **he is** ~s **about her** er ist in sie ,total verschossen'; **to do one's** ~(s) *Br. sl.* a)

alles versuchen *od.* tun, b) ‚auf hundert sein' (*wütend sein*), c) ‚hochgehen' (*wütend werden*). **7.** *pl vulg.* ‚Eier' *pl* (*Hoden*). **·8.** *colloq.* **not for ~s** überhaupt nicht; **he can't play for ~s** er spielt miserabel. **II** *v/i* **9.** Nüsse pflücken.

**nu·ta·tion** [njuːˈteɪʃn; *Am. a.* nuː-] *s* **1.** (*med.* krankhaftes) Nicken. **2.** *astr. bot. phys. tech.* Nutatiˈon *f.*

**nut‖ bolt** *s tech.* **1.** Mutterbolzen *m.* **2.** Bolzen *m od.* Schraube *f* mit Mutter. **'~·brown** *adj* nußbraun. **~ but·ter** *s* Nußbutter *f.* **'~·case** *s sl.* Verrückte(r *m*) *f,* ‚Spinner(in)'. **'~·crack·er** *s* **1.** *a. pl* Nußknacker *m.* **2.** *orn.* a) Nußknacker *m,* Tannenhäher *m,* b) → nuthatch. **'~·gall** *s* Gallapfel *m:* **~ ink** Gallustinte *f.* **'~·hatch** *s orn.* (*ein*) Kleiber *m,* bes. Spechtmeise *f.* **'~·house** *s bes. Br. sl.* ‚Klapsmühle' *f* (*Nervenheilanstalt*). **~ i·ron** *s tech.* Gewindeeisen *n.*

**nut·meg** [ˈnʌtmeg] *s bot.* **1.** Musˈkatnuß *f.* **2.** → nutmeg tree. **~ but·ter** *s* Musˈkatbutter *f.* **N~ State** *s Am.* (*Beiname für*) Conˈnecticut *n* (*USA*). **~ tree** *s bot.* Echter Musˈkatnußbaum.

**nut‖ oil** *s* Nußöl *n.* **'~·peck·er** → nuthatch. **~ pine** *s bot.* **1.** Pinie *f.* **2.** *e-e Kiefer mit eßbarem Samen.*

**nu·tri·a** [ˈnjuːtrɪə; *Am. a.* ˈnuː-] *s* **1.** *zo.* Biberratte *f,* Nutria *f.* **2.** Nutriafell *n.*

**nu·tri·ent** [ˈnjuːtrɪənt; *Am. a.* ˈnuː-] **I** *adj* **1.** nährend, nahrhaft. **2.** Ernährungs..., Nähr...: **~ base** *biol.* Nährsubstrat *n;* **~ medium** *biol.* Nährsubstanz *f;* **~ solution** *biol.* Nährlösung *f.* **II** *s* **3.** Nährstoff *m.* **4.** *biol.* Baustoff *m.*

**nu·tri·ment** [ˈnjuːtrɪmənt; *Am. a.* ˈnuː-] *s* Nahrung *f,* Nährstoff *m* (*a. fig.*).

**nu·tri·tion** [njuːˈtrɪʃn; *Am. a.* nʊ-] *s*

**1.** Ernährung *f.* **2.** Nahrung *f:* **~ cycle** Nahrungskreislauf *m.* **nu'tri·tion·al** *adj* Ernährungs...: **~ deficiency** *med.* Mangelernährung *f;* **~ disorder** *med.* Ernährungsstörung *f.* **nu'tri·tion·ist** *s* Ernährungswissenschaftler *m,* Diäˈtetiker *m.*

**nu·tri·tious** [njuːˈtrɪʃəs; *Am. a.* nʊ-] *adj* (*adv* **~ly**) nährend, nahrhaft. **nu'tri·tious·ness** *s* Nahrhaftigkeit *f.*

**nu·tri·tive** [ˈnjuːtrətɪv; *Am. a.* ˈnuː-] *adj* (*adv* **~ly**) **1.** nährend, nahrhaft: **~ value** Nährwert *m.* **2.** Ernährungs..., ernährend: **~ medium** Nährboden *m;* **~ tract** Ernährungsbahn *f.* **'nu·tri·tive·ness** *s* Nahrhaftigkeit *f.*

**nuts** [nʌts] *interj* → nut 6.

**‚nuts-and-'bolts** *adj* **1.** praxisbezogen, praktisch. **2.** grundlegend, fundamenˈtal.

**'nut·shell** *s* **1.** *bot.* Nußschale *f.* **2.** *fig.* winziges Ding: **in a ~** in knapper Form, in aller Kürze; **to put it in a ~** (*Redew.*) um es ganz kurz zs.-zufassen, mit ˈeinem Wort.

**nut·ter** [ˈnʌtə] *s Br. colloq.* Verrückte(r *m*) *f,* ‚Spinner(in)'.

**nut tree** *s bot.* **1.** (Wal)Nußbaum *m.* **2.** Haselnußstrauch *m.*

**nut·ty** [ˈnʌtɪ] *adj* **1.** voller Nüsse. **2.** nußartig, Nuß... **3.** schmackhaft, piˈkant. **4.** *colloq.* verrückt (**on** nach).

**nux vom·i·ca** [ˌnʌksˈvɒmɪkə; *Am.* -ˈvɑ-] *s* **1.** *pharm.* Brechnuß *f.* **2.** *bot.* Brechnußbaum *m.*

**nuz·zle** [ˈnʌzl] **I** *v/t* **1.** *den Boden* mit der Schnauze aufwühlen (*Schwein*). **2.** mit der Schnauze *od.* der Nase *od.* dem Kopf reiben (**an** *dat*): **to ~ o.s.** → 6. **3.** *e-m Schwein etc* e-n Ring durch die Nase ziehen. **4.** *ein Kind* liebkosen, hätscheln. **II** *v/i* **5.** mit der Schnauze im Boden

wühlen, stöbern (**in** in *dat;* **for** nach). **6.** a) *den Kopf* drücken (**at** an *acc;* **against** gegen), b) sich (an)schmiegen *od.* kuscheln (**to** an *acc*).

**nyc·ta·lo·pi·a** [ˌnɪktəˈləʊpɪə] *s med.* Nyktaloˈpie *f:* a) Nachtblindheit *f,* b) Tagblindheit *f.*

**nyc·ti·trop·ic** [ˌnɪktɪˈtrɒpɪk; *Am.* -ˈtrɑ-] *adj bot.* nyktiˈtropisch: **~ movement** Schlafbewegung *f.*

**ny·lon** [ˈnaɪlɒn; *Am.* ˌlɑn] *s* **1.** Nylon *n.* **2.** *pl, a.* **~ stockings** Nylons *pl,* Nylonstrümpfe *pl.*

**nymph** [nɪmf] *s* **1.** *antiq.* Nymphe *f.* **2.** Nymphe *f:* a) *poet.* schönes Mädchen, b) *iro.* ‚leichtes Mädchen'. **3.** *zo.* a) Puppe *f,* b) Nymphe *f* (*Insektenlarve mit unvollständiger Verwandlung*).

**nym·pha** [ˈnɪmfə] *pl* **-phae** [-fiː] *s* **1.** *zo.* → nymph 3 b. **2.** *pl anat.* kleine Schamlippen *pl.*

**nym·phae·a·ceous** [ˌnɪmfɪˈeɪʃəs] *adj bot.* zu den See- *od.* Wasserrosen gehörig.

**nym·phe·an** [ˈnɪmfɪən; nɪmˈfiːən] *adj* Nymphen...

**nymph·et** [nɪmˈfet; ˈnɪmfɪt] *s* ‚Nymphchen' *n* (*frühreifes Mädchen*).

**'nymph·ish** *adj* nymphenhaft.

**nym·pho** [ˈnɪmfəʊ] *pl* **-phos** *s colloq. für* nymphomaniac II.

**nym·pho·lep·sy** [ˈnɪmfəˌlepsɪ] *s psych.* **1.** Verzückung *f.* **2.** krankhafter Drang nach etwas Unerreichbarem.

**nym·pho·ma·ni·a** [ˌnɪmfəʊˈmeɪnɪə] *s psych.* Nymphomaˈnie *f,* Mannstollheit *f.* **‚nym·pho'ma·ni·ac** [-nɪæk] **I** *adj* nymphoˈman, mannstoll. **II** *s* Nymphoˈmanin *f,* mannstolles Weib.

**nys·tag·mus** [nɪˈstæɡməs] *s med.* Nyˈstagmus *m,* Augenzittern *n.*

# O

**O¹, o** [əʊ] **I** pl **O's, Os, Oes, o's, os, oes**
[əʊz] s **1.** O, o n (Buchstabe). **2.** O Null f
(Ziffer, a. teleph.). **3.** O O n, O-förmiger
Gegenstand. **II** adj **4.** fünfzehnt(er, e, es).

**O², o** [əʊ] interj (in direkter Anrede u. von
e-m Komma gefolgt, ist die Schreibung
**Oh, oh**) o(h)!, ah!, ach!

**O'** [əʊ; ə] Ir. (Präfix bei Eigennamen)
Enkel m od. Abkömmling m von:
O'Neill, O'Brian.

**o'** [ə] abbr. für die Präpositionen of u. on:
two ~clock zwei Uhr; twice ~ Sundays
obs. zweimal am Sonntag.

**oaf** [əʊf] pl **oafs,** selten **oaves** [əʊvz] s
**1.** Dummkopf m, ‚Hornochse' m, ‚Esel'
m. **2.** Lümmel m, Flegel m. **'oaf·ish** adj
**1.** einfältig, dumm. **2.** lümmel-, flegel-
haft. **'oaf·ish·ness** s **1.** Einfältigkeit f,
Dummheit f. **2.** Lümmel-, Flegelhaftig-
keit f.

**oak** [əʊk] **I** s **1.** bot. Eiche f, Eichbaum
m: **barren** ~ Schwarzeiche; → heart 4.
**2.** poet. Eichenlaub n. **3.** Eichenholz n.
**4.** univ. Br. äußere Tür (e-r Doppeltür in
Colleges in Oxford u. Cambridge): **to
sport one's** ~ nicht zu sprechen sein.
**5.** the O~s sport berühmtes Stutenrennen
in Epsom. **II** adj **6.** eichen, Eichen... ~
**ap·ple** s bot. Gallapfel m. ~ **bark** s bot.
Eichen-, Lohrinde f. ~ **beau·ty** s zo.
Eichenspanner m.

**oak·en** ['əʊkən] adj **1.** bes. poet. Eichen...
**2.** → oak 6.

**oak| fern** s bot. Eichenfarn m. **~ gall** s
bot. Gallapfel m. **'~-leaf clus·ter** s mil.
bes. Am. Eichenlaub n (an Orden).

**oak·let** ['əʊklɪt], **'oak·ling** [-lɪŋ] s bot.
junge od. kleine Eiche.

**oa·kum** ['əʊkəm] s **1.** Werg n: **to pick** ~
a) Werg zupfen, b) colloq. ‚Tüten kleben',
‚Knast schieben' (im Gefängnis sitzen).
**2.** mar. Kal'faterwerg n.

**'oak·wood** s **1.** Eichenholz n. **2.** Eichen-
wald(ung f) m.

**oar** [ɔː(r); Am. a. əʊr] **I** v/t **1.** rudern: **to** ~
**one's way** dahinrudern, -gleiten. **II** v/i
**2.** rudern. **III** s **3.** mar. sport Ruder n
(a. zo.), Riemen m. **4.** bes. sport Ruderer
m: **a good** ~. **5.** Brauerei: Krücke f.
Besondere Redewendungen:
**to boat the** ~s die Riemen einziehen; **to
be chained to the** ~s schwer schuften
müssen; **not to have both** ~s **in the
water** bes. Am. colloq. ‚nicht alle Tassen
im Schrank haben'; **to lie on one's** (od.
**the)** ~s a) die Riemen glatt legen, b) fig.
die Hände in den Schoß legen; **to put** (od.
**shove, stick) one's** ~ in colloq. sich ein-
mischen, ‚-n Senf dazugeben'; **to rest
(up)on one's** ~s fig. ausspannen; **to
ship the** ~s die Riemen klarmachen;
**ship your** ~s! die Ruder einlegen!

**oared** [ɔː(r)d; Am. a. əʊrd] adj **1.** mit
Rudern (versehen), Ruder... **2.** in Zssgn
...ruderig.

---

**'oar,lock** s mar. Am. Ruder-, Riemen-
dolle f.

**oars·man** ['ɔː(r)zmən; Am. a. 'əʊrz-] s
irr bes. sport Ruderer m. **'oars·man-
ship** s Ruderkunst f.

**'oars,wom·an** s irr bes. sport Ruderin f.

**o·a·sis** [əʊ'eɪsɪs] pl **-ses** [-siːz] s O'ase f (a.
fig.): **an** ~ **in the desert** fig. a) e-e
willkommene Abwechslung, b) ein klei-
ner Lichtblick.

**oast** [əʊst] s Brauerei: a) Darrofen m, b) a.
~ **house** Darre f.

**oat** [əʊt] s **1.** meist pl bot. Hafer m: **he
feels his** ~s colloq. a) ihn sticht der
Hafer, b) er ist groß in Form; **to sow
one's (wild)** ~s sich die Hörner ab-
stoßen; **to be off one's** ~s colloq. keinen
Appetit haben; **to get one's** ~s sl. ‚bum-
sen' (Geschlechtsverkehr haben). **2.** poet.
Pfeife f (aus e-m Haferhalm). **'~·cake**
s Haferkuchen m.

**oat·en** ['əʊtn] adj **1.** aus Haferhalmen.
**2.** Hafer(mehl)...

**oat| flakes** s pl Haferflocken pl. ~ **grass**
s bot. Wilder Hafer.

**oath** [əʊθ; pl əʊðz] s **1.** Eid m, Schwur m:
~ **of allegiance** a) Treueid, b) mil. Fah-
neneid; ~ **of disclosure** jur. Offenba-
rungseid; ~ **of office** Amts-, Diensteid.
**2.** Fluch m, Verwünschung f.
Besondere Redewendungen:
**to bind by** ~ eidlich verpflichten; **on** ~,
**upon** ~ unter Eid, eidlich; **upon my** ~!
das kann ich beschwören!; **to adminis-
ter** (od. **tender) an** ~ **to s.o.,** to give s.o.
**the** ~, **to put s.o. to** (od. **on) his** ~ j-m den
Eid abnehmen, j-n schwören lassen; **to
swear** (od. **take) an** ~ e-n Eid leisten od.
ablegen, schwören (**on, to** auf acc); **in
lieu of an** ~ an Eides Statt; **under** ~ unter
Eid, eidlich verpflichtet; **to be on** ~ unter
Eid stehen.

**'oat·meal** s **1.** Hafermehl n, -grütze f.
**2.** Haferschleim m.

**oaves** [əʊvz] pl von **oaf.**

**O·ba·di·ah** [ˌəʊbə'daɪə] npr u. s Bibl. (das
Buch) O'badja m od. Ab'dias m.

**ob·bli·ga·to** [ˌɒblɪ'gɑːtəʊ; Am. ˌɑb-] mus.
**I** adj **1.** obli'gat, hauptstimmig. **II** pl **-tos**
s **2.** obli'gate od. selbständige Begleit-
stimme. Be'gleitmu,sik f.

**ob·con·ic** [ɒb'kɒnɪk; Am. ɑb'kɑ-] adj biol.
verkehrt kegelförmig. **ob·cor·date** [ɒb-
'kɔː(r)deɪt; Am. ɑb-] adj verkehrt herz-
förmig.

**ob·du·ra·cy** ['ɒbdjʊrəsɪ; Am. 'ɑbdə-;
-djə-; ɑb'dʊ-] s **1.** Verstocktheit f, Hals-
starrigkeit f. **2.** Hartherzigkeit f. **ob-
du·rate** [-rət] adj (adv ~ly) **1.** verstockt,
halsstarrig. **2.** hartherzig. **ob·du·rate-
ness** → **obduracy.**

**o·be·ah** ['əʊbɪə] s **1.** Obikult m (Zau-
berkult, bes. der westindischen Neger).
**2.** colloq. Obi m, Fetisch m.

**o·be·di·ence** [ə'biːdjəns; -ɪəns; Am. a.

---

əʊ'b-] s **1.** Gehorsam m (**to** gegen). **2.** fig.
Abhängigkeit f (**to** von): **in** ~ **to** s.o. auf
Verlangen von j-m; **in** ~ **to** in Überein-
stimmung mit, gemäß (dat). **3.** Herr-
schaft f, Autori'tät f. **4.** relig. a) Obedi'enz
f, Gehorsam(spflicht f) m, b) Obrigkeits-
sphäre f.

**o·be·di·ent** [ə'biːdjənt; -ɪənt; Am. a.
əʊ'b-] adj (adv ~ly) **1.** gehorsam (**to**
dat): **to be** ~ folgsam sein, folgen (**to** dat).
**2.** unter'würfig, ergeben (**to** dat): **Your** ~
**servant** hochachtungsvoll (Amtsstil).
**3.** fig. abhängig (**to** von).

**o·bei·sance** [əʊ'beɪsəns; Am. a. -'biːs-] s
**1.** Verbeugung f: **to make one's** ~ **to** s.o.
obs. sich vor j-m verbeugen. **2.** Ehrerbie-
tung f, Huldigung f: **to do** (od. **make** od.
**pay)** ~ **to** s.o. j-m huldigen. **o·bei·sant**
adj huldigend, unter'würfig.

**ob·e·li** ['ɒbɪlaɪ; Am. 'ɑb-] pl von **obelus.**

**ob·e·lisk** ['ɒbəlɪsk; Am. 'ɑb-] s **1.** Obe'lisk
m, Spitzsäule f. **2.** print. a) → **obelus** 1,
b) Kreuz n, Verweisungszeichen n (für
Randbemerkungen etc).

**ob·e·lize** ['ɒbəlaɪz; Am. 'ɑb-] v/t print. mit
e-m Obe'lisk versehen, als fragwürdig
kennzeichnen.

**ob·e·lus** ['ɒbɪləs; Am. 'ɑb-] pl **-li** [-laɪ] s
print. **1.** Obe'lisk m (Zeichen für fragwür-
dige Stellen). **2.** → **obelisk** 2 b.

**o·bese** [əʊ'biːs] adj **1.** fett(leibig), korpu-
'lent. **2.** fig. fett, dick: **an** ~ **wallet** e-e
dicke Brieftasche. **o·bese·ness, o'bes-
i·ty** s Fettleibigkeit f, Korpu'lenz f.

**o·bey** [ə'beɪ; əʊ-] **I** v/t **1.** j-m (a. fig. dem
Steuer etc) gehorchen, folgen. **2.** Folge
leisten (dat), befolgen (acc): **to** ~ **an or-
der. II** v/i **3.** gehorchen, folgen.

**ob·fus·cate** ['ɒbfʌskeɪt; Am. 'ɑbfə,skeɪt;
ɑb'fʌs-] v/t **1.** verdunkeln, verfinstern,
trüben (a. fig.). **2.** fig. j-s Urteil etc trüben,
verwirren. **3.** fig. die Sinne benebeln.

**ob·fus·ca·tion** s **1.** Verdunkelung f,
Trübung f. **2.** fig. Verwirrung f. **3.** fig.
Benebelung f.

**o·bi** ['əʊbɪ] → **obeah.**

**o·bi²** [əʊbɪ] s Obi m (kunstvoller Gürtel zum
japanischen Kimono).

**o·bit** ['ɒbɪt; Am. əʊ'bɪt; 'əʊbət] s **1.** relig.
a) Gottesdienst m bei der 'Wiederkehr
des Todestages, b) Seelenmesse f.
**2.** Nachruf m (in der Zeitung). **3.** obs.
a) Tod m, b) Trauerfeierlichkeit f.

**o·bit·u·ar·y** [ə'bɪtjʊərɪ; Am. -tʃə,werɪ]
**I** s **1.** Todesanzeige f. **2.** Nachruf m.
**3.** R.C. Nekro'logion n. **II** adj **4.** Toten...,
Todes...: ~ **notice** → 1.

**ob·ject¹** [əb'dʒekt] **I** v/t **1.** einwenden
(**that** daß). **II** v/i **2.** Einwendungen ma-
chen, Einspruch erheben, prote'stieren
(**to, against** gegen): **I** ~ ich erhebe Ein-
spruch. **3.** etwas einwenden, etwas da'ge-
gen haben: **to** ~ **to** s.th. etwas beanstan-
den, etwas gegen e-e Sache (einzuwen-
den) haben; **do you** ~ **to my smoking?**

haben Sie etwas dagegen, wenn ich rauche?; **if you don't ~** wenn Sie nichts dagegen haben.

**ob·ject²** [ˈɒbdʒɪkt; *Am.* ˈɑb-] *s* **1.** Obˈjekt *n* (*a. art*), Gegenstand *m* (*a. fig. des Denkens, des Mitleids etc*), Ding *n*: **a round ~**; **the ~ of his study**; **~ of invention** Erfindungsgegenstand; **money is no ~** Geld spielt keine Rolle; **salary no ~** Gehalt Nebensache. **2.** *iro.* komische *od.* scheußliche Perˈson *od.* Sache: **what an ~ you are!** wie sehen Sie denn aus!; **a pretty ~ it looked** es sah ‚schön' aus. **3.** Ziel *n*, Zweck *m*, Absicht *f*: **with the ~ of doing s.th.** mit der Absicht, etwas zu tun; **to make it one's ~ to do s.th.** es sich zum Ziel setzen, etwas zu tun; **there is no ~ in doing** that es hat keinen Zweck *od.* Sinn, das zu tun. **4.** *ling.* a) Obˈjekt *n*: → **direct** 18, b) von e-r Präpositiˈon abhängiges Wort. **5.** *philos.* Nicht-Ich *n*, Obˈjekt *n*.

**ˈobˌject| ball** *s Billard:* Zielball *m.* **~ clause** *s ling.* Obˈjektsatz *m.* **~ drawing** *s bes. tech.* Zeichnen *n* nach Vorlagen *od.* Moˈdellen. **'~-ˌfind·er** *s phot.* (Objekˈtiv)Sucher *m.* **~ glass** *s opt.* Objekˈtiv(linse *f*) *n.*

**ob·jec·ti·fi·ca·tion** [əbˌdʒektɪfɪˈkeɪʃn] *s philos.* Objektiˈvierung *f.* **ob·jec·ti·fy** [ɒbˈdʒektɪfaɪ; *Am.* əb-] *v/t* objektiˈvieren.

**ob·jec·tion** [əbˈdʒekʃn] *s* **1.** a) Einwendung *f*, -spruch *m*, -wand *m* (*alle a. jur.*), Einwurf *m*, Bedenken *n* (**to** gegen), b) Abneigung *f*, ˈWiderwille *m* (**against** gegen): **I have no ~ to him** ich habe nichts gegen ihn, ich habe an ihm nichts auszusetzen; **to make** (*od.* **raise**) **an ~ to s.th.** gegen etwas e-n Einwand erheben; **he raised no ~ to my going** there er hatte nichts dagegen (einzuwenden), daß ich dorthin ging *od.* gehe; **to take ~ to s.th.** gegen etwas Protest erheben *od.* protestieren. **2.** Reklamatiˈon *f*, Beanstandung *f.* **ob'jec·tion·a·ble** *adj* (*adv* **objectionably**) **1.** nicht einwandfrei: a) zu beanstanden(d), abzulehnen(d), b) anrüchig. **2.** unerwünscht. **3.** unangenehm (**to** *dat od.* für). **4.** anstößig.

**ob·jec·tive** [əbˈdʒektɪv; *Am. a.* ɑb-] **I** *adj* (*adv* **~ly**) **1.** *philos.* objekˈtiv, konˈkret, gegenständlich: **~ method** induktive Methode. **2.** objekˈtiv, sachlich, ˈunperˌsönlich, vorurteilslos. **3.** *ling.* Objekts...: **~ case** → 6; **~ genitive** objektiver Genitiv; **~ verb** transitives Verb. **4.** Ziel...: **~ point** *mil.* Operations-, Angriffsziel *n.* **II** *s* **5.** *opt.* Objekˈtiv(linse *f*) *n.* **6.** *ling.* Obˈjektskasus *m.* **7.** (*bes. mil.* Kampf-, Angriffs)Ziel *n.* **ob'jec·tive·ness** → **objectivity.** **ob'jec·tiv·ism** *s philos. art* Objektiˈvismus *m.* **ob·jec·tiv·i·ty** [ˌɒbdʒekˈtɪvətɪ; *Am.* ˌɑb-] *s* Objektiviˈtät *f.* **ob'jec·tiv·ize** → **objectify.**

**ˈobˌject| lan·guage** *s ling.* Obˈjektsprache *f.* **~ lens** *s opt.* Objekˈtiv(linse *f*) *n.* **'ob·ject·less** *adj* gegenstands-, zweck-, ziellos.

**'ob·ject les·son** *s* **1.** *ped. u. fig.* ˈAnschauungsˌunterricht *m.* **2.** *fig.* Schulbeispiel *n.* **3.** *fig.* Denkzettel *m.*

**ob·jec·tor** [əbˈdʒektə(r)] *s* **1.** Gegner(in) (**to** *gen*), Oppoˈnent(in). **2.** Proteˈstierende(r *m*) *f*: → **conscientious objector.**

**ˈob·ject| plate, ~ slide** *s tech.* Obˈjektträger *m* (*am Mikroskop etc*). **~ program(me)** *s Computer:* Obˈjekt-, ˈZielproˌgramm *n.* **~ stage** *s tech.* Obˈjekttisch *m.* **~ teach·ing** *s* ˈAnschauungsˌunterricht *m.*

**ob·jet d'art** *pl* **ob·jets d'art** [ˌɒbʒeɪˈdɑ(r); ɔbʒeˈdɑr] (*Fr.*) *s* (*oft kleiner*) Kunstgegenstand.

**ob·jet trou·vé** *pl* **ob·jets trou·vés** [ˈɒbʒeɪtruˈveɪ; ɔbʒetruve] (*Fr.*) *s art* Obˈjet *n* trouˈvé (*ohne jede Veränderung in*

e-m Kunstwerk präsentierter Gebrauchsgegenstand).

**ob·jur·gate** [ˈɒbdʒɜːgeɪt; *Am.* ˈɑbdʒər-] *v/t* tadeln, schelten. **ˌob·jurˈga·tion** *s* Tadel *m*, Schelte(n *n*) *f.* **ob·jur·ga·to·ry** [ɒbˈdʒɜːgətərɪ; *Am.* əbˈdʒɜrgəˌtɔːriː; -ˌtɔː-] *adj* tadelnd, scheltend.

**ob·late¹** [ˈɒbleɪt; *Am.* ɑbˈleɪt; ˈɑbˌl-] *adj math. phys.* (an den Polen) abgeflacht, abgeplattet, sphäroˈid.

**ob·late²** [ˈɒbleɪt; *Am.* ˈɑb-] *s R.C.* Obˈlat(in) (*Laienbruder od. -schwester*).

**ob·la·tion** [əʊˈbleɪʃn; əˈb-] *s* **1.** *relig.* Opferung *f*, Darbringung *f* (*bes. von Brot u. Wein*). **2.** *relig.* Opfer(gabe *f*) *n.* **3.** Gabe *f.*

**ob·li·gate** [ˈɒblɪgeɪt; *Am.* ˈɑb-] **I** *v/t a. jur.* *j-n* verpflichten, binden (**to do** zu tun): **to feel ~d** sich verpflichtet fühlen. **II** *adj* [*a.* -gət] *biol.* Zwangs...

**ob·li·ga·tion** [ˌɒblɪˈgeɪʃn; *Am.* ˌɑb-] *s* **1.** Verpflichten *n*, Verpflichtung *f.* **2.** Verpflichtung *f*, Verbindlichkeit *f*, Obliegenheit *f*, Pflicht *f*: **of ~** obligatorisch; **days of ~** *relig.* strenge Fasttage; **to be under an ~ to s.o.** j-m (zu Dank) verpflichtet sein; **to place an ~ on s.o. to do s.th.** j-n (dazu) verpflichten, etwas zu tun; **to feel an ~ to do s.th.** sich verpflichtet fühlen, etwas zu tun. **3.** *econ.* a) Schuldverpflichtung *f*, -verschreibung *f*, Obligatiˈon *f*, b) Verpflichtung *f*, Verbindlichkeit *f*: **financial ~s, ~ to pay** Zahlungsverpflichtung *f*; **joint ~** Gesamtverbindlichkeit; **~ to buy** Kaufzwang *m*; **~ to disclose** Anzeigepflicht *f*; **no ~, without ~** unverbindlich, freibleibend.

**ob·lig·a·to·ry** [əˈblɪgətərɪ; *Am.* -ˌtɔːriː; -ˌtɔː-; ɑˈb-] *adj* (*adv* **obligatorily**) verpflichtend, bindend, (rechts)verbindlich, obligaˈtorisch (**on, upon** für), Zwangs..., Pflicht...: **~ agreement** bindende Abmachung; **~ investment** *econ.* Pflichteinlage *f.*

**o·blige** [əˈblaɪdʒ] **I** *v/i* **1.** (**with**) *colloq.* ein Lied etc vortragen *od.* zum besten geben: **to ~ with a song.** **2.** erwünscht sein: **an early reply will ~** um baldige Antwort wird gebeten. **II** *v/t* **3.** nötigen, zwingen: **I was ~d to do** ich war genötigt *od.* gezwungen zu tun, ich mußte tun. **4.** *fig.* a) verpflichten, b) *j-n* zu Dank verpflichten: **much ~d** sehr verbunden!, danke bestens!; **I am ~d to you for it** a) ich bin Ihnen dafür sehr verbunden, b) ich habe es Ihnen zu verdanken; **will you ~ me by doing this?** wären Sie so freundlich, das zu tun? **5.** *j-m* gefällig sein, e-n Gefallen tun, *j-n* erfreuen (**with a song** mit e-m Lied): **to ~ you** Ihnen zu Gefallen; **anything to ~ you!** selbstverständlich, wenn ich Ihnen damit e-n Gefallen erweise!; (**will you**) **~ me by leaving the room!** würden Sie gefälligst das Zimmer verlassen! **6.** *jur. j-n* durch Eid etc binden (**to an** *acc*): **to ~ o.s.** sich verpflichten.

**ob·li·gee** [ˌɒblɪˈdʒiː; *Am.* ˌɑb-] *s econ. jur.* Forderungsberechtigte(r *m*) *f*, (Obligatiˈons)Gläubiger(in).

**o·blig·ing** [əˈblaɪdʒɪŋ] *adj* (*adv* **~ly**) verbindlich, gefällig, zuˈvor-, entgegenkommend. **oˈblig·ing·ness** *s* Gefälligkeit *f*, Zuˈvorkommenheit *f.*

**ob·li·gor** [ˌɒblɪˈgɔː(r); *Am.* ˌɑb-] *s econ. jur.* (Obligatiˈons)Schuldner(in).

**o·blique** [əˈbliːk; *Am. a.* əʊˈb-; -ˈblaɪk] *adj* (*adv* **~ly**) **1.** *bes. math.* schief, schiefwink(e)lig, schräg: **~ angle** *math.* schiefer Winkel; **at an ~ angle to** im spitzen Winkel zu; **~ fire** *mil.* Steil-, Schrägfeuer *n*; **~ photograph** *mil. phot.* Schrägaufnahme *f*; **~ stroke** Schrägstrich *m*; **~ triangle** *math.* schiefwink(e)liges Dreieck. **2.** ˈindiˌrekt, versteckt, verblümt:

accusation; **~ glance** Seitenblick *m.* **3.** unaufrichtig, falsch. **4.** *ling.* abhängig, ˈindiˌrekt: **~ case** Beugefall *m*, Kasus *m* obliquus; **~ speech** indirekte Rede. **o'blique·ness** → **obliquity.**

**o·bliq·ui·ty** [əˈblɪkwətɪ; *Am. bes.* əʊˈb-] *s* **1.** Schiefe *f* (*a. astr.*), schiefe Lage *od.* Richtung, Schrägheit *f.* **2.** *fig.* Schiefheit *f*, Verirrung *f*: **moral ~** Unredlichkeit *f*; **~ of conduct** abwegiges Verhalten; **~ of judg(e)ment** Schiefe *f* des Urteils.

**o·blit·er·ate** [əˈblɪtəreɪt; *Am. a.* əʊˈb-] *v/t* **1.** auslöschen, tilgen (*beide a. fig.*), Schrift a. ausstreichen, ˈwegraˌdieren, löschen (**from** aus). **2.** Briefmarken entwerten. **3.** *fig.* a) verwischen, unkenntlich machen, b) zerstören, vernichten. **4.** *med.* obliteˈrieren, veröden. **oˌblit·erˈa·tion** *s* **1.** Verwischung *f*, Auslöschung *f.* **2.** *fig.* Vernichtung *f*, Vertilgung *f*, Zerstörung *f.* **3.** Verwischtsein *n*, Undeutlichkeit *f.* **4.** *med.* Verödung *f.*

**o·bliv·i·on** [əˈblɪvɪən; *Am. a.* əʊˈb-; ɑˈb-] *s* **1.** Vergessenheit *f*: **to commit** (*od.* **consign**) **to ~** der Vergessenheit überlassen; **to fall** (*od.* **sink**) **into ~** in Vergessenheit geraten. **2.** Vergessen *n*, Vergeßlichkeit *f.* **3.** *jur. pol.* Straferlaß *m*: (**Act of**) **O~** *hist.* Amnestie *f.*

**o·bliv·i·ous** [əˈblɪvɪəs; *Am.* əʊˈb-; ɑˈb-] *adj* (*adv* **~ly**) vergeßlich: **to be ~ of s.th.** etwas vergessen (haben); **to be ~ to s.th.** blind sein gegen etwas, etwas nicht beachten. **o'bliv·i·ous·ness** *s* Vergeßlichkeit *f.*

**ob·long** [ˈɒblɒŋ; *Am.* ˈɑb-] **I** *adj* **1.** länglich: **~ hole** *tech.* Langloch *n.* **2.** *math.* rechteckig. **II** *s* **3.** *math.* Rechteck *n.*

**ob·lo·quy** [ˈɒbləkwɪ; *Am.* ˈɑb-] *s* **1.** Verleumdung *f*, Schmähung *f*: **to cast ~ upon s.o.** j-m Schlechtes nachsagen; **to fall into ~** in Verruf kommen. **2.** Schmach *f.*

**ob·nox·ious** [əbˈnɒkʃəs; *Am.* -ˈnɑk-; ɑbˈn-] *adj* (*adv* **~ly**) **1.** anstößig, anrüchig, verhaßt, abˈscheulich. **2.** (**to**) unbeliebt (bei), verhaßt, unangenehm (*dat*). **3.** *selten* unterˈworfen, preisgegeben, ausgesetzt (**to** *dat*). **4.** *obs.* strafwürdig. **ob'nox·ious·ness** *s* **1.** Anstößigkeit *f*, Anrüchigkeit *f.* **2.** Verhaßtheit *f.*

**o·boe** [ˈəʊbəʊ] *s* **1.** *mus.* Oˈboe *f.* **2.** *meist* **O~** *mil.* ˈHobo-Syˌstem *n*, Raˈdarsyˌstem *n* für blinden Bombenabwurf. **'o·bo·ist** *s* Oboˈist(in).

**ob·ol** [ˈɒbɒl; *Am.* ˈɑbəl; ˈəʊ-] *s antiq.* Obolus *m* (*altgriechische Münze*).

**ob·o·vate** [ɒbˈəʊveɪt; *Am.* ɑb-] *adj bot.* verkehrt eirund, oboˈval.

**ob·scene** [əbˈsiːn; *Am. a.* ɑb-] *adj* (*adv* **~ly**) **1.** unzüchtig (*a. jur.*), unanständig, zotig, obˈszön: **~ libel** *jur.* Veröffentlichung *f* unzüchtiger Schriften; **~ talker** Zotenreißer *m.* **2.** widerlich, abˈscheulich. **ob·scen·i·ty** [əbˈsenətɪ; *Am. a.* ɑb-] *s* **1.** Unanständigkeit *f*, Zote *f*, Obszöniˈtät *f*: **obscenities** Obszönitäten, Zoten. **2.** Widerlichkeit *f.*

**ob·scur·ant** [ɒbˈskjʊərənt; *Am.* ɑb-] *s* Bildungsfeind *m*, Dunkelmann *m.*

**ob·scur·ant·ism** [ˌɒbskjʊəˈræntɪzəm; *Am.* ˌɑb-; *a.* ɑbˈskjʊrənˌtɪzəm] *s* Obskuranˈtismus *m*, Kulˈturfeindlichkeit *f*, Bildungshaß *m.* **ob·scur·ant·ist** [ˌɒbskjʊəˈræntɪst; *Am.* ˌɑb-; *a.* ɑbˈskjʊrəntɪst] **I** *s* → **obscurant. II** *adj* obskuˈrantisch.

**ob·scu·ra·tion** [ˌɒbskjʊəˈreɪʃn; *Am.* ˌɑb-] *s* **1.** Verduˌnkelung *f* (*a. astr. u. fig.*). **2.** *med.* Verschattung *f.*

**ob·scure** [əbˈskjʊə(r); *Am. a.* ɑb-] **I** *adj* **1.** dunkel, finster, düster, trübe. **2.** unscharf (*Bild*), matt (*Farbe*). **3.** *poet.* nächtlich, Nacht... **4.** *fig.* dunkel: a) unklar: **~ words** dunkle Worte; **~ motives** undurchsichtige Motive, b) undeutlich

an ~ **feeling. 5.** *fig.* ob'skur, unbekannt, unbedeutend: **an** ~ **writer**; **an** ~ **disease** e-e unbekannte Krankheit. **6.** schwach: ~ **pulse**; ~ **voice. 7.** *fig.* einsam, verborgen: **to live an** ~ **life. 8.** *fig.* unauffällig. **II** *s* **9.** → **obscurity. III** *v/t* **10.** verdunkeln, verfinstern, trüben. **11.** *fig.* verkleinern, in den Schatten stellen. **12.** *fig.* unverständlich *od.* undeutlich machen. **13.** verbergen (**to** *dat*). **14.** *ling. Vokal, Laut* abschwächen. **ob'scure·ly** *adv fig.* dunkel, auf unklare *od.* geheimnisvolle Weise.

**ob·scu·ri·ty** [əb'skjʊərəti; *Am. a.* ab-] *s* **1.** Dunkelheit *f* (*a. fig.*). **2.** *fig.* Unklarheit *f*, Undeutlichkeit *f*, Unverständlichkeit *f*. **3.** (*das*) Unbedeutende, Unbekanntheit *f*, Obskuri'tät *f*, Niedrigkeit *f* (*der Herkunft*): **to retire into** ~ sich vom öffentlichen *od.* gesellschaftlichen Leben *etc* zurückziehen; **to be lost in** ~ vergessen sein. **4.** ob'skure *od.* dunkle Per'son *od.* Sache. **5.** *paint.* dunkler Fleck.

**ob·se·crate** ['ɒbsɪkreɪt; *Am.* 'ab-] *v/t obs.* *j-n* flehentlich bitten, *etwas* erflehen.

‚**ob·se'cra·tion** *s* flehentliche Bitte.

**ob·se·qui·al** [ɒb'siːkwɪəl; *Am.* əb-; ab-] *adj* Begräbnis...

**ob·se·quies** ['ɒbsɪkwɪz; *Am.* 'ab-] *s pl* Trauerfeierlichkeit(en *pl*) *f*.

**ob·se·qui·ous** [əb'siːkwɪəs; *Am. a.* ab-] *adj* (*adv* ~**ly**) unter'würfig (**to** gegen), ser'vil, kriecherisch. **ob'se·qui·ous·ness** *s* Unter'würfigkeit *f*, Servili'tät *f*.

**ob·serv·a·ble** [əb'zɜːvəbl; *Am.* -'zɜr-] *adj* (*adv* **observably**) **1.** bemerkbar, wahrnehmbar, merklich. **2.** beachtens-, bemerkenswert. **3.** zu beachten(d).

**ob·ser·vance** [əb'zɜːvns; *Am.* -'zɜr-] *s* **1.** Befolgung *f*, Beachtung *f*, Einhaltung *f*: ~ **of rules. 2.** Heilighaltung *f*, Feiern *n*: ~ **of the Sabbath. 3.** 'Herkommen *n*, Brauch *m*, Sitte *f*. **4.** Regel *f*, Vorschrift *f*. **5.** *relig.* Ordensregel *f*, Obser'vanz *f*. **6.** *obs.* Beobachtung *f*, Sorgsamkeit *f*. **7.** *Br. obs.* Ehrerbietung *f*. **ob'serv·an·cy** *selten für* **observance.**

**ob·ser·vant** [əb'zɜːvnt; *Am.* -'zɜr-] *adj* (*adv* ~**ly**) **1.** beachtend, befolgend (**of** *acc*): **to be very** ~ **of forms** sehr auf Formen halten. **2.** aufmerksam, achtsam: **to be** ~ **of** achten auf (*acc*).

**ob·ser·va·tion** [‚ɒbzə(r)'veɪʃn; *Am.* ‚ab-] **I** *s* **1.** (*a. wissenschaftliche*) Beobachtung, Über'wachung *f*, Wahrnehmung *f*: **to keep s.o. under** ~ j-n beobachten (lassen); **to fall under s.o.'s** ~ von j-m bemerkt *od.* wahrgenommen werden; **series** (*od.* **sequence**) **of** ~**s** *scient.* Beobachtungsreihe *f*; **to take an** ~ *mar.* das Besteck nehmen. **2.** Bemerkung *f*: **final** ~ Schlußbemerkung *f*. **3.** Beobachtungsgabe *f*, -vermögen *n*. **4.** *selten für* **observance** 1. **II** *adj* **5.** Beobachtungs..., Aussichts... ‚**ob·ser'va·tion·al** [-ʃənl] *adj* (*adv* ~**ly**) **1.** Beobachtungs..., **2.** beobachtend, auf Beobachtung(en) gegründet.

**ob·ser·va·tion|·bal·loon** *s aer.* **1.** Be'obachtungsbal‚lon *m.* **2.** 'Fesselbal‚lon *m.* ~ **car,** ~ **coach** *s rail. etc* Aussichtswagen *m.* ~ **deck** *s mar.* Peildeck *n.* ~ **port** *s* **1.** *tech.* Guckloch *n*, Kon'trollfenster *n.* **2.** *mil.* Sehklappe *f.* ~ **post** *s bes. mil.* Beobachtungsstelle *f*, -stand *m*, -posten *m.* ~ **tow·er** *s* Beobachtungswarte *f*, Aussichtsturm *m.*

**ob·ser·va·to·ry** [əb'zɜːvətrɪ; *Am.* əb-'zɜrvə‚təʊri; -‚tɔː-] *s* Observa'torium *n*: a) (Wetter)Warte *f*, b) *astr.* Sternwarte *f.*

**ob·serve** [əb'zɜːv; *Am.* əb'zɜrv] **I** *v/t* **1.** beobachten: a) über'wachen, b) betrachten, verfolgen, stu'dieren, c) (be)merken, wahrnehmen, sehen, d) *surv.* messen: **to** ~ **an angle. 2.** *mar.* peilen. **4.** *fig.* beobachten: a) *e-e Vorschrift etc*

einhalten, befolgen, beachten: **to** ~ **a rule,** b) *e-n Brauch etc* (ein)halten, üben, *Feste etc* feiern, begehen: **to** ~ **a custom;** **to** ~ **the Sabbath; to** ~ **silence** Stillschweigen beobachten *od.* bewahren. **5.** bemerken, sagen, äußern. **II** *v/i* **6.** aufmerksam sein. **7.** Beobachtungen machen. **8.** Bemerkungen machen, sich äußern (**on, upon** über *acc*). **ob'serv·er** *s* **1.** Beobachter(in) (*a. pol.*), Zuschauer(in). **2.** Befolger(in): **he is an** ~ **of the Sabbath** er hält den Sonntag heilig. **3.** *aer.* a) Beobachter *m* (*im Flugzeug*), b) *Flugmeldedienst:* Luftspäher *m.* **ob'serv·ing** → **observant.**

**ob·sess** [əb'ses] *v/t j-n* quälen, heimsuchen, verfolgen: ~**ed by** (*od.* **with**) **an idea** besessen von e-r Idee; **like an** ~**ed** (**man**) wie ein Besessener; **an** ~**ed angler** ein passionierter Angler. **ob·ses·sion** [əb'seʃn; *Am. a.* ab-] *s* Besessenheit *f*, fixe I'dee, Verranntheit *f*, *psych.* Zwangsvorstellung *f*, Obsessi'on *f.* **ob'ses·sive** [-sɪv] *adj psych.* zwanghaft, Zwangs...: ~ **neurosis.**

**ob·sid·i·an** [ɒb'sɪdɪən; *Am.* əb-] *s min.* Obsidi'an *m.*

**ob·so·lesce** [‚ɒbsəʊ'les; *Am.* ‚absə'les] *v/i* veralten. ‚**ob·so'les·cence** *s* Veralten *n*: **planned** ~ *econ. tech.* künstliche Veralterung (*von Gütern*). ‚**ob·so'les·cent** *adj* **1.** veraltend. **2.** *biol.* rudimen-'tär, verkümmernd.

**ob·so·lete** ['ɒbsəliːt; *Am.* 'absə-; ‚absə'l-] *adj* (*adv* ~**ly**) **1.** veraltet, über'holt, 'unmo‚dern: ~ **equipment; an** ~ **theory. 2.** a) abgenutzt, verbraucht, b) verwischt. **3.** *biol.* a) zu'rückgeblieben, rudimen'tär, b) fehlend. **ob·so·lete·ness** *s* **1.** Über-'holtheit *f*, (*das*) Veraltete. **2.** Abgenutztheit *f*. **3.** *biol.* unvollkommene Entwicklung. '**ob·so·let·ism** *s* **1.** (*etwas*) Veraltetes, *bes.* veraltetes Wort *od.* veraltete Redewendung. **2.** → **obsoleteness.**

**ob·sta·cle** ['ɒbstəkl; *Am.* 'abstɪkəl] *s* Hindernis *n* (**to** für) (*a. fig.*): **to put** ~**s in s.o.'s way** *fig.* j-m Hindernisse in den Weg legen; ~ **course** *mil.* Hindernisbahn *f*; ~ **race** *sport* Hindernisrennen *n.*

**ob·stet·ric** [ɒb'stetrɪk; *Am.* əb-; ab-], **ob'stet·ri·cal** [-kl] *adj med.* Geburts(hilfe)..., Geburtshelfer..., geburtshilflich, Entbindungs...: **obstetric forceps** Entbindungszange *f*; **obstetrical toad** *zo.* Geburtshelferkröte *f*; **obstetric ward** Entbindungsstation *f*. **ob·ste·tri·cian** [‚ɒbste'trɪʃn; *Am.* ‚abstə-] *s med.* Geburtshelfer *m.* **ob·stet·rics** [ɒb'stetrɪks; *Am.* əb-; ab-] *s pl* (*a. als sg konstruiert*) Geburtshilfe *f.*

**ob·sti·na·cy** ['ɒbstɪnəsɪ; *Am.* 'ab-] *s* **1.** Hartnäckigkeit *f*, Halsstarrigkeit *f*, Eigensinn *m.* **2.** *fig.* Hartnäckigkeit *f.* **ob·sti·nate** ['ɒbstənət; *Am.* 'ab-] *adj* (*adv* ~**ly**) **1.** hartnäckig, halsstarrig, eigensinnig. **2.** *fig.* hartnäckig: ~ **disease;** ~ **resistance.** '**ob·sti·nate·ness** → **obstinacy.**

**ob·sti·pa·tion** [‚ɒbstɪ'peɪʃn; *Am.* ‚ab-] *s* constipation.

**ob·strep·er·ous** [əb'strepərəs; *Am. a.* ab-] *adj* (*adv* ~**ly**) **1.** ungebärdig, 'widerspenstig: **an** ~ **child. 2.** lärmend, geräuschvoll, turbu'lent. **ob'strep·er·ous·ness** *s* **1.** Toben *n*, Lärm(en *n*) *m.* **2.** 'Widerspenstigkeit *f.*

**ob·struct** [əb'strʌkt; *Am. a.* ab-] **I** *v/t* **1.** *Straße, Durchgang etc* blo'ckieren, versperren, verstopfen, *Kanal, Röhre, a. med. Arterie* verstopfen. **2.** *Aussicht etc* versperren, die Sicht versperren auf (*acc*): **to** ~ **s.o.'s view** j-m die Sicht nehmen. **3.** *Straßenverkehr, fig. Fortschritt, Entwicklung etc* (be)hindern, hemmen, aufhalten, zum Erliegen brin-

gen, *Gesetzesvorlage etc* blo'ckieren, sich e-m Plan *etc* in den Weg stellen. **4.** *sport Gegenspieler* behindern, sperren, *jur. Amtsperson* behindern (**in** *dat* bei): **to** ~ **a policeman in the execution of his duty** e-n Polizisten an der Ausübung s-r Pflicht hindern. **II** *v/i* **5.** *pol.* Obstrukti'on treiben.

**ob·struc·tion** [əb'strʌkʃn; *Am. a.* ab-] *s* **1.** Blo'ckierung *f*, Versperrung *f*, Verstopfung *f* (*a. med.*). **2.** Behinderung *f*, Hemmung *f*: ~ **of justice** *jur.* Verdunk(e)lung *f* (**in** *to* für). **4.** *pol.* Obstrukti'on *f*: **policy of** ~ → **obstructionism; to practice** ~ Obstruktion treiben. **5.** *sport* Sperren *n.* **ob'struc·tion·ism** [-ʃənɪzm] *s pol.* Obstrukti'onspoli‚tik *f.* **ob'struc·tion·ist** *pol.* **I** *s* Obstrukti'onspo‚litiker *m*; j-d, der ständig Obstrukti'on treibt. **II** *adj* Obstruktions...

**ob·struc·tive** [əb'strʌktɪv; *Am. a.* ab-] **I** *adj* (*adv* ~**ly**) **1.** blo'ckierend, versperrend, verstopfend. **2.** hinderlich, hemmend (**of, to** für): **to be** ~ **of s.th.** etwas behindern. **3.** *pol.* Obstruktions... **II** *s* **4.** → **obstructionist** I. **5.** Hindernis *n*, Hemmnis *n.*

**ob·stru·ent** ['ɒbstrʊənt; *Am.* 'abstrə-wənt; 'abs-] *adj u. s. bes. med.* verstopfend(es Mittel).

**ob·tain** [əb'teɪn; *Am. a.* ab-] **I** *v/t* **1.** erlangen, erhalten, bekommen, erwerben, sich verschaffen (*a. math.*): **to** ~ **a passport; to** ~ **by flattery** sich erschmeicheln; **to** ~ **s.th. by false pretences** (*Am.* **pretenses**) *jur.* sich etwas erschleichen; **to** ~ **legal force** Rechtskraft erlangen; **details can be** ~**ed from** Näheres ist zu erfahren bei. **2.** *s-n Willen, s-e Wünsche etc* 'durchsetzen. **3.** erreichen. **4.** *econ. Preis* erzielen. **II** *v/i* **5.** (vor)herrschen, bestehen, üblich sein: **the custom** ~**s** es besteht die Sitte, es ist üblich. **6.** in Geltung sein, Geltung haben, in Kraft sein. **7.** *obs.* siegen, Erfolg haben. **ob-'tain·a·ble** *adj* **1.** erreichbar, erlangbar. **2.** *bes. econ.* erhältlich, zu erhalten(d) (**at** bei): ~ **on order** auf Bestellung erhältlich.

**ob·trude** [əb'truːd; *Am. a.* ab-] **I** *v/t* aufdrängen, -nötigen, -zwingen (**upon, on** *dat*): **to** ~ **one's opinion (up)on s.o.** j-m s-e Ansicht aufzwingen; **to** ~ **o.s. (upon** → **II. II** *v/i* sich aufdrängen (**upon, on** *dat*). **ob'trud·er** *s* Auf-, Zudringliche(r *m*) *f.*

**ob·trun·cate** [ɒb'trʌŋkeɪt; *Am.* ab-] *v/t* köpfen.

**ob·tru·sion** [əb'truːʒn; *Am. a.* ab-] *s* **1.** Aufdrängen *n*, Aufnötigung *f*: **the** ~ **of one's opinion (up)on others** wenn man s-e Ansicht anderen aufzwingen will. **2.** Aufdringlichkeit *f.* **ob'tru·sive** [-sɪv] *adj* (*adv* ~**ly**) **1.** auf-, zudringlich (*Person*). **2.** aufdringlich, auffällig, unangenehm auffallend (*Sache*). **ob'tru·sive·ness** *s* Aufdringlichkeit *f.*

**ob·tu·rate** ['ɒbtjʊəreɪt; *Am.* 'abtə-; -tjə-] *v/t* **1.** ver-, zustopfen, verschließen. **2.** *tech.* (ab)dichten, lidern. ‚**ob·tu'ra·tion** *s* **1.** Verstopfung *f*, Verschließung *f.* **2.** *tech.* (Ab)Dichtung *f*, Liderung *f.* '**ob·tu·ra·tor** [-tə(r)] *s* **1.** Schließvorrichtung *f*, Verschluß *m.* **2.** *tech.* (Ab)Dichtung(smittel *n*) *f.* **2.** *med.* Obtu'rator *m.*

**ob·tuse** [əb'tjuːs; *Am. a.* ab-; -'tuːs] *adj* (*adv* ~**ly**) **1.** stumpf, abgestumpft. **2.** *math.* a) stumpfwink(e)lig: ~ **angle,** b) stumpfwink(e)lig: ~ **triangle. 3.** begriffsstutzig, beschränkt. **4.** dumpf: ~ **sound;** ~ **pain. ob‚tuse-'an·gled** *adj* stumpfwink(e)lig. **ob'tuse·ness** *s* **1.** Stumpfheit *f.* **2.** Begriffsstutzigkeit *f*, Beschränktheit *f.*

**OB van** [‚əʊ'biː:] *s Rundfunk, TV*: Über'tragungswagen *m* (*aus* **outside broadcast**).

**ob·verse** ['ɒbvɜːs; *Am.* 'ɑbˌvɜrs; *a.* ɑb'vˑ-] **I** *s* **1.** Bild-, Vorderseite *f*, A'vers *m*: ~ of a coin. **2.** Vorderseite *f*. **3.** Gegenstück *n*, (*die*) andere Seite, Kehrseite *f*. **4.** *Logik*: 'umgekehrter Schluß. **II** *adj* [*Am. bes.* ɑb'vɜrs] **5.** Vorder..., dem Betrachter zugekehrt. **6.** entsprechend. **7.** *bot.* nach der Spitze zu breiter werdend. **ob'verse·ly** *adv* 'umgekehrt.

**ob·vert** [ɒb'vɜːt; *Am.* ɑb'vɜrt] *v/t Logik*: 'umkehren.

**ob·vi·ate** ['ɒbvɪeɪt; *Am.* 'ɑb-] *v/t* **1.** e-r Sache begegnen, zu'vorkommen, vorbeugen, *etwas* verhindern, verhüten, abwenden. **2.** beseitigen. **3.** erübrigen, 'überflüssig machen. **ˌob·vi'a·tion** *s* **1.** Vorbeugen *n*, Verhütung *f*. **2.** Beseitigung *f*. **3.** Erübrigung *f*.

**ob·vi·os·i·ty** [ˌɒbvɪ'ɒsətɪ; *Am.* ˌɑbvɪ'ɑ-] *s* Binsenwahrheit *f*, -weisheit *f*.

**ob·vi·ous** ['ɒbvɪəs; *Am.* 'ɑb-] *adj* (*adv* ~ly) **1.** offensichtlich, augenfällig, klar, deutlich, naheliegend, einleuchtend, *iro.* 'durchsichtig: to be ~ (to the eye) in die Augen springen, einleuchten; to make ~ deutlich machen; it is ~ that es liegt auf der Hand, daß; it was the ~ thing to do es war das Nächstliegende; it should have been ~ to him that es hätte ihm klar sein müssen, daß; he was the ~ choice kein anderer kam dafür in Frage; to labo(u)r (*od.* stress) the ~ e-e Binsenwahrheit aussprechen. **2.** auffällig: the dress was somewhat ~. **ob·vi·ous·ness** *s* Offensichtlichkeit *f*, Augenfälligkeit *f*, Deutlichkeit *f*.

**oc·a·ri·na** [ˌɒbvɪ'ɒsətɪ; *Am.* ˌɑk-] *s mus.* Oka'rina *f* (*Blasinstrument*).

**Oc·cam's ra·zor** → Ockham's razor.

**oc·ca·sion** [ə'keɪʒn] **I** *s* **1.** (günstige) Gelegenheit, günstiger Augenblick: to take ~ to do s.th. die Gelegenheit ergreifen, etwas zu tun. **2.** (of) Gelegenheit *f* (zu), Möglichkeit *f* (*gen*). **3.** (besondere) Gelegenheit, Anlaß *m*: on this ~ bei dieser Gelegenheit; on the ~ of anläßlich, bei Gelegenheit (*gen*); on ~ a) bei Gelegenheit, gelegentlich, b) wenn nötig; for the ~ für diese besondere Gelegenheit, eigens zu diesem Anlaß *od.* Zweck. **4.** (*bes.* festliches) Ereignis: a great ~; to celebrate the ~ a) das Ereignis feiern, b) (*Redew.*) zur Feier des Tages; to rise to the ~ sich der Lage gewachsen zeigen; → mark[1] 32. **5.** Anlaß *m*, Anstoß *m*: to give ~ to s.th., to be the ~ of s.th. etwas veranlassen, den Anstoß geben zu etwas, etwas hervorrufen. **6.** (for) Grund *m* (zu), Ursache *f* (*gen*), Veranlassung *f* (zu): there is no ~ to be afraid es besteht kein Grund zur Besorgnis. **7.** *pl obs.* Geschäfte *pl*, Angelegenheiten *pl*: to go about one's ~s s-n Geschäften nachgehen. **II** *v/t* **8.** veranlassen, verursachen, bewirken: to ~ s.o. s.th., to ~ s.th. to s.o. j-m etwas verursachen; this ~ed him to go dies veranlaßte ihn zu gehen.

**oc·ca·sion·al** [ə'keɪʒənl] *adj* (*adv* → occasionally) **1.** gelegentlich, Gelegenheits...: ~ fits gelegentliche Anfälle; ~ labo(u)r Gelegenheitsarbeit *f*; ~ poem Gelegenheitsgedicht *n*; ~ strollers vereinzelte Spaziergänger; ~ writer Gelegenheitsschriftsteller *m*; to pay s.o. the ~ visit j-n hin u. wieder besuchen. **2.** für (die) besondere(n) 'Umstände: ~ table Beistelltisch *m*. **3.** zufällig. **4.** veranlassend: ~ cause Anlaß *m*.

**oc·ca·sion·al·ly** [ə'keɪʒnəlɪ] *adv* gelegentlich, hin u. wieder.

**Oc·ci·dent** ['ɒksɪdənt; *Am.* 'ɑk-; *a.* -ˌdent] *s* **1.** Okzident *m*, Westen *m*, Abendland *n*. **2.** O~ Westen *m*. **Oc·ci·den·tal** [-'dentl] **I** *adj* **1.** abendländisch, westlich. **2.** o~ westlich. **II** *s*

---

**3.** Abendländer(in). **ˌOc·ci'den·tal·ism** *s* abendländische Kul'tur. **ˌOc·ci'den·tal·ize** *v/t* verwestlichen.

**oc·cip·i·ta** [ɒk'sɪpɪtə; *Am.* ɑk-] *pl von* occiput.

**oc·cip·i·tal** [ɒk'sɪpɪtl; *Am.* ɑk-] *anat. zo.* **I** *adj* okzipi'tal, Hinterhaupt(s)...: ~ bone → II. **II** *s* 'Hinterhauptsbein *n*.

**oc·ci·put** ['ɒksɪpʌt; *Am.* 'ɑk-] *pl* oc'cip·i·ta [-'sɪpɪtə] *s anat. zo.* 'Hinterkopf *m*.

**oc·clude** [ɒ'kluːd; *Am.* ə-; ɑ-] **I** *v/t* **1.** verstopfen, verschließen. **2.** a) einschließen, b) ausschließen (from von). **3.** *chem.* okklu'dieren, absor'bieren, binden. **4.** ~d front → occlusion 4c. **II** *v/i* **5.** *med.* schließen (*untere u. obere Zähne*).

**oc·clu·sion** [ɒ'kluːʒn; *Am.* ə-] *s* **1.** Verstopfung *f*, Verschließung *f*. **2.** Verschluß *m*. **3.** a) Einschließung *f*, b) Ausschließung *f*, c) Abschließung *f*. **4.** Okklusi'on *f*: a) Biß *m*, (nor'male) Schlußbißstellung (*der Zähne*): abnormal ~ Bißanomalie *f*, b) *chem.* Absorpti'on *f*, c) *meteor.* Zs.-treffen von Kalt- u. Warmfront. **oc'clu·sive** [-sɪv] *adj* **1.** verschließend, Verschluß... **2.** *chem.* Okklusiv...

**oc·cult** [ɒ'kʌlt; *Am.* ə-; ɑ-] **I** *adj* [*Am. a.* 'ɑkˌʌlt] **1.** ok'kult: a) geheimnisvoll, verborgen (*a. med.*), b) magisch, 'übersinnlich, c) geheim, Geheim...: ~ sciences okkulte Wissenschaften. **2.** *scient. hist.* geheim. **II** *s* **3.** the ~ das Ok'kulte. **III** *v/t* **4.** verbergen, verdecken, *astr.* verfinstern. **IV** *v/i* **5.** verdeckt werden. **oc·cult·ism** ['ɒkəltɪzəm; *Am.* 'ɑkˌʌl-; ə'kʌl-] *s* Okkul'tismus *m*. **oc·cult·ist** ['ɒkəltɪst; *Am.* 'ɑkˌʌl-; ə'kʌl-] **I** *s* Okkul'tist(in). **II** *adj* okkul'tistisch.

**oc·cu·pan·cy** ['ɒkjupənsɪ; *Am.* 'ɑk-] *s* **1.** Besitzergreifung *f* (*a. jur.*), Bezug *m* (*e-r Wohnung etc*). **2.** Innehaben *n*, Besitz *m*: during his ~ of the post solange er die Stelle innehat. **3.** In'anspruchnahme *f* (*von Raum etc*). **'oc·cu·pant** *s* **1.** *bes. jur.* Besitzergreifer(in). **2.** Besitzer(in), Inhaber(in). **3.** Bewohner(in), Insasse *m*, Insassin *f*: the ~s of the house die Bewohner des Hauses; the ~s of the car die Insassen des Wagens.

**oc·cu·pa·tion** [ˌɒkjʊ'peɪʃn; *Am.* ˌɑk-] **I** *s* **1.** Besitz *m*, Innehaben *n*. **2.** Besitznahme *f*, -ergreifung *f*. **3.** *mil. pol.* Besetzung *f*, Besatzung *f*, Okkupati'on *f*: army of ~ Besatzungsarmee *f*. **4.** In'anspruchnahme *f* (*von Raum etc*): without ~ beschäftigungslos. **5.** Beruf *m*, Gewerbe *n*: by ~ von Beruf; chief ~ Hauptberuf; employed in an ~ berufstätig; in (*od.* as a) regular ~ hauptberuflich. **II** *adj* **6.** *mil. pol.* Besatzungs...: ~ troops.

**oc·cu·pa·tion·al** [ˌɒkjuː'peɪʃənl; *Am.* ˌɑkjə-] *adj* **1.** beruflich, Berufs... **2.** Beschäftigungs... **~ ac·ci·dent** *s* Arbeitsunfall *m*. **~ dis·ease** *s* Berufskrankheit *f*. **~ group** *s econ.* Berufsgruppe *f*. **~ haz·ard** *s* Berufsrisiko *n*. **~ med·i·cine** *s* 'Arbeitsmediˌzin *f*. **~ psy·chol·o·gy** *s* 'Arbeitspsycholoˌgie *f*. **~ ther·a·pist** *s med.* Be'schäftigungstheraˌpeut(in). **~ ther·a·py** *s med.* Be'schäftigungstheraˌpie *f*. **~ train·ing** *s econ.* Fachausbildung *f*.

**oc·cu·pa·tion|bridge** *s private* Verbindungsbrücke *f* zwischen Grundstücken, die durch e-e Straße etc getrennt sind. **O~ Day** *s* **1.** *Jahrestag der Landung amer. Truppen in Puerto Rico am 25. Juli 1898.* **2.** *Jahrestag der Besetzung Manilas durch amer. Truppen am 13. August 1898.*

**oc·cu·pi·er** ['ɒkjʊpaɪə(r); *Am.* 'ɑk-] *s* **1.** Besitzergreifer(in). **2.** Besitzer *m*, (nutzender) Inhaber. **3.** *Br.* Pächter(in).

**oc·cu·py** ['ɒkjupaɪ; *Am.* 'ɑk-] *v/t* **1.** Land etc in Besitz nehmen, Besitz ergreifen

---

von. **2.** *mil.* besetzen. **3.** besitzen, innehaben. **4.** *fig. ein Amt etc* bekleiden, innehaben: to ~ the chair den Vorsitz führen. **5.** bewohnen. **6.** *Raum* einnehmen: to ~ too much space. **7.** *Zeit* in Anspruch nehmen: it occupied all my time. **8.** *j-n* beschäftigen, anstellen: to ~ o.s. sich beschäftigen *od.* befassen (with mit); to be occupied with (*od.* in) doing s.th. damit beschäftigt *od.* befaßt sein, etwas zu tun. **9.** *fig. j-s Geist* beschäftigen.

**oc·cur** [ə'kɜː; *Am.* ə'kɜr] *v/i* **1.** sich ereignen, vorfallen, vorkommen, eintreten, geschehen: demonstrations ~red es kam zu Demonstrationen. **2.** vorkommen, sich finden: it ~s in Shakespeare es kommt bei Shakespeare vor, es begegnet einem bei Shakespeare; black sheep ~ in all families schwarze Schafe gibt es in jeder Familie. **3.** zustoßen (to dat). **4.** einfallen *od.* in den Sinn kommen (to s.o. j-m): it ~red to me that mir fiel ein *od.* mir kam der Gedanke, daß; it has never ~red to me darauf bin ich noch nie gekommen. **5.** begegnen, vorkommen, pas'sieren (to s.o. j-m): this has never ~red to me. **oc·cur·rence** [ə'kʌrəns; *Am.* ə'kɜrəns] *s* **1.** Vorkommen *n*, Auftreten *n*: to be of frequent ~ häufig vorkommen. **2.** Ereignis *n*, Vorfall *m*, Vorkommnis *n*.

**o·cean** ['əʊʃn] *s* **1.** Ozean *m*, Meer *n*: ~ chart Seekarte *f*; ~ climate Meeres-, Seeklima *n*; ~ disposal *Am.*, ~ dumping Verklappung *f*; ~ lane Schiffahrtsroute *f*; ~ liner Ozean-, *bes.* Passagierdampfer *m*; ~ traffic Seeverkehr *m*; ~ yacht Hochseejacht *f*. **2.** *fig.* Meer *n*, riesige Fläche: an ~ of flowers ein Blumenmeer. **3.** *colloq.* e-e Unmenge (of von): ~s of beer Bier in Strömen.

**o·cean·ar·i·um** [ˌəʊʃə'neərɪəm] *pl* **-i·ums** *od.* **-i·a** [-ə] *s* Ozea'narium *n* (*großes Meerwasseraquarium*).

**o·cean| bill of lad·ing** *s econ.* Konnosse'ment *n*, Seefrachtbrief *m*. **~ˌgo·ing** *adj* hochseetüchtig, Hochsee...: ~ steamer Hochseedampfer *m*. **~ green** *s* Meergrün *n*. **~ grey·hound** *s* schnellfahrendes Schiff, Schnelldampfer *m*.

**O·ce·an·i·an** [ˌəʊʃɪ'emjən; -ɪən; *Am. a.* -'æn-] **I** *adj* ozeˈanisch (*von Ozeanien*). **II** *s* Ozeˈanier(in).

**o·ce·an·ic** [ˌəʊʃɪ'ænɪk] **I** *adj* **1.** oze'anisch, Ozean..., Meeres...: ~ fauna Meeresfauna *f*. **2.** *fig.* riesig, ungeheuer, gewaltig. **3.** O~ → Oceanian I. **II** *s pl* (*meist als sg konstruiert*) Meereskunde *f*.

**O·ce·a·nid** [əʊ'sɪənɪd] *pl* **-nids** *od.* **-an·i·des** [ˌəʊsɪ'ænɪdiːz] *s antiq.* Ozea'nide *f*, Meeresnymphe *f*.

**o·ce·a·nog·ra·pher** [ˌəʊʃjə'nɒgrəfə(r); *Am.* -ʃə'nɑ-] *s* Ozeano'graph *m*, Meeresforscher *m*.

**o·ce·a·no·graph·ic** [ˌəʊʃjənəʊ'græfɪk; *Am.* -ʃənə'g-] *adj* ozeano'graphisch. **ˌo·ce·a'nog·ra·phy** [-'nɒgrəfɪ; *Am.* -'nɑ-] *s* Ozeanogra'phie *f*, Meereskunde *f*.

**o·ce·a·no·log·ic** [ˌəʊʃjənəʊ'lɒdʒɪk; *Am.* -ʃənə-] *adj* ozeano'logisch. **ˌo·ce·a'nol·o·gist** [-'nɒlədʒɪst; *Am.* -'nɑ-] *s* Ozeano'loge *m*, Meeresforscher *m*. **ˌo·ce·a'nol·o·gy** [-dʒɪ] *s* Ozeanolo'gie *f*, Meereskunde *f*.

**o·cel·lar** [əʊ'selə(r)] *adj zo.* Punktaugen...

**oc·el·la·tion** [ˌɒsɪ'leɪʃn; *Am.* ˌɑʊsə-] *s zo.* augenförmige Zeichnung.

**o·cel·lus** [əʊ'seləs] *pl* **-li** [-laɪ] *s zo.* **1.** O'zelle *f*, Punktauge *n*. **2.** Fa'cette *f*. **3.** Augenfleck *m*.

**o·ce·lot** ['əʊsɪlɒt; *Am.* -ˌlɑt; *a.* ɑ-] *s zo.* Ozelot *m*.

**o·cher**, *bes. Br.* **o·chre** ['əʊkə(r)] **I** *s* **1.** *min.* Ocker *m*, *n*: antimonial ~, an-

timony ~ Spießglanz-, Antimonocker; **blue** (*od.* **iron**) ~ Eisenocker; **brown** ~, **spruce** ~ brauner Eisenocker. **2.** Ockerfarbe *f, bes.* Ockergelb *n.* **II** *adj* **3.** ockerfarben, ockergelb. **III** *v/t* **4.** mit Ocker färben.

**o·cher·ous** [ˈəʊkərəs], *bes. Br.* **o·chre·ous** [ˈəʊkrɪəs] *adj* **1.** Ocker... **2.** ockerhaltig. **3.** ockerartig. **4.** ockerfarben.

**och·loc·ra·cy** [ɒkˈlɒkrəsɪ; *Am.* ɑkˈlɑk-] *s* Ochlokraˈtie *f*, Pöbelherrschaft *f*.

**och·lo·pho·bi·a** [ˌɒkləˈfəʊbjə; -bɪə; *Am.* ˌɑk-] *s med.* krankhafte Furcht vor Menschenmassen.

**o·chra·ceous** [əʊˈkreɪʃəs] → ocherous.

**o·chre, o·chre·ous** *bes. Br. für* ocher, ocherous.

**o·chroid** [ˈəʊkrɔɪd] *adj* ockergelb.

**o·chrous** [ˈəʊkrəs] → ocherous.

**Ock·ham's ra·zor** [ˈɒkəmz; *Am.* ˈɑk-] *s*: **to apply** ~ sich auf das Wesentliche beschränken.

**o'clock** [əˈklɒk; *Am.* əˈklɑk] Uhr (*bei Zeitangaben*): **four** ~ vier Uhr.

**oc·re·a** [ˈɒkrɪə; *Am.* ˈɑk-; ˈəʊ-] *pl* **-re·ae** [-riːʃ] *s* **1.** *bot.* Ochrea *f*, Röhrenblatt *n.* **2.** *zo.* Hülle *f*, Scheide *f*.

**oc·ta·chord** [ˈɒktəkɔː(r)d; *Am.* ˈɑk-] *s mus.* **1.** achtsaitiges Instruˈment. **2.** ˈAchttonsyˌstem *n.*

**oc·tad** [ˈɒktæd; *Am.* ˈɑk-] *s* **1.** Achtzahl *f*, Achtergruppe *f.* **2.** *chem.* achtwertiges Eleˈment *od.* Aˈtom *od.* Radiˈkal.

**oc·ta·gon** [ˈɒktəgən; *Am.* ˈɑktəˌgɑn] **I** *s math.* Achteck *n.* **II** *adj* → octagonal.

**oc·tag·o·nai** [ɒkˈtægənl; *Am.* ɑk-] *adj* **1.** achteckig, -seitig, -kantig. **2.** Achtkant...

**oc·ta·he·dral** [ˌɒktəˈhedrəl; *Am.* ˌɑktəˈhiːdrəl] *adj math. min.* oktaˈedrisch, achtflächig. **oc·ta·he·dron** [-drən] *pl* **-drons** *od.* **-dra** [-drə] *s math. min.* Oktaˈeder *n*, Achtflach *n*, Achtflächner *m.*

**oc·tal| base** [ˈɒktəl; *Am.* ˈɑk-] *s electr.* Okˈtalsockel *m.* **~ dig·it** *s Computer:* Okˈtalziffer *f.* **~ no·ta·tion** *s Computer:* Okˈtalschreibweise *f.*

**oc·tam·er·ous** [ɒkˈtæmərəs; *Am.* ɑk-] *adj* **1.** achtteilig. **2.** *bot.* achtzählig. **oc·ˈtam·e·ter** [-mɪtə(r)] *metr.* **I** *adj* achtfüßig. **II** *s* achtfüßiger Vers.

**oc·tane** [ˈɒkteɪn; *Am.* ˈɑk-] *s chem.* Okˈtan *n.* **~ num·ber, ~ rat·ing** *s chem. tech.* Okˈtanzahl *f* (*des Kraftstoffs*).

**oc·tan·gle** [ˈɒkˌtæŋgl; *Am.* ˈɑk-] *s math.* Achteck *n.* **oc·ˈtan·gu·lar** [-ˈtæŋgjʊlə(r)] *adj* achteckig.

**oc·tant** [ˈɒktənt; *Am.* ˈɑk-] *s* **1.** *math.* Okˈtant *m* (*achter Teil des Kreises od. der Kugel*): **~ of a circle** Achtelkreis *m.* **2.** *math.* (ˈRaum)Okˌtant *m.* **3.** *mar.* Okˈtant *m* (*Winkelmeßinstrument*). **4.** *astr.* Okˈtilschein *m.*

**oc·ta·va·lent** [ˌɒktəˈveɪlənt; *Am.* ˌɑk-] *adj chem.* achtwertig.

**oc·tave** [ˈɒktɪv; *Am.* ˈɑk-; *a.* -ˌteɪv] **I** *s* **1.** *electr. mus. phys.* Okˈtave *f.* **2.** Achtergruppe *f*, Satz *m* von acht Dingen. **3.** (*der, die, das*) Achte (*e-r Reihe*). **4.** Okˈtave *f* (*achtzeiliger Verssatz*). **5.** [-teɪv; *Am. a.* -tɪv] *relig.* Okˈtav(e) *f* (*der 8. Tag bzw. die Woche nach e-m Festtag*). **6.** *fenc.* Okˈtav *f.* **7.** Achte *od.* Stück *etc* bestehend. **8.** achtzeilig (*Strophe*). **9.** *mus.* Oktav..., e-e Okˈtave höher klingend. **~ cou·pler** *s mus.* Oktavkoppel *f* (*an Orgel u. Cembalo*). **~ flute** *s mus.* **1.** Pikkoloflöte *f.* **2.** Okˈtavflöte *f* (*Orgelregister*).

**oc·ta·vo** [ɒkˈteɪvəʊ; *Am.* ɑk-; -ˈtɑː-] *print.* **I** *pl* **-vos** *s* **1.** Okˈtav(forˌmat) *n*: **large** ~ Großoktav. **2.** Okˈtavband *m.* **II** *adj* **3.** Oktav...: **~ volume** → 2.

**oc·ten·ni·al** [ɒkˈtenjəl; -nɪəl; *Am.* ɑk-]

---

*adj* **1.** achtjährlich. **2.** achtjährig.

**oc·tet(te)** [ɒkˈtet; *Am.* ɑk-] *s* **1.** *mus.* Okˈtett *n.* **2.** *metr.* a) achtzeilige Strophe, b) Okˈtett *n* (*e-s Sonetts*). **3.** *phys.* Okˈtett *n.* **4.** Achtergruppe *f*, Satz *m* von acht Dingen.

**oc·til·lion** [ɒkˈtɪljən; *Am.* ɑk-] *s math.* **1.** *Br.* Oktilliˈon *f* (*10⁴⁸*). **2.** *Am.* Quadrilliˈarde *f* (*10²⁷*).

**Oc·to·ber** [ɒkˈtəʊbə(r); *Am.* ɑk-] *s* Okˈtober *m*: **in** ~ im Oktober. **~ Rev·o·lu·tion** *s hist.* (bolscheˈwistische) Okˈtoberrevolutiˌon (*1917*).

**oc·tode** [ˈɒktəʊd; *Am.* ˈɑk-] *s electr.* Okˈtode *f*, Achtpolröhre *f.*

**oc·to·dec·i·mo** [ˌɒktəʊˈdesɪməʊ; *Am.* ˌɑktəˈd-] *print.* **I** *pl* **-mos** *s* **1.** Okto'dez (-forˌmat) *n.* **2.** Okto'dezband *m.* **II** *adj* **3.** Oktodez...: **~ volume** → 2.

**oc·to·ge·nar·i·an** [ˌɒktəʊdʒɪˈneərɪən; *Am.* ˌɑktədʒə-], **oc·tog·e·nar·y** [ɒkˈtɒdʒɪnərɪ; *Am.* ɑkˈtɑdʒəˌneri] **I** *adj* a) achtzigjährig, b) in den Achtzigern. **II** *s* Achtzigjährige(r *m*) *f*, Achtziger(in) (*a. Person in den Achtzigern*).

**oc·to·nar·i·an** [ˌɒktəʊˈneərɪən; *Am.* ˌɑktə'n-] *metr.* **I** *adj* achtfüßig. **II** *s* Okto'nar *m.*

**oc·to·nar·y** [ˈɒktənərɪ; *Am.* ˈɑktəˌneri] **I** *adj* **1.** Acht(er)... **2.** mit der Zahl acht als Grundlage, auf 8 aufgebaut, Achter... **II** *s* **3.** → octave 2. **4.** *metr.* Achtzeiler *m.*

**oc·to·pi** [ˈɒktəpaɪ; *Am.* ˈɑk-] *pl von* octopus.

**oc·to·pod** [ˈɒktəpɒd; *Am.* ˈɑktəˌpɑd] *s zo.* Oktoˈpode *m*, Krake *m.*

**oc·to·pus** [ˈɒktəpəs; *Am.* ˈɑk-] *pl* **-pus·es** *od.* **-pi** [-paɪ] *od.* ocˈtop·o·des [-ˈtɒpədiːz; *Am.* -ˈtɑ-] *s* **1.** *zo.* Krake *m*, 'Seepoˌlyp *m.* **2.** → octopod. **3.** *fig.* Poˈlyp *m.*

**oc·to·roon** [ˌɒktəˈruːn; *Am.* ˌɑk-] *s* Mischling *m* mit e-m Achtel Negerblut.

**oc·to·syl·lab·ic** [ˌɒktəʊsɪˈlæbɪk; *Am.* ˌɑktəsə-] **I** *adj* achtsilbig. **II** *s* achtsilbiger Vers, Achtsilb(l)er *m.* **oc·to·syl·la·ble** [ˈɒktəʊˌsɪləbl; *Am.* ˈɑktəsˌs-] **I** *s* **1.** achtsilbiges Wort. **2.** → octosyllabic II.

**oc·troi** [ˈɒktrwɑː; *Am.* ˌɑktrɑˈwɑː] *s hist.* **1.** städtische Steuer, Stadtzoll *m.* **2.** städtische Steuerbehörde.

**oc·tu·ple** [ˈɒktjuːpl; *Am.* ˈɑk-; *a.* -ˌtuː-] **I** *adj* **1.** achtfach. **II** *s* **2.** (*das*) Achtfache. **III** *v/t* **3.** verachtfachen. **IV** *v/i* **5.** sich achtfachen *od.* so viel sein wie. **IV** *v/i* **5.** sich verachtfachen.

**oc·tu·plet** [ˈɒktjʊplɪt; *Am.* ɑkˈtʌ-] *s* **1.** Achtergruppe *f.* **2.** *mus.* Okˈtole *f.*

**oc·tu·pli·cate** [ɒkˈtjuːplɪkət; *Am.* ɑk-; *a.* -ˌtuː-] **I** *v/t* **1.** verachtfachen. **2.** *ein Dokument* achtfach ausfertigen. **II** *adj* [-kət] **3.** achtfach. **III** *s* [-kət] **4.** achtfache Ausfertigung: **in** ~. **5.** *e-s von 8* (*gleichen*) *Dingen*: **~s** 8 Exemplare.

**oc·u·lar** [ˈɒkjʊlə(r); *Am.* ˈɑk-] **I** *adj* **1.** Augen...: **~ movement; ~ witness** Augenzeuge *m.* **2.** augenähnlich. **3.** sichtbar, augenfällig: **~ proof** sichtbarer Beweis. **II** *s* **4.** *phys.* Okuˈlar *n.* **'oc·u·lar·ly** *adv* **1.** augenscheinlich. **2.** durch Augenschein, mit eigenen Augen.

**oc·u·list** [ˈɒkjʊlɪst; *Am.* ˈɑk-] *s* Augenarzt *m.*

**oculo-** [ɒkjʊləʊ; *Am.* ɑk-] *Wortelement mit der Bedeutung* Augen...

**od** [ɒd; *Am.* ɑd] *s hist.* Od *n* (*hypothetische Naturkraft*).

**OD** [ˌəʊˈdiː] *sl.* **I** *s* 'Überdosis *f* (*Rauschgift*): **to take an** ~. **II** *v/i pret u. pp* **OD'd** *od.* **ODed** [-ˈdiːd] an e-r 'Überdosis sterben.

**o·da·lisk, o·da·lisque** *meist* [ˈəʊdəlɪsk] *s* Odaˈliske *f* (*weiße Haremssklavin*).

**odd** [ɒd; *Am.* ɑd] **I** *adj* (*adv* → **oddly**) **1.** sonderbar, seltsam, merkwürdig, komisch, eigenartig: **an** ~ **fish** (*od.* **fellow**)

---

ein sonderbarer Kauz; **the** ~ **thing about it is that** das Merkwürdige daran ist, daß. **2.** (*nach Zahlen etc*) und etliche, (und) einige *od.* etwas (darˈüber): **50** ~ über 50, einige 50; **300** ~ **pages** einige 300 Seiten, etwas über 300 Seiten; **fifty thousand** ~ etwas über 50000; **fifty** ~ **thousand** zwischen 50000 u. 60000; ~ *lot econ.* a) gebrochener Börsenschluß (*z. B. weniger als 100 Aktien*), b) *Am.* geringe Menge, kleiner Effektenabschnitt. **3.** (*bei Geldsummen etc*) und etwas: **it cost five pounds** ~ es kostete etwas über 5 Pfund; **three dollars and some** ~ **cents** 3 Dollar u. noch ein paar Cents. **4.** (*noch*) übrig, 'überzählig, restlich. **5.** ungerade: ~ **number;** ~ **and even** gerade u. ungerade; ~ **years** Jahre mit ungerader Jahreszahl. **6.** (*bei Zweiteilung*) (als Rest) übrigbleibend: **the** ~ **man** der Mann mit der entscheidenden Stimme (*bei Stimmengleichheit*) (→ 9); ~ **man out** a) Ausscheiden *n* (*durch Abzählen*), b) *fig.* Überzählige(r *m*, c) *fig.* fünftes Rad am Wagen. **7.** Einzel..., einzeln: **an** ~ **shoe** ein einzelner Schuh. **8.** ausgefallen (*Kleidergröße etc*). **9.** gelegentlich, Gelegenheits...: ~ **jobs** Gelegenheitsarbeiten, gelegentliche kleine Arbeiten; **at** ~ **times** (*od.* **moments**) dann und wann, zwischendurch, gelegentlich; ~ **man** Gelegenheitsarbeiter *m* (→ 6).

**II** *s* **10.** (*das*) Seltsame, (*das*) Sonderbare. **11.** *Golf:* a) *Br.* Vorgabeschlag *m*, b) 'überzähliger Schlag: **to have played the** ~ e-n Schlag mehr gebraucht haben als der Gegner. **12.** → **odds**.

**'odd|·ball** *bes. Am. colloq.* **I** *s* sonderbarer Kauz. **II** *adj* sonderbar, kauzig, verschroben. **~come-'short** *s* **1.** 'Überbleibsel *n*, (*bes.* Stoff)Rest *m.* **2.** *pl* Restchen *pl*, Abfälle *pl.* **3.** *colloq.* ˌKnirps' *m.* **~come-'short·ly** *s*: **one of these odd-come-shortlies** dieser Tage einmal, bald einmal. **O~ Fel·lows,** 'O~ˌfel·lows *s pl* ein geheimer Wohltätigkeitsorden.

**'odd·ish** *adj* etwas seltsam.

**'odd·i·ty** *s* **1.** a) → odd 10, b) Merkwürdigkeit *f*, Wunderlichkeit *f*, Eigenartigkeit *f.* **2.** seltsamer Kauz, Origiˈnal *n.* **3.** seltsame *od.* kuriˈose Sache.

**ˌodd|-'job·man** *s irr,* **~-'job·ber** *s* Gelegenheitsarbeiter *m, bes. im Haus*: ˌMädchen *n* für alles'. **'~-look·ing** *adj* eigenartig aussehend.

**'odd·ly** *adv* **1.** seltsam (*etc*; → odd 1). **2.** auf seltsame Weise. **3.** *a.* ~ **enough** seltsamerweise.

**'odd·ment** *s* **1.** Rest(chen *n*) *m*, 'Überbleibsel *n.* **2.** *pl* Reste *pl*, Abfälle *pl*, Krimskrams *m.* **3.** (*übriggebliebenes*) Einzelstück. **odd·ments count·er** *s* Wühl-, ˌGrabbeltisch' *m* (*in Kaufhäusern etc*).

**'odd·ness** *s* **1.** Ungeradheit *f* (*e-r Zahl*). **2.** → oddity 1 u. 3.

**'odd|-ˌnum·bered** *adj* ungeradzahlig. **'~-ˌpin·nate** *adj bot.* unpaarig gefiedert.

**odds** [ɒdz; *Am.* ɑdz] *s pl* (*häufig als sg konstruiert*) **1.** Ungleichheit *f*, Verschiedenheit *f*: **to make** ~ **even** die Ungleichheit(en) beseitigen. **2.** *colloq.* Unterschied *m*: **what's the** ~? was macht er (schon) aus?; **it is** (*od.* **makes**) **no** ~ es spielt keine Rolle; **what** ~ **is it to him?** was geht es ihn an? **3.** Vorteil *m*, Überˈlegenheit *f*, 'Übermacht *f*: **the** ~ **are in our favo(u)r, the** ~ **lie on our side** der Vorteil liegt auf unserer Seite; **the** ~ **are against us** wir sind im Nachteil; **against long** ~ gegen große Übermacht, mit wenig Aussicht auf Erfolg; **by** (**long** *od.* **all**) ~ bei weitem, in jeder Hinsicht.

**4.** Vorgabe *f* (*im Spiel*): **to give s.o.** ~ j-m e-e Vorgabe geben; **that won't make any** ~ das bringt nichts. **5.** ungleiche Wette: **to lay (the)** ~ **of three to one** drei gegen eins wetten; **to lay (the) long** ~ den größeren Einsatz machen; **to take the** ~ e-e ungleiche Wette eingehen. **6.** (Gewinn)Chancen *pl*: **the** ~ **are 5 to 1** die Chancen stehen 5 gegen 1; **the** ~ **are** (*od.* **it is** ~) **that he will come** es ist sehr wahrscheinlich, daß er kommen wird; **the** ~ **are on him** er hat alle Chancen; **the** ~ **are against him** er hat kaum e-e Chance, s-e Aussichten sind gering. **7.** Uneinigkeit *f* (*bes. in den Wendungen*): **at** ~ **with** im Streit mit, uneins mit; **to set at** ~ uneinig machen, gegeneinander hetzen. **8.** Kleinigkeiten *pl*, einzelne Stücke *pl*, Reste *pl*: ~ **and ends** a) allerlei Kleinigkeiten, Krimskrams *m*, b) Reste, Restchen, Abfälle; ~ **and sods** *Br.* a) Krimskrams *m*, b) 'Hansel(n)' (*Leute*). ⎡~'**on I** *adj* (sehr) aussichtsreich: ~ **candidate**; ~ **horse**; **to start** ~ als hoher *od.* klarer Favorit starten; **it's** ~ **that** es sieht ganz so aus, als ob; es ist so gut wie sicher, daß; ~ **certainty** sichere Sache; **he is an** ~ **certainty** er hat die größten Chancen, sein Sieg steht so gut wie fest. **II** *s* gute Chance.

**ode** [əʊd] *s* Ode *f*: Horatian ~.

**O·din** [ˈəʊdɪn] *npr myth.* Odin *m*.

**o·di·ous** [ˈəʊdjəs; -ɪəs] *adj* (*adv* ~**ly**) **1.** verhaßt, hassenswert, abˈscheulich. **2.** widerlich, ekelhaft. '**o·di·ous·ness** *s* **1.** Verhaßtheit *f*, Abˈscheulichkeit *f*. **2.** Widerlichkeit *f*, Ekelhaftigkeit *f*.

**o·di·um** [ˈəʊdjəm; -ɪəm] *s* **1.** Verhaßtheit *f*, äußerste Unbeliebtheit. **2.** Odium *n*, Makel *m*, Schimpf *m*. **3.** Haß *m*, Abscheu *m*.

**o·dom·e·ter** [əʊˈdɒmɪtə(r); *Am.* -ˈdɑ-] *s* **1.** Hodoˈmeter *n*, Wegmesser *m*. **2.** *mot.* Meilenzähler *m*.

**o·don·tal·gi·a** [ˌɒdɒnˈtældʒɪə; *Am.* ˌoʊdɑn-] *s med.* Odontalˈgie *f*, Zahnschmerz *m*. ˌ**o·don'ti·a·sis** [-ˈtaɪəsɪs] *s* Zahnen *n*. **o'don·tic** *adj* Zahn...: ~ **nerve**. **o·don·to·blast** [ɒˈdɒntəblæst; *Am.* əʊˈdɑntəˌblæst] *s physiol.* Zahnbeinbildner *m*.

**o·don·to·log·i·cal** [ɒˌdɒntəˈlɒdʒɪkl; *Am.* əʊˌdɑntəˈlɑ-] *adj* odontoˈlogisch. **o·don·tol·o·gy** [ˌɒdɒnˈtɒlədʒɪ; *Am.* əʊˌdɑnˈta-] *s* Odontoloˈgie *f*: a) *Lehre von den Zähnen*, b) Zahnheilkunde *f*.

**o·dor**, *bes. Br.* **o·dour** [ˈəʊdə(r)] *s* **1.** Geruch *m*. **2.** Duft *m*, Wohlgeruch *m*. **3.** *fig.* Geruch *m*, Ruf *m*: **the** ~ **of sanctity** der Geruch der Heiligkeit; **to be in good (bad, ill)** ~ **with s.o.** bei j-m in gutem (schlechtem) Rufe stehen, bei j-m gut (schlecht) angeschrieben sein. **4.** *fig.* Geruch *m*, Anhauch *m* (**of** von).

**o·dor·ant** [ˈəʊdərənt], ˌ**o·dor'if·er·ous** [-ˈrɪfərəs] *adj* **1.** wohlriechend, duftend. **2.** *allg.* riechend, e-n Geruch ausströmend.

**o·dor·less**, *bes. Br.* **o·dour·less** [ˈəʊdə(r)lɪs] *adj* geruchlos. '**o·dor·ous** → **odorant**. '**o·dor·ous·ness** *s* Wohlgeruch *m*, Duft *m*.

**o·dour**, **o·dour·less** *bes. Br. für* **odor**, **odorless**.

**Od·ys·se·an** [ˌɒdɪˈsiːən; *Am.* ˌɑdəˈs-] *adj* Odyssee..., odysˈseisch. **Od·ys·sey** [ˈɒdɪsɪ; *Am.* ˈɑd-] *s* Odysˈsee *f* (*a. fig.* Irrfahrt).

**oec·o·log·i·cal**, **oe·col·o·gist**, **oe·col·o·gy** → ecologic, etc.

**oec·u·men·i·cal**, *etc* → ecumenical, etc.

**oe·de·ma**, **oe·dem·a·tous**, **oe·dem·a·tose** *bes. Br. für* edema, etc.

**oe·di·pal** [ˈiːdɪpl; *Am. a.* ˈedə-] *adj psych.* ödiˈpal, Ödipus...

**Oe·di·pus com·plex** [ˈiːdɪpəs; *Am. a.* ˈedə-] *s psych.* ˈÖdipuskomˌplex *m*.

**oeil-de-boeuf** *pl* **oeils-de-boeuf** [œjdəbœf] (*Fr.*) *s arch.* Rundfenster *n*.

**oe·no·log·i·cal** [ˌiːnəˈlɒdʒɪkl; *Am.* -ˈlɑ-] *adj* önoˈlogisch. **oe·nol·o·gist** [iːˈnɒlədʒɪst; *Am.* -ˈnɑ-] *s* Önoˈloge *m*. **oe'nol·o·gy** *s* Önoloˈgie *f*, Wein(bau)kunde *f*.

**o'er** [ˈəʊə(r)] *poet. od. dial. für* **over**.

**oer·sted** [ˈɜːsted; *Am.* ˈɜr-] *s phys.* Oersted *n* (*Einheit der magnetischen Erregung*).

**oe·soph·a·ge·al** [iːˌsɒfəˈdʒiːəl; *Am.* ɪˌsɑ-] *adj anat.* Speiseröhren..., Schlund...: ~ **orifice** Magenmund *m*. **oe·soph·a·gus** [iːˈsɒfəgəs; *Am.* ɪˈsɑ-] *pl* -**gi** [-gaɪ] *od.* -**gus·es** *s anat.* Speiseröhre *f*.

**oes·tri·ol** [ˈiːstrɪɒl; ˈes-; *Am.* ˈestraɪˌɔ:l; eˈstraɪ-] *s biol. chem.* Östriˈol *n*.

**oes·tro·gen** [ˈiːstrəʊdʒən; *Am.* ˈestrə-] *s biol. chem.* Östroˈgen *n* (*weibliches Sexualhormon*).

**oes·trone** [ˈiːstrəʊn; *Am.* ˈes-] *s biol. chem.* Öˈstron *n*, Folˈlikelhorˌmon *n*.

**oes·trous** [ˈiːstrəs; *Am.* ˈes-] *adj biol.* östrisch, öˈstral, Brunst...: ~ **cycle** östrischer *od.* östraler Zyklus.

**oeu·vre** *pl* [œvr(ə)] (*Fr.*) *s* Œuvre *n*, (Lebens)Werk *n*.

**of** [ɒv; əv; ʌv] *prep* **1.** *allg.* von. **2.** *zur Bezeichnung des Genitivs*: **the tail** ~ **the dog** der Schwanz des Hundes; **the tail** ~ **a dog** der Hundeschwanz; **the folly** ~ **his action** die Dummheit s-r Handlung. **3.** *Ort*: bei: **the Battle** ~ **Hastings. 4.** *Entfernung, Trennung, Befreiung*: a) von: **south** ~ **London** südlich von London; **within ten miles** ~ **London** im Umkreis von 10 Meilen um London; **to cure (rid)** ~ **s.th.** von etwas heilen (befreien), b) (*gen*) **robbed** ~ **his purse** s-r Börse beraubt, c) um: **to cheat s.o.** ~ **s.th.** 5. *Herkunft*: von, aus: ~ **good family** aus e-r guten Familie; **Mr. X** ~ **London** Mr. X aus London. **6.** *Teil*: von *od. gen*: **the best** ~ **my friends**; **a friend** ~ **mine** ein Freund von mir, e-r m-r Freunde; **that red nose** ~ **his** s-e rote Nase. **7.** *Eigenschaft*: von, mit: **a man** ~ **courage** ein mutiger Mann, ein Mann mit Mut; **a man** ~ **no importance** ein unbedeutender Mensch; **a fool** ~ **a man** ein (ausgemachter) Narr. **8.** *Stoff*: aus, von: **a dress** ~ **silk** ein Kleid aus *od.* von Seide, ein Seidenkleid; **(made)** ~ **steel** aus Stahl (hergestellt), stählern, Stahl... **9.** *Urheberschaft, Art u. Weise*: von: **the works** ~ **Byron**; **it was clever** ~ **him**; ~ **o.s.** von selbst, von sich aus; **beloved** ~ **all** von allen geliebt. **10.** *Ursache, Grund*: a) von, an (*dat*): **to die** ~ **cancer** an Krebs sterben, b) aus: ~ **charity**, c) vor (*dat*): → **afraid**, d) auf (*acc*): **proud** ~, e) über (*acc*): **ashamed** ~, f) nach: **to smell** ~. **11.** *Beziehung*: 'hinsichtlich (*gen*): **to be quick** ~ **eye** scharfe Augen haben; **nimble** ~ **foot** leichtfüßig; **it is true** ~ **every case** das trifft in jedem Fall zu. **12.** *Thema*: a) von, über (*acc*): **to speak** ~ **s.th.**, b) an (*acc*): **to think** ~ **s.th.** **13.** *Apposition, im Deutschen nicht ausgedrückt*: a) **the city** ~ **London** die Stadt London; **the month** ~ **April** der Monat April, b) *Maß*: **a piece** ~ **meat** ein Stück Fleisch. **14.** *Genitivus objectivus*: a) zu: **the love** ~ **God**, b) vor (*dat*): **the fear** ~ **God** die Furcht vor Gott, die Gottesfurcht, c) bei: **an audience** ~ **the king** e-e Audienz beim König. **15.** *Zeit*: a) an (*dat*), in (*dat*): ~ **an evening** e-s Abends; ~ **late years** in den letzten Jahren, b) von: **your letter** ~ **March 3rd** Ihr Schreiben vom 3. März, c) *Am. colloq.*

vor (*bei Zeitangaben*): **ten minutes** ~ **three**.

**off** [ɒf] **I** *adv* **1.** (*meist in Verbindung mit Verben*) fort, weg, daˈvon: **to be** ~ a) weg *od.* fort sein, b) (weg)gehen, sich davonmachen, (ab)fahren, c) weg müssen; **be** ~**!**, ~ **you go!**, ~ **with you!** fort mit dir!, pack dich!, weg!; **where are you** ~ **to?** wo gehst du hin? **2.** ab(-*brechen, -kühlen, -rutschen, -schneiden etc*), herˈunter(...), los(...): **the apple is** ~ der Apfel ist ab; **to dash** ~ losrennen; **to have one's shoes** ~ s-e *od.* die Schuhe ausgezogen haben; ~ **with your hat!** herunter mit dem Hut! **3.** weg, entfernt: **3 miles** ~. **4.** *Zeitpunkt*: von jetzt an, hin: **Christmas is a week** ~ bis Weihnachten ist es e-e Woche; ~ **and on** a) ab u. zu, hin u. wieder, b) ab u. an, mit (kurzen) Unterbrechungen. **5.** abgezogen, ab(züglich). **6.** *tech.* aus (-*geschaltet*), abgeschaltet, abgestellt (*Maschine, Radio etc*), (ab)gesperrt (*Gas etc*), zu (*Hahn etc*): ~**!** aus! **7.** *fig.* aus, vorˈbei, abgebrochen, gelöst (*Verlobung*): **the bet is** ~ die Wette gilt nicht mehr; **the whole thing is** ~ die ganze Sache ist ˈabgeblasen' *od.* 'ins Wasser gefallen'. **8.** aus(gegangen), 'alle', (aus)verkauft, nicht mehr vorrätig: **oranges are** ~. **9.** frei (*von Arbeit*): **to take a day** ~ sich e-n Tag frei nehmen. **10.** ganz, zu Ende: → *die Verbindungen mit den verschiedenen Verben*. **11.** *econ.* flau: **the market is** ~. **12.** nicht mehr frisch, (leicht) verdorben (*Nahrungsmittel*): **the milk is** ~ die Milch 'hat e-n Stich'. **13.** *sport* nicht in Form. **14.** *bes. im* Irrtum: **you are** ~ **on that point** 'da bist du auf dem Holzweg'. **15.** *meist a. colloq.* 'nicht ganz bei Trost'. **16.** *mar.* vom Lande *etc* ab. **17. well (badly)** ~ gut (schlecht) d(a)ran *od.* gestellt *od.* situiert; **how are you** ~ **for ...?** wie sieht es bei dir mit ... aus?

**II** *prep* **18.** weg von, fort von, von (... weg *od.* ab *od.* herˈunter): **to climb** ~ **the horse** vom Pferd (herunter)steigen; **to take s.th.** ~ **the table** etwas vom Tisch (weg)nehmen; **he drove them** ~ **the seas** er vertrieb sie von den Weltmeeren; **to eat** ~ **a plate** von e-m Teller essen; **to cut a slice** ~ **the loaf** e-e Scheibe vom Laib abschneiden; **to take 5 percent** (*Br.* **per cent**) ~ **the price** 5 Prozent vom Preis abziehen. **19.** weg von, entfernt von, abseits von (*od. gen*), von ... ab: **the street**; **a street** ~ **Piccadilly** e-e Seitenstraße von Piccadilly; ~ **the point** nicht zur Sache gehörig; ~ **one's balance** aus dem Gleichgewicht; ~ **form** *bes. sport* nicht in Form; **to sing** ~ **the note** falsch singen. **20.** frei von: ~ **duty** nicht im Dienst, dienstfrei. **21.** a) sich enthaltend (*gen*), b) ˌkuˈriert' von: **to be** ~ **smoking** nicht (mehr) rauchen; → **drug 2. 22.** *mar.* auf der Höhe von *Trafalgar etc*, vor der *Küste etc*: **three miles** ~ **shore. 23.** von: → **dine 1.**

**III** *adj* **24.** (weiter) entfernt. **25.** Seiten..., Neben...: ~ **street. 26.** *fig.* Neben..., sekunˈdär, nebensächlich. **27.** recht(er, e, es) (*von Tieren, Fuhrwerken etc*): **the** ~ **hind leg** das rechte Hinterbein; **the** ~ **horse** das rechte Pferd, das Handpferd. **28.** *Kricket*: abseitig (*rechts vom Schlagmann*). **29.** *mar.* weiter von der Küste entfernt, seewärts gelegen. **30.** ab(-), los(gegangen): **the button is** ~ der Knopf ist ab. **31.** (arbeits-, dienst)frei: **an** ~ **day** ein freier Tag (→ **32.**). **32.** schlecht: **an** ~ **day** ein schlechter Tag (*an dem alles mißlingt*) (→ **31.**); **this is an** ~ **day for me** heute geht mir alles schief; **an** ~ **year for fruit** ein schlechtes Obstjahr. **33.** *bes. econ.*

flau, still, tot: ~ **season. 34.** *bes. econ.* minderwertig, von schlechter Quali'tät: ~ **shade** Fehlfarbe *f.* **35.** abweichend von, nicht entsprechend (*dat*): **to be ~ size** vom Maß abweichen. **36.** unwohl: **I am feeling rather ~ today** ,ich bin heute nicht ganz auf der Höhe'. **37.** *fig.* schwach, entfernt: → **chance** 3.
**IV** *v/t* **38.** *colloq. etwas* ,abblasen'. **39.** *Am. sl.* ,'umlegen', 'umbringen.
**V** *v/i* **40.** sich da'vonmachen: **to ~ it** *colloq.* ,sich verdrücken'.
**VI** *interj* **41.** fort!, weg!, raus!: **hands ~!** Hände weg! **42.** her'unter!, ab!: **hats ~!** herunter mit dem Hut!, Hut ab!
**VII** *s* **43. from the ~** *Br.* von Anfang an.

**of·fal** ['ɒfl; *Am. a.* 'ɑfəl] *s* **1.** Abfall *m.* **2.** (*als sg od. pl* konstruiert) a) Fleischabfall *m* (*bes. Gedärme*), b) Inne'reien *pl.* **3.** Mülle'rei: Abfall *m, bes.* Kleie *f.* **4.** billige *od.* minderwertige Fische *pl.* **5.** Aas *n.* **6.** *fig.* a) Schund *m,* b) Abschaum *m.*

,**off'·'bal·ance** *adj u. adv* aus dem Gleichgewicht, *fig. a.* nicht ausgewogen: **to catch s.o. ~** *fig.* j-n überrumpeln. '**~·beat I** *s mus.* **1.** Auftakt *m,* unbetonter Taktteil. **2.** *Jazz:* Off-Beat *m,* gegen den Grundschlag gesetzte Ak'zente *pl.* **II** *adj* **3.** *colloq.* ausgefallen, extravagant: **~ advertising**; **~ colo(u)rs.** '**~-book fund** *s* Geheimfonds *m.* '**~·cast I** *adj* verworfen, abgetan. **II** *s* → **castoff** I. ,**~·'cen·ter,** *bes. Br.* ,**~·'cen·tre** *adj* **1.** verrutscht, nicht genau ausgerichtet. **2.** *tech.* außermittig, ex'zentrisch, Exzenter... **3.** *fig.* ex'zentrisch, ausgefallen. ,**~·'col·o(u)r** *adj* **1.** a) farblich abweichend, b) nicht lupenrein (*Edelstein*). **2.** nicht (ganz) in Ordnung (*a. unpäßlich*). **3.** zweideutig, schlüpfrig, nicht sa'lonfähig: **~ jokes.** '**~·cut** *s meist pl* Rest *m.* **~s from a factory** Fabrikreste.

**of·fence,** *Am.* **of·fense** ['ɒfens] *s* **1.** *allg.* Vergehen *n,* Verstoß *m* (**against** gegen). **2.** *jur.* a) **criminal** (*od.* **punishable**) ~ Straftat *f,* strafbare Handlung, De'likt *n:* **this is not a penal ~** nicht strafbar, b) a. **lesser** (*od.* **minor**) ~ Über'tretung *f.* **3.** Anstoß *m,* Ärgernis *n,* Kränkung *f,* Beleidigung *f:* **to give ~** Anstoß *od.* Ärgernis erregen (**to** bei); **to take ~** (**at**) Anstoß nehmen (an *dat*), beleidigt *od.* gekränkt sein (durch, über *acc*), (*etwas*) übelnehmen: **he is quick** (*od.* **swift**) **to take ~** er ist schnell beleidigt; **no ~** (**meant** *od.* **intended**) nichts für ungut!, es war nicht bös gemeint!; **no ~** (**taken**) (ist) schon gut!; **an ~ against good taste** e-e Beleidigung des guten Geschmacks; **this is an ~ to the eye** das beleidigt das Auge. **4.** Angriff *m,* Aggressi'on *f:* **arms of ~** Angriffswaffen; **~ is the best defence** Angriff ist die beste Verteidigung. **5.** *bes.* **rock of ~** *Bibl.* Stein *m* des Anstoßes. **of·fence·less,** *Am.* **of·fense·less** *adj* harmlos.

**of·fend** [ə'fend] **I** *v/t* **1.** verletzen, beleidigen, kränken, *j-m* zu nahe treten: **to be ~ed at** (*od.* **by**) **s.th.** sich durch etwas beleidigt fühlen; **to be ~ed with** (*od.* **by**) **s.o.** sich durch j-n beleidigt fühlen; **to ~ s.o.'s delicacy** j-s Zartgefühl verletzen; **it ~s his sense of hono(u)r** es verletzt sein Ehrgefühl; **it ~s the eye** (**ear**) es beleidigt das Auge (Ohr). **2.** *Bibl. j-m* ein Stein des Anstoßes sein: **if thy right eye ~ thee** wenn dich dein rechtes Auge ärgert. **3.** *obs.* a) sündigen gegen, b) sich vergehen an (*dat*). **II** *v/i* **4.** verletzen, beleidigen, kränken. **5.** Anstoß erregen. **6.** (**against**) sündigen (an *dat,* gegen), sich vergehen (an *dat*), verstoßen (gegen). **of·fend·ed·ly** [-ɪdlɪ] *adv* verletzt, belei-

digt, *bes.* in beleidigtem Ton. **of·fend·er** *s* **1.** Übel-, Missetäter(in). **2.** *jur.* Straffällige(r *m*) *f:* **first ~** nicht Vorbestrafte(r *m*) *f,* Ersttäter(in); **habitual** (*od.* persistent) ~ Gewohnheitsverbrecher *m;* **second ~** Vorbestrafte(r *m*) *f.* **of·fend·ing** *adj* **1.** verletzend, beleidigend, kränkend. **2.** anstößig.

**of·fense, of·fense·less** *Am. für* offence, offenceless.

**of·fen·sive** [ə'fensɪv] **I** *adj* (*adv* ~**ly**) **1.** beleidigend, anstößig, anstoß- *od.* ärgerniserregend, ungehörig: ~ **words**; **they got ~** sie wurden ausfallend. **2.** unangenehm, übel, 'widerwärtig, ekelhaft: **an ~ smell**; ~ **mood** üble Laune. **3.** angreifend, offen'siv: ~ **war** Angriffs-, Offensivkrieg *m*; ~ **reconnaissance** *mil.* bewaffnete Aufklärung; ~ **weapons** *mil.* Angriffswaffen; ~ **play** *sport* Angriffs-, Offensivspiel *m.* **II** *s* **4.** Offen'sive *f:* a) Angriff *m:* **to take the ~** die Offensive ergreifen, zum Angriff übergehen; **the ~ is the safest defence** (*Am.* **defense**) Angriff ist die beste Verteidigung, b) *fig.* Kam'pagne *f,* Bewegung *f:* **peace ~.** **of·fen·sive·ness** *s* **1.** (*das*) Beleidigende, Anstößigkeit *f.* **2.** 'Widerwärtigkeit *f.*

**of·fer** ['ɒfə(r); *Am. a.* 'ɑf-] **I** *v/t* **1.** anbieten: **to ~ s.o. a cigarette**; **to ~ battle to** e-e Schlacht anbieten (*dat*), sich *dem Feind* zur Schlacht stellen; **to ~ violence** gewalttätig werden (**to** gegenüber); → **insult** 2, **resistance** 1. **2.** a) *econ.* Ware anbieten, offe'rieren: **to ~ for sale** zum Verkauf anbieten; ~**ed price** (*Börse*) Briefkurs *m,* b) *econ.* **~n Preis,** **~e** Summe bieten, c) *Preis, Belohnung* aussetzen. **3.** vorbringen, äußern: **to ~ an opinion** *a.* sich äußern; **he ~ed no apology** er brachte keine Entschuldigung vor. **4.** (*dar*)bieten: **the search ~ed some difficulties** die Suche bot einige Schwierigkeiten; **no opportunity ~ed itself** es bot sich keine Gelegenheit; **this window ~s a fine view** von diesem Fenster hat man e-e schöne Aussicht. **5.** sich bereit erklären, sich erbötig machen (**to** do zu tun). **6.** Anstalten machen (*od.* sich anschicken) (**to** do zu tun): **he did not ~ to defend himself** er machte keine Anstalten, sich zu wehren. **7.** *ped.* (*als Prüfungsfach*) wählen. **8.** *oft* ~ **up** a) *ein Opfer, Gebet, Geschenk* darbringen, b) *Tiere* opfern (**to** *dat*).
**II** *v/i* **9.** sich (*dar*)bieten: **no opportunity ~ed** es ergab sich keine Gelegenheit. **10.** *relig.* opfern.
**III** *s* **11.** *allg.* Angebot *n,* Anerbieten *n:* ~ **of assistance** Unterstützungsangebot; **she's had an ~** (**of marriage**) sie hat e-n (Heirats)Antrag bekommen. **12.** *econ.* a) (An)Gebot *n,* Of'fert(e *f*) *n:* **an ~ for sale** ein Verkaufsangebot; **on ~** zu verkaufen, käuflich; **£200 or near ~** Verhandlungsbasis, b) *Börse:* Brief. **13.** Vorbringen *n:* ~ **of a suggestion. 14.** Vorschlag *m.* **15.** *obs.* Versuch *m,* Anstalten *pl.*

'**of·fer·er** *s* **1.** Anbietende(r *m*) *f.* **2.** *relig.* Opfernde(r *m*) *f.* '**of·fer·ing** *s* **1.** *relig.* a) Opfern *n,* Darbringung *f,* b) (*dargebrachtes*) Opfer: **bloody** (**bloodless**) ~ (un)blutiges Opfer. **2.** *bes. relig.* Spende *f,* Gabe *f.* **3.** → **offer** 11. **of·fer·to·ry** ['ɒfə(r)tərɪ; *Am.* -ˌtɔːri:; -ˌtɔː-; *a.* 'ɑf-] *s relig.* **1.** *meist* O~ Offer'torium *n:* a) *R.C.* Opferung *f* (*von Brot u. Wein*), b) Opfergebet *n od.* -gesang *m.* **2.** Kol'lekte *f,* Geldsammlung *f.* **3.** Opfer(geld) *n.*

,**off'·'face** *adj* stirnfrei (*Damenhut*). '**~-ˌfla·vo(u)r** *s* Geschmacksabweichung *f,* (unerwünschter) Beigeschmack. '**~-grade** *adj* von minderer Quali'tät, von

niederer Sorte, Ausfall... ,**~·'hand I** *adv* **1.** aus dem Stegreif *od.* Kopf, auf Anhieb, (so) ohne weiteres: **I could not say ~. II** *adj* **2.** unvorbereitet, improvi'siert, Stegreif...: **an ~ speech. 3.** lässig (*Art etc*), 'hingeworfen (*Bemerkung*): **to be ~ about s.th.** a) über etwas hinweggehen, b) etwas leichtnehmen. **4.** freihändig: ~ **shooting** stehend freihändiges Schießen. ,**~·'hand·ed** *adj* (*adv* ~**ly**) → offhand II. ,**~·'hand·ed·ness** *s* Lässigkeit *f.*

**of·fice** ['ɒfɪs; *Am. a.* 'ɑfəs] *s* **1.** Bü'ro *n,* Dienststelle *f,* Kanz'lei *f,* Kon'tor *n,* Amt *n,* Geschäfts-, Amtszimmer *n od.* -gebäude *n:* **lawyer's ~** (Rechts)Anwaltskanzlei, -büro. **2.** Behörde *f,* Amt *n,* Dienststelle *f:* **the ~ of the Court** *jur.* die Geschäftsstelle des Gerichts. **3.** *meist* O~ Mini'sterium *n,* (Ministeri'al)Amt *n* (*bes. in Großbritannien*): **Foreign O~** *Br.* Außenministerium; **O~ of Education** Unterrichtsbehörde *f* (*in USA*). **4.** *bes. econ.* Zweigstelle *f,* Fili'ale *f:* **our Liverpool ~. 5.** *econ.* (*bes.* Versicherungs)Gesellschaft *f.* **6.** (*bes.* öffentliches *od.* staatliches) Amt, Posten *m:* **to enter upon an ~** ein Amt antreten; **to be in ~** a) im Amt sein, b) an der Macht sein (*Regierung*); **to hold an ~** ein Amt bekleiden *od.* innehaben; **to leave** (*od.* **resign**) **one's ~** zurücktreten, sein Amt niederlegen; **to take ~** sein Amt antreten *od.* übernehmen. **7.** Funkti'on *f* (*a. e-r Sache*), Aufgabe *f,* Pflicht *f:* **it is my ~ to advise him** es ist m-e Aufgabe, ihn zu beraten. **8.** Dienst *m,* Gefälligkeit *f:* **to do s.o. a good** (**bad**) ~ j-m e-n guten (schlechten) Dienst erweisen; → **good offices. 9.** Ehrendienst *m,* Ehre *f:* **to perform the last ~s to** e-m Toten die letzte Ehre erweisen. **10.** *relig.* a) Gottesdienstordnung *f,* Litur'gie *f,* b) Gottesdienst *m:* **O~ of Baptism** Taufgottesdienst. **11.** *a.* **divine ~** *relig.* Bre'vier *n:* **to say ~** das Brevier beten. **12.** *relig.* a) Abend- *od.* Morgengebet *n* (*in der anglikanischen Kirche*), b) In'troitus *m,* c) Messe *f.* **13.** *pl bes. Br.* Wirtschaftsteil *m,* -raum *m od.* -räume *pl od.* -gebäude *n od. pl:* **the ~s of an estate. 14.** *colloq.* Ab'ort *m,* Klo *n.* **15.** *sl.* Tip *m:* **to give s.o. the ~** j-m e-n Tip geben; **to take the ~** e-n Tip befolgen.

**of·fice| ac·tion** *s* (Prüfungs)Bescheid *m* (*des Patentamtes*). '**~·ˌbear·er** *s* Amtsinhaber(in). ~ **block** *s* Bü'rogebäude *n,* -haus *n.* ~ **build·ing** *s* Bü'rogebäude *n,* -haus *n.* ~ **clerk** *s* Bü'roangestellte(r *m*) *f,* Handlungsgehilfe *m.* ~ **cli·mate** *s* Betriebsklima *n.* ~ **com·plex** *s* Bü'rokomˌplex *m,* -block *m.* ~ **e·quip·ment** *s* Bü'roeinrichtung *f.* ~ **girl** *s* Bü'rogehilfin *f.* '**~-ˌhold·er** *s* Amtsinhaber(in), (Staats)Beamte(r) *m.* ~ **hours** *s pl* Dienststunden *pl,* Geschäftszeit *f.* ~ **hunt·er** *s* Postenjäger *m.* ~ **job** *s* Bü'roposten *m.*

**of·fi·cer** ['ɒfɪsə(r); *Am. a.* 'ɑf-] **I** *s* **1.** *bes. mil.* Offi'zier *m:* ~ **of the day** Offizier vom (Tages)Dienst; ~ **of the guard** Offizier vom Ortsdienst (OvO); **first ~** (*Handelsmarine*) erster Offizier; ~ **cadet** Fähnrich *m,* Offiziersanwärter *m.* **2.** Poli'zist *m,* Poli'zeibeamte(r) *m:* **O~!** Herr Wachtmeister! **3.** Beamte(r) *m,* Beamtin *f,* Funktio'när(in), Amtsträger(in) (*im öffentlichen od. privaten Dienst*): **public ~** Beamter im öffentlichen Dienst; **O~ of the Household** Haushofmeister *m* (*am englischen Hof*); **O~ of Health** *Br.* Beamter des Gesundheitsdienstes; ~ **of state** Minister *m.* **4.** Vorstandsmitglied *n* (*e-s Klubs, e-r Gesellschaft etc*). **II** *v/t* **5.** *mil.* a) mit Offi'zieren versehen, Offiziere stellen (*dat*), b) e-e *Einheit etc* als Offi'zier

befehligen (*meist pass*): **to be ~ed by** befehligt werden von. **6.** *fig.* leiten, führen.

**Of·fi·cers' Train·ing Corps** *s mil.* *Br.* Offi'ziersausbildungskorps *n (für Angehörige des Mannschaftsstands).*

**of·fice| seek·er** *s bes. Am.* **1.** Stellensuchende(r *m*) *f.* **2.** Postenjäger(in). **~ sup·plies** *s pl* Bü'robedarf *m.* **~ tow·er** *s* Bü'rohochhaus *n.*

**of·fi·cial** [ə'fıʃl] **I** *adj* (*adv* ~ly) **1.** offizi'ell, amtlich, Amts..., Dienst..., dienstlich, behördlich: **~ act** Amtshandlung *f*; **~ business mail** Dienstsache *f*; **~ call** *teleph.* Dienstgespräch *n*; **~ car** Dienstwagen *m*; **~ duties** Amts-, Dienstpflichten; **~ family** *Am.* (*Journalistensprache*) Kabinett *n* des Präsidenten der USA; **~ language** Amtssprache *f*; **~ oath** Amts-, Diensteid *m*; **~ powers** *pl* Amtsgewalt *f*, -vollmacht *f*; **~ residence** Amtssitz *m*; **~ secrecy** Amtsverschwiegenheit *f*; **~ secret** Amts-, Dienstgeheimnis *n*; **~ trip** Dienstreise *f*; **~ use** Dienstgebrauch *m*; → **channel** 7. **2.** offizi'ell, amtlich (bestätigt *od.* autori'siert): **an ~ report; is this ~?** ist das amtlich? **3.** offizi'ell, amtlich (bevollmächtigt): **an ~ representative. 4.** offizi'ell, for'mell, förmlich: **an ~ dinner** ein offizielles Essen; **~ manner** förmliches Benehmen. **5.** *pharm.* offizi'nell. **II** *s* **6.** Beamte(r) *m*, Beamtin *f*: **minor** (**senior, higher**) **~** unterer (mittlerer, höherer) Beamter. **7.** (Ge'werkschafts)Funktio,när(in). **8.** *oft* → **principal** *relig.* Offizi'al *m* (*als Richter fungierender Vertreter des Bischofs*). **of·fi·cial·dom** *s* **1.** Beamtenstand *m*, -tum *n*, (*die*) Beamten *pl.* **2.** → **officialism** 2. **of,fi·cial'ese** [-ʃə'liːz] *s* Amtsdeutsch *n*, Behördensprache *f.* **of·fi·cial·ism** *s* **1.** 'Amtsme,thoden *pl*, behördliches Sy-'stem. **2.** Para'graphenreite,rei *f*, Bürokra'tie *f*, Amtsschimmel *m.* **3.** → **official·dom** 1. **of,fi·ci·al·i·ty** [-ʃɪ'ælətɪ] *s* **1.** offizi'eller *od.* amtlicher Cha'rakter. **2.** *Kirchenrecht:* Offizia'lat *n*: a) bischöfliche Gerichtsbehörde, b) *Amt e-s Offizials.* **of·fi·cial·ize** *v/t* **1.** amtlich machen, amtlichen Cha'rakter geben (*dat*). **2.** reglemen'tieren.

**of·fi·ci·ant** [ə'fıʃıənt] *s* am'tierender Geistlicher.

**of·fi·ci·ar·y** [ə'fıʃıərɪ; *Am.* -, erɪː] *adj* amtlich, offizi'ell.

**of·fi·ci·ate** [ə'fıʃıeɪt] *v/i* **1.** am'tieren, fun'gieren (**as** als): **to ~ as president. 2.** den Gottesdienst leiten: **to ~ at a marriage** e-e Trauung vornehmen.

**of·fic·i·nal** [,ɒfı'saɪnl; ɒ'fɪsɪnl; *Am. a.* ,əfə's-; ə'fɪ-] *pharm.* **I** *adj* **1.** offizi'nell, amtlich anerkannt *od.* zugelassen (*Heilmittel*). **2.** Arznei..., Heil...: **~ drug** → 4 a; **~ herb** → 4 b; **~ plant** → 4 c. **II** *s* **3.** offizi'nelles Heilmittel. **4.** a) Arz'neidroge *f*, b) Heilkraut *n*, c) Heilpflanze *f.* **of·fi·cious** [ə'fıʃəs] *adj* (*adv* ~ly) **1.** aufdringlich, über'trieben diensteifrig. **2.** offizi'ös, halbamtlich: **an ~ statement. 3.** *obs.* gefällig. **of·fi·cious·ness** *s* Aufdringlichkeit *f*, über'triebener Diensteifer.

**of·fing** ['ɒfıŋ; *Am. a.* 'ɔf-] *s mar.* Räumte *f*, Seeraum *m*, offene See (*wo kein Lotse benötigt wird*): **to be in the ~** a) auf offener See sein, b) *fig.* (nahe) bevorstehen, sich abzeichnen, in Sicht sein; **to get the ~** die offene See gewinnen; **to hold out in the ~** See halten; **to keep a good ~ from the coast** von der Küste gut freihalten.

**off·ish** ['ɒfıʃ] *adj colloq.* reser'viert, unnahbar, kühl, steif. **'off·ish·ness** *s colloq.* Reser'viertheit *f*, Unnahbarkeit *f*, ablehnende Haltung.

,**off-l·key** *adj mus.* falsch. **'~·let** *s tech.* Abzugsrohr *n.* **'~·li·cence** *s Br.* **1.** 'Schankkonzessi,on *f* über die Straße. **2.** Wein- u. Spiritu'osenhandlung *f.* **'~-line** *adj Computer:* rechnerunabhängig: **~ processing** Off-line-Verarbeitung *f.* ,**~'load** *v/t fig.* abladen (**on** auf *j-n*). **'~-peak** *adj* abfallend, unter der Spitze liegend, außerhalb der Spitzen(belastungs)zeit: **~ hours** verkehrsschwache Stunden; **~ load** *electr.* Belastungstal *n*; **~ tariff** Nacht(strom)tarif *m.* **~·po·si·tion** *s tech.* Ausschalt-, Nullstellung *f.* '**~·print I** *s* Sonder(ab)druck *m*, Sepa'rat(ab)druck *m* (**from** aus). **II** *v/t* e-n Sonder(ab)druck anfertigen von. '**~·,put·ting** *adj Br. colloq.* a) unangenehm, störend, b) 'unsym,pathisch (*Person, Wesen*). '**~·sale I** *s* Verkauf *m* von Wein u. Spiritu'osen über die Straße. **II** *adj* nur zum Verkauf von Wein u. Spiritu'osen über die Straße berechtigt. '**~·scape** *s* 'Hintergrund *m.* '**~·scour·ing** *s oft pl* **1.** Kehricht *m, n*, Schmutz *m.* **2.** *bes. fig.* Abschaum *m:* **the ~s of humanity.**

**off·set** ['ɒfset] **I** *s* **1.** Ausgleich *m*, Kompensati'on *f:* **as an ~** zum Ausgleich, als Ausgleich (**to** für). **2.** *econ.* Verrechnung *f:* **~ account** Verrechnungskonto *n.* **3.** Aufbruch *m* (*Reise etc*). **4.** *bot.* a) Ableger *m*, b) kurzer Ausläufer. **5.** → **offshoot** 2 *u.* **3. 6.** *print.* a) Offsetdruck *m*, b) Abziehen *n*, Abliegen *n* (*bes. noch feuchten Druckes*), c) Lithographie: Abzug *m*, Pa'trize *f.* **7.** a) *tech.* Kröpfung *f*, b) Bergbau: kurze Sohle, kurzer Querschlag, c) *electr.* (Ab)Zweigleitung *f.* **8.** *surv.* Ordi'nate *f.* **9.** (*Mauer- etc*)Absatz *m.* **10.** *geol.* gangartiger Fortsatz (*von Intrusivkörpern*). **II** *adj* **11.** *print.* Offset...: **~ press** Offsetpresse *f.* **12.** *tech.* versetzt: **~ carrier** *TV* versetzter Träger. **III** *v/t irr* **13.** ausgleichen, aufwiegen, wettmachen: **the gains ~ the losses. 14.** *econ. bes. Am.* a) auf-, verrechnen, b) ausgleichen, kompen'sieren. **15.** *print.* im Offsetverfahren drucken. **16.** *tech.* Rohr, Stange etc kröpfen. **17.** *arch.* e-e Mauer etc absetzen. **IV** *v/i* **18.** (scharf) abzweigen. **~ bulb** *s bot.* Brutzwiebel *f.* **li·thog·ra·phy** → **photo-offset** I. **~ sheet** *s print.* 'Durchschußbogen *m.*

**'off·shoot** *s* **1.** *bot.* Sprößling *m*, Ausläufer *m*, Ableger *m* (*a. fig.*). **2.** Abzweigung *f* (*e-s Flusses, e-r Straße etc*), Ausläufer *m* (*e-s Gebirges*). **3.** *fig.* Seitenzweig *m*, -linie *f* (*e-s Stammbaums etc*). **~·shore I** *adv* **1.** von der Küste ab *od.* her. **2.** in eine Entfernung von der Küste. **II** *adj* **3.** küstennah: **~ fishing; ~ drilling** Off-shore-Bohrung *f.* **4.** ablandig: **~ breeze** Landwind *m.* **5.** Auslands..., im Ausland (getätigt *od.* stattfindend): **~ order** *Am.* Off-shore-Auftrag *m*; **~ purchase** *Am.* Off-shore-Kauf *m.* **~·side I** *s* **1.** *sport* 'Abseits(stellung *f*, -positi,on *f*) *n.* **2.** *mot.* Fahrerseite *f:* **~ door** Fahrertür *f.* **II** *adj u. adv* **3.** *sport* abseits: **to be ~** abseits stehen, **im** Abseits stehen; **~ position** Abseitsstellung *f*, -position *f*; **~ rule** Abseitsregel *f*; **~ trap** Abseitsfalle *f.* '**~·size** *s tech.* Maßabweichung *f.* '**~· spring** *s* **1.** Nachkommen(schaft *f*) *pl.* **2.** *pl* offspring Ab-, Nachkömmling *m*, Nachkomme *m*, Kind *n*, Sprößling *m.* **3.** *fig.* Ergebnis *n*, Frucht *f*, Resul'tat *n.* **~·stage** *adj u. adv* hinter der Bühne, hinter den Ku'lissen (*a. fig.*). '**~·street** *adj* in Nebenstraßen: **~ parking.** '**~·take** *s* **1.** *econ.* a) Abzug *m*, b) Abnahme *f*, Einkauf *m.* **2.** *tech.* Abzug(srohr) *m*, *n.* **~-the-'face** → **off-face.** ,**~-the-'job** *adj* **1.** ('arbeits)theo,retisch: **~ study** Arbeitsstudie *f.* **2.** entlassen, arbeitslos. **~-the-'peg** *adj bes. Br.*, **~-the-'rack**

*adj* von der Stange, Konfektions...: **~ suit.** ,**~-the-'rec·ord** *adj* nicht für die Öffentlichkeit bestimmt, 'inoffizi,ell. ,**~-the-'road** *adj mot.* Gelände...: **~ operation** Geländefahrt *f.* ,**~-the-'shelf** *adj* Standard...: **~ accessories.** ,**~-the-'shoul·der** *adj* trägerlos, schulterfrei: **~ dress.** ,**~-the-'wall** *Am. sl.* **I** *adj* ungewöhnlich, ,komisch': **~ questions. II** *adv* ,irre': **~ funny.** ,**~'type** *adj* untypisch, abweichend. ,**~-'white** *adj* gebrochen weiß. **~ year** *s* **1.** schlechtes Jahr. **2.** *pol. Am.* Jahr, *in dem keine Wahlen auf nationaler Ebene, bes. keine Präsidentschaftswahlen stattfinden.*

**oft** [ɒft] *adv obs. od. poet.* oft: **many a time and ~** oft (*nicht obs. in Zssgn wie*) **~-told** oft erzählt; **~-recurring** oft wiederkehrend.

**of·ten** ['ɒfn; 'ɒftən] **I** *adv* oft(mals), häufig: **~ and ~, as ~ as not, ever so ~** sehr oft; **more ~ than not** meistens. **II** *adj obs.* häufig. **'~·times, ~·'oft·times** *adv obs. od. poet.* oft(mals).

**og·am** → **ogham.**

**o·gee** ['əʊdʒiː] *s* **1.** S-Kurve *f*, S-förmige Linie. **2.** *arch.* a) Kar'nies *n*, Glockenfuß *f*, b) a. **~ arch** Eselsrücken *m* (*Bogenform*).

**og·ham** ['ɒgəm; *Am.* 'əʊəm; 'ɑgəm] *s* **1.** Og(h)am(schrift *f*) *n* (*altirische Schrift*). **2.** Og(h)aminschrift *f.*

**o·give** ['əʊdʒaɪv] *s* **1.** *arch.* a) diago'nale Gratrippe (*e-s gotischen Gewölbes*), b) Spitzbogen *m.* **2.** *mil.* Geschoßkopf *m:* **false ~** Geschoßhaube *f.* **3.** *Statistik:* Häufigkeitsverteilungskurve *f.*

**o·gle** ['əʊgl] **I** *v/t* **1.** liebäugeln mit, *j-m* ,Augen machen'. **2.** beäugen, ,anlinsen'. **II** *v/i* **3. ~ at** liebäugeln mit, *j-m* ,Augen machen'. **III** *s* **4.** verliebter *od.* liebäugelnder Blick.

**o·gre** ['əʊgə(r)] *s* **1.** Oger *m*, (menschenfressendes) Ungeheuer, *bes.* Riese *m* (*im Märchen*). **2.** Scheusal *n*, Ungeheuer *n*, Unmensch *m.* **'o·gre·ish** [-gərıʃ] *adj* mörderisch, schrecklich. **'o·gress** [-grıs] *s* Menschenfresserin *f*, Riesin *f* (*im Märchen*). **'o·grish** [-grıʃ] → **ogreish.**

**oh** [əʊ] **I** *interj* oh! **II** *s* Oh *n.*

**oh·dee** [,əʊ'diː] *v/i sl.* an e-r 'Überdosis (*Rauschgift*) sterben.

**O·hi·o·an** [əʊ'haɪəwən] **I** *adj* Ohio..., aus O'hio. **II** *s* Einwohner(in) von O'hio.

**ohm** [əʊm] *s electr.* Ohm *n* (*Einheit des elektrischen Widerstands*). **'ohm·age** *s* Ohmzahl *f.* **'ohm·ic** *adj* ohmsch(er, e, es), Ohmsch(er, e, es): **~ resistance** Ohmscher Widerstand. **ohm·me·ter** ['əʊm,miːtə(r)] *s electr.* Ohmmeter *n.* **Ohm's Law** [əʊmz] *s phys.* Ohmsches Gesetz.

**o·ho, o(h) ho** [əʊ'həʊ] *interj* **1.** (*überrascht*) o'ho! **2.** (*frohlockend*) ah!, a'ha!

**-oid** [ɔɪd] Wortelement *mit der Bedeutung* ähnlich: **spheroid** Sphäroid *n.*

**oil** [ɔɪl] **I** *s* **1.** Öl *n:* **to pour ~ on the fire** (*od.* **flames**) *fig.* Öl ins Feuer gießen; **to pour ~ on the waters** (*od.* **on troubled waters**) *fig.* Öl auf die Wogen gießen *od.* schütten, die Gemüter beruhigen; **to smell of ~** *fig.* mehr Fleiß als Geist *od.* Talent verraten; **to strike ~** a) Erdöl finden, auf Öl stoßen, b) *colloq.* Glück *od.* Erfolg haben, a. fündig werden; **~ and vinegar** (wie) Feuer u. Wasser; → **midnight** II. **2.** *meist pl* Ölfarbe *f:* **to paint in ~s** in Öl malen. **3.** *meist pl* Ölgemälde *n.* **4.** *meist pl* Ölzeug *n*, -haut *f.* **II** *v/t* **5.** *tech.* (ein)ölen, einfetten, schmieren: **to ~ one's tongue** *fig.* schmeicheln; **to ~ the wheels** *fig.* für e-n reibungslosen Ablauf sorgen; → **palm¹** I.

**oil| bag** *s* **1.** *zo.* Fettdrüse *f.* **2.** Ölpreß-

beutel *m.* ~ **bath** *s tech.* Ölbad *n:* ~
lubrication Tauchschmierung *f.* ~
-**bear·ing** *adj geol.* ölhaltig, ölführend.
'~**berg** *s* 1. *mar.* Riesentanker *m.*
2. Ölteppich *m.* ~ **box** *s tech.* Schmier-
büchse *f.* ~ **brake** *s mot.* Öldruckbremse
*f.* '~**break switch** *s electr.* Öl(trenn)-
schalter *m.* ~ **burn·er** *s tech.* Ölbrenner
*m.* '~-**burn·ing** *adj* Öl...(-*lampe etc*). ~
**cake** *s* Ölkuchen *m.* '~**can** Ölkanne *f,*
Ölkännchen *n.* ~ **change** *s mot.* Öl-
wechsel *m:* **to do an** ~ e-n Ölwechsel
machen. '~**cloth** *s* 1. Wachstuch *n,*
-leinwand *f.* 2. → oilskin. ~ **col·o(u)r** *s*
Ölfarbe *f.* ~ **cri·sis** *s irr econ.* Ölkrise *f.*
'~**cup** *s tech.* Öler *m,* Schmierbüchse *f.* ~
**der·rick** *s* Derrick *m (Öl-Bohrturm).* ~
**dip·stick** *s mot.* Ölmeßstab *m.* ~ **drum**
*s* Ölfaß *n.*

**oiled** [ɔɪld] *adj* 1. (ein)geölt: → **wheel**
1. 2. *bes.* well ~ *colloq.* (ziemlich) ,an-
gesäuselt'.

**oil·er** ['ɔɪlə(r)] *s* 1. *mar. tech.* Öler *m,*
Schmierer *m (Person od. Vorrichtung).*
2. *tech.* Öl-, Schmierkanne *f.* 3. *pl Am.*
*colloq. für* oilskin 2. 4. Ölquelle *f.* 5. *mar.*
(Öl)Tanker *m.*

**oil‖feed·er** *s tech.* 1. Selbstschmierer *m,*
-öler *m.* 2. *mot.* Spritzkännchen *n.* '~-
**field** *s* Ölfeld *n.* ~ **fill·er tube** *s tech.*
Öleinfüllstutzen *m.* ~ **fil·ter** *s tech.* Öl-
filter *m, n.* '~-**fired** *adj* ölbetrieben, Öl...:
~ **central heating** Ölzentralheizung *f.* ~
**fu·el** *s* 1. Heiz-, Brennöl *n.* 2. Treiböl *n,*
Öltreibstoff *m.* ~ **gage** → oil gauge. ~
**gas** *s* Ölgas *n.* ~ **gauge** *s tech.* Ölstands-
anzeiger *m.* ~ **gland** *s orn.* Öl-, Bürzel-
drüse *f.*

**oil·i·ness** ['ɔɪlɪnɪs] *s* 1. ölige Beschaf-
fenheit, Fettigkeit *f,* Schmierfähigkeit *f.*
2. *fig.* Glattheit *f,* aalglattes Wesen. 3. *fig.*
salbungsvolles *od.* schmeichlerisches
Wesen.

**oil‖lamp** *s* Öl-, Pe'troleumlampe *f.* ~
**lev·el** *s mot.* Ölstand *m.* '~-**man** [-mən]
*s irr* 1. Unter'nehmer *m* in der Öl-
branche. 2. Ölhändler *m.* 3. Arbeiter *m* in
e-r 'Ölfa,brik. 4. Öler *m,* Schmierer *m.* ~
**meal** *s* gemahlener Ölkuchen. ~ **mill** *s*
Ölmühle *f.* ~ **nut** *s bot.* 1. *allg.* Ölnuß *f.*
2. Fettnuß *f.* 3. *Am.* Butternuß *f.* ~ **paint**
*s* Ölfarbe *f.* ~ **paint·ing** *s* 1. Ölmale'rei *f.*
2. Ölgemälde *n:* **she's no** ~ *colloq.* sie ist
keine strahlende Schönheit. 3. *tech.* Öl-
anstrich *m.* ~ **palm** *s bot.* Ölpalme *f.* ~
**pan** *s mot.* Ölwanne *f.* '~-**pa·per** *s* 'Öl-
pa,pier *n.* '~-**pro,duc·ing coun·try** *s*
Ölförderland *n.* '~-**proof** *adj bes. tech.*
ölbeständig, öldicht, 'öl,un,durchlässig. ~
**pump** *s tech.* Ölpumpe *f.* ~ **re·fin·ing** *s*
1. 'Ölraffi,nierung *f.* 2. *a.* '~-**plant** 'Ölraf-
fine,rie *f.* ~ **res·er·voir** *s* Ölvorkommen
*n,* ölführende Schicht. ~ **rig** *s* (Öl)Bohr-
insel *f.* ~ **ring** *s tech.* Öldichtungsring *m,*
Schmierring *m:* ~ **bearing** Ringschmier-
lager *n.* ~ **seal** *s tech.* 1. Öldichtung *f.* 2. *a.*
~ **ring** Simmerring *m.* '~-**sealed** *adj*
öldicht. ~ **sheik(h)** *s* Ölscheich *m.* '~-
**skin** *s* 1. Öltuch *n,* Ölleinwand *f.* 2. *pl*
Ölzeug *n,* Ölkleidung *f.* ~ **slick** *s* 1. *tech.*
Ölschlick *m.* 2. Ölteppich *m (auf der*
*Wasseroberfläche etc).* ~ **spring** *s tech.*
(natürliche) Ölquelle. '~-**stock** *s relig.*
Am'pulle *f (Chrisma-Gefäß).* '~-**stone** *s*
*tech.* Ölstein *m.* '~-**stove** *s* Ölofen *m.* ~
**sump** *s mot.* Ölwanne *f.* ~ **switch** *s tech.*
Ölschalter *m.* ~ **tank·er** *s mar.* (Öl)Tan-
ker *m.* '~-**tight** *adj tech.* öldicht. ~ **tree** *s*
*bot.* 1. Wunderbaum *m.* 2. → oil palm. ~
**var·nish** *s* Öllack *m.* ~ **well** *s* Ölquelle *f.*

**oil·y** ['ɔɪlɪ] *adj* 1. ölig, ölhaltig, Öl...
2. fettig, schmierig, schmutzig. 3. *fig.*
glatt(züngig), aalglatt, schmeichlerisch.
4. salbungsvoll, ölig.

**oint·ment** ['ɔɪntmənt] *s pharm.* Salbe *f.*

---

**Oir·each·tas** ['erəkθəs; 'erəx-] *s Ir.*
1. gesetzgebende Körperschaft von Eire.
2. jährliches Fest zur Pflege der irischen
Sprache in Irland.

**o·jo** ['oxo] *(Span.) s (Südwesten der USA)*
1. *a.* ~ **caliente** heiße Quelle. 2. *(Art)*
O'ase *f.*

**O.K., OK, o·kay** [,əʊ'keɪ] *colloq.* I *adj*
1. richtig, gut, genehmigt, in Ordnung.
2. ,prima', erstklassig: **he is** ~ er ist ,in
Ordnung' *od.* ,richtig'. II *interj* 3. ge-
macht!, einverstanden!, schön!, gut!, in
Ordnung!, O. K.!, o. k.! III *v/t* 4. geneh-
migen, billigen, e-r Sache zustimmen.
IV *s* 5. Zustimmung *f,* Genehmigung *f:*
**to give one's** ~ zustimmen.

**oke** [əʊk] → O.K. I.

**o·key-doke** ['əʊkɪdəʊk; *Am.* ,əʊkɪ'dəʊk],
,**o·key-'do·key** [,-'dəʊkɪ] → O.K.

**o·kie** ['əʊkɪ] *s Am.* 1. landwirtschaftlicher
Wanderarbeiter, ursprünglich aus Okla-
homa. 2. *sl. (Spitzname für e-n)* Bewohner
von Okla'homa.

**o·kra** ['əʊkrə] *s* 1. *bot.* Eßbarer Ei-
bisch, Rosenpappel *f,* Gumbo *m.* 2. →
gumbo 2.

**old** [əʊld] I *adj comp* **old·er** ['əʊldə(r)], *a.*
**eld·er** ['eldə(r)], *sup* **old·est** ['əʊldɪst],
*a.* **eld·est** ['eldɪst] 1. alt, betagt: **to grow**
~ alt werden; **you're only as** ~ **as you**
**feel** man ist nur so alt, wie man sich
fühlt; ~ **moon** abnehmender Mond; ~
**people's home** Alters-, Altenheim *n;* ~
**hill** 1, **young** 1. **zehn Jahre etc** alt: **ten**
**years** ~; **a ten-year-**~ **boy** ein zehnjäh-
riger Junge; **five-year-**~**s** Fünfjährige
*pl.* 3. alt('hergebracht): ~ **tradition; an** ~
**name** ein altbekannter Name. 4. ver-
gangen, früher, alt: **to call up** ~
**memories** alte Erinnerungen wachru-
fen; **the** ~ **country** die *od.* s-e alte Hei-
mat; **the** ~ **year** das alte *od.* vergangene
Jahr; **the good** ~ **times** die gute alte
Zeit; **O**~ **London** Alt-London *n.* 5. alt
(-bekannt, -bewährt): **an** ~ **friend;** →
**old boy, old master,** *etc.* 6. alt, abge-
nutzt, verbraucht: ~ **equipment;** ~
**clothes** alte *od.* (ab)getragene Kleider.
7. alt(modisch), *fig.* ,verkalkt': ~ **fog(e)y**
*sl.* alter Knacker. 8. alt(erfahren), ge-
wiegt, gewitz(ig)t: ~ **bachelor** einge-
fleischter Junggeselle; **he is** ~ **in crime**
**(folly)** er ist ein abgefeimter Verbrecher
(unverbesserlicher Tor); ~ **offender** al-
ter Sünder; → **hand** 12. 9. alt, ältlich,
altklug: **an** ~ **face; he has an** ~ **head on**
**young shoulders** er ist gescheit für sein
Alter. 10. *colloq.* (guter) alter, lieber: ~
**chap; nice** ~ **boy** ,netter alter Knabe';
**bean,** ~ **egg,** ~ **fellow,** ~ **fruit,** ~ **thing,** ~
**top** *Br. sl.* ,altes Haus', ,alter Schwede',
,alter Knabe'; ~ **lady** a) ,alte Dame'
*(Mutter),* b) *a.* ~ **woman** ,Alte' *f (Ehe-*
*frau);* b) *od.* ~ **man.** 11. *colloq. (verstär-*
*kend)* **to have a fine** ~ **time** sich köstlich
amüsieren; **a jolly** ~ **row** ein ,Mords-
krach' *m;* **any** ~ **thing** irgend etwas
*(gleichgültig was);* **I can use any** ~ **thing**
ich hab' für alles Verwendung; **come**
**any** ~ **time** komm, wann es dir gerade
paßt; **any** ~ **how** a) ganz egal wie, b)
achtlos.
II *s* 12. **the** ~ *pl* die Alten *pl.* 13.
*adjektivisch od. adverbial:* **of** ~ a) ehedem,
vor alters, b) von jeher; **from of** ~ seit
altersher; **times of** ~ alte Zeiten.

**old‖age** *s* (hohes) Alter: **in one's** ~ auf
s-e alten Tage. '~-**age** *adj* Alt..., Alters...:
~ **insurance** Altersversicherung *f;* ~
**pension** (*Am. a.* **benefit**) (Alters)Rente
*f,* Pension *f,* Ruhegeld *n;* ~ **pensioner**
(Alters)Rentner(in), Pensionär(in), Ru-
hegeldempfänger(in). **O**~ **Bai·ley** ['beɪ-
lɪ] *s* Old Bailey *(oberster Strafgerichtshof*
*Großbritanniens).* ~ **boy** *s* 1. *Br.* ehemali-

---

ger Schüler, Ehemalige(r) *m:* ~ **network**
*colloq.* Bevorzugung von ehemaligen Mit-
schülern *od.* Kommilitonen bei der Ver-
gabe von Posten etc. 2. *colloq.* ,alter
Junge'. **O**~ **Cath·o·lic** I *s* 'Altkatho-
,lik(in). II *adj* 'altka,tholisch. '~-
-**'clothes·man** [-mæn] *s irr* Altkleider-
händler *m.* **O**~ **Do·min·ion** *s (Beiname*
*für)* Vir'ginia *n.*

**old·en** ['əʊldən] *Br. obs. od. poet.* I *adj*
alt: **in** ~ **days** (*od.* **times**) in alten
Zeiten. II *v/t u. v/i* alt machen (wer-
den).

**Old Eng·lish** *s ling.* Altenglisch *n,* das
Altenglische *(etwa 450–1150).*

,**old-es'tab·lished** *adj* alteingesessen
*(Firma etc),* alt *(Brauch etc).*

**old·e·world·e** [,əʊldɪ'wɜːldɪ; *Am.*
-'wɜr-] *adj* 1. auf alt gemacht *od.* ,ge-
trimmt'. 2. → old-world.

'**old‖fan·gled** *adj contp.* altmodisch. ,~-
-**'fash·ioned** I *adj* 1. altmodisch: ~
**ideas; an** ~ **butler** ein Butler der alten
Schule. 2. altklug *(Kind).* 3. *Br. colloq.*
miß'billigend *(Blick):* **she gave him an**~
**look** sie sah ihn mißbilligend an, sie warf
ihm e-n mißbilligenden Blick zu. II *s* 4.
*Am.* (ein) Cocktail *m.* ,~-'**fo·g(e)y·ish**
*adj* altmodisch, ,verknöchert', ,verkalkt'.
~ **girl** *s* 1. *Br.* ehemalige Schülerin.
2. *colloq.* ,altes Mädchen'. **O**~ **Glo·ry** *s*
*(Beiname für)* das Sternenbanner *(Flagge*
*der USA).* ~ **gold** *s* Altgold *n (Farbton).*
**O**~ **Guard** *s* 1. *hist. die kaiserliche Garde*
*in Frankreich (begründet von Napoleon I.).*
2. ,alte Garde': a) *Am. der ultrakonserva-*
*tive Flügel der Republikaner,* b) *allg.*
*streng konservative Gruppe.* ~ **hat** *s*
*colloq.* ,ein alter Hut': **that's** ~! *a.* das
hat so'n Bart! **O**~ **Hick·o·ry** *s (Spitz-*
*name für)* Andrew Jackson *(Präsident der*
*USA von 1829–37).* **O**~ **High Ger·man**
*s ling.* Althochdeutsch *n,* das Althoch-
deutsche. **O**~ **Ice·lan·dic** *s ling.* Alt-
isländisch *n,* das Altisländische.

**old·ie** ['əʊldɪ] *s colloq.* 1. Oldie *m (alter*
*Schlager).* 2. ,alte Ka'mellen' *pl,* alter
Witz.

**old·ish** ['əʊldɪʃ] *adj* ältlich.

**Old‖La·dy of Thread·nee·dle**
**Street** *s* [θred'niːdl] *s (Spitzname für die)*
Bank von England. ~ **Lat·in** *s ling.*
'Altla,tein *n,* das 'Altla,teinische. ~
**Light** *s bes. relig.* Konserva'tive(r *m) f.*
'**old‖line** *adj* 1. der alten Schule an-
gehörend, konserva'tiv. 2. alt'herge-
bracht, traditio'nell. 3. e-r alten Linie
entstammend. ~ **maid** *s* 1. alte Jungfer.
2. *colloq.* altjüngferliche Per'son. 3. *ein*
*Kartenspiel.* 4. *bot.* Rosenrotes Singrün.
,~-'**maid·ish** *adj* altjüngferlich. ~ **man**
*s irr* 1. *colloq.* a) ,Alte(r)' *m (Vater, Ehe-*
*mann):* **my** ~ mein alter Herr *(Vater),*
b) *(der)* Alte' *(der Chef od. mar. der*
*Kapitän),* c) ,Alter!', ,alter Junge!' *(ver-*
*trauliche Anrede).* 2. alter Mann, Greis *m.*
3. *the* ~ *relig.* der Alte Adam. 4. *Austral.*
*colloq.* ausgewachsenes männliches Kän-
guruh. 5. *orn.* Regenkuckuck *m.* **O**~
**Man Riv·er** *s (Beiname für den)*
Missis'sippi. ~ **man's head** *s bot.* Grei-
senhaupt *n (Kaktus).* ~ **mas·ter** *s paint.*
alter Meister *(Künstler od. Gemälde).* **O**~
**Nick** → Nick[1] 2. **O**~ **Norse** *s ling.*
1. Altnordisch *n,* das Altnordische.
2. → Old Icelandic. **O**~ **Pre·tend·er** *s*
*hist.* der Präten'dent *(Jakob Eduard,*
*Sohn Jakobs II. von England).* '~-**rose** *adj*
altrosa. **O**~ **Sax·on** *s ling.* Altsächsisch *n,*
das Altsächsische. ~ **school** *s fig.* alte
Schule: **a gentleman of the** ~ ein Herr
der alten Schule. '~-**school** *adj* nach der
alten Schule, altmodisch. ~ **school tie**
→ school tie.

**old·ster** ['əʊldstə(r)] *s* 1. *colloq.* ,alter

Knabe', alter Herr: the ~s *sport* die alten Herren, die Senioren. **2.** *mar. Br.* (*schon 4 Jahre dienender*) 'Seeka,dett. **3.** *colloq.* ,alter Hase'.

**old| style** *s* **1.** Zeitrechnung *f* nach dem Juli'anischen Ka'lender (*in England bis 1752*). **2.** *print.* Mediä'val(schrift) *f.* **O.- Tes·ta·ment** *s Bibl.* (*das*) Alte Testa-'ment. **'~-time** *adj* aus alter Zeit, alt: the ~ sailing ships. ,~-'**tim·er** *s colloq.* **1.** → oldster 1 *u.* 3. **2.** altmodische Per'son *od.* Sache. **~ wives' tale** *s* Alt-'weibergeschichte *f*, Ammenmärchen *n.* ,~-'**wom·an·ish** *adj* alt'weiberhaft. **O.- World** *s* **1.** (*die*) Alte Welt (*Europa, Asien u. Afrika*). **2.** (*die*) östliche Hemi-'sphäre. ,~-'**world** *adj* **1.** altertümlich, anheimelnd, malerisch (*Städtchen etc*). **2.** altertümlich, alt (*Inschrift etc*). **3.** alt, an'tik (*Einrichtung etc*). **4.** altmodisch, über'holt, 'unmo,dern.

**o·le·ag·i·nous** [,əʊli'ædʒɪnəs] *adj* **1.** öl-artig, ölig, Öl...). **2.** ölhaltig.

**o·le·an·der** [,əʊli'ændə(r); *Am. a.* 'əʊlɪ,æ-] *s bot.* Ole'ander *m.*

**o·le·as·ter** [,əʊli'æstə(r); *Am. a.* 'əʊlɪ,æ-] *s bot.* **1.** Schmalblättrige Ölweide, Ole-'aster *m*, Wilder Ölbaum.

**o·le·ate** ['əʊliɪt] *s chem.* ölsaures Salz, Olei'nat *n*: ~ **of potash** ölsaures Kali.

**o·le·fi·ant** ['əʊlifaɪənt; əʊ'liːfɪənt] *adj chem.* ölbildend: ~ **gas.**

**o·le·ic** [əʊ'liːɪk] *adj chem.* Ölsäure...: ~ **amide**; ~ **acid** Ölsäure *f.*

**o·le·in** ['əʊlɪɪn] *s chem.* **1.** Ole'in *n*, Ela'in *n.* **2.** *flüssiger Bestandteil e-s Fettes.* **3.** handelsübliche Ölsäure.

**oleo-** [əʊliəʊ] *Wortelement mit der Bedeutung* Öl...

**o·le·o** ['əʊliəʊ] *pl* **-os** *colloq. für* oleo-margarine.

**o·le·o·graph** ['əʊliəʊɡrɑːf; *Am.* -,ɡræf] *s* Öldruck *m* (*Bild*). **o·le·og·ra·phy** [,əʊ-lɪ'ɒɡrəfɪ; *Am.* -'ɑɡ-] *s tech.* Öldruck(ver-fahren *n*) *m.*

,**o·le·o·'mar·ga·rin(e)** *s bes. Am.* Mar-ga'rine *f.*

**o·le·om·e·ter** [,əʊli'ɒmɪtə(r); *Am.* -'ɑm-] *s* Ölmesser *m*, Ölwaage *f.*

,**o·le·o·'res·in** *s chem.* Oleore'sin *n*, Fett-harz *n*, Terpen'tin *n.*

**o·le·o strut** *s aer.* Ölfederbein *n*, hy-'draulischer Stoßdämpfer.

**ol·er·a·ceous** [,ɒlə'reɪʃəs; *Am.* ,al-] *adj* Gemüse...: ~ **plants.**

**O lev·el** ['əʊ,levl] *s Br.* **1.** *ped.* (*etwa*) mittlere Reife: **he has three ~s** er hat die mittlere Reife in drei Fächern gemacht. **2.** *colloq. euphem.* O'ralverkehr *m.*

**ol·fac·tion** [ɒl'fækʃn; *Am.* al-] *s* **1.** Ge-ruchssinn *m.* **2.** Riechen *n.* **ol'fac·to·ry** *adj* Geruchs...: ~ **nerves**; ~ **tubercle** Riechwulst *m.*

**o·lib·a·num** [ɒ'lɪbənəm; *Am.* əʊ-] *s* Weihrauch *m*, Oli'banum *n.*

**ol·id** ['ɒlɪd; *Am.* 'aləd] *adj* übelriechend.

**ol·i·garch** ['ɒlɪɡɑː(r)k; *Am.* 'alɑ-] *s* Olig-'arch *m* (*Mitglied e-r Oligarchie*). ,**ol·i·'gar·chic** *adj* oligar'chisch. **'ol·i·gar·chy** *s* Oligar'chie *f.*

**ol·i·gist** ['ɒlɪdʒɪst; *Am.* 'alə-] *s min.* Häma'tit *m.*

**Ol·i·go·cene** [ɒ'lɪɡəʊsiːn; *Am.* 'alɪɡəʊ-,siːn] *geol.* **I** *adj* oligo'zän. **II** *s* Oligo'zän *n* (*drittälteste Stufe des Tertiärs*).

**ol·i·gop·o·ly** [ɒlɪ'ɡɒpəlɪ; *Am.* ,alə'ɡɑ-] *s econ.* Oligo'pol *n* (*Marktbeherr-schung durch einige wenige Großunter-nehmen*).

**ol·i·gop·so·ny** [ɒlɪ'ɡɒpsənɪ; *Am.* ,alə-'ɡɑ-] *s econ.* Oligop'son *n* (*Vorhandensein nur weniger Nachfrager auf dem Markt*).

**ol·i·go·troph·ic** [ɒlɪɡəʊ'trɒfɪk; *Am.* ,ɑlɪɡəʊ'trəʊfɪk] *adj biol.* oligo'troph, nährstoffarm (*Böden, Gewässer*).

**o·li·o** ['əʊliəʊ] *pl* **-os** *s* **1.** *gastr.* a) Ra'gout *n*, b) → olla[1] 2. **2.** *fig.* Gemisch *n*, Misch-masch *m.* **3.** *mus.* Potpourri *n.* **4.** Sam-melband *m.*

**ol·ive** ['ɒlɪv; *Am.* 'al-] **I** *s* **1.** *a.* ~ **tree** *bot.* O'live *f*, Ölbaum *m*: **Mount of O.-s** *Bibl.* Ölberg *m.* **2.** O'live *f* (*Frucht*): ~ **oil** Olivenöl *n.* **3.** Ölzweig *m.* **4.** O'livgrün *n.* **5.** o'livenförmiger Gegenstand (*z. B. Knopf*). **6.** *anat.* O'live *f*, O'livkörper *m* (*im Gehirn*). **7.** *orn. Br.* Austernfischer *m.* **8.** Fleischröllchen *n*, kleine Rou'lade. **II** *adj* **9.** o'livenartig, Oliven... **10.** o'liv-grau, -grün.

**ol·ive| branch** *s* Ölzweig *m*: a) *Symbol des Friedens*, b) *fig.* Friedenszeichen *n*: **to hold out the ~** s-n Versöhnungs-willen bekunden. '~-**col·o(u)red** *adj* o'liv(en)farben, o'liv(grün). ~ **drab** *s* **1.** O'livgrün *n.* **2.** *Am.* o'livgrünes Uni-'formtuch. ~ **green** *s* O'livgrün *n.*

**ol·i·ver** ['ɒlɪvə(r); *Am.* 'alə-] *s tech.* Tritthammer *m.*

**ol·i·vine** ['ɒlɪviːn; *Am.* 'alə,viːn] *s min.* **1.** → chrysolite. **2.** grüner Gra'nat. ,**ol-i'vin·ic** [-'vɪnɪk] *adj* Olivin...

**ol·la[1]** ['ɒlə; *Am.* 'alə] *s* **1.** irdener Topf, Krug *m.* **2.** Olla po'drida *f* (*stark ge-würztes Eintopfgericht aus Fleisch u. Ge-müse*).

**ol·la[2]** ['ɒlə] *s Br. Ind.* zum Schreiben her-gerichtetes *od.* beschriebenes Palmblatt.

**ol·la po·dri·da** [,ɒləpɒ'driːdə; *Am.* ,alə-pə-] *s* **1.** → olla[1] 2. **2.** → olio 1 a *u.* 2.

**o·lo·gy** ['ɒlədʒɪ; *Am.* 'al-] *s humor.* **1.** Wissenschaftszweig *m.* **2.** Wissens-gebiet *n.*

**ol·y·cook,** *a.* **ol·y·koek** ['ɒlə,kʊk] *s Am. dial.* (*ein*) Schmalzgebäck *n.*

**O·lym·pi·ad** [əʊ'lɪmpiæd; əʔl-] *s* **1.** *antiq.* Olympi'ade *f* (*Zeitraum von 4 Jahren zwischen zwei Olympischen Spie-len*). **2.** O'lympische Feier. **3.** Olympi'ade *f*, O'lympische Spiele *pl.* **4.** (*Schach-etc*)Olympi'ade *f.*

**O·lym·pi·an** [əʊ'lɪmpiən; əʔl-] **I** *adj* **1.** *antiq.* o'lympisch. **2.** *fig.* a) himmlisch, b) erhaben, maje'stätisch. **3.** → Olympic 1. **II** *s* **4.** *antiq.* O'lympier *m* (*griechische Gottheit*). **5.** *bes. Am.* O'lympia,teilneh-mer(in). **O'lym·pic I** *adj* o'lympisch, Olympia...: ~ **Games** → II; **Summer (Winter)** ~ **Games** Olympische Som-mer-(Winter)spiele; ~ **champion** Olym-piasieger(in). **II** *s pl* O'lympische Spiele *pl.*

**O·lym·pus** [əʊ'lɪmpəs; əʔl-] **I** *npr antiq.* O'lymp *m* (*Sitz der griechischen Götter*). **II** *s fig.* O'lymp *m*, Himmel *m.*

**O·ma·ha** ['əʊməhɑː; *Am. a.* -,hɔː] *s* 'Omahaindi,aner *m.*

**o·ma·sum** [əʊ'meɪsəm] *pl* **-sa** [-sə] *s* O'masus *m*, Blättermagen *m* (*der Wieder-käuer*).

**om·ber,** *bes. Br.* **om·bre** ['ɒmbə(r); *Am.* 'am-] *s* L'hombre *n* (*altes Kartenspiel*).

**om·buds·man** ['ɒmbʊdzmən; *Am.* 'am-] *s irr* **1.** *pol.* Ombudsmann *m* (*Beauf-tragter des Parlaments für Beschwerden von Staatsbürgern*). **2.** Beschwerdestelle *f*, Schiedsrichter *m.*

**o·me·ga** ['əʊmɪɡə; *Am.* əʊ'meɡə; -'miː-] *s* **1.** Omega *n* (*langes O u. griechischer Buchstabe*). **2.** *fig.* Ende *n.*

**om·e·let(te)** ['ɒmlɪt; *Am.* 'am-] *s* Ome-'lett *n*: **you cannot make an ~ without breaking eggs** *fig.* wo gehobelt wird, (da) fallen Späne.

**o·men** ['əʊmen; *bes. Am.* -mən] **I** *s* Omen *n*, Vorzeichen *n* (*for* für): **ill ~** böses Omen. **II** *v/t* deuten auf (*acc*), ahnen lassen, prophe'zeien, (ver)künden. '**o-mened** *adj* verheißend; → ill-omened.

**o·men·ta** [əʊ'mentə] *pl von* omentum.

**o·men·tal** [əʊ'mentl] *adj anat.* Netz...

**o·men·tum** [əʊ'mentəm] *pl* **-ta** [-tə] *s anat.* O'mentum *n*, (Darm)Netz *n.*

**o·mi·cron** [əʊ'maɪkrən; *Am.* 'amə,krɑn] *s* Omikron *n* (*kurzes O u. griechischer Buchstabe*).

**om·i·nous** ['ɒmɪnəs; *Am.* 'am-] *adj* (*adv* ~ly) unheilvoll, verhängnisvoll, omi'nös, drohend, bedenklich: **that's ~** das läßt nichts Gutes ahnen. '**om·i·nous·ness** *s* (*bes.* üble) Vorbedeutung, (*das*) Omi-'nöse.

**o·mis·si·ble** [əʊ'mɪsɪbl] *adj* auszulas-sen(d), auslaßbar.

**o·mis·sion** [ə'mɪʃn; əʊ-] *s* **1.** Aus-, Weglassung *f.* **2.** Unter'lassung *f*, Ver-säumnis *n*: **sin of ~** Unterlassungssünde *f.* **3.** Über'gehung *f.* **o·mis·sive** [əʊ'mɪ-sɪv] *adj* **1.** aus-, weglassend, Unterlas-sungs... **2.** nachlässig.

**o·mit** [ə'mɪt; əʊ-] *v/t* **1.** aus-, weglassen (from aus): **to ~ a dividend** *econ.* eine Dividende ausfallen lassen. **2.** unter'las-sen, versäumen: **to ~ doing** (*od.* **to do**) **s.th.** (es) versäumen *od.* vergessen, etwas zu tun.

**om·ma·te·um** [,ɒmə'tiːəm; *Am.* ,am-] *pl* **-te·a** [-'tiːə] *s zo.* Fa'cettenauge *n* (*von Insekten u. Gliederfüßern*). ,**om·ma-'tid·i·um** [-'tɪdɪəm] *pl* **-i·a** [-ɪə] *s* Omma'tidium *n*, Augenkeil *m* (*im Facetten-auge*).

**om·mat·o·phore** [ɒ'mætəfɔː; *Am.* ə'mætə,fəʊər] *s zo.* Augenstiel *m* (*der Schnecken*).

**omni-** [ɒmnɪ; *Am.* amnɪ] *Wortelement mit der Bedeutung* All..., all...

,**om·ni·'bear·ing** *adj electr.* Allrich-tungs...: ~ **navigation system** Polar-koordinatennavigation *f*; ~ **indicator** automatischer Azimutanzeiger; ~ **selec-tor** Kurswähler *m.*

**om·ni·bus** ['ɒmnɪbəs; *Am.* 'am-] **I** *s* **1.** *mot.* Omnibus *m*, (Auto)Bus *m.* **2.** *a.* ~ **book** Sammelband *m*, Antholo'gie *f*, (Gedicht- etc)Sammlung *f.* **3.** → omni-bus box. **II** *adj* **4.** Sammel..., Gesamt..., Haupt..., Rahmen... ~ **ac·count** *s econ.* Sammelkonto *n.* ~ **bar** *s electr.* Sammel-schiene *f.* ~ **bill** *s parl.* (Vorlage *f* zu e-m) Mantelgesetz *n.* ~ **box** *s thea.* Pro'sze-niumsloge *f.* ~ **clause** *s econ.* Sammel-klausel *f.*

,**om·ni·'com·pe·tent** *adj* auf allen Ge-bieten kompe'tent.

,**om·ni·di·'rec·tion·al** *adj electr.* rund-strahlend: ~ **aerial** (*bes. Am.* **antenna**) Rundstrahlantenne *f*; ~ **microphone** Allrichtungsmikrophon *n*; ~ **range** omnirange.

,**om·ni·'fac·et·ed** *adj* alle A'spekte e-s Pro'blems betrachtend, ein Problem von allen Seiten betrachtend: **an ~ study.**

**om·ni·far·i·ous** [,ɒmnɪ'feərɪəs; *Am.* ,am-] *adj* von aller(lei) Art, vielseitig, mannigfaltig. ,**om·ni·'far·i·ous·ness** *s* Mannigfaltigkeit *f.*

**om·nif·ic** [ɒm'nɪfɪk; *Am.* am-] *adj* all-schaffend.

**om·nip·o·tence** [ɒm'nɪpətəns; *Am.* am-] *s* **1.** Allmacht *f.* **2.** *meist* O.- (*der*) All'mächtige (*Gott*). **om'nip·o·tent I** *adj* (*adv* ~ly) all'mächtig, allgewaltig. **II** *s* the O.- → omnipotence 2.

,**om·ni·'pres·ence** *s* All'gegenwart *f.* ,**om·ni·'pres·ent** *adj* all'gegenwärtig, über'all (*befindlich od.* zu · fin-den[d]).

'**om·ni·range** *s aer.* Drehfunkfeuer *n.*

**om·nis·ci·ence** [ɒm'nɪsɪəns; *Am.* am'nɪ-ʃən] *s* **1.** All'wissenheit *f.* **2.** um'fassen-des *od.* enzyklo'pädisches Wissen. **om-'nis·ci·ent I** *adj* (*adv* ~ly) all'wissend. **II** *s* the O.- der All'wissende (*Gott*).

**｜om·ni·｜ton·al** adj mus. panto｜nal (wie die Zwölftonmusik).

**om·ni·um** [ˈɒmnɪəm; Am. ˈɑm-] s econ. Br. Omnium n, Gesamtwert m (e-r fundierten öffentlichen Anleihe). **｜~·ˈgath·er·um** [-ˈgæðərəm] s **1.** Sammel｜surium n. **2.** gemischte od. bunte Gesellschaft.

**om·niv·o·ra** [ɒmˈnɪvərə; Am. ɑm-] s pl zo. Allesfresser pl, Omni｜voren pl. **｜om·ni·vore** [-nɪvɔː(r); Am. a. -ˌvəʊər] s Allesfresser m, Omni｜vor m. **om·ˈniv·o·rous** adj **1.** alles fressend, omni｜vor. **2.** fig. alles verschlingend.

**o·moph·a·gous** [əʊˈmɒfəgəs; Am. -ˈmɑ-] adj rohes Fleisch essend.

**o·mo·plate** [ˈəʊməpleɪt] s anat. Schulterblatt n.

**om·pha·li** [ˈɒmfəlaɪ; Am. ˈɑm-] pl von omphalos.

**om·phal·ic** [ɒmˈfælɪk; Am. ɑm-] adj anat. Nabel...

**om·pha·lo·cele** [ˈɒmfələʊsiːl; Am. ˈɑm-] s med. Nabel(ring)bruch m. **ˈom·pha·loid** [-lɔɪd] adj bot. nabelartig.

**om·pha·los** [ˈɒmfəlɒs; Am. ˈɑmfəˌlɑs] pl **-li** [-laɪ] s **1.** anat. Nabel m. **2.** antiq. Schildbuckel m. **3.** fig. Nabel m.

**om·pha·lo·skep·sis** [ˌɒmfələʊˈskepsɪs; Am. ˌɑm-] s Omphalosko｜pie f, Nabelschau f (zur mystischen Versenkung).

**on** [ɒn; Am. a. ɑn] **I** prep **1.** meist auf (dat od. acc) (siehe die mit **on** verbundenen Wörter). **2.** (getragen von) auf (dat), an (dat), in (dat): the scar ~ the face die Narbe im Gesicht; a ring ~ one's finger ein Ring am Finger; have you a match ~ you? haben Sie ein Streichholz bei sich? **3.** (festgemacht od. sehr nahe) an (dat): the dog is ~ the chain; ~ the Thames; ~ the wall. **4.** (Richtung, Ziel) auf (acc) ... (hin), an (acc), zu: a blow ~ the chin ein Schlag ans Kinn; to drop s.th. ~ the floor etwas auf den Fußboden od. zu Boden fallen lassen; to hang s.th. ~ a peg etwas an e-n Haken hängen. **5.** fig. (auf der Grundlage von) auf (acc) ... (hin): based ~ facts auf Tatsachen gegründet; to live ~ air von (der) Luft leben; money to marry ~ Geld, um daraufhin zu heiraten; a scholar ~ a foundation ein Stipendiat (e-r Stiftung); to borrow ~ jewels sich auf Schmuck(stücke) Geld borgen; a duty ~ silk (ein) Zoll auf Seide; interest ~ one's capital Zinsen auf sein Kapital. **6.** (aufeinander folgend) auf (acc), über, nach: loss ~ loss Verlust auf od. über Verlust, ein Verlust nach dem andern. **7.** (gehörig) zu, (beschäftigt) bei, in (dat), an (dat): to be ~ a committee (the jury, the general staff) zu e-m Ausschuß (zu den Geschworenen, zum Generalstab) gehören; to be ~ the "Daily Mail" bei der „Daily Mail" (beschäftigt) sein. **8.** (Zustand) in (dat), auf (dat), zu: to put s.o. ~ doing s.th. j-n zu etwas anstellen; to be ~ s.th. etwas (ein Medikament etc) (ständig) nehmen. **9.** (gerichtet) auf (acc): an attack ~ s.o. od. s.th.; a joke ~ me ein Spaß auf m-e Kosten; to shut (open) the door ~ s.o. j-m die Tür verschließen (öffnen); the strain tells severely ~ him die Anstrengung nimmt ihn sichtlich mit; this is ~ me colloq. das geht auf m-e Rechnung, das zahle ich; to have nothing ~ s.o. colloq. a) j-m nichts voraus haben, b) j-m nichts anhaben können; to have s.th. ~ s.o. colloq. eine Handhabe gegen j-n haben, etwas Belastendes über j-n wissen. **10.** (Thema) über (acc): agreement (lecture, opinion) ~ s.th.: to talk ~ a subject. **11.** (Zeitpunkt) an (dat): ~ Sunday; ~ the 1st of April (od. ~ April 1st); ~ the next day; ~ or before April 1st bis (spätestens) zum 1. April; ~ being

asked als ich etc (danach) gefragt wurde. **II** adv **12.** (a. in Zssgn mit Verben) (dar)｜auf(-legen, -schrauben etc): to place (screw, etc) ~. **13.** bes. Kleidung: a) an(-haben, -ziehen): to have (put) a coat ~, b) auf: to keep one's hat ~. **14.** (a. in Zssgn mit Verben) weiter(-gehen, -sprechen etc): to talk (walk, etc) ~; and so ~ und so weiter; ~ and ~ immer weiter; ~ and off a) ab und zu, b) ab und an, mit Unterbrechungen; from that day ~ von dem Tage an; ~ with the show! weiter im Programm!; ~ to ... auf (acc) ... (hinauf od. hinaus). **III** adj pred **15.** to be ~ a) im Gange sein (Spiel etc), vor sich gehen: what's ~? was ist los?; what's ~ in London? was ist in London los?, was tut sich in London?; have you anything ~ tomorrow? haben Sie morgen etwas vor?; that's not ~! das ist nicht ‚drin'!, b) an sein (Licht, Radio, Wasser etc), an-, eingeschaltet sein, laufen, auf sein (Hahn): ~ — off tech. An — Aus; the light is ~ das Licht brennt od. ist an(geschaltet); the brakes are ~ die Bremsen sind angezogen, c) thea. gegeben werden (Stück), laufen (Film), Rundfunk, TV: gesendet werden (Programm), d) d(a)ran (an der Reihe) sein, e) (mit) dabeisein, mitmachen. **16.** to be ~ to colloq. etwas ‚spitzgekriegt' haben, über j-n od. etwas im Bilde sein. **17.** to be a bit ~ colloq. e-n Schwips haben. **18.** he's always ~ at me colloq. er bearbeitet mich ständig, er liegt mir dauernd in den Ohren (about wegen).

**on·a·ger** [ˈɒnəgə; Am. ˈɑnɪdʒər] pl **-gri** [-graɪ], **-gers** s **1.** zo. Onager m, Persischer Halbesel. **2.** hist. Onager m, ｜Wurfma｜schine f.

**o·nan·ism** [ˈəʊnənɪzəm] s med. psych. **1.** Coitus m inter｜ruptus. **2.** Ona｜nie f, Selbstbefriedigung f. **｜o·nan·ist** s **1.** j-d, der den Coitus interruptus praktiziert. **2.** Ona｜nist m.

**｜on·ˈboard** adj aer. bordeigen, an Bord befindlich: ~ computer; ~ food service Bordverpflegung f.

**｜on-ˈcam·er·a** adj u. adv Film, TV: vor der Kamera.

**once** [wʌns] **I** adv **1.** einmal: ~ and again, ~ or twice ein paarmal, einige Male ab u. zu; ~ again, ~ more noch einmal; ~ a day einmal täglich; ~ in a while (od. way) von Zeit zu Zeit, hin u. wieder, dann u. wann; ~ (and) for all ein für allemal, zum ersten u. (zum) letzten Mal; ~ bit twice shy gebranntes Kind scheut das Feuer; → moon 1. **2.** je(mals), überhaupt (in bedingenden od. verneinenden Sätzen): if ~ he should suspect wenn er jemals mißtrauisch werden sollte; not ~ nicht ein od. kein einziges Mal, nie(mals). **3.** (früher od. später) einmal, einst: ~ (upon a time) there was es war einmal (Märchenanfang); a ~-famous doctrine e-e einst(mals) berühmte Lehre. **II** s **4.** (das) ｜eine od. einzige Mal: every ~ in a while von Zeit zu Zeit; for ~, this (od. that) ~ dieses ｜eine Mal, (für) diesmal (ausnahmsweise); ~ is no custom einmal ist keinmal. **5.** at ~ auf einmal, zugleich, gleichzeitig: don't all speak at ~! a. iro. redet nicht alle auf einmal od. durcheinander!; at ~ a soldier and a poet Soldat u. Dichter zugleich. **6.** at ~ so｜gleich, so｜fort, schnellstens: all at ~ plötzlich, mit ｜einem Male, schlagartig. **III** conj **7.** so｜bald od. wenn ... (einmal), wenn nur od. erst: ~ that is accomplished, all will be well wenn das erst (einmal) geschafft ist, ist alles gut; ~ he hesitates sobald er zögert.

**IV** adj **8.** selten einstig, ehemalig: my ~ master.

**ˈonce-ˌo·ver** s colloq. **1.** rascher abschätzender Blick, kurze Musterung, flüchtige Über｜prüfung: to give (s.o. od. s.th.) the (od. a) ~ j-n mit ｜einem Blick abschätzen, j-n od. etwas (rasch) mal ansehen, ein Buch etc (flüchtig) durchsehen. **2.** to give s.o. the (od. a) ~ j-n ,in die Mache nehmen' (verprügeln).

**on·cer** [ˈwʌnsə(r)] s **1.** colloq. j-d, der etwas nur einmal tut. **2.** Br. sl. Ein｜pfundschein m.

**on·co·gen·ic** [ˌɒŋkəʊˈdʒenɪk; Am. ˌɒŋ-] adj med. onko｜gen, bösartige Geschwülste erzeugend.

**on·col·o·gy** [ɒŋˈkɒlədʒɪ; Am. ɑŋˈkɑl-; a. ɑn-] s Onkolo｜gie f, Geschwulstlehre f.

**on·com·ing** [ˈɒŋkʌmɪŋ; Am. a. ˈɑn-] **I** adj **1.** (her｜an)nahend, entgegenkommend: ~ car; ~ traffic Gegenverkehr m. **2.** fig. kommend: the ~ generation; the ~ year; an ~ visit ein bevorstehender Besuch. **II** s **3.** Nahen n, Her｜ankommen n: the ~ of spring.

**ˈon-cost** econ. Br. **I** s **1.** Gemein-, Re｜giekosten pl. **II** adj **2.** Gemeinkosten verursachend. **3.** nach Zeit bezahlt: ~ mine worker.

**on·cot·o·my** [ɒŋˈkɒtəmɪ; Am. ɑŋˈkɑt-; a. ɑn-] s med. Onkoto｜mie f, Eröffnen n e-s Tumors.

**on dit** pl **on dits** [ɔ̃di] (Fr.) s On｜dit n, Gerücht n.

**on·do·graph** [ˈɒndəʊgrɑːf; Am. ˈɑndəˌgrɑf] s electr. phys. Ondo｜graph m, Wellenschreiber m.

**one** [wʌn] **I** adj **1.** ein, eine, ein: ~ apple ｜ein Apfel; ~ hundred (ein)hundert; ~ man in ten einer von zehn; ~ or two ein oder zwei ein paar. **2.** (emphatisch) ein, eine, ein, ein einziger, eine einzige, ein einziges: all were of ~ mind sie waren alle ｜einer Meinung; to be made ~ ehelich verbunden werden; for ~ thing zunächst einmal; no ~ man could do it allein könnte das niemand schaffen; his ~ thought sein einziger Gedanke; the ~ way to do it die einzige Möglichkeit(, es zu tun); my ~ and only hope m-e einzige Hoffnung; the ~ and only Mr. X der unvergleichliche od. einzigartige Mr. X. **3.** all ~ nur pred alles eins, ein u. das｜selbe: it is all ~ to me es ist mir (ganz) egal; it's ~ fine job es ist e-e einmalig schöne Arbeit. **4.** ein gewisser, eine gewisse, eine, eine, ein: ~ day eines Tages (in Zukunft od. Vergangenheit); ~ of these days irgendwann (ein)mal; ~ John Smith ein gewisser John Smith.

**II** s **5.** Eins f, eins: ~ is half of two eins ist die Hälfte von zwei; a Roman ~ e-e römische Eins; ~ and ~ half (und)einhalb, anderthalb; I bet ten to ~ (that) ich wette zehn zu eins(, daß); at ~ o'clock um ein Uhr; ~-ten ein Uhr zehn, zehn nach eins; in the year ~ Anno dazumal; to be ~ up on s.o. j-m (um e-e Nasenlänge) voraus sein; → number one. **6.** (der, die) einzelne, (das) einzelne (Stück): the all and the ~ die Gesamtheit u. der einzelne; ~ by ~, ~ after another, ~ after the other einer nach dem andern; ~ with another eins zum anderen gerechnet; by ~s and twos einzeln u. zu zweien od. dreien; I for ~ ich zum Beispiel. **7.** Einheit f: to be at ~ with s.o. mit j-m ｜einer Meinung od. einig sein; all in ~ a) alle gemeinsam, b) alles in ｜einem. **8.** Ein(s)er m, bes. Ein｜dollarnote f.

**III** pron **9.** ein(er), eine, ein(es), je｜mand: like ~ dead wie ein Toter; ~ of the poets einer der Dichter; ~ who einer, der; the ~ who der(jenige), der od.

welcher; ~ **so cautious** j-d, der so vorsichtig ist, ein so vorsichtiger Mann; **to help ~ another** einander *od.* sich gegenseitig helfen; **have you heard the ~ about ...?** kennen Sie den (*Witz*) schon von ...? **10.** (*Stützwort, meist unübersetzt*): **a sly ~** ein ganz Schlauer; **the little ~s** die Kleinen (*Kinder*); **that** ~ der, die, das da (*od.* dort); **a red pencil and a blue ~** ein roter Bleistift u. ein blauer; **the portraits are fine ~s** die Porträts sind gut; **the picture is a realistic ~** das Bild ist realistisch; → **anyone, each** I, **many** 1. **11. man:** ~ **knows. 12.** ~'**s** sein, seine, sein: **to break** ~'**s leg** sich das Bein brechen; **to lose** ~'**s way** sich verirren. **13.** *colloq.* a) ,ein anständiges Ding' (*hervorragende Sache, bes. tüchtiger Schlag*), b) ,Ka'none' *f*, Könner *m*: ~ **in the eye** *fig.* ein ordentlicher Schlag, ein Denkzettel; **that's a good** ~! nicht schlecht!; **you are a** ~! du bist mir vielleicht einer!; → **land** 17.

'**one**|-**act play** *s thea.* Einakter *m*. ~**-'armed** *adj* einarmig: ~ **bandit** *colloq.* ,einarmiger Bandit' (*Spielautomat*). ~**-'cir·cuit set** *s electr.* Einkreiser *m* (*Empfänger*). '~**-crop ag·ri·cul·ture,** '~**-crop sys·tem** *s agr.* 'Monokul₁tur *f*. ~**-'cyl·in·der** *adj tech.* 'einzy₁lindrig, Einzylinder... ~**-'dig·it** *adj math.* einstellig (*Zahl*): ~ **adder** (*Computer*) Halbaddierer *m*. ~**-'eyed** *adj* einäugig. '~**-fold** [-foʊld] **I** *adj* **1.** *a. adv* einzeln, einfach. **2.** *fig.* treuherzig, na'iv. **II** *s* **3.** (*das*) Einfache. ~**-'hand·ed** *adj* **1.** einhändig, mit (nur) 'einer Hand. **2.** mit (nur) 'einer Hand zu bedienen(d). ~**-'horse** *adj* **1.** einspännig. **2.** *colloq.* armselig, klein: **this** ~ **town** dieses ,Nest' *od.* ,Kaff'. ~**-i'de·aed,** ~**-i'de·a'd** *adj* von nur 'einem Gedanken beherrscht, mono'man.

**o·nei·ric** [əʊ'naɪərɪk] *adj* Traum...: ~ **image** Traumbild *n*. **o₁nei·ro'crit·ic** [-rəʊ'krɪtɪk] *s* Traumdeuter(in). **o₁nei·ro'crit·i·cal** *adj* traumdeutend, traumdeuterisch. **o'nei·ro·man·cy** [-mænsɪ] *s* Traumdeutung *f*.

'**one**|-**knob tun·ing** *s electr.* Einknopfabstimmung *f*, -bedienung *f*. ~**-'lane** *adj* einspurig (*Fahrbahn*). ~**-'leg·ged** [-'legɪd; -'legd] *adj* **1.** einbeinig. **2.** *fig.* unzulänglich, einseitig. '~**-line business** *s econ.* Fachgeschäft *n*. ~**-'man band** *s* Einmann...: ~ **band** Einmannkapelle *f*; ~ **bus** Einmannbus *m*; ~ **business** *Br. econ.* Einmannbetrieb *m*; ~ **dog** Hund, der nur 'einer Person gehorcht; ~ **play** *thea.* Einpersonenstück *n*; ~ **show** a) One-man-Show *f*, b) Ausstellung *f* der Werke 'eines Künstlers. ~**-'mast·er** *s mar.* Einmaster *m*.

**one·ness** ['wʌnnɪs] *s* **1.** Einheit *f*. **2.** Gleichheit *f*, Identi'tät *f*. **3.** Einigkeit *f*, Über'einstimmung *f*, Einklang *m*. **4.** Einzigartigkeit *f*.

'**one**|-**night stand** *s* **1.** *thea.* einmaliges Gastspiel. **2.** *colloq.* a) einmalige Angelegenheit, ,einmaliges Gastspiel' (*sexuelles Abenteuer*), b) Mädchen *n etc* für 'eine Nacht. '~**-off** *Br.* **I** *adj* a) einmalig: **a** ~ **affair**, b) zum einmaligen Gebrauch (bestimmt). **II** *s* a) etwas Einmaliges, b) zum einmaligen Gebrauch bestimmter Gegenstand. ~**-'one** *adj math. u. Logik*: **1.** 'umkehrbar eindeutig (gerichtet). **2.** → **one-to-one.** ~**-'par·ent child** *s irr* Kind, das mit nur 'einem Elternteil aufwächst. ~**-'par·ty** *adj pol.* Einparteien...: ~ **system.** ~**-'per·son** *adj* Einpersonen...: ~ **household.** ~**-'piece** *adj* **1.** einteilig: ~ **bathing suit. 2.** *tech.* aus 'einem Stück: ~ **wheel** Vollrad *n*. ~**-'place** *adj math.* einstellig, ein-

---

glied(e)rig. '~**-price shop** *s* Einheitspreisladen *m*.

**on·er** ['wʌnə] *s Br. colloq.* **1.** ,Ka'none' *f*, Könner *m* (**at** in *dat*). **2.** ,Pfund' *n* (*wuchtiger Schlag*).

**on·er·ous** ['ɒnərəs; 'əʊ-; *Am.* 'ɑn-] *adj* (*adv* ~**ly**) lästig, drückend, beschwerlich (**to** für): ~ **act** *jur.* Auflage *f*; ~ **property** *econ.* belastete Vermögensteile *pl.* '**on·er·ous·ness** *s* Beschwerlichkeit *f*, Last *f*.

**one'self** *pron* **1.** *reflex* sich (selbst *od.* selber): **by** ~ aus eigener Kraft, von selbst; **to cut** ~ sich schneiden. **2.** (*emphatisch*) (sich) selbst *od.* selber: **the greatest victory is to conquer** ~ der größte Sieg ist der Sieg über sich selbst. **3.** *meist* **one's self** man (selbst *od.* selber): **how different others are from** ~ wie verschieden andere von einem selbst sind.

'**one-shot** *bes. Am.* für **one-off.** ~ **cam·er·a** *s phot.* **1.** Einbelichtungskamera *f*. **2.** Drei'farben-, Technico'lorkamera *f*. ₁**one**|**-'sid·ed** *adj* (*adv* ~**ly**) einseitig (*a. fig.*). ~**-'sid·ed·ness** *s* Einseitigkeit *f*. '~**-star** *adj* Ein-Sterne-...: ~ **general;** ~ **restaurant.** ~**-'term(ed)** *adj math.* einglied(e)rig (*Ausdruck*). '~**-time I** *adj* einstmalig, ehemalig. **II** *adv* einstmals, ehemals. ~**-to-'one** *adj math. u. Logik*: iso'morph (*einander in verschiedenen Systemen entsprechend*). '~**-track** *adj* **1.** *rail.* eingleisig. **2.** *fig.* einseitig, ,verbohrt': **you have a** ~ **mind** du hast (doch) immer nur dasselbe im Kopf. '~**-trip con·tain·er** *s econ. Am.* Einwegbehälter *m*. ~**-'two** *s Fußball*: Doppelpaß *m*. ~**-'up** *v/t* j-m (um e-e Nasenlänge) vor'aus sein. ~**-'up·man·ship** *s humor.* die Kunst, dem anderen immer (um e-e Nasenlänge) vor'aus zu sein. '~**-val·ued** *adj math.* einwertig. '~**-way** *adj* **1.** Einweg(e)..., einbahnig, Einbahn...: ~ **cock** tech. Einweghahn *m*; ~ **glass panel** Spionglasscheibe *f*; ~ **street** Einbahnstraße *f*; ~ **switch** *tech.* Einwegschalter *m*; ~ **ticket** *Am.* a) einfache Fahrkarte, b) *aer.* einfaches Ticket; ~ **traffic** Einbahnverkehr *m*. **2.** einseitig: ~ **agreement.**

'**on**|-**fall** *s* **1.** Angriff *m*, 'Überfall *m*. **2.** *bes. Scot.* Eintritt *m*, Einbruch *m* (*der Nacht etc*).

'**on₁go·ing I** *adj* laufend (*Projekte etc*). **II** *s pl* Vorgänge *pl*, Tun *n* u. Treiben *n*.

**on·ion** ['ʌnjən] *s* **1.** *bot.* Zwiebel *f*: **to know one's** ~**s** *colloq.* sein Geschäft verstehen, etwas können. **2.** *sl.* ,Kürbis' *m*, Kopf *m*: **off one's** ~ (total) verrückt *od.* übergeschnappt. **3.** *aer.* 'Leuchtra₁kete *f*. ~**-dome** *s arch.* Zwiebelkuppel *f* (*e-r Kirche*). '~**-skin** *s* **1.** Zwiebelschale *f*. **2.** 'Florpost(pa₁pier *n*) *f*.

'**on-line** *adj Computer*: rechnerabhängig: ~ **processing** On-line-Verarbeitung *f*.

'**on₁look·er** *s* Zuschauer(in) (**at** bei). '**on₁look·ing** *adj* zuschauend.

'**on·ly** ['əʊnlɪ] **I** *adj* **1.** einzig(er, e, es), al'leinig: **the** ~ **son** der einzige Sohn; **he's an** ~ **child** er ist ein Einzelkind; → **begotten** II, **one** 2. **2.** einzigartig. **II** *adv* **3.** nur, bloß: **not** ~ **... but** (**also**) nicht nur ..., sondern auch; **if** ~ a) wenn nur, b) wenn auch nur. **4.** erst: ~ **yesterday** erst gestern, gestern noch; ~ **just** eben erst, gerade, kaum. **III** *conj* **5.** je'doch, nur (daß). **6.** ~ **that** nur daß, außer wenn. ~ **bill** *s econ.* Sola-, Eigenwechsel *m*.

₁**on-'off switch** *s electr.* Ein-Aus-Schalter *m*.

**on·o·ma·si·ol·o·gy** [₁ɒnəʊmeɪsɪ'ɒlədʒɪ; *Am.* ₁ɑnə₁meɪsɪ'ɑl-] *s ling.* **1.** Onomasiolo'gie *f*, Bezeichnungslehre *f*. **2.** → **onomastic** II.

**on·o·mas·tic** [₁ɒnəʊ'mæstɪk; *Am.* ₁ɑnə-]

---

**I** *adj* **1.** *ling.* ono'mastisch. **2.** *jur.* von der Handschrift der Urkunde abweichend (*Unterschrift*). **II** *s pl* (*als sg konstruiert*) **3.** Ono'mastik *f*, Namenkunde *f*.

**on·o·mat·o·poe·ia** [₁ɒnəʊmætəʊ'piːə; *Am.* ₁ɑnə₁mætə-] *s ling.* Onomatopö'ie *f*, Laut-, Schallnachahmung *f*, Lautmale'rei *f*. ₁**on·o·mat·o'poe·ic, ₁on·o·mat·o·po'et·ic** [-pəʊ'etɪk] *adj* onomatopo'etisch, laut-, schallnachahmend, lautmalerisch.

**on|po·si·tion** *s tech.* Einschaltstellung *f*. '~**-rush** *s* Ansturm *m* (*a. fig.*). '~**-sale** *adj* zum Verkauf *od.* Ausschank von Wein u. Spiritu'osen berechtigt. '~**-set** *s* **1.** *mil.* Angriff *m*, Sturm *m*, At'tacke *f*. **2.** Anfang *m*, Beginn *m*, Einbruch *m* (*des Winters etc*), Einsetzen *n*: **at the first** ~ gleich beim ersten Anlauf. **3.** *med.* Ausbruch *m* (*e-r Krankheit*). '~**-set·ter** *s Bergbau*: Anschläger *m*. '~**-shore** *adj u. adv* **1.** *landwärts*: ~ **wind** auflandiger Wind. **2.** a) in Küstennähe, b) an Land, an der Küste. **3.** *econ.* Inlands...: ~ **purchases.** ~**-'side** *adj u. adv sport* nicht abseits: **to be** ~ nicht abseits stehen, nicht im Abseits stehen. '~**-slaught** *s* (heftiger) Angriff *od.* Ansturm (*a. fig.*): **to make an** ~ **on s.o.** *fig.* j-n attackieren. ₁**on-the**|-'**job** *adj* praktisch: ~ **training.** ~**-'spot** *adj* an Ort u. Stelle: **our** ~ **reporter** unser Reporter vor Ort; ~ **examination** a) Untersuchung *f* am Tatort, *a.* Unfallaufnahme *f*, b) Lokaltermin *m*.

'**on·to** *prep* **1.** auf (*acc*): ~ **the floor. 2. to be** ~ **s.th.** hinter etwas gekommen sein, etwas ,spitzgekriegt' haben; **he's** ~ **you** er ist dir auf die Schliche gekommen, er hat dich durchschaut.

**on·to·gen·e·sis** [₁ɒntəʊ'dʒenɪsɪs; *Am.* ₁ɑntə-] *s biol.* Ontoge'nese *f*. ₁**on·to·ge·'net·ic** [-dʒɪ'netɪk] *adj* ontoge'netisch. **on·tog·e·ny** [ɒn'tɒdʒənɪ; *Am.* ɑn'tɑ-] *s* **1.** → **ontogenesis. 2.** Keimesentwicklung *f*.

**on·to·log·i·cal** [₁ɒntəʊ'lɒdʒɪkl; *Am.* ₁ɑntə'lɑ-] *adj* (*adv* ~**ly**) *philos.* onto'logisch: ~ **argument** ontologischer Gottesbeweis. **on·tol·o·gy** [ɒn'tɒlədʒɪ; *Am.* ɑn'tɑ-] *s* Ontolo'gie *f*.

**o·nus** ['əʊnəs] (*Lat.*) *s* **1.** *fig.* Last *f*, Bürde *f*, Verpflichtung *f*. **2.** (**of**) Verantwortung *f* (für), Schuld *f* (an *dat*). **3.** *a.* ~ **of proof** *jur.* Beweislast *f*: **the** ~ **rests with him** die Beweislast trifft ihn. ~ **pro·ban·di** [prəʊ'bændɪ] (*Lat.*) → **onus** 3.

**on·ward** ['ɒnwə(r)d; *Am. a.* 'ɑn-] **I** *adv* **1.** vorwärts, weiter: **from the tenth century** ~ vom 10. Jahrhundert an. **2.** weiter vorn: **it lies farther** ~ es liegt noch ein Stück weiter. **II** *adj* **3.** vorwärtsgerichtet, vorwärts-, fortschreitend: **an** ~ **course** (ein) Kurs nach vorn (*a. fig.*). '**on·wards** → **onward** I.

**on·y·cha** ['ɒnɪkə; *Am.* 'ɑ-] *s Bibl.* Balsam *m*.

**on·yx** ['ɒnɪks; *Am.* 'ɑ-] *s* **1.** *min.* Onyx *m*. **2.** *med.* Nagelgeschwür *n* der Hornhaut, Onyx *m*.

**o·o·blast** ['əʊəblɑːst; *Am.* -₁blæst] *s biol.* Eikeim *m*. **o·o·cyst** ['əʊəsɪst] *s* Oo'zyste *f*. **o·o·cyte** ['əʊəsaɪt] *s* Oo'zyte *f*, unreife Eizelle.

**oo·dles** ['uːdlz] *s pl colloq.* Unmengen *pl*, ,Haufen' *m*: **he has** ~ **of money** er hat Geld wie Heu; ~ **of time** jede Menge *od.* massenhaft Zeit.

**oof** [uːf] *s Br. sl.* ,Kies' *m* (*Geld*).

**o·og·a·mous** [əʊ'ɒgəməs; *Am.* -'ɑg-] *adj biol.* oo'gam (*mit unbeweglichen weiblichen Gameten*): ~ **reproduction** Oogamie *f*. **o·o·gen·e·sis** [₁əʊə'dʒenɪsɪs] *s* Ooge'nese *f*, Ovoge'nese *f*, Eientwicklung *f*.

**o·o·ki·ne·sis** [₁əʊəkaɪ'niːsɪs] *s biol.* Eireifung *f*.

**o·o·lite** [ˈəʊəlaɪt] s geol. **1.** Ooˈlith m, Rogenstein m. **2.** O~ Dogger m (e-e Juraformation). ˌo·oˈlit·ic [-ˈlɪtɪk] adj Oolith...

**oo·mi·ak** → umiak.

**oomph** [omf] s sl. **1.** Pep m, Schwung m. **2.** Sex(-Apˈpeal) m: to have ~ ˌsexyʼ sein.

**o·oph·o·ron** [əʊˈɒfərən; Am. əʊˈɑfəˌrɑn] s anat. Eierstock m.

**oops** [ops; uːps] interj hoppla!

**o·o·sperm** [ˈəʊəspɜːm; Am. -ˌspɜrm] s biol. befruchtetes Ei od. befruchtete Eizelle, Zyˈgote f.

**ooze** [uːz] **I** v/i **1.** sickern: to ~ in (through) einsickern (durchsickern), eindringen (durchdringen) (a. Licht, Geräusche etc); to ~ away a) versickern, b) fig. dahinschwinden; his courage ~d away sein Mut schwand; to ~ out a) aussickern, b) entweichen (Luft, Gas), c) fig. ˈdurchsickern; the secret ~d out das Geheimnis sickerte durch. **2.** ~ with → 3 u. 4. **II** v/t **3.** oft ~ out ausströmen, (aus)schwitzen, triefen von. **4.** fig. a) ausstrahlen, voll Optimismus etc sein: oozing optimism (good cheer, etc), b) iro. triefen von: oozing charm (sarcasm, etc). **III** s **5.** Sickern n. **6.** Saft m, Flüssigkeit f. **7.** tech. Lohbrühe f: ~ leather lohgares Leder. **8.** a) Schlick m, Mudd m, b) Moˈrast m, Schlamm(boden) m.

**ooz·y** [ˈuːzɪ] adj (adv oozily) **1.** schlammig, schlick(er)ig: ~ bank mar. Muddbank f; ~ bottom mar. Schlickgrund m. **2.** schleimig. **3.** feucht.

**o·pac·i·ty** [əʊˈpæsətɪ] s **1.** ˈUnˌdurchsichtigkeit f, Opaziˈtät f. **2.** Dunkelheit f (a. fig.). **3.** fig. a) Unverständlichkeit f, b) Verständnislosigkeit f, Beschränktheit f. **4.** phys. (ˈLicht)ˈUnˌdurchlässigkeit f, Absorptiˈonsvermögen n. **5.** med. Trübung f: ~ of the lens. **6.** tech. Deckfähigkeit f (von Farben).

**o·pal** [ˈəʊpl] s min. Oˈpal m: ~ blue Opalblau n; ~ glass Opal-, Milchglas n; ~ lamp Opallampe f. **ˌo·palˈesce** [-pəˈles] v/i opaliˈsieren, bunt schillern. **ˌo·palˈes·cence** s Opaliˈsieren n, Schillern n, Farbenspiel n. **ˌo·palˈes·cent**, **ˌo·palˈesque** [-ˈlesk] adj opaliˈsierend, schillernd. **o·pal·ine I** adj [ˈəʊpəlaɪn; Am. a. -ˌliːn] opalˈartig, Opal... **II** s [ˈəʊpəliːn] Oˈpalglas n. **ˈo·pal·ize** v/i u. v/t opaliˈsieren od. schillern (lassen).

**o·paque** [əʊˈpeɪk] **I** adj **1.** ˈunˌdurchsichtig, nicht ˈdurchscheinend, oˈpak: ~ colo(u)r Deckfarbe f; ~ projector Am. Episkop n (Projektor für undurchsichtige Bilder). **2.** ˈunˌdurchlässig (to für Strahlen): ~ to infrared (rays) infrarotundurchlässig; ~ meal med. Kontrastmahlzeit f (vor der Röntgenaufnahme); ~ rubber Bleigummi m. **3.** dunkel, glanzlos, trüb. **4.** fig. a) unklar, dunkel, unverständlich, b) unverständig, dumm. **II** s **5.** Dunkel n, (etwas) Dunkles. **6.** phot. a) Abdecklack m, b) (norˈmaler) Abzug m (Ggs. Dia). **oˈpaque·ness** → opacity.

**opˈart** [pp; Am. ɑp] s art Op-art f. **~ art·ist** s Op-Artist m, Vertreter m der Op-art.

**o·pen** [ˈəʊpən] **I** s **1.** the ~ a) das offene Land, b) die offene (od. hohe) See, c) der freie Himmel: in the ~ im Freien, unter freiem Himmel, Bergbau: über Tag. **2.** the ~ die Öffentlichkeit: to bring into the ~ an die Öffentlichkeit bringen; to come into the ~ fig. a) sich zeigen, hervorkommen, b) sich erklären, offen reden, Farbe bekennen, c) (with s.th. mit etwas) an die Öffentlichkeit treten; to draw s.o. into the ~ j-n hervorlocken, j-n aus s-m Versteck locken. **3.** offenes Turˈnier etc (für Amateure u. Berufsspieler).

**II** adj (adv ~ly) **4.** allg. offen: ~ book (bottle, window, etc); ~ chain chem. offene Kette; ~ prison jur. offenes Gefängnis; ~ town mil. offene Stadt; the door is ~ die Tür ist od. steht offen, die Tür ist geöffnet od. auf; to keep one's eyes ~ fig. die Augen offenhalten; with ~ eyes mit offenen Augen (a. fig.); → arm[1] Bes. Redew., book 1, bowel 1 b, door Bes. Redew., order 5, punctuation 1. **5.** med. offen: ~ wound; ~ tuberculosis. **6.** offen, frei, zugänglich: ~ country offenes Gelände; ~ field freies Feld; ~ sea offenes Meer, hohe See; ~ spaces öffentliche Plätze (Parkanlagen etc). **7.** frei, bloß, offen: an ~ car ein offener Wagen; ~ motor electr. offener od. ungeschützter Motor; → lay open. **8.** offen, eisfrei: ~ harbo(u)r; ~ water; ~ weather; ~ winter frostfreier Winter; ~ visibility mar. klare Sicht. **9.** geöffnet, offen, pred a. auf: the shop (theatre, etc) is ~. **10.** fig. offen (to für), öffentlich, (jedem) zugänglich: ~ tournament → 3; ~ competition freier Wettbewerb; ~ market econ. offener od. freier Markt; ~ position freie od. offene (Arbeits)Stelle; ~ sale öffentliche Versteigerung; ~ session öffentliche Sitzung; ~ for subscription econ. zur Zeichnung aufgelegt; ~ to the traffic für den Verkehr freigegeben; in ~ court jur. in öffentlicher Sitzung od. Verhandlung. **11.** fig. zugänglich, aufgeschlossen (to für od. dat): to be ~ to conviction (to an offer) mit sich reden (handeln) lassen; → mind 2. **12.** fig. ausgesetzt, unterˈworfen (to der Kritik etc): ~ to question anfechtbar; ~ to temptation anfällig gegen die Versuchung; to lay s.o. ~ to criticism sich der Kritik aussetzen; to leave o.s. wide ~ to s.o. sich j-m gegenüber e-e (große) Blöße geben; that is ~ to argument darüber läßt sich streiten; to be ~ to different interpretations verschiedene Deutungen zulassen. **13.** offen(kundig), unverhüllt: ~ contempt; an ~ secret ein offenes Geheimnis. **14.** offen, freimütig: an ~ character; ~ letter offener Brief; I will be ~ with you ich will ganz offen mit Ihnen reden. **15.** freigebig: with an ~ hand; to keep ~ house ein offenes Haus führen, gastfrei sein. **16.** unentschieden, offen: ~ claim (fight, question, verdict). **17.** fig. frei (ohne Verbote): ~ pattern jur. ungeschütztes Muster; ~ season Jagd-, Fischzeit f (Ggs. Schonzeit); ~ town Am. ˌgroßzügigeʼ Stadt (mit lockeren Bestimmungen bezüglich Glücksspiel, Prostitution etc). **18.** frei (Zeit): to keep a day ~ sich e-n Tag freihalten. **19.** lückenhaft (Gebiß etc): ~ population geringe Bevölkerungsdichte. **20.** durchˈbrochen (Gewebe, Handarbeit): ~ texture; ~ work. **21.** econ. laufend (Konto, Kredit, Rechnung): ~ account; ~ check (Br. cheque) Barscheck m. **22.** ling. offen (Silbe, Vokal): ~ consonant Reibelaut m. **23.** mus. a) weit (Lage, Satz), b) leer (Saite etc): ~ harmony weiter Satz; ~ note Grundton m (e-r Saite etc). **24.** print. licht: ~ matter lichter od. weitdurchschossener Satz; ~ type Konturschrift f.

**III** v/t **25.** allg. öffnen, aufmachen, die Augen, ein Buch a. aufschlagen: to ~ the circuit electr. den Stromkreis ausschalten od. unterbrechen; to ~ one's mouth fig. ˌden Mund aufmachenʼ; → bowel 1 b, door Bes. Redew., eye 1. **26.** eröffnen (an account econ. ein Konto; a business econ. ein Geschäft; a credit econ. e-n Kredit od. ein Akkreditiv; the debate die Debatte; fire mil. das Feuer [at, on auf acc]; a prospect e-e Aus-

sicht): to ~ the case jur. die Verhandlung (durch Vortrag des eigenen Standpunkts) eröffnen; to ~ new markets econ. neue Märkte erschließen; to ~ negotiations Verhandlungen anknüpfen, in Verhandlungen eintreten; to ~ a road to the traffic e-e Straße dem Verkehr übergeben; to ~ diplomatic relations pol. diplomatische Beziehungen aufnehmen. **27.** aufschneiden, -stechen, öffnen (a. med.): to ~ an abscess. **28.** Gefühle, Gedanken enthüllen, s-e Absichten entdecken od. kundtun: to ~ o.s. to s.o. sich j-m mitteilen; → heart Bes. Redew. **29.** jur. an der Schwebe lassen: to ~ a judg(e)ment beschließen, e-e nochmalige Verhandlung über e-e bereits gefällte Entscheidung zuzulassen. **30.** bes. mar. (ein bisher verdecktes Objekt) in Sicht bekommen.

**IV** v/i **31.** sich öffnen od. auftun, aufgehen (Tür etc). **32.** (to) fig. sich (dem Auge, Geist etc) erschließen od. zeigen od. auftun. **33.** führen, gehen (Tür, Fenster) (onto auf acc [... hinˈaus]): a door that ~ed onto a garden. **34.** fig. a) anfangen, beginnen (Börse, Schule etc), b) öffnen, aufmachen (Laden, Büro etc), c) (e-n Brief, s-e Rede) beginnen: he ~ed with a compliment. **35.** a) allg. öffnen, b) das Buch aufschlagen: let us ~ at page 50. **36.** mar. in Sicht kommen.

Verbindungen mit Adverbien:

**o·pen| out I** v/t **1.** ausbreiten, Stadtplan etc auseinˈanderfalten. **II** v/i **2.** sich ausbreiten od. ausdehnen od. ausweiten, sich erweitern. **3.** aufgehen, sich öffnen (Blumen). **4.** mot. ˌaufdrehenʼ, Gas geben. **5.** ˌauftauenʼ, mitteilsam werden. ~ **up I** v/t **1.** aufmachen, aufschließen: to ~ new markets (opportunities, etc). **3.** sport die Verteidigung aufreißen. **II** v/i **4.** aufmachen, aufschließen. **5.** mil. das Feuer eröffnen (at, on auf acc). **6.** fig. a) ˌloslegenʼ (with mit Worten, Schlägen etc), b) ˌauftauenʼ, mitteilsam werden. **7.** sich zeigen, sich auftun (Möglichkeiten etc). **8.** sport an Farbe gewinnen (Spiel).

**o·pen|-ˈac·cess li·brar·y** s Br. ˈFreihandˌbiblioˌthek f. ~ **ac·count** s econ. **1.** laufendes Konto. **2.** (noch) offenstehende Rechnung. ~ **-ˈair** adj Freiluft..., Freilicht...: ~ swimming pool Freibad n; ~ meeting Versammlung f im Freien od. unter offenem Himmel; ~ theatre (Am. theater) Freilichttheater n; ~ festival Open-air-Festival n. **~ -and-ˈshut** adj simpel, ganz einfach, sonnenklar. **~ -ˈarmed** adj warm, herzlich (Empfang). **~ -book ex·am·i·na·tion** s ped. Prüfung f, bei der Nachschlagewerke benutzt werden dürfen. **~ -cast** adj bes. Br. über Tag: ~ mining Tagebau m. **~ -ˌcir·cuit** adj electr. Arbeitsstrom...: ~ operation Arbeitsstrom-Betrieb m; ~ voltage Leerlaufspannung f; ~ television öffentliches (Ggs. z.B. innerbetriebliches) Fernsehen. **~ -cut** bes. Am. → opencast. **~ -date** s **I.** Haltbarkeitsdatum n. **II** v/t **3.** mit e-m Abpack- od. Haltbarkeitsdatum versehen. ~ **day** s Tag m der offenen Tür. **~ -door** adj frei zugänglich: ~ policy (Handels)Politik f der offenen Tür. **~ -end** adj **1.** econ. mit nicht begrenzter Zahl von auszugebenden Anteilen (Investmentgesellschaft). **2.** electr. (am Ende) offen, leerlaufend. **3.** ~ wrench tech. Gabelschlüssel m. **~ -ˈend·ed** adj **1.** open-end. **2.** a) mit unbegrenzter Laufzeit: ~ contract, b) zeitlich unbegrenzt: ~ discussion Open-end-Diskussion f. **3.** ausbaufähig: ~ programme.

**o·pen·er** [ˈəʊpnə(r)] s **1.** (Büchsen- etc)

Öffner *m* (*Gerät*). **2.** *Baumwollspinnerei*: Öffner *m*, (Reiß)Wolf *m.* **3.** Eröffnende(r *m*) *f* (*e-s Spiels etc*). **4.** *bes. Am.* a) *sport* Eröffnungsspiel *n*, b) Eröffnungsnummer *f* (*e-r Show etc*).

**ˌoˈpen|ˈeyed** *adj* **1.** mit großen Augen, staunend. **2.** *fig.* wachsam, mit offenen Augen. **~ˈfaced** *adj* **1.** mit offenem Gesichtsausdruck. **2.** ohne Sprungdeckel (*Uhr*). **~ˈhandˈed** *adj* (*adv* **~ly**) freigebig. **~ˈhandˈedˈness** *s* Freigebigkeit *f.* **~ˈheart** *adj med.* am offenen Herzen: ~ **surgery** Offenherzchirurgie *f.* **~ˈheartˈed** *adj* (*adv* **~ly**) offen(herzig), aufrichtig. **~ˈheartˈedˈness** *s* Offenheit *f*, Offenherzigkeit *f*, Aufrichtigkeit *f.* **ˈ~hearth** *adj tech.* Siemens-Martin-... **~ˈhousˈing** *s Am.* Verbot *n* rassischer *od.* religiˈöser Diskriˈminierung bei Verkauf *od.* Vermietung von Häusern *etc.*

**ˈoˈpenˈing** [ˈəʊpnɪŋ] **I** *s* **1.** (*das*) Öffnen, Eröffnung *f.* **2.** Öffnung *f*, Erweiterung *f*, Lücke *f*, Loch *n*, Bresche *f*, Spalt *m.* **3.** ˈDurchfahrt *f*, ˈDurchlaß *m.* **4.** *a. tech.* (Spann)Weite *f.* **5.** freie Stelle. **6.** *Am.* (Wald)Lichtung *f.* **7.** *fig.* Eröffnung *f* (*e-s Akkreditivs, e-s Kontos, e-s Testaments, e-s Unternehmens etc*): ~ **of a letter of credit (of an account, of a last will, of an enterprise,** *etc*); ~ **of diplomatic relations** *pol.* Aufnahme *f* diplomatischer Beziehungen. **8.** *tech.* Inbeˈtriebnahme *f*, *a.* (*feierliche*) Einweihung: ~ **of a bridge.** **9.** *fig.* Erschließung *f*: ~ **of new markets.** **10.** Eröffnung *f* (*des Kampfes etc*; *a. beim Schach*), Beginn *m*, einleitender Teil (*a. jur.*). **11.** *thea.* Eröffnungsvorstellung *f.* **12.** Gelegenheit *f*, (*econ.* Absatz)Möglichkeit *f.* **II** *adj* **13.** Öffnungs...: ~ **time**; ~ **time is at** ... das Geschäft *etc* ist ab ... geöffnet. **14.** Eröffnungs...: ~ **ceremony**; ~ **speech**; ~ **gun** *fig.* (of) Startschuß *m* (zu), Eröffnung *f* (*gen*); ~ **night** *thea.* Eröffnungsvorstellung *f*; ~ **price** *econ.* Eröffnungskurs *m.*

**ˈoˈpen|ˈmarˈket** *adj econ.* Freimarkt...: ~ **paper** marktgängiges *od.* im Freiverkehr gehandeltes Wertpapier; ~ **policy** Offenmarktpolitik *f.* **~ˈmindˈed** *adj* (*adv* **~ly**) aufgeschlossen, vorurteilslos. **~ˈmindˈedˈness** *s* Aufgeschlossenheit *f.* **~ˈmouthed** *adj* **1.** mit offenem Mund, *weitS. a.* gaffend (*vor Erstaunen*). **2.** *fig.* gierig. **~ˈnecked** *adj* mit offenem Kragen (*Hemd etc*). **ˈ~plan** *adj*: ~ **office** Großraumbüro *n*; ~ **schoolroom** *Br.* Unterrichtssaal *m* (*für mehrere Klassen*). **~ˈpolˈiˈcy** *s econ.* offene (Verˈsicherungs)Poˌlice, Pauˈschalpoˌlice *f.* **~ˈprimaˈry** *s pol. Am.* Aufstellung von Wahlkandidaten, an der sich alle Wähler ohne Angabe der Parteizugehörigkeit beteiligen können. ~ **sandˈwich** *s* belegtes Brot. ~ **scholˈarˈship** *s ped. Br.* offenes Stiˈpendium (*um das sich jeder bewerben kann*). ~ **sesˈaˈme** *s* Sesam öffne dich *n.* **ˈ~ˌshelf liˈbrarˈy** *s Am.* ˈFreihandbiˌblioˌthek *f.* **~ shop** *s econ.* Betrieb, der auch Nichtgewerkschaftsmitglieder beschäftigt. ~ **sight** *s mil.* offenes Viˈsier. **~ skies** *s pl pol.* gegenseitige ˈLuftinspekˌtiˌon. **ˈ~ˌstack liˈbrarˈy** → open-shelf library. **~ˈtop** *adj mot. Am.* offen, ohne Verdeck. **O~ Uˈniˈverˈsiˈty** *s Br.* ˈFern(seh)universiˌtät *f* (*deren Kurse a. ohne entsprechenden Schulabschluß belegt werden können*). ~ **warfare** *s mil.* Bewegungskrieg *m.* **ˈ~work** *s* ˈDurchbrucharbeit *f.* **ˈ~work(ed)** *adj* durchˈbrochen (*gearbeitet*). **~ workˈing** *s* Tagebau *m.*

**opˈerˈa¹** [ˈɒpərə; *Am.* ˈɑ-] **I** *s* **1.** *mus.* Oper *f.* **2.** Opernhaus *n*, Oper *f.* **II** *adj* **3.** Opern...: ~ **composer.**

**opˈerˈa²** [ˈɒpərə; *Am.* ˈəʊ-; ˈɑ-] *pl von* **opus.**

**opˈerˈaˈble** [ˈɒpərəbl; *Am.* ˈɑ-] *adj* **1.** ˈdurchführbar. **2.** *tech.* betriebsfähig. **3.** *med.* opeˈrierbar, opeˈrabel.

**oˈpéˈra bouffe** *pl* **-ra(s) bouffes** [ˌɒpərɑˈbuːf; *Am.* ˌɑ-; ɔpərabuf] (*Fr.*) *s mus.* Opera *f* buffa, komische Oper.

**opˈerˈa cloak** *s* Abendmantel *m.*

**oˈpéˈra coˈmique** *pl* **-ra(s) -miques** [ˌɒpərəkɒˈmiːk; *Am.* ˌɑpərəˈkɑ-; ɔpərəkɔmik] (*Fr.*) *s mus.* Opéra *f* coˈmique.

**opˈerˈa| glass(·es** *pl*) *s* Opernglas *n.* ~ **hat** *s* ˈKlappzyˌlinder *m*, Chapeau *m* claque. ~ **house** → opera 2.

**opˈerˈand** [ˈɒpərənd; *Am.* ˌɑpəˈrænd] *s Computer*: Opeˈrand *m*, Rechengröße *f.*

**opˈerˈant** [ˈɒpərənt; *Am.* ˈɑ-] *adj* **1.** wirksam. **2.** *psych.* opeˈrant, nicht reizgebunden: ~ **conditioning** operante Konditionierung.

**opˈerˈa pump** *s Am.* (glatter) Pumps.

**opˈerˈate** [ˈɒpəreɪt; *Am.* ˈɑ-] **I** *v/i* **1.** *bes. tech.* arbeiten, in Betrieb *od.* Tätigkeit sein, funktioˈnieren, laufen (*Maschine etc*), ansprechen (*Relais*): **to ~ on batteries** von Batterien betrieben werden; **to ~ at a deficit** *econ.* mit Verlust arbeiten. **2.** wirksam werden *od.* sein, (ein)wirken (**on, upon** auf *acc*), ˈhinwirken (**for** auf *acc*): **to ~ to the prejudice of** sich zum Nachteil (*gen*) auswirken. **3.** *med.* opeˈrieren ([up]on s.o. j-n): **to be ~d on for appendicitis** am Blinddarm operiert werden. **4.** *econ.* spekuˈlieren: **to ~ for a fall (rise)** auf Baisse (Hausse) spekulieren. **5.** *mil.* opeˈrieren, straˈtegische Bewegungen ˈdurchführen. **II** *v/t* **6.** bewirken, verursachen, schaffen, (mit sich) bringen. **7.** *tech. e-e Maschine* laufen lassen, bedienen, *ein Gerät* handhaben, *e-n Schalter, e-e Bremse etc* betätigen, *e-n Arbeitsvorgang* steuern, reguˈlieren, *ein Auto etc* lenken, fahren: **safe to ~** betriebssicher. **8.** *ein Unternehmen od. Geschäft* betreiben, führen, etwas aus-, ˈdurchführen.

**opˈerˈatˈic** [ɒpəˈrætɪk; *Am.* ˌɑ-] *adj* (*adv* **~ally**) opernhaft (*a. fig.*), Opern...: ~ **composer** Opernkomponist *m*; ~ **singer** Opernsänger(in).

**ˈopˈerˈatˈing** [ˈɒpəreɪtɪŋ; *Am.* ˈɑ-] *adj* **1.** *bes. med. tech.* in Betrieb befindlich, Betriebs..., Arbeits...: ~ **characteristic** Laufeigenschaft *f*; ~ **circuit** Arbeitsstromkreis *m*; ~ **conditions** (*od.* **data**) Betriebsdaten; ~ **instructions** *pl* Bedienungsanleitung *f*, Betriebsanweisung *f*; ~ **lever** Betätigungshebel *m*; ~ **speed** Betriebsdrehzahl *f*, Ansprechgeschwindigkeit *f* (*e-s Relais*) (→ 2); ~ **time** Schaltzeit *f*; ~ **voltage** Betriebsspannung *f.* **2.** *econ.* Betriebs..., betrieblich: ~ **assets** Vermögenswerte; ~ **company** *Am.* a) Betriebsgesellschaft *f* (*Ggs.* **holding company**), b) Transportunternehmen *n*; ~ **costs** (*od.* **expenses**) Betriebs-, Geschäftsunkosten; ~ **efficiency** betriebliche Leistungsfähigkeit *f*; ~ **loss** Betriebsverlust *m*; ~ **profit** Betriebsgewinn *m*; ~ **speed** Arbeitsgeschwindigkeit *f* (→ 1); ~ **statement** Gewinn- u. Verlustrechnung *f*, Betriebsbilanz *f.* **3.** *med.* opeˈrierend, Operations...: ~ **room** *Am.*, ~ **theatre** *Br.* Operationssaal *m*; ~ **surgeon** → operator 6; ~ **table** Operationstisch *m.*

**opˈerˈaˈtion** [ɒpəˈreɪʃn; *Am.* ˌɑ-] *s* **1.** Wirken *n*, Wirkung *f.* **2.** *bes. jur.* (Rechts)Wirksamkeit *f*, Geltung *f*: **by ~ of law** kraft Gesetzes; **to come into ~** wirksam werden, in Kraft treten; **to be in ~** in Kraft *od.* wirksam sein. **3.** *tech.* Betrieb *m*, Tätigkeit *f*, Lauf *m* (*e-r Maschine etc*): **in ~** in Betrieb; **to put** (*od.* **set**) **in** (**out of**) ~ in (außer) Betrieb setzen; **ready for ~** betriebs-

fähig. **4.** *bes. tech.* a) Wirkungs-, Arbeitsweise *f*, b) Arbeits(vor)gang *m*, Verfahren *n*, (ˈArbeits)Proˌzeß *m*: ~ **of thinking** *fig.* Denkvorgang, -prozeß; **chemical ~** chemischer Prozeß; **~s research** *econ.* Unternehmensforschung *f*; **~s scheduling** Arbeitsvorbereitung *f*, zeitliche Arbeitsplanung. **5.** *tech.* Inbeˈtriebsetzung *f*, Handhabung *f*, Bedienung *f* (*e-r Maschine etc*), Betätigung *f* (*e-r Bremse, e-s Schalters etc*). **6.** Arbeit *f*: **building ~s** Bauarbeiten. **7.** *econ.* a) Betrieb *m*: **continuous ~** durchgehender (Tag- u. Nacht)Betrieb; **in ~** in Betrieb, b) Unterˈnehmen *n*, -ˈnehmung *f*: **business ~** comˈmercial ~, c) Geschäft *n*: **trading ~** Tauschgeschäft, d) *Börse*: Transaktiˈon *f*: **forward ~s** Termingeschäfte. **8.** *math.* Operatiˈon *f*, Ausführung *f* (*e-r Rechenvorschrift*). **9.** *med.* Operatiˈon *f*, (chirˈurgischer) Eingriff: ~ **for appendicitis** Blinddarmoperation; ~ **on** (*od.* **to**) **the neck** Halsoperation; **to perform an ~** (**on s.o.**) (an j-m) e-n (chirurgischen) Eingriff vornehmen; **major** (**minor**) ~ a) größere (kleinere *od.* harmlose) Operation, b) *colloq.* große Sache, ‚schwere Geburt‘ (Kleinigkeit *f*). **10.** *mil.* Operatiˈon *f*, Einsatz *m*, Unterˈnehmung *f*, (ˈAngriffs)Unterˌnehmen *n*: **airborne** (*bes. Am.* **airlanded**) ~ Luftlandeunternehmen; **base of ~s** Einsatzbasis *f*; **theater** (*bes. Br.* **theatre**) **of ~s** Einsatzgebiet *n*, Kriegsschauplatz *m.*

**opˈerˈaˈtionˈal** [ˌɒpəˈreɪʃənl; *Am.* ˌɑ-] *adj* **1.** *tech.* a) Funktions..., Betriebs..., Arbeits...: ~ **electrode** Arbeitselektrode *f*, b) betriebsbereit. **2.** *econ.* betrieblich, Betriebs...: ~ **research** Unternehmensforschung *f.* **3.** *mil.* Einsatz..., Operations..., einsatzfähig: ~ **aircraft** Einsatzflugzeug *n*; ~ **area** Einsatzgebiet *n*; ~ **fatigue** Kriegsneurose *f*; ~ **height** Einsatzflughöhe *f.* **4.** *mar.* klar, fahrbereit.

**opˈerˈaˈtionˈalˈism** [ˌɒpəˈreɪʃnəlɪzəm; *Am.* ˌɑ-] *s* Operationaˈlismus *m.* **opˈerˈaˌtionˈalˈistˈic** *adj* operationaˈlistisch.

**opˈerˈaˈtive** [ˈɒpərətɪv; ˈɒpəreɪ-; *Am.* ˈɑ-] **I** *adj* **1.** wirkend, treibend: **an ~ cause**; **the ~ date** das maßgebliche Datum; **the ~ point** der springende Punkt; **the ~ word** das Wort, auf das es ankommt, *jur. a.* das rechtsbegründende Wort. **2.** wirksam: **an ~ dose**; **to become ~** in Kraft treten, (rechts)wirksam werden; **to be ~** in Kraft *od.* wirksam sein. **3.** praktisch: **the ~ part of the work.** **4.** *econ. tech.* Arbeits..., Betriebs..., betrieblich, betriebsfähig: ~ **condition** betriebsfähiger Zustand; ~ **position** Arbeitslage *f.* **5.** *med.* opeaˈtiv, chirˈurgisch, Operations...: ~ **treatment** operative Behandlung; ~ **dentistry** Zahn- u. Kieferchirurgie *f.* **6.** arbeitend, tätig, beschäftigt. **II** *s* **7.** Werktätige(r) *m*, *bes.* a) Facharbeiter (*m*), b) angelernter Arbeiter, c) Handwerker *m*, d) Meˈchaniker *m.* **8.** *Am.* Priˈvatdetekˌtiv *m.*

**opˈerˈaˈtize** [ˈɒpərətaɪz; *Am.* ˈɑ-] *v/t* e-e Oper machen aus.

**opˈerˈaˈtor** [ˈɒpəreɪtə(r); *Am.* ˈɑ-] *s* **1.** (*der, die, das*) Wirkende *f.* **2.** *tech.* Beˈdienungsmann *m*, -perˌson *f*, Arbeiter(in), (*Kran- etc*)Führer *m*: **crane ~**; **engine ~** Maschinist *m*; **~'s license** *Am.* Führerschein *m.* **3.** a) Telegˈraˈfist(in), b) Telefoˈnist(in), Fräulein *n* (vom Amt): **~-connected call** handvermitteltes Gespräch. **4.** a) Filmvorführer *m*, b) Kameramann *m.* **5.** *econ.* a) Unterˈnehmer *m*, b) *a.* **market ~** (*Börse*) (berufsmäßiger) Spekuˈlant: **~ for a fall** Baissespekulant *m*; ~ **for a rise** Haussespekulant *m.* **6.** *med.* Operaˈteur *m*, opeˈrierender Arzt.

7. *math. u. Logik*: Ope'rator *m.* **8.** *Computer*: Ope'rator *m*: **logical** ~ Boolescher Operator. **9. a smooth** (*od.* **clever**) ~ *colloq.* ein raffinierter Kerl.

**o·per·cu·lar** [əʊ'pɜːkjʊlə(r); *Am.* -'pɜr-] *adj* **1.** *bot. zo.* Deckel... **2.** *ichth.* Kiemendeckel... **o'per·cu·lum** [-ləm] *pl* **-la** [-lə] *s* **1.** *bot.* Deckel *m.* **2.** a) *zo.* Deckel *m,* O'perculum *n* (*der Schnecken*), b) *ichth.* Kiemendeckel *m* (*der Fische*).

**o·pe·re ci·ta·to** [ˌɒpəriːsaɪ'teɪtəʊ; *Am.* -reɪ-; *a.* -kə'tɑː-] (*Lat.*) *adv* am angegebenen Ort, in dem zi'tierten Werk (*abbr.* **op. cit.**).

**op·er·et·ta** [ˌɒpə'retə; *Am.* ˌɑp-] *s* Ope'rette *f.* **ˌop·er'et·tist** *s* Ope'rettenkompoˌnist *m.*

**op·er·on** ['ɒpərɒn; *Am.* 'ɑpəˌrɑn] *s Genetik*: Operon *n* (*Einheit der Genregulation*).

**o·phid·i·an** [ɒ'fɪdɪən; *Am.* əʊ-] **I** *adj* schlangenartig, Schlangen... **II** *s* Schlange *f.*

**oph·i·ol·a·try** [ˌɒfɪ'ɒlətrɪ; *Am.* ˌɑfɪ'ɑl-] *s* Ophiola'trie *f,* Schlangenanbetung *f,* -kult *m.* **ˌoph·i'ol·o·gy** [-dʒɪ] *s* Schlangenkunde *f.*

**oph·ite** ['əʊfaɪt; *Am. a.* 'ɑf-] *s min.* O'phit *m.*

**oph·thal·mi·a** [ɒf'θælmɪə; *Am.* ɑf-] *s med.* Augenentzündung *f,* Ophthal'mie *f.* **oph'thal·mic** *adj* oph'thalmisch, Augen...: ~ **hospital** Augenklinik *f.* **ˌoph·thal'mi·tis** [-'maɪtɪs] → **ophthalmia.**

**oph·thal·mol·o·gist** [ˌɒfθæl'mɒlədʒɪst; *Am.* ˌɑfˌθæl'mɑ-] *s* Augenarzt *m,* Ophthalmo'loge *m.* **ˌoph·thal'mol·o·gy** [-dʒɪ] *s* Augenheilkunde *f,* Ophthalmolo'gie *f.*

**oph·thal·mo·scope** [ɒf'θælməskəʊp; *Am.* ɑf-] *s med.* Ophthalmo'skop *n,* Augenspiegel *m.* **ˌoph·thal'mos·co·py** [-'mɒskəpɪ; *Am.* -'mɑs-] *s med.* Ophthalmosko'pie *f,* Ausspiegelung *f* des 'Augenˌhintergrundes. **ophˌthal·mo·to'nom·e·ter** [-mətəʊ'nɒmɪtə(r); *Am.* -'nɑ-] *s* (Augen)Druckmesser *m.*

**o·pi·ate** ['əʊpɪət; -eɪt] *pharm.* **I** *s* **1.** Opi'at *n,* 'Opiumpräpaˌrat *n.* **2.** Schlafmittel *n.* **3.** Beruhigungs-, Betäubungsmittel *n* (*a. fig.*): ~ **for the people** *fig.* Opium *n* fürs Volk. **II** *adj* **4.** opiumhaltig. **5.** einschläfernd. **6.** beruhigend, betäubend (*a. fig.*).

**o·pine** [əʊ'paɪn] *v/t* da'fürhalten, meinen.

**o·pin·ion** [ə'pɪnjən] *s* **1.** Meinung *f,* Ansicht *f,* Stellungnahme *f*: **in my** ~ m-s Erachtens, nach m-r Meinung *od.* Ansicht; **to be of the** ~ **that** der Meinung sein, daß; **that is a matter of** ~ das ist Ansichtssache; **to ask s.o.'s** ~ j-n nach s-r Meinung fragen; **I am entirely of your** ~ ich bin (voll u.) ganz Ihrer Meinung. **2.** *meist* **public** ~ die öffentliche Meinung: ~**-forming** meinungsbildend; ~ **leader** Meinungsbildner *m*; ~ **poll** Meinungsbefragung *f,* -umfrage *f*; ~ **research** Meinungsforschung *f*; ~ **scale** Meinungs-, Einstellungsskala *f.* **3.** Meinung *f*: **to form an** ~ **of s.o.** sich e-e Meinung von j-m bilden; **to have a high** (**low** *od.* **poor**) ~ **of** e-e (keine) hohe Meinung haben von; **she has no** ~ **of Frenchmen** sie hält nichts *od.* nicht viel von (den) Franzosen. **4.** (schriftliches) Gutachten (**on** über *acc*): **to render an** ~ ein Gutachten abgeben; **counsel's** ~ Rechtsgutachten; **expert** ~ Sachverständigengutachten; **medical** ~ das Gutachten des medizinischen Sachverständigen. **5.** *meist pl* Über'zeugung *f*: **to act up to one's** ~**s, to have the courage of one's** ~**(s)** zu s-r Überzeugung stehen, nach s-r Überzeugung handeln. **6.** *jur.* Urteilsbegründung *f.*

**o·pin·ion·aire** [əˌpɪnjə'neə(r)] *s bes. Am.* Fragebogen *m* für Meinungsforschung.

**o'pin·ion·at·ed** [-neɪtɪd], **o'pin·ion·a·tive** [-nətɪv; *Am.* -ˌneɪ-] *adj* (*adv* ~**ly**) **1.** starr-, eigensinnig, eigenwillig, dog'matisch. **2.** schulmeisterlich, über'heblich.

**op·i·som·e·ter** [ˌɒpɪ'sɒmɪtə(r); *Am.* ˌɑpɪ'sɑm-] *s* Kurvenmesser *m.*

**o·pis·tho·branch** [ə'pɪsθəbræŋk], **oˌpis·tho'bran·chi·ate** [-kɪeɪt; -kɪɪt] *s zo.* 'Hinterkiemer *m* (*Schnecke*).

**o·pi·um** ['əʊpjəm; -ɪəm] *s* Opium *n*: ~ **den** Opiumhöhle *f*; ~ **eater** Opiumesser *m*; ~ **habit** → **opiumism** 1; ~ **poppy** *bot.* Schlafmohn *m*; **O~ War** *hist.* Opiumkrieg *m.* **'o·pi·um·ism** *s med.* **1.** Opiumsucht *f,* Morphi'nismus *m.* **2.** (chronische) Opiumvergiftung.

**o·pos·sum** [ə'pɒsəm; *Am.* ə'pɑ-] *s* **1.** *zo.* Nordamer. O'possum *n,* (Vir'ginische) Beutelratte. **2.** *zo.* a) **ursine** ~ bärenartiger Beutelmarder, b) **vulpine** ~ Fuchskusu *m,* Austral. O'possum *n.* **3.** a) O'possum(fell) *n,* b) O'possum(pelz) *m.*

**op·pi·dan** ['ɒpɪdən; *Am.* 'ɑ-] **I** *adj* städtisch, Stadt... **II** *s* Städter(in).

**op·pi·late** ['ɒpɪleɪt; *Am.* 'ɑ-] *v/t bes. med.* verstopfen.

**op·po** ['ɒpəʊ; *Am.* 'ɑ-] *pl* **-pos** *s colloq.* ('Amts)Kolˌlege *m* (*e-s Ministers etc*).

**op·po·nen·cy** [ə'pəʊnənsɪ] *s* Gegensatz *m,* Gegnerschaft *f.* **op'po·nent I** *adj* **1.** → **opposing** 1. **2.** entgegenstehend, -gesetzt (**to** *dat*), gegnerisch. **II** *s* **3.** Gegner(in) (*a. jur. sport*), 'Widersacher(in), Gegenspieler(in) (*a. sport*), Oppo'nent(in).

**op·por·tune** ['ɒpətjuːn; *Am.* ˌɑpər'tjuːn; -'tuːn] *adj* **1.** günstig, passend, angebracht, zweckmäßig, gelegen, oppor'tun. **2.** rechtzeitig. **op·por·tune·ly** *adv* **1.** → **opportune.** **2.** im richtigen Augenblick. **op·por·tune·ness** *s* **1.** Zweckmäßigkeit *f.* **2.** Rechtzeitigkeit *f.*

**op·por·tun·ism** ['ɒpətjuːnɪzəm; *Am.* ˌɑpər'tjuː-; -'tuː-] *s* **1.** Opportu'nismus *m.* **2.** *sport* 'Abstauberqualiˌtäten *pl.* **op·por·tun·ist** ['ɒpətjuːnɪst; *Am.* ˌɑpər'tjuː-; -'tuː-] **I** *s* **1.** Opportu'nist(in). **2.** *sport* Abstauber(in). **II** *adj* **3.** opportu'nistisch. **4.** *sport* Abstauber...: ~ **goal.**

**op·por·tu·ni·ty** [ˌɒpə'tjuːnətɪ; *Am.* ˌɑpər'tjuː-; -'tuː-] *s* (*günstige*) Gelegenheit, Möglichkeit *f* (**of doing, to do** zu tun; **for s.th.** für *od.* zu etwas): **to afford** (*od.* **give**) **s.o. an** ~ j-m (die) Gelegenheit bieten *od.* geben; **to miss** (*od.* **lose**) **the** ~ die Gelegenheit verpassen; **to seize** (*od.* **take**) **an** ~ e-e Gelegenheit ergreifen (*od.* nutzen); **to seize the** ~ die Gelegenheit beim Schopf ergreifen; **at the first** (*od.* **earliest**) ~ bei der erstbesten Gelegenheit; **at your earliest** ~ so bald wie möglich; ~ **makes the thief** Gelegenheit macht Diebe. ~ **cost** *s econ.* Opportuni'tätskosten *pl.*

**op·pose** [ə'pəʊz] *v/t* **1.** (*vergleichend*) gegen'überstellen. **2.** entgegensetzen, -stellen (**to** *dat*). **3.** *j-m od. e-r Sache* entgegentreten *od.* -arbeiten, sich wider'setzen (*dat*), angehen gegen, bekämpfen, oppo'nieren gegen. **4.** *jur. Am.* gegen *e-e Patentanmeldung* Einspruch erheben. **5.** *e-r Sache* entgegenstehen, hemmen (*acc*). **op'posed** *adj* **1.** entgegengesetzt (**to** *dat*) (*a. math.*), gegensätzlich, grundverschieden, unvereinbar. **2.** (**to**) abgeneigt (*dat*), feind (*dat*), feindlich (gegen): **to be** ~ **to** *j-m od. e-r Sache* feindlich *od.* ablehnend gegenüberstehen, gegen *j-n od. etwas* sein. **3.** *tech.* Gegen...: ~ **ions** Gegenionen; ~ **piston engine** Gegenkolben-, Boxermotor *m.* **op'pos·er** *s* **1.** → **opponent** 3. **2.** *jur. Am. j-d, der gegen die Erteilung e-s Patents od. Gebrauchsmusters Einspruch erhebt.* **op'pos·ing** *adj* **1.** gegen'überliegend, -stehend. **2.** (sich) wider'setzend, oppo'nierend, gegnerisch. **3.** → **opposed** 1. **4.** *a. phys. tech.* entgegenwirkend, Gegen...: ~ **force** *phys.* Gegenkraft *f.*

**op·po·site** ['ɒpəzɪt; *Am.* 'ɑ-] **I** *adj* (*adv* ~**ly**) **1.** gegen'überliegend, -stehend (**to** *dat*), Gegen...: ~ **angle** Gegen-, Scheitelwinkel *m*; ~ **edge** Gegenkante *f*; **two sides and the angle** ~ **to the third** zwei Seiten u. der eingeschlossene Winkel. **2.** 'umgekehrt, entgegengesetzt: ~ **directions**; ~ **signs** *math.* entgegengesetzte Vorzeichen; **in** ~ **phase** *tech.* gegenphasig; **of** ~ **sign** *math.* ungleichnamig; ~ **pistons** gegenläufige Kolben; ~ **polarity** *electr.* Gegenpolung *f.* **3.** gegensätzlich, entgegengesetzt, gegenteilig, (grund)verschieden, ander(er, e, es): **the** ~ **sex** das andere Geschlecht; **words of** ~ **meaning** Wörter mit entgegengesetzter Bedeutung. **4.** gegnerisch, Gegen...: ~ **number** a) (Amts)Kollege *m* (*e-s Ministers etc*), b) Pendant *n,* Gegenstück *n* (*Person u. Sache*); ~ **side,** ~ **team** *sport* Gegenpartei *f,* gegnerische Mannschaft. **5.** *bot.* gegenständig (*Blätter*). **II** *s* **6.** Gegenteil *n* (*a. math.*), Gegensatz *m*: **the very** ~ **of** das genaue Gegenteil von (*od. gen*); **quite the** ~! ganz im Gegenteil! **III** *adv* **7.** gegen'über. **IV** *prep* **8.** gegen'über (*dat*): ~ **the house**; **to play** ~ **X** (*sport, Film etc*) (der, die) Gegenspieler(in) von X sein. **9.** gegen'über (*dat*), im Vergleich zu.

**op·po·si·tion** [ˌɒpə'zɪʃn; *Am.* ˌɑ-] *s* **1.** 'Widerstand *m* (**to** gegen): **to offer a determined** ~ entschlossen(en) Widerstand leisten (**to** gegen *od. dat*); **to meet with** (*od.* **to face**) **stiff** ~ auf heftigen Widerstand stoßen. **2.** Gegensatz *m,* 'Widerspruch *m*: **to act in** ~ **to** zuwiderhandeln (*dat*); **to be in** ~ **to** in Gegensatz stehen zu. **3.** *Logik*: Gegensatz *m.* **4.** Oppositi'on *f*: a) *pol.* Oppositi'onsparˌtei(en *pl*) *f*: **to be in** ~ in der Opposition sein, b) *astr.* Gegenstellung *f.* **5.** Gegen'überstellung *f.* **6.** (*das*) Gegen'überstehen *od.* -liegen. **7.** *tech.* Gegenläufigkeit *f.* **8.** *jur.* a) 'Widerspruch *m,* b) *Am.* Einspruch *m* (**to** gegen *e-e Patentanmeldung*). **ˌop·po'si·tion·al** *adj* **1.** *pol.* oppositio'nell, Oppositions... **2.** gegensätzlich, Widerstands... **ˌop·po'si·tion·ist I** *s* Oppositio'nelle(r *m*) *f.* **II** *adj* → **oppositional.**

**op·press** [ə'pres] *v/t* **1.** *seelisch* bedrücken. **2.** unter'drücken, niederdrücken, tyranni'sieren, schika'nieren. **3.** *fig.* lasten auf (*dat*): **he felt** ~**ed with** (*od.* **by**) **the heat** die Hitze lastete schwer auf ihm. **op'pres·sion** *s* **1.** Unter'drückung *f,* Tyranni'sierung *f.* **2.** a) *a. jur.* Schi'kane(n *pl*) *f,* b) *jur.* 'Mißbrauch *m* der Amtsgewalt. **3.** Druck *m,* Bedrängnis *f,* Not *f.* **4.** (*seelische*) Bedrücktheit. **5.** *med.* Beklemmung *f.* **op'pres·sive** [-sɪv] *adj* (*adv* ~**ly**) **1.** *seelisch* bedrückend: ~ **sorrow**; ~ **thoughts.** **2.** drückend: ~ **taxes.** **3.** ty'rannisch, hart, grausam. **4.** *jur.* schika'nös. **5.** (drückend) schwül, drückend. **op'pres·sive·ness** *s* **1.** Druck *m.* **2.** Schwere *f,* Schwüle *f.* **op'pres·sor** [-sə(r)] *s* Bedrücker *m,* Unter'drücker *m,* Ty'rann *m.*

**op·pro·bri·ous** [ə'prəʊbrɪəs] *adj* (*adv* ~**ly**) **1.** schmähend, Schmäh...: ~ **language** Schmährede *f.* **2.** schmählich, schändlich, in'fam, gemein: ~ **conduct.** **op'pro·bri·um** [-əm] *s* **1.** Schmach *f,* Schande *f* (**to** für). **2.** Schmähung(en *pl*) *f.*

**op·pugn** [ɒ'pjuːn; *Am.* ə-; ɑ-] *v/t* anfechten, bestreiten.

**op·ster** ['ɑpstər] *Am. sl.* → **op artist.**

**opt** [ɒpt; *Am.* ɑpt] *v/i* **1.** wählen (**between** zwischen *dat*), sich entscheiden (**to do** zu tun, **in** favo[u]r **of**, **for** für): **to ~ out** a) sich dagegen entscheiden, b) ‚abspringen', zurücktreten (**of** von), c) ‚aussteigen' (**of** aus *der Gesellschaft etc*). **2.** *pol.* op'tieren (*sich für e-e bestimmte Staatsangehörigkeit entscheiden*). **'op·tant** *s pol.* Op'tant *m*. **'op·ta·tive** ['ɒptətɪv; *Am.* 'ɑp-] **I** *adj* **1.** Wunsch... **2.** *ling.* opta'tivisch: ~ **mood** → **3. II** *s* **3.** *ling.* Optativ *m*, Wunschform *f*.

**op·tic** ['ɒptɪk; *Am.* 'ɑp-] **I** *adj* (*adv* ~**ally**) **1.** Augen..., Seh..., Gesichts...: ~ **angle** Seh-, Gesichts(feld)winkel *m*; ~ **axis** → **optical axis**; ~ **light filter** *TV* Graufilter *m, n*, -scheibe *f*; ~ **nerve** Sehnerv *m*; ~ **surgery** Augenchirurgie *f*; ~ **thalamus** Sehhügel *m* (*im Gehirn*). **2.** → **optical. II** *s* **3.** *meist pl humor.* Auge *n*. **4.** *pl* (*als sg konstruiert*) *phys.* Optik *f*, Lichtlehre *f*.

**op·ti·cal** ['ɒptɪkl; *Am.* 'ɑp-] *adj* (*adv* ~**ly**) *anat. phys.* optisch: ~ **bench** optische Bank; ~ **character reader** (*Computer*) optischer Klarschriftleser; ~ **character recognition** (*Computer*) optische Zeichenerkennung; ~ **density** optische Dichte; ~ **fiber** (*bes. Br.* **fibre**) → **glass fiber**; ~ **flat** (*od.* **plane**) optische Ebene; ~ **glass** optisches Glas; ~ **illusion** optische Täuschung; ~ **microscope** Lichtmikroskop *n*; ~ **sound** Lichtton *m*; ~ **sound recorder** Gerät *n* zur optischen Schallaufzeichnung. ~ **art** → **op art**. ~ **ax·is** *s irr phys.* **1.** optische Achse. **2.** Sehachse *f*.

**op·ti·cian** [ɒp'tɪʃn; *Am.* ɑp-] *s* Optiker *m*. **op·ti·ma** ['ɒptɪmə; *Am.* 'ɑp-] *pl von* **optimum I**. **op·ti·mal** ['ɒptɪml; *Am.* 'ɑp-] → **optimum II**. **op·ti·mism** ['ɒptɪmɪzəm; *Am.* 'ɑp-] *s* Opti'mismus *m*. **'op·ti·mist** *s* Opti'mist (-in). **op·ti·mis·tic** *adj*; **op·ti·mis·ti·cal** *adj* (*adv* ~**ly**) opti'mistisch, zuversichtlich. **'op·ti·mize** **I** *v/i* (ein) Opti'mist sein. **II** *v/t econ. tech.* opti'mieren. **op·ti·mum** ['ɒptɪməm; *Am.* 'ɑp-] **I** *pl* **-ma** [-mə] *s* Optimum *n*, günstigster Fall, Bestfall *m*, Bestwert *m*, günstigste Bedingungen *pl*. **II** *adj* opti'mal, günstigst(er, e, es), bestmöglich, Best...

**op·tion** ['ɒpʃn; *Am.* 'ɑp-] *s* **1.** Wahlfreiheit *f*, freie Wahl *od.* Entscheidung, Entscheidungsfreiheit *f*: ~ **of a fine** Recht *n*, e-e Geldstrafe (*an Stelle der Haft*) zu wählen; **local ~** Recht *n* unterer Instanzen, den Verkauf von Wein u. Spirituosen zu verbieten. **2.** Wahl *f*: **at one's ~** nach Wahl; **to make one's ~** s-e Wahl treffen; **to leave** (*od.* **keep**) **one's ~s open** sich alle Möglichkeiten offenlassen. **3.** Alterna'tive *f*, gebotene Möglichkeit: **none of the ~s is satisfactory**; **I had no ~ but** to ich mußte, ich hatte keine andere Wahl als, mir blieb nichts anderes übrig als. **4.** *econ.* Opti'on *f*, Vorkaufs-, Opti'onsrecht *n*: **call ~** a) Kaufoption, b) (*Börse*) Vorprämie(ngeschäft *n*) *f*; **put ~** a) Verkaufsoption, b) (*Börse*) Rückprämie(ngeschäft *n*) *f*; ~ **rate** Prämiensatz *m*; **to take up** (**abandon**) **an ~** ein Optionsrecht (nicht) ausüben; → **buyer 1, seller 1. 5.** *Versicherung:* Opti'on *f* (*Wahlmöglichkeit des Versicherungsnehmers in bezug auf die Form der Versicherungsleistung*). **'op·tion·al** [-ʃənl] *adj* (*adv* ~**ly**) **1.** freigestellt, wahlfrei, freiwillig, fakulta'tiv, nach Wahl: ~ **bonds** *Am.* kündbare Obligationen; ~ **insurance** fakultative Versicherung; ~ **studies** fakultative Studien(fächer); ~ **subject** *ped.* Wahlfach *n*. **2.** *econ.* Options...: ~ **clause**; ~ **bargain** Prämiengeschäft *n*.

**op·tom·e·ter** [ɒp'tɒmɪtə(r); *Am.* ɑp'tɑ-] *s med.* Opto'meter *n*, Sehweitemesser *m*. **op'tom·e·trist** [-trɪst] *s* Opto'metriker *m*. **op'tom·e·try** [-trɪ] *s* **1.** Optome'trie *f*, Sehkraft-, Sehweitemessung *f*. **2.** Sehprüfung *f*, 'Augenunter,suchung *f*.

**op·to·phone** ['ɒptəfəʊn; *Am.* 'ɑp-] *s* **1.** Opto'phon *n* (*Leseapparat für Blinde, der Buchstaben mit Hilfe der Selenzelle in Töne umsetzt*). **2.** *electr.* Lichtsprechgerät *n*.

**op·u·lence** ['ɒpjʊləns; *Am.* 'ɑp-] *s* (großer) Reichtum, ('Über)Fülle *f*, 'Überfluß *m*, Opu'lenz *f*: **to live in ~** im Überfluß leben. **'op·u·lent** *adj* (*adv* ~**ly**) **1.** wohlhabend, (sehr) reich (*a. fig.*). **2.** üppig, opu'lent: ~ **meal**. **3.** *bot.* blütenreich, farbenprächtig.

**o·pus** ['əʊpəs] *pl* **op·e·ra** ['ɒpərə; *Am.* 'əʊ-] (*Lat.*) *s* (*einzelnes*) Werk, Opus *n*: ~ **number** *mus.* Opusnummer *f*; → **magnum opus. o·pus·cule** [ɒ'pʌskjuːl; *Am.* əʊ-] *s* kleines (lite'rarisches *od.* musi'kalisches) Werk.

**or¹** [ɔː(r)] *conj* **1.** oder: **in a day ~ two** in ein bis zwei Tagen; ~ **so I believe** glaube ich zumindest. **2.** ~ **else** oder, sonst, andernfalls: → **else 3. 3.** (*nach neg*) noch, und kein, und auch nicht.

**or²** [ɔː(r)] *obs. od. poet.* **I** *conj* ehe (daß), bevor: ~ **ever**, ~ **e'er**, ~ **ere** bevor, ehe (daß). **II** *prep* vor.

**or³** [ɔː(r)] *s her.* Gold *n*, Gelb *n*.

**o·ra** ['ɔːrə; *Am. a.* 'əʊrə] *s hist. alte englische Rechnungsmünze*.

**or·ach, or·ache** ['ɒrɪtʃ; *Am. a.* 'ɑ-] *s bot.* Melde *f*.

**or·a·cle** ['ɒrəkl; *Am. a.* 'ɑ-] **I** *s* **1.** *antiq.* O'rakel *n*: **the ~ of Apollo at Delphi**; **to work the ~** *Br. colloq.* die Sache ‚(hin)drehen'. **2.** O'rakel(spruch *m*) *n*: a) o'rakelhafter Ausspruch, b) Weissagung *f*. **3.** *meist fig.* Wort *n* Gottes, Bibel *f*. **4.** *relig.* (*das*) Aller'heiligste (*im jüdischen Tempel*). **5.** *fig.* weiser Mann, Pro'phet *m*, unfehlbare Autori'tät. **II** *v/t u. v/i* **6.** o'rakeln. **o·rac·u·lar** [ɒ'rækjʊlə(r); *Am. a.* ə'r-] *adj* **1.** o'rakelhaft (*a. fig. dunkel, rätselhaft*), Orakel... **2.** weise (*Person*). **o,rac·u'lar·i·ty** [-'lærətɪ] *s* O'rakelhaftigkeit *f*.

**o·ral** ['ɔːrəl; *Am. a.* 'əʊ-; 'ɑ-] **I** *adj* (*adv* ~**ly**) **1.** mündlich: ~ **contract**; ~ **examination**; ~ **interpretation** Interpretation *f* durch Vortrag (*von Werken der Literatur*). **2.** *anat. med.* (*a. ling. Laut*), Mund...: ~ **cavity** Mundhöhle *f*; ~ **intercourse** Oralverkehr *m*; **for ~ use** zum innerlichen Gebrauch; ~ **vaccine** Schluckimpfstoff *m*. **3.** *psych.* o'ral, Oral...: ~ **eroticism**, ~ **erotism** Oralerotik *f*; ~ **stage** orale Phase. **II** *s* **4.** *ped. colloq.* mündliche Prüfung, (*das*) Mündliche.

**o·rang** ['ɔːræŋ; *Am.* ə'ræŋ] → **orangoutang**.

**or·ange¹** ['ɒrɪndʒ; *Am. a.* 'ɑr-] **I** *s* **1.** *a.* **sweet ~** *bot.* O'range *f*, Apfel'sine *f*: **bitter ~** Pomeranze *f*; **to squeeze** (*od.* **suck**) **the ~** *dry colloq.* ihn *od.* sie *od.* es ausquetschen *od.* -saugen wie e-e Zitrone; **sucked ~** sl. ‚trübe Tasse'. **2.** O'range(nbaum *m*) *f*. **3.** O'range *n* (*Farbe*). **II** *adj* **4.** Orangen... **5.** o'range(nfarben).

**Or·ange²** ['ɒrɪndʒ; *Am.* 'ɑr-] **I** *npr hist.* O'ranien *n*: **Prince of ~** Prinz von Oranien (*bes. Wilhelm III. von England*). **II** *adj* o'ranisch.

**or·ange·ade** [,ɒrɪndʒ'eɪd; *Am.* ,ɑr-] *s* Oran'geade *f* (*Getränk*).

**or·ange| blos·som** *s* O'rangenblüte *f* (*a. Staatsblume von Florida*). **'~·col·o(u)red** *adj* o'range(nfarben). **~ grove** *s* O'rangenplan,tage *f*.

**Or·ange·ism** ['ɒrɪndʒɪzəm; *Am.* 'ɑr-] *s hist.* Oran'gismus *m* (*politischer Protestantismus in Nordirland*).

**or·ange| lead** [led] *s tech.* O'rangemennige *f*, Bleisafran *m*. ~ **mad·der** *s* 'Krapp-O,range *n* (*Farbe*). **'O·man** [-mən] *s irr hist.* Oran'gist *m* (*Mitglied des* **Orange Order**). **O·men's Day** [-mənz] *s der 12. Juli* (*nordirischer Gedenktag, an dem man der Schlachten an der Boyne, 1. 7. 1690, u. bei Aughrim, 12. 7. 1691, gedenkt*). **O· Or·der** *s hist.* 1795 *mit dem Ziel gegründeter Geheimbund, die Vormachtstellung des Protestantismus in Nordirland aufrechtzuerhalten.* ~ **peel** *s* **1.** O'rangen-, Apfel'sinenschale *f*: **candied ~** Orangeat *n*. **2.** *a.* ~ **effect** O'rangenschalenstruk,tur *f* (*Lackierung*).

**or·an·ge·ry** ['ɒrɪndʒərɪ; *Am. a.* 'ɑr-] *s* Orange'rie *f*.

**or·ange stick** *s* Mani'küreestäbchen *n*.

**o·rang·ou·tang** [ɔː,ræŋuː'tæŋ; *Am.* ə'ræŋə,tæŋ], **o,rang·u'tan** [-'tæn] *s zo.* 'Orang-'Utan *m*.

**o·rate** [ɔː'reɪt] *v/i* **1.** e-e Rede halten (**to** vor *dat*). **2.** *humor. u. contp.* (lange) Reden halten *od.* ‚schwingen', reden. **o'ra·tion** *s* **1.** (offizi'elle *od.* feierliche) Rede. **2.** *ling.* Rede *f*: **direct ~** direkte Rede; **indirect** (*od.* **oblique**) ~ indirekte Rede. **or·a·tor** ['ɒrətə(r); *Am. a.* 'ɑ-] *s* **1.** Redner *m*: **Public O·** Sprecher *m* u. Vertreter *m* der Universität (*Oxford u. Cambridge*). **2.** *jur. Am.* Kläger *m* (*in* **equity**-*Prozessen*).

**or·a·tor·i·cal** [,ɒrə'tɒrɪkl; *Am. a.* ,ɑrə-'tɑr-] *adj* (*adv* ~**ly**) rednerisch, Redner..., ora'torisch, rhe'torisch, Rede...

**or·a·to·ri·o** [,ɒrə'tɔːrɪəʊ; *Am. a.* ,ɑr-] *pl* **-ri·os** *s mus.* Ora'torium *n*.

**or·a·to·ry¹** ['ɒrətərɪ; *Am. a.* 'ɑ-] *s* Redekunst *f*, Beredsamkeit *f*, Rhe'torik *f*.

**or·a·to·ry²** ['ɒrətərɪ; *Am.* ,ɔːrə'tɔːrɪ:; ,ɑː-; *a.* 'ɑ-] *s relig.* **1.** Ka'pelle *f*, Andachtsraum *m*. **2.** **O·** *R.C. hist.* Ora'torium *n* (*Name verschiedener Kongregationen von Weltgeistlichen ohne Klostergelübde*).

**orb** [ɔː(r)b] **I** *s* **1.** Kugel *f*, Ball *m*. **2.** *poet.* Gestirn *n*, Himmelskörper *m*. **3.** *obs.* Erde *f* (*Planet*). **4.** *poet.* a) Augapfel *m*, b) Auge *n*. **5.** *hist.* Reichsapfel *m*. **6.** *poet.* a) Kreis *m*, b) Ring *m*, c) Rad *n*, d) Scheibe *f*. **7.** *fig.* Welt *f*, (organi'siertes) Ganzes. **8.** *astr.* Einflußgebiet *n* (*e-s Planeten etc*). **II** *v/t* **9.** zu e-m Kreis *od.* e-r Kugel formen. **10.** *poet.* um'ringen. **III** *v/i* **11.** *selten* a) sich im Kreis bewegen. b) sich runden. **orbed** [ɔː(r)bd] *adj* rund, kreis-, kugelförmig.

**or·bic·u·lar** [ɔː(r)'bɪkjʊlə(r)] *adj* **1.** kugelförmig. **2.** rund, kreis-, scheibenförmig. **3.** ringförmig, Ring...

**or·bic·u·late** [ɔː(r)'bɪkjʊlət] *adj* kreisförmig, (fast) rund.

**or·bit** ['ɔː(r)bɪt] **I** *s* **1.** (*astr.* Kreis-, 'Umlauf-, *phys.* Elek'tronen)Bahn *f*: **to get** (**put**) **into** → in e-e Umlaufbahn gelangen (bringen). **2.** *fig.* a) Bereich *m*, Wirkungskreis *m*, b) *pol.* (Macht)Bereich *m*, Einflußsphäre *f*: **the Russian ~. 3.** *aer.* Wartekreis *m*. **4.** *anat. zo.* a) Augenhöhle *f*, b) Auge *n*. **5.** *orn.* Augen(lider)haut *f*. **II** *v/t* **6.** *die Erde etc* um'kreisen. **7.** *Satelliten etc auf* e-e 'Umlaufbahn bringen. **III** *v/i* **8.** *die Erde etc* um'kreisen, sich auf e-r 'Umlaufbahn bewegen. **9.** *aer.* (*vor dem Landen über dem Flugplatz*) kreisen.

**or·bit·al** ['ɔː(r)bɪtl] **I** *adj* **1.** *anat. zo.* orbi'tal, Augenhöhlen...: ~ **cavity** Augenhöhle *f*. **2.** *astr. phys.* Bahn...: ~ **electron** Bahnelektron *n*; ~ **velocity** Umlaufgeschwindigkeit *f*. **II** *s* **3.** *chem. phys.* Orbi'tal *n, m*. **4.** *Br.* Ringstraße *f* (*um e-e Stadt*).

**orc** [ɔː(r)k] *s* **1.** → **grampus. 2.** (Meeres-)

Ungeheuer *n*. **'or·ca** [-kə] → **killer whale**.

**Or·ca·di·an** [ɔː(r)'keɪdɪən; -dɪən] **I** *adj* Orkney... **II** *s* Bewohner(in) der Orkney-Inseln.

**or·chard** ['ɔː(r)tʃə(r)d] *s* a) Obstgarten *m*, b) 'Obstplan,tage *f*. **'or·chard·ing** *s* **1.** Obstbau *m*. **2.** *collect. Am.* 'Obstkul-,turen *pl*. **'or·chard·ist** *s*, a. **'or·chard·man** [-mən] *s irr* Obstzüchter *m*, Obstgärtner *m*.

**or·ches·tic** [ɔː(r)'kestɪk] **I** *adj* or'chestisch, Tanz... **II** *s pl* Or'chestik *f (höhere Tanzkunst)*.

**or·ches·tra** ['ɔː(r)kɪstrə] *s* **1.** *mus.* Or'chester *n*. **2.** *thea.* a) a. ~ **pit** Or'chester (-raum *m*, -graben *m*) *n*, b) **stall** Orchestersessel *m*. **3.** *antiq.* Or'chestra *f*.

**or·ches·tral** [ɔː(r)'kestrəl] *adj mus.* **1.** Orchester...: ~ **concert**. **2.** orche-'stral.

**or·ches·trate** ['ɔː(r)kɪstreɪt] *v/t* **1.** a. *v/i mus.* orche'strieren, instrumen'tieren. **2.** *fig. Am.* Gedanken *etc* ordnen, Geschichte *etc* aufbauen. **3.** *fig. Am.* Kampagne *etc* insze'nieren.

**or·ches·tra·tion** [,ɔː(r)ke'streɪʃn] *s mus.* Orche'strierung *f*, Instrumentati'on *f*.

**or·ches·tri·na** [,ɔː(r)kɪ'striːnə], **or·ches·tri·on** [ɔː(r)'kestrɪən] *s mus.* Or'chestrion *n (automatische Orgel)*.

**or·chid** ['ɔː(r)kɪd] *s bot.* Orchi'dee *f*, **or·chi'da·ceous** [-'deɪʃəs] *adj bot.* Orchideen... **'or·chid·ist** *s* Orchi'deenzüchter(in). **'or·chid·ol·o·gy** [-'dɒlədʒɪ; *Am.* -'dɑ-] *s bot.* Orchi'deenkunde *f*.

**or·chis** ['ɔː(r)kɪs] *s bot.* Orchi'dee *f*, bes. Knabenkraut *n*.

**or·chi·tis** [ɔː(r)'kaɪtɪs] *s med.* Or'chitis *f*, Hodenentzündung *f*.

**OR cir·cuit** *s Computer:* ODER-Schaltung *f*.

**or·dain** [ɔː(r)'deɪn] *v/t* **1.** *relig.* ordi'nieren, *(zum Priester)* weihen. **2.** bestimmen, fügen *(Gott, Schicksal)*. **3.** anordnen, verfügen.

**or·deal** [ɔː(r)'diːl] *s* **1.** *hist.* Gottesurteil *n*: ~ **by battle** Gottesurteil durch Zweikampf; ~ **by fire** Feuerprobe *f*; ~ **by water** Wasserprobe *f*. **2.** *fig.* Zerreiß-, Feuerprobe *f*, schwere Prüfung. **3.** *fig.* Qual *f*, Nervenprobe *f*, Mar'tyrium *n*, Tor'tur *f*.

**or·der** ['ɔː(r)də(r)] **I** *s* **1.** Ordnung *f*, geordneter Zustand: **love of** ~ Ordnungsliebe *f*; **to keep** ~ Ordnung halten, die Ordnung wahren; → *Bes. Redew.* **2.** (öffentliche) Ordnung: ~ **was restored** die Ordnung wurde wiederhergestellt. **3.** Ordnung *f (a. biol. Kategorie)*, Sy'stem *n (a. bot.):* **social** ~ Sozialordnung; **the old** ~ **was upset** die alte Ordnung wurde umgestoßen. **4.** (An)Ordnung *f*, Reihenfolge *f*: **in alphabetical** ~; ~ **of priority** Dringlichkeitsstufe *f*; ~ **of merit** (*od.* **precedence**) Rangordnung. **5.** Ordnung *f*, Aufstellung *f*: **in close (open)** ~ *mil.* in geschlossener (geöffneter) Ordnung; ~ **of battle** a) *mil.* Schlachtordnung, Gefechtsaufstellung, b) *mar.* Gefechtsformation *f*. **6.** *mil.* vorschriftsmäßige Uni'form u. Ausrüstung: → **marching** I. **7.** *parl. jur. etc* (Geschäfts)Ordnung *f*: **a call to** ~ ein Ordnungsruf; **to call to** ~ zur Ordnung rufen; **to rise to (a point of)** ~ zur Geschäftsordnung sprechen; **to rule s.o. out of** ~ j-m das Wort entziehen; **O~! O~!** zur Ordnung!; ~ **of the day**, ~ **of business** Tagesordnung *f* (→ 10); **to be the** ~ **of the day** *fig.* an der Tagesordnung sein; **to pass to the** ~ **of the day** zur Tagesordnung übergehen. **8.** Zustand *m*: **in bad** ~ nicht in Ordnung, in schlechtem Zustand; **in good** ~ in Ordnung, in gutem Zustand. **9.** *ling.*

(Satz)Stellung *f*, Wortfolge *f*. **10.** *oft pl* Befehl *m (a. beim Computer)*, Instrukti'on *f*, Anordnung *f*: **O~ in Council** *pol. Br.* Kabinettsbefehl; **to give** ~**s** *(od.* **an** ~ *od.* **the** ~**)** **for s.th. to be done** *(od.* **that s.th. [should] be done)** Befehl geben, etwas zu tun *od.* daß etwas getan werde; ~ **of the day** *mil.* Tagesbefehl (→ 7); **marching** I. **11.** Verfügung *f*, Befehl *m*, Auftrag *m*: ~ **to pay** Zahlungsbefehl, -anweisung *f*; ~ **of remittance** Überweisungsauftrag. **12.** *jur.* (Gerichts)Beschluß *m*, Verfügung *f*, Befehl *m*: **release** ~ Freilassungsbeschluß. **13.** Art *f*, Klasse *f*, Grad *m*, Rang *m*: **of a high** ~ von hohem Rang; **of quite another** ~ von ganz anderer Art. **14.** *math.* Ordnung *f*, Grad *m*: **equation of the first** ~ Gleichung *f* ersten Grades. **15.** (Größen-) Ordnung *f*: **of** *(od.* **in) the** ~ **of** in der Größenordnung von. **16.** Klasse *f*, (Gesellschafts)Schicht *f*: **the military** ~ der Soldatenstand. **17.** a) Orden *m (Gemeinschaft von Personen)*, b) (geistlicher) Orden: **the Franciscan O~** der Franziskanerorden *(od.)* a. ~ **of knighthood** *hist.* (Ritter)Orden *m*. **18.** Orden *m*: **Knight of the O~ of the Garter** Ritter *m* des Hosenbandordens. **19.** Ordenszeichen *n*: → **bath²** 7, **order of merit** 1. **20.** *relig.* a) Weihe(stufe) *f*: **major** ~**s** höhere Weihen *pl*, *meist* **holy** ~**s** (heilige) Weihen *pl*, Priesterweihe *f*: **to take (holy)** ~**s** die heiligen Weihen empfangen, in den geistlichen Stand treten; **to be in (holy)** ~**s** dem geistlichen Stand angehören. **21.** *relig.* Ordnung *f (der Messe etc)*: ~ **of confession** Beichtordnung. **22.** Ordnung *f*, Chor *m (der Engel)*: **O~ of the Seraphim**. **23.** *arch.* (Säulen-)Ordnung *f*: **Doric** ~ dorische Säulenordnung. **24.** *arch.* Stil *m*. **25.** *econ.* Bestellung *f (a. Ware)*, Auftrag *m* **(for** für): **to give** *(od.* **place) an** ~ e-n Auftrag erteilen, e-e Bestellung aufgeben *od.* machen; **to make to** ~ a) auf Bestellung anfertigen, b) nach Maß anfertigen; **shoes made to** ~ Maßschuhe *f*; **a large** *(od.* **tall)** ~ *colloq.* e-e (arge) Zumutung, (zu)viel verlangt. **26.** *econ.* Bestellung *f (im Restaurant):* **last** ~**s, please** Polizeistunde!, b) *colloq.* Porti'on *f*. **27.** *econ.* Order *f (Zahlungsauftrag):* **to pay to s.o.'s** ~ an j-s Order zahlen; **pay to the** ~ **of** *(Wechselindossament)* für mich an *(acc)*; **payable to** ~ auf Order; **own** ~ eigene Order; **check** *(Br.* **cheque) to** ~ Orderscheck *m*. **28.** *bes. Br.* Einlaßschein *m*, bes. Freikarte *f*.

*Besondere Redewendungen:*

**at the** ~ *mil.* Gewehr bei Fuß; **by** ~ a) befehls- *od.* auftragsgemäß, b) im Auftrag *(abbr. i. A.; vor der Unterschrift);* **by** *(od.* **on)** ~ **of** a) auf Befehl von *(od.* **gen)**, b) im Auftrag von *(od.* **gen)**, c) *econ.* auf Order von *(od.* **gen)**; **in** ~ a) in Ordnung *(a. fig. gut, richtig)*, b) der Reihe nach, in der richtigen Reihenfolge, c) in Übereinstimmung mit der Geschäftsordnung, zulässig, d) angebracht; **in** ~ **to** um zu; **in** ~ **that** damit; **in short** ~ *Am. colloq.* sofort, unverzüglich; **to keep in** ~ in Ordnung halten, instand halten; **to put in** ~ in Ordnung bringen; **to set in** ~ ordnen; **in running** ~ betriebsfähig; **on** ~ *econ.* a) auf *od.* bei Bestellung, b) bestellt, in Auftrag; **on the** ~ **of** a) nach Art von *(od.* **gen)**, b) *econ.* auf Bestellung von *(od.* **gen)**, c) auf Befehl von *(od.* **gen)**; **out of** ~ nicht in Ordnung: a) in Unordnung, b) defekt, c) *med.* gestört, d) im Widerspruch zur Geschäftsordnung, unzulässig; **I know I am out of** ~ **in saying** ich weiß, es ist unangebracht, wenn ich sage; **till further** ~**s** bis auf weiteres; **to**

a) befehlsgemäß, b) auftragsgemäß, c) → 25, d) → 27; **to be under** ~**s to do s.th.** Befehl *od.* Order haben, etwas zu tun.

**II** *v/t* **29.** *j-m od. e-e Sache* befehlen, etwas anordnen: **he** ~**ed the bridge to be built** er befahl, die Brücke zu bauen; **he** ~**ed him to come** er befahl ihm zu kommen, er ließ ihn kommen. **30.** *j-n* schicken, beordern **(to** nach): **to** ~ **s.o. home** j-n nach Hause schicken; **to** ~ **s.o. out of one's house** j-n aus s-m Haus weisen; **to** ~ **s.o. off the field** *sport* j-n vom Platz stellen. **31.** *med. j-m etwas* verordnen: **he** ~**ed him quinine**; **to** ~ **s.o. to (stay in) bed** j-m Bettruhe verordnen. **32.** bestellen: **he** ~**ed 5 books**; **I** ~**ed a glass of beer. 33.** regeln, leiten, führen. **34.** *mil. das Gewehr* bei Fuß stellen: ~ **arms!** Gewehr ab! **35.** ordnen: **to** ~ **one's affairs** s-e Angelegenheiten in Ordnung bringen, sein Haus bestellen.

**III** *v/i* **36.** befehlen, Befehle geben. **37.** Aufträge erteilen, Bestellungen machen.

*Verbindungen mit Adverbien:*

**or·der| a·bout**, ~ **a·round** *v/t* her'umkomman,dieren. ~ **a·way** *v/t* **1.** weg-, fortschicken. **2.** abführen lassen. ~ **back** *v/t* zu'rückbeordern. ~ **in** *v/t* her'einkommen lassen. ~ **off** *v/t sport* vom Platz stellen. ~ **out** *v/t* **1.** hin'ausschicken, -beordern. **2.** hin'ausweisen. **3.** *Militär, Polizei* aufbieten.

**or·der| bill** *s econ.* Orderwechsel *m*. ~ **bill of lad·ing** *s econ. mar.* Orderkonnosse,ment *n*. ~ **books** *1. econ.* a) Bestell-, Auftragsbuch *n*, b) *fig.* Auftragsbestand *m*. **2.** *parl. Br.* Liste *f* der angemeldeten Anträge. **3.** *mar. mil.* Pa'rolebuch *n*. ~ **check**, *Br.* ~ **cheque** *s econ.* Orderscheck *m*. ~ **form** *s econ.* Bestellschein *m*. ~ **in·stru·ment** *s econ.* 'Orderpa,pier *n*. **'or·der·less** → **disorderly** I.

**or·der·li·ness** ['ɔː(r)də(r)lɪnɪs] *s* **1.** Ordnung *f*, Regelmäßigkeit *f*. **2.** Ordentlichkeit *f*.

**'or·der·ly** **I** *adj* **1.** ordentlich, (wohl)geordnet. **2.** geordnet, plan-, regelmäßig, me'thodisch. **3.** *fig.* ruhig, gesittet, friedlich: **an** ~ **citizen**. **4.** *mar. mil.* a) im *od.* vom Dienst, diensthabend, -tuend, b) Ordonnanz...: **on** ~ **duty** auf Ordonnanz. **II** *adv* **5.** ordnungsgemäß, planmäßig. **III** *s* **6.** *mil.* a) Ordon'nanz *f*, b) Sani'täts,unteroffi,zier *m*, Krankenträger *m*, Sani'täter *m*, c) (Offi'ziers)Bursche *m*. **7.** Krankenpfleger *m*. ~ **book** *s mil.* Befehls-, Pa'rolebuch *n*. ~ **of·fi·cer** *s mil.* **1.** Ordon'nanzoffi,zier *m*. **2.** Offi'zier *m* vom Dienst. ~ **room** *s mil.* Geschäftszimmer *n*, Schreibstube *f*.

**or·der| num·ber** *s econ.* Bestellnummer *f*. ~ **of mer·it** *s* **1.** Verdienstorden *m*. **2. Order of Merit** *Br.* Verdienstorden *m (für militärische, wissenschaftliche, künstlerische u. berufliche Verdienste verliehen)*. **O~ of the Brit·ish Em·pire** *s* Orden *m* des Brit. Reiches *(brit. Verdienstorden)*. **O~ of the Gar·ter** *s* Hosenbandorden *m (der höchste brit. Orden)*. ~ **pad** *s* Bestell(schein)block *m*. ~ **pa·per** *s* **1.** 'Sitzungspro,gramm *n*, (schriftliche) Tagesordnung. **2.** *econ.* 'Orderpa,pier *n*. ~ **po·si·tion** *s econ.* Auftragslage *f*. ~ **slip** *s* Bestellzettel *m*.

**or·di·nal** ['ɔː(r)dɪnl; *Am. a.* 'ɔːrdnəl] **I** *adj* **1.** *math.* Ordnungs..., Ordinal...: ~ **number** → 3. **2.** *bot. zo.* Ordnungs... **II** *s* **3.** *math.* Ordi'nal-, Ordnungszahl *f*. **4.** *relig.* a) Ordi'nale *n (Regelbuch für die Ordinierung anglikanischer Geistlicher)*, b) *oft* **O~** Ordi'narium *n (Ritualbuch od. Gottesdienstordnung)*.

**or·di·nance** ['ɔː(r)dɪnəns; -dn-] *s* **1.** *(amtliche)* Verordnung, Verfügung *f*, Erlaß *m*.

**2.** *relig.* a) *(festgesetzter)* Brauch, Ritus *m*, b) Sakra'ment *n*.

**or·di·nand** [,ɔː(r)dɪ'nænd] *s relig.* Ordi'nandus *m*.

**or·di·nar·i·ly** ['ɔːdnrəlɪ; *Am.* ,ɔː'rdn'er-] *adv* **1.** nor'malerweise, gewöhnlich. **2.** wie gewöhnlich, wie üblich.

**or·di·nar·y** ['ɔː(r)dnrɪ; *Am.* -,erɪ:] **I** *adj* *(adv → ordinarily)* **1.** üblich, gewöhnlich, nor'mal: **in ~ speech** im landläufigen Sinne, im allgemeinen Sprachgebrauch. **2.** gewöhnlich, all'täglich, Durchschnitts..., mittelmäßig: **an ~ face** ein Alltagsgesicht *n*. **3.** *a. jur.* ordentlich, ständig: **~ court** ordentliches Gericht; **~ member** ordentliches Mitglied. **II** *s* **4.** *(das)* Übliche, *(das)* Nor'male: **education above the ~** überdurchschnittliche *od.* außergewöhnliche Bildung; **out of the ~** ungewöhnlich; **nothing out of the ~** nichts Ungewöhnliches. **5. in ~** ordentlich, von Amts wegen: **judge in ~** ordentlicher Richter; **physician in ~ (of a king)** Leibarzt *m* (e-s Königs). **6.** *relig.* Ordi'narium *n*, Gottesdienst-, Meßordnung *f*. **7.** *a.* **O~** *relig.* Ordi'narius *m* *(Bischof od. Erzbischof mit ordentlicher Jurisdiktionsgewalt).* **8.** *jur.* a) ordentlicher Richter, b) **O~**, *a.* **Lord O~** *(in Schottland)* e-r der 5 Richter des **Court of Session** (→ **session** 3 a), *die das* **Outer House** *bilden,* c) *Am.* Nachlaßrichter *m*. **9.** *her.* einfaches Heroldsstück. **10.** *hist. Am.* Hochrad *n* *(frühe Form des Fahrrads).* **11.** *Br. obs.* a) Alltags-, Hausmannskost *f*, b) Tagesgericht *n* *(in Wirtshäusern etc).* **12.** *Br. obs.* Wirtshaus *n*, Gaststätte *f*. **~ cred·i·tor** *s econ.* gewöhnlicher *od.* nicht bevorrechtigter Gläubiger. **O~ lev·el** → **O level** 1. **~ life in·sur·ance** *s econ.* Großlebensversicherung *f*. **~ sea·man** *s irr mar.* 'Leichtma,trose *m*. **~ share** *s econ. bes. Br.* Stammaktie *f*.

**or·di·nate** ['ɔː(r)dnət; *Am. a.* -,eɪt] *s math.* Ordi'nate *f*.

**or·di·na·tion** [,ɔː(r)dɪ'neɪʃn] *s* **1.** *relig.* Priesterweihe *f*, Ordinati'on *f*. **2.** Bestimmung *f*, Ratschluß *m* *(Gottes etc).*

**ord·nance** ['ɔː(r)dnəns] *s mil.* **1.** Artille'rie *f*, Geschütze *pl*: **a piece of ~** ein Geschütz *n*. **2.** 'Feldzeugmateri,al *n*. **3.** Feldzeugwesen *n*: **Royal Army O~ Corps** Feldzeugkorps *n* des brit. Heeres. **~ da·tum** *s surv.* mittlere Höhe über Nor'malnull. **O~ De·part·ment** *s mil. Am.* Zeug-, Waffenamt *n*. **~ de·pot** *s mil.* 'Feldzeug-, *bes.* Artille'rie(,ausrüstungs)de,pot *n*. **~ map** *s mil.* **1.** *Am.* Gene'ralstabskarte *f*. **2.** *Br.* Meßtischblatt *n*. **~ of·fi·cer** *s* **1.** *mar. Am.* Artille'rieoffi,zier *m*. **2.** Offi'zier *m* der Feldzeugtruppe. **3.** 'Waffenoffi,zier *m*. **~ park** *s mil.* **1.** Artille'rieausrüstungs-, Geschützpark *m*. **2.** Feldzeugpark *m*. **~ ser·geant** *s mil.* 'Waffen-, Ge'räte,unteroffi,zier *m*. **O~ Sur·vey** *s Br.* amtliche Landesvermessung: **~ map** a) Meßtischblatt *n*, b) (1 : 100000) Generalstabskarte *f*. **~ tech·ni·cian** *s mil.* Feuerwerker *m*.

**Or·do·vi·ci·an** [,ɔː(r)dəʊ'vɪʃɪən; *Am.* -ʃən] *geol.* **I** *s* Ordo'vizium *n* *(untere Abteilung des Silurs).* **II** *adj* ordo'vizisch.

**or·dure** ['ɔː,djʊə; *Am.* 'ɔːrdʒər] *s* Kot *m*, Schmutz *m*, Unflat *m* *(a. fig.).*

**ore** [ɔː(r)] *s min.* Erz *n*. **~·,bear·ing** *adj geol.* erzführend, -haltig.

**o·rec·tic** [ɒ'rektɪk; *Am.* əʊ'r-] *adj ped.* o'rektisch.

**o·re·ga·no** [ɒrɪ'ɡɑːnəʊ; *bes. Am.* ə'reɡənəʊ] *s* O'rigano *n*, O'regano *n*.

**Or·e·go·ni·an** [,ɒrɪ'ɡəʊnjən; -ɪən; *Am. a.* ,ɑ-] **I** *s* Bewohner(in) von Oregon. **II** *adj* aus Oregon, Oregon...

---

**ore| ham·mer** *s* Erzhammer *m*, Pochschlegel *m*. **~ hearth** *s tech.* Schmelzherd *m*. **~ mill** *s* Erzmühle *f*. **~ sieve** *s* Erzsieb *n*, 'Überhebsieb *n*. **~ smelt·ing** *s* (Kupfer)Rohschmelzen *n*. **~ wash·ing** *s* Erzschlämmen *n*.

**orf(e)** [ɔː(r)f] *s ichth.* (Gold)Orfe *f*.

**org** [ɔː(r)ɡ] *colloq. für* organization.

**or·gan** ['ɔː(r)ɡən] *s* **1.** *allg.* Or'gan *n*: a) *anat. Körperwerkzeug:* **~ of sense** Sinnesorgan; **~ of sight** Sehorgan; **~s of speech** Sprechwerkzeuge, b) Werkzeug *n*, Instru'ment *n*, Hilfsmittel *n*, Sprachrohr *n* *(Zeitschrift):* **party ~** Parteiorgan, c) Stimme *f*: **his loud ~** sein lautes Organ; **influential ~s of public opinion** maßgebliche Stimmen der Öffentlichkeit. **2.** *mus.* a) *a.* **~ pipe** Orgel *f*: **theater ~** *(bes. Br. theatre)* ~ Kinoorgel *f*, → **great organ**, b) Werk *n* *(e-r Orgel),* c) *a.* **American ~** *(ein)* Har'monium *n*, d) → **barrel organ**, e) *obs. od. Bibl.* (Mu'sik-, *bes.* 'Blas)Instru,ment *n*.

**or·ga·na** ['ɔː(r)ɡənə] *pl von* organon.

**or·gan| bel·lows** *s pl mus.* Orgelbalg *m*, Blasebalg *m* e-r Orgel. **~ blow·er** *s mus.* **1.** Bälgetreter *m* *(der Orgel).* **2.** e'lektrisch betriebenes Windwerk *(an der Orgel).*

**or·gan·die**, *bes. Am.* **or·gan·dy** ['ɔː(r)ɡəndɪ] *s* Or'gandy *m* *(feines Baumwollgewebe).*

**'or·gan-,grind·er** *s* Drehorgelspieler *m*, Leierkastenmann *m*.

**or·gan·ic** [ɔː(r)'ɡænɪk] *adj (adv* **~ally)** *allg.* or'ganisch *(a. fig. u. philos.):* **~ act** *(od. law) jur. pol.* Grundgesetz *n*; **~ analysis** *chem.* Elementaranalyse *f*; **~ chemistry** organische Chemie; **~ disease** organische Krankheit; **~ electricity** tierische Elektrizität; **~ growth** organisches Wachstum; **an ~ whole** ein organisches Ganzes.

**or·gan·i·cism** [ɔː(r)'ɡænɪsɪzəm] *s biol. sociol.* Organi'zismus *m*.

**or·gan·ism** ['ɔː(r)ɡənɪzəm] *s biol. u. fig.* Orga'nismus *m*. **or·gan·is·mal** [,ɔː(r)ɡə'nɪzməl], **,or·gan'is·mic** *adj* orga'nismisch.

**or·gan·ist** ['ɔː(r)ɡənɪst] *s mus.* Orga'nist(in).

**or·gan·i·za·tion** [,ɔː(r)ɡənaɪ'zeɪʃn; *Am.* -nə'z-] *s* **1.** Organisati'on *f*: a) Orga'ni,sieren *n*, Bildung *f*, Gründung *f*, b) (or'ganischer od. syste'matischer) Aufbau, (Aus)Gestaltung *f*, Gliederung *f*, Anordnung *f*, c) Zs.-schluß *m*, Verband *m*, Gesellschaft *f*, Körperschaft *f*: **(administrative) ~** Verwaltungsapparat *m*; **(party) ~** *pol.* (Partei)Organisation. **2.** Orga'nismus *m*, organi'siertes Ganzes, Sy'stem *n*. **,or·gan·i'za·tion·al** *adj* organisa'torisch, Organisations...

**or·gan·i·za·tion| chart** *s* Organisati'onsplan *m*. **~ man** *s irr* **1.** (guter) Organi'sator, Organisati'onsta,lent *n*. **2.** j-d, der zuviel Wert auf Organisati'on legt.

**or·gan·ize** ['ɔː(r)ɡənaɪz] **I** *v/t* **1.** organi'sieren: a) einrichten, aufbauen, b) gründen, ins Leben rufen, schaffen, c) veranstalten, *Sportveranstaltung a.* ausrichten: **~d tour** Gesellschaftsreise *f*, d) gestalten, anordnen. **2.** in ein Sy'stem bringen: **to ~ facts**; **~d crime** das organisierte Verbrechen; **I must get (myself) ~d** ich muß Ordnung in mein Leben bringen; **she is very ~d** *(od.* **a very ~d person)** sie hat alles gut im Griff. **3.** (gewerkschaftlich) organi'sieren: **~d labo(u)r**. **II** *v/i* **4.** sich (gewerkschaftlich) organi'sieren. **~d** *(od.* **~ize-er** *s* Organi'sator *m*, *sport etc a.* Veranstalter *m*, *sport a.* Ausrichter *m*. **'or·gan·iz·ing** *adj* **1.** Organisations...: **~ committee**. **2. ~ principle** Ordnungsprinzip *n*.

---

**or·gan| loft** *s mus.* Orgelchor *m*. **~ meat** *s* Schlächterei *f*. Inne'reien *pl*.

**or·gan·o·gen·e·sis** [,ɔː(r)ɡənəʊ'dʒenɪsɪs; *Am. a.* ɔː,rɡænə-] *s biol.* Organoge-'nese *f*, Pro'zeß *m* der Or'ganbildung.

**or·gan·og·ra·phy** [,ɔː(r)ɡə'nɒɡrəfɪ; *Am.* -'nɑɡ-] *s* Organogra'phie *f*: a) *biol. med.* Beschreibung *f* der Or'gane, b) *bot.* Erforschung *f* der 'Pflanzenor,gane.

**or·gan·ol·o·gy** [,ɔː(r)ɡə'nɒlədʒɪ; *Am.* -'nɑl-] *s* Organolo'gie *f*, Lehre *f* von den Or'ganen.

**or·gan·o·me·tal·lic** [ɔː(r),ɡænəʊmɪ-'tælɪk] *adj chem.* me'tallor,ganisch.

**or·ga·non** ['ɔː(r)ɡənɒn; *Am.* -,nɑn] *pl* **-na** [-nə], **-nons** *s philos.* Organon *n* *(Denkwerkzeug od. Denkfähigkeit, a. Logik).*

**or·ga·nop·a·thy** [,ɔː(r)ɡə'nɒpəθɪ; *Am.* -'nɑp-] *s med.* Or'ganerkrankung *f*, or-'ganisches Leiden.

**or·ga·no·ther·a·py** [,ɔː(r)ɡənəʊ'θerəpɪ; *Am. a.* ɔː,rɡænə-] *s med.* Organothera-'pie *f*.

**'or·gan|-pi,an·o** *s mus.* Melopi'ano *n*. **~ pipe** *s mus.* Orgelpfeife *f*. **~ screen** *s arch.* Orgellettner *m*. **~ stop** *s mus.* 'Orgelre,gister *n*, -zug *m*.

**or·gan·zine** ['ɔː(r)ɡənziːn] *s* Organ'sin (-seide *f*) *m*, *n*.

**or·gasm** ['ɔː(r)ɡæzəm] *s* **1.** *med.* Or'gasmus *m*, Höhepunkt *m* *(der geschlechtlichen Erregung).* **2.** *selten* heftige Erregung. **or'gas·tic** *adj* or'gastisch.

**or·gy** ['ɔː(r)dʒɪ] *s* Orgie *f* *(a. fig.).*

**o·ri·el** ['ɔːrɪəl; *Am. a.* 'əʊ-] *s arch.* **1.** Chörlein *n*, Erker *m*. **2.** *a.* **~ window** Erkerfenster *n*.

**o·ri·ent** ['ɔːrɪənt; *Am. a.* 'əʊ-; -,ent] **I** *s* **1.** Osten *m*: a) östliche Länder *pl*, b) *poet.* Sonnenaufgang *m*, östliche Himmelsgegend. **2. the O~** *geogr.* der Orient, das Morgenland. **3.** a) Perle *f* von hohem Glanz, b) Wasser *n* *(e-r Perle).* **II** *adj* **4.** aufgehend: **the ~ sun**. **5.** *obs.* → oriental 1. **6.** orien'talisch, von hohem Glanz *(Perlen, Edelsteine).* **7.** glänzend. **III** *v/t* ['ɔːrɪent; *Am. a.* 'əʊ-] **8.** e-e Kirche etc osten. **9.** orten, die Lage *od.* die Richtung bestimmen von *(od. gen).* **10.** a) *chem. phys.* orien'tieren, b) *tech.* ausrichten, einstellen. **11.** e-e Landkarte einnorden. **12.** *fig.* geistig (aus)richten, orien'tieren (**to** nach): **to ~ o.s.** sich orientieren (**by** an *dat*, nach); **psychology~~ed research** psychologisch ausgerichtete Forschung. **13.** neue Mitarbeiter etc einführen. **IV** *v/i* **14.** (**by**) sich orien'tieren (an *dat*, nach), sich (aus-) richten (nach).

**o·ri·en·tal** [,ɔːrɪ'entl; *Am. a.* ,əʊ-] **I** *adj* **1.** *meist* **O~** orien'talisch, morgenländisch, östlich: **O~ carpet** *(od.* **rug)** Orient-, Perserteppich *m*; **~ sore** *med.* Orientbeule *f*; **~ stitch** *(Stickerei)* enger Fischgrätenstich. **2.** *bes. arch.* östlich. **II** *s* **3.** **O~** Orien'tale *m*, Orien'talin *f*.

**o·ri·en·tal·ism**, *oft* **O~** [,ɔːrɪ'entəlɪzəm; *Am.* ,əʊ-] *s* **1.** Orienta'lismus *m*: a) orien'talisches Wesen, b) orien'talische Spracheigenheit. **2.** *paint. hist.* Ori'entmale,rei *f*.

**,o·ri·en·tal·ist**, *oft* **O~** *s* Orienta'list(in).

**O·ri·en·tal·ize**, *oft* **o~** [,ɔːrɪ'entəlaɪz; *Am.* ,əʊ-] *v/t u. v/i* (sich) orientali'sieren.

**o·ri·en·tate** ['ɔːrɪenteɪt; *Am. a.* 'əʊ-] → orient III *u.* IV.

**o·ri·en·ta·tion** [,ɔːrɪen'teɪʃn; *Am. a.* ,əʊ-] *s* **1.** Ostung *f* *(e-r Kirche).* **2.** Anlage *f*, Richtung *f*. **3.** Orien'tierung *f* *(a. chem.),* Ortung *f*, Richtungs-, Lagebestimmung *f*, Ausrichtung *f* *(a. fig.).* **4.** Orien'tierung *f*, (Sich)Zu'rechtfinden *n* *(bes. fig.).* **5.** Orien'tierungssinn *m*. **6.** Einführung *f*. **~ course** *s*

Einführungslehrgang *m*. **~ talk** *s* Einführungsgespräch *n*.

**o·ri·en·teer** [ˌɔːrɪenˈtɪə(r); *Am. a.* ˌəʊ-] *s sport* Orienˈtierungsläufer(in). **ˌo·ri·enˈteer·ing** *s* Orienˈtierungslauf *m*.

**or·i·fice** [ˈɒrɪfɪs; *Am. a.* ˈɑr-] *s* Öffnung *f* (*a. anat. tech.*), Mündung *f*: **body ~** Körperöffnung; **aortic ~** Aortenostium *n*.

**or·i·flamme** [ˈɒrɪflæm; *Am. a.* ˈɑr-] *s* **1.** *hist.* Oriflamme *f* (*Kriegsfahne der Könige von Frankreich*). **2.** Banner *n*, Fahne *f*. **3.** *fig.* Faˈnal *n*.

**or·i·ga·mi** [ˌɒrɪˈɡɑːmɪ] *s* Oriˈgami *n*, Paˈpierfaltkunst *f*.

**or·i·gan** [ˈɒrɪɡən] *s bot*. (*bes.* Roter) Dost, Wilder Majoran.

**or·i·gin** [ˈɒrɪdʒɪn; *Am. a.* ˈɑr-] *s* **1.** Ursprung *m*: a) Quelle *f* (*e-s Flusses*), b) Abstammung *f*, ˈHerkunft *f*: **a word of Latin ~** ein Wort lateinischen Ursprungs; **a man of Spanish ~** ein Mann spanischer Herkunft; **country of ~** *econ.* Ursprungsland *n*; **certificate of ~** *econ.* Ursprungszeugnis *n*; **indication of ~** *econ.* Ursprungsbezeichnung *f*, c) Anfang *m*, Entstehung *f*: **the ~ of species** der Ursprung der Arten; **the date of ~** das Entstehungsdatum. **2.** *math.* Koordiˈnatennullpunkt *m*, -ursprung *m*.

**o·rig·i·nal** [əˈrɪdʒənl] **I** *adj* (*adv* → **originally**) **1.** origiˈnal, Original..., Ur..., ursprünglich, echt: **the ~ picture** das Originalbild; **the ~ text** der Ur- *od.* Originaltext. **2.** erst(er, e, es), ursprünglich, Ur...: **~ bill** *econ. Am.* Primawechsel *m*; **~ capital** *econ.* Gründungskapital *n*; **~ copy** Erstausfertigung *f*; **the ~ inventor** der ursprüngliche Erfinder; **~ jurisdiction** *jur.* erstinstanzliche Zuständigkeit; **~ share** *econ. bes. Br.* Stammaktie *f*; → **sin** 1. **3.** origiˈnell, neu: **an ~ idea. 4.** selbständig, unabhängig: **an ~ thinker; ~ research. 5.** schöpferisch, ursprünglich: **~ genius** Originalgenie *n*, Schöpfergeist *m*. **6.** ureigen, urwüchsig, Ur...: **~ behavio(u)r** urwüchsiges Benehmen; **~ nature** Urnatur *f*. **7.** geboren: **an ~ thief. II** *s* **8.** Origiˈnal *n*: a) Urbild *n*, Urstück *n*, b) Urfassung *f*, Urtext *m*: **in the ~** im Original, im Urtext, *a.* in der Ursprache, *jur.* urschriftlich. **9.** Origiˈnal *n* (*exzentrischer Mensch*). **10.** *bot. zo.* Stammform *f*.

**o·rig·i·nal·i·ty** [əˌrɪdʒəˈnælɪtɪ] *s* **1.** Originaliˈtät *f*: a) Ursprünglichkeit *f*, Echtheit *f*, b) Eigentümlichkeit *f*, Eigenart *f*, origiˈneller Chaˈrakter, c) Neuheit *f*. **2.** Unabhängigkeit *f*, Selbständigkeit *f*. **3.** (*das*) Schöpferische.

**o·rig·i·nal·ly** [əˈrɪdʒənəlɪ] *adv* **1.** ursprünglich, zuˈerst. **2.** hauptsächlich, eigentlich. **3.** von Anfang an, schon immer. **4.** origiˈnell.

**o·rig·i·nate** [əˈrɪdʒəneɪt] **I** *v/i* **1.** (**from**) entstehen, entspringen (aus), s-n Ursprung *od.* s-e Ursache haben (in *dat*), ˈherstammen (von *od.* aus), ausgehen (von). **2.** ausgehen (**with**, **from** von *j-m*). **3.** *Am.* ausgehen (in von) (*Zug etc*). **II** *v/t* **4.** herˈvorbringen, verursachen, erzeugen, schaffen, ins Leben rufen. **5.** den Anfang machen mit, den Grund legen zu. **o·rig·i·na·tion** *s* **1.** Herˈvorbringung *f*, Erzeugung *f*, (Er)Schaffung *f*. **2.** → **origin** 1 b *u. c*. **o·rig·i·na·tive** *adj* erschaffend, schöpferisch. **o·rig·i·na·tor** [-tə(r)] *s* Urheber(in), Begründer(-in), Schöpfer(in).

**o·ri·ole** [ˈɔːrɪəʊl; *Am. a.* ˈəʊ-] *s orn*. Piˈrol *m*, Goldamsel *f*.

**or·i·son** [ˈɒrɪzən; *Am. a.* -sən; ˈɑ-] *s poet.* Gebet *n*.

**orle** [ɔː(r)l] *s her.* Innenbord *m*.

**or·lop** [ˈɔː(r)lɒp; *Am.* -ˌlɑp] *s mar.* Plattform-, Raum-, Orlopdeck *n*.

**or·mer** [ˈɔː(r)mə(r)] *s zo.* Seeohr *n*.

**or·mo·lu** [ˈɔː(r)məʊluː] *s* Ormulu *m*: a) Malergold *n*, b) Goldbronze *f*.

**or·na·ment I** *s* [ˈɔː(r)nəmənt] **1.** Ornaˈment *n*, Verzierung *f* (*a. mus.*), Schmuck *m*: **by way of ~** zur *od.* als Verzierung. **2.** *fig.* Zier(de) *f* (**to** für *od. gen*): **he was an ~ to the club. 3.** *collect.* Ornaˈmente *pl*, Ornaˈmentik *f*, Verzierungen *pl*, schmückendes Beiwerk: **rich in ~** reich verziert. **4.** *oft pl relig.* Kirchengerät *n*. **II** *v/t* [-ment] **5.** verzieren, schmücken.

**or·na·men·tal** [-ˈmentl] *adj* (*adv* **~ly**) ornamenˈtal, schmückend, dekoraˈtiv, Zier...: **~ castings** Kunstguß *m*; **~ plants** Zierpflanzen; **~ type** Zierschrift *f*. **or·na·men·tal·ism** *s* Vorliebe *f* für Verzierungen. **or·na·men·ta·tion** *s* Ornamenˈtierung *f*, Ausschmückung *f*, Verzierung *f*. **ˈor·na·ment·ist** *s* Dekoraˈteur *m*, *bes.* Dekoratiˈonsmaler *m*.

**or·nate** [ɔː(r)ˈneɪt] *adj* (*adv* **~ly**) **1.** reichverziert *od.* -geschmückt. **2.** überˈladen (*Stil etc*). **3.** blumig (*Sprache*).

**or·ner·y** [ˈɔː(r)nərɪ] *adj colloq. Am.* **1.** → **ordinary. 2.** *bes. Am.* ˈekelhaftˈ, übellaunig. **3.** *bes. Am.* störrisch, unfolgsam.

**or·nis** [ˈɔː(r)nɪs] *s* Vogelwelt *f*.

**or·ni·tho·log·ic** [ˌɔː(r)nɪθəˈlɒdʒɪk; *Am.* -ˈlɑ-] *adj*; **or·ni·tho·log·i·cal** [-kl] *adj* (*adv* **~ly**) ornithoˈlogisch. **or·ni·thol·o·gist** [-ˈθɒlədʒɪst; *Am.* -ˈθɑ-] *s* Ornithoˈloge *m*. **or·ni·thol·o·gy** [-dʒɪ] *s* Ornithoˈlogie *f*, Vogelkunde *f*.

**or·ni·tho·man·cy** [ˈɔː(r)nɪθəʊˌmænsɪ] *s* Ornithomanˈtie *f*, ˈVogelwahrsageˌrei *f*.

**or·ni·thop·ter** [ˈɔː(r)nɪˌθɒptə(r); *Am.* -ˌθɑp-] *a. aer.* Schwingenflügler *m*.

**or·ni·tho·rhyn·chus** [ˌɔː(r)nɪθəʊˈrɪŋkəs] *s orn.* Schnabeltier *n*.

**or·ni·tho·sis** [ˌɔː(r)nɪˈθəʊsɪs] *s vet.* Orniˈthose *f*, Papaˈgeienkrankheit *f*.

**o·rog·ra·phy** [ɒˈrɒɡrəfɪ; *Am.* -ˈrɑɡ-] *s* Orograˈphie *f*, Beschreibung *f* (*des Reliˈefs*) der Erdoberfläche.

**o·rol·o·gy** [ɒˈrɒlədʒɪ; *Am.* -ˈrɑ-] *s* Oroloˈgie *f*, Gebirgskunde *f*.

**o·rom·e·ter** [ɒˈrɒmɪtə(r); *Am.* -ˈrɑ-] *s meteor.* ˈHöhenbaroˌmeter *n*.

**o·ro·pha·ryn·ge·al** [ˈɒrəʊˌfærɪnˈdʒiːəl; *Am. a.* ˈɔːrəʊ-] *adj med.* Mundrachen...

**o·ro·tund** [ˈɒrəʊtʌnd; *Am. a.* ˈɔː-; ˈəʊ-] *adj* **1.** volltönend: **~ voice. 2.** bomˈbastisch, pomˈpös: **~ style.**

**or·phan** [ˈɔː(r)fn] **I** *s* (Voll)Waise *f*, Waisenkind *n*: **~s' home** Waisenhaus *n*. **II** *adj* Waisen..., verwaist: **an ~ child** → 1. **III** *v/t* zur Waise machen: **to be ~ed** zur Waise werden, verwaisen; **~ed** verwaist. **or·phan·age** [ˈɔː(r)fənɪdʒ] *s* **1.** Waisenhaus *n*. **2.** Verwaistheit *f*. **ˈor·phan·hood** *s* → **orphanage** 2. **ˈor·phan·ize** → **orphan** III.

**Or·phe·an** [ɔː(r)ˈfiːən; *Am.* ˈɔː(r)fiən] *adj* **1.** → **Orphic** 1. **2.** verzaubernd, bannend, wundersam: **~ music.**

**Or·phic** [ˈɔː(r)fɪk] *adj* **1.** *antiq.* orphisch. **2.** *a.* **o~** mystisch, geheimnisvoll. **3.** → **Orphean** 2.

**or·phrey** [ˈɔː(r)frɪ] *s* **1.** (Gold)Borte *f*. **2.** *hist.* Goldstickeˈrei *f*.

**or·rer·y** [ˈɒrərɪ; *Am. a.* ˈɑ-] *s astr.* Plaˈnetarium *n*.

**or·ris¹** [ˈɒrɪs; *Am. a.* ˈɑ-] *s bot.* **1.** Florenˈtiner Schwertlilie *f*. **2.** *a.* **~root** Veilchenwurzel *f*.

**or·ris²** [ˈɒrɪs; *Am. a.* ˈɑ-] *s* **1.** Gold-, Silberborte *f od.* -spitze *f*. **2.** Gold-, Silberstickeˈrei *f*.

**ortho-** [ɔː(r)θəʊ] *Wortelement mit den Bedeutungen*: a) recht, korrekt, richtig, b) (senk)recht, c) gerade, d) *chem.* ortho..., e) *phys.* ortho... (*parallelen Spin bezeichnend*).

**or·tho·chro·mat·ic** *adj* (*adv* **~ally**) *phot.* orthochroˈmatisch, farb(wert)richtig.

**or·tho·clase** [ˈɔː(r)θəʊkleɪs; -kleɪz] *s min.* Orthoˈklas *m*.

**or·tho·di·ag·o·nal** *math.* **I** *s a.* **~ axis** Orthoachse *f*, ˈOrthodiagoˌnale *f*. **II** *adj* ˈorthodiagoˌnal.

**or·tho·don·ti·a** [ˌɔː(r)θəʊˈdɒntɪə; *Am.* -ˈdɑntʃə] *s*; **or·thoˈdon·tics** [-tɪks] *s pl* (*als sg od. pl konstruiert*) *med.* Orthodonˈtie *f*, ˈKieferorthopäˌdie *f*.

**or·tho·dox** [ˈɔː(r)θədɒks; *Am.* -ˌdɑks] *adj* (*adv* **~ly**) **1.** *relig.* orthoˈdox: a) streng-, rechtgläubig, b) **O~** ˈgriechisch-orthoˌdox: **O~ Church** griechisch-orthodoxe Kirche, c) *Am.* die Dreiˈfaltigkeitslehre vertretend, d) *allg.* orthoˈdox: **~ opinion. 2.** *allg.* orthoˈdox. **3.** *fig.* anerkannt, konventioˈnell, üblich. **4.** **~ sleep** *psych.* orthodoxer Schlaf. **ˈor·tho·dox·y** *s* Orthodoˈxie *f*: a) *relig.* Recht-, Strenggläubigkeit *f*, b) *allg.* orthoˈdoxes Denken, c) orthoˈdoxer *od.* konventioˈneller Chaˈrakter.

**or·tho·ep·y** [ˈɔː(r)θəʊepɪ; *Am.* -θəˌwepɪ] *s ling.* Orthoeˈpie *f*: a) *Lehre von der richtigen Aussprache*, b) *richtige Aussprache*.

**or·tho·gen·e·sis** *s* Orthogeˈnese *f*: a) *biol.* geradlinige Stammesentwicklung, b) *sociol. Lehre von der Gleichförmigkeit sozialer Entwicklung in jeder Kulturepoche.*

**or·thog·o·nal** [ɔː(r)ˈθɒɡənl; *Am.* -ˈθɑɡ-] *adj math.* orthogoˈnal, rechtwink(e)lig: **~ projection** → **orthographic projection.**

**or·tho·graph·ic** *adj*; **or·tho·graph·i·cal** *adj* (*adv* **~ly**) **1.** orthoˈgraphisch, Rechtschreib(ungs)... **2.** *math.* rechtwink(e)lig, orthoˈgonal.

**or·tho·graph·ic pro·jec·tion** *s math.* Orthogoˈnalprojektiˌon *f*, orthoˈgraphische Projektiˌon *f*.

**or·thog·ra·phy** [ɔː(r)ˈθɒɡrəfɪ; *Am.* -ˈθɑɡ-] *s* **1.** Orthograˈphie *f*, Rechtschreibung *f*. **2.** *tech.* richtig projiˈzierte Zeichnung.

**or·tho·p(a)e·dic** [ˌɔː(r)θəʊˈpiːdɪk] *adj med.* orthoˈpädisch. **or·tho·p(a)e·dics** *s pl* (*oft als sg konstruiert*) *med.* Orthopäˈdie *f*. **or·tho·p(a)e·dist** *s* Orthoˈpäde *m*. **or·tho·p(a)e·dy** → **orthop(a)edics.**

**or·tho·psy·chi·a·try** *s* vorbeugende Psychiaˈtrie.

**or·thop·ter** [ɔː(r)ˈθɒptə(r); *Am.* -ˈθɑp-] *s* **1.** *aer.* → **ornithopter. 2.** *zo.* → **orthopteron.** **or·thop·ter·on** [-rɒn; *Am.* -rən] *s* Geradflügler *m*.

**or·thop·tic** [ɔː(r)ˈθɒptɪk; *Am.* -ˈθɑp-] **I** *adj* **1.** *med.* norˈmalsichtig, Normalsicht...: **~ exercises** mechanische Sehübungen. **II** *s Am.* Okuˈlar-Lochscheibe *f*. **3.** *pl* (*als sg konstruiert*) *med.* Orthˈoptik *f* (*Behandlung des Schielens durch Augenmuskeltraining*).

**or·tho·pyr·a·mid** *s math.* Orthopyraˈmide *f*.

**or·tho·scope** [ˈɔː(r)θəʊskəʊp] *s med. hist.* Orthoˈskop *n*. **or·tho·scop·ic** [-ˈskopık; *Am.* -ˈska-] *adj* orthoˈskopisch, tiefenrichtig, verzeichnungs-, verzerrungsfrei.

**ˈor·tho·tone** *adj ling.* den Eigenton bewahrend, nicht enˈklitisch (*Wort*).

**or·to·lan** [ˈɔː(r)tələn] *s orn.* Ortoˈlan *m*, Gartenammer *f*.

**Os·can** [ˈɒskən; *Am.* ˈɑs-] **I** *s* **1.** Osker(in) (*Angehörige(r) der ältesten samnitischen Bevölkerung Kampaniens*). **2.** *ling.* Oskisch *n*. **II** *adj* **3.** oskisch.

**Os·car¹** [ˈɒskə; *Am.* ˈɑskər] *s* Oscar *m* (*alljährlich in den USA verliehener Filmpreis in Form e-r Statuette*).

**os·car²** [ˈɒskə; *Am.* ˈɑskər] *s Austral. sl.* ˌKröten *pl* (*Geld*).

**os·cil·late** [ˈɒsɪleɪt; *Am.* ˈɑ-] **I** *v/i* **1.** *bes. math. phys.* oszilˈlieren, schwingen, pendeln, viˈbrieren. **2.** *fig.* (hin u. her) schwanken. **3.** *electr.* a) ˈhochfreˌquente Schwingungen ausführen *od.* erzeugen, b) unbeabsichtigt *od.* wild schwingen. **II** *v/t* **4.** in Schwingungen versetzen. **ˈos·cil·lat·ing** *adj* **1.** oszilˈlierend, schwingend, pendelnd, viˈbrierend: ~ **axle** *mot.* Schwingachse *f*; ~ **beacon** *aer.* Pendelfeuer *n*; ~ **circuit** *electr.* Schwingkreis *m*; ~ **current** *electr.* oszillierender Strom, Schwingungsstrom *m*; ~ **mirror** Schwing-, Kippspiegel *m*; ~ **universe theory** *geol.* Oszillationstheorie *f*. **2.** *fig.* schwankend, unschlüssig.

**os·cil·la·tion** [ˌɒsɪˈleɪʃn; *Am.* ˌɑ-] *s* **1.** *bes. math. phys.* Oszillatiˈon *f*, Schwingung *f*, Pendelbewegung *f*, Schwankung *f*. **2.** *fig.* Schwanken *n*, Unschlüssigkeit *f*. **3.** *electr.* a) (einzelner) Ladungswechsel, b) Stoßspannung *f*, Imˈpuls *m*, c) Periˈode *f*, volle Schwingung. **ˈos·cil·la·tor** [-tə(r)] *s* **1.** *electr.* Oszilˈlator *m*. **2.** *fig.* Schwankende(r *m*) *f*.

**os·cil·la·to·ry** [ˈɒsɪlətərɪ; *Am.* ˈɑsələˌtɔʊriː; -ˌtɔː-] → **oscillating** 1.

**os·cil·lo·gram** [əˈsɪləʊgræm; *Am.* ɑˈs-] *s electr. phys.* Oszilloˈgramm *n*. **ˈos·cil·lo·graph** [-ɡrɑːf; *Am.* -ˌgræf] *s* Oszilloˈgraph *m*: ~ **tube** → **oscilloscope**.

**os·cil·lo·scope** [əˈsɪləʊskəʊp; *Am.* ɑˈs-] *s electr. phys.* Oszilloˈskop *n*, Kaˈthodenstrahlröhre *f*.

**os·cu·lant** [ˈɒskjʊlənt; *Am.* ˈɑs-] *adj* **1.** sich berührend, gemeinsame Chaˈrakterzüge aufweisend. **2.** *zo.* enganhaftend. **3.** *biol.* ein Zwischenglied (zwischen zwei Gruppen) bildend. **ˈos·cu·lar** *adj* **1.** *math.* oskuˈlär (e-e Berührung höherer Ordnung betreffend). **2.** Kuß...

**os·cu·late** [ˈɒskjʊleɪt; *Am.* ˈɑs-] *v/t u. v/i* **1.** *bes. humor.* (sich) küssen. **2.** *math.* oskuˈlieren, e-e Oskulatiˈon bilden. **ˈos·cu·lat·ing| cir·cle** *s math.* Oskulatiˈons-, Schmiegungskreis *m*. ~ **curve** *s* oskuˈlierende Kurve. ~ **plane** *s* Schmiegungsebene *f*.

**os·cu·la·tion** [ˌɒskjʊˈleɪʃn; *Am.* ˌɑs-] *s* **1.** *obs.* a) Kuß *m*, b) Küssen *n*. **2.** *math.* Oskulatiˈon *f*, Berührung *f* zweier Kurven: **point of** ~ Berührungspunkt *m*.

**os·cu·la·to·ry** [ˈɒskjʊlətərɪ; *Am.* ˈɑskjələˌtɔʊriː; -ˌtɔː-] *adj* **1.** küssend, Kuß... **2.** *math.* oskuˈlierend, Oskulations...

**o·sier** [ˈəʊʒə(r)] *s* **1.** *bot.* Korbweide *f*: ~ **bed** Weidenpflanzung *f*. **2.** Weidenrute *f*: ~ **basket** Weidenkorb *m*; ~ **furniture** Korbmöbel *pl*.

**Os·man·li** [ɒzˈmænlɪ; *Am.* ɑz-] **I** *s* **1.** Osmanˈli *m*, Osˈmane *m*. **2.** a. ~ **Turkish** *ling.* Osˈmanisch *n*, das Osmanische. **II** *adj* **3.** osˈmanisch.

**os·mic** [ˈɒzmɪk; *Am.* ˈɑz-] *adj chem.* Osmium...

**os·mi·um** [ˈɒzmɪəm; *Am.* ˈɑz-] *s chem.* Osmium *n*.

**os·mo·sis** [ɒzˈməʊsɪs; *Am.* ɑz-] *s phys.* Osˈmose *f*. **ˈos·mot·ic** [-ˈmɒtɪk; *Am.* -ˈmɑt-] *adj (adv ~ally)* osˈmotisch.

**os·mund** [ˈɒzmənd; *Am.* ˈɑz-] *s bot.* Rispenfarn *m*.

**Os·na·burg, o-** [ˈɒznəbɜːɡ; *Am.* ˈɑznəˌbɜrɡ] *s* Osnaˈbrücker Leinwand *f*.

**os·prey** [ˈɒsprɪ; *Am.* ˈɑs-] *s* **1.** *orn.* Fischadler *m*. **2.** Reiherfeder *f*.

**os·se·in** [ˈɒsɪɪn; *Am.* ˈɑ-] *s biol. chem.* Osseˈin *n*, Knochenleim *m*.

**os·se·ous** [ˈɒsɪəs; *Am.* ˈɑ-] *adj* knöchern, Knochen...

**os·si·cle** [ˈɒsɪkl; *Am.* ˈɑ-] *s anat.* Knöchelchen *n*.

**os·sif·er·ous** [ɒˈsɪfərəs; *Am.* ɑˈs-] *adj* (bes. fosˈsile) Knochen enthaltend.

**os·si·fi·ca·tion** [ˌɒsɪfɪˈkeɪʃn; *Am.* ˌɑ-] *s*

med. Verknöcherung *f*. **ˈos·si·fied** [-faɪd] *adj med.* verknöchert (a. *fig.*), ossifiˈziert.

**os·si·frage** [ˈɒsɪfrɪdʒ; *Am.* ˈɑ-] *s orn. obs.* **1.** → **osprey**. **2.** → **lammergeier**.

**os·si·fy** [ˈɒsɪfaɪ; *Am.* ˈɑ-] **I** *v/t* **1.** ossifiˈzieren, verknöchern (lassen). **2.** *fig.* verknöchern, überˈtrieben konventioˈnell machen. **II** *v/i* **3.** ossifiˈzieren, verknöchern. **4.** *fig.* verknöchern, in Konventiˈonen erstarren.

**os·su·ar·y** [ˈɒsjʊərɪ; *Am.* ˈɑʃəˌwerɪ] *s* Osˈsarium *n*: a) Beinhaus *n*, b) Gebeinurne *f* (in der Antike).

**os·te·al** [ˈɒstɪəl; *Am.* ˈɑs-] → **osseous**.

**os·ten·si·ble** [ɒˈstensəbl; *Am.* ɑˈs-] *adj* (adv **ostensibly**) **1.** scheinbar. **2.** an-, vorgeblich. **3.** vorgeschoben: ~ **partner** Strohmann *m*. **os·ten·sive** *adj (adv ~ly)* **1.** ostenˈsiv: a) (auf)zeigend, anschaulich machend, darlegend, b) *fig.* herˈausfordernd, prahlerisch. **2.** → **ostensible. os·ten·so·ry** [-sərɪ] *s relig.* Monˈstranz *f*.

**os·ten·ta·tion** [ˌɒstenˈteɪʃn; *Am.* ˌɑs-] *s* **1.** (protzige) Zurˈschaustellung. **2.** Protzeˈrei *f*, Prahleˈrei *f*. **3.** Gepränge *n*, Prachtentfaltung *f*. **os·ten·ta·tious** *adj (adv ~ly)* **1.** großtuerisch, prahlerisch, protzend: **to be** ~ **about s.th.** etwas protzig zur Schau stellen, mit etwas protzen. **2.** (bewußt) herˈausfordernd, ostentaˈtiv, betont, demonstraˈtiv. **3.** prunkhaft, prächtig.

**osteo–** [ˈɒstɪəʊ; *Am.* ɑs-] *Wortelement mit der Bedeutung* Knochen...

**os·te·o·ar'thri·tis** [-] *s med.* Osteoarˈthritis *f*, Knochen- u. Gelenkentzündung *f*.

**os·te·o·blast** [ˈɒstɪəʊblæst; *Am.* ˈɑstɪə-] *s physiol.* Osteoˈblast *m*, Knochenbildner *m*.

**os·te·oc·la·sis** [ˌɒstɪˈɒkləsɪs; *Am.* ˌɑstɪˈɑk-] *s med.* **1.** Osteoklaˈsie *f*, (chirˈurgische) ˈKnochenfrakˌtur. **2.** Knochengewebszerstörung *f*. **os·te·o·clast** [ˈɒstɪəʊklæst; *Am.* ˈɑstɪ-] *s* Osteoˈklast *m*: a) Instrument zum Zerbrechen von Knochen, b) Knochen resorbierende Riesenzelle.

**os·te·o·gen·e·sis** *s* Osteogeˈnese *f*, Knochenbildung *f*. **os·te·o·ge'net·ic**, **os·te·o'gen·ic** [-ˈdʒenɪk], **os·te·og·e·nous** [ˌɒstɪˈɒdʒɪnəs; *Am.* ˌɑstɪˈɑdʒə-] *adj* osteoˈgen, knochenbildend. **os·te'og·e·ny** → **osteogenesis**.

**os·te·ol·o·gist** [ˌɒstɪˈɒlədʒɪst; *Am.* ˌɑstɪˈɑlə-] *s* Osteoˈloge *m*. **os·te'ol·o·gy** *s* Osteoloˈgie *f*, Knochenlehre *f*.

**os·te·o·ma** [ˌɒstɪˈəʊmə; *Am.* ˌɑs-] *pl* **-mas** *od.* **-ma·ta** [-mətə] *s med.* Osteˈom *n*, gutartige Knochengeschwulst. **os·te·o·ma·la·ci·a** [-məˈleɪʃɪə] *s med.* Knochenerweichung *f*.

**os·te·o·my·e'li·tis** *s med.* Osteomyeˈlitis *f*, Knochenmarkentzündung *f*.

**os·te·o·path** [ˈɒstɪəpæθ; *Am.* ˈɑs-] *s med.* Osteoˈpath *m*. **os·te'o·pa·thy** [-ˈɒpəθɪ; *Am.* -ˈɑpə-] *s med.* Chiroˈpraktik *f*.

**os·te·o·plas·tic** [ˌɒstɪəˈplæstɪk; *Am.* ˌɑs-] *adj* **1.** *physiol.* osteoˈplastisch, knochenbildend. **2.** *med.* knochenplastisch. **ˈos·te·oˌplas·ty** [-ˌplæstɪ] *s* Knochenplastik *f*.

**os·te·o·po·ro·sis** [ˌɒstɪəʊpɔːˈrəʊsɪs; *Am.* ˌɑstɪəʊpə-] *s med.* Osteopoˈrose *f*, Knochengewebeschwund *m*.

**os·te·o·tome** [ˈɒstɪətəʊm; *Am.* ˈɑs-] *s med.* Osteoˈtom *n*, Knochenmeißel *m*. **os·te·ot·o·my** [ˌɒstɪˈɒtəmɪ; *Am.* ˌɑstɪˈɑ-] *s* Osteotoˈmie *f*, Knochenzerschneidung *f*.

**os·ti·ar·y** [ˈɒstɪərɪ; *Am.* ˈɑstɪˌerɪ] *s relig.* **1.** *R.C.* Ostiˈarius *m* (Inhaber der niedersten der 4 niederen Weihen). **2.** Pförtner *m*.

**ost·ler** [ˈɒslə; *Am.* ˈɑslər] *s hist.* Stallknecht *m*.

**os·tra·cism** [ˈɒstrəsɪzəm; *Am.* ˈɑs-] *s* **1.** *antiq.* Scherbengericht *n*. **2.** *fig.* a) Verbannung *f*, b) Ächtung *f*. **ˈos·tra·cize** *v/t* **1.** *antiq.* (durch das Scherbengericht) verbannen. **2.** *fig.* a) verbannen, b) ächten, (aus der Gesellschaft) ausstoßen, verfemen.

**os·tra·cod** [ˈɒstrəkɒd; *Am.* ˈɑstrəˌkɑd] *s zo.* Muschelkrebs *m*.

**os·tre·i·cul·ture** [ˈɒstriːˌkʌltʃə(r); *Am.* ˈɑs-] *s* Austernzucht *f*.

**os·trich** [ˈɒstrɪtʃ; *Am.* ˈɑs-] **I** *s orn.* Strauß *m*: **to behave like an** ~ den Kopf in den Sand stecken; **to have the digestion of an** ~ e-n Magen wie ein Pferd haben. **II** *adj* Strauß(en)...: ~ **feather** *(od.* **plume)** Straußenfeder *f*. ~ **fern** *s bot.* Straußfarn *m*. ~ **pol·i·cy** *s fig.* VogelˈStrauß-Poliˌtik *f*.

**Os·tro·goth** [ˈɒstrəʊgɒθ; *Am.* ˈɑstrəˌgɑθ] *s* Ostgote *m*. **ˌOs·tro'goth·ic** *adj* ostgotisch.

**Os·ty·ak** [ˈɒstɪæk; *Am.* ˈɑs-] *s* **1.** Ostˈjake *m*, Ostˈjakin *f* (finnisch-ugrisches Volk). **2.** *ling.* Ostˈjakisch *n*, das Ostjakische.

**o·tal·gi·a** [əʊˈtældʒɪə; -dʒə] *s med.* Otalˈgie *f*, Ohrenschmerz *m*.

**o·ta·ry** [ˈəʊtərɪ] *s zo.* Ohrenrobbe *f*.

**oth·er** [ˈʌðə(r)] **I** *adj* **1.** ander(er, e, es): ~ **people think otherwise** andere Leute denken anders; **there is no** ~ **place to go to** man kann sonst nirgends hingehen; ~ **things being equal** bei sonst gleichen Bedingungen; **the** ~ **side** *jur.* die Gegenseite. **2.** (vor s im pl) andere, übrige: **the** ~ **guests**. **3.** ander(er, e, es), weiter(er, e, es), sonstig(er, e, es): **many** ~ **things**; **one** ~ **person** e-e weitere Person, (noch) j-d anders; **the** ~ **two** die anderen beiden, die beiden anderen; **any** ~ **questions?** sonst noch Fragen? **4.** anders (than als): **I would not have him** ~ **than he is** ich möchte ihn nicht anders haben, als er ist; **no person** ~ **than yourself** niemand außer dir. **5.** (from, than) anders (als), verschieden (von): **far** ~ **from ours** ganz anders als der unsere. **6.** zweit(er, e, es) (obs. außer in): **every** ~ jeder (jede, jedes) zweite: **every** ~ **year** jedes zweite Jahr, alle zwei Jahre; **every** ~ **day** jeden zweiten Tag. **7.** vorˈhergehend (obs. außer in): **the** ~ **day** neulich, kürzlich; **the** ~ **night** neulich abend. **II** *pron* **8.** ander(er, e, es): **the** ~ der *od.* die *od.* das andere; **each** ~, **one an~** einander, sich; **~s say** andere sagen; **the two ~s** die beiden anderen; **of all ~s** vor allen anderen; **no** (*od.* **none**) ~ **than** kein anderer als; **someone or** ~ irgendwer, irgend jemand; **some day** (*od.* **time**) **or** ~ e-s Tages, irgendeinmal; **some way or** ~ irgendwie, auf irgendeine Weise; **some singer or** ~ irgend so ein Sänger. **III** *adv* **9.** anders (than als): **you can't get there** ~ **than by car** man kommt nur mit dem Wagen (dort)hin.

**ˌoth·er·di'rect·ed** *adj* konforˈmistisch, fremdbestimmt.

**oth·er·ness** [ˈʌðə(r)nɪs] *s* Anderssein *n*, Verschiedenheit *f*.

**ˈoth·er·where** *adv poet.* **1.** anderswo. **2.** ˈanderswoˌhin, woˈandershin.

**oth·er·wise** [ˈʌðə(r)waɪz] **I** *adv* **1.** (a. conj) sonst, andernfalls: ~ **you will not get it**. **2.** sonst, im übrigen: stupid but ~ harmless; this ~ excellent dictionary. **3.** anderweitig: ~ **occupied**; **unless you are** ~ **engaged** wenn du nichts anderes vorhast. **4.** anders (than als): **we think** ~; **not** ~ **than** nicht anders als, genauso wie; **X.,** ... **(called) Y. X.**, auch Y. genannt; **X. alias Y.** **5.** (nach or and zum Ausdruck des Gegenteils): **the advantages or** ~ **of s.th.** die Vor- oder Nachteile e-r Sache; **berries edible and** ~

eßbare und nichteßbare Beeren. **II** *adj*
**6.** sonstig: his ~ **rudeness** s-e sonstige
Grobheit; **his political enemies, his** ~
**friends** s-e politischen Gegner, sonst
aber s-e Freunde. **7.** anders: **can it be** ~
**than beautiful?**; **rather tall than** ~ eher
groß als klein.
**oth·er|world** *s* Jenseits *n*. **'~world** *adj*
jenseitig. **~'world·li·ness** *s* **1.** Jensei-
tigkeit *f*. **2.** Jenseitsgerichtetheit *f*. **3.** *fig.*
Weltfremdheit *f*. **~'world·ly** *adj* **1.** jen-
seitig, unirdisch, Jenseits... **2.** auf das
Jenseits gerichtet. **3.** *fig.* weltfremd.
**o·tic** ['əʊtɪk] *adj anat.* Ohr...
**o·ti·ose** ['əʊʃɪəʊs] *adj* **1.** müßig, träg(e),
untätig. **2.** müßig, zwecklos. **,o·ti'os·i·**
**ty** [-'ɒsəti; *Am.* -'ɑ-] *s* **1.** Muße *f*, Müßig-
gang *m*. **2.** Zwecklosigkeit *f*.
**o·ti·tis** [əʊ'taɪtɪs] *s med.* O'titis *f*, Ohr(en)-
entzündung *f*: ~ **media** Mittelohrent-
zündung.
**o·to·lar·yn·gol·o·gist** ['əʊtəʊˌlærɪŋ-
'ɡɒlədʒɪst; *Am.* -'ɡɑ-] *s med.* Hals-Nasen-
Ohren-Arzt *m*. **'o·to,lar·yn'gol·o·gy** *s*
Hals-, Nasen- u. Ohrenheilkunde *f*.
**o·tol·o·gist** [əʊ'tɒlədʒɪst; *Am.* -'tɑ-] *s*
*med.* Oto'loge *m*, Facharzt *m* für Ohren-
leiden. **o'tol·o·gy** *s* Otolo'gie *f*, Ohren-
heilkunde *f*.
**o·to·rhi·no·lar·yn·gol·o·gist** ['əʊtəʊ-
ˌraɪnəʊˌlærɪŋ'ɡɒlədʒɪst] *s med.* oto-
laryngologist. **'o·to,rhi·no,lar·yn-**
**'gol·o·gy** → otolaryngology.
**o·to·scope** ['əʊtəskəʊp] *s med.* Oto'skop
*n*, Ohr(en)spiegel *m*.
**ot·ta·va ri·ma** [əʊˌtɑːvəˈriːmə] *s metr.*
Ottave'rime *pl*, Stanze *f*, Ok'tave *f* (*Stro-
phe aus 8 fünfhebigen jambischen Versen
mit dem Reimschema abababcc*).
**ot·ter** ['ɒtə; *Am.* 'ɑtər] *s* **1.** *pl* **-ters,** *bes.*
*collect.* **-ter** *zo.* Otter *m*. **2.** Otterfell *n*,
-pelz *m*. **3.** *zo.* Larve *f* des Hopfenspin-
ners. **4.** (*ein*) Fischfanggerät *n*. **5.** → par-
avane. **'~hound** *s hunt.* Otterhund *m*.
**Ot·to en·gine** ['ɒtəʊ; *Am.* 'ɑtəʊ] *s mot.*
Ottomotor *m*.
**Ot·to·man** ['ɒtəʊmən; *Am.* 'ɑtə-] **I** *adj*
**1.** os'manisch, türkisch. **II** *pl* **-mans** *s*
**2.** Os'mane *m*, Türke *m*. **3.** o~ Otto-
'mane *f*: a) *Art* Sofa, b) Polsterhocker *m*.
**4.** o~ Otto'man *m* (*Gewebe*).
**ou·bli·ette** [ˌuːblɪ'et] *s* Oubli'ette *f*,
(*Burg*)Verlies *n*.
**ouch¹** [aʊtʃ] *interj* autsch!, au!
**ouch²** [aʊtʃ] *s hist.* Spange *f*.
**ought¹** [ɔːt] **I** *v/aux* (*nur pres u. pret; mit
folgendem inf mit* **to,** *obs. od. poet. a. ohne*
**to**) ich, er, sie, es sollte, *du* solltest, *ihr*
solltet, *wir*, *sie* sollten: **he** ~ **to do it** er
sollte es (eigentlich) tun; **he** ~ (**not**) **to
have seen it** er hätte es (nicht) sehen
sollen; **you** ~ **to have known better** du
hättest es besser wissen sollen *od.* müs-
sen. **II** *s* Soll *n*, (mo'ralische) Pflicht *f*.
**ought²** [ɔːt] *s* Null *f*.
**ought³** → **aught II.**
**Oui·ja (board)** ['wiːdʒɑː; -dʒə] *s* Alpha-
'bettafel *f* (*für spiritistische Sitzungen*).
**ounce¹** [aʊns] *s* **1.** Unze *f* (*als Handels-
gewicht = 28,35 g; als Troygewicht =
31,1 g; abbr.* **oz.,** *im pl* **ozs.**): **by the** ~
nach (dem) Gewicht. **2.** → fluid ounce.
**3.** *hist.* Unze *f* (*Maß u. Gewicht sehr
verschiedenen Wertes*). **4.** *fig.* Körnchen
*n*, Funken *m*, *ein bißchen*: **an** ~ **of com-
mon sense** ein Funken gesunden Men-
schenverstandes; **not an** ~ **of truth** nicht
ein Körnchen Wahrheit; **an** ~ **of prac-
tice is worth a pound of theory** Pro-
bieren geht über Studieren.
**ounce²** [aʊns] *s zo.* **1.** Irbis *m*, 'Schnee-
leo,pard *m*. **2.** *poet.* Luchs *m*.
**our** [aʊə(r)] *poss adj* unser: → **books;** O~
**Father** *relig.* das Vaterunser; → **lady 7.**
**ours** ['aʊə(r)z] *poss pron* (*ohne folgendes s*

*od. pred*) **1.** (*der, die, das*) uns(e)re: **I like**
~ **better** mir gefällt das unsere besser; **a
friend of** ~ ein Freund von uns, e-r von
unseren Freunden; **this world of** ~ diese
unsere Welt; **that house of** ~ unser
Haus; **Smith of** ~ *Br.* Smith von unserem
Regiment *etc*; ~ **is a small group** unsere
Gruppe ist klein. **2.** unser, (*der, die, das*)
uns(e)re: **it is** ~ es gehört uns, es ist unser;
**it became** ~ es wurde unser, es gelangte
in unseren Besitz.
**our·self** [ˌaʊə(r)'self] *pron* (*sg von* **our-
selves,** *beim Pluralis Majestatis ge-
braucht*) **1.** Uns (selbst). **2.** (höchst)selbst:
**We O~** Wir höchstselbst.
**our·selves** [ˌaʊə(r)'selvz] *pron* **1.** *reflex*
uns (selbst): **we** ~ **blame** wir geben uns
(selbst) die Schuld. **2.** (*verstärkend*) wir
selbst: **we** ~ **will go there, we will go
there** ~; **let us do it** ~ machen wir es
selbst. **3.** uns (selbst): **good for the**
others, not for ~.
**ou·sel** → ouzel.
**oust** [aʊst] *v/t* **1.** vertreiben, entfernen,
verdrängen, hin'auswerfen (**from** aus):
**to** ~ **s.o. from office** j-n aus s-m Amt
entfernen *etc*, j-n aus s-s Amtes entheben;
~ **from the market** *econ.* vom Markt
verdrängen; **to** ~ **from the lead** *sport*
von der Spitze verdrängen. **2.** etwas ver-
drängen. **3.** *jur.* enteignen, um den
Besitz bringen. **4.** berauben (**of** *gen*).
**'oust·er** *s* **1.** a) Entfernung *f* (aus dem
Amt), (Amts)Enthebung *f*, b) *allg.* Hin-
'auswurf *m*. **2.** *jur.* a) Enteignung *f*,
b) Besitzentziehung *f*.
**out** [aʊt] **I** *adv* **1.** (*a. in Verbindung mit
Verben*) a) hin'aus(-*gehen*, -*werfen etc*):
**go** ~! geh hinaus!, b) her'aus(-*kommen,
-schauen etc*): **come** ~! komm heraus!,
c) aus(-*brechen*, -*pumpen*, -*sterben etc*):
**to die** ~, d) aus(-*probieren*, -*rüsten etc*): **to
fit** ~ ausstatten; **voyage** ~ Ausreise *f*;
**way** ~ Ausgang *m*; **on the way** ~ beim
Hinausgehen; **to have a tooth** ~ sich e-n
Zahn ziehen lassen; **to insure** ~ **and
home** *econ.* hin u. zurück versichern; ~
**with him!** hinaus mit ihm!; ~
**with it!** hinaus *od.* heraus damit! (→ 10);
**that's** ~! das kommt nicht in Frage!; **to
have it** ~ **with s.o.** *fig.* die Sache mit j-m
ausfechten; ~ **of** → 42. **2.** außen, draußen,
fort: **he is** ~ er ist draußen; ~ **and about**
(wieder) auf den Beinen; **he is away** ~ in
Canada er ist (draußen) in Kanada; **he
has been** ~ **for a walk** er hat e-n Spa-
ziergang gemacht. **3.** nicht zu Hause,
ausgegangen: **to be** ~ **on business** ge-
schäftlich unterwegs *od.* verreist sein; **an
evening** ~ ein Ausgeh-Abend; **we had
an evening** ~ wir sind am Abend aus-
gegangen. **4.** von der Arbeit abwesend:
**to be** ~ **on account of illness** wegen
Krankheit der Arbeit fernbleiben; **a day**
~ ein freier Tag. **5.** im *od.* in den Streik,
ausständig (*Arbeiter*): **to be** ~ streiken;
**to go** ~ in den Streik treten. **6.** a) ins
Freie, b) draußen, im Freien, c) *mar.*
draußen, auf See, d) *mil.* im Felde. **7.** als
Hausangestellte beschäftigt. **8.** ,raus',
(*aus dem Gefängnis etc*) entlassen: ~ **on
bail** gegen Bürgschaft auf freiem Fuß.
**9.** her'aus, veröffentlicht, an der *od.* an
die Öffentlichkeit: (**just**) ~ (soeben) er-
schienen (*Buch*); **it came** ~ **in June** es
kam im Juni heraus, es erschien im Juni;
**the girl is not yet** ~ das Mädchen ist
noch nicht in die Gesellschaft eingeführt
(worden). **10.** her'aus, ans Licht, zum
Vorschein, entdeckt, -'hüllt, -faltet: **the
chickens are** ~ die Küken sind aus-
geschlüpft; **the flowers are** ~ a) die
Blumen sind heraus *od.* blühen, b) die
Blüten sind entfaltet; **the secret is** ~ das
Geheimnis ist enthüllt *od.* gelüftet (wor-

den); ~ **with it!** heraus damit!, heraus mit
der Sprache! (→ 1). **11.** ~ **for** auf *e-e Sache
aus*, auf der Jagd *od.* Suche nach *e-r
Sache*: ~ **for prey** auf Raub aus. **12.** **to
be** ~ **for s.th.** sich für etwas einsetzen *od.*
erklären. **13. to be** ~ **to do s.th.** darauf
aus sein *od.* darauf abzielen, etwas zu
tun. **14.** weit u. breit, in der Welt (*bes. zur
Verstärkung des sup*): **the best thing** ~; ~
**and away** bei weitem. **15.** *sport* aus,
draußen: a) nicht (mehr) im Spiel, b) im
Aus, außerhalb des Spielfelds. **16.** *Bo-
xen:* ausgezählt, k.'o., kampfunfähig: ~
**on one's feet** a) stehend k.o., b) *fig.*
,schwer angeschlagen', ,erledigt'. **17.** *pol.*
draußen, ,raus', nicht (mehr) im Amt,
nicht (mehr) am Ruder: **the Democrats
are** ~. **18.** aus der Mode: **boogie woogie
is** ~. **19.** aus, vor'über, vor'bei, zu Ende:
**school is** ~ *Am.* die Schule ist aus;
**before the week is** ~ vor Ende der
Woche. **20.** aus, erloschen: **the fire is** ~;
**the lights are** ~. **21.** aus(gegangen),
verbraucht, ,alle': **the potatoes are** ~.
**22.** aus der Übung: **my fingers are** ~.
**23.** zu Ende, bis zum Ende, ganz: →
**hear 3, sit out 1;** ~ **tired** = vollständig
erschöpft; ~ **and** = durch u. durch, ganz
u. gar. **24.** nicht an der richtigen Stelle
*od.* im richtigen Zustand, *z. B.* a) ver-
renkt (*Arm etc*), b) geistesgestört, ver-
rückt, von Sinnen, c) über die Ufer ge-
treten (*Fluß*). **25.** löch(e)rig, zerrissen,
,durchgescheuert': → **elbow 1. 26.** ärmer
um: ~ **to be** $10 ~. **27.** a) verpachtet,
vermietet, b) verliehen, ausgeliehen
(*Geld, a. Buch*): **land** ~ **at rent** verpach-
tetes Land; ~ **at interest** auf Zinsen
ausgeliehen (*Geld*). **28.** unrichtig, im Irr-
tum (befangen): **his calculations are** ~
s-e Berechnungen stimmen nicht; **to be**
(**far**) ~ sich (gewaltig) irren, ,(ganz) auf
dem Holzweg sein'. **29.** entzweit, ,ver-
kracht': **to be** ~ **with s.o. 30.** verärgert,
ärgerlich. **31.** in ärmlichen Verhältnis-
sen: **to be down and** ~ herunterge-
kommen sein. **32.** laut: **to laugh** ~ laut
(heraus)lachen; **speak** ~! a) sprich lau-
ter!, b) heraus damit!
**II** *adj* **33.** Außen...: ~ **edge;** ~ **is-
lands** entlegene *od.* abgelegene Inseln.
**34.** *Kricket:* nicht schlagend: **the** ~ **side**
→ **48. 35.** *sport* Auswärts...: ~ **match.**
**36.** *pol.* nicht (mehr) im Amt *od.* am
Ruder (befindlich): ~ **party** Opposi-
tionspartei *f*. **37.** abgehend: ~ **train.**
**38.** 'übernor,mal, Über...: → **outsize.**
**III** *prep* **39.** (her'aus *od.* her'vor) aus
(*obs. außer nach* **from**): **from** ~ **the
house** aus dem Haus heraus. **40.** aus,
her'aus *od.* hin'aus *od.* zu: ~ **the
window** zum Fenster hinaus, aus dem
Fenster. **41.** *Am. colloq.* a) hin'aus,
b) draußen an (*dat*) *od.* in (*dat*): **to drive**
~ **Main Street** die Hauptstraße (entlang)
hinausfahren; **to live** ~ **Main Street**
(weiter) draußen an der Hauptstraße
wohnen. **42.** ~ **of** a) aus (... her'aus): ~ **of
the bottle** (**house,** *etc*), b) zu ... hin'aus:
~ **of the window** (**house,** *etc*), c) aus,
von: **two** ~ **of three Americans** zwei
von drei Amerikanern, d) außerhalb,
außer *Reichweite, Sicht etc*: ~ **of reach,**
e) außer *Atem, Übung etc*: ~ **of breath**
(**practice,** *etc*); **to be** ~ **of s.th.** etwas
nicht (mehr) haben; **we are** ~ **of oil** uns
ist das Öl ausgegangen, f) aus *der Mode,
Richtung etc*: ~ **of fashion,** g) *drawing*
verzeichnet; **to be** ~ **of it** *colloq.* ,weg vom
Fenster sein'; → **alignment 2, focus 1,
question 4,** g) außerhalb (*gen od.* von):
**five miles** ~ **of Oxford; to be** ~ **of it** *fig.*
nicht dabeisein (dürfen); **to feel** ~ **of it**
sich ausgeschlossen fühlen; → **door** *Bes.
Redew.,* h) um *etwas betrügen:* **to cheat**

s.o. ~ of s.th., i) von, aus: **to get s.th. ~ of s.o.** etwas von j-m bekommen; **he got more (pleasure)** ~ of it er hatte mehr davon, j) ('hergestellt) aus: **made** ~ **of paper,** k) *fig.* aus *Bosheit, Furcht, Mitleid etc:* ~ **of spite (fear, pity,** *etc),* l) *zo.* abstammend von, aus (*e-r Stute etc*).
**IV** *interj* **43.** hin'aus!, 'raus!': ~ **with** → 1 *u.* 10. **44.** ~ **(up)on** *obs.* pfui *od.* Schande über (*acc*): ~ **upon you!**
**V** *s* **45.** *Am.* Außenseite *f:* → in 32. **46.** *bes. Am.* Ausweg *m* (*a. fig.*). **47.** *Tennis etc:* Ausball *m.* **48.** **the ~s** (*Kricket etc*) die Mannschaft, die nicht am Schlagen ist. **49. the ~s** *pol.* die Opposition, die nicht re'gierende Par'tei. **50.** *pl Br.* Ausgaben *pl,* ausgegebene Beträge *pl.* **51.** *pl Am.* Streit *m:* **at ~s** (*od.* **on the ~s**) **with** im Streit mit, auf gespanntem Fuße mit. **52.** *Am. colloq.* a) *schlechte etc* Leistung: **a poor** ~, b) Schönheitsfehler *m.* **53.** *print.* Auslassung *f,* ,Leiche' *f.* **54.** *pl econ. Am.* ausgegangene Bestände *pl od.* Waren *pl.* **55.** *Br. dial. od. Am. colloq.* Ausflug *m.*
**VI** *v/t* **56.** hin'auswerfen, verjagen. **57.** *sport* a) ausschalten, elimi'nieren (*in e-m Turnier*), b) *Kricket:* **den Schläger** ,aus' machen. **58.** *Br. sl.* a) k.'o. schlagen, b) 'umbringen, ,kaltmachen'. **59.** *Tennis etc:* den Ball ins Aus schlagen.
**VII** *v/i* **60.** ans Licht *od.* zum Vorschein kommen: → **blood** 4, **murder** 1. **61.** *colloq.* her'ausrücken (**with** mit *Geld, e-r Geschichte etc*). **62.** *Tennis etc:* den Ball ins Aus schlagen.

**ˌout·a'chieve** *v/t* j-n über'treffen. **ˌ~'act** *v/t thea. etc* ,an die Wand spielen'.

**out·age** ['aʊtɪdʒ] *s* **1.** fehlende *od.* verlorene Menge (*z. B. aus e-m Behälter*), Schwund *m.* **2.** *tech.* Ausfall *m,* Versagen *n.*

**ˌout·and-'out I** *adv* durch u. durch, ganz u. gar, völlig, abso'lut. **II** *adj* abso'lut, ausgesprochen, Erz...: **an** ~ **villain** ein Erzschurke. **ˌ~-and-'out·er** *s sl.* **1.** Hundert'fünfzigpro‚zentige(r *m*) *f,* Radi'kale(r *m*) *f.* **2.** (*etwas*) 'Hundertpro‚zentiges *od.* ganz Typisches (*-s-r Art*)

**ˌ~a'sight** *adj u. interj colloq.* ,toll', ,super'. **'~-back** *Austral.* **I** *s* **the** ~ das Hinterland, der (*bes. austral.*) Busch. **II** *adj u. adv* im *od.* in den *od.* aus dem Busch: ~ **life** das Leben im Busch. **ˌ~-bal·ance** *v/t* 'über'wiegen, -'treffen. **ˌ~'bid** *v/t irr* (*bei Auktionen, Kartenspielen*) über'bieten (*a. fig.*). **'~-board** *mar.* **I** *adj* **1.** Außenbord...: ~ **motor. II** *adv* **2.** außenbords. **III** *s* **3.** Außenbordmotor *m.* **4.** Außenborder *m* (*Boot*). **'~-bound** *adj mar.* a) auslaufend, b) auf der Ausreise befindlich: ~ **cargo** *od.* **freight)** Hin-, Ausgangsfracht *f.* **ˌ~'box** *v/t* (*im Boxen*) schlagen, ausboxen. **ˌ~-'brave** *v/t* **1.** trotzen *od.* Trotz bieten (*dat*). **2.** an Tapferkeit *od.* Kühnheit *od.* Glanz über'treffen. **'~-break** *s* **1.** *allg.* Ausbruch *m:* ~ **of an epidemic; at the ~ of war** bei Kriegsausbruch; ~ **of anger** Zornausbruch. **2.** Aufruhr *m.* **'~-bred** *adj biol.* aus der Kreuzung entfernt verwandter *od.* nicht zuchtverwandter Indi-'viduen gezüchtet. **'~-build·ing** *s* Nebengebäude *n.* **~'burst I** *s* ['-bɜːst; *Am.* '-‚bɜːrst] Ausbruch *m* (*a. fig.*): (emotional) ~ Gefühlsausbruch. **II** *v/i* [‚-'bɜːst; *Am.* ‚-'bɜːrst] *fig.* ausbrechen (**into** in *acc*). **'~-cast I** *adj* **1.** verstoßen, verbannt, (*von der Gesellschaft*) ausgestoßen. **2.** a) verfemt, verächtlich, b) abgetan. **II** *s* **3.** Ausgestoßene(r *m*) *f.* **4.** (*etwas*) Verfemtes. **5.** Abfall *m,* Ausschuß *m.* **~'caste I** *s* a) [-ka:st; *Am.* -‚kæst] *I s* a) aus der Kaste Ausgestoßene(r *m*) *f,* b) Kastenlose(r *m*) *f* (*bes. in Indien*). **II** *adj*

a) kastenlos, b) (*aus der Kaste*) ausgestoßen. **III** *v/t* (*aus der Kaste*) ausstoßen. **ˌ~'class** *v/t* j-m *od.* e-r Sache weit über-'legen sein, j-n *od.* etwas weit über'treffen, *sport* a. j-n deklas'sieren. **'~-clear·ance** *s mar.* 'Auskla‚rieren *n* (*aus e-m Hafen*). **'~-clear·ing** *s econ. Br.* Gesamtbetrag *m* der Wechsel- u. Scheckforderungen e-r Bank an das Clearinghaus. **'~-college** *adj* außerhalb des College wohnend, ex'tern (*Student*). **'~-come** *s* **1.** Ergebnis *n,* Resul'tat *n,* Folge *f,* Pro-'dukt *n:* **what was the** ~ **of the talks?** was ist bei den Gesprächen herausgekommen? **2.** Schluß(folgerung *f*) *m.* **~-crop I** *s* ['-krɒp; *Am.* '-‚krɑp] **1.** *geol.* a) Zu'tageliegen *n,* Anstehen *n,* b) Ausgehendes *n,* Ausbiß *m.* **2.** *fig.* Zu'tagetreten *n.* **II** *v/i* [‚-'krɒp; *Am.* ‚-'krɑp] **3.** *geol.* zu'tage liegen *od.* treten, ausbeißen, anstehen. **4.** *fig.* zu'tage treten. **'~-cross·ing** *s biol.* Kreuzen *n* von nicht mitein'ander verwandten Tieren *od.* Pflanzen innerhalb der'selben Abart *od.* Rasse. **'~-cry** *s* **1.** Aufschrei *m,* Schrei *m* der Entrüstung. **2.** *econ.* a) Versteigerung *f,* b) Ausrufen *n.* **ˌ~'dare** *v/t* **1.** Trotz bieten *od.* trotzen (*dat*). **2.** mehr wagen als (*j-d*). **ˌ~'dat·ed** *adj* über'holt, veraltet. **ˌ~'dis·tance** *v/t* **1.** (weit) über'holen *od.* hinter sich lassen (*a. fig.*). **2.** *fig.* über-'flügeln. **ˌ~'do** *v/t irr* **1.** über'treffen, ausstechen, es (*j-m*) zu'vortun: **to ~ o.s.** sich selbst übertreffen; **he is not to be outdone in efficiency** er ist an Tüchtigkeit nicht zu übertreffen. **2.** schlagen, besiegen. **'~-door** *adj* Außen..., außerhalb des Hauses, im Freien (befindlich *od.* sich ereignend), draußen: ~ **advertising** Außen-, Straßenreklame *f;* ~ **aerial** (*bes. Am.* antenna) Außen-, Frei-, Hochantenne *f;* ~ **exercise** Bewegung *f* im Freien; ~ **games** Spiele für draußen; ~ **garments** Straßenkleidung *f;* ~ **performance** *thea.* Freilichtaufführung *f;* ~ **season** *bes. sport* Freiluftsaison *f;* ~ **shot** *phot.* Außenaufnahme *f.* **'~-doors I** *adv* **1.** draußen, im Freien. **2.** hin'aus, ins Freie. **II** *s* **3.** das Freie: **the great** ~ die freie Natur, Gottes freie Natur. **ˌ~'drink** *v/t irr* ,unter den Tisch trinken', mehr vertragen als (*j-d*).

**out·er** ['aʊtə(r)] **I** *adj* **1.** Außen...: ~ **city** *Am.* Außenbezirke *pl* (*e-r Stadt*); ~ **cover** *aer.* Außenhaut *f;* ~ **diameter** Außendurchmesser *m;* ~ **garments** Oberbekleidung *f,* Überkleidung *f;* ~ **harbo(u)r** *mar.* Außen-, Vorhafen *m;* **the ~ man** die äußere Erscheinung, das Äußere; ~ **office** Vorzimmer *n;* ~ **skin** Oberhaut *f,* Epidermis *f;* ~ **space** Weltraum *m;* ~ **surface** Außenfläche *f,* -seite *f,* Oberfläche *f;* ~ **world** Außenwelt *f.* **2.** äußerst(er, e, es), fernst(er, e, es). **II** *s* **3.** *Bogenschießen:* äußerer Ring (*der Scheibe*). **4.** *sport Austral.* 'unüber‚dachte (Zuschauer)Ränge *pl:* **on the** ~ *fig.* vernachlässigt. **'~-most** [-məʊst] *adj* äußerst(er, e, es). **~ parts,** ~ **voic·es** *pl mus.* Ober- u. 'Unterstimme *f* (*Sopran u. Baß*). **'~-wear** *s* Oberbekleidung *f,* 'Überkleidung *f.*

**ˌout'face** *v/t* **1.** Trotz bieten *od.* trotzen (*dat*), mutig *od.* gefaßt begegnen (*dat*): **to ~ a situation** e-r Lage Herr werden. **2.** j-n mit e-m Blick *od.* mit Blicken aus der Fassung *od.* zum Schweigen bringen. **'~-fall** *s* Mündung *f* (*e-s Flusses etc*), Austrittsöffnung *f* (*e-s Rohrs etc*). **'~-field** *s* **1.** *Baseball u. Kricket:* a) Außenfeld *n,* b) Außenfeldspieler *pl.* **2.** weitabliegende Felder *pl* (*e-r Farm*). **'~-field-er** *s* Außenfeldspieler(in). **ˌ~'fight** *v/t irr* niederkämpfen, schlagen. **'~-fight·er** *s*

*sport* Di'stanzboxer *m.* **'~-fit I** *s* **1.** Ausrüstung *f,* Ausstattung *f* (*für e-e Reise etc*), *tech. a.* Gerät(e *pl*) *n,* Werkzeug(e *pl*) *n,* Uten'silien *pl:* **travel(l)ing** ~ Reiseausrüstung *f;* **cooking** ~ Küchengeräte, Kochutensilien; **puncture** ~ *mot.* Reifenflickzeug *n;* **the whole** ~ *colloq.* der ganze Krempel. **2.** *colloq.* a) ,Verein' *m,* ,Laden' *m,* Gesellschaft *f,* Gruppe *f* (*von Personen*), b) *mil.* ,Haufen' *m,* Einheit *f,* c) (Arbeits)Gruppe *f,* d) Gruppe *f,* Organisati'on *f.* **II** *v/t* **3.** ausrüsten *od.* ausstatten (**with** mit). **'~-fit·ter** *s* **1.** Herrenausstatter *m.* **2.** 'Ausrüstungsliefe‚rant *m.* **3.** Fachhändler *m:* **electrical** ~ Elektrohändler *m.* **ˌ~'flank** *v/t* **1.** *mil.* die Flanke (*des Feindes*) um'fassen, um-'gehen (*a. fig.*): ~ **ing attack** Umfassungsangriff *m.* **2.** *fig.* über'listen. **'~-flow** *s* Ausfluß *m* (*a. med.*): ~ **of gold** *econ.* Goldabfluß *m.* **ˌ~'fly** *v/t irr* weiter *od.* schneller fliegen als. **ˌ~'foot** *v/t* **1.** schneller fahren als (*Boot*). **2.** ein besserer Läufer, Tänzer *etc* sein als (*j-d*). **ˌ~'fox** *v/t* über'listen. **ˌ~'gen·er·al** *v/t pret u. pp* **-aled,** *bes. Br.* **-alled 1.** ein besserer Stra'tege *od.* Taktiker sein als (*j-d*). **2.** → **outmaneuver. ˌ~'go I** *v/t irr* [‚-'gəʊ] **1.** *fig.* über'treffen. **II** *s* ['-gəʊ] *pl* **-goes 2.** *econ.* (Gesamt)Ausgaben *pl,* (Geld)Auslagen *pl.* **3.** Ausströmen *n,* -bruch *m,* -fluß *m.* **'~-go·ing I** *adj* **1.** weg-, fortgehend. **2.** abtretend, ausscheidend: ~ **partner** *econ.* ausscheidender Gesellschafter; **the ~ president** der aus dem Amt scheidende Präsident. **3.** *mar. rail. etc, a. electr. teleph.* abgehend: ~ **trains (boats);** ~ **call** (*od.* **message**); ~ **circuit** *electr.* abgehende Leitung, Ausgangsleitung *f;* ~ **traffic** *aer.* Abgangsverkehr *m;* ~ **mail** Postausgang *m.* **4.** zu'rückgehend (*Flut*): **the** ~ **tide. 5.** *psych.* aus sich her'ausgehend, mitteilsam, extraver'tiert. **II** *s* **6.** Ausgehen *n,* Ausgang *m.* **7.** *meist pl bes. Br.* (Geld-)Ausgaben *pl.* **8.** Ab-, Ausfluß *m.* **'~-group** *s sociol.* Outgroup *f* (*Gruppe, der man sich nicht zugehörig fühlt u. von der man sich distanziert*). **ˌ~'grow** *v/t irr* **1.** größer werden als, schneller wachsen als, hin'auswachsen über (*acc*). **2.** j-m über den Kopf wachsen. **3.** her'auswachsen aus (*Kleidern*). **4.** *fig.* e-e Gewohnheit (mit der Zeit) ablegen, her'auswachsen aus, entwachsen (*dat*): **to ~ childish habits. '~-growth** *s* **1.** na'türliche Entwicklung *od.* Folge, Ergebnis *n.* **2.** Nebenerscheinung *f.* **3.** Her'aus-, Her'vorwachsen *n.* **4.** *med.* Auswuchs *m.* **'~-guard** *s mil.* Vorposten *m,* vorgeschobener Posten, Feldwache *f.* **ˌ~'guess** *v/t* j-s Absichten durch'schauen *od.* zu'vorkommen. **ˌ~'gun** *v/t colloq.* ,ausstechen', über'treffen. **'~-gush** *s* **1.** Ausfluß *m.* **2.** *fig.* Ausbruch *m,* Erguß *m.* **ˌ~'Her·od** [-'herɒd] *v/t:* **to ~ Herod** noch schlimmer wüten als Herodes. **'~-house** *s* **1.** Nebengebäude *n.* **2.** *bes. Am.* 'Außenab‚ort *m.*

**out·ing** ['aʊtɪŋ] *s* **1.** Ausflug *m:* **to go for an** ~ e-n Ausflug machen; **works** ~, **company** ~ Betriebsausflug. **2.** *sport bes. Am.* a) Spiel *n,* b) Kampf *m.* **~-flan·nel** *s Am.* leichter 'Baumwollfla‚nell.

**ˌout'jock·ey** *v/t* → **outmaneuver. ˌ~'jump** *v/t* besser *od.* höher *od.* weiter springen als. **'~-land·er** *s* **1.** *bes. poet.* Ausländer(in), Fremde(r *m*) *f.* **2.** *S.Afr.* → **uitlander. ˌ~'land·ish** *adj* (*adv* **~ly**) **1.** fremdartig, seltsam, ex'otisch, ausgefallen. **2.** a) 'unkulti‚viert, b) rückständig. **3.** abgelegen. **4.** *bes. poet.* ausländisch. **ˌ~'last** *v/t* über'dauern, -'leben.

**'out·law I** *s* **1.** *jur. hist.* Geächtete(r *m*), Vogelfreie(r) *m.* **2.** Ban'dit *m,* Verbrecher

*m.* **3.** *Am.* bösartiges Pferd. **II** *v/t* **4.** *jur. hist.* ächten, für vogelfrei erklären. **5.** *jur. Am.* für verjährt erklären. **∼ed claim** verjährter Anspruch. **6.** verbieten, für ungesetzlich erklären. **7.** *Krieg etc* ächten, verfemen. **III** *adj* **8.** ungesetzlich, gesetzeswidrig: **∼ strike.** '**out·law·ry** [-rɪ] *s* **1.** *jur.* a) Acht *f* (u. Bann *m*), b) Ächtung *f.* **2.** Verbot *n.* **3.** *jur.* Ge'setzesmiß‚achtung *f.* **4.** Verbrechertum *n.* **5.** *jur. Am.* Ausschluß *m* (*e-r Klage etc wegen Verjährung etc*). **6.** Ächtung *f,* Verfemung *f.*

**out·lay I** *v/t irr* [-'leɪ] Geld auslegen, -geben (**on** für). **II** *s* [-leɪ] (Geld)Auslage(n *pl*) *f,* Ausgabe(n *pl*) *f:* initial ∼ Anschaffungskosten *pl.* '**∼·let** ['aʊtlet] *s* **1.** Auslaß *m,* Austritt *m,* Abzug *m,* Abzugs-, Abflußöffnung *f,* 'Durchlaß *m.* **2.** *mot.* Abluftstutzen *m.* **3.** *electr.* a) a. ∼ **box** Anschluß(punkt) *m,* Steckdose *f,* b) *weitS.* Stromverbraucher *m.* **4.** *Radio:* 'Sendestati‚on *f.* **5.** *fig.* Ven'til *n,* Betätigungsfeld *n:* **to find an ∼ for one's emotions** s-n Gefühlen Luft machen können; **to seek an ∼ for one's creative instincts** ein Betätigungsfeld für s-n Schöpfungstrieb suchen. **6.** *econ.* a) Absatzmarkt *m,* -möglichkeit *f,* Gebiet *n,* b) Einzelhandelsgeschäft *n,* Verkaufsstelle *f.* '**∼·li·er** [-‚laɪə(r)] *s* **1.** j-d, der *od.* etwas, was sich außerhalb befindet. **2.** Auswärtige(r *m*) *f,* Pendler(in). **3.** *geol.* Ausleger *m.* '**∼·line I** *s* **1.** a) 'Umriß(linie *f*) *m,* b) *meist pl* 'Umrisse *pl,* Kon'turen *pl,* Silhou'ette *f:* **the ∼s of trees were still visible. 2.** a) Kon'turzeichnung *f,* b) 'Umriß-, Kon'turlinie *f:* **in ∼** a) in Konturzeichnung, b) im Grundriß. **3.** Entwurf *m,* Skizze *f.* **4.** (**of**) (*allgemeiner*) 'Umriß (von) *od.* 'Überblick (über *acc*): **in rough ∼** in groben Zügen. **5.** Abriß *m,* Auszug *m,* Grundzüge *pl:* **an ∼ of history** ein Abriß der Geschichte. **6.** *print.* Kon'turschrift *f.* **II** *v/t* **7.** um'reißen, entwerfen, skiz'zieren, *fig.* a. in 'Umrissen darlegen, e-n 'Überblick geben über (*acc*), in groben Zügen darstellen: **he ∼d his plan to them. 8.** die 'Umrisse *od.* Kon'turen zeigen von: **∼d (against)** scharf abgehoben (von), sich (als Silhouette) abzeichnend (gegen) *od.* abhebend (von). '**∼·live** *v/t* über'leben: a) länger leben als *j-d,* b) *etwas* über'dauern, c) *etwas* über'stehen, hin'wegkommen über (*acc*). '**∼·look** *s* **1.** (Aus)Blick *m,* (Aus)Sicht *f.* **2.** (*a.* Welt)Anschauung *f,* Auffassung *f,* Ansicht(en *pl*) *f,* Einstellung *f,* Standpunkt *m, pol. a.* Zielsetzung *f:* **his ∼ (up)on life** s-e Lebensanschauung *od.* -auffassung *od.* -einstellung. **3.** (Zukunfts)Aussicht(en *pl*) *f:* **the political ∼; further ∼** *meteor.* weitere Aussichten. **4.** Ausguck *m,* Ausschau *f,* Warte *f:* **on the ∼ for** *fig.* auf der Suche nach, Ausschau haltend nach. **5.** Wacht *f,* Wache *f.* '**∼·ly·ing** *adj* **1.** außerhalb *od.* abseits gelegen, abgelegen, entlegen, Außen...: ∼ **district** Außenbezirk *m.* **2.** auswärtig. **3.** *fig.* am Rande liegend, nebensächlich. '**∼man** *v/t* **1.** → outnumber. **2.** männlicher sein als. **∼·ma'neu·ver,** *bes. Br.* **∼·ma'noeu·vre** *v/t* 'ausmanö‚vrieren (*a. fig.* über'listen). '**∼·march** *v/t* schneller mar'schieren als. '**∼·mar·riage** → exogamy. '**∼·match** *v/t* über'treffen, über'flügeln, (aus dem Felde) schlagen. '**∼·mode** *v/t* aus der Mode bringen, verdrängen. '**∼·mod·ed** *adj* 'unmo‚dern, veraltet, über'holt. '**∼·most** [-məʊst] *adj* äußerst(er, e, es) (*a. fig.*). **out·ness** ['aʊtnɪs] *s philos.* Sein *n* außerhalb des Wahrnehmenden. ‚**out'num·ber** *v/t* an Zahl *od.* zahlen-

---

mäßig über'treffen, *j-m* an Zahl *od.* zahlenmäßig über'legen sein: **to be ∼ed in** der Minderheit sein. ‚**out-of-'bal·ance** *adj tech.* unausgeglichen, ex'zentrisch: ∼ **force** Unwuchtkraft *f;* ∼ **load** *electr.* unsymmetrische Belastung, Schieflast *f.* ‚**∼'bod·y ex-pe·ri·ence** *s Parapsychologie:* außerkörperliches Erlebnis. ‚**∼'bounds** *adj:* ∼ **park (to)** Park *m,* dessen Betreten (für, *dat*) verboten ist; ∼ **area** Sperrgebiet *n,* -bezirk *m.* ‚**∼'court** *adj* außergerichtlich: ∼ **settlement.** ‚**∼'date** *adj* veraltet, 'unmo‚dern. ‚**∼'door** → outdoor. ‚**∼'doors** → outdoors 1. ‚**∼'fo·cus** *adj* **1.** außerhalb des Brennpunkts gelegen (*a. fig.*). **2.** *phot.* unscharf. ‚**∼'place** *adj* unangebracht, depla'ciert. ‚**∼'pock·et** *adj* bar bezahlt: ∼ **expenses** Barauslagen. ‚**∼'print I** *adj* vergriffen. **II** *s* vergriffener Titel. ‚**∼'round** *adj tech.* unrund. ‚**∼'school** *adj* außerschulisch: ∼ **activities.** ‚**∼-the-'way** *adj* **1.** abgelegen. **2.** ungewöhnlich, ausgefallen. ‚**∼-'town** *adj* auswärtig (*a. econ.*): ∼ **bank;** ∼ **bill** Distanzwechsel *m.* ‚**∼'turn** *adj* unangebracht, taktlos, vorlaut. ‚**∼-'work I** *adj* arbeitslos: ∼ **pay** Arbeitslosenunterstützung *f.* **II** *s* Arbeitslose(r *m*) *f.*

‚**out'pace** *v/t* über'holen, *j-n* hinter sich lassen. '**∼·pa·tient** *s med.* ambu'lanter Pati'ent: **∼s' department** Ambulanz *f;* ∼ **treatment** ambulante Behandlung; **to receive ∼ treatment** ambulant behandelt werden. ‚**∼·per'form** *v/t* besser arbeiten als, mehr leisten als, über'treffen. '**∼·pick·et** *s mil.* vorgeschobener Posten. '**∼·play** *v/t sport j-m* spielerisch über'legen sein, besser spielen als. ‚**∼'point** *v/t* **1.** a) *bes. sport* mehr Punkte erzielen *od.* bekommen als, b) *sport* auspunkten, nach Punkten besiegen *od.* schlagen, Punktsieger werden über (*acc*). **2.** → outdo. **3.** *mar.* dichter am Wind segeln als. '**∼·port** *s* **1.** *mar.* Außen-, Vorhafen *m.* **2.** Ex'port-, Ausreisehafen *m.* '**∼·post** *s* **1.** *mil.* a) Vor-, Außenposten *m,* vorgeschobener Posten, b) Stützpunkt *m* (*a. fig.*). **2.** *fig.* a) Vorposten *m,* b) Grenze *f.* **3.** entlegene Zweigstelle *etc.* ‚**∼·pour I** *s* ['-pɔː(r); *Am. a.* ‚-'pɔʊər] **1.** Her'vorströmen *n,* **2.** Guß *m,* Strom *m.* **3.** *fig.* Ausbruch *m,* Erguß *m.* **II** *v/t* [‚-'pɔː(r); *Am. a.* ‚-'pɔʊər] **4.** ausschütten, ausgießen. ‚**∼·pour·ing** *s* (*bes.* Gefühls)Erguß *m.* '**∼·put I** *s* **1.** Output *m:* a) *econ. tech.* Arbeitsertrag *m,* -leistung *f,* b) *econ.* Ausstoß *m,* Ertrag *m,* Produkti'on *f,* c) *Bergbau:* Förderung *f,* Fördermenge *f,* d) *electr.* Ausgangsleistung *f,* e) *electr.* Ausgang *m* (*an Geräten*), f) *Computer:* (Daten)Ausgabe *f.* **II** *adj* **2.** *tech.* Leistungs...: ∼ **capacity** Leistungsfähigkeit *f, e-r Maschine a.* Stückleistung *f;* ∼ **device** (*Computer*) Ausgabegerät *n.* **3.** *electr.* Ausgangs...

**out·rage** ['aʊtreɪdʒ] *s* **1.** Frevel(tat *f*) *m,* Greuel(tat *f*) *m,* Ausschreitung *f,* Verbrechen *n.* **2.** *bes. fig.* (**on, upon**) Gewalttat *f,* Frevel(tat *f*) *m,* Ungeheuerlichkeit *f* (**an** *dat*), Vergewaltigung *f* (*gen*), Atten'tat *n* (auf *acc*): **an ∼ upon decency** e-e grobe Verletzung des Anstands; **an ∼ upon justice** e-e Vergewaltigung der Gerechtigkeit. **3.** Schande *f,* Schmach *f.* **4.** a **sense of ∼** Em'pörung *f,* Entrüstung *f* (**at** über *acc*). **II** *v/t* **5.** sich vergehen an (*dat*), Gewalt antun (*dat*), vergewaltigen (*a. fig.*). **6.** *Gefühle,* den *Anstand etc* mit Füßen treten, gröblich verletzen *od.* beleidigen: **to ∼ s.o.'s feelings. 7.** miß'handeln. **8.** verschandeln. **9.** *j-n* scho'kieren, em'pören. **out·ra·geous** [-dʒəs] *adj* (*adv* **∼·ly**) **1.** frevelhaft, ab-

---

scheulich, verbrecherisch: **an ∼ deed. 2.** schändlich, em'pörend, unerhört: ∼ **behavio(u)r;** ∼ **prices** unerhörte *od.* unverschämte Preise; **an ∼ assertion** e-e ungeheuerliche Behauptung. **3.** ab'scheulich, gräßlich: ∼ **weather. out'ra·geous·ness** *s* **1.** Frevelhaftigkeit *f,* (*das*) Ab'scheuliche. **2.** Schändlichkeit *f,* Unerhörtheit *f,* Unverschämtheit *f,* Ungeheuerlichkeit *f.* ‚**out'range** *v/t* **1.** *mil.* e-e größere Reichweite haben als. **2.** *fig.* hin'ausreichen über (*acc*). **3.** *fig.* über'treffen, über'steigen. ‚**∼'rank** *v/t* **1.** im Rang *od.* rangmäßig höher stehen als, wichtiger sein als, Vorrang haben vor (*dat*). **ou·tré** ['uːtreɪ; *Am.* uː'treɪ] *adj* ausgefallen, über'spannt, extrava'gant. ‚**out'reach** *v/t* **1.** *Boxen: j-m* an Reichweite über'legen sein. **2.** → outrange 2 u. 3. ‚**∼'ride I** *v/t irr* [‚-'raɪd] **1.** besser *od.* schneller reiten als, *j-m* da'vonreiten, b) besser *od.* schneller Fahr- *od.* Motorrad fahren als, *j-m* da'vonfahren. **2.** *mar.* e-n *Sturm* ausreiten, über'stehen (*a. fig.*). **II** *s* [*Am.* ‚-‚raɪd] **3.** *metr.* unbetonte freie Silbe(n *pl*). '**∼·rid·er** *s* **1.** Vorreiter *m.* **2.** Mitglied *n* e-r motori'sierten Poli'zeies‚korte. '**∼·rig·ger** *s* **1.** *mar.* Ausleger *m* (*a. tech. e-s Krans etc*). **2.** *Rudern:* Ausleger *m.* **3.** Auslegerboot *n.* **4.** *mil.* (La'fetten)Holm *m:* ∼ (**type**) **gun mount** Kreuzlafette *f.* ‚**∼'right I** *adj* ['-raɪt] **1.** völlig, gänzlich, to'tal: **an ∼ loss** ein totaler Verlust; **an ∼ lie** e-e glatte Lüge. **2.** vorbehaltlos, offen, ausgesprochen: ∼ **acceptance** vorbehaltlose Annahme; **an ∼ refusal** e-e glatte Weigerung. **3.** di'rekt: **an ∼ course; his ∼ manner** s-e direkte Art. **II** *adv* [-'raɪt] **4.** gänzlich, völlig, to'tal, ganz u. gar, ausgesprochen. **5.** vorbehaltlos, ohne Vorbehalt, ganz: **to refuse ∼** glatt *od.* rundweg ablehnen; **to sell ∼** ganz *od.* fest verkaufen. ‚**∼'ri·val** *v/t* über'treffen, über'bieten (**in an** *od.* **in** *dat*), ausstechen. ‚**∼'run I** *v/t irr* [‚-'rʌn] **1.** schneller laufen als, *j-m* da'vonlaufen. **2.** *fig.* über'treffen, über'steigen, hin'ausgehen über (*acc*): **his imagination ∼s the facts** s-e Phantasie geht mit ihm durch. **3.** *j-m od. e-r Sache* entrinnen. **II** *s* ['-rʌn] **4.** *Skisport:* Auslauf *m.* '**∼·run·ner** *s* **1.** (Vor)Läufer *m* (*Bediener*). **2.** Leithund *m* (*bei Hundeschlitten*). ‚**∼'sail** *v/t irr mar.* (*beim Segeln*) über'holen, tot-, aussegeln. ‚**∼'sell** *v/t irr* **1.** a) mehr verkaufen als, b) ein besserer Verkäufer sein als. **2.** a) sich besser verkaufen als, b) *obs.* e-n höheren Preis erzielen als. **out·sert** ['aʊtsɜːt; *Am.* ‚-‚sɜrt] *s print.* Beischaltblatt *n od.* -blätter *pl.* '**out·set** *s* **1.** Anfang *m,* Beginn *m:* **at the ∼** am Anfang; **from the ∼** gleich von Anfang an. **2.** Aufbruch *m* (*zu e-r Reise*). **3.** → outsert. **4.** *mar.* zu'rückgehender Gezeitenstrom. ‚**∼'shine** *v/t irr* über'strahlen, *fig. a.* in den Schatten stellen. ‚**∼'shoot** *v/t irr* **1.** besser schießen als. **2.** hin'ausschießen über (*acc*). **out·side** [aʊt'saɪd] **I** *s* **1.** Außenseite *f,* (*das*) Äußere: **from the ∼** von außen; **to judge s.th. from the ∼** etwas als Außenstehender beurteilen; **on ∼** außen; **on the ∼ of** a) an der Außenseite (*gen*), b) jenseits (*gen*). **2.** *fig.* (*das*) Äußere, (äußere) Erscheinung, Oberfläche *f,* (*das*) Vordergründige. **3.** Außenwelt *f.* **4.** *colloq.* (*das*) Äußerste, äußerste Grenze: **at the (very) ∼** (aller)höchstens, (aller)äußerstenfalls. **5.** Straßenseite *f* (*e-s Radwegs etc*). **6.** *sport* Außenstürmer *m:* ∼ **right** Rechtsaußen *m.* **7.** *pl* Außenblätter (*e-s Ries*).

**II** *adj* **8.** äußer(er, e, es), Außen..., an der Außenseite befindlich, von außen

kommend: ~ **aerial** (*bes. Am.* antenna) Außenantenne *f*; ~ **broadcast** (*Rundfunk, TV*) Außenübertragung *f*; ~ **diameter** äußerer Durchmesser, Außendurchmesser *m*; ~ **influences** äußere Einflüsse; ~ **interference** Einmischung *f* von außen; ~ **lane** *sport* Außenbahn *f*; ~ **lavatory** Außentoilette *f*; ~ **loop** *aer.* Looping *m* vorwärts; ~ **pressure** Druck *m* von außen (*a. fig.*); ~ **seat** Außensitz *m*; ~ **track** *sport* Außenbahn *f* (*äußerer Teil der Bahn*). **9.** im Freien getan: ~ **work. 10.** außenstehend, ex'tern: ~ **broker** *econ.* freier Makler; ~ **capital** *econ.* Fremdkapital *n*; ~ **help** fremde Hilfe; ~ **market** *econ.* Freiverkehr *m*; an ~ **opinion** die Meinung e-s Außenstehenden; **an** ~ **person** ein Außenstehender. **11.** äußerst: **an** ~ **estimate**; to quote the ~ **prices** die äußersten Preise angeben. **12.** außerberuflich, *univ.* 'außeraka₁demisch: ~ **activities. 13.** ~ **chance** a) kleine *od.* geringe Chance, b) *sport* Außenseiterchance *f*.

**III** *adv* **14.** draußen, außerhalb: he is somewhere ~; he's ~ **again** *colloq.* er ist wieder auf freiem Fuß; ~ **of** a) außerhalb (*gen*), b) *Am. colloq.* außer, ausgenommen. **15.** her'aus, hin'aus: come ~! komm heraus!; ~ **(with you)**! ,raus' (mit dir)! **16.** (von) außen, an der Außenseite: painted red ~.

**IV** *prep* **17.** außerhalb, jenseits (*gen*) (*a. fig.*): ~ **the garden**; it is ~ his own experience es liegt außerhalb s-r eigenen Erfahrung. **18.** außer: **no one knows** ~ you and me.

**out·sid·er** [₁aʊt'saɪdə(r)] *s* **1.** Außenseiter(in): a) Außenstehende(r *m*) *f*, b) Eigenbrötler(in), c) Außenseiter(in) der Gesellschaft, d) Nichtfachmann *m*, Laie *m*, e) *sport* Wettkampfteilnehmer(in) *mit geringen Siegeschancen*. **2.** *econ.* freier Makler (*an der Börse*).

,**out·'sit** *v/t irr* länger sitzen (bleiben) als. '~**size** **I** *s* 'Übergröße *f* (*a. Kleidungsstück*): ~ **department** Abteilung *f* für Übergrößen. **II** *adj* 'übergroß, 'überdimensio₁nal. '~**sized** → outsize II. '~**skirts** *s pl* nähere Um¹gebung (*e-r Stadt etc*), Stadtrand *m*, *a. fig.* Rand (-gebiet *n*) *m*, Periphe¹rie *f* (*e-s Themas, Faches etc*). ~**'sleep** *v/t irr* verschlafen (*a. fig.*). ~**'smart** *v/t colloq.* → outwit. '~**sole** *s* Lauf-, Außensohle *f* (*e-s Schuhs*). ~**'span** *v/t S.Afr.* Tiere ausspannen. ~**'speak** *v/t irr* ein besserer Redner sein als (*j-d*). ~**'speed** *v/t* schneller sein als. ~**'spend** *v/t irr* mehr ausgeben als: to ~ **one's income** über s-e Verhältnisse leben. ~**'spo·ken** *adj* (*adv* ~**ly**) **1.** offen(herzig), freimütig: to be ~ kein Blatt vor den Mund nehmen; she was very ~ **about** it sie äußerte sich sehr offen darüber. **2.** unverblümt, ungeschminkt: ~ **criticism**; ~ **novel** realistischer Roman. ~**'spo·ken·ness** *s* **1.** Offenheit *f*, Freimut *m*, Freimütigkeit *f*. **2.** Unverblümtheit *f*. ~**'stand·ing** **I** *adj* [₁~'stændɪŋ] (*adv* ~**ly**) **1.** *bes. fig.* her¹vorragend (**for** durch, wegen *gen*): ~ **achievement** (**player, quality**, *etc*); **an** ~ **personality** e-e prominente Persönlichkeit. **2.** *bes. econ.* unerledigt, rückständig, ausstehend (*Forderung etc*): ~ **debts** → 4; ~ **interest** unbezahlte (Aktiv)Zinsen *pl*. **3.** *econ.* ausgegeben: ~ **capital stock. II** *s* [¹~'stændɪŋ] **4.** *pl econ.* unbeglichene Rechnungen *pl*, ausstehende Gelder *pl*, Außenstände *pl*, Forderungen *pl*. ~**'stare** *v/t* mit e-m Blick *od.* mit Blicken aus der Fassung *od.* zum Schweigen bringen. '~**sta·tion** *s* 'Außensta₁ti¹on *f*. ~**'stay** *v/t* länger bleiben als: → **welcome** 2. ~**'step** *v/t* über¹schreiten

(*a. fig.*): to ~ **the truth** übertreiben. ~**'stretch** *v/t* **1.** ausstrecken. **2.** hin¹ausreichen über (*acc*). **3.** (aus)strecken, (aus)dehnen. ~**'strip** *v/t* **1.** über¹holen, hinter sich lassen (*a. fig.*). **2.** *fig.* über¹treffen, -'flügeln, (aus dem Feld) schlagen: to ~ **all expectations** alle Erwartungen übertreffen. ~**'talk** *v/t* **1.** in Grund u. Boden reden. **2.** (mit Worten) ,über¹fahren'. ~**'tell** *v/t irr* mehr aussagen *od.* aussagekräftiger sein als. ~**'think** *v/t irr* **1.** *j-m* geistig über¹legen sein. **2.** schneller ,schalten' als (*j-d*). ~**-to-'out** *adj* von ¹einem Ende zum andern (gemessen). '~**tray** *s* Post¹ausgangskorb *m*. '~**turn** *s econ.* **1.** Ertrag *m*. **2.** Ausstoß *m*, Produkti¹on *f*. **3.** Ausfall *m*: ~ **sample** Ausfallmuster *n*. ~**'val·ue** *v/t* wertvoller sein (*a. fig.*). ~**'vie** *pres p* -¹**vy·ing** *v/t* über¹treffen, -¹bieten. ~**'vote** *v/t j-n* über¹stimmen, *e-e Gesetzesvorlage etc* zu Fall bringen: **to be ~d** e-e Abstimmungsniederlage erleiden.

**out·ward** [¹aʊtwə(r)d] **I** *adj* **1.** äußer(er, e, es), sichtbar, Außen...: **the** ~ **events** das äußer(lich)e *od.* vordergründige Geschehen; **to** ~ **seeming** dem Anschein nach. **2.** *a. med. u. fig. contp.* äußerlich: (**mere**) ~ **beauty**; **for** ~ **application** *med.* zur äußerlichen Anwendung; **the** ~ **man** a) *relig.* der äußerliche Mensch, b) *humor.* der äußere Adam. **3.** nach (dr)außen gerichtet *od.* führend, Aus(wärts)..., Hin...: ~ **angle** *math.* Außenwinkel *m*; ~ **cargo**, ~ **freight** *mar.* ausgehende Ladung, Hinfracht *f*; ~ **journey** Aus-, Hinreise *f*; ~ **room** Außenzimmer *n*; ~ **trade** *econ.* Ausfuhrhandel *m*. **II** *s* **4.** (*das*) Äußere. **5.** materi¹elle Welt. **III** *adv* **6.** (nach) auswärts, nach außen: **to clear** ~ *mar.* ausklarieren; **to travel** ~ **via X**. über X. ausreisen; → **bound²**. **7.** → **outwardly**. '**out·ward·ly** *adv* **1.** äußerlich. **2.** nach außen (hin), auswärts. **3.** außen, an der Oberfläche. '**out·ward·ness** *s* **1.** äußere Form. **2.** Außenlage *f*. **3.** Äußerlichkeit *f*. '**out·wards** → outward III.

'**out·wash** *s geol.* Sander *m*. ~**'wear** *v/t irr* **1.** abnutzen. **2.** *fig.* erschöpfen, aufreiben. **3.** über¹dauern, haltbarer *od.* dauerhafter sein als. ~**'weigh** *v/t* **1.** mehr wiegen *od.* schwerer sein als. **2.** *fig.* a) über¹wiegen, gewichtiger sein als, b) *e-e Sache* aufwiegen. ~**'wit** *v/t* über¹listen, ,reinlegen', schlauer sein als. '~**work** *s* **1.** *mil.* Außenwerk *n*. **2.** *fig.* Bollwerk *n*. **3.** Außenarbeit *f*. **4.** Heimarbeit *f*. '~**work·er** *s* **1.** Außenarbeiter(in). **2.** Heimarbeiter(in). '~**worn** *adj* **1.** abgetragen, abgenutzt. **2.** über¹holt: ~ **ideas. 3.** veraltet. **4.** erschöpft. ~**'write** *v/t irr* **1.** e-n besseren Stil schreiben als (*j-d*). **2.** *s-n Zorn etc* durch Schreiben ¹abrea₁gieren.

**ou·zel** [¹uːzl] *s orn.* Amsel *f*, (Schwarz-)Drossel *f*.

**o·va** [¹əʊvə] *pl von* ovum.

**o·val** [¹əʊvl] **I** *adj* (*adv* ~**ly**) **1.** o¹val, eirund, eiförmig. **II** *s* **2.** the O~ *Br.* das Kennington-Oval (*Kricketplatz*). **3.** *colloq.* ,Ei' *n* (*eiförmiger Lederball*).

**ov·al·bu·min** [₁əʊ'vælbjʊmɪn; *Am.* ₁ɑːvæl'bjuːmən; *a.* ₁əʊ-] *s biol. chem.* Ovalbu¹min *n*, Hühnereiweiß *n*.

**o·var·i·an** [əʊ'veərɪən] *adj* **1.** *anat.* Eierstock... **2.** *bot.* Fruchtknoten...

**o·var·i·ec·to·my** [əʊ₁veərɪ'ektəmɪ] *s med.* Ovar(i)ekto¹mie *f*, Eierstockentfernung *f*. **o₁var·i¹ot·o·my** [-¹ɒtəmɪ; *Am.* -¹ɑ-] *s* Ovarioto¹mie *f*, Eierstockspaltung *f*. **o·va·ri·tis** [₁əʊvə'raɪtɪs] *s med.* Eierstockentzündung *f*.

**o·va·ry** [¹əʊvərɪ] *s* **1.** *anat.* Eierstock *m*. **2.** *bot.* Fruchtknoten *m*.

**o·vate** [¹əʊveɪt] *adj* eiförmig.

**o·va·tion** [əʊ'veɪʃn] *s* Ovati¹on *f*, begeisterte Huldigung, Beifallssturm *m*: to give s.o. a standing ~ j-m stehend e-e Ovation bereiten.

**ov·en** [¹ʌvn] *s* **1.** Backofen *m*, -röhre *f*. **2.** Heißluft-, *bes.* Trockenkammer *f*. **3.** *tech.* (kleiner) Ofen (*zum Rösten, Schmelzen etc*). **4.** ¹Heißluft-Sterili₁sierappa₁rat *m*. ~ **cloth** *s* Topflappen *m*. ~ **coke** *s tech.* Ofenkoks *m*. '~**-dry** *adj tech.* ofentrocken. ~ **glove** *s* Topfhandschuh *m*. '~**-read·y** *adj* bratfertig. ,~**-to-'ta·ble ware**, '~**ware** *s* feuerfestes Geschirr.

**o·ver** [¹əʊvə(r)] **I** *prep* **1.** (*Grundbedeutung*) über (*dat od. acc*). **2.** (*Lage*) über (*dat*): **the lamp** ~ **his head**; **a letter** ~ **his own signature** ein von ihm selbst unterzeichneter Brief. **3.** (*Richtung, Bewegung*) über (*acc*), über (*acc*) ... hin, über (*acc*) ... (hin)¹weg: **to jump** ~ **the fence**; **the bridge** ~ **the Danube** die Brücke über die Donau; **he escaped** ~ **the border** er entkam über die Grenze; ~ **the ears** bis über die Ohren; **he will get** ~ **it** *fig.* er wird darüber hinwegkommen. **4.** über ~ **the air. 5.** über (*dat*), jenseits (*gen*), auf der anderen Seite von (*od. gen*): ~ **the sea** in Übersee, jenseits des Meeres; ~ **the street** über die Straße, auf der anderen (Straßen)Seite; ~ **the way** gegenüber. **6.** über (*dat*): **he fell asleep** ~ **his work** er schlief über s-r Arbeit ein; ~ **a cup of tea** bei e-r Tasse Tee. **7.** über (*acc*), wegen (*gen od. dat*): **to worry** ~ **s.th. 8.** (*Herrschaft, Autorität, Rang*) über (*dat od. acc*): **to be** ~ **s.o.** über j-m stehen; **to reign** ~ **a kingdom** über ein Königreich herrschen; **he set him** ~ **the others** er setzte ihn über die anderen. **9.** vor (*dat*): **preference** ~ **the others** Vorzug vor den andern. **10.** über (*acc*), mehr als: ~ **a mile**; ~ **10 dollars**; ~ **a week** über e-e Woche, länger als e-e Woche; ~ **and above** zusätzlich zu, außer (→ **26**). **11.** über (*acc*), während (*gen*): ~ **the weekend**; ~ **many years** viele Jahre hindurch. **12.** durch: **he went** ~ **his notes** er ging s-e Notizen durch.

**II** *adv* **13.** hin¹über, dar¹über: **he jumped** ~. **14.** hin¹über (**to** zu): **he ran** ~ **to his mother. 15.** *fig.* über, zur anderen Seite *od.* Par¹tei: **they went** ~ **to the enemy** sie liefen zum Feind über. **16.** her¹über: **come** ~! **17.** drüben: ~ **by the tree** drüben beim Baum; ~ **in Canada** (drüben) in Kanada; ~ **there** a) da drüben, b) *Am. colloq.* (drüben) in Europa; ~ **against** gegenüber (*dat*) (*a. fig. im Gegensatz zu*). **18.** (*genau*) dar¹über: **the bird is directly** ~ **19.** über (*acc*) ... dar¹über (...), über¹... (*-decken etc*): **to paint s.th.** ~ etwas übermalen. **20.** (*meist in Verbindung mit Verben*) a) über¹...(-*geben etc*): **to hand s.th.** ~, b) über¹...(-*kochen etc*): **to boil** ~. **21.** (*oft in Verbindung mit Verben*) a) ¹um...(-*fallen, -werfen etc*): **to fall (throw)** ~, b) her¹um...(-*drehen etc*): **to turn** ~; **see** ~! siehe umstehen! **22.** ¹durch(weg), von Anfang bis (zum) Ende: **one foot** ~ ein Fuß im Durchmesser; **covered** (*all*) ~ **with red spots** ganz über u. über mit roten Flecken bedeckt; **the world** ~ a) in der ganzen Welt, b) durch die ganze Welt. **23.** (*gründlich*) über¹...(-*legen, -denken etc*): **to think s.th.** ~. **24.** nochmals, wieder: (**all**) ~ **again** nochmal, (*ganz*) von vorn; ~ **and** ~ **again** immer (u. immer) wieder; **to do s.th.** ~ etwas nochmals tun; **ten times** ~ zehnmal hintereinander. **25.** ¹übermäßig, allzu, ¹über...: ~**economical** allzu sparsam. **26.** dar-

'über, mehr: **children of ten years and** ~ Kinder von 10 Jahren u. darüber; **10 ounces and** ~ 10 Unzen u. mehr; ~ **and above** außerdem, obendrein, überdies (→ 10). 27. übrig, über: **to have s.th.** ~ etwas übrig haben. 28. (*zeitlich, im Deutschen oft unübersetzt*) a) ständig, b) länger: **we stayed** ~ **till Monday** wir blieben bis Montag. 29. zu Ende, vor-'über, vor'bei: **the lesson is** ~; ~**!** Over!, Ende! (*Ende e-r Teildurchsage*); ~ **and out! Over and out!** (*Ende des Gesamtgesprächs*); **all** ~ ganz vorbei; **all** ~ **with** erledigt, vorüber; **it's all** ~ **with him** es ist aus u. vorbei mit ihm, er ist endgültig ,erledigt'; **all** ~ **and done with** total erledigt.
**III** adj 30. ober(er, e, es), Ober... 31. äußer(er, e, es), Außen... 32. Über... 33. 'überzählig, 'überschüssig, übrig.
**IV** s 34. 'Überschuß m: ~ **of exports** Exportüberschuß. 35. *Kricket:* Over n (*Spieleinheit, bestehend aus 6 Würfen*).
₁**o·ver·'a·bun·dant** adj (adv ~ly) über-reich(lich), 'übermäßig. ~**a'chieve** v/i mehr leisten als erwartet, (*in e-r Prüfung*) besser abschneiden als erwartet. ~**a'chiev·er** s j-d, der mehr leistet *od.* besser abschneidet als erwartet. ~**'act** *thea. etc* **I** v/t e-e Rolle über'ziehen, über'treiben, über'treiben spielen. **II** v/i über'treiben (*a. fig.*). ~**'ac·tive** adj 'übermäßig tätig *od.* geschäftig *od.* ak'tiv.
**o·ver·age¹** ['əʊvərɪdʒ] s econ. (*bes.* 'Waren)Überschuß m.
**o·ver·age²** [ˌəʊvə(r)'eɪdʒ] adj 1. *bes. ped.* älter als der 'Durchschnitt. 2. zu alt.
**o·ver·'all** **I** adj ['əʊvərɔ:l] 1. gesamt, Gesamt...: ~ **efficiency** *tech.* Gesamtnutzeffekt m; ~ **length** Gesamtlänge f; ~ **title** Sammeltitel m (*e-r Reihe*). 2. to'tal, glo'bal. **II** adv [ˌəʊvər'ɔ:l] 3. allgemein, insgesamt. **III** s ['əʊvərɔ:l] 4. *pl* Arbeits-, Mon'teur-, Kombinati'onsanzug m, Overall m. 5. *Br.* a) Kittelschürze f, Hauskleid n, b) Kittel m: **doctor's** ~ Arztkittel. 6. *pl obs.* 'Überzieh-, Arbeitshose f. ~**am'bi·tious** adj (adv ~**ly**) über'trieben *od.* allzu ehrgeizig. ~**and- -'un·der I** adj doppelläufig (*Gewehr, Flinte*). **II** s Zwilling m. ~**anx·ious** adj (adv ~**ly**) 1. 'überängstlich. 2. 'übergierig: **to be** ~ **to do s.th.** sich ,überschlagen', um etwas zu tun; **not to be** (**exactly**) ~ **to do s.th.** nicht (unbedingt) scharf darauf sein, etwas zu tun. ~**'arch** v/t über'wölben, -'spannen. '~**arm** adj *Baseball, Kricket etc:* mit 'durchgestrecktem Arm über die Schulter ausgeführt (*Wurf etc*). '~**arm stroke** s *Schwimmen:* Hand-über-'Hand-Stoß m. ~**'awe** v/t 1. tief beeindrucken. 2. einschüchtern. ~**'bal·ance I** v/t 1. *a. fig.* über-'wiegen, das 'Übergewicht haben über (*acc*). 2. aus dem Gleichgewicht bringen, 'umstoßen, 'umkippen. **II** v/i 3. 'um-, 'überkippen, das 'Übergewicht bekommen, das Gleichgewicht verlieren. **III** s 4. 'Übergewicht n.
₁**o·ver·'bear** v/t irr 1. niederdrücken, zu Boden drücken. 2. *Widerstand etc* über-'winden. 3. *fig.* schwerer wiegen als. 4. tyranni'sieren, unter'jochen. ₁**o·ver-'bear·ance** s Anmaßung f, herrisches Wesen, Arro'ganz f. ₁**o·ver'bear·ing** adj (adv ~**ly**) 1. anmaßend, arro'gant, hochfahrend, herrisch. 2. von über-'ragender Bedeutung.
**o·ver·'bid I** [ˌ·'bɪd] v/t irr 1. econ. a) über'bieten, mehr bieten als, b) zu'viel bieten für. 2. *Bridge:* a) über'reizen, b) zu hoch reizen mit (*e-m Blatt*). **II** v/i 3. econ. zu'viel bieten. 4. econ. ein höheres Angebot machen. **III** s ['·bɪd] 5. econ. a) Mehrgebot n, b) 'Überangebot

---

n. '~**bite** s Zahnmedizin: 'Überbiß m. '~**blouse** s Kasackbluse f. ~**blown** adj 1. verblühend, am Verblühen. 2. *mus.* über'blasen (*Ton*). 3. *metall.* 'übergar (*steel*. 4. geschwollen, hochtrabend, schwülstig (*Ausdrucksweise etc*). '~**board** adv mar. über Bord: **man** ~**!** Mann über Bord!; **to fall** ~ über Bord gehen; **to throw** ~ über Bord werfen (*a. fig.*). ~**'book** v/t Flug, Hotel etc über'buchen. ~**'brim** v/i u. v/t 'überfließen (lassen). ~**'build** v/t irr 1. über'bauen, bebauen. 2. zu dicht bebauen. 3. zu groß *od.* zu prächtig (er)bauen: **to** ~ **o.s.** sich ,verbauen'. ~**'bur·den** v/t über'laden, -'lasten (*a. fig.*). ~**'bus·y** adj 1. zu sehr beschäftigt. 2. 'überge'schäftig. ~**'buy** irr **I** v/t 1. zu'viel (ein)kaufen von. 2. teurer (ein)kaufen als (*j-d*): **to** ~ **s.o.** 3. *etwas* zu teuer einkaufen. **II** v/i 4. zu teuer *od.* über Bedarf (ein)kaufen. ~**'call** v/t Kartenspiel: über'bieten. ~**ca'pac·i·ty** s econ. 'Überkapazi,tät f. ~**cap·i·tal·ize** v/t econ. 1. e-n zu hohen Nennwert für das 'Stammkapi,tal (*e-s Unternehmens*) angeben: **to** ~ **a firm.** 2. das Kapi'tal über'schätzen von. 3. 'überkapitali,sieren. ~**cast I** adj ['əʊvə(r)ka:st; *Am.* ₁-ˌkæst] 1. bewölkt, bedeckt: ~ **sky.** 2. trüb(e), düster (*a. fig.*). 3. über'wendlich (genäht): ~ **stitch** Schlingstich m. 4. geol. über'kippt, liegend (*tektonische Falte*). **II** v/t irr [ˌ·'ka:st; *Am.* ₁·'kæst] 5. (*mit Wolken*) über'ziehen, bedecken, *a. fig.* um'wölken, verdunkeln, trüben. 6. [*Am.* '·ˌkæst] (um-)'säumen, um'stechen. **III** v/i 7. sich bewölken, sich beziehen, sich über'ziehen (*Himmel*). ~**'cau·tious** adj über'trieben vorsichtig, 'übervorsichtig. ~**'cau·tious·ness** s über'triebene Vorsicht. ~**cer·ti·fi'ca·tion** s econ. Bestätigung f e-s Über'ziehungschecks. ~**'charge I** v/t 1. *j-m* zu'viel berechnen *od.* abverlangen. 2. e-n Betrag zu'viel verlangen: **he** ~**d two pounds.** 3. *etwas* zu hoch berechnen. 4. 'überbelasten, *electr. tech.* a. über'laden (*a. fig.*). **II** v/i 5. zu'viel verlangen (**for** für). **III** s [*Am.* 'əʊvər-ˌtʃɑ:rdʒ] 6. zu hohe Berechnung. 7. *econ.* a) 'Überpreis m, b) 'Über'forderung f, -'teuerung f, c) Mehrbetrag m, Aufschlag m: ~ **for arrears** Säumniszuschlag m. 8. *electr. tech.* Über'ladung f (*a. fig.*). ~**'cloud I** v/t → **overcast** 5. **II** v/i 2. → **overcast** 7. 3. *fig.* sich um'wölken, sich trüben. ~**'cloy** v/t über-'laden, -'sättigen (*a. fig.*). ~**'coat** s Mantel m. ~**'come** v/t irr über'wältigen, -'winden, -'mannen, bezwingen (*alle a. fig.*): **to** ~ **dangers** Gefahren bestehen; **to** ~ **an obstacle** ein Hindernis nehmen; **to** ~ **s.o.'s opposition** j-s Widerstand überwinden; **he was** ~ **with emotion** er wurde von s-n Gefühlen übermannt. **II** v/i siegreich sein, siegen. ~**com'pen·sate** v/t *bes. psych.* Komplexe etc 'überkompen,sieren. ~**com·pen'sa·tion** s *bes. psych.* 'Überkompen-sati,on f. ~**com'pound** v/t electr. 'überkompoun,dieren. ~**con·fi·dent** adj (adv ~**ly**) 1. über'trieben selbstbe-wußt. 2. allzu'sehr vertrauend (**of** auf acc). 3. zu opti'mistisch: **to be** ~ **of victory** zu siegessicher sein. ~**con·fi·dence** s 1. über'steigertes Selbstver-trauen *od.* -bewußtsein. 2. zu großes Vertrauen (**in** auf acc). 3. zu großer Opti'mismus. ~**crit·i·cal** adj 'überkritisch, allzu kritisch (**of** gegen'über). ~**crop** v/t agr. Raubbau treiben mit, zu'grunde wirtschaften. ~**'crow** v/t 1. trium'phieren über (*acc*). 2. über'treffen. ~**crowd** v/t über'füllen (*bes. mit Menschen*): ~**ed profession** überlaufe-

---

ner Beruf; ~**ed region** Ballungsgebiet n. ~**'crust** v/t über'krusten. '~**cur·rent** s electr. 'Überstrom m. '~**cut·ting** s Über'schneiden n (*von Schallplattenrillen*). ~**del·i·ca·cy** s 1. 'übergroße Zartheit *od.* Empfindlichkeit. 2. über'triebenes Fein- *od.* Zartgefühl. ~**de'vel·op** v/t *bes. phot.* 'überentwickeln. ~**dis'charge** electr. **I** s 'übermäßige Entladung (*e-r Batterie*), 'Überbelastung f. **II** v/t 'übermäßig entladen, 'überbelasten. ~**'do** v/t irr 1. über'treiben, zu weit treiben. 2. *fig.* zu weit gehen mit *od.* in (*dat*), *etwas* zu arg treiben, 'überbeanspruchen, über'fordern: **to** ~ **it** (*od.* **things**) a) zu weit gehen, b) des Guten zuviel tun. 3. zu stark *od.* zu lange kochen *od.* braten: **overdone** a. übergar. ~**dose I** s ['·dəʊs] 1. 'Überdosis f, zu starke Dosis. 2. *fig.* Zu'viel n (**of** an dat). **II** v/t [ˌ·'dəʊs] 3. j-m e-e zu starke Dosis geben: **to be** ~**d on s.th.** *fig.* mit etwas übersättigt sein. 4. *etwas* 'überdo,sieren. **III** v/i 5. a) e-e 'Überdosis *od.* 'Überdosen (*Rauschgift*) nehmen, b) an e-r 'Überdosis sterben. 6. ~ **on** *fig. Gefühle etc* 'überbetonen, über'betonen. ~**'draft** s 1. *tech.* Oberzug m. 2. *econ.* a) ('Konto-)Über,ziehung f, b) Über'ziehung f, über-'zogener Betrag: **to have an** ~ **of £100** sein Konto um £ 100 überzogen haben, c) Rückbuchung f e-s über'zogenen Betrags (*durch die Bank*). ~**dram·a·tize** v/t *fig.* 'überdramati,sieren. 'Überdraught **bes.** *Br. für* **overdraft** 1. ~**'draw** v/t irr 1. econ. ein Konto über'ziehen: **I'm** ~**n** ich habe mein Konto überzogen, mein Konto ist überzogen. 2. e-n Bogen über'spannen. 3. *fig.* über'treiben, *Forderungen etc* über'zeichnen, *thea. etc Personen* über-'zeichnen. **II** v/i 4. econ. sein Konto über'ziehen. ~**'dress** v/t u. v/i (sich) zu vornehm anziehen. ~**drive I** v/t irr [ˌ·'draɪv] 1. abschinden, hetzen. 2. zu weit treiben, über'treiben. 3. *electr.* e-e Röhre über'steuern. 4. *a.* ~ **the headlamps** *mot.* bei Dunkelheit zu schnell fahren. **II** s ['·draɪv] 5. *tech.* Overdrive m, Schongang m. ~**'due** adj 1. *a. econ. mar. rail. etc* 'überfällig: **she's** ~ sie müßte schon längst hier sein!; **the train is** ~ der Zug hat Verspätung; **an** ~ **bill** econ. ein überfälliger Wechsel. 2. *a.* **long** ~ *fig.* längst fällig. 3. *fig.* 'übermäßig. ~**'ea·ger** adj 'übereifrig. ~**'ea·ger·ness** s 'Übereifer m. ~**'eat** v/i irr (*a.* ~ **o.s.**) sich über'essen. ~**em·pha·sis** s 'Überbetonung f: **to put an** ~ **on** → **overempha-size.** ~**'em·pha·size** v/t 'überbetonen, zu großen Nachdruck legen auf (*acc*). ~**em'ploy·ment** s econ. 'Überbeschäftigung f. ~**es·ti·mate I** v/t [ˌ·'esti-meɪt] über'schätzen, 'überbewerten. **II** s [ˌ·'estimət] Über'schätzung f, 'Überbewertung f. ~**es·ti'ma·tion** s → **over-estimate** II. ~**ex'cite** v/t 1. zu sehr aufregen. 2. über'reizen. 3. *electr.* 'übererregen. ~**'ex·ert** v/t (*u.* v/i (sich) über'anstrengen. ~**ex'er·tion** s Über'anstren-gung f. ~**ex'ploit** v/t Raubbau treiben mit. '~**ex·ploi'ta·tion** s Raubbau m (**of** an dat). ~**ex'pose** v/t phot. über-belichten. ~**ex'po·sure** s phot. 'Überbelichtung f. ~**ex'tend** v/t: **to** ~ **o.s.** (*financially, etc*) sich (finanziell etc) über'nehmen. '~**fall** s 1. *mar.* 2. *pl* 'überbrechende Seen *pl* (*an Klippen etc*), b) Abfall m (*von Booten od. Gewässern*). 2. *tech.* 'Überfall m, -lauf m (*e-r Schleuse etc*). ~**fa'tigue I** v/t über'müden, über'anstrengen. **II** s Über'müdung f, Über'anstrengung f. ~**'fault** s geol. 'widersinnige Verwerfung. ~**'feed** v/t irr über'füttern, 'überernähren. ~**'feed·ing** s Über'fütterung f, 'Überer-

nährung f. '~**flight** s aer. Über'fliegen n.
**o·ver|flow** [ı-'fləʊ] **I** v/i **1.** überlaufen,
-fließen, -strömen (*Flüssigkeit, Gefäß
etc*), sich ergießen (into in *acc*). **2.** über-
quellen (with von): a room ~ing with
people; an ~ing harvest e-e überreiche
Ernte. **3.** *fig.* 'überquellen, -strömen,
-fließen (with von): a heart ~ing with
gratitude. **4.** im 'Überfluß vor'handen
sein. **II** v/t **5.** über'fluten, -'schwemmen.
**6.** hin'wegfluten über (*acc*), laufen *od.*
fließen über (*acc*): to ~ the brim. **7.** zum
'Überlaufen bringen. **8.** nicht mehr Platz
finden in (*dat*): the crowd ~ed the
room. **III** s ['-fləʊ] **9.** Über'schwem-
mung f, 'Überfließen n. **10.** 'Überschuß
m, 'überfließende Menge: ~ of popula-
tion Bevölkerungsüberschuß; ~ meet-
ing Parallelversammlung f (*nicht mehr
Platz findender Personen*). **11.** *tech.* a) *a.
electr.* 'Überlauf m, b) *a.* ~ pipe 'Über-
laufrohr n, c) *a.* ~ basin 'Überlaufbas,sin
n: ~ drain Überlaufkanal m; ~ valve
Überlaufventil n. **12.** *metr.* Enjambe-
'ment n, Versbrechung f. ~**flow·ing**
**I** adj **1.** 'überfließend, -laufend, -strö-
mend. **2.** *fig.* 'überquellend, -strömend: ~
heart (kindness, etc). **3.** *fig.* 'überreich.
**II** s **4.** 'Überfließen n, -strömen n: full to
~ voll zum Überlaufen, *weitS.* zum Plat-
zen voll.
,**o·ver|fly** v/t irr über'fliegen. ~**fold**
*geol.* **I** s ['-fəʊld] über'kippte Falte. **II** v/t
[ı-'fəʊld] über'kippen. ~**fond** adj: to be
~ of doing s.th. etwas nur zu gern tun.
'~**freight** s econ. **1.** 'Überfracht f.
**2.** *rail.* Ladung f ohne Frachtbrief *od.*
Frachtliste. ~**ful'fil(l)** v/t econ. ein Soll
'übererfüllen. ~**ful'fil(l)·ment** s econ.
'Übererfüllung f. '~**gar·ment** s Ober-
bekleidung f. '~**gear** s tech. Über'set-
zungsgetriebe n (*Ggs. Untersetzungsge-
triebe*). ~**glaze** ['-gleız] (*Keramik*) **I** s
'Übergla,sur f, zweite Gla'sur. **II** adj
Überglasur... **III** v/t [ı-'gleız] gla'sieren.
'~**ground** adj über der Erde (befind-
lich), oberirdisch. ,~**grow** irr **I** v/t
**1.** über'wachsen, -'wuchern. **2.** hin'aus-
wachsen über (*acc*), zu groß werden für.
**II** v/i **3.** zu groß werden. ~**grown**
[ı-'grəʊn; *attr.* '-grəʊn] adj **1.** über'wach-
sen, -'wuchert. **2.** übergroß. '~**growth**
s **1.** Über'wucherung f. **2.** 'übermäßiges
Wachstum. '~**hand I** adj u. adv
**1.** Schlag etc von oben (kommend *od.*
ausgeführt): ~ blow. **2.** *sport* 'über-
hand, mit der Handfläche nach unten: ~
stroke (*bes. Tennis*) 'Überhandschlag m;
~ service Hochaufschlag m. **3.** ~ stroke
(*Schwimmen*) Hand-über-Hand-Stoß m.
**4.** Kricket etc: ~ overarm. **5.** Näherei:
über'wendlich: ~ stitch. **II** s **6.** *bes. Ten-
nis:* 'Überhandschlag m. **III** v/t u. v/i
**7.** über'wendlich nähen. ~**hang** [ı-'hæŋ]
**I** v/t irr **1.** hängen über (*dat*). **2.** her'vor-
stehen *od.* -ragen *od.* 'überhängen über
(*acc*). **3.** *fig.* (drohend) schweben über
(*dat*), drohen (*dat*). **II** v/i **4.** 'überhängen,
her'vorstehen, -kragen (*a. arch.*). **III** s
['-hæŋ] **5.** 'Überhang m (*a. arch. mar.*),
*tech. a.* Ausladung f. **6.** *aer.* 'Überhang m,
vorstehendes Tragflächenende. ~'**hap-
py** adj 'überglücklich. '~**haste** s 'Über-
eile f. ~**hast·y** adj über'eilt, voreilig.
~**haul** v/t [ı-'hɔːl] **1.** e-e Maschine etc
über'holen, (gründlich) über'prüfen (*a.
fig.*) u. in'standsetzen. **2.** mar. Tau, Taljen
etc über'holen. **II** s ['-hɔːl] **3.** (Gene'ral-)
Über,holung f, gründliche Über'prüfung
(*a. fig.*).
**o·ver·head I** adv [ı-'hed] **1.** (dr)oben:
the stars ~ die Sterne droben; there is
an artist living ~ oben *od.* (im Stock-
werk) darüber wohnt ein Künstler; ~
works ~! Vorsicht, Dacharbeiten!

**2.** *tech.* (*a.* von) oben: the material
enters and leaves ~. **II** adj ['-hed]
**3.** oberirdisch, Frei..., Hoch...: ~ aerial
(*bes. Am.* antenna) electr. Hochantenne
f; ~ cable electr. Freileitungs-, Luftkabel
n; ~ line electr. Frei-, Oberleitung f; ~
projector Arbeitsprojektor m, Tages-
lichtschreiber m; ~ railway *bes. Br.*
Hochbahn f; ~ tank Hochbehälter m.
**4.** *mot.* a) obengesteuert: ~ valve; ~
-valve engine *Br.* kopfgesteuerter Mo-
tor, b) obenliegend: ~ camshaft. **5.** all-
gemein, Gesamt..., Pauschal...: ~ cost, ~
expenses → 7; ~ price econ. Pauschal-
preis m. **6.** *sport* Überkopf...: ~ stroke →
8; ~ kick (*Fußball*) (Fall)Rückzieher m.
**III** s ['-hed] **7.** econ. Br. meist pl allge-
meine Unkosten pl, laufende Geschäfts-
kosten. **8.** *bes. Tennis:* Über'kopfball m.
,**o·ver|'hear** v/t irr ein Gespräch etc (zu-
fällig) belauschen, (mit'an)hören, ,auf-
schnappen'. ~'**heat I** v/t Motor über-
'hitzen, *Raum* über'heizen: to ~ o.s. → II;
~ed überhitzt (*a. fig.*), überheizt. **II** v/i
*tech.* heißlaufen. '~**house** adj Dach...
(-antenne etc). ,~'**hung I** pret u. pp von
**overhang**. **II** adj [*attr. a.* '-hʌŋ] **1.** 'über-
hängend. **2.** (von oben) her'abhängend,
*tech.* fliegend (angeordnet), freitragend: ~
door hängende Schiebetür. ~**in-
'dulge I** v/t **1.** zu nachsichtig behan-
deln, j-m zu'viel 'durchgehen lassen.
**2.** e-r Leidenschaft etc 'übermäßig frö-
nen. **II** v/i **3.** des Guten zu'viel tun: to ~ in
sich allzusehr ergehen in (*dat*). **4.** zu viel
zusprechen (in *dat*). ~**in'dul·gence** s
**1.** allzugroße Nachsicht. **2.** 'übermäßiger
Genuß. ~**in'dul·gent** adj allzu nach-
sichtig. ~**in'sur·ance** s econ. 'Über-
versicherung f. ~**in'sure** v/t u. v/i (sich)
'überversichern. ~**is·sue** econ. **I** s
Mehrausgabe f, 'Überemissi,on f. **II** v/t
zu'viel *Aktien etc* ausgeben. ~'**joyed**
adj außer sich vor Freude,
'überglücklich (at, by über *acc*). '~**kill** s
**1.** mil. Overkill n (*Fähigkeit e-s Staates,
mit e-m vorhandenen* [*bes. Atom*]*Waffen-
potential etw. Gegner vernichten zu kön-
nen, als tatsächlich vorhanden sind*). **2.** *fig.*
'Übermaß n, Zu'viel n (of an *dat*). '~**
knee** adj über die Knie reichend: ~
boots Kniestiefel. ~'**lad·en** adj über-
'laden (*a. fig.*), über'lastet (*a. electr.*),
'überbelastet. ~**land I** adv ['-lænd;
-'lænd] über Land, auf dem Landweg, zu
Lande. **II** adj ['-lænd] (Über)Land...: ~
route Landweg m; ~ transport Überland-
land-, Fernverkehr m. ~**lap** [ı-'læp] **I** v/t
**1.** 'übergreifen auf (*acc*) *od.* in (*acc*), sich
über'schneiden, teilweise zs.-fallen mit.
**2.** hin'ausgehen über (*acc*). **3.** *tech.* über-
'lappen. **4.** *Film:* über'blenden. **II** v/i
**5.** sich *od.* ein'ander über'schneiden, teil-
weise zs.-fallen, sich teilweise decken,
auf- *od.* inein'ander 'übergreifen. **6.** *tech.*
über'lappen, 'übergreifen. **III** s ['-læp]
**7.** 'Übergreifen n, Über'schneiden n.
**8.** Über'schneidung f. **9.** *tech.* a) Über-
lappung f, b) *a.* geol. phys. Über'lage-
rung f.
,**o·ver|lay¹** pret von **overlie**.
**o·ver|lay²** v/t irr [ı-'leı] **1.** dar'überlegen
*od.* -breiten, oben'auf legen. **2.** bedecken,
über'ziehen, belegen: overlaid with
gold mit Gold überzogen. **3.** print. zu-
richten. **II** s ['-leı] **4.** Bedeckung f.
**5.** Auflage f, 'Überzug m: an ~ of gold
e-e Goldauflage. **6.** print. a) Auflege-
maske f, b) Zurichtung f, c) Zurichte-
bogen m. **7.** Planpause f.
,**o·ver|'leaf** adv 'umstehend, 'umseitig:
see ~ siehe umseitig. ~'**leap** v/t irr
**1.** springen über (*acc*), über'springen (*a.
fig.*). **2.** *sein Ziel* über'springen, hin'aus-
springen über (*acc*). ~'**lie** v/t irr **1.** liegen

auf *od.* über (*dat*). **2.** geol. über'lagern.
~'**load I** v/t [ı-'ləʊd] über'laden, -'lasten
(*a. electr.*), 'überbelasten. **II** s ['-ləʊd]
'Überladung f, -'lastung f (*a. electr.*),
'Überbelastung f: ~ capacity electr.
Überlastbarkeit f; ~ circuit breaker
Maximalausschalter m. ~'**long** adj u.
adv 'überlang, zu lang. ~'**look I** v/t
[ı-'lʊk] **1.** über'sehen: to ~ a word. **2.** *fig.*
(geflissentlich) über'sehen, hin'wegsehen
über (*acc*), nicht beachten, igno'rieren:
let us ~ her mistake. **3.** (von oben)
über'blicken. **4.** über'blicken, Aussicht
gewähren auf (*acc*). **5.** über'wachen, be-
aufsichtigen. **6.** (*bes. prüfend od. lesend*)
'durchsehen. **II** s ['-lʊk] **7.** Am. Aus-
sichtspunkt m. ~'**lord** s **1.** Oberherr m.
**2.** *fig.* ('unum,schränkter) Herrscher.
**lord·ship** s **1.** Oberherrschaft f. **2.** *fig.*
('unum,schränkte) Herrschaft.
**o·ver·ly** ['əʊvə(r)lı] adv 'übermäßig, all-
zu(sehr): he was not ~ enthusiastic s-e
Begeisterung hielt sich in Grenzen.
,**o·ver|'ly·ing** adj **1.** dar'überliegend.
**2.** geol. 'übergelagert (*Schicht*). ~'**man**
**I** s irr ['-mæn] **1.** Aufseher m, Vorarbeiter
m. **2.** Schiedsrichter m. **3.** Bergbau: Stei-
ger m. **4.** philos. 'Übermensch m. **II** v/t
[ı-'mæn] **5.** ein Schiff etc zu stark be-
mannen: ~ned a) zu stark bemannt,
b) (personell) 'überbesetzt. ~'**man·tel** s
Ka'minaufsatz m. ~'**man·y** adj (all)zu
viele. ~'**mark** v/t sport 'überbewerten.
~'**mas·ter** v/t über'wältigen, -'mannen,
bezwingen. ~'**much I** adj allzu'viel.
**II** adv allzu'sehr, -'viel), 'übermäßig.
~'**nice** adj 'überfein: ~ distinctions.
~'**night I** adv [ı-'naıt] über Nacht, die
Nacht über, während der Nacht: he
became famous ~ er wurde über Nacht
berühmt. **II** adj [ı-'naıt; '-naıt] Nacht...,
Übernachtungs...: ~ bag Reisetasche f; ~
case Handkoffer m; ~ guests Über-
nachtungsgäste; ~ lodging Nachtquar-
tier n; ~ stop (*od. stay*) Übernachtung f.
~'**nour·ished** adj 'überernährt.
'~**nour·ish·ment**, ~**nu'tri·tion** s
'Überernährung f. ~'**oc·cu·pied** adj
'überbelegt (*Haus etc*). ~'**pass I** s
[ı-'pɑːs; *Am.* ı-'pæs] pret u. pp -'**passed**
*od.* -'**past 1.** über'queren. **2.** *fig.* über-
'treffen, -'steigen. **II** s **3.** Am.; *Am.* ı-,pæs]
**3.** ('Straßen-, 'Eisenbahn)Über,führung f.
~'**pay** v/t irr **1.** zu teuer bezahlen, über-
'zahlen. **2.** j-n 'überbezahlen. **II** s 'über-
reichlich belohnen. ~'**pay·ment** s
'Überbezahlung f. ~'**peo·pled** adj
über'völkert. ~**per'suade** v/t über-
'reden. ~'**play** v/t **1.** → overact I. **2.** to
~ one's hand fig. sich überreizen *od.*
übernehmen, zu hoch reizen. '~**plus I** s
'Überschuß m (of an *dat*). **II** adj 'über-
schüssig. ~'**pop·u·late** v/t über'völ-
kern. '~**pop·u'la·tion** s **1.** Über'völ-
kerung f. **2.** 'Überbevölkerung f. ~'**pow-
er** v/t a. fig. über'wältigen, -'mannen,
bezwingen: ~ing fig. überwältigend. ~**
pres·sure** [ı-'preʃə; *Am.* '-,preʃər] s
**1.** Über'bürdung f, -'anstrengung f.
**2.** *tech.* 'Überdruck m: ~ valve Über-
druck- *od.* Sicherheitsventil n. ~'**price**
v/t econ. etwas über'teuert anbieten. ~**
print I** v/t [ı-'prınt] **1.** print. a) über-
'drucken, b) e-e zu große Auflage druk-
ken von. **2.** phot. 'überko,pieren. **II** s
['-prınt] **3.** print. a) 'Über-, Aufdruck m,
b) 'Überschuß m an gedruckten Exem-
'plaren. **4.** a) Aufdruck m (*auf Brief-
marken*), b) Briefmarke f mit Aufdruck.
~**pro'duce** v/t econ. 'überprodu,zie-
ren. ~**pro'duc·tion** s econ. 'Überpro-
dukti,on f: agricultural ~ Überproduk-
tion landwirtschaftlicher Güter.
'~**proof** adj 'überpro,zentig (*Spirituosen*).
~**pro'por·tion I** s 'Überproporti,on f,

'Übergröße f. **II** v/t 'überproportio,nieren. **pro'tect** v/t Kind zu sehr behüten. **pro'tec·tive** adj 'überfürsorglich (Eltern). **proud** adj 'überstolz (of auf acc; to inf zu inf). **rate** v/t **1.** über'schätzen, 'überbewerten (a. sport). **2.** econ. zu hoch veranschlagen. **reach I** v/t **1.** über'ragen (a. fig.). **2.** fig. hin'ausschießen über (acc), zu weit gehen für: to ~ one's purpose fig. über sein Ziel hinausschießen; to ~ o.s. sich übernehmen. **3.** über'vorteilen, -'listen. **II** v/i **4.** fig. zu weit gehen. **re'act** v/i 'überrea,gieren, über'trieben rea'gieren (to auf acc). **re'ac·tion** s 'Überreakti,on f, über'triebene Reakti'on (to auf acc). **ride** v/t irr **1.** reiten durch od. über (acc). **2.** über'reiten, j-n niederreiten. **3.** ein Pferd über'anstrengen. **4.** fig. hin'weggehen od. hin'wegsetzen über (acc). **5.** fig. 'umstoßen, aufheben, nichtig machen: to ~ a veto ein Veto umstoßen. **6.** fig. den Vorrang haben vor (dat). **7.** bes. med. sich schieben über (acc). **'rid·er** s mot. Br. Stoßstangenhorn n. **'rid·ing** adj über'wiegend, hauptsächlich: ~ claim jur. vorrangiger Anspruch; of ~ importance von über'ragender Bedeutung. **ripe** adj 'überreif. **roll·bar** s mot. 'Überrollbügel m. **rule** v/t **1.** verwerfen, ablehnen, zu'rückweisen: to ~ a proposal. **2.** j-n über'stimmen, ein Urteil 'umstoßen, aufheben. **4.** fig. die Oberhand gewinnen über (acc). **'rul·ing** adj beherrschend, 'übermächtig.

**o·ver|·run I** v/t irr [,-'rʌn] **1.** a) Land etc über'fluten, -'schwemmen (a. fig.), b) mil. einfallen in (acc), 'herfallen über (acc), über'rollen (a. fig.). **2.** über'laufen: to be ~ with überlaufen sein od. wimmeln von. **3.** über'wuchern. **4.** fig. rasch um sich greifen (in dat). **5.** print. um'brechen. **6.** rail. Signal über'fahren. **7.** to ~ the allotted time (bes. Rundfunk, TV) überziehen (by um). **II** v/i **8.** bes. Rundfunk, TV über'ziehen (by um). **9.** Über'flutung f etc; → I u. II. **10.** bes. Rundfunk, TV Über'ziehung f (of um). **'run·ning** adj tech. Freilauf..., Überlauf...: ~ clutch; ~ brake Auflaufbremse f (des Anhängers). **'score** v/t aus-, 'durchstreichen. **scru·pu·lous** adj allzu gewissenhaft, über'genau. **seas**, a. **sea I** adv nach od. in 'Übersee. **II** adj 'überseeisch, Übersee... **o·ver'see** v/t irr beaufsichtigen, über'wachen. **o·ver'se·er** s **1.** Aufseher m, In'spektor m. **2.** Vorarbeiter m. **3.** Bergbau: Steiger m. **4.** meist ~ of the poor Br. hist. Armenpfleger m. **o·ver'sell** v/t irr **1.** econ. Ware über die Lieferungsfähigkeit hin'aus verkaufen. **2.** econ. durch betont aggres'sive Me'thoden verkaufen. **3.** fig. über'trieben anpreisen, ,hochjubeln'. **sen·si·tive** adj 'überempfindlich (to gegen). **set I** v/t irr **1.** a) 'umwerfen, über'stürzen, 'umkippen, b) fig. durchein'anderbringen. **2.** (gesundheitlich od. geistig) zerrütten. **II** v/i **3.** 'umstürzen. **sew** ['-sou; ,-'sou] v/t irr über'wendlich nähen. **'sexed** adj **1.** sexbesessen: to be ~ unersättlich sein. **2.** mannstoll, nympho'manisch. **shad·ow** v/t **1.** fig. in den Schatten stellen, (bes. an Bedeutung) über'ragen. **2.** bes. fig. über'schatten, e-n Schatten werfen auf (acc), ver'düstern, trüben. **'shoe** s 'Überschuh m. **'shoot** v/t irr hin'ausschießen über (ein Ziel, a. fig.): → mark[1] 13. **'shot** adj **1.** tech. oberschlächtig. **2.** med. mit vorstehendem Oberkiefer. **side** ['-said; ,-'said] mar. **I** adv über Schiffsseite. **II** adj Überbord...: ~ delivery Über-

bord-Auslieferung f. **sight** s **1.** Versehen n: by (od. through an) ~ aus Versehen. **2.** Aufsicht f. **sim·pli·fi·ca·tion** s (zu) grobe Vereinfachung, Vergröberung f. **sim·pli·fy** v/t (zu) grob vereinfachen, vergröbern. **size I** adj [,-'saiz] 'übergroß, 'überdimensio,nal. **II** s ['-saiz] 'Übergröße f (a. Gegenstand). **sized** ['-saizd; ,-'saizd] → oversize I. **slaugh** ['-slɔ:] **I** v/t **1.** Br. mil. 'abkomman,dieren. **2.** [,-'slɔ:] Am. (bes. bei der Beförderung) über'gehen. **II** s **3.** Br. mil. Dienstbefreiung f zwecks Abordnung zu e-m höheren Kom'mando. **sleep** irr **I** v/t **1.** e-n Zeitpunkt verschlafen. **2.** ~ o.s. → **3. II** v/i **3.** (sich) verschlafen. **'sleeve** s Ärmelschoner m. **'soul** s philos. 'Überseele f. **'speed** v/t irr den Motor über'drehen. **'spend** irr **I** v/i **1.** zu'viel ausgeben, sich 'übermäßig verausgaben. **II** v/t **2.** mehr ausgeben als, e-e bestimmte Ausgabensumme über'schreiten: to ~ one's income → **3.** ~ o.s. über s-e Verhältnisse leben. **'spill** s (Be'völkerungs-) 'Überschuß m: ~ town Entlastungsstadt f. **'spread** v/t irr **1.** über'ziehen, sich ausbreiten über (acc). **2.** über'ziehen, bedecken (with mit). **3.** dar'überbreiten. **'staffed** adj (perso'nell) über'besetzt. **'state** v/t über'treiben, über'trieben darstellen: to ~ one's case in s-n Behauptungen zu weit gehen, zu stark auftragen. **'state·ment** s Über'treibung f, über'triebene Darstellung. **'stay** v/t länger bleiben als, e-e Zeit über'schreiten, Urlaub über'ziehen: to ~ one's time über s-e Zeit hinaus bleiben; → welcome **2.** **'steer** v/i mot. über'steuern (Auto). **'step** v/t irr über'schreiten (a. fig.): → mark[1] 13. **'stock I** v/t **1.** über'reichlich eindecken. **2.** econ. 'überbeliefern, den Markt über'schwemmen: to ~ o.s. → **4. 3.** in zu großen Mengen auf Lager halten. **II** v/i **4.** sich zu reichlich eindecken. **strain I** v/t [,-'strein] über'anstrengen, über'beanspruchen, 'überstrapa,zieren (a. fig.): to ~ o.s. sich über'nehmen; to ~ one's conscience über'triebene Skrupel haben. **II** s [a. '-strein] Über'anstrengung f. **stretch** v/t über'dehnen, -'spannen. **'stride** v/t irr **1.** über'schreiten (a. fig.). **2.** mit gespreizten Beinen stehen über (dat). **strung** adj **1.** [,-'strʌŋ] über'reizt (Nerven od. Person). **2.** ['-strʌŋ] mus. kreuzsaitig (Klavier). **sub'scribe** v/t irr econ. e-e Anleihe über'zeichnen. **2.** the play was ~d es konnten bei weitem nicht alle Kartenwünsche berücksichtigt werden. **sub'scrip·tion** s econ. Über'zeichnung f. **'sub·tle** adj 'überfein, 'überschlau, allzu raffi'niert. **sup·ply** s **1.** (of) über'reichliche Versorgung (mit), zu großer Vorrat (an dat). **2.** 'Überangebot n (of an dat).

**o·vert** ['əʊvɜ:t; Am. əʊ'vɜrt] adj (adv ~ly) **1.** offen(kundig): ~ act offenkundige Handlung; ~ hostility offene od. unverhohlene Feindschaft; market ~ econ. offener Markt. **2.** her. geöffnet. **o·ver|·take** irr **I** v/t **1.** einholen (a. fig.). **2.** bes. Br. über'holen. **3.** über'raschen. **-'fallen**: to be ~n by darkness von der Dunkelheit überrascht werden. **II** v/i **5.** bes. Br. über'holen: do not ~ Überholen verboten. **'task** v/t übertax **3.** **'tax** v/t **1.** zu hoch besteuern, 'übersteuern. **2.** zu hoch einschätzen. **3.** über'fordern, -'bürden, 'überbeanspruchen, zu hohe Anforderungen stellen an (acc), Geduld etc 'überstrapa,zieren: to ~ one's strength sich (kräftemäßig) übernehmen. **tax·a·tion** s 'Übersteuerung f etc; →

**over|tax.** **-the-'count·er** adj **1.** econ. freihändig (Effektenverkauf): freihändig verkauft (Wertpapiere): ~ market Freiverkehrsmarkt m; ~ sale Freihandverkauf m. **2.** re'zeptfrei (Medikament). **throw I** v/t irr [,-'θrəʊ] **1.** a. fig. e-e Regierung etc ('um)stürzen. **2.** niederwerfen, besiegen, schlagen. **3.** niederreißen, vernichten. **4.** den Geist zerrütten. **II** s ['-θrəʊ] **5.** ('Um)Sturz m, Niederlage f (e-r Regierung etc). **6.** 'Untergang m, Vernichtung f. **time** ['-taɪm] **I** s **1.** econ. a) 'Überstunden pl: to be on (od. do) ~ Überstunden machen, b) 'Überstundenlohn m, Mehrarbeitszuschlag m. **2.** allg. zusätzliche (Arbeits)Zeit. **3.** sport Am. Verlängerung f: the game went into ~ das Spiel ging in die Verlängerung. **II** adv **4.** über die Zeit (hin'aus): to work ~ a) Überstunden machen, b) fig. sich ranhalten; the game went ~ sport Am. das Spiel ging in die Verlängerung. **III** adj **5.** econ. 'Überstunden..., Mehrarbeits...: ~ pay → 1 b. **IV** v/t [,-'taɪm] **6.** phot. 'überbelichten. **tire** v/t über'müden. **'tone** s **1.** mus. Oberton m. **2.** fig. a) 'Unterton m, b) pl Nebentöne, Zwischentöne pl, Beigeschmack m: it had ~s of es schwang darin etwas von ... mit. **'top** v/t **1.** über'ragen (a. fig.). **2.** sich hin'wegsetzen über (acc). **'trade** v/i econ. über die eigenen (Zahlungs- od. Verkaufs)Möglichkeiten hin'aus Handel treiben. **'train** sport **I** v/i zu'viel od. zu hart trai'nieren. **II** v/t 'übertrai,nieren. **~trump** ['-trʌmp] v/t u. v/i über'trumpfen. **o·ver·ture** ['əʊvə(r),tjʊə(r); bes. Am. -,tʃʊə(r)] s **1.** mus. Ouver'türe f (to zu). **2.** fig. Einleitung f, Vorspiel n (to zu). **3.** (for'meller Heirats-, Friedens)Antrag, Vorschlag m, Angebot n: peace ~s pl Friedensangebot n. **4.** pl Annäherungsversuche pl (to bei).

**o·ver|·turn** [,-'tɜ:n; Am. ,-'tɜrn] **I** v/t **1.** ('um)stürzen (a. fig.), 'umstoßen (a. fig.), 'umkippen. **2.** vernichten, zu'grunde richten. **II** v/i **3.** 'umkippen, 'umschlagen, 'umstürzen, kentern. **III** s ['-tɜ:n; Am. -,tɜrn] **4.** ('Um)Sturz m. **-'un·der → over-and-under.** **'use I** v/t zu häufig gebrauchen. **II** s zu häufiger Gebrauch m. **'val·ue** v/t zu hoch einschätzen. **'view** s bes. Am. 'Überblick m: to take an ~ of sich e-n Überblick verschaffen über (acc). **'ween·ing** adj **1.** anmaßend, arro'gant, eingebildet, über'heblich. **2.** maßlos. **'weigh** v/t **1.** schwerer sein als. **2.** niederdrücken (a. fig.). **weight I** s ['-weit] 'Übergewicht n (a. fig.). **II** adj ['-weit] 'übergewichtig (Mensch), mit 'Über- od. Mehrgewicht: ~ luggage (Am. baggage) Übergepäck n. **'whelm** v/t **1.** bes. fig. über'wältigen, -'mannen: ~ed by emotion. **2.** bes. fig. über'schütten, -'häufen: to ~ s.o. with questions. **3.** überdrücken. **4.** (unter sich) begraben. **'whelm·ing** adj (adv ~ly) über'wältigend. **wind** [,-'waɪnd] v/t irr zu stark aufziehen, über'drehen: to ~ one's watch. **'win·ter** v/i über'wintern (in, at in dat). **work** [,-'wɜ:k; Am. ,-'wɜrk] **I** v/t a. irr **1.** über'anstrengen, mit Arbeit über'lasten, 'überstrapa,zieren (a. fig.): ~ed sport überlastet (Hintermannschaft etc); to ~ o.s. → **2. II** v/i **2.** sich über'arbeiten. **3.** 'Arbeitslosigkeit f. **4.** Über'arbeitung f. **5.** ['-wɜ:k; Am. '-,wɜrk] Mehrarbeit f. **'wrought** adj **1.** über'arbeitet, erschöpft. **2.** über'reizt. **3.** über'laden, gekünstelt (Stil etc). **zeal·ous** adj (adv ~ly) übereifrig.

**O·vid·i·an** [ɒ'vɪdɪən; əʊ-; Am. ɑ'v-] adj o'vidisch, des O'vid.

o·vi·duct [ˈəʊvɪdʌkt] s anat. Eileiter m, Ovidukt m. **o·vi·form** [ˈəʊvɪfɔː(r)m] adj eiförmig.

o·vine [ˈəʊvaɪn] adj zo. **1.** Schaf(s)... **2.** schafartig.

o·vip·a·rous [əʊˈvɪpərəs] adj (adv ~ly) zo. ovi'par, eierlegend. **o·vi·pos·it** [ˌəʊvɪˈpɒzɪt; Am. -ˈpa-] v/i Eier ablegen. |o·vi·po'si·tion [-pəˈzɪʃn] s Eiablage f. |o·vi'pos·i·tor [-ˈpɒzɪtə(r); Am. -ˈpa-] s Ovi'positor m, Legeröhre f (der Insekten u. Fische).

o·vi·sac [ˈəʊvɪsæk] s zo. Eiersack m.

o·vo·gen·e·sis [ˌəʊvəʊˈdʒenɪsɪs] s med. zo. Eibildung f.

o·void [ˈəʊvɔɪd] adj u. s eiförmig(er Körper).

o·vo·vi·vip·a·rous [ˌəʊvəʊvɪˈvɪpərəs; bes. Am. -vaɪˈvɪ-] adj zo. ovovivi'par (Eier mit voll entwickelten Embryonen ablegend).

o·vu·lar [ˈəʊvjʊlə(r)], a. **'o·vu·lar·y** [-lərɪ; Am. -ˌlerɪ] adj biol. ovu'lär, Ovular...; **o·vu·la·tion** [ˌəʊvjʊˈleɪʃn; ˌɒv-; Am. ˌɑv-] s Ovulati'on f, Eisprung m. **o·vule** [ˈəʊvjuːl; Am. a. ˈɑv-] s **1.** biol. Ovulum n, Ei n. **2.** bot. Samenanlage f. **o·vum** [ˈəʊvəm] pl **o·va** [ˈəʊvə] s biol. Ovum n, Ei(zelle f) n.

owe [əʊ] **I** v/t **1.** schulden, schuldig sein (s.th. to s.o., s.o. s.th.): to ~ s.o. money (respect, an explanation, etc); you ~ that to yourself (to your reputation) das bist du dir (d-m Namen) schuldig; → grudge 5. **2.** bei j-m Schulden haben (for für): he ~s not any man er schuldet niemandem etwas. **3.** etwas verdanken, zu verdanken haben (dat), j-m Dank schulden für: to this circumstance we ~ our lives diesem Umstand verdanken wir unser Leben; I ~ him much ich habe ihm viel zu verdanken. **4.** obs. besitzen. **II** v/i **5.** Schulden haben: how much does he ~? wieviel Schulden hat er?; he still ~s for his house er zahlt noch immer an sein Haus ab. **6.** die Bezahlung schuldig sein (for für).

ow·el·ty [ˈəʊəltɪ] s jur. Gleichheit f, Ausgleichsschuld f: ~ of exchange Wertausgleich m bei Grundstückstausch.

ow·ing [ˈəʊɪŋ] adj **1.** geschuldet: the amount ~ der unbezahlte Betrag; to be ~ zu zahlen sein, noch offenstehen; to have ~ ausstehen haben. **2.** ~ to in'folge (gen), wegen (gen), dank (dat): ~ to his efforts; to be ~ to zurückzuführen sein auf (acc), zuzuschreiben sein (dat).

owl [aʊl] s **1.** orn. Eule f: a wise old ~ iro. ein kluges Kerlchen. **2.** a. ~ pigeon orn. e-e Haustaubenrasse. **3.** fig. a) → night owl 2, b) ,alte Eule' (dumme od. feierliche od. langweilige Person).

owl·et [ˈaʊlɪt] s **1.** orn. junge Eule, Eulchen n. **2.** orn. kleine Eule, bes. Steinkauz m. **3.** a. ~ moth zo. Eule f (Nachtfalter).

'owl·ish adj (adv ~ly) eulenhaft (Aussehen etc).

own [əʊn] **I** v/t **1.** besitzen: he ~s a car; ~ed by his uncle im Besitz s-s Onkels. **2.** als eigen anerkennen, die Urheberschaft od. den Besitz (gen) zugeben. **3.** zugeben, (ein)gestehen, einräumen: to ~ o.s. defeated sich geschlagen bekennen. **II** v/i **4.** sich bekennen (to zu): to ~ to s.th. → 3. **5.** ~ up zugeben: to ~ up to doing s.th. zugeben od. gestehen, etwas getan zu haben. **III** adj **6.** eigen: my ~ garden; my ~ country mein Vaterland; she saw it with her ~ eyes sie sah es mit eigenen Augen; my ~ self ich selbst. **7.** eigen(artig), besonder(er, e, es): it has a value all its ~ es hat e-n ganz besonderen od. eigenen Wert. **8.** selbst: I cook my ~ breakfast ich mache mir das Frühstück selbst; name your ~ day

setze den Tag selbst fest. **9.** (bes. im Vokativ) (innig) geliebt, einzig: my ~ child!; my ~! mein Schatz! **10.** (absolut gebraucht) a) Eigen n, Eigentum n, b) Angehörige pl: it is my ~ es ist mein eigen, es gehört mir; may I have it for my ~? darf ich es haben od. behalten? **11.** (ohne Possessivum gebraucht) selten leiblich, nahe blutsverwandt: an ~ brother ein leiblicher Bruder.

*Besondere Redewendungen:*

let me have my ~ gebt mir, was mir zukommt; to come into one's ~ a) s-n rechtmäßigen Besitz erlangen; das erlangen, was e-m zusteht, b) zur Geltung kommen, c) (wieder) zu s-m Recht kommen; she has a car of her ~ sie hat ein eigenes Auto; he has a way of his ~ er hat e-e eigene Art; on one's ~ colloq. a) selbständig, unabhängig, b) von sich aus eigenem Antrieb, c) ohne fremde Hilfe, d) auf eigene Verantwortung; to be left on one's ~ colloq. sich selbst überlassen sein; → get back 2, hold² 21.

-owned [əʊnd] adj in Zssgn gehörig, gehörend (dat), in j-s Besitz: state-~ in Staatsbesitz (befindlich), Staats..., staatlich, staatseigen.

'own·er s **1.** a. absolute ~ jur. Eigentümer(in). **2.** allg. Eigentümer(in), Besitzer(in), Inhaber(in): ~-driver j-d, der sein eigenes Auto fährt; ~-occupation Eigennutzung f (von Eigentumswohnung od. -haus); ~-occupied eigengenutzt; ~-occupied house Eigenheim n; ~-occupier Eigenheimbesitzer m; at ~'s risk econ. auf eigene Gefahr.

'own·er·less adj herrenlos: ~ dogs.

'own·er·ship s **1.** jur. Eigentum(srecht) n. **2.** weitS. a) Besitzerschaft f, b) Besitz m.

ox [ɒks; Am. ɑks] pl **'ox·en** [-ən] s **1.** Ochse m. **2.** (Haus)Rind n.

ox·a·late [ˈɒksəleɪt; -lɪt; Am. ˈɑk-] s chem. Oxa'lat n.

ox·al·ic [ɒkˈsælɪk; Am. ɑk-] adj chem. Oxal..., o'xalsauer: ~ acid Oxal-, Kleesäure f.

ox·a·lis [ˈɒksəlɪs; Am. ɑkˈsæ-] s bot. Sauerklee m.

ox·am·ic ac·id [ɒkˈsæmɪk; Am. ɑk-] s chem. Oxa'mid-, Oxa'minsäure f.

'ox·bane s bot. Rindsgift n. **'~·blood (red)** s Ochsenblut(farbe f) n. **'~·bow** [-bəʊ] s **1.** Halsbogen m (des Ochsenjochs). **2.** a. ~ lake → cutoff 2.

Ox·bridge [ˈɒksbrɪdʒ; Am. ˈɑks-] s (die Universi'täten) Oxford u. Cambridge pl.

'ox·cart s Ochsenkarren m.

ox·en [ˈɒksən; Am. ˈɑk-] pl von ox.

ox·er [ˈɒksə; Am. ˈɑksər] s Springreiten: Oxer m.

'ox·eye s **1.** Ochsenauge n (a. Fenster). **2.** bot. a) a. white ~ Marge'rite f, b) a. yellow ~ Gelbe Wucherblume, c) Ochsen-, Rindsauge n, d) Am. Sonnenauge n. **3.** orn. Am. a) Kiebitz-Regenpfeifer m, b) dial. (bes. Kohl)Meise f.

Ox·ford [ˈɒksfə(r)d; Am. ˈɑks-] **I** npr **1.** Oxford n (englische Universitätsstadt). **II** s **2.** → Oxford Down. **3.** a. o~ (Schnür)Halbschuh m. **4.** a. o~ (ein [Hemden]Stoff aus Baumwolle od. Kunstseide). **~ ac·cent** s Oxforder Ak'zent m. **~ bags** s pl Br. sehr weite Hose. **~ blue** s Oxforder Blau n (ein Dunkelblau mit violettem Ton). **~ clay** s geol. Oxfordton m. **~ Down** s zo. Oxford(shire)schaf n. **~ Eng·lish** s Oxford-Englisch n. **~ frame** s Br. Bilderrahmen mit sich an den Ecken kreuzenden u. etwas vorstehenden Leisten. **~ Group (move·ment)** → Buchmanism. **~ man** s irr Absol'vent der Universi'tät Oxford. **~ mix·ture** s Oxford n (ein Herrenanzugstoff).

move·ment s relig. Oxfordbewegung f. **~ shoe**, Am. a. **~ tie** → Oxford 3.

'ox·hide s **1.** Ochsenhaut f. **2.** Rindsleder n. **3.** agr. Hufe f (Landmaß).

ox·id [ˈɒksɪd; Am. ˈak-] → oxide.

ox·i·dant [ˈɒksɪdənt; Am. ˈaksə-] s chem. Oxydati'onsmittel n. **ox·i·dase** [-deɪs] s biol. chem. Oxy'dase f (Enzym).

ox·i·date [ˈɒksɪdeɪt; Am. ˈaksə-] → oxidize. |ox·i'da·tion s chem. Oxydati'on f, Oxy'dierung f.

ox·ide [ˈɒksaɪd; Am. ˈak-] s chem. O'xyd n.

ox·i·diz·a·ble [ˈɒksɪdaɪzəbl; Am. ˈak-] adj chem. oxy'dierbar.

ox·i·dize [ˈɒksɪdaɪz; Am. ˈak-] chem. **I** v/t **1.** oxy'dieren: a) mit Sauerstoff verbinden, b) dehy'drieren, c) e-m Atom od. Ion Elek'tronen entziehen. **2.** metall. passi'vieren (mit e-r dünnen Oxydschicht überziehen). **II** v/i **3.** oxy'dieren. **'ox·i·diz·er** s chem. Oxydati'onsmittel n.

'ox·lip s bot. Hohe Schlüsselblume.

Ox·o·ni·an [ɒkˈsəʊnjən; -nɪən; Am. ɑk-] **I** adj **1.** von od. aus Oxford. **II** s **2.** Stu'dent(in) an der od. Absol'vent(in) der Universi'tät Oxford. **3.** Einwohner (-in) von Oxford.

'ox·peck·er s orn. Rhi'nozerosvogel m.

'ox·tail s Ochsenschwanz m: ~ soup.

'ox·weld v/t tech. auto'gen schweißen.

oxy- [ɒksɪ; Am. aksɪ] Wortelement mit den Bedeutungen: a) Sauerstoff..., b) scharf, sauer.

ox·y·a·cet·y·lene [ˌɒksɪəˈsetɪliːn] adj chem. tech. Sauerstoff-Azetylen...: ~ blowpipe Sauerstoff-Azetylen-Gebläse n; ~ burner (od. torch) Schneidbrenner m; ~ welding Autogenschweißen n.

|ox·y'ac·id s chem. **1.** → oxygen acid. **2.** Oxysäure f.

ox·y·car·pous [ˌɒksɪˈkɑː(r)pəs; Am. ˌak-] adj bot. spitzfrüchtig.

ox·y·gen [ˈɒksɪdʒən; Am. ˈak-] s chem. Sauerstoff m: ~ apparatus Atemgerät n; ~ debt (Sportmedizin) Sauerstoffschuld f; ~ mask med. Sauerstoffmaske f; ~ tent med. Sauerstoffzelt n.

|ox·y·gen-a'cet·y·lene| cut·ting s tech. Auto'genschneiden n. **~ weld·ing** s Auto'genschweißen n.

ox·y·gen ac·id s chem. Sauerstoffsäure f.

ox·y·gen·ant [ˈɒksɪdʒənənt; Am. ˈak-] s chem. Oxydati'onsmittel n. **ox·y·gen·ate** [ˈɒksɪdʒəneɪt; Am. ˈaksɪdʒəˌneɪt] v/t **1.** oxy'dieren, mit Sauerstoff verbinden od. behandeln. **2.** mit Sauerstoff anreichern od. sättigen.

|ox·y'gen·er·a·tor s 'Sauerstofferzeuger m, -genera·tor m.

|ox·y·gen-'hy·dro·gen weld·ing s tech. Knallgasschweißen n.

ox·yg·e·nous [ɒkˈsɪdʒənəs; Am. ak-] adj chem. **1.** Sauerstoff... **2.** sauerstoffhaltig.

|ox·y·h(a)e·mo'glo·bin s biol. chem. Oxyhämoglo'bin n. **|ox·y'hy·drate** s chem. Hydro'xyd n. **|ox·y'hy·dro·gen** chem. tech. **I** adj Hydrooxygen..., Knallgas... **II** s a. ~ gas Knallgas n.

ox·y·mel [ˈɒksɪmel; Am. ˈaksə-] s pharm. hist. Oxymel n, Sauerhonig m.

ox·y·mo·ron [ˌɒksɪˈmɔːrɒn; Am. ˌaksɪˈməʊˌrɑn] pl **-mo·ra** [-rə] s O'xymoron n (rhetorische Figur durch Verbindung zweier sich widersprechender Begriffe).

ox·y·tone [ˈɒksɪtəʊn; Am. ˈak-] ling. **I** s O'xytonon n (ein Wort mit Hochton auf der Endsilbe). **II** adj oxyto'niert, endsilbenbetont.

o·yer [ˈɔɪə(r)] s jur. **1.** hist. gerichtliche Unter'suchung. **2.** → oyer and terminer. **~ and ter·mi·ner** [ˈtɜːmɪnə(r); Am. ˈtɜr-] s jur. **1.** hist. gerichtliche Unter'suchung u. Entscheidung. **2.** hist. Br. meist commission (od. writ) of ~ königliche Ermächtigung an die Richter der

*Assisengerichte, Gericht zu halten.* **3.** *Am. Bezeichnung einiger höherer Gerichtshöfe für Strafsachen.*

**o·yez,** *a.* **o·yes** [əʊˈjes; *Am. bes.* əʊˈjeɪ] *interj* hört (zu)! (*meist dreimal geäußerter Ruf der Gerichtsdiener, Herolde etc*).

**oys·ter** [ˈɔɪstə(r)] **I** *s* **1.** *zo.* Auster *f*: ~s on the shell frische Austern; he thinks the world is his ~ *fig.* er meint, er kann alles haben; that's just his ~ *fig.* das ist genau sein Fall. **2.** *austernförmiges Stück Fleisch in der Höhlung des Beckenknochens von Geflügel.* **3.** *colloq.* ‚zugeknöpfter‘ Mensch. **II** *adj* **4.** Austern-...: ~ knife; ~ tongs. ~ **bank** → oyster bed. ~ **bar** *s* ˈAusternbüˌfett *n* (*in Restaurants etc*). ~ **bay** *s Am.* ˈAusternrestau-

ˌrant *n.* ~ **bed** *s* Austernbank *f.* ~ **catch-er** *s orn.* Austernfischer *m.* ~ **crack·er** *s Am.* gesalzener Keks, der zu Austerngerichten gereicht wird. ˈ~-ˌcul·tur·ist *s* Austernzüchter *m.* ~ **dredge** *s* Austernschaber *m.* ~ **farm** *s* Austernpark *m.*

ˈoys·ter·ing *s* **1.** Austernfischeˈrei *f.* **2.** *Möbelherstellung*: a) Austernmuster *n*, b) Zs.-passung *f* der Musterung (*bei Schranktüren etc*).

**o·zo·ce·rite** [əʊˈzəʊsərɪt; *Am.* ˌəʊzəʊ-ˈsɪərˌaɪt], **o·zo·ke·rite** [-kə-; *Am.* -ˈkɪər-] *s min.* Ozokeˈrit *m*, Erdwachs *n.*

**o·zo·na·tion** [ˌəʊzəʊˈneɪʃn] → ozonization.

**o·zone** [ˈəʊzəʊn] *s* **1.** *chem.* Oˈzon *n.*

**2.** *colloq.* Oˈzon *m*, reine, frische Luft. **3.** *fig.* belebender Einfluß.

**o·zon·er** [ˈəʊˌzəʊnər] *s Am. sl.* Autokino *n.*

**o·zon·ic** [əʊˈzɒnɪk; *Am.* -ˈzəʊ-; -ˈzɑ-] *adj* **1.** oˈzonisch, Ozon... **2.** oˈzonhaltig.

**o·zo·nif·er·ous** [ˌəʊzəʊˈnɪfərəs] *adj* **1.** oˈzonhaltig. **2.** oˈzonerzeugend.

**o·zo·ni·za·tion** [ˌəʊzəʊnaɪˈzeɪʃn; *Am.* -nəˈz-] *s chem.* Ozoniˈsierung *f.* ˈ**o·zo·nize I** *v/t* ozoniˈsieren: a) in Oˈzon verwandeln, b) mit Oˈzon behandeln. **II** *v/i* sich in Oˈzon verwandeln. ˈ**o·zo·niz·er** *s* Ozoniˈsator *m.*

**o·zo·nom·e·ter** [ˌəʊzəʊˈnɒmɪtə(r); *Am.* -ˈnɑ-] *s chem. phys.* Ozonoˈmeter *n*, Oˈzonmesser *m.*

# P

**P, p** [piː] **I** *pl* **P's, Ps, p's, ps** [piːz] *s* **1.** P, p *n* (*Buchstabe*): **to mind one's p's and q's** ‚schwer aufpassen' (was man tut *od.* sagt). **2.** P P *n*, P-förmiger Gegenstand. **II** *adj* **3.** sechzehnt(er, e, es). **4.** P-..., P-förmig.

**pa** [pɑː] *s colloq.* Pa'pa *m*, Vati *m*.

**pab·u·lum** ['pæbjʊləm] *s selten* Nahrung *f* (*a. fig.*): **mental ~**.

**pace**[1] [peɪs] **I** *s* **1.** (Marsch)Geschwindigkeit *f*, Tempo *n* (*a. sport; a. fig. e-r Handlung etc*): **to go** (*od.* **hit**) **the ~** a) ein scharfes Tempo anschlagen, b) *fig.* flott leben; **to set the ~** das Tempo angeben (*a. fig.*), *sport* das Tempo machen; **to stand** (*od.* **stay**) **the ~** Schritt halten, mithalten (*a. fig.*); **at a great ~** in schnellem Tempo. **2.** Schritt *m* (*a. fig.*): **~ for ~** Schritt für Schritt; **to keep ~ with** Schritt halten *od.* mitkommen mit (*a. fig.*); **to keep ~ with the times** mit der Zeit gehen. **3.** Schritt *m* (*als Maß*): **geometrical** (*od.* **great**) **~** Doppelschritt (*5 Fuß = 1,524 m*); **military ~** Militärschritt. **4.** Gang(art *f*) *m*, Schritt *m*: **ordinary ~** Marschschritt; **quick~** *mil.* Geschwindschritt. **5.** Gangart *f* (*bes. des Pferdes*): **to put a horse through its ~s** ein Pferd alle Gangarten machen lassen; **to put s.o. through his ~s** *fig.* auf Herz u. Nieren prüfen. **6.** Paßgang *m* (*des Pferdes*). **II** *v/t* **7.** *sport* Schrittmacher sein für, *j-m* Schrittmacherdienste leisten: **to ~ s.o. 8.** *fig.* a) das Tempo (*gen*) bestimmen, b) Schritt halten mit, c) vor-'angehen (*dat*). **9.** ~ **out** (*od.* **off**) ab-, ausschreiten. **10.** *ein Zimmer etc* durch-'schreiten, -'messen: **to ~ the room. 11.** a) *e-m Pferd etc* bestimmte Gangarten beibringen, b) *ein Pferd* im Paßgang gehen lassen. **III** *v/i* **12.** (ein'her-) schreiten. **13.** ~ **around** (*od.* **about**) hin u. her laufen: **to ~ up and down** auf u. ab gehen. **14.** im Paßgang gehen (*Pferd*).

**pa·ce**[2] ['peɪsɪ] (*Lat.*) *prep* ohne *j-m* nahetreten zu wollen: **~ Mr. Brown**.

**paced** [peɪst] *adj* **1.** mit (*bestimmter*) Gangart, *langsam etc* gehend, schreitend: **slow-~. 2.** *sport* mit Schrittmacher gefahren *od.* gelaufen: **~ rider** (*Radsport*) Steher *m*; **~ race** (*Radsport*) Steherrennen *n*.

**pace|lap** *s Motorsport:* Aufwärmrunde *f*. '**~mak·er** *s* **1.** *sport* Schrittmacher *m* (*a. fig.*): **to act as ~ to s.o.** → **pace**[1] 7. **2.** *med.* (Herz)Schrittmacher *m*. '**~mak·ing** *s sport* Schrittmacherdienste *pl* (*a. fig.*): **to do the ~ for s.o.** *j-m* Schrittmacherdienste leisten.

**pac·er** ['peɪsə(r)] *s* **1.** → **pacemaker** 1. **2.** Paßgänger *m* (*Pferd*).

'**pace|set·ter** → **pacemaker** 1. '**~set·ting** → **pacemaking**.

**pa·cha** → **pasha**.

---

**pa·chi·si** [pə'tʃiːzɪ] *s ein dem Backgammon ähnliches Spiel*.

**pach·y·derm** ['pækɪdɜːm; *Am.* -ˌdɜrm] *s zo.* Dickhäuter *m*. ˌ**pach·y·der·ma·tous** [-mətəs], ˌ**pach·y·der·mous** *adj* **1.** *zo.* dickhäutig. **2.** *fig.* ‚dickhäutig', ‚dickfellig'. **3.** *bot.* dickwandig.

**pa·cif·ic** [pə'sɪfɪk] **I** *adj* (*adv* **~ally**) **1.** friedlich, friedfertig, friedliebend. **2.** versöhnlich, Friedens...: **~ policy**. **3.** ruhig, friedlich. **4.** P~ pa'zifisch, Pazifisch: **the P~ islands** die Pazifischen Inseln. **II** *s* **5. the P~** (**Ocean**) der Pa'zifik, der Pa'zifische *od.* Stille *od.* Große Ozean.

**pac·i·fi·ca·tion** [ˌpæsɪfɪ'keɪʃn] *s* **1.** Befriedung *f*. **2.** Beruhigung *f*, Besänftigung *f*, Beschwichtigung *f*. **3.** Aussöhnung *f*. **pa·cif·i·ca·to·ry** [pə'sɪfɪkətərɪ; *Am.* -ˌtəʊriː; -ˌtɔː-] *adj* versöhnlich, friedlich.

**Pa·cif·ic| O·cean** → **pacific** 5. **~ (stand·ard) time** *s* Pa'zifik-Nor'malzeit *f*. **~ States** *s pl* Pa'zifikstaaten *pl* (*Washington, Oregon, Kalifornien*).

**pac·i·fi·er** ['pæsɪfaɪə(r)] *s* **1.** Friedensstifter(in). **2.** (*etwas*) Beruhigendes, a. Beruhigungsmittel *n*. **3.** *Am.* (*für Kleinkinder*) a) Schnuller *m*, b) Beißring *m*.

**pac·i·fism** ['pæsɪfɪzəm] *s* Pazi'fismus *m*. '**pac·i·fist** *s* Pazi'fist(in). **II** *adj* pazi-'fistisch.

**pac·i·fy** ['pæsɪfaɪ] *v/t* **1.** *ein Land* befrieden. **2.** beruhigen, besänftigen, beschwichtigen. **3.** aussöhnen. **4.** versöhnlich stimmen.

**pack** [pæk] **I** *s* **1.** Pack(en) *m*, Ballen *m*, Bündel *n*. **2.** *Am.* Packung *f*, Schachtel *f* (*Zigaretten*), Päckchen *n*, Pa'ket *n*. **3.** *mil.* a) Tor'nister *m*, b) Rückentrage *f* (*für Kabelrollen etc*), c) Fallschirmpackhülle *f*. **4.** *a.* ~ **of films** *phot.* Filmpack *m*. **5.** *a.* ~ **of cards** Spiel *n* Karten. **6.** *a.* **power ~** *electr.* Netzteil *n*. **7.** Pack *n* (*englisches Gewicht für Mehl, Wolle od. Garne*). **8.** (Schub *m*) Kon'serven *pl*. **9.** Verpackung(sweise) *f*, Konser'vierung(sme,thode) *f*. **10.** Menge *f*, Haufen *m*: **a ~ of lies** ein Haufen Lügen, ein Sack voll Lügen; **a ~ of nonsense** lauter Unsinn. **11.** Pack *n*, Bande *f* a) zs.-pressen, b) *Tabak* stopfen. **19.** zs.-pferchen, *meist* ~ **in** hin-'einpferchen (**at** in *acc*): → **sardine**. **20.** vollstopfen, *meist* ~ **out** *Stadion, Konzertsaal etc* bis auf den letzten Platz füllen: **a ~ed house** *thea.* ein ausverkauftes Haus; **~ed with** voll von, voll(er) *Autos etc*. **21.** (voll)packen: **to ~ the trunks** die Koffer packen; **I am ~ed** ich habe ge-

---

packt. **22.** *die Geschworenenbank, e-n Ausschuß etc* mit s-n (eigenen) Leuten besetzen. **23.** konser'vieren, *bes.* eindosen. **24.** *tech.* (ab)dichten. **25.** bepacken, beladen. **26.** *Am.* **e-e Last etc** tragen. **27.** *Am. colloq.* (bei sich) tragen: **to ~ a gun; to ~ a hard punch** *colloq.* a) (*Boxen*) e-n harten Schlag haben, b) *fig.* e-e scharfe Klinge führen. **28.** *Am. colloq.* enthalten: **the book ~s a wealth of information. 29.** *meist* ~ **off** (rasch) fortschicken, (eilig) wegbringen, fortjagen: **he ~ed his children off to bed** er verfrachtete s-e Kinder ins Bett; **to ~ s.o. back** *j-n* zurückschicken. **30.** *meist* ~ **up** (*od.* **in**) *colloq.* aufhören *od.* Schluß machen mit, ‚aufstecken': **~ it in!** hör endlich auf (damit)! **31.** *med.* einpacken.

**III** *v/i* **32.** ~ **up** (zs.-)packen: **to ~ up (and go home)** *fig. colloq.* ‚einpacken' (*es aufgeben*). **33.** sich *gut etc* verpacken *od.* konser'vieren lassen: **to ~ well. 34.** a) sich zs.-drängen *od.* zs.-scharen, b) sich drängen (**into** in *acc*). **35.** fest werden, sich fest zs.-ballen, backen: **wet snow ~s easily. 36.** *meist* ~ **off** ‚sich packen', sich da'vonmachen: **to send s.o. ~ing** *j-n* fortjagen. **37.** a) *meist* ~ **up,** ~ **in** aufhören, Feierabend machen, b) *meist* ~ **up,** ~ **in** es ‚aufstecken', c) ~ **up** ‚absterben', ‚verrecken' (*Motor*): **the engine ~ed up on me** mir ist der Motor abgestorben.

**pack·age** ['pækɪdʒ] **I** *s* **1.** Pa'ket *n*, Pack *m*, Ballen *m*, Frachtstück *n*. **2.** Packung *f*: **a ~ of spaghetti. 3.** Verpackung *f*: a) Verpacken *n*, b) Embal'lage *f*. **4.** *tech.* (betriebsfertige) Baueinheit *f*, (Geräte-) Baugruppe *f*. **5.** a) *bes. Am.* (als Ganzes *od.* im Block verkauftes) ('Fernseh- etc*) Pro·gramm, b) *econ. pol.* Pa'ket *n* (*a. fig.*), *pol. a.* Junktim *n*. **6.** *Computer:* Pa'ket *n*, Kom'plex *m* (*von Programmen etc*). **7.** *Am. sl.* 'Vorstrafenre·gister *n*. **II** *v/t* **8.** (ver-, ab)packen, pake'tieren. **9.** *fig.* a) zs.-stellen, b) verbinden, vereinigen (**with** mit), c) en bloc anbieten *od.* verkaufen: **~d tour** → **package tour**. **~ car** *s rail.* 'Stückgutwag·gon *m*. **~ deal** *s* **1.** Kopplungsgeschäft *n*. **2.** *pol.* Junktim *n*. **3.** Pau'schalarrange·ment *n*. **~ in·sert** *s pharm.* Packungsbeilage *f*. **~ store** *s Am.* Wein- u. Spiritu'osenhandlung *f*. **~ tour** *s* Pau'schalreise *f*.

'**pack·ag·ing I** *s* (Einzel)Verpackung *f*. **II** *adj* Verpackungs...: **~ machine;** ~ **line** Packstraße *f* (*in e-r Fabrik*).

**pack|an·i·mal** *s* Pack-, Last-, Tragtier *n*. '**~cloth** *s* Packtuch *n*, -leinwand *f*. **~ drill** *s mil.* 'Strafexer·zieren *n* in voller Marschausrüstung.

**pack·er** ['pækə(r)] *s* **1.** (Ver)Packer(in). **2.** *econ.* a) Ab-, Verpacker *m*, Großhändler *m*: **tea ~**, b) *Am.* Kon'serven·hersteller *m*: **meat ~ s. 3.** Ver'packungsma·schine *f*. **4.** *tech.* Stampfgerät *n*.

**pack·et** [ˈpækɪt] **I** s **1.** a) kleines Paˈket, Päckchen n: a ~ of cigarettes e-e Schachtel od. Packung Zigaretten, b) Computer: ˈDatenpaˌket n. **2.** to sell s.o. a ~ colloq. j-n ˌanschmierenˈ od. hinters Licht führen. **3.** mar. Postschiff n, Paˈketboot n. **4.** Br. sl. Haufen m Geld: a nice ~ e-e ˌhübsche Stange Geldˈ; to make a ~ ein ˌSchweinegeldˈ verdienen; to cost a ~ ein ˌHeidengeldˈ kosten. **5.** to catch (od. get, cop, stop) a ~ Br. sl. a) e-e (Kugel) ˌverpaßt bekommenˈ, b) in ˌSchwulitätenˈ kommen, c) ˌsein Fett (ab)kriegenˈ. **II** v/t **6.** (zu e-m Paˈket) verpacken, pakeˈtieren. **~ boat, ~ ship** → packet 3. **~ switch·ing** s Computer: Paˈketvermittlung f.

**ˈpack·horse** s **1.** Pack-, Lastpferd n. **2.** fig. Last-, Packesel m: I'm not your ~! ich bin doch nicht dein Lastesel! **ˈ~house** s econ. **1.** Lagerhaus n. **2.** Am. Abpackbetrieb m. **ˈ~ice** s Packeis n.

**ˈpack·ing** s **1.** Packen n: to do one's ~ packen. **2.** Verpacken n. **3.** Verpackung f: in original ~ in Originalverpackung. **4.** Konserˈvierung f. **5.** tech. a) (Ab)Dichtung f, Packung f, b) Dichtung f, c) ˈDichtungsmateriˌal n, d) ˈFüllmateriˌal n, Füllung f. **6.** Computer: Verdichtung f (von Informationen). **7.** Zs.-ballen n. **~box** s **1.** Packkiste f. **2.** tech. Stopfbüchse f. **~ case** s Packkiste f. **~ den·si·ty** s Computer: (Informaˈtions-, Packungs)Dichte f. **~ de·part·ment** s Packeˈrei f (e-r Firma). **~ house** → packhouse. **~ nee·dle** s Packnadel f. **~ pa·per** s ˈPackpaˌpier n. **~ press** s tech. Bündel-, Packpresse f. **~ ring** s tech. Dichtungsring m, Manˈschette f. **~ sheet** s **1.** (großes Stück) Packleinwand f. **2.** med. Einschlagtuch n.

**ˈpack·man** [-mən] s irr Hauˈsierer m. **~ rat** s zo. Packratte f. **ˈ~sack** s Am. Rucksack m, Torˈnister m. **ˈ~sad·dle** s Pack-, Saumsattel m. **ˈ~thread** → pack twine. **~ train** s ˈTragtierkoˌlonne f. **~ twine** s Packzwirn m.

**pact** [pækt] s Pakt m, Vertrag m: to make a ~ with s.o. mit j-m e-n Pakt schließen.

**pad¹** [pæd] **I** s **1.** Polster n, (Stoß)Kissen n, Wulst m, Bausch m: electrically heated ~ Heizkissen n. **2.** sport (Knieetc)Schützer m, Schutzpolster n. **3.** Reit-, Sitzkissen n. **4.** a) allg. ˈUnterlage f, b) tech. Konˈsole f (für Hilfsgeräte). **5.** (ˈLöschpaˌpier-, Schreib-, Brief)Block m: writing ~. **6.** a. ink~ Stempelkissen n. **7.** zo. (Fuß)Ballen m. **8.** hunt. Pfote f (des Fuchses, Hasen etc). **9.** aer. a) Rampe f zum Warmlaufenlassen der Maˈschinen, b) Start- od. Aufsetzfläche f (der Startbahn), c) Hubschrauber-Start- u. Landeplatz m. **10.** Abschußrampe f (für Raketen). **11.** kleine Fläche. **12.** electr. Dämpfungsglied n. **13.** sl. a) Bett n, b) Schlafzimmer n, c) ˌBudeˈ f (Wohnung od. Zimmer). **14.** Am. sl. a) (an e-n Racket gezahlte) ˌSchutzgelderˈ pl, b) (an Polizisten gezahlte) ˌSchmiergelderˈ pl: to be on the ~ Schmiergelder kassieren. **II** v/t **15.** a. ~ out (aus)polstern, ausstopfen, watˈtieren: ~ded cell Gummizelle f (in e-r Heilanstalt). **16.** oft ~ out e-e Rede etc ˌaufblähenˈ. **17.** Papierblätter zu e-m Block zs.-kleben.

**pad²** [pæd] **I** s **1.** (leises) Tappen, Trotten n. **2.** obs. od. dial. ˌhintrottendes Pferd. **3.** bes. Br. dial. Straße f, Weg m: gentleman (od. knight, squire) of the ~ Straßenräuber m. **II** v/t **4.** to ~ it, to ~ the hoof bes. Br. sl. auf Schusters Rappenˈ (zu Fuß) reisen. **III** v/i **5.** a. ~ along (daˈhin)trotten, (-)latschen. **6.** (leise) tappen. **7.** wandern: to ~ around the country durchs Land wandern.

**pad·der** [ˈpædə(r)] s electr. ˈPadding-(Reihen)-Kondenˌsator m.

**ˈpad·ding** s **1.** (Aus)Polstern n, Watˈtieren n. **2.** Polsterung f, Watˈtierung f. **3.** ˈPolstermateriˌal n, (Polster)Füllung f. **4.** fig. ˈüberflüssiges Beiwerk, leeres Füllwerk, (Zeilen)Füllsel pl. **~ ca·pac·i·tor** → padder.

**pad·dle¹** [ˈpædl] **I** s **1.** Paddel n: single-bladed ~ Stechpaddel. **2.** mar. a) Schaufel f (e-s Schaufelrades), b) Schaufelrad n (e-s Flußdampfers), c) → paddle steam·er. **3.** tech. a) Schaufel f (e-s unterschlächtigen Wasserrades), b) Schütz n, Falltor n (an Schleusen). **4.** agr. schmaler Spaten (zum Reinigen der Pflugschar). **5.** Waschbleuel m, -schlegel m. **6.** tech. Kratze f, Rührstange f. **7.** zo. Flosse f (e-s Wals etc). **8.** Tischtennisschläger m. **II** v/i **9.** paddeln (a. schwimmen). **III** v/t **10.** paddeln: → canoe 2. **11.** Wäsche etc. **12.** tech. (mit e-r Rührstange) rühren. **13.** Am. colloq. j-m ˌden Hintern versohlenˈ.

**pad·dle²** [ˈpædl] v/i **1.** (im Wasser etc) (herˈum)planschen. **2.** watscheln.

**pad·dle board** s (Rad)Schaufel f. **~ box** s mar. Radkasten m. **ˈ~foot** s irr mil. Am. sl. **1.** ˌLandserˈ m, Infanteˈrist m. **2.** aer. ˌHeiniˈ m vom ˈBodenpersoˌnal.

**ˈpad·dler** s Paddler(in).

**pad·dle steam·er** s mar. Raddampfer m. **~ ten·nis** s Art Tennisspiel mit Holzschlägern u. Schaumgummiball. **~ wheel** s mar., a. tech. Schaufelrad n.

**ˈpad·dling pool** s Planschbecken n.

**pad·dock¹** [ˈpædək] s **1.** (bes. Pferde-) Koppel f. **2.** Pferderennsport: Sattelplatz m. **3.** Motorsport: Fahrerlager n.

**pad·dock²** [ˈpædək] s zo. obs. od. Br. dial. **1.** Frosch m. **2.** Kröte f.

**Pad·dy¹** [ˈpædɪ] s Paddy m, (Spitzname für) Ire m, Irländer m.

**pad·dy²** [ˈpædɪ] s **1.** Reis m, bes. Reis m auf dem Halm. **2.** econ. Paddy m, ungeschälter Reis. **3.** a. ~ field Reisfeld n.

**pad·dy³** [ˈpædɪ] s Br. colloq. ˌKollerˈ m, Wutanfall m: she's in one of her paddies sie hat wieder mal e-n Koller.

**pad·dy⁴** [ˈpædɪ] s Patschhand f.

**pad·dy wag·on** s Am. colloq. ˌgrüne Minnaˈ (Polizeigefangenenwagen). **ˈ~ whack** s colloq. **1.** Br. → paddy³. **2.** a) ˌHaueˈ f, Schläge pl, b) Klatsch m, Klaps m.

**pad·lock** [ˈpædlɒk; Am. -ˌlɑk] **I** s **1.** Vorhängeschloß n. **II** v/t **2.** ein Vorhängeschloß anbringen an (dat), mit e-m Vorhängeschloß verschließen. **3.** Am. Theater etc behördlich schließen.

**pa·dre** [ˈpɑːdrɪ; Am. a. -reɪ] s **1.** Pater m, Vater m (Priester). **2.** mar. mil. colloq. Kaˈplan m, Geistliche(r) m.

**pae·an** [ˈpiːən] s **1.** antiq. Päˈan m. **2.** allg. Freuden-, Lobgesang m. **3.** fig. ˈüberschwengliches Lob: the film received a ~ from the critics der Film wurde von der Kritik begeistert aufgenommen.

**paed·er·ast,** etc → pederast, etc.

**pae·di·at·ric,** etc bes. Br. für pediatric, etc.

**pae·do·gen·e·sis,** etc bes. Br. für pedogenesis, etc.

**pae·do·log·i·cal¹,** etc bes. Br. für pedological¹, etc.

**pae·do·phile,** etc bes. Br. für pedophile, etc.

**pa·gan** [ˈpeɪɡən] **I** s Heide m, Heidin f (a. fig.). **II** adj heidnisch. **ˈpa·gan·dom** s Heidentum n: a) collect. (die) Heiden pl, b) heidnisches Wesen. **ˈpa·gan·ism** s **1.** → pagandom. **2.** Gottlosigkeit f. **ˈpa·gan·ize** v/t u. v/i heidnisch machen (werden).

**page¹** [peɪdʒ] **I** s **1.** Seite f: the article is

on ~ 22 der Artikel steht auf Seite 22. **2.** fig. Chronik f, Bericht m, Buch n. **3.** fig. Blatt n: a glorious ~ in Roman history ein Ruhmesblatt in der römischen Geschichte. **4.** print. Schriftseite f, (ganzseitige) Koˈlumne: ~ (tele)printer tel. Blattschreiber m. **II** v/t **5.** → paginate. **III** v/i **6.** ~ through Buch etc ˈdurchblättern.

**page²** [peɪdʒ] s **1.** hist. Page m, Edelknabe m. **2.** Page m, junger (engS. Hoˈtel)Diener. **II** v/t **3.** j-n (per Lautsprecher od. durch e-n Pagen) ausrufen lassen. **4.** mit j-m über e-n Funkrufempfänger Konˈtakt aufnehmen, j-n ˌanpiepsenˈ.

**pag·eant** [ˈpædʒənt] s **1.** a) (bes. hiˈstorischer) ˈUmzug, Festzug m, b) (hiˈstorisches) Festspiel. **2.** Prunk m, Gepränge n, Pomp m. **3.** fig. a) (prächtiges, wechselvolles) Bild, b) contp. leerer Prunk, contp. hohler Schein. **ˈpag·eant·ry** [-trɪ] → pageant 2 u. 3.

**page·boy** s **1.** → page² 2. **2.** Pagenschnitt m, engS. Innenrolle f (Damenfrisur).

**pag·er** [ˈpeɪdʒə(r)] s Funkrufempfänger m, ˌPiepserˈ m.

**ˈpage·turn·er** s colloq. spannendes Buch.

**pag·i·nal** [ˈpædʒɪnl] adj Seiten...: a ~ reprint ein seitenweiser Nachdruck. **ˈpag·i·nate** [-neɪt] v/t pagiˈnieren. **ˌpag·iˈna·tion,** a. **pag·ing** [ˈpeɪdʒɪŋ] s Pagiˈnierung f, ˈSeitennumeˌrierung f.

**pa·go·da** [pəˈɡəʊdə] s Paˈgode f: a) Tempel in China etc, b) alte ostindische Goldmünze. **~ tree** s bot. Soˈphore f.

**pah** [pɑː] interj **1.** pfui! **2.** contp. pah!

**paid** [peɪd] **I** pret u. pp von pay¹. **II** adj bezahlt: ~ check; ~ official; ~ vacation; fully ~ voll eingezahlt od. einbezahlt; ~ for bezahlt, vergütet; ~ in → paid-in; ~ up → paid-up; to put ~ to bes. Br. colloq. ein Ende machen (dat), Hoffnungen etc zunichte machen; that puts ~ to his dirty tricks damit ist es Schluß od. hat es sich mit s-n gemeinen Tricks. **ˈ~'in** adj **1.** econ. (voll) eingezahlt: ~ capital Einlagekapital n; ~ surplus Reservekapital, das aus dem Verkauf von Aktien stammt. **2.** → paid-up **2.** **ˈ~'up** adj **1.** → paid-in **1**: ~ insurance voll eingezahlte Versicherung(sprämie). **2.** fully ~ member Mitglied n ohne Beitragsrückstände, weitS. u. fig. vollwertiges Mitglied; ~ membership zahlende Mitglieder pl. **3.** getilgt, abbezahlt: ~ debts.

**pail** [peɪl] s Eimer m, Kübel m. **ˈpail·ful** [-fʊl] s (ein) Eimer(voll) m: by ~s eimerweise; a ~ of water ein Eimer (voll) Wasser.

**pail·lasse** [ˈpælɪæs; bes. Am. pælˈjæs] s Strohsack m, (ˈStroh)Maˌtratze f.

**pail·lette** [pælˈjet; Am. paˈjet; pɛˈjet] s Pailˈlette f, Flitterblättchen n.

**pain** [peɪn] **I** s **1.** Schmerz(en pl) m: to be in (great) ~ (große) Schmerzen haben; I have a ~ in my stomach mir tut mein Magen weh; he (it) is (od. gives me) a ~ (in the neck) colloq. er (es) geht mir auf die Nerven, er nervt mich. **2.** Schmerz(en pl) m, Leid n, Kummer m: to give (od. cause) s.o. ~ j-m Kummer machen. **3.** pl Mühe f, Bemühungen pl: to be at ~s, to take ~s sich Mühe geben, sich bemühen, sich anstrengen; to go to great ~s sich große Mühe geben; to spare no ~s keine Mühe scheuen; all he got for his ~s der (ganze) Dank (für s-e Mühe). **4.** pl med. (Geburts)Wehen pl. **5.** Strafe f (obs. außer in): (up)on (od. under) ~ of unter Androhung von (od. bei), bei Strafe von; on (od. under) ~ of death bei Todesstrafe. **II** v/t **6.** j-n schmerzen, j-m Schmerzen bereiten, j-m weh tun, fig. a. j-n schmerzlich berühren, j-n peinigen.

7. *colloq.* ‚fuchsen', ärgern. **pained** *adj* **1.** gequält, schmerzlich (*Gesichtsausdruck etc*). **2.** peinlich (*Schweigen etc*).

**'pain·ful** *adj* **1.** schmerzend, schmerzhaft: ~ **point** *med.* (Nerven)Druckpunkt *m.* **2.** a) schmerzlich, quälend, b) peinlich: **to produce a ~ impression** peinlich wirken. **3.** mühsam, beschwerlich. **'pain·ful·ly** *adv* **1.** → **painful. 2.** peinlich, über'trieben: **she is ~ particular** sie nimmt alles peinlich *od.* übertrieben genau. **3.** in peinlicher Weise. **'pain·fulness** *s* **1.** Schmerzhaftigkeit *f.* **2.** Schmerzlichkeit *f.* **3.** Peinlichkeit *f.* **4.** Beschwerlichkeit *f.*

**'pain₁kill·er**, *a.* **'pain₁kill·ing drug** *s med. pharm.* schmerzstillendes Mittel, Schmerzmittel *n.*

**'pain·less** *adj* (*adv* ~ly) **1.** schmerzlos. **2.** *fig. colloq.* leicht, einfach (*Methode etc*).

**'pains₁tak·ing I** *adj* sorgfältig, gewissenhaft. **II** *s* Sorgfalt *f,* Gewissenhaftigkeit *f.*

**paint** [peɪnt] **I** *v/t* **1.** *ein Bild* malen: **to ~ s.o.'s portrait** j-n malen. **2.** anmalen, bemalen. **3.** (an)streichen, tünchen, *ein Auto etc* lac'kieren: **to ~ out** übermalen; **to ~ o.s. into a corner** *fig.* sich in e-e ausweglose Situation manövrieren; → **lily** 1. **4.** *fig.* (aus)malen, schildern. **5.** *fig.* darstellen, malen: **to ~ black** schwarzmalen; **to ~ the town red** *colloq.* ,auf den Putz hauen', ,(schwer) einen draufmachen'; → **black** 6. **6.** *med.* e-e *Salbe etc* auftragen, *den Hals, e-e Wunde* (aus-) pinseln: **to ~ with iodine** jodieren. **7.** schminken: **to ~ one's face** → 10. **II** *v/i* **8.** malen. **9.** streichen. **10.** sich schminken, sich ,anmalen'. **III** *s* **11.** (Anstrich)Farbe *f,* Tünche *f,* (Auto*etc*)Lack *m.* **12.** *a.* **coat of ~** (Farb)Anstrich *m:* **(as) fresh as ~** *colloq.* frisch u. munter; **wet ~!** frisch gestrichen! **13.** Farbe *f* (*in fester Form*), (Tusch)Farbe *f.* **14.** Make-'up *n,* Schminke *f.* **15.** *med. pharm.* Tink'tur *f.* **16.** *Am.* Scheck(e) *m* (*Pferd*). **'~box** *s* **1.** Farb(en)-, Mal-, Tuschkasten *m.* **2.** Schminkdose *f.* **'~brush** *s* (Maler-, Tusch)Pinsel *m.*

**paint·ed** [peɪntɪd] *adj* **1.** gemalt, bemalt, gestrichen, lac'kiert. **2.** *bes. bot. zo.* bunt, scheckig. **3.** *fig.* gefärbt, verfälscht. **~ bun·ting** *s orn.* **1.** Papstfink *m.* **2.** Bunte Spornammer. **~ cup** *s bot.* **1.** Scharlachrote Kastil'lea. **2.** Kastil'lea *f* (*Emblem von Wyoming m. USA*). **~ la·dy** *s zo.* Distelfalter *m.* **2.** *bot.* Rote Wucherblume. **~ wom·an** *s irr* ,Flittchen' *n.*

**paint·er¹** ['peɪntə(r)] *s* **1.** (Kunst)Maler (-in): **~ to the Marquis of X.** Hofmaler des Marquis von X. **2.** Maler *m,* Anstreicher *m:* **~'s colic** *med.* Bleikolik *f;* **~'s shop** a) Malerwerkstatt *f,* b) (Auto- *etc*) Lackiererei *f.* **3.** (Auto- *etc*)Lac₁kierer *m.*

**paint·er²** ['peɪntə(r)] *s mar.* Fang-, Vorleine *f:* **to cut the ~** a) die Fangleine kappen, b) *fig.* alle Brücken hinter sich abbrechen.

**paint·er³** ['peɪntə(r)] → **cougar.**

**paint·ing** ['peɪntɪŋ] *s* **1.** Malen *n,* Male'rei *f:* **~ in oil** Ölmalerei; **~ on glass** Glasmalerei. **2.** Gemälde *n,* Bild *n.* **3.** a) Malerarbeit(en *pl*) *f,* b) (Farb)Anstrich *m,* Bemalung *f,* c) Lac'kieren *n.* **4.** Schminken *n.*

**paint₁ re·fresh·er** *s tech.* 'Neuglanzpoli₁tur *f.* **~ re·mov·er** *s tech.* (Farben-) Abbeizmittel *n.*

**paint·ress** ['peɪntrɪs] *s* Malerin *f.*

**'paint₁spray·ing pis·tol** *s tech.* ('Anstreich)Spritzpi₁stole *f.* **'~work** *s* **1.** → **painting** 3. **2.** Lack *m* (*e-s Autos etc*).

**pair** [peə(r)] **I** *s* **1.** Paar *n:* **a ~ of boots (eyes, legs,** *etc*): **they arrived,** *etc,* **in pairs** paarweise; **I've got only one ~ of**

hands *colloq.* ich hab' (schließlich) nur zwei Hände, ich kann nicht mehr als arbeiten. **2.** *etwas Zweiteiliges, meist unübersetzt:* **a ~ of bellows (compasses, scales, scissors, spectacles)** ein Blasebalg (ein Zirkel, e-e Waage, e-e Schere, e-e Brille); **a ~ of trousers** ein Paar Hosen, e-e Hose. **3.** Paar *n,* Pärchen *n* (*Mann u. Frau, zo. Männchen u. Weibchen*): ~ **skating** Eiskunstlauf: **Paarlauf(en** *n*) *m.* **4.** *pol.* a) *zwei Mitglieder verschiedener Parteien, die ein Abkommen getroffen haben, bei bestimmten Entscheidungen sich der Stimme zu enthalten od. der Sitzung fernzubleiben,* b) *dieses Abkommen,* c) *e-r dieser Partner.* **5.** Partner *m,* Gegenstück *n,* (*der, die, das*) andere *od.* zweite (*von e-m Paar*): **where is the ~ to this shoe? 6.** (Zweier-) Gespann *n:* **a ~ of horses,** *a.* **a ~horse** *od.* **a ~** ein (Zweier)Gespann; **carriage and ~** Zweispänner *m.* **7.** *Rudern:* Zweier *m* (*Mannschaft*): → **coxed, pair-oar. 8.** *a.* **kinematic ~** *tech.* Ele'mentenpaar *n:* **sliding ~** Prismen-, Ebenenpaar. **9.** *Kartenspiel:* a) Paar *n,* Pärchen *n* (*zwei gleichwertige Karten*), b) Paar *n* (*zwei Spieler, die als Partner spielen*). **10.** *Bergbau:* Kame'radschaft *f* (*Arbeitsgruppe*). **11.** ~ **of stairs** (*od.* **steps**) *Br.* Treppe *f:* **two ~ front** (Raum *m od.* Mieter *m*) im zweiten Stock nach vorn hinaus.

**II** *v/t* **12.** *a.* **~ off** paarweise anordnen: **to ~ off** a) in Zweiergruppen einteilen, b) *colloq.* verheiraten (**with** mit). **13.** *Tiere* paaren (**with** mit). **III** *v/i* **14.** zs.-passen, ein schönes Paar bilden. **15.** sich verbinden, sich vereinigen (**with s.o.** mit j-m). **16.** sich paaren (*Tiere*). **17.** *a.* **~ off** *pol.* (*mit e-m Mitglied e-r anderen Partei*) ein Abkommen treffen (→ 4). **18.** ~ **off** a) Paare bilden, b) paarweise weggehen, c) *colloq.* sich verheiraten (**with** mit).

**paired** [peə(r)d] *adj* gepaart, paarig, paarweise: → **associate** 17.

**'pair·ing** *s* **1.** *biol. zo.* Paarung *f:* ~ **of chromosomes** Chromosomenpaarung; ~ **season,** ~ **time** Paarungszeit *f.* **2.** *sport* Paarung *f.*

**'pair-oar** *s Rudern:* Zweier *m* (*Boot*).

**pais** [peɪ] *s:* **trial in** (*od.* **by**) ~ *jur.* Verhandlung *f* vor e-m *od.* durch ein Schwurgericht.

**pa·ja·ma** *Am. für* **pyjama.**

**pa·ja·mas** *Am. für* **pyjamas.**

**Pak·i** ['pækɪ] *s Br. sl.* (*bes. ein in Großbritannien ansässiger*) Paki'stani *m.*

**Pak·i·stan·i** [₁pɑːkɪ'stɑːnɪ; *Am. bes.* ₁pækɪ'stæniː] **I** *adj* paki'stanisch. **II** *s* Paki'stani *m,* Paki'staner(in).

**pal** [pæl] *colloq.* **I** *s* ,Kumpel' *m,* ,Spezi' *m,* Freund *m,* Kame'rad *m,* Kum'pan *m.* **II** *v/i meist* ~ **up** sich anfreunden (**with s.o.** mit j-m).

**pal·ace** ['pælɪs] *s* **1.** Schloß *n,* Pa'last *m,* Pa'lais *n.* **2.** Pa'last *m* (*stattliches Gebäude*): ~ **of justice** Justizpalast. **3.** Pa'last *m* (*großes Vergnügungslokal, Kino etc*). ~ **car** *s rail. Am.* Sa'lonwagen *m.* ~ **guard** *s* **1.** Pa'lastwache *f.* **2.** *fig. contp.* Clique *f* um e-n Re'gierungschef *etc,* Kama'rilla *f.* ~ **rev·o·lu·tion** *s pol.* Pa'lastrevoluti₁on *f.*

**pal·a·din** ['pælədɪn] *s* **1.** *hist. u. fig.* Pala'din *m.* **2.** (fahrender) Ritter.

**palaeo-** *bes. Br. für* **paleo-.**

**pal·lae·o·an·throp·ic,** *etc* → **paleoanthropic,** *etc.*

**Pa·lae·o·gae·a** [₁pælɪəʊ'dʒiːə; *Am. bes.* ₁peɪ-] *s Biogeographie:* Alte Welt (*Europa, Asien u. Afrika*).

**pa·lae·og·ra·pher** → **paleographer.**

**pal·a·fitte** ['pæləfɪt] *s* Pfahlbau *m.*

**pal·a·ma** ['pæləmə] *s orn.* Schwimmhaut *f.*

**pal·an·quin,** *a.* **pal·an·keen** [₁pælən'kiːn] *s* Palan'kin *m* (*ostindische Sänfte*).

**pal·at·a·ble** ['pælətəbl] *adj* (*adv* palatably) wohlschmeckend, schmackhaft (*a. fig.*): **to make s.th. ~ to s.o.**

**pal·a·tal** ['pælətl] **I** *adj* **1.** Gaumen... **2.** *ling.* a) mouil'liert, erweicht (*Konsonant; mit Nebenartikulation e-s* [*j*]), b) pala'tal (*am harten Gaumen gebildet*): ~ **vowel. II** *s* **3.** *anat.* Gaumenknochen *m.* **4.** *ling.* Pala'tal(laut) *m,* Vordergaumenlaut *m.* **'pal·a·tal·ize** [-təlaɪz] *v/t* e-n *Laut* palatali'sieren.

**pal·ate** ['pælət] *s* **1.** *anat.* Gaumen *m,* Pa'latum *n:* **bony** (*od.* **hard**) ~ harter Gaumen, Vordergaumen; **cleft** ~ *med.* Wolfsrachen *m;* **soft** ~ weicher Gaumen, Gaumensegel *n.* **2.** *fig.* (**for**) Gaumen *m* (**für**), Geschmack *m* (an *dat*): **to have no** ~ **for s.th.** keinen Sinn für etwas haben.

**pa·la·tial** [pə'leɪʃl] *adj* pa'lastartig, Palast..., Schloß..., Luxus...: ~ **hotel** Luxushotel *n.*

**pa·lat·i·nate** [pə'lætɪnət] **I** *s* **1.** *hist.* Pfalzgrafschaft *f.* **2. the P~** die (Rhein-) Pfalz. **II** *adj* **3.** P~ Pfälzer(...), pfälzisch: **P~ wine.**

**pal·a·tine¹** ['pælətaɪn] **I** *adj* **1.** *hist.* Pfalz...: **count** ~ Pfalzgraf *m;* **county** ~ Pfalzgrafschaft *f;* **County P~** *Br.* (*das Gebiet der ehemaligen*) Pfalzgrafschaft Lancashire u. Cheshire. **2.** pfalzgräflich. **3.** P~ → **palatinate** 3. **II** *s* **4.** Pfalzgraf *m.* **5.** P~ Pfälzer(in) (*Einwohner der Rheinpfalz*). **6.** P~, P~ **Hill** Pala'tin(ischer Hügel) *m* (*in Rom*).

**pal·a·tine²** ['pælətaɪn] *anat.* **I** *adj* Gaumen...: ~ **arch** Gaumendach *n,* -gewölbe *n;* ~ **tonsil** (Gaumen-, Hals)Mandel *f.* **II** *s* Gaumenbein *n.*

**palato-** [pælətəʊ] *Wortelement mit der Bedeutung* Gaumen...

**pa·lav·er** [pə'lɑːvə(r); *Am.* -'læ-] **I** *s* **1.** Pa'laver *n* (*Unterhandlung zwischen od. mit afrikanischen Eingeborenen*). **2.** Unter'handlung *f,* -'redung *f,* Konfe'renz *f.* **3.** *contp.* ‚Pa'laver' *n,* Geschwätz *n.* **4.** *colloq.* ‚Wirbel' *m,* ‚The'ater' *n.* **II** *v/i* **5.** unter'handeln. **6.** *contp.* ‚pa'lavern', ‚quasseln'. **III** *v/t* **7.** a) j-m schmeicheln, b) *j-n* beschwatzen (**into** zu).

**pale¹** [peɪl] **I** *s* **1.** *a. her.* Pfahl *m.* **2.** *bes. fig.* um'grenzter Raum, Bereich *m,* (enge) Grenzen *pl,* Schranken *pl:* **beyond the** ~ *fig.* jenseits der Grenzen des Erlaubten; **within the** ~ **of the Church** im Schoß der Kirche. **3.** *hist.* Gebiet *n,* Gau *m:* **the** (**English** *od.* **Irish**) **P~** *der einst englischer Gerichtsbarkeit unterstehende östliche Teil Irlands;* **the English P~** *das ehemals englische Gebiet um Calais.* **II** *v/t* **4.** *a.* ~ **in** a) einpfählen, -zäunen, b) *fig.* um'schließen, einschließen. **5.** *hist.* pfählen.

**pale²** [peɪl] **I** *adj* (*adv* ~ly) **1.** blaß, bleich, fahl: **to turn** ~ → 3; ~ **with fright** bleich vor Schreck, schreckensbleich; (**as**) ~ **as ashes** (**clay, death**) aschfahl (kreidebleich, totenbleich, -blaß). **2.** hell, blaß, matt (*Farben*): ~ **ale** helles Bier; ~ **green** Blaß-, Zartgrün *n;* ~ **pink** (Blaß)Rosa *n;* **a** ~ **imitation** *fig.* ein Abklatsch. **II** *v/i* **3.** blaß *od.* bleich werden, erbleichen, erblassen (**at** bei). **4.** *fig.* verblassen (**before, beside, by the side of** neben *dat*). **III** *v/t* **5.** bleich machen, erbleichen lassen.

**pale³** [peɪl] → **palea.**

**pa·le·a** ['peɪlɪə] *pl* **-le·ae** [-lɪiː] *s bot.* **1.** Spreublättchen *n.* **2.** Vorspelze *f.*

**Pa·le·arc·tic** [₁pælɪ'ɑː(r)ktɪk; *Am. bes.* ₁peɪ-] (*Biogeographie*) **I** *adj* palä'arktisch, altarktisch. **II** *s* palä'arktische Regi'on.

**pa·le·eth'nol·o·gy** [₁pælɪ-; *Am. bes.* ₁peɪlɪ-] *s* Paläethno₁lo'gie *f* (*völkerkundliche Auswertung vorgeschichtlicher Funde*)

**'pale·face** s Bleichgesicht n (Ggs. Indianer).

**'pale·ness** s Blässe f.

**paleo-** [pælɪəʊ; Am. bes. peɪ-], vor Vokalen a. **pale-** [pælɪ; Am. bes. peɪ-] Wortelement mit der Bedeutung alt..., ur..., Ur...

**ˌpa·le·o·anˈthrop·ic** [-ænˈθrɒpɪk; Am. -ˈθrɑ-] adj Urmenschen...

**ˌpa·le·oˈbot·a·ny** s bot. Paläoboˈtanik f (Wissenschaft von den fossilen Pflanzen).

**Pa·le·o·cene** [ˈpælɪəʊsiːn; Am. bes. ˈpeɪ-] geol. **I** s Paleoˈzän n (älteste Abteilung des Tertiärs). **II** adj paleoˈzän.

**ˌpa·le·oˌcliˈma·tolˈo·gy** s Paläoklimatoloˈgie f (Wissenschaft von den Klimaten der Erdgeschichte).

**Pa·le·o·gene** [ˈpælɪəʊdʒiːn; Am. bes. ˈpeɪ-] geol. **I** s Paläoˈgen n, ˈAlttertiˌär n. **II** adj paläoˈgen.

**ˌpa·le·o·geˈog·ra·phy** s Paläogeograˈphie f (Wissenschaft von der Gestaltung der Erdoberfläche in früheren Zeiten).

**pa·le·og·ra·pher** [ˌpælɪˈɒɡrəfə(r); Am. bes. ˌpeɪlɪˈɑ-] s Paläoˈgraph m (Handschriftenkundler).   **ˌpa·le·oˈgraph·ic** [-əʊˈɡræfɪk] adj paläoˈgraphisch. **ˌpa·le·ˈog·ra·phist** → paleographer. **ˌpa·le·ˈog·ra·phy** s 1. alte Schriftarten pl, alte Schriftdenkmäler pl od. Texte pl. 2. Paläograˈphie f (Handschriftenkunde).

**pa·le·o·lith** [ˈpælɪəʊlɪθ; Am. bes. ˈpeɪ-] s Paläoˈlith m (Werkzeug der Altsteinzeit). **ˌpa·le·oˈlith·ic I** adj meist P~ paläoˈlithisch, altsteinzeitlich. **II** s P~ Paläoˈlithikum n, ältere Steinzeit, Altsteinzeit f.

**'pa·leˌon·toˈlog·i·cal** adj paläontoˈlogisch. **ˌpa·le·onˈtol·o·gist** [-ˈtɒlədʒɪst; Am. -ˈtɑ-] s Paläontoˈloge m. **ˌpa·le·onˈtol·o·gy** s Paläontoloˈgie f, Versteinerungskunde f.

**ˌPa·le·oˈtrop·i·cal I** adj paläoˈtropisch. **II** s paläoˈtropische Regiˈon, Paläoˈtropis f.

**Pa·le·o·zo·ic** [ˌpælɪəʊˈzəʊɪk; Am. bes. ˌpeɪ-] geol. **I** adj paläoˈzoisch: ~ era → II. **II** s Paläoˈzoikum n, Erdaltertum n.

**ˌpa·le·o·zoˈol·o·gy** s Paläozooloˈgie f (Wissenschaft von den fossilen Tieren).

**Pal·es·tin·i·an** [ˌpæləˈstɪnɪən] **I** adj palästiˈnensisch. **II** s Palästiˈnenser(in).

**pal·e·tot** [ˈpæltəʊ; Am. a. ˈpælɪˌtəʊ] s Paletot m (dreiviertellanger Damen- od. Herrenmantel).

**pal·ette** [ˈpælət] s 1. Paˈlette f: a) paint. Malerscheibe f, b) fig. Farbenskala f. 2. tech. Brustplatte f (am Drillbohrer). 3. mil. hist. Achselgrubenplatte f (der Rüstung). **~ knife** s irr paint. Streichmesser n, Spachtel m, f.

**pal·frey** [ˈpɔːlfrɪ] s Zelter m, (Damen-)Reitpferd n.

**Pa·li** [ˈpɑːlɪ] s Pali n (mittelindische Schriftsprache, in der ein Teil der buddhistischen Literatur abgefaßt ist).

**pal·i·mo·ny** [ˈpælɪmənɪ] s Am. sl. Unterhaltszahlungen od. Abfindung an den Partner, mit dem man zs.-gelebt hat.

**pal·imp·sest** [ˈpælɪmpsest; Am. a. pəˈlɪmp] s Paˈlimpsest m, n (doppelt beschriebenes Pergament): **double ~** zweimal neu beschriebenes Blatt.

**pal·in·drome** [ˈpælɪndrəʊm] s Palinˈdrom n (e-e Lautreihe, die, vor- u. rückwärts gelesen, denselben Sinn ergibt, z. B. Otto). **ˌpal·inˈdrom·ic** [-ˈdrɒmɪk; Am. -ˈdrəʊ-] adj (adv ~ally) palin'dromisch.

**pal·ing** [ˈpeɪlɪŋ] s 1. Umˈpfählung f, Pfahlzaun m, Staˈket n, Lattenzaun m, Pfahlwerk n. 2. Holzpfähle pl, Pfahlholz n. 3. (Zaun)Pfahl m. **~ board** s tech. Br. Schalbrett n.

**pal·in·gen·e·sis** [ˌpælɪnˈdʒenɪsɪs] s Palinˈgenese f: a) relig. Wiedergeburt f, b) biol. Wiederholung stammesgeschichtlicher Vorstufen während der Keimesentwicklung.

**pal·i·node** [ˈpælɪnəʊd] s Palinoˈdie f (Gedicht, das die Aussage e-s früheren widerruft).

**pal·i·sade** [ˌpælɪˈseɪd] **I** s 1. Paliˈsade f, Pfahlsperre f, Zaun m. 2. Schanz-, Paliˈsadenpfahl m. 3. meist pl Am. Reihe f steiler Klippen, Steilufer n. **II** v/t 4. mit Pfählen od. e-r Paliˈsade umˈgeben.

**pal·i·san·der** [ˌpælɪˈsændə(r)] s Paliˈsander(holz n) m.

**pal·ish** [ˈpeɪlɪʃ] adj bläßlich.

**pall¹** [pɔːl] s 1. Bahr-, Sarg-, Leichentuch n. 2. fig. Mantel m, Hülle f, Decke f: ~ of smoke a) Dunst-, Rauchglocke f, b) Rauchwolke f. 3. relig. a) → pallium 2, b) Palla f, Kelchdecke f, c) Alˈtartuch n, bes. Meß-, Hostientuch n. 4. obs. Mantel m. 5. her. Gabel(kreuz n) f.

**pall²** [pɔːl] **I** v/i ~ (up)on a) jeden Reiz verlieren für, b) j-n kaltlassen, langweilen, anöden. 2. schal od. fad(e) od. langweilig werden, s-n Reiz verlieren. **II** v/t 3. a. fig. überˈsättigen, den Appetit etc verderben.

**pal·la·di·a** [pəˈleɪdɪə] pl von palladium.

**Pal·la·di·an¹** [pəˈleɪdjən; -dɪən] adj 1. die Pallas Aˈthene betreffend. 2. fig. a) gelehrt, b) weise, klug.

**Pal·la·di·an²** [pəˈleɪdjən; -dɪən; Am. a. -ˈlɑːdɪən] adj arch. palladiˈanisch (den Stil des A. Palladio, gestorben 1580, betreffend).

**pal·la·di·um¹** [pəˈleɪdjəm; -dɪəm] pl **-di·a** [-dɪə] s 1. P~ antiq. Palˈladium n (Statue der Pallas Athene). 2. fig. Hort m, Schutz m.

**pal·la·di·um²** [pəˈleɪdjəm; -dɪəm] s chem. Palˈladium n (Element).

**ˈpallˌbear·er** s Sargträger m.

**pal·let¹** [ˈpælɪt] s (Stroh)Lager n, Strohsack m, Pritsche f, Am. a. (Schlaf)Decke f (auf dem Fußboden).

**pal·let²** [ˈpælɪt] s 1. Töpferei: a) Streichmesser n, b) Dreh-, Töpferscheibe f. 2. paint. Paˈlette f. 3. Trockenbrett n (für Keramik, Ziegel etc). 4. Paˈlette f (für Gabelstapler etc). 5. tech. Klaue f (e-r Sperrklinke). 6. a. → escapement Hemmung f (Uhr). 7. Orgel: a) (Kegel)Venˌtil n, b) Sperrklappe f. 8. Buchbinderei: Vergoldestempel m.

**ˈpal·let·ize** v/t 1. paletˈtieren: a) auf e-e Paˈlette packen, b) mittels Paˈlette verstauen od. befördern. 2. ein Lagerhaus etc auf Gabelstaplerbetrieb ˈumstellen.

**pal·let truck** s Gabelstapler m.

**pal·li·a** [ˈpælɪə] pl von pallium.

**pal·li·asse** [ˈpælɪæs; bes. Am. pælˈjæs] bes. Br. für paillasse.

**pal·li·ate** [ˈpælɪeɪt] v/t 1. med. lindern: to ~ a pain (disease, etc). 2. fig. bemänteln, beschönigen: to ~ a mistake. **ˌpal·liˈa·tion** s 1. med. Linderung f. 2. fig. Bemäntelung f, Beschönigung f. **ˈpal·li·a·tive** [-ɪətɪv; Am. a. -ɪˌeɪtɪv] **I** adj 1. med. lindernd, palliaˈtiv. 2. fig. bemäntelnd, beschönigend. **II** s 3. med. pharm. Palliaˈtiv n, Linderungsmittel n. **ˈpal·li·a·to·ry** [-ətərɪ; Am. -əˌtəʊrɪː; -ˌtɔː-] → palliative I.

**pal·lid** [ˈpælɪd] adj (adv ~ly) blaß (a. fig.), bleich, farblos (a. bot. u. fig.): a ~ face; a ~ performance e-e schwache Leistung. **ˈpal·lid·ness**, a. **pal·lid·i·ty** [pəˈlɪdətɪ] s Blässe f.

**pal·li·um** [ˈpælɪəm] pl **-li·a** [-lɪə], **-li·ums** s 1. antiq. Pallium n, Philoˈsophenmantel m. 2. R.C. Pallium n (Schulterband der Erzbischöfe). 3. relig. Alˈtartuch n, Palla f. 4. anat. (Ge)Hirnmantel m. 5. zo. Mantel m (der Weichtiere).

**pall-mall** [ˈpælˈmæl; ˈpelˈmel; Am. a. ˌpɔːlˈmɔːl] s 1. hist. a) Mailspiel n (Art Krocket), b) Mailbahn f. 2. P~ M~ be-

rühmte Londoner Straße, Zentrum des Klublebens.

**pal·lor** [ˈpælə(r)] s Blässe f.

**pal·ly** [ˈpælɪ] adj colloq. befreundet (with mit): they're very ~ sie sind dicke Freunde.

**palm¹** [pɑːm; Am. a. pɑːlm] **I** s 1. (innere) Handfläche, Handteller m, hohle Hand: to grease (od. oil) s.o.'s ~ colloq. j-n ˌschmieren‘, j-n bestechen; to have an itching (od. itchy) ~ e-e ˌoffene Hand‘ haben (bestechlich sein); to hold (od. have) s.o. in the ~ of one's hand j-n völlig in der Hand od. in s-r Gewalt haben. 2. Innenhand(fläche) f (des Handschuhs). 3. zo. Vorderfußsohle f (von Affen, Bären). 4. Handbreit f (Längenmaß). 5. mar. a) (Ruder)Blatt n, b) Ankerflunke f, -flügel m. 6. hunt. Schaufel f (vom Elch u. Damhirsch). **II** v/t 7. (mit der flachen Hand) betasten, streicheln. 8. a) (in der Hand) verschwinden lassen, palˈmieren, b) colloq. ˌklauen‘, verschwinden lassen. 9. colloq. to ~ s.th. off etwas ˌan den Mann bringen‘ als; to ~ s.th. off (up)on s.o. j-m etwas ˌandrehen‘ od. ˌaufhängen‘; to ~ s.o. off with s.th. a) j-m etwas ˌandrehen‘ od. ˌaufhängen‘, b) j-n mit etwas ˌabspeisen‘; to ~ o.s. off as sich ausgeben als. 10. ~ out Ball abklatschen (Tormann): ~ed-out shot Abklatscher m.

**palm²** [pɑːm; Am. a. pɑːlm] s 1. bot. Palme f. 2. Palmwedel m, -zweig m. 3. fig. Siegespalme f, Krone f, Sieg m: the ~ of martyrdom die Krone des Märtyrertums; to bear (od. win) the ~ den Sieg davontragen od. erringen; to yield the ~ (to s.o.) sich (j-m) geschlagen geben.

**pal·mar** [ˈpælmə(r)] adj anat. palˈmar, Handflächen..., Handteller...

**pal·mate** [ˈpælmɪt; Am. -meɪt] adj (adv ~ly), **ˈpal·mat·ed** [-meɪtɪd] adj 1. bot. handförmig (gefingert od. geteilt): palmately veined hand-, strahlennervig. 2. zo. schwimmfüßig. 3. zo. handförmig: ~ antler → palm¹ 6.

**palm but·ter** → palm oil 1.

**pal·mette** [pælˈmet; ˈpælmet] s arch. Palˈmette f (palmblattähnliche Verzierung).

**pal·met·to** [pælˈmetəʊ] pl **-to(e)s** s bot. a) (e-e) Kohlpalme f, b) Fächerpalme f, c) a. blue ~ Stachelrutenpalme f, d) Palˈmito m, Zwergpalme f. **P~ State** Am. (Beiname für) ˈSüd-Karoˌlina n.

**palm| grease** s colloq. ˌSchmiergelder‘ pl. **~ hon·ey** s Palmhonig m.

**pal·mi·ped** [ˈpælmɪped], **ˈpal·mi·pede** [-piːd] orn. **I** adj schwimmfüßig. **II** s Schwimmfüßer m.

**palm·ist** [ˈpɑːmɪst; Am. a. ˈpɑːlm-] s Handleser(in). **ˈpalm·is·try** [-trɪ] s Chiromanˈtie f, Handlesekunst f.

**palm| kale** s agr. Stengel-, Palmkohl m. **~ oil** s 1. Palmbutter f, -öl n. 2. → palm grease. **~ sug·ar** s Palmzucker m. **P~ Sun·day** s relig. Palmˈsonntag m. **~ tree** s Palme f, Palmbaum m. **~ wine** s Palmwein m.

**palm·y** [ˈpɑːmɪ; Am. a. ˈpɑːlmɪ] adj 1. Palmen tragend, palmenreich: ~ shore. 2. fig. blühend, glorreich, glücklich: ~ days Glanz-, Blütezeit f. 3. palmenartig.

**pa·loo·ka** [pəˈluːkə] s Am. sl. 1. Boxen: ˌNiete‘ f, ˌFlasche‘ f. 2. ˌHornochse‘ m, Dummkopf m.

**palp** [pælp] s zo. Palpe f, (Mund)Taster m, Fühler m.

**pal·pa·bil·i·ty** [ˌpælpəˈbɪlətɪ] s 1. Fühl-, Greif-, Tastbarkeit f. 2. fig. Augenfälligkeit f, Deutlichkeit f. 3. fig. Handgreiflichkeit f, Offensichtlichkeit f. **ˈpal·pa·ble** adj (adv palpably) 1. fühl-, greif-, tastbar. 2. fig. augenfällig, deutlich. 3. fig. handgreiflich, offensichtlich: a ~ lie.

**pal·pate** [ˈpælpeɪt] v/t befühlen, be-, ab-

tasten (*a. med.*). **pal'pa·tion** *s* Be-, Abtasten *n* (*a. med.*).

**pal·pe·bra** ['pælpɪbrə] *pl* **-brae** [-briː] *s anat.* Augenlid *n*: **lower** ~ Unterlid; **upper** ~ Oberlid.

**pal·pi·tant** ['pælpɪtənt] *adj* klopfend, pochend. **'pal·pi·tate** [-teɪt] *v/i* **1.** klopfen, pochen: **my heart** ~**s. 2.** (er)zittern, (er)beben (**with** vor). **pal·pi'ta·tion** *s* Klopfen *n*, (heftiges) Schlagen: ~ (**of the heart**) *med.* Herzklopfen *n*.

**pals·grave** ['pɔːlzgreɪv] *s hist.* Pfalzgraf *m.* **'pals·gra·vine** [-grəˌviːn] *s* Pfalzgräfin *f.*

**pal·sied** ['pɔːlzɪd] *adj* **1.** gelähmt. **2.** zitt(e)rig, wack(e)lig.

**pal·stave** ['pɔːlsteɪv] *s hist.* (Bronze)Kelt *m.*

**pal·sy** ['pɔːlzɪ] **I** *s* **1.** *med.* Lähmung *f:* Bell's ~ Fazialislähmung; **cerebral** ~ Gehirnlähmung; **painter's** ~ Bleilähmung; **wasting** ~ progressive Muskelatrophie; **shaking** ~ Schüttellähmung; → **writer** 1. **2.** *fig.* lähmender Einfluß, Lähmung *f*, Ohnmacht *f.* **II** *v/t* **3.** lähmen (*a. fig.*).

**pal·sy-wal·sy** [ˌpælzɪ'wælzɪ] *adj colloq.* → **pally.**

**pal·ter** ['pɔːltə(r)] *v/i* **1.** (**with** s.o.) gemein handeln (an j-m), sein Spiel treiben (mit j-m). **2.** schachern, feilschen (**about** s.th. um etwas).

**pal·tri·ness** ['pɔːltrɪnɪs] *s* Armseligkeit *f*, Wertlosigkeit *f*, Schäbigkeit *f.* **pal·try** ['pɔːltrɪ] *adj* (*adv* **paltrily**) **1.** armselig, karg: **a** ~ **sum. 2.** wert-, nutzlos: ~ **rags. 3.** jämmerlich, dürftig, fadenscheinig: **a** ~ **excuse. 4.** schäbig, schofel, gemein: **a** ~ **fellow; a** ~ **lie** e-e gemeine Lüge; **a** ~ **two pounds** lumpige zwei Pfund.

**pa·lu·dal** [pə'ljuːdl; 'pæljʊdl; *Am.* pə'luːdl] *adj* **1.** sumpfig, Sumpf... **2.** *med.* Malaria...

**pa·lu·di·cole** [pə'ljuːdɪkəʊl; *Am.* -'luː-], **pal·u·dic·o·lous** [ˌpæljʊ'dɪkələs] *adj* Sümpfe bewohnend, Sumpf... **pal·u·di·nal** [ˌpæljʊ'daɪnl; pə'ljuːdɪnl; *Am.* -'luː-], **'pal·u·dine** [-dɪn; -daɪn], **pa·lu·di·nous** [pə'ljuːdɪnəs; *Am.* -'luː-] *adj* sumpfig.

**pam·pas** ['pæmpəz; -pəs] *s pl* Pampas *pl* (*südamer. Grasebene*). ~ **cat** *s zo.* Pampaskatze *f.* ~ **deer** *s zo.* Pampahirsch *m.* ~ **grass** *s bot.* Pampasgras *n.*

**pam·per** ['pæmpə(r)] *v/t* **1.** verwöhnen, verzärteln, (ver)hätscheln. **2.** *fig.* s-n Stolz *etc* nähren, ‚hätscheln'. **3.** *e-m* Gelüst *etc* frönen.

**pam·pe·ro** [pæm'peərəʊ; paː-m-] *pl* **-ros** *s* Pam'pero *m*, Pampaswind *m.*

**pam·phlet** ['pæmflɪt] *s* **1.** Bro'schüre *f*, Druckschrift *f*, Heft *n.* **2.** Flugblatt *n*, -schrift *f.* **3.** (kurze, kritische) Abhandlung, Aufsatz *m.* **pam·phlet·eer** [-'tɪə(r)] *s* Verfasser *m* von Flugschriften *etc.*

**Pan¹** [pæn] *npr antiq.* Pan *m* (*Gott*).

**pan²** [pæn] **I** *s* **1.** Pfanne *f*, Tiegel *m*: → **frying pan. 2.** *tech.* Pfanne *f*, Tiegel *m*, Becken *n*, Mulde *f*, Trog *m*, Schale *f*, (*bes. Br. a.* Klo'sett)Schüssel *f.* **3.** Schale *f* (*e-r Waage*). **4.** Mulde *f* (*im Erdboden*). **5.** *oft* ~ **grinder** *tech.* Kollergang *m.* **6.** *tech.* a) Rührwäsche *f* (*zur Aufbereitung von Goldsand*), b) Setzkasten *m.* **7.** *tech.* Türangelpfanne *f.* **8.** *mil. hist.* Pfanne *f* (*s Vorderladers*): → **flash 9. 9.** a) Wasserloch *n*, b) Salzteich *m*, c) künstliches Salz(wasser)loch (*zur Gewinnung von Siedesalz*). **10.** *anat.* a) Hirnschale *f*, b) Kniescheibe *f.* **11.** (treibende) Eisscholle. **12.** *sl.* ‚Fresse' *f*, ‚Vi'sage' *f* (*Gesicht*). **13.** *colloq.* ‚Verriß' *m*, vernichtende Kri'tik: **to have** s.o. **on the** ~ j-n ‚fertigmachen'. **II** *v/t* **14.** *oft* ~ **out,** ~ **off**

**Goldsand** (aus)waschen, *Gold* auswaschen. **15.** *Salz* durch Sieden gewinnen. **16.** *colloq.* ‚verreißen', vernichtend kri-ti'sieren. **III** *v/i* **17.** ~ **out** a) ergiebig sein (*an Gold*), b) *colloq.* sich bezahlt machen, ‚klappen': **to** ~ **out well** ‚hinhauen', ‚einschlagen'.

**pan³** [pæn] **I** *v/t* **1.** *die* Filmkamera schwenken, fahren. **II** *v/i* **2.** panora-'mieren, die (Film)Kamera fahren *od.* schwenken. **3.** schwenken (*Kamera*). **III** *s* **4.** *Film:* Schwenk *m.* **5.** *phot.* panchro'matischer Film.

**pan⁴** [pæn] *s arch.* **1.** Fach *n.* **2.** Wandplatte *f.*

**pan⁵** [pæn; *Am.* paːn] *s* **1.** *bot.* Betelpfefferblatt *n.* **2.** Betel *m* (*Reiz- u. Genußmittel*).

**pan-** [pæn] *Wortelement mit der Bedeutung* all..., ganz..., gesamt...

**pan·a·ce·a** [ˌpænə'sɪə] *s* All'heilmittel *n*, *fig. a.* Pa'tentreˌzept *n.* **pan·a'ce·an** *adj* all'heilend.

**pa·nache** [pə'næʃ; -'naːʃ] *s* **1.** Helm-, Federbusch *m.* **2.** *fig.* Großtue'rei *f.*

**pa·na·da** [pə'naːdə] *s gastr.* Pa'nade *f.*

**Pan-'Af·ri·can** *adj* panafri'kanisch.

**pan·a·ma** [pæna'maː; *Am.* 'pænˌəmaː; *a.* -ˌmɔː], **'P~ hat** *s* Panamahut *m.*

**Pan-A'mer·i·can** *adj* panameri'kanisch: ~ **Congress;** ~ **Day** Panamer. Tag *m* (*14. April; Gedenktag der Gründung der Panamer. Union*); ~ **Union** *hist.* Panamer. Union *f* (*Organisation der 21 amer. Republiken*). [dünne Zi'garre.]

**pan·a·tel·(l)a** [ˌpænə'telə] *s* lange,) **'pan·cake I** *s* **1.** Pfann-, Eierkuchen *m.* **2.** Leder *n* minderer Quali'tät (*aus Resten hergestellt*). **3.** a) ~ **ice** Scheibeneis *n*, b) (dünne) Eisscholle. **4.** *a.* ~ **landing** *aer.* Landung, bei der das Flugzeug vor dem Aufsetzen 'durchsackt. **5.** *a.* ~ **make-up** festes 'Puder-Make-ˌup. **II** *v/i u. v/t* **6.** *aer.* bei der Landung 'durchsacken (lassen). **III** *adj* **7.** ~ **Day** *colloq.* Fastnachtsdienstag *m.* **8.** flach, Flach...: ~ **coil** Flachspule *f.*

**Pan·chen La·ma** ['paːntʃən] *s relig.* Pantschen-Lama *m.*

**pan·chro·mat·ic** [ˌpænkrəʊ'mætɪk] *adj mus. phot.* panchro'matisch: ~ **film;** ~ **filter** *phot.* Panfilter *n*, *m.* **pan'chro·ma·tism** [-'krəʊmətɪzəm] *s* Panchroma'sie *f.*

**pan·crat·ic** [pæn'krætɪk] *adj* **1.** *antiq.* pan'kratisch. **2.** ath'letisch. **3.** *fig.* voll-'kommen. **4.** *phys.* mit veränderlicher Vergrößerungskraft (*Objektiv*).

**pan·cre·as** ['pæŋkrɪəs] *s anat.* Bauchspeicheldrüse *f*, Pankreas *n.* ~ **pty·a·lin** ['taɪəlɪn] *s physiol.* Ptya'lin *n.* ~ **pan·cre·at·ic** [ˌpæŋkrɪ'ætɪk] *adj physiol.* Bauchspeicheldrüsen...: ~ **juice** Pankreassaft *m*, Bauchspeichel *m.* **'pan·cre·a·tin** [-krɪətɪn] *s pharm. physiol.* Pankrea'tin *n.*

**pan·da** ['pændə] *s zo.* **1.** *a.* **lesser** ~ Panda *m*, Katzenbär *m.* **2.** *a.* **giant** ~ Riesenpanda *m.* **P~ car** *s Br.* (Funk)Streifenwagen *m.* **P~ cross·ing** *s Br.* 'Fußgängerˌüberweg *m* mit Druckampel.

**Pan·de·an** [pæn'diːən; *Am.* 'pændɪən] *adj* den (Gott) Pan betreffend: ~ **pipe(s)** Panflöte *f.*

**pan·de·mi·an** [pæn'diːmɪən] → **pandemic 3. pan'dem·ic** [-'demɪk] **I** *adj* **1.** *med.* pan'demisch, sich weit ausbreitend. **2.** *fig.* allgemein. **3.** sinnlich (*Liebe*). **II** *s* **4.** *med.* Pande'mie *f.*

**pan·de·mo·ni·um** [ˌpændɪ'məʊnjəm; -nɪəm] *s* **1.** *meist* P~ Pandä'monium *n* (*Aufenthaltsort der Dämonen*). **2.** Hölle *f.* **3.** *fig.* a) In'ferno *n*, Hölle *f*, b) Höllenlärm *m*, Tu'mult *m.*

**pan·der** ['pændə(r)] **I** *s* **1.** a) Kuppler(in),

b) Zuhälter *m.* **2.** *fig.* j-d, der aus den Schwächen u. Lastern anderer Kapi'tal schlägt. **II** *v/t* **3.** verkuppeln. **III** *v/i* **4.** kuppeln. **5.** (**to**) (*e-m Laster etc*) Vorschub leisten, (*e-e Leidenschaft etc*) nähren, stärken: **to** ~ **to** s.o.'s **ambition** j-s Ehrgeiz anstacheln. **'pan·der·er** → **pander 1.**

**Pan·do·ra¹** [pæn'dɔːrə; *Am. a.* -'dəʊrə] *npr antiq.* Pan'dora *f:* ~'**s box** die Büchse der Pandora.

**pan·do·ra²** [pæn'dɔːrə; *Am. a.* -'dəʊrə], **'pan·dore** [-dɔː(r); *Am. bes.* -ˌdəʊər] *s mus. hist.* Pan'dora *f* (*Laute*).

**pan·dow·dy** [pæn'daʊdɪ] *s Am.* (ein) Apfelauflauf *m.*

**pan·dy** ['pændɪ] *s ped. sl.* ‚Tatze' *f* (*Schlag auf die Hand*).

**pane** [peɪn] **I** *s* **1.** (Fenster)Scheibe *f:* **window** ~. **2.** (rechteckige) Fläche, Feld *n*, Fach *n*, Platte *f*, Tafel *f*, (Tür)Füllung *f*, Kas'sette *f* (*e-r Decke*): **a** ~ **of glass** e-e Tafel Glas. **3.** ebene Seitenfläche, *bes.* Finne *f* (*des Hammers*), Fa'cette *f* (*e-s Edelsteins*), Kante *f* (*e-r Schraubenmutter*). **II** *v/t* **4.** Scheiben einsetzen in (*acc*), *Fenster* verglasen. **paned** *adj* **1.** aus verschiedenfarbigen Streifen zs.-gesetzt (*Kleid*). **2.** mit (...) Scheiben (versehen). **3.** *in Zssgn* ...seitig: **a six-**~ **nut** e-e Sechskantmutter.

**pan·e·gyr·ic** [ˌpænɪ'dʒɪrɪk] **I** *s* (**on, upon**) Lobrede *f*, Lobeshymne *f* (auf *acc*), Lobpreisung *f* (*gen*), Lobschrift *f* (über *acc*). **II** → **panegyrical. ˌpan·e·'gyr·i·cal** *adj* (*adv* **-ly**) lobredend, -preisend, Lob- u. Preis... **ˌpan·e·'gyr·ist** *s* Pane'gyriker *m*, Lobredner *m.* **'pan·e·gy·rize** [-dʒɪraɪz] *v/t* (lob)preisen, verherrlichen, ‚in den Himmel heben'.

**pan·el** ['pænl] **I** *s* **1.** *arch.* Pa'neel *n*, (vertieftes) Feld, Fach *n*, (Tür)Füllung *f*, Verkleidung *f*, (Wand)Täfelung *f.* **2.** *arch.* 'Fensterquaˌdrat *n.* **3.** Tafel *f* (*Holz*), Platte *f* (*Blech etc*). **4.** *paint.* Holztafel *f*, Gemälde *n* auf Holz. **5.** *electr. tech.* a) Brett *n*, Instru'menten-, Arma'turenbrett *n*, b) Schalttafel(feld *n*) *f*, Feld *n*, c) *Radio:* Feld *n*, Einschub *m*, d) Frontplatte *f* (*e-s Instruments*): ~**-type meter** Einbauinstrument *n*; ~ **view** Vorderansicht *f* (*e-s Instruments*). **6.** *phot.* schmales hohes For'mat, Bild *n* im 'Hochforˌmat. **7.** (farbiger) Einsatzstreifen (*am Kleid*). **8.** *aer.* a) *mil.* Flieger-, Siˌgnaltuch *n*, b) Hüllenbahn *f* (*am Luftschiff*), c) Stoffbahn *f* (*am Fallschirm*), d) Streifen *m* der Bespannung (*vom Flugzeugflügel*), Verkleidung(sblech *n*) *f.* **9.** ('Bau)Abˌteilung *f*, (-)Abschnitt *m.* **10.** *Bergbau:* a) (Abbau)Feld *n*, b) Haufen *m* zubereiteter Erze. **11.** *Buchbinderei:* Titelfeld *n.* **12.** Blatt *n* Perga'ment. **13.** *jur.* a) Liste *f* der Geschworenen, b) (*die*) Geschworenen *pl*, c) *Scot.* Angeklagte(r *m*) *f:* **in** (*od.* **on**) **the** ~ *Scot.* angeklagt. **14.** ('Unter)Ausschuß *m*, Forum *n*, Gremium *n*, Kommissi'on *f*, Kammer *f.* **15.** a) (*die*) Diskussi'onsteilnehmer *pl*, b) ~ **panel discussion. 16.** *Markt-, Meinungsforschung:* Befragtengruppe *f*, Testgruppe *f.* **17.** *econ.* (fortlaufende) Reihe von 'Werbeilluˌstratiˌonen. **18.** Buchserie *f*, *z. B.* Trilo'gie *f.* **19.** *Br. hist.* a) Liste *f* der Kassenärzte, b) (Verzeichnis *n* der) 'Kassenpatiˌenten *pl.* **II** *v/t pret u. pp* **-eled,** *bes. Br.* **-elled 20.** täfeln, panee'lieren, in Felder einteilen. **21.** (als Scheiben) einsetzen. **22.** *ein Kleid* mit Einsatzstreifen verzieren. **23.** *jur.* a) in die Geschworenenliste eintragen, b) *Scot.* anklagen.

**pan·el beat·er** *s* Autospengler *m.* ~ **board** *s* **1.** Füllbrett *n*, Wand- *od.* Par'kettafel *f.* **2.** *electr.* Schaltbrett *n*, -tafel *f.* ~ **dis·cus·sion** *s* 'Podiumsdiskussiˌon *f*,

-gespräch n (über ein festgesetztes Thema mit ausgewählten Teilnehmern). ~ **game** s TV etc Ratespiel n, 'Quiz(pro,gramm) n (mit ausgewählten Teilnehmern). ~ **heat-er** s Flächenheizkörper m.

**pan·el·ing**, bes. Br. **pan·el·ling** ['pænlɪŋ] s Täfelung f, Verkleidung f.

**pan·el·ist**, bes. Br. **pan·el·list** ['pænl-ɪst] s 1. Diskussi'onsteilnehmer(in), -redner(in). 2. TV etc Teilnehmer(in) an e-m 'Quizpro,gramm.

**pan·el| mount·ing** s tech. Pa'neelmon-,tage f. ~ **pin** s Stift m. ~ **ra·di·a·tor** → panel heater. ~ **saw** s Laubsäge f. ~ **sys·tem** s 'Listensy,stem n (für die Auswahl von Delegierten etc). ~ **truck** s Am. Lieferwagen m. ~ **wall** s arch. Füll-, Verbindungswand f. '**~work** s Tafel-, Fachwerk n.

**pang** [pæŋ] s 1. stechender Schmerz, Stich m (a. fig.), Stechen n: death ~s Todesqualen; ~s of hunger nagender Hunger; ~s of love Liebesschmerz m; ~ of conscience, ~s of remorse Gewissensbisse.

,**Pan-'Ger·man** hist. I adj panger'ma-nisch, all-, großdeutsch. II s Pangerma-'nist m. ,**Pan-'Ger·man·ism** s Pangerma'nismus m.

**pan·gram** ['pæŋgræm] s Satz, in dem alle Buchstaben des Alphabets vorkommen.

**pan·han·dle** ['pæn,hændl] I s 1. Pfannenstiel m. 2. Am. schmaler Fortsatz (bes. e-s Staatsgebiets): P~ State (Beiname für) West Virginia n. II v/t u. v/i 3. Am. sl. (j-n an-, etwas er)betteln, (etwas) ,schnorren'. '**pan,han·dler** s Am. sl. Bettler m, ,Schnorrer'.

**pan·ic¹** ['pænɪk] s bot. (e-e) (Kolben-) Hirse.

**pan·ic²** ['pænɪk] I adj 1. panisch: ~ fear; ~ haste wilde od. blinde Hast; ~ braking mot. scharfes Bremsen; ~ buying Angstkäufe pl; to be at ~ stations ,rotieren'. 2. Not...: ~ button; to push the ~ button fig. colloq. panisch reagieren. II s 3. Panik f, panischer Schrecken: to be in (get into) a ~ in Panik sein (geraten). 4. Börse: Börsenpanik f, Kurssturz m. 5. Am. sl. etwas zum Totlachen. III v/t pret u. pp '**pan·icked** 6. in Panik od. panischen Schrecken versetzen, eine Panik auslösen unter (dat). 7. Am. sl. das Publikum zum hinreißen. IV v/i 8. von panischem Schrecken erfaßt od. ergriffen werden, in Panik geraten: don't~! colloq. nur keine Aufregung od. Panik! 9. sich zu e-r Kurzschlußhandlung 'hinreißen lassen, ,'durchdrehen'.

**pan·ic grass** → panic¹.

**pan·ick·y** ['pænɪkɪ] adj colloq. 1. 'überängstlich, -ner,vös. 2. in Panik.

**pan·i·cle** ['pænɪkl] s bot. Rispe f.

'**pan·ic,mon·ger** s Bange-, Panikmacher(in). '**~proof** adj econ. krisensicher. ~ **re·ac·tion** s Kurzschlußhandlung f. '**~,strick·en**, '**~struck** adj von panischem Schrecken erfaßt od. ergriffen. ~ **switch** s aer. Bedienungsknopf m für e-n Schleudersitz.

**pan·jan·drum** [pæn'dʒændrəm] s humor. Wichtigtuer m.

**pan·lo·gism** ['pænlədʒɪzəm] s philos. Panlo'gismus m (Lehre von der logischen Struktur des Universums).

**pan·mix·i·a** [pæn'mɪksɪə] s biol. Panmi'xie f (Mischung durch zufallsbedingte Paarung).

**pan·nage** ['pænɪdʒ] s Br. 1. jur. Mastrecht n, -geld n. 2. Eichel-, Buchenmast f (der Schweine).

**panne** [pæn] s Panne m, Glanzsamt m.

**pan·nier** ['pænɪə(r); -njə(r)] s 1. (Trag-) Korb m: a pair of ~s e-e Satteltasche (am Fahr-, Motorrad). 2. hist. a) Reifrock m, b) Reifrockgestell n.

**pan·ni·kin** ['pænɪkɪn] s 1. Pfännchen n. 2. kleines Trinkgefäß aus Me'tall.

**pan·ning** ['pænɪŋ] s Film: Panora'mie-rung f, (Kamera)Schwenkung f: ~ shot Schwenk m.

**pan·o·plied** ['pænəplɪd] adj 1. vollständig gerüstet (a. fig.). 2. (prächtig) geschmückt. '**pan·o·ply** [-plɪ] s 1. vollständige Rüstung. 2. fig. a) (prächtige) Aufmachung, b) prächtige Umrahmung, Schmuck m. 3. fig. Schutz (-wall) m.

**pan·op·ti·con** [pæn'ɒptɪkən; Am. pæ-'nɑptə,kɑn] s 1. pan'optisches Sy'stem n (Gefängnisanlage). 2. Pan'optikum n.

**pan·o·ra·ma** [,pænə'rɑːmə; Am. a. -'ræmə] s 1. Pano'rama n, Rundblick m. 2. a) paint. Rundgemälde n, b) vor'beiziehender Bildstreifen. 3. a) Film: Schwenk m, b) phot. Pano'rama-, Rundblickaufnahme f: ~ head Schwenkkopf m; ~ lens Weitwinkelobjektiv n. 4. dauernd wechselndes Bild. 5. fig. Folge f von Bildern (vor dem geistigen Auge). 6. fig. vollständiger 'Überblick (of über acc). ~ **ra·dar** s aer. 'Rund(um)suchgerät n. ~ **wind·shield** s mot. Am. Pano'rama-, Rundsichtscheibe f.

**pan·o·ram·ic** [,pænə'ræmɪk] adj (adv ~ally) pano'ramisch, Rundblick...: ~ camera phot. Panoramakamera f; ~ photograph → panorama 3 b; ~ reception electr. Panoramaempfang m; ~ screen (Film) Panoramaleinwand f; ~ sight mil. Rundblick-, Panoramafernrohr n; ~ view → panorama 6.

'**Pan·pipe** s oft pl mus. Panflöte f.

,**Pan'slav·ism** s hist. Pansla'wismus m.

**pan·sy** ['pænzɪ] s 1. bot. Stiefmütterchen n. 2. a. ~ boy colloq. a) ,Bubi' m (Weichling), b) ,Homo' m, ,Schwule(r)' m (Homosexueller).

**pant¹** [pænt] I v/i 1. keuchen (a. fig. Zug etc), japsen, schnaufen: to ~ for breath nach Luft schnappen. 2. keuchen(d rennen). 3. fig. lechzen, dürsten, gieren (for od. after nach). II v/t 4. ~ out Worte (her'vor)keuchen, japsen. III s 5. Keuchen n, Japsen n, Schnaufen n.

**pant²** [pænt] bes. Am. I adj Hosen...: ~ leg. II s Hosenbein n.

**pan·ta·let(te)s** [,pæntə'lets] s pl (a. pair of~) bes. Am. 1. hist. Biedermeierhosen pl (für Damen). 2. Schlüpfer m mit langem Bein.

**pan·ta·loon** [,pæntə'luːn] s 1. thea. Hanswurst m, dummer August. 2. pl a. pair of ~s hist. Panta'lons pl (Herrenhose).

'**pant·dress** s bes. Am. Kleid n mit Hosenrock.

**pan·tech·ni·con** [pæn'teknɪkən] s Br. 1. Möbellager n. 2. Möbelwagen m.

**pan·the·ism** ['pænθiːɪzəm] s philos. Panthe'ismus m (Lehre, in der Gott u. die Welt identisch sind). '**pan·the·ist** I s Panthe'ist(in). II adj panthe'istisch. ,**pan·the'is·tic** adj, ,**pan·the'is·ti·cal** (adv ~ly) → pantheist II.

**pan·the·on** ['pænθɪən; Am. -θiːˌɑn] s 1. antiq. Pantheon n (Tempel). 2. Pantheon n, Ehrentempel m. 3. Pantheon n (Gesamtheit der Gottheiten).

**pan·ther** ['pænθə(r)] pl -**thers**, bes. collect. -**ther** s zo. Panther m: a) Leo'pard m, b) a. American ~ Puma m, c) Jaguar m. '**pan·ther·ess** s zo. Pantherweibchen n.

**pan·ties** ['pæntɪz] s pl, a. pair of ~ 1. Kinderhös-chen n. 2. (Damen)Slip m, (-)Schlüpfer m.

**pan·ti·hose** ['pæntɪhəʊz] s Strumpf-f

**pan·tile** ['pæntaɪl] s Dachziegel m, -pfanne f.

**pan·ti·soc·ra·cy** [,pæntɪ'sɒkrəsɪ; Am. -'sɑːk-] s Gemeinschaft, Gruppe etc, in der alle gleich sind.

**pan·to** ['pæntəʊ] pl -**tos** s Br. colloq. für pantomime 2-5.

**pan·to·graph** ['pæntəɡrɑːf; bes. Am. -təˌɡræf] s 1. electr. Scherenstromabnehmer m. 2. tech. Storchschnabel m, Panto-'graph m (Zeichengerät).

**pan·to·mime** ['pæntəmaɪm] I s 1. antiq. Panto'mimus m. 2. thea. Panto'mime f (stummes Spiel). 3. Br. (Laien)Spiel n, englisches Weihnachtsspiel. 4. Mienen-, Gebärdenspiel n. 5. bes. Br. colloq. ,Theater' n. II v/t 6. durch Gebärden ausdrücken, panto'mimisch darstellen, mimen. III v/i 7. sich durch Gebärden ausdrücken. ,**pan·to'mim·ic** [-'mɪm-ɪk] adj (adv ~ally) panto'mimisch.

**pan·try** ['pæntrɪ] s 1. Speise-, Vorratskammer f, Speiseschrank m. 2. Anrichteraum m (für kalte Speisen). '**~man** [-mən] s irr im Anrichteraum Beschäftigte(r) m.

**pants** [pænts] s pl 1. a. pair of ~ bes. Am. lange (Herren)Hose: kick in the ~ colloq. a) Tritt m in den ,Hintern', b) fig. ,Zi'garre' f, ,Rüffel' m, c) fig. Rückschlag m; to catch s.o. with his ~ down colloq. j-n überrumpeln; by the seat of one's ~ colloq. über den Daumen gepeilt; in long (short) ~ colloq. (noch nicht) erwachsen; to bore (scare) the ~ off s.o. colloq. j-n ,zu Tode' langweilen (erschrecken); to talk the ~ off s.o. colloq. j-m ,ein Loch od. Löcher in den Bauch reden'; → wear¹ 1. 2. a. pair of ~ Br. 'Herren,unterhose f. 3. aer. colloq. Fahrwerkverkleidung f in Stromlinienform.

'**pant·skirt** s bes. Am. Hosenrock m. '**~suit** s Am. Hosenanzug m.

**pan·ty| gir·dle** ['pæntɪ] s Miederhös-chen n. ~**hose** → pantihose. '**~waist** s Am. 1. (Art) Hemdhös-chen n. 2. sl. ,halbe Porti'on', Weichling m.

**pan·zer** ['pæntsə(r); 'pænzə(r)] mil. I adj Panzer...: ~ division. II s pl colloq. Panzer(verbände) pl.

**pap¹** [pæp] s 1. anat. obs. od. dial. Brustwarze f. 2. meist pl Kegel(berg) m.

**pap²** [pæp] s 1. Brei m, Papp m, Mus n. 2. a) Gefasel n, b) seichte Unter'haltungslek,türe. 3. pol. Am. colloq. Protekti'on f.

**pa·pa·cy** ['peɪpəsɪ] s 1. päpstliches Amt, päpstliche Würde. 2. P~ Papsttum n. 3. Pontifi'kat n, Amtszeit f e-s Papstes: during the ~ unter Papst ...

**pa·pal** ['peɪpl] adj (adv ~ly) 1. päpstlich. 2. römisch-ka'tholisch.

**pa·pal·ism** ['peɪpəlɪzəm] s Papsttum n. '**pa·pal·ist** s Pa'pist(in), Anhänger(in) des Papsttums. '**pa·pal·ize** v/t päpstlich machen, zum römisch-ka'tholischen Glauben bekehren. II v/i päpstlich (gesinnt) werden.

**Pa·pal States** s pl hist. Kirchenstaat m.

**pa·pa·ver·a·ceous** [pə,peɪvə'reɪʃəs; Am. -pæ-] adj bot. zu den Mohngewächsen gehörig. **pa'pav·er·ine** [-riːn; -rɪn] s chem. Papave'rin n (Alkaloid des Opiums).

**pa·paw¹** [pə'pɔː] s bes. Br. für papaya.

**pa·paw²** ['pɑːpɔː; 'pɔːpɔː] s bot. Am. a) (ein) Papau m, (ein) Papaw(baum) m, b) (eßbare) Papaufrucht.

**pa·pay·a** [pə'paɪə] s bot. 1. Pa'paya m, Me'lonenbaum m. 2. Pa'payafrucht f.

**pa·per** ['peɪpə(r)] I s 1. tech. u. Pa'pier n, b) Pappe f, c) Ta'pete f. 2. Pa'pier n (als Schreibmaterial): ~ does not blush Papier ist geduldig; on ~ a) auf dem Papier: a) theoretisch, b) noch im Planungsstadium; it, etc, is not worth the ~ it is written on es ist schade um das

Papier, das dafür verschwendet wurde; → **commit** 2. **3.** Blatt *n* Pa'pier. **4.** *pl* a) (Perso'nal-, 'Ausweis)Pa¡piere *pl*, Be-'glaubigungs-, Legitimati'onspa¡piere *pl*, b) Urkunden *pl*, Doku'mente *pl*: (ship's) ~s Schiffspapiere; officer's ~s Offizierspatent *n*; to send in one's ~s s-n Abschied nehmen, c) Schriftstücke *pl*, Akten *pl* (*amtliche*) 'Unterlagen *pl*: to move for ~s bes. parl. die Vorlage der Unterlagen (*e-s Falles*) beantragen. **5.** *econ.* a) ('Wert)Pa¡pier *n*, b) Wechsel *m*: best ~s erstklassige Wechsel; ~ credit Wechselkredit *m*, c) Pa'piergeld *n*: convertible ~ (*in Gold*) einlösbares Papiergeld; ~ currency Papier(geld)währung *f*. **6.** a) schriftliche Prüfung, b) Prüfungsarbeit *f*. **7.** Aufsatz *m*, (wissenschaftliche) Abhandlung, Vortrag *m*, Vorlesung *f*, Refe-'rat *n*, Pa'pier *n* (on über *acc*): to read a ~ e-n Vortrag halten, referieren. **8.** Zeitung *f*, Blatt *n*: to be in the ~s in der Zeitung stehen. **9.** Brief *m*, Heft *n*, Büchlein *n* (*mit Nadeln etc*). **10.** *thea. colloq.* Freikarte(ninhaber *m od. pl*) *f*. **II** *adj* **11.** aus Pa'pier *od.* Pappe (gemacht), pa'pieren, Papier..., Papp...: ~ cup Pappbecher *m*. **12.** pa'pierähnlich, (hauch)dünn: ~ walls. **13.** nur auf dem Pa'pier vor'handen: ~ city. **III** *v/t* **14.** in Pa'pier einwickeln. **15.** mit Pa'pier ausschlagen. **16.** tape'zieren: to ~ a room. **17.** mit Pa'pier versehen. **18.** *oft* ~ up Buchbinderei: das 'Vorsatzpa¡pier einkleben in (*acc*). **19.** mit 'Sandpa¡pier po'lieren. **20.** ~ over über'kleben, *fig.* Differenzen *etc* (notdürftig) über'tünchen. **21.** *thea. colloq.* das Haus durch Verteilung von Freikarten füllen.

'pa·per|·back **I** *s* Paperback *n*, Taschenbuch *n*: in ~ als Taschenbuch. **II** *adj* bro'schiert, Taschenbuch...: ~ edition. **III** *v/t bes. Br.* als Taschenbuch her'ausbringen. '~·backed → paperback II. ~ bag *s* (Pa'pier)Tüte *f*. ~ battle *s* ,Pa'pierkrieg' *m*. '~·board *s* Pappe *f*, Papp(en)deckel *m*. **II** *adj* Papp(en)deckel..., Papp...: ~ stock Graupappe *f*. '~·bound → paperback II. '~·boy *s* Zeitungsjunge *m*. ~ chase *s* Schnitzeljagd *f*. ~ clip *s* Bü'ro-, Heftklammer *f*. ~ coal *s* Blätter-, Pa'pierkohle *f* (*schlechte Braunkohle*). ~ cut·ter *s tech.* **1.** Pa'pier-¡schneidema¡schine *f*. **2.** → paper knife. ~ ex·er·cise *s mil.* Planspiel *n*. ~ fasten·er *s* Heftklammer *f*. ~ gold *s econ.* Sonderziehungsrechte *pl* (beim Internatio'nalen Währungsfonds). ~ hand·ker·chief *s* Pa'piertaschentuch *n*. '~·hang·er *s* **1.** Tape'zierer *m*. **2.** *Am. sl.* Scheckbetrüger(in). '~·hang·ing *s* **1.** Tape'zieren *n*. **2.** *pl obs.* Ta'pete(n *pl*) *f*. ~ knife *s irr* **1.** *tech.* Pa'piermesser *n*, (Falz)Bein *n*. **2.** Brieföffner *m*. ~ mill *s* Pa'pierfa¡brik *f*, -mühle *f*. ~ mon·ey *s econ.* Pa'piergeld *n*, Banknoten *pl*. ~ nap·kin *s* Pa'pierservi¡ette *f*. ~ nau·ti·lus *s nich.* Pa'pierboot *n*, -nautilus *m* (*Tintenfisch*). ~ of·fice *s hist.* 'Staatsar¡chiv *n*. ~ prof·it *s econ.* rechnerischer Gewinn. ~ stain·er *s* Ta'petenmaler *m*, -macher *m*. ~ tape *s Computer*: Lochstreifen *m*. '~·thin *adj* hauchdünn (*a. fig. Mehrheit etc*). ~ ti·ger *s fig.* Pa'piertiger *m*, (*Person a.*) Gummilöwe *m*. ~ war(·fare) *s* **1.** Pressekrieg *m*, -fehde *f*, Federkrieg *m*. **2.** ,Pa'pierkrieg' *m*. '~·weight **I** *s* **1.** Briefbeschwerer *m*. **2.** *sport* Pa'piergewicht(ler *m*) *m*. **II** *adj* **3.** *sport* Papiergewichts... '~·work *s* Schreibarbeit(en *pl*) *f*.

pa·per·y ['peɪpərɪ] *adj* pa'pierähnlich, -dünn.

pa·pier-mâ·ché [¡pæpjeɪ'mæʃeɪ; *Am.* ¡peɪpərmə'ʃeɪ] **I** *s* Papier¡ma'ché *n*, 'Papp-

ma¡ché *n*. **II** *adj* Papiermaché..., Pappmaché...

pa·pil·i·o·na·ceous [pə¡pɪlɪə'neɪʃəs] *adj bot.* schmetterlingsblütig.

pa·pil·la [pə'pɪlə] *pl* -lae [-li:] *s* **1.** *anat. bot.* Pa'pille *f*, Wärzchen *n*. **2.** *anat.* Ge-'schmackspa¡pille *f*.

pap·il·lar·y [pə'pɪlərɪ; *Am.* 'pæpə¡leri:], *a.* pap·il·lose ['pæpɪləʊs] *adj anat. bot.* **1.** warzenartig, -förmig, papil'lär. **2.** mit Pa'pillen (versehen), warzig.

pa·pism ['peɪpɪzəm] → papistry. 'pa·pist **I** *s contp.* Pa'pist(in), ,Ka'thole' *m*. **II** *adj* = papistic. pa·pis·tic [pə-'pɪstɪk] *adj*; pa'pis·ti·cal *adj* (*adv* ~ly) **1.** päpstlich. **2.** *contp.* pa'pistisch. pa·pist·ry ['peɪpɪstrɪ] *s contp.* Pa'pismus *m*.

pa(p)·poose [pə'pu:s] *s* **1.** Indi'anerbaby *n*. **2.** *Am. humor.* kleines Kind, ,Balg' *m, n*.

pap·pus ['pæpəs] *pl* 'pap·pi [-aɪ] *s* **1.** *bot.* a) Haarkrone *f* b) Federkelch *m*. **2.** Flaum *m*.

pap·py[1] ['pæpɪ] *adj* breiig, pappig.

pap·py[2] ['pæpi:] *s Am. colloq.* Pa'pa *m*, Vati *m*.

pa·pri·ka ['pæprɪkə; *bes. Am.* pæ'pri:kə] *s* Paprika *m* (*Pflanze od. Gewürz*).

Pap| test, ~ smear [pæp] *s med.* Abstrich *m*.

Pap·u·an ['pɑ:pʊən; 'pæpjʊən; *Am.* 'pæpjəwən] **I** *adj* **1.** papu'anisch. **II** *s* **2.** Papua *m*, Papuaneger(in). **3.** *ling.* Papuasprache *f*, das Papua.

pap·u·lar ['pæpjʊlə(r)] *adj anat.* papu'lös, knötchenförmig. 'pap·ule [-pju:l] *s* Papel *f*, (Haut)Bläs·chen *n*, Knötchen *n*.

pa·py·rus [pə'paɪərəs] *pl* -ri [-raɪ] *s* **1.** *bot.* Pa'pyrus(staude *f*) *m*. **2.** *antiq.* Pa'pyrus(rolle *f od.* -text *m*) *m*.

par [pɑː(r)] **I** *s* **1.** *econ.* Nennwert *m*, Pari *n*: at ~ zum Nennwert, al pari; above (below) ~ über (unter) pari *od.* dem Nennwert (→ 4); issue ~ Emissionskurs *m*; nominal (*od.* face) ~ Nennbetrag *m*, Nominalwert *m* (*e-r Aktie*); (commercial) ~ of exchange Wechselpari(tät *f*), Parikurs *m*. **2.** Ebenbürtigkeit *f*: to be on a ~ with gleich *od.* ebenbürtig sein, gewachsen sein (*dat*), entsprechen (*dat*); to put on a ~ with gleichstellen mit. **3.** nor'maler Zustand: above ~ in bester Form *od.* Verfassung: to be up to (below) ~ *colloq.* (gesundheitlich *etc*) (nicht) auf der Höhe sein; on a ~ *Br.* im Durchschnitt. **4.** *Golf*: Par *n*, festgesetzte Schlagzahl: above (below) ~ über (unter) Par; that's ~ for the course *colloq.* das ist ganz normal. **II** *adj* **5.** *econ.* pari, (dem Nennwert) gleich: ~ clearance *Am.* Clearing *n* zum Pariwert; ~ rate of exchange Wechsel-, Währungsparität *f*; ~ value Pari-, Nennwert *m*. **6.** nor'mal, 'durchschnittlich: ~ line (of stock) *econ.* Aktienmittelwert *m*.

pa·ra[1] ['pærə] *colloq.* **1.** *mil.* Fallschirmjäger *m*. **2.** *print.* Absatz *m*.

pa·ra[2] ['pɑ:rɑ:] *pl* -ras, -ra *s* Para *m*: a) türkische Münze (¹/₄₀ Piaster), b) jugoslawische Münzeinheit (¹/₁₀₀ Dinar).

para-[1] ['pærə] Wortelement mit den Bedeutungen **1.** neben, über ... hinaus. **2.** falsch. **3.** ähnlich. **4.** *chem.* a) neben, ähnlich, b) gewisse Benzolderivate u. Verbindungen ähnlicher Struktur bezeichnend. **5.** *med.* a) fehlerhaft, gestört, b) ergänzend, c) umgebend.

para-[2] ['pærə] Wortelement mit den Bedeutungen a) Schutz..., b) Fallschirm...

par·a·ble ['pærəbl] *s* Pa'rabel *f*, (*a. Bibl.*) Gleichnis *n*: to speak in ~s in Gleichnissen sprechen.

pa·rab·o·la [pə'ræbələ] *s math.* Pa'rabel *f*: (*a.* pair of) ~ compasses Parabelzirkel *m*.

par·a·bol·ic [¡pærə'bɒlɪk; *Am.* -'bɑ-] *adj*

(*adv* ~ally) **1.** → parabolical. **2.** *math.* para'bolisch, Parabel...: ~ arc. **3.** *tech.* pa'rabelförmig, para'bolisch: ~ mirror Parabolspiegel *m*. ¡par·a'bol·i·cal *adj* (*adv* ~ly) para'bolisch, gleichnishaft.

pa·rab·o·list [pə'ræbəlɪst] *s* Pa'rabeldichter *m*, -erzähler *m*. pa'rab·o·lize *v/t* **1.** durch e-e Pa'rabel *od.* Parabeln ausdrücken. **2.** *tech.* para'bolisch machen.

pa·rab·o·loid [pə'ræbələɪd] *s math.* Parabolo'id *n*. pa¡rab·o'loi·dal *adj* parabolo'id.

'par·a·brake *s aer.* Bremsfallschirm *m*. ¡par·a'cen·tric *adj math.* para'zentrisch.

par·a·chute ['pærəʃu:t] **I** *s* **1.** *aer.* Fallschirm *m*: ~ jump Fallschirmabsprung *m*; ~ jumper Fallschirmspringer(in). **2.** *zo.* Schirmflieger *m*. **3.** *zo.* Flug-, Fallschirm-, Flatterhaut *f*, Pa'tagium *n*. **4.** *tech.* e-e Halte- *od.* Sicherheitsvorrichtung, z. B. Fangvorrichtung *f* (*für e-n Aufzug od. Förderkorb*). **II** *v/t* **5.** mit dem Fallschirm absetzen *od.* abwerfen. **III** *v/i* **6.** mit dem Fallschirm abspringen. **7.** (wie) mit e-m Fallschirm schweben. ~ boat *s aer.* Einmann-Gummiboot *n* (*im Fallschirmgepäck*). ~ flare *s mil.* Leuchtfallschirm *m*. ~ mine *s mil.* Fallschirmmine *f*. ~ troops *s pl mil.* Fallschirmtruppen *pl*.

'par·a·chut·ist *s aer.* **1.** Fallschirmspringer(in). **2.** *mil.* Fallschirmjäger *m*.

Par·a·clete ['pærəkli:t] *s relig.* Para'klet *m* (*der Heilige Geist*).

par·ac·me [pə'rækmɪ] *s biol.* all'mählicher Niedergang, Entartung *f*.

par·a·cros·tic [¡pærə'krɒstɪk; *Am.* -'krɑ-] *s metr.* Para'krostichon *n*.

pa·rade [pə'reɪd] **I** *s* **1.** (Zur)'Schaustellen *n*, Vorführung *f*, Pa'rade *f*: to make (a) ~ of → 7 u. 8. **2.** *mil.* a) Pa'rade *f* (*Truppenschau od. Vorbeimarsch*) (before vor *dat*): to be on ~ e-e Parade abhalten, b) Ap'pell *m*: ~ rest! Rührt euch!, c) a. ~ ground *mil.* Pa'rade-, Exer-'zierplatz *m*. **3.** (Auf-, Vor'bei)Marsch *m*, ('Um)Zug *m*. **4.** *bes. Br.* ('Strand)Promenade *f*. **5.** *fenc.* Pa'rade *f*. **II** *v/t* **6.** zur Schau stellen, vorführen. **7.** *fig.* zur Schau tragen, prunken *od.* protzen *od.* sich brüsten mit. **8.** 'auf- *od.* vor'beimar¡schieren *od.* para'dieren lassen. **9.** e-e Straße ent'langstol¡zieren, auf u. ab mar'schieren. **III** *v/i* **10.** prome'nieren, sich zur Schau stellen, stol'zieren. **11.** *mil.* para'dieren, (in Pa'radeformati¡on) (vor'bei)mar¡schieren. **12.** e-n 'Umzug veranstalten, durch die Straßen ziehen, b) vor'beiziehen.

par·a·digm ['pærədaɪm; *Am. a.* -¡dɪm] *s* Para'digma *n*: a) Beispiel *n*, Muster *n*, b) *ling.* 'durchflek¡tiertes Musterwort. ¡par·a·dig'mat·ic [-dɪg'mætɪk] *adj* (*adv* ~ally) paradig'matisch (*a. fig.*).

par·a·di·sa·ic [¡pærədɪ'seɪɪk; *Am.* -¡daɪ-], ¡par·a·di'sa·i·cal [-kl] *adj* para'diesisch.

par·a·dise ['pærədaɪs] *s* **1.** (*Bibl.* P~) Para'dies *n*: a) Garten *m* Eden, b) Himmel *m*, c) *fig.* (siebenter) Himmel: an earthly ~ ein Paradies auf Erden; holiday (*bes. Am.* vacation) ~ Urlaubsparadies; bird of ~ *orn.* Paradiesvogel *m*; fool's paradise 2. (orientalischer) Lustgarten. ~ ap·ple *s bot.* Para'diesapfel *m*. ~ fish *s* Para'diesfisch *m*.

par·a·dis·i·ac [¡pærə'dɪsɪæk], ¡par·a·di'si·a·cal [-dɪ'saɪəkl; *Am.* -¡daɪ-] *adj* para'diesisch (*a. fig.*).

par·a·dos ['pærədɒs; *Am.* -¡dɑs; -¡dəʊs] *s mil.* Rückenwehr *f*.

par·a·dox ['pærədɒks; *Am.* -¡dɑks] *s* Pa'radoxon *n*, Para'dox *n*. ¡par·a'dox·i-

**cal** *adj* (*adv* ~ly) para'dox: ~ **sleep** *psych.*
REM-Schlaf *m*, paradoxer Schlaf.
'**par·a·dox·i'cal·i·ty** [-sɪ'kælətɪ] *s* Parado'xie *f.* '**par·a·dox·ist** *s* Freund(in)
para'doxer Ausdrucksweise. '**par·adox·y** *s* Parado'xie *f.*
'**par·a·drop** → airdrop.
**par·af·fin** ['pærəfɪn], '**par·af·fine**
[-fiːn; *Am. a.* -fɪn] **I** *s* **1.** Paraf'fin *n*:
liquid ~ Paraffinöl *n*; solid ~ Erdwachs
*n*; ~ **wax** Paraffin (*für Kerzen*). **2.** *a.* ~ **oil**
*Br.* Paraf'fin(öl) *n*: a) Leucht-, Brenn-,
Heizöl *n*, b) Schmieröl *n.* **II** *v/t* **3.** mit
Paraf'fin behandeln, paraffi'nieren.
**par·a·go·ge** [ˌpærəˈgəʊdʒɪ; *Am. a.* 'pær
ə₁g-] *s* *ling.* Para'goge *f* (*Endverlängerung
e-s Worts, z. B.* among-st).
**par·a·gon** ['pærəgən; *Am. a.* -₁gɑn] **I** *s*
**1.** Muster *n*, Vorbild *n*: ~ **of virtue**
Muster *od.* (*iro.*) Ausbund *m* an Tugend.
**2.** 'hundertka₁rätiger Soli'tär (*fehlerloser
Diamant*). **3.** *print.* Text *f* (*Schriftgrad*). **II**
*v/t* **4.** *obs. od. poet.* vergleichen (**with**
*mit*).
**par·a·graph** ['pærəgrɑːf; *bes. Am.*
-græf] **I** *s* **1.** *print.* a) Absatz *m*, Abschnitt
*m*, Para'graph *m*, b) (*ein p-ähnliches*) Verweis- *od.* Absatzzeichen. **2.** kurzer ('Zeitungs)Ar₁tikel. **II** *v/t* **3.** in Absätze einteilen. **4.** e-n (kurzen 'Zeitungs)Ar₁tikel
schreiben über (*acc*). '**par·a·graph·er**
*s* **1.** Verfasser(in) kurzer 'Zeitungsar₁tikel. **2.** 'Leitar₁tikler *m* (*e-r Zeitung*).
**par·a·graph·i·a** [ˌpærəˈgrɑːfɪə; *Am.*
-'græf-] *s med.* Paragra'phie *f* (*Störung des
Schreibvermögens*).
**Par·a·guay·an** [ˌpærəˈgwaɪən; -'gweɪ
ən] **I** *adj* para'guayisch. **II** *s* Para'guayer
(-in).
**par·a·keet** ['pærəkiːt] *s orn.* Sittich *m.*
**par·a·kite** ['pærəkaɪt] *s* **1.** *aer.* Fallschirmdrachen *m.* **2.** Drachen *m* (*mit
Registriergeräten für wissenschaftliche
Beobachtungen*).
**par·al·de·hyde** [pəˈrældɪhaɪd] *s chem.*
Paralde'hyd *n.*
ˌ**par·a·lin'guis·tic** *ling.* **I** *adj* paralin
'guistisch. **II** *s pl* (*meist als sg konstruiert*)
Paralin'guistik *f.*
**par·a·lip·sis** [ˌpærəˈlɪpsɪs] *pl* **-ses** [-siːz]
*s ling.* Para'lipse *f* (*rhetorische Figur,
durch die man das betont, was man angeblich übergehen will, z. B.* ,ganz zu schweigen von').
**par·al·lac·tic** [ˌpærəˈlæktɪk] *adj* (*adv
~ally*) *astr. phys.* paral'laktisch: ~ **motion** parallaktische Verschiebung. '**par·
al·lax** [-læks] *s* Paral'laxe *f.*
**par·al·lel** ['pærəlel] **I** *adj* **1.** *math. mus.
tech.* paral'lel (**with** *zu,* mit): ~ **bars**
(*Turnen*) Barren *m;* **at the ~ bars** am
Barren; ~ **computer** Simultanrechenanlage *f,* -rechner *m;* ~ **cousins** Kinder
zweier Brüder *od.* zweier Schwestern; ~
**connection** → 6; ~ **slalom** (*Skisport*)
Parallelslalom *m;* ~ **stroke milling** *tech.*
Zeilenfräsen *n;* ~ **turn** (*Skisport*) Parallelschwung *m;* **to run** ~ **to** parallel verlaufen
zu. **2.** *fig.* paral'lel, gleich(gerichtet, -laufend): ~ **case** Parallelfall *m;* **research
work on** ~ **lines** Forschungsarbeit *f* in
der gleichen Richtung; ~ **passage**
gleichlautende Stelle, Parallele *f* (*in e-m
Text*). **II** *s* **3.** *math. u. fig.* Paral'lele *f:* **to
draw a** ~ **to** e-e Parallele ziehen zu; **to
draw a** ~ **between** *fig.* e-e Parallele
ziehen zwischen, (miteinander) vergleichen; **in** ~ **with** parallel zu. **4.** *math.*
Paralle'li'tät *f* (*a. fig. Gleichheit*). **5.** *a.* ~ **of
latitude** *geogr.* Breitenkreis *m.* **6.** *electr.*
Paral'lel-, Nebenein'anderschaltung *f:* **in**
~ **parallel**(-), nebeneinander(geschaltet).
**7.** Gegenstück *n,* Entsprechung *f:* **to
have no** ~ nicht seinesgleichen haben,
einzigartig sein; **without** ~ ohnegleichen.

---

**8.** *mil.* Paral'lele *f,* Quergraben *m.* **9.** *print.*
(*aus 2 senkrechten Strichen bestehendes*)
Verweiszeichen. **III** *v/t pret u. pp*
**-leled,** *bes. Br.* **-lelled 10.** (**with**) gegen'überstellen (*dat*), vergleichen (**mit**).
**11.** anpassen, angleichen (**with, to** *dat*).
**12.** gleichkommen *od.* entsprechen (*dat*).
**13.** etwas Gleiches *od.* Entsprechendes
finden zu (*e-r Sache od. j-m*). **14.** *bes.
Am. colloq.* paral'lel (ver)laufen zu,
laufen neben (*dat*). **15.** *electr.* paral'lelschalten.
**par·al·lel·e·pi·ped** [ˌpærəleˈlepɪped;
'pærə₁leləˈpaɪped; *Am. a.* -'pɪpəd] *s math.*
Paral'lelflach *n,* Paral₁lelepi'ped *n.*
'**par·al·lel·ism** *s* **1.** *math.* Paralle'lismus
*m,* Paralleli'tät *f* (*a. fig.*). **2.** *philos.* (psycho'physischer) Paralle'lismus. **3.** *ling.*
Paralle'lismus *m* (*formale u. inhaltliche
Übereinstimmung zwischen aufeinanderfolgenden Teilstücken od. Versen*).
**par·al·lel·o·gram** [ˌpærəleˈleəʊgræm;
*bes. Am.* -'lelə-] *s math.* Parallelo'gramm
*n:* ~ **linkage system** *tech.* Parallelogrammgestänge *n;* ~ **of forces** *phys.*
Kräfteparallelogramm.
**pa·ral·o·gism** [pəˈrælədʒɪzəm] *s philos.*
Paralo'gismus *m,* Trugschluß *m.* **pa
'ral·o·gize** *v/i* falsche Schlüsse ziehen.
**par·a·lyse** *bes. Br.* für paralyze.
**pa·ral·y·sis** [pəˈrælɪsɪs] *pl* **-ses** [-siːz] *s*
**1.** *med.* Para'lyse *f,* Lähmung *f:* → **general paralysis. 2.** *fig.* Lähmung *f:*
a) Lahmlegung *f,* b) Da'niederliegen *n,*
c) Ohnmacht *f.* **par·a·lyt·ic** [ˌpærəˈlɪtɪk] **I** *adj* (*adv ~ally*) **1.** *med.* para'lytisch:
a) Lähmungs..., lähmend, b) gelähmt (*a.
fig.*). **2.** *Br. colloq.* ,sternhagel'voll' (*sehr
betrunken*). **II** *s* **3.** *med.* Para'lytiker(in),
Gelähmte(r *m*) *f.* '**par·a·lyz·ant** [-laɪzənt] *s med.* Lähmungsmittel *n* (*z. B. Curare*). **par·a·ly'za·tion** [-laɪˈzeɪʃn; *Am.*
-ləˈz-] *s* **1.** *med.* Lähmung *f* (*a. fig.*).
**2.** *fig.* Lahmlegung *f.* '**par·a·lyze,** *bes.
Br.* '**par·a·lyse** *v/t* **1.** *med.* paraly'sieren, lähmen. **2.** *fig.* a) den Verkehr *etc*
lähmen, lahmlegen, zum Erliegen bringen, b) Anstrengungen *etc* zu'nichte machen, c) *j-n* entnerven, zermürben.
ˌ**par·a·mag'net·ic** *adj phys.* parama
'gnetisch. ˌ**par·a'mag·net·ism** *s* Paramagne'tismus *m.*
'**par·a·med·ic** *s Am.* **1.** Arzt, der sich
über abgelegenen Gegenden mit dem
Fallschirm absetzen läßt. **2.** a) ärztlicher
Assi'stent (*der Spritzen verabreicht, Röntgenaufnahmen macht etc*), b) Sani'täter *m*
(*z. B. im Notarztwagen*).
**pa·ram·e·ter** [pəˈræmɪtə(r)] *s math.* a)
Pa'rameter *m* (*a. min.*), b) Hilfs-, Nebenveränderliche *f.*
**par·a·met·ric**[1] [ˌpærəˈmetrɪk] *adj math.*
para'metrisch, Parameter...
**par·a·me·tric**[2] [ˌpærəˈmiːtrɪk; -'met-]
*adj anat.* para'metrisch, zum Beckenzellgewebe gehörig.
ˌ**par·a'mil·i·tar·y** *adj* 'paramili₁tärisch.
**par·a·mount** ['pærəmaʊnt] **I** *adj* **1.** höher stehend (**to** als), oberst(er, e, es),
'übergeordnet, höchst(er, e, es): **lord** ~
*hist.* oberster (Lehns)Herr. **2.** *fig.* an
erster Stelle *od.* an der Spitze stehend,
größt(er, e, es), über'ragend, ausschlaggebend: **of** ~ **importance** von (aller-)
größter Bedeutung. **II** *s* **3.** (oberster)
Herrscher.
**par·a·mour** ['pærə₁mʊə(r)] *s obs.* Buhle
*m u. f,* Geliebte(r *m*) *f,* Mä'tresse *f.*
**par·a·noi·a** [ˌpærəˈnɔɪə] *s med. psych.*
Para'noia *f.* ˌ**par·a'noi·ac** [-æk] **I** *adj*
para'noisch. **II** *s* Para'noiker(in). '**par·
a·noid** *adj* parano'id.
ˌ**par·a'nor·mal** *adj* Parapsychologie:
paranor'mal, 'übersinnlich.

---

'**par·a₁op·er'a·tion** *s mil.* 'Fallschirm-,
'Luft₁landeunter₁nehmen *n.*
**par·a·pet** ['pærəpɪt; -pet] *s* **1.** *mil.* Brustwehr *f,* Wall *m.* **2.** *arch.* (Brücken)Geländer *n,* (Bal'kon-, Fenster)Brüstung *f.*
'**par·a·pet·ed** *adj* mit e-r Brustwehr
*etc* (versehen).
**par·aph** ['pærəf; *Am. a.* pəˈræf] *s* Pa'raphe *f,* ('Unterschrifts)Schnörkel *m.*
'**par·a·phase** *adj electr.*: ~ **amplifier**
Paraphasenverstärker *m;* ~ **coupling**
Gegentaktschaltung *f* mit Phasenumkehr.
**par·a·pher·na·li·a** [ˌpærəfəˈneɪljə; *Am.
a.* -fər-] *s pl* **1.** per'sönlicher Besitz, ,Siebensachen' *pl.* **2.** (*a. als sg konstruiert*)
Zubehör *n, m,* Ausrüstung *f,* Uten'silien
*pl,* ,Drum u. Dran' *n.* **3.** *jur.* Parapher'nalgut *n* (*der Ehefrau*).
**par·a·phrase** ['pærəfreɪz] **I** *s* **1.** *bes. ped.*
Interpretati'on *f,* freie 'Wiedergabe (*e-s
Textes*). **2.** Para'phrase *f* (*a. mus.*), Um
'schreibung *f.* **II** *v/t u. v/i* **3.** paraphra'sieren (*a. mus.*), interpre'tieren, (*e-n Text*)
frei 'wiedergeben. **4.** um'schreiben.
**par·a·phras·tic** [ˌpærəˈfræstɪk] *adj* (*adv
~ally*) para'phrastisch, um'schreibend.
ˌ**par·a'phys·ics** *s pl* (*meist als sg konstruiert*) Paraphy'sik *f.*
**par·a·ple·gia** [ˌpærəˈpliːdʒə; *Am. a.*
-dʒɪə] *s med.* Paraple'gie *f,* doppelseitige
Lähmung. ˌ**par·a'ple·gic** *adj* para'plegisch.
ˌ**par·a'psy·chic** *adj;* ˌ**par·a'psy·chi·
cal** *adj* (*adv ~ly*) para'psychisch, 'übersinnlich.
'**par·a₁psy·cho'log·i·cal** *adj* parapsycho'logisch. ˌ**par·a·psy'chol·o·gist** *s*
Parapsycho'loge *m,* Parapsycho'login *f.*
ˌ**par·a·psy'chol·o·gy** *s* Parapsycholo'gie *f.*
**par·a·quet** ['pærəket] → parakeet.
**Pa·rá rub·ber** [pəˈrɑː; 'pɑːrə] *s* Parakautschuk *m,* -gummi *m.*
**par·a·sab·o·teur** ['pærə₁sæbə'tɜː; *Am.*
-'tɜr; -'tjʊər] *s mil.* mit Fallschirm (*hinter
den feindlichen Linien*) abgesprungener
A'gent. ˌ**par·a'scend·ing** [-'sendɪŋ] *s*
Fallschirmsport *m,* -springen *n.*
**par·a·se·le·ne** [ˌpærəsɪˈliːnɪ] *pl* **-nae**
[-niː; *Am. a.* -naɪ] *s astr.* Nebenmond *m.*
**par·a·sit·al** ['pærəsaɪtl; ˌpærə-] *adj* para'sitisch (*a. fig.*).
**par·a·site** ['pærəsaɪt] **I** *s* **1.** *biol. u. fig.*
Schma'rotzer *m,* Para'sit *m:* **external** ~
Außenpara'sit *m.* **2.** *fig.* Schmeichler *m,*
Speichellecker *m.* **3.** *ling.* para'sitischer
Laut. **II** *adj* **4.** *tech.* → parasitic 4.
**par·a·sit·ic** [ˌpærəˈsɪtɪk] *adj* (*adv ~ally*)
**1.** *biol.* para'sitisch (*a. ling.*), schma'rotzend, *fig. a.* schma'rotzerhaft. **2.** *med.*
para'sitisch, parasi'tär. **3.** *fig.* schmeichlerisch. **4.** *electr. tech.* schädlich, störend,
parasi'tär: ~ **current** Fremdstrom *m;* ~
**drag** *aer.* schädlicher (Luft)Widerstand; ~
**loss** Kriechverlust *m;* ~ **oscillation**
Streu-, Störschwingung *f;* ~ **suppressor**
Schwingschutzwiderstand *m.* **5.** *ling.*
para'sitisch. ˌ**par·a'sit·i·cal** *adj* (*adv
~ly*) → parasitic 1–3.
**par·a·sit·i·cide** [ˌpærəˈsɪtɪsaɪd] *adj
u. s* para'sitentötend(es Mittel). '**par·
a·sit·ism** [-saɪtɪzəm] *s* Para'sitismus *m* (*a. med.*), Schma'rotzertum *n*
(*a. fig.*).
**par·a·sol** ['pærəsɒl; *Am. a.* -₁sɑl] *s* (Damen)Sonnenschirm *m,* Para'sol *m.*
'**par·a·suit** *s* 'Fallschirmkombinati₁on *f.*
**par·a·syn·e·sis** [ˌpærəˈsɪnɪsɪs] *s ling.*
'volksetymo₁logische 'Ummodelung (*e-s
[Fremd]Worts*).
ˌ**par·a'tac·tic** *adj* (*adv ~ally*) *ling.* para
'taktisch, nebenordnend. ˌ**par·a'tax·is**
*s* Para'taxe *f,* Nebenordnung *f* (*von Sätzen od. Satzgliedern*).

ˌpar·aˈthy·roid (gland) s anat. Ne-
benschilddrüse f.
ˌpar·aˈton·ic adj biol. 1. wachstums-
hemmend. 2. bot. paraˈtonisch (sich auf
Umweltreize hin bewegend).
ˈpar·a·troop mil. I adj Fallschirm-
jäger..., Luftlande... II s pl Fallschirm-
truppen pl. ˈpar·aˌtroop·er s Fall-
schirmjäger m.
ˌpar·aˈty·phoid (fe·ver) s med. Para-
typhus m.
par·a·vane [ˈpærəveɪn] s mar. mil. Mi-
nenabweiser m, Ottergerät n.
par a·vion [paravjõ] (Fr.) adv mit Luft-
post.
par·boil [ˈpɑː(r)bɔɪl] v/t 1. halbgar ko-
chen, ankochen. 2. fig. überˈhitzen.
par·buck·le [ˈpɑː(r)ˌbʌkl] I s 1. Schrot-
Tau n (zum Ab- u. Aufladen von Fässern).
2. Doppelschlinge f (um ein Faß etc). II
v/t 3. schroten.
par·cel [ˈpɑː(r)sl] I s 1. Bündel n. 2. Paˈket
n, Päckchen n: ~ of shares Aktienpaket;
~ room Handgepäckaufbewahrung f; to
do up in ~s einpacken. 3. pl Stückgüter
pl. 4. econ. Posten m, Parˈtie f (Ware): in
~s in kleinen Posten, stück-, packweise.
5. contp. Haufe(n) m. 6. a. ~ of land
Parˈzelle f. II v/t pret u. pp -celed, bes.
Br. -celled 7. meist ~ out auf-, aus-,
abteilen, Land parzelˈlieren. 8. a. ~ up
einpacken, (ver)packen. 9. mar. Tau (be-)
schmarten. III adj u. adv 10. halb, teil-
weise: ~-gilt teilvergoldet. ~ bomb s
Paˈketbombe f. ~ de·liv·er·y s 1. Pa-
ˈketausgabe f. 2. Paˈketzustellung f.
of·fice s Gepäckannahmestelle f, -ab-
fertigung f. ~ post s Paˈketpost f.
par·ce·nar·y [ˈpɑː(r)sɪnərɪ; Am. -ˌeri:] s
jur. Mitbesitz m (durch Erbschaft). ˈpar-
ce·ner s Miterbe m.
parch [pɑː(r)tʃ] I v/t 1. rösten, dörren.
2. ausdörren, -trocknen, (ver)sengen: to
be ~ed (with thirst) am Verdursten sein.
II v/i 3. ausdörren, -trocknen. 4. rösten,
schmoren. ˈparch·ing adj sengend: ~
heat.
parch·ment [ˈpɑː(r)tʃmənt] s 1. Perga-
ˈment n. 2. a. vegetable ~ Pergaˈment-
paˌpier n. 3. Pergaˈment(urkunde f) n,
Urkunde f.
par·close [ˈpɑː(r)kləʊz] s Gitter n (um
Altar od. Grabmal).
pard [pɑːrd], ˈpard·ner [-nər] s Am.
colloq. Partner m, ˌKumpel m.
par·don [ˈpɑː(r)dn] I v/t 1. j-m od. e-e
Sache verzeihen, j-n od. etwas entschuldi-
gen: ~ me Verzeihung!, Entschuldi-
gung!, entschuldigen Sie od. verzeihen
Sie bitte!; ~ me for interrupting you
verzeihen od. entschuldigen Sie, wenn ich
Sie unterbreche! 2. e-e Schuld vergeben.
3. j-m das Leben schenken, j-m die Strafe
erlassen, j-n begnadigen. II s 4. Verzei-
hung f: a thousand ~s ich bitte (Sie)
tausendmal um Entschuldigung; to
beg (od. ask) s.o.'s ~ j-n um Verzeihung
od. Entschuldigung bitten; I beg your ~
a) entschuldigen Sie od. verzeihen Sie
bitte!, Verzeihung!, Entschuldigung!,
b) colloq. a. ~? wie sagten Sie (doch
eben)?, wie bitte?, c) erlauben Sie mal!,
ich muß doch sehr bitten! 5. Vergebung f
(for gen). 6. Begnadigung f, Straferlaß m,
Amneˈstie f: → general pardon.
7. Parˈdon m, Gnade f. 8. R.C. Ablaß m.
ˈpar·don·a·ble adj (adv pardonably)
verzeihlich (Fehler), läßlich (Sünde).
ˈpar·don·er s R.C. hist. Ablaßprediger
m, contp. Ablaßkrämer m.
pare [peə(r)] v/t 1. schälen: to ~ apples;
to ~ off (ab)schälen (a. tech.). 2. (be-)
schneiden, stutzen (a. fig.): to ~ one's
nails sich die (Finger)Nägel schneiden;
→ claw 1. 3. ~ down abnagen (to bis

auf acc), b) fig. beschneiden, einschrän-
ken.
par·e·gor·ic [ˌpærəˈgɒrɪk; Am. a. -ˈgɑ-;
-ˈgɔ:-] adj u. s med. pharm. schmerzstil-
lend(es Mittel).
par·en·ceph·a·lon [ˌpærenˈsefələn;
-lɒn] s anat. Kleinhirn n.
pa·ren·chy·ma [pəˈreŋkɪmə] s 1. Paren-
ˈchym n: a) biol. bot. Grundgewebe n, b)
anat. Orˈgangewebe n. 2. med. Tumor-
gewebe n.
par·ent [ˈpeərənt; Am. ˈpær-; ˈper-] I s
1. pl Eltern pl: ~-teacher association
ped. Elternbeirat m; ~-teacher meeting
ped. Elternabend m. 2. bes. jur. Elternteil
m: a) Vater m, b) Mutter f. 3. Vorfahr m,
Stammvater m: our first ~s, Adam and
Eve unsere Voreltern, Adam u. Eva.
4. biol. Elter n, m. 5. fig. a) Urheber m,
b) Ursprung m, Ursache f: idleness is
the ~ of vice Müßiggang ist aller Laster
Anfang. 6. econ. „Mutter' f (Muttergesell-
schaft). II adj 7. biol. Stamm..., Mutter...:
~ cell Mutterzelle f. 8. ursprünglich,
Ur...: ~ form Urform f. 9. fig. Mutter...,
Stamm...: ~ atom phys. Ausgangsatom
n; ~ company econ. Stammhaus n, Mut-
tergesellschaft f; ~ frequencies Primär-
frequenzen; ~ lattice phys. Hauptgitter
n; ~ material a) Urstoff m, b) geol.
Mutter-, Ausgangsgestein n; ~ organi-
zation Dachorganisation f; ~ patent jur.
Stammpatent n; ~ rock geol. Mutter-,
Ausgangsgestein n; ~ ship mar. mil. Mut-
terschiff n; ~ unit mil. Stammtruppenteil
m. ˈpar·ent·age s 1. Abkunft f, Ab-
stammung f, Faˈmilie f: of noble ~; of
unknown ~ unbekannter Herkunft.
2. Elternschaft f. 3. fig. Ursprung m.
pa·ren·tal [pəˈrentl] adj (adv ~ly) elter-
lich, Eltern...: ~ authority (od. power)
jur. elterliche Gewalt.
pa·ren·the·sis [pəˈrenθɪsɪs] pl -the·ses
[-siːz] s 1. ling. Parenˈthese f, Einschal-
tung f: by way of ~ beiläufig. 2. meist pl
(runde) Klammer f: to put in pa-
rentheses einklammern. 3. Zwischen-
spiel n, Epiˈsode f. pa·ren·the·size v/t
1. Worte einschalten, -flechten. 2. print.
einklammern. 3. e-e Rede mit einge-
schalteten Erklärungen spicken. par-
en·thet·ic [ˌpærenˈθetɪk] adj; ˌpar-
en·thet·i·cal adj (adv ~ly) 1. paren-
ˈthetisch: a) eingeschaltet, b) beiläufig.
2. Klammer..., eingeklammert. 3. zu Pa-
ren'thesen neigend.
ˈpar·ent·hood s Elternschaft f. ˈpar-
ent·less adj elternlos.
par·er [ˈpeərə(r)] s Schälmesser n, Schä-
ler m.
pa·re·sis [pəˈriːsɪs; ˈpærɪsɪs] s med.
1. Paˈrese f, unvollständige Lähmung.
2. oft general ~ progresˈsive Paraˈlyse f.
pa·ret·ic [pəˈretɪk] med. I adj paˈretisch,
Parese... II s an Paˈrese Leidende(r m) f.
par·get [ˈpɑː(r)dʒɪt] I s 1. Gips(stein) m.
2. Verputz m, Bewurf m. 3. Stuck m.
II v/t pret u. pp -get·ed, bes. Br.
-get·ted 4. verputzen. 5. mit Stuck
verzieren. ˈpar·get·(t)ing s Stuckar-
beit(en pl) f, Stuck(verzierung f) m.
par·he·li·a [pɑː(r)ˈhiːljə] pl von parhe-
lion.
par·he·li·a·cal [ˌpɑː(r)hiˈlaɪəkl] adj
astr. parˈhelisch, Nebensonnen...
par·he·li·on [pɑː(r)ˈhiːljən] pl -li·a [-ljə]
s Nebensonne f, Parˈhelion n.
pa·ri·ah [ˈpæriə; bes. Am. pəˈraɪə] s Paria
m (a. fig. Ausgestoßener). ~ dog s Paria-
hund m.
Par·i·an [ˈpeəriən; Am. ˈpær-; ˈper-] I adj
1. parisch: ~ marble. 2. tech. Parian...
II s 3. tech. Pariˈan n, ˈElfenbeinpor-
zelˌlan n.
pa·ri·e·tal [pəˈraɪɪtl] I adj 1. bes. anat.

parieˈtal: a) a. biol. bot. wandständig,
Wand...: ~ cell Wandzelle f, b) seitlich,
c) Scheitel(bein)...: ~ lobe Scheitellappen
m (des Gehirns). 2. ped. Am. inˈtern,
Haus...: ~ board Aufsichtsrat e-s College.
II s 3. a. ~ bone anat. Scheitelbein n.
par·i·mu·tu·el [ˌpærɪˈmjuːtʃʊəl; Am.
-tʃəwəl; -tʃəl] adj: ~ machine (Pferde-
sport) bes. Am. Totalisator m.
par·ing [ˈpeərɪŋ] s 1. Schälen n. 2. (Be-)
Schneiden n, Stutzen n (a. fig.). 3. pl a)
Schalen pl: potato ~s, b) tech. Späne pl,
Schabsel pl, Schnitzel pl. ~chis·el s tech.
Ball(en)eisen n. ~ gouge s tech. Hohlbei-
tel m. ~ knife s irr tech. 1. Schälmesser n
(für Obst etc). 2. Beschneidmesser n.
pa·ri pas·su [ˌpærɪˈpæsuː; ˌpɑːrɪˈpɑː-]
(Lat.) adv gleichrangig, -berechtigt.
par·i·pin·nate [ˌpærɪˈpɪnɪt; bes. Am.
-neɪt] adj bot. paarig gefiedert.
Par·is [ˈpærɪs] s Paˈriser... ~ blue s
Paˈriser od. Berˈliner Blau n. ~ dai·sy s
bot. ˈStraubmargeˌrite f. ~ green s Pa-
ˈriser od. Schweinfurter Grün n.
par·ish [ˈpærɪʃ] I s 1. relig. a) Kirchspiel
n, Pfarrbezirk m, b) a. collect. Gemeinde
f. 2. a. civil ~, poor-law ~ pol. bes. Br.
(poˈlitische) Gemeinde: to go (od. be) on
the ~ hist. der Gemeinde zur Last fallen,
von der Gemeinde unterhalten werden.
3. pol. Am. (Louisiana) Kreis m. II adj
4. Kirchen..., Pfarr...: ~ church Pfarr-
kirche f; ~ clerk Küster m; ~ house
Pfarrhaus n; ~ register Kirchenbuch n,
-register n. 5. pol. Gemeinde...: ~ council
Gemeinderat m. 6. contp. Dorf...:
~-pump politics Kirchturmpolitik f.
pa·rish·ion·er [pəˈrɪʃənə(r)] s Ge-
meinde(mit)glied n.
Pa·ri·sian [pəˈrɪziən; Am. pəˈrɪʒən] I s
Paˈriser(in). II adj Paˈriser.
Par·is white s Paˈriser Weiß n,
Schlämmkreide f.
par·i·syl·lab·ic [ˌpærɪsɪˈlæbɪk] ling.
I adj parisylˈlabisch, gleichsilbig.
II s Pariˈsyllabum n.
par·i·ty [ˈpærətɪ] s 1. Gleichheit f: ~ of
pay Lohngleichheit. 2. econ. a) Pariˈtät f,
b) ˈUmrechnungskurs m: at the ~ of zum
Umrechnungskurs von; ~ clause Pari-
tätsklausel f; ~ price Parikurs m. 3. bes.
relig. Pariˈtät f, gleichberechtigte Stellung.
park [pɑː(r)k] I s 1. Park m, (Park)An-
lagen pl. 2. Naˈturschutzgebiet n, Park m:
national ~ Nationalpark. 3. jur. Br. (kö-
niglicher) Wildpark. 4. bes. mil. (Fahr-
zeug-, Geschütz-, Saniˈtäts- etc)Park m.
5. Am. Parkplatz m. 6. a) Am. (Sport-)
Platz m, b) the Br. colloq. der Fußball-
platz. II v/t 7. mot. parken, abstellen: a
~ed car ein parkendes Fahrzeug; he's
~ed over there er parkt dort drüben; to
~ o.s. colloq. sich ˌhinhocken', sich
ˌpflanzen'. 8. colloq. abstellen, lassen: to
~ one's bag at the station; to ~ one's
children with the neighbo(u)rs die
Kinder bei den Nachbarn lassen. III v/i
9. parken: a place to ~ ein Parkplatz.
10. einparken.
par·ka [ˈpɑː(r)kə] s Parka m, f.
par·kin [ˈpɑː(r)kɪn] s (Art) Pfefferku-
chen m.
park·ing [ˈpɑː(r)kɪŋ] s 1. Parken n: no ~
Parkverbot n, Parken verboten; ~ was
very difficult es war sehr schwierig, e-n
Parkplatz zu finden. 2. Parkplätze pl,
Parkfläche f: there is ample ~ availa-
ble es stehen genügend Parkplätze zur
Verfügung. ~ brake s mot. Feststell-
bremse f. ~ disc s Parkscheibe f. ~ fee s
Parkgebühr f. ~ ga·rage s Park(hoch)-
haus n. ~ light s Standlicht n, Park-
leuchte f, Parklicht n. ~ lot s Am. Park-
platz m. ~me·ter s tech. Park(zeit)uhr f.
~ or·bit s Raumfahrt: Parkbahn f. ~

**place** s Parkplatz m, Parklücke f. **~ space** s **1.** → **parking place. 2.** Abstellfläche f. **~ tick·et** s Strafzettel m (wegen falschen Parkens).

**Par·kin·son's| dis·ease** ['pɑː(r)kɪnsnz] s med. Parkinsonsche Krankheit, Schüttellähmung f. **~ law** s humor. Parkinsonsches Gesetz.

'**park**|**keep·er** s Parkwächter m. '**~-land** s Parklandschaft f. '**~way** s Am. **1.** Prome'nade f, Al'lee f. **2.** landschaftlich reizvoll gelegene Autostraße, die nur für Touristenverkehr bestimmt ist.

**park·y¹** ['pɑːkɪ] adj Br. colloq. kühl, frisch (Luft etc).

**park·y²** ['pɑːkɪ] s Br. colloq. Parkwächter m.

**par·lance** ['pɑː(r)ləns] s Ausdrucksweise f, Sprache f: **in common ~** einfach od. verständlich ausgedrückt, auf gut deutsch; **in legal ~** in der Rechtssprache, juristisch ausgedrückt; **in modern ~** im modernen Sprachgebrauch.

**par·lay** ['pɑː(r)leɪ; -liː] Am. **I** v/t **1.** Wett-, Spielgewinn wieder einsetzen. **2.** fig. aus j-m od. e-r Sache ,Kapi'tal schlagen'. **3.** fig. erweitern, ausbauen (**into** zu). **II** v/i **4.** e-n od. den Spielgewinn wieder einsetzen. **III** s **5.** erneuter Einsatz e-s Gewinns. **6.** fig. Erweiterung f, Ausbau m.

**par·ley** ['pɑː(r)lɪ] **I** s **1.** Gespräch n, Unter'redung f, Verhandlung f, Konfe'renz f. **2.** bes. mil. (Waffenstillstands)Verhandlung(en pl) f, Unter'handlungen pl: **to beat** (od. **sound**) **a ~** hist. Schamade schlagen (zum Zeichen der Waffenstreckung). **II** v/i **3.** sich besprechen (**with** mit). **4.** bes. mil. ver-, unter'handeln (**with** mit): **to ~ with the rebels. III** v/t **5.** bes. humor. par'lieren: **to ~ French.**

**par·ley·voo** [,pɑː(r)lɪ'vuː] colloq. oft humor. **I** s **1.** Fran'zösisch n. **2.** Fran'zose m. **II** v/i **3.** fran'zösisch par'lieren.

**par·lia·ment** ['pɑː(r)ləmənt] s **1.** Parla-'ment n, Volksvertretung f. **2.** meist **P~** das (Brit.) Parla'ment: **to enter** (od. **get into** od. **go into**) **P~** ins Parlament gewählt werden; **Houses of P~** Parlament(sgebäude n); **Member of P~** Mitglied n des Unterhauses, Abgeordnete(r m) f; → **act** 3. **P~ Act** s Br. hist. der die Macht des Oberhauses stark einschränkende Parlamentsbeschluß von 1911.

**par·lia·men·tar·i·an** [,pɑː(r)ləmen-'teərɪən] pol. **I** s **1.** (erfahrener) Parlamen'tarier. **2. P~** hist. Anhänger m des englischen Parla'ments (im Bürgerkrieg). **3.** Am. Verhandlungs-, Sitzungsleiter m. **II** adj → **parliamentary.** ,**par·lia·**men'**tar·i·an·ism**, ,**par·lia'men·ta·rism** [-'mentərɪzəm] s parlamen'tarisches Sy'stem, Parlamenta'rismus m.

,**par·lia'men·ta·ry** [-tərɪ] adj **1.** parlamen'tarisch, Parlaments...: **~ debate**; **P~ Commissioner** Br. → **ombudsman** 1; **~ group** (od. **party**) Fraktion f; **~ party leader** Fraktionsvorsitzende(r) m. **2.** parlamen'tarisch re'giert, demo-'kratisch: **~ state.**

**par·lor**, bes. Br. **par·lour** ['pɑː(r)lə(r)] **I** s **1.** obs. Wohnzimmer n. **2.** obs. Besuchszimmer n, Sa'lon m. **3.** Empfangs-, Sprechzimmer n (a. im Kloster). **4.** Klub-, Gesellschaftszimmer n (e-s Hotels). **5.** Am. Geschäftsraum m, (Schönheits-etc)Sa'lon m: **beauty ~**; **ice-cream ~** Eisdiele f. **II** adj **6.** obs. Wohnzimmer...: **~ furniture. 7.** fig. Salon...: **~ radical** (od. **red**) pol. Salonbolschewist m. **~ car** s rail. Am. Sa'lonwagen m. **~ game** s Gesellschaftsspiel n. '**~-maid** s Stubenmädchen n.

**par·lour**, etc bes. Br. für **parlor**, etc.

**par·lous** ['pɑː(r)ləs] obs. **I** adj **1.** pre'kär

(Lage etc). **2.** gerissen, schlau. **II** adv **3.** arg, ,schrecklich'.

**pa·ro·chi·al** [pə'rəʊkjəl; -ɪəl] adj (adv **~ly**) **1.** parochi'al, Pfarr..., Kirchen..., Gemeinde...: **~ church council** Kirchenvorstand m; **~ school** Am. kirchliche Privatschule. **2.** fig. beschränkt, eng(stirnig): **~ politics** Kirchturmpolitik f. **pa'ro·chi·al·ism** s fig. Beschränktheit f.

**par·o·dist** ['pærədɪst] s Paro'dist(in).

**par·o·dy** ['pærədɪ] **I** s **1.** Paro'die f (of auf acc). **2.** Paro'dierung f. **3.** fig. Abklatsch m (of gen). **II** v/t **4.** paro'dieren.

**pa·roe·mi·a** [pə'riːmɪə] s ling. Parö'mie f, Sprichwort n.

**pa·rol** [pə'rəʊl; Am. a. 'pærəl] **I** s bes. jur. mündliche Erklärung: **by ~** mündlich, auf mündlicher Vereinbarung, durch mündliche Erklärung. **II** adj jur. a) (bloß) mündlich, b) unbeglaubigt, ungesiegelt: **~ contract** formloser (mündlicher od. schriftlicher) Vertrag; **~ evidence** Zeugenbeweis m.

**pa·role** [pə'rəʊl] **I** s **1.** jur. a) bedingte Haftentlassung od. bedingte Strafaussetzung (bei weiterer Polizeiaufsicht), b) Hafturlaub m: **~ board** Kommission f für (bedingte) Haftentlassungen; **he is out on ~** a) er wurde bedingt entlassen, s-e Strafe wurde bedingt ausgesetzt, b) er hat Hafturlaub; **to put s.o. on ~** → 4. **2.** a. **~ of hono(u)r** bes. mil. Ehrenwort n, Wort n: **on ~** auf Ehrenwort. **3.** mil. Pa'role f, Kennwort n. **II** v/t **4.** **to ~ s.o.** jur. a) j-n bedingt entlassen, j-s Strafe bedingt aussetzen, b) j-m Hafturlaub gewähren.

**pa·rol·ee** [pərəʊ'liː; Am. a. pə'rəʊˌliː; ˌpærə'liː] s jur. a) bedingt Haftentlassene(r m) f, b) j-d auf Hafturlaub.

**par·o·nym** ['pærənɪm] s ling. **1.** Paro-'nym n, Wortableitung f. **2.** 'Lehnüber-ˌsetzung f. **pa·ron·y·mous** [pə'rɒnɪ-məs; Am. -'rɑnə-] adj **1.** (stamm)verwandt (Wort). **2.** 'lehnüberˌsetzt (Wort). **pa'ron·y·my** [-mɪ] s Parony'mie f, Wortableitung f.

**par·o·quet** ['pærəket] → **parakeet.**

**pa·rot·id** [pə'rɒtɪd; Am. -'rɑ-] anat. **I** adj vor dem Ohr liegend, Parotis...: **~ gland** → II. **II** s Ohrspeicheldrüse f. **pa,rot·i'di·tis** [-'daɪtɪs], **par·o·ti·tis** [ˌpærəʊ-'taɪtɪs] s Paro'titis f, Ziegenpeter m, Mumps m.

**par·ox·ysm** ['pærəksɪzəm] s **1.** med. Paro'xysmus m, Krampf m, Anfall m: **~ of laughing** Lachkrampf, -anfall. **2.** oft pl fig. (heftiger Gefühls)Ausbruch, Anfall m: **~s of rage** Wutanfall. **3.** fig. Höhepunkt m, Krise f. ,**par·ox'ys·mal** [-'sɪzməl] adj krampfartig.

**par·ox·y·tone** ['pærəksɪtəʊn; Am. pær-'ɑk-] s ling. Paro'xytonon n (auf der vorletzten Silbe betontes Wort).

**par·quet** ['pɑː(r)keɪ; Am. pɑː(r)'keɪ] **I** v/t **1.** parket'tieren, mit Par'kett auslegen. **II** s ['pɑː(r)keɪ; Am. a. pɑː(r)'keɪ] **2.** Par-'kett(fußboden m) n. **3.** thea. bes. Am. Par'kett n. **par·quet·ry** ['pɑː(r)kɪtrɪ] s Par'kett(arbeit f) n.

**parr** [pɑː(r)] pl **parrs**, bes. collect. **parr** s ichth. junger Lachs.

**par·ri·cid·al** [ˌpærɪ'saɪdl] adj vater-, muttermörderisch. '**par·ri·cide** s **1.** Vater-, Muttermörder(in). **2.** Vater-, Muttermord m.

**par·rot** ['pærət] **I** s **1.** orn. Papa'gei m: **~'s perch** Papageienschaukel f (Foltermethode). **2.** fig. ,Papa'gei', Nachschwätzer(in). **II** v/t **3.** (wie ein Papa'gei) nachplappern. **~ cry** s nachgeplappertes Geschwätz. **~ dis·ease** s med. Papa'geienkrankheit f. '**~-fash·ion** adv: **to learn s.th. ~** etwas mechanisch od. stur lernen;

**to repeat s.th. ~** etwas (wie ein Papagei) nachplappern. **~ fe·ver** → **parrot disease. ~ fish** s ichth. **1.** Papa'geifisch m. **2.** (ein) Lippfisch m.

**par·ry** ['pærɪ] **I** v/t Schlag, Stoß pa'rieren, abwehren: **to ~ a question** e-e Frage parieren. **II** v/i pa'rieren (a. fig.). **III** s fenc. Pa'rade f, Abwehr f.

**parse** [pɑː(r)z; Am. a. pɑːrs] v/t ling. e-n Satz gram'matisch zergliedern, e-n Satzteil analy'sieren, ein Wort grammatisch defi'nieren.

**par·sec** ['pɑː(r)sek] s astr. Par'sek n, Sternweite f (3,26 Lichtjahre).

**Par·see** [pɑː'siː; Am. 'pɑːrˌsiː] s relig. Parse m (Anhänger der altpersischen Religion Zoroasters).

**par·si·mo·ni·ous** [ˌpɑː(r)sɪ'məʊnjəs; -nɪəs] adj (adv **~ly**) **1.** sparsam, geizig, knauserig (of mit). **2.** armselig, kärglich. ,**par·si'mo·ni·ous·ness** → **parsimony. par·si·mo·ny** ['pɑː(r)sɪmənɪ; Am. -ˌməʊni:] s Sparsamkeit f, Geiz m, Knause'rei f.

**pars·ley** ['pɑː(r)slɪ] s bot. Peter'silie f.

**pars·nip** ['pɑː(r)snɪp] s bot. Pastinak m, Pasti'nake f: **fine words butter no ~s** mit Worten allein ist nicht geholfen.

**par·son** ['pɑː(r)sn] s **1.** Pastor m, Pfarrer m. **2.** colloq. contp. ,Pfaffe' m: **~'s nose** Bürzel m (e-r Gans etc). '**par·son·age** s Pfarrhaus n, Pfar'rei f.

**part** [pɑː(r)t] **I** s **1.** (Bestand)Teil m, n, Stück n: **to be ~ and parcel of s.th.** e-n wesentlichen Bestandteil von etwas bilden; **~ of speech** ling. Wortart f; **in ~** teilweise, zum Teil, auszugsweise, in gewissem Grade; **~ of the year** (nur) während e-s Teils des Jahres; **for the best ~ of the year** fast das ganze Jahr (hindurch), die meiste Zeit im Jahr; **that is** (a) **~ of my life** das gehört zu m-m Dasein; **payment in ~** Abschlagszahlung f. **2.** phys. (An)Teil m: **~ by volume** (**weight**) Raumanteil (Gewichtsanteil); **three ~s of water** drei Teile Wasser. **3.** math. Bruchteil m: **three ~s** drei Viertel. **4.** tech. (Bau-, Einzel)Teil n: **~s list** Ersatzteil-, Stückliste f. **5.** Anteil m: **to take ~** (**in**) teilnehmen, sich beteiligen (an dat), mitmachen (bei): **to have a ~ in s.th.** an etwas teilhaben; **to have neither ~ nor lot in s.th.** nicht das geringste mit e-r Sache zu tun haben; **he wanted no ~ of the proposal** er wollte von dem Vorschlag nichts wissen. **6.** (Körper)Teil m, n, Glied n: **soft ~** Weichteil; **the** (**privy**) **~s** die Scham- od. Geschlechtsteile. **7.** Buchhandel: Lieferung f: **the book appears in ~s** das Werk erscheint in Lieferungen. **8.** fig. Teil m, n, Seite f: **the most ~** die Mehrheit, das meiste (von etwas); **for my ~** ich für mein(en) Teil; **for the most ~** in den meisten Fällen, meistenteils, größtenteils; **on the ~ of** von seiten, seitens (gen); **to take s.th. in bad** (**good**) **~** etwas (nicht) übelnehmen. **9.** Seite f, Par'tei f: **he took my ~** er ergriff m-e Partei. **10.** Pflicht f: **to do one's ~** das Seinige od. s-e Schuldigkeit tun. **11.** thea. u. fig. Rolle f: **to act** (od. fig. **play**) **a ~** e-e Rolle spielen (**in** bei); **the Government's ~ in the strike** die Rolle, die die Regierung bei dem Streik spielte. **12.** mus. (Sing- od. Instrumen-'tal)Stimme f, Par'tie f: **to sing in ~s** mehrstimmig singen; **for** (od. **in** od. **of**) **several ~s** mehrstimmig. **13.** pl (geistige) Fähigkeiten pl, Ta'lent n: **he is a man of** (**many**) **~s** er ist ein fähiger Kopf, er ist vielseitig begabt. **14.** Gegend f, Teil m (e-s Landes, der Erde): **in these ~s** hier(zulande); **in foreign ~s** im Ausland. **15.** Am. (Haar)Scheitel m.

**II** v/t **16.** a) (ab-, ein-, zer)teilen: → **company** 1, b) *Vorhang* aufziehen. **17.** a. *Feinde od. Freunde* trennen: **he's not easily ~ed from his money** er trennt sich nur ungern von s-m Geld. **18.** *Metalle* scheiden. **19.** *das Haar* scheiteln. **III** v/i **20.** a) sich lösen, abgehen (*Knopf etc*), aufgehen (*Naht etc*), b) aufgehen (*Vorhang*). **21.** mar. brechen (*Ankerkette od. Tau*): **to ~ from the anchor** den Anker verlieren. **22.** ausein'andergehen, sich trennen: **to ~ friends** in Freundschaft auseinandergehen. **23.** **~ with** *etwas* aufgeben, sich von *j-m od. etwas* trennen: **to ~ with money** Geld ,herausrücken' *od.* ,lockermachen'. **24.** euphem. verscheiden, sterben. **IV** adj **25.** Teil...: **~ damage** Teilschaden m; **~ delivery** econ. Teillieferung f. **V** adv **26.** teilweise, zum Teil: **made ~ of iron, ~ of wood** teils aus Eisen, teils aus Holz (bestehend); **~ truth** zum Teil wahr; **~-done** zum Teil erledigt; **~-finished** halbfertig.
**par·take** [pɑː(r)'teɪk; Am. a. pər-] **I** v/i irr **1.** teilnehmen, -haben (**in** an dat). **2.** **~ of** etwas (an sich) haben (von): **his manner ~s of insolence** es ist etwas Unverschämtes in s-m Benehmen. **3.** **~ of** mitessen, *j-s Mahlzeit* teilen. **4.** **~ of** essen, einnehmen, zu sich nehmen: **she partook of her solitary meals. II** v/t **5.** obs. teilen, teilhaben an (dat).
**par·terre** [pɑː(r)'teə(r)] s **1.** fran'zösischer Garten. **2.** thea. bes. Am. zweites Par'kett, Par'terre n.
**part| ex·change** s: **to take s.th. in ~** etwas in Zahlung nehmen. **'~-fi₁nance** v/t 'teilfinan₁zieren.
**par·the·no·gen·e·sis** [₁pɑː(r)θɪnəʊ'dʒenɪsɪs] s Parthenoge'nese f: a) bot. Jungfernfrüchtigkeit f, b) zo. Jungfernzeugung f, c) relig. Jungfrauengeburt f. **₁par·the·no·ge'net·ic** [-dʒɪ'netɪk] adj parthenoge'netisch.
**Par·thi·an** ['pɑː(r)θjən; -ɪən] adj parthisch: **~ shot** fig. letzte boshafte Bemerkung (beim Abschied).
**par·tial** ['pɑː(r)ʃl] **I** adj (adv → **partially**) **1.** teilweise, parti'ell, Teil...: **~ acceptance** econ. Teilakzept n; **~ amount** Teilbetrag m; **~ delivery** econ. Teillieferung f; **~ eclipse** astr. partielle Finsternis; **~ fraction** math. Partialbruch m; **~ payment** Teilzahlung f; **~ product** math. Teilprodukt n; **~ view** Teilansicht f. **2.** par'teiisch, eingenommen (**to** für), einseitig: **to be ~ to s.th.** colloq. e-e Schwäche (*od.* besondere Vorliebe) haben für etwas. **II** s **3.** mus. phys. Teilton m: **upper ~** Oberton m. **₁par·ti'al·i·ty** [-ʃɪ'ælətɪ; Am. a. -'ʃæl-] s **1.** Par'teilichkeit f, Voreingenommenheit f. **2.** Vorliebe f, Schwäche f (**for** für). **'par·tial·ly** [-ʃəlɪ] adv teilweise, zum Teil.
**par·ti·ble** ['pɑː(r)təbl] adj teil-, trennbar.
**par·tic·i·pant** [pɑː(r)'tɪsɪpənt; Am. a. pər-] **I** adj teilnehmend, Teilnehmer..., (mit)beteiligt. **II** s Teilnehmer(in) (**in** an dat).
**par·tic·i·pate** [pɑː(r)'tɪsɪpeɪt; Am. a. pər-] **I** v/t **1.** teilen, gemeinsam haben (**with** mit). **II** v/i **2.** (**in**) teilnehmen od. sich beteiligen (an dat), mitmachen (bei). **3.** beteiligt sein (**in** an dat): **to ~ in s.th. with s.o.** etwas mit j-m teilen od. gemeinsam haben. **4.** am Gewinn beteiligt sein. **5.** **~ of** etwas (an sich) haben (von). **par'tic·i·pat·ing** adj **1.** econ. gewinnberechtigt, mit Gewinnbeteiligung: **~ insurance policy**; **~ rights** Gewinnbeteiligungsrechte; **~ share** dividendenberechtigte Aktie. **2.** → **participant** I. **par₁tic·i'pa·tion** s **1.** Teilnahme f, Be-

teiligung f, Mitwirkung f: **~ show** Rundfunk- od. Fernsehveranstaltung f mit Beteiligung des Publikums. **2.** econ. Teilhaberschaft f, (Gewinn)Beteiligung f: **~ in the profits; ~s** Anteile. **par'tic·i·pa·tor** [-tə(r)] s Teilnehmer(in) (**in** an dat).
**par·ti·cip·i·al** [₁pɑː(r)tɪ'sɪpɪəl] adj (adv **~ly**) ling. partizipi'al: **~ adjective.** **'par·ti·ci·ple** [-sɪpl] s ling. Parti'zip n, Mittelwort n.
**par·ti·cle** ['pɑː(r)tɪkl] s **1.** Teilchen n, Stückchen n. **2.** fig. Fünkchen n, Spur f: **not a ~ of truth in it** nicht ein wahres Wort daran. **3.** phys. Par'tikel f, (Masse-, Stoff)Teilchen n: **~ accelerator** Teilchenbeschleuniger m. **4.** ling. Par'tikel f. **5.** R.C. (kleine) Hostie für die Gläubigen (bei der Kommunion). **~ phys·i·cist** s 'Hochener₁giephysiker m. **~ phys·ics** s pl (meist als sg konstruiert) 'Hochener₁gie-, Elemen'tarteilchenphy₁sik f.
**'par·ti₁col·o(u)red** adj bunt, vielfarbig.
**par·tic·u·lar** [pə(r)'tɪkjʊlə(r)] **I** adj (adv → **particularly**) **1.** besonder(er, e, es), einzeln, spezi'ell, Sonder...: **for no ~ reason** aus keinem besonderen Grund; **this ~ case** dieser spezielle Fall. **2.** individu'ell, ausgeprägt, ureigen. **3.** ins einzelne gehend, 'umständlich, ausführlich. **4.** peinlich, genau, eigen: **to be ~ in** (od. **about) s.th.** es sehr genau mit etwas nehmen, Wert legen auf (acc). **5.** heikel, wählerisch (**in, about, as to** in dat): **not too ~** iro. nicht gerade wählerisch (in s-n Methoden etc). **6.** eigentümlich, seltsam, sonderbar, merkwürdig. **7.** philos. begrenzt. **8.** jur. a) dem Besitzer nur beschränkt gehörig, b) nur beschränkten Besitz genießend: **~ tenant. II** s **9.** a) Einzelheit f, einzelner Punkt, besonderer 'Umstand, b) pl nähere 'Umstände pl od. Angaben pl, (das) Nähere: **in ~** insbesondere; **to enter into ~s** sich auf Einzelheiten einlassen, ins einzelne gehen; **further ~s from** Näheres (zu erfahren) in. **10.** pl Perso'nalien pl, Angaben pl (zur Person). **11.** colloq. Speziali'tät f: **a London ~** e-e Londoner Spezialität, etwas für London Typisches. **~ av·er·age** s jur. mar. besondere Hava'rie.
**par'tic·u·lar·ism** s Partikula'rismus m: a) Sonderbestrebungen pl, b) pol. Kleinstaate'rei f, c) relig. Lehre f von der Gnadenwahl.
**par·tic·u·lar·i·ty** [pə(r)₁tɪkjʊ'lærətɪ] s **1.** Besonderheit f, Eigentümlichkeit f. **2.** besonderer 'Umstand, Einzelheit f. **3.** Ausführlichkeit f. **4.** Genauigkeit f, Eigenheit f, Peinlichkeit f. **par₁tic·u·lar·i'za·tion** [-ləraɪ'zeɪʃn; Am. -rə'z-] s Detail'lierung f, Spezifi'zierung f. **par·'tic·u·lar·ize** **I** v/t **1.** spezifi'zieren, einzeln anführen, ausführlich angeben. **2.** eingehend darstellen. **3.** 'umständlich anführen. **II** v/i **4.** auf Einzelheiten eingehen, ins einzelne gehen. **par'tic·u·lar·ly** adv **1.** besonders, im besonderen: **not ~** nicht sonderlich. **2.** ungewöhnlich, auf besondere Weise. **3.** ausdrücklich.
**'part·ing I** adj **1.** Trennungs..., Abschieds...: **~ gift; ~ kiss; ~ breath** letzter Atemzug. **2.** trennend, abteilend, Trenn...: **~ tool** tech. Trennwerkzeug n, Einstichstahl m; **~ wall** Trennwand f. **II** s **3.** Abschied m, Scheiden n, Trennung f. **4.** euphem. Tod m. **5.** a) Trennlinie f, b) Gabelung f, c) (Haar)Scheitel m: **~ of the ways** Weggabelung f, fig. Scheideweg m; **after the ~ of the ways** nachdem sich ihre etc Wege getrennt hatten. **6.** chem. phys. Scheidung f: **~ silver** Scheidesilber n. **7.** Gießerei: a) a. **~ sand** Streusand m,

trockener Formsand, b) a. **~ line** Teilfuge f (e-r Gußform). **8.** geol. Trennschicht f. **9.** mar. Bruch m, Reißen n. **~ cup** s **1.** zweihenk(e)liger Trinkkrug. **2.** Abschiedstrunk m. **~ shot** s fig. letzte boshafte Bemerkung (beim Abschied).
**par·ti·san¹** [₁pɑː(r)tɪ'zæn; Am. 'pɑː(r)təzən] **I** s **1.** Par'teigänger(in), Anhänger(in), Unter'stützer(in): **~ of peace** Friedenskämpfer(in). **2.** mil. a) Führer m e-s Freikorps, b) Freischärler m, Parti'san m. **II** adj **3.** par'teigängerisch, Partei...: **~ spirit** Parteigeist m. **4.** par'teiisch. **5.** mil. Partisanen..., Freikorps...: **~ warfare** Partisanenkrieg m.
**par·ti·san²** [₁pɑː(r)tɪzæn; Am. 'pɑː(r)təzən] s mil. hist. Parti'sane f (Stoßwaffe).
**par·ti·san·ship** [₁pɑː(r)tɪ'zænʃɪp; Am. 'pɑː(r)təzən₁ʃɪp] s **1.** pol. Par'teigängertum n. **2.** par'teiische Haltung. **3.** fig. Par'tei-, Vetternwirtschaft f.
**par·tite** ['pɑː(r)taɪt] adj **1.** geteilt (a. bot.). **2.** in Zssgn ...teilig: **bipartite.**
**par·ti·tion** [pɑː(r)'tɪʃn] **I** s **1.** (Ver-, Auf-)Teilung f: **the first ~ of Poland** die erste Teilung Polens. **2.** jur. ('Erb)Ausein₁andersetzung f. **3.** Trennung f, Absonderung f. **4.** Scheide-, Querwand f, Fach n (im Schrank etc): **~ wall** Trennwand; **wall of ~** fig. Trennungslinie f. **5.** arch. (Bretter)Verschlag m. **II** v/t **6.** (ver-, auf)teilen. **7.** jur. e-e Erbschaft ausein'andersetzen. **8.** **~ off** abteilen, abtrennen.
**par·ti·tive** ['pɑː(r)tɪtɪv] **I** adj **1.** teilend, Teil... **2.** ling. parti'tiv: **~ genitive. II** s **3.** ling. Parti'tivum n.
**par·ti·zan** → **partisan¹** u. **².**
**'part·ly** adv zum Teil, teilweise, teils: **~ ...,** **~ ...** teils ..., teils ...
**part·ner** [pɑː(r)tnə(r)] **I** s **1.** allg. (a. sport, a. Tanz)Partner(in): **~ swapping** Partnertausch m. **2.** econ. Gesellschafter m, (Geschäfts)Teilhaber m, Sozius m, Kompagnon m: **~ general** (od. **ordinary) ~** Komplementär m, unbeschränkt haftender Gesellschafter; **limited** (Am. **special) ~** Kommanditist m; **senior ~** Seniorpartner m, Hauptteilhaber; **sleeping** (od. **dormant,** Am. **silent) ~** stiller Teilhaber mit unbeschränkter Haftung. **3.** 'Lebenskame₁rad(in), -gefährte m, -gefährtin f, Gatte m, Gattin f. **4.** pl mar. Fischung f (e-s Mastes). **II** v/t **5.** vereinigen, zs.-bringen. **6.** sich zs.-tun od. assozi'ieren od. vereinigen mit (j-m): **to be ~ed with s.o.** j-n zum Partner haben. **'part·ner·ship** s **1.** Teilhaberschaft f, Partnerschaft f, Mitbeteiligung f (in an dat): **sleeping** (od. **dormant,** Am. **silent) ~** econ. stille Teilhaberschaft mit voller Haftung; **to go into ~ with** sich zs.-tun mit. **2.** econ. a) Per'sonen-, Per'sonalgesellschaft f, b) a. **general** (od. **ordinary) ~** offene Handelsgesellschaft; **limited** (Am. **special) ~** Kommanditgesellschaft; **deed of ~** → 3; **to enter into a ~ with s.o.** → **partner** 6. **3.** Gesellschaftsvertrag m. **4.** fig. Zs.-arbeit f, Zs.-wirken n.
**part| own·er** s **1.** Miteigentümer(in). **2.** mar. Mitreeder m. **~ pay·ment** s Teil-, Abschlagszahlung f in ~ auf od. in Raten.
**par·tridge** ['pɑː(r)trɪdʒ] pl **'par·tridg·es,** collect. a. **'par·tridge** s orn. **1.** Rebhuhn n. **2.** Steinhuhn n, bes. Rothuhn n. **3.** Am. (ein) Waldhuhn n.
**part| sing·ing** s mus. mehrstimmiger Gesang. **~ song** s mus. mehrstimmiges Lied. **'~-time I** adj Teilzeit..., Halbtags...(-beschäftigung etc): **~ job** Teilzeitbeschäftigung f; **~ worker** → part-timer. **II** adv halbtags: **to work ~.** **₁~-**

**-'tim·er** s Teilzeitbeschäftigte(r m) f, Halbtagskraft f.

**par·tu·ri·ent** [pɑ:(r)tjʊərɪənt; Am. a. -'tʊr-] adj **1.** a) gebärend, kreißend, b) Gebär..., Geburts...: ~ **pangs** Geburtswehen. **2.** fig. (mit e-r Idee) schwanger. **par,tu·ri'fa·cient** [-'feɪʃnt] med. **I** adj wehenanregend. **II** s Wehenmittel n. **,par·tu'ri·tion** s Gebären n.

**part| work** s print. Lieferungswerk n, -ausgabe f. **~ writ·ing** s mus. poly'phoner Satz.

**par·ty** ['pɑ:(r)tɪ] **I** s **1.** Par'tei f: political ~ politische Partei; **within the** ~ innerparteilich, parteiintern, Partei...(-disziplin etc). **2.** Trupp m: a) mil. Ab'teilung f, Kom'mando n, b) (Arbeits)Gruppe f, c) (Rettungs- etc)Mannschaft f: **my** ~ bes. Am. sl. m-e Leute. **3.** Par'tie f, Gesellschaft f: **hunting** ~; **a** ~ **of mountaineers** e-e Gruppe von Bergsteigern; **we were a** ~ **of three** wir waren zu dritt; **to make one of the** ~ sich anschließen, mitmachen, dabeisein. **4.** Einladung f, Gesellschaft f, Party f: **to give a** ~; **at a** ~ auf e-r Gesellschaft od. Party; **the** ~ **is over!** fig. die schönen Tage sind vorüber!; **it's your** ~! Am. sl. das ist dein Bier! **5.** jur. (Prozeß- etc)Par'tei f: **contracting** ~, ~ **to a contract** Vertragspartei, Kontrahent(in); **a third** ~ ein Dritter. **6.** Teilnehmer(in) (a. teleph.), Beteiligte(r m) f: **to be a** ~ **to s.th.** an e-r Sache beteiligt sein, etwas mitmachen, mit etwas zu tun haben; **parties interested** econ. Interessenten; **the parties concerned** die Beteiligten. **7.** sl. ,Kunde' m, ,Knülch' m, Indi'viduum n. **8.** sport Aufgebot n: **provisional** ~ vorläufiges Aufgebot. **II** adj **9.** Partei...: ~ **discipline;** ~ **spirit;** ~ **card** Parteibuch n; ~ **headquarters** Parteizentrale f. **10.** Party...: ~ **girl** Partygirl n, -mädchen n. **11.** her. in gleiche Teile geteilt.

**par·ty| line** s **1.** teleph. Gemeinschaftsanschluß m. **2.** jur. Grenze f zwischen benachbarten Grundstücken. **3.** pol. Par'teilinie f, -direk,tiven pl: **to follow the** ~ linientreu sein; **voting was on** ~**s** bei der Abstimmung herrschte Fraktionszwang. ~ **lin·er** s pol. linientreues Par'teimitglied. ~ **man** s irr pol. Par'teimann m, -gänger m. ~ **per fess** adj her. waagerecht geteilt. ~ **per pale** adj her. der Länge nach geteilt. ~ **piece** → **party trick.** ~ **pol·i·tics** s pl (als sg konstruiert) Par'teipoli,tik f. ~ **slo·gan** s pol. Par'teipa,role f. ~ **tick·et** s **1.** Gruppenfahrkarte f. **2.** pol. Am. (Kandi'daten)Liste f e-r Par'tei. ~ **trick** s bes. sport Kabi'nettstückchen n: **he went through one of his** ~**s** er zeigte eines s-r Kabinettstückchen. ~ **wall** s arch. **1.** gemeinsame Wand od. Mauer. **2.** Brandmauer f. ~ **wire** → party line 1.

**par·ve·nu** ['pɑ:(r)vənju:; Am. a. -ˌnu:] **I** s Em'porkömmling m, Parve'nü m. **II** adj parve'nühaft. [Kirche.]

**par·vis** ['pɑ:(r)vɪs] s arch. Vorhof m e-r)

**pas** [pɑ:] pl **pas** [pɑ:z] s **1.** obs. Vortritt m: **to give the** ~ **to s.o.** j-m den Vortritt geben od. lassen. **2.** Pas m, Tanzschritt m.

**pas·cal** ['pæskəl] s phys. Pas'cal n (Einheit des Drucks).

**Pasch** [pɑ:sk; bes. Am. pæsk], a. **'Pas·cha** [-kə] s relig. obs. Passah n, Osterfest n (der Juden).

**'pas·chal** relig. **I** adj **1.** Oster..., Passah...: ~ **lamb** a) Osterlamm n, b) her. weißes schreitendes Lamm, das ein silbernes Banner mit rotem Kreuz trägt. **II** s **2.** Osterkerze f. **3.** Ostermahl n. ~ **flow·er** → pasqueflower.

**pas de deux** [pɑdədø] (Fr.) pl **pas de deux** s Ballett: Pas de 'deux m.

---

**pa·sha** ['pɑ:ʃə; 'pæʃə; pə'ʃɑ:] s hist. Pascha m.

**pa·so do·ble** [ˌpæsəʊ'dəʊbleɪ] s mus. Paso doble m.

**'pasque,flow·er** ['pɑ:sk-; bes. Am. 'pæsk-] s bot. Küchenschelle f.

**pas·quin·ade** [ˌpæskwɪ'neɪd] s Pas'quill n, (ano'nyme) Schmähschrift.

**pass¹** [pɑ:s; Am. pæs] s **1.** (Eng)Paß m, Zugang m, 'Durchgang m, -fahrt f: **to hold the** ~ die Stellung halten (a. fig.); **to sell the** ~ fig. die Stellung od. Sache verraten. **2.** Joch n, (Berg)Sattel m. **3.** schiffbarer Ka'nal. **4.** Fischgang m (an Schleusen).

**pass²** [pɑ:s; Am. pæs] **I** v/t **1.** etwas pas'sieren, vor'bei-, vor'übergehen, -fahren, -fließen, -kommen, -reiten, -ziehen an (dat): **we** ~**ed the post office. 2.** vor'beifahren an (dat), über'holen (a. mot.): **we** ~**ed his car. 3.** fig. über'gehen, -'springen, keine No'tiz nehmen von. **4.** econ. e-e Dividende ausfallen lassen. **5.** e-e Schranke, ein Hindernis pas'sieren: **to** ~ **the gate. 6.** durch-, über'schreiten, durch'queren, -'reiten, -'reisen, -'ziehen, pas'sieren: **to** ~ **a river** e-n Fluß überqueren. **7.** durch'schneiden (Linie). **8.** a) ein Examen bestehen, b) e-n Prüfling bestehen od. 'durchkommen lassen, c) etwas 'durchgehen lassen. **9.** hin'ausgehen über (acc), über'steigen, -'schreiten, -'treffen (alle a. fig.): **it** ~**es my comprehension** es geht über m-n Verstand od. Horizont; **just** ~**ing seventeen** gerade erst siebzehn Jahre alt. **10.** (durch etwas) hin'durchleiten, -führen (a. tech.), a. die Hand gleiten lassen: **to** ~ **a wire through a hole; he** ~**ed his hand over his forehead** er fuhr sich mit der Hand über die Stirn. **11.** durch ein Sieb passieren, 'durchseihen. **12.** vor'bei-, 'durchlassen, pas'sieren lassen. **13.** Zeit ver-, zubringen: **to** ~ **the time reading** sich die Zeit mit Lesen vertreiben. **14.** e-n Gegenstand reichen, geben, (a. jur. Falschgeld) weitergeben, Geld in 'Umlauf setzen od. bringen: ~ **me the salt, please** reichen Sie mir bitte das Salz; → **buck¹** 9, **hat** Bes. Redew. **15.** über'senden, an (jemanden) Funkspruch befördern. **16.** sport den Ball abspielen, -geben, passen (**to** zu). **17.** jur. Eigentum, e-n Rechtstitel über'tragen, letztwillig zukommen lassen. **18.** e-n Vorschlag 'durchbringen, -setzen, ein Gesetz verabschieden, e-e Resolution annehmen. **19.** abgeben, über'tragen: **to** ~ **the chair** den Vorsitz abgeben (**to s.o.** an j-n). **20.** rechtskräftig machen. **21.** (als gültig) anerkennen, gelten lassen, genehmigen. **22.** e-e Meinung äußern, aussprechen (**on,** lassen über acc), e-e Bemerkung fallenlassen od. machen, ein Kompliment machen: **to** ~ **criticism on** Kritik üben an (dat). **23.** ein Urteil abgeben, fällen, jur. a. (aus)sprechen. **24.** med. a) Eiter, Nierensteine etc ausscheiden: **to** ~ **a kidney stone,** b) den Darm entleeren, c) Wasser lassen. **25.** ein Türschloß öffnen.

**II** v/i **26.** sich (fort)bewegen, (von e-m Ort zu e-m anderen) gehen, reiten, fahren, ziehen etc. **27.** vor'bei-, vor'übergehen, -fahren, -ziehen etc (**by** an dat): **do not** ~ mot. Überholen verboten. **28.** 'durchgehen, pas'sieren (**through** durch): **it just** ~**ed through my mind** fig. es ging mir eben durch den Kopf. **29.** in andere Hände 'übergehen, über'tragen werden (**to** auf acc), kommen, geraten, fallen (**to** an acc): **it** ~**es to the heirs** es geht auf die Erben über, es fällt an die Erben. **30.** unter j-s Aufsicht kommen, geraten. **31.** 'übergehen: **to** ~ **from a solid (in)to a liquid state** vom festen in den flüssigen Zustand übergehen. **32.** vergehen,

---

vor'übergehen (Zeit etc, a. Schmerz etc), verstreichen (Zeit): **the pain will** ~ der Schmerz wird vergehen; **fashions** ~ Moden kommen u. gehen. **33.** euphem. verscheiden, sterben. **34.** sich zutragen, sich abspielen, vor sich gehen, pas'sieren: **it came to** ~ **that** bes. Bibl. es begab sich od. es geschah, daß; **to bring s.th. to** ~ etwas bewirken. **35.** her'umgereicht werden, von Hand zu Hand gehen, im 'Umlauf sein: **the hat** ~**ed round** der Hut ging herum; **harsh words** ~**ed between them** es fielen harte Worte bei ihrer Auseinandersetzung. **36.** (**for, as**) gelten (für, als), gehalten werden (für), angesehen werden (für): **this** ~**es for gold** das soll angeblich Gold sein. **37.** 'durchkommen: a) das Hindernis etc bewältigen, b) (die Prüfung) bestehen. **38.** a) an-, 'hingehen, leidlich sein, b) 'durchgehen, unbeanstandet bleiben, geduldet werden: **let that** ~ reden wir nicht mehr davon. **39.** parl. etc 'durchgehen, bewilligt od. zum Gesetz erhoben werden, Rechtskraft erlangen. **40.** angenommen werden, gelten, (als gültig) anerkannt werden. **41.** gangbar sein, Geltung finden (Grundsätze, Ideen). **42.** jur. gefällt werden, ergehen (Urteil, Entscheidung). **43.** med. abgehen, abgeführt od. ausgeschieden werden. **44.** sport (den Ball) abspielen od. abgeben od. passen (**to** zu). **45.** Kartenspiel: passen: **I** ~! a. fig. ich passe!; **I** ~ **on that!** fig. da muß ich passen! **46.** fenc. ausfallen.

**III** s **47.** (Reise)Paß m, (Perso'nal)Ausweis m. **48.** a) Pas'sier-, Erlaubnisschein m, b) bes. **free** ~ (Dauer)Freikarte f, rail. etc (Dauer)Freifahrkarte f, -schein m. **49.** mil. a) Urlaubsschein m, b) Kurzurlaub m: **on** ~ auf (Kurz)Urlaub. **50.** ped. univ. a) bestandenes Ex'amen, b) (gutes) 'Durchkommen, Bestehen n, c) (Prüfungs)Note f, Zeugnis n, d) Br. einfacher Grad (unterster akademischer Grad). **51.** Genehmigung f, tech. a. Abnahme f. **52.** kritische Lage: **things have come to such a** ~ die Dinge haben sich derart zugespitzt; **to be at a desperate** ~ hoffnungslos sein; **a pretty** ~ ,e-e schöne Geschichte'. **53.** Handbewegung f, (Zauber)Trick m. **54.** Bestreichung f, Strich m (beim Hypnotisieren etc). **55.** Maltechnik: Strich m. **56.** Baseball: Recht n auf freien Lauf zum ersten Mal nach vier Bällen. **57.** sport Paß m, (Ball)Abgabe f, Vorlage f, Zuspiel n: ~ **back** a) Rückpaß m, b) Rückgabe f (zum Tormann). **58.** Kartenspiel: Passen n. **59.** fenc. Ausfall m, Stoß m. **60.** colloq. Annäherungsversuch m, Zudringlichkeit f: **to make a** ~ **at** e-r Frau etc gegenüber zudringlich werden. **61.** tech. 'Durchlauf m, -gang m, Arbeitsgang m. **62.** electr. Paß m (frequenzabhängiger Vierpol).

Verbindungen mit Präpositionen:

**pass| be·yond** v/i hin'ausgehen über (acc) (a. fig.). ~ **by** v/i hin'über- od. vor'beigehen an (dat), pas'sieren. **2.** unter dem Namen ... bekannt sein. ~ **for** → pass² 36. ~ **in·to** **I** v/t **1.** etwas einführen in (acc). **II** v/i **2.** (hin'ein)gehen etc in (acc): **to** ~ **history** in die Geschichte eingehen. **3.** 'übergehen in (acc): **to** ~ **law** (zum) Gesetz werden, Rechtskraft erlangen. ~ **on** v/t **1.** j-m etwas 'unterschieben, ,andrehen'. **2.** ein Urteil fällen od. sprechen über (acc). ~ **o·ver** v/i über'gehen, igno'rieren. ~ **through** **I** v/t **1.** durch ... führen od. leiten od. stecken. **2.** durch ... schleusen. **II** v/i **3.** durch'fahren, -'queren, -'reisen, -'schreiten etc, durch ... gehen etc, durch'fließen. **4.** durch ... führen (Draht, Tunnel etc). **5.** durch'bohren. **6.** 'durchmachen, erleben. **7.** Seiten etc über'fliegen. ~ **up·on** → pass on.

*Verbindungen mit Adverbien*:

**pass**| **a·long** *v/i*: ~, please bitte durchgehen! (*im Bus*). ~ **a·way I** *v/t* **1.** *Zeit* ver-, zubringen: **to** ~ **the time reading** sich die Zeit mit Lesen vertreiben. **II** *v/i* **2.** vor|über-, vor|beigehen, vergehen (*Zeit, Schmerz etc*). **3.** *euphem.* verscheiden, sterben. ~ **by I** *v/i* **1.** vor|übergehen: **s.o.** passing by ein Passant. **2.** → **pass away** 2. **II** *v/t* **3.** vor|über-, vor|beigehen an (*dat*) (*a. fig.*): life has passed her by. **4.** a) *etwas od. j-n* über|gehen (**in silence** stillschweigend), b) *j-n* ,schneiden'. ~ **down I** *v/t* (**to**) *Tradition etc* weitergeben (*dat od. an acc*), *Bräuche etc* über|liefern (*dat*). **II** *v/i* → **pass along.** ~ **in** *v/t* **1.** einlassen. **2.** einreichen, einhändigen: → **check** 12. ~ **off I** *v/t* **1.** *j-n od. etwas* ausgeben (**for,** as für, als). **II** *v/i* **2.** *gut etc* vor|bei-, vor|übergehen, von|statten gehen, verlaufen. **3.** vergehen (*Schmerz etc*). **4.** 'durchgehen (**as** als). ~ **on I** *v/t* **1.** a) weiterleiten, -geben, -reichen (**to** *dat od. an acc*), befördern, b) 'durch-, weitersagen, *Krankheit etc* über|tragen, *Erbfaktor etc* weitergeben. **2.** *econ.* abwälzen (**to** auf *acc*): **to** ~ **wage increases. II** *v/i* **3.** weitergehen. **4.** 'übergehen (**to** zu). **5.** → **pass away** 3. ~ **out I** *v/i* **1.** hin|ausgehen, -fließen. **2.** *colloq.* ohnmächtig werden, ,umkippen'. **II** *v/t* **3.** *Getränke etc* spen|dieren, *Proben etc* verteilen. ~ **o·ver I** *v/i* **1.** hin|übergehen, über|queren. **2.** hin|überführen (**to** zu). **3.** 'überleiten (**to** zu). **4.** → **pass by** 3. **II** *v/t* **5.** über|tragen (**to** *dat*): → **baby** 1. **6.** *etwas* aus-, weglassen. **7.** *j-n* über|gehen. **8.** sich *e-e Chance etc* entgehen lassen, *e-e Chance etc* verpassen. ~ **through** *v/i* **1.** hin|durchgehen, -reisen *etc*: **to be passing through** auf der Durchreise sein. **2.** hin|durchfahren. ~ **up** *v/t colloq.* **1.** → **pass over** 8. **2.** *j-n* igno'rieren, ,schneiden'.

**'pass·a·ble** *adj* (*adv* **passably**) **1.** pas'sierbar: ~ **roads.** **2.** 'umlauffähig: ~ **counterfeit money. 3.** pas'sabel, leidlich.

**pas·sade** [pæ'seɪd] *s Reiten*: Pas'sade *f*.

**pas·sage¹** ['pæsɪdʒ] *s* **1.** Her|ein-, Her|aus-, Vor|über-, 'Durchgehen *n*, 'Durchgang *m*, -reise *f*, -fahrt *f*, -fließen *n*: **no** ~! kein Durchgang!, keine Durchfahrt!; → **bird of passage. 2.** Pas'sage *f*, 'Durch-, Verbindungsgang *m*. **3.** a) Furt *f*, b) Ka'nal *m*. **4.** *bes. Br.* Gang *m*, Korridor *m*. **5.** (*See-, Flug*)Reise *f*, (*See-, Über-*)Fahrt *f*, Flug *m*: **to book a** ~ e-e Schiffskarte lösen (**to** nach); **to work one's** ~ s-e Überfahrt abarbeiten. **6.** *tech.* 'Durchtritt *m*, -laß *m*. **7.** Vergehen *n*, -streichen *n*, Ablauf *m*: **the** ~ **of time. 8.** *parl.* 'Durchgehen *n*, -kommen *n*, Annahme *f*, In'krafttreten *n* (*e-s Gesetzes*). **9.** *econ.* ('Waren)Tran,sit *m*, 'Durchgang *m*. **10.** *pl* Beziehungen *pl*, Ausein|andersetzung *f*, (*geistiger*) Austausch. **11.** Wortwechsel *m*. **12.** (*Text*)Stelle *f*, Passus *m* (*in e-m Buch etc*). **13.** *mus.* Pas'sage *f*, Lauf *m*. **14.** a. *fig.* 'Übergang *m*, 'Übertritt *m* (**from** ... **to, into** von ... **in** *acc*, zu). **15.** a) *physiol.* (*Darm*)Entleerung *f*, Stuhlgang *m*, b) *anat.* (*Gehör- etc*)Gang *m*, (*Harn- etc*)Weg(e *pl*) *m*: **auditory** ~, **urinary** ~. **16.** Über'tragung *f*, 'Übergang *m*.

**pas·sage²** ['pæsɪdʒ] (*Reiten*) **I** *v/i* seitwärts gehen. **II** *v/t das Pferd* pas'sieren lassen. **III** *s* Pas'sage *f*.

**pas·sage at arms** *s* **1.** Waffengang *m*. **2.** *fig.* Wortgefecht *n*, 'Rededu,ell *m*, ,Schlagabtausch' *m*. ~ **bed** *s geol.* 'Übergangsschicht *f*. ~ **boat** *s mar.* Fährboot *n*. ~ **way** *s* 'Durchgang *m*, Korridor *m*, Pas'sage *f*.

**pas·sant** ['pæsənt] *adj her.* schreitend.

**'pass·band** *s electr.* 'Durchlaßbereich *m*: ~ **amplifier** Bandpaßverstärker *m*; ~ **attenuation** Durchlaß-, Lochdämpfung *f*. **'~·book** *s* **1.** Kontobuch *n*, a. Sparbuch *n*. **2.** Buch *n* über kredi'tierte Waren.

**check** *s Am.* Pas'sierschein *m*. ~ **de·gree** → **pass²** 50 d.

**pas·sé** *m*, **pas·sée** *f* ['pɑːseɪ; 'pæ-; *Am.* pæ'seɪ; pɑse] (*Fr.*) *adj* pas'sé: a) vergangen, b) veraltet, über|holt, c) verblüht: **a passée belle** e-e verblühte Schönheit.

**pas·sel** ['pæsəl] *s bes. Am. colloq.* Gruppe *f*, Reihe *f*.

**passe·ment** ['pæsmənt] *s* Tresse *f*, Borte *f.* **passe'men·terie** [-'mentrɪ] *s* Posa'menten *pl*.

**pas·sen·ger** ['pæsɪndʒə(r)] **I** *s* **1.** Passa'gier *m*, Fahr-, Fluggast *m*, Reisende(r *m*) *f*, (*Auto- etc*)Insasse *m*: ~ **cabin** *aer.* Fluggastraum *m*. **2.** *colloq.* a) ,Schma'rotzer' *m*, ,unproduk,tives *od.* unnützes Mitglied (*e-r Gruppe*), b) Drückeberger *m*, c) *sport* ,Flasche' *f*, ,Ausfall' *m*. **II** *adj* **3.** Passagier...: ~ **boat;** ~ **list.** ~ **car** *s* **1.** *rail. Am.* Per'sonenwagen *m*, Pk|w *m*. **2.** 'Per'sonen(kraft)wagen *m*, Pk|w *m*. ~ **lift** *s Br.* Per'sonenaufzug *m*. ~ **mile** *s* Passa'giermeile *f* (*Rechnungseinheit bei Beförderungskosten*). ~ **pi·geon** *s orn.* Wandertaube *f*. ~ **plane** *s aer.* Passa'gierflugzeug *n*. ~ **ter·mi·nal** *s aer.* Abfertigungsgebäude *n* (*e-s Flughafens*). ~ **traf·fic** *s* Per'sonenverkehr *m*. ~ **train** *s* Per'sonenzug *m*.

**passe-par·tout** ['pæspɑːtuː; *Am.* ,pæspɑr'tuː; pɑspartu] (*Fr.*) *s* **1.** Hauptschlüssel *m*. **2.** Passepar'tout *n* (*Bildumrandung aus leichter Pappe*).

**pass·er-'by** *pl* **pass·ers-'by** *s* Vor'bei-, Vor'übergehende(r *m*) *f*, Pas'sant (-*in*).

**pas·ser·i·form** ['pæsərɪfɔː(r)m; *Am.* a. pə'serə,f-] *adj orn.* sperlingartig. **'pas·ser·ine** [-raɪn] **I** *adj* zu den Sperlingsvögeln gehörig. **II** *s* Sperlingsvogel *m*.

**pass ex·am·i·na·tion** *s univ. Br.* unterstes Universi'täts-'Abschluß,ex,amen.

**pas·si·bil·i·ty** [,pæsɪ'bɪlətɪ] *s* Empfindungsvermögen *n*. **'pas·si·ble** *adj* (*adv* **passibly**) empfindungsfähig.

**pas·sim** ['pæsɪm] (*Lat.*) *adv* passim, hie(r) u. da, an verschiedenen Orten *od.* Stellen (*in Büchern*).

**pas·sim·e·ter** [pə'sɪmətər] *s Am.* vom Schalter aus betätigtes Drehkreuz in U-Bahnhöfen.

**pass·ing** ['pɑːsɪŋ; *Am.* 'pæs-] **I** *adj* **1.** vor'bei-, vor'über-, 'durchgehend: ~ **axle** *tech.* durchgehende Achse; ~ **contact** *electr.* Wischkontakt *m*. **2.** vor'übergehend, flüchtig, vergänglich. **3.** flüchtig, beiläufig, oberflächlich. **4.** *ped.* befriedigend: **a** ~ **grade** *Am.* die Note „befriedigend". **II** *adv* **5.** *obs.* 'überaus, sehr. **III** *s* **6.** Vor'bei-, 'Durch-, Hin'übergehen *n*: **in** ~ im Vorbeigehen, *fig.* beiläufig, nebenbei. **7.** Über'holen *n*: **no** ~! *mot.* Überholverbot! **8.** Da'hinschwinden *n*. **9.** *euphem.* Verscheiden *n*, Ableben *n*. **10.** *pl* of title *pl*. Eigentumsübertragung *f*. **11.** *pol.* Annahme *f*, 'Durchgehen *n* (*e-s Gesetzes*). ~ **beam** *s mot.* Abblendlicht *n*. ~ **bell** *s* Totenglocke *f*. ~ **lane** *s mot.* Über'holspur *f*. ~ **note** *s mus.* 'Durchgangston *m*. ~ **place** *s mot.* Ausweichstelle *f*. **~·shot**, **~·stroke** *s Tennis*: Pas'sierschlag *m*. ~ **tone** *s* → **passing note.** ~ **zone** *s* Staffellauf: Wechselzone *f*.

**pas·sion** ['pæʃn] **I** *s* **1.** Leidenschaft *f*, heftige Gemütsbewegung *od.* -erregung, leidenschaftlicher (Gefühls)Ausbruch: **she broke into a** ~ **of tears** sie brach in heftiges Weinen aus; → **heat** 4. **2.** Wut *f*,

Zorn *m*: **to fly into a** ~ e-n Wutanfall bekommen. **3.** Leidenschaft *f*, heftige Liebe *od.* Neigung, heißes (e'rotisches) Verlangen. **4.** Leidenschaft *f*: a) heißer Wunsch, b) Passi'on *f*, Vorliebe *f* (**for** für): **it became a** ~ **with him** es ist ihm zur Leidenschaft geworden, er tut es leidenschaftlich gern(e), c) Liebhabe'rei *f*, Passi'on *f*: **fishing is his** ~, d) große Liebe (*Person*). **5. P~** *relig.* a) Passi'on *f* (*a. mus. paint. u. fig.*), Leiden *n* Christi, b) Passi'on(sgeschichte) *f*, Leidensgeschichte *f*, c) *obs.* Mar'tyrium *n*. **II** *v/t* **6.** mit Leidenschaft erfüllen.

**pas·sion·al** ['pæʃənl] *s* Passio'nal *n* (*Sammlung von Märtyrergeschichten*). **'pas·sion·ate** [-nət] *adj* (*adv* **~ly**) **1.** leidenschaftlich (*a. fig.*). **2.** heftig, hitzig, jähzornig. **'pas·sion·ate·ness** *s* Leidenschaftlichkeit *f*.

**'pas·sion,flow·er** *s bot.* Passi'onsblume *f.* **~·fruit** *s bot.* Passi'onsfrucht *f.* **'pas·sion·less** *adj* (*adv* **~ly**) leidenschaftslos.

**Pas·sion play** *s relig.* Passi'onsspiel *n*. ~ **Sun·day** *s* Passi'onssonntag *m*. ~ **Week** *s* **1.** Karwoche *f*. **2.** Woche *f* zwischen Passi'onssonntag u. Palm'sonntag.

**pas·si·vate** ['pæsɪveɪt] *v/t chem. tech.* passi'vieren.

**pas·sive** ['pæsɪv] **I** *adj* (*adv* **~ly**) **1.** *ling.* pas'sivisch, passiv: ~ **noun** passivisches Substantiv (*z. B.* employee); ~ **verb** passiv konstruiertes Verb; ~ **voice** Passiv *n*, Leideform *f*. **2.** *allg., a. electr. med. sport* passiv: ~ **obedience** blinder Gehorsam; ~ **resistance** passiver Widerstand; ~ **satellite** (*Raumforschung*) Passivsatellit *m*; ~ **smoking** passives Rauchen; ~ **vocabulary** passiver Wortschatz. **3.** *econ.* untätig, nicht zinstragend, passiv: ~ **debt** unverzinsliche Schuld; ~ **trade** Passivhandel *m*. **4.** *chem.* träge, 'indiffe,rent. **II** *s* **5.** *ling.* Passiv *n*, Leideform *f*. **'pas·sive·ness, pas'siv·i·ty** *s* Passivi'tät *f*, Teilnahmslosigkeit *f*, 'Widerstandslosigkeit *f*.

**'pass·key** *s* **1.** Hauptschlüssel *m*. **2.** Drücker *m*. **3.** Nachschlüssel *m*.

**'pass·man** *s irr ped. Br.* Student, der sich auf den **pass degree** vorbereitet.

**pas·som·e·ter** [pæ'sɒmɪtə(r); *Am.* -'sɑ-] *s tech.* Schrittmesser *m*.

**Pass·o·ver** [*Br.* 'pɑːs,əʊvə(r); *Am.* 'pæs-] *s* **1.** *relig.* Passah *n*, jüdisches Osterfest. **2. p~** Osteropfer *n*, -lamm *n*.

**pass·port** ['pɑːspɔːt; *Am.* 'pæs,pɔʊərt; -,pɔːrt] *s* **1.** (Reise)Paß *m*: ~ **control** (*od.* **inspection**) Paßkontrolle *f*; ~ (**size**) **photograph** Paßbild *n*. **2.** *econ.* Pas'sierschein *m* (*zur zollfreien Ein- u. Ausfuhr*). **3.** *fig.* Weg *m*, Schlüssel *m* (**to** zu).

**pass shoot·ing** *s Am.* Jagd *f* auf ziehende Vögel (*bes. Wildenten*) über feststehende Strecken.

**past** [pɑːst; *Am.* pæst] **I** *adj* **1.** vergangen, verflossen, ehemalig, *pred* vor'über: **those days are** ~ die(se) Zeiten sind vorüber; **for some time** ~ seit einiger Zeit; **that's (all)** ~ **history** *colloq.* das gehört der Vergangenheit an, das ist Schnee von gestern. **2.** *ling.* Vergangenheits...: ~ **participle** Partizip *n* Perfekt, Mittelwort *n* der Vergangenheit; ~ **perfect** Plusquamperfekt *n*, Vorvergangenheit *f*; ~ **tense** Vergangenheit *f*, Präteritum *n*. **3.** vorig(er, e, es), früher(er, e, es), ehemalig(er, e, es): **the** ~ **president. II** *s* **4.** Vergangenheit *f*. **5.** (*persönliche, oft dunkle*) Vergangenheit, Vorleben *n*: **a woman with a** ~ e-e Frau mit Vergangenheit. **6.** *ling.* Vergangenheit(sform) *f*.

**III** *adv* **7.** da'hin, vor'bei, vor'über: **to run ~** vorbeilaufen. **IV** *prep* **8.** (*Zeit*) nach, über (*acc*): **half ~ seven** halb acht; **she is ~ forty** sie ist über vierzig. **9.** an ... (*dat*) vor'bei *od.* vor'über: **he ran ~ the house. 10.** über ... (*acc*) hin'aus: **they are ~ caring** sie kümmert das alles nicht mehr; **I would not put it ~ him** *colloq.* das traue ich ihm glatt *od.* ohne weiteres zu; **I would not put it ~ him to forget it** *colloq.* er ist imstande u. vergißt es; **to be ~ it** *colloq.* zu alt sein (dafür); **to be getting ~ it** *colloq.* allmählich alt werden. **pas·ta** ['pæstə; *bes. Am.* 'pɑːstə] *s* Teigwaren *pl.*

**past-'due** *adj bes. econ.* 'überfällig: **~ bill;** **~ interest** Verzugszinsen *pl.*

**paste** [peɪst] **I** *s* **1.** Teig *m*, (*Batterie-, Fisch-, Zahn- etc*)Paste *f*, breiige Masse, Brei *m*: **~ solder** *tech.* Lötpaste. **2.** Kleister *m*, Klebstoff *m*, Papp *m.* **3.** *tech.* Glasmasse *f.* **4.** *min.* (Ton)Masse *f.* **5.** a) Paste *f* (*zur Diamantenherstellung*), b) Simili *n*, *m*, künstlicher Edelstein. **6.** *tech.* (*Ton-, Gips- etc*)Brei *m* (*in der Porzellanu. Steingutherstellung*). **II** *v/t* **7.** (fest-, zs.-)kleben, kleistern, pappen. **8.** bekleben (**with** mit). **9.** *meist* **~ up** a) auf-, ankleben (**on** auf, **an** *acc*), einkleben (**in** in *acc*), b) verkleistern (*Loch*), c) *print.* e-n 'Klebeumbruch machen von. **10.** *electr. tech.* Akkuplatten pa'stieren. **11.** *sl.* ('durch)hauen: **he ~d him one** er 'klebte' ihm eine. **'~·board I** *s* **1.** Pappe *f*, Papp(en)deckel *m*, Kar'ton *m.* **2.** a) Vi'sitenkarte *f*, b) Spielkarte *f*, c) Eintrittskarte *f.* **3.** *Am.* Nudelbrett *n.* **II** *adj* **4.** Papp(en)..., Karton..., aus Pappe. **5.** *fig.* unecht, wertlos, kitschig. **'~·down** *s Buchbinderei:* Vorsatz *m*, Vorsatzblatt *n.* **~ job** *s contp.* zs.-gestoppeltes Machwerk.

**pas·tel** ['pæstəl; 'pæstel; *Br. attr.* 'pæstl] **I** *s* **1.** *bot.* Färberwaid *m.* **2.** Waidblau *n* (*Farbe*). **3.** Pa'stellstift *m.* **4.** Pa'stellmale,rei *f.* **5.** Pa'stell(zeichnung *f*). **6.** Pa'stellfarbe *f*, -ton *m.* **II** *adj* **7.** Pastell...: **a ~ drawing. 8.** Pastell..., pa'stellfarbig, zart, duftig (*Farbe*). **pas·tel·(l)ist** [pæ'stelɪst; *Br. a.* 'pæstəlɪst] *s* Pa'stellmaler(in).

**past·er** ['peɪstər] *s Am.* Aufklebzettel *m*, 'Klebstreifen *m*, -pa,pier *n.*

**pas·tern** ['pæstəːn; *Am.* -tərn] *s zo.* Fessel *f* (*vom Pferd*): **~ joint** Fesselgelenk *n.*

**'paste-up** *s print.* 'Klebe,umbruch *m.*

**pas·teur·i·za·tion** [,pæstəraɪ'zeɪʃn; *Am.* -rəˈz-; *a.* -tʃərəˈz-] *s chem.* Pasteuri'sierung *f.* **'pas·teur·ize** *v/t* pasteuri'sieren, keimfrei machen.

**pas·tic·cio** [pæ'stɪtʃəʊ] *pl* **-cios, -ci** [-tʃɪ] → **pastiche.**

**pas·tiche** [pæ'stiːʃ] *s* **1.** Pa'stiche *m*, Pa'sticcio *n*: a) *paint.* im Stil e-s anderen Malers angefertigtes Bild, b) *mus.* aus Stücken verschiedener Komponisten zs.-gesetzte Oper. **2.** *fig.* Mischmasch *m.*

**pas·tille** ['pæstəl; *bes. Am.* pæsˈtiːl] *s* **1.** Räucherkerzchen *n.* **2.** *pharm.* Pa'stille *f.*

**pas·time** ['pɑːstaɪm] *s* Zeitvertreib *m*, Freizeitbeschäftigung *f*: **reading is his favo(u)rite ~; as a ~** zum Zeitvertreib.

**past·i·ness** ['peɪstɪnɪs] *s* **1.** breiiger Zustand, breiiges *od.* teigiges Aussehen. **2.** *fig.* ,käsiges' Aussehen.

**past·ing** ['peɪstɪŋ] *s* **1.** Kleistern *n*, Kleben *n.* **2.** Klebstoff *m.* **3.** *sl.* ,Dresche' *f*, (Tracht *f*) Prügel *pl.*

**past mas·ter** *s* Altmeister *m*, wahrer Meister *od.* Künstler (in s-m Fach), großer Könner: **to be a ~ in** (*od.* **of**) nicht zu übertreffen sein in (*dat*).

**pas·tor** ['pɑːstə; *Am.* 'pæstər] *s* Pfarrer *m*, Pastor *m*, Seelsorger *m.* **'pas·to·ral** **I** *adj* **1.** Schäfer..., Hirten..., i'dyllisch,

---

ländlich. **2.** *relig.* pasto'ral, seelsorgerisch: **~ responsibility; ~ letter** → 6 a; **~ staff** Bischofs-, Krummstab *m.* **II** *s* **3.** Schäfer-, Hirtengedicht *n*, I'dylle *f.* **4.** *bes. paint.* ländliche Szene. **5.** *mus.* a) Schäferspiel *n*, b) ländliche Kan'tate, c) Pasto'rale *n*, *f.* **6.** *relig.* a) Hirtenbrief *m* (*e-s Bischofs*), b) *pl, a.* P~ Epistles Pasto'ralbriefe *pl* (*des Apostels Paulus*).

**pas·to·ra·le** [,pæstəˈrɑːli; *Am. bes.* -ˈrɑːl; -ˈræl] *pl* **-ra·li** [-ˈrɑːliː] *od.* **-ˈra·les** [-lɪz] *s mus.* Pasto'rale *n*, *f.*

**pas·tor·ate** [*Br.* 'pɑːstərət; *Am.* 'pæs-] *s* **1.** Pasto'rat *n*, Pfarr-, Seelsorgeramt *n.* **2.** *collect.* (*die*) Geistlichen *pl*, Geistlichkeit *f.* **3.** *Am.* Pfarrhaus *n.*

**pas·try** ['peɪstrɪ] *s* **1.** a) *collect.* Kon'ditorwaren *pl*, Feingebäck *n*, b) Kuchen *m*, Torte *f.* **2.** (Kuchen-, Torten)Teig *m.* **~ cook** *s*, **'~·man** [-mən] *s irr* Kon'ditor *m.* **~ fork** *s* Kuchengabel *f.*

**pas·tur·age** ['pɑːstjʊrɪdʒ; *Am.* 'pæstʃər-] *s* **1.** Weiden *n* (*von Vieh*). **2.** Weidegras *n*, Grasfutter *n.* **3.** Weide(land *n*) *f.* **4.** Bienenzucht *f* u. -fütterung *f.*

**pas·ture** ['pɑːstʃə; *Am.* 'pæstʃər] **I** *s* **1.** Weideland *n*: **to seek greener ~s** *fig.* sich nach besseren Möglichkeiten umsehen; **to retire to ~** abtreten (*in den Ruhestand treten*). **2.** → **pasturage** 2. **II** *adj* **3.** Weide... **III** *v/i* **4.** grasen, weiden. **IV** *v/t* **5.** weiden, auf die Weide treiben. **6.** Land als Weideland verwenden. **7.** abweiden.

**past·y¹** [peɪstɪ] *adj* **1.** breiig, teigig, kleist(e)rig. **2.** bläßlich, ,käsig'.

**past·y²** ['pæstɪ; *Br. a.* 'pɑːstɪ] *s* ('Fleisch-)Pa,stete *f.*

**pat¹** [pæt] *s* **1.** *Br.* (*leichter*) Schlag, Klaps *m*: **~ on the back** *fig.* Schulterklopfen *n*, Lob *n*, Anerkennung *f*, Glückwunsch *m*; **he gave himself a ~ on the back** er gratulierte sich (selbst) dazu. **2.** (*Butter*)Klümpchen *n.* **3.** Getrappel *n*, Tapsen *n*, Trappeln *n*: **~ of bare feet on the floor. 4.** *mus.* 'Negertanzmelo,die *f.* **II** *adj* **5.** a) pa'rat, bereit: **to have s.th. ~**, b) fließend: **to know s.th. off ~, to have it down ~** *colloq.* ,etwas (wie) am Schnürchen können', c) passend, treffend: **~ answer** schlagfertige Antwort; **~ solution** Patentlösung *f*; b) (allzu) glatt, gekonnt: **~ style. 6.** fest, unbeweglich: **to stand ~** festbleiben, sich nicht beirren lassen. **7.** gerade recht, rechtzeitig, günstig. **III** *adv* **8.** im rechten Augenblick, wie gerufen. **IV** *v/t* **9.** *Br.* klopfen, tätscheln, e-n Klaps geben (*dat*): **to ~ s.o. on the back** j-n (anerkennend) auf die Schulter klopfen, *fig.* j-n beglückwünschen. **10. ~ down** Haare etc andrücken, Erde etc festklopfen: **to ~ s.o. down for weapons** *Am.* j-n nach Waffen abklopfen. **V** *v/i* **11.** tapsen, tappen, patschen. **12.** klatschen, klopfen (**on** an, *auf acc*).

**Pat²** [pæt] *s* Ire *m*, Irländer *m* (*Spitzname*).

**'pat-a-cake** *s* backe, backe Kuchen (*Kinderspiel*).

**pa·ta·gi·um** [pəˈteɪdʒɪəm] *pl* **-gi·a** [-ə] *s* **1.** Flughaut *f* (*der Fledermäuse*), Windfang *m* (*von Vögeln*).

**'pat-ball** *s sport contp.* ,lahmes' Kricket *od.* Tennis.

**patch** [pætʃ] **I** *s* **1.** Fleck *m*, Flicken *m*, Stück *n* Stoff *etc*, Lappen *m*: **that's not a ~ on** *colloq.* das ist gar nicht zu vergleichen mit *od.* gar nichts gegen. **2.** *mil. etc* Tuchabzeichen *n.* **3.** Schönheitspflästerchen *n.* **4.** *med.* a) (Heft)Pflaster *n*, b) Augenbinde *f*, -klappe *f.* **5.** Fleck *m*, Stück *n* Land *od.* Rasen, Stelle *f*: **a ~ of beans** ein mit Bohnen bepflanztes Stückchen Land. **6.** Stelle *f*, Abschnitt *m* (*in e-m Buch*). **7.** *zo. etc* (Farb)Fleck *m*. **8.** a) Stück(chen) *n*, Brocken *m*: **~ of fog**

---

Nebelschwaden *m*, b) *pl* Bruchstücke *pl*, (*etwas*) Zs.-gestoppeltes: **in ~es** stellenweise; **to strike** (*od.* hit, be in) a **bad ~** e-e ,Pechsträhne' *od.* kein Glück *od.* e-n schwarzen Tag haben. **9.** *Computer:* Di'rektkorrek,tur *f.* **II** *v/t* **10.** flicken, (e-n) Flicken einsetzen in (*acc*), ausbessern. **11.** mit Flecken *od.* Stellen versehen: **a hillside ~ed with grass** ein stellenweise mit Gras bewachsener Hügel. **12. ~ up** *bes. fig.* a) *Auto, Verletzten etc* ,zs.-flicken', *Ehe etc* ,kitten', b) *Buch etc* zs.-stoppeln, c) *Streit etc* beilegen, d) *Differenzen etc* 'überbrücken, beschönigen. **13.** *electr.* a) (ein)stöpseln, b) -schalten. **'~·board** *s Computer:* Schalt-, Steckbrett *n*, Schaltplatte *f.* **~ card** *s Computer:* Änderungs-, Korrek'turkarte *f.* **'~·cord** *s electr.* Steckschnur *f.* **~ kit** *s* Flickzeug *n.* **patch·ou·li** ['pætʃʊlɪ; *Am. a.* pəˈtʃuːlɪ] *s* Patschuli *n* (*Pflanze od. Parfüm*).

**patch| pock·et** *s* aufgesetzte Tasche. **~ test** *s med.* Einreib-, Tuberku'linprobe *f.* **'~·word** *s* Flickwort *n.* **~ work I** *s* **1.** *fig. contp.* Flickwerk *n.* **2.** Patchwork *n.* **3.** *fig.* Mischmasch *m.* **II** *adj* **4.** flickenartig, Flicken..., zs.-gestückelt, Patchwork...: **~ quilt. 5.** *fig.* zs.-gestoppelt.

**'patch·y** *adj* (*adv* **patchily**) **1.** voller Flicken. **2.** *fig.* zs.-gestoppelt. **3.** fleckig. **4.** *fig.* uneinheitlich, ungleich-, unregelmäßig.

**'pat-,down search** *s Am.* Abklopfen *n*, 'Leibesvisitati,on *f.*

**pate** [peɪt] *s colloq.* ,Birne' *f*, Schädel *m*: **bald ~** ,Platte' *f* (*Glatze*).

**pâte** [pɑːt] (*Fr.*) *s tech.* (Porzel'lan)Paste *f.*

**pâ·té** ['pæteɪ; *Am.* pɑːˈteɪ; pæ-; pɑteɪ] (*Fr.*) *s gastr.* Pa'stete *f.*

**-pated** [peɪtɪd] *in Zssgn* ...köpfig.

**pâ·té de foie gras** [pɑːteɪ də fwa grɑ] (*Fr.*) *s gastr.* 'Gänseleberpa,stete *f.*

**pa·tel·la** [pəˈtelə] *pl* **-lae** [-liː] (*Lat.*) *s anat.* Pa'tella *f*, Kniescheibe *f.*

**pat·en** ['pætən] *s relig.* Pa'tene *f*, Hostienteller *m.*

**pa·ten·cy** ['peɪtənsɪ] *s* **1.** Offenkundigkeit *f.* **2.** *med.* Offensein *n*, 'Durchgängigkeit *f* (*e-s Ganges, Kanals etc*).

**pat·ent** ['peɪtənt; *bes. Am.* 'pæ-] **I** *adj* (*adv* **~ly**) **1.** offen: **letters ~** → 7 u. 8. **2.** ['peɪtənt] offen(kundig): **to be ~** auf der Hand liegen; **to become ~ from** klar hervorgehen aus (*dat*). **3.** mit offizi'ellen Privi'legien ausgestattet. **4.** paten'tiert, gesetzlich geschützt: **~ article** Markenartikel *m*; **~ fuel** Preßkohlen *pl.* **5.** Patent...: **~ agent** (*Am.* **attorney**) Patentanwalt *m*; **~ application** Patentanmeldung *f*; **~ claim** Patentanspruch *m*; **~ law** (*objektives*) Patentrecht; P~ Office Pa'tentamt *n*; **~ right** (*subjektives*) Patentrecht; **~ roll** *Br.* Patentregister *n*; **~ specification** Patentbeschreibung *f*, -schrift *f.* **6.** *Br. colloq.* ,pa'tent', (äußerst) praktisch: **~ methods. II** *s* **7.** Pa'tent *n*, Privi'leg *n*, Freibrief *m*, Bestallung *f.* **8.** Pa'tent *n* (*für e-e Erfindung*) (**on** auf *acc*), Pa'tenturkunde *f*: **~ of addition** Zusatzpatent; **to take out a ~ for** → 11; **~ applied for, ~ pending** (zum) Patent angemeldet. **9.** *Br. colloq.* ,Spezi'alrezept' *n* (für, gegen). **III** *v/t* **10.** paten'tieren, gesetzlich schützen, ein Pa'tent erteilen auf (*acc*). **11.** *etwas* paten'tieren lassen. **12.** *tech.* glühen. **'pat·ent·a·ble** *adj jur.* pa'tentfähig. **,pat·ent'ee** [-ˈtiː] *s* Pa'tentinhaber(in).

**pat·ent| leath·er** *s tech.* Lack-, Glanzleder *n*: **~ shoes** Lackschuhe. **~ log** *s mar.* Pa'tentlog *n.* **~ med·i·cine** *s pharm.* (re'zeptfreie) 'Markenmedi,zin.

**pa·ter** ['peɪtə(r)] *s ped. colloq.* ,alter Herr' (*Vater*). **,pa·ter·fa'mil·i·as** [-fəˈmɪlɪ-

æs; *Am.* -əs] *pl* ˌpa·tres·faˈmilˈi·as [ˌpeɪtriːz-; ˌpɑːtreɪz-] *s* Faˈmilienoberhaupt *n*, -vater *m*.
**pa·ter·nal** [pəˈtɜːnl; *Am.* -ˈtɜr-] *adj* (*adv* ~ly) **1.** väterlich. **2.** von der *od.* auf der Seite des Vaters: ~ **grandfather** Großvater *m* väterlicherseits. **paˈter·nal·ism** *s bes. pol.* Paternaˈlismus *m*, Bevormundung *f* (durch den Staat). **paˈter·nal·ist, paˌter·nalˈis·tic** *adj bes. pol.* paternaˈlistisch, bevormundend.
**pa·ter·ni·ty** [pəˈtɜːnətɪ; *Am.* -ˈtɜr-] *s* **1.** Vaterschaft *f* (*a. fig.*): **to declare** ~ *jur.* die Vaterschaft feststellen; ~ **suit** *jur.* Vaterschaftsprozeß *m*; ~ **test** *jur. med.* (Blutgruppen)Test *m* zur Feststellung der Vaterschaft. **2.** *fig.* Urheberschaft *f*.
**pa·ter·nos·ter** [ˌpætəˈnɒstə; *Am.* ˈpætər-ˌnɒstər; ˌpɑːtərˈnɑ-] **I** *s* **1.** *relig.* Paterˈnoster *n*, Vaterˈunser *n*. **2.** *R.C.* a) Vaterˈunserperle *f*, b) *obs.* Paterˈnosterschnur *f* (*Rosenkranz*). **3.** *arch.* Perlstab *m.* **4.** *a.* ~ **line** Angelschnur *f* mit Haken in Zwischenräumen u. kugelförmigen Senkern. **5.** Zauberspruch *m*: **black** ~ Anrufung *f* der bösen Geister. **6.** *tech.* Paterˈnoster (-aufzug) *m.* **II** *adj* **7.** *tech.* Paternoster...
**path** [pɑːθ; *Am.* pæθ] *pl* **paths** [-ðz; *Am. a.* -θs] *s* **1.** (Fuß)Pfad *m*, (-)Weg *m.* **2.** *fig.* Pfad *m*, Weg *m*, Bahn *f*: **to stand in s.o.'s** ~ j-m im Weg stehen; → **cross** 27, **tread** 11. **3.** *phys. tech.* Bahn *f*: ~ **of current** Stromweg *m*; ~ **of discharge** *electr.* Entladungsstrecke *f*; ~ **of electrons** Elektronenbahn. **4.** *astr.* Bahn *f.*
**Pa·than** [pəˈtɑːn] *s* Paschˈtun *m.*
**pa·thet·ic** [pəˈθetɪk] **I** *adj* (*adv* ~ally) **1.** *obs.* paˈthetisch, überˈtrieben gefühlvoll. **2.** bemitleidenswert, mitleiderregend: **a** ~ **sight** ein Bild des Jammers. **3. the** ~ **fallacy** die Vermenschlichung der Natur (*in der Literatur etc*). **4.** *Br.* kläglich (*Versuch etc*), erbärmlich, miseˈrabel (*Leistung etc*): **to be** ~ zu nichts zu gebrauchen sein. **II** *s* **5.** *pl* Mitleid heischendes Verhalten.
**'path·find·er** *s* **1.** Forschungs-, Entdeckungsreisende(r) *m.* **2.** *aer. mil.* Pfadfinder *m* (*Flugzeug*). **3.** *fig.* Bahnbrecher *m*, Wegbereiter *m.*
**path·ic** [ˈpæθɪk] *s* **1.** Leidtragende(r *m*) *f*, Opfer *n.* **2.** Lustknabe *m.*
**'path·less** *adj* pfad-, weglos.
**path·o·gen** [ˈpæθədʒen] *s med.* Krankheitserreger *m.*
**path·o·gen·e·sis** [ˌpæθəˈdʒenɪsɪs] *s med.* Pathoˈgenese *f* (*Entstehung e-r Krankheit*). **ˌpath·o·geˈnet·ic** [-dʒɪˈnetɪk], **ˌpath·oˈgen·ic, pa·thog·e·nous** [pəˈθɒdʒɪnəs; *Am.* -ˈθɑ-] *adj* pathoˈgen, krankheitserregend. **paˈthog·e·ny** → **pathogenesis**.
**pa·thog·no·my** [pəˈθɒɡnəmɪ; *Am.* -ˈθɑ-] *s med.* Pathoˈgnomik *f*, -ˈgnostik *f*, Symˈptomenlehre *f.*
**path·o·log·i·cal** [ˌpæθəˈlɒdʒɪkl; *Am.* -ˈlɑ-] *adj* (*adv* ~ly) *med.* pathoˈlogisch: a) krankhaft, b) die Krankheitslehre betreffend.
**pa·thol·o·gist** [pəˈθɒlədʒɪst; *Am.* -ˈθɑ-] *s med.* Pathoˈloge *m.* **paˈthol·o·gy** [-dʒɪ] *s* **1.** Pathoˈlogie *f*, Krankheitslehre *f.* **2.** pathoˈlogischer Befund.
**pa·thos** [ˈpeɪθɒs; *Am.* -θɑs] *s* **1.** *obs.* Pathos *n*, Geˈfühls¦überschwang *m.* **2.** (*das*) Mitleiderregende. **3.** Mitleid *n.*
**'path·way** → **path** 1 u. 2.
**pa·tience** [ˈpeɪʃns] *s* **1.** Geduld *f*: a) Ausdauer *f*, b) Nachsicht *f*, Langmut *f*: **to lose one's** ~ die Geduld verlieren; **to be out of** ~ **with s.o.** j-n nicht mehr ertragen können; **to have no** ~ **with s.o.** nichts übrig haben für j-n; **to try s.o.'s** ~ j-s Geduld auf die Probe stellen. **2.** *bot.* Gartenampfer *m.* **3.** *bes. Br.* Patiˈence *f* (*Kartenspiel*).

**pa·tient** [ˈpeɪʃnt] **I** *adj* (*adv* ~ly) **1.** geduldig: a) ausdauernd, beharrlich: ~ **efforts**; **to be** ~ **of s.th.** etwas (geduldig) ertragen, b) nachsichtig: **to be** ~ **with** *a.* Geduld haben mit. **2.** zulassend, gestattend: ~ **of two interpretations. II** *s* **3.** Patiˈent(in), Kranke(r *m*) *f.* **4.** *jur. Br.* Geistesgestörte(r *m*) *f* (*in e-r Heil- u. Pflegeanstalt*). **5.** *obs.* Leidtragende(r *m*) *f*, Opfer *n.* **'pa·tient·hood** *s* Krankenstand *m*, Kranksein *n*: **during his** ~ **at the hospital** während s-s Krankenhausaufenthalts.
**pat·i·na** [ˈpætɪnə; *Am. a.* pəˈtiːnə] *s* **1.** Patina *f* (*a. fig.*), Edelrost *m.* **2.** Altersfärbung *f.* **'pat·i·nate** [-neɪt] **I** *v/t* patiˈnieren. **II** *v/i* Patina ansetzen (*a. fig.*). **'pat·i·nous** *adj* patiˈniert.
**pa·ti·o** [ˈpætɪəʊ] *s* **1.** *arch.* Patio *m*, Innenhof *m.* **2.** Veˈranda *f*, Terˈrasse *f.*
**pa·tois** [ˈpætwɑː; patwa] (*Fr.*) *s* Paˈtois *n.*
**pa·tri·al** [ˈpeɪtrɪəl] *s jur. Br.* j-d, der durch Abstammung, langjährigen Wohnsitz *od.* Ehe Anrecht auf brit. Staatsbürgerschaft hat.
**pa·tri·arch** [ˈpeɪtrɪɑː(r)k] *s* **1.** *relig.* Patriˈarch *m*: a) *Bibl.* Erzvater *m*, b) Oberbischof *m.* **2.** *fig.* ehrwürdiger alter Mann. **3.** Faˈmilien-, Stammesoberhaupt *n.* **ˌpa·triˈar·chal** [-ˈɑː(r)kl] *adj* patriˈchalisch (*a. fig. ehrwürdig*). **'pa·tri·arch·ate** [-kɪt; -keɪt] *s* Patriˈchat *n.* **'pa·tri·arch·y** *s* Patriarˈchat *n*, patriarˈchalische Reˈgierungsform.
**pa·tri·cian** [pəˈtrɪʃn] **I** *adj* **1.** paˈtrizisch, Patrizier... **2.** *fig.* aristoˈkratisch. **II** *s* **3.** Paˈtrizier(in).
**pat·ri·cid·al** [ˌpætrɪˈsaɪdl] *adj* vatermörderisch. **'pat·ri·cide** *s* **1.** Vatermord *m.* **2.** Vatermörder(in).
**pat·ri·mo·ni·al** [ˌpætrɪˈməʊnjəl; -ɪəl] *adj* **1.** Patriˈmonium *n*, Erbvermögen *n*, väterliches Erbteil. **2.** Vermögen *n* (*a. fig.*). **3.** Kirchengut *n.*
**pa·tri·ot** [ˈpætrɪət; *bes. Am.* ˈpeɪ-] *s* Patriˈot(in). **ˌpa·tri·oˈteer** *s contp.* Hurˈrapatriˌot(in). **ˌpa·triˈot·ic** [-ˈɒtɪk; *Am.* -ˈɑtɪk] *adj* (*adv* ~ally) patriˈotisch. **'pa·tri·ot·ism** *s* Patriˈotismus *m*, Vaterlandsliebe *f.*
**pa·tris·tic** [pəˈtrɪstɪk] *adj relig.* paˈtristisch, die Kirchenväter betreffend.
**pa·trol** [pəˈtrəʊl] **I** *v/i* **1.** patrouilˈlieren (*Soldaten*), auf Paˈtrouille fliegen, auf Streife sein (*Polizisten*), s-e Runde machen (*Wachmann*). **2.** *mil.* auf Spähdienst sein. **II** *v/t* **3.** ¦abpatrouilˌlieren, *aer.* Strecke abfliegen, auf Streife sein in (*dat*), s-e Runde machen in (*dat*). **III** *s* **4.** Paˈtrouille *f*, Streife *f*, Runde *f*: **on** ~ auf Patrouille, auf Streife. **5.** a) *mil.* Paˈtrouille *f*, Späh-, Stoßtrupp *m*, b) (Poliˈzei)Streife *f*: ~ **activity** Spähtrupptätigkeit *f*; ~ **car** (Funk)Streifenwagen *m*, *Am.* (Panzer)Spähwagen *m*; ~ **vessel** *mar.* Küstenwachboot *n*; ~ **wagon** *Am.* (Polizei)Gefangenenwagen *m.* **6.** ~ **mission** *aer.* Paˈtrouillen-, Streifenflug *m.* **paˈtrol·man** [-mæn; -mən] *s irr* **1.** *bes. Am.* Poliˈzeistreife *f*, Poliˈzist *m* auf Streife. **2.** *Am.* motoriˈsierter Pannenhelfer (*e-s Automobilklubs*).
**pa·tron** [ˈpeɪtrən] *s* **1.** Paˈtron *m*, Schutz-, Schirmherr *m.* **2.** Mäˈzen *m*: ~ **of the fine arts** Förderer *m* der schönen Künste. **3.** *relig.* a) ˈKirchenpaˌtron *m*, b) → **patron saint. 4.** a) (Stamm)Kunde *m*, b) Stammgast *m*, (ständiger) Besucher (*a. thea.*).
**pa·tron·age** [ˈpætrənɪdʒ; *Am. a.* ˈpeɪ-] *s* **1.** Schirmherrschaft *f*: **under the** ~ **of. 2.** Gönnerschaft *f*, Mäzeˈnatentum *n*, Förderung *f.* **3.** *jur.* Patroˈnatsrecht *n.* **4.** Kundschaft *f.* **5.** gönnerhaftes *od.* herˈablassendes Benehmen. **6.** *Am.* Recht *n* der Ämterbesetzung.

**pa·tron·ess** [ˈpeɪtrənɪs] *s* **1.** Paˈtronin *f*, Schutz-, Schirmherrin *f.* **2.** Gönnerin *f*, Förderin *f.* **3.** *relig.* Schutzheilige *f.*
**pa·tron·ize** [ˈpætrənaɪz; *Am. a.* ˈpeɪ-] *v/t* **1.** beschirmen, beschützen. **2.** fördern, unterˈstützen. **3.** (Stamm)Kunde *od.* Stammgast sein bei, *ein Theater etc* regelmäßig besuchen. **4.** gönnerhaft *od.* herˈablassend behandeln. **'pa·tron·iz·er** *s* **1.** Förderer *m*, Gönner *m.* **2.** regelmäßiger Besucher, (Stamm)Kunde. **'pa·tron·iz·ing** *adj* (*adv* ~ly) gönnerhaft, herˈablassend: ~ **air** Gönnermiene *f.*
**pa·tron saint** *s relig.* Schutzheilige(r *m*)
**pat·ro·nym·ic** [ˌpætrəˈnɪmɪk] *ling.* **I** *adj* patroˈnymisch (*e-n von den Vorfahren abgeleiteten Namen tragend od. betreffend*): ~ **name** → **II. II** *s* Patroˈnymikum *n.*
**pat·sy** [ˈpætsɪ] *s Am. sl.* **1.** Zielscheibe *f* des Spotts. **2.** Sündenbock *m.* **3.** gutgläubiger Trottel: **I'm not your** ~! ich lass' mich doch von dir nicht verschaukeln!
**pat·té(e)** [ˈpæteɪ; -tɪ; *Am.* æˈteɪ] *adj her.* mit verbreiterten Enden: **cross** ~ Schaufelkreuz *n.*
**pat·ten** [ˈpætn] *s* **1.** Holzschuh *m.* **2.** Stelzschuh *m.* **3.** *arch.* Säulenfuß *m.*
**pat·ter¹** [ˈpætə(r)] **I** *v/i* **1.** schwatzen, plappern. **2.** (e-n) Jarˈgon sprechen. **3.** a) das Gebet *etc* ¦herˈunterleiern', b) *thea.* den Text ¦herˈunterrasseln'. **II** *v/t* **4.** plappern, schwatzen. **5.** *e-n Text* ¦herˈunterrasseln', *ein Gebet etc* ¦herˈunterleiern'. **III** *s* **6.** Geplapper *n.* **7.** ˈFachjarˌgon *m*, (*Soziologen- etc*)Chiˈnesisch *n*: **thieves'** ~ Gaunersprache *f.* **8.** *thea.* a) ¦Reˈvolverschnarraz' *f* (*e-s Komikers*), b) ~ **song** humorvolles Lied *etc*, dessen Text ¦herˈuntergerasselt' wird.
**pat·ter²** [ˈpætə(r)] **I** *v/i* **1.** prasseln (*Regen etc*). **2.** trappeln (*Füße*). **II** *s* **3.** Prasseln *n* (*des Regens etc*). **4.** (Fuß)Getrappel *n.* **5.** Klappern *n*, Schlagen *n.*
**pat·tern** [ˈpætə(r)n] **I** *s* **1.** (*a.* Schnitt-, Strick)Muster *n*, Vorlage *f*, Moˈdell *n.* **2.** *econ.* Muster *n*: a) (Waren)Probe *f*, Musterstück *n*, b) Desˈsin *n*, Moˈtiv *n* (*von Stoffen*): **by** ~ **post** *mail* als Muster ohne Wert. **3.** *fig.* Muster *n*, Vorbild *n*, Beispiel *n*: **on the** ~ **of** nach dem Muster von (*od. gen*). **4.** *Am.* Stoff *m* zu e-m Kleid *etc.* **5.** ˈProbemoˌdell *n* (*e-r Münze*). **6.** *tech.* a) Schaˈblone *f*, b) ˈGußmoˌdell *n*, c) Lehre *f.* **7.** (*a.* oszilˈlographisches) Bild, (*a.* Eisblumen)Muster *n.* **8.** (Schuß-, Treffer)Bild *n*: ~ **of a gun. 9.** Eiskunstlauf: Zeichnung *f.* **10.** (*a. künstlerische*) Gestaltung, Anlage *f*, Kompositiˈon *f*, Schema *n*, Gesamtbild *n*, Muster *n*, (gefügte) Form: **the** ~ **of a novel** die Anlage *od.* der Aufbau e-s Romans. **11.** Verhaltensweise *f*, (*Denk- etc*)Gewohnheiten *pl*: **thinking** ~s; **behavio(u)r** ~ Verhaltensmuster *n.* **12.** *meist pl* Gesetzmäßigkeit(en *pl*) *f*: **historical** ~s. **II** *v/t* **13.** (nach)bilden, gestalten, formen (**after** nach): **to** ~ **one's conduct on s.o.** sich (in s-m Benehmen) ein Beispiel an j-m nehmen. **14.** mit Muster(n) verzieren, mustern. **15.** nachahmen. **III** *v/i* **16.** ein Muster bilden. **IV** *adj* **17.** Muster..., vorbildlich. **18.** typisch.
**pat·tern¦ bomb·ing** *s aer. mil.* (Bomben)Flächenwurf *m*, Bombenteppich(e *pl*) *m*. ~ **book** *s econ.* Musterbuch *n.* ~ **mak·er** *s tech.* Moˈdellmacher *m.* ~ **mak·ing** *s tech.* Moˈdellanfertigung *f.* ~ **paint·ing** *s mil.* Tarnanstrich *m.*
**pat·ty** [ˈpætɪ] *s* **1.** Paˈstetchen *n*: ~ **shell** ungefüllte Blätterteigpastete. **2.** vorgeformte Portiˈon Rinderhack (*für Hamburger etc*). **'~·pan** *s* kleine Paˈsteten- *od.* Kuchenform.

**patz·er** ['pɑːtsər] *s Am. sl.* dilet'tantischer Schachspieler.

**pau·ci·ty** ['pɔːsətɪ] *s* geringe Zahl *od.* Menge.

**Paul** [pɔːl] *npr* Paul *m:* ~ **Pry** Naseweis *m.*

**Paul·ine** ['pɔːlaɪn] *adj relig.* pau'linisch.

**'Paul·in·ism** [-lɪnɪzəm] *s relig.* Pauli'nismus *m,* pau'linische Theolo'gie.

**paunch** [pɔːntʃ; *Am. a.* pɑːntʃ] *s* **1.** (dicker) Bauch, Wanst *m.* **2.** *zo.* Pansen *m* (*der Wiederkäuer*). **3.** *mar.* Stoßmatte *f.*

**'paunch·y** *adj* dickbäuchig.

**pau·per** ['pɔːpə(r)] *I s* **1.** Arme(r *m*) *f:* ~**'s grave** Armengrab *n.* **2.** *Am.* Unter'stützungsempfänger(in). **3.** *jur. Am.* a) unter Armenrecht Klagende(r *m*) *f,* b) Beklagte(r *m*) *f,* der *od.* die das Armenrecht genießt. **II** *adj* **4.** Armen... **'pau·per·ism** *s* **1.** Verarmung *f,* (dauernde *od.* Massen)Armut. **2.** *collect.* die Armen *pl.*

**'pau·per·ize** *v/t* arm machen, an den Bettelstab bringen.

**pause** [pɔːz] *I s* **1.** Pause *f,* Unter'brechung *f,* Innehalten *n:* **to make a** ~ → 6; **a** ~ **to take breath** e-e Atempause *f;* **for effect** Kunstpause. **2.** Zögern *n:* **it gives one** ~ es gibt einem zu denken, es stimmt einen nachdenklich. **3.** *print.* Gedankenstrich *m:* ~ **dots** Auslassungspunkte. **4.** *mus.* Fer'mate *f:* → **general pause**. **5.** Absatz *m,* Zä'sur *f.* **II** *v/i* **6.** e-e Pause machen *od.* einlegen, pau'sieren, innehalten: **to** ~ **for effect** e-e Kunstpause machen. **7.** zögern. **8.** aushalten, verweilen (**on, upon** bei): **to** ~ **upon a word;** **to** ~ **upon a note** (*od.* **tone**) *mus.* e-n Ton aushalten. ~ **switch** *s tech.* Pausentaste *f* (*e-s Kassettenrecorders*).

**pa·van(e)** ['pævən; *bes. Am.* pə'væn; pə'vɑːn] *s mus.* Pa'vane *f* (*Tanz*).

**pave** [peɪv] *v/t* e-e Straße pflastern, den Boden belegen (**with** mit): **to** ~ **the way for** *fig.* den Weg ebnen für; ~**d runway** *aer.* befestigte Start- u. Landebahn; **the way to Hell is** ~**d with good intentions** der Weg zur Hölle ist mit guten Vorsätzen gepflastert. **'pave·ment** *s* **1.** (Straßen)Pflaster *n.* **2.** *Br.* Bürgersteig *m,* Trot'toir *n:* ~ **artist** Pflastermaler *m;* ~ **café** Straßencafé *n;* ~ **pounder** *colloq.* ,Bordsteinschwalbe' *f,* Strichmädchen *n.* **3.** *Am.* Fahrbahn *f.* **4.** Pflasterung *f,* Fußboden(belag) *m.* **'pav·er** *s* **1.** Pflasterer *m.* **2.** Fliesen-, Plattenleger *m.* **3.** Pflasterstein *m,* Fußbodenplatte *f.* **4.** *Am.* 'Straßenbaumaschine *f.*

**pa·vil·ion** [pə'vɪljən] *I s* **1.** (großes) Zelt. **2.** Zeltdach *n.* **3.** *arch.* Pavillon *m,* Gartenhäus·chen *n.* **4.** *arch.* Seitenflügel *m,* Anbau *m.* **5.** *econ.* (Messe)Pavillon *m.* **6.** *sport Br.* Sportplatzgebäude *n.* **II** *v/t* **7.** mit Zelten versehen *od.* bedecken. ~ **chi·nois** [ʃiː'nwɑː] *s mil. mus.* Schellenbaum *m.*

**pav·ing** ['peɪvɪŋ] *s* **1.** Pflastern *n,* (Be-)Pflasterung *f.* **2.** Straßenpflaster *n,* -decke *f.* **3.** (Fuß)Bodenbelag *m.* ~ **bee·tle** *s tech.* Pflaster-, Handramme *f.* ~ **stone** *s* Pflasterstein *m.* ~ **tile** *s* Fliese *f.*

**pav·ior**, *bes. Br.* **pav·iour** ['peɪvjə(r)] *s* Pflasterer *m.*

**pav·is(e)** ['pævɪs] *s mil. hist.* Pa'vese *f* (*großer Schild*).

**paw** [pɔː] *I s* **1.** Pfote *f,* Tatze *f.* **2.** *colloq.* a) ,Pfote' *f* (*Hand*), ~**s off!** Pfoten weg!, b) ,Klaue' *f* (*Handschrift*). **II** *v/t* **3.** (mit dem Vorderfuß *od.* der *Pfote*) scharren in (*dat*). **4.** *colloq.* ,betatschen': a) derb *od.* ungeschickt anfassen, b) tätscheln, ,begrabschen': **to** ~ **the air** (wild) in der Luft herumfuchteln. **III** *v/i* **5.** scharren, stampfen. **6.** *a.* ~ **about** (*od.* **around**) *colloq.* ,(her'um)fummeln'.

**pawk·y** ['pɔːkɪ] *adj bes. Scot.* trocken (*Humor*).

---

**pawl** [pɔːl] *s* **1.** *tech.* Sperrhaken *m,* -klinke *f,* Klaue *f.* **2.** *mar.* Pall *n.*

**pawn**[1] [pɔːn; *Am. a.* pɑːn] *I s* **1.** Pfand (-gegenstand *m,* -sache *f*) *n,* 'Unterpfand *n* (*a. fig.*), *jur. u. fig. a.* Faustpfand *n:* **in** (*od.* **at**)~ verpfändet, versetzt; **to put in** ~ → 2. **II** *v/t* **2.** verpfänden (*a. fig.*), versetzen. **3.** *econ.* Wertpapiere lombar'dieren.

**pawn**[2] [pɔːn; *Am. a.* pɑːn] *s* **1.** Schachspiel: Bauer *m.* **2.** *fig.* (bloße) 'Schachfi₁gur.

**'pawn₁bro·ker** *s* Pfandleiher *m.*

**'pawn₁bro·king** *s* Pfandleihgeschäft *n.*

**pawn·ee** [ˌpɔː'niː] *s jur.* Pfandinhaber *m,* -nehmer *m.* **'pawn·er, 'pawn·or** [-nə(r)] *s* Pfandschuldner *m.*

**'pawn·shop** *s* Leihhaus *n,* Pfandhaus *n,* -leihe *f.* ~ **tick·et** *s* Pfandschein *m.*

**pax** [pæks] *I s* **1.** *relig.* Pax *f,* Kuß-, Paxtafel *f.* **2.** Friedenskuß *m.* **II** *interj* **3.** *ped. Br. colloq.* Friede!

**pay**[1] [peɪ] *I s* **1.** Bezahlung *f.* **2.** (Arbeits-)Lohn *m,* Löhnung *f,* Gehalt *n,* Bezahlung *f,* Besoldung *f,* Sold *m* (*a. fig.*), *mil.* (Wehr)Sold *m:* **in the** ~ **of s.o.** bei j-m beschäftigt, in j-s Sold (*bes. contp.*); → **full pay**. **3.** *fig.* Belohnung *f,* Lohn *m.* **4. he is good** ~ *colloq.* er ist ein guter Zahler. **5.** *min. Am.* ertragreiches Erz.

**II** *v/t pret u. pp* **paid,** *obs.* **payed 6.** etwas (ab-, aus)zahlen, entrichten, abführen, e-e Rechnung (be)zahlen, begleichen, e-e Hypothek ablösen, e-n Wechsel einlösen: **to** ~ **into** einzahlen auf (*ein Konto*); **to** ~ **one's way** a) ohne Verlust arbeiten, b) s-n Verbindlichkeiten nachkommen, c) auskommen (mit dem, was man hat). **7.** *j-n* bezahlen: **they paid the waiter; let me** ~ **you for the book** laß mich dir das Buch bezahlen; **I cannot** ~ **him for his loyalty** ich kann ihm s-e Treue nicht (be)lohnen. **8.** *fig.* (be)lohnen, vergelten (**for** für): **to** ~ **home** heimzahlen. **9.** *Aufmerksamkeit* schenken, e-n *Besuch* abstatten, *Ehre* erweisen, *ein Kompliment* machen (*etc, siehe die Verbindungen mit den verschiedenen Substantiven*). **10.** entschädigen (**for** für). **11.** sich lohnen für (*j-n*), *j-m* nützen, *j-m* etwas einbringen.

**III** *v/i* **12.** zahlen, Zahlung leisten (**for** für): **to** ~ **for** *etwas* bezahlen (*a. fig. büßen*), die Kosten tragen für; **he had to** ~ **dearly for it** *fig.* er mußte es bitter büßen, es hat ihn teuer zu stehen; **to** ~ **by check** (*Br.* **cheque**) per Scheck zahlen; **to** ~ **cash** (**in**) bar bezahlen. **13.** sich lohnen, sich ren'tieren, sich bezahlt machen: **crime doesn't** ~.

*Verbindungen mit Adverbien:*

**pay| back** → **repay;** → **coin** 1. ~ **down** *v/t* bar bezahlen. **2.** e-e Anzahlung machen von. ~ **in** *v/t* (*a. v/i*) einzahlen. **2.** → **pay up** 2. ~ **off** *I v/t* **1.** *j-n* auszahlen, *Seeleute* abmustern. **2.** a) *etwas* ab(be)zahlen, tilgen, abtragen, b) *Gläubiger* befriedigen. **3. to** ~ **s.o.'s meanness, to pay s.o. off for his meanness** *bes. Am.* j-m s-e Gemeinheit heimzahlen. **4.** e-e *Schnur etc* ausgeben, laufen lassen. **5.** *mar.* leewärts steuern. **6.** *colloq. j-m* Bestechungs- *od.* ,Schmier'gelder zahlen. **II** *v/i* **7.** *colloq.* ,für pay[1] 13. ~ **out** *v/t* **1.** auszahlen. **2.** *colloq.* → **pay off** 3. *pret u. pp* **payed** *mar.* Tau, Kette *etc* (aus)stecken, auslogen, abrollen. ~ **up** *I v/t* **1.** *j-n od.* etwas voll *od.* so'fort bezahlen. **2.** *econ.* Anteile, Versicherungsprämie *etc* voll einzahlen: → **paid-up. 2.** e-e Schuld *etc* tilgen, abbezahlen. **II** *v/i* **4.** zahlen: **to make s.o.** ~ j-n ,zur Kasse bitten'.

**pay**[2] [peɪ] *pret u. pp* **payed,** *selten* **paid** *v/t mar.* auspichen, teeren.

---

**pay·a·ble** ['peɪəbl] *adj* **1.** zu zahlen(d), (ein)zahlbar, schuldig, fällig: **to make a check** (*Br.* **cheque**) ~ **to s.o.** e-n Scheck auf j-n ausstellen. **2.** *econ.* ren'tabel, lohnend, gewinnbringend.

**ˌpay|-as-you-'earn** *s Br.* Lohnsteuerabzug *m.* ~**-as-you-'see tel·e·vi·sion** *s* Münzfernsehen *n.* ~**back** *s* **1.** Rückzahlung *f,* (-)Erstattung *f.* **2.** *a.* ~ **period** Tilgungszeit *f.* ~ **bed** *s* Pri'vatbett *n* (*in e-r Klinik*). ~ **book** *s mil.* Soldbuch *n.* '~**box** *s Br.* Kassenhäuschen *n.* ~ **brack·et** *s* Lohn-, Gehaltsgruppe *f.* ~**check** *s Am.* Lohn-, Gehaltsscheck *m.* ~ **claim** *s* Lohnforderung *f.* ~ **clerk** *s* **1.** Lohnauszahler *m.* **2.** *mar. mil. Am.* Rechnungsführer *m.* '~**day** *s* **1.** Zahltag *m.* **2.** *Terminbörse: Br.* Abrechnungstag *m.* ~ **desk** *s econ.* Kasse *f* (*im Kaufhaus*). ~ **dif·fer·en·tial** *s* Lohngefälle *n.* ~ **dirt** *s* **1.** *geol.* erzreiches Erdreich. **2.** *fig. Am.* a) Geld *n,* Gewinn *m,* b) Erfolg *m,* c) Nutzen *m,* Gewinn *m:* **to strike** (*od.* **hit**) ~ Erfolg haben.

**pay·ee** [peɪ'iː] *s* **1.** Zahlungsempfänger (-in). **2.** Wechselnehmer(in), Remit'tent (-in).

**pay en·ve·lope** *s Am.* Lohntüte *f.*

**pay·er** ['peɪə(r)] *s* **1.** (Aus-, Be)Zahlende(r *m*) *f,* Zahler(in). **2.** (*Wechsel*)Bezogene(r *m*) *f,* Tras'sat(in).

**'pay·ing** *I adj* lohnend, einträglich, lukra'tiv, ren'tabel: **not** ~ unrentabel. **II** *s* Zahlung *f:* ~ **back** Rückzahlung; ~ **in** Einzahlung; ~ **off** Abzahlung, Abtragung *f;* ~ **out** Auszahlung, Abführung *f.* ~ **guest** *s* zahlender Gast (*in e-m Privathaus*). ~**'in slip** *s* Einzahlungsschein *m.*

**pay| load** *s econ.* **1.** Nutzlast *f* (*e-s Flugzeugs etc*): ~ **capacity** Ladefähigkeit *f.* **2.** *mil.* Sprengladung *f* (*im Gefechtskopf e-s Geschosses*). **3.** *econ. Am.* Lohnanteil *m,* (*die*) Löhne *pl* (*e-s Unternehmens*). '~**mas·ter** *s* **1.** *mil.* Zahlmeister *m:* ~ **general** a) *mil.* Generalzahlmeister *m,* b) *Br.* Generalzahlmeister *m* des englischen Schatzamtes. **2.** *colloq.* ,Brötchengeber' *m* (*Arbeitgeber*).

**'pay·ment** *s* **1.** (Be-, Ein-, Aus)Zahlung *f,* Entrichtung *f,* Abtragung *f* (*von Schulden*), Einlösung *f* (*e-s Wechsels*): ~ **in cash** Barzahlung; ~ **in kind** Sachleistung *f;* ~ **of duty** Verzollung *f;* **on** ~ (**of**) nach Eingang (*gen*), gegen Zahlung (*von od. gen*); **to accept in** ~ in Zahlung nehmen. **2.** gezahlte Summe, Bezahlung *f.* **3.** → **pay**[1] 2. **4.** *fig.* Lohn *m,* Belohnung *f.*

**pay·nim** ['peɪnɪm] *s obs.* Heide *m,* Heidin *f, bes.* Mohamme'daner(in).

**'pay·off** *s colloq.* **1.** (Lohn-, Gewinn-)Auszahlung *f.* **2.** Abzahlung *f,* Tilgung *f.* **3.** Verteilung *f* (*e-r Beute etc*). **4.** *fig.* Abrechnung *f,* Rache *f.* **5.** *fig.* Höhepunkt *m,* Clou *m,* (*e-s Witzes a.*) Pointe *f.* **6.** *colloq.* Bestechungs-, ,Schmier'gelder *pl.* ~ **of·fice** *s* **1.** Zahlstelle *f.* **2.** 'Lohnbü₁ro *n.*

**pay·o·la** [peɪ'əʊlə] *s sl.* **1.** Bestechung *f.* **2.** (*bes. an e-n Discjockey od. e-e Rundfunkanstalt gezahlte*) Bestechungs- *od.* ,Schmier'gelder *pl.*

**pay| pack·et** *s Br.* Lohntüte *f.* ~ **phone** *colloq. für* **pay telephone.** ~ **pol·i·cy** *s* 'Lohnpoli₁tik *f.* '~**roll** *s* Lohnliste *f:* **to have** (*od.* **keep**) **s.o. on one's** ~ j-n (bei sich) beschäftigen; **he is no longer on our** ~ er arbeitet nicht mehr für *od.* bei uns; **to be off the** ~ entlassen *od.* arbeitslos sein; **the firm has a huge** ~ die Firma hat enorm hohe Lohnkosten. '~**roll tax** *s Am.* Lohnsummensteuer *f.* ~ **round** *s* Lohnrunde *f.* ~ **sheet** → **payroll.** ~ **slip** *s* Lohn-, Gehaltsstreifen *m.* ~ **sta·tion** *s Am.* Münz-

fernsprecher *m.* ~ **tel·e·phone** *s* Münzfernsprecher *m.* ~ **tel·e·vi·sion** *s* Münzfernsehen *n.*

**pea** [piː] **I** *s* **1.** *bot.* Erbse *f*: **they are as like as two ~s (in a pod)** sie gleichen sich wie ein Ei dem anderen. **2.** *bot.* Ackererbse *f.* **3.** kleines Kohlen- *od.* Erzstück. **II** *adj* **4.** erbsengroß, -förmig: ~ **coal** Erbskohle *f.*

**peace** [piːs] **I** *s* **1.** Friede(n) *m*: **at ~** im Frieden, im Friedenszustand; **the two countries are at ~** zwischen den beiden Ländern herrscht Frieden; **to make ~** Frieden schließen (**with** mit). **2.** *a.* **King's** (*od.* **Queen's**) ~, **public ~** *jur.* Landfrieden *m*, öffentliche Sicherheit, öffentliche Ruhe u. Ordnung: **breach of the ~** Friedensbruch *m*, öffentliche Ruhestörung; **to keep the ~** die öffentliche Sicherheit wahren; → **disturb** 1. **3.** *fig.* Friede(n) *m*, (innere) Ruhe: ~ **of mind** Seelenfrieden; **to hold one's ~** sich ruhig verhalten, den Mund halten; **to leave in ~** in Ruhe *od.* Frieden lassen; **to live in ~ and quiet** in Ruhe u. Frieden leben; **to be at ~** *euphem.* in Frieden ruhen (*tot sein*). **4.** Versöhnung *f*, Eintracht *f*: **to make one's ~ with** s.o. s-n Frieden mit j-m machen, sich mit j-m aus- *od.* versöhnen; **to make (one's) ~ with o.s.** mit sich selbst ins reine kommen. **II** *interj* **5.** pst!, still!, sei(d) ruhig! **III** *adj* **6.** Friedens...: ~ **conference**; ~ **initiative**; ~ **movement**; ~ **offensive**; ~ **offer**; ~ **symbol**; ~ **treaty**.

**peace·a·ble** [ˈpiːsəbl] *adj* (*adv* **peaceably**) **1.** friedlich, friedfertig, friedliebend. **2.** ruhig, friedlich (*Diskussion etc*). **'peace·a·ble·ness** *s* Friedlichkeit *f*, Friedfertigkeit *f.*

**peace feel·er** *s meist pl* Friedensfühler *m*: **to put out ~s** Friedensfühler ausstrecken.

**'peace·ful** *adj* (*adv* **~ly**) friedlich: **the demonstration passed off ~ly** die Demonstration verlief ohne Zwischenfälle. **'peace·ful·ness** *s* Friedlichkeit *f.*

**'peace|,keep·er** *s* Friedenswächter *m.* **'~,keep·ing I** *s* Friedenssicherung *f.* **II** *adj* Friedens...: ~ **force** Friedenstruppe *f.* **'~·lov·ing** *adj* friedliebend. **'~,mak·er** *s* Friedensstifter(in).

**peace·nik** [ˈpiːsnɪk] *s Am. sl.* **1.** Kriegsgegner(in). **2.** Teilnehmer(in) an Antikriegsdemonstrationen.

**peace| of·fer·ing** *s* **1.** *relig.* Sühnopfer *n.* **2.** *a.)* Versöhnungsgeschenk *n*, b) versöhnliche Geste. ~ **of·fi·cer** *s* Sicherheitsbeamte(r) *m*, ¦Schutzpoli¦zist *m.* ~ **pipe** *s* Friedenspfeife *f*: **to smoke the ~.** ~ **re·search** *s* Friedensforschung *f.* ~ **sign** *s* **1.** Friedenszeichen *n*: **to give the ~** das Friedenszeichen machen. **2.** ¦Friedenssym¦bol *n.* **'~·time** *s* Friedenszeiten *pl*: **in ~** im Frieden. **II** *adj* in Friedenszeiten, Friedens...

**peach¹** [piːtʃ] *s* **1.** *bot.* a) Pfirsich *m*, b) Pfirsichbaum *m.* **2.** *Am. für* **peach brandy**. **3.** Pfirsichfarbe *f.* **4.** *sl.* ,prima' *od.* ,klasse' Per¦son *od.* Sache: **a ~ of a fellow** ein ,Prachtkerl'; **a ~ of a girl** ein süßes *od.* bildhübsches Mädchen.

**peach²** [piːtʃ] *v/i*: **to ~ against** (*od.* **on**) *sl.* e-n Komplizen ,verpfeifen', e-n Schulkameraden verpetzen.

**'peach|,blos·som I** *s* Pfirsichblütenfarbe *f.* **II** *adj* pfirsichblütenfarbig. **'~·blow** *s* **1.** purpurne *od.* rosarote Glasur. **2.** Purpur *m*, Rosarot *n* (*Farbe*). ~ **bran·dy** *s* ¦Pfirsichli¦kör *m.*

**peach·er·i·no** [ˌpiːtʃəˈriːnəʊ] *pl* **-nos** *Am. sl. für* **peach¹** 4.

**'pea·chick** *s orn.* junger Pfau.

**'peach·y** *adj* **1.** pfirsichartig, -weich. **2.** *sl.* ,prima', ,klasse', ,toll'.

**'pea·coat** → **pea jacket.**

**pea·cock** [ˈpiːkɒk; *Am.* ˌ-¦kɑk] **I** *s* **1.** *orn.* Pfau *m.* **2.** *fig.* (eitler) Pfau *od.* ,Fatzke'. **II** *v/t* **3.** ~ **it**, ~ **o.s.** ,angeben', ,sich dicktun'. **III** *v/i* **4.** sich aufblähen, wie ein Pfau ein¦herstol,zieren. ~ **blue** *s* Pfauenblau *n* (*Farbe*). ~ **but·ter·fly** *s zo.* Tagpfauenauge *n.*

**'pea·cock·ish** *adj* stolz, aufgeblasen, ,affig'.

**'pea|·cod** *s bot. dial.* Erbsenschote *f*, -hülse *f.* **'~·fowl** *s orn.* Pfau *m.* ~ **green** *s* Erbsen-, Maigrün *n* (*Farbe*). **'~·hen** *s orn.* Pfauhenne *f.* ~ **jack·et** *s mar.* Ko¦lani *m.*

**peak¹** [piːk] *s* **1.** Spitze *f.* **2.** a) Bergspitze *f*, b) Horn *n*, spitzer Berg. **3.** *fig.* Gipfel *m*, Höhepunkt *m*: **at the ~ of happiness** auf dem Gipfel des Glücks; **to be at a ~** a) e-e Blüte erleben, b) ,in' sein; **to bring a team to its ~** *sport* e-e Mannschaft in Höchstform bringen. **4.** *math. phys.* Höchst-, Scheitelwert *m*, Scheitel(punkt) *m.* **5.** (*Leistungs- etc*)Spitze *f*, Höchststand *m*: ~ **of oscillation** Schwingungsmaximum *n*; **to reach the ~** den Höchststand erreichen. **6.** Hauptbelastung *f*, Stoßzeit *f* (*e-s Elektrizitäts-, Gas- od. Verkehrsnetzes*). **7.** *econ.* Maxi¦mal-, Höchstpreis *m.* **8.** Mützenschild *m*, -schirm *m.* **9.** *mar.* Piek *f* (*engerer Teil des Schiffsraums an den Enden des Schiffs*). **II** *adj* **10.** Spitzen..., Maximal..., Höchst-..., Haupt...: ~ **current** *electr.* Spitzenstrom *m*; ~ **factor** Scheitelfaktor *m*; ~ **(traffic) hours** Hauptverkehrszeit *f*, Stoßzeit *f*; ~ **load** Spitzen-, Maximalbelastung *f* (*a. electr.*); ~ **season** Hochsaison *f*, -konjunktur *f*; ~ **time** a) Hochkonjunktur *f*, b) Stoßzeit *f*, Hauptverkehrszeit *f*; ~ **value** Scheitelwert *m.* **III** *v/i* **11.** den Höchststand erreichen.

**peak²** [piːk] *v/i* **1.** abmagern, kränkeln. **2.** spitz aussehen.

**peaked** [piːkt] *adj* **1.** spitz(ig). **2.** *fig.* ,spitz', kränklich aussehend.

**'peak·ing** *s* **1.** *phys. etc* Spitzenwertbildung *f.* **2.** *TV* Entzerrung *f.* **3.** *electr.* Anheben *n* des Si¦gnals.

**'peak·y** *adj* **1.** gebirgig, gipf(e)lig. **2.** spitz(ig). **3.** → **peaked** 2.

**peal** [piːl] **I** *s* **1.** (Glocken)Läuten *n.* **2.** Glockenspiel *n.* **3.** (*Donner*)Schlag *m*, Dröhnen *n*, Getöse *n*: ~**s of laughter** schallendes Gelächter. **II** *v/i* **4.** läuten. **5.** erschallen, dröhnen, schmettern. **III** *v/t* **6.** erschallen lassen.

**'pea·nut I** *s* **1.** *bot.* Erdnuß *f.* **2.** *Am. sl.* a) Wicht *m*, ,halbe Porti¦on', b) ,kleines Würstchen' (*unbedeutender Mensch*), c) *pl* ,kleine Fische' *pl*, lächerliche Summe *etc*. **II** *adj* **3.** *Am. sl.* klein, unbedeutend, lächerlich: **a ~ politician.** ~ **but·ter** *s* Erdnußbutter *f.* ~ **oil** *s* Erdnußöl *n.* ~ **tube** *s electr. Am.* Kleinströhre *f.*

**pear** [peə(r)] *s* **1.** *bot.* a) Birne *f*, b) *a.* ~ **tree** Birnbaum *m.* **2.** Birne *f*, birnenförmiger Gegenstand.

**pearl** [pɜːl; *Am.* pɜrl] **I** *s* **1.** Perle *f* (*a. fig.*): **to cast ~s before swine** Perlen vor die Säue werfen. **2.** Perl¦mutt(er) *f.* **3.** *pharm.* Perle *f*, Kügelchen *n.* **4.** *print.* Perl(schrift) *f*, -druck *m.* **II** *v/i* **5.** Perlen bilden, perlen, tropfen. **6.** nach Perlen suchen. **III** *adj* **7.** Perl(en)..., Perlmutt(er)... **8.** geperlt, perlenförmig. ~ **ash** *s chem.* Perlasche *f.* ~ **bar·ley** *s* Perlgraupen *pl.* ~ **div·er** *s* Perlentaucher *m.*

**pearled** *adj* **1.** mit Perlen besetzt. **2.** perlenförmig.

**pearl| fish·er** *s* Perlenfischer *m.* ~ **gray** (*bes. Br.* **grey**) *s* Perl-, Blaßgrau *n* (*Farbe*). ~ **stitch** *s* Stickerei: Perlstich *m.* ~ **white** *s* Perl-, Schminkweiß *n.*

**'pearl·y I** *adj* **1.** Perl(en)..., perlenartig, perl¦mutt(er)artig. **2.** perlenfarbig. **3.** *Br.* a) *pl* Perl¦mutt(er)knöpfe *pl*, b) *pl* mit Perl¦mutt(er)knöpfen besetzte Kleidungsstücke *pl*, c) Londoner Straßenhändler(in), der/die bei festlichen Gelegenheiten mit Perlmutt(er)knöpfen besetzte Kleidungsstücke trägt. ~ **gates** *s pl* **1.** P~ **G~** *Bibl.* (die) zwölf Himmelstüren *pl.* **2.** *Br. sl.* ,Beißerchen' *pl* (*Zähne*). ~ **king**, ~ **queen** → **pearly** 3 c.

**pear·main** [ˈpɜːmeɪn; ˈpeə-; *Am.* ˈpeərˌm-] *s* Par¦mäne *f* (*Apfelsorte*).

**pear| push** *s electr.* Schnurschalter *m* mit Druckknopf. ~ **quince** *s bot.* Echte Quitte, Birnenquitte *f.* **'~·shaped** *adj* birnenförmig.

**peas·ant** [ˈpeznt] **I** *s* **1.** Kleinbauer *m*: P~s' **Revolt** Bauernaufstand *m* (*bes. der in England, 1381*); P~s' **War** Bauernkrieg *m* (*in Deutschland, 1524–25*). **2.** *fig. colloq.* ,Bauer' *m.* **II** *adj* **3.** kleinbäuerlich, Kleinbauern...: ~ **woman** Kleinbäuerin *f.* **'peas·ant·ry** [-trɪ] *s* **1.** Kleinbauernstand *m.* **2.** *collect.* (die) Kleinbauern *pl.*

**pease** [piːz] *s pl obs. od. bes. Br. dial.* Erbsen *pl.* ~**pud·ding** *s* Erbs(en)brei *m.* **'pea|·shoot** *v/t u. v/i irr* mit e-m Blasrohr schießen. **'~·shoot·er** *s* **1.** Blas-, Puste-rohr *n.* **2.** *Am.* Kata¦pult *n*, *m.* **3.** *sl.* (kleine) Pi¦stole. ~ **soup** *s* **1.** Erbs(en)suppe *f.* **2.** → **peasouper** 1. **'~·soup·er** *s colloq.* **1.** ,Waschküche' *f* (*dicker, gelber Nebel*). **2.** *Canad.* ,Frankoka¦nadier(in). **'~·soup·y** *adj colloq.* dicht u. gelb (*Nebel*).

**peat** [piːt] *s* **1.** Torf *m*: **to cut** (*od.* **dig**) ~ Torf stechen; ~ **bath** *med.* Moorbad *n*; ~ **coal** Torfkohle *f*, Lignit *m*; ~ **gas** Torfgas *n*; ~ **moss** Torfmoos *n.* **2.** Torfstück *n*, -sode *f.* **'peat·er·y** [-ərɪ] *s* Torfmoor *n.* **'peat·y** *adj* torfig.

**peb·ble** [ˈpebl] **I** *s* **1.** Kiesel(stein) *m*: **you are not the only ~ on the beach** *colloq.* man (*od.* ich) kann auch ohne dich auskommen; **there are plenty of other ~s on the beach** (*od.* **shore**) *colloq.* es gibt noch mehr Jungen *od.* Mädchen auf der Welt. **2.** A¦chat *m.* **3.** ¦Bergkri¦stall. **III** *v/t* **4.** *phys.* Linse *f aus* ¦Bergkri¦stall. **III** *v/t* **5.** mit Kies bestreuen, kiese(l)n. **6.** *tech.* Leder krispeln. **'peb·bled** *adj* gekiest, kieselig.

**peb·ble| dash** *s tech.* Rauh-, Edelputz *m.* **'~·dashed** *adj* mit Rauh- *od.* Edelputz (versehen). ~ **leath·er** *s tech.* gekrispeltes Leder.

**pe·can** [pɪˈkæn; *Am. a.* -ˈkɑːn] *s bot.* **1.** Pe¦canobaum *m.* **2.** *a.* ~ **nut** Pe¦kannuß *f.*

**pec·ca·dil·lo** [ˌpekəˈdɪləʊ] *pl* **-los** *u.* **-loes** *s* **1.** kleine Sünde. **2.** geringfügiges Vergehen, Kava¦liersde,likt *n.*

**pec·can·cy** [ˈpekənsɪ] *s* Sündhaftigkeit *f.* **'pec·cant** *adj* **1.** sündig, böse, verderbt. **2.** *med.* krankhaft, faul.

**pec·ca·vi** [peˈkɑːviː] *s* Schuldbekenntnis *n*: **to cry** ~ sich schuldig bekennen.

**peck¹** [pek] *s* **1.** Peck *n*, Viertelscheffel *m* (*Trockenmaß; Br.* 9,1, *Am.* 8,8 Liter). **2.** *fig.* Menge *f*, Haufe(n) *m.*

**peck²** [pek] **I** *v/t* **1.** (*mit dem Schnabel od. e-m Werkzeug*) (auf)picken, (-)hacken. **2.** *a.* ~ **out** ein Loch picken. **3.** Körner *etc* aufpicken. **4.** *colloq.* j-m e-n flüchtigen Kuß geben. **II** *v/i* **5.** (**at**) hacken, picken (nach), einhacken (auf *acc*): **to ~ at** s.o. *fig.* auf j-m ,herumhacken', an j-m herumnörgeln; **to ~ at one's food** (lustlos) im Essen herumstochern. **6.** *colloq.* ,futtern', essen. **III** *s* **7.** **to give s.o. a ~** nach j-m hacken. **8.** (aufgehacktes) Loch. **9.** *colloq.* ,Futter' *n*, Essen *n.* **10.** *colloq.* flüchtiger Kuß.

**peck·er** [ˈpekə(r)] *s* **1.** Picke *f*, Hacke *f.* **2.** *tech.* Abfühlnadel *f.* **3.** *sl.* a) ,Zinken' *m* (*Nase*), b) *Am.* ,Schwanz' *m* (*Penis*). **4.** *sl.*

guter Mut: **to keep one's ~ up** die Ohren steifhalten.
**peck·ing or·der** ['pekɪŋ] s *orn. u. fig.* Hackordnung *f.*
**'peck·ish** *adj colloq.* **1.** *bes. Br.* hungrig. **2.** *Am.* nörglerisch, reizbar.
**peck or·der** → pecking order.
**Peck's bad boy** [peks] s *Am.* En'fant *n* ter'rible *n.*
**Peck·sniff·i·an** [pek'snɪfɪən] *adj* scheinheilig, heuchlerisch (*nach Pecksniff in „Martin Chuzzlewit" von Dickens*).
**pec·ten** ['pektən] s *zo.* **1.** *orn.* Kammhaut *f.* **2.** Kammuschel *f.* **3.** kammartiger Körperanhang.
**pec·tic** ['pektɪk] *adj chem.* Pektin...
**'pec·tin** [-tɪn] s Pek'tin *n.*
**pec·tin·e·al** [pek'tɪnɪəl] *adj anat.* **1.** Schambein... **2.** Kammmuskel...
**pec·to·ral** ['pektərəl] **I** *adj* **1.** Brust... **2.** *anat. med.* Brust..., pekto'ral. **3.** Brustplatte *f (der Rüstung).* **4.** *R.C.* Pekto'rale *n,* Brustkreuz *n (des Bischofs).* **5.** *pharm.* Brust-, Hustenmittel *n.* **6.** *anat.* Brustmuskel *m.* **7.** *a.* ~ **fin** *ichth.* Brustflosse *f.*
**pec·u·late** ['pekjʊleɪt] **I** *v/i* öffentliche Gelder *etc* unter'schlagen, Unter'schlagungen begehen. **II** *v/t* veruntreuen, unter'schlagen. **pec·u'la·tion** s Unter'schlagung *f,* Veruntreuung *f.* **'pec·u·la·tor** [-tə(r)] s Veruntreuer *m.*
**pe·cul·iar** [pɪ'kju:ljə(r)] **I** *adj (adv* → peculiarly) **1.** eigen(tümlich) (**to** *dat*): ~ **institution** *Am. hist.* Sklaverei *f.* **2.** eigen (-artig), seltsam, ab'sonderlich, ,ko'misch'. **3.** besonder(er, e, es): ~ **people** *relig.* a) *(das)* auserwählte Volk, b) *e-e* englische Sekte. **II** *s* **4.** ausschließliches Eigentum. **5.** Kirche, die nicht der Gerichtsbarkeit des Bischofs unter'steht.
**pe·cu·li·ar·i·ty** [pɪˌkju:lɪ'ærətɪ] s **1.** Eigenheit *f,* Eigentümlichkeit *f,* Besonderheit *f.* **2.** Seltsamkeit *f,* Eigenartigkeit *f.*
**pe'cul·iar·ly** *adv* **1.** eigentümlich, -artig. **2.** eigenartigerweise.
**pe·cu·ni·ar·y** [pɪ'kju:njərɪ; *Am.* -nɪˌeri] *adj* geldlich, Geld..., pekuni'är: ~ **advantage** Vermögensvorteil *m;* ~ **aid** finanzielle Unterstützung.
**ped·a·gog·ic** [ˌpedə'gɒdʒɪk; *Am.* -'ga-; -'gəʊ-] *adj;* **ped·a'gog·i·cal** [-kl] *adj (adv* ~ly) päda'gogisch, erzieherisch. **ped·a'gog·ics** *s pl (als sg konstruiert)* Päda'gogik *f.* **'ped·a·gogue** [-gɒg; *Am.* -ˌgɒg] s Päda'goge *m,* Erzieher *m.* 2. *fig.* Pe'dant *m,* Schulmeister *m.* **'ped·a·go·gy** [-gɒdʒɪ; -gɒgɪ; *Am.* -ˌgəʊdʒi:; -ˌga-] s Päda'gogik *f.*
**ped·al** ['pedl] **I** *s* **1.** Pe'dal *n (am Klavier, Fahrrad etc),* Fußhebel *m,* Tretkurbel *f.* **2.** *a.* ~ **note** *mus.* a) Pe'dalton *m,* b) Orgelton *m.* **II** *v/i pret u. pp* **-aled,** *bes. Br.* **-alled 3.** *mus. tech.* das Pe'dal treten. **4.** ,strampeln', radfahren. **III** *adj* **5.** Pedal..., Fuß...: ~ **bin** Treteimer *m;* ~ **board** *mus.* Pedalklaviatur *f;* ~ **boat** Tretboot *n;* ~ **brake** Fußbremse *f;* ~ **car** Tretauto *n;* ~ **control** Fußschaltung *f, aer.* Pedalsteuerung *f;* ~-**operated** pump Fußpumpe *f;* ~ **point** *mus.* a) lange Pedalnote, b) Orgelpunkt *m;* ~ **pushers** *Am.* dreiviertellange (Sport)Hose *(für Mädchen);* ~ **switch** Fußschalter *m.*
**ped·a·lo** ['pedələʊ] *pl* **-los, -loes** *s* Tretboot *n.*
**ped·ant** ['pedənt] s Pe'dant(in), Kleinigkeitskrämer(in). **pe·dan·tic** [pɪ'dæntɪk] *adj (adv* ~ally) pe'dantisch.
**ped·ant·ry** ['pedəntrɪ] s Pedante'rie *f.*
**ped·dle** ['pedl] **I** *v/i* **1.** hau'sieren gehen. **2.** *fig.* sich mit Kleinigkeiten abgeben, tändeln (**with** mit). **II** *v/t* **3.** hau'sieren gehen mit *(a. fig.):* **to ~ new ideas. 4. to ~ drugs** mit Drogen *od.* Rauschgift han-

deln. **'ped·dler,** *bes. Br.* **'ped·lar** [-lə(r)] *s* **1.** Hau'sierer *m.* **2.** Drogen-, Rauschgifthändler *m.* **'ped·dling I** *adj* **1.** unbedeutend, nichtig, wertlos. **2.** kleinlich. **II** *s* **3.** Hau'sierhandel *m,* Hau'sieren *n.* **4.** Drogenhandel *m.*
**ped·er·ast** ['pedəræst] s Päde'rast *m.* **ped·er'as·tic** *adj* päde'rastisch. **'ped·er·as·ty** s Pädera'stie *f,* Knabenliebe *f.*
**ped·es·tal** ['pedɪstl] s **1.** *arch.* Piede'stal *n,* Sockel *m,* Posta'ment *n,* Säulenfuß *m:* **to place** *(od.* put, set) **s.o. on a ~** *fig.* j-n aufs Podest erheben; **to knock s.o. off his ~** *fig.* j-n von s-m Sockel stoßen. **2.** *tech.* a) 'Untergestell *n,* Sockel *m,* b) (Lager)Bock *m:* ~ **ashtray** Standascher *m.*
**pe·des·tri·an** [pɪ'destrɪən] **I** *adj* **1.** zu Fuß, Fuß... **2.** Fußgänger...: ~ **crossing** *Br.* Fußgängerüberweg *m;* ~ **island** *(od.* **refuge)** Verkehrs-, Fußgängerinsel *f;* ~ **precinct** Fußgängerzone *f.* **3.** Spazier... **4.** *fig.* pro'saisch, trocken, langweilig: **a ~ style.** **II** *s* **5.** Fußgänger(in). **pe'des·tri·an·ize** *v/t* in e-e Fußgängerzone 'umwandeln.
**pe·di·at·ric** [ˌpi:dɪ'ætrɪk] *adj med. Am.* pädi'atrisch, Kinderheilkunde... **pe·di·a'tri·cian** [-dɪ:ə'trɪʃən] s *Am.* Kinderarzt *m,* -ärztin *f.* **pe·di'at·rics** *s pl Am. (als sg konstruiert)* Kinderheilkunde *f,* Pädia'trie *f.* **pe·di'at·rist** → pediatrician. **ped·i'at·ry** → pediatrics.
**ped·i·cel** ['pedɪsel] s **1.** *bot.* Blütenstiel *m,* -stengel *m.* **2.** *anat. zo.* Stiel *m.*
**ped·i·cle** ['pedɪkl] s **1.** *bot.* Blütenstengel *m.* **2.** *med.* Stiel *m (e-s Tumors).*
**pe·dic·u·lar** [pɪ'dɪkjʊlə(r)], **pe'dic·u·lous** *adj* lausig, verlaust.
**ped·i·cure** ['pedɪkjʊə(r)] s Pedi'küre *f:* a) Fußpflege *f,* b) Fußpflegerin *f.*
**ped·i·gree** ['pedɪgri:] **I** *s* **1.** Stammbaum *m (a. zo. u. fig.),* Ahnentafel *f.* **2.** Ab-, 'Herkunft *f.* **3.** lange Ahnenreihe. **II** *adj* **4.** mit e-m Stammbaum, reinrassig, Zucht...: ~ **race** Zuchtstamm *m,* -rasse *f.*
**'ped·i·greed** → pedigree 4.
**ped·i·ment** ['pedɪmənt] s **1.** *arch.* a) Giebel(feld *n) m,* b) Ziergiebel *m.* **2.** *geogr.* Pedi'ment *n.* **ped·i'men·tal** [-'mentl], **'ped·i·ment·ed** [-men-] *adj* Giebel..., Pediment...
**ped·lar** *bes. Br. für* peddler.
**pe·do·gen·e·sis** [ˌpi:dəʊ'dʒenɪsɪs] s *biol. Am.* Pädoge'nese *f,* Fortpflanzung *f* im Larvenstadium. **pe·do·ge'net·ic** [-dʒɪ'netɪk] *adj* pädoge'netisch.
**ped·o·log·i·cal**[1] [ˌpi:də'lɒdʒɪkl; *Am.* -'la-] *adj* pädo'logisch.
**ped·o·log·i·cal**[2] [ˌpedə'lɒdʒɪkl; *Am.* ˌpedə'la-] *adj* pedo'logisch, bodenkundlich.
**pe·dol·o·gist**[1] [pɪ'dɒlədʒɪst; *Am.* pi:'da-] *s Am.* Pädo'loge *m.*
**pe·dol·o·gist**[2] [pɪ'dɒlədʒɪst; *Am.* -'da-] *a.* pe-] *s* Pedo'loge *m,* Bodenkundler *m.*
**pe·dol·o·gy**[1] [pɪ'dɒlədʒɪ; *Am.* pi:'da-] *s Am.* Pädolo'gie *f,* Lehre *f* vom Kinde.
**pe·dol·o·gy**[2] [pɪ'dɒlədʒɪ; *Am.* -'da-; *a.* pe-] *s* Pedolo'gie *f,* Bodenkunde *f.*
**pe·dom·e·ter** [pɪ'dɒmɪtə(r); *Am.* -'da-] *s* Pedo'meter *n,* Schrittzähler *m.*
**pe·do·phile** ['pi:dəʊfaɪl] *med. psych. Am.* **I** *adj* pädo'phil. **II** *s* Pädo'phile(r) *m.* **pe·do'phil·i·a** [-'fɪlɪə] *s Am.* Pädophi'lie *f (sexuelle Zuneigung Erwachsener zu Kindern).* **pe·do'phil·i·ac** [-'fɪlɪæk] → pedophile.
**pe·dun·cle** [pɪ'dʌŋkl] s **1.** *bot.* Blütenstandstiel *m,* Blütenzweig *m.* **2.** *zo.* Stiel *m, anat.* Stiel *m.* **3.** *anat.* Zirbel-, Hirnstiel *m.* **pe'dun·cled** *adj* gestielt. **pe'dun·cu·lar** [-kjʊlə(r)] *adj* **1.** *bot.* Blütenstandstiel... **2.** *zo.* Stiel... **3.** *anat.* Stiel..., gestielt.
**pee**[1] [pi:] s P, p *n (Buchstabe).*

**pee**[2] [pi:] *sl.* **I** *v/i* **1.** ,pissen', ,pinkeln'. **II** *s* **2.** ,Pisse' *f.* **3.** **to have (to go for) a ~** ,pinkeln' (gehen).
**peek**[1] [pi:k] **I** *v/i* **1.** gucken, spähen (**into** in *acc).* **2.** ~ **out** vorgucken *(a. fig.).* **3.** ~ **at** e-n Blick werfen auf *(acc).* **II** *s* **4.** flüchtiger *od.* heimlicher Blick.
**peek**[2] [pi:k] s Piepsen *n.*
**peek·a·boo** ['pi:kəˌbu:] *bes. Am.* **I** *s* ,Guck-Guck-Spiel' *n,* Versteckspiel *n.* **II** *adj* a) mit Lochsticke'rei (versehen): ~ **blouse,** b) 'durchsichtig: ~ **negligee.**
**peel**[1] [pi:l] **I** *v/t* **1.** *e-e* Frucht, Kartoffeln, Bäume schälen: **to ~ (off)** abschälen, ab-, entrinden, *Folie, Tapete etc* abziehen, ablösen; ~**ed barley** Graupen *pl;* **keep your eyes ~ed!** *colloq.* halt die Augen offen! **2.** *a.* ~ **off** *Kleider* abstreifen, ausziehen. **II** *v/i* **3.** *a.* ~ **off** sich abschälen, abblättern, abbröckeln, (ab)schilfern. **4.** *colloq.* ,sich entblättern' *(sich ausziehen).* **5.** ~ **off** *aer. mil. (aus e-m Verband)* ausscheren. **6.** ~ **out** *mot. Am. sl.* e-n Kava'lierstart machen *od.* ,hinlegen'. **III** *s* **7.** Schale *f,* Rinde *f,* Haut *f.*
**peel**[2] [pi:l] *s tech.* **1.** Backschaufel *f,* Brotschieber *m.* **2.** *print.* Aufhängekreuz *n.* **3.** *Papierherstellung:* Rieshänge *f.*
**peel**[3] [pi:l] s Wehrturm *m.*
**peel·er**[1] ['pi:lə(r)] s **1.** (Kartoffel- *etc)* Schäler *m (Gerät u. Person):* **potato ~.** **2.** *bes. Am. sl.* Stripperin *f.*
**peel·er**[2] ['pi:lə] *s Br. sl. obs.* ,Po'lyp' *m,* Poli'zist *m.*
**'peel·ing** s **1.** Schälen *n.* **2.** *(abgeschälte)* Schale, Rinde *f,* Haut *f:* **potato ~s** Kartoffelschalen.
**peen** [pi:n] *tech.* **I** *s* Finne *f,* Hammerbahn *f.* **II** *v/t* mit der Finne bearbeiten.
**peep**[1] [pi:p] **I** *v/i* **1.** piep(s)en *(Vogel, a. Kind etc):* **he never dared ~ again** er wagte nie wieder ,piep' zu sagen. **II** *s* **2.** Piep(s)en *n.* **3.** *sl.* ,Piepser' *m (Ton).*
**peep**[2] [pi:p] **I** *v/i* **1.** gucken, lugen, neugierig *od.* verstohlen blicken (**into** in *acc).* **2.** *oft* ~ **out** her'vorgucken, -schauen, -lugen *(a. fig. sich zeigen, zum Vorschein kommen).* **3.** ~ **at** e-n Blick werfen auf *(acc).* **4.** neugieriger *od.* verstohlener Blick: **to have** *(od.* take) **a ~ (at)** → 1 *u.* 3. **5.** Blick *m (of* in *acc),* ('Durch)Sicht *f.* **6.** **at ~ of day** bei Tagesanbruch.
**peep·er**[1] ['pi:pə(r)] s **1.** ,Piepmatz' *m (Vogel).* **2.** *zo. Am.* Zirpfrosch *m.*
**peep·er**[2] ['pi:pə(r)] s **1.** Spitzel *m,* ,Schnüffler' *m.* **2.** *meist pl colloq.* ,Gucker' *m (Auge).*
**'peep·hole** s Guckloch *n,* Sehspalt *m.*
**Peep·ing Tom** [ˌpi:pɪŋ'tɒm; *Am.* -'tɑm] *s* ,Spanner' *m (Voyeur).*
**peep|show** *s* **1.** Guckkasten *m.* **2.** Peep-Show *f.* **~sight** *s mil. tech.* 'Lochvi,sier *n.* **~stone** *s Am.* die Zauberbrille, mit der Joseph Smith das „Buch Mormon" entziffert haben will. **~toe** *adj* zehenfrei *(Schuh etc).*
**peer**[1] [pɪə(r)] *v/i* **1.** gucken, spähen, schauen, starren (**into** in *acc):* **to ~ at** (sich) j-n *od.* etwas ansehen *od.* begucken, j-n *od.* etwas anstarren. **2.** *poet.* sich zeigen, erscheinen, zum Vorschein kommen. **3.** her'vorgucken, -lugen.
**peer**[2] [pɪə(r)] **I** *s* **1.** Gleiche(r) *m) f,* Ebenbürtige(r *m) f,* Gleichrangige(r *m) f:* **without a ~** ohnegleichen, unvergleichlich; **he associates with his ~s** er gesellt sich zu seinesgleichen; **in song he has no ~** im Singen kommt ihm keiner gleich; **to be the ~(s) of** den Vergleich aushalten mit; ~ **group** *psych. sociol.* Peer-group *f (Bezugsgruppe e-s Individuums, die aus Personen gleichen Alters, gleicher od. ähnlicher Interessenlage u. ähnlicher sozialer Herkunft besteht u. es in bezug auf Handeln u. Urteilen stark be-

einflußt). **2.** Angehörige(r) *m* des (*brit.*) Hochadels: ~ **of the realm** *Br.* Peer *m* (*Mitglied des Oberhauses*); **spiritual** (*temporal*) ~ geistlicher (weltlicher) Peer. **II** *v/t* **3.** gleichkommen (*dat*).

**peer·age** ['pɪərɪdʒ] *s* **1.** Peerage *f*: a) Peerswürde *f*, b) Hochadel *m*, *collect.* *a.* (*die*) Peers *pl*: **he was raised to the** ~ er wurde in den (*höheren*) Adelsstand erhoben. **2.** 'Adels₁lender *m*. **'peer·ess** *s* Peereß *f*: a) Gemahlin *f* e-s Peers, b) hohe Adlige (*die selbst den Titel trägt*): ~ **in her own right** Peereß im eigenen Recht. **'peer·less** *adj* (*adv* ~ly) unvergleichlich, einzig(artig), beispiellos. **'peer·less·ness** *s* Unvergleichlichkeit *f*.

**peeve** [piːv] *v/t colloq.* (ver)ärgern. **peeved** *adj colloq.* verärgert, ärgerlich (**about, at** über *acc*), ₁eingeschnappt'. **'pee·vish** *adj* (*adv* ~ly) grämlich, mürrisch, gereizt, übellaunig, verdrießlich. **'pee·vish·ness** *s* Verdrießlichkeit *f*.

**pee·wee** ['piːwiː] *Am.* **I** *s* **1.** (*etwas*) Winziges. **2.** Cowboystiefel *m* mit niederem Schaft. **II** *adj* **3.** winzig.

**peg** [peg] **I** *s* **1.** a) (Holz-, *surv.* Absteck)Pflock *m*, b) (Holz)Nagel *m*, (Holz-, Schuh)Stift *m*, c) *tech.* Dübel *m*, Zapfen *m*, d) *tech.* Keil *m*, Splint *m*, e) *tech.* Knagge *f*, Mitnehmer *m*, f) *teleph.* Stöpsel *m*, g) *mount.* (Kletter)Haken *m*: **to take s.o. down a** ~ (**or two**) *colloq.* j-m e-n Dämpfer aufsetzen'; **to come down a** ~ *colloq.* ₁zurückstecken'; **a round** ~ **in a square hole, a square** ~ **in a round hole** ein Mensch am falschen Platz. **2.** Kleiderhaken *m*: **off the** ~ von der Stange (*Anzug*). **3.** (Wäsche)Klammer *f*. **4.** (Zelt)Hering *m*. **5.** *mus.* Wirbel *m* (*an Saiteninstrumenten*). **6.** *fig.* ₁Aufhänger' *m* (*im Journalismus etc*): **a good** ~ **on which to hang a story; a** ~ **to hang one's claims on** ein Vorwand für s-e Ansprüche. **7.** *Br.* Gläs·chen *n* (Alkohol), *bes.* Whisky *m* mit Soda. **8.** *colloq.* a) → **peg leg**, b) *humor.* ₁Stampfer' *m* (*Bein*). **II** *v/t* **9.** *a.* ~ **down** mit e-m Pflock *od.* mit Pflöcken befestigen, anpflocken. **10.** *tech.* (an-, ver)dübeln. **11.** *meist* ~ **out** *surv.* Land abstecken: **to** ~ **out one's claim** *fig.* s-e Ansprüche geltend machen. **12.** *a.* ~ **down** *Preise etc* festlegen (**at** auf *acc*), stützen; ~**ged price** Stützkurs *m*. **13.** *Wäsche* (fest)klammern. **14.** *colloq.* ₁schmeißen' (**at** nach): **to** ~ **stones at s.o. 15. to** ~ **s.o. down to s.th.** *colloq.* j-n auf etwas ₁festnageln'. **III** *v/i* **16.** *meist* ~ **away,** ~ **along** *colloq.* a) dranbleiben (**at** an *e-r Arbeit*), b) schuften. **17.** *colloq.* ₁sausen', ₁rasen'. **18.** ~ **out** *colloq.* a) ₁zs.-klappen' (*e-n Schwächeanfall erleiden*), b) ₁den Löffel weglegen' (*sterben*).

**Peg·a·sus** ['pegəsəs] *pl* -**si** [-saɪ] *s* **1.** Pegasus *m*, Flügelroß *n* der Musen. **2.** *astr.* Pegasus *m* (*Sternbild*). **'peg·board** *s* **1.** Spielbrett *n*. **2.** Aufhängeplatte *f* (*für Ausstellungsstücke, Werkzeuge etc*). **3.** *electr.* Stecktafel *f*. **'~·box** *s mus.* Wirbelkasten *m*. ~ **leg** *s* (*colloq.* Mensch *m* mit e-m) Holzbein *n*. ~ **switch** *s electr.* 'Umschalter *m*. ~ **top** *s* **1.** Kreisel *m*. **2.** *fig.* Ka'rottenhose *f*. '~-**top** *adj* über den Hüften weit u. unten eng.

**peign·oir** ['peɪnwɑː; *Am.* peɪn'wɑːr; pen-] *s* Morgenrock *m*, Négli'gé *n*.

**pe·jo·ra·tive** ['piːdʒərətɪv; pɪ'dʒɒrətɪv; *Am. a.* -'dʒɑr-; 'pedʒə₁reɪ-] **I** *adj* (*adv* ~ly) abschätzig, her'absetzend, pejora'tiv. **II** *s ling.* abschätziges Wort, Pejora'tivum *n*.

**peke** [piːk] *colloq. für* Pekingese 2.

**Pe·kin** [piː'kɪn], **₁Pe'kin duck, Pe·kin·ese** [₁piːkɪ'niːz] → Peking, Peking duck, Pekingese.

**Pe·king** [₁piː'kɪŋ], *a.* ~ **duck** *s orn.* Peking-Ente *f*. **Pe·king·ese** [₁piːkɪŋ'iːz] *pl* -**ese** *s* **1.** Bewohner(in) von Peking. **2.** Peki'nese *m* (*Hund*). **Pe·king·man** [₁piː'kɪŋ] *s* Pekingmensch *m*. **pe·koe** ['piːkəʊ] *s* Pekoe(tee) *m*.

**pel·age** ['pelɪdʒ] *s zo.* Körperbedeckung *f* der Säugetiere.

**pe·la·gi·an¹** [pe'leɪdʒɪən] **I** *adj* 'hochma₁rin, oze'anisch, pe'lagisch, See... **II** *s* Seebewohner *m* (*Tier*).

**Pe·la·gi·an²** [pe'leɪdʒɪən] *relig.* **I** *s* Pela'gianer *m*. **II** *adj* pela'gianisch.

**pel·ar·gon·ic** [₁pelɑ(r)'gɒnɪk; *Am.* -'gɑ-; -'gəʊ-] *adj chem.* Pelargon... **₁pel·ar·'go·ni·um** [-'gəʊnjəm; -ɪəm] *s bot.* Pelar'gonie *f*.

**pelf** [pelf] *s contp.* (schnöder) Mammon, Geld *n*.

**pel·ham** ['peləm] *s* Pelham *m* (*Zaumzeug aus Kandare u. beweglichem Trensenmundstück*).

**pel·i·can** ['pelɪkən] *s orn.* Pelikan *m*: ~ **in her piety** *fig.* Pelikan, der sich die Brust aufreißt, um s-e Jungen mit s-m Blut zu füttern (*Sinnbild Christi od. der Nächstenliebe*). ~ **cross·ing** *s* 'Ampel₁übergang *m*. **P·**~ **State** *s Am.* (*Beiname für*) Louisi'ana *n*.

**pe·lisse** [pe'liːs] *s* (*langer*) Damen- *od.* Herrenmantel (*mit Pelzbesatz*).

**pel·la·gra** [pe'leɪgrə; -'læg-] *s med.* Pellagra *n* (*e-e Vitaminmangelkrankheit*).

**pel·let** ['pelɪt] *s* **1.** Kügelchen *n*. **2.** *pharm.* Kügelchen *n*, Pille *f*, 'Mikrodra₁gée *n*. **3.** Schrotkorn *n* (*Munition*). **4.** Kugelverzierung *f*: ~ **mo(u)lding** *arch.* Kugelfries *m*. **5.** *orn.* Gewölle *n*.

**pel·li·cle** ['pelɪkl] *s* Häutchen *n*, Mem'bran *f*. **pel'lic·u·lar** [-'lɪkjʊlə(r)] *adj* häutchenförmig, mem'branartig.

**pel·li·to·ry** ['pelɪtərɪ; *Am.* -₁təʊrɪ; -₁tɔː-] *s bot.* **1.** Mauerkraut *n*. **2.** Mutterkraut *n*. **3.** Speichelwurz *f*. **4.** Schafgarbe *f*.

**pell-mell** [₁pel'mel] **I** *adv* **1.** (wild) durchein'ander, ₁wie Kraut u. Rüben'. **2.** 'unterschiedslos. **3.** Hals über Kopf, blindlings. **II** *adj* **4.** verworren, kunterbunt. **5.** hastig, über'eilt. **III** *s* **6.** Durchein'ander *n*, Wirrwarr *m*.

**pel·lu·cid** [pe'ljuːsɪd; -'luː-; *Am.* pə'luː-] *adj* 'durchsichtig, klar (*a. fig.*).

**pel·met** ['pelmɪt] *s* **1.** Blend-, Vorhangleiste *f*. **2.** Querbehang *m* (*der die Gardinenstange verdeckt*).

**pelt¹** [pelt] *s* **1.** Fell *n*, (rohe) Haut, (Tier-) Pelz *m*. **2.** *humor.* ₁Fell' *n*, Haut *f* (*des Menschen*).

**pelt²** [pelt] **I** *v/t* **1.** j-n (*mit Steinen etc*) bewerfen, werfen nach *j-m*, (*a. fig. mit Fragen etc*) bombar'dieren: **to** ~ **s.o. with questions. 2.** *j-n* verprügeln, *j-m* das Fell gerben. **II** *v/i* **3.** *mit Steinen etc* werfen (**at** nach). **4.** *a.* ~ **down** (nieder)prasseln (*Regen etc*): ~**ing rain** Platzregen *m*; **it was** ~**ing with rain** es goß in Strömen. **5.** stürmen, stürzen. **III** *s* **6.** Schlag *m*, Wurf *m*. **7.** Prasseln *n*, Klatschen *n* (*von Regen, Schlägen*). **8.** Eile *f*: (**at**) **full** ~ mit voller Geschwindigkeit, mit ₁Karacho'.

**pel·tate** ['pelteɪt] *adj bot.* **1.** mit dem Stengel in der Mitte (angewachsen). **2.** schildförmig (*Blatt*).

**Pel·ti·er ef·fect** ['peltɪeɪ] *s phys.* Pelti'er-Ef₁fekt *m*. ~ **el·e·ment** *s electr.* Pelti'er-Ele₁ment *n*.

**pelt·ry** ['peltrɪ] *s* **1.** Rauch-, Pelzwaren *pl*. **2.** Fell *n*, Haut *f*.

**pelt wool** *s tech.* Sterblingswolle *f*.

**pel·vic** ['pelvɪk] *adj anat.* Becken...: ~ **arch,** ~ **girdle** Beckengürtel *m*; ~ **cavity** Beckenhöhle *f*; ~ **fin** *ichth.* Bauchflosse *f*;

~ **presentation** *med.* Becken(end)lage *f*. **pel·vis** ['pelvɪs] *pl* -**ves** [-viːz] *s anat.* Becken *n*, Pelvis *f*.

**pem·mi·can** ['pemɪkən] *s* **1.** Pemmikan *m* (*gepreßtes Dörrfleisch*). **2.** gepreßte Mischung von Trockenobst. **3.** *fig.* Zs.-fassung *f*.

**pen¹** [pen] **I** *s* **1.** Gehege *n*, Pferch *m*, (Schaf)Hürde *f*, Verschlag *m* (*für Geflügel etc*), Hühnerstall *m*. **2.** Laufstall *m* (*für Kleinkinder*). **3.** (Stau)Damm *m*. **4.** *Am. sl.* ₁Kittchen' *n* (*Gefängnis*). **5.** *mar. mil.* U-Boot-Bunker *m*. **II** *v/t* *pret u. pp* **penned** *od.* **pent** **6.** *a.* ~ **in,** ~ **up** a) einpferchen, -schließen, b) *fig.* j-s Akti'onsradius *etc* einengen: **to feel** ~**ned in** sich eingeengt fühlen.

**pen²** [pen] *s* **1.** a) (Schreib)Feder *f*, b) Federhalter *m*, c) Füller *m*, d) Kugelschreiber *m*: **to take** ~ **in hand, to take up one's** ~ zur Feder greifen; **to set** ~ **to paper** die Feder ansetzen; ~ **and ink** Schreibzeug *n*; ~ **friend,** ~ **pal** Brieffreund(in); ~ **friendship** Brieffreundschaft *f*; **the** ~ **is mightier than the sword** die Feder ist mächtiger als das Schwert. **2.** *fig.* Feder *f*, Stil *m*: **he has a sharp** ~ er führt e-e spitze Feder. **3.** *fig.* a) Schriftstelle'rei *f*, b) Schriftsteller(in). **II** *v/t* **4.** (auf-, nieder)schreiben. **5.** ab-, verfassen.

**pen³** [pen] *s orn.* weiblicher Schwan.

**pe·nal** ['piːnl] *adj* (*adv* ~ly) **1.** Straf...: ~ **code** Strafgesetzbuch *n*; ~ **colony** (*od.* **settlement**) Sträflingskolonie *f*; ~ **duty** Strafzoll *m*; ~ **institution** Straf(vollzugs)anstalt *f*, Justizvollzugsanstalt *f*; ~ **law** Strafrecht *n*; ~ **reform** Strafrechtsreform *f*; ~ **servitude** *Br. hist.* Zuchthaus(strafe *f*) *n*; ~ **sum** Vertrags-, Konventionalstrafe *f*. **2.** strafbar, sträflich: ~ **act** strafwürdige Handlung. **₁pe·nal·i·'za·tion** [-nəlaɪ'zeɪʃn; *Am.* -ləˈz-] *s* Bestrafung *f*. **'pe·nal·ize** *v/t* **1.** bestrafen, mit e-r Strafe belegen. **2.** ₁bestrafen', benachteiligen. **3.** *etwas* unter Strafe stellen.

**pen·al·ty** ['penltɪ] *s* **1.** (gesetzliche) Strafe: **on** (*od.* **under**) ~ **of** bei Strafe von; **on** ~ **of death** bei Todesstrafe; **the extreme** ~ die Todesstrafe; **penalties** Strafbestimmungen; **to pay** (*od.* **bear**) **the** ~ **of s.th.** etwas büßen. **2.** (Geld-, *a.* Vertrags)Strafe *f*, Buße *f*: ~ **envelope** *Am.* Umschlag frei durch Ablösung, frankierter Dienstumschlag. **3.** *fig.* Nachteil *m*: **the** ~ **of fame** der Fluch des Ruhms. **4.** *sport* a) Strafe *f*, b) Strafpunkt *m*, c) (*Fußball*) Elf'meter *m*, d) (*Hockey*) Sieben'meter *m*, e) (*Eishockey*) Penalty *m*. ~ **a·re·a** *s Fußball*: Strafraum *m*. ~ **box** *s* **1.** → **penalty area**. **2.** *Eishockey*: Strafbank *f*: **to be in the** ~ auf der Strafbank sitzen. ~ **cor·ner** *s Hockey*: Strafecke *f*. ~ **goal** *s Fußball*: Elf'metertor *n*. ~ **kick** *s* **1.** *Fußball*: Strafstoß *m*. **2.** *Rugby*: Straftritt *m*. ~ **kick mark** *s Fußball*: Strafstoßmarke *f*. ~ **kill·er** *s* **1.** *Fußball*: Elf'metertöter *m*. **2.** *Eishockey*: Penaltykiller *m* (*Spieler, der einer bei zahlenmäßiger Unterlegenheit eingesetzt wird*). ~ **rate** *s econ. Am.* Zulage *f* (*für Überstunden etc*). ~ **shot** *s Eishockey*: Strafschuß *m*. **2.** *Golf*: Strafschlag *m*. **3.** *Basketball*: *Am.* Freiwurf *m*. ~ **spot** *s* **1.** *Fußball*: Elf'meterpunkt *m*. **2.** *Hockey*: Sieben'meterpunkt *m*. ~ **stroke** *s Hockey*: Strafschlag *m*.

**pen·ance** ['penəns] *s* **1.** *relig.* Buße *f*, Reue *f*: **to do** ~ (**for s.th.**) a) (für etwas) Buße tun, b) *fig.* (etwas) büßen. **2.** *relig.* *oft* P·~ (Sakra'ment *n* der) Buße *f od.* Beichte *f*. **3.** *fig.* Strafe *f*: **it's a** ~ **for** ... das ist die Strafe für ...

**₁pen-and-'ink I** *adj* Feder..., Schreiber..., Schriftsteller...: ~ **drawing** Feder-

zeichnung f; ~ **man** Schriftsteller m. **II** s Federzeichnung f.

**pe·na·tes** [pe'nɑːteɪz; *bes. Am.* pə'neɪtiːz] s pl antiq. Penaten pl, Hausgötter pl.

**pence** [pens] pl von **penny.**

**pen·chant** ['pãːʃãːŋ; *Am.* 'pentʃənt] s (**for**) Neigung f, Hang m (zu), Vorliebe f (für).

**pen·cil** ['pensl] **I** s **1.** (Blei-, Zeichen-, Farb)Stift m: **red** ~ Rotstift; **in** ~ mit Bleistift. **2.** a) *obs.* (Maler)Pinsel m, b) fig. Mal-, Zeichenkunst f, c) fig. Stil m (*e-s Zeichners*), d) rhet. Griffel m, Stift m. **3.** med. tech. Kosmetik: Stift m. **4.** zo. Büschel n. **5.** math. phys. (Strahlen)Bündel n, Büschel n: ~ **of light** Lichtbündel; ~ **of planes** Ebenenbüschel; ~ **beam** Schmalbündel, bleistiftförmiges Strahlenbündel. **II** v/t pret u. pp **–ciled,** *bes. Br.* **–cilled 6.** zeichnen, entwerfen. **7.** mit e-m Bleistift aufschreiben od. anzeichnen od. anstreichen. **8.** mit e-m Stift behandeln, *die Augenbrauen etc* nachziehen. '**pen·ciled,** *bes. Br.* '**pen·cilled** adj **1.** fein gezeichnet od. gestrichelt. **2.** mit Bleistift gezeichnet od. geschrieben od. angestrichen. **3.** büschelig (a. phys.). **4.** math. phys. gebündelt (*Strahlen etc*).

**pen·cil | push·er** s humor. ‚Bü'rohengst' m. ~ **sharp·en·er** s (Bleistift)Spitzer m.

'**pen·craft** s **1.** Schreibkunst f. **2.** a) Schriftstelle'rei f, Schriftstellerhandwerk n, b) schriftstellerisches Können.

**pend** [pend] v/t e-e Entscheidung etc in der Schwebe lassen.

**pen·dant** ['pendənt] **I** s **1.** (Ohr- etc) Gehänge n, Anhänger m (e-r Halskette etc). **2.** Behang m (z. B. an Kronleuchtern). **3.** a. ~ **lamp** Hängeleuchter m, -lampe f. **4.** a. ~ **bow** Bügel m, Gehänge n (e-r Uhr). **5.** fig. Anhang m (e-s Buches etc), Anhängsel n. **6.** [a. 'pãːdãː] Pen'dant n, Seiten-, Gegenstück n (**to** zu). **7.** mar. → **pennant 1. 8.** arch. her'abhängender Schlußstein. **II** adj **9.** → **pendent I:** ~ **cord** electr. Hängeschnur f; ~ **switch** Schnurschalter m.

**pen·den·cy** ['pendənsɪ] s bes. jur. Schweben n, Anhängigkeit f: **during the** ~ **of a suit** → **pendente lite.**

**pen·dent** ['pendənt] **I** adj **1.** (her'ab)hängend, Hänge... **2.** 'überhängend. **3.** fig. jur. → **pending 3. 4.** ling. unvollständig. **II** s → **pendant I.**

**pen·den·te li·te** [pen‚dentɪ'laɪtɪ] (*Lat.*) adv jur. bei schwebendem Verfahren, während der Anhängigkeit des Verfahrens.

**pen·den·tive** [pen'dentɪv] s arch. **1.** Hänge-, Strebebogen m. **2.** Penden'tif n (*Gewölbezwickel*).

**pend·ing** ['pendɪŋ] **I** adj **1.** hängend. **2.** bevorstehend, a. drohend. **3.** fig. bes. jur. schwebend, anhängig, (noch) unentschieden: **cases** ~ **before the Court** (vor dem Gericht) anhängige Sachen. **4.** anstehend: **matters** ~. **II** prep **5.** a) während, b) bis zu: ~ **further information** bis weitere Auskünfte vorliegen.

**pen·du·late** ['pendjoleɪt; *Am.* -dʒə-; -də-] v/i **1.** pendeln. **2.** fig. fluktu'ieren, schwanken. '**pen·du·la·tion** s **1.** Pendeln n. **2.** fig. Schwanken n. '**pen·du·line** [-laɪn; *Am. a.* -lɪn] adj u. s orn. Hängenest bauend(er Vogel).

**pen·du·lous** ['pendjoləs; *Am.* -dʒə-; -də-] adj (her'ab)hängend, pendelnd: ~ **abdomen** Hängebauch m; ~ **breasts** pl Hängebusen m; ~ **motion** Pendelbewegung f.

**pen·du·lum** ['pendjoləm; *Am.* -dʒə-; -də-] **I** s **1.** math. phys. Pendel n. **2.** tech. a) Pendel n, Perpen'dikel n, m (e-r Uhr), b) Schwunggewicht n. **3.** fig. Pendelbe-

---

wegung f, Pendel n, wechselnde Stimmung od. Haltung: **the** ~ **of public opinion. II** adj **4.** Pendel...: ~ **clock** (contact, saw, weight, etc); ~ **wheel** Unruh f.

**pen·e·tra·bil·i·ty** [‚penɪtrə'bɪlətɪ] s Durch'dringbarkeit f, -'dringlichkeit f. '**pen·e·tra·ble** adj (adv **penetrably**) durch'dringlich, erfaßbar, erreichbar.

**pen·e·tra·li·a** [‚penɪ'treɪljə; -lɪə] s pl **1.** (das) Innerste, (das) Aller'heiligste. **2.** fig. Geheimnisse pl, in'time Dinge pl.

**pen·e·trate** ['penɪtreɪt] **I** v/t **1.** durch'dringen, eindringen in (acc), durch'bohren, -'schlagen, (a. mil. taktisch) durch'stoßen, dringen durch: **to** ~ **a woman** e-e Frau penetrieren. **2.** aer. mil. einfliegen, -dringen in (acc). **3.** fig. a) (*seelisch*) durch'dringen, erfüllen, ergreifen, b) (*geistig*) eindringen in (acc), erforschen, ergründen, durch'schauen: **to** ~ **s.o.'s disguise** j-n durchschauen. **II** v/i **4.** (**into, to**) eindringen (in acc), 'durchdringen (zu): **to** ~ **into a secret** fig. ein Geheimnis ergründen. **5.** 'durch-, vordringen, sich e-n Weg bahnen (**to** bis zu, **zu**). **6.** **the idea has** ~ d fig. ‚der Groschen ist gefallen'. '**pen·e·trat·ing** adj (adv ~**ly**) **1.** allg. 'durchdringend: ~ **glance** (shriek, wind); ~ **intellect** scharfer Verstand; ~ **power** → **penetration 2. 2.** scharfsinnig. **3.** durch'bohrend (a. fig. Blick). '**pen·e·trat·ing·ness** s **1.** Eindringlichkeit f. **2.** Scharfsinn m.

**pen·e·tra·tion** [‚penɪ'treɪʃn] s **1.** Ein-, 'Durchdringen n, Durch'bohren n, -'stoßen n, mil. 'Durch-, Einbruch m, aer. Einflug m, Pene'trierung f (e-r Frau). **2.** Eindringungsvermögen n, 'Durchschlagskraft f, Tiefenwirkung f. **3.** opt. phys. Schärfe f, Auflösungsvermögen n. **4.** fig. Ergründung f. **5.** fig. Durch'dringung f, Ein-, Vordringen n, Einflußnahme f: **peaceful** ~ **of a country** friedliche Durchdringung e-s Landes. **6.** fig. Scharfsinn m, scharfer Verstand.

**pen·e·tra·tive** ['penɪtrətɪv; *bes. Am.* -treɪtɪv] adj (adv ~**ly**) **1.** 'durchdringend, Eindringungs...: ~ **effect** Eindringungstiefe f (e-s Geschosses). **2.** → **penetrating. 3.** eindringlich.

**pen feath·er** s orn. Schwungfeder f.

**pen·guin** ['peŋgwɪn; *Am. a.* 'pen-] s **1.** orn. Pinguin m. **2.** aer. Übungsflugzeug n. ~ **suit** s colloq. Raumfahrt: Raumanzug m.

'**pen‚hold·er** s Federhalter m. ~ **grip** s Tischtennis: Penholdergriff m.

**pe·ni·al** ['piːnɪəl] adj anat. Penis...

**pen·i·cil·late** [‚penɪ'sɪlɪt; -leɪt] adj bot. zo. **1.** pinselförmig. **2.** streifig.

**pen·i·cil·lin** [‚penɪ'sɪlɪn] s med. Penicil'lin n.

**pe·nile** ['piːnaɪl] adj anat. Penis...

**pen·in·su·la** [pɪ'nɪnsjolə; *Am.* -sələ; -tʃələ] s Halbinsel f: **the (Iberian) P~** die Pyrenäenhalbinsel. **pen'in·su·lar I** adj **1.** Halbinsel..., peninsu'lar(isch): **the P~ War** der Peninsular-, Halbinselkrieg (*Napoleons gegen die Spanier; 1808–14*); **the P~ campaign** Am. McClellands Feldzug m gegen Richmond im amer. Bürgerkrieg (1862); **the P~ State** Am. (der Staat) Florida n. **2.** halbinselförmig. **II** s **3.** Bewohner(in) e-r Halbinsel.

**pe·nis** ['piːnɪs] pl **-nis·es, -nes** [-niːz] s anat. Penis m, männliches Glied. ~ **en·vy** s psych. Penisneid m.

**pen·i·tence** ['penɪtəns] s Buße f: a) relig. Bußfertigkeit f, b) Reue f, Zerknirschung f. '**pen·i·tent I** adj (adv ~**ly**) **1.** relig. bußfertig, b) reuig, zerknirscht. **II** s **2.** relig. Bußfertige(r m) f, Büßer(in). **3.** R.C. Beichtkind n, Pöni'tent(in). ‚**pen·i**-

---

'**ten·tial** [-'tenʃl] **I** adj (adv ~**ly**) **1.** → **penitent 1. 2.** relig. als Buße auferlegt, Buß...: ~ **psalm** Bußpsalm m. **II** s **3.** a. ~ **book** R.C. Buß-, Pöni'tenzbuch n.

**pen·i·ten·tia·ry** [‚penɪ'tenʃərɪ] **I** s **1.** relig. Pönitenti'ar m, Bußpriester m, Beichtvater m. **2.** relig. (*päpstliches*) Bußgericht: **Grand P~** Kardinal, der dem päpstlichen Bußgericht vorsteht. **3.** Am. (Staats)Gefängnis n. **4.** Br. hist. Besserungsanstalt f für Prostitu'ierte. **II** adj **5.** relig. Buß...: ~ **priest;** ~ **pilgrim** Bußpilger m. **6.** ~ **crime** Am. Verbrechen, auf das e-e Gefängnisstrafe steht.

'**pen | knife** s irr Feder-, Taschenmesser n. '~**man** [-mən] s irr **1.** Schreiber m. **2.** Schönschreiber m, Kalli'graph m. **3.** Mann m der Feder, Lite'rat m. '~**man·ship** s **1.** Schreibkunst f, Kalligra'phie f. **2.** Stil m. **3.** a) schriftstellerisches Können, Kunst f des Schreibens, b) schriftstellerische Leistung. ~ **name** s Schriftstellername m, Pseudo'nym n.

**pen·nant** ['penənt] s **1.** mar. Wimpel m, Stander m, kleine Flagge. **2.** (Lanzen-) Fähnchen n. **3.** sport Am. Siegeswimpel m. **4.** mus. Am. Fähnchen n.

**pen·ni·form** ['penɪfɔː(r)m] adj federförmig.

**pen·ni·less** ['penɪlɪs] adj ohne e-n Pfennig (Geld), mittellos, arm: **to be** ~ keinen Pfennig Geld haben.

**pen·non** ['penən] s **1.** bes. mil. Fähnlein n, Wimpel m (a. mar.), Lanzenfähnchen n. **2.** Fittich m, Schwinge f.

**Penn·syl·va·ni·a Dutch** [‚pensɪl'veɪnjə; -nɪə] s **1.** collect. Pennsyl'vanisch-Deutsche pl, in Pennsyl'vania lebende 'Deutschameri‚kaner pl. **2.** ling. Pennsyl'vanisch-Deutsch n.

‚**Penn·syl'va·ni·an I** adj pennsyl'vanisch. **II** s Pennsyl'vanier(in).

**pen·ny** ['penɪ] pl **-nies** od. collect. **pence** [pens] s **1.** a. **new** ~ Br. Penny m (¹/₁₀₀ Pfund): **in pennies** in (einzelnen) Kupfermünzen; **in for a** ~, **in for a pound** wer A sagt, muß auch B sagen; **to spend a** ~ Br. euphem. ‚mal verschwinden'; **take care of the pence, and the pounds will take care of themselves** wer den Pfennig nicht ehrt, ist des Talers nicht wert; **the** ~ **dropped** bes. Br. humor. ‚der Groschen ist gefallen'; **they are two** (od. **ten**) **a** ~ Br. colloq. a) sie sind spottbillig, man bekommt sie nachgeworfen, b) es gibt sie wie Sand am Meer. **2.** fig. Pfennig m, Heller m, Kleinigkeit f: **he hasn't a** ~ **to bless himself with** er hat keinen roten Heller; **a** ~ **for your thoughts** ich gäb' was dafür, wenn ich wüßte, woran Sie jetzt denken. **3.** fig. Geld n: **a pretty** (od. **tidy**) ~ colloq. ein hübsches Sümmchen, e-e Stange Geld; → **honest 3. 4.** Am. Cent(stück n) m.

‚**pen·ny|-a-'lin·er** s selten (schlechtbezahlter) Zeitungsschreiber, Schreiberling m, Zeilenschinder m. ~ **an·te** s Am. **1.** Pokerspiel n, bei dem der (erste) Einsatz e-n Cent beträgt. **2.** fig. ‚kleine Fische' pl (unbedeutende Sache). ~ **ar·cade** s ‚Spielsa‚lon m. **P~ Black** s Philatelie: (die) schwarze Queen Vic'toria. ~ **dread·ful** pl ~**fuls** s Br. colloq. **1.** ‚Groschen-, ‚Schauerro‚man m. ~ **far·thing** s hist. Br. Hochrad n (frühe Form des Fahrrads). '~**-pinch** v/t (mit Geld) knapp-, kurzhalten. '~**-pinch·er** s colloq. Knicker(in), Pfennigfuchser(in). '~**-pinch·ing** s colloq. Pfennigfuchse'rei f. ~**roy·al** s bot. Poleiminze f, Flohkraut n. '~**weight** s (englisches) Pennygewicht (¹/₂₀ *Unze* =

*1,555 g).* ⟋⟍'**wise** *adj* am falschen Ende sparsam: ～ **and pound-foolish** im Kleinen sparsam, im Großen verschwenderisch. '⟍**wort** *s bot.* **1.** Nabelkraut *n.* **2.** Wassernabel *m.* **3.** *(e-e)* Sib'thorpie. **4.** Zymbelkraut *n.* ⟍**worth** ['penəθ; 'penɪwəθ; *Am.* 'penɪ;wɜrθ] *s* **1.** *was man für e-n Penny kaufen kann:* **a ～ of sweets** für e-n Penny Bonbons. **2.** *(bes. guter)* Kauf: **a good ～** sehr preisgünstig. **3. not a ～ of sense** nicht für fünf Pfennig Verstand.

**pe·no·log·ic** [ˌpiːnəˈlɒdʒɪk; *Am.* -ˈlɑ-] *adj;* ˌ**pe·no'log·i·cal** [-kl] *adj (adv ～ly)* krimi'nalkundlich, *bes.* Strafvollzugs...

**pe'nol·o·gy** [-ˈnɒlədʒɪ; *Am.* -ˈnɑ-] *s* Krimi'nalstrafkunde *f, bes.* 'Strafvoll¡zugslehre *f.*

'**pen¡push·er** *s colloq.* **1.** ‚Bü'rohengst' *m.* **2.** Schreiberling *m.*

**pen·sile** ['pensaɪl] *adj* (her'ab)hängend, Hänge...

**pen·sion**[1] ['penʃn] **I** *s* **1.** Rente *f,* Pensi'on *f,* Ruhegeld *n:* **to be** *(od.* **go) on (a) ～** in Rente *od.* Pension sein (gehen); **～ fund** Pensionskasse *f;* **～ plan** *(od.* **scheme)** (Alters)Versorgungsplan *m.* **2.** Jahr-, Kostgeld *n.* **II** *v/t* **3. ～ off** a) j-n pensio'nieren, in den Ruhestand versetzen, b) *fig.* Maschine *etc* 'ausran¡gieren.

**pen·sion**[2] ['pãːnsiɔ̃ːŋ; *Am.* pɑːnsˈjɔːn] *s* **1.** Pensi'on *f,* Fremdenheim *n.* **2.** Pensi'on *f,* 'Unterkunft u. Verpflegung: **full ～** Vollpension.

**pen·sion·a·ble** ['penʃənəbl] *adj* pensi'onsfähig, -berechtigt: **of ～ age** im Renten- *od.* Pensionsalter.

**pen·sion·ar·y** ['penʃənərɪ; *Am.* -¡nerɪ] **I** *adj* **1.** Pensions... pensio'niert, im Ruhestand. **II** *s* **3.** *selten für* **pensioner** 1. **4.** *contr.* Mietling *m.*

**pen·sion·er** ['penʃənə(r)] *s* **1.** Rentner(in), Pensio'när(in), Ruhegeldempfänger(in). **2.** *Br.* Stu'dent *(in Cambridge),* der für Kost u. Wohnung im College bezahlt.

**pen·sive** ['pensɪv] *adj (adv ～ly)* **1.** nachdenklich, sinnend, gedankenvoll. **2.** ernst, tiefsinnig. '**pen·sive·ness** *s* **1.** Nachdenklichkeit *f.* **2.** Tiefsinn *m.*

'**pen·stock** *s tech.* **1.** Schützenwehr *n,* Stauanlage *f.* **2.** *Am.* Mühlgraben *m.* **3.** *Am.* Rohrzuleitung *f,* Druckrohr *n.*

**pent** [pent] *adj* eingeschlossen, -gepfercht: → **pent-up.**

**pen·ta·bas·ic** [ˌpentəˈbeɪsɪk] *adj chem.* fünfbasisch: **～ acid.**

**pen·ta·cle** ['pentəkl] → **pentagram.**

**pen·tad** ['pentæd] *s* **1.** Fünfergruppe *f.* **2.** *chem.* fünfwertiges Ele'ment *od.* Radi'kal. **3.** Pen'tade *f,* Zeitraum *m* von fünf Jahren.

**pen·ta·gon** ['pentəgən; *Am.* -¡gɑn] *s* **1.** *math.* Fünfeck *n.* **2. the P～** *Am.* das Pentagon: a) *das Gebäude des amer. Verteidigungsministeriums,* b) *das amer. Verteidigungsministerium.* **pen'tag·o·nal** [-ˈtægənl] *adj math.* fünfeckig.

**pen·ta·gram** ['pentəgræm] *s* Penta'gramm *n,* Drudenfuß *m.*

**pen·ta·he·dral** [ˌpentəˈhiːdrəl] *adj math.* fünfflächig. ˌ**pen·ta'he·dron** [-drɒn; *bes. Am.* -drɑn] *pl* **-drons** *od.* **-dra** [-drə] *s* Penta'eder *n.*

**pen·tam·e·ter** [penˈtæmɪtə(r)] *s metr.* Pen'tameter *m.*

**pen·tane** ['penteɪn] *s chem.* Pen'tan *n.*

**pen·ta·syl·lab·ic** [ˌpentəsɪˈlæbɪk] *adj metr.* fünfsilbig.

**Pen·ta·teuch** ['pentətjuːk; *Am. a.* -¡tuːk] *s Bibl.* Penta'teuch *m (die 5 Bücher Mose).*

**pen·tath·lete** [penˈtæθliːt] *s sport* Fünfkämpfer(in). **pen'tath·lon** [-lɒn; *Am.* -¡lɑn] *s* Fünfkampf *m.*

**pen·ta·tom·ic** [ˌpentəˈtɒmɪk; *Am.*

-ˈtɑ-] *adj chem.* **1.** 'fünfa¡tomig. **2.** fünfwertig.

**pen·ta·ton·ic** [ˌpentəˈtɒnɪk; *Am.* -ˈtɑ-] *adj mus.* penta'tonisch *(fünftönig):* ～ **scale.**

**pen·ta·va·lence** [ˌpentəˈveɪləns], ˌ**penta'va·len·cy** *s chem.* Fünfwertigkeit *f.* ˌ**pen·ta'va·lent** *adj chem.* fünfwertig.

**Pen·te·cost** ['pentɪkɒst; *Am. a.* -¡kɑst] *s relig.* **1.** Pfingsten *n od. pl,* Pfingstfest *n.* **2.** jüdisches Erntefest. ˌ**Pen·te'cos·tal** *adj* pfingstlich, Pfingst...

**pent·house** ['penthaʊs] *s arch.* **1.** Wetter-, Vor-, Schutzdach *n.* **2.** Penthouse *n,* Penthaus *n,* 'Dachter¡rassenwohnung *f.* **3.** Anbau *m,* Nebengebäude *n.*

**pen·tode** ['pentəʊd] *s electr.* Pent'ode *f,* Fünfpolröhre *f.*

**pent·ste·mon** [pentˈstemən; *bes. Am.* -ˈstiː-] *s bot.* Bartfaden *m.*

ˌ**pent-'up** *adj* **1.** eingepfercht. **2.** *fig.* angestaut: ～ **feelings;** ～ **demand** *Am.* Nachholbedarf *m.*

**pe·nult** [peˈnʌlt; *Am.* ˈpiː;n-] *s ling. metr.* vorletzte Silbe. **pe·nul·ti·mate** [peˈnʌltɪmət; *Am.* pɪ-] **I** *adj* vorletzt(er, e, es): ～ **stage** Vorstufe *f (e-s Senders).* **II** *s →* **penult.**

**pe·num·bra** [pɪˈnʌmbrə] *pl* **-brae** [-briː] *od.* **-bras** *s* **1.** *phys.* Halbschatten *m (a. fig.).* **2.** *astr.* Pen'umbra *f.* **3.** *paint.* 'Übergang *m* von hell zu dunkel. **pe-'num·bral** *adj* halbdunkel, Halbschatten...

**pe·nu·ri·ous** [pɪˈnjʊərɪəs; *Am. a.* -ˈnʊr-] *adj (adv ～ly)* **1.** karg. **2.** arm. **3.** geizig, knauserig. **pen·u·ry** ['penjʊrɪ] *s* **1.** Armut *f,* Not *f.* **2.** Knappheit *f,* Mangel *m* (**of** *an dat).*

**pe·on** ['piːən] *s* **1.** *[Br. bes.* pjuːn] Sol'dat *m od.* Poli'zist *m od.* Bote *m (in Indien u. Ceylon).* **2.** Pe'on *m:* a) Tagelöhner *m (in Südamerika),* b) *(durch Geldschulden)* zu Dienst verpflichteter Arbeiter *(Mexiko).* **3.** *Am.* zu Arbeit her'angezogener Sträfling. '**pe·on·age,** '**pe·on·ism** *s* **1.** Dienstbarkeit *f,* Leibeigenschaft *f.* **2.** *Am.* Peo'nage *f,* Sy'stem *n* der Verdingung von Sträflingen an Unter'nehmer.

**pe·o·ny** ['pɪənɪ] *s bot.* Pfingstrose *f.*

**peo·ple** ['piːpl] **I** *s* **1.** *collect. (als pl konstruiert)* die Menschen *pl,* die Leute *pl:* **English ～** (die) Engländer; **London ～** die Londoner (Bevölkerung); **literary ～** Literaten; **country ～** Landleute, -bevölkerung *f;* **town ～** Städter *pl;* **a great many ～** sehr viele Leute; **some ～** manche (Leute); **I don't like to keep ～ waiting** ich lasse die Leute nicht gern warten. **2.** *man:* **～ say** man sagt. **3.** Leute *pl,* Per'sonen *pl:* **there were ten ～ present;** **he of all ～** ausgerechnet er. **4.** *(mit Possessivpronomen)* Leute *pl,* Fa'milie *f,* Angehörige(n) *pl:* **my ～.** **5.** Leute *pl (Untergeordnete):* **he treated his ～ well.** **6. the ～** a) *(a. als sg konstruiert)* das *(gemeine)* Volk, die Masse (des Volkes), b) die Bürger *pl od.* Wähler *pl,* die Bevölkerung: **the P～'s Party** *Am. hist.* die Volkspartei *(1891 gegründete Partei der Populists);* ～**'s front** Volksfront *f;* ～**'s man** Mann *m* des Volkes; ～**'s democracy** Volksdemokratie *f;* ～**'s republic** Volksrepublik *f.* **7.** *pl* **peoples** Volk *n,* Nati'on *f:* **the ～s of Europe; the chosen ～** das auserwählte Volk. **8.** *fig.* Volk *n:* **the bee ～** das Bienenvolk. **II** *v/t* **9.** besiedeln, bevölkern **(with** mit).

**pep** [pep] *colloq.* **I** *s* E'lan *m,* Schwung *m,* ‚Schmiß', Pep *m:* ～ **pill** Aufputschpille *f;* ～ **talk** Anfeuerung *f,* anfeuernde *od.* aufmunternde Worte. **II** *v/t meist* ～ **up** a) j-n ‚aufmöbeln', in Schwung bringen, b) j-n anfeuern, c) *etwas* in Schwung bringen, Leben bringen in *(acc),* e-e Geschichte *etc* ‚pfeffern', würzen.

**pep·per** ['pepə(r)] **I** *s* **1.** a) Pfeffer *m (Gewürz):* **black (white) ～,** b) Paprikaschote *f.* **2.** *bot.* Pfefferstrauch *m, bes.* a) Spanischer Pfeffer, b) Roter Pfeffer, Ca'yennepfeffer *m,* c) Paprika *m.* **3.** pfefferähnliches, scharfes Gewürz *(z. B. Ingwer):* ～ **cake** Gewürz-, Pfefferkuchen *m.* **4.** *fig.* ‚Pfeffer' *m, (etwas)* Beißendes *od.* Scharfes. **II** *v/t* **5.** pfeffern. **6.** *allg.* würzen. **7.** *fig.* bestreuen, sprenkeln, über'säen. **8.** *fig. e-e Rede, den Stil etc* würzen, ‚pfeffern'. **9.** ‚bepfeffern' *(a. fig.), (mit Fragen etc)* bombar'dieren. **10.** verprügeln. ⟍**and-'salt** [a] **1.** pfeffer-und--salzfarben, graugetüpfelt *od.* -gesprenkelt *(Stoff).* **2.** ‚graume¡liert *(Haar).* **II** *s* **3.** a) Pfeffer u. Salz *n (Stoff),* b) Anzug *m* in Pfeffer u. Salz. **4.** Pfeffer-und-Salz-Farbe *f od.* -Muster *n.* '⟍**box,** ～**cast·er** *s* Pfefferstreuer *m.* '⟍**corn** *s* **1.** Pfefferkorn *n:* **white ～s** weißer Pfeffer. **2.** *a.* ～ **rent** nomi'neller Pachtzins. ～ **mill** *s* Pfeffermühle *f.*

**pep·per·mint** ['pepə(r)mɪnt] *s* **1.** *bot.* Pfefferminze *f.* **2.** *a.* ～ **oil** Pfefferminzöl *n.* **3.** *a.* ～ **drop** *(od.* **lozenge)** 'Pfefferminzpa¡stille *f,* -plätzchen *n,* -bon¡bon *m, n.* ～ **cam·phor** *s chem.* Men'thol *n.*

**pep·per pot** *s* **1.** Pfefferstreuer *m.* **2.** *westindisches, stark gewürztes Gericht.* **3.** *a.* **Philadelphia ～** *Am.* stark gepfefferte Suppe mit Kaldaunen. **4.** *fig.* Hitzkopf *m.*

**pep·per·y** ['pepərɪ] *adj* **1.** pfefferig, pfefferartig, scharf, beißend. **2.** *fig.* jähzornig, hitzig. **3.** *fig.* ‚gepfeffert', scharf, beißend: ～ **style.**

**pep·py** ['pepɪ] *adj colloq.* ‚schmissig', schwungvoll, forsch.

**pep·sin** ['pepsɪn] *s chem.* Pep'sin *n.*

**pep·tic** ['peptɪk] *med.* **I** *adj* **1.** Verdauungs...: ～ **gland** Magendrüse *f;* ～ **ulcer** Magengeschwür *n.* **2.** verdauungsfördernd, peptisch: ～ **sauce.** **3.** e-e gute Verdauung habend. **II** *s* **4.** *pl humor.* Ver'dauungsor¡gane *pl.*

**pep·ti·za·tion** [ˌpeptaɪˈzeɪʃn; *Am.* -təˈz-] *s chem.* Pepti'sierung *f (Überführung in kolloide Lösungen).*

**pep·tone** ['peptəʊn] *s physiol.* Pep'ton *n.* ˌ**pep·to·ni'za·tion** [-tənaɪˈzeɪʃn; *Am.* -nəˈz-] *s* Peptonisati'on *f.*

**per** [pɜː; pə; *Am.* pɜr; pər] *prep* **1.** per, durch: ～ **bearer** durch Überbringer; ～ **post** durch die Post, auf dem Postwege; ～ **rail** per Bahn. **2.** pro, für: ～ **annum** pro Jahr, jährlich; ～ **capita** pro Kopf *od.* Person; ～ **capita income** Pro-Kopf-Einkommen *n;* ～ **capita quota** Kopfquote *f;* ～ **cent** pro *od.* vom Hundert (→ **percent**); ～ **mille** pro Tausend, pro mille; ～ **second** in der *od.* pro Sekunde; → **per contra, per diem. 3.** *a.* **as** *econ.* a) laut, gemäß, b) nach dem Stande vom *(1. Januar etc):* → **usual I.**

**per·ac·id** [pɜːrˈæsɪd] *s chem.* Persäure *f.*

**per·ad·ven·ture** [ˌpɜːrədˈventʃə(r); *Am.* ˈpɜrəd¡v-] **I** *adv* **1.** *obs.* viel'leicht, zufällig. **II** *s* **2.** Zufall *m.* **3.** Zweifel *m.*

**per·am·bu·late** [pəˈræmbjʊleɪt] **I** *v/t* **1.** durch'wandern, -'reisen, -'ziehen. **2.** bereisen, besichtigen. **3.** die Grenzen *(e-s Gebiets)* abschreiten. **II** *v/i* **4.** um-'herwandern. **per·am·bu·la·tion** *s* **1.** Durch'wandern *n.* **2.** Bereisen *n,* Besichtigung(sreise) *f.* **3.** Grenzbestimmung *f* durch Begehen. **4.** *jur.* Besichtigungs-, Gerichtssprengel *m.* **per'am·bu·la·tor** [-tə(r)] *s* **1.** *bes. Br.* Kinderwagen *m.* **2.** (Durch)'Wanderer *m.* **3.** *tech.* Wegmesser *m,* Meßrad *n.*

**per·cale** [pə(r)ˈkeɪl; *Am. a.* ˈpɜrk-] *s* Per'kal *m (ein Baumwollgewebe).* **per·ca·line** ['pɜːkəliːn; *Am.* ˌpɜrkəˈl-] *s* Perka'lin *n.*

**per·ceiv·a·ble** [pə(r)'si:vəbl] *adj* (*adv* perceivably) **1.** wahrnehmbar, merklich, spürbar. **2.** verständlich. **per'ceive** *v/t* **1.** wahrnehmen, empfinden, (be)merken, spüren. **2.** verstehen, erkennen, begreifen.

**per·cent, *Br.* per cent** [pə(r)'sent] **I** *adj* **1.** ...prozentig: **a four ~ share.** **II** *s* **2.** Pro'zent *n* (%): **~ by volume** Volumen-, Raumprozent. **3.** *pl* 'Wertpa‚piere *pl* mit feststehendem Zinssatz: **three per cents** dreiprozentige Wertpapiere. **per·cent·age** [pə(r)'sentɪdʒ] **I** *s* **1.** Pro'zentsatz *m*: a) math. Hundertsatz *m*, b) *allg.* Anteil *m*, Teil *m* (**of** an *dat*). **2.** Pro'zentgehalt *m*: **~ by weight** Gewichtsprozent *n*. **3.** *econ.* Pro'zente *pl*. **4.** Gewinnanteil *m*, Provisi'on *f*, Tanti'eme *f*, Pro'zente *pl*. **5.** *fig.* (*statistische*) Wahr'scheinlichkeit. **II** *adj* **6.** Prozentual...: **~ increase.** **per'cen·tal** → **percentile I.** **per'cen·tile** [-taɪl] **I** *adj* in Pro'zenten (ausgedrückt), Prozent..., prozentu'al. **II** *s* math. phys. statistischer Wert, *der durch n% e-r großen Reihe von Messungen nicht, dagegen von 100-n % erreicht wird.*

**per·cept** [pɜːsept; *Am.* 'pɜr-] *s philos.* wahrgenommener Gegenstand. **per·cep·ti·bil·i·ty** [pə(r)‚septə'bɪlətɪ] *s* Wahrnehmbarkeit *f*. **per'cep·ti·ble** *adj* (*adv* perceptibly) wahrnehmbar, merklich. **per·cep·tion** [pə(r)'sepʃn] *s* **1.** (sinnliche *od.* geistige) Wahrnehmung, Empfindung *f*: **~ of light** Lichtempfindung. **2.** Wahrnehmungsvermögen *n*. **3.** Auffassung(sgabe) *f*. **4.** Vorstellung *f*, Begriff *m*, Erkenntnis *f*. **per'cep·tion·al** [-ʃənl] *adj* Wahrnehmungs... **per'cep·tive** [-tɪv] *adj* **1.** wahrnehmend, Wahrnehmungs... **2.** auffassungsfähig, scharfsichtig. **per·cep·tiv·i·ty** [‚pɜːsep'tɪvətɪ; *Am.* ‚pɜr-], **per'cep·tive·ness** → perception 2. **per·cep·tu·al** [pə(r)'septjʊəl; *Am.* -tʃəwəl; -tʃəl] *adj philos.* Wahrnehmungs...

**perch¹** [pɜːtʃ; *Am.* pɜrtʃ] *pl* 'perch·es [-ɪz] *od. collect.* **perch** *s ichth.* Flußbarsch *m*.

**perch²** [pɜːtʃ; *Am.* pɜrtʃ] **I** *s* **1.** (Sitz-)Stange *f* (*für Vögel*), Hühnerstange *f*. **2.** *fig.* ‚Thron' *m*, hoher (sicherer) Sitz: **to knock s.o. off his ~** *colloq.* j-n von s-m Sockel herunterstoßen, j-n von s-m hohen Roß herunterholen; **to hop the ~** *sl.* ‚abkratzen' (*sterben*); **come off your ~!** *colloq.* komm herunter von d-m hohen Roß! **3.** *surv.* Meßstange *f*. **4.** Rute *f* (*Längenmaß* = 16¹/₂ *feet* = 5,029 *m*). **5.** *a.* **square ~** Flächenmaß von 30¹/₄ square yards. **6.** *mar.* Pricke *f*, Stangenseezeichen *n*. **7.** Lang-, Lenkbaum *m* (*e-s Wagens*). **II** *v/i* **8.** (on) sich setzen *od.* niederlassen (auf *acc*), sitzen (auf *dat*) (*Vögel*). **9.** *fig.* hoch sitzen, ‚thronen'. **III** *v/t* **10.** (*auf etwas Hohes*) setzen: **to ~ o.s.** sich setzen; **to be ~ed** sitzen. **per·chance** [pə(r)'tʃɑːns; *Am.* pər'tʃæns] *adv poet.* viel‚leicht, zufällig. **perch·er** ['pɜːtʃə; *Am.* 'pɜrtʃər] *s orn.* Sitzfüßer *m*, -vogel *m*. **Per·che·ron** ['pɜːʃərɒn; *Am.* 'pɜrtʃə‚rɑn] *s* Perche'ron(pferd *n*) *m*. **per·chlo·rate** [pə(r)'klɔːreɪt; *Am. a.* -'klɔʊə-; -rət] *s chem.* 'überchlorsaures Salz, Perchlo'rat *n*. **per'chlo·ric** *adj* 'überchlorig: **~ acid** Über- *od.* Perchlorsäure *f*. **per'chlo·ride** [-raɪd] *s* Perchlo'rid *n*. **per·chlo·ri·nate** [pə(r)'klɔːrɪneɪt; *Am. a.* -'klɔʊə-] *v/t chem.* perchlo'rieren. **per·chro·mate** [pə(r)'krəʊmeɪt] *s chem.* Perchro'mat *n* (*überchromsaures Salz*). **per'chro·mic** *adj* Perchrom...

**per·cip·i·ence** [pə(r)'sɪpɪəns] *s* **1.** Wahrnehmung *f*. **2.** Wahrnehmungsvermögen *n*. **per'cip·i·ent I** *adj* (*adv* ~ly) **1.** wahrnehmend, Wahrnehmungs... **2.** scharfsichtig. **II** *s* **3.** Wahrnehmer(in). **per·co·late** ['pɜːkəleɪt; *Am.* 'pɜr-] **I** *v/t* **1.** *Kaffee etc* filtern, fil'trieren, 'durchseihen, 'durchsickern lassen. **2.** ('durch-)sickern durch (*a. fig.*). **II** *v/i* **3.** 'durchsintern, -sickern, -laufen, versickern: **percolating tank** Sickertank *m*. **4.** gefiltert werden. **5.** *fig.* 'durchsickern, bekanntwerden. **6.** *fig.* eindringen (**into** in *acc*). **III** *s* **7.** Perko'lat *n*, Fil'trat *n*. **per·co·la·tion** *s* **1.** 'Durchseihung *f*, Filtrati'on *f*. **2.** *fig.* 'Durchsickern *n*, Eindringen *n*. **per·co·la·tor** [-tə(r)] *s* **1.** Fil'trierappa‚rat *m*, Perko'lator *m*. **2.** 'Kaffeema‚schine *f*.

**per con·tra** [‚pɜː'kɒntrə; *Am.* ‚pɜr'kɑn-; pər'k-] (*Lat.*) *adv* **1.** *econ.* auf der Gegenseite (*der Bilanz*), als Gegenforderung *od.* -leistung. **2.** im Gegenteil, 'umgekehrt. **per·cuss** [pə(r)'kʌs] *v/t med.* perku'tieren, abklopfen. **per·cus·sion** [pə(r)'kʌʃn] **I** *s* **1.** Schlag *m*, Stoß *m*, Erschütterung *f*. **2.** *fig.* Wirkung *f*: **to have ~** ohne Wirkung bleiben. **3.** *med.* a) Perkussi'on *f*, Abklopfen *n*, b) 'Klopfmas‚sage *f*. **4.** *mus. collect.* 'Schlaginstru‚mente *pl*. **5.** Schlag..., Stoß...: **~ cap** Zündhütchen *n*; **~ drill** *tech.* Schlag-, Stoßbohrer *m*; **~ fuse** *mil.* Aufschlagzünder *m*; **~ instrument** *mus.* Schlaginstrument *n*; **~ wave** Stoßwelle *f*; **~ welding** *tech.* Schlag-, Stoßschweißen *n*. **III** *v/t* **6.** *med.* a) perku'tieren, abklopfen, b) durch Beklopfen mas'sieren. **per'cus·sion·ist** [-ʃənɪst] *s mus.* Schlagzeuger *m*. **per'cus·sive** [-sɪv] *adj* **1.** schlagend, Schlag..., Stoß...: **~ drill** tech. Schlag-, Stoßbohrer *m*; **~ welding** tech. Schlag-, Stoßschweißen *n*. **2.** *fig.* heftig, wirkungsvoll.

**per·cu·ta·ne·ous** [‚pɜːkjuː'teɪnjəs; -nɪəs; *Am.* ‚pɜr-] *adj med.* perku'tan, durch die Haut hin'durch(gehend). **per di·em** [‚pɜː'daɪem; -'diːem; *Am.* ‚pɜr-; -pər-] **I** *adv u. adj* **1.** täglich, pro Tag: **~ rate** Tagessatz *m*. **2.** tagweise (*festgelegt od. bezahlt*): **~ assignment.** **II** *s* **3.** Tagegeld *n*. **per·di·tion** [pə(r)'dɪʃn] *s* **1.** *obs.* Verderben *n*, Vernichtung *f*. **2.** ewige Verdammnis, Hölle *f*. **per·du(e)** [pɜː'djuː; *Am.* pɜr'duː] *adj* im 'Hinterhalt, auf der Lauer, versteckt: **to lie ~.** **per·dur·a·ble** [pə(r)'djʊərəbl; *Am. a.* -'dʊr-] *adj* **1.** dauernd, immerwährend. **2.** dauerhaft, unverwüstlich. **per·e·gri·nate** ['perɪgrɪneɪt] **I** *v/i* wandern, um'herreisen. **II** *v/t* durch'wandern, bereisen. **per·e·gri·na·tion** *s* **1.** Wandern *n*, Wanderschaft *f*. **2.** Wanderung *f*, Reise *f*. **3.** *fig.* weitschweifige Behandlung (*e-s Themas*) *od.* Rede. **per·e·grine** ['perɪgrɪn; -griːn] *s a.* **~ fal·con** *orn.* Wanderfalke *m*. **per·emp·to·ri·ness** [pə'remptərɪnɪs] *s* **1.** Entschiedenheit *f*, Bestimmtheit *f*. **2.** gebieterische Art, herrisches Wesen. **3.** Endgültigkeit *f*. **per'emp·to·ry** [-tə-rɪ] *adj* (*adv* peremptorily) **1.** entschieden, bestimmt. **2.** entscheidend, endgültig. **3.** bestimmt, zwingend, defini'tiv: **~ command.** **4.** herrisch, gebieterisch. **5.** *jur.* absprechend: **~ exception, ~ plea** Einrede, die gegen das Klagerecht selbst gerichtet ist. **6.** *colloq.* plötzlich. **per·en·ni·al** [pə'renjəl; -nɪəl] **I** *adj* (*adv* ~ly) **1.** das Jahr *od.* Jahre hin'durch dauernd, beständig: **~ river** dauernd wasserführender Fluß. **2.** immerwährend, anhaltend. **3.** *bot.* peren'nierend,

über'dauernd, winterhart. **II** *s* **4.** *bot.* peren'nierende Pflanze: **hardy ~** *fig.* ewiges Problem.

**per·fect** ['pɜːfɪkt; *Am.* 'pɜr-] **I** *adj* (*adv* → perfectly) **1.** voll'kommen, voll'endet, fehler-, tadel-, makellos, ide'al, per'fekt: **a ~ crime** ein perfektes Verbrechen; **to make ~** vervollkommnen. **2.** per'fekt, gründlich ausgebildet (**in** in *dat*). **3.** gänzlich, vollständig, genau: **a ~ circle** ein vollkommener Kreis; **~ strangers** wildfremde Leute. **4.** *colloq.* rein, ‚kom'plett': **~ nonsense;** **a ~ fool** ein kompletter *od.* ausgemachter Narr. **5.** *ling.* voll'endet: **~ participle** Partizip *n* Perfekt, Mittelwort *n* der Vergangenheit; **~ tense** Perfekt *n*. **6.** *mus.* voll'kommen: **~ interval** reines Intervall; **~ pitch** absolutes Gehör. **7.** *math.* ganz: **~ number** ganze Zahl. **II** *s* **8.** Perfekt *n*. **III** *v/t* [pə(r)'fekt] **9.** zur Voll'endung bringen, vervollkommnen, perfektio'nieren. **10.** vervollständigen. **11.** j-n voll'kommen: **to ~ o.s.** in sich vervollkommnen in (*dat*). **per'fect·i·ble** *adj* vervollkommnungsfähig, perfektio'nierbar. **per·fec·tion** [pə(r)'fekʃn] *s* **1.** Vervollkommnung *f*, Voll'endung *f*. **2.** Voll'kommenheit *f*, Perfekti'on *f*: **to bring to ~** vervollkommnen. **3.** Voll'endung *f*, Gipfel *m*, Krone *f*: **to ~** vollkommen, meisterlich. **4.** Vor'trefflichkeit *f*, Makel-, Fehlerlosigkeit *f*. **5.** *pl* Fertigkeiten *pl*. **per'fec·tion·ism** *s philos. u. fig.* Perfektio'nismus *m*. **per'fec·tion·ist I** *s* **1.** *philos.* Perfektio'nist(in). **2.** j-d, der (*bei jeder Arbeit*) nach Voll'kommenheit strebt, Perfektio'nist(in). **II** *adj* **3.** perfektio'nistisch. **'per·fect·ly** *adv* **1.** vollkommen, fehlerlos, gänzlich, völlig. **2.** *colloq.* ganz, abso'lut, gerade'zu: **~ wonderful** einfach wunderbar.

**per·fer·vid** [pɜː'fɜːvɪd; *Am.* pər'fɜr-; ‚pɜr-] *adj fig.* glühend, heiß, inbrünstig. **per·fid·i·ous** [pə(r)'fɪdɪəs; *Am. a.* ‚pɜr-] *adj* (*adv* ~ly) treulos, verräterisch, falsch, 'hinterlistig, heimtückisch, per'fid. **per·fid·i·ous·ness, per·fi·dy** ['pɜːfɪdɪ; *Am.* 'pɜr-] *s* Treulosigkeit *f*, Falschheit *f*, (Heim)Tücke *f*, Perfi'die *f*, Verrat *m*. **per·fo·rate I** *v/t* ['pɜːfəreɪt; *Am.* 'pɜr-] **1.** durch'bohren, -'löchern, lochen, perfo'rieren: **~d disk** tech. (Kreis)Lochscheibe *f*; **~d plate** tech. Siebblech *n*; **~d stamps** gezähnte Briefmarken; **~d tape** bes. *Am.* Lochstreifen *m*. **II** *adj* [-rɪt; *Am. a.* ‚reɪt] **2.** durch'bohrt, -'löchert, gelocht, perfo'riert, gezähnt. **3.** *her.* durch'brochen. **per·fo·ra·tion** *s* **1.** Durch'bohrung *f*, -'löcherung *f*, Lochung *f*, Perforati'on *f*: **~ of the stomach** med. Magendurchbruch *m*, -perforation. **2.** Perfo'rierung *f*, (kleine) Löcher *pl*, Zähnung *f*. **'per·fo·ra·tor** [-tə(r)] *s* **1.** Locher *m* (*Person u. Instrument*). **2.** tech. Perfo'rierma‚schine *f*.

**per·force** [pə(r)'fɔː(r)s; *Am. a.* -'fɔʊərs] *adj* notgedrungen, gezwungener'maßen, wohl oder übel. **per·form** [pə(r)'fɔː(r)m] **I** *v/t* **1.** *e-e Arbeit, e-n Dienst etc* leisten, verrichten, machen, tun, 'durch-, ausführen, voll'bringen, *e-e Pflicht, a. e-n Vertrag* erfüllen, *e-r Verpflichtung* nachkommen, *e-e Operation* 'durchführen (**on** bei). **2.** voll'ziehen: **he ~ed the ceremony.** **3.** *ein Theaterstück, Konzert etc* geben, aufführen, spielen, *e-e Rolle* spielen, darstellen, *e-n Trick etc* vorführen, zeigen. **4.** (*auf e-m Instrument*) spielen, vortragen. **II** *v/i* **5.** s-e Aufgabe erfüllen, *tech.* leisten *od.* arbeiten: **to ~ well** a) *bes. sport* e-e gute Leistung bringen, b) *ped.* gut abschneiden; **she ~ed well**

*colloq.* sie war gut (*im Bett*); **he couldn't ~** *colloq.* ,er konnte nicht'. **6.** *tech.* funktio'nieren, arbeiten (*Maschine etc*): this car **~s better** leistet mehr. **7.** *jur.* s-n Verpflichtungen *etc* nachkommen: **failure to ~** Nichterfüllung *f.* **8.** *thea. etc* e-e Vorstellung geben, auftreten, spielen: **to ~ on the piano** Klavier spielen, etwas auf dem Klavier vortragen; **to ~ on television** im Fernsehen auftreten. **9.** Kunststücke machen (*Tier*). **per·'form·a·ble** *adj* aus-, aufführbar.

**per·form·ance** [pə(r)'fɔː(r)məns] *s* **1.** Verrichtung *f*, 'Durch-, Ausführung *f*, Leistung *f* (*a. sport*), Erfüllung *f* (*e-r Pflicht, e-s Versprechens*): **in the ~ of his duty** in Ausübung s-r Pflicht; **~-oriented** leistungsorientiert; **~ principle** *sociol.* Leistungsprinzip *n*; **~ test** *ped. psych.* Leistungsprüfung *f.* **2.** *jur.* Leistung *f*, (Vertrags)Erfüllung *f*: **~ in kind** Sachleistung *f.* **3.** Voll'ziehung *f.* **4.** *mus. thea.* a) Aufführung *f*, Vorstellung *f*, Vortrag *m*, b) Darstellung(skunst) *f*, Vortrag(skunst *f*) *m*, Spiel *n.* **5.** (*literarische*) Leistung *od.* Arbeit. **6.** *tech.* a) (Arbeits)Leistung *f* (*e-r Maschine etc*), b) Arbeitsweise *f*, Betrieb *m*: **~ characteristic** (Leistungs)Kennwert *m*; **~ chart** Leistungsdiagramm *n*; **~ data** Leistungswerte; **~ standard** Gütenorm *f.* **7.** *econ.* a) (*gute etc*) Leistung (*z. B. Produkt e-s Unternehmens*), b) Güte *f*, Quali'tät *f* (*e-s Produkts*). **8.** *ling.* Perfor'manz *f.* **9.** *colloq.* schlechtes Benehmen: **what a ~!** der *etc* hat sich vielleicht aufgeführt!

**per·'form·er** *s* **1.** Ausführende(r *m*) *f*, Voll'bringer(in). **2.** Schauspieler(in), Darsteller(in), Künstler(in), Musiker (-in), Vortragende(r *m*) *f*, Tänzer(in).

**per·'form·ing** *adj* **1.** Aufführungs...: **~ rights.** **2.** dres'siert: **~ seal.** **3.** darstellend: **the ~ arts.**

**per·fume I** *v/t* [pə(r)'fjuːm] **1.** durch-'duften, mit Duft erfüllen, parfü'mieren (*a. fig.*): **the flowers ~d the whole room** der Duft der Blumen erfüllte den ganzen Raum. **II** *s* ['pɜːfjuːm; *Am.* 'pɜr-] **2.** Duft *m*, Wohlgeruch *m.* **3.** Par'füm *n*, Duftstoff *m.* **4.** *fig.* Aura *f*, Atmo'sphäre *f.* **per·'fum·er** *s* Parfüme-'riehändler *m od.* -,hersteller *m*, Parfü-'meur *m.* **per·'fum·er·y** [-ərɪ] *s* **1.** Parfüme'rie(n *pl*) *f.* **2.** Par'füm,herstellung *f.* **3.** Par'fümfa,brik *f.* **4.** Parfüme'rie(geschäft *n*) *f.*

**per·func·to·ri·ness** [pə(r)'fʌŋktərɪnɪs] *s* Oberflächlichkeit *f*, Flüchtigkeit *f.* **per·'func·to·ry** *adj* (*adv* **perfunctorily**) **1.** oberflächlich, nachlässig, flüchtig. **2.** me'chanisch. **3.** nichtssagend.

**per·go·la** ['pɜːgələ; *Am.* 'pɜr-; *pər*'gəʊlə] *s* Pergola *f*, Laube *f*, über'wachsener Laubengang.

**per·haps** [pə(r)'hæps; præps] **I** *adv* viel-'leicht, etwa, möglicherweise. **II** *s* Viel-'leicht *n*: **the great P~** das große Fragezeichen (*Fortleben nach dem Tod*).

**pe·ri** ['pɪərɪ] *s myth.* Peri *m, f*, Elf *m*, Elfe *f*, Fee *f* (*Persien*).

**peri-** [perɪ] Wortelement mit den Bedeutungen a) um ... herum, rund um, b) *bes. med.* umgebend, c) nahe bei.

**per·i·anth** ['perɪænθ] *s bot.* Peri-'anth(ium) *n*, Blütenhülle *f.*

**per·i·blast** ['perɪblɑːst; *Am.* -,blæst] *s biol.* Zellplasma *n* (*außerhalb des Kerns*).

**per·i·car·di·tis** [,perɪkɑː(r)'daɪtɪs] *s med.* Herzbeutelentzündung *f*, Perikar-'ditis *f.* **per·i·car·di·um** [-djəm; -ɪəm] *pl* **-di·a** [-djə; -ɪə] *s anat.* **1.** Herzbeutel *m*, Peri'kard(ium) *n.* **2.** Herzfell *n.*

**per·i·carp** ['perɪkɑː(r)p] *s bot.* Peri'karp *n*, Fruchthülle *f.*

**per·i·clase** ['perɪkleɪs] *s min.* Peri'klas *m.* **Per·i·cle·an** [,perɪ'kliːən] *adj antiq.* peri-'kleisch.

**per·i·cra·ni·um** *pl* **-ni·a** *s anat.* (Hirn)Schädelhaut *f*, Peri'kranium *n.*

**per·i·gee** ['perɪdʒiː] *s astr.* Erdnähe *f*, Peri'gäum *n.*

**per·i·glot·tis** *s anat.* Zungen(schleim)-haut *f.*

**per·i·gon** ['perɪgən] *s math.* Vollwinkel *m.*

**per·i·he·li·on** [-'hiːljən] *pl* **-li·a** [-ə] *s astr.* Peri'hel(ium) *n*, Sonnennähe *f.*

**per·il** ['perɪl] **I** *s* Gefahr *f*, Risiko *n* (*a. econ.*): **to be in ~ of one's life** in Lebensgefahr sein *od.* schweben; **at one's ~** auf eigene Gefahr *od.* eigenes Risiko; **at the ~ of** auf die Gefahr hin, daß. **II** *v/t* gefährden.

**per·il·ous** ['perɪləs] *adj* (*adv* **~ly**) gefährlich, gefahrvoll.

**pe·rim·e·ter** [pə'rɪmɪtə(r)] *s* **1.** Peripherie *f*: a) *math.* 'Umkreis *m*, b) *allg.* Rand *m*, äußere Um'grenzungslinie: **~ defence** (*Am.* **defense**) *mil.* Rundumverteidigung *f*; **~ position** *mil.* Randstellung *f.* **2.** *med. phys.* Peri'meter *n* (*Instrument zur Bestimmung des Gesichtsfeldes*). **pe·'rim·e·try** [-trɪ] *s med. phys.* Perime-'trie *f*, Gesichtsfeldmessung *f.*

**per·i·ne·um** [,perɪ'niːəm] *pl* **-ne·a** [-ə] *s anat.* Peri'neum *n*, Damm *m.*

**per·i·neu·ri·um** [,perɪ'njʊərɪəm; *Am.* *a.* -'nʊr-] *pl* **-ri·a** [-ə] *s anat.* Peri'neurium *n*, Nervenscheide *f.*

**pe·ri·od** ['pɪərɪəd] **I** *s* **1.** Peri'ode *f*, Zyklus *m*, regelmäßige 'Wiederkehr. **2.** Pe-ri'ode *f*, Zeit(dauer *f*, -raum *m*, -spanne *f*) *f*, Frist *f*: **~ of appeal** Berufungsfrist; **~ of exposure** *phot.* Belichtungszeit; **~ of incubation** *med.* Inkubationszeit; **~ of office** Amtsdauer *f*; **the Reformation ~** die Reformationszeit; **for a ~** für einige Zeit; **for a ~ of** für die Dauer von; **~ of validity** Gültigkeitsdauer *f.* **3.** a) Zeit (-alter *n*): *glacial ~ geol.* Eiszeit, b) (*das*) gegenwärtige Zeitalter, (*die*) Gegenwart: **the fashion of the ~** die augenblickliche Mode; **a girl of the ~** ein modernes Mädchen. **4.** *astr.* 'Umlaufzeit *f.* **5.** *ped.* a) 'Unterrichtsstunde *f*, b) (Dauer *f* e-r) Vorlesung *f.* **6.** *sport* Spielabschnitt *m*, *z. B.* Eishockey: Drittel *m.* **7.** *electr. phys.* Peri'ode *f*, Schwingdauer *f.* **8.** *math.* Peri'ode *f* (*wiederkehrende Gruppe von Ziffern im Dezimalbruch*). **9.** *mus.* (*bes.* 'Achttakt)Peri,ode *f.* **10.** *a.* **monthly ~** *physiol.* Peri'ode *f* (*der Frau*): → **miss²** 1. **11.** (Sprech)Pause *f*, Absatz *m.* **12.** *ling.* a) *bes. Am.* Punkt *m*, b) Gliedersatz *m*, Satzgefüge *n*, c) *allg.* wohlgefügter Satz. **II** *adj* **13.** a) zeitgeschichtlich, -genössisch, hi'storisch, Zeit...: b) Stil...: **a ~ play** ein Zeitstück *n*; **~ furniture** Stilmöbel *pl*; **~ house** Haus *n* im Zeitstil; **~ dress** historisches Kostüm.

**per·i·od·ic¹** [,pɪərɪ'ɒdɪk; *Am.* -'ɑ-] *adj* (*adv* **~ally**) **1.** peri'odisch, Kreis..., regelmäßig 'wiederkehrend: → **periodic law**, *etc.* **2.** *ling.* wohlgefügt, rhe'torisch (*Satz*).

**per·i·od·ic²** [,pɜːraɪ'ɒdɪk; *Am.* -'ɑ-] *adj chem.* perjod-, 'überjodsauer.

**pe·ri·od·i·cal** [,pɪərɪ'ɒdɪkl; *Am.* -'ɑ-] **I** *adj* (*adv* **~ly**) **1.** → **periodic¹** 1. **2.** regelmäßig erscheinend. **3.** Zeitschriften... **II** *s* **4.** Zeitschrift *f.*

**pe·ri·o·dic·i·ty** [,pɪərɪə'dɪsətɪ] *s* **1.** Periodizi'tät *f* (*a. med.*). **2.** *chem.* Stellung *f* e-s Ele'ments im peri'odischen Sy'stem. **3.** *electr. phys.* Fre'quenz *f.*

**pe·ri·od·ic law** [,pɪərɪ'ɒdɪk; *Am.* -'ɑ-] *s chem.* Gesetz *n* der Periodizi'tät der Eigenschaften bei den chemischen Ele'menten. **~ sys·tem** *s* peri'odisches Sy'stem der Ele'mente. **~ ta·ble**

*s* Ta'belle *f* des peri'odischen Sy'stems.

**per·i·os·te·um** [,perɪ'ɒstɪəm; *Am.* -'ɑs-] *pl* **-te·a** [-ə] *s anat.* Knochenhaut *f.* **per·i·os·ti·tis** [-'staɪtɪs] *s med.* Perio-'stitis *f*, Knochenhautentzündung *f.*

**per·i·o·tic** [,perɪ'əʊtɪk] *anat. zo.* **I** *adj* peri'otisch, das innere Ohr um'gebend. **II** *s* Peri'oticum *n.*

**per·i·pa·tet·ic** [,perɪpə'tetɪk] **I** *adj* (*adv* **~ally**) **1.** (um'her)wandernd, Wander... **2.** P~ *philos.* peripa'tetisch, aristo'telisch. **3.** *ped. bes. Br.* an mehreren Schulen unter'richtend. **II** *s* **4.** P~ *philos.* Peripa'tetiker *m.* **5.** *humor.* Wanderer *m.*

**per·i·pe·te·ia** [,perɪpɪ'taɪə; -'tiːə], **per·i·pe'ti·a** [-'taɪə] *s thea.* Peripe'tie *f*, (*fig. plötzlicher*) 'Umschwung.

**pe·riph·er·al** [pə'rɪfərəl] **I** *adj* (*adv* **~ly**) **1.** *a. fig.* peri'pherisch, an der Periphe'rie (befindlich), Rand...: **a ~ figure** *fig.* e-e Randfigur. **2.** *phys. tech.* peri'pherisch, Umfangs...: **~ velocity** *phys.* 'Umfangs-geschwindigkeit. **3.** *anat. zo.* peri'pher. **4.** **~ device** (*od.* **unit**) → **5.** **II** *s* **5.** *Computer:* peri'pheres Gerät, Periphe-'riegerät *n*, peri'phere Einheit. **pe·'riph·er·y** [-ərɪ] *s* Periphe'rie *f*, *fig. a.* Rand *m*, Grenze *f.*

**pe·riph·ra·sis** [pə'rɪfrəsɪs] *pl* **-ses** [-siːz] *s* Um'schreibung *f*, Peri'phrase *f.* **per·i·phras·tic** [-'fræstɪk] *adj* (*adv* **~ally**) um'schreibend, peri'phrastisch.

**per·i·scope** ['perɪskəʊp] *s* **1.** *tech.* Peri-'skop *n*, Sehrohr *n* (*bes. e-s Unterseebootes od. Panzers*). **2.** *mil.* Beobachtungsspiegel *m.* **per·i·scop·ic** [-'skɒpɪk; *Am.* -'ska-] *adj* **1.** *phys.* peri'skopisch, kon'kav(o)-kon'vex. **2.** peri'skopähnlich. **3.** Rundsicht...

**per·ish** ['perɪʃ] **I** *v/i* **1.** 'umkommen, zu-'grunde gehen, sterben (**by, of** durch, an *dat*; **with** vor *dat*), 'untergehen, (*tödlich*) verunglücken: **to ~ by cold** erfrieren; **to ~ by drowning** ertrinken; **we nearly ~ed with fright** wir kamen vor Schrek-ken fast um; **~ the thought!** Gott bewahre *od.* behüte! **2.** brüchig werden, verschleißen (*Material*), verderben, schlecht werden (*Lebensmittel*). **II** *v/t* **3.** *meist pass* zu'grunde richten, vernichten: **to be ~ed with** *colloq.* (*fast*) um-kommen vor (*Hunger, Kälte etc*); **~ed** *colloq.* halbtot vor Hunger *od.* Kälte. **4.** *Material* brüchig machen, verschleißen, *Lebensmittel* verderben.

**per·ish·a·ble I** *adj* leichtverderblich: **~ goods.** **II** *s pl* leichtverderbliche Waren *pl.*

**per·ish·er** ['perɪʃə(r)] *s bes. Br. sl.* Lump *m*, ,Mistkerl' *m.* **per·ish·ing I** *adj* (*adv* **~ly**) **1.** vernichtend, tödlich (*a. fig.*). **2.** *Br. colloq.* ,saukalt'. **3.** *colloq.* verdammt. **II** *adv* **4.** *colloq.* a) verflixt, verteufelt, scheußlich: **~ cold**, b) verdammt, äußerst.

**pe·ris·sad** [pə'rɪsæd] *s chem.* Ele'ment *n* von ungerader Wertigkeit.

**pe·ris·so·dac·tyl(e)** [,perɪsəʊ'dæktɪl] *zo.* **I** *adj* unpaarzehig. **II** *s* unpaarzehiges Huftier.

**pe·ris·ta·lith** [pə'rɪstəlɪθ] *s hist.* Reihe *f* von aufrecht stehenden, e-n Grabhügel um'gebenden Steinen.

**per·i·stal·sis** [,perɪ'stælsɪs; *Am. a.* -'stɔːl-] *pl* **-ses** [-siːz] *s physiol.* Peri'staltik *f*, peri'staltische Bewegung (*des Darms*). **per·i·stal·tic** [-tɪk] *adj* (*adv* **~ally**) *electr. physiol.* peri'staltisch.

**per·i·style** ['perɪstaɪl] *s arch.* Peri'styl *n*, Säulengang *m.*

**per·i·to·n(a)e·al** [,perɪtəʊ'niːəl] *adj anat.* peritone'al, Bauchfell...: **~ cavity** Bauchhöhle *f.* **per·i·to·'n(a)e·um** [-əm] *pl* **-ne·a** [-ə] *s anat.* Perito'neum *n*, Bauchfell *n.*

**per·i·to·ni·tis** [ˌperɪtəʊˈnaɪtɪs] *s med.* Perito'nitis *f*, Bauchfellentzündung *f*.

**per·i·wig** [ˈperɪwɪg] *hist.* **I** *s* Pe'rücke *f*. **II** *v/t j-m* e-e Pe'rücke aufsetzen.

**per·i·win·kle¹** [ˈperɪˌwɪŋkl] *s bot.* Immergrün *n*.

**per·i·win·kle²** [ˈperɪˌwɪŋkl] *s zo.* (*eßbare*) Strandschnecke.

**per·jure** [ˈpɜːdʒə; *Am.* ˈpɜrdʒər] *v/t:* ~ o.s. a) e-n Meineid leisten, meineidig werden, b) eidbrüchig werden; ~d meineidig, eidbrüchig. **'per·jur·er** *s* Meineidige(r *m*) *f*. **'per·ju·ry** *s* Meineid *m:* to commit ~ e-n Meineid leisten.

**perk¹** [pɜːk; *Am.* pɜrk] **I** *v/i* **1.** sich aufrichten, (lebhaft) den Kopf recken. **2.** den Kopf *od.* die Nase hochtragen, selbstbewußt *od.* forsch *od.* über'heblich *od.* dreist auftreten. **3.** ~ up a) sich erholen, wieder in Form kommen, b) (wieder) munter werden, c) *Austral. sl.* ,kotzen' (*brechen*). **II** *v/t* **4.** den Kopf recken, die Ohren spitzen: to ~ (up) one's ears. **5.** *meist* ~ up schmücken, (auf)putzen: to ~ o.s. sich schönmachen. **6.** ~ up *j-n* ,aufmöbeln', munter machen. **III** *adj* **7.** → perky.

**perk²** [pɜːk] *s meist pl Br. colloq. für* perquisite 1.

**perk³** [pɜːk; *Am.* pɜrk] *colloq.* **I** *v/t* Kaffee filtern. **II** *v/i* 'durchlaufen.

**perk·i·ness** [ˈpɜːkɪnɪs; *Am.* ˈpɜr-] *s* **1.** Lebhaftigkeit *f*. **2.** Keckheit *f*, forsche Art.

**'perk·y** *adj* (*adv* perkily) **1.** munter, lebhaft. **2.** flott, forsch, keck, selbstbewußt, dreist, ,naßforsch'.

**perle** [pɜːl; *Am.* pɜrl] *s pharm.* Gela'tinekapsel *f*, Perle *f*.

**perm¹** [pɜːm; *Am.* pɜrm] *s* elektromagnetische Maßeinheit (= *1* Maxwell/Amperewindung).

**perm²** [pɜːm; *Am.* pɜrm] *colloq.* **I** *s* Dauerwelle *f* (*abbr. für* permanent wave): to give s.o. a ~ j-m e-e Dauerwelle machen. **II** *v/t* Dauerwellen machen in (*acc*): to ~ s.o.'s hair j-m e-e Dauerwelle machen. **III** *v/i:* my hair doesn't ~ very well Dauerwellen halten bei mir nicht sehr gut.

**per·ma·nence** [ˈpɜːmənəns; *Am.* ˈpɜr-] *s* Perma'nenz *f* (*a. phys.*), Beständigkeit *f*, Dauerhaftigkeit *f*. **'per·ma·nen·cy** *s* **1.** → permanence: it has no ~ es ist nicht von Dauer. **2.** (*etwas*) Dauerhaftes *od.* Bleibendes. **3.** Lebens-, Dauerstellung *f*, feste Anstellung. **'per·ma·nent** [-nənt] **I** *adj* (*adv* ~ly) **1.** perma'nent, (fort)dauernd, fortwährend, anhaltend, bleibend, ständig (*Ausschuß, Bauten, Personal, Wohnsitz etc*), dauerhaft, Dauer...: ~ assets *econ.* feste Anlagen, Anlagevermögen *n*; ~ call *teleph.* Dauerbelegung *f*; ~ condition Dauerzustand *m*; P~ Court of Arbitration Ständiger Schiedsgerichtshof (*in Den Haag*); ~ deformation bleibende Verformung; ~ echo (*Radar*) Festzeichen *n*; ~ effect Dauerwirkung *f*; ~ magnet *phys.* Permanentmagnet *m*; ~ memory permanenter Speicher (*im Computer*); ~ position → permanency 3; ~-press bügelfrei, formbeständig; ~ secretary *pol. Br.* ständiger (*fachlicher*) Staatssekretär; ~ situation → permanency 3; ~ solution Dauerlösung *f*; ~ wave Dauerwelle *f*; ~ white *chem.* Permanent-, Barytweiß *n*; ~ way *rail. Br.* Bahnkörper *m*, Oberbau *m*. **2.** *mil.* ortsfest: ~ emplacement. **II** *s* **3.** → permanency 2. **4.** *Am.* Dauerwelle *f*.

**per·man·ga·nate** [pɜːˈmæŋgəneɪt; *Am.* pɜr-; ˌpɜr-] *s chem.* Permanga'nat *n:* ~ of potash, potassium ~ Kaliumpermanganat. **per·man·gan·ic** [ˌpɜːmæŋˈgæ-

nɪk; *Am.* ˌpɜr-] *adj* Übermangan...: ~ acid.

**per·me·a·bil·i·ty** [ˌpɜːmjəˈbɪlətɪ; *Am.* ˌpɜrmɪə-] *s* 'Durchlässigkeit *f*, Durch-'dringbarkeit *f*, *bes. phys.* Permeabili'tät *f:* ~ to gas(es) *phys.* Gasdurchlässigkeit. **'per·me·a·ble** *adj* (*adv* permeably) durch'dringbar, 'durchlässig, *bes. phys.* perme'abel (to für).

**per·me·ance** [ˈpɜːmjəns; *Am.* ˈpɜrmɪ-] *s* **1.** Durch'dringung *f*. **2.** *phys.* ma'gnetischer Leitwert. **'per·me·ant** *adj* 'durchdringend.

**per·me·ate** [ˈpɜːmɪeɪt; *Am.* ˈpɜr-] **I** *v/t* durch'dringen. **II** *v/i* dringen (**into** in *acc*), sich verbreiten (**among** unter *dat*), 'durchsickern (**through** durch). **per·me·a·tion** *s* Eindringen *n*, Durch'dringung *f*.

**Per·mi·an** [ˈpɜːmɪən; *Am.* ˈpɜr-] *geol.* **I** *adj* permisch: ~ **formation** Permformation *f*; ~ **limestone** Zechsteinkalk *m*. **II** *s* Perm *n*, 'Permformati,on *f*, Dyas *f*.

**per·mis·si·ble** [pə(r)ˈmɪsəbl] **I** *adj* (*adv* **permissibly**) zulässig, statthaft, erlaubt: ~ **deviation** (*od.* **variation**) *tech.* Toleranz(bereich *m*) *f*, zulässige Abweichung; ~ **expenses** *econ.* abzugsfähige Unkosten. **II** *s tech. Am.* zulässiger (Wetter)Sprengstoff.

**per·mis·sion** [pə(r)ˈmɪʃn] *s* Erlaubnis *f*, Genehmigung *f*, Zulassung *f*: **with** (*od.* **by**) **the** ~ **of s.o.** mit j-s Erlaubnis; **with your** ~ wenn Sie gestatten; **by special** ~ mit besonderer Erlaubnis; **to ask s.o. for** ~ j-n um Erlaubnis bitten; **to ask s.o.'s** ~ j-n um Erlaubnis bitten; **to land** *aer.* Landeerlaubnis.

**per·mis·sive** [pə(r)ˈmɪsɪv] *adj* (*adv* ~ly) **1.** zulässig, erlaubt. **2.** tole'rant, libe'ral. **3.** (*sexu*ell) freizügig: ~ **society** tabufreie Gesellschaft. **4.** *jur.* fakulta'tiv. **per'mis·sive·ness** *s* **1.** Zulässigkeit *f*. **2.** Tole'ranz *f*. **3.** (*sexu*'elle) Freizügigkeit.

**per·mit¹** [pə(r)ˈmɪt] **I** *v/t* **1.** erlauben, gestatten, zulassen, dulden: **will you** ~ **me to say** gestatten Sie mir zu bemerken; **to** ~ **o.s. s.th.** sich etwas erlauben *od.* gönnen. **II** *v/i* **2.** (es) erlauben, (es) gestatten: **if circumstances** ~ wenn es die Umstände erlauben; **weather** (**time**) ~ting wenn es das Wetter (die Zeit) erlaubt. **3.** ~ **of** etwas zulassen: **the rule** ~s **of no exception. III** *s* [ˈpɜːmɪt; *Am.* ˈpɜr-; pərˈmɪt] **4.** Genehmigung *f*, Li'zenz *f*, Zulassung *f*, Erlaubnis-, Zulassungsschein *m*, -karte *f* (to für). **5.** *econ.* Aus-, Einfuhrerlaubnis *f*. **6.** Aus-, Einreiseerlaubnis *f*. **7.** Pas'sierschein *m:* ~ **of transit** *econ.* Transitschein. **8.** Ausweis *m*.     [pano *m*.]

**per·mit²** [ˈpɜːˌmɪt] *s ichth. Am.* Pom-]

**per·mit·tiv·i·ty** [ˌpɜːmɪˈtɪvətɪ; *Am.* ˌpɜr-] *s electr.* Dielektrizi'tätskon,stante *f*.

**per·mu·ta·tion** [ˌpɜːmjuːˈteɪʃn; *Am.* ˌpɜrmjʊ-] *s* **1.** Vertauschung *f*, Versetzung *f*: ~ **lock** Vexierschloß *n*. **2.** *math.* Permutati'on *f*. **per·mute** [pə(r)ˈmjuːt] *v/t bes. math.* permu'tieren, vertauschen.

**pern** [pɜːn; *Am.* pɜrn] *s orn.* Wespenbussard *m*.

**per·ni·cious** [pə(r)ˈnɪʃəs] *adj* (*adv* ~ly) **1.** verderblich, schädlich (to für). **2.** *med.* bösartig, perniziʹös: ~ **an(a)emia** perniziöse Anämie. **per'ni·cious·ness** *s* **1.** Schädlichkeit *f*. **2.** Bösartigkeit *f*.

**per·nick·et·y** [pə(r)ˈnɪkətɪnɪs] *s colloq.* ,Pingeligkeit' *f*, Kleinlichkeit *f*, Pedante'rie *f*. **per'nick·et·(t)y,** *a.* **per-'nick·it·y** *adj colloq.* **1.** ,pingelig', heikel, kleinlich, wählerisch, pe'dantisch (**about** mit). **2.** ,kitz(e)lig', heikel (*Sache*).

**per·o·rate** [ˈperəreɪt] *v/i* **1.** *iro.* e-e langatmige Rede halten. **2.** e-e Rede abschließen. **per·o'ra·tion** *s* (zs.-fassender) Redeschluß.

**per·ox·ide** [pəˈrɒksaɪd; *Am.* -ˈrɑk-] **I** *s chem.* **1.** 'Super,oxyd *n:* ~ **of sodium** Natriumsuperoxyd. **2.** *weitS.* 'Wasserstoff,super,oxyd *n:* ~ **blonde** *colloq.* ,Wasserstoffblondine' *f*. **II** *v/t* **3.** Haar mit 'Wasserstoff,super,oxyd bleichen. **per'ox·i·dize** [-ˈrɒksɪdaɪz; *Am.* -ˈrɑk-] *v/t u. v/i* peroxy'dieren.

**per·pend¹** [pə(r)ˈpend] *obs. od. humor.* **I** *v/t* erwägen. **II** *v/i* nachdenken.

**per·pend²** [ˈpɜːpənd; *Am.* ˈpɜr-] *s a.* ~ **stone** *arch.* Vollbinder *m*.

**per·pen·dic·u·lar** [ˌpɜːpənˈdɪkjʊlə(r); *Am.* ˌpɜr-] **I** *adj* (*adv* ~ly) **1.** senk-, lotrecht (**to** zu). **2.** rechtwink(e)lig (**to** auf *dat*). **3.** *Bergbau:* seiger. **4.** steil, abschüssig. **5.** aufrecht (*a. fig.*). **6.** *P~ arch.* perpendiku'lar, spätgotisch: P~ **style** Perpendikularstil *m*, englische Spätgotik. **II** *s* **7.** (Einfalls)Lot *n*, Senkrechte *f:* **out of** (**the**) ~ schief, nicht senkrecht; **to raise** (**let fall, drop**) **a** ~ **on a line** ein Lot errichten (fällen). **8.** *tech.* (Senk)Lot *n*, Senkwaage *f*. **9.** aufrechte Stellung *od.* Haltung (*a. fig.*). **10.** *pl mar. tech.* Perpen-'dikel *pl*, Lote *pl:* **length between** ~s Gesamtschiffslänge *f*. **'per·pen,dic·u-'lar·i·ty** [-ˈlærətɪ] *s* Senkrechtstehen *n*, senkrechte Richtung *od.* Haltung.

**per·pe·trate** [ˈpɜːpɪtreɪt; *Am.* ˈpɜr-] *v/t* **1.** *ein Verbrechen etc* begehen, verüben. **2.** *humor.* ,verbrechen': **to** ~ **a book.** **per·pe'tra·tion** *s* Begehung *f*, Verübung *f*. **'per·pe·tra·tor** [-tə(r)] *s* Täter *m*.

**per·pet·u·al** [pə(r)ˈpetʃʊəl; *Am.* pərˈpet-ʃəwəl; -tʃəl] *adj* (*adv* ~ly) **1.** fort-, immerwährend, unaufhörlich, (be)ständig, andauernd, ewig: ~ **calendar** ewiger Kalender; ~ **check** Dauerschach *n*; ~ **inventory** *econ.* permanente *od.* laufende Inventur; ~ **motion** beständige Bewegung; ~ **motion machine** Perpetuum mobile *n*; ~ **offence** (*Am.* **offense**) *jur.* Dauerverbrechen *n*; ~ **snow** ewiger Schnee, Firn *m*. **2.** lebenslänglich, unabsetzbar: ~ **chairman**. **3.** *econ. jur.* unablösbar, unkündbar: ~ **lease**. **4.** *bot.* a) peren'nierend, b) immerblühend.

**per·pet·u·ate** [pə(r)ˈpetʃʊeɪt; *Am.* pərˈpet-ʃəˌweɪt] *v/t* immerwährend erhalten *od.* fortsetzen, fortbestehen lassen, verewigen: **to** ~ **evidence** *jur.* Beweise sichern.

**per·pe·tu·i·ty** [ˌpɜːpɪˈtjuːətɪ; *Am.* ˌpɜr-; *a.* -ˈtuː-] *s* **1.** (*stete*) Fortdauer *f*, unaufhörliches Bestehen, Unaufhörlichkeit *f*, Ewigkeit *f:* **in** (*od.* **to** *od.* **for**) ~ auf ewig. **2.** *jur.* unbegrenzte Dauer. **3.** *jur.* Unveräußerlichkeit(sverfügung) *f*. **4.** *econ.* ewige *od.* lebenslängliche (Jahres)Rente. **5.** *econ. Anzahl der Jahre, in denen die einfachen Zinsen die Höhe des Kapitals erreichen.*

**per·plex** [pə(r)ˈpleks] *v/t* **1.** *j-n* verwirren, verblüffen, bestürzt *od.* verlegen machen. **2.** *etwas* verwirren, kompli'zieren. **per'plexed** *adj* **1.** verwirrt, verblüfft, bestürzt, verdutzt (*Person*). **2.** verworren, verwickelt (*Sache*). **per'plex·i·ty** *s* **1.** Verwirrung *f*, Bestürzung *f*, Verlegenheit *f*. **2.** Verwick(e)lung *f*, Verworrenheit *f*.

**per·qui·site** [ˈpɜːkwɪzɪt; *Am.* ˈpɜr-] *s* **1.** *meist pl bes. Br.* a) Nebeneinkünfte *pl*, -verdienst *m*, b) Vergünstigung *f*. **2.** Vergütung *f*. **3.** Trinkgeld *n*, Sondervergütung *f*. **4.** per'sönliches Vorrecht.

**per·qui·si·tion** [ˌpɜːkwɪˈzɪʃn; *Am.* ˌpɜr-] *s* (*gründliche*) Durch'suchung. **per·quis·i·tor** [pə(r)ˈkwɪzɪtə(r)] *s jur.* erster Erwerber.     [Freitreppe *f*.]

**per·ron** [ˈperən; *Am. a.* peˈrəʊn] *s arch.*]

**per·ry** [ˈperɪ] *s* Birnenmost *m*.

**perse** [pɜːs; *Am.* pɜrs] **I** *adj* graublau. **II** *s* Graublau *n*.

**per se** [ˌpɜːˈseɪ; *Am.* ˌpɜr-] (*Lat.*) *adv* als solch(er, e, es), an sich.

**per·se·cute** [ˈpɜːsɪkjuːt; *Am.* ˈpɜr-] *v/t* **1.** *pol. relig.* verfolgen. **2.** a) plagen, belästigen, b) drangsaˈlieren, schikaˈnieren, peinigen. ˌ**per·se·ˈcu·tion** *s* **1.** (*bes. politische od. religiöse*) Verfolgung: **mania** (*od.* **delusion**) **of ~** *psych.* Verfolgungswahn *m*; **to have a ~ complex** an Verfolgungswahn leiden. **2.** a) Plage *f*, Belästigung *f*, b) Drangsaˈlierung *f*, Schiˈkane(n *pl*) *f*. ˌ**per·se·ˈcu·tion·al** [-ʃənl] *adj* Verfolgungs...: **~ mania** *psych.* Verfolgungswahn *m*. ˈ**per·se·cu·tor** [-tə(r)] *s* **1.** Verfolger(in). **2.** Peiniger(in).

**per·se·i·ty** [pɜːˈseɪɪtɪ; *Am.* ˌpɜr-; *a.* -ˈsiː-] *s philos.* Durch-sich-ˈselbst-Sein *n*, Perseiˈtät *f*.

**Per·seus** [ˈpɜːsjuːs; *Am.* ˈpɜrˌsuːs; -siəs] *npr antiq. u. s astr.* Perseus *m*.

**per·se·ver·ance** [ˌpɜːsɪˈvɪərəns; *Am.* ˌpɜr-] *s* **1.** Beharrlichkeit *f*, Ausdauer *f*. **2.** *a.* **final ~, ~ of the saints** (*Kalvinismus*) Beharren *n* in der Gnade. ˌ**per·se·ˈver·ant** *adj* beharrlich, ausdauernd.

**per·sev·er·ate** [pə(r)ˈsevəreɪt] *v/i* **1.** *psych.* perseveˈrieren, ständig ˈwiederkehren (*Gedanken etc*). **2.** immer ˈwiederkehren (*Melodie, Motiv*). **perˌsev·erˈa·tion** *s psych.* Perseveratiˈon *f*: a) *Tendenz seelischer Erlebnisse u. Inhalte, im Bewußtsein zu verharren*, b) *krankhaftes Verweilen bei ein u. demselben Denkinhalt*.

**per·se·vere** [ˌpɜːsɪˈvɪə(r); *Am.* ˌpɜr-] *v/i* **1.** (**in**) beharren (auf *dat*, bei), ausharren (bei), fortfahren (mit), festhalten (an *dat*): **to ~ in doing s.th.** (unbeirrt) mit etwas fortfahren. **2.** auf s-m Standpunkt beharren. ˌ**per·se·ˈver·ing** *adj* (*adv* **~ly**) beharrlich, standhaft.

**Per·sian** [ˈpɜːʃən; *Am.* ˈpɜrʒən] **I** *adj* **1.** persisch. **II** *s* **2.** Perser(in). **3.** *ling.* Persisch *n*, das Persische. **~ blinds** *s pl* Jalouˈsien *pl*. **~ car·pet** *s* Perser(teppich) *m*. **~ cat** *s zo.* Perserkatze *f*.

**per·si·ennes** [ˌpɜːsɪˈenz; *Am.* ˌpɜrzi-] *s pl* Jalouˈsien *pl*.

**per·si·flage** [ˌpɜːsɪˈflɑːʒ; *Am.* ˈpɜrsɪˌflɑːʒ; ˈper-] *s* Persiˈflage *f*, (*feine*) Verspottung.

**per·sim·mon** [pɜːˈsɪmən; *Am.* pər-] *s bot.* Persiˈmone *f*: a) Dattelpflaumenbaum *m*, b) Dattel-, Kakipflaume *f*.

**per·sist** [pə(r)ˈsɪst] *v/i* **1.** (**in**) verharren (auf *dat*, bei), (fest) bleiben (bei), hartnäckig bestehen (auf *dat*), beharren (auf *dat*, bei): **he ~ed in doing so** er fuhr (unbeirrt) damit fort; **he ~s in saying** er bleibt bei s-r Behauptung, er behauptet ˌsteif u. festˈ. **2.** weiterarbeiten (**with** an *dat*). **3.** fortdauern, fort-, weiterbestehen, anhalten. **per·ˈsist·ence, per·ˈsist·en·cy** *s* **1.** Beharren *n* (**in** auf *dat*, bei), Beharrlichkeit *f*, Fortdauer *f*. **2.** Hartnäckigkeit *f*, Ausdauer *f*, beharrliche Versuche *pl*, hartnäckiges Fortfahren (**in** in *dat*). **3.** *phys.* Beharrung(szustand *m*) *f*, Nachwirkung *f*, Wirkungsdauer *f*: **~ of force** Erhaltung *f* der Kraft; **~ of motion** Beharrungsvermögen *n*; **~ (of vision)** *opt.* Augenträgheit *f*. **4.** *TV* Nachleuchtdauer *f*. **per·ˈsist·ent** *adj* (*adv* **~ly**) **1.** beharrlich, ausdauernd, nachhaltig, hartnäckig: **~ efforts.** **2.** anhaltend (*Nachfrage, Regen etc*): **~ thief** Gewohnheitsdieb(in); **~ unemployment** Dauerarbeitslosigkeit *f*. **3.** *chem.* a) schwerflüchtig: **~ gas**, b) *mil.* seßhaft: **~ (chemical warfare) agent** seßhafter Kampfstoff. **4.** *bot. zo.* ausdauernd.

**per·son** [ˈpɜːsn; *Am.* ˈpɜrsn] *s* **1.** Perˈson *f* (*a. contp.*), (Einzel)Wesen *n*, Indiˈviduum *n*: **in ~** in (eigener) Person, persönlich; **juristic** (**natural**) **~** *jur.* juristische (na-

türliche) Person; **no ~** niemand; **third ~** a) *jur.* (*ein*) Dritter, b) *ling.* dritte Person, c) *relig.* dritte göttliche Person, (*der*) Heilige Geist. **2.** (*das*) Äußere, Körper *m*, Leib *m*: **to carry s.th.** on (*od.* about) one's **~** etwas bei sich tragen; **search of the ~** Leibesvisitation *f*. **3.** → **persona** 1.

**per·so·na** [pɜːˈsəʊnə; *Am.* pər-] *gen od. pl* **-nae** [-niː] (*Lat.*) *s* **1.** a) *thea.* Perˈson *f*, Chaˈrakter *m*, Rolle *f*, b) Fiˈgur *f*, Gestalt *f* (*in der Literatur*): → **dramatis personae**. **2.** Perˈsönlichkeit *f*: **~ (non) grata** *bes. pol.* Persona (non) grata, (nicht) genehme Person.

**per·son·a·ble** [ˈpɜːsnəbl; *Am.* ˈpɜrs-] *adj* a) symˈpathisch (*bes. Mann*), b) von symˈpathischem *od.* angenehmem Äußeren.

**per·son·age** [ˈpɜːsnɪdʒ; *Am.* ˈpɜrs-] *s* **1.** (hohe *od.* bedeutende) Perˈsönlichkeit. **2.** → **persona** 1. **3.** *bes. contp.* Perˈson *f*.

**per·son·al** [ˈpɜːsnl; *Am.* ˈpɜrsnəl] **I** *adj* (*adv* **~ly**) **1.** perˈsönlich, Personen..., Personal...: **~ account** *econ.* Privatkonto *n*; **~ call** *teleph.* Voranmeldung(sgespräch *n*) *f* (→ 2); **~ column** Persönliches *n* (*in der Zeitung*); **~ credit** Personalkredit *m*; **~ damage** (*od.* **injury**) Körperbeschädigung *f*; Personenschaden *m*; **~ data** Personalien; **~ equation** persönliche Gleichung; **~ file** Personalakte *f*; **~ income** Privateinkommen *n*; **~ liberty** persönliche Freiheit; **~ record** Personalakte *f*; **~ status** Personen-, Familienstand *m*; **~ tax** Personal-, Personensteuer *f*; **~ union** *econ. pol.* Personalunion *f*. **2.** perˈsönlich, priˈvat, vertraulich: **~ letter; ~ call** *teleph.* Privatgespräch *n* (→ 1); **~ life** Privatleben *n*; **~ matter** Privatsache *f*; **~ opinion** persönl. od. persönliche Meinung. **3.** äußer(er, e, es), körperlich: **~ charms** *pl* (persönliche) Ausstrahlung; **~ hygiene** Körperpflege *f*. **4.** perˈsönlich, anzüglich: **~ remarks; to become ~** anzüglich *od.* persönlich werden. **5.** *philos. relig.* perˈsönlich: **a ~ God**. **6.** *jur.* perˈsönlich, beweglich: **~ estate** (*od.* **property**) → **personalty**. **7.** *ling.* perˈsönlich: **~ pronoun** → 9. **II** *s pl* **8.** *Am.* Perˈsönliches *n* (*in der Zeitung*). **9.** *ling.* perˈsönliches Fürwort, Persoˈnalproˌnomen *n*.

**per·son·a·li·a** [ˌpɜːsəˈneɪljə; *Am.* ˌpɜr-] *s pl* **1.** Perˈsönliches *n* (*biographische Notizen, Anekdoten*). **2.** Priˈvatsachen *pl*.

**per·son·al·ism** [ˈpɜːsnəlɪzəm; *Am.* ˈpɜrs-] *s philos. psych.* Personaˈlismus *m*.

**per·son·al·i·ty** [ˌpɜːsəˈnælətɪ; *Am.* ˌpɜr-] *s* **1.** Perˈsönlichkeit *f*, Perˈson *f*: **~ cult** *pol.* Personenkult *m*. **2.** → **personage** 1. **3.** Perˈsönlichkeit *f* (*a. psych.*), Chaˈrakter *m*, Mentaliˈtät *f*: **~ development** *psych.* Persönlichkeitsentwicklung *f*; **~ disorder** *psych.* Persönlichkeitsstörung *f*; **~ inventory** *psych.* Persönlichkeitsfragebogen *m*; **~ structure** *psych.* Persönlichkeitsstruktur *f*; **~ test** *psych.* Persönlichkeitstest *m*; **~ type** *psych.* Persönlichkeitstyp *m*. **4.** (ausgeprägte) Individualiˈtät, perˈsönliche Ausstrahlung, Perˈsönlichkeit *f*. **5.** *pl* Perˈsönliches *n*, Anzüglichkeiten *pl*, anzügliche *od.* persönliche Bemerkungen *pl*. **6.** *jur.* Perˈsönlichkeit *f*.

**per·son·al·ize** [ˈpɜːsnəlaɪz; *Am.* ˈpɜrs-] *v/t* **1.** personifiˈzieren. **2.** verkörpern. **3.** *e-r Sache* e-e perˈsönliche Note verleihen.

**per·son·al·ty** [ˈpɜːsnltɪ; *Am.* ˈpɜrsnəl-] *s jur.* bewegliches Vermögen.

**per·son·ate** [ˈpɜːsəneɪt; *Am.* ˈpɜr-] **I** *v/t* **1.** vor-, darstellen. **2.** personifiˈzieren, verkörpern, nachmachen, nachahmen. **3.** *jur.* sich (fälschlich) ausgeben für *od.* als. **II** *v/i* **4.** *thea.* e-e Rolle spielen. ˌ**per·son·ˈa·tion** *s* **1.** Vor-, Darstellung *f*. **2.** Personifikatiˈon *f*, Verkörperung *f*. **3.** Nachahmung *f*. **4.** *jur.* fälschliches Sichˈausgeben (*für e-n anderen*).

**per·son·hood** [ˈpɜːsnhʊd; *Am.* ˈpɜr-] *s* Perˈsönlichkeit *f* (*a. psych.*).

**per·son·i·fi·ca·tion** [pɜːˌsɒnɪfɪˈkeɪʃn; *Am.* pərˌsɑn-] *s* **1.** Personifikatiˈon *f*, Verkörperung *f*. **2.** Vermenschlichung *f* (*der Natur etc in der Sprache*). **perˈson·i·fy** [-faɪ] *v/t* **1.** personifiˈzieren, verkörpern, versinnbildlichen: **to be avarice personified** der Geiz in Person sein. **2.** vermenschlichen.

**per·son·nel** [ˌpɜːsəˈnel; *Am.* ˌpɜr-] **I** *s* **1.** a) Persoˈnal *n*, Belegschaft *f* (*e-s Betriebs etc*), b) *mil.* Mannschaften *pl*, *bes. mar.* Besatzung *f* (*e-s Schiffs etc*): **~ bomb** *mil.* Bombe *f* für lebende Ziele; **~ carrier** Mannschafts(transport)wagen *m*. **2.** *econ.* Persoˈnalabˌteilung *f*. **II** *adj* **3.** Personal...: **~ department** → 2; **~ files** Personalakten; **~-intensive** personalintensiv; **~ manager** Personalchef *m*.

ˌ**per·son-to-ˈper·son call** *s teleph.* Voranmeldung(sgespräch *n*) *f*.

**per·spec·tive** [pə(r)ˈspektɪv] **I** *s* **1.** *math. paint. etc* Perspekˈtive *f*: **in (true) ~** in richtiger Perspektive, perspektivisch (richtig) (→ 3). **2.** perspekˈtivische Zeichnung. **3.** Perspekˈtive *f*: a) Aussicht *f*, Ausblick *m* (*beide a. fig.*), ˈDurchblick *m*, b) *fig.* Blick *m* für die Dinge im richtigen Verhältnis: **he has no ~** er sieht die Dinge nicht im richtigen Verhältnis (zueinander); **in ~** a) in Aussicht, *weitS.* im richtigen Verhältnis; **to put s.th. into ~** etwas in die richtige Perspektive rücken. **II** *adj* **4.** perspekˈtivisch: **~ drawing; ~ formula** *chem.* Spiegelbild-Isomerie *f*.

**Per·spec·tiv·ism** [pə(r)ˈspektɪvɪzəm] *s philos.* Perspektiˈvismus *m*.

**per·spec·to·graph** [pə(r)ˈspektəgrɑːf; *bes. Am.* -græf] *s tech.* Perspektoˈgraph *m* (*Zeicheninstrument*).

**per·spex** [ˈpɜːspeks] (*TM*) *s chem. Br.* Sicherheits-, Plexiglas *n*.

**per·spi·ca·cious** [ˌpɜːspɪˈkeɪʃəs; *Am.* ˌpɜr-] *adj* (*adv* **~ly**) **1.** scharfsinnig. **2.** ˈdurchdringend: **~ intellect.** ˌ**per·spi·ˈcac·i·ty** [-ˈkæsətɪ] *s* Scharfblick *m*, -sinn *m*.

**per·spi·cu·i·ty** [ˌpɜːspɪˈkjuːətɪ; *Am.* ˌpɜr-] *s* Deutlichkeit *f*, Klarheit *f*, Verständlichkeit *f*. **per·spic·u·ous** [pə(r)ˈspɪkjʊəs; *Am.* -jəwəs] *adj* (*adv* **~ly**) deutlich, klar, (leicht)verständlich.

**per·spi·ra·tion** [ˌpɜːspəˈreɪʃn; *Am.* ˌpɜr-] *s* **1.** Ausdünsten *n*, Ausdünstung *f*, Schwitzen *n*, Transpiˈrieren *n*. **2.** Schweiß *m*. **per·spir·a·to·ry** [pə(r)ˈspaɪərətərɪ; *Am.* -ˌtɔːri; -ˌtoː-] *adj* Transpirations..., Schweiß...: **~ gland** *anat.* Schweißdrüse *f*. **per·spire** [pə(r)ˈspaɪə(r)] **I** *v/i* schwitzen, transpiˈrieren. **II** *v/t* ausschwitzen.

**per·suad·a·ble** [pə(r)ˈsweɪdəbl] *adj* zu überˈreden(d).

**per·suade** [pə(r)ˈsweɪd] *v/t* **1.** *j-n* überˈreden, bereden, bewegen (**to do, into doing** zu tun): **to ~ s.o. out of s.th.** j-m etwas ausreden. **2.** *j-n* überˈzeugen (**of** von; **that** daß): **he ~d himself** a) er hat sich überzeugt, b) er hat sich eingeredet *od.* eingebildet. **per·ˈsuad·er** *s* **1.** Überˈreder *m*: **~ hidden** 1. 2. *colloq.* ˌÜberˈredungsmittelˈ *n* (*a. Knüppel, Pistole etc*). **per·sua·si·ble** [-səbl] → **persuadable**.

**per·sua·sion** [pə(r)ˈsweɪʒn] *s* **1.** Überˈredung *f*. **2.** *a.* **power of ~** Überˈredungsgabe *f*, -kunst *f*, Überˈzeugungskraft *f*. **3.** Überˈzeugung *f*, (fester) Glaube, (feste) Meinung: **he is of the ~** er ist der Überzeugung *od.* Meinung. **4.** *relig.* Glaube *m*, Glaubensrichtung *f*: **politicians of all ~s** Politiker aller Richtungen. **5.** *colloq. humor.* a) Art *f*, Sorte *f*, b) Geschlecht *n*: **female ~. per·ˈsua·sive** [-sɪv] **I** *adj* (*adv* **~ly**) **1.** a) überˈredend, b) überˈzeugend: **~ power** →

**persuasion** 2. **II** s 2. jur. über'zeugender Beweisgrund. **3.** Über'redungsmittel n.
**per·sua·sive·ness** s 1. über'zeugende Art. **2.** → persuasion 2.
**per·sul·fate**, bes. Br. **per·sul·phate** [pɜːˈsʌlfeɪt; Am. ˌpɜr-] s chem. 'Per-, 'Übersul‚phat n.
**pert** [pɜːt; Am. pɜrt] adj (adv ~ly) keck (a. fig. Hut etc), naseweis, vorlaut, frech.
**per·tain** [pɜːˈteɪn; Am. pɜr-] v/i 1. gehören (to dat od. zu). 2. (to) betreffen (acc), sich beziehen (auf acc): ~ing to betreffend (acc).
**per·ti·na·cious** [ˌpɜːtɪˈneɪʃəs; Am. ˌpɜr-] adj (adv ~ly) 1. hartnäckig, zäh. 2. beharrlich, standhaft. ‚per·ti'nac·i·ty [-ˈnæsətɪ] s 1. Hartnäckigkeit f, Zähigkeit f. 2. Beharrlichkeit f, Standhaftigkeit f. 'per·ti·nent adj (adv ~ly) 1. angemessen, passend, richtig. 2. zur Sache gehörig, einschlägig, rele-'vant, sach-, zweckdienlich: to be ~ to Bezug haben od. sich beziehen auf (acc).
**pert·ness** ['pɜːtnɪs; Am. 'pɜrt-] s Keckheit f, schnippisches Wesen, vorlaute Art.
**per·turb** [pəˈtɜːb; Am. pərˈtɜrb] v/t beunruhigen, stören (a. astr.), verwirren, ängstigen. **per·tur·ba·tion** [ˌpɜːtəˈr- ˈbeɪʃn; Am. ˌpɜr-] s 1. Beunruhigung f, Störung f, Unruhe f, Bestürzung f, Verwirrung f. 2. astr. Perturbati'on f.
**per·tus·sal** [pə(r)ˈtʌsl] adj med. keuchhustenähnlich. **per'tus·sis** [-sɪs] s Keuchhusten m.
**pe·ruke** [pəˈruːk] s hist. Pe'rücke f.
**pe·rus·al** [pəˈruːzl] s sorgfältiges 'Durchlesen, 'Durchsicht f, Prüfung f: for ~ zur Einsicht. **pe'ruse** v/t 1. (sorgfältig) 'durchlesen. 2. allg. ('durch)lesen, weitS. 'durchgehen, prüfen.
**Pe·ru·vi·an** [pəˈruːvjən; -ɪən] **I** adj peru'anisch. **II** s Peru'aner(in). ~ **bark** s pharm. Chinarinde f.
**per·vade** [pə(r)ˈveɪd] v/t a. fig. 'durch-'dringen, -'ziehen, erfüllen. **per'va·sion** [-ʒn] s 'Durch'dringung f (a. fig.). **per-'va·sive** [-sɪv] adj (adv ~ly) 1. 'durchdringend. 2. fig. 'überall vor'handen, vor-, beherrschend.
**per·verse** [pəˈvɜːs; Am. pərˈvɜrs; ˈpɜrˌv-] adj (adv ~ly) 1. verkehrt, falsch, Fehl... 2. verderbt, schlecht, böse. 3. verdreht, wunderlich. 4. launisch, zänkisch. 5. verstockt, ‚bockbeinig'. 6. psych. per'vers, 'widerna‚türlich. **per'verse·ness** → perversity. **per'ver·sion** [-ʃn; Am. a. -ʒn] s 1. Verdrehung f, 'Umkehrung f, Entstellung f: ~ of justice jur. Rechtsbeugung f; ~ of history Geschichtsklitterung f. 2. bes. relig. Verirrung f, Abkehr f (vom Guten etc). 3. psych. Perversi'on f. 4. math. 'Umkehrung f (e-r Figur). **per-'ver·si·ty** s 1. Verkehrtheit f. 2. Verdrehtheit f, Wunderlichkeit f. 3. Eigensinn m, Halsstarrigkeit f. 4. Verderbtheit f. 5. psych. 'Widerna‚türlichkeit f, Perver-si'tät f. **per'ver·sive** adj verderblich (of für).
**per·vert I** v/t [pəˈvɜːt; Am. pərˈvɜrt] 1. verdrehen, verkehren, entstellen, fälschen, perver'tieren (a. psych.): to ~ the course of justice jur. das Recht beugen. 2. j-n verderben, verführen. **II** s ['pɜː-vɜːt; Am. ˈpɜrˌv-] 3. bes. relig. Abtrünnige(r m) f. 4. a. sex(ual) ~ psych. per-'verser Mensch. **per'vert·ed** → per-verse 1–3, 6. **per'vert·er** s 1. Verdreher(in). 2. Verführer(in).
**per·vi·ous** ['pɜːvjəs; Am. ˈpɜrvɪəs] adj (adv ~ly) 1. 'durchlässig (a. phys. tech.),

durch'dringbar (to für): ~ to light lichtdurchlässig. 2. fig. (to) zugänglich (für), offen (dat). 3. tech. undicht. 'per·vi-ous·ness s 'Durchlässigkeit f.
**pe·se·ta** [pəˈseɪtə] s Pe'seta f (spanische Münze u. Währungseinheit).
**pes·ky** ['peskɪ] Am. colloq. **I** adj (adv peskily) ‚verteufelt', ‚verdammt', (Problem etc a.) vertrackt. **II** adv ‚verdammt', sehr.
**pe·so** ['peɪsəʊ; Am. a. 'pe-] pl **-sos** s Peso m (Silbermünze u. Währungseinheit süd- u. mittelamer. Staaten u. der Philippinen).
**pes·sa·ry** ['pesərɪ] s med. Pes'sar n: a) (Gebär)Mutterring m, b) Muttermundverschluß zur Empfängnisverhütung.
**pes·si·mism** ['pesɪmɪzəm] s Pessi'mismus m, Schwarzsehe'rei f. 'pes·si·mist **I** s Pessi'mist(in), Schwarzseher(in). **II** adj, a. ‚pes·si'mis·tic adj (adv ~ally) pessi'mistisch: to be pessimistic about s.th. für etwas schwarzsehen.
**pest** [pest] s 1. Pest f, a. fig. Seuche f, Plage f: ~ hole Seuchenherd m; the ~ of corruption fig. die Seuche der Korruption. 2. fig. a) ‚Ekel' n, ‚Nervensäge' f, lästiger Mensch, b) lästige Sache, Plage f. 3. a. insect ~ biol. Schädling m: ~ control Schädlingsbekämpfung f.
**pes·ter** ['pestə(r)] v/t j-n belästigen, quälen, plagen, nerven, j-m auf die Nerven gehen: to ~ s.o. for s.th. j-m wegen etwas keine Ruhe lassen; to ~ s.o. to do s.th. j-n drängeln, etwas zu tun; to ~ s.o. into doing s.th. j-n so lange quälen, bis er etwas tut; to ~ the life out of s.o. colloq. a) j-n hart zusetzen, b) j-n (mit Bitten, Fragen etc) bis aufs Blut peinigen.
**pes·ti·cid·al** [ˌpestɪˈsaɪdl] adj schädlingsbekämpfend. 'pes·ti·cide s chem. Pesti'zid n, Schädlingsbekämpfungsmittel n.
**pes·tif·er·ous** [peˈstɪfərəs] → pestilent. **pes·ti·lence** ['pestɪləns] s Seuche f, Pesti'lenz f (a. fig.). 'pes·ti·lent adj (adv ~ly) 1. pestbringend, verpestend, ansteckend. 2. verderblich, schädlich. 3. oft humor. pestartig, pestilenzi'alisch, ‚ekelhaft', ab'scheulich. ‚pes·ti'len-tial [-'lenʃl] adj (adv ~ly) → pestilent.
**pes·tle** ['pesl; -tl] s 1. Mörserkeule f, Stößel m. 2. chem. Pi'still n. **II** v/t 3. zerstoßen, -stampfen.
**pes·tol·o·gist** [peˈstɒlədʒɪst; Am. -'sta-] s Sachverständige(r) m für Schädlingsbekämpfung.
**pet**[1] [pet] **I** s 1. Heimtier n. 2. gehätscheltes Tier od. Kind, Liebling m, ‚Schatz' m, ‚Schätzchen' n: the teacher's ~ der Liebling des Lehrers. **II** adj 3. Lieblings...: ~ dog Schoßhund m; ~ form Koseform f; ~ mistake (theory) Lieblingsfehler m (-theorie f); ~ name Kosename m; → abomination 3, aversion 3, hate 4. Tier...: ~ food; ~ shop Tierhandlung f, Zoogeschäft n. **III** v/t 5. (ver)hätscheln. 6. streicheln, liebkosen. **IV** v/i 7. colloq. Petting machen.
**pet**[2] [pet] s Verdruß m, schlechte Laune: in a ~ verärgert, schlecht gelaunt.
**pet·al** ['petl] s bot. Blumenblatt n.
**pe·tard** [pe'ɑːd(r)d; pɪ-] s 1. mil. hist. Pe'tarde f, Sprengbüchse f: → hoist[2] II. 2. Schwärmer m (Feuerwerkskörper).
**Pe·ter**[1] ['piːtə(r)] npr Peter m, Petrus m: (the Epistles of) ~ Bibl. die Petrusbriefe pl; ~'s pence R.C. Peterspfennig m; to rob ~ to pay Paul ein Loch stopfen u. ein anderes aufreißen.
**pe·ter**[2] ['piːtə(r)] v/i ~ out versickern (Bach etc), all'mählich zu Ende gehen (Vorräte etc), versanden (Unterhaltung etc), sich verlieren (Erinnerung etc), sich totlaufen (Verhandlungen etc), sport verflachen (Spiel etc).

**pe·ter**[3] ['piːtə(r)] s sl. 1. a) Geldschrank m, b) Ladenkasse f, c) 'Geldkas‚sette f. 2. Gefängniszelle f. 3. jur. Zeugenstand m.
**pe·ter**[4] ['piːtə(r)] s sl. ‚Zipfel' m (Penis).
**'pe·ter·man** [-mən] s irr sl. ‚Schränker' m, Geldschrankknacker m.
**pet·i·o·lar** ['petɪəʊlə(r)] adj bot. Blattstiel... 'pet·i·o·late [-leɪt], a. 'pet·i·o-lat·ed adj bot. med. gestielt. 'pet·i·ole [-əʊl] s bot. Blattstiel m.
**pet·it** ['petɪ] → petty 1.
**pe·tite** [pəˈtiːt] adj zierlich (Frau).
**pet·it four** [ˌpetɪˈfɔː(r); Am. a. -ˈfəʊər; pətɪˈfʊr] pl **pet·its fours** [ˌpetɪˈfɔː(r)z; Am. a. -ˈfəʊərz; pətɪˈfʊr] (Fr.) s Petits fours pl (feines Kleinbackwerk).
**pe·ti·tion** [pɪˈtɪʃn] **I** s 1. Bitte f, Bittschrift f, Petiti'on f, Eingabe f (a. Patentrecht), Gesuch n, jur. (schriftlicher) Antrag: P~ of Right Br. hist. Bittschrift um Herstellung des Rechts (1628); to file a ~ for divorce e-e Scheidungsklage einreichen; ~ for clemency (od. mercy, pardon) jur. Gnadengesuch; ~ in lunacy jur. Antrag auf Entmündigung; → bankruptcy 1. **II** v/t 2. j-n bitten, ersuchen, schriftlich einkommen bei. 3. bitten um, nachsuchen um. **III** v/i 4. (for) bitten, nach-, ansuchen, einkommen, e-e Bittschrift od. ein Gesuch einreichen (um), (e-n) Antrag stellen (auf acc): to ~ for divorce die Scheidungsklage einreichen. **pe'ti·tion·er** s Antragsteller(in): a) Bitt-, Gesuchsteller(in), Pe'tent(in), b) jur. (Scheidungs)Kläger (-in).
**Pe·trar·chan son·net** ['petraːkən; bes. Am. pɪˈtraː(r)-; peˈt-] s Pe'trarkisches So'nett.
**pet·rel** ['petrəl; Am. a. 'piː-] s orn. Sturmvogel m.
**pet·ri·fac·tion** [ˌpetrɪˈfækʃn] s 1. Versteinerung f (Vorgang) (a. fig.). 2. Versteinerung f (Ergebnis), Petre'fakt n.
**pet·ri·fy** ['petrɪfaɪ] **I** v/t 1. versteinern. 2. fig. versteinern: a) verhärten, b) erstarren lassen (with vor Schreck etc): petrified with horror vor Schreck wie versteinert, starr od. wie gelähmt vor Schreck. **II** v/i 3. a. fig. sich versteinern, zu Stein werden.　　　[Petrus...]
**Pe·trine** ['piːtraɪn] adj relig. pe'trinisch.
**pet·ro·chem·i·cal** [ˌpetrəʊˈkemɪkl] **I** adj petro'chemisch. **II** s petro'chemisches Pro'dukt. ‚pet·ro'chem·is·try s Petroche'mie f.
**pet·ro·dol·lar** ['petrəʊ‚dɒlə; Am. ‚da-lər] s econ. Petrodollar m.
**pet·ro·glyph** ['petrəglɪf] s Petro'glyphe f, Felszeichnung f.
**pe·trog·ra·pher** [pɪˈtrɒgrəfə(r); Am. -'traː-] s Petro'graph m, Gesteinskundler m. **pe'trog·ra·phy** [-fɪ] s Petrogra'phie f, beschreibende Gesteinskunde.
**pet·rol** ['petrəl] Br. **I** s mot. Ben'zin n, Kraft-, Treibstoff m: ~ bomb Molotowcocktail m; ~ cap Tankdeckel m; ~ coupon Benzingutschein m; ~ engine Benzin-, Vergasermotor m; ~ ga(u)ge Kraftstoffanzeige f, Benzinuhr f; ~ level Benzinstand m; ~ pipe Kraftstoff-, Benzinleitung f; ~ pump Kraftstoff-, Benzinpumpe f, weitS. Tank-, Zapfsäule f; ~ station Tankstelle f. **II** v/t auftanken.
**pet·ro·la·tum** [ˌpetrəˈleɪtəm] s 1. chem. Vase'lin n, Vase'line f, Petro'latum n. 2. pharm. Paraf'finöl n.
**pe·tro·le·um** [pɪˈtrəʊljəm; -ɪəm] s chem. Pe'troleum n, Erd-, Mine'ralöl n: ~ burner Petroleumbrenner m. ~ **ether** s chem. Pe'troläther m. ~ **jel·ly** → petrolatum 1. ~ **re·fin·er·y** s chem. 'Erdölraffine‚rie f.
**pet·rol·ic** [pɪˈtrɒlɪk; Am. -'traː-] s chem.

Petrol..., pe'trolsauer: ~ **acid** Petrol-
säure f.
**pe·trol·o·gy** [pɪ'trɒlədʒɪ; Am. -ˈtrɑ-] s
min. Petrolo'gie f, Gesteinskunde f.
**pet·rous** ['petrəs; 'piː-] adj **1.** steinhart,
felsig. **2.** anat. pe'trös, Felsenbein...
**pet·ti·coat** ['petɪkəʊt] **I** s **1.** a) Petticoat
m (versteifter Taillenunterrock), b) 'Un-
terrock m: she is a Cromwell in ~s sie
ist ein weiblicher Cromwell. **2.** fig. meist
humor. Frauenzimmer n, ,Weibsbild' n.
**3.** Kinderröckchen n. **4.** Bogenschießen:
Raum außerhalb der als Treffer geltenden
Ringe auf der Zielscheibe. **5.** electr. a) a. ~
**insulator** 'Glockeniso,lator m, b) Iso-
'lierglocke f. **II** adj **6.** Weiber...: ~ **gov-
ernment** Weiberregiment n. **7.** tech.
Glocken...
**pet·ti·fog** ['petɪfɒg; Am. a. -ˌfɑg] **I** v/i
**1.** den 'Winkeladvo,katen spielen. **2.** Knif-
fe od. Schi'kanen anwenden. **II** v/t
**3.** etwas durch Sophisterei, Ausflüchte etc
verschleppen, ausweichen (dat). '**pet·ti-
fog·ger** s **1.** 'Winkeladvo,kat m, Rechts-
verdreher m, Rabu'list m. **2.** Haarspalter
m. '**pet·ti·fog·ger·y** [-ərɪ] s Rabu'listik
f, Anwendung f von Schlichen od. Schi-
'kanen. '**pet·ti·fog·ging I** adj **1.** rechts-
verdrehend, rabu'listisch, schika'nös.
**2.** lumpig, gemein. **II** s **3.** Rabu'listik f,
Rechtskniffe pl, Haarspalte'rei f.
**pet·ti·ness** ['petɪnɪs] s **1.** Geringfügig-
keit f. **2.** Kleinlichkeit f.
**pet·ting** ['petɪŋ] s colloq. Petting n.
**pet·tish** ['petɪʃ] adj (adv ~ly) empfind-
lich, reizbar, mürrisch. '**pet·tish·ness**
s Verdrießlichkeit f, Gereiztheit f.
**pet·ti·toes** ['petɪtəʊz] s pl gastr.
Schweinsfüße pl.
**pet·to** ['petəʊ] s: in ~ in petto, im gehei-
men; **to have s.th. in** ~ etwas in petto od.
,auf Lager' haben.
**pet·ty** ['petɪ] adj (adv pettily) **1.** unbedeu-
tend, geringfügig, klein, Klein..., Baga-
tell...: ~ **cash** econ. a) geringfügige Be-
träge, b) kleine Kasse, Hand-, Porto-
kasse f; ~ **prince** Duodezfürst m; ~
**offence** (bes. Am. **offense**) (leichtes)
Vergehen, Bagatelldelikt n; ~ **wares**,
**goods** econ. Kurzwaren. **2.** engstirnig,
kleinlich. ~ **av·er·age** s jur. mar. kleine
Hava'rie. ~ **bour·geois** s Kleinbürger
m. ,~'**bour·geois** adj kleinbürgerlich.
~ **bour·geoi·sie** s Kleinbürgertum n. ~
**ju·ry** s jur. Urteilsjury f. ~ **lar·ce·ny** s
jur. Am. leichter Diebstahl. ~ **of·fi·cer** s
mar. mil. Maat m (Unteroffizier). ~ **ses-
sions** s pl jur. Br. → magistrates' court
(magistrate 1).
**pet·u·lance** ['petjʊləns; Am. -tʃə-] s Ver-
drießlichkeit f, Gereiztheit f. '**pet·u-
lant** adj (adv ~ly) verdrießlich, gereizt,
ungeduldig.
**pe·tu·ni·a** [pɪ'tjuːnjə; Am. a. -ˈtuːnjə] s
**1.** bot. Pe'tunie f. **2.** Vio'lett n (Farbe).
**pe·tun·(t)se, a. pe·tun·tze** [pɪ'tʌntsɪ;
-ˈtʊn-] s Pe'tuntse f (feiner Ton).
**pew** [pjuː] s **1.** (Kirchen)Bank f, Bank-
reihe f, Kirchenstuhl m: **family** ~ Fa-
milienstuhl m. **2.** Br. colloq. Sitz m, Platz
m: **to take a** ~ sich ,platzen'. '**pew·age** s
**1.** Kirchengestühl n. **2.** Gebühr(en pl) f
für e-n Kirchenstuhl.
**pe·wit** ['piːwɪt; Am. a. 'pjuːət] s orn.
**1.** Kiebitz m. **2.** Lachmöwe f.
**pew·ter** ['pjuːtə(r)] s **1.** Hartzinn n,
brit. Schüsselzinn n. **2.** collect. Zinnge-
schirr n. **3.** Zinnkrug m, -gefäß n. **4.** bes.
sport Br. sl. Po'kal m. **II** adj **5.** (Hart-)
Zinn..., zinnern. '**pew·ter·er** s Zinn-
gießer m.
**pe·yo·te** [peɪ'əʊtɪ], **pe·yo·tl** [-tl] s **1.** →
mescal 1, 2. **2.** → mescaline.
**phae·ton** ['feɪtn], Am. a. **pha·e·ton**
['feɪətn] s Phaeton m: a) leichter

vierrädriger Zweispänner, b) mot. obs.
Tourenwagen m.
**phag·o·cyte** ['fægəʊsaɪt] s biol. med.
Phago'zyt m, Freßzelle f.
**phal·ange** ['fælændʒ; Am. 'feɪˌl-; fə-
ˈlændʒ] s **1.** → phalanx 3. **2.** bot. Staub-
fädenbündel n. **3.** zo. Tarsenglied n.
**pha·lan·ges** [fæ'lændʒiːz] pl von pha-
lanx.
**pha·lanx** ['fælæŋks; Am. 'feɪ-] pl **-lanx-
es** od. **-lan·ges** [fæ'lændʒiːz] s **1.** antiq.
mil. Phalanx f, geschlossene Schlacht-
reihe. **2.** fig. Phalanx f, geschlossene
Front: **in** ~ geschlossen, einmütig.
**3.** anat. Phalanx f, Finger-, Zehenglied n.
**4.** → phalange 2. '**pha·lanxed** adj e-e
Phalanx bildend, geschlossen.
**phal·a·rope** ['fælərəʊp] s orn. Wasser-
treter m: **red** ~ Thorshühnchen n.
**phal·li** ['fælaɪ] pl von phallus.
**phal·lic** ['fælɪk] adj phallisch: ~ **cult**
Phalluskult m; ~ **stage** psych. phallische
Phase; ~ **symbol** Phallussymbol n.
'**phal·li·cism** [-sɪzəm], '**phal·lism** s
Phalluskult m.
**phal·lo·crat** ['fæləʊkræt] s männlicher
Chauvi'nist.
**phal·lus** ['fæləs] pl **-li** [-laɪ] s Phallus m.
**phan·er·o·gam** ['fænərəʊgæm] s bot.
Phanero'game f, Blütenpflanze f, Samen-
pflanze f.
**phan·o·tron** ['fænəʊtrɒn; Am. -nəˌtrɑn]
s electr. Phano'tron n, ungesteuerte
Gleichrichterröhre.
**phan·tasm** ['fæntæzəm] s **1.** Phan'tom n,
Trugbild n, Wahngebilde n, Hirngespinst
n. **2.** (Geister)Erscheinung f.
**phan·tas·ma·go·ri·a** [ˌfæntæzmə'gɒ-
rɪə; Am. fænˌtæzmə'gəʊrɪə, -ˈgɔː-] s
**1.** Phantasmago'rie f, Gaukelbild n,
Truggebilde n, Blendwerk n. **2.** fig. bun-
ter Wechsel. **phan·tas·ma·go·ri·al**
[ˌfæntæzmə'gɒrɪəl; Am. fænˌtæzmə'gəʊri-
əl; -ˈgɔː-], **phan·tas·ma·gor·ic** [ˌfæn-
tæzmə'gɒrɪk; Am. fænˌtæzmə'gəʊrɪk;
-ˈgɔː-; -ˈgɑ-] adj phantasma'gorisch,
traumhaft, gespensterhaft, trügerisch.
**phan·tas·mal** [fæn'tæzml] adj (adv ~ly)
**1.** Phantasie..., halluzina'torisch, einge-
bildet. **2.** gespenster-, geisterhaft. **3.** illu-
'sorisch, unwirklich, trügerisch.
**phan·ta·sy** → fantasy.
**phan·tom** ['fæntəm] **I** s **1.** Phan'tom n:
a) Erscheinung f, Gespenst n, Geist m,
b) Wahngebilde n, Trugbild n, Hirn-
gespinst n, c) fig. Alptraum m, Schreck-
gespenst n: ~ **of war. 2.** fig. Schatten m,
Schein m: ~ **of authority** Scheinautorität
f; ~ **of a king** Schattenkönig m. **3.** med.
Phan'tom n, ana'tomisches Mo'dell.
**II** adj **4.** Geister..., Gespenster..., ge-
spenstisch. **5.** scheinbar, illu'sorisch, ein-
gebildet: ~ **pregnancy** Scheinschwan-
gerschaft f. **6.** fik'tiv, falsch. **III** v/t
**7.** electr. zum Phan'tom- od. Viererkreis
schalten. ~ **cir·cuit** s electr. Phan'tom-,
Viererkreis m, Duplexleitung f. ~ **(limb)
pain** s med. psych. Phan'tomschmerz m.
~ **ship** s Geisterschiff n. ~ **tu·mo(u)r** s
med. Scheingeschwulst f. ~ **view** s tech.
'Durchsichtszeichnung f.
**Phar·aon·ic** [feə'rɒnɪk], Am. ˌ**Phar·a-
'on·ic** [feəreɪˈɑ-] adj phara'onisch.
**phare** [feə(r)] s Leuchtturm m.
**phar·i·sa·ic** [ˌfærɪ'seɪɪk] adj; ˌ**phar·i-
'sa·i·cal** [-kl] adj (adv ~ly) phari'säisch,
selbstgerecht, scheinheilig, heuchlerisch.
'**phar·i·sa·ism** [-seɪɪzəm] s **1.** Phari-
'säertum n, Scheinheiligkeit f. **2.** P~ relig.
phari'säische Lehre. '**Phar·i·see** [-siː] s
**1.** relig. Phari'säer m. **2.** p~ fig. Phari-
'säer(in), Selbstgerechte(r m) f, Schein-
heilige(r m) f, Heuchler(in). '**phar·i-
see·ism** → pharisaism.
**phar·ma·ceu·tic** [ˌfɑːmə'sjuːtɪk; Am.

ˌfɑːrməˈsuː-] adj; ˌ**phar·ma'ceu·ti-
cal** [-kl] adj (adv ~ly) pharma'zeutisch,
arz'neikundlich, Apotheker...: ~ **chemist**
pharmazeutischer Chemiker. ˌ**phar-
ma'ceu·tics** s pl (als sg konstruiert)
Pharma'zeutik f, Pharma'zie f, Arz'nei-
mittelkunde f. '**phar·ma·cist** [-mə-
sɪst], a. ˌ**phar·ma'ceu·tist** s Pharma-
'zeut m: a) Apo'theker m, b) pharma'zeu-
tischer Chemiker.
**phar·ma·co·dy·nam·ics** [ˌfɑː(r)mə-
kəʊdaɪˈnæmɪks] s pl (als sg konstruiert)
med. pharm. Pharmakody'namik f.
**phar·ma·cog·no·sy** [ˌfɑː(r)mə'kɒgnə-
sɪ; Am. -ˈkɑg-] s med. pharm. Pharmako-
gno'sie f, Drogenkunde f.
**phar·ma·co·log·i·cal** [ˌfɑː(r)məkə'lɒ-
dʒɪkl; Am. -ˈlɑ-] adj pharmako'logisch.
ˌ**phar·ma'col·o·gist** [-'kɒlədʒɪst; Am.
-ˈkɑl-] s Pharmako'loge m. ˌ**phar·ma-
'col·o·gy** s Pharmakolo'gie f, Arz'nei-
mittellehre f. ˌ**phar·ma·co'poe·ia**
[-kə'piːə] s med. **1.** Pharmako'pöe f, amt-
liche Arz'neimittelliste, Arz'neibuch n.
**2.** Bestand m od. Vorrat m an Arz'nei-
mitteln.
**phar·ma·cy** ['fɑː(r)məsɪ] s **1.** → phar-
maceutics 2. Apo'theke f.
**pha·ros** ['feərɒs; Am. 'færˌɑs] s
**1.** Leuchtturm m. **2.** Leuchtfeuer n.
**pha·ryn·ge·al** [ˌfærɪn'dʒiːəl; Am. a. fə-
ˈrɪndʒɪəl], a. **pha·ryn·gal** [fə'rɪŋgl]
adj **1.** anat. Schlund..., Rachen...: ~
**bone** Schlundknochen m; ~ **tonsil**
Rachenmandel f. **2.** ling. Rachen...: ~
**sound.**
**pha·ryn·ges** [fə'rɪndʒiːz] pl von phar-
ynx.
**phar·yn·gi·tis** [ˌfærɪn'dʒaɪtɪs] s med.
Pharyn'gitis f, 'Rachenka,tarrh m.
**pha·ryn·go·log·i·cal** [ˌfærɪŋgə'lɒdʒɪkl;
Am. fəˌrɪŋgəˈlɑ-] adj med. pharyngo'lo-
gisch. **phar·yn·gol·o·gy** [ˌfærɪŋ'gɒlə-
dʒɪ; Am. -ˈgɑ-] s Pharyngolo'gie f. **pha-
ˌryn·go'na·sal** [-'neɪzl] adj Rachen u.
Nase betreffend, Nasen-Rachen-...
**pha·ryn·go·scope** [fə'rɪŋgəskəʊp] s
med. Pharyngo'skop n, Schlundspie-
gel m.
**phar·ynx** ['færɪŋks] pl **pha·ryn·ges**
[fə'rɪndʒiːz] od. '**phar·ynx·es** s anat.
Pharynx m, Schlund m, Rachen(höhle
f) m.
**phase** [feɪz] **I** s **1.** Phase f: ~s **of the
moon** astr. Mondphasen; ~ **advancer**
electr. Phasenverschieber m; ~**-cor-
rected** electr. phasenkorrigiert; **in** ~
(**out of** ~) electr. phys. phasengleich (pha-
senverschoben); ~ **lag (lead)** electr. phys.
Phasennacheilung f (-voreilung f); ~ **op-
position** electr. math. phys. Gegenpha-
sigkeit f; ~ **rule** chem. phys. (Gibbssche)
Phasenregel; ~ **shift(ing)** electr. Phasen-
verschiebung f; ~ **voltage** Phasenspan-
nung f; **gas (liquid, solid)** ~ (Thermo-
dynamik) Gasphase f (flüssige, feste Pha-
se); **three-** ~ **current** Dreiphasen(wech-
sel)strom m, Drehstrom m. **2.** (Entwick-
lungs)Stufe f, Stadium n, Phase f: **final** ~
Endphase, -stadium; ~ **time** mil. (An-
griffs)Zwischenziel n. **3.** A'spekt m, Seite
f, Gesichtspunkt m: **the** ~**s of a ques-
tion. 4.** mil. (Front)Abschnitt m. **II** v/t
**5.** electr. phys. in Phase bringen. **6.** auf-
ein'ander abstimmen, Maschinen etc
gleichschalten, synchroni'sieren. **7.** stu-
fenweise 'durchführen. **8.** (nach den Er-
fordernissen) stufenweise planen, staf-
feln. **9.** ~ **down** einstellen, beenden, ab-
schließen. **10.** ~ **in** stufenweise einführen
od. einliedern. **11.** ~ **out** a) die 'Herstel-
lung von etwas stufenweise einstellen,
all'mählich aus dem Verkehr ziehen, aus-
laufen lassen, b) stufenweise zum Ab-
schluß bringen od. abwickeln. **III** v/i

**12.** ~ **in** stufenweise eingeführt *od.* eingegliedert werden. **13.** ~ **out a)** stufenweise aufhören, **b)** sich stufenweise zu-ˈrückziehen (**of** aus).
ˈphase|**-down** *s* Einstellung *f*, Beendigung *f*, Abschluß *m*. **'~-out** *s* schritt- *od.* stufenweiser Rückzug.
**phas·ic** [ˈfeɪzɪk] *adj* phasisch, Phasen...
**pha·si·tron** [ˈfeɪzɪtrɒn; *Am.* -ˌtrɑn] *s electr.* ˈPhasenmoduˌlatorröhre *f*.
**pheas·ant** [ˈfeznt] *s orn.* Faˈsan *m*.
**'pheas·ant·ry** [-trɪ] *s* Fasaneˈrie *f*.
**'pheas·ant's-eye** *s bot.* **1.** Aˈdonisröschen *n*. **2.** *a.* ~ **pink** Federnelke *f*.
**phe·nan·threne** [fɪˈnænθriːn] *s chem.* Phenanˈthren *n*.
**phene** [fiːn], **phe·nene** [ˈfiːniːn] *s chem.* Benˈzol *n*.
**phe·nic** [ˈfiːnɪk; ˈfenɪk] *adj chem.* karˈbolsauer, Karbol...: ~ **acid** → **phenol**.
**phe·nix** *Am. für* **phoenix**.
**phe·no·bar·bi·tone** [ˌfiːnəʊˈbɑː(r)bɪtəʊn] *s chem. pharm.* Phenobarbiˈtal *n*, Lumiˈnal *n* (*TM*).
**phe·nol** [ˈfiːnɒl; *Am. a.* -ˌnəʊl] *s chem.* Pheˈnol *n*, Karˈbolsäure *f*. **phe·no·late** [ˈfiːnəleɪt] *s* Phenoˈlat *n*. **phe·no·lic** [fɪˈnɒlɪk; *Am.* -ˈnəʊ-; -ˈnɑ-] **I** *adj* Phenol..., phenoˈplastisch: ~ **resin** → II. **II** *s* Pheˈnolharz *n*.
**phe·nol·o·gy** [fɪˈnɒlədʒɪ; *Am.* -ˈnɑl-] *s* Phänoloˈgie *f* (*Wissenschaft von den jahreszeitlich bedingten Erscheinungsformen bei Tier u. Pflanze*).
**phe·nol·phtha·lein** [ˌfiːnɒlˈfθæliɪn; *Am.* ˌfiːnlˈθælɪən] *s chem.* Phenolphthaˈleˈin *n*.
**phe·nom·e·na** [fəˈnɒmɪnə; *Am.* fɪˈnɑm-] *pl von* **phenomenon. phe'nom·e·nal** [-mɪnl] *adj* (*adv* ~**ly**) phänomeˈnal: **a)** *philos.* Erscheinungs...: ~ **world**, **b)** *fig.* unglaublich, ˌphanˈtastischˈ. **phe'nom·e·nal·ism** *s philos.* Phänomenaˈlismus *m*. **phe'nom·e·nal·ist I** *s* Phänomenaˈlist *m*. **II** *adj* phänomenaˈlistisch.
**phe·nom·e·nol·o·gy** [fəˌnɒmɪˈnɒlədʒɪ; *Am.* fɪˌnɑməˈnɑl-] *s philos.* Phänomenoloˈgie *f*.
**phe·nom·e·non** [fəˈnɒmɪnən; *Am.* fɪˈnɑmɪnən; -ˌnɑn] *pl* **-na** [-nə] *s* **1.** *a. philos. phys.* Phänoˈmen *n*, Erscheinung *f*. **2.** *pl* **-nons** *fig.* Phänoˈmen *n*: **a)** (*ein*) wahres Wunder (*Sache od. Person*), **b)** *a.* **infant** ~ Wunderkind *n*.
**phe·no·plast** [ˈfiːnəʊplæst] → **phenolic** II. **ˌphe·noˈplas·tic** → **phenolic** I.
**phe·no·type** [ˈfiːnəʊtaɪp] *s biol.* Phänoˈtyp(us) *m*, (*umweltbedingtes*) Erscheinungsbild *n*. **ˌphe·noˈtyp·ic** [-ˈtɪpɪk] *adj* phänoˈtypisch.
**phe·nyl** [ˈfenɪl; ˈfiːnɪl; *Br. a.* ˈfiːnaɪl] *s* Pheˈnyl *n* (*einwertige Atomgruppe* $C_6H_5$). **phen·yl·ene** [ˈfenɪliːn] *s* Phenyˈlen *n* (*zweiwertige Atomgruppe* $C_6H_4$). **phe·nyl·ic** [fɪˈnɪlɪk] *adj* Phenyl..., karˈbolsauer, pheˈnolisch: ~ **acid** → **phenol**.
**phe·on** [ˈfiːɒn; *Am.* -ˌɑn] *s her.* Pfeilspitze *f*.
**phew** [fjuː; pfjuː] *interj* puh!
**phi** [faɪ] *s* Phi *n* (*griechischer Buchstabe*).
**phi·al** [ˈfaɪəl] *s* Phiˈole *f*, (*bes.* Arzˈnei-) Fläschchen *n*.
**Phi Be·ta Kap·pa** [ˌfaɪˌbeɪtəˈkæpə] *s univ. Am.* **a)** *studentische Vereinigung hervorragender Akademiker*, **b)** *ein Mitglied dieser Vereinigung.*
**Phil·a·del·phi·a law·yer** [ˌfɪləˈdelfjə] *s Am.* gerissener Juˈrist *od.* Anwalt.
**phi·lan·der** [fɪˈlændə(r)] *v/i* tändeln, schäkern, den Frauen nachlaufen. **phiˈlan·der·er** *s* Schürzenjäger *m*, Schwerenöter *m*.
**phil·an·thrope** [ˈfɪlənθrəʊp] → **philanthropist** I.
**phil·an·throp·ic** [ˌfɪlənˈθrɒpɪk; *Am.*

-ˈθrɑ-] *adj*; **ˌphil·anˈthrop·i·cal** [-kl] *adj* (*adv* ~**ly**) philanˈthropisch, menschenfreundlich, menschlich. **phi·lan·thro·pism** [fɪˈlænθrəpɪzəm] *s* Philanthroˈpie *f*, Menschenliebe *f*. **phiˈlan·thro·pist I** *s* Philanˈthrop *m*, Menschenfreund *m*. **II** *adj* → **philanthropic**.
**phi·lan·thro·py** *s* Philanthroˈpie *f*, Menschenliebe *f*, Menschlichkeit *f*.
**phil·a·tel·ic** [ˌfɪləˈtelɪk] *adj* Briefmarken..., philateˈlistisch. **phi·lat·e·list** [fɪˈlætəlɪst] **I** *s* Philateˈlist *m*: **a)** Briefmarkensammler *m*, **b)** Briefmarkenkundler *m*. **II** *adj* → **philatelic**. **phiˈlat·e·ly** *s* Philateˈlie *f*: **a)** Briefmarkensammeln *n*, **b)** Briefmarkenkunde *f*.
**Phi·le·mon** [fɪˈliːmɒn; faɪ-; *Am.* -mən] *npr u. s Bibl.* (Brief *m* des Paulus an) Phiˈlemon *m*.
**phil·har·mon·ic** [ˌfɪlɑː(r)ˈmɒnɪk; ˌfɪlə(r)-; *Am.* -ˈmɑnɪk] *adj* philharˈmonisch: ~ **concert**; ~ **orchestra**; ~ **society** Philharmonie *f*.
**Phi·lip·pi·ans** [fɪˈlɪpɪənz] *s pl* (*als sg konstruiert*) *Bibl.* (Brief *m* des Paulus an die) Phiˈlipper, Phiˈlipperbrief *m*.
**phi·lip·pic** [fɪˈlɪpɪk] *s* Phiˈlippika *f*, Strafpredigt *f*.
**phil·ip·pi·na** [ˌfɪlɪˈpiːnə] *s* **1.** Vielˈliebchen *n* (*Spiel*). **2.** Vielˈliebchengeschenk *n*.
**Phil·ip·pine** [ˈfɪlɪpiːn] *adj* **1.** philipˈpinisch, Philippinen... **2.** Filipino...
**Phil·is·tine** [ˈfɪlɪstaɪn; *Am.* -ˌstiːn] **I** *s* **1.** *Bibl.* Phiˈlister *m*. **2.** *fig.* Phiˈlister *m*, Spießbürger *m*, Spießer *m*, Baˈnause *m*. **II** *adj* **3.** *fig.* phiˈlisterhaft, spießbürgerlich, baˈnausisch. **'phil·is·tin·ism** [-stɪnɪzəm] *s* Phiˈlistertum *n*, Philisteˈrei *f*, Spießbürgertum *n*, Baˈnausentum *n*.
**Phil·lips curve** [ˈfɪlɪps] *s Statistik:* Phillips-Kurve *f* (*graphische Darstellung des Verhältnisses von Inflation u. Arbeitslosigkeit*).
**phil·o·den·dron** [ˌfɪləˈdendrən] *pl* **-drons** *od.* **-dra** [-drə] *s bot.* Philoˈdendron *m*, *n*.
**phi·log·y·ny** [fɪˈlɒdʒɪnɪ; *Am.* -ˈlɑ-] *s* Philogyˈnie *f*, Frauenliebe *f*.
**phi·lol·o·ger** [fɪˈlɒlədʒə(r); *Am.* -ˈlɑ-] → **philologist**.
**phil·o·log·i·cal** [ˌfɪləˈlɒdʒɪkl; *Am.* -ˈlɑ-] *adj* (*adv* ~**ly**) **1.** philoˈlogisch. **2.** sprachwissenschaftlich. **phiˈlol·o·gist** [-ˈlɒlədʒɪst; *Am.* -ˈlɑ-] *s* **1.** Phiˈlologe *m*, Phiˈlologin *f*. **2.** Sprachwissenschaftler(in), Linguˈist(in). **phiˈlol·o·gy** *s* **1.** Philoloˈgie *f*, Literaˈtur- u. Sprachwissenschaft *f*. **2.** Sprachwissenschaft *f*, Linguˈistik *f*.
**phil·o·mel** [ˈfɪləmel], **ˌphil·o·me·la** [-əʊˈmiːlə] *s poet.* Philoˈmele *f*, Nachtigall *f*.
**phil·o·poe·na** [ˌfɪləˈpiːnə] → **philippina**.
**phi·los·o·pher** [fɪˈlɒsəfə(r); *Am.* -ˈlɑs-] *s* **1.** Philoˈsoph *m*: **moral** ~ Moralphilosoph; **natural** ~ Naturphilosoph; **'s stone** Stein *m* der Weisen. **2.** *fig.* Philoˈsoph *m*, Lebenskünstler *m*.
**phil·o·soph·ic** [ˌfɪləˈsɒfɪk; *Am.* -ˈsɑf-] *adj*; **ˌphil·o·soph·i·cal** [-kl] *adj* (*adv* ~**ly**) philoˈsophisch (*a. fig.* weise, gleichmütig): ~ **analysis** analytische Philosophie. **phil·os·o·phist** [fɪˈlɒsəfɪst; *Am.* -ˈlɑs-] *s contp.* Soˈphist *m*, Philosoˈphaster *m*. **phiˈlos·o·phize I** *v/t* philoˈsophisch behandeln, philosoˈphieren über (*acc*). **II** *v/i* philosoˈphieren (**about**, **on** über *acc*).
**phi·los·o·phy** *s* Philosoˈphie *f*: **1.** Philosoˈphie *f*: **moral** ~ Moralphilosophie; **natural** ~ Naturphilosophie; ~ **of history** Geschichtsphilosophie. **2.** *a.* ~ **of life** (ˈLebens)Philosoˌphie *f*, Welt-,

Lebensanschauung *f*. **3.** *fig.* Gleichmut *m*, (philoˈsophische) Gelassenheit. **4.** *Am.* Iˈdee *f*, ˈDenkmoˌdell *n*.
**phil·ter**, *bes. Br.* **phil·tre** [ˈfɪltə(r)] *s* **1.** Liebestrank *m*. **2.** Zaubertrank *m*.
**phi·mo·sis** [faɪˈməʊsɪs; *Am. a.* fəˈm-] *s med.* Phiˈmose *f*, Vorhautverengung *f*.
**phiz** [fɪz], *a.* **phiz·og** [ˈfɪzɒg; *Am.* -ˌɑg] *s sl.* ˌViˈsage *f*, Gesicht *n*.
**phle·bi·tis** [flɪˈbaɪtɪs] *s med.* Phleˈbitis *f*, Venenentzündung *f*.
**phle·bot·o·my** [flɪˈbɒtəmɪ; *Am.* -ˈbɑ-] *s med.* Phleboˈtoˈmie *f*, Veneneröffnung *f*.
**phlegm** [flem] *s* **1.** *physiol.* Phlegma *n*, Schleim *m*. **2.** *fig.* Phlegma *n*, (stumpfe) Gleichgültigkeit, (geistige) Trägheit.
**phleg·mat·ic** [flegˈmætɪk] *adj* (*adv* ~**ally**) **1.** *physiol. zo.* **a)** phlegˈmatisch, schleimhaltig, -blütig, **b)** schleimerzeugend. **2.** phlegˈmatisch, gleichgültig, träge, stumpf.
**phleg·mon** [ˈflegmɒn; *Am.* -ˌmɑn] *s med.* Phlegˈmone *f*, Zellgewebsentzündung *f*.
**phlo·em** [ˈfləʊem] *s bot.* Phloˈem *n*, Siebteil *m* (*der Leitbündel*).
**phlo·gis·tic** [flɒˈdʒɪstɪk; *Am.* fləʊ-] *adj med.* entzündlich. **phloˈgis·ton** [-tən] *s chem. hist.* Phlogiston *n* (*hypothetischer Stoff, der bei der Verbrennung entweicht*).
**phlox** [flɒks; *Am.* flɑks] *s bot.* Phlox *m*, *f*, Flammenblume *f*.
**pho·bi·a** [ˈfəʊbjə; -bɪə] *s psych.* Phoˈbie *f*, krankhafte Angst (**about** vor).
**pho·co·me·li·a** [ˌfəʊkəʊˈmiːljə; -ɪə] *s med.* Phokomeˈlie *f*, ˈGliedmaßenˌmißbildung *f*.
**Phoe·be** [ˈfiːbɪ] **I** *npr antiq.* Phöbe *f*. **II** *s poet.* Mond *m*.
**Phoe·bus** [ˈfiːbəs] **I** *npr antiq.* Phöbus *m*. **II** *s poet.* Phöbus *m*, Sonne *f*.
**Phoe·ni·cian** [fɪˈnɪʃɪən; *Am.* -ˈnɪʃən] **I** *s* **1.** Phöˈnizier(in). **2.** *ling.* Phöˈnikisch *n*, das Phönikische. **II** *adj* **3.** phöˈnikisch.
**phoe·nix** [ˈfiːnɪks] *s* **1.** Phönix *m* (*sagenhafter Wundervogel*). **2.** *fig.* (wahres) Wunder (*Person od. Sache*). **3.** *fig.* Phönix *m* (aus der Asche) (*etwas Wiedererstandenes*). **4. P~ gen -ni·cis** [ˈfiːnɪsɪs; ˈfiːnɪsiːz] *astr.* Phönix *m* (*Sternbild*).
**phon** [fɒn; *Am.* fɑn] *s phys.* Phon *n* (*Maßeinheit der Lautstärke*): ~ **scala** Phon-Skala *f*.
**pho·nate** [ˈfəʊneɪt; *Am.* ˈfəʊˌn-] *v/i* phoˈnieren, Laute bilden. **phoˈna·tion** *s* Lautbildung *f*.
**phone¹** [fəʊn] *s ling.* (Einzel)Laut *m*.
**phone²** [fəʊn] *s, v/t u. v/i colloq. für* **telephone: to give s.o. a ~**, **to ~ s.o. up** j-n anrufen.
**'phone-in** *s Rundfunk, TV:* Sendung *f* mit teleˈfonischer Zuhörer- *od.* Zuschauerbeteiligung, (*Rundfunk a.*) Hörer-, Funksprechstunde *f*: ~ **request program(me)** Telefonwunschkonzert *n*.
**pho·neme** [ˈfəʊniːm] *s* **1.** *ling.* Phoˈnem *n* (*bedeutungsunterscheidende Lautkategorie er Sprache*). **2.** → **phone¹**. **pho'ne·mic** [fəʊ-; fə-] *adj* **1.** Phonem... **2.** phoneˈmatisch, beˈdeutungsunterˌscheidend. **pho'ne·mics** [fəʊ-; fə-] *s pl* (*als sg konstruiert*) Phoˈnemik *f*.
**pho·net·ic** [fəʊˈnetɪk; fə-] *adj* (*adv* ~**ally**) phoˈnetisch, lautlich: ~ **alphabet a)** phoˈnetisches Alphabet, **b)** *mil. teleph. etc* Buchstabieralphabet *n*; ~ **character** Lautzeichen *n*; ~ **spelling**, ~ **transcription** Lautschrift *f*; ~ **value** Lautwert *m*. **pho·ne·ti·cian** [ˌfəʊnɪˈtɪʃn] *s* Phoˈnetiker(in). **pho·net·i·cism** [fəʊˈnetɪsɪzəm; fə/n-] *s* lautschriftliche ˈWiedergabe. **pho'net·i·cist** *s* Phoˈnetiker(in). **pho'net·i·cize** *v/t* phoˈnetisch darstellen. **pho'net·ics** *s pl* (*meist als sg konstruiert*) **1.** Phoˈnetik *f*, Laut(bildungs)-

lehre *f.* **2.** ˈLautsyˌstem *n* (*e-r Sprache*).
**pho·ney** → phony.
**phon·ic** [ˈfəʊnɪk; ˈfɒ-; *Am.* ˈfɑnɪk] *adj*
**1.** lautlich, aˈkustisch. **2.** phoˈnetisch.
**3.** *tech.* phonisch. **ˈphon·ics** *s pl* (*als sg
konstruiert*) **1.** *ped.* Lauˈtierkurs *m.* **2.** →
phonetics.
**ˌpho·noˈcar·di·o·gram** [ˌfəʊnə-] *s*
*med.* ˈTonkardioˌgramm *n*, Herztonauf-
zeichnung *f.*
**pho·no·deik** [ˈfəʊnədaɪk] *s tech.* Schall-
wellenaufzeichner *m.*
**pho·no·gen·ic** [ˌfəʊnəˈdʒenɪk] *adj* **1.** zu
klanglicher ˈWiedergabe geeignet: ~
scores. **2.** mit guter Aˈkustik: ~ hall.
**pho·no·gram** [ˈfəʊnəgræm] *s* **1.** Laut-
zeichen *n.* **2.** *tech.* Phonoˈgramm *n*,
(Schall)Aufzeichnung *f*, Schallplatte *f.*
**3.** *teleph.* zugesprochenes Teleˈgramm.
**ˈpho·no·graph** [-grɑːf; *bes. Am.* -græf]
*s* **1.** *tech. hist.* Phonoˈgraph *m*, ˈSprech-
maˌschine *f.* **2.** *Am.* Plattenspieler *m*,
Grammoˈphon *n*: ~ record Schallplatte
*f.* **3.** *ling.* Lautzeichen *n.* **ˌpho·no-**
**ˈgraph·ic** [-ˈgræfɪk] *adj* (*adv* ~ally) pho-
noˈgraphisch. **pho·nog·ra·phy** [fəʊ-
ˈnɒgrəfɪ; fəˈn-; *Am.* -ˈnɑg-] *s* **1.** Kurz-
schrift *f* auf phoˈnetischer Grundlage,
*bes.* Pitmans Stenograˈphie. **2.** *ling.* pho-
ˈnetische (Recht)Schreibung.
**pho·nol·o·gy** [fəʊˈnɒlədʒɪ; fəˈn-; *Am.*
-ˈnɑl-] *s ling.* Phonoloˈgie *f*, Lautlehre *f.*
**pho·nom·e·ter** [fəʊˈnɒmɪtə(r); fəˈn-;
*Am.* -ˈnɑm-] *s phys.* Phonoˈmeter *n*,
Schall(stärke)messer *m.* **pho·nom·e-**
**try** [-trɪ] *s* Phonomeˈtrie *f*, Schall(stär-
ke)messung *f.*
**pho·non** [ˈfəʊnɒn; *Am.* -ˌnɑn] *s phys.*
Phonon *n*, Schallquant *n.*
**pho·nus bo·lo·nus** [ˌfəʊnəsbəˈləʊnəs] *s*
*Am. humor.* **1.** Humbug *m*, Mumpitz *m.*
**2.** Gauneˈrei *f.*
**pho·ny** [ˈfəʊnɪ] *sl.* **I** *adj* **1.** falsch:
a) gefälscht (*Paß, Geld etc*), b) unecht
(*Schmuck, Gefühle etc*), c) erfunden (*Ge-
schichte etc*), ˌfaulˈ (*Sache, Entschuldi-
gung etc*), Schein..., Schwindel...(-*firma
etc*), d) verlogen (*Moral etc*): there's
s.th. ~ about it an der Geschichte ist
etwas faul; ~ war *hist.* ˌSitzkriegˈ *m* (*an
der Westfront 1939–40*). **II** *s* **2.** Schwind-
ler(in), ˌSchauspieler(in)ˈ, Heuchler(in):
he's a ~ er ist nicht ˌechtˈ. **3.** Fälschung *f*,
Schwindel *m*, ˌfauler Zauberˈ.
**phoo·ey** [ˈfuːɪ] *interj* pfui!, Schande!
**phor·mi·um** [ˈfɔː(r)mɪəm] *s bot.* Neu-
ˈseeländischer Flachs.
**phos·gene** [ˈfɒzdʒiːn; *Am.* ˈfɑz-] *s chem.*
Phosˈgen *n*, ˈKohlensäurechloˌrid *n.*
**phos·phate** [ˈfɒsfeɪt; *Am.* ˈfɑs-] *s chem.*
**1.** Phosˈphat *n*: ~ of lime phosphor-
saurer Kalk. **2.** *agr.* Phosˈphat(dünge-
mittel) *n.* **phos·phat·ed** *adj* phosˈpha-
tisch. **phos·phat·ic** [-ˈfætɪk] *adj* phos-
ˈphathaltig.
**phos·pha·tize** [ˈfɒsfətaɪz; *Am.* ˈfɑs-] *v/t*
*tech.* **1.** *Seide* phosphaˈtieren. **2.** *metall.*
phosphaˈtieren, parkeriˈsieren. **3.** in ein
Phosˈphat verwandeln.
**phos·phene** [ˈfɒsfiːn; *Am.* ˈfɑs-] *s med.*
Phosˈphen *n*, Lichterscheinung *f* im Auge.
**phos·phide** [ˈfɒsfaɪd; *Am.* ˈfɑs-] *s chem.*
Phosˈphid *n.* **phos·phine** [-fiːn] *s chem.*
**1.** Phosˈphin *n*, Phosphorwasserstoff *m.*
**2.** Deriˈvat *n* des Phosphorwasserstoffs.
**3.** Akriˈdin-Gelb *n* (*synthetischer Farb-
stoff*). **phos·phite** [-faɪt] *s* **1.** *chem.*
Phosˈphit *n.* **2.** *min.* ˈPhosphormeˌtall *n.*
**phos·phor** [ˈfɒsfə; *Am.* ˈfɑsfər] **I** *s*
→ phosphorus. **II** *adj* Phosphor...: ~
bronze. **ˈphos·pho·rate** [-fəreɪt] *v/t*
*chem.* **1.** phosphoriˈsieren. **2.** phospho-
resˈzierend machen.
**phos·pho·resce** [ˌfɒsfəˈres; *Am.* ˌfɑs-]
*v/i* phosphoresˈzieren, (nach)leuchten.

**ˌphos·phoˈres·cence** *s* **1.** *chem. phys.*
Chemoluminesˈzenz *f.* **2.** *phys.* Phos-
phoresˈzenz *f*, Nachleuchten *n*, Phospho-
resˈzieren *n.* **ˌphos·phoˈres·cent** *adj*
phosphoresˈzierend.
**phos·pho·ri** [ˈfɒsfəraɪ; *Am.* ˈfɑs-] *pl von*
phosphorus.
**phos·phor·ic** [fɒsˈfɒrɪk; *Am.* fɑsˈfɔːrɪk;
-ˈfɑr-] *adj* phosphorig, phosphorsauer,
-haltig, Phosphor...: ~ acid Phosphor-
säure *f.*
**phos·pho·rize** [ˈfɒsfəraɪz; *Am.* ˈfɑs-] →
phosphorate.
**phos·pho·rous** [ˈfɒsfərəs; *Am.* ˈfɑs-]
*adj chem.* phosphorig(sauer): ~ acid
phosphorige Säure *f.*
**phos·pho·rus** [ˈfɒsfərəs; *Am.* ˈfɑs-] *pl*
**-ri** [-raɪ] *s* **1.** *chem.* Phosphor *m.* **2.** *phys.*
(ˈLeucht)Phosphore *f*, Leuchtmasse *f*,
-stoff *m.* **3.** P~ *astr. poet.* Phosˈphoros *m*,
Morgenstern *m.*
**phos·phu·ret·(t)ed** [ˈfɒsfjʊretɪd; *Am.*
ˈfɑs-] *adj chem.* mit (einwertigem) Phos-
phor verbunden.
**phot** [fɒt; *bes. Am.* fəʊt] *s phys.* Phot *n*
(*Einheit der spezifischen Lichtausstrah-
lung*).
**pho·tic** [ˈfəʊtɪk] *adj* **1.** Licht... **2.** *zo.* Licht
ausstrahlend. **3.** *biol.* lichtabhängig, pho-
tisch: ~ zone photische Region (*des Mee-
res*).
**pho·to** [ˈfəʊtəʊ] *colloq.* **I** *pl* **-tos** *s* Foto *n*,
Bild *n*: ~ album Fotoalbum *n*; ~ safari
Fotosafari *f.* **II** *v/t u. v/i* fotograˈfieren,
ˌknipsenˈ.
**photo-** [ˈfəʊtəʊ] *Wortelement mit den Be-
deutungen* a) Licht..., b) Fotografie...,
fotografisch.
**ˌpho·to·acˈtin·ic** *adj phys.* photoakˈti-
nisch (strahlend).
**ˌpho·to·biˈol·o·gy** *s* Photobioloˈgie *f.*
**ˌpho·to·biˈot·ic** *adj biol.* lichtbedürftig.
**ˈpho·to·call** *s Br.* ˈFototerˌmin *m.*
**ˈpho·to·cell** *s electr.* Photozelle *f*, photo-
eˈlektrische Zelle.
**ˌpho·toˈchem·i·cal** *adj chem.* photo-
ˈchemisch. **ˌpho·toˈchem·is·try** *s*
Photocheˈmie *f.*
**ˈpho·toˌchro·my** [-ˌkrəʊmɪ] *s hist.*
ˈFarbfotograˌfie *f.*
**ˌpho·to·comˈpose** *v/t print.* im Foto-
satz ˈherstellen. **ˌpho·to·comˈpos·ing**
**ma·chine,** *a.* **ˌpho·to·comˈpos·er** *s*
ˈFotoˌsetzmaˌschine *f.* **ˈpho·toˌcom-**
**poˈsi·tion** *s* Fotosatz *m.*
**ˌpho·toˌconˈduc·tiv·i·ty** *s phys.* pho-
toeˈlektrische Leitfähigkeit.
**ˈpho·toˌcop·i·er** *s phot.* Fotokoˈpierge-
rät *n.* **ˈpho·toˌcop·y I** *v/t u. v/i* fotoko-
ˈpieren, ablichten. **II** *s* Fotokoˈpie *f*, Ab-
lichtung *f.*
**ˈpho·toˌcur·rent** *s phys.* ˈPhoto(emis-
siˌons)strom *m.* **ˈpho·to·disˌin·te-**
**graˈtion** *s Atomphysik:* ˈKernˌphotoef-
fekt *m*, Lichtzerfall *m.* **ˈpho·toˌdis·so-**
**ciˈa·tion** *s chem. phys.* Photoˈlyse *f.*
**ˈpho·toˌdra·ma** *s* Filmdrama *n.*
**ˌpho·to·eˈlec·tric** *adj;* **ˌpho·to·eˈlec-**
**tri·cal** *adj* (*adv* ~ly) *phys.* photoeˈlek-
trisch, ˈlichteˌlektrisch: ~ barrier *electr.*
Lichtschranke *f*; ~ cell → photocell.
**ˌpho·to·eˈlec·tron** *s phys.* Photoelek-
tron *n.*
**ˌpho·to·eˈlec·tro·type** *s tech.* photo-
eˈlektrisches Drucknegativ.
**ˌpho·to·eˈmis·sion** *s phys.* Photoemis-
siˈon *f.* **ˌpho·to·enˈgrav·ing** *s print.*
Lichtdruck(verfahren *n*) *m*, ˈPhotogra-
ˌvüre *f.*
**pho·to fin·ish** *s sport* **1.** Fotofinish *n*
(*Finish, dessen Sieger nur durch Zielfoto-
grafie ermittelt werden kann*). **2.** äußerst
knappe Entscheidung. **ˈPho·to·fit**
**(pic·ture)** (*TM*) *s* Phanˈtombild *n* (*aus
verschiedenen Fotos zs.-gesetzt*). **ˈpho-**

**to·flash (lamp)** *s* Blitzlicht(birne *f*) *n.*
**ˈpho·to·flood (lamp)** *s* Foto-, Heim-
lampe *f.*
**ˈpho·toˈgel·a·tin** *adj phot. print.* Licht-
druck... ~ **pro·cess** *s* ˈPhotogelaˌtine-
verfahren *n*, Phototyˈpie *f.*
**ˌpho·toˈgen** [ˈfəʊtəʊdʒen] *s* **1.** *chem.* Pho-
toˈgen *n*, ˈBraunkohlenbenˌzin *n.* **2.** *biol.*
a) ˈLeuchtorgaˌnismus *m*, b) Leuchtstoff
*m* (*e-s Leuchtorganismus*). **ˈpho·to-**
**gene** [-dʒiːn] *s* **1.** *med.* Nachbild *n.* **2.** →
photogen 1.
**pho·to·gen·ic** [ˌfəʊtəʊˈdʒenɪk] *adj* **1.** fo-
toˈgen, bildwirksam. **2.** *biol.* lichterzeu-
gend, Leucht...: ~ bacteria Leuchtbak-
terien.
**pho·to·gram·me·try** [ˌfəʊtəʊˈgræmɪ-
trɪ] *s* Photogrammeˈtrie *f*, Meßbildver-
fahren *n.*
**pho·to·graph** [ˈfəʊtəgrɑːf; *bes. Am.*
-græf] **I** *s* Fotograˈfie *f*, (Licht)Bild *n*,
Aufnahme *f*: to take a ~ of → II. **II** *v/t*
fotograˈfieren, aufnehmen, e-e Aufnah-
me machen von (*od. gen*). **III** *v/i* foto-
graˈfieren, fotografiert werden: he does
not ~ well er läßt sich schlecht fotogra-
fieren, er wird nicht gut auf Bildern.
**pho·tog·ra·pher** [fəˈtɒgrəfə(r); *Am.*
-ˈtɑg-] *s* Fotoˈgraf(in). **ˌpho·toˈgraph·**
**ic** [-ˈgræfɪk] *adj* (*adv* ~ally) **1.** fotoˈgra-
fisch, Bild...: ~ library Bildarchiv *n*; ~
memory fotografisches Gedächtnis; ~
safari Fotosafari *f*; ~ sound Lichtton *m*;
~ sound recorder optischer Tonschrei-
ber. **2.** *fig.* fotoˈgrafisch genau. **pho·**
**tog·ra·phy** [fəˈtɒgrəfɪ; *Am.* -ˈtɑg-] *s*
Fotograˈfie *f*, Lichtbildkunst *f.*
**ˌpho·toˈgra·vure** *s print.* ˈPhotogra-
ˌvüre *f* (→ heliogravure).
**ˌpho·toˈjour·nal·ism** *s* ˈBildjournaˌlis-
mus *m.* **ˌpho·toˈjour·nal·ist** *s* ˈBild-
journaˌlist(in).
**ˌpho·toˈlith·o** *pl* **-os** *s abbr. für* photo-
lithograph I, photolithoprint, *etc.*
**ˌpho·toˈlith·o·graph** *s* Photolithogra-
ˈphie *f* (*Bild*). **II** *v/t* photo-
lithograˈphieren. **ˌpho·to·liˈthog·ra·**
**phy** *s* Photolithograˈphie *f*, Lichtstein-
druck *m.* **ˈpho·toˈlith·o·print** *s* Pho-
tolithograˈphie *f* (*Bild*).
**pho·tol·y·sis** [fəʊˈtɒlɪsɪs; *Am.* -ˈtɑl-] *s*
*chem.* Photoˈlyse *f.*
**ˈpho·to·map** *s* **1.** photogramˈmetrische
Karte, Luftbildkarte *f.* **2.** *astr.* fotoˈgra-
fische Sternkarte.
**ˌpho·to·meˈchan·i·cal** *adj print.* pho-
tomeˈchanisch.
**pho·tom·e·ter** [fəʊˈtɒmɪtə(r); *Am.*
-ˈtɑm-] *s phys.* Photoˈmeter *n*, Lichtstär-
kemesser *m.* **pho·tom·e·try** *s* Photo-
meˈtrie *f*, Lichtstärkemessung *f.*
**ˌpho·toˈmi·cro·graph** *s* Mikrofoto-
graˈfie *f* (*Bild*). **ˈpho·toˌmi·cro·**
**ˈgraph·ic** *adj* mikrofotoˈgrafisch.
**ˌpho·toˈmiˈcrog·ra·phy** *s* Mikro-
fotograˈfie *f.*
**ˌpho·to·monˈtage** *s* ˈFotomonˌtage *f.*
**ˌpho·toˈmu·ral** *s phot.* Riesenvergrö-
ßerung *f* (*als Wandschmuck*), *a.* ˈFoto-
taˌpete *f.*
**pho·ton** [ˈfəʊtɒn; *Am.* -ˌtɑn] *s* Photon *n*:
a) *phys.* Lichtquant *n*, b) *opt.* Troland *n*
(*Einheit der Beleuchtungsstärke auf der
Netzhaut*).
**ˌpho·toˈneu·tron** *s phys.* Photoneu-
tron *n.*
**ˈpho·toˌnov·el** *s* ˈFotoroˌman *m.*
**ˌpho·to-ˈoff·set** *print.* **I** *s* fotoˈgrafi-
scher Offsetdruck. **II** *v/t irr* abzie-
hen.
**pho·to op·por·tu·ni·ty** *Am.* →
photocall.
**ˌpho·toˈpho·bi·a** *s med.* Photophoˈbie *f*,
Lichtscheu *f.*
**pho·to·phone** [ˈfəʊtəfəʊn] *s tech.* Pho-

to'phon n (mit Photozelle arbeitende Form des Telefons).

'pho·to·play s Filmdrama n, verfilmtes Buch od. Stück. 'pho·to·print s print. foto'grafischer Druck od. Abzug, Lichtdruckätzung f. 'pho·to·pro·cess s print. photome'chanisches Druckverfahren. ˌpho·to'ra·di·o·gram s tech. Funkbild n. ˌpho·to're·al·ism s art 'Fotorea,lismus m.

ˌpho·to·re'con·nais·sance s aer. mil. Bildaufklärung f.

ˌpho·to'sen·si·tive adj lichtempfindlich. ˌpho·to'sen·si·tize v/t lichtempfindlich machen.

'pho·to·set, etc → photocompose, etc.

'pho·toˌsphere s Photosphäre f, Lichtkreis m (bes. der Sonne).

pho·to·stat ['fəʊtəʊstæt] phot. I s 1. Fotoko'pie f, Ablichtung f. 2. P~ (TM) Photo'stat m (Fotokopiergerät). II v/t u. v/i 3. fotoko'pieren, ablichten. ˌpho·to·'stat·ic adj Kopier..., Ablichtungs...: ~ copy → photostat 1.

ˌpho·to'syn·the·sis s biol. chem. Photosyn'these f.

ˌpho·to'tel·e·graph s 1. 'Bildteleˌgraf m. 2. 'Bildteleˌgramm n.

ˌpho·to'tel·e·scope s astr. 'Phototeleˌskop n.

ˌpho·to'ther·a·py s med. Photothera'pie f, Lichtheilverfahren n.

ˌpho·to'tro·pism s bot. Phototro'pismus m (→ heliotropism).

'pho·to·tube s phys. Photoröhre f, Vakuum-Photozelle f.

'pho·to·type print. I s Lichtdruck(bild n, -platte f) m, Phototy'pie f. II v/t im Lichtdruckverfahren vervielfältigen.

ˌpho·to'type·set, etc → photocompose, etc.

phrase [freɪz] I s 1. (Rede)Wendung f, Redensart f, (idio'matischer) Ausdruck: ~ book a) Sammlung f von Redewendungen, b) Sprachführer m; ~ of civility Höflichkeitsfloskel f; as the ~ goes wie man so schön sagt; he can turn a noble ~ er ist ein Meister im Formulieren. 2. Phrase f, Schlagwort n: ~monger Phrasendrescher m. 3. ling. a) Wortverbindung f, b) kurzer Satz. 4. Phonetik: Sprechtakt m. 5. mus. Phrase f, Satz m. II v/t 6. ausdrücken, formu'lieren. III v/i 7. mus. phra'sieren.

phra·se·o·gram ['freɪzɪəgræm] s Stenographie: Satz-, Wortgruppenkürzel n.

'phra·se·o·graph [-grɑːf; bes. Am. -græf] s Kürzelsatz m, -gruppe f.

phra·se·o·log·i·cal [ˌfreɪzɪə'lɒdʒɪkl; Am. -'lɑ-] adj (adv ~ly) 1. phraseo'logisch. 2. phrasenhaft. ˌphra·se'ol·o·gist [-'lɒdʒɪst; Am. -'lɑ-] s 1. ling. Phraseo'loge m. 2. Phrasendrechsler m. 3. Phrasendrescher m. ˌphra·se'ol·o·gy s 1. Phraseolo'gie f: a) Stil m, Ausdrucksweise f, b) Sammlung f von Redewendungen. 2. iro. Sprachregelung f.

phre·net·ic obs. für frenetic.

phren·ic ['frenɪk] anat. I adj phrenisch, Zwerchfell... II s Zwerchfell n.

phren·o·log·i·cal [ˌfrenə'lɒdʒɪkl; Am. -'lɑ-] adj (adv ~ly) phreno'logisch. phre'nol·o·gist [-'nɒlədʒɪst; Am. -'nɑl-] s Phreno'loge m. phre'nol·o·gy s Phrenolo'gie f, Schädellehre f.

Phryg·i·an ['frɪdʒɪən; Am. a. -dʒən] I s 1. Phryger(in). 2. ling. Phrygisch n, das Phrygische. II adj 3. ling. mus. phrygisch.

phthal·ate ['θæleɪt; 'θæl-] s chem. Phtha'lat n. phtha·lein ['θæliːn; 'θæl-] s Phthale'in(farbstoff m) n. phthal·ic ['θælɪk; 'θeɪlɪk] adj Phthal...: ~ acid.

phthis·ic ['θaɪsɪk; 'θɪs-; Am. 'tɪzɪk] adj; 'phthis·i·cal [-kl] adj (adv ~ly) med. tuberku'lös, schwindsüchtig.

phthi·sis ['θaɪsɪs; 'θaɪ-; 'tɪ-] s Tuberku'lose f, Schwindsucht f.

phut [fʌt] I interj fft! (lautmalend). II adv: to go ~ colloq. a) ,kaputtgehen' (a. fig. Ehe etc), b) fig. ,platzen' (Plan etc).

phy·col·o·gy [faɪ'kɒlədʒɪ; Am. -'kɑ-] s Phykolo'gie f, Algenkunde f.

phy·la ['faɪlə] pl von phylon u. phylum.

phy·lac·ter·y [fɪ'læktərɪ] s 1. relig. Phylak'terion n, Gebetsriemen m (der Juden). 2. Re'liquienkästchen n. 3. fig. frommes Getue.

phy·let·ic [faɪ'letɪk] adj biol. phy'letisch, rassisch, Stammes...

phyl·lo·pod ['fɪləʊpɒd; Am. -lə,pɑd] zo. I adj Blattfüßer... II s Blattfüßer m.

phyl·lo·tax·y ['fɪləʊˌtæksɪ], a. ˌphyl·lo'tax·is [-'tæksɪs] s Blattstellung f.

phyl·lox·e·ra [ˌfɪlɒk'sɪərə; Am. -ˌɑk-] pl -rae [-riː] s zo. Reblaus f.

phy·lo·gen·e·sis [ˌfaɪləʊ'dʒenɪsɪs] → phylogeny. ˌphy·lo·ge'net·ic [-dʒɪ'netɪk] adj (adv ~ally) phyloge'netisch, stammesgeschichtlich. phy'log·e·ny [-'lɒdʒənɪ; Am. -'lɑ-] s Phyloge'nese f, Stammesgeschichte f.

phy·lon ['faɪlɒn; Am. -ˌlɑn] pl -la [-lə] s biol. Stamm m.

phy·lum ['faɪləm] pl -la [-lə] s 1. biol. 'Unterabˌteilung f, Ordnung f (des Tierod. Pflanzenreichs). 2. → phylon 3. ling. Sprachstamm m.

phys·ic ['fɪzɪk] I s 1. selten Arz'nei(mittel n) f, Medi'zin f, bes. Abführmittel n. 2. obs. Heilkunde f. 3. obs. für physics. II v/t pret u. pp 'phys·icked [-ɪkt] 4. obs. ärztlich behandeln. 5. obs. a) j-m ein Abführmittel geben, b) abführend wirken bei (j-m). 6. obs. heilen, ku'rieren (a. fig.). 7. tech. geschmolzenes Metall frischen, feinen.

phys·i·cal ['fɪzɪkl] I adj (adv → physically) 1. physisch, körperlich: ~ condition Gesundheitszustand m (→ 2); ~ culture Körperkultur f; ~ education ped. Leibeserziehung f; ~ examination ärztliche Untersuchung, mil. Musterung f; ~ fitness a) körperliche Tauglichkeit, b) Fitness f; ~ force physische Gewalt; ~ handicap Körperbehinderung f; ~ inventory econ. Bestandsaufnahme f; ~ jerks Br. colloq. Gymnastik f; ~ possession jur. tatsächlicher od. physischer Besitz; ~ stock econ. Lagerbestand m; ~ strength Körperkraft f; ~ training ped. Leibeserziehung f. 2. physi'kalisch: ~ chemistry; ~ anthropology biologische Anthropologie; ~ condition Aggregatzustand m (→ 1); ~ geography physikalische Geographie, Physiogeographie f; ~ medicine, ~ therapy → physiotherapy. 3. na'turwissenschaftlich. 4. na'turgesetzlich, physisch: ~ impossibility colloq. völlige Unmöglichkeit. 5. na'türlich. 6. sinnlich, fleischlich. 7. materi'ell. II s 8. ärztliche Unter'suchung, mil. Musterung f. 'phys·i·cal·ly adv → physical: ~ handicapped med. körperbehindert; ~ impossible colloq. völlig unmöglich.

phys·i·cal sci·ence s 1. Phy'sik f. 2. na'turwissenschaftliches Fach. 3. Na'turwissenschaften pl.

phy·si·cian [fɪ'zɪʃn] s Arzt m (a. fig.).

phys·i·cism ['fɪzɪsɪzəm] s philos. Materia'lismus m.

phys·i·cist ['fɪzɪsɪst] s 1. Physiker m. 2. Na'turforscher m. 3. philos. Materia'list m.

ˌphys·i·co'chem·i·cal [ˌfɪzɪkəʊ-] adj (adv ~ly) physiko'chemisch.

phys·ics ['fɪzɪks] s pl (meist als sg konstruiert) Phy'sik f.

phys·i·oc·ra·cy [ˌfɪzɪ'ɒkrəsɪ; Am. -'ɑk-] s 1. Physiokra'tie f, Na'turherrschaft f. 2. → physiocratism.

phys·i·oc·ra·tism [ˌfɪzɪ'ɒkrətɪzəm; Am. -'ɑk-] s hist. Physiokra'tismus m (Lehre, nach der Boden- u. Landwirtschaft die alleinigen Reichtumsquellen sind).

phys·i·og·e·ny [ˌfɪzɪ'ɒdʒənɪ; Am. -'ɑ-] s biol. Entstehung f u. Entwicklung f der 'Lebensfunktiˌonen.

phys·i·og·nom·ic [ˌfɪzɪə'nɒmɪk; Am. -'nɑm-; -'gnɑm-] adj; ˌphys·i·og'nom·i·cal [-kl] adj (adv ~ly) physio'gnomisch. ˌphys·i'og·no·mist [-'nɒmɪst; Am. -'ɑn-; -'ɑgn-] s Physio'gnom(iker) m. ˌphys·i'og·no·my s 1. Physiogno'mie f: a) Gesichtsausdruck m, -züge pl, b) fig. äußere Erscheinung, Struk'tur f. 2. sl. Gesicht n. 3. Physio'gnomik f (Deutung der Wesensart aus der leiblichen Erscheinung).

phys·i·og·ra·phy [ˌfɪzɪ'ɒgrəfɪ; Am. -'ɑg-] s 1. physi'kalische Geogra'phie, Physiogeogra'phie f. 2. Geomorpholo'gie f. 3. Na'turbeschreibung f.

phys·i·o·log·ic [ˌfɪzɪə'lɒdʒɪk; Am. -'lɑ-] adj; ˌphys·i·o'log·i·cal [-kl] adj (adv ~ly) physio'logisch: ~ psychology. ˌphys·i'ol·o·gist [-'ɒlədʒɪst; Am. -'ɑl-] s med. Physio'loge m. ˌphys·i'ol·o·gy s Physiolo'gie f.

ˌphys·i·o'ther·a·pist [ˌfɪzɪəʊ-] s med. physi'kalischer Thera'peut, Fachmann m in physikalischer Thera'pie, weitS. 'Heilgym,nastiker(in). ˌphys·i·o'ther·a·py s Physiothera'pie f, physi'kalische Thera'pie, 'Heilgym,nastik f.

phy·sique [fɪ'ziːk] s Körper(bau) m, Körperbeschaffenheit f, Konstituti'on f, Sta'tur f.

phy·to·gen·e·sis [ˌfaɪtəʊ'dʒenɪsɪs] s bot. Pflanzenentstehungslehre f. phy·to·gen·ic [ˌfaɪtəʊ'dʒenɪk], phy'tog·e·nous [-'tɒdʒɪnəs; Am. -'tɑ-] adj phyto'gen, pflanzlichen Ursprungs. phy'tog·e·ny → phytogenesis.

ˌphy·to·ge'og·ra·phy s Phytogeogra'phie f, Standortlehre f.

phy·tog·ra·phy [faɪ'tɒgrəfɪ; Am. -'tɑg-] s Pflanzenbeschreibung f.

phy·to·lite ['faɪtəlaɪt], 'phy·to·lith [-lɪθ] s geol. Phyto'lith m (Sedimentgestein, das ausschließlich od. größtenteils aus Pflanzenresten entstanden ist).

phy·to·log·i·cal [ˌfaɪtə'lɒdʒɪkl; Am. -'lɑ-] adj bot. phyto'logisch. phy'tol·o·gy [-'tɒlədʒɪ; Am. -'tɑl-] s Phyto'logie f, Pflanzenkunde f.

phy·to·pa·thol·o·gy [ˌfaɪtəʊpə'θɒlədʒɪ; Am. -'θɑl-] s Phytopatho'logie f.

phy·tot·o·my [faɪ'tɒtəmɪ; Am. -'tɑ-] s bot. Phytoto'mie f, 'Pflanzenanatoˌmie f.

phy·to·zo·ic plant [ˌfaɪtə'zəʊɪk] s biol. Tierpflanze f.

pi[1] [paɪ] s 1. Pi n (griechischer Buchstabe). 2. math. π n, (die Zahl) Pi n (Verhältnis des Kreisumfanges zum Durchmesser).

pi[2] [paɪ] adj bes. Br. sl. fromm.

pi[3] → pie[4].

PI [ˌpiː'aɪ] s phys. (abbr. von performance index) effek'tiver Paral'lelˌwiderstand: ~controller PI-Regler m.

pi·affe [pɪ'æf; pjæf] s (Dressurreiten) I v/i piaf'fieren. II s Pi'affe f.

pi·a ma·ter [ˌpaɪə'meɪtə(r); Am. a. 'piːəˌmɑːtər] s anat. Pia Mater f, weiche Hirnhaut.

pi·a·nette [pɪə'net] s mus. Pia'nette f (niedriges Kleinklavier). pi·a'ni·no [-'niːnəʊ] pl -nos s mus. Piani'no n, kleines Kla'vier. pi·a·nis·si·mo [pjæ-'nɪsɪməʊ; Am. ˌpiːə'n-] mus. I adj u. adv pia'nissimo, sehr leise. II pl -mos s Pia'nissimo n. pi·a·nist ['pɪənɪst; pɪ'ænɪst] s Pia'nist(in).

pi·an·o[1] [pɪ'ænəʊ; pɪ'ɑː-] pl -os s mus.

Kla'vier *n*: **at the** ~ am Klavier; **on the** ~ auf dem Klavier; ~ **accordion** Akkordeon *n*; ~ **stool** Klavierstuhl *m*, -hocker *m*; ~ **wire** *tech.* Stahldraht *m*.

**pi·a·no²** ['pja:nəʊ; pɪ'ɑ:-] *mus.* **I** *pl* **-nos** *s* Pi'ano *n* (*leises Spiel*): ~ **pedal** Pianopedal *n*, linkes Pedal. **II** *adj u. adv* pi'ano, leise.

**pi·an·o·for·te** [ˌpjænəʊ'fɔ:(r)tɪ; *Am. a.* pɪ'ænəˌfəʊərt] *s mus.* Piano'forte *n*, Kla'vier *n*.

**pi·a·no·la** [pɪə'nəʊlə] *s* **1. P**~ (*TM*) *mus.* Pia'nola *n* (*Klavierspielapparat*). **2.** *sl.* a) *Kartenspiel*: ,Bombenkarte', b) ,Kinderspiel' *n*, kinderleichte Sache.

**pi·an·o play·er** *s* **1.** Kla'vierspieler(in). **2.** → pianola 1.

**pi·as·sa·va** [ˌpiːə'sɑːvə], *a.* **pi·as'sa·ba** [-bə] *s* **1.** *a.* ~ **fiber**, *bes. Br.* ~ **fibre** Pias'save(faser) *f*. **2.** *bot.* Pias'sava-Palme *f*.

**pi·as·ter, pi·as·tre** [pɪ'æstə(r)] *s* Pi'aster *m*: a) *Währungseinheit Ägyptens, des Libanons u. der Türkei,* b) *hist. Bezeichnung der spanischen Pesostücke.*

**pi·az·za** [pɪ'ætsə; pɪ'ɑːtsə] *s* **1.** Pi'azza *f*, öffentlicher Platz. **2.** [pɪ'æzə; -'ɑːzə] *Am.* (*große*) Ve'randa.

**pi·broch** ['piːbrɒk; *Am.* -ˌbrɑk] *s mus.* schottische 'Dudelsackvariati,onen *pl*.

**pic** [pɪk] *pl* **pics** *od.* **pix** [pɪks] *s colloq.* **1.** Foto *n*. **2.** (Spiel)Film *m*. **3.** *pl* Kino *n*.

**pi·ca¹** ['paɪkə] *s print.* Cicero *f*, Pica *f* (*Schriftgrad*).

**pi·ca²** ['paɪkə] *s med. psych.* Pika'zismus *m* (*abnormes Verlangen nach ausgefallenen Speisen, bes. bei Schwangeren, od. nach ungenießbaren Stoffen, bes. bei Geisteskranken*). [ca'dor *m.*]

**pic·a·dor** ['pɪkədɔ:(r)] *s Stierkampf*: Pi-ʃ

**pic·a·mar** ['pɪkəmɑ:(r)] *s chem.* Pika'mar *n*, Teerbitter *n*.

**pic·a·resque** [ˌpɪkə'resk] *adj* pika'resk, pi'karisch: ~ **novel** Schelmenroman *m*.

**pic·a·roon** [ˌpɪkə'ru:n] **I** *s* **1.** Gauner *m*. **2.** Abenteurer *m*. **3.** Pi'rat *m*. **II** *v/i* **4.** seeräubern.

**pic·a·yune** [ˌpɪkɪ'ju:n; -'u:n] *Am.* **I** *s* **1.** Fünf'centstück *n*. **2.** *meist fig.* Pfennig *m*, Groschen *m*. **3.** *fig.* Lap'palie *f*, Kleinigkeit *f*. **4.** *fig.* ,Null' *f*, unbedeutender Mensch. **II** *adj* → picayunish. **pic·a'yun·ish** *adj Am. colloq.* **1.** unbedeutend, klein, schäbig. **2.** engstirnig, kleinlich.

**pic·ca·lil·li** ['pɪkəlɪlɪ] *s* scharfgewürztes Essiggemüse, Pickles *pl*.

**pic·ca·nin·ny** ['pɪkənɪnɪ] *s* pickaninny.

**pic·co·lo** ['pɪkələʊ] **I** *pl* **-los** *s mus.* Pikkoloflöte *f*. **II** *adj* klein: ~ **flute** Pikkoloflöte *f*; ~ **piano** Kleinklavier *n*. **'pic·co·lo·ist** *s* Pikkoloflö,tist *m*.

**pick¹** [pɪk] **I** *s* **1.** *tech.* a) Spitz-, Kreuzhacke *f*, Picke *f*, Pickel *m*, b) *Bergbau*: (Keil)Haue *f*. **2.** Hacken *n*, Schlag *m*. **3.** Auswahl *f*, Wahl *f*: **take your** ~ suchen Sie sich etwas aus, Sie haben die Wahl; **he was our** ~ unsere Wahl fiel auf ihn. **4.** Auslese *f*, (*der, die, das*) Beste: **the** ~ **of the basket** (*od.* **bunch**) das (Aller)Beste, das Beste vom Besten. **5.** *print.* Spieß *m* (*mitdruckendes Ausschlußstück*). **6.** *agr. econ.* Ernte (*die gepflückt wird*). **7.** *mus.* → plectrum.

**II** *v/t* **8.** aufhacken, -picken. **9.** *ein Loch* hacken: → **hole** 1. **10.** *Körner* aufpicken. **11.** auflesen, sammeln. **12.** *Blumen, Obst* pflücken. **13.** *Beeren* abzupfen. **14.** *Gemüse* verlesen, säubern. **15.** *Hühner* rupfen. **16.** *Wolle* zupfen. **17.** *Knochen* abnagen: → **bone¹** 1. **18.** *metall.* scheiden, (aus)klauben: **to** ~ **ore**. **19.** (*mit den Fingernägeln*) abkratzen: **to** ~ **a scab**. **20.** bohren *od.* stochern in (*dat*): **to** ~ **one's nose** in der Nase bohren, ,po-

peln'; **to** ~ **one's teeth** in den Zähnen (herum)stochern. **21.** *colloq.* lustlos essen, her'umstochern in (*dat*). **22.** *ein Türschloß* (mit e-m Dietrich *etc*) öffnen, ,knacken': **to** ~ **a lock**; **to** ~ **s.o.'s pocket** j-m die Tasche ,ausräumen'; → **brain** 2. **23.** *e-n Streit* vom Zaun brechen: **to** ~ **a quarrel with s.o.** mit j-m anbändeln *od.* Streit suchen. **24.** *fig.* (*sorgfältig*) auswählen, aussuchen: **you've** ~**ed** the wrong time du hast dir die falsche Zeit ausgesucht; **to** ~ **one's way** (*od.* **steps**) sich e-n *od.* s-n Weg suchen *od.* bahnen, *fig.* sich durchlavieren; **to** ~ **a winner** *fig.* das Große Los ziehen; **to** ~ **one's words** s-e Worte (sorgfältig) wählen. **25.** ausfasern, zerpflücken, zerreißen (*a. fig.*): → **piece** 2. **26.** *mus. Am.* Saiten zupfen, Banjo *etc* spielen.

**III** *v/i* **27.** hacken, picke(l)n. **28.** lustlos essen, im Essen her'umstochern. **29.** sorgfältig wählen: **to** ~ **and choose** a) wählerisch sein, b) sich bei der Auswahl Zeit lassen. **30.** *a.* ~ **and steal** ,klauen', stehlen.

*Verbindungen mit Präpositionen:*

**pick|at** *v/i* **1. to** ~ **one's food** im Essen herumstochern. **2.** ,her'ummäkeln *od.* -nörgeln an (*dat*), b) ,her'umhacken' auf (*j-m*). ~ **on** *v/i* **1.** → **pick at** 2. **2.** *j-n* (*für etwas Unangenehmes*) aussuchen: **why** ~ **me?** warum ausgerechnet ich?

*Verbindungen mit Adverbien:*

**pick|off** *v/t* **1.** (ab)pflücken, abreißen, abrupfen. **2.** (einzeln) abschießen, ,wegputzen'. ~ **out** *v/t* **1.** (sich) *etwas* auswählen. **2.** ausmachen, erkennen. **3.** *fig.* den Sinn *etc* her'ausbekommen *od.* -finden, ,her'auskriegen'. **4.** (schnell) her'ausfinden: **to** ~ **the thief from** (**among**) **a group.** **5.** sich *e-e Melodie* (*auf dem Klavier etc*) zs.-suchen. **6.** *mit e-r anderen Farbe* absetzen, durch 'Farbkon,trast her'vorheben. **7.** *fig.* her'vorheben. ~ **o·ver** *v/t* (gründlich) 'durchsehen, -gehen, auslesen. ~ **up I** *v/t* **1.** *den Boden* aufhacken. **2.** a) aufheben, -nehmen, -lesen, in die Hand nehmen, packen, ergreifen, b) aufpicken (*Vogel*): → **gauntlet¹** 2. **3.** *colloq.* a) aufnehmen: **the train stops to** ~ **passengers**, b) abholen: **I'll pick you up at your house. 4.** *colloq.* ,auflesen': a) *ein Mädchen* ,aufgabeln', ,aufreißen', b) *j-n* aus dem Wasser ziehen, c) sich *e-r Krankheit* zur holen. **5.** *colloq. j-n* aufgreifen, ,hochnehmen' (*verhaften*). **6.** *e-e Spur* aufnehmen: **to** ~ **a trail.** **7.** *Strickmaschen* aufnehmen. **8.** *e-n Rundfunksender* bekommen, ,(rein)kriegen'. **9.** *e-e Sendung* empfangen, (ab)hören, *e-n Funkspruch etc* auffangen. **10.** in Sicht bekommen. **11.** in den Scheinwerfer bekommen. **12.** ergattern, erstehen, ,aufgabeln': **to** ~ **an old painting in a village**; **to** ~ **a few dollars** sich (mit Gelegenheitsarbeiten *etc*) ein paar Dollar verdienen. **13.** ,mitbekommen', ,mitkriegen', zufällig erfahren *od.* hören, ,aufschnappen': **to** ~ **a slang expression**; **to** ~ **a knowledge of French** ein bißchen Französisch lernen. **14.** *Mut, Kraft etc* ,wiedererlangen: **to** ~ **courage** Mut fassen. **15.** gewinnen, einheimsen: **to** ~ **profit** Profit machen; **to** ~ **victories** *bes. sport* (ständig) Siege ernten *od.* einheimsen. **16.** gewinnen *od.* zunehmen an *Macht, Stärke etc*: **to** ~ **speed** →. 24. **17. to pick o.s. up** sich ,hochrappeln': a) aufstehen, b) (wieder) hochkommen, sich erholen. **18.** *e-e Erzählung etc* wieder'aufnehmen. **19.** *colloq.* ,mitgehen lassen', stehlen. **20.** *Am. colloq. e-e Rechnung* über|nehmen (u. bezahlen): **to** ~ **a bill. 21.** *sport e-n Spieler* aufs Korn nehmen. **II** *v/i* **22.** *fig.* wieder auf die

Beine kommen, *a. econ.* sich (wieder) erholen. **23.** Bekanntschaft schließen, sich anfreunden (**with** mit). **24.** Geschwindigkeit aufnehmen, schneller werden, auf Touren *od.* in Fahrt kommen. **25.** *fig.* stärker werden.

**pick²** [pɪk] **I** *v/t Weberei*: Schützen werfen. **II** *s* a) Schützenschlag *m* (*Bewegung des Weberschiffchens*), b) Schuß *m* (*einzelner Querfaden*).

**pick·a·back** ['pɪkəbæk] **I** *adj u. adv* huckepack: **to carry s.o.** ~. **II** *s*: **to give s.o. a** ~ j-n huckepack tragen. ~ **plane** *s aer.* Huckepackflugzeug *n*.

**pick·a·nin·ny** ['pɪkənɪnɪ; ˌpɪkə'n-] *s* kleines (*bes.* Neger)Kind.

**'pick·ax(e)** *tech.* **I** *s* (Breit- *od.* Spitz-) Hacke *f*, Pickel *m*. **II** *v/t* aufhacken. **III** *v/i* hacken, pickeln.

**picked** [pɪkt] *adj* (besonders) ausgewählt, ausgesucht, auserlesen: ~ **troops** *mil.* Kerntruppen.

**pick·er·el** ['pɪkərəl] *pl* **-els** *od. bes. collect.* **-el** *s ichth.* (*Am. junger*) Hecht.

**pick·et** ['pɪkɪt] **I** *s* **1.** Pflock *m*. **2.** Zaunlatte *f*, Pfahl *m*: ~ **fence** Lattenzaun *m*. **3.** Weidepflock *m*. **4.** Streikposten *m*: ~ **line** Streikpostenkette *f*. **5.** *mil. a.* a) outlying ~ Vorposten *m*, Feldwache *f*, b) *a.* inlying ~ 'Vorpostenre,serve *f*. **6.** *mil. hist.* Pfahlstehen *n* (*als Strafe*). **II** *v/t* **7.** einpfählen. **8.** mit Pfählen befestigen. **9.** *ein Pferd* anpflocken. **10.** a) Streikposten aufstellen vor (*dat*), durch Streikposten bloc'kieren, mit Streikposten besetzen, b) (als Streikposten) anhalten *od.* belästigen. **11.** *mil.* a) (durch Vorposten) sichern, b) als Feldwache ausstellen. **III** *v/i* **12.** Streikposten stehen. **'~·boat** *s* **1.** *mil.* Vorposten-, Wachboot *n*. **2.** Pa'trouillenboot *n* (*der Hafenpolizei*).

**'pick·et·er** *s* Streikposten *m*.

**pick ham·mer** *s tech.* **1.** Spitzhaue *f*, -hammer *m*. **2.** Brechhammer *m*.

**pick·ing** ['pɪkɪŋ] *s* **1.** Auflesen *n*, Sammeln *n*: **it's there for the** ~ *fig.* es liegt auf der Straße, man braucht nur zuzugreifen. **2.** Pflücken *n*: **of one's own** ~ selbstgepflückt. **3.** *pl* Nachlese *f*, 'Überbleibsel *pl*, Reste *pl*. **4.** *pl, a.* ~**s and stealings** a) unehrlich erworbene Nebeneinkünfte, unehrlicher Gewinn, b) (Diebes)Beute *f*, Fang *m*. **5.** *pl* Pro'fit *m*.

**pick·le** ['pɪkl] **I** *s* **1.** Essig-, Gewürzgurke *f*, saure Gurke *f*. **2.** *meist pl* Pickles *pl*, Eingepökelte(s) *n*: → **mixed pickles**. **3.** Essigsoße *f* (*zum Einlegen*), saure Würztunke, Essigbrühe *f*. **4.** (Salz)Lake *f*, Pökel *m*. **5.** *metall.* Beize *f*. **6.** *meist sad* ~, **sorry** ~, **nice** ~ *colloq.* ,Patsche' *f*, mißliche Lage: **I was in a nice** ~ ich saß ganz schön in der Patsche. **7.** *colloq.* ,Balg' *m*, *n*, ,Früchtchen' *n*, Gör *n* (*freches Kind*). **II** *v/t* **8.** in Essig einlegen, mari'nieren: ~**d cucumber** → 1. **9.** einlegen, (ein-) pökeln. **10.** *tech.* Metall (ab)beizen, *Bleche* deka'pieren: **pickling agent** Abbeizmittel *n*. **11.** *agr.* Saatgut beizen. **'pick·led** *adj* **1.** gepökelt, eingesalzen, Essig..., Salz...: ~ **herring** Salzhering *m*. **2.** *colloq.* ,blau', betrunken.

**'pick·lock** *s* **1.** Einbrecher *m*. **2.** Dietrich *m*. **'~-me-up** *s colloq.* **1.** Stärkung *f*, bes. Schnäps-chen *n*. **2.** *fig.* Stärkung *f*. **'~-ˌoff** *adj tech. Am.* abnehmbar. **'~-ˌpock·et** **I** *s* Taschendieb *m*. **II** *v/t*: **to be** ~**ed** von Taschendieben bestohlen werden. **'~-ˌthank** *s obs.* Schmeichler *m*.

**'pick·up** *s* **1.** *colloq.* a) zufällige Bekanntschaft, Straßen-, Reisebekanntschaft *f*, b) ,Flittchen' *n* (*Dirne*), c) ,Anhälter' *m*. **2.** *sl. a)* Verhaftung *f*, b) Verhaftete(r *m*) *f*. **3.** *sl. für* pick-me-up *etc*, kleiner Lieferwagen. **5.** *mot.* Beschleunigung(sver-

mögen *n*) *f*, 'Anzugsmo|ment *n*. **6.** *Radio, TV* a) 'Aufnahme- u. Über'tragungs-appara|tur *f*, b) Aufnahme *f (von Veranstaltungen außerhalb des Sendehauses)*. **7.** *electr.* Tonabnehmer *m*, Pick-up *m*: ~ **arm** Tonarm *m*; ~ **cartridge** Tonabnehmerkopf *m*. **8.** *electr.* Schalldose *f*. **9.** Geber *m* (*am Meßgerät*): ~ **element** Aufnahmeorgan *n*. **10.** *TV* a) Abtasten *n*, Aufnahme *f*, b) Abtastgerät *n*. **11.** *electr.* Ansprechen *n* (*e-s Relais*): ~ **voltage** Ansprechspannung *f*. **12.** *colloq.* (*etwas*) zufällig Aufgelesenes, Fund *m*. **13.** *colloq.* (*etwas*) Improvi'siertes: ~ (**dinner**) improvisierte Mahlzeit. **14.** *agr. tech.* Aufnehmer *m*, Greifer *m* (*Zusatzgerät am Mähdrescher*): ~ **baler** Aufnahmepresse *f*. **15.** *econ.* Erholung *f*, ('Wieder)Belebung *f*: ~ (**in prices**) Anziehen *n* der Preise.

**Pick·wick·i·an** [pɪk'wɪkɪən] *adj meist humor.* Pickwicksch (*nach Samuel Pickwick in den „Pickwick Papers" von Dickens*): **a word used in a ~ sense** in nicht wörtlich zu nehmender Ausdruck.

**pick·y** ['pɪkɪ] *adj* heikel, mäkelig.

**pic·nic** ['pɪknɪk] **I** *s* **1.** a) Picknick *n*, Mahlzeit *f* im Freien, b) Ausflug *m* (mit Picknick): **to go on** (*od.* **for**) **a ~** ein Picknick machen; ~ **hamper** Picknickkorb *m*. **2.** *colloq.* a) Vergnügen *n*, b) Kinderspiel *n*: **it's no ~ (doing s.th.)** es ist kein Honiglecken(, etwas zu tun). **3.** *tech.* Standardgröße für Konservenbüchsen. **4.** *a.* ~ **ham** (*od.* **shoulder**) *gastr. Am.* Schweineschulter *f*. **5.** *bes. Austral. colloq.* unangenehmes Erlebnis. **II** *v/i pret u. pp* '**pic·nicked 6.** ein Picknick *etc* machen, picknicken. '**pic·nick·er** *s* Teilnehmer(in) an e-m Picknick. '**pic·nick·y** *adj colloq.* picknickartig, improvi'siert.

**pico-** [pi:kəʊ] *Wortelement mit der Bedeutung* ein Billionstel: ~**farad** Pikofarad *n*.

**pi·cot** ['pi:kəʊ; pi:'kəʊ] *s* Pi'cot *n* (*Zierschlinge an Spitzen etc*).

**pic·quet** ► **picket**. [säure *f*.]
**pic·ric ac·id** ['pɪkrɪk] *s chem.* Pi'krin-]
**Pict** [pɪkt] *s hist.* Pikte *m* (*Kelte in Nordschottland*). '**Pict·ish** *adj* piktisch.

**pic·to·gram** ['pɪktəʊɡræm] *s* Pikto-'gramm *n*.

**pic·to·graph** ['pɪktəʊɡrɑːf; *bes. Am.* -ɡræf] *s* **1.** Pikto'gramm *n*. **2.** Bilderschriftzeichen *n*, Ideo'gramm *n*. **3.** pikto-'graphische Inschrift. **pic'tog·ra·phy** [-'tɒɡrəfɪ; *Am.* -'tɑ-] *s* Piktogra'phie *f*, Bilderschrift *f*.

**pic·to·ri·al** [pɪk'tɔːrɪəl; *Am. a.* -'təʊ-] **I** *adj* (*adv* ~**ly**) **1.** malerisch, Maler...: ~ **art** Malerei *f*. **2.** bildlich, Bilder..., illu'striert: ~ **advertising** Bildwerbung *f*; ~ **representation** bildliche Darstellung. **3.** *fig.* malerisch, bildhaft. **II** *s* **4.** Illu'strierte *f* (*Zeitung*). **5.** *mail* Bildermarke *f*.

**pic·ture** ['pɪktʃə(r)] **I** *s* **1.** Bild *n* (*a. TV*): **he isn't in the ~** auf dem Bild. **2.** Abbildung *f*, Illustrati'on *f*. **3.** Bild *n*, Gemälde *n*: **to sit for one's ~** sich malen lassen. **4.** (geistiges) Bild, Vorstellung *f*: **to form a ~ of s.th.** sich von etwas ein Bild machen. **5.** *colloq.* Bild *n*, Verkörperung *f*: **he looks the very ~ of health** er sieht aus wie das blühende Leben; **to look the ~ of misery** ein Bild des Jammers bieten. **6.** Ebenbild *n*: **the child is the ~ of his father. 7.** *fig.* anschauliche Darstellung, Schilderung, Bild *n*, (Sitten)Gemälde *n* (*in Worten*): **Gibbon's ~ of ancient Rome. 8.** *colloq.* bildschöne Sache *od.* Per'son: **she is a perfect ~** sie ist bildschön, **the hat is a ~** der Hut ist ein ‚Gedicht'. **9.** *colloq.* Blickfeld *n*: **to be in the ~** a) sichtbar sein, e-e Rolle spielen, b) im Bilde (*informiert*) sein; **to**

**come into the ~** in Erscheinung treten; **to drop out of the ~** (von der Bildfläche) verschwinden; **to put s.o. in the ~** j-n ins Bild setzen; **to keep s.o. in the ~** j-n auf dem laufenden halten; **out of the ~** a) nicht von Interesse, ohne Belang, b) ‚weg vom Fenster'. **10.** *phot.* Aufnahme *f*, Bild *n*: ~ **of the family** Familienbild. **11.** a) Film *m*, b) *pl bes. Br.* Kino *n*: **to go to the ~s** ins Kino gehen, c) *pl bes. Br.* Film *m* (*Filmwelt*). **12.** *a.* **clinical ~** *med.* klinisches Bild, Krankheitsbild *n*, Befund *m*: **blood ~** Blutbild *n*. **II** *v/t* **13.** abbilden, darstellen, malen. **14.** *fig.* anschaulich schildern, beschreiben, (*in Worten*) ausmalen. **15.** *a.* ~ **to oneself** *fig.* sich ein Bild machen von, sich *etwas* ausmalen *od.* vorstellen. **16.** e-e Empfindung *etc* ausdrücken, erkennen lassen, spiegeln, zeigen. **III** *adj* **17.** Bilder...: ~ **frame** Bilderrahmen *m*. **18.** Film...: ~ **play** Filmdrama *n*. **pic·ture| book** *s* **1.** Bilderbuch *n*. **2.** Bildband *m*. ~ **card** *s Kartenspiel*: Bildkarte *f*, Bild *n*. ~ **com·po·si·tion** *s art* 'Bildkompositi|on *f*. '**pic·ture·dom** *s* Filmwelt *f*. '**pic·ture·drome** *s Br. obs.* 'Filmpa|last *m*. ~ **ed·i·tor** *s* 'Bildredak|teur(in). ~ **fre·quen·cy** *s TV* 'Bildfre|quenz *f*. ~ **gal·ler·y** *s* 'Bilder-, Ge'mäldegale|rie *f*. '~**go·er** *s Br. obs.* (*bes. häufiger*) Kinobesucher. ~ **hat** *s* breitkrempiger (federgeschmückter, schwarzer) Damenhut. ~ **house** *s Br. obs.* Lichtspielhaus *n*. ~ **li·brar·y** *s* 'Filmar|chiv *n*. ~ **pal·ace** *s Br. obs.* 'Filmpa|last *m*. '~**phone** *s telech.* für picture telephone. ~ **post·card** *s* Ansichtskarte *f*. ~ **puz·zle** *s* **1.** Ve'xierbild *n*. **2.** Bilderrätsel *n*. ~ **qual·i·ty** *s TV* 'Bildquali|tät *f*. ~**show** *s* **1.** Film(vorführrung *f*) *m*. **2.** Gemäldeausstellung *f*.

**pic·tur·esque** [ˌpɪktʃə'resk] **I** *adj* (*adv* ~**ly**) **1.** *a. fig.* malerisch, pitto'resk. **2.** *fig.* bildhaft, anschaulich (*Sprache*). **II** *s* **3.** (das) Malerische. ˌ**pic·tur'esque·ness** *s* (*das*) Malerische.

**pic·ture| tel·e·graph** *s* 'Bildtele|graf *m*. ~ **te·leg·ra·phy** *s* 'Bildtelegra|fie *f*. ~ **tel·e·phone** *s* 'Bildtele|fon *n*. ~ **the·a·tre** *s Br. obs.* 'Filmthe|ater *n*. ~ **trans·mis·sion** *s electr.* 'Bildüber|tragung *f*, Bildfunk *m*. ~ **trans·mit·ter** *s electr.* 'Bild(über|tragungs)sender *m*. ~ **tube** *s TV* Bildröhre *f*. ~ **win·dow** *s* Pano-'ramafenster *n*. ~ **writ·ing** *s* Bilderschrift *f*.

**pic·tur·ize** ['pɪktʃəraɪz] *v/t* **1.** *Am.* verfilmen. **2.** mit Bildern ausstatten, bebildern. **3.** bildlich darstellen.

**pic·ul** ['pɪkəl] *od.* '**pic·ul** *od.* '**pic·uls** *s econ.* Pikul *m* (*ostasiatisches Handelsgewicht; reichlich 60 kg*).

**pid·dle** ['pɪdl] **I** *v/i* **1.** *a.* ~ **about** (*od.* **around**) tändeln, (s-e Zeit ver)trödeln. **2.** *colloq.* ‚Pi'pi' machen, ‚pinkeln'. **II** *v/t* **3.** ~ **away** *s-e Zeit* vertrödeln. **III** *s* **4.** *colloq.* ‚Pi'pi' *n*: **to pid·dler** *s* Trödler (-in). '**pid·dling** [-dlɪŋ] *adj* unbedeutend, belanglos, ‚lumpig'.

**pidg·in** ['pɪdʒɪn] *s* **1.** *Br. colloq. obs.* Angelegenheit *f*, Sache *f*: **that is your ~**. **2.** Mischsprache *f*, *contp.* Kauderwelsch *n*. ~ **Eng·lish** *s* Pidgin-Englisch *n* (*Verkehrssprache zwischen Europäern u. Eingeborenen, bes. Ostasiaten*).

**pie¹** [paɪ] *s* **1.** *orn. obs. od. dial.* Elster *f*. **2.** *zo.* Schecke *m*, *f*, geschecktes Tier.

**pie²** [paɪ] *s* **1.** (*Fleisch- etc*)Pa'stete *f*, Pie *f*: → **finger** I, **humble** I. **2.** Torte *f*, (gefüllter) Kuchen: **cream ~** Sahnetorte; ~ **in the sky** a) Luftschlösser *pl*, b) leere Versprechungen *pl*; **to promise s.o. ~ in the sky** a) j-m ‚das Blaue vom Himmel (herunter) versprechen', b) j-m den Him-

mel auf Erden versprechen. **3.** *colloq.* a) ‚Kinderspiel' *n*: **it's as easy as ~** es ist kinderleicht, b) (e-e) feine Sache, (ein) ‚gefundenes Fressen', c) ‚Kuchen' *m*: **a share in** (*od.* **a slice of**) **the ~** ein Stück vom Kuchen. **4.** *pol. Am. sl.* a) Protekti'on *f*, b) Bestechung *f*: ~ **counter** ‚Futterkrippe' *f*.

**pie³** [paɪ] **I** *s* **1.** *print.* Zwiebelfisch(e *pl*) *m*. **2.** *fig.* Wirrwarr *m*, Durchein'ander *n*. **II** *v/t* **3.** *print.* den Satz zs.-werfen. **4.** *fig.* durchein'anderwerfen.

**pie⁴** [paɪ] *s kleine indische Münze*.

**pie⁵** [paɪ] *s relig. hist. vor der Reformation in England benutztes liturgisches Regelbuch*.

**pie·bald** ['paɪbɔːld] **I** *adj* **1.** scheckig, gescheckt, bunt: ~ **horse** Scheck(e) *m*. **2.** *fig. contp.* buntscheckig. **II** *s* **3.** scheckiges Tier, *bes.* Scheck(e) *m* (*Pferd*).

**piece** [piːs] **I** *s* **1.** Stück *n*: **all of a ~** aus 'einem Guß; **to be all of a ~ with** a) (ganz) genau passen zu, b) (ganz) typisch sein für; **twenty pounds a ~** das Stück; **a ~ of land** ein Stück Land, ein Grundstück; ~ **by ~** Stück für Stück; **by the ~** a) stückweise *verkaufen*, b) im (Stück)Akkord *arbeiten od. bezahlt werden*; ~ **of cake** *colloq.* ‚Kinderspiel' *n*, Kleinigkeit *f*. **2.** (Bruch)Stück *n*: **in ~s** in Stücke(n), entzwei, ‚kaputt', in Scherben; **to break** (*od.* **fall**) **to ~s** zerbrechen, entzweigehen; **to go to ~s** a) in Stücke gehen (*a. fig.*), b) *fig.* zs.-brechen (*Person*); **to pull** (*od.* **pick, tear**) **to ~s** a) in Stücke reißen, b) *fig.* e-e Äußerung *etc* zerpflücken; **pick up the ~s!** *humor.* nun steh schon wieder auf! **3.** Teil *m, n* (*e-r Maschine etc*): **to take to ~s** auseinandernehmen, zerlegen. **4.** Beispiel *n*, Fall *m*: **a ~ of advice** ein Rat (-schlag); **a ~ of folly** e-e Dummheit; **a ~ of good luck** ein glücklicher Zufall; → **mind** 4, **news** 1. **5.** *zur Bezeichnung der* (*handels*)*üblichen Mengeneinheit*: **a)** Stück *n* (*Einzelteil*): **a ~ of furniture** ein Möbelstück; **a ~ of money** ein Geldstück; **a ~ of silver** ein Silberstück, e-e Silbermünze, b) Ballen *m*: **a ~ of cotton cloth** ein Ballen Baumwollstoff, c) Rolle *f*: **a ~ of wallpaper** e-e Rolle Tapete, d) Stückfaß *n*, Stück *n*, Faß *n*: **a ~ of wine. 6.** Teil *m, n* (*e-s Services etc*): **two-~ set** zweiteiliger Satz. **7.** *mil.* Geschütz *n*, Stück *n*. **8.** (Geld)Stück *n*, Münze *f*: → **of eight** *hist.* Peso *m*. **9.** *a.* ~ **of work** Stück *n* Arbeit, Werkstück *n*: **he's a nasty ~ of work** *colloq.* er ist ein ‚übler Kunde'. **10.** (Kunst)Werk *n*: a) *paint.* Stück *n*, Gemälde *n*, b) kleines (*literarisches*) Werk, c) (Bühnen)Stück *n*, d) (Mu'sik-)Stück *n*: **to say one's ~** *colloq.* sagen, was man auf dem Herzen hat. **11.** *contp. od. humor.* Stückchen *n*: **he is a ~ of a philosopher** er ist ein kleiner Philosoph. **12.** *sl.* a) **a nice ~** ein ‚sexy Zahn', b) ‚Nummer' *f* (*Geschlechtsverkehr*): **to have a ~** e-e Nummer machen *od.* schieben; → **arse** 4. **13.** ('Spiel)Fi|gur *f, bes. a.* Schachspiel: Fi'gur *f*, Offi'zier *m*: **minor ~s** leichtere Figuren (*Läufer u. Springer*), b) Brettspiel: Stein *m*. **14.** *colloq. sl.* Weilchen *n*, b) kleines Stück, Stück *n* Wegs. **II** *v/t* **15.** *a.* ~ **up** (zs.-)flicken, ausbessern, zs.-stückeln. **16.** *a.* ~ **out** vervollständigen, ergänzen. **17.** *a.* ~ **on** ein Stück *od.* Stücke ansetzen an (*acc*) *od.* einsetzen in (*acc*). **18.** ~ **out** vergrößern, verlängern, ‚strecken' (*a. fig.*). **19.** *oft* ~ **together** *a. fig.* zs.-setzen, zs.-stückeln.

**piece cost** *s econ.* Stückkosten *pl*.

**pièce de ré·sis·tance** [pjɛs də rezistɑ̃s] (*Fr.*) *s* **1.** Hauptgericht *n* (*e-r Mahlzeit*). **2.** Krönung *f*, Höhepunkt *m* (*e-r Veranstaltung etc*), Glanz-, Schmuckstück *n* (*e-r Sammlung etc*).

**piece| goods** s pl Meter-, Schnittware f. **'~meal I** adv **1.** stückweise, Stück für Stück, all'mählich. **2.** in Stücke: **to tear s.th. ~. II** adj **3.** stückchenweise, all'mählich: **~ tactics** Salamitaktik f. **4.** 'unsyste-ˌmatisch: **~ approach. ~ rate** s Ak'kord-satz m. **~ wag·es** s pl Ak'kord-, Stück-lohn m. **'~work** s Ak'kordarbeit f: **to do ~** im Akkord arbeiten. **'~work·er** s Ak'kordarbeiter(in).
**pie chart** s Statistik: 'Kreisdiaˌgramm n.
**'pie·crust** s leere od. ungefüllte Pa'stete, Pa'stetenkruste f.
**pied** [paɪd] adj **1.** bes. zo. gescheckt, bunt(scheckig), Scheck..., Bunt... **2.** bunt-gekleidet: **P~ Piper (of Hamelin)** (der) Rattenfänger von Hameln; **~ piper** fig. Rattenfänger m.
**pied-à-terre** pl **pieds-à-terre** [ˌpjeɪtɑ:'teə(r)] s (kleine) Zweitwohnung.
**pied·mont** ['pi:dmənt; Am. -ˌmɑnt] s geol. Piedmontfläche f (Fläche am Fuß e-s Gebirges).
**pie-dog** → pye-dog.
**'pie|-ˌeat·er** s Austral. colloq. 'Null' f (unbedeutender Mensch). **~-'eyed** adj sl. 'blau' (betrunken). **'~-fling·ing** s Tor-tenschlacht f. **~-in-the-'sky** adj 'unrea·listisch (Vorstellung), unerfüllbar (Versprechen). **'~man** s irr obs. Pa'stetenverkäufer m. **'~plant** s bot. Am. Rha'barber m.
**pier** [pɪə(r)] s **1.** Pier m, mar. a. f (Lan-dungsbrücke). **2.** Landungssteg m. **3.** Mole f, Hafendamm m. **4.** Kai m. **5.** (Brük-ken- od. Tor- od. Stütz)Pfeiler m. **6.** Mauerstück zwischen Fenstern. **'pier-age** s Kaigeld n.
**pierce** [pɪə(r)s] **I** v/t **1.** durch'bohren, -'dringen, -'stoßen, -'stechen. **2.** fig. durch'dringen: **a cry ~d the air** ein Schrei zerriß die Stille; **the cold ~d him to the bone** die Kälte drang ihm bis ins Mark. **3.** tech. durch'löchern, lochen, perfo'rieren. **4.** bes. mil. a) durch'stoßen, -'brechen, b) eindringen od. -brechen in (acc): **to ~ the enemy's lines. 5.** fig. durch'schauen, ergründen, eindringen in (acc): **to ~ the mystery. 6.** fig. j-n, j-s Herz od. Gefühle tief bewegen, verwun-den. **II** v/i **7.** (ein)dringen (into in acc), dringen (through durch). **'pierc·er** s tech. Bohrer m, Locher m. **'pierc·ing** adj (adv **~ly**) 'durchdringend, scharf, schneidend, stechend: **~ cold** schneiden-de Kälte; **~ eyes** stechende Augen, durchdringender Blick; **~ pain** stechen-der Schmerz; **~ shriek** durchdringender od. gellender Schrei.
**pier| glass** s Pfeilerspiegel m. **'~head** s Molenkopf m.
**Pi·er·rot** ['pɪərəʊ] s **1.** Pier'rot m (Lust-spielfigur). **2.** p~ Hans'wurst m.
**pier ta·ble** s Pfeiler-, Spiegeltisch m.
**pi·e·tà** ['pɪeˌtɑ:; Am. ˌpi:eɪ'tɑ:] s Pie'tà f.
**pi·e·tism** ['paɪətɪzəm] s relig. **1. P~** hist. Pie'tismus m. **2.** → piety. **3.** contp. Fröm-me'lei f. **'pi·e·tist I** s **1. P~** hist. Pie'tist (-in). **2.** frommer Mensch. **3.** contp. Frömmler(in). **II** adj → pietistic. **ˌpi·e·'tis·tic** adj **1. P~** hist. pie'tistisch. **2.** fromm. **3.** contp. frömmelnd.
**pi·e·ty** ['paɪətɪ] s **1.** Frömmigkeit f. **2.** (to) Pie'tät f (gegen'über), Ehrfurcht f (vor dat).
**pi·e·zo·e'lec·tric** [paɪˌi:zəʊ-; Am. pi:-ˌeɪzəʊ-] adj phys. pi'ezo-, 'druckeˌlek-trisch: **~ effect** Piezoeffekt m.
**pi·e·zom·e·ter** [ˌpaɪi:'zɒmɪtə; Am. ˌpi:ə-'zɑmətər] s phys. Piezo'meter n, Druck-messer m.
**pif·fle** ['pɪfl] colloq. **I** v/i **1.** ˌquatschen', 'Blech' od. Unsinn reden. **2.** 'Quatsch' machen. **II** s **3.** Unsinn m, 'Quatsch' m, 'Blech' n: **to talk ~** → 1. **'pif·fler** [-flə(r)]

s colloq. ˌQuatschkopf' m. **'pif·fling** adj colloq. albern.
**pig** [pɪg] **I** pl **pigs** od. bes. collect. **pig** s **1.** Schwein n, bes. Ferkel n: **sow in ~** trächtiges Mutterschwein; **sucking ~** Spanferkel; **to buy a ~ in a poke** fig. die Katze im Sack kaufen; **to carry ~s to market** fig. Geschäfte machen wollen; **~s might fly** iro. ˌman hat schon Pferde kotzen sehen'; **please the ~s** humor. wenn alles klappt; **in a ~'s eye** (od. **ear**)! sl. ˌQuatsch!', ˌvon wegen!' **2.** colloq. contp. ˌSchwein' n: a) ˌFreßsack' m, b) ˌFerkel' n, ˌSau' f, ˌSchweinigel' m (unanständiger od. schmutziger Mensch): **to make a ~ of o.s.** ˌfressen' od. ˌsaufen' (wie ein Schwein). **3.** colloq. contp. a) Ekel n, ˌBrechmittel' n, b) Dickschädel m, sturer Kerl, c) gieriger Kerl, Ego'ist(in). **4.** sl. a) ˌBulle' m (Polizist), b) Am. ˌNutte' f (Prostituierte). **5.** tech. a) Massel f, (Roh-eisen)Barren m, b) Roheisen n, c) Block m, Mulde f (bes. Blei). **6.** chem. Schwein-chen n (zum Trennen der Fraktionen beim Destillieren). **7.** rail. Am. sl. Lok f. **II** v/i **8.** frischen, ferkeln (Junge werfen). **9.** → 11 b. **III** v/t **10.** Ferkel werfen. **11.** a) zs.--pferchen, b) ~ **it** colloq. ˌaufein'ander-hocken', eng zs.-hausen. **'~boat** s mar. Am. sl. U-Boot n.
**pi·geon[1]** ['pɪdʒɪn] **I** s **1.** pl **-geons** od. bes. collect. **-geon** Taube f: → milk 6. **2.** sl. ˌGimpel' m: **to pluck a ~** e-n Dummen ˌübers Ohr hauen'. **3.** → **clay pigeon. 4.** Am. sl. ˌ(dufte) Puppe', (net-tes) Mädel. **5.** colloq. Sache f, Angelegen-heit f: **that's not my ~** a) das ist nicht mein ˌBier', b) das ist nicht mein Fall (es gefällt mir nicht). **II** v/t **6.** sl. j-n beim Spiel betrügen, ˌbemogeln' (of s.th. um etwas), ˌrupfen'.
**pi·geon[2]** → pidgin.
**pi·geon| breast** s med. Hühnerbrust f. **'~-ˌbreast·ed** adj hühnerbrüstig. **'~-gram** s Brieftaubennachricht f. **'~-hole I** s **1.** (Ablege-, Schub)Fach n (im Schreibtisch etc). **2.** Taubenloch n. **3.** fig. ˌKa'buff' n (enger, kleiner Raum). **II** v/t **4.** in Fächer einteilen, mit Fächern verse-hen. **5.** in ein Schubfach legen, einord-nen, Akten ablegen. **6.** fig. a) bei'seite legen, zu'rückstellen: **to ~ a report**, b) zu den Akten legen, c) ˌauf die lange Bank schieben', die Erledigung (e-r Sache) ver-schleppen, e-n Plan etc ˌauf Eis legen'. **7.** fig. j-n od. etwas abstempeln, (ein)ord-nen, klassifi'zieren. **'~-ˌheart·ed** adj furchtsam, feige. **~ house** → pigeonry. **'~-ˌliv·ered** → pigeon-hearted. **~ post** s Brieftaubenpost f.
**pi·geon·ry** ['pɪdʒɪnrɪ] s Taubenhaus n, -schlag m.
**'pi·geon-toed** adj: **to walk ~** ˌüber den großen Onkel' gehen.
**'pig-eyed** adj schweinsäugig.
**pig·ger·y** ['pɪgərɪ] s **1.** Schweinezucht f. **2.** Schweinestall m, fig. contp. a. Saustall m. **3.** Schweine(herde f) pl.
**pig·gie** → piggy.
**pig·gish** ['pɪgɪʃ] adj **1.** schweinisch, un-flätig. **2.** gierig, gefräßig. **3.** dickköpfig, ˌstur'. **4.** dreckig, schmutzig.
**pig·gy** ['pɪgɪ] **I** s **1.** Kindersprache: Schweinchen n, Ferkel(chen) n. **II** adj **2.** Schweins...(-augen etc). **3.** → piggish **2.** **'~back I** adj → pickaback. **II** v/t Am. fig. anhängen (on, onto an acc). **III** v/i Am. fig. sich anhängen (on, onto an acc). **~ bank** s Sparschwein(chen) n.
**'pig|'head·ed** adj dickköpfig, ˌstur', (bor'niert u.) eigensinnig. **~'head·ed-ness** s Dickköpfigkeit f, ˌSturheit' f. **~ i·ron** s tech. Massel-, Roheisen n. **~ Lat·in** s Kindergeheimsprache, die durch systematische Wortveränderungen gebil-

det wird. **~ lead** [led] s tech. Blockblei n.
**pig·let** ['pɪglɪt], **'pig·ling** [-lɪŋ] s (Span-) Ferkel n, Schweinchen n.
**'pig|·man** [-mən] s irr Schweinehirt m. **'~meat** s Br. a) Schweinefleisch n, b) Schinken m, c) Speck m.
**pig·ment** ['pɪgmənt] **I** s **1.** a. biol. Pig-'ment n. **2.** Farbe f, Farbstoff m, -körper m. **II** v/t u. v/i **3.** (sich) pigmen'tieren, (sich) färben. **'pig·men·tar·y** [-tərɪ; Am. -ˌteri:], a. **pig'men·tal** [-'mentl] adj Pigment... **ˌpig·men'ta·tion** s **1.** biol. Pigmentati'on f, Färbung f. **2.** med. Pigmen'tierung f.
**pig·my** → pygmy.
**pig·no·rate** ['pɪgnəreɪt] v/t **1.** verpfän-den. **2.** als Pfand nehmen.
**'pig·nut** s bot. **1.** 'Erdkaˌstanie f. **2.** Am. Schweins-Hickory f. **'~pen** → pigsty.
**pig's ear** s Br. sl. **1.** Cockney: Bier n. **2.** to make a ~ of s.th. etwas ˌvermasseln'.
**'pig|·skin I** s **1.** Schweinehaut f. **2.** Schweinsleder n. **3.** Am. colloq. a) Sattel m, ˌLeder' n (Ball). **II** adj **4.** schweinsledern. **'~stick·er** s **1.** Wild-schweinjäger m. **2.** sl. Schweineschläch-ter m. **3.** a) Sauspieß m, Saufeder f, b) Hirschfänger m, c) Schlachtmesser n. **'~stick·ing** s **1.** Wildschweinjagd f (mit Saufeder), Sauhatz f. **2.** Schweine-schlachten n. **'~sty** s Schweinestall m, fig. contp. a. Saustall m. **'~swill** s **1.** Schweinefutter n. **2.** fig. contp. ˌSpül-wasser' n (dünner Kaffee etc). **'~tail** s **1.** aufgerollter (Kau)Tabak. **2.** (Haar-) Zopf m. **'~wash** → pigswill. **'~weed** s **1.** Gänsefuß m. **2.** Fuchsschwanz m.
**pi·jaw** ['paɪdʒɔ:] s Br. sl. Mo'ralpredigt f.
**pike[1]** [paɪk] pl **pikes** od. bes. collect. **pike** s ichth. Hecht m.
**pike[2]** [paɪk] s mil. hist. Pike f, (Lang-) Spieß m. **II** v/t durch'bohren, (auf-) spießen.
**pike[3]** [paɪk] s (a. Speer- etc)Spitze f, Stachel m.
**pike[4]** [paɪk] s **1.** Schlagbaum m (Maut-straße). **2.** Maut f, Straßenbenutzungs-gebühr f. **3.** Mautstraße f, gebühren-pflichtige Straße.
**pike[5]** [paɪk] s Br. dial. Bergspitze f.
**pike[6]** [paɪk] s sl. v/i: **to ~ off** sl. ˌabhauen'.
**pike[7]** [paɪk] s Wasserspringen, Turnen: Hechtsprung m.
**pike·let** ['paɪklɪt] s Br. dial. (dünnes, run-des) Teegebäck n.
**'pike·man** [-mən] s irr **1.** mil. hist. Pike-'nier m. **2.** Bergbau: Hauer m. **3.** Maut-einnehmer m.
**pike pole** s Am. **1.** Einreißhaken m (der Feuerwehr). **2.** Hakenstange f (der Flö-ßer).
**pik·er** ['paɪkə(r)] s sl. **1.** Am. vorsichtiger Spieler. **2.** Am. Geizhals m. **3.** Am. Wai-senknabe m (compared to gegen). **4.** Austral. Faulenzer m, Drückeberger m.
**'pike·staff** pl **-staves** s mil. hist. Piken-schaft m: **as plain as a ~** fig. sonnenklar.
**pi·laf(f)** [pɪ'læf] s Pi'law m → pilau.
**pi·las·ter** [pɪ'læstə(r); Am. bes. ˌpaɪˌlæs-tər] s arch. Pi'laster m, (viereckiger) Stützpfeiler.
**pi·lau** [pɪ'laʊ], **pi·law** [pɪ'lɔ:] s Pi'lau m (orientalisches Reisgericht).
**pilch** [pɪltʃ] s dreieckige Fla'nellwindel f (über der Mullwindel).
**pil·chard** ['pɪltʃə(r)d] s ichth. **1.** Pilchard m. **2.** (Kali'fornische) Sar'dine.
**pilch·er** ['pɪltʃə(r)] → pilch.
**pile[1]** [paɪl] **I** s **1.** Haufen m: **a ~ of stones. 2.** Stapel m, Stoß m: **a ~ of books; a ~ of arms** e-e Gewehrpyramide; **a ~ of wood** ein Holzstoß. **3.** a funeral ~ Scheiter-haufen m. **4.** a) großes Gebäude, b) Ge-'bäudekomˌplex m. **5.** colloq. ˌHaufen' m: **a ~ of work. 6.** colloq. ˌHaufen' m

*od.* ‚Masse' *f* (Geld): **to make a** (*od.* one's) ~ e-e Menge Geld machen, ein Vermögen verdienen, sich ‚gesundstoßen'; **to make a ~ of money** e-e Stange Geld verdienen; **he has ~s of money** er hat Geld wie Heu. **7.** *electr.* (gal'vanische, vol'taische) Säule: **galvanic (voltaic) ~**; **thermo-electrical ~** Thermosäule. **8.** *a.* **atomic ~** (A'tom-) Meiler *m*, ('Kern)Re‚aktor *m*. **9.** *metall.* 'Schweiß(eisen)pa‚ket *n*. **II** *v/t* **10.** *a.* **~ up** (*od.* **on**) (an-, auf)häufen, (auf)stapeln, aufschichten: → **arm**² *Bes. Redew.* **11.** aufspeichern (*a. fig.*). **12.** ‚schaufeln', laden (**on** auf *acc*): **to ~ the food on one's plate.** **13.** über'häufen, -'laden (*a. fig.*): **to ~ a table with food. 14.** *colloq.* aufhäufen: **to ~ it on** dick auftragen; **to ~ on the pressure** für Druck sorgen (*a. sport*); → **agony** l. **15.** ~ **up** *colloq. a.) mar. das Schiff* auflaufen lassen, b) *sein Auto* ‚ka'puttfahren', c) mit *dem Flugzeug* ‚Bruch machen'. **III** *v/i* **16.** *meist* ~ **up** sich (auf- *od.* an)häufen, sich ansammeln, sich stapeln (*a. fig.*). **17.** ~ **up** *colloq. a) mar.* auflaufen, stranden, b) *mot.* auf ein'ander auffahren, c) *aer.* ‚Bruch machen'. **18.** *colloq.* sich drängen *od.* zwängen: **to ~ out (of)** (sich) herausdrängen (aus); **to ~ into** a) (sich) (hinein)drängen in (*acc*), b) sich stürzen auf (*Gegner etc*), c) sich hermachen über (*sein Essen etc*).

**pile²** [paɪl] **I** s **1.** *tech.* (*a. her.* Spitz)Pfahl *m.* (Stütz)Pfahl *m*, (Eisen- *etc*)Pfeiler *m*: ~ **pier** Pfahljoch *n*; ~ **plank** Spundpfahl. **3.** *antiq. hist.* Wurfspieß *m.* **II** *v/t* **4.** ver-, unter'pfählen, durch Pfähle verstärken *od.* stützen. **5.** Pfähle (hin)ein'treiben *od.* (ein)rammen in (*acc*).

**pile³** [paɪl] s **1.** Flaum *m*, Wolle *f*, Pelz *m*, Haar *n* (*des Fells*). **2.** *Weberei:* a) Samt *m*, Ve'lours *m*, Felbel *m*, b) Flor *m*, Pol *m* (*samtartige Oberfläche*): ~ **weaving** Samtweberei *f*. **II** *adj* **4.** …fach gewebt: **a three-~ carpet.**

**pile⁴** [paɪl] *sg von* **piles.**

**pi·le·ate** ['paɪlɪeɪt; -lɪɪt; 'pɪl-] *adj* **1.** *bot.* behütet. **2.** *orn.* Schopf…, Hauben…

**pile| bridge** s *tech.* (Pfahl)Jochbrücke *f*. **~ driv·er** s *tech.* **1.** (Pfahl)Ramme *f*. **2.** Rammklotz *m*, Bär *m.* **3.** *fig. colloq.* ‚Mordsschlag' *m.* **~ dwell·ing** s Pfahlbau *m*.

**piles** [paɪlz] s *pl med.* Hämorrho'iden *pl*: **bleeding ~** Hämorrhoidalblutung *f*.

**'pile-up** s *mot. colloq.* 'Massenkarambo‚lage *f*.

**pil·fer** ['pɪlfə(r)] *v/t u. v/i* ‚klauen', stib'itzen, stehlen. **'pil·fer·age** s geringfügiger Diebstahl, Diebe'rei *f.* **'pil·fer·er** s Dieb(in).

**pil·grim** ['pɪlɡrɪm] s **1.** Pilger(in), Wallfahrer(in). **2.** *fig.* (Erden)Pilger *m*, Wanderer *m*. **3.** **P~** *hist.* Pilgervater *m*: **the P~ Fathers** die Pilgerväter (*1620 nach Neu England ausgewanderte englische Puritaner*). **4.** erster (An)Siedler. **5. the P~ of Great Britain** (*od. of the U.S.*) *die Gesellschaften zur Förderung der anglo-amer. Freundschaft.* **'pil·grim·age I** s **1.** Pilger-, Wallfahrt *f* (*a. fig.*): ~ **church** Wallfahrtskirche *f*; **place of** ~ Wallfahrtsort *m*. **2.** *fig. a)* irdische Pilgerfahrt, Erdenleben *n*, b) (lange) Wanderschaft *od.* Reise. **II** *v/i* **3.** pilgern, wallfahr(t)en.

**pi·lif·er·ous** [paɪˈlɪfərəs] *adj bot. zo.* behaart. **pil·i·form** ['paɪlɪfɔː(r)m; 'pɪl-] *adj bot.* haarförmig, -artig.

**pill** [pɪl] **I** s **1.** Pille *f* (*a. fig.*): **a bitter ~ to swallow** *fig.* e-e bittere Pille; **to gild** (*od.* **sugar** *od.* **sweeten**) **the ~** die bittere Pille versüßen, b) **to swallow the ~** a) die (bittere) Pille schlucken, b) in den sauren Apfel beißen. **2.** *sl.* ‚Brechmittel' *n*, ‚Ekel' *n* (*Person*). **3.** *sport sl.* (Golf- *etc*)Ball *m*: a

---

**game of ~s** *Br.* e-e Partie Billard. **4.** *mil. sl. od. humor.* ‚blaue Bohne' (*Gewehrkugel*), ‚Ei' *n*, ‚Koffer' *m* (*Granate, Bombe*). **5.** *sl.* ‚Stäbchen' *n* (*Zigarette*). **6. the ~** *med. pharm. colloq.* die (Anti'baby)Pille: **to be** (*od.* **go**) **on the ~** die Pille nehmen. **7.** *pl vulg.* ‚Eier' *pl* (*Hoden*). **II** *v/t* **8.** *sl.* j-n (*bei e-r Wahl*) ablehnen, 'durchfallen lassen: **he was ~ed** er fiel durch.

**pil·lage** ['pɪlɪdʒ] **I** *v/t* **1.** (aus)plündern. **2.** rauben, erbeuten. **II** *v/i* **3.** plündern. **III** s **4.** Plünderung *f*, Plündern *n*. **5.** Beute *f*. **'pil·lag·er** s Plünderer *m*.

**pil·lar** ['pɪlə(r)] **I** s **1.** Pfeiler *m*, Ständer *m*: **to run from ~ to post** *fig.* von Pontius zu Pilatus laufen. **2.** *arch.* Säule *f*. **3.** (Rauch-, Wasser- *etc*)Säule *f*: **a ~ of smoke. 4.** *fig.* Säule *f*, Stütze *f*: **the ~s of society**; **the ~s of wisdom** die Säulen der Weisheit; **he was a ~ of strength** stand da wie ein Fels in der Brandung. **5.** *bes. tech.* Sockel *m*, Stütze *f*, Sup'port *m*. **6.** *Bergbau:* (Abbau)Pfeiler *m*: ~ **of coal** Kohlenpfeiler *m*. **7.** *Reitsport:* Ständer *m*. **II** *v/t* **8.** mit Pfeilern *od.* Säulen versehen *od.* stützen *od.* schmücken. ~ **box** s *Br.* Briefkasten *m* (*in Säulenform*): ~ **red** Knallrot *n*.

**pil·lared** ['pɪlə(r)d] *adj* **1.** mit Säulen *od.* Pfeilern (versehen). **2.** säulenförmig.

**'pill·box** s **1.** Pillenschachtel *f*. **2.** *mil. sl.* Bunker *m*. **3.** *a.* ~ **hat** Pillbox *f* (*kleiner, runder Damenhut*). **'~head** s *sl.* Ta'blettensüchtige(r *m*) *f*.

**pil·lion** ['pɪljən] **I** s **1.** leichter (Damen-) Sattel. **2.** Sattelkissen *n* (*für e-e zweite Person*). **3.** *a.* ~ **seat** *mot.* Soziussitz *m*: ~ **rider** Sozius *m*. **II** *adv* **4. to ride ~** auf dem Soziussitz (mit)fahren.

**pil·li·winks** ['pɪlɪwɪŋks] s *pl* (*a. als sg konstruiert*) *hist.* Daumenschrauben *pl*.

**pil·lo·ry** ['pɪlərɪ] **I** s **1.** *hist.* Pranger *m* (*a. fig.*): **to be in the ~** am Pranger stehen. **II** *v/t* **2.** an den Pranger stellen. **3.** *fig.* anprangern.

**pil·low** ['pɪləʊ] **I** s **1.** (Kopf)Kissen *n*, Polster *n*: **to take counsel of one's ~** die Sache (noch einmal) beschlafen. **2.** Klöppelkissen *n*. **3.** *tech.* (Zapfen)Lager *n*, Pfanne *f*. **II** *v/t* **4.** auf (ein) (Kopf)Kissen legen *od.* betten. **5.** ~ **up** hoch betten, mit (Kopf)Kissen stützen. **6.** als Kissen dienen für. ~ **block** s *tech.* Lagerblock *m*, Pfanne *f*. **'~case** s (Kopf)Kissenbezug *m*. ~ **fight** s **1.** Kissenschlacht *f*. **2.** *fig.* Scheingefecht *n*. ~ **lace** s Klöppel-, Kissenspitzen *pl*. **'~sham** s *Am.* Kissendecke *f*. ~ **slip** → **pillowcase.** ~ **talk** s Bettgeflüster *n*.

**'pill·wort** s *bot.* Pillenkraut *n*.

**pi·lose** ['paɪləʊs] *adj bot. zo.* behaart.

**pi·lot** ['paɪlət] **I** s **1.** *mar.* Lotse *m*: **licensed ~** seeamtlich befähigter Lotse. **2.** *aer.* Pi'lot *m*: a) Flugzeugführer *m*, b) Bal'lonführer *m*: ~ **instructor** Fluglehrer *m*; **second ~** Kopilot; **~'s licence** (*Am.* **license**) Flug-, Pilotenschein *m*. **3.** *bes. fig. a)* Führer *m*, Leiter *m*, Wegweiser *m*, b) Berater *m*: **to drop the ~** den Berater in die Wüste schicken. **4.** *rail. Am.* Schienenräumer *m*. **5.** *tech. a)* Be'tätigungsele‚ment *n*, Kraftglied *n*, b) Führungszapfen *m*. **6.** → **pilot wire. 7.** a) *Rundfunk, TV* Pi'lotsendung *f*, b) *TV* Pi'lotfilm *m*. **II** *v/t* **8.** *mar.* lotsen (*a. mot.*), *fig. a.* führen, leiten: **to ~ through** durchlotsen (*a. fig.*); **to ~ a bill through Congress** ein Gesetzentwurf durch den Kongreß bringen. **9.** *aer.* steuern, lenken, fliegen. **III** *adj* **10.** Versuchs…, Probe…: ~ **experiment** Vorversuch *m*; ~ **scheme** Versuchs-, Pilotprojekt *n*; ~ **study** Pilot-, Leitstudie *f*. **11.** Hilfs…: ~ **parachute** → **pilot chute. 12.** *tech.*

---

Steuer…, Kontroll…, Leit… **'pi·lot·age** s **1.** *mar.* Lotsen(dienste *pl*) *n*: **certificate of ~** Lotsenpatent *n*; **compulsory ~** Lotsenzwang *m*. **2.** Lotsengebühr *f*, -geld *n*. **3.** *aer.* a) Fliege'rei *f*, b) 'Bodennaviga‚ti‚on *f*. **4.** *fig.* Leitung *f*.

**pi·lot| bal·loon** s *aer.* Pi'lotbal‚lon *m*. ~ **beam** s *tech.* Leitstrahl *m*. ~ **bis·cuit** s Schiffszwieback *m*. ~ **boat** s *mar.* Lotsenboot *n*. ~ **burn·er** s *tech.* Zündbrenner *m*. ~ **ca·ble** s *electr.* Leitkabel *n*. ~ **cell** s *electr.* Prüfzelle *f*. ~ **chute** s *aer.* Hilfs-, Ausziehfallschirm *m*. ~ **cloth** s dunkelblauer Fries (*für Marinekleidung*). **~en·gine** s *rail.* 'Leerfahrtlokomo‚tive *f*. ~ **fish** s *ichth.* **1.** Lotsen-, Pi'lotfisch *m.* **2.** *Am.* Silberfelchen *m.* ~ **flag** s *mar.* Lotsenflagge *f*. ~ **flame** s *tech.* Zündflamme *f*. ~ **house** s *mar.* Brücken-, Ruderhaus *n* (*der gedeckte Teil der Kommandobrücke*). ~ **lamp** *a. tech.* Si'gnallampe *f*, Kon'trollampe *f*.

**pi·lot·less** ['paɪlətlɪs] *adj* führerlos, unbemannt: **a ~ plane.**

**pi·lot| light** s **1.** → **pilot burner. 2.** → **pilot lamp. 3.** Zündflamme *f* (*e-s Gasboilers etc*). ~ **mo·tor** s *electr.* Kleinstmotor *m*. ~ **nut** s *tech.* Führungsmutter *f*. ~ **of·fi·cer** s *aer. mil.* Fliegerleutnant *m*. ~ **plant** s **1.** Versuchs-, Pi'lotanlage *f*. **2.** Musterbetrieb *m*. ~ **train** s *rail.* Vor'aus-, Leerzug *m*. ~ **train·ee** s *aer.* Flugschüler(in). ~ **valve** s *tech.* 'Steuerven‚til *n*. ~ **wire** s *electr.* **1.** Steuerleitung *f*. **2.** Meßader *f*. **3.** Hilfsleiter *m*. **4.** (Kabel-)Prüfdraht *m*.

**pi·lous** ['paɪləs] → **pilose.**

**pil·u·lar** ['pɪljʊlə(r)] *adj pharm.* pillenartig, Pillen…

**pil·ule** ['pɪljuːl] s *pharm.* kleine Pille.

**pil·y¹** ['paɪlɪ] *adj* haarig, wollig.

**pil·y²** ['paɪlɪ] *adj her.* durch Spitzpfähle abgeteilt.

**pim·e·lode** ['pɪmələʊd] s *ichth. Br.* Schlankwels *m*.

**pi·men·to** [pɪ'mentəʊ] *pl* **-tos** s *bot. bes. Br.* **1.** Pi'ment *m, n*, Nelkenpfeffer *m*. **2.** Pi'mentbaum *m*.

**pimp¹** [pɪmp] **I** s a) Kuppler *m*, b) Zuhälter *m*. **II** *v/i* a) sich als Kuppler betätigen, b) von Zuhälte'rei leben: **to ~ for s.o.** j-s Zuhälter sein.

**pimp²** [pɪmp] *sl. bes. Austral.* **I** s Spitzel *m*, Infor'mant(in). **II** *v/i* ~ **on** j-n denun'zieren.

**pim·per·nel** ['pɪmpə(r)nel] s *bot.* Pimper'nell *m*.

**pimp·er·y** ['pɪmpərɪ] s Zuhälte'rei *f*.

**pim·ple** ['pɪmpl] *med.* **I** s Pustel *f*, Pickel *m*. **II** *v/i* pick(e)lig werden. **'pim·pled, 'pim·ply** *adj* pick(e)lig.

**pin** [pɪn] **I** s **1.** (Steck)Nadel *f*: **~s and needles** ‚Kribbeln' *n* (*in eingeschlafenen Gliedern*); **to sit on ~s and needles** ‚wie auf Kohlen sitzen', ‚kribbelig' sein; **for two ~s I'd hit him** *colloq.* dem hau' ich jetzt bald eine runter!; → **care** 8, **neat¹** 1. **2.** (Schmuck-, Haar-, Hut)Nadel *f*. **3.** (Ansteck)Nadel *f*, Abzeichen *n*. **4.** *Am. dial.* nadelförmige (Berg)Spitze. **5.** *tech.* Pflock *m*, Dübel *m*, Bolzen *m*, Zapfen *m*, Stift *m*, Pinne *f*: ~ **with thread** Gewindezapfen *m*; **split ~** Splint *m*; ~ **base** *electr.* Stiftsockel *m*; ~ **bearing** Nadel-, Stiftlager *n*; ~ **drill** Zapfenbohrer *m*. **6.** *tech.* Dorn *m*. **7.** *tech.* Achsnagel *m* (*e-s Wagens*). **8.** *mil.* (Auf-, Vor-) Räumer *m* (*e-s Gewehrs*). **9.** *electr.* (Iso'lator)Stütze *f*. **10.** *mar.* Pinne *f*: ~ **of a compass** Kompaßpinne *od.* -spitze *f*. **11.** *a. drawing* ~ Reißnagel *m*, -zwecke *f*. **12.** *a.* **clothes~** *bes. Am.* Wäscheklammer *f*. **13.** *a.* **rolling ~** Nudelholz *n*. **14.** *pl colloq.* ‚Gestell' *n* (*Beine*): **that knocked him off his ~s** das hat ihn ‚umgeschmis-

sen'. **15.** *mus.* Wirbel *m (an Saiteninstru-menten).* **16.** *Golf:* Flaggenstock *m.* **17.** a) *Kegeln:* Kegel *m,* b) *Bowling:* Pin *m.* **18.** *Schach:* Fesselung *f.*

**II** *v/t* **19.** *a.* ~ **up (to, on)** heften, stecken (*an acc*), festmachen, befestigen (*an dat*): **to** ~ **a rose on a dress; to** ~ **up** hoch-, aufstecken; **to** ~ **the blame on s.o.** j-m die Schuld in die Schuhe schieben; **to** ~ **a murder on s.o.** *colloq.* j-m e-n Mord ‚anhängen'; **to** ~ **one's hopes on** s-e (ganze) Hoffnung setzen auf (*acc*), bauen auf (*acc*); → **faith** 1. **20.** pressen, drücken (**against, to** gegen, an *acc*), festhalten: **to** ~ **s.o.'s ears back** *colloq.* a) j-n verprügeln, b) j-n ‚herunterputzen', j-n anschnauzen. **21.** *a.* ~ **down** a) zu Boden pressen, b) *fig.* j-n ‚festnageln' (**to** auf e-e *Aussage, ein Versprechen etc*), c) *mil. Feindkräfte* fesseln (*a. Schach*), d) *etwas* genau bestimmen *od.* defi'nieren. **22.** *tech.* verbolzen.

**pi·na·ceous** [paɪˈneɪʃəs] *adj bot.* zu den Kieferngewächsen gehörig.

**pin·a·fore** [ˈpɪnəfɔː(r); *Am. a.* -ˌfəʊər] *s* **1.** Schürze *f,* Kittel *m.* ~ **dress** *s Br.* Trägerkleid *n,* -rock *m.*

**pi·nas·ter** [paɪˈnæstə(r)] *s bot.* Strandföhre *f.*

**'pin·ball** *s* Flippern *n:* **to play** ~ flippern. ~ **ma·chine** *s* Flipper *m.*

**pin|bit** *s tech.* Bohrspitze *f.* ~ **bolt** *s tech.* Federbolzen *m.*

**pince-nez** *pl* **pince-nez** [ˈpæːnseɪ; *Am.* pænˈsneɪ] *s* Kneifer *m.*

**pin·cer** [ˈpɪnsə(r)] *adj* Zangen...: ~ **movement** *mil.* Zangenbewegung *f.*

**pin·cers** [ˈpɪnsə(r)z] *s pl* **1.** [*Am.* ˈpɪntʃərz] *tech.* (Kneif-, Beiß)Zange *f:* **a pair of** ~ e-e Kneifzange. **2.** *mil.* Zange *f,* zangenförmige Um'fassung (*des Gegners*). **3.** *med. print.* Pin'zette *f.* **4.** *zo.* a) Krebsschere *f,* b) Schwanzzange *f.*

**pinch** [pɪntʃ] **I** *v/t* **1.** zwicken, kneifen, quetschen, (ein)klemmen: **to** ~ **one's fingers in the door** sich die Finger in der Tür klemmen; **to** ~ **off** abzwicken, abkneifen; **to** ~ **s.o.'s arm** j-n in den Arm zwicken. **2.** drücken (*Schuh etc*). **3.** beengen, einengen, hin'einzwängen. **4.** *fig.* (be)drücken, beengen, beschränken: **to be** ~**ed for time** wenig Zeit haben; **to be** ~**ed** in Bedrängnis sein, Not leiden, knapp sein (**for, in, of** an *dat*); **to be** ~**ed for money** ‚knapp bei Kasse sein'; ~**ed circumstances** beschränkte Verhältnisse. **5.** *fig.* beißen (*bes. Kälte*), plagen, quälen (*Durst, Hunger etc*): **to be** ~**ed with cold** durchgefroren sein; **to be** ~**ed with hunger** ausgehungert sein; **a** ~**ed face** ein schmales *od.* spitzes *od.* abgehärmtes Gesicht. **6.** *sl.* a) etwas ‚klemmen', ‚klauen' (*stehlen*), b) j-n ‚schnappen' (*verhaften*).

**II** *v/i* **7.** drücken (*Schuh, a. fig. Not etc*), kneifen, zwicken: ~**ing want** drückende Not; → **shoe** *Bes. Redew.* **8.** *fig.* quälen (*Durst etc*). **9.** *a.* ~ **and scrape** (*od.* **save**) knausern, darben, sich nichts gönnen. **10.** *sl.* ‚klauen' (*stehlen*).

**III** *s* **11.** Kneifen *n,* Zwicken *n,* Quetschen *n:* **to give s.o. a** ~ j-n kneifen *od.* zwicken. **12.** *fig.* Druck *m,* Qual *f,* Notlage *f:* **the** ~ **of hunger** der quälende Hunger; **at** (*od.* **on,** *Am. meist* **in**) **a** ~ im Notfall, zur Not, notfalls; **if it comes to the** ~ wenn es zum Äußersten kommt. **13.** Prise *f* (*Salz, Tabak etc*): → **salt** 1. **14.** Quentchen *n:* **a** ~ **of butter. 15.** *sl.* Festnahme *f,* Verhaftung *f.*

**pinch·beck** [ˈpɪntʃbek] **I** *s* **1.** Tombak *m,* Talmi *n (a. fig.).* **II** *adj* **2.** Talmi... (*a. fig.*). **3.** unecht, nachgemacht.

**'pinch·cock** *s chem.* Quetschhahn *m.*

**pin cher·ry** *s bot. Amer.* Weichselkirsche *f.*

**'pinch|-,hit** *v/i irr Baseball u. fig. Am.* einspringen (**for** s.o. für j-n). ~ **hit·ter** *s sport. u. fig. Am.* Ersatz(mann) *m.*

**'pinch,pen·ny I** *adj* knaus(e)rig, knick(e)rig. **II** *s* Knauser(in), Knicker (-in).

**'pin,cush·ion** *s* Nadelkissen *n.*

**Pin·dar·ic** [pɪnˈdærɪk] **I** *adj* **1.** pin'darisch, Pindar...: ~ **ode** → 2. **II** *s metr.* **2.** pin'darische Ode. **3.** *meist pl* pin'darisches Versmaß.

**pine¹** [paɪn] *s* **1.** *bot.* Kiefer *f,* Föhre *f,* Pinie *f:* **Austrian** ~ Schwarzkiefer; **Brazilian** ~ (*e-e*) Schirmtanne. **2.** Kiefernholz *n.* **3.** *colloq.* Ananas *f.*

**pine²** [paɪn] *v/i* **1.** sich (sehr) sehnen, schmachten (**after, for** nach). **2.** *meist* ~ **away** verschmachten, vor Gram vergehen. **3.** sich grämen. abhärmen (**at** über *acc*).

**pin·e·al bod·y** (*od.* **gland**) [ˈpɪnɪəl; *Am.' a.* ˈpaɪ-] *s anat.* Zirbeldrüse *f.*

**pine·ap·ple** [ˈpaɪnˌæpl] *s* **1.** *bot.* Ananas *f.* **2.** *sl.* a) (kleinere) Dyna'mitbombe, b) 'Handgra,nate *f.*

**pine| bar·rens** *s pl* Hügelketten, die mit Georgia-Kiefern bewachsen sind (*im Süden der USA*). ~ **beau·ty** *s zo.* (*e-e*) Eule (*Nachtfalter*). ~ **cone** *s bot.* Kiefernzapfen *m (Wahrzeichen des Staates Maine der USA).* ~ **mar·ten** *s zo.* Baummarder *m.* ~ **nee·dle** *s bot.* Kiefernnadel *f.* ~ **oil** *s* Kiefernnadelöl *n.*

**pin·er·y** [ˈpaɪnərɪ] *s* **1.** Treibhaus *n* für Ananas. **2.** Kiefernpflanzung *f.*

**pine| squir·rel** *s zo. Amer.* Eichhörnchen *n.* ~ **tar** *s* Kienteer *m.* ~ **tree** → **pine¹** 1. **P**~ **Tree State** *s Am. (Beiname für)* Maine *n.*

**pi·ne·tum** [paɪˈniːtəm] *pl* **-ta** [-tə] *s* Pi'netum *n (Baumschule für Kiefern etc),* Nadelholzschonung *f.*

**'pin|,feath·er** *s orn.* Stoppelfeder *f.* **'~fold** *s* **1.** Schafhürde *f.* **2.** Pfandstall *m* für verirrtes Vieh.

**ping** [pɪŋ] **I** *v/i* **1.** pfeifen, zischen (*Kugel*), schwirren (*Mücke etc*). **2.** *mot.* klingeln. **II** *s* **3.** Peng *n.* **4.** Pfeifen *n,* Schwirren *n.* **5.** *mot.* Klingeln *n.*

**ping-pong** [ˈpɪŋpɒŋ; *Am. a.* -ˌpɑŋ] *s* Pingpong *n (Tischtennis).*

**pin·guid** [ˈpɪŋgwɪd] *adj* **1.** fettig, ölig. **2.** fett, ergiebig: ~ **soil.**

**pin·guin** [ˈpɪŋgwɪn] *s bot.* Pinguin-Ananas *f.*

**'pin|·head** *s* **1.** (Steck)Nadelkopf *m.* **2.** *fig.* Kleinigkeit *f.* **3.** *colloq.* Dummkopf *m.* **'~head·ed** *adj colloq.* dumm, ‚doof'. **'~head sight** *s Perl- od.* Rundkorn *n (des Gewehrvisiers).* **'~hold·er** *s* Blumenigel *m.* **'~hole** *s* **1.** Nadelloch *n.* **2.** *opt. phot.* Nadelstich *m:* ~ **camera** Lochkamera *f;* ~ **diaphragm** Lochblende *f.*

**pi·nic** [ˈpaɪnɪk; ˈpɪn-] *adj chem.* Fichtenharz... **~ ac·id** *s* Pi'ninsäure *f.*

**pin·ion¹** [ˈpɪnjən] *s tech.* **1.** Ritzel *n,* Antriebs(kegel)rad *n:* ~ **gear** ~ Getriebezahnrad *n;* ~ **drive** Ritzelantrieb *m;* ~ **shaft** Ritzelwelle *f.* **2.** Kammwalze *f.*

**pin·ion²** [ˈpɪnjən] **I** *s* **1.** *örn.* a) Flügelspitze *f,* b) *a.* ~ **feather** (Schwung)Feder *f.* **2.** *poet.* Schwinge *f,* Fittich *m,* Flügel *m.* **II** *v/t* **3.** die Flügel stutzen (*dat*) (*a. fig.*). **4.** j-m die Hände fesseln (*a. fig.*). **5.** fesseln (*to an acc*).

**pink¹** [pɪŋk] **I** *s* **1.** *bot.* Nelke *f:* **plumed** (*od.* **feathered** *od.* **garden**) ~ Federnelke. **2.** Blaßrot *n,* Rosa *n.* **3.** *bes. Br.* a) Scharlachrot *n,* b) (scharlach)roter Jagdrock, c) Rotrock *m (Teilnehmer e-r Fuchsjagd).* **4.** *oft* **P**~ *pol. Am. colloq.* ‚rot' *od.* kommu'nistisch Angehauchte(r' *m)*

*f,* ‚Sa'lonbolsche,wist(in)'. **5.** *fig.* Muster (-beispiel) *n,* Gipfel *m,* Krone *f,* höchster Grad: **the** ~ **of fashion** die allerneueste Mode; **in the** ~ **of health** bei bester Gesundheit; **the** ~ **of perfection** die höchste Vollendung; **the** ~ **of politeness** der Gipfel der Höflichkeit; **he is the** ~ **of politeness** er ist die Höflichkeit in Person; **to be in the** ~ (**of condition**) in ‚Hochform' sein. **II** *adj* **6.** rosa(farben), blaßrot, rötlich: **to see** ~ **elephants** *humor.* weiße Mäuse sehen; ~ **slip** *Am. colloq.* ‚blauer Brief (*Kündigungsschreiben*). **7.** *oft* **P**~ *pol. colloq.* ‚rot' *od.* kommu'nistisch angehaucht', ‚rötlich'.

**pink²** [pɪŋk] *s paint.* gelbe *od.* grünlichgelbe Lack- *od.* La'surfarbe.

**pink³** [pɪŋk] *v/t* **1.** *a.* ~ **out** auszacken, (kunstvoll) ausschneiden. **2.** durch'bohren, -'stechen. **3.** mit e-m Lochmuster verzieren.

**pink⁴** [pɪŋk] *s mar.* Pinke *f:* a) dreimastiger Küstensegler, b) ein Fischerboot.

**pink⁵** [pɪŋk] *v/i* klopfen (*Motor*).

**'pink·eye** *s* **1.** *med. vet.* ansteckende Bindehautentzündung. **2.** *vet.* (*Art*) Influ'enza *f (der Pferde).*

**pink·ie¹** [ˈpɪŋkɪ] *s Scot. u. Am.* (der) kleine Finger.

**pink·ie²** [ˈpɪŋkiː] *s mar. Am.* schonergetakeltes Fischereifahrzeug.

**pink·ing** [ˈpɪŋkɪŋ] *s tech.* Klopfen *n (des Motors).* ~ **shears** *s pl* Zickzackschere *f.*

**pink·ish** [ˈpɪŋkɪʃ] *adj* rötlich (*a. pol. colloq.*), blaßrosa.

**pink·ness** [ˈpɪŋknɪs] *s* Rosa(rot) *n.*

**pink·o** [ˈpɪŋkəʊ] *pl* **-os, -oes** *s Am. colloq.* → **pink⁴** 4.

**'pink|-,slip** *v/t Am. colloq.* j-m den ‚blauen Brief' schicken (*j-m kündigen*).

**Pink·ster** [ˈpɪŋkstər] *Am. dial.* **I** *s* Pfingsten *n od. pl.* **II** *adj* Pfingst...

**pink·y¹** [ˈpɪŋkɪ] *s* **1.** → **pinkie¹** *u.* ². **2.** → **pink⁴.**

**pink·y²** [ˈpɪŋkɪ] *adj* rötlich, rosa.

**pin mon·ey** *s* **1.** Taschengeld *n* (der Hausfrau). **2.** selbstverdientes Taschengeld (der Hausfrau).

**pin·na** [ˈpɪnə] *pl* **-nas** *s* **1.** *anat.* Ohrmuschel *f.* **2.** *zo.* a) Feder *f,* Flügel *m,* b) Flosse *f.* **3.** *bot.* Fieder(blatt *n*) *f.*

**pin·nace** [ˈpɪnɪs] *s mar.* Pi'nasse *f.*

**pin·na·cle** [ˈpɪnəkl] **I** *s* **1.** *arch.* a) Fi'ale *f,* Spitzturm *m,* b) Zinne *f.* **2.** (Fels-, Berg-) Spitze *f,* Gipfel *m.* **3.** *fig.* Gipfel *m,* Spitze *f,* Höhepunkt *m:* **on the** ~ **of fame** auf dem Gipfel des Ruhms. **II** *v/t* **4.** *arch.* mit Zinnen *etc* versehen. **5.** erhöhen. **6.** den Gipfel bilden von, krönen (*a. fig.*).

**pin·nate** [ˈpɪnɪt; -neɪt] *adj bot. orn.* gefiedert.

**pin·ner** [ˈpɪnə(r)] *s* **1.** Schürze *f.* **2.** *meist pl hist.* Flügelhaube *f.*

**pin·ni·grade** [ˈpɪnɪgreɪd], **'pin·ni·ped** [-ped] *zo.* **I** *adj* flossen-, schwimmfüßig. **II** *s* Flossen-, Schwimmfüßer *m.*

**pin·nule** [ˈpɪnjuːl] *s* **1.** Federchen *n.* **2.** *zo.* a) sechsstrahlige Kalknadel (*bei Schwämmen*), b) Seitenast *m (e-s Haarsternarmes).* **3.** *zo.* Flössel *n.* **4.** *bot.* Fiederblättchen *n.* **5.** Vi'sier *n (e-s Astrolabiums etc).*

**pin·ny** [ˈpɪnɪ] *colloq. für* pinafore.

**pi·noch·le, pi·noc·le** [ˈpiːnʌkl] *s* Bi'nokel *n (Kartenspiel).*

**pi·no·le** [pɪˈnəʊliː] *s Am.* aus gerösteten Pinolekörnern gemahlenes Mehl.

**'pin|·point** *s* **1.** Nadelspitze *f.* **2.** winziger Punkt. **3.** Winzigkeit *f.* **4.** *mil.* a) (*strategischer etc*) Punkt, b) Punktziel *n.* **II** *v/t* **5.** *mil.* a) *das* Ziel (haar)genau

festlegen *od.* bestimmen *od.* bombar-
ˈdieren *od.* treffen, b) einzeln bombar-
ˈdieren *od.* ˈwegputzen‘. **6.** *fig.* genau
festlegen *od.* bestimmen. **7.** *fig.* klar her-
ˈvortreten lassen, ein Schlaglicht werfen
auf (*acc*). **III** *adj* **8.** *mil.* (haar)genau,
Punkt...: ~ **attack** Punktzielangriff *m*; ~
**bombing** Bombenpunktwurf *m*, geziel-
ter Bombenwurf; ~ **target** Punktziel *n*.
**9.** *fig.* genau, detailˈliert: ~ **planning**.
**10.** ~ **strike** *econ.* Schwerpunktstreik *m*.
ˈ~**prick I** *s* **1.** Nadelstich *m* (*a. fig.*):
policy of ~**s** Politik *f* der Nadelstiche.
**2.** *fig.* Sticheˈlei *f*, spitze Bemerkung.
**II** *v/t* **3.** *j-m* Nadelstiche versetzen, *j-m*
mit Stichelreden zusetzen. ˈ~**-striped**
*adj* mit Nadelstreifen: **a** ~ **suit**.
**pint** [paɪnt] *s* **1.** Pint *n*, *etwa* halber Liter
(*Br.* 0,568 *l*, *Am.* 0,473 *l*). **2.** *Br. colloq.*
Halbe*m,f,n*(Bier): **he's gone out for a** ~
er ist ein Bier trinken gegangen.
**pin·ta** [ˈpaɪntə] *s Br. colloq.* ungefähr ein
halber Liter Milch *od.* Bier.
**pin ta·ble** → **pinball machine**.
**pin·ta·do** [pɪnˈtɑːdəʊ] *pl* **-dos** *s* **1.** *a.* ~
**petrel** *orn.* Kaptaube *f*. **2.** *orn.* Perlhuhn
*n*. **3.** *ichth.* Spanische Maˈkrele.
ˈ**pin·tail** *pl* **-tails**, *bes. collect.* **-tail** *s*
*orn.* Spießente *f*.
**pin·tle** [ˈpɪntl] *s* **1.** *tech.* (Dreh)Bolzen
*m*, Zapfen *m*. **2.** *mot.* (Einspritz)Düsen-
nadel *f*.
**pin·to** [ˈpɪntəʊ] *Am.* **I** *pl* **-tos** *s*
**1.** Scheck(e)*m*, Schecke *f* (*Pferd*). **2.** ~
**bean** *bot.* gefleckte Feldbohne. **II** *adj*
**3.** scheckig, gescheckt.
ˈ**pint-size(d)** *adj colloq.* winzig: ~ **com·
pany** Zwergfirma *f*.
ˈ**pin·up** *s* **1.** *a.* ~ **girl** Pin-ˈup-Girl *n*.
**2.** Pin-ˈup-Foto *n* (*a. e-s Mannes*). **II** *adj*
**3.** *Am.* Wand...: ~ **lamp**. ˈ~**wheel** *s*
**1.** *Am.* Windrädchen *n* (*Kinderspielzeug*).
**2.** Feuerrad *n* (*Feuerwerkskörper*).
**Pinx·ter** → **Pinkster**.
**pin·y** [ˈpaɪnɪ] *adj* **1.** mit Kiefern bewach-
sen. **2.** Kiefern...
**pi·o·let** [pjəʊˈleɪ; ˌpɪə-] *s* Eispickel *m* (*der
Bergsteiger*).
**pi·on** [ˈpaɪɒn; *Am.* -ˌɑn] *s phys.* Pion *n*
(*Elementarteilchen*).
**pi·o·neer** [ˌpaɪəˈnɪə(r)] **I** *s* **1.** *mil.* Pioˈnier
(-solˌdat) *m*. **2.** *fig.* Pioˈnier *m* (*Erschließer
von Neuland etc*), Vorkämpfer *m*, Bahn-
brecher *m*, Wegbereiter *m*, Vorreiter *m*: **a**
~ **in cancer research** ein Pionier (in)
der Krebsforschung. **II** *v/i* **3.** Pioˈnier
sein (*a. fig.*). **4.** *fig.* den Weg bahnen *od.*
ebnen, bahnbrechende Arbeit leisten.
**III** *v/t* **5.** den Weg bahnen *od.* bereiten
für (*a. fig.*). **6.** *fig.* bahnbrechende Arbeit
leisten für. **7.** als erste(r) herˈausbringen
*od.* schaffen, einführen: **to** ~ **a new
model**. **8.** führen, lenken. **IV** *adj*
**9.** Pionier...: ~ **work**. **10.** *fig.* bahnbre-
chend, wegbereitend, Versuchs...,
erst(er, e, es): ~ **model** Erstmodell *n*.
**11.** *Am. hist.* Siedler..., Grenzer...
**pi·ous** [ˈpaɪəs] *adj* (*adv* ~**ly**) **1.** fromm (*a.
iro.*), gottesfürchtig: ~ **fraud** *fig.* from-
mer Betrug; ~ **literature** fromme Litera-
tur; ~ **hope** *fig.* frommer Wunsch.
**2.** andächtig (*a. fig.*): **a** ~ **hush**. **3.** *colloq.*
lobenswert: **a** ~ **effort** ein gutgemeinter
Versuch. **4.** *obs.* fromm, brav (*Kind*).
**pip¹** [pɪp] **I** *s* **1.** *vet.* Pips *m* (*Geflügel-
krankheit*). **2.** *Br. colloq.* ˈmiese‘ Laune:
**to give s.o. the** ~ → **3**. **II** *v/t* **3.** *Br. colloq.*
*j-m* auf die Nerven gehen, *j-n* nerven.
**pip²** [pɪp] *s* **1.** *bes. Br.* Auge *n* (*auf Spiel-
karten*), Punkt *m* (*auf Würfeln etc*).
**2.** (Obst)Kern *m*. **3.** *bot.* a) Einzelfrucht *f*
(*der Ananas*), b) Einzelblüte *f*. **4.** *mil. bes.
Br. colloq.* Stern *m* (*Schulterabzeichen der
Offiziere*). **5.** *Radar*: Blip *m*, Bildspur *f*.
**6.** *Br.* (kurzer, hoher) Ton (*e-s Pau-*

sen- *od. Zeitzeichens*). **7.** *teleph. etc Br.*
ˌPaulaˈ, P *n*: **five o'clock** ~ **emma** (*p.m.*)
fünf Uhr nachmittags.
**pip³** [pɪp] *Br. colloq.* **I** *v/t* **1.** a) ˈdurchfal-
len lassen (*bei e-r Prüfung etc*), b) durch-
fallen bei. **2.** *fig.* (haar)knapp besiegen *od.*
schlagen: **to** ~ **s.o. at the post** a) *sport* j-n
im Ziel abfangen, b) *fig.* j-m um Haares-
breite zuvorkommen. **3.** ˌabknallen‘, er-
schießen. **4.** *j-n* ächten *od.* auf die
schwarze Liste setzen. **II** *v/i* **5.** *a.* ~ **out**
ˌabkratzen‘ (*sterben*).
**pipe** [paɪp] **I** *s* **1.** *tech.* a) Rohr *n*, Röhre *f*,
b) (Rohr)Leitung *f*. **2.** *a.* **flexible** ~ *tech.*
Schlauch *m*. **3.** a) Pfeife *f* Tabak (*Menge*),
b) *a.* **tobacco** ~ (Tabaks)Pfeife *f*: ~ **of
peace** Friedenspfeife; **put that in your
~ and smoke it!** *colloq.* ob dir das nun
paßt oder nicht! **4.** *mus.* a) Pfeife *f*,
(einfache) Flöte, b) *a.* **organ** ~ Orgel-
pfeife *f*, c) *meist pl* Dudelsack *m*,
d) (ˈHolz)Blasinstruˌment *n*. **5.** *mar.*
Bootsmannspfeife *f*. **6.** Pfeifen *n* (*e-s
Vogels*), Piep(s)en *n*. **7.** Stimme *f*. **8.** *colloq.*
a) Luftröhre *f*: **to clear one's** ~ sich
räuspern, b) *meist pl* Stimmband *n*. **9.** *bot.*
hohler (Pflanzen)Stengel. **10.** *geol.* Schlot
*m*. **11.** *metall.* Lunker *m*. **12.** *Bergbau*:
(Wetter)Lutte *f*. **13.** *econ.* Pipe *f* (*meist 105
Gallonen*), längliches Öl- *od.* Weinfaß
*n*. **14.** Glasbläserpfeife *f*. **15.** *Br. hist.* Rolle
*f*: ~ **roll** Schatzkammerabrechnung *f*.
**16.** *sl.* a) ˌkleine Fischeˈ *pl*, ˌKinderspielˈ
*n*, b) todsichere Sache, c) → **pipe dream**.
**II** *v/t* **17.** (durch ein Rohr *od.* Rohre *od.*
e-e Rohrleitung) (weiter)leiten. **18.** *weitS.*
(*durch ein Kabel etc*) leiten, *weitS.* beför-
dern, pumpen, schleusen, e-e Radiosen-
dung *etc* überˈtragen: ~**d music** *contp.*
Musik *f* aus dem Lautsprecher, Musik-
beries(e)lung *f*. **19.** Rohre *od.* Röhren *od.*
e-e Rohrleitung legen in (*acc*). **20.** pfei-
fen, flöten, auf e-r Pfeife *od.* Flöte (vor-)
spielen *od.* blasen: **to** ~ **a song** ein Lied
anstimmen. **21.** *mar.* die Mannschaft
zs.-pfeifen: **to** ~ **side** Seite pfeifen
(*zur Begrüßung hoher Vorgesetzter*).
**22.** piep(s)en, quieken. **23.** *e-e Torte etc*
spritzen, mit ˈfeinem Guß verzieren.
**24.** *Kleider* paspeˈlieren, mit Biesen be-
setzen. **25.** *bot.* absenken. **26. to** ~ **one's
eye** *Br. sl.* ˌflennenˈ (*weinen*). **27.** *sl.*
a) betrachten, b) bemerken.
**III** *v/i* **28.** pfeifen (*a.* Wind, Kugel *etc*),
auf e-r Pfeife *od.* Flöte blasen, flöten.
**29.** a) pfeifen, piep(s)en (*Vogel etc*),
b) piepsen, piepsend sprechen *od.* singen,
c) zirpen: **to** ~ **down** *colloq.* ˌdie Luft
anhaltenˈ, ˌden Mund haltenˈ; **to** ~ **up**
a) ˌloslegenˈ (*Sänger, Band etc*), b) ˌden
Mund aufmachenˈ, losreden.
**pipe bend** *s tech.* Rohrknie *n*. ~ **bowl** *s*
Pfeifenkopf *m*. ~ **burst** *s* Rohrbruch *m*.
~**clamp** → **pipe clip**. ˈ~**clay I** *s* **1.** *min.*
Pfeifen-, Töpferton *m*. **2.** *mil.* Pfeifen-
fenton weißen. **3.** *fig.* Konten *etc* in Ord-
nung bringen. ~**clean·er** *s* Pfeifenreini-
ger *m*. ~ **clip** *s tech.* Rohrschelle *f*. ~
**dream** *s colloq.* Luftschloß *n*, Hirn-
gespinst *n*. ˈ~**fish** *s ichth.* Seenadel *f*. ~
**fit·ter** *s* Rohrleger *m*. ~ **knife** *s irr*
Pfeifenbesteck *n*. ˈ~**lay·er** *s* Rohrleger
*m*. ˈ~**line** *s* **1.** Rohrleitung *f*, (*für Erdöl,
Erdgas etc*) Pipeline *f*: **in the** ~ *fig.* in
Vorbereitung (*Pläne etc*), im Kommen
(*Entwicklung etc*), ˌim Anrollenˈ (*Aktion
etc*); **to have in the** ~ *fig.* zu erwarten
haben, rechnen können mit. **2.** *fig.* (ge-
heimer) ˌDrahtˈ, (geheime) Verbindung
*od.* (Informatiˈons)Quelle. **3.** (*Versor-
gungs- etc*)Syˈstem *n*: **equipment** ~. **II** *v/t*
**4.** in Pipelines transporˈtieren. **5.** e-e Pipe-
line *od.* Pipelines verlegen in (*dat*). ~**ma·
jor** *s mil. mus.* Führer *m* e-r ˈDudelsack-
kaˌpelle. ~ **or·gan** *s mus.* Orgel *f*.

**pip·er** [ˈpaɪpə(r)] *s* **1.** Pfeifer *m*: a) Dudel-
sackpfeifer *m*, b) Flötenspieler *m*: **to pay
the** ~ *fig.* die Zeche bezahlen, *weitS.* der
Dumme sein; **he who pays the** ~ **calls
the tune** wer bezahlt, darf auch bestim-
men. **2.** ˌLungenpfeiferˈ *m* (*engbrüstiges
Pferd*). **3.** *zo.* a) Knurrhahn *m*, b) Halb-
schnabel *m*. **4.** junger Vogel, *bes.* junge
Taube. **5.** *Br.* Lockhund *m* (*bei der Enten-
jagd*).
**pipe rack** *s* Pfeifenständer *m*. ~ **stem** *s*
Pfeifenstiel *m*. ˈ~**stone** *s min.* (*Art*) roter
Tonstein, Pfeifenstein *m*. ~ **stop·per** *s*
Pfeifenstopfer *m*. ~ **tool** *s* Pfeifenbe-
steck *n*.
**pi·pette**, *a.* **pi·pet** [pɪˈpet; *Am.* paɪ-] *s
chem.* Piˈpette *f* (*Stechheber*).
**pipe vine** *s bot.* Pfeifenwinde *f*. ˈ~
**work** *s* **1.** *mus.* Pfeifenwerk *n* (*der Or-
gel*). **2.** Rohrwerk *n*, Röhren *pl*. ~
**wrench** *s tech.* Rohrzange *f*.
**pip·ing** [ˈpaɪpɪŋ] **I** *s* **1.** *tech.* Rohrleitung
*f*, -netz *n*, Röhrenwerk *n*. **2.** *tech.* Rohr-
verlegung *f*. **3.** *metall.* a) Lunker *m*,
b) Lunkerbildung *f*. **4.** ˈDudelsack- *od.*
ˈFlötenmuˌsik *f*. **5.** Pfiff *m*. **6.** Pfeifen *n*,
Piep(s)en *n*. **7.** Schnurbesatz *m*, Paspel *f*
(*an Uniformen*), Biese *f*. **8.** *gastr.* feiner
(Zucker)Guß, (Kuchen)Verzierung *f*. **II**
*adj* **9.** pfeifend, schrill. **10.** Pfeifen *n*,
iˈdyllisch: **in the** ~ **time(s) of peace** in
tiefsten Friedenszeiten. **III** *adv* **11.** zi-
schend: ~ **hot** kochend heiß.
**pip·is·trelle** [ˌpɪpɪˈstrel] *s zo.* Zwerg-
fledermaus *f*.
**pip·it** [ˈpɪpɪt] *s orn.* (*bes.* Wasser)Pieper
*m*.
**pip·kin** [ˈpɪpkɪn] *s* irdenes Töpfchen.
**pip·pin** [ˈpɪpɪn] *s* **1.** Pippinapfel *m*. **2.** *sl.*
a) ˌtolle Sacheˈ, b) ˌtoller Kerlˈ.
ˈ**pip·squeak** *s colloq. contp.* ˌWürstchenˈ
*n* (*Person*).
**pip·y** [ˈpaɪpɪ] *adj* **1.** röhrenartig, -förmig.
**2.** piep(s)end.
**pi·quan·cy** [ˈpiːkənsɪ; *Am. a.* ˈpɪkwənsiː]
*s* **1.** Piˈkantheit *f*, (*das*) Piˈkante, Pi-
kante *f*. **2.** piˈkantes Gericht, Delika-
ˈtesse *f*. ˈ**pi·quant** *adj* (*adv* ~**ly**) piˈkant
(*Soße, a. fig.* Witz *etc*), würzig, prickelnd
(*a. fig.*).
**pique¹** [piːk] **I** *v/t* **1.** (auf)reizen, sticheln,
ärgern, kränken, verstimmen, *j-s* Stolz
*etc* verletzen: **to be** ~**d** pikiert *od.* ver-
ärgert sein (**at** über *acc*). **2.** Neugier *etc*
reizen, wecken. **3.** ~ **o.s.** (**on, upon**) sich
etwas einbilden (auf *acc*), sich brüsten
(mit). **II** *s* **4.** Groll *m*. **5.** Gereiztheit *f*,
Verstimmung *f*, Ärger *m*, Gekränktheit
*f*: **in a** (**fit of**) ~ verärgert.
**pique²** [piːk] *s* (*Pikettspiel*) **I** *s* Dreißiger *m*.
**II** *v/i* dreißig Punkte gewinnen. **III** *v/t*
*j-m* dreißig Punkte abgewinnen.
**pi·qué** [ˈpiːkeɪ; *Am. a.* pɪˈkeɪ] *s* Piˈkee *m*
(*Gewebe*).
**pi·quet¹** [pɪˈket; pɪˈkeɪ] *s* Piˈkett *n* (*Kar-
tenspiel*).
**pi·quet²** [ˈpɪkɪt] → **picket**.
**pi·ra·cy** [ˈpaɪərəsɪ] *s* **1.** Seeräubeˈrei *f*,
Pirateˈrie *f*. **2.** a) *allg.* Plagiˈat *n*, b) Raub-
druck *m*, unerlaubter Nachdruck, Copy-
right-Verletzung *f*, c) Raubpressung *f*
(*e-r Schallplatte*). **3.** Paˈtentverletzung *f*.
**pi·ra·gua** [pɪˈrɑːgwə; -ˈræg-] *s mar.*
**1.** Piˈragua *f* (*Einbaum*). **2.** zweimastiges
flaches Segelboot.
**pi·rate** [ˈpaɪərət] **I** *s* **1.** Piˈrat *m*, See-
räuber *m*. **2.** Piˈraten-, Seeräuberschiff *n*.
**3.** a) Plagiˈator *m*, b) Raubdrucker
*m*, c) Raubpresser *m*. **4.** j-d, der sich e-r
Paˈtentverletzung schuldig macht. **5.** j-d,
der e-n Piˈratensender betreibt. **II** *adj*
**6.** Piraten...: **7.** Raub...: ~
**record** Raubpressung *f*; ~ **-plate** *f*; ~
**edition** Raubdruck *m*. **8.** Schwarz...: ~
**listener**; ~ (**radio**) **station** Piraten-,

Schwarzsender *m*. **III** *v/t* **9.** kapern, (aus)plündern (*a. weitS.*). **10.** plagi'ieren, unerlaubt nachdrucken *od.* nachpressen: ~d edition Raubdruck *m*; ~d record Raubplatte *f*, -pressung *f*. **IV** *v/i* **11.** Seeräube'rei (be)treiben. **12.** plündern. **pi·rat·i·cal** [paɪ'rætɪkl] *adj* (*adv* ~ly) **1.** seeräuberisch, Seeräuber..., Piraten... **2.** Raub...: ~ edition Raubdruck *m*. **3.** *fig.* pi'ratenhaft.

**pi·rogue** [pɪ'rəʊg; *Am. bes.* 'piːˌr-] → piragua 1.

**pir·ou·ette** [ˌpɪrʊ'et; *Am.* -rə'wet] **I** *s* Pirou'ette *f*. **II** *v/i* pirouet'tieren, e-e Pirou'ette ausführen.

**pis·ca·ry** ['pɪskərɪ] *s* **1.** *a.* common of ~ Fische'reiberechtigung *f* (*in fremden Gewässern*). **2.** Fischgründe *pl*, Fanggebiet *n*, -platz *m*. **pis·ca·to·ri·al** [-'tɔːrɪəl; *Am. a.* -'təʊ-], **pis·ca·to·ry** [-tərɪ; *Am.* -ˌtəʊrɪ; -ˌtɔː-] *adj* Fischerei..., Fischer...

**Pis·ces** ['pɪsiːz; 'paɪ-] *s pl* (*als sg konstruiert*) *astr.* Fische *pl* (*Sternbild u. Tierkreiszeichen*): **to be (a)** ~ Fisch sein.

**pis·ci·cul·ture** ['pɪsɪkʌltʃə(r); *Am. a.* 'paɪsəˌk-] *s* Fischzucht *f*. **pis·ci·cul·tur·ist** *s* Fischzüchter *m*.

**pis·ci·na** [pɪ'siːnə; -'saɪ-] *pl* **-nae** [-niː], **-nas** *s* **1.** *antiq.* Pis'cina *f*: a) Fischteich *m*, b) Schwimm-, Wasserbecken *n*. **2.** *relig. hist.* Pis'cina *f*: a) Taufbecken *n*, b) Wasserablauf *m* (*am Altar*). **pis·cine** **I** *s* ['pɪsiːn] *Am.* pə'siːn] Schwimmbecken *n*, -bad *n*. **II** *adj* ['pɪsaɪn; *Am. a.* 'paɪˌsiːn] Fisch... **pis·civ·o·rous** [pɪ'sɪvərəs] *adj* fischfressend.

**pi·sé** [pi:'zeɪ] *s arch.* **1.** Pi'see *m*, Stampfmasse *f*. **2.** Pi'seebau *m*.

**pish** [pɪʃ; pʃ] *interj* **1.** pfui!, puh! **2.** pah!, ,Quatsch!'

**pi·shogue** [pɪ'ʃəʊg] *s Ir.* Hexe'rei *f*.

**pi·si·form** ['pɪsɪfɔː(r)m; *bes. Am.* 'paɪ-] **I** *adj* erbsenförmig, Erbsen... **II** *s a.* ~ **bone** *anat.* Erbsenbein *n*.

**piss** [pɪs] *vulg.* **I** *v/i* **1.** ,pissen', ,schiffen' (*urinieren*): **to** ~ **on** s.th. *fig.* auf etwas ,scheißen'. **2.** ~ **off** (*meist als imp*) *bes. Br.* ,sich verpissen' (*verschwinden*). **3.** ~ **about** (*od.* **around**) a) her'umblödeln, b) her'umgammeln. **4.** *impers* ,schütten' (*stark regnen*). **II** *v/t* **5.** ,anpissen', ,bepissen', ,pissen' *od.* ,schiffen' in (*acc*): **to** ~ **the bed. 6.** ~ **o.s.** sich (halb) totlachen, sich vor Lachen in die Hosen machen. **7.** ~ **off** *j-n* ,ankotzen' (*Arbeit etc*): **to be** ~**ed off** ,stocksauer' sein; **to be** ~**ed off with** ,die Schnauze voll haben' von. **III** *s* **8.** ,Pisse' *f*, ,Schiffe' *f*: **to take the** ~ **out of** s.o. j-n ,verarschen' (*veralbern*). **9.** ,Pissen' *n*, ,Schiffen' *n*: **to have (to go for) a** ~ ,pissen' *od.* ,schiffen' (gehen). **10.** *Austral.* Bier *n*. **pissed** [pɪst] *adj vulg.* **1.** *Br.* ,blau' (*betrunken*): **(as)** ~ **as a newt**, ~ **out of one's head** (*od.* **mind**) ,sternhagelvoll'. **2.** *Am.* ,stocksauer' (*wütend*).

**pis·ta·chi·o** [pɪ'stɑːʃɪəʊ; -'staʃ-] *pl* **-os** *s* **1.** *bot.* Pi'stazie *f* (*Baum u. Frucht*). **2.** *a.* ~ **green** Pi'staziengrün *n*.

**piste** [pi:st] *s* **1.** *Skisport:* Piste *f*. **2.** *fenc.* Planche *f*.

**pis·til** ['pɪstɪl] *s bot.* Pi'still *n*, Stempel *m*, Griffel *m*. **'pis·til·late** [-lət; -leɪt] *adj* mit Stempel(n) (versehen), weiblich (*Blüte*).

**pis·tol** ['pɪstl] **I** *s* Pi'stole *f*: **to hold a** ~ **to** s.o.'s **head** *fig.* j-m die Pistole auf die Brust setzen. **II** *v/t pret u. pp* **-toled**, *bes. Br.* **-tolled** mit e-r Pi'stole erschießen.

**pis·tole** [pɪ'stəʊl] *s* Pi'stole *f* (*alte Goldmünze*).

**pis·tol‖ grip** *s tech.* Pi'stolengriff *m*. ~ **point** *s*: **at** ~ mit vorgehaltener Pistole *od.* Waffe, mit Waffengewalt. ~ **shot** *s* **1.** Pi'stolenschuß *m*. **2.** *Am.* Pi'stolen-

---

schütze *m*. '~-ˌwhip *v/t Am.* j-n mit e-r Pi'stole schlagen.

**pis·ton** ['pɪstən] *s* **1.** *tech.* Kolben *m*. **2.** *a.* ~ **valve** *mus.* Pi'ston *n*, ('Gleit)Venˌtil *n* (*bei Blasinstrumenten*). **3.** *a.* ~ **knob** *mus.* Kombinati'onsknopf *m* (*der Orgel*). **dis·place·ment** *s* Kolbenverdrängung *f*, Hubraum *m*. ~ **drill** *s* 'Kolbenˌbohrmaˌschine *f*. ~ **en·gine** *s* Kolbenmotor *m*. ~ **pump** *s* Kolbenpumpe *f*. ~ **ring** *s* Kolbenring *m*. ~ **rod** *s* Kolben-, Pleuelstange *f*. ~ **stroke** *s* Kolbenhub *m*. ~ **valve** *s* **1.** 'Kolbenvenˌtil *n*. **2.** → piston 2.

**pit¹** [pɪt] **I** *s* **1.** Grube *f* (*a. anat.*), Loch *n*, Vertiefung *f*: **inspection** ~ *mot. tech.* Schmiergrube; **refuse** ~ Müllgrube; ~ **of the stomach** *anat.* Magengrube. **2.** Fallgrube *f*, Falle *f*: **to dig a** ~ **for** s.o. *fig.* j-m e-e Falle stellen. **3.** Abgrund *m* (*a. fig.*): **the** ~**s** *Am. sl.* ,das Letzte'. **4.** *a.* **bottomless** ~, ~ **of hell** (Abgrund *m* der) Hölle *f*, Höllenschlund *m*. **5.** *Bergbau:* a) (bes. Kohlen)Grube *f*, Zeche *f*, b) (bes. Kohlen)Schacht *m*: ~ **bottom** Füllort *m* (*im Schacht*). **6.** *med.* (Pocken-, Blattern)Narbe *f*. **7.** *metall.* (Korrosi'ons)Narbe *f*, (Rost)Grübchen *n*. **8.** *tech.* a) (Arbeits-, Wartungs)Grube *f*, b) *Gießerei:* Dammgrube *f*, c) (Kies- *etc*)Grube *f*: **gravel** ~, d) Abstichherd *m*, Schlackengrube *f*. **9.** *mil.* a) Schützenloch *n*, b) (Werfer-)Grube *f*, c) Anzeigerdeckung *f* (*beim Schießstand*). **10.** *thea. bes. Br.* **a)** Par'kett: ~ **stalls** zweites Parkett, Parterre *n*, b) → **orchestra** 2 a. **11.** *Am.* Börse *f*, Maklerstand *m* (*der Produktenbörse*): **grain** ~ Getreidebörse. **12.** Kampfplatz *m* (*bes. für Hahnenkämpfe*). **13.** *meist pl Motorsport:* Box *f*: ~ **road** Boxenstraße *f*; ~ **stop** Boxenstopp *m*. **14.** *agr.* (Rüben- *etc*)Miete *f*. **15.** *Leichtathletik:* Sprunggrube *f*. **16.** *bot.* Tüpfel *m* (*dünne Stelle in e-r Zellwand*). **17.** *Br. sl.* a) Bett *n*, b) Schlafzimmer *n*. **II** *v/t* **18.** Gruben *od.* Löcher *od.* Vertiefungen bilden in (*dat*) *od.* graben in (*acc*), *metall.* (*durch Korrosion*) an-, zerfressen. **19.** mit Narben bedecken: ~**ted with smallpox** pockennarbig. **20.** *agr.* Rüben *etc* einmieten. **21.** (**against**) a) (*feindlich*) gegen'überstellen (*dat*), (als Gegner) aufstellen (gegen), b) *j-n* ausspielen (gegen), c) *s-e Kraft etc* messen (mit) *od.* aufbieten (gegen), *ein Argument etc* ins Feld führen (gegen). **III** *v/i* **22.** Löcher *od.* Vertiefungen bilden, sich aushöhlen. **23.** (pocken-, blatter)narbig werden. **24.** sich festfressen (*Kolben*). **25.** *med.* (*auf Fingerdruck*) e-e Druckstelle hinter'lassen.

**pit²** [pɪt] *bes. Am.* **I** *s* (Obst)Stein *m*, Kern *m*. **II** *v/t* entsteinen, -kernen.

**pit·a·pat** [ˌpɪtə'pæt] **I** *adv* ticktack, klippklapp: **his heart went** ~ sein Herz klopfte heftig. **II** *s* Getrappel *n*.

**pitch¹** [pɪtʃ] **I** *s* **1.** *min.* Pech *n*: → **mineral pitch. 2.** *bot.* (rohes Terpen'tin-)Harz. **3.** *Tr.* (ver)pechen, (-)pichen: ~**ed thread** Pechdraht *m*.

**pitch²** [pɪtʃ] **I** *v/t* **1.** *das Zelt, das Lager, e-n Verkaufsstand etc* aufschlagen, -stellen, *e-e Leiter etc* anlegen, *das Lager etc* errichten. **2.** *e-n Pfosten etc* einrammen, -schlagen, befestigen: **to** ~ **wickets** (*Kricket*) Dreistäbe einschlagen. **3.** (*gezielt*) werfen, schleudern: **to** ~ **a spear** ~ **a coin** e-e Münze hochwerfen (*zum Knobeln etc*). **4.** *Heu etc* (auf)laden, (-)gabeln. **5.** in Schlachtordnung aufstellen: ~**ed battle** regelrechte *od.* offene (Feld-) Schlacht. **6.** (*der Höhe od. dem Wert etc nach*) festsetzen, -legen: **to** ~ **one's expectations too high** s-e Erwartungen zu hoch schrauben, zuviel erwarten; **to** ~ **one's hopes too high** s-e Hoffnungen

---

zu hoch stecken. **7.** *fig. e-e Rede etc* abstimmen (**on** auf *acc*), (*auf bestimmte Weise*) ausdrücken. **8.** *mus.* a) *ein Instrument* (*auf e-e bestimmte Tonhöhe*) stimmen, b) *ein Lied etc* (*in bestimmter Tonhöhe*) anstimmen *od.* singen *od.* spielen, *die Tonhöhe* festsetzen *od.* anschlagen für (*ein Lied etc*): **to** ~ **the voice high** hoch anstimmen *od.* singen; **his voice was well** ~**ed** er hatte e-e gute Stimmlage. **9.** a) *Baseball:* den Ball (dem Schläger zu)werfen, b) *Kricket:* den Ball (gegen das Mal) werfen, c) *Golf:* den Ball pitchen. **10.** *fig.* den Sinn *etc* richten (**toward** auf *acc*). **11.** *e-e Straße* (be)schottern, (mit unbehauenen Steinen) pflastern, (mit e-r Böschung *od.* mit unbehauenen Steinen) verpacken. **12.** *Kartenspiel:* *e-e Farbe* durch Ausspielen zum Trumpf machen, *die Trumpffarbe* durch Ausspielen festlegen. **13.** *Ware* a) zum Verkauf anbieten, ausstellen, feilhalten, b) anpreisen. **14.** *sl. e-e Geschichte etc* ,auftischen': **to** ~ **a yarn** *fig.* ,ein Garn spinnen'.

**II** *v/i* **15.** (*bes. kopfüber*) ('hin)stürzen, 'hinschlagen. **16.** aufschlagen, -prallen (*Ball etc*). **17.** taumeln. **18.** *mar.* stampfen (*Schiff*). **19.** werfen. **20.** a) *Baseball:* den Ball dem Schläger zuspielen, b) *Baseball:* als Werfer spielen, werfen, c) *Golf:* pitchen, e-n Pitch schlagen *od.* spielen. **21.** sich neigen (*Dach etc*). **22.** a) ein Zelt *od.* Lager aufschlagen, (sich) lagern, b) e-n (Verkaufs)Stand aufschlagen. **23.** (**on, upon**) sich entscheiden (für), verfallen (auf *acc*). **24.** ~ **in** *colloq.* a) sich (tüchtig) ins Zeug legen, loslegen, sich ranmachen, b) tüchtig zulangen (*essen*), c) (**with**) einspringen, aushelfen, d) (**with** bei) mit anpacken. **25.** ~ **into** *colloq.* a) losgehen auf *j-n*, 'herfallen über *j-n* (*a. mit Worten etc*), b) 'herfallen über *das Essen*, c) sich (mit Schwung) an *die Arbeit* machen. **26.** *colloq.* a) allg. *sport* spielen, b) *fig.* kämpfen.

**III** *s* **27.** Wurf *m* (*a. sport*): **to queer** s.o.'s ~ *colloq.* ,die Tour vermasseln', j-m e-n Strich durch die Rechnung machen; **what's the** ~**?** *Am. sl.* was ist los?; **I get the** ~ *Am. sl.* ich kapiere. **28.** *mar.* Stampfen *n*. **29.** Neigung *f*, Gefälle *n* (*e-s Daches etc*). **30.** Höhe *f*. **31.** *mus.* Tonhöhe *f*: ~ **level** Ton- *od.* Stimmlage *f*; ~ **name** absoluter Notenname; ~ **number** Schwingungszahl *f* (*e-s Tones*). **32.** *mus.* a) (*tatsächliche, absolute*) Stimmung (*e-s Instruments*), b) richtige Tonhöhe (*in der Ausführung*): **above** (**below**) ~ zu hoch (tief); **to sing true to** ~ tonrein singen. **33.** *a.* **standard** ~ *mus.* Nor'malton(höhe *f*) *m*, Kammerton *m*: → **concert pitch. 34.** *a.* **sense of** ~ *mus.* Tonbewußtsein *n*: **to have absolute** (*od.* **perfect**) ~ das absolute Gehör haben. **35.** Grad *m*, Stufe *f*, Höhe *f* (*a. fig.*): ~ **of an arch** Bogenhöhe; **to fly a high** ~ hoch fliegen. **36.** *fig.* äußerster (*höchster od. tiefster*) Punkt, höchster Grad, Gipfel *m*: **to the highest** ~ aufs äußerste. **37.** *bes. Br.* Stand *m* (*e-s Straßenhändlers etc*). **38.** *econ. Br.* (Waren)Angebot *n*. **39.** *sl.* a) Anpreisung *f*, b) Verkaufsgespräch *n*, c) Werbeanzeige *f*. **40.** *sl.* ,Platte' *f*, ,Masche' *f*, Geschwätz *n*. **41.** *sport* a) allg. Spielfeld *n*, b) *Kricket:* (Mittel)Feld *n*, c) *Kricket:* Aufprall *m*, d) *Golf:* Pitch (shot) *m* (*kurzer Annäherungsschlag zur Fahne*). **42.** *tech.* a) Teilung *f* (*e-s Gewindes, Zahnrads etc*), b) *aer.* (Blatt)Steigung *f* (*e-r Luftschraube*), c) Schränkung *f* (*e-r Säge*). **43.** a) Lochabstand *m* (*beim Film*), b) Rillenabstand *m* (*der Schallplatte*).

**pitch‖ ac·cent** *s ling.* musi'kalischer ('Ton)Akˌzent. '~-and-'toss *s* Kopf *m*

oder Wappen n (Spiel). **~ an·gle** s Steigungswinkel m. **~-'black** adj pechschwarz. **'~-blende** [-blend] s min. (U'ran)Pechblende f. **~ cir·cle** s tech. Teilkreis m (e-s Zahnrads). **~ coal** s Pechkohle f. **~-'dark** adj pechschwarz, stockdunkel (Nacht).

**pitch·er¹** ['pɪtʃə(r)] s 1. Baseball: Werfer m. 2. bes. Br. Straßenhändler m. 3. Pflasterstein m. 4. Golf: Pitcher m (Eisenschläger Nr. 7).

**pitch·er²** ['pɪtʃə(r)] s (irdener) Krug (mit Henkel): the **~** goes to the well once too often der Krug geht so lange zum Brunnen, bis er bricht.

**'pitch·fork I** s 1. agr. Heu-, Mistgabel f: to rain **~s** ,schütten' (stark regnen). **II** v/t 2. mit e-r Heu- od. Mistgabel werfen, gabeln. 3. fig. drängen, ,schubsen' (into in acc): to **~** troops into a battle Truppen in die Schlacht werfen.

**pitch·ing** ['pɪtʃɪŋ] s 1. Werfen n, Schleudern n. 2. Aufstellen n, Errichten n (e-s Zeltes etc). 3. econ. Ausstellung f (von Waren). 4. Straßenbau: Pflasterung f. 5. Wasserbau: Steinpackung f. 6. mar. Stampfen n (e-s Schiffs). **~ mo·ment** s tech. 'Kippmo,ment n. **~ nib·lick** s Golf: Pitching-Niblick m (Eisenschläger Nr. 8). **~ wedge** s Golf: Pitching-Wedge m (Schläger für kurze Annäherungsschläge). **pitch line** s tech. Teilungslinie f. **'~-man** [-mən] s irr Am. colloq. 1. Straßenhändler m. 2. ,Werbefritze' m, Anpreiser m. **~ pine** s bot. Amer. Pechkiefer f. **~ pipe** s mus. Stimmpfeife f. **~ point** s tech. Berührungspunkt m auf dem Teilkreis. **~ shot** → pitch² 41 d. **'~-stone** s geol. Pechstein m.

**pitch·y** ['pɪtʃɪ] adj 1. teerig, voll(er) Pech od. Teer. 2. pech-, teerartig. 3. pechschwarz (a. fig.).

**pit clo·sure** s Zechenstillegung f. **~ coal** s Steinkohle f. **~ dis·as·ter** s Grubenunglück n.

**pit·e·ous** ['pɪtɪəs] adj (adv **~ly**) mitleiderregend, herzzerreißend, a. contp. erbärmlich, jämmerlich, kläglich.

**'pit·fall** s Falle f (a. fig.), (Fall)Grube f, fig. Fallstrick m.

**pit fire** s Grubenbrand m.

**pith** [pɪθ] **I** s 1. bot. Mark n. 2. (Rücken-, Knochen)Mark n. 3. a. **~ and marrow** fig. Mark n, Kern m, 'Quintes,senz f. 4. fig. Kraft f, Prä'gnanz f, Eindringlichkeit f. 5. fig. Gewicht n, Bedeutung f. **II** v/t 6. ein Tier durch Durch'bohren des Rückenmarks töten. 7. bot. das Mark entfernen aus (e-r Pflanze). **~ ball** s phys. Ho'lundermarkkügelchen n: **~ electroscope** Holundermarkelektroskop n.

**'pit·head** s (Bergbau) 1. Füllort m, Schachtöffnung f. 2. Fördergerüst n. **~ work** s Arbeit f über Tage.

**pith·e·can·thro·pus** [ˌpɪθɪkæn'θrəʊpəs; -'kænθrəpəs] s Pithek'anthropus m, Javamensch m.

**pith·e·coid** [ˌpɪθɪkɔɪd; pɪ'θiːkɔɪd] adj pitheko'id, affenähnlich.

**pith hel·met**, a. **~ hat** s Tropenhelm m.

**pith·i·ness** ['pɪθɪnɪs] s 1. (das) Markige, Markigkeit f. 2. fig. Kernigkeit f, Prä'gnanz f, Kraft f. **'pith·less** adj 1. marklos. 2. fig. kraftlos, schwach.

**pith pa·per** s 'Reispa,pier n.

**pith·y** ['pɪθɪ] adj (adv pithily) 1. markig, markartig. 2. voller Mark. 3. fig. markig, kernig, prä'gnant, kraftvoll: **a ~ saying** ein Kernspruch.

**pit·i·a·ble** ['pɪtɪəbl] adj (adv pitiably) 1. bemitleidens-, bedauernswert, mitleidregend, a. contp. erbärmlich, elend, jämmerlich, kläglich. 2. fig. contp. armselig, dürftig.

**pit·i·ful** ['pɪtɪfʊl] adj 1. obs. mitleidig,

mitleid(s)voll. 2. → pitiable. **'pit·i·ful·ness** s 1. obs. Mitleid n. 2. Erbärmlichkeit f, Jämmerlichkeit f.

**pit·i·less** ['pɪtɪlɪs] adj (adv **~ly**) unbarmherzig, mitleid(s)-, erbarmungslos. **'pit·i·less·ness** s Unbarmherzigkeit f.

**'pit·man** [-mən] s 1. irr Bergmann m, Knappe m, Kumpel m, Grubenarbeiter m. 2. pl **-mans** tech. Am. → connecting rod.

**pi·tom·e·ter** [pɪ'tɒmɪtə; Am. -'tɑmətər] s tech. Pito'meter n (Gerät zur Messung der Strömungsgeschwindigkeit).

**pi·ton** ['piːtɔ̃ːn; -tɒn; Am. -ˌtɑn] s (Kletter)Haken m (der Bergsteiger).

**ˌPi·tot-'stat·ic tube** [ˌpiːtəʊ-] s phys. 1. statisches Pi'totrohr, Drucksonde f. 2. → Pitot tube. **Pi·tot tube** s phys. Pi'totrohr n (Staudruckmesser).

**pit·pan** ['pɪtˌpæn] s mar. Am. (Art) flaches Flußboot.

**pit po·ny** s Br. Grubenpony n. **~ prop** s Bergbau: (Gruben)Stempel m, (-)Holz n. **~ saw** s tech. Schrotsäge f.

**pit·tance** ['pɪtəns] s 1. Hungerlohn m, ,paar Pfennige' pl. 2. (kleines) bißchen, Häppchen m: the **small ~ of learning** das kümmerliche Wissen.

**'pit·ter-,pat·ter I** adv tripptrapp, klippklapp: **his heart went ~** sein Herz klopfte heftig. **II** s Tripptrapp n, Trippeln n, Plätschern n (von Regen etc).

**pit·ti·cite** ['pɪtɪsaɪt] s min. Eisenpecherz n.

**pit·ting** ['pɪtɪŋ] s 1. a) (Aus)Graben n, Aushöhlen n, b) Grübchenbildung f. 2. metall. Körnung f, Lochfraß m, 'Grübchenkorrosi,on f, Angefressensein n (der inneren Kesselfläche). 3. collect. Narben pl, Grübchen pl, Löcher pl. 4. Bergbau: Schachtbau m.

**pit·tos·po·rum** [pɪ'tɒspərəm; Am. -'tɑs-] s bot. Klebsame m.

**pi·tu·i·tar·y** [pɪ'tjʊɪtərɪ; Am. pə'tjuːəˌteri; -ˌtuːə-] adj physiol. pitui'tär, schleimabsondernd, Schleim...: **~ extract** Hypophysenpräparat n. **~ body, ~ gland** s anat. Hypo'physe f, Hirnanhang(sdrüse f) m.

**pi·tu·i·trin** [pɪ'tjʊɪtrɪn; Am. pə'tjuːə-; -'tuːə-] s physiol. Pitui'trin(präpa,rat) n.

**pit·y** ['pɪtɪ] **I** s 1. Mitleid n, Erbarmen n, (mitleidiges) Bedauern, Mitgefühl n: **to feel ~ for, to have** (od. **take**) **~ on** Mitleid haben mit; **for ~'s sake!** um Himmels willen! 2. traurige Tatsache, Jammer m: **it is a (great) ~** es ist (sehr) schade; **what a ~!** wie schade!; **more's the ~!** um so schlimmer!; **it is a thousand pities** es ist jammerschade; **the ~ of it is that** es ist nur schade od. ein Jammer, daß; **der (einzige) Nachteil** (dabei) ist, daß. **II** v/t 3. bemitleiden, bedauern, Mitleid haben mit: **I ~ you** du tust mir leid (a. iro.). **'pit·y·ing** adj (adv **~ly**) mitleid(s)voll, mitleidig.

**pit·y·ri·a·sis** [ˌpɪtɪ'raɪəsɪs] s med. Pity'riasis f, Kleienkrankheit f.

**piv·ot** ['pɪvət] **I** s 1. tech. a) (Dreh)Punkt m, b) (Dreh)Zapfen m, c) Stift m, d) Spindel f, e) Achse f (e-r Waage etc): **to turn on a ~** sich um e-n Zapfen drehen. 2. (Tür)Angel f. 3. mil. innerer Flügelmann, Schwenkungspunkt m. 4. fig. a) Dreh-, Angelpunkt m, b) Mittelpunkt m, c) 'Schlüsselfi,gur f, Fußball: 'Schaltstati,on f (Spieler). 5. Basketball: Sternschritt m. **II** v/t 6. tech. a) mit e-m Zapfen (etc) versehen, b) drehbar lagern, c) (ein)schwenken, drehen: **to be ~ed on** sich drehen um (a. fig.); **~ed** → 11; **~ed lever** Schwenkhebel m. **III** v/i 7. sich (wie) um e-e Achse etc drehen. 8. meist fig. sich drehen (**upon, on** um). 9. mil. schwenken. 10. Basketball: e-n Sternschritt aus-

führen. **IV** adj 11. tech. Zapfen..., auf Zapfen gelagert, Schwenk..., schwenkbar. 12. → pivotal.

**piv·ot·al** ['pɪvətl] adj (adv **~ly**) 1. Zapfen..., Angel...: **~ point** Angelpunkt m (a. fig.). 2. fig. zen'tral, Kardinal..., Haupt..., Schlüssel...: **~ question** zentrale Frage; **~ man** → pivot 4c; **~ position** Schlüsselposition f.

**piv·ot bear·ing** s tech. Schwenk-, Zapfenlager n. **~ bolt** s mil. tech. Drehbolzen m. **~ bridge** s tech. Drehbrücke f. **~ gun** s mil. Pi'votgeschütz n. **~ man** s irr → pivot 4c. **'~-mount·ed** adj tech. schwenkbar. **~ pin** s tech. Kipp-, Lagerzapfen m. **~ sus·pen·sion** s tech. Spitzenaufhängung f. **~ tooth** s irr med. Stiftzahn m.

**pix¹** → pyx.

**pix²** [pɪks] pl von pic.

**pix·el** ['pɪksl] s TV 'Bildele,ment n, Bild-, Rasterpunkt m.

**pix·ie** → pixy.

**pix·i·lat·ed** ['pɪksɪleɪtɪd] adj bes. Am. colloq. 1. ,verdreht', ,nicht ganz richtig', leicht verrückt. 2. schrullig, verschroben. 3. schelmisch. 4. ,blau' (betrunken).

**pix·y** ['pɪksɪ] s Fee f, Elf m, Elfe f, Kobold m. **~ stool** s Br. (Gift)Pilz m.

**pi·zazz** → pizzazz

**piz·za** ['piːtsə] s gastr. Pizza f.

**piz·zazz** [pə'zæz] s Am. sl. 1. ,Schmiß' m, Pep m. 2. ,Knalligkeit' f.

**piz·ze·ri·a** [ˌpiːtsə'riːə] s Pizze'ria f.

**piz·zi·ca·to** [ˌpɪtsɪ'kɑːtəʊ] mus. **I** adj u. adv pizzi'cato, gezupft. **II** pl **-ca·ti** [-tɪ] od. **-ca·tos** s Pizzi'cato n.

**piz·zle** ['pɪzl] s 1. zo. Fiesel m (Ochsenpenis). 2. Ochsenziemer m.

**plac·a·bil·i·ty** [ˌplækə'bɪlətɪ; ˌpleɪk-] → placableness. **'plac·a·ble** adj (adv placably) versöhnlich, nachgiebig. **'plac·a·ble·ness** s Versöhnlichkeit f.

**plac·ard** ['plækɑ:(r)d; Am. a. -kərd] **I** s 1. a) Pla'kat n, b) Transpa'rent n. **II** v/t 2. mit Pla'katen bekleben. 3. a) durch Pla'kate bekanntgeben, anschlagen, b) Pla'katwerbung machen für.

**pla·cate** [plə'keɪt; Am. 'pleɪkˌeɪt; 'plæk-] v/t beschwichtigen, besänftigen, versöhnlich stimmen. **pla·ca·to·ry** [plə'keɪtərɪ; Am. 'pleɪkəˌtɔːri; -ˌtoː-; 'plæk-] adj beschwichtigend, versöhnlich, Versöhnungs...

**place** [pleɪs] **I** s 1. Ort m, Stelle f, Platz m: **from ~ to ~** von Ort zu Ort; **in all ~s** überall; **in ~** an richtiger Stelle; **to take ~** stattfinden. 2. (mit adj) Stelle f: **a wet ~ on the floor**. 3. (eingenommene) Stelle: **to take s.o.'s ~** j-s Stelle einnehmen, j-n vertreten; **to take the ~ of** ersetzen, an die Stelle treten von (od. gen); **in ~ of** an Stelle von (od. gen); **if I were in your ~ I would** ich an Ihrer Stelle würde; **put yourself in my ~!** versetzen Sie sich (doch einmal) in m-e Lage! 4. Platz m (Raum): **to give ~ (to)** Platz machen (für od. dat) (a. fig.), nachgeben (dat). 5. (richtiger od. ordnungsgemäßer) Platz: **to find one's ~** sich zurechtfinden; **in (out of) ~** (nicht) am (richtigen) Platz; **this remark was out of ~** diese Bemerkung war deplaciert od. unangebracht; **this is no ~ for** das ist nicht der (geeignete) Ort für. 6. Ort m, Stätte f: **~ of amusement** Vergnügungsstätte; **~ of birth** Geburtsort m; **~ of employment** Arbeitsplatz m, -stelle f, -stätte; **~ of interest** Sehenswürdigkeit f; **~ of worship** a) Kultstätte, b) Gotteshaus n; **to go ~s** Am. a) ausgehen, (verschiedene) Vergnügungsstätten aufsuchen, b) sich die Sehenswürdigkeiten (e-s Ortes) ansehen, c) es weit bringen (im Leben). 7. econ. Ort m, Platz m, Sitz m: **~ of**

**business** Geschäftssitz; ~ **of delivery** Erfüllungsort; ~ **of payment** Zahlungsort; **from this** ~ ab hier; **in** (*od.* **of**) **your** ~ dort. **8.** Wohnsitz *m*, Haus *n*, Wohnung *f*: **at his** ~ bei ihm (zu Hause). **9.** Wohnort *m*, Ort(schaft *f*) *m*: **his native** ~ sein Heimatort; **in this** ~ hier. **10.** Gegend *f*: **of this** ~ hiesig. **11.** Welt *f*. **12.** *thea.* Ort *m* (der Handlung). **13.** *colloq.* Stelle *f*. **14.** *mar.* Platz *m*, Hafen *m*: ~ **for tran(s)-shipment** Umschlagplatz; ~ **of call** Anlaufhafen. **15.** *mil.* fester Platz, Festung *f*. **16.** Raum *m* (*Ggs. Zeit*). **17.** Stelle *f* (*in e-m Buch*): **to lose one's** ~ a) die Stelle verblättern, b) die Zeile verlieren. **18.** *math.* (Dezi'mal)Stelle *f*: **of many** ~**s** vielstellig; ~ **value** Stellenwert *m*. **19.** Platz *m*, Stelle *f* (*in e-r Reihenfolge*): **in the first** ~ a) an erster Stelle, erstens, zuerst, als erst(er, e, es), b) in erster Linie, c) überhaupt (erst), d) ursprünglich; **why did you do it in the first** ~? warum haben Sie es überhaupt getan?; **you should have omitted it in the first** ~ Sie hätten es von vornherein bleibenlassen sollen; **in the last** ~ an letzter Stelle, zuletzt, als letzt(er, e, es), schließlich. **20.** *sport* Platz *m*: **in third** ~ auf dem dritten Platz. **21.** (Sitz)Platz *m*, Sitz *m*: **take your** ~**s!** nehmen Sie Ihre Plätze ein! **22.** a) (An)Stellung *f*, (Arbeits)Stelle *f*, Posten *m*: **out of** ~ stellenlos, b) *a.* **university** ~ Studienplatz *m*. **23.** Amt *n*: a) Dienst *m*: **in** ~ im Amt (*Minister etc*), im Staatsdienst, b) *fig.* Aufgabe *f*, Pflicht *f*: **it is not my** ~ **to do this** es ist nicht m-s Amtes, dies zu tun. **24.** (*soziale*) Stellung, Stand *m*, Rang *m*: **to keep s.o. in his** ~ j-n in s-n Schranken *od.* Grenzen halten; **to know one's** ~ wissen, wohin man gehört; **to put s.o. in his** ~ j-n in s-e Schranken weisen. **25.** *fig.* Grund *m*: **there's no** ~ **for doubt** hier ist kein Raum für Zweifel, es besteht kein Grund zu zweifeln.

**II** *v/t* **26.** stellen, setzen, legen (*a. fig.*): **to** ~ **a call** ein (Telefon)Gespräch anmelden; **to** ~ **a coffin** e-n Sarg aufbahren; **to** ~ **in order** zurechtstellen, ordnen; **to** ~ **on record** aufzeichnen, (schriftlich) festhalten; **he** ~**d a ring on her finger** er steckte ihr e-n Ring an den Finger; (*siehe die Verbindungen mit den entsprechenden Substantiven*). **27.** Posten *etc* aufstellen: **to** ~ **o.s.** sich aufstellen *od.* postieren. **28.** *j-n* 'unterbringen' (*identifizieren*): **I can't** ~ **him** ich weiß nicht, wo ich ihn unterbringen *od.* 'hintun' soll. **29.** *j-n, a. e-e Waise etc* 'unterbringen', *j-m* Arbeit *od.* e-e (An)Stellung verschaffen. **30.** *j-n* ein-, anstellen. **31.** *j-n* ernennen *od.* in ein Amt einsetzen. **32.** (der Lage nach) näher bestimmen. **33.** *econ.* a) e-e Anleihe, *Kapital* 'unterbringen, b) (**with**) *Aufträge* erteilen (*dat*), vergeben (an *acc*), e-e Bestellung aufgeben (bei), c) e-n Vertrag, e-e Versicherung abschließen: **to** ~ **a contract**; **to** ~ **an issue** e-e Emission unterbringen *od.* placieren. **34.** *Ware* absetzen. **35.** *sport* pla'cieren: **to be** ~**d** sich placieren, placiert sein, unter den ersten drei sein. **36.** *sport* a) den Ball pla'cieren, b) *Rugby:* ein Tor mit e-m Platztritt schießen. **37.** *electr.* schalten: **to** ~ **in parallel** parallel schalten.

**place bet** *s Pferdesport:* Platzwette *f*.

**pla·ce·bo** [pləˈsiːbəʊ] *pl* **-bos** *od.* **-boes** *s* **1.** [*Am.* plaːˈtʃeɪbəʊ] *R.C.* Vesperhymnus *für die Toten.* **2.** *med. pharm.* Pla'cebo *n*, 'Scheinarz,nei *f*, 'Leer-, 'Blindpräpa,rat *n*. **3.** *fig.* Beruhigungspille *f*. ~ **ef·fect** *s med.* Pla'ceboef,fekt *m*.

**place| brick** *s tech.* Weichbrand *m*, Kreuzstein *m*. ~ **card** *s* Platz-, Tischkarte *f*. ~ **hunt·er** *s* Postenjäger *m*. ~

---

**hunt·ing** *s* Postenjäge'rei *f*. ~ **kick** *s* **1.** *Fußball:* Stoß *m* auf den ruhenden Ball. **2.** *Rugby:* Platztritt *m*. '~**man** [-mən] *s irr bes. Br. contp.* ,Pöstcheninhaber' *m*, ,'Futterkrippenpo,litiker' *m*. ~ **mat** *s* Set *n, m,* Platzdeckchen *n*.

**place·ment** ['pleɪsmənt] *s* **1.** ('Hin-, Auf)Stellen *n*, Setzen *n*, Legen *n*. **2.** a) Einstellung *f* (*e-s Arbeitnehmers*), b) Vermittlung *f* (*e-s Arbeitsplatzes*), c) Einsatz *m* (*e-s Arbeitnehmers*). **3.** Stellung *f*, Lage *f*. **4.** Anordnung *f*. **5.** *econ.* Anlage *f*, 'Unterbringung *f* (*e-r Anleihe, von Kapital etc*), Pla'cieren *n* (*von Geldern*), Erteilung *f*, Vergabe *f* (*von Aufträgen*). **6.** 'Unterbringung *f* (*e-r Waise etc*). **7.** *ped. Am.* Einstufung *f*: ~ **test** Einstufungs-, Aufnahmeprüfung *f*. **8.** *sport* a) Pla'cieren *n* (*des Balles*), b) *a.* ~ **shot** (*Tennis*) ,tödlich' pla'cierter Ball.

**place name** *s* Ortsname *m*.

**pla·cen·ta** [pləˈsentə] *pl* **-tae** [-tiː], **-tas** *s* **1.** *physiol.* Pla'zenta *f*, Mutter-, Fruchtkuchen *m*, Nachgeburt *f*. **2.** *bot.* Samenleiste *f*. **pla·cen·tal** *adj* **1.** *physiol.* plazen'tar, Mutterkuchen... **2.** *bot.* Samenträger...

**plac·er** ['plæsə(r)] *s min.* **1.** *bes. Am.* (Gold- *etc*)Seife *f*. **2.** seifengold- *od.* erzseifenhaltige Stelle. ~ **gold** *s* Seifengold *n*. ~ **min·ing** *s bes. Am.* Goldwaschen *n*.

**place set·ting** *s* Gedeck *n*.

**pla·cet** ['pleɪset] (*Lat.*) *s* Plazet *n*, Zustimmung *f*, Ja-Stimme *f*, Ja *n*.

**plac·id** ['plæsɪd] *adj* (*adv* ~**ly**) **1.** ruhig, friedlich. **2.** mild, sanft. **3.** (gelassen)ruhig, ,gemütlich'. **4.** selbstgefällig. **pla·cid·i·ty** [plæˈsɪdətɪ] *s* Milde *f*, Gelassenheit *f*, (Seelen)Ruhe *f*.

**plack·et** ['plækɪt] *s* **1.** *a.* ~ **hole** Schlitz *m* (*an e-m Kleid*). **2.** Tasche *f* (*bes. in e-m Frauenrock*). **3.** *obs.* a) 'Unterrock *m*, b) *fig.* ,Frauenzimmer' *n*.

**plac·oid** ['plækɔɪd] *ichth.* **I** *adj* **1.** plattenförmig (*Schuppen*). **2.** mit Plako'idschuppen (*Fisch*). **II** *s* **3.** Plako'idschupper *m* (*Fisch*).

**pla·gal** ['pleɪɡəl] *adj mus. hist.* pla'gal.

**pla·gia·rism** ['pleɪdʒjərɪzəm] *Am.* -dʒə-] *s* Plagi'at *n*, Diebstahl *m* geistigen Eigentums. '**pla·gia·rist** *s* Plagi'ator *m*. '**pla·gia·rize I** *v/t* plagi'ieren. **II** *v/i* ein Plagi'at begehen, plagi'ieren, abschreiben. '**pla·gia·ry** [-ərɪ; *Am. a.* -dʒɪˌeriː] *s obs.* **1.** → plagiarism. **2.** → plagiarist.

**pla·gi·o·trop·ic** [ˌpleɪdʒɪəʊˈtrɒpɪk; *Am.* -dʒɪˈtrɑʊ-; -'trɑ-] *adj bot.* plagio'trop, seitwärts wachsend.

**plague** [pleɪɡ] **I** *s* **1.** *med.* Seuche *f*, Pest *f*: **pneumonic** ~ Lungenpest; ~ **boil** Pestbeule *f*; **to avoid like the** ~ wie die Pest meiden. **2.** *bes. fig.* Plage *f*, Heimsuchung *f*, Geißel *f* (*bes. in e-m Frauenrock*): **the ten** ~**s** *Bibl.* die Zehn Plagen; **a** ~ **on it!** hol's der Teufel! **3.** *colloq.* a) Plage *f*, b) Quälgeist *m*, ,Landplage' *f* (*Mensch*). **II** *v/t* **4.** plagen, quälen. **5.** *colloq.* belästigen. '**plague·some** *adj colloq.* ,verflixt'.

**plague spot** *s a. fig.* Pestbeule *f*.

**pla·guy** ['pleɪɡɪ] *adj u. adv colloq.* ,verflixt', ,verteufelt'.

**plaice** [pleɪs] *pl* **plaice** *s ichth.* Gemeine Scholle, Goldbutt *m*.

**plaid** [plæd] **I** *s* (schottisches) Plaid (*buntkarierter Wollstoff*). **II** *adj* 'buntka,riert. '**plaid·ed** *adj* **1.** Plaid... **2.** → plaid II.

**plain** [pleɪn] **I** *adj* (*adv* ~**ly**) **1.** einfach, gewöhnlich, schlicht: ~ **aerial** (*bes. Am.* **antenna**) *electr.* Einfachantenne *f*; ~ **clothes** *pl* Zivil(kleidung *f*) *n*; **in** ~ **clothes** in Zivil; ~ **cooking** gutbürgerliche Küche; ~ **fare** Hausmannskost *f*; ~

---

**living** schlichte *od.* einfache Lebensweise; ~ **paper** unlin(i)iertes Papier; ~ **postcard** gewöhnliche Postkarte; ~ **scale** natürlicher Maßstab. **2.** schlicht, schmucklos, kahl (*Zimmer etc*), ungemustert, einfarbig (*Stoff*), 'unkolo,riert (*Fotos etc*), glatt (*Spitzen etc*): ~ **knitting** Rechts-, Glattstrickerei *f*; ~ **sewing** Weißnäherei *f*. **3.** unscheinbar, farb-, reizlos, wenig anziehend: **a** ~ **girl** ein reizloses Mädchen. **4.** klar (u. deutlich), unmißverständlich, offen: ~ **talk**; **in** ~ **terms** rundheraus (gesagt); **the** ~ **truth** die nackte Wahrheit. **5.** klar, offensichtlich, offenbar, -kundig, deutlich, leichtverständlich: (**as**) ~ **as** ~ **can be** sonnenklar; **in** ~ **language** a) ohne Umschweife, klipp u. klar, b) *tel. etc* im Klartext, offen, unverschlüsselt; **to make s.th.** ~ **to s.o.** a) j-m etwas klarmachen, b) j-m etwas klar zu verstehen geben. **6.** unverdünnt, pur (*alkoholisches Getränk*). **7.** ausgesprochen, rein, bar: ~ **nonsense**; ~ **folly** heller Wahnsinn; **a** ~ **agnostic** ein Agnostiker, wie er im Buche steht. **8.** offen (u. ehrlich): ~ **dealing** Redlichkeit *f*; **to be** ~ **with s.o.** j-m gegenüber offen sein. **9.** mittelmäßig, unbedeutend, Durchschnitts... **10.** *metall.* 'unle,giert (~ **steel**). **11.** *bes. Am.* eben, flach, *a. tech.* glatt: ~ **country** flaches Land; ~ **bearing** Gleitlager *n*; ~ **fit** Schlichtpassung *f*; ~ **roll** Glattwalze *f*. **II** *adv* **12.** klar, deutlich, 'unum,wunden. **13.** offen (u. ehrlich). **14.** völlig: ~ **wrong**. **III** *s* **15.** Ebene *f*, Flachland *n*. **16.** **the P**~**s** *Am.* die Prä'rien *pl*.

**plain²** [pleɪn] *v/i obs. od. poet.* (weh-) klagen.

**plain| chart** *s mar.* Plankarte *f*, gleichgradige Seekarte. ~ **choc·o·late** *s* zartbittere Schoko'lade. '~**clothes man** *irr* Poli'zist *m od.* Krimi'nalbe,amte(r) *m* in Zi'vil.

'**plain·ness** *s* **1.** Einfachheit *f*, Schlichtheit *f*. **2.** Deutlichkeit *f*, Klarheit *f*. **3.** Offenheit *f*, Ehrlichkeit *f*. **4.** Ebenheit *f*. **5.** Unansehnlichkeit *f*, Reizlosigkeit *f*.

**plain| peo·ple**, *a.* **P**~**Peo·ple** *s pl Am.* Bezeichnung für verschiedene Sektierer, die e-n einfachen Lebensstil haben. '**plains·man** [-mən] *s irr Am.* Prä'riebewohner *m*. '**plain|·song** *s mus.* **1.** (*alter einstimmiger, nicht rhythmisierter, bes. Gregorianischer*) Kirchen-, Cho'ralgesang, Cantus *m* planus. **2.** (*bes.* Gregori'anische) Cho'ralmelo,die. **3.** Cantus *m* firmus. ~ **speak·ing** *s* Aufrichtigkeit *f*, Offenheit *f*. '~**-'spo·ken** *adj* offen, freimütig: **to be** ~ *a.* geradeheraus sein; sagen, was man denkt.

**plaint** [pleɪnt] *s* **1.** Beschwerde *f*, Klage *f*. **2.** *obs. od. poet.* (Weh)Klage *f*. **3.** *jur.* Klage(schrift) *f*.

**plain·tiff** ['pleɪntɪf] *s jur.* (Zi'vil)Kläger (-in): **party** ~ klägerische Partei. **plain·tive** ['pleɪntɪv] *adj* (*adv* ~**ly**) traurig, klagend, wehmütig, Klage...: ~ **song**; ~ **voice** wehleidige Stimme.

**plait** [plæt; *Am. a.* pleɪt] **I** *s* **1.** Zopf *m*. **2.** (Haar-, Stroh)Geflecht *n*. **3.** Falte *f*. **II** *v/t* **4.** *Haar, Matte etc* flechten. **5.** verflechten. **6.** falten.

**plan** [plæn] **I** *s* **1.** (Spiel-, Wirtschafts-, Arbeits)Plan *m*, Entwurf *m*, Pro'jekt *n*, Vorhaben *n*: ~ **of action** Schlachtplan (*a. fig.*); **according to** ~ planmäßig; **if all goes according to** ~ nach Plan; **to make** ~**s (for the future)** (Zukunfts)Pläne schmieden; **to remain below** ~ das Planziel nicht erreichen. **2.** Plan *m*, Absicht *f*. **3.** Verfahren *n*, Me'thode *f*. **4.** (Zahlungs)Plan *m*, Zahlungsmodus *m*. **5.** (Lage-, Stadt)Plan *m*: **general** ~

Übersichtsplan; ~ **position indicator** *aer.* Sternschreiber *m*, PPI-Sichtgerät *n*. **6.** Grundriß *m*: ~ **view** Draufsicht *f*; in ~ form *im* Grundriß. **7.** *tech.* (Maß)Zeichnung *f*, Riß *m*: **to lay out a** ~ e-n Plan aufreißen. **8.** Verti¹kalebene *f* (*beim perspektivischen Zeichnen*). **II** *v/t* **9.** planen, entwerfen, e-n Plan ausarbeiten *od.* entwerfen für *od.* zu: **to** ~ **s.th. ahead** etwas vorausplanen; ~**ned economy** Planwirtschaft *f*; ~**ned parenthood** Familienplanung *f*; ~ **promotion** Regelbeförderung *f*; ~**ned retreat** planmäßiger Rückzug; ~**ning board** Planungsamt *n*; ~**ning engineer** Arbeitsvorbereiter *m*. **10.** planen, beabsichtigen: **to** ~ **a visit.** **11.** graphisch darstellen. **III** *v/i* **12.** planen, Pläne machen: **to** ~ **ahead** vorausplanen.

**pla·nar** [¹pleɪnə(r)] *adj phys.* pla¹nar: ~ **diode** planparallele Diode; ~ **process** (*Halbleitertechnologie*) Planartechnik *f*.

**pla·nar·i·an** [plə¹neərɪən] *s zo.* Süßwasser-Plattwurm *m*, Pla¹narie *f*.

**planch** [plɑːnʃ; *Am.* -æntʃ] *s* **1.** (Me¹tall-*etc*)Platte *f*. **2.** *dial.* a) Planke *f*, b) Fußboden *m*. **plan¹chette** [-¹ʃet] → **Ouija** (**board**).

**Planck(¹s)con·stant** [plæŋk(s)] *s phys.* Plancksche Kon¹stante.

**plane¹** [pleɪn] *s bot.* Pla¹tane *f*.

**plane²** [pleɪn] **I** *adj* **1.** flach, eben. **2.** *tech.* plan, Plan...: ~ **mirror** Planspiegel *m*. **3.** *math.* eben: ~ **figure**; ~ **curve** einfach gekrümmte Kurve; ~ **polarization** lineare Polarisation. **II** *s* **4.** Ebene *f*, (ebene) Fläche: ~ **of projection** *math.* Rißebene, ~ **of reference** *bes. math.* Bezugsebene; ~ **of refraction** *phys.* Brechungsebene; **on the upward** ~ *fig.* im Anstieg, ansteigend. **5.** *fig.* (*a.* Bewußtseins)Ebene *f*, (Wertigkeits)Stufe *f*, Ni¹veau *n*, Bereich *m*: **on the same** ~ **as** auf dem gleichen Niveau wie. **6.** *Bergbau:* Förderstrecke *f*. **7.** *tech.* Hobel *m*. **III** *v/t* **8.** (ein)ebnen, glätten, pla¹nieren, *tech. a.* schlichten, *Bleche* abrichten. **9.** *tech.* hobeln: **to** ~ **away** (*od.* **off**) *Kanten etc* ab-, glatthobeln; **to** ~ **down** *Brett etc* abhobeln. **10.** *print.* bestoßen.

**plane³** [pleɪn] *aer.* **I** *s* **1.** Flugzeug *n*: **by** ~ auf dem Luftweg, mit dem Flugzeug. **2.** Tragfläche *f*: **main** ~ **unit** Tragwerk *n*; **elevating** (**depressing**) ~ Höhen-(Flächen)steuer *n*. **II** *v/i* **3.** gleiten, segeln. **4.** fliegen.

**plane|an·gle** *s math.* Flächenwinkel *m*. ~**chart** *s mar.* Plankarte *f* (*gleichgradige Seekarte*). ~ **ge·om·e·try** *s math.* Plani¹me¹trie *f*.

**plan·er** [¹pleɪnə(r)] *s tech.* **1.** ¹Hobel (-ma¹schine) *f*) *m*. **2.** *print.* Klopfholz *n*. **3.** Streichbrett *n* (*der Former*).

**plane sail·ing** *s mar.* Plansegeln *n*.

**plan·et¹** [¹plænɪt] *s astr.* Pla¹net *m*: **the inferior** (**superior**) ~**s** die inneren (äußeren) Planeten; **minor** ~**s** Asteroiden; **primary** ~ Hauptplanet; **secondary** ~ Planetenmond *m*.

**plan·et²** [¹plænɪt], **pla·ne·ta** [plə¹niːtə] *pl* -**tae** [-tiː] *s R.C.* Pla¹neta *f*, Kasel *f*.

**plane ta·ble** *s tech.* Meßtisch *m*: ~ **map** Meßtischblatt *n*.

**plan·e·tar·i·um** [ˌplænɪ¹teərɪəm] *pl* -**i·ums, -i·a** [-ə] *s astr.* Plane¹tarium *n*.

**¹plan·e·tar·y** [-tərɪ; *Am.* -ˌterɪ] *adj* **1.** *astr.* plane¹tarisch, Planeten...: ~ **nebula** planetarischer Nebel. **2.** *fig.* umherirrend, unstet. **3.** a) irdisch, weltlich, b) glo¹bal, weltweit. **4.** *tech.* Planeten...: ~ **gear**, ~ **gears**, ~ **gearing** Planeten-, Umlaufgetriebe *n*; ~ **wheel** Umlaufrad *n*.

**plan·e·tes·i·mal** [ˌplænɪ¹tesɪməl] *s astr.* kleiner mete¹orähnlicher Körper.

**plan·et·oid** [¹plænɪtɔɪd] *s astr.* Planeto¹id *m*, Astero¹id *m*.

**plan·e·to·log·i·cal** [ˌplænɪtə¹lɒdʒɪkl; *Am.* ˌplænətl¹ɑ-] *adj astr.* planeto¹logisch. **ˌplan·e¹tol·o·gist** [-¹tɒlədʒɪst; *Am.* -¹tɑ-] *s* Planeto¹loge *m*. **ˌplan·e¹tol·o·gy** *s* Planetolo¹gie *f*.

**plan·gen·cy** [¹plændʒənsɪ] *s* **1.** lautes Anschlagen, Schallen *n*. **2.** Tonfülle *f*, -stärke *f*. **¹plan·gent** *adj* **1.** schallend. **2.** getragen (*Melodie etc*).

**pla·ni·dor·sate** [ˌplænɪ¹dɔː(r)seɪt; *Am.* a. ˌpleɪ-] *adj zo.* mit flachem Rücken.

**plan·i·fi·ca·tion** [ˌplænɪfɪ¹keɪʃn] *s bes. Am.* syste¹matische Planung. **¹plan·i·fy** [-faɪ] *v/t bes. Am.* syste¹matisch planen.

**pla·nim·e·ter** [plæ¹nɪmɪtə(r); *Am.* pleɪ-; plə-] *s tech.* Plani¹meter *n*, Flächenmesser *m*. **pla¹nim·e·try** [-trɪ] → **plane geometry**.

**plan·ing** [¹pleɪnɪŋ] *s* **1.** Hobeln *n*. **2.** Pla¹nieren *n*. ~ **bench** *s tech.* Hobelbank *f*. ~ **ma·chine** *s tech.* ¹Hobel-, ¹Schlichtma¹schine *f*.

**plan·ish** [¹plænɪʃ] *v/t tech.* **1.** glätten, (ab)schlichten, pla¹nieren. **2.** *Holz* glatthobeln. **3.** *Metall* glatthämmern, ausbeulen: ~**ing hammer** Schlichthammer *m*. **4.** po¹lieren.

**plan·i·sphere** [¹plænɪˌsfɪə(r); *Am. a.* ¹pleɪ-] *s astr.* **1.** Plani¹glob(ium) *n*, -¹sphäre *f* (*ebene Darstellung e-r Halbkugel*). **2.** Plani¹sphäre *f* (*altes astronomisches Gerät*).

**plank** [plæŋk] **I** *s* **1.** (*a.* Schiffs)Planke *f*, Bohle *f*, (Fußboden)Diele *f*, Brett *n*: ~ **flooring** Bohlenbelag *m*; **to walk the** ~ *mar. hist.* über e-e Schiffsplanke ins Meer getrieben werden, ertränkt werden; **to make s.o. walk the** ~ *fig.* j-n ,abschieße-n‘. **2.** *fig.* Halt *m*, Stütze *f*. **3.** *pol. bes. Am.* (Pro¹gramm)Punkt *m* (*e-s Parteiprogramms*). **4.** *Bergbau:* Schwarte *f*. **II** *v/t* **5.** mit Planken *etc* belegen, beplanken, dielen. **6.** *tech.* verschalen, *Bergbau:* verzimmern. **7.** *e-e Speise* (*meist garniert*) auf e-m Brett ser¹vieren. **8.** ~ **down** a) ¹hinknallen‘, unsanft absetzen, b) *Geld* ,¹hinlegen‘, ,blechen‘, (bar) auf den Tisch legen. ~**bed** *s* (Holz)Pritsche *f* (*im Gefängnis etc*).

**plank·ing** [¹plæŋkɪŋ] *s* **1.** Beplanken *n*, Verschalen *n*. **2.** *collect.* Planken *pl*. **3.** Beplankung *f*, (Holz)Verschalung *f*, (Bretter)Verkleidung *f*, Bohlenbelag *m*.

**plank·ton** [¹plæŋktən] *s zo.* Plankton *n*. **plank¹ton·ic** [-¹tɒnɪk; *Am.* -¹tɑn-] *adj* plank¹tonisch.

**¹plank·less** *adj* planlos.

**plan·ner** [¹plænə(r)] *s* Planer(in). **¹plan·ning** *s* Planen *n*, Planung *f*: ~ **stage** Planungsstadium *n*; ~ **permission** *Br.* Baugenehmigung *f*.

**pla·no-con·cave** [ˌpleɪnəʊ¹kɒnkeɪv; *Am.* -¹kɑn-] *adj phys.* ¹plankon¹kav (*Linse*). **ˌpla·no-¹con·vex** [*Am.* -¹kɑn-] *adj phys.* ¹plankon¹vex (*Linse*).

**pla·no·graph** [¹pleɪnəgrɑːf; *bes. Am.* -græf] **I** *s* Flachdruck *m*. **II** *v/t* im Flachdruck ¹herstellen.

**pla·nom·e·ter** [plæ¹nɒmɪtə(r); *Am.* -¹nɑ-] *s tech.* Plano¹meter *n*, Richtplatte *f*.

**plant** [plɑːnt; *Am.* plænt] **I** *s* **1.** Pflanze *f*, Gewächs *n*: ~ **animal** → **zoophyte.** **2.** *bot.* Setzling *m*, Steckling *m*. **3.** Wachstum *n*: **in** ~ im Wachstum begriffen; **to miss** ~ nicht aufgehen *od.* keimen. **4.** (Betriebs-, Fa¹brik)Anlage *f*, Werk *n*, Fa¹brik *f*, Betrieb *m*: ~ **engineer** Betriebsingenieur *m*; ~ **manager** Betriebsleiter *m*. **5.** Ma¹schinenanlage *f*, Aggre¹gat *n*, Appa¹ratur *f*: **electric** ~ elektrische Anlage. **6.** Betriebseinrichtung *f*, (Be¹triebs)Materi¸al *n*, Inven¹tar *n*, Gerätschaften *pl*: ~ **equipment** Werksaus-

rüstung *f*. **7.** *Regeltechnik:* Regelstrecke *f*. **8.** *Am.* (*Schul-, Krankenhaus- etc*)Anlage(n *pl*) *f*. **9.** *Bergbau:* (Schacht-, Gruben)Anlage *f*. **10.** *sl.* a) (*etwas*) Eingeschmuggeltes (*z. B. falsches Beweisstück*), (*a.* Poli¹zei)Falle *f*, Schwindel *m*, b) (Poli¹zei)Spitzel *m*, (eingeschleuster) Ge¹heima¸gent.

**II** *v/t* **11.** (ein-, an)pflanzen: **to** ~ **out** aus-, um-, verpflanzen. **12.** *Land* a) bepflanzen (*a. fig.*), b) besiedeln, kolonisieren: **to** ~ **a river with fish** Fische in e-n Fluß setzen. **13.** *e-n Garten etc* anlegen. **14.** *e-e Kolonie etc* gründen. **15.** *e-e Fischbrut* aussetzen, *Austern* verpflanzen. **16.** *bes. fig.* Ideen (ein)pflanzen, einimpfen, Wurzeln schlagen lassen. **17.** (o.s. sich) aufpflanzen, (auf)stellen, j-n po¹stieren. **18.** *die Faust, den Fuß* setzen, ,pflanzen‘: **he** ~**ed his dagger in her back** er stieß ihr den Dolch in den Rücken. **19.** *sl.* e-n Schlag ,landen‘, ,verpassen‘, versetzen, e-n Schuß setzen, ,knallen‘. **20.** *sl.* Spitzel *etc* einschleusen. **21.** *sl.* etwas Belastendes *od.* Irreführendes (ein)schmuggeln, ,depo¹nieren‘: **to** ~ **s.th. on s.o.** j-m etwas ,unterschieben‘. **22.** j-n im Stich lassen.

**plan·tain¹** [¹plæntɪn] *s bot.* Wegerich *m*.

**plan·tain²** [¹plæntɪn] *s bot.* **1.** Pi¹sang *m*, Para¹diesfeige *f*. **2.** Ba¹nane *f* (*Frucht*): ~ **eater** (*od.* **cutter**) *orn.* Bananenfresser *m*.

**plan·tar** [¹plæntə(r)] *adj anat.* plan¹tar, Fußsohlen...

**plan·ta·tion** [plæn¹teɪʃn] *s* **1.** Pflanzung *f*, Plan¹tage *f*. **2.** (Wald)Schonung *f*. **3.** *fig.* Gründung *f*. **4.** Besied(e)lung *f*. **5.** *hist.* Ansiedlung *f*.

**plant·er** [¹plɑːntə; *Am.* ¹plæntər] *s* **1.** Pflanzer *m*, Plan¹tagenbesitzer *m*. **2.** *hist.* (*bes. erster*) Siedler *od.* Kolo¹nist. **3.** *fig.* Gründer *m*. **4.** *agr.* ¹Pflanzma¸schine *f*. **5.** ¹Übertopf *m*.

**plan·ti·grade** [¹plæntɪgreɪd] *zo.* **I** *adj* auf den Fußsohlen gehend. **II** *s* Sohlengänger *m* (*Mensch, Bär etc*).

**plant·let** [¹plɑːntlɪt; *Am.* ¹plænt-] *s* Pflänzchen *n*.

**plant louse** *s irr zo.* Blattlaus *f*.

**planx·ty** [¹plæŋkstɪ] *s irische Harfenweise*.

**plaque** [plɑːk; *bes. Am.* plæk] *s* **1.** (Schmuck)Platte *f*. **2.** *a.* **commemorative** ~ Gedenktafel *f*. **3.** A¹graffe *f*, (Ordens)Schnalle *f*, Spange *f*. **4.** *med. zo.* Fleck *m*. **5.** Zahnmedizin: Zahnbelag *m*.

**pla·quette** [plæ¹ket] *s* Pla¹kette *f*, kleine (Reli¹ef)Platte.

**plash¹** [plæʃ] *v/t u. v/i* (*Zweige*) zu e-r Hecke verflechten.

**plash²** [plæʃ] **I** *v/i* **1.** platschen, plätschern; ~! platsch! **2.** *im Wasser* planschen. **II** *v/t* **3.** platschen *od.* klatschen auf (*acc*). **4.** bespritzen, besprengen. **III** *s* **5.** Platschen *n*, Plätschern *n*, Spritzen *n*. **6.** Pfütze *f*.

**plash·y** [¹plæʃɪ] *adj* **1.** plätschernd, klatschend, spritzend. **2.** sumpfig, matschig, ¸feucht, voller Pfützen.

**plasm** [¹plæzəm] → **plasma**.

**plas·ma** [¹plæzmə] *s* **1.** *biol.* (Milch-, Blut-, Muskel)Plasma *n*: **dried** ~ Trockenplasma. **2.** *biol.* Proto¹plasma *n*. **3.** *min.* Plasma *n*, grüner Chalce¹don. **4.** *phys.* Plasma *n* (*leuchtendes Gasgemisch, das bei der Ionisation entsteht*): ~ **jet** Plasmastrom *m*; ~ **physicist** Plasmaphysiker *m*; ~ **physics** Plasmaphysik *f*; ~ **torch** *tech.* Plasmabrenner *m*. **plas·¹mat·ic** [-¹mætɪk], **¹plas·mic** *adj biol.* (proto)plas¹matisch, Plasma...

**plas·mo·cyte** [¹plæzməsaɪt] *s physiol.* Plasmazelle *f*.

**plas·mol·y·sis** [plæz¹mɒlɪsɪs; *Am.*

-ˈmɑl-] *s biol.* Plasmoˈlyse *f*, Zellschrumpfung *f*.

**plas·mo·some** [ˈplæzməsəʊm] *s biol.* Mikroˈsom *n*, Zellkern *m*.

**plas·ter** [ˈplɑːstə; *Am.* ˈplæstər] **I** *s* **1.** *med.* (Heft-, Senf)Pflaster *n*. **2.** *a.* ~ **of Paris** *med.* Gips *m*: **a leg in** ~ **ein** Gipsbein. **3.** *a.* ~ **of Paris** a) (gebrannter) Gips, b) Stuck *m*, (feiner) Gipsmörtel. **4.** *arch.* Mörtel *m*, (Ver)Putz *m*, Bewurf *m*, Tünche *f*. **II** *v/t* **5.** vergipsen, verputzen, tünchen: **to** ~ **over** (*od.* **up**) übertünchen (*a. fig.*). **6.** dick auftragen, (*mit e-r Schicht*) bedecken. **7.** *med.* bepflastern, ein Pflaster legen auf (*acc*). **8.** *fig.* ein Pflästerchen legen auf (*acc*), *e-n Schmerz etc* lindern. **9.** a) mit Plakaten *etc* bekleben, ˈbepflastern', b) *ein Plakat etc* kleben (**on, to** an *od.* auf *acc*). **10.** *colloq.* mit Bomben, Steinen *etc* ˈbepflastern'. **11.** *fig.* überˈhäufen, überˈschütten: **to** ~ **s.o. with praise. 12.** ~ **down** *colloq.* sich *das Haar* anklatschen. **13.** *sport colloq.* ˈüberˈfahren' (*hoch besiegen*). ~ **band·age** *s med.* Gipsbinde *f*. ˈ~**board** *s tech.* Fasergipsplatte *f*. ~ **cast** *s* **1.** Gipsabdruck *m*, -abguß *m*. **2.** *med.* Gipsverband *m*.

**plas·tered** [ˈplɑːstə(r)d; *Am.* ˈplæs-] *adj colloq.* ˌblau' (*betrunken*): **to get** ~ sich vollaufen lassen.

**plas·ter·er** [ˈplɑːstərə; *Am.* ˈplæstərər] *s* Stukkaˈteur *m*, Stuck-, Gipsarbeiter *m*. ˈ**plas·ter·ing** *s* **1.** (Ver)Putz *m*, Bewurf *m*. **2.** Stuck *m*. **3.** Stuckarbeit *f*, Stukkaˈtur *f*. **4.** Gipsen *n*.

**plas·ter saint** *s fig.* Heilige(r *m*) *f*.

**plas·tic** [ˈplæstɪk] **I** *adj* (*adv* ~**ally**) **1.** plastisch, bildend: ~ **art** bildende Kunst, Plastik *f*. **2.** formgebend, gestaltend. **3.** (ver)formbar, modelˈlier-, knetbar, plastisch: ~ **clay** plastischer *od.* bildfähiger Ton. **4.** *tech.* Kunststoff..., Plastik...: ~ **bag** Plastiktüte *f*, Plastikbeutel *m*; ~ **bullet** Plastikgeschoß *n*; **(synthetic)** ~ **material** → 10; ~ **money** Kreditkarten. **5.** *med.* plastisch: ~ **operation**; → **plastic surgery. 6.** *biol.* plastisch. **7.** *fig.* bildungsfähig, prägbar, formbar: **the** ~ **mind of youth. 8.** *fig.* plastisch, anschaulich. **9.** ~ **bomb** *mil.* Plastikbombe *f*. **II** *s* **10.** *tech.* a) Kunst-, Plastikstoff *m*: ~**coated** kunststoffbeschichtet, b) (Kunstharz)Preßstoff *m*.

**plas·ti·cat·ed** [ˈplæstɪkeɪtɪd] *adj bes. fig.* künstlich.

**plas·ti·cine** [ˈplæstɪsiːn] *s* Plastiˈlin *n*, Knetmasse *f*.

**plas·tic·i·ty** [plæˈstɪsətɪ] *s* Plastiziˈtät *f*: a) *tech.* (Ver)Formbarkeit *f*, b) *fig.* Bildhaftigkeit *f*, Anschaulichkeit *f*, plastische Gestaltung.

**plas·ti·cize** [ˈplæstɪsaɪz] *v/t tech.* plastifiˈzieren, plastisch machen. ˈ**plas·ti·ciz·er** *s* Weichmacher *m*.

**plas·tics** [ˈplæstɪks] **I** *s pl* **1.** Kunststoffe *pl*. **2.** (*als sg konstruiert*) → **plastic surgery. II** *adj* **3.** Kunststoff..., Plastik...: ~ **industry** Kunststoffindustrie *f*.

**plas·tic** | **sur·geon** *s med.* Facharzt *m* für plastische Chirurˈgie. ~ **sur·ger·y** *s med.* plastische Chirurˈgie, Plastik *f*.

**plas·tron** [ˈplæstrən] *s* **1.** Plaˈstron *m*, *n*: a) *mil. hist.* Brustplatte *f*, b) *fenc.* Brustpolster *n*. **2.** Plaˈstron *m*, *n*: a) breiter Seidenschlips, b) Brustlatz *m* (*an Frauentrachten*). **3.** *zo.* Plaˈstron *m*, *n*, Bauchpanzer *m* (*der Schildkröten*).

**plat¹** [plæt] *Am.* → **plot 1.**

**plat²** [plæt] → **plait.**

**plat·an** [ˈplætən] → **plane¹.**

**plat·band** [ˈplætbænd] *s* **1.** *Gartenbau:* Raˈbatte *f*, Einfassungsbeet *n*. **2.** *arch.* Streifen *m*, Borte *f*, Kranzleiste *f*.

**plate** [pleɪt] **I** *s* **1.** Teller *m*: a ~ **of soup** ein Teller Suppe; **to have a lot on one's** ~

*fig. colloq.* viel am Hals haben; **to hand** (*od.* **give**) **s.o. s.th. on a** ~ *fig. colloq.* j-m etwas ˌauf e-m Tablett servieren'. **2.** *Am.* Gedeck *n* für e-e Perˈson. **3.** Platte *f*: **a** ~ **of fish** *gastr.* e-e Fischplatte. **4.** (Kolˈlekten)Teller *m*. **5.** (Namens-, Firmen-, Tür-) Schild *n*, Tafel *f*. **6.** (Bild)Tafel *f* (*Buchillustration*). **7.** (fotoˈgrafische) Platte. **8.** *bes. tech.* a) (Glas-, Meˈtall)Platte *f*, b) Plattenglas *n*. **9.** *electr. tech.* a) Anˈode *f* (*e-r Elektronenröhre etc*): ~ **voltage** Anodenspannung *f*, b) Platte *f*, Elekˈtrode *f* (*e-s Akkumulators*). **10.** *tech.* a) Scheibe *f*, Laˈmelle *f* (*e-r Kupplung etc*): **finger** ~ Wählscheibe *f*, b) Deckel *m*. **11.** *print.* (Druck-, Stereoˈtyp)Platte *f*. **12.** *tech.* Plattenabdruck *m*: **etched** ~ **Radierung** *f*. **13.** *art* a) (Stahl-, Kupfer)Stich *m*, b) Holzschnitt *m*. **14.** *tech.* a) (Grob)Blech *n*, b) Blechtafel *f*. **15.** *tech.* Teller-, Hartzinn *n*. **16.** plaˈtierte Ware. **17.** (Gold-, Silber-, Tafel)Besteck *n*. **18.** *German* ~ Neusilber *n*. **19.** *dental* ~ a) (Gebiß-, Gaumen)Platte *f*, b) *weitS.* (künstliches) Gebiß. **20.** *Baseball:* Heimmal *n*. **21.** *sport* a) Poˈkal *m* (*bes. bei Pferderennen*), b) Poˈkalrennen *n*. **22.** *her.* silberner Kreis, Silberpfennig *m*. **23.** ~**s** *pl* (*of meat*) *Br. sl.* Plattfüße *pl*. **II** *v/t tech.* **24.** mit Platten belegen, panzern. **25.** plaˈtieren, duˈblieren, (*mit* Meˈtall) überˈziehen. **26.** *Papier* kaˈlandern, satiˈnieren. **27.** *print.* a) stereotyˈpieren, b) Druckplatten ˈherstellen von.

**plate ar·mo(u)r** [ˈpleɪtˌɑː(r)mə(r)] *s* **1.** *hist.* Plattenpanzer *m*. **2.** *mar. tech.* Plattenpanzer(ung *f*) *m*.

**pla·teau** [ˈplætəʊ; plæˈtəʊ] *pl* -**teaux**, -**teaus** [-təʊz] *s* **1.** Plaˈteau *n*, Hochebene *f*. **2.** a) *zeitweiliger Zustand der Stabilität in e-r Aufwärtsentwicklung*, b) *flache Stelle in e-r (bes. Intelligenz)Kurve*. **3.** Tafelaufsatz *m*. **4.** Plaˈkette *f*. **5.** flacher Damenhut.

**plate** | **bas·ket** *s Br.* Besteckkorb *m*. ~ **cir·cuit** *s electr.* Anˈodenkreis *m*.

**plat·ed** [ˈpleɪtɪd] *adj* **1.** mit (Meˈtall)Platten belegt, gepanzert. **2.** *tech.* plaˈtiert, meˈtallüberˌzogen, versilbert, vergoldet, duˈbliert. **3.** *Textilwesen:* plaˈtiert: ~ **fabric.**

**ˈplate·ful** [-fʊl] *pl* -**fuls** *ein* Teller(voll) *m*. ~ **glass** *s* Tafel-, Spiegelglas *n*. ~ **glass** *adj*: ~ **universities** nach 1950 gegründete britische Universitäten. ˈ~**hold·er** *s phot.* (ˈPlatten)Kasˌsette *f*. ~ **i·ron** *s tech.* Eisenblech *n*, Walzeisen *n*, -blech *n*. ˈ~ˌ**lay·er** *s rail. Br.* Streckenarbeiter *m*. ~ **ma·chine** *s* **1.** *tech.* Dreh-, Töpferscheibe *f* (*mit Maschinenantrieb*). **2.** *phys.* ˈScheibenelekˌtriˌsiermaˌschine *f*. ~ **mark** → **hallmark.**

**plat·en** [ˈplætən] *s print.* **1.** Platte *f*, (Druck)Tiegel *m*: ~ **press** Tiegeldruckpresse *f*. **2.** (ˈSchreibmaˌschinen)Walze *f*. **3.** ˈDruckzyˌlinder *m* (*der Rotationsmaschine*).

**plate** | **pa·per** *s tech.* ˈKupferdruckpaˌpier *n*. ~ **pow·der** *s* Putzpulver *n* (*für Tafelsilber*). ~**press** *s print.* Tiegeldruckpresse *f*. ~ **print·ing** *s print.* **1.** Kupferdruck *m*. **2.** Plattendruck *m* (*für Textilien*).

**plat·er** [ˈpleɪtə(r)] *s sport* minderwertiges Rennpferd.

**plate** | **rack** *s* Geschirrständer *m*. ~ **shears** *s pl tech.* Blechschere *f*. ~ **spring** *s tech.* Blattfeder *f*. ~ **tec·ton·ics** *s pl* (*meist als sg konstruiert*) *geol.* ˈPlattentekˌtonik *f*.

**plat·form** [ˈplætfɔː(r)m] *s* **1.** Plattform *f*, (ˈRedner)Triˌbüne *f*, Podium *n*. **2.** *fig.* öffentliches Forum (*Diskussion*). **3.** a) (*bes.* parˈteipoˌlitische) Grundsätze *pl*, b) *pol.* Parˈteiproˌgramm *n*, Plattform *f*, c) *bes. Am.* programˈmatische Wahler-

klärung. **4.** *tech.* Rampe *f*, (Lauf-, Steuer)Bühne *f*: **lifting** (*od.* **raising**) ~ Hebebühne. **5.** *rail.* a) Bahnsteig *m*, b) *Am.* Plattform *f* (*am Waggonende*), Perˈron *m* (*Br. bes. am Bus etc*). **6.** a) Treppenabsatz *m*, b) Absatz *m* (*an e-r Felswand*). **7.** Terˈrasse *f*. **8.** *geol.* a) Hochebene *f*, b) Terˈrasse *f*. **9.** *a.* ~ **sole** Plaˈteausohle *f*, b) *pl a.* ~ **shoes** Schuhe *pl* mit Plateausohle. **10.** ˈRaumstatiˌon *f*. ~**car** *bes. Am.* → **flatcar.** ~ **crane** *s tech.* Laufkran *m*.

**plat·form·ing** [ˈplætfɔː(r)mɪŋ] *s tech.* ein Benzinveredelungsprozeß mittels Platinkatalysator.

**plat·form** | **scale** *s tech.* Brückenwaage *f*. ~ **spring** *s tech.* (*e-e*) Wagenfeder. ~ **tick·et** *s* Bahnsteigkarte *f*.

**plat·ing** [ˈpleɪtɪŋ] *s* **1.** Panzerung *f*. **2.** Panzerplatten *pl*. **3.** *tech.* Beplattung *f*, Meˈtallauflage *f*, Verkleidung *f* (*mit Metallplatten*). **4.** Plaˈtieren *n*, Versilberung *f*.

**plat·i·nif·er·ous** [ˌplætɪˈnɪfərəs] *adj* platinhaltig.

**plat·i·nize** [ˈplætɪnaɪz] *v/t* **1.** *tech.* platiˈnieren, mit Platin überˈziehen. **2.** *chem.* mit Platin verbinden.

**plat·i·noid** [ˈplætɪnɔɪd] *chem.* **I** *adj* **1.** platinartig. **II** *s* **2.** ˈPlatinmeˌtall *n*. **3.** Platinoˈid *n* (*Legierung*).

**plat·i·no·type** [ˈplætɪnəʊtaɪp] *s phot.* Platindruck(verfahren *n*) *m*.

**plat·i·nous** [ˈplætɪnəs] *adj chem.* platinhaltig (*mit zweiwertigem Platin*): ~ **chloride** Platinchlorür *n*.

**plat·i·num** [ˈplætɪnəm] *s chem.* Platin *n*: ~ **hair** platinblondes Haar. ~ **black** *s chem.* Platinschwarz *n*. ~ **blonde** *s colloq.* Platinblonde *f*, platinblonde Frau. ~ **point** *s electr.* ˈPlatinspitze *f*, -konˌtakt *m*.

**plat·i·tude** [ˈplætɪtjuːd; *Am. a.* ˌ-tuːd] *s fig.* Plattheit *f*, Gemeinplatz *m*, Platiˈtüde *f*. ˈ**plat·iˌtu·diˈnar·i·an** [-dɪˈneərɪən] **I** *s* Phrasendrescher(in), Schwätzer(in). **II** *adj* → **platitudinous.** ˌ**plat·iˈtu·diˈnize** *v/i* sich in Phrasen *od.* Gemeinplätzen ergehen. ˌ**plat·iˈtu·di·nous** *adj* (*adv* ~**ly**) platt, seicht, phrasenhaft.

**Pla·ton·ic** [pləˈtɒnɪk; *Am.* ˌ-ˈtɑn-] **I** *s* **1.** Plaˈtoniker *m*. **2.** *oft* **p**~*s* plaˈtonische Liebe. **II** *adj* **3.** Plaˈtonisch, Plato... **4.** *oft* **p**~ plaˈtonisch, rein geistig: ~ **love** platonische Liebe. ~ **bod·ies** *s pl math.* plaˈtonische Körper *pl* (*die 5 regulären Polyeder*). ~ **year** *s astr.* plaˈtonisches Jahr (*etwa 26 000 Jahre*), Weltjahr *n*.

**Pla·to·nism** [ˈpleɪtəʊnɪzəm; ˌ-tən-] *s* Plaˈtonismus *m*, plaˈtonische Philosoˈphie. ˈ**Pla·to·nist** *s* Plaˈtoniker *m*.

**pla·toon** [pləˈtuːn] *s* **1.** *mil.* Zug *m*: **in** ~**s**, **by** ~**s** zugweise. **2.** Poliˈzeiaufgebot *n*. **3.** *mil. hist.* Peloˈton *n*.

**plat·ter** [ˈplætə(r)] *s* **1.** (Serˈvier)Platte *f*, (*großer, meist Holz*)Teller *m*: **to hand** (*od.* **give**) **s.o. s.th. on a** ~ *fig. colloq.* j-m etwas ˌauf e-m Tablett servieren'. **2.** *Am. sl.* (Schall)Platte *f*.

**plat·y·ceph·a·lous** [ˌplætɪˈsefələs] *adj anat.* flach-, breitköpfig.

**plat·y·hel·minth** [ˌplætɪˈhelmɪnθ] *s zo.* Plattwurm *m*.

**plat·y·pus** [ˈplætɪpəs] *pl* -**pus·es** *s zo.* Schnabeltier *n*.

**plat·y(r)·rhine** [ˈplætɪraɪn] *zo.* **I** *adj* breitnasig. **II** *s* Breitnase *f* (*Affe*).

**plau·dit** [ˈplɔːdɪt] *s meist pl* Beifall *m* (*a. fig.*), Apˈplaus *m*.

**plau·si·bil·i·ty** [ˌplɔːzəˈbɪlətɪ] *s* **1.** Glaubwürdigkeit *f*, Wahrˈscheinlichkeit *f*. **2.** einnehmendes Wesen. **plau·si·ble** [ˈplɔːzəbl] *adj* (*adv* plausibly) **1.** glaubhaft, einleuchtend, (durchˈaus) möglich, plauˈsibel: **a** ~ **story. 2.** einnehmend, gewinnend (*Wesen*). **3.** vertrauenerweckend, glaubwürdig, überˈzeugend.

**4.** geeignet, möglich. **5.** geschickt: **a ~ liar.**

**play** [pleɪ] **I** s **1.** (Glücks-, Wett-, Unter-ˈhaltungs)Spiel n (a. sport). **2.** Spiel(en) n: **to be at ~** a) spielen, b) Kartenspiel: **am Ausspielen sein**, c) Schach: **am Zug sein; it is your ~** Sie sind am Spiel; **in (out of) ~** sport (noch) im Spiel (im Aus) (Ball); **to hold in ~** fig. beschäftigen. **3.** Spiel(weise f) n: **that was pretty ~** das war gut (gespielt); **fair ~** faires Spiel, a. fig. Fairneß f, Fair play n, Anständigkeit f; → **foul play. 4.** fig. Spiel n, Spieleˈrei f: **a ~ of words** ein Spiel mit Worten; **a ~ (up)on words** ein Wortspiel. **5.** Kurzweil f, Vergnügen n, Zeitvertreib m. **6.** Scherz m, Spaß m: **in ~** im Scherz. **7.** a) Schauspiel n, (Theˈater-, Bühnen)Stück n, b) Vorstellung f: **at the ~** im Theater; **to go to the ~** ins Theater gehen; **as good as a ~** äußerst amüsant od. interessant. **8.** mus. Spiel n, Vortrag m. **9.** (Liebes)Spiel(e pl) n, (erotisches) Spiel: **sexual ~. 10.** fig. Spiel n (von Licht auf Wasser etc): **~ of colo(u)rs (muscles)** Farben-(Muskel)spiel. **11.** (flinke) Handhabung (meist in Zssgn): → **swordplay. 12.** Tätigkeit f, Bewegung f, Gang m: **to bring (od. put) into ~** a) in Gang bringen, b) Spiel od. zur Anwendung bringen; **to come into ~** ins Spiel kommen; **to make ~ a)** Wirkung haben, b) s-n Zweck erfüllen; **to make ~ with** zur Geltung bringen, sich brüsten mit; **to make great ~ of** s.th. viel Aufheben(s) (od. Wesens) von etwas machen; **in full ~** in vollem Gange; **lively ~ of fantasy** lebhafte Phantasie. **13.** a) tech. Spiel n: **half an inch of ~,** fig. Bewegungsfreiheit f, Spielraum m: **full ~ of the mind** freie Entfaltung des Geistes; **to allow (od. give) full (od. free) ~ to** e-r Sache, s-r Phantasie etc freien Lauf lassen. **14.** Am. sl. ˈMaˈnöver n, Trick m, Schachzug m: **to make a ~ for** sich bemühen um, es abgesehen haben auf (acc). **15.** Am. sl. a) Beachtung f, b) Publiziˈtät f, Propaˈganda f.
**II** v/i **16.** a) spielen (a. mus. sport thea. u. fig.) (**for** um Geld etc), b) mitspielen (a. fig. mitmachen): **to ~ at** Ball, Karten etc spielen, fig. sich nur so nebenbei mit etwas beschäftigen; **to ~ at business** ein bißchen in Geschäften machen; **to ~ at keeping shop** Kaufmann spielen; **to ~ for time** a) Zeit zu gewinnen suchen, b) sport auf Zeit spielen; **to ~ to win** auf Sieg spielen; **what do you think you are ~ing at?** was soll denn das?; **to ~ (up)on** a) mus. auf e-m Instrument spielen, b) mit Worten spielen, c) fig. j-s Schwächen (geschickt) ausnutzen; **to ~ with** spielen mit (a. fig. e-m Gedanken, j-s Gefühlen etc; a. engS. herumfingern an); **to ~ up to** a) j-n unterstützen, b) j-m schöntun; **to ~ safe** kein Risiko eingehen, ˈauf Nummer Sicher gehen‘; **he will not ~ again this season** sport er fällt für den Rest der Saison aus; → **fair¹** 19, **false** 14, **gallery** 3 a. **17.** a) Kartenspiel: ausspielen, b) Schach: am Zug sein, ziehen: **white to ~** Weiß zieht od. ist am Zuge. **18.** a) ˈherˈumspielen‘, sich amüˈsieren, b) Unsinn treiben od. scherzen. **19.** a) sich tummeln, b) flattern, gaukeln, c) spielen (Lächeln, Licht etc) (**on** auf dat), d) schillern (Farbe), e) in Betrieb sein (Springbrunnen). **20.** a) schießen, b) spritzen, c) strahlen, streichen: **to ~ on** gerichtet sein auf (acc), bespritzen (Schlauch, Wasserstrahl), anstrahlen, absuchen, bestreichen (Scheinwerfer). **21.** tech. a) Spiel(raum) haben, b) sich bewegen (Kolben etc). **22. to be ~ing well** sport gut bespielbar sein (Platz).
**III** v/t **23.** Karten, Tennis etc, a. mus.

thea. Rolle od. Stück, a. fig. spielen, sport Spiel austragen: **to ~ (s.th. on) the piano** (etwas auf dem) Klavier spielen; **to ~ shop (pirates)** Kaufmann (Piraten) spielen; **to ~ both ends against the middle** fig. vorsichtig lavieren, raffiniert vorgehen; ˈauf Nummer Sicher gehen‘, b) (Redew.) um (ganz) sicher zu gehen; **to ~ it differently** es anders handhaben od. machen; **to ~ it low down** sl. ein gemeines Spiel treiben (**on** mit j-m); **to ~ the races** bei (Pferde)Rennen wetten; **~ed out** fig. a) ˈerledigt‘, ˈfertig‘, erschöpft, b) verbraucht (Talent etc), ˈabgetakelt‘ (Schauspieler etc), c) abgedroschen (Witz), überstrapaziert (These etc); (siehe die Verbindungen mit den entsprechenden Substantiven). **24.** sport a) antreten od. spielen gegen, b) e-n Spieler aufstellen, in die Mannschaft (auf)nehmen. **25.** a) e-e Karte ausspielen (a. fig.), b) e-e Schachfigur ziehen. **26.** spielen od. Vorstellungen geben in (dat): **to ~ the larger cities. 27.** ein Geschütz, e-n Scheinwerfer, e-n Licht- od. Wasserstrahl etc richten (**on** auf acc): **to ~ a hose on** s.th. etwas bespritzen; **to ~ colo(u)red lights on** s.th. etwas bunt anstrahlen.
*Verbindungen mit Präpositionen:*
**play at** → play 16. **~ (up·)on** v/i. → play 16, 19, 20, 27. **2.** wirken auf (acc). **~ up to** → play 16.
*Verbindungen mit Adverbien:*
**play a·bout** → play around. **~ a·long** v/i ˈmitziehen‘, mitmachen: **to ~ with** sich arrangieren mit. **II** v/t ein falsches Spiel treiben mit. **~ a·round** v/i **1.** ˈherˈumspielen‘, sich amüˈsieren. **2.** sich abgeben (**with** mit). **~ a·way I** v/t **1.** verspielen: **to ~ a fortune. 2.** fig. Zeit etc vergeuden. **II** v/i **3.** draufˈlosspielen. **~ back** v/t **1.** ein Tonband abspielen: **to play** s.th. **back to** s.o. j-m etwas vorspielen. **2.** sport Ball zuˈrückspielen (**to** zu). **~ down** v/t bagatelliˈsieren, ˈherˈunterspielen‘. **~ in** v/i das neue Jahr etc musiˈkalisch begrüßen. **~ off I** v/t **1.** a) ein Spiel beenden, b) sport ein Entscheidungsspiel austragen um e-e Meisterschaft etc. **2.** fig. j-n ausspielen (**against** gegen). **II** v/t **3.** ein Entscheidungsspiel austragen. **~ on** v/i sport weiterspielen: **the referee ordered them to ~. ~ out** v/t **1.** thea. Szene etc darstellen: **to be played out** sich abspielen (Romanze etc). **2.** Spiel beenden: **to ~ time** sport über die Zeit kommen. **3.** Vorräte etc erschöpfen: **played out** → play 23. **4.** das alte Jahr etc musiˈkalisch verabschieden. **~ up I** v/i **1.** lauter spielen. **2.** sport colloq. ˈaufdrehen‘ (das Tempo steigern etc): **~!** Tempo! **3.** Br. colloq. ˈverrückt spielen‘, Schwierigkeiten machen (Auto, Bein etc). **4.** ~ up → play 16. **II** v/t **5.** aufbauschen, ˈhochspielen‘. **6. to play** s.o. **up** Br. colloq. a) j-n ˈauf die Palme bringen‘ (wütend machen), b) j-m Schwierigkeiten machen (Bein etc).
**pla·ya** [ˈplaɪə] s geol. Am. Playa f, Salztonebene f.
**play·a·ble** [ˈpleɪəbl] adj **1.** spielbar. **2.** thea. bühnenreif, -gerecht. **3.** sport bespielbar (Platz etc).
**ˈplay·act** v/i contp. ˈschauspielern‘, ˈso tun als ob‘. **~·ac·tor** s thea. Schauspieler m. **ˈ~·back** s **1.** ˈWiedergabe f, Abspielen n: **~ head** Wiedergabe-, Tonabnehmerkopf m. **2.** a. **~ machine** ˈWiedergabegerät n. **3.** TV etc: Playback n: **she did not sing live, it was a ~** sie hat Playback gesungen. **ˈ~·bill** s **1.** Theˈaterplaˌkat n. **2.** Am. Proˈgramm(heft) n. **ˈ~·book** s **1.** thea. Textbuch n. **2.** sport Lehrbuch n. **ˈ~·box** s bes. Br. Spielzeug-

kasten m, -schachtel f. **ˈ~·boy** s Playboy m. **ˈ~·clothes** s pl Am. Sport- od. Freizeitkleidung f. **ˈ~·day** s schulfreier Tag.
**play·er** [ˈpleɪə(r)] s **1.** sport, a. mus. Spieler(in). **2.** (Glücks)Spieler m. **3.** Schauspieler(in). **4.** sport Br. Berufsspieler m. **~ pi·an·o** s mus. meˈchanisches Klaˈvier.
**ˈplay·fel·low** → playmate.
**play·ful** [ˈpleɪfʊl] adj (adv **~ly) 1.** spielerisch. **2.** verspielt: **~ kitten. 3.** ausgelassen, munter, schelmisch, neckisch: **to be in a ~ mood** zu Späßen aufgelegt sein. **ˈplay·ful·ness** s **1.** Munterkeit f, Ausgelassenheit f. **2.** Verspieltheit f.
**ˈplay·girl** s Playgirl n. **ˈ~·go·er** s Theˈaterbesucher(in). **ˈ~·ground** s **1.** Spiel-, Tummelplatz m (a. fig.). **2.** Schulhof m. **~ group** → playschool. **ˈ~·house** s **1.** thea. Schauspielhaus n. **2.** a) Spielhütte f, b) Spielhaus n.
**play·ing card** [ˈpleɪɪŋ] s Spielkarte f. **~ field** s Sport-, Spielplatz m.
**play·let** [ˈpleɪlɪt] s kurzes Schauspiel.
**ˈplay·mak·er** s sport Spielmacher(in). **ˈ~·mate** s **1.** ˈSpielkameˌrad(in). **2.** Gespiele m, Gespielin f. **ˈ~·off** s sport Entscheidungsspiel n. **ˈ~·pen** s Laufgitter n, -stall m. **ˈ~·pit** s Sandkasten m. **~ read·ing** s thea. szenische Lesung. **ˈ~·room** s Spielzimmer n. **ˈ~·school** s Spielschule f.
**play·some** [ˈpleɪsəm] → playful.
**ˈplay·suit** s Spielhös·chen n. **ˈ~·thing** s Spielzeug n (fig. a. Person). **ˈ~·time** s **1.** Freizeit f, Zeit f zum Spielen. **2.** ped. große Pause.
**ˈplay·wright** s Draˈmatiker m, Bühnenautor m, -schriftsteller m, -dichter m.
**pla·za** [ˈplɑːzə; ˈplæz-] s **1.** öffentlicher Platz, Marktplatz m (in Städten). **2.** bes. Am. Einkaufszentrum n.
**plea** [pliː] s **1.** Vorwand m, Ausrede f: **on** (od. **under**) **the ~ of** (od. **that**) unter dem Vorwand (gen) od. daß. **2.** jur. a) Verteidigung f, b) Einlassung f des Angeklagten: **~ of guilty** Schuldgeständnis n. **3.** jur. Einspruch m, (Rechts)Einwand m, Einrede f: **to enter** (od. **put in**) **a ~** e-e Einrede erheben; **to make a ~** Einspruch erheben; **~ in bar, peremptory ~** Am. peremptorische Einrede, Antrag m auf Sachabweisung; **~ for annulment** Nichtigkeitsklage f; **~ in abatement** Am. Antrag m auf Prozeßabweisung; **~ of the crown** Br. Strafklage f. **4.** fig. (for) a) (dringende) Bitte, Gesuch n (um), b) Befürwortung f (gen).
**plea bar·gain·ing** s jur. inoffizielle Absprache, nach der ein Angeklagter durch Schuldbekenntnis dem Gericht Prozeßzeit erspart u. dafür e-e milde Strafe zugesichert bekommt.
**plead** [pliːd] **I** v/i pret u. pp **ˈplead·ed** [-ɪd] od. **plead** [pled], bes. Scot. u. Am. **pled** [pled] **1.** jur. a) pläˈdieren (for für; a. fig.), e-n od. den Fall (vor Gericht) vertreten, b) e-n od. den Fall erörtern, Beweisgründe vorbringen (for für; against gegen), c) sich zu s-r Verteidigung äußern: **to ~ (not) guilty** sich (nicht) schuldig bekennen (to gen); **to ~ guilty to doing s.th.** sich schuldig bekennen, etwas getan zu haben. **2.** flehentlich od. inständig bitten (for um; with s.o. j-n). **3.** sich einsetzen od. verwenden (with bei; for für). **4.** einwenden od. geltend machen (that daß): **his youth ~s for him** s-e Jugend spricht für ihn. **II** v/t **5.** jur. u. fig. als Verteidigung od. Entschuldigung anführen, sich berufen auf (acc), etwas vorschützen: **to ~ ignorance. 6.** jur. erörtern. **7.** e-e Sache vertreten, verteidigen, sich einsetzen für: **to ~ s.o.'s cause. 8.** jur. (als Beweisgrund) vorbringen, anführen. **ˈplead-**

**a·ble** *adj jur.* **1.** rechtsgültig, rechtlich vertretbar, triftig. **2.** zu erörtern(d). **'plead·er** *s* **1.** *jur. u. fig.* Anwalt *m*, Sachwalter *m*. **2.** *fig.* Fürsprecher *m*. **'plead·ing I** *s* **1.** *jur.* a) Plädo'yer *n*, b) Plä'dieren *n*, Führen *n* e-r Rechtssache, c) Par'teivorbringen *n*, d) *pl* (gerichtliche) Verhandlungen *pl.* **2.** *pl jur. bes. Br.* vorbereitende Schriftsätze *pl*, Vorverhandlung *f.* **3.** Eintreten *n* (for für), Fürsprache *f.* **4.** Bitten *n* (for um). **II** *adj* (*adv* ~ly) **5.** flehend, bittend, inständig.

**pleas·ance** ['plezəns] *s obs. od. poet.* **1.** Lustgarten *m.* **2.** Wonne *f*, Vergnügen *n.*

**pleas·ant** ['pleznt] *adj* (*adv* ~ly) **1.** angenehm (*a. Arbeit, Geruch, Geschmack, Leben, Nachricht, Traum*), erfreulich, wohltuend (*Nachricht etc*), vergnüglich: **a ~ breeze** e-e angenehme *od.* wohltuende Brise; **~ to the taste** angenehm im Geschmack. **2.** freundlich (*Wetter, Person, Zimmer*): **please look ~!** bitte recht freundlich! **3.** angenehm, liebenswürdig, freundlich: **a ~ person**; **~ manners**; **to make o.s. ~** to nett *zu j-m* sein. **4.** vergnügt, lustig, heiter. **'pleas·ant·ness** *s* **1.** (*das*) Angenehme *od.* Erfreuliche. **2.** Freundlichkeit *f*, Liebenswürdigkeit *f.* **3.** Heiterkeit *f* (*a. fig.*). **'pleas·ant·ry** [-trɪ] *s* **1.** Heiterkeit *f*, Lustigkeit *f.* **2.** Scherz *m*, Witz *m.* **3.** (scherzhafte) Hänse'lei. **4.** Höflichkeit *f*: **they exchanged pleasantries.**

**please** [pli:z] **I** *v/t* **1.** *j-m* gefallen *od.* angenehm sein *od.* zusagen, *j-n* erfreuen: **it ~s me, I am ~d with it** es gefällt mir; **I shall** (*od.* **will**) **be ~d** es wäre mir ein Vergnügen; **I am only too ~d to do it** ich tue es mit dem größten Vergnügen; **to be ~d with** a) befriedigt sein von, b) Vergnügen haben an (*dat*), c) Gefallen finden an (*dat*); **to be ~d at** erfreut sein über (*acc*); **he was** (**as**) **~d as Punch** *colloq.* ,er freute sich wie ein Schneekönig', ,er strahlte wie ein Honigkuchenpferd'; **to be ~d to say** sich freuen, sagen zu können; **I am ~d to hear** ich freue mich *od.* es freut mich zu hören. **2.** befriedigen, zu'friedenstellen: **I am ~d with you** ich bin mit Ihnen zufrieden; **to ~ o.s.** tun (u. lassen), was man will; **~ yourself** a) bitte bedienen Sie sich, b) (ganz) wie Sie wünschen, **only to ~ you** nur Ihnen zuliebe; **there is no pleasing him** man kann es ihm einfach nicht recht machen; → **hard** 3. **3.** *a. iro.* geruhen, belieben (**to do** zu tun): **take as many as you ~** nehmen Sie so viele *od.* wie viele Sie wollen (*od.* für richtig halten); **~ God** so Gott will. **II** *v/i* **4.** a) gefallen, angenehm sein, Anklang finden, b) zu'friedenstellen, befriedigen: **anxious to ~** (sehr) beflissen *od.* eifrig. **5.** wollen, für gut befinden: **as you ~** wie Sie wünschen; **go where you ~!** gehen Sie, wohin Sie Lust haben!

*Besondere Redewendungen:*

**~ bitte**; (**yes,**) **~** a) (ja,) bitte, b) (oh ja,) gerne; **pretty ~!** bitte, bitte! **~ come here** komm bitte her; **if you ~** a) *a. iro.* wenn ich bitten darf, wenn es Ihnen recht ist, b) *iro.* gefälligst, c) man stelle sich vor!, denken Sie nur!, **pleas·ing** ['pli:zɪŋ] *adj* (*adv* ~ly) angenehm, wohltuend, gefällig: **~ design** gefällige *od.* ansprechende Form.

**pleas·ur·a·ble** ['pleʒərəbl; *Am. a.* 'pleɪ-] *adj* (*adv* **pleasurably**) angenehm, wohltuend, vergnüglich, ergötzlich.

**pleas·ure** ['pleʒə(r); *Am. a.* 'pleɪ-] **I** *s* **1.** Vergnügen *n*, Freude *f*: **it's a ~!** es ist mir ein Vergnügen!; **with ~!** mit Vergnügen!; **for ~** zum Vergnügen; **we had the ~ of meeting him** wir hatten das Vergnügen, ihn kennenzulernen; **may I**

**have the ~?** darf ich bitten?; **to give s.o. ~** j-m Vergnügen *od.* Freude bereiten, j-m Spaß machen; **to take ~ in** (*od.* at) Vergnügen *od.* Freude finden an (*dat*); **he takes** (**a**) **~ in contradicting** es macht ihm Spaß zu widersprechen; **to take one's ~** sich vergnügen; **my ~** gern geschehen. **2.** (sinnlicher) Genuß, (Sinnen)Lust *f*: **a man of ~** ein Genußmensch; **a lady of ~** e-e ,Gunstgewerblerin'. **3.** Gefallen *m*, Gefälligkeit *f*: **to do s.o. a ~** j-m e-n Gefallen tun, j-m e-e Gefälligkeit erweisen. **4.** Belieben *n*, Gutdünken *n*, Ermessen *n*: **at ~** nach Belieben; **at the Court's ~** nach dem Ermessen des Gerichts; **what is your ~?** womit kann ich dienen?; **it is our ~** wir belieben *od.* geruhen (*Formel vor Beschlüssen hoher Würdenträger*); **during Her** (**His**) **Majesty's ~** *Br.* auf unbestimmte Zeit (*Haftstrafe*); **they will not consult his ~** sie werden nicht fragen, was ihm genehm ist; **to make known one's ~** s-n Willen kundtun. **5.** (*sexueller*) Genuß, Befriedigung *f*: **he took his ~ of her** er hat sich mit ihr vergnügt. **II** *v/t* **6.** *j-m* Freude machen *od.* bereiten. **7.** *j-m* (*sexuellen*) Genuß verschaffen, *j-n* befriedigen. **III** *v/i* **8.** sich erfreuen *od.* vergnügen, Freude haben (**in** an *dat*). **9.** *colloq.* ,bummeln', sich vergnügen. **IV** *adj* **10.** Vergnügungs...

**pleas·ure| boat** *s* Vergnügungs-, Ausflugsdampfer *m.* **~ ground** *s* **1.** (Park-) Anlage(n *pl*) *f.* **2.** Vergnügungspark *m.* **'~·lov·ing** *adj* lebenslustig. **'~·pain** *s psych.* Lust-Unlust *f.* **~ prin·ci·ple** *s psych.* 'Lustprin‚zip *n.* **'~·seek·er** *s* Vergnügungssüchtige(r *m*) *f.* **'~·seek·ing** *adj* vergnügungssüchtig. **~ trip** *s* Vergnügungsreise *f.*

**pleat** [pli:t] **I** *s* (*Rock- etc*)Falte *f*, Bügelfalte *f.* **II** *v/t* falten, fälteln, plis'sieren: **~ed skirt** Plissee-, Faltenrock *m.*

**pleb** [pleb] *colloq. für* plebeian II.

**pleb·by** ['plebɪ] *adj Br. colloq.* primi'tiv (*Person etc*).

**plebe** [pli:b] *s Am. colloq. Student der untersten Klasse in West Point od. der Marineakademie in Annapolis.*

**ple·be·ian** [plɪ'bi:ən] **I** *adj* **1.** ple'bejisch. **II** *s* **2.** Ple'bejer(in). **3.** *contp.* Pro'let *m.* **ple'be·ian·ism** *s* Ple'bejertum *n*, ple'bejische Art. **ple'be·ian·ize** *v/t* ple'bejisch machen.

**ple·bis·ci·ta·ry** [plə'bɪsɪtərɪ; *Am.* -‚terɪ:; ‚plebə'saɪtərɪ:] *adj* Volksabstimmungs... **pleb·i·scite** ['plebɪsɪt; -saɪt] *s* Plebis'zit *n*, Volksabstimmung *f*, -entscheid *m.*

**plec·trum** ['plektrəm] *pl* **-trums, -tra** [-trə] *s mus.* Plektron *n.*

**pled** [pled] *bes. Scot. u. Am.* pret *u.* pp *von* plead.

**pledge** [pledʒ] **I** *s* **1.** a) (Faust-, 'Unter-) Pfand *n*, Pfandgegenstand *m*, b) Verpfändung *f*, c) Bürgschaft *f*, Sicherheit *f*, d) *hist.* Bürge *m*, Geisel *f*, *m*: **in ~ of** als Pfand für, *fig.* als Beweis für, als Zeichen (*gen*); **to hold in ~** als Pfand halten; **to put in ~** verpfänden; **to take out of ~** ein Pfand auslösen. **2.** Versprechen *n*, feste Zusage, Gelübde *n*, Gelöbnis *n*: **to take** (*od.* **sign**) **the ~** dem Alkohol abschwören. **3.** *he told me that* **under** (**the**) *od.* **of secrecy** unter dem Siegel der Verschwiegenheit. **4.** *of love fig.* Pfand *n* der Liebe (*Kind*). **5.** Zutrinken *n*, Toast *m.* **6.** *bes. univ. Am.* a) Versprechen *n*, e-r Verbindung *od.* e-m (Geheim)Bund beizutreten, b) Anwärter(in) auf solche Mitgliedschaft. **II** *v/t* **7.** verpfänden (**s.th.** *od.* **to s.o.** j-m etwas), ein Pfand bestellen für, e-e Sicherheit leisten für, als Sicherheit *od.* zum Pfand geben: **to ~ one's word** *fig.* sein Wort verpfänden; **~d article**

Pfandobjekt *n*; **~d merchandise** sicherungsübereignete Ware(n); **~d securities** lombardierte Effekten. **8.** *j-n* verpflichten (**to** zu, auf *acc*): **to ~ o.s.** geloben, sich verpflichten. **9.** *j-m* zutrinken, auf *j-s* Wohl trinken. **'pledge·a·ble** *adj* verpfändbar. **pledg·ee** [ple'dʒi:] *s* Pfandnehmer(in), -inhaber (-in), -gläubiger(in). **pledg·or** [ple'dʒɔ:(r); *Am. a.* 'pledʒər] *s jur.*, **'pledg·er** *s* Pfandgeber(in), -schuldner(in).

**pledg·et** ['pledʒɪt] *s med.* (Watte)Bausch *m*, Tupfer *m.*

**pledg·or** → pledgeor.

**Ple·iad** ['plaɪəd; *Am.* 'pli:əd] *pl* **'Ple·ia·des** [-di:z] *s astr. u. fig.* Siebengestirn *n.*

**Pleis·to·cene** ['plaɪstəusi:n; -stəs-] *geol.* **I** *s* Pleisto'zän *n*, Di'luvium *n.* **II** *adj* Pleistozän...

**ple·na·ry** ['pli:nərɪ; 'plen-] *adj* (*adv* plenarily) **1.** voll(ständig), Voll..., Plenar...: **~ session** (*od.* **sitting**) Plenarsitzung *f.* **2.** voll(kommen), uneingeschränkt: **~ indulgence** *R.C.* vollkommener Ablaß; **~ powers** (*od.* **authority**) unbeschränkte Vollmacht, Generalvollmacht *f.*

**plen·i·po·ten·ti·a·ry** [‚plenɪpəʊ'tenʃərɪ; *Am.* -pə'tentʃərɪ:; -tʃeri:] **I** *s* **1.** (Gene'ral)Bevollmächtigte(r) *m*, bevollmächtigter Gesandter *od.* Mi'nister. **II** *adj* **2.** bevollmächtigt, uneingeschränkte Vollmacht besitzend. **3.** abso'lut, unbeschränkt.

**plen·i·tude** ['plenɪtju:d; *Am. a.* -‚tu:d] *s* **1.** → plenty 1. **2.** Vollkommenheit *f.*

**plen·te·ous** ['plentjəs; -ɪəs] *adj* (*adv* ~ly) *meist poet.* **1.** reich(lich). **2.** ergiebig, fruchtbar (**in,** **of** an *dat*). **'plen·te·ous·ness** *s* → plenty 1.

**plen·ti·ful** ['plentɪfʊl] *adj* (*adv* ~ly) **1.** reich(lich), im 'Überfluß (vor'handen). **2.** fruchtbar, ergiebig. **'plen·ti·ful·ness** *s* → plenty 1.

**plen·ty** ['plentɪ] **I** *s* **1.** Fülle *f*, 'Überfluß *m*, Menge *f*, Reichtum *m* (**of** an *dat*): **to have ~ of s.th.** mit etwas reichlich versehen sein, etwas in Hülle u. Fülle haben; **in ~** im Überfluß; **~ of money** (**time**) e-e *od.* jede Menge *od.* viel *od.* massenhaft Geld (Zeit); **~ of times** sehr oft; → **horn** 6. **II** *adj* **2.** *Am.* reichlich. **3.** *Am. Scot. od. dial.* viel(e), massenhaft, jede Menge. **III** *adv* **4.** *colloq.* wirklich, bei weitem: **~ good enough. 5.** *colloq. Am.* ‚mächtig', ‚ganz schön': **he was ~ mad.**

**ple·num** ['pli:nəm; *Am. a.* 'ple-] *pl* **-nums** *s* **1.** Plenum *n*, Vollversammlung *f.* **2.** *phys.* a) (vollkommen) ausgefüllter Raum, b) mit kompri'mierter Luft gefüllter Raum: **~ chamber** Luftkammer *f.*

**ple·o·nasm** ['pliːəʊnæzəm] *s ling.* Pleo-'nasmus *m.* **ple·o'nas·tic** [-'næstɪk] *adj* (*adv* ~ally) pleo'nastisch.

**ple·ro·ma** [plɪ'rəʊmə] *s* **1.** Ple'roma *n*: a) *philos. relig.* Fülle *f* der göttlichen Kraft, b) *Gnostizismus*: Fülle *f* der ide'alen Welt. **2.** → plerome.

**ple·rome** ['plɪərəʊm] *s bot.* Ple'rom *n*, Füllgewebe *n.*

**ples·sor** ['plesə(r)] → plexor.

**pleth·o·ra** ['pleθərə] *s* **1.** *med.* Ple'thora *f*, Blutandrang *m.* **2.** *fig.* 'Überfülle *f*, -maß *n*, Zu'viel *n* (**of** an *dat*). **ple'thor·ic** [-'θɒrɪk; *Am.* -'θɑr-] *adj* (*adv* ~ally) **1.** *med.* ple'thorisch. **2.** *fig.* 'übervoll, über'laden.

**pleu·ra** ['plʊərə] *pl* **-rae** [-ri:] *s anat. zo.* Brust-, Rippenfell *n*, Pleura *f.* **'pleu·ral** *adj* Brustfell..., Rippenfell...

**pleu·ri·sy** ['plʊərəsɪ] *s med.* Pleu'ritis *f*, Brustfell-, Rippenfellentzündung *f.* **‚pleu'rit·ic** [-'rɪtɪk] *adj* pleu'ritisch. **'pleu·ri·tis** [-'raɪtɪs] → pleurisy.

**pleu·ro·car·pous** [‚plʊərəʊ'kɑː(r)pəs] *adj bot.* pleuro'karp, seitenfrüchtig.

**pleu·ro·cele** [ˈpluərəusiːl] *s med.* Rippenfellhernie *f.*

**pleu·ro·pneu·mo·ni·a** [ˌpluərəunjuˈməunjə; *Am. a.* -nuˈm-] *s* **1.** *med.* Lungen- u. Brustfellentzündung *f.* **2.** *vet.* Lungen- u. Brustseuche *f.*

**plex·or** [ˈpleksə(r)] *s med.* Perkussi'onshammer *m.*

**plex·us** [ˈpleksəs] *pl* **-us·es** *s* **1.** *anat.* Plexus *m*, (Nerven)Geflecht *n.* **2.** *fig.* Flechtwerk *n*, Netz *n*, Kom'plex *m.*

**pli·a·bil·i·ty** [ˌplaɪəˈbɪlətɪ] *s* Biegsamkeit *f*, Geschmeidigkeit *f (a. fig.).* **'pli·a·ble** *adj (adv* **pliably)** **1.** biegsam, geschmeidig *(a. fig.).* **2.** *fig.* nachgiebig, fügsam, gefügig, leicht zu beeinflussen(d).

**pli·an·cy** [ˈplaɪənsɪ] → **pliability.** **'pli·ant** *adj (adv* **~ly)** → **pliable.**

**pli·ca** [ˈplaɪkə] *pl* **-cae** [-siː] *s* **1.** *a.* **~ polonica** *med.* Weichselzopf *m.* **2.** *anat.* (Haut)Falte *f.* **'pli·cate** [-keɪt], **'pli·cat·ed** [-tɪd] *adj bot. geol. zo.* faltig, fächerförmig. **pli·ca·tion** [plaɪ-], **plic·a·ture** [ˈplɪkətʃə(r); *Am. a.* ˈplaɪk-] *s* **1.** Falten(bildung *f*) *n.* **2.** Falte *f (a. geol.).*

**pli·ers** [ˈplaɪə(r)z] *s pl (a. als sg konstruiert) tech.* (Draht-, Kneif)Zange *f*: **a pair of ~** e-e Zange.

**plight**[1] [plaɪt] *s* (unerfreulicher, bedauernswerter) Zustand, mißliche Lage, Not-, Zwangslage *f*, Mi'sere *f.*

**plight**[2] [plaɪt] *bes. poet.* **I** *v/t* **1.** *sein Wort, s-e Ehre* verpfänden, *Treue* geloben: **to ~ one's faith** Treue schwören (**to** *dat*); **~ed troth** gelobte Treue. **2.** (*o.s.* sich) verloben, *s-e Tochter* versprechen (**to** *dat*). **II** *s obs.* Gelöbnis *n*, feierliches Versprechen. **4.** *a.* **~ of faith** Eheversprechen *n*, Verlobung *f.*

**Plim·soll (line** *od.* **mark)** [ˈplɪmsəl] *s mar.* (gesetzliche) Höchstlademarke.

**plim·solls** [ˈplɪmsəlz] *s pl Br.* Turnschuhe *pl.*

**plinth** [plɪnθ] *s arch.* **1.** Plinthe *f*, Säulenplatte *f.* **2.** Sockel *m.* **3.** Fußleiste *f* e-r Wand.

**Pli·o·cene** [ˈplaɪəusiːn; -əs-] *geol.* **I** *s* Plio'zän *n.* **II** *adj* Pliozän...

**plis·sé** [ˈpliːseɪ; ˈplɪs-; *Am.* plɪˈseɪ] *s* Plis'see *n.* **II** *adj* plis'siert.

**plod** [plɒd; *Am.* plɑd] **I** *v/i* **1.** *a.* **~ along, ~ on** sich da'hinschleppen, (ein'her)stapfen. **2.** **~ away** sich abmühen, sich abplagen *od.* ,abplacken' (**at** mit), ,schuften'. **II** *v/t* **3.** **to ~ one's way** → **1.** **III** *s* **4.** schleppender *od.* schwerfälliger Gang. **5.** Stapfen *n.* **6.** ,Placke'rei' *f*, ,Schufte'rei' *f.* **'plod·der** *s* **1.** *fig.* ,Arbeitstier' *n.* **2.** *tech.* Strangpresse *f.* **'plod·ding** *adj (adv* **~ly)** **1.** schwerfällig (gehend), stapfend. **2.** angestrengt, unverdrossen (arbeitend). **3.** *fig.* schwerfällig, langweilig, ,stur'. **III** *s* **4.** ,Placke'rei' *f*, ,Schufte'rei' *f.*

**plonk**[1] [plɒŋk; *Am. a.* plɑŋk] **I** *v/t* **1.** *a.* **~ down** *etwas* ,(hin)schmeißen', (-)knallen: **to ~ o.s. into a chair** sich in e-n Sessel schmeißen. **2.** *Saite(ninstrument)* zupfen, zupfen auf *(dat).* **II** *v/i* **3.** *a.* **~ down** knallen (**on** *auf acc).* **III** *s* **4.** hartes Geräusch, Knall *m.* **IV** *adv* **5.** hart, knallend. **6.** (haar)genau: **~ in the middle.** **V** *interj* **7.** peng!

**plonk**[2] [plɒŋk] *s Br. u. Austral. colloq.* billiger (u. schlechter) Wein.

**plonk·o** [ˈplɒŋkəu] *pl* **-os** *s Austral. sl.* Weinsäufer *m.*

**plop** [plɒp; *Am.* plɑp] **I** *v/i* plumpsen, (*bes. ins Wasser*) platschen: **to ~ into a chair** sich in e-n Sessel plumpsen lassen. **II** *v/t* plumpsen *od.* platschen lassen: **to ~ the tray on the table** das Tablett auf den Tisch knallen. **III** *s* Plumps(en *n*) *m*, Platsch(en *n*) *m.* **IV** *adv* mit e-m Plumps *od.* Platsch, plumpsend, platschend. **V** *interj* plumps!, platsch!

**plo·sion** [ˈpləuʒn] *s ling.* Verschluß (-sprengung *f*) *m.* **'plo·sive** [-sɪv] **I** *adj* Verschluß... **II** *s* Verschlußlaut *m.*

**plot** [plɒt; *Am.* plɑt] **I** *s* **1.** Stück(chen) *n* (Land), Par'zelle *f*, Grundstück *n*: **vegetable ~** Gemüseecke *f (im Garten).* **2.** *bes. Am.* (Lage-, Bau)Plan *m*, (Grund)Riß *m*, Dia'gramm *n*, graphische Darstellung. **3.** *mil.* a) *Artillerie:* Zielort *m*, b) *Radar:* Standort *m.* **4.** (geheimer) Plan, Kom'plott *n*, Anschlag *m*, Verschwörung *f*, In'trige *f*: **to lay a ~** ein Komplott schmieden. **5.** Handlung *f*, Fabel *f (e-s Romans, Dramas etc)*, *a.* In'trige *f*, Verwick(e)lung *f (e-r Komödie):* → **thicken** **10.** **II** *v/t* **6.** e-n Plan anfertigen von *(od. gen)*, *etwas* planen, entwerfen. **7.** *e-e Position etc* in e-n Plan einzeichnen. **8.** *a. tech.* aufzeichnen, regi'strieren, schreiben *(Gerät):* **~ted fire** *mil.* Planfeuer *n*; **to ~ a curve** e-e Kurve graphisch darstellen *od.* bestimmen, auswerten, e-e Kennlinie aufnehmen. **9.** *aer. mar.* den Kurs abstecken, ermitteln. **10.** *Luftbilder* auswerten. **11.** *rise* sieren, abstecken: **to ~ out a line.** **12.** *a.* **~ out** *Land* parzel'lieren. **13.** *e-e Verschwörung* planen, aushecken, *e-e Meuterei* anzetteln. **14.** *e-e Romanhandlung etc* entwickeln, ersinnen. **III** *v/i* **15.** (**against**) Ränke *od.* ein Kom'plott schmieden, intri'gieren, sich verschwören (**gegen**), e-n Anschlag verüben (**auf** *acc).*

**'plot·less** *adj thea.* handlungsarm, ohne rechten Aufbau.

**plot·ter** [ˈplɒtə; *Am.* ˈplɑtər] *s* **1.** Planzeichner(in). **2.** *aer. mil.* Auswerter *m.* **3.** *Computer:* Plotter *m*, Kurvenschreiber *m*, -zeichner *m.* **4.** Anstifter(in). **5.** Ränkeschmied *m*, Intri'gant(in), Verschwörer(in).

**plot·ting** [ˈplɒtɪŋ; *Am.* ˈplɑ-] *s* **1.** Planzeichnen *n.* **2.** *aer. mil.* Auswertung *f.* **3.** *tech.* Aufzeichnung *f*, Regi'strierung *f.* **4.** *Radar:* Mitkoppeln *n.* **5.** Ränkeschmieden *n*, Intri'gieren *n.* **~ board** *s* **1.** *mil.* Auswertetisch *m.* **2.** *mar.* Koppeltisch *m.* **3.** *Computer:* Funkti'onstisch *m.* **~ pa·per** *s math. tech.* 'Zeichenpa,pier *n (für graphische Darstellungen)*, Milli'meterpa,pier *n.*

**plough,** *bes. Am.* **plow** [plau] *s* **1.** *agr.* Pflug *m*: **to put** (*od.* **set**) **one's hand to the ~** *fig.* Hand ans Werk legen. **2.** **P~** *astr.* (*der*) Große Bär *od.* Wagen. **3.** *Tischlerei:* Falzhobel *m.* **4.** *Buchbinderei:* Beschneidhobel *m.* **5.** *electr.* Stromabnehmer *m (für e-e 'unterirdische Stromschiene).* **6.** → **pluck** **5.** **II** *v/t* **7.** ('um)pflügen: **to ~ back** a) ein-, unterpflügen, b) *fig.* e-n Gewinn wieder in das Geschäft stecken; **to ~ under** unterpflügen *(a. fig.);* **to ~ a lonely furrow** *fig.* (ganz) allein auf weiter Flur stehen; → **sand** **2.** **8.** *fig.* a) *das Wasser etc* (durch)'furchen, *Wellen* pflügen, b) *das Gesicht* (zer)furchen, c) sich *e-n Weg* bahnen: **to ~ through a book** *colloq.* ein Buch durchackern; **to ~ ahead** unverdrossen weitermachen, stetig vorankommen. **13.** *bes. Br. sl.* (in e-r Prüfung) ,durchrasseln' *od.* ,durchfallen': **~boy** *s* Spannführer *m.* **2.** Bauernjunge *m.* **~horse** *s* Ackerpferd *n.* **~land** *s* Ackerland *n.* **~man** [-mən] *s irr* Pflüger *m*: **~'s lunch** Imbiß *m* aus Brot, Käse *etc.* **~ plane** *s tech.* Nuthobel *m.* **~ press** *s Buchbinderei:* Beschneidpresse *f.* **~share** *s agr.* Pflugschar *f.* **~tail** *s agr.* Pflugsterz *m.*

**plov·er** [ˈplʌvə(r); *Am. a.* ˈpləu-] *s orn.* **1.** (*ein*) Regenpfeifer *m.* **2.** Gelbschenkelwasserläufer *m.* **3.** Kiebitz *m.*

**plow,** *etc bes. Am. für* **plough,** *etc.*

**ploy**[1] [plɔɪ] *s bes. Scot.* **1.** Beschäftigung *f.* **2.** Zeitvertreib *m.*

**ploy**[2] [plɔɪ] *s* **1.** (Kriegs)List *f (a. fig.).* **2.** *fig.* ,Masche' *f*, ,Tour' *f*, Trick *m.*

**pluck** [plʌk] **I** *s* **1.** Rupfen *n*, Zupfen *n*, Zerren *n*, Reißen *n.* **2.** Ruck *m*, Zug *m.* **3.** Geschlinge *n*, Inne'reien *pl (der Schlachttiere).* **4.** *fig.* Schneid *m*, Mut *m*, ,Mumm' *m.* **5.** *bes. Br. sl.* ,Durchrasseln' *n*, ,Durchfallen' *n (in e-r Prüfung).* **II** *v/t* **6.** *Obst, Blumen etc* pflücken, abreißen. **7.** *Federn, Haar, Unkraut etc* ausreißen, auszupfen, *Geflügel* rupfen: → **crow**[1] **1.** **8.** zupfen, ziehen, zerren, reißen: **to ~ s.o. by the sleeve** j-n am Ärmel zupfen; → **courage.** **9.** *Wolle* verlesen. **10.** *mus.* Saiten zupfen. **11.** *colloq.* j-n ,rupfen', ,ausnehmen', prellen. **12.** *bes. Br. sl.* e-n *Prüfling* ,durchrasseln' *od.* ,durchfallen' lassen: **to get ~ed** durchrasseln, durchfallen. **III** *v/i* **13.** (**at**) zupfen, ziehen, zerren, reißen (an *dat*), schnappen, greifen (nach).

**plucked** *adj* **1.** gerupft, gepflückt. **2.** **~ instrument** *mus.* Zupfinstrument *n.* **3.** → **plucky** **1.** **'pluck·i·ness** → **pluck** **4.** **'pluck·y** *adj (adv* **pluckily)** **1.** mutig, schneidig, forsch. **2.** *phot. sl.* scharf, klar.

**plug** [plʌg] **I** *s* **1.** Pflock *m*, Stöpsel *m*, Dübel *m*, Zapfen *m*, (Faß)Spund *m.* **2.** *med.* (Blut-, Watte- *etc*)Pfropf(en) *m.* **3.** (Zahn)Plombe *f.* **4.** *electr.* Stecker *m*, Stöpsel *m*: **~ and socket** Steck(er)verbindung *f*; **~-ended cord** Stöpselschnur *f*; **to pull the ~** a) *med.* aktive Sterbehilfe leisten, b) *fig.* die Sache *etc* sterben lassen. **5.** *mot.* (Zünd)Kerze *f.* **6.** Hy'drant *m.* **7.** Verschlußschraube *f*, (Hahn-, Ven'til-) Küken *n.* **8.** (Klo'sett)Spülvorrichtung *f.* **9.** Priem *m (Stück Kautabak).* **10.** *colloq.* a) Empfehlung *f*, Tip *m*, Hinweis *m*, b) *Rundfunk, TV, Zeitung:* Werbung *f.* **11.** *econ. sl.* ,Ladenhüter' *m.* **12.** *Am. sl.* alter Klepper. **13.** *Am. sl.* falsches Geldstück. **14.** *sl.* a) ,blaue Bohne', Kugel *f*, b) Schuß *m.* **15.** *sl.* a) (Faust)Schlag *m*: **to take a ~ at** → **22** a, b) *Am.* (das) Boxen (der) Boxsport. **16.** → **plugger** **3.** **17.** → **plug hat.** **II** *v/t* **18.** *a.* **~ up** zu-, verstopfen, zupfropfen, zustöpseln, e-n *Faß* verspunden: **to ~ up a hole.** **19.** *e-n Zahn* plom'bieren. **20.** **~ in** *electr. ein Gerät* einstekken, einstöpseln, *(durch Steckkontakt)* anschließen. **21.** *colloq.* (ständig) Werbung machen für, her'ausstreichen. **22.** *sl.* a) j-m ,ein Ding' *(e-n Schlag od. e-e Kugel)* verpassen', b) *Hasen etc* ,abknallen' *(erschießen)*: → **22** a, **23.** *a.* **~ up** verstopfen *(Rohr etc).* **24.** *a.* **~ away (at)** *colloq.* ,sich abplacken' (mit), ,schuften' (an *dat*). **25.** **~ for** *colloq.* Werbung machen für.

**'plug·board** *s electr.* Schalttafel *f.* **~ box** *s* 'Steckdose *f*, -kon,takt *m.* **~ fuse** *s* Stöpselsicherung *f.*

**plug·ger** [ˈplʌgə(r)] *s* **1.** *med.* Stopfer *m (zum Zahnfüllen).* **2.** *colloq.* a) Re'klamemacher *m*, b) begeisterter Anhänger, Fan *m.* **3.** *Am. sl.* ,Arbeitstier' *n*, ,sturer' Arbeiter *od.* Büffler.

**plug** | **hat** *s Am. sl.* ,Angströhre' *f*, Zy'linder(hut) *m.* **~-hole** *s* Verschluß-, Spundloch *n.* **~-in** *adj tech.* (Auf-) Steck..., Einsteck..., einschiebbar: **~ unit** Steckeinheit *f*, Einschub *m.*

**plug·o·la** [plʌˈgəulə] *s Am. sl.* **1.** an Rundfunksprecher für Schleichwerbung gezahlte Bestechungs- *od.* ,Schmier'gelder. **2.** einseitige Berichterstattung.

**plug** | **switch** *s electr.* Steck-, Stöpselschalter *m.* **~·ug·ly** [-] *s Am. sl.* ,Schläger' *m*, Rowdy *m.* **II** *adj colloq.* abgrundhäßlich. **~ valve** *s tech.* 'Kegelven,til *n.* **~**

**weld** *s tech.* Lochschweißung *f*. ~
**wrench** *s tech.* (Zünd)Kerzenschlüssel *m*.
**plum** [plʌm] *s* **1.** Pflaume *f*, Zwetsch(g)e
*f*: **dried** ~ Backpflaume. **2.** → **plum tree**
1. **3.** *bot.* Baum *od.* Frucht mehrerer pflaumenartiger Gewächse, *z. B.* Dattelpflaume *f*. **4.** Ro'sine *f* (*im Pudding u. Backwerk*): ~ **cake** Rosinenkuchen *m*. **5.** *fig.*
'Ro'sine' *f* (*das Beste, a. aus e-m Buch*).
**6.** *a.* ~ **job** *colloq.* ruhiger, gutbezahlter
Posten. **7.** *Am. sl.* Belohnung *f* (für Unter-
'stützung bei der Wahl *etc*). **8.** *Am. sl.*
'plötzlicher Reichtum', unverhoffter Gewinn, *econ.* 'Sonderdivi,dende *f*. **9.** *Br.*
*obs. sl.* £ 100 000. **10.** Pflaumenblau *n*.
**plum·age** ['plu:mɪdʒ] *s orn.* Gefieder *n*.
'**plum·aged** *adj* gefiedert.
**plumb** [plʌm] **I** *s* **1.** Bleigewicht *n*. **2.** *tech.*
(Blei)Lot *n*, Senkblei *n*: **out of** ~, **off** ~ aus
dem Lot, nicht (mehr) senkrecht. **3.** *mar.*
(Echo)Lot *n*. **II** *adj* **4.** lot-, senkrecht.
**5.** *bes. Am. colloq.* völlig, glatt, rein: **this
is** ~ **nonsense. III** *adv* **6.** lot-, senkrecht.
**7.** *fig.* (haar)genau: ~ **in the middle**.
**8.** *bes. Am. colloq.* 'kom'plett', 'to'tal': ~
**crazy. IV** *v/t* **9.** lotrecht machen.
**10.** *mar.* die Meerestiefe (ab-, aus)loten,
son'dieren. **11.** *fig.* son'dieren, erforschen, ergründen. **12.** *tech.* (mit Blei)
verlöten, verbleien. **13.** Wasser- *od.* Gasleitungen legen in (*e-m Haus*). **V** *v/i*
**14.** *colloq.* klempnern.
**plum·ba·go** [plʌm'beɪɡəʊ] *s* **1.** *min.*
a) Gra'phit *m*, Reißblei *n*, b) Bleiglanz *m*.
**2.** *bot.* Bleiwurz *f*.
**plumb bob** → **plumb** 2.
**plum·be·ous** ['plʌmbɪəs] *adj* **1.** bleiern,
bleiartig. **2.** bleifarben. **3.** *Keramik*: mit
Blei gla'siert.
**plumb·er** ['plʌmə(r)] *s* **1.** Klempner *m*,
Installa'teur *m*, Rohrleger *m*. **2.** Bleiarbeiter *m*. '**plumb·er·y** *s* **1.** Klempnerwerkstatt *f*. **2.** → **plumbing** 1.
**plum·bic** ['plʌmbɪk] *adj chem.* Blei...: ~
**chloride** Bleitetrachlorid *n*. **plum'bifer·ous** [-'bɪfərəs] *adj* bleihaltig.
**plumb·ing** ['plʌmɪŋ] *s* **1.** Klempner-,
Rohrleger-, Installa'teurarbeit *f*. **2.** a)
Rohr-, Wasser-, Gasleitung *f*, b) sani'täre
Installati'on: **to have a look at the** ~
*colloq. euphem.* 'austreten', 'mal verschwinden'. **3.** Blei(gießer)arbeit *f*.
**4.** *arch. mar.* Ausloten *n*.
**plum·bism** ['plʌmbɪzəm] *s med.* Bleivergiftung *f*.
**plumb·less** ['plʌmlɪs] *adj* unermeßlich
(tief), bodenlos (*a. fig.*).
**plumb line** *s* **1.** Senkschnur *f*, -blei *n*.
**2.** → **plumb rule**. '~**line** *v/t* **1.** *arch.*, *a.*
*mar.* ausloten. **2.** *fig.* son'dieren.
**plumbo-** ['plʌmbəʊ] *chem. min.* Wortelement mit der Bedeutung Blei...:
plumbosolvent bleizersetzend.
**plum·bous** ['plʌmbəs] *adj* **1.** bleihaltig.
**2.** *chem.* Blei...: ~ **sulfate** Bleisulfat *n*.
**plumb rule** *s tech.* Lot-, Senkwaage *f*.
**plume** [plu:m] **I** *s* **1.** große Feder: ~ **of an
ostrich** Straußenfeder, **to adorn o.s.
with borrowed** ~**s** *fig.* sich mit fremden
Federn schmücken. **2.** (Hut-, Schmuck-)
Feder *f*. **3.** Feder-, Helmbusch *m*. **4.** *poet.*
a) Feder *f*, b) Federkleid *n*, Gefieder *n*.
**5.** Siegesfeder *f* (*im Turnier*): **to win the** ~
den Sieg davontragen (*a. fig.*). **6.** *fig.*
federähnliches Gebilde): a) ~ **of cloud**
Federwolke *f*, b) ~ **of smoke** Rauchfahne *f*. **II** *v/t* **7.** mit Federn
schmücken. **8.** *orn.* das Gefieder putzen.
**9.** ~ **o.s.** (**up**)**on** sich brüsten mit, sich
etwas einbilden auf (*acc*).
**plumed** [plu:md] *adj* **1.** gefiedert. **2.** mit
Federn geschmückt: ~ **hat** Federhut *m*.
'**plume·less** *adj* federlos, ungefiedert.
**plum·met** ['plʌmɪt] **I** *s* **1.** (Blei)Lot *n*,

Senkblei *n*. **2.** *tech.* Senkwaage *f*.
**3.** (Blei)Senker *m* (*zum Fischen*). **II** *v/i*
**4.** (her'ab)stürzen (*Flugzeug etc*). **5.** *fig.*
stürzen (*Preise, Kurse etc*), absacken
(*Blutdruck etc, a. Person*).
**plum·my** ['plʌmɪ] *adj* **1.** pflaumenartig,
Pflaumen... **2.** reich an Pflaumen *od.*
Ro'sinen. **3.** *colloq.* 'prima', 'toll', *bes.*
ruhig u. gutbezahlt (*Posten*). **4.** volltönend, so'nor: ~ **voice**.
**plu·mose** ['plu:məʊs] *adj* **1.** *orn.* gefiedert. **2.** *bot. zo.* federartig.
**plump**[1] [plʌmp] **I** *adj* **1.** prall, drall,
mollig, 'pummelig', rundlich. **2.** dick,
feist, pausbackig: ~ **cheeks** Pausbacken. **3.** fleischig (*Ente etc*). **II** *v/t* **4.** *oft*
~ **up**, ~ **out** a) prall *od.* fett machen, b)
*Kissen etc* aufschütteln. **III** *v/i* **5.** *oft* ~ **up**,
~ **out** (Fett) ansetzen, rundlich werden.
**plump**[2] [plʌmp] **I** *v/i* **1.** *a.* ~ **down**
('hin)plumpsen, fallen, sich (*in e-n Sessel
etc*) fallen lassen. **2.** *pol.* kumu'lieren: **to** ~
**for** a) *e-m Wahlkandidaten* s-e Stimme
ungeteilt geben, b) *j-n* rückhaltlos unterstützen, c) sich ohne zu zögern entscheiden für, sofort nehmen *od.* wählen. **II** *v/t*
**3.** *a.* ~ **down** plumpsen lassen. **4.** *colloq.*
her'ausplatzen mit (*s-r Meinung etc*),
unverblümt *od.* geradeher'aus sagen.
**5.** *Am. sl.* loben, her'ausstreichen. **III** *s*
**6.** Plumps(en *n*) *m*. **IV** *adv* **7.** plumpsend,
mit e-m Plumps: **to fall** ~ **into the
water. 8.** *colloq.* unverblümt, geradeher'aus. **V** *adj* (*adv* ~**ly**) **9.** plump (*Lüge
etc*). **10.** deutlich, glatt (*Ablehnung etc*).
**plump·er**[1] ['plʌmpə(r)] *s* Bausch *m*.
**plump·er**[2] ['plʌmpə(r)] *s* **1.** Plumps *m*.
**2.** *pol.* ungeteilte (Wahl)Stimme. **3.** plumpe *od.* 'dicke' Lüge.
'**plump·ness** *s* **1.** Drall-, Prallheit *f*,
Rundlichkeit *f*, Pausbackigkeit *f*. **2.**
Plumpheit *f*. **3.** *colloq.* Offenheit *f*.
**plum| pud·ding** *s Br.* Plumpudding *m*.
~ **tree** *s* **1.** *bot.* Pflaumen-, Zwetsch(g)enbaum *m*. **2.** *Am. sl.* (*politische etc*) Beziehungen *m*: **to shake the** ~ s-e Beziehungen spielen lassen.
**plu·mule** ['plu:mju:l] *s* **1.** *orn.* Flaumfeder *f*. **2.** *bot.* Plumula *f*, Sproßknospe *f*
(*des Keimlings*).
**plum·y** ['plu:mɪ] → **plumose**.
**plun·der** ['plʌndə(r)] **I** *v/t* **1.** plündern:
**to** ~ **a town. 2.** *Waren* rauben, stehlen.
**3.** *j-n* ausplündern. **II** *v/i* **4.** plündern,
räubern. **III** *s* **5.** Plünderung *f*, Plünde-
'rei *f*, Diebstahl *m*. **6.** Beute *f*, Raub *m* (*a.
fig. Gewinn etc*). **7.** *Am. colloq.* Plunder *m*,
Kram *m*, Siebensachen *pl.* '**plun·der·
age** *s jur.* **1.** Plünderung *f*. **2.** Unter'schlagen *n* (*von Waren auf Schiffen*). **3.** Plündergut *n*. '**plun·der·er** *s* Plünderer *m*.
**plunge** [plʌndʒ] **I** *v/t* **1.** (ein)tauchen (**in**,
**into** *in acc*) (*a. fig.*): **to** ~ **the room in
darkness** *fig.* das Zimmer in Dunkel
tauchen *od.* hüllen. **2.** *e-e Waffe* stoßen
(**into s.o.'s heart** j-m ins Herz). **3.** ~ **into**
*fig.* in Schulden *etc* stürzen: **to** ~ **into
debts**, b) *e-e Nation* in *e-n Krieg*
stürzen *od.* treiben: **to** ~ **a nation into
war. II** *v/i* **4.** (ein)tauchen (**in**, **into** in
*acc*). **5.** *a.* stürzen, stürmen: **to** ~ **into the
room. 6.** *fig.* sich stürzen (**into** in *Schulden, e-e Tätigkeit etc*). **7.** *mar.* stampfen
(*Schiff*). **8.** sich nach vorn werfen (*Pferd
etc*). **9.** (ab)stürzen, steil abfallen (*Klippe
etc*). **10.** stürzen (*Preise, Kurse etc*). **11.** *sl.*
etwas ris'kieren, alles auf 'eine Karte
setzen. **III** *s* **12.** (Ein)Tauchen *n*. **13.**
*Schwimmen*: (Kopf)Sprung *m*: **to take
the** ~ *fig.* es wagen, den Sprung *od.* den
entscheidenden Schritt wagen. **14.** Sturz
*m*, (*a.* Vorwärts)Stürzen *m*. **15.** Sprung-,
Tauchbecken *n*. ~ **bath** *s* Voll-, Tauchbad *n*. ~ **bat·ter·y** *s electr.* 'Tauchbatte,rie *f*.

**plung·er** ['plʌndʒə(r)] *s* **1.** Taucher *m*.
**2.** *a.* ~ **pump** Plungerpumpe *f*. **3.** *tech.* Stempel
*m*, Stößel *m*. **4.** *electr.* (Tauch)Kern *m*,
Tauchkolben *m*: ~ **coil**, ~ **solenoid**
Tauchkernspule *f*. **5.** *electr.* Tauchspule *f*.
**6.** *mot.* Ven'tilkolben *m*. **7.** *mil.* Schlagbolzen *m*. **8.** *sl.* Hasar'deur *m*, (waghalsiger) Spieler, wilder Speku'lant.
**plung·ing**| **bat·ter·y** ['plʌndʒɪŋ] →
**plunge battery.** ~ **fire** *s mil.* Steil-,
Senkfeuer *n*. ~ **neck·line** *s* tiefer Ausschnitt.
**plunk** [plʌŋk] → **plonk**[1].
**plu·per·fect** [,plu:'pɜ:fɪkt; *Am.* -'pɜr-] *s*
*a.* ~ **tense** *ling.* Plusquamperfekt *n*, Vorvergangenheit *f*.
**plu·ral** ['plʊərəl] **I** *adj* (*adv* ~**ly**) **1.** mehrfach, aus mehreren bestehend: ~ **executive** *Am.* Vorstand(skollegium *n*) *m*: ~
**marriage** Mehrehe *f*; ~ **scattering** *phys.*
Mehrfachstreuung *f*; ~ **society** *sociol.*
pluralistische Gesellschaft; ~ **voting** *pol.*
Mehrstimmenwahlrecht *n*. **2.** *ling.* Plural..., Mehrzahl..., im Plural, in der
Mehrzahl, *ling.* plu'ralisch: ~ **number** → 3. **II**
*s* **3.** *ling.* Plural *m*, Mehrzahl *f*. '**plu·ral·
ism** *s* **1.** Vielheit *f*, Vielfalt *f*, Vielzahl *f*. **2.**
a) Besitz *m* mehrerer Ämter, b) → **plu·rality** 5. **3.** *philos. sociol.* Plura'lismus *m*.
'**plu·ral·ist I** *adj philos. sociol.* plura'listisch. **II** *s philos.* Plura'list(in). ,**plu·
ral'ist·ic** *adj* → **pluralist** I.
**plu·ral·i·ty** [,plʊə'rælətɪ] *s* **1.** Mehrheit *f*,
'Über-, Mehrzahl *f*. **2.** Vielzahl *f*, große
Anzahl *od.* Menge. **3.** *sociol.* plura'listische Struk'tur. **4.** *pol.* (*Am. bes.* rela'tive)
Stimmenmehrheit. **5.** *a.* ~ **of benefices**
*relig.* Besitz *m* mehrerer Pfründen *od.*
Ämter. '**plu·ral·ize** *v/t ling.* **1.** in den
Plural setzen. **2.** als *od.* im Plural gebrauchen, im Plural ausdrücken. **II** *v/i*
**3.** *relig.* mehrere Pfründen *od.* Ämter
innehaben.
**plu·ri·ax·i·al** [,plʊərɪ'æksɪəl] *adj bes.*
*bot.* mehrachsig. ,**plu·ri'lin·gual**
[-'lɪŋgwəl] *adj ling.* mehrsprachig.
**plu·rip·a·ra** [plʊə'rɪpərə] *pl* -**rae** [-ri:],
-**ras** *s* **1.** *med.* Plu'ripara *f* (*Frau, die
mehrmals geboren hat*). **2.** *zo.* Tier, das
mehrere Junge gleichzeitig wirft.
**plus** [plʌs] **I** *prep* **1.** plus, und. **2.** *bes. econ.*
zuzüglich (*gen*): **a sum** ~ **interest** ein
Betrag zuzüglich (der) Zinsen. **3.** *colloq.*
mit: ~ **a coat. II** *adj* **4.** Plus..., *a.* extra,
Extra...: ~ **pressure** *tech.* Atmosphärenüberdruck *m* (*abbr. a.*); ~ **sign** a) *math.*
Pluszeichen *n*, b) *fig.* gutes Zeichen; ~ **or
minus** 5% plus-minus 5%; ~ **factor** *fig.*
Pluspunkt *m*. **5.** *electr. math.* positiv,
Plus...: ~ **quantity** positive Größe. **III** *s*
**6.** Plus(zeichen) *n*. **7.** Plus *n*, Mehr *n*,
'Überschuß *m*. **8.** *fig.* Plus(punkt *m*) *n*. ~
**fours** *s pl* (*weite*) Knickerbocker- *od.*
Golfhose.
**plush** [plʌʃ] **I** *s* **1.** Plüsch *m*. **II** *adj*
**2.** Plüsch... **3.** *colloq.* (stink)vornehm,
feu'dal, Nobel...: **a** ~ **restaurant.**
**plush·y** ['plʌʃɪ] *adj* **1.** plüschartig. **2.** →
**plush** 3.
**plus-(s)age** ['plʌsɪdʒ] *s Am.* Mehrbetrag
*m*, 'Überschuß *m*.
**plu·tar·chy** ['plu:tɑ:(r)kɪ] → **plutoc·
racy.**
**plute** [plu:t] *Am. sl. abbr. für* plutocrat.
**Plu·to** ['plu:təʊ] *npr* **1.** *myth.* Pluto *m*
(*Gott*). **2.** *astr.* Pluto *m* (*Planet*).
**plu·toc·ra·cy** [plu:'tɒkrəsɪ; *Am.* -'tɑk-] *s*
**1.** Plutokra'tie *f*, Geldherrschaft *f*.
**2.** *collect.* 'Geldaristokra,tie *f*, Pluto'kraten *pl.* **plu·to·crat** ['plu:təʊkræt] *s* Pluto'krat *m*, Kapita'list *m*. ,**plu·to'crat·ic**
*adj* (*adv* ~**ally**) pluto'kratisch.
,**plu·to·de'moc·ra·cy** *s* 'Plutodemo-
kra,tie *f*.

**plu·ton** [ˈpluːtɒn; *Am.* -ˌtɑn] *s geol.* Pluˈton *m.*

**Plu·to·ni·an** [pluːˈtəʊnjən; -ɪən] *adj myth.* pluˈtonisch, Pluto... **plu·ton·ic** [-ˈtɒnɪk; *Am.* -ˈtɑ-] *adj geol.* pluˈtonisch: ~ **action** vulkanische Tätigkeit; ~ **rocks** plutonische Gesteine; ~ **theory** Plutonismus *m.*

**plu·to·ni·um** [pluːˈtəʊnjəm; -ɪəm] *s chem.* Pluˈtonium *n:* ~ **breeder** (*Atomphysik*) Plutonium-Brutreaktor *m.*

**plu·ton·o·my** [pluːˈtɒnəmɪ; *Am.* -ˈtɑn-] *s* Volkswirtschaftslehre *f.*

**plu·vi·al** [ˈpluːvjəl; -ɪəl] *adj* **1.** regnerisch, Regen... **2.** *geol.* durch Regen verursacht.

**plu·vi·om·e·ter** [ˌpluːvɪˈɒmɪtə(r); *Am.* -ˈɑm-] *s meteor.* Pluvioˈmeter *n,* Regenmesser *m.*

**ply**[1] [plaɪ] **I** *v/t* **1.** *Arbeitsgerät* handhaben, hanˈtieren *od.* ˈumgehen mit: **to ~ a needle. 2.** *ein Gewerbe* betreiben, ausüben: **to ~ one's trade** s-m Gewerbe nachgehen (*Prostituierte*). **3.** (**with**) bearbeiten (*a. fig.*), *fig.* j-m (mit *Fragen etc*) zusetzen, j-n (mit *etwas*) überˈhäufen: **to ~ the horses with a whip** (dauernd) mit der Peitsche auf die Pferde einschlagen; **to ~ s.o. with a drink** j-n zum Trinken nötigen. **4.** in Gang halten, (ständig) versehen (**with** mit): **to ~ a fire with fresh fuel. 5.** *e-e Strecke* regelmäßig befahren, verkehren auf (*dat*): **the ferryboat plies the river. II** *v/i* **6.** verkehren, ˈhin- u. ˈherfahren, pendeln (**between** zwischen). **7.** *mar.* laˈvieren, aufkreuzen. **8.** *bes. Br.* auf Beschäftigung warten, *im* Stand(platz) haben: **a taxi driver ~ing for hire** ein auf Kunden wartender Taxifahrer.

**ply**[2] [plaɪ] **I** *s* **1.** Falte *f.* **2.** (Garn)Strähne *f.* **3.** (Stoff-, Sperrholz- *etc*)Lage *f,* Schicht *f:* **three-~** a) dreifach (*Garn etc*), b) dreifach gewebt (*Teppich*). **4.** *fig.* Hang *m,* Neigung *f:* **to take a** (*od.* **one's**) ~ e-e Richtung einnehmen. **II** *v/t* **5.** biegen, falten. **6.** *Garn etc* fachen, in Strähnen legen.

**ˈply·wood** *s* Sperr-, Furˈnierholz *n.*

**pneu·ma** [ˈnjuːmə; *Am. a.* ˈnuːmə] *s* Pneuma *n:* a) *philos.* ätherische Substanz, die als Lebensprinzip angesehen wurde, b) *relig.* Heiliger Geist.

**pneu·mat·ic** [njuːˈmætɪk; *Am. a.* nuːˈm-] **I** *adj* (*adv* ~**ally**) **1.** *bes. phys. tech.* pneuˈmatisch, Luft..., Druck(luft)..., Preßluft...: ~ **tool** Preßluftwerkzeug *n.* **2.** *zo.* lufthaltig: ~ **bones** Luftknochen. **3.** *philos. relig.* pneuˈmatisch. **4.** *colloq.* ˌkurvenˈreich (*Mädchen*). **II** *s* **5. pneumatic tire. 6.** Fahrzeug *n* mit Luftbereifung. ~ **ac·tion** *s mus.* pneuˈmatische Trakˈtur (*der Orgel*). ~ **brake** *s tech.* pneuˈmatische Bremse, Druckluftbremse *f.* ~ **dis·patch** *s* Rohrpost *f.* ~ **drill** *s tech.* Preßluftbohrer *m.* ~ **el·e·va·tor** *s Am.* pneuˈmatischer Aufzug. ~ **float** *s* Floßsack *m.* ~ **gun** *s mil.* Preßluftgeschütz *n.* ~ **ham·mer** *s tech.* [*phys.* Pneuˈmatik *f.*] Preßlufthammer *m.*

**pneuˈmat·ics** *s pl* (*als sg konstruiert*) **pneu·mat·ic switch** *s tech.* Druckluftschalter *m.* ~ **tire** (*bes. Br.* **tyre**) *s tech.* Luftreifen *m, pl a.* Luftbereifung *f.* ~ **tube** *s tech.* pneuˈmatische Röhre, weitS. Rohrpost *f.*

**pneumato-** [njuːmətəʊ-; *Am. a.* nuː-] *Wortelement mit den Bedeutungen* a) Luft..., b) Atem...

**ˈpneu·ma·to·cyst** *s orn. zo.* Luftsack *m.*

**pneu·ma·tol·o·gy** [ˌnjuːməˈtɒlədʒɪ; *Am.* -ˈtɑ-; *a.* ˌnuː-] *s* **1.** *relig.* Pneumatoloˈgie *f:* a) Lehre *f* von den Engeln u. Däˈmonen, b) Lehre *f* vom Heiligen Geist. **2.** *obs.* → pneumatics.

---

**pneu·ma·to·sis** [ˌnjuːməˈtəʊsɪs; *Am. a.* ˌnuː-] *s med.* Pneumaˈtose *f,* Bildung *f* von Gas- *od.* Luftzysten.

**ˈpneu·ma·toˌther·a·ˈpeu·tics** *s pl* (*als sg konstruiert*), **ˌpneu·ma·toˈther·a·py** *s* Pneumatotheraˈpie *f,* pneuˈmatische Theraˈpie.

**pneu·mec·to·my** [njuːˈmektəmɪ; *Am. a.* nuː-] *s med.* Pneumektoˈmie *f,* ˈLungenresektiˌon *f.*

**pneu·mo·dy·nam·ics** [ˌnjuːməʊdaɪˈnæmɪks; *Am. a.* ˌnuː-] *s* → pneumatics.

**pneu·mo·nec·to·my** [ˌnjuːməʊˈnektəmɪ; *Am. a.* ˌnuːməˈn-] *s med.* Pneumonektoˈmie *f:* a) operaˈtive Entfernung e-s Lungenflügels, b) ˈLungenresektiˌon *f.*

**pneu·mo·ni·a** [njuːˈməʊnjə; *Am. a.* nuːˈm-] *s med.* Lungenentzündung *f,* Pneumoˈnie *f:* **bronchial** ~ Bronchopneumonie; **double** ~ doppelseitige Lungenentzündung. **pneuˈmon·ic** [-ˈmɒnɪk; *Am.* -ˈmɑn-; *a.* nuːˈm-] *adj* pneuˈmonisch, die Lunge *od.* Lungenentzündung betreffend.

**po** [pəʊ] *pl* **pos** *s Br. colloq.* (Nacht)Topf *m.*

**po·a** [ˈpəʊə] *s bot.* Rispengras *n.*

**poach**[1] [pəʊtʃ] **I** *v/t* **1.** *den Boden* zertrampeln, aufwühlen. **2.** (*zu* e-m Brei) anrühren. **3.** wildern, unerlaubt jagen *od.* fangen. **4.** räubern, stehlen. **5.** *Arbeitskräfte* abwerben. **6.** *Tennis, Badminton:* (*dem Doppelpartner zugedachte*) *Bälle* wegnehmen. **7.** *Papier* bleichen. **II** *v/i* **8.** weich *od.* ˌmatschig' *od.* zertrampelt werden (*Boden*). **9.** (**on**) a) unbefugt eindringen (in *acc*), b) *fig.* ˈübergreifen (auf *acc*): → **preserve 8. 10.** wildern.

**poach**[2] [pəʊtʃ] *v/t Eier* poˈchieren: ~**ed egg** pochiertes *od.* verlorenes Ei.

**poach·er**[1] [ˈpəʊtʃə(r)] *s* **1.** Wilderer *m,* Wilddieb *m.* **2.** *sl.* ˌFreibeuter' *m.* **3.** *Papierfabrikation:* Bleichholländer *m.*

**poach·er**[2] [ˈpəʊtʃə(r)] *s* Poˈchierpfanne *f.*

**poach·ing** [ˈpəʊtʃɪŋ] *s* Wildern *n,* Wildeˈrei *f.*

**poach·y** [ˈpəʊtʃɪ] *adj* sumpfig.

**po·chard** [ˈpəʊtʃə(r)d] *pl* **-chards,** *bes. collect.* **-chard** *s orn.* Tafelente *f.*

**po·chette** [pɒˈʃet; *Am.* pəʊ-] *s* **1.** Handtäschchen *n.* **2.** *Philatelie:* Klemmtasche *f.*

**pock** [pɒk; *Am.* pɑk] *s med.* **1.** Pocke *f,* Blatter *f,* (Pocken)Pustel *f.* **2.** Pockennarbe *f.*

**pock·et** [ˈpɒkɪt; *Am.* ˈpɑ-] **I** *s* **1.** (Hosen*etc*)Tasche *f:* **to have s.o. in one's ~** *fig.* j-n in der Tasche' *od.* Gewalt haben; **to put s.o. in one's ~** *fig.* j-n ˌin die Tasche stecken', mit j-m fertig werden; **to put one's pride in one's ~** s-n Stolz überwinden. **2.** a) Geldbeutel *m* (*a. fig.*), b) *fig.* (Geld)Mittel *pl,* Fiˈnanzen *pl:* **out of one's ~** aus der eigenen Tasche; **to put one's hand in one's ~** tief in die Tasche greifen; **to be in ~** gut bei Kasse sein; **to be 5 dollars in** (**out of**) ~ 5 Dollar profitiert (verloren) haben; **he will suffer in his ~** *fig.* es wird ihm an den Geldbeutel gehen; **to suit all ~s** für jeden Geldbeutel; → **line**[2] **4. 3.** Sack *m,* Beutel *m.* **4.** *Br.* Sack *m* (*Hopfen, Wolle etc, als Maß* = 168 *lb.*). **5.** *anat. zo.* Tasche *f.* **6.** *geol.* Einschluß *m.* **7.** *Bergbau:* Erz-, *bes.* Goldnest *n.* **8.** *Billard:* Tasche *f,* Loch *n.* **9.** *Verpackungstechnik:* Tasche *f* (*e-s Transportbandes*). **10.** *a.* **air** ~ Luftloch *n,* Fallbö *f.* **11.** *mil.* Kessel *m.* **12.** *sport* ungünstige Posiˈtion (*e-s eingeschlossenen Läufers etc*). **13.** (vereinzelte) Gruppe *od.* (vereinzelter) Gebietsteil: ~ **of unemployment** Gebiet *n* mit hoher Arbeitslosigkeit.

**II** *adj* **14.** Taschen...: ~ **lamp** (*od.* **torch**) Taschenlampe *f;* ~ **lighter** Taschenfeuerzeug *n;* ~ **size** Taschenformat

---

*n.* **15.** finanziˈell, Geld... **16.** gekürzt, Kurz...: ~ **lecture. 17.** vereinzelt.

**III** *v/t* **18.** in die Tasche stecken, einstecken (*beide a. fig. einheimsen*). **19.** *fig.* an sich reißen. **20.** *fig.* a) *e-e Kränkung etc* einstecken, ˈhinnehmen, b) *Gefühle* unterˈdrücken, hinˈunterschlucken: **to ~ one's pride** s-n Stolz überwinden. **21.** *die Billardkugel* einlochen. **22.** *pol. Am. e-e Gesetzesvorlage* nicht unterˈschreiben, sein Veto einlegen gegen (*Präsident, Gouverneur*). **23.** *mil.* den Gegner einkesseln. **24.** *sport Läufer etc* einschließen.

**ˈpock·et·book** *s* **1.** Taschen-, Noˈtizbuch *n.* **2.** a) Brieftasche *f,* b) *Am.* Geldbeutel *m* (*beide a. fig.*): **the average** ~ der Durchschnittsgeldbeutel, das Normaleinkommen; **this is beyond my** ~ das kann ich mir nicht leisten. **3.** *Am.* Handtasche *f.* **4.** Taschenbuch *n:* ~ **edition** Taschenausgabe *f.* ~ **bil·liards** *s pl* (*meist als sg konstruiert*) Poolbillard *n.* ~ **bor·ough** *s Br. hist.* winziger Wahlflecken (*durch e-n einzigen Grundbesitzer vertreten*). ~ **cal·cu·la·tor** *s* Taschenrechner *m.* ~ **e·di·tion** *s* Taschenausgabe *f* (*e-s Buchs*).

**ˈpock·et·ful** [-fʊl] *s e-e* Tasche(voll): **a ~ of money** e-e Tasche voll Geld.

**pock·et hand·ker·chief** *s* Taschentuch *n.* **ˈ~·hand·ker·chief** *adj* ˌim ˈWestentaschenforˌmat': **a ~ garden. ˈ~·knife** *s irr* Taschenmesser *n.*

**ˈpock·et·less** *adj* taschenlos.

**pock·et mon·ey** *s* Taschengeld *n.* ~ **mouse** *s irr zo.* Taschenspringmaus *f.* ~ **piece** *s* Glücksmünze *f,* -pfennig *m.* ~ **pis·tol** *s* **1.** ˈTaschenpiˌstole *f.* **2.** *humor.* ˌFlachmann' *m* (*kleine, flache Schnapsflasche*). **ˈ~·size(d)** *adj* **1.** im ˈTaschenforˌmat. **2.** *fig.* ˌim ˈWestentaschenforˌmat': **a ~ garden.** ~ **ve·to** *s pol. Am.* Zuˈrückhalten *n od.* Verzögerung *f* e-s Gesetzentwurfs (*durch den Präsidenten od. e-n Gouverneur*).

**ˈpock·mark I** *s* Pockennarbe *f.* **II** *v/t* (*fig. wie*) mit Pockennarben bedecken, *fig.* verschandeln.

**pock·y** [ˈpɒkɪ; *Am.* ˈpɑ-] *adj* pockig, pockennarbig.

**po·co·cu·ran·te** [ˌpəʊkəʊkjʊəˈrænti; *Am. a.* -kuˈr-] *adj u. s* gleichgültig(er Mensch).

**pod**[1] [pɒd; *Am.* pɑd] *s zo.* Herde *f* (*Wale, Robben*), Schwarm *m* (*Vögel*).

**pod**[2] [pɒd; *Am.* pɑd] **I** *s* **1.** *bot.* Hülse *f,* Schale *f,* Schote *f.* **2.** *bes. zo.* (Schutz-)Hülle *f,* a. Koˈkon *m* (*der Seidenraupe*), Beutel *m* (*des Moschustiers*). **3.** *a.* **net** Ringnetz *n* (*zum Aalfang*). **4.** *aer.* Behälter *m.* **5.** *sl.* ˌWampe' *f,* ˌWanst' *m,* dicker Bauch: **in** ~ ˌdick' (*schwanger*). **II** *v/i* **6.** Hülsen ansetzen. **7.** ~ **up** *sl.* ˌe-n dicken Bauch kriegen' (*schwanger sein*). **III** *v/t* **8.** *Erbsen etc* aushülsen.

**po·dag·ra** [pəˈdægrə; ˈpɒd-] *s med.* Podagra *n:* a) Fußgicht *f,* b) Gicht *f* der großen Zehe.

**pod·au·ger** *s tech.* Hohlbohrer *m.* ~ **bit** *s* Schneide *f* e-s Hohlbohrers.

**podg·i·ness** [ˈpɒdʒɪnɪs; *Am.* ˈpɑ-] *s* Unterˈsetztheit *f.* **ˈpodg·y** *adj* unterˈsetzt, klein u. dick, dicklich: ~ **fingers** Wurstfinger.

**po·di·a·trist** [pəˈdaɪətrɪst; pəʊ-] *s Am.* Fußpfleger(in). **poˈdi·a·try** [-trɪ] *s Am.* Fußpflege *f,* Pediˈküre *f.*

**po·di·um** [ˈpəʊdɪəm] *pl* **-di·a** [-dɪə] *s* **1.** *arch.* Podium *n* (*a. mus. des Dirigenten*), Poˈdest *n, m.* **2.** *arch. antiq.* a) erhöhte Sitzreihe (*im Amphitheater*), b) Podiumsockel *m* (*e-s Tempels*). **3.** ˈdurchgehende Bank (*rund um e-n Raum*). **4.** *zo.* (Saug-)Fuß *m.*

**pod pep·per** *s bot.* Schotenpfeffer *m*, Paprika *m*.

**Po·dunk** ['pəʊˌdʌŋk] *s Am.* ‚Krähwinkel' *n* (*typische Kleinstadt*).

**po·em** ['pəʊɪm] *s* **1.** Gedicht *n*, Dichtung *f*. **2.** *fig.* ‚Gedicht' *n* (*etwas Schönes*).

**po·e·sy** ['pəʊɪzɪ] *s obs.* **1.** Poesie *f*, Dichtkunst *f*. **2.** Dichtung *f*, Gedicht *n*.

**po·et** ['pəʊɪt] *s* Dichter *m*, Po'et *m*: **P~s' Corner** a) Dichterwinkel *m* (*Ehrenplatz der in der Westminsterabtei beigesetzten Dichter*), b) *humor.* literarische Ecke (*in der Zeitung*); → **poet laureate. po·et·as·ter** ['pəʊɪˌtæstə(r); *Am.* ˌpəʊət'æs-] *s* Poe'taster *m*, Dichterling *m*. **'po·et·ess** *s* Dichterin *f*, Po'etin *f*.

**po·et·ic** [pəʊ'etɪk] **I** *adj* (*adv* **~ally**) po'etisch: a) dichterisch, b) in Gedicht- *od.* Versform, c) ro'mantisch, stimmungsvoll: **~ justice** *fig.* ausgleichende Gerechtigkeit; **~ licence** (*Am.* **license**) dichterische Freiheit. **II** *s meist pl* (*als sg konstruiert*) Po'etik *f*, Lehre *f* von der Dichtkunst. **po'et·i·cal** *adj* (*adv* **~ly**) → **poetic** I.

**po·et·i·cize** [pəʊ'etɪsaɪz], **po·et·ize** ['pəʊɪtaɪz] **I** *v/i* **1.** dichten. **II** *v/t* **2.** dichterisch gestalten, in Verse bringen. **3.** (im Gedicht) besingen.

**po·et lau·re·ate** *pl* **po·ets lau·re·ate** (*Lat.*) *s* Po'eta *m* laure'atus: a) Dichterfürst *m*, b) *Br.* Hofdichter *m*, c) *in einigen Staaten der USA e-m Dichter verliehener Ehrentitel*.

**po·et·ry** ['pəʊɪtrɪ] *s* **1.** Poe'sie *f*, Dichtkunst *f*. **2.** Dichtung *f*, *collect.* Dichtungen *pl*, Gedichte *pl*: **dramatic ~** dramatische Dichtung. **3.** Poe'sie *f* (*Ggs. Prosa*): **prose ~** dichterische Prosa. **4.** Poe'sie *f*: a) dichterisches Gefühl: **he has much ~**, b) *fig.* Ro'mantik *f*, Stimmung *f*.

**po-faced** [ˌpəʊ'feɪst] *adj Br. colloq.* streng, mit verkniffenem Gesicht.

**pog·a·mog·gan** [ˌpɒgə'mɒgən; *Am.* ˌpɑgə'mɑ-] *s keulenartige Waffe der nordamer. Indianer*.

**pog·gy** ['pɒgɪ; *Am.* 'pɑgi:] *pl* **-gies**, *bes. collect.* **-gy** *s zo.* kleiner Wal.

**po·grom** ['pɒgrəm; *Am.* 'pəʊ-; pə'grɑm] *s* Po'grom *m, n*, (*bes. Juden*)Verfolgung *f*.

**poi** [pɔɪ; 'pəʊɪ] *s* Poi *m* (*in Hawaii; Brei aus vergorenen Tarowurzeln*).

**poign·an·cy** ['pɔɪnənsɪ; 'pɔɪnj-] *s* **1.** Schärfe *f* (*von Gerüchen etc*), 'durchdringender Geschmack *od.* Geruch. **2.** *fig.* Schärfe *f*, Bitterkeit *f*, Heftigkeit *f*. **3.** Schmerzlichkeit *f*. **'poign·ant** *adj* (*adv* **~ly**) **1.** scharf, beißend (*Geruch, Geschmack*): **~ perfume** aufdringliches Parfüm. **2.** pi'kant (*a. fig.*). **3.** *fig.* bitter, quälend: **~ hunger** quälender Hunger; **~ regret** bittere Reue. **4.** *fig.* brennend (*Interesse*). **5.** *fig.* ergreifend: **a ~ scene. 6.** *fig.* beißend, bissig, scharf: **~ wit. 7.** *fig.* treffend, prä'gnant, genau: **~ observation. 8.** scharf, 'durchdringend: **a ~ look.**

**poi·ki·lit·ic** [ˌpɔɪkɪ'lɪtɪk] *adj geol.* **1.** bunt, gefleckt. **2.** Buntsandstein...

**poi·ki·lo·ther·mal** [ˌpɔɪkɪləʊ'θɜːml; *Am.* -'θɜrməl], *a.* ˌpoi·ki·lo'ther·mic [-mɪk] *adj zo.* **1.** wechselwarm, poikilo'therm. **2.** kaltblütig.

**poin·set·ti·a** [pɔɪn'setɪə] *s bot.* Weihnachtsstern *m*.

**point** [pɔɪnt] **I** *s* **1.** (*Nadel-, Messer-, Schwert-, Bleistift-* *etc*)Spitze *f*: **not to put too fine a ~ upon s.th.** etwas nicht gerade gewählt ausdrücken; **at the ~ of the pistol** mit vorgehaltener Pistole *od.* Waffe; **at the ~ of the sword** *fig.* unter Zwang, mit Gewalt. **2.** *obs.* Dolch *m*, Schwert *n*. **3.** *tech.* spitzes Instru'ment, *bes.* a) Stecheisen *n*, b) Grabstichel *m*,

Griffel *m*, c) Ra'dier-, Ätznadel *f*, d) Ahle *f*. **4.** *geogr.* a) Landspitze *f*, b) Bergspitze *f*. **5.** *hunt.* (Geweih)Ende *n*, Sprosse *f*. **6.** *pl* Gliedmaßen *pl* (*bes. von Pferden*). **7.** *a.* **full ~** *ling.* Punkt *m* (*am Satzende*). **8.** *print.* a) Punk'tur *f*, b) (typo'graphischer) Punkt (= *0,376 mm*), c) Punkt *m* (*Blindenschrift*). **9.** *math.* (geometrischer) Punkt: **~ of intersection** Schnittpunkt. **10.** *math.* (Dezi'mal)Punkt *m*, Komma *n*: **(nought) ~ three** (*in Ziffern:* 0·3 *od.* 0.3 *od.* .3) null Komma drei (0,3); **9 ~s** *fig.* 90%, fast das Ganze; **possession is nine ~s of the law** ‚sei im Besitze, und du wohnst im Recht'. **11.** *a.* **~ of the compass** Kompaßstrich *m*. **12.** Punkt *m*: a) bestimmte Stelle, b) *phys.* Grad *m* (*e-r Skala*), Stufe *f* (*a. tech. e-s Schalters*): **4 ~s below zero** 4 Grad unter Null; **~ of action** (*od.* **application**) Angriffspunkt (*der Kraft*); **~ of contact** Berührungspunkt; **~ of impact** *mil.* Aufschlag-, Auftreffpunkt; **~ of no return** a) *aer.* Gefahrenmitte *f*, Umkehrgrenzpunkt *m*, b) *fig.* Punkt, von dem es kein Zurück mehr gibt; **up to a ~** *fig.* bis zu e-m gewissen Grad; → **boiling point, freezing** 1, *etc.* **13.** *geogr.* Himmelsrichtung *f*. **14.** Punkt *m*, Stelle *f*, Ort *m*: **~ of destination** Bestimmungsort; **~ of entry** *econ.* Eingangshafen *m*; **~ of lubrication** *tech.* Schmierstelle *f*, Schmiernippel *m*. **15.** Anschluß-, Verbindungspunkt *m*, *bes.* a) *electr.* Kon'takt(punkt) *m*, b) *electr. Br.* 'Steckkon,takt *m*. **16.** Grenz-, Höhe-, Gipfelpunkt *m*, Grenze *f*: **~ of culmination** Kulminations-, Höhepunkt; **frankness to the ~ of insult** *fig.* Offenheit, die schon an Beleidigung grenzt; **it gave a ~ to their day** das setzte ihrem Tag ein Glanzlicht auf. **17.** *a.* **~ of time** Zeitpunkt *m*, Augenblick *m*, b) kritischer Punkt, entscheidendes Stadium: **when it came to the ~** als es so weit war, als es darauf ankam; **at this ~** in diesem Augenblick, *weitS.* an dieser Stelle, hier (*in e-r Rede etc*); **at the ~ of death** im Sterben, im Augenblick des Todes; **to be (up)on the ~ of doing s.th.** im Begriff sein, etwas zu tun; **at that ~ in time** *Am.* damals; **at this ~ in time** *Am.* jetzt. **18.** Punkt *m* (*e-r Tagesordnung etc*), (Einzel-, Teil)Frage *f*: **a case in ~** ein einschlägiger Fall, ein (typisches) Beispiel; **at all ~s** in allen Punkten, in jeder Hinsicht; **to differ on several ~s** in etlichen Punkten nicht übereinstimmen; **a ~ of interest** e-e interessante Einzelheit; **~ of order** (Punkt der) Tagesordnung *f*, a. Verfahrensfrage *f*; **on a ~ of order!** ich möchte zur Tagesordnung sprechen!; → **order** 7. **19.** entscheidender *od.* springender Punkt, Kernpunkt *m*, -frage *f*: **to come (speak) to the ~** zur Sache kommen (sprechen); **beside the ~** a) nicht zur Sache gehörig, abwegig, b) unwichtig, unerheblich; **to the ~** zur Sache (gehörig), sachdienlich, sachlich, (zu)treffend, exakt; **to make a ~** ein Argument anbringen, s-e Ansicht durchsetzen; **to make a ~ of s.th.** a) Wert *od.* Gewicht auf etwas legen, auf e-r Sache bestehen, b) sich etwas zum Prinzip machen; **that is the ~** das ist die Frage *od.* der springende Punkt; **the ~ is that** die Sache ist die, daß; **that's the ~ I wanted to make** darauf wollte ich hinaus; **you have a ~ there** es ist etwas dran an dem, was Sie sagen; **I take your ~** ich verstehe, was Sie meinen. **20.** Pointe *f* (*e-s Witzes etc*). **21.** *a.* **~ of view** Stand-, Gesichtspunkt *m*, Ansicht *f*: **from a political ~ of view** vom politischen Standpunkt aus (gesehen), politisch gesehen; **to make s.th. a ~ of hono(u)r** etwas als Ehren-

sache betrachten; **it's a ~ of hono(u)r to him** das ist Ehrensache für ihn; **in ~ of** hinsichtlich (*gen*); **in ~ of fact** tatsächlich; → **miss²** 1, **press** 13, **stretch** 11. **22.** Ziel *n*, Zweck *m*, Absicht *f*: **to carry** (*od.* **make**) **one's ~** sich *od.* s-e Ansicht durchsetzen, sein Ziel erreichen; **what's your ~ in doing that?** was bezweckst du damit?; **there is no ~ in going** es hat keinen Zweck *od.* es ist sinnlos hinzugehen. **23.** Nachdruck *m*: **to give ~ to one's words** s-n Worten Gewicht *od.* Nachdruck verleihen. **24.** her'vorstehende Eigenschaft, (Cha'rakter)Zug *m*, Vorzug *m*: **a noble ~ in her** ein edler Zug an ihr; **strong ~** starke Seite, Stärke *f*; **weak ~** wunder Punkt, schwache Seite; **it has its ~s** es hat so s-e Vorzüge. **25.** *Tierzucht:* besonderes Rassenmerkmal. **26.** Punkt *m* (*e-s Bewertungs- od. Rationierungssystems*): **~ rationing** Punktrationierung *f*. **27.** *econ. Börsensprache:* Punkt *m*, Point *m*, Einheit *f* (*bei Kursschwankungen*). **28.** *sport* Punkt *m*: **to win (lose) on ~s** nach Punkten gewinnen (verlieren); **~s win** Punktsieg *m*, Sieg *m* nach Punkten; **winner on ~s** Punktsieger *m*; **to beat s.o. on ~s** j-n nach Punkten schlagen; **to give ~s to s.o.** a) j-m vorgeben, b) *fig.* j-m überlegen sein; **to be ~s better than s.o.** j-m hoch überlegen sein. **29.** *sport* a) *Kricket: Platz rechts vom Schläger*, b) (Zwischenziel *n* im) Crosslauf *m*. **30.** *Boxen:* ‚Punkt' *m*, Kinnspitze *f*. **31.** *Würfel-, Kartenspiel:* Auge *n*, Punkt *m*. **32.** *Handarbeit:* a) Näh-, Nadelspitze *f* (*Ggs. Klöppelspitze*), b) Handarbeitsspitze *f*, c) → **point lace**, d) Stickstich *m*. **33.** *mus.* a) Stac'catopunkt *m*, b) Wieder'holungszeichen *n*, c) charakte'ristisches Mo'tiv, d) Imitati'onsmo,tiv *n*, e) (Themen)Einsatz *m*. **34.** *mil.* a) Spitze *f* (*e-r Vorhut*), b) Ende *n* (*e-r Nachhut*). **35.** *hunt.* Stehen *n* (*des Hundes*): **to make** (*od.* **come to**) **a ~** (vor)stehen (*vor dem Wild*). **36.** *rail.* a) Weiche *f*, b) *Br.* Weichenschiene *f*. **37.** *her.* Feld *n* (*e-s Wappens*). **38.** **potatoes and ~** *sl.* Kar'toffeln mit ohne was dazu.

**II** *v/t* **39.** (an-, zu)spitzen: **to ~ a pencil. 40.** *fig.* poin'tieren, betonen: **to ~ one's words. 41.** *e-e Waffe etc* richten (**at** auf *acc*): **to ~ one's finger at s.o.** a) mit dem Finger auf j-n deuten *od.* zeigen, b) *a.* **to ~ a** (*od.* **the**) **finger at s.o.** *fig.* mit Fingern *od.* dem Finger auf j-n zeigen; **to ~ (up)on** *s-e Augen, Gedanken etc* richten auf (*acc*); **to ~ to** den Kurs, die Aufmerksamkeit lenken auf (*acc*), j-n bringen auf (*acc*). **42.** **~ out** a) zeigen, b) *fig.* 'hinweisen *od.* aufmerksam machen auf (*acc*), betonen, c) *fig.* aufzeigen (*a. Fehler*), klarmachen, *od.* *fig.* ausführen, darlegen. **43.** *a.* **~ up** *fig.* betonen, unter'streichen: **to ~ one's remarks with illustrations. 44.** *math.* Dezimalstellen durch e-n Punkt *od.* ein Komma trennen: **to ~ off places** Stellen abstreichen. **45.** **~ up** a) *arch.* verfugen, b) *tech.* e-e Fuge glattstreichen. **46.** *hunt.* vor dem Wild vorstehen.

**III** *v/i* **47.** (mit dem Finger) deuten, weisen (**at, to** auf *acc*). **48.** **~ to** nach e-r Richtung weisen *od.* liegen (*Haus*). **49.** **~ to** a) 'hinweisen, -deuten auf (*acc*): **everything ~s to his guilt**, b) ab-, 'hinzielen auf (*acc*). **50.** *mar.* hart am Wind segeln. **51.** *hunt.* vorstehen (*Jagdhund*). **52.** *med.* reifen (*Abszeß etc*).

**point-'blank I** *adv* **1.** schnurgerade, di'rekt. **2.** *fig.* 'rundher, aus, klipp u. klar, schlankweg: **to tell s.o. ~** s.th. ... **II** *adj* **3.** schnurgerade. **4.** *mil.* a) ra'sant: **~ trajectory**, b) Kernschuß...: **~ range** Kernschuß(weite *f*) *m*; **at ~ range** aus kürzester Entfernung; **~ shot** Kernschuß

*m*, (*Artillerie*) Fleckschuß *m*. **5.** *fig.* unverblümt, offen, glatt: **a ~ refusal** e-e glatte Abfuhr. **~ con·tact** *s electr.* ¹Spitzenkon¡takt *m*. **~ dis·charge** *s electr.* Spitzenentladung *f*. **~ du·ty** *s bes. Br.* Postendienst *m* (*e-s Verkehrspolizisten*).

**pointe** [pɔ̃t] *s* (Stellung *f* auf der) Fußspitze *f* (*beim Ballett*).

**point·ed** [¹pɔɪntɪd] *adj* (*adv* ~ly) **1.** spitz(ig). **2.** spitz (zulaufend), zugespitzt: **~ arch** *arch.* Spitzbogen *m*; **~ file** Spitzfeile *f*; **~ roof** (*gotisches*) Spitzdach; **~ style** gotischer Stil, Spitzbogenstil *m*. **3.** *fig.* scharf, poin¹tiert (*Stil, Bemerkung*), anzüglich. **4.** *fig.* treffend, deutlich. **~ fox** *s* unechter Silberfuchs.

¹**point·ed·ness** *s* **1.** Spitzigkeit *f*, Schärfe *f*. **2.** *fig.* Schärfe *f*, Anzüglichkeit *f*, Spitze *f*. **3.** *fig.* Deutlichkeit *f*, (*das*) Treffende.

**point·er** [¹pɔɪntə(r)] *s* **1.** *mil. bes. Am.* ¹Richtschütze *m*, -kano¡nier *m*. **2.** Zeiger *m* (*e-r Uhr od. e-s Meßgeräts*). **3.** Zeigestock *m*. **4.** Ra¹dier-, Ätznadel *f*. **5.** *hunt.* a) Vorsteh-, Hühnerhund *m*, b) *in Zssgn* ...ender *m*: **twelve~** Zwölfender *m*. **6.** (guter) Tip, Fingerzeig *m*: **to give s.o. a ~**.

**poin·til·lism** [¹pwæ̃tɪ¡jɪzəm; ¹pɔɪntɪlɪ-] *s paint.* Pointil¹lismus *m*, Punktmale¹rei *f*.

¹**poin·til·list** *s* Pointil¹list *m*.

**point lace** *s* **1.** genähte Spitze(n *pl*), Bändchenspitze *f*. **2.** Bändchenarbeit *f*.

¹**point·less** *adj* (*adv* ~ly) **1.** ohne Spitze, stumpf. **2.** *a. sport* punktlos. **3.** *fig.* sinn-, zwecklos. **4.** witzlos, ohne Pointe (*Witz*). **5.** nichtssagend.

**point**¦ **po·lice·man** *s irr* Ver¹kehrsschutzmann *m*, -poli¡zist *m*. ¹**~s·man** [-mən] *s irr Br.* **1.** → **point policeman**. **2.** *rail.* Weichensteller *m*. **~ source** *s phys.* Punktquelle *f*, punktförmige (Licht)Quelle. **~ sys·tem** *s* **1.** ¹Punktsy¡stem *n* (*zur Leistungsbewertung*; *a. sport*). **2.** *print.* ¹Punktsy¡stem *n* (*Einteilung der Schriftgröße nach Punkten*). **3.** Punktschrift *f* (*für Blinde*). **~-to--¹point** I *s Pferdesport:* Geländejagdrennen *n*. II *adj:* **~ (radio) communication** Funkverkehr *m* zwischen zwei festen Punkten; **~ race** → I.

**point·y-head** [¹pɔɪntɪ¡hed] *s Am. colloq. meist contp.* ¹Eierkopf¹ *m* (*Intellektueller*).

**poise** [pɔɪz] I *s* **1.** Gleichgewicht *n*. **2.** Schwebe(zustand *m*) *f*. **3.** (Körper-, Kopf)Haltung *f*. **4.** *fig.* a) (innere) Ausgeglichenheit, Gelassenheit *f*, b) sicheres Auftreten, Sicherheit *f*, Haltung *f*. **5.** *fig.* Schwebe *f*, Unentschiedenheit *f*: **to hang at ~** sich in der Schwebe befinden. **6.** Gewicht *n* (*der Schnellwaage od. der Uhr*). II *v/t* **7.** a) ins Gleichgewicht bringen, b) im Gleichgewicht halten, c) *etwas* balan¹cieren: **to be ~d** a) im Gleichgewicht sein, *fig.* gelassen *od.* ausgeglichen sein, b) *fig.* schweben: **the sick man is ~d between life and death**; **to be ~d for action** *mil.* angriffsbereit stehen. **8.** *den Kopf, e-e Waffe etc* halten. III *v/i* **9.** (*in der Luft*) schweben.

**poi·son** [¹pɔɪzn] I *s* **1.** Gift *n* (*a. fig.*): **meat is ~ for you; the ~ of hatred; what is your ~?** *colloq.* was wollen Sie trinken? II *v/t* **2.** (o.s. sich) vergiften, *e-m Getränk etc* Gift beimischen. **3.** *med.* infi¹zieren: **to ~ one's hand** sich die Hand infizieren. **4.** *phys.* die Wirkung zerstören von (*od. gen*). **5.** *fig.* Atmosphäre *etc* vergiften: **to ~ s.o.'s mind against s.o.** j-n gegen j-n aufhetzen. III *adj* **6.** Gift...: **~ cabinet** Giftschrank *m*. ¹**poi·son·er** *s* **1.** Giftmörder(in), -mischer(in). **2.** *fig.* ¹Giftspritze¹ *f*.

**poi·son**¦ **fang** *s zo.* Giftzahn *m*. **~ fish** *s ichth.* Gift-, Stachelrochen *m*. **~ gas** *s mil.* Giftgas *n*, Kampfstoff *m*. **~ gland** *s zo.* Giftdrüse *f*.

---

**poi·son·ing** [¹pɔɪznɪŋ] *s* **1.** Vergiftung *f*. **2.** Giftmord *m*.

**poi·son**¦ **i·vy** *s bot.* Giftsumach *m*. **~ nut** *s bot.* Brechnuß *f*.

**poi·son·ous** [¹pɔɪznəs] *adj* (*adv* ~ly) **1.** giftig, Gift... **2.** *fig.* a) zersetzend, verderblich, b) giftig, bösartig: **a ~ tongue** e-e giftige Zunge. **3.** *colloq.* ,ekelhaft¹.

**poi·son**¦ **pen** *s* Schreiber(in) verleumderischer *od.* ob¹szöner ano¹nymer Briefe. ¹**~-pen let·ter** *s* verleumderischer *od.* ob¹szöner ano¹nymer Brief.

**Pois·son**¦ **dis·tri·bu·tion** [¹pwɑːsən; *Am.* pwɑːˈsɔʊn] *s Wahrscheinlichkeitsrechnung:* Pois¹son-Verteilung *f*. ¹**~'s ra·ti·o** *s phys. tech.* Kontrakti¹onskoeffizi¡ent *m*.

**poi·trel** [¹pɔɪtrəl] *s mil. hist.* Brustharnisch *m* (*der Pferde*).

**poke¹** [pəʊk] I *v/t* **1.** a) stoßen, puffen, knuffen, to **~ s.o. in the ribs** j-m e-n Rippenstoß geben; **to ~ in** hineinstoßen; **to ~ s.o.'s eye out** j-m das Auge ausstoßen *od.* ausschlagen, b) *colloq.* j-m e-n (Faust)Schlag versetzen. **2.** *ein Loch* stoßen (**in** in *acc*): **to ~ a hole in the wallpaper. 3.** *a.* **~ up** *das Feuer* schüren. **4.** *den Kopf* vorstrecken: → **nose** *Bes. Redew.* **5. to ~ fun at s.o.** sich über j-n lustig machen. II *v/i* **6.** stoßen, stechen (**at** nach), stochern (**in** in *dat*). **7.** suchen, tasten: **~ about** (*od.* **around**) for (herum)suchen *od.* (-)tappen nach. **8.** *a.* **~ about** (*od.* **around**) (her¹um)stöbern, (-)wühlen. **9.** *a.* **~ and pry** (her¹um)schnüffeln, (-)spio¡nieren, b) sich einmischen (**into** in *fremde Angelegenheiten*). **10.** *Kricket:* langsam u. vorsichtig schlagen. **11. ~ about** (*od.* **around**) *colloq.* (her¹um)trödeln, bummeln. III *s* **12.** a) (Rippen)Stoß *m*, Puff *m*, Knuff *m*, b) *colloq.* (Faust)Schlag *m*. **13.** *Am.* → **slowpoke**.

**poke²** [pəʊk] *s obs. od. dial.* Beutel *m*, kleiner Sack: → **pig 1**.

¹**poke**¦ **ber·ry** *s bot.* Kermesbeere *f*. **~ bon·net** *s* Kiepenhut *m*, Schute *f*.

**pok·er¹** [¹pəʊkə(r)] *s* Feuer-, Schürhaken *m*: **to walk (as) stiff as a ~** ,e-n (Lade-)Stock verschluckt haben¹, steif wie ein Stock gehen.

**pok·er²** [¹pəʊkə(r)] *s* Poker(spiel) *n*.

**pok·er**¦ **face** *s* Pokergesicht *n*, Pokerface *n* (*undurchdringliches, unbewegtes Gesicht*; *a. Person*). ¹**~-faced** *adj* mit unbewegtem Gesicht.

**pok·er work** *s* Brandmale¹rei *f*.

**pok·y¹** [¹pəʊkɪ] *adj* **1.** eng, winzig: **~ room**; **a ~ (little) place** ein ,Nest¹ *od.* ,Kaff¹. **2.** unele¹gant, ¹unmo¡dern: **~ dress**. **3.** langweilig. **4.** ,lahm¹, phleg¹matisch.

**pok·y²** [¹pəʊkiː] *s Am. sl.* ,Kittchen¹ *n*.

**Po·lack** [¹pəʊlæk; *Am.* -¡lɑk] *s* **1.** *obs.* Pole *m*. **2.** *contp.* ,Po¹lack(e)¹ *m* (*Pole*).

**po·lar** [¹pəʊlə(r)] I *adj* **1.** *geogr.* polar, Polar...: **~ air** *meteor.* Polarluft *f*, polare Kaltluft; **~ angle** *astr. math.* Polarwinkel *m*; **~ lights** *astr.* ¹night Polarnacht *f*; **~ projection** (*Kartographie*) Polarprojektion *f*; **~ regions** *pl* Polargebiet *n*; **P~ Sea** Polar-, Eismeer *n*; **~ star** Polarstern *m*. **2.** *math. phys. poˈlar:* → **line 5. 3.** *fig.* po¹lar, genau entgegengesetzt (*wirkend*). **4.** *fig.* zen¹tral, bestimmend: **a ~ principle.** II *s* **5.** *aer. math.* Po¹lare *f*. ~**ax·is** *s astr. math.* Po¹larachse *f*. ~**bear** *s zo.* Eisbär *m*. ~**bod·y**, ~**cell** *s biol.* Polkörperchen *n* (*der Zelle*). ~**cir·cle** *s geogr.* Po¹larkreis *m*. ~**co-or·di·nates** *s pl math.* Po¹larkoordi¡naten(sy¡stem *n*) *pl*. ~**curve** *s math.* Po¹larkurve *f*. ~**dis·tance** *s astr. math.* ¹Poldi¡stanz *f*. ~**e·qua·tion** *s math.* Gleichung *f* in Po¹larkoordi¡naten. ~**fox** *s zo.* Po¹lar-,

---

Blaufuchs *m*. ~**front** *s meteor.* Po¹larfront *f*.

**po·lar·im·e·ter** [¡pəʊləˈrɪmɪtə(r)] *s phys.* Polari¹meter *n*.

**po·lar·i·scope** [pəʊˈlærɪskəʊp] *s phys.* Polari¹skop *n*.

**po·lar·i·ty** [pəʊˈlærəti] *s phys.* Polari¹tät *f* (*a. fig.* Gegensätzlichkeit). **po·lar·i·za·tion** [¡pəʊlərarˈzeɪʃn; *Am.* -rəˈz-] *s* **1.** *electr. phys.* Polarisati¹on *f* (*a. fig.* Spaltung). **2.** *fig.* Ausrichtung *f* (**towards** auf *acc*). ¹**po·lar·ize** I *v/t* **1.** *electr. phys.* polari¹sieren: ~**d relay** polarisiertes *od.* gepoltes Relais. **2.** *fig.* polari¹sieren, spalten (**into** in *zwei Lager etc*). **3.** *fig.* ausrichten (**towards** auf *acc*): **to be ~d towards profit** gewinnorientiert sein. II *v/i* **4.** *fig.* sich polari¹sieren, sich spalten (**into** in *acc*). ¹**po·lar·iz·er** *s phys.* Polari¹sator *m*.

**po·lar·og·ra·phy** [¡pəʊləˈrɒɡrəfɪ; *Am.* -¹rɑg-] *s* Polarogra¹phie *f* (*elektrochemische Analysenmethode*).

**Po·lar·oid** [¹pəʊlərɔɪd] (*TM*) *s* Polaro¹id *n* (*Licht polarisierendes Material*): ~**camera**.

**pol·der** [¹pɒldə; *Am.* ¹pəʊldər; ¹pɑl-] *s* Polder *m* (*eingedeichtes Marschland*).

**pole¹** [pəʊl] I *s* **1.** Pfosten *m*, Pfahl *m*. **2.** (Bohnen-, Zelt- *etc*)Stange *f*, (*Leichtathletik:* die Sprung)Stab *m*: **to be up the ~** *colloq.* a) ,in der Tinte sitzen¹, b) e-e Stinkwut haben, c) e-n ,Klaps¹ haben, verrückt sein. **3.** (Leitungs)Mast *m*. **4.** (Wagen)Deichsel *f*. **5.** *mar.* a) Flaggenmast *m*, b) Staken *m*, c) Winterbramstänge *f*: **under (bare) ~s** *mar.* vor Top¹p u. Takel. **6.** a) Rute *f* (*Längenmaß = 5,029 m*), b) Qua¹dratrute *f* (*Flächenmaß = 25,293 qm*). II *v/t* **7.** *ein Boot* staken. **8.** Bohnen *etc* stängen.

**pole²** [pəʊl] *s* **1.** *astr. geogr.* (Erd-, Himmels)Pol *m*: **celestial ~** Himmelspol *m*; **from ~ to ~** durch die ganze Welt. **2.** *math.* Pol *m*: a) *Endpunkt der Achse durch Kreis od. Kugel*, b) *fester Punkt, auf den andere Punkte Bezug haben*. **3.** *electr. phys.* Pol *m*: **like ~s** gleiche *od.* gleichnamige Pole; **unlike** (**opposite**) ~**s** ungleiche (entgegengesetzte) Pole. **4.** *biol.* Pol *m* (*in gedachter Achse, bes. in der Eizelle bei der Reifeteilung*). **5.** *med.* Pol *m* (*der Nervenzelle*). **6. they are ~s apart** (*od.* **asunder**) *fig.* zwischen ihnen liegen Welten, sie trennen Welten.

**Pole³** [pəʊl] *s* Pole *m*, Polin *f*.

¹**pole**¦ **ax(e)** I *s* **1.** *hist.* Streitaxt *f*. **2.** *mar.* a) *hist.* Enterbeil *n*, b) Kappbeil *n*. **3.** Schlächterbeil *n*. II *v/t* **4. ein Tier** (mit dem Beil) schlachten, mit der Axt erschlagen: **he feels like poleaxed** ,er fühlt sich wie erschlagen¹. ~**bean** *s zo.* Stangenbohne *f*. ¹**~-cat** *s zo.* **1.** Iltis *m*. **2.** *Am.* Skunk *m*. ~**chang·er** *s electr.* Polwechsler *m*. ~**chang·ing** *s electr.* Polwechsel *m*, ¹Umpolen *n*. ~**charge** *s mil.* gestreckte Ladung. ~**jump**, *etc* → **pole vault**, *etc*.

**po·lem·ic** [pɒˈlemɪk; *bes. Am.* pəˈl-] I *adj* (*adv* ~ally) **1.** po¹lemisch, Streit... II *s* **2.** Po¹lemiker(in). **3.** Po¹lemik *f*, Auseinander¹setzung *f*, Fehde *f*. **po·lem·i·cal** *adj* (*adv* ~ly) → **polemic**. **po·lem·i·cist** [-sɪst] *s* Po¹lemiker *m*. **po·lem·ics** *s pl* (*als sg konstruiert*) **1.** Po¹lemik *f*, Polemi¹sieren *n*. **2.** *relig.* po¹lemische Theolo¹gie. **pol·e·mist** [¹pɒlɪmɪst; *Am.* ¹pɑ-; pə¹lem-] *s* Po¹lemiker *m*.

**po·lem·o·log·i·cal** [pə¡leməˈlɒdʒɪkl; *Am.* -¹lɑ-] *adj* polemo¹logisch. **po·le·mol·o·gy** [¡pɒlɪˈmɒlədʒɪ; *Am.* ¡pəʊlə-¹mɑ-] *s* Polemolo¹gie *f*, Kon¹flikt-, Kriegsforschung *f*.

**pole**¦ **po·si·tion** *s* **1.** *Motorsport:* ¹Pole-

-po¦sition *f* (*vorderste Startposition des Trainingsschnellsten*). **2.** *fig.* führende Stellung. **~ star** *s* **1.** *astr.* Po¦larstern *m.* **2.** *fig.* Leitstern *m.* **~ vault** *s Leichtathletik*: Stabhochsprung *m.* **'~-vault** *v/i* stabhochspringen. **~ vault·er** *s* Stabhochspringer *m.*

**po·lice** [pə'liːs] **I** *s* **1.** Poli¦zei(behörde, -verwaltung) *f.* **2.** Poli¦zei(truppe, -mannschaft) *f.* **3.** *collect.* (*als pl konstruiert*) Poli¦zei *f,* Poli¦zisten *pl*: **there are many ~ in this town** es gibt viel Polizei in dieser Stadt; **five ~** fünf Polizisten; **to help the ~ with their inquiries** *bes. Br. euphem.* vorläufig festgenommen sein. **4.** *bes. mil. Am.* Ordnungsdienst *m*: **kitchen ~** Küchendienst. **II** *v/t* **5.** (poli¦zeilich) über¦wachen. **6.** *ein Land etc* unter (Poli¦zei)Gewalt halten. **7.** *fig.* über¦wachen, kontrol¦lieren. **8.** *mil. Am.* in Ordnung bringen *od.* halten, säubern. **III** *adj* **9.** Polizei..., poli¦zeilich. **~ blot·ter** *s Am.* Dienstbuch *n* (*e-r Polizeistation*). **~ ca·det** *s* Poli¦zeischüler *m.* **~ con·sta·ble** *s Br.* Poli¦zist *m,* Wachtmeister *m.* **~ court** → **magistrates' court** (magistrate I). **~ dog** *s* **1.** Poli¦zeihund *m.* **2.** (*deutscher*) Schäferhund. **~ force** *s* Poli¦zei(truppe) *f.* **~ headquar·ters** *s pl* (*oft als sg konstruiert*) Poli¦zeiprä¦sidium *n.*

**po·lice¦man** [-mən] *s irr* **1.** Poli¦zist *m,* Schutzmann *m.* **2.** *zo.* Sol¦dat *m* (*Ameise*). **~ of·fense** *s jur. Am.* Über¦tretung *f.* **~ of·fi·cer** *s* Poli¦zeibe¦amte(r) *m,* Poli¦zist *m.* **~ pow·er** *s* **1.** Poli¦zeigewalt *f.* **2.** *Am.* Staatsgewalt zum Schutz der Öffentlichkeit gegen Übergriffe von Einzelpersonen. **~ pro·tec·tion** *s* Poli¦zeischutz *m.* **~ rec·ord** *s jur.* 'Strafre¦gister *n*: **to have a ~** vorbestraft sein. **~ state** *s* Poli¦zeistaat *m.* **~ sta·tion** *s* Poli¦zeiwache *f,* -re¦vier *n.* **~ van** *s* Gefangenenwagen *m* (*der Polizei*).

**po·lice¦wom·an** *s irr* Poli¦zistin *f.*

**pol·i·clin·ic** [¸pɒlɪ'klɪnɪk; *Am.* ¸pɑlə-] *s* Poliklinik *f,* Ambu¦lanz *f* (*e-s Krankenhauses*).

**pol·i·cy¹** ['pɒləsɪ; *Am.* 'pɑl-] *s* **1.** Verfahren(sweise *f*) *n,* Taktik *f,* Poli¦tik *f*: **marketing ~** *econ.* Absatzpolitik (*e-r Firma*); **the best ~ would be (to go)** das beste *od.* klügste wäre (zu gehen); **it is our ~** es ist unser Grundsatz, wir haben es uns zur Regel gemacht; → **honesty 1.** **2.** Poli¦tik *f* (*Wege u. Ziele der Staatsführung*), po¦litische Linie: **~ adviser** politischer Berater. **3. public ~** *jur.* Rechtsordnung *f*: **against public ~** sittenwidrig. **4.** Klugheit *f,* Zweckmäßigkeit *f*: **the ~ of this act is doubtful** es fragt sich, ob dieses Vorgehen klug ist. **5.** Erfahrung *f,* (Welt)Klugheit *f.* **6.** Schlauheit *f,* Gerissenheit *f.* **7.** *obs.* a) Re¦gime *n,* Staatswesen *n,* b) Staatswissenschaft *f.* **8.** *Scot.* Park(anlagen *pl*) *m* (*e-s Landhauses*).

**pol·i·cy²** ['pɒləsɪ; *Am.* 'pɑl-] *s* **1.** (Ver¦sicherungs)Po¦lice *f,* Versicherungsschein *m*: **~ broker** Versicherungsagent *m*; **~ holder** Versicherungsnehmer(in), Policeninhaber(in). **2.** *Am.* Zahlenlotto *n.*

**pol·i·gar** ['pɒlɪgɑ:(r); *Am.* 'pɑ-] *s Br. Ind.* Poligar *m* (*südindischer Stammeshäuptling*).

**po·li·o** ['pəʊlɪəʊ] *s colloq.* **1.** *med.* Polio *f.* **2.** Polio-Fall *m,* Polio-Pati¦ent(in).

**po·li·o·my·e·li·tis** [¸pəʊlɪəʊˌmaɪəˈlaɪtɪs] *s med.* Poliomye¦litis *f,* spi¦nale Kinderlähmung *f.*

**pol·ish¹** ['pɒlɪʃ; *Am.* 'pɑ-] **I** *v/t* **1.** po¦lieren, glätten. **2.** *Schuhe* putzen, wichsen. **3.** *tech.* (ab-, glanz)schleifen, (ab)schmirgeln. **4.** *fig.* abschleifen, (aus)feilen, verfeinern, verschönern: **to ~ off** *colloq.* a) *Gegner* 'abser¦vieren' (*besiegen od. tö-*

---

*ten*), b) *e-e Arbeit* 'wegschaffen' (*schnell erledigen*), c) *Essen* 'wegputzen', 'verdrücken'; **to ~ up** aufpolieren (*a. fig. Wissen auffrischen*). **II** *v/i* **5.** glatt *od.* glänzend werden, sich po¦lieren lassen. **III** *s* **6.** Poli¦tur *f,* (Hoch)Glanz *m,* Glätte *f.* **7.** Po¦lieren *n*: **to give s.th. a ~** etwas polieren. **8.** Po¦lier-, Glanzmittel *n,* Poli¦tur *f*: a) Schuhcreme *f,* b) 'Möbelpoli¦tur *f,* c) Po¦lierpaste *f,* d) *tech.* Po¦liersand *m,* e) Bohnerwachs *n.* **9.** *fig.* „Schliff" *m,* feine Sitten *pl*: **he lacks ~** er hat keinen Schliff. **10.** *fig.* Glanz *m,* Voll'kommenheit *f.*

**Pol·ish²** ['pəʊlɪʃ] **I** *adj* **1.** polnisch. **II** *s* **2.** *ling.* Polnisch *n,* das Polnische. **3.** *orn.* Po¦lacke *m* (*Haushuhnrasse*).

**pol·ished** ['pɒlɪʃt; *Am.* 'pɑ-] *adj* **1.** po¦liert, glatt, glänzend: **highly ~** spiegelblank (*Fußboden*). **2.** *fig.* geschliffen: a) höflich, b) gebildet, fein, ele¦gant, c) bril¦lant. **'pol·ish·er** *s* **1.** Po¦lierer *m,* Schleifer *m.* **2.** *tech.* a) Po¦lierfeile *f,* -stahl *m,* -scheibe *f,* -bürste *f,* b) Po¦lierma¦schine *f.* **3.** → **polish¹ 8.** **'pol·ish·ing I** *s* Po¦lieren *n,* Glätten *n,* Schleifen *n.* **II** *adj* Polier..., Putz...: **~ file** Polierfeile *f*; **~ powder** Polier-, Schleifpulver *n*; **~ wax** Bohnerwachs *n.*

**Pol·it·bu·ro** ['pɒlɪtˌbjʊərəʊ; *Am.* 'pɑ-; 'pɑʊ-] *s pol.* Po¦litbü¦ro *n.*

**po·lite** [pə'laɪt] *adj* (*adv* **~ly**) **1.** höflich, artig (*to* gegen). **2.** kulti¦viert, gebildet, fein: **~ arts** schöne Künste; **~ letters** schöne Literatur, Belletristik *f*; **~ society** feine Gesellschaft. **po'lite·ness** *s* Höflichkeit *f,* Artigkeit *f.*

**pol·i·tesse** [¸pɒlɪˈtes; *Am. a.* ¸pɑ-] *s* (ausgesuchte) Höflichkeit, Artigkeit *f.*

**pol·i·tic** ['pɒlɪtɪk; *Am.* 'pɑl-] *adj* (*adv* **~ally**) **1.** diplo¦matisch, staatsklug. **2.** *fig.* a) diplo¦matisch, (welt)klug, b) schlau, berechnend, po¦litisch. **3.** *obs.* po¦litisch, staatlich: → **body 7.**

**po·lit·i·cal** [pə'lɪtɪkl] *adj* (*adv* **~ly**) **1.** po¦litisch, staatskundig, -männisch. **2.** (*par*¦tei)po¦litisch: **a ~ campaign;** **a ~ issue** (*od.* **factor**) ein Politikum. **3.** po¦litisch (*tätig*) (*Partei etc*). **4.** staatlich, Staats..., Regierungs...: **~ system** Regierungssystem *n*; **~** staatsbürgerlich: **~ freedom;** **~ rights.** **~ e·con·o·mist** *s* Volkswirtschaftler(in). **~ e·con·o·my** *s* Volkswirtschaft *f.* **~ ge·og·ra·phy** *s* po¦litische Geogra¦phie. **~ sci·ence** *s* Poli¦tikwissenschaft *f,* Politolo¦gie *f.* **~ sci·en·tist** *s* Poli¦tikwissenschaftler *m,* Polito¦loge *m.*

**pol·i·ti·cian** [¸pɒlɪˈtɪʃn; *Am.* ¸pɑlə-] *s* **1.** Po¦litiker *m.* **2.** a) (Par¦tei)Po¦litiker *m* (*a. contp.*), b) *bes. Am.* po¦litischer Opportu¦nist. **po·lit·i·cize** [pə'lɪtɪsaɪz] **I** *v/i* politi¦sieren: a) über Poli¦tik disku¦tieren, b) sich po¦litisch betätigen. **II** *v/t* politi¦sieren: a) zu po¦litischer Aktivi¦tät bringen, b) unter po¦litischen Gesichtspunkten behandeln. **pol·i·tick** ['pɒlɪtɪk; *Am.* 'pɑlə-] → **politicize I.**

**po·lit·i·co** [pə'lɪtɪkəʊ] *pl* **-¸cos** *od.* **-¸coes** *s Am. colloq. für* **politician 2.**

**politico-** [pəlɪtɪkəʊ] *Wortelement mit der Bedeutung* politisch-...: **~-economical** a) wirtschaftspolitisch, b) volkswirtschaftlich; **~-scientific** a) politisch-wissenschaftlich, b) staatswissenschaftlich.

**pol·i·tics** ['pɒlɪtɪks; *Am.* 'pɑlə-] *s pl* (*oft als sg konstruiert*) **1.** Poli¦tik *f,* Staatskunst *f,* -führung *f.* **2.** → **political science. 3.** (Par¦tei-, 'Staats)Poli¦tik *f*: **~ in** ~ in der Politik; **to talk ~** politisieren. **4.** (par¦tei)po¦litisches Leben: **to go into ~** in die Politik gehen. **5.** (*als pl konstruiert*) po¦litische Über¦zeugung *od.* Einstellung: **what are his ~?** wie ist er politisch eingestellt? **6.** *fig.* (Inter¦essen)Poli¦tik *f*: **college ~. 7.** *bes. Am.* po¦litische Ma-

---

chenschaften *pl*: **to play ~** Winkelzüge machen, manipulieren.

**pol·i·ty** ['pɒlətɪ; *Am.* 'pɑ-] *s* **1.** Re¦gierungsform *f,* Verfassung *f,* po¦litische Ordnung. **2.** Staats-, Gemeinwesen *n,* Staat *m.*

**pol·ka** ['pɒlkə; *bes. Am.* 'pəʊl-] **I** *s* **1.** *mus.* Polka *f.* **2.** *a.* **~ jacket** (*e-e*) Damen(strick)jacke *f.* **II** *v/i* **3.** Polka tanzen. **~ dot** [*Am.* 'pəʊkə] *s* Punktmuster *n* (*auf Textilien*).

**poll¹** [pəʊl] **I** *s* **1.** *bes. humor. od. dial.* ('Hinter)Kopf *m,* Schädel *m.* **2.** breites, flaches Ende (*des Hammers etc*). **3.** ('Einzel)Per¦son *f.* **4.** *pol.* Wahl *f,* Stimmabgabe *f,* Abstimmung *f*: **heavy (poor) ~** starke (geringe) Wahlbeteiligung. **5.** Stimm(en)zählung *f.* **6.** a) Wählerliste *f,* b) Steuerliste *f.* **7.** Wahlergebnis *n,* Stimmenzahl *f.* **8.** *meist pl* 'Wahllo¦kal *n*: **to go to the ~s** zur Wahl(urne) gehen. **9.** (Ergebnis *n e-r* ('Meinungs)Umfrage *f.* **II** *v/t* **10.** *Haar* etc stutzen, *ein Tier, Haare etc* scheren. **11.** *e-n Baum* kappen, *e-e Pflanze* köpfen, *e-m Rind die Hörner* stutzen. **12.** *jur. e-e Urkunde* gleichmäßig (*ohne Indentation*) zuschneiden. **13.** in *e-e Wähler- od.* Steuerliste eintragen. **14.** *Wahlstimmen* a) erhalten, auf sich vereinigen (*Wahlkandidat*), b) abgeben (*Wähler*). **15.** *die Bevölkerung* befragen: **to ~ the country. III** *v/i* **16.** wählen, (ab)stimmen, s-e Stimme abgeben: **to ~ for** stimmen für.

**poll²** [pɒl] *s Br.* (*Universität Cambridge*) **1. the P~** *collect.* Studenten, die sich nur *auf den* **poll degree** vorbereiten. **2.** *a.* **~ examination** (leichteres) Bakkalaure¦at¦s¦amen: **~ degree** *durch Bestehen dieses Examens erlangter Grad.*

**poll³** [pəʊl] **I** *adj* hornlos: **~ cattle. II** *s* hornloses Rind.

**poll·a·ble** ['pəʊləbl] *adj* wählbar.

**pol·lack** ['pɒlək; *Am.* 'pɑ-] *pl* **-lacks,** *bes. collect.* **-lack** *s ichth.* Pollack *m* (*Schellfisch*). [Ma'räne.] **pol·lan** ['pɒlən; *Am.* 'pɑ-] *s ichth.* Irische **pol·lard** ['pɒləd; *Am.* 'pɑlərd] **I** *s* **1.** gekappter Baum. **2.** *zo.* a) hornloses Tier, b) Hirsch, der sein Geweih abgeworfen hat, Kahlhirsch *m.* **3.** (Weizen-)Kleie *f.* **II** *v/t* **4.** *e-n Baum etc* kappen.

**'poll·book** *s* Wählerliste *f.*

**poll·ee** [pəʊ'liː] *s bes. Am.* Befragte(r *m*) *f.*

**pol·len** ['pɒlən; *Am.* 'pɑ-] **I** *s bot.* Pollen *m,* Blütenstaub *m.* **II** *v/t* mit Blütenstaub bedecken, bestäuben. **~ brush** *s zo.* Pollenbürste *f* (*der Bienen*). **~ ca·tarrh** *s med.* Heuschnupfen *m.* **~ cell** *s bot.* Pollenzelle *f.* **~ sac** *s bot.* Pollensack *m.* **~ tube** *s bot.* Pollenschlauch *m.*

**poll e·vil** [pəʊl] *s vet.* Kopfgeschwulst *f* (*bei Pferden*).

**pol·lex** ['pɒleks; *Am.* 'pɑ-] *pl* **-li·ces** [-lɪsiːz] *s anat.* Daumen *m.*

**pol·li·nate** ['pɒləneɪt; *Am.* 'pɑ-] *v/t bot.* bestäuben, (mit Blütenstaub) befruchten. **¸pol·li'na·tion** *s* **1.** Ausstreuen *n* des Blütenstaubes. **2.** Bestäubung *f.*

**poll·ing** ['pəʊlɪŋ] **I** *s* **1.** Wählen *n,* Wahl *f*: **heavy (poor) ~** starke (geringe) Wahlbeteiligung. **II** *adj* **2.** wählend. **3.** Wahl...: **~ book** Wählerliste *f*; **~ booth** Wahlkabine *f,* -zelle *f*; **~ clerk** Wahlprotokollführer *m*; **~ district** Wahlbezirk *m*; **~ place** *Am.,* **~ station** *bes. Br.* Wahllokal *n.*

**pol·lin·ic** [pɒ'lɪnɪk] *adj bot.* Blütenstaub... **pol·li·nif·er·ous** [¸pɒlɪ'nɪfərəs; *Am.* ¸pɑlə-] *adj bot.* **1.** Blütenstaub erzeugend. **2.** pollentragend.

**pol·li·wog** ['pɒlɪwɒg; *Am.* 'pɑlɪˌwɑg] *s zo. Br. dial. od. Am.* Kaulquappe *f.*

**poll man** [pɒl] *s irr* (*Universität Cambridge*) Kandi¦dat *m* für den **poll degree** (→ **poll² 2.**).

**pol·lock** *bes. Br. für* pollack.
**pol·loi** [pəˈlɔɪ] → hoi polloi 1.
**poll| par·rot** [pɒl; *Am. a.* pɑl] *s*
1. zahmer Papaˈgei. 2. *fig.* Papaˈgei *m*
(*j-d, der alles nachplappert*). '**~par·rot**
*v/t u. v/i* (nach)plappern.
**poll·ster** [ˈpəʊlstə(r)] *s* Meinungsforscher *m*, Interˈviewer *m*.
**poll tax** [pəʊl] *s* Kopfsteuer *f*.
**pol·lu·tant** [pəˈluːtənt] *s* Schadstoff *m*.
**pol·lute** [pəˈluːt] *v/t* 1. *a. fig.* beflecken,
besudeln, beschmutzen. 2. *fig.* in den
Schmutz ziehen. 3. *Wasser etc* verunreinigen, verschmutzen. 4. *relig.* entweihen.
5. (*moralisch*) verderben. **pol·lut·er** *s*
ˈUmweltverschmutzer *m*. **pol·lu·tion** *s*
1. Befleckung *f*, Verunreinigung *f* (*a. fig.*).
2. (Luft-, Wasser-, ˈUmwelt)Verschmutzung *f*: ~ **control** Umweltschutz *m*. 3. *fig.*
Entweihung *f*, Schändung *f*. 4. *physiol.*
Polluti'on *f*, (unwillkürlicher) Samenerguß.
**pol·ly·wog** → polliwog.
**po·lo** [ˈpəʊ] *s* 1. *sport* Polo *n*: ~ **coat**
Kamelhaarmantel *m*; ~ **shirt** Polohemd
*n*; ~ **stick** Polostock *m*. 2. → water polo.
3. *a.* ~ **neck** a) Rollkragen *m*, b) ˈRollkragenpullover *m*. '**po·lo·ist** *s sport*
Polospieler(in).
**pol·o·naise** [ˌpɒləˈneɪz; *Am.* ˌpɑ-; ˌpəʊ-] *s*
*mus.* Poloˈnaise *f*, *a.* Poloˈnäse *f*.
**po·lo·ni·um** [pəˈləʊnjəm; -ɪəm] *s chem.*
Poˈlonium *n* (*Radiumelement*).
**po·lo·ny** [pəˈləʊnɪ] *s Br.* grobe Zerveˈlatwurst.
**pol·ter·geist** [ˈpɒltəgaɪst; *Am.* ˈpəʊltər,g-] *s* Polter-, Klopfgeist *m*.
**pol·troon** [pɒlˈtruːn; *Am.* pɑl-] *s* Feigling
*m*. **pol'troon·er·y** [-ərɪ] *s* Feigheit *f*.
**poly-** [pɒlɪ; *Am.* pɑ-] *Wortelement mit der*
*Bedeutung* viel, mehr: **polyangular** *mehr.*
*math.* vieleckig, Vielecks...; **polyanthous** *bot.* vielblütig; **polyaxial** mehr-,
vielachsig; **polydimensional** mehrdimensional.
**pol·y** [ˈpɒlɪ; *Am.* ˈpɑliː] *s colloq. für* polytechnic II.
ˌ**pol·y'ac·id** *s chem.* Polysäure *f*.
**pol·y·ad** [ˈpɒlɪæd; *Am.* ˈpɑ-] *adj u. s chem.*
vielwertig(es Eleˈment).
ˌ**pol·y'am·id(e)** *s chem.* Polyaˈmid *n*.
ˌ**pol·y'an·drous** [-ˈændrəs] *adj* 1. *bot.* vielmännig, b) *zo.* mit
mehreren Männchen, c) *sociol.* mit mehreren Männern in eheˈlicher Gemeinschaft lebend. '**pol·y'an·dry** [-ændrɪ] *s*
Polyanˈdrie *f*, Vielmänneˈrei *f*.
ˌ**pol·y'an·thus** [-ˈænθəs] *s bot.* 1. Hohe
Schlüsselblume. 2. Taˈzette *f*.
ˌ**pol·y'car·pic** [-ˈkɑː(r)pɪk], ˌ**pol·y'car·pous** [-pəs] *adj bot.* poly'karp(isch):
a) mit vielen Fruchtblättern, b) ausdauernd (*wiederholt fruchtend u. blühend*).
ˌ**pol·y'cen·trism** [-ˈsentrɪzəm] *s pol.* Polyzenˈtrismus *m* (*Machtbereich, in dem die*
*Vorherrschaft von mehreren Zentren ausgeht*).
ˌ**pol·y·chro'mat·ic** *adj* (*adv* ~ally) viel-,
mehrfarbig, poly'chrom: ~ **process**
*phot.* Kohledruck *m*.
'**pol·y·chrome I** *adj* 1. viel-, mehr-, buntfarbig, bunt: ~ **printing** Bunt-, Mehrfarbendruck *m*. 2. bunt(bemalt). **II** *s* 3. a)
vielfarbiger (*bes. Kunst*)Gegenstand, b)
buntbemalte Plastik. 4. Vielfarbigkeit *f*.
ˌ**pol·y'clin·ic** *s* allgemeines Krankenhaus.
'**pol·y,cot·y'le·don** *s bot.* Pflanze *f* mit
mehr als zwei Keimblättern.
'**pol·y'crot·ic** [-ˈkrɒtɪk; *Am.* -ˈkrɑ-] *adj*
*med.* poly'krot (*Puls*).
ˌ**pol·y'es·ter** *s chem.* Poly'ester *m*. **pol·y'e·ther** *s* Poly'äther *m*. ˌ**pol·y'eth·y·lene** *s* Poly'äthyl'en *n*.
ˌ**pol·y'gam·ic** [-ˈgæmɪk] → polyga-

---

mous. **po·lyg·a·mist** [pəˈlɪgəmɪst] *s*
Polygaˈmist(in). **po'lyg·a·mous** *adj*
1. poly'gam. 2. *bot.* poly'gamisch. **po'lyg·a·my** *s* Polygaˈmie *f* (*a. zo.*), Vielehe *f*, Vielweibeˈrei *f*.
ˌ**pol·y'gen·e·sis** *s* Polyge'nese *f*, *a. biol.*
Poly'genesis *f* (*Ursprung aus verschiedenen Quellen*). ˌ**pol·y·ge'net·ic** *adj* (*adv*
~ally) 1. polyge'netisch, aus verschiedenen Quellen *od.* Zeiten stammend. 2. *biol.*
a) die Poly'genesis betreffend, b) von
verschiedenartigen Zellen abstammend.
ˌ**pol·y'gen·ic** *adj* 1. polyge'netisch, verschiedener 'Herkunft. 2. *biol.* poly'gen,
von mehreren Genen abhängig. 3. *chem.*
mehrere Wertigkeiten habend.
**po·lyg·e·nism** [pəˈlɪdʒənɪzəm] *s* Lehre *f*
von der Abstammung der Menschenrassen von verschiedenen Stammeltern.
**po'lyg·e·ny** *s* Polygenie. 1. → polygenism. 2. *Genetik:* Polyge'nie *f* (*Ausbildung e-s Merkmals durch viele verschieden*
*wirkende Gene*).
**pol·y·glot** [ˈpɒlɪglɒt; *Am.* ˈpɑlɪˌglɑt] **I** *adj*
1. poly'glott, vielsprachig. **II** *s* 2. Poly'glotte *f* (*Buch, bes. Bibel, in mehreren*
*Sprachen*). 3. Poly'glotte(r *m*) *f*, vielsprachiger Mensch. 4. Sprachengemisch *n*,
*contp.* Sprachengewirr *n*.
**pol·y·gon** [ˈpɒlɪgɒn; *Am.* ˈpɑlɪˌgɑn] *s*
*math.* a) Poly'gon *n*, Vieleck *n*, b) Polygo'nalzahl *f*: ~ **of forces** *phys. tech.* Kräftepolygon; ~ **connection** *electr.* Vieleckschaltung *f*.
**po·lyg·o·nal** [pɒˈlɪgənl; *Am.* pəˈl-] *adj*
polygo'nal, vieleckig.
'**pol·y·graph** [-ɡrɑːf; *bes. Am.* -græf] *s*
Poly'graph *m*, *bes.* 'Lügende,tektor *m*. **II**
*v/t* e-m 'Lügende,tektortest unterˈziehen.
**po·lyg·y·ny** [pəˈlɪdʒɪnɪ] *s* Polygy'nie *f*:
a) Vielweibeˈrei *f*, b) *zo.* Vielweibigkeit *f*
(*Blüte mit vielen Stempeln*), c) *zo.* Zs.-
leben *n* mit mehreren Weibchen.
'**pol·y'he·dral** [-ˈhedrəl; *Am.* -ˈhiː-],
ˌ**pol·y'he·dric** [-drɪk] *adj* 1. *math.* poly'edrisch, vielflächig, Polyeder... 2. vielförmig. ˌ**pol·y'he·dron** [-drən] *pl*
**-drons, -dra** [-drə] *s* Poly'eder *n*, Vielflach *n*.
'**pol·y·math** [-mæθ] *s* Univer'salgelehrte(r) *m*.
ˌ**pol·y'me·li·a** [-ˈmiːljə; -lɪə] *s med. zo.*
Polyme'lie *f*, Vor'handensein *n* 'überzähliger Gliedmaßen.
**pol·y·mer** [ˈpɒlɪmə; *Am.* ˈpɑləmər] *s*
*chem.* Poly'mer(e) *n*, poly'merer Körper.
ˌ**pol·y'mer·ic** [-ˈmerɪk] *adj* poly'mer.
**po·lym·er·ism** [pəˈlɪmərɪzəm] *s* Polyme'rie *f*. **po·lym·er·i·za·tion** [pəˌlɪmərəˈzeɪʃn; *Am.* -rəˈz-] *s* Polymerisati'on *f*. '**pol·y·mer·ize** *chem.*
**I** *v/t* polymeriˈsieren. **II** *v/i* poly'mere
Körper bilden.
ˌ**pol·y'mo·lec·u·lar** *adj chem.* 'polymoleku,lar, 'hochmoleku,lar.
'**pol·y·morph** *s* 1. *chem.* poly'morpher
Körper. 2. *biol.* vielgestaltige Art. ˌ**pol·y'mor·phic** *adj* poly'morph, vielgestaltig. ˌ**pol·y'mor·phism** *s* Polymor'phismus *m*, Polymor'phie *f*, Vielgestaltigkeit *f*.
ˌ**pol·y'mor·phous** → polymorphic.
**Pol·y·ne·sian** [ˌpɒlɪˈniːzjən; *Am.* ˌpɑlə'niːʒən] **I** *adj* 1. poly'nesisch. **II** *s*
2. Poly'nesier(in). 3. *ling.* Poly'nesisch *n*,
das Polynesische.
ˌ**pol·y'neu·ri·tis** *s med.* Polyneu'ritis *f*.
**po·lyn·i·a** [pəˈlɪnɪə; *Am.* ˌpɑːlənˈjɑː] *s*
*geogr.* eisfreie Stelle (*im Fluß od. Meer*).
ˌ**pol·y'no·mi·al** [-ˈnəʊmjəl; -ɪəl] *adj*
1. *math.* poly'nomisch, vielglied(e)rig.
2. *bot. zo.* vielnamig. **II** *s* 3. *math.* Poly'nom *n*.
ˌ**pol·y'nu·cle·ar** *adj med.* polynukle'är,
vielkernig (*Zellen etc*).
**pol·yp(e)** [ˈpɒlɪp; *Am.* ˈpɑləp] *s* 1. *zo.*

---

Po'lyp *m* (*festsitzende Form der Hohltiere*). 2. *med.* Po'lyp *m* (*Wucherung*).
'**pol·y·phase** *adj bes. electr.* mehr-, verschiedenphasig, Mehrphasen...: ~ **current** Mehrphasen-, Drehstrom *m*.
**pol·y·phon·ic** [ˌpɒlɪˈfɒnɪk; *Am.* ˌpɑləˈfɑ-]
*adj* 1. vielstimmig, mehrtönig. 2. *mus.*
poly'phon, *bes.* kontra'punktisch. 3. *ling.*
pho'netisch mehrdeutig. **pol·y·pho·nist** [pəˈlɪfəʊnɪst; *Am.* pəˈlɪfənɪst] *s mus.*
Poly'phoniker *m*, Kontra'punktiker *m*.
**po·lyph·o·ny** [pəˈlɪfənɪ] *s* 1. Viel-,
Mehrtönigkeit *f*, Vielklang *m*. 2. *mus.*
Polypho'nie *f*, Kontra'punktik *f*. 3. *ling.*
lautliche Mehrdeutigkeit (*e-s Schriftzeichens*).
'**pol·y·pod** [-pɒd; *Am.* -ˌpɑd] **I** *adj* mit
vielen Beinen *od.* Füßen. **II** *s zo.* Vielfüßer *m*.
**pol·yp·tych** [ˈpɒlɪptɪk; *Am.* ˈpɑl-; pəˈlɪptɪk] *s* Po'lyptychon *n* (*mehrteilige, zs.-*
*klappbare Tafel, bes. Altar mit mehr als 3*
*Flügeln*).
**pol·y·pus** [ˈpɒlɪpəs; *Am.* ˈpɑl-] *pl* **-pi**
[-paɪ] → polyp(e) 2.
'**pol·y·style** *adj arch.* vielsäulig.
ˌ**pol·y'sty·rene** *s chem.* Polysty'rol *n*, *bes.* Styro'por *n* (*TM*).
ˌ**pol·y·syl'lab·ic** *adj* (*adv* ~ally) *ling.*
mehr-, vielsilbig. ˌ**pol·y'syl·la·bism** *s*
1. Vielsilbigkeit *f*. 2. Verwendung *f od.*
Bildung *f* vielsilbiger Wörter. '**pol·y,syl·la·ble** *s* vielsilbiges Wort.
ˌ**pol·y'syn·the·sis** *s ling.* Polysyn'these *f*
(*Zs.-fassung mehrerer Satzteile zu e-m*
*einzigen Wort*). ˌ**pol·y·syn'thet·ic** *adj*;
ˌ**pol·y·syn'thet·i·cal** *adj* (*adv* ~ly)
polysyn'thetisch: ~ **languages**.
ˌ**pol·y'tech·nic** [-ˈteknɪk] **I** *adj* poly'technisch. **II** *s a.* ~ **school** Poly'technikum *n*, poly'technische Schule.
'**pol·y·the·ism** *s* Polythe'ismus *m*, Vielgötte'rei *f*. '**pol·y·the·ist** *s* Polythe'ist(in). '**pol·y'the·is·tic** *adj*; ˌ**pol·y'the·is·ti·cal** *adj* (*adv* ~ly) polythe'istisch.
'**pol·y·thene** [-θiːn] *s chem.* Polyäthy'len
*n* (*Kunststoff*).
ˌ**pol·y·to'nal·i·ty** *s mus.* Polytonali'tät *f*.
'**pol·y'trop·ic** [-ˈtrɒpɪk; *Am.* -ˈtrɑ-] *adj*
*biol. math. med.* poly'trop(isch).
ˌ**pol·y'va·lence** *s biol. chem.* Polyva'lenz
*f*, Mehrwertigkeit *f*. ˌ**pol·y'va·lent** *adj*
polyva'lent, mehrwertig.
ˌ**pol·y·ver·si·ty** [ˌpɑːlɪˈvɜrsətiː] *s Am.*
'Mammutuniversi,tät *f*.
ˌ**pol·y'vi·nyl** *adj chem.* polymeri'sierte
Vi'nylverbindung betreffend, Polyvinyl...: ~ **chlorid(e)** Polyvinylchlorid *n*.
ˌ**pol·y'zo·on** [-ˈzəʊɒn; *Am.* -ˌɑn] *pl*
-'zo·a [-ə] *s* Moostierchen *n*.
**pom¹** [pɒm; *Am.* pɑm] *colloq. für* Pomeranian 3.
**pom²** [pɒm] → pommy.
**pom·ace** [ˈpʌmɪs] *s* 1. (Apfel)Fruchtmasse *f*, (-)Trester *pl*. 2. Brei *m*, zerstampfte Masse. ~ **fly** *s zo.* Obstfliege *f*.
**po·made** [pəˈmɑːd; *Am.* pəˈmeɪd] **I** *s*
(ˈHaar)Po,made *f*. **II** *v/t* pomadi'sieren,
mit Po'made einreiben.
**po·man·der** [pəʊˈmændə(r); *Am. a.*
ˈpəʊ,m-] *s hist.* Par'füm-, Ambrakugel *f*.
**po·ma·tum** [pəʊˈmeɪtəm; -ˈmɑː-] → pomade I.
**pome** [pəʊm] *s* 1. *bot.* Apfel-, Kernfrucht
*f*. 2. *hist.* Reichsapfel *m*. 3. *R.C.* mit
heißem Wasser gefüllte Metallkugel zum
Wärmen der Hände.
**pom·e·gran·ate** [ˈpɒmɪˌgrænɪt; *Am.*
ˈpɑm-] *s bot.* 1. *a.* ~ **tree** Gra'natapfelbaum *m*. 2. *a.* ~ **apple** Gra'natapfel *m*.
**pom·e·lo** [ˈpɒmɪləʊ; *Am.* ˈpɑm-] *pl*
**-los** *s bot. bes. Am.* Grapefruit *f*, Pampel'muse *f*.

**Pom·er·a·ni·an** [ˌpɒməˈreɪnjən; -ɪən; *Am.* ˌpɑ-] **I** *adj* **1.** pommer(i)sch. **II** *s* **2.** Pommer(in). **3.** *a.* ~ **dog** Spitz *m*.
**pom·fret** [ˈpʌmfrɪt; *Am. a.* ˈpɑm-] *s ichth.* **1.** ˈBrachsenmaˌkrele *f*. **2.** Butterfisch *m*. ~ **cake** *s Br.* Laˈkritzenplätzchen *n*.
**po·mi·cul·ture** [ˈpɒmɪkʌltʃə(r); *Am.* ˈpoʊ-] *s* Obstbaumzucht *f*.
**pom·mel** [ˈpʌml] **I** *s* [*Br. bes.* ˈpɒml; *Am. a.* ˈpʌməl] **1.** (Degen-, Sattel-, Turm-) Knopf *m*, Knauf *m*. **2.** Gerberei: Krispelholz *n*. **3.** Turnen: (Pferd)Pausche *f*: ~ **horse** Seitpferd *n*. **II** *v/t pret u. pp* **-meled**, *bes. Br.* **-melled 4.** (mit den Fäusten) eintrommeln auf (*acc*). **5.** Gerberei: krispeln.
**pom·my** [ˈpɒmɪ] *s sl.* brit. Einwanderer *m* (in Auˈstralien *od.* Neuˈseeland).
**po·mol·o·gy** [pɒˈmɒlədʒɪ; *Am.* poʊˈmɑ-] *s* Pomoloˈgie *f*, Obst(bau)kunde *f*.
**pomp** [pɒmp; *Am.* pɑmp] *s* Pomp *m*, Prunk *m*, Gepränge *n*, (*a.* eitle *od.* leere) Pracht.
**Pom·pe·ian** [pɒmˈpiːən; *Am.* pɑmˈpeɪ-] **I** *adj* pomˈpejisch, pompeˈjanisch: ~ **red** pompejanisch-, ziegelrot. **II** *s* Pompeˈjaner(in).
**pom-pom** [ˈpɒmpɒm; *Am.* ˈpɑmˌpɑm] *s mil.* Pompom *n* (*automatisches Schnellfeuergeschütz*).
**pom·pon** [ˈpɔ̃ːmpɔ̃ːŋ; ˈpɒmpɒn; *Am.* ˈpɑmˌpɑn] *s* Pomˈpon *m*, (*ballförmige*) Quaste.
**pom·pos·i·ty** [pɒmˈpɒsətɪ; *Am.* pɑmˈpɑs-] *s* **1.** Prunk *m*, Pomp *m*. **2.** Wichtigtueˈrei *f*, Aufgeblasenheit *f*. **3.** Schwülstigkeit *f*, Bomˈbast *m* (*im Ausdruck*).
**'pomp·ous** *adj* (*adv* ~ly) **1.** pomˈpös, prunkvoll. **2.** wichtigtuerisch, aufgeblasen. **3.** bomˈbastisch, schwülstig (*Sprache*).
**'pon** [pɒn; *Am.* pɑn] *poet. abbr. für* upon.
**ponce** [pɒns] *Br. sl.* **I** *s* **1.** Zuhälter *m*. **2.** ˈSchwule(r)' *m*, ˈHomo' *m* (*Homosexueller*). **II** *v/i* **3.** von Zuhälteˈrei leben: **to** ~ **for** s.o. j-s Zuhälter sein. **4.** ~ **about** (*od.* **around**) herˈumtänzeln.
**pon·ceau** [pɒnˈsəʊ; *Am.* pɑn-] *s* **1.** *bot.* Klatschmohn *m*. **2.** Ponˈceau *n*: a) Hochrot *n*, b) *chem.* scharlachroter Farbstoff.
**pon·cho** [ˈpɒntʃəʊ; *Am.* ˈpɑn-] *pl* **-chos** *s* **1.** Poncho *m* (*ärmelloser Umhang der südamer. Indianer*). **2.** ˈRegenˌumhang *m*.
**ponc·ing** [ˈpɒnsɪŋ] *s Br. sl.* Zuhälteˈrei *f*. **'ponc·y** *adj Br. sl.* **1.** ˈschwul' (*homosexuell*). **2.** ˌtuntig' (*Getue*), tänzelnd (*Gang*).
**pond** [pɒnd; *Am.* pɑnd] **I** *s* **1.** (*Br. bes.* künstlicher) Teich, Weiher *m*, Tümpel *m*: **horse** ~ Pferdeschwemme *f*. **2.** → **herring pond. II** *v/t* **3.** *Wasser* (*in e-m Teich*) sammeln, *e-n Bach* (*zu e-m Teich*) stauen. **III** *v/i* **4.** e-n Teich *od.* Tümpel bilden.
**pond ap·ple** *s bot.* Alliˈgatorapfel *m*.
**pon·der** [ˈpɒndə; *Am.* ˈpɑndər] **I** *v/i* nachdenken, -sinnen, (nach)grübeln (**on**, **upon**, **over** über *acc*): **to** ~ **over** s.th. etwas überlegen. **II** *v/t* erwägen, überˈlegen, nachdenken über (*acc*): **to** ~ **one's words** s-e Worte abwägen. **ˌponderˈa·bil·i·ty** *s* Wägbarkeit *f*. **'pon·der·a·ble** *adj* wägbar, ab-, einschätzbar. **'pon·der·ing** *adj* (*adv* ~ly) nachdenklich, grüblerisch: ~ **silence** nachdenkliches Schweigen.
**pon·der·os·i·ty** [ˌpɒndəˈrɒsətɪ; *Am.* ˌpɑndəˈrɑs-] *s* **1.** Gewicht *n*, Schwere *f*, Gewichtigkeit *f*. **2.** *fig.* Schwerfälligkeit *f*.
**pon·der·ous** [ˈpɒndərəs; *Am.* ˈpɑn-] *adj* (*adv* ~ly) **1.** schwer, massig, gewichtig. **2.** *fig.* schwerfällig, plump: **a** ~ **style**. **3.** *fig.* langweilig. **'pon·der·ous·ness** → **ponderosity**.
**pond lil·y** → water lily.

**pone** [pəʊn] *s a.* ~ **bread** *Am.* Maisbrot *n*.
**po·ne** [ˈpəʊnɪ; pəʊn] *s* (*Kartenspiel*) **1.** Vorhand *f*. **2.** Spieler, der abhebt.
**pong** [pɒŋ; *Am. a.* pɑŋ] **I** *s* dumpfer Klang. **II** *v/i* dröhnen.
**pong** [pɒŋ] *Br. sl.* **I** *s* Gestank *m*. **II** *v/i* stinken.
**pong** [pɒŋ; *Am.* pɑŋ] *v/i thea. bes. Br. sl.* improviˈsieren.
**pon·gee** [pɒnˈdʒiː; *Am.* pɑn-; ˈpɑnˌdʒiː] *s* Ponˈgé *m*, Japanseide *f*.
**pon·iard** [ˈpɒnjəd; *Am.* ˈpɑnjərd] **I** *s* Dolch *m*. **II** *v/t* erdolchen, erstechen.
**pon·tage** [ˈpɒntɪdʒ; *Am.* ˈpɑn-] *s bes. hist.* Brückenzoll *m*.
**pon·tiff** [ˈpɒntɪf; *Am.* ˈpɑn-] *s* **1.** *antiq.* Pontifex *m*, Oberpriester *m*. **2.** Hohepriester *m*. **3.** *R.C.* Papst *m*.
**pon·tif·i·cal** [pɒnˈtɪfɪkl; *Am.* pɑnˈt-] *adj* (*adv* ~ly) **1.** *antiq.* (ober)priesterlich. **2.** *R.C.* pontifiˈkal: a) bischöflich: **P~ College** Bischofskollegium *n*; **P~ Mass** Pontifikalamt *n*, b) hohepriesterlich. **4.** *fig.* a) feierlich, würdevoll, b) dogˈmatisch, päpstlich, überˈheblich. **II** *s* **5.** Pontifiˈkale *n* (*Zeremonienbuch der Bischöfe*). **6.** *pl* → **pontificalia**.
**pon·tif·i·ca·li·a** [ˌpɒntɪfɪˈkeɪljə; -ɪə; *Am.* pɑnˌtɪfəˈkeɪ-] (*Lat.*) *s pl* Pontifiˈkalien *pl* (*bischöfliche od. päpstliche Amtstracht u. Insignien*).
**pon·tif·i·cate** [pɒnˈtɪfɪkeɪt; *Am.* pɑn-] **I** *v/i* **1.** als (Hoher)ˈPriester *od.* Bischof *od.* in päpstlicher Würde amˈtieren. **2.** *R.C.* ein Pontifiˈkalamt halten. **3.** *fig.* a) sich päpstlich gebärden, sich für unˈfehlbar halten, b) sich dogˈmatisch auslassen (**on** über *acc*). **II** *s* [*Br. bes.* -kɪt; *Am. a.* -kət] **4.** *antiq. u. R.C.* Pontifiˈkat *n*, *m*.
**pon·ti·fy** [ˈpɒntɪfaɪ; *Am.* ˈpɑn-] → **pontificate 3**.
**pon·toon** [pɒnˈtuːn; *Am.* pɑn-] *s* **1.** Ponˈton *m*, Brückenkahn *m*: ~ **bridge** Ponton-, Schiffsbrücke *f*; ~ **train** Brückenkolonne *f*. **2.** *mar.* Kielleichter *m*, Prahm *m*. **3.** *aer.* Schwimmer *m* (*e-s Wasserflugzeugs*). **II** *v/t* **4.** *mil.* e-n Fluß mit Ponˈtons *od.* e-r Ponˈtonbrücke überˈqueren.
**pon·toon** [pɒnˈtuːn] *s Br.* Siebzehnundˈvier *n* (*Kartenglücksspiel*).
**po·ny** [ˈpəʊnɪ] **I** *s* **1.** Pony *n*: a) kleines Pferd, b) *Am. a.* Mustang *m*, (halb)wildes Pferd. **2.** *pl sl.* Rennpferde *pl*: **to bet on the ponies. 3.** *Br.* £25. **4.** *ped. Am. sl.* a) ˌEselsbrücke' *f*, ˌKlatsche' *f* (*Übersetzungshilfe*), b) Spickzettel *m*. **5.** a) kleines (*Schnaps- etc*)Glas, b) Gläs-chen *n* (*Schnaps etc*). **6.** *Am.* (*etwas*) ˌim ˈWestentaschenforˌmat', Miniatur..., *bes.* a) *thea. sl.* ˌBalˈlettratte' *f*, b) Kleinauto *n*, c) (Buch *n od.* Zeitschrift *f* in) Miniaˈturausgabe *f*: ~ **edition. II** *v/t Am. sl.* **7.** e-e Übersetzung mit Hilfe e-r ˌKlatsche' anfertigen. **8.** ~ **up** e-e Rechnung etc ˌberappen', ˌblechen', bezahlen. ~ **car** *s Am.* Mittelklassewagen *m*. ~ **en·gine** *s Am.* kleine Ranˈgierlokomoˌtive. ~ **ex·press** *s* erster Schnellpostdienst im Westen der USA (*1860–61*). ~ **mo·tor** *s electr.* Anwurfs-, Hilfsmotor *m*. ~ **tail** *s* Pferdeschwanz *m* (*Frisur*). ~ **trek·king** *s* Ponyreiten *n* (*bes. organisierte Gruppenausritte*).
**pooch** [puːtʃ] *s sl.* ˌKöter' *m*.
**poo·dle** [ˈpuːdl] **I** *s zo.* Pudel *m*. **II** *v/t* e-n Hund im Pudelschnitt scheren.
**poof** [puːf] *s Br. sl.* ˌSchwule(r)' *m*, ˌHomo' *m* (*Homosexueller*).
**pooh** [puː; pʊ] *interj contp.* pah!
**Pooh-Bah** [ˌpuːˈbɑː; *Am.* ˈpuːˌbɑː] *s humor.* j-d, der viele Ämter innehat: a) ˌBonze' *m*, b) Wichtigtuer *m* (*nach e-r Gestalt aus „Mikado" von Gilbert u. Sullivan*).
**pooh·pooh** [ˌpuːˈpuː] **I** *v/t* geringschätzig

behandeln, *etwas* als unwichtig abtun, die Nase rümpfen *od.* geringschätzig hinˈweggehen über (*acc*). **II** *v/i* die Nase rümpfen, geringschätzig tun.
**poo·ja(h)** → puja.
**pool** [puːl] **I** *s* **1.** Pfuhl *m*, Teich *m*, Weiher *m*, Tümpel *m*. **2.** Pfütze *f*, Lache *f*: ~ **of blood** Blutlache. **3.** a) (Schwimm)Becken *n*, Basˈsin *n*, b) → **swimming pool. 4.** a) tiefe, unbewegte Stelle e-s Flusses, b) the **P~** Teil der Themse unterhalb der London Bridge. **5.** *geol.* peˈtroleumhaltige Geˈsteinsparˌtie. **6.** *med.* Blutansammlung *f* (*durch Kreislaufstörung*). **7.** Schweißtechˈnik: Schmelzbad *n*: ~ **cathode** flüssige Kathode. **II** *v/t* **8.** *Gestein* untermiˈnieren.
**pool** [puːl] **I** *s* **1.** *Kartenspiel*: a) Gesamteinsatz *m*, b) (Spiel)Kasse *f*. **2.** *meist pl* (Fußball- *etc*)Toto *n*, *m*: **he must have won on the** ~**s** der muß im Lotto gewonnen haben. **3.** *Billard*: a) *Br.* Poulespiel *n*, b) *Am.* Poolbillard *n*. **4.** *fenc.* Ausscheidungsrunde *f*. **5.** *econ.* a) Pool *m*, Karˈtell *n*, Ring *m*, Interˈessengemeinschaft *f*, -verband *m*, b) a) **working** ~ Arbeitsgemeinschaft *f*, c) (Preis- *etc*)Abkommen *n*, d) gemeinsamer Fonds, gemeinsame Kasse, *f* b) of players *sport* a) (Spieler-) Kader *m*, b) Aufgebot *n*. **II** *v/t* **7.** a) *Geld*, *Kapital*, *a. Unternehmen* zs.-legen: **to** ~ **funds** zs.-schießen, b) *den Gewinn* untereinˈander verteilen, c) *das Geschäftsrisiko* verteilen. **8.** *fig. Kräfte etc* vereinen. **9.** e-r Interˈessengemeinschaft unterˈwerfen: **the traffic was** ~**ed.** **III** *v/i* **10.** ein Karˈtell bilden.
**'pool|room** *s Am.* **1.** Billardzimmer *n*. **2.** ˈSpielsaˌlon *m*. **3.** Wettannahmestelle *f*. ~ **ta·ble** *s Am.* Billardtisch *m*.
**poop** [puːp] *mar.* **I** *s* **1.** Heck *n*: ~ **lantern** Hecklicht *n*. **2.** *a.* ~ **deck** (erhöhtes) Achterdeck: ~ **cabin** Kajüte *f* unter dem Achterdeck. **3.** *obs.* (Achter)Hütte *f*. **II** *v/t* **4.** *das Schiff* von hinten treffen: **to be** ~**ed** e-e Sturzsee von hinten bekommen.
**poop** [puːp] **I** *v/i* **1.** donnern (*Geschütz*). **2.** tuten, hupen. **3.** *vulg.* ˌpupen', ˌe-n fahren lassen'. **4.** ~ **out** *bes. sport Am. sl.* ˌaussteigen' (*aufgeben*). **II** *v/t* **5.** *Am. sl.* j-n ˌschlauchen' (*erschöpfen*): ~**ed** (**out**) ˌgeschlaucht', ˌfertig'.
**poop** [puːp] *s sl.* Einfaltspinsel *m*, Trottel *m*.
**poor** [pʊə(r); *Am. a.* pɔʊər] **I** *adj* (*adv* → **poorly** II) **1.** arm, mittellos, (unterˈstützungs)bedürftig: ~ **person** *jur.* Arme(r *m*) *f*; **P~ Persons Certificate** *jur.* Armenrechtszeugnis *n*. **2.** arm, ohne ˈGeldreˌserven, ˈschlechtfunˌdiert (*Staat, Verein etc*). **3.** arm(selig), ärmlich, dürftig, kümmerlich: **a** ~ **breakfast**; **a** ~ **life**; ~ **dresses** ärmliche Kleidung. **4.** mager (*Boden, Erz, Vieh etc*), schlecht, unergiebig (*Boden, Ernte etc*): ~ **soil. 5.** *fig.* arm (**in** an *dat*), schlecht, mangelhaft, schwach (*Gesundheit, Leistung, Spieler, Sicht, Verständigung etc*): ~ **consolation** schwacher Trost; **he's a** ~ **eater** er ist ein schlechter Esser; **a** ~ **lookout** schlechte Aussichten; **a** ~ **night** e-e schlechte Nacht; ~ **in spirit** *Bibl.* arm im Geiste, geistlich arm. **6.** *contp.* jämmerlich, traurig: **a** ~ **creature**. **7.** *colloq.* arm, bedauerns-, bemitleidenswert (*oft humor.*): ~ **me!** ich Ärmste(r)!; **my** ~ **mother** m-e arme (*oft humor.*) Mutter; **in my** ~ **opinion** *iro.* m-r unmaßgeblichen Meinung nach; → **opinion 3**. **II** *s* **8.** **the** ~ die Armen *pl*.
**poor|box** *s hist.* Armen-, Almosenbüchse *f*. **'~house** *s hist.* Armenhaus *n*. ~ **law** *s jur. hist.* Armengesetz(gebung *f*) *n*, öffentliches Fürsorgerecht.
**'poor·ly** **I** *adj* **1.** *bes. colloq.* kränklich, unpäßlich: **he looks** ~ er sieht schlecht

aus. **II** *adv* **2.** arm(selig), dürftig: **he is ~ off** es geht ihm schlecht. **3.** *fig.* schlecht, schwach, dürftig, mangelhaft: **~ gifted** schwachbegabt; **to think ~ of** nicht viel halten von.

**ˌpoor-man's-ˈcab·bage** *s bot.* Winterkresse *f.*

**ˈpoor·ness** *s* **1.** Armut *f*, Mangel *m*, Armseligkeit *f*, Ärmlichkeit *f*, Dürftigkeit *f.* **2.** *agr.* Magerkeit *f (des Bodens)*, a. *min.* Unergiebigkeit *f.*

**poor| rate** *s hist.* Armensteuer *f.* **~ re·lief** *s hist.* Armenfürsorge *f*, -pflege *f.* **ˌ~ -ˈspir·it·ed** *adj* **1.** feig(e). **2.** mutlos, verzagt.

**poort** [pʊə(r)t; *Am. a.* pəʊərt] *s* enger Paß *(in Südafrika).*

**poove** [puːv] *s Br. sl.* ‚Schwule(r)' *m*, ‚Homo' *m (Homosexueller)*. **ˈpoov·y** *adj Br. sl.* ‚schwul'.

**pop**[1] [pɒp; *Am.* pɑp] **I** *v/i* **1.** knallen, losgehen *(Flaschenkork, Feuerwerk etc)*. **2.** aufplatzen, aufspringen *(Kastanien, Mais)*. **3.** *colloq.* ‚ballern', schießen (**at** auf *acc*). **4.** ‚flitzen', huschen, plötzlich auftauchen: **to ~ along** entlanghuschen, -flitzen; **to ~ in** ‚hereinplatzen', auf e-n Sprung vorbeikommen *(Besuch)*; **to ~ off** *colloq.* a) ‚abhauen', ‚sich aus dem Staub machen', plötzlich verschwinden, b) einnicken, einschlafen, c) ‚abkratzen' *(sterben)*, d) ‚das Maul aufreißen', loslegen; **to ~ off at s.o.** *colloq.* j-m ‚ein paar Freundlichkeiten sagen'; **to ~ up** (plötzlich) auftauchen *(a. fig. Schwierigkeit etc)*. **5.** *a.* **~ out** her'austreten, aus den Höhlen treten *(Augen)*: **his eyes were almost ~ping out** ihm gingen die Augen über. **II** *v/t* **6.** a) knallen *od.* platzen lassen: **to ~ corn** *Am.* Mais rösten, b) *Br.* mit Druckknöpfen befestigen. **7.** *colloq.* a) *das Gewehr etc* abfeuern, b) abknallen, (ab)schießen: **to ~ off rabbits. 8.** schnell (weg)stecken *od.* wohin tun: **to ~ one's head in the door** (plötzlich) den Kopf zur Tür hereinstecken; **to ~ away** schnell wegstecken; **to ~ on** *den Hut* aufstülpen; **to ~ out** a) hinausstecken, b) *das Licht* auslöschen; **to ~ pills** *sl.* pillensüchtig sein. **9.** her'ausplatzen mit *(e-r Frage etc)*: **to ~ the question** *colloq.* e-r Frau e-n Heiratsantrag machen. **10.** *Br. sl. (im Leihhaus)* versetzen: **to ~ one's watch. III** *s* **11.** Knall *m*, Puff *m.* **12.** *colloq.* Schuß *m*: **to take a ~ at** a) ‚ballern' auf *(acc)*, b) *fig.* es versuchen mit. **13.** *Am.* ‚Schießeisen' *n*, Pi'stole *f.* **14.** *colloq.* ‚Limo' *f (Limonade)*. **15. in ~** *Br. sl.* versetzt, im Leihhaus. **IV** *interj* **16.** puff!, paff! **17.** husch!, zack! **V** *adv* **18.** a) mit e-m Knall, b) plötzlich: **to go ~** knallen, platzen.

**pop**[2] [pɒp; *Am.* pɑp] **I** *s* **1.** *a.* **~ music** a) 'Schlagermu‚sik *f*, b) 'Pop(mu‚sik *f*) *m.* **II** *adj* **2.** volkstümlich, für alle: **~ concert. 3.** Schlager...: **~ singer**; **~ song** Schlager *m.* **4.** Pop...: **~ concert**; **~ festival**; **~ group**; **~ singer.**

**pop**[3] [pɒp; *Am.* pɑp] *s colloq.* **1.** Pa'pa *m*, Vati *m.* **2.** ‚Opa' *m.*

**pop**[4] [pɑp] → **popsicle.**

**pop| art** *s* Pop-art *f.* **~ art·ist** *s* Vertreter(in) der Pop-art.

**ˈpop·corn** *s* Popcorn *n*, Puffmais *m.*

**pope**[1] [pəʊp] *s* **1.** *meist* **P~** *R.C.* Papst *m*: **~'s nose** *bes. Am. colloq.* Bürzel *m (e-r Gans etc)*. **2.** *fig.* Papst *m*, Autori'tät *f.*

**pope**[2] [pəʊp] *s relig.* Pope *m (Priester)*.

**pope**[3] [pəʊp] *s ichth.* Kaulbarsch *m.*

**pope·dom** [ˈpəʊpdəm] *s* Papsttum *n.*

**pop·er·y** [ˈpəʊpəri] *s contp.* Papiste'rei *f*, Pfaffentum *n.*

**ˈpop|·eyed** *adj colloq.* glotzäugig, mit her'ausquellenden Augen: **to be ~** ‚Stiel-

---

augen machen' **(with** vor *dat)*. **ˌ~·eyes** *s pl colloq.* Glotzaugen *pl.* **ˈ~·gun** *s* Kindergewehr *n*, Knallbüchse *f (a. fig. schlechtes Gewehr)*.

**pop·in·jay** [ˈpɒpɪndʒeɪ; *Am.* ˈpɑp-] *s* **1.** *fig. obs.* ‚Fatzke' *m*, Geck *m*, Laffe *m.* **2.** *obs. u. her.* Papa'gei *m.*

**pop·ish** [ˈpəʊpɪʃ] *adj (adv ~ly)* contp. pa'pistisch.

**pop·lar** [ˈpɒplə; *Am.* ˈpɑplər] *s bot.* Pappel *f.*

**pop·lin** [ˈpɒplɪn; *Am.* ˈpɑp-] *s* Pope'lin *m*, Pope'line *f (Stoff)*.

**pop·lit·e·al** [pɒpˈlɪtɪəl; ˌpɒplɪˈtiːəl; *Am.* ˌpɑpləˈt-] *adj anat.* Kniekehlen...: **~ ar·tery** Ende *n* der Oberschenkelarterie; **~ nerve** Ende *n* des Ischiasnervs.

**pop·o·ver** [ˈpɒpˌəʊvər] *s Am.* rasch ausgebackenes, stark aufgehendes Backwerk.

**pop·pa** [ˈpɒpə; *Am.* ˈpɑpə] → **pop**[3].

**pop·per** [ˈpɒpə] *s Br.* Druckknopf *m.*

**pop·pet** [ˈpɒpɪt; *Am.* ˈpɑ-] *s* **1.** *obs. od. dial.* Püppchen *n (a. als Kosewort)*. **2.** *tech.* a. **~head** Docke *f (e-r Drehbank)*, b) a. **~valve** 'Schnüffelven‚til *n.* **3.** *mar.* Schlittenständer *m.*

**pop·ping** [ˈpɒpɪŋ; *Am.* ˈpɑ-] *adj* lebhaft, le'bendig. **~ crease** *s Br.* Kricket: Schlagmallinie *f.*

**pop·py** [ˈpɒpɪ; *Am.* ˈpɑpɪ] *s* **1.** *bot.* Mohn (-blume *f*) *m.* **2.** Mohnsaft *m.* **3.** *a.* **~ red** Mohnrot *n.* **ˈ~·cock** *s colloq.* ‚Quatsch' *m*, dummes Zeug. **P~ Day** *s Br. colloq.* Volkstrauertag *m (Sonntag vor od. nach dem 11. November)*. **ˈ~·head** *s bot.* Mohnkapsel *f (a. arch.)*. **~·oil** *s* Mohnöl *n.* **~ seed** *s* Mohn(samen) *m.* **ˈ~·seed cake** *s* Mohnkuchen *m.*

**pops** [pɒps; *Am.* pɑps] *s colloq.* → **pop**[3].

**ˈpop·shop** *s Br. sl.* Leih-, Pfandhaus *n.*

**pop·si·cle** [ˈpɒpˌsɪkəl] *(TM) s Am.* Eis *n* am Stiel.

**pop·ster** [ˈpɑpstər] *s Am. sl. für* pop artist.

**pop·sy** [ˈpɒpsɪ; *Am.* ˈpɑpsiː] *s colloq.* **1.** ‚Puppe' *f (Mädchen)*. **2.** ‚Mädchen' *(Freundin)*. **3.** Schatz *m.*

**pop·u·lace** [ˈpɒpjʊləs; *Am.* ˈpɑp-] *s* **1.** Pöbel *m.* **2.** *(das)* (gemeine) Volk, *(der)* große Haufen, *(die)* Masse(n *pl*) *f.*

**pop·u·lar** [ˈpɒpjʊlə; *Am.* ˈpɑpjələr] *adj (adv ~ly* od. **popularly)** **1.** Volks..., öffentlich: **~ election** allgemeine Wahl; **~ front** *pol.* Volksfront *f*; **~ the voice** die Stimme des Volkes. **2.** allgemein, weitverbreitet: **~ discontent; a ~ error. 3.** popu'lär, (allgemein) beliebt *(with* bei): **to make o.s. ~ with** sich bei *j-m* beliebt machen; **to be ~ with** bei *j-m* gut angeschrieben sein; **the ~ hero** der Held des Tages. **4.** a) popu'lär, volkstümlich, b) (all)gemeinod. leichtverständlich, Populär...: **~ etymology** *ling.* Volksetymologie *f*; **~ magazine** populäre Zeitschrift; **~ music** volkstümliche Musik; **~ science** Populärwissenschaft *f*; **~ writer** Volksschriftsteller(in). **5.** volkstümlich, (für jeden) erschwinglich, Volks...: **~ edition** Volksausgabe *f*; **~ prices** volkstümliche Preise.

**pop·u·lar·i·ty** [ˌpɒpjʊˈlærətɪ; *Am.* ˌpɑpjəˈl-] *s* Popularität *f*, Volkstümlichkeit *f*, Beliebtheit *f* (**with** bei; **among** unter *dat)*. **ˌpop·u·lar·i·ˈza·tion** [-ləraɪˈzeɪʃn; *Am.* -rəˈz-] *s* **1.** allgemeine Verbreitung. **2.** Populari'sierung *f*, Darstellung *f* in leichtverständlicher Form. **ˈpop·u·lar·ize** [-ləraɪz] *v/t* **1.** popu'lär machen, (beim Volk) einführen. **2.** populari'sieren, volkstümlich *od.* (all)gemeinverständlich darstellen.

**ˈpop·u·lar·ly** *adv* **1.** vom ganzen Volk, allgemein: **~ understood. 2.** popu'lär, volkstümlich, (all)gemeinverständlich. **3.** im Volksmund, landläufig.

---

**pop·u·late** [ˈpɒpjʊleɪt; *Am.* ˈpɑp-] *v/t* **1.** bevölkern, besiedeln. **2.** *meist pass* bewohnen.

**pop·u·la·tion** [ˌpɒpjʊˈleɪʃn; *Am.* ˌpɑp-] *s* **1.** Bevölkerung *f*, Einwohnerschaft *f.* **2.** Bevölkerungs-, Einwohnerzahl *f.* **3.** *(bes.* sta'tistische) Gesamtzahl, (Fahrzeug-, Schweine-, Wild- *etc*)Bestand *m (e-s Landes)*: **car ~**; **swine ~. 4.** *biol. collect.* Populati'on *f*: a) in der Natur begrenzte, kreuzungsfähige Individuenmenge, b) Bewohner *pl*, (Art)Bestand *m (e-s bestimmten Lebensraums)*. **~·coun·ter** *s tech.* Gesamtheitszähler *m (Qualitätskontrolle)*. **~ den·si·ty** *s* Bevölkerungsdichte *f.* **~·ex·plo·sion** *s* Be'völkerungsexplosi‚on *f.* **~·ge·net·ics** *s pl (als sg konstruiert)* Populati'ons-, Hu'mange‚netik *f.* **~ pa·ram·e·ter** *s sociol.* sta'tistische Hilfs- *od.* Querschnittszahl.

**Pop·u·lism** [ˈpɒpjʊlɪzəm; *Am.* ˈpɑp-] *s pol.* **1.** *Am. hist.* Prin'zipien *pl* der People's Party. **2.** Popu'lismus *m.* **'Pop·u·list** *s pol.* **1.** *Am. hist.* Anhänger(in) des Populism, Mitglied *n* der People's Party. **2.** Popu'list(in).

**pop·u·lous** [ˈpɒpjʊləs; *Am.* ˈpɑp-] *adj (adv ~ly)* dichtbesiedelt, -bevölkert. **ˈpop·u·lous·ness** *s* dichte Besied(e)lung, Bevölkerungsdichte *f.*

**ˈpop-up** *adj* auto'matisch *(Toaster)*.

**pop valve** *s tech.* 'Sicherheitsven‚til *n.*

**pop wine** *s Am.* süßer, aromati'sierter Wein. [ringshai *m.*⟩

**por·bea·gle** [ˈpɔː(r)ˌbiːgl] *s ichth.* He-⟨

**por·ce·lain** [ˈpɔː(r)səlɪn; *Am. a.* ˈpəʊr-] **I** *s* Porzel'lan *n.* **II** *adj* Porzellan... **~ ce·ment** *s* Porzel'lankitt *m.* **~ clay** *s min.* Porzel'lanerde *f*, Kao'lin *m*, *n.* **~ en·am·el** *s* (Porzel'lan)E‚mail *m.*

**ˈpor·ce·lain·ize** *v/t* zu Porzel'lan brennen.

**ˈpor·ce·lain jas·per** *s min.* Porzel'lanjaspis *m*, Porzella'nit *m.*

**porch** [pɔː(r)tʃ; *Am. a.* pəʊrtʃ] *s* **1.** Por'tal *n*, über'dachte Vorhalle, Vorbau *m.* **2.** *bes. Am.* Ve'randa *f*: **~ climber** *sl.* ‚Klettermaxe' *m*, Einsteigdieb *m.* **3. the P~** *antiq.* die Stoa.

**por·cine** [ˈpɔː(r)saɪn] *adj* **1.** *zo.* zur Fa'milie der Schweine gehörig. **2.** schweineartig. **3.** *fig.* schweinisch.

**por·cu·pine** [ˈpɔː(r)kjʊpaɪn] *s* **1.** *zo.* Stachelschwein *n.* **2.** Spinnerei: Igel *m*, Nadel-, Kammwalze *f.*

**pore**[1] [pɔː(r); *Am. a.* pəʊr] *v/i* **1.** *(over)* etwas eifrig stu'dieren, vertieft sein (in *acc*), brüten (über *acc*): **to ~ over one's books** über s-n Büchern hocken. **2.** (nach)grübeln (**on, upon** über *acc*).

**pore**[2] [pɔː(r); *Am. a.* pəʊr] *s biol. etc* Pore *f*: **he was sweating at every ~** der Schweiß brach ihm aus allen Poren.

**porge** [pɔː(r)dʒ] *v/t* ein Schlachttier *(nach jüdischem Ritus)* koscher machen.

**por·gy** [ˈpɔː(r)dʒɪ] *pl* **-gies**, *bes. collect.* **-gy** *s ichth.* **1.** *meist* red ~ *Amer.* Goldbrassen *m.* **2.** *(ein)* Rotbrassen *m.*

**po·rif·er·ous** [pɔːˈrɪfərəs] *adj* **1.** porig, mit Poren (versehen). **2.** *zo.* Poriferen...

**po·rism** [ˈpɔːrɪzəm] *s math.* **1.** Po'risma *f (Problem, das mehrere Lösungen hat)*. **2.** gefolgerter Satz.

**pork** [pɔː(r)k; *Am. a.* pəʊrk] *s* **1.** Schweinefleisch *n.* **2.** *Am. colloq.* von der Regierung aus politischen Gründen gewährte *(finanzielle)* Begünstigung *od.* Stellung. **~ bar·rel** *s Am. colloq. (politisch berechnete)* Geldzuwendung *(der Regierung)*. **ˈ~·burg·er** *s Am.* (Brötchen *n od.* Sandwich *n* mit gebratenem Schweinehack *n.* **~ butch·er** *s* Schweineschlächter *m.* **~ chop** *s* 'Schweinekote‚lett *n.* **~ cut·let** *s* Schweineschnitzel *n.*

**ˈpork·er** *s* Mastschwein *n*, -ferkel *n.*

**'pork·ling** [-lɪŋ] *s* Ferkel *n*.
**pork pie** *s* 'Schweinefleischpaˌstete *f*.
**'pork·pie (hat)** *s* **1.** *Br.* runder, flacher Damenhut (*mit hochstehender Krempe*). **2.** flacher Herren(filz)hut.
**'pork·y¹** *adj* **1.** fett(ig). **2.** nach Schweinefleisch: ~ **smell. 3.** *colloq.* fett, dick.
**'por·ky²** *s Am. colloq.* Stachelschwein *n*.
**porn** [pɔː(r)n] → **porno.**
**por·no** ['pɔːnəʊ] *sl.* **I** *pl* **-nos** *s* **1.** ‚Porno' *m* (*Pornographie*): **hard** ~ harter Porno; **soft** ~ Softporno. **2.** Porno(-film) *m*. **3.** Verfasser *m* porno'graphischer Schriften. **II** *adj* **4.** Porno...: ~ **film;** ~ **shop** Pornoshop *m*, -laden *m*.
**por·nog·ra·pher** [pɔːˈnɒɡrəfə; *Am.* pɔːrˈnɑɡrəfər] *s* Porno'graph *m*, Verfasser *m* porno'graphischer Schriften. **por·no·graph·ic** [-nəˈɡræfɪk] *adj* (*adv* ~ally) porno'graphisch. **por'nog·ra·phy** *s* **1.** *collect.* Pornogra'phie *f.* **2.** porno'graphische Darstellung: ~ **of violence** nackte Darstellung brutaler Gewalt.
**porn·y** ['pɔː(r)nɪ] *adj sl.* porno'graphisch, Porno...
**po·ros·i·ty** [pɔːˈrɒsɪtɪ; *Am.* pəˈrɑs-] *s* **1.** Porosi'tät *f*, ('Luft-, 'Wasser)ˌDurchlässigkeit *f*. **2.** Pore *f*, po'röse Stelle.
**po·rous** ['pɔːrəs; *Am.* a. 'pəʊrəs] *adj* po'rös.
**por·phy·rite** ['pɔː(r)fɪraɪt] *s min.* Porphy'rit *m*. ˌpor·phy'rit·ic [-ˈrɪtɪk] *adj* porphyrartig, -haltig.
**por·phy·ry** ['pɔː(r)fɪrɪ] *s geol.* Porphyr *m*.
**por·poise** ['pɔː(r)pəs] **I** *pl* **-pois·es,** *bes. collect.* **-poise** *s ichth.* **1.** Tümmler *m*, Meerschwein *n*. **2.** Schnabelfisch *m*. **3.** Del'phin *m*. **II** *v/i* **4.** *aer.* wellenförmig landen *od.* aufsteigen.
**por·rect** [pəˈrekt] **I** *v/t* **1.** ausstrecken. **2.** *jur. relig.* darreichen, über'reichen. **II** *adj* **3.** *bot. zo.* ausgestreckt. **por'rec·tion** *s jur. relig.* Darreichung *f*.
**por·ridge** ['pɒrɪdʒ; *Am. a.* 'pɑr-] *s* **1.** Porridge *m*, *n*, Haferbrei *m*, -grütze *f*: **to do** (one's) ~ *Br. sl.* „Knast schieben" (*e-e Gefängnisstrafe verbüßen*). **2.** (dicker) Brei, Grütze *f*: **pease** ~ Erbs(en)brei; **to keep one's breath to cool one's** ~ den Mund halten.
**por·ri·go** [pəˈraɪɡəʊ] *s med.* (Kopf)Grind *m*.
**por·rin·ger** ['pɒrɪndʒə(r); *Am. a.* 'pɑr-] *s* Suppennapf *m*.
**port¹** [pɔː(r)t; *Am. a.* pəʊrt] *s* **1.** *aer. mar.* (See-, Flug)Hafen *m*: **free** ~ Freihafen; **inner** ~ Binnenhafen; **naval** ~ Kriegshafen; ~ **admiral** Hafenadmiral *m* (*-s Kriegshafens*); ~ **of call** a) *mar.* Anlaufhafen, b) *aer.* Anflughafen; ~ **of delivery** (*od.* **discharge**) Löschhafen, -platz *m*; ~ **of departure** a) *mar.* Abgangshafen, b) *aer.* Abflughafen; ~ **of destination** a) *mar.* Bestimmungshafen, b) *aer.* Zielflughafen; ~ **of distress** Nothafen; ~ **of entry** Einlaufhafen (→ 3); ~ **of registry** Heimathafen; ~ **of tran(s)shipment** Umschlaghafen; **to call** (*od.* **touch**) **at** a ~) *mar.* e-n Hafen anlaufen, b) *aer.* Flughafen anfliegen; **to clear a** ~ aus e-m Hafen auslaufen; **any** ~ **in a storm** *fig.* in der Not frißt der Teufel Fliegen. **2.** Hafenstadt *f*. **3.** *econ. bes. Am.* ('Grenz-, 'Zollkonˌtrollstelle *f*: ~ **of entry** Einfuhr(zoll)stelle (→ 1). **4.** *fig.* (sicherer) Hafen, Ziel *n*.
**port²** [pɔː(r)t; *Am. a.* pəʊrt] *aer. mar.* **I** *s* Backbord *n*: **on the** ~ **bow!** *mar.* Backbord achteraus!; **on the** ~ **quarter!** *mar.* Backbord voraus!; **to cast to** ~ *mar.* nach Backbord fallen. **II** *adj* Backbord... **III** *adv* a) nach Backbord, b) backbord(s). **IV** *v/t u. v/i* nach Backbord halten.
**port³** [pɔː(r)t; *Am. a.* pəʊrt] *s* **1.** *bes. Scot.* Tor *n*, Pforte *f*: **city** ~ Stadttor.

**2.** *mar.* a) (Lade)Luke *f*, (-)Pforte *f*, b) (Pfort)Deckel *m*, (-)Luke *f*, c) Bullauge *n*, d) Schießloch *n*: **anchor** ~ Ankerpforte. **3.** *mil.* Schießscharte *f* (*a. am Panzer*). **4.** *tech.* (Auslaß-, Einlaß)Öffnung *f*, Abzug *m*.
**port⁴** [pɔː(r)t; *Am. a.* pəʊrt] *s* Portwein *m*.
**port⁵** [pɔː(r)t; *Am. a.* pəʊrt] **I** *v/t* **1.** *obs.* tragen. **2.** → **arm²** *Bes. Redew.* **II** *s* **3.** *obs.* (äußere) Haltung.
**port·a·ble** ['pɔː(r)təbl; *Am. a.* 'pəʊrt-] **I** *adj* **1.** tragbar: ~ **radio** (**set**) a) → 3 a, b) *mil.* Tornisterfunkgerät *n*; ~ **record player** → 3 c; ~ **tape recorder** → 3 d; ~ **television set** → 3 b; ~ **typewriter** → 4. **2.** transpor'tabel, (orts)beweglich: ~ **aerial** (*bes. Am.* **antenna**) ortsveränderliche Antenne; ~ **derrick** fahrbarer Kran; ~ **fire extinguisher** Handfeuerlöscher *m*; ~ **railway** (*Am.* **railroad**) Feldbahn *f*; ~ **searchlight** Handscheinwerfer *m*. **II** *s* **3.** a) Kofferradio *n*, b) Portable *n*, tragbares Fernsehgerät, c) Phonokoffer *m*, d) Koffertonbandgerät *n*. **4.** 'Reiseˌschreibmaˌschine *f*. ~ **en·gine** *s tech.* Lokomo'bile *f*. ~ **fire·arm** *s mil.* Handfeuerwaffe *f*.
**por·tage** ['pɔː(r)tɪdʒ; *Am. a.* 'pəʊrt-] **I** *s* **1.** (*bes.* 'Trage)Transˌport *m*. **2.** *econ.* Fracht *f*, Rollgeld *n*, Träger-, Zustellgebühr *f*. **3.** *mar.* a) Por'tage *f*, Trageplatz *m*, b) Tragen *n* (*von Kähnen etc*) über e-e Por'tage. **II** *v/t* **4.** e-n Kahn *etc* über e-e Por'tage tragen.
**por·tal¹** [pɔː(r)tl; *Am. a.* 'pəʊrtl] *s* **1.** *arch.* Por'tal *n*, (Haupt)Eingang *m*, Tor *n*: ~ **crane** *tech.* Portalkran *m*. **2.** *fig. u. poet.* Pforte *f*, Tor *n*: ~ **of heaven** Himmelspforte, -tor.
**por·tal²** ['pɔː(r)tl; *Am. a.* 'pəʊrtl] *anat.* **I** *adj* Pfort(ader)... **II** *s* Pfortader *f*.
**ˌpor·tal-to-'por·tal pay** *s econ.* Arbeitslohn, *berechnet für die Zeit vom Betreten der Fabrik etc bis zu ihrem Verlassen*. ~ **vein** *s anat.* Pfortader *f*.
**por·ta·men·to** [ˌpɔː(r)təˈmentəʊ; *Am. a.* ˌpəʊrtə-] *pl* **-ti** [-ti:] *s mus.* Porta'ment(o) *n*.
**por·ta·tive** ['pɔː(r)tətɪv; *Am. a.* 'pəʊrtə-] **I** *adj phys.* tragfähig: ~ **force** Tragkraft *f*. **II** *s a.* ~ **organ** *mus.* Porta'tiv *n*.
**ˌport|'cray·on** *s* Zeichenstift-, Bleistifthalter *m*. **ˌ~'cul·lis** [-ˈkʌlɪs] *s* **1.** *mil. hist.* Fallgitter *n*. **2.** *her.* Gitter *n*.
**porte-co·chere** [ˌpɔː(r)tkɒˈʃeə; *Am.* -kəʊˈʃeər; *a.* ˌpəʊrt-] *s* **1.** Wagenauffahrt *f*. **2.** *Am.* Schutzdach *n* (*vor Hauseingängen*).
**por·tend** [pɔː(r)ˈtend; *Am.* pəʊr-] *v/t* (vor)bedeuten, ankündigen, anzeigen.
**por·tent** ['pɔː(r)tent; *Am.* 'pəʊr-] *s* **1.** Vorbedeutung *f*. **2.** (*bes.* schlimmes) (Vor-, An)Zeichen, (*bes.* böses) Omen. **3.** Wunder *n* (*Sache od. Person*). **por'ten·tous** [-təs] *adj* (*adv* ~**ly**) **1.** omi'nös, verhängnis-, unheilvoll. **2.** ungeheuer, gewaltig, wunderbar, *a. humor.* unheimlich. **por'ten·tous·ness** *s* **1.** (*das*) Omi'nöse. **2.** (*das*) Gewaltige *od.* Wunderbare.
**por·ter¹** ['pɔː(r)tə(r); *Am. a.* 'pəʊr-] *s* a) Pförtner *m*, b) *bes. Br.* Porti'er *m*.
**por·ter²** ['pɔː(r)tə(r); *Am. a.* 'pəʊr-] *s* **1.** (Gepäck)Träger *m*, Dienstmann *m*. **2.** *rail. Am.* (Sa'lon- *od.* Schlafwagen-)Schaffner(in).
**por·ter³** ['pɔː(r)tə(r); *Am. a.* 'pəʊr-] *s* Porter(bier *n*) *m*.
**'por·ter·age** *s* **1.** Tragen *n* (*von Gepäckstücken*). **2.** Trägerlohn *m*.
**'por·ter·house** *s* **1.** *obs.* Bier-, Speisehaus *n*. **2.** ~ **steak** *gastr.* Porterhousesteak *n*.
**ˌport|'fire** *s mil.* langsam brennender Zünder, Zeitzündschnur *f*. **ˌ~'fo·li·o** *pl*

**-os** *s* **1.** a) Aktentasche *f*, Mappe *f*, b) Porte'feuille *n* (*für Staatsdokumente*). **2.** *fig.* (Mi'nister)Porteˌfeuille *n*: **without** ~ ohne Geschäftsbereich. **3.** *econ.* ('Wechsel)Porteˌfeuille *n*. **ˌ~'hole** *s* **1.** *mar.* a) (Pfort)Deckel *m*, (-)Luke *f*, b) Bullauge *n*. **2.** *tech.* → **port³** 4.
**por·ti·co** ['pɔː(r)tɪkəʊ; *Am. a.* 'pəʊrt-] *pl* **-cos** *s arch.* Säulengang *m*.
**por·tion** ['pɔː(r)ʃn; *Am. a.* 'pəʊrʃən] **I** *s* **1.** (An)Teil *m* (**of** an *dat*). **2.** Porti'on *f* (*Essen*). **3.** Teil *m*, *n*, Stück *n* (*e-s Buches, e-s Gebiets, e-r Strecke etc*). **4.** Menge *f*, Quantum *n*. **5.** *jur.* a) Mitgift *f*, Aussteuer *f*, b) Erbteil *m*: **legal** ~ Pflichtteil *m*, *n*. **6.** *fig.* Los *n*, Schicksal *n*. **II** *v/t* **7.** aufteilen: **to** ~ **out** aus-, verteilen (**among** unter *acc*). **8.** zuteilen. **9.** *e-e Tochter* ausstatten, aussteuern. **10.** *ein Schicksal* zu'teil werden lassen. **'por·tion·ist** *s* **1.** *relig.* Besitzer *m* e-r Teilpfründe. **2.** Stipendi'at *m* am Merton College (*Oxford*).
**port·li·ness** ['pɔː(r)tlɪnɪs; *Am. a.* 'pəʊrt-] *s* **1.** *obs.* Stattlichkeit *f*, würdiges Aussehen. **2.** Wohlbeleibtheit *f*, Korpu'lenz *f*. **'port·ly** *adj* **1.** *obs.* stattlich, würdevoll, gemessen. **2.** wohlbeleibt, korpu'lent.
**port·man·teau** [pɔː(r)tˈmæntəʊ; *Am. a.* pəʊrt-] *pl* **-teaus, -teaux** [-təʊz] *s* **1.** *bes. Br.* Handkoffer *m*. **2.** *obs.* Mantelsack *m*. **3.** *meist* ~ **word** *ling.* Kurzwort *n* (*z. B.* **smog** *aus* **smoke** *u.* **fog**).
**por·trait** ['pɔː(r)trɪt; -treɪt; *Am. a.* 'pəʊr-] *s* **1.** a) Por'trät *n*, Bild(nis) *n*, b) *phot.* Por'trät(aufnahme *f*) *n*: ~ **lens** *phot.* Porträtlinse *f*; **to take s.o.'s** ~ j-n porträtieren, ein Porträt von j-m machen; ~ **bust** Porträtbüste *f*. **2.** *fig.* Bild *n*, (lebenswahre) Darstellung, Schilderung *f*. **'por·trait·ist** *s* Porträ'tist(in), Por'trätmaler(in), -fotoˌgraf(in).
**por·trai·ture** ['pɔː(r)trɪtʃə(r); *Am.* -ˌtʃʊər; 'pəʊr-] *s* **1.** → **portrait** 1 *u.* 2. **2.** a) Por'trätmaleˌrei *f*, b) *phot.* Por'trätfotograˌfie *f*.
**por·tray** [pɔː(r)ˈtreɪ; *Am.* pəʊr-] *v/t* **1.** porträ'tieren, (ab)malen. **2.** *fig.* schildern, (le'bendig) darstellen. **por'tray·al** *s* **1.** Porträ'tieren *n*. **2.** Por'trät *n*, *fig.* Schilderung *f*, Darstellung *f*. **por'tray·er** *s* **1.** (Por'trät)Maler(in). **2.** *fig.* Schilderer *m*.
**port·reeve** ['pɔːtriːv] *s Br.* **1.** *hist.* Bürgermeister *m*. **2.** Stadtamtmann *m*.
**ˌport| risk inˈsur·ance** *s econ. mar.* Hafenrisiko-Versicherung *f*. ~ **side** *s mar.* Backbord(seite *f*) *n*. ~ **tax·es** *s pl mar.* Hafengebühren *pl*.
**Por·tu·guese** [ˌpɔː(r)tjʊˈɡiːz; *Am.* ˌpəʊrtʃə-] **I** *pl* **-guese** *s* **1.** Portu'giese *m*, Portu'giesin *f*. **2.** *ling.* Portu'giesisch *n*, das Portugiesische. **II** *adj* **3.** portu'giesisch.
**port wine** *s* Portwein *m*.
**pose¹** [pəʊz] **I** *v/t* **1.** auf-, 'hinstellen, e-e Pose einnehmen lassen: **to** ~ **a model for a photograph. 2.** a) *ein Problem, e-e Frage* aufwerfen, b) *e-e Bedrohung etc* darstellen. **3.** *e-e Behauptung* aufstellen, *e-n Anspruch* erheben. **4.** (**as**) 'hinstellen (als), ausgeben (für, als). **II** *v/i* **5.** sich in Posi'tur setzen (*od.* werfen). **6.** a) *paint.* Mo'dell stehen *od.* sitzen, b) sich fotograˌfieren lassen, c) als 'Maler- *od.* 'Fotomoˌdell arbeiten. **7.** po'sieren, e-e Pose einnehmen. **8.** (**as**) auftreten, sich ausgeben (**as** als). **III** *s* **9.** Pose *f* (*a. fig.*), Posi'tur *f*, Haltung *f*, Stellung *f*.
**pose²** [pəʊz] *v/t durch Fragen* verwirren, in Verlegenheit bringen.
**pos·er¹** ['pəʊzə(r)] → **poseur.**
**pos·er²** ['pəʊzə(r)] *s* knifflige Frage, ‚harte Nuß'.

**po·seur** [pəuˈzɜː; *Am.* -ˈzɜr] *s* Poˈseur *m*, ‚Schauspielerʻ *m*.

**posh** [pɒʃ; *Am.* paʃ] *s sl.* ‚piekfeinʻ, ‚feuˈdalʻ, ‚todschickʻ, eleˈgant.

**pos·it** [ˈpɒzɪt; *Am.* ˈpazət] *philos.* **I** *v/t* postuˈlieren. **II** *s* Postuˈlat *n.*

**po·si·tion** [pəˈzɪʃn] **I** *s* **1.** a) Posiˈtion *f (a. astr.)*, Lage *f*, Stand(ort) *m*: **geographical** ~ geographische Lage; ~ **of the sun** Sonnenstand *m*; **in** (**out of**) ~ (nicht) in der richtigen Lage, b) *bes. sport* Position *f*, Platz *m*: **to be in third** ~ in dritter Position *od.* auf dem dritten Platz liegen. **2.** *aer. mar.* Posiˈtion *f, mar. a.* Besteck *n*: ~ **lights** a) *aer. mar.* Positionslichter, b) *mot.* Begrenzungslichter. **3.** (*körperliche*) Lage, Stellung *f*: **horizontal** ~; **upright** ~ aufrechte (Körper)Haltung. **4.** *med.* a) (anaˈtomische *od.* richtige) Lage (*e-s Organs od. Gliedes*), b) (Kinds-) Lage *f* (*im Mutterleib*). **5.** *tech.* (Schalt *etc*)Stellung *f*: ~ **of rest** Ruhelage *f*, -stellung. **6.** *mil.* (Verteidigungs)Stellung *f*: ~ **warfare** Stellungskrieg *m*. **7.** *mus.* Lage *f* (*von Akkordtönen*): **first** (*od.* **root**) ~; **close** (**open**) ~ enge (weite) Lage. **8.** *mus.* a) Lage *f* (*bestimmtes Gebiet des Griffbretts bei Saiteninstrumenten*), b) Zugstellung *f* (*bei der Posaune*). **9.** *Computer*: (Wert)Stelle *f*. **10.** Posiˈtion *f*, Situaiˈton *f*, Lage *f*: **to put** (*od.* **place**) **s.o. in an awkward** ~; **to be in a** ~ **to do s.th.** in der Lage sein, etwas zu tun. **11.** (Sach)Lage *f*, Stand *m* (*der Dinge*): **financial** ~ Finanzlage, Vermögensverhältnisse *pl*; **legal** ~ Rechtslage. **12.** soziˈale Stellung, gesellschaftlicher Rang: **people of** ~ Leute von Rang. **13.** Posiˈtion *f*, Stellung *f*, Amt *n*, Posten *m*: **to hold a** (**responsible**) ~ **e-e** (verantwortliche) Stelle innehaben. **14.** *fig.* (Ein)Stellung *f*, Standpunkt *m*, Haltung *f*: **to define one's** ~ s-n Standpunkt darlegen; **to take up a** ~ **on a question** zu e-r Frage Stellung nehmen. **15.** *math. philos.* (Grund-, Lehr)Satz *m*, Behauptung *f*. **II** *v/t* **16.** in die richtige Lage *od.* Stellung bringen, an den rechten Platz stellen, aufstellen, *tech. a.* (ein)stellen, anbringen. **17.** *Polizisten etc* poˈstieren.

**po·si·tion·al** [pəˈzɪʃənl] *adj* Positions..., Stellungs..., Lage...: ~ **notation** (*Computer*) Stellenschreibweise *f*; ~ **play** *sport* Stellungsspiel *n*; ~ **warfare** Stellungskrieg *m*.

**po·si·tion| find·er** *s* **1.** *mil.* Richtvorrichtung *f*. **2.** a) *aer. mar. tech.* Ortungsgerät *n*, b) *electr.* Funkortungsgerät *n*. ~ **pa·per** *s pol.* ˈGrundsatzpaˌpier *n*.

**pos·i·tive** [ˈpɒzɪtɪv; *Am.* ˈpaz-] **I** *adj* (*adv* ~**ly**) **1.** bestimmt, ausdrücklich (*Befehl etc*), definiˈtiv, fest (*Angebot, Versprechen etc*), unbedingt: ~ **order**; ~ **offer**; ~ **law** *jur.* positives Recht. **2.** sicher, eindeutig, feststehend, ˈunumˌstößlich: **a** ~ **proof**; ~ **facts**. **3.** positiv, tatsächlich, auf Tatsachen beruhend: ~ **fraud** *jur.* (vorsätzlicher) Betrug. **4.** konˈkret, wirklich. **5.** positiv, bejahend, zustimmend: **a** ~ **answer**; **to be** ~ **e-e** positive Lebenseinstellung haben. **6.** überˈzeugt, (absoˈlut) sicher: **to be** ~ **about s.th.** e-r Sache (absolut) sicher sein, etwas felsenfest glauben *od.* behaupten; **to feel** ~ **that** sicher sein, daß. **7.** selbstbewußt, hartnäckig, rechthaberisch. **8.** *philos.* positiv: a) ohne Skepsis, b) emˈpirisch, c) nur wissenschaftlich Beweisbares gelten lassend: ~ **philosophy** → **positivism**. **9.** positiv, positive Eigenschaften besitzend. **10.** ausgesprochen, absoˈlut: **a** ~ **fool** ein ausgemachter *od.* kompletter Narr. **11.** *math.* positiv (*größer als Null*): ~ **sign** positives Vorzeichen, Pluszeichen

*n.* **12.** *biol. electr. phot. phys.* positiv: ~ **electricity**; ~ **electrode** Anode *f*; ~ **electron** → **positron**; ~ **feedback** Mitkopplung *f*, positive Rückkopplung *f*; ~ **plate** Plusplatte *f*; ~ **pole** Pluspol *m*, *electr.* Anode *f*. **13.** *tech.* zwangsläufig, Zwangs...: ~ **drive**. **14.** *med.* (reaktiˈons-) positiv: **a** ~ **test**. **15.** *ling.* im Positiv stehend: ~ **degree** Positiv *m*. **II** *s* **16.** Positivum *n*, (*etwas*) Positives, positive Eigenschaft. **17.** *phot.* Positiv *n*. **18.** *ling.* Positiv *m*. **ˈpos·i·tive·ness** *s* **1.** Bestimmtheit *f*, Wirklichkeit *f*, Gewißheit *f*. **2.** *fig.* Hartnäckigkeit *f*.

**pos·i·tiv·ism** [ˈpɒzɪtɪvɪzəm; *Am.* ˈpaz-] *s philos.* Posiˈtivismus *m*. **ˈpos·i·tiv·ist** **I** *s* Posiˈtivist(in). **II** *adj* → **positivistic**. **ˌpos·i·tivˈis·tic** *adj* (*adv* ~**ally**) positiˈvistisch.

**pos·i·tron** [ˈpɒzɪtrɒn; *Am.* ˈpazəˌtran] *s phys.* Positron *n*, positives Elektron.

**po·sol·o·gy** [pəˈsɒlədʒɪ; *Am.* -ˈsal-] *s med.* Posoloˈgie *f*, Doˈsierungslehre *f*.

**posse** [ˈpɒsɪ; *Am.* ˈpɑsi] *s* **1.** ~ **meist** ~ **comitatus** *Am.* Aufgebot *n (e-s Sheriffs).* **2.** (Poliˈzei- *etc*)Aufgebot *n.* **3.** *allg.* Haufen *m*, Schar *f.*

**pos·sess** [pəˈzes] *v/t* **1.** *allg., a. fig.* Eigenschaften, Mut, Kenntnisse *etc* besitzen, haben. **2.** im Besitz haben, (inne)haben: → **possessed** 1. **3.** *a. weitS. e-e* Sprache *etc* beherrschen, Gewalt haben über (*acc*): **to** ~ **one's soul in patience** sich in Geduld fassen. **4.** *fig.* (*geistig*) beherrschen, erfüllen (**with** mit). **5.** *j-n* in Besitz bringen *od.* zum Besitzer machen (**of, with** von *od. gen*): **to be** ~**ed of s.th.** etwas besitzen; **to** ~ **o.s. of s.th.** etwas in Besitz nehmen, sich e-r Sache bemächtigen.

**pos·sessed** [pəˈzest] *adj* **1.** im Besitz (**of** *gen od.* von). **2.** besessen, wahnsinnig, toll: ~ **with** (*od.* **by**) **the devil** (**an idea**) vom Teufel (von e-r Idee) besessen; **like a man** ~ wie ein Besessener, wie verrückt, wie toll. **3.** beherrscht, ruhig. **4.** *ling.* mit e-m Genitiv verbunden (*Substantiv*).

**pos·ses·sion** [pəˈzeʃn] *s* **1.** (*abstrakter*) Besitz (*a. jur.*): ~ **actual** ~ tatsächlicher *od.* unmittelbarer Besitz; **in the** ~ **of** im Besitz von (*od. gen*); **in** ~ **of s.th.** im Besitz e-r Sache, b) *j-n* einweisen (**of** mit); **to take** ~ **of** Besitz ergreifen von, in Besitz nehmen; → **adverse** 5, **naked** 9. **2.** Besitz(tum *n*) *m*, Habe *f*. **3.** *pl* Besitzungen *pl*, Liegenschaften *pl*: **foreign** ~**s** auswärtige Besitzungen. **4.** *fig.* Besessenheit *f*. **5.** *fig.* Beherrscht-, Erfülltsein *n* (**by** von e-r Idee *etc*). **6.** beherrschende Leidenschaft, Wahn *m*. **7.** *meist* self-~ Fassung *f*, (Selbst)Beherrschung *f*.

**pos·ses·sive** [pəˈzesɪv] **I** *adj* (*adv* ~**ly**) **1.** Besitz... **2.** besitzgierig, -betonend: ~ **instinct** Besitztrieb *m*, -streben *n*. **3.** besitzergreifend: ~ **mother**; ~ **wife** *a.* krankhaft eifersüchtige (Ehe)Frau; ~ **love** selbstsüchtige *od.* tyrannische Liebe. **4.** *ling.* possesˈsiv, besitzanzeigend: ~ **adjective** attributives Possessivpronomen; ~ **pronoun** substantivisches Possessivpronomen; ~ **case** → 5 b. **II** *s* **5.** *ling.* a) Possesˈsivproˌnomen *n*, besitzanzeigendes Fürwort, b) Genitiv *m*, zweiter Fall. **pos·ses·sive·ness** *s* **1.** Besitzgier *f*. **2.** selbstsüchtige *od.* tyˈrannische Art *od.* Liebe.

**pos·ses·sor** [pəˈzesə(r)] *s* Besitzer(in), Inhaber(in). **pos·ses·so·ry** [-ərɪ] *adj* Besitz...: ~ **action** Besitz(schutz)klage *f*; ~ **right** Besitzrecht *n*.

**pos·set** [ˈpɒsɪt; *Am.* ˈpasət] *s* Getränk aus heißer Milch mit Bier *od.* Wein u. Gewürzen.

**pos·si·bil·i·ty** [ˌpɒsəˈbɪlətɪ; *Am.* ˌpasə-] *s*

**1.** Möglichkeit *f* (**of** zu, für): **there is no** ~ **of doing s.th.** es besteht keine Möglichkeit, etwas zu tun; **there is no** ~ **of his coming** es besteht keine Möglichkeit, daß er kommt; **there is still a** ~ **that** es besteht nach wie vor die Möglichkeit, daß. **2.** Möglichkeit *f*; j-d, etwas, was in Frage kommt: **to be a** ~ im Bereich des Möglichen liegen. **3.** *pl* a) Möglichkeiten *pl*, (Zukunfts)Aussichten *pl*, b) (Entwicklungs)Möglichkeiten *pl*, (-)Fähigkeiten *pl*.

**pos·si·ble** [ˈpɒsəbl; *Am.* ˈpasəbəl] **I** *adj* **1.** möglich (**with** zu; **to** *dat*; **for** für): **this is** ~ **with him** das ist bei ihm möglich; **highest** ~ größtmöglich; **least** ~ geringstmöglich. **2.** eventuˈell, etwaig, denkbar. **3.** *colloq.* annehmbar, pasˈsabel, erträglich, leidlich. **II** *s* **4. the** ~ das (Menschen)Mögliche, das Beste: **he did his** ~ er tat, was er konnte. **5.** *sport* (die) höchste Punktzahl. **6.** in Frage kommender Kandiˈdat *od.* Gewinner *od.* Konkurˈrent *od. sport* Spieler (*in e-r Mannschaft*). **ˈpos·si·bly** [-blɪ] *adv* **1.** möglicherˈweise, vielˈleicht. **2.** (*irgend*) möglich: **if I** ~ **can** wenn ich irgend kann; **I cannot** ~ **do this** ich kann das unmöglich *od.* auf keinen Fall tun; **how can I** ~ **do it?** wie kann ich es nur *od.* bloß machen?

**pos·sum** [ˈpɒsəm; *Am.* ˈpas-] *s colloq. abbr. für* **opossum**: **to play** ~ sich nicht rühren, sich tot- *od.* krank *od.* schlafend *od.* dumm stellen.

**post¹** [pəust] **I** *s* **1.** Pfahl *m*, (*a.* Tür-, Tor)Pfosten *m*, Ständer *m*, (*Telegrafen etc*)Stange *f*, (-)Mast *m*, Säule *f*: → **deaf** 1. **2.** Anschlagsäule *f*. **3.** *sport* (Start- *od.* Ziel)Pfosten *m*, Start- (*od.* Ziel)linie *f*: **to be beaten at the** ~ kurz vor dem *od.* im Ziel abgefangen werden. **4.** *Bergbau*: a) Streckenpfeiler *m*, b) Vertiˈkalschicht *f* aus Kohle *od.* Sandstein. **II** *v/t* **5.** *a.* ~ **up** *ein Plakat etc* anschlagen, ankleben. **6.** *e-e Mauer etc* mit Plaˈkaten *od.* Zetteln bekleben. **7.** *etwas* (durch Aushang *od.* in e-r Liste) bekanntgeben. **8.** öffentlich anprangern. **9.** *aer. mar. ein Flugzeug etc* (als vermißt *od.* ˈüberfällig) melden: **to** ~ **an airliner as missing** (**as overdue**). **10.** *Am.* (durch Verbotstafeln) vor unbefugtem Zutritt schützen: ~**ed property** Besitz, zu dem der Zutritt verboten ist.

**post²** [pəust] **I** *s* **1.** *mil.* a) Posten *m*, Standort *m*, Stellung *f*: **advanced** ~ vorgeschobener Posten, b) Standort *m*, Garniˈson *f*: **P~ Exchange** (*abbr.* **PX**) *Am.* Einkaufsstelle *f*; ~ **headquarters** *pl* (*oft als sg konstruiert*) Standortkommandantur *f*, c) Standort-, Statioˈnierungstruppe *f*, d) (Wach)Posten *m*. **2.** *mil. Br.* (ˈHorn-)Siˌgnal *n*: **first** ~ Wecken *n*; **last** ~ Zapfenstreich *m*. **3.** Posten *m*, Platz *m*, Stand (-platz) *m*: **to remain at one's** ~ auf s-m Posten bleiben; → **first-aid.** **4.** Posten *m*, (An)Stellung *f*, Stelle *f*, Amt *n*: ~ **of a secretary** Stelle als Sekretär(in). **5.** Handelsniederlassung *f*. **6.** *econ.* Makler-, Börsenstand *m*. **II** *v/t* **7.** *Polizisten etc* aufstellen, poˈstieren. **8.** *bes. Br. Beamten etc* versetzen, *mil. Offizier etc* ˈabkommanˌdieren (**to** nach): **he has been** ~**ed away** er ist abkommandiert worden.

**post³** [pəust] **I** *s* **1.** *bes. Br.* Post *f*: a) *als Institution*, b) *Br.* Postamt *n*, c) *Br.* Post-, Briefkasten *m*: **by** ~ mit der *od.* per Post. **2.** *bes. Br.* Post *f*: a) Postzustellung *f*, b) Postsendungen *pl*, -sachen *pl*, c) Nachricht *f*: **today's** ~ die heutige Post; → **general post**. **3.** *hist.* a) Postkutsche *f*, b) ˈPoststatiˌon *f*, c) Eilbote *m*, Kuˈrier *m*. **4.** *bes. Br.* ˈBriefpaˌpier *n* (*Format 16" × 20"*). **II** *v/i* **5.** *hist.* mit der Post (*kutsche*) reisen. **6.** (daˈhin)eilen. **III** *v/t* **7.** *Br.* zur Post geben, aufgeben, in den Briefkasten

werfen *od.* stecken, mit der Post (zu)senden. **8.** *a.* ~ **up** *colloq. j-n* infor'mieren, unter'richten: **to keep s.o.** ~**ed** *j-n* auf dem laufenden halten; **well** ~**ed** gut unterrichtet. **9.** *econ.* eintragen, verbuchen, *ein Konto* (ins Hauptbuch) über'tragen: **to** ~ **up** *das Hauptbuch* nachtragen, *die Bücher* in Ordnung bringen.

**post-** [pəʊst] *Wortelement mit der Bedeutung* nach, hinter; Nach...

**post·age** ['pəʊstɪdʒ] *s a.* ~ **charges** *pl* Porto *n*, Postgebühr *f*, -spesen *pl*: **additional** ~, **extra** ~ Nachgebühr, Strafporto; ~ **free**, ~ **paid** portofrei, franko; **what is the** ~ **for a letter to** ...? wieviel kostet ein Brief nach ...? '~**due** *s* Nachgebühr *f*, Strafporto *n. ~* **meter** *s Am.* Fran'kierma‚schine *f*. ~ **stamp** *s* Briefmarke *f*, Postwertzeichen *n*.

**post·al** ['pəʊstəl] **I** *adj* po'stalisch, Post...: ~ **card** → **II**; ~ **cash order** Postnachnahme *f*; ~ **code** → **postcode**; ~ **delivery zone** *Am.* Postzustellzone *f*; ~ **district** Postzustellbezirk *m*; ~ **meter** *Am.* Frankiermaschine *f*; ~ **money order** Postanweisung *f*; ~ **order** *Br.* Postanweisung *f* (*für kleine Beträge*); ~ **shopping** Versandhandel *m*; ~ **vote** *pol. Br.* Briefwahl *f*; ~ **voter** *pol. Br.* Briefwähler(in); → **universal** 6. **II** *s Am.* Postkarte *f*.

'**post·bag** *s* **1.** Postsack *m*, -beutel *m*. **2.** Leser-, Hörer-, Zuschauerpost *f* (*anläßlich e-s bestimmten Ereignisses*). '~**box** *s bes. Br.* Briefkasten *m*. '~**card** *s* **1.** Postkarte *f*. **2.** Ansichtskarte *f*. ~ **chaise** *s hist.* Postkutsche *f*. '~**code** *s Br.* Postleitzahl *f*.

‚**post·date** *v/t* **1.** *e-n Brief etc* vor'ausda‚tieren. **2.** nachträglich *od.* später da'tieren.

‚**post·di·lu·vi·al** *adj* **1.** *geol.* 'postdilu‚vi‚al, nacheiszeitlich. **2.** → **postdiluvian**.

‚**post·di·lu·vi·an** *adj* nachsintflutlich.

‚**post·doc·tor·al** *adj* nach der Promoti'on.

'**post‚en·try** *s* **1.** *econ.* nachträgliche (Ver)Buchung. **2.** *econ.* nachträgliche Zollerklärung. **3.** *sport* Nachnennung *f*.

**post·er** ['pəʊstə(r)] *s* **1.** *a.* ~ **sticker** Pla'katankleber *m*. **2.** Pla'kat *n*: ~ **paint** (*od.* **colo[u]r**) Plakatfarbe *f*; ~ **stamp** (*od.* **seal**) *mail Am.* Wohlfahrtsmarke *f*. **3.** Poster *m, n*.

**poste res·tante** [‚pəʊst'restã:nt; *Am.* -res'tɑ:nt] **I** *adv* postlagernd. **II** *s* Aufbewahrungs- u. Ausgabestelle *f* für postlagernde Sendungen.

**pos·te·ri·or** [pɒ'stɪərɪə; *Am.* pəʊ'stɪrɪər; pɑ'st-] **I** *adj* (*adv* ~**ly**) **1.** a) später (**to** als), b) hinter: **to be** ~ **to** zeitlich *od.* örtlich kommen nach, folgen auf (*acc*). **2.** *anat. bot.* hinter(er, e, es), Hinter... **II** *s* **3.** *oft pl* 'Hinterteil *n*, (*der*) Hintern. **pos‚te·ri·**'**or·i·ty** [-'ɒrɒtɪ; *Am. a.* -'ɑr-] *s* späteres Ein- *od.* Auftreten.

**pos·ter·i·ty** [pɒ'sterətɪ; *Am.* pɑ-] *s* **1.** Nachkommen(schaft *f*) *pl*. **2.** Nachwelt *f*.

**pos·tern** ['pɒstɜːn; *Am.* -tərn; *a.* 'pɑs-] *s a.* ~ **door**, ~ **gate** 'Hinter-, Neben-, Seitentür *f*.

**postero-** [pɒstərəʊ; *Am.* pɑs-] *Wortelement mit der Bedeutung* hinten: **posterolateral** hinten (u.) seitlich liegend.

‚**post-**'**free** *adj u. adv bes. Br.* portofrei, franko.

‚**post**'**grad·u·ate** **I** *adj* nach dem ersten aka'demischen Grad: ~ **studies**; ~ **student** → **II**. **II** *s* j-d, der nach dem ersten aka'demischen Grad 'weiterstu‚diert.

‚**post**'**haste** *adv* eiligst, schnellstens, Hals über Kopf.

**post**‚**horn** *s hist.* Posthorn *n*. ~ **horse** *s hist.* Postpferd *n*. '~**house** *s hist.* Posthalte'rei *f*, 'Poststati‚on *f*.

---

**post·hu·mous** ['pɒstjʊməs; *Am.* 'pɑst-‚ʃəməs] *adj* (*adv* ~**ly**) post'hum, po'stum: a) *nach des Vaters Tod geboren:* ~ **son**, b) nachgelassen, hinter'lassen: ~ **volume of poems**, c) nach dem Tod fortdauernd: ~ **fame** Nachruhm *m*, d) nachträglich: ~ **conferment of a medal**.

‚**post**'**hyp**'**not·ic** *adj* 'posthyp‚notisch: ~ **suggestion**.

**pos·tiche** [pɒ'sti:ʃ] **I** *adj* **1.** nachgemacht, künstlich. **2.** *arch.* nachträglich hin'zugefügt (*Ornament etc*). **II** *s* **3.** Nachahmung *f*. **4.** (hin'zugefügter) Zierat. **5.** a) Pe'rücke *f*, b) Haar(ersatz)teil *n*, c) künstliche Locke.

**post·ie** ['pəʊstɪ] *s Austral. colloq.* Briefträger *m*, Postbote *m*.

**pos·til** ['pɒstɪl; *Am.* -pɑs-] *s relig.* Po'stille *f*, Predigtbuch *n*, -sammlung *f*.

‚**post·im**'**pres·sion·ism** *s paint.* 'Nachimpressio‚nismus *m*.

**post·ing** ['pəʊstɪŋ] *s* Versetzung *f* (*e-s Beamten etc*), *mil.* 'Abkomman‚dierung *f*.

**post·lim·i·um** [‚pəʊstlɪ'mɪnɪəm], **a.** **post**'**lim·i·ny** ['-lɪmɪnɪ] *s jur.* Postli'minium *n* (*Wiederherstellung des früheren Rechtszustandes*).

'**post·lude** [-lu:d] *s* **1.** *mus.* Post'ludium *n*, Nachspiel *n*. **2.** *fig.* a) Schlußphase *f*, b) Epi'log *m*.

'**post**‚**man** [-mən] *s irr bes. Br.* Briefträger *m*, Postbote *m*: **to do a** ~'**s job** **between** *fig.* als ‚Briefträger' fungieren zwischen (*dat*). '~**mark I** *s* Poststempel *m*: → **date**[2] **4.** **II** *v/t* Briefe *etc* (ab-) stempeln. '**post**‚**mas·ter** *s* **1.** Postamtsvorsteher *m*, Postmeister *m*. **2.** *univ.* (*Merton College, Oxford*) Stipendi'at *m*. **P~ Gen·er·al** *pl* **P~s Gen·er·al** *s* 'Postmi‚nister *m*.

‚**post·me**'**rid·i·an** *adj* Nachmittags...

**post me·rid·i·em** [‚pəʊstmə'rɪdɪəm] (*Lat.*) *adv* (*abbr.* **p.m.**) nachmittags: **3 p.m.** 3 Uhr nachmittags, 15 Uhr; **10 p.m.** 10 Uhr abends, 22 Uhr.

‚**post·mil**'**len·ni·al·ism** *s relig.* Lehre *f* von der 'Wiederkehr Christi nach tausend Jahren.

'**post**‚**mis·tress** *s* Postamtsvorsteherin *f*, Postmeisterin *f*.

‚**post-**'**mor·tem** [-'mɔ:tem; -təm] *jur. med.* *adj* **1.** Leichen..., nach dem Tode (eintretend *od.* stattfindend). **II** *adv* **2.** nach dem Tode. **III** *s* **3.** *a.* ~ **examination** Leichenöffnung *f*, Autop'sie *f*, Obdukti'on *f*: **to hold a** ~ e-e Obduktion durchführen. **4.** *fig.* Ma'növerkri‚tik *f*, nachträgliche Diskussi'on *od.* Ana'lyse: **to hold a** ~ **on s.th.** etwas nachträglich analysieren.

‚**post**'**na·tal** *adj* postna'tal, nach der Geburt (stattfindend). ‚**post**'**nup·tial** *adj* nach der Hochzeit (stattfindend).

**post oak** *s bot.* Pfahleiche *f*.

‚**post-**'**o·bit (bond)** *s econ.* nach dem Tode e-r dritten Per'son fälliger Schuldschein.

**post of·fice** *s* **1.** Post(amt *n*) *f*: **the P~ O~** die Post (*Institution*); **P~ O~ Department** *Am.* Postministerium *n*; → **General Post Office. 2.** *Am. ein Gesellschaftsspiel.*

'**post-**‚**of·fice box** (*abbr.* **P.O.B.**) Post-(schließ)fach *n*. ~ **en·gi·neer** *s* Fernmeldetechniker *m*. ~ **guide** *s* Postbuch *n* (*mit Angaben über Bestimmungen, Tarife etc*). ~ **or·der** *s* Postanweisung *f*. ~ **sav·ings bank** *s* Postsparkasse *f*.

‚**post**'**op·er·a·tive** *adj med.* postopera'tiv: ~ **complications** nachträgliche Komplikationen.

‚**post**'**paid** *adj u. adv* freigemacht, fran'kiert.

‚**post**'**pal·a·tal** *adj* postpala'tal: a) *anat.* hinter dem Gaumen liegend, b) *Phonetik:*

---

zwischen Zunge u. hinterem Gaumenteil gebildet.

**post·pone** [‚pəʊst'pəʊn] **I** *v/t* **1.** verschieben, auf-, hin'ausschieben. **2.** *j-n od. etwas* 'unterordnen (**to** *dat*), hint'ansetzen. **3.** *ling. das Verb etc* nachstellen. **II** *v/i* **4.** *med.* verspätet ein- *od.* auftreten. **post**'**pone·ment** *s* **1.** Verschiebung *f*, Aufschub *m*. **2.** *tech.* Verzögerung *f*, Nachstellung *f* (*a. ling.*).

‚**post**'**po·si·tion** *s* **1.** Nachstellung *f*, -setzung *f*. **2.** *ling.* a) Nachstellung *f*, b) Postpositi'on *f*, nachgestelltes (Verhältnis)Wort. ‚**post**'**pos·i·tive** *adj ling.* nachgestellt.

‚**post**'**pran·di·al** *adj* nach dem Essen, nach Tisch: ~ **speech** Tischrede *f*; ~ **walk** Verdauungsspaziergang *m*.

‚**post**'**re·cord** *v/t Film:* 'nachsynchroni‚sieren.

'**post·script** *s* **1.** Post'skriptum *n* (*zu e-m Brief*), Nachschrift *f*. **2.** Nachtrag *m* (*zu e-m Buch*). **3.** Nachbemerkung *f* (*zu e-r Rede etc*).

‚**post**'**syn·chro·nize** *v/t Film, TV:* 'nachsynchroni‚sieren.

**post town** *s* Postort *m*.

‚**post**'**treat·ment** *adj med.* nach der Behandlung (erfolgend *od.* stattfindend): ~ **examination** Nachuntersuchung *f*.

**pos·tu·lant** ['pɒstjʊlənt; *Am.* 'pɑstʃə-] *s* **1.** Antragsteller(in). **2.** *R.C.* Postu'lant (-in) (*Ordenskandidat[in] in der Probezeit*). '**pos·tu·late** [-leɪt] **I** *v/t* **1.** fordern, verlangen. **2.** postu'lieren, (als gegeben) vor'aussetzen. **3.** *relig. j-n* postu'lieren, vorbehaltlich der Zustimmung e-r höheren In'stanz ernennen. **II** *v/i* **4.** verlangen (**for** nach). **III** *s* [-lət; -leɪt] **5.** Postu'lat *n*, Vor'aussetzung *f*, (Grund)Bedingung *f*. ‚**pos·tu·**'**la·tion** *s* **1.** Gesuch *n*, Forderung *f*. **2.** *Logik:* Postu'lat *n*, unentbehrliche Annahme.

**pos·tur·al** ['pɒstʃərəl; *Am.* 'pɑs-] *adj* Haltungs...: ~ **exercises**.

**pos·ture** ['pɒstʃə(r); *Am.* 'pɑs-] **I** *s* **1.** (Körper)Haltung *f*, Stellung *f*. **2.** *a. paint. thea.* Pose *f*, Posi'tur *f*. **3.** *fig.* Haltung *f* (**on** *dat*, **to** zu). **4.** Lage *f* (*a. fig.*). **II** *v/t* **5.** e-e bestimmte Haltung *od.* Stellung geben (*dat*), aufstellen. **III** *v/i* **6.** sich in Posi'tur setzen (*od.* werfen). **7.** po'sieren, e-e Pose einnehmen. **8.** *fig.* sich ausgeben, auftreten (**as** als). '**pos·tur·er** *s* **1.** Schlangenmensch *m* (*Artist*). **2.** Po'seur *m*.

‚**post·vo**'**cal·ic** *adj ling.* postvo'kal, nach e-m Vo'kal (stehend).

‚**post**'**war** *adj* Nachkriegs...

'**post**‚**wom·an** *s irr bes. Br.* Briefträgerin *f*, Postbotin *f*.

**po·sy** ['pəʊzɪ] *s* **1.** Sträußchen *n*. **2.** *obs.* Motto *n*, Denkspruch *m* (*im Ring etc*).

**pot¹** [pɒt; *Am.* pɑt] **I** *s* **1.** (Blumen-, Koch-, Nacht- *etc*)Topf *m*: **to set** (*od.* **put**) **a child on the** ~ ein Kind aufs ‚Töpfchen' setzen; **the** ~ **calls the kettle black** ein Esel schilt den andern Langohr; **big** ~ *sl.* ‚großes Tier'; **to go to** ~ *sl.* a) ‚vor die Hunde gehen', ‚auf den Hund kommen' (*Person*), b) ‚kaputtgehen' (*Sache*), c) ‚ins Wasser fallen' (*Pläne, Vorhaben etc*); **to keep the** ~ **boiling** a) sich über Wasser halten, b) die Sache in Schwung halten; **a** ~ **of money** *sl.* ‚ein Heidengeld'; **he has** ~**s of money** *sl.* er hat Geld wie Heu. **2.** a) Kanne *f*, b) Bierkanne *f*, Bierkrug *m*, c) Kännchen *n*, Porti'on *f* (*Tee etc*). **3.** *tech.* Tiegel *m*, Gefäß *n*: ~ **annealing** Kastenglühen *n*; ~ **galvanization** Feuerverzinkung *f*. **4.** *sport sl.* Po'kal *m*. **5.** (Spiel)Einsatz *m*. **6.** *Fischfang:* a) (*e-e*) Reuse *f*, b) Hummerkorb *m*, -falle *f*. **7.** → **pot shot. 8.** *sl.* ‚Pot' *n*: a) ‚Hasch' *n* (*Haschisch*), b) ‚Grass' *n* (*Marihuana*).

**II** v/t **9. a)** in e-n Topf tun, *Pflanzen* eintopfen: ~ted **flower** Topfblume f, **b)** (in e-m Topf) kochen. **10.** *Fleisch* einlegen, einmachen: ~ted **meat** Fleischkonserven pl; ~ted **ham** Büchsenschinken m. **11.** colloq. *ein Kind* aufs ,Töpfchen' setzen. **12.** hunt. *Wild* ,abknallen', (unsportlich) schießen. **13.** colloq. einheimsen, erbeuten. **14.** den Billardball einlochen. **15.** e-e Keramik 'herstellen. **16.** fig. colloq. **a)** *Stoff* konden'sieren, mundgerecht machen, **b)** *Musik etc* aufzeichnen, ,konser'vieren'. **III** v/i **17.** colloq. ,(los)ballern', schießen (at auf acc).

**pot²** [pɒt; Am. pɑt] s colloq. für **potentiometer.**

**po·ta·ble** ['pəʊtəbl] **I** adj trinkbar, Trink... **II** s Getränk n.

**po·tage** [pɒ'tɑːʒ] s (dicke) Suppe.

**pot ale** s Schlempe f (*Brennereirückstand*).

**po·tam·ic** [pə'tæmɪk] adj po'tamisch.

**po·ta·mol·o·gy** [ˌpɒtə'mɒlədʒɪ; Am. ˌpɑtə'mɑ-] s Potamolo'gie f (*Erforschung von Flüssen*).

**pot·ash** ['pɒtæʃ; Am. 'pɑtˌæʃ] s chem. **1.** Pottasche f, 'Kaliumkarbo,nat n: bi**carbonate of** ~ doppeltkohlensaures Kali; ~ **fertilizer** Kalidünger m; ~ **mine** Kalibergwerk n. **2. a. caustic** ~ Ätzkali n. **3.** 'Kaliumoxyd n. **4.** Kalium n (*nur in gewissen Ausdrücken*): ~ **lye** Kalilauge f; ~ **salts** Kalisalze.

**po·tas·sic** [pə'tæsɪk] adj chem. Kalium..., Kali...

**po·tas·si·um** [pə'tæsjəm; -ɪəm] s chem. Kalium n. ~ **car·bon·ate** s 'Kaliumkarbo,nat n, Pottasche f. ~ **chlo·rate** s 'Kaliumchlo,rat n. ~ **cy·a·nide** s 'Kaliumcya,nid n, Zyan'kali n. ~ **hy·drox·ide** s 'Kaliumhydro,xyd n, Ätzkali n. ~ **ni·trate** s 'Kaliumni,trat n.

**po·ta·tion** [pəʊ'teɪʃn] s **1.** Trinken n. **2.** meist pl **a)** Zechen n, **b)** Zeche'rei f. **3.** (bes. alko'holisches) Getränk. **4.** Schluck m, Zug m.

**po·ta·to** [pə'teɪtəʊ] pl **-toes** s Kar'toffel f: **to drop like a hot** ~ fig. j-n od. etwas wie e-e heiße Kartoffel fallenlassen; **hot** ~ colloq. ,heißes Eisen'. ~ **bee·tle** s zo. Kar'toffelkäfer m. ~ **blight** → **potato disease.** ~ **bug** bes. Am. → **potato beetle.** ~ **chips** s pl **1.** Br. Pommes 'frites pl. **2.** Am. Kar'toffelchips pl. ~ **crisps** s pl Br. Kar'toffelchips pl. ~ **dis·ease** s Kar'toffelkrankheit f, -fäule f. ~ **mash·er** s Kar'toffelstampfer m. ~ **rot** → **potato disease.** ~ **trap** s sl. ,Klappe' f, ,Maul' n.

**pot**| **bar·ley** s Graupen pl. '~**bel·lied** adj **1.** schmerbäuchig. **2.** mit aufgetriebenem Bauch. '~**bel·ly** s **1.** Schmerbauch m. **2.** aufgetriebener Bauch. **3.** Am. Ka'nonenofen m. '~**boil·er** s colloq. rein kommerzi'ell ausgerichtete (künstlerische) Arbeit. '~**bound** adj in e-m zu kleinen Topf (*Pflanze*). '~**boy** s obs. Bier-, Schankkellner m. ~ **cheese** Am. → **cottage cheese.** ~ **com·pan·ion** s obs. 'Zechkum,pan m.

**po·teen** [pɒ'tiːn; -'tʃiːn; Am. pə-] s schwarzgebrannter Whisky (*in Irland*).

**po·ten·cy** ['pəʊtənsɪ] s **1.** Stärke f, Macht f (a. fig. Einfluß). **2. a)** Wirksamkeit f, Kraft f, Stärke f, (berauschende, giftige, chemische etc) Wirkung, c) Po'tenz f (Grad der Verdünnung). **3.** physiol. Po'tenz f: **a)** Zeugungsfähigkeit f, **b)** Fähigkeit e-s Mannes, den Geschlechtsakt zu vollziehen.

**po·tent¹** ['pəʊtənt] adj (adv ~ly) **1.** mächtig, stark. **2.** einflußreich. **3.** wirksam. **4.** zwingend, über'zeugend: ~ **arguments.** **5.** stark: **a** ~ **drug**; **a** ~ **drink.** **6.** physiol. po'tent: zeugungsfähig, **b)** fähig, den Geschlechtsakt zu vollziehen. **7.** (geistig) po'tent, schöpferisch. **8.** po'tent, fi'nanzstark.

**po·tent²** ['pəʊtənt] adj her. mit krückenförmigen Enden: **cross** ~ Krückenkreuz n.

**po·ten·tate** ['pəʊtənteɪt] s Poten'tat m, Machthaber m, Herrscher m.

**po·ten·tial** [pəʊ'tenʃl; pə't-] **I** adj (adv → **potentially**) **1.** möglich, eventu'ell, potenti'ell, la'tent (vor'handen): ~ **market** econ. potentieller Markt; ~ **murderer** potentieller Mörder. **2.** ling. Möglichkeits...: ~ **mode**, ~ **mood** → **4. 3.** phys. potenti'ell, gebunden: ~ **energy** potentielle Energie, Energie f der Lage. **II** s **4.** ling. Potenti'alis m, Möglichkeitsform f. **5. a)** phys. Potenti'al n (a. electr.), **b)** electr. Spannung f. **6.** (Industrie-, Kriegs-, Menschen- etc)Potenti'al n, Re'serven pl. **7.** Leistungsfähigkeit f, Kraftvorrat m. ~ **dif·fer·ence** s math. phys. Potenti'aldiffe,renz f, electr. 'Spannungs,unterschied m. ~ **e·qua·tion** s math. Potenti'algleichung f. ~ **flow** s phys. Potenti'alströmung f. ~ **func·tion** s math. Potenti'alfunkti,on f.

**po·ten·ti·al·i·ty** [pəʊˌtenʃɪ'ælɪtɪ; pə,t-] s **1.** Potentiali'tät f, (Entwicklungs)Möglichkeit f. **2.** Wirkungsvermögen n, innere od. la'tente Kraft. **po'ten·tial·ly** [-ʃəlɪ] adv möglicherweise, potenti'ell.

**po·ten·ti·ate** [pəʊ'tenʃɪeɪt; pə't-] v/t **1.** wirksam(er) machen. **2.** pharm. die Wirkung e-r Droge (durch Zusatz e-r zweiten Droge) verstärken.

**po·ten·til·la** [ˌpəʊtən'tɪlə] s bot. Fingerkraut n.

**po·ten·ti·om·e·ter** [pəʊˌtenʃɪ'ɒmɪtə; Am. pəˌtentʃiˈɑmətər] s electr. **1.** Potentio'meter n. **2.** Radio: Spannungsteiler m.

**'pot·head** s sl. ,Hascher' m (*Haschischraucher*).

**poth·er** ['pɒðə; Am. 'pɑðər] **I** s **1.** Tu'mult m, Aufruhr m, Lärm m. **2.** colloq. Aufregung f, ,The'ater' m: **to be in a** ~ **about s.th.** e-n großen Wirbel um etwas machen. **3.** Rauch-, Staubwolke f, Stickluft f. **II** v/t **4.** verwirren, verstören. **III** v/i **5.** sich aufregen.

**'pot**|**herb** s Küchenkraut n. '~**hole** s **1.** ('unterirdische) Höhle. **2.** geol. **a)** Strudelloch n, **b)** Gletschertopf m, Strudelkessel m. **3.** mot. Schlagloch n. **II** v/i **4.** Br. als Hobby Höhlen erforschen. '~**hol·er** s Br. Hobbyhöhlenforscher (-in). '~**hook** s **1.** Topf-, Kesselhaken m. **2. a)** Schnörkel m (bes. beim Schreibenlernen geübt): ~**s and hangers** Schnörkel u. Schlingen; b) pl Gekritzel n. '~**house** s obs. Wirtshaus n. '~**hunt·er** s **1.** Aasjäger m, unweidmännischer Jäger. **2.** sport colloq. Tro'phäenjäger m. **3.** Ama'teurarchäo,loge m.

**po·tion** ['pəʊʃn] s (Arz'nei-, Gift-, Zauber)Trank m.

**pot**|**latch, a. pot·lach(e)** ['pɒtlætʃ; Am. 'pɑtˌl-] s **1.** bei nordamer. Indianern: **a)** feierliche Geschenkverteilung (anläßlich des Potlach), **b)** P~ Potlach m (von Häuptlingsanwärtern veranstaltetes Winterfest). **2.** Am. colloq. (wilde) Party. '~**luck** s: **to take** ~ a) mit dem vorliebnehmen, was es gerade (zu essen) gibt, **b)** sich aufs Geratewohl entscheiden, **c)** es aufs Geratewohl probieren. '~**man** [-mən] s irr potboy. '~**met·al** s Schmelzfarbglas n. '~**pie** s bes. Am. **1.** (e-e) 'Fleischpa,stete f. **2.** 'Kalbs- od. Ge'flügelfrikas,see m mit Klößen. ~ **plant** s Topfpflanze f.

**pot·pour·ri** [ˌpəʊ'pʊriː; bes. Am. -pʊ'riː] pl **-ris** s **1. a)** Riech-, Dufttopf m, **b)** mus. Zs.-stellung verschiedener Musikstücke, **c)** fig. Kunterbunt n, Aller'lei n.

**pot**|**roast** s Schmorfleisch n. '~**sherd** s

Archäologie: (Topf)Scherbe f. ~ **shot** s **1.** unweidmännischer Schuß. **2.** Nahschuß m, 'hinterhältiger Schuß. **3.** (wahllos od. aufs Gerate'wohl abgegebener) Schuß: **to take** ~**s at** ,knallen' auf (acc). **4.** fig. Seitenhieb m: **to take a** ~ **at s.o.** j-m e-n Seitenhieb versetzen.

**pot·tage** ['pɒtɪdʒ; Am. 'pɑt-] s obs. dicke Gemüsesuppe (mit Fleisch).

**pot·ted** ['pɒtəd] adj Am. sl. ,blau', betrunken.

**pot·ter¹** ['pɒtə; Am. 'pɑtər] s Töpfer(in): ~'s **clay** (od. **earth**) Töpferton m; ~'s **lathe** Töpferscheibentisch m; ~'s **wheel** Töpferscheibe f.

**pot·ter²** ['pɒtə; Am. 'pɑtər] **I** v/i oft ~ **about** (od. **around**) **1.** her'umwerkeln, -han,tieren: **she's** ~**ing about (in) the house. 2.** her'umtrödeln. **3.** her'umpfuschen (at an dat). **4.** (her'um)stöbern (*Hund*). **II** v/t **5.** ~ **away** Zeit vertrödeln.

**pot·ter's field** s Am. Friedhof für Arme u. Nichtidentifizierte.

**pot·ter·y** ['pɒtərɪ; Am. 'pɑ-] s **1.** Töpfer-, Tonware(n pl) f, Steingut n, Ke'ramik f. **2.** Töpfe'rei f, Töpferwerkstatt f: **the Potteries** Zentrum der keramischen Industrie in Nord-Staffordshire. **3.** Töpfe'rei f, Ke'ramik(,herstellung) f.

**pot·ting shed** ['pɒtɪŋ; Am. 'pɑ-] s (Geräte-)schuppen m.

**pot·tle** ['pɒtl; Am. 'pɑtl] s Obstkörbchen n.

**Pott's dis·ease** [pɒts; Am. pɑts] s med. Pottsche Krankheit f, 'Wirbeltuberku,lose f.

**pot·ty¹** ['pɒtɪ; Am. 'pɑtɪ] adj bes. Br. colloq. **1.** verrückt (about nach). **2.** klein, unbedeutend: **a** ~ (little) **place** ein ,Nest' od. ,Kaff'.

**pot·ty²** ['pɒtɪ; Am. 'pɑtɪ] s ,Töpfchen' n. '~**-trained** adj sauber (Kind).

'**pot**|**-, val·iant** adj vom Trinken mutig: **he is** ~ er hat sich Mut angetrunken. '~**-, val·o(u)r** s angetrunkener Mut.

**pouch** [pautʃ] **I** s **1.** (Geld-, Tabaksetc)Beutel m, (Leder-, Trag-, a. Post-) Tasche f, (kleiner) Sack. **2.** mil. a) Pa'tronentasche f, b) hist. Pulverbeutel m. **3.** (Verpackungs)Beutel m (aus Zellophan etc). **4.** pol. Am. Ku'riersack m, -tasche f. **5.** anat. (Tränen)Sack m. **6.** zo. a) Beutel m (der Beuteltiere), b) Kehlhautsack m (des Pelikans), c) Backentasche f (der Taschenratten etc). **7.** bot. Sack m, Beutel m. **II** v/t **8.** in e-n Beutel etc tun od. stecken. **9.** fig. einstecken, in die Tasche stecken. **10.** beuteln, bauschen. **III** v/i **11.** sich bauschen. **12.** sackartig fallen (*Kleid*). **pouched** [-tʃt] adj zo. Beutel...: ~ **frog**; ~ **rat** Beutel-, Taschenratte f.

**pouf(fe)** [puːf] s **1. a)** Haarrolle f, -knoten m, b) Einlage f, Polster n (zum Ausfüllen e-s Haarknotens). **2.** Puff m, (rundes) Sitzpolster. **3.** Tur'nüre f (Gesäßpolster unter Damenkleidern). **4.** Br. sl. → **poove.**

**pou·lard(e)** ['puːlɑːd; Am. pʊ'lɑːrd] s Pou'larde f.

**poulp(e)** [puːlp] → **octopus.**

**poult** [pəʊlt] s orn. a) junger Truthahn, b) junges Huhn, c) junger Fa'san. '**poul·ter·er** s Geflügelhändler m.

**poul·tice** ['pəʊltɪs] med. **I** s 'Brei,umschlag m, -packung f. **II** v/t e-n 'Brei,umschlag auflegen auf (acc), e-e Packung legen um.

**poul·try** ['pəʊltrɪ] s (Haus)Geflügel n, Federvieh n: ~ **farm** Geflügelfarm f. '~**man** [-mən] s irr Geflügelzüchter m od. -händler m.

**pounce¹** [paʊns] **I** v/i **1. a.** fig. **a)** (at) sich stürzen (auf acc), 'herfallen (über acc), **b)** her'abstoßen (on, upon auf acc) (Raubvogel). **2.** (plötzlich) stürzen: **to** ~

into a room. **3.** *fig.* (**on, upon**) sich stürzen (auf *e-n Fehler, e-e Gelegenheit etc*). **4.** *fig.* zuschlagen, (plötzlich) loslegen. **II** *s* **5.** *orn.* Fang *m*, Klaue *f* (*e-s Raubvogels*). **6.** a) Satz *m*, Sprung *m*, b) Her'abstoßen *n* (*e-s Raubvogels*): **on the** ~ sprungbereit.

**pounce²** [pauns] **I** *s* **1.** Glättpulver *n, bes.* Bimssteinpulver *n*. **2.** Pauspulver *n, bes.* Holzkohlepulver *n* (*zum Durchpausen perforierter Muster*). **3.** 'durchgepaustes (*bes.* Stick)Muster. **II** *v/t* **4.** (mit Bimssteinpulver *etc*) abreiben, glätten. **5.** (mit Pauspulver) 'durchpausen.

**pounce│box** *s* **1.** Streusandbüchse *f*. **2.** Pauspulverbüchse *f*. ~ **pa·per** *s* 'Pauspapier *n*.

**poun·cet (box)** ['paunsɪt] *s* **1.** *poet.* Par'füm-, Riechdös-chen *n*. **2.** → pounce box.

**pound¹** [paund] **I** *v/t* **1.** (zer)stoßen, (-)stampfen, zermalmen: **to** ~ **sugar to powder** Zucker zu Pulver zerstoßen; **to** ~ **the ear** *Am. sl.* ‚pennen', schlafen. **2.** trommeln *od.* hämmern auf (*acc*) *od.* an (*acc*) *od.* gegen, mit den Fäusten bearbeiten, schlagen: **to** ~ **the piano** auf dem Klavier (herum)hämmern; **to** ~ **sense into s.o.** j-m Vernunft einhämmern. **3.** (fest)stampfen, rammen. **4.** *meist* ~ **out** a) glatthämmern, b) *e-e Melodie* her'unterhämmern (*auf dem Klavier*). **II** *v/i* **5.** hämmern (*a. Herz*), trommeln, schlagen: **to** ~ **on** (*od.* **at**) **a door**. **6.** *meist* ~ **along** stampfen, wuchtig (ein'her)gehen. **7.** stampfen (*Maschine etc*). **8.** ~ (**away**) **at** *mil.* unter schweren (Dauer)Beschuß nehmen. **III** *s* **9.** schwerer Stoß *od.* Schlag. **10.** Stampfen *n*.

**pound²** [paund] *pl* **pounds,** *collect.* **pound** *s* **1.** Pfund *n* (*Gewichtseinheit; abbr.* lb.): a) **avoirdupois** ~, *a.* ~ **avoirdupois** = *16 ounces* = *453,39 g*: **a** ~ **of cherries** ein Pfund Kirschen; **to get** (*od.* **have**) **one's** ~ **of flesh** *fig.* das bekommen, was einem zusteht, b) **troy** ~, *a.* ~ **troy** = *12 ounces* = *373,2418 g.* **2.** ~ **sterling** (*Zeichen* £ *vor der Zahl od. l. nach der Zahl*) Pfund *n* (Sterling) (*Währungseinheit in Großbritannien*): **5** ~**s** (£ **5** *od.* **5 l.**) **5 Pfund** (Sterling); **to pay 5 p. in the** ~ **5 %** Zinsen zahlen; **to pay twenty shillings in the** ~ *fig. obs.* voll bezahlen. **3.** *andere Währungseinheiten:* Pfund *n*: a) (**Egyptian**) ~ Ä'gyptisches Pfund (= *100 Piaster*), b) (**Syrian**) ~ Syrisches Pfund (= *100 Piaster*), c) (**Israeli**) ~ Isra'elisches Pfund (*alte Währungseinheit in Israel*).

**pound³** [paund] **I** *s* **1.** a) Tierheim *n*, b) Abstellplatz *m* für (poli'zeilich) abgeschleppte Fahrzeuge. **2.** *obs.* Hürde *f* für verlaufenes Vieh. **3.** (Vieh-, *bes.* Schaf-)Hürde *f*, Pferch *m*. **4.** *hunt.* Hürdenfalle *f*. **5.** Fischfalle *f*. **II** *v/t* **6.** *oft* ~ **up** einsperren, -pferchen.

**pound·age** ['paundɪdʒ] *s* **1.** Anteil *m od.* Gebühr *f* pro Pfund (*Sterling*). **2.** Bezahlung *f* pro Pfund (*Gewicht*). **3.** Gewicht *n* in Pfund.

**pound·al** ['paundəl] *s phys.* alte englische Maßeinheit der Kraft (*etwa* = *0,002 PS od.* = *0,144 mkg/sec*). [tekuchen.]

**pound cake** *s Am.* reichhaltiger Früch-] **-pound·er** *s in Zssgn ...pfünder m*.

**pound-'fool·ish** *adj* unfähig, mit großen Summen *od.* Pro'blemen 'umzugehen: → penny-wise.

**pound·ing** ['paundɪŋ] *s* **1.** *mil.* schwerer (Dauer)Beschuß: **to take a** ~ schwer bombardiert werden. **2.** *sport colloq.* ‚schwere Schlappe': **they took a** ~ sie mußten e-e schwere Schlappe einstecken.

**pour** [pɔː(r); *Am. a.* pəur] **I** *s* **1.** Strömen *n*. **2.** (Regen)Guß *m*. **3.** *metall.* Einguß *m*.

**II** *v/t* **4.** gießen, schütten (**from, out of** aus; **into, in** in *acc*; **on, upon** auf *acc*). **5.** *a.* ~ **forth,** ~ **out** a) ausgießen, (aus-)strömen lassen, b) *fig. sein Herz* ausschütten, *sein Leid* klagen *od.* ausbreiten: **to** ~ **out one's heart (woe),** c) *s-n Spott etc* ausgießen (**on** über *acc*), d) *Flüche etc* aus-, her'vorstoßen: **to be** ~**ed** fließen (**into** *in acc*); **the river** ~**s itself into the lake** der Fluß ergießt sich in den See; **to** ~ **out drinks** Getränke eingießen, einschenken; **to** ~ **off** abgießen; **to** ~ **it on** *colloq.* ‚schwer rangehen', *mot.* Vollgas geben.

**III** *v/i* **6.** strömen, rinnen (*into* in *acc*; *from* aus): **to** ~ **down** (her)niederhinunterströmen; **it** ~**s with rain** es gießt in Strömen; **it never rains but it** ~**s** *fig.* es kommt immer gleich knüppeldick, *engS.* ein Unglück kommt selten allein. **7.** ~ **forth** sich ergießen, (aus)strömen (**from** aus). **8.** *fig.* strömen (*Menschenmenge etc*): **to** ~ **in** hereinströmen (*a. fig. Aufträge, Briefe etc*). **9.** *tech.* (*in die Form*) gießen: **to** ~ **from the bottom** (**top**) steigend (fallend) gießen. **'pour·a·ble** *adj tech.* vergießbar: ~ **compound** Gußmasse *f*. [*s* Trinkgeld *n*.]

**pour·boire** ['puəbwɑː; *Am.* puərb'wɑːr]]

**pour·ing** ['pɔːrɪŋ; *Am. a.* 'pəur-] **I** *adj* **1.** strömend: ~ **rain. 2.** *tech.* Gieß..., Guß...: ~ **gate** Gießtrichter *m*. **II** *adv* **3.** triefend: ~ **wet. III** *s* **4.** *metall.* (Ver-)Gießen *n*.

**pour·par·ler** [₁puə(r)'pɑːleɪ; *Am.* -pɑːr-'leɪ] *s* Pourpar'ler *n*, vorbereitendes Gespräch.

**pour point** *s phys.* Fließpunkt *m*.

**pour·point** ['puə(r)pɔɪnt] *s hist.* Wams *n*.

**pour test** *s chem. tech.* Stockpunktbestimmung *f*.

**pout¹** [paut] **I** *v/i* **1.** die Lippen spitzen *od.* aufwerfen. **2.** a) e-e Schnute *od.* e-n Flunsch ziehen, b) *fig.* schmollen. **3.** vorstehen (*Lippen*). **II** *v/t* **4.** *die Lippen, den Mund* (schmollend) aufwerfen, (*a. zum Kuß*) spitzen. **5.** *etwas* schmollen (d sagen). **III** *s* **6.** Schnute *f*, Flunsch *m*, Schmollmund *m*. **7.** Schmollen *n*: **to have the** ~**s** schmollen, im Schmollwinkel sitzen.

**pout²** [paut] *pl* **pouts,** *bes. collect.* **pout** *s* (ein) Schellfisch *m*.

**pout·er** ['pautə(r)] *s* **1.** *a.* ~ **pigeon** *orn.* Kropftaube *f*. **2.** → pout².

**pov·er·ty** ['pɒvə(r)tɪ; *Am.* 'pɑ-] *s* **1.** Armut *f*, Not *f*, Mangel *m* (**of, in** an *dat*): **to live in** ~ in Armut leben; ~ **in vitamins** Vitaminmangel. **2.** *fig.* Armut *f*, Dürftigkeit *f*, Armseligkeit *f*: ~ **of ideas** Ideen-, Gedankenarmut. **3.** Unergiebigkeit *f* (*des Bodens etc*). ~ **line** *s sociol.* Armutsgrenze *f*. **'**~**-**₁**strick·en** *adj* **1.** in Armut lebend, notleidend, verarmt. **2.** *fig.* arm (-selig). ~ **wage** *s* Hungerlohn *m*.

**pow·der** ['paudə(r)] **I** *s* **1.** a) (Schieß-, Back- *miner's* ~ Schwarz-, Sprengpulver; **not to be worth** ~ **and shot** *colloq.* ‚keinen Schuß Pulver wert sein'; **the smell of** ~ Kriegserfahrung *f*; **keep your** ~ **dry!** ‚halt dein Pulver trocken'!, sei auf der Hut!; **to take a** ~ *Am. sl.* ‚türmen' (*flüchten*), b) → **powder snow. 2.** (Gesichtsetc)Puder *m*: **face** ~. **3.** *fig. colloq.* a) ‚Dyna'mit' *n*, Zündstoff *m*, b) Schwung *m*, ‚Mumm' *m*. **II** *v/t* **4.** pulveri'sieren: ~**ed milk** Trockenmilch *f*; ~**ed sugar** Puderzucker *m*. **5.** (be-, über)'pudern, einpudern: **to** ~ **one's nose** a) sich die Nase pudern, b) *euphem.* ‚mal kurz verschwinden'. **6.** (**with** mit) a) bestäuben, bestreuen, b) über'säen. **III** *v/i* **7.** zu Pulver werden, (in Staub) zerfallen. ~ **blue** *s* Taubenblau *n*, Graublau *n* (*Farbe*). ~ **box** *s* Puderdose *f*. ~ **burn** *s med.* 'Pulverimprägnati₁on *f* (*in die Haut*).

~ **down** *s zo.* Puderdune *f*. ~ **flask,** ~ **horn** *s mil. hist.* Pulverflasche *f*, -horn *n*. ~ **keg** *s* Pulverfäßchen *n*, Pulverfaß *n* (*bes. Am. a. fig.*): **to sit on a** ~. ~ **met·al·lur·gy** *s tech.* 'Sintermetallur₁gie *f*. ~ **mill** *s* 'Pulvermühle *f*, -fa₁brik *f*. ~ **mon·key** *s* **1.** *mar. hist.* Pulverjunge *m* (*der das Pulver aus der Munitionskammer holte*). **2.** Sprengstoffverwalter *m* (*in Steinbrüchen etc*). ~ **post** *s* Holzzersetzung *f*. ~ **puff** *s* Puderquaste *f*. **'**~**-**₁**puff** *adj Am. colloq.* Frauen..., Damen...: ~ **soccer.** ~ **room** *s* **1.** 'Damentoi₁lette *f*. **2.** Badezimmer *n*. ~ **snow** *s* Pulverschnee *m*.

**'pow·der·y** *adj* **1.** pulverig, Pulver...: ~ **snow** Pulverschnee *m*. **2.** staubig, bestäubt. **3.** (leicht) zerreibbar.

**pow·er** ['pauə(r)] **I** *s* **1.** Kraft *f*, Stärke *f*, Macht *f*, Vermögen *n*: **it was out of** (*od.* **not in**) **his** ~ **to** es stand nicht in s-r Macht, zu; **more** ~ **to you** (*od.* **to your elbow**)! *colloq.* viel Erfolg!, nur (immer) zu!; **to do all in one's** ~ alles tun, was in s-r Macht steht; **it is beyond my** ~ es übersteigt m-e Kraft. **2.** (*a. physische*) Kraft, Ener'gie *f*. **3.** Wucht *f*, Gewalt *f*, Kraft *f*. **4.** *meist pl* a) (*hypnotische etc*) Kräfte *pl*, b) (geistige) Fähigkeiten *pl*, Ta'lent *n*. **5.** Macht *f*, Gewalt *f*, Autori'tät *f*, Herrschaft *f* (**over** über *acc*): **absolute** ~ unbeschränkte Macht; **to be in** ~ an der Macht *od.* ‚am Ruder' sein; **to be in s.o.'s** ~ in j-s Gewalt sein; **to come into** ~ an die Macht kommen, zur Macht gelangen; **to have s.o. in one's** ~ j-n in seiner Gewalt haben; **to have (no)** ~ **over s.o.** (keinen) Einfluß auf j-n haben. **6.** *jur.* (Handlungs-, Vertretungs)Vollmacht *f*, Befugnis *f*: **to have full** ~ Vollmacht haben; ~ **of testation** Testierfähigkeit *f*; → **attorney 2. 7.** *pol.* Gewalt *f* (*als Staatsfunktion*): **legislative** ~. **8.** *pol.* (Macht)Befugnis *f*, (Amts)Gewalt *f*. **9.** *oft pl pol.* Macht *f*, Staat *m*: **great** ~**s** 'Großmächte. **10.** *oft pl* Machtfaktor *m*, einflußreiche Stelle *od.* Per'son: **the** ~**s that be** die maßgeblichen (Regierungs-)Stellen; ~ **behind the throne** graue Eminenz. **11.** *meist pl* höhere Macht: **the heavenly** ~**s** die himmlischen Mächte. **12.** ~**s** *pl relig.* Mächte *pl* (*6. Ordnung der Engel*). **13.** *colloq.* Masse *f*, große Zahl: **a** ~ **of people; it did him a** ~ **of good** es hat ihm ‚unwahrscheinlich' gutgetan. **14.** *math.* Po'tenz *f*: ~ **series** Potenzreihe *f*; **to raise to the third** ~ in die dritte Potenz erheben. **15.** *electr. phys.* Kraft *f*, Leistung *f*, Ener'gie *f*: ~ **per unit surface** (*od.* **area**) Flächenleistung. **16.** *electr.* (Stark)Strom *m*: ~ **demand** Energiebedarf *m*; ~ **economy** Energiewirtschaft *f*. **17.** *Rundfunk, TV:* Sendestärke *f*. **18.** *tech.* a) me'chanische Kraft, Antriebskraft *f*, b) → **horsepower:** ~**-assisted** Servo...(-lenkung *etc*); ~**-propelled** kraftbetrieben, Kraft...; ~ **on** a) mit laufendem Motor, b) (mit) Vollgas; ~ **off** mit abgestelltem Motor, im Leerlauf; **under one's own** ~ mit eigener Kraft, *fig. a.* unter eigener Regie. **19.** *opt.* Vergrößerungskraft *f*, (Brenn)Stärke *f* (*e-r Linse*).

**II** *v/t* **20.** *tech.* mit (*mechanischer etc*) Kraft betreiben, antreiben, (*mit Motor*) ausrüsten: **rocket**~**ed** raketengetrieben. **III** *v/i* **21.** *tech.* mit Motorkraft fahren.

**pow·er│am·pli·fi·er** *s* **1.** *Radio:* Kraft-, Endverstärker *m*. **2.** *Film:* Hauptverstärker *m*. ~ **base** *s pol.* Machtbasis *f*. **'**~**boat** *s* Motor-, Rennboot *n*. ~ **brake** *s mot.* Servobremse *f*. ~ **bro·ker** *s Am.* **1.** Drahtzieher *m*. **2.** Züngtein 'n an der Waage. ~ **ca·ble** *s electr.* Starkstromkabel *n*. ~ **cir·cuit** *s electr.* Starkstrom-, Kraft-

stromkreis *m.* ~ **con·sump·tion** *s* electr. Strom-, Ener'gieverbrauch *m.* ~ **cur·rent** *s* electr. Stark-, Kraftstrom *m.* **~cut** *s* electr. **1.** Stromsperre *f.* **2.** Strom-, Netzausfall *m.* ~ **dive** *s* aer. Vollgassturzflug *m.* '**~-dive** *v/i* aer. e-n Sturzflug ohne Motordroßlung ausführen. ~ **drill** *s* tech. e'lektrische 'Bohrma,schine. ~ **drive** *s* tech. Kraftantrieb *m.* '**~-driv·en** *adj* tech. kraftbetrieben, Kraft..., Motor... ~ **en·gi·neer·ing** *s* electr. Starkstromtechnik *f.* ~ **fac·tor** *s* electr. phys. Leistungsfaktor *m* (*cos A*). ~ **fail·ure** *s* electr. Strom-, Netzausfall *m.* ~ **feed** *s* tech. Kraftvorschub *m.*

**pow·er·ful** ['paʊə(r)ful] **I** *adj* (*adv* ~ly) **1.** mächtig, stark, gewaltig, kräftig: **a** ~ blow (body, man, *etc*); ~ engine starker Motor; ~ lens opt. starke Linse; ~ solvent starkes Lösungsmittel. **2.** 'durchschlagend, wirkungsvoll: ~ arguments. **3.** fig. wuchtig: ~ style; ~ plot packende Handlung. **4.** colloq. ,massig', gewaltig: **a** ~ lot of money ,e-e Masse Geld'. **II** *adv* **5.** Am. dial. od. colloq. ,mächtig', sehr.

**pow·er gas** *s* Treibgas *n.* ~ **gen·er·a·tion** *s* electr. Stromerzeugung *f.* ~ **glid·er** *s* aer. Motorsegler *m.* '**~-house** *s* **1.** electr. tech. a) → power station, b) Ma'schinenhaus *n.* **2.** Am. sl. a) pol. Machtgruppe *f*, b) sport ,Bombenmannschaft' *f*, c) sport u. weitS. ,Ka'none' *f* (*Könner*), d) bärenstarker Kerl, e) ,Wucht' *f*, ,tolle' Per'son od. Sache. **3.** sl. dy'namischer Kerl, Ener'giebündel *n.* '**~-hun·gry** *adj* machthungrig, -gierig. ~ **lathe** *s* tech. Hochleistungsdrehbank *f.* '**pow·er·less** *adj* (*adv* ~ly) kraft-, machtlos, ohnmächtig, hilflos. '**pow·er·less·ness** *s* Kraft-, Machtlosigkeit *f*, Ohnmacht *f*, Hilflosigkeit *f.*

**pow·er lift·ing** *sport* Kraftdreikampf *m.* ~ **line** *s* electr. **1.** Starkstromleitung *f.* **2.** 'Überlandleitung *f.* ~ **loom** *s* tech. me'chanischer Webstuhl. ~ **loss** *s* electr. phys. **1.** Leistungs-, Ener'gieverlust *m.* **2.** Verlustleistung *f.* '**~-loss fac·tor** *s* electr. phys. Verlustfaktor *m.* ~ **loud·speak·er** *s* Groß(flächen)lautsprecher *m.* ~ **mow·er** *s* Mo'torrasenmäher *m.* '**~-op·er·at·ed** *adj* tech. kraftbetätigt, -betrieben: ~ **brake** mot. Servobremse *f.* ~ **out·put** *s* electr. tech. Ausgangs-, Nennleistung *f*, Leistungsabgabe *f.* ~ **pack** *s* electr. Netzteil *n.* ~ **plant** *s* **1.** → power station, **2.** Ma'schinensatz *m*, Aggre'gat *n*, Triebwerk(anlage *f*) *n.* ~ **play** *s* sport Powerplay *n.* ~ **point** *s* electr. Br. Steckdose *f.* ~ **pol·i·ti·cian** *s* 'Machtpo,litiker *m.* ~ **pol·i·tics** *s pl* (*als sg konstruiert*) 'Machtpoli,tik *f.* ~ **re·ac·tor** *s* Atomphysik: 'Leistungsre,aktor *m.* ~ **shar·ing** *s* Teilhabe *f* an der Macht. ~ **shov·el** *s* tech. Löffelbagger *m.* ~ **sta·tion** *s* electr. Elektrizi'täts-, Kraftwerk *n*: long-distance ~ 'Überlandzentrale *f.* ~ **steer·ing** *s* mot. Servolenkung *f.* ~ **stroke** *s* tech. Arbeitshub *m*, -takt *m.* ~ **struc·ture** *s* bes. Am. **1.** 'Machtstruk,tur *f.* **2.** 'Machte,lite *f* (*innerhalb e-r Institution*). ~ **strug·gle** *s* pol. Machtkampf *m.* ~ **sup·ply** *s* electr. **1.** Ener'gieversorgung *f*, Netz(anschluß *m*) *n.* **2.** a. ~ pack (*od.* unit) Netzteil *n.* ~ **trans·form·er** *s* electr. **1.** 'Netztransfor,mator *m*, ,Netztrafo' *m.* **2.** 'Leistungstransfor,mator *m.* ~ **trans·mis·sion** *s* tech. 'Leistungs-, 'Kraftüber,tragung *f.* ~ **tube** *s* electr. Am. (Groß)Leistungsröhre *f.* ~ **u·nit** *s* **1.** → power station. **2.** → power plant 2. ~ **valve** Br. für power tube.

**pow·wow** ['paʊwaʊ] **I** *s* **1.** a) indi'anische Feste *pl*, b) Ratsversammlung *f*, c) indi'anischer Medi'zinmann, d) Be-

schwörung *f* (*zur Abwehr von Krankheiten*). **2.** Am. colloq. a) lärmende Versammlung, b) po'litische Versammlung, c) Konfe'renz *f*, Besprechung *f*, Beratung *f*, d) Geschwätz *n*, Pa'laver *n.* **II** *v/i* **3.** (*bei Indianern*) Krankheiten beschwören. **4.** Am. colloq. a) e-e Versammlung *etc* abhalten, b) debat'tieren.

**pox** [pɒks; Am. pɑks] med. **I** *s* **1.** a) Pocken *pl*, Blattern *pl*, b) allg. Pusteln *pl.* **2.** colloq. ,Syph' *f* (*Syphilis*): **to give s.o. the** ~ → 3. **II** *v/t* **3.** colloq. j-m ,e-e Syph anhängen'.

**P.P. fac·tor, PP fac·tor** *s* (*abbr. für* pellagra-preventive factor) biol. chem. PP-Faktor *m*, Anti'pellagra-Vit,a,min *n.*

**praam** [prɑːm] → **pram**[1].

**prac·ti·ca·bil·i·ty** [,præktɪkə'bɪlətɪ] *s* **1.** 'Durch-, Ausführbarkeit *f.* **2.** Anwendbarkeit *f*, Brauchbarkeit *f.* **3.** Pas'sierbarkeit *f.* '**prac·ti·ca·ble** *adj* (*adv* practicably) **1.** 'durch-, ausführbar, möglich. **2.** anwendbar, verwendbar, brauchbar. **3.** pas'sierbar (*Straße etc*). **4.** thea. prakti'kabel (*Dekoration*). '**prac·ti·ca·ble·ness** → practicability.

**prac·ti·cal** ['præktɪkl] *adj* (*adv* → practically) **1.** praktisch, angewandt (Ggs. *theoretisch*): ~ **agriculture** praktische Landwirtschaft; ~ **chemistry** angewandte Chemie; ~ **knowledge** praktisches Wissen, praktische Kenntnisse *pl.* **2.** praktisch: **a** ~ **question**; **the** ~ **application of a rule** die praktische Anwendung e-r Regel. **3.** praktisch, zweckmäßig, nützlich, brauchbar: **a** ~ **method**; **a** ~ **suggestion**. **4.** praktisch, in der Praxis tätig, ausübend: **a** ~ **man** ein Mann der Praxis. **5.** praktisch: a) praktisch denkend od. veranlagt (*Person*), b) aufs Praktische gerichtet (*Denken*). **6.** praktisch, faktisch, tatsächlich: **he is a** ~ **atheist** er ist praktisch ein Atheist; **he has** ~ **control of** er hat praktisch die Kontrolle über (acc). **7.** sachlich. **8.** praktisch ausgebildet (*nicht staatlich geprüft*): ~ **nurse**. **9.** handgreiflich, grob: ~ **joke** Streich *m*; **to play a** ~ **joke on s.o.** j-m e-n Streich spielen; ~ **joker** Witzbold *m.* **10.** thea. → practicable 4. ,**prac·ti·cal·i·ty** [-'kælətɪ] *s* (*das*) Praktische: a) praktisches Wesen, b) praktische Anwendbarkeit.

**prac·ti·cal·ly** ['præktɪklɪ] *adv* praktisch, so gut wie: **he knows** ~ **nothing**. **prac·ti·cal·ness** ['præktɪklnɪs] → practicality.

**prac·tice** ['præktɪs] **I** *s* **1.** Brauch *m*, Gewohnheit *f*, Praxis *f*, übliches Verfahren: **to make a** ~ **of s.th.** sich etwas zur Gewohnheit machen; **it is common** ~ es ist allgemein üblich. **2.** a) Übung *f* (a. mil. u. mus.): ~ **makes perfect** Übung macht den Meister; **to be in** (out of) ~ in (aus) der Übung sein; **to keep in** ~ in der Übung bleiben, b) Motorsport etc: Training *n.* **3.** Praxis *f* (Ggs. Theorie): **in** ~ in der Praxis; **to put in(to)** ~ in die Praxis od. Tat umsetzen; **~-orient(at)ed** praxisorientiert. **4.** (*Arzt- etc*)Praxis *f*: **he has a large~**; **to be in** ~ praktizieren, e-e Praxis haben. **5.** a) Handlungsweise *f*, Praktik *f*, b) *oft pl contp.* (unsaubere) Praktiken *pl*, Machenschaften *pl*, Schliche *pl*, (verwerfliche) Treiben *n.* **6.** jur. Verfahren(sregeln *pl*) *n*, for'melles Recht. **7.** tech. Verfahren *n*, Technik *f*: **welding** ~ Schweißtechnik. **8.** math. welsche od. itali'enische Praktik (e-e Rechnungsart). **II** *adj* **9.** Übungs...: ~ **alarm** Probealarm *m*; ~ **alert** mil. Übungsalarm *m*; ~ **ammunition** Übungsmunition *f*; ~ **cartridge** Exerzierpatrone *f*; ~ **flight** aer. Übungsflug *m*; ~ **run** mot. Trainingsfahrt *f.*

**III** *v/t* bes. Br. '**prac·tise** [-tɪs] **10.** üben, (gewohnheitsmäßig) tun od. (be)treiben: **to** ~ **politeness** Höflichkeit üben; ~ **what you preach** übe selbst, was du predigst. **11.** als Beruf ausüben, tätig sein als od. in (dat), ein Geschäft etc betreiben, als Arzt od. Anwalt prakti'zieren: **to** ~ **medicine** (law). **12.** (ein)üben, sich üben in (dat), mus. etwas auf e-m Instrument üben: **to** ~ **dancing** sich im Tanzen üben; **to** ~ **a piece of music** ein Musikstück (ein)üben. **13.** j-n üben, schulen, ausbilden. **14.** verüben: **to** ~ **a fraud on s.o.** j-n arglistig täuschen. **IV** *v/i* **15.** handeln, tun, verfahren. **16.** prakti'zieren (als Arzt, Jurist): **practicing** (bes. Br. **practising**) **Catholic** praktizierender Katholik. **17.** (sich) üben: **to** ~ **on the piano** (sich auf dem) Klavier üben. **18.** ~ (**up)on** a) j-n ,bearbeiten', b) j-s Schwächen etc ausnützen, sich zu'nutze machen, miß'brauchen.

**prac·ticed**, bes. Br. **prac·tised** ['præktɪst] *adj* geübt (in in dat) (*Person, a. Auge, Hand*).

**prac·tise** bes. Br. für practice III u. IV. **prac·tised** bes. Br. für practiced.

**prac·ti·tion·er** [præk'tɪʃnə(r)] *s* Praktiker *m*: **general** (*od.* **medical**) ~ praktischer Arzt; **legal** ~ Rechtsanwalt *m.*

**prae·ci·pe** ['priːsɪpɪ; Am. a. 'pres-] *s* jur. gerichtlicher Befehl, etwas zu tun od. den Grund des Unterlassens anzugeben.

**prae·di·al** ['priːdɪəl] *adj* jur. prädi'al, Prädial... (*ein unbewegliches Gut betreffend*).

**prae·pos·tor** [,priː'pɒstə(r); Am. -'pɑ-] *s* Klassenführer *m* (*Schüler mit Disziplinargewalt an bestimmten englischen* **Public Schools**).

**prae·tor** ['priːtə(r)] *s* antiq. Prätor *m.* **prae·to·ri·al** [-'tɔːrɪəl; Am. a. -'təʊ-] → praetorian I. **prae·to·ri·an I** *adj* **1.** prä'torisch (*e-n Prätor betreffend*). **2.** oft P~ prätori'anisch: P~ **cohort**. **II** *s* **3.** Prätori'aner *m.*

**prag·mat·ic** [præg'mætɪk] **I** *adj* (*adv* ~ally) **1.** philos. pol. prag'matisch: ~ **sanction** → 6. **2.** prag'matisch: a) belehrend, lehrhaft, b) praktisch (denkend), sachlich, nüchtern. **3.** geschäftig, eifrig, tätig. **4.** a) übereifrig, auf-, zudringlich, b) starrsinnig, rechthaberisch, von sich eingenommen. **II** *s* **5.** → pragmatist 3 u. 4. **6.** hist. prag'matische Sankti'on, Grundgesetz *n.* **prag'mat·i·cal** *adj* (*adv* ~ly) → pragmatic I.

**prag·ma·tism** ['prægmətɪzəm] *s* **1.** 'Übereifer *m*, Auf-, Zudringlichkeit *f.* **2.** rechthaberisches Wesen, Eigensinn *m.* **3.** philos. Pragma'tismus *m.* **4.** nüchterne, praktische Betrachtungs- od. Handlungsweise, Sachlichkeit *f.* '**prag·ma·tist** *s* **1.** philos. Prag'matiker *m*, Anhänger *m* des Pragma'tismus. **2.** Eifer*er od.* nüchterner Mensch. **3.** auf- od. zudringliche Per'son, 'Übereifrige(r *m*) *f.* **4.** rechthaberische Per'son. '**prag·ma·tize** *v/t* **1.** als re'al darstellen. **2.** vernunftmäßig erklären, rationali'sieren.

**prai·rie** ['preərɪ] *s* **1.** Grasebene *f*, Steppe *f.* **2.** Prä'rie *f* (*in Nordamerika*). **3.** Am. grasbewachsene (Wald)Lichtung. **~ dog** *s* zo. Prä'riehund *m.* **~ fox** *s* zo. Kittfuchs *m.* **~ hare** *s* zo. Am. Weißschwanz-Eselhase *m.* **~ oys·ter** *s* Prä'rieauster *f* (*scharf gewürztes Mixgetränk aus Eigelb u. Weinbrand*). **P~ Prov·inc·es** *s pl* Beiname der westkanadischen Provinzen Manitoba, Saskatchewan u. Alberta. **schoon·er** *s* Am. Planwagen *m* (*der frühen Siedler*). **P~ State** *s* Am. **1.** (*Beiname der Staaten*) Illinois *n* u. North Da'kota *n.* **2.** p~ s~ Prä'riestaat *m.* **~ wolf** *s* irr Prä'riewolf *m*, Co'yote *m.*

**praise** [preɪz] **I** v/t **1.** loben, rühmen, preisen: → **sky** 2, **term** 2. **2.** bes. Gott (lob)preisen, loben. **II** s **3.** Lob n: to damn with faint ~ auf die sanfte Art ‚zerreißen'; to be loud in one's ~ of laute Loblieder singen auf (acc); to sing s.o.'s ~ j-s Lob singen; in ~ of s.o., in s.o.'s ~ zu j-s Lob; above (od. beyond)~ über alles Lob erhaben. **4.** Lobpreisung f. **'praise₁wor·thi·ness** s Löblichkeit f, lobenswerte Eigenschaft. **'praise₁wor·thy** adj lobenswert, löblich.
**Pra·krit** ['prɑːkrɪt] s ling. Prakrit n (alte mittelindische Dialekte).
**pra·line** ['prɑːliːn] s Pra'line f mit Nußfüllung.
**pram¹** [prɑːm; Am. a. præm] s mar. Prahm m, Leichter m.
**pram²** [præm] s bes. Br. colloq. (abbr. für perambulator) Kinderwagen m.
**prance** [prɑːns; Am. præns] **I** v/i **1.** a) sich bäumen, steigen, b) tänzeln (Pferd). **2.** fig. (ein'her)stol₁zieren, para'dieren. **3.** a. ~ about (od. around) colloq. her'umhüpfen, -tanzen. **II** v/t **4.** das Pferd steigen od. tänzeln lassen. **III** s **5.** Tänzeln n. **6.** Stol'zieren n, Para'dieren n. **7.** colloq. Her'umhüpfen n, -tanzen n. **'pranc·er** s tänzelndes Pferd.
**pran·di·al** ['prændɪəl] adj Essens..., Tisch...
**prang** [præŋ] bes. Br. colloq. **I** s **1.** aer. Bruchlandung f. **2.** mot. schwerer Unfall. **3.** aer. mil. Luftangriff m. **4.** fig. (große) Leistung. **II** v/t **5.** aer. ‚Bruch machen mit'. **6.** Auto zu Schrott fahren. **7.** aer. mil. Stadt etc zs.-bomben.
**prank¹** [præŋk] s **1.** Streich m, Possen m, Ulk m, Jux m: to play a ~ on s.o. j-m e-n Streich spielen. **2.** Kapri'ole f, Faxe f (e-r Maschine etc).
**prank²** [præŋk] **I** v/t meist ~ out (od. up) her'ausputzen, schmücken. **II** v/i prunken, prangen.
**'prank·ish** adj zu Streichen aufgelegt.
**prank·ster** ['præŋkstə(r)] s Witzbold m.
**p'raps** [præps] colloq. für **perhaps**.
**prase** [preɪz] s min. Prasem m (lauchgrüner Quarz).
**prat** [præt] sl. **I** s **1.** Hintern m, 'Hinterteil n. **2.** Br. Trottel m. **II** v/t **3.** ~ away mit dem Hintern wegschubsen.
**prate** [preɪt] **I** v/i faseln, schwafeln. **II** v/t etwas da'herfaseln od. -schwafeln. **III** s Gefasel n, Geschwafel n. **'prat·er** s Fas(e)ler m, Schwaf(e)ler m.
**'prat·fall** s sl. **1.** Sturz m auf den Hintern: he had a ~ er setzte sich auf den Hintern. **2.** fig. ‚Bauchlandung' f: he had a ~ er machte e-e Bauchlandung, er hat sich blamiert.
**pra·ties** ['preɪtɪz] s pl Ir. colloq. Kar'toffeln pl.
**prat·in·cole** ['prætɪŋkəʊl; Am. a. 'preɪ-] s orn. Brachschwalbe f.
**prat·ing** ['preɪtɪŋ] **I** adj (adv ~ly) faselnd, schwafelnd. **II** s → prate III.
**pra·tique** ['prætiːk; bes. Am. præ'tiːk] s mar. Praktika f, Verkehrserlaubnis f (zwischen Schiff u. Hafen nach Vorzeigen des Gesundheitspasses): to admit to ~ j-m Verkehrserlaubnis erteilen.
**prat·tle** ['prætl] **I** v/i plappern. **II** v/t etwas da'herplappern. **'prat·tler** s Plappermaul n.
**prav·i·ty** ['prævətɪ] s obs. Verderbtheit f.
**prawn** [prɔːn; Am. a. prɑːn] **I** s ichth. Gar'nele f. **II** v/i Gar'nelen fangen.
**prax·is** ['præksɪs] s **1.** Praxis f, Ausübung f. **2.** Brauch m, Gewohnheit f.
**pray** [preɪ] **I** v/t **1.** j-n inständig bitten, anflehen (for um): ~, consider! obs. bitte bedenken Sie doch! **2.** Gott etc anflehen, flehen zu. **3.** etwas inständig erbitten, erflehen. **4.** ein Gebet beten. **II** v/i **5.** (for

bitten, ersuchen (um), beantragen (acc). **6.** relig. beten (to zu): he is past ~ing for a) er ist unheilbar krank, b) fig. bei ihm ist Hopfen u. Malz verloren.
**prayer¹** [preə(r)] s **1.** Gebet n: to put up a ~ to God ein Gebet an Gott richten od. zu Gott emporsenden; to say one's ~(s) beten, s-e Gebete verrichten; he doesn't have a ~ Am. sl. er hat nicht die geringste Chance. **2.** oft pl Andacht f: evening ~ Abendandacht. **3.** inständige Bitte, Flehen n. **4.** Gesuch n, Ersuchen n, jur. a. Antrag m, Klagebegehren n.
**pray·er²** ['preɪə(r)] s Beter(in), Betende(r m) f.
**prayer|bead** s R.C. Rosenkranzperle f. ~ **book** s **1.** Gebetbuch n. **2.** P~ B~ → Book of Common Prayer.
**prayer·ful** ['preə(r)fʊl] adj (adv ~ly) **1.** fromm, andächtig. **2.** inständig.
**prayer|mat** s prayer rug. ~ **meet·ing** s Gebetsversammlung f. ~ **rug** s Gebetsteppich m. ~ **shawl** s Gebetsmantel m. ~ **wheel** s Gebetsmühle f.
**pray·ing|in·sect,~man·tis** ['preɪɪŋ] s zo. Gottesanbeterin f.
**pre-** [priː;, prɪ] Wortelement mit den Bedeutungen: a) (zeitlich) vor, vorher, früher als, b) (räumlich) vor, davor.
**preach** [priːtʃ] **I** v/i **1.** (to) predigen (zu od. vor e-r Gemeinde etc), e-e Predigt halten (dat od. vor dat): to ~ to the converted fig. offene Türen einrennen. **2.** fig. ‚predigen': to ~ at s.o. j-m e-e (Moral)Predigt halten. **II** v/t **3.** etwas predigen: to ~ the gospel das Evangelium predigen od. verkündigen; to ~ a sermon e-e Predigt halten. **4.** etwas predigen, lehren, ermahnen zu (etwas): to ~ charity Nächstenliebe predigen. **5.** ~ down predigen gegen, 'herziehen über (acc). **6.** ~ up predigen für, (in Predigten) loben od. (an)preisen. **III** s **7.** colloq. Predigt f, Ser'mon m. **'preach·er** s **1.** Prediger(in). **2.** P~ Bibl. Ko'helet m, (der) Prediger Salomo (Buch des Alten Testaments). **'preach·i·fy** [-ɪfaɪ] v/i colloq. sal'badern, (bes. Mo'ral) predigen. **'preach·ing** s **1.** Predigen n. **2.** Predigt f. **3.** Lehre f. **'preach·ment** s contp. Salbade'rei f, Ser'mon m, (langweilige) Mo'ralpredigt. **'preach·y** adj (adv preachily) colloq. sal'badernd, morali'sierend.
**pre·ad·o·les·cent** adj Voradoleszenz...
**pre·am·ble** [priː'æmbl; Am. a. 'priː₁æm-] **I** s **1.** Prä'ambel f (a. jur.), Einleitung f (to zu). **2.** Kopf m (e-s Funkspruchs etc). **3.** Oberbegriff m (e-r Patentschrift). **4.** fig. Einleitung f, Vorspiel n, Auftakt m (to zu). **II** v/i **5.** e-e Prä'ambel verfassen, mit e-r Einleitung beginnen. **III** v/t **6.** präambu'lieren, e-e Prä'ambel verfassen zu.
**pre·amp** s colloq. für **preamplifier**.
**pre·am·pli·fi·er** s electr. Vorverstärker m.
**pre·an·nounce** v/t vorher anzeigen od. ankündigen. **pre·an·nounce·ment** s Vorankündigung f, Voranzeige f.
**pre·ar·range** v/t **1.** vorher abmachen od. anordnen od. bestimmen. **2.** (planmäßig) vorbereiten. **pre·ar·range·ment** s **1.** vor'herige Bestimmung od. Abmachung. **2.** Vorbereitung f.
**pre·au·di·ence** s jur. Br. das Recht (e-s Anwalts), zuerst zu sprechen od. zu plädieren.
**preb·end** ['prebənd] s **1.** Prä'bende f, Pfründe f. **2.** → prebendary. **pre·ben·dal** [prɪ'bendl] adj **1.** Pfründen... **2.** e-e Pfründe innehabend. **'preb·en·dar·y** [-dərɪ; Am. ₁deriː] s Präben'dar m, Pfründner m.
**pre·cal·cu·late** v/t vor'ausberechnen.

**Pre-'Cam·bri·an** geol. **I** adj prä'kambrisch. **II** s Prä'kambrium n.
**pre·car·i·ous** [prɪ'keərɪəs] adj (adv ~ly) **1.** pre'kär, unsicher, bedenklich: a ~ situation; ~ state of health bedenklicher Gesundheitszustand. **2.** gefährlich, ris'kant. **3.** anfechtbar, fragwürdig: a ~ assumption. **4.** jur. 'widerruflich, aufkündbar, auf 'Widerruf (eingeräumt od. zugeteilt). **pre·car·i·ous·ness** s **1.** Unsicherheit f. **2.** Gefährlichkeit f. **3.** Fragwürdigkeit f.
**pre·cast** v/t irr Betonteile etc 'vorfabri₁zieren.
**prec·a·to·ry** ['prekətərɪ; Am. ₁təʊriː; ₁tɔː-] adj e-e Bitte enthaltend, Bitt...: in ~ words (in Testamenten) als Bitte (nicht als Auftrag) formuliert; ~ trust (testamentarische) Bitte, die als bindend gilt.
**pre·cau·tion** [prɪ'kɔːʃn] s **1.** Vorkehrung f, Vorsichtsmaßregel f, -maßnahme f: to take ~s Vorsichtsmaßregeln od. Vorsorge treffen; as a ~ vorsichtshalber, vorsorglich. **2.** Vorsicht f. **pre·cau·tion·ar·y** [-ʃnərɪ; Am. -ʃə₁neriː] adj **1.** vorbeugend, Vorsichts...: ~ measure → precaution 1. **2.** Warn(ungs)...: ~ signal Warnsignal n.
**pre·cede** [₁priː'siːd; prɪ-] **I** v/t **1.** a. fig. (a. zeitlich) vor'aus-, vor'angehen (dat): the words that ~ this paragraph; the years preceding his death die Jahre vor s-m Tod. **2.** den Vorrang od. Vortritt od. Vorzug haben vor (dat), vorgehen (dat), ran'gieren vor (dat). **3.** (by, with s.th.) (durch etwas) einleiten, (e-r Sache etwas) vor'ausschicken: he ~d his measures by an explanation. **II** v/i **4.** vor'an-, vor'ausgehen. **5.** den Vorrang od. Vortritt haben.
**prec·e·dence** [₁priː'siːdəns; prɪ-; 'presɪd-] s **1.** Vor'an-, Vor'hergehen n, Priori'tät f: to have the ~ of s.th. e-r Sache (zeitlich) vorangehen. **2.** Vorrang m, Vorzug m, Vortritt m, Vorrecht n: to take ~ of (od. over) → precede 2. **3.** a. order of ~ Rangordnung f. **prec·e·den·cy** [-sɪ] → precedence.
**prec·e·dent¹** ['presɪdənt] s jur. Präze'denzfall m (a. fig.), Präju'diz n: without ~ ohne Beispiel, noch nie dagewesen; to set a ~ e-n Präzedenzfall schaffen; to take s.th. as a ~ etwas als Präzedenzfall betrachten.
**prec·e·dent²** [prɪ'siːdənt; 'presɪ-] adj (adv ~ly) vor'hergehend, vor'aus-, vor'angehend: ~ condition → a) Vorbedingung f, b) aufschiebende Bedingung.
**prec·e·dent·ed** ['presɪdəntɪd] adj e-n Präze'denzfall habend, schon einmal dagewesen.
**pre·ced·ing** [₁priː'siːdɪŋ; prɪ-] adj vor'hergehend: ~ endorser econ. Vorder-, Vormann m (beim Wechsel); the days ~ the election die Tage vor der Wahl.
**pre·cen·sor** [₁priː'sensə(r)] v/t e-r 'Vorzen₁sur unter'werfen.
**pre·cen·tor** [₁priː'sentə(r); prɪ-] s mus. Prä'zentor m, Kantor m, Vorsänger m.
**pre·cept** ['priːsept] s **1.** (a. göttliches) Gebot. **2.** Regel f, Richtschnur f. **3.** Vorschrift f. **4.** Lehre f, Unter'weisung f. **5.** jur. a) Gerichtsbefehl m, b) (schriftliche gerichtliche) Weisung od. Anordnung, c) Einziehungs- od. Zahlungsbefehl m, d) Vorladung f. **pre·cep·tive** [prɪ'septɪv] adj **1.** befehlend, verordnend. **2.** lehrhaft, di'daktisch. **pre·cep·tor** [-tə(r)] s Lehrer m.
**pre·cer·e·bral** adj anat. Vorderhirn...
**pre·ces·sion** [prɪ'seʃn] s Präzessi'on f: a) tech. die Bewegung des Kreisels infolge e-s äußeren Drehmoments, b) a. ~ of the equinoxes astr. Vorrücken der Tagundnachtgleichen.
**pre-'Chris·tian** adj vorchristlich.

**pre·cinct** ['pri:sɪŋkt] s **1.** eingefriedeter Bezirk (Br. bes. um e-e Kirche): **cathedral ~s** Domfreiheit f. **2.** Am. Bezirk m, bes. a) (Poli'zei)Re₁vier n, b) Wahlbezirk m, -kreis m: **~ captain** (od. **leader**) Wahlkreisleiter m (e-r Partei). **3.** pl Um'gebung f, Bereich m. **4.** pl fig. Bereich m, Grenzen pl: **within the ~s of** innerhalb der Grenzen von (od. gen), innerhalb (gen).

**pre·ci·os·i·ty** [₁preʃɪ'ɒsətɪ; Am. -'ɑs-] s Preziosi'tät f, Geziertheit f, Affek'tiertheit f.

**pre·cious** ['preʃəs] **I** adj (adv **~ly**) **1.** a. fig. kostbar, wertvoll: **~ memories.** **2.** edel (Steine etc): **~ metals** Edelmetalle. **3.** iro. schön, nett, fein: **a ~ mess** e-e schöne Schweinerei. **4.** colloq. 'schön', beträchtlich: **a ~ lot better than** bei weitem besser als. **5.** fig. prezi'ös, über'feinert, affek'tiert, geziert: **~ style.** **II** adv **6.** colloq. reichlich, 'herzlich': **~ little.** **III** s **7.** Schatz m, Liebling m. **'pre·cious·ness** s **1.** Köstlichkeit f, Kostbarkeit f. **2.** → preciosity.

**prec·i·pice** ['presɪpɪs] s **1.** (jäher) Abgrund. **2.** fig. a) Abgrund m: **to stand on the edge of a ~,** b) Klippe f.

**pre·cip·i·ta·ble** [prɪ'sɪpɪtəbl] adj chem. abscheidbar, niederschlagbar, fällbar.

**pre·cip·i·tan·cy** [prɪ'sɪpɪtənsɪ], a. **pre'cip·i·tance** s **1.** Eile f: **with the utmost ~** in größter Eile. **2.** Hast f, Über'eilung f, -'stürzung f.

**pre·cip·i·tant** [prɪ'sɪpɪtənt] **I** adj (adv **~ly**) **1.** (steil) abstürzend, jäh. **2.** fig. hastig, eilig, jäh. **3.** fig. über'eilt, -'stürzt, voreilig. **4.** chem. sich als Niederschlag absetzend. **II** s **5.** chem. Fällungsmittel n.

**pre·cip·i·tate** [prɪ'sɪpɪteɪt] **I** v/t **1.** hin'abwerfen, -stürzen (a. fig.). **2.** fig. her'aufbeschwören, (plötzlich) her'beiführen, beschleunigen: **to ~ a crisis.** **3.** j-n (hin'ein)stürzen (into in acc): **to ~ a country into war.** **4.** chem. (aus)fällen, niederschlagen. **II** v/i **5.** chem. u. meteor. sich niederschlagen. **III** adj [-tət] (adv **~ly**) **6.** jäh(lings) hin'abstürzend, steil abfallend: **~ slope(u)r** med. Sturzgeburt f. **7.** fig. über'stürzt, -'eilt, voreilig. **8.** eilig, hastig. **9.** jäh, plötzlich. **IV** s [-teɪt; -tət] **10.** chem. 'Fällpro₁dukt n, Niederschlag m. **pre'cip·i·tate·ness** s Über'stürzung f.

**pre·cip·i·ta·tion** [prɪ₁sɪpɪ'teɪʃn] s **1.** jäher Sturz, (Her'ab-, Hin'unter)Stürzen n. **2.** fig. Über'stürzung f, -'eilung f, (ungestüme) Eile, Hast f. **3.** chem. Fällung f, Niederschlagen n. **4.** meteor. (atmo'sphärischer) Niederschlag m, Niederschlagstätigkeit f. **5.** Spiritismus: Materialisati'on f (von Geistern). **pre'cip·i·ta·tor** [-tə(r)] s chem. phys. a) → precipitant 5, b) 'Ausfällappa₁rat m.

**pre·cip·i·tous** [prɪ'sɪpɪtəs] adj (adv **~ly**) **1.** jäh, steil (abfallend), abschüssig. **2.** fig. über'stürzt, -'eilt, voreilig.

**pré·cis** ['preɪsi:; Am. a. ₁preɪ'si:] **I** pl **pré·cis** [-i:z] s (kurze) 'Übersicht, Zs.-fassung f. **II** v/t kurz zs.-fassen.

**pre·cise** [prɪ'saɪs] adj **1.** prä'zis(e), genau, klar: **~ directions; a ~ answer.** **2.** prä'zis(e), ex'akt, (peinlich) genau, kor'rekt, contp. pe'dantisch. **3.** genau, richtig: **the ~ moment; ~ amount.** **4.** 'übergenau, pe'dantisch, steif, streng. **5.** relig. hist. puri'tanisch. **pre'cise·ly** adv **1.** → precise. **2.** gerade, genau, ausgerechnet. **3.** (als Antwort) genau (das meinte ich)! **pre'cise·ness** s **1.** Pedante'rie f, (über'triebene) Genauigkeit. **2.** (ängstliche) Gewissenhaftigkeit. **3.** Strenge f (bes. in religiösen Dingen).

**pre·ci·sian** [prɪ'sɪʒn] s **1.** Rigo'rist(in), Pe'dant(in). **2.** relig. hist. Puri'taner(in).

**pre·ci·sion** [prɪ'sɪʒn] **I** s Genauigkeit f, Ex'aktheit f (a. tech.), tech. a. Genauig-

keitsgrad m: **arm of ~** mil. Präzisionswaffe f. **II** adj tech. Präzisions..., Fein...: **~ adjustment** a) Feineinstellung f, b) Artillerie: genaues Einschießen; **~ balance** Präzisions-, Feinwaage f; **~ bombing** gezielter Bombenwurf, Punktzielbombenwurf m; **~ instrument** Präzisionsinstrument n, feinmechanisches Instrument; **~ mechanics** Feinmechanik f; **~ tool** Präzisionswerkzeug n. **pre'ci·sion·ist** s **1.** Pe'dant(in), 'Übergenaue(r m) f. **2.** Pu'rist(in), Sprachreiniger(in).

**pre'ci·sion-made** adj tech. Präzisions...

**pre·clin·i·cal** adj med. vorklinisch.

**pre·clude** [prɪ'klu:d] v/t **1.** ausschließen (from von). **2.** etwas verhindern, ausschalten, -schließen, e-r Sache vorbeugen od. zu'vorkommen, Einwände etc vor'wegnehmen. **3.** j-n hindern (from an dat; from doing zu tun).

**pre·clu·sion** [prɪ'klu:ʒn] s **1.** Ausschließung f, Ausschluß m (from von). **2.** Verhinderung f. **pre'clu·sive** [-sɪv] adj (adv **~ly**) (of acc) a) ausschließend, b) (ver)hindernd: **to be ~ of s.th.** etwas ausschließen od. verhindern.

**pre·co·cial** [prɪ'kəʊʃl] adj orn. frühentwickelt: **~ birds** Nestflüchter.

**pre·co·cious** [prɪ'kəʊʃəs] adj (adv **~ly**) **1.** frühreif, vor-, frühzeitig (entwickelt). **2.** fig. frühreif, altklug: **a ~ child.** **3.** bot. a) vor den Blättern erscheinend (Blüte), b) frühblühend od. früh Frucht tragend. **pre'co·cious·ness, pre'coc·i·ty** [-'kɒsətɪ; Am. -'ka-] s **1.** Frühreife f, -zeitigkeit f. **2.** fig. (geistige) Frühreife, Altklugheit f.

**pre·cog·ni·tion** s **1.** Parapsychologie: Präkogniti'on f (Vorauswissen zukünftiger Vorgänge). **2.** jur. Scot. 'Voruntersuchung f.

**pre·con·ceive** v/t (sich) vorher ausdenken, sich vorher vorstellen: **~d opinion** → preconception. **pre·con·cep·tion** s vorgefaßte Meinung, a. Vorurteil n.

**pre·con·cert** [₁pri:kən'sɜ:t; Am. -'sɜrt] v/t vorher verabreden od. vereinbaren: **~ed** verabredet, contp. abgekartet.

**pre·con·demn** v/t im voraus od. vorschnell verurteilen od. verdammen.

**pre·con·di·tion I** s **1.** Vorbedingung f, Vor'aussetzung f: **on ~ that** unter der Vor'aussetzung, daß. **II** v/t **2.** Material etc vorbehandeln. **3.** a) j-n (entsprechend) vorbereiten od. einstimmen, b) j-n in die entsprechende Stimmung versetzen.

**pre·co·ni·za·tion** [₁pri:kənaɪ'zeɪʃn; Am. -nə'z-] s R.C. Präkonisati'on f. **'pre·co·nize** v/t **1.** öffentlich verkünden. **2.** R.C. e-n Bischof präkoni'sieren, die Ernennung feierlich verkünden.

**pre·con·scious** psych. **I** adj vorbewußt. **II** s **the ~** das Vorbewußte.

**pre·con·tract** s jur. Vorvertrag m.

**pre·cook** v/t vorkochen.

**pre·cool** v/t vorkühlen.

**pre·cor·di·al** [prɪ'kɔːdjəl; Am. -'kɔːrdʒəl] adj anat. präkordi'al, epi'gastrisch: **~ anxiety** med. Präkordialangst f, Angstgefühl n.

**pre·cur·sor** [₁pri:'kɜːsə; Am. -'kɜrsər] s **1.** Vorläufer m: **the ~ of modern science.** **2.** a) Vorbote m: **the ~ of spring,** b) (erstes) Anzeichen: **the ~ of a cold.** **3.** (Amts)Vorgänger(in). **pre·cur·so·ry** [-sərɪ] adj **1.** vor'her-, vor'ausgehend. **2.** einleitend, vorbereitend.

**pre·da·ceous,** bes. Br. **pre·da·cious** [prɪ'deɪʃəs] adj zo. räuberisch: **~ animal** Raubtier n; **~ instinct** Raub(tier)instinkt m.

**pre·date** v/t **1.** zu'rückda₁tieren, ein frü-

heres Datum setzen auf (acc). **2.** (zeitlich) vor'an-, vor'ausgehen (dat).

**pre·da·tion** [prɪ'deɪʃn] s **1.** selten Plünderung f, Raub m. **2.** Ökologie: räuberisches Verhalten (von Tieren etc): **~ pressure** predatorischer Druck.

**pred·a·tor** ['predətə(r)] s **1.** raubgieriger Mensch. **2.** biol. räuberisches (Lebe)Wesen. **'pred·a·to·ry** [-tərɪ; Am. -₁tɔːriː; -₁tɔː-] adj (adv predatorily) räuberisch, Raub...: **~ animal** Raubtier n; **~ bird** Raubvogel m; **~ excursion** Raubzug m; **~ war** Raubkrieg m.

**pre·de·cease I** v/t früher sterben als (j-d), sterben vor (j-m): **to ~ s.o.** **II** v/i früher sterben: **~d parent** jur. vorverstorbener Elternteil. **III** s vorzeitiger od. vorher erfolgter Tod.

**pre·de·ces·sor** ['pri:dɪsesə(r); ₁pri:dɪ's-] s **1.** Vorgänger(in): **in office** Amtsvorgänger(in). **2.** Vorfahr m.

**pre·de·fine** v/t vorher abgrenzen od. bestimmen.

**pre·del·la** [prɪ'delə] pl **-le** [-li:; -leɪ] s Pre'della f: a) Sockel m e-s Al'tarschreins od. -aufsatzes, b) Bild n auf e-m Al'taraufsatz.

**pre·des·ti·nar·i·an** [₁pri:₁destɪ'neərɪən] relig. **I** s Anhänger(in) der Prädestinati'onslehre. **II** adj die Prädestinati'on betreffend. **pre₁des·ti'nar·i·an·ism** s Prädestinati'onslehre f.

**pre·des·ti·nate** [₁pri:'destɪneɪt] **I** v/t relig. u. weitS. prädesti'nieren, aus(er)wählen, ausersehen, (vor'her)bestimmen (to für, zu). **II** adj [-nət; -neɪt] prädesti'niert, auserwählt, vor'herbestimmt. **pre₁des·ti'na·tion** s **1.** Vor'herbestimmung f. **2.** relig. Prädestinati'on f, Auserwählung f (durch Gott), Gnadenwahl f. **pre'des·tine** [-tɪn] → predestinate I.

**pre·de·ter·mi·nate** [₁pri:dɪ'tɜːmɪnət] adj vor'ausbestimmt. **'pre·de₁ter·mi'na·tion** s **1.** relig. Vor'herbestimmung f. **2.** vor'heriger Beschluß, vor'herige Bestimmung. **3.** vorgefaßter Entschluß.

**pre·de·ter·mine** v/t **1.** vorher festsetzen od. bestimmen: **to ~ the cost of a building; to ~ s.o. to s.th.** j-n für etwas vorbestimmen. **2.** tech. vor'herbestimmen, vor'ausberechnen. **3.** relig. vor'herbestimmen. **pre·de'ter·min·ism** s philos. Prädetermi'nismus m.

**pre·di·al** → praedial.

**pred·i·ca·ble** ['predɪkəbl] **I** adj aussagbar, j-m beilegbar od. zuzuschreiben(d). **II** s pl philos. Prädika'bilien pl, Aussageweisen pl, Allge'meinbegriffe pl.

**pre·dic·a·ment** [prɪ'dɪkəmənt] s **1.** philos. a) Prädika'ment n, Grundform f der Aussage, Kate'go'rie f (des Aristoteles), b) Ordnung f, Klasse f, Kate'go'rie f. **2.** mißliche Lage, Zwangslage f.

**pred·i·cant** ['predɪkənt] adj relig. predigend, Prediger...

**pred·i·cate I** v/t ['predɪkeɪt] **1.** behaupten, aussagen. **2.** philos. prädi'zieren, aussagen. **3.** gründen, ba'sieren (on, upon auf dat): **to be ~d on** beruhen od. basieren auf (dat), etwas vorausetzen. **II** s [-kət] **4.** philos. Aussage f. **5.** ling. Prädi'kat n, Satzaussage f. **III** adj [-kət] **6.** ling. Prädikat(s)..., prädika'tiv: **~ adjective** prädikatives Adjektiv; **~ noun** (od. **nominative**) Prädikatsnomen n. **7.** **~ calculus** (Logik) Prädikatenkalkül m.

**pred·i·ca·tion** [₁predɪ'keɪʃn] s Aussage f (a. ling. im Prädikat), Behauptung f.

**pred·ic·a·tive** [prɪ'dɪkətɪv; Am. 'predɪkeɪtɪv; -₁keɪ-] adj (adv **~ly**) **1.** aussagend, Aussage... **2.** ling. prädika'tiv: **~ adjective.**

**pred·i·ca·to·ry** ['predɪkətərɪ; Am.

-kǝˌtǝʊri:; ˌ-tɔː-] *adj* **1.** predigend, Prediger... **2.** gepredigt.

**pre·dict** [prɪˈdɪkt] *v/t* vorˈher-, vorˈaus-, weissagen, propheˈzeien: ~ed firing *mil.* Feuer(n) *n* mit Vorhalten. **preˈdict·a·ble** *adj* vorˈaussagbar, vorˈherzusagen(d), kalkuˈlierbar: he's quite ~ bei ihm weiß man genau, wie er reagiert; er ist leicht auszumachen. **preˈdict·a·bly** *adv* a) wie vorˈherzusehen war, b) man kann jetzt schon sagen, daß.

**pre·dic·tion** [prɪˈdɪkʃn] *s* Vorˈher-, Vorˈaussage *f*, Weissagung *f*, Propheˈzeiung *f*. **preˈdic·tive** [-tɪv] *adj* vorˈher-, weissagend, propheˈzeiend (of *acc*). **preˈdic·tor** [-tǝ(r)] *s* **1.** Proˈphet (-in). **2.** *aer. tech.* Komˈmandogerät *n*.

ˌpre·diˈgest *v/t* **1.** (künstlich) vorverdauen. **2.** *fig.* a) Lehrstoff etc ˌvorˈkauen', b) Stoff etc verdaulicher machen, leichtfaßlich darstellen.

**pre·di·lec·tion** [ˌpri:dɪˈlekʃn; Am. a. ˌpredǝl-] *s* Vorliebe *f* (for für).

ˌpre·disˈpose *v/t* **1.** *j-n* (im voraus) geneigt *od.* empfänglich machen (to für): to ~ s.o. in favo(u)r of s.o. (s.th.) j-n für j-n (etwas) einnehmen. **2.** *bes. med.* prädispoˈnieren, empfänglich *od.* anfällig machen (to für). **ˌpreˌdisˈpoˈsiˈtion** *s* (to) Verˈanlagung *f*, Neigung *f* (zu), Empfänglichkeit *f*, Anfälligkeit *f* (für) (alle *a. med.*).

**preˈdom·i·nance**, *a.* **preˈdom·i·nan·cy** *s* **1.** Vorherrschaft *f*, Vormacht(stellung) *f*. **2.** *fig.* Vorherrschen *n*, Überˈwiegen *n*, ˈÜbergewicht *n* (in in *dat*; over über *acc*). **3.** Überˈlegenheit *f*. **preˈdom·i·nant** *adj* (adv ~ly) **1.** vorherrschend, überˈwiegend, vorwiegend: to be ~ vorherrschen, überwiegen, vorwiegen. **2.** überˈlegen. **preˈdom·i·nate** *v/i* **1.** vorherrschen, überˈwiegen, vorwiegen. **2.** (zahlenmäßig, geistig, körperlich etc) über'legen sein. **3.** die Oberhand *od.* das ˈÜbergewicht haben (over über *acc*). **4.** herrschen, die Herrschaft haben (over über *acc*). **preˈdom·i·nat·ing → predominant.**

ˌpre·eˈlec·tion **I** *s obs.* Vorwahl *f*, Auswahl *f* im voraus. **II** *adj* vor der Wahl (gegeben *od.* stattgefunden): ~ pledge Wahlversprechen *n*.

**pree·mie** [ˈpri:mi:] *s bes. Am. sl.* Frühgeburt *f* (Kind).

ˌpre·emˈi·nence *s* **1.** Herˈvorragen *n*, Überˈlegenheit *f* (above, over über *acc*). **2.** Vorrang *m*, Vorzug *m* (over vor *dat*). **3.** herˈvorragende Stellung. **ˌpre·emˈi·nent** *adj* (adv ~ly) herˈvorragend, überˈragend: to be ~ hervorstechen, sich hervortun (in in *dat*; among unter *dat*).

ˌpre·emˈpha·sis *s* Radio: Vorverzerrung *f*.

ˌpre·ˈempt **I** *v/t* **1.** Land durch Vorkaufsrecht erwerben. **2.** *Am. hist.* sich durch Bewirtschaftung das Vorkaufsrecht (von Staatsland) sichern. **3.** Platz etc (im voraus) mit Beschlag belegen. **4.** zuˈvorkommen (dat), Forderung etc unterˈlaufen. **5.** *bes. Am.* Rundfunk-, Fernsehprogramm verschieben. **II** *v/i* **6.** Land durch Vorkaufsrecht erwerben. **7.** Bridge, Whist: zwingend ansagen. **ˌpre·ˈemp·tion** *s* Vorkauf(srecht *n*) *m*. **ˌpre·ˈemp·tive** *adj* **1.** Vorkaufs-: ~ price; ~ right. **2.** ~ bid (Bridge, Whist) Ansage, die (durch ihre Höhe) weitere Ansagen ausschließt. **3.** *mil.* Präventiv...: ~ war; ~ strike Präventivschlag *m*. **ˌpre·ˈemp·tor** *s* Vorkaufsberechtigte(r *m*) *f*.

**preen** [pri:n] *v/t* **1.** das Gefieder etc putzen: to ~ o.s. sich putzen (*a.* Person). **2.** ˈherrichten, zuˈrechtmachen: to ~ one's hair. **3.** ~ o.s. sich etwas einbilden (on auf *acc*).

ˌpre·enˈgage *v/t* **1.** im voraus (vertraglich, *bes.* zur Ehe) verpflichten. **2.** im voraus in Anspruch nehmen. **3.** *econ.* vorbestellen. **ˌpre·enˈgage·ment** *s* vorher eingegangene Verpflichtung, frühere Verbindlichkeit.

ˌpre·ˈEng·lish *ling.* **I** *s* **1.** Vorenglisch *n* (hypothetische altgermanische Mundart, aus der sich das Englische entwickelte). **2.** die in Britannien vor der angelsächsischen Periode gesprochene Sprache. **II** *adj* **3.** vorenglisch.

ˌpre·exˈist *v/i* vorher vorˈhanden sein *od.* exiˈstieren. **ˌpre·exˈist·ence** *s bes. relig.* früheres Dasein *od.* Leben, Präexiˈstenz *f*. **ˌpre·exˈist·ent** *adj* vorher exiˈstierend *od.* vorˈhanden.

**pre·fab** [ˈpri:fæb] *colloq.* **I** *adj abbr. für* **prefabricated. II** *s* Fertighaus *n*. **ˌpreˈfab·ri·cate** *v/t* ˈvorfabriˌzieren, (genormte) Fertigteile ˈherstellen für (Häuser etc). **ˌpreˈfab·ri·cat·ed** *adj* vorgefertigt, zs.-setzbar, Fertig...: ~ house Fertighaus *n*. **ˈpreˌfab·ri·caˈtion** *s* Vorfertigung *f*.

**pref·ace** [ˈprefɪs] **I** *s* **1.** Vorwort *n*, Vorrede *f*, Einleitung *f*, Geleitwort *n* (to zu). **2.** *fig.* Einleitung *f*, Vorspiel *n* (to zu). **3.** *meist* P~ *R.C.* Präfatiˈon *f*, Lob- u. Dankgebet *n*. **II** *v/t* **4.** e-e Rede etc einleiten (*a. fig.*), ein Vorwort etc schreiben zu e-m Buch etc. **5.** die Einleitung sein zu.

**pref·a·to·ry** [ˈprefǝtǝrɪ; Am. ˌ-tǝʊri:; ˌ-tɔː-] *adj* (adv **prefatorily**) einleitend, Einleitungs...

**pre·fect** [ˈpri:fekt] *s* Präˈfekt *m*: a) (im alten Rom) Statthalter *m*, Befehlshaber *m*, b) (in Frankreich) leitender Reˈgierungsbeamter: ~ of police Polizeipräsident *m* (von Paris), c) R.C. Vorsteher *m* (e-s Jesuitenkollegs etc), d) ped. bes. Br. Aufsichts-, Vertrauensschüler *m*. **ˌpreˈfec·to·ri·al** [-ˈtɔːrɪǝl; Am. a. -ˈtǝʊ-] *adj* Präfekten..., Aufsichts... **ˈpreˈfect·ship** *s* Amt *n* e-s Präˈfekten (an englischen Schulen).

**pre·fec·ture** [ˈpri:fek,tjʊǝ; Am. ˌ-fektʃǝr] *s* Präfekˈtur *f*.

**pre·fer** [prɪˈfɜː; Am. -ˈfɜr] *v/t* **1.** (es) vorziehen, bevorzugen, lieber haben *od.* mögen *od.* sehen *od.* tun: I ~ to go today ich gehe lieber heute; he ~red to die rather than pay er wäre lieber gestorben, als daß er gezahlt hätte; to ~ wine to beer Wein (dem) Bier vorziehen; I should ~ you not to go mir wäre es lieber, wenn Sie nicht gingen. **2.** befördern (to [the rank of] zum). **3.** *jur.* Gläubiger begünstigen, *a.* e-e Forderung bevorzugt befriedigen. **4.** ein Gesuch, *jur.* e-e Klage einreichen (to bei; against gegen): to ~ a petition (a charge); to ~ claims against s.o. Ansprüche gegen j-n erheben. **pref·er·a·ble** [ˈprefǝrǝbl] *adj* **1.** (to) vorzuziehen(d) (dat), vorˈzüglicher *od.* besser (als). **2.** wünschenswert, lieber, besser, möglichst. **ˈpref·er·a·bly** [-blɪ] *adv* vorzugsweise, lieber, besser, möglichst.

**pref·er·ence** [ˈprefǝrǝns] *s* **1.** Bevorzugung *f*, Vorzug *m* (above, before, over, to vor *dat*). **2.** Vorliebe *f* (for für): by ~ mit (besonderer) Vorliebe, lieber. **3.** Wahl *f*: of s.o.'s ~ nach (j-s) Wahl. **4.** *econ. jur.* Vor(zugs)recht *n*, Prioriˈtät(srecht *n*) *f*, Bevorzugung *f*: ~ as to dividends Dividendenbevorrechtigung; ~ bond Prioritätsobligation *f*; ~ dividend Vorzugsdividende *f*; ~ share *Br.* Vorzugsaktie *f*. **5.** *econ.* a) Vorzug *m*, Vergünstigung *f*, b) ˈVorzugs-, ˈMeistbegünstigungsta,rif *m* (Br. bes. zwischen Mutterland u. Commonwealth). **6.** *econ. jur.* bevorzugte Befriedigung (*a. im Konkurs*): fraudulent ~ Gläubigerbegünstigung *f*.

**pref·er·en·tial** [ˌprefǝˈrenʃl] *adj* (adv → **preferentially**) **1.** Vorzugs..., bevorzugt: ~ treatment. **2.** *econ. jur.* Vorzugs..., bevorrechtigt: ~ claim; ~ creditor bevorrechtigter Gläubiger; ~ duty Vorzugszoll *m*; ~ share *Br.* Vorzugsaktie *f*; ~ tariff Vorzugstarif *m*. **ˌpref·er·ˈen·tial·ism** [-ʃǝlɪzǝm] *s econ.* Präfeˈrenzsyˌstem *n* (handelspolitische Verbindung von Ländern durch Vorzugszölle etc). **ˌpref·er·ˈen·tial·ly** *adv* vorzugsweise.

**pref·er·en·tial| shop** *s econ. Am.* Betrieb *m*, in dem Gewerkschaftsmitglieder (bes. bei der Anstellung) bevorzugt werden. ~ **vot·ing** *s pol.* ˈVorzugsˌwahlsyˌstem *n* (bei dem der Wähler 2 *od.* mehr Kandidaten für ein Amt wählt, wodurch e-e Majoritätsentscheidung bei e-m einzigen Wahlgang ermöglicht wird).

**pre·fer·ment** [prɪˈfɜːmǝnt; Am. -ˈfɜr-] *s* **1.** Beförderung *f*, Ernennung *f* (to zu). **2.** höheres Amt, Ehrenamt *n* (bes. relig.). **3.** *jur.* Einreichung *f* (e-r Klage).

**pre·ferred** [prɪˈfɜːd; Am. -ˈfɜrd] *adj* bevorzugt, Vorzugs..., *econ. a.* bevorrechtigt: ~ creditor bevorrechtigter Gläubiger; ~ dividend *Am.* Vorzugsdividende *f*; ~ stock *Am.* Vorzugsaktie *f*.

**preˌfig·uˈra·tion** *s* **1.** Vor-, Urbild *n*. **2.** vorˈherige *od.* vorbildhafte Darstellung. **3.** *fig.* Vorgriff *m* (of auf *acc*). **ˌpreˈfig·ure** *v/t* **1.** vorbilden, vorbildhaft darstellen. **2.** vorher bildlich darstellen, sich vorher ausmalen. **3.** andeuten, ahnen lassen.

**pre·fix I** *v/t* [ˌpri:ˈfɪks; ˈpri:fɪks] **1.** vorˈanstellen, vorˈausgehen lassen (to dat). **2.** *a. ling.* ein Wort, e-e Silbe vorsetzen (to dat). **II** *s* [ˈpri:fɪks] **3.** *ling.* Präˈfix *n*, Vorsilbe *f*. **4.** (dem Namen) vorˈangestellter Titel. **5.** *a.* call ~ *teleph.* Vorwahl *f*, Vorwählnummer *f*.

ˌpre·forˈma·tion *s biol.* Präformatiˈon *f*, vorˈherbildung *f* im Keim. **ˌpre·ˈform·a·tive I** *adj* **1.** vorˈherbildend. **2.** *ling.* vorˈan-, vorgestellt, Präfix... **II** *s* **3.** *ling.* vorgesetzte Parˈtikel (im Hebräischen etc).

**preg** [preg] *adj colloq.* schwanger.

**preˈgen·i·tal** *adj psych.* prägeniˈtal (sexuelle Entwicklungsphase).

**preg·gers** [ˈpregǝ(r)z] *adj bes. Br. colloq.* schwanger.

**preˈgla·cial** *adj geol.* präglaziˈal, voreiszeitlich.

**preg·na·ble** [ˈpregnǝbl] *adj* einnehmbar (Stadt etc).

**preg·nan·cy** [ˈpregnǝnsɪ] *s* **1.** a) Schwangerschaft *f* (der Frau), b) Trächtigkeit *f* (bei Tieren): ~ test Schwangerschaftstest *m*. **2.** Fruchtbarkeit *f* (des Bodens). **3.** *fig.* Fruchtbarkeit *f*, Schöpferkraft *f*, Gedankenfülle *f*, Iˈdeenreichtum *m*. **4.** *fig.* Bedeutungsgehalt *m*, -schwere *f*, tiefer Sinn.

**preg·nant** [ˈpregnǝnt] *adj* (adv ~ly) **1.** a) schwanger, in anderen ˈUmständen (Frau): to be six months ~ im 6. Monat schwanger sein, b) trächtig (Tier), c) *hunt.* beschlagen (Edelwild). **2.** *fig.* fruchtbar, reich (in an *dat*). **3.** *fig.* iˈdeen-, einfallsgeistreich. **4.** *fig.* bedeutungsvoll, schwerwiegend, gewichtig: ~ with meaning bedeutungsschwer.

ˌpreˈheat *v/t tech.* vorwärmen, *mot.* vorglühen, Bratröhre vorheizen.

**pre·hen·sile** [prɪˈhensaɪl; Am. a. -sǝl] *adj zo.* zum Greifen geeignet, Greif...: ~ organ Greif-, Haftorgan *n*.

ˌpre·hisˈtor·ic *adj*; ˌpre·hisˈtor·i·cal *adj* (adv ~ly) ˈprähiˌstorisch, vorgeschichtlich. **ˌpreˈhis·to·ry** *s* **1.** Ur-, Vorgeschichte *f*. **2.** *fig.* Vorgeschichte *f*.

ˌpre·igˈni·tion *s mot.* Frühzündung *f*.

**pre·in'car·nate** *adj relig.* vor der Menschwerdung exi'stierend (*Christus*).
**pre'judge** *v/t* im voraus *od.* vorschnell be- *od.* verurteilen.
**prej·u·dice** ['predʒʊdɪs; -dʒə-] **I** *s* **1.** Vorurteil *n*, Voreingenommenheit *f*, vorgefaßte Meinung, *jur.* Befangenheit *f*. **2.** *a. jur.* Nachteil *m*, Schaden *m*: to the ~ of zum Nachteil (*gen*); without ~ ohne Verbindlichkeit; without ~ to ohne Schaden für, unbeschadet (*gen*). **II** *v/t* **3.** *j-n* mit e-m Vorurteil erfüllen, (günstig *od.* ungünstig) beeinflussen, *j-n* einnehmen (**in** favo[u]r of für; **against** gegen). **4.** *a. jur.* beeinträchtigen, benachteiligen, *j-m od. e-r Sache* schaden, *e-r Sache* Abbruch tun. **'prej·u·diced** [-st] *adj* **1.** (vor)eingenommen (**against** gegen [-'über]; **in** favo[u]r of für). **2.** *jur.* befangen. **3.** vorgefaßt (*Meinung*). **prej·u'di·cial** [-'dɪʃl] *adj* (*adv* ~ly) nachteilig, schädlich (**to** für): to be ~ to a) *j-m* schaden, b) *e-r Sache* abträglich sein.
**prel·a·cy** ['preləsɪ] *s relig.* **1.** Präla'tur *f*: a) Prä'latenwürde *f*, b) Amtsbereich *m* e-s Prä'laten. **2.** *collect.* Präla'ten(stand *m*, -tum *n*) *pl.* **'prel·ate** [-lɪt] *s* Prä'lat *m*: **domestic** ~ R.C. (päpstlicher) Hausprälat.
**pre'law** *adj univ. Am.* in die Rechtswissenschaft einführend, auf das Rechtsstudium vorbereitend: ~ **course** Kurs, der auf das Rechtsstudium vorbereitet; ~ **student** Student(in), der/die e-n ~ **course** besucht.
**pre·lect** [prɪ'lekt] *v/i* lesen, e-e Vorlesung *od.* Vorlesungen halten (**on**, **upon** über *acc*; to vor *dat*). **pre'lec·tion** [-kʃn] *s* Vorlesung *f*, Vortrag *m*. **pre'lec·tor** [-tɔ:(r); -tə(r)] *s bes. Br.* (Universi'täts)Lektor *m*, Do'zent *m*.
**pre·lim** ['pri:lɪm; prɪ'lɪm] *colloq.* **1.** *abbr. für* preliminary examination. **2.** *pl print.* Tite'lei *f*, Titelbogen *m*.
**pre·lim·i·nar·i·ly** [prɪ'lɪmɪnərəlɪ; *Am.* prɪˌlɪmə'nerɪlɪ:] *adv* **1.** einleitend, als Einleitung, zu'vor. **2.** vorläufig. **3.** ~ to vor (*dat*).
**pre·lim·i·nar·y** [prɪ'lɪmɪnərɪ; *Am.* -ˌneri:] *adj* **I** *adj* **1.** einleitend, vorbereitend, vor'ausgehend, Vor...: ~ **discussion** Vorbesprechung *f*; ~ **matter** *print.* Titelei *f*, Titelbogen *m*; ~ **measures** vorbereitende Maßnahmen; ~ **remarks** Vorbemerkungen; ~ **round** *sport* Vorrunde *f*; ~ **work** Vorarbeit *f*; ~ **to** vor (*dat*); **to be** ~ **to** s.th. *e-r Sache* vorausgehen. **2.** vorläufig, Vor...: ~ **dressing** *med.* Notverband *m*. **II** *s* **3.** *meist pl* Einleitung *f*, Vorbereitung(en *pl*) *f*, vorbereitende Maßnahmen *pl*, Präli mi'narien *pl* (*a. jur. pol. e-s Vertrages*), *jur. pol.* Vorverhandlungen *pl*. **4.** → **preliminary examination.** ~ **ex·am·i·na·tion** *s univ.* **1.** Aufnahmeprüfung *f*. **2.** a) Vorprüfung *f*, b) *med.* Physikum *n*.
**pre'load** *s tech.* Vorspannung *f*, Vorbelastung *f*.
**prel·ude** ['prelju:d; *Am. a.* 'preɪˌlu:d] **I** *s* **1.** Vorspiel *n*, Einleitung *f* (*beide a. fig.*), *fig.* Auftakt *m* (**to** zu). **2.** *mus.* Prä-'ludium *n*. **II** *v/t* **3.** *mus.* a) (mit e-m Prä'ludium) einleiten, b) als Prä'ludium spielen. **4.** *bes. fig.* einleiten, das Vorspiel *od.* der Auftakt sein zu. **III** *v/i* **5.** *mus.* a) prälu'dieren, ein Prä'ludium spielen, b) als Vorspiel dienen (**to** für, zu). **6.** *fig.* das Vorspiel *od.* die Einleitung bilden (**to** zu).
**pre·lu·sive** [prɪ'lju:sɪv; *Am. a.* -'lu:-] *adj* **1.** *mus. u. fig.* einleitend. **2.** *fig.* warnend.
**pre'mar·i·tal** *adj* vorehelich.
**pre·ma'ter·ni·ty** *adj med.* vor der Entbindung, für werdende Mütter: ~ **medical care** Mutterschaftsvorsorgeuntersuchung *f*.
**pre·ma·ture** [ˌpremə'tjʊə(r); -'tʃʊə(r); ˌpri:mə-; *Am. a.* -'tʊər] *adj* (*adv* ~ly) **1.** früh-, vorzeitig, verfrüht: ~ **birth** Frühgeburt *f*; ~ **child** Frühgeburt *f*; ~ **death** frühzeitiger Tod; ~ **ignition** *mot.* Frühzündung *f*. **2.** *fig.* voreilig, -schnell, über'eilt: **a** ~ **decision. 3.** frühreif. **pre·ma'ture·ness**, **pre·ma'tur·i·ty** *s* **1.** Frühreife *f*. **2.** Früh-, Vorzeitigkeit *f*. **3.** Voreiligkeit *f*, Über'eiltheit *f*.
**pre·max·il·lar·y** [ˌpri:mæk'sɪlərɪ; *Am.* -'mæksəˌleri:] *anat.* **I** *adj* prämaxil'lar, Zwischenkiefer(knochen)... **II** *s* Zwischenkiefer(knochen) *m*.
**pre·med** [ˌpri:'med] *adj*, *s colloq. abbr. für* a) premedical, b) premedication, c) premedical student.
**pre'med·ic** *colloq. abbr. für* premedical student. **pre'med·i·cal** *adj univ. Am.* in die Medi'zin einführend, auf das Medi'zinstudium vorbereitend: ~ **course** Kurs, der auf das Medizinstudium vorbereitet; ~ **student** Student(in), der/die e-n ~ **course** besucht. **pre·med·i'ca·tion** *s med.* Vorbehandlung *f* (*vor e-r Operation*).
**pre·me'di·e·val** *adj* vormittelalterlich.
**pre'med·i·tate** *v/t u. v/i* vorher über-'legen: ~d **murder** vorsätzlicher Mord. **pre'med·i·tat·ed·ly** [-ɪdlɪ] *adv* mit Vorbedacht, vorsätzlich. **pre med·i-'ta·tion** *s* Vorbedacht *m*, Vorsatz *m*.
**pre·mie** → preemie.
**pre·mier** ['premjə; *Am.* prɪ'mjɪər; 'pri:mi:ər] **I** *adj* **1.** rangältest(er, e, es). **2.** vornehmst(er, e, es), oberst(er, e, es), Haupt... **3.** erst(er, e, es), frühest(er, e, es). **II** *s* **4.** Premi'er(mi,nister) *m*, Mi'nisterpräsi,dent *m*.
**pre·mière** ['premieə; *Am.* prɪ'mjeər; prɪ'mɪər] *thea.* **I** *s* **1.** Premi'ere *f*, Ur-, Erstaufführung *f*. **2.** a) erste Darstellerin (*e-s Ensembles*), b) *a.* ~ **danseuse** Primaballe'rina *f*. **II** *v/t* **3.** ur-, erstaufführen. **'pre·mier·ship** *s* Amt *n od.* Würde *f* des Premi'ermi,nisters.
**pre mil·le'nar·i·an** *adj relig.* **1.** vor dem Mil'lennium liegend. **2.** Tausendjährigen Reich. **2.** die Lehre von der 'Wiederkunft Christi vor dem Mil'lennium betreffend.
**pre·mise**[1] [prɪ'maɪz; *Am. bes.* 'premɪs] *v/t* **1.** voraus'schicken, vorher erwähnen. **2.** *philos.* postu'lieren.
**prem·ise**[2] ['premɪs] *s* **1.** *philos.* Prä'misse *f*, Vor'aussetzung *f*, Vordersatz *m* (*e-s Schlusses*): **major** (**minor**) ~ Ober-(Unter)satz *m*. **2.** *jur.* a) *pl* (*das*) Obenerwähnte (*in Urkunden*), b) obenerwähntes Grundstück *od.* Haus *etc*: **in the ~s** im Vorstehenden; **in these ~s** in Hinsicht auf das eben Erwähnte. **3.** *pl* a) Grundstück *n*, b) Haus *n* nebst Zubehör *n* (*Nebengebäude, Grund u. Boden*), c) Lo'kal *n*, Räumlichkeiten *pl*: **on the ~s** an Ort u. Stelle, auf dem Grundstück, im Hause *od.* Lokal: **business ~s** a) Fabrik-, Werksgelände *n*, b) Geschäftsräume; **licensed** ~ Schanklokal.
**pre·mi·um** ['pri:mjəm; -mɪəm] *s* **1.** (Leistungs- *etc*)Prämie *f*, Bonus *m*, Belohnung *f*, Preis *m*, Zugabe *f*: ~ (**savings**) **bonds** *econ. Br.* zinslose Staatsobligationen, die an e-r wöchentlichen Ziehung teilnehmen; ~ **offers** *pl econ.* Verkauf *m* mit Zugaben; ~ **system** *econ.* Prämienlohnsystem *n*; **to put** (*od.* **place**) **a** ~ **on** e-n Preis aussetzen für. **2.** (Versicherungs)Prämie *f*: ~ **of insurance**; **reserve** Prämienreserve *f*, Deckungskapital *n*; **free of** ~ prämienfrei. **3.** *econ.* Aufgeld *n*, Agio *n*: **at a** ~ a) über pari, b) *fig.* hoch im Kurs (stehend), sehr gefragt; **to sell at a** ~ (*v/i*) über pari stehen, b) (*v/t*) mit Gewinn verkaufen; **to put** (*od.* **place**) **at a** ~ *fig.* großen Wert legen auf (*acc*). **4.** Lehrgeld *n* (*e-s Lehrlings*), 'Ausbildungshono,rar *n*. **5.** *Börse*: Prämie *f*, Reuegeld *n* (*bei Termingeschäften*). **6.** *a.* ~ **gasoline** *mot. Am.* 'Super(ben,zin) *n*.
**pre'mo·lar** *s anat.* Prämo'lar *m*, Vorbackenzahn *m*.
**pre·mo'ni·tion** *s* **1.** (Vor)Warnung *f*. **2.** (Vor)Ahnung *f*, (Vor)Gefühl *n*. **pre-'mon·i·to·ry** *adj* warnend: ~ **symptom** *med.* Frühsymptom *n*.
**pre'mo·tion** *s relig.* erster Antrieb (*des Weltlaufs durch Gottes Willen*).
**pre'na·tal** *med.* **I** *adj* vor der Geburt, vorgeburtlich, präna'tal: ~ **care** Mutterschaftsvorsorge *f*; ~ **clinic** Schwangerenberatungsstelle *f*; ~ **examination** Mutterschaftsvorsorgeuntersuchung *f*; ~ **exercises** Schwangerschaftsgymnastik *f*. **II** *s colloq.* 'Mutterschaftsvorsorgeunter,suchung *f*.
**pren·tice** ['prentɪs] **I** *s obs. für* apprentice. **II** *adj* Lehr(lings)..., Anfänger...: **in my** ~ **years** *fig.* in m-n Lehrjahren.
**pre'nup·tial** *adj* vorehelich.
**pre'oc·cu·pan·cy** *s* **1.** a) frühere Besitznahme, b) Recht *n* der früheren Besitznahme. **2.** (**in**) Beschäftigtsein *n* (mit), Vertieftsein *n* (in *acc*), Konzentrati'on *f* (auf *acc*).
**pre,oc·cu'pa·tion** *s* **1.** vor'herige Besitznahme. **2.** (**with**) Beschäftigtsein *n* (mit), Vertieftsein *n* (in *acc*), Konzentrati'on *f* (auf *acc*). **3.** Zerstreutheit *f*. **4.** Hauptbeschäftigung *f*, -tätigkeit *f*.
**pre'oc·cu·pied** *adj* **1.** (**with**) in Anspruch genommen (von), (anderweitig) beschäftigt (mit). **2.** vertieft (**with** in *acc*), gedankenverloren, geistesabwesend. **pre'oc·cu·py** *v/t* **1.** vorher *od.* vor anderen in Besitz nehmen. **2.** *j-n* (völlig) in Anspruch nehmen, *j-s* Gedanken *od. j-n* ausschließlich beschäftigen, erfüllen.
**pre·or'dain** *v/t* vor'herbestimmen: **he was ~ed to succeed** (*od.* **to success**) sein Erfolg war ihm vorherbestimmt.
**pre·or'dain·ment**, **'pre,or·di-'na·tion** *s* Vor'herbestimmung *f*.
**prep** [prep] *sl.* (*Schülersprache*) **I** *s* **1.** a) → preparatory school, b) *Am.* Schüler(in) e-r preparatory school. **2.** *Br. abbr. für* preparation 10. **II** *adj* **3.** *abbr. für* preparatory: ~ **school** → preparatory school. **III** *v/i* **4.** *Am.* sich vorbereiten (**for** auf *acc*): **to** ~ **for college. IV** *v/t* **5.** *Am.* vorbereiten.
**pre'pack**, **pre'pack·age** *v/t* abpacken: **prepacked fruit.**
**pre'paid** *adj* vor'ausbezahlt, *mail* fran-'kiert, (porto)frei.
**pre'pal·a·tal** *adj* **1.** *anat.* vor dem Gaumen (liegend). **2.** *ling.* am vorderen Teil des (harten) Gaumens gebildet.
**prep·a·ra·tion** [ˌprepə'reɪʃn] *s* **1.** Vorbereitung *f* (**for** für): **in** ~ **for** als Vorbereitung auf (*acc*); **to make ~s** Vorbereitungen *od.* Anstalten treffen; ~**s for war**, **warlike** ~**s** Kriegsvorbereitungen; ~ **artillery** ~ *mil.* Artillerievorbereitung, Vorbereitungsfeuer *n*. **2.** Bereitschaft *f*, Vorbereitetsein *n*. **3.** 'Herstellung *f*, (Zu-)Bereitung *f* (*von Tee, Speisen etc*). **4.** *Bergbau*: Aufbereitung *f*: ~ **of ores. 5.** Vorbehandlung *f*, Präpa'rieren *n*, Imprä'gnieren *n* (*von Holz etc*). **6.** *pharm.* Präpa'rat *n*, Arz'nei(mittel *n*) *f*: **pharmaceutical** ~**s. 7.** *biol. med.* (mikro-'skopisches Unter'suchungs)Präpa,rat. **8.** Abfassung *f* (*e-r Urkunde*), Ausfüllen *n* (*e-s Formulars*). **9.** *relig.* Vorbereitung(sgottesdienst *m*) *f*. **10.** *ped. Br.* Vorberei-

tung *f:* a) (Anfertigung *f* der) Hausaufgaben *pl*, b) Vorbereitungsstunde *f:* **to do one's ~** Hausaufgaben machen; **supervised ~** Hausaufgabenüberwachung *f.* **11.** *mus.* a) (Disso¹nanz)Vorbereitung *f*, b) ¹Einleitung(sfi₁gur) *f.*

**pre·par·a·tive** [prɪ¹pærətɪv] **I** *adj →* **preparatory I. II** *s* Vorbereitung *f* (for für, auf *acc*), vorbereitende Maßnahme (to zu). **pre¹par·a·tive·ly** *adv* als Vorbereitung (to zu, für, auf *acc*).

**pre·par·a·tor** [¹prepəreɪtə; *Am.* prɪ¹pærətər] *s* **1.** Vorbereiter(in). **2.** Präpa¹rator *m.*

**pre·par·a·to·ry** [prɪ¹pærətərɪ; *Am.* ₁təʊrɪ:; ₁tɔ:-] **I** *adj* (*adv* **preparatorily**) **1.** vorbereitend, als Vorbereitung dienend: **to be ~ to** als Vorbereitung dienen für *od.* zu *od.* auf (*acc*); **~ to** a) im Hinblick auf (*acc*), b) vor (*dat*); **~ to my journey** vor m-r Reise; **~ to doing s.th.** bevor *od.* ehe man etwas tut. **2.** *bes. ped.* Vor(bereitungs)... **II** *s* **3.** → **preparative II. 4.** *Br.* → **preparatory school. ~ school** *s* Vor(bereitungs)schule *f:* a) *Am. auf ein* **College** *vorbereitende* (*Privat*)*Schule*, b) *Br. auf e-e* **Public School** *vorbereitende Schule.*

**pre·pare** [prɪ¹peə(r)] **I** *v/t* **1.** (vor-, zu-) bereiten, zu¹recht-, fertigmachen, (¹her-) richten: **to ~** (**the**) **dinner** das Essen zubereiten; **to ~ s.th. for eating** etwas tischfertig zubereiten; **to ~ a festival** ein Fest vorbereiten. **2.** (aus)rüsten, bereitstellen: **to ~ an expedition** e-e Expedition ausrüsten. **3.** *j-n* (*seelisch*) vorbereiten (**to do** zu tun; **for** auf *acc*): **to ~ o.s. to do s.th.** sich anschicken, etwas zu tun; **to ~ o.s. for s.th.** sich auf etwas gefaßt machen; **to ~ s.o. for bad news** j-n auf e-e schlechte Nachricht vorbereiten. **4.** *e-e Rede, Schularbeiten, e-n Schüler etc* vorbereiten: **to ~ a speech; to ~ one's lessons** sich für den Unterricht vorbereiten. **5.** anfertigen, ausarbeiten, *e-n Plan* entwerfen, *ein Schriftstück* abfassen. **6.** *chem. tech.* a) anfertigen, ¹herstellen, b) präpa¹rieren, zurichten. **7.** *Kohle* aufbereiten. **8.** *chem.* darstellen. **9.** *mus.* a) *e-e Dissonanz* vorbereiten, b) *e-n Triller etc* einleiten. **II** *v/i* **10.** (**for**) sich vorbereiten (auf *acc*), sich anschicken *od.* rüsten (zu), Vorbereitungen *od.* Anstalten treffen (für): **to ~ for war** sich (zum Krieg rüsten: **~ to ...!** *mil.* Fertig zum ...! **11.** sich gefaßt machen (**for** auf *acc*). **pre¹pared** *adj* **1.** vorbereitet, bereit, fertig. **2.** zubereitet, ¹hergestellt. **3.** präpa¹riert, imprä¹gniert. **4.** *fig.* bereit, gewillt, willens: **to be ~ to do s.th. 5.** (**for**) vorbereitet (auf *acc*), gefaßt (auf *acc*), gerüstet (für). **6.** *mus.* vorbereitet (*Dissonanz*). **pre¹par·ed·ly** [-¹peə(r)dlɪ; *Am. bes.* -rɪd-] *adv.* **¹pre¹par·ed·ness** [-¹peə(r)dnɪs; *Am. bes.* -rɪd-] *s* **1.** Bereitschaft *f.* **2.** Vorbereitetsein *n* (**for** auf *acc*).

**₁pre·pa¹ren·tal** *adj* für zukünftige Eltern: **~ teaching.**

**₁pre¹pa·tent** *adj med.* (noch) la¹tent: **~ period** Latenzzeit *f.*

**₁pre¹pay** *v/t irr* vor¹ausbezahlen, *e-n Brief etc* fran¹kieren, freimachen. **₁pre¹pay·a·ble** *adj* im voraus zahlbar *od.* zu (be)zahlen(d). **₁pre¹pay·ment** *s* Vor¹aus(be)zahlung *f*, Fran¹kierung *f* (*von Briefen*).

**pre·pense** [prɪ¹pens] *adj jur.* vorsätzlich, vorbedacht: → **malice 5. pre¹pense·ly** *adv* vorsätzlich.

**pre·pon·der·ance** [prɪ¹pɒndərəns; *Am.* ₁pɑn-], *a.* **pre¹pon·der·an·cy** [-sɪ] *s* **1.** ¹Übergewicht *n* (*a. fig.* **over** über *acc*). **2.** *fig.* Über¹wiegen *n* (*an Zahl*) (**over** über *acc*), über¹wiegende Zahl. **pre-**

**¹pon·der·ant** *adj* (*adv* **~ly**) vorwiegend, über¹wiegend, entscheidend.

**pre·pon·der·ate** [prɪ¹pɒndəreɪt; *Am.* ₁¹pɑn-] *v/i* **1.** *fig.* vorherrschen, -wiegen, über¹wiegen: **to ~ over** (an Zahl) übersteigen, überlegen sein (*dat*). **2.** sich neigen (*Waage, a. fig.*).

**prep·o·si·tion** [₁prepə¹zɪʃn] *s ling.* Präpositi¹on *f*, Verhältniswort *n.* **₁prep·o-¹si·tion·al** [-ʃənl] *adj* (*adv* **~ly**) präpositio¹nal: **~ object** präpositionales Objekt. **pre·pos·i·tive** [prɪ¹pɒzətɪv; *Am.* ₁¹pɑz-] *adj ling.* vor¹angesetzt, -stehend, *Präp...*

**₁pre·pos¹sess** *v/t j-n, j-s Geist* einnehmen: **~ed** voreingenommen; **to be ~ed in favo(u)r of** eingenommen *od.* beeindruckt sein von. **₁pre·pos¹sess·ing** *adj* (*adv* **~ly**) einnehmend, gewinnend, anziehend, sym¹pathisch. **₁pre·pos¹ses·sion** *s* **1.** Voreingenommenheit *f* (**in favo[u]r of** für), vorgefaßte (günstige) Meinung (**for** von). **2.** Vorurteil *n.*

**pre·pos·ter·ous** [prɪ¹pɒstərəs; *Am.* ₁¹pɑs-] *adj* (*adv* **~ly**) **1.** ab¹surd, un-, ¹widersinnig, ¹widerna₁türlich, verdreht. **2.** lächerlich, lachhaft, gro¹tesk. **pre-¹pos·ter·ous·ness** *s* **1.** Unsinnigkeit *f.* **2.** Lächerlichkeit *f.*

**pre¹po·tence, pre¹po·ten·cy** *s* **1.** Vorherrschaft *f*, ¹Übermacht *f*, Über¹legenheit *f.* **2.** *biol.* stärkere Fortpflanzungs- *od.* Vererbungskraft. **pre¹po·tent** *adj* (*adv* **~ly**) **1.** vorherrschend, (an Kraft) über¹legen, ¹über)mächtig. **2.** *biol.* sich stärker fortpflanzend *od.* vererbend.

**prep·pie** [¹prepɪ:] *s ped. Am. sl.* Schüler(in) e-r **preparatory school.**

**₁pre¹pref·er·ence** *adj econ. Br.* vor den Vorzugsaktien ran¹gierend: **~ shares.**

**pre·print I** *s* [¹pri:prɪnt] **1.** Vorabdruck *m* (*e-s Buches etc*). **2.** Teilausgabe *f* (*e-s Gesamtwerks*). **II** *v/t* [₁pri:¹print] **3.** vor¹abdrucken, im voraus veröffentlichen.

**₁pre¹pro·gram,** *Br. a.* **₁pre¹pro·gramme** *v/t* ¹vorprogram₁mieren.

**₁pre¹pu·ber·tal** *adj psych.* ¹vorpuber₁tär. **₁pre¹pu·ber·ty** *s* ¹Vorpuber₁tät *f.*

**¹pre¹pub·li¹ca·tion** *s* Vorabdruck *m.*

**pre·puce** [¹pri:pju:s] *s anat.* Vorhaut *f.*

**Pre-Raph·a·el·ite** [₁pri:¹ræfəlaɪt; *bes. Am.* -¹ræfɪə-] **I** *adj* präraffae¹litisch: **Brotherhood** (*1848 gegründete*) Präraffaelitische Bruderschaft (*Gruppe von Malern, die in den Vorläufern Raffaels ihr Vorbild sahen*). **II** *s* Präraffae¹lit *m.* **₁Pre-¹Raph·a·el·it·ism** [-laɪtɪzəm] *s* Stil *od.* Grundsätze *pl* der Präraffae¹liten.

**₁pre·re¹cord** *v/t* vorher aufgenommen: **~ broadcast** Aufnahme *f*, Aufzeichnung *f.* **2.** bespielt (*Tonband etc*): **~ tape.**

**₁pre¹req·ui·site I** *adj* vor¹auszusetzen(d), erforderlich (**for, to** für). **II** *s* Vorbedingung *f*, (¹Grund)Vor₁aussetzung *f* (**for, to** für).

**pre·rog·a·tive** [prɪ¹rɒgətɪv; *Am.* ₁¹rɑg-] **I** *s* Präroga¹tiv(e *f*) *n*, Privi¹leg(ium) *n*, Vorrecht *n:* **royal ~** Hoheitsrecht *n*; **~ of mercy** Begnadigungsrecht *n.* **II** *adj* bevorrechtigt: **~ right** Vorrecht *n.* **~ court** *s jur. Br. hist. u. Am.* Nachlaßgericht *n.*

**pres·age** [¹presɪdʒ] **I** *v/t* [*a.* prɪ¹seɪdʒ] **1.** *meist Böses* ahnen. **2.** (vorher) anzeigen *od.* ankündigen, ¹hindeuten auf (*acc*). **3.** weissagen, prophe¹zeien. **II** *s* **4.** Omen *n*, Warn(ungs)-, Vor-, Anzeichen *n.* **5.** (Vor)Ahnung *f*, Vorgefühl *n.* **6.** Vorbedeutung *f:* **of evil ~.**

**pres·by·o·pi·a** [₁prezbɪ¹əʊpjə; -pɪə] *s* Presbyo¹pie *f*, Alters(weit)sichtigkeit *f.* **₁pres·by¹op·ic** [-¹ɒpɪk; *Am.* ₁ʔəʊ-; ₁ʔɑ-] *adj* alters(weit)sichtig.

**pres·by·ter** [¹prezbɪtə(r); *Am. a.* ¹pres-] *s relig.* **1.** (Kirchen)Älteste(r) *m.* **2.** (Hilfs-)

Geistliche(r) *m*, (-)Priester *m* (*in Episkopalkirchen*). **pres¹byt·er·al →** presbyterial. **pres¹byt·er·ate** [-rət; -reɪt] *s* **1.** Amt *n* e-s Kirchenältesten. **2.** → **presbytery 1.**

**pres·by·te·ri·al** [₁prezbɪ¹tɪərɪəl; *Am. a.* ₁pres-] *adj* presbyteri¹al *n*, Presbyterial..., von Kirchenältesten ausgehend *od.* geleitet. **₁Pres·by·te·ri·an I** *adj* presbyteri¹anisch: **~ Church. II** *s* Presbyteri¹aner(in). **₁Pres·by·te·ri·an·ism** *s* Presbyteri¹anertum *n*, -lehre *f.*

**pres·by·ter·y** [¹prezbɪtərɪ; *Am.* ₁terɪ; *a.* ¹pres-] *s* **1.** Presby¹terium *n:* a) *collect. hist.* (die) Kirchenältesten *pl*, b) *Art* Kreissynode *in Presbyterianerkirchen*, c) Chor (-raum) *m* (*Altarplatz*). **2.** Sprengel *m*, Pfarrbezirk *m.* **3.** *R.C.* Pfarrhaus *n.*

**pre·school** *ped.* **I** *adj* [₁pri:¹sku:l] vorschulisch, vor dem schulpflichtigen Alter: **~ age** vorschulpflichtiges Alter; **~ child** noch nicht schulpflichtiges Kind. **II** *s* [¹pri:sku:l] (*kindergartenähnliche*) Vorschule.

**pre·sci·ence** [¹presɪəns; ¹preʃɪ-; *Am. a.* ¹pri:ʃɪ-; -sɪ-] *s* Vor¹herwissen *n*, Vor¹aussicht *f.* **¹pre·sci·ent** *adj* (*adv* **~ly**) vor¹herwissend, -sehend (**of** *acc*). **¹pre₁sci·en¹tif·ic** *adj* vorwissenschaftlich.

**pre·scind** [prɪ¹sɪnd] **I** *v/t fig.* (**from**) absondern, (ab)trennen (von), ausklammern (aus). **II** *v/i* absehen, Abstand nehmen (**from** von).

**₁pre¹score** *v/t Film:* ¹vorsynchroni₁sieren.

**pre·scribe** [prɪ¹skraɪb] **I** *v/t* **1.** vorschreiben (**s.th. to s.o.** j-m etwas) anordnen: (**as**) **~d** (wie) vorgeschrieben, vorschriftsmäßig. **2.** *med.* verschreiben, verordnen (**s.th. for s.o.** j-m etwas; **for s.th.** gegen etwas). **II** *v/i* **3.** Vorschriften machen, Anordnungen treffen. **4.** a) etwas verschreiben *od.* verordnen (**to, for** *dat*), b) ein Re¹zept ausstellen (**for s.o.** j-m): **to ~ for s.o.** *allg.* j-n ärztlich behandeln. **5.** *jur.* a) verjähren, b) Verjährung *od. a.* Ersitzung geltend machen (**to, for** für, auf *acc*).

**pre·script** [¹pri:skrɪpt] *s* Vorschrift *f*, Anordnung *f.*

**pre·scrip·tion** [prɪ¹skrɪpʃn] *s* **1.** Vorschrift *f*, Verordnung *f.* **2.** *med.* a) Re¹zept *n*, b) verordnete Medi¹zin: **to take one's ~** s-e Arznei einnehmen; **available only on ~** rezeptpflichtig; **~ charge** Rezeptgebühr *f*; **~ drug** rezeptpflichtiges Medikament; **~ form** Rezept *n* (*Formular*); **~ glasses** *pl* vorher verordnete *od.* vom Arzt verschriebene Brille; **~ pad** Rezeptblock *m.* **3.** *jur.* a) (**negative**) **~** (Verlust *m* e-s Rechtes durch) Verjährung *f*, b) (**positive**) **~** Ersitzung *f.*

**pre·scrip·tive** [prɪ¹skrɪptɪv] *adj* (*adv* **~ly**) **1.** verordnend, vorschreibend, präskrip¹tiv (*a. ling.*): **~ grammar. 2.** *jur.* a) ersessen: **~ right**, b) Verjährungs...: **~ period; ~ debt** verjährte Schuld. **3.** (¹alt)hergebracht.

**₁pre·se¹lect** *v/t* vorher (aus)wählen. **₁pre·se¹lec·tion** *s* **1.** *tech.* Vorwahl *f* (*a. teleph.*), Voreinstellung *f.* **2.** *Radio:* ¹Vorselekti₁on *f.* **₁pre·se¹lec·tive** *adj mot. tech.* Vorwähler...: **~ transmission** *mot.* Vorwählergetriebe *n.* **₁pre·se¹lec·tor** *s* **1.** *mot. tech.* Vorwähler *m:* **~ gear** *mot.* Vorwählergetriebe *n.* **2.** *a.* **~ stage** (*Radio*) HF-Eingangsstufe *f.*

**₁pre¹sem·i·nal** *adj biol.* vor der Befruchtung, noch nicht befruchtet (*Ei*).

**pres·ence** [¹prezns] *s* **1.** a) Gegenwart *f*, Anwesenheit *f*, Prä¹senz *f:* **in the ~ of, in s.o.'s ~** in Gegenwart *od.* in Anwesenheit *od.* im Beisein von (*od. gen*); **in the ~ of witnesses** vor Zeugen; **~ of mind** Gei-

stesgegenwart *f*; → **save**[1] 9, b) *mil. pol.* mili'tärische Prä'senz. **2.** (unmittelbare) Nähe, Vor'handensein *n*: **to bring s.o. into the ~ of the king** j-n vor den König bringen; **to be admitted into the ~** (zur Audienz) vorgelassen werden; **action of ~** *chem.* Kontaktwirkung *f*; **in the ~ of danger** angesichts der Gefahr. **3.** *bes. Br.* hohe Per'sönlichkeit(en *pl*). **4.** a) *(das)* Äußere, Aussehen *n*, (stattliche) Erscheinung, b) Auftreten *n*, Haltung *f*, c) (per'sönliche) Ausstrahlung (*e-s Schauspielers etc*), d) *(das)* Eindrucksvolle, Wirksamkeit *f*. **5.** Anwesenheit *f* e-s unsichtbaren Geistes: **to feel a ~. ~ cham·ber, ~ room** *s bes. Br.* Audi'enz-, Empfangssaal *m*.

ˌpre'se·nile *adj med.* präse'nil. ˌpre·se-'nil·i·ty *s* Präsenili'tät *f*, vorzeitiges Altern.

pres·ent¹ ['preznt] **I** *adj* (*adv* → **presently**) **1.** *(räumlich)* gegenwärtig, anwesend (**in a place** an e-m Ort; **at** bei *e-r Feier etc*), vor'handen (*a. chem. etc*): **were you ~?** warst du da(bei)?; **those ~, ~ company** die Anwesenden; **to be ~ at** teilnehmen an (*dat*), *e-r Sache* beiwohnen, bei (*e-m Fest etc*) zugegen sein; **~!** (*bei Namensaufruf*) hier! **2.** *(zeitlich)* gegenwärtig, augenblicklich, jetzig, momen'tan: **the ~ time** (*od.* **day**) die Gegenwart; **the ~ Parliament** das gegenwärtige Parlament; **~ value** Gegenwarts-, *econ.* Tageswert *m*. **3.** heutig (*bes. Jahr, Monat*), laufend (*bes. Jahr, Monat*). **4.** *fig.* **(to)** gegenwärtig *od.* vor Augen (*dat*), le'bendig (in *dat*): **it is ~ to my mind** es ist mir gegenwärtig. **5.** vorliegend: **the ~ case; the ~ document; the ~ writer** der Schreiber *od.* Verfasser (dieser Zeilen). **6.** *ling.* prä'sentisch, im Präsens *od.* in der Gegenwart (stehend *od.* gebraucht): **~ participle** Partizip *n* Präsens, Mittelwort *n* der Gegenwart); **~ perfect** Perfekt *n*, zweite Vergangenheit; **~ tense** Präsens *n*, Gegenwart *f*. **II** *s* **7.** Gegenwart *f*: **at ~** im Augenblick, augenblicklich, gegenwärtig, jetzt, momentan; **for the ~** vorläufig, für den Augenblick, einstweilen. **8.** *ling.* (Verb *n* im) Präsens *n*, (Zeitwort *n* in der) Gegenwart *f*. **9.** *pl jur.* (vorliegendes) Schriftstück *od.* Doku'ment: **by these ~s** hiermit, hierdurch; **know all men by these ~s** hiermit jedermann kund u. zu wissen.

pre·sent² [prɪˈzent] **I** *v/t* **1.** j-n beschenken, (*mit e-m Preis etc*) bedenken: **to ~ s.o. with s.th.** j-m etwas schenken *od.* verehren; **to be ~ed with a prize** e-n Preis (überreicht) bekommen. **2.** darbieten, (über)'reichen, *etwas* schenken: **to ~ s.th. to s.o.** j-m etwas schenken; **to ~ a message** e-e Botschaft überbringen; **to ~ one's compliments** to s.o. sich j-m empfehlen. **3.** *j-n* vorstellen (**to** s.o. j-m), einführen (**at** bei): **to ~ o.s.** a) sich vorstellen, b) sich einfinden, erscheinen, sich melden (**for** zu), c) *fig.* sich bieten (*Möglichkeit etc*). **4.** bei Hof vorstellen *od.* einführen: **to be ~ed. 5.** bieten: **to ~ difficulties; to ~ a problem** ein Problem darstellen; **to ~ an appearance (of)** erscheinen (als); **to ~ a smiling face** ein lächelndes Gesicht zeigen. **6.** *econ.* *e-n* Wechsel, Scheck (zur Zahlung) vorlegen, präsen'tieren: **to ~ a bill for acceptance** e-n Wechsel zum Akzept vorlegen. **7.** *ein Gesuch, e-e Klage* einreichen, vorlegen, unter'breiten. **8.** *e-e Bitte, Klage, ein Argument etc* vorbringen, *e-n Gedanken, Wunsch* äußern, unter'breiten: **to ~ a case** e-n Fall vortragen *od.* vor Gericht vertreten. **9.** *jur.* a) Klage *od.* Anzeige erstatten gegen, b) *ein Vergehen* anzeigen. **10.** *ein Theaterstück, e-n Film etc* dar-

bieten, geben, zeigen, *a. e-e Sendung* bringen, *e-e Sendung* mode'rieren. **11.** *e-e Rolle* spielen, verkörpern. **12.** *fig.* vergegenwärtigen, vor Augen führen, schildern, darstellen. **13.** *j-n* (*für ein Amt*) vorschlagen. **14.** *mil.* a) *das Gewehr* präsen'tieren, b) *e-e Waffe* in Anschlag bringen, anlegen, richten (**at** auf *acc*): → **arm²** *Bes. Redew.*

**II** *s* **15.** *mil.* a) Präsen'tiergriff *m*, b) (Gewehr)Anschlag *m*: **at the ~** in Präsentierhaltung; **~ arms** Präsentierstellung *f*.

pres·ent³ ['preznt] *s* Geschenk *n*, Prä'sent *n*, Gabe *f*: **to make s.o. a ~ of s.th., to make a ~ of s.th. to s.o.** j-m etwas zum Geschenk machen *od.* schenken.

pre·sent·a·ble [prɪˈzentəbl] *adj* (*adv* **presentably**) **1.** präsen'tabel, als Geschenk *od.* zum Anbieten geeignet. **2.** annehmbar: **in ~ form. 3.** ,präsen'tabel' (*Erscheinung*), anständig angezogen. **4.** ansehnlich, stattlich. **5.** darstellbar, auszudrücken(d).

pres·en·ta·tion [ˌprezənˈteɪʃn; *Am. a.* ˌpriː-] *s* **1.** Schenkung *f*, (feierliche) Über'reichung *od.* 'Übergabe: **~ copy** Widmungs-, Freiexemplar *n*. **2.** Gabe *f*, Geschenk *n*: **~ case** Geschenketui *n* (*für Uhr etc*). **3.** Vorstellung *f* (*e-r Person*), Einführung *f*. **4.** Vorstellung *f*, Erscheinen *n*. **5.** Darstellung *f*, Schilderung *f*, Behandlung *f*: **~ of a problem. 6.** *med.* Demonstrati'on *f* (*im Kolleg*). **7.** *thea. Film:* Darbietung *f*, Vor-, Aufführung *f*, *Rundfunk, TV:* Moderati'on *f* (*e-r Sendung*). **8.** (Zur)'Schaustellung *f*. **9.** *econ.* (Waren)Aufmachung *f*, Ausstattung *f*. **10.** Einreichung *f* (*e-s Gesuchs*), Vorlage *f*, Eingabe *f*. **11.** *econ.* (Wechsel)Vorlage *f*: **(up)on ~** gegen Vorlage; **payable on ~** zahlbar bei Sicht; **to mature (up)on ~** bei Sicht fällig werden. **12.** a) Vorschlag(srecht *n*) *m*, b) Ernennung *f* (*relig. Br. bes. für ein geistliches Amt*). **13.** *med.* (Kinds)Lage *f* (*im Uterus*): **~ of the f(o)etus. 14.** *philos. psych.* a) Wahrnehmung *f*, b) Vorstellung *f*. **15.** P~ *relig.* a) P~ **of the Virgin Mary** Ma'riä (*21. November*), b) P~ **of Christ in the Temple** Darstellung *f* Christi im Tempel, Ma'riä Lichtmeß *f* (*2. Februar*). ˌpres·ent-'day *adj* heutig, gegenwärtig, jetzig, mo'dern.

pres·en·tee [ˌprezənˈtiː] *s* **1.** *bes. relig.* (*für ein geistliches Amt*) Vorgeschlagene(r) *m*. **2.** j-d, dem etwas präsentiert *od.* vorgelegt wird.

pre·sent·er [prɪˈzentə(r)] *s* **1.** *econ.* Über'bringer *m* (*e-s Schecks*). **2.** *Rundfunk, TV: Br.* Mode'rator *m*.

pre·sen·tient [prɪˈsenʃɪənt; -ʃənt] *adj* im voraus fühlend, ahnend (**of** *acc*). pre·sen·ti·ment [prɪˈzentɪmənt] *s* (Vor)Gefühl *n*, (*meist böse* Vor)Ahnung. pre·sen·tive [prɪˈzentɪv] *adj bes. ling.* anschaulich, begrifflich (*Wort*).

pres·ent·ly ['prezntlɪ] *adv* **1.** in Kürze, bald. **2.** gleich *od.* bald dar'auf. **3.** *Am.* jetzt, gegenwärtig, momen'tan, derzeit. **4.** *obs.* so'fort.

pre·sent·ment [prɪˈzentmənt] *s* **1.** Darstellung *f*, 'Wiedergabe *f*, Bild *n*. **2.** *thea. etc* Darstellung *f*, -bietung *f*, Aufführung *f*. **3.** Einreichung *f*, Vorlage *f*. **4.** *econ.* (Wechsel- *etc*)Vorlage *f*. **5.** *jur.* Anklage *f od. a.* Unter'suchung *f* von Amts wegen, *bes.* von der Anklagejury verfaßte Anklageschrift. **6.** *relig.* Klage *f* beim visi-'tierenden Bischof *od.* Archidia'kon. **7.** *philos. psych.* Vorstellung *f*.

pre·serv·a·ble [prɪˈzɜːvəbl; *Am.* -ˈzɜr-] *adj* erhaltbar, zu erhalten(d), konser-'vierbar.

pres·er·va·tion [ˌprezə(r)ˈveɪʃn] *s* **1.** Bewahrung *f*, (Er)Rettung *f*, Schutz *m*

(**from** vor *dat*): **~ of natural beauty** Naturschutz *m*. **2.** Erhaltung *f* (*a. fig.*), Konser'vierung *f*: **in good ~** gut erhalten; **~ of area** *math.* Flächentreue *f*; **~ of evidence** *jur.* Beweis-, Spurensicherung *f*. **3.** Einmachen *n*, -kochen *n*, Konser-'vierung *f* (*von Früchten etc*).

pre·serv·a·tive [prɪˈzɜːvətɪv; *Am.* -ˈzɜr-] **I** *adj* **1.** schützend, bewahrend, Schutz... **2.** erhaltend, konser'vierend. **II** *s* **3.** Konser'vierungsmittel *n* (*a. tech.*).

pre·serve [prɪˈzɜːv; *Am.* -ˈzɜrv] **I** *v/t* **1.** bewahren, behüten, (er)retten, (be)schützen (**from** vor *dat*). **2.** erhalten, vor dem Verderb schützen: **~d** gut erhalten. **3.** aufbewahren, -heben. **4.** konser'vieren (*a. tech.*), *Obst etc* einkochen, -machen, -legen: **~d meat** Büchsenfleisch *n*, collect. Fleischkonserven *pl*. **5.** *hunt. bes. Br. Wild, Fische* hegen. **6.** *fig. e-e Haltung, Ruhe, Andenken etc* (be)wahren. **II** *s* **7.** *meist pl* (*das*) Eingemachte, Kon'serve(n *pl*) *f*. **8.** *oft pl* a) *hunt. bes. Br.* ('Wild)Reser,vat *n*, Wildpark *m*, (Jagd-, Fisch)Gehege *n*, b) *fig.* Gehege *n*, Reich *n*: **to break into** (*od.* **to poach on**) s.o.'s **~s** j-m ins Gehege kommen. pre·serv·er *s* **1.** Bewahrer(in), (Aufrecht)Erhalter(in), (Er)Retter(in). **2.** ~ **preservative 3.** *bes. Br.* Heger *m*, Wildhüter *m*.

ˌpre'set *v/t irr tech.* voreinstellen. ˌpre'sex·u·al *adj med.* vor dem geschlechtsreifen Alter. ˌpre'shrink *v/t irr e-n Stoff* sanfori'sieren, einlaufen lassen, krumpfen. pre·side [prɪˈzaɪd] *v/i* **1.** die Aufsicht *od.* den Vorsitz haben *od.* führen (**at** bei; **over** über *acc*), präsi'dieren: **to ~ over** (*od.* **at**) **a meeting** e-e Versammlung leiten. **2.** *mus. u. fig.* führen. **3.** *fig.* herrschen: **to ~ over** beherrschen. **4.** ~ **over** *fig.* etwas mit ansehen müssen. pres·i·den·cy ['prezɪdənsɪ] *s* **1.** Prä'sidium *n*, Vorsitz *m*, (Ober)Aufsicht *f*. **2.** *oft* P~ Präsi'dentschaft *f*, Präsi'dentenamt *n* (*bes. in USA*). **3.** Amtszeit *f od.* -bereich *m* (*e-s Präsidenten*). **4.** *relig.* a) lo'kale Mor'monenbehörde, b) **First** P~ (*die aus dem Propheten u. zwei Beiräten bestehende*) oberste Mor'monenbehörde. **5.** *oft* P~ *Br. hist.* Präsi'dentschaft *f* (*e-e der ehemaligen brit.-indischen Provinzen Bengalen, Bombay u. Madras*). pres·i·dent ['prezɪdənt] *s* **1.** Präsi'dent (-in), Vorsitzende(r *m*) *f*, Vorsteher(in), Vorstand *m* (*e-r Körperschaft*), *a.* (Gene-'ral)Di,rektor *m*. **2.** *oft* P~ Präsi'dent *m* (*Staatsoberhaupt e-r Republik*). **3.** *Br.* Präsi'dent *m* (*e-s Board*), Mi'nister *m*: P~ **of the Board of Trade** Handelsminister. **4.** *univ. bes. Am.* Rektor *m*. **5.** *relig.* Oberhaupt *n* (*der Mormonenkirche*).

ˌpres·i·dent-e'lect *s* (*der*) gewählte Präsi'dent (*vor Amtsantritt*).

pres·i·den·tial [ˌprezɪˈdenʃl] *adj* (*adv* **~ly**) **1.** Präsidenten..., Präsidentschafts-...: **~ address** Ansprache *f* des Präsidenten *od.* Vorsitzenden; **~ chair** *fig.* Präsidentenstuhl *m od.* -amt *n*; **~ election** Präsidentenwahl *f*; **~ message** *Am.* Botschaft *f* des Präsidenten an den Kongreß; **~ system** Präsidialsystem *n*; **~ term** Amtsperiode *f* des Präsidenten; **~ year** *Am. colloq.* Jahr *n* der Präsidentenwahl. **2.** den Vorsitz *od.* die (Ober)Aufsicht führend, vorsitzend. **~ pri·ma·ry** *s pol. Am.* Vorwahl *f* zur Nomi'nierung des Präsi'dentschaftskandi,daten (*innerhalb e-r Partei*).

pre·sid·i·ar·y [prɪˈsɪdɪərɪ; *Am.* ˌeriː] *adj hist.* Besatzungs..., Garnison(s)... pre·si·di·o [prɪˈsɪdɪəʊ] *pl* **-os** *s* fester Platz, Garni'son *f*.

'pre·soak *s* Einweichmittel *n*.

**press** [pres] **I** v/t **1.** (zs.-)pressen, (-)drük-ken: to ~ s.o.'s hand j-m die Hand drücken. **2.** drücken auf (acc): to ~ the button auf den Knopf drücken. **3.** niederdrücken, drücken auf (acc). **4.** Saft, e-e Frucht etc (aus)pressen, (-)quetschen. **5.** bes. tech. a. Schallplatten pressen. **6.** Kleider plätten, bügeln. **7.** (zs.-, vorwärts-, weg- etc)drängen, (-)treiben: to ~ on weiterdrängen, -treiben. **8.** mil. (hart) bedrängen. **9.** j-n bedrängen: a) in die Enge treiben, Druck ausüben auf (acc): to ~ s.o. for money von j-m Geld erpressen, b) j-n bestürmen, j-m zusetzen: to ~ s.o. to do s.th.; to ~ s.o. for s.th. j-n dringend um etwas bitten; to be ~ed for money in Geldverlegenheit sein; to be ~ed for time unter Zeitdruck stehen, es eilig haben; → hard 24. **10.** j-n, ein Tier drängen, antreiben, hetzen: to ~ a horse. **11.** mar. mil. hist. zwangsausheben, zum Kriegsdienst pressen, Matrosen a. schang'haien. **12.** ([up]on j-m) etwas aufdrängen, -nötigen. **13.** Nachdruck legen auf (acc): to ~ one's point auf s-r Forderung od. Meinung nachdrücklich bestehen; to ~ home a) e-e Forderung etc durchsetzen, b) e-n Angriff energisch durchführen, c) e-n Vorteil ausnutzen. **II** v/i **14.** pressen, drücken, fig. Druck ausüben. **15.** plätten, bügeln. **16.** drängen, pres'sieren: time ~es die Zeit drängt. **17.** (for) dringen od. drängen (auf acc), fordern (acc): to ~ for money. **18.** (sich) drängen (to zu, nach): to ~ forward (sich) vordrängen; to ~ in (up-) on s.o. auf j-n eindringen, fig. auf j-n einstürmen (Probleme etc); to ~ on vorwärtsdrängen, weitereilen; to ~ ahead (od. forward, on) fig. weitermachen (with mit). **III** s **19.** tech. (a. Frucht- etc)Presse f. **20.** print. (Drucker)Presse f. **21.** print. a) Drucke'rei(raum m) f, b) Drucke'rei (-anstalt) f, c) Drucke'rei(wesen n) f, d) Druck m, Drucken n: to correct the ~ Korrektur lesen; to go to (the) ~ in Druck gehen, gedruckt werden; to send to (the) ~ in Druck geben; in the ~ im Druck (befindlich); coming from the ~ neu erschienen (bes. Buch); ready for the ~ druckfertig. **22.** the ~ die Presse (das Zeitungswesen, a. collect. die Zeitungen od. die Presseleute). **23.** 'Presse(kommen,tar m, -kri,tik f) f: to have a good (bad) ~ e-e gute (schlechte) Presse haben. **24.** Spanner m (für Skier od. Tennisschläger). **25.** (Bücher-, Kleider-, bes. Wäsche-) Schrank m. **26.** a) Drücken n, Pressen n, b) Plätten n, Bügeln n: to give s.th. a ~ etwas drücken od. pressen od. bügeln. **27.** Andrang m, Gedränge n, Menschenmenge f. **28.** fig. a) Druck m, Hast f, b) Dringlichkeit f, Drang m (der Geschäfte): the ~ of business. **29.** ~ of sail, ~ of canvas mar. a) (Segel)Preß m (Druck sämtlicher gesetzter Segel), b) Prangen n (Beisetzen sämtlicher Segel): to carry a ~ of sail Segel pressen; under a ~ of canvas mit vollen Segeln. **30.** mar. mil. hist. Zwangsaushebung f.

**press| a·gen·cy** s 'Presseagen,tur f, 'Nachrichtenbü,ro n. **~ a·gent** s 'Presse-a,gent m. **~ as·so·ci·a·tion** s Am. Presseverband (der den Zeitungen Nachrichten übermittelt). **~ at·ta·ché** s 'Presseatta,ché m. **~ bar·on** s Pressezar m. **'~board** s Preßspan m. **~ box** s 'Pressetri,büne f. **~ bu·reau** s → press agency. **~ but·ton** s electr. (Druck)Knopf m. **~ cam·paign** s 'Pressekam,pagne f, -feldzug m. **~ card** s Presseausweis m. **~ cen·ter** (bes. Br. **cen·tre**) s Pressezentrum n. **~ clip·ping** s bes. Am. Zeitungsausschnitt m. **~con·fer·ence** s 'Presse-

konfe,renz f. **~cop·y** s **1.** (mit der Kopierpresse gemachter) 'Durchschlag. **2.** Rezensi'onsexem,plar n. **~ cor·rec·tor** s print. Kor'rektor m, Korrek'torin f. **P-Coun·cil** s Br. Presserat m. **~cut·ting** bes. Br. für press clipping.

**pressed** [prest] adj gepreßt, Preß...

**press·er** ['presə(r)] s **1.** Presser(in): a) Glasindustrie, keramische Industrie: Formenpresser(in), b) Tuchpresser(in). **2.** print. Drucker m. **3.** Bügler(in). **4.** tech. Preßvorrichtung f. **5.** print. etc Druckwalze f.

**press| fil·ter** s tech. Druck-, Preßfilter n, m. **'~forge** v/t tech. preßschmieden. **gal·ler·y** s 'Pressetri,büne f (bes. im Parlament). **~ gang** s mar. hist. 'Preßpa,trouille f. **'~gang** v/t: to ~ s.o. into doing s.th. j-n drängen, etwas zu tun.

**pres·sie** ['prezi] s Austral. colloq. Geschenk n.

**'press·ing I** adj (adv ~ly) **1.** pressend, drückend. **2.** fig. a) (be)drückend: ~ need, b) dringend, dringlich: ~ danger drohende Gefahr. **II** s **3.** (Aus)Pressen n. **4.** tech. a) Stanzen n, b) Papierfabrikation: Sati'nieren n, Glätten n. **5.** tech. Preßling m. **6.** Schallplattenfabrikation: a) Preßplatte f, b) Pressung f, c) Auflage f. **~ roll·er** s tech. **1.** Spinnerei: Druck-, Lederwalze f. **2.** Papierfabrikation: a) Sati'nierwalze f, b) pl Sati'nierwalzwerk n.

**press| key** s electr. Drucktaste f. **~ kit** s Pressemappe f. **~ lord** s Pressezar m. **'~man** [-mæn; -mən] s irr **1.** (Buch-) Drucker m. **2.** bes. Br. Zeitungsmann m, Pressevertreter m, Journa'list m, Re'porter m. **'~mark I** s Signa'tur f, Biblio-'theksnummer f (e-s Buches). **II** v/t u. v/i si'gnieren. **~ of·fice** s Presseamt n, -stelle f. **~ of·fi·cer** s 'Pressechef m, -refe,rent m.

**pres·sor** ['presə(r); -sɔ:(r)] adj med. blutdruckerhöhend.

**'press| pack** v/t mittels e-r Presse packen. **~ pho·tog·ra·pher** s 'Pressefoto,graf(in). **~ proof** s print. letzte Korrek'tur, Ma'schinenrevisi,on f. **~ re·lease** s Pressemitteilung f, -verlautbarung f. **'~room** s print. Drucke'rei(raum m) f, Ma'schinensaal m. **'~show** v/t irr Fernsehspiel etc der Presse vor'ab vorführen. **~ spokes·man** s irr Pressesprecher m. **~ stud** s bes. Br. Druckknopf m. **'~to-'talk but·ton** (od. switch) s electr. Sprechtaste f. **'~up** s sport Br. Liegestütz m: to do a ~ e-n Liegestütz machen.

**pres·sur·al** ['preʃərəl] adj Druck...

**pres·sure** ['preʃə(r)] **I** s **1.** Drücken n, Pressen n, Druck m: → blood pressure. **2.** phys. tech. Druck m: ~ per unit area Flächendruck; low ~ Niederdruck (→ 3); ~ boiler (lever, pump, valve) Druckkessel m (-hebel m, -pumpe f, -ventil n); to work at high ~ mit Hochdruck arbeiten (a. fig.); ~ of axle mot. tech. Achsdruck. **3.** meteor. (Luft)Druck m: high (low) ~ Hoch-(Tief)druck. **4.** fig. Druck m, Last f: ~ of taxation Steuerlast; the ~ of business der Drang od. Druck der Geschäfte. **5.** fig. (mo'ralischer) Druck, Zwang m: to bring ~ to bear upon s.o. auf j-n Druck ausüben; to put (od. place) ~ (up)on s.o. j-n unter Druck setzen. **6.** Bedrängnis f, Not f, Drangsal f: financial ~; ~ of conscience Gewissensnot. **II** v/t **7.** a) → pressurize 1, 2, b) → pressure-cook. **8.** unter Druck setzen (a. fig.). **9.** fig. j-n treiben od. zwingen (into doing dazu, etwas zu tun).

**pres·sure| al·ti·tude** s meteor. baro-'metrische Höhe. **~cab·in** s aer. 'Druck-

(,ausgleichs)ka,bine f. '**~cook** v/t u. v/i im Schnellkochtopf kochen. **~cook·er** s Schnellkochtopf m. **~ e·qual·i·za·tion** s Druckausgleich m. **~ ga(u)ge** s tech. Druckmesser m, Mano'meter n. **~ gra·di·ent** s meteor. (atmosphärischer) 'Druckgradi,ent, spe'zifisches Druckgefälle. **~ greas·ing** s tech. Hochdruckschmierung f. **~group** s pol. Inter-'essengruppe f. **~ head** s **1.** phys. Staudruck(messer) m, Druckgefälle n, -höhe f. **2.** tech. Förderhöhe f (e-r Pumpe). **~ lu·bri·ca·tion** s tech. 'Druck(,umlauf)schmierung f. **~ pipe** s tech. Druckrohr n, -leitung f. **~ point** → pressure spot. '**~proof** adj aer. druckfest (Flugzeugkabine). '**~sen·si·tive** adj med. etc druckempfindlich. **~ spot** s med. Druckpunkt m, druckempfindlicher Punkt. **~ suit** s aer. Druckanzug m. **~ tank** s tech. Druckbehälter m. **~ tube** s tech. Druckmeß-, Staurohr n. **~ wave** s phys. Druckwelle f. **~ weld·ing** s tech. Preßschweißen n.

**pres·sur·ize** ['preʃəraɪz] v/t **1.** unter 'Überdruck halten, bes. aer. druckfest machen; **~d cabin** → pressure cabin. **2.** chem. tech. unter Druck setzen, (durch Druckluftzufuhr) belüften: **~d water reactor** Druckwasserreaktor m. **3.** fig. bes. Br. j-n unter Druck setzen. '**pres·sur·iz·er** s aer. Druckanlage f.

'**press·work** s print. **1.** Druck(arbeit f) m. **2.** Druckerzeugnis n.

**pres·ti·dig·i·ta·tion** ['presti,dɪdʒɪ-'teɪʃn] s **1.** Fingerfertigkeit f. **2.** Taschenspielerkunst f. **pres·ti·dig·i·ta·tor** [-tə(r)] s Taschenspieler m (a. fig.).

**pres·tige** [pre'sti:ʒ; Am. a. -'sti:dʒ] s Pre'stige n, Geltung f, Ansehen n: **~ hotel** Renommierhotel n.

**pres·tig·ious** [pre'stɪdʒəs] adj berühmt, renom'miert (Schule, Autor etc).

**pres·tis·si·mo** [pre'stɪsɪməʊ] mus. **I** adv pre'stissimo, äußerst schnell. **II** pl **-mos** s Pre'stissimo n.

**prest·mon·ey** s Br. hist. Handgeld n (für Rekruten).

**pres·to** ['prestəʊ] **I** adv **1.** mus. presto, (sehr) schnell. **2.** schnell, geschwind: hey ~ (, pass)! (Zauberformel) Hokuspokus (Fidibus)!, Simsalabim! **II** adj **3.** blitzschnell. **III** pl **-tos** s **4.** mus. Presto n.

,**pre'stressed** adj tech. vorgespannt: ~ concrete Spannbeton m.

**pre·sum·a·ble** [prɪ'zju:məbl; bes. Am. -'zu:m-] adj (adv **presumably**) vermutlich, mutmaßlich, wahr'scheinlich.

**pre·sume** [prɪ'zju:m; bes. Am. -'zu:m] **I** v/t **1.** annehmen, vermuten, schließen (from aus), vor'aussetzen. **2.** jur. (mangels Gegenbeweises) als wahr annehmen: **~d dead** verschollen. **3.** sich etwas erlauben od. her'ausnehmen, sich erdreisten od. anmaßen, (es) wagen (to do zu tun). **4.** vermuten, mutmaßen: **I** ~ (wie) ich vermute, vermutlich. **II** v/i **5.** anmaßend sein: **ignorance ~s where knowledge is timid** Unwissenheit ist dreist, wo Klugheit zögert. **6.** (on, upon) ausnutzen od. miß'brauchen (acc): **they ~d too much on his generosity.** **pre-'sum·ed·ly** [-mɪdlɪ] adv mutmaßlich, vermutlich. **pre'sum·ing** adj (adv ~ly) vermessen, anmaßend.

**pre·sump·tion** [prɪ'zʌmpʃn; -'zʌmʃn] s **1.** Vermutung f, Annahme f, Mutmaßung f. **2.** jur. Vermutung f, Präsumti'on f: **~ of death** Todesvermutung, Verschollenheit f; **~ of a fact** Tatsachenvermutung; **~ of law** Rechtsvermutung, gesetzliche Vermutung (der Wahrheit bis zum Beweis des Gegenteils). **3.** Wahr'scheinlichkeit f, (Grund m zu der) Annahme f: **the ~ is**

that he will come es ist anzunehmen, daß er kommt; **there is a strong~ of his death** es ist mit Sicherheit anzunehmen, daß er tot ist. **4.** Vermessenheit *f*, Anmaßung *f*. **5.** Dünkel *m*.

**pre·sump·tive** [prɪˈzʌmptɪv; -ˈzʌmtɪv] *adj* (*adv* ~ly) vermutlich, mutmaßlich, präsumˈtiv: ~ **evidence** *jur.* Indizienbeweis *m*; ~ **proof** Wahrscheinlichkeitsbeweis *m*; ~ **title** *jur.* präsumtives Eigentum; → **heir**.

**pre·sump·tu·ous** [prɪˈzʌmptjʊəs; -ˈzʌmt-; *Am.* -tʃəwəs] *adj* (*adv* ~ly) **1.** anmaßend, vermessen, dreist. **2.** eingebildet, dünkelhaft, überˈheblich. **preˈsump·tu·ous·ness** → presumption 2.

**pre·sup·pose** *v/t* vorˈaussetzen: a) im voraus annehmen (*Person*), b) zur Vorˈaussetzung haben (*Sache*). **pre·sup·poˈsi·tion** *s* Vorˈaussetzung *f*.

**pre·tax** *adj econ.* vor Abzug der Steuern, *a.* Brutto...: ~ **income**.

**pre·ˈteen** *adj u. s bes. Am.* (Kind *n*) im Alter zwischen 10 u. 12.

**pre·tence,** *Am.* **pre·tense** [prɪˈtens; *Am. a.* ˈpriː‚t-] *s* **1.** Anspruch *m*: **to make no ~** keinen Anspruch erheben auf (*acc*). **2.** Vortäuschung *f*, Vorwand *m*, Scheingrund *m*: → **false pretences**. **3.** *fig.* Anschein *m*, Maske *f*, Verstellung *f*: **to make a ~ of order** den Anschein von Ordnung erwecken; **to abandon the ~** die Maske fallen lassen; **to make ~ of doing s.th.** sich den Anschein geben, als tue man etwas; **she made ~ of being asleep** sie stellte sich schlafend. **4.** → pretentiousness 2.

**pre·tend** [prɪˈtend] **I** *v/t* **1.** vorgeben, -täuschen, -schützen, heucheln, sich stellen, so tun als ob: **to ~ to be sick** vorgeben, krank zu sein; krank spielen. **2.** sich erdreisten, sich anmaßen. **3.** behaupten. **4.** wagen, sich erlauben. **II** *v/i* **5.** sich verstellen, heucheln, so tun als ob: **he is only ~ing** er tut nur so. **6.** Anspruch erheben (**to** auf *acc*): **to ~ to the throne. pre·ˈtend·ed** *adj* (*adv* ~ly) vorgetäuscht, an-, vorgeblich. **pre·ˈtend·er** *s* **1.** Beanspruchende(r *m*) *f*, Bewerber(in). **2.** j-d, der Ansprüche stellt (**to** auf *acc*). **3.** *a.* ~ **to the throne** (ˈThron-)Prätenˌdent *m*, Thronbewerber *m*. **4.** Heuchler(in).

**pre·tense** *Am. für* pretence.

**pre·ten·sion** [prɪˈtenʃn] *s* **1.** Anspruch *m* (**to** auf *acc*): **of great ~s** anspruchsvoll; **of no ~s** anspruchslos. **2.** *meist pl* Absichten *pl*, Ambitiˈonen *pl*. **3.** → pretentiousness.

**pre·ten·tious** [prɪˈtenʃəs] *adj* (*adv* ~ly) **1.** anmaßend. **2.** prätentiˈös, anspruchsvoll, ˌhochgestochen‘. **3.** protzig, snoˈbistisch, ehrgeizig, ambitiˈös. **pre·ˈten·tious·ness** *s* **1.** Anmaßung *f*, Dünkel *m*. **2.** (*das*) Prätentiˈöse *od.* Anspruchsvolle, ˌhochgestochene‘ Art.

**pre·ter·hu·man** [‚priːtə(r)ˈhjuːmən] *adj* überˈmenschlich.

**pret·er·it,** *bes. Br.* **pret·er·ite** [ˈpretərɪt] *ling.* **I** *adj* Vergangenheits...: ~ **tense** → II. **II** *s* Präˈteritum *n*, (erste) Vergangenheit, (Verb *n im*) Imperfekt *n*.

**pret·er·ite·ˈpres·ent** *bes. Br. für* preterit-present.

**pre·ter·i·tive** [priːˈterɪtɪv] *adj ling.* **1.** nur im Präˈteritum gebräuchlich. **2.** → preterit I.

**pre·ter·i·to·pre·sen·tial** [priː‚terɪtəʊprɪˈzenʃl] → preterit-present.

**pret·er·it·ˈpres·ent** *ling.* **I** *adj* präˈterito-präˌsentisch: ~ **tense** als Präsens gebrauchtes Präteritum; ~ **verbs** Präteritopräsentia. **II** *s* Präˈteritopräsens *n*.

**pre·ter·nat·u·ral** [‚priːtə(r)ˈnætʃrəl] *adj*

---

(*adv* ~ly) **1.** ˈunnaˌtürlich, abˈnorm, außergewöhnlich. **2.** ˈübernaˌtürlich. **pre·ter·ˈsen·su·al** *adj* übersinnlich.

**pre·text** [ˈpriːtekst] **I** *s* Vorwand *m*, Ausrede *f*, Ausflucht *f*: **under** (*od.* **upon** *od.* **on**) **the ~ of** unter dem Vorwand (*gen*). **II** *v/t* vorschützen: ~ **sickness**.

**pre·ˈti·tles se·quence** *s Film, TV:* Vorspannszene *f*, einleitende Szene.

**pre·ˈton·ic** *adj ling.* vortonig, vor dem Haupton liegend.

**pre·ˈtreat** *v/t* vorbehandeln. **pre·ˈtreat·ment** *s* Vorbehandlung *f*.

**pre·ˌtri·al** *jur.* **I** *s* Vorverhandlung *f*. **II** *adj* vor der (Haupt)Verhandlung, Untersuchungs...: ~ **detention** *Am.* Untersuchungshaft *f*.

**pret·ti·fy** [ˈprɪtɪfaɪ] *v/t oft iro.* verschönern, hübsch machen.

**pret·ti·ly** [ˈprɪtɪlɪ] *adv* **1.** hübsch, nett. **2.** Kindersprache: artig, brav.

**pret·ti·ness** [ˈprɪtɪnɪs] *s* **1.** Hübschheit *f*, Nettigkeit *f*, Niedlichkeit *f*. **2.** Anmut *f*. **3.** Geziertheit *f* (*bes. im Ausdruck*). **4.** (*etwas*) Hübsches.

**pret·ty** [ˈprɪtɪ] **I** *adj* (*adv* → prettily) **1.** hübsch, nett, niedlich: (**as**) ~ **as a picture** bildhübsch. **2.** anmutig. **3.** bezaubernd, charˈmant. **4.** *a. iro.* schön, fein, sauber: **a ~ stroke; a ~ mess!** e-e schöne Geschichte! **5.** *colloq.* ‚(ganz) schön‘, ‚hübsch‘, beträchtlich: **a ~ way off** ein ganz schönes Stück weg von hier. **6.** geziert, affekˈtiert. **7.** geschickt. **8.** treffend. **II** *adv* **9.** a) ganz, ziemlich, b) einigermaßen, leidlich: ~ **cold** ‚ganz schön‘ kalt; ~ **good** recht gut, nicht schlecht; ~ **near** nahe daran, ziemlich nahe; ~ **close to perfection** nahezu vollkommen; **this is ~ much** (*od.* **well) the same** das ist (*so*) ziemlich *od.* fast dasselbe; **to sit ~** *colloq.* (*finanziell etc*) gut dastehen. **III** *s* **10.** Hübsche *f*, hübsches Mädchen. **11.** hübsche Sache. **12.** *pl* schöne Sachen *pl od.* Kleider *pl*, *bes.* a) Schmuck(sachen *pl*) *m*, b) *Am.* Krimskrams *m*. **13.** *Golf: colloq. für* fair green. **IV** *v/t* **14.** ~ **up** etwas hübsch machen, verschönern, *Theaterstück etc* ‚aufpoˌlieren‘. **pret·ty·ism** *s* Geziertheit *f*, Affekˈtiertheit *f*.

**pret·ty‚-pret·ty** *colloq.* **I** *pl* ~-‚pret·ties *s meist pl* **1.** → pretty 12 b. **2.** Nippsachen *pl*. **II** *adj* **3.** (allzu) niedlich.

**pret·zel** [ˈpretsəl] *s* (Salz)Brezel *f*.

**pre·vail** [prɪˈveɪl] *v/i* **1.** vorherrschen, überˈwiegen, (weit) verbreitet sein: **dark hair ~s among Italians; silence ~ed** es herrschte Schweigen. **2.** a) (*a. jur.*) obsiegen, die Oberhand *od.* das ˈÜbergewicht gewinnen *od.* haben (**over** über *acc*), b) *fig.* überˈwiegen, den Ausschlag geben, maß- *od.* ausschlaggebend sein. **3.** überˈhandnehmen. **4.** sich Geltung verschaffen, sich ˈdurchsetzen *od.* behaupten (**against** gegen). **5.** ~ (**up**)**on s.o. to do s.th.** j-n dazu bewegen *od.* bringen, etwas zu tun; **he could not be ~ed upon** er war nicht dazu zu bewegen; ~ (**up**)**on o.s.** es über sich *od.* übers Herz bringen. **pre·ˈvail·ing** *adj* (*adv* ~ly) **1.** die Oberhand habend, überˈlegen: **the ~ party** *jur.* die obsiegende Partei. **2.** (vor)herrschend, allgemein (geltend *od.* gültig), maßgebend: **the ~ opinion** die herrschende Meinung; **under the ~ circumstances** unter den obwaltenden Umständen; ~ **tone** *bes. econ.* Grundstimmung *f*.

**prev·a·lence** [ˈprevələns] *s* **1.** Vorherrschen *n*, Überˈwiegen *n*, weite Verbreitung. **2.** Überˈhandnehmen *n*. **prev·a·lent** *adj* (*adv* ~ly) **1.** (vor)herrschend, häufig, weitverbreitet: **to be ~** herrschen, verbreitet sein, grassieren (*Krankheit etc*). **2.** → prevailing 1.

---

**pre·var·i·cate** [prɪˈværɪkeɪt] *v/i* **1.** Ausflüchte machen, die Wahrheit verdrehen, schwindeln. **2.** wider Pflicht u. Gewissen handeln. **3.** *jur.* a) ein Vergehen verheimlichen *od.* verdunkeln, b) *obs.* Parˈteiverrat begehen (*Anwalt*). **pre·var·i·ca·tion** *s* **1.** Ausflucht *f*, Tatsachenverdrehung *f*, Winkelzug *m*. **2.** *obs. jur.* Anwaltstreubruch *m*, Parˈteiverrat *m*. **pre·ˈvar·i·ca·tor** [-tə(r)] *s* Ausflüchtemacher(in), Schwindler(in), Wortverdreher(in).

**pre·ve·ni·ent** [prɪˈviːnjənt] *adj* vorˈher-, vorˈangehend.

**pre·vent** [prɪˈvent] *v/t* **1.** verhindern, -hüten, *e-r Sache* vorbeugen *od.* zuˈvorkommen. **2.** (**from**) *j-n* hindern (an *dat*), ab-, fernhalten (von): **to ~ s.o. from coming** j-n am Kommen hindern, j-n vom Kommen abhalten. **3.** *obs. od. Bibl. j-m* (schützend) vorˈangehen, mit *j-m* sein: **God's grace ~s us. pre·ˈvent·a·ble** *adj* verhütbar, abwendbar. **pre·ˈvent·a·tive** → preventive. **pre·ˈvent·er** *s* **1.** Verhüter(in). **2.** Vorbeugungs-, Verhütungs-, Schutzmaßnahme *f*, -mittel *n*. **3.** *mar.* ‚Priˈventer‘ *m*, Sicherungstau *n*. **pre·ˈvent·i·ble** → preventable. **pre·ven·tion** [prɪˈvenʃn] *s* **1.** Verhinderung *f*, Verhütung *f*: ~ **of accidents** Unfallverhütung. **2.** *bes. med.* Vorbeugung *f*, Prophyˈlaxe *f*: ~ **is better than cure** Vorbeugen ist besser als Heilen. **pre·ven·tive** [prɪˈventɪv] **I** *adj* (*adv* ~ly) **1.** verhütend, *bes. jur. med.* vorbeugend, prävenˈtiv, Vorbeugungs..., Schutz..., *med.* prophyˈlaktisch: ~ **arrest** Schutzhaft *f*; ~ **detention** a) *Br.* Sicherungsverwahrung *f*, b) *Am.* Vorbeugungs-, Vorbeugehaft *f*; ~ **inoculation** Schutzimpfung *f*; ~ **measure** *od.* ~ **medicine** Präventivmedizin *f*; **P~ Service** *Br.* Küstenschutzdienst *m*; ~ **treatment** Präventivbehandlung *f*; ~ **war** Präventivkrieg *m*. **II** *s* **2.** Vorbeugungs-, Schutzmittel *n*, *med. a.* Prävenˈtivmittel *n*. **3.** Schutz-, Vorsichtsmaßnahme *f*.

**pre·view** **I** *s* **1.** *Film:* a) Voraufführung *f*, b) (Proˈgramm)Vorschau *f*. **2.** Vorbesichtigung *f* (*e-r Ausstellung etc*), *paint.* Vernisˈsage *f*. **3.** Vorbesprechung *f* (*e-s Buches*), *a. Rundfunk, TV:* Probe *f*. **5.** *allg.* Vor(ˈaus)schau *f* (**of** auf *acc*). **II** *v/t* **6.** vorher sehen *od.* zeigen *od.* vorführen. **7.** e-e Vor(ˈaus)schau geben auf (*acc*).

**pre·vi·ous** [ˈpriːvjəs; -vɪəs] **I** *adj* **1.** vorˈher-, vorˈausgehend, Vor...: ~ **action** *jur.* Vorausklage *f*; ~ **conviction** *jur.* Vorstrafe *f*; **he has had no ~ convictions** er ist nicht vorbestraft; ~ **endorser,** ~ **holder** *econ.* Vor(der)mann *m*; ~ **examination** *univ.* Vorexamen *n* (*erste Prüfung für den Grad e-s B.A.*; *in Cambridge*); ~ **knowledge** Vorkenntnisse *pl*; ~ **owner** Vorbesitzer(in); ~ **question** *parl.* Vorfrage *f*, ob ohne weitere Debatte abgestimmt werden soll; **to move the ~ question** Übergang zur Tagesordnung beantragen; ~ **year** Vorjahr *n*; **without ~ notice** ohne vorherige Ankündigung. **2.** *meist* **too ~** *colloq.* verfrüht, voreilig. **II** *adv* **3.** ~ **to** vor (*dat*). **pre·vi·ous·ly** *adv* vorher, zuˈvor, früher: ~ **convicted** *jur.* vorbestraft; ~ **owned** aus zweiter Hand.                                             [sicht *f*.]

**pre·ˈvi·sion** *s* Vorˈhersehen *n*, Vorˈaus-ʃ

**pre·vo·ca·tion·al** *adj* vorberuflich: ~ **training** Berufsschulausbildung *f*.

**pre·vue** → preview.

**pre·war** [‚priːˈwɔː(r)] *adj* Vorkriegs...: ~ **prices**.

**prex·y** [ˈpreksiː], *a.* **prex** [preks] *s univ. Am. sl.* ‚Rex‘ *m* (*Präsident od. Rektor e-s College*).

**prey** [preɪ] **I** s **1.** zo. u. fig. Raub m, Beute f, Opfer n: fish of ~ Raubfisch m; → beast 2, bird of prey; to fall a ~ to j-m od. e-r Sache zum Opfer fallen, die Beute (gen) werden; to fall a ~ to circumstances ein Opfer der Verhältnisse werden; to fall a ~ to doubts von Zweifeln befallen werden. **II** v/i **2.** auf Raub od. Beute ausgehen. **3.** (on, upon) a) zo. Jagd machen (auf acc), erbeuten, fressen (acc), b) fig. berauben, ausplündern (acc), c) fig. ausbeuten, -saugen (acc), d) nagen, zehren (an dat): it ~ed upon his mind (od. upon him) es ließ ihm keine Ruhe, der Gedanke quälte od. verfolgte ihn.
**prez·zie** → pressie.
**pri·ap·ic** [praɪˈæpɪk; -ˈeɪ-] adj phallisch.
**pri·a·pism** [ˈpraɪəpɪzəm] s med. Priaˈpismus m, schmerzhafte ˈDauererektiˌon.
**price** [praɪs] **I** s **1.** econ. a) (Kauf)Preis m, Kosten pl, b) Börse: Kurs(wert) m: adjustable (od. graduated) ~ Staffelpreis; asked ~ a) geforderter Preis, b) Börse: Briefkurs; bid (od. offered) ~ a) gebotener Preis, b) Börse: Geldkurs; share (bes. Am. stock) ~ (Börse) Aktienkurs; ~ of issue, issue ~ Zeichnungs-, Emissionspreis; ~ per unit Stückpreis; to secure (od. get) a good ~ e-n guten Preis erzielen; to operate at a low ~ mit niedrigen Preisen arbeiten; every man has his ~ fig. jeder hat s-n Preis; beyond (od. without) ~ von unschätzbarem Wert, unbezahlbar; at a ~ für entsprechendes Geld, ›wenn man das nötige Kleingeld hat‹; at a (od. the) ~ of zum Preis von. **2.** (Kopf)Preis m: to set a ~ on s.o.'s head e-n Preis auf j-s Kopf aussetzen. **3.** Lohn m, Belohnung f, Preis m. **4.** fig. Preis m, Opfer n: at a (heavy) ~ um e-n hohen Preis, unter schweren Opfern; (not) at any ~ um jeden (keinen) Preis; that is too high a ~ to pay for freedom das ist ein zu hoher Preis für die Freiheit. **5.** (Wett-, Gewinn-) Chance(n pl) f: what ~ ...? sl. a) welche Chancen hat ...?, b) was nützt ...?, c) wie steht es mit ...? **II** v/t **6.** econ. a) den Preis festsetzen für, b) auszeichnen: to ~ goods; to ~ o.s. out of the market durch überhöhte Preise nicht mehr konkurrenzfähig sein; → priced. **7.** bewerten: to ~ s.th. high (low) e-r Sache großen (geringen od. wenig) Wert beimessen. **8.** colloq. nach dem Preis (e-r Ware) fragen.
**price a·gree·ment** s Preisvereinbarung f, -absprache f. **~ bat·tle** s Preiskrieg m. **~ ceil·ing** s Preisgrenze f, Höchstpreis m. **ˈ~-ˌcon·scious** adj preisbewußt. **~ con·trol** s ˈPreiskonˌtrolle f, -überˌwachung f, -bindung f. **ˈ~-conˌtrolled** adj preisgebunden. **~ cur·rent** pl **pric·es cur·rent** s oft pl Preisliste f. **~ cut** s Preissenkung f. **~ cut·ting** s Preisdrücke'rei f.
**priced** [praɪst] adj **1.** mit Preisangabe (versehen). **2.** in Zssgn zu ... Preisen: low-~ niedrig im Preis, billig, Niedrigpreis-.
**price dis·crim·i·na·tion** s ˈPreisdiskrimiˌnierung f. **ˈ~-ˈearn·ings ra·ti·o** s Kurs-Gewinn-Verhältnis n (bei Aktien). **fix·ing** s bes. Am. **1.** Preisvereinbarung f, -absprache f. **2.** ˈPreiskonˌtrolle f, -überˌwachung f, -bindung f. **3.** Preisbindung f der zweiten Hand. **~ freeze** s Preisstopp m. **~ in·dex** s Preisindex m. **ˈprice·less** adj (adv ~ly) **1.** von unschätzbarem Wert, unbezahlbar. **2.** fig. colloq. zu komisch, zum Schreien: you look ~ in those trousers!
**price lev·el** s ˈPreisniˌveau n. **~ lim·it** s (Preis)Limit n, Preisgrenze f. **~ list** s **1.** Preisliste f. **2.** Börse: Kurszettel m. **ˈ~-ˈmainˌtained** adj preisgebunden. **~**

**main·te·nance** s Preisbindung f der zweiten Hand. **~ mar·gin** s Preisspanne f. **~ pol·i·cy** s ˈPreispoliˌtik f. **~ range** s **1.** Preisskala f. **2.** ˈPreisklasse f, -kategoˌrie f (e-s Hotels etc.). **~ ring** s ˈPreiskarˌtell n. **~ rise** s Preiserhöhung f. **~ sta·bil·i·ty** s ˈPreisstabiliˌtät f. **~ sup·port** s Am. Preisstützung f. **~ tag, ~ tick·et** s Preisschild n. **~ war** s Preiskrieg m.
**pric·y** [ˈpraɪsɪ] adj colloq. teuer.
**prick** [prɪk] **I** s **1.** (Inˈsekten-, Nadeletc)Stich m. **2.** Stich m, Stechen n, stechender Schmerz: ~s of conscience fig. Gewissensbisse. **3.** spitzer Gegenstand. **4.** tech. Stichel m, Pfriem(en) m, Ahle f. **5.** Dorn m, Stachel m (a. fig.). **6.** obs. Stachelstock m: to kick against the ~s Bibl. wider den Stachel löcken. **7.** (Hasen)Fährte f. **8.** vulg. a) ›Schwanz‹ m (Penis), b) a. stupid ~ ›Arschloch‹ n (Person).
**II** v/t **9.** (ein-, ˈdurch)stechen, ›pieken‹: to ~ one's finger sich in den Finger stechen; his conscience ~ed him fig. sein Gewissen plagte ihn, er hatte Gewissensbisse; his misdemeano(u)r ~ed his conscience bereitete ihm Gewissensbisse. **10.** obs. anstacheln, anspornen, antreiben. **11.** punkˈtieren, lochen. **12.** a. ~ out ein Muster ausstechen. **13.** oft ~ off a) den Kurs, e-e Entfernung etc (auf der Karte) abstecken, mar. pricken, b) (mit dem Stechzirkel) abstecken. **14.** ~ up one's ears die Ohren spitzen (a. fig.). **15.** agr. Pflanzen piˈkieren: to ~ in (out od. off) ein-(aus)pflanzen. **16.** prickeln auf od. in (dat).
**III** v/i **17.** stechen (a. schmerzen). **18.** ~ up sich aufrichten (Ohren). **19.** obs. od. hist. a) (dem Pferd) die Sporen geben, b) sprengen, jagen.
**ˈprick-eared** adj **1.** zo. spitzohrig. **2.** mit auffallenden Ohren.
**prick·er** [ˈprɪkə(r)] s **1.** tech. Stecheisen n, bes. a) Pfriem(en) m, Ahle f, b) Lederfabrikation: Locheisen n. **2.** metall. Schieß-, Räumnadel f. **3.** hist. leichter Reiter. **4.** Am. Stachel m, Dorn m.
**prick·et** [ˈprɪkɪt] s **1.** (Kerzenhalter m mit) Dorn m. **2.** zo. bes. Br. Spießer m, Spießbock m.
**prick·ing** [ˈprɪkɪŋ] s Stechen n (Schmerz): ~s of conscience Gewissensbisse.
**prick·le** [ˈprɪkl] **I** s **1.** Stachel m, Dorn m. **2.** Prickeln n, Kribbeln n (der Haut). **II** v/t **3.** stechen, lochen. **4.** prickeln od. kribbeln auf (der Haut). **III** v/i **5.** prickeln, kribbeln, jucken. **ˈ~·back** s ichth. Stichling m. **~ cell** s anat. Stachelzelle f (der Oberhaut).
**prick·ly** [ˈprɪklɪ] adj **1.** stach(e)lig, dornig. **2.** stechend, prickelnd. **3.** fig. reizbar. **4.** fig. kompliˈziert, verzwickt. **~ ash** s bot. Gelbholzbaum m. **~ heat** s med. Frieselausschlag m (Miliaria). **~ pear** s bot. Feigenkaktus m (u. dessen Frucht), indische Feige.
**pric·y** → pricey.
**pride** [praɪd] s **1.** Stolz m, Hochmut m: ~ goes before a fall Hochmut kommt vor dem Fall. **2.** Stolz m, Selbstgefühl n: civic ~ Bürgerstolz; ~ of place a) Ehrenplatz m, b) fig. Vorrang m, c) contp. Standesdünkel m; to take ~ of place fig. den Vorrang haben, die erste Stelle einnehmen; to take (a) ~ in stolz sein auf (acc). **3.** Stolz m (Gegenstand des Stolzes): he is the ~ of his family. **4.** Höhe f, Blüte f: in the ~ of his years in s-n besten Jahren; in the ~ of manhood im besten Mannesalter; in the ~ of the season im besten Jahreszeit. **5.** obs. od. rhet. Pracht f, Zierde f, Schmuck m. **6.** Schar f, Rudel n (bes. von Löwen). **7.** in

**his ~** her. radschlagend (Pfau). **8.** obs. a) Vollkraft f, b) ˈÜbermut m, c) bes. zo. Brunst f. **II** v/t **9.** ~ o.s. (on, upon) stolz sein (auf acc), sich rühmen (gen), sich brüsten (mit), sich etwas einbilden (auf acc).
**prie-dieu** [ˈpriːdjɜː] s Betpult n, Betschemel m.
**pri·er** [ˈpraɪə(r)] s neugierige Perˈson.
**priest** [priːst] s **1.** allg. Priester m. **2.** relig. Geistliche(r) m: a) anglikanische Kirche: Pfarrer m: ~ vicar Br. niederer Geistlicher an Kathedralen, b) R.C. Priester m, Pfarrer m. **3.** Br. kleiner Hammer (zum Töten gefangener Fische; bes. in Irland). **ˈ~·craft** s contp. Pfaffenlist f.
**priest·ess** [ˈpriːstɪs] s Priesterin f.
**ˈpriest·hood** s **1.** Priesteramt n, -würde f: to enter the ~ Priester werden. **2.** collect. Priesterschaft f, Geistlichkeit f.
**ˈpriest·ly** adj priesterlich, Priester...
**ˈpriest-ˌrid·den** adj unter Priester- od. contp. Pfaffenherrschaft (stehend), klerikaˈlistisch.
**ˈpriest's-hood** s bot. Aronstab m.
**prig¹** [prɪg] s **1.** (selbstgefälliger) Peˈdant. **2.** von sich od. s-r (geistigen) Überˈlegenheit überˈzeugter Mensch, selbstgefälliger od. eingebildeter Mensch. **3.** Tugendbold m.
**prig²** [prɪg] bes. Br. sl. **I** v/t ›klauen‹. **II** s ›Langfinger‹ m (Dieb).
**prig·ger·y** [ˈprɪgərɪ] s **1.** Pedanteˈrie f. **2.** Einbildung f, Dünkel m. **3.** tugendhaftes Getue.
**prig·gish** [ˈprɪgɪʃ] adj (adv ~ly) **1.** selbstgefällig, affekˈtiert, eingebildet, besserwisserisch. **2.** peˈdantisch. **3.** tugendhaft.
**ˈprig·gish·ness, ˈprig·gism** [ˈprɪgɪzəm] → priggery.
**prill** [prɪl] s **1.** min. Scheide-, Stufferz n. **2.** metall. Meˈtallklumpen m, (Meˈtall-) König m.
**pril·lion** [ˈprɪljən] s Bergbau: Schlackenzinn n.
**prim** [prɪm] **I** adj (adv ~ly) **1.** (peˈdantisch) sauber, ordentlich. **2.** steif, förˈmell. **3.** affekˈtiert, gekünstelt. **4.** spröde, geziert, zimperlich, ›etepeˈtete‹, gouverˈnantenhaft. **5.** → priggish. **II** v/t **6.** den Mund, das Gesicht affekˈtiert verziehen.
**pri·ma** [ˈpraɪmə] (Lat.) adj prim. **1.** Prime f (erste Kolumne od. Seite e-s Druckbogens). **2.** erstes Wort (auf e-r neuen Seite).
**pri·ma bal·le·ri·na** [ˈpriːmə] pl **pri·ma bal·le·ri·nas** s Primaballeˈrina f.
**pri·ma·cy** [ˈpraɪməsɪ] s **1.** Priˈmat m, n, Vorrang m. **2.** relig. Priˈmat m, n: a) Würde od. Sprengel e-s Primas, b) Vorrangstellung od. Gerichtsbarkeit des Papstes.
**pri·ma don·na** [ˌpriːməˈdɒnə; Am. -ˈdɑnə] pl **pri·ma don·nas** s Primaˈdonna f (a. fig.). **ˌpri·maˈdon·na·ish** adj primaˈdonnenhaft.
**pri·mae·val** → primeval.
**pri·ma fa·cie** [ˌpraɪməˈfeɪʃiː] (Lat.) adj u. adv auf den ersten Blick, dem ersten Anschein nach: ~ case jur. Fall m, bei dem der Tatbestand einfach liegt; ~ evidence a) glaubhafter Beweis, b) Beweis m des ersten Anscheins.
**pri·mal** [ˈpraɪml] adj (adv ~ly) **1.** erst(er, e, es), frühest(er, e, es), ursprünglich: ~ scream Urschrei m. **2.** wichtigst(er, e, es), Haupt...
**pri·ma·ri·ly** [ˈpraɪmərəlɪ; bes. Am. praɪˈmerəlɪ] adv **1.** zuˈerst, ursprünglich, anfänglich. **2.** in erster Linie, vor allem, priˈmär.
**pri·ma·ry** [ˈpraɪmərɪ; Am. a. -ˌmeriː] **I** adj **1.** erst(er, e, es), ursprünglich, anfänglich, Erst-, Anfangs..., Ur...: ~ infection med. Erststeckung f; ~

**instinct** Urinstinkt *m*; ~ **matter** Urstoff *m*, Urmaterie *f*; ~ **rocks** Urgestein *n*, Urgebirge *n*; ~ **tumo(u)r** Primärtumor *m* (*bes. des Krebses*). **2.** pri'mär, hauptsächlich, wichtigst(er, e, es), Haupt...: ~ **accent** (*od.* **stress**) *ling.* Hauptakzent *m*; ~ **concern** Hauptsorge *f*; ~ **evidence** *jur.* a) gesetzliches Beweismittel, b) Beweis *m* des ersten Anscheins; ~ **group** *sociol.* Primärgruppe *f*; ~ **liability** *jur.* unmittelbare Haftung; ~ **literature** Primärliteratur *f*; ~ **quality** Haupteigenschaft *f*; ~ **road** Straße *f* erster Ordnung; **of** ~ **importance** von höchster Wichtigkeit. **3.** grundlegend, elemen'tar, Grund...: ~ **education** a) *Am.* Grundschul-, *Br.* Volksschul(aus)bildung *f*, b) *Am.* Grundschul-, *Br.* Volksschulwesen *n*; ~ **school** a) *Br.* Volksschule *f*, b) *Am.* Grundschule *f*; ~ **industry** Grundstoffindustrie *f*; ~ **ingredient**, ~ **component** Grund-, Hauptbestandteil *m*; ~ **meaning** Ur-, Grundbedeutung *f*; ~ **product** a) *econ.* Grundstoff *m*, b) Urprodukt *n*. **4.** *geol.* a) paläo'zoisch, b) zu'erst *od.* ursprünglich entstanden: ~ **ore**. **5.** *chem.* a) pri'mär, sauer, b) Primär... **6.** *ling.* a) pri'mär (*aus e-r unabgeleiteten Form*) abgeleitet (*Ableitung*), b) zu e-r Hauptzeit gehörig, *bes.* auf Präsens *od.* Fu'tur bezüglich. **II** *s* **7.** (*der, die, das*) Erste *od.* Wichtigste, Hauptsache *f*. **8.** *a.* ~ **colo(u)r** Pri'mär-, Grundfarbe *f*. **9.** *zo.* a) ~ **quill** (*od.* **feather**) *orn.* Haupt-, Schwungfeder *f* erster Reihe, b) *a.* ~ **wing** Vorderflügel *m* (*von Insekten*). **10.** *electr.* a) ~ **circuit** Pri'mär(strom)kreis *m*, b) *a.* ~ **winding** Pri'märwicklung *f*. **11.** *a.* ~ **planet** *astr.* 'Hauptpla‚net *m*. **12.** *pol. Am.* a) a. ~ **election** Vorwahl *f* (*zur Aufstellung von* 'Wahlkandi‚daten*), b) a. ~ **meeting** Versammlung *f* zur Nomi'nierung der 'Wahlkandi‚daten.

**pri·mate** *s* **1.** ['praɪmət; -meɪt] *relig. Br.* Primas *m*: **P~ of England** *Titel des Erzbischofs von York*; **P~ of All England** *Titel des Erzbischofs von Canterbury*. **2.** ['praɪmeɪt] *zo.* Pri'mat *m*, Herrentier *n*.

**pri·ma·tes** [praɪ'meɪtiːz] *s pl zo.* Pri'maten *pl*, Herrentiere *pl*.

**pri·ma·tial** [praɪ'meɪʃl] *adj* (*erz-*)bischöflich: ~ **rank** Rang *m* e-s Primas.

**pri·ma·tol·o·gy** [‚praɪmə'tɒlədʒɪ; *Am.* -'tɑ-] *s.* Primatolo'gie *f* (*Erforschung der Herrentiere*).

**prime** [praɪm] **I** *adj* (*adv* ~**ly**) **1.** erst(er, e, es), wichtigst(er, e, es), wesentlichst(er, e, es), Haupt...: ~ **reason** Hauptgrund *m*; **of** ~ **importance** von höchster Wichtigkeit. **2.** erstklassig, vor'züglich, ‚prima': ~ **investment**, ~ **quality**, ~ **bill** vorzüglicher Wechsel. **3.** pri'mär, grundlegend. **4.** erst(er, e, es), Erst..., Ur...: ~ **father** Urvater *m*. **5.** *math.* a) unteilbar: ~ **factor** Primfaktor *m*; ~ **number** Primzahl *f*; ~ **power** Primzahlpotenz *f*, b) *a.* ~ **to each other** teilerfremd, ohne gemeinsamen Teiler: **31 is** ~ **to 63** 31 ist teilerfremd zu 63. **II** *s* **6.** Anfang *m*, Beginn *m*: ~ **of the day (year)** Tagesanbruch *m* (Frühling *m*). **7.** *fig.* Blüte(zeit) *f*: **in the** ~ **of youth (life)** in der Blüte der Jugend (des Lebens); **in his** ~ in der Blüte s-r Jahre, im besten (Mannes)Alter; **in the** ~ **of his career** auf dem Höhepunkt s-r Laufbahn. **8.** (*das*) Beste, höchste Voll'kommenheit. **9.** *econ.* Primasorte *f*, auserlesene Quali'tät. **10.** **P~** *relig.* Prim *f*, erste Gebetsstunde *od.* zweite ka'nonische Stunde. **11.** *math.* a) Primzahl *f*, b) Primfaktor, c) Strich *m*, (Zeichen *n* für) 'Bogenmi‚nute *f* [']: **x** ~ (**x'**) x Strich (x'). **12.** *mus.* a) ~ **interval** 'Prim(inter‚vall *n*) *f*, b) *a.* ~ **tone** Prim(ton *m*) *f*. **13.** *fenc.* Prim *f*. **III** *v/t* **14.** vorbereiten. **15.** *mil.* e-e Waffe laden, *Bomben, Munition* scharf machen: ~**d** schuß-, zündfertig. **16.** *paint. tech.* grun'dieren. **17.** *tech.* a) e-e Pumpe anlassen, angießen: **to** ~ **the pump** *econ.* die Wirtschaft ankurbeln. **18.** *mot.* a) *Kraftstoff* vorpumpen, b) Anlaßkraftstoff einspritzen in (*e-n Motor*). **19.** *electr.* vorspannen. **20.** mit Strichindex versehen. **21.** *fig.* instru'ieren, vorbereiten, infor'mieren, ‚präpa'rieren'. **22.** *sl.* *j-n* ‚besoffen' machen: ~**d** ‚besoffen'.

**prime| con·duc·tor** *s electr.* Hauptleiter *m*. ~ **cost** *s econ.* **1.** Selbstkosten (-preis *m*) *pl*, Gestehungskosten *pl*. **2.** Einkaufspreis *m*, Anschaffungskosten *pl*. ~ **me·rid·i·an** *s astr. geogr.* 'Null-, 'Anfangsmeridi‚an *m*. ~ **min·is·ter** *s* Premi'ermi‚nister *m*, Mi'nisterpräsi‚dent *m*. ~ **mov·er** *s* **1.** *phys.* Pri'märkraft *f*, bewegende Kraft. **2.** *tech.* a) 'Antriebsma‚schine *f*, b) 'Zugma‚schine *f* (*Sattelschlepper etc*), (*a. mil.* Geschütz)Schlepper *m*, Triebwagen *m* (*e-r Straßenbahn*). **3.** *fig.* Triebfeder *f*, treibende Kraft. **4.** *philos.* a) primus motor *m*, b) **P~** **M~** Gott *m*, höhere Macht.

**prim·er**[1] ['praɪmə(r)] *s* **1.** *mil. tech.* Zündvorrichtung *f*, -hütchen *n*, -pille *f*, Sprengkapsel *f*. **2.** *mil.* Zündbolzen *m* (*am Gewehr*). **3.** *Bergbau:* Zünddraht *m*. **4.** *bes. mot.* Einspritzvorrichtung *f*: ~ **pump** Anlaßeinspritzpumpe *f*; ~ **valve** Anlaßventil *n*. **5.** *tech.* Grun'dier-, Spachtelmasse *f*.

**prim·er**[2] ['praɪmə(r); *bes. Am.* 'prɪmə(r)] *s* **1.** a) Fibel *f*, Ab'c-Buch *n*, b) Elemen'tarbuch *n*, (Anfangs)Lehrbuch *n*, c) *fig.* Leitfaden *m*. **2.** ['praɪmə(r)] *print.* Bezeichnung für Schriftgrößen: **great** ~ a) (*etwa*) Doppelborgis(schrift) *f* (*18 Punkt*), b) (*etwa*) Tertia(schrift) *f* (*16 Punkt*); **long** ~ Korpus(schrift) *f* (*10 Punkt*).

**prime rate** *s econ. Am.* Vorzugszins *m* für erstklassige Kre'ditnehmer, *a.* Eckzins *m*.

**pri·me·ro** [prɪ'meərəʊ; -'mɪə-] *s obs.* Primenspiel *n* (*Kartenglücksspiel*).

**prime time** *s TV* Haupteinschaltzeit *f*.

**pri·me·val** [praɪ'miːvl] *adj* (*adv* ~**ly**) uranfänglich, urzeitlich, Ur...: ~ **forest** Urwald *m*; ~ **times** Urzeiten.

**prim·ing** ['praɪmɪŋ] *s* **1.** *mil. tech.* Zündsatz *m*, -masse *f*, Zündung *f*. **2.** *mot.* Einspritzen *n* von Anlaßkraftstoff. **3.** *tech.* a) Grun'dierung *f*, Grun'dieren *n*: ~ **coat** Grun'dieranstrich *m*, ~ **colo(u)r** Grundierfarbe *f*, b) *a.* ~ **material** Spachtelmasse *f*. **4.** *a.* ~ **of the tide** verfrühtes Eintreten der Flut. **5.** *fig.* Vorbereitung *f*, Instrukti'on *f*. ~ **charge** *s* **1.** *mil. tech.* Zünd-, Initi'alladung *f*. **2.** *mil.* Aufladung *f* (*bei Pioniersprengmitteln*). ~ **nee·dle** *s mil.* Zündnadel *f*, -bolzen *m*.

**pri·mip·a·ra** [praɪ'mɪpərə] *pl* **-rae** [-riː], **-ras** *s med.* Pri'mipara *f*, Erstgebärende *f*. **pri'mip·a·rous** *adj* erstmalig gebärend: ~ **woman** → primipara.

**prim·i·tive** ['prɪmɪtɪv] **I** *adj* (*adv* ~**ly**) **1.** erst(er, e, es), ursprünglich, Ur...: **P~ Church** *relig.* Urkirche *f*; ~ **races** Ur-, Naturvölker; ~ **rocks** Urgestein *n*; **P~ Germanic** *ling.* Urgermanisch *n*. **2.** *allg.*, *a. contp.* primi'tiv (*Kultur, Mensch; a. fig. Denkweise, Konstruktion etc*): ~ **peasant**; ~ **tools**; ~ **ideas**; ~ **feelings**. **3.** altmodisch. **4.** *ling.* Stamm...: ~ **verb**. **5.** *math.* a) Grund..., Ausgangs...: ~ **figure**, b) primi'tiv: ~ **root**; ~ **group**. **6.** *biol.* a) primordi'al, b) primi'tiv, niedrig entwickelt, c) Ur...: ~ **brain** Urhirn *n*; ~ **segment** Ursegment *n*. **II** *s* **7.** (*der, die, das*) Primi'tive: **the** ~**s** die Primitiven

(*Naturvölker*). **8.** a) *contp.* primi'tiver Mensch, b) einfacher Mensch, Na'turbursche *m*. **9.** *art* a) primi'tiver *od.* na'iver Künstler, b) Frühmeister *m* (*e-r Kunstrichtung*), c) Früher Meister (*des späten Mittelalters od. der Frührenaissance, a. Bild*). **10.** *ling.* Stammwort *n*. ~ **col·o(u)r** *s* Grund-, Pri'märfarbe *f*.

**prim·i·tiv·ism** ['prɪmɪtɪvɪzəm] *s* **1.** Primitivi'tät *f*. **2.** *art* Primiti'vismus *m*.

**prim·ness** ['prɪmnɪs] *s* **1.** ('Über)Kor‚rektheit *f*, Förmlichkeit *f*, Steifheit *f*. **2.** Sprödigkeit *f*, Zimperlichkeit *f*.

**pri·mo** ['priːməʊ] **I** *pl* **-mos**, **-mi** [-mɪ] *s mus.* **1.** erste Stimme (*im Duett etc*). **2.** Primo *n*, Dis'kantpart *m*, -par‚tie *f* (*beim Vierhändigspielen*). **II** *adj* **3.** *mus.* erst(er, e, es). **III** *adv* **4.** zu'erst, erstens [1°].

**pri·mo·gen·i·tal** [‚praɪməʊ'dʒenɪtl], **pri·mo·gen·i·tive** [-tɪv] *adj* Erstgeburts...: ~ **right**. **pri·mo·gen·i·tor** [-tə(r)] *s* (Ur)Ahn *m*, Stammvater *m*, Vorfahr *m*. **pri·mo·gen·i·ture** [-tʃə(r); -‚tʃʊə(r)] *s* **1.** Erstgeburt *f*. **2.** *jur.* Primogeni'tur *f*, Erstgeburtsrecht *n*.

**pri·mor·di·al** [praɪ'mɔː(r)djəl; -jəl] *adj* (*adv* ~**ly**) **1.** primordi'al, ursprünglich, uranfänglich, Ur...: ~ **matter** Urstoff *m*. **2.** *biol.* a) primordi'al, im Ansatz vor'handen, Ur..., b) *Embryologie:* im Keime angelegt, Ur..., c) Anfangs..., Jugend...: ~ **leaf** Jugendblatt *n*.

**prim·rose** ['prɪmrəʊz] **I** *s* **1.** *bot.* a) Primel *f*, Gelbe Schlüsselblume, Himmel(s)schlüssel *m*, b) *a.* **evening** ~ Nachtkerze *f*. **2.** *meist* ~ **yellow** Blaßgelb *n*. **II** *adj* **3.** a) primelartig, b) blaßgelb. **4.** sinnenfreudig: ~ **path** süßes Leben (mit bitterem Ausgang). **5. P~** *Br.* zur **P~ League** gehörend: **P~ dame (knight)** Angehörige(r *m*) *f* der **P~ League**. **P~ Day** *s Br.* Primeltag *m* (*19. April; Todestag Disraelis*). **P~ League** *s Br.* konservative Vereinigung, *1883 gegründet und nach der angeblichen Lieblingsblume Disraelis benannt*.

**prim·u·la** ['prɪmjʊlə] *s bot.* Primel *f*.

**pri·mum mo·bi·le** [‚praɪməm'məʊbɪlɪ] (*Lat.*) *s* **1.** *astr. hist.* äußerste der 10 Sphären des Universums. **2.** erster Bewegrund, Urkraft *f*. **3.** *fig.* Triebkraft *f*, -feder *f*.

**pri·mus**[1] ['praɪməs] **I** *adj* **1.** erster: ~ **inter pares** Primus inter pares, der Erste unter Gleichen. **2.** *bes. pedd. Br.* der erste: **Smith** ~ Smith eins. **II** *s* **3.** *relig.* Primus *m*, präsi'dierender Bischof (*der schottischen Episkopalkirche*).

**pri·mus**[2] ['praɪməs], *a.* ~ **stove**, ~ **heater** *s* Primuskocher *m*.

**prince** [prɪns] *s* **1.** Fürst *m*, Landesherr *m*, Herrscher *m*. **2.** Prinz *m* (*Sohn od. männlicher Angehöriger e-s Herrscherhauses*): **P~ of Denmark**; ~ **of the blood** Prinz von (königlichem) Geblüt; **the P~ of Wales** der Prinz von Wales (*Titel des brit. Thronfolgers*); **P~ Imperial** Kronprinz (*e-s Kaiserreichs*); ~ **royal** Kronprinz; ~ **regent** Prinzregent *m*. **3.** *a.* Fürst *m* (*Adelstitel*), b) Prinz *m* (*Höflichkeitsanrede für e-n Herzog, Marquis od. Earl*): ~ **-elector** *hist.* (*deutscher*) Kurfürst. **4.** *fig.* Fürst *m*, Herrscher *m*: **P~ of Darkness** Fürst der Finsternis, Höllenfürst (*der Satan*); **P~ of Peace** Friedensfürst (*Christus*); ~ **of the** (**Holy Roman**) **Church** Kirchenfürst (*Titel e-s Kardinals*). **5.** *fig.* König *m*, Erste(r) *m*: **P~s of the Apostles** Apostelfürsten (*Petrus u. Paulus*); ~ **of poets** Dichterfürst *m*; **merchant** ~ Kaufherr *m*. **P~ Al·bert** *s hist. Am.* Gehrock *m*. ~ **-bish·op** *s hist.* Fürstbischof *m*. ~ **con·sort** *s* Prinzgemahl *m*.

**prince·dom** *s* **1.** Fürstenstand *m*, -würde *f*. **2.** Fürstentum *n*.

'prince·kin [-kɪn], 'prince·ling [-lɪŋ] s contp. 1. kleiner Prinz, Prinzchen n. 2. Duo'dezfürst m.

'prince·ly adj a. fig. fürstlich, königlich: of ~ birth; a ~ gift ein fürstliches Geschenk.

prin·ceps ['prɪnseps] I pl -ci·pes [-sɪpiːz] s 1. antiq. (römischer) Prinzeps, Staatslenker m. 2. a. ~ edition print. Erst-, Origi'nalausgabe f. II adj 3. Erst..., Original...

prin·cess [prɪn'ses; attr. u. Am. 'prɪnses] I s 1. Prin'zessin f: ~ royal älteste Tochter e-s Herrschers. 2. Fürstin f. II adj 3. Damenmode: Prinzeß...: ~ dress.

prin·ci·pal ['prɪnsəpl] I adj (adv → principally) 1. erst(er, e, es), hauptsächlich, Haupt...: ~ actor a) thea. etc Hauptdarsteller m, b) Haupttäter m, c) fig. Hauptakteur m; ~ axis math. tech. Hauptachse f; ~ boy Darstellerin, die in e-r pantomime die männliche Hauptrolle spielt; ~ clause ling. Hauptsatz m; ~ creditor (debtor) econ. jur. Hauptgläubige(r) m (-schuldner m); ~ matrix math. Hauptdiagonale f; ~ meridian surv. Am. Meridianlinie f; ~ office, ~ place of business econ. Hauptgeschäftsstelle f, -niederlassung f; ~ parts a) Hauptteile, b) ling. Stammformen (e-s Verbs); ~ plane (of symmetry) math. Symmetrieebene f; ~ point math. Augenpunkt m; ~ visual ray phys. Sehstrahl m. 2. a) ling. mus. Haupt..., Stamm...: ~ chord Stammakkord m; ~ key Haupttonart f, b) mus. erst(er, e, es), Solo...: ~ horn. 3. econ. Kapital...: ~ amount. II s 4. 'Haupt(per,son f) n. 5. ped. Di'rektor m, Direk'torin f, Rektor m, Rek'torin f, Schulleiter(in). 6. Chef(in). 7. a) Anführer(in), Rädelsführer(in), b) jur. Haupttäter(in), -schuldige(r m) f: ~ in the first degree Haupttäter; ~ in the second degree Mittäter. 8. jur. a) Vollmacht-, Auftraggeber(in), b) Man'dant (-in). 9. Duel'lant m (Ggs. Sekundant). 10. econ. ('Grund)Kapi,tal n, Hauptsumme f: ~ and interest Kapital u. Zins(en). 11. econ. (Besitz-, Nachlaß- etc)Masse f. 12. mus. a) a. ~ part Hauptsatz m od. -stimme f, b) a. ~ theme Hauptthema n, a. Dux m, Führer m (in der Fuge), c) a. ~ stop Prinzi'pal n (Orgelregister), d) (Or'chester)So,list(in). 13. Ballett: So'list(in), Solotänzer(in). 14. Hauptbalken f. 15. a. ~ beam Haupt-, Stützbalken m. 16. art a) 'Hauptmo,tiv n, b) Origi'nal n.

prin·ci·pal·i·ty [,prɪnsɪ'pælətɪ] s 1. Fürstentum n: the P~ of Monaco. 2. Fürstenwürde f, -herrschaft f. 3. the P~ Br. Wales n. 4. pl relig. Fürsten pl (e-e der neun Rangstufen der Engel).

prin·ci·pal·ly ['prɪnsəplɪ] adv hauptsächlich, in der Hauptsache.

prin·cip·i·a [prɪn'sɪpɪə] s pl (Lat.) s pl 'Grundprin,zipien pl, Grundlagen pl.

prin·ci·ple ['prɪnsəpl] s 1. Prin'zip n, Grundsatz m: a man of ~s ein Mann mit Grundsätzen. 2. ('Grund)Prin,zip n, (-)Regel f, Leitsatz m: ~ of law Rechtsgrundsatz m; in ~ im Prinzip, an sich; on ~ aus Prinzip, grundsätzlich; on the ~ that nach dem Grundsatz, daß. 3. Grundwahrheit f, -begriff m, -lehre f, Prin'zip n, (Na'tur)Gesetz n, Satz m: ~ of averages Mittelwertsatz m; ~ of causality Kausalitätsprinzip; ~ of least action Prinzip der geringsten Wirkung; ~ of relativity Relativitätstheorie f, -lehre f (Einsteins); ~ of sums Summensatz. 5. Grund(lage f) m, Quelle f, Ursprung m, treibende Kraft f. 6. Grundzug m, Charakte'ristikum n. 7. chem. Grundbe-

---

standteil m. 'prin·ci·pled adj meist in Zssgn mit hohen etc Grundsätzen: high-~.

prink [prɪŋk] colloq. I v/i a. ~ up sich (her'aus)putzen, sich feinmachen. II v/t (her'aus)putzen: to ~ o.s. (up) → I.

print [prɪnt] I v/t 1. drucken (lassen), in Druck geben: to ~ in italics kursiv drukken; to ~ waste makulieren. 2. ein Buch etc verlegen, her'ausgeben. 3. (ab)drukken:~ed form Vordruck m, Formular n; ~ed matter, ~ed paper(s) mail Drucksache(n pl) f; ~ed circuit electr. gedruckte Schaltung. 4. bedrucken: ~ed (wall)paper bedruckte Tapete(n); ~ed goods Druckstoffe. 5. in Druckschrift schreiben: to ~ one's name; ~ed characters Druckbuchstaben. 6. e-n Stempel etc (auf)drucken (on dat), e-n Eindruck, e-e Spur hinter'lassen (on auf dat), ein Muster etc ab-, aufdrucken, drücken (in in acc). 7. ~ itself sich einprägen (on s.o.'s mind j-m). 8. ~ out a) a. ~ off phot. abziehen, ko'pieren, b) Computer: ausdrucken.

II v/i 9. drucken: a) Bücher etc verlegen od. veröffentlichen, b) Abdrucke machen, c) Drucker sein. 10. gedruckt werden, sich im Druck befinden: the book is ~ing. 11. in Druckschrift schreiben. 12. sich drucken (od. phot. sich abziehen) lassen: to ~ badly phot. schlechte Abzüge liefern.

III s 13. print. Druck m: in ~ a) im Druck (erschienen), b) vorrätig (Buch); out of ~ vergriffen. 14. print. Druck m (Schriftart): in cold ~ fig. schwarz auf weiß. 15. Druckschrift f, -buchstaben pl. 16. Drucksache f, -schrift f, bes. Am. Zeitung f, Blatt n: daily ~s bes. Am. Tageszeitungen; the ~s pl bes. Am. die Presse; to rush into ~ sich in die Öffentlichkeit flüchten; to appear in ~ im Druck erscheinen. 17. Aufdruck m. 18. (Ab)Druck m (Bild, Holzschnitt): col-o(u)red ~ Farbdruck m. 19. Druck m: a) (Stahl-, Kupfer)Stich m, Ra'dierung f, b) Holzschnitt m, c) Lithogra'phie f. 20. 'Zeitungspa,pier n. 21. (etwas) Geformtes, Stück n (geformte) Butter. 22. (Finger- etc)Abdruck m, Eindruck m, Spur f, Mal n (von Nägeln, Zähnen etc): ~s of steps Fußspuren od. -(s)tapfen; ~ of a wheel Radspur; ~ of a fox Fuchsfährte f. 23. Druckmuster n. 24. bedruckter Kat'tun, Druckstoff m: ~ dress Kattunkleid n. 25. phot. Abzug m, Ko'pie f. 26. Lichtpause f. 27. tech. a) Stempel m, Form f: ~ cutter Formenschneider m, b) Form f, Model m: butter ~, c) Gesenk n (zum Formen von Metall).

'print·a·ble adj 1. druckfähig: his answer was not ~ s-e Antwort war nicht druckreif. 2. druckfertig, -reif (Manuskript).

'print·er s 1. (Buch- etc)Drucker m: ~'s devil Setzerjunge m; ~'s error Druckfehler m; ~'s flower Vignette f; ~'s ink Druckerschwärze f; ~'s mark Druckerzeichen n; ~'s pie Zwiebelfisch m. 2. Drucke'reibesitzer m. 3. tech. 'Druck-, Ko'rapparat m, Drucker m (a. des Computers). 4. → printing telegraph.

'print·er·y s bes. Am. Drucke'rei f.

'print·ing s 1. Drucken n. 2. (Buch-)Druck m, Buchdruckerkunst f. 3. (etwas) Gedrucktes, Drucksache f. 4. Auflage (-ziffer) f. 5. pl 'Druckpa,pier n. 6. Tuchdruck m. 7. phot. Abziehen n, Ko'pieren n. ~ block s Druckform f, Kli'schee n. ~ frame s phot. Ko'pierrahmen m. ~-'in s phot. Hin'einko,pieren n. ~ ink s Druckerschwärze f, -farbe f. ~ machine s tech. bes. Br. Schnellpresse f, ('Buch)Druckma,schine f. ~ of·fice s

---

(Buch)Drucke'rei f: lithographic ~ lithographische Anstalt. '~-out adj phot. Kopier...: ~ paper. ~ pa·per s 1. 'Druckpa,pier n. 2. 'Lichtpauspa,pier n. 3. Ko'pierpa,pier n. ~ press s Drukkerpresse f: ~ type Letter f, Type f. ~ tel·e·graph s 'Drucktele,graf m, -empfänger m. ~ works s pl (oft als sg konstruiert) → printing office.

print| jour·nal·ist s 'Zeitungsjourna-,list(in). '~-line s (Druck)Zeile f. '~-mak·er s Graphiker(in). '~-out s Computer: Ausdruck m. ~ run s Auflage f. ~ sell·er s Graphikhändler m. ~shop s 1. Graphikhandlung f. 2. Drukke'rei f.

pri·or[1] ['praɪə(r)] I adj 1. (to) früher, älter (als), vor'ausgehend (dat): ~ art (Patentrecht) Stand m der Technik, Vorwegnahme f; ~ patent älteres Patent; ~ holder Inhaber, Vorbesitzer m; ~ redemption econ. vorzeitige Tilgung; ~ use Vorbenutzung f; conception is ~ to creation die Idee geht der Gestaltung voraus; → subject 16. 2. vordringlich, Vorzugs...: ~ right (od. claim) Vorzugsrecht n; ~ condition erste Voraussetzung; ~ preferred stock econ. Am. Sondervorzugsaktien. II adv 3. ~ to vor (dat) (zeitlich): ~ to the war.

pri·or[2] ['praɪə(r)] s relig. Prior m (Vorsteher e-s Klosters).

pri·or·ate ['praɪərət] s Prio'rat n: a) Amt n od. Amtszeit f e-s Priors, b) Klostergemeinschaft, die e-m Prior untersteht.

'pri·or·ess [-rɪs] s Pri'orin f.

pri·or·i·tize [praɪ'ɒrətaɪz; Am. a. -'ɑːr-] I v/t 1. Priori'täten setzen bes. Am. 2. etwas vorrangig behandeln. II v/i 3. Priori-'täten setzen, Schwerpunkte bilden.

pri·or·i·ty [praɪ'ɒrətɪ; Am. a. -'ɑːr-] s 1. Priori'tät f (a. jur.), Vorrang m (a. e-s Anspruchs etc), Vorzug m (over, to vor dat): to take ~ of den Vorrang haben od. genießen vor (dat); to set (od. establish) priorities Prioritäten setzen, Schwerpunkte bilden. 2. Dringlichkeit(sstufe) f: ~ call teleph. Vorrangsgespräch n; ~ list Dringlichkeitsliste f; to be high on the ~ list ganz oben auf der Dringlichkeitsliste stehen; ~ rating Dringlichkeitseinstufung f; of first (od. top) ~ von größter Dringlichkeit; to give ~ to etwas vorrangig behandeln; to give high ~ to etwas besonders vordringlich behandeln; to have high ~ dringend anstehen. 3. vordringliche Sache: ~ project vordringliches Projekt. 4. Priori'tät f, (zeitliches) Vor'hergehen: ~ of birth Erstgeburt f. 5. mot. Vorfahrt(srecht n) f: ~ road Vorfahrtsstraße f; ~ rule Vorfahrtsregel f.

pri·o·ry ['praɪərɪ] s relig. Prio'rei f.

prise → prize[3].

prism ['prɪzəm] s math. min. phys. Prisma n (a. fig.): ~ binoculars Prismen(fern)glas n; ~ view finder phot. Prismensucher m.

pris·mat·ic [prɪz'mætɪk] adj (adv ~ally) 1. pris'matisch, Prismen...: ~ colo(u)rs Regenbogenfarben; ~ spectrum Brechungsspektrum n. 2. min. ortho'rhombisch.

pris·ma·toid ['prɪzmətɔɪd] s math. Prismato'id n, Körperstumpf m.

pris·on ['prɪzn] I s 1. Gefängnis n (a. fig.), Strafanstalt f: ~ psychosis Haftpsychose f; to put into ~, to send to ~ ins Gefängnis werfen od. 'stecken'; in ~ im Gefängnis. 2. poet. od. fig. Kerker m. 3. a. state ~ bes. Am. Staatsgefängnis n. II v/t 4. poet. a) einkerkern, b) gefangenhalten. ~ bird s jailbird. ~ breach, ~ breaking s Ausbruch m aus dem Gefängnis. ~ camp s 1. mil. (Kriegs)Gefangenenlager

*n.* **2.** ‚offenes‘ Gefängnis (*für besserungs-fähige Häftlinge*).

**pris·on·er** [ˈprɪznə(r)] *s* Gefangene(r *m*) *f* (*a. fig.*), Häftling *m*: ~ **of conscience** politischer Häftling; ~ **on remand** Untersuchungsgefangene(r *m*) *f*; ~ **of State, State** ~ Staatsgefangene(r), politischer Häftling; ~ **of war** Kriegsgefangene(r); **to hold** (*od.* **keep**) (**take**) **s.o.** ~ j-n gefangenhalten (-nehmen); **to give o.s. up as a** ~ sich gefangengeben; **he is a** ~ **to** *fig.* er ist gefesselt an (*acc*); ~'s **base** Barlauf(spiel *n*) *m*.

**pris·on|of·fi·cer** *s* Strafvollzugsbeamte(r) *m*. ~ **sen·tence** *s* Gefängnis-, Freiheitsstrafe *f*. ~ **staff** *s* Voll'zugsbedienstete *pl*, -perso₁nal *n*.

**pris·sy** [ˈprɪsɪ] *adj colloq.* **1.** zimperlich, ‚etepe'tete‘, gouver'nantenhaft. **2.** kleinlich, pe'dantisch.

**pris·tine** [ˈprɪstaɪn; *bes. Am.* -tiːn] *adj* **1.** a) ursprünglich, b) urtümlich, unverfälscht, unverdorben. **2.** ehemalig.

**prith·ee** [ˈprɪðiː] *interj obs.* bitte.

**pri·va·cy** [ˈprɪvəsɪ; *bes. Am.* ˈpraɪ-] *s* **1.** Zu'rückgezogenheit *f*, Ungestörtheit *f*, Abgeschiedenheit *f*, Einsamkeit *f*, Al-'leinsein *n*, Ruhe *f*: **to disturb s.o.'s** ~ j-n stören; **he lived in absolute** ~ er lebte völlig zurückgezogen. **2.** Heimlichkeit *f*, *jur.* In'tim-, Pri'vatsphäre *f*: **invasion of** ~ Eingriff *m* in die Privatsphäre; **right of** ~ Persönlichkeitsrecht *n*. **3.** Heimlichkeit *f*, Geheimhaltung *f*: **to talk to s.o. in** ~ mit j-m unter vier Augen sprechen; **in strict** ~ streng vertraulich.

**pri·vate** [ˈpraɪvɪt] **I** *adj* (*adv* → **privately**). **1.** pri'vat, Privat..., eigen(er, e, es), Eigen..., per'sönlich: ~ **account** Privatkonto *n*; ~ **affair** (*od.* **concern**) Privatsache *f*, -angelegenheit *f*; ~ **bill** *pol.* Antrag *m* e-s Abgeordneten; ~ **citizen** Privatmann *m*; ~ **consumption** Eigenverbrauch *m*; ~ **gentleman** Privatier *m*; ~ **law** *jur.* Privatrecht *n*; ~ **liability** persönliche Haftung; ~ **life** Privatleben *n*; ~ **patient** *med. Br.* Privatpatient(in); ~ **person** Privatperson *f*; ~ **property** Privateigentum *n*, -besitz *m*; ~ **secretary** Privatsekretär(in); ~ **treatment** *med. Br.* Behandlung *f* als Privatpatient(in). **2.** pri'vat, nicht öffentlich: **to sell by** ~ **bargain** (*od.* **contract**) unter der Hand verkaufen; **at** ~ **sale** unter der Hand (verkauft *etc*); ~ **beach** eigener Strand (*e-s Hotels*); ~ (**limited**) **company** *econ. Br.* Gesellschaft *f* mit beschränkter Haftung; ~ **corporation** a) *jur.* privatrechtliche Körperschaft, b) *econ. Am.* Gesellschaft *f* mit beschränkter Haftung; ~ **eye** *bes. Am. colloq.*, ~ **investigator** (*od.* **detective**) Privatdetektiv *m*; ~ **firm** Einzelfirma *f*; ~ **industry** Privatindustrie *f*, -wirtschaft *f*; ~ **lessons** Privatunterricht *m*; ~ **road** Privatweg *m*; ~ **school** Privatschule *f*; ~ **theater** (*bes. Br.* **theatre**) Liebhabertheater *n*; ~ **view** → **preview** 2; ~ **nuisance** 3. **3.** al'lein, zu'rückgezogen, für sich allein, ungestört, einsam (*Person od. Ort*): **to wish to be** ~ den Wunsch haben, allein zu sein; ~ **prayer** stilles Gebet. **4.** pri'vat, der Öffentlichkeit nicht bekannt, nicht für die Öffentlichkeit bestimmt: ~ **reasons** a) private Gründe, b) Hintergründe. **5.** geheim, heimlich: **to keep s.th.** ~ etwas geheimhalten *od.* vertraulich behandeln; ~ **negotiations** geheime Verhandlungen; ~ **parts** → 12. **6.** vertraulich: ~ **information; this is for your** ~ **ear** dies sage ich Ihnen ganz im Vertrauen; **to be** ~ **to s.th.** in etwas eingeweiht sein, über etwas Bescheid wissen. **7.** nicht amtlich *od.* öffentlich, außeramtlich (*Angelegenheit*). **8.** nichtbeamtet: ~ **member** *parl.* nicht-

beamtetes Parlamentsmitglied. **9.** *jur.* außergerichtlich: ~ **arrangement** gütlicher Vergleich. **10.** *mil.* ohne Dienstgrad: ~ **soldier** → 11. **II** *s* **11.** *mil.* gewöhnlicher *od.* gemeiner Sol'dat: ~ **1st class** *Am.* Obergefreite(r) *m*. **12.** *pl* Geschlechtsteile *pl*. **13. in** ~ a) im Pri'vatleben, pri'vat(im), b) insgeheim, c) unter vier Augen (*sprechen*).

**pri·va·teer** [ˌpraɪvəˈtɪə(r)] **I** *s* **1.** Freibeuter *m*, Kaperschiff *n*. **2.** Kapi'tän *m* e-s Kaperschiffes. **3.** *pl* Mannschaft *f* e-s Kaperschiffes. **II** *v/i* **4.** Kape'rei treiben.

**pri·vate·ly** *adv* **1.** pri'vat, als Pri'vatper₁son: ~ **owned** in Privatbesitz; **to settle s.th.** ~ etwas privat *od.* intern regeln. **2.** per'sönlich, vertraulich. **3.** heimlich, insgeheim.

**pri·va·tion** [praɪˈveɪʃn] *s* **1.** Wegnahme *f*, Beraubung *f*, Entziehung *f*. **2.** Not *f*, Entbehrung *f*.

**priv·a·tive** [ˈprɪvətɪv] **I** *adj* (*adv* ~**ly**) **1.** entziehend, beraubend. **2.** *bes. ling.* **3.** *philos.* priva'tiv, verneinend, negativ. **II** *s* **3.** *ling.* a) Ver'neinungspar₁tikel *f*, b) priva'tiver Ausdruck.

**pri·vat·ize** [ˈpraɪvətaɪz] *v/t* staatlichen Betrieb *etc* privati'sieren.

**priv·et** [ˈprɪvɪt] *s bot.* Li'guster *m*.

**priv·i·lege** [ˈprɪvɪlɪdʒ] **I** *s* **1.** Privi'leg *n*, Sonder-, Vorrecht *n*, Vergünstigung *f*: **breach of** ~ a) Übertretung *f* der Machtbefugnis, b) *parl.* Vergehen *n* gegen die Vorrechte des Parlaments; ~ **of Parliament** Immunität *f* (e-s Abgeordneten); ~ **from arrest** *jur.* persönliche Immunität; ~ **of self-defence** (*Am.* **-defense**) *jur.* (Recht *n* der) Notwehr *f*; ~ **with kitchen** ~**s** mit Küchenbenutzung; ~ **tax** *econ.* Konzessionssteuer *f*; **Committee of P**~**s** *jur.* Ausschuß *m* zur Untersuchung von Rechtsübergriffen (*gegenüber dem Parlament*); **bill of** ~ *Br.* Antrag *m* e-s Peers auf Aburteilung durch seinesgleichen. **2.** *fig.* (besonderer) Vorzug: **to have the** ~ **of being admitted** den Vorzug haben, zugelassen zu werden; **it is a** ~ **to converse with him** es ist e-e besondere Ehre, mit ihm sprechen zu dürfen. **3.** *Am.* (verbürgtes *od.* verfassungsmäßiges) Recht, Grundrecht *n*: **this is his** ~ das ist sein gutes Recht; **it is my** ~ **to** ... es steht mir frei zu ... **4.** *Börse:* Prämien- *od.* Stellgeschäft *n*: ~ **broker** *Am.* Prämienmakler *m*. **II** *v/t* **5.** privile'gieren, bevorrechtigen, bevorzugen, j-m das Vorrecht einräumen (**to** zu): **to be** ~**d to do** die Ehre *od.* den Vorzug haben zu tun. **6.** ausnehmen, befreien (**from** von).

**priv·i·leged** *adj* privile'giert, bevorrechtigt: **the** ~ **classes** die privilegierten Stände; ~ **communication** *jur.* vertrauliche Mitteilung; ~ **creditor** bevorrechtigter Gläubiger; ~ **debt** bevorrechtigte (Schuld)Forderung; ~ **motion** *pol.* Dringlichkeitsantrag *m*.

**priv·i·ly** [ˈprɪvɪlɪ] *adv obs.* insgeheim.

**priv·i·ty** [ˈprɪvɪtɪ] *s* **1.** *jur.* a) (Inter'essen)Gemeinschaft *f*, b) Beteiligung *f*: ~ **in estate** gemeinsames Eigentum, *a.* Erbengemeinschaft. **2.** *jur.* Rechtsbeziehung *f*. **3.** *jur.* Rechtsnachfolge *f*. **4.** (*bes.* vertrauliches) Mitwissen, Mitwisserschaft *f*: **with his** ~ **and consent** mit s-m Wissen u. Einverständnis.

**priv·y** [ˈprɪvɪ] **I** *adj* (*adv* → **privily**) **1.** a) eingeweiht (**to** in *acc*), b) vertraulich: **many persons were** ~ **to it** viele waren darin eingeweiht, viele wußten darum; **he was made** ~ **to it** er wurde (mit) ins Vertrauen gezogen. **2.** *jur.* (mit)beteiligt (**to** an *dat*). **3.** *meist poet.* geheim: ~ **parts** Scham-, Geschlechtsteile *pl*; ~ **stairs** *pl* Hintertreppe *f*. **II** *s* **4.** *jur.* Beteiligte(r *m*) *f*, 'Mitinteres₁sent(in) (**to**

an *dat*). **5.** (*bes.* 'Außen)Ab₁ort *m*, Abtritt *m*. ~ **coun·cil** *s meist* P~ C~ *Br.* (Geheimer) Staats-, Kronrat: **Judicial Committee of the P**~ **C**~ Justizausschuß *m* des Staatsrats (*höchste Berufungsinstanz für die Dominions*). **P**~ **Coun·cil·lor** *s Br.* Geheimer (Staats-)Rat (*Person*). ~ **purse** *s* **1.** königliche Pri'vatscha₁tulle. **2.** (**Keeper of the**) **P**~ **P**~ *Br.* Inten'dant *m* der Zi'villiste. ~ **seal** *s Br.* **1.** Geheimsiegel *n*, (*das*) Kleine Siegel. **2.** → **Lord Privy Seal**.

**prize¹** [praɪz] **I** *s* **1.** (Sieger)Preis *m* (*a. fig.*), Prämie *f*, Auszeichnung *f*: **school** ~ Schulpreis; **the** ~**s of a profession** die höchsten Stellungen in e-m Beruf. **2.** (*a.* Lotte'rie)Gewinn *m*: **the first** ~ das Große Los. **3.** Lohn *m*, Belohnung *f*. **4.** (*der, die, das*) Beste. **II** *adj* **5.** preisgekrönt, prämi'iert. **6.** Preis...: ~ **medal**. **7.** erstklassig. **8.** *contp.* Riesen...: ~ **idiot**. **III** *v/t* **9.** (hoch)schätzen, würdigen: **to** ~ **s.th. more than** etwas höher (ein)schätzen als.

**prize²** [praɪz] **I** *s* (Kriegs)Beute *f*, Fang *m* (*a. fig.*), *bes. jur. mar.* Prise *f* (*aufgebrachtes Schiff*), Seebeute *f*: **to make** ~ **of** → II. **II** *v/t mar.* aufbringen, kapern.

**prize³** [praɪz] *bes. Br.* **I** *v/t* **1.** (auf)stemmen: **to** ~ **open** (mit e-m Hebel) aufbrechen; **to** ~ **up** hochwuchten *od.* -stemmen. **2. to** ~ **a secret out of s.o.** j-m ein Geheimnis entreißen. **II** *s* **3.** Hebelwirkung *f*, -kraft *f*. **4.** Hebel *m*.

**prize|com·pe·ti·tion** *s* Preisausschreiben *n*. ~ **court** *s mar.* Prisengericht *n*. ~ **crew** *s mar.* 'Prisenkom₁mando *n*. ~ **fight** *s obs.* Preisboxkampf *m*. ~ **fight·er** *s obs.* Preis-, Berufsboxer *m*. ~ **giv·ing** *s ped. Br.* Verteilung *f* der Schulpreise. ~ **list** *s* Gewinnliste *f*. ˈ~·**man** [-mən] *s irr bes. univ.* Preisträger *m*, Gewinner *m* e-s Preises. ~ **mon·ey** *s* **1.** *mar.* Prisengeld(er *pl*) *n*. **2.** Geldpreis *m*. ~ **ring** *s obs.* **1.** *Boxen:* a) Ring *m*, b) *weitS.* (*das*) Berufsboxen. **2.** Berufsboxer *pl u.* deren Anhänger *pl*. ~ **win·ner** *s* Preisträger(in). ˈ~·ˌ**win·ning** *adj* preisgekrönt, prämi'iert.

**pro-** [prəʊ] *Wortelement mit den Bedeutungen* a) (eintretend) für, pro, ...freundlich: ~**German**, b) stellvertretend, Vize..., Pro..., c) *vor* (*räumlich u. zeitlich*).

**pro¹** [prəʊ] **I** *pl* **pros** *s* **1.** Ja-Stimme *f*, Stimme *f* da'für. **2.** Für *n*, Pro *n*: **the** ~**s and cons** das Für u. Wider, das Pro u. Kontra. **3.** *colloq.* Befürworter(in). **II** *adv* **4.** (da)'für.

**pro²** [prəʊ] (*Lat.*) *prep* für, pro, per: ~ **hac vice** (nur) für dieses 'eine Mal; ~ **tanto** soweit, bis dahin; → **pro forma, pro rata**.

**pro³** [prəʊ] *colloq.* **I** *s* **1.** *sport* ‚Profi' *m* (*a. fig.*): **to turn** ~ ins Profilager überwechseln. **2.** *Br.* ‚Nutte' *f* (*Prostituierte*). **II** *adj* **3.** *sport* Profi...: ~ **player**. ˌ~·'**am** [-ˈæm] *adj sport colloq.* für ‚Profis' u. Ama'teure, offen: ~ **tournament**.

**prob·a·bil·ism** [ˈprɒbəbɪlɪzəm; *Am.* ˈprɑ-] *s philos. relig.* Probabi'lismus *m*.

**prob·a·bil·i·ty** [ˌprɒbəˈbɪlətɪ; *Am.* ˌprɑ-] *s* **1.** Wahr'scheinlichkeit *f* (*a. math.*): **in all** ~ aller Wahrscheinlichkeit nach, höchstwahrscheinlich; **theory of** ~, ~ **calculus** *math.* Wahrscheinlichkeitsrechnung *f*; **the** ~ **is that** es ist zu erwarten *od.* anzunehmen, daß. **2.** → **probable** 5.

**prob·a·ble** [ˈprɒbəbl; *Am.* ˈprɑ-] *adj* (*adv* **probably**) **1.** wahr'scheinlich, vermutlich, mutmaßlich: ~ **cause** *jur.* hinreichender (Tat)Verdacht. **2.** wahr-'scheinlich, glaubhaft, glaubwürdig, einleuchtend. **II** *s* **3.** wahr'scheinlicher

Kandi'dat *od. (sport)* Teilnehmer. **4.** *mil.* wahr'scheinlicher Abschuß. **5.** *(etwas)* Wahr'scheinliches, Wahr'scheinlichkeit *f.*
**pro·band** ['prəʊbænd] *s Genealogie:* Pro'band *m.*
**pro·bang** ['prəʊbæŋ] *s med.* Schlundsonde *f.*
**pro·bate** ['prəʊbeɪt; *Br. a.* -bɪt] *jur.* **I** *s* **1.** gerichtliche *(bes.* Testa'ments)Bestätigung. **2.** Testa'mentseröffnung *f.* **3.** Abschrift *f* e-s gerichtlich bestätigten Testa'ments. **II** *v/t* **4.** *Am.* ein Testament a) bestätigen, b) eröffnen u. als rechtswirksam bestätigen lassen. ~ **court** *s* Nachlaßgericht *n, (in USA a. zuständig in Sachen der freiwilligen Gerichtsbarkeit, bes. als)* Vormundschaftsgericht *n.* **dis·pute** *s* Erbstreitigkeit *f.* ~ **du·ty** *s* Erbschaftssteuer *f.*
**pro·ba·tion** [prə'beɪʃn; *Am.* prəʊ-] *s* **1.** *(bes.* Eignungs)Prüfung *f,* Probe *f.* **2.** Probezeit *f:* **on** ~ auf Probe; **year of** ~ Probejahr *n.* **3.** *jur.* a) Bewährungsfrist *f,* b) bedingte Freilassung: **to put** *(od.* **place) s.o. on** ~ a) j-m Bewährungsfrist zubilligen, b) j-n unter Zubilligung e-r Bewährungsfrist freilassen; ~ **officer** Bewährungshelfer(in). **4.** *relig.* Novizi'at *n.* **pro'ba·tion·ar·y** [-ʃnərɪ; *Am.* -ʃə-ˌnerɪ], *a.* **pro'ba·tion·al** *adj* **1.** Probe... **2.** *jur.* a) bedingt freigelassen, b) Bewährungs...: ~ **period** Bewährungsfrist *f.* **pro'ba·tion·er** *s* **1.** 'Probekandi,dat (-in), Angestellte(r *m*) *f* auf Probe, *z.B.* Lernschwester *f.* **2.** *fig.* Neuling *m.* **3.** *relig.* No'vize *m, f.* **4.** *jur.* a) j-d, dessen Strafe zur Bewährung ausgesetzt ist, b) auf Bewährung bedingt Strafentlassene(r *m*) *f.*
**pro·ba·tive** ['prəʊbətɪv] *adj* als Beweis dienend (of für): **to be** ~ **of** beweisen; ~ **facts** *jur.* beweiserhebliche Tatsachen; ~ **force** Beweiskraft *f.*
**probe** [prəʊb] **I** *v/t* **1.** *med.* son'dieren *(a. fig.).* **2.** *fig.* eindringen in *(acc),* erfor-schen, (gründlich) unter'suchen, *a.* j-n aushorchen. **II** *v/i* **3.** *fig.* (forschend) eindringen (into in *acc*): **to** ~ **into the subconscious mind; to** ~ **deep into a matter** e-r Angelegenheit auf den Grund gehen. **III** *s* **4.** *med.* Sonde *f:* ~ **scissors** Wundschere *f.* **5.** *tech.* Sonde *f,* Tastkopf *m.* **6.** *(Mond- etc)*Sonde *f,* Ver'suchsra,kete *f,* 'Forschungssatel,lit *m:* **lunar** ~; **space** ~ Raumsonde. **7.** *fig.* Son'dierung *f.* **8.** *fig. bes. Am.* Unter'suchung *f.*
**prob·i·ty** ['prəʊbətɪ] *s* Rechtschaffenheit *f,* Redlichkeit *f.*
**prob·lem** ['prɒbləm; *Am.* 'prɑ-] **I** *s* **1.** Pro'blem *n,* proble'matische *od.* schwierige Aufgabe *od.* Frage, Schwierigkeit *f:* **this poses a** ~ **for me** das stellt mich vor ein Problem; **we are facing a** ~ wir sehen uns vor ein Problem gestellt. **2.** *math.* Aufgabe *f,* Pro'blem *n (a. philos. Schach etc):* **to set a** ~ e-e Aufgabe stellen. **3.** *fig.* Rätsel *n:* **it is a** ~ **to me** es ist mir unverständlich *od.* ein Rätsel. **II** *adj* **4.** proble'matisch: ~ **child** Problemkind *n;* ~ **drama** Problemdrama *n;* ~ **drinker** *euphem.* Alkoholiker(in); ~ **novel** Problemroman *m;* ~**orient(at)ed** problemorientiert; ~ **play** Problemstück *n.*
**prob·lem·at·ic** [ˌprɒbləˈmætɪk; *Am.* ˌprɑ-] *adj;* **prob·lem'at·i·cal** [-kl] *adj (adv* ~**ly**) **1.** proble'matisch, zweifelhaft. **2.** fragwürdig, dunkel: **of** ~ **origin.**
**pro·bos·cis** [prəʊˈbɒsɪs; *Am.* prəˈ-] *pl* **-cis·es** [-sɪsɪz] *s* **1.** *zo.* a) (Ele'fantenetc)Rüssel *m,* b) (In'sekten-, Stech-)Rüssel *m.* **2.** *fig. humor.* ,Rüssel' *m (Nase).* ~ **mon·key** *s zo.* Nasenaffe *m.*
**pro·caine** ['prəʊkeɪn] *s chem.* Pro-ka'in *n.*
**pro·cam·bi·um** [prəʊˈkæmbɪəm] *s bot.*

Pro'cambium *n (Bildungsgewebe der Leitbündel).*
**pro·ce·dur·al** [prəˈsiːdʒərəl] *adj* **1.** *jur.* prozessu'al, verfahrensrechtlich: ~ **law** Verfahrensrecht *n.* **2.** Verfahrens...: ~ **motion** *parl.* Antrag *m* zur Geschäftsordnung.
**pro·ce·dure** [prəˈsiːdʒə(r)] *s* **1.** *allg.* Verfahren *n (a. tech.),* Vorgehen *n.* **2.** *jur. (bes.* pro'zeßrechtliches) Verfahren: ~ **Prozeßvorschriften, Verfahrensbestimmungen. 3.** Handlungsweise *f,* Verhalten *n,* (eingeschlagener) Weg.
**pro·ceed I** *v/i* [prəˈsiːd; prəʊ-] **1.** weitergehen, -fahren *etc,* sich begeben **(to** nach). **2.** *fig.* weitergehen *(Handlung etc),* fortschreiten: **the play will now** ~ das Spiel geht jetzt weiter. **3.** vor sich gehen, von'statten gehen. **4.** vor(wärts)gehen, vorrücken, *fig. a.* Fortschritte machen, vor'ankommen. **5.** fortfahren, weitermachen **(with, in** mit, in *s-r* Rede *etc*): **to** ~ **with one's work** s-e Arbeit fortsetzen; **to** ~ **on one's journey** s-e Reise fortsetzen, weiterreisen. **6.** fortfahren (zu sprechen): **he** ~**ed to say** er fuhr (in *s-r* Rede) fort, dann sagte er. **7.** *(bes. nach e-m Plan)* vorgehen, verfahren: **to** ~ **with s.th.** etwas durchführen *od.* in Angriff nehmen; **to** ~ **on the assumption that** davon ausgehen, daß. **8.** schreiten *od.* 'übergehen **(to** zu), sich machen **(to an** *acc),* sich anschicken **(to do** zu tun): **to** ~ **to attack** zum Angriff übergehen; **to** ~ **to business** an die Arbeit gehen, anfangen, beginnen; **to** ~ **to the election** zur Wahl schreiten; **to** ~ **to another subject** das Thema wechseln. **9. (from)** ausgehen, 'herrühren, kommen (von) *(Geräusch, Hoffnung, Resultat, Krankheit etc),* (e-r *Hoffnung etc)* entspringen. **10.** *jur.* (gerichtlich) vorgehen, e-n Pro'zeß anstrengen, prozes'sieren **(against** gegen). **11.** *Br.* promo'vieren (to zum), e-n aka-'demischen Grad erlangen: **he** ~**ed to (the degree of) M.A.** er erlangte den Grad e-s Magisters. **II** *s* ['prəʊsiːd] → **proceeds.**
**pro·ceed·ing** *s* **1.** a) Vorgehen *n,* Verfahren *n,* b) Maßnahme *f,* Handlung *f.* **2.** *pl jur.* Verfahren *n,* (Gerichts)Verhandlung(en *pl*) *f:* **to institute** *(od.* **take)** ~**s against** ein Verfahren einleiten *od.* gerichtlich vorgehen gegen. **3.** *pl* (Tätigkeits-, Sitzungs)Berichte *pl, (jur.* Pro-'zeß)Akten *pl.*
**pro·ceeds** ['prəʊsiːdz] *s pl* **1.** Erlös *m (from a sale* aus e-m Verkauf), Ertrag *m,* Gewinn *m.* **2.** Einnahmen *pl.*
**pro·cess¹** ['prəʊses; *Am. a.* 'prɑ-] **I** *s* **1.** *a. tech.* Verfahren *n,* Pro'zeß *m:* ~ **of manufacture** a) Herstellungsverfahren, b) Herstellungsprozeß, -vorgang *m,* Werdegang *m;* **in** ~ **of construction** im Bau (befindlich); ~ **annealing** *metall.* Zwischenglühung *f;* ~ **average** mittlere Fertigungsgüte; ~ **automation** Prozeß-Automatisierung *f;* ~ **chart** *econ.* Arbeitsablaufdiagramm *n;* ~ **control** *(Computer)* Prozeßsteuerung *f;* ~ **engineering** Verfahrenstechnik *f;* ~ **steam** *tech.* Betriebsdampf *m;* ~ **variable** *(Verfahrenstechnik)* Prozeßvariable *f;* ~ **water** *tech.* Betriebswasser *n.* **2.** Vorgang *m,* Verlauf *m,* Pro'zeß *m (a. phys.):* ~ **of combustion** Verbrennungsvorgang; ~ **mental** ~ Denkprozeß. **3.** Arbeitsgang *m.* **4.** Fortgang *m,* -schreiten *n,* (Ver)Lauf *m (der Zeit):* **in** ~ **of time** im Laufe der Zeit; **to be in** ~ im Gange sein, sich abwickeln; **in** ~ **of** im Verlauf von *(od. gen);* **the machine was damaged in the** ~ dabei wurde die Maschine beschädigt. **5.** *chem.* a) → **1** u. **2:** ~ **butter** Prozeßbutter *f (entranzte Butter),* b) Reakti'onsfolge *f.* **6.** *print.*

photome'chanisches Reprodukti'onsverfahren: ~ **printing** Drei- *od.* Vierfarbendruck *m.* **7.** *phot.* Überein'anderko-ˌpieren *n.* **8.** *jur.* a) Zustellung(en *pl*) *f, bes.* Vorladung *f,* b) Rechtsgang *m,* (Gerichts)Verfahren *n:* **due~ of law** ordentliches Verfahren, rechtliches Gehör. **9.** *anat.* Fortsatz *m.* **10.** *bot.* Auswuchs *m.* **11.** *fig.* Vorsprung *m.* **12.** *math.* Auflösungsverfahren *n (e-r Aufgabe).* **II** *v/t* **13.** bearbeiten, behandeln, e-m Verfahren unter'werfen. **14.** verarbeiten, *Lebensmittel* haltbar machen, *Milch etc* sterili'sieren, (chemisch) behandeln, *Stoff* imprä'gnieren: **to** ~ **into** verarbeiten zu; **to** ~ **information** Daten verarbeiten; ~(**ed**) **cheese** Schmelzkäse *m.* **15.** *jur.* a) vorladen, b) gerichtlich belangen. **16.** *phot.* (photome'chanisch) reprodu-'zieren *od.* vervielfältigen. **17.** *fig. Am.* a) j-n ,'durchschleusen', abfertigen, b) *j-s Fall etc* bearbeiten.
**pro·cess²** [prəˈses] *v/i bes. Br.* **1.** in e-r Prozessi'on (mit)gehen. **2.** ziehen.
**pro·cess art** *s* Pro'zeßkunst *f (in deren Mittelpunkt die Vermittlung künstlerischer Prozesse steht).*
**pro·cess·ing** ['prəʊsesɪŋ; *Am. a.* 'prɑ-] *s* **1.** *tech.* Veredelung *f:* ~ **industry** weiterverarbeitende Industrie. **2.** *tech.* Verarbeitung *f:* ~ **program(me)** *(Computer)* Verarbeitungsprogramm *n;* ~ **unit** *(Computer)* Recheneinheit *f.* **3.** *bes. fig. Am.* Bearbeitung *f.*
**pro·ces·sion** [prəˈseʃn] **I** *s* **1.** Prozessi'on *f,* (feierlicher) (Auf-, 'Um)Zug: **to go in** ~ → **5;** **funeral** ~ Leichenzug. **2.** Reihe *f,* Reihenfolge *f.* **3.** *a.* ~ **of the Holy Spirit** *relig.* Ausströmen *n* des Heiligen Geistes. **4.** *Rennsport:* müdes Rennen. **II** *v/i* **5.** e-e Prozessi'on *od.* in e-r Prozession gehen. **III** *v/t* **6.** in (e-r) Prozessi'on ziehen durch. **pro'ces·sion·al** [-ʃənl] **I** *s relig.* a) Prozessi'onsbuch *n,* b) Prozessi'onshymne *f.* **II** *adj* Prozessions...
**pro'ces·sion·ar·y** [-ʃnərɪ; *Am.* -ʃəne- riː] **I** *s* **1.** → **processional I. II** *adj* **2.** → **processional II. 3.** *zo.* Prozessions..., Wander...: ~ **caterpillar.**
**pro·ces·sor** ['prəʊsesə(r); *Am. a.* 'prɑ-] *s* **1.** *tech.* a) Verarbeiter *m,* b) 'Hersteller *m.* **2.** *fig. Am.* (Sach)Bearbeiter *m.* **3.** *Computer:* Pro'zessor *m,* Zen'traleinheit *f.* **4.** ~ **art** Vertreter(in) der Pro'zeßkunst.
**pro·claim** [prəˈkleɪm; prəʊ-] *v/t* **1.** pro-kla'mieren, (öffentlich) verkünd(ig)en, kundgeben: **to** ~ **war** den Krieg erklären; **to** ~ **s.o. a traitor** j-n zum Verräter erklären; **to** ~ **s.o. king** j-n zum König ausrufen. **2.** erweisen als, kennzeichnen: **the dress** ~**s the man** Kleider machen Leute. **3.** a) den Ausnahmezustand verhängen über *(ein Gebiet etc),* b) unter Quaran'täne stellen. **4.** in die Acht erklären. **5.** *e-e Versammlung etc* verbieten.
**proc·la·ma·tion** [ˌprɒkləˈmeɪʃn; *Am.* ˌprɑ-] *s* **1.** Proklamati'on *f (to an acc),* (öffentliche *od.* feierliche) Verkündigung *od.* Bekanntmachung, Aufruf *m:* ~ **of martial law** Verhängung *f* des Standrechts. **2.** Erklärung *f,* Ausrufung *f (zum König etc).* **3.** *jur.* Edikt *n,* Erklärung *f* des Ausnahmezustandes *od.* des Bannes. **pro·clam·a·to·ry** [prəˈklæm-ətərɪ; *Am.* -ˌtɔːrɪ: -ˌtəʊ-] *adj* verkündend, prokla'mierend.
**pro·clit·ic** [prəʊˈklɪtɪk] *ling.* **I** *adj* pro'klitisch. **II** *s* pro'klitisches Wort.
**pro·cliv·i·ty** [prəˈklɪvətɪ; prəʊ-] *s* Neigung *f,* Hang *m* **(to, towards** zu).
**pro·con·sul** [ˌprəʊˈkɒnsl; *Am.* -ˈkɑn-] *s* **1.** *antiq.* (römischer) Pro'konsul, Statthalter *m (e-r Provinz).* **2.** Statthalter *m (e-r Kolonie etc).* ˌ**pro·con·su·late**

[-ˈkɒnsjʊlət; *Am.* -ˈkɑnsələt] *s* Prokonsu-ˈlat *n*, Statthalterschaft *f*.

**pro·cras·ti·nate** [prəʊˈkræstɪneɪt] **I** *v/i* zaudern, zögern. **II** *v/t* hinˈausˌzögern, verschleppen. **proˌcras·tiˈna·tion** *s* Verzögerung *f*, Verschleppung *f*. **proˈcras·ti·na·tor** [-tə(r)] *s* **1.** Zauderer *m*, Zögerer *m*. **2.** Verschlepper *m*.

**pro·cre·ant** [ˈprəʊkrɪənt] *adj* (er)zeugend, erschaffend. **ˈpro·cre·ate** [-eɪt] *v/t* **1.** *a. fig.* (er)zeugen, herˈvorbringen: to ~ offspring; to ~ one's kind sich fortpflanzen. **2.** *fig.* ins Leben rufen. **ˌpro·creˈa·tion** *s* (Er)Zeugung *f*, Herˈvorbringen *n* (*a. fig.*), Fortpflanzung *f*. **ˈpro·cre·a·tive** *adj* **1.** zeugungsfähig, Zeugungs...: ~ **capacity** Zeugungsfähigkeit *f*. **2.** fruchtbar. **ˈpro·cre·a·tor** [-tə(r)] *s* Erzeuger *m*.

**Pro·crus·te·an** [prəʊˈkrʌstɪən] *adj* **1.** Prokrustes...: ~ **bed** Prokrustesbett *n* (*a. fig.*). **2.** *fig.* gewaltsam, Zwangs...

**proc·to·cele** [ˈprɒktəʊsiːl; *Am.* ˈprɑktəˌs-] *s med.* Proktoˈzele *f*, Mastdarmvorfall *m*.

**proc·tol·o·gy** [prɒkˈtɒlədʒɪ; *Am.* prɑkˈtɑ-] *s med.* Proktoloˈgie *f* (*Lehre von den Funktionen u. Erkrankungen des Mastdarms u. des Afters*).

**proc·tor** [ˈprɒktə; *Am.* ˈprɑktər] **I** *s* **1.** *univ.* a) *Br.* Diszipliˈnarbeamte(r) *m*, b) Aufsichtführende(r) *m* (*bes. bei Prüfungen*). **2.** *jur.* Anwalt *m* (*vor geistlichen u. Seerechtsgerichten*). **3.** *a.* King's (*od.* Queen's) ~ *jur. Br.* Beamter der **Family Division**, *der verpflichtet ist, bei vermuteter Kollusion der Parteien in das Verfahren einzugreifen*. **II** *v/t* **4.** a) beaufsichtigen, b) die Aufsicht führen bei (*e-r Prüfung*).

**proc·to·scope** [ˈprɒktəskəʊp; *Am.* ˈprɑ-] *s med.* Rektoˈskop *n*, Mastdarmspiegel *m*. **proc·tot·o·my** [-ˈtɒtəmɪ; *Am.* -ˈtɑ-] *s* Mastdarmeinschnitt *m*, Proktotoˈmie *f*.

**pro·cur·a·ble** [prəˈkjʊərəbl] *adj* beschaffbar, erhältlich, zu beschaffen(d): easily ~.

**proc·u·ra·tion** [ˌprɒkjʊəˈreɪʃn; *Am.* ˌprɑkjər-] *s* **1.** → procurement 1 *u.* 3. **2.** (Stell)Vertretung *f*. **3.** Bevollmächtigung *f*. **4.** *econ. jur.* Proˈkura *f*, Vollmacht *f*: to give ~ Prokura *od.* Vollmacht erteilen; by ~ per Prokura; joint ~ Gesamthandlungsvollmacht; single (*od.* sole) ~ Einzelprokura. **5.** *a.* ~ fee, ~ money *econ.* Makler-, Vermittlungsgebühr *f*. **6.** *jur.* → procuring 2.

**proc·u·ra·tor** [ˈprɒkjʊəreɪtə(r); *Am.* ˈprɑkjər-] *s jur.* **1.** Anwalt *m*. **1.** P~ **General** *Br.* Königlicher Anwalt des Schatzamtes; ~ **fiscal** *Scot.* Staatsanwalt. **2.** Sachwalter *m*, Bevollmächtigte(r) *m*.

**pro·cure** [prəˈkjʊə(r)] **I** *v/t* **1.** (sich) beˈod. verschaffen, (sich) besorgen: to ~ s.th. for s.o. (*od.* s.o. s.th.) j-m etwas beschaffen *etc*; to ~ **evidence** Beweise liefern *od.* beibringen. **2.** erwerben, erlangen: to ~ **wealth**. **3.** *Mädchen* verkuppeln, ‚besorgen' (for s.o. j-m). **4.** bewirken, veranlassen, herˈbeiführen, bewerkstelligen: to ~ s.o. to commit a crime j-n zu e-r Straftat anstiften. **II** *v/i* **5.** a) kuppeln, b) Zuhälteˈrei treiben. **proˈcure·ment** *s* **1.** Besorgung *f*, Beschaffung *f*: ~ of capital Kapitalbeschaffung *f*. **2.** Erwerbung *f*: ~ of a patent. **3.** Vermittlung *f*. **4.** Veranlassung *f*, Bewerkstelligung *f*. **proˈcur·er** *s* **1.** Beschaffer(in), Vermittler(in). **2.** a) Kuppler *m*, b) Zuhälter *m*. **proˈcur·ess** [-rɪs] *s* Kupplerin *f*. **proˈcur·ing** *s* **1.** → procurement. **2.** a) Kuppeˈlei *f*, b) Zuhälteˈrei *f*.

**prod¹** [prɒd; *Am.* prɑd] **I** *v/t* **1.** stechen, stoßen, ‚piken'. **2.** *fig.* anstacheln, anspornen, antreiben (**into** zu): to ~ s.o.'s

**memory** j-s Gedächtnis (*energisch*) nachhelfen. **II** *s* **3.** Stich *m*, Stechen *n*, Stoß *m* (*a. fig.*). **4.** *fig.* Ansporn *m*. **5.** spitzes Werkzeug, *bes.* Ahle *f*. **6.** Stachelstock *m*.

**Prod²** [prɒd] *s Ir. contp.* ‚Evanˈgele‘ *m* (*Protestant*).

**pro·de·li·sion** [ˌprəʊdɪˈlɪʒn; *Am.* ˌprɑd-] *s ling.* Weglassen *n* des ˈAnfangsvoˌkals (*z. B. in* I'm *für* I am).

**prod·i·gal** [ˈprɒdɪɡl; *Am.* ˈprɑd-] **I** *adj* (*adv* ~ly) **1.** verschwenderisch (of mit): to be ~ of → prodigalize; the ~ son *Bibl.* der verlorene Sohn. **II** *s* **2.** Verschwender(in) (*a. jur.*). **3.** reuiger Sünder. **ˌprod·iˈgal·i·ty** [-ˈɡælətɪ] *s* **1.** Verschwendung(ssucht) *f*. **2.** Üppigkeit *f*, (verschwenderische) Fülle (of an *dat*). **ˈprod·i·gal·ize** [-ɡəlaɪz] *v/t* verschwenden, verschwenderisch ˈumgehen mit: to~ one's money.

**pro·di·gious** [prəˈdɪdʒəs] *adj* (*adv* ~ly) **1.** erstaunlich, wunderbar, großartig: he's got a ~ **memory** er hat ein ‚sagenhaftes' Gedächtnis. **2.** gewaltig, ungeˈheuer.

**prod·i·gy** [ˈprɒdɪdʒɪ; *Am.* ˈprɑ-] *s* **1.** Wunder *n* (*meist Sache od. Person*) (of gen *od.* an *dat*): a ~ of learning ein Wunder der *od.* an Gelehrsamkeit; the prodigies of the human race die Wunder(werke) der Menschen. **2.** *meist* child (*od.* infant) ~ Wunderkind *n*: musical ~ musikalisches Wunder(kind). **3.** *contp.* Ausgeburt *f*, Monstrum *n*.

**prod·ro·mal** [ˈprɒdrəməl; *bes. Am.* prəʊˈdrəʊməl] *adj med.* (*e-m Krankheitsausbruch etc*) vorˈausgehend, prodroˈmal. **pro·drome** [ˈprəʊdrəʊm] *s med.* Proˈdrom *n*, Prodroˈmalsymˌptom *n*.

**pro·duce** [prəˈdjuːs; *Am. a.* -ˈduːs] **I** *v/t* **1.** *allg.* erzeugen: a) *Kinder, Werke etc* herˈvorbringen, *Werke etc* schaffen, machen, b) *fig.* herˈvorrufen, -bringen, bewirken, zeitigen, schaffen, *e-e Wirkung* erzielen: to ~ **an effect**; to ~ **a smile** ein Lächeln hervorrufen. **2.** *Waren etc* produˈzieren, erzeugen, ˈherstellen, fertigen, *ein Buch* herˈausbringen *od.* verfassen, *Erz, Kohle etc* gewinnen, fördern. **3.** *bot.* *Früchte etc* herˈvorbringen. **4.** *econ. o* Gewinn (ein)bringen, (-)tragen, abwerfen, erzielen: **capital ~s interest** Kaˈpital trägt *od.* bringt Zinsen. **5.** herˈaus-, herˈvorziehen, -holen (from aus der Tasche etc). **6.** *s-n Ausweis etc* (vor)zeigen, vorlegen. **7.** *Zeugen, Beweis etc* beibringen: to ~ **evidence (witnesses)**. **8.** *Gründe* vorbringen, anführen, aufwarten mit. **9.** *e-n Film* produˈzieren, herˈausbringen, *ein Theaterstück, Hörod. Fernsehspiel* a) aufführen, b) ˈinstuˌdieren, inszeˈnieren, *thea., Rundfunk: Br.* Reˈgie führen bei: to ~ o.s. *fig.* sich produzieren. **10.** *e-n Schauspieler* herˈausbringen. **11.** *math.* *e-e Linie* verlängern. **II** *v/i* **12.** produˈzieren. **13.** *bot.* (Früchte) tragen. **14.** *econ.* Gewinn(e) abwerfen. **III** *s* **prod·uce** [ˈprɒdjuːs; *Am.* ˈprɑdjuːs] (*nur sg*) **15.** (*bes.* ˈBoden-, ˈLandes)Proˌdukte *pl*, (Naˈtur)Erzeugnis(se *pl*) *n*: ~ **exchange** Produktenbörse *f*; ~ **market** Waren-, Produktenmarkt *m*. **16.** Ertrag *m*, Gewinn *m*. **17.** *tech.* (Erz-)Ausbeute *f*. **18.** *tech.* Leistung *f*, Ausstoß *m*: daily ~.

**pro·duc·er** [prəˈdjuːsə(r); *Am. a.* -ˈduː-] *s* **1.** Erzeuger(in), ˈHersteller(in) (*beide a. econ.*): ~ **country** *econ.* Erzeugerland *n*. **2.** *econ.* Produˈzent *m*, Fabriˈkant *m*: ~('s) **goods** Produktionsgüter. **3.** a) *Film:* Produˈzent *m*, Produktiˈonsleiter *m*, b) *thea., Rundfunk: Br.* Regisˈseur *m*, Spielleiter *m*. **4.** *tech.* Geneˈrator *m*: ~ **gas** Generatorgas *n*. **proˈduc·i·ble** *adj* **1.** erzeugbar, ˈherstellbar, produˈzierbar.

**2.** vorzuzeigen(d), beizubringen(d), aufweisbar. **proˈduc·ing** *adj* Produktions..., Herstellungs...

**prod·uct** [ˈprɒdʌkt; *Am.* ˈprɑdʌkt] *s* **1.** Proˈdukt *n*, Erzeugnis *n* (*a. econ. tech.*): intermediate ~ Zwischenprodukt; ~ engineering Fertigungstechnik *f*; ~ liability *Am.* Produzentenhaftung *f*; ~ line a) Herstellungsprogramm *n*, b) Erzeugnisgruppe *f*; ~ patent Stoffpatent *n*. **2.** *chem. math.* Proˈdukt *n*. **3.** *fig.* (a. ‚Geistes)Proˌdukt *n*, Ergebnis *n*, Resulˈtat *n*, Frucht *f*, Werk *n*. **4.** *fig.* Proˈdukt *n* (*Person*): he was the ~ of his time.

**pro·duc·tion** [prəˈdʌkʃn] *s* **1.** (*z. B. Kälte-, Strom*)Erzeugung *f*, (*z. B. Rauch*)Bildung *f*: ~ of current (smoke). **2.** *econ.* Produktiˈon *f*, ˈHerstellung *f*, Erzeugung *f*, Fabrikatiˈon *f*, Fertigung *f*: ~ planning Fertigungsplanung *f*; to be in ~ serienmäßig hergestellt werden; to be in good ~ genügend hergestellt werden; to go into ~ a) die Produktion aufnehmen (*Fabrik*), b) in Produktion gehen (*Ware*). **3.** a) *chem. min. Bergbau:* Gewinnung *f*: ~ of gold, b) *Bergbau:* Förderleistung *f*. **4.** (Arbeits)Erzeugnis *n*, (*a.* Naˈtur)Proˌdukt *n*, Fabriˈkat *n*. **5.** *fig.* (*meist* liteˈrarisches) Proˈdukt, Ergebnis *n*, Werk *n*, Schöpfung *f*, Frucht *f*. **6.** Herˈvorbringen *n*, Entstehung *f*. **7.** Vorlegung *f*, -zeigung *f*, -lage *f* (*e-s Dokuments etc*), Beibringung *f* (*e-s Zeugen*), Erbringen *n* (*e-s Beweises*), Vorführen *n*, Aufweisen *n*. **8.** Herˈvorholen *n*, -ziehen *n*. **9.** Verlängerung *f* (*a. bot. math. zo.*). **10.** *thea.* a) Aufführung *f*, Inszeˈnierung *f*: to make a ~ (out) of s.th. *fig. colloq.* viel Theater um etwas machen. **11.** a) *Film, TV:* Produktiˈon *f*, b) *thea., Rundfunk: Br.* Reˈgie *f*, Spielleitung *f*. **proˈduc·tion·al** [-ʃənl] *adj* Produktions... **pro·duc·tion** ca·pac·i·ty *s* Produktiˈonskapaziˌtät *f*, Leistungsfähigkeit *f*. ~ **car** *s mot.* Serienwagen *m*. ~ **con·trol** *s* Produktiˈonskonˌtrolle *f*. ~ **costs** *s pl* Gestehungskosten *pl*. ~ **di·rec·tor** *s* *Rundfunk, TV:* Sendeleiter *m*. ~ **en·gi·neer** *s* Beˈtriebsingeˌnieur *m*. ~ **goods** *pl econ.* Produktiˈonsgüter *pl*. ~ **line** *s tech.* Fertigungsstraße *f*, Fließband *n*. ~ **man·ag·er** *s econ.* ˈHerstellungsleiter *m*. ~ **part** *s* Fertigungsteil *m*, *n*.

**pro·duc·tive** [prəˈdʌktɪv] *adj* (*adv* ~ly) **1.** herˈvorbringend, erzeugend, schaffend (of acc): to be ~ of erzeugen, führen zu. **2.** produkˈtiv, ergiebig, ertragreich, fruchtbar, rentˈabel: ~ **capital** *econ.* das gewinnbringende Kapital; ~ **labo(u)r** produktive (*unmittelbar am Fabrikationsprozeß beteiligte*) Arbeitskräfte *pl*. **3.** produˈzierend, -holen (*meist* dat): to be ~ of erzeugen. ~ **bed** (*Bergbau*) abbauwürdige Lagerstätte. **4.** *fig.* produkˈtiv, fruchtbar, schöpferisch: a ~ **writer**. **proˈduc·tive·ness, pro·duc·tiv·i·ty** [ˌprɒdʌkˈtɪvətɪ; *Am.* ˌprɑ-; prəʊˌdʌkˈt-] *s* Produktiviˈtät *f* (*a. fig.*), Ergiebigkeit *f*, Ertragsfähigkeit *f*, Fruchtbarkeit *f* (*a. fig.*), Rentabiliˈtät *f*.

**pro·em** [ˈprəʊem] *s* Einleitung *f* (*a. fig.*), Vorrede *f* (to zu).

**ˈpro-ˌEu·roˈpe·an I** *adj* **1.** proeuroˈpäisch. **2.** die Zugehörigkeit Großbriˈtanniens zur Euroˈpäischen Gemeinschaft befürwortend. **II** *s* **3.** Proeuroˈpäer(in). **4.** Befürworter(in) der britischen Zugehörigkeit zur Euroˈpäischen Gemeinschaft.

**prof** [prɒf; *Am.* prɑf] *s colloq.* ‚Prof‘ *m* (*Professor*).

**prof·a·na·tion** [ˌprɒfəˈneɪʃn; *Am.* ˌprɑ-; ˌprəʊ-] *s* Entweihung *f*, Profaˈnierung *f*.

**pro·fane** [prəˈfeɪn; *Am. a.* prəʊ-] **I** *adj* (*adv* ~ly) **1.** weltlich, proˈfan, nicht geistlich, ungeweiht: ~ **building** Profanbau *m*; ~ **history** Profangeschichte *f*; ~ lit-

erature weltliche Literatur. **2.** (gottes-) lästerlich, gottlos, gemein. **3.** unheilig, heidnisch: ~ **rites. 4.** uneingeweiht (**to** in *acc*), nicht zugelassen (**to** zu), außenstehend. **5.** gewöhnlich, pro'fan. **II** *v/t* **6.** entweihen, her'abwürdigen, profa'nieren, *e-n Feiertag etc* entheiligen. **pro-'fan·i·ty** [-'fænətɪ] *s* **1.** Gott-, Ruchlosigkeit *f.* **2.** Weltlichkeit *f.* **3.** a) Fluchen *n,* b) *pl* Flüche *pl,* Lästerungen *pl.*

**pro·fess** [prə'fes] *v/t* **1.** (*a.* öffentlich) erklären, *Interesse, Reue etc* bekunden, sich 'hinstellen *od.* bezeichnen (**to be** als): **to ~ o.s. a communist** sich zum Kommunismus bekennen. **2.** beteuern, versichern, *contp. a.* zur Schau tragen, heucheln. **3.** sich bekennen zu (*e-m Glauben etc*) *od.* als (*Christ etc*): **to ~ christianity. 4.** eintreten für, *Grundsätze etc* vertreten: **to ~ principles. 5.** (*als Beruf*) ausüben, betreiben: **to ~ surgery** (von Beruf) Chirurg sein. **6.** a) Fachmann sein in (*dat*), *ein Fachgebiet* beherrschen, b) sich als Fachmann ausgeben in (*dat*). **7.** *bes. Br.* Pro'fessor sein für, lehren: **he ~es chemistry. 8.** *relig.* in e-n Orden aufnehmen. **pro'fessed** [-st] *adj* **1.** erklärt, ausgesprochen: **a ~ enemy of liberalism; ~ Christian** Bekenntnischrist(in). **3.** angeblich, vorgeblich, Schein... **3.** Berufs..., von Beruf, berufsmäßig. **4.** *relig.* (in e-n Orden) aufgenommen: **~ monk** Profeß *m.* **pro'fess·ed·ly** [-sɪdlɪ; *Am. a.* -'festli:] *adv* **1.** angeblich. **2.** erklärtermaßen, nach eigener Angabe. **3.** offenkundig.

**pro·fes·sion** [prə'feʃn] *s* **1.** (*bes.* aka'demischer *od.* freier) Beruf, Stand *m:* **learned ~** gelehrter Beruf; **the military ~** der Soldatenberuf; **the ~s** die akademischen Berufe; **by ~** von Beruf; **the oldest ~ in the world** *euphem.* das älteste Gewerbe der Welt. **2.** **the ~** *collect.* der Beruf *od.* Stand, die (gesamten) Vertreter *pl od.* Angehörigen *pl* e-s Berufes *od.* Standes: **the medical ~** die Ärzteschaft, die Mediziner *pl.* **3.** (Glaubens-) Bekenntnis *n.* **4.** Bekundung *f,* (*a.* falsche) Versicherung *od.* Behauptung, Erklärung *f,* Beteuerung *f:* **~ of faith** Treuebekenntnis *n;* **~ of friendship** Freundschaftsbeteuerung. **5.** *relig.* Pro'feß *f:* a) (Ordens)Gelübde *n,* b) Ablegung *f* des (Ordens)Gelübdes.

**pro·fes·sion·al** [prə'feʃənl] **I** *adj* (*adv* **~ly**) **1.** Berufs..., beruflich, Amts..., Standes...: **~ association** Berufsgenossenschaft *f;* **~ discretion** Schweigepflicht *f* (*des Arztes etc*); **~ ethics** Berufsethos *n;* **~ hono(u)r** Berufsehre *f;* **~ jealousy** Brot-, Konkurrenzneid *m;* **~ pride** Standesdünkel *m;* **~ secrecy** Berufsgeheimnis *n,* Schweigepflicht *f.* **2.** Fach..., Berufs..., fachlich: **~ school** Fach-, Berufsschule *f;* **~ studies** Fachstudium *n;* **in a ~ way** berufsmäßig, professionell; **~ man** Mann *m* vom Fach (→ 4). **3.** Berufs..., professio'nell (*a. sport*): **~ player;** *a.* **beauty** Bühnen- *od.* Filmschönheit *f.* **4.** freiberuflich, aka'demisch: **~ man** Angehörige(r) *m* e-s freien Berufes, Akademiker *m,* Geistesarbeiter *m* (→ 2); **the ~ classes** die höheren Berufsstände. **5.** fachlich ausgebildet, gelernt: **~ gardener. 6.** unentwegt, *contp.* „Berufs...": **~ patriot. 7.** a) (**very**) ~ (ausgesprochen) gekonnt, b) *contp.* routi'niert: **his ~ smile. II** *s* **8.** *sport* Berufssportler(in) *od.* -spieler(in), „Profi' *m:* **to turn ~** ins Profilager überwechseln. **9.** Berufskünstler(in), Künstler(in) vom Fach. **10.** Fachmann *m.* **11.** Geistesarbeiter *m.* **12.** Prosti'tuierte *f.* **pro'fes·sion·al·ism** *s* **1.** Berufssportlertum *n,* -spielertum *n,* Professiona'lismus *m,* „Profitum' *n.*

**2.** Routi'niertheit *f.* **pro'fes·sion·al·ize I** *v/i* **1.** Berufssportler(in) *etc* werden. **2.** zum Beruf werden. **II** *v/t* **3.** berufsmäßig ausüben, zum Beruf machen.

**pro·fes·sor** [prə'fesə(r)] *s* **1.** Pro'fessor *m,* Profes'sorin *f:* → **adjunct** 5, **assistant** 2, **associate** 9, **full professor. 2.** *Am.* Hochschullehrer *m.* **3.** Fachmann *m,* Lehrmeister *m* (*a. humor.*). **4.** *bes. Am. od. Scot.* (*a.* Glaubens)Bekenner *m.* **pro'fes·sor·ate** [-rɪt] *s* **1.** → **professorship. 2.** *collect.* (*die*) Profes'soren *pl,* Profes'sorenschaft *f* (*e-r Universität etc*). **pro·fes·so·ri·al** [ˌprɔfɪ'sɔːrɪəl; *Am.* ˌprəʊfə'səʊ-; ˌprɑ-] *adj* (*adv* **~ly**) professo'ral, profes'sorenhaft, e-s Pro'fessors, Professoren...: **~ chair** Lehrstuhl *m,* Professur *f;* **~ socialist** Kathedersozialist *m.* **ˌpro·fes'so·ri·ate** [-rɪət] *s* **1.** → **professorate** 2. **2.** → **professorship. pro'fes·sor·ship** *s* Profes'sur *f,* Lehrstuhl *m:* **to be appointed to a ~** e-n Lehrstuhl bekommen.

**prof·fer** [ˈprɒfə; *Am.* ˈprɑfər] **I** *s selten* Anerbieten *n,* Angebot *n.* **II** *v/t* (an)bieten. **III** *v/i* sich erbieten *od.* anbieten (**to do** zu tun).

**pro·fi·cien·cy** [prə'fɪʃnsɪ] *s* (*nur sg*) (hohes) 'Leistungsni‚veau, (gute) Leistungen *pl,* Können *n,* Tüchtigkeit *f,* Fertigkeit *f.* **pro'fi·cient I** *adj* (*adv* **~ly**) tüchtig, geübt, bewandert, erfahren (**in, at** in *dat*). **II** *s obs.* Fachmann *m,* Meister *m,* Könner *m.*

**pro·file** [ˈprəʊfaɪl] **I** *s* **1.** Pro'fil *n:* a) Seitenansicht *f,* -bild *n,* b) 'Umriß (-linien *pl*) *m,* Kon'tur *f:* **in ~** im Profil; **to keep a low ~** *fig.* Zurückhaltung üben. **2.** *a.* arch. tech. Pro'fil *n,* Längsschnitt *m,* (*bes.* senkrechter) 'Durchschnitt. **3.** Querschnitt *m* (*a. fig.*). **4.** 'Kurzbiogra‚phie *f,* bio'graphische Skizze. **5.** (*historische etc*) Skizze. **6.** (*bes.* Per'sönlichkeits-, 'Leistungs)Dia‚gramm *n,* Kurve *f.* **II** *v/t* **7.** im Pro'fil darstellen, profi'lieren. **8.** *tech.* im Quer- *od.* Längsschnitt zeichnen. **9.** *tech.* a) profi'lieren, fasso'nieren, b) ko'pierfräsen. **10.** *fig.* e-e 'Kurzbiogra‚phie schreiben über (*acc*). **~ cut·ter** *s tech.* Fas'sonfräser *m.* **~ drag** *s aer.* Pro'fil‚widerstand *m* (*der Tragfläche*). **~ mill·ing** *s* Fas'son-, 'Umrißfräsen *n.*

**pro·fil·er** [ˈprəʊfaɪlə(r)], **'pro·fil·ing ma·chine** *s tech.* Ko'pier‚fräsma‚schine *f.*

**prof·it** [ˈprɒfɪt; *Am.* ˈprɑ-] **I** *s* **1.** (*econ. oft pl*) Gewinn *m,* Pro'fit *m:* **to leave a ~** (e-n) Gewinn abwerfen; **to make a ~ on** (*od.* **out of**) **s.th.** aus etwas (e-n) Gewinn ziehen; **to sell at a ~** mit Gewinn verkaufen; **~ and loss account** Gewinn- u. Verlustkonto *n,* Erfolgsrechnung *f;* **~ sharing** Gewinnbeteiligung *f.* **2.** *oft pl* a) Ertrag *m,* Erlös *m,* b) Reinertrag *m.* **3.** *jur.* Nutzung *f,* Früchte *pl* (*aus Land*). **4.** (*a. geistiger*) Gewinn, Nutzen *m,* Vorteil *m:* **to turn s.th. to ~** aus etwas Nutzen ziehen; **to his ~** zu s-m Vorteil. **II** *v/i* **5.** (**by, from**) (e-n) Nutzen *od.* Gewinn ziehen (aus), profi'tieren (von): **to ~ by** sich *etwas* zunutze machen, e-e Gelegenheit ausnützen. **6.** nützen, nützlich *od.* von Nutzen *od.* Vorteil sein für. **III** *v/t* **7.** *j-m* nützen *od.* nutzen, von Nutzen *od.* Vorteil sein für. **pro·fit·a·bil·i·ty** → **profitableness.** **'prof·it·a·ble** *adj* (*adv* **profitably**) **1.** gewinnbringend, einträglich, lohnend, ren'tabel: **to be ~** sich rentieren. **2.** vorteilhaft, nützlich (for *dat*), nutzbringend. **'prof·it·a·ble·ness** *s* **1.** Einträglichkeit *f,* Rentabili'tät *f.* **2.** Nützlichkeit *f.*

**prof·it·eer** [ˌprɒfɪ'tɪə(r); *Am.* ˌprɑfə't-] **I** *s* Pro'fitmacher *m,* (Kriegs- *etc*)Gewinner *m,* „Schieber', Wucherer *m.* **II** *v/i* „Schieber-' *od.* Wuchergeschäfte machen, „schieben'. **ˌprof·it'eer·ing** *s*

„Schieber-', Wuchergeschäfte *pl.*

**pro·fit·er·ole** [prə'fɪtərəʊl] *s gastr.* (*Art*) Mohrenkopf *m.*

**'prof·it·less** *adj* **1.** nicht einträglich, ohne Gewinn, 'unren‚tabel. **2.** nutzlos.

**prof·li·ga·cy** [ˈprɒflɪgəsɪ; *Am.* ˈprɑf-] *s* **1.** Lasterhaftigkeit *f,* Verworfenheit *f,* Liederlichkeit *f.* **2.** Verschwendung(s)sucht *f.* **'prof·li·gate** [-gət] **I** *adj* (*adv* **~ly**) **1.** lasterhaft, verworfen, liederlich, ausschweifend. **2.** verschwenderisch. **II** *s* **3.** lasterhafter Mensch, „Liederjan' *m.* **4.** Verschwender(in).

**pro for·ma** [ˌprəʊ'fɔː(r)mə] (*Lat.*) *adj u. adv* **1.** pro forma, (nur) der Form halber, zum Schein. **2.** *econ.* Proforma...: **~ invoice; ~ bill** Proforma-, Gefälligkeitswechsel *m.*

**pro·found** [prə'faʊnd] **I** *adj* **1.** tief (*meist fig.*): **~ bow** (peace, sigh, sleep, *etc*). **2.** tiefschürfend, -gründig, -sinnig, inhaltsschwer, scharfsinnig, gründlich, pro'fund: **~ knowledge** profundes Wissen. **3.** *fig.* unergründlich, dunkel: **~ poems. 4.** *bes. fig.* tief, groß: **~ indifference** vollkommene Gleichgültigkeit; **~ interest** starkes Interesse; **~ pain** heftiger *od.* großer Schmerz; **~ respect** große *od.* größte Hochachtung. **II** *s* **5.** *poet.* Tiefe *f,* Abgrund *m:* **the ~** die Tiefe, das (tiefe) Meer. **pro'found·ly** *adv* **1.** tief (*etc;* → **profound** I). **2.** äußerst, höchst: **~ glad. 3.** völlig: **~ deaf. pro'found·ness** → **profundity.**

**pro·fun·di·ty** [prə'fʌndətɪ] *s* **1.** (große) Tiefe, Abgrund *m* (*a. fig.*). **2.** Tiefgründigkeit *f,* Tiefsinnigkeit *f.* **3.** Scharfsinn *m,* durch'dringender Verstand. **4.** *pl* tiefgründige Pro'bleme *pl od.* Theo'rien *pl.* **5.** *oft pl* Weisheit *f,* pro'funder Ausspruch. **6.** Stärke *f,* hoher Grad (*der Erregung etc*).

**pro·fuse** [prə'fjuːs] *adj* (*adv* **~ly**) **1.** ('über)reich (**of, in** an *dat*), 'überfließend, üppig, ausgiebig. **2.** (*oft allzu*) freigebig, großzügig, verschwenderisch (**of, in** mit): **to be ~ in one's thanks** überschwenglich danken; **~ly illustrated** reich illustriert. **pro'fuse·ness, pro-'fu·sion** [-'fjuːʒn] *s* **1.** ('Über)Fülle *f,* 'Überfluß *m* (**of** an *dat*): **in profusion** in Hülle u. Fülle. **2.** Verschwendung *f,* Luxus *m,* allzu große Freigebigkeit.

**prog¹** [prɒg] *Br. colloq. für* **progressive** 8.

**prog²** [prəʊg] *Br. colloq. für* **program¹** I.

**pro·gen·i·tive** [prəʊ'dʒenɪtɪv] *adj* **1.** Zeugungs...: **~ act. 2.** zeugungsfähig. **pro'gen·i·tor** [-tə(r)] *s* **1.** Vorfahr *m,* Ahn *m.* **2.** *fig.* Vorläufer *m.* **pro'gen·i·tress** [-trɪs] *s* Ahne *f.*

**pro·gen·i·ture** [prəʊ'dʒenɪtʃə(r)] *s* **1.** Zeugung *f.* **2.** Nachkommenschaft *f.* **prog·e·ny** [ˈprɒdʒənɪ; *Am.* ˈprɑ-] *s* **1.** Nachkommenschaft *f* (*a. bot.*), Nachkommen *pl,* Kinder *pl,* zo. (*die*) Jungen *pl,* Brut *f.* **2.** *fig.* Frucht *f,* Pro'dukt *n,* Ergebnis *n.* **3.** *fig.* Anhänger *pl,* Jünger *pl.*

**pro·ge·ri·a** [prəʊ'dʒɪərɪə] *s med.* Proge'rie *f,* vorzeitige Vergreisung.

**pro·ges·ter·one** [prəʊ'dʒestərəʊn] *s biol.* Progeste'ron *n* (*Gelbkörperhormon*).

**prog·nath·ic** [prɒg'næθɪk; *Am.* prɑg-; *a.* -'neɪ-] → **prognathous. 'prog·na·thism** [-nəθɪzəm] *s a.*) Progna'thie *f,* Vorstehen *n* des Oberkiefers, b) Proge'nie *f,* Vorstehen *n* des 'Unterkiefers. **prog·na·thous** [prɒg'neɪθəs; 'prɒgnəθəs; *Am.* -ɑg-] *adj* a) progˈnathisch, mit vorstehendem Oberkiefer, b) pro'genisch, mit vorstehendem 'Unterkiefer. **'prog·na·thy** [-nəθɪ] → **prognathism.**

**prog·no·sis** [prɒg'nəʊsɪs; *Am.* prɑg-] *pl* **-ses** [-siːz] *s bes. med.* Pro'gnose *f,* Vor'aus-, Vor'hersage *f:* **to make a ~** e-e

Prognose stellen. **prog·nos·tic** [-'nɒstɪk; *Am.* -'nɑs-] **I** *adj* **1.** *bes. med.* pro'gnostisch. **2.** vor'her-, vor'aussagend (**of** *acc*): ~ **chart** Wetter(vorhersage)karte *f*. **3.** warnend, vorbedeutend. **II** *s* **4.** Vor'aus-, Vor'hersage *f*, Prophe'zeiung *f*. **5.** (An-, Vor)Zeichen *n, bes. med.* Pro'gnostikum *n*. **prog·nos·ti·cate** [-keɪt] *v/t* **1.** vor'her-, vor'aussagen, prognosti'zieren, prophe'zeien. **2.** anzeigen, ankündigen. **prog·nos·ti·ca·tion** *s* **1.** Vor'her-, Vor'aussage *f*, Prophe'zeiung *f* (*a. med.*). **2.** Prophe'zeiung *f*. **3.** Vorzeichen *n*. **prog·nos·ti·ca·tor** [-tə(r)] *s* Weissager(in).

**pro·gram**[1], *bes. Br.* **pro·gramme** ['prəʊɡræm] **I** *s* **1.** ('Studien-, Par'tei- *etc*)Pro(gramm *n*, Plan *m* (*a. fig.*): **what is the ~ for today?** *colloq.* was steht heute auf dem Programm? **2.** *thea. etc* Pro'gramm *n*: a) Spielplan *m*, b) Pro'grammheft *n*, c) Darbietung *f*: ~ **music** Programmusik *f*; ~ **picture** Beifilm *m*. **3.** *Rundfunk, TV*: Pro'gramm *n*: a) Sendefolge *f*, b) Sendung *f*: ~ **director** Programmdirektor *m*; ~ **policy** Programmpolitik *f*; ~ **slot** Programmplatz *m*. **4.** Tanzkarte *f*. **5.** ('Schul- *etc*)Pro(spekt *m*. **II** *v/t* **6.** ein Pro'gramm aufstellen für. **7.** auf das Pro'gramm setzen, planen, ansetzen.

**pro·gram**[2], *Br. a.* **pro·gramme** ['prəʊɡræm] (*Computer*) **I** *s* Pro'gramm *n*: ~-**controlled** programmgesteuert; ~ **exit** Ausgang *m*; ~ **library** Programmbibliothek *f*; ~ **sequence** Programmfolge *f*; ~ **step** Programmschritt *m*. **II** *v/t* program'mieren (*a. fig.*): ~-**med instruction** *ped.* programmierter Unterricht. **pro·gram·ma·ble** ['prəʊɡræməbl; prəʊ'ɡr-] *adj Computer*: program'mierbar: ~ **calculator**; ~ **read only memory** programmierbarer Festwertspeicher. **pro·gram·mat·ic** [-ɡrə'mætɪk] *adj* (*adv* ~**ally**) **1.** program'matisch. **2.** pro'grammu;sikartig. **pro·gramme** *u.* **2.** '**pro·gram·mer** *s* Pro'gram'mierer *m* (*e-s Computers*). '**pro·gram·ming I** *s* **1.** *Rundfunk, TV*: Pro'grammgestaltung *f*. **2.** *Computer*: Pro'gram'mierung *f*. **II** *adj* **3.** ~ **language** (*Computer*) Programmier-, Computersprache *f*. **prog·ress I** *s* ['prəʊɡres; *Am.* 'prɑɡ-] (*nur sg außer* 8) **1.** *fig.* Fortschritt *m*, -schritte *pl*: **to make** ~ → **11**; ~ **chart** Ist-Leistungskurve *f*; ~ **engineer** Entwicklungsingenieur *m*; ~ **report** Tätigkeits-, Zwischenbericht *m*. **2.** *fig.* fortschreitende Entwicklung: **in** ~ im Werden (begriffen) (→ 5). **3.** Fortschreiten *n*, Vorrücken *n*. **4.** *mil.* Vordringen *n*, -gehen *n*. **5.** Fortgang *m*, (Ver)Lauf *m*: **to be in** ~ im Gange sein; **in** ~ **of time** im Laufe der Zeit. **6.** Über'handnehmen *n*: **the disease made rapid** ~ die Krankheit griff schnell um sich. **7.** *obs.* Reise *f*, Fahrt *f*: "**The Pilgrim's P.**" „Die Pilgerreise" (*Buch von J. Bunyan*). **8.** *meist hist. Br.* Rundreise *f* (*e-s Herrschers, Richters etc*). **II** *v/i* **pro·gress** [prəʊ'ɡres; prə'ɡ-] **9.** fortschreiten, weitergehen, s-n Fortgang nehmen. **10.** sich (fort-, weiter)entwickeln, gedeihen (**to** zu) (*Vorhaben etc*): **to** ~ **towards completion** s-r Vollendung entgegengehen. **11.** *fig.* Fortschritte machen, vor'an-, vorwärtskommen. **pro·gres·sion** [prəʊ'ɡreʃn] *s* **1.** Vorwärts-, Fortbewegung *f*. **2.** Weiterentwicklung *f*, Verlauf *m*. **3.** (Aufein'ander)Folge *f*. **4.** Progressi'on *f*: a) *math.* Reihe *f*, b) Staffelung *f* (*e-r Steuer etc*). **5.** *mus.* a) Se'quenz *f* (*Motivversetzung*), b) Fortschreitung *f* (*Stimmbewegung*).

**pro·gres·sion·al** [-ʃənl] *adj* **1.** fortschreitend. **2.** Fortschritts... **pro·gres·sion·ist** [-ʃnɪst], **prog·ress·ist** [prəʊ'ɡresɪst; *Am.* 'prɑɡrəs-] *s bes. pol.* Fortschrittler *m*. **pro·gres·sive** [prəʊ'ɡresɪv] **I** *adj* **1.** fortschrittlich (*Person od. Sache*), progres'siv (*beide a. pol.*): ~ **party** Fortschrittspartei *f*; ~ **jazz** progressiver Jazz. **2.** fortschreitend, fortlaufend, sich weiterentwickelnd, progres'siv: **a** ~ **step** *fig.* ein Schritt nach vorn; ~ **assembly** (*od.* **operations**) *tech.* fließende Fertigung, Fließbandmontage *f*; ~ **scanning** *TV* Zeile-für-Zeile-Abtastung *f*; ~ **wave** *math. phys.* fortschreitende Welle; ~ **whist** progressives Whist. **3.** vorwärtsgerichtet, (all'mählich) vorrückend: ~ **movement** Vorwärtsbewegung *f*. **4.** gestaffelt, progres'siv: ~ **tax** *econ.* Progressivsteuer *f*; ~ **total** Staffelsumme *f*. **5.** (fort)laufend: ~ **numbers**. **6.** *a. med.* zunehmend, fortschreitend, progres'siv: ~ **deterioration** *od.* **paralysis**. **7.** *ling.* progres'siv: ~ **assimilation** Anpassung an den vorangehenden Konsonanten; ~ **form** Verlaufsform *f*. **II** *s* **8.** *a. pol.* Progres'sive(r) *m*, Fortschrittler *m*. **pro·gres·sive·ly** *adv* schritt-, stufenweise, nach u. nach, zunehmend, in zunehmendem Maße. **pro·gres·siveness** *s* Fortschrittlichkeit *f*. **pro·gres·siv·ism** *s* Grundsätze *pl* der Fortschritt'ler.

**pro·hib·it** [prə'hɪbɪt; prəʊ'h-] *v/t* **1.** verbieten, unter'sagen (**s.th.** etwas; **s.o. from doing** j-m etwas zu tun): ~**ed** verboten, unzulässig; ~**ed area** Sperrgebiet *n*. **2.** verhindern, unter'binden (**s.th. being done** daß etwas geschieht). **3.** hindern (**s.o. from doing s.th.** j-n daran, etwas zu tun). **pro·hi·bi·tion** [ˌprəʊɪ'bɪʃn] *s* **1.** Verbot *n*. **2.** (*hist. Am. meist* P~) Prohibiti'on *f*, Alkoholverbot *n*. **3.** → **writ**[1] 1. **pro·hi·bi·tion·ist** *s* Prohibitio'nist *m*, Verfechter *m* des Alkoholverbots. **pro·hib·i·tive** [prə'hɪbɪtɪv; prəʊ'h-] *adj* (*adv* ~**ly**) **1.** verbietend, unter'sagend. **2.** *econ.* Prohibitiv..., Schutz..., Sperr...: ~ **duty** (*od.* **tariff**) Prohibitivzoll *m*; ~ **system** Prohibitivzollsystem *n*; ~ **tax** Prohibitivsteuer *f*. **3.** unerschwinglich: ~ **prices**, ~ **cost** untragbare Kosten. **pro·hib·i·to·ry** [-tərɪ; *Am.* -ˌtəʊriː; -ˌtɔː-] → **prohibitive**.

**pro·ject** [prə'dʒekt] **I** *v/t* **1.** planen, entwerfen, projek'tieren. **2.** werfen, schleudern. **3.** *Bild, Licht, Schatten etc* werfen, proji'zieren. **4.** *chem. math.* proji'zieren: ~**ing plane** Projektionsebene *f*. **5.** *fig.* proji'zieren: ~ **to** *od.* **onto** o.s. one's thoughts) **into** sich (hinein)versetzen in (*acc*); **to** ~ **one's feelings into** s-e Gefühle übertragen auf (*acc*). **6.** darlegen, aufzeigen, vermitteln. **7.** vorspringen lassen: ~**ed piers** *arch.* Vorlagen, Gurtbogen. **II** *v/i* **8.** vorspringen, -stehen, -ragen (**over** über *acc*): **to** ~ **into** hineinragen in (*acc*). **9.** *Am. colloq.* sich her'umtreiben. **III** *s* **proj·ect** ['prɒdʒekt; *Am.* 'prɑ-] **10.** Pro'jekt *n*, Plan *m*, (*a. Bau*)Vorhaben *n*, Entwurf *m*: ~ **engineer** Projektingenieur *m*. **11.** *ped. bes. Am.* Pro'jekt *n*, Planaufgabe *f* (*die den Schülern freie Gestaltungsmöglichkeit bietet*). **pro·jec·tile** [prə'dʒektaɪl; *Am.* prə'dʒektəl] **I** *s* **1.** *mil.* Geschoß *n*, Pro'jek'til *n*. **2.** (Wurf)Geschoß *n*. **II** *adj* **3.** (an)treibend, Stoß..., Trieb...: ~ **force**. **4.** Wurf...: ~ **anchor** *mar.* Ankerrakete *f*. **pro·jec·tion** [prə'dʒekʃn] *s* **1.** Vorsprung *m*, vorspringender Teil *od.* Gegenstand. **2.** *arch. etc* Auskragung *f*, Ausladung *f*, 'Überhang *m*. **3.** Vorstehen *n*, (Her)'Vorspringen *n*, -ragen *n*. **4.** Fortsatz *m*.

**5.** Werfen *n*, Schleudern *n*, (Vorwärts-, Vor)Treiben *n*. **6.** Wurf *m*, Stoß *m*, Schub *m*. **7.** *math.* Projekti'on *f*: **upright** ~ Aufriß *m*. **8.** ('Karten)Projekti;on *f*. **9.** *phot.* Projekti'on *f*: a) Proji'zieren *n* (*von Lichtbildern*), b) Lichtbild *n*. **10.** Vorführen *n* (*von Filmen*): ~ **booth** (*od.* **room**) Vorführkabine *f*, -raum *m*; ~ **screen** Bild-, Projektionswand *f*, Bildschirm *m*. **11.** *psych.* Projekti'on *f*: a) Hin'ausverlegung *f* (*von Empfindungen etc*), Vergegenständlichen *n* (*von Vorstellungen etc*), b) Über'tragung *f* von Schuldgefühlen *etc* (*auf andere*). **12.** *fig.* 'Widerspieg(e)lung *f*. **13.** Planen *n*, Entwerfen *n*. **14.** Entwurf *m*. **15.** (Ein)Schätzung *f*, Zukunftsbild *n* (*auf Grund der herrschenden Tendenz*). **16.** Meinungsforschung, Statistik: Hochrechnung *f*. **pro·jec·tion·al** [-ʃənl] *adj* Projektions... **pro·jec·tion·ist** [-ʃnɪst] *s* Filmvorführer *m*. **pro·jec·tive** [prə'dʒektɪv] *adj* **1.** projek'tiv: ~ **geometry**; ~ **relation**. **2.** Projektions...: ~ **plane**. **3.** proji'zierend (*a. psych.*): ~ **test** *psych.* Projektionstest *m* (*zur Erfassung der Gesamtpersönlichkeit*). **pro·jec·tor** [prə'dʒektə(r)] *s* **1.** Projekti'onsappa;rat *m*, (Licht)Bildwerfer *m*, Pro'jektor *m*. **2.** *tech.* Para'bolspiegel *m*, Scheinwerfer *m*. **3.** a) Planer *m*, b) *contp.* Pläneschmied *m*, Pro'jektemacher *m*, c) Schwindler *m*. **pro·jet** ['prɒʒeɪ; *Am.* prəʊ'ʒeɪ] *s* **1.** → **project** 10. **2.** Völkerrecht: Vertragsskizze *f*. **pro·lapse** *med.* **I** *s* ['prəʊlæps] Vorfall *m*, Pro'laps(us) *m*. **II** *v/i* [prəʊ'læps] vorfallen, prola'bieren. **pro·lap·sus** [-səs] → prolapse I. **pro·late** ['prəʊleɪt] *adj math.* gestreckt, flach. **pro·la·tive** [prəʊ'leɪtɪv] *adj ling.* prola'tiv (*den Infinitiv erweiternd*). **prole** [prəʊl] *s bes. Br. colloq. contp.* Pro'let(in). **pro·le·gom·e·non** [ˌprəʊle'ɡɒmənɒn; *Am.* -lɪ'ɡɑm-] *pl* -**na** [-nə] *s meist pl* Vorbemerkungen *pl*, Einführung *f* (**to** zu). **pro·lep·sis** [prəʊ'lepsɪs] *pl* -**ses** [-siːz] *s Rhetorik*: Pro'lepsis *f*: a) Vor'ausbeantwortung *f* (*möglicher Einwände*), b) Vorwegnahme *e-s Satzgliedes, bes. des Subjekts e-s Gliedsatzes*. **pro·le·tar·i·an** [ˌprəʊlɪ'teərɪən] **I** *adj* prole'tarisch, Proletarier... **II** *s* Prole'tarier(in). **pro·le·tar·i·at(e)** [-rɪət] *s* **1.** Proletari'at *n*, Prole'tarier *pl*: ~ **dictatorship**. **2.** *selten* Proletari'at *n* (*im alten Rom*). **pro·li·cide** ['prəʊlɪsaɪd] *s* Tötung *f* der Leibesfrucht, Abtreibung *f*. **pro·lif·er·ate** [prəʊ'lɪfəreɪt; prə'l-] *biol.* **I** *v/i* **1.** wuchern, prolife'rieren. **2.** sich fortpflanzen (*durch Zellteilung etc*). **3.** sich stark vermehren *od.* ausbreiten. **II** *v/t* **4.** (in schneller Folge) hervorbringen. **pro·lif·er·a·tion** *s* **1.** Proliferati'on *f*: a) (Gewebs)Wucherung *f*, b) *bot.* (Aus)Sprossung *f*. **2.** Prolife'rieren *n*, Wuchern *n*, (starke) Vermehrung *od.* Ausbreitung. **pro·lif·ic** [prəʊ'lɪfɪk; prə'l-] *adj* (*adv* ~**ally**) **1.** *bes. biol.* 'überaus) fruchtbar. **2.** *fig.* reich (**of**, **in** an *dat*). **3.** *fig.* fruchtbar, (sehr) produk'tiv: **a** ~ **writer**. **pro·lif·i·ca·cy** [-kəsɪ], **pro·li·fic·i·ty** [ˌprəʊlɪ'fɪsətɪ] *s* **1.** (große) Fruchtbarkeit. **2.** *fig.* Reichtum *m* (**of** an *dat*). **3.** *fig.* Produktivi'tät *f*. **pro·lix** ['prəʊlɪks; prəʊ'lɪks] *adj* weitschweifig. **pro·lix·i·ty** s Weitschweifigkeit *f*. **pro·loc·u·tor** [prəʊ'lɒkjʊtə(r); *Am.* -'lɑk-] *s* Wortführer *m*, Vorsitzende(r) *m*.

**pro·log** *bes. Am. für* prologue.
**pro·log·ize** [ˈprəʊlɒgaɪz; *Am. a.* -ˌlɑg-; -ləˌdʒ-] *bes. Am. für* prologuize.
**pro·logue** [ˈprəʊlɒg; *Am. a.* -ˌlɑg] **I** *s*
**1.** *bes. thea.* Proˈlog *m*, Einleitung *f* (to zu). **2.** *fig.* Einleitung *f*, Vorspiel *n*, Auftakt *m* (to zu). **II** *v/t* **3.** mit e-m Proˈlog einleiten. **ˈpro·logu·ize** *v/i* e-n Proˈlog verfassen *od.* sprechen.
**pro·long** [prəʊˈlɒŋ; prəˈl-] *v/t* **1.** verlängern, (aus)dehnen: ~ed anhaltend (*Applaus, Regen etc*), ausgedehnt, länger (*Zeitraum*); for a ~ed period längere Zeit. **2.** *econ.* e-n Wechsel *etc* prolonˈgieren.
**pro·lon·ga·tion** [ˌprəʊlɒŋˈgeɪʃn] *s* **1.** Verlängerung *f*, (Aus)Dehnung *f*. **2.** Prolonˈgierung *f* (*e-s Wechsels etc*), Fristverlängerung *f*, Aufschub *m*: ~ business (*Börse*) Prolongationsgeschäft *n*.
**pro·lu·sion** [prəʊˈluːʒn] *s* **1.** Einführung *f*, Vorwort *n* (to zu). **2.** kurze Abhandlung. **3.** Vorspiel *n* (to zu).
**prom** [prɒm; *Am.* prɑm] *s* **1.** *Am. colloq.* High-School-, College-Ball *m*. **2.** *bes. Br.* a) (ˈStrand)Promeˌnade *f*, b) → promenade concert.
**pro me·mo·ri·a** [ˌprəʊmɪˈmɔːrɪə; *Am. a.* -ˈməʊ-] (*Lat.*) *pl* **pro me·mo·ri·a** *s pol.* Denkschrift *f*.
**prom·e·nade** [ˌprɒməˈnɑːd; *Am.* ˌprɑ-; *a.* -ˈneɪd] **I** *s* **1.** Promeˈnade *f*: a) Spaˈziergang *m*, -fahrt *f*, -ritt *m*, b) Spaˈzierweg *m*, Wandelhalle *f*, *bes. Br.* ˈStrandpromeˌnade *f*. **2.** feierlicher Einzug der (Ball-)Gäste, Poloˈnaise *f*. **3.** Promeˈnade *f* (*Tanzfigur*). **4.** → prom 1. **5.** → promenade concert. **II** *v/i* **6.** promeˈnieren, spaˈzierengehen, -fahren, -reiten. **III** *v/t* **7.** promeˈnieren *od.* (herˈum-)spaˌzieren in (*dat*) *od.* auf (*dat*). **8.** spaˈzierenführen, (umˈher)führen. ~ con·cert *s mus.* Konzert in ungezwungener Atmosphäre. ~ deck *s mar.* Promeˈnadendeck *n*.
**prom·e·nad·er** *s* Spaˈziergänger(in).
**Pro·me·the·an** [prəˈmiːθjən; -ɪən] **I** *adj* promeˈtheisch (*a. fig.*). **II** *s fig.* Proˈmetheus *m*. [Proˈmethium *n*.]
**pro·me·thi·um** [prəˈmiːθɪəm] *s chem.*]
**prom·i·nence** [ˈprɒmɪnəns; *Am.* ˈprɑmə-] *s* **1.** (Her)ˈVorragen *n*, -stehen *n*, -springen *n*. **2.** deutliche Sichtbarkeit, Auffälligkeit *f*. **3.** *fig.* Bedeutung *f*, Berühmtheit *f*: to bring into ~ a) berühmt machen, b) klar herausstellen, hervorheben; to come into ~ in den Vordergrund rücken, hervortreten; to give ~ to s.th. etwas hervorkehren. **4.** Vorsprung *m*, (Vor)Wölbung *f*, auffälliger Gegenstand, in die Augen fallende Stelle. **5.** *astr.* Protubeˈranz *f*. **ˈprom·i·nent** *adj* (*adv* ~ly) **1.** vorstehend, -springend: ~ cheekbones vorstehende Backenknochen; the most ~ peak der höchste Gipfel. **2.** marˈkant, auffallend, in die Augen fallend, herˈvorstechend (*Eigenschaft*). **3.** promiˈnent: a) führend (*Persönlichkeit*), herˈvorragend, b) berühmt.
**prom·is·cu·i·ty** [ˌprɒmɪˈskjuːətɪ; *Am.* ˌprɑməsˈk-] *s* **1.** Vermischt-, Vermorrenheit *f*, Durcheinˈander *n*. **2.** Wahllosigkeit *f*. **3.** Promiskuiˈtät *f*, wahllose *od.* ungebundene Geschlechtsbeziehungen *pl*.
**pro·mis·cu·ous** [prəˈmɪskjʊəs; *Am.* -kjəwəs] *adj* **1.** gemischt, verworren, bunt (-gewürfelt). **2.** wahl-, ˈunterschiedslos: ~ sexual relations → promiscuity 3. **3.** gemeinsam (*beider Geschlechter*): ~ bathing. **4.** nicht festgelegt, ungebunden: in a ~ sense bald in diesem, bald in jenem Sinne. **5.** *colloq.* zufällig. **pro·ˈmis·cu·ous·ly** *adv* **1.** (kunter)bunt durcheinˈander, in buntem Gemisch. **2.** wahllos.
**prom·ise** [ˈprɒmɪs; *Am.* ˈprɑ-] *s*

**1.** Versprechen *n*, Zusage *f* (to s.o. j-m gegenˈüber): a ~ is a ~ versprochen ist versprochen; ~ of (*od.* to) help Versprechen zu helfen; conditional (absolute) ~ (un)bedingtes Versprechen; ~ to pay Zahlungsversprechen; to break (keep) one's ~ sein Versprechen brechen (halten); to make a ~ ein Versprechen geben; breach of ~ Bruch *m* des Eheversprechens; Land of P~ → Promised Land. **2.** *fig.* Hoffnung *f*, Aussicht *f* (of auf *acc*, zu *inf*), Erwartung *f*: a ~ youth of (great) ~ ein vielversprechender *od.* hoffnungsvoller junger Mann; to show some ~ gewisse Ansätze zeigen. **II** *v/t* **3.** versprechen, zusagen, in Aussicht stellen (s.o. s.th., s.th. to s.o. j-m etwas): I ~ you a) das kann ich Ihnen versichern, b) ich warne Sie; to be ~d (in die Ehe) versprochen sein. **4.** *fig.* versprechen, erwarten *od.* hoffen lassen, ankündigen: to ~ o.s. s.th. sich etwas versprechen *od.* erhoffen. **III** *v/i* **5.** versprechen, zusagen, ein Versprechen geben, Versprechungen machen. **6.** *fig.* Hoffnungen erwecken: he ~s well er läßt sich gut an; the weather ~s fine das Wetter verspricht gut zu werden.
**Prom·ised Land** [ˈprɒmɪst; *Am.* ˈprɑ-] *s Bibl. u. fig.* (*das*) Gelobte Land, Land *n* der Verheißung.
**prom·is·ee** [ˌprɒmɪˈsiː; *Am.* ˌprɑ-] *s jur.* Versprechensempfänger(in), Berechtigte(r *m*) *f*.
**ˈprom·is·ing** *adj* (*adv* ~ly) **1.** versprechend. **2.** *fig.* vielversprechend, hoffnungs-, verheißungsvoll, aussichtsreich, günstig.
**prom·i·sor** [ˈprɒmɪsɔː; ˌprɒmɪˈsɔː; *Am.* ˌprɑməˈsɔːr] *s jur.* Versprechensgeber (-in), Verpflichtete(r *m*) *f*.
**prom·is·so·ry** [ˈprɒmɪsərɪ; *Am.* ˈprɑməˌsəʊrɪ; -ˌsɔː-] *adj* versprechend: to be ~ of s.th. etwas versprechen. ~ note *s econ. jur.* Proˈmesse *f*, Schuldschein *m*, Eigen-, Solawechsel *m*.
**pro·mo** [ˈprəʊməʊ] *bes. Am. colloq.* **I** *adj* Werbe..., Reklame...: ~ leaflet. **II** *pl* **-mos** *s Rundfunk, TV*: (Werbe)Spot *m*, Zeitung *etc*: Anzeige *f*.
**prom·on·to·ry** [ˈprɒməntrɪ; *Am.* ˈprɑmənˌtəʊrɪ; -ˌtɔː-] *s* **1.** Vorgebirge *n*. **2.** *anat.* vorspringender (Körper)Teil.
**pro·mote** [prəˈməʊt] *v/t* **1.** fördern, unterˈstützen. **2.** *contp.* Vorschub leisten (*dat*), fördern, verschlimmern. **3.** befördern: to be ~d a) befördert werden, avancieren, b) *sport* aufsteigen (to in *acc*); he was ~d (to be) colonel, he was ~d to the rank of colonel er wurde zum Oberst befördert. **4.** *Schach:* e-n Bauern verwandeln. **5.** *pol.* e-n Gesetzesantrag a) unterˈstützen, b) einbringen. **6.** *econ.* e-e Gesellschaft gründen. **7.** *econ.* a) den Verkauf (durch Werbung) steigern *od.* fördern, b) werben für. **8.** *sport* e-n Boxkampf *etc* veranstalten. **9.** *jur. ein Verfahren* einleiten. **10.** *ped. Am.* e-n Schüler versetzen. **11.** *Am. sl.* ˌorganiˈsieren': to ~ a bottle of wine. **pro·ˈmot·er** *s* **1.** Förderer *m*, Befürworter *m*. **2.** *econ.* Gründer *m*: ~s' shares Gründeraktien. **3.** *contp.* Anstifter(in). **4.** Proˈmoter *m*, Veranstalter *m* (*e-s Boxkampfes etc*). **pro·ˈmo·tion** *s* **1.** a) Beförderung *f*: ~ list Beförderungsliste *f*; to get one's ~ befördert werden, b) *sport* Aufstieg *m* (to in *acc*): to gain ~ aufsteigen. **2.** Förderung *f*, Begünstigung *f*, Befürwortung *f*: export ~ *econ.* Exportförderung. **3.** *econ.* Gründung *f*. **4.** *econ.* a) Verkaufsförderung *f*, b) Werbung *f*: ~ manager Werbeleiter *m*. **5.** *Schach:* ˈUmwandlung *f* (*e-s Bauern in e-e Dame etc*). **pro·ˈmo·tion·al** [-ʃənl] *adj* **1.** Beförderungs... **2.** för-

dernd. **3.** *econ.* Reklame..., Werbe...: ~ campaign; ~ material. **pro·ˈmo·tive** *adj* fördernd, begünstigend (of *acc*).
**prompt** [prɒmpt; prɔmt; *Am.* prɑ-] **I** *adj* (*adv* ~ly) **1.** unverzüglich, prompt, soˈfortig, ˈumgehend: ~ action; a ~ reply e-e prompte *od.* umgehende Antwort; assistance was ~ (die) Hilfe ließ nicht auf sich warten. **2.** schnell, rasch, prompt. **3.** bereit(willig). **4.** *econ.* a) pünktlich, b) bar, c) soˈfort liefer- u. zahlbar: for ~ cash gegen sofortige Kasse. **II** *adv* **5.** pünktlich. **III** *v/t* **6.** j-n (an)treiben, bewegen, *a. etwas* veranlassen (to zu; to do zu tun). **7.** *Gedanken, Gefühle etc* eingeben, wecken. **8.** *j-m* das Stichwort geben, ein-, vorsagen, nachhelfen, einblasen. **9.** *thea.* j-m soufˈflieren. **IV** *v/i* **10.** soufˈflieren. **V** *s* **11.** *econ.* a) Ziel *n*, Zahlungsfrist *f*: at a ~ of 2 months gegen Zweimonatsziel, b) Kaufvertrag *m* mit Zahlungsziel. **12.** (erinnernde) Mahnung. **13.** *thea.* Soufˈflieren *n*. '~·book *s thea.* Soufˈflierbuch *n*. ~ box *s thea.* Soufˈfleurkasten *m*. ~·cop·y → promptbook.
**ˈprompt·er** *s* **1.** *thea.* Soufˈfleur *m*, Soufˈfleuse *f*. **2.** Vorsager(in), Einbläser(in). **3.** Anreger(in), Urheber(in). **4.** *contp.* Anstifter(in). **ˈprompt·ing** *s* **1.** Vorsagen *n*. **2.** *thea.* Soufˈflieren *n*. **3.** Eingebung *f* (*e-s Gefühls etc*), Stimme *f* (*des Herzens*).
**promp·ti·tude** [ˈprɒmptɪtjuːd; ˈprɒmtɪ-; *Am.* ˈprɑm-; *a.* -ˌtuːd], **ˈprompt·ness** *s* **1.** Promptheit *f*, Schnelligkeit *f*. **2.** Bereitwilligkeit *f*. **3.** Pünktlichkeit *f*.
**prompt note** *s econ.* Verkaufsnota mit Angabe der zu zahlenden Summe u. der Zahlungsfrist. ~ side *s* (*Br. rechte, Am. linke*) Bühnenseite, auf der der Souffleur sitzt.
**pro·mul·gate** [ˈprɒmlgeɪt; *Am.* ˈprɑməlˌgeɪt; prəʊˈmʌl-] *v/t* **1.** *ein Gesetz etc* (öffentlich) bekanntmachen *od.* verˈkünd(ig)en, veröffentlichen: to ~ a law. **2.** *e-e Lehre etc* verbreiten: to ~ a doctrine. **pro·mul·ga·tion** *s* **1.** (öffentliche) Bekanntmachung *od.* -gabe, Verkünd(ig)ung *f*, Veröffentlichung *f*, Verbreitung *f*. **ˈpro·mul·ga·tor** [-tə(r)] *s* **1.** Verkünd(ig)er *m*. **2.** Verbreiter *m*.
**prone** [prəʊn] *adj* (*adv* ~ly) **1.** (vornˈüber-) geneigt *od.* (-)gebeugt. **2.** *fig.* (to) neigend, veranlagt (zu), anfällig (für). **3.** auf dem Bauch *od.* mit dem Gesicht nach unten liegend, (flach) ˈhingestreckt (on the Bauch liegend): ~ position a) *a. sport* Bauchlage *f*, b) *mil. etc* Anschlag *m* liegend. **4.** *physiol.* mit nach unten gedrehter Handfläche. **5.** abschüssig. **ˈprone·ness** *s* (to) Neigung *f*, Hang *m* (zu), Anfälligkeit *f* (für).
**prong** [prɒŋ; *Am. a.* prɑŋ] **I** *s* **1.** Zinke *f* (*e-r Heugabel etc*), Zacke *f*, Spitze *f*, Dorn *m*. **2.** Geweihsprosse *f*: ~ of antler Geweihzacken *m*, -ende *n*. **3.** Horn *n*. **4.** (Heu-, Mist- *etc*)Gabel *f*, Forke *f*. **II** *v/t* **5.** mit e-r Gabel stechen *od.* heben. **6.** aufspießen. '~·buck *s zo.* **1.** Springbock *m*. **2.** → pronghorn.
**pronged** [prɒŋd; *Am. a.* prɑŋd] *adj* gezinkt, zackig.
**prong hoe** *s agr.* Karst *m*. '~·horn *s a.* ~ antelope *zo.* ˈGabelantiˌlope *f*.
**pro·nom·i·nal** [prəʊˈnɒmɪnl; *Am.* -ˈnɑ-] *adj* (*adv* ~ly) *ling.* pronomiˈnal, Pronomiˈnal...
**pro·noun** [ˈprəʊnaʊn] *s ling.* Proˈnomen *n*, Fürwort *n*.
**pro·nounce** [prəˈnaʊns] **I** *v/t* **1.** *a. ling.* aussprechen: pronouncing dictionary Aussprachewörterbuch *n*. **2.** erklären für, bezeichnen als: to ~ s.o. dead j-n für tot erklären. **3.** *ein Urteil* aussprechen,

(feierlich) verkünden, *den Segen* erteilen: **to ~ sentence of death** das Todesurteil fällen, auf Todesstrafe erkennen. **4.** behaupten (**that** daß). **II** *v/i* **5.** Stellung nehmen, s-e Meinung äußern (**on** zu): **to ~ in favo(u)r of (against)** s.th. sich für (gegen) etwas aussprechen. **6.** e-e (*gute etc*) Aussprache haben: **to ~ well.** **pro·'nounce·a·ble** *adj* aussprechbar, auszusprechen(d). **pro'nounced** [-st] *adj* **1.** ausgesprochen, (scharf) ausgeprägt, deutlich (*Tendenz etc*). **2.** bestimmt, entschieden: **to have very ~ views.** **pro·'nounced·ly** [-stlɪ; -ɪdlɪ] *adv* ausgesprochen (*gut, schlecht etc*). **pro'nounce·ment** *s* **1.** Äußerung *f*, Ausspruch *m*. **2.** (*a.* öffentliche) Erklärung, (*jur.* Urteils)Verkünd(ig)ung *f*. **3.** Entscheidung *f*.
**pron·to** ['prɒntəʊ; *Am.* 'prɑn-] *adv colloq.* ‚fix‘, schnell, ‚aber dalli‘.
**pro·nu·cle·us** [ˌprəʊ'nju:klɪəs; *Am. a.* -'nu:-] *pl* **-cle·i** [-klɪaɪ] *s biol.* Urzellkern *m*.
**pro·nun·ci·a·men·to** [prəˌnʌnsɪə'mentəʊ; *Am.* prəˌnʌn-] *pl* **-tos** *od.* **-toes** *s* **1.** Aufruf *m*. **2.** (revolutio'näres) Mani'fest.
**pro·nun·ci·a·tion** [prəˌnʌnsɪ'eɪʃn] *s* Aussprache *f*: **~ difficulties** Ausspracheschwierigkeiten.
**proof** [pru:f] **I** *adj* **1.** fest (**against, to** gegen), |un|durchlässig, (*wasser- etc*) dicht, (*hitze*)beständig, (*kugel*)sicher. **2.** gefeit, gewappnet: **they are ~ against such weather** sie solches Wetter kann ihnen nichts anhaben. **3.** *a. fig.* unzugänglich: **~ against bribes** unbestechlich; **~ against entreaties** unerbittlich. **4.** Probe..., Prüf...: **~ load** Probebelastung *f*; **~ stress** Prüfspannung *f*. **5.** *chem.* probehaltig, nor'malstark (*alkoholische Flüssigkeit*). **6.** *Am.* Feingold *od.* -silber betreffend, das die Münzämter der USA als Standard benutzen. **II** *s* **7.** Beweis *m*, Nachweis *m*: **in ~ of** ... zum *od.* als Beweis (*gen*); **~ to the contrary** Gegenbeweis; **to give ~ of** etwas beweisen, unter Beweis stellen; **~ positive** eindeutiger Beweis. **8.** *jur.* Beweis(mittel *n od. pl*, -stück *n*) *m*, Beleg(e *pl*) *m*. **9.** *jur.* (schriftliche) (Beweis-, Zeugen)Aussage. **10.** Probe *f* (*a. math.*), (*a. tech.* Materi'al-) Prüfung *f*: **to put to (the) ~** auf die Probe stellen; **the ~ of the pudding is in the eating** Probieren geht über Studieren. **11.** *print.* a) Korrek'turfahne *f*, -bogen *m*, b) Probedruck *m*, -abzug *m* (*a. phot.*): **clean ~** Revisionsbogen; **foul ~** unkorrigierter Abzug; **to correct ~s, to read ~** Korrektur lesen. **12.** *Münzkunde*: Probeprägung *f*. **13.** Nor'malstärke *f* (*alkoholischer Getränke*). **14.** *mil.* Prüfstelle *f* (*für Waffen etc*). **III** *v/t* **15.** (*wasseretc*)dicht *od.* (*hitze- etc*)beständig *od.* (*kugel- etc*)fest machen, imprä'gnieren. **16.** *→* proofread II.
**proof**|**charge** *s mil.* Versuchsladung *f.* **~ mark** *s* Probestempel *m*, Stempelplatte *f* (*auf Gewehren*). **~ pa·per** *s* ‚Abzieh-, Ko'pierpa|pier *n.* **~ plane** *s electr.* Prüfplatte *f.* **~ press** *s print.* Abziehpresse *f.* '**~·read** *irr* **I** *v/i* Korrek'tur lesen. **II** *v/t* ein Buch *etc* Korrek'tur lesen. '**~·read·er** *s* Kor'rektor *m.* '**~·read·ing** *s* Korrek'turlesen *n.* **~ sheet** *→* proof 11. **~ spir·it** *s econ.* Nor'mal-, Probeweingeist *m.*
**prop¹** [prɒp; *Am.* prɑp] **I** *s* **1.** Stütze *f* (*a. mar.*), (Stütz)Pfahl *m.* **2.** *fig.* Stütze *f*, Halt *m*: **~ word** *ling.* Stützwort *n.* **3.** *arch. tech.* Stempel *m*, Stützbalken *m*, Strebe *f.* **4.** *tech.* Drehpunkt *m* (*e-s Hebels*). **5.** *pl sl.* ‚Stelzen‘ *pl* (*Beine*). **II** *v/t* **6.** stützen. **7.** *a.* **~ up** a) (ab)stützen, *tech. a.* absteifen, ver-

streben, *mot.* aufbocken, b) *sich, etwas* lehnen (**against** gegen), c) *fig.* Währung *etc* stützen.
**prop²** [prɒp; *Am.* prɑp] *s thea.* Requi'sit *n* (*a. fig.*).
**prop³** [prɒp; *Am.* prɑp] *s aer. colloq.* Pro'peller *m*: **~ plane** Propellermaschine *f*; *→* propjet.
**pro·pae·deu·tic** [ˌprəʊpiː'dju:tɪk; *Am. a.* -'du:-] **I** *adj* propä'deutisch, einführend (*wissenschaftlicher Kurs etc*). **II** *s* Propä'deutik *f*, Einführung *f* (**to** in *acc*).
**prop·a·gan·da** [ˌprɒpə'gændə; *Am.* ˌprɑ-; ˌprəʊ-] *s* **1.** *a. contp.* Propa'ganda *f.* **2.** *econ.* Werbung *f*, Re'klame *f*: **~ week** Werbewoche *f.* **3.** **P~**, *a.* **Congregation of P~** *R.C.* Propa'gandakongregati₁on *f* (*Kardinalskongregation, Zentrale für Weltmission*).
**prop·a·gan·dism** [ˌprɒpə'gændɪzəm; *Am.* ˌprɑ-; ˌprəʊ-] *s* Propa'ganda *f*: a) propagan'distische Tätigkeit, b) Propa'gandawesen *n.* **prop·a'gan·dist I** *s* Propagan'dist(in): a) j-d, der Propa'ganda macht, b) *econ.* Werbefachmann *m.* **II** *adj* propagan'distisch. **prop·a·gan'dis·tic** *adj* (*adv* **~ally**) propagan'distisch. **prop·a'gan·dize I** *v/t* **1.** Propa'ganda machen für, propa'gieren. **2.** Propa'ganda machen in (*e-m Lande etc*). **3.** durch Propa'ganda be'einflussen. **II** *v/i* **4.** Propa'ganda machen.
**prop·a·gate** ['prɒpəgeɪt; *Am.* 'prɑ-] **I** *v/t* **1.** *biol., a. phys.* Ton, Bewegung, Licht fortpflanzen: **to ~ o.s., to be ~d** *→* 4. **2.** *e-e Lehre etc* verbreiten, *etwas* propa'gieren. **3.** *e-e Krankheit, Bewegung etc* über'tragen. **II** *v/i* **4.** sich fortpflanzen *od.* vermehren. **5.** sich aus-, verbreiten. **prop·a'ga·tion** *s* **1.** Fortpflanzung *f*, Vermehrung *f.* **2.** Ver-, Ausbreitung *f* (*e-r Lehre etc*). **3.** Fortpflanzung *f* (*e-r Bewegung etc*), Über'tragung *f* (*e-r Krankheit etc*): **~ time** Laufzeit *f* (*e-s elektronischen Signals etc*). **prop·a·ga·tive** *adj* **1.** Fortpflanzungs..., (sich) fortpflanzend. **2.** ver-, ausbreitend. **prop·a·ga·tor** [-təˌ(r)] *s* **1.** Fortpflanzer *m.* **2.** Verbreiter *m*, Propagan'dist *m.*
**pro·pane** ['prəʊpeɪn] *s chem.* Pro'pan *n.*
**pro·par·ox·y·tone** [ˌprəʊpə'rɒksɪtəʊn; *Am.* -'rɑk-] *s ling.* Proparo'xytonon *n* (*auf der drittletzten Silbe betontes Wort*).
**pro·pel** [prə'pel] *v/t* (an-, vorwärts)treiben (*a. tech. u. fig.*). **pro'pel·lant I** *s* **1.** *mil. tech.* Treibstoff, -mittel *n*: **~ (charge)** Treibladung *f* (*e-r Rakete etc*); **~ cutoff** Brennschluß *m.* **2.** *mil.* Treibladung *f.* **3.** *fig.* *→* propellent 2. **II** *adj* *→* propellent I. **pro'pel·lent I** *adj* **1.** (an-, vorwärts)treibend: **~ gas** Treibgas *n*; **~ power** Antriebs-, Triebkraft *f.* **II** *s* **2.** *fig.* treibende Kraft. **3.** *→* propellant I u. 2.
**pro·pel·ler** [prə'pelə(r)] *s* **1.** Pro'peller *m*: a) Luftschraube *f*, b) Schiffsschraube *f*, c) *tech.* 'Antriebsgerät *n*, -aggre₁gat *n*: **~-driven** mit (Luft)Schraubenantrieb. **2.** Schiff *m* mit Schraubenantrieb. **~ blade** *s* **1.** *aer.* Luftschraubenblatt *n.* **2.** *mar.* Schraubenflügel *m.* **~ disk** *s aer. mar.* Pro'peller-, Schraubenkreis *m.* **~ pitch** *s aer. mar.* Pro'pellersteigung *f.* **~ pump** *s tech.* Flügel-, Rotati'onspumpe *f.* **~ shaft** *s* **1.** *aer. mar.* Pro'pellerwelle *f.* **2.** *tech. Am.* Kar'danwelle *f.* **~ tur·bine** *s aer. mar.* Pro'peller-Turbotriebwerk *n.*
**pro·pel·ling** [prə'pelɪŋ] *adj* Antriebs..., Treib..., Trieb...: **~ charge** Treibladung *f*, -satz *m* (*e-r Rakete etc*); **~ nozzle** Schubdüse *f*; **~ pencil** *Br.* Drehbleistift *m.*
**pro·pense** [prə'pens; *Am.* prəʊ-] *adj obs.* neigend *od.* e-e Neigung habend (**to** zu).

**pro·pen·si·ty** [prə'pensətɪ] *s fig.* Hang *m*, Neigung *f* (**for, to** zu): **~ to consume** *econ.* Konsumneigung.
**prop·er** ['prɒpə; *Am.* 'prɑpər] **I** *adj* **1.** richtig, passend, geeignet, angebracht, angemessen, zweckmäßig, ordnungsgemäß: **~ adjustment** richtige Einstellung; **in ~ form** *od.* angemessener Form; **in the ~ place** am rechten Platz; **in ~ time** rechtzeitig, termingerecht; **all in its ~ time** alles zu s-r Zeit; **do as you think** (it) **~** tun Sie, was Sie für richtig halten. **2.** wirklich, echt, richtig (-gehend): **~ fraction** *math.* echter Bruch. **3.** anständig, schicklich, recht, einwandfrei (*Benehmen etc*): **it is ~ es** (ge-) ziemt *od.* schickt sich; **~ people** anständige *od.* feine Leute. **4.** a) tugendhaft, b) zimperlich, ‚etepe'tete‘. **5.** eigentümlich, eigen (**to** *dat*), besonder(er, e, es): **every animal has its ~ instincts; electricity ~ to vitreous bodies** Elektrizität, die Gegenständen aus Glas eigen ist. **6.** genau, ex'akt: **in the ~ meaning of the word** strenggenommen. **7.** (*meist nachgestellt*) eigentlich: **philosophy ~** die eigentliche Philosophie; **in the Middle East ~** im Mittleren Osten selbst; **round ~** *sport* (Pokal- *etc*)Hauptrunde *f.* **8.** gewöhnlich, nor'mal. **9.** maßgebend, zuständig: **the ~ authorities. 10.** *bes. Br. colloq.* ‚ordentlich‘, ‚anständig‘, ‚tüchtig‘, ‚gehörig‘, ‚gründlich‘, ‚richtig‘: **a ~ licking** e-e gehörige Tracht Prügel. **11.** *colloq.* ausgesprochen, ‚richtig‘: **he is a ~ rascal. 12.** *ling.* a) Eigen...: **~ name** (*od.* **noun**) Eigenname *m*; b) von e-m Eigennamen abgeleitet: **'Bostonian' is a ~ adjective. 13.** *astr.* Eigen...: **~ motion. 14.** *her.* in na'türlichen Farben: **an eagle ~. 15.** *relig.* nur für besondere (Fest)Tage bestimmt (*Psalm etc*). **16.** eigen(er, e, es): **with my own ~ eyes. II** *adv* **17.** *dial. od. sl.* ‚ordentlich‘, ‚richtig(gehend)‘, sehr: **I am ~ glad. III** *s* **18.** *relig.* Of'fizium *n od.* Psalm *m etc* für e-n besonderen (Fest-) Tag. **'prop·er·ly** *adv* richtig (*etc*; *→* proper I): **to behave ~** sich (anständig) benehmen; **~ speaking** eigentlich, strenggenommen.
**prop·er·tied** ['prɒpətɪd; *Am.* 'prɑpər-] *adj* besitzend, begütert: **the ~ classes** die besitzenden Schichten, *contp. a.* das Besitzbürgertum.
**prop·er·ty** ['prɒpə(r)tɪ; *Am.* 'prɑ-] *s* **1.** Eigentum *n*, Vermögen *n*, Besitztum *n*, Besitz *m*, (Hab *n od.*) Gut *n*: **law of ~** Sachenrecht *n*; **man of ~** begüterter Mann; **damage to ~** Sachschaden *m*; **common ~** Gemeingut *n*; **intellectual ~** geistiges Eigentum; **left ~** Hinterlassenschaft *f*, Nachlaß *m*; **lost ~** Fundsache *f*; **personal ~** a) **personalty**; b) **industrial property, literary ~. 2.** a) *a.* **landed** (*od.* **real**) **~** Grundbesitz *m*, -eigentum *n*, Landbesitz *m*, Liegenschaften *pl*, b) Grundstück *n.* **3.** *jur.* Eigentum(srecht) *n*: **beneficial ~** Nießbrauch *f.* **4.** *phys.* Eigenschaft *f*: **~ of material** Werkstoffeigenschaft. **5.** Fähigkeit *f*, Vermögen *n*: **insulating ~** Isolationsvermögen; **sliding ~** *tech.* Gleitfähigkeit. **6.** Eigenheit *f*, -art *f*, Merkmal *n* (*a. philos.*). **7.** *meist pl* a) *thea.* Requi'sit(en *pl*) *n*, b) *TV Am.* De'kors *pl.* **as·sets** *s pl econ.* Vermögenswerte *pl.* **~ crime** *s jur.* Eigentumsdelikt *n.* **~ de·vel·op·er** *s* Bauträger *m.* '**~·in·cre·ment tax** *s* Vermögenszuwachssteuer *f.* **~ in·sur·ance** *s econ.* Sachversicherung *f.* **~ lev·y** *s econ.* Vermögensabgabe *f.* **~ man** *s irr thea.* Requi'siteur *m.* **mar·ket** *s econ.* Grundstücks-, Immo'bilienmarkt *m.* **~ mas·ter** *→* property man. **~ room** *s thea.* Requi'sitenkam-

mer f. **~ tax** s econ. **1.** Vermögenssteuer f. **2.** Grundsteuer f.

**pro·phase** ['prəʊfeɪz] s biol. Prophase f (bei der Zellteilung).

**proph·e·cy** ['prɒfɪsɪ; Am. 'prɑ-] s Prophe'zeiung f (a. fig.), Weissagung f. **'proph·e·sy** [-saɪ] a. fig. I v/t prophe'zeien, weis-, vor'aussagen (s.th. for s.o. j-m etwas). II v/i Prophe'zeiungen machen.

**proph·et** ['prɒfɪt; Am. 'prɑ-] s **1.** Pro'phet m (a. fig.): **no ~ is accepted in his own country** ein Prophet gilt nichts in s-m Vaterlande; **the P~s** Bibl. die Propheten (Schriften des Alten Testaments); **the Major (Minor) P~s** Bibl. die großen (kleinen) Propheten. **2. the P~** der Pro'phet: a) Mohammed, Stifter des Islams, b) Joseph Smith, Gründer der Mormonen-Kirche. **'proph·et·ess** s Pro'phetin f.

**pro·phet·ic** [prə'fetɪk] adj; **pro·phet·i·cal** [-kl] adj (adv ~ly) pro'phetisch (a. fig.): **to be prophetic of s.th.** etwas prophezeien od. ankündigen.

**pro·phy·lac·tic** [‚prɒfɪ'læktɪk; Am. ‚prəʊ-] I adj **1.** bes. med. prophy'laktisch, vorbeugend, Vorbeugungs..., Schutz...: **~ station** Am., **~ aid centre** Br. Sanierungsstelle f. II s **2.** med. Prophy'laktikum n, vorbeugendes Mittel. **3.** vorbeugende Maßnahme. **4.** bes. Am. Präserva'tiv n. **‚pro·phy'lax·is** [-'læksɪs] s med. Prophy'laxe f, Präven'tivbehandlung f, Vorbeugung f.

**pro·phyll** ['prəʊfɪl] s bot. Vorblatt n.

**pro·pine** [prə'paɪn; Am. a. -'piːn] s Scot. od. obs. **1.** Trinkgeld n. **2.** Geschenk n.

**pro·pin·qui·ty** [prə'pɪŋkwətɪ] s **1.** Nähe f. **2.** nahe Verwandtschaft. **3.** Ähnlichkeit f.

**pro·pi·ti·ate** [prə'pɪʃɪeɪt; Am. a. prəʊ-] v/t **1.** versöhnen, besänftigen. **2.** geneigt machen, günstig stimmen. **pro‚pi·ti·a·tion** s **1.** Versöhnung f, Besänftigung f. **2.** obs. (Sühn)Opfer n (bes. Christi), Sühne f. **pro'pi·ti·a·tor** [-tə(r)] s Versöhner m, Mittler m. **pro'pi·ti·a·to·ry** [-ʃɪətə-rɪ; Am. -‚təʊrɪ; -'tɔː-] adj (adv propitiatorily) versöhnend, sühnend: **~ sacrifice** Sühnopfer n.

**pro·pi·tious** [prə'pɪʃəs] adj (adv ~ly) (to) **1.** günstig, vorteilhaft (für). **2.** gnädig, geneigt (dat). **pro'pi·tious·ness** s **1.** Günstigkeit f, Vorteilhaftigkeit f. **2.** Gunst f, Geneigtheit f.

**'prop·jet** s aer. **1.** a. **~ engine** Pro'peller-tur‚bine(n-Triebwerk n) f, Pro'peller-Düsentriebwerk n. **2.** a. **~ plane** Flugzeug n mit Pro'pellertur‚bine(n).

**'prop·man** [-mæn] s irr thea. Requisi-teur m.

**prop·o·lis** ['prɒpəlɪs; Am. 'prɑ-] s Propolis f (Wabenbaustoff der Bienen).

**pro·po·nent** [prə'pəʊnənt] s **1.** Vorschlagende(r m) f, Antragsteller(in). **2.** jur. präsum'tiver Testa'mentserbe. **3.** Befürworter(in), Verfechter(in).

**pro·por·tion** [prə'pɔː(r)ʃn; Am. a. -'pɔər-] f s **1.** Verhältnis n: **in ~ as** in dem Maß wie, je nachdem wie; **in ~ to** im Verhältnis zu; **to be out of all ~ to** in keinem Verhältnis stehen zu. **2.** richtiges Verhältnis, Gleich-, Ebenmaß n. **3.** (verhältnismäßiger) Anteil: **in ~** anteilig. **4.** chem. math. Proporti'on f, Verhältnis n: **law of multiple ~s** Gesetz n der multiplen Proportionen. **5.** math. a) Verhältnisgleichung f, Proporti'on f, b) a. **rule of ~** Dreisatz(rechnung f) m, Regelde'tri f, c) a. **geometric ~** Verhältnisgleichheit f. **6.** meist pl Ausmaß(e pl) n, Größe(nverhältnisse pl) f, Dimensi'onen pl. **7.** mus. a) Schwingungsverhältnis n, b) Rhythmus m. **8.** fig. a) Symme'trie f,

b) Harmo'nie f. II v/t **9. (to)** in das richtige Verhältnis bringen (mit, zu), anpassen (dat). **10.** verhältnis- od. anteilmäßig verteilen. **11.** sym'metrisch od. har'monisch gestalten: **well ~ed** ebenmäßig, wohlgestaltet, -proportioniert. **12.** proportio'nieren, bemessen, dimensio'nieren. **pro'por·tion·al** I adj (adv ~ly) **1.** → **proportionate** I. **2.** proportio'nal (a. math.), verhältnismäßig, Proportions...: **~ compasses** (od. **dividers**) Reduktionszirkel m; **~ control(ler)** tech. Proportional-Regler m, P-Regler m; **~ number** Statistik: Verhältniszahl f; **~ representation** pol. Verhältniswahl(system n) f. **3.** anteil-, mengenmäßig: **~ distribution.** **4.** proportio'nal (nur gleichen) Verhältnis stehend (to mit, zu). **5.** math. Proportionalitäts...: **~ calculus.** II s **6.** math. Proportio'nale f. **pro‚por·tion'al·i·ty** [-[ə'nælətɪ] s **1.** Verhältnismäßigkeit f, Proportionali-'tät f: **~ factor** Verhältniszahl f. **2.** Angemessenheit f.

**pro·por·tion·ate** I adj [prə'pɔː(r)ʃnət; Am. a. -'pəʊr-] (adv ~ly) **(to)** im richtigen Verhältnis (stehend) (zu), angemessen, entsprechend (dat), proportio'nal: **~ share** econ. Verhältnisanteil m, angemäßige Befriedigung f, Quote f. II v/t [-neɪt] angemessen machen, proportio'nal zuteilen. **pro'por·tion·ment** s **1.** verhältnismäßige (Ver)Teilung. **2.** Abmessung f, Bemessung f.

**pro·pos·al** [prə'pəʊzl] s **1.** Vorschlag m, a. econ. Angebot n, Antrag m: **~s of** (od. **for**) **peace** Friedensangebote. **2.** (Heirats)Antrag m: **she had a ~** sie bekam e-n Heiratsantrag.

**pro·pose** [prə'pəʊz] I v/t **1.** vorschlagen (s.th. to s.o. j-m etwas; s.o. for j-n für od. als): **to ~ marriage** e-n Heiratsantrag machen (to dat). **2.** pol. a) (als Kandidaten) vorschlagen, aufstellen, b) unter'breiten, beantragen, e-e Resolution einbringen, ein Mißtrauensvotum stellen od. beantragen. **3.** beabsichtigen, vorhaben, sich vornehmen, gedenken (to do zu tun): **the ~d voyage** die geplante Seereise. **4.** ein Rätsel aufgeben, e-e Frage stellen. **5.** e-n Trinkspruch od. Toast ausbringen auf (acc), trinken auf etwas od. auf j-s Wohl: **~ s Wohl:** planen: **man ~s (but) God disposes** der Mensch denkt, Gott lenkt. **7.** e-n Heiratsantrag machen (to dat), anhalten (for um j-n od. j-s Hand). **pro'pos·er** s Antragsteller m.

**prop·o·si·tion** [‚prɒpə'zɪʃn; Am. ‚prɑ-] I s **1.** Vorschlag m, Antrag m: **to make s.o. a ~** a) j-m e-n Vorschlag machen, b) j-m (e-m Mädchen etc) e-n unsittlichen Antrag machen. **2.** (vorgeschlagener) Plan, Pro'jekt n, Vorhaben n. **3.** econ. Angebot n. **4.** Behauptung f. **5.** colloq. ‚Sache' f: **an easy ~** ‚kleine Fische', e-e Kleinigkeit; **a tough ~** ‚e-e harte Nuß', ein schwieriger Fall; **he is a tough ~** er ist ein harter Bursche, mit ihm ist nicht gut Kirschen essen. **6.** colloq. Geschäft n, Unter'nehmen n. **7.** Rhetorik: Protasis f, Vor-, Hauptsatz m. **8.** Logik: Satz m, Behauptung f. **9.** math. (Lehr)Satz m, Theo'rem n. **10.** Dichtkunst: Eingang m (in dem der Autor das Thema angibt). **11.** obs. Darbringung f: **altar of ~** Opferaltar m; **loaves of ~** Bibl. Schaubrote. II v/t **12.** j-m e-n Vorschlag machen, bes. e-m Mädchen etc e-n unsittlichen Antrag machen. **‚prop·o·si'tion·al** [-[nl] adj math. etc Satz...

**pro·pound** [prə'paʊnd] v/t **1.** e-e Frage etc vorlegen, -tragen (to dat). **2.** vorschlagen. **3. to ~ a will** jur. Br. auf Anerkennung e-s Testa'ments klagen.

**pro·pri·e·tar·y** [prə'praɪətərɪ; Am. -‚terɪ] I adj **1.** Eigentums..., Vermögens...: **~ right** Eigentumsrecht n. **2.** Eigentümer..., Besitzer..., Inhaber...: **~ company** econ. a) Am. Holding-, Dachgesellschaft f, b) Br. Familiengesellschaft f. **3.** besitzend, begütert: **the ~ classes** die besitzenden Schichten, contp. a. das Besitzbürgertum. **4.** econ. gesetzlich geschützt (Arznei, Ware): **~ article** Markenartikel m; **~ name** Markenbezeichnung f. II s **5.** Eigentümer m od. pl: **the landed ~** die Grundbesitzer. **6.** Eigentum n, Besitz m: **landed ~** Grundbesitz. **7.** jur. Eigentumsrecht n. **8.** pharm. a) medi'zinischer 'Markenar‚tikel, b) nicht re'zeptpflichtiges Medika'ment. **9.** hist. Br. Gouver'neur m über e-e Kolo'nie (in den heutigen USA): **~ colony** Kolonie, deren Verwaltung von der brit. Krone Privatpersonen übertragen wurde.

**pro·pri·e·tor** [prə'praɪətə(r)] s **1.** Eigentümer m, Besitzer m, (Geschäfts)Inhaber m: **sole ~** a) Alleininhaber m, b) econ. Am. Einzelkaufmann m. **2.** → **proprietary** 9. **pro‚pri·e'to·ri·al** [-'tɔːrɪəl; Am. a. -'təʊ-] → **proprietary** 1 u. 2. **pro'pri·e·tor·ship** s **1.** Eigentum(srecht) n (in an dat). **2.** Verlagsrecht n. **3.** Bilanz: 'Eigenkapi‚tal n. **4. sole ~** a) alleiniges Eigentumsrecht, b) econ. Am. Einzelunternehmen n. **pro'pri·e·tress** [-trɪs] s Eigentümerin f.

**pro·pri·e·ty** [prə'praɪətɪ] s **1.** Schicklichkeit f, Anstand m. **2.** pl Anstandsformen pl, -regeln pl, gute Sitten pl: **it is not in keeping with the proprieties** es schickt sich nicht. **3.** Angemessenheit f, Richtigkeit f. **4.** obs. a) Pri'vatbesitz m, b) Eigentumsrecht n.

**props** [prɒps; Am. prɑps] s pl (als sg konstruiert) thea. sl. Requisi'ten pl.

**pro·pul·sion** [prə'pʌlʃn] s **1.** tech. Antrieb m (a. fig.), Antriebskraft f: **~ nozzle** Rückstoßdüse f. **2.** Fortbewegung f. **pro'pul·sive** [-sɪv] adj (an-, vorwärts-)treibend (a. fig.): **~ charge** Treibsatz m; **~ force** Triebkraft f; **~ jet** Treibstrahl m; **pro'pul·sor** [-sə(r)] s tech. Treibmittel n, -satz m.

**pro·pyl** ['prəʊpɪl] s chem. Pro'pyl n. **prop·y·la** ['prɒpɪlə; Am. 'prɑ-] pl von propylon.

**prop·y·lae·um** [‚prɒpɪ'liːəm; Am. ‚prɑ-; ‚prəʊ-] pl **-lae·a** [-'liːə] s antiq. arch. **1.** the Propylaea pl die Propy'läen pl (der Akropolis). **2.** → **propylon.**

**pro·pyl·ene** ['prəʊpɪliːn] s chem. Propy'len n.

**prop·y·lon** ['prɒpɪlɒn; Am. 'prɑpə‚lɑn] pl **-lons, -la** [-lə] s antiq. arch. Propylon n (Tempeleingang etc).

**pro ra·ta** [‚prəʊ'rɑːtə; -'reɪtə] (Lat.) adj u. adv verhältnis-, anteilmäßig, anteilig, pro 'rata.

**pro·rate** bes. Am. I v/t [prəʊ'reɪt; 'prəʊ-reɪt] anteilmäßig ver- od. aufteilen. II s ['prəʊreɪt] anteilige Prämie, Anteil m. **pro'ra·tion** [-'reɪʃn] s bes. Am. **1.** anteilmäßige Ver- od. Aufteilung. **2.** Beschränkung f der produ'zierten Öl- od. Gasmenge auf e-n Bruchteil (der Er'zeugungskapazi‚tät).

**pro·rec·tor** [prəʊ'rektə(r)] s univ. Pro-rektor m.

**pro·ro·ga·tion** [‚prəʊrə'geɪʃn; -rɒ'g-] s pol. Vertagung f. **pro·rogue** [prə'rəʊg] I v/t vertagen. II v/i sich vertagen, vertagt werden.

**pro·sa·ic** [prəʊ'zeɪɪk] adj (adv ~ally) **1.** Prosa... **2.** fig. pro'saisch, all'täglich, phanta'sielos, nüchtern, trocken. **pro·'sa·i·cism** [-sɪzm], **pro·sa·ism** ['prəʊzeɪɪzm] s Prosa'ismus m: a) pro-

'saischer Cha'rakter, b) pro'saischer Ausdruck *od.* Stil. **'pro·sa·ist** *s* Pro'saiker(in): a) Prosaschriftsteller(in), b) *fig.* nüchterner Mensch.

**pro·sce·ni·um** [prəʊ'siːnjəm; -ɪəm] *pl* **-ni·a** [-njə; -nɪə], **-ni·ums** *s thea.* **1.** Pro'szenium *n*, Vorderbühne *f.* **2.** *antiq.* Bühne *f.* **~ box** *s* Pro'szeniumsloge *f.*

**pro·scribe** [prəʊ'skraɪb] *v/t* **1.** ächten, für vogelfrei erklären, proskri'bieren. **2.** *meist fig.* verbannen. **3.** *fig.* verurteilen, verbieten. **pro'scrip·tion** [-'skrɪpʃn] *s* **1.** Ächtung *f*, Acht *f*, Proskripti'on *f* (*meist hist.*). **2.** Verbannung *f.* **3.** *fig.* Verbot *n*, Beschränkung *f* (*von Rechten etc*). **pro'scrip·tive** [-tɪv] *adj* (*adv* ~ly) **1.** ächtend, Ächtungs... **2.** verbietend, Verbots...

**prose** [prəʊz] **I** *s* **1.** Prosa *f.* **2.** *fig.* Prosa *f*, Nüchternheit *f*, All'täglichkeit *f.* **3.** *fig.* langweiliges *n.* **4.** *ped. bes.* Br. Über'setzung *f* (*in e-e Fremdsprache*). **II** *adj* **5.** Prosa...: ~ **drama**; ~ **writer** Prosaschriftsteller(in). **6.** *fig.* pro'saisch, all'täglich, nüchtern. **III** *v/t* **7.** in Prosa schreiben. **8.** langweilig erzählen.

**pro·sec·tor** [prəʊ'sektə(r)] *s med.* Pro'sektor *m*, patho'logischer Ana'tom.

**pros·e·cute** ['prɒsɪkjuːt; *Am.* 'prɑs-] **I** *v/t* **1.** *e-n Plan etc* verfolgen, weiterführen: **to ~ an action** *jur.* e-n Prozeß führen *od.* betreiben. **2.** *ein Gewerbe, Studien etc* betreiben. **3.** *e-e Untersuchung* 'durchführen: **to ~ an investigation. 4.** unter'suchen, erforschen: **to ~ a topic. 5.** *jur.* a) strafrechtlich verfolgen, b) gerichtlich verfolgen, belangen, anklagen (**for** wegen), c) *e-e Forderung etc* einklagen: **to ~ a claim**; **prosecuting attorney** (*Br. counsel*) Anklagevertreter *m*, Staatsanwalt *m*; **prosecuting witness** a) Nebenkläger(in), b) Belastungszeuge *m*, -zeugin *f.* **II** *v/i* **6.** *jur.* gerichtlich vorgehen. **7.** *jur.* als Kläger auftreten, die Anklage vertreten: **Mr. N. prosecuting** said Herr N., der Vertreter der Anklage, sagte.

**pros·e·cu·tion** [ˌprɒsɪ'kjuːʃn; *Am.* ˌprɑs-] *s* **1.** Verfolgung *f*, Fortsetzung *f*, 'Durchführung *f* (*e-s Planes etc*). **2.** Betreiben *n* (*e-s Gewerbes, von Studien etc*). **3.** Unter'suchung *f*, Erforschung *f*: ~ **of research problems. 4.** *jur.* a) strafrechtliche Verfolgung, Strafverfolgung *f*, Anklage *f*, b) Einklagen *n* (*e-r Forderung etc*): **liable to ~** strafbar; **Director of Public P~s** Leiter *m* der Anklagebehörde. **5. the ~** *jur.* die Staatsanwaltschaft, die Anklage(behörde): → **witness 1.** **'pros·e·cu·tor** [-tə(r)] *s jur.* (An)Kläger *m*: **public ~** Staatsanwalt *m*, öffentlicher Ankläger.

**pros·e·lyte** ['prɒsɪlaɪt; *Am.* 'prɑs-] **I** *s* **1.** Prose'lyt(in), Neubekehrte(r *m*) *f* (*a. fig.*), Konver'tit(in). **2.** *Bibl.* Prose'lyt(in), zum Judentum 'Übergetretene(r *m*) *f.* **II** *v/t* **3.** bekehren, zu(m) Prose'lyten machen. **4.** *fig.* gewinnen (**to** für). **III** *v/i* **5.** Anhänger gewinnen (*a. fig.*). **'pros·e·lyt·ism** [-ɪlɪtɪzəm; *Am. a.* -laɪ-] *s* Prose'ly'tismus *m*: a) Bekehrungseifer *m*, *contp.* Prose'lytenma,cherei *f*, b) Prose'lytentum *n.* **'pros·e·lyt·ize** [-ɪlɪtaɪz] → **proselyte** II *u.* III. **'pros·e·lyt·iz·er** *s* Prose'lytenmacher(in), Bekehrer(in).

**pros·em·i·nar** [prəʊ'semɪnɑː(r)] *s univ.* 'Pro-, 'Vorsemi,nar *n.*

**'pros,en·ce'phal·ic** ['prɒs-; *Am.* 'prɑs-] *adj anat.* Vorderhirn... **pros·en'cepha·lon** *pl* **-a·la** [-lə] *s* Prosen'zephalon *n*, Vorderhirn *n.*

**pros·en·chy·ma** [prɒs'əŋkɪmə; *Am.* prɑ's-] *s bot.* Prosen'chym *n*, Fasergewebe *n.*

---

**pros·er** ['prəʊzə(r)] *s* langweiliger Erzähler.

**pros·i·fy** ['prəʊzɪfaɪ] **I** *v/t* pro'saisch machen, in Prosa ('um)schreiben. **II** *v/i* (in) Prosa schreiben.

**pros·i·ness** ['prəʊzɪnɪs] *s* **1.** pro'saischer Cha'rakter, Nüchternheit *f.* **2.** Langweiligkeit *f*, Weitschweifigkeit *f.*

**pros·od·ic** [prə'sɒdɪk; *Am.* -'sɑd-] *adj*; **pros'od·i·cal** [-kl] *adj* (*adv* ~ly) pros'odisch.

**pros·o·dist** ['prɒsədɪst; *Am.* 'prɑs-] *s* Proso'diekundige(r *m*) *f.* **'pros·o·dy** [-dɪ] *s* Proso'die *f* (*Silbenmessungslehre*).

**pro·so·po·poe·ia** [ˌprɒsəpə'piːə; *Am.* prɑˌsoʊ-] *s Rhetorik*: Prosopopö'ie *f*: a) *Personifizierung lebloser Dinge*, b) *Einführung e-r abwesenden Person.*

**pros·pect** ['prɒspekt; *Am.* 'prɑs-] **I** *s* **1.** (Aus)Sicht *f*, (-)Blick *m* (**of** auf *acc*). **2.** *fig.* Aussicht *f* (**of** auf *acc*; **of being** zu sein): **to be in ~** in Aussicht stehen, zu erwarten sein; **to hold out a ~ of** in Aussicht stellen; **to have s.th. in ~** etwas in Aussicht haben; **no ~ of success** keine Erfolgsaussichten; **there is a ~ that** es besteht Aussicht, daß; **at the ~ of** in Erwartung (*gen*). **3.** Landschaft *f.* **4.** *fig.* Vor('aus)schau *f* (**of** auf *acc*): **a ~ of future events. 5.** a) *econ. etc* Interes'sent *m*, Reflek'tant *m*, b) *econ.* möglicher *od.* potenti'eller Kunde *od.* Käufer, c) möglicher Kandi'dat. **6.** *Bergbau*: a) (Erz*etc*)Anzeichen *n*, b) Schürfprobe *f*, c) Stelle *f* mit (Erz- *etc*)Anzeichen, d) Schürfstelle *f*, Lagerstätte *f*, e) Schürfbetrieb *m.* **7.** *obs. fig.* 'Überblick *m* (of über *acc*): **on nearer ~** bei näherer Betrachtung. **II** *v/t* [*Br. meist* prə'spekt] **8.** *ein Gebiet* durch'forschen, unter'suchen (*nach* **for** *nach Gold etc*): **to ~ a district** e-e Gegend auf das Vorhandensein von Lagerstätten untersuchen. **9.** *min. e-e Fundstelle etc* versuchsweise erschürfen, auf Erz-, Goldhaltigkeit *etc* unter'suchen. **10.** *fig. auf Erfolgsaussichten hin* prüfen, unter'suchen. **III** *v/i* [*Br. meist* prə'spekt] **11.** *min.* suchen *od.* schürfen *od.* graben (**for** nach): **to ~ for oil** nach Öl bohren; **~ing licence** (*Am.* **license**) Schürfrecht *n.* **12.** *min.* sich (*gut, schlecht*) erschürfen lassen. **13.** *fig.* suchen, 'Um- *od.* Ausschau halten (**for** nach).

**pro·spec·tive** [prə'spektɪv] *adj* (*adv* ~ly) **1.** (zu)künftig, angehend, vor'aussichtlich: ~ **buyer** Kaufinteressent *m*, potentieller Käufer; **the ~ professor** der angehende Professor; **he is my ~ son-in-law** er ist mein zukünftiger Schwiegersohn; ~ **mother** werdende Mutter. **2.** *fig.* vor'ausschauend.

**pros·pec·tor** [prə'spektə(r); *Am.* 'prɑs,p-] *s* Pro'spektor *m*, Schürfer *m*, Goldsucher *m*: **oil ~** Ölsucher.

**pro·spec·tus** [prə'spektəs] *s* Pro'spekt *m*: a) Werbeschrift *f*, b) Ankündigung *f* (*e-s Buches etc*), c) *econ.* Subskripti'onsanzeige *f*, d) *Br.* 'Schul-, Universi'tätspro,spekt *m.*

**pros·per** ['prɒspə; *Am.* 'prɑspər] **I** *v/i* **1.** Glück *od.* Erfolg haben (**in** bei), vorwärtskommen. **2.** gedeihen (*a. bot.*), flo'rieren, blühen (*Unternehmen etc*): **a ~ing industry. 3.** glücken, von Erfolg begleitet sein: **his venture** ~ed. **II** *v/t* **4.** begünstigen, *j-m* hold *od.* gewogen sein, *etwas* gelingen *od.* gedeihen lassen. **5.** segnen, *j-m* gnädig sein (*Gott*). **pros'per·i·ty** [-'sperətɪ] *s* **1.** Wohlstand *m*, Gedeihen *n*, Glück *n.* **2.** *econ.* Wohlstand *m*, Prosperi'tät *f*, Blüte(zeit) *f*, Aufschwung *m*, Konjunk'tur *f*: **peak ~** Hochkonjunktur; ~ **index** Wohlstandsindex *m*; ~ **phase** Konjunkturperiode *f.* **3.** *pl selten* glückliche Zeiten *pl.* **'pros-**

---

**per·ous** *adj* (*adv* ~ly) **1.** gedeihend, blühend, erfolgreich, glücklich: ~ **years** Jahre des Wohlstands. **2.** wohlhabend. **3.** günstig.

**pros·tate** ['prɒsteɪt; *Am.* 'prɑs-] *anat.* **I** *s a.* ~ **gland** Prostata *f*, Vorsteherdrüse *f.* **II** *adj* ~ prostatic.

**pros·ta·tec·to·my** [ˌprɒstə'tektəmɪ; *Am.* ˌprɑs-] *s med.* Prostatekto'mie *f*, (teilweise) Entfernung der Vorsteherdrüse.

**pros·tat·ic** [prɒ'stætɪk; *Am.* prɑ-] *adj anat.* Prostata...: ~ **cancer.**

**pros·ta·ti·tis** [ˌprɒstə'taɪtɪs; *Am.* ˌprɑs-] *s med.* Prosta'titis *f*, Prostataentzündung *f.*

**pro·ster·num** [prəʊ'stɜːnəm; *Am.* -'stɜr-] *s* Vorderbrust(schild *m*) *f* (*e-s Insekts*).

**pros·the·sis** ['prɒsθɪsɪs; prɒs'θiː-; *Am.* 'prɑs-; prɑs'θ-] *pl* **-ses** [-siːz] *s* **1.** *med.* Pro'these *f*, künstliches Glied: **dental ~** Zahnprothese. **2.** *med.* Anfertigung *f* e-r Pro'these. **3.** *ling.* Pros'these *f* (*Vorsetzen e-s Buchstabens od. e-r Silbe vor e-m Wort*).

**pros'thet·ic** [-'θetɪk] *adj* **1.** *med.* pro'thetisch, Prothesen...: ~ **dentistry** → **prosthodontia. 2.** *ling.* pros'thetisch, vorgesetzt (*Buchstabe od. Silbe*). **pros'thet·ics** *s pl* (*a. als sg konstruiert*) *med.* Pro'thetik *f*, Glieder-, Zahnersatzkunde *f.* **pros·the·tist** [prɒs'θiː-; *Am.* 'prɑsθə-] *s* Pro'thetiker *m.*

**pros·tho·don·ti·a** [ˌprɒsθəʊ'dɒnʃjə; -ʃə; *Am.* ˌprɑsθə'dɑntʃɪə; -tʃə] *s*, **prostho'don·tics** [-tɪks] *s pl* (*a. als sg konstruiert*) *med.* zahnärztliche Pro'thetik, Zahnersatzkunde *f.* **pros·tho'don·tist** [-tɪst] *s* 'Zahnpro,thetiker *m.*

**pros·ti·tute** ['prɒstɪtjuːt; *Am.* 'prɑs-; *a.* -tuːt] **I** *s* **1.** a) Prostitu'ierte *f*, b) (**male**) ~ Strichjunge *m.* **II** *v/t* **2.** prostitu'ieren: **to ~ o.s.** sich prostituieren *od.* verkaufen (*a. fig.*). **3.** *fig.* (für ehrlose Zwecke) 'her-, preisgeben, entwürdigen, *sein Talent etc* wegwerfen. **pros·ti'tu·tion** *s* **1.** Prostituti'on *f*, gewerbsmäßige Unzucht. **2.** *fig.* Entwürdigung *f*, Preisgabe *f.*

**pros·trate I** *v/t* [prɒ'streɪt; *Am.* 'prɑs,t-] **1.** zu Boden werfen *od.* strecken, niederwerfen: **to ~ o.s.** *fig.* sich in den Staub werfen, sich demütigen (**before** vor *dat*). **2.** *fig.* unter'werfen, niederzwingen. **3.** entkräften, erschöpfen. **4.** *fig.* niederschmettern. **II** *adj* [prɒ'streɪt; *Am.* 'prɑs-] **5.** 'hingestreckt. **6.** *fig.* erschöpft (**with** vor *dat*), da'niederliegend, kraftlos: **a ~ country** ein am Boden liegendes *od.* zugrunde gerichtetes Land; ~ **with grief** gramgebeugt. **7.** *fig.* unter'worfen, -'würfig, demütig. **8.** *fig.* fußfällig, im Staube liegend. **9.** *bot. zo.* (nieder)liegend.

**pros·tra·tion** *s* **1.** Niederwerfen *n*, -fallen *n.* **2.** Fußfall *m* (*a. fig.*). **3.** *fig.* Niederwerfung *f*, Unter'werfung *f*, Demütigung *f.* **4.** *nervöse etc* Erschöpfung: **heat ~** Hitzschlag *m.* **5.** *fig.* Niedergeschlagenheit *f.*

**pro·style** ['prəʊstaɪl] *s antiq. arch.* Prostylos *m*, (Tempel)Bau *m* mit offener Säulenvorhalle.

**pros·y** ['prəʊzɪ] *adj* (*adv* **prosily**) **1.** langweilig, weitschweifig. **2.** nüchtern, pro'saisch.

**pro·syl·lo·gism** [prəʊ'sɪlədʒɪzəm] *s philos.* Prosyllo'gismus *m*, Einleitungs-, Vorschluß *m.*

**pro·tag·o·nist** [prəʊ'tægənɪst] *s* **1.** *thea.* 'Hauptfi,gur *f*, Held(in), Träger(in) der Handlung. **2.** *fig.* Protago'nist(in): a) 'Hauptper,son *f*, b) Vorkämpfer(in).

**pro·ta·mine** [prəʊtə'miːn], *a.* **'pro·tamin** [-mɪn] *s biol.* Prota'min *n.*

**pro·ta·no·pi·a** [ˌprəʊtə'nəʊpjə; -pɪə] *s med.* Protano'pie *f*, Rotblindheit *f.*

**prot·a·sis** [ˈprɒtəsɪs; *Am.* ˈprɑt-] *pl* **-ses** [-siːz] *s* Protasis *f:* a) *ling.* Vordersatz *m,* (vorgestellter) Bedingungssatz, b) *antiq. thea.* Vorspiel *n.*

**pro·te·an** [prəʊˈtiːən; ˈprəʊtɪən] *adj* **1.** P~ proˈteisch, Proteus... **2.** *fig.* proˈteisch, wandelhaft, vielgestaltig. **3.** *zo.* aˈmöbenartig: ~ **animalcule** Amöbe *f.*

**pro·te·ase** [ˈprəʊtɪeɪs] *s biol. chem.* Proteˈase *f.*

**pro·tect** [prəˈtekt] *v/t* **1.** (be)schützen (**from** vor *dat;* **against** gegen): ~ed **area** Naturschutzgebiet *n;* ~ed **by copyright** urheberrechtlich geschützt; ~ed **by letters patent** patentrechtlich geschützt; ~ed **state** *pol.* Schutzstaat *m;* → **interest** 7. **2.** *econ.* e-n Industriezweig *etc (durch Schutzzölle)* schützen. **3.** *econ.* a) e-n Wechsel mit Laufzeit schützen, akzepˈtieren, b) e-n Sichtwechsel einlösen, honoˈrieren. **4.** *tech.* (ab)sichern, schützen, abschirmen: ~ed **switch** Schutzschalter *m.* **5.** schonen. **6.** *e-e Schachfigur* decken.

**pro·tec·tion** [prəˈtekʃn] *s* **1.** Schutz *m,* Beschützung *f* (**from** vor *dat*), Sicherheit *f:* ~ **of interests** Interessenwahrung *f.* **2.** *econ. jur.* (Rechts)Schutz *m:* ~ **of industrial property** gewerblicher Rechtsschutz; **legal** ~ **of registered designs** Gebrauchsmusterschutz; ~ **against dismissal** Kündigungsschutz. **3.** *econ.* Schutzzoll *m.* **4.** *econ.* ˈSchutzzoll(poliˌtik *f,* -syˌstem *n) m.* **5.** *econ.* Honoˈrierung *f (e-s Wechsels):* **to find due** ~ honoriert werden; **to give** ~ **to a bill** e-n Wechsel honorieren. **6.** *jur. mar. Am.* Schutz-, Geleitbrief *m.* **7.** Protektiˈon *f,* Gönnerschaft *f.* **8.** a) ˌProtektiˈon *f (Schutz gegen Verfolgung durch Polizei od. Gangster),* b) *a.* ~ **money** ˌSchutzgebührˈ *f.* **9.** *tech.* Schutz *m.* **pro·ˈtec·tion·ism** [-ʃənɪzəm] *s econ.* Protektioˈnismus *m:* a) ˈSchutzzollpoliˌtik *f,* b) ˈSchutzzollsyˌstem *n.* **pro·ˈtec·tion·ist** I *s* **1.** Protektioˈnist *m,* Verfechter *m* der ˈSchutzzollpoliˌtik. **2.** Naˈturschützer *m.* **II** *adj* **3.** protektioˈnistisch, Schutzzoll...

**pro·tec·tive** [prəˈtektɪv] *adj (adv* **~ly)** **1.** Schutz..., (be)schützend, schutzgewährend: ~ **coating** Schutzüberzug *m,* -anstrich *m;* ~ **coloration** *zo.* Schutzfärbung *f;* ~ **conveyance** *jur.* Sicherungsübereignung *f;* ~ **custody** Schutzhaft *f;* ~ **duty** *(od.* **tariff)** Schutzzoll *m;* ~ **goggles** Schutzbrille *f.* **2.** *econ.* Schutzzoll...: ~ **system.** **3.** fürsorglich, beschützerisch (**toward**[s] gegen[über).

**pro·tec·tor** [prəˈtektə(r)] *s* **1.** Beschützer *m,* Schutz-, Schirmherr *m,* Gönner *m.* **2.** *tech. etc* Schutz(vorrichtung *f,* -mittel *n) m,* Schützer *m,* Schoner *m.* **3.** *hist.* a) Proˈtektor *m,* Reichsverweser *m,* b) → **Lord Protector.** **pro·ˈtec·tor·al** *adj* Protektor..., schutzherrlich. **pro·ˈtec·tor·ate** [-rət] *s* Protektoˈrat *n:* a) Schutzherrschaft *f,* b) Schutzgebiet *n,* c) Proˈtektorwürde *f,* d) P~ *hist. Regierungszeit Oliver u. Richard Cromwells als* **Lord Protector. pro·ˈtec·to·ry** *s* (Kinder-)Fürsorgeheim *n.* **pro·ˈtec·tress** *s* Beschützerin *f,* Schutz-, Schirmherrin *f.*

**pro·té·gé** [ˈprəʊteʒeɪ] *s* Schützling *m,* Günstling *m,* Proteˈgé *m.* **pro·teid** [ˈprəʊtiːd], **pro·teide** [-taɪd; -tɪaɪd] *s biol. chem.* Proteˈid *n.* **pro·te·i·form** [prəʊˈtiːɪfɔː(r)m] → **protean. pro·tein** [ˈprəʊtiːn; -tiːɪn] *(Biochemie)* I *s* Proteˈin *n,* Eiweiß(körper *m od. pl) n.* II *adj* proteˈinartig, -haltig, Protein... **pro tem·po·re** [ˌprəʊˈtempəriː] *(Lat.),* **pro tem** *adv* einstweilen, vorläufig. **pro·te·ol·y·sis** [ˌprəʊtiˈɒlɪsɪs; *Am.* -ˈɑlə-] *s biol. chem.* Proteoˈlyse *f,* Eiweißabbau *m.*

---

**Prot·er·o·zo·ic** [ˌprɒtərəʊˈzəʊɪk; *Am.* ˌprɑtərəˈz-] *geol.* I *adj* proteroˈzoisch. II *s* Proteroˈzoikum *n.*

**pro·test** I *s* [ˈprəʊtest] **1.** Proˈtest *m,* Ein-, ˈWiderspruch *m,* Verwahrung *f:* **in** ~ **aus** Protest (**at, over** gegen); **to enter** *(od.* **lodge**) **a** ~ Protest erheben *od.* Verwahrung einlegen (**with** bei; **against** gegen); **under** ~ unter Protest; **without** ~ widerspruchslos; ~ **march** Protestmarsch *m;* ~ **meeting** Protestversammlung *f.* **2.** *econ. jur.* (ˈWechsel)Proˌtest *m.* **3.** *a.* **extended** ~, **ship's** ~ *jur. mar.* ˈSeeproˌtest *m,* Verklarung *f:* **to extend** ~ Verklarung ablegen. **4.** *Br.* ˈMinderheitsproˌtest *m (im Oberhaus, gegen e-n Antrag).* II *v/i* [prəˈtest] **5.** (**against** gegen) proteˈstieren, Einspruch erheben, Verwahrung einlegen, sich verwahren. **6.** a) e-e (feierliche) Erklärung abgeben, b) die Wahrheit *(e-r Worte etc)* beteuern. III *v/t* [prəˈtest] **7.** proteˈstieren *od.* Einspruch erheben *od.* Verwahrung einlegen gegen. **8.** *econ. jur.* e-n ˈWechsel proteˈstieren: **to have a bill** ~ed e-n Wechsel zu Protest gehen lassen. **9.** beteuern (**s.th.** etwas; **that** daß): **to** ~ **one's loyalty.**

**Prot·es·tant** [ˈprɒtɪstənt; *Am.* ˈprɑ-] *relig.* I *s* Proteˈstant(in). II *adj* proteˈstantisch. ~ **E·pis·co·pal Church** *s die anglikanische Kirche in den USA.* ~ **eth·ic** *s Religionssoziologie:* proteˈstantische Ethik *(ethisch-religiöse Entstehungsgrundlage der kapitalistischen Wirtschaftsgesinnung).* **ˈProt·es·tant·ism** *s* Protestanˈtismus *m.* **ˈProt·es·tant·ize** *v/t u. v/i* proteˈstantisch machen (werden), (sich) zum Protestanˈtismus bekehren.

**prot·es·ta·tion** [ˌprəʊteˈsteɪʃn; *Am. a.* ˌprɑtəsˈt-] *s* **1.** Beteuerung *f:* ~**s of innocence** Unschuldsbeteuerungen. **2.** Proˈtest *m* (**against** gegen).

**pro·test·er** [prəˈtestə(r)] *s* Proteˈstierende(r *m) f.*

**Pro·teus** [ˈprəʊtjuːs; -tɪəs; *Am. a.* -ˌtuːs] I *npr* **1.** *myth.* Proteus *m (Meergott).* II *s* **2.** *fig.* ˈProteus(naˌtur *f) m,* wandlungsfähiger *od.* wetterwendischer Mensch. **3.** p~ *zo.* Olm *m.* **4.** p~ Proteus *m (Bakteriengattung).*

**pro·tha·la·mi·um** [ˌprəʊθəˈleɪmɪəm] *pl* **-mi·a** [-ə] *s* Hochzeitsgedicht *n.* **pro·thal·li·um** [prəʊˈθælɪəm] *pl* **-li·a** [-ə] *s bot.* ˈThallium *n,* Vorkeim *m.* **proth·e·sis** [ˈprɒθɪsɪs; *Am.* ˈprɑ-] → **prosthesis** 3.

**pro·tho·rax** *s zo.* erster Brustring *(der Insekten),* Proˈthorax *m.*

**pro·tist** [ˈprəʊtɪst] *s biol.* Proˈtist *m,* Einzeller *m.* **pro·ˈtis·ta** [-tə] *s pl* Proˈtisten *pl,* Einzeller *pl.*

**pro·ti·um** [ˈprəʊtjəm; -ɪəm; *Am. a.* -ʃɪəm] *s chem.* Protium *n (leichtes Wasserstoffisotop).*

**proto-** [ˈprəʊtə-; -tə] *Wortelement mit den Bedeutungen* a) erst(er, e, es), b) Urform von ..., Ur..., Proto...

**pro·to·blast** [ˈprəʊtəblæst] *s biol.* membranlose Zelle.

**pro·to·col** [ˈprəʊtəkɒl; *Am. a.* -ˌkɑl] I *s* **1.** (ˈVerˈhandlungs)Protoˌkoll *n,* Sitzungsbericht *m:* **to record in** ~ → 5. **2.** *pol.* Protoˈkoll *n:* a) *diplomatische Etikette,* b) Vorvertrag *m,* vorläufige Vereinbarungen *pl.* **3.** *pol.* Einleitungs- u. Schlußformeln *pl (e-r Urkunde etc).* II *v/i* **4.** das Protoˈkoll führen. III *v/t* **5.** protokolˈlieren, zu Protoˈkoll nehmen. ~ **state·ment** *s scient.* Protoˈkollsatz *m.*

**ˌpro·to·ˈfas·cist** *adj pol.* faschistoˈid. **pro·to·gen·ic** [ˌprəʊtəˈdʒenɪk] *adj geol.* proˈtoˈgen, priˈmär. **ˌpro·to-Gerˈman·ic** *ling.* I *adj* ˈurger-

---

manisch. II *s* ˈUrgerˌmanisch *n,* das Urgermanische.

**ˌpro·toˈhis·to·ry** *s* Urgeschichte *f.* **ˌpro·toˈhu·man** I *s* Urmensch *m.* II *adj* urmenschlich.

**ˌpro·toˈlan·guage** *s* Ursprache *f.* **ˌpro·to·meˈtal·lic** *adj chem. phys.* ˈprotomeˌtallisch.

**pro·to·morph** [ˈprəʊtəmɔː(r)f] *s biol.* Urform *f.* **ˌpro·toˈmor·phic** *adj* priˈmär, primiˈtiv, ursprünglich.

**pro·ton** [ˈprəʊtɒn; *Am.* -ˌtɑn] *s phys.* Proton *n (positiv geladenes Elementarteilchen):* ~ **number** Protonenzahl *f;* ~ **ray** Protonenstrahl *m;* ~ **synchrotron** Protonensynchrotron *n.*

**pro·to·path·ic** [ˌprəʊtəˈpæθɪk] *adj physiol.* protoˈpathisch.

**pro·to·phyte** [ˈprəʊtəfaɪt] *s bot.* Proˈtophyton *n,* Protoˈphyte *f (einfachste einzellige Pflanze).*

**pro·to·plasm** [ˈprəʊtəʊplæzəm] *s biol.* **1.** Protoˈplasma *n (Grundsubstanz der Zelle).* **2.** Urschleim *m.* **ˌpro·toˈplas·mic** [-mɪk] *adj* protoplasˈmatisch. **ˈpro·to·plast** [-plæst] *s biol.* Protoˈplast *m (Plasmakörper der Zelle).*

**ˈpro·to·salt** *s chem.* Meˈtallsalz *n (der 1. Oxidationsstufe).*

**ˌpro·toˈtroph·ic** *adj biol.* autoˈtroph *(durch Photosynthese ernährbar).*

**ˌpro·toˈtyp·al** → **prototypical.** **ˈpro·to·type** *s* Prototyp *m (a. biol.):* a) Urbild *n,* Urtyp *m,* Urform *f,* b) Urmuster *m,* c) *tech.* (ˈRicht)Moˌdell *n,* Ausgangsbautyp *m.* **ˌpro·toˈtyp·i·cal** *adj* protoˈtypisch, Ur...

**pro·tox·ide** [ˌprəʊˈtɒksaɪd; *Am.* -ˈɑk-] *s chem.* Protoˈxid *n (erste od. unterste Oxidationsstufe e-s Elements):* ~ **of iron** Eisen(II)-Oxid *n.*

**pro·to·zo·a** [ˌprəʊtəʊˈzəʊə] *s pl zo.* Protoˈzoen *pl,* Einzeller *pl,* Urtiere *pl.* **ˌpro·toˈzo·an** *zo.* I *adj* Protozoen... II *s* → **protozoon.** **ˌpro·toˈzo·ic** *adj geol.* protoˈzoisch. **ˌpro·to·zoˈol·o·gy** [-ˈɒlədʒɪ; *Am.* -ˈɑl-] *s zo.* Protozooloˈgie *f.* **ˌpro·toˈzo·on** [-ən; -ɒn; *Am.* -ˌɑn] *pl* -ˈzo·a [-ə] *s zo.* Protoˈzoon *n,* Urtierchen *n,* Einzeller *m.*

**pro·tract** [prəˈtrækt; *Am. a.* prəʊ-] *v/t* **1.** in die Länge ziehen, hinˈausziehen, -zögern, verschleppen: ~ed **illness** langwierige Krankheit; ~ed **defence** *(Am.* **defense)** *mil.* hinhaltende Verteidigung; ~ed **stay in hospital** längerer Krankenhausaufenthalt. **2.** *math.* mit e-m Winkelmesser *od.* maßstab(s)getreu zeichnen *od.* auftragen. **3.** Krallen aus-, vorstrekken. **pro·ˈtrac·tile** [-taɪl; *Am. a.* -təl] *adj zo.* aus-, vorstreckbar. **pro·ˈtrac·tion** *s* **1.** hinˈausschieben *n,* ˈHinziehen *n,* Verschleppen *n.* **2.** *math.* maßstab(s)getreue *od.* winkeltreue Zeichnung. **3.** *zo.* (Her-)ˈVorstrecken *n.* **4.** *metr.* Silbendehnung *f.* **pro·ˈtrac·tor** *s* **1.** *math. surv.* Transporˈteur *m,* Gradbogen *m,* Winkelmesser *m.* **2.** *anat.* Vorzieh-, Streckmuskel *m.*

**pro·trude** [prəˈtruːd; *Am.* prəʊ-] I *v/i* herˈaus-, (her)vorstehen, -ragen, -treten: protruding **chin** vorspringendes Kinn. II *v/t* herˈausstrecken, (her)vortreten lassen. **pro·ˈtru·si·ble** [-səbl], **pro·ˈtru·sile** [-saɪl; *Am. a.* -səl] *adj* vor-, ausstreckbar, verlängerungsfähig. **pro·ˈtru·sion** [-ʒn] *s* **1.** Herˈausragen *n,* Herˈvorstehen *n,* -treten *n,* Vorspringen *n.* **2.** Vorwölbung *f,* -sprung *m,* Ausbuchtung *f,* (her)ˈvorstehender Teil. **pro·ˈtru·sive** *adj* vorstehend, herˈvortretend.

**pro·tu·ber·ance** [prəˈtjuːbərəns; *Am.* prəʊ-; *a.* -ˈtuː-] *s* **1.** (her)ˈvortretende Stelle, Vorsprung *m.* **2.** Auswuchs *m,*

Beule f, Höcker m, Protube'ranz f. **3.** astr. Protube'ranz f. **4.** (Her)'Vortreten n, -stehen n. **pro'tu·ber·ant** adj (adv ~ly) (her)'vorstehend, -tretend, -quellend.

**proud** [praʊd] **I** adj (adv ~ly) **1.** stolz (of auf acc; to inf zu inf): that is nothing to be ~ of darauf kann man sich wirklich nichts einbilden. **2.** dünkelhaft, hochmütig, eingebildet: (as) ~ as a peacock fig. stolz od. eitel wie ein Pfau. **3.** stolz (machend), mit Stolz erfüllend: a ~ day ein stolzer Tag (für uns etc). **4.** stolz, prächtig: a ~ ship. **5.** selbstbewußt. **6.** üppig od. wild (wachsend), wuchernd (a. med.): ~ flesh med. ‚wildes Fleisch', Granulationsgewebe n. **7.** bes. Am. colloq. dial. sehr erfreut. **8.** poet. feurig (Pferd). **9.** obs. od. dial. a) geil, lüstern, b) zo. brunftig. **II** adv colloq. **10.** to do s.o. ~ a) j-m alle Ehre machen, b) j-n königlich bewirten; to do o.s. ~ es sich gutgehen lassen.

**prov·a·ble** ['pruːvəbl] adj (adv provably) nachweisbar, beweisbar.

**prove** [pruːv] **I** v/t pret u. pp **proved,** pp a. '**prov·en 1.** er-, nach-, beweisen: to ~ adultery Ehebruch od. Ehebruch vorliegt; to ~ one's alibi sein Alibi nachweisen; to ~ one's case beweisen, daß man recht hat; to ~ by chemical tests chemisch nachweisen. **2.** jur. ein Testament bestätigen (lassen). **3.** bekunden, unter Beweis stellen, zeigen. **4.** a. tech. prüfen, erproben, e-r (Materi'al)Prüfung unter'ziehen: a ~d remedy ein erprobtes od. bewährtes Mittel; to ~ o.s. a) sich bewähren, b) sich erweisen als; → proving 1. **5.** math. die Probe machen auf (acc). **II** v/i **6.** sich her'ausstellen od. erweisen als: to ~ (to be) necessary; he will ~ (to be) the heir es wird sich herausstellen, daß er der Erbe ist; to ~ true (false) a) sich als richtig (falsch) herausstellen, b) sich (nicht) bestätigen (Voraussage etc). **7.** sich bestätigen od. bewähren als. **8.** ausfallen, sich ergeben: it will ~ otherwise es wird anders kommen od. ausfallen. **9.** aufgehen (Teig).

**prov·en** ['pruːvən] adj **1.** be-, erwiesen, nachgewiesen: not ~ jur. Scot. Schuldbeweis nicht erbracht. **2.** bewährt, erprobt.

**prov·e·nance** ['provənəns; Am. 'prav-] s 'Herkunft f, Ursprung m, Proveni'enz f.

**Pro·ven·çal** [ˌprovɒnˈsɑːl; Am. ˌprɑːvənˈ-; ˌprəʊ-] **I** s **1.** Proven'zale m, Proven'zalin f. **2.** ling. Proven'zalisch n, das Provenzalische. **II** adj **3.** proven'zalisch.

**prov·en·der** ['provɪndə(r); Am. 'prav-] s **1.** agr. (Trocken)Futter n. **2.** colloq. humor. ‚Futter' n (Lebensmittel).

**pro·ve·nience** [prəˈviːnjəns] → provenance.

**pro·ven·tric·u·lus** [ˌprəʊvenˈtrɪkjʊləs] pl **-u·li** [-laɪ] s zo. **1.** Kaumagen m (der Insekten). **2.** Drüsenmagen m (der Vögel).

**prov·erb** ['provɜːb; Am. 'prav‚ɜːrb] s **1.** Sprichwort n: he is a ~ for shrewdness fig. s-e Schlauheit ist sprichwörtlich od. (contp.) berüchtigt. **2.** the (Book of) P~s pl Bibl. die Sprüche pl (Salo'monis). **pro·ver·bi·al** [prəˈvɜːbjəl; Am. -ˈvɜːrbɪəl] adj (adv ~ly) sprichwörtlich (a. fig.).

**pro·vide** [prəˈvaɪd] **I** v/t **1.** versorgen, ausstatten, beliefern (with mit): the car is ~d with a radio der Wagen hat ein Radio od. ist mit e-m Radio ausgestattet; ~d with illustrations illustriert, mit Illustrationen versehen. **2.** ver-, beschaffen, besorgen, liefern, zur Verfügung stellen, (bereit)stellen: to ~ material; he ~s maintenance for them er sorgt für ihren Unterhalt; to ~ payment econ. Deckung anschaffen, für Zahlung sor-

gen; to ~ an opportunity e-e Gelegenheit schaffen od. bieten. **3.** jur. a) vorsehen, -schreiben, bestimmen (a. Gesetz, Vertrag etc), b) den Vorbehalt machen (that daß): providing (that) → provided. **II** v/i **4.** Vorsorge od. Vorkehrungen od. (geeignete) Maßnahmen treffen, vorsorgen, sich sichern (against vor dat, gegen): to ~ against a) (sich) schützen vor (dat), b) etwas unmöglich machen, verhindern. **5.** sorgen: to ~ for a) sorgen für (j-n od. j-s Lebensunterhalt), b) Maßnahmen vorsehen, c) e-r Sache Rechnung tragen, Bedürfnisse befriedigen, d) Gelder etc bereitstellen. **6.** unless otherwise ~d jur. sofern nichts Gegenteiliges bestimmt ist.

**pro·vid·ed** [prəˈvaɪdɪd] conj a. ~ that **1.** vor'ausgesetzt (daß); unter der Vor-'aussetzung, daß. **2.** so'fern, wenn (über'haupt). ~ **school** s Br. Gemeindeschule f.

**prov·i·dence** ['provɪdəns; Am. 'prɑ-] s **1.** (göttliche) Vorsehung od. Fügung: by divine ~ a) von Gottes Gnaden, b) durch göttliche Fügung. **2.** P~ die Vorsehung, Gott m. **3.** Sparsamkeit f. **4.** Vorsorge f, (weise) Vor'aussicht. '**prov·i·dent** adj (adv ~ly) **1.** vor'ausblickend, vor-, fürsorglich: God's ~ care die göttliche Fürsorge; ~ **bank** Sparkasse f; ~ **fund** Unterstützungs-, Hilfskasse f; ~ **society** Versicherungsverein m auf Gegenseitigkeit. **2.** haushälterisch, sparsam. **prov·i·den·tial** [ˌprovɪˈdenʃl; Am. ˌprɑ-] adj **1.** durch die (göttliche) Vorsehung bestimmt od. bewirkt, schicksalhaft, göttlich. **2.** günstig, glücklich, gnädig (Geschick etc). ˌ**prov·i·den·tial·ly** [-ʃəlɪ] adv **1.** durch (göttliche) Fügung, schicksalhaft. **2.** glücklicher'weise, durch die Gunst des Schicksals.

**pro·vid·er** [prəˈvaɪdə(r)] s **1.** Versorger(in), Ernährer m (der Familie): good ~ colloq. treusorgende(r) Mutter (Vater). **2.** econ. Liefe'rant m.

**prov·ince** ['provɪns; Am. 'prɑ-] s **1.** Pro-'vinz f, (großer) (Verwaltungs)Bezirk. **2.** the P~s a) die Pro'vinz (Ggs. Stadt), b) Am. colloq. Kanada n. **3.** Gebiet n, Land(strich m) n, Gegend f. **4.** relig. a) 'Kirchenpro‚vinz f (erzbischöflicher Gerichtsbezirk), b) 'Ordenspro‚vinz f. **5.** (größeres) (Wissens)Gebiet, Fach n: this is quite another ~. **6.** Fach n, Aufgabenbereich m, Wirkungskreis m, Amt n: that is not within my ~ a) das schlägt nicht in mein Fach, b) es ist nicht m-s Amtes.

**pro·vin·cial** [prəˈvɪnʃl] **I** adj (adv ~ly) **1.** Provinz..., provinzi'ell: ~ **bank** Provinz-, Provinzialbank f; ~ **town** Provinzstadt f. **2.** Provinz... (Ggs. städtisch), provinzi'ell, kleinstädtisch, ländlich, pro-'vinzlerisch: ~ **press** Provinzpresse f. **3.** fig. provinzi'ell, engstirnig, beschränkt, spießbürgerlich. **4.** fig. provinzlerisch, ungebildet, ‚ungehobelt': ~ **manners**. **II** s **5.** Pro'vinzbewohner(in), j-d aus der Pro'vinz. **6.** fig. contp. Pro-'vinzler(in). **7.** relig. ('Ordens)Provinzi‚al m. **pro'vin·cial·ism** [-ʃəlɪzəm] s Provinzia'lismus m: a) provinzi'elle Eigenart, b) mundartlicher Ausdruck, c) provinzi'elle Beschränktheit, d) Kleingeiste'rei f, Pro'vinzlertum n, e) linkisches Benehmen od. Wesen. **pro‚vin·ci'al·i·ty** [-ʃɪˈælətɪ] → provincialism. **pro'vin·cial·ize** [-ʃəlaɪz] v/t provinzi'ell machen, pro'vinzlerischen Cha'rakter geben (dat).

**prov·ing** ['pruːvɪŋ] s **1.** Prüfen n, Erprobung f: ~ **flight** Aufklärungsflug m (zur Umweltkontrolle); ~ **ground** tech. Ver-

suchsfeld n (a. fig.), -gelände n. **2.** ~ **of a will** jur. Eröffnung f u. Bestätigung f e-s Testa'ments.

**pro·vi·sion** [prəˈvɪʒn] **I** s **1.** a) Vorkehrung f, Vorsorge f, (vorsorgliche) Maßnahme, b) Vor-, Einrichtung f: to make ~ vorsorgen od. Vorkehrungen treffen (for für), sich schützen (against vor dat od. gegen). **2.** jur. Bedingung f, Vorschrift f: to come within the ~s of the law unter die gesetzlichen Bestimmungen fallen. **3.** jur. Bedingung f, Vorbehalt m: under usual ~s unter üblichem Vorbehalt. **4.** Beschaffung f, Besorgung f, Bereitstellung f: ~ **of funds** econ. Kapitalbeschaffung, Deckung f. **5.** pl (Lebensmittel)Vorräte pl, (-)Vorrat m (of an dat), Nahrungs-, Lebensmittel pl, Provi'ant m: ~ **dealer** od. **merchant**) Lebensmittel-, Feinkosthändler m. **6.** oft pl Rückstellungen pl, -lagen pl, Re'serven pl, (angelegter) Vorrat (of an dat). **7.** econ. a) Anschaffung f von Ri'emesen, Deckung f, b) Ri'messe f. **II** v/t **8.** mit Lebensmitteln od. Provi'ant versorgen, verprovian'tieren.

**pro·vi·sion·al** [prəˈvɪʒənl] **I** adj **1.** provi'sorisch, vorläufig, einstweilig, behelfsmäßig, Behelfs...: ~ **agreement** vorläufige od. einstweilige Anordnung, Provisorium n; ~ **law** Übergangsgesetz n; ~ **patent** vorläufiges Patent; ~ **receipt** Interimsquittung f; ~ **regulations** Übergangsbestimmungen; ~ **result** sport vorläufiges od. inoffizielles Endergebnis; ~ **solution** Übergangslösung f. **II** s **2.** Pro-'visorium n (Briefmarke). **3.** P~ pol. Ir. Mitglied n der provi'sorischen irisch--republi'kanischen Ar'mee. **pro'vi·sion·al·ly** [-ʒnəlɪ] adv provi'sorisch, vorläufig, einstweilen, bis auf weiteres. **pro'vi·sion·ar·y** [-ʒnərɪ; Am. -ʒə‚nerɪ:] → provisional I.

**pro·vi·so** [prəˈvaɪzəʊ] pl **-sos** s jur. Bedingung f, (Bedingungs)Klausel f, Vorbehalt m: with the ~ that unter der Bedingung od. mit der Maßgabe, daß; to make it a ~ that zur Bedingung machen, daß; ~ **clause** Vorbehaltsklausel f.

**pro·vi·sor** [prəˈvaɪzə(r)] s **1.** R.C. Pro'visor m (Inhaber e-r provisorischen Ernennung zu e-r Pfründe). **2.** (Statue of) P~s hist. Statut, das dem Papst das Recht auf Pfründenbesetzung entzieht. **pro·vi·so·ri·ly** [prəˈvaɪzərəlɪ] adv **1.** bedingt, unter od. mit Vorbehalt. **2.** → provisory 2. **pro'vi·so·ry** [-rɪ] adj **1.** bedingend, bedingt, vorbehaltlich. **2.** provi'sorisch, vorläufig, einstweilig.

**Pro·vo** ['prəʊvəʊ] pl **-vos** s colloq. für provisional 3.

**prov·o·ca·tion** [ˌprovəˈkeɪʃn; Am. ˌprɑ-] s **1.** Her'ausforderung f, Provokati'on f (a. jur.). **2.** Aufreizung f, (An)Reiz m, Erregung f, Provokati'on f. **3.** Verärgerung f, (a. Grund m zum) Ärger m: at the slightest ~ beim geringsten Anlaß. **pro·voc·a·tive** [prəˈvɒkətɪv; Am. -ˈvɑk-] **I** adj (adv ~ly) **1.** (a. sexuell) her'ausfordernd, aufreizend (of zu), erregend, provo'zierend (wirkend): to be ~ of → provoke 2; ~ **test** med. Reizprobe f. **2.** fig. a) anregend, stimu'lierend, b) reizvoll, interes'sant, c) kühn, provo'zierend: a ~ novel. **II** s **3.** Reiz(mittel n) m, Stimulans n, Antrieb m (of, for zu). **pro'voc·a·tive·ness** s her'ausforderndes od. aufreizendes Wesen.

**pro·voke** [prəˈvəʊk] v/t **1.** j-n reizen, erzürnen, (ver)ärgern, aufbringen, provo'zieren: to ~ to od. to anger aufgebracht werden. **2.** etwas her'vorrufen, her'aufbeschwören, provo'zieren, ein Gefühl a. erregen. **3.** j-n (zum Handeln) bewegen, provo'zieren, reizen, her'ausfordern: to ~ s.o.

**into doing s.th.** (*od.* **to do s.th.**) a) j-n dazu bewegen, etwas zu tun, b) j-n so provozieren, daß er etwas tut; **to ~ s.o. into s.th.** j-n zu etwas provozieren. **pro-'vok-ing** *adj* (*adv* ~**ly**) **1.** → **provocative** 1. **2.** unerträglich, unaus'stehlich.

**pro·vost**[1] ['prɒvəst; *Am.* 'prɑ-; 'prəʊ-ˌvəʊst] *s* **1.** *hist.* Vorsteher *m.* **2.** *univ.* Pro'vost *m:* a) *Br. Rektor gewisser Colleges*, b) *Am.* hoher Verwaltungsbeamter. **3.** *colloq.* Propst *m.* **4.** a. **Lord P~** *Scot.* Bürgermeister *m.*

**pro·vost**[2] ['prɒvəst; *Am.* 'prɑ-, 'prəʊ-ˌvəʊst] *s mil.* Offi'zier *m* der Mili'tärpoliˌzei, Pro'fos *m.*

**pro·vost**| **mar·shal** [prə'vəʊ; *Am.* 'prəʊvəʊ] *s mil.* Komman'deur *m* der Mili'tärpoliˌzei. **~ ser·geant** *s mil.* Feldwebel *m* der Mili'tärpoliˌzei.

**prow**[1] [praʊ] *s* **1.** *mar.* Bug *m*, Schiffsschnabel *m.* **2.** *aer.* Nase *f*, Bug *m* (*e-s Flugzeugs*). **3.** *poet.* Kiel *m.*

**prow**[2] [praʊ] *adj obs.* tapfer, kühn.

**prow·ess** ['praʊɪs] *s* **1.** Tapferkeit *f*, (Helden)Mut *m.* **2.** Heldentat *f.* **3.** überragendes Können, Tüchtigkeit *f.*

**prowl** [praʊl] **I** *v/i a.* **~ about** (*od.* **around**) her'umschleichen, -streichen. **II** *v/t* durch'streifen, streichen durch. **III** *s* Her'umstreifen *n:* **to be on the ~** a) → **I**, b) auf Raub ausgehen (*Raubtier etc*), c) auf Streife sein (*Polizei*): **~ car** *Am.* (Funk)Streifenwagen *m*, d) *colloq.* auf Frauen- *od.* Männerfang sein. **'prowl·er** *s* Her'umtreiber *m*, (-)Lungerer *m.*

**prox·i·mal** ['prɒksɪml; *Am.* 'prɑksəməl] *adj* (*adv* ~**ly**) *anat.* proxi'mal (*dem zentralen Teil e-s Gliedes, der Körpermitte zu gelegen*).

**prox·i·mate** ['prɒksɪmət; *Am.* 'prɑ-] *adj* (*adv* ~**ly**) **1.** nächst(er, e, es), folgend(er, e, es), sich (unmittelbar) anschließend, unmittelbar: **~ cause** unmittelbare Ursache. **2.** naheliegend. **3.** kurz bevorstehend: **~ event. 4.** annähernd: **~ estimate** ungefähre Schätzung; **~ analysis** *chem.* quantitative Analyse; **~ principles** (*od.* **substances**) *chem.* ungefähre *od.* approximative Grundsubstanzen.

**prox·i·me ac·ces·sit** [ˌprɒksɪmæk'sesɪt; *Am.* ˌprɑ-] (*Lat.*) wörtlich: ,er kam sehr nahe' (*bei Wettkämpfen etc*): **he was** (**got a**) ~ er war (wurde) Zweiter.

**prox·im·i·ty** [prɒk'sɪmətɪ; *Am.* prɑk-] *s* **1.** Nähe *f*, Nachbarschaft *f:* **close ~** nächste *od.* unmittelbare Nähe; **~ fuse** (*bes. Am.* **fuze**) Annäherungszünder *m.* **2.** a. **~ of blood** Blutsverwandtschaft *f.*

**prox·i·mo** ['prɒksɪməʊ; *Am.* 'prɑk-] *adv* (*abbr.* **prox.**) (des) nächsten Monats: **on the 1st ~.**

**prox·y** ['prɒksɪ; *Am.* 'prɑk-] *s* **1.** (Stell)Vertretung *f*, (Handlungs)Vollmacht *f:* **by ~** in Vertretung, auf Grund e-r Vollmacht (→ 2); **marriage by ~** Ferntrauung *f.* **2.** (Stell)Vertreter(in), Bevollmächtigte(r *m*) *f:* **by ~** durch e-n Bevollmächtigten (→ 1); **to stand ~ for s.o.** als Stellvertreter(in) fungieren für j-n. **3.** Vollmacht(surkunde) *f.*

**prude** [pruːd] *s* prüder Mensch: **to be a ~** prüde sein.

**pru·dence** ['pruːdns] *s* **1.** Klugheit *f*, Vernunft *f.* **2.** 'Um-, Vorsicht *f*, Besonnenheit *f*, Über'legtheit *f:* **ordinary ~** *jur.* die im Verkehr erforderliche Sorgfalt. **3.** Maß-, Haushalten *n.*

**pru·dent** ['pruːdnt] *adj* (*adv* → **prudently**) **1.** klug, vernünftig. **2.** 'um-, vorsichtig, besonnen, über'legt.

**pru·den·tial** [pruː'denʃl] **I** *adj* (*adv* ~**ly**) **1.** → **prudent** 1 u. 2. **2.** (a. sach)verständig: **~ committee** *Am.* beratender Aus-

schuß. **II** *s* **3.** *pl* wohlzuerwägende Dinge *pl.* **4.** *pl* kluge Erwägungen *pl.*

**pru·dent·ly** ['pruːdntlɪ] *adv* kluger-, vernünftigerweise, wohlweislich.

**prud·er·y** ['pruːdərɪ] *s* Prüde'rie *f*, Sprödigkeit *f.*

**prud·ish** ['pruːdɪʃ] *adj* (*adv* ~**ly**) prüde, (*bes. Mädchen*) spröd(e). **'prud·ish·ness** *s* prudery.

**prune**[1] [pruːn] *s* **1.** *bot.* Pflaume *f.* **2.** Back-, Dörrpflaume *f.* **3.** *fig.* 'Purpurkarˌmin *m.* **4.** *sl.* ,blöder Heini', ,Blödmann' *m.* **5. ~s and prisms** affek'tierte Redeweise.

**prune**[2] [pruːn] *v/t* **1.** Bäume etc ausputzen, beschneiden. **2.** a. **~ off, ~ away** wegschneiden, abhauen. **3.** zu'(recht)stutzen, von 'Überflüssigem befreien, befreien (**of** von), säubern, *e-n Text etc* zs.-streichen, straffen. **4.** *fig.* Bürokratie *etc* beschneiden, *Ausgaben etc* kürzen.

**pru·nel·la**[1] [prʊ'nelə] *s econ.* Pru'nell *m*, Lasting *n* (*ein Kammgarngewebe*).

**pru·nel·la**[2] [prʊ'nelə] *s med. obs.* Halsbräune *f.*

**pru·nelle** [prʊ'nel] *s* Prü'nelle *f* (*getrocknete, entsteinte Pflaume*).

**pru·nel·lo** [prʊ'neləʊ] *s* **1.** → **prunelle.** **2.** → **prunella**[1].

**prun·ing** ['pruːnɪŋ] *s* **1.** Ausputzen *n*, Beschneiden *n* (*von Bäumen etc*). **2.** *pl* Reisholz *n* (*beschnittener Bäume*). **~ hook** *s* Heckensichel *f.* **~ knife** *s irr* Baum-, Gartenmesser *n.* **~ shears** *s pl* Baumschere *f.*

**prunt** [prʌnt] *s* a) Glasschmuckperle *f* (*als Zierde für Vasen etc*), b) Werkzeug zu ihrer Anbringung.

**pru·ri·ence** ['prʊərɪəns], **'pru·ri·en·cy** [-sɪ] *s* **1.** Geilheit *f*, Lüsternheit *f*, Laszivi'tät *f.* **2.** Gier *f* (**for** nach), (Sinnen)Kitzel *m.* **'pru·ri·ent** *adj* (*adv* ~**ly**) geil, lüstern, las'ziv.

**pru·rig·i·nous** [prʊə'rɪdʒɪnəs] *adj med.* juckend. **pru'ri·go** [-'raɪɡəʊ] *s* Pru'rigo *m*, *f*, juckender Hautausschlag. **pru·'ri·tus** [-'raɪtəs] *s* Pru'ritus *m*, (krankhaftes) Hautjucken.

**Prus·sian** ['prʌʃn] **I** *adj* preußisch. **II** *s* Preuße *m*, Preußin *f.* **~ blue** *s* Preußischblau *n.*

**Prus·sian·ism** ['prʌʃənɪzəm] *s* Preußentum *n*, preußisches Wesen. **'Prus·sian·ize** *v/t* preußisch machen.

**prus·si·ate** ['prʌʃɪət; *Am.* -sɪeɪt] *s chem.* Prussi'at *n.* **~ of i·ron** *s chem.* Ber'linerblau *n.* **~ of pot·ash** *s chem.* 'Kaliumferrocyaˌnid *n.*

**prus·sic ac·id** ['prʌsɪk] *s chem.* Blausäure *f*, Zy'anwasserstoff(säure *f*) *m.*

**pry**[1] [praɪ] *v/i* (neugierig) spähen, neugierig gucken *od.* sein: **to ~ about** (*od.* **around**) herumschnüffeln; **to ~ into s.th.** a) etwas zu erforschen suchen, b) *contp.* s-e Nase in etwas stecken, sich in j-s Angelegenheiten mischen. **II** *s* neugierige Per'son.

**pry**[2] [praɪ] *Am. für* **prize**[3].

**pry·er** ['praɪə(r)] *s* neugierige Per'son. **'pry·ing** *adj* (*adv* ~**ly**) neugierig, naseweis, (her'um)schnüffelnd.

**psalm** [sɑːm; *Am.* a. sɑːlm] *s* **1.** Psalm *m.* **2. the** (**Book of**) **P~s** *pl Bibl.* die Psalmen *pl.* **'~book** *s* Psalmenbuch *n*, Psalter *m.*

**'psalm·ist** *s* Psal'mist *m:* **the P~** der Psalmist (*bes. David*).

**psal·mod·ic** [sæl'mɒdɪk; *Am.* -'mɑ-] *adj* psal'modisch. **psal·mo·dist** ['sælmədɪst; 'sɑːm-; *Am.* a. 'sɑːlm-] *s* **1.** Psal'mist *m*, Psalmensänger *m.* **2.** Psal'mist *m.* **'psal·mo·dize** *v/i* psalmo'dieren. **'psal·mo·dy** *s* **1.** Psalmo'die *f*, Psalmensingen *n*, -gesang *m.* **2.** *collect.* Psalmen *pl.*

**Psal·ter** ['sɔːltə(r)] *s* Psalter *m*, (Buch *n*

der) Psalmen *pl.* **psal'te·ri·um** [-'tɪərɪəm] *pl* **-ri·a** [-rɪə] *s zo.* Psalter *m*, Blättermagen *m* (*der Wiederkäuer*). **'psal·ter·y** [-tərɪ] *s mus. hist.* Psal'terium *n*, Psalter *m* (*Hackbrett*).

**psam·mite** ['sæmaɪt] *s geol.* Psam'mit *m*, Sandstein *m.*

**pse·phol·o·gy** [se'fɒlədʒɪ; *Am.* sɪ'fɑl-] *s* (wissenschaftliche) Ana'lyse von Wahlergebnissen *od.* Wahltrends.

**pseud** [sjuːd; *bes. Am.* suːd] *colloq.* **I** *s* Angeber(in). **II** *adj* → **pseudo.**

**pseu·do** ['sjuːdəʊ; *bes. Am.* 'suː-] *adj colloq.* falsch, unecht.

**pseu·do·carp** ['sjuːdəʊkɑː(r)p; *Am.* 'suː-] *s bot.* Scheinfrucht *f.*

**ˌpseu·do·'clas·sic** *adj* pseudoklassisch, klassi'zistisch. **ˌpseu·do·'clas·si·cism** *s* Pseudoklassik *f*, Klassi'zismus *m.*

**pseu·do·graph** ['sjuːdəʊɡrɑːf; *Am.* 'suːdəʊˌɡræf] *s* (lite'rarische) Fälschung, fälschlich zugeschriebenes Werk. **'pseu·do·morph** *s min.* Pseudomor'phose *f.*

**pseu·do·nym** ['sjuːdənɪm; *bes. Am.* 'suː-] *s* Pseudo'nym *n*, Deckname *m.* **ˌpseu·do·nym·i·ty** *s* **1.** Pseudonymi'tät *f*, Erscheinen *n* unter e-m Pseudo'nym. **2.** Führen *n* e-s Pseudo'nyms.

**pseu'don·y·mous** [-'dɒnɪməs; *Am.* 'dɑn-] *adj* (*adv* ~**ly**) pseudo'nym.

**pseu·do·pod** ['sjuːdəʊpɒd; *Am.* 'suːdəˌpɑd], **ˌpseu·do·'po·di·um** [-'pəʊdɪəm] *pl* **-di·a** [-dɪə] *s zo.* Pseudo'podium *n*, Scheinfüßchen *n.*

**pshaw** [pʃɔː; ʃɔː] **I** *interj* pah! **II** *s* Pah *n.* **III** *v/i* ,pah' sagen. **IV** *v/t* ,pah' sagen über (*acc*) *od.* zu, verächtlich abtun.

**psi** [psaɪ; *Am. a.* saɪ] *s* **1.** Psi *n* (*griechischer Buchstabe*). **2.** Psi *n* (*Symbol für Parapsychisches*): **~ phenomena** Psiphänomene.

**psi·lan·thro·py** [saɪ'lænθrəpɪ] *s relig.* Psilanthro'pismus *m* (*Lehre, daß Christus nur ein Mensch war*).

**psi·lo·sis** [saɪ'ləʊsɪs] *s* **1.** *med.* Psi'losis *f*, Haarausfall *m.* **2.** → **sprue**[2]. **3.** *ling.* Psi'lose *f* (*Schwund des anlautenden h im Griechischen*).

**psi par·ti·cle** *s phys.* Psiteilchen *n.*

**psit·ta·co·sis** [ˌpsɪtə'kəʊsɪs; *bes. Am.* ˌsɪtə'k-] *s med.* Psitta'kose *f*, Papa'geienkrankheit *f.*

**pso·as** ['psəʊəs] *s anat.* Psoas *m*, Lendenmuskel *m.*

**pso·ra** ['psɔːrə; *Am.* 'səʊrə] *s med.* juckende Hautkrankheit, *bes.* a) → **scab** 1 *u.* 2, b) → **psoriasis.**

**pso·ri·a·sis** [psɒ'raɪəsɪs; *bes. Am.* sə'r-] *s med.* Pso'riasis *f*, Schuppenflechte *f.*

**pso·ric** ['psɔːrɪk; *Am.* 'səʊ-] *adj med.* krätzig.

**pso·ro·sis** [sə'rəʊsɪs] *s bot.* Gummifluß *m* (*bei Citrus-Arten*).

**psy-** [saɪ] *Am.* Kurzform für **psychological:** **~war** psychologische Kriegführung.

**psych** [saɪk] *colloq.* **I** *v/t* **1.** (psycho-) analy'sieren, psychoana'lytisch behandeln *od.* unter'suchen. **2.** *meist* **~ out** a) j-n, etwas durch'schauen, b) j-n psycho'logisch ,fertigmachen'. **3.** *meist* **~ up** auf-, hochputschen. **II** *v/i* **4.** *meist* **~ out** ausflippen. **5.** *meist* **~ up** sich (innerlich) vorbereiten, sich einstimmen (**for** auf *acc*).

**psy·chas·the·ni·a** [ˌsaɪkæs'θiːnjə; -nɪə] *s psych.* Psychasthe'nie *f* (*schwächliche seelische Veranlagung*).

**Psy·che**[1] ['saɪkɪ] *s* **1.** *antiq.* Psyche *f* (*Personifikation der Seele*). **2.** **p~** Psyche *f:* a) Seele *f*, b) Geist *m.* **3.** **p~** *zo.* Sackträger *m* (*Schmetterling*).

**psyche**[2] [saɪk] → **psych.**

**psy·che·del·ic** [ˌsaɪkɪ'delɪk] **I** *adj* **1.** psyche'delisch, bewußtseinsverändernd.

**II** s **2.** bewußtseinsverändernde Droge. **3.** j-d, der nach bewußtseinsverändernden Drogen süchtig ist.

**psy·chi·at·ric** [ˌsaɪkɪˈætrɪk] adj; **psy·chi'at·ri·cal** [-kl] adj (adv ~ly) a) psychi'atrisch, b) psychisch (Störung etc). **psy'chi·a·trist** [-ˈkaɪətrɪst; səˈk-] s med. Psychi'ater m. **psy'chi·a·try** [-trɪ] s med. Psychia'trie f.

**psy·chic** [ˈsaɪkɪk] **I** adj (adv ~ally) **1.** psychisch, seelisch(-geistig), Seelen...: ~ determinism psychischer Determinismus; ~ energizer bes. Am. Antidepressivum n. **2.** übersinnlich: ~ forces, ~ phenomena parapsychische Phänomene. **3.** parapsycho'logisch: ~ research Para-Forschung f. **4.** medi'al (begabt od. veranlagt). **II** s **5.** medi'al begabter od. veranlagter Mensch, Medium m. **6.** (das) Psychische. **7.** pl (als sg konstruiert) a) Psycho'logie f, b) Parapsycholo'gie f. **'psy·chi·cal** [-kl] → **psychic** I.

**psycho-** [saɪkəʊ] Wortelement mit den Bedeutungen a) Seelen..., Geistes..., b) psychisch.

**psy·cho** [ˈsaɪkəʊ] **I** pl **~chos** s colloq. für **psychopath**. **II** adj colloq. für **psychopathic** I.

**psy·cho'ac·tive** adj med. psycho'trop.

**psy·cho·a'nal·y·sis** f Psychoana'lyse f. **psy·cho'an·a·lyst** s Psychoana'lytiker m. **psy·cho'an·a·lyze** v/t psychoanaly'sieren, psychoana'lytisch behandeln od. unter'suchen.

**psy·cho·bi'ol·o·gy** s psych. Psychobiolo'gie f.

**psy·cho'chem·i·cal** s med. Psycho'pharmakon n.

**psy·cho'dra·ma** s psych. Psycho'drama n (psychotherapeutische Methode, die Patienten ihre Konfliktsituationen schauspielerisch darstellen zu lassen).

**psy·cho·dy'nam·ics** s pl (als sg konstruiert) psych. Psychody'namik f.

**psy·cho'gen·e·sis** s **1.** med. Psychoge'nie f (psychologisch bedingte Krankheit). **2.** psych. Psychoge'nese f.

**psy·cho'gen·ic** adj psycho'gen, seelisch bedingt.

**psy·chog·no·sis** [saɪˈkɒgnəsɪs; Am. ˌsaɪkəɡˈnəʊsəs] s **1.** Psychogno'sie f (Deuten u. Erkennen von Seelischem). **2.** Psycho'gnostik f (Menschenkenntnis auf Grund psychologischer Untersuchungen).

**psy·chog·o·ny** [saɪˈkɒgənɪ; Am. -ˈkɑ-] → **psychogenesis** 2.

**psy·cho·gram** [ˈsaɪkəʊgræm; -kə-] s **1.** Spiritismus: Mitteilung f e-s Geistes. **2.** → **psychograph** 1. **'psy·cho·graph** [-ɡrɑːf; bes. Am. -ɡræf] s **1.** psych. Psycho'gramm n (graphische Darstellung von Fähigkeiten u. Eigenarten e-r Persönlichkeit). **2.** Spiritismus: Psycho'graph m (Gerät zur Aufzeichnung der Mitteilungen von Geistern).

**psy·cho'his·to·ry** s Darstellung u. Deutung e-r historischen Persönlichkeit od. e-s historischen Ereignisses mit den Mitteln der Psychoanalyse.

**psy·cho·ki'ne·sis** s Parapsychologie: Psychoki'nese f.

**psy·cho·lin'guis·tics** s pl (meist als sg konstruiert) ling. Psycholin'guistik f.

**psy·cho·log·ic** [ˌsaɪkəˈlɒdʒɪk; Am. -ˈlɑ-] → **psychological**. **psy·cho'log·i·cal** [-kl] adj (adv ~ly) psycho'logisch: the ~ moment der (psychologisch) richtige Augenblick; ~ terror Psychoterror m; ~ warfare a) psychologische Kriegführung, b) fig. Nervenkrieg m.

**psy·chol·o·gism** [saɪˈkɒlədʒɪzəm; Am. -ˈkɑ-] s Psycholo'gismus m (Überbewertung der Psychologie als Grundwissenschaft).

**psy·chol·o·gist** [saɪˈkɒlədʒɪst; Am. -ˈkɑ-] s Psycho'loge m, Psycho'login f.

**psy·chol·o·gize** [saɪˈkɒlədʒaɪz; Am. -ˈkɑ-] v/t psychologi'sieren, nach psycho'logischen Gesichtspunkten aufschlüsseln.

**psy·chol·o·gy** [saɪˈkɒlədʒɪ; Am. -ˈkɑ-] s **1.** Psycho'logie f (Wissenschaft): that might be good ~ das wäre vielleicht psychologisch richtig. **2.** Psycholo'gie f, Seelenleben n, Mentali'tät f: the ~ of the juvenile.

**psy·chom·e·try** [saɪˈkɒmɪtrɪ; Am. -ˈkɑmə-] s **1.** Parapsychologie: Psychome'trie f. **2.** psych. Psychome'trie f, (zeitliche) Messung geistiger Vorgänge.

**psy·cho'mo·tor** adj physiol. psychomo'torisch.

**'psy·cho·neu'ro·sis** s irr med. psych. Psychoneu'rose f.

**psy·cho·path** [ˈsaɪkəʊpæθ; -kə-] s Psycho'path(in). **psy·cho'path·ic I** adj psycho'pathisch. **II** s Psycho'path(in).

**psy·cho·pa'thol·o·gy** s Psychopatholo'gie f.

**psy·chop·a·thy** [saɪˈkɒpəθɪ; Am. -ˈkɑ-] s Psychopa'thie f: a) seelische Abnormi'tät, b) seelisches Leiden.

**psy·cho'phys·i·cal** adj psycho'physisch, seelisch-leiblich. **psy·cho'phys·ics** s pl (meist als sg konstruiert) psych. Psychophy'sik f.

**'psy·cho·phys·i'ol·o·gy** s Psychophysiolo'gie f.

**psy·cho're·al·ism** s Literatur: psycho'logischer Rea'lismus.

**psy·cho'sex·u·al** adj psychosexu'ell.

**psy·cho·sis** [saɪˈkəʊsɪs] s pl **~cho·ses** [-siːz] s med. psych. Psy'chose f.

**psy·cho·so'mat·ic** adj med. psychoso'matisch. **psy·cho·so'mat·ics** s pl (als sg konstruiert) med. Psychoso'matik f.

**psy·cho'sur·ger·y** s med. **1.** Psychochirur'gie f (Gehirnchirurgie zur Behandlung von Geisteskrankheiten). **2.** engS. Leukoto'mie f.

**'psy·cho·ther·a'peu·tic** adj med. psychothera'peutisch. **'psy·cho·ther·a-'peu·tics** s pl (meist als sg konstruiert) med. Psychothera'peutik f.

**psy·cho'ther·a·pist** s med. Psychothera'peut(in). **psy·cho'ther·a·py** s Psychothera'pie f.

**psy·chot·ic** [saɪˈkɒtɪk; Am. -ˈkɑ-] psych. **I** adj psy'chotisch. **II** s Psy'chotiker(in).

**psy·cho·trop·ic** [ˌsaɪkəʊˈtrɒpɪk; Am. -kəˈtrɑ-] adj med. psycho'trop.

**psy·chrom·e·ter** [saɪˈkrɒmɪtə(r); Am. -ˈkrɑ-] s phys. Psychro'meter n (Luftfeuchtigkeitsmesser).

**psy·chro·phil·ic** [ˌsaɪkrəʊˈfɪlɪk] adj biol. psychro'phil, kälteliebend.

**psy·chro·phyte** [ˈsaɪkrəʊfaɪt] s bot. Psychro'phyt m, kälteliebende Pflanze.

**ptar·mi·gan** [ˈtɑː(r)mɪgən] pl **-gans**, bes. collect. **-gan** s orn. Schneehuhn n.

**PT boat** s mar. Am. Schnellboot n.

**pter·i·dol·o·gy** [ˌterɪˈdɒlədʒɪ; Am. -ˈdɑl-] s bot. Farnkunde f.

**pter·o·dac·tyl** [ˌterəʊˈdæktɪl; ˌterəˈd-] s zo. Ptero'daktylus m, Flugsaurier m.

**pter·o·pod** [ˈterəʊpɒd; Am. ˈterəpɑd] s zo. Flügelschnecke f.

**pter·o·saur** [ˈterəʊsɔː; Am. ˈterəsɔːr] → **pterodactyl**.

**pte·ryg·i·um** [təˈrɪdʒɪəm] s anat. Pte'rygium n, Flügelfell n (am Auge).

**pter·y·goid** [ˈterɪɡɔɪd] **I** adj **1.** flügelförmig. **2.** anat. Flügel... **II** s **3.** anat. a) ~ bone Flügelbein, Keilbein n, b) a. ~ muscle Flügelmuskel m, c) 'Flügelar,terie f.

**ptis·an** [tɪˈzæn; ˈtɪzn] s **1.** Pti'sane f, Gerstenschleim m. **2.** (schwacher) Heiltrank.

**Ptol·e·ma·ic** [ˌtɒlɪˈmeɪɪk; Am. ˌtɑlə-] adj ptole'mäisch.

**pto·maine** [ˈtəʊmeɪn; təʊˈm-] s chem. Ptoma'in n (Leichengift).

**pto·sis** [ˈtəʊsɪs] s med. Ptosis f, Augenlidlähmung f.

**pty·a·lin** [ˈtaɪəlɪn] s biol. chem. Ptya'lin n (Speichelenzym). **'pty·a·lism** s med. Speichelfluß m.

**pub** [pʌb] colloq. **I** s **1.** bes. Br. Pub n, ,Kneipe' f. **2.** Austral. Ho'tel n. **II** v/i **3.** to go ~bing bes. Br. a) in die Kneipe gehen, b) e-n Kneipenbummel machen. **'~-crawl** bes. Br. colloq. **I** s Kneipenbummel m, ,Sauftour' f. **II** v/i e-n Kneipenbummel machen.

**pu·ber·al** [ˈpjuːbərəl], **pu·ber·tal** [ˈpjuːbə(r)tl] adj Pubertäts...

**pu·ber·ty** [ˈpjuːbə(r)tɪ] s Puber'tät f: a) Geschlechtsreife f, b) a. age of ~ Pubertätsalter n. ~ vo·cal change s Stimmbruch m.

**pu·bes** [ˈpjuːbiːz] s anat. a) Pubes f, Schamgegend f, b) Schamhaare pl.

**pu·bes·cence** [pjuːˈbesns] s **1.** Geschlechtsreife f. **2.** bot. zo. feine Behaarung, Flaumhaar n. **pu'bes·cent** adj **1.** pubes'zent, geschlechtsreif (werdend). **2.** pubes'zent. **3.** bot. zo. feinbehaart.

**pu·bic** [ˈpjuːbɪk] adj anat. Scham...: ~ arch Schambogen m; ~ bone Schambein n; ~ hair Schamhaare pl; ~ symphysis Schambeinfuge f.

**pu·bis** [ˈpjuːbɪs] pl **-bes** [-biːz] s anat. Schambein n.

**pub·lic** [ˈpʌblɪk] **I** adj (adv → **publicly**) **1.** öffentlich (stattfindend): ~ meeting; ~ proceedings; ~ protest; ~ notice öffentliche Bekanntmachung, Aufgebot n; ~ sale öffentliche Versteigerung, Auktion f; in the ~ eye im Lichte der Öffentlichkeit. **2.** öffentlich, allgemein bekannt: a ~ character; ~ figure Prominente(r m) f, Persönlichkeit f des öffentlichen Lebens; to make ~ bekanntmachen, publik machen. **3.** a) öffentlich: ~ bath (credit, institution, morals, road, safety, etc) b) Staats..., staatlich: ~ agency (bond, education, loan, official, subsidy, etc); at the ~ expense auf Kosten des Steuerzahlers; c) Volks...: ~ library; → **public health**, d) Gemeinde..., Stadt...: ~ assistance Am. Sozialhilfe f; ~ charge Sozialhilfeempfänger (-in); ~ (limited) company econ. Br. Aktiengesellschaft f; ~ economy Volkswirtschaft(slehre) f; ~ enemy Staatsfeind(in); ~ gallery Zuschauertribüne f (bes. im Parlament); ~ holiday staatlicher Feiertag; ~ information Unterrichtung f der Öffentlichkeit; ~ law a) öffentliches Recht, b) internationales Recht; ~ spirit Gemein-, Bürgersinn m; ~ television nichtkommerzielles Fernsehen; ~ transport a) öffentliches Verkehrswesen, b) öffentliche Verkehrsmittel pl; to go ~ a) sich der Öffentlichkeit wenden, b) econ. Publikumsgesellschaft werden, a. sich in e-e Aktiengesellschaft umwandeln; → **nuisance** 3, **policy¹** 1, **prosecutor**. **4.** ~ disaster. **5.** 'internatio,nal. **6.** (Oxford, Cambridge) der gesamten Universi'tät (u. nicht nur e-s College etc): a ~ lecture. **II** s **7.** Öffentlichkeit f: in ~ in der Öffentlichkeit, öffentlich. **8.** (sg u. pl konstruiert) (die) Öffentlichkeit, (das) Volk, (die) Leute pl, (das) Publikum, (die) Kreise pl, Welt f: to appear before the ~ an die Öffentlichkeit treten; to exclude the ~ jur. die Öffentlichkeit ausschließen. **9.** Staat m, Nati'on f.

**pub·lic ac·count·ant** s econ. Am. Buch-, Wirtschaftsprüfer m: ~ certified public accountant. **~ad'dress sys·tem** s Lautsprecheranlage f.

**pub·li·can** [ˈpʌblɪkən] s **1.** bes. Br.

(Gast)Wirt *m*. **2.** *hist.*, *bes. Bibl.* Zöllner *m*.
**pub·li·ca·tion** [ˌpʌblɪˈkeɪʃn] *s* **1.** Bekanntmachung *f*, -gabe *f*. **2.** Veröffentlichung *f*: a) Her¹ausgabe *f* (*von Druckwerken*), b) Publikati¹on *f*, Verlagswerk *n*, (Druck)Schrift *f*: monthly ~ Monatsschrift; new ~s Neuerscheinungen, neuerschienene Werke; ~ price Ladenpreis *m*.
**pub·lic| con·ven·ience** *s Br.* öffentliche Bedürfnisanstalt. ~ **cor·po·ra·tion** *s jur.* öffentlich-rechtliche Körperschaft. ~ **debt** *s econ. Am.* öffentliche Schuld, Staatsschuld *f*. ~ **de·fend·er** *s jur. Am.* Pflichtverteidiger *m* (*für Unbemittelte*). ~ **do·main** *s jur. Am.* **1.** ¹Staatslände¸reien *pl*. **2.** öffentliches Eigentum: to be in the ~ nicht mehr (*durch Copyright od. Patent*) geschützt sein. ~ **funds** *s pl econ.* **1.** öffentliche Mittel *od.* Gelder *pl*. **2.** *Br.* fun¹dierte Staatsschuld. ~ **health** *s* **1.** Volksgesundheit *f*, öffentliche Gesundheit. **2.** öffentliches Gesundheitswesen. **P~ Health Ser·vice** *s* öffentlicher Gesundheitsdienst. ~ **house** → pub 1.
**pub·li·cist** [ˈpʌblɪsɪst] *s* **1.** Publi¹zist *m*. **2.** *jur.* Völkerrechtler *m*. **3.** ¹Werbea¸gent *m*.
**pub·lic·i·ty** [pʌbˈlɪsətɪ] *s* **1.** Publizi¹tät *f*, Öffentlichkeit *f* (*a. jur. des Verfahrens*): to give s.th. ~ etwas allgemein bekanntmachen, etwas publik machen; to avoid ~ öffentliches Aufsehen vermeiden. **2.** *econ. u. allg.* Re¹klame *f*, Werbung *f*, Pu¹blicity *f*. **3.** Bekanntheit *f*, Berühmtheit *f*: to seek ~ bekannt werden wollen. ~ **a·gen·cy** *s* ¹Werbeagen¸tur *f*. ~ **a·gent** *s* ¹Werbea¸gent *m*. ~ **cam·paign** *s* Werbefeldzug *m*. ~ **de·part·ment** *s econ.* ¹Werbeab¸teilung *f*. ~ **film** *s* Werbefilm *m*. ~ **man** *s irr* Werbefachmann *m*. ~ **man·ag·er** *s* Werbeleiter *m*.
**pub·li·cize** [ˈpʌblɪsaɪz] *v/t* **1.** publi¹zieren, (öffentlich) bekanntmachen. **2.** Re¹klame *od.* Werbung machen für, propa¹gieren.
**pub·lic·ly** [ˈpʌblɪklɪ] *adv* **1.** öffentlich, in der Öffentlichkeit. **2.** von der Öffentlichkeit, vom Volk. **3.** für die Öffentlichkeit, für das Volk.
**pub·lic| own·er·ship** *s econ. Br.* Staatseigentum *n*. ~**-¹pri·vate** *adj econ.* gemischtwirtschaftlich. ~ **re·la·tions I** *s pl* Public Re¹lations *pl*, Öffentlichkeitsarbeit *f*. **II** *adj* Presse..., Werbe..., Public-Relations... ~ **rev·e·nue** *s* Staatseinkünfte *pl*, -einnahmen *pl*. ~ **school** *s* **1.** *Am.* staatliche Schule. **2.** *Br.* Public School *f* (*höhere, reichdotierte Privatschule, meist mit Internat*). ~ **ser·vant** *s* **1.** a) Staatsbeamte(r) *m*, b) Angestellte(r) *m* im öffentlichen Dienst. **2.** *Am.* ¹Einzelper¸son *f od.* Körperschaft *f*, die der Öffentlichkeit Dienste leistet. ~ **ser·vice** *s* **1.** Staatsdienst *m*, öffentlicher Dienst. **2.** öffentliche Versorgung (*Gas, Elektrizität, Wasser etc*). ~**-¹ser·vice cor·po·ra·tion** *Am.* → public utility 1. ~**-¹spir·it·ed** *adj* gemeinsinnig, sozi¹al gesinnt. ~**-¹spir·it·ed·ness** *s* Gemeinsinn *m*. ~ **u·til·i·ty** *s* **1.** *a.* ~ company (*od.* corporation) öffentlicher Versorgungsbetrieb (*Gas-, Wasser-, Elektrizitätswerk etc*), *pl a.* Stadtwerke *pl*. **2.** *pl econ.* Aktien öffentlicher Versorgungsbetriebe. ~ **works** *s pl* öffentliche (Bau)Arbeiten *pl*.
**pub·lish** [ˈpʌblɪʃ] *v/t* **1.** (offizi¹ell) bekanntmachen, -geben, kundtun. **2.** (for¹mell) verkünd(ig)en. **3.** publi¹zieren, veröffentlichen. **4.** *Bücher etc* verlegen, her¹ausbringen: just ~ed (soeben) erschienen; ~ed by Methuen im Verlag *od.* bei Methuen erschienen; ~ed by the author

im Selbstverlag; ~ed quarterly erscheint vierteljährlich. **5.** *jur.* a) *e-e Beleidigung* (vor Dritten) äußern, verbreiten: to ~ an insult, b) *e-e Fälschung* in Verkehr bringen: to ~ a forgery. **II** *v/i* **6.** erscheinen, her¹auskommen (*Buch etc*). ¹**pub·lish·a·ble** *adj* **1.** zu veröffentlichen(d). **2.** zur Veröffentlichung geeignet.
**pub·lish·er** [ˈpʌblɪʃə(r)] *s* **1.** Verleger *m*, Her¹ausgeber *m*. **2.** *pl* Verlag *m*, Verlagsanstalt *f*, -haus *n*. **3.** *bes. Am.* Zeitungsverleger *m*. **4.** *jur.* Verbreiter(in) von Beleidigungen.
**pub·lish·ing** [ˈpʌblɪʃɪŋ] **I** *s* Verlagswesen *n*. **II** *adj* Verlags... ~ **busi·ness** *s* Verlagsgeschäft *n*, -buchhandel *m*. ~ **house** → publisher 2.
**puce** [pjuːs] **I** *adj* braunrot. **II** *s* Braunrot *n*.
**puck** [pʌk] *s* **1.** Kobold *m*. **2.** *fig.* Schelm *m*, Witzbold *m*. **3.** *Eishockey*: Puck *m*, Scheibe *f*. **4.** Andrückrolle *f* (*beim Tonbandgerät*).
**puck·a** → pukka.
**puck·er** [ˈpʌkə(r)] **I** *v/t oft* ~ up **1.** runzeln, fälteln, Runzeln *od.* Falten bilden in (*dat*). **2.** *den Mund, die Lippen* schürzen, spitzen, *a. die Stirn, e-n Stoff* kräuseln, *die Stirn runzeln, die Augen* zs.-kneifen. **II** *v/i* **3.** sich kräuseln, sich zs.-ziehen, sich falten, Falten werfen, Runzeln bilden. **4.** die Stirn runzeln. **III** *s* **5.** Runzel *f*, Falte *f*. **6.** Bausch *m*. **7.** *fig. colloq.* Aufregung *f* (about über *acc*, wegen). ¹**puck·er·y** [-ərɪ] *adj* **1.** runz(e)lig, faltig. **2.** leicht Falten bildend: ~ cloth.
**puck·ish** [ˈpʌkɪʃ] *adj* koboldhaft, mutwillig, boshaft.
**puck·ster** [ˈpʌkstə(r)] *s colloq.* Eishockeyspieler.
**pud**[1] [pʌd] *s* (*Kindersprache*) **1.** (Patsch-)Händchen *n*. **2.** Pfote *f*.
**pud**[2] [pʊd] *s* **1.** *colloq. für* pudding 1, 2. **2.** *vulg.* ¹Schwanz¹ *m* (*Penis*).
**pud·den·ing** [ˈpʊdənɪŋ; ¹pʊdnɪŋ] *s mar.* Tauwulst *m*.
**pud·ding** [ˈpʊdɪŋ] *s* **1.** a) Nachspeise *f*, -tisch *m*, b) Auflauf *m*, Brei *m*, c) Pudding *m* (*im Wasserbad gekochte Mehlspeise*), d) (*Art*) ¹Fleischpa¸stete *f*; ~ proof 10. **2.** (*Art*) Wurst *f*: white ~ (*Art*) Preßsack *m*; black ~ Blutwurst. **3.** *mar.* → puddening. ~ club *s*: to be in the ~ *colloq.* ein Kind ¸kriegen¹. ~ face *s* Vollmondgesicht¹ *n*. ¹**~-faced** *adj* mit e-m ¸Vollmondgesicht¹. ¹**~-head** *s sl.* Dummkopf *m*, ¸Schafskopf¹ *m*. ~ **stone** *s min.* Puddingstein *m*.
**pud·dle** [ˈpʌdl] **I** *s* **1.** Pfütze *f*, Lache *f*. **2.** Lehmstrich *m*, -schlag *m*. **3.** *colloq.* Durchein¹ander *n*, Wirrwarr *m*. **4.** *fig.* Sumpf *m*. **II** *v/t* **5.** mit Pfützen bedecken. **6.** in Matsch verwandeln: a field ~d by cattle. **7.** *Wasser* trüben (*a. fig.*). **8.** *obs. fig.* verwirren. **9.** *Lehm* zu Lehmstrich verarbeiten. **10.** mit Lehm(strich) abdichten. **11.** *metall.* puddeln, im Flammofen frischen: ~(d) steel Puddelstahl *m*. **III** *v/i* **12.** *a.* ~ about (*od.* around) in Pfützen her¹umplanschen *od.* -waten. **13.** *fig.* her¹umpfuschen (at an *dat*). ~ **ball** *s tech.* Luppe *f*. ~ **i·ron** *s tech.* Puddeleisen *n*. ~ **jump·er** *s sl.* **1.** ¸Klapperkasten¹ *m* (*altes Fahrzeug*). **2.** *aer. mil.* Aufklärungsflugzeug *n*. **3.** Motorboot *n* mit Außenbordmotor.
**pud·dler** [ˈpʌdlə(r)] *s metall.* Puddler *m* (*Arbeiter od. Gerät*).
**pud·dling** [ˈpʌdlɪŋ] *s* **1.** *metall.* Puddeln *n*, Puddelverfahren *n*. **2.** *tech.* a) Lehm-, Tonschlag *m*, b) → puddle 2. ~ **fur·nace** *s tech.* Puddelofen *m*.
**pu·den·cy** [ˈpjuːdənsɪ] *s* Verschämtheit *f*.

**pu·den·dal** [pjuːˈdendl] *adj anat.* Scham...: ~ cleft Schamspalte *f*. **pu·¹den·dum** [-dəm] *pl* **-da** [-də] *s* (*meist im pl gebraucht*) *anat.* (*bes. weibliche*) äußere Geschlechtsteile *pl*, (weibliche) Scham, Vulva *f*.
**pu·dent** [ˈpjuːdnt] *adj* verschämt.
**pudge** [pʌdʒ] *s bes. Am. colloq.* ¸Stöpsel¹ *m*, Dickerchen *n*. ¹**pudg·y** *bes. Am. für* podgy.
**pueb·lo** [pʊˈeblɒ; ¹pwe-] *pl* **-los** *s* **1.** Pu¹eblo *m* (*Indianerdorf od. kleiner Ort*). **2.** P~ Pu¹eblo-Indi¸aner(in).
**pu·er·ile** [ˈpjʊəraɪl; *Am. a.* -rəl] *adj* (*adv* ~ly) **1.** pue¹ril, knabenhaft, kindlich. **2.** *contp.* kindisch. ¹**pu·er·il·ism** [-rɪlzəm] *s psych.* Pueri¹lismus *m* (*kindisches Verhalten von Erwachsenen*). ¸**pu·er·¹il·i·ty** [-¹rɪlətɪ] *s* **1.** Puerili¹tät *f*: a) kindliches Wesen, b) kindisches Wesen. **2.** Kinde¹rei *f*.
**pu·er·per·al** [pjuːˈɜːpərəl; *Am.* -¹ɜr-] *adj* Kindbett...: ~ fever (*od.* sepsis) Kindbettfieber *m*; ~ psychosis Kindbettpsychose *f*. ¸**pu·er·¹pe·ri·um** [-ə(r)¹pɪərɪəm] *s med.* Puer¹perium *n*, Wochenbett *n*.
**Puer·to Ri·can** [ˌpwɜːtəʊˈriːkən; *Am.* ¸pɔːrtə¹r-; ¸pɔːr-] **I** *adj* portori¹kanisch. **II** *s* Portori¹kaner(in).
**puff** [pʌf] **I** *s* **1.** a) kurzer Atemzug, ¸Schnaufer¹ *m*, b) ◊tem *m*: out of ~ außer Atem. **2.** leichter Windstoß, Hauch *m*. **3.** Zug *m* (*beim Rauchen*): to have a ~ at e-n Zug machen an (*dat*). **4.** Paffen *n* (*der Pfeife etc*). **5.** leichter Knall. **6.** (Rauch-, Dampf)Wölkchen *n*: ~ of smoke. **7.** Schwellung *f*, Beule *f*. **8.** a) marktschreierische Anpreisung, aufdringliche Re¹klame, b) lobhudelnde Kri¹tik: ~ is part of the trade Klappern gehört zum Handwerk; to give s.o. a ~ j-n ¸hochjubeln¹. **9.** *sl.* ¸Schwule(r)¹ *m*, ¸Homo¹ *m* (*Homosexueller*). **10.** a) leichtes Backwerk, *bes.* Windbeutel *m*, b) *Am.* alkoholisches Mischgetränk. **11.** Puderquaste *f*. **12.** Bausch *m*, Puffe *f* (*an Kleidern*). **13.** Steppdecke *f*. **II** *v/i* **14.** paffen (at an *e-r* Zigarre etc). **15.** Rauch- *od.* Dampfwölkchen ausstoßen. **16.** blasen, pusten. **17.** schnauben, schnaufen, keuchen, pusten: to ~ and blow keuchen u. schnaufen. **18.** (da¹hin- etc)keuchen: the train ~ed out of the station der Zug dampfte aus dem Bahnhof. **19.** *meist* ~ out (*od.* up) blasen, pusten. **21.** *e-e* Zigarre etc paffen. **22.** (auf)blähen, aufblasen: ~ed eyes geschwollene Augen; ~ed sleeve Puffärmel *m*. **23.** *meist* ~ out außer Atem bringen: ~ed außer Atem. **24.** über¹trieben loben. **25.** marktschreierisch anpreisen. **26.** pudern, den Preis (*gen*) künstlich in die Höhe treiben (*auf Auktionen*).
*Verbindungen mit Adverbien:*
**puff| a·way** I *v/t* **1.** wegblasen. **II** *v/i* **2.** drauf¹lospaffen. **3.** abdampfen (*Zug*). ~ **out** I *v/t* **1.** hin¹ausblasen. **2.** *e-e* Kerze etc ausblasen, -pusten. **3.** → puff 22: puffed out with pride *fig.* stolzgeschwellt. **4.** *Worte* (her¹vor)keuchen. **II** *v/i* **5.** hin¹ausdampfen (*Zug*). **6.** → puff 19. ~ **up** I *v/t* **1.** aufblähen, -blasen. **2.** *fig.* ¸aufgeblasen¹ machen: puffed up with pride stolzgeschwellt. **II** *v/i* **3.** in Wölkchen hochsteigen. **4.** hin¹aufkeuchen (*a. Zug*). **5.** → puff 19.
**puff| ad·der** *s zo.* Puffotter *f*. ¹**~-ball** *s bot.* **1.** Bofist *m*. **2.** *colloq.* Federkrone *f* (*des Löwenzahns*). ~ **box** *s* Puderdose *f*.
**puff·er** [ˈpʌfə(r)] *s* **1.** Paffer *m*. **2.** Marktschreier *m*. **3.** Lobhudler *m*. **4.** Preistreiber *m*, Scheinbieter *m* (*bei Auktionen*). ¹**puff·er·y** [-ərɪ] *s* **1.** Lobhude¹lei *f*. **2.** marktschreierische Anpreisung.

**puf·fin** [ˈpʌfɪn] *s orn.* Lund *m.*
**puff·i·ness** [ˈpʌfɪnɪs] *s* **1.** Kurzatmigkeit *f.* **2.** Aufgeblähtheit *f*, Aufgeblasenheit *f* (*a. fig.*). **3.** (Auf)Gedunsenheit *f.* **4.** *fig.* Schwülstigkeit *f.*
**puff·ing** [ˈpʌfɪŋ] *s* **1.** Aufbauschung *f*, Aufblähung *f.* **2.** → **puff** 8 a. **3.** Scheinbieten *n* (*bei Auktionen*), Preistreibeˈrei *f.*
**puff│ paste** *s* Blätterteig *m.* **~ pas·try** *s* Blätterteiggebäck *n.* **ˈ~puff** *s Br.* (*Kindersprache*) **1.** Lokomoˈtive *f.* **2.** Puffpuff *f* (*Zug*). **~ sleeve** *s* Puffärmel *m.*
**puff·y** [ˈpʌfɪ] *adj* (*adv* **puffily**) **1.** böig (*Wind*). **2.** kurzatmig, keuchend. **3.** aufgebläht, (an)geschwollen. **4.** bauschig, gebauscht. **5.** aufgedunsen, dick. **6.** *fig.* schwülstig, bomˈbastisch. **7.** *fig.* aufgeblasen.
**pug¹** [pʌg] *s* **1.** *a.* **~ dog** Mops *m.* **2.** *in Tierfabeln:* a) Fuchs *m*, b) *dial.* Lamm *n*, Hase *m*, Eichhörnchen *n.* **3.** *Br.* kleine Lokomoˈtive.
**pug²** [pʌg] **I** *v/t* **1.** *Lehm etc* mischen u. kneten, schlagen. **2.** mit Lehmschlag *od.* Mörtel *etc* ausfüllen *od.* abdichten (*bes. zur Schalldämpfung*). **3.** mit Wasser knetbar machen. **II** *s* **4.** gekneteter *od.* geschlagener Lehm.
**pug³** [pʌg] *s sl.* Boxer *m.*
**pu·gi·lism** [ˈpjuːdʒɪlɪzəm] *s* Boxen *n*, Faustkampf *m.* **ˈpu·gi·list** *s* (Berufs-) Boxer *m*, Faustkämpfer *m.* **ˌpu·giˈlis·tic** *adj* (*adv* **~ally**) Box..., Boxer..., boxerisch.
**ˈpug·mill** *s tech.* Mischmühle *f.*
**pug·na·cious** [pʌgˈneɪʃəs] *adj* (*adv* **~ly**) **1.** kampflustig, kämpferisch. **2.** streitsüchtig. **pugˈna·cious·ness, pugˈnac·i·ty** [-ˈnæsətɪ] *s* **1.** Kampf(es)lust *f.* **2.** Streitsucht *f.*
**pug│ nose** *s* Stupsnase *f.* **ˈ~nosed** *adj* stupsnasig.
**puis·ne** [ˈpjuːnɪ] **I** *adj jur.* **1.** jünger. **2.** rangjünger, ˈuntergeordnet: **~ judge** → 5. **3.** nachgeordnet. **II** *s* **4.** (*bes.* Rang-) Jüngere(r) *m.* **5.** *jur.* a) *Br.* einfacher Richter am **High Court of Justice**, b) *Am.* beisitzender Richter, Beisitzer *m.*
**pu·is·sance** [ˈpjuːɪsns; ˈpwɪsns] *s* **1.** *poet.* Macht *f*, Gewalt *f.* **2.** *obs.* Kriegsmacht *f*, Heer *n.* **3.** [ˈpwiːsɑ̃ːns] *Springreiten:* Mächtigkeitsspringen *n.* **ˈpu·is·sant** *adj* (*adv* **~ly**) *poet.* mächtig, gewaltig.
**pu·ja** [ˈpuːdʒɑː] *s* **1.** *Hinduismus:* a) Anbetung *f*, b) religiˈöses Fest. **2.** *meist pl Br. Ind.* sl. Gebete *pl.*
**puke** [pjuːk] *sl.* **I** *v/i* **1.** ˈkotzen': **it makes me ~** es ist zum Kotzen. **II** *v/t* **2.** ˈauskotzen'. **III** *s* **3.** ˈKotze' *f.* **4.** *fig.* ˈBrechmittel' *n.*
**puk·ka** [ˈpʌkə] *adj bes. Br. Ind.* **1.** echt, wirklich: **~ sahib** ein wirklicher Herr. **2.** erstklassig, tadellos.
**pul·chri·tude** [ˈpʌlkrɪtjuːd; *Am. a.* ˌ-tuːd] *s poet.* Schönheit *f.* **ˌpul·chriˈtu·di·nous** [-dɪnəs] *adj poet.* (*körperlich*) schön.
**pule** [pjuːl] *v/i* winseln, wimmern. **ˈpul·ing** *adj* **1.** winselnd, jammernd. **2.** wehleidig. **3.** kümmerlich.
**Pu·litz·er prize** [ˈpjuːlɪtsə(r)] *s* Pulitzerpreis *m* (*jährlich verliehener amer. Preis für hervorragende Leistungen in Literatur od. Journalistik*).
**pull** [pʊl] **I** *s* **1.** Ziehen *n*, Zerren *n.* **2.** Zug *m*, Ruck *m*: **to give a strong ~** (at) kräftig ziehen (an *dat*). **3.** *tech.* Zug(kraft *f*) *m.* **4.** Anziehungskraft *f* (*a. fig.*): **her charm has lost its ~** *fig.* ihr Charme zieht (*od.* greift) nicht mehr. **5.** *fig.* Zugkraft *f*, Werbewirksamkeit *f.* **6.** *electr.* Anzugskraft *f* (*e-s Relais*). **7.** Zug *m*, Schluck *m* (at aus). **8.** Zug(griff *m*, -leine *f*) *m*: **bell ~** Glockenzug *m.* **9.** a) ˈRuderˌpartie *f*, Bootsfahrt *f*, b) Ruderschlag *m*:

**to go for a ~** e-e Ruderpartie machen. **10.** *Golf:* Pull *m* (*Schlag, bei dem der Ball an e-m Punkt landet, der in e-r der Schlaghand entgegengesetzten Richtung vom Ziel liegt*). **11.** Zügeln *n*, Verhalten *n* (*e-s Pferdes*). **12.** ermüdende Steigung. **13.** (long ~ große) Anstrengung, ˈSchlauch' *m*, *fig. a.* Durststrecke *f.* **14.** Vorteil *m* (**over, of** vor *dat*, gegenˈüber). **15.** *colloq.* (**with**) (*heimlicher*) Einfluß (auf *acc*), Beziehungen *pl* (zu): **he has some ~ with the Almighty** er hat e-n Draht zum lieben Gott. **16.** *print.* Fahne *f*, erster Abzug, Probeabzug *m.* **II** *v/t* **17.** ziehen. **18.** zerren (an *dat*), zupfen (an *dat*): **to ~ s.o.'s ears, to ~ s.o. by the ears** j-n an den Ohren ziehen; **to ~ a muscle** sich e-e Muskelzerrung zuziehen; *siehe a. die Verbindungen mit den entsprechenden Substantiven, z. B.* **face** 2, **leg** *Bes. Redew.* **19.** reißen: **to ~ apart** a) auseinanderreißen, b) auseinandernehmen, c) *fig.* ˈverreißen'; → **piece** 2. **20.** *a.* **~ out** *e-e Pflanze* ausreißen. **21.** *a.* **~ out** *e-n Zahn* ziehen. **22.** *Blumen, Äpfel etc* pflücken. **23.** *Flachs* raufen, zupfen. **24.** a) *e-e Gans etc* rupfen, b) *Leder* enthaaren. **25.** *a.* **~ out** *e-e Bonbonmasse etc* (aus)ziehen. **26.** *Unterstützung, Kundschaft* gewinnen, sich sichern. **27.** *Golf:* *den Ball* pullen (→ 10). **28.** a) *das Pferd* zügeln, b) *ein Rennpferd* ˈpullen', verhalten. **29. to ~ one's punches** (*Boxen*) verhalten schlagen, *fig.* sich zurückhalten; **not to ~ one's punches** *fig.* vom Leder ziehen, kein Blatt vor den Mund nehmen. **30.** *mar.* rudern: **to ~ a boat; to ~ a good oar** gut rudern; → **weight** 3. **31.** Riemen haben: **the boat ~s 4 oars** das Boot führt 4 Riemen. **32.** *print.* Fahnen abziehen. **33.** *Am. sl.* *das Messer etc* ziehen: **to ~ a pistol on s.o.** j-n mit der Pistole bedrohen. **34.** *sl. etwas* ˈdrehen', ausführen: → **fast¹** 1, **job¹** 6. **35.** *sl. etwas* tun, hinter sich bringen, *Wache* ˈschieben'. **36.** *sl. ~-n Rang etc* betonen, ˈraushängen' (**on s.o.** j-m gegenˈüber). **37.** *a.* **~ in** *Zuschauer etc* ˈanziehen', anlocken. **38.** *Am. sl.* a) *e-n Streik* ausrufen, b) *e-n Betrieb* zum Streik aufrufen: **to ~ a plant. 39.** *sl.* a) → **pull in** 4, b) *e-e Razzia* machen in (*dat*), *e-e Spielhölle etc* ausheben.
**III** *v/i* **40.** ziehen (**at an** *dat*). **41.** zerren, reißen (**at an** *dat*). **42.** *am* Zügel reißen (*Pferd*). **43.** ziehen, saugen (**at an** *der Pfeife etc*). **44.** e-n Zug machen, trinken (**at** aus). **45.** sich vorwärtsbewegen *od.* -arbeiten, sich schieben: **to ~ up the hill; to ~ into the station** *rail.* (in den Bahnhof) einfahren; **to ~ to the kerb** (*bes. Am.* **curb**) an den Bordstein heranfahren. **46.** *Golf:* pullen *od.* einen Pull schlagen *od.* spielen (→ 10). **47.** *sl.* ˈziehen', Zugkraft haben (*Reklame etc*):

*Verbindungen mit Adverbien:*

**pull│ a·bout** *v/t* herˈumzerren. **~ a·head** *v/i* vorˈbeiziehen (**of** an *dat*) (*Auto etc*) (*a.*). **~ a·round** → **pull about. ~ a·side** *v/t* zur Seite schieben: **the cloak of secrecy was pulled aside** *fig.* der Schleier des Geheimnisses wurde gelüftet. **~ a·way** **I** *v/t* **1.** wegziehen, wegreißen. **II** *v/i* **2.** anfahren (*Bus etc*). **3.** sich losreißen (**from** von). **4.** sich absetzen (**from** von), sich frei machen. **~ back I** *v/t* **1.** zuˈrückziehen (*a. mil.*). **2.** *fig.* hemmen, aufhalten. **3.** *sport* ein Tor *etc* aufholen. **II** *v/i* **4.** *bes. mil.* sich zuˈrückziehen, *fig.* a. e-n Rückzieher machen: **to ~ from an offer** ein Angebot zurückziehen. **5.** *fig.* sich einschränken, kürzertreten. **~ down** *v/t* **1.** herˈunterziehen, -reißen: **to pull one's hat down over one's eyes** sich den Hut über die

Augen ziehen. **2.** *Gebäude etc* ab-, niederreißen. **3.** *fig.* a) ˈverreißen', b) herˈabsetzen. **4.** (*meist im pp*) a) schwächen, b) entmutigen. **5.** *Preise etc* drücken. **6.** *Am. sl. e-n Lohn etc* ˈkasˈsieren', beziehen. **~ in I** *v/t* **1.** herˈeinziehen. **2.** *colloq.:* **to pull o.s. in** den Bauch einziehen; → **horn** 2. **3.** *das Pferd* zügeln, paˈrieren. **4.** *bes. Br. sl.* j-n ˈhochnehmen', verhaften. **5.** *sl.* → **pull down** 6. **II** *v/i* **6.** anhalten, stehenbleiben. **7.** (**at**) ankommen (in *dat*, an *dat*), *bes.* einfahren (*Zug*) (in *acc*). **~ off I** *v/t* **1.** wegziehen, wegreißen. **2.** *den Hut* abnehmen (**to** vor *dat*), *die Schuhe etc* ausziehen: **to ~ one's clothes** sich die Kleider vom Leib reißen. **3.** *e-n Preis* gewinnen, *e-n Sieg* daˈvontragen. **4.** *colloq.* zuˈwege bringen, ˈschaffen', ˈschaukeln'. **5. to pull o.s. off** *vulg.* ˈwichsen', ˈsich e-n runterholen' (*masturbieren*). **II** *v/i* **6.** sich in Bewegung setzen, abfahren. **7.** abstoßen (*Boot*). **~ on** *v/t* ein Kleid etc an-, ˈüberziehen. **~ out I** *v/t* **1.** a) herˈausziehen, *Buchseite etc a.* herˈaustrennen: → **chestnut** 1, **fire** 1, b) *Tisch etc* ausziehen. **2.** *aer. das Flugzeug* hochziehen, *aus dem Sturzflug* abfangen. **3.** dehnen. **4.** *fig.* in die Länge ziehen. **5.** *mil.* Truppen abziehen. **II** *v/i* **6.** abfahren (*Zug etc*): **to ~ of the station** den Bahnhof verlassen. **7.** ausscheren (*Fahrzeug*). **8.** *mil.* abziehen. **9.** *fig.* sich zuˈrückziehen, (*a. sport*) ˈaussteigen' (of aus). **~ o·ver** *v/t u. v/i* (s-n Wagen) an die *od.* zur Seite fahren. **~ round I** *v/t* **1.** herˈumdrehen. **2.** a) j-n wieder zu sich bringen, b) j-n wieder auf die Beine bringen (*Kognak etc*), c) *e-n Kranken* wieder ˈhinkriegen', ˈdurchbringen. **II** *v/i* **3.** a) wieder zu sich kommen, b) wieder auf die Beine kommen, c) ˈdurchkommen. **~ through I** *v/t* **1.** ˈdurchziehen. **2.** *Gewehrlauf etc* reinigen. **3.** *e-n Kranken* wieder ˈhinkriegen', (*a. e-e Firma, e-n Prüfling etc*) ˈdurchbringen. **4.** *etwas* erfolgreich ˈdurchführen. **II** *v/i* **5.** ˈdurchkommen, (*a. Firma etc*) wieder auf die Beine kommen, sich erholen. **~ to·geth·er I** *v/t* **1.** pull o.s. **together** sich zs.-reißen, -nehmen. **2.** *Partei etc* zuˈsammenschweißen. **II** *v/i* **3.** (gut) zs.-arbeiten, harmoˈnieren, an ˈeinem Strang ziehen. **~ un·der** *v/t Schwimmer* unter Wasser *od.* nach unten ziehen. **~ up I** *v/t* **1.** (her)ˈauf-, hochziehen, *mar. Flagge* hissen. **2.** *das Flugzeug* hochziehen. **3.** ausreißen. **4.** *das Pferd, Fahrzeug* anhalten. **5.** zuˈrückhalten, *j-m* Einhalt gebieten. **6.** *j-n* zur Rede stellen, zuˈrechtweisen (**about, over** wegen). **II** *v/i* **7.** (an)halten. **8.** *fig.* bremsen. **9.** *sport* sich noch vorn schieben: **to ~ on s.o.** j-m gegenˈüber Boden gutmachen; **to ~ with** (*od.* to) s.o. j-n einholen. **10.** *aer.* abheben. **11.** *electr.* ansprechen (*Magnet*), anziehen (*Relais*).
**ˈpull│back** *s* **1.** Hemmnis *n.* **2.** *bes. mil.* Rückzug *m.* **3.** *Am.* Reaktioˈnär *m.* **4.** *tech.* Rücksteller *m*: **~ spring** Rückholfeder *f.* **~ box** *s electr.* Anschlußkasten *m.* **~cord** *s* Zugleine *f*, -schnur *f.* **~ date** *s* Haltbarkeitsdatum *n* (*auf Lebensmittelpackungen*).
**pulled│ bread** [pʊld] *s* gebähte Brotbrocken *pl.* **~ chick·en** *s* Hühnerfleisch *n* in weißer Soße. **~ figs** *s pl* getrocknete Tafelfeigen *pl.*
**pull·er** [ˈpʊlə(r)] *s* **1.** *tech.* Ausziehvorrichtung *f*, (Korken- etc)Zieher *m*: **~ airscrew** *aer.* Zugschraube *f*; **~ screw** *tech.* Abziehschraube *f.* **2.** Puller *m* (*Pferd, das am Zaum nach vorn reißt*). **3.** *econ. sl.* Zugpferd *n*, ˈSchlager' *m.* **ˈ~·in** *s Am. colloq.* Anreißer(in), Kundenfänger(in).
**pul·let** [ˈpʊlɪt] *s* Hühnchen *n.*

**pul·ley** ['pʊlɪ] *tech.* **I** *s* **1.** Rolle *f (bes. e-s Flaschenzugs)*: rope ~ Seilrolle; → **block** 11. **2.** Flasche *f (Verbindung mehrerer Rollen)*. **3.** Flaschenzug *m.* **4.** *mar.* Talje *f.* **5.** (Transmissi'ons)Scheibe *f*: **belt** ~ Riemenscheibe. **II** *v/t* **6.** mittels Flaschenzug *od.* Rollen bewegen. ~ **block** *s tech.* (Roll)Kloben *m.* ~**chain** *s tech.* Flaschenzugkette *f.* ~ **drive** *s tech.* Riemenscheibenantrieb *m.*

'**pull-,fas·ten·er** *s* Reißverschluß *m.*

'**pull-in** *s* **1.** *Br.* Rasthaus *n (bes. für Fernfahrer)*. **2.** → drive-in 2.

**Pull·man (car), p~** ['pʊlmən] *pl* -**mans** *s rail.* Pullmanwagen *m (Salonu. Schlafwagen)*.

'**pull|-off I** *s* **1.** *aer.* Lösen *n* des Fallschirms *(beim Absprung)*. **2.** *(leichter etc)* Abzug *(bei Schußwaffen)*. **II** *adj* **3.** *tech.* Abzieh...: ~ **spring.** '~**on I** *adj* Überzieh... **II** *s* Kleidungsstück *n (ohne Knöpfe etc)* zum 'Überziehen. '~**out I** *s* **1.** a) Faltblatt *n (e-s Buches etc)*, b) her'austrennbare Seite. **2.** *aer.* Hochziehen *n (aus dem Sturzflug)*. **3.** *mil.* (Truppen)Abzug *m.* **II** *adj* **4.** ausziehbar: ~ **seat** Schiebesitz *m.* **5.** a) Falt...: ~ **map,** b) her'austrennbar. '~,**o·ver I** *s* Pull'over *m.* **II** *adj* Überzieh... ~**sta·tion** *s* Feuermelder *m.* ~ **strap** *s* (Zug)Schlaufe *f,* (Stiefel)Strippe *f.* ~**switch** *s electr.* Zugschalter *m.* '~-**-through** *s tech.* Reinigungskette *f (für Schußwaffen)*.

**pul·lu·late** ['pʌljʊleɪt] *v/i* **1.** (her'vor-) sprossen, knospen. **2.** Knospen treiben. **3.** keimen *(Samen)*. **4.** *biol.* sich rasch vermehren. **5.** *fig.* wuchern, sich rasch ausbreiten, gras'sieren. **6.** *fig.* wimmeln (**with** von *dat*). ,**pul·lu·la·tion** *s* **1.** Sprossen *n,* Knospen *n.* **2.** Keimen *n.* **3.** *biol.* rasche Vermehrung. **4.** *fig.* Wucherung *f.*

'**pull-up** *s* **1.** *Br.* → pull-in 1. **2.** *sport* Klimmzug *m*: to do a ~ e-n Klimmzug machen. **3.** *aer.* (kurzes) Hochziehen *(des Flugzeugs)*. [hen u. zerren.]

'**pul·ly-haul** ['pʊlɪ-] *v/i Br. colloq.* zie-]

**pul·mo·bran·chi·a** [,pʌlməʊ'bræŋkɪə] *pl* -**chi·ae** [-kiː] *s zo.* Tra'cheen-, Fächerlunge *f.*

**pul·mo·nar·y** ['pʌlmənərɪ; *Am.* -,neri:; *a.* 'pʊl-] *adj* Lungen...: ~ **disease** *od.* **artery** *anat.* Lungenschlagader *f;* ~ **circulation** *physiol.* Lungenkreislauf *m,* kleiner Blutkreislauf; ~ **infarct(ion)** *med.* Lungeninfarkt *m.*

**pul·mo·nate** ['pʌlmənət; -neɪt] *zo.* **I** *adj* Lungen..., mit Lungen (ausgestattet): ~ **mollusc** → **II.** **II** *s* Lungenschnecke *f.*

**pul·mon·ic** [pʌl'mɒnɪk; *Am.* -'mɑn-; pʊl'm-] *adj* Lungen...

**pulp** [pʌlp] **I** *s* **1.** Fruchtfleisch *n*: orange ~. **2.** *bot.* Stengelmark *n.* **3.** weicher *od.* fleischiger Teil. **4.** *a.* **dental** ~ *anat.* (Zahn)Pulpa *f.* **5.** Brei *m,* breiige Masse: to reduce (*od.* crush) to (a) ~ a) → 10, b) *fig. a.* to beat to a ~ zu Brei schlagen; to be reduced to a ~ *fig.* ,völlig am Boden zerstört sein'. **6.** *Papierherstellung*: a) Pulpe *f,* Pa'pierbrei *m, bes.* Ganzzeug *n,* b) Zellstoff *m*: ~ **factory** Holzschleiferei *f.* **7.** *Bergbau*: a) Schlich *n,* Wascherz *n,* b) Scheide-, Guterz *n (trokken aufbereitetes, zerkleinertes Erz)*. **8.** Maische *f,* Schnitzel *pl (Zucker)*. **9.** *bes. Am. colloq.* a) *a.* ~ **magazine** billige Zeitschrift *f,* Schundblatt *n* b) Schund *m.* **II** *v/t* **10.** in Brei verwandeln. **11.** *Druckerzeugnisse* einstampfen. **12.** *Früchte* entfleischen. **III** *v/i* **13.** breiig werden. ~ **board** *s* Zellstoffpappe *f.* ~ **cav·i·ty** *anat.* Pulpahöhle *f.* ~ **en·gine** *s* Papierherstellung: (Ganzzeug)Holländer *m.*

'**pulp·er** *s* **1.** → pulp engine. **2.** *agr.* (Rüben)Breimühle *f.*

**pulp·i·ness** ['pʌlpɪnɪs] *s* **1.** Weichheit *f* u. Saftigkeit *f.* **2.** Fleischigkeit *f.* **3.** Schwammigkeit *f.* **4.** Matschigkeit *f.*

**pul·pit** ['pʊlpɪt] *s* **1.** Kanzel *f*: in the ~ auf der Kanzel; ~ **orator** Kanzelredner *m.* **2.** the ~ *collect.* a) die Unter'weisung in der Schrift, b) die Geistlichkeit. **3.** *fig.* Kanzel *f,* Plattform *f.* **4.** *tech.* Bedienungsstand *m.* ,**pul·pit'eer** [-'tɪə(r)] *oft contp.* **I** *s* Prediger *m.* **II** *v/i* predigen.

**pulp·ous** ['pʌlpəs] → pulpy.

'**pulp·wood** *s* Pa'pier-, Faserholz *n.*

**pulp·y** ['pʌlpɪ] *adj (adv* pulpily*)* **1.** weich u. saftig. **2.** fleischig. **3.** schwammig, quallig. **4.** breiig, matschig.

**pul·que** ['pʊlkɪ; -keɪ] *s* Pulque *m (gegorener Agavensaft; berauschendes mexikanisches Getränk)*.

**pul·sar** ['pʌlsə; *bes. Am.* -sɑː(r)] *s astr.* Pul'sar *m (Quelle kosmischer Strahlungen)*.

**pul·sate** [pʌl'seɪt; *bes. Am.* 'pʌlseɪt] *v/i* **1.** pul'sieren *(a. electr.)*, (rhythmisch) pochen *od.* schlagen. **2.** vi'brieren. **3.** *fig.* pul'sieren.

**pul·sa·tile** ['pʌlsətaɪl; *Am. a.* -təl] *adj* **1.** pul'sierend. **2.** *mus.* Schlag...

**pul·sat·ing** [pʌl'seɪtɪŋ; *bes. Am.* 'pʌlseɪt-] *adj* **1.** pul'sierend *(a. electr.* Strom *etc)*, stoßweise: ~ **current;** ~ **load** *electr.* stoßweise Belastung. **2.** *fig.* pul'sierend: ~ **rhythm** beschwingter Rhythmus; ~ **tunes** beschwingte Weisen. **3.** *fig.* aufregend, spannend.

**pul·sa·tion** [pʌl'seɪʃn] *s* **1.** Pul'sieren *n (a. electr. u. fig.)*, Pochen *n,* Schlagen *n.* **2.** Pulsschlag *m (a. fig.)*. **3.** Vi'brieren *n.*

**pul·sa·to·ry** [pʌl'sətərɪ; *Am.* -,təʊri:; -,tɔː-] → pulsating.

**pulse¹** [pʌls] **I** *s* **1.** Puls(schlag) *m (a. fig.)*: rapid ~, quick ~ schneller Puls; ~ **rate** *med.* Pulszahl *f*; to feel (*od.* take) s.o.'s ~ j-m den Puls fühlen *(a. fig. j-s Gesinnung, Meinung zu ergründen suchen)*; to keep one's finger on the ~ of *fig.* die Hand am Puls (*gen*) haben. **2.** Pul'sieren *n (a. fig.)*. **3.** *electr. phys.* Im'puls *m,* (Strom)Stoß *m*: ~ **generator** Impulsgenerator *m,* -geber *m*; ~**modulated** impulsmoduliert; ~ **shaping circuit** Impulsformerschaltung *f*; ~ **train** Impulsserie *f.* **4.** *fig.* Vitali'tät *f,* Schwung *m.* **II** *v/i* **5.** → pulsate. **III** *v/t* **6.** *electr.* im'pulsweise (aus)strahlen *od.* senden.

**pulse²** [pʌls] *s* Hülsenfrüchte *pl.*

'**pulse-jet en·gine** *s aer.* intermit'tierendes Luftstrahltriebwerk, IL-Triebwerk *n.* ~ **ra·dar** *s electr.* Pulsradar *n.*

**pul·sim·e·ter** [pʌl'sɪmɪtə(r)] *s med.* Pulsmesser *m.*

**pul·som·e·ter** [pʌl'sɒmɪtə(r); *Am.* -'sɑm-] *s* **1.** → pulsimeter. **2.** Pulso'meter *n (kolbenlose Dampfdruckpumpe)*.

**pul·ver·a·ble** ['pʌlvərəbl] → pulverizable.

**pul·ver·iz·a·ble** ['pʌlvəraɪzəbl] *adj* **1.** pulveri'sierbar. **2.** zerstäubbar. ,**pulver·i'za·tion** [-aɪz-; *Am.* -ə'z-] *s* **1.** Pulveri'sierung *f,* (Feinst)Mahlung *f.* **2.** Zerstäubung *f (von Flüssigkeiten)*. **3.** *fig.* Zermalmung *f.*

**pul·ver·ize** ['pʌlvəraɪz] **I** *v/t* **1.** pulveri'sieren, *(zu Staub)* zermahlen, -stoßen, -reiben. **2.** *Flüssigkeit* zerstäuben. **3.** *mil.* zermalmen, aufreiben, *sport Gegner, a. Argumente* ausein'andernehmen, *Redner, Einwände etc* niedermachen. **II** *v/i* **4.** (in Staub) zerfallen, zu Staub werden. '**pul·ver·iz·er** *s* **1.** Zerkleinerer *m,* Pulveri'siermühle *f,* Mahlanlage *f.* **2.** *agr.* Krümelegge *f.* **3.** Zerstäuber *m.*

**pul·ver·u·lent** [pʌl'verʊlənt] *adj* **1.** (fein)pulverig. **2.** (leicht) zerbröckelnd. **3.** staubig.

**pu·ma** ['pjuːmə; *Am. a.* 'puːmə] *s* **1.** *zo.* Puma *m.* **2.** Pumafell *n.*

**pum·ice** ['pʌmɪs] **I** *s a.* ~ **stone** Bimsstein *m.* **II** *v/t* mit Bimsstein abreiben *od.* glätten, (ab)bimsen.

**pum·mel** → pommel.

**pump¹** [pʌmp] **I** *s* **1.** Pumpe *f*: (dispensing) ~ *mot.* Zapfsäule *f.* **2.** Pumpen (-stoß *m*) *n.* **3.** *colloq.* ,Pumpe' *f (Herz)*. **4.** *fig.* Ausfrager(in), ,Ausholer(in)'. **II** *v/t* **5.** pumpen: to ~ dry aus-, leerpumpen; to ~ out auspumpen *(a. fig. erschöpfen)*; to ~ up a) hochpumpen, b) *e-n Reifen etc* aufpumpen; to ~ **money** into *econ.* Geld in *etwas* hineinpumpen; to ~ **bullets** into s.o. j-n ,mit Blei vollpumpen'; ~**ed storage station** Pumpspeicherwerk *n.* **6.** a) *j-n* ,ausholen', ausfragen, b) *Informationen* her'ausholen (**out** of aus). **7.** → pump-handle 8. betätigen, *bes. Pedale* treten. **III** *v/i* **9.** pumpen *(a. fig. Herz etc)*. **10.** (for) krampfhaft suchen *od.* forschen (nach), *(bes. Informationen)* zu erhalten suchen.

**pump²** [pʌmp] *s* **1.** Pumps *m (leichter Halbschuh)*. **2.** *Br.* Turnschuh *m.*

**pump at·tend·ant** *s* Tankwart *m.*

**pum·per·nick·el** ['pʊmpə(r)nɪkl; 'pʌm-] *s* Pumpernickel *m.*

**pump|gun** *s (Jagd)Gewehr* mit halbautomatischem Nachladeschloß. ~ **han·dle** *s* **1.** Pumpenschwengel *m.* **2.** *colloq.* ,überschwenglicher Händedruck'. '~,**handle** *v/t colloq.* j-s Hand 'überschwenglich schütteln.

**pump·kin** ['pʌmpkɪn; *Am. a.* 'pʌŋkən] *s* **1.** *bot.* (bes. Garten)Kürbis *m.* **2.** *colloq.* Tolpatsch *m.* **3.** *meist* some ~s *Am. colloq.* ,(ein) großes Tier'.

**pump|prim·ing** *s econ.* Ankurbelung *f* der Wirtschaft. ~ **rod** *s tech.* Pumpenstange *f.* ~ **room** *s* **1.** Pumpenhaus *n.* **2.** Trinkhalle *f (in Kurbädern)*. ~ **stor·age sta·tion** *s tech.* Pumpspeicherwerk *n.*

**pun¹** [pʌn] **I** *s* Wortspiel *n* (**on** über *acc,* mit). **II** *v/i* Wortspiele *od.* ein Wortspiel machen (**on** über *acc*), witzeln.

**pun²** [pʌn] *v/t Br.* fest/stampfen.

**punch¹** [pʌntʃ] **I** *s* **1.** (Faust)Schlag *m*: verbal ~es *fig.* Seitenhiebe; with one ~ mit 'einem Schlag *(a. fig.)*; → pull 29. **2.** Schlag(kraft *f*) *m*: → pack 28. **3.** *fig.* Schlagkraft *f,* Wucht *f,* Schwung *m,* Schmiß *m.* **4.** → punch line. **II** *v/t* **5.** (mit der Faust) schlagen, boxen, *e-n* Schlag versetzen *(dat)*: he's got a face I'd like to ~ er hat ein (richtiges) Ohrfeigengesicht. **6.** (ein)hämmern auf *(acc)*: to ~ the typewriter. **7.** *Am. Rinder* treiben.

**punch²** [pʌntʃ] *tech.* **I** *s* **1.** Stanzwerkzeug *n,* -stempel *m,* Lochstanze *f,* -eisen *n,* 'Durchschlag *m.* **2.** Lochzange *f.* **3.** (Pa'pier)Locher *m.* **4.** Prägestempel *m.* **5.** Pa'trize *f.* **6.** Lochung *f,* Stanzung *f.* **II** *v/t* **7.** a) durch'schlagen, lochen, b) *Zahlen, Buchstaben* punzen, stempeln, prägen, einschlagen, c) *a.* ~ **out** aus-, lochstanzen, d) (an)körnen. **8.** *e-e (Fahr* etc)Karte lochen, knipsen, zwicken. **9.** *auf Lochkarten* aufnehmen: to ~ **data;** ~**ed card** Lochkarte *f*; ~**ed-card accounting department** Lochkartenabteilung *f*; ~**ed tape** Lochstreifen *m.* **10.** *die Kontroluhr* stechen: to ~ **the time clock. 11.** *e-n Nagel, Stift* treiben: to ~ **in** (*od.* **down**) eintreiben. **12.** durch'bohren. **13.** ~ **up** *Geldbetrag* eintippen.

**punch³** [pʌntʃ] *s (Art)* Punsch *m (Getränk)*.

**Punch⁴** [pʌntʃ] *s* Punch *m,* Kasperle *n, m,* Hans'wurst *m*: ~**-and--Judy show** Kasperletheater *n*; ~ please 1.

**punch⁵** [pʌntʃ] *s Br.* **1.** kurzbeiniges,

schweres Zugpferd. **2.** *dial.* ‚Stöpsel' *m* (*kleiner, dicker Mensch*).

**'punch|·ball** *s Boxen:* Punchingball *m*, (Mais)Birne *f.* **'~board** *s* (*Art*) Lotte-'riebrett *n.* **~ bowl** *s* **1.** Punschbowle *f.* **2.** *geogr.* Schüssel *f.* **~ card** *s Am.* Lochkarte *f.* ‚~'**drunk** *adj* **1.** (von vielen Boxschlägen) blöde (geworden). **2.** *fig.* verwirrt, durchein'ander.

**pun·cheon**[1] ['pʌntʃən] *s* **1.** (Holz-, Stütz)Pfosten *m.* **2.** *tech.* → **punch**[2] **1.**

**pun·cheon**[2] ['pʌntʃən] *s hist.* Puncheon *n* (*großes Faß, 324–540 l enthaltend*).

**punch·er** ['pʌntʃə(r)] *s* **1.** Schläger *m*, (*Boxen a.*) Puncher *m.* **2.** *tech.* Locheisen *n*, Locher *m.* **3.** *Am. colloq.* Cowboy *m.*

**'punch·ing| bag** *Am. für* **punching ball.** **~ ball** *s Boxen:* Punchingball *m*, (Mais)Birne *f.* **~ die** *s tech.* 'Stanzma‚trize *f.* **~ pow·er** *s Boxen:* Schlagkraft *f.* **~ press** → **punch press.**

**punch|·la·dle** *s* Punschlöffel *m.* **~ line** *s* 'Knallef‚fekt *m*, Pointe *f.* **~ pli·ers** *s pl* Lochzange *f.* **~ press** *s tech.* Loch-, Stanzpresse *f.* ‚**~·up** *s Br. colloq.* Schläge'rei *f*, Raufe'rei *f.*

**punch·y**[1] ['pʌntʃɪ] → **podgy**.

**punch·y**[2] ['pʌntʃɪ] *adj colloq.* **1.** *fig.* flott, schwungvoll. **2.** → **punch-drunk.**

**punc·tate** ['pʌŋkteɪt], **'punc·tat·ed** [-tɪd] *adj* **1.** punk'tiert (*a. bot. zo.*). **2.** punktförmig. **3.** *med.* durch Pünktchen *od.* Tüpfelchen gekennzeichnet.

**punc·ta·tion** [pʌŋk'teɪʃn] *s* **1.** Punk'tierung *f.* **2.** Tüpfelung *f.* **3.** Punkt *m*, Tüpfel *m*, *n.* **4.** *jur.* Punktati'on *f* (*nichtbindende Vereinbarung*).

**punc·til·i·o** [pʌŋk'tɪlɪəʊ] *pl* **-i·os** *s* **1.** kleine Förmlichkeit, Punkt *m* (*der Etikette*), Feinheit *f* (*des Benehmens etc*). **2.** heikler Punkt. **3.** Förmlichkeit *f*, pe-'dantische Genauigkeit: **~ of hono(u)r** Ehrenpunkt *m.* **punc'til·i·ous** *adj* (*adv ~ly*) **1.** peinlich genau, pe'dantisch. **2.** spitzfindig. **3.** (über'trieben) förmlich. **punc'til·i·ous·ness** → **punctilio 3.**

**punc·tu·al** ['pʌŋktjʊəl; *Am.* -tʃəwəl] *adj* (*adv ~ly*) **1.** pünktlich: **~ payment;** **~ to the minute** auf die Minute pünktlich; **to be ~ in doing s.th.** etwas pünktlich tun. **2.** *math.* punktförmig, Punkt...: **~ coordinate** Punktkoordinate *f.* ‚**punc·tu-'al·i·ty** [-'ælətɪ] *s* Pünktlichkeit *f.*

**punc·tu·ate** ['pʌŋktjʊeɪt; -tʃʊ-; *Am.* -tʃə‚weɪt] **I** *v/t* **1.** interpunk'tieren, Satzzeichen setzen in (*acc*). **2.** *fig.* (with) unter'brechen (durch, mit), durch'setzen (mit). **3.** unter'streichen, betonen. **II** *v/i* **4.** Satzzeichen setzen. ‚**punc·tu'a·tion** *s* **1.** Interpunkti'on *f*, Zeichensetzung *f*: **close ~** strikte Zeichensetzung; **open ~** weniger strikte Zeichensetzung; **~ mark** Satzzeichen *n.* **2.** Vo'kal- u. Zeichensetzung *f* (*im Hebräischen*). **3.** *fig.* Unter-'brechung *f*, Durch'setzung *f.* **4.** Her'vorhebung *f*, Unter'streichung *f.* **'punc·tu·a·tive** [-eɪtɪv] *adj* Interpunktions...

**punc·ture** ['pʌŋktʃə(r)] **I** *v/t* **1.** durch-'stechen, -'bohren. **2.** *mot.* ein Loch bekommen in (*dat od. acc*): **he ~d the new tire** (*bes. Br.* **tyre**). **3.** *electr.* e-e Isolation 'durchschlagen. **4.** *med.* punk'tieren. **II** *v/i* **5.** ein Loch bekommen, platzen (*Reifen*). **6.** *electr.* 'durchschlagen. **III** *s* **7.** (Ein)Stich *m*, (kleines) Loch. **8.** Reifenpanne *f*: **~ outfit** Flickzeug *n.* **9.** *electr.* 'Durchschlag *m.* **10.** *med.* Punkti'on *f*, Punk'tur *f.* **~ nee·dle** *s med.* Punkti'onsnadel *f.* ‚**~·proof** *adj* **1.** nagel-, pannensicher (*Reifen*). **2.** *electr.* 'durchschlagsicher. **~ strength** *s electr.* 'Durchschlagfestigkeit *f.*

**pun·dit** ['pʌndɪt] *s* **1.** Pandit *m* (*brahmanischer Gelehrter*). **2.** *bes. humor.* a) ‚gelehrtes Haus', Gelehrte(r) *m*, b) weiser

Mann, großer Ex'perte. **'pun·dit·ry** [-rɪ] *s* (brah'manische) Gelehrsamkeit.

**pung** [pʌŋ] *s Am.* Kastenschlitten *m.*

**pun·gen·cy** ['pʌndʒənsɪ] *s* Schärfe *f* (*a. fig.*). **'pun·gent** *adj* (*adv ~ly*) **1.** scharf (*im Geschmack*). **2.** stechend, beißend, ätzend (*Geruch etc*). **3.** *fig.* beißend, sar'kastisch, scharf. **4.** *fig.* a) stechend (*Schmerz*), b) bitter (*Reue etc*). **5.** *fig.* prickelnd, pi'kant. **6.** *bes. bot.* stach(e)lig, spitzig.

**Pu·nic** ['pju:nɪk] *adj* **1.** punisch. **2.** *fig.* verräterisch, treulos: **~ faith** punische Treue, Treulosigkeit *f.*

**pu·ni·ness** ['pju:nɪnɪs] *s* **1.** Schwächlichkeit *f.* **2.** Kleinheit *f.* **3.** Armseligkeit *f.*

**pun·ish** ['pʌnɪʃ] *v/t* **1.** *j-n* (be)strafen (**for** für, wegen). **2.** *ein Vergehen etc* bestrafen, ahnden. **3.** *colloq.* a) *e-n Boxer, a. allg. j-n* übel zurichten, b) arg ‚mitnehmen', ‚schlauchen', strapa'zieren, ‚fertigma-chen'. **4.** *colloq.* ‚reinhauen' in (*e-e Speise etc*). **'pun·ish·a·ble** *adj* (*adv* **punishably**) strafbar: **murder is ~ by death** auf Mord steht die Todesstrafe. **'pun·ish·ing** *adj* hart, vernichtend (*Kritik etc*), mörderisch, zermürbend (*Rennen etc*). **'pun·ish·ment** *s* **1.** Bestrafung *f* (**by** durch). **2.** Strafe *f* (*a. jur.*): **for** (*od.* **as**) **a ~** als *od.* zur Strafe. **3.** *colloq.* a) grobe Behandlung, b) *Boxen:* ‚Prügel' *pl*: **to take a ~** e-e Menge ‚einstecken' müssen, a) Stra'paze *f*, ‚Schlauch' *m*: **to be subjected to heavy ~** arg mitgenommen *od.* strapaziert werden.

**pu·ni·tive** ['pju:nətɪv] *adj* **1.** strafend, Straf...: **~ expedition;** **~ damages** *jur.* (zusätzliche) Buße (*über den Schadenersatz hinaus*); **~ justice** Strafjustiz *f*; **~ law** Strafgesetz *n.* **2.** ex'trem hoch (*Steuern etc*).

**pu·ni·to·ry** ['pju:nətərɪ; *Am.* -‚təʊrɪ; -‚tɔ:-] → **punitive.**

**Pun·ja·bi** [pʌn'dʒɑ:bi:] *s* **1.** Bewohner (-in) des Pandsch'ab. **2.** *ling.* Pandsch'abi *n* (*vorderindische Sprache*).

**punk** [pʌŋk] **I** *s* **1.** Zunderholz *n*, verfaultes Holz. **2.** a) Zunder *m*, b) Wundschwamm *m.* **3.** *sl.* a) Anfänger *m*, b) ‚Flasche' *f*, ‚Niete' *f*, c) ‚Knülch' *m*, ‚Heini' *m*, Kerl *m*, d) kleiner *od.* junger Ga'nove, ‚Quatschkopf' *m*, ‚Blödmann' *m.* **4.** *obs.* a) Homosexu'elle(r) *m*, b) Dirne *f.* **5.** *sl.* ‚Mist' *m*: a) Schund *m*, b) ‚Quatsch' *m.* **6.** Punk *m* (*Bewegung u. Anhänger*). **7.** *mus.* a) Punk *m*, b) Punker *m.* **II** *adj* **8.** *sl.* mise'rabel, elend, ‚billig'. **9.** Punk... (*a. mus.*). **~ rock** *s mus.* Punkrock *m.* **~ rock·er** *s mus.* Punkrocker *m.*

**pun·net** ['pʌnɪt] *s* Körbchen *n*, Schale *f* (*als Verkaufsmenge für Erdbeeren etc*).

**pun·ster** ['pʌnstə(r)] *s* j-d, der ständig Wortspiele macht.

**punt**[1] [pʌnt] **I** *s bes. Br.* **1.** Punt *n*, Stakkahn *m*: **~ gun** Entenflinte *f.* **II** *v/t* **2.** *ein Boot* staken. **3.** in e-m Punt befördern. **III** *v/i* **4.** im Punt fahren.

**punt**[2] [pʌnt] (*Rugby, American Football*) **I** *s* Falltritt *m.* **II** *v/t u. v/i* (den Ball) aus der Hand (ab)schlagen.

**punt**[3] [pʌnt] *v/i* **1.** *Kartenspiel:* gegen die Bank setzen. **2.** *colloq.* a) (*auf ein Pferd*) setzen, b) *allg.* wetten.

**punt·er**[1] ['pʌntə(r)] *s* Puntfahrer(in); j-d, der ein Boot stakt.

**punt·er**[2] ['pʌntə(r)] *s* **1.** 'Börsenspeku‚lant *m.* **2.** a) Poin'teur (*der gegen den Bankhalter spielt*), b) kleiner (*berufsmäßiger*) Wetter.

**pu·ny** ['pju:nɪ] *adj* (*adv* **punily**) **1.** schwächlich. **2.** klein, winzig. **3.** kümmerlich, armselig.

**pup** [pʌp] **I** *s* **1.** junger Hund: **in ~** trächtig (*Hündin*); **to sell s.o. a ~** *colloq.* ‚j-m etwas andrehen'. **2.** a) junger Seehund, b) junger Otter. **3.** *oft* **young ~** *fig.* a) junger Schnösel' *od.* Springins-

Kapitalanlage *etc*). **II** *v/t u. v/i* **5.** (Junge) werfen.

**pu·pa** ['pju:pə] *pl* **-pae** [-pi:], **-pas** *s zo.* Puppe *f.* **'pu·pal** *adj zo.* Puppen...

**pu·pate** ['pju:peɪt] *v/i zo.* sich verpuppen. **pu'pa·tion** *s zo.* Verpuppung *f.*

**pu·pil**[1] ['pju:pl; -pɪl] *s* **1.** Schüler(in). **2.** *econ.* Prakti'kant(in). **3.** *fig.* Schüler(in), Jünger(in). **4.** *jur.* Mündel *m*, *n* (*Junge unter 14, Mädchen unter 12*).

**pu·pil**[2] ['pju:pl; -pɪl] *s anat.* Pu'pille *f.*

**pu·pil·(l)age** ['pju:pɪlɪdʒ] *s* **1.** Schulzeit *f.* **2.** *jur.* Unmündigkeit *f.*

**pu·pil·(l)ar** ['pju:pɪlə(r)], **'pu·pi(l)-lar·y** [-lərɪ; *Am.* -‚lerɪ] *adj* **1.** *jur.* Mündel... **2.** *anat.* Pupillen...: **~ reflex** Pupillarreflex *m.*

**Pu·pin coil** [pju:'pi:n] *s electr.* Pu'pinspule *f.*

**pu·pin·ize** [pju:'pi:naɪz] *v/t electr.* pupini'sieren.

**pu·pip·a·rous** [pju:'pɪpərəs] *adj zo.* puppengebärend.

**pup·pet** ['pʌpɪt] *s a. fig.* Mario'nette *f*, Puppe *f*: **~ government** Marionettenregierung *f*; **~ show** (*od.* **play**) Marionetten-, Puppenspiel *n*; **~ state** Marionettenstaat *m*; **~ valve** *tech.* Tellerventil *n.* ‚**pup·pet'eer** [-'tɪə(r)] *s* Puppenspieler(in). **'pup·pet·ry** [-trɪ] *s* **1.** Puppenspielkunst *f.* **2.** *allg.* Puppenwesen *n.* **3.** *Literatur:* konstru'ierte (*blutlose*) Charak'tere *pl.*

**pup·py** ['pʌpɪ] *s* **1.** junger Hund. **2.** (*das*) Junge (*verschiedener anderer Tiere*). **3.** *fig.* (junger) ‚Schnösel' *od.* Springinsfeld, eingebildeter ‚Fatzke'. **~ dog** *s Kindersprache:* junger Hund.

**pup·py·dom** ['pʌpɪdəm] *s* **1.** Jugend-, Flegeljahre *pl.* **2.** Albernheit *f.*

**pup·py fat** *s colloq.* ‚Babyspeck' *m.*

**'pup·py·hood** → **puppydom.**

**pup·py love** → **calf love.**

**pup tent** *s* (*kleines*) Schutzzelt.

**pur** → **purr.**

**pur·blind** ['pɜ:blaɪnd; *Am.* 'pɜr‚bl-] **I** *adj* **1.** *fig.* kurzsichtig, bor'niert, dumm. **2.** halbblind. **3.** *obs.* blind. **II** *v/t* **4.** *fig.* kurzsichtig machen, verblenden. **'purblind·ness** *s* **1.** *fig.* Kurzsichtigkeit *f.* **2.** Halbblindheit *f.* **3.** *obs.* Blindheit *f.*

**pur·chas·a·ble** ['pɜ:tʃəsəbl; *Am.* 'pɜr-] *adj* käuflich (*a. fig.*).

**pur·chase** ['pɜ:tʃəs; *Am.* 'pɜr-] **I** *v/t* **1.** kaufen, erstehen, (käuflich) erwerben. **2.** erkaufen, erringen (**with** mit, durch): **dearly ~d** teuer erkauft. **3.** *fig.* ‚kaufen' (*bestechen*). **4.** *jur.* erwerben (*außer durch Erbschaft*). **5.** *mar. tech.* a) hochwinden, -ziehen, b) (mit Hebelkraft) heben *od.* bewegen. **II** *s* **6.** (An-, Ein)Kauf *m*: **by ~** durch Kauf, käuflich; **to make a ~ of s.th.** etwas kaufen; **to make ~s** Einkäufe machen. **7.** 'Kauf(ob‚jekt) *n*, Anschaffung *f.* **8.** *Bilanz:* Wareneingänge *pl.* **9.** *jur.* Erwerbung *f* (*außer durch Erbschaft*). **10.** (Jahres)Ertrag *m*: **at ten years' ~** zum Zehnfachen des Jahresertrags; **his life is not worth a day's ~** er lebt keinen Tag mehr, er macht es nicht mehr lange. **11.** Hebevorrichtung *f*, *bes.* a) Flaschenzug *m*, b) *mar.* Talje *f.* **12.** Hebelkraft *f*, -wirkung *f.* **13.** guter Angriffs- *od.* Ansatzpunkt. **14.** *fig.* a) einflußreiche Positi'on, Machtstellung *f*, b) Machtmittel *n*, Handhabe *f.* **~ ac·count** *s econ.* Wareneingangskonto *n.* **~ book**, **~ jour·nal** *s econ.* Wareneingangsbuch *n.* **~ mon·ey** *s* Kaufsumme *f*; **~ mortgage** *Am.* (Rest-)Kaufgeldhypothek *f.* **~ price** *s* Kaufpreis *m.*

**'pur·chas·er** *s* **1.** Käufer(in), *econ. a.* Abnehmer(in). **2.** *jur.* Erwerber *m* (*außer durch Erbschaft*). **3.** → **purchasing agent.**

**pur·chase tax** s Br. hist. Erwerbs-, Kaufsteuer f.

**'pur·chas·ing| a·gent** s econ. Einkäufer m (e-r Firma). **~ as·so·ci·a·tion** s Einkaufsgenossenschaft f. **~ de·part·ment** s Einkauf m. **~ pow·er** s Kaufkraft f: **excessive ~** Kaufkraftüberhang m.

**pure** [pjʊə(r)] adj (adv → **purely**) **1.** a) pur, unvermischt, rein: ~ **silk**; ~ **alcohol** reiner Alkohol; ~ **gold** reines od. pures Gold; ~ **white** reines Weiß, b) lupenrein (Diamant). **2.** rein, makellos: ~ **Italian** reines Italienisch; **a ~ friendship** e-e reine Freundschaft. **3.** rein, sauber: ~ **hands.** **4.** (moralisch) rein: a) unschuldig, unbefleckt, b) unberührt, keusch: **a ~ girl.** **5.** rein, unverfälscht. **6.** mus. a) (ton)rein, b) obertonfrei. **7.** klar: ~ **style.** **8.** biol. a) reinrassig, -blütig, b) homozy'got, reinerbig: ~ **line** reine Abstammungslinie. **9.** rein, theo'retisch: ~ **science** reine Wissenschaft. **10.** rein (Kunst). **11.** pur, rein, völlig: ~ **nonsense; laziness ~ and simple** reine Faulheit. **12.** rein, pur (Zufall): **by ~ accident** rein zufällig. **13.** rein (Sprachlaut).

**'pure|·blood I** adj **1.** → **purebred** I. **II** s **2.** → **purebred** II. **3.** Am. 'Vollblutin-di͵aner(in). **~·blood·ed** → **purebred** I. **'~·bred I** adj reinrassig, rasserein. **II** s reinrassiges Tier. **~ cul·ture** s biol. 'Reinkul͵tur f.

**pu·rée** ['pjʊəreɪ; Am. pjʊ'reɪ] **I** s **1.** Pü'ree n. **2.** (Pü'ree)Suppe f. **II** v/t **3.** pü'rieren.

**pure·ly** ['pjʊə(r)lɪ] adv **1.** rein. **2.** rein, bloß, ganz: ~ **accidental. 3.** ausschließlich. **'pure·ness** s Reinheit f.

**pur·fle** ['pɜːfl; Am. 'pɜrfəl] v/t **1.** bes. ein Kleid mit e-r Schmuckborte verzieren. **2.** bes. arch. (am Rand) mit Orna'menten verzieren.

**pur·ga·tion** [pɜː'geɪʃn; Am. ͵pɜr'g-] s **1.** bes. relig. u. fig., a. jur. hist. Reinigung f. **2.** med. Darmentleerung f, Entschlackung f. **'pur·ga·tive** [-gətɪv] **I** adj (adv ~ly) **1.** reinigend (a. jur. hist.). **2.** med. pur'gierend, abführend, Abführ...: **to have a ~ effect** abführend wirken. **II** s **3.** pharm. Abführmittel n. **,pur·ga'to·ri·al** [-'tɔː-rɪəl; Am. a. -'toʊ-] adj relig. **1.** Reinigungs..., Sühne... **2.** Fegefeuer...

**pur·ga·to·ry** ['pɜːgətərɪ; Am. 'pɜrgə͵tɔʊ-rɪ:; ͵-tɔ:-] s relig. Fegefeuer n, fig. a. die Hölle.

**purge** [pɜːdʒ; Am. pɜrdʒ] **I** v/t **1.** reinigen, säubern, befreien (**of, from** von). **2.** fig. j-n reinigen (**of, from** von), von Schuld od. Verdacht freisprechen: **to ~ o.s. of a suspicion** sich von e-m Verdacht reinigen. **3.** e-e Flüssigkeit klären, läutern. **4.** med. a) bes. den Darm entleeren, entschlacken, b) j-m (ein) Abführmittel geben. **5.** ein Verbrechen sühnen. **6.** pol. a) e-e Partei etc säubern, b) j-n (aus der Par'tei etc) ausschließen, c) j-n liqui'dieren (töten). **II** v/i **7.** sich läutern. **8.** med. a) abführen (Medikament), b) Stuhlgang haben. **III** s **9.** Reinigung f, Säuberung f. **10.** med. Darmentleerung f, Entschlackung f. **11.** pol. 'Säuberung(sakti͵on) f. **12.** pharm. Abführmittel n. **purg'ee** [-'dʒiː] s pol. Opfer n e-r 'Säuberungs-akti͵on.

**pu·ri·fi·ca·tion** [͵pjʊərɪfɪ'keɪʃn] s **1.** Reinigung f (a. relig.): **P~ (of the Virgin Mary)** Mariä Lichtmeß f, Mariä Reinigung (2. Februar). **2.** tech. Reinigung f (a. metall.), Klärung f, (Ab)Läuterung f, a. Regene'rierung f (von Altöl). **~ plant** s Kläranlage f.

**pu·ri·fi·ca·tor** ['pjʊərɪfɪkeɪtə(r)] s **1.** Reiniger m. **2.** relig. Purifika'torium n (Tuch zur Reinigung des Kelches).

**pu·rif·i·ca·to·ry** [Br. 'pjʊərɪfɪkeɪtərɪ;

Am. pjʊr'ɪfɪkə͵tɔʊrɪ:; ͵tɔ:-] adj reinigend, Reinigungs...

**pu·ri·fi·er** ['pjʊərɪfaɪə(r)] s **1.** Reiniger (-in). **2.** tech. a) Reinigungsmittel n, Reiniger m, b) 'Reinigungsappa͵rat m.

**pu·ri·fy** ['pjʊərɪfaɪ] **I** v/t **1.** a. fig. reinigen (**of, from** von). **2.** tech. reinigen, läutern, klären, aufbereiten, raffi'nieren: **~·ing plant** Reinigungsanlage f; **purified steel** Frischstahl m. **II** v/i **3.** sich läutern.

**Pu·rim** ['pjʊərɪm; bes. Am. 'pʊərɪm] s chem. Pu'rimfest n (jüdisches Freudenfest).

**pu·rin** ['pjʊərɪn], **pu·rine** ['pjʊəriːn] s chem. Pu'rin n.

**pur·ism** ['pjʊərɪzəm] s bes. ling. u. Kunst: Pu'rismus m. **'pur·ist** s Pu'rist m, bes. Sprachreiniger m.

**Pu·ri·tan** ['pjʊərɪtən] **I** s **1.** hist. Puri'taner(in). **2.** meist p~ fig. Puri'taner(in), sehr sittenstrenger Mensch. **II** adj **3.** hist. puri'tanisch. **4.** oft p~ → **puritanical. ,pu·ri'tan·i·cal** [-'tænɪkl] adj (adv ~ly) puri'tanisch, (über'trieben) sittenstreng. **'Pu·ri·tan·ism** s **1.** hist. Purita'nismus m. **2.** oft p~ fig. Purita'nismus m, Sittenstrenge f.

**pu·ri·ty** ['pjʊərətɪ] s **1.** Reinheit f. **2.** Keuschheit f.

**purl¹** [pɜːl; Am. pɜrl] **I** v/i **1.** murmeln, plätschern (Bach). **2.** wirbeln, sich kräuseln. **II** s **3.** Murmeln n, Plätschern n.

**purl²** [pɜːl; Am. pɜrl] **I** v/t **1.** → **purfle** 1. **2.** (um)'säumen, einfassen. **3.** etwas links stricken. **II** v/i **4.** links stricken. **III** s **5.** Gold- od. Silberdrahtlitze f. **6.** a) Zäckchen(borte f) n, b) Häkelkante f, c) Linksstricken n. **7.** a. ~ **stitch** linke Masche.

**purl³** [pɜːl; Am. pɜrl] **I** v/i **1.** oft ~ **round** her'umwirbeln. **2.** colloq. a) 'umkippen, b) kentern (Boot), c) vom Pferd stürzen. **II** v/t **3.** colloq. a) 'umkippen, -werfen, b) e-n Reiter abwerfen. **III** s colloq. **4.** Stoß m. **5.** (schwerer) Sturz.

**purl⁴** [pɜːl; Am. pɜrl] s hist. **1.** Wermutbier m. **2.** gewürztes Warmbier mit Gin.

**purl·er** ['pɜːlə; Am. 'pɜrlər] s Br. colloq. schwerer Sturz: **to come a ~** längelang hinstürzen.

**pur·lieu** ['pɜːljuː; Am. 'pɜrluː; -ju:] s **1.** Br. hist. aus e-m königlichen Forst ausgegliedertes, aber noch teilweise den Forstgesetzen unterworfenes Land. **2.** 'Umgegend f, Randbezirk(e pl) m. **3.** a) (Lebens)Bereich m, b) fig. Jagdgründe pl. **4.** pl Grenzen pl: **to keep within one's ~s. 5.** obs. schmutziges Viertel m.

**pur·lin(e)** ['pɜːlɪn; Am. 'pɜrl-] s arch. Pfette f.

**pur·loin** [pɜː'lɔɪn; Am. pɜr-] v/t entwenden, (a. v/i) stehlen. **pur'loin·er** s Dieb m.

**pur·ple** ['pɜːpl; Am. 'pɜrpəl] **I** s **1.** Purpur m. **2.** Purpur(kleid n) m. **3.** fig. Purpur m (Herrscher- od. Kardinalswürde): **to raise to the ~** zum Kardinal ernennen, j-m den Purpur verleihen. **II** adj **4.** purpurn, purpurrot, Purpur... **5.** Stil: a) bril'liant, effektvoll, b) rhe'torisch, bom'bastisch: ~ **passage, ~ patch** Glanzstelle f (a. iro.). **6.** Am. lästerlich: ~ **language. III** v/t u. v/i **7.** (sich) purpurn färben. **~ em·per·or** s zo. Großer Schillerfalter. **P~ Heart** s **1.** mil. Am. Verwundetenabzeichen n. **2.** p~ h~ pharm. bes. Br. colloq. (herzförmige) Ampheta'minta͵blette.

**pur·plish** ['pɜːplɪʃ; Am. 'pɜrp-], **'pur·ply** [-plɪ] adj purpurfarben, -farbig, -rot.

**pur·port I** v/t ['pɜːpət; pɜː'pɔːt; Am. pɜr-'pɔʊrt; -'pɔːrt] **1.** behaupten, vorgeben: **to ~ to be (to do)** angeblich sein (tun); **the letter ~s to be written by him** der Brief erweckt den Eindruck, als wäre er von ihm geschrieben; der Brief ist anscheinend von ihm geschrieben. **2.** besa-

gen, be-inhalten, zum Inhalt haben, ausdrücken (wollen). **II** s ['pɜːpət; -pɔːt; Am. 'pɜr͵pɔʊrt; ͵-pɔːrt] **3.** Tenor m, Sinn m.

**pur·pose** ['pɜːpəs; Am. 'pɜr-] **I** v/t **1.** beabsichtigen, vorhaben, bezwecken (s.th. etwas; doing od. to do zu tun). **II** s **2.** Zweck m: **for this ~** zu diesem Zweck; **for what ~?** zu welchem Zweck, wozu? **3.** (angestrebtes) Ziel. **4.** Absicht f, Vorhaben n: **honesty of ~** Ehrlichkeit f der Absicht(en); **novel with a ~,** a. **novel** Tendenzroman m. **5.** a. **strength** (od. **sense**) of ~ Entschlußkraft f, Zielbewußtheit f, Zielstrebigkeit f: **weak of ~** ohne Entschlußkraft. **6.** (wesentliche) Sache. **7.** Wirkung f. 

*Besondere Redewendungen:*

**for all practical ~s** praktisch (genommen od. gesehen); **for the ~ of** a) zwecks, um zu, b) im Sinne des Gesetzes etc; **of set ~** absichtlich, bes. jur. vorsätzlich; **on ~** absichtlich; **to the ~** a) zur Sache (gehörig), sachlich, b) zweckdienlich; **to be to little ~** wenig Zweck haben; **to no ~** vergeblich, umsonst; **to turn s.th. to good ~** etwas gut anwenden od. nutzen; → **intent¹** 1.

**,pur·pose-'built** adj bes. Br. für e-n spezi'ellen Zweck gebaut, speziell (gebaut), Zweck...

**'pur·pose·ful** [-fʊl] adj (adv ~ly) **1.** zielbewußt, entschlossen. **2.** zweckmäßig, -voll. **3.** absichtlich.

**'pur·pose·less** adj (adv ~ly) **1.** zwecklos. **2.** ziel-, planlos. **3.** unentschlossen.

**'pur·pose·ly** adv absichtlich, vorsätzlich.

**pur·pos·ive** ['pɜːpəsɪv; Am. 'pɜr-] adj (adv ~ly) **1.** zweckmäßig, -voll, -dienlich. **2.** absichtlich, bewußt, a. gezielt. **3.** zielstrebig, -bewußt. **'pur·pos·iv·ism** s Zwecklehre f.

**,pur·pose-'trained** adj mit Spezi'alausbildung.

**pur·pres·ture** [pɜː'prestʃə(r); Am. ͵pɜr-] s jur. 'widerrechtliche Aneignung fremden Grundbesitzes.

**pur·pu·ra** ['pɜːpjʊrə; Am. 'pɜr-; a. -pʊrə] s med. Purpura f, Blutfleckenkrankheit f.

**pur·pu·ric** [pɜː'pjʊərɪk; Am. ͵pɜr-] adj **1.** med. Purpura... **2.** chem. purpursauer: ~ **acid** Purpursäure f.

**purr** [pɜː; Am. pɜr] **I** v/i **1.** schnurren (Katze etc). **2.** surren, summen (Motor etc). **3.** fig. vor Behagen schnurren. **II** v/t **4.** etwas ͵summen', ͵säuseln' (sagen). **III** s **5.** Schnurren n. **6.** fig. Surren n, Summen n (des Motors etc).

**pur sang** [pʊə(r)'sãːŋ] adj reinblütig, (wasch)echt: **a Conservative ~** ein waschechter Konservativer.

**purse** [pɜːs; Am. pɜrs] **I** s **1.** a) Geldbeutel m, Börse f, Portemon'naie n, b) Brieftasche f (a. fig.), c) Am. (Damen)Handtasche f: **a light (long) ~** ein magerer (voller) Geldbeutel; **public ~** Staatssäckel m; **one cannot make a silk ~ out of a sow's ear** aus e-m Kieselstein kann man keinen Diamanten schleifen; **that is beyond** (od. **not within**) **my ~** das übersteigt m-e Finanzen. **2.** Fonds m: **common ~** gemeinsame Kasse. **3.** Geldsammlung f, Geldgeschenk n: **to make up a ~ for** Geld sammeln für. **4.** sport a) Siegprämie f, b) Boxen: Börse f. **II** v/t **5.** a. ~ **up** in Falten legen: **to ~ one's brow** die Stirn runzeln; **to ~ one's lips** die Lippen schürzen. **6.** obs. Geld einstecken. **III** v/i **7.** sich (in Falten) zs.-ziehen, sich runzeln. **~ bear·er** s **1.** Schatzmeister m. **2.** Br. Großsiegelträger (der dem Lordkanzler das Großsiegel voranträgt). **'~-proud** adj geldstolz.

**purs·er** ['pɜːsə; Am. 'pɜrsər] s mar. Zahl-, Provi'antmeister m.

**purse| seine** s Fischfang: Beutelnetz n. ~

**silk** s Kordo'nettseide f. **~ snatch·er** s Am. Handtaschenräuber m. **~ strings** s pl: to hold (od. **control**) the ~ die Finanzen verwalten; to **tighten** (**loosen**) the ~ den Geldhahn zudrehen (aufdrehen).

**purs·lane** ['pɜːslɪn; Am. 'pɜr-] s bot. Portulak(gewächs n) m.

**pur(·su·ance** [pə(r)'sjʊəns; bes. Am. -'suː-] s Ausführung f, Verfolgung f, Verfolg m: **in ~ of** a) im Verfolg (gen), b) → pursuant; **in ~ of truth** auf der Suche nach (der) Wahrheit. **pur'su·ant** adj: **~ to** e-r Vorschrift etc gemäß od. entsprechend, laut e-m Befehl etc, gemäß Paragraph 1 etc: **~ to Section** 1.

**pur·sue** [pə(r)'sjuː; bes. Am. -'suː] **I** v/t **1.** verfolgen, j-m nachsetzen, j-n jagen: **to ~ the enemy. 2.** e-n Zweck, ein Ziel, e-n Plan verfolgen. **3.** nach Glück etc streben, dem Vergnügen etc nachgehen. **4.** bes. fig. e-n Kurs, Weg einschlagen, folgen (dat). **5.** Studien, e-n Beruf etc betreiben, nachgehen (dat). **6.** weiterführen, fortsetzen, fortfahren in (dat). **7.** ein Thema etc weiterführen, verfolgen, 'weiterdiskuˌtieren. **8.** jur. bes. Scot. anklagen. **II** v/i **9. ~ after** → 1. **10.** fortfahren (bes. im Sprechen), weitermachen. **pur'su·er** s **1.** Verfolger(in). **2.** jur. bes. Scot. (An-)Kläger(in).

**pur·suit** [pə(r)'sjuːt; bes. Am. -'suːt] s **1.** (**of**) Verfolgung f (gen), Jagd f (auf acc): **to be in ~ of s.o.** → pursue 1; **~ action** mil. Verfolgungskampf m; **in hot ~** in wilder Jagd. **2.** Streben n, Trachten n, Jagd f (**of** nach): **~ of gain** (od. **profit**) Gewinnstreben. **3.** Verfolgung f, Verfolg m, Betreibung f (e-s Plans etc). **4.** Beschäftigung f, Betätigung f, Beruf m. **5.** Ausübung f (e-s Gewerbes etc), Betreiben n (von Studien etc). **6.** pl Studien pl, Arbeiten pl, Geschäfte pl. **7.** Ziel n, Zweck m. **8.** Radsport: Verfolgung f. **~ in·ter·cep·tor** s aer. Zerstörer m. **~ plane** s Jagdflugzeug n, Jäger m. **~ race** s Radsport: Verfolgungsrennen n. **~ rid·er** s Radsport: Verfolgungsfahrer m.

**pur·sui·vant** ['pɜːsɪvənt; Am. 'pɜr-] s **1.** 'Unterherold m (niederste Heroldsklasse). **2.** poet. Begleiter m.

**pur·sy**[1] ['pɜːsɪ; Am. 'pɜr-] adj **1.** kurzatmig. **2.** obs. beleibt, korpu'lent. **3.** protzig.

**pur·sy**[2] ['pɜːsɪ; Am. 'pɜr-] adj zs.-gekniffen (Mund).

**pu·ru·lence** ['pjʊərʊləns], a. **'pu·ru·len·cy** [-sɪ] s med. **1.** Eitrigkeit f. **2.** Eiter m. **'pu·ru·lent** adj (adv **~ly**) med. eiternd, eit(e)rig: **~ discharge** Eiterfluß m; **~ matter** Eiter m.

**pur·vey** [pə(r)'veɪ] **I** v/t (**to**) bes. Lebensmittel liefern (an acc), (j-n) versorgen mit. **II** v/i (Lebensmittel) liefern (**for** an acc, **für**): **to ~ for s.o.** j-n beliefern, versorgen. **pur'vey·ance** s Lieferung f, Beschaffung f (bes. von Lebensmitteln). **pur'vey·or** [-ə(r)] s **1.** Liefe'rant m: **P~ to the Royal Household** Königlicher Hoflieferant. **2.** hist. Beamter, der Einkäufe etc für die Krone tätigte.

**pur·view** ['pɜːvjuː; Am. 'pɜrˌvjuː] s **1.** jur. verfügender Teil (e-s Gesetzes). **2.** (Anwendungs)Bereich m, Geltungsgebiet n (e-s Gesetzes etc). **3.** jur. Zuständigkeit(sbereich m) f: **that is within (outside) our ~** das fällt (nicht) in unseren Zuständigkeitsbereich. **4.** Wirkungskreis m, Tätigkeitskreis m, Sphäre f, Gebiet n. **5.** Gesichtskreis m, Blickfeld n (a. fig.).

**pus** [pʌs] s Eiter m: **~ focus** Eiterherd m.

**push** [pʊʃ] **I** s **1.** Stoß m, Schubs m: **to give s.o. a ~** a) j-m e-n Stoß versetzen, b) mot. j-n anschieben; **to give s.o. the ~**

---

Br. colloq. j-n ‚rausschmeißen' (entlassen); **to get the ~** colloq. ‚rausgeschmissen werden', ‚fliegen' (entlassen werden); **when ~ comes to shove** Am. colloq. wenn es hart auf hart geht. **2.** arch. geol. tech. (horizon'taler) Druck, Schub m. **3.** Anstrengung f, Bemühung f: **to make a ~** sich mächtig anstrengen; **at the first ~** auf (den ersten) Anhieb. **4.** Vorstoß m (**for** auf acc) (a. fig.): **to make a ~. 5.** mil. (Groß)Offen̜sive f: **to make a ~** e-e Offensive starten. **6.** ('Werbe)Kam̜pagne f. **7.** fig. Anstoß m, Antrieb m. **8.** Druck m, Drang m (der Verhältnisse). **9.** kritischer Augenblick. **10.** Notfall m: **at a ~** im Notfall; **to bring to the last ~** zum Äußersten od. auf die Spitze treiben; **when it came to the ~** als es darauf ankam. **11.** colloq. Schwung m, Ener'gie f, Tatkraft f, Draufgängertum n. **12.** Protekti'on f: **to get a job by ~. 13.** Menge f, Haufen m (von Menschen). **14.** sl. a) (exklu'sive) Clique, b) ‚Verein' m, ‚Bande' f.

**II** v/t **15.** stoßen, schieben, schubsen, drücken: **to ~ open** aufstoßen; **to ~ over** umstoßen, umwerfen. **16.** drängen: **to ~ the enemy into the sea** den Feind ins Meer treiben; **to ~ one's way ahead** (**through**) sich vor-(durch)drängen. **17.** (an)treiben, drängen (**to** zu; **to do** zu tun): **to ~ s.o. for** j-n bedrängen wegen, j-m zusetzen wegen; **to ~ s.o. for payment** bei j-m auf Bezahlung drängen; **I am ~ed for time** ich bin in Zeitnot, ich komme ins Gedränge; **to be ~ed for money** in Geldverlegenheit sein; **to ~ s.th. on s.o.** j-m etwas aufdrängen. **18.** a. **~ ahead** (od. **forward** od. **on**) e-e Angelegenheit e'nergisch betreiben od. verfolgen, vor'antreiben: **to ~ s.th. too far** etwas zu weit treiben; **to ~ one's fortune** sein Glück erzwingen (wollen). **19.** a. **~ through** (od. **home**) etwas 'durchsetzen, -drücken, e-n Vorteil ausnutzen. **20.** Re'klame machen für, die Trommel rühren für. **21.** colloq. verkaufen, Rauschgift pushen. **22.** colloq. sich e-m Alter nähern: **he is ~ing seventy** er geht auf die Siebzig zu.

**III** v/i **23.** schieben, stoßen, schubsen. **24.** drücken, drängen: **to ~ by** (od. **past**) s.o. sich an j-m vorbeidrängen. **25.** a. **~ forward** (sich) vorwärtsdrängen, sich vor'ankämpfen. **26.** sich tüchtig ins Zeug legen. **27.** (rücksichtslos) vorwärtsstreben (nach höherer Stellung etc). **28. to ~ ahead** (od. **forward** od. **on**) **with** → 18.

*Verbindungen mit Adverbien:*

**push a·bout** v/t her'umschubsen (a. fig. colloq. schikanieren). **~ a·long** v/i colloq. ‚sich auf die Socken machen'. **~ a·round** → push about. **~ a·side** v/t **1.** zur Seite schieben, abdrängen. **2.** fig. an die Wand drängen. **~ back** v/t **1.** Demonstranten, mil. Feind zu'rückdrängen. **2.** Haar aus der Stirn streichen, zu'rückstreichen, Brille wieder hochschieben. **~ for·ward I** v/t **1.** → push 18. **2.** to **push o.s. forward** fig. sich in den Vordergrund drängen od. schieben. **II** v/i **3.** → push 28. **~ off I** v/t **1.** Waren anbieten, losschlagen. **2.** das Boot abstoßen. **II** v/i **3.** mar. abstoßen (**from** von). **4.** colloq. ‚abhauen', ‚verschwinden': **~! hau ab! 5.** ‚schieß los!' (erzähle). **6.** → push along. **~ on I** v/i **1.** sich beeilen. **2.** → push 28. **II** v/t **3.** j-n antreiben. **4.** → push 18. **~ out I** v/t **1.** hin'ausschieben, -stoßen. **2.** vorschieben. **3.** Wurzeln, Zweige etc treiben. **II** v/i **4.** mar. in See stechen. **5.** hin'ausragen. **~ un·der** v/t: **I won't be pushed under!** ich lass' mich nicht unterkriegen! **~ up** v/t **1.** hoch-,

---

hin'aufschieben, -stoßen. **2.** Preise etc hochtreiben.

**'push·|ball** s Pushball(spiel n) m. **~ bi·cy·cle** s Br., **~ bike** s Br. colloq. Fahrrad n (Ggs. Motorrad). **~ but·ton** s tech. Druckknopf m, -taste f. **'~ˌbut·ton** adj druckknopfgesteuert, Druckknopf...: **~ switch;** **~ control** Druckknopfsteuerung f; **~ telephone** Tastentelefon n; **~ tuning** (Radio) Drucktasteneinstellung f; **~ warfare** automatische Kriegführung. **'~cart** s **1.** (Hand)Karren m. **2.** Am. Einkaufswagen m. **'~chair** s Br. Sportwagen m (für Kinder).

**'push·er** s **1.** tech. Schieber m. **2.** Schieber m (Kinderbesteck). **3.** 'Schub-, 'Hilfslokomo̜tive f. **4.** a. **~ airplane** Flugzeug n mit Druckschraube. **5.** colloq. a) Streber m, Ehrgeizling m, b) Draufgänger m. **6.** colloq. Pusher m (Rauschgifthändler). **7.** Austral. Sportwagen m (für Kinder). **~ barge,** **~ tug** s mar. Schubschiff n.

**'push·ful** [-fʊl] adj (adv **~ly**) e'nergisch, aggres̜siv, draufgängerisch.

**push·i·ness** ['pʊʃɪnɪs] → pushingness. **'push·ing** adj (adv **~ly**) **1.** → pushful. **2.** streberisch. **3.** auf-, zudringlich. **'push·ing·ness** s **1.** aufdringliche Art, Aufdringlichkeit f. **2.** Strebertum n.

**'push·|off** s **1.** Abstoßen n (vom Ufer). **2.** colloq. Anfang m, Start m. **'~ˌoˈver** s colloq. **1.** leicht zu besiegender Gegner, sport a. 'Punkteliefe̜rant m. **2.** Gimpel m: **he is a ~ for that** darauf fällt er (immer) prompt herein. **3.** Kinderspiel n, Kleinigkeit f, ‚kleine Fische' pl. **'~pin** s Am. **1.** Pin-Nagel m, Bildernagel m. **2.** Nadelschieben n (Kinderspiel). **'~pull** adj electr. Gegentakt... **~ rod** s mot. Stößel-, Stoßstange f. **~start** s Anschieben n. **'~start** v/t Auto anschieben. **'~-toˈtalk but·ton** s Funk: Sprechtaste f. **'~ˌup** s sport Am. Liegestütz m: **to do a ~** e-n Liegestütz machen.

**'push·y** → pushing.

**pu·sil·la·nim·i·ty** [ˌpjuːsɪlə'nɪmətɪ] s Kleinmut m, Kleinmütigkeit f, Verzagtheit f. **ˌpu·sil'lan·i·mous** [-'lænɪməs] adj kleinmütig, verzagt.

**puss**[1] [pʊs] s **1.** Mieze(kätzchen n) f, Katze f, Kätzchen n (alle a. fig. colloq. Mädchen): **P~ in Boots** gestiefelter Kater; **~ in the corner** Kämmerchenvermieten n (Spiel). **2.** Br. Häs-chen n.

**puss**[2] [pʊs] s sl. ‚Fresse' f (Gesicht, a. Mund).

**puss·l(e)y** ['pʌslɪ] s bot. Am. Kohlportulak m.

**puss·y**[1] ['pʊsɪ] s **1.** → puss[1] 1. **2.** → tipcat. **3.** (etwas) Weiches u. Wolliges, bes. bot. (Weiden)Kätzchen n. **4.** vulg. a) ‚Muschi' f, ‚Möse' f (Vulva), b) ‚Nummer' f (Geschlechtsverkehr): **to have some ~** ‚e-e Nummer machen od. schieben', ‚bumsen'.

**'puss·y·|cat** s **1.** → puss[1] 1. **2.** → pussy willow. **'~foot I** v/i **1.** (wie e-e Katze) schleichen. **2.** fig. colloq. leisetreten. **3.** fig. colloq. (od) sich nicht festlegen (auf acc), her'umreden (um). **II** pl **-foots** s **4.** Schleicher m. **5.** fig. colloq. Leisetreter m. **6.** fig. colloq. j-d, der sich nicht festlegen will. **III** adj **7.** colloq. sich nicht festlegend, absichtlich unklar. **'~ˌfoot·er** → pussyfoot II. **'~ˌfoot·ing** adj colloq. **1.** leisetreterisch. **2.** → pussyfoot III. **~ wil·low** s bot. Verschiedenfarbige Weide.

**pus·tu·lar** ['pʌstjʊlə(r); Am. bes. -tʃələr] adj med. **1.** pustelartig, Pustel... **2.** mit Pusteln bedeckt. **'pus·tu·late I** v/t u. v/i [-leɪt] pustu'lös machen (werden). **II** adj [-lət; -leɪt] pustu'lös, mit Pusteln bedeckt. **ˌpus·tu'la·tion** s Pustelbildung f.

**pus·tule** [ˈpʌstjuːl; *Am. bes.* -tʃuːl] *s* **1.** *med.* Pustel *f*, Eiterbläs-chen *n*. **2.** *bot. zo.* Warze *f*. '**pus·tu·lous** [-tjʊləs; *Am. bes.* -tʃələs] *adj med.* pustu'lös, pustelig.

**put** [pʊt] **I** *s* **1.** *bes. sport* Stoß *m*. **2.** *Börse:* Rückprämie *f (beim Prämienge-schäft)*: ~ **and call** Rück- u. Vorprämie, Stellagegeschäft *n*; ~ **of more** *Br.* Rückprämie mit Nachliefern.
**II** *adj* **3.** *colloq.* ruhig, an Ort u. Stelle, unbeweglich: **to stay** ~ a) sich nicht (vom Fleck) rühren, b) festbleiben (*a. fig.*).
**III** *v/t pret u. pp* **put 4.** legen, stellen, setzen, tun: ~ **it on the table** leg es auf den Tisch; **I shall** ~ **the matter before him** ich werde ihm die Sache vorlegen; ~ **the matter in(to) his hands** leg die Angelegenheit in s-e Hände; **I** ~ **him above his brother** ich stelle ihn über s-n Bruder; **to** ~ **s.o. on a job** j-n an e-e Arbeit setzen, j-n mit e-r Arbeit betrauen; → *a. die Verbindungen mit den entsprechenden Substantiven.* **5.** stecken (**in one's pocket** in die Tasche; **in prison** ins Gefängnis). **6.** *j-n ins Bett, in e-e unangenehme Lage etc, etwas auf den Markt, in Ordnung etc bringen:* **he** ~ **her across the river** er brachte od. beförderte sie über den Fluß; **to** ~ **the cow to the bull** die Kuh zum Stier bringen; **to** ~ **into shape** in (die richtige) Form bringen; **to** ~ **one's brain to it** sich darauf konzentrieren, die Sache in Angriff nehmen; **to** ~ **s.th. on paper** etwas zu Papier bringen; **to** ~ **s.o. right** j-n berichtigen; → **mind** 2. **7.** *etwas in Kraft, in Umlauf, in Gang etc, j-n in Besitz, ins Unrecht, über ein Land etc setzen:* **to** ~ **o.s. in a good light** sich ins rechte Licht setzen; ~ **the case that** gesetzt den Fall, daß; → **action** 1 *u.* 2, **end** *Bes. Redew.*, **foot** 1, **place** 1, **trust** 1. **8.** ~ **o.s.** *sich in j-s Hände etc* begeben: **to** ~ **o.s. under s.o.'s care** sich in j-s Obhut begeben; ~ **yourself in(to) my hands** vertraue dich mir ganz an. **9.** *unter*¹werfen, aussetzen (**to** *dat*): **I have** ~ **you through much** ich habe dir viel zugemutet; → **death** 1, **expense** *Bes. Redew.*, **inconvenience** 1, **question** 6, **shame** 2, **sword** 1, **test**¹ 2. **10.** ~ **out of** aus ... hin¹ausstellen, verdrängen *od.* werfen aus, außer *Betrieb od. Gefecht etc* setzen: → **action** 13, **running** 2. **11.** *Land* bepflanzen (**into, under** mit): **land was** ~ **under potatoes**. **12.** (**to**) setzen (**an** *acc*), (an)treiben *od.* drängen *od.* zwingen (**zu**): **to** ~ **s.o. to work** j-n an die Arbeit setzen, j-n arbeiten lassen; **to** ~ **to school** zur Schule schicken; **to** ~ **to trade** *j-n* ein Handwerk lernen lassen; ~ **s.o. to a joiner** j-n bei e-m Schreiner in die Lehre geben; **to** ~ **the horse to** (*od.* **at**) **the fence** das Pferd zum Sprung über den Zaun antreiben; **to** ~ **s.o. to it** j-m zusetzen, j-n bedrängen; **to be hard** ~ **to it** arg bedrängt werden, in große Bedrängnis kommen; **they were hard** ~ **to it to find a house** sie taten sich schwer, ein Haus zu finden; **to** ~ **s.o. through a book** j-n zum Durchlesen *od.* -arbeiten e-s Buches zwingen; **to** ~ **s.o. through it** j-n auf Herz u. Nieren prüfen; → **blush** 4, **flight**², **pace**¹ **13.** veranlassen, verlocken (**on**, **to** zu). **14.** *in Furcht, Wut etc* versetzen: **to** ~ **s.o. in fear of his life** j-m ein Todesangst einjagen; → **countenance** 2, **ease** 2, **guard** 10, **mettle** 2, **temper** 4. **15.** über¹setzen, -¹tragen (**into French** ins Fran¹zösische). **16.** (*un*)*klar etc* ausdrücken, *klug etc* formu¹lieren, *in Worte* fassen: **I cannot** ~ **it into words** ich kann es nicht in Worte fassen; **how shall I** ~ **it?** wie soll ich mich *od.* es ausdrücken?; ~ **another way** anders gesagt *od.* ausgedrückt, mit anderen

Worten; → **mild** 1. **17.** schätzen (**at** auf *acc*): **I** ~ **his income at £1,200 a year**. **18.** (**to**) verwenden (**für**), anwenden (**zu**): **to** ~ **s.th. to a good use** etwas gut verwenden. **19.** *e-e Entscheidung etc* gründen (**on** auf *acc*). **20.** *e-e Frage, e-n Antrag etc* stellen, vorlegen: **I** ~ **it to you** a) ich appelliere an Sie, ich wende mich an Sie, b) ich stelle es Ihnen anheim; **I** ~ **it to you that** *bes. jur.* ich halte Ihnen vor, daß; ich gebe Sie zu, daß; → **question** 1. **21.** *Geld* setzen, wetten (**on** auf *acc*). **22.** (**into**) *Geld* stecken (**in** *acc*), anlegen (**in** *dat*), inve¹stieren (**in** *dat*): **he** ~ **money into houses**. **23.** *e-e Steuer etc* auferlegen, legen: **to** ~ **a tax on s.th.** etwas besteuern, e-e Steuer auf etwas legen. **24.** *die Schuld* zuschieben, geben (**on** *dat*): **they** ~ **the blame on him**. **25.** *die Uhr* stellen. **26.** hin¹zufügen, (hin¹ein)tun, geben: ~ **sugar in(to) your coffee** tu Zucker in d-n Kaffee. **27.** *bes. sport die Kugel, den Stein* stoßen. **28.** schleudern, werfen. **29.** *e-e Waffe* stoßen, *e-e Kugel* schießen (**in**, **into** in *acc*). **30.** **to** ~ **one** *colloq.* j-n ‚drankriegen' *od.* ‚anführen'.
**IV** *v/i* **31.** sich begeben, fahren, gehen, *bes.* (**for** nach): **to** ~ **to land** an Land gehen; **to** ~ **to sea** in See stechen; **to** ~ **for home** *Am. colloq.* sich ‚heimtrollen'. **32.** *mar.* segeln, steuern, fahren. **33.** *Am.* münden, sich ergießen, fließen (**into** *acc*): **the river** ~**s into a lake.** **34.** ~ **upon** (*meist pass*) a) *j-m* zusetzen, *j-n* bedrängen, b) *j-n* ausnutzen, c) *j-n* betrügen, ‚her¹einlegen'.
*Verbindungen mit Adverbien:*

**put | a·bout I** *v/t* **1.** *mar.* den Kurs (*e-s Schiffs*) ändern. **2.** *ein Gerücht* verbreiten, in ¹Umlauf setzen. **3.** *meist pass* a) beunruhigen, b) ärgern, c) aus der Fassung bringen, d) quälen. **4.** **to put it** (*od.* **o.s.**) **about** *Br. sl.* ‚scharf' sein (*bes. Frau*). **II** *v/i* **5.** *mar.* den Kurs ändern. ~ **a·cross** *v/t* **1.** ¹übersetzen. **2.** *colloq.* etwas ‚schaukeln', erfolgreich ¹durchführen, Erfolg haben mit: **to put it across** Erfolg haben, ‚es schaffen'. **3.** *e-e Idee etc* ‚an den Mann bringen', ‚verkaufen', ‚ankommen mit', *etwas* ¹durchsetzen (**to** bei): **to put o.s. across** ‚ankommen' (**to** bei). ~ **a·side** *v/t* **1.** → **put away** 1 *u.* 3 *u.* 2. *Ware* zu¹rücklegen (*im Geschäft*). **3.** *Streit etc* begraben, vergessen. ~ **a·way** *v/t* **1.** weglegen, -stecken, -tun, bei¹seite legen. **2.** auf-, wegräumen. **3.** *Geld* zu¹rücklegen, ‚auf die hohe Kante legen'. **4.** *ein Laster etc* ablegen. **5.** sich trennen von, *engS.* sich scheiden lassen von. **6.** *colloq. Speisen etc* ‚verdrücken', *Getränke* ‚runterstellen', ‚schlucken': **he can** ~ **quite a lot** der kann ganz schön was schlucken. **7.** *colloq.* j-n ‚einsperren', in e-e Anstalt stecken. **8.** *colloq.* a) *j-n* ‚beseitigen', ‚aus dem Weg räumen' (*umbringen*), b) *Tier* einschläfern. **9.** *obs. od. Bibl. e-e Frau* verstoßen. **II** *v/i* **10.** *mar.* auslaufen (**for** nach). ~ **back I** *v/t* **1.** zu¹rückschieben, -stellen, -tun. **2.** *die Uhr* zu¹rückstellen, *den Zeiger* zu¹rückdrehen: → **clock**¹ 1. **3.** *fig.* aufhalten, hemmen. **4.** *ped. e-n Schüler* zu¹rückversetzen. **5.** verschieben (**two days um** zwei Tage). **II** *v/i* **6.** *bes. mar.* ¹umkehren, zu¹rückkehren (**to** nach, **in** *acc*). ~ **by** *v/t* **1.** → **put away** 1 *u.* 3. **2.** *e-r Frage etc* ausweichen. **3.** *fig.* bei¹seite schieben, *j-n* über¹gehen. ~ **down I** *v/t* **1.** a) ¹hin-, niederlegen, -stellen, -setzen: → **foot** 1, b) *Messer etc* weglegen, -stecken. **2.** (*auf der Fahrt*) absetzen, aussteigen lassen. **3.** *ein Flugzeug* aufsetzen, landen. **4.** a) einkellern, b) *e-n Weinkeller* anlegen. **5.** *j-n* (*von e-m Posten*) absetzen,

**6.** a) ‚ducken', demütigen, b) *j-n* her¹absetzen, schlechtmachen. **7.** *Kritiker etc* zum Schweigen bringen. **8.** *e-n Aufstand* niederschlagen. **9.** *e-n Mißstand* beseitigen, ausmerzen. **10.** *Tier* einschläfern. **11.** *Br.* etwas aufgeben. **12.** (auf-, nieder)schreiben, schriftlich niederlegen. **13.** *econ.* anschreiben (**to** *dat*): **to put s.th. down to s.o.'s account** j-m etwas auf die Rechnung setzen. **14.** *econ.* a) *Preise* her¹untersetzen, b) *Ausgaben* beschränken. **15.** *j-n* eintragen *od.* vormerken (**for** für): **to put o.s. down** sich eintragen. **16.** zuschreiben (**to** *dat*): **I put it down to his inexperience.** **17.** schätzen (**at**, **for** auf *acc*). **18.** (**as**, **for**) *j-n* einschätzen (als), halten (für). **19.** *parl. Resolution etc* einbringen, vorlegen. **II** *v/i* **20.** *aer.* landen, aufsetzen. ~ **forth** *v/t* **1.** hin¹auslegen, -stellen, -schieben, vorschieben, -stellen. **2.** *die Hand etc* ausstrecken. **3.** zeigen, entwickeln, *Kraft etc* aufbieten. **4.** *bot. Knospen etc* treiben. **5.** veröffentlichen. **6.** *e-e Frage etc* vorbringen. **7.** behaupten. ~ **for·ward** *v/t* **1.** vorschieben. **2.** *die Uhr* vorstellen, *den Zeiger* vorrücken. **3.** *fig.* in den Vordergrund schieben, zur Geltung bringen: **to put o.s. forward** a) sich hervortun, b) sich vordrängen. **4.** *fig.* vor¹anbringen, weiterhelfen (*dat*). **5.** *e-e Meinung etc* vorbringen, *etwas* vorlegen, unter¹breiten. **6.** *e-e Theorie* aufstellen, zur De¹batte stellen. ~ **in I** *v/t* **1.** her¹ein-, hin¹einlegen, -stellen, -setzen, -stecken. **2.** hin¹eintun, -geben, -schütten. **3.** einschieben, -schalten: **to** ~ **a word** e-e Bemerkung einwerfen *od.* anbringen; **to** ~ **an extra hour's work** e-e Stunde mehr arbeiten. **4.** *pol. Partei* an die Re¹gierung bringen. **5.** *Zeit* verbringen. **6.** *bes. jur.* a) *ein Gesuch etc* einreichen, *ein Dokument* vorlegen, (*e-n*) *Antrag* stellen (**to** auf *acc*), b) *e-n Anspruch* erheben (**to**, **for** auf *acc*). **7.** *j-n* einstellen, anstellen: **to** ~ **a butler**. **8.** *sport j-n* melden (**for** für). **II** *v/i* **9.** *mar.* einlaufen (**at** in *dat*). **10.** einkehren (**at** in *dat*). **11.** sich bewerben, nachsuchen, bitten (**for** um): **he** ~ **for two days' leave** er bat um zwei Tage Urlaub; **to** ~ **for s.th.** etwas fordern, etwas verlangen. ~ **in·side** *v/t* *colloq.* j-n ‚einsperren'. ~ **off I** *v/t* **1.** weglegen, -stellen, bei¹seite legen *od.* stellen. **2.** *Kleider, a. fig. Zweifel etc* ablegen. **3.** *etwas* ver-, aufschieben, *Kaufetc* zu¹rückstellen. **4.** *j-n* hinhalten, vertrösten, abspeisen (**with** mit). **5.** sich drücken vor (*dat*). **6.** *j-n* abbringen, *j-m* abraten (**from** von). **7.** *colloq.* j-n aus dem Kon¹zept bringen: **that put me off** da ist mir alles vergangen. **8.** *colloq. j-n* abstoßen. **9.** **to put s.th. off (up)on s.o.** j-m etwas ‚andrehen'. **10.** *Passagiere* aussteigen lassen. **II** *v/i* **11.** *mar.* auslaufen. ~ **on** *v/t* **1.** *Kleider* anziehen, *den Hut, die Brille* aufsetzen. **2.** *Rouge* auflegen: → **face** 1. **3.** *Fett* ansetzen: → **weight** 3. **4.** *Gestalt* annehmen. **5.** vortäuschen, -spielen, heucheln: → **act** 8, **agony** 1, **air**¹ 9, **dog** *Bes. Redew.*: **to put it on** *colloq.* a) angeben, b) übertreiben, c) ‚schwer draufschlagen' (*auf den Preis*), d) heucheln; **they are putting it on too** so sie tun so; **to put it on thick** *colloq.* ‚dick auftragen': **his modesty is all** ~ s-e Bescheidenheit ist nur Mache. **6.** *e-e Summe* aufschlagen (**on** auf *den Preis*). **7.** *die Uhr* vorstellen, *den Zeiger* vorrücken. **8.** an-, einschalten, *Gas etc* aufdrehen, *Dampf* anlassen, *das Tempo* beschleunigen. **9.** *Kraft, a. Arbeitskräfte, e-n Sonderzug etc* einsetzen. **10.** *e-e Schraube, die Bremse* anziehen. **11.** *thea. ein Stück* ansetzen, her¹ausbringen. **12.** **to put s.o. on to** a) j-m

e-n Tip geben für, j-n auf *e-e Idee* bringen, b) *teleph.* j-n mit *j-m* verbinden. **13.** *Schallplatte* auflegen, spielen: → **record** 20 a. **~ out I** *v/t* **1.** hin'auslegen, -stellen *etc.* **2.** *die Hand, e-n Fühler* ausstrecken, *die Zunge* her'ausstrecken: → **feeler** 1. **3.** a) *e-e Notiz etc* aushängen, b) *Rundfunk, TV:* senden, bringen. **4.** *sport* a) zum Ausscheiden zwingen, ‚aus dem Rennen werfen', ausschalten, b) *Boxen:* k.o. schlagen. **5.** *ein Glied* aus-, verrenken. **6.** *Feuer, Licht* (aus)löschen, ausmachen. **7.** a) verwirren, aus der Fassung bringen, b) verstimmen, -ärgern: to be ~ about s.th., c) *j-m* Ungelegenheiten bereiten, *j-n* stören. **8.** *Kraft etc* aufbieten. **9.** *Geld* ausleihen (**at interest** auf Zinsen), inve'stieren. **10.** *ein Boot* aussetzen. **11.** *Augen* ausstechen. **12.** *e-e Arbeit, a. ein Kind, Tier* außer Haus geben, *econ. etwas* in Auftrag geben: to ~ to service in Dienst geben *od.* schicken; → **grass** *Bes. Redew.*, **nurse** 4. **13.** *Knospen etc* treiben. **II** *v/i* **14.** *mar.* auslaufen: to ~ (to sea) in See stechen. **15.** *Am. sl.* sich anstrengen. **16.** *Am. sl.* her'umhuren (*Frau*). **~ o·ver I** *v/t* **1.** → **put across** 2 u. 3. **2.** *e-n Film etc* Erfolg sichern, popu'lär machen (*acc*): to put o.s. over sich durchsetzen, Anklang finden, ‚ankommen'; to put it over das Publikum gewinnen. **3.** to put it over on *j-n* ‚reinlegen'. **4.** *bes. jur. e-e Sache* aufschieben, vertagen. **II** *v/i* **5.** *mar.* hin'überfahren. **~ through** *v/t* **1.** ‚durch-, ausführen. **2.** *teleph.* j-n verbinden (**to** mit). **3.** weiterleiten (**to** an *acc*). **~ to** *v/t* ein Pferd anspannen, *e-e Lokomotive* vorspannen. **~ to·geth·er** *v/t* **1.** zs.-setzen, *a. ein Schriftwerk* zs.-stellen. **2.** konstru'ieren, bauen. **3.** zs.-zählen: **all** ~ alle(s) zusammen; → **two** 2. **4.** zs.-stecken: → **head** *Bes. Redew.* **~ up I** *v/t* **1.** hin'auflegen, -stellen. **2.** hochschieben, -heben, -ziehen: → **back¹** 1, **shutter** 1. **3.** *ein Bild, e-n Vorhang etc* aufhängen. **4.** *ein Plakat* anschlagen. **5.** *das Haar* hoch-, aufstecken. **6.** *den Schirm* aufspannen. **7.** aufstellen, errichten, erbauen: to ~ a tent ein Zelt aufschlagen. **8.** *colloq.* a) *etwas* ‚aushecken', b) *etwas* ‚(hin)drehen', fin'gieren. **9.** *ein Gebet* em'porsenden. **10.** *e-e Bitte etc* vorbringen. **11.** *e-n Gast* (bei sich) aufnehmen, 'unterbringen, beherbergen. **12.** weglegen, bei'seite legen. **13.** aufbewahren. **14.** ein-, verpacken (**in** in *acc od. dat*), zs.-legen. **15.** *das Schwert* einstecken. **16.** konser'vieren, einkochen, -machen. **17.** *thea. ein Stück* aufführen. **18.** *ein gutes Spiel etc* zeigen, *e-n (harten etc) Kampf* liefern, *Widerstand* leisten: to ~ a bluff bluffen. **19.** (als Kandi'daten) aufstellen. **20.** *Auktion:* an-, ausbieten: to ~ for sale meistbietend verkaufen. **21.** *den Preis etc* hin'aufsetzen, erhöhen. **22.** *Wild* aufjagen. **23.** *das Aufgebot* verkünden. **24.** bezahlen. **25.** (ein)setzen (*bei der Wette etc*). **26.** *j-n* anstiften (**to** s.th. zu etwas: **to do** zu tun). **27.** ~ **to** a) *j-n* infor'mieren über (*acc*), b) *j-m e-n* Tip geben für. **II** *v/i* **28.** absteigen, einkehren, sich ‚einquar'tieren (**at** in *dat*, **bei**). **29.** (**for**) sich aufstellen lassen, kandi'dieren (für), sich bewerben (um). **30.** (be)zahlen (**for** für). **31.** ~ **with** sich abfinden mit, sich gefallen lassen, ruhig 'hinnehmen: I'm not going to ~ with it das werde ich mir nicht gefallen lassen.

**pu·ta·men** [pjuː'teɪmən; -mɪn] *pl* **-tam·i·na** [-'tæmɪnə] *s* **1.** *bot.* (Stein-) Kern *m* (*e-r Frucht*). **2.** *zo.* Schalenhaut *f* (*des Eies*).

**pu·ta·tive** ['pjuːtətɪv] *adj* (*adv* ~ly) **1.** vermeintlich. **2.** mutmaßlich. **3.** *jur.*

puta'tiv: ~ **marriage** Putativehe *f* (*in Unkenntnis vorhandener Hindernisse in gutem Glauben geschlossen*).

'**put-down** ['pʊt-] *s* her'absetzende Bemerkung: **that was a** ~ damit wollte er *etc* mich *etc* ‚fertigmachen'.

**pute** [pjuːt] *adj obs.* rein (*a. fig.*).

**put·log** ['pʌtlɒg; *Am. a.* 'pʊt-; -ˌlag], *a.* '**put·lock** [-lɒk; *Am.* -ˌlak] *s* Rüstbalken *m*.

'**put|-off** ['pʊt-] *s* **1.** Ausflucht *f*, Ausrede *f*. **2.** Verschiebung *f*. '**~-on I** *adj* **1.** vorgetäuscht, -gespiegelt. **II** *s Am. sl.* **2.** Bluff *m*, Schwindel *m*. **3.** affek'tiertes Getue, Pose *f*.

**put-put** ['pʌtpʌt] **I** *s* **1.** Tuckern *n* (*e-s Motors etc*). **2.** kleiner Motor, kleine Ma'schine *etc.* **II** *v/i* **3.** tuckern.

**pu·tre·fa·cient** [ˌpjuːtrɪ'feɪʃnt] → **putrefactive**. ˌ**pu·tre'fac·tion** [-'fækʃn] *s* **1.** Fäulnis *f*, Verwesung *f*. **2.** Faulen *n*. **3.** *fig.* Zersetzung *f*, Verfall *m*. ˌ**pu·tre'fac·tive** [-'fæktɪv] **I** *adj* **1.** faulig, Fäulnis...: ~ **bacterium** Fäulnisbakterium *n*; ~ **fermentation** Fäulnisgärung *f*. **2.** fäulniserregend. **II** *s* **3.** Fäulniserreger *m*.

'**pu·tre·fy** [-faɪ] **I** *v/i* (ver)faulen, in Fäulnis 'übergehen, verwesen. **II** *v/t* zum (Ver)Faulen bringen.

**pu·tres·cence** [pjuː'tresns] *s* **1.** (Ver-) Faulen *n*, Fäulnis *f*. **2.** Fauligkeit *f*. **pu·'tres·cent** *adj* **1.** (ver)faulend, verwesend. **2.** faulig, Fäulnis...

**pu·trid** ['pjuːtrɪd] *adj* (*adv* ~ly) **1.** (ver-) faulend, verfault, verwest, faul. **2.** Fäulnis..., Faul...: ~ **fever** *med.* Faulfieber *n*. **3.** faulig, stinkend. **4.** *fig.* verderbt, kor'rupt. **5.** *fig.* verderblich. **6.** *fig.* scheußlich, ekelhaft. **7.** *sl.* ‚mise'rabel', ‚saumäßig'. **pu·'trid·i·ty, 'pu·trid·ness** *s* **1.** Fäulnis *f*. **2.** *fig.* Verderbtheit *f*, Kor'ruptheit *f*. **3.** *fig.* Verderblichkeit *f*. **4.** *fig.* Scheußlichkeit *f*.

**putsch** [pʊtʃ] *s pol.* Putsch *m*, Staatsstreich *m*.

**putt** [pʌt] (*Golf*) **I** *v/t* Ball putten. **II** *v/i* putten, e-n Putt schlagen *od.* spielen. **III** *s* Putt *m*.

**put·tee** ['pʌtɪ; *Am. a.* pʌ'tiː] *s* 'Wickelgaˌmasche *f*.

**putt·er¹** ['pʌtə(r)] *s Golf:* Putter *m* (*Schläger u. Spieler*).

**put·ter²** ['pʌtər] *Am.* → **potter²**.

**putt·ing green** ['pʌtɪŋ] *s Golf:* Putting green *n*: a) Grün *n* (*Teil des Golfplatzes innerhalb e-s Radius von 20 Yards vom Loch aus*), b) Rasenstück zum Üben des Puttens.

**put·to** ['pʊtəʊ] *pl* **-ti** [-tɪ] *s art* Putte *f*.

**put·tock** ['pʌtək] *s orn. Br. dial.* **1.** Gabelweihe *f*. **2.** Bussard *m*.

**put·ty** ['pʌtɪ] **I** *s* **1.** *tech.* Kitt *m*, Spachtel (-masse *f*) *m*: (glaziers') ~ Glaserkitt *m*; (plasterers') ~ Kalkkitt *m*; (jewellers') ~ *tech.* Zinnasche *f*. **2.** *fig.* Wachs *n*: he is ~ in her hands. **3.** Hellgrau *n*. **II** *v/t* **4.** *a.* ~ **up** *tech.* (ver)kitten. **~ knife** *s irr tech.* Spachtelmesser *n*, Spachtel *m*,*f*. **~ med·al** *s humor.* ‚Blechorden' *m*.

'**put|-up** ['pʊt-] *adj colloq.* abgekartet: **a** ~ **job** e-e abgekartete Sache. '**~-up·on** *adj* miß'braucht, ausgenützt.

**puz·zle** ['pʌzl] **I** *s* **1.** Rätsel *n* (*a. fig.*). **2.** Puzzle(spiel) *n*, Geduldspiel *n* (*beide a. fig.*), Ve'xierˌ, Zu'sammensetzspiel *n*. **3.** schwierige Sache, kniffliges Pro'blem, ‚harte Nuß'. **4.** Verwirrung *f*, Verlegenheit *f*: to be in a ~ verwirrt sein. **II** *v/t* **5.** verwirren, vor ein Rätsel stellen, *j-m* zu denken geben, verwundern: it ~s me es ist mir ein Rätsel *od.* rätselhaft; he was ~d what to do er wußte nicht, was er tun sollte. **6.** *j-m* Kopfzerbrechen machen, *j-m* zu schaffen machen: to ~ one's brains (*od.*

head) sich den Kopf zerbrechen. **7.** kompli'zieren, durchein'anderbringen, verwirren. **8.** ~ **out** *etwas* austüfteln, -knobeln, her'ausbekommen. **III** *v/i* **9.** verwirrt sein (**over, about** über *acc*). **10.** (**over**) sich den Kopf zerbrechen (über *dat*), her'umknobeln (an *dat*).

'**puz·zle·dom** → **puzzlement**.

ˌ**puz·zle'head·ed** *adj* wirrköpfig, kon'fus. ~ **lock** *s* Ve'xier-, Buchstabenschloß *n*.

'**puz·zle·ment** *s* Verwirrung *f*.

'**puz·zler** → **puzzle** 1 u. 3.

'**puz·zling** *adj* (*adv* ~ly) **1.** rätselhaft. **2.** verwirrend.

**py·ae·mi·a, py·ae·mic** → **pyemia, pyemic**.

'**pye-dog** ['paɪ-] *s Br. Ind.* streunender Hundebastard.

**py·e·li·tis** [ˌpaɪə'laɪtɪs] *s med.* Pye'litis *f*, Nierenbeckenentzündung *f*.

**py·e·lo·gram** ['paɪələʊgræm] *s med.* Pyelo'gramm *n* (*Röntgenbild des Nierenbeckens*). ˌ**py·e'log·ra·phy** [-'lɒgrəfɪ; *Am.* -'lag-] *s* Pyelogra'phie *f* (*röntgenologische Darstellung des Nierenbeckens*).

ˌ**py·e·lo·ne'phri·tis** *s* Pyelone'phritis *f* (*gleichzeitige Entzündung des Nierenbeckens u. der Nieren*).

**py·e·mi·a** [paɪ'iːmjə; -ɪə] *s med.* Pyä'mie *f* (*Blutvergiftung mit Eitererregern*). **py·'e·mic** *adj* py'ämisch.

**py·gal** ['paɪgəl] *adj zo.* Steiß...

**pyg·m(a)e·an** [pɪg'miːən] → **pygmy** II.

**pyg·my** ['pɪgmɪ] **I** *s* **1.** P~ Pyg'mäe *m*, Pyg'mäin *f* (*Zwergmensch*). **2.** *fig.* Zwerg *m*. **3.** (*etwas*) Winziges. **II** *adj* **4.** Pygmäen... **5.** zwergenhaft, winzig, Zwerg... **6.** unbedeutend.

**py·ja·ma** [pə'dʒɑːmə] *adj Br.* Schlafanzugs..., Pyjama...: ~ **top**; ~ **party** Pyjamaparty *f*.

**py·ja·mas** [pə'dʒɑːməz] *s pl Br.* Schlafanzug *m*, Py'jama *m*.

**pyk·nic** ['pɪknɪk] **I** *adj* pyknisch, unter'setzt, gedrungen u. zu Fettansatz neigend. **II** *s* Pykniker(in).

**py·lon** ['paɪlən; *Am.* -ˌlan] *s* **1.** Py'lon *m*, Py'lone *f*: a) Eingangstor, *bes. zum ägyptischen Tempel*, b) Stütze *e-r* Hängebrücke, c) *am Flugzeug angebrachter Träger für Lasten*. **2.** selbsttragender Stahlmast, Hochspannungsmast *m*.

**py·lo·rus** [paɪ'lɔːrəs; *Am. a.* -'ləʊ-] *s anat.* Py'lorus *m*, Pförtner *m* (*Magenausgang*).

**py·or·rh(o)e·a** [ˌpaɪə'rɪə] *s med.* Pyor'rhö(e) *f*, Eiterfluß *m*.

**pyr·a·mid** ['pɪrəmɪd] **I** *s* **1.** *arch., a. math. etc* Pyra'mide *f* (*a. fig.*). **2.** *pl Br. ein Billardspiel mit* (*meist 15*) *farbigen u. e-r weißen Kugel*. **II** *v/i* **3.** pyra'midenförmig (aufgebaut *od.* angeordnet) sein. **4.** *econ. Gewinne aus e-r* (*noch nicht abgeschlossenen*) *Transaktion sofort zur Durchführung e-r weiteren größeren* (*u. so immer weiter*) *verwenden.* **III** *v/t* **5.** pyra'midenförmig aufbauen *od.* anordnen *od.* aufhäufen. **6.** *econ.* Gewinn zur Erzielung immer größerer Spekulati'onsgewinne verwenden.

**py·ram·i·dal** [pɪ'ræmɪdl] *adj* **1.** Pyramiden... **2.** pyrami'dal (*a. fig. colloq.* gewaltig), pyra'midenartig, -förmig.

**pyr·a·mid sell·ing** *s econ.* Absatz *m* durch Verkauf von gestaffelten Verkaufsrechten an e-m Pro'dukt.

**py·ran** ['paɪræn; paɪ'ræn] *s chem.* Py'ran *n*.

**py·ra·nom·e·ter** [ˌpaɪrə'nɒmɪtə(r); ˌpɪ-; *Am.* -'nam-] *s phys.* Pyrano'meter *n* (*Gerät zur Messung der Sonnen- u. Himmelsstrahlung*).

**py·rar·gy·rite** [paɪ'rɑː(r)dʒɪraɪt] *s min.* Pyrargy'rit *m*.

**py·ra·zole** ['paɪrəzəʊl; *Am.* 'pɪrə-; *a.* -ˌzəʊl] *s chem.* Pyra'zol *n*.

**pyre** ['paɪə(r)] s Scheiterhaufen m.
**py·rene**[1] ['paɪriːn] s chem. Py'ren n.
**py·rene**[2] ['paɪriːn] s bot. (einzelner) Kern (e-r Beere etc).
**Pyr·e·ne·an** [ˌpɪrə'niːən] adj geogr. py-re'näisch, Pyrenäen...
**py·re·noid** ['paɪrənɔɪd; paɪ'riː-] s bot. Pyreno'id n.
**py·ret·ic** [paɪ'retɪk] adj med. **1.** fieber-haft. **2.** Fieber... **pyr·e·to·gen·ic** [ˌpɪrɪtəʊ'dʒenɪk; ˌpaɪ-] adj med. fiebererzeu-gend. **pyr·e·to'ther·a·py** s med. 'Fieberthera·pie f.
**py·rex·i·a** [paɪ'reksɪə] s med. Pyre'xie f, Fieberzustand m.
**pyr·he·li·om·e·ter** [pəˌhiːlɪ'ɒmɪtə; Am. 'paɪərˌhiːliː'ɑmətər] s phys. Pyrhelio-'meter n (Gerät zur Messung der direkten Sonnenstrahlung).
**pyr·i·dine** ['pɪrɪdiːn] s chem. Pyri'din n.
**pyr·i·dox·ine** [ˌpɪrɪ'dɒksiːn; Am. -'dɑk-] s Biochemie: Pyrido'xin n.
**pyr·i·form** ['pɪrɪfɔ:(r)m] adj birnenför-mig.
**py·rim·i·dine** [paɪ'rɪmɪdiːn; pɪ'r-] s chem. Pyrimi'din n.
**py·rite** ['paɪraɪt] s min. Py'rit m, Schwe-fel-, Eisenkies m. **py·ri·tes** [paɪ'raɪtiːz; pə'r-] s min. Py'rit m (allgemein für gewisse Sulfide): copper ~ Kupferkies m; iron ~ → pyrite. **py'rit·ic** [-'rɪtɪk] adj py'ri-tisch.
**pyro-** [paɪrəʊ] Wortelement mit der Be-deutung Feuer..., Hochtemperatur..., Hitze...
**py·ro'cat·e·chol** [-'kætɪtʃɒl; -kɒl; Am. -ˌkəʊl; -ˌkɔːl], a. **py·ro'cat·e·chin** [-tʃɪn; -kɪn] s chem. phot. Brenz-, Pyro-cate'chin n.
**py·ro'cel·lu·lose** s chem. 'Nitrozellu-ˌlose f.
**py·ro'clas·tic** [-'klæstɪk] adj geol. pyro-'klastisch.
**py·ro·e'lec·tric** adj pyroe'lektrisch. **'py·ro·e·lec'tric·i·ty** s phys. Pyro-elektrizi'tät f.
**py·ro'gal·late** [-'gæleɪt] s chem. Pyro-gal'lat n. **py·ro'gal·lic ac·id** → py-rogallol. **py·ro'gal·lol** [-lɒl; Am. a. -ˌləʊl] s chem. phot. Pyrogall'lol n.
**py·ro·gen** ['paɪrəʊdʒen] s med. Pyro'gen n. **py·ro'gen·ic** [-'dʒenɪk], **py'rog·e-**

**nous** [-'rɒdʒɪnəs; Am. -'rɑ-] adj **1.** a) wärmeerzeugend, b) durch Wärme er-zeugt. **2.** med. a) fiebererzeugend, b) durch Fieber verursacht. **3.** geol. pyro'gen.
**py·rog·ra·pher** [paɪ'rɒgrəfə(r); Am. -'rɑg-] s Pyro'graph m. **py'rog·ra·phy** s Pyrogra'phie f, Brandmale'rei f.
**py·rol·a·try** [paɪ'rɒlətrɪ; Am. -'rɑl-] s Feueranbetung f.
**py·ro'lig·ne·ous** adj chem. holzsauer. **~ ac·id** s Holzessigsäure f. **~ al·co·hol**, **~ spir·it** s Me'thylalkohol m.
**py·ro'lu·site** [-'luːsaɪt] s min. Pyrolu'sit m, Braunstein m.
**py·rol·y·sis** [paɪ'rɒlɪsɪs; Am. -'rɑl-] s chem. Pyro'lyse f, Zersetzung f durch Hitze. **py·ro'lyt·ic** [-'lɪtɪk] adj pyro'ly-tisch.
**py·ro·man·cy** ['paɪrəʊmænsɪ] s hist. Pyroman'tie f, Wahrsagung f aus dem (Opfer)Feuer.
**py·ro·ma·ni·a** [ˌpaɪrəʊ'meɪnɪə] s Pyro-ma'nie f, Brandstiftungstrieb m. **py·ro'ma·ni·ac** [-æk] s Pyro'mane m, Pyro-'manin f. **py·ro·ma'ni·a·cal** [-mə-'naɪəkl] adj pyro'manisch.
**py·ro·met·al·lur·gy** [ˌpaɪrəʊme'tælə-dʒɪ; Am. -'metlˌɜrdʒiː] s tech. Pyro-metallur'gie f.
**py·rom·e·ter** [paɪ'rɒmɪtə(r); Am. -'rɑm-] s phys. Pyro'meter n, Hitzemesser m. **py'rom·e·try** [-trɪ] s Pyrome'trie f.
**py·ro'mor·phite** [-'mɔː(r)faɪt] s min. Pyromor'phit m, Grün-, Blau-, Bunt-bleierz n.
**py·rone** ['paɪrəʊn] s chem. Py'ron m.
**py·rope** ['paɪrəʊp] s min. Pyr'op m.
**py·ro·phor·ic** [ˌpaɪrəʊ'fɒrɪk; Am. a. -'fɑr-] adj chem. pyro'phor, an der Luft sich selbst entzündend.
**py·ro'phos·phate** s chem. Pyrophos-'phat n.
**py·ro·phos'phor·ic ac·id** s Pyro-'phosphorsäure f.
**py·ro'phyl·lite** [-'fɪlaɪt] s min. Pyro-phyll'it m.
**py·ro·sis** [paɪ'rəʊsɪs] s med. Py'rosis f, Sodbrennen n.
**py·ro'tech·nic**, a. **py·ro'tech·ni·cal** adj **1.** pyro'technisch. **2.** Feuer-werks..., feuerwerkartig (a. fig.). **3.** fig. bril'lant. **py·ro'tech·nics** s pl (meist

als sg konstruiert) **1.** Pyro'technik f, Feuerwerke'rei f. **2.** fig. Feuerwerk n (von Witz etc). **py·ro'tech·nist** s Pyro'techniker m, Feuerwerker m.
**py·ro·tech·ny** ['paɪrəʊˌteknɪ] → pyro-technics 1.
**py·rot·ic** [paɪ'rɒtɪk; Am. -'rɑ-] med. **I** adj **1.** kaustisch, ätzend. **2.** brennend. **II** s **3.** Ätzmittel n.
**py·rox·e·nite** [paɪ'rɒksɪnaɪt; Am. -'rɑk-] s geol. Pyroxe'nit m.
**py·rox·y·lin** [paɪ'rɒksɪlɪn; Am. -'rɑk-] s chem. Kol'lodiumwolle f: ~ lacquer Ni-tro(zellulose)lack m.
**Pyr·rhic**[1] ['pɪrɪk] adj Pyrrhus...: ~ vic-tory Pyrrhussieg m.
**pyr·rhic**[2] ['pɪrɪk] metr. **I** s Pyr'rhichius m (aus zwei Kürzen bestehender Versfuß). **II** adj pyrrhisch: ~ foot → I.
**py·rus** ['paɪrəs] s bot. Birnbaum m.
**py·ru·vic ac·id** [paɪ'ruːvɪk] s chem. Brenztraubensäure f. **~ al·de·hyde** s chem. He'thyl-Glyoˌxal n.
**Py·thag·o·re·an** [paɪˌθægə'rɪən; Am. a. pəˌθæ-] **I** adj pythago'reisch: ~ proposi-tion, ~ theorem math. pythagoreischer Lehrsatz. **II** s philos. Pythago'reer m.
**Pyth·i·an** ['pɪθɪən] **I** adj **1.** antiq. py-thisch: ~ games Pythische Spiele, Py-thien. **2.** fig. rasend, ek'statisch. **II** s **3.** the ~ a) der pythische Gott (Apollo), b) die Pythia.
**py·thon** ['paɪθn; Am. a. -ˌθɑn] s **1.** zo. Python m, Pythonschlange f: Indian ~ Tigerschlange; rock ~ Felsenschlange. **2.** zo. allg. Riesenschlange f. **3.** P-antiq. Python m (ein von Apollo getöteter Drache).
**py·tho·ness** ['paɪθənes; Am. -nəs] s **1.** antiq. Pythia f, pythische Priesterin. **2.** fig. a) Pythia f, Wahrsagerin f, b) Zauberin f.
**py·u·ri·a** [paɪ'jʊərɪə] s med. Pyu'rie f, Eiterharnen n.
**pyx** [pɪks] **I** s **1.** R.C. Pyxis f: a) Hostien-behälter m, b) hist. Zi'borium n. **2.** a. ~ chest Büchse in der königlichen brit. Mün-ze, in der Musterstücke der geprägten Münzen zur Prüfung (trial of the ~) hin-terlegt werden. **II** v/t **3.** e-e Münze a) in der pyx hinter'legen, b) auf Gewicht u. Feinheit prüfen.

# Q

**Q, q** [kjuː] **I** pl **Q's, Qs, q's, qs** [kjuːz] s **1.** Q, q n (Buchstabe). **2.** Q Q n, Q-förmiger Gegenstand. **II** adj **3.** siebzehnt(er, e, es). **4.** Q Q O-..., Q-förmig.
**'Q-boat** s U-Boot-Falle f.
**Q fe·ver** s med. Q-Fieber n, Queensland-Fieber n.
**'Q-ship** → Q-boat.
**qua** [kweɪ; Am. kwɑː] (Lat.) adv (in der Eigenschaft) als: ~ friend.
**qua·bird** ['kwɑːbɜːd; Am. -ˌbɜrd] s orn. Nachtreiher m.
**quack¹** [kwæk] **I** v/i **1.** quaken. **2.** fig. schnattern, schwatzen. **II** s **3.** Quaken n (der Ente). **4.** fig. Geschwätz n.
**quack²** [kwæk] **I** s **1.** a. ~ doctor Quacksalber m, Kurpfuscher m. **2.** Scharlatan m. **3.** Marktschreier m. **II** adj **4.** Quacksalber..., quacksalberisch. **5.** marktschreierisch. **6.** Schwindel... **III** v/i **7.** quacksalbern. **8.** marktschreierisch auftreten. **IV** v/t **9.** her'umpfuschen an (dat). **10.** marktschreierisch anpreisen.
**quack·er·y** ['kwækərɪ] s **1.** Quacksalbe'rei f, Kurpfusche'rei f. **2.** Scharlatane'rie f. **3.** marktschreierisches Auftreten.
**quack grass** s bot. Ackerquecke f.
**quack·sal·ver** ['kwækˌsælvə(r)] obs. → quack² I.
**quad¹** [kwɒd; Am. kwɑd] colloq. für quadrangle 2 a, quadrat, quadruplet.
**quad²** [kwɒd; Am. kwɑd] electr. **I** s Adervierer m, Viererkabel n. **II** v/t zum Vierer verseilen: ~ded cable → I.
**quad³** [kwɒd; Am. kwɑd] → quod.
**quad·ra·ble** ['kwɒdrəbl; Am. 'kwɑd-] adj math. qua'drierbar.
**quad·ra·ge·nar·i·an** [ˌkwɒdrədʒɪˈneərɪən; Am. ˌkwɑd-] **I** adj a) vierzigjährig, b) in den Vierzigern. **II** s Vierziger(in) (a. Person in den Vierzigern), Vierzigjährige(r m) f.
**Quad·ra·ges·i·ma** [ˌkwɒdrəˈdʒesɪmə; Am. ˌkwɑd-; a. -ˈdʒeɪsə-] s a. ~ Sunday (Sonntag m) Quadra'gesima f (1. Fastensonntag). **quad·ra'ges·i·mal** [-ml; Am. -məl] adj Fasten...
**quad·ran·gle** ['kwɒdræŋgl; Am. 'kwɑdˌr-] s **1.** math. u. weitS. Viereck n. **2.** a) von Gebäuden um'schlossener viereckiger Hof (bes. der Oxforder Colleges), b) viereckiger Ge'bäudekom,plex. **3.** Am. Landkartenviereck n. **quad'ran·gu·lar** [-gjʊlə(r)] adj viereckig.
**quad·rant** ['kwɒdrənt; Am. 'kwɑd-] s **1.** math. Qua'drant m: a) Viertelkreis, b) Viertel des Kreisumfangs, c) Viertelebene zwischen den Achsen e-s ebenen Koordinatensystems, d) Viertelkugel. **2.** astr. mar. Qua'drant m (Instrument). **3.** tech. Qua'drant m (viertelkreisförmiger Teil). **quad'ran·tal** [-ˈdræntl] adj **1.** Quadranten... **2.** viertelkreisförmig.

**quad·ra·phon·ic** [ˌkwɒdrəˈfɒnɪk; Am. ˌkwɑdrəˈfɑ-] adj mus. phys. quadro'phonisch. **ˌquad·ra'phon·ics** s pl (als sg konstruiert) Quadropho'nie f. **quad·raph·o·ny** [kwɒˈdræfənɪ; Am. kwɑ-] → quadraphonics.
**quad·rat** ['kwɒdrət; Am. 'kwɑdrət; -ˌreɪt] s print. Qua'drat n, Geviert n, großer Ausschluß: ~s Quadraten; em ~ Geviert; en ~ Halbgeviert.
**quad·rate** ['kwɒdrət; -reɪt; Am. 'kwɑd-] **I** adj **1.** (annähernd) qua'dratisch. **2.** anat. Quadrat..., Viereck...: ~ bone → **3. II** s **3.** anat. Qua'drat-, Viereckbein n. **III** v/t [kwɒˈdreɪt; Am. 'kwɑd,r-] **4.** (with, to) in Über'einstimmung bringen (mit), anpassen (an acc). **IV** v/i **5.** über'einstimmen.
**quad·rat·ic** [kwɒˈdrætɪk; Am. kwɑ-] **I** adj (adv ~ally) **1.** qua'dratisch (in der Form). **2.** math. qua'dratisch, zweiten Grades: ~ equation; ~ curve Kurve f zweiter Ordnung. **II** s **3.** math. qua'dratische Gleichung. **4.** pl (als sg konstruiert) math. Lehre f von den qua'dratischen Gleichungen.
**quad·ra·ture** ['kwɒdrətʃə(r); Am. 'kwɑd-; a. -ˌtʃʊər] s **1.** math. Quadra'tur f (of the circle des Kreises). **2.** astr. Quadra'tur f (Stellung von 2 Himmelskörpern, wenn sie 90° voneinander entfernt sind). **3.** electr. (Phasen)Verschiebung f um 90°: ~ circuit Phasenschieberkreis m; ~ component Blindkomponente f.
**quad·ren·ni·al** [kwɒˈdrenjəl; Am. kwɑˈdrenɪəl] **I** adj (adv ~ly) **1.** vierjährig, vier Jahre dauernd od. um'fassend. **2.** vierjährlich ('wiederkehrend), alle vier Jahre stattfindend. **II** s **3.** Zeitraum m von vier Jahren. **4.** vierter Jahrestag.
**quad·ren·ni·um** [kwɒˈdrenɪəm; Am. kwɑ-] pl **-ni·ums, -ni·a** [-nɪə] s Zeitraum m von vier Jahren.
**quadri-** [kwɒdrɪ; Am. kwɑdrə] Wortelement mit der Bedeutung vier.
**ˌquad·ri·cen'ten·ni·al** **I** adj vierhundertjährig. **II** s vierhundertster Jahrestag, Vierhundert'jahrfeier f.
**quad·ri·ga** [kwəˈdriːgə; Am. kwɑ-] pl **-gas, -gae** [-dʒiː; Am. -ˌgaɪ] s Qua'driga f, Viergespann n.
**ˌquad·ri'lat·er·al** **I** adj vierseitig. **II** s math. Vierseit n, Viereck n.
**ˌquad·ri'lin·gual** adj viersprachig.
**qua·drille** [kwəˈdrɪl; Am. a. kwɑ-] s Qua'drille f (Tanz od. Musik dazu).
**quad·ril·lion** [kwɒˈdrɪljən; Am. kwɑ-] s math. **1.** Br. Quadrilli'on f ($10^{24}$). **2.** Am. Billi'arde f ($10^{15}$).
**ˌquad·ri'no·mi·al** [-ˈnəʊmjəl; -ɪəl] adj u. s math. vierglied(e)rig(es Poly'nom).
**ˌquad·ri'par·tite** adj **1.** vierteilig. **2.** Vierer..., Viermächte..., zwischen vier Partnern abgeschlossen etc: ~ pact Vie-

rerpakt m. **3.** vierfach ausgefertigt (Urkunde).
**quad·ri·reme** ['kwɒdrɪriːm; Am. 'kwɑd-] s mar. hist. Quadri'reme f, Vierruderer m.
**ˌquad·ri·syl'lab·ic** adj viersilbig. **ˌquad·ri'syl·la·ble** s viersilbiges Wort.
**ˌquad·ri'va·lent** adj chem. vierwertig.
**quad·riv·i·um** [kwɒˈdrɪvɪəm; Am. kwɑ-] s univ. hist. Qua'drivium n (der höhere Teil der Freien Künste: Arithmetik, Geometrie, Musik, Astronomie).
**quad·roon** [kwɒˈdruːn; Am. kwɑ-] s Viertelneger(in), Terze'ron(in).
**quad·ro·phon·ic,** etc → quadraphonic, etc.
**quad·ru·ped** ['kwɒdrʊped; Am. 'kwɑd-] zo. **I** adj vierfüßig. **II** s Vierfüß(l)er m. **quad·ru·pe·dal** [kwɒˈdruːpɪdl; ˌkwɒdrʊˈpedl; Am. ˌkwɑd'-; ˌkwɑdrəˈp-] adj zo. **1.** vierfüßig. **2.** Vierfüß(l)er...
**quad·ru·ple** ['kwɒdrʊpl; kwɒˈdruːpl; Am. kwɑd-; ˈkwɑd-] **I** adj **1.** vierfach. **2.** Vierer...: Q~ Alliance hist. Quadrupelallianz f; ~ machine gun mil. Vierlings-MG n; ~ thread tech. viergängiges Gewinde. **II** s **3.** (das) Vierfache. **III** v/t **4.** vervierfachen. **5.** viermal so groß od. so viel sein wie. **IV** v/i **6.** sich vervierfachen.
**quad·ru·plet** ['kwɒdrʊplɪt; Am. kwɑ'drʌplət; -'druːp-] s **1.** Vierling m (Kind): ~s Vierlinge. **2.** Vierergruppe f. **3.** mus. Quar'tole f.
**quad·ru·plex** ['kwɒdrʊpleks; Am. 'kwɑd-] adj **1.** vierfach. **2.** electr. Quadruplex..., Vierfach...: ~ system Vierfachbetrieb m, Doppelgegensprechen n.
**quad·ru·pli·cate** [kwɒˈdruːplɪkeɪt; Am. kwɑ-] **I** v/t **1.** vervierfachen. **2.** ein Dokument vierfach ausfertigen. **II** adj [-kət] **3.** vierfach. **III** s [-kət] **4.** vierfache Ausfertigung: in ~. **5.** e-s von 4 (gleichen) Dingen: ~s 4 Exemplare.
**quae·re** ['kwɪərɪ] (Lat.) **I** v/imp **1.** suche!, frage!, siehe! **2.** es fragt sich. **II** s **3.** Frage f.
**quaff** [kwɑːf; Am. a. kwæf] **I** v/i **1.** zechen. **II** v/t **2.** trinken. **3.** in großen Zügen (aus)trinken, schlürfen: to ~ off ein Getränk hinunterstürzen.
**quag** [kwæg; Am. a. kwɑg] → quagmire. **'quag·gy** adj **1.** sumpfig, morastig. **2.** schwammig, weich. **'quag·mire** [-maɪə(r)] s **1.** Mo'rast m, Moor (-boden m) n, Sumpf(land n) m. **2.** fig. ,Klemme' f: to be caught in a ~ in der Patsche sitzen.
**qua·hog,** a. **qua·haug** ['kwɑːhɒg; Am. 'kɔːˌhɔːg; -ˌhɑg] s zo. Am. Venusmuschel f.
**quaich, quaigh** [kweɪx] s Scot. kleiner, flacher Becher.

**quail¹** [kweɪl] *pl* **quails**, *bes. collect.* **quail** *s* **1.** *orn.* Wachtel *f.* **2.** *ped. Am. sl.* ‚Ische' *f* (*Mädchen, Mitschülerin*).

**quail²** [kweɪl] *v/i* **1.** verzagen, den Mut verlieren. **2.** (vor Angst) zittern (**before** vor *dat*; **at** bei *e-m Gedanken etc*).

**quaint** [kweɪnt] *adj* (*adv* ~ly) **1.** wunderlich, drollig, kuri'os. **2.** malerisch, anheimelnd (*bes. altmodisch*). **3.** seltsam, merkwürdig. **'quaint·ness** *s* **1.** Wunderlichkeit *f.* **2.** malerisches *od.* anheimelndes (*bes. altmodisches*) Aussehen. **3.** Seltsamkeit *f.*

**quake** [kweɪk] **I** *v/i* **1.** zittern, beben (*Erde etc, Person*: **with** vor *dat*). **II** *s* **2.** Zittern *n*, Beben *n.* **3.** *colloq.* Erdbeben *n.*

**Quak·er** ['kweɪkə(r)] *s* **1.** *relig.* Quäker *m* (*Mitglied der Society of Friends*): ~ **City** Quäkerstadt *f* (*Spitzname von Philadelphia*); ~(**s'**) **meeting** *fig.* schweigsame Versammlung. **2.** *a.* ~ **gun** *Am.* Ge'schützat,trappe *f.* **3.** q~, *a.* q~bird *orn.* schwarzer Albatros. **'Quak·er·dom** [-dəm] *s* **1.** Quäkertum *n.* **2.** *collect.* die Quäker *pl.* **'Quak·er·ess** [-rɪs] *s* Quäkerin *f.* **'Quak·er·ism** *s* Quäkertum *n.*

**'quak·ing grass** *s bot.* (ein) Zittergras *n.*

**'quak·y** *adj* (*adv* quakily) **1.** zitternd, bebend. **2.** ängstlich.

**qual·i·fi·ca·tion** [ˌkwɒlɪfɪ'keɪʃn; *Am.* ˌkwɑ-] *s* **1.** Qualifikati'on *f*, Befähigung *f*, Eignung *f* (**for** für, zu:): ~ **test** Eignungsprüfung *f*; **to have the necessary** ~s den Anforderungen entsprechen. **2.** Vorbedingung *f*, (notwendige) Vor'aussetzung (**of, for** für). **3.** Befähigungsnachweis *m.* **4.** Modifikati'on *f*, Einschränkung *f*: **without any** ~ ohne jede Einschränkung. **5.** Bezeichnung *f*, Klassifi'zierung *f.* **6.** *ling.* nähere Bestimmung. **7.** *econ.* 'Mindestaktienkapi,tal *n* (*e-s Aufsichtsratsmitglieds*). **'qual·i·fi·ca·to·ry** [-kətərɪ; *Am.* -kə,təuri:; -,tɔ:-] *adj* **1.** einschränkend. **2.** qualifi'zierend, befähigend. **'qual·i·fied** [-faɪd] *adj* **1.** qualifi'ziert, geeignet, befähigt (**for** für). **2.** befähigt, berechtigt: ~ **for a post** anstellungsberechtigt; ~ **voter** Wahlberechtigte(r *m*) *f.* **3.** eingeschränkt, bedingt, modifi'ziert: ~ **acceptance** *econ.* eingeschränktes Akzept (*e-s Wechsels*), Annahme *f* unter Vorbehalt; **in a** ~ **sense** mit Einschränkungen. **'qual·i·fi·er** [-faɪə(r)] *s* **1.** *bes. sport* j-d, der sich qualifi'ziert (hat). **2.** *ling.* näher bestimmendes Wort. **'qual·i·fy** [-faɪ] **I** *v/t* **1.** qualifi'zieren, befähigen, geeignet machen (**for** für, zu; **for being, to be** zu sein): **to** ~ **o.s. for** die Eignung erwerben für *od.* zu. **2.** (*behördlich*) autori'sieren. **3.** berechtigen (**for** zu). **4.** bezeichnen, charakteri'sieren (**as** als). **5.** modifi'zieren, einschränken. **6.** abschwächen, mildern: **to** ~ **a remark. 7.** *Getränke etc* vermischen, *bes.* verdünnen. **8.** *ling.* modifi'zieren, näher bestimmen. **II** *v/i* **9.** sich qualifi'zieren, sich eignen, sich als geeignet *od.* tauglich erweisen, die Eignung nachweisen *od.* besitzen, in Frage kommen (**for** für, zu; **as** als): ~ing examination Eignungsprüfung *f.* **10.** *sport* sich qualifi'zieren (**for** für): ~ing round Ausscheidungsrunde *f*; ~ing standard Qualifikationsnorm *f.* **11.** die nötigen Fähigkeiten erwerben. **12.** die (ju'ristischen) Vorbedingungen erfüllen, *bes. Am.* den Eid ablegen.

**qua·lim·e·ter** [kwə'lɪmɪtə(r)] *s phys.* Quali'meter *n*, Röntgenstrahlen(härte)messer *m.*

**qual·i·ta·tive** ['kwɒlɪtətɪv; *Am.* 'kwɑlə-,teɪ-] *adj* (*adv* ~ly) qualita'tiv: ~ **analysis** *chem.* qualita'tive Analyse (*od.* **test**).

**qual·i·ty** ['kwɒlətɪ; *Am.* 'kwɑ-] *s* **1.** Eigen-schaft *f*: (**good**) ~ gute Eigenschaft; **in the** ~ **of** (in der Eigenschaft) als. **2.** Beschaffenheit *f*, (Eigen)Art *f*, Na'tur *f.* **3.** *bes. econ.* a) Quali'tät *f*: **in** ~ qualitativ; ~ **of life** *sociol.* Lebensqualität, b) (gute) Quali'tät, Güte *f*: ~ **control** Qualitätskontrolle *f*; ~ **factor** Gütefaktor *m*; ~ **goods** Qualitätswaren, c) Güte(sorte) *f*, Klasse *f.* **4.** Erstklassigkeit *f*, Klasse *f.* **5.** Ta'lent *n*, Fähigkeit *f*: **qualities of leadership** Führungsqualitäten. **6.** Vornehmheit *f*, vornehmer Stand: **person of** ~ Standesperson *f*; **the people of** ~ die vornehme Welt. **7.** *ling. mus.* Klangfarbe *f.* **8.** *philos.* Quali'tät *f.*

**qualm** [kwɑːm; *Am. a.* kwɔːlm] *s* **1.** Übelkeit(sgefühl *n*) *f*, Schwäche(anfall *m*) *f.* **2.** *fig.* Skrupel *m*, Bedenken *pl*, Zweifel *pl*: ~s **of conscience** Gewissensbisse; **to feel** (*od.* **have**) **no** ~s **about doing s.th.** keine Skrupel haben, etwas zu tun. **3.** *fig.* Anwandlung *f*, Anfall *m*: ~ **of homesickness. 'qualm·ish** *adj* (*adv* ~ly) **1.** unwohl. **2.** Übelkeits...: ~ **feelings. 3.** Übelkeit erregend.

**quan·da·ry** ['kwɒndərɪ; *Am.* 'kwɑn-] *s* Verlegenheit *f*, Schwierigkeit *f*, verzwickte Lage: **to be in a** ~ sich in e-m Dilemma befinden, ‚in e-r Klemme sein'; **he was in a** ~ **about what to do** er wußte nicht, was er tun sollte.

**quan·go** ['kwæŋɡəʊ] *pl* **-gos** *s Br.* unabhängige Re'gierungsstelle.

**quant** [kwɒnt] *Br.* **I** *s* Stakstange mit e-r Scheibe nahe dem unteren Ende (*um das Einsinken im Schlamm zu verhindern*). **II** *v/t u. v/i* mit e-m quant staken.

**quan·ta** ['kwɒntə; *Am.* 'kwɑntə] *pl von* quantum.

**quan·tic** ['kwɒntɪk; *Am.* 'kwɑn-] *s math.* ganze, rationale, homogene, algebraische Funktion von zwei *od.* mehr Veränderlichen.

**quan·ti·fi·a·ble** ['kwɒntɪfaɪəbl; *Am.* 'kwɑn-] *adj* quantita'tiv bestimmbar, meßbar. **,quan·ti·fi·ca·tion** [-fɪ'keɪʃn] *s* **1.** Messung *f*, Quanti'tätsbestimmung *f.* **2.** *philos.* Quantifi'zierung *f.* **'quan·ti·fy** [-faɪ] *v/t* **1.** messen, quantita'tiv bestimmen. **2.** *philos.* quantifi'zieren.

**quan·ti·ta·tive** ['kwɒntɪtətɪv; *Am.* 'kwɑntɪteɪ-] *adj* (*adv* ~ly) quantita'tiv, mengenmäßig, Mengen...: ~ **analysis** *chem.* quantitative Analyse; ~ **ratio** Mengenverhältnis *n.* **'quan·ti·tive** [-tətɪv] → quantitative.

**quan·ti·ty** ['kwɒntətɪ; *Am.* 'kwɑn-] *s* **1.** Quanti'tät *f* (Ggs. Qualität), Menge *f*, Größe *f.* **2.** (bestimmte) Menge, Quantum *n*: **a small** ~ **of beer**; ~ **of heat** *phys.* Wärmemenge; **a** ~ **of cigars** e-e Anzahl Zigarren; ~ **theory** *econ.* Quantitätstheorie *f.* **3.** große Menge: **in** ~, **in** (**large**) **quantities** in großer Menge, in großen Mengen; ~ **discount** *econ.* Mengenrabatt *m*; ~ **production** *econ.* Massenerzeugung *f*, Reihen-, Serienfertigung *f*; ~ **purchase** Großeinkauf *m.* **4.** *math.* Größe *f*: **negligible** ~ a) unwesentliche Größe, Quantité *f* négligeable, b) *fig.* völlig unwichtige Person *etc*; **numerical** ~ Zahlengröße; **unknown** ~ unbekannte Größe (*a. fig.*). **5.** *philos.* Quanti'tät *f.* **6.** *mus.* (Ton)Dauer *f*, Länge *f.* **7.** *metr.* Quanti'tät *f*, (Silben-)Zeitmaß *n.* **8.** *ling.* Quanti'tät *f*, Lautdauer *f.* **9.** *pl Br.* Maße, Kosten *etc e-s Bauvorhabens*: **bill of quantities** Massenberechnung *f*, Baukostenvoranschlag *m*; ~ **surveyor** Kalkulator *m.*

**quan·ti·za·tion** [ˌkwɒntaɪ'zeɪʃn; *Am.* ˌkwɑntə-] *s math. phys.* Quantelung *f*: ~ **noise** (*Radio etc*) Quantisierungsgeräusch *n.* **'quan·tize** [-taɪz] *v/t* **1.** *phys.* quanteln. **2.** *Computer*: quanti'sieren (*in gleiche Stufen unterteilen*). **'quan·tiz·er** *s Computer*: Ana'log-Digi'tal-'Umsetzer *m.*

**quan·tom·e·ter** [kwɒn'tɒmɪtə(r); *Am.* kwɑn'tɑm-] *s phys.* Qanti'meter (*das die Energie e-r Strahlung in Abhängigkeit von der Wellenlänge bestimmt*).

**quan·tum** ['kwɒntəm; *Am.* 'kwɑn-] **I** *pl* **-ta** [-tə] *s* **1.** Quantum *n*, Menge *f.* **2.** (An)Teil *m.* **3.** *phys.* Quant *n*: ~ **of action** Wirkungsquant. **II** *adj* **4.** bedeutsam. ~ **e·lec·tron·ics** *s pl* (*als sg struiert*) *phys.* 'Quantenelek,tronik *f.* ~ **field the·o·ry** *s phys.* 'Quantenfeldtheo,rie *f.* ~ **jump** *s* **1.** *phys.* Quantensprung. **2.** *fig.* entscheidender Schritt nach vorn, (endgültiger) 'Durchbruch. ~ **me·chan·ics** *s pl* (*als sg konstruiert*) *phys.* 'Quantenme,chanik *f.* ~ **or·bit**, ~ **path** *s phys.* Quantenbahn *f.* ~ **phys·ics** *s pl* (*meist als sg konstruiert*) *phys.* 'Quantenphy,sik *f.* ~ **the·o·ry** *s phys.* 'Quantentheo,rie *f.*

**quar·an·tine** ['kwɒrəntiːn; *Am. a.* 'kwɑr-] **I** *s* **1.** Quaran'täne *f* (*Isolierung von Krankheitsverdächtigen*): **in** ~ unter Quarantäne (stehend); **to put in** ~ → 5; ~ **flag** *mar.* Quarantäneflagge *f.* **2.** a) Quaran'tänestati,on *f*, b) Quaran'tänehafen *m*, c) Infekti'ons(kranken)haus *n.* **3.** *fig.* Iso'lierung *f.* **4.** a) Zeitraum *m* von 40 Tagen (*a. jur.* in welchem e-e Witwe von den Erben ungestört im Haus ihres verstorbenen Gatten weiterwohnen darf), b) *jur.* (*das*) *Recht der Witwe auf solchen ungestörten Weiterbesitz.* **II** *v/t* **5.** unter Quaran'täne stellen. **6.** *fig. e-e Nation* (*politisch u. wirtschaftlich*) völlig iso'lieren.

**quark** [kwɑː(r)k] *s phys.* Quark *n* (*hypothetisches Elementarteilchen*).

**quar·rel¹** ['kwɒrəl; *Am. a.* 'kwɑ-] **I** *s* **1.** Streit *m*, Zank *m*, Hader *m* (**with** mit; **between** zwischen *dat*): → pick¹ 23. **2.** Beschwerde *f*, Beanstandung *f*: **to have no** ~ **with** (*od.* **against**) keinen Grund zur Klage haben über (*j-n od. etwas*), nichts auszusetzen haben an (*j-m od. e-r Sache*). **II** *v/i pret u. pp* **'quar·reled**, *bes. Br.* **-relled 3.** (sich) streiten, (sich) zanken (**with** mit; **for** wegen; **about, over** über *acc*). **4.** sich entzweien. **5.** hadern (**with** one's lot mit s-m Schicksal). **6.** etwas auszusetzen haben (**with** an *dat*): → bread Bes. Redew.

**quar·rel²** ['kwɒrəl; *Am. a.* 'kwɑ-] *s* **1.** *obs. od. dial.* kleines viereckiges Stück, *bes.* kleine viereckige Fensterscheibe (*in Gitterfenstern*). **2.** ‚Glaserdia,mant *m.* **3.** Steinmetzmeißel *m.*

**'quar·rel·er**, *bes. Br.* **'quar·rel·ler** [-lə(r)] *s* Zänker(in), Streitsüchtige(r *m*) *f*, ‚Streithammel' *m.* **'quar·rel·some** [-səm] *adj* zänkisch, zank-, streitsüchtig. **'quar·rel·some·ness** *s* Zank-, Streitsucht *f.*

**quar·ri·er** ['kwɒrɪə(r); *Am. a.* 'kwɑ-] *s* Steinbrecher *m*, -hauer *m.*

**quar·ry¹** ['kwɒrɪ; *Am. a.* 'kwɑ-] **I** *s* **1.** Steinbruch *m.* **2.** offene Grube, Halde *f.* **3.** *fig.* Fundgrube *f*, Quelle *f.* **II** *v/t* **4.** Gestein abbauen, brechen. **5.** *fig.* her'ausholen, ausgraben, zs.-tragen, (mühsam) erarbeiten: **to** ~ **for** stöbern *od.* graben nach. **III** *v/i* **6.** im Steinbruch arbeiten. **7.** Gestein abbauen. **8.** *fig.* wühlen *od.* graben (**in** in *dat*).

**quar·ry²** ['kwɒrɪ; *Am. a.* 'kwɑ-] *s* **1.** *hunt.* verfolgtes Wild, Jagdbeute *f.* **2.** *fig.* Wild *n*, Beute *f*, Opfer *n.*

**quar·ry³** ['kwɒrɪ; *Am. a.* 'kwɑ-] *s* **1.** rautenförmiges *od.* qua'dratisches Fach (*e-r Fensterscheibe*). **2.** Quaderstein *m.* **3.** *a.* ~ **tile** 'ungla,sierte Kachel.

**'quar·ry|-faced** *adj* rauhflächig (*Mauerwerk*). **'~·man** [-mən] *s irr* → quarrier. **'~·stone** *s* Bruchstein *m.*

**quart**[1] [kɑː(r)t] *s* **1.** *fenc.* Quart *f.* **2.** *Pikett:* Quart *f* (*Sequenz von 4 Karten gleicher Farbe*). **3.** *mus.* Quart(e) *f.*

**quart**[2] [kwɔː(r)t] *s* Quart *n* (*Maß*): British (*od.* Imperial) ~ = 1,136 l (*Trocken- u. Flüssigkeitsmaß*); US dry ~ = 1,11 (*Trockenmaß*); US liquid ~ 0,946 l (*Flüssigkeitsmaß*); to put a ~ into a pint pot *fig.* das Unmögliche versuchen. **2.** Quartkrug *m.*

**quar·tan** ['kwɔː(r)tn] *med.* **I** *adj* viertägig, alle vier Tage auftretend: ~ fever → II. **II** *s* Quar'tan-, Vier'tagefieber *n.*

**quarte** [kɑː(r)t] *s fenc.* Quart *f.*

**quar·ter** ['kwɔː(r)tə(r)] **I** *s* **1.** Viertel *n*, vierter Teil *m:* ~ of a century Vierteljahrhundert *n*; for a ~ (of) the price zum Viertel des Preises; not a ~ as good as nicht annähernd so gut wie. **2.** *Am. od. Canad.* Vierteldollar *m* (= 25 Cents). **3.** *a.* ~ of an hour Viertelstunde *f:* a ~ to six (ein) Viertel vor sechs, drei Viertel sechs; a ~ past six (ein) Viertel nach sechs, Viertel sieben. **4.** *a.* ~ of the year Vierteljahr *n*, Quar'tal *n.* **5.** *astr.* (Mond)Viertel *n.* **6.** *bes. Scot. od. Am.* ('Studien)Quar,tal *n*, Viertel *n* des Schuljahres. **7.** *sport* (Spiel)Viertel *n.* **8.** → quarterback. **9.** Viertelpfund *n* (0,113 *kg*). **10.** Viertelmeile *f:* he won the ~ *sport* er gewann die Viertelmeile. **11.** Quarter *n:* a) = 28 *lb.* = 12,7 *kg*, *Am.* 25 *lb.* = 11,34 *kg* (*Handelsgewicht*), b) *Br.* = 2,91 *hl* (*Hohlmaß*). **12.** *mar.* a) Kardi'nalpunkt *m*, Haupthimmelsrichtung *f* (*des Kompasses*), b) Viertelstrich *m* (*des Kompasses* = 2° 49′). **13.** (Himmels-, Wind)Richtung *f:* what ~ is the wind in? woher *od.* von welcher Seite weht der Wind? (*a. fig.*). **14.** Gegend *f*, Teil *m* (*e-s Landes etc*): from all ~s von überall(her), aus allen (Himmels)Richtungen; in this ~ hierzulande, in dieser Gegend; → close quarters 15. Stelle *f*, Seite *f*, Quelle *f:* higher ~s höhere Stellen; in the highest ~s an höchster Stelle; in the proper ~ bei der zuständigen Stelle; in Government ~s in Regierungskreisen; from official ~s von amtlicher Seite; → informed 1. **16.** (Stadt)Viertel *n*, (-)Bezirk *m:* poor ~ Armenviertel, residential ~ Wohnbezirk. **17.** *meist pl mil.* Quar'tier *n*, ('Truppen),Unterkunft *f:* to be confined to ~s Stubenarrest haben; to take up one's ~s sein Quartier aufschlagen. **18.** *meist pl* Quar'tier *n*, 'Unterkunft *f*, Wohnung *f*, Lo'gis *n:* to have free ~s umsonst wohnen, freie Wohnung haben. **19.** *bes. mil.* Par'don *m*, Schonung *f:* to find (give) no ~ keinen Pardon finden (geben); to call (*od.* cry) for ~ um Gnade flehen; to give fair ~ Nachsicht üben. **20.** (*bes.* 'Hinter)Viertel *n* (*e-s Schlachttiers*), Kruppe *f* (*e-s Pferdes*). **21.** Seitenteil *m*, *n*, Fersenleder *n* (*am Schuh*). **22.** *mar.* Achterschiff *n.* **23.** *mar.* Posten *m:* to beat to ~s die Mannschaft auf ihre Posten rufen. **24.** *mar.* Raharm *m.* **25.** *her.* Quar'tier *n*, (Wappen)Feld *n.* **26.** *arch. tech.* Stollenholz *n*, Vierpaß *m.* **II** *v/t* **27.** etwas in vier Teile teilen, vierteln. **28.** aufteilen, zerstückeln. **29.** *j-n* vierteilen. **30.** *j-n* beherbergen. **31.** *mil.* 'einquar,tieren (on, upon bei); Truppen 'unterbringen: ~ed in barracks kaserniert; to be ~ed at (*od.* in) in Garnison liegen in (*dat*); to ~ o.s. upon s.o. *fig.* sich bei j-m einquartieren. **32.** *e-e* Gegend durch'streifen, -'stöbern (*Jagdhunde*). **33.** *her.* Wappenschild vieren. **III** *v/i* **34.** wohnen, leben. **35.** 'einquartiert sein, Quar'tier haben (at in *dat*, bei). **36.** um'herstreifen (*Jagdhunde*).

**quar·ter·age** ['kwɔː(r)tərɪdʒ] *s* Quar'talsgehalt *n*, Viertel'jahreszahlung *f.*

**quar·ter|·back** **I** *s* **1.** *American Football:* wichtigster Spieler der 'Angriffsformati,on. **II** *v/t* **2.** *American Football:* die Angriffsreihe diri'gieren. **3.** *Am. fig.* e-e Sache leiten, diri'gieren. ~ bend *s tech.* rechtwink(e)liger (Rohr)Krümmer. ~ bill *s mar.* **1.** A'larm-, Gefechtsrolle *f.* **2.** Rollenbuch *n.* ~ bind·ing *s* Buchbinderei: Halbfranz(band *m*) *n.* ~ cir·cle *s math.* **1.** Viertelkreis *m.* **2.** *tech.* Abrundung *f.* ~ day *s* Quar'talstag *m* (*für fällige Zahlungen:* in England 25. 3., 24. 6., 29. 9., 25. 12., *in* USA: 1. 1., 1. 4., 1. 7., 1. 10.). ~ deck *s mar.* **1.** Achterdeck *n.* **2.** *collect.* Offi'ziere *pl.* ~ ea·gle *s e-e amer. Goldmünze* (*§ 2,50*). ~ face *s paint.* verlorenes Pro'fil. ~ fi·nal *sport* **1.** *meist pl* 'Viertelfi,nale *n.* **2.** 'Viertelfi,nalspiel *n.* **II** *adj* **3.** Viertelfinal...: ~ round Viertelfinale *n.* ~ fi·nal·ist *s sport* 'Viertelfina,list(in). ~ gun·ner *s mar.* Geschützführer *m.* ~ horse *s Am.* Pferd mit guten Reiteigenschaften. ~ hour *s* Viertelstunde *f.*

**quar·ter·ing** ['kwɔː(r)tərɪŋ] **I** *adj* **1.** *mar.* a) mit Backstagswind segelnd, b) Backstags...: ~ wind. **2.** *tech.* e-n rechten Winkel bildend. **II** *s* **3.** *mar.* Segeln *n* mit Backstagswind. **4.** Vierteilen *n*, Aufteilen *n.* **5.** *mil.* 'Einquar,tierung *f.* **6.** *astr.* Mondphasenwechsel *m.* **7.** *tech.* rechtwink(e)lige Verbindung.

**'quar·ter·light** *s mot. Br.* Ausstellfenster *n.*

**quar·ter·ly** ['kwɔː(r)tə(r)lɪ] **I** *adj* **1.** Viertel... **2.** vierteljährlich, Vierteljahres..., Quartals... **II** *adv* **3.** in *od.* nach Vierteln. **4.** vierteljährlich, quar'talsweise. **5.** *her.* geviertelweise. **III** *s* **6.** Viertel'jahresschrift *f.*

**'quar·ter|,mas·ter** *s* **1.** *mil.* Quar'tiermeister *m.* **2.** *mar.* Quartermeister *m:* a) Steuerer *m* (*Handelsmarine*), b) Steuermannsmaat *m* (*Kriegsmarine*). '~,mas·ter gen·er·al, 'Q~,mas·ter·'Gen·er·al *pl* '~,mas·ter gen·er·als *s mil.* Gene,ralquar'tiermeister *m.* ~ mile *s sport* Viertelmeile *f* (*402,34 m*). ~ mil·er *s sport* Viertelmeilenläufer *m.* '~-mile race *s sport* Viertelmeilenlauf *m.*

**quar·tern** ['kwɔː(r)tə(r)n] *s bes. Br.* **1.** Viertel *n*, vierter Teil (*bes. e-s Maßes od. Gewichtes*): a) Viertelpinte *f*, b) Viertel *n* e-s englischen Pfundes. **2.** *a.* ~ loaf vierpfündiges Brot.

**quar·ter| note** *s mus. bes. Am.* Viertelnote *f.* '~-pace *s* 'Viertelspo,dest *n* (*e-r Treppe*). '~-phase *adj electr.* zweiphasig, Zweiphasen... ~ point *s mar.* Viertel(kompaß)strich *m.* ~ round *s arch.* Viertelstab *m.* '~-saw *v/t irr tech.* den Stamm (in vier gleiche Teile *od.* ganz) aufsägen. ~ sec·tion *s surv. Am.* qua'dratisches Stück Land (*160 acres*). ~ ses·sions *s pl jur.* **1.** *Br. hist.* Krimi'nalgericht *n* (*mit vierteljährlichen Sitzungen, a. Berufungsinstanz für Zivilsachen*). **2.** *Am.* (*in einigen Staaten der* USA) *mit vierteljährlichen Sitzungen, a. Berufungsinstanz für Zivilsachen*). **2.** *Am.* (*in einigen Staaten der* USA) *unteres Gericht für leichtere Strafsachen*). '~-staff *s* '~-staves *s hist.* Bauernspieß *m* (*Bauernwaffe*). ~ step *s mus.* Viertelton(schritt) *m.* ~ tone *s mus.* **1.** 'Vierteltonin,ter,vall *n.* **2.** Viertelton *m.* ~ wave *s Radio:* Viertelwelle *f.* '~-wave plate *s phys.* Polarisati'onsfilter *n*, *m.*

**quar·tet**, *Br. a.* **quar·tette** [kwɔː(r)'tet] *s* **1.** *mus.* Quar'tett *n.* **2.** *humor.* Quar'tett *n* (*4 Personen*). **3.** Vierergruppe *f*, Satz *m* von 4 Dingen.

**quar·tic** ['kwɔː(r)tɪk] *math.* **I** *adj* Gleichung vierten Grades. **II** *s* alge'braische Funkti'on vierten Grades.

**quar·tile** [kwɔː(r)taɪl] *s* **1.** *astr.* Quadra'tur *f*, Geviertschein *m.* **2.** *Statistik:* Quar'til *n*, Viertelswert *m.* ~ de·vi·a·tion *s math.* Quar'tilsabstand *m.*

**quar·to** ['kwɔː(r)təʊ] *pl* -tos *print.* **I** *s* 'Quartfor,mat *n* (9¹/₂ × 12¹/₂ *Zoll*). **II** *adj* im 'Quartfor,mat, Quart...

**quartz** [kwɔː(r)ts] *s min.* Quarz *m:* ~ clock, ~ watch Quarzuhr *f.* ~ crystal a) Quarzkristall *m*, b) *Radio:* Schwingkristall *m;* ~ (glass) *tech.* Quarz-, Kieselglas *n;* ~(-iodine) lamp a) Quarz(glas)lampe *f*, b) Quarzlampe *f* (*künstliche Höhensonne*).

**quartz·if·er·ous** [kwɔː(r)'tsɪfərəs] *adj min.* quarzig, quarzhaltig, Quarz...

**quartz·ite** ['kwɔː(r)tsaɪt] *s geol.* Quar'zit *m.*

**quartz·ose** ['kwɔː(r)tsəʊs] *adj min.* quarzig, quarzhaltig, Quarz...

**qua·sar** ['kweɪzɑː(r)] *s astr.* Qua'sar *m.*

**quash**[1] [kwɒʃ; *Am. a.* kwɑʃ] *v/t jur.* **1.** *e-e* Verfügung etc aufheben, annul'lieren, verwerfen. **2.** *e-e Klage* abweisen. **3.** das Verfahren niederschlagen.

**quash**[2] [kwɒʃ; *Am. a.* kwɑʃ] *v/t* **1.** zermalmen, zerstören. **2.** bezwingen, unter'drücken.

**qua·si** ['kweɪzaɪ; 'kwɑːzɪ] **I** *adj* e-m ... gleichend *od.* ähnlich, Quasi...: ~ contract *jur.* vertragsähnliches Verhältnis; a ~ war ein kriegsähnlicher Zustand. **II** *adv* (*meist mit Bindestrich*) quasi, gewissermaßen, sozusagen, gleichsam, ... ähnlich, Quasi..., Schein...: to ~-deify gleichsam vergöttern; ~-judicial quasigerichtlich; ~-official halbamtlich, offiziös; ~-public halböffentlich, mit öffentlich-rechtlichen Befugnissen; ~-stellar object *astr.* quasistellares Objekt.

**qua·ter·cen·te·nar·y** [,kwætəsen'tiːnərɪ; *Am.* ,kwɑː'tərsen'tenərɪ; -'tiː-] *s* vierhundertster Jahrestag, Vierhundert'jahrfeier *f.*

**qua·ter·na·ry** [kwə'tɜːnərɪ; *Am. a.* 'kwɑːtər,neri:] **I** *adj* **1.** aus vier bestehend: ~ number Quarternärzahl *f* (*Zahl mit der Basis 4*). **2.** Q~ *geol.* Quartär... **3.** *chem.* quarter'när, vierbindig. **II** *s* **4.** Gruppe *f* von 4 Dingen. **5.** Vier *f* (*Zahl*). **6.** *geol.* Quar'tär(peri,ode *f*) *n.*

**qua·ter·ni·on** [kwə'tɜːnjən; -nɪən; *Am.* -'tɜr-; *a.* kwɑː-] *s* **1.** Qua'ternio *f*, Vierergruppe *f.* **2.** *math.* a) Quaterni'on *f* (*die allgemeine komplexe Zahl*), b) *pl* Rechnen *n* mit 'hyperkom,plexen Zahlen.

**quat·or·zain** [kə'tɔː(r)zeɪn; 'kætə(r)-] *s* 14zeiliges Gedicht, dem Sonett ähnlich.

**quat·rain** ['kwɒtreɪn; *Am.* 'kwɑt-] *s metr.* Qua'train *m*, *n*, Vierzeiler *m.*

**qua·tre** ['kætrə; *Am.* 'kætər] *s* Vier *f* (*Spielkarte, Würfel etc*).

**quat·re·foil** ['kætrəfɔɪl; *Am. a.* 'kætər-] *s* **1.** *arch.* Vierblatt *n*, -paß *m.* **2.** *bot.* vierblätt(e)riges (Klee)Blatt.

**quat·tro·cen·to** [,kwætrəʊ'tʃentəʊ; *Am.* ,kwɑː-] *s* Quattro'cento *n* (*italienischer Kunststil des 15. Jhs., Frührenaissance*).

**qua·ver** ['kweɪvə(r)] **I** *v/i* **1.** zittern, vi'brieren. **2.** *mus.* tremo'lieren, zittern (*beide a. weitS. beim Sprechen*), trillern. **II** *v/t meist* ~ out **3.** *etwas* tremo'lierend *od.* mit über'triebenem Vi'brato singen. **4.** *etwas* mit zitternder Stimme sagen *od.* stammeln. **III** *s mus.* **5.** Triller *m*, Tremolo *n.* **6.** *Br.* Achtelnote *f:* ~ rest Achtelpause *f.* 'qua·ver·ing, 'qua·ver·y *adj* zitternd, tremo'lierend.

**quay** [kiː; *Am. a.* kweɪ] *s mar.* Kai *m* (*Schiffslandeplatz*): on the ~ am Kai. 'quay·age *s* **1.** *econ.* Kaigeld *n*, Kaigebühr *f.* **2.** *collect.* Kaianlagen *pl.*

**quean** [kwiːn; *Am. a.* kweɪn] *s obs.* **1.** Weibsbild *n*, 'Schlampe' *f.* **2.** Dirne *f*, Hure *f.*

**quea·si·ness** [ˈkwiːzɪnɪs] *s* **1.** Übelkeit *f.* **2.** (ˈÜber)Empfindlichkeit *f.* **'quea·sy** *adj* (*adv* **queasily**) **1.** zur Übelkeit neigend. **2.** (ˈüber)empfindlich (*Magen etc*). **3.** Übelkeit *od.* Ekel erregend. **4.** unwohl: I feel ~ mir ist übel *od.* schlecht *od.* ‚komisch im Magen'. **5.** mäk(e)lig, heikel (*im Essen etc*). **6.** zart, über'trieben sen-'sibel: ~ conscience. **7.** bedenklich, zweifelhaft: I am ~ about (*od.* at) mir ist nicht wohl bei. **8.** unangenehm berührt.
**queen** [kwiːn] **I** *s* **1.** Königin *f*, Herrsche-rin *f* (*beide a. fig.*): Q~ Anne is dead! ‚so'n Bart!'; Q~ of grace *relig.* Gnaden-mutter *f*; ~ of the seas Königin der Meere (*Großbritannien*); → **English** 3, **evidence** 2, **heart** 9, **proctor** 3; → **King's Bench Division**, **King's Counsel**, **King's speech**. **2.** *fig.* Königin *f*, Schönste *f*: Q~ of (the) May Mai-königin; the ~ of watering places die Perle der Badeorte. **3.** *Am. colloq.* ‚Prachtweib' *n*, ‚tolle Frau'. **4.** *colloq.* ‚Schwule(r)' *m*, ‚Homo' *m* (*Homosexuel-ler*). **5.** *zo.* Königin *f*: a) *a.* ~ **bee** Bienen-königin, b) *a.* ~ **wasp** Wespenkönigin, c) *a.* ~ **ant** Ameisenkönigin. **6.** *Schach u. Kartenspiel:* Dame *f*: ~'s **gambit** Damen-gambit *n*; ~'s **pawn** Damenbauer *m*; ~ **of hearts** Herzdame. **II** *v/i* **7.** *meist* ~ **it** die große Dame spielen: to ~ it over s.o. j-n von oben herab behandeln. **8.** *Schach:* in e-e Dame verwandelt werden (*Bauer*). **III** *v/t* **9.** zur Königin machen. **10.** e-n Bienen-stock beweiseln. **11.** *Schach:* e-n Bauern (in e-e Dame) verwandeln. Q~ **Anne (style)** *s* Queen-Anne-Stil *m* (*bes. Bau- u. Möbelstil zur Zeit der Königin Anna: frühes 18. Jh.*). ~ **'cake** *s* kleiner Ro'sinenku-chen. ~ **'dow·a·ger** *s* Königinwitwe *f.*
**'queen·hood** *s* Rang *m* e-r Königin.
**'queen·ing** *s bot. Br.* Re'nette *f* (*Apfel-sorte*).
**'queen·like**, **'queen·ly** *adj u. adv* kö-niglich, maje'stätisch, wie e-e Königin.
**queen| moth·er** *s* Königinmutter *f.* ~ **post** *s arch.* doppelte Hängesäule. ~ **re·gent** *s* re'gierende Königin.
**queen's| met·al** *s tech.* 'Weißme,tall *n.* ~ **ware** *s* (*ein*) gelbes Steingut. ~ **'yel·low** *s* **1.** Zi'tronengelb *n.* **2.** *min.* gelbes schwe-felsaures 'Quecksilbero,xyd.
**queer** [kwɪə(r)] **I** *adj* (*adv* **~ly**) **1.** seltsam, sonderbar, eigenartig, kuri'os, wunder-lich, ‚komisch': ~ **fellow** (*od.* **fish**) ko-mischer Kauz. **2.** *colloq.* fragwürdig, ver-dächtig, anrüchig, ‚faul', ‚komisch': a ~ **business**; to be in Q~ **street** a) auf dem trockenen sitzen, b) ‚in der Tinte' sitzen, in ‚Schwulitäten' (geraten) sein. **3.** *colloq.* unwohl, ‚schwummerig': to feel ~ sich ‚komisch' fühlen. **4.** *a.* ~ **in the head** *colloq.* ein bißchen verrückt, ‚nicht ganz bei Trost'. **5.** *colloq.* ‚schwul' (*homo-sexuell*). **6.** *colloq.* gefälscht, falsch. **7.** *Am. colloq.* scharf, wild, versessen (**for**, **about** auf *acc*). **II** *v/t* **8.** *colloq.* ‚vermasseln', verderben: → **pitch²** 27. **9.** *colloq.* in ein schlechtes *od.* falsches Licht setzen (**with** bei). **III** *s* **10.** *colloq.* ‚Schwule(r)' *m*, ‚Homo' *m* (*Homosexuel-ler*). **11.** *colloq.* ‚Blüte' *f* (*Falschgeld*).
**'queer·ness** *s* **1.** Seltsamkeit *f*, Wun-derlichkeit *f.* **2.** (das) Seltsame.
**quell** [kwel] *v/t poet.* **1.** e-n Aufstand etc, a. Ge'fühle unter'drücken, ersticken. **2.** un-ter'werfen, bezwingen. **3.** Gefühle be-schwichtigen, *Furcht* nehmen.
**quench** [kwentʃ] *v/t* **1.** a) *Flammen, Feuer etc* (aus)löschen, b) *den Durst* stillen, c) *ein Verlangen* stillen, d) *e-e Hoffnung* zu'nichte machen. **2.** *fig.* → **quell** 1. **3.** *Asche, Koks etc* (ab)löschen. **4.** *metall.* abschrecken: **~ing and tempering** (*Stahl*)Vergütung *f*; **~ing bath** Ab-

schreckbad *n.* **5.** *electr. Funken, Licht-bogen* löschen: **~ed spark gap** Lösch-funkenstrecke *f*; **~ing choke** Lösch-drossel *f.* **6.** *electr. Schwingungen* ab-dämpfen, löschen: **~ing frequency** Pen-delfrequenz *f.* **7.** *fig.* j-m den Mund stop-fen. **'quench·er** *s colloq.* Schluck *m.* **'quench·less** *adj* unstillbar.
**que·nelle** [kəˈnel] *s gastr.* (Fleisch-, Fisch)Klößchen *n.*
**quer·cine** [ˈkwɜːsaɪn; -sɪn; *Am.* ˈkwɜr-] *adj bot.* **1.** Eich(en)... **2.** eichenähnlich.
**que·rist** [ˈkwɪərɪst; *Am. a.* ˈkweə-], *a.* **'que·rent** [-rənt] *s* Fragesteller(in).
**quern** [kwɜːn; *Am.* kwɜrn] *s* **1.** Hand-(getreide)mühle *f.* **2.** Handpfeffermühle *f.*
**quer·u·lous** [ˈkwerʊləs] *adj* (*adv* **~ly**) **1.** quengelig, nörg(e)lig, nörgelnd, ver-drossen. **2.** jammernd. **'quer·u·lous-ness** *s* **1.** Verdrossenheit *f.* **2.** Jam-mern *n.*
**que·ry** [ˈkwɪərɪ; *Am. a.* ˈkweə-] **I** *s* **1.** Frage *f*, Erkundigung *f.* **2.** *econ.* Rück-frage *f*: ~ (*abbr.* **qu.**), was the money ever paid? Frage, wurde das Geld je-mals bezahlt? **3.** (an)zweifelnde *od.* un-angenehme Frage. **4.** Zweifel *m.* **5.** *print.* (*anzweifelndes*) Fragezeichen. **II** *v/t* **6.** fragen. **7.** etwas in Zweifel ziehen, in Frage stellen, beanstanden. **8.** mit (e-m) Fragezeichen versehen. **9.** j-n (be-, aus-) fragen. **10.** *tech.* abfragen.
**quest** [kwest] **I** *s* **1.** Suche *f*, Streben *n*, Trachten *n* (**for**, **of** nach): **in** ~ **of** auf der Suche nach. **2.** *a.* **knightly** ~ Auszug *m*, Ritterzug *m*: ~ **of the Holy Grail** Suche *f* nach dem Heiligen Gral. **3.** *obs.* Unter-'suchung *f*, Nachforschung(en *pl*) *f.* **II** *v/i* **4.** suchen (**for**, **after** nach). **5.** *hunt.* Wild suchen (*Jagdhunde*). **III** *v/t* **6.** suchen *od.* streben *od.* trachten nach.
**ques·tion** [ˈkwestʃən] **I** *s* **1.** Frage *f* (*a. ling.*): to **beg the** ~ a) von e-r falschen Voraussetzung ausgehen, b) die Sache von vornherein als erwiesen ansehen; to **put a** ~ **to s.o.**, to **ask s.o. a** ~ j-m e-e Frage stellen; **the** ~ **does not arise** die Frage ist belanglos; → **pop¹** 9. **2.** Frage *f*, Pro'blem *n*, Thema *n*, (Streit)Punkt *m*: **the Negro Q~** die Negerfrage; **~s of the day** Tagesfragen; ~ **of fact** *jur.* Tatfrage; ~ **of law** *jur.* Rechtsfrage; **the point in** ~ die fragliche *od.* vorliegende *od.* in De-batte stehende Sache; to **come into** ~ in Frage kommen, wichtig werden; **there is no** ~ **of s.th.** (*od.* **of doing**) es ist nicht die Rede von etwas (*od.* davon, daß *etwas* getan wird); ~ **I** *parl.* zur Sache! **3.** Frage *f*, Sache *f*, Angelegenheit *f*: **only a** ~ **of time** nur e-e Frage der Zeit. **4.** Frage *f*, Zweifel *m*: to **call in** ~ → **8**; **there is no** ~ **but** (*od.* **that**) es steht außer Frage, daß; **out of** ~ außer Frage; **that is out of the** ~ das kommt nicht in Frage. **5.** *parl.* An-frage *f*: to **put to the** ~ zur Abstimmung e-r Sache schreiten (→ **6**). **6.** *jur.* Ver-nehmung *f*, Unter'suchung *f*: to **put to the** ~ *hist.* j-n foltern (→ **5**). **II** *v/t* **7.** j-n (aus-, be)fragen, *jur.* vernehmen, -hören. **8.** etwas an-, bezweifeln, in Zweifel zie-hen. **'ques·tion·a·ble** *adj* (*adv* **ques-tionably**) **1.** fraglich, zweifelhaft, un-gewiß. **2.** bedenklich, fragwürdig. **3.** an-rüchig. **'ques·tion·ar·y** [-ʃənərɪ; *Am.* -ʃəˌnerɪ] → **questionnaire**. **'ques-tion·er** *s* Fragesteller(in), Frager(in). **'ques·tion·ing** [-ɪŋ] **I** *adj* fragend (*a. Blick, Stimme*). **II** *s* Befragung *f*, *jur.* Vernehmung *f.* **'ques·tion·less** *adj* **1.** bedingungslos, blind: ~ **obedience**. **2.** unzweifelhaft.
**ques·tion| mark** *s* Fragezeichen *n.* ~ **mas·ter** *s Br.* Quizmaster *m.*
**ques·tion·naire** [ˌkwestɪəˈneə(r); *bes. Am.* -stʃə-] *s* Fragebogen *m.*

**ques·tion| pe·ri·od** *s parl. Am.* Frage-stunde *f.* ~ **time** *s parl. Br.* Fragestunde *f.*
**quet·zal** [ˈkwetsl; *Am.* ketˈsɑːl; -ˈsæl] *s* **1.** *orn.* Quet'zal *m.* **2.** Quet'zal *m* (*Münz-einheit in Guatemala*).
**queue** [kjuː] **I** *s* **1.** (Haar)Zopf *m.* **2.** *bes. Br.* Schlange *f*, Reihe *f* (*vor Geschäften etc*), *fig.* Schlange *f*: to **stand** (*od.* **wait**) **in a** ~ Schlange stehen; → **jump** 27. **II** *v/i* **3.** *meist* ~ **up** *bes. Br.* e-e Schlange bilden, Schlange stehen, sich anstellen (**for** nach). **III** *v/t* **4.** *Haare* zu e-m Zopf flechten. **'~·jump·er** *s bes. Br.* a) j-d, der sich vordrängelt *od.* aus der Reihe tanzt, b) *mot.* Ko'lonnenspringer *m.*
**quib·ble** [ˈkwɪbl] **I** *s* **1.** Spitzfindigkeit *f*, Wortklaube'rei *f*, Haarspalte'rei *f*, Aus-flucht *f*, Kniff *m.* **2.** Kritte'lei *f.* **3.** *obs.* Wortspiel *n.* **II** *v/i* **4.** her'umreden, Aus-flüchte machen. **5.** spitzfindig sein, Haarspalte'rei betreiben. **6.** (her'um-) kritteln. **'quib·bler** *s* **1.** Wortklauber (-in), -verdreher(in). **2.** Krittler(in). **'quib·bling** *adj* (*adv* **~ly**) **1.** spitzfin-dig, haarspalterisch, wortklauberisch. **2.** krittelig.
**quick** [kwɪk] **I** *adj* (*adv* **~ly**) **1.** schnell, rasch, prompt, so'fortig, 'umgehend: ~ **answer** (**service**) prompte Antwort (Bedienung); ~ **returns** *econ.* schneller Umsatz; **he is** ~ **to make friends** er schließt schnell Freundschaft; → **of-fence** 3. **2.** schnell, flink, geschwind, rasch: **be** ~! mach schnell!, beeil(e) dich!; to **be** ~ **about s.th.** sich mit etwas beei-len; a ~ **one** *bes. Br. colloq.* ein Gläs-chen auf die Schnelle. **3.** (*geistig*) wach, aufge-weckt, schlagfertig, ‚fix': ~ **wit** Schlag-fertigkeit *f*; → **uptake** 1. **4.** schnell, ‚fix' (*prompt handelnd*). **5.** hitzig, aufbrau-send: a ~ **temper**. **6.** scharf (*Auge etc*): a ~ **ear** ein feines Gehör. **7.** *obs.* scharf: ~ **pain** (smell, taste). **8.** lose, treibend (*Sand etc*). **9.** aus lebenden Pflanzen be-stehend: a ~ **hedge** e-e lebende Hecke. **10.** *obs.* lebend, le'bendig. **11.** lebhaft (*a. econ.*). **12.** *meist* ~ **with child** *obs.* hoch-schwanger. **13.** *econ.* flüssig, li'quid (*An-lagen, Aktiva*): ~ **assets**. **14.** *Bergbau:* erzhaltig, ergiebig. **II** *s* **15.** **the** ~ *obs.* die Lebenden *pl*: **the** ~ **and the dead**. **16.** *bot. Br.* heckenbildende Pflanze(n *pl*). **17.** empfindliches *od.* lebendes Fleisch (*bes. unter den Nägeln*). **18.** *fig.* Mark *n*: to **the** ~ a) bis ins Fleisch, b) *fig.* bis ins Mark, c) *fig.* durch u. durch; to **cut s.o. to the** ~ j-n tief verletzen; a **Tory to the** ~ ein Tory durch u. durch *od.* bis auf die Knochen; to **paint s.o. to the** ~ j-n malen, wie er leibt u. lebt. **19.** *Am.* Queck-silber *n.* **III** *adv* **20.** geschwind, schnell, so'fort. **'~·ac·tion** *adj tech.* Schnell... ~ **ash** *s tech.* Flugasche *f.* **'~·beam** *s bot.* Vogelbeerbaum *m*, Eberesche *f.* **'~-break** *adj electr.* Schnell..., Moment...: ~ **switch** Momentschalter *m*; ~ **fuse** Hochleistungssicherung *f.* **'~·change** *adj* **1.** ~ **artist** *thea.* Verwandlungskünst-ler(in). **2.** ~ **tool part** *tech.* rasch aus-wechselbares Werkzeugteil. **'~·dry·ing** *adj* schnelltrocknend (*Lack etc*).
**quick·en** [ˈkwɪkən] **I** *v/t* **1.** beschleuni-gen. **2.** (wieder) le'bendig machen, ‚wie-derbeleben. **3.** an-, erregen, beleben, stimu'lieren, beflügeln: to ~ **the imagi-nation**. **4.** beleben, j-m neuen Auftrieb geben. **II** *v/i* **5.** sich beschleunigen (*Puls, Schritte etc*). **6.** belebt *od.* gekräftigt wer-den. **7.** (wieder) le'bendig werden. **8.** sich bewegen (*Fetus*).
**quick| fire** *s mil.* Schnellfeuer *n.* **'~·fire** *adj* **1.** *a.* quick-firing *mil.* Schnellfeuer... **2.** (blitz)schnell (*Fragen etc*). **'~·for-'got·ten** *adj* schnell vergessen. **'~-freeze I** *v/t irr* einfrieren, tiefkühlen.

**II** s → quick freezing. **~ freez·ing** s tech. (Schnell)Tiefkühl-, Gefrierverfahren n. **'~-ˌfro·zen** adj tech. tiefgekühlt, Tiefkühl..., Gefrier... **~ grass** s bot. Gemeine Quecke.

**quick·ie** ['kwɪkɪ] s colloq. **1.** (etwas) ˌ'Hingehauenes', ˌfixe Sache', ˌauf die Schnelle' gemachte Sache, z. B. billiger, improvi'sierter Film, rasch geschriebenes Buch etc. **2.** ˌkurze Sache', (etwas) Kurzdauerndes, z. B. kurzer Werbefilm, 'Kurzproˌgramm n etc. **3.** bes. Am. Gläschen n auf die Schnelle.

**'quick·lime** s chem. gebrannter ungelöschter Kalk, Ätzkalk m. **ˌ~'lunch** s Am. Schnellgaststätte f. **~ march** s mil. a) Eilmarsch m, b) → quick time 2. **'~match** s (Schnell)Zündschnur f. **~ mo·tion** s tech. Schnellgang m. **ˌ~-'mo·tion cam·er·a** s phot. Zeitraffer (-kamera f) m.

**'quick·ness** s **1.** Schnelligkeit f. **2.** (geistige) Wachheit, Aufgewecktheit f, rasche Auffassungsgabe, Schlagfertigkeit f. **3.** Schärfe f (der Beobachtung etc): **~ of sight** (gutes) Sehvermögen, scharfe Augen. **4.** Lebhaftigkeit f, Le'bendigkeit f. **5.** Hitzigkeit f: **~ of temper**. **6.** Über'eiltheit f.

**'quick·sand** s geol. Schwimm-, Flott-, Treibsand m. **'~set** bot. bes. Br. **I** adj **1.** aus lebenden Pflanzen bestehend (Hecke). **II** s **2.** heckenbildende Pflanze, bes. Weißdorn m. **3.** lebende Hecke. **4.** Setzling m. **ˌ~'set·ting** s adj tech. schnell abbindend (Zement). **'~sil·ver I** s chem. Quecksilber n (a. fig.). **II** adj fig. quecksilb(e)rig, lebhaft: **a ~ temper**. **III** v/t e-n Spiegel mit 'Zinnamalˌgam über'ziehen. **'~step I** s **1.** mil. Schnellschritt m. **2.** mus. Geschwindmarsch m. **3.** mus. Quickstep m (schneller Foxtrott). **II** v/i **4.** Quickstep tanzen. **ˌ~'tem·pered** adj hitzig, aufbrausend. **'~thorn** s bot. Hage-, Weißdorn m. **~ time** s mil. **1.** schnelles Marschtempo. **2.** exerziermäßiges Marschtempo von a) Br. 128 Schritt (zu je 33 inches) pro Minute, b) Am. 120 Schritt (zu je 30 inches). **3.** Gleichschritt m: **~ march!** im Gleichschritt, marsch! **~ trick** s Bridge: sicherer Stich. **ˌ~'wit·ted** adj (geistig) wach, aufgeweckt, schlagfertig (a. Antwort), ˌfix'.

**quid¹** [kwɪd] s **1.** Priem m, Stück n 'Kauˌtabak. **2.** 'wiedergekäutes Futter.

**quid²** [kwɪd] pl **quid** s Br. sl. Pfund n (Sterling).

**quid·di·ty** ['kwɪdətɪ] s **1.** Es'senz f, Wesen n. **2.** feiner 'Unterschied, Feinheit f. **3.** Spitzfindigkeit f.

**quid·dle** ['kwɪdl] v/i Am. die Zeit verschwatzen od. vertrödeln.

**quid·nunc** ['kwɪdnʌŋk] s Neuigkeitskrämer m, Klatschtante f.

**quid pro quo** [ˌkwɪdprəʊ'kwəʊ] pl **quid pro quos** (Lat.) s Gegenleistung f, Vergütung f.

**qui·es·cence** [kwaɪ'esns; Am. a. kwiː-], a. **qui·es·cen·cy** [-sɪ] s Ruhe f, Stille f. **qui·es·cent** adj (adv ~ly) **1.** ruhig, bewegungslos: **~ anode current** electr. Anodenruhestrom m; **~ state** Ruhezustand m. **2.** ruhig, still. **3.** ling. stumm (Buchstabe).

**qui·et** [kwaɪət] **I** adj (adv ~ly) **1.** ruhig, still (a. fig. Person etc). **2.** ruhig, leise, geräuschlos (a. tech.), tech. geräuschfrei: **~ run** tech. ruhiger Gang; **be ~!** sei still od. ruhig!; **~, please!** ich bitte um Ruhe!; Ruhe, bitte!; **to keep ~** a) sich ruhig verhalten, still sein, b) den Mund halten. **3.** ruhig, friedlich, behaglich, beschaulich: **a ~ life**; **a ~ evening** ein ruhiger od. geruhsamer Abend; **~ conscience** ruhiges

Gewissen; → enjoyment 2. **4.** bewegungslos, still: **~ waters**. **5.** fig. versteckt, geheim, heimlich, leise: **a ~ resentment** ein heimlicher Groll; **to keep s.th. ~** etwas geheimhalten od. für sich behalten. **6.** ruhig, unauffällig: **~ colo(u)rs** ruhige od. gedämpfte Farben. **7.** econ. ruhig, still, flau: **~ business**; **~ season**. **II** s **8.** Ruhe f. **9.** Ruhe f, Stille f: **on the ~** ˌklammheimlich'; ˌheimlich, still u. leise'. **10.** Ruhe f, Friede(n) m. **III** v/t **11.** beruhigen, zur Ruhe bringen. **12.** beruhigen, besänftigen. **13.** zum Schweigen bringen. **IV** v/i meist ~ down ruhig od. still werden, sich beruhigen. **'quiet·en** → quiet III u. IV.

**qui·et·ism** ['kwaɪɪtɪzəm; -aɪə-] s **1.** relig. Quie'tismus m. **2.** (Gemüts)Ruhe f. **'qui·et·ist** s relig. Quie'tist(in).

**qui·et·ness** ['kwaɪətnɪs] s **1.** Geräuschlosigkeit f. **2.** → quietude.

**qui·e·tude** ['kwaɪɪtjuːd; -aɪə-; Am. a. -ˌtuːd] s **1.** Stille f, Ruhe f. **2.** fig. Friede(n) m. **3.** (Gemüts)Ruhe f.

**qui·e·tus** [kwaɪ'iːtəs] s **1.** Ende n, Tod m. **2.** Todes-, Gnadenstoß m: **to give s.o. his ~** j-m den Gnadenstoß geben, j-m den Garaus machen; **to give the ~ to a rumo(u)r** ein Gerücht endgültig zum Verstummen bringen. **3.** (restlose) Tilgung (e-r Schuld). **4.** jur. a) Br. Endquittung f, b) Am. Entlastung f (des Nachlaßverwalters).

**quiff** [kwɪf] s Br. (Stirn)Locke f, Tolle f.

**quill** [kwɪl] **I** s **1.** a. **~ feather** orn. (Schwung-, Schwanz)Feder f. **2.** orn. Spule f (unbefiederter Teil des Federkiels). **3.** a. **~ pen** Federkiel m. **4.** zo. Stachel m (des Igels od. Stachelschweins). **5.** mus. a) Plektrum n, b) pl hist. Panflöte f. **6.** Schwimmer m (der Angel). **7.** Zimtstange f. **8.** tech. a) Hohlwelle f, b) (Weber)Spule f. **II** v/t **9.** kräuseln, rund fälteln. **10.** den Faden aufspulen. **~ bit** s tech. Hohlbohrer m. **~ cov·erts** s pl orn. Deckfedern pl. **~ driv·er** s contp. Federfuchser m.

**quilt** [kwɪlt] **I** s **1.** Steppdecke f. **2.** gesteppte (Bett)Decke. **II** v/t **3.** steppen, 'durchnähen. **4.** einnähen. **5.** wat'tieren, (aus)polstern. **6.** oft ~ **together** fig. ein Buch etc zs.-stoppeln. **'quilt·ing** s **1.** 'Durchnähen n, Steppen n: **~ seam** Steppnaht f. **2.** Füllung f, 'Füllmateriˌal n, Wat'tierung f: **~ cotton** Polsterwatte f. **3.** gesteppte Arbeit. **4.** Pi'kee n (Gewebe).

**quim** [kwɪm] s Br. vulg. ˌFotze' f, ˌMöse' f (Scheide).

**quin** [kwɪn] Br. colloq. für quintuplet 2.

**qui·na** ['kwaɪnə; bes. Am. 'kiːnə] s bot. **1.** China-, Fieberrinde f. **2.** Chi'nin n.

**qui·na·ry** ['kwaɪnərɪ; Am. a. 'kwɪ-] adj aus fünf bestehend, Fünf(er)...

**quin·ate¹** ['kwaɪneɪt; Am. a. 'kwɪ-] s chem. chinasaures Salz.

**qui·nate²** ['kwaɪneɪt] adj bot. fünffingerig (Blatt).

**quince** [kwɪns] s bot. Quitte f.

**quin·cen·te·nar·y** [kwɪn'senti:nərɪ; Am. -sen'tenərɪ:; -'sentnˌeri:-] → quingentenary.

**quin·dec·a·gon** [kwɪn'dekəɡɒn; Am. -ˌɡɑn] s math. Fünfzehneck n.

**quin·gen·te·nar·y** [ˌkwɪndʒen'ti:nərɪ; bes. Am. -'te-] **I** adj fünfhundertjährig. **II** s fünfhundertster Jahrestag, Fünfhundert'jahrfeier f.

**quin·i·a** ['kwɪnɪə] → quinine.

**quin·ic ac·id** ['kwɪnɪk] s chem. Chinasäure f.

**qui·nine** [kwɪ'niːn; Am. 'kwaɪnaɪn] s chem. pharm. Chi'nin n.

**qui·nin·ism** ['kwɪniːnɪzəm; Am. 'kwaɪnaɪˌnɪzəm], a. **qui·nism** ['kwaɪnɪzəm] s med. Chi'ninvergiftung f.

**quin·oid** ['kwɪnɔɪd] s chem. Chi'nonverbindung f.

**qui·none** [kwɪ'nəʊn; 'kwɪnəʊn] s chem. **1.** Chi'non n. **2.** → quinoid.

**quin·o·noid** ['kwɪnənɔɪd; kwɪ'nəʊ-] adj chem. Chinon...

**quin·qua·ge·nar·i·an** [ˌkwɪŋkwədʒɪ'neərɪən] **I** adj a) fünfzigjährig, b) in den Fünfzigern. **II** s Fünfzigjährige(r m) f, Fünfziger(in) (a. Person in den Fünfzigern). **quin·quag·e·nar·y** [kwɪŋ'kwædʒənərɪ; Am. kwɪn'kwɑːdʒəˌneri:] s fünfzigster Jahrestag.

**Quin·qua·ges·i·ma** [ˌkwɪŋkwə'dʒesɪmə; Am. a. -ˈdʒeɪzəmə] s (Sonntag m) Quinqua'gesima f (Sonntag vor Fastnacht).

**quinque-** [kwɪŋkwɪ; Am. a. kwɪn-] Wortelemente mit der Bedeutung fünf...

**ˌquin·que'cos·tate** adj bot. zo. fünfrippig. **ˌquin·que'dig·i·tate** adj fünffingerig, -zehig.

**quin·quen·ni·ad** [kwɪŋ'kwenɪəd; Am. -ˌæd] → quinquennium. **quin·quen·ni·al I** adj **1.** fünfjährig, fünf Jahre dauernd od. um'fassend. **2.** fünfjährlich ('wiederkehrend), alle fünf Jahre stattfindend. **II** s **3.** Zeitraum m von fünf Jahren. **4.** fünfter Jahrestag. **quin·quen·ni·um** [-nɪəm] pl **-ni·a** [-nɪə] s Zeitraum m von fünf Jahren.

**ˌquin·que'par·tite** adj **1.** fünfteilig. **2.** Fünfer..., Fünfmächte..., zwischen fünf Partnern abgeschlossen etc: **~ pact** Fünferpakt m. **3.** fünffach ausgefertigt (Urkunde).

**quin·que·reme** ['kwɪŋkwɪriːm] s mar. hist. Fünfruderer m.

**ˌquin·que'va·lent** [-'veɪlənt] adj chem. fünfwertig.

**quin·qui·na** [kwɪŋ'kwaɪnə; bes. Am. kɪn'kiːnə] → quina.

**ˌquin·qui'va·lent** → quinquevalent.

**quin·sy** ['kwɪnzɪ] s med. Hals-, Mandelentzündung f.

**quint¹** [kɪnt; kwɪnt] s Pikett: Quinte f (Sequenz von 5 Karten gleicher Farbe).

**quint²** [kwɪnt] mus. Quint(e) f.

**quint³** [kwɪnt] Am. colloq. für quintuplet 2.

**quin·tain** ['kwɪntɪn] s hist. **1.** Stechpuppe f, (Holz)Pfosten m mit 'Holzfiˌgur (für ritterliche Übungen mit der Lanze). **2.** Quin'tanrennen n.

**quin·tal** ['kwɪntl; Am. a. 'kæntl] s Doppelzentner m.

**quin·tan** ['kwɪntən] med. **I** adj fünftägig, alle fünf Tage auftretend: **~ fever** → II. **II** s Fünf'tagefieber n.

**quinte** [kæŋt; kɛ̃t] (Fr.) s fenc. Quint f.

**quin·tes·sence** [kwɪn'tesns] s **1.** chem. 'Quintesˌsenz f (a. philos. u. fig.). **2.** Kern m, Inbegriff m. **3.** a) Urtyp m, b) klassisches Beispiel (of für, von), c) (höchste) Voll'kommenheit. **quin·tes·sen·tial** [ˌkwɪn'tʃəl; Am. -tʃəl] adj (adv ~ly) wesentlich, typisch, reinst(er, e, es).

**quin·tet, Br. a. quin·tette** [kwɪn'tet] s **1.** mus. Quin'tett n. **2.** humor. Quin'tett n (5 Personen). **3.** Fünfergruppe f, Satz m von 5 Dingen. **4.** sport Fünf f (Basketballmannschaft).

**quin·tic** ['kwɪntɪk] math. **I** adj Gleichung fünften Grades. **II** s alge'braische Funkti'on fünften Grades.

**quin·tile** ['kwɪntaɪl] s astr. Quin'til-, Gefünftelschein m.

**quin·til·lion** [kwɪn'tɪljən] s **1.** Br. Quin'tilli'on f ($10^{30}$). **2.** Am. Trilli'on f ($10^{18}$).

**quin·tu·ple** ['kwɪntjʊpl; Am. kwɪn'tju:pəl; a. -'tu:-; -'tʌ-] **I** adj **1.** fünffach. **II** s **2.** (das) Fünffache. **III** v/t **3.** verfünffachen. **4.** fünfmal so groß od. so viel sein wie. **IV** v/i **5.** sich verfünffachen.

**quin·tu·plet** ['kwɪntjʊplɪt; Am. kwɪn-

ˈtʌplət] s **1.** Fünfergruppe f. **2.** Fünfling m (*Kind*): ~s Fünflinge. **3.** *mus.* Quinˈtole f. **quinˈtu·pli·cate** [-ˈtjuːplɪkɪt; *Am. a.* -ˈtuː-] **I** *adj* **1.** fünffach. **II** s **2.** fünffache Ausfertigung: in ~. **3.** *e-s von* 5 (*gleichen*) *Dingen*: ~s 5 Exemplare. **III** *v/t* [-keɪt] **4.** verfünffachen. **5.** *ein Dokument* fünffach ausfertigen.

**quip** [kwɪp] **I** s **1.** witziger Einfall, geistreiche Bemerkung, Bonˈmot n. **2.** Seitenhieb m, Sticheˈlei f. **II** *v/i* **3.** witzeln, spötteln. **ˈquip·ster** [-stə(r)] s Spötter (-in), Stichler(in).

**qui·pu** [ˈkiːpuː] s Quipu n (*Knotenschrift der Altperuaner*).

**quire**[1] [ˈkwaɪə(r)] s **1.** *print.* Buch n (24 Bogen). **2.** *Buchbinderei:* Lage f.

**quire**[2] [ˈkwaɪə(r)] *obs. für* **choir**.

**Quir·i·nal** [ˈkwɪrɪnəl] **I** *npr* Quiriˈnal m (*e-r der* 7 *Hügel Roms*). **II** s Quiriˈnal m: a) *italienischer Königspalast auf dem Quirinal,* b) *fig. die italienische Regierung.*

**quirk** [kwɜːk; *Am.* kwɝk] s **1.** → **quip** 1, 2. **2.** Eigenart f, seltsame Angewohnheit: **by a ~ of fate** durch e-n verrückten Zufall, wie das Schicksal (*od.* Leben) so spielt. **3.** Zucken n (*des Mundes etc*). **4.** Kniff m, Trick m, Finte f. **5.** Schnörkel m. **6.** *arch.* Hohlkehle f. **ˈquirk·y** *adj* **1.** gerissen (*Anwalt etc*). **2.** eigenartig, schrullig (*Ansichten etc*).

**quirt** [kwɜːt; *Am.* kwɝt] s geflochtene Reitpeitsche.

**quis·ling** [ˈkwɪzlɪŋ] s *pol. contp.* Quisling m, Kollaboraˈteur m.

**quit** [kwɪt] **I** *v/t pret u. pp* **ˈquit·ted,** *bes. Am.* **quit 1.** verzichten auf (*acc*), *e-e Stellung* kündigen, aufgeben, *den Dienst* quitˈtieren, sich vom *Geschäft* zuˈrückziehen. **2.** *colloq.* aufhören mit: **to ~ work** aufhören zu arbeiten; ~**grumbling!** hör auf zu murren! **3.** verlassen: **he ~(ted)** Paris; **she ~(ted)** him in anger. **4.** *e-e Schuld etc* bezahlen, tilgen. **5.** *meist* ~ **o.s.** sich benehmen: ~ **you like men!** benehmt euch wie Männer! **6.** *obs.* befreien. **7.** ~ **o.s. (of)** a) sich frei machen *od.* befreien (von), b) *fig.* sich entledigen (*gen*). **8.** *poet.* vergelten: **to ~ love with hate; death ~s all scores** der Tod macht alles gleich. **II** *v/i* **9.** aufhören. **10.** weggehen. **11.** ausziehen: → **notice 12.** kündigen. **III** *adj pred* **13.** frei: **to go ~** frei ausgehen; **to be ~ for** davonkommen mit. **14.** frei, befreit, los (**of** von): ~ **of charges** *econ.* nach Abzug der Kosten, spesenfrei.

**quitch (grass)** [kwɪtʃ] s *bot.* Gemeine Quecke.

**ˈquit·claim** s *jur.* **1.** Verzicht(leistung f) m (*auf Rechte*). **2.** ~ **deed** a) Grundstückskaufvertrag m, b) *Am.* Abtretungsurkunde f (*beide: ohne Haftung für Rechts- od. Sachmängel*).

**quite** [kwaɪt] *adv* **1.** ganz, völlig, vollständig: ~ **alone** ganz allein; ~ **another** ein ganz anderer; ~ **wrong** völlig falsch; ~ **the reverse** genau das Gegenteil. **2.** wirklich, tatsächlich, ziemlich: ~ **a disappointment** e-e ziemliche Ent-

täuschung; ~ **good** recht gut; ~ **a few** ziemlich viele; ~ **a gentleman** wirklich ein feiner Mann. **3.** *colloq.* ganz, durchˈaus, sehr: ~ **nice** ganz *od.* recht nett; **not** ~ **proper** nicht ganz angebracht; **that is** ~ **the thing** a) das ist genau *od.* ganz das Richtige, b) das ist die (neueste) Mode; **he isn't** ~ er ist nicht (so) ganz gesellschaftsfähig; ~ **(so)!** ganz recht.

**quit rent** s *jur. hist.* Miet-, Pachtzins (*der den Mieter von anderweitigen Leistungen befreite*).

**quits** [kwɪts] *adj* quitt: **to be (get)** ~ **with** s.o. mit j-m quitt sein (werden) (*a. fig.*); **to cry** ~ aufgeben, genug haben; **let's call it** ~ lassen wir's gut sein; → **double 11.**

**quit·tance** [ˈkwɪtəns] s **1.** Vergeltung f, Entgelt n. **2.** Erledigung f (*e-r Schuld od. Verpflichtung*). **3.** *poet. od. obs.* Befreiung f. **4.** *econ.* Quittung f.

**quit·ter** [ˈkwɪtə(r)] s *colloq.* Drückeberger m, Feigling m.

**quit·tor** [ˈkwɪtə(r)] s *vet.* Steingallen pl.

**quiv·er**[1] [ˈkwɪvə(r)] **I** *v/i* **1.** beben, zittern (**with** vor *dat*). **II** *v/t* **2.** (er)zittern lassen. **3.** *die Flügel* flatternd schlagen (*Lerche*). **III** s **4.** Beben n, Zittern n: **in a** ~ **of excitement** *fig.* zitternd vor Aufregung.

**quiv·er**[2] [ˈkwɪvə(r)] s Köcher m: **to have an arrow left in one's** ~ noch ein Eisen im Feuer haben.

**ˈquiv·er·ful** [-fʊl] s (*ein*) Köchervoll m: **a** ~ **of children** e-e ganze Schar Kinder.

**qui vive** [ˌkiːˈviːv] s: **to be on the** ~ auf dem Quivive *od.* auf der Hut sein.

**quix·ot·ic** [kwɪkˈsɒtɪk; *Am.* -ˈsɑ-] *adj* (*adv* ~**ally**) donquiˈchottisch, weltfremd, -ideaˈlistisch, schwärmerisch, närrisch.

**quix·ot·ism** [ˈkwɪksətɪzəm], **ˈquix·ot·ry** [-trɪ] s Donquichotteˈrie f.

**quiz** [kwɪz] **I** *v/t* **1.** *Am.* j-n prüfen, abfragen. **2.** ausfragen, ins (Kreuz)Verhör nehmen. **3.** *obs. bes. Br.* aufziehen, hänseln. **4.** *obs.* (spöttisch) anstarren, fiˈxieren: ~**zing glass** Lorgnon n. **II** *pl* **ˈquiz·zes** s **5.** *bes. Am.* Prüfung f, Klassenarbeit f. **6.** a) *Rundfunk, TV* Quiz n: ~ **game** Ratespiel n, Quiz; ~ **program(me)**, *Am.* ~ **show** Quizsendung f, b) Denksportaufgabe f. **7.** *obs.* Spottvogel m, Spötter m. **8.** *obs.* Foppeˈrei f, Ulk m. **9.** *obs.* komischer Kauz. **ˈ~·mas·ter** s Quizmaster m.

**quiz·zee** [kwɪˈziː] s Teilnehmer(in) an e-m Quiz.

**quiz·zi·cal** [ˈkwɪzɪkl] *adj* (*adv* ~**ly**) **1.** seltsam, komisch. **2.** spöttisch: **a** ~ **look.**

**quod** [kwɒd] s *Br. sl.* ‚Loch' n, ‚Kittchen' n, Gefängnis n: **to be in** ~ ‚sitzen'.

**quod·li·bet** [ˈkwɒdlɪbet; *Am.* ˈkwɑd-] s *mus.* Quodlibet n, (Lieder)Potpourri n.

**quod vi·de** (*Lat.*) [kwɒdˈvaɪdiː; -ˈvɪdeɪ; *Am.* ˌkwɑd-] (*Lat.*) *adv* (*abbr.* **q.v.**) siehe dort.

**quoin** [kɔɪn; kwɔɪn] **I** s **1.** *arch.* a) (vorspringende) Ecke (*e-s Hauses*), b) Eck-, Keilstein m. **2.** *print.* Schließkeil m. **3.** *mar.* Staukeil m. **II** *v/t* **4.** *print. die Druckform* schließen. **5.** *tech.* verkeilen.

**6.** *arch. e-e Ecke* mit Keilsteinen versehen.

**quoit** [kɔɪt; kwɔɪt; *Am. a.* kweɪt] s **1.** Wurfring m. **2.** pl (*als sg konstruiert*) Wurfringspiel n.

**quon·dam** [ˈkwɒndæm; *Am.* ˈkwɑn-] *adj* ehemalig, früher(er, e, es): ~ **friends.**

**Quon·set hut** [ˈkwɒnsɪt; *Am.* ˈkwɑn-] s *bes. Am.* (*e-e*) Nissenhütte.

**quo·rum** [ˈkwɔːrəm; *Am. a.* ˈkwəʊ-] s **1.** beschlußfähige Anzahl *od.* Mitgliederzahl: **to be** (*od.* **constitute**) **a** ~ beschlußfähig sein. **2.** *jur.* handlungsfähige Besetzung e-s Gerichts. **3.** *jur. hist.* a) *Br. collect.* (*die*) Friedensrichter pl, b) *Auswahl von Friedensrichtern, die an Gerichtssitzungen teilnehmen durften.* **4.** *relig. Am.* Vereinigung von Priestern gleichen Ranges bei den Mormonen.

**quo·ta** [ˈkwəʊtə] s **1.** *bes. econ.* Quote f, (Verhältnis)Anteil m. **2.** *econ.* (ˈEinfuhretc)Kontinˌgent n, Quote f, (Liefer- etc) Soll n: ~ **goods** kontingentierte Waren; ~ **restrictions** Kontingentierung f; ~ **system** Zuteilungssystem n. **3.** *jur.* ˈkursdiviˌdendenquote f. **4.** *Am.* Einwanderungsquote f. ~ **a·gent** s *econ.* Kontinˈgentträger m.

**quot·a·ble** [ˈkwəʊtəbl] *adj* ziˈtierbar.

**quo·ta·tion** [kwəʊˈteɪʃn] s **1.** Ziˈtat n, Anführung f, Herˈanziehung f (*a. jur.*): ~ **familiar** ~**s** geflügelte Worte; ~ **sampling** *econ.* statistisch gelenkte Teilauslese. **2.** Beleg(stelle f) m. **3.** *econ.* (ˈBörsen-, ˈKurs)Noˌtierung f: final ~ Schlußnotierung. **4.** *econ.* Preis(angabe f) m. **5.** *print.* Steg m. ~ **marks** s pl Anführungszeichen pl, ‚Gänsefüßchen' pl: **to put** (*od.* **place**) **in** ~ in Anführungszeichen setzen.

**quote** [kwəʊt] **I** *v/t* **1.** ziˈtieren (**from** aus), (*a. als Beweis*) anführen, *weitS. a.* Bezug nehmen auf (*acc*), sich auf *ein Dokument etc* berufen, *e-e Quelle, e-n Fall* herˈanziehen. **2.** *econ. e-n Preis* aufgeben, ansetzen, berechnen. **3.** *Börse:* noˈtieren: **to be ~d at** (*od.* **with**) notieren *od.* im Kurs stehen mit. **4.** in Anführungszeichen setzen. **II** *v/i* **5.** ziˈtieren (**from** aus): ~: ... ich zitiere: ..., Zitat: ... **III** s *colloq.* **6.** Ziˈtat n. **7.** pl ‚Gänsefüßchen' pl, Anführungszeichen pl: **to put** (*od.* **place**) **in** ~ in Gänsefüßchen setzen.

**quoth** [kwəʊθ] *obs.* (*vorangestellt*) ich, er, sie, es sprach, sagte.

**quoth·a** [ˈkwəʊθə] *interj obs. contp.* wahrlich!, fürˈwahr!

**quo·tid·i·an** [kwɒˈtɪdɪən; *bes. Am.* kwəʊ-] **I** *adj* **1.** täglich: ~ **fever** → **3.** **2.** allˈtäglich, gewöhnlich. **II** s **3.** *med.* Quotidiˈanfieber n.

**quo·tient** [ˈkwəʊʃnt] s *math.* Quotiˈent m.

**quo war·ran·to** [ˌkwəʊwɒˈræntəʊ; *Am.* -wəˈrɑːn-] s pl **-tos** s *jur.* **1.** *hist.* königlicher Brief, der e-n Amtsusurpator zwang, die Berechtigung für die Ausübung s-s Amts *od.* Privilegs nachzuweisen. **2.** ähnlicher Brief, der ein Verfahren wegen Amtsanmaßung einleitet. **3.** Verfahren n wegen Amtsanmaßung.

# R

**R, r** [ɑː(r)] **I** pl **R's, Rs, r's, rs** [ɑː(r)z] s **1.** R, r n (Buchstabe): the three Rs Lesen n, Schreiben n u. Rechnen n (reading, [w]riting, [a]rithmetic). **2.** R R n, R-förmiger Gegenstand. **II** adj **3.** achtzehnt(er, e, es). **4.** R R-..., R-förmig.

**rab·bet** ['ræbɪt] tech. **I** s a) Fuge f, Falz m, Nut f, b) Falzverbindung f. **II** v/t falzen, (zs.-)fugen. **~ joint** s tech. Falzverbindung f, Fuge f (aus Nut u. Feder). **~ plane** s tech. Falzhobel m.

**rab·bi** ['ræbaɪ] s **1.** Rabbi m: a) hist. jüdischer Schriftgelehrter, b) (als Anrede) Herr m, Meister m. **2.** relig. Rab'biner m.

**rab·bin** ['ræbɪn] → rabbi 1 a.

**rab·bin·ate** ['ræbɪnɪt] s **1.** Rabbi'nat n (Amt od. Würde e-s Rabbiners). **2.** collect. Rab'biner pl.

**rab·bin·ic** [ræ'bɪnɪk] adj; **rab'bin·i·cal** adj (adv ~ly) rab'binisch.

**rab·bit** ['ræbɪt] **I** s **1.** zo. Ka'ninchen n. **2.** zo. Am. allg. Hase m. **3.** → Welsh rabbit. **4.** sport colloq. a) Br. Anfänger(in), b) Br. ,Flasche' f, c) ,Hase' m (Schrittmacher bei Rekordversuchen). **II** v/i **5.** Ka'ninchen jagen: to go ~ing auf Kaninchenjagd gehen. **6.** a. ~ away (od. on) quasseln, ,schwafeln' (about über acc, von). **~ fever** s vet. Hasenpest f. **~ hutch** s Ka'ninchenstall m. **~ punch** s Boxen: (kurzer) Genickschlag. **~ war·ren** → warren 1 u. 3.

**rab·bit·y** ['ræbɪtɪ] adj **1.** ka'ninchenartig, Kaninchen... **2.** fig. ängstlich.

**rab·ble¹** ['ræbl] s **1.** Mob m, Pöbelhaufen m. **2.** the ~ contp. der Pöbel: ~rousing aufwieglerisch, demagogisch; ~rouser Aufrührer m, Demagog m.

**rab·ble²** ['ræbl] tech. **I** s Rührstange f, Kratze f, Krücke f. **II** v/t 'umrühren.

**rab·bler** ['ræblə(r)] → rabble² I.

**Rab·e·lai·si·an** [,ræbə'leɪzɪən] adj **1.** des Rabe'lais. **2.** im Stil des Rabelais (grobsatirisch, geistvoll-frech, obszön).

**rab·ic** ['ræbɪk] adj med. vet. tollwütig.

**rab·id** ['ræbɪd] adj (adv ~ly) **1.** wütend (a. Haß etc), rasend (a. fig. Hunger etc). **2.** fa'natisch, wild, rabi'at: a ~ anti-Semite. **3.** med. vet. tollwütig: a ~ dog.

**ra·bid·i·ty** [rə'bɪdətɪ], **'rab·id·ness** s **1.** Rasen n, Wut f. **2.** Fana'tismus m, Wildheit f.

**ra·bies** ['reɪbiːz] s med. vet. Tollwut f.

**rac·coon** [rə'kuːn; bes. Am. ræ-] s **1.** pl **rac'coons**, bes. collect. **rac'coon** zo. Waschbär m. **2.** Waschbär(pelz) m.

**race¹** [reɪs] **I** s **1.** sport (Wett)Rennen n, (-)Lauf m: motor ~ Autorennen. **2.** pl sport Pferderennen pl: → play 23. **3.** fig. (for) Wettlauf m, Kampf m (um), Jagd f (nach): ~ against time Wettlauf mit der Zeit. **4.** Lauf m (der Gestirne, des Lebens, der Zeit): his ~ is run er hat die längste Zeit gelebt. **5.** a) starke Strö-

mung, b) Stromschnelle f, c) Strom-, Flußbett n, d) Ka'nal m, Gerinne n. **6.** tech. a) Laufring m (des Kugellagers), (Gleit)Bahn f, b) Weberei: Schützenbahn f. **7.** → slipstream 1.

**II** v/i **8.** an e-m Rennen teilnehmen, bes. um die Wette laufen od. fahren (with, against mit). **9.** (im Rennen) laufen (for um). **10.** (da'hin)rasen, rennen: to ~ about (od. around) herumrasen, -rennen; his mind was racing fig. die Gedanken überschlugen sich in s-m Kopf. **11.** tech. 'durchdrehen (Rad etc).

**III** v/t **12.** um die Wette laufen od. fahren mit. **13.** Pferde rennen od. (in e-m Rennen) laufen lassen. **14.** ein Fahrzeug rasen lassen, rasen mit: to ~ s.o. to hospital mit j-m ins Krankenhaus rasen. **15.** ('durch)hetzen, (-)jagen, Gesetze 'durchpeitschen. **16.** tech. a) den Motor etc 'durchdrehen lassen (ohne Belastung), b) den Motor hochjagen: to ~ up e-n Flugzeugmotor abbremsen.

**race²** [reɪs] s **1.** Rasse f: the white ~. **2.** Rasse f: a) Rassenzugehörigkeit f, b) rassische Eigenart. **3.** Geschlecht n, Stamm m, Fa'milie f. **4.** Volk n, Nati'on f. **5.** Abstammung f: of noble ~ edler Abstammung, vornehmer Herkunft. **6.** biol. Rasse f, Gattung f, 'Unterart f. **7.** a) (Menschen)Schlag m, b) (Menschen-etc)Geschlecht n: the human ~. **8.** Rasse f (des Weins etc).

**race³** [reɪs] s (Ingwer)Wurzel f.

**race|boat** s sport Rennboot n. **~ card** s Pferdesport: 'Rennpro,gramm n. **~ conflict** s 'Rassenkon,flikt m. **'~course** s Pferdesport: Rennbahn f. **'~go·er** s (bes. häufiger) Rennbahnbesucher. **~ ha·tred** s Rassenhaß m. **'~horse** s Rennpferd n.

**ra·ceme** [rə'siːm; bes. Am. reɪ-] s bot. Traube f (Blütenstand).

**race meet·ing** s Pferdesport: Rennveranstaltung f.

**ra·ce·mic** [rə'siːmɪk; bes. Am. reɪ-] adj chem. **1.** ra'cemisch. **2.** Trauben...: ~ acid.

**rac·e·mose** ['ræsɪməʊs] adj **1.** bot. a) traubig, b) e-e Traube tragend. **2.** anat. Trauben...

**rac·er** ['reɪsə(r)] s **1.** a) (Renn)Läufer(in), b) Rennfahrer(in). **2.** Rennpferd n. **3.** Rennrad n, -boot n, -wagen m.

**race|re·la·tions** s pl Beziehungen pl zwischen den Rassen. **~ ri·ot** s 'Rassenkra,wall m. **~ su·i·cide** s Rassenselbstmord m. **'~track** s **1.** Automobilsport etc: Rennstrecke f. **2.** Pferdesport: bes. Am. Rennbahn f. **~ walk·ing** s Leichtathletik: Gehen n. **'~way** s **1.** (Mühl-)Gerinne n. **2.** tech. Laufring m.

**ra·chis** ['reɪkɪs] pl **rach·i·des** ['rækɪdiːz; 'reɪ-] s **1.** bot. zo. Rhachis f, Spindel f. **2.** anat. Rückgrat n. **ra·chit·ic** [rə'kɪtɪk]

adj med. ra'chitisch. **ra·chi·tis** [ræ'kaɪtɪs] s med. Ra'chitis f.

**ra·cial** ['reɪʃl] adj (adv ~ly) **1.** rassisch. **2.** Rassen...: ~ conflict (discrimination, equality, hatred, integration, pride, prejudice, segregation). **3.** völkisch. **'ra·cial·ism** s **1.** Rassenkult m. **2.** 'Rassenpoli,tik f. **3.** Ras'sismus m. **'ra·cial·ist** s Ras'sist(in). **II** adj ras'sistisch.

**rac·i·ness** ['reɪsɪnɪs] s **1.** Rassigkeit f, Rasse f. **2.** Urwüchsigkeit f. **3.** (das) Pi'kante, Würze f.

**rac·ing** ['reɪsɪŋ] **I** s **1.** (Wett)Rennen n. **2.** (Pferde)Rennsport m. **II** adj **3.** Renn...: ~ boat (bicycle, car, saddle); ~ circuit (Automobilsport etc) Rennstrecke f; ~ cyclist Radrennfahrer m; ~ driver Rennfahrer m; ~ man Pferdesport-Liebhaber m; ~ stable Rennstall m (a. Radsport); the ~ world die Rennwelt.

**rac·ism** ['reɪsɪzəm] → racialism. **'racist** → racialist.

**rack¹** [ræk] **I** s **1.** agr. Raufe f. **2.** Gestell n, (Gewehr-, Kleider-, Zeitungs- etc)Ständer m, (Handtuch)Halter m, (Geschirr)Brett n, rail. (Gepäck)Netz n, Gepäckträger m (am Fahrrad): → bomb rack. **3.** Re'gal n. **4.** (Streck- od. Stütz)Rahmen m. **5.** tech. Zahnstange f: ~(-and-pinion) gear Zahnstangengetriebe n. **6.** hist. Folter(bank) f, Streckfolter f: to put on the ~ bes. fig. j-n auf die Folter spannen. **7.** fig. (Folter)Qualen pl, Qual f, Folter f. **II** v/t **8.** (aus)recken, strecken. **9.** auf die Folter spannen, foltern. **10.** fig. foltern, quälen, martern, peinigen: ~ing pains rasende Schmerzen; ~ed with pain schmerzgequält; → brain 2. **11.** a) die Miete (wucherisch) hochschrauben, b) → rack-rent. **12.** auf od. in ein Gestell od. Re'gal legen. **13.** ~ up e-m Pferd die Raufe füllen.

**rack²** [ræk] s: to go to ~ and ruin verfallen (Gebäude, Person), dem Ruin entgegentreiben (Land, Wirtschaft).

**rack³** [ræk] s (schneller) Paßgang.

**rack⁴** [ræk] **I** s fliegendes Gewölk, ziehende Wolkenmassen pl. **II** v/i (da'hin-) ziehen (Wolken).

**rack⁵** [ræk] v/t **1.** oft ~ off Wein etc abziehen, abfüllen. **2.** Bierfässer füllen.

**rack⁶** [ræk] → arrack.

**rack car** s rail. Am. Doppelstockwagen m (für Autotransport).

**rack·et¹** ['rækɪt] s **1.** sport (Tennis- etc) Schläger m. **2.** pl (als sg konstruiert) Ra'kettspiel n. **3.** Schneeschuh m.

**rack·et²** ['rækɪt] **I** s **1.** Krach m, Ra'dau m, Spek'takel m, Lärm m. **2.** Wirbel m, Aufregung f. **3.** a) ,tolle Party', rauschendes Fest, b) Vergnügungstaumel m, c) Rummel m, Trubel m, Betrieb m (des Gesellschaftslebens): to go on the ~ ,auf den Putz hauen', ,(herum)sumpfen'.

**4.** (harte) Nervenprobe, ‚Schlauch' *m*: to **stand the ~** *colloq.* a) die Sache durchstehen, b) die Folgen zu tragen haben, c) für die Kosten aufkommen, bezahlen. **5.** *sl.* a) Schwindel *m*, Gaune'rei *f*, ‚Schiebung' *f*, b) organi'sierte Erpressung, c) Racket *n*, Erpresserbande *f*, d) (einträgliches) Geschäft, ‚Masche' *f*, e) Beruf *m*, Branche *f*: **what's his ~?** was macht er beruflich? **II** *v/i* **6.** Krach machen, lärmen. **7.** *meist* **~ about** (*od.* around) ‚(her'um)sumpfen'.

**rack·et·eer** [ˌrækəˈtɪə(r)] *I s* **1.** Gangster *m*, Erpresser *m*. **2.** Geschäftemacher *m*, ‚Schieber' *m*. **II** *v/i* **3.** organi'sierte Erpressung betreiben. **4.** dunkle Geschäfte machen, **'rack·et'eer·ing** *s* **1.** Gangstertum *n*, organi'sierte Erpressung. **2.** Geschäftemache'rei *f*.

**rack·et press** *s* Spanner *m* (*für Tennisschläger etc*).

**rack·et·y** [ˈrækɪtɪ] *adj* **1.** lärmend. **2.** turbu'lent. **3.** ausgelassen, ausschweifend.

**rack‖ job·bing** *s econ.* Rack-jobbing *n* (*Vertriebsform, bei der sich ein Hersteller beim Einzelhändler e-e Verkaufs- od. Ausstellungsfläche mietet, um sich das alleinige Belieferungsrecht für neue Produkte zu sichern*). **~ punch** *s* Arrakpunsch *m*. **~ rail** *s tech.* Zahnschiene *f*. **~ rail·way**, *Am.* **~ rail·road** *s* Zahnradbahn *f*. **~ rent** *s* **1.** Wuchermiete *f*, wucherischer Pachtzins. **2.** *jur. Br.* höchstmögliche Jahresmiete *od.* -pacht. **'~-rent** *v/t* e-e Wuchermiete von *j-m od.* für *etwas* verlangen. **~ wheel** *s tech.* Zahnrad *n*.

**ra·con** [ˈreɪkɒn; *Am.* -ˌkɑn] *s aer. mar.* Antwort-Radarbake *f*.

**rac·on·teur** [ˌrækɒnˈtɜː; *Am.* ˌrækɑnˈtɜr] *s* (guter) Erzähler.

**ra·coon** *s* → raccoon.

**rac·quet** *s* → racket[1].

**rac·y** [ˈreɪsɪ] *adj* **1.** rassig (*a. fig.*): **a ~ horse** (*car, wine, etc*). **2.** kernig, unverbildet: **~ of the soil** urwüchsig, bodenständig. **3.** pi'kant, würzig (*Geschmack etc; a. fig.*). **4.** lebendig, geistreich, ‚spritzig': **a ~ story**. **5.** schlüpfrig, gewagt: **~ anecdotes**.

**rad[1]** [ræd] *colloq. für* radical 9.

**rad[2]** [ræd] *s phys.* (*aus* radiation absorbed dose) rad *n* (*Einheit der absorbierten Strahlendosis*).

**ra·dar** [ˈreɪdɑː(r)] **I** *s electr.* **1.** (*aus* Radio Detecting and Ranging) Radar *n*, Funkmeßtechnik *f*, -ortung *f*. **2.** *a.* **~ set** Radargerät *n*. **II** *adj* **3.** Radar...: **~-assisted** mit Radarhilfe; **~ astronomy** *astr.* Radarastronomie *f*; **~ beacon** → racon; **~ control** Radarkontrolle *f*; **~ display** Radarschirmbild *n*; **~ jamming** Radarstörung *f*; **~ screen** Radarschirm *m*; **~ timing** Radarmessung(en *pl*) *f*; **(speed) trap** Radarfalle *f*. **'~-man** [-mən] *s irr electr.* Bediener *m* e-s Radargerätes.

**ra·dar·scope** [ˈreɪdɑː(r)skəʊp] *s electr.* Radar-Sichtgerät *n*.

**rad·dle** [ˈrædl] **I** *s* **1.** *min.* Rötel *m*. **II** *v/t* **2.** mit Rötel kennzeichnen. **3.** to **~** one's **face** *bes. Br.* Rouge auflegen.

**ra·di·ac** [ˈreɪdɪæk] *s* (*aus* Radioactivity Detection and Computation) Anzeige *f* u. Berechnung *f* von Radioaktivi'tät. **~ do·sim·e·ter** *s phys.* Strahlungsmesser *m*.

**ra·di·al** [ˈreɪdɪəl; -ɪəl] **I** *adj* (*adv* **~ly**) **1.** radi'al, Radial...: a) Strahlen..., strahlig (angeordnet), b) den Radius betreffend. **2.** *anat.* Speichen... **3.** *bot. zo.* radi'är: **~ly symmetrical** radiär-, radialsymmetrisch. **II** *s* **4.** *anat.* a) → **radial artery**, b) → **radial nerve**. **5.** *mot.* → **radial-ply tire**. **~ ar·ter·y** *s anat.* Speichenschlagader *f*. **~ bear·ing** *s tech.*

Querlager *n*. **~ drill** *s tech.* Radi'albohrˌmaˌschine *f*. **~ en·gine** *s tech.* Sternmotor *m*. **'~-flow tur·bine** *s tech.* Radi'alturˌbine *f*.

**ra·di·al·ize** [ˈreɪdɪəlaɪz] *v/t* strahlenförmig anordnen.

**ra·di·al‖ nerve** *s anat.* Radi'al-, Speichennerv *m*. **'~-ply tire** (*bes. Br.* **tyre**) *s mot.* Gürtelreifen *m*. **~ route** *s* Ausfallstraße *f*. **~ tire** → radial-ply tire.

**ra·di·an** [ˈreɪdjən; -ɪən] *s math.* Einheitswinkel *m*: **~** measure Bogenmaß *n*.

**ra·di·ance** [ˈreɪdjəns; -ɪəns], *a.* **'ra·di·an·cy** [-sɪ] *s* **1.** Strahlen *n*, strahlender Glanz (*a. fig.*). **2.** → radiation.

**ra·di·ant** [ˈreɪdjənt; -ɪənt] **I** *adj* (*adv* **~ly**) **1.** strahlend (*a. fig.* with vor *dat*, von): **~ beauty**; **the ~ bride**; **a ~ smile**; **~ with joy** freudestrahlend; **to be ~ with health** vor Gesundheit strotzen. **2.** *phys.* Strahlungs...: **~ energy**; **~ flux** Strahlungsfluß *m*; **~ heating** *tech.* Strahlungs-, Flächenheizung *f*; **~ intensity** Strahlungsintensität *f*; **~ point** → 4. **3.** strahlenförmig angeordnet. **II** *s* **4.** *phys.* a) Strahl(ungs)punkt *m*, b) Lichtquelle *f*. **5.** *astr.* Radi'ant *m*. **6.** *math.* Strahl *m*.

**ra·di·ate** [ˈreɪdɪeɪt] **I** *v/i* **1.** ausstrahlen (from von; *a. fig.*). **2.** strahlenförmig ausgehen (from von). **3.** strahlen, Strahlen aussenden. **4.** *a. fig.* strahlen, leuchten. **II** *v/t* **5.** *Licht, Wärme etc* ausstrahlen. **6.** *fig. Liebe etc* ausstrahlen, -strömen: **to ~ love**; **to ~ health** vor Gesundheit strotzen. **7.** *Rundfunk, TV*: ausstrahlen, senden. **III** *adj* [*a.* -dɪɪt] **8.** radi'al, Strahl(en)... **'ra·di·at·ed** *adj* **1.** → radiate III. **2.** *phys.* ausgestrahlt, Strahlungs...

**ra·di·a·tion** [ˌreɪdɪˈeɪʃn] *s* **1.** *phys.* Strahlung *f*: **~ belt** Strahlungsgürtel *m*; **cosmic ~** Höhenstrahlung; **~ detection team** *mil.* Strahlenspürtrupp *m*; **~ dose** Strahlendosis *f*; **~ injuries** Strahlenschäden; **~ protection** Strahlenschutz *m*; **~ sickness** *med.* Strahlenkrankheit *f*. **2.** *fig.* Ausstrahlung *f* (*a. Rundfunk, TV*): spiritual ~; **~ of pain**. **3.** *a.* **~ therapy** *med.* Strahlenbehandlung *f*, Bestrahlung *f*.

**ra·di·a·tive** [ˈreɪdɪətɪv; *bes. Am.* -ˌeɪtɪv] *adj* Strahlungs...

**ra·di·a·tor** [ˈreɪdɪeɪtə(r)] *s* **1.** *tech.* a) Heizkörper *m*, b) *mot. etc* Kühler *m*, c) Strahler *m*. **2.** radioak'tive Sub'stanz. **~ coil** *s tech.* Kühlschlange *f*. **~ core** *s mot.* Kühlerblock *m*. **~ grid**, **~ grill(e)** *s tech.* **1.** Kühlerlaˌmellen *pl*. **2.** Kühlerschutzgitter *n*. **~ mas·cot** *s mot.* 'Kühlerfiˌgur *f*. **~ rad·i·cal** [ˈrædɪkl] **I** *adj* (*adv* → radically) **1.** (*pol. oft* R~) Radikal..., radi'kal: **~ politician**; **~ cure** Radikal-, Roßkur *f*; to **undergo a ~ change** sich von Grund auf ändern. **2.** radi'kal, drastisch, ex'trem: **~ measures**. **3.** *a.* funda'men'tal, grundlegend, Grund...: **~ difference**; b) eingewurzelt, ursprünglich: **the ~ evil** das Grund- *od.* Erbübel. **4.** *bot. math.* Wurzel...: **~ hairs**; **~ axis** *math.* Radi'kallinie *f*; **~ expression** *math.* Wurzelausdruck *m*; **~ plane** *math.* Potenzebene *f*; **~ sign** *math.* Wurzelzeichen *n*. **5.** *ling.* Wurzel..., Stamm...: **~ word**. **6.** *bot.* grundständig: **~ leaves**. **7.** *mus.* Grund(ton)...: **~ bass** Grundbaß *m*; **~ cadence** Grundkadenz *f*. **8.** *chem.* Radikal...: **~ chain (reaction)** Radikalkette *f*. **II** *s* **9.** *a.* R~ *pol.* Radi'kale(r *m*) *f*. **10.** *math.* a) Wurzel *f*, b) Wurzelzeichen *n*. **11.** *mus.* Grundton *m* (*e-s Akkords*). **12.** *ling.* Wurzel(buchstabe *m*) *f*. **13.** *chem.* Radi'kal *n*. **14.** *fig.* Basis *f*, Grundlage *f*.

**rad·i·cal·ism** [ˈrædɪkəlɪzəm] *s bes. pol.* Radika'lismus *m*.

**rad·i·cal·ize** [ˈrædɪkəlaɪz] **I** *v/t* radi-

kali'sieren. **II** *v/i* sich radikali'sieren, radi'kal werden.

**rad·i·cal·ly** [ˈrædɪkəlɪ] *adv* **1.** radi'kal, von Grund auf, grundlegend. **2.** ursprünglich.

**ra·di·ces** [ˈreɪdɪsiːz] *pl von* radix.

**rad·i·cle** [ˈrædɪkl] *s* **1.** *bot.* a) Keimwurzel *f*, b) Würzelchen *n*. **2.** *anat.* (Gefäß-, Nerven)Wurzel *f*. **3.** *chem.* Radi'kal *n*.

**ra·di·i** [ˈreɪdɪaɪ] *pl von* radius.

**ra·di·o** [ˈreɪdɪəʊ] **I** *pl* **-os** *s* **1.** Radio *n*, Funk *m*, Funkbetrieb *m*. **2.** Rundfunk *m*, Radio *n*: **on** (*od.* over) **the ~** im Rundfunk. **3.** 'Radio- *od.* 'Rundfunkappaˌrat *m*, -gerät *n*, Rundfunkempfänger *m*. **4.** 'Radiosender *m*, -statiˌon *f*. **5.** Rundfunkgesellschaft *f*. **6.** 'Radioinduˌstrie *f*. **7.** *colloq.* Funkspruch *m*. **II** *v/t* **8.** (drahtlos) senden, funken, 'durchgeben. **9.** *j-m* e-e Funkmeldung 'durchgeben. **10.** *med.* a) röntgen, durch'leuchten, b) mit Röntgenstrahlen *od.* Radium behandeln. **III** *v/i* **11.** funken: **to ~ for help** per Funk um Hilfe bitten.

**radio-** [reɪdɪəʊ] *Wortelement mit den Bedeutungen* **1.** a) drahtlos, Funk..., b) Radio..., Rundfunk..., c) funkgesteuert. **2.** a) Radium..., b) radioaktiv. **3.** (*bes.* Röntgen)Strahlungs... **4.** radial, Radius... **5.** *anat.* Speichen...

**ˌra·di·o'ac·ti·vate** *v/t phys.* radioak'tiv machen.

**ˌra·di·o'ac·tive** *adj* radioak'tiv: **~ series** (*od.* chain) *phys.* Zerfallsreihe *f*; **~ waste** Atommüll *m*. **ˌra·di·o·ac'tiv·i·ty** *s* Radioaktivi'tät *f*.

**ra·di·o‖ ad·ver·tis·ing** *s* Werbefunk *m*, Rundfunkwerbung *f*. **~ am·a·teur** *s* 'Funkamaˌteur *m*. **~ as·tron·o·my** *s* 'Radioastronoˌmie *f*. **'~·au·tog·ra·phy** *s phys.* 'Strahlungsfotograˌfie *f*. **~ bal·loon** *s meteor.* Bal'lon-, Radiosonde *f*. **~ bea·con** *s tech.* Funkbake *f*, -feuer *n*. **~ beam** *s electr.* **1.** (Funk)Leitstrahl *m*. **2.** *Radio:* Richtstrahl *m*. **~ bear·ing** *s tech.* **1.** Funkpeilung *f*. **2.** Peilwinkel *m*. **'~·bi·ol·o·gy** *s biol.* 'Strahlungsbioloˌgie *f*. **~ car** *s Am.* Funk(streifen)wagen *m*. **'~·car·bon** *s chem.* Radio... C[14] (*radioaktives Isotop des Kohlenstoffs*): **~ dating** Radiokarbonmethode *f*, C-14-Methode *f* (*zur Altersbestimmung organischer Reste*). **'~·car·pal** *adj anat.* Radiokarpal... **'~·chem·is·try** *s* 'Radio-, 'Strahlencheˌmie *f*. **~ com·mer·cials** *s pl* Werbefunk *m*, Rundfunkwerbung *f*. **'~·com·mu·ni·ca·tion** *s* Funkverbindung *f*, -verkehr *m*. **~ com·pass** *s aer. mar.* Radio-, Funkkompaß *m*. **~ con·tact** *s* 'Funkonˌtakt *m*. **~ con·trol** *s electr.* Funk(fern)steuerung *f*. **'~·con'trol** *v/t* fernsteuern. **~ di·rec·tion find·er** *s electr.* Funkpeilgerät *n*. **~ dra·ma** *s* Hörspiel *n*. **'~·e·col·o·gy** *s biol.* 'Radioökoloˌgie *f*. **'~·el·e·ment** *s phys.* radioak'tives Ele'ment. **~ en·gi·neer·ing** *s* Funktechnik *f*. **~ fre·quen·cy** *s electr.* 'Hochfreˌquenz *f*. **'~·gal·ax·y** *s astr.* 'Radiogalaˌxie *f*.

**ra·di·o·gen·ic** [ˌreɪdɪəʊˈdʒenɪk] *adj* (*adv* **~ally**) *chem. phys.* radio'gen.

**ra·di·o·gram** [ˈreɪdɪəʊgræm] *s* **1.** 'Funkmeldung *f*, -teleˌgramm *n*. **2.** → radiograph I. **3.** *Br.* Mu'siktruhe *f*.

**ra·di·o·graph** [ˈreɪdɪəʊgrɑːf; *bes. Am.* -græf] *s* **1.** Radio'gramm *n*, *bes. Am.* Röntgenaufnahme *f*, -bild *n*: **sectional ~** Röntgenschnitt *m*. **II** *v/t* ein Radio'gramm *etc* machen von. **ra·di·og·ra·phy** [-ˈɒgrəfɪ; *Am.* -ˈɑg-] *s* Röntgenografra'phie *f*: **mass ~** Röntgenreihenuntersuchung *f*.

**ra·di·o‖ in·ter·fer·om·e·ter** *s astr.* 'Radiointerferoˌmeter *n*, -teleˌskop *n*. **'~·i·so·tope** *s chem. phys.* 'Radioisoˌtop *n*.

**ra·di·o·lar·i·an** [ˌreɪdɪəʊˈleərɪən] s zo. Strahlentierchen n.
**ra·di·o|link** s electr. Richtfunkstrecke f.
**‿lo'ca·tion** s electr. ('nichtnaviga,torische) Funkortung.
**ra·di·o·log·i·cal** [ˌreɪdɪəʊˈlɒdʒɪkl; Am. -dɪəˈlɑ-] adj med. radio'logisch, Röntgen... **‿ra·di'ol·o·gist** [-ˈɒlədʒɪst; Am. -ˈɑlə-] s Radio'loge m, Röntgeno'loge m.
**‿ra·di'ol·o·gy** [-dʒɪ] s Strahlen-, Röntgenkunde f, Radiolo'gie f.
**‿ra·di·o'lu·cent** adj (teilweise) 'strahlen,durchlässig. **‿lu·mi'nes·cence** s phys. 'Radiolumines,zenz f.
**ra·di·ol·y·sis** [ˌreɪdɪˈɒlɪsɪs; Am. -ˈɑlə-] s chem. Radio'lyse f.
**ra·di·o|mark·er** s aer. Mar'kierungs-, Funkbake f, Anflugbake f. **‿mes·sage** s Funkmeldung f, -spruch m.
**ra·di·om·e·ter** [ˌreɪdɪˈɒmɪtə(r); Am. -ˈɑmə-] s phys. Radio'meter n, Strahlungsmesser m. **‿ra·di'om·e·try** [-trɪ] s Radiome'trie f.
**‿ra·di·o'nu·clide** s phys. 'Radionu,klid n. **‿ op·er·a** s mus. Funkoper f. **‿ op·er·a·tor** s (aer. Bord)Funker m. **'‿·pag·er** s Funkrufempfänger m.
**ra·di·o·paque** [ˌreɪdɪəʊˈpeɪk] adj 'strahlen,un,durchlässig: **‿ material** med. (Röntgen)Kontrastmittel n.
**ra·di·o pa·trol car** s Am. Funkstreife(nwagen m) f.
**ra·di·o·phone** ['reɪdɪəʊfəʊn] s 1. phys. Radio'phon n. 2. → radiotelephone I.
**ra·di·o|pho·no·graph** s Am. Mu'siktruhe f. **‿'pho·to·graph** s tech. Funkbild n, 'Bildtele,gramm n. **‿'pho'tog·ra·phy** s Bildfunk m. **‿ play** s Hörspiel n. **‿'pro'tec·tion** s Strahlenschutz m. **‿'pro'tec·tive** adj Strahlenschutz... **‿ range** s 1. electr. Funkbereich m. 2. aer. (Vier)Kursfunkfeuer n.
**ra·di·o·scop·ic** [ˌreɪdɪəʊˈskɒpɪk; Am. -ˈska-] adj med. röntgeno'skopisch: **‿ screen** Durchleuchtungsschirm m. **‿ra·di'os·co·py** [-ˈɒskəpɪ; Am. -ˈas-] s med. Radiosko'pie f, 'Röntgenunter,suchung f. **‿ra·di·o'sen·si·tive** adj med. strahlenempfindlich. **‿ set** s 1. → radio 3. 2. Funkgerät n. **'‿·sonde** s meteor. Radiosonde f. **‿ source** s astr. Radioquelle f. **‿ spec·trum** s phys. Strahlungsspektrum n. **‿ sta·tion** s electr. (Radio-, Rundfunk)Sender m, ('Rund-)Funkstati,on f. **‿ stron·ti·um** s chem. phys. Strontium 90 n. **‿ tax·i** s Funktaxi n. **‿'tel·e·gram** s electr. 'Funktele,gramm n. **‿'tel·e·graph** I v/t 'funktele,grafisch über'mitteln, funken. II v/i ein 'Funktele,gramm senden. **‿'te'leg·ra·phy** s 'Funktelegra,fie f, drahtlose Telegra'fie. **‿'te'lem·e·try** s electr. 'Radioteleme,trie f. **‿'tel·e·phone** s electr. I s 'Funktele,fon n, -fernsprecher m. II v/t funktele,fonisch über'mitteln. III v/i funktele,fonisch anrufen. **‿'te'leph·o·ny** s drahtlose Telefo'nie, 'Funktelefo,nie f. **‿ tel·e·scope** s astr. 'Radiotele,skop n. **‿'tel·e·type** s Funkfernschreiber m. **'‿·ther·a'peu·tics** s pl (oft als sg konstruiert), **‿'ther·a·py** s 'Strahlen-, 'Röntgenthera,pie f. **‿'ther·mics** [-ˈθɜːmɪks; Am. -ˈθɜr-] s pl (oft als sg konstruiert) phys. Radio'thermik f. **'‿·ther·my** [-,θɜːmɪ; Am. -,θɜr-] s med. 1. Wärmestrahlenbehandlung f. 2. Kurzwellenbehandlung f. **‿ traf·fic** s Funkverkehr m. **‿ trans·mit·ter** s electr. 1. (Rundfunk)Sender m. 2. (Funk)Sender m. **‿ truck** s bes. Am. Funk-, Über'tragungswagen m. **‿ tube** s Am., **‿ valve** s Br. Elek'tronen-, Radioröhre f. **‿ van** s bes. Br. Funk-, Über'tragungswagen m. **‿ war·fare** s Funkkrieg m.
**rad·ish** ['rædɪʃ] s bot. 1. a. large ‿

Rettich m. 2. a. red ‿ Ra'dies·chen n.
**ra·di·um** ['reɪdɪəm; -ɪəm] s chem. Radium n: **‿ emanation** → radon; **‿ implant** med. Radiumeinlage f.
**ra·di·us** ['reɪdjəs; -ɪəs] pl **-di·i** [-dɪaɪ] od. **-di·us·es** s 1. Radius m, Halbmesser m: **‿ of curvature** Krümmungshalbmesser; **‿ of turn** mot. Wenderadius. 2. tech. a) Arm m (e-s Sextanten), b) (Rad)Speiche f. 3. anat. Speiche(nknochen m) f. 4. 'Umkreis m: **within a ‿ of** in e-m Umkreis von. 5. (Wirkungs-, Einfluß)Bereich m, Wirkungskreis m: **‿ (of action)** Aktionsradius m, mot. Fahrbereich m; **flying ‿** aer. Flugradius m. 6. tech. Auslenkung f, Hub m, Exzentrizi'tät f. 7. bot. a) Strahl m (bes. e-r Dolde), b) Strahl- od. Zungenblüte f.
**ra·dix** ['reɪdɪks] pl **ra·di·ces** ['reɪdɪsiːz] s 1. math. Basis f, Grundzahl f: **‿ point** (Computer) Radixpunkt m. 2. bot., a. ling. Wurzel f.
**ra·dome** ['reɪdəʊm] s 1. aer. Radarkuppel f. 2. electr. Wetterschutz(haube f) m.                                                        [don n.⟩
**ra·don** ['reɪdɒn; Am. -,dɑn] s chem. Ra-⟩
**raf·fi·a** ['ræfɪə] s 1. Raffiabast m. 2. meist **‿ palm** Bambuspalme f.
**raf·fin·ate** ['ræfɪneɪt] s Raffi'nat n.
**raff·ish** ['ræfɪʃ] adj (adv **-ly**) 1. liederlich. 2. 'unkonventio,nell. 3. pöbelhaft, ordi'när.
**raf·fle** ['ræfl] I s Tombola f, Verlosung f. II v/t oft **‿ off** etwas in e-r Tombola verlosen. III v/i losen (**for** um).
**raft** [rɑːft; Am. ræft] I s 1. a) Floß n, b) mar. Rettungsfloß n. 2. Am. a) zs.-gebundene (Baum)Stämme pl, b) Ansammlung f von Treibholz u. Gerümpel (auf e-m Fluß), c) colloq. Unmenge f, 'Haufen' m, 'Latte' f: **a ‿ of questions**. II v/t 3. flößen. 4. zu e-m Floß zs.-binden. 5. mit e-m Floß befahren. III v/i 6. flößen. 7. auf e-m Floß fahren.
**raft·er¹** ['rɑːftə; Am. 'ræftər] s Flößer m.
**raft·er²** ['rɑːftə; Am. 'ræftər] tech. I s (Dach)Sparren m, (schräger) Dachbalken. II v/t mit Sparren(werk) versehen.
**rafts·man** ['rɑːftsmən; Am. 'ræfts-] s irr Flößer m.
**rag¹** [ræg] I s 1. Fetzen m, Lumpen m, Lappen m: **in ‿s** a) in Fetzen (Stoff etc), b) zerlumpt (Person); **‿s of cloud** fig. Wolkenfetzen; **every ‿ of sail** mar. alle verfügbaren Segel; **not a ‿ of evidence** nicht den geringsten Beweis; **to chew the ‿** a) 'quatschen', plaudern, b) 'mekkern', murren; **to cook to ‿s** (total) zerkochen; **to tear to ‿s** fig. '(in der Luft) zerreißen'; **it is a red ‿ to him** fig. es ist für ihn ein rotes Tuch. 2. meist in Zssgn (Wasch- etc)Lappen m, (Wisch- etc)Tuch n, (Putz)Lumpen m. 3. pl Papierindustrie: Hadern pl, Lumpen pl. 4. sl. 'Fetzen' m, 'Fummel' m (Kleid): → glad¹ 2. 5. contp. od. humor. a) 'Fetzen' m (Taschentuch, Vorhang etc), b) 'Lappen' m (Geldschein). 6. contp. Käse-, Wurstblatt n (Zeitung). 7. Am. colloq. a) 'Wrack' n, 'Leiche' f (erschöpfte Person), b) contp. 'Waschlappen' m (Schwächling). 8. → ragtime I. 9. mus. colloq. → ragtime I. II v/t 10. mus. sl. ,verjazzen'.
**rag²** [ræg] s 1. rohe Schieferplatte. 2. Br. rohgeschiefertes Gestein.
**rag³** [ræg] colloq. I v/t 1. 'anschnauzen'. 2. j-n aufziehen, verspotten (**about, for** wegen). 3. j-m e-n Schabernack spielen. 4. j-n 'piesacken', j-n übel mitspielen. II v/i 5. bes. Br. Krach od. Ra'dau machen. III s 6. bes. Br. Krach m, Ra'dau m. 7. bes. Br. Schabernack m, (Stu'denten)Ulk m, Jux m: **for** (od. **as**) **a ‿** aus Jux. 8. univ. Br. karnevalistischer Studentenumzug zu wohltätigen Zwecken.

**rag·a·muf·fin** ['rægə,mʌfɪn] s 1. zerlumpter Kerl. 2. Gassenkind n.
**‿rag|-and-'bone man** s irr bes. Br. Lumpensammler m. **‿ ba·by** → rag doll. **'‿·bag** s 1. Lumpensack m: **out of the ‿** fig. aus der ,Klamottenkiste'. 2. fig. Sammel'surium n. **‿ bolt** s tech. Steinschraube f. **‿ doll** s Stoffpuppe f.
**rage** [reɪdʒ] I s 1. Wut(anfall m) f, Rase'rei f, Zorn m, Rage f: **to be in a ‿** vor Wut schäumen, toben; **to fly into a ‿** in Wut geraten. 2. Wüten n, Toben n, Rasen n (der Elemente, der Leidenschaft etc). 3. Sucht f, Ma'nie f, Gier f (**for** nach). 4. Begeisterung f, Taumel m, Rausch m, Ek'stase f. 5. große Mode: **it is** (all) **the ‿** es ist jetzt die große Mode od. der ,letzte Schrei', alles ist wild darauf. II v/i 6. wüten (a. Krankheit, Sturm), toben (a. Meer, Sturm), rasen: **to ‿ against** (od. **at**) s.th. gegen etwas wettern.
**rag fair** s Trödelmarkt m.
**rag·ged** ['rægɪd] adj (adv **-ly**) 1. zerlumpt, abgerissen (Person, Kleidung): **to ride s.o. ‿** Am. sl. j-n ,fertigmachen'. 2. struppig, zottig (Fell), strubb(e)lig (Haare). 3. ausgefranst, zerfetzt: **a ‿ wound**. 4. zackig, gezackt, schartig, zerklüftet: **on the ‿ edge** fig. am Rande des Abgrunds, am Ende. 5. holp(e)rig: **‿ rhymes**. 6. zs.-hanglos: **‿ speech**. 7. verwildert: **a ‿ garden**. 8. roh, unfertig, mangel-, fehlerhaft: **a ‿ piece of work**; **a ‿ performance** e-e dilettantische Vorstellung. 9. rauh: **‿ voice**.
**rag·ged·y** ['rægɪd] adj bes. Am. colloq. ziemlich zerlumpt etc.
**rag·gle-tag·gle** ['rægl,tægl] adj ungepflegt (Person).
**rag·lan** ['ræglən] s Raglan m (Sport- od. Wettermantel mit Raglanärmeln).
**ra·gout** ['ræguː; Am. ræ'guː] s gastr. Ra'gout n.
**rag| pa·per** s Papierindustrie: 'Hadernpa,pier n. **'‿·pick·er** s Lumpensammler(in). **'‿·stone** s geol. Kieselsandstein m. **'‿·tag** s 1. contp. Pöbel m, Gesindel n: **‿ and bobtail** Krethi u. Plethi, Hinz u. Kunz. 2. bunt zs.-gewürfelter Haufen. II adj 3. bunt zs.-gewürfelt. **'‿·time** mus. I s Ragtime m (Jazzstil). II adj Ragtime... **‿ trade** s colloq. a) Be'kleidungsindu,strie f, b) Kleiderbranche f. **'‿·weed** s bot. 1. Br. für ragwort. 2. Am. brosiapflanze f. **'‿·wort** s bot. (ein) Kreuzkraut n, bes. Jakobs(kreuz)kraut n.
**rah** [rɑː] bes. Am. für hurrah. **'rah-rah** bes. Am. für hurrah III u. IV.
**raid** [reɪd] I s 1. (feindlicher od. räuberischer) Ein- od. 'Überfall, Streifzug m, (plötzlicher) Angriff (**on, upon** auf acc). 2. a) mil. 'Stoßtruppunter,nehmen n, b) mar. Kaperfahrt f, c) aer. (Bomben-, Luft)Angriff m. 3. a) (An)Sturm m (**on, upon** auf acc), b) sport Vorstoß m. 4. (Poli'zei)Razzia (**on, upon** in dat). 5. econ. Druck m auf die Preise. II v/t 6. über'fallen, e-n 'Überfall machen auf (acc), angreifen (a. aer.). 7. einfallen in (acc). 8. stürmen, plündern. 9. e-e Razzia machen in (dat). 10. **to ‿ the market** econ. den Markt drücken. III v/i 11. e-n 'Überfall machen (**on, upon** auf acc), einfallen (**into** in acc): **‿ing party** mil. Stoßtrupp m; **‿ing aircraft** angreifendes Flugzeug. 12. e-e Razzia 'durchführen (Polizei). **'raid·er** s 1. Angreifer(in). 2. Plünderer m. 3. mil. 'Nahkampfspezia,list m (der US-Marineinfanterie).
**rail¹** [reɪl] I s 1. tech. Schiene f, Riegel m. 2. Geländer n. 3. a. **main ‿** mar. Reling f. 4. a) Schiene f, b) pl Gleis n, c) (Eisen-)

Bahn *f*: **by ~** mit der Bahn; **off the ~s** *fig.* aus dem Geleise, durcheinander, *weitS.* auf dem Holzweg; *colloq.* verrückt (*Person*); **to run off** (*od.* **leave, jump**) **the ~s** aus den Schienen springen, entgleisen; **on the ~s** *fig.* in Schwung (*Sache*), auf dem rechten Weg (*Person*). **5.** *pl econ.* Eisenbahnaktien *pl.* **II** *v/t* **6.** *a.* **~ in** mit e-m Geländer um|geben: **to ~ off** durch ein Geländer (ab)trennen. **7.** *bes. Br.* mit der (Eisen)Bahn befördern.

**rail²** [reɪl] *s orn.* Ralle *f*: **common** (*od.* **water**) **~** Wasserralle *f*.

**rail³** [reɪl] *v/i* schimpfen, ‚herziehen‘ (**at, against** über *acc*): **to ~ at fate** mit dem Schicksal hadern.

**rail| bus** *s* Schienenbus *m*. **'~car** *s* Triebwagen *m*. [maul *n*.]

**rail·er** ['reɪlə(r)] *s* Lästerer *m*, Läster-]

**'rail·head** *s* **1.** *rail.* End-, Kopfbahnhof *m*. **2.** *mil.* Ausladebahnhof *m*. **3.** *rail.* a) Schienenkopf *m*, b) im Bau befindliches Ende (*e-r neuen Strecke*).

**rail·ing¹** ['reɪlɪŋ] *s* **1.** *rail.* Schienen *pl.* **2.** Geländer *n*, Gitter *n*, Barri|ere *f*. **3.** *mar.* Reling *f*.

**rail·ing²** ['reɪlɪŋ] *s* Geschimpfe *n*.

**rail jour·ney** *s* Bahnreise *f*.

**rail·ler·y** ['reɪlərɪ] *s* Necke|rei *f*, Stiche-]lei *f*, gutmütiger Spott.

**rail·road** ['reɪlrəʊd] **I** *s Am.* **1.** Eisenbahn *f*: a) Eisenbahnlinie *f*, b) *als Einrichtung od. Unternehmen.* **2.** *a.* **~ company** Eisenbahn(gesellschaft) *f*. **3.** *pl* Eisenbahnaktien *pl.* **II** *adj* **4.** *Am.* Eisenbahn...: **~ accident**; **~ bridge**; **~ junction** (Eisen)Bahn-Knotenpunkt *m*; **~ sickness** *vet.* Eisenbahnkrankheit *f*, -fieber *n*; **~ station** Bahnhof *m*; **~ strike** *econ.* Eisenbahnerstreik *m*. **III** *v/t* **5.** *Am.* mit der (Eisen)Bahn befördern. **6.** *Am.* Eisenbahnen bauen in (*dat*): **to ~ a country**. **7.** *Gesetzesvorlage etc* ¹durchpeitschen: **to ~ s.o. into doing s.th.** *colloq.* j-n zwingen, etwas zu tun (*ohne ihm Zeit zum Überlegen zu geben*). **8.** *bes. Am. sl.* j-n ‚abser|vieren‘, ‚sich j-n vom Hals schaffen‘, *j-n* (*durch falsche Beschuldigungen*) ‚reinhängen‘. **~ car** *s Am.* ¹Eisenbahnwagen *m*, -wag|gon *m*.

**'rail·road·er** *s Am.* Eisenbahner *m*.

**'rail·road man** *s irr Am.* Eisenbahner *m*.

**rail| strike** *s econ.* Eisenbahnerstreik *m*. **~ train** *s metall.* Walzenstraße *f*.

**rail·way** ['reɪlweɪ] **I** *s* **1.** *bes. Br. für* railroad 1–3. **2.** Lo|kalbahn *f*. **II** *adj* **3.** *bes. Br. für* railroad 4. **~ car·riage** *s Br.* Per|sonenwagen *m*. **~ guard** *s Br.* Zugbegleiter *m*. **'~guide** *s Br.* Kursbuch *n*. **'~man** [-mən] *s irr Br.* Eisenbahner *m*.

**rai·ment** ['reɪmənt] *s poet.* Kleidung *f*, Gewand *n*.

**rain** [reɪn] **I** *s* **1.** Regen *m* (*a. fig.*): **come ~ or shine** a) bei jedem Wetter, b) *fig.* unter allen Umständen; **to be as right as ~** *colloq.* a) kerngesund sein, b) keine einzige Schramme abbekommen haben (*bei e-m Unfall etc*); **a ~ of blows** ein Hagel von Schlägen; **a ~ of sparks** ein Funkenregen; → pour 6. **2.** *pl* Regenfälle *pl*, -güsse *pl*: **heavy ~s; the ~s, the R~s** die Regenzeit (*in den Tropen*). **3.** Regen (-wetter *n*) *m*: **we had nothing but ~ all day. 4.** the R~s *pl mar.* die Regenzone (*des Atlantiks*). **II** *v/i* **5.** *impers* regnen: **it ~ed all night;** → pour 6. **6.** es regnen lassen, Regen (her|ab)senden: **the sky ~s. 7.** *fig.* regnen: **tears ~ed down her cheeks** Tränen strömten über ihre Wangen; **blows ~ed down** (up)on him Schläge prasselten auf ihn nieder. **III** *v/t* **8.** *Tropfen etc* niedersenden, regnen: → cat Bes. Redew., pitchfork I; **it has ~ed**

itself out es hat sich ausgeregnet. **9.** *fig.* (nieder)regnen *od.* (-)hageln lassen: **to ~ blows** (up)on s.o. j-n mit Schlägen eindecken; **to ~ favo(u)rs** (abuse) (up)on s.o. j-n mit Gefälligkeiten (Beschimpfungen) überschütten; it **~ed gifts** es regnete *od.* hagelte Geschenke. **10.** to be **~ed off** (*Am.* out) (*Veranstaltung*) a) wegen Regens abgebrochen werden, b) wegen Regens abgesagt werden; the game was **~ed off** das Spiel fiel im wahrsten Sinne des Wortes ins Wasser.

**rain·bow** ['reɪnbəʊ] *s meteor.* Regenlinie *f*, -bande *f*. **'~bird** *s orn.* **1.** Regenkuckuck *m*. **2.** Regenvogel *m*. **3.** Koal *m*. **4.** *Br. dial.* Grünspecht *m*.

**rain·bow** ['reɪnbəʊ] *s* **1.** Regenbogen *m* (*a. fig.*): **in all the colo(u)rs of the ~** in allen Regenbogenfarben; **to chase** (*od.* **follow**) **a ~** *fig.* e-m Trugbild nachjagen. **2.** *a.* **white ~** weißer Regenbogen, Nebelbogen *m*. **3.** *orn.* (*ein*) Kolibri *m*. **~ trout** *s ichth.* ¹Regenbogenfo|relle *f*.

**rain| check** *s Am.* Einlaßkarte *f* für die Neuansetzung e-r wegen Regens abgebrochenen (Sport)Veranstaltung: **to take a ~ on an invitation** *fig.* sich e-e Einladung für später ‚gutschreiben‘ lassen; **may I take a ~ on it?** darf ich darauf später einmal zurückkommen? **'~coat** *s* Regenmantel *m*. **~ doc·tor** *s* Regenmacher *m* (*bei primitiven Völkern*). **'~drop** *s* Regentropfen *m*. **'~fall** *s* **1.** Regen(schauer) *m*. **2.** *meteor.* Niederschlagsmenge *f*. **~ for·est** *s* Regenwald *m*. **~ ga(u)ge** *s meteor.* Regenmesser *m*. **~ glass** *s* Baro|meter *n*.

**rain·i·ness** ['reɪnɪnɪs] *s* **1.** Regenneigung *f*. **2.** Regenwetter *n*.

**'rain|mak·er** → rain doctor. **'~proof** **I** *adj* ¹regen-, ¹wasser|un|durchlässig, (*Stoff a.*) impräg|niert. **II** *s* Regenmantel *m*. **III** *v/t* ¹regen- *od.* ¹wasser|un|durchlässig machen, *Stoff a.* imprä|gnieren. **show·er** *s* Regenschauer *m*. **'~sod·den** *adj* aufgeweicht (*Boden*). **'~storm** *s* heftiger Regen. **'~tight** → rainproof I. **'~water** *s* Regenwasser *n*: ~ pipe *Br.* Fallrohr *n* (*der Dachrinne*). **'~wear** *s* Regenbekleidung *f*.

**rain·y** ['reɪnɪ] *adj* (*adv* rainily) **1.** regnerisch, verregnet, Regen...: **~ weather**; **~ season** Regenzeit *f*; **to save up for a ~ day** ein Notgroschen zurücklegen, für Zeiten der Not vorsorgen; **to save** (*od.* **put away, keep**) **s.th. for a ~ day** etwas für schlechte Zeiten zurücklegen. **2.** regenbringend, Regen...: **~ clouds. 3.** regenreich: **~ region**.

**raise** [reɪz] **I** *v/t* **1.** *oft* **~ up** (in die Höhe) heben, auf-, empor-, hoch-, erheben, mit e-m Kran etc hochwinden, -ziehen, *den Vorhang etc* hochziehen: **to ~ one's eyes** die Augen erheben, aufblicken; **to ~ one's.** a) glass to s.o. das Glas auf j-n erheben; **to ~ one's hat** den Hut ziehen (**to s.o.** vor j-m; *a. fig.*) *od.* lüften; → sight 9, eyebrow, power 14. **2.** aufrichten: **to ~ a fallen man; to ~ a ladder** e-e Leiter aufstellen. **3.** (auf-) wecken: **to ~ from the dead** von den Toten (auf)erwecken. **4.** *e-n Geist* beschwören, zi¹tieren: → Cain, hell 1, *etc.* **5.** a) her¹vorrufen: **to ~ a storm of indignation** (a smile, *etc*); **to ~ a laugh** Gelächter ernten, b) (er)wecken: **to ~ s.o.'s hopes** in j-m Hoffnung erwecken; **to ~ a suspicion** Verdacht erregen, c) aufkommen lassen: **to ~ a rumo(u)r,** d) machen: **to ~ difficulties. 6.** *Blasen* ziehen: **to ~ blisters. 7.** *Staub etc* aufwirbeln: → dust 2. **8.** *e-e Frage* aufwerfen, *etwas* zur Sprache bringen: **to ~ a point. 9.** a) e-n Anspruch erheben, geltend machen, *e-e Forderung*

stellen: **to ~ a claim,** b) *Einspruch* erheben, *e-n Einwand* geltend machen, vorbringen: **to ~ an objection,** c) *jur. Klage* erheben: **to ~ an action (with** bei). **10.** *Kohle etc* fördern. **11.** a) *Tiere* züchten, b) *Pflanzen* anbauen. **12.** a) *e-e Familie* gründen, b) *Kinder* aufgroßziehen. **13.** *ein Haus etc* errichten, erstellen, (er)bauen, *e-n Damm* aufschütten. **14.** a) *s-e Stimme* erheben (**against** gegen): **voices have been ~d** es sind Stimmen laut geworden, b) *ein Geschrei* erheben. **15.** **to ~ one's voice** die Stimme erheben, lauter sprechen. **16.** *ein Lied* anstimmen. **17.** (*im Rang*) erheben: **to ~ to the throne** auf den Thron erheben. **18.** *sozial etc* heben. **19.** beleben, anfeuern, anregen: **to ~ s.o.'s spirits; to ~ the morale** die Moral heben. **20.** verstärken, -größern, -mehren: **to ~ s.o.'s fame** j-s Ruhm vermehren. **21.** erhöhen, steigern, hin¹aufsetzen: **to ~ the speed** (temperature, bet). **22.** erhöhen, hin-¹aufsetzen: **to ~ the wages** (price, value); → sight 9. **23.** den Preis *od.* Wert erhöhen von (*od. gen*). **24.** a) *j-n* aufwiegeln (**against** gegen), b) *e-n Aufruhr etc* anstiften, anzetteln: **to ~ a mutiny. 25.** *Steuern* erheben: **to ~ taxes. 26.** *e-e Anleihe, e-e Hypothek, e-n Kredit* aufnehmen, *Kapital* beschaffen. **27.** *Geld* sammeln, zs.-bringen, beschaffen. **28.** *ein Heer* aufstellen: **to ~ an army. 29.** *Farbe beim Färben* aufgehen lassen, treiben: **~d pastry** Hefegebäck *n*. **31.** *Tuch* (auf-) rauhen. **32.** *bes. Am. e-n Scheck etc* durch Eintragung e-r höheren Summe fälschen. **33.** a) *e-e Belagerung, Blockade, a. ein Verbot etc* aufheben, b) die Aufhebung (*e-r Belagerung*) erzwingen. **34.** *mar.* sichten: **to ~ land. 35.** (*im Sprechfunk*) ‚reinkriegen‘. **II** *v/i* **36.** *Poker etc*: den Einsatz erhöhen. **III** *s* **37.** Erhöhung *f*. **38.** *Am.* Steigung *f* (*e-r Straße etc*). **39.** *bes. Am.* Lohn- *od.* Gehaltserhöhung *f*.

**raised** [reɪzd] *adj* **1.** erhöht: **~ beach** *geol.* gehobene Strandlinie. **2.** gesteigert. **3.** erhaben: **~ embroidery** Hochstickerei *f*; **~ letters** erhabene Buchstaben. **4.** getrieben, gehämmert. **5.** Hefe...: **~ cake.**

**rais·er** ['reɪzə(r)] *s* **1.** morale ~ *mil. sport* Maßnahme *f* zur Hebung der Kampfmoral. **2.** Errichter(in), Erbauer(in). **3.** Gründer(in). **4.** Züchter(in).

**rai·sin** ['reɪzn] *s* **1.** Ro|sine *f*. **2.** Dunkellila *n*.

**rai·son d'é·tat** [ˌreɪzɔ̃ːndeɪˈtɑː; *Am.* -ˌzɔ̃n-] *s* ¹Staatsrä|son *f*. **~ d'ê·tre** [-ˈdeɪtrə; -ˈdetrə] *s* Daseinsberechtigung *f*, -zweck *m*.

**rait** [reɪt] → ret.

**raj** [rɑːdʒ] *s Br. Ind.* Herrschaft *f*.

**ra·ja(h)** ['rɑːdʒə] *s* Radscha *m* (*indischer od. malaiischer Fürst*).

**rake¹** [reɪk] **I** *s* **1.** Rechen *m* (*a. des Croupiers etc*), Harke *f*: (as) **thin as a ~** spindeldürr (*Person*). **2.** *tech.* a) Krücke *f*, Rührstange *f*, b) Kratze *f*, c) Schürhaken *m*. **II** *v/t* **3.** (glatt)rechen, ¹harken: **to ~ together** zs.-rechen, -harken. **4.** a) (auseinander)kratzen, (-)scharren, b) auskratzen. **5.** → rake in 6. durch|stöbern (**for** nach): **to ~ one's memory** sein Gedächtnis durchforsten. **7.** *mil.* (mit Feuer) bestreichen, ‚beharken‘. **8.** mit den Augen absuchen, über¹blicken. **III** *v/i* **9.** rechen, harken. **10.** *a.* **~ about** (*od.* [a]round) her¹umstöbern, (-)suchen (**in** *dat*; **among** unter *dat*; **for, after** nach): **to ~ through s.th.** etwas durchsuchen. **11.** kratzen, scharren.

*Verbindungen mit Adverbien:*

**rake| in** v/t colloq. Geld ‚kas¹sieren': **to rake it in,** to ~ **the shekels** das Geld nur so scheffeln. ~ **out** v/t **1.** Asche etc her¹auskratzen. **2.** auskundschaften. ~ **o·ver** v/t: **to** ~ **old ashes** alte Geschichten wieder aufrühren od. aufwärmen. ~ **up** v/t **1.** zs.-rechen, -harken. **2.** Leute auftreiben, Geld a. zs.-kratzen. **3.** alte Geschichten etc wieder aufrühren od. aufwärmen.

**rake²** [reɪk] s Rou¹é m, (vornehmer) Lebemann.

**rake³** [reɪk] **I** v/i **1.** Neigung haben. **2.** mar. a) ¹überhängen (Steven), b) Fall haben, nach hinten geneigt sein (Mast, Schornstein). **II** v/t **3.** (nach rückwärts) neigen: ~d **chair** Stuhl m mit geneigter Lehne. **III** s **4.** Neigung(swinkel m) f: **at a** ~ **of** bei e-r Neigung von. **5.** mar. a) ¹Überhängen n, b) Fall m (des Mastes od. Schornsteins). **6.** aer. Abschrägung f der Tragflächenspitze. **7.** tech. Schnitt-, Schneid¹winkel m: ~ **angle** Spanwinkel.

¹**rake|-off** s colloq. (Gewinn)Anteil m. ¹**~-round** s: **to have a** ~ **in** s.th. in etwas herumstöbern od. (-)suchen. ¹**~-through** s: **to give** s.th. **a** ~ etwas durchsuchen od. -stöbern.

**rak·ing** [ˈreɪkɪŋ] adj geneigt, schief.

**rak·ish¹** [ˈreɪkɪʃ] adj ausschweifend, liederlich, wüst.

**rak·ish²** [ˈreɪkɪʃ] adj **1.** mar. mot. schnittig (gebaut). **2.** fig. flott, verwegen, keck.

**rale, râle** [rɑːl; Am. a. ræl] s med. Rasselgeräusch n (der Lunge).

**ral·ly¹** [ˈrælɪ] **I** v/t **1.** Truppen etc (wieder) sammeln od. ordnen. **2.** vereinigen, scharen (round, to um). **3.** j-n aufrütteln, -muntern. **4.** econ. ¹wiederbeleben, Preise festigen. **5.** s-e Kräfte etc sammeln, zs.-nehmen. **II** v/i **6.** sich (wieder) sammeln. **7.** sich scharen (round, to um). **8.** sich anschließen (to dat od. an acc). **9.** a. ~ **round** neue Kräfte sammeln, sich zs.-reißen. **10.** sich erholen (a. econ.). **11.** sport sich (wieder) ‚fangen'. **12.** Tennis etc: a) e-n Ballwechsel ausführen, b) sich einschlagen. **III** s **13.** Sammeln n. **14.** Treffen n, Tagung f, Kundgebung f, (Massen)Versammlung f. **15.** Erholung f (a. econ. der Preise, des Marktes). **16.** Tennis etc: Ballwechsel m. **17.** Rallye f.

**ral·ly²** [ˈrælɪ] v/t hänseln.

¹**ral·ly·cross** s Automobilsport: Rallye-Cross n.

**ral·lye** [ˈrælɪ] → rally¹ 17.

**ral·ly·ing** [ˈrælɪɪŋ] adj Sammel...: ~ **cry** Parole f, Schlagwort n; ~ **point** Sammelpunkt m, -platz m.

¹**ral·ly·man** [-mən] s irr Automobilsport: Rallyefahrer m.

**ram** [ræm] **I** s **1.** zo. Widder m, Schafbock m. **2.** R~ astr. Widder m. **3.** mil. hist. Sturmbock m. **4.** tech. a) Ramme f, Fallhammer m, b) Rammbock m, -bär m, c) ¹hydraulischer Widder, d) Druck-, Preßkolben m, e) Tauschkolben m: ~ **effect** aer. Stauwirkung f, Auftreffwucht f; ~ **pressure** Staudruck m. **5.** mar. Ramme f, Rammsporn m. **II** v/t **6.** Erde etc festrammen, -stampfen. **7.** a. ~ **down** (od. in) einrammen. **8.** (hin¹ein)stopfen: **to** ~ s.th. **into a trunk. 9.** rammen: **to** ~ a **ship; to** ~ s.th. **through** Am. fig. e-e Sache ‚durchboxen' od. ‚durchdrücken'; → **throat 1. 10.** a. ~ **up** a) vollstopfen, b) verstopfen, -rammeln. **11.** fig. einpauken, -trichtern: **to** ~ s.th. **into** s.o. j-m etwas einbleuen. **12.** schmettern, ‚knallen' (**against, at** gegen).

**ra·mark** [ˈreɪmɑː(r)k] s Radar(sende)-bake f.

**ram·ble** [ˈræmbl] **I** v/i **1.** um¹herwandern, -streifen, ‚bummeln'. **2.** a) sich schlängeln od. winden (Pfad, Fluß etc), b) sich ¹hinziehen (Wald etc). **3.** bot. wuchern, üppig ranken. **4.** fig. (vom Thema) abschweifen, drauf¹losreden. **5.** im Fieber reden, ¹unzu¸sammenhängend reden. **6.** fig. ‚her¹umschnuppern' (in Studienfächern etc). **II** s **7.** Wanderung f, Streifzug m (a. fig.), ‚Bummel' m. ¹**ram·bler** s **1.** Wanderer m, Wand(r)erin f. **2.** a. ~ **rose** bot. Kletterrose f. ¹**ram·bling I** adj (adv ~ly) **1.** um¹herwandernd, -streifend, ‚bummelnd': ~ **club** Wanderverein m. **2.** bot. üppig rankend, wuchernd. **3.** arch. weitläufig, verschachtelt: **a** ~ **mansion. 4.** fig. (vom Thema) abschweifend, weitschweifig, ¹unzu¸sammenhängend. **II** s **5.** Wandern n, Um¹herstreifen n.

**ram·bunc·tious** [ræmˈbʌŋkʃəs] adj (adv ~ly) colloq. **1.** laut, lärmend. **2.** wild, ¹übermütig.

**ram·e·kin,** a. **ram·e·quin** [ˈræmkɪn; -mɪ-] s **1.** meist pl Käseauflauf m. **2.** Auflaufform f.

**ram·ie** [ˈræmɪ; Am. a. ¹reɪ-] s **1.** bot. Ra¹mie f. **2.** Ramiefaser f.

**ram·i·fi·ca·tion** [¸ræmɪfɪˈkeɪʃn] s **1.** Verzweigung f, -ästelung f (a. fig.): **the** ~**s of an organization; the** ~**s of an artery** die Verästelungen e-r Arterie. **2.** fig. ¹indi¸rekte Folge, pl a. Weiterungen pl. **3.** Zweig m (a. fig.), Sproß m. ¹**ram·i·form** [-fɔː(r)m] adj **1.** zweigförmig. **2.** verzweigt, -ästelt. ¹**ram·i·fy** [-faɪ] **I** v/t **1.** verzweigen (a. fig.). **II** v/i **2.** a. fig. sich verzweigen. **3.** ~ **into** übergreifen auf (acc). **3.** fig. a) sich kompli¹zieren, b) Weiterungen (zur Folge) haben.

**ram·jet, ram·jet en·gine** [ˈræmdʒet] s tech. Staustrahltriebwerk n: **ramjet propulsion** Staudüsenantrieb m.

**ram·mer** [ˈræmə(r)] s **1.** tech. a) (Hand-) Ramme f, b) Stampfer m, c) Töpferei: Erdschlegel m, d) Klopfhammer m. **2.** mil. hist. a) Ansetzer m (bei Kanonen), b) Ladestock m.

**ra·mose** [ˈreɪməʊs] adj verzweigt.

**ramp¹** [ræmp] **I** s **1.** Rampe f, geneigte Fläche f. **2.** (schräge) Auffahrt. **3.** (Lade-) Rampe f. **4.** Krümmling m (am Treppengeländer). **5.** arch. Rampe f, Abdachung f. **6.** Festungsbau: Rampe f (Auffahrt auf den Wall). **7.** aer. (fahrbare) Treppe. **II** v/i **8.** a) sich (drohend) aufrichten, b) zum Sprung ansetzen (Tier). **9.** a. ~ **and rage** toben, wüten, rasen. **10.** bot. klettern, wuchern. **11.** arch. ansteigen (Mauer). **III** v/t **12.** arch. mit e-r Rampe versehen.

**ramp²** [ræmp] s Br. sl. Betrug m.

**ram·page** [ræmˈpeɪdʒ] **I** s (Her¹um)Toben n, Wüten m: **to go** (od. **be) on the** ~ **II** v/i a. ~ **about** (od. **around**) her¹umtoben, wüten (a. fig.). **ram·pa·geous** [-dʒəs] adj (adv ~ly) wild, wütend.

**ramp·an·cy** [ˈræmpənsɪ] s **1.** Über¹handnehmen n, ¹Umsichgreifen n, Gras¹sieren n. **2.** fig. wilde Ausgelassenheit, Wildheit f. ¹**ramp·ant** adj (adv ~ly) **1.** wild, zügellos, ausgelassen. **2.** über¹handnehmend: **to be** ~ um sich greifen, grassieren. **3.** üppig, wuchernd (Pflanzen). **4.** (drohend) aufgerichtet, sprungbereit (Tier). **5.** her. aufsteigend: **a lion** ~.

**ram·part** [ˈræmpɑː(r)t] **I** s **1.** mil. a) (Festungs)Wall m, b) Brustwehr f. **2.** Schutzwall m (a. fig.). **II** v/t **3.** mit e-m Wall um¹geben.

**ram·pi·on** [ˈræmpjən; -ɪən] s bot. Ra¹punzelglockenblume f.

**ram·rod** [ˈræmrɒd; Am. -¸rɑd] s **1.** mil. hist. Ladestock m: **to walk (as) stiff as a** ~**,e-n Ladestock verschluckt haben', steif wie ein Stock gehen. 2.** fig. strenger Mensch, harter Vorgesetzter.

**ram·shack·le** [ˈræm¸ʃækl] adj **1.** baufällig, wack(e)lig. **2.** klapp(e)rig (Fahrzeug). **3.** fig. ‚windig', mise¹rabel.

**ram·son** [ˈræmsn; -zn] s **1.** bot. Bärenlauch m. **2.** meist pl Bärenlauchzwiebel f.

**ran¹** [ræn] pret von **run.**

**ran²** [ræn] s Docke f Bindfaden.

**rance** [ræns] s min. blau- u. weißgeäderter roter Marmor aus Belgien.

**ranch** [rɑːntʃ; Am. ræntʃ] bes. Am. **I** s **1.** Ranch f, Viehfarm f, -wirtschaft f. **2.** allg. (a. Hühner-, Pelztier- etc)Farm f. **II** v/i **3.** Viehzucht treiben. **4.** auf e-r Ranch arbeiten. **III** v/t **5.** Rinder etc züchten. ¹**ranch·er** s bes. Am. **1.** Rancher m, Viehzüchter m. **2.** Farmer m. **3.** Rancharbeiter m. **4.** (Pelztier- etc) Züchter m.

**ran·cid** [ˈrænsɪd] adj **1.** ranzig (Butter etc). **2.** fig. widerlich. **ran¹cid·i·ty** [-əti], ¹**ran·cid·ness** s Ranzigkeit f.

**ran·cor,** bes. Br. **ran·cour** [ˈræŋkə(r)] s Erbitterung f, Groll m, Haß m: **to feel** ~ **against** s.o. e-n Groll auf j-n haben. ¹**ran·cor·ous** adj (adv ~ly) erbittert, boshaft, haßerfüllt, giftig, voller Groll.

**rand¹** [rænd] s **1.** tech. Lederstreifen m zur Begradigung f des (Schuh)Absatzes. **2.** Höhenzug m, Bergkette f. **3.** obs. od. dial. Rand m, Grenze f.

**Rand²** [rænd] s econ. Rand n (südafrikanische Währungseinheit).

**ran·dem** [ˈrændəm] s Randem m (zweiräd(e)riger Wagen mit 3 voreinandergespannten Pferden).

**ran·dom** [ˈrændəm] **I** adj wahllos, ziellos, zufällig, willkürlich, Zufalls...: ~ **error** math. Zufallsfehler m; ~ **mating** biol. Zufallspaarung f; ~ **motion** phys. unkontrollierbare Bewegung; ~ **number** (Computer) beliebige Zahl, Zufallszahl f; ~ **sample** (Statistik) Zufallsstichprobe f; ~ **sampling** (Statistik) Zufallsstichprobenerhebung f; ~ **shot** Schuß m ins Blaue; ~**-access memory** (Computer) Speicher m mit wahlfreiem Zugriff. **II** s: **at** ~ aufs Gerate¹wohl, auf gut Glück, blindlings; **to talk at** ~ ins Blaue hineinreden, (wild) drauflosreden.

**ran·dom·i·za·tion** [¸rændəmaɪˈzeɪʃn; Am. -məˈz-] s Statistik etc: Randomi¹sierung f. ¹**ran·dom·ize** v/t randomi¹sieren (e-e zufällige Auswahl treffen aus).

**rand·y** [ˈrændɪ] adj **1.** bes. Scot. ungehobelt, laut. **2.** colloq. ‚scharf', geil.

**ra·nee** [¸rɑːˈniː] s Rani f (indische Fürstin).

**rang** [ræŋ] pret von **ring².**

**range** [reɪndʒ] **I** s **1.** Reihe f, Kette f: **a** ~ **of trees** e-e Baumreihe. **2.** (Berg)Kette f: **mountain** ~. **3.** (Koch-, Küchen)Herd m: **kitchen** ~. **4.** Schießstand m, -platz m: **shooting** ~. **5.** Entfernung f (zum Ziel), Abstand m: **at a** ~ **of** aus od. in e-r Entfernung von; **at close** ~ aus nächster Nähe; **to find the** ~ mil. sich einschießen; **to take the** ~ die Entfernung schätzen. **6.** bes. mil. Reich-, Trag-, Schußweite f, mar. Laufstrecke f (e-s Torpedos): **out of (within)** ~ außer (in) Schuß- od. Reichweite; → **long-range. 7.** Ausdehnung f, ¹Umfang m, Skala f: **a narrow** ~ **of choice** e-e kleine Auswahl; **the** ~ **of his experience** die Spannweite s-r Erfahrung. **8.** econ. Kollekti¹on f: **a wide** ~ **(of goods)** e-e große Auswahl, ein großes Angebot. **9.** fig. Bereich m, Spielraum m, Grenzen pl, a. tech. etc (z. B. Hör-, Meß-, Skalen)Bereich m, Radar: Auffaßbereich m, Radio: (Fre¹quenz-, Wellen)Bereich m, Senderreichweite f: ~ **(of action)** Aktionsbereich m, -radius m, aer. Flugbereich m; ~ **(of activities)** Betä-

tigungsfeld *n*, Aktionsbereich; ~ **of application** Anwendungsbereich; ~ **of atom** *phys.* Atombezirk *m*; ~ **of prices** Preislage *f*, -klasse *f*; ~ **of reception** (*Funk*) Empfangsbereich; ~ **of uses** Verwendungsbereich, Anwendungsmöglichkeiten *pl*; **boiling**~ Siedebereich; **within** ~ **of vision** in Sichtweite. **10.** *bot. zo.* Verbreitung(sgebiet *n*) *f*. **11.** *Statistik:* Streuungs-, Tole¹ranzbreite *f*, Bereich *m*. **12.** *mus.* a) Ton-, Stimmlage *f*, b) ¹Tonod. ¹Stimm₁umfang *m*. **13.** Richtung *f*, Lage *f*. **14.** *bes. fig.* Bereich *m*, Gebiet *n*, Raum *m*: ~ **of knowledge** Wissensbereich; ~ **of thought** Ideenkreis *m*. **15.** *bes. Am.* Weideland *n*: ~ **cattle** Freilandvieh *n*. **16.** (ausgedehnte) Fläche. **17.** (sozi¹ale) Klasse *od.* Schicht. **18.** Streifzug *m*, Ausflug *m*.
**II** *v/t* **19.** (in Reihen) aufstellen *od.* anordnen, aufreihen. **20.** einreihen, -ordnen: **to** ~ **o.s. on the side of** (*od.* **with**) **s.o.** sich auf j-s Seite stellen, zu j-m halten. **21.** (syste¹matisch) ordnen. **22.** einordnen, -teilen, klassifi¹zieren. **23.** *print. Br.* Typen ausgleichen, zurichten. **24.** durch¹streifen, -¹wandern: **to** ~ **the fields. 25.** *mar.* längs *der Küste* fahren. **26.** *die Augen* schweifen lassen (**over** über *acc*). **27.** *bes. Am. das Vieh* frei weiden lassen. **28.** *Teleskop etc* einstellen. **29.** *Ballistik:* a) *die* Flugbahn bestimmen für, b) *das Geschütz etc* richten, c) e-e Reichweite haben von, tragen.
**III** *v/i* **30.** e-e Reihe *od.* Linie bilden, in e-r Reihe *od.* Linie stehen (**with** mit). **31.** sich erstrecken (**over** über *acc*) (*a. fig.*). **32.** auf ¹einer Linie *od.* Ebene liegen (**with** mit). **33.** sich (in e-r Reihe) aufstellen. **34.** ran¹gieren (**among** unter *dat*), im gleichen Rang stehen (**with** mit), zählen, gehören (**with** zu). **35.** streifen, schweifen, wandern (*a. Augen, Blicke*): **as far as the eye could** ~ so weit das Auge reichte. **36.** *bot. zo.* verbreitet sein, vorkommen. **37.** schwanken, vari¹ieren, sich bewegen (**from** ... **to** ...; **between** ... **and** ... zwischen ... und ...). **38.** ~ **in** mil. sich einschießen (**on** auf *acc*) (*Geschütz*). **39.** die Entfernung messen.
**range‖ an·gle** *s aer. mil.* Vorhalte-, Wurfwinkel *m* (*e-r Bombe*). ~ **find·er** *s mil. phot.* Entfernungsmesser *m.* ~ **pole** → **ranging pole**.
**rang·er** [¹reɪndʒə(r)] *s* **1.** *bes. Am.* Ranger *m* (*uniformierter Wächter e-s Nationalparks*). **2.** *Br.* Aufseher *m* e-s königlichen Forsts *od.* Parks (*Titel*). **3.** *Am.* Ranger *m* (*Angehöriger e-r [berittenen] Schutztruppe in einigen Bundesstaaten*). **4.** *meist* R~ *mil. Am.* Ranger *m* (*Angehöriger e-r Kommandotruppe*). **5.** *a.* ~ **guide** *Br.* Ranger *f* (*Pfadfinderin über 16 Jahre*).
**range rod** → **ranging rod**.
**rang·ette** [reɪn¹dʒet] *s* (Gas- *od.* E¹lektro)Kocher *m.*
**rang·ing‖ pole,** ~ **rod** [¹reɪndʒɪŋ] *s Landvermessung:* Meßlatte *f.*
**rang·y** [¹reɪndʒɪ] *adj* **1.** a) schlaksig, langglied(e)rig, b) schlank, geschmeidig. **2.** weit(räumig). **3.** gebirgig.
**ra·ni** → **ranee**.
**rank¹** [ræŋk] **I** *s* **1.** (*soziale*) Klasse, (Gesellschafts)Schicht *f*. **2.** Rang *m*, Stand *m*, (sozi¹ale) Stellung, Würde *f*: **a man of** ~ ein Mann von Stand; **pride of** ~ Standesbewußtsein *n*; **of second** ~ zweitrangig; **to take the** ~ **of** den Vorrang haben vor (*dat*); **to take** ~ **with s.o.** mit j-m gleichrangig sein; **to take high** ~ e-n hohen Rang einnehmen; ~ **and fashion** die vornehme Welt. **3.** *mil. etc* Rang *m*, Dienstgrad *m*. **4.** *pl mil.* (¹Unteroffi₁ziere *pl* u.) Mannschaften *pl*: ~ **and file** der Mannschaftsstand (→ 5); **to rise**

from the ~s aus dem Mannschaftsstand hervorgehen, von der Pike auf dienen (*a. fig.*). **5.** *a.* ~ **and file** (*der*) große Haufen: **the** ~ **of workers** die große Masse *od.* das Heer der Arbeiter; **the** ~ **and file of a party** die Basis e-r Partei; ~**-and-file member** einfaches Mitglied. **6.** Aufstellung *f*: **to form into** ~**s** sich formieren *od.* ordnen. **7.** *mil.* Glied *n*, Linie *f*: **to break** ~**s** a) wegtreten, b) in Verwirrung geraten; **to close the** ~**s** die Reihen schließen; **to fall in** ~**s** antreten; **to join the** ~**s** in das Heer eintreten; **to quit the** ~**s** a) aus dem Glied treten, b) desertieren. **8.** Reihe *f*, Linie *f*, Kette *f*: → **cab rank. 9.** *Schach:* waag(e)rechte Reihe.
**II** *v/t* **10.** in e-r Reihe *od.* in Reihen aufstellen. **11.** (ein)ordnen, einreihen. **12.** *e-e Truppe etc* antreten lassen *od.* aufstellen, for¹mieren. **13.** einstufen, rechnen, zählen (**with, among** zu): **I** ~ **him above Shaw** ich stelle ihn über Shaw. **14.** *Am.* e-n höheren Rang einnehmen als.
**III** *v/i* **15.** e-e Reihe *od.* Reihen bilden, sich for¹mieren *od.* ordnen. **16.** e-n Rang *od.* e-e Stelle einnehmen: **to** ~ **equally** gleichrangig sein; **to** ~ **first** den ersten Rang einnehmen; **to** ~ **high** a) e-n hohen Rang einnehmen, b) e-n hohen Stellenwert haben; ~**ing officer** *Am.* rangältester Offizier. **17.** gehören, zählen (**among, with** zu), ran¹gieren (**above** über *dat*; **next to** hinter *dat*, gleich nach): **to** ~ **as** gelten als; **he** ~**s next to the president** er kommt gleich nach dem Präsidenten. **18.** *bes. mil.* (in geschlossener Formati¹on) mar¹schieren: **to** ~ **off** abmarschieren. **19.** *econ. jur.* bevorrechtigt sein (*Gläubiger etc*).
**rank²** [ræŋk] *adj* (*adv* ~**ly**) **1.** a) üppig, geil, wuchernd (*Pflanzen*), b) üppig bewachsen, verwildert (*Garten etc*). **2.** fruchtbar, fett: ~ **soil. 3.** stinkend, übelriechend, ranzig. **4.** widerlich, scharf: ~ **smell** (*od.* **taste**). **5.** rein, völlig: ~ **outsider** krasser Außenseiter; **a** ~ **beginner** ein blutiger Anfänger; ~ **nonsense** blühender Unsinn. **6.** ekelhaft, ¹widerwärtig. **7.** unanständig, schmutzig, derb: ~ **language**.
**‚rank-and-¹fil·er** *s Am.* einfaches Mitglied; j-d, der der Basis (*e-r Partei etc*) angehört.
**rank·er** [¹ræŋkə(r)] *s mil.* a) (einfacher) Sol¹dat, b) aus dem Mannschaftsstand her¹vorgegangener Offi¹zier.
**ran·kle** [¹ræŋkl] **I** *v/i* **1.** *obs.* eitern, schwären. **2.** *fig.* gären: **to** ~ **in s.o.'s mind** in j-m gären, an j-m nagen *od.* fressen. **II** *v/t* **3.** *obs.* zum Eitern *od.* Schwären bringen. **4.** *fig.* gären in (*dat*), nagen *od.* fressen an (*dat*).
**ran·sack** [¹rænsæk] *v/t* **1.** durch¹wühlen, -¹stöbern. **2.** plündern, ausrauben.
**ran·som** [¹rænsəm] **I** *s* **1.** Los-, Freikauf *m*, Auslösung *f*. **2.** Lösegeld *n*: **a king's** ~ e-e Riesensumme; **to hold to** ~ a) j-n bis zur Zahlung e-s Lösegelds gefangenhalten, b) *fig.* j-n erpressen. **3.** *relig.* Erlösung *f*. **II** *v/t* **4.** los-, freikaufen, auslösen. **5.** Lösegeld verlangen für *od.* von. **6.** *relig.* erlösen.
**rant** [rænt] **I** *v/i* **1.** toben, lärmen. **2.** schwadro¹nieren, Phrasen dreschen. **3.** *obs.* geifern (**at, against** über *acc*). **II** *v/t* **4.** pa¹thetisch vortragen. **III** *s* **5.** Schwulst *m*, Phrasendresche¹rei *f*.
**¹rant·er** *s* **1.** lauter *od.* pa¹thetischer Redner. **2.** Schwadro¹neur *m*, Großsprecher *m*. **3.** R~ *relig. hist.* a) *Angehöriger e-r antinomistischen Sekte unter Cromwell*, b) *Angehöriger e-r 1807–10 entstandenen methodistischen Bewegung.*
**ra·nun·cu·lus** [rə¹nʌŋkjʊləs; *Am.* -kjə-]

*pl* **-lus·es, -li** [-laɪ] *s bot.* Ra¹nunkel *f*, Hahnenfuß *m.*
**rap¹** [ræp] **I** *v/t* **1.** klopfen *od.* pochen an *od.* auf (*acc*): **to** ~ **s.o.'s fingers, to** ~ **s.o. over the knuckles** j-m auf die Finger klopfen (*a. fig.*). **2.** (hart) schlagen. **3.** *Am. colloq.* a) j-m ,e-e dicke Zi¹garre verpassen' (*scharf tadeln*), b) j-n, etwas scharf kriti¹sieren. **4.** *Am. sl.* a) e-n (Mein)Eid leisten auf (*acc*), b) j-n ,schnappen', verhaften, c) j-n ,verdonnern' (**to** zu e-r Strafe). **5.** ~ **out** a) *Spiritismus:* durch Klopfen mitteilen, b) her¹auspoltern, *e-n Befehl etc* ,bellen': **to** ~ **out an order.**
**II** *v/i* **6.** klopfen, pochen, schlagen (**at, on** an *acc*): **to** ~ **on wood** (for good luck) auf Holz klopfen. **7.** *Am. colloq.* a) schwatzen, plaudern, b) disku¹tieren.
**III** *s* **8.** Klopfen *n*, Pochen *n*: **to give s.o. a** ~ **over the knuckles** j-m auf die Finger klopfen (*a. fig.*). **9.** (harter) Schlag. **10.** *Am. colloq.* a) scharfe Kri¹tik *f* (**at** an *dat*), b) ,dicke Zi¹garre' (*scharfer Tadel*): **he got a** ~ er bekam e-e dicke Zigarre (verpaßt). **11.** *bes. Am. sl.* a) Schuld *f*, b) Anklage *f*, c) Strafe *f*: **to beat the** ~ sich rauswinden; **to take the** ~ (zu e-r Strafe) ,verdonnert' werden, *fig.* die Sache ,ausbaden' müssen. **12.** *Am. colloq.* a) Schwatz *m*, Plaude¹rei *f*: **to have a** ~ schwatzen, plaudern, b) Diskussi¹on *f*: **to have a** ~ diskutieren.
**rap²** [ræp] *s* Heller *m*, Deut *m*: **I don't care a** ~ (**for it**) das ist mir ganz egal; **it is not worth a** ~ es ist keinen Pfifferling wert.
**ra·pa·cious** [rə¹peɪʃəs] *adj* (*adv* ~**ly**) **1.** habgierig. **2.** raubgierig, räuberisch. **3.** Raub...: ~ **animal**; ~ **bird. ra·pa·cious·ness, ra·pac·i·ty** [rə¹pæsətɪ] *s* **1.** Habgier *f*. **2.** Raubgier *f*.
**rape¹** [reɪp] **I** *s* **1.** Vergewaltigung *f* (*a. fig.*), *jur.* Notzucht *f*: ~ **and murder** Lustmord *m*; **statutory** ~ *jur.* Geschlechtsverkehr mit e-m Mädchen, das noch nicht im einwilligungsfähigen Alter (*in der Regel noch nicht 18*) ist. **2.** *poet. u. obs.* Entführung *f*, Raub *m*: **the** ~ **of the Sabine women** der Raub der Sabinerinnen. **II** *v/t* **3.** vergewaltigen, *jur.* notzüchtigen. **4.** *obs.* etwas rauben. **5.** *obs.* *e-e Stadt etc* plündern.
**rape²** [reɪp] *s Br.* (Verwaltungs)Bezirk *m* in Sussex.
**rape³** [reɪp] *s bot.* Raps *m.*
**rape⁴** [reɪp] *s* **1.** Trester *pl*, Treber *pl*. **2.** *Essigherstellung:* Standfaß *n.*
**rape‖ oil** *s* Rüb-, Rapsöl *n.* ~**-seed** *s* Rübsamen *m*; ~ **oil** → **rape oil.** ~ **wine** *s* Tresterwein *m.*
**rap group** *s Am. colloq.* Diskussi¹onsgruppe *f.*
**Raph·a·el·esque** [‚ræfeɪə¹lesk; *Am.* ‚ræfɪə-; -reɪ-] *adj* raffa¹elisch.
**ra·phe** [¹reɪfɪ] *pl* **-phae** [-fiː] *s bot. med. zo.* Raphe *f*, Naht *f.*
**ra·phi·a** → **raffia**.
**rap·id** [¹ræpɪd] **I** *adj* (*adv* ~**ly**) **1.** schnell, rasch, ra¹pid(e), Schnell...: ~ **eye movement sleep** *psych.* REM-Schlaf *m*; ~ **fire** *mil.* Schnellfeuer *n*; **a** ~ **river** ein reißender Fluß; ~ **storage** (*Computer*) Schnellspeicher *m*; ~ **transit** *Am.* Schnellnahverkehr *m.* **2.** jäh, steil (*Hang*). **3.** *phot.* a) lichtstark (*Objektiv*), b) hochempfindlich (*Film*). **II** *s* **4.** *meist pl* Stromschnelle *f.* ~**-¹fire** *adj* **1.** *mil.* Schnellfeuer...: ~ **gun. 2.** *fig.* (blitz-) schnell.
**ra·pid·i·ty** [rə¹pɪdətɪ] *s* Schnelligkeit *f*, Geschwindigkeit *f.*
**ra·pi·er** [¹reɪpjə(r); -pɪə(r)] *s fenc.* Ra¹pier *n*: ~ **thrust** a) Stoß *m* mit dem Rapier, b) *fig.* sarkastische Bemerkung *od.* Antwort.

**rap·ine** [ˈræpaɪn; -pɪn] s Raub m, Plünderung f.
**rap·ist** [ˈreɪpɪst] s Vergewaltiger m: ~-killer Lustmörder m.
**rap·pa·ree** [ˌræpəˈriː] s hist. irischer Bandit od. Freibeuter (bes. im 17. Jh.).
**rap·pee** [ræˈpiː; Am. ræˈpeɪ] s Rapˈpee m (grober Schnupftabak).
**rap·per** [ˈræpə(r)] s (bes. Tür)Klopfer m.
**rap·port** [ræˈpɔː(r); Am. a. ræˈpəʊər] s **1.** (to zu) (perˈsönliche) Beziehung, Verhältnis n, Verbindung f: to be in (od. en) ~ with a) mit j-m in Verbindung stehen, b) gut harmonieren mit. **2.** psych. Rapˈport m, psychischer Konˈtakt.
**rap·por·teur** [ˌræpɔːˈtɜː; Am. -ˌpəʊrˈtɜr] s pol. Berichterstatter m.
**rap·proche·ment** [ræˈprɒʃmɑːŋ; Am. ˌræpˌrəʊʃˈmɑː] s bes. pol. (Wieder)ˈAnnäherung f.
**rap·scal·lion** [ræpˈskæljən] s obs. Haˈlunke m.
**rap| ses·sion** s Am. colloq. ˈGruppendiskussiˌon f. **~ sheet** s Am. sl. ˈStrafreˌgister n: to have a ~ vorbestraft sein.
**rapt** [ræpt] adj (adv ~ly) **1.** versunken, verloren (in in acc): ~ in thought. **2.** ˈhingerissen, entzückt (with, by von). **3.** verzückt: a ~ smile. **4.** bes. fig. entrückt. **5.** gespannt (upon auf acc): with ~ attention.
**rap·tor** [ˈræptə(r)] s Raubvogel m.
**rap·to·ri·al** [ræpˈtɔːrɪəl; Am. a. -ˈtəʊ-] zo. **I** adj **1.** räuberisch, Raub...: ~ claw Greiffuß m, Greif...: ~ foot Greiffuß m, Fang m (e-s Raubvogels). **II** s **3.** Raubvogel m.
**rap·ture** [ˈræptʃə(r)] s **1.** Entzücken n, Verzückung f, Begeisterung f: to be in ~s hingerissen od. verzückt sein; to go (od. fall) into ~s in Verzückung geraten; ~ of the deep (od. depth) Tiefenrausch m (e-s Tauchers). **2.** meist pl Ausbruch m des Entzückens, Begeisterungstaumel m, Ekˈstase f. **3.** Entrückung f, Anfall m: in a ~ of forgetfulness. ˈrap·tured adj verzückt, ˈhingerissen. ˈrap·tur·ous adj **1.** → raptured. **2.** stürmisch, begeistert: ~ applause.
**ra·ra a·vis** [ˌrɑːrəˈævɪs; Am. ˌrærəˈeɪvəs] pl **ra·rae a·ves** [ˌrɑːriːˈæviːz; Am. ˌrɑːrˌaɪˈweɪs] (Lat.) s ˌseltener Vogel', Seltenheit f.
**rare¹** [reə(r)] adj (adv ~ly) **1.** selten, rar: a ~ book ein seltenes Buch; this is ~ for s.o. to do das wird nur selten getan; it is ~ for him to come er kommt (nur) selten. **2.** bes. phys. a) dünn (Luft etc), b) locker, poˈrös (Materie), c) schwach (Strahlung etc): ~ earth chem. seltene Erde; ~ gas Edelgas n. **3.** fig. selten, außergewöhnlich: of a ~ charm. **4.** colloq. ,toll', ,mächtig': ~ fun ,Mordsspaß' m; ~ and hungry ,wahnsinnig' hungrig.
**rare²** [reə(r)] adj blutig (Steak).
**rare·bit** [ˈreəbɪt] → Welsh rabbit.
**rar·ee show** [ˈreəriː] s **1.** Guckkasten m. **2.** billige (ˈZirkus)Attraktiˌon (auf der Straße). **3.** fig. Schauspiel n.
**rar·e·fac·tion** [ˌreərɪˈfækʃn] s phys. Verdünnung f. **ˌrar·eˈfac·tive** [-tɪv] adj verdünnend, Verdünnungs... **ˈrar·e·fy** [-faɪ] **I** v/t **1.** verdünnen. **2.** fig. verfeinern, -geistigen. **II** v/i **3.** sich verdünnen.
**ˈrare·ness** → rarity.
**ˈrareˌripe** bot. Am. **I** adj frühreif(end). **II** s frühe Sorte.
**ˈrar·ing** adj: to be ~ to do s.th. colloq. (ganz) ,wild' od. ,scharf' darauf sein, etwas zu tun.
**rar·i·ty** [ˈreərətɪ] s **1.** Seltenheit f: a) seltenes Vorkommen, b) Rariˈtät f. **2.** Vorˈtrefflichkeit f. **3.** Verdünnung f (bes. von Gas).

**ras·cal** [ˈrɑːskəl; Am. ˈræs-] **I** s **1.** Schuft m, Schurke m, Haˈlunke m. **2.** humor. a) oft old ~ (alter) Gauner, b) Schlingel m, Frechdachs m (Kind). **II** adj **3.** → rascally 1. **ras·cal·i·ty** [-ˈskælətɪ] s Schurkeˈrei f, Gemeinheit f. **ˈras·cal·ly** adj u. adv **1.** schurkisch, gemein, niederträchtig. **2.** erbärmlich.
**rase** → raze.
**rash¹** [ræʃ] adj (adv ~ly) **1.** hastig, überˈeilt, -ˈstürzt, vorschnell: a ~ decision; to do s.th. ~ e-e Dummheit begehen. **2.** unbesonnen, unvorsichtig.
**rash²** [ræʃ] s **1.** med. (Haut)Ausschlag m: to come out in a ~ e-n Ausschlag bekommen. **2.** fig. Flut f: a ~ of complaints.
**rash·er** [ˈræʃə(r)] s Speckschnitte f.
**rash·ness** [ˈræʃnɪs] s **1.** Hast f, Überˈeiltheit f, -ˈstürztheit f. **2.** Unbesonnenheit f, Unvorsichtigkeit f.
**ra·so·ri·al** [rəˈsɔːrɪəl; Am. a. -ˈzəʊ-] zo. **1.** scharrend. **2.** Hühner...
**rasp** [rɑːsp; Am. ræsp] **I** v/t **1.** raspeln, feilen, schaben, (ab)kratzen. **2.** zerkratzen. **3.** fig. Gefühle etc verletzen, das Ohr beleidigen, die Nerven reizen. **4.** krächzen(d sagen). **II** v/i **5.** raspeln, feilen, schaben. **6.** a) kratzen (Sache), b) schnarren (Stimme), c) ratschen (Maschine). **III** s **7.** tech. Raspel f, Grobfeile f. **8.** Reibeisen n.
**ras·pa·to·ry** [ˈrɑːspətərɪ; Am. ˈræspəˌtɔːrɪ] s med. Knochenschaber m.
**rasp·ber·ry** [ˈrɑːzbərɪ; Am. ˈræzˌberɪ] s **1.** bot. Himbeere f: ~ vinegar Himbeersirup m, -saft m. **2.** a. ~ cane bot. Himbeerstrauch m. **3.** Himbeerrot n. **4.** sl. verächtliches Schnauben: to blow (od. give) a ~ verächtlich schnauben.
**ˈrasp·er** [-ə(r)] s **1.** → rasp 7 u. 8. **2.** Jagdreiten: hoher, schwer zu nehmender Zaun.
**ˈrasp·ing** **I** adj (adv ~ly) **1.** a) kratzend, b) krächzend, rauh: ~ voice; ~ sound Kratzen n; Krächzen n. **2.** fig. unangenehm. **3.** Jagdreiten: schwer zu nehmen(d) (Zaun etc). **II** s **4.** Raspeln n. **5.** meist pl Raspelspan m. **6.** pl Semmelbrösel pl. **ˈrasp·y** adj **1.** → rasping 1 u. 2. **2.** reizbar, gereizt.
**ras·ter** [ˈræstə(r)] s opt. TV Raster m.
**rat** [ræt] **I** s **1.** zo. Ratte f: to smell a ~ fig. Lunte od. ,den Braten' riechen, Unrat wittern; ~s! colloq. Quatsch!; → drown 3. **2.** pol. colloq. ˈÜberläufer m. **3.** a) allg. colloq. Verräter m, b) bes. Am. colloq. Inforˈmant m, (Poliˈzei)Spitzel m, c) sl. ,Scheißkerl' m, ,Schwein' n. **4.** sl. Streikbrecher m. **5.** Am. colloq. Haarpolster n. **II** v/i **6.** pol. colloq. ˈüberlaufen, s-e Parˈtei im Stich lassen. **7.** colloq. Verrat begehen: to ~ on a) j-n im Stich lassen od. verraten, b) ~ s-e Kumpane ,verpfeifen', c) e-e Aussage etc widerrufen, d) aus e-m Projekt etc ,aussteigen'. **8.** Ratten jagen od. fangen.
**ra·ta** [ˈreɪtə; Am. ˈrɑːtə] s **1.** bot. Ratabaum m. **2.** Rataholz n.
**rat·a·bil·i·ty** [ˌreɪtəˈbɪlətɪ] s **1.** (Ab)Schätzbarkeit f. **2.** Verhältnismäßigkeit f. **3.** Br. Kommuˈnalsteuerpflicht f. **ˈrat·a·ble** adj (adv ratably) **1.** (ab)schätzbar, bewertbar. **2.** anteilmäßig, proportioˈnal. **3.** Br. kommuˈnalsteuerpflichtig: ~ value Einheitswert m.
**rat·a·fi·a** [ˌrætəˈfɪə], a. **ˌrat·aˈfee** [-ˈfiː] s **1.** Raˈtafia m (Fruchtlikör). **2.** a. ~ biscuit ˈMandelˌkrone f.
**rat·al** [ˈreɪtl] Br. **I** s Kommuˈnalsteuersatz m. **II** adj Steuer...
**ra·tan** → rattan.
**rat·a·plan** [ˌrætəˈplæn; Am. ˈrætəˌp-] s **1.** Trommelwirbel m. **2.** fig. a) (Huf)Getrappel n, b) Knattern n.

**rat-a-tat** [ˌrætəˈtæt; Am. ˈrætəˌtæt] → rat-tat.
**ˈrat|·bag** s bes. Austral. sl. ,Scheißkerl' m. **~ˌbite dis·ease**, **~ˈbite feˌver** s med. Rattenbißfieber n. **~ˌcatch·er** s **1.** Rattenfänger m. **2.** bes. Br. sl. nicht weidgerechte Jagdkleidung.
**ratch·et** [ˈrætʃɪt] s tech. **1.** Schaltrad n. **2.** Sperrklinke f. **3.** Ratsche f. **4.** → ratchet wheel. **~ brace** s tech. Ratsche f, Bohrknarre f. **~ cou·pling** s tech. Sperrklinkenkupplung f. **~ drill** → ratchet brace. **~ wheel** s tech. Sperrrad n.
**rate¹** [reɪt] **I** s **1.** (Verhältnis)Ziffer f, Quote f, Rate f: ~ of growth (inflation) econ. Wachstums(Inflations)rate; ~ of increase econ. Zuwachsrate; ~ of increase in the cost of living Teuerungsrate; at the ~ of im Verhältnis von (→ 2 u. 6). **2.** (Steuer- etc)Satz m, Kurs m, Taˈrif m: ~ of exchange econ. a) Umrechnungs-, Wechselkurs, b) Börsenkurs; ~ of interest Zinssatz, -fuß m; ~ of issue Ausgabekurs; ~ of the day Tageskurs; ~ of the ~ zum Satze von (→ 1 u. 6). **3.** (festgesetzter) Preis, Betrag m, Taxe f: at a cheap (high) ~ zu e-m niedrigen (hohen) Preis; at that ~ unter diesen Umständen; at any ~ a) auf jeden Fall, unter allen Umständen, b) wenigstens, mindestens. **4.** (Post-, Strom- etc)Gebühr f, Porto n, (Gas-, Strom)Preis m, (Wasser)Geld n. **5.** Br. Kommuˈnalsteuer f, Gemeindeabgabe f: ~s and taxes Kommunal- u. Staatssteuer. **6.** (relaˈtive) Geschwindigkeit f (a. phys. tech.), Tempo n: ~ of energy phys. Energiemenge f pro Zeiteinheit; ~ of flow tech. Durchflußgeschwindigkeit od. -menge f; ~ of an engine Motorleistung f; at the ~ of mit e-r Geschwindigkeit von (→ 1 u. 2). **7.** Grad m, (Aus)Maß n: at a fearful ~ in erschreckendem Ausmaß. **8.** Klasse f, Rang m, Grad m: → first-rate, etc. **9.** mar. a) (Schiffs)Klasse f, b) Dienstgrad m (e-s Matrosen). **10.** Gang m od. Abweichung f (e-r Uhr).
**II** v/t **11.** (ab-, ein)schätzen, taˈxieren (at auf acc), bewerten, einstufen. **12.** j-n einschätzen, beurteilen: to ~ s.o. high j-n hoch einschätzen. **13.** betrachten als, halten für: he is ~d a rich man er gilt als reicher Mann. **14.** rechnen, zählen (among zu): I ~ him among my friends. **15.** e-n Preis etc bemessen, ansetzen, Kosten veranschlagen: to ~ up höher einstufen od. versichern. **16.** Br. a) (zur Kommuˈnalsteuer) veranlagen, b) besteuern. **17.** mar. a) ein Schiff klassen, b) e-n Seemann einstufen. **18.** e-e Uhr reguˈlieren. **19.** etwas wert sein, verdienen.
**III** v/i **20.** angesehen werden, gelten (as als): to ~ high (low) (with) hoch (niedrig) ,im Kurs stehen' (bei), viel (wenig) gelten (bei); to ~ above (below) (einkommensmäßig etc) rangieren od. stehen über (dat) (unter dat). **21.** zählen (among zu).
**rate²** [reɪt] **I** v/t heftig ausschelten (about, for wegen). **II** v/i heftig schimpfen (at auf acc).
**rate³** [reɪt] → ret.
**rate·a·bil·i·ty**, etc → ratability, etc.
**rat·ed** [ˈreɪtɪd] adj **1.** Br. kommuˈnalsteuerpflichtig. **2.** tech. Nenn...: ~ output, ~ power Nennleistung f.
**ra·tel** [ˈreɪtəl; Am. ˈrɑːtl; ˈreɪtl] s zo. Ratel m, Honigdachs m.
**ˈrateˌpay·er** s Kommuˈnalsteuerzahler(in). **~ˌpay·ing** adj Br. steuerzahlend.

**rat·er** [ˈreɪtə(r)] s mar. in Zssgn: **first-~** Schiff n höchster Klasse.

**'rat|ˌfink** s Am. sl. ‚Scheißkerl‘ m, ‚Schweinehund‘ m. **'~ˌfuck·ing** s pol. Am. vulg. ˈRufmord(kamˌpagne f) m.

**rath¹** [rɑ:θ] s hist. Ir. **1.** befestigter Wohnsitz e-s Häuptlings. **2.** Hügelfestung f.

**rath²** [rɑ:θ; Am. ræθ], a. **rathe** [reɪð] adj poet. od. dial. **1.** rasch, heftig. **2.** früh(zeitig), verfrüht (bes. Pflanzen).

**rath·er** [ˈrɑ:ðə(r); Am. bes. ˈræ-] I adv **1.** ziemlich, recht, fast, etwas: **~ a success** ein ziemlicher Erfolg; **I would ~ think** ich würde denken. **2.** lieber, eher: **~ good than bad** eher gut als schlecht; **green ~ than blue** mehr od. eher grün als blau; **from reason ~ than from love** eher od. mehr aus Vernunftgründen als aus Liebe; **I would ~ not (do it)** ich möchte es lieber od. eigentlich nicht (tun); **I would (od. had) much ~ (not) go** ich möchte viel lieber (nicht) gehen. **3.** (or oder) vielmehr, eigentlich: **her dream or, ~, her idol** ihr Traum oder, besser gesagt, ihr Idol; **the contrary is ~ to be supposed** vielmehr ist das Gegenteil anzunehmen; **the ~ that** um so mehr, da. **II** interj **4.** bes. Br. colloq. (ja) freilich!, aller'dings!, ‚und ob‘!

**rat·i·cide** [ˈrætɪsaɪd] s Rattenvertilgungsmittel n, -gift n.

**rat·i·fi·ca·tion** [ˌrætɪfɪˈkeɪʃn] s **1.** Bestätigung f, (nachträgliche) Genehmigung. **2.** pol. Ratifi'zierung f: **~ of a treaty.**

**'rat·i·fy** [-faɪ] v/t **1.** bestätigen, genehmigen, gutheißen. **2.** pol. ratifi'zieren.

**rat·ing¹** [ˈreɪtɪŋ] s **1.** (Ab)Schätzung f, Beurteilung f, Bewertung f. **2.** mar. a) Dienstgrad m (e-s Matrosen), b) Br. (einfacher) Ma'trose, c) pl Br. Leute pl e-s bestimmten Dienstgrads. **3.** mil. Am. Rang m e-s Spezia'listen: **the ~ of a radarman. 4.** econ. Kre'ditwürdigkeit f. **5.** Br. a) (Kommu'nalsteuer)Veranlagung f, b) Steuersatz m. **6.** a) (Leistungs)Beurteilung f, b) Ni'veau n, (Leistungs- etc) Stand m, c) ped. Am. (Zeugnis)Note f, d) fig. Stellenwert m, e) Rundfunk, TV: Einschaltquote f: **~s battle** Kampf m um die Einschaltquoten. **7.** tech. (Nenn)Leistung f, Betriebsdaten pl (e-r Maschine etc): **~ plate** Leistungsschild n. **8.** Ta'rif m.

**rat·ing²** [ˈreɪtɪŋ] s heftige Schelte.

**ra·ti·o** [ˈreɪʃɪəʊ; Am. a. -ʃəʊ] pl **-os** s **1.** math. etc Verhältnis n: **in the ~ of four to three; ~ of distribution** Verteilerschlüssel m; **to be in the inverse ~** a) im umgekehrten Verhältnis stehen, b) math. umgekehrt proportional sein. **2.** math. Quoti'ent m. **3.** econ. Wertverhältnis n zwischen Gold u. Silber. **4.** tech. Über'setzungsverhältnis n (e-s Getriebes).

**ra·ti·oc·i·nate** [ˌrætɪˈɒsɪneɪt; Am. -ˈɑːsə-] v/i logisch denken, vernünftig urteilen. **ˌra·ti·oc·iˈna·tion** [-ˈneɪʃn] s **1.** logisches Denken. **2.** logischer Gedankengang. **ˌra·tiˈoc·i·na·tive** [-nətɪv; Am. -ˌneɪtɪv] adj logisch: **~ faculties** pl logisches Denkvermögen.

**ra·tion** [ˈræʃn; Am. a. ˈreɪ-] I s **1.** Rati'on f, Zuteilung f: **~ book** Br. Lebensmittelkarten pl; **~ card** Lebensmittelkarte f; **off the ~** markenfrei; **to be put on ~s** auf Rationen gesetzt werden; **to put s.o. on short ~s** j-n auf halbe Ration setzen; **you've had your ~ of television for today** du hast für heute genug ferngesehen. **2.** mar. mil. 'Tagesrati͵on f, Verpflegungssatz m: **~ strength** Verpflegungsstärke f. **3.** pl Lebensmittel pl, Verpflegung f. **II** v/t **4.** ratio'nieren (to auf acc), (zwangs-)bewirtschaften: **to ~ s.o.** j-n auf Rationen setzen. **5.** a. **~ out** (in Ra-

ti'onen) zuteilen. **6.** verpflegen: **to ~ an army.**

**ra·tion·al** [ˈræʃənl] I adj (adv **~ly**) **1.** vernünftig: a) vernunftmäßig, ratio'nal, b) vernunftbegabt, c) verständig, d) von der Vernunft ausgehend. **2.** zweckmäßig, ratio'nell, praktisch: **~ dress → 5. 3.** math. ratio'nal: **~ fraction; ~ number; ~ horizon** astr. wahrer Horizont. **II** s **4.** (das) Ratio'nale od. Vernünftige. **5.** pl hist. zweckmäßige Kleidung, bes. Knickerbockers pl für Frauen.

**ra·tion·ale** [ˌræʃəˈnɑːl; Am. -ˈnæl] s **1.** logische Grundlage, 'Grundprin͵zip n. **2.** vernunftmäßige Erklärung.

**ra·tion·al·ism** [ˈræʃnəlɪzəm] s Rationa'lismus m (Geisteshaltung, die das vernunftbestimmte Denken als einzige Erkenntnisquelle ansieht). **'ra·tion·al·ist** I s Rationa'list m. **II** adj → **rationalistic.** **ˌra·tion·alˈis·tic** adj (adv **~ally**) rationa'listisch.

**ra·tion·al·i·ty** [ˌræʃəˈnælətɪ] s **1.** Vernünftigkeit f, Vernunft f. **2.** Vernunft f, Denkvermögen n. **3.** Rationa'lismus m.

**ra·tion·al·i·za·tion** [ˌræʃnəlaɪˈzeɪʃn; Am. -ləˈz-] s **1.** a) Rationali'sieren n, 'Unterordnung f unter die Vernunft, b) → **rationale 2.** econ. Rationali'sierung f. **'ra·tion·al·ize** I v/t **1.** ratio'nal erklären. **2.** der Vernunft 'unterordnen. **3.** econ. rationali'sieren: **to ~ jobs out of existence** Arbeitsplätze wegrationalisieren. **4.** math. in e-e rationale Gleichung 'umrechnen. **II** v/i **5.** ratio'nell verfahren. **6.** rationa'listisch denken.

**'ra·tion·ing** s Ratio'nierung f, (Lebensmittel)Bewirtschaftung f.

**rat·line,** a. **rat·lin** [ˈrætlɪn], **'rat·ling** [-lɪŋ] s mar. Webeleine f.

**RA·TO, ra·to** [ˈreɪtəʊ] s aer. Ra'ketenstart m, Start m mit Ra'ketenhilfe (aus rocket-assisted take-off).

**ra·toon** [ræˈtuːn] I s (Zuckerrohr)Schößling m. **II** v/i Schößlinge treiben.

**rat race** s colloq. **1.** ‚Hetzjagd‘ f (des Lebens). **2.** harter (Konkur'renz)Kampf m. **3.** Teufelskreis m.

**'rats·bane** s Rattengift n.

**'rat·tail** I s **1.** Rattenschwanz m. **2.** fig. a) wenig behaarter Pferdeschwanz, b) Pferd n mit wenig behaartem Schwanz. **II** adj **3.** rattenschwänzig: **~ spoon** Löffel mit schleifenförmig nach hinten gebogenem Griff. [[rattail 2 b.\]]

**'rat-tailed** adj → **rattail 3: ~ horse →** [1]

**rat·tan** [rəˈtæn; ræ-] s **1.** a. **~ palm** bot. Schilfpalme f, Rotang m. **2.** spanisches Rohr. **3.** Rohrstock m.

**rat-tat** [ˌrætˈtæt], a. **rat-tat-tat** [ˌrætəˈtæt] I s Rattern n, Knattern n, Geknatter n. **II** v/i knattern, rattern.

**rat·ter** [ˈrætə(r)] s Rattenfänger m (bes. Hund od. Katze).

**rat·tle** [ˈrætl] I v/i **1.** rattern, klappern, rasseln, klirren: **to ~ at the door** an der Tür rütteln; **to ~ off** losrattern, davonjagen; **to ~ away** at (od. on) the typewriter auf der Schreibmaschine hämmern. **2.** a) röcheln, b) rasseln (Atem). **3.** a. **~ on** (drauf'los)plappern, (pausenlos) ‚quasseln‘ (about über acc). **II** v/t **4.** rasseln mit od. an e-r Kette etc, mit Geschirr etc klappern, an der Tür etc rütteln. **5.** a. **~ off** e-e Rede etc ‚her'unterrasseln‘. **6.** colloq. aus der Fassung bringen, ner'vös machen, durchein'anderbringen: **don't get ~d!** nur nicht nervös werden! **7.** a. **~ up** j-n aufrütteln. **III** s **8.** Rasseln n, Gerassel n, Rattern n, Klappern n, Geklapper n. **9.** Rassel f, (Kinder)Klapper f, Schnarre f. **10.** Klapper f, Rassel f (der Klapperschlange). **11.** Röcheln n. **12.** Lärm m, Krach m, Trubel m.

**13.** bot. a) **red ~** Sumpfläusekraut n, b) **yellow ~** Klappertopf m. **14.** Geplapper n, Geschwätz n. **15.** Schwätzer(in).

**'rat·tleˌbox** s **1.** Rassel f, Klapper f. **2.** bot. a) Gemeines Leimkraut, b) → **rattle 13 a. '~ˌbrain** s Wirr-, Hohlkopf m, Schwätzer(in). **'~ˌbrained** adj wirr-, hohlköpfig. **'~ˌpate, '~ˌpat·ed →** rattlebrain(ed).

**rat·tler** [ˈrætlə(r)] s **1.** j-d, der od. etwas, was rasselt od. klappert, bes. sl. a) Klapperkasten m (Fahrzeug), b) (ratternder) Güterschnellzug, c) allg. (Eisenbahn-)Zug m. **2.** Br. colloq. a) ‚Mordskerl‘ m, b) ‚Mordsding‘ n. **3.** → **rattlebrain. 4.** a) colloq. für **rattlesnake,** b) → **rattle 10.**

**'rat·tleˌsnake** s zo. Klapperschlange f. **'~ˌtrap** colloq. I s **1.** Klapperkasten m (Fahrzeug etc). **2.** meist pl (Trödel)Kram m. **II** adj **3.** klapp(e)rig.

**rat·tling¹** [ˈrætlɪŋ] I adj **1.** rasselnd, ratternd. **2.** lebhaft: **a ~ breeze. 3.** colloq. schnell: **at a ~ pace** in tollem Tempo. **4.** colloq. prächtig, ‚toll‘. **II** adv **5.** colloq. äußerst: **~ good** prächtig, phantastisch.

**rat·tling²** [ˈrætlɪŋ] → **ratline.**

**'rat·trap** s **1.** Rattenfalle f. **2.** fig. Mausefalle f. **3.** Am. colloq. ‚Hundehütte‘ f, ‚miese Bude‘.

**rat·ty** [ˈrætɪ] adj **1.** rattenverseucht. **2.** rattenartig, Ratten... **3.** sl. (Haar) a) strähnig, b) fettig. **4.** sl. gereizt, bissig. **5.** Am. sl. a) schäbig, verlottert, b) niederträchtig.

**rau·ci·ty** [ˈrɔːsɪtɪ] s → **raucousness. 'rau·cous** [-kəs] adj (adv **~ly**) rauh, heiser. **'rau·cous·ness** s Rauheit f, Heiserkeit f.

**raugh·ty** [ˈrɔːtɪ] Br. für **rorty.**

**raunch** [rɔːntʃ; rɑːntʃ] s bes. Am. colloq. **1.** vergammelter Zustand. **2.** Geilheit f. **3.** Unanständigkeit f, Zotigkeit f. **'raunch·y** adj **1.** vergammelt. **2.** geil. **3.** unanständig, zotig.

**rauque** [rɔːk] Br. selten für **raucous.**

**rav·age** [ˈrævɪdʒ] I s **1.** Verwüstung f, Verheerung f. **2.** pl verheerende (Aus-)Wirkungen pl: **the ~s of time** der Zahn der Zeit. **II** v/t **3.** a) verwüsten, -heeren, b) plündern. **4.** fig. verwüsten: **a face ~d by grief** ein gramzerfurchtes Gesicht. **III** v/i **5.** Verwüstungen anrichten. **'rav·ag·er** s Verwüster(in).

**rave¹** [reɪv] I v/i **1.** a) phanta'sieren, irrereden, b) rasen, toben (a. fig. Sturm etc): **to ~ against** (od. at) s.th. gegen etwas wettern. **2.** colloq. schwärmen (about, over von). **3.** Br. sl. ausgelassen feiern. **II** v/t **4.** im De'lirium von sich geben, wirr her'vorstoßen. **III** s **5.** über'wältigende od. betäubende Pracht: **a ~ of colo(u)r** ein Rausch od. Traum von Farben. **6.** colloq. (about, over) Schwärme'rei f (über acc, von), 'überschwengliches Lob (für): **to be in a ~ about** (od. over) s.th. von etwas schwärmen; **~ review** Bombenkritik‘ f. **7.** → **rave-up. 8.** Br. sl. Mode f: **the latest ~** der ‚letzte Schrei‘.

**rave²** [reɪv] s mot. Seitenbrett n an der Ladefläche.

**rav·el** [ˈrævl] I v/t pret u. pp **-eled,** bes. Br. **-elled 1.** a. **~ out** ausfasern, -dröseln, -trennen, entwirren (a. fig.). **2.** verwirren, -wickeln (a. fig.). **3.** fig. kompli'zieren. **II** v/i **4.** oft **~ out** sich auftrennen od. auflösen, ausfasern (Gewebe etc), b) fig. sich entwirren, sich (auf)klären. **III** s **5.** Verwirrung f, Verwicklung f. **6.** (loser) Faden, loses Ende.

**rave·lin** [ˈrævlɪn] s mil. Vorschanze f.

**ra·ven¹** [ˈreɪvn] I s **1.** orn. (Kolk)Rabe m. **2.** R~ astr. Rabe m (Sternbild). **II** adj **3.** (kohl)rabenschwarz.

**rav·en²** [ˈrævn] I v/i **1.** rauben, plün-

dern: **to ~ after prey** auf Beute ausgehen. **2.** gierig (fr)essen. **3.** Heißhunger haben. **4.** lechzen (**for** nach). **II** v/t **5.** (gierig) verschlingen.
**rav·en·ing** ['rævnɪŋ] adj (raub)gierig, wild. **rav·en·ous** ['rævənəs] adj (adv ~ly) **1.** ausgehungert, heißhungrig (beide a. fig.). **2.** gierig (**for** auf acc): ~ **for power** machtgierig, -hungrig; ~ **hunger** Bärenhunger m. **3.** gefräßig. **4.** raubgierig (Tier).
**'rave-up** s Br. sl. ,tolle Fete', ,tolle' Party.
**rav·in** ['rævɪn] s bes. poet. **1.** Raub(en n) m: **beast of ~** Raubtier n. **2.** (Raub)Gier f. **3.** Raub m, Beute f.
**ra·vine** [rə'viːn] s (Berg)Schlucht f, Klamm f, Hohlweg m.
**rav·ing** ['reɪvɪŋ] **I** adj (adv ~ly) **1.** tobend, rasend: ~ **madness** Tollwut f. **2.** phanta'sierend, deli'rierend: **to be ~** → **rave**¹ **1.** **3.** colloq. ,toll', phan'tastisch: **a ~ beauty** e-e hinreißende Schönheit. **II** s **4.** meist pl a) irres Gerede, Rase'rei f, b) Fieberwahn m, De'lirien pl.
**rav·i·o·li** [rævɪ'əʊlɪ] s pl Ravi'oli pl.
**rav·ish** ['rævɪʃ] v/t **1.** entzücken, 'hinreißen. **2.** fig. j-n hin'weg-, fortraffen. **3.** obs. e-e Frau a) vergewaltigen, schänden, b) entführen. **'rav·ish·er** s obs. **1.** Schänder m. **2.** Entführer m. **'rav·ish·ing** adj (adv ~ly) 'hinreißend, entzückend. **'rav·ish·ment** s **1.** Entzücken n. **2.** obs. Entführung f. **3.** obs. Schändung f.
**raw** [rɔː] **I** adj **1.** roh. **2.** a) roh, ungekocht, b) ungeklärt (Abwässer). **3.** econ. tech. roh, Roh..., unbearbeitet, z. B. a) ungebrannt: ~ **clay**, b) ungegerbt: ~ **leather**, c) ungewalkt: ~ **cloth**, d) ungesponnen: ~ **wool**, e) unvermischt, unverdünnt: ~ **spirits**; ~ **fibre** (Am. fiber) Rohfaser f; ~ **material** Rohmaterial n, -stoff m (a. fig.); ~ **oil** Rohöl n; ~ **silk** Rohseide f. **4.** phot. unbelichtet: ~ **stock** Rohfilm(e pl) m. **5.** noch nicht ausgewertet, unaufbereitet, roh: ~ **data**; ~ **statistics**; ~ **draft** Rohentwurf m. **6.** Am. 'unkulti,viert, unbebaut: ~ **land**. **7.** Am. roh, primi'tiv: **a ~ hut**. **8.** a) wund(gerieben): ~ **skin**, b) offen: ~ **wound**. **9.** roh, grob: a) geschmacklos: **a ~ picture**, b) sl. ungehobelt, wüst. **10.** unerfahren, ,grün', neu: ~ **recruits**; **a ~ beginner** ein blutiger Anfänger. **11.** unwirtlich, rauh, naßkalt: ~ **climate**; ~ **weather**. **12.** Am. (funkel)nagelneu. **13.** Am. (pudel)nackt. **14.** colloq. gemein, unfair: **he gave him a ~ deal** er hat ihm übel mitgespielt. **II** s **15.** wund(geriebene) Stelle. **16.** fig. wunder Punkt: **to touch s.o. on the ~** j-n an s-r empfindlichen Stelle od. j-n empfindlich treffen. **17.** econ. a) Rohstoff m, -ware f, b) meist pl Rohzucker m. **18.** **in the ~** a) im Natur- od. Rohzustand, b) nackt: **life in the ~** das Leben, hart u. grausam wie es ist.
**raw·boned** adj hager, (grob)knochig.
**'~·hide** s **1.** Rohhaut f, Rohleder n. **2.** Peitsche f. [winsonde f.]
**'ra·win·sonde** ['reɪwɪn-] s meteor. Ra-J
**'raw·ness** s **1.** Rohzustand m. **2.** Unerfahrenheit f. **3.** Wundsein n, Empfindlichkeit f. **4.** Rauheit f (des Wetters).
**ray**¹ [reɪ] **I** s **1.** (Licht)Strahl m. **2.** fig. (Hoffnungs- etc)Strahl m, (-)Schimmer m, Spur f: **not a ~ of hope** kein Fünkchen Hoffnung. **3.** strahlenförmiger Streifen. **4.** math. phys. Strahl m: ~ **treatment** med. Strahlenbehandlung f, Bestrahlung f. **5.** zo. a) ichth. (Flossen)Strahl m, b) Radius m (des Seesterns etc). **6.** bot. a) Strahlenblüte f, b) gestielte Blüte (e-r Dolde), c) Markstrahl m. **II** v/i **7.** Strahlen aussenden. **8.** sich strahlenförmig ausbreiten. **III** v/t **9.** a. ~ **out**, ~ **forth**

ausstrahlen. **10.** an-, bestrahlen. **11.** a) med. phys. bestrahlen, b) med. colloq. röntgen.
**ray**² [reɪ] s ichth. Rochen m.
**rayed** [reɪd] adj **1.** strahlenförmig. **2.** in Zssgn ...strahlig.
**ray┃ fil·ter** s phot. Farbfilter m, n. ~ **flow·er** s bot. Strahlenblüte f. **~·fun·gus** s irr biol. Strahlenpilz m. ~ **gun** s 'Strahlenpi,stole f.
**'ray·less** adj **1.** strahlenlos. **2.** lichtlos, dunkel.
**Ray·naud's Phe·nom·e·non** ['reɪnəʊz] s med. Ray'naud-Krankheit f.
**ray·on** ['reɪɒn] Am. -ɑn] tech. **I** s **1.** Kunstseide f: ~ **staple** Zellwolle f. **2.** 'Kunstseidenpro,dukt n. **II** adj **3.** kunstseiden, Kunstseiden...
**raze** [reɪz] v/t **1.** e-e Festung etc schleifen, ein Gebäude niederreißen, e-e Stadt 'vollkommen zerstören: **to ~ s.th. to the ground** etwas dem Erdboden gleichmachen. **2.** fig. ausmerzen, -löschen, tilgen. **3.** obs. ritzen, kratzen, streifen. **4.** obs. auskratzen, 'ausra,dieren.
**ra·zee** [reɪ'ziː] **I** s **1.** mar. hist. ra'siertes od. um ein Deck verkleinertes Schiff. **II** v/t **2.** mar. hist. ein Schiff ra'sieren. **3.** fig. beschneiden.
**ra·zor** ['reɪzə(r)] **I** s **1.** Am. a. straight ~ Ra'siermesser n: ~ **blade** Rasierklinge f; (as) **sharp as a** ~ messerscharf (a. fig.); **to be on a ~'s edge** auf des Messers Schneide stehen. **2.** a. safety ~ Ra'sierappa,rat m: electric ~ Elektrorasierer m. **II** v/t **3.** ra'sieren. **'~·back** s **1.** a. ~ **whale** ichth. Finnwal m. **2.** Am. spitzrückiges, halbwildes Schwein. **3.** scharfe Kante, Grat m. **II** adj **4.** scharfkantig, spitzrückig, mit scharfem Kamm. **~·backed** → **razorback** II. ~ **cut** s Messerschnitt m. **'~·cut** v/t irr Haar mit dem Messer schneiden. **'~·edge** s **1.** (messer)scharfer Rand. **2.** fig. kritische Lage: **to be on a** ~ auf des Messers Schneide stehen. ~ **job** s Br. colloq. ,Verriß' m (vernichtende Kritik) (**on** gen): **to do a** ~ **on** ,verreißen'. **,~·'sharp** adj messerscharf (a. fig. Verstand). ~ **strop** s Streichriemen m. **,~·'thin** adj hauchdünn (a. fig. Mehrheit etc).
**razz** [ræz] Am. sl. **I** v/t hänseln, aufziehen (**over** wegen). **II** s → **raspberry** 4.
**raz·(z)a·ma·taz(z)** [,ræzəmə'tæz] → **razzle(-dazzle)**.
**raz·zi·a** ['ræzɪə] s hist. Raubzug m.
**raz·zle(-daz·zle)** ['ræzl(,dæzl)] Am. ,ræzl(ˈdæzl)] s sl. **1.** ,Rummel' m. **2.** Am. a) ,Kuddelmuddel' m, b) ,Wirbel' m, Tam'tam n. **3.** ,Saufe'rei' f: **to go on the** ~ ,auf den Putz hauen'.
**'r-,col·o(u)red** adj ling. mit r-Färbung (von Vokalen mit nachfolgendem r, bes. im amer. Englisch).
**re**¹ [reɪ] s mus. **1.** re n (Solmisationssilbe). **2.** D n (bes. im französisch-italienischen System).
**re**² [riː; Am. a. reɪ] (Lat.) prep **1.** jur. in Sachen: ~ **John Adams**. **2.** a) econ. bezüglich, betreffs, betreffs, b) colloq. ,betreffs', was ... anbelangt.
**re-** Vorsilbe mit den Bedeutungen **1.** [riː] wieder, noch einmal, neu: reprint, rebirth. **2.** [rɪ] zurück, wider: revert.
**'re** [(r)] colloq. abbr. für **are**¹.
**re·ab·sorb** [,riːəb'sɔː(r)b] v/t resor'bieren. **,re·ab'sorp·tion** [-'sɔː(r)pʃn] s Resorpti'on f.
**reach** [riːtʃ] **I** v/t **1.** ('hin-, 'her)reichen, über'reichen, geben (**s.th. to** s.o. j-m etwas). **2.** j-m e-n Schlag versetzen. **3.** ('her)langen, nehmen: **to ~ s.th. down** etwas herunterlangen od. -nehmen; **to ~ s.th. up** etwas hinaufreichen od. -langen. **4.** oft ~ **out**, ~ **forth** die Hand etc reichen,

ausstrecken, Zweige etc ausbreiten, -strecken. **5.** reichen od. sich erstrecken od. gehen bis an (acc) od. zu: **his land ~es the hills; the water ~ed his knees** das Wasser ging ihm bis an die Knie. **6.** e-e Zahl etc erreichen, sich belaufen auf (acc): **he ~ed a great age** er erreichte ein hohes Alter. **7.** erreichen, erzielen, gelangen zu: **to ~ an understanding; to ~ no conclusion** zu keinem Schluß kommen. **8.** e-n Ort erreichen, eintreffen od. ankommen in od. an (dat): **to ~ London; to ~ home** nach Hause gelangen; **to ~ s.o.'s ear** j-m zu Ohren kommen. **9.** das Ziel etc erreichen (z. B. Geschoß, Teleskop, a. Stimme): **her voice ~ed the audience. 10.** fig. (ein-) wirken auf (acc), beeinflussen, j-n durch Argumente, Werbung etc ansprechen od. gewinnen. **11.** obs. od. poet. verstehen, begreifen.
**II** v/i **12.** (mit der Hand) reichen od. greifen od. langen (**to** bis zu). **13.** a. ~ **out** langen, greifen (**after, for, at** nach) (beide a. fig.): **to ~ out for a medal. 14.** reichen, sich erstrecken od. ausdehnen (**to** bis [zu]): **as far as the eye can ~** soweit das Auge reicht. **15.** sich belaufen (**to** auf acc). **16.** mar. mit Backstagbrise segeln.
**III** s **17.** Griff m: **to make a ~ for** s.th. nach etwas greifen od. langen. **18.** Reich-, Tragweite f (e-s Geschosses, e-r Waffe, a. der Stimme etc): **above** (od. **beyond od. out of) s.o.'s ~** außer j-s Reichweite für j-n unerreichbar od. unerschwinglich; **within** ~ erreichbar; **within s.o.'s** ~ in j-s Reichweite, für j-n erreichbar od. erschwinglich; **within easy ~ of the station** vom Bahnhof aus leicht zu erreichen. **19.** Ausdehnung f, Bereich m, 'Umfang m, Spannweite f: **to have a wide** ~ e-n weiten Spielraum haben, sich weit erstrecken. **20.** ausgedehnte Fläche: **a ~ of woodland** ein ausgedehntes Waldgebiet. **21.** fig. Weite f, (geistige) Leistungsfähigkeit od. Fassungskraft, (geistiger) Hori'zont. **22.** Einflußsphäre f, -bereich m: **it is not within my ~** es steht nicht in m-r Macht. **23.** a) Ka'nalabschnitt m (zwischen zwei Schleusen), b) (über'schaubare) Flußstrecke. **24.** tech. Kupplungsdeichsel f. **25.** Am. od. obs. Vorgebirge n, Landzunge f. **26.** Boxen: Reichweite f.
**reach·a·ble** [-əbl] adj erreichbar.
**'reach-me-,down** bes. Br. colloq. **I** adj **1.** Konfektions..., ,von der Stange'. **2.** abgelegt (Kleidung). **II** s meist pl Konfekti'onsanzug m, Kleid n ,von der Stange', pl Konfekti'onskleidung f. **4.** meist pl abgelegtes Kleidungsstück: **his big brother's ~s** die Sachen, die seinen großen Bruder herausgewachsen ist.
**re·act** [rɪ'ækt; riː-] **I** v/i **1.** rea'gieren, ein-, zu'rückwirken, Rückwirkungen haben (**upon, on** auf acc): **to ~ on each other** sich gegenseitig beeinflussen. **2.** (**to**) rea'gieren (auf acc), (etwas) aufnehmen, sich verhalten (gegen'über e-r Sache hin, bei): **he ~ed sharply** er reagierte heftig. **3.** rea'gieren, antworten, eingehen, ansprechen (**to** auf acc). **4.** entgegenwirken, wider'streben (**against** dat). **5.** (zu e-m früheren Zustand etc) zu'rückgehen, -kehren. **6.** chem. rea'gieren, e-e Reakti'on bewirken. **7.** mil. e-n Gegenschlag führen. **II** v/t **8.** chem. zur Reakti'on bringen. [führen.]
**re-act** [,riː'ækt] v/t thea. etc wieder'auf-J
**re·act·ance** [rɪ'æktəns; riː-] s electr. Reak'tanz f, 'Blind,widerstand m.
**re·ac·tion** [rɪ'ækʃn; riː-] s **1.** (**to**) Reakti'on f (auf acc), Verhalten n (auf e-e Sache hin, bei), Stellungnahme f (zu). **2.** pol. Reakti'on f (a. als Bewegung),

Rückschritt(lertum *n*) *m*. **3.** Reakti'on *f* (**from, against** gegen), Rück-, Gegenwirkung *f* ([up]on auf *acc*). **4.** *econ.* rückläufige Bewegung, (*Kurs-, Preis-etc*)Rückgang *m*. **5.** *mil.* Gegenstoß *m*, -schlag *m*. **6.** *med.* Reakti'on *f*: a) Rückwirkung *f*, b) Probe *f*. **7.** *chem.* Reakti'on *f*, 'Umwandlung *f*. **8.** *phys.* a) Reakti'on *f*, Rückwirkung *f*, b) 'Kernreakti,on *f*. **9.** *electr.* Rückwirkung *f*, -kopp(e)lung *f*: ~ **capacitor** Rückkopplungskondensator *m*. **re'ac·tion·ar·y** [-ʃnərɪ; *Am.* -ʃə,nerɪ:] **I** *adj* *bes. pol.* reaktio'när, rückschrittlich. **II** *s pol.* Reaktio'när(in).

**re·ac·tion cou·pling** *s electr.* Rückkopp(e)lung *f*.

**re·ac·tion en·gine** *s tech.* Reakti'ons-, Rückstoßmotor *m*.

**re'ac·tion·ist** → reactionary.

**re·ac·tion time** *s psych.* Reakti'onszeit *f*.

**re·ac·ti·vate** [rɪ'æktɪveɪt; ri:-] *v/t* reakti'vieren.

**re·ac·tive** [rɪ'æktɪv; ri:-] *adj* (*adv* ~ly) **1.** reak'tiv, rück-, gegenwirkend. **2.** empfänglich (**to** für), Reaktions... **3.** → reactionary I. **4.** *electr.* Blind... (-strom, -last, -leistung *etc*): ~ **coil** Drosselspule *f*.

**re·ac·tor** [rɪ'æktə(r); ri:-] *s* **1.** *chem.* a) Reakti'onsmittel *n*, b) Reakti'onsgefäß *n*. **2.** *biol. med.* (*der, die, das*) positiv Rea'gierende. **3.** *phys.* ('Kern)Re,aktor *m*: ~ **blanket** Reaktorbrutmantel *m*; ~ **park** Nuklearpark *m*; ~ **shell** Reaktorhülle *f*. **4.** *electr.* Drossel(spule) *f*.

**read¹** [ri:d] **I** *s* **1.** *bes. Br.* a) Lesen *n*: **can I have a ~ in your paper?** kann ich mal in d-e Zeitung schauen? b) Lesepause *f*, c) Lek'türe *f*: **it is a good ~** es liest sich gut. **II** *v/t pret u. pp* **read** [red] **2.** a) *allg.* lesen: **for 'Jean' ~ 'John'** statt ‚Jean‘ lies ‚John‘; **we can take it as ~** that wir können davon ausgehen, daß, b) a. ~ **out** vorlesen (**s.th. to s.o.** j-m etwas), c) *Rede etc* ablesen, d) *Vorlesung, Vortrag* halten: **to ~ back** *Stenogramm etc* noch einmal vorlesen (**to s.o.** j-m); **to ~ s.th. into** etwas in *e-n Text* hineinlesen; **to ~ off** (sich) einmal durchlesen (→ 10); **to ~ out** *j-n* ausstoßen (**of** aus *e-r Partei etc*) (→ 11); **to ~ over** a) a. ~ **through** (sich) *etwas* durchlesen, b) (*formell*) vor-, verlesen (*Notar etc*); **to ~ up** a) sich in *etwas* einlesen *od.* -arbeiten, b) *etwas* nachlesen. **3.** *Funkverkehr:* verstehen: **do you ~ me?** a) können Sie mich verstehen?, b) *fig.* haben Sie mich verstanden? **4.** *parl.* *e-e Vorlage* lesen: **the bill was ~ for the third time** die Gesetzesvorlage wurde in dritter Lesung behandelt. **5.** *e-e Kurzschrift etc* lesen (können): **he ~s** (*od.* can ~) **hieroglyphs**; **he ~s** (*od.* can ~) **the clock** er kennt die Uhr; **to ~ music** Noten lesen. **6.** *e-n Traum etc* deuten: → **fortune** 3. **7.** *ein Rätsel* lösen: **to ~ a riddle.** **8.** *j-s Charakter etc* durch'schauen: **to ~ s.o. like a book** in j-m lesen wie in e-m Buch; **to ~ s.o.'s face in** j-s Gesicht lesen; → **thought** 1. **9.** auslegen, auffassen, deuten, verstehen: **how do you ~ this sentence? 10.** a) (an-) zeigen: **the thermometer ~s** 20°, b) a. ~ **off** *Instrumentenstand etc* ablesen (→ 2). **11.** *Computer:* lesen, abfühlen: **to ~ in** einlesen, -geben; **to ~ out** auslesen, -geben (→ 2). **12.** *bes. Br.* stu'dieren, hören: → **law¹** 5. **III** *v/i* **13.** lesen: **he has no time to ~** er hat keine Zeit zum Lesen; **I have ~ about it** ich habe davon gelesen. **14.** (vor)lesen: **to ~ to s.o.** j-m vorlesen (**from** aus). **15.** *e-e* (Vor)Lesung *od.* e-n Vortrag halten. **16.** (**for**) *bes. Br.* sich vorbereiten (auf *e-e Prüfung etc*), (*etwas*) stu'dieren: → **bar** 19; **to ~ up on** sich in

---

*etwas* einlesen *od.* -arbeiten. **17.** sich *gut etc* lesen (lassen): **this book ~s well**; **it ~s like a translation** es liest sich *od.* klingt wie e-e Übersetzung. **18.** lauten, heißen: **the passage ~s as follows.**

**read²** [red] **I** *pret u. pp von* read¹. **II** *adj* **1.** gelesen: **the most-~ book** das meistgelesene Buch. **2.** → well-read.

**read·a·bil·i·ty** [,ri:də'bɪlətɪ] *s* **1.** Lesbarkeit *f*. **2.** Leserlichkeit *f*. **'read·a·ble** *adj* (*adv* **readably**) lesbar: a) lesenswert, b) leserlich. **'read·a·ble·ness** → readability.

**re·ad·dress** [,ri:ə'dres] *v/t* **1.** 'umadressieren. **2.** ~ **o.s.** sich nochmals wenden (**to** an *acc*).

**read·er** ['ri:də(r)] *s* **1.** Leser(in): **~s' letters** Leserbriefe. **2.** *bes. relig.* Vorleser(in). **3.** (*Verlags*)Lektor *m*, (*Ver'lags-*) Lek,torin *f*. **4.** *print.* Kor'rektor *m*. **5.** *univ.* *Br.* (*etwa*) planmäßiger außerordentlicher Pro'fessor. **6.** *ped. Am.* 'Korrek'turgehilfe *m*. **7.** *Am.* Auswerter *m* (*von Fachzeitschriften etc*). **8.** (*Strom- etc*)Ableser(in). **9.** *Computer:* Lesegerät *n*, Leser *m*. **10.** a) *ped.* Lesebuch *n*, b) Antholo'gie *f*: **a G. B. Shaw ~.** **'read·er·ship** *s* **1.** *bes. relig.* Vorleseramt *n*. **2.** *univ. bes. Br.* Do'zentenstelle *f*. **3.** *collect.* Leser(kreis *m*) *pl*.

**read·i·ly** ['redɪlɪ] *adv* **1.** so'gleich, prompt. **2.** bereitwillig, gern. **3.** leicht, ohne weiteres.

**read·i·ness** ['redɪnɪs] *s* **1.** Bereitschaft *f*: ~ **for war** Kriegsbereitschaft; **in ~** bereit, in Bereitschaft; **to place in ~** bereitstellen. **2.** Schnelligkeit *f*, Raschheit *f*, Promptheit *f*: ~ **of mind,** ~ **of wit** a) Geistesgegenwart *f*, b) schnelle Auffassungsgabe. **3.** Fertigkeit *f*, Leichtigkeit *f*, Gewandtheit *f*: ~ **of tongue** Zungenfertigkeit. **4.** Bereitwilligkeit *f*: ~ **to help others** Hilfsbereitschaft *f*.

**read·ing** ['ri:dɪŋ] **I** *s* **1.** Lesen *n*. **2.** Bücherstudium *n*. **3.** (Vor)Lesung *f*, Vortrag *m*: **to give ~s** Lesungen halten. **4.** Belesenheit *f*: **a man of vast** (*od.* **wide**) ~ ein sehr belesener Mann. **5.** Lek'türe *f*, Lesestoff *m*: **this book makes good ~** dieses Buch liest sich gut. **6.** Lesart *f*, Versi'on *f*. **7.** Deutung *f*, Auslegung *f*, Auffassung *f*: **my ~ of the law is that** ich verstehe das Gesetz so, daß. **8.** *parl.* Lesung *f* (*e-r Vorlage*). **9.** *tech.* Ablesung *f*, Anzeige *f*, (*Barometer- etc*)Stand *m*. **II** *adj* **10.** Lese...

**read·ing| desk** *s* Lesepult *n*. ~ **glass** *s* Vergrößerungsglas *n*, Lupe *f*. ~ **glass·es** *s pl* Lesebrille *f*. ~ **head** *s Computer:* Lesekopf *m*. ~ **mat·ter** *s* **1.** redaktio'neller Teil (*e-r Zeitung*). **2.** Lesestoff *m*. ~ **no·tice** *s econ.* Werbetext *m od.* Anzeige *f* im redaktio'nellen Teil e-r Zeitung (*im Druck angeglichen*). ~ **pub·lic** *s* Leserschaft *f*, Leser *pl*. ~ **room** *s* Lesezimmer *n*, -saal *m*.

**read·just** [,ri:ə'dʒʌst] **I** *v/t* **1.** wieder'anpassen. **2.** wieder in Ordnung bringen. **3.** *econ.* sa'nieren. **4.** *pol.* etc neu orien'tieren. **5.** *tech.* nachstellen, -richten, -regeln, korri'gieren. **II** *v/i* **6.** sich wieder'anpassen. **,re·ad'just·ment** *s* **1.** Wieder'anpassung *f*. **2.** Neuordnung *f*, Reorganisati'on *f*, *econ. a.* (wirtschaftliche) Sa'nierung. **3.** *tech.* Korrek'tur *f*.

**re·ad·mis·sion** [,ri:əd'mɪʃn] *s* Wieder'zulassung *f* (**to** zu). **,re·ad'mit** [-'mɪt] *v/t* wieder'zulassen. **,re·ad'mit·tance** → readmission.

**,read|-'on·ly mem·o·ry** [,ri:d-] *s Computer:* Festspeicher *m*. **'~-out** *s Computer:* Ausgabe *f* von lesbaren Worten: ~ **pulse** Abfrage-, Leseimpuls *m*. **'~--through** *s thea. etc* Leseprobe *f*. **'~--'write head** *s Computer:* Lese-Schreibkopf *m*, Schreib-Lesekopf *m*.

---

**read·y** ['redɪ] **I** *adj* (*adv* → readily) **1.** bereit, fertig (**for s.th.** zu etwas; **to do** zu tun): ~ **for action** *mil.* einsatzbereit; ~ **for service** (*od.* **operation**) *tech.* betriebsfertig; ~ **for use** gebrauchsfertig; ~ **for sea** *mar.* seeklar; ~ **for take--off** *aer.* startbereit, -klar; ~ **to move into** bezugsfertig (*Haus etc*); **to be ~ with s.th.** etwas bereithaben *od.* -halten; **to get ~** (sich) bereit- *od.* fertigmachen; **get ~ to hear some unpleasant things!** *Am. colloq.* machen Sie sich auf einige unangenehme Dinge gefaßt!; **Are you ~? Go!** *sport* Fertig—los!; **have our bill ~** machen Sie unsere Rechnung fertig (*im Hotel*). **2.** bereit, geneigt (**for s.th.** zu etwas; **to do** zu tun): ~ **for death** zum Sterben bereit. **3.** schnell, rasch, prompt: **a ~ consent**; **to find a ~ market** (*od.* **sale**) *econ.* raschen Absatz finden, gut gehen. **4.** a) schlagfertig, prompt (*Antwort etc*): **a ~ reply**; ~ **wit** Schlagfertigkeit *f*, b) geschickt, gewandt: **a ~ pen** e-e gewandte Feder. **5.** schnell bereit *od.* bei der Hand: **he is too ~ to criticize others. 6.** im Begriff, nahe dar'an, drauf u. dran (**to do** zu tun): → **drop** 21 a. **7.** *econ.* verfügbar, greifbar (*Vermögenswerte*), bar (*Geld*): ~ **for cash** gegen sofortige Kasse; ~ **money** Bargeld *n*; ~ **money business** Bar-, Kassageschäft *n*. **8.** bequem, leicht: ~ **to** (*od.* **at**) **hand** handlich, leicht zu handhaben. **II** *v/t* **9.** *bes. Am.* (o.s. sich) bereit- *od.* fertigmachen. **III** *s* **10.** *meist* **the ~** *colloq.* Bargeld *n*. **11.** **at the ~** *mil.* schußbereit, -fertig. **IV** *adv* **12.** (*fast nur in comp u. sup*) → readily. **13.** fertig: **~-built houses** Fertighäuser; **~-packed** abgepackt.

**,read·y|-'made I** *adj* **1.** Konfektions..., ‚von der Stange‘: ~ **clothes** Konfekti'on(skleidung) *f*; ~ **shop** Konfekti'onshaus *n*, -geschäft *n*. **2.** gebrauchsfertig, Fertig... **3.** *fig.* Patent...: ~ **solution. 4.** *fig.* schabloni'siert, ‚fertig‘, ‚vorgekaut‘: ~ **answers. II** *s* **5.** Konfekti'onsar,tikel *m*. **6.** *art* Ready-made *n* (*alltäglicher Gegenstand, der als Kunstwerk ausgestellt wird*). **'~--mix** *adj u. s* koch- *od.* backfertig(e Mischung), Instant(suppe *f etc*). ~ **reck·on·er** *s* 'Rechenta,belle *f*. **'~--to-'serve** *adj* tischfertig (*Speise*). **'~--to-'wear** ~ ready-made 1 u. 5. **'~--'wit·ted** *adj* intelli-'gent, aufgeweckt, ‚fix‘, schlagfertig.

**re·af·firm** [,ri:ə'fɜ:m; *Am.* -'fɜrm] *v/t* nochmals versichern *od.* bestätigen. **re·af·fir·ma·tion** [,ri:æfə(r)'meɪʃn] *s* erneute Versicherung.

**re·af·for·est** [,ri:ə'fɒrɪst; *Am. a.* -'fɑr-] *v/t* wieder'aufforsten. **'re·af,for·est'a·tion** *s* Wieder'aufforstung *f*.

**re·a·gen·cy** [ri:'eɪdʒənsɪ] *s* Gegen-, Rückwirkung *f*.

**re·a·gent** [ri:'eɪdʒənt] *s* **1.** *chem. phys.* Rea'gens *n*, *pl* Rea'genzien *pl*. **2.** *fig.* Gegenkraft *f*, -wirkung *f*. **3.** *psych.* 'Test-, Ver'suchsper,son *f*.

**re·al¹** [rɪəl; 'ri:əl] **I** *adj* (*adv* → **really**) **1.** re'al, tatsächlich, wirklich, wahr, eigentlich, richtig: **taken from ~ life** aus dem Leben gegriffen; **the R~ Presence** *relig.* die Realpräsenz (*wirkliche Gegenwart Christi im Altarsakrament*); **the ~ thing** *colloq.* das (einzig) Wahre. **2.** echt, rein: ~ **silk**; ~ **feelings** echte *od.* aufrichtige Gefühle; **he is a ~ man** er ist ein echter *od.* wahrer Mann. **3.** *philos.* re'al: a) wirklich, b) abso'lut, unabhängig vom Bewußtsein (*exi'stierend*). **4.** *jur.* a) dinglich, b) unbeweglich, Real...: ~ **account** *econ.* Sach(wert)konto *n*; ~ **action** dingliche Klage; ~ **assets** unbewegliches Vermögen, Immobilien; ~ **capital** *econ.* Sachkapital *n*; ~ **estate** (*od.* **prop-**

erty) Grundeigentum *n*, -besitz *m*, Landbesitz *m*, Liegenschaften *pl*; **~estate agent** (*od.* **broker**) *Am.* Grundstücksmakler *m*; **~ growth** *econ.* reales Wachstum; **~ stock** *econ.* Ist-Bestand *m*; **~ wage** *econ.* Reallohn *m.* **5.** *electr.* re'ell, ohmsch, Wirk...: **~ power** Wirkleistung *f.* **6.** *math. phys.* re'ell: **~ image**; **~ number. II** *s* **7. the ~** *philos.* a) das Re'ale *od.* Wirkliche, b) die Reali'tät, die Wirklichkeit. **8. for ~** *colloq.* wirklich, ‚richtig', ‚echt', im Ernst, tatsächlich. **III** *adv* **9.** *bes. Am. colloq.* sehr, äußerst, ‚richtig'.

**re·al²** [re'ɑ:l] *pl* **-als, -a·les** [-'ɑ:leɪs] *s* Re'al *m* (*ehemalige spanische Silbermünze*).

**re·al·ism** ['rɪəlɪzəm] *s* Rea'lismus *m* (*a. art u. philos.*), Tatsachen-, Wirklichkeitssinn *m*, Sachlichkeit *f.* **'re·al·ist I** *s* Rea'list(in) (*a. philos. art*), Tatsachenmensch *m.* **II** *adj* → realistic. **re·al·is·tic** *adj* (*adv* **~ally**) reali'stisch (*a. philos. art*), wirklichkeitsnah, -getreu, sachlich.

**re·al·i·ty** [rɪ'ælətɪ] *s* **1.** Reali'tät *f*, Wirklichkeit *f* (*beide a. philos.*): **to make s.th. a ~** etwas verwirklichen; **in ~** in Wirklichkeit, tatsächlich; **to become a ~** wahr werden (*Traum etc*); **to bring s.o. back to ~** j-n auf den Boden der Tatsachen zurückholen. **2.** Wirklichkeits-, Na'turtreue *f.* **3.** Tatsache *f*, Gegebenheit *f.*

**re·al·iz·a·ble** ['rɪəlaɪzəbl] *adj* (*adv* **realizably**) reali'sierbar: a) zu verwirklichen(d), aus-, 'durchführbar, b) *econ.* verwertbar, kapitali'sierbar, verkäuflich.

**re·al·i·za·tion** [ˌrɪəlaɪ'zeɪʃn; *Am.* -lə'z-] *s* **1.** Reali'sierung *f*, Verwirklichung *f*, Aus-, 'Durchführung *f*: **the ~ of a project. 2.** Vergegen'wärtigung *f*, Erkenntnis *f.* **3.** *econ.* a) Reali'sierung *f*, Verwertung *f*, Veräußerung *f*, b) Liquidati'on *f*, Glattstellung *f*: **~ account** Liquidationskonto *n*, c) Erzielung *f* (*e-s Gewinns*).

**re·al·ize** ['rɪəlaɪz] **I** *v/t* **1.** (klar) erkennen, sich klarmachen, sich im klaren sein über (*acc*), begreifen, einsehen: **he ~d that** er sah ein, daß; es kam ihm zum Bewußtsein, daß; es wurde ihm klar, daß. **2.** verwirklichen, reali'sieren, aus-, 'durchführen: **to ~ a project; to ~ a plan. 3.** sich vergegen'wärtigen, sich (lebhaft) vorstellen: **he could ~ the scene. 4.** *econ.* a) reali'sieren, verwerten, veräußern, zu Geld machen, flüssigmachen, b) *e-n Gewinn od. e-n Preis* erzielen, *e-e Summe* einbringen: **how much did you ~ on ...?** wieviel hast du für ... bekommen?

**re·al·lo·cate** [ˌri:'æləʊkeɪt] *v/t* neu verteilen *od.* zuteilen. **'re·al·lo'ca·tion** *s* Neuverteilung *f.*

**re·al·ly** ['rɪəlɪ] *adv* **1.** wirklich, tatsächlich, eigentlich: **~?** wirklich?; **not ~!** nicht möglich! **2.** (*rügend*) **~!** ich muß schon sagen! **3. you must ~ come** Sie müssen unbedingt kommen.

**realm** [relm] *s* **1.** Königreich *n.* **2.** *fig.* Reich *n*: **the ~ of dreams. 3.** Bereich *m*, (Fach)Gebiet *n*: **in the ~ of physics** im Bereich *od.* auf dem Gebiet der Physik.

**re·al·po·li·tik** [re'ɑlpoliˌti:k] (*Ger.*) *s* Re'alpoliˌtik *f.*

**real| time** *s* *Computer:* Echtzeit *f.* **'~- -'time** *adj* *Computer:* Echtzeit...

**re·al·tor** ['rɪəltər] *s* (*TM*) *Am.* Grundstücks-, Immo'bilienmakler *m* (*der Mitglied der National Association of Realtors ist*).

**re·al·ty** ['rɪəltɪ] *s* Grundeigentum *n*, -besitz *m*, Landbesitz *m*, Liegenschaften *pl.*

**ream¹** [ri:m] *s Papierhandel:* Ries *n* (*480 Bogen*): **printer's ~, long ~** 516 Bogen

---

Druckpapier; **~s** (**and ~s**) *of fig.* zahllose, große Mengen (von).

**ream²** [ri:m] *v/t tech.* **1.** erweitern. **2.** *oft ~ out* a) *e-e Bohrung* (auf-, aus)räumen, b) *das Kaliber* ausbohren, c) nachbohren.

**ream³** [ri:m] *s obs. od. dial.* Rahm *m* (*auf Milch*), Schaum *m* (*auf Bier etc*).

**ream·er** ['ri:mə(r)] *s* **1.** *tech.* Reib-, Räumahle *f.* **2.** *Am.* Fruchtpresse *f.*

**re·an·i·mate** [ˌri:'ænɪmeɪt] *v/t* **1.** 'wiederbeleben. **2.** *fig.* neu beleben. **'re·an·i'ma·tion** *s* **1.** 'Wiederbelebung *f.* **2.** *fig.* Neubelebung *f.*

**reap** [ri:p] **I** *v/t* **1.** *Getreide etc* schneiden, mähen, ernten. **2.** *ein Feld* mähen, abernten. **3.** *fig.* ernten: → **wind¹** 1. **II** *v/i* **4.** mähen, ernten: **he ~s where he has not sown** *fig.* er erntet, wo er nicht gesät hat. **'reap·er** *s* **1.** Schnitter(in), Mäher(in): **the Grim R~** *fig.* der Sensenmann, der Schnitter Tod. **2.** (Ge'treide-) Mäha,schine *f*: **~-binder** Mähbinder *m.*

**re·ap·pear** [ˌri:ə'pɪə(r)] *v/i* wieder erscheinen. **re·ap'pear·ance** *s* 'Wiedererscheinen *n.*

**re·ap·pli·ca·tion** [ˈri:ˌæplɪˈkeɪʃn] *s* **1.** wieder'holte *od.* erneute Anwendung. **2.** erneutes Gesuch. **re·ap·ply** [ˌri:ə-ˈplaɪ] **I** *v/t* **1.** wieder *od.* wieder'holt anwenden. **II** *v/i* **2.** wieder Anwendung finden. **3.** (**for**) (*etwas*) wieder'holt *od.* erneut beantragen, sich erneut bewerben (um).

**re·ap·point** [ˌri:ə'pɔɪnt] *v/t* 'wiederernennen, wieder'einstellen, -'anstellen. **re·ap'point·ment** *s* 'Wiederernennung *f*, Wieder'anstellung *f.*

**re·ap·praise** [ˌri:ə'preɪzl] *s* Neubewertung *f*, Neubeurteilung *f.*

**rear¹** [rɪə(r)] **I** *s* **1.** 'Hinter-, Rückseite *f*: **at** (*Am.* **in**) **the ~ of the house** hinter dem Haus; **in the ~ of the house** hinten im Haus. **2.** 'Hintergrund *m*: **in the ~ of** im Hintergrund (*gen*). **3.** *mar. mot.* Heck *n.* **4.** *mar. mil.* Nachhut *f*: **to bring up the ~** die Nachhut bilden; **to take the enemy in the ~** den Feind im Rücken fassen. **5.** *colloq.* ‚Hintern' *m* (*Gesäß*). **6.** *Br. colloq.* ‚Lokus' *m* (*Abort*). **II** *adj* **7.** hinter(e, e, es), Hinter..., Rück...: **~ axle** *tech.* Hinterachse *f*; **~ exit** Hinterausgang *m.* **8.** *mar. mot.* Heck...: **~ engine** Heckmotor *m*; **~ window** Heckscheibe *f*; **~ wiper** *mot.* Heckscheibenwischer *m.* **9.** *mil.* rückwärtig.

**rear²** [rɪə(r)] **I** *v/t* **1.** *ein Kind* auf-, großziehen, *Tiere* züchten, *Pflanzen* ziehen, anbauen. **2.** *arch.* errichten, (er)bauen: **to ~ a cathedral. 3.** aufrichten, -stellen: **to ~ a ladder. 4.** (er)heben: **to ~ one's head (voice). II** *v/i* **5.** *a.* **~ up** sich aufbäumen (*Pferd*). **6.** *oft ~ up* (auf-, hoch)ragen.

**rear| ad·mi·ral** *s mar.* 'Konteradmi,ral *m.* **~ arch** *s arch.* innerer Bogen (*e-r Fenster- od. Türöffnung*). **~ drive** *s mot.* Heckantrieb *m.* **~ end** *s* **1.** hinter(st)er Teil, Ende *n.* **2.** *colloq.* ‚Hintern' *m* (*Gesäß*). **'~-end col·li·sion** *s mot.* Auffahrunfall *m.* **~-'en·gined** *adj* mit Heckmotor. **~ guard** *s mar. mil.* Nachhut *f*: **~ action** a) Nachhutgefecht *n* (*a. fig.*), b) *fig.* Verzögerungstaktik *f*, c) *fig.* Rückzugsgefecht *n.* **~ gun·ner** *s aer. mil.* Heckschütze *m.* **~ lamp, ~ light** *s mot. etc Br.* Rück-, Schlußlicht *n.*

**re·arm** [ˌri:'ɑ:(r)m] *mil.* **I** *v/t* **1.** 'wiederbewaffnen. **2.** neu bewaffnen *od.* ausrüsten. **II** *v/i* **3.** wieder'aufrüsten. **re·ar·ma·ment** [rɪ-] *s mil.* **1.** Ausrüstung *f* mit neuen Waffen. **2.** Wieder'aufrüstung *f*, 'Wiederbewaffnung *f.*

**rear·most** ['rɪə(r)məʊst] *adj* hinterst(er, e, es), letzt(er, e, es).

---

**re·ar·range** [ˌri:ə'reɪndʒ] *v/t* **1.** neu ordnen, 'umordnen, ändern. **2.** *math.* 'umschreiben, -wandeln. **3.** *chem.* 'umlagern. **re·ar'range·ment** *s* **1.** 'Um-, Neuordnung *f*, Änderung *f*, Neugestaltung *f.* **2.** *math.* 'Umschreibung *f*, -wandlung *f.* **3.** *chem.* 'Umlagerung *f*: **intermolecular ~.**

**rear| sight** *s mil.* Kimme *f.* **~ sus·pen·sion** *s tech.* rückwärtige Aufhängung, *bes.* 'Hinterradaufhängung *f.* **~ vault** *s arch.* innere (Fenster- *od.* Tür)Wölbung. **~ view** *s* Rückansicht *f.* **'~-view mir·ror, '~-vi·sion mir·ror** *s mot. etc* Rückspiegel *m.*

**rear·ward** ['rɪə(r)wə(r)d] **I** *adj* **1.** hinter(er, e, es), letzt(er, e, es), rückwärtig. **2.** Rück(wärts)... **II** *adv* **3.** nach hinten, rückwärts, zu'rück. **III** *s* → **rear¹** 1–3. **'rear·wards** → rearward II.

**rea·son** ['ri:zn] **I** *s* **1.** (Beweg)Grund *m* (**of**, **for** *gen*), Ursache *f* (**for** *gen*), Anlaß *m* (**for** *gen*, zu, für): **to have ~ to do s.th.** Grund *od.* Veranlassung haben, etwas zu tun; **I have my ~s for saying this** ich sage dies nicht von ungefähr; **the ~ why** (der Grund) weshalb; **for the same ~** aus dem gleichen Grund *od.* Anlaß; **for ~s of health** aus Gesundheitsgründen; **he did this for ~s best known to himself** aus unerfindlichen Gründen; **by ~ of** wegen, infolge (*gen*); **with ~** aus gutem Grund, mit Recht; **not without ~** nicht ohne Grund, nicht umsonst; **there is (no) ~ to suppose** es besteht (kein) Grund zu der Annahme; **there is every ~ to believe** alles spricht dafür (**that** daß). **2.** Begründung *f*, Rechtfertigung *f*: **woman's ~** weibliche Logik; **~ of state** Staatsräson *f.* **3.** (*ohne art*) Vernunft *f*, Verstand *m*: **to lose one's ~** den Verstand verlieren; **to listen to ~** Vernunft annehmen; **it stands to ~** es leuchtet ein, es ist (doch wohl) klar. **4.** (*ohne art*) Vernunft *f*, Einsicht *f*, Rä'son *f*: **to bring s.o. to ~** zur Vernunft *od.* Räson bringen; **in (all) ~** a) mit Maß u. Ziel, vernünftig, b) mit Recht; **there is ~ in what you say** was du sagst, hat Hand u. Fuß. **5.** *philos.* (*ohne art*) Vernunft *f* (*Ggs. Verstand*): **Law of R~** Vernunftrecht *n*; → **age** 4. **6.** *Logik:* Prä'misse *f.*

**II** *v/i* **7.** logisch denken, vernünftig urteilen. **8.** (**with**) vernünftig reden (mit), (*j-m*) gut zureden, (*j-n*) zu über'zeugen suchen: **he is not to be ~ed with** er läßt nicht mit sich reden.

**III** *v/t* **9.** schließen, folgern (**from** aus). **10.** *oft ~ out* (logisch) durch'denken: **~ed** wohldurchdacht. **11.** zu dem Schluß kommen (**that** daß). **12.** ergründen (**what** was; **why** war'um). **13.** (vernünftig) erörtern: **to ~ away** etwas wegdiskutieren. **14.** *j-n* durch Argu'mente über'zeugen: **to ~ s.o. into (out of) s.th.** j-m etwas ein-(aus)reden. **15.** begründen. **16.** logisch formu'lieren.

**rea·son·a·ble** ['ri:znəbl] *adj* (*adv* → **reasonably**) **1.** vernünftig: a) vernunftgemäß: **a ~ theory**, b) verständig, einsichtig (*Person*): **he is ~** er läßt mit sich reden, c) vernunftbegabt: **a ~ being**, d) angemessen, annehmbar, tragbar, zumutbar (*Bedingung, Frist, Preis etc*), billig (*Forderung*): **~ doubt** berechtigter Zweifel; **~ care and diligence** *jur.* die im Verkehr erforderliche Sorgfalt. **2.** *colloq.* billig: **strawberries are now ~.** **'rea·son·a·ble·ness** *s* **1.** Vernünftigkeit *f*, Verständigkeit *f.* **2.** Angemessenheit *f*, Zumutbarkeit *f*, Billigkeit *f.* **'rea·son·a·bly** [-blɪ] *adv* **1.** vernünftig. **2.** vernünftiger-, billigerweise. **3.** ziemlich, leidlich, einigermaßen: **~ good.**

**rea·son·er** ['riːznə(r)] *s* logischer Geist *od.* Kopf (*Person*).

**rea·son·ing** ['riːznɪŋ] **I** *s* **1.** Denken *n*, Folgern *n*, Urteilen *n*. **2.** *a.* **line of ~** Gedankengang *m*. **3.** Argumentati'on *f*, Beweisführung *f*. **4.** Schluß(folgerung *f*) *m*, Schlüsse *pl*. **5.** Argu'ment *n*, Beweis *m*. **II** *adj* **6.** Denk...: **~ power** Denkfähigkeit *f*, Urteilskraft *f*.

**re·as·sem·blage** [ˌriːə'semblɪdʒ] *s* 'Wiederversammlung *f*. ˌre·as'sem·ble [-bl] *v/t* **1.** (*v/i* sich) wieder versammeln. **2.** *tech.* wieder zs.-bauen.

**re·as·sert** [ˌriːə'sɜːt; *Am.* -'sɜrt] *v/t* **1.** erneut feststellen. **2.** wieder geltend machen.

**re·as·sess** [ˌriːə'ses] *v/t* **1.** nochmals *od.* neu (ab)schätzen, *fig. a.* neu beurteilen. **2.** neu veranlagen. ˌre·as'sess·ment *s* **1.** neuerliche (Ab)Schätzung. **2.** Neuveranlagung *f*. **3.** *fig.* neue Beurteilung.

**re·as·sign** [ˌriːə'saɪn] *v/t* **1.** wieder zuweisen *od.* zuteilen. **2.** *j-n* wieder ernennen. **3.** *econ. jur.* zu'rückze·dieren. ˌre·as'sign·ment *s* **1.** erneute Zuweisung *od.* Zuteilung. **2.** *econ. jur.* 'Rücküberˌtragung *f*.

**re·as·sume** [ˌriːə'sjuːm; *bes. Am.* -'suːm] → **resume**.

**re·as·sur·ance** [ˌriːə'ʃʊərəns] *s* **1.** Beruhigung *f*. **2.** nochmalige *od.* erneute Versicherung. **3.** *econ.* → **reinsurance**. ˌre·as'sure *v/t* **1.** *j-n* beruhigen. **2.** *etwas* nochmals versichern *od.* beteuern. **3.** *econ.* → **reinsure**. ˌre·as'sur·ing *adj* (*adv* ~ly) beruhigend.

**Ré·au·mur, Ré·au·mur** ['reɪəmjʊə; *Am.* ˌreɪə'mjʊər] *adj phys.* Reaumur...: **60°** ~ (*od.* **R.**) 60° Reaumur *od.* R.

**reave¹** [riːv] *pret u. pp* **reaved** [riːvd] *od.* **reft** [reft] *obs. od. poet.* **I** *v/t* **1.** *j-n* berauben (**of** *gen*). **2.** *etwas* rauben, entreißen (**from** *dat*). **II** *v/i* **3.** rauben, plündern.

**reave²** [riːv] *pret u. pp* **reaved** [riːvd] *od.* **reft** [reft] *v/t u. v/i obs. od. dial.* zerreißen, -brechen.

**reav·er** ['riːvə(r)] *s obs. od. poet.* Räuber *m*.

**re·bap·tism** [ˌriː'bæptɪzəm] *s* 'Wiedertaufe *f*. **re·bap·tize** [ˌriːbæp'taɪz] *v/t* **1.** 'wiedertaufen. **2.** 'umtaufen.

**re·bate¹** ['riːbeɪt] *s* **1.** Ra'batt *m*, (Preis-)Nachlaß *m*, Ermäßigung *f*, Abzug *m*. **2.** Zu'rückzahlung *f*, (Rück)Vergütung *f*: **a ~ of taxes. II** *v/t* **3.** *selten* abstumpfen. **4.** *selten* vermindern, abschwächen. **5.** *obs. od. Am.* a) *e-n* Betrag abziehen, als Ra'batt gewähren, b) *den Preis etc* ermäßigen, c) *j-m e-n* Ra'batt *etc* gewähren.

**re·bate²** ['ræbɪt; *Am. a.* 'riːˌbeɪt] → **rabbet**.

**reb·el** ['rebl] **I** *s* **1.** Re'bell(in), Em'pörer(-in) (*beide a. fig.*), Aufrührer(in). **2.** *Am. hist.* Anhänger *m* der Südstaaten (*im amer. Bürgerkrieg*). **II** *adj* **3.** re'bellisch, aufrührerisch. **4.** Rebellen... **III** *v/i* **rebel** [rɪ'bel] **5.** rebel'lieren, sich em'pören *od.* auflehnen (**against** gegen). **reb·el·dom** ['rebldəm] *s* **1.** Aufruhrgebiet *n*. **2.** Re'bellentum *n*.

**re·bel·lion** [rɪ'beljən] *s* **1.** Rebelli'on *f*, Aufruhr *m*, Em'pörung *f* (**against**, **to** gegen): **the R.** *hist.* der amer. Bürgerkrieg (*1861–65*); → **Great Rebellion, rise** 14. **2.** Auflehnung *f*.

**re·bel·lious** [rɪ'beljəs] *adj* (*adv* ~ly) **1.** re'bellisch: a) aufständisch, aufführerisch, b) *fig.* aufsässig, 'widerspenstig (*a. Sache*). **2.** hartnäckig (*Krankheit*). **re·'bel·lious·ness** *s* **1.** re'bellisches Wesen. **2.** *fig.* Aufsässigkeit *f*.

**re·bind** [ˌriː'baɪnd] *v/t irr ein Buch* neu (ein)binden.

**re·birth** [ˌriː'bɜːθ; *Am.* -'bɜrθ] *s* 'Wiedergeburt *f* (*a. fig.*).

**re·bore** [ˌriː'bɔː(r)] *v/t tech.* **1.** *das Bohrloch* nachbohren. **2.** *den Motorzylinder* ausschleifen.

**re·born** [ˌriː'bɔː(r)n] *adj* 'wiedergeboren, neugeboren (*a. fig.*).

**re·bound¹** [rɪ'baʊnd] **I** *v/i* **1.** zu'rück-, abprallen (**from** von). **2.** *fig.* zu'rückfallen (**upon** auf *acc*). **3.** *fig.* sich (wieder) erholen. **II** *v/t* **4.** zu'rückprallen lassen. **5.** *den Ton* zu'rückwerfen. **III** *s* ['riːbaʊnd] **6.** Zu'rückprallen *n*. **7.** Rückprall *m*. **8.** *sport* a) Abpraller *m*, b) *Basketball:* Rebound *m*. **9.** 'Widerhall *m*. **10.** *fig.* Reakti'on *f* (*auf e-n Rückschlag etc*): **on the ~** a) als Reaktion (**from** auf *acc*), b) in e-r Krise (befindlich); **to take s.o. on** (*od.* **at**) **the ~** *j-s* Enttäuschung *od.* seelische Lage ausnutzen.  [(*Buch*).
**re·bound²** [ˌriː'baʊnd] *adj* neugebunden]

**re·broad·cast** [ˌriː'brɔːdkɑːst; *Am.* -ˌkæst] (*Rundfunk, TV*) **I** *v/t irr* (→ **broadcast**) **1.** *e-e Sendung* wieder'holen. **2.** durch Re'lais(stati·onen) über'tragen: **~(ing) station** Ballsender *m*. **II** *s* **3.** Wieder'holung(ssendung) *f*. **4.** Re'laisüber·tragung *f*.

**re·buff** [rɪ'bʌf] **I** *s* **1.** (schroffe) Abweisung, Abfuhr *f*: **to meet with** (*od.* **suffer**) **a ~** (**from** s.o.) (bei *j-m*) ,abblitzen'. **II** *v/t* **2.** *etwas* abweisen, *j-n a.* ,abblitzen' lassen. **3.** *Angriff* abweisen, zu'rückschlagen.

**re·build** [ˌriː'bɪld] *v/t irr* **1.** wieder aufbauen. **2.** 'umbauen. **3.** *fig.* wieder'herstellen, -'aufbauen.

**re·buke** [rɪ'bjuːk] **I** *v/t* **1.** *j-n* (scharf) tadeln, rügen, rüffeln, zu'rechtweisen. **2.** *etwas* (scharf) tadeln, rügen. **II** *s* **3.** Rüge *f*, (scharfer) Tadel, Verweis *m*, Rüffel *m*. **re·'buke·ful** *adj* (*adv* ~ly) rügend, tadelnd, vorwurfsvoll.

**re·bus** ['riːbəs] *s* **1.** Rebus *m, n*, Bilderrätsel *n*. **2.** *her.* redendes Wappen.

**re·but** [rɪ'bʌt] *bes. jur.* **I** *v/t* wider'legen, entkräften. **II** *v/i* *den Gegenbeweis* antreten. **re'but·tal** *s* Wider'legung *f*, Entkräftung *f*. **re'but·ter** *s* Gegenbeweis *m*.

**rec** [rek] *colloq. abbr. für* **recreation** (ground).

**re·cal·ci·trance** [rɪ'kælsɪtrəns], **re·'cal·ci·tran·cy** *s* 'Widerspenstigkeit *f*. **re'cal·ci·trant** *adj* (*adv* ~ly) 'widerspenstig, aufsässig (**to** gegen'über). **II** *s* 'Widerspenstige(r *m*) *f*. **re·'cal·ci·trate** [-treɪt] *v/i* aufsässig sein, sich sträuben (**against, at** gegen).

**re·ca·lesce** [ˌriːkə'les] *v/i metall.* (beim Abkühlen) wieder'aufglühen. ˌre·ca·'les·cence *s metall.* Rekales'zenz *f*.

**re·call** [rɪ'kɔːl] **I** *v/t* **1.** a) *j-n* zu'rückrufen, *e-n Gesandten etc* abberufen, b) *defekte Autos etc* (in die Werkstatt) zurückrufen. **2.** sich erinnern an (*acc*), sich ins Gedächtnis zu'rückrufen: **to ~ the past**. **3.** *j-n* erinnern (**to** an *acc*): **to ~ s.o. to his duty**. **4.** (ins Gedächtnis) zu'rückrufen: **to ~ s.th. to s.o.** (*od.* **s.o.'s mind**) *j-m* etwas ins Gedächtnis zurückrufen, *j-n* an etwas erinnern. **5.** *j-s Aufmerksamkeit etc* erneut lenken (**to** auf *acc*). **6.** *ein Versprechen etc* zu'rücknehmen, wider'rufen, rückgängig machen. **7.** *econ. Kapital, e-n Kredit etc* (auf)kündigen: **until** ~**ed** bis auf Widerruf. **8.** *Gefühle etc* wieder wachrufen. **9.** *Computer:* Daten *aus dem Speicher* abrufen. **II** *s* [a. 'riːkɔːl] **10.** a) Zu'rückrufung *f*, Abberufung *f* (*e-s Gesandten etc*), b) Rückruf *m* (in die Werkstatt), 'Rückrufakti·on *f*. **11.** 'Widerruf *m*, Zu'rücknahme *f*: **beyond** (*od.* **past**) ~ unwiderruflich, unabänderlich. **12.** *econ.* (Auf)Kündigung *f*. **13.** Gedächtnis *n*: **to have the gift** (*od.*

**power[s]**) **of total** ~ das absolute Gedächtnis haben; ~ **test** *ped.* Nacherzählung *f*. **14.** *fig.* Wachrufen *n* (*von Erinnerungen etc*). **15.** *Marktforschung:* a) Erinnerungsindex *m*, b) Erinnerungstest *m*. **16.** *mil.* Si'gnal *n* zum Sammeln *od.* zur Rückkehr. **re'call·a·ble** *adj* 'widerruflich, wider'rufbar.

**re·cant** [rɪ'kænt] **I** *v/t e-e Behauptung etc* (for'mell) zu'rücknehmen, (öffentlich) wider'rufen. **II** *v/i* (öffentlich) wider'rufen. **re·can·ta·tion** [ˌriːkæn'teɪʃn] *s* (öffentliche) Wider'rufung.

**re·cap¹** *tech. Am.* **I** *v/t* [ˌriː'kæp] *Autoreifen* runderneuern, b) *Reifen* runderneuerter (Auto)Reifen. **re·cap²** ['riːkæp] *colloq. abbr. für* **recapitulation, recapitulate**.

**re·cap·i·tal·i·za·tion** ['riːkæpɪtəlaɪ·'zeɪʃn; *Am.* -lə'z-] *s econ.* 'Neukapitali·sierung *f*.

**re·ca·pit·u·late** [ˌriːkə'pɪtjʊleɪt; *Am.* -'pɪtʃə‚l-] *v/t u. v/i* **1.** rekapitu'lieren, kurz zs.-fassen *od.* wieder'holen. **2.** *biol. Vorfahrenmerkmale* rekapitu'lieren. **3.** *mus. Thema* wieder'aufnehmen. ˌre·ca·pit·u·la·tion** [-'leɪʃn] *s* **1.** Rekapitulati'on *f*, kurze Wieder'holung *od.* Zs.-fassung. **2.** *biol.* Rekapitulati'on *f* (*Wiederholung der Stammesentwicklung in der Keimesentwicklung*): ~ **theory** Rekapitulationstheorie *f*. **3.** *mus.* Re'prise *f*.

**re·cap·tion** [ˌriː'kæpʃn] *s jur.* Wieder'wegnahme *f* (*e-s widerrechtlich vorenthaltenen Besitzes*).

**re·cap·ture** [ˌriː'kæptʃə(r)] **I** *v/t* **1.** 'wiedererlangen, b) 'wiederergreifen. **3.** *mil.* zu'rückerobern. **4.** *fig. e-e Stimmung etc* wieder'einfangen. **II** *s* **5.** 'Wiedererlangung *f*. **6.** 'Wiederergreifung *f*. **7.** *mil.* Zu'rückeroberung *f*. **8.** *jur. Am.* Enteignung *f* übermäßiger Gewinne durch den Staat.

**re·cast** [ˌriː'kɑːst; *Am.* -'kæst] **I** *v/t irr* **1.** *tech.* 'umgießen. **2.** *fig. ein Werk* 'umarbeiten, -formen, neu-, 'umgestalten: **to ~ a novel** e-n Roman umarbeiten *od.* umschreiben. **3.** *thea. ein Stück, e-e Rolle* 'umbesetzen, neu besetzen. **4.** *etwas* (noch einmal) 'durchrechnen. **II** *s* [a. 'riː-] **5.** *tech.* 'Umguß *m*. **6.** 'Umarbeitung *f*, -gestaltung *f*. **7.** *thea.* Neu-, 'Umbesetzung *f*.

**rec·ce** ['rekɪ], **rec·co** ['rekəʊ], **rec·cy** ['rekɪ] *mil. sl. für* **reconnaissance** 1.

**re·cede** [rɪ'siːd] *v/i* **1.** zu'rücktreten, -gehen, -weichen: **receding** fliehend (*Kinn, Stirn*); **to ~ into the background** *fig.* in den Hintergrund treten. **2.** ent-, verschwinden. **3.** (**from** a) zu'rücktreten (von): **to ~ from an office** (a **contract**, *etc*), b) Abstand nehmen (von): **to ~ from a project**, c) aufgeben (*acc*): **to ~ from an opinion**. **4.** *bes. econ.* zu'rückgehen, im Wert fallen. **5.** *pol. Am.* die oppositio'nelle Haltung im Kon'greß aufgeben.

**re·ceipt** [rɪ'siːt] **I** *s* **1.** *bes. econ.* Empfangsbestätigung *f*, -bescheinigung *f*, Quittung *f*: **against** (*od.* **on**) ~ gegen Quittung; ~ **book** Quittungsbuch *n* (→ 4); ~ **stamp** Quittungsstempel(marke *f*) *m*. **2.** *pl econ.* Einnahmen *pl*, Eingänge *pl*. **3.** *bes. econ.* Empfang *m*, Erhalt *m* (*e-s Briefes, e-r Sendung*), Eingang *m* (*von Waren*): **on** ~ **of** bei *od.* nach Empfang *od.* Eingang (*gen*). **4.** *obs. od. Am. dial.* (Koch)Re‚zept *n* (→ **book** Rezeptbuch *n* (→ 1). **5.** ~ **of custom** *Bibl. hist.* Zollamt *n*. **II** *v/t* **6.** quit'tieren. **re·ceip·tor** [-tə(r)] *s bes. Am.* Empfänger(in).

**re·ceiv·a·ble** [rɪ'siːvəbl] **I** *adj* **1.** annehmbar, zulässig: **to be ~** als gesetzliches Zahlungsmittel gelten. **2.** *econ.* ausstehend: **bills ~, notes ~** Rimessen,

Wechselforderungen. **II** s **3.** pl econ. Außenstände pl, Forderungen pl.

**re·ceive** [rɪ'siːv] **I** v/t **1.** erhalten, bekommen, empfangen: to ~ a letter (an **order, a name, an impression,** etc); to ~ **attention** Aufmerksamkeit finden od. auf sich ziehen; to ~ **a wound** e-e Wunde empfangen; to ~ **stolen goods** Hehlerei treiben. **2.** an-, entgegennehmen, in Empfang nehmen: to ~ s.o.'s confession j-m die Beichte abnehmen. **3.** Geld etc einnehmen, vereinnahmen. **4.** Rundfunk, TV: e-e Sendung empfangen. **5.** e-e Last etc tragen, e-r Last etc standhalten. **6.** fassen, aufnehmen: this hole is large enough to ~ three men. **7.** erleben, erfahren, erleiden: to ~ a refusal e-e Ablehnung erfahren, abgelehnt werden. **8.** e-n Armbruch etc da'vontragen: to ~ a broken arm. **9.** j-n bei sich aufnehmen. **10.** e-e Nachricht etc aufnehmen, reagieren auf (acc): how did he ~ this offer? **11.** e-n Besucher etc empfangen, begrüßen. **12.** j-n zulassen (to, into zu). **13.** j-n aufnehmen (into in e-e Gemeinschaft). **14.** (als gültig) anerkennen: to ~ a doctrine. **15.** etwas annehmen: to ~ s.th. as certain; to ~ s.th. as prophecy etwas als Prophezeiung auffassen. **II** v/i **16.** nehmen. **17.** (Besuch) empfangen. **18.** bes. Br. Hehle'rei treiben. **19.** a) protestantische Kirche: das Abendmahl empfangen, b) R.C. kommuni'zieren.

**re·ceived** [rɪ'siːvd] adj **1.** erhalten, empfangen: ~ with thanks dankend erhalten. **2.** (allgemein od. als gültig) anerkannt: ~ opinion allgemeine Meinung; ~ pronunciation Standardaussprache f; ~ text authentischer Text. **3.** vorschriftsmäßig, kor'rekt.

**re·ceiv·er** [rɪ'siːvə(r)] s **1.** Empfänger (-in). **2.** tech. a) Funk: Empfänger m, Empfangsgerät n, b) teleph. Hörer m: ~ cap Hörmuschel f. **3.** jur. a) a. official ~ gerichtlich eingesetzter Zwangs- od. Kon'kursverwalter, b) amtlich bestellter Liqui'dator, c) Treuhänder m. **4.** econ. (Zoll-, Steuer)Einnehmer m. **5.** a. ~ of stolen goods Hehler(in). **6.** tech. (Auffang-, Sammel)Behälter m. **7.** Rezipi'ent m: a) chem. Sammelgefäß n, b) phys. Glocke f (der Luftpumpe). **8.** Tennis etc: Rückschläger m. **re'ceiv·er·ship** s jur. Zwangs-, Kon'kursverwaltung f.

**re·ceiv·ing** [rɪ'siːvɪŋ] s **1.** Annahme f. **2.** Funk: Empfang m. **3.** jur. Hehle'rei f. ~ **end** s: to be on the ~ of colloq. a) derjenige sein, der etwas ,ausbaden' muß, b) etwas ,abkriegen', c) die Zielscheibe (gen) sein. ~ **hop·per** s tech. Schüttrumpf m. ~ **of·fice** s Annahmestelle f. ~ **or·der** s jur. Kon'kurseröffnungsbeschluß m. ~ **set** → receiver 2a. ~ **sta·tion** s Funk: Emp'fangsstati on f.

**re·cen·cy** ['riːsnsɪ] f Neuheit f.

**re·cen·sion** [rɪ'senʃn] s **1.** Prüfung f, Revisi'on f, 'Durchsicht f (e-s Textes etc). **2.** revi'dierter Text.

**re·cent** ['riːsnt] adj **1.** vor kurzem od. unlängst geschehen od. entstanden etc, der jüngsten Vergangenheit, neueren od. jüngeren Datums: ~ events noch nicht lange zurückliegende Ereignisse; the ~ events die jüngsten Ereignisse. **2.** neu (-entstanden), jung, frisch: of ~ date neueren od. jüngeren Datums; a ~ photo ein neueres Foto. **3.** neu, mo'dern. **4.** a. R~ geol. neu(zeitlich). **5.** kürzlich od. eben (an)gekommen: ~ from Paris frisch aus Paris. '**re·cent·ly** adv kürzlich od. vor kurzem, unlängst, neulich: till ~ bis vor kurzem. '**re·cent·ness** → recency.

**re·cept** ['riːsept] s psych. Erfahrungsbegriff m, -bild n.

**re·cep·ta·cle** [rɪ'septəkl] s **1.** Behälter m,

Gefäß n. **2.** bot. Fruchtboden m. **3.** electr. Steckdose f. **4.** 'Unterschlupf m, Aufenthaltsort m.

**re·cep·ti·ble** [rɪ'septəbl] adj selten **1.** an-, aufnehmbar. **2.** aufnahmefähig, empfänglich (of für).

**re·cep·tion** [rɪ'sepʃn] s **1.** Empfang m, Annahme f: ~ desk Empfang m, Anmeldung f, Rezeption f (im Hotel). **2.** Zulassung f. **3.** Aufnahme f: his ~ into the Academy. **4.** (offizi'eller) Empfang, a. Empfangsabend m: to give s.o. an enthusiastic ~ j-m e-n begeisterten Empfang bereiten; to hold a ~ e-n Empfang geben. **5.** Rundfunk, TV: Empfang m: ~ area Empfangsgebiet n; ~ interference Empfangsstörung f. **6.** ped. Br. a) Anfängerklasse f, b) Klasse für Einwanderer mit geringen Englischkenntnissen. **re·cep·tion·ist** [rɪ'sepʃənɪst] s **1.** Empfangsdame f od. -chef m. **2.** med. Sprechstundenhilfe f. **re·cep·tion or·der** s jur. bes. Br. Einweisung(sschein m) f in e-e Nervenheilanstalt. ~ **room** s **1.** Empfangszimmer n. **2.** Wohnzimmer n. **3.** Gesellschaftszimmer n (im Hotel etc).

**re·cep·tive** [rɪ'septɪv] adj (adv ~ly) **1.** aufnahmefähig, empfänglich (of, to für). **2.** rezep'tiv (nur aufnehmend). **3.** biol. rezep'torisch, Empfängnis...: ~ spot Empfängnisfleck m. **re'cep·tive·ness, re·cep·tiv·i·ty** [ˌresep'tɪvətɪ; bes. Am. ˌriː-] s Aufnahmefähigkeit f, Empfänglichkeit f [m (Sinnesorgan).] **re·cep·tor** [rɪ'septə(r)] s biol. Re'zeptor] **re·cess** [rɪ'ses; 'riːses] **I** s **1.** (zeitweilige) Unter'brechung (a. jur. der Verhandlung), (Am. a. Schul)Pause f, bes. Am. od. parl. Ferien pl. **2.** Schlupfwinkel m. **3.** arch. (Wand)Vertiefung f, Nische f, Al'koven m. **4.** tech. Aussparung f, Einschnitt m. **5.** pl fig. (das) Innere, Tiefe(n pl) f: the ~es of the heart die geheimen Winkel des Herzens. **II** v/t **6.** in e-e Nische stellen, zu'rücksetzen. **7.** vertiefen, e-e Nische machen in (e-e Wand etc). **8.** tech. aussparen, einsenken: ~ed switch Unterputzschalter m. **III** v/i **9.** Am. e-e Pause od. Ferien machen, die Verhandlung od. Sitzung unter'brechen, sich vertagen.

**re·ces·sion** [rɪ'seʃn] s **1.** Zu'rücktreten n. **2.** → recess 3 u. 4. **3.** relig. Auszug m (der Geistlichen etc nach dem Gottesdienst). **4.** econ. Rezessi'on f, (leichter) Konjunk'turrückgang: period of ~ Rezessionsphase f. **re'ces·sion·al** [-ʃənl] **I** adj **1.** relig. Schluß...: ~ hymn → **2.** (Parla'ments)Ferien... **2.** econ. Rezessions... **II** s **4.** relig. 'Schlußcho ral m. **re'ces·sion·ar·y** [-ʃnərɪ; Am. -ʃəˌneriː] adj econ. Rezessions...

**re·ces·sive** [rɪ'sesɪv] adj **1.** zu'rücktretend, -gehend. **2.** biol. rezes'siv. **3.** ling. rückläufig (Akzent).

**re·charge** [ˌriː'tʃɑː(r)dʒ] v/t **1.** wieder (be)laden. **2.** mil. a) nachladen, b) von neuem angreifen. **3.** electr. e-e Batterie wieder'auf-, nachladen.

**re·check** [ˌriː'tʃek] v/t nachprüfen.

**re·cher·ché** [rə'ʃeəʃeɪ; Am. rəˌʃer'ʃeɪ] adj **1.** (sorgfältig) ausgewählt, gesucht, ausgefallen, prezi'ös: a ~ expression. **3.** exqui'sit, ele'gant.

**re·chris·ten** [ˌriː'krɪsn] → rebaptize.

**re·cid·i·vism** [rɪ'sɪdɪvɪzəm] s bes. jur. Rückfall m, Rückfälligkeit f: high ~ hohe Rückfallquote. **re'cid·i·vist I** s Rückfällige(r m) f, Rückfalltäter(in). **II** adj rückfällig. **re'cid·i·vous** adj rückfällig.

**rec·i·pe** ['resɪpɪ] s **1.** ('Koch)Re zept n: ~ book Kochbuch n. **2.** med. obs. u. fig. Re'zept n (for für).

**re·cip·i·ence** [rɪ'sɪpɪəns], a. **re'cip·i-**

**en·cy** [-sɪ] s **1.** Aufnehmen n, -nahme f. **2.** Aufnahmefähigkeit f. **re'cip·i·ent I** s **1.** Empfänger(in): to be the ~ of s.th. etwas empfangen. **II** adj **2.** aufnehmend: ~ country Empfängerland n. **3.** empfänglich, aufnahmefähig (of, to für).

**re·cip·ro·cal** [rɪ'sɪprəkl] **I** adj (adv ~ly) **1.** wechsel-, gegenseitig: ~ affection; ~ insurance econ. Versicherung f auf Gegenseitigkeit; ~ relationship Wechselbeziehung f; ~ trade agreement Handelsvertrag m auf Gegenseitigkeit. **2.** entsprechend, Gegen...: ~ service Gegendienst m. **3.** (entsprechend) 'umgekehrt: ~ ratio umgekehrtes Verhältnis; ~ly proportional umgekehrt proportional. **4.** ling. math. rezi'prok: ~ pronoun Reziprokpronomen n, wechselbezügliches Fürwort; ~ value → **6.** **II** s **5.** Gegenstück n. **6.** math. Kehrwert m.

**re·cip·ro·cate** [rɪ'sɪprəkeɪt] **I** v/t **1.** Gefühle etc erwidern, vergelten. **2.** (gegenseitig) austauschen: to ~ courtesies. **3.** tech. 'hin- u. 'herbewegen. **II** v/i **4.** sich erkenntlich zeigen, sich revan'chieren (for für; with mit): glad to ~ zu Gegendiensten gern bereit. **5.** in Wechselbeziehung stehen. **6.** sich entsprechen. **7.** tech. sich 'hin- u. 'herbewegen: reciprocating engine Kolbenmaschine f.

**re·cip·ro·ca·tion** [rɪˌsɪprə'keɪʃn] s **1.** Erwiderung f, Zs.-arbeit f. **3.** Austausch m: ~ of courtesies. **4.** tech. Hinund'herbewegung f.

**rec·i·proc·i·ty** [ˌresɪ'prɒsətɪ; Am. -'prɑ-] s **1.** Reziprozi'tät f, Gegen-, Wechselseitigkeit f, gegenseitige Beziehung. **2.** Austausch m, Zs.-arbeit f. **3.** econ. Gegenseitigkeit f (in Handelsverträgen etc): ~ clause Gegenseitigkeitsklausel f.

**re·cit·al** [rɪ'saɪtl] s **1.** a) Vortrag m, Vorlesung f, b) → **recitation** 1, 2. **2.** mus. (Solo)Vortrag m, Kon'zert(abend m) n, (Orgel- etc)Kon'zert n: vocal ~, lieder ~ Liederabend m. **3.** Schilderung f, Bericht m, Erzählung f. **4.** Aufzählung f. ~ of details. **5.** a. ~ of fact jur. Darstellung f des Sachverhalts.

**rec·i·ta·tion** [ˌresɪ'teɪʃn] s **1.** Auf-, 'Hersagen n, Rezi'tieren n. **2.** Vortrag m, Rezitati'on f. **3.** ped. Am. a) Abfragestunde f, b) regu'läre 'Unterrichtsstunde. **4.** Vortragsstück n.

**rec·i·ta·tive** [ˌresɪtə'tiːv] mus. **I** adj rezita'tivartig, Rezitativ... **II** s Rezita'tiv n, (bes. dramatischer) Sprechgesang.

**re·cite** [rɪ'saɪt] **I** v/t **1.** (auswendig) 'heraufsagen. **2.** rezi'tieren, vortragen, dekla'mieren: to ~ poems. **3.** jur. a) den Sachverhalt darstellen, b) anführen, zi'tieren. **4.** aufzählen. **5.** erzählen: to ~ anecdotes. **II** v/i **6.** ped. Am. s-e Lekti'on aufsagen. **7.** rezi'tieren, vortragen. **re'cit·er** s **1.** Rezi'tator m, Rezita'torin f, Vortragskünstler(in). **2.** Vortragsbuch n.

**reck** [rek] bes. poet. **I** v/i **1.** sich Sorgen machen (of, for um). **2.** achten (of auf acc). **3.** zählen, von Bedeutung sein. **II** v/t **4.** sich kümmern od. sorgen um. **5.** j-n kümmern, angehen.

**reck·less** ['reklɪs] adj (adv ~ly) **1.** unbesorgt, unbekümmert (of um): to be ~ of danger sich um e-e Gefahr nicht kümmern. **2.** sorglos, leichtsinnig, -fertig, verwegen. **3.** a) rücksichtslos, b) jur. (bewußt) fahrlässig: ~ driving Am. grob fahrlässiges Fahren. '**reck·less·ness** s **1.** Unbesorgtheit f, Unbekümmertheit f (of um). **2.** Sorglosigkeit f, Leichtsinn m, -fertigkeit f, Verwegenheit f. **3.** Rücksichtslosigkeit f.

**reck·on** ['rekən] **I** v/t **1.** a. ~ up (be-, er)rechnen: to ~ a sum e-e Summe errechnen od. addieren; to ~ in ein-, mit-

rechnen. **2.** betrachten, ansehen (**as, for** als). **3.** halten für: I ~ **him (to be) wise. 4.** rechnen, zählen (**among** zu). **5.** kalku-'lieren. **6.** meinen, der Meinung sein (**that** daß). **7.** I ~ (*in Parenthese*) glaube ich, schätze ich. **8.** *sl.* für gut halten: I don't ~ **his chances of success. II** *v/i* **9.** zählen, rechnen: **to** ~ **with** a) rechnen mit (*a. fig.*), b) abrechnen mit (*a. fig.*); **she is to be** ~**ed with** mit ihr muß man rechnen; **you'll have me to** ~ **with** du wirst es mit mir zu tun bekommen; **to** ~ **without** nicht rechnen mit; **I had** ~**ed without their coming** ich hatte nicht damit gerechnet, daß sie kommen würden; **to** ~ (**up**)**on** a) *fig.* zählen auf *j-n, j-s Hilfe etc*, b) rechnen mit (*a. fig.*); → **host²** **2. 10.** zählen, von Bedeutung sein. **reck·on·er** ['reknə(r)] *s* **1.** Rechner(in). **2.** → **ready reckoner.**

**reck·on·ing** ['reknɪŋ] *s* **1.** Rechnen *n*, Zählen *n.* **2.** Berechnung *f*: **by my** ~ nach m-r Berechnung; **to be out of** (*od.* **out in**) **one's** ~ sich verrechnet haben (*a. fig.*). **3.** *mar.* Gissung *f*: → **dead reckoning. 4.** Abrechnung *f*: **day of** ~ a) Tag *m* der Abrechnung, b) *relig.* (der) Jüngste Tag. **5.** *obs.* Rechnung *f*: **to pay one's** ~.

**re·claim** [rɪ'kleɪm] **I** *v/t* **1.** *Eigentum, Rechte etc* zu'rückfordern, zu'rückverlangen, rekla'mieren. **2.** *Land* urbar machen: **to** ~ **land from the sea** dem Meer Land abgewinnen. **3.** *Tiere* zähmen, abrichten. **4.** *ein Volk, Wilde* zivili'sieren. **5.** *fig. j-n* bekehren, bessern. **6.** *tech. chem.* 'wiedergewinnen, rege-ne-'rieren (**from** aus): ~**ed rubber** Regeneratgummi *m, n.* **II** *v/i* **7.** prote'stieren, Einspruch erheben (**against** gegen). **8.** *jur. Scot.* Berufung einlegen. **III** *s* **9. beyond** (*od.* **past**) ~ unverbesserlich.

**re·claim·a·ble** [rɪ'kleɪməbl] *adj* (*adv* **reclaimably**) **1.** verbesserungsfähig. **2.** kul'turfähig (*Land*). **3.** *tech.* regene-'rierfähig.

**re'claim·ant** *s bes. jur.* Beschwerdeführer(in).

**rec·la·ma·tion** [ˌreklə'meɪʃn] *s* **1.** Re-klamati'on *f*: a) Rückforderung *f*, b) Beschwerde *f*, Einspruch *m.* **2.** *fig.* Bekehrung *f*, Besserung *f*, Heilung *f* (**from** von). **3.** Urbarmachung *f*, Neu-gewinnung *f* (*von Land*). **4.** *chem. tech.* Rückgewinnung *f*.

**ré·clame** [reɪ'klɑːm] *s* **1.** Re'klame *f.* **2.** → **showmanship 3.**

**re·cline** [rɪ'klaɪn] **I** *v/i* **1.** sich (an-, zu-'rück)lehnen (**on, upon** an *acc*): **reclining chair** Sessel *m* mit verstellbarer Rückenlehne. **2.** ruhen, liegen (**on, upon** an, auf *dat*): ~**d** liegend. **3.** *fig.* sich verlassen (**upon** auf *acc*). **II** *v/t* **4.** (an-, zu'rück)lehnen (**on, upon** an *acc*). **5.** 'hinlegen (**on** auf *acc*).

**re·cluse** [rɪ'kluːs; *Am. a.* 'rekˌluːs] **I** *s* **1.** Einsiedler(in), Klausner(in). **II** *adj* **2.** einsam, abgeschieden (**from** von). **3.** einsiedlerisch, zu'rückgezogen: **a** ~ **life. re'cluse·ness** → **reclusion 1. re-'clu·sion** [-ʒn] *s* Zu'rückgezogenheit *f*, Abgeschiedenheit *f* (*from* von). **re'clu·sive** *adj* → **recluse II: to live** ~**ly** ein zurückgezogenes Leben führen, zu'rück-gezogen leben.

**re·coat** [ˌriː'kəʊt] *v/t* neu über'ziehen *od.* anstreichen.

**rec·og·ni·tion** [ˌrekəg'nɪʃn] *s* **1.** ('Wie-der)Erkennen *n*, Erkennung *f*: ~ **light** *aer.* Kennlicht *n*; ~ **mark** *zo.* Kennzeichen *n*; ~ **vocabulary** *ling.* passiver Wortschatz; **beyond** (*od.* **out of, past**) (**all**) ~ bis zur Unkenntlichkeit *verstümmelt etc*; **the town has changed be-**

yond (**all**) ~ die Stadt ist (über'haupt) nicht mehr wiederzuerkennen. **2.** Erkenntnis *f.* **3.** Anerkennung *f*: **in** ~ **of** als Anerkennung für, in Anerkennung (*gen*); **to win** ~ sich durchsetzen, Anerkennung finden. **4.** *pol.* (*völkerrechtliche, formelle*) Anerkennung (*e-s Staates etc*). **5.** *Am.* Worterteilung *f.*

**rec·og·niz·a·ble** ['rekəgnaɪzəbl] *adj* ('wieder)erkennbar, kenntlich.

**re·cog·ni·zance** [rɪ'kɒɡnɪzəns; -'kɒn-; *Am.* -'kɑ-] *s* **1.** *jur.* (*vor Gericht übernommene*) schriftliche Verpflichtung *od.* An-erkennung (*zur Verhandlung zu erscheinen etc*) *od.* (*Schuld*)Anerkenntnis. **2.** *jur.* Sicherheitsleistung *f.* **3.** *obs.* a) → **recognition**, b) (Kenn-, Merk)Zeichen *n.* **re'cog·ni·zant** *adj*: **to be** ~ **of** anerkennen.

**rec·og·nize** ['rekəgnaɪz] **I** *v/t* **1.** ('wie-der)erkennen (**by** an *dat*). **2.** *etwas* (klar) erkennen. **3.** *j-n, e-e Schuld etc, a. pol. e-e Regierung etc* anerkennen (**as** als). **4.** lobend anerkennen: **to** ~ **services**. **5.** zugeben, einsehen (**that** daß): **to** ~ **defeat** sich geschlagen geben. **6.** *j-n auf der Straße* grüßen. **7.** No'tiz nehmen von. **8.** *Am. j-m* das Wort erteilen. **II** *v/i* **9.** *jur.* sich *vor Gericht* schriftlich ver-pflichten (**in** zu). **'rec·og·niz·ed·ly** [-zɪdlɪ] *adv* anerkanntermaßen.

**re·coil** [rɪ'kɔɪl] **I** *v/i* **1.** zu'rückprallen. **2.** *mil.* zu'rückstoßen (*Gewehr, Rohr etc*). **3.** zu'rückschrecken, -schaudern, -fahren, -weichen (**from** vor *dat*). **4.** *fig.* zu'rückfallen (**on** auf *acc*). **5.** *obs.* zu-'rückgehen, -weichen (**before** vor *dat*). **II** *s* [*a.* 'riːkɔɪl] **6.** Zu'rückschrecken *n.* **7.** Rückprall *m*: ~ **atom** *phys.* Rückstoß-atom *n.* **8.** *mil.* a) Rückstoß *m* (*e-s Gewehrs*), b) (Rohr)Rücklauf *m* (*e-s Geschützes*): ~ **brake** Rücklaufbremse *f*; ~ **cylinder** Bremszylinder *m.* **9.** Rückwir-kung *f*, Reakti'on *f.* **'re·coil·less** *adj mil.* rückstoßfrei.

**re·coin** [ˌriː'kɔɪn] *v/t* wieder prägen, 'um-prägen. **ˌre'coin·age** *s* Neu-, 'Umprä-gung *f.*

**rec·ol·lect** [ˌrekə'lekt] **I** *v/t* **1.** sich er-innern (*gen*) *od.* an (*acc*), sich besinnen auf (*acc*), sich ins Gedächtnis zu'rück-rufen: **to** ~ **doing s.th.** sich daran er-innern, etwas getan zu haben. **2.** ~ **o.s.** *bes. relig.* sich versenken: ~**ed** a) be-schaulich, b) gesammelt, ruhig, gefaßt. **II** *v/i* **3.** sich erinnern: **as far as I** ~ soweit ich mich erinnere.

**re·col·lect** [ˌriː'kə'lekt] *v/t* wieder sam-meln: **to** ~ **o.s.** *fig.* a) sich (wieder) sam-meln, b) sich fassen; **to** ~ **one's courage** wieder Mut fassen.

**rec·ol·lec·tion** [ˌrekə'lekʃn] *s* **1.** Erinne-rung(svermögen *n*) *f*, Gedächtnis *n*: **it is in my** ~ **that** ich erinnere mich, daß; **it is within my** ~ es ist mir in Erinnerung *od.* erinnerlich; **to the best of my** ~ soweit od. soviel ich mich erinnere. **2.** Erinnerung *f* (**of** an *acc*): **to bring** ~**s to s.o.'s mind** bei j-m Erinnerungen wach-rufen. **3.** *bes. relig.* (innere) Sammlung.

**rec·ol·lec·tive** [ˌrekə'lektɪv] *adj* (*adv* ~**ly**) **1.** Erinnerungs... **2.** erinnerungsfähig. **3.** gesammelt, ruhig.

**re·com·mence** [ˌriːkə'mens] **I** *v/i* von neuem *od.* wieder anfangen, wieder be-ginnen. **II** *v/t etwas* erneut beginnen, wieder aufnehmen, erneuern. **ˌre·com-'mence·ment** *s* 'Wieder-, Neubeginn *m.*

**rec·om·mend** [ˌrekə'mend] *v/t* **1.** emp-fehlen, vorschlagen: **to** ~ **s.th. to s.o.** j-m etwas empfehlen; **to** ~ **s.o. for a post** j-n für e-n Posten empfehlen; **the hotel is** ~**ed for its good food** das Hotel emp-fiehlt sich durch s-e gute Küche; **trav-el(l)ing by air has much to** ~ **it** das

Reisen per Flugzeug hat viel für sich; I ~ **buying this dictionary** ich schlage vor, dieses Wörterbuch zu kaufen. **2.** *j-m* raten, empfehlen: I ~ **you to wait. 3.** empfehlen: **his manners** ~ **him** s-e Manieren sprechen für ihn. **4.** *obs.* (an-) empfehlen, anvertrauen: **to** ~ **one's soul to God. ˌrec·om'mend·a·ble** *adj* empfehlenswert, zu empfehlen(d), rat-sam.

**rec·om·men·da·tion** [ˌrekəmən'deɪʃn] *s* Empfehlung *f*: a) Fürsprache *f*: **on** (*od.* **upon**) **the** ~ **of** auf Empfehlung von (*od. gen*), b) Vorschlag *m*, c) *a.* **letter of** ~ Empfehlungsschreiben *n*, d) empfehlen-de Eigenschaft. **ˌrec·om'mend·a·to·ry** [-dətərɪ; *Am.* -dəˌtɔːri; -ˌtɔː-] *adj* **1.** empfehlend, Empfehlungs...: ~ **letter. 2.** als Empfehlung dienend.

**re·com·mis·sion** [ˌriːkə'mɪʃn] *v/t* **1.** wieder beauftragen, wieder'anstellen. **2.** *mil.* Offizier reakti'vieren. **3.** *mar. Schiff* wieder in Dienst stellen.

**re·com·mit** [ˌriːkə'mɪt] *v/t* **1.** wieder an-vertrauen *od.* über'geben. **2.** *parl. e-e Vorlage* (an e-n Ausschuß) zu'rückver-weisen. **3.** *jur.* a) *j-n* wieder *dem Gericht* über'antworten: **to** ~ **s.o. to the court**, b) *j-n* wieder *in e-e Nervenheilanstalt, ins Gefängnis etc* einweisen. **4.** *ein Verbre-chen etc* wieder begehen. **ˌre·com'mit-ment**, **ˌre·com'mit·tal** *s* **1.** *jur.* er-neute Über'antwortung *od.* Einweisung. **2.** *parl.* Zu'rückverweisung *f* (an e-n Aus-schuß).

**rec·om·pense** ['rekəmpens] **I** *v/t* **1.** *j-n* belohnen, entschädigen (**for** für). **2.** *et-was* vergelten, (be)lohnen (**to s.o.** j-m). **3.** *etwas* erstatten, ersetzen, wieder'gut-machen. **II** *s* **4.** Entschädigung *f*, Ersatz *m.* **5.** Vergeltung *f*, Lohn *m* (*beide a. weit S. Strafe*), Belohnung *f.*

**re·com·pose** [ˌriːkəm'pəʊz] *v/t* **1.** wieder zs.-setzen. **2.** neu (an)ordnen, 'umgestal-ten, -grup'pieren. **3.** wieder in Ordnung bringen. **4.** *fig.* wieder beruhigen. **5.** *print.* neu setzen. **'re·com·po'si·tion** [-ˌkɒm-pə'zɪʃn; *Am.* -ˌkɑm-] *s* **1.** Wiederzu'sam-menstellung *f.* **2.** 'Umbildung *f*, 'Um-grup,pierung *f*, Neuordnung *f.* **3.** Neube-arbeitung *f.* **4.** *print.* Neusatz *m.*

**rec·on·cil·a·ble** ['rekənsaɪləbl] *adj* (*adv* **reconcilably**) **1.** versöhnbar. **2.** verein-bar (**with** mit).

**rec·on·cile** ['rekənsaɪl] *v/t* **1.** *j-n* ver-, aussöhnen (**to, with** mit): **to** ~ **o.s. to,** *od.* **become** ~**d to** *fig.* sich versöhnen *od.* abfinden *od.* befreunden mit, sich in *sein Schicksal etc* fügen; **to** ~ **o.s. to doing s.th.** sich mit dem Gedanken befreun-den, etwas zu tun. **2.** *e-n Streit etc* bei-legen, schlichten. **3.** in Einklang bringen (**with,** *to* mit). **'rec·on·cile·ment** → **reconciliation. ˌrec·on·cil·i'a·tion** [-sɪli'eɪʃn] *s* **1.** Ver-, Aussöhnung *f* (**to, with** mit). **2.** Schlichtung *f.* **3.** Aus-gleich(ung *f*) *m*, Einklang *m* (**between** zwischen, unter *dat*). **4.** *relig.* 'Wieder-heiligung *f* (*entweihter Orte*). **ˌrec·on-'cil·i·a·to·ry** ['sɪliətəri; *Am.* -ˌtɔːri; -ˌtɔː-] *adj* versöhnlich, Versöhnungs...

**re·con·dite** [rɪ'kɒndaɪt; 'rekən-; *Am.* rɪ'kɑn-] *adj* (*adv* ~**ly**) **1.** tief(gründig), ab'strus, dunkel: **a** ~ **book. 2.** ob'skur: ~ **author. 3.** *obs.* versteckt.

**re·con·di·tion** [ˌriːkən'dɪʃn] *v/t* **1.** *Motor etc* wieder instand setzen, gene'ral-über,holen. **2.** *Gewohnheiten etc* ändern.

**re·con·nais·sance,** *a.* **re·con·nois-sance** [rɪ'kɒnɪsəns; *Am.* rɪ'kɑnəzəns] *s* **1.** *mil.* a) Erkundung *f* (*des Geländes*), Aufklärung *f* (*gegen den Feind*): ~ **in force** gewaltsame Erkundung *od.* Auf-klärung, b) *a.* ~ **party** (*od.* **patrol**) Späh-trupp *m*: ~ (**car**) Spähwagen *m*; ~ **flight**

*aer.* Aufklärungsflug *m*; ~ **plane** *aer.* Aufklärungsflugzeug *n*, Aufklärer *m*. **2.** *allg.* Erkundung *f*, *a. tech.* Unter-'suchung *f*, Erforschung *f*, *geol. a.* Rekognos'zierung *f* (*e-s Geländes*).

**rec·on·noi·ter**, *bes. Br.* **rec·on·noi-tre** [ˌrekəˈnɔɪtə(r); *Am.* aˌriː-] **I** *v/t* **1.** *mil.* *das Gelände etc* erkunden, *feindliche Stellungen etc* aufklären, auskundschaften, *den Feind* beobachten. **2.** *geol.* *ein Gebiet* rekognos'zieren. **II** *v/i* **3.** aufklären, rekognos'zieren. **III** *s* **4.** → **reconnaissance**.

**re·con·quer** [ˌriːˈkɒŋkə(r); *Am.* -ˈkɑŋ-] *v/t* 'wieder-, zu'rückerobern. ˌ**re'con-quest** [-kwest] *s* 'Wieder-, Zu'rückeroberung *f*.

**re·con·sid·er** [ˌriːkənˈsɪdə(r)] *v/t* **1.** von neuem erwägen, nochmals über'legen *od.* -'denken, nachprüfen. **2.** *jur. pol.* *e-n Antrag etc* nochmals behandeln. '**re-conˌsid·er'a·tion** *s* nochmalige Über-'legung *od.* Erwägung *od.* Prüfung.

**re·con·stit·u·ent** [ˌriːkənˈstɪtjʊənt; *Am.* -tʃəw-] **I** *s med.* Stärkungs-, Kräftigungsmittel *n*, Roborans *n*. **II** *adj bes. med.* stärkend, kräftigend.

**re·con·sti·tute** [ˌriːˈkɒnstɪtjuːt; *Am.* -ˈkɑnstəˌtjuːt; *a.* ˌ-ˈtuːt] *v/t* **1.** wieder'einsetzen. **2.** wieder'herstellen, rekonstru'ieren. **3.** *Trockensubstanz in Wasser* auflösen; ~**d milk** (in Wasser) gelöste Trockenmilch. **4.** neu bilden, 'umorgani,sieren.

**re·con·struct** [ˌriːkənˈstrʌkt] *v/t* **1.** wieder aufbauen, wieder 'herstellen. **2.** 'umbauen (*a. tech. neu konstruieren*). **3.** rekonstru'ieren: *to ~ a crime*. **4.** *econ. Wirtschaft, Unternehmen* wieder'aufbauen, sa'nieren. **5.** *fig. Am. j-n* bekehren. ˌ**re·con'struc·tion** *s* **1.** Wieder'aufbau *m*, (Wieder)'herstellung *f*. **2.** a) 'Umbau *m* (*a. tech.*), 'Umformung *f*, b) *tech.* 'Neukonstruktiˌon *f* (*Vorgang u. Ergebnis*), c) Re-'form *f*. **3.** Rekonstrukti'on *f* (*e-s Verbrechens etc*). **4.** *econ.* Sa'nierung *f*, Wieder'aufbau *m*. **5.** R~ *hist. Am.* Rekonstrukti'on *f* (*Neuordnung der politischen Verhältnisse in den amer. Südstaaten nach dem Sezessionskrieg*). ˌ**re·con'structive** *adj* wieder'aufbauend, Wiederaufbau...: ~ **surgery** *med.* Wiederherstellungschirurgie *f*.

**re·con·vene** [ˌriːkənˈviːn] **I** *v/i* **1.** wieder zs.-kommen *od.* -treten. **II** *v/t* **2.** wieder sammeln. **3.** *ein Konzil etc* wieder einberufen.

**re·con·ver·sion** [ˌriːkənˈvɜːʃn; *Am.* -ˈvɜrʒən] *s* **1.** ('Rück)Umwandlung *f*. **2.** 'Umstellung *f* (*bes. e-s Betriebs auf 'Friedensprodukti,on etc*). **3.** *relig.* 'Wiederbekehrung *f*. ˌ**re·con'vert I** *v/t* **1.** 'rückverwandeln, wieder verwandeln (**into** in *acc*). **2.** *e-e Industrie, e-n Betrieb* wieder auf 'Friedensprodukti,on 'umstellen. **3.** *tech.* *a) e-e Maschine etc* wieder 'umstellen, b) *metall.* nachblasen (*im Konverter etc*). **4.** *relig.* wieder bekehren. **II** *v/i* **5.** sich zu'rückverwandeln (**into** in *acc*). **6.** sich wieder 'umstellen.

**re·cord** [rɪˈkɔː(r)d] **I** *v/t* **1.** schriftlich niederlegen, aufzeichnen, -schreiben: *to ~ one's thoughts*. **2.** eintragen *od.* regi'strieren (lassen), erfassen, aufnehmen: ~**ed delivery** *mail Br.* Zustellung *f* gegen Empfangsbestätigung. **3.** *jur.* beurkunden, protokol'lieren, zu Proto'koll *od.* zu den Akten nehmen. **4.** *fig.* aufzeichnen, festhalten, (der Nachwelt) über'liefern. **5.** *tech. a) Meßwerte* regi-'strieren, aufzeichnen (*a. Gerät*), b) *Computer: Daten* aufzeichnen, regi'strieren. **6.** (auf Tonband, Schallplatte *etc*, *a.* foto-'grafisch) aufnehmen *od.* festhalten, e-e Aufnahme machen von (*od.* gen), Sen-

dung mitschneiden: ~**ed broadcast** (*Rundfunk, TV*) Aufzeichnung *f*. **7.** *obs.* *ein Lied* singen (*Vogel*). **8.** *s-e Stimme* abgeben. **9.** *obs.* bezeugen. **II** *v/i* **10.** aufzeichnen (*etc* → I). **11.** a) Aufnahmen machen, b) sich *gut etc* aufnehmen lassen: **her voice ~s beautifully**.

**III** *s* **rec·ord** [ˈrekɔː(r)d; *Am. bes.* 'rekərd] **12.** Aufzeichnung *f*, Niederschrift *f*: **on** ~ a) (geschichtlich *etc*) verzeichnet *od.* nachgewiesen, schriftlich belegt, b) → **15**, c) *das beste etc* aller Zeiten *etc*: **on** ~ *inoffiziell, nicht für die Öffentlichkeit bestimmt*; **on the** ~ *offiziell*; **matter of** ~ verbürgte Tatsache; **he hasn't gone on** ~ **as showing much initiative** *er hat sich bis jetzt nicht gerade durch viel Initiative hervorgetan*; **(just) to put the** ~ **straight!** (nur) *um das einmal klarzustellen!*; **just for the** ~! (nur) *um das einmal festzuhalten!* **13.** (schriftlicher) Bericht. **14.** *a. jur.* Urkunde *f*, Doku'ment *n*, 'Unterlage *f*. **15.** *jur.* a) Proto'koll *n*, Niederschrift *f*, b) (Gerichts)Akte *f*, Aktenstück *n*: **on** ~ aktenkundig, in den Akten; **on the** ~ **of the case** nach Aktenlage; **to go on** ~ *fig.* sich erklären *od.* festlegen; **to place on** ~ aktenkundig machen, protokollieren; **court of** ~ *ordentliches Gericht*; ~ **office** Archiv *n*. **16.** a) Re'gister *n*, Liste *f*, Verzeichnis *n*, b) 'Strafreˌgister *n*, *weitS.* 'Vorstrafen(reˌgister *n*) *pl* (*e-r Person*): **to have a** ~ vorbestraft sein; **keep a** ~ (**of**) Buch führen (über *acc*). **17.** *a. tech.* Regi'strierung *f*, Aufzeichnung *f*. **18.** a) Ruf *m*, Leumund *m*, Vergangenheit *f*: **a bad** ~ *ein schlechter Ruf od. Leumund*, b) *gute etc* Leistung(en *pl*) (*in der Vergangenheit*): **to have a brilliant** ~ **as an executive** *er hat vorragende Leistungen als Geschäftsleiter vorweisen können, auf e-e glänzende Karriere als Geschäftsleiter zurückblicken können*. **19.** *fig.* Urkunde *f*, Zeugnis *n*: **to be a** ~ **of** *s.th.* etwas bezeugen. **20.** a) (Schall)Platte *f*: **to make a** ~ e-e Platte aufnehmen; **put another** ~ **on!** *fig. colloq.* leg 'ne andere Platte auf!, b) (Band-*etc*)Aufnahme *f*, Aufzeichnung *f*, Mitschnitt *m*. **21.** *sport, a. weitS.* Re'kord *m*, Best-, Höchstleistung *f*.

**IV** *adj* **rec·ord** [ˈrekɔː(r)d; *Am. bes.* 'rekərd] **22.** *sport etc* Rekord...: ~ **attendance**; ~ **prices**; ~ **high (low)** *econ.* Rekordhoch *n* (Rekordtief *n*) (*e-r Währung etc*); ~ **holder** Rekordhalter(in), -inhaber(in); ~ **performance** *allg.* Spitzenleistung *f*; **in** ~ **time** in Rekordzeit. **23.** (Schall)Platten...: ~ **chang-er** Plattenwechsler *m*; ~ **library** a) Plattensammlung *f*, -archiv *n*, b) Plattenverleih *m*; ~ **player** Plattenspieler *m*; ~ **producer** Plattenproduzent *m*.

**re·cord·a·ble** [rɪˈkɔː(r)dəbl] *adj* **1.** für e-e Aufnahme geeignet: ~ **music**. **2.** regi-'strierbar. **3.** wert, (*in e-r Aufnahme etc*) festgehalten zu werden.

'**rec·ord-ˌbreak·ing** → **record 22**.

**re·cord·er** [rɪˈkɔː(r)də(r)] *s* **1.** a) Regi-'strator *m*, b) Archi'var *m*, c) Schrift-, Proto'kollführer *m*, d) *weitS.* Chro'nist *m*. **2.** *jur.* a) *Br.* nebenamtlicher Richter auf Zeit (*bes. in e-m* **crown court**), b) *Am.* Strafrichter *m* (*in einigen Städten*). **3.** *electr.* Aufnahmegerät *n*: a) Regi-'strierappaˌrat *m*, Bild-, Kurven-, Selbstschreiber *m*: ~ **chart** (*od.* **tape**) Regi-strierstreifen *m*, b) 'Wiedergabegerät *n*: → **cassette recorder**, **tape recorder**, **video (cassette) recorder**. **4.** Blockflöte *f*. **re'cord·ing I** *s* **1.** Aufzeichnung *f*, Regi'strierung *f* (*beide a. tech. u. Computer*), Eintragung *f*. **2.** Protokol'lierung

*f*. **3.** *electr.* Rundfunk *etc*: Aufzeichnung *f*, Mitschnitt *m*. **II** *adj* **4.** aufzeichnend, regi'strierend: ~ **angel** Engel, der die guten u. bösen Taten des Menschen aufzeichnet; ~ **clerk** Protokoll-, Schriftführer *m*; ~ **head** a) Tonkopf *m* (*e-s Tonbandgeräts*), b) Schreibkopf *m* (*e-s Computers*); ~ **instrument** schreibendes *od.* registrierendes Meßgerät; ~ **studio** Aufnahmestudio *n*; ~ **thermometer** Temperaturschreiber *m*; ~ **van** Aufnahmewagen *m*. **5.** (Schall)Platten...: ~ **contract** Plattenvertrag *m*.

**re·count** [rɪˈkaʊnt] *v/t* **1.** (im einzelnen) erzählen, eingehend berichten. **2.** aufzählen.

**re·count** [ˌriːˈkaʊnt] **I** *v/t bes. Wahlstimmen* nachzählen. **II** *s* [*bes.* 'riːˌkaʊnt] nochmalige Zählung.

**re·coup** [rɪˈkuːp] *v/t* **1.** *etwas* 'wiedergewinnen, *e-n Verlust etc* wieder'einbringen. **2.** *j-n* entschädigen, schadlos halten (**for** für): **to** ~ **o.s.** sich schadlos halten. **3.** *econ. jur.* einbehalten, abziehen. **re-'coup·ment** *s* **1.** Wieder'einbringung *f*, 'Wiedergewinnung *f*. **2.** Entschädigung *f*, Schadloshaltung *f*. **3.** *econ. jur.* Zu'rückbehaltung(srecht *n*) *f*.

**re·course** [rɪˈkɔː(r)s; *Am. a.* 'riːˌkəʊərs] *s* **1.** Zuflucht *f* (**to** zu): **to have** ~ **to** (s-e) Zuflucht nehmen zu; **to have** ~ **to foul means** zu unredlichen Mitteln greifen; **to have** ~ **to a book** ein Buch konsultieren, in e-m Buch nachsehen. **2.** *econ. jur.* Re'greß *m*, 'Rückurs *m*, Ersatz-, Rückanspruch *m*: **with (without)** ~ mit (ohne) Rückgriff; **liable to** ~ regreßpflichtig; **right of** ~ Regreß-, Rückgriffsrecht *n*.

**re·cov·er** [rɪˈkʌvə(r)] **I** *v/t* **1.** (*a. fig. den Appetit, das Bewußtsein, die Fassung, s-e Stimme etc*) 'wiedererlangen, -finden, *etwas* 'wiederbekommen, zu'rückerlangen, -erhalten, -bekommen, -gewinnen: **to** ~ **one's breath** wieder zu Atem kommen; **to** ~ **one's legs** wieder auf die Beine kommen; **to** ~ **land from the sea** dem Meer Land abgewinnen. **2.** *obs.* a) *j-n* heilen (**from** von), b) sich erholen von, verwinden: **to** ~ **o.s.** → **11** *u.* **12**; **to be** ~**ed from** wiederhergestellt sein von *e-r Krankheit*. **3.** *Verluste etc* wieder'gutmachen, wieder'einbringen, wettmachen, ersetzen, *Zeit* wieder'aufholen. **4.** 'wieder-, zu'rückerobern. **5.** 'wiederentdecken: **to** ~ **a trail**. **6.** *jur. a) Schulden etc* ein-, beitreiben, b) *Eigentum* wieder in Besitz nehmen, c) *ein Urteil* erwirken (**against** gegen): **to** ~ **damages for** Schadenersatz erlangen für. **7.** *ein Fahrzeug, Schiff, e-e Raumkapsel etc* bergen, *ein Fahrzeug a.* abschleppen. **8.** *tech. aus Abfallprodukten etc* regene'rieren, rückgewinnen. **9.** (er)retten, befreien, erlösen (**from** aus, von). **10.** *fenc. mil. die Waffe* in (die) Ausgangsstellung bringen. **II** *v/i* **11.** genesen, wieder gesund werden: **he** ~**ed slowly**. **12.** sich erholen (**from**, **of** von; *a. econ.*), *fig. a.* s-e Fassung 'wiederfinden, sich (wieder) fangen *od.* fassen: **to be** ~**ing** *med.* auf dem Weg der Besserung sein. **13.** das Bewußtsein 'wiedererlangen, wieder zu sich kommen. **14.** *jur.* a) Recht bekommen, b) entschädigt werden, sich schadlos halten: ~ **in one's (law)suit** s-n Prozeß gewinnen, obsiegen. **15.** *sport in die Ausgangsstellung zu'rückgehen. **III** *s* **16.** → **recovery 9 a**.

**re·cov·er** [ˌriːˈkʌvə(r)] *v/t* wieder bedecken, *bes. e-n Schirm, Sessel etc* neu beziehen.

**re·cov·er·a·ble** [rɪˈkʌvərəbl] *adj* **1.** 'wiedererlangbar, -gutzumachen(d). **2.** *jur.* ein-, beitreibbar (*Schuld*). **3.** wieder'herstellbar. **4.** wieder'herstellbar. **5.** *tech.* regene'rierbar.

**re·cov·er·y** [rɪˈkʌvərɪ] s **1.** (Zu)ˈRück-, ˈWiedererlangung f, -gewinnung f: **past** (*od.* **beyond**) ~ unwiederbringlich (verloren) (→ 7). **2.** *jur.* a) Ein-, Beitreibung f (*e-r Forderung etc*), b) *meist* ~ **of damages** (Erlangung f von) Schadenersatz *m.* **3.** *tech.* Rückgewinnung f. **4.** ˈWiederentdeckung f (*e-r Spur etc*). **5.** *mar. etc* Bergung f, Rettung f: ~ **vehicle** *mot.* Bergungsfahrzeug *n.* **6.** *fig.* Rettung f, Bekehrung f (*e-s Sünders etc*). **7.** Genesung f, Gesundung f, Erholung f (*a. econ.*), (*gesundheitliche*) Wiederˈherstellung: **to be past** (*od.* **beyond**) ~ unheilbar krank sein, hoffnungslos danniederliegen (→ 1); **to make a quick** ~ (**from**) sich schnell erholen (von); ~ **time** *electr.* Erholzeit f (*e-s Transistors etc*), Umschaltzeit f (*e-r Diode etc*); ~ **room** *med.* Wachstation f; → **speedy. 8.** *fig.* Sichˈ Fangen *n*, Zuˈrückgewinnung f der Fassung. **9.** *sport* a) *fenc. etc* Zuˈrückgehen *n* in die Ausgangsstellung, b) *Golf:* Bunkerschlag *m.*

**rec·re·an·cy** [ˈrekrɪənsɪ] s *obs.* **1.** Feigheit f. **2.** Abtrünnigkeit f, Falschheit f. **ˈrec·re·ant** *obs.* **I** *adj* (*adv* ~ly) **1.** feig(e), mutlos. **2.** abtrünnig, treulos. **II** s **3.** Feigling *m*, Memme f. **4.** Abtrünnige(r *m*) f, Verräter(in).

**rec·re·ate** [ˈrekrɪeɪt] **I** *v/t* **1.** erquicken, erfrischen, *j-m* Erholung *od.* Entspannung gewähren. **2.** erheitern, unterˈhalten, ablenken. **3.** ~ **o.s.** a) ausspannen, sich erholen, b) sich erfrischen, c) sich ergötzen, b) unterˈhalten: **to** ~ **o.s. with games** sich bei Sport u. Spiel entspannen. **II** *v/i* → 3.

**re·cre·ate** [ˌriːkrɪˈeɪt] *v/t* neu (er)schaffen, ˈwiedererschaffen.

**rec·re·a·tion** [ˌrekrɪˈeɪʃn] s **1.** Erholung f, Aus-, Entspannung f, Erfrischung f: ~ **area** Erholungsgebiet *n.* **2.** Unterˈhaltung f, Belustigung f. **3.** Spiel *n*, Sport *m*: ~ **ground** Spiel-, Sportplatz *m.* **4.** *ped.* Pause f. **ˌrec·re·aˈtion·al** *adj* Erholungs..., Entspannungs..., der Erholung dienend, *Ort etc* der Erholung, Freizeit...: ~ **activities** *pl* Freizeitgestaltung f; ~ **facilities** Erholungseinrichtungen; ~ **reading** Entspannungslektüre f; ~ **value** Freizeitwert *m.* **ˈrec·re·a·tive** *adj* **1.** erholsam, entspannend, erfrischend. **2.** unterˈhaltend, amüˈsant.

**re·crim·i·nate** [rɪˈkrɪmɪneɪt] *v/i u. v/t* Gegenbeschuldigungen vorbringen (gegen). **reˌcrim·iˈna·tion** s Gegenbeschuldigung f. **reˈcrim·i·na·tive** [-nətɪv; *Am.* -ˌneɪtɪv], **reˈcrim·i·na·to·ry** [-nətərɪ; *Am.* -nəˌtɔːriː; -ˌtɔː-] *adj* e-e Gegenbeschuldigung darstellend *od.* enthaltend.

**re·cru·desce** [ˌriːkruːˈdes] *v/i* **1.** wieder aufbrechen (*Wunde*). **2.** sich wieder verschlimmern (*Zustand*). **3.** *fig.* a) wiederˈausbrechen *od.* -ˈaufflackern (*latentes Übel etc*), b) wiederˈaufleben. **ˌre·cruˈdes·cence** s **1.** Wiederˈausbrechen *n* (*e-r Wunde etc*). **2.** neuerliche Verschlimmerung, Rückfall *m.* **3.** *fig.* a) Wiederˈausbrechen *n* (*e-s Übels*), b) Wiederˈaufleben *n.* **ˌre·cruˈdes·cent** *adj* wiederˈausbrechend *etc.*

**re·cruit** [rɪˈkruːt] **I** s **1.** *mil.* a) Reˈkrut *m*, b) (*seit 1948*) niedrigster Dienstrang in der US-Armee. **2.** neues Mitglied (*to gen*). **3.** Anfänger(in), Neuling *m.* **4.** *obs.* a) Verstärkung f (*a. mil.*), b) Zuwachs *m.* **II** *v/t* **5.** *mil.* rekruˈtieren: a) *Rekruten* ausheben, einziehen, b) anwerben, c) *e-e Einheit* ergänzen, verstärken, *a.* aufstellen: **to** ~ **a regiment; to be** ~**ed from** sich rekrutieren aus, *fig. a.* sich zusetzen *od.* ergänzen aus. **6.** *Leute* herˈanziehen, rekruˈtieren: → **laboˈu)r.**

**7. den** *Vorrat etc* wieder auffüllen *od.* auffrischen, ergänzen. **8.** (wieder) versorgen (**with** mit). **9.** (**o.s.** sich) stärken, erquicken. **10.** *j-n, j-s Gesundheit* wiederˈherstellen. **III** *v/i* **11.** *mil.* Reˈkruten ausheben *od.* anwerben. **12.** sich erholen, neue Kräfte sammeln. **reˈcruit·al** s Erholung f, Wiederˈherstellung f. **reˈcruit·ing** *mil.* **I** s **1.** Rekruˈtierung f, Ausheben *n*, (An)Werben *n*: ~ **and replacement** (**administration**) Wehrersatzverwaltung f. **2.** persoˈnelle Ergänzung (*e-r Einheit etc*). **II** *adj* **3.** Werbe..., Rekrutierungs...: ~ **office** Ersatzdienst-, Rekrutierungsstelle f; ~ **officer** Werbeoffizier *m.* **reˈcruit·ment** s **1.** Verstärkung f, Auffrischung f. **2.** *mil.* Rekruˈtierung f. **3.** Stärkung f, Erholung f.

**rec·ta** [ˈrektə] *pl von* **rectum.**

**rec·tal** [ˈrektəl] *adj* (*adv* ~ly) *anat.* rekˈtal: ~ **syringe** Klistierspritze f.

**rec·tan·gle** [ˈrekˌtæŋgl] s *math.* Rechteck *n.*

**rec·tan·gu·lar** [rekˈtæŋgjʊlə(r)] *adj math.* a) rechteckig, b) rechtwink(e)lig: ~ **coordinates** rechtwink(e)lige Koordinaten; ~ **hyperbola** gleichseitige Hyperbel.

**rec·ti·fi·a·ble** [ˈrektɪfaɪəbl] *adj* **1.** zu berichtigen(d), korriˈgierbar: **a** ~ **error. 2.** *chem. math.* rektifiˈzierbar. **3.** *electr.* gleichrichtbar. **ˌrec·ti·fiˈca·tion** [-fɪˈkeɪʃn] s **1.** Berichtigung f, Korrekˈtur f, Richtigstellung f. **2.** *tech.* Korrekˈtur f, (Null)Eichung f, richtige Einstellung (*e-s Instruments etc*). **3.** Beseitigung f, Behebung f (*e-s Übels etc*). **4.** *chem. math.* Rektifikatiˈon f. **5.** *electr.* Gleichrichtung f. **6.** *phot.* Entzerrung f. **ˈrec·ti·fi·er** [-faɪə(r)] s **1.** Berichtiger *m.* **2.** *chem. tech.* Rektifiˈzierapparat *m.* **3.** *electr.* Gleichrichter *m.* **4.** *phot.* Entzerrungsgerät *n.* **rec·ti·fy** [ˈrektɪfaɪ] *v/t* **1.** berichtigen, korriˈgieren, richtigstellen. **2.** rektifiˈzieren: a) *chem.* destilˈlieren: **to** ~ **spirit,** b) *math.* die Länge berechnen (*gen*): **to** ~ **an arc** (**a curve**). **3.** *electr.* gleichrichten. **4.** *Übel etc* beseitigen, beheben.

**rec·ti·lin·e·ar** [ˌrektɪˈlɪnɪə(r)], *a.* **ˌrec·tiˈlin·e·al** [-əl] *adj* (*adv* ~ly) geradlinig. **rec·ti·tude** [ˈrektɪtjuːd; *Am.* *a.* -ˌtuːd] s (*charakterliche*) Geradheit, Redlichkeit f, Rechtschaffenheit f, Aufrichtigkeit f, Korˈrektheit f.

**rec·to** [ˈrektəʊ] *pl* **-tos** s *print.* a) Rekto *n*, Vorderseite f *e-s* Blatts, b) rechte Seite *e-s* Buchs, c) Vorderseite f *e-r* Buchdecke *od.* *e-s* ˈSchutzˌumschlags.

**rec·tor** [ˈrektə(r)] s **1.** *relig.* Pfarrer *m*: a) *anglikanische Kirche:* Inhaber der Pfarre, *der im Vollgenuß der Pfründe steht,* b) *allg.* geistliches Oberhaupt der Kirchengemeinde. **2.** *univ.* Rektor *m* (*bes. in Deutschland*). **3.** *Scot.* a) (ˈSchul)Diˌrektor *m*, b) *meist* **Lord R**~ *ehrenamtlicher Präsident des university court an Universitäten.* **ˈrec·tor·ate** [-rət] s **1.** Rektoˈrat *n* (*Amt od. Amtszeit e-s Rektors*). **2.** *relig.* a) Pfarrstelle f, b) Amt *n od.* Amtszeit f *e-s* Pfarrers. **recˈto·ri·al** [-ˈtɔːrɪəl] *adj* **1.** *relig.* Pfarr... **2.** *univ.* Rektorats... **ˈrec·tor·ship** → **rectorate. ˈrec·to·ry** [-tərɪ] s Pfarˈrei f, Pfarre f: a) Pfarrhaus *n*, b) *Br.* Pfarrstelle f, c) Kirchspiel *n.*

**rec·tot·o·my** [rekˈtɒtəmɪ; *Am.* -ˈtɑt-] s *med.* Mastdarmschnitt *m*, Rektotoˈmie f.

**rec·trix** [ˈrektrɪks] *pl* **-tri·ces** [-trɪsiːz; rekˈtraɪsiːz] s *orn.* Schwanzfeder f.

**rec·tum** [ˈrektəm] *pl* **-tums, -ta** [-tə] s *anat.* Mastdarm *m*, Rektum *n.*

**re·cum·ben·cy** [rɪˈkʌmbənsɪ] s **1.** liegende Stellung, Liegen *n.* **2.** *fig.* Ruhe (-lage, -stellung) f. **reˈcum·bent** *adj*

(*adv* ~ly) **1.** (sich zuˈrück)lehnend, liegend, *a. fig.* ruhend. **2.** *fig.* untätig. **3.** *bot. zo.* (zuˈrück-, an)liegend: ~ **hairs.**

**re·cu·per·ate** [rɪˈkjuːpəreɪt; *Am.* *a.* -ˈkuː-] **I** *v/i* **1.** sich erholen (*a. fig.*). **II** *v/t* **2.** *Gesundheit etc* ˈwiedererlangen. **3.** *Verluste etc* wiederˈerlangen, wettmachen. **reˌcu·perˈa·tion** s Erholung f (*a. fig.*). **reˈcu·per·a·tive** [-rətɪv; *Am.* -ˌreɪtɪv] *adj* **1.** stärkend, kräftigend. **2.** Erholungs...: ~ **capacity** Erholungsfähigkeit f. **reˈcu·per·a·tor** [-reɪtə(r)] s *tech.* **1.** Rekupeˈrator *m*, Wärmeaustauscher *m* (*in Feuerungseinrichtungen*). **2.** Vorholer *m*: ~ **spring** Vorholfeder f.

**re·cur** [rɪˈkɜː; *Am.* rɪˈkɜr] *v/i* **1.** ˈwiederkehren, sich wiederˈholen, wiederˈauftreten (*Problem, Symptom etc*): ~**ring disease** wiederkehrende Krankheit. **2.** *fig.* (*in Gedanken, im Gespräch*) zuˈrückkommen (**to** *auf acc*). **3.** *fig.* ˈwiederkehren (*Gedanken*). **4.** *fig.* zuˈrückgreifen (**to** *auf acc*). **5.** *math.* (periˈodisch) ˈwiederkehren: ~**ring curve,** ~**ring decimal** periodische Dezimalzahl; ~**ring continued fraction** (unendlicher) periodischer (Dezimal)Bruch. **re·cur·rence** [rɪˈkʌrəns; *Am.* *a.* -ˈkɜr-] s **1.** ˈWiederkehr f, Wiederˈauftreten *n*, -tauchen *n* (*e-s Problems etc*). **2.** Zuˈrückgreifen *n* (**to** *auf acc*). **3.** *fig.* Zuˈrückkommen *n* (*im Gespräch etc*) (**to** *auf acc*). **4.** *math.* Rekursiˈon f. **reˈcur·rent** *adj* (*adv* ~ly) **1.** ˈwiederkehrend, sich wiederˈholend. **2.** periˈodisch auftretend *od.* ˈwiederkehrend: ~ **fever** *med.* Rückfallfieber *n.* **3.** *anat. bot.* rückläufig. **4.** *math.* periˈodisch.

**re·cur·sion** [rɪˈkɜːʃn; *Am.* rɪˈkɜrʒən] s *math.* Rekursiˈon f: ~ **formula** Rekursionsformel f. **reˈcur·sive** [-sɪv] *adj* rekurˈsiv: ~ **function.**

**re·cur·vate** [rɪˈkɜːvɪt; *Am.* rɪˈkɜrˌveɪt] *adj* zuˈrückgebogen.

**rec·u·san·cy** [ˈrekjʊzənsɪ; rɪˈkjuː-] s **1.** *relig. hist.* Rekuˈsantentum *n* (*Ablehnung der anglikanischen Kirche*). **2.** Aufsässigkeit f. **rec·u·sant** **I** *adj* **1.** *relig. hist.* dissenˈtierend, die angliˈkanische Kirche ablehnend. **2.** aufsässig. **II** s **3.** *relig. hist.* Rekuˈsant(in).

**re·cy·cle** [riːˈsaɪkl] *v/t* **1.** *tech.* Abfälle ˈwiederverwerten, -verwenden. **2.** *econ.* Kapital zuˈrückfließen lassen, zuˈrückschleusen. **ˌreˈcy·cling** s Reˈcycling *n*: a) *tech.* ˈWiederverwertung f, -verwendung f: ~ **center** *Am.* Sammelstelle f für Leergut; ~ **plant** Müllverwertungs- u. Sortieranlage f, b) *econ.* Rückschleusung f.

**red** [red] **I** *adj* **1.** rot: **the lights are** ~ die Ampel steht auf Rot; → **paint** 5, **rag**[1] 1. **2.** rot, gerötet: ~ **with fury** rot vor Wut, zornrot. **3.** rot(glühend). **4.** rot(haarig). **5.** *zo.* rot, *bes.* fuchsfarben, kaˈstanienbraun. **6.** rot(häutig). **7.** blutbefleckt: **with** ~ **hands,** *a. fig.* blutig: **a** ~ **battle. 9.** *oft* **R**~ *pol.* rot (*kommunistisch, sozialistisch etc*): **R**~ **Army** Rote Armee. **10.** *Br.* tisch (*die auf brit. Landkarten gewöhnlich rot markierten brit. Gebiete betreffend*).

**II** s **11.** Rot *n* (*rote Farbe, roter Farbstoff*): **to see** ~ *fig.* „rotsehen" (*wütend werden*); **at** ~ bei Rot; **the lights are at** ~ die Ampel steht auf Rot. **12.** Rot *n* (*rote Kleidung*): **dressed in** ~ rot *od.* in Rot gekleidet. **13.** Rot *n*, Rouge *n* (*beim Roulettespiel etc*). **14. the** ~ (*Billard*) der rote Ball. **15.** (*der*) Rote, Rothaut f (*Indianer*). **16.** *oft* **R**~ *pol.* Rote(r *m*) f (*Kommunist[in], Sozialist[in] etc*). **17.** *econ.* a) (*für die Buchung von Defiziten gebrauchte*) rote Tinte, b) **the** ~ die Schulden- *od.* Debetseite (*e-s Kontos*), c) *fig.* Verlust *m*, Defizit *n*, Schulden *pl*: **to be in the** ~ in den roten

Zahlen sein; **to be out of the ~** aus den roten Zahlen (heraus)sein.

**re·dact** [rɪˈdækt] v/t **1.** rediˈgieren, herˈausgeben. **2.** e-e Erklärung etc abfassen. **reˈdac·tion** s **1.** Redaktiˈon f, Herˈausgeber pl. **2.** (Ab)Fassung f. **3.** Neubearbeitung f. **reˈdac·tor** [-tə(r)] s **1.** Herˈausgeber m. **2.** Verfasser m.

**red| ad·mi·ral** s zo. Admiˈral m (Schmetterling). **~ al·gae** s pl bot. Rotalgen pl.

**re·dan** [rɪˈdæn] s mil. Reˈdan m, Flèche f, Pfeilschanze f.

**red| ant** s zo. Rote Waldameise. **~ ash** s bot. Rotesche f. **ˈ~·bait·er** s Am. sl. Kommuˈnistenhasser(in). **ˈ~·bait·ing** s Am. sl. Kesseltreiben n gegen Kommuˈnisten, Kommuˈnistenhetze f. **~ bark** s rote Chinarinde. **~ blind·ness** s med. Rotblindheit f. **ˌ~·ˈblood·ed** adj fig. a) eˈnergisch, akˈtiv, lebensprühend: **a ~ man**, b) blutvoll, lebendig, spannend: **a ~ story**. **R~ Books** s 1. Br. ˈAdelskaˌlender m. **2.** pol. Rotbuch n. **ˈ~·breast** s **1.** orn. Rotkehlchen n. **2.** → **red-breasted bream**. **ˈ~·breast·ed bream** s ichth. Sonnenfisch m. **ˈ~·brick u·ni·ver·si·ty** s Br. neuzeitliche (später als Oxford u. Cambridge gegründete) Universiˈtät. **ˈ~·bud** s bot. Judasbaum m. **~ cab·bage** s bot. Rotkohl m, Rot-, Blaukraut n. **ˈ~·cap** s **1.** ˌRotˈkäppchen' n: a) Br. sl. Miliˈtärpoliˌzist m, b) Am. (Bahnhofs-)Gepäckträger m. **2.** orn. Stieglitz m, Distelfink m. **~ card** s Fußball: rote Karte: **to be shown the ~** die rote Karte (gezeigt) bekommen. **~ car·pet** s (bei Empfängen ausgerollter) roter Teppich: **to give s.o. a ~ reception** (od. treatment) j-n mit ˌgroßem Bahnhof empfangen. **~ cent** s Am. colloq. roter Heller: **not to have a ~**; **not worth a ~**. **ˈ~·clo·ver** s bot. Rotklee m. **ˈ~·coat** s hist. Rotrock m (brit. Soldat). **~ cor·al** s zo. ˈEdelkoˌralle f. **R~ Cres·cent** s Roter Halbmond (islamische Rotkreuzorganisation). **~ cross** s **1.** **R~ C~** Rotes Kreuz: a) internationale Sanitätsdienstorganisation, b) ihr Abzeichen. **2.** rotes Kreuz: a) Genfer Kreuz n, b) Georgskreuz n (Wahrzeichen Englands). **3.** **R~ C~** hist. a) Kreuzritter pl, b) (das von den Kreuzfahrern vertretene) Christentum.

**redd** [red] v/t Am. od. Scot. **1.** oft **~ up** aufräumen, in Ordnung bringen. **2.** fig. e-e Sache bereinigen.

**red deer** s zo. **1.** Edel-, Rothirsch m. **2.** Virˈginiahirsch m im Sommerkleid.

**red·den** [ˈredn] **I** v/t rot färben. **II** v/i rot werden: a) sich röten, b) erröten (at über acc; with vor dat).

**red·den·dum** [rəˈdendəm] pl **-da** [-də] s jur. Vorbehaltsklausel f.

**red·dish** [ˈredɪʃ] adj rötlich.

**red·dle** [ˈredl] → **raddle**.

**rede** [riːd] poet. od. dial. **I** v/t **1.** j-m raten (to do zu tun). **2.** e-n Traum deuten, ein Rätsel lösen. **II** s **3.** Rat m. **4.** Plan m. **5.** Geschichte f. **6.** Lösung f (e-s Rätsels), Deutung f (e-s Traums).

**re·dec·o·rate** [ˌriːˈdekəreɪt] v/t ein Zimmer etc a) neu streichen, b) neu tapeˈzieren.

**re·deem** [rɪˈdiːm] v/t **1.** e-e Hypothek etc abzahlen, ablösen, amortiˈsieren, tilgen: **to ~ a mortgage**. **2.** zuˈrückkaufen. **3.** econ. ein Staatspapier auslösen. **4.** ein Pfand etc einlösen: **to ~ a pawned watch**. **5.** Gefangene etc los-, freikaufen. **6.** ein Versprechen erfüllen, einlösen, e-r Verpflichtung nachkommen. **7.** e-n Fehler etc wiederˈgutmachen, e-e Sünde abbüßen. **8.** e-e schlechte Eigenschaft aufwiegen, wettmachen, versöhnen mit: **~ing feature** a) versöhnender Zug, b) ausglei-

chendes Moment. **9.** s-e Ehre, Rechte ˈwiedererlangen, wiederˈherstellen: **to ~ one's hono(u)r**. **10.** bewahren (from vor dat). **11.** (er)retten. **12.** befreien (from von). **13.** bes. relig. erlösen (from von). **reˈdeem·a·ble** adj (adv redeemably) **1.** a) abzahlbar, ablösbar, tilgbar, b) abzuzahlen(d), zu tilgen(d): **~ bonds** kündbare Obligationen; **~ loan** Tilgungsdarlehen n. **2.** zuˈrückkaufbar. **3.** econ. auslosbar (Staatspapier). **4.** einlösbar (Pfand etc, a. Versprechen etc). **5.** wiederˈgutzumachen(d) (Fehler), abzubüßen(d) (Sünde). **6.** ˈwiedererlangbar, wiederˈherstellbar: **~ rights**. **7.** bes. relig. erlösbar. **reˈdeem·er** s **1.** Einlöser(in) (e-s Pfandes etc). **2.** (Er)Retter(in), Befreier(in): **the R~** relig. der Erlöser, der Heiland.

**re·de·liv·er** [ˌriːdɪˈlɪvə(r)] v/t **1.** j-n wieder befreien (from, out of aus, von). **2.** etwas zuˈrückgeben. **3.** wieder aushändigen od. ausliefern, rückliefern.

**re·demp·tion** [rɪˈdempʃn] s **1.** Abzahlung f, Ablösung f, Tilgung f, Amortisatiˈon f (e-r Schuld etc): **~ fund** Am. Tilgungsfonds m; **~ loan** Ablösungsanleihe f, Tilgungsdarlehen n; **~ reserve** Tilgungsrücklage f; **~ value** Rückkaufs-, Tilgungswert m. **2.** Rückkauf m. **3.** Einkauf m (Erwerb e-s Privilegs etc durch Kauf). **4.** econ. a) Einlösbarkeit f (von Banknoten), b) Auslosung f (von Staatspapieren). **5.** Einlösung f (e-s Pfandes etc). **6.** Los-, Freikauf m (e-r Geisel etc). **7.** Einlösung f (e-s Versprechens etc). **8.** Wiederˈgutmachung f (e-s Fehlers), Abbüßung f (e-r Sünde). **9.** a) Wettmachen n (e-s Nachteils), Ausgleich m (of für), Versöhnung f (of mit e-m schlechten Zug), b) versöhnender Zug. **10.** ˈWiedererlangung f, Wiederˈherstellung f (e-s Rechts). **11.** Bewahrung f, (Er)Rettung f, Befreiung f (from von): **past ~**, **beyond ~** hoffnungslos od. rettungslos (verloren). **12.** relig. Erlösung f: **in the year of our ~ 1648** im Jahre des Heils 1648.

**re·demp·tive** [rɪˈdemptɪv] adj relig. erlösend, Erlösungs...

**Red En·sign** s Flagge der brit. Handelsmarine.

**re·de·ploy** [ˌriːdɪˈplɔɪ] v/t **1.** bes. mil. ˈumgrupˌpieren. **2.** mil., a. econ. verlegen. **ˌre·deˈploy·ment** s **1.** mil. ˈUmgrupˌpierung f (a. sport etc), (Truppen)Verschiebung f. **2.** mil., a. econ. Verlegung f.

**re·de·pos·it** [ˌriːdɪˈpɒzɪt; Am. -ˈpɑ-] **I** v/t **1.** wieder depoˈnieren. **2.** Geld wieder einzahlen. **II** s **3.** neuerliche Depoˈnierung. **4.** Wiederˈeinzahlung f.

**re·de·sign** [ˌriːdɪˈzaɪn] v/t **1.** ˈumgestalten. **2.** ˈumkonstruˌieren, ˈumbauen.

**re·de·vel·op** [ˌriːdɪˈveləp] v/t **1.** neu entwickeln. **2.** phot. nachentwickeln. **3.** Gebäude, Stadtteil etc sanieren. **ˌre·deˈvel·op·ment** s **1.** Neuentwicklung f. **2.** phot. Nachentwicklung f. **3.** Saˈnierung f: **~ area** Sanierungsgebiet n.

**ˈred·eye** s Am. sl. ˌFusel' m (billiger Whisky). **ˌ~·ˈeyed** adj **1.** zo. rotäugig (bes. Vogel). **2.** mit geröteten (bes. rotgeweinten) Augen. **ˌ~·ˈfaced** adj mit rotem Kopf. **~ fir** s bot. mehrere amer. Tannen, bes. a) Prachttanne f, b) Douglastanne f. **~ flag** s **1.** rote Fahne (als Symbol der Revolution od. des Marxismus). **2.** rote Siˈgnal- od. Warnflagge. **~ fox** s zo. Rotfuchs m. **~ gi·ant** s astr. roter Riese. **~ grouse** s orn. Schottisches Moor- od. Schneehuhn. **~ gum** s **1.** bot. a) (ein) austral. Euˈkalyptus(baum) m, ˌRieseneukaˌlyptus m, b) Amer. Amberbaum m, a) Euˈkalyptusholz n, b) Amberbaumholz n. **3.** getrockneter

Euˈkalyptussaft. **ˌ~·ˈhand·ed** adj: **to catch s.o. ~** j-n auf frischer Tat ertappen. **~ hat** s a) Kardiˈnalshut m, b) (Spitzname für) Kardiˈnal m. **ˈ~·head** s Rothaarige(r m) f, ˌRotschopf' m. **ˈ~·head·ed** adj **1.** rothaarig. **2.** zo. rotköpfig. **~ heat** s Rotglut f. **~ her·ring** s **1.** Bückling m. **2.** fig. a) ˈAblenkungsmaˌnöver n, Finte f, b) falsche Spur od. Fährte: **to draw a ~ across the path** (od. trail) ein Ablenkungsmanöver durchführen, (zur Irreführung) e-e falsche Spur zurücklassen.

**red·hi·bi·tion** [ˌredhɪˈbɪʃn] s jur. Wandlung f (beim Kauf). **red·hib·i·to·ry** [-bɪtərɪ; Am. -bəˌtɔːrɪ; -ˌtɔː-] adj Wandlungs...: **~ action** Wandlungsklage f; **~ defect** Fehler m der Sache beim Kauf.

**ˌred·ˈhot** adj **1.** rotglühend. **2.** fig. glühend heiß. **3.** fig. ˈüberschwenglich: **~ enthusiasm**. **4.** fig. hitzig, jähzornig. **5.** fig. allerneuest(er, e, es), brandakˈtuˈell: **~ news**. **R~ In·di·an** s (bes. nordamer.) Indiˈaner(in).

**red·in·gote** [ˈredɪŋgəʊt] s hist. Redinˈgote f (langer Überrock od. Damenmantel).

**red ink** s **1.** rote Tinte. **2.** fig. → **red 17**: **to go into ~** in die roten Zahlen geraten.

**red·in·te·grate** [reˈdɪntɪgreɪt] v/t **1.** wiederˈherstellen. **2.** erneuern. **reˌdinteˈgra·tion** s **1.** Wiederˈherstellung f. **2.** Erneuerung f.

**re·di·rect** [ˌriːdɪˈrekt] **I** v/t **1.** e-n Brief etc ˈumadresˌsieren od. nachsenden. **2.** Verkehr ˈumleiten. **3.** s-n Gedanken etc e-e neue Richtung geben, s-e Einstellung etc neu ausrichten (toward[s] auf acc). **II** adj **4.** ~ **examination** jur. Am. abermalige Vernehmung e-s Zeugen (durch die ihn nennende Partei) nach dem Kreuzverhör. **ˌre·diˈrec·tion** s **1.** ˈUmadresˌsierung f, Nachsendung f. **2.** ˈUmleitung f. **3.** Neuausrichtung f.

**red i·ron ore** s min. Roteisenstein m.

**re·dis·count** [ˌriːˈdɪskaʊnt] econ. **I** v/t **1.** rediskonˈtieren. **II** s **2.** Rediskonˈtierung f (e-s Wechsels etc). **3.** Redisˈkont m: **~ rate** Am. Diskontsatz m. **4.** rediskonˈtierter Wechsel.

**re·dis·cov·er** [ˌriːdɪˈskʌvə(r)] v/t ˈwiederentdecken. **ˌre·disˈcov·er·y** s ˈWiederentdeckung f.

**re·dis·trib·ute** [ˌriːdɪˈstrɪbjuːt] v/t **1.** neu verteilen, ˈumverteilen. **2.** wieder verteilen. **ˈreˌdis·triˈbu·tion** [-ˈbjuːʃn] s Neu-, ˈUmverteilung f.

**ˌred·ˈlat·tice** adj **1.** hist. Wirtshaus... **2.** obs. ordiˈnär. **~ lead** [led] s chem. Mennige f. **~ lead ore** [led] s min. Rotbleierz n. **ˌ~·ˈlet·ter day** s Freuden-, Glückstag m, denkwürdiger Tag. **~ light** s **1.** rotes Licht (als Warnsignal etc). **2.** Rotlicht n: **to go through the ~** bei Rot über die Kreuzung fahren od. gehen. **3.** fig. ˈWarnsiˌgnal n: **to see the ~** die Gefahr erkennen. **ˈlight dis·trict** s Borˈdellviertel n. **ˈ~·lin·ing** s Am. die Praktik einiger Geldinstitute u. Versicherungen, den Bewohnern alter od. heruntergekommener Stadtteile (aus Risikogründen) Kredite, Hypotheken u. Versicherungsschutz zu verweigern. **~ man** s irr Rothaut f, Indiˈaner m. **~ ma·ple** s bot. Am. Rot-Ahorn m. **~ meat** s rotes Fleisch (vom Rind u. Schaf).

**red·ness** [ˈrednɪs] s **1.** Röte f. **2.** Rötung f.

**re·do** [ˌriːˈduː] v/t irr **1.** nochmals tun od. machen. **2.** nochmals richten etc: **to ~ one's hair** sich nochmals frisieren. **3.** → **redecorate**.

**red oak** s bot. **1.** Roteiche f. **2.** Färbereiche f. **3.** Texas-Eiche f. **4.** Roteichenholz n.

**red·o·lence** [ˈredəʊləns; -də-] s **1.** Duft m, Wohlgeruch m. **2.** fig. Erinnerung f.

'red·o·lent *adj* **1.** duftend (**of, with** nach). **2. to be** ~ **of** (*od.* with) *fig.* etwas atmen, stark erinnern an (*acc*): ~ **of mystery** geheimnisumwittert.

re·dou·ble [ˌriːˈdʌbl] **I** *v/t* **1.** verdoppeln: **to** ~ **one's efforts. 2.** *Bridge:* dem Gegner Re'kontra geben. **II** *v/i* **3.** sich verdoppeln. **4.** *Bridge:* Re'kontra geben. **III** *s* **5.** *Bridge:* Re'kontra *n*.

re·doubt [rɪˈdaʊt] *s* **1.** *mil. hist.* Re'doute *f*. **2.** *mil. hist.* Schanze *f*. **3.** *fig.* Bollwerk *n*.

re'doubt·a·ble *adj* (*adv* redoubtably) *rhet. od. iro.* **1.** furchtbar, schrecklich. **2.** gewaltig, re'spekteinflößend.

re·dound [rɪˈdaʊnd] *v/i* **1.** ausschlagen *od.* gereichen (**to** zu *j-s* Ehre, *Vorteil etc*): **it will** ~ **to your advantage. 2.** zu'teil werden *od.* zufallen *od.* erwachsen (**to, unto** *dat*; **from** aus). **3.** zu'rückfallen, -wirken (**upon** auf *acc*).

red|pen·cil *s* Rotstift *m*. ~-'pen·cil *v/t* **1.** *e-n Fehler etc* anstreichen. **2.** mit dem Rotstift über *e-n Text* gehen, korri'gieren. ~ **pep·per** *s bot.* **1.** → **cayenne** (pepper). **2.** Roter Paprika, rote Paprikaschote.

re·draft [ˌriːˈdrɑːft; *Am.* -ˈdræft] **I** *s* **1.** neuer Entwurf. **2.** *econ.* Rück-, 'kambiowechsel *m*. **II** *v/t* → **redraw** I.

re·draw [ˌriːˈdrɔː] **I** *v/t irr* neu entwerfen. **II** *v/i econ.* zu'rücktras,sieren (**on, upon** auf *acc*).

re·dress [rɪˈdres] **I** *v/t* **1.** *ein Unrecht* wieder'gutmachen, *e-n Schaden* beheben: **to** ~ **a wrong. 2.** *Mißstände* abschaffen, abstellen, beseitigen, *e-r Sache, e-m Übel etc* abhelfen. **3.** *das Gleichgewicht etc* wieder'herstellen (*a. fig.*): **to** ~ **the balance. 4.** *das Flugzeug* wieder aufrichten. **5.** *j-n* entschädigen. **II** *s* [*Am. a.* 'riːdres] **6.** Wieder'gutmachung *f* (*e-s Unrechts, Fehlers etc*), Abhilfe *f* (*a. jur.*): **legal** ~ Rechtshilfe *f*; **to obtain** ~ **from s.o.** gegen *j-n* Regreß nehmen. **7.** Abschaffung *f*, Beseitigung *f*, Abstellung *f* (*von Mißständen*). **8.** Entschädigung *f* (**for** für).

re·dress [ˌriːˈdres] **I** *v/t* **1.** wieder anziehen *od.* ankleiden. **2.** von neuem zurichten. **3.** *e-e Wunde* neu verbinden. **II** *v/i* **4.** sich wieder anziehen.

red|rib·bon *s* rotes Band (*des Bath-Ordens*). **R~ Rose** *s hist.* Rote Rose: a) *das Haus Lancaster,* b) *sein Wahrzeichen.* ~ **san·dal·wood,** ~ **san·ders** *s bot.* rotes Sandelholz. **R~ Sea** *s hist.* Rotes Meer. ~ **shift** *s astr. phys.* Rotverschiebung *f*. ~-'short *adj* rotbrüchig (*Eisen*). '~·skin *s* Rothaut *f* (*Indianer*). ~ **snow** *s* blutiger *od.* roter Schnee (*gefärbt durch e-e Blutalge*). ~ **spi·der** *s zo.* Blattspinnmilbe *f*, Rote Spinne. '~·start *s orn.* Rotschwänzchen *n*. ~ **tape** *s fig.* ,Amtsschimmel' *m*, Bürokra'tismus *m*, ,Pa'pierkrieg' *m*. ~-'tape *adj* büro'kratisch. ~-'tap·ism *s* Bürokra'tismus *m*. ~-'tap·ist *s* Büro'krat(in).

re·duce [rɪˈdjuːs; *Am. a.* rɪˈduːs] **I** *v/t* **1.** her'absetzen, vermindern, -ringern, -kleinern, reduzieren (**by** um; **to** auf *acc*): ~**d scale** verkleinerter Maßstab; **on a** ~**d scale** in verkleinertem Maßstab; **to** ~ **speed** langsamer fahren. **2.** *Preise* her'absetzen (*a. Waren*), ermäßigen (**from** ... **to** von ... auf *acc*): **to sell at** ~**d prices** zu herabgesetzten Preisen verkaufen; **at a** ~**d fare** zu ermäßigtem Fahrpreis. **3.** *im Rang, Wert etc* her'absetzen, -mindern, erniedrigen. **4.** *a.* ~ **to the ranks** *mil.* degra'dieren: **to** ~ **to the rank of** zum ... degradieren. **5.** schwächen, erschöpfen. **6.** (*finanziell*) einengen: → **circumstance** 3. **7.** (**to**) verwandeln (in *acc,* zu), machen (zu): **to** ~ **kernels** Kerne zermahlen *od.* zerstamp-

fen *od.* zerkleinern; **to** ~ **to a heap of rubble** in *e-n* Schutthaufen verwandeln; ~**d to a skeleton** zum Skelett abgemagert; *his anxiety* ~**d him to a nervous wreck** machte aus ihm ein Nervenbündel; → **pulp** 5. **8.** bringen (**to** zu, **in** *acc*): **to** ~ **to a system** in ein System bringen; **to** ~ **to rules** in Regeln fassen; **to** ~ **to order** in Ordnung bringen; **to** ~ **to writing** schriftlich niederlegen; **to** ~ **theories into practice** Theorien in die Praxis umsetzen. **9.** zu'rückführen, redu'zieren (**to** auf *acc*): **to** ~ **to absurdity** ad absurdum führen. **10.** zerlegen (**to** in *acc*). **11.** einteilen (**to** in *acc*). **12.** anpassen (**to** *dat od.* an *acc*). **13.** *chem. math.* redu'zieren: **to** ~ **an equation** *e-e* Gleichung auflösen; **to** ~ **a fraction** *e-n* Bruch reduzieren *od.* kürzen; → **denominator** 1. **14.** *metall.* (aus)schmelzen (**from** aus). **15.** zwingen (**to do** zu tun), *zur Verzweiflung etc* bringen: **to** ~ **to despair; to** ~ **to obedience** zum Gehorsam zwingen; **to** ~ **s.o. to poverty** (*od.* **beggary**) *j-n* an den Bettelstab bringen; **to** ~ **to silence** zum Schweigen bringen; **he was** ~**d to sell(ing) his house** er war gezwungen, sein Haus zu verkaufen; ~**d to tears** zu Tränen gerührt. **16.** unter'werfen, besiegen, erobern. **17.** beschränken (**to** auf *acc*). **18.** *Farben etc* verdünnen. **19.** *phot. ein Negativ etc* abschwächen. **20.** *Beobachtungen* redu'zieren (*auswerten*). **21.** *biol. e-e Zelle* redu'zieren. **22.** *med.* einrenken, (wieder) einrichten. **23. to** ~ **one's weight (by five pounds)** (fünf Pfund) abnehmen.

**II** *v/i* **24.** (*an Gewicht*) abnehmen, *e-e* Abmagerungskur machen. **25.** *biol.* sich unter Chromo'somen-Redukti,on teilen.

re'duc·er *s* **1.** Verminderer *m,* Her'absetzer *m*. **2.** *chem.* Redukti'onsmittel *n*. **3.** *phot.* a) Abschwächer *m,* b) Entwickler *m*. **4.** *pharm.* Schlankheitsmittel *n*. **5.** *tech.* a) Redu'zierma,schine *f,* b) Redu'zierstück *n,* c) → **reducing gear,** d) → **reducing valve. 6.** *tech.* Verdünner *m*.

re·duc·i·ble [rɪˈdjuːsəbl; *Am. a.* -ˈduː-] *adj* **1.** redu'zierbar: a) zu'rückführbar (**to** auf *acc*): **to be** ~ **to** sich reduzieren *od.* zurückführen lassen auf (*acc*); **to be** ~ **to a simpler form** sich vereinfachen lassen, b) *chem. math.* redu'zibel, c) her'absetzbar. **2.** verwandelbar (**to, into** *in acc*).

re'duc·ing|a·gent *s chem.* Redukti'onsmittel *n*. ~-'cou·pling *s tech.* Redukti'ons(verbindungs)stück *n*. ~ **di·et** *s* Abmagerungskur *f*. ~ **gear** *s tech.* 'Unter,setzungsgetriebe *n*. ~ **glass** *s* Verkleinerungsglas *n*. ~ **press** *s tech.* Redu'zierpresse *f*. ~ **valve** *s tech.* Redu'zierven,til *n*.

re·duc·tase [rɪˈdʌkteɪz; -teɪs] *s med.* Reduk'tase *f* (*Enzym*).

re·duc·tion [rɪˈdʌkʃn] *s* **1.** Her'absetzung *f,* Verminderung *f,* -ringerung *f,* -kleinerung *f,* Redu'zierung *f* (**by** um; **to** auf *acc*): ~ **in size** Verkleinerung; ~ **in** (*od.* **of**) **prices** Preisherabsetzung, -ermäßigung *f*; ~ **in** (*od.* **of**) **wages** Lohnkürzung *f*; ~ **of staff** Personalabbau *m*; ~ **of tariffs** Abbau *m* der Zölle. **2.** *econ.* Ermäßigung *f,* (Preis)Nachlaß *m,* Abzug *m,* Ra'batt *m*. **3.** Verminderung *f,* Rückgang *m*. **4.** Verwandlung *f* (**into, to** in *acc*). **5.** Zu'rückführung *f,* Redu'zierung *f* (**to** auf *acc*). **6.** Zerlegung *f* (**to** in *acc*). **7.** *chem.* Redukti'on *f*. **8.** *math.* Redukti'on *f,* Kürzung *f* (*e-s Bruches*), Vereinfachung *f* (*e-s Ausdrucks*), Auflösung *f* (*von Gleichungen*). **9.** *Computer etc:* Redukti'on *f* (*Auswertung*). **10.** *metall.* (Aus)Schmelzung *f*. **11.** Unter'werfung *f* (**to** unter *acc*). **12.** Bezwingung *f, mil.* Niederkämpfung *f*. **13.** *phot.* Abschwächung *f* (*von Nega-*

tiven). **14.** *biol.* Redukti'on(steilung) *f*. **15.** *med.* Einrenkung *f*. **16.** verkleinerte Reprodukti'on (*e-s Bildes etc*). **17.** *mus.* Auszug *m*: **piano** ~. ~ **com·pass·es** *s pl* Redukti'onszirkel *m*. ~ **di·vi·sion** → **reduction** 14. ~ **gear** *s tech.* Redukti'ons-, 'Unter,setzungsgetriebe *n*. ~ **ra·ti·o** *s tech.* Unter'setzungsverhältnis *n*.

re·duc·tive [rɪˈdʌktɪv] **I** *adj* (*adv* ~ly) **1.** vermindernd (**of** *acc*). **2.** *chem. math.* redu'zierend (**of** *acc*). **II** *s* **3.** *chem.* Redukti'onsmittel *n*.

re·dun·dan·cy [rɪˈdʌndənsɪ], *a.* re'dun·dance *s* **1.** 'Überfluß *m,* -fülle *f,* -maß *n*. **2.** 'Überflüssigkeit *f, econ. a.* 'Überflüssigwerden *n* (*von Arbeitskräften wegen Arbeitsmangel*): **dismissal for** ~ Freistellung *f,* -setzung *f*; ~ **pay(ment)** Entlassungsabfindung *f*. **3.** Redun'danz *f*: a) Über'ladenheit *f* (*des Stils*), bes. Weitschweifigkeit *f,* unnötige Wieder'holung(*en pl*). **4.** *Computer:* Redun'danz *f* (*Teile, die nicht zur eigentlichen Information gehören*).

re·dun·dant [rɪˈdʌndənt] *adj* (*adv* ~ly) **1.** 'überreichlich, -mäßig. **2.** a) 'überschüssig (*Kapital etc*), b) 'überflüssig (*a. econ.*): ~ **workers** überflüssig gewordene Arbeitskräfte; **to make** ~ freistellen, -setzen. **3.** üppig. **4.** 'überquellend, -fließend (**of, with** von). **5.** redun'dant: a) über'laden (*Stil etc*), bes. weitschweifig, b) pleo'nastisch. ~ **verb** *s ling.* Zeitwort *n* mit mehr als 'einer Form (*für e-e Zeit*).

re·du·pli·cate [rɪˈdjuːplɪkeɪt; *Am. a.* -ˈduː-] *v/t* **1.** verdoppeln. **2.** wieder'holen. **3.** *ling.* redupli'zieren. re,du·pli·ca·tion *s* **1.** Verdopp(e)lung *f*. **2.** Wieder'holung *f*. **3.** *ling.* a) Reduplikati'on *f,* b) Reduplikati'onsform *f*. re·du·pli·ca·tive [rɪˈdjuːplɪkətɪv; *Am.* -ˌkeɪtɪv; *a.* -ˈduː-] *adj* **1.** wieder'holend, -holt. **2.** redup'pelnd. **3.** *ling.* redupli'zierend.

'red|·ware *s* **1.** *bot.* Fingertang *m*. **2.** rote Töpferware. ~-'wa·ter *s* **1.** (*bes. durch Eisenverbindungen*) rotes Wasser. **2.** (*durch Dinoflagellaten*) rotes Meerwasser. **3.** *med., bes. vet.* Blutharnen *n*. ~ **wine** *s* Rotwein *m*. '~·wood *s bot.* **1.** Redwood *n,* Rotholz *n*. **2.** rotholzliefernder Baum, *bes.* a) 'Eiben,quoie *f,* b) Roter Sandholzbaum.

re·dye [ˌriːˈdaɪ] *pres p* -'dye·ing *v/t* **1.** nachfärben. **2.** 'umfärben.

ree [riː] → **reeve**[3].

re·ech·o [riːˈekəʊ] **I** *v/i* **1.** 'widerhallen (**with** von). **II** *v/t* **2.** 'widerhallen lassen. **3.** echoen, wieder'holen.

reed [riːd] *s* **1.** *bot.* Schilf(gras) *n, bes.* a) Schilfrohr *n,* Ried(gras) *n,* b) Schal'meien-, Pfahlrohr *n*. **2.** (*einzelnes*) (Schilf)Rohr: **broken** ~ *fig.* schwankes Rohr. **3.** *collect.* a) Schilf *n,* Röhricht *n,* b) Schilf(rohr) *n* (*als Material*). **4.** *Br.* (Dachdecker)Stroh *n*. **5.** *poet.* Pfeil *m*. **6.** *mus.* a) Rohr-, Hirtenflöte *f,* b) (Rohr-) Blatt *n*: c) → **reed stop,** d) *a.* ~ **instrument** 'Rohrblatt-, 'Zungeninstru,ment *n*: **the** ~**s** die Rohrblattinstrumente (*e-s Orchesters*), e) Zunge *f* (*der Zungeninstru,mente*). **7.** *arch.* Rundstab *m*. **8.** *electr. tech.* Zunge *f,* 'Zungenkon,takt *m*. **9.** *tech.* Weberkamm *m,* Blatt *n*. **II** *v/t* **10.** *das Dach mit Schilf(rohr)* decken. **11.** *arch.* mit Rundstäben verzieren. **12.** *mus.* mit *e-m* Rohrblatt versehen. '~·bird *s orn. Am.* Reissstärling *m*. '~·buck *pl* -**bucks**, *bes. collect.* -**buck** *s zo.* Riedbock *m*. ~ **bun·ting** *s orn.* Rohrammer *f*.

re·ed·it [ˌriːˈedɪt] *v/t* Bücher etc neu her'ausgeben. re·e·di·tion [ˌriːɪˈdɪʃn] *s* Neuausgabe *f*.

reed·ling [ˈriːdlɪŋ] *s orn.* Schilf-, Bartmeise *f*.

reed|mace *s bot. Br.* (*bes.* Breitblätt-

riger) Rohrkolben. **~or·gan** *s mus.* Har-'monium *n.* **~ pipe** *s mus.* Zungenpfeife *f* (*bes. der Orgel*). **~ stop** *s mus.* Zungenstimme *f* (*der Orgel*). **~ switch** *s electr.* Zungenschalter *m.* **~ thrush** *s orn.* Drosselrohrsänger *m.*

**re·ed·u·cate** [‚riː'edjʊkeɪt; *Am.* -'edʒə-] *v/t* 'umerziehen, 'umschulen. **'re‚ed·u-'ca·tion** *s* 'Umerziehung *f,* 'Umschulung *f*: ~ **camp** *pol.* Umerziehungslager *n.*

**reed| voice** *s mus.* Zungenstimme *f* (*der Orgel*). **~ war·bler** *s orn.* (*bes. Teich-*) Rohrsänger *m.*

**reed·y** ['riːdɪ] *adj* **1.** schilfig, schilfbedeckt, -reich. **2.** *bes. poet.* Rohr... **3.** lang u. schlank. **4.** dünn, schwach (*Arme etc*). **5.** schrill (*Stimme*).

**reef¹** [riːf] *s* **1.** *geol.* Riff *n.* **2.** *Bergbau:* a) Flöz *n,* b) Ader *f,* c) (*bes.* goldführender Quarz)Gang.

**reef²** [riːf] **I** *s* **1.** Reff *n*: **to take (in) a ~** a) ein Segel reffen, b) *fig.* ‚bremsen', ‚kürzertreten'. **II** *v/t* **2.** Segel reffen. **3.** *Stenge, Bugspriet* verkürzen.

**reef·er** ['riːfə(r)] *s* **1.** *mar.* a) Reffer *m,* b) *sl.* 'Seeka‚dett *m,* c) a. **reefing jacket** Ma'trosenjacke *f,* d) *Am. sl.* Kühlschiff *n.* **2.** *Am. sl.* a) *mot. rail.* Kühlwagen *m,* b) Kühlschrank *m.* **3.** *sl.* (selbstgedrehte) Marihu'anaziga‚rette.

**reef knot** *s mar.* Kreuzknoten *m.*

**reek** [riːk] **I** *s* **1.** Gestank *m,* (üble) Ausdünstung, (*bes.* starker u. schlechter) Geruch: ~ **of blood** Blutgeruch. **2.** schlechte, *bes.* muffige Luft. **3.** Dampf *m,* Dunst *m,* (*Zigarren- etc*)Qualm *m.* **4.** *Scot. od. poet.* Rauch *m.* **II** *v/i* **5.** stinken, (stark u. schlecht) riechen (**of, with** nach). **6.** dampfen, rauchen (**with** von). **7.** (**of, with**) *fig.* stark riechen (nach), geschwängert *od.* durch'drungen *od.* voll sein (von). **III** *v/t* **8.** Rauch, Dampf *etc* ausströmen (*a. fig.*). **'reek·y** *adj* **1.** stinkig, stinkend. **2.** dampfend, Dämpfe *od.* Dünste ausströmend. **3.** rauchig.

**reel¹** [riːl] **I** *s* **1.** Haspel *f,* (*Garn- etc*)Winde *f*: **off the ~** a) in 'einem Zug, hintereinander weg, b) aus dem Handgelenk, sofort. **2.** (*Garn-, Kabel-, Papier-, Schlauch-etc*)Rolle *f,* (*Bandmaß-, Farbband-, Film-, Garn-, Tonband- etc*)Spule *f*: ~ **seat belt** *mot.* Automatikgurt *m.* **3.** Rolle *f* (*zum Aufwinden der Angelschnur*). **4.** *Film:* a) Film(streifen) *m,* b) (Film)Akt *m.* **II** *v/t* **5.** ~ **up** aufspulen, -wickeln, -rollen, auf e-e Spule *od.* Rolle wickeln. **6.** *meist* ~ **in,** ~ **up** einholen: **to ~ in a fish. 7.** ~ **off** a) abhaspeln, abspulen, b) *fig.* ‚her'unterrasseln': **to ~ off a story.**

**reel²** [riːl] **I** *v/i* **1.** sich (schnell) drehen, wirbeln: **my head ~s** mir dreht sich alles, mir ist schwindlig; **the room ~ed before his eyes** das Zimmer drehte sich vor s-n Augen. **2.** wanken, taumeln: **to ~ back** zurücktaumeln. **3.** ins Wanken geraten (*Truppen etc*). **II** *v/t* **4.** schnell (her'um)wirbeln. **III** *s* **5.** Wirbel(n *n*) *m,* Drehen *n.* **6.** Taumeln *n,* Wanken *n.* **7.** *fig.* Taumel *m,* Wirbel *m.*

**reel³** [riːl] **I** *s* Reel *m* (*schottischer Volkstanz*). **II** *v/i* (e-n) Reel tanzen.

**re·e·lect** [‚riːɪ'lekt] *v/t* 'wiederwählen. **‚re·e'lec·tion** *s* 'Wiederwahl *f.*

**re·e·li·gi·ble** [‚riːˈelɪdʒəbl] *adj* 'wiederwählbar.

**re·em·bark** [‚riːɪm'bɑː(r)k] *v/t u. v/i mar.* (sich) wieder einschiffen. **re·em·barka·tion** ['riː‚embɑː(r)keɪʃn] *s mar.* Wieder'einschiffung *f.*

**re·e·merge** [‚riːɪ'mɜːdʒ; *Am.* -'mɜrdʒ] *v/i* **1.** wieder auftauchen. **2.** *fig.* wieder'auftauchen, -'auftreten. **‚re·e'mer·gence** *s* 'Wieder'auftauchen *n,* *fig. a.* Wieder'auftreten *n.*

**re·en·act** [‚riːɪ'nækt] *v/t* **1.** neu verord-

nen, wieder in Kraft setzen. **2.** *thea.* neu insze'nieren. **3.** wieder'holen, e-n *Tathergang (für die Polizei)* demon'strieren *od.* rekonstru'ieren. **‚re·en'act·ment** *s* **1.** Wiederin'kraftsetzung *f.* **2.** *thea.* 'Neuinsze‚nierung *f.*

**re·en·gage** [‚riːɪn'geɪdʒ] *v/t* j-n wieder an- *od.* einstellen.

**re·en·list** [‚riːɪn'lɪst] *v/t u. v/i mil.* (sich) weiter- *od.* 'wiederverpflichten, (*nur v/i*) kapitu'lieren: **~ed man** Kapitulant *m.* **‚re·en'list·ment** *s mar. mil.* Wieder'anwerbung *f,* Weiterverpflichtung *f.*

**re·en·ter** [‚riːˈentə(r)] **I** *v/t* **1.** wieder betreten, wieder eintreten in (*acc*). **2.** wieder eintragen (*in e-e Liste etc*). **3.** *fig.* wieder'eintreten in (*acc*): **to ~ s.o.'s service. 4.** *tech.* a) *Sekundärfarben* auftragen (*beim Kattundruck*), b) *Kupferplatten* nachstechen. **II** *v/i* **5.** wieder eintreten (**into** in *acc*). **6.** *fig.* wieder'eintreten: **to ~ into one's rights** *jur.* wieder in s-e Rechte eintreten. **‚re·'en·ter·ing** *adj math.* einspringend: ~ **angle.**

**re·en·trant** [‚riːˈentrənt] **I** *adj* → re-entering. **II** *s math.* einspringender Winkel. **re·'en·try** [-trɪ] *s* **1.** Wieder'eintreten *n,* -'eintritt *m* (*a. jur.* in den Besitz, *a. Raumfahrt:* in die 'Erdatmo‚sphäre). **2.** *a.* ~ **card** (*Bridge, Whist*) Führungsstich *m.*

**re·es·tab·lish** [‚riːɪ'stæblɪʃ] *v/t* **1.** *Ordnung etc* wieder'herstellen. **2.** wieder'einführen, neu gründen.

**reeve¹** [riːv] *s Br.* **1.** *hist.* Vogt *m,* Statthalter *m* (*Vertreter der Krone*). **2.** Gemeindevorsteher *m* (*a. in Kanada*). **3.** *obs.* Aufseher *m.*

**reeve²** [riːv] *v/t pret u. pp* **reeved** *od.* **rove** [rəʊv] **1.** *mar.* a) *das Tauende* (ein-)scheren, b) *das Tau* ziehen (**around** um; **through** durch *etc*). **2.** sich (vorsichtig) hin'durchwinden durch: **the ship ~d the shoals.**

**reeve³** [riːv] *s orn.* Kampfschnepfe *f.*

**re·ex·am·i·na·tion** [‚riːɪg‚zæmɪ'neɪʃn] *s* **1.** Nachprüfung *f,* Wieder'holungsprüfung *f.* **2.** *jur.* a) nochmalige (Zeugen-) Vernehmung (*durch den Anwalt der Partei, die den Zeugen benannt hat*), b) nochmalige Unter'suchung. **‚re·ex'am·ine** *v/t* **1.** nochmals prüfen. **2.** *jur.* a) e-n *Zeugen* nochmals vernehmen, b) e-n *Fall* nochmals unter'suchen.

**re·ex·change** [‚riːɪks'tʃeɪndʒ] *s* **1.** Rücktausch *m.* **2.** *econ.* a) Rück-, Gegenwechsel *m,* b) Rückwechselkosten *pl.*

**re·ex·port** *econ.* **I** *v/t* [‚riːek'spɔː(r)t] **1.** *importierte Waren* wieder'ausführen. **II** *s* [‚riːˈekspɔː(r)t] **2.** → re-exportation. **3.** wieder'ausgeführte Ware. **'re-‚expor'ta·tion** *s* Wieder'ausfuhr *f.*

**ref** [ref] *s sport colloq.* a) ‚Schiri' *m* (*Schiedsrichter*), b) *Boxen:* Ringrichter *m.*

**re·face** [‚riːˈfeɪs] *v/t arch.* mit e-r neuen Fas'sade versehen.

**re·fash·ion** [‚riːˈfæʃn] *v/t* 'umgestalten, 'ummodeln.

**re·fec·tion** [rɪˈfekʃn] *s* **1.** Erfrischung *f,* Stärkung *f.* **2.** Imbiß *m.*

**re·fec·to·ry** [rɪˈfektərɪ] *s* **1.** Refek'torium *n* (*Speiseraum in Klöstern etc*). **2.** *univ. etc* Mensa *f.*

**re·fer** [rɪˈfɜː; *Am.* rɪ'fɜr] *v/t* **1.** verweisen, 'hinweisen (**to** auf *acc*): **this mark ~s the reader to a footnote. 2.** j-n (*bes. um Auskunft, Referenzen etc*) verweisen (**to** an *j-n*). **3.** (**to**) (*zur Entscheidung etc*) über'geben (*dat*), über'weisen (an *acc*): **to ~ a bill to a committee** *parl.* e-e Vorlage an e-n Ausschuß überweisen; **to ~ a patient to a specialist** e-n Patienten an e-n Facharzt überweisen; **to ~ back** *jur.* e-e Rechtssache zurückverweisen (**to** an *die Unterinstanz*); ~ **to drawer** (*abbr.*

R.D.) *econ.* an Aussteller zurück. **4.** (**to**) zuschreiben (*dat*), zu'rückführen (auf *acc*): **to ~ superstition to ignorance. 5.** (**to** *e-r Klasse etc*) zuordnen, zuweisen. **6.** *e-e Bemerkung etc, a. e-n Wert* beziehen (**to** auf *acc*): ~ **red to 100 degrees centigrade** bezogen auf 100° C. **II** *v/i* **7.** (**to**) verweisen, 'hinweisen, sich beziehen, Bezug nehmen (auf *acc*), betreffen (*acc*): **this footnote ~s** to a later entry; **to ~ to** s.th. briefly e-e Sache streifen *od.* kurz erwähnen; ~ **ring to my letter** Bezug nehmend *od.* mit Bezug auf mein Schreiben; **the point ~red to** der erwähnte *od.* betreffende Punkt. **8.** Bezug nehmen, sich beziehen *od.* berufen (**to** s.o. auf j-n): **you may ~ to me in your applications. 9.** (**to**) sich wenden (an *acc*), (*a. weitS.* die Uhr, ein Buch etc) befragen, konsul'tieren.

**ref·er·a·ble** [rɪˈfɜːrəbl; *Am.* -'fɜr-; *bes.* 'refərəbəl] *adj* (**to**) **1.** zuzuschreiben(d) (*dat*). **2.** zuzuordnen(d) (*dat*). **3.** sich beziehend (auf *acc*), bezüglich (*gen*).

**ref·er·ee** [‚refə'riː] **I** *s* **1.** *a. bes. jur. sport* Schiedsrichter *m,* 'Unpar‚teiische(r) *m,* b) *Boxen:* Ringrichter *m,* c) *jur.* Sachverständige(r) *m,* Bearbeiter *m,* Refe'rent *m,* d) *jur.* beauftragter Richter. **2.** *parl.* Refe'rent *m,* Berichterstatter *m.* **3.** *Br.* Refe'renz *f* (*Auskunftgeber*): **to act as a ~ for s.o.** j-m als Referenz dienen. **II** *v/t* **4.** *a) bes. jur. sport* als Schiedsrichter fun'gieren bei, b) *sport Kampf* leiten, *Spiel a.* pfeifen. **III** *v/i* **5.** a) *bes. jur. sport* als Schiedsrichter fun'gieren, *sport a.* pfeifen, b) *Boxen:* als Ringrichter fun'gieren.

**ref·er·ence** ['refrəns; *Am. a.* 'refərns] **I** *s* **1.** Verweis(ung *f*) *m,* 'Hinweis *m* (**to** auf *acc*): (list of) ~s a) Liste *f* der Verweise, b) Quellenangabe *f,* Literaturverzeichnis *n;* **mark of** ~ → 2 a u. 4. **2.** a) Verweiszeichen *n,* b) Verweisstelle *f,* c) Beleg *m,* 'Unterlage *f.* **3.** Bezugnahme *f* (**to** auf *acc*): **in** (*od.* **with**) ~ **to** bezüglich (*gen*); **to have ~ to** sich beziehen auf (*acc*); **terms of ~** Richtlinien. **4.** *a.* ~ **number** Akten-, Geschäftszeichen *n.* **5.** (**to**) Anspielung *f* (auf *acc*), Erwähnung *f* (*gen*): **to make ~ to s.th.** etwas erwähnen, auf etwas anspielen. **6.** (**to**) Zs.-hang *m* (mit), Beziehung *f* (zu): **to have no ~ to** nichts zu tun haben mit; **with ~ to him** was ihn betrifft. **7.** Berücksichtigung *f* (**to** *gen*): **without ~ to. 8.** (**to**) Nachschlagen *n,* -sehen (in *dat*), Befragen *n,* Konsul'tieren *n* (*gen*): **book** (*od.* **work) of ~** Nachschlagewerk *n;* ~ **library** a) Nachschlagebibliothek *f,* b) (*öffentliche*) Handbibliothek *f;* **for future ~** zur späteren Verwendung. **9.** (**to**) Befragung *f* (*gen*), Rückfrage *f* (bei): **without ~ to a higher authority. 10.** *jur.* Über'weisung *f* (*e-r Sache*) (**to** an *ein Schiedsgericht etc*). **11.** Zuständigkeit(sbereich *m*) *f*: **outside our ~. 12.** a) Refe'renz(en *pl*) *f,* Empfehlung(en *pl*) *f*: **for ~ please apply to** um Referenzen wenden Sie sich bitte an (*acc*); **may I use your name as a ~?** darf ich mich auf Sie berufen?, b) *allg.* Zeugnis *n*: **he had excellent ~s,** c) Refe'renz *f* (*Auskunftgeber*): **to give ~s** Referenzen angeben; **to act as a ~ for s.o.** j-m als Referenz dienen. **II** *v/t* **13.** Verweise anbringen in *e-m Buch.* **III** *adj* **14.** *bes. tech.* Bezugs...: ~ **frequency;** ~ **line** a) *math.* Bezugslinie *f,* b) *Radar:* Basislinie *f;* ~ **value** Bezugs-, Richtwert *m.* **15.** *psych.* Bezugs...: ~ **group.**

**ref·er·en·da·ry** [‚refə'rendərɪ] *s jur. hist.* a) Beisitzer *m* (*e-r Kommission*), b) Überprüfer der an den König gerichteten Bittschriften.

**ref·er·en·dum**      [‚refə'rendəm]      *pl*

**-dums, -da** [-də] *s pol.* Refe'rendum *n*, Volksentscheid *m*, -befragung *f*, -begehren *n*: **to hold a ~** ein Referendum durchführen *od.* abhalten.

**ref·er·en·tial** [ˌrefə'renʃl; *Am.* -tʃəl] *adj* **1.** sich beziehend (**to** auf *acc*). **2.** Verweisungs...: **~ mark** Verweiszeichen *n*.

**re·fill** [ˌriː'fɪl] **I** *v/t* **1.** wieder füllen, nach-, auffüllen. **II** *v/i* **2.** sich wieder füllen. **III** *s* ['riːfɪl] **3.** Nachfüllung *f*, *bes.* a) *pharm. etc* Ersatzpackung *f*, b) (*Bleistift-, Kugelschreiber*)Mine *f*, c) Einlage *f* (*in e-m Ringbuch*). **4. would you like a ~?** *colloq.* darf ich nachschenken? **IV** *adj →* **refillable.** ˌ**re'fill·a·ble** *adj* nachfüllbar, Nachfüll...

**re·fi·nance** [ˌriːfaɪ'næns] *v/t econ.* **1.** neu finan'zieren. **2.** refinan'zieren.

**re·fine** [rɪ'faɪn] **I** *v/t* **1.** *chem. tech.* raffi-'nieren, läutern, veredeln, *bes.* a) *Eisen* frischen, b) *Metall* feinen, c) *Stahl* gar machen, d) *Glas* läutern, e) *Petroleum, Zucker* raffi'nieren. **2.** *fig.* verbessern, verfeinern, kulti'vieren, weiterentwikkeln: **to ~ one's style** s-n Stil verfeinern. **3.** *fig.* läutern, vergeistigen. **II** *v/i* **4.** sich läutern. **5.** sich verfeinern *od.* verbessern. **6.** klügeln, (her'um)tüfteln (**on, upon** an *dat*). **7. ~ upon** weiterentwickeln, verbessern. **re'fined** *adj* **1.** *chem. tech.* geläutert, raffi'niert, Fein...: **~ copper** Garkupfer *n*; **~ iron** Raffinier-, Paketstahl *m*; **~ lead** Raffinat-, Weichblei *n*; **~ silver** Brand-, Blicksilber *n*; **~ steel** Edelstahl *m*; **~ sugar** Feinzucker *m*, Raffinade *f*. **2.** *fig.* gebildet, vornehm, fein, kulti'viert: **~ manners. 3.** *fig.* geläutert, vergeistigt. **4.** *fig.* raffi'niert, sub'til, verfeinert. **5.** ('über)fein, (-)genau. **re'fined·ly** [-ɪdlɪ] *adv zu* **refined. re'fine·ment** *s* **1.** Feinheit *f*, Vornehmheit *f*, gebildetes Wesen, Kulti'viertheit *f*. **2.** Verfeinerung *f* a) Weiterentwicklung *f*, b) Vervollkommnung *f*. **3.** Feinheit *f* (*der Sprache etc*). **4.** Raffi'nesse *f* (*des Geschmacks etc*). **5.** Klüge'lei *f*, Spitzfindigkeit *f*. **6.** → **refining** 1. **re'fin·er** *s* **1.** *tech.* a) (Eisen)Frischer *m*, b) Raffi-'neur *m*, (Zucker)Sieder *m*, c) (Silber-) Abtreiber *m*. **2.** Verfeinerer *m*. **3.** Klügler(in), Haarspalter(in). **re'fin·er·y** [-nərɪ] *s tech.* **1.** (*Öl-, Zucker- etc*)Raffine-'rie *f*. **2.** (Eisen-, Frisch)Hütte *f*. **re'fin·ing** *s* **1.** *chem. tech.* Raffi'nierung *f*, Läuterung *f*, Veredelung *f*, *bes.* a) Frischen *n* (*des Eisens*), b) Feinen *n* (*des Metalls*), c) Läutern *n* (*des Glases*), d) Raffi'nieren *n* (*des Zuckers*): **~ process** Veredelungsverfahren *n*; **~ furnace** Frisch-, Feinofen *m*. **2.** *fig.* Verfeinerung *f*, Kulti'vierung *f*, Verbesserung *f*, Weiterentwicklung *f*. **3.** *fig.* Läuterung *f*, Vergeistigung *f*.

**re·fit** [ˌriː'fɪt] **I** *v/t* **1.** wieder in'stand setzen, ausbessern. **2.** neu ausrüsten *od.* ausstatten. **II** *v/i* **3.** wieder in'stand gesetzt werden, repa'riert *od.* über'holt werden. **4.** sich neu ausrüsten. **III** *s* [a. 'riːfɪt] **5.** Wiederin'standsetzung *f*, Ausbesserung *f*. **6.** Neuausrüstung *f*. ˌ**re'fit·ment** → refit III.

'**re·fla·tion** [riː'fleɪʃn] *s econ.* Reflati'on *f* (*Wirtschaftsbelebung durch Geldschöpfung u. Exportförderung*).

**re·flect** [rɪ'flekt] **I** *v/t* **1.** *Strahlen, Wellen etc* reflek'tieren, zu'rückwerfen, -strahlen: **~ed wave** reflektierte Welle, Echowelle *f*; **to be ~ed in** sich spiegeln in (*dat*); **to shine with ~ed light** *fig.* sich im Ruhm e-s anderen sonnen. **2.** *ein Bild etc* reflek'tieren, ('wider)spiegeln: **~ing** microscope Spiegelmikroskop *n*; **~ing** telescope Spiegelteleskop *n*. **3.** *fig.* ('wider)spiegeln, zeigen: **it ~s the ideas of the century**; **to be ~ed in** a) sich (wi-

der)spiegeln in (*dat*), b) s-n Niederschlag finden in (*dat*); **our prices ~ your commission** unsere Preise enthalten Ihre Provision. **4.** einbringen (**on** *dat*): **to ~ credit on** s.o. j-m Ehre machen. **5.** dar'über nachdenken, über'legen (**that** daß; **how** wie). **6.** zu'rückbiegen. **II** *v/i* **7.** reflek'tieren. **8.** (**on, upon**) nachdenken *od.* -sinnen (über *acc*), über'legen (*acc*). **9. ~ (up)on** a) sich abfällig äußern über (*acc*), b) ein schlechtes Licht werfen auf (*acc*), c) (*etwas*) (ungünstig) beeinflussen, sich auswirken auf (*acc*).

**re·flec·tion** [rɪ'flekʃn] *s* **1.** *phys.* Reflexi'on *f*, Reflek'tierung *f*, Zu'rückwerfung *f*, -strahlung *f*: **plane of ~** Reflexionsebene *f*. **2.** (Wider)Spiegelung *f* (*a. fig.*), Re'flex *m*, 'Widerschein *m*: **a faint ~ of** *fig.* ein schwacher Abglanz (*gen*). **3.** Spiegelbild *n*. **4.** *fig.* Auswirkung *f*, Einfluß *m*. **5.** Über'legung *f*, Erwägung *f*: **on ~** nach einigem Nachdenken, wenn ich (*etc*) es mir recht überlege; **to cause ~** nachdenklich stimmen. **6.** Reflexi'on *f*: a) Betrachtung *f*, b) (tiefer) Gedanke *od.* Ausspruch: **~s on love** Reflexionen *od.* Betrachtungen *od.* Gedanken über die Liebe. **7.** abfällige Bemerkung (**on** über *acc*). **8.** Anwurf *m*, Anschuldigung *f*: **to cast ~s upon** ein schlechtes Licht setzen; **to be a ~ on** s.th. ein schlechtes Licht auf e-e Sache werfen. **9.** *bes. anat. zo.* a) Zu'rückbiegung *f*, b) zu'rückgebogener Teil. **10.** *physiol.* Re'flex *m*.

**re·flec·tive** [rɪ'flektɪv] *adj* (*adv ~ly*) **1.** reflek'tierend, zu'rückwerfend, -strahlend. **2.** ('wider)spiegelnd. **3.** nachdenklich, besinnlich. **4.** gedanklich.

**re·flec·tor** [rɪ'flektə(r)] *s* **1.** *phys.* Re-'flektor *m* (*a. e-r Antenne*). **2.** a) Spiegel *m*, b) Rückstrahler *m*, Katzenauge *n* (*an Fahrzeugen*), c) Scheinwerfer *m*. **3.** Re-'flektor *m* ('Spiegelteleskop *n*).

**re·flex** ['riːfleks] **I** *s* **1.** *physiol.* Re'flex *m*: **~ movement** Reflexbewegung *f*; **~ response** Reflexwirkung *f*, Reaktion *f* auf e-n Reiz. **2.** ('Licht)Re'flex *m*, 'Widerschein *m* (**from** von). **3.** *fig.* Abglanz *m* (**of** *gen*). **4.** Spiegelbild *n* (*a. fig.*): **~ camera** *phot.* Spiegelreflexkamera *f*; **to be a ~ of** *fig.* etwas widerspiegeln. **5.** *electr.* Re'flexempfänger *m*. **II** *adj* **6.** *physiol.* Reflex... **7.** Rück..., Gegen... **8.** intro-spek'tiv, reflek'tierend (*Gedanken*). **9.** reflek'tiert, zu'rückgeworfen (*Licht etc*). **10.** zu'rückgebogen. **11.** *math.* einspringend: **~ angle. 12.** *electr.* Reflex... **re'flexed** [rɪ'flekst] → **reflex** 10. **re'flex·i·ble** *adj* reflek'tierbar.

**re·flex·ion** *Br. für* reflection.

**re·flex·ive** [rɪ'fleksɪv] **I** *adj* (*adv ~ly*) **1.** *ling.* refle'xiv, rückbezüglich, Refle-xiv...: **~ pronoun** → 4 a; **~ verb** → 4 b. **2.** → reflective 3. → reflex 8. **II** *s* **4.** *ling.* a) Refle'xivpro₁nomen *n*, rückbezügliches Fürwort, b) refle'xives Verb, rückbezügliches Zeitwort, c) refle'xive Form.

**re·float** [ˌriː'fləʊt] *mar.* **I** *v/t* ein Schiff wieder flottmachen. **II** *v/i* wieder flott werden.

**ref·lu·ence** ['refluəns] → reflux 1. '**ref·lu·ent** *adj* zu'rückfließend, -flutend.

**re·flux** ['riːflʌks] *s* **1.** Zu'rückfließen *n*, -fluten *n*: → flux 4. **2.** *econ.* (*Kapital- etc*) Rückfluß *m*.

**re·for·est** [ˌriː'fɒrɪst; *Am. a.* -ˈfɑ-] → reafforest.

**re·form** [rɪ'fɔː(r)m] **I** *s* **1.** *pol. etc* Re'form *f*, Verbesserung *f*. **2.** Besserung *f*: **~ school** *Br. hist. od. Am.* Besserungsanstalt *f*. **II** *v/t* **3.** refor'mieren, verbessern. **4.** *j-n* bessern. **5.** beseitigen: **to ~ an abuse. 6.** *jur. Am.* e-e Urkunde berichtigen. **III** *v/i* **7.** sich bessern.

**re-form** [ˌriː'fɔː(r)m] **I** *v/t* 'umformen, 'umgestalten, 'umbilden. **II** *v/i* sich 'umformen.

**ref·or·ma·tion** [ˌrefə(r)'meɪʃn] *s* **1.** Refor'mierung *f*. **2.** Besserung *f* (*des Lebenswandels etc*). **3. the R~** *relig.* die Reformati'on. **4.** *jur. Am.* Berichtigung *f* (*e-r Urkunde*).

**re-for·ma·tion** [ˌriːfɔː(r)'meɪʃn] *s* 'Umformung *f*, 'Umbildung *f*, 'Um-, Neugestaltung *f*.

**ref·or·ma·tion·al** [ˌrefə(r)'meɪʃnl; *Am. a.* -ˈʃnəl] *adj* **1.** Reform..., Reformierungs... **2. R~** *relig.* Reformations...

**re·form·a·tive** [rɪ'fɔː(r)mətɪv] → reformatory.

**re-form·a·tive** [ˌriː'fɔː(r)mətɪv] *adj* neubildend, -gestaltend, Um-, Neugestaltungs...

**re·form·a·to·ry** [rɪ'fɔː(r)mətərɪ; *Am.* -ˌtəʊriː; -ˌtɔː-] **I** *adj* **1.** Besserungs...: **~ measures** Besserungsmaßnahmen. **2.** Reform... **II** *s* **3.** *Br. hist. od. Am.* Besserungsanstalt *f*.

**re·formed** [rɪ'fɔː(r)md] *adj* **1.** verbessert. **2.** gebessert, reformiert: **~ drunkard** geheilter Trinker. **3. R~** *relig.* refor'miert.

**re·form·er** [rɪ'fɔː(r)mə(r)] *s* **1.** (*bes. kirchlicher*) Refor'mator. **2.** *pol.* Re'former(in), Refor'mist(in).

**re·form·ist** [rɪ'fɔː(r)mɪst] *s* **1.** *relig.* Refor'mierte(r *m*) *f*. **2.** → reformer.

**re·found** [ˌriː'faʊnd] *v/t* wieder gründen, neu gründen.

**re·found²** [ˌriː'faʊnd] *v/t tech.* neu gießen, 'umgießen, 'umschmelzen.

**re·fract** [rɪ'frækt] *v/t* **1.** *phys.* Strahlen, Wellen brechen: **~ed light** gebrochenes Licht. **2.** *chem.* Salpeter analy'sieren. **re-'fract·ing** *adj phys.* (strahlen)brechend, Brechungs..., Refraktions...: **~ angle** Brechungswinkel *m*; **~ telescope** Refraktor *m*.

**re·frac·tion** [rɪ'frækʃn] *s* **1.** *phys.* (*Licht-, Strahlen*)Brechung *f*, Refrakti'on *f*. **2.** *opt.* Refrakti'onsvermögen *n*. **re'frac·tion·al** [-ʃnl] *adj*.

**re·frac·tive** [rɪ'fræktɪv] *adj phys.* Brechungs..., Refraktions...: **~ index**; **~ power** → refractivity. **re·frac·tiv·i·ty** [ˌriːfræk'tɪvətɪ] *s phys.* Brechungsvermögen *n*.

**re·frac·tom·e·ter** [ˌriːfræk'tɒmɪtə(r); *Am.* -ˈtɑ-] *s phys.* Refrakto'meter *n*.

**re·frac·tor** [rɪ'fræktə(r)] *s phys.* **1.** brechendes Medium. **2.** Re'fraktor *m* (*Teleskop*).

**re·frac·to·ri·ness** [rɪ'fræktərɪnɪs] *s* **1.** Eigensinn *m*, Störrigkeit *f*. **2.** 'Widerstandskraft *f*, *bes. a) chem.* Strengflüssigkeit *f*, *b) tech.* Feuerfestigkeit *f*. **3.** *med.* a) 'Widerstandsfähigkeit *f*, b) Hartnäckigkeit *f* (*e-r Krankheit*).

**re·frac·to·ry** [rɪ'fræktərɪ] **I** *adj* (*adv* refrac'torily) **1.** eigensinnig, störrisch. **2.** *chem.* strengflüssig. **3.** *tech.* feuerfest, -beständig: **~ clay** Schamotte(ton *m*) *f*. **4.** *med.* a) 'widerstandsfähig, b) hartnäckig (*Krankheit*), c) unempfindlich (*gegen Reiz etc*). **II** *s* **5.** *chem. tech.* a) feuerfestes Materi'al, Scha'motte *f*, b) *pl* Scha'mottesteine *pl*.

**re·frain¹** [rɪ'freɪn] **I** *v/i* (**from**) Abstand nehmen (von), absehen (von), sich enthalten (*gen*), unter'lassen (*acc*): **to ~ from doing s.th.** etwas unterlassen; es unterlassen, etwas zu tun. **II** *v/t obs.* a) *Gefühle etc* unter'drücken, zügeln, b) **~ o.s.** sich beherrschen.

**re·frain²** [rɪ'freɪn] *s* Re'frain *m*, Kehrreim *m*.

**re·fran·gi·ble** [rɪ'frændʒɪbl] *adj phys.* brechbar: **~ rays**.

**re·fresh** [rɪ'freʃ] **I** *v/t* **1.** (o.s. sich) erfrischen, erquicken (*a. fig.*). **2.** auffri-

schen, erneuern: **to ~ one's memory** sein Gedächtnis auffrischen. **3.** a) *e-e Batterie* auffüllen, -laden, b) *e-n Vorrat* erneuern. **4.** (ab)kühlen. **II** *v/i* **5.** erfrischen. **6.** sich erfrischen, e-e Erfrischung *od.* Stärkung zu sich nehmen. **7.** frische Vorräte fassen (*Schiff etc*). **re'fresh·er** *s* **1.** Erfrischung *f.* **2.** *colloq.* ,Gläs-chen' *n.* **3.** Mahnung *f.* **4.** Auffrischung *f:* **~ course** Auffrischungskurs *m,* -lehrgang *m.* **5.** *jur. Br.* 'Nachschuß(hono₁rar *n*) *m* (*e-s Anwalts*). **re'fresh·ing** *adj* (*adv* ~ly) erfrischend (*a. fig.*).
**re·fresh·ment** [rɪ'freʃmənt] *s* Erfrischung *f* (*a. Getränk etc*). **~ room** *s* ('Bahnhofs)Bü₁fett *n.*
**re·frig·er·ant** [rɪ'frɪdʒərənt] **I** *adj* **1.** *bes. med.* kühlend, Kühl...: **~ drink** Kühltrank *m.* **II** *s* **2.** *med.* kühlendes Mittel, Kühltrank *m,* Re'frigerans *n.* **3.** *tech.* Kühlmittel *n.*
**re·frig·er·ate** [rɪ'frɪdʒəreɪt] **I** *v/t tech.* kühlen, *Nahrungsmittel* tiefkühlen: **~d cargo** *mar.* Kühlraumladung *f.* **II** *v/i* sich (ab)kühlen.
**re'frig·er·at·ing| cham·ber** *s tech.* Kühlraum *m.* **~ en·gine, ~ ma·chine** *s tech.* 'Kälte-, 'Kühlma₁schine *f.* **~ plant** *s tech.* Gefrieranlage *f,* Kühlwerk *n.*
**re·frig·er·a·tion** [rɪ₁frɪdʒə'reɪʃn] *s* **1.** a) Kühlung *f,* Kälteerzeugung *f,* b) Kältetechnik *f:* **~ ton** Kühltonne *f* (*Einheit im Kühltransport*). **2.** *med.* (Ab)Kühlung *f.*
**re·frig·er·a·tor** [rɪ'frɪdʒəreɪtə(r)] *s tech.* **1.** Kühlschrank *m,* -raum *m,* -kammer *f,* -anlage *f:* **~ van** (*Am. car*) *rail.* Kühlwagen *m;* **~ van** (*od.* **lorry,** *Am.* **truck**) *mot.* Kühlwagen *m;* **~ vessel** *mar.* Kühlschiff *n.* **2.** 'Kältema₁schine *f.* **3.** Kondensator *m* (*e-s Kühlsystems*). **4.** Kühler *m,* Kühlschlange *f.*
**re·frig·er·a·to·ry** [rɪ'frɪdʒərətərɪ; *Am.* -₁təʊri:; -₁tɔ:-] **I** *s* **1.** 'Kühlkonden₁sator *m* (*e-r Kälteanlage*). **2.** Kühlraum *m.* **II** *adj* **3.** kälteerzeugend, Kühl...
**re·frin·gent** [rɪ'frɪndʒənt] → **refractive.**
**reft** [reft] *pret u. pp von* **reave**¹ *u.* ².
**re·fu·el** [₁riː'fjʊəl] *v/i u. v/t aer. mot.* (auf-)tanken. **,re'fu·el·(l)ing** *s* (Auf-, Nach-) Tanken *n:* **~ point** *aer.* Lufttank-Position *f;* **~ stop** *aer.* Zwischenlandung *f* zum Auftanken.
**ref·uge** ['refjuːdʒ] **I** *s* **1.** Zuflucht *f* (*a. fig. Ausweg, a. Person, Gott*), Schutz *m* (**from** vor), A'syl *n:* **to seek** (**find** *od.* **take**) **~** Zuflucht suchen (finden) (**from** vor *dat*); **to take ~ in s.th.** *fig.* (s-e) Zuflucht zu etwas nehmen; **to take ~ in lying** sich in Lügen flüchten; **to seek ~ in flight** sein Heil in der Flucht suchen; **city of ~** *Bibl.* Freistatt *f.* **2.** Zufluchtsstätte *f,* -ort *m.* **3.** *a.* **~ hut** *mount.* Schutzhütte *f.* **4.** *Br.* Verkehrsinsel *f.* **II** *v/t* **5.** *obs.* j-m Zuflucht gewähren. **III** *v/i* **6.** *obs.* Schutz suchen. **ref·u·gee** [₁refjʊ'dʒiː] *s* Flüchtling *m.* **II** *adj* Flüchtlings...: **~ camp; ~ government** Exilregierung *f.*
**re·fu·gi·um** [rɪ'fjuːdʒɪəm] *pl* **-gi·a** [-dʒɪə] *s bot. zo.* 'Rückzugs₁gebiet *n.*
**re·ful·gence** [rɪ'fʌldʒəns; *Am. a.* -'fʊl-] *s* Glanz *m,* Leuchten *n.* **re'ful·gent** *adj* (*adv* ~ly) glänzend, strahlend (*a. fig.*).
**re·fund**¹ [riː'fʌnd] **I** *v/t* **1.** Geld zu'rückzahlen, -erstatten, *e-n Verlust, Auslagen* ersetzen, (zu)'rückvergüten. **2.** *j-m Rück*zahlung leisten, *j-m* s-e Auslagen ersetzen. **II** *v/i* **3.** Rückzahlung leisten. **III** *s* ['riː₁fʌnd] **4.** (Zu)'Rückzahlung *f,* -erstattung *f,* Rückvergütung *f.*
**re·fund²** [riː'fʌnd] *v/t econ. e-e Anleihe etc* neu fun'dieren.
**re'fund·ment** → **refund¹** 4.
**re·fur·bish** [₁riː'fɜːbɪʃ; *Am.* -'fɜr-] *v/t* **1.** ¹aufpo₁lieren (*a. fig.*): **to ~ one's**

image; **to ~ one's French** sein Französisch auffrischen. **2.** → **refurnish.**
**re·fur·nish** [₁riː'fɜːnɪʃ; *Am.* -'fɜr-] *v/t* wieder *od.* neu ausstatten *od.* mö'blieren.
**re·fus·al** [rɪ'fjuːzl] *s* **1.** Ablehnung *f,* Zu'rückweisung *f* (*e-s Angebots etc*): **~ of acceptance** Annahmeverweigerung *f.* **2.** Verweigerung *f* (*e-r Bitte, e-s Befehls etc; a. Reitsport*). **3.** abschlägige Antwort: **he will take no ~** er läßt sich nicht abweisen. **4.** Weigerung *f* (**to do s.th.** etwas zu tun). **5.** Abweisung *f* (*e-s Freiers*), Ablehnung *f* (*e-s Heiratsantrags*), ,Korb' *m.* **6.** Meinungsforschung: Antwortverweigerung *f.* **7.** *econ.* Vorkaufsrecht *n,* Vorhand *f:* **first ~ of** erstes Anrecht auf (*acc*). **8.** *Kartenspiel:* Nichtbedienen *n.*
**re·fuse¹** [rɪ'fjuːz] **I** *v/t* **1.** *ein Angebot, ein Amt, e-n Freier, Kandidaten etc* ablehnen, *ein Angebot a.* ausschlagen, *etwas od. j-n* zu'rückweisen, *j-n* abweisen, *j-m e-e Bitte* abschlagen: **to ~ an order** e-n Befehl verweigern; **to ~ a chance** von e-r Gelegenheit keinen Gebrauch machen; **to ~ s.o. permission** j-m die Erlaubnis verweigern. **2.** sich weigern, es ablehnen (**to do** *u.* tun): **he ~d to believe it** er wollte es einfach nicht glauben; **he ~d to be bullied** er ließ sich nicht einschüchtern; **it ~d to work** es wollte nicht funktionieren *od.* gehen, es ,streikte'. **3.** *den Gehorsam etc* verweigern: **to ~ control** sich der Kontrolle entziehen. **4.** *das Hindernis* verweigern (*Pferd*). **5.** *Kartenspiel: Farbe* nicht bedienen: **to ~ suit.** **II** *v/i* **6.** ablehnen. **7.** sich weigern, es ablehnen. **8.** ablehnen, absagen: **he was invited but he ~d.** **9.** verweigern (*Pferd*). **10.** *Kartenspiel:* nicht bedienen.
**ref·use²** ['refjuːs] **I** *s* **1.** Abfall *m,* Abfälle *pl,* Müll *m.* **2.** *fig.* Auswurf *m,* -schuß *m.* **II** *adj* **3.** Abfall..., Müll...: **~ bin** Mülltonne *f;* **~ collection** Müllabfuhr *f;* **~ collector** Müllmann *m;* **~ dump** Müllabladeplatz *m,* -deponie *f.* **4.** wertlos.
**ref·u·ta·ble** ['refjʊtəbl; rɪ'fjuː-] *adj* (*adv* **refutably**) wider'legbar. **ref·u·ta·tion** [₁refjuː'teɪʃn] *s* Wider'legung *f.* **re·fute** [rɪ'fjuːt] *v/t* wider'legen.
**re·gain** [rɪ'geɪn] **I** *v/t* **1.** zu'rück-, 'wiedergewinnen, *a. das Bewußtsein* 'wiedererlangen: **to ~ one's feet** wieder auf die Beine kommen. **2.** 'wiedergewinnen, wieder erreichen: **to ~ the shore.** **3.** *sport s-e Form* 'wiederfinden. **II** *s* **4.** 'Wiedergewinnung *f.*
**re·gal¹** ['riːgl] *adj* (*adv* ~ly) **1.** königlich, Königs... **2.** *fig.* königlich, fürstlich, prächtig.
**re·gal²** ['riːgl] *s mus.* Re'gal *n* (*kleine tragbare Orgel*).
**re·gale** [rɪ'geɪl] **I** *v/t* **1.** erfreuen, ergötzen. **2.** fürstlich bewirten. **3.** **~ o.s.** (**on**) sich laben, sich gütlich tun (**an** *dat*). **II** *v/i* **4.** → 3. **III** *s* **5.** *obs. a.* erlesenes Mahl, Schmaus *m,* b) Leckerbissen *m,* c) Genuß *m.*
**re·ga·li·a** [rɪ'geɪljə] *s pl* **1.** *hist.* Re'galien *pl,* königliche Hoheitsrechte *pl.* **2.** königliche In'signien *pl.* **3.** (*Amts- od. Ordens-*) In'signien *pl.* **4.** Aufmachung *f:* **Sunday ~** Sonntagsstaat *m.*
**re·gal·ism** ['riːgəlɪzəm] *s hist. Br.* Pri'mat *m* des Königs (*bes. in geistlichen Dingen*).
**re·gal·i·ty** [rɪ'gælətɪ] *s* **1.** Königswürde *f.* **2.** Königsherrschaft *f,* Souveräni'tät *f.* **3.** Re'gal *n,* königliches Hoheitsrecht. **4.** Königreich *n.* **5.** *hist. Scot.* a) von der Krone verliehene Gerichtshoheit, b) Gerichtsbezirk *m* e-s mit königlicher Gerichtshoheit betrauten Lords.
**re·gard** [rɪ'gɑː(r)d] **I** *v/t* **1.** (aufmerksam) betrachten, ansehen. **2.** **~ as** betrachten

als, halten für: **to be ~ed as** betrachtet werden als, gelten als. **3.** *fig.* betrachten (**with mit** *Abscheu etc*): **he ~ed him with horror; I ~ him kindly** ich bringe ihm freundschaftliche Gefühle entgegen. **4.** beachten, Beachtung schenken (*dat*). **5.** berücksichtigen, respek'tieren. **6.** achten, (hoch)schätzen. **7.** betreffen, angehen: **it does not ~ me; as ~s was ...** betrifft.
**II** *s* **8.** Blick *m.* **9.** 'Hinsicht *f* (**to auf** *acc*): **in this ~** in dieser Hinsicht; **in ~ to** (*od.* **of**), **with ~ to** im Hinblick auf (*acc*); **to have ~ to** a) sich beziehen auf (*acc*), b) in Betracht ziehen (*acc*), c) → 10. **10.** (**to, for**) Rücksicht(nahme) *f* (auf *acc*), Beachtung *f* (*gen*): **~ must be paid** (*od.* **had**) **to his words** s-n Worten muß man Beachtung schenken; **to pay no ~ to s.th.** auf etwas nicht achten; **without ~ to** (*od.* **for**) ohne Rücksicht auf (*acc*); **to have no ~ for s.o.'s feelings** auf j-s Gefühle keine Rücksicht nehmen; **with due ~ to** (*od.* **for**) **his age** unter gebührender Berücksichtigung s-s Alters. **11.** (Hoch-) Achtung *f* (**for** vor *dat*). **12.** *pl* (*bes. in Briefen*) Grüße *pl,* Empfehlungen *pl:* **with kind ~s** to mit herzlichen Grüßen an (*acc*); **give him my** (**best**) **~s** grüße ihn (herzlich) von mir.
**re·gard·ful** *adj* (*adv* ~ly) **1.** achtsam, aufmerksam (**of** auf *acc*): **to be ~ of** → **regard** 4. **2.** rücksichtsvoll (**of** gegen): **to be ~ of** → **regard** 5.
**re·gard·ing** *prep* bezüglich, 'hinsichtlich (*gen*), betreffend (*acc*).
**re·gard·less** **I** *adj* (*adv* ~ly) **1.** **~ of** ungeachtet (*gen*), ohne Rücksicht auf (*acc*), unbekümmert um, trotz (*gen od. dat*). **2.** unbekümmert, rücksichts-, bedenken-, achtlos. **II** *adv* **3.** *colloq.* unbekümmert, bedenkenlos, ,ohne Rücksicht auf Verluste': **he went there ~** er ging trotzdem *od.* dennoch hin.
**re·gat·ta** [rɪ'gætə] *s sport* Re'gatta *f.*
**re·ge·late** ['riːdʒɪleɪt] *v/i u. phys.* wieder gefrieren. **,re·ge'la·tion** *s* Regelati'on *f,* 'Wiedergefrieren *n.*
**re·gen·cy** ['riːdʒənsɪ] *s* **1.** Re'gentschaft *f* (*Amt, Gebiet, Zeit*). **2.** **R~** *hist.* Re'gentschaft(szeit) *f, bes.* a) Ré'gence *f* (*in Frankreich, des Herzogs Philipp von Orleans 1715–23*), b) *in England* (*1811–20*) *von Georg, Prinz von Wales* (*später Georg IV.*). **II** *adj* **3.** Regentschafts...
**re·gen·er·ate** [rɪ'dʒenəreɪt] **I** *v/t* **1.** *rel.* neu schaffen, 'umgestalten, b) wieder erzeugen, c) erneuern, neu *od.* wieder bilden, d) neu beleben: **to be ~d** *relig.* wiedergeboren werden; **to ~ heat** *tech.* Wärme zurückgewinnen *od.* regenerieren. **2.** bessern, refor'mieren. **3.** *electr.* rückkoppeln. **II** *v/i* **4.** sich erneuern, neu aufleben. **5.** sich regene'rieren, sich erneuern, sich neu *od.* wieder bilden, nachwachsen (*Organ*). **6.** sich bessern, sich refor'mieren. **III** *adj* [-rət] **7.** ge-, verbessert, refor'miert. **8.** erneuert, regene'riert. **9.** *relig.* 'wiedergeboren.
**re·gen·er·a·tion** [rɪ₁dʒenə'reɪʃn] *s* **1.** Regenerati'on *f:* a) Refor'mierung *f,* Besserung *f,* b) Neuschaffung *f,* 'Umgestaltung *f,* c) Wieder'herstellung *f,* Erneuerung *f,* d) Neubelebung *f,* e) *relig.* 'Wiedergeburt *f.* **2.** *biol.* Regenerati'on *f,* Erneuerung *f* (*verlorengegangener Teile*). **3.** *electr.* Rückkopp(e)lung *f.* **4.** *tech.* Regene'rierung *f,* 'Wiedergewinnung *f.*
**re'gen·er·a·tive** [-rətɪv; *Am.* -₁reɪtɪv] *adj* (*adv* ~ly) **1.** (ver)bessernd, Reformierungs... **2.** neuschaffend, Umgestaltungs... **3.** (sich) erneuernd, Erneuerungs..., Verjüngungs... **4.** 'wieder- *od.* neubelebend. **5.** *electr.* Rückkopp(e)-

lungs... **6.** *tech.* Regenerativ... **7.** *biol.*
Regenerations...: ~ **capacity** Regenerationsvermögen *n*.

**re·gen·er·a·tor** [rɪˈdʒenəreɪtə(r)] *s* **1.** Erneuerer *m*. **2.** *tech.* Regeneˈrator *m*.

**re·gen·e·sis** [ˌriːˈdʒenɪsɪs] *s* ˈWiedergeburt *f*, Erneuerung *f*.

**re·gent** [ˈriːdʒənt] **I** *s* **1.** Reˈgent(in), Reichsverweser(in). **2.** *univ.* a) *hist.* (in *Oxford u. Cambridge*) Disputatiˈonsleiter *m*, b) *Scot. hist.* Studienleiter *m*, c) *Am.* Mitglied *n* des Verwaltungsrats. **II** *adj* **3.** (*dem Substantiv nachgestellt*) die Reˈgentschaft innehabend: → **queen regent, prince 2.** ˈre·gent·ship *s* Reˈgentschaft *f*.

**reg·gae** [ˈregeɪ] *s mus.* Reggae *m*.

**reg·i·cid·al** [ˌredʒɪˈsaɪdl] *adj* königsmörderisch. ˈreg·i·cide *s* **1.** Königsmörder *m*. **2.** the ~**s** *pl* die Königsmörder *pl* (*bes. die an der Verurteilung u. Hinrichtung Karls I. von England Beteiligten*). **3.** Königsmord *m*.

**ré·gie** [reɪˈʒiː] *s* Reˈgie *f*, ˈStaatsmonoˌpol *n*.

**re·gime,** *a.* **ré·gime** [reɪˈʒiːm] *s* **1.** *pol.* Reˈgime *n*, Reˈgierungsform *f*, (Reˈgierungs)Syˌstem *n*. **2.** (vor)herrschendes Syˈstem: **matrimonial** ~ *jur.* eheliches Güterrecht. **3.** → **regimen 1.**

**reg·i·men** [ˈredʒɪmen] *s* **1.** *med.* geregelte *od.* gesunde Lebensweise, *bes.* Diˈät *f*: **to follow a strict** ~ streng Diät halten. **2.** Reˈgierung *f*, Herrschaft *f*. **3.** *ling.* Rektiˈon *f*.

**reg·i·ment I** *s* [ˈredʒɪmənt] **1.** *mil.* Regiˈment *n*. **2.** *fig.* große Zahl, Schar *f*. **II** *v/t* [-ment] **3.** *mil.* a) zu Regiˈmentern forˈmieren, b) ein Regiˈment bilden aus, c) regimenˈtieren, e-m Regiˈment zuteilen. **4.** *fig.* a) ˈeingrupˌpieren, einordnen, b) organiˈsieren, c) unter (*bes.* staatliche) Aufsicht stellen. **5.** *fig.* reglemenˈtieren, kontrolˈlieren, gängeln, bevormunden. ˌreg·i·menˈtal [-ˈmentl] *adj mil.* Regiments...: ~ **aid post** Truppenverband(s)platz *m*; ~ **combat team** Kampfgruppe *f*; ~ **hospital** Feldlazarett *n*; ~ **officer** *Br.* Truppenoffizier *m*. ˌreg·i·menˈtal·ly *adv mil.* regiˈmentsweise. ˌreg·i·menˈtals *s pl mil.* (Regiˈments-, Tradiˈtions-) Uniˌform *f*.

**reg·i·men·ta·tion** [ˌredʒɪmenˈteɪʃn] *s* **1.** Organiˈsierung *f*, Einteilung *f* (in Gruppen). **2.** *fig.* Reglemenˈtierung *f*, (beˈhördliche) Konˈtrolle, Bevormundung *f*.

**Re·gi·na** [rɪˈdʒaɪnə] (*Lat.*) *s jur. Br.* (die) Königin (*offizieller Titel der Königin von England*), *weitS. a.* die Krone, der Staat: **Elizabeth** ~ Königin Elisabeth.

**re·gion** [ˈriːdʒən] *s* **1.** *allg.* Gebiet *n*, Bereich *m*, Gegend *f*, Regiˈon *f*: **spectral** ~ *phys.* Spektralbereich; ~ **of high (low) pressure** *meteor.* Hoch-(Tief)druckgebiet; **a present in the** ~ **of £50** ein Geschenk im Wert von ungefähr 50 Pfund. **2.** Gebiet *n*, Gegend *f*, Landstrich *m*. **3.** *bot. geogr. zo.* Regiˈon *f*, Gebiet *n*: **tropical** ~**s** Tropengebiete. **4.** (Luft-, Meeres)Schicht *f*, Sphäre *f*. **5.** *fig.* Regiˈon *f*, Reich *n* (*des Universums etc*): **the upper (lower)** ~**s** die höheren Regionen (die Unterwelt). **6.** *med.* (Körper)Gegend *f*: **cardiac** ~ Herzgegend. **7.** (Verwaltungs)Bezirk *m*.

**re·gion·al** [ˈriːdʒənl] *adj* (*adv* ~**ly**) **1.** regiˈonal, gebiets-, strichweise, örtlich (*bes. begrenzt*). *a. med.* loˈkal, örtlich: ~ **an(a)esthesia** *med.* örtliche Betäubung, Lokalanästhesie *f*; ~ **diagnosis** *med.* Herddiagnose *f*. **2.** Regional..., Bezirks..., Orts...: ~ **station** (*Radio*) Regionalsender *m*. ˈre·gion·al·ism *s* **1.** Regionaˈlismus *m*, Loˈkalpatrioˌtismus *m*. **2.** Heimatkunst *f*, -dichtung *f*.

**3.** *ling.* nur regioˈnal gebrauchter Ausdruck.

**reg·is·ter**[1] [ˈredʒɪstə(r)] **I** *s* **1.** Reˈgister *n* (*a. Computer*), Eintragungsbuch *n*, Verzeichnis *n*, (*Wähler- etc*)Liste *f*: ~ **of births, deaths and marriages** Personenstandsregister; ~ **of companies** Handelsregister; ~ **of patents** Patentrolle *f*; ~ **of taxes** Hebeliste *f*; **unpaid** ~ *econ.* Verzeichnis nichteingelöster Schecks; ~ **office** a) Registratur *f*, b) *Br.* Standesamt *n*; (**ship's**) ~ *mar.* a) Registerbrief *m*, b) Schiffsregister *n*; → **ton**[1] **2, tonnage 1. 2.** Regiˈstrierung *f*: a) Eintrag *m*, b) Eintragung *f*. **3.** a) Reˈgister *n*, (Inhalts)Verzeichnis *n*, Index *m*, b) Buchzeichen *n*. **4.** *tech.* a) Regiˈstriervorrichtung *f*, Zählwerk *n*: → **cash register,** b) Reguˈliervorrichtung *f*, Schieber *m*, Venˈtil *n*, Klappe *f*. **5.** *mus.* a) (ˈOrgel-)Reˌgister *n*, b) Stimm-, Tonlage *f*, c) ˈStimmˌumfang *m*. **6.** *print.* Reˈgister *n*: **to be in** ~ Register halten. **7.** *ling.* Sprach-, Stilebene *f*.

**II** *v/t* **8.** regiˈstrieren, eintragen *od.* -schreiben (lassen), anmelden (**for school** zur Schule), *weitS.* (amtlich) erfassen, (*a. fig. e-n Erfolg etc*) verzeichnen, -buchen: **to** ~ **o.s.** *econ.* sich in die (Wahl-)Liste eintragen; **to** ~ **a company** *econ.* e-e Gesellschaft (handelsgerichtlich) eintragen. **9.** *jur.* a) **ein** Warenzeichen anmelden, b) *e-n* Artikel gesetzlich schützen. **10.** *mail* einschreiben (lassen): **to** ~ **a letter. 11.** *Br. Gepäck* aufgeben. **12.** *tech.* Meßwerte registrieren, anzeigen, verzeichnen. **13.** *e-e Empfindung* zeigen, ausdrücken: **to** ~ **surprise. 14.** *print.* Gedrucktes in das Reˈgister bringen. **15.** *mil.* das Geschütz einschießen.

**III** *v/i* **16.** a) sich (in das Fremdenbuch, in die Wählerliste *etc*) eintragen (lassen), b) *univ. etc* sich einschreiben (**for** für). **17.** sich (an)melden (**at, with** bei *der Polizei etc*). **18.** *print.* Reˈgister halten. **19.** it didn't ~ **with me** *colloq.* ich habe es nicht registriert *od.* zur Kenntnis genommen. **20.** *tech.* a) sich decken, genau zuˈeinˌander passen, b) einrasten. **21.** *mil.* sich einschießen. **22.** *mus.* regiˈstrieren.

**reg·is·ter**[2] [ˈredʒɪstər] *s*: ~ **of wills** *jur. Am.* Urkundsbeamte(r) *m* des Nachlaßgerichts.

**reg·is·tered** [ˈredʒɪstə(r)d] *adj* **1.** *allg.* regiˈstriert, eingetragen. **2.** *econ. jur.* a) (handelsgerichtlich) eingetragen: ~ **company** (**place of business, trademark,** *etc*), b) gesetzlich geschützt: ~ **design** (*od.* **pattern**) Gebrauchsmuster *n*. **3.** *econ.* regiˈstriert, Namens...: ~ **bonds** Namensschuldverschreibungen; ~ **capital** autorisiertes (Aktien)Kapital; ~ **share,** *bes. Am.* ~ **stock** Namensaktie *f*. **4.** *mail* eingeschrieben, Einschreibe...: ~ **letter;** R~**!** Einschreiben! **5.** amtlich zugelassen (*Fahrzeug*): ~ **doctor** approbierter Arzt; ~ **nurse** *Am.* (staatlich) geprüfte Krankenschwester. **6.** *Tierzucht:* Zuchtbuch...

**reg·is·trar** [ˌredʒɪˈstrɑː; *Am.* ˈredʒəˌstrɑːr] *s* **1.** *Br.* Standesbeamte(r) *m*: R~ **General** oberster Standesbeamter; ~**'s office** a) Registratur *f*, b) *Br.* Standesamt *n*. **2.** Regiˈstrator *m*, Archiˈvar *m*, Urkundsbeamte(r) *m*: ~ **in bankruptcy** *jur. Br.* Konkursrichter *m*. **3.** *univ. etc* a) *Br.* höchster Verwaltungsbeamter, b) *Am.* Regiˈstrator *m*. **4.** *med. Br.* Krankenhausarzt *m*.

**reg·is·trar·y** [ˈredʒɪstrərɪ] *s Br.* höchster Verwaltungsbeamter der Universität Cambridge.

**reg·is·tra·tion** [ˌredʒɪˈstreɪʃn] *s* **1.** (*bes.* standesamtliche, poliˈzeiliche, ˈWahletc*)Regiˌstrierung *f*, Erfassung *f*, Eintra-

gung *f* (*a. econ. e-r Gesellschaft, e-s Warenzeichens*), *mot.* Zulassung *f* (*e-s Fahrzeugs*). **2.** (poliˈzeiliche, Hoˈtel-, Schul*etc*)Anmeldung, Einschreibung *f*: **compulsory** ~ (An)Meldepflicht *f*; ~ **certificate** Zulassung(spapier *n*) *f*; ~ **form** (An)Meldeformular *n*. **3.** Kreis *m od.* Zahl *f* der Erfaßten, (*das*) Regiˈstrierte *od.* Erfaßte. **4.** *mail* Einschreibung *f*. **5.** *a.* ~ **of luggage** *bes. Br.* (Gepäck)Aufgabe *f*: ~ **window** Gepäckschalter *m*. **6.** *mus.* Regiˈstrierung *f* (*bei der Orgel*). ~ **card** *s* **1.** Anmeldeschein *m*. **2.** Persoˈnalkarte *f*. ~ **fee** *s* **1.** *econ.* a) Eintragungs-, Anmeldegebühr *f*, b) ˈUmschreibungsgebühr *f*. **2.** *mail* Einschreib(e)gebühr *f*. ~ **of·fice** *s* Meldestelle *f*, Einwohnermeldeamt *n*.

**reg·is·try** [ˈredʒɪstrɪ] *s* **1.** Regiˈstrierung *f* (*a. mar. e-s Schiffs*): **port of** ~ Registrierhafen *m*. **2.** Reˈgister *n*, Verzeichnis *n*. **3.** *a.* ~ **office** a) Registraˈtur *f*, b) *Br.* Standesamt *n*. **4.** ˈStellenvermittlungsbüˌro *n*.

**re·gi·us** [ˈriːdʒəs; -ɪəs] (*Lat.*) *adj* königlich: R~ **professor** *Br.* königlicher Professor (*durch königliches Patent ernannt*).

**reg·let** [ˈreglɪt] *s* **1.** *arch.* Leistchen *n*. **2.** *print.* a) Reˈglette *f*, Steg *m*, b) (ˈZeilen-)ˌDurchschuß *m*.

**reg·nal** [ˈregnəl] *adj* Regierungs...: ~ **year;** ~ **day** Jahrestag *m* des Regierungsantritts. ˈreg·nant *adj* **1.** (*nachgestellt*) reˈgierend: **prince** ~. **2.** *fig.* (vor)herrschend.

**re·gorge** [rɪˈgɔː(r)dʒ] **I** *v/t* **1.** wiederˈausspeien. **II** *v/i* **3.** zuˈrückwerfen. **3.** zuˈrückgeworfen *od.* ausgespien werden. **4.** zuˈrückfließen.

**re·grade** [ˌriːˈgreɪd] *v/t* neu einstufen.

**re·grant** [ˌriːˈgrɑːnt; *Am.* -ˈgrænt] **I** *v/t* ˈwiederverˌleihen, von neuem bewilligen. **II** *s* ˈWiederverleihung *f*, erneute Bewilligung.

**re·grate** [rɪˈgreɪt] *v/t* **1.** (*zum Wiederverkauf*) aufkaufen. **2.** weiter-, ˈwiederverkaufen. **re·ˈgrat·er** *s* **1.** ˈWiederverkäufer *m*, Zwischenhändler *m*. **2.** *Br.* Aufkäufer *m*.

**re·gress I** *v/i* [rɪˈgres] **1.** sich rückwärts bewegen. **2.** sich rückläufig entwickeln (*Gesellschaft*). **3.** *biol. psych.* sich zuˈrückbilden *od.* -entwickeln. **II** *s* [ˈriːgres] **4.** Rückwärtsbewegung *f*. **5.** rückläufige Entwicklung.

**re·gres·sion** [rɪˈgreʃn] *s* **1.** → **regress** II. **2.** *biol.* Rückbildung *f*, -entwicklung *f*, Regressiˈon *f*. **3.** *psych.* Regressiˈon *f*. **4.** *math.* a) Regressiˈon *f*, Beziehung *f*, b) Rückkehr *f* (*e-r Kurve*).

**re·gres·sive** [rɪˈgresɪv] *adj* (*adv* ~**ly**) **1.** zuˈrückgehend, rückläufig. **2.** rückwirkend: ~ **accent;** ~ **taxation. 3.** *biol.* regresˈsiv, sich zuˈrückbildend *od.* -entwickelnd.

**re·gret** [rɪˈgret] **I** *v/t* **1.** beklagen, trauern um, *j-m od. e-r Sache* nachtrauern: **to** ~ **one's vanished years. 2.** bedauern, bereuen: **to** ~ (**one's**) **doing s.th.** es bedauern *od.* bereuen, etwas getan zu haben. **3.** *etwas* bedauern: **it is to be** ~**ted** es ist bedauerlich; **I** ~ **to say** ich muß leider sagen. **II** *s* **4.** Schmerz *m*, Trauer *f* (**for** um). **5.** Bedauern *n*, Reue *f*: **to have no** ~**(s)** keine Reue empfinden. **6.** Bedauern *n* (**at** über *acc*): (**much** *od.* **greatly**) **to my** ~ (sehr) zu m-m Bedauern, leider. **re·ˈgret·ful** *adj* (*adv* ~**ly**) bedauernd, reuevoll, kummervoll. **re·ˈgret·ta·ble** *adj* **1.** bedauerlich. **2.** bedauernswert, zu bedauern(d). **re·ˈgret·ta·bly** [-blɪ] *adv* bedauerlicherweise, leider.

**re·grind** [ˌriːˈgraɪnd] *v/t irr tech.* nachschleifen.

**re·group** [ˌriːˈgruːp] *v/t u. v/i* (sich) ˈum-

grup|pieren, neu grup|pieren, *econ. Kapital* 'umschichten.

**regs** [regz] *s pl bes. Am. colloq. für* regulation 2 b–d.

**reg·u·la·ble** ['rəgjuləbl] *adj* regu'lier-, einstellbar.

**reg·u·lar** ['regjulə(r)] **I** *adj* (*adv* ~ly) **1.** (zeitlich) regelmäßig, *rail. etc a.* fahrplanmäßig: ~ **customer** a) Stammkunde *m*, -kundin *f*, b) Stammgast *m*; ~ **voter** *pol.* Stammwähler *m*; **at** ~ **intervals** regelmäßig, in regelmäßigen Abständen. **2.** regelmäßig (*in Form od. Anordnung*), ebenmäßig: ~ **features**; ~ **teeth**. **3.** regu-'lär, nor'mal, gewohnt: ~ **business** normaler Geschäftsverkehr, laufende Geschäfte; ~ **gasoline** *mot. Am.* Normalbenzin *n*; ~ **lot** (*Börse*) Normaleinheit *f*; ~ly **employed** fest angestellt, in ungekündigter Stellung. **4.** stetig, regel-, gleichmäßig: ~ **breathing**. **5.** regelmäßig, geregelt, geordnet: **a** ~ **life**; ~ **habits** e-e geordnete Lebensweise. **6.** genau, pünktlich. **7.** *bes. jur. pol.* richtig, vorschriftsmäßig, formgerecht: ~ **session** ordentliche Sitzung. **8.** a) geprüft: **a** ~ **physician** ein approbierter Arzt, b) ,richtig', gelernt: **a** ~ **cook. 9.** richtig, recht, ordentlich: **he has no** ~ **profession. 10.** *colloq.* ,echt', ,richtig' (-gehend)': **a** ~ **rascal**; **a** ~ **guy** *Am.* ein Pfundskerl. **11.** *math.* gleichseitig: ~ **triangle. 12.** *ling.* regelmäßig (*Wortform*). **13.** *mil.* a) regu'lär (*Truppe*): ~ **army**, b) ak'tiv, Berufs...: ~ **soldier. 14.** *sport* Stamm...: ~ **player**; **to make the** ~ **team** *bes. Am.* sich e-n Stammplatz (in der Mannschaft) erobern. **15.** *relig.* Ordens...: ~ **clergy. 16.** *pol. Am.* Partei(leitungs)...

**II** *s* **17.** Ordensgeistliche(r) *m.* **18.** *mil.* a) ak'tiver Sol'dat, Be'rufssol|dat *m*, b) *pl* regu'läre Truppe(n *pl*). **19.** *pol. Am.* treuer Par'teianhänger. **20.** *colloq.* a) Stammkunde *m*, -kundin *f*, b) Stammgast *m.* **21.** *sport colloq.* Stammspieler(in).

**III** *adv sl.* **22.** regelmäßig. **23.** ,richtig(-gehend)', ,gehörig', ,tüchtig'.

**reg·u·lar·i·ty** [ˌregju'lærətɪ] *s* **1.** Regelmäßigkeit *f.* **2.** Ordnung *f*, Richtigkeit *f.*

**reg·u·lar·i·za·tion** [ˌregjulərar'zeɪʃn; *Am.* -rə'z-] *s* (*a.* gesetzliche) Regelung.

**'reg·u·lar·ize** *v/t* **1.** e-r Regel unter-'werfen. **2.** vereinheitlichen. **3.** (gesetzlich) regeln.

**reg·u·late** ['regjuleɪt] *v/t* **1.** regeln, lenken, ordnen: **to** ~ **the traffic** den Verkehr regeln. **2.** *jur.* (gesetzlich) regeln. **3.** *physiol. tech. etc* regu'lieren, regeln: ~ **the speed** (**digestion**, *etc*). **4.** *tech.* e-e Maschine, Uhr *etc* (ein)stellen. **5.** anpassen (*according to* an *acc*). **'reg·u·lat·ing** *adj* **1.** regu'lierend, regelnd. **2.** *tech.* Regulier..., (Ein)Stell...: ~ **resistance** *electr.* Regelwiderstand *m*; ~ **screw** Stellschraube *f*; ~ **unit** Stellglied *n.*

**reg·u·la·tion** [ˌregju'leɪʃn] **I** *s* **1.** Regelung *f*, Regu'lierung *f* (*beide a. physiol. u. tech.*), *tech.* Einstellung *f.* **2.** a) (Ausführungs)Verordnung *f*, Verfügung *f*, b) *pl* 'Durchführungsbestimmungen *pl*, c) *pl* Satzung(en *pl*) *f*, Sta'tuten *pl*, d) *pl* (Dienst-, Betriebs)Vorschrift *f*: ~ **works** ~s Betriebsordnung *f*; **traffic** ~s Verkehrsvorschriften; **according to** ~s nach Vorschrift, vorschriftsmäßig. **II** *adj* **3.** vorgeschrieben, vorschriftsmäßig: **of (the)** ~ **size. 4.** *bes. mil.* vorschriftsmäßig, Dienst...: ~ **cap** Dienstmütze *f.* **5.** üblich, gebräuchlich. **reg·u·la·tive** ['regjulətɪv; *Am.* -ˌleɪtɪv] *adj* regula'tiv (*a. philos.*), regelnd, regu'lierend.

**reg·u·la·tor** ['regjuleɪtə(r)] *s* **1.** *electr.* Regler *m.* **2.** *tech.* Regu'lator *m*:

a) (Gang)Regler *m* (*e-r Uhr*), b) (*e-e*) Wanduhr. **3.** *tech.* Regu'lier-, Stellvorrichtung *f*: ~ **valve** Reglerventil *n.* **4.** *chem.* Regu'lator *m.* **'reg·u·la·to·ry** [-lətərɪ; *Am.* -lə,təʊrɪ:; -ˌtɔː-] *adj* Durch-, Ausführungs...: ~ **provisions**; → **statute** 1.

**reg·u·line** ['regjulaɪn; -lɪn] *adj chem.* regu'linisch: ~ **metal** kompaktes Metall.

**reg·u·lo** ['regjuləʊ] *pl* **-los** *s Br.* Stufe *f* (*e-s Gasherdes*): **on** ~ **3** auf Stufe 3.

**reg·u·lus** ['regjuləs] *pl* **-lus·es, -li** [-laɪ] *s* **1.** R~ *astr.* Regulus *m* (*Stern im Löwen*). **2.** *tech.* Regulus *m*: a) (Me'tall-)König *m*, b) Speise *f* (*flüssiges Gußmetall*). **3.** *math.* Regulus *m.* **4.** *orn.* Goldhähnchen *n.*

**re·gur·gi·tate** [rɪ'gɜ:dʒɪteɪt; *Am.* -'gɜr-] **I** *v/i* **1.** zu'rückfließen. **II** *v/t* **2.** zu'rückfließen lassen. **3.** wieder ausspeien. **4.** *Essen* erbrechen. **re·gur·gi'ta·tion** *s bes. med.* a) Rückfluß *m* (*bes. vom Blut*), b) Rückstauung *f.*

**re·hab** [ˌriː'hæb] *Am. colloq. für* a) **reha-bilitate**, b) **rehabilitation**.

**re·ha·bil·i·tate** [ˌriːə'bɪlɪteɪt; ˌriːhə-] *v/t* **1.** rehabili'tieren: a) wieder'einsetzen (**in** in *acc*), b) *j-s* Ruf wieder'herstellen, c) *e-n* Versehrten wieder ins Berufsleben eingliedern. **2.** *e-n Strafentlassenen* resoziali'sieren. **3.** *e-n Betrieb* wieder'herstellen. **4.** *e-n Betrieb, Altbauten etc* sa'nieren. **'re·ha,bil·i'ta·tion** *s* **1.** Rehabilitati'on *f*, Rehabili'tierung *f*: a) Wieder'einsetzung *f* (*in frühere Rechte*), b) Ehrenrettung *f*, c) *a.* **vocational** ~ Wieder'eingliederung *f* ins Berufsleben: ~ **center** (*bes. Br.* **centre**) Rehabilitationszentrum *n.* **2.** *a.* **social** ~ Resoziali'sierung *f.* **3.** Sa'nierung *f*: **industrial** ~ wirtschaftlicher Wiederaufbau.

**re·han·dle** [ˌriː'hændl] *v/t ein Thema* neu bearbeiten, *etwas* 'umarbeiten.

**re·hash** *fig.* **I** *s* ['riːhæʃ] **1.** (*etwas*) Aufgewärmtes, Wieder'holung *f*, Aufguß *m.* **2.** Wieder'aufwärmen *n.* **II** *v/t* [ˌriː'hæʃ] **3.** (wieder) aufwärmen, 'wiederkäuen.

**re·hear** [ˌriː'hɪə(r)] *v/t irr* **1.** erneut anhören. **2.** *jur.* neu verhandeln. **ˌre'hear-ing** *s jur.* erneute Verhandlung.

**re·hears·al** [rɪ'hɜːsl; *Am.* rɪ'hɜrsəl] *s* **1.** *mus. thea., a. fig.* Probe *f*: **to be in** ~ einstudiert werden; **first** ~ Leseprobe; **full** ~ Gesamtprobe; **to take the** ~**s** die Proben leiten. **2.** 'Einstu,dierung *f.* **3.** Wieder'holung *f.* **4.** Aufzählung *f*, Lita'nei *f*: **a** ~ **of grievances. 5.** Aufsagen *n*, Vortrag *m.* **re'hearse I** *v/t* **1.** *mus. thea.* proben (*a. fig.*), *e-e Rolle, ein Stück etc* 'einstu,dieren. **2.** *j-n* einüben. **3.** wieder-'holen. **4.** aufzählen. **5.** aufsagen, vortragen. **6.** erzählen, berichten. **7.** *Möglichkeiten etc* 'durchspielen. **II** *v/i* **8.** Proben abhalten, proben.

**re·heat I** *v/t* [ˌriː'hiːt] *Suppe etc* aufwärmen. **II** *s* ['riːhiːt] *aer. bes. Br.* Nachbrennen *n.*

**re·house** [ˌriː'haʊz] *v/t* (wieder *od.* in e-r neuen Wohnung) 'unterbringen, (neuen) Wohnraum (be)schaffen für.

**re·i·fi·ca·tion** [ˌriːɪfɪ'keɪʃn; *Am. a.* ˌreɪə-] *s* Reifikati'on *f*, Vergegenständlichung *f*, Konkreti'sierung *f.* **'re·i·fy** [-faɪ] *v/t* reifi'zieren, vergegenständlichen, konkreti'sieren.

**reign** [reɪn] **I** *s* **1.** Re'gierung(szeit) *f*: **in** (*od.* **under**) **the** ~ **of** unter der Regierung (*gen*). **2.** Herrschaft *f* (*a. fig. der Mode etc*): ~ **of law** Rechtsstaatlichkeit *f*; ~ **of terror** Schreckensherrschaft. **II** *v/i* **3.** re'gieren, herrschen (**over** über *acc*): **the** ~**ing beauty** die schönste (u. einflußreichste) Frau (*ihrer Zeit*); **the** ~**ing world champion** *sport* der amtierende Weltmeister. **4.** *fig.* herrschen: **silence**

~ed es herrschte Schweigen. **5.** vorherrschen, über'wiegen.

**re·im·burs·a·ble** [ˌriːɪm'bɜːsəbl; *Am.* -'bɜr-] *adj* rückzahlbar. **ˌre·im'burse** *v/t* **1.** *econ. j-n* entschädigen (**for** für): **you will be** ~**d for your expenses** wir werden Ihnen Ihre Auslagen (zurück-) erstatten; **to** ~ **o.s.** sich schadlos halten (**for** für). **2.** *etwas* zu'rückzahlen, *Auslagen* erstatten, vergüten, *Kosten* decken. **ˌre·im'burse·ment** *s econ.* **1.** ('Wieder)Erstattung *f*, (Rück)Vergütung *f*, (Kosten)Deckung *f*: ~ **credit** Rembourskredit *m.* **2.** Entschädigung *f.*

**re·im·port** *econ.* **I** *v/t* [ˌriːɪm'pɔː(r)t] **1.** wieder'einführen. **II** *s* [ˌriːɪmpɔː(r)t] **2.** → **reimportation. 3.** *pl* wieder'eingeführte Waren *pl.* **ˌre·im·por'ta·tion** *s* 'Wiedereinfuhr *f.*

**re·im·pres·sion** [ˌriːɪm'preʃn] *s print.* Neu-, Nachdruck *m.*

**rein** [reɪn] **I** *s* **1.** *oft pl* Zügel *m*, *meist pl* (*a. fig.*): **to draw** ~ (an)halten, *fig.* bremsen; **to give a horse the** ~(**s**) die Zügel locker lassen; **to give free** ~(**s**) **to one's imagination** s-r Phantasie freien Lauf lassen *od.* die Zügel schießen lassen; **to keep a tight** ~ **on s.o.** *fig. j-n* fest an die Kandare nehmen; **with a loose** ~ mit sanfter Zügelführung, *fig.* mit sanfter Hand; **to take** (*od.* **assume**) **the** ~**s of government** die Zügel (der Regierung) in die Hand nehmen. **II** *v/t* **2.** *das Pferd* aufzäumen. **3.** (mit dem Zügel) lenken: **to** ~ **back** (*od.* **up** a) verhalten, b) anhalten. **4.** *fig.* lenken. **5.** *fig.* zügeln, im Zaum halten: **to** ~ **one's tongue. III** *v/i* **6.** ~ **back**, ~ **in**, ~ **up** a) verhalten, b) anhalten.

**re·in·car·nate I** *v/t* [riː'ɪnkɑː(r)neɪt; ˌriːɪn'kɑː(r)-] *j-m* wieder fleischliche Gestalt geben: **to be** ~**d** wiedergeboren werden. **II** *adj* [ˌriːɪn'kɑː(r)nɪt] 'wiedergeboren. **ˌre·in·car'na·tion** *s* Reinkarnati'on *f*: a) (Glaube *m* an die) Seelenwanderung, b) 'Wiederverleiblichung *f*, -geburt *f.*

**rein·deer** ['reɪnˌdɪə(r)] *pl* **-deers**, *bes. collect.* **-deer** *s zo.* Ren *n*, Rentier *n.*

**re·in·force** [ˌriːɪn'fɔː(r)s] **I** *v/t* **1.** *mil. u. weitS.* verstärken. **2.** *fig.* a) *s-e Gesundheit* kräftigen, b) *s-e Worte* bekräftigen, c) *e-n Eindruck* verstärken, d) *e-n Beweis* unter-'mauern, e) **it** ~**d my determination** es bestärkte mich in m-m Entschluß. **3.** *tech.* a) *allg.* verstärken, b) *Beton* ar'mieren: ~**d concrete** Eisen-, Stahlbeton *m.* **II** *s* **4.** *tech.* (Materi'al)Verstärkung *f.* **5.** *mil.* Rohrverstärkung *f.* **ˌre·in'force-ment** *s* **1.** Verstärkung *f* (*a. tech.*), *tech.* Ar'mierung *f* (*von Beton*). **2.** *pl mil.* Verstärkung *f.* **3.** *fig.* Bekräftigung *f*, Unter-'mauerung *f.*

**reins** [reɪnz] *s pl* **1.** *obs.* a) Nieren *pl*, b) Lenden *pl.* **2.** *Bibl.* Nieren *pl* (*Herz, Seele*).

**reins·man** ['reɪnzmən] *s irr Am.* Lenker *m* (*e-s Gespanns*), *bes.* erfahrener Jockey *od.* Trabrennfahrer.

**re·in·stall** [ˌriːɪn'stɔːl] *v/t j-n* wieder'einsetzen (**in** in *acc*), *entlassenen Arbeiter etc* wieder'einstellen. **ˌre·in'stal(l)·ment** *s* Wieder'einsetzung *f*, -'einstellung *f.*

**re·in·state** [ˌriːɪn'steɪt] *v/t* **1.** *j-n* wieder-'einsetzen (**in** in *acc*). **2.** *etwas* (wieder) in'stand setzen. **3.** *j-n od. etwas* wieder-'herstellen, *e-e Versicherung etc* wieder-'aufleben lassen. **ˌre·in'state·ment** *s* **1.** Wieder'einsetzung *f.* **2.** Wieder'herstellung *f.*

**re·in·sur·ance** [ˌriːɪn'ʃʊərəns] *s econ.* Rückversicherung *f.* **ˌre·in'sure** *v/t* **1.** rückversichern. **2.** nachversichern.

**re·in·te·grate** [ˌriː'ɪntɪgreɪt] *v/t* **1.** wieder-vereinigen. **2.** wieder aufnehmen *od.* eingliedern (**into** in *acc*). **3.** wieder'her-

stellen. **¡re·in·te¦gra·tion** s 1. ¦Wiedervereinigung f. 2. Wieder¦aufnahme f, -¦eingliederung f. 3. Wieder¦herstellung f.

**re·in·vest** [͵riːɪn'vest] v/t 1. econ. wieder anlegen: to ~ a profit. 2. j-n wieder¦einsetzen (in in acc), wieder bekleiden (with mit). **͵re·in'ves·ti·ture** [-tɪtʃə(r)] s Wieder¦einsetzung f (in ein Amt od. in Rechte), Wieder¦einweisung f (in Besitz). **͵re·in'vest·ment** s econ. Neu-, ¦Wiederanlage f.

**re·is·sue** [͵riː'ɪʃuː] I s 1. print. Neuauflage f (in veränderter Aufmachung). 2. Neuausgabe f (von Banknoten, Briefmarken etc): ~ patent Abänderungspatent n. II v/t 3. neu auflegen. 4. neu ausgeben.

**re·it·er·ate** [͵riː'ɪtəreɪt] v/t (ständig) wieder¦holen. **re͵it·er'a·tion** s Wieder¦holung f. **re'it·er·a·tive** [-rətɪv; Am. -͵reɪ-] I adj (adv ~ly) 1. (ständig) wieder¦holend. II s ling. 2. (Re)Itera¦tivum n. 3. redupli¦ziertes Wort.

**re·ject** I v/t [rɪ'dʒekt] 1. j-n od. etwas ab-, zu¦rückweisen, e-e Bitte abschlagen, etwas verwerfen: to ~ a counsel e-n Rat verschmähen od. nicht annehmen; to ~ food Nahrung od. die Nahrungsaufnahme verweigern; to be ~ed a) pol. od. thea. ¡durchfallen', b) ¡e-n Korb bekommen' (Freier). 2. (als wertlos od. unbrauchbar) ausscheiden, tech. a. ausstoßen. 3. med. a) Essen wieder von sich geben (Magen), b) verpflanztes Organ etc abstoßen. II s ['riːdʒekt] 4. mil. Untaugliche(r) m, Ausgemusterte(r) m. 5. ¦Ausschuß¡tikel m: ~s pl Ausschuß m. **re'ject·a·ble** adj 1. ablehnbar. 2. abzulehnen(d). **re͵jecta'men·ta** [-tə'mentə] s pl 1. Abfälle pl. 2. a) Anschwemmungen pl (des Meeres), b) Strandgut n. 3. physiol. Exkre¦mente pl. **re'jec·tion** s 1. Ablehnung f, Zu¦rückweisung f, Verwerfung f. 2. econ. a) Abnahmeverweigerung f, b) → reject 5: ~ number Schlechtzahl f (bei Gütekontrolle). 3. pl Exkre¦mente pl. 4. med. Abstoßung f. **re'jec·tor** [-tə(r)] s a. ~ circuit electr. Sperrkreis m.

**re·joice** [rɪ'dʒɔɪs] I v/i 1. (hoch)erfreut sein, froh¦locken (at, over über acc). 2. ~ in sich e-r Sache erfreuen (etwas besitzen). II v/t 3. erfreuen: to be ~d sich freuen (at, over über acc; to hear, etc zu hören etc). **re'joic·ing** s 1. Freude f, Froh¦locken n (at, over über acc). 2. oft pl (Freuden)Fest n, Lustbarkeit(en pl) f. II adj (adv ~ly) 3. erfreut, froh (at, over über acc).

**re·join¹** [͵riː'dʒɔɪn] I v/t 1. sich wieder anschließen (dat) od. an (acc), wieder eintreten in (acc): to ~ a party. 2. wieder zu¦rückkehren zu, sich wieder gesellen zu, j-n ¦wiedertreffen. 3. ¦wiedervereininigen, wieder zs.-fügen (to, with mit). II v/i 4. sich wieder vereinigen. 5. sich wieder zs.-fügen.

**re·join²** [rɪ'dʒɔɪn] v/t 1. erwidern. 2. (a. v/i) jur. dupli¦zieren.

**re·join·der** [rɪ'dʒɔɪndə(r)] s 1. jur. Du¦plik f. 2. Erwiderung f.

**re·ju·ve·nate** [rɪ'dʒuːvɪneɪt] v/t u. v/i (sich) verjüngen (a. geol.). **re͵ju·ve'nation** s Verjüngung f: ~ treatment med. Verjüngungskur f. **re'ju·ve·na·tor** [-tə(r)] s Verjüngungsmittel n. **re·juve·nesce** [͵riːdʒuːvɪ'nes] v/t u. v/i bes. biol. (sich) verjüngen. **͵re·ju·ve'nescence** s (a. biol. Zell)Verjüngung f. **͵re·ju·ve'nes·cent** adj 1. sich verjüngend. 2. verjüngend. **re'ju·ve·nize** [rɪ-] v/t verjüngen.

**re·kin·dle** [͵riː'kɪndl] I v/t 1. wieder anzünden. 2. fig. a) j-s Zorn etc wieder entfachen, b) etwas neu beleben, c) Hoffnung ¦wiedererwecken. II v/i 3. sich wie

der entzünden. 4. fig. wieder entbrennen, wieder¦aufleben.

**re·lapse** [rɪ'læps] I v/i 1. zu¦rückfallen, wieder fallen (into in acc): to ~ into stupor. 2. wieder verfallen (into in acc): to ~ into barbarism. 3. rückfällig werden. 4. med. e-n Rückfall erleiden. II s [a. ¦riːlæps] 5. med. Rückfall m: to have a ~ e-n Rückfall erleiden. **re'laps·ing fe·ver** s med. Rückfallfieber n.

**re·late** [rɪ'leɪt] I v/t 1. berichten, erzäh¦len (to s.o. j-m). 2. in Verbindung od. Zs.-hang bringen, verbinden (to, with mit). II v/i 3. sich beziehen (to auf acc): relating to in bezug od. mit Bezug auf (acc), bezüglich (gen), betreffend (acc). 4. (to, with) in Beziehung od. Verbindung stehen (zu, mit), gehören (zu), verwandt sein (mit): to ~ to s.o. as sich j-m gegenüber verhalten wie zu. **re'lat·ed** adj 1. verwandt (to, with mit) (a. fig.): ~ sciences; → blood 4, marriage 1. 2. verbunden, -knüpft (to mit). **re'lated·ness** s Verwandtschaft f.

**re·la·tion** [rɪ'leɪʃn] s 1. Bericht m, Erzählung f. 2. Beziehung f, (a. Vertrags-, Vertrauens- etc)Verhältnis n: confidential ~. 3. (kausaler etc) Zs.-hang. 4. pl Beziehungen pl: business ~s Geschäftsbeziehungen; to enter into ~s with s.o. mit j-m in Beziehungen od. Verbindung treten; → human 1, public relations. 5. Bezug m, Beziehung f: in ~ to in bezug od. im Hinblick auf (acc); to bear no ~ to a) (gar) nichts zu tun haben mit, b) in keinem Verhältnis stehen zu; to have ~ to sich beziehen auf (acc). 6. a) Verwandte(r m) f: what ~ is he to you? wie ist er mit dir verwandt?, b) Verwandtschaft f (a. fig.). 7. math. Relati¦on f. 8. Rückbeziehung f: to have ~ to April 1st rückwirkend vom 1. April gelten. 9. jur. Anzeige f (beim Staatsanwalt). **re'la·tion·al** [-ʃənl] adj 1. verwandtschaftlich, Verwandtschafts... 2. Beziehungs..., Bezugs...: ~ words ling. Beziehungswörter. **re'la·tion·ship** s 1. Beziehung f, (a. jur. Rechts)Verhältnis n (to zu). 2. Verwandtschaft f (a. fig.) (to mit): a) Verwandtschaftsverhältnis n: degree of ~ Verwandtschaftsgrad m, b) (die) Verwandten pl. 3. (Liebes)Verhältnis n.

**rel·a·ti·val** [͵relə'taɪvl] adj ling. rela¦tivisch. **rel·a·tive** ['relətɪv] I adj (adv ~ly) 1. rela¦tiv, verhältnismäßig, Verhältnis...: ~ address (Computer) relative Adresse; ~ atomic mass chem. phys. relative Atommasse; in ~ ease verhältnismäßig od. relativ wohlhabend; ~ humidity relative (Luft)Feuchtigkeit; ~ majority relative Mehrheit; ~ number math. Verhältniszahl f; ~ proportions Mengen- od. Größenverhältnis n. 2. bezüglich, sich beziehend (to auf acc): ~ value math. Bezugswert m; ~ to bezüglich, hinsichtlich (gen), betreffend (acc); ~ evidence einschlägiger Beweis. 3. ling. Relativ..., bezüglich...: ~ clause → 10 a; ~ pronoun → 10 b. 4. (to) abhängig (von), bedingt (durch): price ~ to demand. 5. gegenseitig, entsprechend, jeweilig. 6. mus. paral¦lel: ~ key Paralleltonart f. 7. relig. ¦indi͵rekt: ~ worship Bilderdienst m. II s 8. Verwandte(r m) f. 9. chem. etc Deri¦vat. 10. ling. a) Rela¦tiv-, Bezugswortsatz m, b) Rela¦tivpro͵nomen n, bezügliches Fürwort. 11. the ~ das Rela¦tive. **'rel·a·tive·ness** s Relativi¦tät f.

**rel·a·tiv·ism** ['relətɪvɪzəm] s philos. Relati¦vismus m. **'rel·a·tiv·ist** I s Relati¦vist(in). II adj relati¦vistisch. **rel·a·tiv·i·ty** [͵relə'tɪvətɪ] s 1. Relativi¦tät

f: theory of ~, ~ theory phys. (Einsteins) Relativitätstheorie f. 2. (to) Abhängigkeit f (von), Bedingtheit f (durch). **rel·a·tiv·ize** ['relətɪvaɪz] v/t relati¦vieren.

**re·la·tor** [rɪ'leɪtə(r)] s 1. Erzähler(in). 2. jur. Anzeigenerstatter(in) (beim Staatsanwalt).

**re·lax** [rɪ'læks] I v/t 1. entspannen: to ~ one's face (muscles, a spring). 2. lokkern (a. fig.): to ~ one's grip; to ~ discipline (a rule, etc). 3. fig. nachlassen in (dat): to ~ one's efforts; to ~ one's pace sein Tempo herabsetzen. 4. verweichlichen: ~ed by prosperity. 5. ~ the bowels med. abführend wirken. II v/i 6. sich entspannen (Muskeln etc; a. Geist, Person), ausspannen, sich erholen (Person), es sich bequem od. gemütlich machen: ~! a) mach es dir gemütlich!, b) reg dich ab!; ~ed entspannt, gelöst; ~ed atmosphere zwanglose Atmosphäre. 7. sich lockern (Griff, Seil etc; a. fig. Disziplin etc). 8. nachlassen (in in dat): he ~ed in his efforts; attention ~ed die Aufmerksamkeit ließ nach. 9. med. erschlaffen. 10. freundlicher werden. **re·lax·a·tion** [͵riːlæk'seɪʃn] I s 1. Entspannung f. 2. fig. Aus-, Entspannung f, Erholung f. 3. Lokkerung f (a. fig.). 4. Nachlassen n. 5. med. Erschlaffung f. II adj 6. electr. phys. Kipp...: ~ circuit; ~ generator; ~ oscillation Kippschwingung f; ~ oscillator Sägezahn-, Kippgenerator m. **re·laxing** adj 1. Erholungs... 2. erholsam.

**re·lay** ['riːleɪ] I s 1. electr. Re¦lais n: ~ broadcast Ballsendung f; ~ station Relaisstation f, Zwischensender m; ~ switch Schaltschütz n. 2. tech. Hilfs-, Servomotor m. 3. mil. etc Ablösung(smannschaft) f, neue Schicht (von Arbeitern): ~ attack mil. rollender Angriff; in ~s mil. in rollendem Einsatz; to work in (od. by) ~s Schicht arbeiten. 4. hunt. frische Meute (Hunde). 5. Ersatzpferde pl, frisches Gespann. 6. Re¦lais n (Pferdewechsel, Umspannort). 7. sport a) ~ race Staffel(lauf m) f, Schwimmen etc: Staffel(wettbewerb m) f, b) ~ team Staffel f. II v/t [Br. bes. riː'leɪ] 8. allg. weitergeben. 9. ablösen. 10. electr. mit od. durch Re¦lais(stati͵onen) steuern od. über¦tragen. **re·lay** [͵riː'leɪ] v/t irr neu (ver)legen.

**re·lease** [rɪ'liːs] I v/t 1. entlassen (from aus), freilassen, auf freien Fuß setzen. 2. (from a) befreien, erlösen (von): to ~ s.o. from pain j-n von s-n Schmerzen erlösen od. befreien, b) entbinden (von od. gen): to ~ s.o. from an obligation; to ~ s.o. from a contract j-n aus e-m Vertrag entlassen. 3. a) freigeben: to ~ blocked assets; to ~ an article for publication; to ~ a film e-n Film (zur Aufführung) freigeben; to ~ a body for burial e-e Leiche zur Bestattung freigeben, b) e-e Schallplatte her¦ausbringen. 4. jur. ein Recht, Eigentum aufgeben od. über¦tragen: to ~ a mortgage e-e Hypothek löschen. 5. chem. phys. freisetzen. 6. tech. a) auslösen (a. phot.), b) ausschalten: to ~ bombs Bomben (ab)werfen od. ausklinken; to ~ the clutch mot. auskuppeln; to ~ gas Gas abblasen; to ~ the pedal das Pedal loslassen. II s 7. (Haft)Entlassung f, Freilassung f (from aus). 8. Befreiung f, Erlösung f (from von). 9. (from) Entlassung f (aus e-m Vertrag etc), Entbindung f (von e-r Pflicht, Schuld etc). 10. Freigabe f: ~ of a book; first ~ (Film) Uraufführung f; ~ print (Film) Verleihkopie f; to be on general ~ überall zu sehen sein (Film); ~ of energy Freiwerden n von Energie. 11. jur. a) Verzicht(leistung f od. -urkunde f) m, b) (¦Rechts-) Über͵tragung f: ~ of mortgage Hypo-

thekenlöschung f, c) Quittung f. **12.** tech. a) Auslöser m (a. phot.), b) Auslösung f: ~ **of bombs** mil. Bombenabwurf m; ~ **button** Auslösetaste f; ~ **buzzer** elektrischer Türöffner; ~ **cord** aer. Reißleine f (am Fallschirm). **13.** Mitteilung f, Verlautbarung f.

**re-lease** [ˌriːˈliːs] v/t **1.** wieder vermieten od. verpachten. **2.** wieder mieten od. pachten.

**re·leas·er** [rɪˈliːsə(r)] s **1.** phot. Auslöser m. **2.** Befreier m, Erlöser m. **re·leas·ing** adj **1.** befreiend: ~ **tricks** Befreiungsgriffe. **2.** tech. Auslöse...

**rel·e·gate** [ˈrelɪɡeɪt] v/t **1.** relegieren, verbannen (out of aus). **2.** verweisen, verbannen (to in acc): to ~ **details to the footnotes. 3.** (to) verweisen (in acc), zuschreiben (dat): to ~ **to the sphere of legend (realm of superstition)** in das Reich der Fabel (Reich des Aberglaubens) verweisen. **4.** verweisen, degradieren: **he was ~d to fourth place** sport er wurde auf den 4. Platz verwiesen; **the club was ~d** sport der Verein mußte absteigen od. stieg ab (to in acc). **5.** etwas (zur Entscheidung) über'weisen (to an acc). **6.** j-n verweisen (to an acc). ˌrel·e-ˈga·tion s **1.** Verbannung f (out of aus). **2.** Über'weisung f (to an acc). **3.** Verweisung f (to an acc). **4.** sport Abstieg m (to in acc): to be in danger of ~ in Abstiegsgefahr schweben.

**re·lent** [rɪˈlent] v/i **1.** weich od. nachgiebig werden, sich erweichen lassen, nachgeben. **2.** nachlassen (Wind, Schmerz etc). **3.** sich bessern (Wetter). **re·lent·ing** adj (adv ~ly) mitleidig, nachgiebig. **re·lent·less** adj (adv ~ly) **1.** unbarmherzig, schonungslos, hart. **2.** anhaltend (Wind, Schmerz etc). **re·lent·less·ness** s Unbarmherzigkeit f, Unnachgiebigkeit f.

**rel·e·vance** [ˈreləvəns] s Rele'vanz f, (a. jur. Beweis)Erheblichkeit f, Bedeutung f (to für). **'rel·e·vant** adj (adv ~ly) **1.** anwendbar (to auf acc), einschlägig, zweck-, sachdienlich: **to be** ~ to sich beziehen auf (acc). **2.** rele'vant, belangvoll, (jur. beweis-, rechts)erheblich, von Belang (to für).

**re·li·a·bil·i·ty** [rɪˌlaɪəˈbɪlətɪ] s Zuverlässigkeit f (a. tech. Betriebssicherheit), Verläßlichkeit f: ~ **test** tech. Zuverlässigkeitsprüfung f. **re·li·a·ble** adj (adv re·liably) **1.** zuverlässig (a. tech. betriebssicher), verläßlich: to be reliably informed that aus zuverlässiger Quelle wissen, daß. **2.** glaubwürdig: a ~ **witness. 3.** vertrauenswürdig, seri'ös, re'ell: a ~ **firm. 4.** so'lid: a ~ **pair of shoes** ein Paar feste Schuhe.

**re·li·ance** [rɪˈlaɪəns] s **1.** Vertrauen n: to have ~ (up)on vertrauen auf (acc); to place (full) ~ on (od. in) s.o. (volles) Vertrauen in j-n setzen, sich (voll) auf j-n verlassen; in ~ on bauend auf (acc). **2.** Stütze f, Hilfe f. **re·li·ant** adj (adv ~ly) **1.** vertrauensvoll: to be ~ **on** vertrauen auf (acc), sich verlassen auf (acc). **2.** zuversichtlich.

**rel·ic** [ˈrelɪk] s **1.** Re'likt n, ('Über)Rest m, 'Überbleibsel n (a. contp.). **2.** fig. Andenken n (of an acc): ~s of the past Zeugen der Vergangenheit, Altertümer. **3.** meist pl relig. Re'liquie f. **4.** pl poet. (sterbliche) 'Überreste pl, Gebeine pl.

**rel·ict** [ˈrelɪkt] I s **1.** biol. Re'likt n (Restvorkommen). **2.** obs. Witwe f. II adj **3.** biol. re'likt.

**re·lief¹** [rɪˈliːf] s **1.** Erleichterung f (a. med.): to give (od. bring) some ~ med. Erleichterung bringen; to my great ~ zu m-r großen Erleichterung; it was a ~ to me when ich war erleichtert, als; → **sigh 5. 2.** Wohltat f (to the eye für das

Auge). **3.** Entspannung f, Abwechslung f, angenehme Unter'brechung. **4.** Trost m. **5.** Entlastung f: **tax** ~ Steuerbegünstigung f, -erleichterung f. **6.** Abhilfe f. **7.** a) Unter'stützung f, Hilfe f, b) Am. Sozi'alhilfe f: to be on ~ Sozialhilfe beziehen; ~ **fund** Unterstützungs-, Hilfsfonds m; ~ **works** öffentliche Bauvorhaben zur Bekämpfung der Arbeitslosigkeit. **8.** mil. a) Entsatz m, Entlastung f: ~ **attack** Entlastungsangriff m, b) a. allg. Ablösung f: ~ **driver** mot. Beifahrer m; ~ **road** Entlastungsstraße f; ~ **train** Entlastungszug m; ~ **valve** Überdruckventil n. **9.** Vertretung f, Aushilfe f: ~ **secretary** Aushilfssekretärin f. **10.** jur. a) Rechtshilfe f, b) Rechtsbehelf m: the ~ **sought** das Klagebegehren. **11.** jur. hist. Lehngeld n, -ware f.

**re·lief²** [rɪˈliːf] s **1.** Reli'ef n (a. geogr.), erhabene Arbeit: to stand out in (bold) ~ plastisch od. scharf hervortreten (a. fig.); to bring out the facts in full ~ fig. die Tatsachen deutlich herausarbeiten; to set into vivid ~ fig. etwas plastisch schildern; to throw into ~ (deutlich) hervortreten lassen (a. fig.); to be in ~ against sich (deutlich) abheben gegen; ~ **map** Relief-, Höhenkarte f. **2.** print. Reli'efdruck m.

**re·lieve** [rɪˈliːv] I v/t **1.** Schmerzen etc, a. das Gewissen erleichtern, Not, Qual lindern: to ~ **pain (one's conscience,** etc); to ~ **one's feelings** s-n Gefühlen Luft machen; to ~ **o.s.** (od. **nature**) sich erleichtern, s-e Notdurft verrichten. **2.** j-n entlasten: to ~ **s.o. from** (od. **of**) j-m ein schweres Gepäckstück, e-e Arbeit etc abnehmen, j-n von e-r Pflicht etc entbinden, j-n e-r Verantwortung etc entheben, j-n von etwas befreien; to ~ **s.o.'s mind of all doubt** j-m jeden Zweifel nehmen; to ~ **s.o. of s.th.** humor. j-n um etwas ,erleichtern', j-m etwas stehlen. **3.** j-n erleichtern, beruhigen. **4.** Bedürftige unter'stützen. **5.** mil. a) e-n belagerten Platz entsetzen, b) e-e Kampftruppe entlasten, c) e-n Posten, e-e Einheit, a. allg. ablösen. **6.** e-r Sache abhelfen. **7.** j-m Recht verschaffen. **8.** etwas Eintöniges beleben, Abwechslung bringen in (acc). **9.** tech. a) entlasten (a. arch.), e-e Feder entspannen, b) 'hinterdrehen. **10.** ab-, her'vorheben. II v/i **11.** sich abheben (against gegen; from von).

**re·liev·ing** arch s arch. Stütz-, Entlastungsbogen m.

**re·lie·vo** [rɪˈliːvəʊ] pl **-vos** s Reli'ef (-arbeit f) n.

**re·li·gion** [rɪˈlɪdʒən] s **1.** Religi'on f, Glaube m: to get ~ colloq. fromm werden. **2.** Religiosi'tät f, Frömmigkeit f. **3.** fig. a) Ehrensache f, Herzenspflicht f, heiliger Grundsatz, b) iro. Fetisch m, Religi'on f: to make a ~ of s.th. etwas zur Religion erheben. **4.** mo'nastisches Leben: to be in ~ e-m Orden angehören; to enter into ~ in e-n Orden eintreten; her name in ~ ihr Klostername. **re·li·gion·er** s **1.** Mitglied n e-s religi'ösen Ordens. **2.** → **religionist**. **re·li·gion·ist** s **1.** frommer Mensch. **2.** religi'öser Schwärmer od. Eiferer. **re·li·gion·ize** I v/t fromm machen. II v/i sich fromm gebärden, frömmeln. **re·li·gion·less** adj glaubens-, religi'onslos. **re·li·gi·ose** [-dʒɪəʊs] adj über'trieben religi'ös, bigott. **re·lig·i·os·i·ty** [-ˈɒsɪtɪ; Am. -ˈɑs-] s **1.** Religiosi'tät f. **2.** religi'öse Schwärme'rei, Frömme'lei f.

**re·li·gious** [rɪˈlɪdʒəs] I adj (adv ~ly) **1.** religi'ös, Religions...: ~ **book**; ~ **instruction** ped. Religionsunterricht m; ~ **wars** Religionskriege. **2.** religi'ös, fromm. **3.** ordensgeistlich, Ordens...: ~

**order** geistlicher Orden. **4.** fig. äußerst gewissenhaft: with ~ **care** mit peinlicher Sorgfalt. **5.** fig. andächtig: ~ **silence**. II s sg u. pl **6.** a) Ordensmann m od. -frau f, Mönch m od. Nonne f, b) pl Ordensleute pl. **re·li·gious·ness** s Religiosi'tät f.

**re·lin·quish** [rɪˈlɪŋkwɪʃ] v/t **1.** e-n Plan etc aufgeben, e-e Hoffnung a. fahrenlassen, e-e Idee a. fallenlassen. **2.** (to) e-n Besitz, ein Recht abtreten (dat od. an acc), über'lassen (dat), preisgeben (dat). **3.** loslassen, fahrenlassen: to ~ **one's hold on s.th.** etwas loslassen. **4.** verzichten auf (acc). **re·lin·quish·ment** s **1.** Aufgabe f. **2.** Preisgabe f, Über'lassung f. **3.** Verzicht m (of auf acc).

**rel·i·quar·y** [ˈrelɪkwərɪ; Am. -ˌkwerɪ] s Re'liquienschrein m.

**re·liq·ui·ae** [rɪˈlɪkwiiː; Am. a. -ˌaɪ] (Lat.) s pl bes. geol. (or'ganische) 'Überreste pl.

**rel·ish** [ˈrelɪʃ] I v/t **1.** gern essen, sich schmecken lassen, (mit Appe'tit) genießen: I did not ~ **the coffee** der Kaffee war nicht nach m-m Geschmack. **2.** fig. Geschmack od. Gefallen finden an (dat), (mit Behagen) genießen: to ~ **the beauties of a symphony**; I do not much ~ **the idea** ich bin nicht gerade begeistert von der Aussicht (of doing zu tun); I did not ~ **it** es sagte mir nicht zu; not to ~ **having to do s.th.** nicht davon begeistert sein, etwas tun zu müssen. **3.** fig. würzen, schmackhaft machen (with mit). II v/i **4.** (of) a) schmecken (nach), b) fig. e-n Beigeschmack haben (von). **5.** schmecken, munden. III s **6.** (Wohl-)Geschmack m. **7.** fig. Reiz m: to lose its ~. **8.** (for) Sinn m (für), Geschmack m, Gefallen n (an dat): with (great) ~ a) mit (großem) Appetit essen, b) mit (großem) Behagen od. Vergnügen, bes. iro. mit Wonne tun; to have no ~ for sich nichts machen aus e-r Sache. **9.** a. fig. a) Kostprobe f, b) Beigeschmack m, Anflug m, Hauch m (of von). **10.** a) Gewürz n, Würze f (a. fig.), b) Horsd'œuvre n, Appe'tithappen m.

**re·live** [ˌriːˈlɪv] v/t etwas noch einmal durch'leben od. 'durchmachen.

**re·load** [ˌriːˈləʊd] v/t **1.** econ. neu (be)laden, 'umladen: **charges for** ~ing Umladegebühren. **2.** e-e Waffe neu laden.

**re·lo·cate** [ˌriːləʊˈkeɪt; Am. a. -ˈləʊˌk-] v/t **1.** Familien etc 'umsiedeln. **2.** Computer: Programm, Routine verschieben. **re·lo-ˈca·tion** [-keɪʃn] s **1.** jur. Scot. 'Wiederverpachtung f. **2.** 'Umsiedlung f. **3.** 'Umzug m: ~ **allowance** Umzugsbeihilfe f. **4.** Computer: Verschiebung f.

**re·lu·cent** [rɪˈluːsnt] adj obs. leuchtend, strahlend.

**re·luct** [rɪˈlʌkt] v/i obs. **1.** sich auflehnen (against gegen; at gegen, bei). **2.** sich wider'setzen (to dat).

**re·luc·tance** [rɪˈlʌktəns] s **1.** Wider'streben n, Abneigung f (to → reluctantly; to do s.th. etwas zu tun): with ~ → reluctantly; to show ~ to do s.th. wenig Neigung zeigen, etwas zu tun. **2.** phys. Reluk'tanz f, ma'gnetischer 'Widerstand. **re·luc·tant** adj 'widerwillig, wider'strebend, zögernd: to be ~ to do s.th. sich sträuben, etwas zu tun; etwas nur ungern tun; I am ~ to do that es widerstrebt mir, das zu tun; ich tue das nur ungern. **re·luc·tant·ly** adv wider'strebend, 'widerwillig, ungern, schweren Herzens.

**re·luc·tiv·i·ty** [ˌrelʌkˈtɪvətɪ; Am. rɪˌlʌk-] s phys. Reluktivi'tät f, spe'zifischer ma'gnetischer 'Widerstand.

**re·lume** [rɪˈljuːm; bes. Am. rɪˈluːm] v/t obs. **1.** wieder anzünden, neu entfachen (a. fig.). **2.** 'wiedererhellen.

**re·ly** [rɪˈlaɪ] v/i **1.** ~ (up)on sich verlassen od. vertrauen auf, bauen od. zählen auf

(*acc*): I ~ **upon you to do it** ich verlasse mich darauf, daß du es tust; **to have to ~ on s.o.** auf j-n angewiesen sein; **he can be relied upon** man kann sich auf ihn verlassen. **2.** ~ **(up)on** sich berufen *od.* stützen auf (*e-e Quelle, ein Buch etc*): **the author relies on earlier works** der Autor lehnt sich an frühere Werke an. **3.** ~ **(up)on** angewiesen sein auf (*acc*) (**for** 'hinsichtlich *gen*).

**rem** [rem] *s phys.* rem *n* (*absorbierte Strahlendosis von der biologischen Wirksamkeit e-s rad*; *aus* **r**oentgen **equiv**alent **m**an).

**re·main** [rɪ'meɪn] **I** *v/i* **1.** (übrig)bleiben, (*a. fig.* **to s.o.** j-m). **2.** (zu'rück-, ver)bleiben, noch übrig *od.* vor'handen *od.* geblieben sein: **no other token of his art ~s** kein anderes Beispiel s-r Kunst ist erhalten *od.* (uns) geblieben; **only half of it ~s** nur die Hälfte davon ist noch übrig *od.* vorhanden; **nothing ~s (to him) but to confess** es bleibt (ihm) nichts weiter übrig, als ein Geständnis abzulegen; **little now ~s to be done** es bleibt nur noch wenig zu tun; **that ~s to be proved** das wäre (erst) noch zu beweisen; **that ~s to be seen** das bleibt abzuwarten. **3.** (*mit Prädikatsnomen*) bleiben: **he ~ed a bachelor** er blieb Junggeselle; **one thing ~s certain** eins ist gewiß; **she ~ed speechless** sie war sprachlos; **he ~ed standing** er blieb stehen. **4.** (*mit Adverbiale*) 'weiter(hin) sein, bleiben: **to ~ in existence** weiterbestehen; **to ~ in force** in Kraft bleiben; **he ~s in a critical condition** *med.* sein Zustand ist nach wie vor kritisch. **5.** (ver)weilen, bleiben: **he ~ed in the house. 6.** verbleiben (*am Briefschluß*): **I ~ yours faithfully** (*od.* **sincerely**) verbleibe ich Ihr. **II** *s pl* **7.** *a. fig.* Reste *pl*, 'Überreste *pl*, -bleibsel *pl*. **8.** (*die*) Über'lebenden *pl*. **9.** *a.* **literary ~s** hinter'lassene Werke *pl*, lite'rarischer Nachlaß. **10.** *a.* **mortal ~s** (*die*) sterblichen 'Überreste *pl*.

**re·main·der** [rɪ'meɪndə(r)] **I** *s* **1.** Rest *m*, (*das*) übrige. **2.** *econ.* a) Restbestand *m*, b) Restbetrag *m*. **3.** (*die*) übrigen *pl*, (*die*) anderen *pl*, (*die*) Übriggebliebenen *pl*. **4.** *tech.* Rückstand *m*. **5.** *pl* 'Überreste *pl*. **6.** *math.* a) Rest *m*, b) Restglied *n*. **7.** *jur.* a) Obereigentum *n*, b) beschränktes Eigentum, c) Nacherbenrecht *n*, d) Anwartschaft(srecht *n*) *f* (*auf Grundeigentum*): **contingent ~** bedingte Anwartschaft; **vested ~** unentziehbare Anwartschaft. **8.** *a. pl Buchhandel:* Restbestand *m*, Remit'tenden *pl.* **II** *v/t* **9.** Bücher (als Remit'tenden) (*billig*) abgeben, abstoßen. **re·main·der·man** [-mən] *s irr jur.* **1.** Nacherbe *m.* **2.** Anwärter *m.* **3.** Obereigentümer *m.*

**re·main·ing** [rɪ'meɪnɪŋ] *adj* übrig(geblieben), Rest..., verbleibend, restlich.

**re·make I** *v/t irr* [ˌriː'meɪk] wieder *od.* neu machen, neu schaffen. **II** *s* ['riː'meɪk] Re'make *n*, Neuverfilmung *f.*

**re·mand** [rɪ'mɑːnd; *Am.* -'mænd] *jur.* **I** *v/t* **1.** a) *a.* ~ **in custody** in die 'Unter·suchungshaft zu'rückschicken, b) *a.* ~ **on bail** *Br.* gegen Kauti'on *od.* Sicherheitsleistung aus der Unter'suchungshaft entlassen. **2.** *bes. Am.* e-e *Rechtssache* (an die untere In'stanz) zu'rückverweisen. **II** *s* **3.** *a.* ~ **in custody** Zu'rückschickung *f* in die Unter'suchungshaft, b) *a.* **period of ~** Unter'suchungshaft *f*, c) *a.* ~ **on bail** *Br.* Entlassung *f* aus der Unter'suchungshaft gegen Kauti'on *od.* Sicherheitsleistung: **to appear on ~** aus der Untersuchungshaft vorgeführt werden; **to be on ~** in Untersuchungshaft sein; **prisoner on ~**

Untersuchungsgefangene(r *m*) *f*; ~ **centre** (*od.* **home**) *Br.* Untersuchungshaftanstalt *f* für Kinder u. Jugendliche; ~ **jail** (*od.* **prison**) Untersuchungshaftanstalt *f*, -gefängnis *n*. **4.** *bes. Am.* Zu'rückverweisung *f* (e-r *Rechtssache*) (an die untere In'stanz).

**rem·a·nence** ['remənəns] *s phys.* Rema'nenz *f.* **'rem·a·nent** *adj phys.* rema'nent: ~ **magnetism.**

**rem·a·net** ['remənet] (*Lat.*) *s* **1.** Rest *m*, Rückstand *m.* **2.** *jur.* Fall, dessen Erledigung verschoben *od.* ausgesetzt worden ist. **3.** *parl. Br.* unerledigte Gesetzesvorlage.

**re·mark¹** [rɪ'mɑː(r)k] **I** *v/t* **1.** (be)merken, beobachten. **2.** bemerken, äußern, sagen (**that** daß). **II** *v/i* **3.** sich äußern, e-e Bemerkung *od.* Bemerkungen machen (**on, upon** über *acc*, zu). **III** *s* **4.** Bemerkung *f*, Äußerung *f*: **to make ~s to s.o. on s.th.** sich j-m gegenüber über etwas äußern. **5.** Kommen'tar *m*, Anmerkung *f*: **to give cause to ~** Aufsehen erregen; **without ~** kommentarlos; **worthy of ~** beachtenswert.

**re·mark²** → **remarque.**

**re·mark·a·ble** [rɪ'mɑː(r)kəbl] *adj* (*adv* **remarkably**) bemerkenswert: a) beachtlich (**for** wegen), b) ungewöhnlich, auffallend, außerordentlich: **with ~ skill.** **re·mark·a·ble·ness** *s* Ungewöhnlichkeit *f.*

**re·marque** [rɪ'mɑː(r)k] *s* **1.** Re'marque *f*, Re'mark *f* (*Probezeichen am Rand der Kupferplatte*). **2.** Re'marquedruck *m.*

**re·mar·riage** [ˌriː'mærɪdʒ] *s* 'Wiederverheiratung *f*. **ˌre'mar·ry** *v/i* wieder heiraten.

**Rem·brandt·esque** [ˌrembræn'tesk] *adj* im Stile Rembrandts (gemalt).

**re·me·di·a·ble** [rɪ'miːdjəbl; -dɪəbl] *adj* (*adv* **remediably**) behebbar, abstellbar: **this is ~** dem ist abzuhelfen. **re'me·di·al** *adj* (*adv* ~**ly**) **1.** Abhilfe schaffend: ~ **measure** Abhilfemaßnahme *f.* **2.** heilend, Heil...: ~ **gymnast** Heil-, Krankengymnast(in); ~ **gymnastics** Heil-, Krankengymnastik *f.* **3.** *ped.* Förder...: ~ **class** Förderklasse *f*; ~ **teaching** Förderunterricht *m.*

**rem·e·di·less** ['remɪdɪlɪs] *adj* (*adv* ~**ly**) unheilbar, nicht wieder 'gutzumachen(d).

**rem·e·dy** ['remɪdɪ] **I** *s* **1.** *med.* (Heil-) Mittel *n*, Arz'nei(mittel *n*) *f* (**for, against** gegen). **2.** *fig.* (Gegen)Mittel *n* (**for, against** gegen), Abhilfe *f*: **beyond** (*od.* **past**) ~ nicht mehr zu beheben, hoffnungslos. **3.** *jur.* Rechtsmittel *n*, -behelf *m.* **4.** *Münzwesen:* Tole'ranz *f.* **5.** *ped. Br.* freier Nachmittag. **II** *v/t* **6.** e-n *Schaden*, *Mangel* beheben. **7.** e-n *Mißstand* abstellen, e-r *Sache* abhelfen, *etwas* in Ordnung bringen, korri'gieren. **8.** *med.* heilen.

**re·mem·ber** [rɪ'membə(r)] **I** *v/t* **1.** sich entsinnen (*gen*), sich besinnen auf (*acc*), sich erinnern an (*acc*): **to ~ doing s.th.** sich daran erinnern, etwas getan zu haben; **I ~ him as a young boy** ich habe ihn als kleinen Jungen in Erinnerung. **2.** sich merken, nicht vergessen, eingedenk sein (*gen*), denken an (*acc*), beherzigen: ~ **what I tell you** denke daran *od.* vergiß nicht, was ich dir sage; **to ~ s.th. against s.o.** j-m etwas nachtragen. **3.** (auswendig) können *od.* wissen. **4.** denken an *j-n* (*weil man ihm etwas schenken will etc*). **5.** *j-n* (*mit e-m Geschenk, in s-m Testament*) bedenken: **to ~ s.o. in one's will. 6.** *j-s* (*im Gebet*) gedenken. **7.** *j-n* empfehlen, grüßen von: **please ~ me kindly to your wife** grüßen Sie bitte Ihre Gattin (von mir). **II** *v/i* **8.** sich erinnern *od.* entsinnen: **if I ~ right** wenn ich mich recht entsinne; **not that I ~** nicht, daß ich wüßte; ~**!** wohlgemerkt.

**re·mem·brance** [rɪ'membrəns] *s* **1.** Erinnerung *f* (**of an** *acc*), Gedächtnis *n*: **to call s.th. to ~** sich (*dat*) etwas in die Erinnerung zurückrufen; **to have s.th. in ~** etwas in Erinnerung haben; **to have no ~ of s.th.** keine Erinnerung an etwas haben; **within my ~** soweit ich mich erinnere. **2.** Gedenken *n*, Gedächtnis *n*, Andenken *n*, Erinnerung *f*: ~ **service** Gedächtnisgottesdienst *m*; **in ~ of** zur Erinnerung *od.* zum Gedächtnis an (*acc*), im Gedenken an (*acc*), zu j-s Ehren; **R~ Sunday, R~ Day** Volkstrauertag *m* (*Sonntag vor od. nach dem 11. November*). **3.** Andenken *n* (*Sache*). **4.** *meist pl* (*aufgetragene*) Grüße *pl*, Empfehlungen *pl*: **give my kind ~s to all your family** herzliche Grüße an alle d-e Lieben. **re·'mem·branc·er** *s* **1.** Queen's (King's) R~ *Br.* a) Beamter des Supreme Court, b) *hist.* Beamter des Court of Exchequer. **2.** *meist* City R~ *parl.* Vertreter *m* der Londoner City.

**re·mi·grate** [ˌriː'maɪgreɪt] *v/i* zu'rückwandern, -kehren. **ˌre·mi'gra·tion** *s* Rückwanderung *f*, Rückkehr *f.*

**re·mil·i·ta·ri·za·tion** [ˌriːˌmɪlɪtəraɪ'zeɪʃn; *Am.* -rəˈz-] *s* Remilitari'sierung *f.* **ˌre'mil·i·ta·rize** *v/t* remilitari'sieren, wieder 'aufrüsten.

**re·mind** [rɪ'maɪnd] *v/t* j-n erinnern (**of** an *acc*; **that** daß): **to ~ s.o. how** j-n daran erinnern, wie; **that ~s me** da(bei) fällt mir ein. **re'mind·er** *s* **1.** Mahnung *f*: **a gentle ~** (ein zarter) Wink. **2.** Erinnerung *f* (**of an** *Vergangenes*). **3.** Erinnerungs-, Gedächtnishilfe *f* (*Knoten im Taschentuch etc*). **re'mind·ful** *adj* **1.** erinnernd (**of** an *acc*). **2.** sich erinnernd (**of** *gen od.* an *acc*).

**rem·i·nisce** [ˌremɪ'nɪs] *v/i* in Erinnerungen schwelgen, sich in Erinnerungen ergehen. **ˌrem·i'nis·cence** *s* **1.** Erinnerung *f*, Reminis'zenz *f*, Anek'dote *f* (*aus s-m Leben*). **2.** *pl* (Lebens)Erinnerungen *pl*, Reminis'zenzen *pl*, Me'moiren *pl.* **3.** Anklang *m* (*an Bekanntes*): **a ~ of the Greek type in her face** etwas Griechisches in ihrem Gesicht. **ˌrem·i'nis·cent** *adj* (*adv* ~**ly**) **1.** sich erinnernd (**of** an *acc*). **2.** Erinnerungs...: ~ **talk** Austausch *m* von Erinnerungen. **3.** Erinnerungen wachrufend (**of** an *acc*), erinnerungsträchtig. **4.** in Erinnerungen schwelgend, in der Vergangenheit lebend. **ˌrem·i·nis'cen·tial** [-'senʃl] *adj* Erinnerungs...

**re·mise¹** [rɪ'maɪz] *jur.* **I** *v/t* Ansprüche, *Rechte etc* aufgeben, abtreten, über'tragen. **II** *s* Aufgabe *f* (*e-s Anspruchs*), Rechtsverzicht *m.*

**re·mise²** [rə'miːz] *s* **1.** *obs.* a) Re'mise *f*, Wagenschuppen *m*, b) Mietkutsche *f.* **2.** *fenc.* Ri'messe *f*, Angriffsverlängerung *f.* **II** *v/i* **3.** *fenc.* e-e Ri'messe voll'führen.

**re·miss** [rɪ'mɪs] *adj* (nach)lässig, säumig, lax, träge: **to be ~ in one's duties** s-e Pflichten vernachlässigen.

**re·mis·si·ble** [rɪ'mɪsəbl] *adj* **1.** erläßlich, zu erlassen(d). **2.** verzeihlich, *R.C.* läßlich: ~ **sins.**

**re·mis·sion** [rɪ'mɪʃn] *s* **1.** *a.* ~ **of sin(s)** Vergebung *f* (der Sünden). **2.** Nachlassen *n.* **3.** *med.* Remissi'on *f* (*vorübergehendes Abklingen*). **4.** a) (*a. teilweiser*) Erlaß (*e-r Strafe, Schuld, Gebühr*), b) Nachlaß *m*, Ermäßigung *f.* **5.** *parl. hist. Br.* Begnadigung *f.*

**re·miss·ness** [rɪ'mɪsnɪs] *s* (Nach)Lässigkeit *f*, Trägheit *f.*

**re·mit** [rɪ'mɪt] **I** *v/t* **1.** vergeben: **to ~ sins. 2.** (ganz *od.* teilweise) erlassen: **to ~ a sentence (debt). 3.** a) hin'aus-, verschieben (**till, to** bis; **to** *auf acc*), b) e-e

*Strafe* aussetzen (**to**, till bis). **4.** a) nachlassen in (*dat*): **to ~ one's attention** (efforts), b) *s-n Zorn etc* mäßigen, c) aufhören mit, einstellen, aufgeben: **to ~ a siege**; **to ~ one's work**. **5.** *econ.* Geld *etc* über|weisen, -|senden. **6.** *bes. jur.* a) *e-n Fall etc* (*zur Entscheidung*) über-|tragen, zuweisen (**to** s.o. j-m), b) → **remand** 2, c) *j-n* verweisen (**to an** *acc*). **7.** (*in früheren Zustand*) zu|rückführen, (*in frühere Rechte*) wieder|einsetzen, wieder setzen (**to**, **into** in *acc*). **II** *v/i* **8.** nachlassen, abklingen. **9.** *econ.* Zahlung leisten.

**re·mit·tal** [rɪˈmɪtl] → **remission**.

**re·mit·tance** [rɪˈmɪtəns] *s econ.* (Geld-, Wechsel)Sendung *f*, Über|weisung *f*, Ri-|messe *f*: **~ account** Überweisungskonto *n*; **to take ~** remittieren, Deckung anschaffen. **~ man** *irr j-d, der im fremden Land, bes. in den Kolonien, von Geldsendungen aus der Heimat lebt.*

**re·mit·tee** [rɪˌmɪˈtiː] *s econ.* (Zahlungs-, Über|weisungs)Empfänger(in).

**re·mit·tent** [rɪˈmɪtənt] *bes. med.* **I** *adj* (vor|übergehend) nachlassend, abklingend, remit|tierend: **~ fever** → **II**. **II** *s* remit|tierendes Fieber.

**re·mit·ter¹** [rɪˈmɪtə(r)] *s econ.* Geldsender *m*, Über|sender *m*.

**re·mit·ter²** [rɪˈmɪtə(r)] *s jur.* **1.** Heilung *f* e-s fehlerhaften Rechtstitels (*durch e-n höheren Titel des Besitzers*). **2.** Über|weisung *f* (**to** an *ein anderes Gericht*). **3.** Wieder|einsetzung *f* (**to** in *frühere Rechte etc*).

**rem·nant** [ˈremnənt] **I** *s* **1.** *a. fig.* |Über-bleibsel *n*, (|Über)Rest *m*, (kläglicher) Rest. **2.** *econ.* (Stoff)Rest *m*, *pl* Reste(r) *pl*: **~ sale** Restverkauf *m*. **3.** *fig.* (letzter) Rest, Spur *f*. **4.** *phys.* Rest *m*, Re|siduum *n*. **II** *adj* **5.** übriggeblieben, restlich, Rest...

**re·mod·el** [ˌriːˈmɒdl; *Am.* -ˈmɑdl] *v/t* |umbilden, -bauen, -formen, -gestalten (*a. fig.*).

**re·mold** **I** *v/t* [ˌriːˈməʊld] **1.** neu formen, |umformen, |umgestalten (*a. fig.*). **2.** *Reifen* runderneuern. **II** *s* [ˈriːməʊld] **3.** runderneuerter Reifen.

**re·mon·e·ti·za·tion** [riːˌmʌnɪtaɪˈzeɪʃn; *Am.* -tə|z-; *a.* -ˌmɑ-] *s* Wiederin|kurssetzung *f*. **re·mon·e·tize** [riːˈmʌnɪtaɪz; *Am. a.* -ˈmɑ-] *v/t Silber etc* wieder als gesetzliches Zahlungsmittel einführen.

**re·mon·strance** [rɪˈmɒnstrəns; *Am.* -ˈmɑn-] *s* **1.** (Gegen)Vorstellung *f*, Vor-haltung *f*, Einspruch *m*, Pro|test *m*. **2.** *hist.* Remon|stranz *f*, öffentliche Beschwerde-schrift: **Grand R~** *Memorandum des Unterhauses an den König* (1641). **re-|mon·strant** **I** *adj* (*adv* ~ly) **1.** selten prote|stierend. **II** *s* **2.** **R~** *relig. hist.* Remon|strant(in) (*Mitglied e-r reformierten Sekte*). **3.** Einsprucherheber *m*. **re-mon·strate** [ˈremənstreɪt; rɪˈmɒn-; *Am.* rɪˈmɑn-] **I** *v/i* **1.** Einwände erheben, prote|stieren (**against** gegen). **2.** **to ~ with s.o. about** (*od.* **on**) s.th. j-m wegen e-r Sache Vorhaltungen machen. **II** *v/t* **3.** einwenden, (da|gegen) vorbringen (**to** *od.* **with** s.o. j-m gegen|über; **that** daß). **re·mon·stra·tion** → **remonstrance** 1. **re·mon·stra·tive** [rɪˈmɒnstrətɪv; *Am.* -ˈmɑn-] *adj* prote|stierend, Beschwerde..., Protest...

**re·mon·tant** [rɪˈmɒntənt; *Am.* -ˈmɑn-] *bot.* **I** *adj* remon|tant, nach der Hauptblüte noch einmal blühend. **II** *s* remon-|tante Rose.

**rem·o·ra** [ˈremərə] *s ichth.* Schildfisch *m*.

**re·morse** [rɪˈmɔː(r)s] *s* **1.** Gewissensbisse *pl*, Reue *f*, Zerknirschung *f* (**at** über *acc*; **for** wegen): **to feel ~** Gewissensbisse haben, zerknirscht sein. **2.** Mitleid *n*:

without ~ unbarmherzig. **re·morse-ful** *adj* (*adv* ~ly) reumütig, reuig, reue-voll (**for** über *acc*). **re·morse·ful·ness** *s* Reumütigkeit *f*. **re·morse·less** *adj* (*adv* ~ly) unbarmherzig (*a. fig. Sturm etc*). **re·morse·less·ness** *s* Unbarmherzig-keit *f*.

**re·mote** [rɪˈməʊt] **I** *adj* (*adv* ~ly) **1.** (*räumlich*) fern, (weit) entfernt (**from** von): **~ country**. **2.** abgelegen, entlegen, versteckt: **a ~ village**. **3.** (*zeitlich*) fern: **~ ages**; **~ future**; **~ antiquity** graue Vor-zeit. **4.** *fig.* (weit) entfernt (**from** von): **an action ~ from his principles** e-e Hand-lungsweise, die mit s-n Prinzipien wenig gemein hat; **to be ~ from the truth** von der Wahrheit (weit) entfernt sein. **5.** ent-fernt, weitläufig (*Verwandter*): **a ~ relative**. **6.** mittelbar, |indi,rekt: **~ cause**; **~ damages** Folgeschäden. **7.** schwach, vage, entfernt: **a ~ possibility**; **a ~ resemblance**; **a ~ chance** e-e geringe Chance; **not the ~st idea** keine blasse Ahnung, nicht die leiseste Ah-nung. **8.** zu|rückhaltend, unnahbar, distan|ziert. **II** *s* **9.** *bes. Am. Rundfunk, TV:* |Außenüber,tragung *f*.

**re·mote con·trol** *s tech.* **1.** Fernlen-kung *f*, -steuerung *f*. **2.** Fernbedienung *f*: **cableless ~** drahtlose Fernbedienung. **re,mote-con'trolled** *adj* **1.** ferngelenkt, -gesteuert. **2.** mit Fernbedienung.

**re·mote·ness** *s* **1.** Ferne *f*, Entlegenheit *f*. **2.** Entferntheit *f* (*a. fig.*). **3.** zu|rück-haltendes *od.* unnahbares Wesen.

**re·mote sens·ing** *s* Re|mote sensing *n* (*Forschungsrichtung, die unter Einsatz von Raumfahrzeugen, EDV-Anlagen etc beispielsweise die Erdoberfläche aus großer Entfernung untersucht*).

**re·mou·lade** [ˌreməˈleɪd; *Am.* ˌreɪmə-ˈlɑːd] *s gastr.* Remou|lade *f*.

**re·mould** → **remold**.

**re·mount** [ˌriːˈmaʊnt] **I** *v/t* **1.** wieder be- *od.* ersteigen: **to ~ a mountain**. **2.** wieder aufsitzen auf (*das Pferd*). **3.** *mil.* a) neue Pferde beschaffen für, b) *hist.* j-m wieder aufs Pferd helfen. **4.** *tech. u.* e-e *Maschine* wieder aufstellen *od.* mon|tieren, b) e-e *Karte etc* neu aufziehen. **II** *v/i* **5.** a) wieder aufsteigen, b) wieder aufsitzen (*Reiter*). **6.** *fig.* zu|rückgehen (**to** auf *acc*): **to ~ to the Roman era**. **III** *s* [*bes.* ˈriːmaʊnt] **7.** frisches Reitpferd. **8.** *mil. hist.* Re|monte *f*.

**re·mov·a·ble** [rɪˈmuːvəbl] *adj* (*adv* re-movably) **1.** absetzbar: **~ by the mayor**. **2.** *tech.* abnehmbar, auswechselbar: **~ parts**; **~ lining** ausknöpfbares Futter. **3.** entfernbar, wegzuschaffen(d). **4.** behebbar: **~ faults**.

**re·mov·al** [rɪˈmuːvl] *s* **1.** Fort-, Weg-schaffen *n*, Entfernen *n*, Beseitigung *f*, Abfuhr *f*, |Abtrans,port *m*. **2.** (**to** in *acc*, nach) a) |Umzug *m*, b) Verlegung *f*: **~ of business** Geschäftsverlegung *f*; **~ man** *Br.* a) Spedi|teur *m*, b) (Möbel)Packer *m*; **~ van** *Br.* Möbelwagen *m*. **3.** a) Ab-setzung *f*, Entlassung *f* (**from** office aus dem Amt), (Amts)Enthebung *f*, b) (Straf)Versetzung *f*. **4.** *fig.* Beseitigung *f* (*e-s Fehlers etc, a. e-s Gegners*), Behebung *f*: **~ of a fault** (difficulty, *etc*). **5.** *meist* **~ of causes** *jur. Am.* Über|weisung *f* des Falles (**to** an *ein anderes, bes. Bundesgericht*). **6.** *med.* Entnahme *f* (*e-s Organs*) (*bei Verpflanzung*).

**re·move** [rɪˈmuːv] **I** *v/t* **1.** *allg.* (weg-)nehmen, entfernen (**from** aus, von): **to ~ a book from the shelf**; **to ~ from** s.o. j-m etwas wegnehmen; **to ~ from the agenda** von der Tagesordnung abset-zen; **to ~ all apprehension** (doubt) alle Befürchtungen (Zweifel) zerstreuen; **to ~ the cloth** (den Tisch) abdecken *od.* ab-räumen. **2.** *Kleidungsstück* ablegen, *den*

*Hut* abnehmen. **3.** *tech.* abnehmen, |ab-mon,tieren, ausbauen. **4.** wegräumen, -schaffen, -bringen, fortschaffen, |ab-trans,por,tieren: **to ~ furniture** (Wohnungs)Umzüge besorgen; **to ~ moun-tains** *fig.* Berge versetzen; **to ~ o.s.** sich entfernen; **to ~ a prisoner** e-n Gefan-genen abführen (lassen); **to ~ by suction** *tech.* absaugen. **5.** *Möbel* |umräumen, |umstellen. **6.** *bes. fig.* aus dem Weg räumen, beseitigen: **to ~ an adversary** (an obstacle, *etc*). **7.** beseitigen, entfer-nen: **to ~ a stain** (all traces). **8.** *fig.* beheben, beseitigen: **to ~ difficulties** (the last doubts, the causes of poverty). **9.** *e-n Beamten* absetzen, ent-lassen, *s-s Amtes* entheben. **10.** bringen, schaffen, verlegen (**to** an *acc*, nach): **he ~d his business to London** er verlegte sein Geschäft nach London. **11.** *med. Organ* (*zur Verpflanzung*) entnehmen.
**II** *v/i* **12.** (aus-, |um-, ver)ziehen (**to** in *acc*, nach). **13.** sich fortbegeben. **14.** sich *gut etc* entfernen lassen: **the lid ~s easily**.
**III** *s* **15.** *bes. Br. selten* |Umzug *m*. **16.** *ped. Br.* Klasse *f* für lernschwache Schüler. **17.** *Br.* nächster Gang (*beim Essen*). **18.** *fig.* Schritt *m*, Stufe *f*: **but one ~ from anarchy** nur (noch) e-n Schritt von der Anarchie entfernt. **19.** a) (Ver-wandtschafts)Grad *m*, b) Generati|on *f*. **20.** Entfernung *f*, Abstand *m*: **at a ~** *fig.* mit einigem Abstand; **to stay at a ~ from** *fig.* Abstand wahren zu.

**re·moved** *adj* **1.** (weit) entfernt (**from** von) (*a. fig.*). **2.** um |eine Generation ver-schieden: **a first cousin once ~** mein Onkel *od.* Neffe *od.* m-e Tante *od.* Nichte zweiten Grades. **3.** *Br.* (**by**) gefolgt (von), anschließend (*Speise*): **boiled haddock ~ by hashed mutton**.

**re·mov·er** *s* **1.** Abbeizmittel *n*. **2.** (Flek-ken-, Nagellack- *etc*)Entferner *m*: **nail varnish ~**. **3.** *Br.* a) Spedi|teur *m*, b) (Möbel)Packer *m*. **4.** *jur. Am.* Über-|weisung *f* (*e-s Rechtsfalles*).

**REM sleep** *s* (*abbr. für* **rapid eye movement**) *psych.* REM-Schlaf *m*.

**re·mu·ner·ate** [rɪˈmjuːnəreɪt] *v/t* **1.** *j-n* entlohnen (**for** für). **2.** *j-n* entschädigen, belohnen (**for** für). **3.** *etwas* vergüten, ersetzen. **re·mu·ner·a·tion** *s* **1.** Ent-lohnung *f*. **2.** Entschädigung *f*, Beloh-nung *f*. **3.** Vergütung *f*. **re·mu·ner·a-tive** [-rətɪv; *Am. a.* -ˌreɪ-] *adj* (*adv* ~ly) einträglich, lohnend, lukra|tiv, profi|ta-bel, ren|tabel.

**Re·nais·sance** [rəˈneɪsəns; *Am.* ˌrenə-ˈsɑːns] *s* **1.** (die) Renais|sance (*des 15. u. 16. Jhs.*): **~ man** Renaissancemensch *m*. **2.** **r~** Renais|sance *f*, |Wiedergeburt *f*, -erwachen *n*, Wieder|aufleben *n*.

**re·nal** [ˈriːnl] *adj med.* Nieren...: **~ pelvis** *anat.* Nierenbecken *n*.

**re·name** [ˌriːˈneɪm] *v/t* **1.** |umbenennen. **2.** neu benennen.

**re·nas·cence** [rɪˈnæsns] *s* **1.** |Wieder-geburt *f*, Erneuerung *f*. **2.** **R~** → **Renais-sance** 1. **re·nas·cent** *adj* wieder|auf-lebend, |wiedererwachend, neu.

**ren·con·tre** [renˈkɒntə(r); *Am.* -ˈkɑn-], **ren·coun·ter** [-ˈkaʊntə(r)] *s obs.* **1.** *mil.* Zs.-stoß *m*, Treffen *n*, Schar|mützel *n*. **2.** a) Wortgefecht *n*, b) Du|ell *n*. **3.** (zufäl-liges) Zs.-treffen.

**rend** [rend] *pret u. pp* **rent** [rent] **I** *v/t* **1.** (zer)reißen: **to ~ apart** (*od.* **asunder** *od.* **to pieces**) zer-, entzweireißen, in Stücke reißen; **to ~ from** s.o. j-m ent-reißen; **to ~ one's hair** sich die Haare raufen; **shouts ~ the air** Schreie gellen durch *od.* zerreißen die Luft. **2.** spalten (*a. fig.*). **II** *v/i* **3.** (zer)reißen.

**ren·der** [ˈrendə(r)] **I** *v/t* **1.** *berühmt, schwierig, sichtbar, (un)nötig etc* machen:

to ~ s.o. famous; to ~ s.th. difficult (**necessary, visible**, *etc*); to ~ **possible** möglich machen, ermöglichen. **2.** ¹wiedergeben: a) spiegeln (*Spiegel*), zu¹rückwerfen (*Echo*), b) (*künstlerisch*) interpre-¹tieren, gestalten: **to ~ a quartet** (**role**, *etc*). **3.** *sprachlich, sinngemäß* ¹wiedergeben: a) über¹setzen, -¹tragen: **to ~ a text into French**, b) ausdrücken, formu¹lieren. **4.** *a.* ~ **back** zu¹rückgeben, zu¹rückerstatten (**to** *dat*). **5.** *meist* ~ **up** a) her-¹ausgeben, b) *fig.* ¹hingeben, opfern: **to ~ one's life**, c) *fig.* vergelten (**good for evil** Böses mit Gutem). **6.** über¹geben: to ~ **up a fortress** (**to** *dat*); **to ~ to the earth** *e-n Toten* der Erde übergeben. **7.** *e-n Dienst, Hilfe, Schadenersatz* leisten (**to** *dat*): **for services ~ed** für geleistete Dienste. **8.** *s-n Dank* abstatten (**to** *dat*). **9.** *Ehre, Gehorsam* erweisen (**to** *dat*): → **homage** 1. **10.** *Rechenschaft* ablegen, geben (**to** *dat*; **of** über *acc*): **to ~ an account of s.th.** über etwas berichten *od.* Bericht erstatten *od.* Rechenschaft ablegen. **11.** *econ. Rechnung* (vor)legen: **to ~ (an) account; per account ~ed** laut Rechnung. **12.** *e-n Gewinn* abwerfen. **13.** *jur. das Urteil* fällen (**on** über *acc*). **14.** *e-n Grund* angeben. **15.** *tech.* auslassen: **to ~ fats. 16.** *arch.* roh bewerfen, berappen.
**II** *v/i* **17. to ~ to s.o.** j-n entlohnen.
**III** *s* **18.** *jur. hist.* Gegenleistung *f.* **19.** *arch.* Rohbewurf *m.*
**ren·der·ing** [¹rendərɪŋ] *s* **1.** ¹Übergabe *f*: ~ **of account** *econ.* Rechnungslegung *f.* **2.** ¹Wiedergabe *f*: a) Über¹tragung *f*, -¹setzung *f*, b) (*künstlerische*) Interpretati¹on, Gestaltung *f*, Ausführung *f*, Vortrag *m.* **3.** *a.* ~ **coat** *arch.* Rohbewurf *m.*
**ren·dez·vous** [¹rɒndɪvuː; *Am.* ¹rɑːndɪ-ˌvuː; -deɪ-] *s* **-vous** [-vuːz] **I** *s* **1.** a) Rendez¹vous *n*, Verabredung *f*, Stelldichein *n*, b) Zs.-kunft *f*, Treffen *n*. **2.** a) Treffpunkt *m*, b) *mil.* Sammelplatz *m*: ~ **area** Versammlungsraum *m.* **II** *v/i pret u. pp* **-voused** [-vuːd] **3.** sich treffen. **4.** sich versammeln. **III** *v/t* **5.** *bes. mil.* versammeln, vereinigen.
**ren·di·tion** [ren¹dɪʃn] *s* **1.** → **rendering** 2. **2.** Auslieferung *f* (*e-s Gefangenen etc*). **3.** *jur. Am.* (Urteils)Fällung *f*, (-)Verkündung *f.*
**ren·e·gade** [¹renɪɡeɪd] **I** *s* Rene¹gat(in), Abtrünnige(r *m*) *f*, ¹Überläufer(in). **II** *adj* abtrünnig, verräterisch. **III** *v/i* abtrünnig werden. **ˌren·e·ˈga·tion** *s* Abfall *m*, Aposta¹sie *f.*
**re·nege** [rɪ¹niːɡ; rɪ¹neɪɡ] **I** *v/i* **1.** sein Wort brechen: **to ~ on a promise** ein Versprechen nicht (ein)halten; **to ~ on a tradition** e-r Tradition untreu werden, mit e-r Tradition brechen; **to ~ on doing s.th.** sich nicht an sein Versprechen halten, etwas zu tun. **2.** *Kartenspiel*: nicht bedienen. **II** *v/t* **3.** (ab-, ver)leugnen. **III** *s* **4.** *Kartenspiel*: Nichtbedienen *n.*
**re·ne·go·ti·ate** [ˌriːnɪ¹ɡəʊʃɪeɪt] **I** *v/t* **1.** neu aushandeln. **2.** *Am. e-n Heereslieferungsvertrag* modifi¹zieren (*zur Vermeidung übermäßiger Gewinne*). **II** *v/i* **3.** neu verhandeln.
**re·negue** → **renege.**
**re·new** [rɪ¹njuː; *Am. a.* rɪ¹nuː] **I** *v/t* **1.** erneuern: **to ~ an attack** (**a vow**, *etc*); **to ~ an acquaintance**; **to ~ the tires** (*bes. Br.* **tyres**) die Reifen erneuern *od.* wechseln. **2.** wieder¹aufnehmen: **to ~ a conversation** (**a correspondence**); **~ed** nochmalig, erneut; **to ~ one's efforts** erneute Anstrengungen machen. **3.** ¹wiederbeleben, regene¹rieren (*a. biol.*). **4.** ¹wiedererlangen: **to ~ one's strength** (**one's youth**). **5.** *econ.* b) *e-n Vertrag* erneuern, verlängern, b) *e-n*

*Wechsel* prolon¹gieren. **6.** a) erneuern, b) restau¹rieren, reno¹vieren. **7.** ergänzen, (wieder)¹auffüllen, ersetzen. **8.** wieder¹holen. **II** *v/i* **9.** *econ.* a) (den Vertrag *etc*) verlängern, b) (den Wechsel) prolon-¹gieren. **10.** neu beginnen. **11.** sich erneuern. **re¹new·a·ble** *adj* **1.** erneuerbar, zu erneuern(d). **2.** *econ.* a) verlängerungsfähig, b) prolon¹gierbar (*Wechsel*). **re¹new·al** *s* **1.** Erneuerung *f.* **2.** *econ.* a) Erneuerung *f*, Verlängerung *f*, b) Prolon¹gierung *f*: ~ **bill** Prolongationswechsel *m.* **3.** *pl econ.* Neuanschaffungskosten *pl.*
**ren·i·form** [¹renɪfɔː(r)m; ¹riː-] *adj* nierenförmig.
**re·nig** [rɪ¹nɪɡ] *Am.* → **renege.**
**re·nin** [¹riːnɪn] *s physiol.* Re¹nin *n* (*Protein der Niere*).
**ren·net**[1] [¹renɪt] *s* **1.** *zo.* Lab *n.* **2.** *biol. chem.* ¹Lab(fer,ment) *n.*
**ren·net**[2] [¹renɪt] *s bot. Br.* Re¹nette *f* (*Apfelsorte*).
**re·nounce** [rɪ¹naʊns] **I** *v/t* **1.** verzichten auf (*acc*): **to ~ a claim. 2.** aufgeben: **to ~ a plan. 3.** sich lossagen von *j-m, j-n* verstoßen. **4.** verleugnen, *dem Glauben etc* abschwören, *die Freundschaft* aufsagen, *e-n Vertrag etc* kündigen. **5.** entsagen (*dat*): **to ~ the world. 6.** *etwas* von sich weisen, ablehnen. **7.** *Kartenspiel: e-e Farbe* nicht bedienen (können). **II** *v/i* **8.** *bes. jur.* Verzicht leisten. **9.** *Kartenspiel*: nicht bedienen (können). **III** *s* **10.** *Kartenspiel*: Nichtbedienen *n.* **re¹nounce·ment** → **renunciation.**
**ren·o·vate** [¹renəʊveɪt] *v/t* **1.** wieder¹herstellen. **2.** reno¹vieren, restau¹rieren. **3.** erneuern. **ˌren·o¹va·tion** *s* Reno-¹vierung *f*, Erneuerung *f.* **¹ren·o·va·tor** [-tə(r)] *s* Erneuerer *m.*
**re·nown** [rɪ¹naʊn] *s rhet.* Ruhm *m*, Berühmtheit *f*, hohes Ansehen, Ruf *m*: **a man of (great** *od.* **high**) ~ ein (hoch)berühmter Mann. **re¹nowned** *adj* berühmt, namhaft.
**rent**[1] [rent] **I** *s* **1.** a) (Wohnungs)Miete *f*, Mietzins *m*: ~**-controlled** mietgebunden, b) Pacht(geld *n*, -zins *m*) *f*: ~**-free** miet- *od.* pachtfrei; **to let for** ~ verpachten; **to take at** ~ pachten; **for** ~ *bes. Am.* zu vermieten *od.* -pachten (→ 2). **2.** *bes. Am.* Leihgebühr *f*, Miete *f*: **for** ~ zu vermieten, zu verleihen (→ 1). **3.** *a.* **economic ~** *econ.* (Differenti¹al-, Fruchtbarkeits)Rente *f.* **II** *v/t* **4.** vermieten. **5.** verpachten. **6.** mieten. **7.** pachten. **8.** *Miete od.* Pacht verlangen von. **9.** *bes. Am.* a) *etwas* verleihen, vermieten, b) sich *etwas* leihen *od.* mieten. **III** *v/i* **10.** vermietet *od.* verpachtet werden (**at** zu).
**rent**[2] [rent] *s* **1.** Riß *m.* **2.** Spalt *m*, Spalte *f.* **3.** *fig.* Spaltung *f.*
**rent**[3] [rent] *pret u. pp von* **rend.**
**rent·a·ble** [¹rentəbl] *adj* (ver)mietbar, (ver)pachtbar.
**¹rent-a-car (ser·vice**) *s bes. Am.* Autoverleih *m.* **¹~-a-ˌcrowd** *s bes. Br. sl.* bezahlte *od.* organi¹sierte Demon¹stranten, Kundgebungsteilnehmer *pl etc.*
**rent·al** [¹rentl] *econ.* **I** *s* **1.** Miet-, Pachtbetrag *m*, -satz *m.* **2.** Miete *f*, Pacht (-summe) *f.* **3.** (Brutto)Mietertrag *m*, Pachteinnahme(n *pl*) *f.* **4.** *Am.* Mietgegenstand *m.* **5.** → **rent-roll** 1. **II** *adj* **6.** Miet..., Pacht...: ~ **charge** → 1; ~ **value** Miet-, Pachtwert *m.* **7.** *bes. Am.* Leih...: ~ **car** Leih-, Mietwagen *m*; ~ **fee** Leihgebühr *f*; ~ **library** Leihbücherei *f.*
**¹rent-a-ˌmob** *s bes. Br. sl.* bezahlte *od.* organi¹sierte Kra¹wallmacher *pl.*
**rent charge** *pl* **rents charge** *s* Grundrente *f.*
**rent·er** [¹rentə(r)] *s* **1.** Pächter *m*, Mieter *m.* **2.** Verpächter *m*, -mieter *m.* **3.** *bes. Am.*

*Wechsel* prolon¹gieren. **6.** a) erneuern, Verleiher *m.* **4.** *bes. Br.* Filmverleih(er) *m.* **ˌrent·free** *adj* mietfrei. **¹~-roll** *s* **1.** Zinsbuch *n*, Rentenverzeichnis *n.* **2.** → **rental** 2 *u.* 3.
**rent seck** [sek] *pl* **rents seck** *s* Erbzins *m* (*ohne Pfändungsrecht*).
**rent ser·vice** *s econ. jur. Br.* Dienstrente *f*, (*persönliche*) Grunddienstbarkeit.
**re·num·ber** [ˌriː¹nʌmbə(r)] *v/t* neu nume¹rieren, ¹umnume,rieren.
**re·nun·ci·a·tion** [rɪˌnʌnsɪ¹eɪʃn] *s* **1.** (of) Verzicht *m* (auf *acc*), Aufgabe *f* (*gen*). **2.** Entsagung *f*, Selbstverleugnung *f.* **3.** Ablehnung *f.* **4.** *jur.* Ablehnung *f* (*des Testamentsvollstreckerauftrags*). **re¹nun·ci·a·tive** [-ətɪv; *Am.* -ˌeɪ-] *adj* verzichtend, entsagungsvoll. **re¹nun·ci·a·to·ry** [-ətərɪ; *Am.* -əˌtəʊriː; -ˌtɔː-] *adj* **1.** Verzicht(s)... **2.** → **renunciative.**
**ren·voi, ren·voy** [ren¹vɔɪ] *s jur.* **1.** Ausweisung *f* (*aus e-m Staat*). **2.** *Internationales Privatrecht*: Über¹weisung *f* (*e-s Falles*) an ein außenstehendes (*nicht örtlich zuständiges*) Gericht.
**re·oc·cu·pa·tion** [¹riːˌɒkjʊ¹peɪʃn; *Am.* -ˌɑːk-] *s* (*militärische*) ¹Wiederbesetzung. **ˌre¹oc·cu·py** [-paɪ] *v/t* ¹wiederbesetzen.
**re·o·pen** [ˌriː¹əʊpən] **I** *v/t* **1.** ¹wiedereröffnen, **2.** wieder beginnen, wieder-¹aufnehmen. **II** *v/i* **3.** sich wieder öffnen. **4.** ¹wiedereröffnet, wieder¹aufmachen (*Geschäft etc*). **5.** wieder beginnen.
**re·or·der** [ˌriː¹ɔː(r)də(r)] **I** *s* **1.** *econ.* Neu-, Nachbestellung *f.* **II** *v/t* **2.** wieder ordnen, neu ordnen. **3.** *econ.* nachbestellen (*a. v/i*).
**re·or·gan·i·za·tion** [¹riːˌɔː(r)ɡənaɪ¹zeɪʃn; *Am.* -nəˈz-] *s* **1.** Reorganisati¹on *f*, ¹Umbildung *f*, Neuordnung *f*, -gestaltung *f.* **2.** *econ.* Sa¹nierung *f.* **re¹or·gan·ize** *v/t* **1.** reorgani¹sieren, neu ordnen, ¹umbilden, ¹umgestalten, neu gestalten. **2.** *econ.* sa¹nieren.
**re·o·ri·ent** [ˌriː¹ɔː:rɪent], **ˌre¹o·ri·en·tate** [-teɪt] *v/t* neu orien¹tieren, neu ausrichten.
**rep**[1] [rep] *s* Rips *m* (*Stoff*).
**rep**[2] [rep] *s colloq.* (Handels)Vertreter *m.*
**rep**[3] [rep] *s colloq.* Wüstling *m.*
**rep**[4] [rep] *s Am. colloq. für* **reputation.**
**rep**[5] [rep] *s colloq. für* **repertory theater.**
**rep**[6] [rep] *s phys.* rep *n* (*Strahlungsmenge*; *aus* **r**oentgen **e**quivalent **p**hysical).
**re·pack** [ˌriː¹pæk] *v/t* ¹umpacken.
**re·paint** [ˌriː¹peɪnt] *v/t* **1.** neu *od.* wieder malen. **2.** über¹malen. **3.** neu (an)streichen.
**re·pair**[1] [rɪ¹peə(r)] **I** *v/t* **1.** repa¹rieren, (wieder) in¹stand setzen. **2.** ausbessern. **3.** wieder¹herstellen: **to ~ s.o.'s health. 4.** wieder¹gutmachen: **to ~ a wrong. 5.** *e-n Verlust* ersetzen, Schadenersatz leisten für: **to ~ an injury. II** *s* **6.** Repara¹tur *f*, In¹standsetzung *f*, Ausbesserung *f*: **beyond** ~ nicht mehr zu reparieren, irreparabel; **to make ~s** Reparaturen vornehmen; **in need of** ~ reparaturbedürftig; **to be under** ~ in Reparatur sein, repariert werden; ~ **kit**, ~ **outfit** Reparaturwerkzeug *n*, Flickzeug *n.* **7.** *pl* In-¹standsetzungsarbeiten *pl*, Repara¹turen *pl.* **8.** Wieder¹herstellung *f.* **9.** *a.* **state of** ~ (*baulicher etc*) Zustand: **in good** ~ in gutem Zustand; **out of** ~ a) betriebsunfähig, b) baufällig.
**re·pair**[2] [rɪ¹peə(r)] **I** *v/i* **1.** sich begeben (**to** nach *e-m Ort*, **to** *j-m*). **2.** oft *od.* in großer Zahl gehen. **II** *s* **3.** Zufluchtsort *m*, (*beliebter*) Aufenthaltsort. **4.** Treffpunkt *m.*
**re·pair·a·ble** [rɪ¹peərəbl] *adj* **1.** repara-¹turbedürftig. **2.** repa¹rabel, zu repa¹rieren(d). **3.** → **reparable.**
**re·pair·man** [-mæn] *s irr* (Repara-

'tur)Me¡chaniker *m*: television ~ Fern-sehtechniker *m*. ~ **ship** *s mar*. Werk-stattschiff *n*. ~ **shop** *s* Repara¹turwerk-statt *f*.

**rep·a·ra·ble** [ˈrepərəbl] *adj* (*adv* **rep-arably**) **1.** repa¹rabel, wieder¹gutzu-machen(d): ~ **damage**. **2.** ersetzbar: ~ **loss.**

**rep·a·ra·tion** [ˌrepə¹reɪʃn] *s* **1.** Wieder-¹gutmachung *f*: to **make** ~ Genugtuung leisten. **2.** Entschädigung *f*. **3.** *meist pl pol*. Wieder¹gutmachungsleistung *f*, Reparati¹onen *pl*: ~ **payments** Repa-rationszahlungen. **4.** Wieder¹herstellung *f*. **5.** *biol*. Regenerati¹on *f*. **6.** Ausbesse-rung *f*.

**re·par·a·tive** [rɪ¹pærətɪv], *a.* **re¹par-a·to·ry** [-tərɪ; *Am*. -ˌtəʊriː; -ˌtɔː-] *adj* **1.** Heil... **2.** wieder¹gutmachend. **3.** Ent-schädigungs...

**rep·ar·tee** [ˌrepɑː(r)¹tiː] **I** *s* a) schlagfer-tige Antwort, b) *collect*. schlagfertige Antworten *pl*, c) Schlagfertigkeit *f*: **good at** ~ schlagfertig. **II** *v/i* schlagfertige Antworten geben.

**re·par·ti·tion** [ˌriːpɑː(r)¹tɪʃn] **I** *s* **1.** Auf-, Verteilung *f*. **2.** Neuverteilung *f*. **II** *v/t* **3.** (neu) verteilen, aufteilen.

**re·past** [rɪ¹pɑːst; *Am*. -¹pæst] *s* **1.** Mahl *n*. **2.** Mahlzeit *f*.

**re·pa·tri·ate** [riː¹pætrieɪt; *Am. a.* -¹peɪ-] **I** *v/t* repatri¹ieren, (in die Heimat) zu-¹rückführen. **II** *s* [-ɪt; -eɪt] Repatri¹ierte(r *m*) *f*, Heimkehrer(in). **re·pa·tri·a-tion** *s* Repatri¹ierung *f*, Rückführung *f*.

**re·pay** [riː¹peɪ] *irr* **I** *v/t* **1.** *Geld etc* zu-¹rückzahlen, (-)erstatten: **to** ~ **s.o.'s ex-penses** j-m s-e Auslagen erstatten; **I'll** ~ **you some time** a) ich gebe dir das Geld irgendwann einmal zurück, b) *fig*. ich werde mich irgendwann einmal erkennt-lich zeigen, c) *fig*. das zahle ich dir schon noch heim. **2.** *Besuch etc* erwidern: **to** ~ **a blow** zurückschlagen. **3.** a) (*positiv*) sich für etwas erkenntlich zeigen *od*. revan-¹chieren: **to** ~ **s.o.'s help, to** ~ **s.o. for his help** j-n für s-e Hilfe belohnen *od*. entschädigen, b) (*negativ*) etwas vergelten, lohnen (**with** mit): **to** ~ **s.o.'s help with ingratitude; to** ~ **s.o.'s meanness, to** ~ **s.o. for his meanness** j-m s-e Gemein-heit heimzahlen. **II** *v/i* **4.** das Geld *etc* zu¹rückzahlen. **re¹pay·a·ble** *adj* rück-zahlbar, zu¹rückzuzahlen(d). **re¹pay-ment** *s* **1.** Rückzahlung *f*. **2.** Erwiderung *f* (*e-s Besuchs etc*). **3.** Vergeltung *f*.

**re·peal** [rɪ¹piːl] **I** *v/t* **1.** *ein Gesetz etc* aufheben, außer Kraft setzen. **2.** wider-¹rufen. **II** *s* **3.** ¹Widerruf *m*. **4.** Aufhebung *f* (*von Gesetzen etc*). **re¹peal·a·ble** *adj* aufhebbar. **Re¹peal·er** *s hist*. *Gegner der Union im Großbritannien* (*in Irland*).

**re·peat** [rɪ¹piːt] **I** *v/t* **1.** wieder¹holen: **to** ~ **an attempt** (**an order, a year at school**, *etc*); **to** ~ **an experience** etwas nochmals durchmachen *od*. erleben; **to** ~ **an order** (**for s.th.**) *econ*. (etwas) nach-bestellen; **her language will** (*od*. **does**) **not bear** ~**ing** ihre (*gemeinen*) Aus-drücke lassen sich nicht wiederholen; **to** ~ **a pattern** ein Muster wiederholen *od*. wiederkehren lassen; **to** ~ **o.s.** → **4. 2.** wieder¹holen: a) weitererzählen, b) nachsprechen (**s.th. after s.o.** j-m etwas). **3.** *ped*. aufsagen: **to** ~ **a poem**. **II** *v/i* **4.** sich wieder¹holen. **5.** *Am*. (*bei e-r Wahl widerrechtlich*) mehr als ¹eine Stim-me abgeben. **6.** repe¹tieren (*Uhr, a. Ge-wehr*). **7.** aufstoßen (**on s.o.** j-m) (*Spei-sen*). **III** *s* **8.** Wieder¹holung *f* (*a. Rund-funk, TV*): ~ **key** Wiederholtaste *f* (*am Tonbandgerät etc*); ~ **performance** *thea*. Wiederholung *f*. **9.** (*etwas*) sich Wieder-¹holendes, *bes*. Rap¹port *m*. **10.** *mus*. a) Wieder¹holung *f*, b) Wieder¹holungszei-

chen *n*. **11.** *oft* ~ **order** *econ*. Nach-bestellung *f*. **re¹peat·ed** *adj* wieder-¹holt, mehrmalig, neuerlich. **re¹peat-ed·ly** *adv* wieder¹holt, mehrmals. **re-¹peat·er** *s* **1.** Wieder¹holende(r *m*) *f*. **2.** Repe¹tieruhr *f*. **3.** Repe¹tier-, Mehr-ladegewehr *n*. **4.** *ped*. Repe¹tent(in), Wie-der¹holer(in). **5.** *Am*. *Wähler, der wider-rechtlich mehrere Stimmen abgibt*. **6.** *math*. peri¹odische Dezi¹malzahl. **7.** *jur*. Rückfällige(r *m*) *f*. **8.** *mar*. a) Tochterkompaß *m*, b) Wieder¹holungs-wimpel *m* (*Signal*). **9.** *electr*. a) (Leitungs-) Verstärker *m*, b) Re¹laisstelle *f*: ~ **circuit** Verstärkerschaltung *f*; ~ **station** Relais-sender *m*. **re¹peat·ing** *adj* wieder-¹holend: ~ **decimal** → **repeater 6**; ~ **rifle** → **repeater 2**; ~ **watch** → re-**peater 2.**

**re·pe·chage** [¹repəʃɑːʒ; ˌrepə¹ʃɑːʒ] *s sport* Hoffnungslauf *m*.

**re·pel** [rɪ¹pel] *v/t* **1.** *den Feind etc* zu¹rück-schlagen, -treiben. **2.** *e-n Angriff etc* ab-schlagen, abweisen, *a. e-n Schlag etc* abwehren. **3.** *fig*. a) ab-, zu¹rückweisen, b) ab-, ausschlagen: **to** ~ **a request**, c) von sich weisen: **to** ~ **a suggestion**, d) verwerfen: **to** ~ **a dogma**. **4.** zu¹rück-stoßen, -drängen. **5.** *phys*. abstoßen. **6.** *fig*. j-n abstoßen, anwidern. **re¹pel-lent I** *adj* (*adv* ~ly) **1.** (*wasser- etc*)ab-stoßend. **2.** *fig*. abstoßend, widerlich: **to be** ~ **to s.o.** auf j-n abstoßend wirken. **II** *s* **3.** *tech*. Imprä¹gniermittel *n*. **4.** (*bes. Insekten*)Abwehrmittel *n*: **insect** ~.

**re·pent**¹ [rɪ¹pent] **I** *v/i* (**of**) bereuen (*acc*), Reue empfinden (über *acc*). **II** *v/t* be-reuen: **he** ~**s having done that** er bereut es, das getan zu haben.

**re·pent**² [¹riːpənt] *adj bot. zo.* kriechend. **re·pent·ance** [rɪ¹pentəns] *s* Reue *f*. **re-¹pent·ant** *adj* (*adv* ~ly) reuig (über *acc*), reumütig, bußfertig: **to be** ~ **of s.th.** etwas bereuen.

**re·peo·ple** [ˌriː¹piːpl] *v/t* wieder bevöl-kern (*a. mit Tieren*).

**re·per·cus·sion** [ˌriːpə(r)¹kʌʃn] *s* **1.** *meist pl fig*. Rück-, Nach-, Auswir-kungen *pl* (**on** auf *acc*). **2.** Rückstoß *m*, -prall *m*. **3.** *a. mus*. ¹Widerhall *m*, Echo *n*. ˌre·per·cus·sive [-sɪv] *adj* **1.** ¹wider-hallend. **2.** zu¹rückwerfend.

**rep·er·toire** [¹repə(r)twɑː(r)] *s thea*. Re-per¹toire *n* (*a. fig.*), Spielplan *m*.

**rep·er·to·ry** [¹repə(r)tərɪ; *Am*. -ˌtəʊriː; -ˌtɔː-] *s* **1.** *thea*. a) → **repertoire**, b) → **repertory theater**. **2.** → **repository 4.** ~ **com·pa·ny** *s thea*. *Br*. Reper¹toirebüh-ne *f* (*Unternehmen*). ~ **the·a·ter**, *bes. Br*. ~ **the·a·tre** *s* Reper¹toirethe¡ater *n*, -bühne *f*.

**rep·e·tend** [¹repɪtend] *s* **1.** *math*. Peri¹ode *f* (*e-s Dezimalbruchs*). **2.** *mus*. Re-¹frain *m*.

**ré·pé·ti·teur, re·pe·ti·teur** [reɪˌpetɪ-¹tɜː; *Am*. ˌreɪpeɪtə¹tɜr] *s mus*. Korrepe-¹titor *m*.

**rep·e·ti·tion** [ˌrepɪ¹tɪʃn] *s* **1.** Wieder¹ho-lung *f*: ~ **order** *econ*. Nachbestellung *f*; ~ **work** *tech*. Reihenfertigung *f*. **2.** a) Aus-wendiglernen *n*, b) *ped*. (Stück *n* zum) Aufsagen *n*. **3.** Ko¹pie *f*, Nachbildung *f*. ˌrep·e·ti·tion·al [-ʃənl], ˌrep·e¹ti-tion·a·ry [-ʃənərɪ; *Am*. -ˌneri-] *adj* sich wieder¹holend. ˌrep·e¹ti·tious *adj* (*adv* ~ly), sich ständig wieder¹holend. **2.** ewig gleichbleibend, mono¹ton. **re-pet·i·tive** [rɪ¹petətɪv] *adj* (*adv* ~ly) **1.** sich wieder¹holend, wieder¹holt. **2.** → **repetitious.**

**re·phrase** [ˌriː¹freɪz] *v/t* neu formu¹lie-ren, ¹umformu¡lieren.

**re·pine** [rɪ¹paɪn] *v/i* murren, klagen, ¹mißvergnügt sein (**at** über *acc*): **to** ~ **against one's fate** mit s-m Schicksal

hadern. **re¹pin·ing** *adj* (*adv* ~ly) unzu-frieden, murrend, mürrisch.

**re·place** [rɪ¹pleɪs] *v/t* **1.** ersetzen (**by, with** durch), an die Stelle treten von (*od. gen*). **2.** a) j-n ersetzen *od*. ablösen, an die Stelle treten von (*od. gen*): **to be** ~**d by** abgelöst werden von, ersetzt werden durch, b) j-n vertreten. **3.** (zu)¹rücker-statten, ersetzen: **to** ~ **a sum of money. 4.** wieder ¹hinstellen, -legen, wieder an Ort u. Stelle bringen: **to** ~ **the receiver** *teleph*. (den Hörer) auflegen. **5.** *tech*. a) ersetzen, austauschen: **he had a hip** ~**d** *med*. ihm wurde ein künstliches Hüft-gelenk eingesetzt, b) wieder einsetzen: **to** ~ **a part. 6.** *math*. vertauschen. **re-¹place·a·ble** *adj* zu ersetzen(d), ersetz-bar, *tech. a.* austauschbar. **re¹place-ment** *s* **1.** a) Ersetzen *n*, Austauschen *n*, b) Ersatz *m*: ~ **costs** *econ*. Wiederbe-schaffungskosten; ~ **engine** *bes. mot*. Austauschmotor *m*; ~ **parts** *tech*. Ersatz-teile. **2.** *mil*. a) (*ausgebildeter*) Ersatz-mann *m*, b) Ersatz *m*, Auffüllung *f*, Verstär-kung *f*: ~ **unit** Ersatztruppenteil *m*. **3.** Vertretung *f*. **4.** *med*. Pro¹these *f*.

**re·plant** [ˌriː¹plɑːnt; *Am*. -¹plænt] *v/t* **1.** neu pflanzen. **2.** ver-, ¹umpflanzen (*a. fig.*). **3.** neu bepflanzen.

**re·play** *sport* **I** *v/t* **1.** [ˌriː¹pleɪ] *das Spiel* wieder¹holen. **II** *s* [¹riːpleɪ] **2.** Wieder-¹holungsspiel *n*. **3.** → **action replay.**

**re·plen·ish** [rɪ¹plenɪʃ] *v/t* **1.** (wieder) auf-füllen, nachfüllen, *Vorräte* ergänzen (**with** mit). **2.** wieder füllen. **re¹plen-ish·ment** *s* Auffüllung *f*, Ergänzung *f*: ~ **ship** *mar. mil*. Versorgungsschiff *n*.

**re·plete** [rɪ¹pliːt] *adj* **1.** (**with**) vollge-pfropft (mit), (zum Platzen) voll (von). **2.** (**with**) (an)gefüllt, durch¹tränkt, erfüllt (von), ¹überreich (an *dat*). **re¹ple·tion** *s* **1.** (¹Über)Fülle *f*: **full to** ~ bis zum Rande voll, zum Bersten gefüllt. **2.** Über¹sätti-gung *f*, Völle *f*: **to eat to** ~ sich vollessen.

**re·plev·in** [rɪ¹plevɪn] *jur*. **I** *s* **1.** (Klage *f* auf) Her¹ausgabe *f* gegen Sicherheitslei-stung. **2.** einstweilige Verfügung (auf Her¹ausgabe). **II** *v/t Am. für* **replevy I.** **re¹plev·y** *v/t* entzogene *od*. gepfändete *Sachen* gegen Sicherheitsleistung zu-¹rückerlangen. **II** *s* → **replevin I.**

**rep·li·ca** [¹replɪkə] *s* **1.** *art* Re¹plik *f*, Origi¹nalko¡pie *f*. **2.** Ko¹pie *f*, Reproduk-ti¹on *f*, Nachbildung *f*. **3.** *fig*. Ebenbild *n*. **rep·li·cate** [¹replɪkɪt] **I** *adj bes. bot*. zu¹rückgekrümmt (*Blatt*). **II** *s mus*. Ok¹tav-verdopp(e)lung *f*.

**rep·li·ca·tion** [ˌreplɪ¹keɪʃn] *s* **1.** Entgeg-nung *f*, Erwiderung *f*. **2.** ¹Widerhall *m*, Echo *n*. **3.** *jur*. Re¹plik *f* (*des Klägers auf die Antwort des Beklagten*). **4.** Reproduk-ti¹on *f*, Ko¹pie *f*, Nachbildung *f*.

**re·ply** [rɪ¹plaɪ] **I** *v/i* **1.** antworten, er-widern (**to s.o.** j-m; **to s.th.** auf etwas) (*a. fig.*): **he replied to our letter** er beant-wortete unser Schreiben; **the enemy replied to our fire** *mil*. der Feind er-widerte das Feuer. **2.** *jur*. repli¹zieren. **II** *v/t* **3.** antworten, erwidern, entgegnen (**that** daß). **III** *s* **4.** Antwort *f*, Erwide-rung *f*, Entgegnung *f*: **in** ~ **to** a) in Beantwortung (*gen*), b) auf (*acc*) hin, c) als Antwort *od*. Reaktion auf (*acc*); ~-**paid telegram** Telegramm *n* mit bezahlter Rückantwort; ~ (**postal**) **card** (Post)Karte *f* mit Antwortkarte; **to make a** ~ ~ **1; to say in** ~ zur Antwort geben; **there is no** ~ (**from that number**) *teleph*. der Teilnehmer meldet sich nicht.

**re·point** [ˌriː¹pɔɪnt] *v/t* neu verfugen.

**re·pol·ish** [ˌriː¹pɒlɪʃ; *Am*. -¹pɑ-] *v/t* ¹auf-po¡lieren (*a. fig.*).

**re·pop·u·late** [ˌriː¹pɒpjʊleɪt; *Am*. -¹pɑ-] *v/t* wieder bevölkern.

**re·port** [rɪ'pɔː(r)t; *Am. a.* rɪ'pəʊərt] **I** *s* **1.** a) *allg.* Bericht *m* (**on** über *acc*), b) *econ.* (Geschäfts- *od.* Sitzungs- *od.* Verhandlungs)Bericht *m*: ~ **stage** Erörterungsstadium *n* (*e-r Vorlage*) (*vor der 3. Lesung*); **to give a** ~ Bericht erstatten; **month under** ~ Berichtsmonat *m.* **2.** Refe'rat *n*, Vortrag *m*. **3.** (Presse)Bericht *m*, (-)Meldung *f*, Nachricht *f*. **4.** *ped. Br.* Zeugnis *n*. **5.** Anzeige *f* (*a. jur.*), Meldung *f* (*zur Bestrafung*). **6.** *mil.* Meldung *f*. **7.** *jur.* → **law report**. **8.** Gerücht *n*: **the** ~ **goes that**, ~ **has it that** es geht das Gerücht, daß. **9.** Ruf *m*: **to be of good (evil)** ~ in gutem (schlechtem) Rufe stehen; **through good and evil** ~ *Bibl.* in guten u. bösen Tagen. **10.** Knall *m*: ~ **of a gun.**
**II** *v/t* **11.** berichten (**to s.o.** j-m): **to** ~ **progress to s.o.** j-m über den Stand der Sache berichten; **to move to** ~ **progress** *parl. Br.* die Debatte unterbrechen. **12.** berichten über (*acc*), Bericht erstatten über (*acc*) (*beide a. in der Presse, im Rundfunk etc*), erzählen: **it is** ~**ed that** es heißt (, daß); **he is** ~**ed to be ill** es heißt, er sei krank; **er soll krank sein; he is** ~**ed as saying** er soll gesagt haben; ~**ed speech** *ling.* indirekte Rede. **13.** melden: **to** ~ **an accident** (**a discovery, results,** *etc*); **to** ~ **o.s.** sich melden (**to** bei); **to** ~ **a missing person** eine Vermißtenanzeige aufgeben. **14.** (**to**) j-n (*zur Bestrafung*) melden (*dat*), anzeigen (**bei** j-m) (**for** wegen). **15.** *parl.* (*Am. a.* ~ **out**) e-e Gesetzesvorlage (wieder) vorlegen (*Ausschuß*).
**III** *v/i* **16.** berichten, e-n Bericht geben *od.* erstatten *od.* vorlegen (**on, of** über *acc*), refe'rieren (**on** über *acc*). **17.** als Berichterstatter arbeiten, schreiben (**for** für): **he** ~**s for the 'Times'. 18.** Nachricht geben, sich melden. **19.** (**to**) sich melden, sich einfinden (bei), sich (*der Polizei etc*) stellen: **to** ~ **for duty** sich zum Dienst melden; **to** ~ **back to work** sich wieder zur Arbeit melden; **to** ~ **sick** sich krank melden. **20.** ~ **to** *Am.* j-m (*disziplinarisch*) unter'stehen, unter'stellt sein: **he** ~**s to the company secretary.**
**re·port·a·ble** [rɪ'pɔː(r)təbl; *Am. a.* -'pəʊr-] *adj* **1.** zu berichten(d), zur Berichterstattung geeignet. **2.** *med.* anzeige-, meldepflichtig: **a** ~ **disease. 3.** steuerpflichtig (*Einkommen*). **re·port·age** [ˌrepɔː'taːʒ; *Am.* rɪ'pəʊrtɪdʒ; *a.* -'pɔːr-] *s* **1.** Repor'tage *f*. **2.** Zeitungsstil *m*.
**re·port card** *s Am.* Zeugnis *n*.
**re·port·ed·ly** [rɪ'pɔː(r)tɪdlɪ; *Am. a.* -'pəʊr-] *adv* wie verlautet: **the president has** ~ **said** der Präsident soll gesagt haben. **re·port·er** *s* **1.** Re'porter *m*, (Presse)Berichterstatter *m*. **2.** *jur. etc* Berichterstatter *m*, Refe'rent *m*. **3.** Schrift-, Proto'kollführer *m*.
**re·por·to·ri·al** [ˌrɪpɔː'tɔːrɪəl; *Am.* ˌrepər'təʊ-; -'riː-] *adj bes. Am.* **1.** Reporter... **2.** repor'tagehaft (*Stil etc*).
**re·pose** [rɪ'pəʊz] **I** *v/i* **1.** ruhen, schlafen (*beide a. fig.*). **2.** (sich) ausruhen. **3.** *fig.* beruhen (**on** auf *dat*). **4.** *fig.* (*liebevoll*) verweilen (**on** bei) (*Gedanken*). **5.** ~ **in** *fig.* vertrauen auf (*acc*). **II** *v/t* **6.** j-m Ruhe gewähren. **7.** (**o.s.** sich) zur Ruhe legen. **8.** ~ **on** legen *od.* betten auf (*acc*). **9.** ~ **in** *fig.* sein Vertrauen, s-e Hoffnung setzen auf *od.* in (*acc*). **10.** ~**d (on)** *pp* a) ruhend, liegend (auf *dat*), b) gebettet, gestützt (auf *acc*), c) sich lehnend, gelehnt (auf *acc*, gegen). **III** *s* **11.** Ruhe *f*: a) Ausruhen *n*, b) Schlaf *m*, c) Erholung *f*, d) Friede(n) *m*, Stille *f*, e) Stillstand *m*: **to seek (take)** ~ Ruhe suchen (finden); **in** ~ in Ruhe, untätig (*a. Vulkan*). **12.** (Gemüts)Ruhe *f*.

**13.** *art* Harmo'nie *f*. **re·pose·ful** *adj* (*adv* ~**ly**) ruhig, ruhevoll.
**re·pos·i·to·ry** [rɪ'pɒzɪtərɪ; *Am.* rɪ'pɑzəˌtɔːriː; -ˌtɔː-] *s* **1.** a) Behälter *m*, Gefäß *n*, b) Verwahrungsort *m.* **2.** (Waren)Lager *n*, Niederlage *f*. **3.** Mu'seum *n*. **4.** *fig.* Quelle *f*, Fundgrube *f* (**of** für). **5.** a) Leichenhalle *f*, b) Gruft *f*. **6.** *fig.* Vertraute(r *m*) *f*.
**re·pos·sess** [ˌriːpə'zes] *v/t* **1.** wieder in Besitz nehmen, 'wiedergewinnen, *fig. a.* zu'rückerobern. **2.** ~ **of** j-n wieder in den Besitz *e-r Sache* setzen. ˌ**re·pos'session** *s* Wiederinbe'sitznahme *f*, 'Wiedergewinnung *f*.
**re·post** → **riposte.**
**re·pot** [ˌriː'pɒt; *Am.* -'pɑt] *v/t* Pflanze 'umtopfen.
**re·pous·sé** [rə'puːseɪ; *Am. a.* rəˌpuː'seɪ] *tech.* **I** *adj* getrieben (*Verzierung*). **II** *s* getriebene Arbeit.
**repp** → **rep[1].**
**repped** [rept] *adj* quergerippt.
**rep·re·hend** [ˌreprɪ'hend] *v/t* tadeln, rügen. ˌ**rep·re'hen·si·ble** *adj* (*adv* reprehensibly) tadelnswert, verwerflich. ˌ**rep·re'hen·si·ble·ness** *s* (*das*) Tadelnswerte, *das* Verwerfliche. ˌ**rep·re'hen·sion** *s* Tadel *m*, Rüge *f*, Verweis *m*.
**rep·re·sent** [ˌreprɪ'zent] **I** *v/t* **1.** *j-n od. j-s Sache, e-n Wahlbezirk etc* vertreten: **to** ~ **s.o.**; **to** ~ **s.o.'s interest; to be** ~**ed at** bei *e-r Sache* vertreten sein. **2.** *e-n Staat, e-e Firma etc* vertreten, repräsen'tieren. **3.** *thea.* a) *e-e Rolle* darstellen, verkörpern, b) *ein Stück* aufführen, geben. **4.** *fig.* (*symbolisch*) darstellen, verkörpern, bedeuten, repräsen'tieren, *e-r Sache* entsprechen. **5.** (*bildlich, graphisch*) darstellen, abbilden: **to** ~ **graphically. 6.** 'hin-, darstellen (**as, to be** als), behaupten, (*a.* entschuldigend) vorbringen (**that** daß). **7.** darlegen, -stellen, schildern, vor Augen führen (**to s.o.** j-m): **to** ~ **to s.o. that** j-m vorhalten, daß. **8.** ~ **to o.s.** sich (*im Geiste*) vorstellen. **II** *v/i* **9.** prote'stieren (**against** gegen).
**re·pre·sent** [ˌriːprɪ'zent] *v/t* **1.** *etwas* wieder vorlegen. **2.** wieder vorführen. **3.** wieder *od.* neu darbieten.
**rep·re·sen·ta·tion** [ˌreprɪzen'teɪʃn] *s* **1.** *a. econ. jur. pol.* Vertretung *f*: ~ **proportional 2.** Repräsentati'on *f*. **3.** Verkörperung *f*. **4.** (bildliche, graphische) Darstellung, Bild *n*. **5.** Schilderung *f*, Darstellung *f* (*des Sachverhalts*): **false** ~**s** *jur.* falsche Angaben, Vorspiegelung *f* falscher Tatsachen; → **fraudulent. 6.** *thea.* a) Aufführung(en *pl*) *f* (*e-s Stücks*), b) Darstellung *f* (*e-r Rolle*). **7.** a) Pro'test *m*, b) *meist pl* Vorhaltung(en *pl*) *f*, *pl* Vorstellungen *pl* (*a.* Völkerrecht): **to make** ~**s to** Vorstellungen erheben bei, vorstellig werden bei. **8.** *jur.* Rechtsnachfolge *f*, *bes.* Nacherbenschaft *f*. **9.** *Versicherungsrecht:* Risikobeschreibung *f*. **10.** *pl jur.* Vertragsabsprachen *pl*. **11.** *philos.* Vorstellung *f*, Begriff *m*. ˌ**rep·re·sen'ta·tion·al** [-ʃənl] *adj* **1.** Vertretungs...: ~ **power.** **2.** *philos.* Vorstellungs..., begrifflich. **3.** gegenständlich: ~ **art.**
**rep·re·sen·ta·tive** [ˌreprɪ'zentətɪv] **I** *s* **1.** (Stell)Vertreter(in), Beauftragte(r *m*) *f*, Repräsen'tant(in): **authorized** ~ Bevollmächtigte(r *m*) *f*; (**commercial**) ~ (Handels)Vertreter, (Handlungs)Reisende(r) *m*; **diplomatic** ~ diplomatischer Vertreter; **personal** ~ *jur.* Nachlaßverwalter *m*; **real** (*od.* **natural**) ~ *jur.* Erbe *m*, (Rechts)Nachfolger(in). **2.** *pol.* Abgeordnete(r *m*) *f*, (Volks)Vertreter(in). **3.** typischer Vertreter, Repräsen'tant *m*, Musterbeispiel *n* (**of** *gen*). **4.** *jur.* Ersatzerbe *m*. **II** *adj* (*adv* ~**ly**) **5.** (**of**) a) verkörpernd,

(sym'bolisch) darstellend (*acc*), b) sym'bolisch (für): **to be** ~ **of s.th.** etwas verkörpern. **6.** darstellend (**of** *acc*): ~ **arts. 7.** (**of**) vertretend (*acc*), stellvertretend (für): **in a** ~ **capacity** als Vertreter, stellvertretend. **8.** *bes. pol.* repräsenta'tiv: ~ **government** Repräsentativsystem *n*, parlamentarische Regierung. **9.** a) typisch, charakte'ristisch, kennzeichnend (**of** für), b) repräsenta'tiv: **a** ~ **selection** (*bes. Literatur*) e-e repräsentative Auswahl, (*Statistik*) ein repräsentativer Querschnitt; ~ **sample** *econ.* Durchschnittsmuster *n*. **10.** *philos.* Vorstellungs... **11.** *bot. zo.* (**of**) entsprechend (*dat*), ein Gegenstück bildend (zu). ˌ**rep·re'sent·a·tive·ness** *s* **1.** Sym'bolcharakter *m*, -kraft *f*. **2.** repräsenta'tiver Cha'rakter.
**re·press** [rɪ'pres] *v/t* **1.** unter'drücken, -'binden, *e-n Aufruhr* niederschlagen. **2.** *fig.* unter'drücken: **to** ~ **a desire** (**a curt reply, tears**). **3.** *fig.* zügeln, im Zaum halten. **4.** *psych.* verdrängen. **re'pres·sion** [-ʃn] *s* **1.** Unter'drückung *f*. **2.** *psych.* Verdrängung *f*. **re'pres·sive** [-sɪv] *adj* (*adv* ~**ly**) **1.** unter'drückend, repres'siv, Unterdrückungs... **2.** hemmend.
**re·prieve** [rɪ'priːv] **I** *v/t* **1.** *jur.* j-m Strafaufschub gewähren, *j-s* Urteilsvollstreckung aussetzen. **2.** *jur.* e-e Gnadenfrist gewähren (*a. fig.*), *j-n* begnadigen. **3.** *fig.* a) *j-m* e-e Atempause gönnen, b) (vor'übergehend) retten (**from** vor *dat*). **II** *s* **4.** *jur.* a) Begnadigung *f*, b) (Straf-, Voll'streckungs)Aufschub *m*. **5.** *fig.* a) Aufschub *m*, b) Gnadenfrist *f*, Atempause *f*. **6.** (vor'übergehende) Rettung.
**rep·ri·mand** ['reprɪmɑːnd; *Am.* -ˌmænd] **I** *s* Verweis *m*, Rüge *f*, Maßregelung *f* (**for** wegen, für). **II** *v/t* j-m e-n Verweis erteilen, *j-n* rügen *od.* maßregeln.
**re·print** **I** *v/t* [ˌriː'prɪnt] **1.** neu drucken *od.* auflegen, nachdrucken. **II** *s* ['riːprɪnt] **2.** a) Nachdruck *m*, 'Umdruck *m*, b) Neudruck *m*, Neuauflage *f*. **3.** Nachdruck *m* (*e-r Briefmarkenserie*).
**re·pris·al** [rɪ'praɪzl] *s* **1.** *a. pol.* Repres'salie *f*, Vergeltungsmaßnahme *f*: **to make** ~**s (up)on** Repressalien ergreifen gegen; **in** (*od.* **as a, by way of**) ~ als Vergeltungsmaßnahme. **2.** *hist.* autori'sierte Kaperung: **to make** ~ (**up)on** sich schadlos halten an (*dat*); → **marque 1.**
**re·prise** [rɪ'priːz] *s* **1.** *meist pl jur.* Jahreszinsen *pl*. **2.** *mus.* a) Re'prise *f* (*Wiederkehr des Anfangs od. ersten Teils*), b) Wieder'aufnahme *f*, Wieder'holung *f* (*e-s Themas od. Teils*).
**re·pri·vat·i·za·tion** ['riːˌpraɪvətaɪˈzeɪʃn; *Am.* -tə'z-] *s econ.* Reprivati'sierung *f*.
**re·pro** ['riːprəʊ] *pl* -**pros** *s colloq.* **1.** *print.* a) ˌRepro' *f* (*Reproduktion*), b) ˌReprovorlage' *f* (*Reproduktionsvorlage*). **2.** → **reproduction 6.**
**re·proach** [rɪ'prəʊtʃ] **I** *v/t* **1.** vorwerfen, -halten, zum Vorwurf machen (**s.o. with s.th.** j-m etwas). **2.** j-m (**o.s.** sich) Vorwürfe machen, *j-n* tadeln (**for** wegen). **3.** *etwas* tadeln, rügen. **4.** *fig.* ein Vorwurf sein für, diskredi'tieren. **II** *s* **5.** Vorwurf *m*, Tadel *m*: **above** (*od.* **beyond**) ~ über jeden Tadel erhaben, untadelig; **without fear and** ~ ohne Furcht u. Tadel; **a look of** ~ ein vorwurfsvoller Blick. **6.** Schande *f* (**to** für): **to bring** ~ (**up)on s.o.** j-m Schande *od.* wenig Ehre machen; **to live in** ~ **and ignominy** in Schimpf u. Schande leben. **7.** ~**es** *pl bes. R.C.* Impro'perien *pl* (*Teil der Karfreitagsliturgie*).
**re·proach·ful** *adj* (*adv* ~**ly**) vor-

wurfsvoll, tadelnd. **re'proach·less** → irreproachable.

**rep·ro·bate** ['reprəʊbeɪt] **I** *adj* **1.** lasterhaft, (mo'ralisch) verkommen. **2.** (*von Gott*) verworfen, verdammt. **II** *s* **3.** a) verkommenes Sub'jekt, b) Schurke *m*, c) Taugenichts *m*: the ~ of his family das ‚schwarze Schaf' der Familie. **4.** Verlorene(r *m*) *f*, (*von Gott*) Verworfene(r *m*) *f*. **III** *v/t* **5.** a) miß'billigen, verurteilen, b) verwerfen. **6.** verdammen (*Gott*). **rep·ro'ba·tion** *s* **1.** 'Mißbilligung *f*, Verurteilung *f*. **2.** *relig*. Reproba-ti'on *f* (*Verworfensein*).

**re·pro·cess** [ri:'prəʊses; *Am. a.* -'prɑ-] *v/t Kernbrennstoffe* wieder'aufbereiten. **re'pro·cess·ing plant** *s* Wieder'aufbereitungsanlage *f*.

**re·pro·duce** [ˌri:prə'dju:s; *Am. a.* -'du:s] **I** *v/t* **1.** *bes. biol.* a) (*a. fig.*) ('wieder)erzeugen, (wieder) her'vorbringen, b) züchten, c) (**o.s.** sich) fortpflanzen: **to be ~d by** sich fortpflanzen durch. **2.** *biol.* neu bilden, regene'rieren: **to ~ a lost part. 3.** wieder her'vorbringen: **to ~ happiness** Glück wiederbringen. **4.** wieder-'holen: **to ~ an experiment. 5.** *phot. print.* reprodu'zieren: a) ko'pieren, b) abdrucken, 'wiedergeben, c) vervielfältigen. **6.** *tech.* reprodu'zieren: a) nachbilden, b) (*akustisch od. optisch*) 'wiedergeben. **7.** (sich) vergegen'wärtigen, im Geiste noch einmal erleben: **to ~ an experience. 8.** *ein Theaterstück* neu insze'nieren, *a. ein Buch* neu her'ausbringen. **II** *v/i* **9.** *biol.* sich fortpflanzen, sich vermehren. **10.** (*gut, schlecht etc*) ausfallen (*Abdruck etc*). **re·pro'duc·er** *s* **1.** *electr.* a) 'Ton,wiedergabegerät *n*, b) Tonabnehmer *m*. **2.** *Computer*: (Loch-) Kartendoppler *m*. **re·pro'duc·i·ble** *adj* reprodu'zierbar.

**re·pro·duc·tion** [ˌri:prə'dʌkʃn] *s* **1.** *allg.* 'Wiedererzeugung *f*. **2.** *biol.* Fortpflanzung *f*. **3.** Reprodukti'on *f* a) *print.* Nach-, Abdruck *m*, Vervielfältigung *f*, b) *paint. phot.* Ko'pie *f*. **4.** *tech.* Reprodukti'on *f* a) Nachbildung *f*: ~ furniture Stilmöbel *pl*, b) *electr.* (*akustische od. optische*) 'Wiedergabe. **5.** *ped.* Nacherzählung *f*. ~ **proof** *s print.* Reproduk-ti'onsvorlage *f*, reprodukti'onsfähiger Abzug *m*.

**re·pro·duc·tive** [ˌri:prə'dʌktɪv] *adj* (*adv* ~ly) **1.** sich vermehrend. **2.** *biol.* Fortpflanzungs...: ~ organs; ~ selection natürliche Zuchtwahl. **3.** *biol.* Regenerations... **4.** *electr.* Wiedergabe...: ~ devices. **5.** *psych.* reproduk'tiv, nachschöpferisch.

**re·proof** [rɪ'pru:f] *s* Tadel *m*, Rüge *f*, Verweis *m*: **to speak in ~ of** sich mißbilligend äußern über (*acc*); **a glance of ~** ein tadelnder Blick.

**re·pro proof** → repro 1 b.

**re·prov·al** [rɪ'pru:vl] → reproof.

**re·prove** [rɪ'pru:v] *v/t* (*for wegen*) *j-n od. etwas* tadeln, rügen, *etwas* miß'billigen. **re'prov·ing·ly** *adv* miß'billigend, tadelnd.

**reps** [reps] → rep¹.

**rep·tant** ['reptənt] *adj bot. zo.* kriechend.

**rep·tile** ['reptaɪl; *Am. a.* -tl] **I** *s* **1.** *zo.* Kriechtier *n*, Rep'til *n*. **2.** *fig.* a) ‚Kriecher' *m*, b) gemeiner Mensch, c) (falsche) ‚Schlange'. **II** *adj* **3.** kriechend, Kriech... **4.** *fig.* a) kriecherisch, b) gemein, niederträchtig, tückisch.

**rep·til·i·an** [rep'tɪlɪən] **I** *adj* **1.** *zo.* rep'tilienhaft, Reptil(ien)..., Kriechtier...: ~ **age** *geol.* Mesozoikum *n*. **2.** *fig.* → reptile 4. **II** *s* → reptile I.

**rep·ti·lif·er·ous** [ˌreptɪ'lɪfərəs] *adj geol.* (fos'sile) Rep'tilreste enthaltend. **rep-**

**'til·i·form** [-fɔ:(r)m] *adj zo.* kriechtierartig.

**re·pub·lic** [rɪ'pʌblɪk] *s pol.* Repu'blik *f*: the ~ of letters *fig.* a) die Gelehrtenwelt, b) die literarische Welt. **re'pub·li·can I** *adj* **1.** (*pol. Am.* R~) republi'kanisch. **2.** *orn.* gesellig. **II** *s* **3.** (*pol. Am.* R~) Republi'kaner *m*. **re'pub·li·can·ism** *s* **1.** republi'kanische Staatsform. **2.** Grundsätze *pl* der republi'kanischen Staatsverfassung. **3.** a) R~ Grundsätze *pl od.* Poli'tik *f* (*der Par'tei*) der Republi'kaner (*in den USA*), b) die Republi'kanische Par'tei. **4.** republi'kanische Gesinnung. **re'pub·li·can·ize** *v/t* republikani-'sieren: a) zur Repu'blik machen, b) republi'kanisch machen.

**re·pub·li·ca·tion** [ˌri:pʌblɪ'keɪʃn] *s* **1.** 'Wiederveröffentlichung *f*. **2.** Neuauflage *f* (*Vorgang u. Erzeugnis*). **re'pub·lish** [-lɪʃ] *v/t ein Buch, a. ein Gesetz etc* neu veröffentlichen.

**re·pu·di·ate** [rɪ'pju:dɪeɪt] **I** *v/t* **1.** nicht anerkennen: **to ~ authority; to ~ a public debt. 2.** *jur.* e-n Vertrag für unverbindlich erklären. **3.** zu'rückweisen: **to ~ a gift. 4.** ablehnen, nicht glauben: **to ~ a doctrine. 5.** *als unberechtigt* verwerfen, zu'rückweisen: **to ~ a claim. 6.** *den Sohn, hist a. die Ehefrau* verstoßen. **7.** bestreiten, in Abrede stellen. **II** *v/i* **8.** Staatsschulden nicht anerkennen. **re·pu·di-'a·tion** *s* **1.** Nichtanerkennung *f* (*bes. e-r Staatsschuld*). **2.** Ablehnung *f*, Zu'rückweisung *f*, Verwerfung *f*. **3.** Verstoßung *f* (*e-s Sohnes etc*).

**re·pugn** [rɪ'pju:n] *selten* **I** *v/t* **1.** widerstehen (*dat*). **2.** *j-n* abstoßen, anwidern. **II** *v/i* **3.** sich wider'setzen (*against dat*). **re·pug·nance** [rɪ'pʌɡnəns], *a.* **re-'pug·nan·cy** [-sɪ] *s* **1.** 'Widerwille *m*, Abneigung *f* (**to, against** gegen). **2.** Unvereinbarkeit *f* (**of** *gen od.* von; **to, with** mit), (innerer) 'Widerspruch (**between** zwischen *dat*). **re'pug·nant** *adj* (*adv* ~ly) **1.** widerlich, 'widerwärtig, zu'wider(laufend), wider'strebend (**to** *dat*). **2.** (**to, with**) wider'sprechend (*dat*), im 'Widerspruch stehend (zu), unvereinbar (mit). **3.** *bes. poet.* 'widerspenstig.

**re·pulse** [rɪ'pʌls] **I** *v/t* **1.** zu'rückschlagen, -werfen: **to ~ the enemy. 2.** abschlagen *od.* abweisen: **to ~ an attack. 3.** *j-n* abweisen: **to ~ a suitor. 4.** *e-e Bitte* abschlagen. **II** *s* **5.** Abwehr *f*. **6.** Abfuhr *f*, Zu'rückweisung *f*, Absage *f*: **to meet with a ~** abgewiesen werden, ‚sich e-e Abfuhr holen'. **7.** *phys.* Rückstoß *m*. **re'pul·sion** [-ʃn] *s* **1.** *phys.* Abstoßung *f*, Rückstoß *m*: ~ **motor** Repulsionsmotor *m*. **2.** Abscheu *m*, *f*: **to feel ~ for s.o.** gegen j-n e-e heftige Abneigung haben *od.* empfinden, vor j-m Abscheu haben, gegen j-n Abscheu empfinden. **re'pulsive** [-sɪv] *adj* (*adv* ~ly) **1.** *phys.* abstoßend, Repulsions... **2.** abstoßend, widerwärtig. **re'pul·sive·ness** *s* 'Widerwärtigkeit *f*.

**re·pur·chase** [ˌri:'pɜ:tʃəs; *Am.* -'pɜr-] **I** *v/t* 'wieder-, zu'rückkaufen. **II** *s econ.* Rückkauf *m*.

**rep·u·ta·bil·i·ty** [ˌrepjʊtə'bɪlətɪ] *s* Achtbarkeit *f*, Ehrbarkeit *f*. **'rep·u·ta·ble** *adj* (*adv* **reputably**) **1.** achtbar, geachtet, angesehen. **2.** anständig (*Beruf*). **3.** allgemein anerkannt (*Ausdruck*).

**rep·u·ta·tion** [ˌrepjʊ'teɪʃn] *s* **1.** (guter) Ruf, Name *m*: **a man of ~** ein Mann von Ruf *od.* Namen; **to have a ~ to lose** e-n Ruf zu verlieren haben. **2.** Ruf *m*: **good (bad) ~; to have the ~ of being** im Rufe stehen, etwas zu sein; **to have a ~ for** bekannt sein für od. wegen; **that got us a bad ~** das hat uns in Verruf gebracht.

**re·pute** [rɪ'pju:t] **I** *s* **1.** Ruf *m*, Leumund

*m*: **by ~** wie es heißt; **of ill ~** von schlechtem Ruf, übelbeleumundet, berüchtigt; **house of ill ~** Bordell *n*. **2.** (guter) Ruf *od.* Name, (hohes) Ansehen, (gutes) Renom-'mee: **a scientist of ~** ein Wissenschaftler von Ruf; **to be held in high ~** hohes Ansehen genießen. **II** *v/t* **3.** halten für: **to be ~d (to be)** gelten als, gehalten werden für. **re'put·ed** *adj* **1.** angeblich: **his ~ father; ~ manor** *Br.* ehemaliges *od.* sogenanntes Rittergut. **2.** ungeeicht, landesüblich (*Maß*): ~ **pint. 3.** bekannt, berühmt. **re'put·ed·ly** *adv* dem Vernehmen nach, angeblich, wie es heißt.

**re·quest** [rɪ'kwest] **I** *s* **1.** Bitte *f*, Wunsch *m*, (*a. formelles*) An-, Ersuchen, Gesuch *n*: **to make a ~ for s.th.** um etwas bitten; **~ for payment** *econ.* Zahlungsaufforderung *f*; **~ for extradition** (*Völkerrecht*) Auslieferungsbegehren *n*, -antrag *m*; **at** (*od. by*) **s.o.'s ~** auf j-s Ansuchen *od.* Bitte hin, auf j-s Veranlassung; **by** (*od.* **on**) **~** auf Wunsch; **no flowers by ~** es wird gebeten, von Blumenspenden Abstand zu nehmen; **~ denied!** (Antrag) abgelehnt! (*a. humor.*); (**musical**) **~ program(me)** Wunschkonzert *n*; **~ button** (*Computer*) Anruftaste *f*; **~ stop** *rail. etc Br.* Bedarfshaltestelle *f*. **2.** Nachfrage *f*: **to be in** (**great**) **~** *a. econ.* (sehr) gefragt *od.* begehrt sein; **oil came into ~** *econ.* die Nachfrage nach Öl stieg. **II** *v/t* **3.** bitten um, ersuchen um: **it is ~ed** es wird gebeten; **to ~ permission** um (die) Erlaubnis bitten; **to ~ s.th. from s.o.** j-n um etwas ersuchen. **4.** *j-n* (höflich) bitten *od.* (*a. amtlich*) ersuchen (**to do** zu tun).

**re·quick·en** [ˌri:'kwɪkən] *v/t u. v/i* zu neuem Leben erwecken (erwachen).

**re·qui·em** ['rekwɪəm] *s R.C.* Requiem *n* (*a. mus.*), Totenmesse *f*, -amt *n*.

**re·quire** [rɪ'kwaɪə(r)] **I** *v/t* **1.** erfordern (*Sache*): **the project ~s much time** (**work**); **to be ~d** erforderlich sein; **if ~d** erforderlichenfalls, wenn nötig. **2.** brauchen, nötig haben, *e-r Sache* bedürfen: **to ~ medical care. 3.** verlangen, fordern (**of s.o.** von j-m): **a task which ~s to be done** *e-e* Aufgabe, die erledigt werden muß. **4.** (**s.o. to do s.th.**) (j-n) auffordern (etwas zu tun), (von j-m) verlangen (daß er etwas tue): **~d subject** *ped. Am.* Pflichtfach *n*. **5.** *Br.* wünschen. **6.** zwingen, nötigen. **II** *v/i* **7.** (es) verlangen: **to do as the law ~s** sich an das Gesetz halten. **re'quire·ment** *s* **1.** (An-) Forderung *f*, Bedingung *f*, Vor'aussetzung *f*: **to meet the ~s** den Anforderungen entsprechen, die Bedingungen erfüllen; **to place** (*od.* **impose**) **~s on** Anforderungen stellen an (*acc*); **to be a ~ for** erforderlich sein für. **2.** Erfordernis *n*, Bedürfnis *n*, *meist pl* Bedarf *m*: **to meet s.o.'s ~s of raw materials** *econ.* j-s Rohstoffbedarf decken.

**req·ui·site** ['rekwɪzɪt] **I** *adj* **1.** erforderlich, notwendig (**to, for** für). **II** *s* **2.** Erfordernis *n*, Vor'aussetzung *f* (**for** für). **3.** (Be'darfs-, Ge'brauchs)Ar,tikel *m*: **office ~s** Büroartikel *m*. **'req·ui·site·ness** *s* Notwendigkeit *f*. **req·ui·si-tion I** *s* **1.** Anforderung *f* (**for** *an acc*): ~ **number** Bestellnummer *f*. **2.** (amtliche) Aufforderung, (*a. völkerrechtliches*) Ersuchen: **to make a ~ on s.o. for s.th.** j-n um etwas ersuchen. **3.** Erfordernis *n*, Vor'aussetzung *f* (**for** für). **4.** Einsatz *m*, Beanspruchung *f*: **to be in** (**constant**) **~** (ständig) gebraucht *od.* beansprucht werden. **5.** *mil.* a) Requisiti'on *f*, Beschlagnahme *f*, b) In'anspruchnahme *f* (von Sach- u. Dienstleistungen) (*durch Besatzungs- od. Stationierungstruppen*). **II** *v/t* **6.** *mil.* requi'rieren, beschlagnahmen. **7.** (an)fordern. **8.** beanspruchen.

**re·quit·al** [rɪˈkwaɪtl] s **1.** Belohnung f, Lohn m (**for** für). **2.** Vergeltung f (**of** für). **3.** Vergütung f (**for** für). **re·quite** [rɪˈkwaɪt] v/t **1.** belohnen: **to** ~ **s.o.** (**for s.th.**). **2.** vergelten (**evil with good** Böses mit Gutem): **to** ~ **s.o. es** j-m vergelten od. heimzahlen. **3.** entschädigen für, aufwiegen (Sache).

**re·ra·di·a·tion** [ˌriːreɪdɪˈeɪʃn] s **1.** phys. Wiederˈausstrahlung f. **2.** Radio: a) (Oszilˈlator)Störstrahlung f, b) Reˈlaissendung f.

**re·read** [ˌriːˈriːd] v/t irr wieder lesen, nochmals (ˈdurch)lesen.

**re·re·cord** [ˌriːrɪˈkɔː(r)d] v/t ein Tonband überˈspielen: ~ing room Mischraum m.

**rere·dos** [ˈrɪədɒs; Am. ˈrerəˌdɑs] s arch. **1.** Reˈtabel n (verzierter Altaraufsatz). **2.** obs. (verzierte) Kaˈminrückwand.

**re·route** [ˌriːˈruːt] v/t **1.** electr. neu verlegen. **2.** den Verkehr ˈumleiten.

**re·run** [ˌriːˈrʌn] **I** v/t irr **1.** Film, Theaterstück etc wieder aufführen. **2.** Rundfunk, TV: Programm wiederˈholen. **3.** Computer: Programm wieder ˈholen. **4. to be** ~ sport wiederˈholt werden (Lauf). **II** s [bes. ˈriːrʌn] **5.** Reˈprise f, ˈWiederaufführung f (e-s Films etc). **6.** Rundfunk, TV: Wiederˈholung f. **7.** Computer: Wiederˈholung f. **8.** sport Wiederˈholungslauf m.

**res** [riːz; Am. a. reɪs] pl **res** (Lat.) s jur. Sache f: → res gestae, res judicata, **in re, in rem**.

**re·sale** [ˈriːseɪl] s ˈWieder-, Weiterverkauf m: ~ **price** Wiederverkaufspreis m; ~ **price maintenance** Preisbindung f der zweiten Hand; ~ **value** Wiederverkaufswert m.

**re·scind** [rɪˈsɪnd] v/t bes. jur. **1.** ein Gesetz, ein Urteil etc aufheben, annulˈlieren. **2.** von e-m Vertrag zuˈrücktreten: **to** ~ **a contract.** **3.** e-n Kauf etc rückgängig machen. **re·scind·a·ble** adj aufhebbar, anfechtbar.

**re·scis·sion** [rɪˈsɪʒn] s bes. jur. **1.** Aufhebung f, Annulˈlierung f (e-s Gesetzes, Urteils etc). **2.** Rücktritt m (**of** von e-m Vertrag). **3.** Rückgängigmachung f (e-s Kaufs etc).

**re·score** [ˌriːˈskɔː(r); Am. a. -ˈskəʊər] v/t mus. neu instrumenˈtieren, bes. ˈuminstrumenˌtieren.

**re·script** [ˈriːskrɪpt] s R.C. Reˈskript n.

**res·cue** [ˈreskjuː] **I** v/t **1.** (**from**) retten (aus), befreien (von), bes. etwas bergen (aus, vor dat): **to** ~ **from oblivion** der Vergessenheit entreißen. **2.** jur. j-n (gewaltsam) befreien. **3.** (gewaltsam) zuˈrückholen, wieder abjagen. **II** s **4.** Rettung f, Hilfe f (a. fig.), Bergung f: **to come to s.o.'s** ~ j-m zu Hilfe kommen. **5.** (gewaltsame) Befreiung. **6.** jur. (gewaltsame) Wiederinbeˈsitznahme. **III** adj **7.** Rettungs..., Bergungs...: ~ **breathing** Mund-zu-Mund-Beatmung f; ~ **helicopter** Rettungshubschrauber m; ~ **operations** Bergungs-, Rettungsarbeiten; ~ **party**, ~ **squad** Bergungs-, Rettungsmannschaft f; ~ **vessel** mar. Bergungsfahrzeug n. **res·cu·er** [ˈreskjʊə(r)] s Befreier m, Retter m.

**re·search** [rɪˈsɜːtʃ; Am. rɪˈsɜrtʃ; a. ˈriːˌ-] **I** s **1.** oft pl Forschung(sarbeit) f, (wissenschaftliche) Unterˈsuchung (**on** über acc, auf dem Gebiet gen): ~ **into s.th.** Erforschung f e-r Sache; ~ **into accidents** Unfallforschung. **2.** (genaue) Unterˈsuchung, Nachforschung f (**after, for** nach). **II** v/i **3.** forschen, Forschungen anstellen, wissenschaftlich arbeiten (**on** über acc, auf dem Gebiet gen): **to** ~ **into s.th.** etwas untersuchen od. erforschen. **III** v/t **4.** unterˈsuchen, erforschen. **IV** adj **5.** Forschungs...: ~ **engineer** (**laboratory, satellite, work,** etc); ~

**assignment** (od. **commission**) Forschungsauftrag m; ~ **library** wissenschaftliche (Leih)Bibliothek; ~ **professor** von der Vorlesung beurlaubter Professor mit Forschungsauftrag; ~ **team** Forscherteam n; ~ **worker** Forscher(in).

**re·search·er** s Forscher(in).

**re·seat** [ˌriːˈsiːt] v/t **1.** e-n Stuhl mit e-m neuen Sitz versehen. **2.** e-n Saal etc neu bestuhlen. **3.** j-n ˈumsetzen. **4.** ~ **o.s.** sich wieder setzen: **when everybody was** ~ed als alle wieder Platz genommen hatten. **5.** e-n neuen Hosenboden einsetzen in (acc). **6.** tech. Ventile nachschleifen.

**re·seau** [ˈrezəʊ; Am. reˈzəʊ] pl **-seaux, -seaus** [-z] s **1.** astr. phot. Gitternetz n. **2.** Nadelarbeit: Reˈseau n, Netzgrund m.

**re·sect** [rɪˈsekt] v/t med. reseˈzieren, herˈausschneiden. **re·sec·tion** s Resektiˈon f.

**re·se·da** [ˈresɪdə; Am. rɪˈsedə] **I** s **1.** bot. Reˈseda f, Wau m. **2.** [Am. ˈreɪzəˌdɑ:] Reˈsedagrün n. **II** adj [Am. ˈreɪzəˌdɑ:] **3.** reˈsedagrün.

**re·seize** [ˌriːˈsiːz] v/t **1.** ˈwiederergreifen. **2.** wieder in Besitz nehmen. **3.** beschlagnahmen.

**re·sell** [ˌriːˈsel] v/t irr wieder verkaufen, weiterverkaufen. **re·sell·er** s ˈWiederverkäufer m.

**re·sem·blance** [rɪˈzembləns] s Ähnlichkeit f (**to** mit; **between** zwischen dat): **to bear** (od. **have**) ~ **to** → **resemble** 1; **any** ~ **to actual persons is purely coincidental** jede Ähnlichkeit mit lebenden Personen wäre rein zufällig. **re·sem·ble** v/t **1.** j-m od. e-r Sache ähnlich sein od. sehen, gleichen, ähneln, Ähnlichkeit haben mit. **2.** obs. vergleichen (**to** mit).

**re·sent** [rɪˈzent] v/t übelnehmen, verübeln, sich ärgern über (acc). **re·sent·ful** adj (adv ~ly) **1.** (**against, of**) aufgebracht (gegen), ärgerlich od. voller Groll (auf acc). **2.** übelnehmerisch, reizbar, empfindlich. **3.** böse, ärgerlich, grollend (Worte etc). **re·sent·ment** s **1.** Ressentiˈment n, Groll m (**against, at** gegen). **2.** Verstimmung f, Unmut m, Unwille m (**of** über acc).

**res·er·va·tion** [ˌrezə(r)ˈveɪʃn] s **1.** bes. Am. a) Reserˈvierung f, Vorbestellung f: **to make a** ~ ein Zimmer etc bestellen, b) Zusage f (der Reservierung), Vormerkung f. **2.** Reserˈvat n: a) Naˈturschutzgebiet n, b) Am. Indiˈanerreservatiˌon f. **3.** a. econ. jur. a) Vorbehalt m, Voˈbehaltsklausel f: **with** ~s unter Vorbehalt; **without** ~ vorbehaltlos, ohne Vorbehalt; **with** ~ **as to** vorbehaltlich der; **to have some** ~s **about s.th.** Bedenken hinsichtlich e-r Sache haben; → **mental²** 1. **4.** a. **central** ~ Am. Grünstreifen m (zwischen zwei Fahrbahnen). **5. to keep s.o. on the** ~ Am. colloq. j-n bei der Stange halten.

**re·serve** [rɪˈzɜːv; Am. rɪˈzɜrv] **I** v/t **1.** (sich) aufsparen od. aufbewahren, in Reˈserve halten, (zuˈrück)behalten. **2.** (sich) zuˈrückhalten mit, warten mit, etwas ver-, aufschieben: **comment is being** ~d es wird vorläufig noch kein Kommentar gegeben; **to** ~ **judg(e)ment** jur. die Urteilsverkündung aussetzen; ~ **your judg(e)ment** fig. halte dich mit d-m Urteil zurück (**till** bis). **3.** a) bes. Am. reserˈvieren (lassen), belegen, vorbestellen, b) reserˈvieren: **these seats are** ~d **for old people. 4.** mil. j-n zuˈrückstellen. **5.** bes. jur. a) vorbehalten (**to s.o.** j-m), b) sich vorbehalten: **to** ~ **the right to do** (od. **of doing**) **s.th.** sich das Recht vorbehalten, etwas zu tun; **all rights** ~d alle Rechte vorbehalten. **6. to be** ~d **to** (od. **for**) **s.o.** fig. j-m vorbehalten bleiben (**to do** zu tun).

**II** s **7.** allg. Reˈserve f (a. fig.), Vorrat m: ~ **air** physiol. Reserveluft f; ~ **capacity** electr. tech. Reserveleistung f; ~ **of energy** (od. **strength**) Kraftreserven pl; ~ **food** biol. Nährstoffvorrat m; **in** ~ in Reserve, im Rückhalt, vorrätig; ~ **ration** mil. eiserne Ration; ~ **seat** Notsitz m; ~ **tank** Reservebehälter m, -tank m. **8.** Ersatz m: ~ **depot** mil. Ersatzteillager n; ~ **part** tech. Ersatzteil n. **9.** econ. Reˈserve f, Rücklage f, -stellung f: ~ **account** Rückstellungskonto n; **actual** ~, ~ **maintained** Ist-Reserve; ~ **currency** Leitwährung f; ~ **fund** Reserve (-fonds m), Rücklage f; **hidden** (od. **secret**) ~s stille Reserven; **loss** ~ Rücklage für laufende Risiken; ~ **ratio** Deckungssatz m. **10.** mil. a) Reˈserve f, b) pl (taktische) Reˈserven pl: ~ (**battle**) **position** Auffangstellung f; ~ **officer** Reserveoffizier m. **11.** sport Reˈservespieler m, Ersatzmann, -spieler m. **12.** a) (ˈEingeborenen)Reserˌvat n, b) Schutzgebiet n: ~ **game** geschützter Wildbestand. **13.** Vorbehalt m (a. jur.), Einschränkung f: ~ **price** Br. Mindestpreis m (bei Versteigerungen); **with all** ~ mit allem Vorbehalt; **without** ~ ohne Vorbehalt(e), vorbehalt-, rückhaltlos. **14.** Zuˈrückhaltung f, zuˈrückhaltendes Wesen, Reˈserve f: **to exercise** ~ Zurückhaltung üben, sich reserviert verhalten; **to receive the news with** ~ die Nachricht mit Zurückhaltung aufnehmen; **to treat s.o. with** ~ j-n reserviert behandeln. **15.** Textildruck: ˈVordrucke·reserve f, Deckpappe f.

**re·served** [rɪˈzɜːvd; Am. rɪˈzɜrvd] adj **1.** zuˈrückhaltend, reserˈviert. **2.** reserˈviert, vorbehalten: ~ **rights.** **3.** Reserve...: ~ **list** mar. Br. Reserveliste f. **re·serv·ed·ly** [-vɪdlɪ] adv.

**re·serv·ist** s mil. Reserˈvist m.

**res·er·voir** [ˈrezə(r)vwɑ:(r)] s **1.** (ˈWasser)Reservoˌir n, ˈWasserturm m, -speicher m, b) Stau-, Sammelbecken n, Basˈsin n. **2.** (Benzin-, Öl- etc)Behälter m. **3.** Speicher m, Lager n. **4.** fig. a) Reservoˈir n (**of** an dat), b) Sammelbecken n.

**re·set** [ˌriːˈset] **I** v/t irr [ˌriːˈset] **1.** e-n Edelstein neu fassen. **2.** print. neu setzen: ~ting of the type Neusatz m. **3.** Messer neu abziehen. **4.** tech. a) (zu)ˈrückstellen (**to** auf acc), b) nachstellen, -richten, c) Computer (zu)ˈrücksetzen, nullstellen: ~ **switch** Rücksetzschalter m. **II** s [ˈriːset] **3.** print. Neusatz m.

**re·set·tle** [ˌriːˈsetl] **I** v/t **1.** Land wieder od. neu besiedeln. **2.** a) j-n wieder ansiedeln, b) j-n ˈumsiedeln. **II** v/i **3.** sich wieder ansiedeln. **4.** sich wieder setzen od. legen od. beruhigen. **re·set·tle·ment** s **1.** Neubesiedlung f. **2.** a) Wiederˈansiedlung f, b) ˈUmsiedlung f.

**res ges·tae** [ˌriːzˈdʒestiː; Am. a. ˌreɪsˈgesˌtaɪ] (Lat.) s pl **1.** Tatbestand m, (beweiserhebliche) Tatsachen pl.

**re·shape** [ˌriːˈʃeɪp] v/t neu formen, ˈumgestalten, -bilden.

**re·ship** [ˌriːˈʃɪp] **I** v/t **1.** Güter wieder verschiffen. **2.** ˈumladen. **II** v/i **3.** sich wieder anheuern lassen (Seemann). **re·ship·ment** s **1.** ˈWiederverladung f, Weiterversand m. **2.** ˈUmladung f. **3.** Rückladung f, -fracht f.

**re·shoot** [ˌriːˈʃuːt] v/t irr Film: Szene nachdrehen.

**re·shuf·fle** [ˌriːˈʃʌfl] **I** v/t **1.** Spielkarten neu mischen. **2.** a) bes. pol. ˈumgrupˌpieren, ˈumbilden, b) sport Mannschaft ˈumbauen. **II** s **3.** a) ˈUmbildung f, ˈUmgrupˌpierung f, b) ˈUmbau m.

**re·side** [rɪˈzaɪd] v/i **1.** wohnen, ansässig sein, s-n (ständigen) Wohnsitz haben (**in, at** in dat). **2.** (**in**) fig. a) wohnen (in

*dat*), b) innewohnen (*dat*). **3. (with, in)** *fig.* liegen, ruhen (bei), zustehen (*dat*).
**res·i·dence** [ˈrezɪdəns] *s* **1.** Wohnsitz *m*, -ort *m*: **permanent** (*od.* **legal** *od.* **fixed**) ~ fester *od.* ständiger Wohnsitz; **to take up one's** ~ s-n Wohnsitz nehmen *od.* aufschlagen, sich niederlassen (**in, at** in *dat*). **2.** Sitz *m* (*e-r Behörde etc*). **3.** Aufenthalt *m*: **permit of** ~, ~ **permit** Aufenthaltserlaubnis *f*, -genehmigung *f*. **4.** (herrschaftliches) Wohnhaus, (Land-) Sitz *m*, Herrenhaus *n*. **5.** Wohnung *f*: **official** ~ a) Amtssitz *m*, b) Amtswohnung *f*. **6.** Wohnen *n*. **7.** Ortsansässigkeit *f*: ~ **is required** es besteht Residenzpflicht; **in** ~ am Amtsort ansässig (*Beamter*). **ˈres·i·den·cy** *s* **1.** → **residence**. **2.** Amtssitz *m*, Resiˈdenz *f*. **3.** Amtsbereich *m*. **4.** *med. Am.* Assiˈstenzzeit *f*. **5.** *hist.* Amtssitz *e-s* brit. Residenten an *e-m* indischen Fürstenhof.
**ˈres·i·dent I** *adj* **1.** ortsansässig, (ständig) wohnhaft: ~ **population** Wohnbevölkerung *f*. **2.** im (Schul- *od.* Kranken-*etc*)Haus wohnend: **a** ~ **tutor (surgeon)**. **3. (in)** *fig.* innewohnend (*dat*), liegend (bei): **a right** ~ **in the people** ein dem Volke zustehendes Recht. **4.** *zo.* seßhaft: ~ **birds** Standvögel. **II** *s* **5.** a) Ortsansässige(r *m*) *f*, Einwohner(in), b) Hoˈtelgast *m*: **for** ~**s only**. **6.** *mot.* Anlieger *m*: ~**s only** Anliegerverkehr frei. **7.** *pol.* Resiˈdent *m*: a) *a.* ~ **minister** ~ Miˈnisterresiˌdent *m*, b) *hist.* Vertreter der brit. Regierung, *bes. an e-m* indischen Fürstenhof. **8.** *med. Am.* Assiˈstenzarzt *m*. **ˌres·i·denˈtial** [-ˈdenʃl; *Am.* -tʃəl] *adj* **1.** Wohn...: ~ **area** (*a.* vornehme) Wohngegend; ~ **estate** Wohngrundstück *n*; ~ **university** Internatsuniversität *f*. **2.** Wohnsitz...: ~ **allowance** Ortszulage *f*; ~ **qualifications** *pl* Wohnsitzerfordernis *f* (*für Wähler*). **3.** Residenz... **ˌres·i·denˈti·ar·y** [-ʃərɪ; *Am.* -tʃiːˌerɪː; -tʃəriː] **I** *adj* **1.** wohnhaft, ansässig (**in, at** in *dat*). **2.** am Amtsort wohnend: **canon** ~ → **3. II** *s* **3.** Amtsort wohnend: **canon** ~ → **3. II** *s* **3.** Resiˈdenzpflicht gebundener Kaˈnoniker *od.* Geistlicher.
**re·sid·u·al** [rɪˈzɪdjʊəl; *Am.* -dʒəwəl; -dʒəl] **I** *adj* **1.** *math.* zuˈrückbleibend, übrig: ~ **error** → **residuum** 2; ~ **quantity** Differenz-, Restbetrag *m*. **2.** übrig (-geblieben), Rest...: ~ **air** *phys.* Residualluft *f*; ~ **oils** Rückstandsöle; ~ **product** *chem. tech.* Nebenprodukt *n*; ~ **soil** *geol.* Eluvialboden *m*. **3.** *phys.* remaˈnent: ~ **magnetism**. **II** *s* **4.** *math.* a) Reˈsiduum *n*, b) Rest(wert) *m*, Diffeˈrenz *f*, c) Abweichung *f*, Variatiˈon *f*. **5.** Rückstand *m*, Rest *m*. **6.** *TV Am.* (*an Schauspieler od. Verfasser gezahltes*) Wiederˈholungshonoˌrar (*bes. bei Werbespots*). **reˈsid·u·ar·y** [-djʊərɪ; *Am.* -dʒəˌwerɪ] *adj* übrig(geblieben), restlich: ~ **estate** *jur.* Reinnachlaß *m*; ~ **legatee** Nachvermächtnisnehmer *m*.
**res·i·due** [ˈrezɪdjuː; *Am. a.* -ˌduː] *s* **1.** Rest *m*. **2.** *chem. tech.* Rest *m*, Reˈsiduum *n* (*beide a. math.*), Rückstand *m*. **3.** *chem.* Teil (*bes. anorganischer Bestandteil*) *e-s* Moleküls, der beim Abbau übrigbleibt. **4.** *jur.* Reinnachlaß *m*. **re·sid·u·ent** [rɪˈzɪdjʊənt; *Am.* -dʒəw-] *s chem.* ˈNebenproˌdukt *n*, Rückstand *m*. **reˈsid·u·um** [-əm] *pl* **-u·a** [-ə] *s* **1.** *bes. chem.* Rest *m*, Rückstand *m*. **2.** *math.* Reˈsiduum *n*, Rest(betrag) *m*. **3.** *fig. contp.* Hefe *f* (*des Volkes etc*).
**re·sign** [rɪˈzaɪn] **I** *v/t* **1.** aufgeben: **to** ~ **hope** (**property, a right,** *etc*). **2.** verzichten auf (*acc*): **to** ~ **a claim**. **3.** *ein Amt* niederlegen: **to** ~ **an office**. **4.** überˈlassen (**to** *dat*): **to** ~ **s.o. to his fate**; ~ **o.s.** o.s. sich ˈhingeben (**to** *dat*): **to** ~ **o.s. to meditation**. **5.** ~ **o.s.**

---

sich anverˈtrauen *od.* überˈlassen: **to** ~ **o.s. to s.o.'s guidance**. **7.** ~ **o.s.** (**to**) sich ergeben *od.* fügen (**in** *acc*), sich abfinden *od.* versöhnen (**mit**): **to** ~ **o.s. to one's fate**; **to** ~ **o.s. to doing s.th.** sich damit abfinden, etwas tun zu müssen. **II** *v/i* **8.** → **7. 9.** a) zuˈrücktreten (**from** von *e-m Amt*), abdanken, b) austreten (**from** aus). **10.** verzichten.
**re-sign** [ˌriːˈsaɪn] *v/t* nochmals unterˈzeichnen.
**res·ig·na·tion** [ˌrezɪɡˈneɪʃn] *s* **1.** (**of**) Aufgabe *f* (*gen*), Verzicht *m* (**auf** *acc*). **2.** a) Rücktritt *m*, Abdankung *f*, Abschied *m*, Amtsniederlegung *f*, b) Abschieds-, Rücktrittsgesuch *n*: **to send** (*od.* **hand**) **in** (*od.* **tender**) **one's** ~ s-n Rücktritt *od.* sein Abschiedsgesuch einreichen. **3.** Überˈlassung *f* (**to an** *acc*). **4.** Resignatiˈon *f*.
**re·signed** [rɪˈzaɪnd] *adj* **1.** a) resiˈgniert: **to look** ~, b) **to be** ~ **to s.th.** sich mit etwas abgefunden haben, sich in etwas fügen. **2.** verabschiedet, abgedankt, außer Dienst: ~ **major**. **reˈsign·ed·ly** [-nɪdlɪ] *adv* ergeben, resiˈgniert. **reˈsign·ed·ness** *s* Ergebenheit *f* (**to** in *acc*).
**re·sile** [rɪˈzaɪl] *v/i* **1.** zuˈrückschnellen, -federn. **2.** zuˈrücktreten (**from a contract** von *e-m* Vertrag). **re·sil·i·ence** [rɪˈzɪlɪəns; *Am.* -jənts], *a.* **re·sil·i·en·cy** *s* **1.** Elastiziˈtät *f*: a) Rückfederung *f*, Spannkraft *f* (*a. fig.*), b) *fig.* Unverwüstlichkeit *f*. **2.** Zuˈrückschnellen *n*, -federn *n*. **re·sil·i·ent** [-ənt] *adj* elˈlastisch: a) federnd, zuˈrückschnellend, b) *fig.* spannkräftig, unverwüstlich.
**res·in** [ˈrezɪn] **I** *s* **1.** Harz *n*. **2.** → **rosin** 1. **II** *v/t* **3.** *tech.* harzen, mit Harz behandeln. **ˈres·in·ate** [-neɪt] **I** *s chem.* Resiˈnat *n*. **II** *v/t* mit Harz impräˈgnieren. **ˌres·inˈif·er·ous** [ˌ-ˈnɪfərəs] *adj* harzhaltig. **re·sin·i·fi·ca·tion** [reˌzɪnɪfɪˈkeɪʃn] *s* **1.** ˈHarzˌherstellung *f*. **2.** Verharzung *f*. **reˈsin·i·fy** [reˈzɪnɪfaɪ] **I** *v/t* **1.** mit Harz behandeln. **2.** harzig *od.* zu Harz machen. **II** *v/i* **3.** harzig werden (*a. Öl*). **ˌres·inˈo·lec·tric** [ˌrezɪnəʊ-] *adj electr. phys.* ˈharzeˌlektrisch, negativ eˈlektrisch.
**res·in·ous** [ˈrezɪnəs] *adj* **1.** harzig. **2.** Harz... **3.** → **resinoelectric**.
**res·i·pis·cence** [ˌresɪˈpɪsns] *s* **1.** Sinnesänderung *f*. **2.** Einsicht *f*.
**re·sist** [rɪˈzɪst] **I** *v/t* **1.** *e-r* Sache widerˈstehen *od.* standhalten: **to** ~ **an attack (a temptation,** *etc*); **I cannot** ~ **doing it** ich kann nicht widerstehen, ich muß es einfach tun; **she could hardly** ~ **laughing** sie konnte sich kaum das Lachen verkneifen. **2.** ˈWiderstand leisten (*dat od.* gegen): ~**ing a public officer in the execution of his duty** *jur.* Widerstand *m* gegen die Staatsgewalt. **3.** sich widerˈsetzen (*dat*), sich wehren *od.* sträuben gegen. **4.** *tech.* beständig sein gegen: **to** ~ **acid** säurebeständig sein. **5.** ˈwiderstandsˈfähig sein gegen: **to** ~ **infection**. **6.** aufhalten, auf-, abfangen: **to** ~ **a projectile**. **7.** sich erwehren *od.* enthalten (*gen*): **to** ~ **a smile**. **II** *v/i* **8.** ˈWiderstand leisten, sich widerˈsetzen. **III** *s* **9.** *tech.* Schutzpaste *f*, -lack *m*, Deckmittel *n*. **10.** *print.* Ätzgrund *m*. **11.** *phot.* Abdecklack *m*.
**re·sist·ance** [rɪˈzɪstəns] *s* **1.** ˈWiderstand *m* (**to** gegen): **in** ~ **to** aus Widerstand gegen; **to take the line of least** ~ den Weg des geringsten Widerstandes gehen; ~ **movement** → **5**; **to offer** ~ (**to**) Widerstand leisten (*dat*), sich widersetzen (*dat*) *od.* wehren (gegen). **2.** a) ˈWiderstandskraft *f* (*a. med.*): ~ **training** *sport* Ausdauertraining *n*, b) *bes. med.* Resiˈstenz *f*. **3.** *electr.* ˈWiderstand *m* (*a. Bauteil*): ~ **bridge** Widerstands(meß)brücke *f*; ~

---

**coil** Widerstandswicklung *f*, -spule *f*; ~ **welding** *tech.* Widerstandsschweißung *f*. **4.** *tech.* (*Biegungs-, Säure-, Stoß- etc*) Festigkeit *f*, (*Hitze-, Kälte- etc*) Beständigkeit *f*: ~ **to heat, heat** ~; ~ **to wear** Verschleißfestigkeit. **5.** *oft* **the R~** *pol.* die ˈWiderstandsbewegung, der ˈWiderstand. **reˈsist·ant I** *adj* (*adv* ~**ly**) **1.** ˈWiderstand leistend, widerˈstehend, -ˈstrebend. **2.** *tech.* ˈwiderstandsˈfähig, beständig (**to** gegen): ~ **to light** lichtecht. **II** *s* **3.** *tech.* → **resist** 9. **reˈsist·er** *s* (**passive** ~) j-d, der (passiven) ˈWiderstand leistet.
**re·sist·i·ble** [rɪˈzɪstəbl] *adj* (*adv* **resistibly**) **1.** zu widerˈstehen(d). **2.** ˈwiderstandsfähig. **reˈsis·tive** *adj* (*adv* ~**ly**) **1.** ˈwiderspenstig. **2.** ˈwiderstandsfähig. **3.** *tech.* Widerstands... **re·sis·tiv·i·ty** [ˌriːzɪsˈtɪvətɪ] *s* **1.** (*phys.*) speˈzifische ˈWiderstandskraft *f*. **2.** *electr.* speˈzifischer ˈWiderstand. **reˈsist·less** *adj* (*adv* ~**ly**) *obs.* **1.** ˈunwiderˌstehlich. **2.** wehr-, ˈwiderstands-, hilflos. **reˈsis·tor** [-tə(r)] *s electr.* ˈWiderstand *m* (*als Bauteil*).
**re·sit** *ped. Br.* **I** *v/t irr* [ˌriːˈsɪt] *e-e* Prüfung wiederˈholen. **II** *s* [ˈriːsɪt] Wiederˈholungsprüfung *f*.
**res ju·di·ca·ta** [ˈriːzˌdʒuːdɪˈkɑːtə] (*Lat.*) *s jur.* rechtskräftig entschiedene Sache, *weitS.* (materiˈelle) Rechtskraft.
**re·sole** [ˌriːˈsəʊl] *v/t* neu besohlen.
**re·sol·u·ble** [rɪˈzɒljʊbl; *Am.* -ˈzɑl-] *adj* (*adv* **resolubly**) **1.** lösbar: **a** ~ **problem**. **2.** auflösbar, zerlegbar (**into** in *acc*).
**res·o·lute** [ˈrezəluːt] *adj* (*adv* ~**ly**) **1.** entschieden, entschlossen, resoˈlut, beherzt. **2.** entschieden, bestimmt (*Antwort etc*). **ˈres·o·lute·ness** *s* Entschiedenheit *f*, Entschlossenheit *f*, resoˈlute Art.
**res·o·lu·tion** [ˌrezəˈluːʃn] *s* **1.** *econ. parl.* Beschluß(fassung *f*) *m*, Resolutiˈon *f*, Entschließung *f*: **to move a** ~ *e-e* Resolution einbringen. **2.** Entschluß *m*, Vorsatz *m*: **to form** (*od.* **make**) **a** ~ *e-n* Entschluß fassen; **good** ~**s** gute Vorsätze. **3.** Entschlossenheit *f*, Entschiedenheit *f*, Entschlußkraft *f*. **4.** *a. chem. math. opt. phys., a.* Metrik: Auflösung *f* (*a. mus. phot.*), Zerlegung *f* (**into** in *acc*): ~ **of a picture** a) *tech.* Rasterung *f* *e-s* Bildes, b) *TV* Bildauflösung. **5.** *Computer, Radar:* Auflösungsvermögen *n*. **6.** (Zu)ˈRückführung *f* (**into** in *acc*; **to** auf *acc*). **7.** *med.* a) Lösung *f* (*e-r* Lungenentzündung *etc*), b) Zerteilung *f* (*e-s* Tumors). **8.** *fig.* Lösung *f*: ~ **of a problem**; ~ **of a doubt** Behebung *f* *e-s* Zweifels.
**re·sol·u·tive** [rɪˈzɒljʊtɪv; *Am.* -ˈzɑljə-] *med.* **I** *adj* a) lösend, b) zerteilend. **II** *s* a) zerteilendes Mittel, b) Lösemittel *n*, (Re)ˈSolvens *n*.
**re·solv·a·ble** [rɪˈzɒlvəbl; *Am.* -ˈzɑl-] *adj* (auf)lösbar, zerlegbar (**into** in *acc*).
**re·solve** [rɪˈzɒlv; *Am. a.* rɪˈzɑlv] **I** *v/t* **1.** *a. chem. math. mus. opt.* auflösen (**into** in *acc*): **to be** ~**d into** sich auflösen in (*acc*); ~**d into dust** in Staub verwandelt; **to be** ~**d into tears** in Tränen aufgelöst sein; **resolving power** *opt. phot.* Auflösungsvermögen *n*; → **committee** 1. **2.** lösen: **to** ~ **a problem** (**a riddle**). **3.** *Zweifel* zerstreuen. **4.** a) sich entschließen, beschließen (**to do s.th.** etwas zu tun), b) entscheiden: **be it** ~**d** (*Formel*) wir haben die folgende Entschließung angenommen. **5.** analyˈsieren. **6.** *med.* a) *e-n* Tumor zerteilen *od.* erweichen, b) *e-e* Lungenentzündung lösen. **7.** j-n daˈzu bestimmen *od.* bewegen (**on** *od.* **upon doing s.th., to do s.th.** etwas zu tun).
**II** *v/i* **8.** a) sich auflösen (**into** in *acc*; **to** zu), b) wieder werden (**into, to** zu): **the tumo(u)r** ~**s** *med.* die Geschwulst zerteilt

sich. **9. (on, upon)** (*etwas*) beschließen, sich (zu *etwas*) entschließen. **III** *s* **10.** Vorsatz *m*, Entschluß *m*. **11.** *Am.* → **resolution** 1. **12.** *bes. poet.* Entschlossenheit *f*.

**re·solved** [rɪˈzɒlvd; *Am. a.* rɪˈzɑːlvd] *adj* (fest) entschlossen **(on s.th.** zu etwas; **to do s.th.** etwas zu tun). **reˈsolv·ed·ly** [-vɪdlɪ] *adv* entschlossen, entschieden.

**re·sol·vent** [rɪˈzɒlvənt; *Am. a.* -ˈzɑl-] **I** *adj* **1.** *a.* *chem.* (auf)lösend. **2.** *med.* a) lösend, b) zerteilend. **II** *s* **3.** *bes. chem.* Lösungsmittel *n*. **4.** *med.* a) zerteilendes Mittel, b) Lösemittel *n*, (Re)ˈSolvens *n*. **5.** *math.* Resolˈvente *f*.

**res·o·nance** [ˈrezənəns] *s* **1.** *phys.* Resoˈnanz *f* (*a. med. mus.*), Nach-, ˈWiderhall *m*, Mitschwingen *n*: ~ **box** Resonanzkasten *m*. **2.** *Quantenmechanik*: Resoˈnanz *f*: ~ **neutron** Resonanzneutron *n*. **ˈres·o·nant** *adj* (*adv* ~**ly**) **1.** ˈwider-, nachhallend **(with** von). **2.** volltönend: ~ **voice.** **3.** *phys.* mitschwingend, resoˈnant, Resonanz...: ~ **circuit** *electr.* Resonanz-, Schwingkreis *m*; ~ **rise** Aufschaukeln *n*. **ˈres·o·nate** [-neɪt] **I** *v/i phys.* mitschwingen: **to** ~ **to** einschwingen auf *e-e Wellenlänge*. **II** *v/t* auf Resoˈnanz bringen. **ˈres·o·na·tor** [-tə(r)] *s* **1.** *Akustik*: Resoˈnator *m*. **2.** *electr.* Resoˈnanzkreis *m*.

**re·sorb** [rɪˈsɔː(r)b; -ˈz-] *v/t* (wieder) aufsaugen, resorˈbieren. **reˈsorb·ence** *s* Resorptiˈon *f*, Aufsaugung *f*. **reˈsorb·ent** *adj* resorˈbierend, aufsaugend.

**re·sorp·tion** [rɪˈsɔː(r)pʃn; -ˈz-] *s* Resorptiˈon *f*, Aufsaugung *f*.

**re·sort** [rɪˈzɔː(r)t] **I** *v/i* **1.** ~ **to** a) sich begeben zu *od.* nach, aufsuchen (*acc*), b) *e-n Ort* häufig besuchen. **2.** ~ **to** *fig.* s-e Zuflucht nehmen zu, greifen zu, zuˈrückgreifen auf (*acc*), Gebrauch machen von: **to** ~ **to force** Gewaltmaßnahmen ergreifen, Gewalt anwenden. **II** *s* **3.** (beliebter Aufenthalts-, Erholungs)Ort: **health** ~ Kurort; **seaside** ~ Seebad *n*; **summer** ~ Sommerurlaubsort *m*; **winter** ~ Wintersportort *m*. **4.** Zustrom *m* (von Besuchern): **a place of popular** ~ ein beliebter Treffpunkt. **5.** (Menschen-)Menge *f*. **6.** Zuflucht *f* (**to** zu), Mittel *n*: **to have** ~ **to 2**; **without** ~ **to force** ohne Gewaltanwendung; **in the last** ~, **as a last** ~ als letzter Ausweg.

**re·sort** [ˌriːˈsɔː(r)t] *v/t* neu sorˈtieren, ˈumsorˌtieren.

**re·sound** [rɪˈzaʊnd] **I** *v/i* **1.** (laut) erschallen, ˈwiderhallen **(with** von): **his name** ~**ed throughout** (*od.* **all over**) **the country** sein Name war in aller Munde. **2.** erschallen, ertönen (*Klang, a. fig.*). **II** *v/t* **3.** ˈwiderhallen lassen. **4.** *poet.* verkünden.

**re·source** [rɪˈsɔːs; -ˈz-; *Am.* ˈriːˌsəʊərs] *s* **1.** Hilfsquelle *f*, -mittel *n*. **2.** *pl* a) Naˈturreichtümer *pl*, Hilfsquellen *pl*, Bodenschätze *pl* (*e-s Landes*), b) (Geld)Mittel *pl*. **3.** *econ. Am.* Akˈtiva *pl*. **4.** Mittel *n*, Zuflucht *f*: **as a last** ~ als letztes Mittel, als letzter Ausweg; **to be left to one's own** ~**s** sich selbst überlassen bleiben; **without** ~ hoffnungs-, rettungslos. **5.** Unterˈhaltung *f*, Entspannung *f*, Erholung *f*. **6.** Findigkeit *f*, Wendigkeit *f*, Taˈlent *n*: **he is full of** ~ er weiß sich immer zu helfen. **reˈsource·ful** *adj* (*adv* ~**ly**) **1.** reich an Hilfsquellen. **2.** findig, wendig, erfinderisch, einfallsreich. **reˈsource·ful·ness** → **resource** 6.

**re·spect** [rɪˈspekt] **I** *s* **1.** Beziehung *f*, ˈHinsicht *f*: **in every (some)** ~ in jeder (in gewisser) Hinsicht; **in** ~ **of** (*od.* **to**), **with** ~ **to** (*od.* **of**) im Hinblick auf (*acc*), hinsichtlich, bezüglich, in Anbetracht

(*alle gen*); **to have** ~ **to** sich beziehen auf (*acc*). **2.** (Hoch)Achtung *f*, Reˈspekt *m*: **to have** (*od.* **show**) ~ **for** Achtung *od.* Respekt haben vor (*dat*); **to be held in** ~ geachtet sein. **3.** **one's** ~**s** s-e Grüße *pl od.* Empfehlungen *pl*: **give him my** ~**s** grüßen Sie ihn von mir; **to pay one's** ~**s to s.o.** a) j-n bestens grüßen, b) j-m s-e Aufwartung machen. **4.** Rücksicht(nahme) *f*: **to have** (*od.* **to pay**) ~ **to s.th.** e-e Sache berücksichtigen; **without** ~ **of persons** ohne Ansehen der Person. **II** *v/t* **5.** (hoch)achten, schätzen, ehren. **6.** respekˈtieren, achten: **to** ~ **s.o.'s wishes**; **to** ~ **neutrality** die Neutralität respektieren; **to** ~ **o.s.** (etwas) auf sich halten. **7.** betreffen: **as** ~**s** ... was ... betrifft *od.* anbelangt.

**re·spect·a·bil·i·ty** [rɪˌspektəˈbɪlətɪ] *s* **1.** Ehrbarkeit *f*, Achtbarkeit *f*, Anständigkeit *f*, Solidiˈtät *f*. **2.** Ansehen *n*. **3.** a) *pl* Reˈspektspeˌsonen *pl*, Honoratiˈoren *pl*, b) Reˈspektspeˌson *f*. **4.** *pl* Anstandsregeln *pl*, Etiˈkette *f*. **re·spect·a·ble** *adj* (*adv* **respectably**) **1.** ansehnlich, beachtlich, respekˈtabel: **a** ~ **sum. 2.** acht-, ehrbar, ehrenhaft: ~ **motives. 3.** anständig, soˈlide, seriˈös. **4.** angesehen, geachtet. **5.** schicklich, korˈrekt. **6.** gesellschaftsfähig (*Person, a. Kleidung*).

**re·spect·er** [rɪˈspektə(r)] *s*: **to be no** ~ **of persons** ohne Ansehen der Person handeln, keine Unterschiede machen; **God is no** ~ **of persons** vor Gott sind alle gleich.

**re·spect·ful** *adj* (*adv* ~**ly**) reˈspektvoll (*a. iro. Entfernung*), ehrerbietig, höflich: **Yours** ~ (*als Briefschluß*) mit vorzüglicher Hochachtung. **reˈspect·ing** *prep* betreffs (*gen*), ˈhinsichtlich (*gen*), bezüglich (*gen*), über (*acc*).

**re·spec·tive** [rɪˈspektɪv] *adj* jeweilig (*jedem einzelnen zukommend*), verschieden, entsprechend: **each according to his** ~ **abilities** jeder nach s-n (jeweiligen) Fähigkeiten; **we went to our** ~ **places** wir gingen jeder an s-n Platz. **reˈspec·tive·ly** *adv* (*nachgestellt*) a) respekˈtive, beziehungsweise, b) in dieser Reihenfolge.

**re·spell** [ˌriːˈspel] *v/t a. irr* **1.** *ling.* phoˈnetisch umˈschreiben. **2.** (nochmals) buchstaˈbieren.

**res·pir·a·ble** [ˈrespɪrəbl; rɪˈspaɪə-] *adj* **1.** atembar (*Luft*). **2.** atemfähig. **res·pi·ra·tion** [ˌrespəˈreɪʃn] *s* Atmung *f*, Atmen *n*. **ˈres·pi·ra·tor** [-tə(r)] *s* **1.** *Br.* Gasmaske *f*. **2.** Atemfilter *m*. **3.** *med.* a) Atemgerät *n*, Respiˈrator *m*, b) ˈSauerstoffappaˌrat *m*. **re·spir·a·to·ry** [rɪˈspaɪərətərɪ; ˈrespɪrə-; *Am.* -ˌtəʊrɪ; -ˌtɔː-] *adj biol. med.* Atmungs..., Atem...: ~ **cen·ter** (*bes. Br.* **centre**) Atmungszentrum *n*; ~ **disease** Erkrankung *f* der Atemwege; ~ **exchange** Gasaustausch *m*; ~ **tract** (*od.* **passages**) Atem-, Luftwege.

**re·spire** [rɪˈspaɪə(r)] **I** *v/i* **1.** atmen. **2.** *fig.* aufatmen. **II** *v/t* **3.** (ein)atmen. **4.** *poet.* atmen, ausströmen.

**res·pi·rom·e·ter** [ˌrespɪˈrɒmɪtə(r); *Am.* -ˈrɑ-] *s* **1.** Respiratiˈonsappaˌrat *m*. **2.** Atemgerät *n* (*e-s Taucheranzugs*).

**res·pite** [ˈrespaɪt; ˈrespɪt] **I** *s* **1.** Frist *f*, (Zahlungs)Aufschub *m*, Stundung *f*: **days of** ~ *econ.* Respekttage. **2.** *jur.* a) Aussetzung (*der* Vollˈzugs (*der Todesstrafe*), b) Strafaufschub *m*. **3.** (Atem-, Ruhe)Pause *f*: **without (a)** ~ unablässig, ohne Unterˈlaß. **II** *v/t* **4.** auf-, verschieben. **5.** *j-m* Aufschub gewähren, e-e Frist einräumen. **6.** *jur.* die Vollˈstreckung des Urteils an *j-m* aufschieben. **7.** *j-m* Erleichterung verschaffen, *Schmerzen etc* lindern.

**re·splend·ence** [rɪˈsplendəns], *a.* **re-**

**ˈsplend·en·cy** [-sɪ] *s* Glanz *m* (*a. fig. Pracht*). **reˈsplend·ent** *adj* (*adv* ~**ly**) glänzend, strahlend, prächtig, prangend.

**re·spond** [rɪˈspɒnd] **I** *v/i* **1.** antworten (**to** auf *acc*). **2.** *relig.* (im *Wechselgesang*) responˈdieren, antworten. **3.** *fig.* erwidern, antworten (**with** mit). **4. (to)** *fig.* ansprechen *od.* reaˈgieren (auf *acc*) (*Person od. Sache*), empfänglich sein (für), eingehen (auf *acc*) (*Person*): **to** ~ **to a call** e-m Ruf Folge leisten. **5.** *electr. tech.* reaˈgieren, ansprechen (*Magnet, Relais, Motor etc*) (**to** auf *acc*). **II** *s* **6.** *arch.* (ein)ˈWandpfeiler *m*. **7.** *relig.* a) → **responsory**, b) → **response** 4, c) *Gesang bei der Verlesung der Epistel*. **reˈspond·ence**, *a.* **reˈspond·en·cy** *s* **1.** → **response** 2 a. **2.** Entsprechung *f*, Überˈeinstimmung *f*. **reˈspond·ent I** *adj* **1. (to)** a) antwortend (auf *acc*), b) reaˈgierend (auf *acc*), empfänglich (für). **2.** *jur.* beklagt. **II** *s* **3.** *jur.* a) (Scheidungs)Beklagte(r *m*) *f*, b) (Berufungs)Beklagte(r *m*) *f*. **reˈspond·er** *s a.* ~ **beacon** (*Radar*) Antwortbake *f*.

**re·sponse** [rɪˈspɒns; *Am.* rɪˈspɑns] *s* **1.** Antwort *f*, Erwiderung *f*: **in** ~ **to** als Antwort auf (*acc*). **2.** *fig.* a) Reaktiˈon *f* (*a. biol. psych.*), Antwort *f*, b) ˈWiderhall *m* (*alle*: **to** auf *acc*): **to meet with a good** ~ (starken) Widerhall *od.* e-e gute Aufnahme finden; **he did not get any** ~ **to his suggestion** er hat mit s-m Vorschlag keine Resonanz gefunden. **3.** *electr. mot. tech.* Ansprechen *n*: ~ **(characteristic** *od.* **curve)** a) Ansprechcharakteristik *f*, b) Frequenzgang *m*, c) Filterkurve *f*; ~ **(to current)** (Strom)Übertragungsfaktor *m*; ~ **time** Ansprechzeit *f* (*e-s Relais etc*). **4.** *relig.* Antwort (-strophe) *f*.

**re·spons·er** → **responsor**.

**re·spon·si·bil·i·ty** [rɪˌspɒnsəˈbɪlətɪ; *Am.* -ˌspɑn-] *s* **1.** Verantwortlichkeit *f*. **2.** Verantwortung *f* (**for**, *od.* **für**): **to take (the)** ~ **for** die Verantwortung übernehmen für; **to accept** (*od.* **assume**) ~ **for** (*im nachhinein*) die Verantwortung übernehmen für; **to claim** ~ **for** die Verantwortung übernehmen für (*e-n Terroranschlag etc*); **on one's own** ~ auf eigene Verantwortung; **a position of great** ~ e-e verantwortungsvolle Position. **3.** *jur.* a) Zurechnungsfähigkeit *f*, b) Haftbarkeit *f*: **to take no** ~ **for** für etwas nicht haften. **4.** a) Vertrauenswürdigkeit *f*, Verläßlichkeit *f*, b) *econ.* Zahlungsfähigkeit *f*. **5.** *oft pl* Verbindlichkeit *f*, Verpflichtung *f*. **reˈspon·si·ble** *adj* (*adv* **responsibly**) **1.** verantwortlich (**to** *dat*, **for** für): **to be** ~ **to s.o.** j-m unterstellt sein; **to be** ~ **to s.o. for s.th.** j-m (gegenüber) für etwas haften *od.* verantwortlich sein; ~ **partner** *econ.* persönlich haftender Gesellschafter. **2.** *jur.* a) zurechnungsfähig, b) geschäftsfähig, c) haftbar (**for** für). **3.** verantwortungsbewußt, zuverlässig, *econ.* soˈlide, zahlungsfähig. **4.** verantwortungsvoll: **a** ~ **position**; **used to** ~ **work** an selbständiges Arbeiten gewöhnt. **5. (for)** verantwortlich (für), schuld (an *dat*), die Ursache (von *od. gen*).

**re·spon·sions** [rɪˈspɒnʃnz] *s pl univ. Br.* (*Oxford*) *erstes der 3 Examen für den akademischen Grad des* **Bachelor of Arts**.

**re·spon·sive** [rɪˈspɒnsɪv; *Am.* -ˈspɑn-] *adj* (*adv* ~**ly**) **1.** als Antwort (**to** auf *acc*), Antwort... **2. (to)** (leicht) reaˈgierend *od.* ansprechend (auf *acc*), empfänglich *od.* aufgeschlossen (für): **to be** ~ **to** a) ansprechen *od.* reaˈgieren auf (*acc*) (*a. electr. tech. etc*), b) eingehen auf (*j-n od. etwas*), c) e-m Bedürfnis etc ent-

gegenkommen. **3.** *tech.* e'lastisch (*Motor*).

**re·spon·sive·ness** *s* **1.** Empfänglichkeit *f*, Verständnis *n* (to für). **2.** *tech.* Stabilisati'onsvermögen *n*.

**re·spon·sor** [rɪ'spɒnsə(r); *Am.* -'spɑn-] *s* Radar: Antwortgerät *n*.

**re·spon·so·ry** [rɪ'spɒnsərɪ; *Am.* -'spɑn-] *s relig.* Respon'sorium *n*, Wechselgesang *m*.

**rest**[1] [rest] **I** *s* **1.** (Nacht)Ruhe *f*: **to have a good night's ~** gut schlafen; **to go** (*od.* **retire**) **to ~** sich zur Ruhe begeben. **2.** Ruhe *f*, Rast *f*, Ruhepause *f*, Erholung *f*: **day of ~** Ruhetag *m*; **to give a ~ to** a) *j-n*, *ein Pferd etc* ausruhen lassen, b) *e-e Maschine etc* ruhen lassen, c) *colloq.* *etwas* auf sich beruhen lassen; **to take a ~** sich ausruhen. **3.** Ruhe *f* (*Untätigkeit*): **volcano at ~** untätiger Vulkan. **4.** Ruhe *f* (*Frieden*): **to be at ~** a) (aus)ruhen, b) beruhigt sein; **to put** (*od.* **set**) **s.o.'s mind at ~** a) j-n beruhigen, b) j-m die Befangenheit nehmen; **to set a matter at ~** e-e Sache (endgültig) erledigen. **5.** ewige *od.* letzte Ruhe: **to be at ~** ruhen (*Toter*); **to lay to ~** zur letzten Ruhe betten. **6.** *phys. tech.* Ruhe(lage) *f*: **~ mass** *phys.* Ruhemasse *f*; **~ contact** *electr.* Ruhekontakt *m*; **to be at ~** *tech.* sich in Ruhelage befinden. **7.** Ruheplatz *m* (*a. Grab*). **8.** Raststätte *f*. **9.** Herberge *f*, Heim *n*: **seaman's ~** Seemannsheim. **10.** Wohnstätte *f*, Aufenthalt *m*. **11.** a) *tech.* Auflage *f*, Stütze *f*, b) (Fuß)Raste *f*, c) (Arm)Lehne *f*, d) Sup'port *m* (*e-r Drehbank*), e) *mil.* (Gewehr)Auflage *f*, f) (Nasen)Steg *m* (*e-r Brille*), g) *teleph.* Gabel *f*. **12.** *mus.* Pause *f*. **13.** *metr.* Zä'sur *f*. **II** *v/i* **14.** ruhen (*a. Toter*): **to ~ (up)on** a) ruhen auf (*dat*) (*a. Last, Blick etc*), b) *fig.* beruhen auf (*dat*), sich stützen *od.* sich gründen auf (*acc*), c) *fig.* sich verlassen auf (*acc*); **to let a matter ~** *fig.* e-e Sache auf sich beruhen lassen; **the matter cannot ~ there** damit kann es nicht sein Bewenden haben. **15.** (sich) ausruhen, rasten, e-e Pause einlegen: **to ~ from toil** von der Arbeit ausruhen; **he never ~ed until** er ruhte (u. rastete) nicht, bis; **to ~ up** *Am. colloq.* (sich) ausruhen, sich erholen; **~ing** *euphem.* ohne Engagement (*Schauspieler*). **16.** **~ with** *fig.* bei *j-m* liegen, in *j-s* Händen liegen, von *j-m* abhängen: **the fault ~s with you** die Schuld liegt bei Ihnen; **it ~s with you to propose terms** es bleibt Ihnen überlassen *od.* es liegt an Ihnen, Bedingungen vorzuschlagen. **17.** *agr.* brachliegen (*Ackerland*). **18.** (**against**) sich stützen *od.* lehnen (gegen), *tech.* anliegen (an *dat*). **19.** sich verlassen (**on** auf *acc*): **I ~ upon your promise.** **20.** vertrauen (**in** auf *acc*): **to ~ in God.** **21.** *jur. Am.* → 28. **III** *v/t* **22.** (aus)ruhen lassen: **to ~ o.s.** sich ausruhen. **23.** schonen: **to ~ one's eyes** (**voice**). **24.** Frieden geben (*dat*): **God ~ his soul** Gott hab' ihn selig. **25.** (**on**) legen (auf *acc*), lagern (auf *dat*). **26.** lehnen, stützen (**against** gegen; **on** auf *acc*): **to ~ one's elbows on the table.** **27.** *fig.* stützen, gründen (**on** auf *acc*). **28. to ~ one's case** *jur. Am.* den Beweisvortrag abschließen (*Prozeßpartei*). **29.** *Am. colloq.* den Hut, Mantel ablegen.

**rest**[2] [rest] **I** *s* **1.** Rest *m*: **~ nitrogen** *med.* Reststickstoff *m*. **2.** (*das*) übrige, (*die*) übrigen: **and all the ~ of it** und alles übrigen; **and the ~ of it** und dergleichen; **the ~ of it** das Weitere; **the ~ of us** wir übrigen; **for the ~** im übrigen. **3.** *econ.* Bilanz: a) Bilan'zierung *f*, b) Restsaldo *m*. **4.** *econ. Br.* Re'servefonds *m*. **5.** *Tennis etc*: langer Ballwechsel. **II** *v/i*

**6.** in e-m Zustand bleiben, weiterhin sein: **the affair ~s a mystery** die Angelegenheit bleibt ein Geheimnis; → **assured** 1.

**rest**[3] [rest] *s mil. hist.* Rüsthaken *m* (*Widerlager für Turnierlanze*): **to lay** (*od.* **set**) **one's lance in ~** die Lanze einlegen.

**res·tant** ['restənt] *adj bot.* ausdauernd.

**re·start** [ˌriː'stɑː(r)t] **I** *v/t* **1.** wieder in Gang setzen. **II** *v/i* **2.** wieder starten. **3.** wieder beginnen. **III** *s* **4.** erneuter Start, 'Wiederanlauf *m*. **5.** 'Wiederbeginn *m*, Wiederinbe'triebnahme *f*.

**re·state** [ˌriː'steɪt] *v/t* neu (u. besser) formu'lieren. **re'state·ment** *s* neue Darstellung *od.* Formu'lierung.

**res·tau·rant** ['restərɔ̃ː; *Am.* -rənt] *s* Restau'rant *n*, Gaststätte *f*: **~ car** *rail. Br.* Speisewagen *m*.

**res·tau·ra·teur** [ˌrestərə'tɜː; *Am.* ˌrestərə'tɜr] *s* Gastwirt *m*, Gastro'nom *m*.

**rest|cure** *s med.* Ruhe-, Liegekur *f*. **~ day** *s* Ruhetag *m*.

**rest·ed** ['restɪd] *adj* ausgeruht, erholt.

**'rest·ful** *adj* (*adv* **~ly**) **1.** ruhig, friedlich. **2.** erholsam, gemütlich. **3.** bequem.

**'rest|har·row** *s bot.* Hauhechel *f*. **~ home** *s* **1.** Alten-, Altersheim *n*. **2.** Pflegeheim *n*. **~ house** *s* Rasthaus *n*.

**'rest·ing place** *s* **1.** Ruheplatz *m*. **2.** *a.* **last ~** (letzte) Ruhe.

**res·ti·tu·tion** [ˌrestɪ'tjuːʃn; *Am. a.* -'tuː-] *s* **1.** Restituti'on *f*: a) (Zu)'Rückerstattung *f*, b) Entschädigung *f*, c) Wieder'gutmachung *f*, d) Wieder'herstellung *f*: **final ~** *relig.* Wiederaufrichtung *f* (*des Reiches Gottes*); **to make ~** Genugtuung *od.* Ersatz leisten (of für); **~ of conjugal rights** *jur. Br.* (Klage *f* auf) Wiederherstellung der ehelichen Rechte. **2.** *tech.* e'lastische Rückstellung. **3.** *phot.* Entzerrung *f*.

**res·tive** ['restɪv] *adj* (*adv* **~ly**) **1.** unruhig, ner'vös. **2.** ruhe-, rastlos. **3.** störrisch, 'widerspenstig, bockig (*alle a. Pferd*), aufsässig. **'res·tive·ness** *s* **1.** (ner'vöse) Unruhe. **2.** Ruhe-, Rastlosigkeit *f*. **3.** 'Widerspenstigkeit *f*.

**rest·less** ['restlɪs] *adj* (*adv* **~ly**) **1.** ruhe-, rastlos. **2.** ner'vös, unruhig. **3.** schlaflos: **a ~ night. 4.** endlos: **~ change.** **'rest·less·ness** *s* **1.** Ruhe-, Rastlosigkeit *f*. **2.** Schlaflosigkeit *f*. **3.** (ner'vöse) Unruhe.

**re·stock** [ˌriː'stɒk; *Am.* -'stɑk] **I** *v/t* **1.** *econ.* a) *Lager* wieder auffüllen, b) *e-e Ware* wieder auf Lager nehmen. **2.** *Gewässer* wieder mit Fischen besetzen. **II** *v/i* **3.** neuen Vorrat einlagern.

**re·stor·a·ble** [rɪ'stɔːrəbl; *Am. a.* -'stəʊ-] *adj* wieder'herstellbar.

**res·to·ra·tion** [ˌrestə'reɪʃn] *s* **1.** Wieder'herstellung *f*: **~ of peace** (**the monarchy**, *etc*); **~ of health**, **~ from sickness** gesundheitliche Wiederherstellung, Genesung *f*; **universal** (*od.* **final**) **~** *relig.* Wiederaufrichtung *f* (*des Reiches Gottes*). **2.** Restau'rierung *f*: **~ of a cathedral** (**painting**, *etc*). **3.** *tech.* In'standsetzung *f*. **4.** Rekonstrukti'on *f* (*a. rekonstruiertes Modell*). **5.** Rückerstattung *f*, -gabe *f*. **6.** Wieder'einsetzung *f* (**to** in *ein Amt, Rechte etc*). **7.** **the R~** *hist.* die Restaurati'on (*bes. die Wiedereinsetzung der Stuarts in England, 1660*).

**re·stor·a·tive** [rɪ'stɔːrətɪv; *Am. a.* -'stəʊ-] **I** *adj* (*adv* **~ly**) **1.** Wiederherstellungs..., Restaurierungs... **2.** *med.* stärkend. **II** *s* **3.** *med.* Stärkungsmittel *n*.

**re·store** [rɪ'stɔː(r); *Am. a.* rɪ'stəʊər] *v/t* **1.** *allg.* wieder'herstellen: **to ~ an institution** (s.o.'s **health**, **order**, *etc*); **to ~ s.o.** (**to health**) j-n wiederherstellen. **2.** restau'rieren: **to ~ a church** (**a painting**). **3.** *tech.* in'stand setzen. **4.** rekonstru'ieren: **to ~ a fossile** (**a text**). **5.** wieder'einsetzen (**to** in *ein Amt, Rechte etc*): **to ~**

**a king** (**to the throne**) e-n König wieder auf den Thron erheben; **to ~ s.o. to liberty** j-m die Freiheit wiedergeben; **to ~ s.o. to life** j-n ins Leben zurückrufen. **6.** zu'rückerstatten, -bringen, -geben: **to ~ s.th. to its place** etwas an s-n Platz zurückbringen; **to ~ the receiver** *teleph.* (den Hörer) auflegen *od.* einhängen. **re'stor·er** *s* **1.** Wieder'hersteller(in). **2.** Restau'rator *m*. **3.** Haarwuchsmittel *n*.

**re·strain** [rɪ'streɪn] *v/t* **1.** zu'rückhalten, hindern: **to ~ s.o. from doing s.th.** j-n davon abhalten, etwas zu tun; **~ing order** *jur.* Unterlassungsurteil *n*. **2.** a) in Schranken halten, Einhalt gebieten (*dat*), b) *ein Pferd etc*, *a. fig.* im Zaum halten, bändigen, zügeln. **3.** *Gefühle* unter'drücken, *s-e Neugier etc* bezähmen. **4.** a) einsperren, -schließen, b) *e-n Geisteskranken* in e-r Anstalt 'unterbringen: **to ~ s.o. of his liberty** j-n s-r Freiheit berauben. **5.** *Macht etc* be-, einschränken. **6.** *econ.* Produktion etc drosseln. **re'strain·a·ble** *adj* zu'rückzuhalten(d), bezähmbar. **re'strained** *adj* **1.** zu'rückhaltend, beherrscht. **2.** maßvoll. **3.** verhalten, gedämpft. **re'strain·ed·ly** [-ɪdlɪ] *adv*.

**re·strain·er** [rɪ'streɪnə(r)] *s phot.* Verzögerer *m* (*Chemikalie*).

**re·straint** [rɪ'streɪnt] *s* **1.** Einschränkung *f*, Beschränkung(en *pl*) *f*, Zwang *m*: **~ of** (*od.* **upon**) **liberty** Beschränkung der Freiheit; **~** (**of prices**) *econ. obs.* Embargo *n*; **~ of trade** *econ.* a) Beschränkung des Handels, b) Konkurrenzver'bot *n*, Einschränkung des freien Wettbewerbs; **~ clause** Konkurrenzklausel *f*; **to lay ~ on s.o.** j-m Beschränkungen auferlegen; **without ~** frei, ungehemmt, offen. **2.** *jur.* Freiheitsbeschränkung *f*, Haft *f*: **to place s.o. under ~** j-n unter Aufsicht stellen, j-n in Gewahrsam nehmen; **under ~** entmündigt (*Geisteskranker*). **3.** a) Beherrschtheit *f*, Zu'rückhaltung *f*: **call for ~** Maßhalteappell *m*, b) (künstlerische) Zucht.

**re·strict** [rɪ'strɪkt] *v/t* a) einschränken, b) beschränken, begrenzen (**to** auf *acc*): **to be ~ed within narrow limits** eng begrenzt sein; **to be ~ed to doing s.th.** sich darauf beschränken müssen, etwas zu tun; **to ~ a road** *mot. Br.* Geschwindigkeitsbegrenzung für e-e Straße einführen. **re'strict·ed** *adj* **1.** eingeschränkt, beschränkt, begrenzt: **~ area** (*bes. Am. a.* militärisches) Sperrgebiet, *mot. Br.* (Verkehrs)Zone *f* mit Geschwindigkeitsbegrenzung, *aer. Br.* Gebiet *n* mit Flugbeschränkungen; **~ district** Gebiet *n* mit bestimmten Baubeschränkungen. **2.** *Am.* der Geheimhaltung unter'liegend: **~ data**; **~!** Nur für den Dienstgebrauch! **re'stric·tion** [-kʃn] *s* Ein-, Beschränkung *f* (**of** von *od. gen*): **~s on imports** Einfuhrbeschränkung; **~ of space** räumliche Beschränktheit; **with some ~s** mit gewissen Einschränkungen; **without ~s** uneingeschränkt. **re'stric·tive** **I** *adj* (*adv* **~ly**) be-, einschränkend (**of** *acc*): **~ clause** a) *ling.* einschränkender Relativsatz, b) *econ.* einschränkende Bestimmung; **~ endorsement** *econ.* beschränktes Giro. **II** *s ling.* Einschränkung *f*.

**rest room** *s Am.* Toi'lette *f* (*e-s Hotels etc*).

**re·struc·ture** [ˌriː'strʌktʃə(r)] *v/t* 'umstruktu,rieren.

**re·style** [ˌriː'staɪl] *v/t* 'umarbeiten, 'umgestalten.

**re·sult** [rɪ'zʌlt] **I** *s* **1.** a) *math.* Ergebnis *n*, Resul'tat *n*: **without ~** ergebnislos; **the ~ was 1–0 to our team** *sport* das Ergebnis

war 1:0 für unser Team. **2.** (gutes) Ergebnis, Erfolg *m*: **to get ~s from a new treatment** mit e-r neuen Behandlung Erfolge erzielen. **3.** Folge *f*, Aus-, Nachwirkung *f*: **as a ~** a) die Folge war, daß, b) folglich. **II** *v/i* **4.** sich ergeben, resul'tieren (**from** aus): **to ~ in** enden mit, hinauslaufen auf (*acc*), zur Folge haben (*acc*), zeitigen (*acc*); **~ing → resultant** 3. **5.** (*logisch*) folgen (**from** aus). **re'sult-ant I** *s* **1.** *math. phys.* Resul'tante *f*. **2.** (End)Ergebnis *n*. **II** *adj* **3.** sich ergebend, (da'bei *od.* dar'aus) entstehend, resul'tierend (**from** aus).

**re-sume** [rɪ'zjuːm; *bes. Am.* rɪ'zuːm] **I** *v/t* **1.** wieder'aufnehmen, wieder anfangen, fortsetzen, -führen: **to ~** (one's) **work;** he **~d** painting er begann wieder zu malen, er malte wieder. **2.** 'wiedererlangen: **to ~ liberty. 3.** wieder einnehmen: **to ~** one's seat. **4.** wieder annehmen: **to ~ one's maiden name. 5.** wieder über'nehmen: **to ~ an office** (the command). **6.** resü'mieren, zs.-fassen. **II** *v/i* **7.** s-e Tätigkeit wieder'aufnehmen. **8.** weitermachen, (*a.* **in** *s-r Rede*) fortfahren. **9.** wieder beginnen.

**ré-su-mé** ['reːzjuːmeɪ; *Am.* 'reːzəmeɪ] *s* **1.** Resü'mee *n*, Zs.-fassung *f*. **2.** (kurzer) Lebenslauf.

**re-sump-tion** [rɪ'zʌmpʃn] *s* **1.** a) Zu'rücknahme *f*, *a.* Wiederinbe'sitznahme *f*, b) *econ.* Li'zenzentzug *m*. **2.** *jur.* Zu'rücknahme *f* e-s von der brit. Krone verliehenen Grundbesitzes. **3.** Wieder'aufnahme *f* (*e-r Tätigkeit*). **4.** 'Wiedererlangung *f*: **~ of power. 5.** *econ.* (Wieder'aufnahme *f* der) Barzahlungen *pl*. **re'sump-tive** [-tɪv] *adj* (*adv* **~ly**) **1.** resü'mierend, zs.-fassend. **2.** wieder'holend.

**re-sur-face** [ˌriː'sɜːfɪs; *Am.* -¹sɜr-] **I** *v/t tech.* die Oberfläche (*gen*) neu bearbeiten, die Straßendecke erneuern von (*od. gen*). **II** *v/i* wieder auftauchen (*U-Boot*). **re-surge** [rɪ'sɜːdʒ; *Am.* rɪ'sɜrdʒ] *v/i* **1.** *bes. humor.* wieder auferstehen. **2.** sich wieder erheben. **3.** *fig.* 'wiedererwachen. **re-'sur-gence** *s* **1.** Wieder'aufleben *n*, -emporkommen *n*, -'aufstieg *m*. **2.** 'Wiedererweckung *f*. **re'sur-gent** *adj* wieder-'auflebend, 'wiedererwachend.

**res-ur-rect** [ˌrezə'rekt] **I** *v/t* **1.** wieder'aufleben lassen: **to ~ an ancient custom. 2.** *e-e Leiche* ausgraben. **3.** *colloq.* wieder zum Leben erwecken. **II** *v/i* **4.** auferstehen. **res-ur'rec-tion** *s* **1.** (*relig.* R~ *die*) Auferstehung *f*. **2.** Wieder'auf leben *n*, 'Wiedererwachen *n*. **3.** Leichenraub *m*. **res-ur'rec-tion-al** *adj* Auferstehungs... **res-ur'rec-tion-ism** *s* Leichenraub *m*. **res-ur'rec-tion-ist** *s* **1.** 'Wiedererwecker *m*. **2.** j-d, der an die Auferstehung glaubt. **3.** Leichenräuber *m*.

**re-sus-ci-tate** [rɪ'sʌsɪteɪt] **I** *v/t* **1.** 'wiederbeleben (*a. fig.*). **2.** *fig.* wieder'aufleben lassen. **II** *v/i* **3.** das Bewußtsein 'wiedererlangen. **4.** *fig.* wieder'aufleben. **re-sus-ci'ta-tion** *s* **1.** 'Wiederbelebung *f* (*a. fig.* Erneuerung): **attempts at ~** Wiederbelebungsversuche. **2.** *relig.* Auferstehung *f*. **re'sus-ci-ta-tive** [-tətɪv; *Am.* -ˌteɪtɪv] *adj* 'wiederbelebend, Wiederbelebungs... **re'sus-ci-ta-tor** [-tə(r)] *s* **1.** 'Wiedererwecker *m*. **2.** 'Wiederbelebungs-, Sauerstoffgerät *n*.

**ret** [ret] **I** *v/t Flachs etc* rösten, rötten: **to be ~ted →** **II. II** *v/i* verfaulen. **re-ta-ble** [rɪ'teɪbl; *Am.* 'riːˌt-; 'retəbəl] *s relig.* Re'tabel *n*, Al'taraufsatz *m*. **re-tail**[1] [rɪ'teɪl] *econ.* **I** *s* Klein-, Einzelhandel *m*, Kleinverkauf *m*, De'tailgeschäft *n*: **by** (*Am.* **at**) **~ →** III. **II** *adj* Einzel-, Kleinhandels..., Detail...: **~**

**bookseller** Sortimentsbuchhändler *m*, Sortimenter *m*; **~ business** Einzelhandels-, Detailgeschäft *n*; **~ ceiling price** Verbraucherhöchstpreis *m*; **~ dealer** Einzel-, Kleinhändler *m*; **~ price** Einzelhandels-, Ladenpreis *m*; **~ store** *Am.* Ladengeschäft *n* (*e-s Konzerns etc*); **~ trade → I. III** *adv* im Einzelhandel, einzeln, im kleinen, en de'tail: **to sell** (buy) **~. IV** *v/t* [rɪ'teɪl; *Am.* 'riːˌ-] Waren im kleinen *od.* en de'tail verkaufen. **V** *v/i* [rɪ'teɪl; *Am.* 'riːˌ-] im kleinen *od.* en de'tail verkauft werden (*Waren*): **it ~s at 50 cents** es kostet im Einzelhandel 50 Cent. **re-tail**[2] [riː'teɪl] *v/t* weitererzählen, verbreiten, 'her'umtratschen'.

**re-tail-er** [riː'teɪlə(r); *Am.* 'riːˌ-] *s* **1.** *econ.* a) Einzel-, Kleinhändler *m*, b) 'Wiederverkäufer *m*. **2.** Verbreiter(in), Erzähler(in): **~ of gossip** ,Klatschmaul *n*, -tante' *f*.

**re-tain** [rɪ'teɪn] *v/t* **1.** zu'rück(be)halten, *a. e-e Eigenschaft, e-n Posten etc* behalten: **to ~ one's position; this cloth ~s its colo(u)r** dieser Stoff ist farbecht. **3.** beibehalten: **to ~ a custom. 4.** bewahrt haben: **rivers and hills ~ their Celtic names. 5.** halten (**to an** *dat*): **in in** (*dat*): **to ~ s.o. in one's service. 6.** *j-n* in s-n Diensten halten: **to ~ a lawyer** *jur.* sich e-n Anwalt halten *od.* nehmen; **~ing fee → retainer** 3 b. **7.** (im Gedächtnis) behalten, sich merken: **to ~ in one's mind** (*od.* **memory**). **8.** *tech.* halten, sichern, stützen, *Wasser* stauen. **9.** *mil.* Feindkräfte binden.

**re-tained ob-ject** [rɪ'teɪnd] *s ling.* in der Passivkonstruktion beibehaltenes Objekt des entsprechenden Aktivsatzes (*z. B.* the picture in I was shown the picture *aus* they showed me the picture). **re-tain-er** [rɪ'teɪnə(r)] *s* **1.** *hist.* Gefolgsmann *m*. **2.** old **~** *colloq.* altes Fak'totum. **3.** *jur.* a) Verpflichtung *f* (*e-s Anwalts etc*), b) (Hono'rar)Vorschuß *m* (*an e-n Anwalt*), c) *a.* **general ~** Pau'schalhono,rar *n*, d) Pro'zeßvollmacht *f*. **4.** *tech.* a) Befestigungsteil *m* b) Laufrille *f* (*im Rollenlager*), c) Käfig *m* (*im Kugellager*), d) Haltebügel *m* (*bei Blattfedern*).

**re-tain-ing** [rɪ'teɪnɪŋ] *adj electr. tech.* Halte...: **~ circuit** (clip, current, *etc*); **~ ring** Spreng- *od.* Überwurfring *m*; **~ wall** Stütz- *od.* Staumauer *f*.

**re-take I** *v/t irr* [ˌriː'teɪk] **1.** wieder (an-, ein-, zu'rück)nehmen. **2.** *mil.* wieder einnehmen, zu'rückerobern. **3.** *Film:* *e-e Szene etc* nochmals drehen. **4.** *sport* Freistoß *etc* wieder'holen. **II** *s* ['riːteɪk] **5.** *Film:* Wieder'holungsaufnahme *f*, Retake *n*.

**re-tal-i-ate** [rɪ'tælɪeɪt] **I** *v/i* **1.** Vergeltung üben, sich rächen ([**up**]**on** *od.* **against** s.o. an j-m; **for** s.th. für etwas), zu'rückschlagen (**2.** *sport, a.* in e-r Diskussion etc: kontern (**with** mit). **II** *v/t* **3.** ([**up**]**on** *od.* **against** s.o.) sich für *etwas* rächen (an j-m), (*j-m etwas*) vergelten *od.* heimzahlen. **re,tal-i'a-tion** *s* Vergeltung *f*: **in ~** als Vergeltung(smaßnahme); **~ raid** *mil.* Vergeltungsangriff *m.* **re'tal-i-a-to-ry** [-ətərɪ; *Am.* -jəˌtəʊrɪ; -ˌtɔː-] *adj* Vergeltungs...: **~ duty** *econ.* Kampfzoll *m*.

**re-tard** [rɪ'tɑː(r)d] **I** *v/t* **1.** verlangsamen, 'hinziehen, aufhalten, hemmen. **2.** *phys.* retar'dieren, verzögern, *Elektronen* bremsen: **to be ~ed** nacheilen. **3.** *biol.* retar'dieren. **4.** *j-s* Entwicklung hemmen: (**mentally**) **~ed** *psych.* (geistig) zurückgeblieben. **5.** *mot.* die Zündung nachstellen: **~ed ignition** a) verzögerte Zündung, b) Spätzündung *f*. **2.** *phys.* verzögern, zu'rückbleiben. **III** *s* **7.** **→ retardation. 8.** ['riːˌtɑːrd] *Am. sl.* Idi'ot *m*. **re'tard-ant** *s chem.* Verzögerungs-

mittel *n*. **re'tard-ate** [-deɪt] *s psych.* zu'rückgebliebener Mensch. **re-tar-da-tion** [ˌriːtɑː(r)'deɪʃn] *s* **1.** Verzögerung *f* (*a. phys.*), Verlangsamung *f*, Verspätung *f*. **2.** *biol. math. phys.* Retarda-ti'on *f*, *phys. a.* (Elektronen)Bremsung *f*. **3.** *psych.* a) Entwicklungshemmung *f*, Zu'rückbleiben *n*, b) 'Unterentwickelt-heit *f*. **4.** *mus.* Verlangsamung *f*, b) aufwärtsgehender Vorhalt.

**re-tard-a-tive** [rɪ'tɑː(r)dətɪv], **re-'tard-a-to-ry** [-tərɪ; *Am.* -ˌtəʊrɪ:; -ˌtɔː-] *adj* **1.** verlangsamend, hemmend. **2.** *phys.* retar'dierend, verzögernd.

**re-tar-get** [ˌriː'tɑː(r)gɪt] *v/t* **1.** Raumfahrzeug *etc* 'umdiri,gieren. **2.** Warenangebot *etc* neu ausrichten.

**retch** [retʃ; *Br. a.* riːtʃ] **I** *v/i* **1.** würgen (*beim Erbrechen*). **2.** sich erbrechen. **II** *s* **3.** Würgen *n*. **4.** Erbrechen *n*.

**re-tell** [ˌriː'tel] *v/t irr* **1.** nacherzählen, nochmals erzählen, wieder'holen. **2.** *e-e Nachricht* weitergeben.

**re-ten-tion** [rɪ'tenʃn] *s* **1.** Zu'rückhalten *n*: (**right of**) **~** *jur.* Zurückhaltungsrecht *n*. **2.** Einbehaltung *f*. **3.** Beibehaltung *f*: **~ of a custom;** **colo(u)r ~** Farbechtheit *f*. **4.** Bewahrung *f*. **5.** *med.* (*Harn- etc*)Verhaltung *f*: **~ of urine. 6.** (Fest)Halten *n*, Halt *m*: **~ pin** *tech.* Arretierstift *m*. **7.** Merken *n*, Behalten *n*, Merkfähigkeit *f.* **re'ten-tive** [-tɪv] *adj* (*adv* **~ly**) **1.** mit e-m guten Gedächtnis: **a ~ person. 2.** (**of**) **memory** (*od.* **mind**) gutes Gedächtnis. **3.** (zu'rück)haltend (**of** *acc*). **4.** erhaltend, bewahrend: **to be ~ of** s.th. etwas bewahren. **5.** a) (fest)haltend, b) *med.* Halte... **6.** Wasser speichernd.

**re-think I** *v/t irr* [ˌriː'θɪŋk] etwas nochmals über'denken. **II** *s* ['riːθɪŋk]: **to have a ~ about** *colloq.* **→ I.**

**re-ti-a-ry** ['riːʃɪərɪ; *Am.* 'riːʃiˌeri:] **I** *adj* Netz...: **~ spider → II. II** *s zo.* Netzspinne *f*.

**ret-i-cence** ['retɪsəns] *s* **1.** Verschwiegenheit *f*, Schweigsamkeit *f*. **2.** Zu'rückhaltung *f*. **ret-i-cent** *adj* (*adv* **~ly**) **1.** verschwiegen (**on, about** über *acc*), schweigsam. **2.** zu'rückhaltend.

**ret-i-cle** ['retɪkl] *s opt.* Fadenkreuz *n*.

**re-tic-u-lar** [rɪ'tɪkjʊlə(r)] *adj* (*adv* **~ly**) *bes. med. tech.* netzartig, -förmig, retiku-'lär, Netz... **re'tic-u-late I** *adj* [-lət; -leɪt] (*adv* **~ly**) netzartig, -förmig: a) *zo.* genetzt (*netzartig gemustert*), b) *bot.* netzartig geädert. **II** *v/t* [-leɪt] netzförmig mustern *od.* ädern *od.* anlegen. **III** *v/i* sich verästeln. **re'tic-u-lat-ed** *adj* **→ reticular: ~ glass** Faden-, Filigranglas *n.* **re,tic-u'la-tion** *s* Netzwerk *n*.

**re-tic-u-le** ['retɪkjuːl] *s* **1. → reticle. 2.** *obs.* Ridi'kül *m, a.* Reti'kül *m, n* (*Handtasche od. Handarbeitsbeutel*).

**re-tic-u-lum** [rɪ'tɪkjʊləm] *pl* **-la** [-lə] *s* **1.** *zo.* Netzmagen *m* (*der Wiederkäuer*). **2.** *bes. anat.* Netz(werk) *n*, Geflecht *n*. **3.** *biol.* netzförmige 'Plasmastruk,tur. **4.** *physiol.* a) retiku'lierte Mem'bran, b) retiku'läres Endo'thelgewebe.

**re-ti-form** ['riːtɪfɔ(r)m; 're-] *adj* netzförmig.

**ret-i-na** ['retɪnə] *pl* **-nas, -nae** [-niː] *s anat.* Retina *f*, Netzhaut *f* (*des Auges*). **'ret-i-nal** *adj* Netzhaut... **ret-i'ni-tis** [-'naɪtɪs] *s med.* Netzhautentzündung *f*, Reti'nitis *f*.

**ret-i-no-scope** ['retɪnəskəʊp] *s med.* **→ skiascope.** **ret-i'nos-co-py** [-'nɒs-kəpɪ; *Am.* -'nɑs-] *s* **→ skiascopy.**

**ret-i-nue** ['retɪnjuː; *Am.* 'retnˌjuː; -ˌuː] *s* Gefolge *n*.

**re-tir-al** [rɪ'taɪərəl] *s* **1.** Ausscheiden *n* (*aus e-m Amt etc*), (Sich-)Zu'rückziehen *n*. **2.** *econ.* Einlösung *f* (*e-s Wechsels*). **3.** Rückzug *m*.

**re·tire** [rɪ'taɪə(r)] **I** v/i **1.** allg. sich zu-'rückziehen (a. mil.): **to ~ into o.s.** fig. sich verschließen; **to ~ (to rest)** sich zur Ruhe begeben. **2.** a. **~ from business** sich vom Geschäft zurückziehen, sich zur Ruhe setzen. **3.** a. **~ on a pension** in Pensi'on od. Rente gehen, sich pensio-'nieren lassen, in den Ruhestand treten. **4.** ab-, zu'rücktreten. **5.** fig. zu'rücktreten (Hintergrund, Ufer etc). **6.** sport (bes. verletzt) aufgeben. **II** v/t **7.** zu'rückzie-hen: **to ~ an army (a needle).** **8.** Zah-lungsmittel aus dem Verkehr ziehen. **9.** Wechsel einlösen. **10.** in den Ruhestand versetzen, verabschieden, pensio'nieren. **11.** j-n entlassen. **12.** Kricket etc: j-n ,aus' machen. **III** s **13.** mil. Zu'rückziehen n: **to sound the ~** a) das Signal zum Rück-zug geben, b) den Zapfenstreich blasen. **re·tired** [rɪ'taɪə(r)d] adj (adv **~ly**) **1.** pen-sio'niert, im Ruhestand (lebend), außer Dienst, a.D.: **~ general** General a.D. od. außer Dienst. **2.** im Ruhestand lebend: **a ~ merchant. 3.** zu'rückgezogen, einsam: **~ life. 4.** abgelegen, einsam: **a ~ valley. 5.** Pensions...: **~ pay** Ruhegeld n; **to be placed on the ~ list** mil. den Abschied erhalten.
**re·tire·ment** [rɪ'taɪə(r)mənt] s **1.** (Sich-) Zu'rückziehen n. **2.** Ausscheiden n, Aus-, Rücktritt m. **3.** Ruhestand m: **to go into ~** sich zur Ruhe setzen; **~ age** Renten-, Pensionsalter n; **~ home** Alters-, Ruhe-sitz m; **~ pay** Ruhegeld n; **~ pension** (Alters)Rente f, Pension f, Ruhegeld n; **~ pensioner** (Alters)Rentner(in), Pensio-när(in), Ruhegeldempfänger(in). **4.** j-s Zu'rückgezogenheit f. **5.** Abgeschieden-heit f. **6.** Zufluchtsort m. **7.** mil. (plan-mäßige) Absetzbewegung, Rückzug m. **8.** econ. Einziehung f: **~s** Abgänge. **9.** sport (bes. verletzungsbedingte) Auf-gabe.
**re·tir·ing** [rɪ'taɪərɪŋ] adj (adv **~ly**) **1.** zu'rückhaltend, bescheiden. **2.** unauf-fällig, de'zent: **~ colo(u)r. 3.** Ruhe-stands..., Pensions..., Renten...: **~ age** Renten-, Pensionsalter n; **~ pension** (Alters)Rente f, Pension f, Ruhegeld n.
**re·tool** [ˌriː'tuːl] v/t **1.** e-e Fabrik mit neuen Ma'schinen ausrüsten. **2.** bes. Am. → reorganize 1.
**re·tort**[1] [rɪ'tɔː(r)t] **I** v/t **1.** vergelten, sich rächen für: **to ~ a wrong. 2.** e-e Beleidi-gung etc zu'rückgeben (**on s.o.** j-m): **to ~ an insult. 3.** erwidern (**with** mit). **4.** (dar'auf) antworten od. erwidern od. sagen. **II** v/i **5.** (scharf od. treffend) erwidern, entgegnen, es zu'rückgeben (**upon s.o.** j-m). **III** s **6.** (scharfe od. treffende) Entgegnung, (schlagfertige) Antwort. **7.** Erwiderung f.
**re·tort**[2] [rɪ'tɔː(r)t; Am. a. 'riː.t-] s Re'torte f: a) chem. Destil'lierkolben m, b) tech. (ein) Ofen: **~ furnace** Muffelofen m.
**re·tor·tion** [rɪ'tɔː(r)ʃn] s **1.** (Sich)'Um-wenden n, Zu'rückbiegen n, -beugen n. **2.** Völkerrecht: Retorsi'on f (Vergeltungs-maßnahme).
**re·touch** [ˌriː'tʌtʃ] **I** v/t **1.** bes. phot. retu-'schieren. **2.** bes. tech. nacharbeiten, über'arbeiten. **3.** Haare nachfärben, -tö-nen. **II** s **4.** phot. Re'tusche f. **5.** Über-'arbeitung f. **6.** Nachfärben n, -tönung f (von Haar).
**re·trace** [rɪ'treɪs] **I** v/t **1.** (a. fig. s-n Stammbaum etc) zu'rückverfolgen: **to ~ one's family line; to ~ one's steps** a) (denselben Weg) zurückgehen, b) die Sache rückgängig machen. **2.** rekonstru-'ieren, im Geiste noch einmal durch-'leben. **3.** noch einmal sorgfältig betrach-ten. **II** s **4.** electr. Rücklauf m.
**re·trace** [ˌriː'treɪs] v/t **1.** Umrisse etc nachziehen. **2.** nochmals zeichnen.

**re·tract** [rɪ'trækt] **I** v/t **1.** e-e Behauptung etc zu'rücknehmen. **2.** (a. jur. e-e Aus-sage) wider'rufen. **3.** zu'rückziehen (a. fig.): **to ~ an accusation (an offer). 4.** Fühler, Krallen etc, a. aer. das Fahr-gestell einziehen. **II** v/i **5.** zu'rücktreten (from von): **to ~ from a resolve** e-n Entschluß rückgängig machen. **6.** wider-'rufen, es zu'rücknehmen. **7.** sich zu-'rückziehen. **8.** tech. zo. einziehbar sein.
**re·tract·a·ble** adj **1.** einziehbar: **~ landing gear. 2.** zu'rückziehbar. **3.** zu-'rücknehmbar, zu wider'rufen(d).
**re·trac·ta·tion** [ˌriː.træk'teɪʃn] → retrac-tion 1. **re·trac·tile** [-taɪl; Am. a. -tl] adj **1.** einziehbar. **2.** a. anat. zu'rückziehbar.
**re·trac·tion** s **1.** Zu'rücknahme f, 'Widerruf m. **2.** Zu'rück-, Einziehen n. **3.** med. zo. Retrakti'on f. **re·trac·tor** [-tə(r)] s **1.** anat. Retrakti'onsmuskel m. **2.** med. Re'traktor m, Wundhaken m.
**re·train** [ˌriː'treɪn] **I** v/t 'umschulen. **II** v/i 'umschulen, sich umschulen las-sen. **re·train·ing** s a. vocational ~ 'Umschulung f.
**re·trans·late** [ˌriː.træns'leɪt] v/t (zu-) 'rücküber,setzen. **re·trans·la·tion** s 'Rücküber,setzung f.
**re·tread** tech. **I** v/t [ˌriː'tred] Reifen rund-erneuern. **II** s ['riː.tred] runderneuerter Reifen.
**re·treat** [rɪ'triːt] **I** s **1.** bes. mil. Rückzug m: **to beat a ~** fig. das Feld räumen, klein beigeben; **to sound the** (od. a) **~** zum Rückzug blasen; **there was no ~** fig. es gab kein Zurück. **2.** Sichzu'rückziehen n: **~ from public life. 3.** Schlupfwinkel m, stiller Ort, Zufluchtsort m. **4.** Heim n, Anstalt f (für Trinker etc). **5.** Zu-'rückgezogenheit f, Abgeschiedenheit f. **6.** relig. a) Freizeit f, b) R.C. Exer'zitien pl, Einkehrtage pl. **7.** mil. a) 'Rückzugs-si,gnal n, b) 'Fahnenap,pell m (am Abend), Zapfenstreich m. **8.** aer. Rück-stellung f od. Neigung f (gegen die Quer-achse). **II** v/i **9.** sich zu'rückziehen (a. mil.), sich entfernen: **to ~ within o.s.** sich in sich selbst zurückziehen, sich ver-schließen. **10.** zu'rückweichen: **~ing chin (forehead)** fliehendes Kinn (flie-hende Stirn). **11.** aer. (zu)'rückstellen. **III** v/t **12.** bes. e-e Schachfigur zu'rück-ziehen.
**re·treat** [ˌriː'triːt] v/t a. tech. erneut be-handeln.
**re·trench** [rɪ'trentʃ] **I** v/t **1.** Ausgaben etc einschränken, a. Personal abbauen. **2.** beschneiden, kürzen: **to ~ a budget. 3.** a) e-e Textstelle streichen, b) im Buch zs.-streichen, kürzen. **4.** e-e Festung mit inneren Verschanzungen versehen. **II** v/i **5.** sich einschränken, Sparmaßnahmen 'durchführen, sparen. **re·trench·ment** s **1.** Einschränkung f. **2.** Be-schränkung f, (Gehalts- etc)Kürzung f: **~ of salary. 3.** (Kosten-, Personal)Abbau m: **~ of employees. 4.** Sparmaßnahme f. **5.** Streichung f, Kürzung f. **6.** Festungs-bau: a) Innenwerk n, b) Verschanzung f.
**re·tri·al** [ˌriː'traɪəl] s **1.** nochmalige Prüfung. **2.** jur. Wieder'aufnahmever-fahren n.
**ret·ri·bu·tion** [ˌretrɪ'bjuːʃn] s Vergel-tung f: a) Strafe f, b) Lohn m. **re·trib-u·tive** [rɪ'trɪbjʊtɪv] adj (adv **~ly**) Vergel-tungs..., vergeltend, strafend: **~ justice** ausgleichende Gerechtigkeit.
**re·triev·a·ble** [rɪ'triːvəbl] adj (adv re-trievably) **1.** 'wiederzugewinnen(d). **2.** wieder'gutzumachen(d). **3.** wettzu-machen(d). **re·triev·al** [-vl] s **1.** 'Wie-dergewinnung f, -erlangung f. **2.** Wieder-'herstellung f. **3.** Wieder'gutmachung f.

**4.** → **retrieve** 15. **5.** Computer: Wieder-'auffinden n (von Informationen): **~ sys-tem** Retrievalsystem n.
**re·trieve** [rɪ'triːv] **I** v/t **1.** hunt. appor-'tieren. **2.** 'wiederfinden, -bekommen. **3.** 'wiedergewinnen, -erlangen: **to ~ free-dom.** wieder'gutmachen: **to ~ an er-ror. 5.** wettmachen: **to ~ a loss. 6.** etwas her'ausholen, -fischen (from aus). **7.** fig. etwas her'ausfinden. **8.** retten (from aus). **9.** der Vergessenheit entreißen. **10.** (sich) ins Gedächtnis zu'rückrufen. **11.** Tennis etc: e-n schwierigen Ball zu'rückschlagen. **12.** Computer: Information wieder'auf-finden. **II** v/i **13.** hunt. appor'tieren. **III** s **14. beyond** (od. past) **~** unwieder-bringlich dahin. **15.** Tennis etc: Rück-schlag m e-s schwierigen Balles. **re-'triev·er** s **1.** Re'triever m (englischer Apportierhund). **2.** allg. Appor'tier-hund m.
**ret·ro** ['retrəʊ] pl **-ros** s colloq. für retro-rocket.
**ret·ro·act** [ˌretrəʊ'ækt] v/i **1.** zu'rück-wirken. **2.** entgegengesetzt wirken. **ret-ro'ac·tion** s **1.** jur. rückwirkende Kraft. **2.** Rückwirkung f. **ret·ro'ac·tive** adj (adv **~ly**) **1.** jur. rückwirkend: **with ~ effect from** rückwirkend ab. **2.** zu'rück-wirkend.
**ret·ro·cede** [ˌretrəʊ'siːd] **I** v/i bes. med. a) zu'rückgehen, b) nach innen schlagen (Ausschlag). **II** v/t bes. jur. wieder'ab-treten (**to** an acc). **ret·ro'ced·ent** adj **1.** astr. → retrograde **1. 2.** med. a) zu'rückgehend, b) nach innen schlagend (Ausschlag). **ret·ro'ces·sion** [-'seʃn] s **1.** a) Zu'rückgehen n (a. med.), b) med. Nach'innenschlagen n. **2.** bes. jur. 'Wie-der-, Rückabtretung f. **ret·ro'ces-sive** [-sɪv] → retrocedent.
**re·tro·choir** ['retrəʊ.kwaɪə(r)] s arch. Retro'chorus m (Raum hinter dem Hoch-altar).
**ret·ro·fit** [ˌretrəʊ'fɪt] **I** v/t **1.** nachträg-lich ausstatten (with mit modernen Ein-richtungen). **2.** Gebäude etc moderni'sie-ren. **II** s **3.** nachträgliche Ausstattung. **4.** Moderni'sierung f.
**ret·ro·flect·ed** [ˌretrəʊ'flektɪd] → ret-roflex II. **ret·ro·flec·tion** → retro-flexion. **ret·ro·flex** v/t u. v/i **1.** (sich) nach hinten biegen. **2.** zu'rückgebogen. **3.** ling. retroflek'tie-ren, zu'rückgebogen. **4.** ling. retroflek'tiert. **ret·ro·flexed** → re-troflex II. **ret·ro·flex·ion** s Zu'rück-krümmung f, med. Retroflexi'on f.
**ret·ro·gra·da·tion** [ˌretrəʊgrə'deɪʃn; Am. a. -greɪ-] s **1.** → retrogression 1. **2.** Zu'rückgehen n. **3.** Rück-, Nieder-gang m.
**ret·ro·grade** ['retrəʊgreɪd] **I** adj **1.** astr. med. zo. rückläufig: **~ motion** a) astr. Rückläufigkeit f (e-s Planeten), b) zo. Krebs(gang) m. **2.** a) zu'rückgehend, rückgängig, -läufig, b) Rückwärts...: **~ movement** Rückwärtsbewegung f, fig. rückläufige Bewegung (der Börsenkurse etc). **3.** rückschrittlich: **~ ideas; ~ step** Rückschritt m. **4.** Rückzugs..., 'hinhal-tend: **~ action. 5.** 'umgekehrt: **~ order.** **II** adv **6.** (nach) rückwärts. **III** v/i **7.** a) rückläufig sein, b) zu'rück-gehen (a. mil. u. fig.). **8.** rückwärts schreiten. **9.** bes. biol. entarten. **IV** s **10.** Degene'rierte(r m) f. **11.** → retro-gression.
**ret·ro·gress** [ˌretrəʊ'gres] v/i zu'rück-gehen (a. fig.). **ret·ro'gres·sion** [-ʃn] s **1.** astr. rückläufige Bewegung. **2.** bes. biol. a) Rückentwicklung f, b) Degenera-ti'on f. **3.** Rückschritt m, Rückgang m. **5.** mus. Krebs m. **ret·ro'gres·sive** [-sɪv] adj (adv **~ly**) **1.** bes. biol. rück-schreitend: **~ metamorphosis** biol.

**Rückbildung** f. **2.** nach rückwärts gerichtet. **3.** fig. a) rückschrittlich, b) zu'rückgehend.

**'ret·ro,rock·et** ['retrəʊ-] s Raumfahrt: 'Bremsra,kete f.

**ret·ro·spect** ['retrəʊspekt] s Rückblick m, -schau f (of, on auf acc): in (the) ~ rückschauend, im Rückblick. ,**ret·ro·'spec·tion** [-kʃn] s **1.** Erinnerung f. **2.** → retrospect. **3.** Zu'rückblicken n, -schauen n. ,**ret·ro·'spec·tive** adj (adv ~ly) **1.** (zu)'rückblickend, -schauend, retrospek'tiv. **2.** nach rückwärts od. hinten (gerichtet). **3.** jur. rückwirkend.

**ret·rous·sé** [rə'truːseɪ; Am. a. rə,truː'seɪ] adj nach oben gebogen: ~ nose Stupsnase f.

,**ret·ro·'ver·sion** [,retrəʊ-] s **1.** a) Rückwendung f, b) Rückschau f. **2.** med. Retroversi'on f, Rückwärtsneigung f (des Uterus). **3.** ling. 'Rücküber,setzung f. **4.** fig. 'Umkehr f, Rückfall m. ,**ret·ro·'vert·ed** adj med. rückwärts geneigt (Uterus).

**re·try** [,riː'traɪ] v/t jur. **1.** e-n Prozeß erneut verhandeln. **2.** neu verhandeln gegen j-n.

**ret·si·na** [ret'siːnə] s Ret'sina m (geharzter griechischer Weißwein).

**ret·ter·y** ['retərɪ] s tech. (Flachs)Röste'rei f.

**re·turn** [rɪ't3ːn; Am. rɪ't3rn] **I** v/i **1.** zu'rückkehren, -kommen (to zu, nach), 'wiederkommen, -kehren (a. fig.), fig. wieder'auftreten (Krankheit etc): to ~ to fig. a) auf ein Thema zurückkommen: to ~ to a subject, b) auf ein Vorhaben zurückkommen: to ~ to a project, c) in e-e Gewohnheit etc zurückfallen, zurückkehren zu: to ~ to one's old habits, d) in e-n Zustand zurückkehren, zu Staub etc werden: to ~ to dust; to ~ to health wieder gesund werden; normal life was ~ing to the capital in der Hauptstadt kehrte wieder das normale Leben ein. **2.** zu'rückfallen (to an acc) (Besitz). **3.** erwidern, antworten.

**II** v/t **4.** erwidern: to ~ greetings (a kindness, s.o.'s love, a salute, a visit); to ~ fire mil. das Feuer erwidern; to ~ thanks a) danken, b) (dem Herrn) danken (das Tischgebet sprechen). **5.** vergelten: to ~ like for like Gleiches mit Gleichem vergelten. **6.** zu'rückgeben (to dat): to ~ a look e-n Blick erwidern. **7.** Geld zu'rückzahlen, -erstatten, -geben. **8.** zu'rückschicken, -senden: ~ed letter unzustellbarer Brief. **9.** wieder (an s-n Platz) zu'rückstellen, -bringen, -tun: to ~ a book to its shelf. **10.** einbringen, (er)bringen, Gewinn abwerfen, Zinsen tragen: to ~ interest (a profit); to ~ a result ein Ergebnis haben od. zeitigen. **11.** Bericht erstatten. **12.** jur. a) (Voll'zugs)Bericht erstatten über (acc), b) e-n Gerichtsbefehl (mit Voll'zugsbericht) rückvorlegen (to dat). **13.** jur. a) den Schuldspruch fällen od. aussprechen (Geschworene): to ~ the verdict, b) j-n schuldig etc sprechen: to be ~ed guilty schuldig gesprochen werden. **14.** ein Votum abgeben. **15.** (amtlich) erklären für od. als, j-n arbeitsunfähig etc schreiben: to ~ s.o. unfit for work. **16.** (bes. zur Steuerveranlagung) erklären, angeben (at mit): he ~ed his income at £5,000. **17.** (amtlich) melden. **18.** amtliche Liste etc vorlegen od. veröffentlichen: to ~ a list of jurors. **19.** pol. Br. a) das Wahlergebnis melden, b) j-n als Abgeordneten wählen (to Parliament ins Parla'ment). **20.** 'umwenden, 'umkehren. **21.** Tennis etc: Ball zu'rückschlagen, -geben, retour'nieren. **22.** Echo, Strahlen zu'rückwerfen. **23.** econ. e-n Scheck zu'rückweisen.

**24.** bes. tech. zu'rückführen, -leiten. **25.** arch. 'wiederkehren lassen: a) vorspringen lassen, b) zu'rücksetzen. **26.** Kartenspiel: Farbe nachspielen.

**III** s **27.** Rückkehr f, -kunft f, 'Wiederkehr f (a. fig.): by ~ (of post) Br. postwendend, umgehend; on my ~ bei m-r Rückkehr; (I wish you) many happy ~s of the day herzlichen Glückwunsch zum Geburtstag. **28.** Wieder-'auftreten n: ~ of cold weather Kälterückfall m. **29.** bes. Br. a) Rückfahrkarte f, b) aer. Rückflugticket n. **30.** Rück-, Her'ausgabe f: on sale or ~ econ. in Kommission. **31.** oft pl Rücksendung f (a. Ware): ~s a) Rückgut n, b) (Buchhandel) Remittenden. **32.** zu'rückgewiesene od. zu'rückgesandte Sache. **33.** econ. Rückzahlung f, -erstattung f: ~ (of premium) (Versicherung) Ristorno n, Prämienrückzahlung. **34.** Entgelt n, Gegenleistung f, Vergütung f, Entschädigung f: in ~ dagegen, dafür; in ~ for (als Gegenleistung) für; without ~ unentgeltlich. **35.** oft pl econ. a) 'Umsatz m: quick ~s rascher Umsatz, b) Ertrag m, Einnahme f, Gewinn m, Verzinsung f: customs ~s Zollerträge; to yield (od. bring) a ~ Nutzen abwerfen, sich rentieren. **36.** Erwiderung f (a. fig. e-s Grußes, der Liebe, e-s Schlages etc): ~ of thanks a) Dank m, Danksagung f, b) Tischgebet n. **37.** (amtlicher) Bericht, (sta'tistischer) Ausweis, Aufstellung f: annual ~ Jahresbericht, -ausweis; bank ~ Bankausweis; official ~s amtliche Ziffern. **38.** (Steueretc)Erklärung f: income tax ~. **39.** Meinungsforschung f: a) 'Umfrageergebnis n, b) Antwortenrücklauf m. **40.** jur. a) Rückvorlage f (e-s Vollstreckungsbefehls etc) (mit Voll'zugsbericht), b) Voll'zugsbericht m (des Gerichtsvollziehers etc), c) Stellungnahme f. **41.** jur. → return day. **42.** pol. a) Wahlergebnis n, b) Br. Einzug m (to Parliament ins Parla'ment), Wahl f (e-s Abgeordneten). **43.** Zu'rückholen n, -bringen n. **44.** tech. a) Rückführung f, -leitung f, b) Rücklauf m, -kehr f, c) electr. Rückleitung f. **45.** Biegung f, Krümmung f. **46.** arch. a) 'Wiederkehr f, b) vorspringender od. zu'rückgesetzter Teil, c) (Seiten)Flügel m, d) Kröpfung f. **47.** Tennis etc: Rückschlag m, Re'turn m. **48.** sport Rückspiel n. **49.** Kartenspiel: Nachspielen n (e-r Farbe). **50.** pl Br. (ein) heller, leichter Feinschnitt(tabak).

**IV** adj **51.** Rück...: ~ cable electr. Rückleitung(skabel n) f; ~ cargo econ. Rückfracht f, -ladung f; ~ circuit electr. Rücklaufschaltung f; ~ copies (Buchhandel) Remittenden f; ~ current electr. Rückstrom m; ~ game sport Rückspiel n; ~ journey Rückreise f; by ~ mail Am. postwendend, umgehend; ~ match sport Rückspiel m; ~ postage Rückporto n; ~ pulley tech. Umlenkrolle f; ~ spring Rückholfeder f; ~ ticket bes. Br. a) Rückfahrkarte f, b) aer. Rückflugticket n; ~ valve tech. Rückschlagventil n; ~ visit Gegenbesuch m; ~ wire electr. Rückleiter m. **52.** zu'rückgebogen: ~ bend a) tech. U-Röhre f, b) Haarnadelkurve f (e-r Straße).

**re'turn·a·ble** adj **1.** jur. etc wieder zuzustellen(d), (mit Bericht) einzusenden(d). **2.** zu'rückzugeben(d). **3.** econ. rückzahlbar.

**re'turn day** s jur. Ver'handlungster,min m.

**re'turn·ing| board** s pol. Am. Wahlausschuß m. **~of·fi·cer** s pol. Br. Wahlleiter m.

**re·u·ni·fi·ca·tion** [,riːjuːnɪfɪ'keɪʃn] s pol. 'Wiedervereinigung f. ,**re'u·ni·fy** [-faɪ] v/t 'wiedervereinigen.

**re·un·ion** [,riː'juːnjən] s **1.** a. med. phys. pol. 'Wiedervereinigung f. **2.** fig. Versöhnung f. **3.** Treffen n, Zs.-kunft f, 'Wiedersehen(sfeier f) n: family ~ Familientreffen n.

**Re·un·ion·ism** [,riː'juːnjənɪzəm] s auf Wiedervereinigung mit der römisch-katholischen Kirche gerichtete Bewegung in der englischen Staatskirche.

**re·u·nite** [,riːjuː'naɪt] **I** v/t Familie etc wieder vereinigen. **II** v/i sich wieder vereinigen.

**re·up** [,riː'ʌp] v/i mil. Am. sl. sich weiter-od. 'wiederverpflichten.

**re·us·a·ble** [,riː'juːsəbl] adj 'wiederverwendbar. **re·use I** v/t [,riː'juːz] 'wiederverwenden. **II** s [-'juːs] 'Wiederverwendung f.

**rev** [rev] mot. colloq. **I** s **1.** Um'drehung f: ~s per minute Umdrehungen pro Minute, Dreh-, Tourenzahl f; ~ counter Drehzahlmesser m, Tourenzähler m. **II** v/t **2.** meist ~ up Motor ,hochjagen', auf Touren bringen. **3.** ~ down Motor her'untertouren, drosseln. **III** v/i **4.** laufen, auf Touren sein (Motor): to ~ up a) auf Touren kommen (Motor), b) aufdrehen, den Motor ,hochjagen' od. auf Touren bringen.

**re·vac·ci·nate** [,riː'væksɪneɪt] v/t med. 'wieder-, nachimpfen.

**re·val·or·i·za·tion** ['riːˌvælɔraɪ'zeɪʃn; Am. -rə'z-] s econ. (Geld)Aufwertung f. **re'val·or·ize** v/t econ. (Geld)aufwerten.

**re·val·u·ate** [,riː'væljʊeɪt; Am. -jəˌweɪt] v/t econ. bes. Am. **1.** neu bewerten od. einschätzen. **2.** ~ (upward) Währung aufwerten. ~ **re,val·u'a·tion** s **1.** Neubewertung f, Neueinschätzung f. **2.** Aufwertung f.

**re·val·ue** [,riː'væljuː] v/t econ. **1.** neu bewerten od. einschätzen. **2.** ~ (upward) Währung aufwerten.

**re·vamp** [,riː'væmp] v/t colloq. Haus etc ,aufmöbeln', Theaterstück etc ,aufpo,lieren', Firma etc ,auf Vordermann bringen'.

**re·vanch·ism** [rɪ'vænʃɪzəm; Am. -'vɑːnʃ-] s pol. Revan'chismus m. **re·vanch·ist I** adj revan'chistisch. **II** s Revan'chist m.

**re·veal** [rɪ'viːl] **I** v/t **1.** relig. u. fig. offen-'baren (to dat): ~ed religion Offenbarungsreligion f. **2.** a) enthüllen, zeigen (a. fig. erkennen lassen) (to dat): to ~ s.o. as (od. to be) s.th. j-n als etwas erkennen lassen, b) zeigen, sehen lassen (Kleid etc): her dress ~s nearly everything a. ihr Kleid ist sehr offenherzig. **3.** fig. ein Geheimnis etc enthüllen, aufdecken, verraten (to dat): to ~ a secret. **II** s **4.** tech. a) (innere) Laibung (e-r Tür etc), b) Einfassung f, c) (Fenster)Rahmen m (e-s Autos). **re'veal·a·ble** adj enthüllbar, mitteilbar. **re'veal·ing** adj (adv ~ly) **1.** enthüllend, aufschlußreich. **2.** offenherzig (Kleid etc).

**re·veil·le** [rɪ'vælɪ; Am. 'revəliː] s mil. (Si'gnal n zum) Wecken n.

**rev·el** ['revl] **I** v/i pret u. pp **-eled**, bes. Br. **-elled 1.** (lärmend) feiern, ausgelassen sein. **2.** (in) fig. a) schwelgen (in dat): to ~ in doing s.th. sein größtes Vergnügen daran haben, etwas zu tun; etwas mit wahrem Vergnügen tun; to ~ in one's freedom s-e Freiheit in vollen Zügen genießen, b) sich weiden od. ergötzen (an dat): to ~ in s.o.'s misfortune. **II** s **3.** oft pl → revelry.

**rev·e·la·tion** [,revə'leɪʃn] s **1.** Enthüllung f, Offen'barung f: it was a ~ to me das hat mir die Augen geöffnet; it was a ~ to me when als ..., gingen mir plötzlich die Augen auf; what a ~! ach so ist das! **2.** relig. (göttliche) Offen'barung: the

R~(s), The R~ of St. John (the Divine) *Bibl.* die (Geheime) Offenbarung des Johannes, die Offenbarung. **3.** *colloq.* (*e-e*) ‚Offen'barung' (*etwas Ausgezeichnetes*) (to s.o. j-m *od.* für j-n). **‚rev·e'la·tion·al** [-ʃənl] *adj* Offenbarungs...
**rev·el·er,** *bes. Br.* **rev·el·ler** ['revlə(r)] *s* **1.** Feiernde(r *m*) *f.* **2.** ‚Nachtschwärmer (-in)'.
**rev·el·ry** ['revlrɪ] *s* **1.** lärmende Festlichkeit. **2.** Jubel *m*, Trubel *m*.
**rev·e·nant** ['revənənt] *s* **1.** (*nach langer Abwesenheit*) Zu'rückgekehrte(r *m*) *f.* **2.** Geist *m* (*e-s Verstorbenen*).
**re·ven·di·ca·tion** [rɪ͵vendɪ'keɪʃn] *s* **1.** *jur.* a) dingliche Klage, b) Klage *f* auf Her'ausgabe (*e-s noch unbezahlten Kaufobjekts*). **2.** Zu'rückgewinnung *f.*
**re·venge** [rɪ'vendʒ] **I** *v/t* **1.** etwas, *a.* j-n rächen. **2.** to be~d (on s.o. for s.th.), to ~ o.s. (on s.o. for s.th.) sich (an j-m für etwas) rächen. **II** *s* **3.** Rache *f:* out of ~ aus Rache; in (*od.* out of) ~ (for) als Rache (für); to get (*od.* take) one's ~ sich rächen, Rache nehmen (→ 4); to take one's ~ on s.o. (for s.th.) sich an j-m (für etwas) rächen; to have (*od.* get) one's ~ (on s.o.) for s.th. sich (an j-m) für etwas rächen. **4.** *bes. sport, Spiel:* Re'vanche *f:* to give s.o. his ~ j-m Revanche geben; to get (*od.* take) one's ~ sich revanchieren, Revanche nehmen (→ 3). **5.** Rachsucht *f,* Rachgier *f.* **re·'venge·ful** *adj* (*adv* ~ly) rachsüchtig: ~ thoughts Rachegedanken. **re·'venge·ful·ness** → revenge 5. **re·'veng·er** *s* Rächer(in).
**rev·e·nue** ['revənjuː; *Am. a.* -nuː] *s econ.* **1.** Staatseinkünfte *pl,* -einnahmen *pl:* → inland 5, internal revenue. **2.** a) Fi'nanzverwaltung *f,* b) Fiskus *m:* ~ board (*od.* office) Finanzamt *n;* → defraud. **3.** *pl* Einnahmen *pl,* Einkünfte *pl.* **4.** Kapi'talrente *f,* Einkommen *n,* Rente *f.* **5.** Ertrag *m,* Nutzung *f.* **6.** Einkommensquelle *f.* **~cut·ter** *s mar.* Zollkutter *m.* **~ du·ty** *s* Fi'nanzzoll *m.* **~ ex·pen·di·ture** *s econ.* Kapi'talaufwand *m* zum Ersatz verbrauchter Waren. **~ in·ves·ti·ga·tor** *s* Steuerfahnder *m.* **~ man** *s irr,* **~ of·fi·cer** *s* Zollbeamte(r) *m.*
**'rev·e͵nu·er** *s Am. colloq.* **1.** Zollbeamte(r) *m.* **2.** *mar.* Zollkutter *m.*
**rev·e·nue| stamp** *s econ.* Bande'role *f,* Steuermarke *f.* **~ tar·iff** *s* Fi'nanzzoll *m.*
**re·ver·ber·ant** [rɪ'vɜːbərənt; *Am.* -'vɜr-] *adj poet. u. phys.* nach-, 'widerhallend: ~ sound level (*Akustik*) Nachhallpegel *m.* **re·'ver·ber·ate** [-reɪt] **I** *v/i* **1.** *phys.* a) zu'rückstrahlen, b) *Akustik:* nach-, 'widerhallen. **II** *v/t* **2.** *phys.* zu'rückwerfen: to ~ heat (light, sound, *etc*). **3.** *metall.* reverbe'rieren. **re͵ver·ber'a·tion** *s* **1.** 'Wider-, Nachhall *m:* ~ time (*Akustik*) Nachhallzeit *f.* **2.** a) Zu'rückwerfen *n,* -strahlen *n,* b) Rückstrahlung *f.* **3.** *metall.* Reverbe'rieren *n.* **re·'ver·ber·a·tor** [-tə(r)] *s tech.* **1.** Re'flektor *m.* **2.** Scheinwerfer *m.* **re·'ver·ber·a·to·ry** [-rətərɪ; *Am.* -rə͵təʊrɪ; -͵tɔː-] **I** *adj* **1.** *tech.* Reverberier... **2.** zu'rückgeworfen. **II** *s* **3.** *a.* ~ furnace *metall.* Flammofen *m.*
**re·vere** [rɪ'vɪə(r)] *v/t* (ver)ehren.
**rev·er·ence** ['revərəns] **I** *s* **1.** Verehrung *f* (for für *od.* gen): to hold (*od.* have) in (great) ~ (hoch) verehren; to pay (*od.* show) ~ to s.o. j-m Verehrung zollen. **2.** Ehrfurcht *f* (for vor *dat*). **3.** Ehrerbietung *f.* **4.** *obs.* Reve'renz *f:* a) Verbeugung *f,* b) Knicks *m.* **5.** Your (His) R~ *dial. od. humor.* Euer (Seine) Ehrwürden. **II** *v/t* **6.** (ver)ehren. **rev·er·end** *adj* **1.** ehrwürdig. **2.** R~ *relig.* ehr-, hochwürdig (*im Titel der englischen Geistlichen*): Very R~ (*im

*Titel e-s Dekans*); Right R~ (*Bischof*); Most R~ (*Erzbischof*); R~ Mother Mutter *f* Oberin. **II** *s* **3.** Geistliche(r) *m.*
**rev·er·ent** ['revərənt] *adj* (*adv* ~ly), **‚rev·er·en·tial** [-'renʃl] *adj* (*adv* ~ly) ehrfürchtig, ehrfurchtsvoll, ehrerbietig.
**rev·er·ie** ['revərɪ] *s* **1.** (Tag)Träume'rei *f:* to fall into a ~ ins Träumen kommen; to be lost in ~ sich in Träumereien verlieren. **2.** *mus.* Träume'rei *f* (*Titel*).
**re·vers** [rɪ'vɪə(r); rɪ'veə(r)] *pl* **re'vers** [-z] *s* Re'vers *n, m* (*am Mantel etc*).
**re·ver·sal** [rɪ'vɜːsl; *Am.* rɪ'vɜrsəl] *s* **1.** 'Umkehr(ung) *f,* 'Umschwung *m,* 'Umschlag *m:* ~ of opinion Meinungsumschwung. **2.** *jur.* (Urteils)Aufhebung *f,* 'Umstoßung *f.* **3.** *econ.* Stor'nierung *f.* **4.** *opt. phot.* 'Umkehrung *f.* ~ developer Umkehrsucher *m;* ~ film Umkehrfilm *m;* ~ process Umkehrentwicklung *f.* **5.** *tech.* 'Umsteuerung *f.* **6.** *electr.* ('Strom)͵Umkehr *f:* ~ of polarity Umpolung *f.*
**re·verse** [rɪ'vɜːs; *Am.* rɪ'vɜrs] **I** *adj* (*adv* ~ly) **1.** 'umgekehrt, verkehrt, entgegengesetzt (to *dat*): ~charge call *teleph. Br.* R-Gespräch *n;* ~ commuting Pendeln *n* von der Wohnung in der Innenstadt zum Arbeitsplatz an der Peripherie; ~ current *electr.* Gegen-, Sperrstrom *m;* ~ discrimination Diskri'minierung *f* e-r Mehrheitsgruppe; ~ flying *aer.* Rückenflug *m;* in ~ order in umgekehrter Reihenfolge; ~ power *electr.* Rückleistung *f;* ~ rotation *tech.* Gegendrehung *f;* ~ side a) Rück-, Kehrseite *f,* b) linke (Stoff)Seite. **2.** rückläufig, Rückwärts...: ~ curve *rail.* S-Kurve *f;* ~ gear → 8; ~ lever *tech.* Umsteuerungshebel *m;* ~ motion *tech.* a) Rückwärtsgang *m,* b) Rückwärtsbewegung *f,* c) Rücklauf *m.* **3.** Rücken...: ~ fire *mil.* Rückenfeuer *n.* **II** *s* **4.** Gegenteil *n,* (das) 'Umgekehrte: the case is quite the ~ der Fall liegt gerade umgekehrt; she was the ~ of polite sie war alles andere als höflich. **5.** Rückschlag *m:* ~ of fortune Schicksalsschlag *m.* **6.** *mil.* Niederlage *f,* Schlappe *f.* **7.** a) Rückseite *f,* b) *bes. fig.* Kehrseite *f:* ~ of a coin Rückseite *od.* Revers *m* e-r Münze; on the ~ umstehend; to take in ~ *mil.* den Feind im Rücken packen; → medal. **8.** *mot.* Rückwärtsgang *m:* to put the car into ~, to change into ~ den Rückwärtsgang einlegen. **9.** *tech.* 'Umsteuerung *f.* **III** *v/t* **10.** 'umkehren (*a. electr. math. phot.; a. fig.*), 'umwenden: to ~ the order of things die Weltordnung auf den Kopf stellen; to ~ the charge(s) *teleph. Br.* ein R-Gespräch führen; ~d-charge call *teleph. Br.* R-Gespräch *n.* **11.** *fig. s-e* Politik (ganz) 'umstellen, *s-e* Meinung *etc* (völlig) ändern *od.* revi'dieren: to ~ one's policy (opinion). **12.** *jur.* ein Urteil 'umstoßen, aufheben. **13.** *tech.* im Rückwärtsgang *od.* rückwärts fahren (lassen): to ~ one's car out of the garage rückwärts aus der Garage fahren. **14.** *electr.* a) *a.* ~ the polarity 'umpolen, b) 'umsteuern, ein Relais 'umlegen. **15.** *econ.* stor'nieren. **IV** *v/i* **16.** (*beim Walzer*) 'linksher͵um tanzen. **17.** rückwärts fahren *od.* laufen: to ~ into the garage rückwärts in die Garage fahren. **re·'vers·er** *s electr.* 'Umkehr-, Wendeschalter *m.*
**re·vers·i·bil·i·ty** [rɪ͵vɜːsə'bɪlətɪ; *Am.* -͵vɜr-] *s* 'Umkehrbarkeit *f,* Reversibili'tät *f.* **re·'vers·i·ble I** *adj* (*adv* reversibly) **1.** *a. chem. math. phys.* 'umkehrbar, rever'sibel: ~ film *phot.* Umkehrfilm *m.* **2.** rever'sibel: a) doppelseitig, wendbar (*Stoff*), b) doppelseitig tragbar: ~ cloth, b) doppelseitig tragbar: ~ coat → 5 b. **3.** *tech.* 'umsteuerbar. **4.** *jur.*

'umstoßbar. **II** *s* **5.** a) doppelseitig tragbares Kleidungsstück, b) Wendemantel *m.*
**re·'vers·ing** *adj phys. tech.* Umkehr..., Umsteuerungs...: ~ gear *tech.* a) 'Umsteuerung *f,* b) Wendegetriebe *n,* c) Rückwärtsgang *m;* ~ light *mot.* Rückfahrscheinwerfer *m;* ~ pole *electr.* Wendepol *m;* ~ switch → reverser.
**re·ver·sion** [rɪ'vɜːʃn; *Am.* rɪ'vɜrʒən; -ʃən] *s* **1.** *a. math.* 'Umkehrung *f.* **2.** *jur.* a) Heim-, Rückfall *m,* b) *a.* right of ~ Heimfallsrecht *n:* estate in ~ mit e-m Heimfallsrecht belastetes Vermögen. **3.** *jur.* a) Anwartschaft *f* (of auf *acc*), b) Anwartschaftsrente *f.* **4.** *econ.* Versicherungssumme *f* (*e-r Lebensversicherung im Todesfall*). **5.** *biol.* a) Rückartung *f,* b) Ata'vismus *m.* **6.** *electr.* 'Umpolung *f.* **7.** *electr. tech.* 'Umsteuerung *f.* **re·'ver·sion·al** [-ʃənl] → reversionary. **re·'ver·sion·ar·y** [-ʃnərɪ; *Am.* -͵ʒə͵neri; -ʃə-] *adj* **1.** *jur.* anwartschaftlich, Anwartschafts...: ~ annuity Rente *f* auf den Überlebensfall; ~ heir Nacherbe *m.* **2.** *biol.* ata'vistisch. **re·'ver·sion·er** *s jur.* **1.** Anwärter(in). **2.** Inhaber(in) e-s Heimfallrechts. **3.** Nacherbe *m.*
**re·vert** [rɪ'vɜːt; *Am.* rɪ'vɜrt] **I** *v/i* **1.** zu'rückkehren (to zu *s-m Glauben etc*): he ~ed to type *fig.* der ‚alte Adam' ist bei ihm wieder durchgebrochen. **2.** zu'rückkommen (to auf *acc*): to ~ to a letter (a topic). **3.** wieder zu'rückfallen (to in *acc*): to ~ to barbarism. **4.** *jur.* zu'rück-, heimfallen (to s.o. an j-n). **5.** *biol.* zu'rückschlagen (to zu). **II** *v/t* **6.** den Blick (zu'rück)wenden. **III** *v/t* **7.** *relig.* 'Wiederbekehrte(r *m*) *f.* **re·'vert·i·ble** *adj jur.* heimfällig.
**re·vet** [rɪ'vet] *v/t tech. mit Mauerwerk etc* verkleiden, füttern. **re·'vet·ment** *s* **1.** *tech.* Befestigung *f,* Verkleidung *f,* Futtermauer *f* (*e-s Ufers etc*). **2.** *mil.* a) Splitterschutzwand *f,* b) *aer.* Schutz-, Splitterboxe *f.*
**re·view** [rɪ'vjuː] **I** *s* **1.** (Buch)Besprechung *f,* Kri'tik *f,* Rezensi'on *f:* ~ copy Rezensionsexemplar *n.* **2.** Rundschau *f,* (kritische) Zeitschrift. **3.** Nachprüfung *f,* (Über)'Prüfung *f,* Revisi'on *f:* court of ~ *jur.* Rechtsmittelgericht *n:* to be under ~ überprüft werden. **4.** *mil.* Pa'rade *f,* Truppenschau *f:* naval ~ *mar.* Flottenparade; ~ order a) Paradeanzug *m* u. -ordnung *f,* b) *fig.* Gala *f,* 'voller Wichs'; to pass in ~ a) mustern, b) (vorbei)defilieren (lassen) (→ 5). **5.** Rückblick *m,* -schau *f* (of auf *acc*): to pass in ~ a) Rückschau halten auf (*acc*), b) (*im Geiste*) Revue passieren lassen (→ 4). **6.** *ped.* Wieder'holung *f,* Repetiti'on *f* (*e-r Lektion*). **7.** Bericht *m,* 'Übersicht *f,* -blick *m* (of über *acc*): market ~ *econ.* Markt-, Börsenbericht; month under ~ Berichtsmonat *m.* **8.** 'Durchsicht *f.* **9.** *thea.* → revue. **II** *v/t* **10.** (über)'prüfen, nachprüfen, e-r Revisi'on unter'ziehen: to ~ a case *jur.* e-n Pro'zeß im Wege der Revision überprüfen; in ~ing our books *econ.* bei Durchsicht unserer Bücher. **11.** *ped.* wieder'holen, repe'tieren. **12.** *mil.* besichtigen, inspi'zieren, mustern: to ~ troops. **13.** *fig.* zu'rückblicken auf (*acc*): to ~ one's life. **14.** *fig.* über'blicken, -'schauen: to ~ the situation. **15.** e-n 'Überblick geben über (*acc*). **16.** besprechen, rezen'sieren: to ~ a book. **re·view·a·ble** [rɪ'vjuːəbl] *adj* **1.** zu besprechen(d). **2.** *a. jur.* 'prüfen(d). **3.** *jur.* im Wege der Berufung *od.* Revisi'on anfechtbar. **re·'view·al** → review 1, 3, 7. **re·'view·er** *s* Kritiker(in), Rezen'sent(in): ~'s copy Rezensionsexemplar *n.*

**re·vile** [rɪ'vaɪl] *v/t u. v/i*: to ~ (at *od.* against) s.th. etwas schmähen *od.* verunglimpfen. **re'vile·ment** *s* Schmähung *f*, Verunglimpfung *f*.

**re·vin·di·cate** [ˌriː'vɪndɪkeɪt] *v/t bes. jur.* zu'rückfordern (u. -nehmen).

**re·vis·a·ble** [rɪ'vaɪzəbl] *adj* zu über'prüfen(d), zu revi'dieren(d). **re'vis·al** *s* **1.** (Nach)Prüfung *f*. **2.** (nochmalige) 'Durchsicht. **3.** *print.* zweite Korrek'tur. **re'vise** I *v/t* **1.** revi'dieren: a) *s-e Ansicht* ändern, b) *ein Buch etc* über'arbeiten (u. verbessern): ~d edition verbesserte Auflage; R~d Version *verbesserte britische Bibelausgabe* (1885); R~d Standard Version *verbesserte amerikanische Bibelausgabe* (1953), c) *print.* in zweiter Korrek'tur lesen. **2.** über'prüfen, (wieder) 'durchsehen. **3.** *ped. Br. Stoff (bes.* für e-e Prüfung) wieder'holen. II *v/i* **4.** *ped. Br.* (den Stoff) *(bes.* für e-e Prüfung) wieder'holen. III *s* **5.** *a.* ~ proof *print.* Revisi'onsbogen *m*, Korrek'turabzug *m*. **6.** → revision. **re'vis·er** *s* **1.** *print.* Kor'rektor *m*. **2.** the ~s *pl* die Bearbeiter *pl* der Revised Version.

**re·vi·sion** [rɪ'vɪʒn] *s* **1.** Revisi'on *f*: a) 'Durchsicht *f*, Über'prüfung *f*, b) Über'arbeitung *f*, c) Korrek'tur *f*. **2.** *print.* verbesserte Ausgabe *od.* Auflage. **3.** *ped. Br.* ('Stoff)Wieder,holung *f (bes.* für e-e Prüfung). **re'vi·sion·ism** *pol.* Revisio'nismus *m*. **re'vi·sion·ist** I *s* Revisio'nist *m*. II *adj* revisio'nistisch.

**re·vis·it** [ˌriː'vɪzɪt] *v/t* nochmals *od.* wieder besuchen.

**re·vi·tal·ize** [ˌriː'vaɪtəlaɪz] *v/t* neu beleben, 'wiederbeleben.

**re·viv·al** [rɪ'vaɪvl] *s* **1.** 'Wiederbelebung *f (a. jur. von Rechten), econ.* Sa'nierung *f (e-s Unternehmens etc)*: ~ of rights (of a business); ~ of architecture, Gothic ~ Neugotik *f*; R~ of Learning (*od.* Letters *od.* Literature) *hist.* (der) Humanismus. **2.** Wieder'aufgreifen *n (e-s veralteten Wortes etc), thea.* Wieder'aufnahme *f (e-s vergessenen Stückes)*: ~ of an obsolete word (of a play). **3.** Wieder'aufleben *n*, -'aufblühen *n*, Erneuerung *f*. **4.** *relig. (bes. USA)* a) *a.* ~ of religion (religi'öse) Erweckung, b) *a.* ~ meeting Erweckungsversammlung *f*. **5.** *jur.* Wiederin'krafttreten *n*. **re'viv·al·ism** *s* **1.** *(bes. USA)* a) (religi'öse) Erweckungsbewegung, Evangelisati'on *f*, b) Erweckungseifer *m*. **2.** Neigung, Vergangenes wiederzubeleben. **re'viv·al·ist** *s relig. (bes. USA)* Erweckungsprediger *m*, Evange'list *m*.

**re·vive** [rɪ'vaɪv] I *v/t* **1.** 'wiederbeleben *(a. jur. Rechte), econ. Unternehmen etc* sa'nieren. **2.** wieder'aufleben lassen: to ~ a claim (custom, feeling, memory, quarrel, *etc*). **3.** *e-n Vertrag etc* erneuern. **4.** wieder'herstellen: to ~ justice. **5.** wieder'aufgreifen: to ~ a topic; to ~ an old play ein altes Stück wieder auf die Bühne bringen *od.* wiederaufnehmen. **6.** wieder'einführen. **7.** erquicken. **8.** wieder in Kraft treten lassen. **9.** *metall.* frischen. II *v/i* **10.** wieder (zum Leben) erwachen. **11.** das Bewußtsein 'wiedererlangen. **12.** *fig.* 'wiedererwachen, wieder'aufleben *(a. jur. Rechte)*: hope ~d in her. **13.** *bes. econ.* sich erholen. **14.** wieder'aufblühen. **15.** *fig.* wieder'aufkommen: a practice ~s *jur.* wieder in Kraft treten. **re'viv·er** *s* **1.** *tech.* Auffrischungs-, Reakti'vierungsmittel *n*. **2.** *sl.* (alko'holische) Stärkung.

**re·viv·i·fi·ca·tion** [riːˌvɪvɪfɪ'keɪʃn] *s* **1.** → revival 1 u. 3. **2.** *chem. tech.* a) erneute Akti'vierung *(e-s Katalysators etc)*, b) Redukti'on *f (e-s Metalles)*. **re'viv·i·fy** [-faɪ] I *v/t* **1.** 'wiederbeleben.

---

**2.** *fig.* wieder'aufleben lassen, neu beleben. **3.** *chem.* a) *Reagenzien etc* reinigen, b) *Metalloxyd* frischen. II *v/i* **4.** *chem.* (als *Reagenz*) wieder wirksam werden.

**rev·i·vis·cence** [ˌrevɪ'vɪsns; *bes. Am.* ˌriː-vaɪ-] *s* **1.** → revival 1 u. 3. **2.** Wieder'aufflackern *n (e-r Krankheit etc)*. **rev·i·'vis·cent** *adj* wieder'auflebend, wieder le'bendig *(a. fig.)*.

**re·vi·vor** [rɪ'vaɪvə] *s jur. Br.* Wieder-'aufnahmeverfahren *n*.

**rev·o·ca·ble** ['revəkəbl] *adj (adv* rev·ocably) wider'ruflich. **ˌrev·o'ca·tion** [-'keɪʃn] *s jur.* Aufhebung *f*, 'Widerruf *m*: ~ of licence Lizenzentzug *m*. '**rev·o·ca·to·ry** [-kətərɪ; *Am.* -kəˌtɔːrɪ; -ˌtɔː-] *adj bes. jur.* wider'rufend, Widerrufungs...

**re·voke** [rɪ'vəʊk] I *v/t* **1.** wider'rufen, zu'rücknehmen, rückgängig machen, *a. Haftbefehl etc* aufheben. II *v/i* **2.** wider-'rufen. **3.** *Kartenspiel*: nicht bedienen. III *s* **4.** *Kartenspiel*: Nichtbedienen *n*.

**re·volt** [rɪ'vəʊlt] I *s* **1.** Re'volte *f*, Aufruhr *m*, Aufstand *m*, Em'pörung *f*: to break out in ~ sich erheben. **2.** (innere) Em-'pörung, Abscheu *m, f*: in ~ voller Empörung *od.* Abscheu. II *v/i* **3.** a) *fig.* revol'tieren, sich em'pören, sich auflehnen (against gegen), b) abfallen (from von). **4.** em'pört sein (at über *acc)*, 'Widerwillen empfinden (at bei, gegen), sich sträuben *od.* em'pören (against, at, from gegen). III *v/t* **5.** *fig.* em'pören, mit Abscheu erfüllen, abstoßen: to be ~ed → 4. **re'volt·ed** *adj* **1.** aufständisch, revol·tierend. **2.** em'pört. **re'volt·er** *s* Re-'bell(in), Aufständische(r *m*) *f*. **re'volt·ing** *adj (adv* ~ly) **1.** *fig.* em'pörend, abstoßend. **2.** *colloq.* scheußlich *(Kleid etc)*, widerlich.

**rev·o·lute** ['revəluːt] *adj bes. bot.* zu'rückgerollt.

**rev·o·lu·tion** [ˌrevə'luːʃn] *s* **1.** 'Umwälzung *f*, Um'drehung *f*. **2.** *astr.* a) Kreislauf *m (a. fig. des Jahres etc)*, b) Um-'drehung *f*, c) 'Umlauf(zeit *f) m*. **3.** *tech.* a) 'Umlauf *m*, Rotati'on *f (e-r Maschine etc)*, b) Um'drehung *f*: ~s per minute Umdrehungen pro Minute, Dreh-, Tourenzahl *f*; ~ counter Drehzahlmesser *m*, Tourenzähler *m*. **4.** *fig.* Revolu'tion *f*: a) 'Umwälzung *f*, 'Umschwung *m*, radi-'kale (Ver)Änderung, b) *pol.* 'Umsturz *m*. **ˌrev·o'lu·tion·ar·y** [-ʃnərɪ; *Am.* -ʃə-ˌnerɪ] I *adj* revolutio'när: a) *pol.* Revolutions..., Umsturz..., b) 'umwälzend, e'pochemachend: a ~ idea. II *s pol. u. fig.* Revolutio'när(in). **ˌrev·o'lu·tion·ist** → revolutionary. **ˌrev·o'lu·tion·ize** *v/t* **1.** *ein Volk etc* aufwiegeln, in Aufruhr bringen. **2.** *e-n Staat* revolutio'nieren. **3.** *fig.* revolutio'nieren, von Grund auf 'umgestalten.

**re·volv·a·ble** [rɪ'vɒlvəbl; *Am. a.* -'vɑːl-] *adj* drehbar.

**re·volve** [rɪ'vɒlv; *Am. a.* rɪ'vɑːlv] I *v/i* **1.** *bes. math. phys. tech.* sich drehen, kreisen, ro'tieren (on, about an axis um e-e Achse; round um *e-n Mittelpunkt, die Sonne etc)*. **2.** e-n Kreislauf bilden, (im Kreislauf) da'hinrollen *(Jahreszeiten etc)*. **3.** *fig.* (im Kopf) her'umgehen: an idea ~s in my mind mir geht e-e Idee im Kopf herum. **4.** ~ about *(od.* around) *fig.* sich um j-n *od. etwas* drehen *(Gedanken etc)*. II *v/t* **5.** drehen, ro'tieren lassen. **6.** *fig.* (hin u. her) über'legen, *Gedanken, Problem* wälzen. **re'volv·er** *s* Re'volver *m*.

**re·volv·ing** *adj* **1.** a) sich drehend, kreisend, drehbar (about, round um), b) Dreh...: ~ case drehbares (Bücher-) Regal; ~ chair Drehstuhl *m*; ~ door Drehtür *f*; ~ light *mar.* Drehfeuer *n*; ~

---

pencil Drehbleistift *m*; ~ restaurant Drehrestaurant *n*; ~ shutter Rolladen *m*; ~ stage *thea.* Drehbühne *f*. **2.** *fig.* 'wiederkehrend, (im *Kreislauf*) da'hinrollend: ~ year. ~ cred·it *s econ.* Re'volving-Kre,dit *m*. ~ fund *s econ.* 'Umlauffonds *m*.

**re·vue** [rɪ'vjuː] *s* **1.** *thea.* Re'vue *f*. **2.** sa'tirisches *od.* zeitkritisches Kaba'rett.

**re·vul·sion** [rɪ'vʌlʃn] *s* **1.** *med.* Ableitung *f (z. B. von Schmerzen)*. **2.** *fig.* 'Umschwung *m*: ~ of opinion Meinungsumschwung. **3.** *fig.* Abscheu *m, f* (against *od. dat*): in ~ voller Abscheu. **re'vul·sive** [-sɪv] I *adj (adv* ~ly) **1.** *med.* ableitend *(Mittel)*. **2.** *fig.* abstoßend, widerlich. II *s* **3.** *med.* ableitendes Mittel.

**re·ward** [rɪ'wɔː(r)d] I *s* **1.** Entgelt *n*. **2.** Belohnung *f*, a. Finderlohn *m*: as a ~ als *od.* zur Belohnung; to offer a ~ e-e Belohnung aussetzen. **3.** Vergeltung *f*, (gerechter) Lohn. II *v/t* **4.** j-n *od. etwas* belohnen *(a. fig.)*. **5.** *fig.* j-m vergelten (for s.th. etwas), j-n *od. etwas* bestrafen. **re·'ward·ing** *adj (adv* ~ly) lohnend: a ~ pastime; a ~ book ein lesenswertes Buch; a ~ task e-e lohnende *od.* dankbare Aufgabe; to be ~ e-e lohnende *od.* dankbare Aufgabe sein. **re'ward·less** *adj* **1.** unbelohnt. **2.** nicht lohnend.

**re·wind** I *v/t irr* [ˌriː'waɪnd] **1.** Tonband, Film etc (zu'rück)spulen, 'umspulen, Garn etc wieder aufwickeln *od.* -spulen, Uhr wieder aufziehen. II *s* [*bes.* 'riː-waɪnd] **2.** (Zu)'Rückspulung *f*, 'Umspulung *f*. **3.** Rücklauf *m (am Tonbandgerät etc)*: ~ button Rücklauftaste *f*. **4.** 'Umspuler *m (Gerät)*. **ˌre'wind·er** *s* **1.** *phot.* 'Umroller *m*. **2.** → rewind 4.

**re·wire** [ˌriː'waɪə(r)] *v/t electr.* neue Leitungen (ver)legen in *(dat)*.

**re·word** [ˌriː'wɜːd; *Am.* -'wɜrd] *v/t* neu *od.* anders formu'lieren, 'umformu,lieren.

**re·work** [ˌriː'wɜːk; *Am.* -'wɜrk] *v/t* **1.** *ein Thema etc* wieder verarbeiten. **2.** → rewrite I.

**re·write** I *v/t irr* [ˌriː'raɪt] **1.** nochmals *od.* neu schreiben. **2.** 'umschreiben. **3.** *Am.* Presseberichte redi'gieren, über-'arbeiten. II *s* ['riː,raɪt] **4.** Neufassung *f*. **5.** *Am.* redi'gierter (Zeitungs)Bericht: ~ man Überarbeiter *m*.

**Rex** [reks] *(Lat.) s jur. Br. (der)* König (→ Regina).

**reyn·ard** ['renə(r)d; *Am. a.* 'reɪ-] *s*: R~ the Fox Reineke *m* Fuchs.

**rhab·do·man·cer** ['ræbdəʊmænsə(r)] *s* (Wünschel)Rutengänger *m*. '**rhab·do·man·cy** *s* Rhabdoman'tie *f*, (Wünschel)Rutengehen *n*. '**rhab·do·man·tist** [-tɪst] *s* (Wünschel)Rutengänger *m*.

**Rhae·tian** ['riːʃjən; -ʃɪən] *adj* **1.** rätisch. II *s* **3.** Rä'tier(in). **4.** *ling.* 'Rätoro,manisch *n*, das Rätoromanische.

**Rhae·tic** ['riːtɪk] *geol.* I *s* Rhät *n (oberste Stufe des Keupers)*. II *adj* rhätisch.

**ˌRhae·to-Ro'man·ic** [ˌriːtəʊ-], **ˌRhae·to-Ro'mance** I *adj* 'rätoro-,manisch. II *s ling.* 'Rätoro,manisch *n*, das Rätoromanische.

**rhap·sode** ['ræpsəʊd] *s antiq.* Rhap'sode *m (wandernder Sänger)*. **rhap'sod·ic** [-'sɒdɪk; *Am.* -'sɑ-] *adj*; **rhap'sod·i·cal** *adj (adv* ~ly) **1.** rhap'sodisch. **2.** *fig.* begeistert, 'überschwenglich, ek'statisch.

**rhap·so·dist** ['ræpsədɪst] *s* **1.** → rhapsode. **2.** Rezi'tator *m*. **3.** *fig.* Schwärmer(in). '**rhap·so·dize** [-daɪz] I *v/t* **1.** rhapso'denartig vortragen. II *v/i* **2.** Rhapso'dien vortragen. **3.** *fig.* schwärmen (about, on, over von).

**rhap·so·dy** ['ræpsədɪ] *s* **1.** Rhapso'die *f (a. mus.)*. **2.** *fig.* schwärmerische *od.*

ǀüberschwengliche Äußerung *od.* Rede, Schwärmeǀrei *f,* (Wort)Schwall *m:* **to go into rhapsodies about** (*od.* **on, over**) in Ekstase geraten über (*acc*).

**Rhe·a** [rɪə] **I** *npr* **1.** *myth.* Rhea *f* (*Mutter des Zeus*). **II** *s* **2.** **r~** *zo.* Nandu *m,* Pampasstrauß *m.* **3.** *astr.* Rhea *f* (*5. Saturnmond*).

**Rhe·mish** [ˈriːmɪʃ] *adj* Reimser, aus Reims (stammend).

**Rhen·ish** [ˈrenɪʃ; ˈreniʃ] *adj* rheinisch, Rhein...: **~ wine** Rheinwein *m.*

**rhe·o·base** [ˈriːəʊbeɪs] *s electr. physiol.* Rheoǀbase *f.*

**rhe·o·log·ic** [ˌriːəʊˈlɒdʒɪk; *Am.* -ˈlɑ-], **ˌrhe·o·log·i·cal** [-kl] *adj chem.* Fließ...: **~ property** Fließvermögen *n.* **rhe·ol·o·gy** [rɪˈɒlədʒɪ; *Am.* -ˈɑlə-] *s* Rheoloǀgie *f,* Fließlehre *f.*

**rhe·o·stat** [ˈriːəʊstæt] *s electr.* Rheoǀstat *m,* ǀRegelǀwiderstand *m.* **ˌrhe·o·stat·ic** *adj* mit regelbarem ǀWiderstand: **~ braking** Widerstandsbremsung *f;* **~ starter** Regelanlasser *m.*

**rhe·o·trope** [ˈriːəʊtrəʊp] *s electr.* Pol-, Stromwender *m.*

**rhe·sus** [ˈriːsəs] *s a.* **~ monkey** *zo.* Rhesus(affe) *m.*

**Rhe·sus fac·tor** *s med.* Rhesusfaktor *m,* Rh-Faktor *m.*

**rhet·o·ric** [ˈretərɪk] *s* **1.** Rheǀtorik *f,* Redekunst *f,* -stil *m.* **2.** a) Stiǀlistik *f,* b) (Schreib)Stil *m,* c) efǀfektvoller Stil. **3.** Rede-, Wortschwall *m.* **4.** Vokabuǀlar *n,* (rheǀtorisches) Repertoǀire *n.* **5.** *fig.* (Sprach- *etc*)Gewalt *f,* Überǀzeugungskraft *f.* **6.** *fig. contp.* Redensarten *pl,* leere Phrasen *pl,* Phrasendrescheǀrei *f,* Schönredeǀrei *f,* Schwulst *m.* **7.** *ped. Am.* Stilübungen *pl.*

**rhe·tor·i·cal** [rɪˈtɒrɪkl; *Am. a.* -ˈtɑ-] **I** *adj* (*adv* **~ly**) **1.** rheǀtorisch, Redner... **2.** efǀfektvoll. **3.** *contp.* schönrednerisch, phrasenhaft, schwulstig. **II** *s* **4.** *pl ped. Am.* Rede-, Deklamatiǀonsübungen *pl.* **~ ques·tion** *s* rheǀtorische Frage.

**rhet·o·ri·cian** [ˌretəˈrɪʃn] *s* **1.** Rheǀtoriker *m,* Redekünstler *m.* **2.** *contp.* Schönredner *m,* Phrasendrescher *m.*

**rheum** [ruːm] *s med.* **1.** *Br. obs. od. Am.* **1.** Schnupfen *m.* **2.** wäßrige Flüssigkeit, Schleim *m.* **3.** *poet.* Tränen *pl.*

**rheu·mat·ic** [ruːˈmætɪk] *med.* **I** *adj* (*adv* **~ally**) **1.** rheuǀmatisch: **~ fever** (akuter) Gelenkrheumatismus. **II** *s* **2.** Rheuǀmatiker(in). **3.** *pl colloq.* Rheuma *n,* ǀGliederreißenǀ *n.*

**rheu·ma·tism** [ˈruːmətɪzəm] *s med.* Rheuǀmaǀtismus *m,* Rheuma *n:* **acute** (*od.* **articular**) **~** Gelenkrheumatismus.

**rheu·ma·toid** [ˈruːmətɔɪd] *adj med.* **1.** rheumaartig. **2.** rheuǀmatisch: **~ arthri·tis** *s med.* Arǀthritis *f* deǀformans.

**rheum·y** [ˈruːmɪ] *adj med.* **1.** katarǀrhalisch. **2.** Schnupfen herǀvorrufend, feucht (*Luft etc*). **3.** verschnupft.

**Rh fac·tor** [ˌɑːreɪˈef] → **Rhesus factor.**

**rhi·nal** [ˈraɪnl] *adj med.* Nasen...: **~ mirror.**

**Rhine·land·er** [ˈraɪnlændə(r)] *s* Rheinländer(in).

**rhin·en·ceph·a·lon** [ˌraɪnenˈsefəlɒn; *Am.* -ˌlɑn] *pl* **-lons, -la** [-lə] *s anat.* Rhinenǀzephalon *n,* Riechhirn *n.*

**ˈrhine·stone** *s min.* (imiǀtierter) Rheinkiesel (*Bergkristall*).

**Rhine wine** *s* Rheinwein *m.*

**rhi·ni·tis** [raɪˈnaɪtɪs] *s med.* Rhiǀnitis *f,* Kaǀtarrh *m,* Schnupfen *m:* **allergic** (*od.* **anaphylactic**) **~** Heuschnupfen; **chronic ~** Stockschnupfen.

**rhi·no[1]** [ˈraɪnəʊ] *s sl.* ǀZasterǀ *m* (*Geld*).

**rhi·no[2]** [ˈraɪnəʊ] *pl* **-nos** **1.** *colloq. für*

---

**rhinoceros. 2.** *a.* **~ ferry** *mil. Am.* Ponǀtonfähre *f.*

**rhi·noc·er·os** [raɪˈnɒsərəs; *Am.* -ˈnɑ-] *pl* **-os·es,** *bes. collect.* **-os** *s zo.* Rhiǀnozeros *n,* Nashorn *n.* **~ horn·bill** *s orn.* Nashornvogel *m.*

**rhi·no·la·li·a** [ˌraɪnəʊˈleɪlɪə] *s med.* Näseln *n.*

**rhi·no·log·i·cal** [ˌraɪnəˈlɒdʒɪkl; *Am.* -ˈlɑ-] *adj med.* rhinoǀlogisch. **rhi·nol·o·gist** [-ˈnɒlədʒɪst; *Am.* -ˈnɑ-] *s med.* Rhinoǀloge *m,* Nasenfacharzt *m.* **rhi·nol·o·gy** [-dʒɪ] *s med.* Rhinoloǀgie *f.*

**rhi·no·phar·yn·gi·tis** [ˌraɪnəʊˌfærɪnˈdʒaɪtɪs] *s med.* Rhinopharynǀgitis *f,* ǀNasen-ǀRachen-Kaǀtarrh *m.*

**rhi·no·plas·ty** [ˈraɪnəʊplæstɪ] *s med.* ǀNasenkorrekǀtur *f.*

**rhi·no·scope** [ˈraɪnəskəʊp] *s med.* Rhinoǀskop *n,* Nasenspiegel *m.* **rhi·nos·co·py** [raɪˈnɒskəpɪ; *Am.* -ˈnɑs-] *s* Rhinoskoǀpie *f,* Nasenspiegelung *f.*

**rhiz-** [raɪz] → **rhizo-.**

**rhi·zan·thous** [raɪˈzænθəs] *adj bot.* riǀzanth, wurzelblütig.

**rhizo-** [raɪzəʊ] *bot. zo.* Wortelement mit der Bedeutung Wurzel...

**rhi·zome** [ˈraɪzəʊm] *s bot.* Rhiǀzom *n,* Wurzelstock *m.*

**rhi·zoph·a·gous** [raɪˈzɒfəgəs; *Am.* -ˈzɑ-] *adj zo.* wurzelfressend.

**rhi·zo·pod** [ˈraɪzəʊpɒd; *Am.* -ˌpɑd] *s zo.* Rhizoǀpode *m,* Wurzelfüßer *m.*

**Rh-neg·a·tive** [ˌɑːreɪˈnegətɪv] *adj med.* rh-ǀnegativ, rhesusǀnegativ.

**rho** [rəʊ] *s* Rho *n* (*griechischer Buchstabe*) (*a. math.*).

**Rho·de·si·an** [rəʊˈdiːzjən; *Am.* -ʒɪən] **I** *adj* rhoǀdesisch, Rhodesien... **II** *s* Rhoǀdesier(in).

**Rho·di·an** [ˈrəʊdjən; -ɪən] **I** *adj* **1.** rhodisch, der Insel Rhodos. **II** *s* **2.** Rhodier(in). **3.** Johanǀniterritter *m.*

**rho·di·um[1]** [ˈrəʊdjəm; -ɪəm] *s chem.* Rhodium *n.*

**rho·di·um[2]** [ˈrəʊdjəm; -ɪəm] *s a.* **~ wood** *bot.* **1.** Kaǀnarisches Rosenholz. **2.** Rhodium-Holz *n.*

**rho·do·cyte** [ˈrəʊdəʊsaɪt] *s med.* rotes Blutkörperchen.

**rho·do·den·dron** [ˌrəʊdəˈdendrən] *s bot.* Rhododendron *m, n,* Alpenrose *f.*

**rho·dop·sin** [rəʊˈdɒpsɪn; *Am.* -ˈdɑp-] *s physiol.* Rhodopǀsin *n,* Sehrot *n,* Sehpurpur *m.*

**rhomb** [rɒm; *Am.* rɑm] → **rhombus.**

**rhom·bic** [ˈrɒmbɪk; *Am.* ˈrɑm-] *adj math.* rhombisch, rautenförmig: **~ aerial** (*bes. Am.* **antenna**) *electr.* Rhombusantenne *f;* **~ dodecahedron** Rhombendodekaeder *n.*

**rhom·bo·he·dral** [ˌrɒmbəʊˈhedrəl; *Am.* ˌrɑmbəʊˈhiː-] *adj math. min.* rhomboǀedrisch. **ˌrhom·bo·ˈhe·dron** [-drən] *pl* **-ˈhe·dra** [-drə], **-ˈhe·drons** *s* Rhomboǀeder *n.*

**rhom·boid** [ˈrɒmbɔɪd; *Am.* ˈrɑm-] **I** *s* **1.** *math.* Rhomboǀid *n,* Paralleloǀgramm *n.* **II** *adj* **2.** rhomben-, rautenförmig: **~ muscle** *anat.* Rautenmuskel *m.* **3.** *math.* rhomboǀidisch.

**rhom·bus** [ˈrɒmbəs; *Am.* ˈrɑm-] *pl* **-bus·es, -bi** [-baɪ] *s math.* Rhombus *m,* Raute *f.*

**rho·pal·ic** [rəʊˈpælɪk] *adj antiq. metr.* rhoǀpalisch: **~ verse** Keulenvers *m.*

**rho·ta·cism** [ˈrəʊtəsɪzəm] *s* Rhotaǀzismus *m:* a) *Häufung od. zu starke Aussprache des r,* b) *schlechte od. falsche Aussprache des r,* c) *ling. lautgesetzliche Verwandlung (insbesondere von ursprünglichem s oder l) in r.*

**rhu·barb** [ˈruːbɑːb; *Am.* ˈruːbɑːrb] *s* **1.** *bot.* Rhaǀbarber *m:* **~ pill** *pharm.* Rhabarberpille *f.* **2.** *bes. Am. sl.* ǀKrachǀ *m,* Streit *m.* **3.** *Am.*

---

*sl.* gottverlassene Gegend. **4.** *thea.* ǀRhaǀbarber-Rhaǀbarberǀ *n* (*Volksgemurmel*).

**ˈrhu·barb·y** *adj* rhaǀbarberartig, -ähnlich, Rhabarber...

**rhumb** [rʌm; rʌmb] *s* **1.** Kompaßstrich *m.* **2.** *a.* **~ line** *mar. math. etc* Loxoǀdrome *f.*

**rhum·ba** → **rumba.**

**rhyme** [raɪm] **I** *s* **1.** *metr.* Reim *m:* **caudate ~, tail(ed) ~** Schweifreim; **double ~, female ~** weiblicher *od.* klingender Reim; **male ~, masculine ~** männlicher *od.* stumpfer Reim; **middle ~** Binnenreim *m;* **rich ~** reicher Reim; **visual ~, eye ~, sight ~** Augenreim; **~ scheme** Reimschema *n.* **2.** *sg od. pl* a) Vers *m,* b) Reim *m,* Gedicht *n,* Lied *n.* **3.** *fig.* Reim *m,* Sinn *m:* **neither ~ nor reason** weder Sinn noch Verstand; **without ~ or reason** ohne Sinn u. Zweck. **II** *v/i* **4.** reimen, Verse machen. **5.** sich reimen (**with** auf *acc*). **III** *v/t* **6.** reimen, in Reime bringen: **~d** in Reimform; **~ verse** Reimvers *m* (*Ggs. Blankvers*). **7.** *ein Wort* reimen lassen (**with** auf *acc*). **ˈrhyme·less** *adj* reimlos. **ˈrhym·er, ˈrhyme·ster** [-stə(r)] *s contp.* Reim(e)schmied *m.* **ˈrhym·ing** *s* Reimen *n:* **~ dictionary** Reimwörterbuch *n;* **~ slang** Slang, bei dem Wörter durch sich darauf reimende Wörter ersetzt werden.

**rhythm** [ˈrɪðəm] *s* **1.** *metr. mus. u. fig.* Rhythmus *m,* Takt *m:* **duple** (*od.* **two-part**) **~** Zweiertakt; **three-four ~** Dreivierteltakt; **dance ~s** Tanzrhythmen, beschwingte Weisen; **to have (a sense of)~** Rhythmus(gefühl) haben; **~ band,** **~ section** Rhythmus-, Schlagzeuggruppe *f;* **~ method** *med.* Knaus-Ogino-Methode *f* (*Empfängnisverhütung*). **2.** *metr.* Versmaß *n,* -form *f:* **dactylic ~.** **3.** *med.* Pulsschlag *m* (*a. fig.*). **rhyth·mic** [ˈrɪðmɪk] *adj;* **ˈrhyth·mi·cal** *adj* (*adv* **~ly**) rhythmisch: *a) metr. mus.* taktmäßig, in Rhythmen *od.* in Versform: **prose** rhythmische Prosa, b) *fig.* takt-, regelmäßig (wiederkehrend). **ˈrhyth·mics** *s pl* (*als sg konstruiert*) *metr. mus.* Rhythmik *f:* a) ǀRhythmuslehre *f,* -syǀstem *n,* b) rhythmischer Chaǀrakter. **ˈrhythm·less** *adj* ohne Rhythmus, unrhythmisch.

**rhy·zo·ton·ic** [ˌraɪzəʊˈtɒnɪk; *Am.* -ˈtɑ-] *adj ling.* stammbetont.

**ri·al** [ˈraɪəl; *Am. a.* -ɑːl] *s* Riǀal *m* (*Münzeinheit im Iran etc*).

**ri·al·to** [rɪˈæltəʊ] *pl* **-tos** *s* **1.** *Am.* Theaterviertel *n.* **2.** Börse *f,* Markt *m.*

**ri·ant** [ˈraɪənt] *adj* heiter, lächelnd: **~ landscape** heitere Landschaft.

**rib** [rɪb] **I** *s* **1.** *anat.* Rippe *f:* **to smite s.o. under the fifth ~** *Bibl.* j-n erstechen. **2.** *gastr.* a) Rippenstück *n,* b) Rippe(n)speer *m, n.* **3.** *humor.* ǀEhehälfteǀ *f.* **4.** *bot.* (Blatt-) Rippe *f,* (-)Ader *f.* **5.** *zo.* Schaft *m* (*e-r Vogelfeder*). **6.** *tech.* Stab *m,* Stange *f,* (*a. Heiz- etc*)Rippe *f.* **7.** *arch. tech.* (Gewölbe)Rippe *f,* Strebe *f.* **8.** *mar.* a) (Schiffs-) Rippe *f,* Spant *n,* b) Spiere *f.* **9.** *Bergbau:* a) Sicherungspfeiler *m,* b) (Erz-) Trumm *n.* **10.** *mus.* Zarge *f* (*Seitenwand*). **11.** Rippe *f* (*im Stoff; a. beim Stricken*): **~ stitch** (*Stricken*) linke Masche. **12.** (Berg-) Rippe *f,* Vorsprung *m.* **13.** rippenartige Erhöhung, Welle *f.* **II** *v/t* **14.** mit Rippen versehen. **15.** *Stoff etc* rippen, mit Rippen(muster) versehen. **16.** *agr.* halbpflügen. **17.** *colloq.* j-n ǀaufziehenǀ, hänseln.

**rib·ald** [ˈrɪbəld] **I** *adj* **1.** frech, lästerlich. **2.** zotig, obǀszön, ǀsaftigǀ, derb. **II** *s* **3.** Spötter(in), Lästermaul *n.* **4.** Zotenreißer *m.* **ˈrib·ald·ry** [-rɪ] *s* ordiǀnäre Rede(n *pl*), Zoten(reißeǀrei *f*) *pl,* ǀsaftigeǀ Späße *pl.*

**rib·and** [ˈrɪbənd] *s* (Zier)Band *n.*

**rib·band** [ˈrɪbənd; *Am. a.* ˈrɪbˌbænd] *s*

*mar.* **1.** Führungsschwelle *f* (*der Holzschotten*). **2.** Sente *f* (*Innenverstärkung der Planken*).

**ribbed** [rɪbd] *adj* gerippt, geriffelt: ~ **cooler** *tech.* Rippenkühler *m*; ~ **glass** *tech.* Riffelglas *n*; ~ **vault** *arch.* Kreuzrippengewölbe *n*.

**rib·bing** [ˈrɪbɪŋ] *s* **1.** *arch. tech.* Rippen (-werk *n*) *pl.* **2.** Rippen(muster *n*) *pl.* **3.** *bot.* (Blatt)Rippen *pl.* **4.** *agr.* Halbpflügen *n*.

**rib·bon** [ˈrɪbən] **I** *s* **1.** Band *n*, Borte *f*: ~s Bandwaren. **2.** Ordensband *n*: → **blue ribbon** 1 a, **red ribbon.** **3.** (schmaler) Streifen. **4.** Fetzen *m*: **to tear to ~s** in Fetzen reißen; **in ~s** a) in Fetzen, b) *fig.* ganz ,futsch'; **a ~ of mist** ein Nebelfetzen. **5.** Farbband *n* (*der Schreibmaschine etc*). **6.** *tech.* a) (a. Meˈtall)Band *n*, (-)Streifen *m*, b) (Holz)Leiste *f.* **7.** *pl* Zügel *pl*: **to handle the ~s** die Zügel in der Hand halten (*a. fig.*). **8.** *Spinnerei:* Strähn *m,* Strang *m.* **9.** *fig.* Band *n*: ~ **road** Serpentinenstraße *f.* **10.** *her.* Achtelsbinde *f.* **II** *v/t* **11.** mit Bändern schmücken, bebändern. **12.** streifen. **13.** in Streifen schneiden, in Fetzen reißen. **III** *v/i* **14.** sich (wie ein Band) daˈhinziehen (*Straße etc*).

**rib·bon| brake** → **band brake.** ~ **de·vel·op·ment** *s arch. Br.* Stadtrandsiedlung *f* entlang e-r Ausfallstraße.

**rib·boned** [ˈrɪbənd] *adj* **1.** mit Bändern geschmückt, bebändert. **2.** gebändert, gestreift.

**rib·bon| jas·per** *s min.* Bandjaspis *m.* ˈ**R~man** [-mən] *s irr* Mitglied *n* der Ribbon Society. ~ **mi·cro·phone** *s electr.* ˈBändchenmikro¡phon *n.* ~ **saw** *s* Bandsäge *f.* ~ **seal** *s zo.* Streifenseehund *m.* ~ **snake** *s zo.* Bandnatter *f.* **R~ So·ci·e·ty** *s irischer katholischer Geheimbund in der 1. Hälfte des 19. Jhs.* ~ **trans·mit·ter** → **ribbon microphone.**

**rib cage** *s anat.* Brustkorb *m.*

**ri·bes** [ˈraɪbiːz] *s sg u. pl bot.* Ribes *f.*

**ri·bo·fla·vin** [¡raɪbəʊˈfleɪvɪn] *s med.* Riboflaˈvin *n* (*Vitamin B₂*).

**ri·bo·nu·cle·ic ac·id** [¡raɪbəʊˈnjuːklɪɪk; *Am.* -ˈnʊˈkliːɪk, -nju-; -ˈkleɪ-] *s chem.* Ribonukleˈinsäure *f.*

ˈ**rib|·work** → **ribbing.** ˈ~**wort (plantain)** *s bot.* Spitzwegerich *m.*

**Ri·car·di·an** [rɪˈkɑː(r)dɪən] *econ.* **I** *adj* Riˈcardisch (*nach dem englischen Volkswirtschaftler David Ricardo; 1772 bis 1823*): ~ **theory of rent** Ricardische Grundrententheorie. **II** *s* Anhänger(in) Riˈcardos.

**rice¹** [raɪs] **I** *s bot.* Reis *m.* **II** *v/t Am.* Kartoffeln etc ˈdurchpressen.

**rice²** [raɪs] *s obs. od. dial.* Reis *n*, (kleiner) Zweig.

ˈ**rice|·bird** *s orn.* **1.** Reisvogel *m* (*Java*). **2.** *Am.* Reisstärling *m.* **3.** Reisammer *f* (*China*). ~ ˈ**bod·y** *s anat.* Reiskörper *m* (*im Gelenk*). ~ **flour** *s* Reismehl *n.* ~ **meal** *s* Reismehl *n.* ~**pad·dy** *s* Reisfeld *n.* ~ **pa·per** *s* ˈReispa¡pier *n.* ~ **pud·ding** *s* Reisauflauf *m.*

**ric·er** [ˈraɪsər] *s Am.* Karˈtoffel-, Gemüsepresse *f.*

**rice| rat** *s zo.* (*e-e*) amer. Wasserratte. ~ **wa·ter** *s* Reiswasser *n.* ~ **wee·vil** *s zo.* Reiskäfer *m.* ~ **wine** *s* Reiswein *m.*

**rich** [rɪtʃ] **I** *adj* (*adv* → **richly**) **1.** reich, wohlhabend, begütert. **2.** reich (*in od.* **with** an *dat*), reichhaltig: ~ **in cattle** vieh-, herdenreich; ~ **in hydrogen** wasserstoffreich; ~ **in ideas** ideenreich. **3.** schwer (*Stoff*), prächtig, kostbar (*Seide, Schmuck etc*). **4.** reichgeschmückt, -verziert: → **furniture. 5.** reich(lich), ergiebig: ~ **harvest** reiche Ernte. **6.** fruchtbar, fett: ~ **soil. 7.** a) *geol.* (erz)reich,

erzhaltig, fündig (*Lagerstätte*), b) *min.* reich, fett (*Erz*): **to strike it** ~ auf Öl *etc* stoßen, *fig.* zu Geld kommen, *a.* das Große Los ziehen. **8.** *chem. tech.* schwer (*Gas etc*), *mot.* fett, reich (*Gemisch*): ~ **oil** Schweröl *n.* **9.** schwer, nahrhaft, fett, kräftig: ~ **food. 10.** schwer, stark: ~ **perfume; ~ wine. 11.** kräftig, voll, satt: ~ **colo(u)r. 12.** a) voll, satt: ~ **tone,** b) voll(tönend), klangvoll: ~ **voice. 13.** inhalt(s)reich, -voll. **14.** *colloq.* ,köstlich': **that's ~!** *bes. iro.* das ist ja großartig! **15.** ,saftig' (*Ausdrucksweise*). **II** *adv* **16.** *in Zssgn* reich, prächtig: ~**bound; ~clad.** **III** *s* **17. the** ~ *collect.* die Reichen *pl.*

**rich·es** [ˈrɪtʃɪz] *s pl* Reichtum *m*, Reichtümer *pl.*

**rich·ly** [ˈrɪtʃlɪ] *adv* reich(lich), in reichem Maße: **he ~ deserved the punishment** er hat die Strafe mehr als verdient.

**rich·ness** [ˈrɪtʃnɪs] *s* **1.** Reichtum *m*, Reichhaltigkeit *f*, Fülle *f.* **2.** Pracht *f*, Glanz *m.* **3.** Ergiebigkeit *f.* **4.** Nahrhaftigkeit *f.* **5.** (Voll)Gehalt *m*, Schwere *f* (*des Weins etc*). **6.** Sattheit *f* (*von Farben*). **7.** *mus.* (Klang)Fülle *f.*

**Rich·ter scale** [ˈrɪçtər; *Am.* ˈrɪktər] (*Ger.*) *s* Richterskala *f* (*zur Messung von Erdbebenstärken*).

**ric·in·o·le·ic** [¡rɪsɪnəʊˈliːɪk; *Am. a.* ¡raɪsnəʊ-] *adj chem.* Ricinol..., Rizinusöl...

**rick¹** [rɪk] *agr.* **I** *s* (Getreide-, Heu)Schober *m.* **II** *v/t* schobern.

**rick²** [rɪk] *bes. Br. für* **wrick.**

**rick·ets** [ˈrɪkɪts] *s pl* (*als sg konstruiert*) *med.* Raˈchitis *f.*

**rick·et·y** [ˈrɪkətɪ] *adj* **1.** *med.* raˈchitisch. **2.** schwach (*auf den Beinen*), gebrechlich, ,wack(e)lig'. **3.** wack(e)lig (*Möbel*), klapp(e)rig (*Auto etc*).

**rick·ey** [ˈrɪkɪ] *s* Cocktail aus Gin od. Wodka, Limonellensaft u. Soda.

**rick·rack** [ˈrɪkræk] *s Näherei:* Zackenlitzen(besatz *m*) *pl.*

**rick·sha** [ˈrɪkʃə; *Am.* -ʃɔː], **rick·shaw** [ˈrɪkʃɔː] *s* Riksha *f.*

**ric·o·chet** [ˈrɪkəʃeɪ] **I** *s* **1.** Abprallen *n.* **2.** *mil.* a) Abprallen *n*, Rikoschetˈtieren *n*, b) *a.* ~ **shot** Querschläger *m*: ~ **fire** Abprallerschießen *n.* **II** *v/i pret u. pp* **-ed** *od.* **-ted 3.** abprallen (**from** von): ~(t)ing bullet *mil.* Querschläger *m.*

**rid¹** [rɪd] *pret u. pp* **rid,** *obs.* ˈ**rid·ded** *v/t* befreien, frei machen (**of** von): **to get** ~ **of j-n od. etwas loswerden; to be** ~ **of** *j-n od. etwas* los sein.

**rid²** [rɪd] *obs. pret u. pp von* **ride** II.

**rid·dance** [ˈrɪdəns] *s* Befreiung *f*, Erlösung *f*: **(he is a) good ~** a) man ist froh, wenn man ihn (wieder) los ist, b) den wären wir (Gott sei Dank) los.

**rid·del** [ˈrɪdl] *s rel.* Alˈtarvorhang *m.*

**rid·den** [ˈrɪdn] **I** *pp von* **ride** II. **II** *adj in Zssgn* geplagt, gepeinigt, besessen von: **fever-~** fieberkrank; **pest-~** von der Pest heimgesucht.

**rid·dle¹** [ˈrɪdl] **I** *s* **1.** Rätsel *n* (*a. fig. Person od. Sache*): **to ask s.o. a ~** j-m ein Rätsel aufgeben; **to speak in ~s** = 4; **that's a complete ~ to me** das ist mir völlig rätselhaft. **II** *v/t* **2.** enträtseln: ~ **me!** rate mal! **3.** *fig.* j-n vor ein Rätsel stellen. **III** *v/i* **4.** *fig.* in Rätseln sprechen.

**rid·dle²** [ˈrɪdl] **I** *s* **1.** grobes (Draht)Sieb, Schüttelsieb *n*, ˈDurchwurf *m*, Rätter *m*, *f.* **2.** *tech.* Plansichter *f.* **II** *v/t* **3.** (ˈdurch-, aus)sieben. **4.** *fig.* aussieben, sichten. **5.** durchˈsieben, (wie ein Sieb) durchˈlöchern: **to ~ s.o. with bullets; ~d with holes** völlig durchlöchert. **6.** *fig.* ein Argument etc zerpflücken. **7.** *fig.* mit Fragen bestürmen.

**ride** [raɪd] **I** *s* **1.** a) Fahrt *f* (*bes. auf e-m Zweirad od. in e-m öffentlichen Verkehrsmittel*): **to steal a ~** schwarzfahren, b)

**Ritt** *m*: **to go for a ~, to take a ~** ausreiten *od.* ausfahren; **to give s.o. a ~** j-n (*im Auto etc*) mitnehmen; **to take s.o. for a ~** *colloq.* a) j-n (im Auto entführen u.) umbringen, b) j-n reinlegen (*betrügen*), c) j-n ,auf den Arm nehmen' (*veralbern*). **2.** Reitweg *m* (*bes. durch e-n Wald*). **3.** *mil.* Trupp *m* berittener Solˈdaten.

**II** *v/i pret* **rode** [rəʊd] *obs.* **rid** [rɪd], *pp* **rid·den** [ˈrɪdn] *obs.* **rid 4.** reiten: **to ~ again** *fig.* wieder dasein. **5.** *fig.* reiten, rittlings sitzen: **to ~ on s.o.'s knee.** **6.** fahren (**on a bicycle** auf e-m Fahrrad; *in, Am.* **on a bus** im Bus). **7.** sich fortbewegen, daˈhinziehen (*a. Mond, Wolke etc*): **the moon is riding high** der Mond steht hoch am Himmel. **8.** (*auf dem od. im Wasser*) treiben, schwimmen: **he rode on the wave of popularity** *fig.* er wurde von der Woge der Popularität getragen; **she was riding on air** *fig.* sie war selig (*vor Glück*). **9.** sich drehen (**on** auf *dat*). **10.** sich überˈlagern (*z. B. med. Knochenfragmente*): **the rope ~s** *mar.* das Tau läuft unklar. **11.** a) e-e (*bestimmte*) Gangart haben, laufen (*Pferd*), b) fahren, laufen (*Fahrzeug*). **12.** zum Reiten (*gut etc*) geeignet sein: **the ground ~s well. 13.** im Reitdreß wiegen: **he ~s 12 st. 14.** *colloq.* s-n Lauf nehmen: **let it ~!** ,laß die Karre laufen'!; **he let the remark ~** er ließ die Bemerkung hingehen. **15. he has a lot riding** *bes. Am. colloq.* für ihn steht e-e Menge auf dem Spiel.

**III** *v/t* **16.** reiten: **to ~ a horse; to ~ to death** zu Tode reiten (*a. fig. e-e Theorie, e-n Witz etc*); **to ~ a race** an e-m Rennen teilnehmen. **17.** reiten *od.* rittlings sitzen auf (*dat*). **18.** reiten *od.* rittlings sitzen lassen: **to ~ a child on one's knee; they rode him on their shoulders** sie trugen ihn auf den Schultern. **19.** Fahr-, Motorrad fahren, lenken, fahren auf (*dat*). **20.** reiten *od.* schwimmen *od.* schweben *od.* liegen auf (*dat*): **to ~ the waves** auf den Wellen reiten. **21.** aufliegen *od.* ruhen auf (*dat*). **22.** a) unterˈjochen, tyranniˈsieren, beherrschen, b) heimsuchen, plagen, quälen, j-m hart zusetzen, c) *Am. colloq.* j-n reizen, hänseln: **the devil ~s him** ihn reitet der Teufel; → **ridden** II. **23.** durchˈreiten. **24.** *mar.* ein Schiff vor Anker liegen lassen. **25.** ein Pferd beim Rennen (ˈübermäßig) antreiben. **26.** *zo.* (*zur Paarung*) bespringen. **27.** → **ride out** I.

*Verbindungen mit Präpositionen:*

**ride| at** *v/t* zureiten (*acc*). ~ **for** *v/t* zustreben *od.* entgegeneilen (*dat*): → **fall** 1. ~ **o·ver** *v/t* **1.** j-n überˈfahren. **2.** j-n tyranniˈsieren. **3.** j-n hochmütig behandeln. **4.** rücksichtslos über *e-e Sache* hinˈweggehen.

*Verbindungen mit Adverbien:*

**ride| down** *v/t* **1.** ein-, überˈholen. **2.** a) niederreiten, b) überˈfahren. ~ **out I** *v/t* e-n Sturm etc gut *od.* heil überˈstehen (*a. fig.*). **II** *v/i* ausreiten. ~ **up** *v/i* hochrutschen (*Rock etc*).

**ri·deau** [rɪˈdəʊ] *s* Bodenwelle *f*, kleine Erhebung.

**rid·er** [ˈraɪdə(r)] *s* **1.** Reiter(in). **2.** a) Kunstreiter(in), b) Zureiter *m.* **3.** Fahrer(in) (*bes. e-s Fahr- od. Motorrads*). **4.** Mitfahrer(in), Passaˈgier *m* (*im Zug etc*). **5.** Reiter *m*, Reiterchen *n* (*auf Karteikarten etc*). **6.** *tech.* Laufgewicht *n* (*der Waage*). **7.** *tech.* Reiter *m*, Brücke *f.* **8.** Oberteil *n*, Aufsatz *m.* **9.** a) Zusatz (-klausel *f*) *m*, b) Beiblatt *n*, c) (ˈWechsel-)Al¡longe *f*,) zusätzliche Empfehlung (**to** zu *e-m Schuldspruch etc*). **10.** Zusatz *m*, zusätzliche Bemerkung, Einschränkung *f.* **11.** *mar.* a) Binnenspant *n*, b) oberste

Lage (*e-r Ladungspartie*). **12.** *math.* a) Grundformenübung *f*, b) Zusatzaufgabe *f*. **13.** *Bergbau:* Salband *n*.

**ridge** [rɪdʒ] **I** *s* **1.** a) (Gebirgs)Kamm *m*, Grat *m*, Kammlinie *f*, b) Berg-, Hügelkette *f*, c) Wasserscheide *f*. **2.** (Dach)First *m*. **3.** Kamm *m* (*e-r Welle*). **4.** Rücken *m* (*der Nase, e-s Tieres etc*). **5.** *agr.* a) (Furchen)Rain *m*, Reihe *f*, b) erhöhtes Mistbeet. **6.** *tech.* Wulst *m*, Leiste *f*. **7.** *meteor.* schmaler Hochdruckkeil. **II** *v/t* **8.** (durch)furchen. **9.** mit e-m First *etc* versehen: ~d roof Satteldach *n*. **III** *v/i* **10.** sich furchen. **'~pole** *s* **1.** *arch.* Firstbalken *m*. **2.** Firststange *f* (*e-s Zeltes*). ~ **tent** *s* Hauszelt *n*. ~ **tile** *s* *arch.* Firstziegel *m*. **'~tree** *s* *arch.* Firstbalken *m*. **'~way** *s* Kammlinien-, Gratweg *m*.

**ridg·y** [ˈrɪdʒɪ] *adj* **1.** grat- *od.* kammartig. **2.** zerfurcht.

**rid·i·cule** [ˈrɪdɪkjuːl] **I** *s* Verspottung *f*, Spott *m*: to hold up to ~ → II; to lay o.s. open to ~ sich der Lächerlichkeit preisgeben; to turn (in)to ~ ins Lächerliche ziehen. **II** *v/t* lächerlich machen, verspotten.

**ri·dic·u·lous** [rɪˈdɪkjʊləs] *adj* (*adv* **~ly**) lächerlich. **ri·dic·u·lous·ness** *s* Lächerlichkeit *f*.

**rid·ing** [ˈraɪdɪŋ] **I** *s* **1.** a) Reiten *n*, b) Reitsport *m*. **2.** Fahren *n*. **3.** Reitweg *m* (*bes. durch Wald*). **II** *adj* **4.** Reit...: ~ **boots** (**horse**, **school**, **whip**, *etc*); ~ **breeches** Reithose *f*; ~ **habit** Reitkleid *n*. **5.** Fahr...: ~ **comfort** *mot.* Fahrkomfort *m*. **6.** reitend (*Bote etc*). **7.** *mar.* Anker...: ~ **lamp** (*od.* **light**) Ankerlicht *n*.

**ri·dot·to** [rɪˈdɒtəʊ] *pl* **-tos** *s* *Br. hist.* Re'doute *f*, (Masken)Ball *m*.

**Ries·ling** [ˈriːzlɪŋ] *s* Riesling *m* (*Rebsorte u. Wein*).

**rife** [raɪf] *adj* **1.** weitverbreitet, häufig, vorherrschend: to be ~ (vor)herrschen, grassieren; to grow (*od.* wax) ~ überhandnehmen. **2.** (with) voll (von), angefüllt (mit).

**Riff**[1] [rɪf] *s* 'Rifka͵byle *m* (*Bewohner des Er-Rif; Marokko*). **II** *adj* Rif...

**riff**[2] [rɪf] *s* *Jazz:* (*Art*) Osti'nato *m*, *n*, ständig wiederholtes Mo'tiv.

**rif·fle** [ˈrɪfl] *s* **1.** *tech.* Riefelung *f*, Rille *f*. **2.** *Am.* a) seichter Abschnitt (*e-s Flusses*), b) Stromschnelle *f*. **3.** *Am.* kleine Welle. **4.** Stechen *n* (*Mischen von Spielkarten*). **II** *v/t* **5.** *tech.* riffeln. **6.** 'durchblättern. **7.** Spielkarten stechen (*mischen*). **III** *v/i* **8.** to ~ **through** s.th. etwas durchblättern.

**riff·raff** [ˈrɪfræf] **I** *s* **1.** Pöbel *m*, Gesindel *n*, Pack *n*. **2.** Abfall *m*, Ausschuß *m*. **II** *adj* **3.** Ausschuß..., minderwertig, wertlos.

**ri·fle**[1] [ˈraɪfl] **I** *s* **1.** Gewehr *n* (*mit gezogenem Lauf*), Büchse *f*. **2.** Geschütz *n* mit gezogenem Rohr. **3.** *pl mil.* Schützen *pl*. **II** *v/t* **4.** e-n Gewehrlauf *etc* ziehen.

**ri·fle**[2] [ˈraɪfl] *v/t* **1.** (aus)plündern. **2.** rauben, stehlen. **3.** *Haus etc* durchwühlen.

**ri·fle|·as·so·ci·a·tion** *s* Schützenverein *m*. **R~ Bri·gade** *s* *mil.* 'Schützenbri͵gade *f*. ~ **corps** *s* (*freiwilliges*) Schützenkorps. ~ **green** *s* *Br.* 'Dunkelo͵liv(grün) *n*. ~ **gre·nade** *s* Ge'wehrgra͵nate *f*. **'~man** [-mən] *s* *irr* **1.** *mil.* Schütze *m*, Jäger *m*. **2.** (guter) Schütze. **~prac·tice** *s* *mil.* Schießübung *f*. ~ **range** *s* **1.** Schießstand *m*. **2.** Schußweite *f*: within ~ in Schußweite. ~ **sa·lute** *s* Präsen'tiergriff *m*. **~shot** *s* **1.** Gewehrschuß *m*. **2.** → **rifle range** 2.

**ri·fling** [ˈraɪflɪŋ] *s* **1.** Ziehen *n* (*e-s Gewehrlaufs etc*). **2.** Züge *pl*, Drall *m*.

**rift**[1] [rɪft] *s* **1.** Spalte *f*, Spalt *m*, Ritze *f*. **2.** Sprung *m*, Riß *m*: a little ~ within the lute *fig.* der Anfang vom Ende. **3.** *fig.* Riß *m*, Spaltung *f*, Entzweiung *f*. **II** *v/t*

**4.** (zer)spalten. **III** *v/i* **5.** sich spalten, Risse bekommen.

**rift**[2] [rɪft] *s* *Am.* **1.** seichter Abschnitt (*e-s Flusses*). **2.** Gischt *f*.

**rift|saw** *s* *tech.* Gattersäge *f*. **~ val·ley** *s* *geol.* Senkungsgraben *m*.

**rift·y** [ˈrɪftɪ] *adj* rissig.

**rig**[1] [rɪg] **I** *v/t* **1.** *bes. mar.* in Ordnung bringen, gebrauchsfertig machen. **2.** *mar.* a) *das Schiff* auftakeln, b) *das Segel* anschlagen. **3.** ~ **out**, ~ **up** a) ausrüsten, -statten, b) *colloq.* j-n ‚auftakeln', ‚ausstaf͵fieren'. **4.** *oft* ~ **up** (behelfsmäßig) 'herrichten, zs.-bauen, -basteln, mon'tieren. **5.** *aer.* (auf)rüsten, mon'tieren. **II** *s* **6.** *mar.* a) Takelung *f*, b) Take'lage *f*. **7.** (behelfsmäßige) Vorrichtung. **8.** Ausrüstung *f*, Ausstattung *f*. **9.** *aer.* (Auf-)Rüstung *f*. **10.** *tech.* Bohranlage *f*, -turm *m*. **11.** *colloq.* Aufmachung *f*, -zug *m*: in full ~ in voller Montur. **12.** *Am.* Fuhrwerk *n*, Gespann *n*. **13.** *Am.* Takelschlepper *m*.

**rig**[2] [rɪg] *v/t* **1.** *econ. pol.* manipu'lieren: to ~ an election (the market); to ~ the prices die Preise *od.* Kurse (künstlich) in die Höhe treiben. **2.** *bes. Br. sl. od. dial.* foppen. **II** *s* **3.** ('Schwindel)Ma͵növer *n*, Schiebung *f*. **4.** *bes. Br. sl. od. dial.* a) Kniff *m*, Trick *m*, b) Possen *m*, Streich *m*: to run a ~ etwas aushecken.

**rig·ger**[1] [ˈrɪɡə(r)] *s* **1.** *mar.* a) Rigger *m*, Takler *m*, b) *pl* Deckmannschaft *f*, c) *in Zssgn* Schiff *n* mit ... Takelung. **2.** *aer.* Mon'teur *m*, ('Rüst)Me͵chaniker *m*. **3.** *electr.* Kabelleger *m*. **4.** Schutzgerüst *n*. **5.** *tech.* Schnur-, Riemenscheibe *f*.

**rig·ger**[2] [ˈrɪɡə(r)] *s* *econ.* Preis-, Kurstreiber *m*.

**rig·ging** [ˈrɪɡɪŋ] *s* **1.** *mar.* Take'lage *f*, Takelwerk *n*, Gut *n*. **2.** *aer.* a) Verspannung *f*, b) Geleine *n* (*e-s Ballons*). **3.** → **rig**[1] 6 *u.* 11. **4.** *fig.* Manipu'lieren *n*: election ~ Wahlmanipulation *f*.

**rig·ging| line** *s* *aer.* Fallschirm(fang)leine *f*. ~ **loft** *s* **1.** *mar.* Takelboden *m*. **2.** *thea.* Schnürboden *m*.

**right** [raɪt] **I** *adj* (*adv* → III *u.* **rightly**) **1.** richtig, recht, angemessen: it is only ~ es ist nicht mehr als recht u. billig; he is ~ to do (*od.* in doing) so er hat recht *od.* er tut recht daran(, so zu handeln); he does not do it the ~ way er macht es nicht richtig; the ~ thing das Richtige; to say the ~ thing das rechte Wort finden; to think it ~ es für richtig *od.* angebracht halten; to know the ~ people die richtigen Leute kennen, Beziehungen haben; → all *Bes. Redew.* **2.** richtig: a) kor'rekt, b) den Tatsachen entsprechend, wahr (-heitsgemäß): the solution is ~ die Lösung stimmt *od.* ist richtig; is your watch ~? geht Ihre Uhr richtig?; am I ~ for? bin ich auf dem richtigen Weg nach?; to be ~ recht haben; ~ you are! richtig!, jawohl!; that's ~! ganz recht!, richtig!, stimmt! **3.** richtig, geeignet: he is the ~ man er ist der Richtige; the ~ man in the ~ place der rechte Mann am rechten Platz; Mr. (Miss) R~ *colloq.* der (die) Richtige (*als Ehepartner*). **4.** gesund: he is all ~ a) es geht ihm gut, er fühlt sich wohl, b) ihm ist nichts passiert; out of one's ~ mind, not ~ in one's (*od.* the) head *colloq.* nicht richtig (im Kopf), nicht ganz bei Trost; in one's ~ mind, quite ~ in one's (*od.* the) mind bei richtigem Verstand; → rain 1. **5.** richtig, in Ordnung: to come ~ in Ordnung kommen; to put (*od.* set) ~ a) in Ordnung bringen, b) j-n (über den Irrtum) aufklären, c) e-n Irrtum richtigstellen, d) j-n gesund machen; to put o.s. ~ with s.o. a) sich vor j-m rechtfertigen, b) sich mit j-m gut stellen. **6.** recht(er, e, es), Rechts...: ~ arm a) rechter Arm, b) *fig.*

rechte Hand (*Vertrauensperson*); ~ side a) rechte Seite, Oberseite *f* (*a. von Stoffen, Münzen etc*), b) *fig.* schöne(re) Seite; on (*od.* to) the ~ side rechts, rechter Hand; on the ~ side of 50 noch nicht 50 (*Jahre alt*); to stay on the ~ side of s.o. es sich mit j-m nicht verderben. **7.** *obs.* rechtmäßig: the ~; ~ cognac echter Kognak. **8.** *math.* a) rechter (*Winkel*), b) rechtwink(e)lig (*Dreieck*), c) gerade (*Linie*), d) senkrecht (*Figur*). **9.** *pol.* recht(er, e, es), rechtsgerichtet, Rechts...: to be very ~ sehr weit rechts stehen. **10.** a) *colloq.* ‚richtig', ‚prima', ‚in Ordnung', b) *sl.* ‚gut dran', glücklich, in (bester) Form.

**II** *s* **11.** *bes. jur.* Recht *n*: of ~, by ~s von Rechts wegen, rechtmäßig, eigentlich; in the ~ im Recht; ~ or wrong Recht oder Unrecht; to know ~ from wrong Recht von Unrecht unterscheiden können; to do s.o. ~ j-m Gerechtigkeit widerfahren lassen; to give s.o. his ~ sein Recht geben *od.* lassen. **12.** *jur.* a) (*subjektives*) Recht, Anrecht *n*, (Rechts)Anspruch *m* (to *auf acc*), b) Berechtigung *f*: ~ of inheritance Erbschaftsanspruch *m*; ~ of possession Eigentumsrecht; ~ of sale Verkaufs-, Vertriebsrecht; ~ to vote Wahl-, Stimmrecht; ~s and duties Rechte u. Pflichten; all ~s reserved alle Rechte vorbehalten; by ~ of kraft (*gen*), auf Grund (*gen*); in ~ of his wife a) im Namen s-r Frau, b) von seiten s-r Frau; to stand on one's ~(s) auf s-m Recht bestehen; in one's own ~ a) aus eigenem Recht, b) selbständig, für sich (allein), selbst; countess in her own ~ Gräfin *f* aus eigenem Recht (*durch Erbrecht, nicht durch Ehe*); to be within one's own ~s das Recht auf s-r Seite haben; ~ of way → right-of-way; what ~ have they to do that? mit welchem Recht tun sie das?; equal ~s for women die Gleichberechtigung der Frau. **13.** *econ.* a) (An-)Kaufs-, Vorkaufs)Recht *n*, Berechtigung *f*, b) *oft pl* Bezugsrecht *n* (*auf Aktien od. Obligationen*), c) Bezug(s)schein *m*. **14.** (*das*) Rechte *od.* Richtige: to do the ~. **15.** *pl* (richtige) Ordnung: to bring (*od.* put *od.* set) s.th. to ~s etwas (wieder) in Ordnung bringen. **16.** *pl* wahrer Sachverhalt: to know the ~s of a case. **17.** (*die*) Rechte, rechte Seite (*a. von Stoff*): on (*od.* at *od.* to) the ~ (of) zur Rechten (*gen*), rechts (von), auf der rechten Seite (von), rechter Hand (von); on our ~ zu unserer Rechten, uns zur Rechten; the second turning to (*od.* on) the ~ die zweite Querstraße rechts; to keep to the ~ a) sich rechts halten, b) *mot.* rechts fahren. **18.** rechte Hand, Rechte *f*. **19.** *Boxen:* Rechte *f* (*Hand od. Schlag*). **20.** the ~, *a.* the R~ *pol.* die Rechte. **21.** *pl hunt.* unterste Enden *pl* (*des Hirschgeweihs*).

**III** *adv* **22.** gerade(wegs), (schnur-) stracks, di'rekt, so'fort: he went ~ into the room; ~ ahead, ~ on geradeaus. **23.** völlig, ganz (u. gar), di'rekt: to turn ~ round sich ganz herumdrehen; rotten ~ through durch u. durch faul. **24.** genau, gerade, di'rekt: ~ in the middle. **25.** *a.* ~ away, ~ off so'fort, (so)'gleich: ~ after dinner; ~ now (gerade) jetzt, augenblicklich, im Moment. **26.** richtig, recht: to act (*od.* do) ~ richtig handeln; to guess ~ richtig (er)raten; if I get you ~ wenn ich Sie richtig verstehe. **27.** *obs.* recht, ganz: to know ~ well sehr wohl *od.* recht gut wissen. **28.** recht, richtig, gut: nothing goes ~ with me (bei) mir geht alles schief; to turn out ~ gut ausgehen. **29.** rechts (from *von;* to *nach*), auf der rechten Seite, rechter Hand: to turn ~ (sich) nach rechts wenden; ~ and left a)

rechts u. links, b) *fig. a.* ~, **left and center** (*bes. Br.* **centre**) überall; ~**about face!** *mil.* (ganze Abteilung,) kehrt! **30.** *dial. od. colloq.* ,richtig', ,ordentlich': I **was** ~ **glad. 31.** hoch, sehr (*in Titeln*): → **honorable** 5, **reverend** 2.
**IV** *v/t* **32.** (aus-, auf)richten, in die richtige Lage bringen: **to** ~ **the machine** *aer.* die Maschine abfangen; **the boat** ~**s herself** das Schiff richtet sich wieder auf. **33.** *e-n Fehler, Irrtum* berichtigen: **to** ~ **itself** a) sich wieder ausgleichen, b) (wieder) in Ordnung kommen. **34.** *ein Zimmer etc* ('her)richten, in Ordnung bringen. **35.** *Unrecht, Schaden etc* wieder'gutmachen. **36.** a) *j-m* zu s-m Recht verhelfen, b) (*o.s.* sich) rehabili'tieren.
**V** *v/i* **37.** a) sich (wieder) aufrichten, b) in die richtige Lage kommen.
**'right**|**·a·bout I** *s* Kehrtwendung *f*: **to send s.o. to the** ~ *colloq.* j-m ,heimleuchten'. **II** *adj* Kehrt...: ~ **face** (*od.* **turn**) a) Kehrtwendung *f* (*a. fig.*), b) *mar.* Drehung *f* auf Gegenkurs. **'~-and-'left I** *adj* **1.** rechts u. links (passend), Rechts-links-... **2.** *hunt.* aus beiden Gewehrläufen: ~ **shot** → 3 a. **II** *s* **3.** a) *hunt.* Doppelschuß *m*, b) *Boxen:* Rechts-'Links-Schlag *m*. **'~-an·gle(d)** *adj math.* recht-wink(e)lig. **'~-bank** *aer.* **I** *v/i e-e* Rechtskurve machen *od.* drehen. **II** *v/t das Flugzeug* nach rechts wenden. **~ cen·ter,** *bes. Br.* ~ **cen·tre** *s* **1.** rechte Mitte. **2.** *meist R.* ~ **C.** ~ *pol.* gemäßigte Rechte. **'~-down** *adj u. adv* ,regelrecht', ausgesprochen.
**right·en** ['raɪtn] *v/t* in Ordnung bringen.
**right·eous** ['raɪtʃəs] **I** *adj* (*adv* ~**ly**) **1.** rechtschaffen, *bes. relig.* gerecht). **2.** gerecht(fertigt), berechtigt: ~ **indignation** at gerechter Zorn über (*acc*); **a** ~ **cause** e-e gerechte Sache. **3.** *contp.* selbstgerecht, tugendhaft. **II** *s* **4. the** ~ *bes. relig.* die Gerechten *pl.* **'right·eous·ness** *s* Rechtschaffenheit *f*.
**'right·ful** *adj* (*adv* ~**ly**) **1.** rechtmäßig: **the** ~ **owner; his** ~ **property. 2.** gerecht, berechtigt: **a** ~ **cause** e-e gerechte Sache. **'right·ful·ness** *s* **1.** Rechtmäßigkeit *f*. **2.** Rechtlichkeit *f*.
**'right**|**-hand** *adj* **1.** recht(er, e, es): ~ **glove;** ~ **bend** Rechtskurve *f*; ~ **man** a) *bes. mil.* rechter Nebenmann, b) *fig.* rechte Hand (*Vertrauensperson*). **2.** rechtshändig, mit der rechten Hand (ausgeführt): ~ **blow** (*Boxen*) Rechte *f.* **3.** *bes. tech.* rechtsgängig, -läufig, Rechts...: ~ **drive** *tech.* Rechtssteuerung *f;* ~ **engine** rechtsläufiger Motor; ~ **motion** Rechtsgang *m;* ~ **rotation** Rechtsdrehung *f;* ~ **screw** rechtsgängige Schraube; ~ **thread** Rechtsgewinde *n;* ~ **twist** Rechtsdrall *m.* **'~-'hand·ed I** *adj* **1.** rechtshändig: ~ **person** Rechtshänder (-in). **2.** → **right-hand** 2 *u.* 3. **II** *adv* **3.** mit der rechten Hand. **'~-'hand·er** *s* **1.** Rechtshänder(in). **2.** *Boxen:* Rechte *f.*
**right·ism** ['raɪtɪzəm] *s pol.* 'Rechtspoli,tik *f*, -orien,tierung *f*. **'right·ist** *pol.* **I** *s* **1.** 'Rechtspo,litiker(in), Rechtsstehende(r *m*) *f*, Konserva'tive(r *m*) *f.* **2.** Reaktio'när(in). **II** *adj* **3.** rechtsstehend, -gerichtet, Rechts..., konserva'tiv.
**'right-,lean·ing** *adj pol.* nach rechts ten'dierend.
**right·ly** ['raɪtlɪ] *adv* **1.** richtig. **2.** mit Recht. **3.** *colloq.* **I don't** ~ **know** ich weiß nicht genau; **I can't** ~ **say** ich kann nicht mit Sicherheit sagen.
**,right-'mind·ed** *adj* rechtschaffen.
**right·ness** ['raɪtnɪs] *s* **1.** Richtigkeit *f*. **2.** Rechtmäßigkeit *f*. **3.** Angemessenheit *f*. **4.** Geradheit *f*.

**right·o** [ˌraɪt'əʊ] *interj bes. Br. colloq.* in Ordnung!, schön!, ja'wohl!
**,right**|**-of-'way** *pl* **,~s-of-'way** *s* **1.** *Verkehr:* a) Vorfahrt(srecht *n*) *f:* → **yield** 5, b) Vorrang *m* (*e-r Straße etc*); *a. fig.*): **it's my** ~ ich habe Vorfahrt. **2.** Wege-, 'Durchfahrtsrecht *n*. **3.** öffentlicher Weg. **4.** *Am.* zu öffentlichen Zwecken beanspruchtes (*z. B. Bahn*)Gelände.
**right·oh** → **righto.**
**,right-to-'lif·er** *s* Abtreibungsgegner (-in).
**right·ward** ['raɪtwə(r)d] **I** *adj* nach rechts, Rechts... **II** *adv* nach rechts. **'right·wards** → **rightward** II.
**right**| **whale** *s zo.* Nordwal *m.* ~ **wing** *s* **1.** *bes. mil. pol. sport* rechter Flügel. **2.** *sport* Rechts'außen *m.* **'~-wing** *adj pol.* dem rechten Flügel angehörend, Rechts...
**rig·id** ['rɪdʒɪd] *adj* (*adv* ~**ly**) **1.** starr, steif, unbiegsam. **2.** *bes. tech.* a) starr, unbeweglich, b) (stand-, form)fest, sta'bil: ~ **suspension** starre Aufhängung; ~ **frame** starrer Rahmen. **3.** *aer.* starr, Trag...: ~ **airship** Starrluftschiff *n;* ~ **helicopter** Tragschrauber *m.* **4.** *fig.* a) streng: ~ **discipline** (**faith, rules,** *etc*), b) starr: ~ **policy;** ~ **principles,** c) genau, strikt: ~ **control,** d) unbeugsam, streng, hart (**to gegen**). **5.** *relig.* streng(gläubig): **a** ~ **Catholic. 6.** *jur.* festverankert: ~ **constitution.** **ri'gid·i·ty** *s* **1.** Starrheit *f*, Steifheit *f*, Starre *f.* **2.** Härte *f.* **3.** *tech.* a) Starrheit *f*, Unbeweglichkeit *f*, b) (Stand-, Form)Festigkeit *f*, c) Steifigkeit *f*, Steife *f.* **4.** *fig.* Strenge *f*, Härte *f*, Unnachgiebigkeit *f.*
**rig·ma·role** ['rɪgmərəʊl] *s* **1.** (sinnloses) Geschwätz, Fase'lei *f*, Salbade'rei *f:* **to tell a long** ~ lang u. breit erzählen. **2.** *iro.* Hokus'pokus *m:* **the** ~ **of research laboratories.**
**rig·or¹**, *bes. Br.* **rig·our** ['rɪgə(r)] *s* **1.** Strenge *f*, Härte *f.* **2.** Härte(akt *m*) *f.* **3.** Härte *f*, Strenge *f* (*des Winters*), Rauheit *f* (*des Klimas*): **the** ~**s of the weather** die Unbilden der Witterung. **4.** Ex'aktheit *f*, Schärfe *f.* **5.** Steifheit *f*, Starrheit *f.*
**rig·or²** ['rɪgə(r)] *s med.* **1.** Schüttel-, Fieberfrost *m.* **2.** *fig.* → **rigor mortis.**
**rig·or·ism** ['rɪgərɪzəm] *s* **1.** 'übermäßige Härte *od.* Strenge. **2.** (peinliche) Genauigkeit (*im Stil*). **3.** Sitten-, Glaubensstrenge *f.* **4.** *philos.* Rigo'rismus *m* (*in der Ethik*). **'rig·or·ist** *s* Rigo'rist *m.* **II** *adj* rigo'ristisch, streng.
**ri·gor mor·tis** [ˌraɪgəˈmɔːtɪs; *Am.* ˌrɪgərˈmɔːrtəs] *s med.* Leichenstarre *f.*
**rig·or·ous** ['rɪgərəs] *adj* (*adv* ~**ly**) **1.** rigo-'ros, streng, hart: ~ **measures. 2.** (peinlich) genau, ex'akt, strikt: ~ **accuracy** peinliche Genauigkeit. **3.** a) streng, hart (*Winter*), b) rauh, unfreundlich (*Klima etc*).
**rig·our** *bes. Br. für* **rigor¹.**
**'rig-out** *Br.* → **rig¹** 11.
**Rigs·dag** ['rɪgzdɑːg] *s* Reichstag *m* (*dänisches Parlament*).
**Rig-Ve·da** [ˌrɪgˈveɪdə] *s* Rig'weda *m* (*altindische Hymnensammlung; erster Teil der Veden*).
**Riks·dag** ['rɪksdɑːg] *s* Reichstag *m* (*schwedisches Parlament*).
**rile** [raɪl] *v/t* **1.** *colloq.* ärgern, reizen: **to be** ~**d at** aufgebracht sein über (*acc*). **2.** *Am. Wasser etc* aufwühlen.
**ri·lie·vo** [ˌrɪlɪˈeɪvəʊ] *pl* **-vi** [-viː] *s art* Reli'ef *n.*
**rill¹** [rɪl] *s* Bächlein *n*, Rinnsal *n.* **II** *v/i* rinnen, rieseln.
**rill², rille** [rɪl] *s astr.* Mondfurche *f*, -graben *m.*

**rim** [rɪm] **I** *s* **1.** Rand *m:* ~ **of a bowl** (**coin, ocean,** *etc*). ~**-fire** *mil.* Randfeuer...; ~**land** *geogr.* Randlandgebiet(e *pl*) *n.* **2.** Rand *m*, Krempe *f:* a) *e-s Huts,* b) *mil. e-r Patronenhülse.* **3.** *tech.* a) Felge *f:* ~ **brake** Felgenbremse *f*, b) (Rad-)Kranz *m*, Felgenband *n*, c) Tischlerei: Zarge *f*, d) *Spinnerei:* Aufwinder *m* (*der Mulemaschine*). **4.** (Brillen)Rand *m*, (-)Fassung *f.* **5.** *Am.* Arbeitsplatz *m* der ('Zeitungs)Korrek,toren. **II** *v/t* **6.** (ein-)fassen, um'randen, mit e-m Rand *etc* versehen. **7.** *tech.* das Rad (be)felgen. **8.** *sport* um den Rand des Lochs laufen (*Golfball*).
**ri·ma** ['raɪmə] *pl* **-mae** [-miː] (*Lat.*) *s anat. biol.* Ritze *f*, Spalt *m.* ~ **glot·ti·dis** ['glɒtɪdɪs; *Am.* 'glɑt-] *s* Glottis *f*, Stimmritze *f.*
**rime¹** [raɪm] *meist poet.* **I** *s* **1.** *a.* ~ **frost** (Rauh)Reif *m*, Rauhfrost *m.* **2.** Kruste *f.* **II** *v/t* **3.** mit Reif überziehen, bereifen: ~**d** bereift.
**rime²** → **rhyme.**
**rim·er** ['raɪmə(r)] → **rhymer.**
**rim·less** ['rɪmlɪs] *adj* randlos (*a. Brille*), ohne Rand.
**rimmed** [rɪmd] *adj* **1.** mit e-m Rand *od.* e-r Krempe (versehen): **gold-**~ **glasses** Brille *f* mit Goldrand *od.* -fassung, goldene Brille; **broad-**~ breitrandig. **2.** *tech.* befelgt, mit Felgen (versehen) (*Rad*).
**ri·mose** [raɪˈməʊs; *Am.* ˈraɪm-], **'rim·ous** [-məs] *adj bes. bot. zo.* rissig, zerklüftet.
**'rim**|**,rock** *s geol.* (*westliche USA*) Randfelsen *m.* ~ **saw** *s tech.* Kreissäge *f* mit getrenntem Zahnkranz.
**rim·y** ['raɪmɪ] *adj meist poet.* mit Reif bedeckt, bereift.
**rind** [raɪnd] **I** *s* **1.** *bot.* (Baum)Rinde *f*, Borke *f.* **2.** (Brot-, Käse)Rinde *f*, Kruste *f.* **3.** (Speck)Schwarte *f.* **4.** (Obst-, Gemüse)Schale *f.* **5.** *zo.* Haut *f* (*bes. von Walen*). **6.** Schale *f*, (das) Äußere. **II** *v/t* **7.** die Rinde *etc* entfernen von, (ab)schälen, *Bäume* entrinden.
**rin·der·pest** ['rɪndə(r)pest] *s vet.* Rinderpest *f.*
**ring¹** [rɪŋ] **I** *s* **1.** *allg.* Ring *m* (*a. bot. chem. u. fig.*): ~**s of smoke** Rauchringe *od.* -kringel; ~ **of atoms** *phys.* Atomring; ~ **of forts** Festungsgürtel *m*, -ring; **at the** ~**s** (*Turnen*) an den Ringen; **to form a** ~ e-n Kreis bilden (*Personen*); **to have (livid)** ~**s round one's eyes** (dunkle) Ringe um die Augen haben; **to run** ~**s (a)round s.o.** *fig.* ,j-n in die Tasche stecken'; → **Ring cycle. 2.** *tech.* a) Ring *m*, Glied *n* (*e-r Kette*), b) Öse *f*, Öhr *n.* **3.** *math.* Ring(fläche) *f* *m.* **4.** *astr.* Hof *m.* **5.** (Kräusel)Locke *f.* **6.** a) Ma'nege *f*, b) (Box)Ring *m:* **the** ~ *weitS.* das (Berufs)Boxen, der Boxsport, c) *fig.* A'rena *f*, (*bes.* po'litisches) Kampffeld: **to be in the** ~ **for** kämpfen um. **7.** *Pferderennen:* a) Buchmacherplatz *m*, b) *collect.* (die) Buchmacher *pl.* **8.** *econ.* a) (Spekulati'ons-) Ring *m*, Aufkäufergruppe *f*, b) Ring *m*, Kar'tell *n*, Syndi'kat *n.* **9.** a) (Verbrecher-, Spio'nage- *etc*)Ring *m*, b) Clique *f.* **10.** *arch.* a) Bogenverzierung *f*, b) Riemchen *n* (*an Säulen*). **11.** Teller *m* (*am Skistock*). **II** *v/t* **12.** a) *meist* ~ **about** (*od.* **around, round**) um'ringen, um'geben, um'kreisen, einkreisen, b) *Vieh* um'reiten, zs.-treiben. **13.** e-n Ring bilden aus. **14.** beringen, *e-m Tier* e-n Ring durch die Nase ziehen. **15.** in Ringe schneiden: **to** ~ **onions. 16.** *e-n Baum* ringeln. **III** *v/i* **17.** sich im Kreis bewegen. **18.** *hunt.* kreisen (*Falke etc*).
**ring²** [rɪŋ] **I** *s* **1.** Geläute *n:* a) Glockenklang *m*, -läuten *n*, b) Glockenspiel *n* (*e-r Kirche*). **2.** Läuten *n*, Klingeln *n* (*Rufzei-*

chen). **3.** (Tele¦fon)Anruf *m*: **to give s.o. a ~** j-n anrufen. **4.** Erklingen *n*, Ertönen *n*, Schall *m*. **5.** Klingen *n*, Klang *m* (*e-r Münze, der Stimme etc*): **the ~ of truth** *fig.* der Klang der Wahrheit, der echte Klang; **to have the ~ of truth** (**authenticity**) wahr (echt) klingen; **that has a familiar ~ to me** das kommt mir (irgendwie) bekannt vor; **to have a hollow ~** *fig.* a) hohl klingen (*Versprechen etc*), b) unglaubwürdig klingen (*Protest etc*). **II** *v/i pret* **rang** [ræŋ], *selten* **rung** [rʌŋ], *pp* **rung** [rʌŋ] **6.** läuten, klingen (*Glocke*), klingeln (*Glöckchen*): **the bell ~s** (*od.* **is ~ing**) es läutet; **to ~ at the door** klingeln, *fig.* um Einlaß bitten; **to ~ for s.o.** nach j-m klingeln. **7.** *oft* **~ out** erklingen, (er)schallen, (er)tönen (*a. Schuß*). **8.** klingen (*Münze etc*): **my ears ~** mir klingen die Ohren. **9.** *a.* **~ again** *fig.* 'widerhallen (**with** von), nachklingen: **his words rang true** s-e Worte klangen wahr *od.* echt; → **hollow** 10. **III** *v/t* **10.** *e-e Glocke* läuten: **to ~ the bell** a) klingeln, läuten, b) *fig.* → **bell¹ 1, change** 19. **11.** *ein Instrument, fig. j-s Lob etc* erklingen *od.* erschallen lassen: **to ~ s.o.'s praises** 12. *e-e Münze* klingen lassen. **13.** → **ring up** 2.

*Verbindungen mit Adverbien:*

**ring¦a·round** *v/i teleph. bes. Br.* her-'umtelefo¸nieren. **~ back** *v/t u. v/i teleph.* zu'rückrufen. **~ down I** *v/i thea.* das (Klingel)Zeichen zum Fallen des Vorhangs geben, den Vorhang niedergehen lassen. **II** *v/t* **to ~ the curtain** s) *thea.* → I, b) *fig.* ein Ende bereiten (**on** *dat*), c) *fig.* e-n Schlußstrich ziehen (**on** unter *acc*). **~ in I** *v/t* **1.** *ein Fest* einläuten: **to ~ the new year.** **2.** *bes. Am. colloq. j-n od. etwas* einschmuggeln. **II** *v/i* **3.** *teleph. bes. Br.* sich tel¦fonisch melden (**to** bei). **4.** *Am.* (*bei Arbeitsbeginn*) einstempeln. **~ off** *v/i bes. Br.* **1.** *teleph.* (den Hörer) auflegen, Schluß machen. **2.** *sl.* den Mund zumachen. **~out I** *v/t* **1.** *ein Fest* ausläuten: **to ~ the old year.** **II** *v/i* **2.** → **ring² 7.** **3.** *Am.* (*bei Arbeitsende*) ausstempeln. **~ round** *v/i* ring around. **~ up I** *v/i* **1.** *thea.* das (Klingel)Zeichen zum Hochgehen des Vorhangs geben, den Vorhang hochgehen lassen. **II** *v/t* **2. to ~ the curtain** s) *thea.* → I, b) *fig.* das (Start-) Zeichen geben (**on** zu). **3.** *Preise* (in die Kasse) eintippen. **4.** *Am.* a) *Überschüsse etc* verzeichnen, b) *Triumphe etc* feiern.

**ring¦ar·ma·ture** *s electr.* Ringanker *m*. **'~-a¸round-a-'ros·y** *s* ¸Ma'riechensaß-auf-einem-Stein' *n* (*Kinderspiel*). **'~-bolt** *v/t e-n Baum* ringeln. **'~bolt** *s tech.* Ringbolzen *m*. **~boot** *s* Fesselschutz *m* (*für Pferde*). **~ cir·cuit** *s* Mikrowellentechnik: Ringkreis *m*. **~ com·pound** *s chem.* Ringverbindung *f*. **R~ cy·cle** *s mus.* Ring (-zyklus) *m*, Ring des Nibelungen (*von Richard Wagner*) *m*. **~ de·fence**, *Am.* **~ de·fense** *s mil.* Flaksperrgürtel *m*. **'~-dove** *s orn.* **1.** Ringeltaube *f*. **2.** Lachtaube *f*.

**ringed** [rɪŋd] *adj* **1.** a) beringt (*Hand etc*), b) *fig.* verheiratet. **2.** *bot. zo.* Ringel...: **~ worm;** **~ plover** → **ring plover; ~ turtle dove** → **ringdove. 3.** um¦ringt, eingeschlossen. **4.** ringförmig.

**ring·er¹** ['rɪŋə(r)] *s* a) *Wurfringspiel:* richtig geworfener Ring, b) *Hufeisenwerfen: Am.* richtig geworfenes Hufeisen, c) zählender Wurf, Treffer *m*.

**ring·er²** ['rɪŋə(r)] *s* **1.** Glöckner *m*. **2.** *teleph.* Rufstromgeber *m*. **3.** a) *Pferderennen:* vertauschtes Pferd, b) j-d, der sich in e-n Wettkampf etc einschmuggelt. **4.** *sl.* Doppelgänger(in), (genaues) Ebenbild, ¸Zwilling' *m* (**for** von): **to be a**

---

**dead** (*od.* **real**) **~ for s.o.** j-m aufs Haar gleichen.

**ring¦fence** *s* Um¦zäunung *f*. **~ fin·ger** *s* Ringfinger *m*.

**ring·ing** ['rɪŋɪŋ] **I** *s* **1.** (Glocken)Läuten *n*. **2.** Klingeln *n*. **3.** Klingen *n*: **he has a ~ in his ears** ihm klingen die Ohren. **4.** a) *TV* Bildverdopp(e)lung *f*, b) *Radio:* gedämpfte Schwingung. **II** *adj* (*adv* **~ly**) **5.** klingend, schallend, laut: **~ cheers** brausende Hochrufe; **~ laugh** schallendes Gelächter. **6.** *fig.* zündend: **a ~ appeal. 7. ~ tone** *teleph. Br.* Freiton (*f*, -zeichen *n*.

**'ring¦lead·er** *s* Rädelsführer *m*.

**ring·let** ['rɪŋlɪt] *s* **1.** Ringlein *n*. **2.** (Ringel)Löckchen *n*. **'ring·let·ed** *adj* lockig, gelockt.

**ring¦ lu·bri·ca·tion** *s tech.* Ringschmierung *f*. **~ mail** *s mil. hist.* Kettenpanzer *m*. **'~-man** [-mən] *s irr* Pferderennen: *Br.* Buchmacher *m*. **'~mas·ter** *s* ¸Zirkusdi¸rektor *m*. **'~-neck** *s orn.* für verschiedene Vögel mit farbigem Halsstreifen: a) → **ring plover,** b) → **ring--necked duck,** c) → **ring-necked pheasant.**

**'ring-necked** *adj bes. orn.* mit farbigem Halsstreifen. **~ duck** *s orn.* Amer. Kragenente *f*. **~ pheas·ant** *s orn.* 'Ringfa¸san *m*.

**ring¦net** *s* **1.** Ringnetz *n* (*zum Lachsfang*). **2.** Schmetterlingsnetz *n*. **~ oil·er** *s tech.* Ringöler *m*. **~ ou·zel** *s orn.* Ringdrossel *f*. **~ par·a·keet, ~ par·rot** *s orn.* Halsbandsittich *m*. **~ plov·er** *s orn.* Halsbandregenpfeifer *m*. **~ road** *s bes. Br.* **1.** Um¦gehungsstraße *f* (*um e-e Stadt*). **2.** Ringstraße *f* (*um ein Stadtviertel*). **~-side I** *s*: **at the ~** (*Boxen*) am Ring. **II** *adj:* **~ seat** a) Ringplatz *m*, b) Manegenplatz *m*; **to have a ~ seat** *fig.* ein Ereignis *etc* aus nächster Nähe verfolgen (können). **~ snake** *s zo.* Ringelnatter *f*. **~ stand** *s chem.* Sta'tiv *n*.

**ring·ster** ['rɪŋstə(r)] *s bes. pol. Am. colloq.* Mitglied *n* e-s Ringes *od.* e-r Clique.

**¸ring-the-'bull** *s Br.* Ringwerfen *n* (*Spiel*). **~ thrush** *s orn.* Ringdrossel *f*. **'~wall** *s* Ringmauer *f*. **'~worm** *s med. vet.* Scherpilzflechte *f*: **crusted ~** (Kopf-) Grind *m*.

**rink** [rɪŋk] **I** *s* **1.** a) skating ~ a) (*bes.* Kunst)Eisbahn *f*, b) Rollschuhbahn *f*. **2.** a) *Bowls:* Spielfeld *n*, b) *Curling:* Rink *m*, Bahn *f*. **3.** *Bowls, Curling:* Mannschaft *f*. **II** *v/i* **4.** Schlittschuh laufen. **5.** Rollschuh laufen.

**rink·y-dink** ['rɪŋkɪ¸dɪŋk] *adj u. s Am. colloq.* altmodisch(er Mensch).

**rinse** [rɪns] **I** *v/t* **1.** *oft* **~ out** (ab-, aus-, nach)spülen, ausschwenken. **2.** *Wäsche etc* spülen. **3.** *chem.* entseifen. **4.** *Haare* tönen. **II** *s* **5.** Spülung *f*: **to give s.th. a good ~** etwas gut (ab- *od.* aus)spülen. **6.** Spülmittel *n*. **7.** Tönung *f* (*für Haar*): **red ~. 'rins·ing** *s* **1.** (Aus)Spülen *n*, Spülung *f*. **2.** *meist pl* a) Spülwasser *n*, Spülicht *n*, b) (Über)Rest *m* (*a. fig.*).

**ri·ot** ['raɪət] **I** *s* **1.** *bes. jur.* Aufruhr *m*, Zs.-rottung *f*: **R~ Act** *Br. hist.* Aufruhrakte *f* (*1715*); **to read the ~ act to s.o.** j-m die Leviten lesen, j-n (ernstlich) warnen; **~ call** *Am.* Hilfeersuchen *n* (*der Polizei bei Aufruhr*); **~ gun** Straßenkampfwaffe *f* (*Art Schrotgewehr*); **~ police,** **~ squad** 'Überfallkommando *n*, Bereitschaftspolizei *f*; **~ shield** Schutzschild *m* (*der Polizisten gegen Demonstranten etc*); **~ stick** Schlagstock *m*. **2.** Tu'mult *m*, Kra-'wall *m*, Lärm *m*. **3.** *fig.* Aufruhr *m* (*der Gefühle*), Ausbruch *m* (*von Leidenschaften etc*). **4.** a) Zügellosigkeit *f*, Ausschweifung *f*, b) Schwelge'rei *f*, Orgie *f*,

---

c) *fig.* Orgie *f*: **~ of colo(u)r; to run ~** (sich aus)toben (*Person*), *bot.* wuchern (*Pflanze*), *hunt.* e-e falsche Fährte verfolgen (*Jagdhund*), *fig.* durchgehen (*Phantasie etc*); **he (it) is a ~** *colloq.* er (es) ist einfach ¸toll', *meist* er (es) ist zum Schreien (komisch). **II** *v/i* **5.** a) an e-m Aufruhr teilnehmen, b) e-n Aufruhr anzetteln. **6.** randa¦lieren, toben. **7.** in Saus u. Braus leben, schwelgen (*a. fig.*) (**in** *in dat*). **III** *v/t* **8.** *sein Leben etc* in Saus u. Braus zubringen. **'ri·ot·er** *s* **1.** Aufrührer *m*. **2.** Randa¦lierer *m*, Kra'wallmacher *m*. **'ri·ot·ous** *adj* (*adv* **~ly**) **1.** aufrührerisch: **~ assembly** *jur.* Zs.-rottung *f*. **2.** tumultu'arisch, tobend, lärmend. **3.** ausgelassen, wild, toll. **4.** zügellos, ausschweifend, wild. **5.** üppig, ¸wild': **~ colo(u)rs.**

**rip¹** [rɪp] **I** *v/t* **1.** (zer)reißen, (auf)schlitzen, *ein Kleid etc* zer-, auftrennen: **to ~ up** a) *a.* **to ~ open** aufreißen (*a. Straße etc*), aufschlitzen, -trennen, b) *mar. ein altes Schiff* abwracken, c) *e-e alte Wunde* wieder aufreißen (*a. fig.*). **2.** a) *meist* **~ out** (her)'austrennen, -reißen (**of** aus), **~ off** los-, abtrennen, -reißen, *fig. sl. etwas* ¸mitgehen lassen', *Bank etc* ausrauben, *j-n* ¸ausnehmen', ¸neppen'. **3.** **~ out** *e-n Fluch etc* ausstoßen. **II** *v/i* **4.** reißen, (auf)platzen. **5.** *colloq.* sausen, rasen: **to let s.th. ~** e-r Sache freien Lauf lassen; **let her ~!** *mot.* ¸drück auf die Tube!'; **to ~ into** *fig.* losgehen auf *j-n.* **6. to ~ out with an oath** e-n Fluch ausstoßen. **III** *s* **7.** Schlitz *m*, Riß *m*.

**rip²** [rɪp] *s mar.* Kabbelung *f*.

**ri·par·i·an** [raɪ'peərɪən, rɪ-] **I** *adj* **1.** Ufer...: **~ owner** → **3. II** *s* **2.** Uferbewohner(in). **3.** *jur.* Uferanlieger *m*. **ri-'par·i·ous** *adj bot. zo.* am Ufer lebend, Ufer...

**rip cord** *s aer.* Reißleine *f*.

**ripe** [raɪp] **I** *adj* (*adv* **~ly**) **1.** reif: a) zeitig (*Getreide, Obst, Ernte*), b) ausgereift: **~ cheese;** **~ port,** c) voll entwickelt, her-'angereift: **~ a ~ girl; ~ a beauty** e-e reife Schönheit, d) *med.* operati¦onsreif: **~ cataract;** **~ tumo(u)r. 2.** schlachtreif: **~ cattle. 3.** *hunt.* abschußreif: **~ game. 4.** schlagreif: **~ woods. 5.** *fig.* voll, blühend: **~ lips. 6.** *fig.* reif, gereift: **at a ~ old age** in reifem Alter; **a ~ artist** ein vollendeter Künstler; **~ judg(e)ment** reifes Urteil; **a ~ plan** ein ausgereifter Plan. **7.** reif, voll¦endet, *Bibl.* erfüllt: **time is ~** die Zeit ist reif (**for** für). **8.** fertig, bereit, reif (**for** für): **~ for development** baureif. **9.** *colloq.* deftig (*Witz etc*). **II** *v/t u. v/i bes. poet. für* ripen.

**rip·en** ['raɪpən] **I** *v/i* **1.** *a. fig.* reifen, reif werden. **2.** sich (voll) entwickeln, her-'anreifen (**into** zu). **II** *v/t* **3.** reifen lassen (*a. fig.*).

**ripe·ness** ['raɪpnɪs] *s* **1.** Reife *f*. **2.** *fig.* Reife *f*: a) Gereiftheit *f*, b) Voll¦endung *f*.

**'rip-off** *s sl.* **1.** Diebstahl *m*. **2.** 'Raub (-¦überfall) *m*. **3.** ¸Nepp' *m*: **~ joint** Nepplokal *n*. **4.** ¸Beschiß' *m*.

**ri·poste** [rɪ'pɒst; *bes. Am.* rɪ'pəʊst] **I** *s* **1.** *fenc.* Ri'poste *f*, Nachstoß *m*. **2.** *fig.* a) schlagfertige Erwiderung, b) scharfe Antwort. **II** *v/i* **3.** *fenc.* ripo'stieren, e-e Ri'poste ausführen. **4.** *fig.* (schlagfertig *od.* scharf) kontern.

**rip·per** ['rɪpə(r)] *s* **1.** Trennmesser *n*. **2.** *tech.* a) 'Trennma¸schine *f*, b) 'Aufreiß-ma¸schine *f* (*für Straßenpflaster*), c) → ripsaw I. **3.** *meist* **~ act,** **~ bill** *jur. Am. sl. Gesetz, das Vollmacht zu einschneidenden (Personal)Veränderungen gibt.* **4.** *sl.* a) ¦Prachtexem¸plar *n*, b) Prachtkerl *m*. **5.** Mörder *m*, der seine Opfer aufschlitzt.

**rip·ping** ['rɪpɪŋ] *adj* (*adv* **~ly**) **1.** spaltend, (auf)trennend, (-)schlitzend: **~ bar** Brechstange *f*; **~ chisel** Stemmeisen *n*,

Stechbeitel *m.* **2.** *obs. bes. Br. sl.* prächtig, ‚prima', ‚toll'.

**rip·ple¹** ['rɪpl] **I** *v/i* **1.** (kleine) Wellen schlagen, sich kräuseln. **2.** (da'hin)plätschern (*a. fig. Gespräch etc*), (da'hin)rieseln, murmeln. **3.** (leicht) wogen (*Ährenfeld*): to ~ in the wind. **4.** spielen (*Muskeln*). **II** *v/t* **5.** *Wasser* leicht bewegen *od.* aufrühren, kräuseln. **6.** in wellenartige *od.* wogende Bewegung versetzen. **III** *s* **7.** a) Kräuselung *f* (*von Wasser, Sand*), b) *pl* kleine Wellen *pl*, Kabbelung *f*, c) → **ripple mark; to cause a ~ (on the surface)** *fig.* a) für Aufsehen sorgen, b) Eindruck machen. **8.** Rieseln *n*, Plätschern *n*. **9.** *electr.* kleine Welle, Welligkeit *f*. **10.** *fig.* Da'hinplätschern *n*, (sanftes) Auf u. Ab, Welle *f*: ~ **of conversation** munter dahinfließende Konversation; ~ **of laughter** leises *od.* gedämpftes Lachen. **11.** Spiel *n* (*der Muskeln*). **IV** *adj* **12.** *electr.* pul'sierend, Brumm..., Welligkeits...: ~ **voltage** Brummspannung *f*.

**rip·ple²** ['rɪpl] **I** *s* Riffelkamm *m.* **II** *v/t* *Flachs* riffeln.

**rip·ple|cloth** *s* Zibe'line *f* (*angerauhter Wollstoff*). **~·cur·rent** *s electr.* Brummstrom *m.* **~·mark** *s geol.* Rippelmarke *f.*

**rip·ply** ['rɪplɪ] *adj* **1.** wellig, gekräuselt. **2.** *fig.* murmelnd.

**'rip|-,roar·ing** *adj colloq.* **1.** a) aufregend, b) ausgelassen. **2.** ‚toll', ‚e'norm'. **'~·sack** *s zo.* Grauwal *m.* **'~·saw I** *s tech.* Spaltsäge *f.* **II** *v/t* Holz mit dem Strich sägen. **'~·snort·er** *s sl.* a) ‚tolle Sache', b) ‚toller Kerl'. **'~·snort·ing** → rip-roaring. **'~·tide** *s mar.* **1.** Stromkabbelung *f.* **2.** Ripptide *f.*

**Rip·u·ar·i·an** [ˌrɪpjuː'eərɪən; *Am.* -pjə-'wer-] *hist.* **I** *adj* ripu'arisch: ~ **Frank** → II. **II** *s* ripu'arischer Franke.

**rise** [raɪz] **I** *v/i pret* **rose** [rəʊz] *pp* **ris·en** ['rɪzn] **1.** sich erheben, vom Bett, Boden, Tisch *etc* aufstehen: to ~ **from one's bed; he could not** ~; ~ **and shine!** raus aus den Federn! **2.** a) aufbrechen, b) die Sitzung schließen, sich vertagen. **3.** auf-, hoch-, em'porsteigen (*Vogel, Rauch, Geruch etc*); *a. fig.* Gedanke, Zorn *etc*): **the curtain ~s** *thea.* der Vorhang geht hoch; **her colo(u)r rose** a) die Röte stieg ihr ins Gesicht, b) ihre Wangen röteten sich (*an der Luft etc*); **to ~ to the surface** a) an die Oberfläche kommen (*Fisch etc*), auftauchen (*U-Boot*), b) *fig.* ans Tageslicht *od.* zum Vorschein kommen; *the fish are rising well* beißen gut; **his hair rose** die Haare standen ihm zu Berge *od.* sträubten sich ihm; **land ~s to view** *mar.* Land kommt in Sicht; **the spirits rose** die Stimmung hob sich; **the word rose to her lips** das Wort kam ihr auf die Lippen. **4.** *relig.* (von den Toten) auferstehen. **5.** em'porsteigen, dämmern: **morning ~s. 6.** *astr.* aufgehen: **the sun ~s. 7.** ansteigen, berg'an gehen: **the lane rose. 8.** (an)steigen (*the fever (price, river, etc) rose; the barometer (od. glass) has ~n* das Barometer ist gestiegen. **9.** sich erheben, em'porragen (*tower ~s to a height* of 80 yds der Turm erreicht e-e Höhe von 80 Yds. **10.** steigen, sich bäumen (*Pferd*): to ~ **to a fence** zum Sprung über ein Hindernis ansetzen. **11.** aufgehen (*Saat, a. Hefeteig*). **12.** sich bilden (*blisters ~ on his skin. 13.* sich erheben, aufkommen (*Wind, Sturm, Unruhe, Streit etc*). **14.** *a.* **to ~ in rebellion** sich erheben *od.* em-'pören, revol'tieren, aufstehen: → **arm²** *Bes. Redew.; my stomach ~s against this* mein Magen sträubt sich dagegen, *a. fig.* es ekelt mich an. **15.** entstehen, -springen: **the river ~s from a spring in the mountains** der Fluß entspringt

aus e-r Bergquelle. **16.** *fig.* sich erheben: a) erhaben sein (**above** über *acc*): to ~ **above petty jealousies,** b) sich em'porschwingen (*Geist*): to ~ **above mediocrity** über das Mittelmaß hinausragen; → **occasion** 4. **17.** (*beruflich od. gesellschaftlich*) aufsteigen: to ~ **to a higher rank** aufsteigen, befördert werden; to ~ **in the world** vorwärtskommen, es zu etwas bringen. **18.** (an)wachsen, sich steigern: **the wind rose** der Wind nahm zu; **his courage rose** sein Mut wuchs. **19.** *mus. etc* (an)steigen, anschwellen (*Ton*), lauter werden (*Stimme*).

**II** *v/t* **20.** a) aufsteigen lassen, e-n *Fisch* an die Oberfläche bringen, b) aufsteigen sehen, *a. mar.* ein *Schiff* sichten.

**III** *s* **21.** (Auf-, Hoch)Steigen *n*, Aufstieg *m, thea.* Hochgehen *n* (*des Vorhangs*). **22.** *astr.* Aufgang *m:* ~ **of the moon. 23.** *relig.* Auferstehung *f* (*von den Toten*). **24.** a) Auftauchen *n*, b) Steigen *n* (*des Fisches*), Schnappen *n* (*nach dem Köder*): **to get** (*od.* **take**) **a ~ out of s.o.** *fig.* j-n auf die Palme bringen'. **25.** *fig.* Aufstieg *m:* **his ~ to fame; the ~ and fall of nations; a young artist on the ~** ein aufstrebender junger Künstler. **26.** (An-)Steigen *n:* a) Anschwellen *n:* ~ **of the flood** (*his voice, etc*), b) Anstieg *m*, Erhöhung *f*, Zunahme *f:* ~ **in temperature** der Temperaturanstieg; ~ of (the) **tide** *mar.* Tidenhub *m*; ~ **and fall** Steigen u. Fallen, c) *allg.* (An)Wachsen *n*, Steigerung *f.* **27.** *econ.* a) (An)Steigen *n*, Anziehen *n:* ~ **in prices** Preisanstieg *m*, b) *Börse:* Aufschwung *m*, Hausse *f*, c) *bes. Br.* Aufbesserung *f*, Lohn-, Gehaltserhöhung *f:* **on the ~** im Steigen begriffen (*Preise, Kurse*); ~ (**of value**) Wertsteigerung *f;* **to buy for a ~** auf Hausse spekulieren. **28.** Zuwachs *m*, Zunahme *f:* ~ **in population** Bevölkerungszuwachs, -zunahme. **29.** Ursprung *m* (*e-r Quelle od. fig.*), Entstehung *f:* **to take** (*od.* **have**) it's ~ entspringen, entstehen, s-n Ursprung nehmen. **30.** *fig.* Anlaß *m*, Ursache *f:* **to give ~ to** a) verursachen, hervorrufen, b) *Verdacht etc* aufkommen lassen, Anlaß geben zu, erregen. **31.** a) Steigung *f* (*e-s Geländes*), b) Anhöhe *f*, Erhebung *f.* **32.** Höhe *f:* **the ~ of a tower.**

**ris·en** ['rɪzn] *pp von* rise.

**ris·er** ['raɪzə(r)] *s* **1. early ~** Frühaufsteher(in); **late ~** Langschläfer(in). **2.** Futterstufe *f* (*e-r Treppe*). **3.** Zwischenstück *n.* **4.** *tech.* Steigleitung *f.* **5.** *Gießerei:* a) Gußzapfen *m*, b) Steiger *m.*

**ris·i·bil·i·ty** [ˌrɪzɪ'bɪlətɪ] *s* **1.** *oft pl* Lachlust *f.* **2.** Gelächter *n*, Heiterkeit *f.* **'ris·i·ble** *adj* **1.** lachlustig. **2.** Lach...: ~ **muscles.** **3.** lachhaft.

**ris·ing** ['raɪzɪŋ] **I** *adj* **1.** (an-, auf-, em-'por-, hoch)steigend (*a. fig.*): ~ **cloud** *meteor.* Aufgleitwolke *f;* ~ **diphthong** *ling.* steigender Diphthong; ~ **floor** *tech.* Hebebühne *f;* ~ **ground** a) (Boden)Erhebung *f*, Anhöhe *f*, b) *arch.* Auffahrt *f;* ~ **gust** *aer.* Steigbö *f;* ~ **main** → riser 4; ~ **rhythm** *metr.* steigender Rhythmus; ~ **vote** *parl.* Abstimmung *f* durch Sich-Erheben. **2.** *fig.* her'anwachsend, kommend: **the ~ generation. 3.** *fig.* aufstrebend: **a ~ lawyer. II** *prep* **4.** *Am.* a) ~ **of** *colloq.* (etwas) mehr als, b) genau, gerade. **5.** (noch) nicht ganz, fast: **she is ~ 17. III** *s* **6.** Aufstehen *n.* **7.** (An-, Auf)Steigen *n.* **8.** a) Steigung *f*, b) Anhöhe *f.* **9.** (An)Steigen *n*, Anschwellen *n* (*e-s Flusses etc*). **10.** *astr.* Aufgehen *n.* **11.** *Am.* a) Hefe *f*, b) zum Aufgehen bestimmte Teigmenge. **12.** *fig.* Erhebung *f*, Aufstand *m.* **13.** Zunahme *f*, Erhöhung *f*, (An)Steigen *n:* ~ **of prices** (*temper-*

*ature, etc*). **14.** *med.* a) (An)Schwellung *f*, Geschwulst *f*, b) Ausschlag *m*, Pustel *f.* **15.** Aufbruch *m* (*e-r Versammlung*).

**risk** [rɪsk] **I** *s* **1.** Wagnis *n*, Gefahr *f*, Risiko *n*: **at all ~s** ohne Rücksicht auf Verluste; **at one's own ~** auf eigene Gefahr; **at the ~ of one's life** unter Lebensgefahr; **at the ~ of** (*ger*) auf die Gefahr hin zu (*inf*); **to be at ~** a) in Gefahr sein, b) auf dem Spiel stehen; **to put at ~** gefährden; **to run the ~ of doing s.th.** Gefahr laufen, etwas zu tun; **to run** (*od.* **take**) **a ~** ein Risiko eingehen *od.* auf sich nehmen; → **calculated** 1,2. **2.** *econ.* a) Risiko *n*, (Verlust)Gefahr *f*, b) versichertes Wagnis (*Ware od. Person*), c) *a.* **amount at ~** Risikosumme *f:* **accident ~** Unfallrisiko; **fire ~,** ~ **of fire** Feuers-, Brandgefahr; **to be on ~** das Risiko tragen, haften; ~ **capital** Risikokapital *n;* ~ **money** a) Kaution *f*, b) Mankogeld *n.* **II** *v/t* **3.** ris'kieren, wagen: a) aufs Spiel setzen: to ~ **one's life,** b) sich getrauen: to ~ **the jump. 4.** *e-n Verlust, e-e Verletzung etc* ris'kieren, es ankommen lassen auf (*acc*). **'risk·ful** → risky 1. **'risk·i·ness** *s* Gewagtheit *f*, (*das*) Ris'kante. **'risk·less** *adj* **1.** gefahrlos. **2.** *econ.* risikolos. **'risk·y** *adj* (*adv* **riskily**) **1.** ris'kant, gewagt, gefährlich. **2.** → risqué.

**ri·sot·to** [rɪ'zɒtəʊ; -'sɒ-] *s gastr.* Ri'sotto *m.*

**ris·qué** ['riːskeɪ; *Am.* rɪ'skeɪ] *adj* gewagt, schlüpfrig: **a ~ story.**

**Riss** [rɪs] *geol.* **I** *s* Rißeiszeit *f.* **II** *adj* Riß...: ~ **time** → I.

**ris·sole** ['rɪsəʊl; *Am. a.* rɪ'səʊl] *s gastr.* Ris'sole *f*, Briso'lett *n.*

**ri·tar·dan·do** [ˌriːtɑː(r)'dændəʊ; *Am.* -'dɑːn-] *mus.* **I** *adj u. adv* ritar'dando, langsamer werdend. **II** *pl* **-dos** *s* Ritar'dando *n.*

**rite** [raɪt] *s* **1.** *relig. etc, a. iro.* Ritus *m*, Zeremo'nie *f*, feierliche Handlung: ~**s** Riten, Zeremoni'ell *n*, Ritual *n;* **funeral ~s** Totenfeier *f*, Leichenbegängnis *n;* **last ~s** Sterbesakramente. **2.** *oft* **R~** *relig.* Ritus *m:* a) Religi'onsform *f*, b) Litur'gie *f.* **3.** Gepflogenheit *f*, Brauch *m.*

**rit·or·nel, rit·or·nelle** [ˌriːtə(r)'nel], **rit·or·nel·lo** [-ləʊ] *pl* **-los, -loes, -li** [-liː] *s mus. hist.* Ritor'nell *n:* a) Vor-, Zwischen- u. Nachspiel in Vokalwerken, b) Re'frain *m.*

**rit·u·al** ['rɪtʃʊəl; *Am.* 'rɪtʃəwəl] **I** *s* **1.** *relig. etc, a. fig.* Ritu'al *n*, Zeremoni'ell *n.* **2.** *relig.* a) Ritu'al *n*, Gottesdienstordnung *f*, b) Ritu'ale *n*, Ritu'albuch *n.* **II** *adj* (*adv* **~ly**) **3.** ritu'al, Ritual...: ~ **murder** Ritualmord *m.* **4.** ritu'ell, feierlich: ~ **dance.** **'rit·u·al·ism** *s relig.* **1.** Befolgung *f* des Ritu'als. **2.** (über'triebenes) Festhalten an ritu'ellen Formen. **3.** Ritua'lismus *m*, Anglokatholi'zismus *m.* **4.** Ritenkunde *f.* **'rit·u·al·ist** *s* **1.** Ritenkenner(in). **2.** j-d, der am kirchlichen Brauchtum hängt. **3.** Ritua'list(in), Anglokatho'lik(in). **ˌrit·u·al·is·tic** *adj* (*adv* **~ally**) *relig.* ritua'listisch, Ritual... **'rit·u·al·ize** *v/t* **1.** ein Ritu'al machen aus. **2.** e-m Ritu'al unter'werfen.

**ritz·y** ['rɪtsɪ] *adj sl.* **1.** ‚stinkvornehm', ‚feu'dal'. **2.** *bes. Am.* angeberisch.

**riv·age** ['rɪvɪdʒ; 'raɪ-] *s* **1.** *obs. od. poet.* Gestade *n.* **2.** *jur. hist. Br.* Flußzoll *m.*

**ri·val** ['raɪvl] **I** *s* **1.** Ri'vale *m*, Ri'valin *f*, Nebenbuhler(in), Konkur'rent(in): **to be ~s for** rivalisieren um; **to be a ~ of** *fig.* → 4; **without a ~** ohnegleichen, unerreicht. **II** *adj* **2.** rivali'sierend, konkur'rierend, wetteifernd, Konkurrenz...: ~ **firm** (**newspaper**, *etc*); ~ **team** *sport* gegnerische Mannschaft, Gegenmannschaft *f.* **III** *v/t pret u. pp* **-valed,** *bes. Br.*

**-valled** 3. rivali'sieren *od.* wetteifern *od.* konkur'rieren mit, j-m den Rang streitig machen. **4.** *fig.* gleichwertig sein *od.* gleichkommen (*dat*), es aufnehmen mit. **'ri·val·ry** [-rɪ] *s* **1.** Rivali'tät *f.* **2.** Wettstreit *m,* -bewerb *m,* Konkur-'renz(kampf *m*) *f:* **to enter into ~ with s.o.** mit j-m in Wettbewerb treten, j-m Konkurrenz machen. **'ri·val·ship** *s* Rivali'tät *f.*
**rive** [raɪv] *pret* **rived,** *pp* **rived** [raɪvd], **riv·en** ['rɪvən] **I** *v/t* **1.** (auf-, zer)spalten. **2.** zerreißen (*a. fig.*): **~n** zerrissen (*Herz etc*). **II** *v/i* **3.** sich spalten, zerreißen. **4.** *fig.* brechen (*Herz*).
**riv·er** ['rɪvə(r)] *s* **1.** Fluß *m,* Strom *m:* the **~ Thames** die Themse; **Hudson R~** der Hudson; **down the ~** stromab(wärts); **to sell s.o. down the ~** *colloq.* j-n verraten u. „verkaufen"; **up the ~** a) stromauf (-wärts), b) *Am. colloq.* ins *od.* im „Kittchen". **2.** *fig.* Strom *m,* Flut *f:* **a ~ of tears.**
**riv·er·ain** ['rɪvəreɪn] **I** *adj* Ufer..., Fluß... **II** *s* Flußgegend *f.*
**'riv·er|bank** *s* Flußufer *n.* **~ ba·sin** *s* Flußbecken *n.* **'~bed** *s* Flußbett *n.* **~ dam** *s* **1.** Staudamm *m,* Talsperre *f.* **2.** Buhne *f.* **~ driv·er** *s Am.* Flößer *m.* **'~front** *s* (Fluß)Hafenviertel *n.* **~ god** *s* Flußgott *m.* **'~head** *s* (Fluß)Quelle *f.* **~ hog** *s zo.* Flußschwein *n.* **~ horse** *s zo.* Flußpferd *n.*
**riv·er·ine** ['rɪvəraɪn] *adj* am Fluß (gelegen *od.* wohnend), Fluß...
**'riv·er|man** [-mən] *s irr* **1.** j-d, der am Fluß arbeitet. **2.** → **river driver. ~ nov·el** → **roman-fleuve. ~ po·lice** *s* 'Strom-, 'Wasserpoli,zei *f.* **~ port** *s mar.* Binnen-, Flußhafen *m.* **'~side I** *s* Flußufer *n:* **by the ~** am Fluß. **II** *adj* am Ufer (gelegen), Ufer...: **a ~ villa.**
**riv·et** ['rɪvɪt] **I** *s* **1.** *tech.* Niet *m:* **~ joint** Nietverbindung *f.* **II** *v/t* **2.** *tech.* (ver)nieten: **to ~ on** annieten (**to an** *acc*). **3.** (to) befestigen, festmachen (**an** *dat*), (an)heften (**an** *acc*): **~ed hatred** *fig.* eingewurzelter Haß; **to stand ~ed to the ground** (*od.* **spot**) wie festgenagelt stehen(bleiben). **4.** a) den Blick, s-e Aufmerksamkeit *etc* heften, richten (**on** auf *acc*), b) j-s Aufmerksamkeit, a. j-n fesseln. **'riv·et·er** *s tech.* **1.** Nieter *m.* **2.** 'Nietma,schine *f.* **'riv·et·ing** *s tech.* **1.** Nietung *f,* Nietnaht *f.* **2.** (Ver)Nieten *n:* **~ hammer** Niethammer *m;* **~ machine** Nietmaschine *f.*
**riv·ing| knife** ['raɪvɪŋ] *s irr tech.* Spaltmesser *n.* **~ ma·chine** *s tech.* 'Spaltma,schine *f.* [chen *n.*]
**riv·u·let** ['rɪvjʊlɪt; *Am. a.* -və-] *s* Flüß-
**roach**[1] [rəʊtʃ] *pl* **-es** [-tʃɪz], *bes. collect.* **roach** *s ichth.* Plötze *f,* Rotauge *n:* **sound as a ~** kerngesund; **~-backed** katzenbuck(e)lig.
**roach**[2] [rəʊtʃ] **I** *s* **1.** *mar.* Gilling *f (am Segel).* **II** *v/t* **2.** *mar.* mit e-r Gilling versehen. **3.** *Am.* a) *Haar etc* bogenförmig schneiden *od.* hochkämmen, b) *Pferdemähne* stutzen.
**roach**[3] [rəʊtʃ] *s* **1.** → **cockroach. 2.** *sl.* Stummel *m* e-r 'Haschischziga,rette.
**road** [rəʊd] **I** *s* **1.** (Land)Straße *f:* **by ~** a) zu Fuß, b) auf dem Straßenweg, c) per Achse (*Fahrzeug*); **one for the ~** *colloq.* „einen" (*Schnaps etc*) für unterwegs *od.* zum Abschied; **to take to the ~** Landstreicher werden; **it is a long ~ that has no turning** *fig.* alles muß sich einmal ändern. **2.** a) (Verkehrs)Weg *m,* Strecke *f,* b) Fahrbahn *f (e-r Brücke),* c) Wasserstraße *f,* d) *rail. Br.* Strecke *f,* e) *rail. Am.* Bahn *f:* **rule of the ~** Straßenverkehrsordnung *f, mar.* Seestraßenordnung *f;* **on the ~** auf der (Land)Straße, (*bes.* geschäftlich) unterwegs, auf Reisen, *thea.*

auf Tournee; **to get a play on the ~** *thea.* mit e-m Stück auf Tournee gehen; **~ up!** (*Warnschild*) Straßenarbeiten!; **to hold the ~ well** *mot.* e-e gute Straßenlage haben; **to take** (*sl.* **to hit**) **the ~** sich auf den Weg machen, aufbrechen. **3.** *fig.* Weg *m:* **to be in s.o.'s ~** j-m im Weg stehen; **to get s.th. out of the ~** etwas aus dem Weg räumen; **the ~ to ruin (to success)** der Weg ins Verderben (zum Erfolg). **4.** *meist pl mar.* Reede *f.* **5.** *Bergbau:* Förderstrecke *f.* **6.** *thea.* Gastspielgebiet *n.* **II** *adj* **7.** Straßen...: **~ conditions** Straßenzustand *m;* **~ contractor** Fuhrunternehmer *m;* **~ haulage** Güterkraftverkehr *m;* **~ junction** Straßenknotenpunkt *m,* -einmündung *f;* **~ performance** *mot.* Fahreigenschaften *pl;* **~ sign** Straßenschild *n,* Wegweiser *m.* **III** *v/t u. v/i* **8.** *hunt.* (*bes.* Flugwild) aufspüren.
**road·a'bil·i·ty** *s* Fahreigenschaften *pl, engS.* Straßenlage *f (e-s Autos).* **'road·a·ble** *adj* zum 'Straßentrans,port geeignet: **~ aircraft** *aer.* Autoflugzeug *n.*
**road| ac·ci·dent** *s mot.* Verkehrsunfall *m.* **~ a·gent** *s hist. Am.* Straßen-, Postkutschenräuber *m.* **'~bed** *s* **1.** *rail.* Bahnkörper *m.* **2.** *tech.* Straßenbettung *f.* **'~block** *s* **1.** Straßensperre *f.* **2.** Verkehrshindernis *n.* **3.** *fig.* Hemmnis *n,* Hindernis *n.* **'~book** *s* Straßenatlas *m.* **~ game** *s sport Am.* Tour'nee- *od.* Auswärtsspiel *n.* **~ grad·er** *s tech.* Straßenhobel *m,* Pla'nierma,schine *f.* **~ hog** *s mot. colloq.* a) rücksichtsloser Fahrer, Verkehrsrowdy *m,* b) j-d, der die ganze Straße für sich braucht. **'~hold·ing** *s mot.* Straßenlage *f.* **~ hole** *s* Schlagloch *n.* **'~house** *s* Rasthaus *n.*
**road·ie** ['rəʊdɪ] *s colloq.* für **road manager.**
**road| ma·chine** → **road grader. '~man** [-mən] *s irr* **1.** Straßenarbeiter *m.* **2.** Straßenhändler *m.* **3.** *Radsport:* Straßenfahrer *m.* **~ man·ag·er** *s* Roadmanager *m,* Roadie *m (für die Bühnentechnik u. den Transport der benötigten Ausrüstung verantwortlicher Begleiter e-r Rockgruppe).* **~ map** *s* Straßen-, Autokarte *f.* **~ mark·ing** *s* 'Straßenmar,kierung *f.* **~ mend·er** → **roadman** 1. **~ met·al** *s* Straßenbeschotterung *f,* -schotter *m.* **~ race** *s Radsport:* Straßenrennen *m.* **~ rid·er** *s Radsport:* Straßenfahrer(in). **~ roll·er** *s tech.* Straßenwalze *f.* **~ safe·ty** *s* Verkehrssicherheit *f.* **~ scrap·er** → **road grader. ~ sense** *s mot.* instink'tiv richtiges Verkehrsverhalten. **'~side I** *s* Straßen-, Wegrand *m:* **by the ~** am Straßenrand. **II** *adj* an der (Land)Straße (gelegen), Straßen...: **~ inn.** **'~stead** *s mar.* Reede *f.*
**road·ster** ['rəʊdstə(r)] *s* **1.** *mot.* Roadster *m,* (offener) Sportzweisitzer. **2.** *Br.* (starkes) Tourenrad. **3.** Landstreicher *m.*
**road| sweep·er** *s Br.* Straßenkehrer *m.* **~ test** *s mot.* Probefahrt *f:* **to do a ~** e-e Probefahrt machen. **'~test** *v/t ein Auto* probefahren, e-e Probefahrt machen mit. **~ trac·tor** *s mot.* Sattelschlepper *m.* **~ us·er** *s* Verkehrsteilnehmer(in). **~ walk·ing** *s Leichtathletik:* Gehen *n.* **'~way** *s* **1.** Landstraße *f,* Fahrweg *m.* **2.** Straßen-, Fahrdamm *m,* Fahrbahn *f (a. e-r Brücke).* **'~work** *s sport* Lauftraining *n (e-s Boxers etc).* **'~wor·thi·ness** *s mot.* Verkehrssicherheit *f (e-s Autos).* **'~wor·thy** *adj* verkehrssicher.
**roam** [rəʊm] **I** *v/i* **1.** a. **~ about** (*od.* **around**) (um'her)streifen, (-)wandern: **to ~ about the world** in der Welt herumziehen. **2.** *fig.* schweifen (*Blicke, Gedanken etc*). **II** *v/t* **3.** a. *fig.* durch'streifen, -'wandern: **to ~ the seas** alle Meere

befahren. **III** *s* **4.** Wandern *n,* Um'herstreifen *n.* **'roam·er** *s* **1.** Her'umtreiber(in). **2.** Wanderer *m,* Wand(r)erin *f.*
**roar** [rɔː(r); *Am. a.* rɔʊr] **I** *v/i* **1.** brüllen: **to ~ at s.o.** j-n anbrüllen; **to ~ with pain** brüllen vor Schmerz. **2.** (*vor Begeisterung od. Freude*) brüllen (**at** über *acc*): **to ~ (with laughter)** brüllen (vor Lachen). **3.** a) tosen, toben, brausen (*Wind, Meer*), b) (g)rollen, krachen (*Donner*), c) (er-)dröhnen, donnern (*Geschütz, Motor etc*), d) donnern, brausen (*Fahrzeug*), e) (er-)dröhnen, brausen (**with** von) (*Ort*). **4.** *vet.* keuchen (*Pferd*). **II** *v/t* **5.** *etwas* brüllen: **to ~ out** *s-e Freude etc* hinausbrüllen, -schreien; **to ~ s.o. down** j-n niederbrüllen. **III** *s* **6.** Brüllen *n,* Gebrüll *n (a. fig.):* **to set up a ~** ein Geschrei *od.* Gebrüll erheben; **to set the party in a ~** (*of laughter*) die Gesellschaft in schallendes Gelächter versetzen. **7.** a) Tosen *n,* Toben *n,* Brausen *n (des Meeres, Windes etc),* b) Krachen *n,* (G)Rollen *n (des Donners),* c) Donner *m (von Geschützen),* d) Lärm *m,* Dröhnen *n,* Donnern *n (von Motoren, Maschinen etc),* Getöse *n.*
**'roar·er** *s* **1.** Schreihals *m.* **2.** *vet.* Lungenpfeifer *m (Pferd).* **'roar·ing I** *adj* (*adv* **~ly**) **1.** brüllend (*a. fig.* **with** vor). **2.** lärmend, laut. **3.** tosend (*etc,* → **roar** 3): **~ forty** 3. **4.** *fig.* stürmisch, brausend: **~ applause;** **a ~ feast** ein rauschendes Fest. **5.** *colloq.* großartig, „phan'tastisch", „toll": **~ business** (*od.* **trade**) schwunghafter Handel; **in ~ health** kerngesund. **6.** *colloq.* fa'natisch: **a ~ Catholic. II** *adv* **7. ~ drunk** *colloq.* „sternhagelvoll". **III** *s* → **roar** III.
**roast** [rəʊst] **I** *v/t* **1.** a) braten, rösten: **~ed apple** Bratapfel *m,* b) schmoren (*a. fig. in der Sonne etc*): **to be ~ed alive** bei lebendigem Leibe verbrannt werden *od.* verbrennen, *fig.* vor Hitze fast umkommen. **2.** *Kaffee, Mais etc* rösten. **3.** *metall.* rösten, abschwelen: **to ~ ore.** **4.** *colloq.* a) „durch den Ka'kao ziehen", lächerlich machen, b) „verreißen" (*vernichtend kritisieren*). **II** *v/i* **5.** rösten, braten, schmoren: **I am simply ~ing** ich komme vor Hitze fast um. **III** *s* **6.** Braten *m:* → **rule** 14. **7.** (*Sorte f*) Röstkaffee *m.* **8.** *colloq.* a) Verspottung *f,* b) „Verriß" *m (vernichtende Kritik).* **9.** *steak* – *Am. colloq.* (gemeinsames) Steakbraten (*am offenen Feuer*). **IV** *adj* **10.** geröstet, gebraten, Röst...: **~ beef** Röst-, Rinderbraten *m;* **~ meat** Braten *m;* **~ pork** Schweinebraten *m.*
**'roast·er** *s* **1.** Röster *m,* 'Röstappa,rat *m.* **2.** *metall.* Röstofen *m.* **3.** Kaffeetrommel *f.* **4.** a) Brathähnchen *n,* b) Spanferkel *n,* c) Bratapfel *m.* **5.** *colloq.* glühend- *od.* knallheißer Tag. **'roast·ing I** *adj* **1.** Röst..., Brat...: **~ charge** *tech.* Röstgut *n;* **~ jack** Bratenwender *m;* **~ pig** Ferkel *n* zum Braten; **~ oven** → **roaster** 2. **2.** *colloq.* glühend-, knallheiß (*Tag etc*). **II** *adv* **3. ~ hot** *colloq.* glühend-, knallheiß. **III** *s* **4. to give s.o. (s.th.) a** (**real** *od.* **good**) **~** *colloq.* a) j-n (etwas) „durch den Kakao ziehen", lächerlich machen, b) j-n (etwas) „verreißen" (*vernichtend kritisieren*).
**rob** [rɒb; *Am.* rɑb] **I** *v/t* **1.** a) *etwas* stehlen, rauben, b) *ein Haus etc* ausrauben, (aus-)plündern, c) *fig.* berauben (**of** *gen*). **2.** j-n berauben: **to ~ s.o. of s.th.** a) j-n e-r Sache berauben (*a. fig.*), b) j-n um etwas bringen, j-m etwas nehmen; **the shock ~bed him of (his) speech** der Schreck raubte ihm die Sprache; → **Peter**[1]. **II** *v/i* **3.** rauben, plündern.
**rob·ber** ['rɒbə; *Am.* 'rɑbər] *s* Räuber *m.* **~ bar·on** *s hist.* **1.** Raubritter *m.* **2.** *Am.* skrupelloser Kapita'list. **~ gull** *s orn.* Raubmöwe *f.*

**rob·ber·y** [ˈrɒbərɪ; Am. ˈrɑ-] s 1. a. jur. Raub m: ~ **with violence** jur. schwerer Raub. 2. fig. Diebstahl m.

**robe** [rəʊb] I s 1. (Amts)Robe f, Taˈlar m (von Geistlichen, Juristen etc): ~s Amtstracht f; **state** ~ Amtskleid n; **the gentlemen of the (long)** ~ die Juristen. 2. Robe f: a) (wallendes) Gewand, b) Festgewand n, -kleid n, c) Abendkleid n, d) einteiliges Damenkleid, e) Bademantel m, langer Morgenrock: **master of the ~s** Oberkämmerer m; **coronation** ~s Krönungsornat m. 3. Tragkleidchen n (von Säuglingen). 4. Am. wärmende (Fell-etc)Decke. II v/t 5. j-n (feierlich an)kleiden, j-m die Robe anlegen. 6. fig. (ein)hüllen. III v/i 7. die Robe etc anlegen, sich ankleiden.

**robe-de-cham·bre** pl **robes-de--cham·bre** [rɒbdəʃɑ̃br] (Fr.) s Morgenrock m, -kleid n.

**rob·ert** [ˈrɒbə(r)t; Am. ˈrɑ-] → **herb Robert.**

**rob·in** [ˈrɒbɪn; Am. ˈrɑ-] s orn. 1. Rotkehlchen n. 2. Am. Wanderdrossel f. **R~ Good·fel·low** [ˈɡʊdˌfeləʊ] s Hauskobold m, (Art) Heinzelmännchen n.

**ro·bin·i·a** [rəʊˈbɪnɪə] s bot. Roˈbinie f, ˈScheinaˌkazie f.

**rob·in red·breast** → **robin.**

**rob·o·rant** [ˈrɒbərənt; Am. ˈrɑ-; ˈrəʊ-] pharm. I adj stärkend. II s Stärkungsmittel n, Roborans n.

**ro·bot** [ˈrəʊbɒt; Am. -ˌbɑt] I s 1. tech. Roboter m (a. fig.), Maˈschinenmensch m, Autoˈmat m. 2. → **robot bomb.** II adj 3. autoˈmatisch: ~ **pilot** aer. Selbststeuergerät n. ~ **bomb** s mil. selbstgesteuerte Bombe (z. B. V-Geschoß).

**ˈro·bot·ism** s Robotertum n. **ˈro·bot·ize** v/t 1. tech. mechaniˈsieren. 2. j-n zum Roboter machen. **ˈro·bot·ry** [-trɪ] s Robotertum n.

**Rob Roy (ca·noe)** [ˌrɒbˈrɔɪ; Am. ˌrɑb-] s leichtes Kanu (für ˈeine Person, mit Doppelpaddel).

**ro·bur·ite** [ˈrəʊbəraɪt] s chem. Robuˈrit m (Sprengstoff).

**ro·bust** [rəʊˈbʌst] adj (adv ~ly) 1. roˈbust: a) kräftig, stark: ~ **body**; ~ **health** robuste Gesundheit, b) kraftstrotzend, gesund, kernig, unverwüstlich: a ~ **man.** 2. derb: a ~ **sense of humo(u)r.** 3. tech. staˈbil, ˈwiderstandsˌfähig, roˈbust, unverwüstlich: ~ **material** (furniture, etc). 4. schwer: a) hart: ~ **work,** b) kräftig: ~ **wine. roˈbus·tious** adj 1. roˈbust. 2. lärmend, laut. 3. ˌwild', stürmisch. **roˈbust·ness** s Roˈbustheit f.

**roc** [rɒk; Am. rɑk] s 1. myth. (Vogel m) Roch m. 2. mil. ferngesteuerte Bombe mit eingebauter Fernsehkamera.

**roch·et** [ˈrɒtʃɪt; Am. rɑ-] s relig. Roˈchett n (Chorhemd).

**rock¹** [rɒk; Am. rɑk] s 1. Fels(en) m: **built** (od. **founded**) **on** ~ bes. fig. auf Fels gebaut; **firm** (od. **steady, solid**) **as a** ~ a) massiv, b) fig. verläßlich, zuverlässig; **to be between a** ~ **and a hard place** Am. zwischen Baum u. Borke sitzen (od. stecken, in e-r Zwickmühle sein. 2. collect. Felsen pl, Felsgestein n. 3. geol. Gestein n, Felsart f: **effusive** ~ Ergußgestein; **secondary** ~ Flözgebirge n; **useless** ~ taubes Gestein. 4. Klippe f (a. fig.): ~ **ahead!** mar. Klippe voraus!; **on the** ~s fig. colloq. a) ˌpleite', bankrott, b) ˌkaputt', in die Brüche gegangen (Ehe etc), c) mit Eiswürfeln, ˌon the rocks' (Whisky etc). 5. **the R~** Giˈbraltar n: **R~ English** Gibraltar-Englisch n; **R~ Scorpion** (Spitzname für) Bewohner(in) von Gibraltar. 6. Am. Stein m: **to throw** ~s. 7. fig. Fels m, Zuflucht f, Schutz m: **the Lord is my** ~; **the** ~ **of ages** fig.

a) Christus, b) der christliche Glaube. 8. bes. Br. Pfefferminzstange f. 9. sl. a) Stein m, bes. Diaˈmant m, b) pl ˌKlunkern' pl. 10. Am. sl. a) Geldstück n, bes. Dollar m, b) pl ˌKies' m (Geld). 11. → **rock salmon.** 12. pl vulg. ˌEier' pl (Hoden).

**rock²** [rɒk; Am. rɑk] I v/t 1. wiegen, schaukeln: **to** ~ **one's wings** aer. (mit den Tragflächen) wackeln. 2. erschüttern, ins Wanken bringen (beide a. fig.), schütteln, rütteln: **to** ~ **the boat** fig. die Sache ins Wanken bringen od. gefährden. 3. ein Kind (in den Schlaf) wiegen: **to** ~ **a child to sleep; to** ~ **in security** in Sicherheit wiegen. 4. Sand, Sieb etc rütteln. 5. Gravierkunst: die Oberfläche (e-r Platte) aufrauhen. II v/i 6. (sich) schaukeln, sich wiegen. 7. (sch)wanken, wackeln, taumeln (a. fig.). 8. Am. colloq. ˌganz aus dem Häus-chen sein' (with vor Überraschung etc): **to** ~ **with laughter** sich vor Lachen biegen. 9. mus. Rock 'n' Roll tanzen. 10. mus. rocken. III s 11. → **rock 'n' roll.** 12. a. ~ **music** ˈRock(muˌsik f) m: ~ **group** Rockgruppe f; ~ **singer** Rocksänger(in).

**rock³** [rɒk; Am. rɑk] s hist. Spinnrocken m.

**rock⁴** → **roc.**

**rock|and roll** → **rock 'n' roll. ~-and--'roll** → **rock-'n'-roll. ~ bed** s Felsengrund m. ~ **bot·tom** s colloq. Tiefpunkt m: **his spirits reached** ~ **-e Stimmung** sank auf den Nullpunkt; **his supplies touched** (od. **reached**) ~ s-e Vorräte waren (so gut wie) erschöpft; **that's** ~ das schlägt dem Faß den Boden aus. **~--'bot·tom** adj colloq. allerˈniedrigst(er, e, es), äußerst: ~ **prices.** **ˈ~-bound** adj 1. von Felsen umˈschlossen. 2. fig. eisern. ~ **cake** s hartgebackenes Plätzchen. ~ **can·dy** s Am. für **rock¹** 8. **~climb·ing** s (Fels)Klettern n. ~ **cork** s min. ˈBergasˌbest m, -kork m. **~cress** s bot. Gänsekresse f. **~crys·tal** s min. ˈBergkriˌstall m. **~dove** s orn. Felsentaube f. **~draw·ings** s pl Felszeichnungen pl. ~ **drill** s tech. Steinbohrer m.

**rock·er** [ˈrɒkə; Am. ˈrɑkər] s 1. Kufe f (e-r Wiege etc): **off one's** ~ sl. ˌübergeschnappt', verrückt. 2. Am. Schaukelstuhl m. 3. Schaukelpferd n. 4. tech. a) Wippe f, b) Wiegemesser n, c) Schwing-, Kipphebel m, d) electr. Bürstenbrücke f. 5. min. Wiege f, Schwingtrog m (zur Goldwäsche). 6. Eiskunstlauf: Kehre f. 7. mar. bes. Am. Boot n mit e-m Bogenkiel. 8. Br. Rocker m. **~arm** s tech. Schwenkarm m, Kipphebel m. **~cam** s tech. Welldaumen m. **~switch** s electr. Wippschalter m, Wippe f.

**rock·er·y** [ˈrɒkərɪ; Am. ˈrɑ-] s Steingarten m.

**rock·et¹** [ˈrɒkɪt; Am. ˈrɑ-] I s 1. Raˈkete f (Feuerwerkskörper), ˈLeuchtraˌkete f (als Signal). 2. a) tech. Raˈkete f, b) mil. Raˈkete(ngeschoß n) f: **intermediate--range** ~ Mittelstreckenrakete. 3. fig. colloq. bes. Br. ˌAnpfiff' m, ˌZiˈgarre' f: **to get a** ~ e-e Zigarre (verpaßt) bekommen; **to give s.o. a** ~ j-m e-e Zigarre verpassen. 4. ~ **aircraft,** ~ **airplane** (bes. Am. **airplane**) Raketenflugzeug n; **~-assisted take-off** Raketenstart m; ~ **projectile** Raketengeschoß n. III v/i 5. (wie e-e Raˈkete) hochschießen. 6. hochschnellen (Preise). 7. hunt. steil aufsteigen (bes. Fasan). 8. fig. **he ~ed to stardom overnight** er wurde über Nacht zum Star. 9. Am. colloq. sausen, rasen. IV v/t 10. mil. mit Raˈketen beschießen, unter Raˈketenbeschuß nehmen. 11. mit e-r Raˈkete befördern: **to** ~ **a satellite into orbit.**

**rock·et²** [ˈrɒkɪt; Am. ˈrɑ-; a. rɑˈket] s bot.

1. ˈNachtviˌole f. 2. → **rocket salad.** 3. Rauke f. 4. a. ~ **cress** (Echtes) Barbarakraut.

**rock·et|base** s Raˈketen(abschuß)basis f. ~ **bomb** s mil. Raˈketenbombe f.

**rock·et·eer** [ˌrɒkɪˈtɪə(r); Am. ˌrɑ-], **ˈrock·et·er** s 1. Raˈketenkanoˌnier m. 2. Raˈketenpiˌlot m. 3. Raˈketenforscher m, -fachmann m.

**rock·et|gun** s mil. Raˈketenwaffe f: a) Raˈketengeschütz n, b) → **bazooka** 1. ~ **jet** s aer. Raˈketentriebwerk n. ~ **launch·er** s mil. Raˈketenwerfer m (Waffe). **ˈ~-ˌlaunch·ing site** Raˈketenabschußbasis f. **ˈ~-ˌpow·ered** adj tech. mit Raˈketenantrieb. ~ **pro·jec·tor** s mil. (Raˈketen)Werfer m. ~ **pro·pul·sion** s tech. Raˈketenantrieb m.

**rock·et·ry** [ˈrɒkɪtrɪ; Am. ˈrɑ-] s tech. 1. Raˈketenforschung f od. -technik f. 2. collect. Raˈketen pl.

**rock·et sal·ad** s bot. Senfkohl m.

**ˈrock|-fall** → **rockslide. ~ flour** s min. Bergmehl n. ~ **gar·den** s Steingarten m. ~ **goat** s zo. Steinbock m.

**Rock·ies** [ˈrɒkɪz; Am. ˈrɑ-] s pl colloq. für **Rocky Mountains.**

**ˈrock·i·ness** s Felsigkeit f, felsige od. steinige Beschaffenheit.

**ˈrock·ing| chair** s Schaukelstuhl m. ~ **horse** s Schaukelpferd n. ~ **pier** s tech. schwingender Pfeiler. ~ **shaft** → **rockshaft.** ~ **turn** s Eiskunstlauf: Kehrtwendung f.

**rock| leath·er** → **rock cork.** ~ **lob·ster** s zo. Gemeine Lanˈguste. ~ **lych·nis** s bot. Pechnelke f. ~ **mar·tin** s orn. Felsenschwalbe f. ~ **milk** s min. Bergmilch f. ~ **'n' roll** [ˌrɒkənˈrəʊl; Am. ˌrɑ-] s mus. Rock 'n' Roll m (Tanz). **~-'n'-'roll** v/i mus. Rock 'n' Roll tanzen. ~ **oil** s min. bes. Br. Stein-, Erdöl n, Peˈtroleum n, Naphtha n, f. ~ **pi·geon** s orn. Felsentaube f. ~ **plant** s bot. Felsen-, Alpen-, Steingartenpflanze f. **ˈ~-ribbed** adj 1. ˈfelsdurchˌzogen, felsig: a ~ **coast.** 2. fig. Am. eisern. **ˈ~-rose** s bot. 1. Cistrose f. 2. Sonnenrös-chen n. ~ **sal·mon** s ichth. 1. Br. Köhlerfisch m. 2. Am. Amberfisch m. ~ **salt** s min. Steinsalz n. **ˈ~-shaft** s tech. schwingende Welle. **ˈ~-slide** s geol. Felssturz m, Steinschlag m. **ˈ~-wood** s min. ˈHolzasˌbest m. ~ **wool** s chem. Stein-, Schlackenwolle f. **ˈ~-work** s 1. Gesteinsmasse f. 2. arch. Quaderwerk n. 3. Gartenbau: a) Steingarten m, b) Grottenwerk n.

**rock·y¹** [ˈrɒkɪ; Am. ˈrɑ-] adj 1. felsig. 2. steinhart (a. fig.).

**rock·y²** [ˈrɒkɪ; Am. ˈrɑ-] adj (adv rockily) colloq. wack(e)lig (a. fig.), schwankend: **to feel** ~ **on one's legs** sich unsicher od. wacklig auf den Beinen fühlen.

**ro·co·co** [rəʊˈkəʊkəʊ] I s 1. Rokoko n. II adj 2. Rokoko... 3. schnörk(e)lig, überˈladen. 4. veraltet, antiˈquiert.

**rod** [rɒd; Am. rɑd] s 1. Rute f, Reis n, Gerte f. 2. Bibl. fig. Reis n: a) Abkomme m, b) Stamm m. 3. (Zucht)Rute f (a. fig.): **to have a** ~ **in pickle for s.o.** mit j-m noch ein Hühnchen zu rupfen haben; **to kiss the** ~ sich unter die Rute beugen; **to make a** ~ **for one's own back** fig. sich die Rute selber flechten; **spare the** ~ **and spoil the child** wer die Rute spart, verzieht das Kind. 4. a) Zepter n, b) (Amts)Stab m, c) fig. Amtsgewalt f, d) fig. Knute f, Tyranˈnei f: **with a** ~ **of iron** mit eiserner Faust. 5. (Holz)Stab m, Stock m. 6. tech. a) Stab m, Stange f (Metall, als Material): ~s Rundeisen n, -stahl m, Walzdraht m, b) Stab m (als Bauelement), (Treib-, Zug-, Verbindungs- etc)Stange f: ~ **aerial** (bes. Am. **antenna**) electr. Stabantenne f; ~ **drive** Stangenantrieb

*m.* **7.** a) *a.* **fishing**~ Angelrute *f,* b) *colloq.* Angler *m.* **8.** Meßlatte *f,* -stab *m.* **9.** a) Rute *f* (*Längenmaß:* 5¹/₂ *yds*), b) Qua-ˈdratrute *f* (30¹/₄ *square yds*). **10.** Stäbchen *n* (*der Netzhaut*). **11.** *a.* ~(-shaped) **bacterium** *biol.* ˈStäbchenbakˌterie *f.* **12.** *sl.* ˈSchwanz' *m* (*Penis*). **13.** *Am. sl.* a) ˈSchießeisen' *n,* ˈKaˈnone' *f* (*Pistole*), b) → hot rod 1.

**rode¹** [rəʊd] *pret von* ride.

**rode²** [rəʊd] *s mar.* Ankerleine *f.*

**ro·dent** [ˈrəʊdənt] **I** *adj* **1.** *zo.* nagend, Nage...: ~ **teeth** Nagezähne. **2.** *med.* fressend: ~ **ulcer.** **II** *s* **3.** *zo.* Nagetier *n.*

**ro·de·o** [rəʊˈdeɪəʊ; ˈrəʊdɪəʊ] *pl* -**de·os** *s* Roˈdeo *m, n*: a) Zs.-treiben *n* von Vieh (*zum Kennzeichnen*), b) Sammelplatz *für diesen Zweck,* c) Cowboy-Turˈnier *n,* d) ˈMotorrad-, ˈAutoroˌdeo *m, n.*

**ˈrod·like** *adj* stabförmig.

**rod·o·mon·tade** [ˌrɒdəmɒnˈteɪd; -ˈtɑ:d; *Am.* ˌrɑ-; ˌrəʊ-] *poet.* **I** *s* Prahleˈrei *f,* Aufschneideˈrei *f.* **II** *adj* aufschneiderisch, prahlerisch.

**rod·ster** [ˈrɒdstə; *Am.* ˈrɑdstər] *s* Angler *m.*

**roe¹** [rəʊ] *s* **1.** *ichth.* a) *a.* **hard** ~ Rogen *m,* Fischlaich *m:* ~ **corn** (*einzelnes*) Fischei, b) *a.* **soft** ~ Milch *f* (*der männlichen Fische*). **2.** Eier *pl* (*vom Hummer etc*). **3.** (Holz)Maserung *f.*

**roe²** [rəʊ] *pl* **roe,** *selten* **roes** *s zo.* **1.** Reh *n.* **2.** a) Ricke *f* (*weibliches Reh*), b) Hindin *f,* Hirschkuh *f.*

**ˈroe·buck** *s zo.* Rehbock *m.* ~ **deer** *s zo.* Reh *n.*

**roent·gen** [ˈrɒntjən; *Am.* ˈrentɡən] *phys.* **I** *s* Röntgen *n* (*Maßeinheit*). **II** *adj meist* R~ Röntgen...: ~ **diagnosis;** ~ **rays;** ~ **ray tube** Röntgenröhre *f.* **III** *v/t* → **roentgenize.** ˈroent·gen·ize *v/t med.* a) mit Röntgenstrahlen behandeln, bestrahlen, b) röntgen, durchˈleuchten.

**roent·gen·o·gram** [rɒntˈɡenəɡræm; *Am.* ˈrentɡənəˌgræm] *s med. phys.* Röntgenbild *n,* -aufnahme *f.* **roent·gen·o·graph** [-grɑ:f; *Am.* -ˌgræf] **I** *s* → **roentgenogram.** **II** *v/t* ein Röntgenbild machen von. **roent·gen·og·ra·phy** [ˌrɒntɡəˈnɒɡrəfɪ; *Am.* ˌrentɡənˈɑ-] *s* ˈRöntgenfotograˌfie *f* (*Verfahren*). ˌroent·gen·oˈlog·ic [-nə-ˈlɒdʒɪk; *Am.* -ˈlɑ-] *adj;* ˌroent·gen·oˈlog·i·cal *adj* (*adv* ~ly) röntgenoˈlogisch, Röntgen... ˌroent·genˈol·o·gist [-ˈnɒlədʒɪst; *Am.* -nˈɑ-] *s* Röntgenoˈloge *m.* ˌroent·genˈol·o·gy [-dʒɪ] *s* Röntgenoloˈgie *f.* ˈroent·gen·o·scope [-nə-skəʊp] *s med.* ˈRöntgen-, Durchˈleuchtungsappaˌrat *m.* ˌroent·genˈos·co·py [-ˈnɒskəpɪ; *Am.* -nˈɑs-] *s med.* ˈRöntgenunterˌsuchung *f,* -durchˌleuchtung *f.* ˌroent·gen·oˈther·a·py [-nəˈθerəpɪ] *s med.* ˈRöntgentheraˌpie *f.*

**roe·stone** [ˈrəʊstəʊn] *s min.* Rogenstein *m,* Ooˈlith *m.*

**ro·ga·tion** [rəʊˈgeɪʃn] *s relig.* a) (Für-) Bitte *f,* (ˈBitt)Litaˌnei *f,* b) *meist pl* ˈBittgang *m,* -prozessiˌon *f.* **R~ days** *s pl relig.* Bittage *pl.* ~ **ser·vice** *s relig.* Bittgottesdienst *m.* **R~ Sun·day** *s relig.* (Sonntag *m*) Roˈgate *m.* **R~ week** *s relig.* Bittwoche *f,* Himmelfahrtswoche *f.*

**rog·a·to·ry** [ˈrɒgətərɪ; *Am.* ˈrɑgəˌtɔʊrɪ] *adj jur.* Untersuchungs...: ~ **commission;** **letters** ~ Amtshilfeersuchen *n.*

**Rog·er¹,** **r~** [ˈrɒdʒə(r); *Am.* ˈrɑ-] *s* **1.** → **Jolly Roger. 2.** ~ **de Coverly** *alter englischer Volkstanz.*

**rog·er²** [ˈrɒdʒə(r); *Am.* ˈrɑ-] **I** *interj* **1.** roger!, verstanden! **2.** *colloq.* in Ordnung! **II** *v/t* **3.** *sl.* ˌbumsen' (*schlafen mit*).

**rogue** [rəʊg] *s* **1.** Schurke, Gauner *m,* Schelm *m:* ~s' **gallery** Verbrecheralbum *n;* ~'s **march** *mil. hist. Br.* Trommel-

wirbel *m* bei der Ausstoßung e-s Soldaten aus dem Regiment. **2.** *humor.* Schelm *m,* Schlingel *m,* Spitzbube *m,* Strolch *m.* **3.** *obs.* Vagaˈbund *m.* **4.** *bot.* a) aus der Art schlagende Pflanze, b) ˈMißbildung *f.* **5.** *zo.* bösartiger Einzelgänger (*Elefant, Büffel etc*). **6.** a) bockendes Pferd, b) Ausreißer *m* (*Pferd*).

**ro·guer·y** [ˈrəʊgərɪ] *s* **1.** Schurkeˈrei *f,* Gauneˈrei *f.* **2.** Schelmenstreich *m.*

**ro·guish** [ˈrəʊgɪʃ] *adj* (*adv* ~ly) **1.** schurkisch. **2.** schelmisch, schalkhaft, spitzbübisch. **3.** *bot.* entartet. **ˈro·guish·ness** *s* **1.** Schurkenhaftigkeit *f.* **2.** Schalkhaftigkeit *f.*

**roil** [rɔɪl] *v/t* **1.** *Wasser etc* aufwühlen. **2.** ärgern, reizen: to be ~ed at aufgebracht sein über (*acc*).

**roist·er** [ˈrɔɪstə(r)] *v/i* **1.** kraˈkeelen, Raˈdau machen. **2.** prahlen, aufschneiden. **ˈroist·er·er** *s* **1.** Kraˈkeeler *m.* **2.** Großmaul *n.* **ˈroist·er·ous** *adj* **1.** lärmend, kraˈkeelend. **2.** großmäulig.

**role, rôle** [rəʊl] *s thea. u. fig.* Rolle *f:* **play a** ~ e-e Rolle spielen, e-e Funktion ausüben.

**roll** [rəʊl] **I** *s* **1.** *hist.* Schriftrolle *f,* Pergaˈment *n.* **2.** a) Urkunde *f,* b) (*bes.* Namens-, Anwesenheits)Liste *f,* Verzeichnis *n,* c) *jur.* Anwaltsliste *f:* **to call the** ~ die (Namens- *od.* Anwesenheits)Liste verlesen, Appell (ab)halten; **to strike off the** ~s von der (Anwalts- *etc*)Liste streichen; ~ **of hono(u)r** Ehren-, *bes.* Gefallenenliste, -tafel *f.* **3. the R~s** das ˈStaatsarˌchiv (*Gebäude in London*). **4.** (Haar-, Kragen-, Papier- *etc*)Rolle *f:* ~ **of butter** Butterröllchen *n;* ~ **of tobacco** Rolle Kautabak. **5.** Brötchen *n,* Semmel *f.* **6.** (*bes.* ˈFleisch)Rouˌlade *f.* **7.** *arch.* a) Wulst *m,* Rundleiste *f,* b) *antiq.* Voˈlute *f.* **8.** Bodenwelle *f.* **9.** *tech.* Rolle *f,* Walze *f* (*bes. in Lagern*). **10.** Fließen *n,* Fluß *m* (*a. fig.*): **the** ~ **of water; the** ~ **of verse. 11.** a) Brausen *n:* **the** ~ **of the waves; the** ~ **of an organ,** b) Rollen *n,* Grollen *n* (*des Donners*), c) (Trommel)Wirbel *m,* d) Dröhnen *n:* **the** ~ **of his voice,** e) *orn.* Rollen *n,* Triller(n *n*) *m:* **the** ~ **of a canary. 12.** Wurf *m* (*beim Würfeln*). **13.** *mar.* Rollen *n,* Schlingern *n* (*von Schiffen*). **14.** wiegender Gang, Seemannsgang *m.* **15.** *sport* Rolle *f* (*a. beim Kunstflug*). **16.** *Am. sl.* a) zs.-gerolltes Geldscheinbündel, b) *fig.* (e-e Masse) Geld *n.*

**II** *v/i* **17.** rollen: **to start** ~**ing** ins Rollen kommen; **tears were** ~**ing down her cheeks** Tränen rollten *od.* liefen *od.* rannen über ihre Wangen; **some heads will** ~ *bes. fig.* einige Köpfe werden rollen: → **ball¹** *Bes. Redew.* **18.** rollen, fahren (*Fahrzeug od. Fahrer*). **19.** *a.* ~ **along** (daˈhin)rollen, (-)strömen; ~**ing waters** Wassermassen. **20.** (daˈhin)ziehen: **the clouds** ~ **along; time** ~**s on** (*od.* **by**) die Zeit vergeht; **the seasons** ~ **away** die Jahreszeiten gehen dahin. **21.** sich wälzen (*a. fig.*): **to be** ~**ing in money** *colloq.* im Geld schwimmen. **22.** *sport, a. aer.* e-e Rolle machen. **23.** *mar.* rollen, schlingern (*Schiff*). **24.** wiegend gehen: ~**ing gait** → 14. **25.** rollen, sich verdrehen (*Augen*). **26.** a) grollen, rollen (*Donner*), b) dröhnen (*Stimme etc*), c) brausen (*Wasser, Orgel*), d) wirbeln (*Trommel*), e) trillern (*Vogel*). **27.** sich rollen *od.* drehen (lassen). **28.** *metall.* sich walzen lassen. **29.** *print.* sich (unter der Walze) verteilen (*Druckfarbe*).

**III** *v/t* **30.** a) *ein Faß etc* rollen, b) (herˈum)wälzen, (-)drehen: **to** ~ **a barrel** (**wheel,** *etc*); **to** ~ **one's eyes** die

Augen rollen *od.* verdrehen; **to** ~ **one's eyes at s.o.** *colloq.* j-m (schöne) Augen machen; **to** ~ **a problem round in one's mind** *fig.* ˌein Problem wälzen'. **31.** (daˈhin)rollen, fahren. **32.** *Wassermassen* wälzen (*Fluß*). **33.** (zs.-, auf-, ein)rollen, (-)wickeln: **to** ~ **o.s. into one's blanket** sich in die Decke (ein)wickeln. **34.** (durch Rollen) formen, machen: **to** ~ **a snowball; to** ~ **a cigarette** (sich) e-e Zigarette drehen; **to** ~ **paste for pies** Kuchenteig ausrollen. **35.** walzen: **to** ~ **a lawn** (a **road,** *etc*); **to** ~ **metal** Metall walzen *od.* strecken; ~**ed into one** *colloq.* alles in ˈeinem, in ˈeiner Person. **36.** *print.* a) *Papier* kaˈlandern, glätten, b) *Druckfarbe* (mit e-r Walze) auftragen. **37.** rollen(d sprechen): **to** ~ **one's r's. 38.** *die Trommel* wirbeln. **39.** *mar.* zum Rollen bringen: **the waves** ~**ed the ship. 40.** *den Körper etc beim Gehen* wiegen. **41.** *Am. sl. e-n Betrunkenen* ˌausnehmen', berauben.

*Verbindungen mit Adverbien:*

**roll**| **a·bout** *v/i colloq.* sich (vor Lachen) kugeln. ~ **a·long** *v/i* **1.** → roll 19. **2.** *sl.* ˌabdampfen', sich daˈvonmachen. ~ **back I** *v/t* **1.** Teppich *etc* zuˈrückrollen. **2.** *die Vergangenheit etc* zuˈrückbringen: **to** ~ **the years** das Rad der Zeit zurückdrehen. **3.** *econ. Am. Preise* (*auf staatliche Anordnung*) zuˈrückschrauben, senken. **4.** *mil. Am. Feind* zuˈrückwerfen. **II** *v/i* **5. the years rolled back** das Rad der Zeit drehte sich zurück. ~ **down I** *v/t* **1.** *Ärmel* herˈunterkrempeln. ~ **in I** *v/i* **1.** ˌherˈeinkommen', eintreffen (*Angebote, Geld etc*). **2.** *colloq.* ˌin die Klappe (*ins Bett*) gehen'. **3.** herˈeinrollen, -fahren. **II** *v/t* **4.** *Geld etc* scheffeln. ~ **on** *v/i* vergehen, daˈhingehen (*Zeit etc*): ~, **Saturday!** *Br.* wenn es doch nur schon Samstag wäre! ~ **out I** *v/t* **1.** hinˈausrollen, -fahren. **2.** *metall.* auswalzen, strecken. **3.** *Kuchenteig* ausrollen. **4.** a) *ein Lied etc* hinˈausschmettern, b) *Verse* deklaˈmieren. **II** *v/i* **5.** hinˈausrollen, -fahren. **6.** *metall.* sich auswalzen lassen. **7.** *print.* → roll 29. ~ **o·ver I** *v/t* **1.** herˈumwälzen, -drehen. **2.** *econ. Am.* e-e fällig werdende Obligation durch Angebot e-s neuen Papiers derselben Art neu finanzieren. **II** *v/i* **3.** (im Bett etc) herˈumwälzen. ~ **up I** *v/i* **1.** (her)ˈanrollen, (-)ˈanfahren. **2.** sich ansammeln *od.* (an)häufen. **3.** *colloq.* a) vorfahren, b) ˌaufkreuzen', auftauchen, c) sich zs.-rollen: **to** ~ **in bed. II** *v/t* **4.** (her)ˈanfahren. **5.** ansammeln: **to** ~ **a fortune. 6.** aufrollen, -wickeln. **7.** *Ärmel* hoch-, aufkrempeln (*a. fig.*). **8.** *mot. Fenster* hochkurbeln. **9.** *mil. gegnerische Front* aufrollen.

**roll·a·ble** [ˈrəʊləbl] *adj* **1.** (auf)rollbar, wälzbar. **2.** *tech.* walzbar.

**ˈroll-**|**a·bout** *adj* fahrbar (*Tisch etc*). **ˈ~·a·way** (**bed**) *s Am.* (fahrbares) Raumsparbett. **ˈ~·back** *s Am.* **1.** *mil.* Zuˈrückwerfen *n* (*des Feindes*). **2.** *econ.* Zuˈrückschrauben *n* (*von Preisen*). **ˈ~·bar** *s mot.* ˈÜberrollbügel *m.* **~ call** *s* **1.** Namensaufruf *m,* -verlesung *f.* **2.** *mil.* ˈAnwesenheitsapˌpell *m.* **3.** *a.* ~ **vote** *pol. Am.* namentliche Abstimmung. ~ **collar** *s* Rollkragen *m.*

**rolled** [rəʊld] *adj* **1.** gerollt, gewälzt, Roll...: ~ **ham** Rollschinken *m.* **2.** *tech.* gewalzt, Walz...: ~ **iron,** ~ **plate,** ~ **wire.** ~ **glass** *s* gezogenes Glas. ~ **gold** *s* Walzgold *n,* ˈGolddubˌlee *n.*

**roll·er** [ˈrəʊlə(r)] *s* **1.** *tech.* a) Walzwerkarbeiter *m,* b) Fördermann *m,* Schlepper *m.* **2.** *tech.* (Gleit-, Lauf-, ˈFührungs)Rolle *f.* **3.** *tech.* Walze *f,* Zyˈlinder *m,* Trommel *f,* Rolle *f.* **4.** *tech.* Schreibwalze *f* (e-r *Schreibmaschine*). **5.** *print.* Druckwalze *f.*

**6.** *mus.* Walze *f* (*e-r Orgel etc*). **7.** Rollstab *m* (*zum Aufwickeln von Landkarten etc*). **8.** *med.* Rollbinde *f.* **9.** *mar.* Roller *m*, schwerer Brecher, Sturzwelle *f.* **10.** *orn.* a) Flug-, Tümmlertaube *f*, b) (*e-e*) Ra(c)ke: **common** ~ Blaura(c)ke, c) Harzer Roller *m.* **11.** *Am. sl.* ,Bulle' *m* (*Polizist*). ~ **band·age** *s med.* Rollbinde *f.* ~ **bear·ing** *s tech.* Rollen-, Wälzlager *n.* ~ **blind** *s* Rolladen *m*, Rou'leau *n.* ~ **coast·er** *s* **1.** Achterbahn *f.* **2.** Achterbahnwagen *m.* ~ **hock·ey** *s sport* Rollhockey *n.* ~ **mill** *s tech.* **1.** Mahl-, Quetschwerk *n.* **2.** → **rolling mill.** ~ **skate** *s* Rollschuh *m.* '~**-skate** *v/i* Rollschuh laufen. ~ **skat·ing** *s* Rollschuhlaufen *n.* ~ **tow·el** *s* Rollhandtuch *n.* **roll| film** *s phot.* Rollfilm *m.* '~**-front cab·i·net** *s* Rollschrank *m.*

**rol·lick** ['rɒlɪk; *Am.* 'rɑ-] **I** *v/i* **1.** a) ausgelassen sein, b) her'umtollen. **2.** das Leben genießen, schwelgen. **II** *s* **3.** Ausgelassenheit *f.* '**rol·lick·ing** *adj* ausgelassen, 'übermütig.

**roll·ing** ['rəʊlɪŋ] *s* **1.** Rollen *n.* **2.** Da'hinfließen *n.* **3.** Rollen *n* (*des Donners*). **4.** Brausen *n* (*des Wassers etc*). **5.** *metall.* Walzen *n*, Strecken *n.* **6.** *mar.* Schlingern *n.* **II** *adj* **7.** rollend (*etc*; → roll II). **8.** hügelig (*Landschaft, Gelände*). ~ **ad·just·ment** *s econ. Am.* Rezessi'onswelle *f.* ~ **bar·rage** *s mil.* Feuerwalze *f.* ~ **cap·i·tal** *s econ.* Be'triebskapi₁tal *n.* ~ **chair** *s* (Kranken)Rollstuhl *m.* ~ **fric·tion** *s phys.* rollende Reibung. ~ **hitch** *s mar.* Rollstek *m* (*Knoten*). ~ **kitch·en** *s mil.* Feldküche *f.* ~ **mill** *s metall.* Walzwerk *n.* ~ **pin** *s* Well-, Nudelholz *n.* ~ **plant** → **rolling stock.** ~ **press** *s* **1.** *print.* Walzenpresse *f.* **2.** Sati'nierpresse *f* (*für Papier*). ~ **stock** *s rail.* rollendes Materi'al, Betriebsmittel *pl.* ~ **stone** *s fig.* Wander-, Zugvogel *m*: **a** ~ **gathers no moss** ein unbeständiger Mensch bringt es zu nichts. ~ **ti·tle** *s Film*: Rolltitel *m.*

**roll| lathe** *s tech.* Walzendrehbank *f.* '~**-mop** *s gastr.* Rollmops *m.* '~**-neck I** *s* **1.** Rollkragen *m.* **2.** 'Rollkragenpull₁over *m.* **II** *adj* **3.** Rollkragen... '~**-necked** *adj* rollneck 3. '~**-on** *s* **1.** E'lastikschlüpfer *m.* **2.** Deorollstift *m*, Deoroller *m.* '~'**on/** ~'**off** *adj*: ~ **ship** Roll-on-roll-off-Schiff *n* (*Spezialschiff zum Transport beladener Lastwagen od. Anhänger*). '~**-top desk** *s* Rollpult *m.* ~ **train** *s metall.* Walzenstrecke *f.*

**ro·ly-po·ly** [₁rəʊlɪ'pəʊlɪ] **I** *s* **1.** *a.* ~ **pudding** gerollter Pudding. **2.** ,Pummelchen' *n* (*Person*). **3.** *Am.* Stehaufmännchen *n* (*Spielzeug*). **II** *adj* **4.** pummelig, mollig.

**Rom** [rɒm; *Am.* rɑʊm] *pl* '**Ro·ma** [-mə] *s* Zi'geuner *m.* [speicher *m.*]

**ROM** [rɒm; *Am.* rɑm] *s Computer*: Fest-⌋

**Ro·ma·ic** [rəʊ'meɪɪk] **I** *adj* ro'maisch, neugriechisch. **II** *s ling.* Neugriechisch *n*, das Neugriechische.

**ro·maine** (**let·tuce**) [rəʊ'meɪn] *s bot. Am.* Römischer Lattich od. Sa'lat.

**Ro·man[1]** ['rəʊmən] **I** *adj* **1.** römisch: ~ **calender**; ~ **law**; ~ **cement** *arch.* Wassermörtel *m*; ~ **holiday** *fig.* a) blutrünstiges Vergnügen, b) Vergnügen *n* auf Kosten anderer, c) Riesenskandal *m*, ,Kladderadatsch' *m*; ~ **nose** Römer-, Adlernase *f*; ~ **numeral** römische Ziffer; ~ **road** Römerstraße *f.* **2.** *relig.* (römisch-)ka'tholisch. **3.** *meist* **r**~ *print.* Antiqua... **II** *s* **4.** Römer(in). **5.** *meist* **r**~ a) An'tiquabuchstabe *m*, b) An'tiquaschrift *f.* **6.** *relig.* Romhänger(in), Katho'lik(in). **7.** *ling.* La'tein *n*, das La'teinische.

**ro·man[2]** [rɒmɑ̃] *s hist.* ('Vers)Roman *m* (*epische Erzählung*).

**ro·man à clef** [rɒmɑ̃akle] *pl* **ro·mans**

**à clef** [rɒmɑ̃zakle] (*Fr.*) *s* 'Schlüsselro₁man *m.*

**Ro·man|arch** *s arch.* ro'manischer Bogen. ~ **can·dle** *s* Leuchtkugel *f* (*Feuerwerk*).

**Ro·man Cath·o·lic** *relig.* **I** *adj* (römisch-)ka'tholisch. **II** *s* Katho'lik(in). ~ **Church** *s* Römische od. (Römisch-)Ka'tholische Kirche.

**ro·mance[1]** [rəʊ'mæns; *Am. a.* 'rəʊ₁mæns] **I** *s* **1.** *hist.* 'Ritter-, 'Versro₁man *m*: **Arthurian** ~ Artusroman. **2.** Ro'manze *f*: a) ro'mantische Erzählung, (romantischer) 'Abenteuer- od. 'Liebesro₁man, b) *fig.* 'Liebeserlebnis *n*, -af₁färe *f*, c) *mus.* lyrisches Lied od. Instrumental₁stück. **3.** *fig.* Märchen *n*, phan'tastische Geschichte, Phantaste'rei *f.* **4.** Ro'mantik *f*: a) Zauber *m*: **the** ~ **of a summer night**, b) ro'mantische I'dee(n *pl*): **a girl full of** ~, c) Abenteuerlichkeit *f.* **II** *v/i* **5.** Ro'manzen dichten. **6.** *fig.* fabu'lieren, ,Ro'mane erzählen' (**about** über *acc*). **7.** ins Schwärmen geraten (**over** über *dat*). **8.** e-e Ro'manze haben (**with** mit).

**Ro·mance[2]** [rəʊ'mæns; *Am. a.* 'rəʊ₁mæns] *bes. ling.* **I** *adj* ro'manisch: ~ **peoples** Romanen; ~ **philologist** Romanist(in). **II** *s* a) Ro'manisch *n*, b) *a.* ~ **languages** die ro'manischen Sprachen *pl.*

**ro'manc·er** *s* **1.** Ro'manzendichter *m*, Verfasser *m* e-s ('Vers)Ro₁mans. **2.** *fig.* a) Phan'tast(in), Träumer(in), b) Aufschneider(in).

**Rom·a·nes** ['rɒmənes; *Am.* 'rɑ-; 'rəʊ-] *s* Romani *n*, Zi'geunersprache *f.*

**Ro·man·esque** [₁rəʊmə'nesk] **I** *adj* **1.** *arch. ling.* ro'manisch. **2.** *ling.* proven'zalisch. **3.** **r**~ ro'mantisch, phan'tastisch. **II** *s* **4.** *a.* ~ **architecture** (*od.* **style**) ro'manischer (Bau)Stil, Ro'manik *f.* **5.** *ling.* → **Romance[2]** II.

**ro·man-fleuve** *pl* **ro·mans--fleuves** [rɒmɑ̃flœv] (*Fr.*) *s* Fa'milien-, 'Zyklenro₁man *m.*

**Ro·ma·ni·an** [ruː'meɪnjən; -nɪən; *Am. a.* rəʊ-] **I** *adj* ru'mänisch. **II** *s ling.* Ru'mänisch *n*, das Rumänische.

**Ro·man·ic** [rəʊ'mænɪk] **I** *adj* **1.** *ling.* → **Romance[2]** I. **2.** römisch (*Kulturform*). **II** *s* → **Romance[2]** II.

**Ro·man·ish** ['rəʊmənɪʃ] *adj relig. contp.* römisch, pa'pistisch.

**Ro·man·ism** ['rəʊmənɪzəm] *s* **1.** a) Roma'nismus *m*, (römisch-)ka'tholische Einstellung, b) Poli'tik *f od.* Gebräuche *pl* der römischen Kirche. **2.** *antiq.* Römertum *n.*

**Ro·man·ist** ['rəʊmənɪst] *s* **1.** *relig.* (Römisch-)Ka'tholische(r *m*) *f.* **2.** *jur. ling.* Ro'manist(in).

**Ro·man·ize** ['rəʊmənaɪz] **I** *v/t* **1.** römisch machen. **2.** romani'sieren, lati-ni'sieren. **3.** *meist* **r**~ in od. mit An'tiquabuchstaben schreiben od. drucken. **4.** *relig.* (römisch-)ka'tholisch machen. **II** *v/i* **5.** sich der (römisch-)ka'tholischen Kirche anschließen.

**Romano-** [rəʊmeɪnəʊ] *Wortelement mit der Bedeutung* römisch (und): ~**-Byzantine** römisch-byzantinisch.

**Ro·mans(c)h** [rəʊ'mænʃ; *Am.* rəʊ-'mɑːntʃ; -'mæntʃ] *ling.* **I** *s* **1.** Ro'maunsch *n*, Ro'montsch *n*, (Grau)'Bündnerisch *n.* **2.** 'Rätoro₁manisch *n*, das Rätoromanische. **II** *adj* **3.** (grau)'bündnerisch. **4.** 'rätoro₁manisch.

**ro·man·tic** [rəʊ'mæntɪk] **I** *adj* (*adv* ~ally) **1.** *allg.* ro'mantisch: a) *art etc*: die Romantik betreffend: **the** ~ **movement** die Romantik, b) ro'manhaft, abenteuerlich, phan'tastisch (*a. iro.*): **a** ~ **tale**, c) gefühlsbetont, schwärmerisch: **a** ~ **girl**, d) phan'tastisch: ~ **ideas**, e) male-

risch, voll Ro'mantik: **a** ~ **old town**, f) gefühlvoll: **a** ~ **scene**, g) geheimnisvoll, faszi'nierend: **he was a** ~ **figure**. **II** *s* **2.** *art etc*: Ro'mantiker *m.* **3.** Ro'mantiker(in), Schwärmer(in). **4.** (*das*) Ro'mantische. **5.** *meist pl* ro'mantische I'deen *pl od.* Gefühle *pl.* **ro'man·ti·cism** [-sɪzəm] *s* **1.** *art etc*: Ro'mantik *f.* **2.** (Sinn *m* für) Ro'mantik *f*, ro'mantische Veranlagung. **ro'man·ti·cist** → **romantic** 2 *u.* 3. **ro'man·ti·cize I** *v/t* romanti'sieren: a) ro'mantisch gestalten, b) in ro'mantischem Licht sehen. **II** *v/i* schwärmen, ro'mantische I'deen haben.

**Rom·a·ny** ['rɒmənɪ; *Am.* 'rɑ-; 'rəʊ-] **I** *s* **1.** Zi'geuner *m.* **2.** *collect.* (*die*) Zi'geuner *pl.* **3.** Romani *n*, Zi'geunersprache *f.* **II** *adj* **4.** Zigeuner...

**Rome** [rəʊm] **I** *npr* Rom *n*: ~ **was not built in a day** Rom ist nicht an od. in 'einem Tag erbaut worden; **when in** ~ (**do as the Romans do**) man sollte sich immer s-r Umgebung anpassen; **all roads lead to** ~ alle Wege führen nach Rom. **II** *s fig.* Rom *n*: a) *antiq.* das Römerreich, b) *relig.* das Papsttum, die katholische Kirche, c) *pol.* die italienische Regierung.

**Ro·me·o** [rəʊmɪəʊ] **I** *npr* Romeo *m.* **II** *pl* **-os** *s* Romeo *m*, feuriger Liebhaber.

**Rom·ish** ['rəʊmɪʃ] *adj meist contp.* römisch-(ka'tholisch).

**romp** [rɒmp; *Am. a.* rɑmp] **I** *v/i* **1.** *a.* ~ **about** (*od.* **around**) her'umtollen, sich balgen: **to** ~ **through** *fig.* spielend durchkommen; **to** ~ **through an examination** e-e Prüfung ,mit links' bestehen. **2.** ,rasen', ,(da'hin)flitzen': **to** ~ **away** ,davonziehen' (*Rennpferd etc*); **to** ~ **in** (*od.* **home**) leicht od. spielend gewinnen. **3.** *colloq.* ,pous'sieren', ,schmusen' (**with** mit). **4.** *s. obs.* Wildfang *m*, Range *f.* **5.** Tollen *n*, Toben *n*, Balge'rei *f*: **to have a** ~ → 1. **6.** *colloq.* ,Techtelmechtel' *n*, ,Geschmuse' *n.* **7.** *sport* leichter od. müheloser Sieg. '**romp·ers** *s pl* (einteiliger) Spielanzug (*für Kleinkinder*). '**romp·ing** *adj* (*adv* ~ly), '**romp·ish** *adj* (*adv* ~ly), '**romp·y** *adj* ausgelassen, wild.

**ronde** [rɒnd; *Am.* rɑnd] *s print.* Ronde *f*, Rundschrift *f.*

**ron·deau** [rɒndəʊ; *Am.* 'rɑn-] *pl* **-deaux** [-dəʊz] *s metr.* Ron'deau *n*, Rundreim *m* (*meist 13- od. 10zeilige Strophe mit Kehrreim, der sich am Anfang, im Innern u. am Ende wiederholt*).

**ron·del** ['rɒndl; *Am.* 'rɑndl] *s metr.* **1.** vierzehnzeiliges Ron'deau. **2.** → **rondeau.**

**ron·do** ['rɒndəʊ; *Am.* 'rɑn-] *pl* **-dos** *s mus.* Rondo *n.*

**ron·dure** ['rɒndjʊə; *Am.* 'rɑndʒər] *s* Rund *n*, Rundung *f*, Kreis *m.*

**Ron·e·o** ['rəʊnɪəʊ] (*TM*) *print. Br.* **I** *s* Roneo-Vervielfältiger *m.* **II** *v/t* (mit dem 'Roneo-Appa₁rat) vervielfältigen.

**rönt·gen, rönt·gen·ize** → **roentgen, roentgenize.**

**roo** [ruː] *s Austral. colloq.* Känguruh *n.*

**rood** [ruːd] *s* **1.** *relig.* a) Kreuz *n*, Kruzi'fix *n* (*in Kirchen*), b) *obs.* Kreuzesstamm *m* (Christi). **2.** Viertelacre *m* (*Flächenmaß*). **3.** Rute *f* (*Längenmaß*): a) *lokal verschieden* = 7–8 *yards*, b) → **rod** 9. ~ **al·tar** *s* 'Lettneral₁tar *m.* ~ **arch** *s arch.* **1.** Mittelbogen in e-m Lettner, auf dem das Kreuz angebracht ist. **2.** Kreuznische *f* (*zwischen Kirchenschiff u. Chor*). ~ **loft** *s arch.* Chorbühne *f.* ~ **screen** *s* Lettner *m.* ~ **spire**, ~ **stee·ple** *s* Vierungsturm *m* (*mit Spitze*).

**roof** [ruːf] **I** *s* **1.** *arch.* (Haus)Dach *n*: **a** (**no**) ~ **over one's head** *fig.* (k)ein Dach über dem Kopf; **under my** ~ *fig.* unter m-m Dach, in m-m Haus; **to raise the** ~

*fig. colloq.* ,e-n Mordskrach schlagen'; **to go through the ~** *fig. colloq.* ,an die Decke gehen'. **2.** *mot.* Verdeck *n*. **3.** *fig.* (Blätter-, Zelt)Dach *n*: **~ of foliage;** **~ of a tent;** **~ of heaven** Himmelszelt *n*, -gewölbe *n*; **~ of the mouth** *anat.* Gaumen(dach *n*) *m*; **the ~ of the world** das Dach der Welt. **4.** *Bergbau:* Hangendes *n*. **II** *v/t* **5.** mit e-m Dach versehen, bedachen: **to ~ in** (*od.* **over**) überdachen; **flat-~ed** mit Flachdach. **6.** *fig.* bedecken, über'dachen. **'roof·age** → roofing I. **'roof·er** *s* Dachdecker *m*.

**roof gar·den** *s* **1.** Dachgarten *m*. **2.** *Am.* 'Dachrestau₁rant *n*.

**'roof·ing I** *s* **1.** Bedachen *n*, Dachdecken *n*. **2.** *tech.* Dachhaut *f*. **II** *adj* **3.** Dach...: **~** felt Dachpappe *f*.

**'roof·less** *adj* **1.** ohne Dach, ungedeckt. **2.** *fig.* obdachlos.

**roof rack** *s mot.* Dachgepäckträger *m*. **'~tree** *s* **1.** *arch.* Firstbalken *m*. **2.** under my **~** *fig.* unter m-m Dach, in m-m Haus.

**rook¹** [rʊk] **I** *s* **1.** *orn.* Saatkrähe *f*. **2.** *fig.* Gauner *m*, Bauernfänger *m*. **II** *v/t* **3.** j-n betrügen (of um).

**rook²** [rʊk] *s Schach:* Turm *m*.

**rook·er·y** ['rʊkərɪ] *s* **1.** a) Krähenhorst *m*, b) 'Krähenkolo₁nie *f*. **2.** *orn. zo.* Brutplatz *m*. **3.** *fig.* a) 'Massen-, 'Elendsquar₁tier *n*, b) 'Mietska₁serne *f*.

**rook·ie,** *a.* **rook·y** ['rʊkɪ] *s sl.* **1.** *mil.* Re'krut *m*. **2.** Neuling *m*, Anfänger *m*.

**room** [ruːm; rʊm] **I** *s* **1.** Raum *m*, Platz *m*: **to make~ (for)** Platz machen (für *od. dat* (a. fig.)); **no ~ to swing a cat (in), no ~ to turn in** scheußlich eng. **2.** Raum *m*, Zimmer *n*, Stube *f*: **in my ~** *od.* auf m-m Zimmer; **~ heating** Raumheizung *f*; **~ temperature** (a. normale) Raum-, Zimmertemperatur *f*. **3.** *pl* (Miet)Wohnung *f*. **4.** *fig.* (Spiel)Raum *m*, Gelegenheit *f*, Veranlassung *f*, Anlaß *m*: **~ for complaint** Anlaß zur Klage; **there is no ~ for hope** es besteht keine Hoffnung; **there is ~ for improvement** es ließe sich manches besser machen. **5.** Stelle *f*: **in s.o.'s ~** an j-s Stelle. **6.** *Bergbau:* Abbaustrecke *f*. **II** *v/i* **7.** *bes. Am.* wohnen, lo'gieren (at in *dat*; with bei). **III** *v/t* **8.** *bes. Am.* j-n (in e-m Zimmer *etc*) 'unterbringen. **roomed** [ruːmd; rʊmd] *adj in Zssgn* ...zimmerig: **double-~** zweizimmerig, Zweizimmer... **'room·er** *s bes. Am.* 'Untermieter(in).

**room·ette** [ruː'met; rʊm'et] *s rail. Am.* 'Einzelabt₁eil *n*.

**room·ful** ['ruːmfʊl; 'rʊm-] *pl* **-fuls** *s:* a **~ of people** ein Zimmer voll(er) Leute; **the whole ~** das ganze Zimmer.

**room·i·ness** ['ruːmɪnɪs; 'rʊm-] *s* Geräumigkeit *f*.

**'room·ing house** *s Am.* Fremdenheim *n*, Pensi'on *f*. **'~-in** *s med.* Rooming-'in *n* (gemeinsame Unterbringung von Mutter u. Kind).

**'room·mate** *s* **1.** Zimmergenosse *m*, -genossin *f*, 'Stubenkame₁rad(in). **2.** *euphem.* Lebensgefährte *m*, -gefährtin *f*. **~ ser·vice** *s* Zimmerservice *m*: **to ring for ~** nach dem Zimmerkellner klingeln.

**'room·y** *adj* (*adv* roomily) **1.** geräumig. **2.** weit (Kleidungsstück).

**roor·back** ['rʊər₁bæk] *s Am.* po'litische Zwecklüge (um j-n zu diffamieren).

**roost** [ruːst] **I** *s* **1.** a) Schlafplatz *m*, -sitz *m* (von Vögeln), b) Hühnerstange *f*, c) Hühnerstall *m*: **to ~** auf der Stange; **to come home to ~** *fig.* auf den Urheber zurückfallen; → **rule** 14. **2.** *fig.* Ruheplätzchen *n*, 'Unterkunft *f*. **II** *v/i* **3.** a) auf der Stange sitzen, b) sich zum Schlafen niederhocken (Vögel). **4.** *fig.* (bes. vor'über-*

gehend) schlafen *od.* wohnen.

**'roost·er** *s* **1.** *orn. bes. Am.* (Haus)Hahn *m*. **2.** *Am. colloq.* ,(eitler) Gockel'.

**root¹** [ruːt] **I** *s* **1.** *bot.* Wurzel *f* (a. fig.): **to destroy s.th. ~ and branch** etwas mit Stumpf u. Stiel ausrotten; **to pull out by the ~** mit der Wurzel ausreißen (a. fig. ausrotten); **to strike at the ~ of s.th.** *fig.* etwas an der Wurzel treffen; **to take** (*od.* **strike**) **~** → 12; **to put down ~s** *fig.* seßhaft werden; **to pull up one's ~s** *fig.* alles aufgeben; **the ~s of a mountain** der Fuß e-s Berges. **2.** a) Wurzelgemüse *n* (Möhre, rote Rübe *etc*), b) ,Wurzel' *f* (Wurzelstock, -knolle, Zwiebel *etc*): **Dutch ~s** Blumenzwiebeln. **3.** *anat.* (Haar-, Nagel-, Zahn- *etc*)Wurzel *f*: **~ of the hair,** *etc*; **~ treatment** (Zahnmedizin) Wurzelbehandlung *f*. **4.** *fig.* a) Wurzel *f*, Quelle *f*, Ursache *f*: **the ~ of all evil** die Wurzel alles Bösen; **to get at the ~(s) of things** den Dingen auf den Grund gehen; **to have its ~ in, to take ~ from** → 13, b) Kern *m*: **the ~ of the matter;** **~ idea** Grundidee *f*. **5.** a) Stammvater *m*, b) *bes. Bibl.* Wurzel *f*, Reis *n*, Sproß *m*: **a ~ of Jesse. 6.** *math.* a) Wurzel *f*: **~ extraction** Wurzelziehen *n*, b) eingesetzter *od.* gesuchter Wert (e-r Gleichung). **7.** *ling.* Stammwort *n*, Wurzel(wort *n*) *f*. **8.** *mus.* Grundton *m*: **~ position** Grundstellung *f*, -lage *f* (e-s Akkords). **9.** *astr. u. Zeitrechnung:* a) Ausgangspunkt *m* (e-r Berechnung), b) Ge'burtsa₁spekt *m*. **10.** *tech.* Wurzel *f*. **11.** *Am. sl.* Fußtritt *m*. **II** *v/i* **12.** Wurzeln schlagen, (ein)wurzeln (beide a. fig.), Wurzeln treiben. **13. ~ in** *fig.* wurzeln in (dat), s-n Ursprung haben in (dat). **III** *v/t* **14.** tief einpflanzen, einwurzeln lassen: **fear ~ed him to the ground** (od. **spot**) *fig.* er stand vor Furcht wie angewurzelt. **15. ~ up, ~ out, ~ away** mit der Wurzel ausreißen *od. fig.* ausrotten.

**root²** [ruːt] **I** *v/i* **1.** (mit der Schnauze) wühlen (for nach) (Schwein). **2. ~ about** (od. **around**) *fig.* her'umwühlen (among in *dat*). **II** *v/t* **3.** den Boden auf-, 'umwühlen. **4. ~ out, ~ up** ausgraben, aufstöbern (a. fig.). **~ her'vorzerren: to ~ out a letter; to ~ s.o. out of bed** j-n aus dem Bett treiben.

**root³** [ruːt] *v/i* (for) *bes. Am. colloq.* a) *sport* (j-n) anfeuern, b) *fig.* Stimmung machen (für j-n *od.* etwas), (j-n) (tatkräftig) unter'stützen.

**root·age** ['ruːtɪdʒ] *s* **1.** Verwurzelung *f*. **2.** *fig.* Wurzel(n *pl*) *f*.

**root-and-'branch** *adj* radi'kal, restlos. **~ beer** *s Am.* Limonade aus Kräuterod. Wurzelextrakten. **~ ca·nal** *s anat.* 'Zahn-, 'Wurzelka₁nal *m*. **~ climb·er** *s bot.* Wurzelkletterer *m*. **~ crop** *s* Wurzelgemüse *n*, Knollenfrüchte *pl*, Rüben *pl*.

**root·ed** ['ruːtɪd] *adj* (fest) eingewurzelt (a. fig.): **deeply ~** *fig.* tief verwurzelt; **to stand ~ to the ground** (od. **spot**) wie angewurzelt stehen(bleiben). **'root·ed·ly** *adv* von Grund auf, zu'tiefst. **'root·ed·ness** *s* Verwurzelung *f*.

**'root·er** *s bes. Am. colloq.* begeisterter Anhänger, ,Fa'natiker' *m*.

**roo·tle** ['ruːtl] → root².

**'root·less** *adj* **1.** wurzellos (a. fig.). **2.** *fig.* entwurzelt, ohne feste Bindung.

**root·let** ['ruːtlɪt] *s bot.* Würzelchen *n*, Wurzelfaser *f*.

**'root-mean-'square** *s math.* qua'dratischer Mittelwert. **'~stock** *s* **1.** *bot.* Wurzelstock *m*. **2.** Wurzelableger *m*. **~ tu·ber·cle** *s bot.* Wurzelknöllchen *n*. **~ vole** *s zo.* Wühlmaus *f*.

**root·y** ['ruːtɪ] *adj* **1.** wurz(e)lig. **2.** wurzelartig, Wurzel...

**rope** [rəʊp] **I** *s* **1.** Seil *n*, Strick *m*, Strang *m* (a. zum Erhängen): **the ~** *fig.* der Strick (Tod durch den Strang); **to be at the end of one's ~** mit s-m Latein am Ende sein; **to know the ~s** sich auskennen, ,den Bogen raushaben'; **to learn the ~s** sich einarbeiten; **to show s.o. the ~s** j-m die Kniffe beibringen, j-n anlernen. **2.** *mar.:* (Tau)Ende *n*, Tau *n*. **3.** (Ar'tisten)Seil *n*: **on the high ~s** a) hochmütig, b) hochgestimmt. **4.** *mount.* a) (Kletter)Seil *n*, b) a. **~ team** Seilschaft *f*: **to put on the ~** sich anseilen; **to be on the ~** angeseilt sein. **5.** *Am.* Lasso *m, n*. **6.** *pl Boxen:* (Ring)Seile *pl:* **to be on the ~s** a) (angeschlagen) in den Seilen hängen, b) *fig.* am Ende (s-r Kräfte) *od.* ,fertig' sein; **to have s.o. on the ~s** j-n in die Enge getrieben haben. **7.** *fig.* Strang *m* (Tabak *etc*), Schnur *f* (Zwiebeln, Perlen *etc*): **~ of ova** *zo.* Eischnur *f*; **~ of pearls** Perlenschnur; **~ of sand** *fig.* Illusion *f*, trügerische Sicherheit. **8.** (langgezogener) Faden (e-r Flüssigkeit). **9.** *aer. mil.* Düppel *pl.* **10.** *fig.* Spielraum *m*, Handlungsfreiheit *f*: **to give s.o. plenty of ~** j-m viel Freiheit lassen.

**II** *v/t* **11.** *a.* **~ up** (mit e-m Seil *etc*) zs.-binden. **12.** festbinden. **13.** *meist* **~ in** (*od.* **off**) (durch ein Seil) absperren *od.* abgrenzen. **14.** *mount.* anseilen: **to ~ down** (**up**) j-n ab- (auf)seilen. **15.** *Am.* mit dem Lasso (ein)fangen. **16. ~ in** *colloq.* a) Wähler, Kunden *etc* ,fangen', ,an Land ziehen', b) sich *ein Mädchen etc* ,anlachen': **to ~ s.o. in on s.th., to ~ s.o. into s.th.** j-n in etwas hineinziehen. **17.** *Am. sl.* j-n ,übers Ohr hauen', j-n ,reinlegen'.

**III** *v/i* **18.** Fäden ziehen (dicke Flüssigkeit). **19.** *meist* **~ up** *mount.* sich anseilen: **to ~ down** sich abseilen.

**'rope danc·er** *s* Seiltänzer(in). **'~ danc·ing** *s* Seiltanzen *n*. **~ fer·ry** *s* Seilfähre *f*. **~ lad·der** *s* **1.** Strickleiter *f*. **2.** *mar.* Seefallreep *n*. **'~mak·er** *s tech.* Seiler *m*. **~ mo(u)ld·ing** *f arch.* Seilleiste *f*. **~ quoit** *s mar.* Seilring *m* (zum Sport an Deck). **~ rail·way** → ropeway.

**rop·er·y** ['rəʊpərɪ] *s* Seile'rei *f*.

**rope's end** *s mar.* Tauende *n*. **'~-end** *v/t* mit dem Tauende (ver)prügeln.

**rope stitch** *s* Stickerei: Stielstich *m*. **~ tow** *s Skisport:* Schlepplift *m*. **~ trick** *s* Seiltrick *m*. **'~walk** *s tech.* Seiler-, Reeperbahn *f*. **'~walk·er** → ropedancer. **'~way** *s tech.* (Seil)Schwebebahn *f*.

**'rope yard** *s* Seile'rei *f*. **~ yarn** *s* **1.** *tech.* Kabelgarn *n*. **2.** *fig.* Baga'telle *f*.

**rop·i·ness** ['rəʊpɪnɪs] *s* Dickflüssigkeit *f*, Klebrigkeit *f*. **'rop·y** *adj* (adv ropily) **1.** dickflüssig, klebrig, zäh(flüssig), fadenziehend: **to be ~** Fäden ziehen. **2.** kahmig: **~ wine. 3.** *colloq.* a) mise'rabel, b) abgerissen, abgetragen (Kleidungsstück), c) fadenscheinig (Ausrede *etc*). **4.** sehnig.

**roque** [rəʊk] *s sport amer.* Form des Krocketspiels.

**Roque·fort** ['rɒkfɔː; *Am.* 'rəʊkfərt] *s* Roquefort(käse) *m*.

**ro·quet** ['rəʊkɪ; *Am.* rəʊ'keɪ] **I** *v/t u. v/i* Krocketspiel: (e-n anderen Ball) treffen. **II** *s* Treffen *n* e-s anderen Balles.

**ror·qual** ['rɔː(r)kwəl] *s a.* **common ~** *zo.* Finnwal *m*.

**Ror·schach test** ['rɔː(r)ʃɑːk] *s psych.* Rorschach-, Formdeutetest *m*.

**ror·ty** ['rɔːtɪ] *adj Br. sl.* fi'del, lustig.

**ro·sace** ['rəʊzeɪs] *s arch.* **1.** Ro'sette *f*. **2. ~ window** rose window.

**ro·sa·cean** [rəʊ'zeɪʃn] *bot.* **I** *adj* → rosaceous 1 a. **II** *s* Rosa'zee *f*, Rosengewächs

n. **ro'sa·ceous** [-ʃəs] adj 1. bot. a) zu den Rosa'zeen gehörig, b) rosenblütig. 2. rosenartig, Rosen...

**ro·sar·i·a** [rəʊˈzeərɪə] pl von rosarium.

**ro·sar·i·an** [rəʊˈzeərɪən] s 1. Rosenzüchter m. 2. R.C. Mitglied n e-r Rosenkranzbruderschaft.

**ro·sar·i·um** [rəʊˈzeərɪəm] (Lat.) pl -i·ums, -i·a [-ɪə] s Rosengarten m.

**ro·sa·ry** [ˈrəʊzərɪ] s 1. Rosenbeet n, -garten m. 2. oft R~ R.C. (a. Buddhismus) Rosenkranz m (Gebetsschnur u. Gebete): joyful (sorrowful, glorious) R~ freudenreicher (schmerzhafter, glorreicher) Rosenkranz; to say the R~ den Rosenkranz beten; Fraternity of the R~ Rosenkranzbruderschaft f.

**rose**[1] [rəʊz] I s 1. bot. Rose f: ~ of May Weiße Narzisse; ~ of Sharon a) Bibl. Sharon-Tulpe f, b) Großblumiges Johanniskraut; the ~ of fig. die Rose (das schönste Mädchen) von; to gather (life's) ~s die Rosen des Lebens pflükken, sein Leben genießen; it is not all ~s es ist nicht so rosig, wie es aussieht; under the ~ im Vertrauen; no ~ without a thorn fig. keine Rose ohne Dornen; → bed Bes. Redew. 2. Ro'sette f, Rös-chen n (Zierat). 3. → rose window. 4. geogr. mar. phys. Wind-, Kompaßrose f. 5. phys. tech. Kreisskala f. 6. Brause f (e-r Gießkanne etc). 7. Ro'sette f, Rose f (Edelsteinschliff od. so geschliffener Stein). 8. tech. Ro'sette f, Man'schette f. 9. zo. Rose f (Ansatzfläche des Geweihs). 10. her. hist. Br. Rose f (Wappenblume): Wars of the R~s Rosenkriege; → Red Rose, White Rose 2. 11. → rose col-o(u)r. II adj 12. Rosen... 13. rosenfarbig, rosa-, rosenrot.

**rose**[2] [rəʊz] pret von rise.

**ro·sé** [ˈrəʊzeɪ; Am. rəʊˈzeɪ] s Ro'sé m (Wein).

**ro·se·ate** [ˈrəʊzɪət; Am. a. -eɪt] → rose-colo(u)red.

**'rose**|**·bay** s bot. 1. Ole'ander m. 2. Am. a) Große Alpenrose, b) Pontische Alpenrose. **'~·bud** s Rosenknospe f (a. fig. Mädchen): gather ye ~s while ye may pflücke die Rose, eh' sie verblüht. **~ bug** → rose chafer 2. **'~·bush** s bot. Rosenstock m, -strauch m. **~ chafer** s zo. 1. Rosenkäfer m. 2. Am. Rosenlaubkäfer m. **'~·cheeked** adj rotwangig, -backig. **~ col·o(u)r** s Rosa-, Rosenrot n: life is not all ~ das Leben besteht nicht nur aus Annehmlichkeiten. **'~·col·o(u)red** adj 1. rosa-, rosenrot. 2. fig. rosa(rot), rosig, opti'mistisch: to see things through ~ spectacles (od. glasses) die Dinge durch e-e rosa(rote) Brille sehen. **'~·cut** adj mit Ro'settenschliff (Stein). **~ di·a·mond** s 'Rosendia,mant m. **'~·fish** s Rotbarsch m. **'~·gall** s bot. Rosenapfel m, -schwamm m. **~ gar·den** s Rosengarten m. **~ grow·er** s Rosenzüchter m. **'~·hip** s bot. Hagebutte f.

**rose·mar·y** [ˈrəʊzmərɪ; Am. -ˌmeri:] s bot. Rosmarin m. **~ pine** s bot. (USA) 1. Sumpfkiefer f. 2. Weihrauchkiefer f. 3. Gelbkiefer f.

**ro·se·o·la** [rəʊˈziːələ; Am. a. ˌrəʊziˈəʊlə] s med. 1. Rose'ole f (Hautausschlag). 2. → German measles.

**rose**|**pink** s 1. tech. a) Rosenlack(farbe f) m, b) rosa Farbstoff m. 2. bot. Amer. Tausend'güldenkraut n. **'~·pink** adj rosa(rot), rosenrot (a. fig.). **'~·quartz** s min. Rosenquarz m. **~ rash** → roseola. **~ red** s Rosenrot n, Rosa(rot) n. **'~·red** adj rosenrot, rosa(rot). **ro·ser·y** → rosary 1. **'rose**|**·tint·ed** → rose-colo(u)red. **~ tree** s Rosenstock m, -strauch m.

**ro·sette** [rəʊˈzet] s 1. Ro'sette f: a) (Zier-) Rose f, b) 'Rosenorna,ment n, c) Bandschleife f. 2. arch. a) ('Mauer)Ro,sette f, b) → rose window. 3. bot. ('Blattetc)Ro,sette f. 4. → rose diamond. 5. tech. Pa'trone f. 6. tech. Ro'sette(nkupfer n) f. **ro'set·ted** adj 1. mit Ro'setten geschmückt. 2. ro'settenförmig.

**rose**|**wa·ter** s 1. Rosenwasser n. 2. fig. a) Schmeiche'leien pl, b) Gefühlsduse'lei f. **'~·wa·ter** adj 1. nach Rosenwasser duftend. 2. fig. a) ('über)fein, (-)zart, sanft, b) affek'tiert, c) süßlich, sentimen'tal. **~ win·dow** s arch. ('Fenster)Ro,sette f, (-)Rose f. **'~·wood** s bot. Rosenholz n.

**Ro·si·cru·cian** [ˌrəʊzɪˈkruːʃən; Am. -ʃən; a. ˌrɑzə-] I s Rosenkreuzer m (Mitglied e-r Geheimgesellschaft). II adj Rosenkreuzer...

**ros·in** [ˈrɒzɪn; Am. ˈrɑzn; ˈrɔːzn] I s 1. chem. (Terpen'tin)Harz n, bes. Kolo'phonium n, Geigenharz n. 2. → resin 1. II v/t 3. mit Kolo'phonium einreiben.

**ros·i·ness** [ˈrəʊzɪnɪs] s (das) Rosige, rosiges Aussehen.

**ross** [rɒs; Am. a. rɑs] bes. Am. I s 1. Borke f. II v/t 2. Bäume abborken. 3. Borke abschälen.

**ros·ter** [ˈrɒstə(r); Am. bes. ˈrɑs-] s 1. mar. mil. Dienst- od. Namensliste f. 2. Dienstplan m. 3. Liste f, Verzeichnis n.

**ros·tral** [ˈrɒstrəl; Am. bes. ˈrɑs-] adj 1. anat. zo. ro'stral, schnabelförmig. 2. zo. zur Kopfspitze gehörig. 3. mar. hist. Schiffsschnabel... **ros·trate** [ˈrɒstreɪt; Am. bes. ˈrɑs-], **ros·trat·ed** adj 1. bes. bot. zo. geschnäbelt. 2. → rostral 3. **ros·trif·er·ous** [-ˈtrɪfərəs] adj zo. geschnäbelt. **'ros·tri·form** [-fɔː(r)m] adj zo. schnabelförmig.

**ros·trum** [ˈrɒstrəm; Am. bes. ˈrɑs-] pl -tra [-trə], selten -trums s 1. a) Rednerpult n, Podium m, b) Kanzel f, c) fig. Plattform f. 2. mar. antiq. Schiffsschnabel m. 3. anat. bot. zo. Schnabel m. 4. zo. a) Kopfspitze f, b) Rüssel m (von Insekten).

**ros·y** [ˈrəʊzɪ] adj (adv rosily) 1. rosenrot, -farbig: ~ red Rosenrot n. 2. rosig, blühend: ~ cheeks. 3. fig. → rose-colo(u)red 2. 4. rosengeschmückt, Rosen...: **'~·col·o(u)red** → rose-colo(u)red.

**rot** [rɒt; Am. rɑt] I v/i 1. a. ~ away (ver)faulen, (-)modern (a. fig. im Gefängnis), verrotten, verwesen: ~ off abfaulen. 2. a. ~ away geol. verwittern. 3. fig. (a. moralisch) verkommen, verrotten. 4. bot. vet. an Fäule leiden. 5. bes. Br. sl. ,quatschen', ,Blech' od. Unsinn reden. II v/t 6. (ver)faulen lassen. 7. bot. vet. mit Fäule anstecken. 8. bes. Br. sl. j-n ,anpflaumen', ,aufziehen' (hänseln). III s 9. a) Fäulnis f, Verwesung f, b) Fäule f, c) (etwas) Verfaultes: → dry rot. 10. a) bot. vet. Fäule f, b) vet. → liver rot. 11. bes. Br. sl. ,Quatsch' m, Blödsinn m, Unsinn m: to talk ~.

**ro·ta** [ˈrəʊtə] s 1. → roster. 2. bes. Br. a) Dienstturnus m, b) a. ~ system Turnusplan m. 3. meist R~ R.C. Rota f (oberster Gerichtshof der Kirche).

**Ro·tar·i·an** [rəʊˈteərɪən] I s Ro'tarier m, Mitglied n e-s Rotary-Clubs. II adj Rotary..., Rotarier...

**ro·ta·ry** [ˈrəʊtərɪ] I adj 1. ro'tierend, kreisend, sich drehend, 'umlaufend: ~ movement od. motion Umdrehung f, Drehbewegung f. 2. Rotations..., Dreh..., Kreis..., Umlauf...: ~ control tech. Drehregler m; ~ file Drehkartei f; ~ pump tech. Kreisel-, Umlaufpumpe f; ~ switch electr. Drehschalter m; ~ traffic Kreisverkehr m; ~-wing aircraft → rotorcraft. 3. aer. tech. Radial..., Stern-

motor... 4. fig. turnusmäßig. II s 5. tech. durch Rotation arbeitende Maschine, bes. a) → rotary engine, b) → rotary machine, c) → rotary press, d) electr. → rotary converter. 6. R~ → Rotary Club. 7. Am. Kreisverkehr m. **R~ Club** s Rotary-Club m. **~ con·dens·er** s electr. 'Drehkonden,sator m. **~ con·vert·er** s electr. 'Dreh,umformer m. **~ cur·rent** s electr. Drehstrom m. **~ en·gine** s 'Umlaufmotor m. **~ hoe** s agr. Hackfräse f. **R~ In·ter·na·tion·al** s Weltvereinigung f der Rotary-Clubs. **~ in·ter·sec·tion** → rotary 7. **~ ma·chine** s print. Rotati'onsma,schine f. **~ pis·ton en·gine** s mot. Drehkolbenmotor m. **~ plough,** bes. Am. **~ plow** s tech. 1. a. rotary snow plough (bes. Am. plow) Schneefräse f. 2. agr. Bodenfräse f. **~ press** s print. Rotati'ons(druck)presse f. **~ shut·ter** s Film: 'Umlaufblende f. **~ till·er** → rotary plough 2.

**ro·tat·a·ble** [rəʊˈteɪtəbl; Am. bes. ˈrəʊˌteɪ-] adj drehbar.

**ro·tate**[1] [rəʊˈteɪt; Am. ˈrəʊˌteɪt] I v/i 1. ro'tieren, kreisen, sich drehen, 'umlaufen. 2. der Reihe nach od. turnusmäßig wechseln: to ~ in office. II v/t 3. ro'tieren od. kreisen lassen. 4. math. a) (um e-e Achse) drehen, b) 'umklappen. 5. Personal turnusmäßig auswechseln. 6. agr. die Frucht wechseln.

**ro·tate**[2] [ˈrəʊteɪt] adj bot. zo. radförmig.

**ro·tat·ing** [rəʊˈteɪtɪŋ; Am. ˈrəʊˌteɪtɪŋ] adj → rotary 1: ~ field electr. phys. Drehfeld n, rotierendes Feld; ~-wing aircraft → rotorcraft.

**ro·ta·tion** [rəʊˈteɪʃn] s 1. math. phys. tech. Rotati'on f, Um'drehung f, 'Um-, Kreislauf m, Drehbewegung f: ~ of the earth Erdrotation, (tägliche) Erdumdrehung. 2. Wechsel m, Abwechslung f: in (od. by) ~ der Reihe nach, abwechselnd, im Turnus; ~ in office turnusmäßiger Wechsel im Amt. 3. a. ~ of crops agr. Fruchtwechsel m. **ro'ta·tion·al** [-ʃənl] adj 1. → rotary 1. 2. (ab)wechselnd. 3. im Turnus, turnusmäßig.

**ro·ta·tive** [ˈrəʊtətɪv; Am. -ˌteɪ-] adj 1. → rotary 1. 2. abwechselnd, regelmäßig 'wiederkehrend.

**ro·ta·tor** [rəʊˈteɪtə; Am. ˈrəʊˌteɪtər] s 1. anat. Ro'tator m, Dreh-, Rollmuskel m. 2. tech. a) ro'tierender Appa'rat od. Ma'schinenteil, b) electr. schnellaufender E'lektromotor (bes. mit Außenläufer). 3. Quantentheorie: Drillachse f.

**ro·ta·to·ry** [ˈrəʊtətərɪ; Am. -ˌtɔːrɪ; -ˌtəʊ-] adj 1. → rotary 1. 2. fig. abwechselnd od. turnusmäßig (aufein'anderfolgend): ~ assemblies. 3. ~ muscle anat. → rotator 1.

**rote** [rəʊt] s Rou'tine f: by ~ a) rein mechanisch, durch bloße Übung, b) auswendig.

**'rot·gut** s sl. Fusel m.

**ro·ti·fer** [ˈrəʊtɪfə(r)] s zo. Rädertier (-chen) n.

**ro·tis·ser·ie** [rəʊˈtɪsərɪ] s Rotisse'rie f: a) Bratspieß m, b) Restaurant, in dem die Grillgerichte vor den Augen des Gastes zubereitet werden.

**ro·to·gra·vure** [ˌrəʊtəʊ-; Am. -tə-] s print. 1. Zy'lindertiefdruck m, Kupfer-(tief)druck m. 2. → roto section.

**ro·tor** [ˈrəʊtə(r)] s 1. aer. Drehflügel m, Tragschraube f, Rotor m (des Hubschraubers). 2. electr. Rotor m, Läufer m: ~ circuit Läuferkreis m. 3. tech. Rotor m (Drehteil e-r Maschine). 4. mar. (Flettner-)Rotor m. **'~·craft, '~·plane** s aer. Rotorflugzeug m, Drehflügelflugzeug m. **~ ship** s mar. Rotorschiff n.

**ro·to sec·tion** [ˈrəʊtəʊ] s Am. Kupfertiefdruckbeilage f (e-r Zeitung).

**rot·ten** [ˈrɒtn; *Am.* ˈrɑtn] *adj* (*adv* ~ly) **1.** verfault, faul: ~ **egg** faules Ei; ~ **to the core** a) vollkommen verfault, b) *fig.* durch u. durch korrupt. **2.** morsch, mürbe. **3.** brandig, stockig: ~ **wood. 4.** *med.* faul: ~ **teeth. 5.** *fig.* a) verderbt, korˈrupt, b) niederträchtig, gemein: **a** ~ **trick; something is** ~ **in the state of Denmark** (*Shakespeare*) etwas ist faul im Staate Dänemark. **6.** *sl.* ˌ(ˈhunds)miseˌrabelˈ, ˌsaumäßigˈ: **a** ~ **book;** ~ **luck** Saupech *n;* ~ **weather** Sauwetter *n;* **to feel** ~ sich ˌbeschissenˈ fühlen. **7.** *vet.* mit der (Lungen)Fäule behaftet (*Schaf*). ~ **borˈoughs** *s pl pol. hist. Br.* a) *Wahlkreise mit verlassenen Orten,* b) *Wahlkreise, deren Bevölkerung nur aus Anhängern u. Abhängigen e-s einzigen Grundbesitzers bestand.*
ˈrot·ten·ness *s* **1.** Fäule *f*, Fäulnis *f*. **2.** Morschheit *f* (*von Holz etc*). **3.** *fig.* Verderbtheit *f*, Korˈruptheit *f*.
ˈrot·ter *s obs. Br. sl.* ˌSchweinehundˈ *m*.
**ro·tund** [rəʊˈtʌnd] *adj* (*adv* ~ly) **1.** rund, kreisförmig. **2.** rundlich, dicklich: **a** ~ **man. 3.** *fig.* a) voll(tönend), klangvoll: ~ **voice,** b) pomˈpös, hochtrabend, blumig: ~ **phrases. 4.** *fig.* abgerundet, ausgewogen: ~ **style.**
**ro·tun·da** [rəʊˈtʌndə] *s arch.* Roˈtunde *f*: a) Rundbau *m*, b) Rundhalle *f*.
**ro·tun·date** [rəʊˈtʌndɪt; *Am. a.* -ˌdeɪt] *adj bes. bot. zo.* abgerundet.
**ro·tun·di·ty** [rəʊˈtʌndətɪ] *s* **1.** Rundheit *f*. **2.** Rundlichkeit *f*. **3.** Rundung *f*, (*das*) Runde. **4.** *fig.* Abgerundetheit *f*, Ausgewogenheit *f* (*des Stils etc*).
**rou·ble** → **ruble.**
**rou·é** [ˈruːeɪ; *Am.* ruˈeɪ] *s* Rouˈé *m*, (vornehmer) Lebemann.
**rouge** [ruːʒ] **I** *s* **1.** Rouge *n.* **2.** *tech.* Poˈlierrot *n.* **3.** *bes. her.* Rot *n.* **II** *adj* **4.** *her.* rot. **III** *v/i* **5.** Rouge auflegen, sich schminken. **IV** *v/t* **6.** (rot) schminken.
**rouge roy·al mar·ble** *s* rötliche belgische Marmorart.
**rough** [rʌf] **I** *adj* (*adv* → **roughly**) **1.** *allg.* rauh: ~ **cloth;** ~ **skin;** ~ **surface;** ~ **voice. 2.** rauh, struppig: ~ **hair. 3.** holp(e)rig, uneben: ~ **ground;** ~ **road. 4.** rauh, unwirtlich, zerklüftet: **a** ~ **landscape. 5.** a) rauh: **a** ~ **wind,** b) stürmisch: ~ **weather; a** ~ **passage** e-e stürmische Überfahrt, *fig.* e-e schwierige Zeit; **give s.o. a** ~ **passage** j-m arg zu schaffen machen; **he is in for a** ~ **passage** ihm steht einiges bevor; ~ **sea** *mar.* grobe See. **6.** *fig.* a) grob, roh: **a** ~ **man;** ~ **manners,** b) rauhbeinig, ungehobelt: **a** ~ **fellow,** c) heftig: **a** ~ **temper,** d) rücksichtslos, hart: ~ **play;** ~ **stuff** *colloq.* Gewalttätigkeit(en *pl*) *f*; → **roughhouse** I. **7.** rauh, barsch, schroff (*Person od. Redeweise*): **to have a** ~ **tongue** e-e rauhe Sprache sprechen, barsch sein; **to give s.o. the** ~ **side of one's tongue** j-m ˌden Marsch blasenˈ. **8.** *colloq.* a) rauh: ~ **treatment; a** ~ **welcome;** d) hart: **a** ~ **day** (life, *etc*), c) garstig, böse: **it was** ~ es war e-e böse Sache; **she had a** ~ **time** es ist ihr ziemlich dreckig gegangen; **to give s.o. a** ~ **time** j-n (ganz schön) rannehmen; **it was** ~ **on her** es war (ganz schön) hart für sie; **that's** ~ **luck for him** da hat er eben Pech (gehabt). **9.** roh, grob, unbearbeitet, im Rohzustand: ~ **food** grobe Kost; ~ **rice** unpolierter Reis; ~ **stone** a) unbehauener Stein, b) un(zu)geschliffener (Edel)Stein; ~ **style** grober *od.* ungeschliffener Stil; ~ **work** grobe Arbeit; → **rough diamond, rough-and-ready. 10.** Grob..., grobe Arbeit verrichtend (*Arbeiter, Werkzeug*): → **rough file. 11.** unfertig, Roh...: ~ **draft** Rohfassung *f*; ~ **sketch** Faust-

skizze *f*; **in a** ~ **state** im Rohzustand, unfertig; → **copy** 1. **12.** *fig.* grob: a) annähernd (richtig), ungefähr, b) flüchtig, im ˈÜberschlag: ~ **analysis** Rohanalyse *f*; **a** ~ **guess** e-e grobe Schätzung; ~ **calculation** Überschlag(srechnung *f*) *m*; ~ **size** *tech.* Rohmaß *n*; → **estimate** 5. **13.** *print.* unbeschnitten (*Buchrand*). **14.** primiˈtiv, unbequem: ~ **accommodation. 15.** herb, sauer: ~ **wine. 16.** *pharm.* drastisch: ~ **remedies. 17.** *Br. sl.* schlecht: a) ungenießbar, verdorben, b) ˌmiesˈ: **to feel** ~.
**II** *s* **18.** Rauheit *f*, Unebenheit *f*, (*das*) Rauhe *od.* Unebene: **over** ~ **and smooth** über Stock u. Stein; **to take the** ~ **with the smooth** *fig.* die Dinge nehmen, wie sie kommen; **the** ~(**s**) **and the smooth(s) of life** *fig.* das Auf u. Ab des Lebens; → **rough-and-tumble** II. **19.** Rohzustand *m*: **to work from the** ~ aus dem Groben arbeiten; **in the** ~ im Rohzustand; **to take s.o. in the** ~ j-n nehmen, wie er ist. **20.** a) holp(e)riger Boden, b) *Golf:* Rough *n*. **21.** Rowdy *m*, ˌRaˈbaukeˈ.
**III** *adv* **22.** roh, rauh, hart: **to play** ~; → **cut up** 8. **23. to sleep** ~ im Freien *od.* unter freiem Himmel übernachten.
**IV** *v/t* **24.** an-, aufrauhen. **25.** *oft* ~ **up** j-n mißˈhandeln, übel zurichten. **26.** *meist* ~ **out** *Material* roh *od.* grob bearbeiten, vorbearbeiten, *metall.* vorwalzen, *e-e Linse, e-n Edelstein* grob schleifen. **27.** *ein Pferd* zureiten. **28.** *e-n Pferdehuf* mit Stollen versehen. **29.** ~ **in,** ~ **out** entwerfen, skizˈzieren: **to** ~ **out a plan. 30.** ~ **up** *Haare, Gefieder* gegen den Strich streichen: **to** ~ **s.o. up the wrong way** *fig.* j-n reizen *od.* verstimmen. **31.** *sport e-n Gegner* hart ˌnehmenˈ.
**V** *v/i* **32.** hart werden. **33.** *sport* (überˈtrieben) hart spielen. **34.** ~ **it** *colloq.* primiˈtiv *od.* anspruchslos leben, ein sparˈtanisches Leben führen.
**rough·age** [ˈrʌfɪdʒ] *s* **1.** *agr.* Rauhfutter *n.* **2.** grobe Nahrung. **3.** *biol.* Ballaststoffe *pl.*
ˌ**rough|-and-ˈread·y** *adj* **1.** grob, roh, proviˈsorisch, Not..., Behelfs...: **in a** ~ **manner** behelfsmäßig, mehr schlecht als recht; ~ **rule** Faustregel *f*. **2.** rauhbeinig. **3.** schlud(e)rig: **a** ~ **worker.** ~ **-and-ˈtum·ble I** *adj* **1.** heftig, wild: **a** ~ **fight. II** *s* **2.** wildes Handgemenge, wüste Keileˈrei. **3.** Wirren *pl* (*des Krieges, des Lebens etc*), Getümmel *n*. ˈ**~cast I** *s* **1.** a) Rohguß *m*, b) *fig.* grober *od.* roher Entwurf, Rohfassung *f*. **2.** *arch.* Roh-, Rauhputz *m.* **II** *adj* **3.** im Entwurf, unfertig. **4.** *arch.* roh verputzt. **III** *v/t irr* **5.** im Entwurf anfertigen, in groben Zügen entwerfen, skizˈzieren: **to** ~ **a story. 6.** *arch.* berappen. ~ **coat** *s arch.* Roh- *od.* Rauhputz *m.* ~ **cut** *s* Rohschnitt *m* (*e-s Films*). ~ **di·a·mond** *s* ˈRohdiaˌmant *m*: **he is a** ~ *fig.* er hat e-e rauhe Schale. ~ **draw** *v/t irr* in groben Zügen entwerfen, skizˈzieren. ~ **dry I** *adj* [ˈrʌfdraɪ] nur getrocknet: ~ **clothes** Trockenwäsche *f.* **II** *v/t* [ˌrʌfˈdraɪ] *Wäsche* nur trocknen (*ohne sie zu bügeln od. mangeln*).
**rough·en** [ˈrʌfn] **I** *v/i* rauh(er) werden. **II** *v/t a.* ~ **up** an-, aufrauhen.
**rough| file** *s tech.* Schruppfeile *f.* ~ **-ˈhan·dle** *v/t* grob *od.* bruˈtal behandeln, malträˈtieren. ~ **ˈhew** *v/t a. irr tech.* **1.** roh behauen, grob bearbeiten. **2.** *fig.* in groben Zügen entwerfen *od.* gestalten. ~ **ˈhewn** *adj* **1.** *tech.* roh behauen. **2.** *fig.* in groben Zügen gestaltet *od.* entworfen. **3.** *fig.* grobschlächtig, ungehobelt. ˈ**~house** *sl.* **I** *s* **1.** a) Raˈdau *m*, b) wüste Keileˈrei, Schlägeˈrei *f.* **II** *v/t* **2.** *j-n* ˌpiesackenˈ. **3.** *j-n* mißˈhandeln, übel

zurichten. **III** *v/i* **4.** Raˈdau machen, toben.
**rough·ing| mill** [ˈrʌfɪŋ] *s metall.* Vorwalzwerk *n.* ~ **tool** *s tech.* Schruppmeißel *m.*
**rough·ly** [ˈrʌflɪ] *adv* **1.** rauh, roh, grob. **2.** grob, ungefähr, annähernd: ~ **speaking** a) etwa, ungefähr, annähernd, b) ganz allgemein (gesagt).
ˌ**rough|-maˈchine** *v/t tech.* grob bearbeiten. ˈ**~neck** *s Am. sl.* **1.** ˌRauhbeinˈ *n*, Grobian *m.* **2.** Rowdy *m*, Schläger *m.* **3.** Ölbohrarbeiter *m.*
**rough·ness** [ˈrʌfnɪs] *s* **1.** Rauheit *f*, Unebenheit *f.* **2.** *tech.* rauhe Stelle. **3.** *fig.* Roheit *f*, Grobheit *f*, Ungeschliffenheit *f.* **4.** Wildheit *f*, Heftigkeit *f.* **5.** Herbheit *f.*
ˌ**rough|-ˈplane** *v/t tech.* vorhobeln. ˈ**~rid·er** *s* **1.** Zureiter *m* (*von Pferden*). **2.** verwegener Reiter. **3.** *mil. Am. hist.* a) ˌirreguˌlärer Kavalˈleˌrist, b) R~, *a.* **Rough Rider** *Angehöriger e-s spanisch-nordamerikanischen Krieg 1898 aufgestellten Kavallerie-Freiwilligenregiments.* ˈ**~shod** *adj* scharf beschlagen (*Pferd*): **to ride** ~ **over** rücksichtslos über *j-n od. etwas* hinweggehen. ~ **-ˈturn** *v/t tech. Metall* vorschleifen, schruppen. ˈ**~up** *s sl.* wüste Schlägeˈrei. ~ **ˈwrought** *adj* grob be- *od.* gearbeitet.
**rou·lade** [ruːˈlɑːd] *s* **1.** *gastr.* Rouˈlade *f.* **2.** *mus.* Rouˈlade *f*, Pasˈsage *f*, Lauf *m.*
**rou·lette** [ruːˈlet] *s* **1.** Rouˈlett(e) *n*: a) ~ **wheel** Rouˈlettschüssel *f*, b) Rouˈlettspiel *n.* **2.** *tech.* Rollrädchen *n.* **3.** Lochlinie *f*, Perfoˈrierung *f* (*zwischen Briefmarken*). **4.** *math.* Radlinie *f.*
**Rou·man, Rou·ma·ni·an** → **Ruman, Rumanian.**
**Rou·mansh** [ruːˈmænʃ; *Am.* rəʊˈmɑːntʃ; -ˈmæntʃ] → **Romans(c)h.**
**round** [raʊnd] **I** *adj* (*adv* → **roundly**) **1.** *allg.* rund: a) kugelrund, b) kreisrund, c) zyˈlindrisch: ~ **bar** Rundstab *m*, d) (ab)gerundet, e) e-n Kreis beschreibend: ~ **movement** kreisförmige Bewegung, f) bogenförmig: ~ **-arched** *arch.* rundbogig, Rundbogen..., g) rundlich, voll: ~ **arms;** ~ **cheeks. 2.** *ling.* gerundet: ~ **vowel. 3.** *fig.* rund, voll, ganz: **a** ~ **dozen. 4.** *math.* ganz (*ohne Bruch*): **in** ~ **numbers** a) in ganzen Zahlen, b) auf- *od.* abgerundet. **5.** rund, annähernd *od.* ungefähr (*richtig*): **a** ~ **guess** e-e ungefähre Schätzung. **6.** rund, beträchtlich: **a** ~ **sum. 7.** *fig.* abgerundet: ~ **style. 8.** voll (-tönend): ~ **voice. 9.** flott, scharf: **at a** ~ **pace. 10.** offen, unverblümt: **a** ~ **answer; a** ~ **lie** e-e freche Lüge. **11.** kräftig, derb, ˌsaftigˈ: **in** ~ **terms** unmißˈverständlich. **12.** weich, vollmundig (*Wein*).
**II** *s* **13.** Rund *n*, Kreis *m*, Ring *m*: **this earthly** ~ das Erdenrund. **14.** (*etwas*) Rundes, Rund(teil *m, n*, -bau *m*) *n.* **15.** a) (runde) Stange, b) Querstange *f*, c) (Leiter)Sprosse *f*, d) *tech.* Rundstab *m.* **16.** Rundung *f*: **out of** ~ *tech.* unrund. **17.** *Bildhauerei:* Rund-, Freiplastik *f* (*Ggs. Relief*): **in the** ~ a) plastisch, b) *fig.* vollkommen. **18.** ~ **of beef** Rindskeule *f.* **19.** *Br.* Scheibe *f*, Schnitte *f* (*Brot etc*). **20.** Kreislauf *m*, Runde *f*: **the** ~ **of the seasons** der Kreislauf der Jahreszeiten; **the daily** ~ der alltägliche Trott. **21.** a) (Dienst)Runde *f*, Rundgang *m* (*von Polizisten, Briefträgern etc*), b) *mil.* Rundgang *m*, Streifwache *f*, c) *pl mil. collect.* Streife *f*, d) *a.* ~ **ward** ~ *med.* Viˈsite *f* (*im Krankenhaus*): **to go the** (*od.* **make one's**) ~**s** s-e Runde *od.* s-n Rundgang machen. **22.** a) (*bes.* Besichtigungs-, Inspekˈtions)Rundgang *m*, -fahrt *f*, b) Rundreise *f*, Tour *f.* **23.** Reihe *f*, Folge *f* (**of** von): ~ **of pleas-**

ures. **24.** a) *Boxen, Golf etc*: Runde *f*: **first ~ to him!** die erste Runde geht an ihn!, *fig. humor. a.* eins zu null für ihn!, b) *(Verhandlungs- etc)*Runde *f*: **~ of negotiations. 25.** Runde *f*, Kreis *m* (*von Personen*): **to go the ~s** die Runde machen, kursieren (**of** bei, **in** *dat*) (*Gerücht, Witz etc*). **26.** Runde *f*, Lage *f* (*Bier etc*): → **stand** 37. **27.** *mil.* a) Salve *f*, b) Schuß *m*: **20 ~s of cartridge** 20 Schuß Patronen; **he did not fire a single~** er gab keinen einzigen Schuß ab. **28.** *fig.* (*Lach-, Beifalls*)Salve *f*: **~ of cheers; ~ after ~ of applause** nicht enden wollender Beifall. **29.** *mus.* a) Rundgesang *m*, Kanon *m*, b) Rundtanz *m*, Reigen *m*, c) Dreher *m*.

**III** *adv* **30.** a. **~ about** 'rund-, 'rings(her)|um. **31.** 'rund(her)|um, im ganzen 'Umkreis, 'überall, auf *od.* von *od.* nach allen Seiten: → **all** *Bes. Redew.* **32.** im 'Umfang, mit e-m Umfang von: **a tree 30 inches ~. 33.** 'rundher|um, **~ and ~** immer rundherum; **the wheels go~** die Räder drehen sich; **to hand s.th. ~** etwas herumreichen; **to look ~** um sich blicken; **to turn~** sich umdrehen. **34.** außen her|um: **a long way ~** ein weiter *od.* großer Umweg. **35.** (*zeitlich*) her|an: **summer comes ~; winter comes ~ again** der Winter kehrt wieder. **36.** (*e-e Zeit*) lang *od.* hin|durch: **all the year ~** das ganze Jahr lang *od.* hindurch; **the clock ~** rund um die Uhr, volle 24 Stunden. **37.** a) hin|über, b) her|über, her: **to ask s.o. ~** j-n her(über)bitten; **to order one's car ~** (den Wagen) vorfahren lassen; → **bring** (**get**, *etc*) **round.**

**IV** *prep* **38.** (rund) um: **a tour ~ the world** e-e Reise um die Welt. **39.** um (... her|um): **to sail ~ the Cape; just ~ the corner** gleich um die Ecke. **40.** in *od.* auf (*dat*) ... her|um: **she chased us ~ all the shops** sie jagte uns durch alle Läden. **41.** um (... her|um), im 'Umkreis von (*od.* gen): **shells burst ~ him** um ihn herum platzten Granaten. **42.** um (... her|um): **to write a book~ a story** aus e-r Geschichte ein (dickes) Buch machen; **to argue~ and ~ a subject** um ein Thema herumreden. **43.** (*zeitlich*) durch, während (*gen*): **~ the clock** rund um die Uhr, volle 24 Stunden; **~ the day** den ganzen Tag lang.

**V** *v/t* **44.** rund machen, abrunden (*a. fig.*): → **rounded. 45.** um|kreisen. **46.** um|geben, um|schließen. **47.** a) *ein Kap etc* um|fahren, um|segeln, her|umfahren um, um, um *e-e Ecke* biegen *od.* fahren *od.* gehen, b) *mot.* e-e Kurve ausfahren.

**VI** *v/i* **48.** rund werden, sich runden. **49.** *fig.* sich abrunden. **50.** a) die Runde machen (*Wache*), b) e-n 'Umweg machen. **51.** *mar.* drehen, wenden (*Schiff*). **52. ~ on** *colloq.* a) j-n ,anfahren', b) über j-n ,herfallen'.

*Verbindungen mit Adverbien:*
**round| down** *v/t Zahl etc* abrunden (**to** auf *acc*). **~ off** *v/t* **1.** *Kante etc* abrunden (*a. fig. Ausbildung etc*). **2.** *fig.* krönen, beschließen (**with** mit). **3.** *Zahl etc* auf *od.* abrunden (**to** auf *acc*). **4.** *mar.* drehen: **to ~ the boat** anluven; **to round the boat off** abfallen. **~ out** I *v/t* **1.** *dem Getreide etc* Fülle geben. **2.** *Zahl etc* abrunden (**to** auf *acc*). **3.** *Geschichte etc* füllen, anreichern (**with** mit). **4.** *Ausbildung etc* abrunden (**with** mit, durch). II *v/i* **5.** voll werden (*Getreide etc*). **6.** rundlich werden (*Person*): **her figure is rounding out** sie geht ganz schön aus dem Leim'. **~ to** *v/i mar.* beidrehen. **~ up** *v/t* **1.** *Zahl etc* aufrunden (**to** auf *acc*). **2.** *mar. bes. das Tau* einholen. **3.** zs.-treiben: **to ~ cattle. 4.** *colloq.* a) *e-e Verbrecherbande* ,ausheben'; **to ~ gang-**

sters, b) *Leute etc* zs.-trommeln, ,auftreiben': **to ~ some reporters**, c) *etwas* ,auftreiben': **to ~ some cars.**

**'round·a·bout** I *adj* **1.** weitschweifig, 'umständlich: **~ explanations; ~ way of doing things!** wie kann man nur so umständlich sein! **2. ~ way** (*od.* **course, route**) Umweg *m*; **to take a ~ course** e-n Umweg machen; **in a ~ way** *fig.* auf Umwegen. **3.** rundlich, plump. II *s* **4.** 'Umweg *m.* **5.** *fig.* 'Umschweife *pl.* **6.** *Br.* Karus'sell *n*: **to go on the ~** Karussell fahren; **to lose on the swings what one makes on the ~s** *fig.* genauso weit sein wie am Anfang; **you make up on the swings what you lose on the ~s** *fig.* was man hier verliert, macht man dort wieder wett. **7.** *Br.* Kreisverkehr *m.*

**round| an·gle** *s math.* Vollwinkel *m.* **~ arch** *s arch.* (ro'manischer) Rundbogen. **~ dance** *s* **1.** Rundtanz *m*, Reigen *m.* **2.** Dreher *m.*

**round·ed** ['raʊndɪd] *adj* **1.** (ab)gerundet, rund, rund...: **~ edge** abgerundete Kante; **~ number** *math.* ab- *od.* aufgerundete Zahl. **2.** gehäuft (*Teelöffel etc*) (*Maßangabe*). **3.** *fig.* abgerundet, voll'endet. **4.** *ling.* gerundet (gesprochen): **~ vowel.**

**roun·del** ['raʊndl] *s* **1.** kleine, runde Scheibe. **2.** *arch.* a) rundes Feld *od.* Fenster, b) runde Nische. **3.** *art* Rundplastik *f.* **4.** Medail'lon *n* (*a. her.*). **5.** *mil. hist.* runde Platte der Ritterrüstung. **6.** *metr.* a) → **rondel** 1, b) *brit.* Form des Rondeaus (*9 Zeilen mit 2 Refrains*). **7.** *mus. hist.* (*ein*) Rundtanz *m.*

**roun·de·lay** ['raʊndɪleɪ] *s* **1.** *mus.* a) (*ein*) Rundgesang *m*, b) (*ein*) Rundtanz *m.* **2.** (*Vogel*)Lied *n.*

**'round·er** *s* **1.** *tech.* Werkzeug *od.* Maschine zum Abrunden von Kanten etc. **2.** *Am. colloq.* a) liederlicher Kerl, b) Säufer *m.* **3.** *sport Br.* a) *pl* (*als sg konstruiert*) Rounders *n*, Rundball *m* (*Art Baseball*), b) ganzer 'Umlauf. **4.** **10-~** (*Boxen*) Zehnrundenkampf *m.*

**¡round|·'eyed** *adj* mit großen Augen: **to stare at s.o. in ~ wonder** j-n mit großen, erstaunten Augen ansehen. **~ file** *s tech.* Rundfeile *f.* **~ game** *s Gesellschaftsspiel, bei dem jeder für sich allein spielt.* **~ hand** *s* Rundschrift *f.* **'~·head** *s* **1.** R~ *hist.* Rundkopf *m* (*Spitzname für Puritaner im 17. Jh.*). **2.** *tech.* Rund...: **~ screw** *tech.* Rundkopfschraube *f.* **'~·house** *s* **1.** *rail.* Lokomo'tivschuppen *m.* **2.** *mar. hist.* Achterhütte *f.* **3.** *hist.* Gefängnis *n*, Turm *m.* **4.** *Boxen: sl.* (wilder) Schwinger.

**'round·ing** I *adj* **1.** ein Rund bildend, rund(lich). **2.** *tech.* Rund...: **~ tool** *tech.* Rundgesenk *n.* II *s* **3.** (Ab)Rundung *f* (*a. ling.*): **~ off** Abrundung.

**'round·ish** *adj* rundlich.

**'round·ly** *adv* **1.** rund, ungefähr. **2.** rundweg, 'rundher|aus, unverblümt. **3.** gründlich, gehörig, tüchtig.

**'round·ness** *s* **1.** Rundung *f*, (*das*) Runde. **2.** (*etwas*) Rundes. **3.** *fig.* (*das*) Abgerundete *od.* Voll'endete. **4.** Unverblümtheit *f.*

**'round|·nose, '~·nosed** *adj tech.* rund (-nasig), rund...: **~ pliers** Rundzange *f.* **~ rob·in** *s* **1.** Petiti'on *f*, Denkschrift *f* (*bes. e-e mit im Kreis herum geschriebenen Unterschriften, um deren Reihenfolge zu verheimlichen*). **2.** *sport Am.* Turnier, bei dem jeder gegen jeden antritt. **~ shot** *s mil.* Ka'nonenkugel *f.* **~·'shoul·dered** *adj* mit Rundrücken.

**rounds·man** ['raʊndzmən] *s irr Br.* Austräger *m*, Ausfahrer *m*: **milk ~** Milchmann *m.*

**round| steak** *s direkt aus der Keule*

*geschnittenes Beefsteak.* **~ ta·ble** *s* **1.** runder Tisch. **2.** Tafelrunde *f*: **the R~ T~** a) *der runde Marmortisch am Hof König Artus'*, b) die Tafelrunde (*des Königs Artus*). **3.** a) *a.* **round-table conference** 'Round-'table-Konfe,renz *f*, Konfe'renz *f* am runden Tisch, b) *Teilnehmer e-r solchen Konferenz*, c) *Beratungen e-r solchen Konferenz.* **'~·the-·clock** *adj* 24stündig, rund um die Uhr. **'~·top** *s mar.* Krähennest *n.* **'~·tow·el** *s* Rollhandtuch *n.* **~ trip** *s Am.* a) 'Hin- u. 'Rückfahrt *f*, b) *aer.* 'Hin- u. 'Rückflug *m.* **'~·trip** *adj:* **~ ticket** *Am.* a) Rückfahrkarte *f*, b) *aer.* Rückflugticket *n.* **~ turn** *s mar.* Rundtörn *m* (*Knoten*): **to bring up with a ~** *fig.* jäh unterbrechen. **'~·up** *s* **1.** a) Zs.-treiben *n* (*von Vieh*), b) collect. *Am.* Zs.-treiber *pl* (*Männer u. Pferde*), c) zs.-getriebene Herde. **2.** *colloq.* a) Zs.-treiben *n*, Sammeln *n*, b) Razzia *f*, ,Aushebung' *f* (*von Verbrechern etc*), c) Zs.-fassung *f*, 'Übersicht *f*: **~ of the news** Nachrichtenüberblick *m.* **'~·worm** *s zo.* (*ein*) Fadenwurm *m*, *bes. med.* Spulwurm *m.*

**roup¹** [raʊp] *Scot. od. Br. dial.* I *v/t* versteigern. II *s* Versteigerung *f.*

**roup²** [ruːp; *Am. a.* raʊp] *s vet.* a) Darre *f* (*der Hühner*), b) Pips *m.*

**rouse¹** [raʊz] I *v/t* **1.** *oft ~* **up** wachrütteln, (auf)wecken (**from, out of** aus). **2.** *Wild etc* aufstöbern, -jagen. **3.** *fig.* j-n auf-, wachrütteln (**from, out of** aus), ermuntern: **to ~ o.s.** sich aufraffen. **4.** *a.* **~ to anger** *fig.* j-n aufbringen, erzürnen. **5.** *fig. Gefühle etc* wachrufen, *Haß etc* entfachen, *Zorn* erregen. **6.** *tech. Bier etc* ('um)rühren. **7.** *mar.* steifholen. II *v/i* **8.** *meist ~* **up** aufwachen (**from, out of** aus) (*a. fig.*). **9.** *fig.* wachsen (*Zorn etc*). III *s* **10.** *mil. bes. Br.* Wecken *n*, 'Wecksi,gnal *n.*

**rouse²** [raʊz] *s Br. obs.* **1.** Trunk *m.* **2.** Toast *m*: **to give a ~ to** e-n Toast ausbringen auf (*acc*). **3.** Zechgelage *n.*

**rouse³** [raʊz] *v/t* einsalzen.

**'rous·er** *s* **1.** (*der, die, das*) Erregende. **2.** *colloq.* a) Sensati'on *f*, b) ,tolles Ding'. **3.** *colloq.* faustdicke Lüge.

**'rous·ing** *adj* (*adv ~ly*) **1.** *fig.* aufrüttelnd, zündend, schwungvoll, mitreißend: **a ~ speech. 2.** brausend, stürmisch: **~ cheers. 3.** *fig.* aufregend, spannend, ,wild': **a ~ campaign. 4.** *colloq.* ,toll', phan'tastisch, gewaltig, ungeheuer: **~ lie** → **rouser** 3.

**roust·a·bout** ['raʊstə,baʊt] *s Am.* **1.** a) Schauermann *m*, Werft-, Hafenarbeiter *m*, b) (*oft contp.*) Gelegenheitsarbeiter *m.* **2.** Handlanger *m.*

**rout¹** [raʊt] I *s* **1.** Rotte *f*, (wilder) Haufen, Mob *m.* **2.** *jur.* Zs.-rottung *f*, Auflauf *m.* **3.** *obs.* (große) Abendgesellschaft. **4.** *bes. mil.* a) wilde Flucht, b) Schlappe *f*, Niederlage *f*: **to put to ~** → **5.** II *v/t* **5.** *mil.* in die Flucht schlagen.

**rout²** [raʊt] I *v/t* **1.** → **root²** II. **2. ~ out** (**of**) j-n (*aus dem Bett od. e-m Versteck etc*) (her'aus)treiben *od.* (-)jagen. **3.** vertreiben. **4.** *tech.* ausfräsen (*a. print.*), ausschweifen. II *v/i* → **root²** I.

**route** [ruːt; *mil. u. Am. a.* raʊt] I *s* **1.** (Reise-, Fahrt)Route *f*, (-)Weg *m*: **to go the ~** *fig.* bis zum Ende durchhalten; → **en route. 2.** a) (Bahn-, Bus- *etc*) Strecke *f*, b) *aer.* (Flug)Strecke *f*, Route *f*, c) (Verkehrs)Linie *f*, d) *mar.* Schiffahrtsweg *m*, e) (Fern)Straße *f.* **3.** *mil.* a) Marschroute *f*, b) *Br.* Marschbefehl *m*: **to get the ~** Marschbefehl erhalten; **~ march** *Br.* Übungsmarsch *m*, *Am.* Marsch mit Marscherleichterung; **step, march!** ohne Tritt(, marsch!). **4.** *fig.* Weg *m* (**to** zu). **5.** *tel.* Leitweg *m.*

**6.** *econ. Am.* Versand(art *f*) *m.* **II** *v/t*
**7.** *mil.* in Marsch setzen: **to ~ troops.**
**8.** Güter etc befördern, *a. weitS.* leiten,
diri'gieren (**via** über *acc*). **9.** die Route
*od. tech.* den Arbeits- *od.* Werdegang
festlegen von (*od. gen*). **10.** e-n Antrag etc
(auf dem Dienstweg) weiterleiten. **11.** a)
*electr.* legen, führen: **to ~ lines,** b) *tel.*
leiten.

**'rout·er plane** *s tech.* Nut-, Grundho-
bel *m.*

**rou·tine** [ru:'ti:n] **I** *s* **1.** a) (Ge'schäfts-,
'Amts- etc)Rou'tine *f,* b) übliche *od.*
gleichbleibende Proze'dur, eingefahre-
nes Gleis, gewohnter Gang, c) me'cha-
nische Arbeit, (ewiges) Einerlei, d) Rou-
'tinesache *f,* (reine) Formsache, e) *contp.*
Scha'blone *f, f) contp.* (alter) Trott: **to
make a ~ of** etwas zur Regel werden
lassen; **the daily ~** der Alltagstrott.
**2.** a) Varieté, Zirkus: Nummer *f,*
b) *contp.* übliches Geschwätz, 'Masche(
'Platte' *f.* **3.** *Computer:* Rou'tine *f,* Pro-
'gramm *n.* **4.** *Tanz etc:* Schrittfolge *f.* **II**
*adj* (*adv ~ly*) **5.** a) all'täglich, immer
gleichbleibend, üblich, b) laufend, regel-,
rou'tinemäßig: **~ check; ~ mainte-
nance** laufende Wartung; **~ order** *mil.*
Routine-, Dienstbefehl *m.* **6.** rou'tine-,
gewohnheitsmäßig, me'chanisch, scha-
'blonenhaft, Routine...: **~ work. rou-
'tin·ism** *s* **1.** rou'tinemäßiges Arbeiten.
**2.** (das) Rou'tinemäßige, Rou'tine *f.*
**rou'tin·ist** *s* Gewohnheitsmensch *m.*
**rou'tin·ize** *v/t* e-r Rou'tine etc unter-
'werfen, etwas zur Routine machen, *j-n*
an e-e Routine gewöhnen.

**roux** [ru:] *s gastr.* Einbrenne *f,* Mehl-
schwitze *f.*

**rove¹** [rəʊv] **I** *v/i* **1.** a. **~ about** (*od.*
**around**) (um'her)streifen, (-)wandern,
(-)schweifen: **to let the eye ~** *fig.* den
Blick schweifen lassen. **2.** *colloq.* viele
Weibergeschichten haben. **II** *v/t* **3.** durch-
'streifen, -'wandern. **III** *s* **4.** a) Wander-
schaft *f,* b) (Um'her)Wandern *n.*
**rove²** [rəʊv] **I** *v/t* **1.** das Tau etc an-
schlagen. **2.** Wolle etc ausfasern, e-n
Strumpf etc aufräufeln. **3.** *tech.* vorspin-
nen. **II** *s* **4.** (Woll- etc)Strähne *f.* **5.** *tech.*
→ **roving¹** 2.
**rove³** [rəʊv] *pret u. pp von* **reeve².**
**'rov·er¹** *s tech.* 'Vorspinnma¦schine *f.*
**'rov·er²** *s* **1.** Wanderer *m.* **2.** a) Seeräuber
*m,* Pi'rat *m,* b) Pi'ratenschiff *n.* **3.** *zo.*
Wandertier *n.*
**'rov·ing¹** *s tech.* **1.** Vorspinnen *n.*
**2.** (grobes) Vorgespinst.
**'rov·ing²** *adj* **1.** um'herziehend, -strei-
fend: **~ life** Vagabundenleben *n.* **2.** *fig.*
ausschweifend: **~ fancy; to have a ~
eye** gern ein Auge riskieren. **3.** *fig.,* flie-
gend', beweglich: **~ police force** Ein-
satztruppe *f* der Polizei; **~ reporter** ,ra-
sender' Reporter.
**rov·ing| com·mis·sion** *s* **1.** *jur.* (*Art*)
'Rechtshilfeman¦dat *n* mit örtlich unbe-
schränkter Zuständigkeit. **2.** *mar.* (*Art*)
Einsatz-Rahmenbefehl *m,* ,freie Jagd'. **~
frame** *s tech.* 'Vorspinnma¦schine *f.*
**row¹** [raʊ] *colloq.* **I** *s* Krach *m:* a) *bes. Br.*
Kra'wall *m,* Spek'takel *m,* Ra'dau *m,* b)
(lauter) Streit, c) Schläge'rei *f:* **to get into
a ~** ,eins aufs Dach bekommen'; **to have
a ~ with s.o.** ,Krach' mit *j-m* haben; **to
kick up** (*od.* **make**) **a ~** a) ,Krach schla-
gen', b) Krach od. Krawall machen;
**what's the ~?** was ist denn los?; **family ~**
Familienkrach *m.* **II** *v/t bes. Br. j-n* ,zs.-
stauchen'. **III** *v/i* (sich) lautstark streiten
(**with** mit).
**row²** [rəʊ] *s* **1.** (Häuser-, Sitz- etc)
Reihe *f:* **in ~s** in Reihen, reihenweise; **in
a ~** *fig.* hinter-, nacheinander; **a hard**
(*od.* **long**) **~ to hoe** *fig.* e-e schwere

Aufgabe, e-e schwierige Sache. **2.** Straße
*f:* Rochester R~. **3.** *tech.* Bauflucht
(-linie) *f.* **4.** *colloq.* Reihe *f,* Folge *f:* **a ~ of
platitudes. 5.** *Am.* Reihenhaus *n.*
**row³** [rəʊ] **I** *v/i* **1.** rudern. **2.** sich rudern
(lassen): **the boat ~s easily. II** *v/t* **3.** *ein
Rennen, Boot od. j-n* rudern: **to ~ down**
*j-n* (beim Rudern) überholen; **to ~ over**
*j-n* spielend überholen *od.* schlagen. **4.**
rudern gegen, mit *j-m* (wett)rudern (for
um). **III** *s* **5.** Rudern *n.* **6.** 'Ruderpar¦tie *f:*
**to go for a ~** rudern gehen.
**row·an** ['raʊən; 'rəʊən] *s a.* **~ tree** *bot.*
Eberesche *f.* '**~·ber·ry** *s bot.* Vogelbeere *f.*
**row·boat** ['rəʊ¦bəʊt] *s Am.* Ruderboot *n.*
**row-de-dow** [¦raʊd¦ˈdaʊ] *s* Spek'takel
*m,* Krach *m,* Ra'dau *m.*
**row·di·ness** ['raʊdɪnɪs] *s* Rowdytum *n,*
rüpelhaftes Benehmen, Gewalttätigkeit *f.*
**row·dy** ['raʊdɪ] **I** *s* Rowdy *m,* ,Ra'dau-
bruder', Raufbold *m,* ,Schläger' *m,*
,Ra'bauke' *m.* **II** *adj* rüpel-, flegel-, row-
dyhaft, gewalttätig. '**row·dy·ish** →
**rowdy** II. '**row·dy·ism** *s* **1.** → **rowdi-
ness. 2.** Rüpe'lei *f,* Gewalttätigkeit *f.*
**row·el** ['raʊəl] **I** *s* Spornrädchen *n.* **II** *v/t*
*e-m Pferd* die Sporen geben.
**row·en** ['raʊən] *s agr.* Grummet *n.*
**row·er** ['rəʊə(r)] *s* Ruderer *m.*
**row house** [rəʊ] *s Am.* Reihenhaus *n.*
**row·ing** ['rəʊɪŋ] **I** *s* Rudern *n,* Ruder-
sport *m.* **II** *adj* Ruder...: **~ boat** *bes.
Br.* Ruderboot *n;* **~ machine** Ruder-
apparat *m.*
**row·lock** ['rɒlək; *Am.* 'rɑ-] *s mar.* Ruder-,
Riemendolle *f.*
**roy·al** ['rɔɪəl] **I** *adj* (*adv ~ly*) **1.** königlich,
Königs...: **His** (**Her**) **R~ Highness** Seine
(Ihre) Königliche Hoheit; **~ prince** Prinz
*m* von königlichem Geblüt; → **prince** 2,
**princess** 1. **2.** fürstlich (*a. fig.*): **the ~
and ancient game** das Golfspiel; **a ~
beast** ein königliches Tier. **3.** *fig.* (*a.
colloq.*) prächtig, herrlich, groß(artig): **in
~ spirits** (in) glänzender Laune. **4.** edel
(*a. chem.*): **~ gases** Edelgase. **5.** *fig.* ge-
waltig, riesig: **~ dimensions;** → **battle
royal. II** *s* **6.** *colloq.* Mitglied *n* des
Königshauses: **the ~s** die königliche
Familie. **7.** *mar.* a) Oberbramsegel *n,*
b) Oberbram-, Roy'alstenge *f.* **8.** →
a) **royal antler,** b) **royal stag,** c) **royal
flush,** d) **royal palm,** e) **royal paper.**
**Roy·al| A·cad·e·my** *s Br.* (*die*) König-
liche Akade'mie der Künste. **~ Air
Force** *s* (*die*) Royal Air Force, (*die*)
(Königlich) Brit. Luftwaffe. **r~ an·te-
lope** *s zo.* 'Zwerganti¦lope *f.* **r~ ant·ler** *s*
*zo.* **1.** dritte Sprosse des Hirschgeweihs.
**2.** Kapi'talhirschgeweih *n.* **r~ blue** *s*
Königsblau *n* (*Farbe*). **r~ burgh** *s Scot.*
korpo'rierte Stadt. **r~ coach·man** *s irr*
Königskutscher *m* (*Angelfliege*). **r~ col-
o·ny** *s* 'Kronkolo¦nie *f.* **~ En·gi·neers** *s*
*pl* (*das*) (Königlich) Brit. Pio'nierkorps. **~
Ex·change** *s* (*die*) Londoner Börse (*Ge-
bäude*). **r~ flush** *s Poker:* Royal Flush *m*
(*die obersten 5 Karten e-r Farbe*). **~ In-
sti·tu·tion** *s Br.* Gesellschaft zur För-
derung und Verbreitung naturwissen-
schaftlicher Kenntnisse.
**'roy·al·ism** *s* **1.** Roya'lismus *m,* Königs-
treue *f.* **2.** Monar'chismus *m.* '**roy·al-
ist I** *s* **1.** Roya'list(in), Königstreue(r
*m*) *f.* **2.** *Am.* Unentwegte(r *m*) *f.* **II** *adj*
**3.** roya'listisch, königstreu: **to be more
~ than the King** *fig.* päpstlicher als der
Papst sein.
**Roy·al|Oak** *s hist.* Königseiche *f* (*in der
Charles II. sich nach s-r Niederlage 1651
verbarg*). **r~ oc·ta·vo** *s* Format etwa von
der Größe 6¹/₂ × 10 Zoll. **r~ palm** *s bot.*
Königspalme *f.* **r~ pa·per** *s* Roy'al-
pa¦pier *n* (*Schreibpapier vom Format
19 × 24 Zoll od. Druckbogen vom Format*

20 × 25 Zoll). **~ Psalm·ist** *s Bibl.* (*der*)
königliche Psalmensänger (*David*). **r~
pur·ple** *s* Purpur *m.* **r~ road** *s fig.*
bequemer *od.* leichter Weg (**to** zu): **there
is no ~ to success** Erfolg fällt e-m nicht
in den Schoß. **r~ sail** *s mar.* Oberbram-
segel *n.* **r~ So·ci·e·ty** *s Br.* Königliche
Akade'mie der Na'turwissenschaften. **r~
speech** *s* Thronrede *f.* **r~ stag** *s hunt.*
Kapi'talhirsch *m.* **r~ ti·ger** *s zo.* Königs-
tiger *m.*
**roy·al·ty** ['rɔɪəltɪ] *s* **1.** *econ. jur.* (Au-
'toren- etc)Tanti¦eme *f,* Gewinnanteil *m:*
**to get a ~** e-e Tantieme erhalten auf
(*acc*). **2.** *jur.* a) Li'zenzgebühr *f,* b) Li'zenz
*f:* **~ fees** Patentgebühren; **subject to
payment of royalties** lizenzpflichtig.
**3.** *jur. bes. hist.* Re'gal *n,* (*königliches od.
staatliches*) Privi'leg: a) Schürfrecht *n,*
b) Zehntrecht *n.* **4.** *jur. bes. hist.* Abgabe *f*
an den Besitzer *od.* die Krone, Pachtgeld
*n,* (*der*) Grundzehnte: **mining ~** Berg-
werksabgabe *f.* **5.** Krongut *n.* **6.** König-
tum *n:* a) Königreich *n,* b) Königswürde
*f:* **insignia of ~** Kroninsignien. **7.** königli-
che Abkunft. **8.** a) fürstliche Per'sön-
lichkeit, Mitglied *n* des *od.* e-s Königs-
hauses, b) *collect. od. pl* Fürstlichkeiten
*pl,* c) Königshaus *n,* königliche Fa'milie.
**9.** königliche Größe, Maje'stät *f* (*a. fig.*).
**10.** *fig.* Großzügigkeit *f.* **11.** mon'archi-
sche Re'gierung.
**Roys·ton crow** ['rɔɪstən] *s orn. Br.* Ne-
belkrähe *f.*
**roz·zer** ['rɒzə] *s Br. sl.* ,Bulle' *m* (*Polizist*).
**rub** [rʌb] **I** *s* **1.** (Ab)Reiben *n,* Abreibung
*f,* Po'lieren *n:* **to give s.th. a ~** a) etwas
(ab)reiben, b) etwas polieren. **2.** *fig.*
Schwierigkeit *f,* ,Haken' *m:* **there's the
~!** *colloq.* ,da liegt der Hase im Pfeffer';
**there's a ~ in it** *colloq.* die Sache hat e-n
Haken. **3.** Unannehmlichkeit *f:* **the ~s of
life. 4.** *fig.* Stiche'lei *f.* **5.** rauhe *od.*
aufgeriebene Stelle. **6.** *obs.* Unebenheit *f.*
**7.** *Bowls:* Unebenheit *f,* Hindernis *n.*
**II** *v/t* **8.** reiben: **to ~ one's hands** *a. fig.*
sich die Hände reiben; **to ~ s.th. off s.th.**
etwas von etwas (ab-, weg)reiben *od.*
(-)wischen; **to ~ some of the shine off**
*s.th. fig.* e-r Sache etwas von ihrem
Glanz nehmen; **to ~ s.o.'s nose in s.th.**
*fig. colloq.* j-m etwas ,unter die Nase
reiben'; **to ~ shoulders with** *fig.*
a) verkehren mit, sich einlassen mit,
b) *j-n* zum Freund haben; → **rub up** 3.
**9.** reiben, streichen: **to ~ one's hand
over** mit der Hand fahren über (*acc*).
**10. to ~ oil into one's skin** sich (die
Haut) mit Öl einreiben, sich einölen; **to ~
it into s.o. that** *fig. colloq.* es j-m unter
die Nase reiben, daß. **11.** streifen, reiben
an (*dat*). **12.** (wund) scheuern. **13.** a)
scheuern, schaben, b) po'lieren, c) wich-
sen, bohnern. **14.** *tech.* a) Nadeln strei-
chen, b) (ab)schleifen, (ab)feilen: **to ~
with emery** (**pumice**) abschmirgeln
(abbimsen). **15.** *print.* e-n Reli'efdruck
machen von, abklatschen. **16.** *hunt.* das
Gehörn legen (*Rotwild etc*).
**III** *v/i* **17.** reiben, streifen (**against,
upon, on** *dat,* gegen). **18.** *fig.* sich
schlagen (**through** durch).

*Verbindungen mit Adverbien:*

**rub| a·long** *v/i colloq.* **1.** sich (müh-
sam) 'durchschlagen. **2.** (**with** mit) a) es
aushalten, b) gut auskommen: **to ~** (**to-
gether**) a) es miteinander aushalten, b)
b) gut miteinander auskommen. **~
a·way** *v/t* **1.** wegreiben, wegwischen. **2.**
Lack etc abreiben. **3.** Muskelverspan-
nung etc 'wegmas¦sieren. **~ down** *v/t* **1.**
abschmirgeln, abschleifen. **2.** trocken-
reiben (*a. Pferd*), ('ab)frot¦tieren. **~ in** *v/t*
einreiben: **to rub** (**it**) **in** *fig. colloq.*
,darauf herumreiten', daß. **~ off I** *v/t*

**1.** ab-, wegreiben, ab-, wegwischen. **II** *v/i* **2.** abgehen (*Lack etc*), sich abnutzen (*a. fig.*). **3.** ~ **onto** (*od.* **on to**) *fig. colloq.* abfärben auf (*acc*). ~ **out I** *v/t* **1.** 'ausra-ıdieren. **2.** wegwischen, -reiben. **3.** her-'ausreiben. **4.** *Am. sl.* ˌumlegen' (*töten*). **II** *v/i* **5.** weggehen (*Fleck etc*). ~ **up I** *v/t* **1.** ('auf)poˌlieren. **2.** *fig.* Kenntnisse etc auffrischen, 'aufpoˌlieren. **3.** *fig. colloq.* **to rub s.o. up the right way** j-n bei Laune halten; **to know how to rub s.o. up the right way** j-n (richtig) zu nehmen wissen; **to rub s.o. up the wrong way** a) j-n ˌverschnupfen' *od.* verstimmen, b) j-m ˌblöd kommen'; **it rubs me up the wrong way** es geht mir gegen den Strich. **II** *v/i* **4.** ~ **on** → 2.

**rub-a-dub** [ˈrʌbədʌb] *s* ˌTaˈramtam-tam' *n*, Trommelwirbel *m*, -schlag *m*.

**rub·ber**[1] [ˈrʌbə(r)] **I** *s* **1.** (Naˈtur)Kau-tschuk *m*, Gummi *m*, *n*, *m*. **2.** (Raˈdier)Gum-mi *m*. **3.** *a.* ~ **band** Gummiring *m*, -band *n*, (Dichtungs)Gummi *m*. **4.** *a.* ~ **tire** (*bes. Br.* **tyre**) Gummireifen *m*. **5.** *pl a*) *Am.* ('Gummi)ˌÜberschuhe *pl*, b) *Br.* Turn-schuhe *pl*. **6.** a) Reiber *m*, b) Poˈlierer *m*, c) Schleifer *m*. **7.** Masˈseur *m*, Masˈseurin *f*, Masˈseuse *f*. **8.** *sl.* ˌGummi' *m* (*Kon-dom*). **9.** Reibzeug *n*. **10.** *fig.* Sticheˈlei *f*. **11.** Bohnerbürste *f*. **12.** a) Frotˈtier-(hand)tuch *n*, b) Frotˈtierhandschuh *m*. **13.** a) Wischtuch *n*, b) Poˈliertuch *n*, -kissen *n*, c) *Br.* Geschirrtuch *n*. **14.** Reibfläche *f* (*e-r Streichholzschach-tel*). **15.** *tech.* Wischer *m*. **16.** Buchbin-derei: Rückeneisen *n*. **17.** *tech.* a) Grob-feile *f*, b) Liegefeile *f* (*der Goldschmiede*). **18.** *tech. u. print.* Farbläufer *m*, Reiber *m*, b) 'Anreibmaˌschine *f* (*der Buchbinder*). **19.** *electr.* Reibkissen *n*. **20.** *tech.* ˌSchmirgelpaˌpier *n*. **21.** *tech.* (weicher) Formziegel *m*. **22.** Eishockey: Puck *m*, Scheibe *f*. **23.** Baseball: (Hartgummi-) Platte *f*. **24.** → rubberneck I. **II** *v/t* **25.** → rubberize. **III** *v/i* **26.** → rubber-neck III. **IV** *adj* **27.** Gummi...: ~ **goods** *euphem.* Kondome; **to have** ~ **knees** *fig. colloq.* Gummibeine haben; ~ **solution** Gummilösung *f*.

**rub·ber**[2] [ˈrʌbə(r)] *s* Bridge, Whist: Rob-ber *m*: a) Folge von (*meist drei*) Partien, b) ausschlaggebende (*meist dritte*) Partie.

**rub·ber| boat** *s* Schlauchboot *n*. ~ **ce-ment** *s tech.* Gummilösung *f*. ~ **check** (*Br.* **cheque**) *s econ. colloq.* geplatzter Scheck. **~coat·ing** *s* Gumˈmierung *f*. ~ **din·ghy** *s* Schlauchboot *n*. ~ **file** → rubber[1] 17.

**rub·ber·ize** [ˈrʌbəraɪz] *v/t tech.* mit Gummi impräˈgnieren *od.* überˈziehen, gumˈmieren.

**'rub·ber|ˌneck** *Am. colloq.* **I** *s* **1.** Gaf-fer(in), Schaulustige(r *m*) *f*, Neugierige(r *m*) *f*. **2.** Touˈrist(in) (*bes. auf Besichti-gungsfahrt*). **II** *adj* **3.** neugierig, schau-lustig. **III** *v/i* **4.** neugierig gaffen, ˌsich den Hals verrenken'. **5.** die Sehenswür-digkeiten e-r Stadt *etc* betrachten. **IV** *v/t* **6.** neugierig betrachten. ~ **plant** *s bot.* Kautschukpflanze *f*, *bes.* Gummibaum *m*. ~ **stamp** *s* **1.** Gummistempel *m*. **2.** *colloq.* a) (bloßer) Jasager, bloßes Werk-zeug, b) Nachbeter *m*. **3.** *Am.* a) Kliˈschee *n*, (abgedroschene) Phrase, b) Schaˈblone *f*, stereoˈtype Sache. **~ˈstamp** *v/t* **1.** (ab)stempeln. **2.** *colloq.* (routiˈnemäßig) genehmigen. ~ **tree** *s bot.* **1.** Gummi-baum *m*. **2.** Kautschukbaum *m*.

**'rub·ber·y** *adj* **1.** gummiartig, Gummi... **2.** zäh, wie Gummi (*Fleisch*).

**rub·bing** [ˈrʌbɪŋ] *s* **1.** *phys.* Friktiˈon *f*, Reibung *f*. **2.** *print.* Reiberdruck *m*. **3.** *tech.* Abrieb *m*. ~ **cloth** *s* Wisch-, Scheuertuch *n*. ~ **con·tact** *s electr.* ˌSchleifkonˌtakt *m*. ~ **var·nish** *s*

---

*tech.* Schleiflack *m*. ~ **wax** *s* Bohner-wachs *n*.

**rub·bish** [ˈrʌbɪʃ] **I** *s* **1.** Abfall *m*, Keh-richt *m*, *n*, Müll *m*. **2.** (Gesteins)Schutt *m* (*a. geol.*). **3.** *colloq.* Schund *m*, Plunder *m*, Kitsch *m*. **4.** *colloq.* ˌQuatsch' *m*, Blöd-sinn *m*: **to talk** ~. **5.** *Bergbau:* (*über Tage*) Abraum *m*, (*unter Tage*) Gangmasse *f*. **II** *v/t* **6.** *colloq.* verächtlich machen. **7.** *colloq. Unsitte etc* ausrotten. ~ **bin** *s Br.* → dustbin. ~ **chute** *s* Müllschlucker *m*.

**'rub·bish·y**, *a.* **'rub·bish·ing** *adj* **1.** *colloq.* Schund..., kitschig, wertlos. **2.** schuttbedeckt.

**rub·ble** [ˈrʌbl] *s* **1.** Bruchsteine *pl*, Schot-ter *m*. **2.** Bruchstein *m*. **3.** *geol.* (Stein-) Schutt *m*, Geschiebe *n*. **4.** Feldstein- *od.* (rohes) Bruchsteinmauerwerk *n*. **5.** loses Packeis. ~ **ma·son·ry** → rubble 4. **'~stone** → rubble 2. **'~work** → rub-ble 4.

**'rub·down** *s*: **to have a** ~ sich trocken-reiben *od.* (ab)frottieren.

**rube** [ruːb] *s Am. sl.* (Bauern)Trottel *m*.

**ru·be·fa·cient** [ˌruːbɪˈfeɪʃjənt; *Am.* -ʃənt] *med.* **I** *adj* (*bes.* haut)rötend. **II** *s* (*bes.* haut)rötendes Mittel. **ˌru·beˈfac-tion** [-fækʃn] *s med.* Hautröte *f*, -rötung *f*. **'ru·be·fy** [-faɪ] *v/t bes. med.* rot fär-ben, röten.

**ru·bel·la** [ruːˈbelə] *s med.* Röteln *pl*.

**ru·be·o·la** [ruːˈbiːələ; *Am.* ˌruːbiːˈəʊlə] *s med.* **1.** Masern *pl*. **2.** → rubella.

**Ru·bi·con** [ˈruːbɪkən; *Am.* -ˌkɑn] *npr*: **to pass** (*od.* **cross**) **the** ~ *fig.* den Rubikon überschreiten.

**ru·bi·cund** [ˈruːbɪkənd; *Am. a.* -kʌnd] *adj poet.* rötlich, rot, rosig. **ˌru·biˈcun-di·ty** [-ˈkʌndətɪ] *s* Röte *f*, rosiges Aus-sehen.

**ru·bid·i·um** [ruːˈbɪdɪəm] *s chem.* Ru-ˈbidium *n*.

**ru·bi·fy** → rubefy.

**ru·big·i·nous** [ruːˈbɪdʒɪnəs] *adj* rost-braun.

**ru·ble** [ˈruːbl] *s* Rubel *m* (*russische Münz-einheit*).

**ru·bric** [ˈruːbrɪk] **I** *s* **1.** *print.* Ruˈbrik *f*: a) (roter) Titelkopf *od.* -buchstabe, b) (besonderer) Abschnitt. **2.** *relig.* Ru-ˈbrik *f*, liˈturgische Anweisung. **II** *adj* **3.** rot (gedruckt *etc*), rubriˈziert. **ru·bri·cate** [ˈruːbrɪkeɪt] *v/t* **1.** rot be-zeichnen: ~**d letters** *print.* Buchstaben in roter Schrift. **2.** rubriˈzieren: a) *Bibl.* Ru-ˈbriken versehen, b) in Ruˈbriken an-ordnen. **'ru·bri·ca·tor** [-tə(r)] *s* Rubri-ˈkator *m*, *bes. hist.* Initiˈalenmaler *m*.

**'rub|ˌstone** *s* Schleifstein *m*. **'~ˌup** *s*: **to give s.th. a** ~ etwas (auf)polieren (*a. fig.*).

**ru·by** [ˈruːbɪ] *s* **1.** *a.* **true** ~, **Oriental** ~ *min.* Ruˈbin *m*. **2.** (Wein-, Ruˈbin)Rot *n*. **3.** *fig.* Rotwein *m*. **4.** *fig.* roter (Haut-) Pickel. **5.** *Uhrmacherei:* Stein *m*. **6.** *print. Br.* Paˈriser Schrift *f* (*Fünfeinhalbpunkt-schrift*). **7.** *orn.* Ruˈbinkolibri *m*. **8.** (karˈmin-, ruˈbin)rot. ~ **cop·per** (**ore**) *s min.* Cuˈprit *m*, Rotkupfererz *n*. ~ **port** *s* dunkelroter Portwein.

**ruche** [ruːʃ] *s* Rüsche *f*. **ruched** *adj* gerüscht, mit Rüschen besetzt. **'ruch-ing** *s collect.* Rüschenbesatz *m*, Rü-schen *pl*. Rüschenstoff *m*.

**ruck**[1] [rʌk] *s* **1.** *sport* (*das*) (Haupt)Feld *n*. **2. the** (**common**) ~ *fig.* die breite Masse: **to rise out of the** ~ sich über den Durchschnitt erheben.

**ruck**[2] [rʌk] **I** *s* Falte *f*. **II** *v/t oft* ~ **up** hochschieben, zerknittern. **III** *v/i oft* ~ **up** Falten werfen, hochrutschen.

**ruck·sack** [ˈrʌksæk; ˈrʊk-] *s* Ruck-sack *m*.

**ruck·us** [ˈrʌkəs] → ruction.

**ruc·tion** [ˈrʌkʃn] *s oft pl colloq.* **1.** To-huwaˈbohu *n*, wildes Durcheinˈander.

---

**2.** Krach *m*, Kraˈwall *m*, Streit *m*. **3.** Schlägeˈrei *f*.

**rudd** [rʌd] *s ichth.* Rotfeder *f*.

**rud·der** [ˈrʌdə(r)] *s* **1.** *mar. tech.* (Steuer-) Ruder *n*, Steuer *n*. **2.** *aer.* Seitenruder *n*, -steuer *n*: ~ **controls** *pl* Seitensteuerung *f*; ~ **unit** Seitenleitwerk *n*. **3.** *fig.* Richt-schnur *f*. **4.** *Brauerei:* Rührkelle *f*. **'~head** *s mar.* Ruderschaft *m*.

**'rud·der·less** *adj* **1.** ohne Ruder. **2.** *fig.* führer-, steuerlos.

**'rud·derˌpost** *s mar.* Rudersteven *m*. **'~stock** *s mar.* Ruderschaft *m*.

**rud·di·ness** [ˈrʌdɪnɪs] *s* Röte *f*.

**rud·dle** [ˈrʌdl] → raddle 1, 2.

**rud·dock** [ˈrʌdək] *s orn. dial.* Rotkehl-chen *n*.

**rud·dy** [ˈrʌdɪ] **I** *adj* (*adv* **ruddily**) **1.** rot, rötlich, gerötet. **2.** frisch, gesund (*Ge-sichtsfarbe*), rotbackig. **3.** *Br. colloq.* ˌver-flixt', verdammt. **II** *v/t* **4.** rot färben *od.* machen, röten.

**rude** [ruːd] *adj* (*adv* ~**ly**) **1.** grob, unver-schämt. **2.** rüde, ungehobelt. **3.** unge-schlacht, plump. **4.** *allg.* primiˈtiv: a) ˌunziviliˌsiert, b) ungebildet, c) un-wissend, d) kunstlos, e) behelfsmäßig. **5.** wirr (*Masse*): → **chaos** chaotischer Urzustand. **6.** unverarbeitet, Roh...: ~ **fare** Rohkost *f*; ~ **produce** Rohpro-dukt(e *pl*) *n*. **7.** heftig, wild: ~ **storm**; ~ **passions**. **8.** roh, derb, unsanft: → **awakening** 1. **9.** rauh: ~ **climate**. **10.** hart: **a** ~ **lot** (time, work, *etc*). **11.** holp(e)rig: **a** ~ **lane**. **12.** wild, rauh, zerklüftet: **a** ~ **landscape**. **13.** a) unge-fähr, grob: ~ **estimate**, b) flüchtig: **a** ~ **sketch**, c) **observer** oberflächlicher Beo-bachter. **14.** roˈbust, unverwüstlich (*Ge-sundheit*): **to be in** ~ **health** vor Gesund-heit strotzen. **'rude·ness** *s* **1.** Grobheit *f*, Unverschämtheit *f*: ~ **must be met with** ~ auf e-n groben Klotz gehört ein grober Keil. **2.** Roheit *f*. **3.** Heftigkeit *f*. **4.** Primitiviˈtät *f*. **5.** Unebenheit *f* (*des Weges*). **6.** Rauheit *f*, Wildheit *f*.

**ru·di·ment** [ˈruːdɪmənt] *s* **1.** erster An-fang, Ansatz *m*, Grundlage *f*. **2.** *pl* An-fangsgründe *pl*, Grundlagen *pl*, Rudi-ˈmente *pl*: **the** ~**s of science**. **3.** *biol.* Rudiˈment *n*. **ˌru·diˈmen·tal** [-ˈmentl] → **rudimentary**. **ˌru·diˈmen·ta·ri-ness** *s* rudimenˈtärer Zustand. **ˌru·di-ˈmen·ta·ry** [-tərɪ] *adj* (*adv* rudimen-tarily) **1.** elemenˈtar, Anfangs... **2.** rudi-menˈtär (*a. biol.*).

**rue**[1] [ruː] *s bot.* Gartenraute *f* (*Sinnbild der Reue*).

**rue**[2] [ruː] **I** *v/t* **1.** bereuen, bedauern, *ein Ereignis* verwünschen: **he will live to** ~ **it** er wird es noch bereuen; **to** ~ **the day when** den Tag verwünschen, an dem. **II** *s obs. od. dial. od. Scot.* **2.** Reue *f*. **3.** Enttäuschung *f*. **4.** Mitleid *n*.

**'rue·ful** *adj* (*adv* ~**ly**) **1.** kläglich, jämmer-lich: **the Knight of the R~ Coun-te-nance** der Ritter von der traurigen Ge-stalt (*Don Quichotte*). **2.** wehmütig, trüb-selig. **3.** reumütig. **4.** *obs.* mitleidig. **'rue·ful·ness** *s* **1.** Gram *m*, Traurigkeit *f*. **2.** Jammer *m*.

**ru·fes·cent** [ruːˈfesnt] *adj* rötlich.

**ruff**[1] [rʌf] *s* **1.** Halskrause *f* (*a. orn. zo.*). **2.** Manˈschette *f* (*um Blumentöpfe etc*). **3.** Rüsche *f*. **4.** *orn.* a) Haustaube *f* mit Halskrause, b) Kampfläufer *m*.

**ruff**[2] [rʌf] (*Kartenspiel*) **I** *s* Trumpfen *n*. **II** *v/t u. v/i* mit Trumpf stechen.

**ruff**[3], **ruffe** [rʌf] *s ichth.* Kaulbarsch *m*.

**ruf·fi·an** [ˈrʌfjən; -fɪən] **I** *s* **1.** Rüpel *m*, Grobian *m*. **2.** Raufbold *m*, Schläger *m*. **II** *adj* **3.** roh, bruˈtal, gewalttätig. **4.** wild. **'ruf·fi·an·ism** *s* Roheit *f*, Gewalttätig-keit *f*, Brutaliˈtät *f*. **'ruf·fi·an·ly** → ruffian II.

**ruf·fle** ['rʌfl] **I** v/t **1.** kräuseln: to ~ the waves; to ~ cloth. **2.** kraus ziehen: to ~ one's brow. **3.** s-e Federn, Haare sträuben: to ~ one's feathers sich aufplustern, fig. a. sich aufregen. **4.** zerzausen: to ~ s.o.'s hair. **5.** Papier etc zerknüllen, zerknittern. **6.** durchein'anderbringen, -werfen. **7.** j-n aus der Fassung bringen, aufregen, (ver)ärgern: to ~ s.o.'s temper j-n verstimmen. **8.** aufrauhen. **9.** schnell 'durchblättern: to ~ the pages. **10.** Karten mischen. **II** v/i **11.** sich kräuseln. **12.** die Ruhe verlieren. **13.** sich aufplustern, fig. a. sich aufspielen, anmaßend auftreten. **14.** zerknittert od. zerzaust werden, in Unordnung geraten. **III** s **15.** Kräuseln n. **16.** Rüsche f, Krause f. **17.** orn. Halskrause f. **18.** a) Störung f, b) Aufregung f, Verwirrung f: without ~ or excitement in aller Ruhe. '**ruf·fler** s obs. Prahlhans m.

**ru·fous** ['ru:fəs] adj rötlich-, rotbraun.

**rug** [rʌg] s **1.** (kleiner) Teppich, (Ka'min-, Bett)Vorleger m, Brücke f: to pull the ~ (out) from under s.o. fig. j-m den Boden unter den Füßen wegziehen; to sweep (od. brush) s.th. under(neath) (od. beneath) the ~ fig. etwas unter den Teppich kehren. **2.** bes. Br. dicke, wollene (Reise- etc)Decke.

**ru·ga** ['ru:gə] pl '**ru·gae** [-dʒi:; Am. a. -ˌgaɪ] s anat. Falte f. '**ru·gate** [-gɪt; -geɪt] adj faltig.

**rug·by (foot·ball)** ['rʌgbɪ] s sport Rugby n.

**rug·ged** ['rʌgɪd] adj (adv → ruggedly) **1.** a) zerklüftet, rauh, wild: a ~ landscape, b) zackig, schroff: a ~ cliff, c) felsig: ~ mountain. **2.** zerfurcht (Gesicht etc), uneben (Boden etc), holp(e)rig (Weg etc), gefurcht (Stirn), runz(e)lig. **3.** rauh: ~ bark (cloth, etc). **4.** fig. rauh, grob, ruppig: a ~ game; ~ manners rauhe Sitten; ~ individualism krasser Individualismus; life is ~ das Leben ist hart. **5.** bes. Am. ro'bust, stark, sta'bil (alle a. tech.). '**rug·ged·ly** adv unsanft, heftig, ungestüm, grob. '**rug·ged·ness** s **1.** Schroff-, Wildheit f. **2.** Rauheit f, Derbheit f. **3.** Am. Ro'bustheit f.

**rug·ger** ['rʌgə] Br. colloq. für rugby (football).

**ru·gose** ['ru:gəʊs] adj bes. bot. runz(e)lig. **ru'gos·i·ty** [-'gɒsətɪ; Am. -'gɑ-] s **1.** Runz(e)ligkeit f. **2.** Runzel f.

**ru·in** ['ruɪn; 'ru:ɪn] **I** s **1.** Ruine f (a. fig.): ~ marble Florentiner Marmor m. **2.** pl a) Ru'inen pl, Trümmer pl, b) Ru'ine f: a castle in ~s ein verfallenes Schloß, e-e Burgruine; to be (od. lie) in ~s in Trümmern liegen, fig. zunichte sein (Hoffnungen, Pläne); to lay in ~s zertrümmern, in Schutt u. Asche legen. **3.** Verfall m: to go to ~ a) verfallen, b) zugrunde gehen. **4.** (a. finanzieller) Ru'in m: Zs.-bruch, Verderben m, 'Untergang m: drinking will be the ~ of him das Trinken wird ihn (noch) zugrunde richten; to bring to ~ → 6; the ~ of my hopes das Ende m-r Hoffnungen (Pläne). **II** v/t **5.** vernichten, zerstören. **6.** j-n, a. e-e Sache, j-s Gesundheit etc rui'nieren, zu'grunde richten, Hoffnungen, Pläne zu'nichte machen, Aussichten etc verderben, j-s Gesundheit zerrütten: to ~ one's eyes sich die Augen verderben; to ~ good English die englische Sprache verhunzen. **7.** verführen, entehren: to ~ a girl. **III** v/i **8.** bes. poet. krachend einstürzen, zerfallen.

**ru·in·ate** ['ruɪneɪt; 'ru:-] v/t → ruin 5 u. 6. **ru·in'a·tion** s **1.** Zerstörung f, Vernichtung f. **2.** Ru'in m, Verderben m, 'Untergang m.

**ru·ined** ['ruɪnd; 'ru:-] adj **1.** zer-, verfallen: a ~ castle ein verfallenes Schloß, e-e Burgruine. **2.** rui'niert, zu'grunde gerichtet, zerrüttet: I'm a ~ man! ich bin ruiniert!

**ru·in·ous** ['ruɪnəs; 'ru:-] adj (adv ~ly) **1.** verderblich, rui'nös: to be ~ zum Ruin führen; ~ price a) ruinöser od. enormer Preis, b) Schleuderpreis m. **2.** zer-, verfallend, baufällig, ru'inenhaft. '**ru·in·ous·ness** s **1.** Verderblichkeit f. **2.** Baufälligkeit f.

**rule** [ru:l] **I** s **1.** Regel f, Nor'malfall m, (das) Übliche: as a ~ in der Regel, normalerweise; as is the ~ wie es allgemein üblich ist, wie gewöhnlich; to become the ~ zur Regel werden; to make it a ~ to do es sich zur Regel machen zu tun; my ~ is to, it is a ~ with me to ich habe es mir zur Regel gemacht zu; by all the ~s eigentlich; → exception 1. **2.** sport etc (Spiel)Regel f (a. fig.), Richtschnur f, Grundsatz m: against the ~s regelwidrig; ~s of action (od. conduct) Verhaltungsmaßregeln, Richtlinien; ~ of thumb Faustregel; by ~ of thumb über den Daumen (gepeilt); to serve as a ~ als Richtschnur od. Maßstab dienen. **3.** jur. a) Vorschrift f, (gesetzliche) Bestimmung, Norm f, b) (gerichtliche) Entscheidung c) Rechtsgrundsatz m: by ~, according to ~ laut Vorschrift; to work to ~ Dienst nach Vorschrift tun (als Streikmittel); ~s of the air Luftverkehrsregeln; → road 2. **4.** pl (Geschäfts-, Gerichts- etc)Ordnung f: (standing) ~s of procedure a) Verfahrensordnung, b) Geschäftsordnung. **5.** a. standing ~ Satzung f: against the ~s satzungswidrig; the ~s (and bylaws) die Satzungen, die Statuten. **6.** econ. U'sance f, Handelsbrauch m. **7.** math. Regel f, Rechnungsart f: ~ of trial and error Regula f falsi; ~ of proportion, a. of three Regeldetri f, Dreisatz m; ~ of sums Summenregel. **8.** relig. (Ordens)Regel f. **9.** Herrschaft f, Re'gierung f: during (od. under) the ~ of während (od. unter) der Regierung (gen); ~ of law Rechtsstaatlichkeit f. **10.** a) Line'al n, Maßstab m, b) a. folding ~ Zollstock m; → slide rule. **11.** tech. a) Richtscheit n, b) Winkel(eisen n, -maß n) m. **12.** print. a) (Messing)Linie f: ~ case Linienkasten m, b) Ko'lumnenmaß n (Satzspiegel), c) Br. Strich m: em ~ Gedankenstrich; en ~ Halbgeviert n. **13.** the R~s hist. a) Gebiet in der Nähe mancher Gefängnisse, in dem sich Gefangene gegen Kaution aufhalten konnten, b) Erlaubnis, in e-m solchen Bezirk zu leben.

**II** v/t **14.** ein Land etc, a. fig. ein Gefühl etc beherrschen, herrschen od. Gewalt haben über (acc), re'gieren: to ~ the roast (od. roost) fig. das Regiment od. Wort führen, Herr im Haus sein; to ~ o.s. sich beherrschen. **15.** lenken, leiten: to be ~d by sich leiten lassen von. **16.** fig. (vor)herrschen in (dat). **17.** anordnen, verfügen, bestimmen, entscheiden (that daß): to ~ out a) j-n od. etwas ausschließen (a. sport), b) etwas ablehnen; to ~ s.th. out of order etwas nicht zulassen od. für regelwidrig erklären; to ~ s.o. out of order j-m das Wort entziehen. **18.** a) Papier li'nieren, b) e-e Linie ziehen: to ~ s.th. off e-n Schlußstrich unter etwas ziehen; to ~ s.th. out etwas durchstreichen; ~d paper a) liniertes Papier, b) Weberei: Musterpapier n.

**III** v/i **19.** herrschen od. re'gieren (over über acc). **20.** entscheiden (in s.o.'s favo[u]r zu j-s Gunsten). **21.** econ. hoch etc stehen, liegen, no'tieren: to ~ high (low). **22.** vorherrschen. **23.** gelten, in Kraft sein (Recht etc).

'**rul·er** s **1.** Herrscher(in). **2.** Line'al n. **3.** Richtscheit n, -maß n. **4.** tech. Li'nierma,schine f.

'**rul·ing I** s **1.** jur. (gerichtliche od. richterliche) Entscheidung. **2.** Linie f, Linien pl. **3.** Herrschaft f. **II** adj **4.** herrschend: ~ coalition Regierungskoalition f. **5.** fig. (vor)herrschend. **6.** fig. maßgebend, grundlegend: ~ case. **7.** econ. bestehend, laufend: ~ price Tagespreis m. ~ pen s Reißfeder f.

**rum¹** [rʌm] s **1.** Rum m. **2.** Am. Alkohol m.

**rum²** [rʌm] adj bes. Br. sl. **1.** ‚komisch' (eigenartig): a ~ customer ein gefährlicher Bursche; ~ go dumme Geschichte od. Sache (Vorkommnis); a ~ one (od. un) a) ‚ein komischer Vogel', b) ‚was Komisches'; a ~ start e-e ‚tolle' Überraschung. **2.** ulkig, drollig.

**rum³** [rʌm] → rummy¹.

**Ru·ma·ni·an** [ru'meɪnjən; rʊ-; -nɪən], a. **Ru·man** ['ru:mən] **I** adj **1.** ru'mänisch. **II** s **2.** Ru'mäne m, Ru'mänin f. **3.** ling. Ru'mänisch n, das Rumänische.

**Ru·mansh** [ru:'mænʃ; Am. ru:'mɑ:ntʃ; -'mæntʃ] → Romans(c)h.

**rum·ba** ['rʌmbə; Am. a. 'rʊmbə; 'ru:mbə] s mus. Rumba f, m.

**rum·ble¹** ['rʌmbl] **I** v/i **1.** poltern (a. Stimme), rattern (Gefährt, Zug etc), rumpeln, grollen, rollen (Donner), knurren (Magen). **II** v/t **2.** a. ~ out Worte her'auspoltern. **3.** ein Lied grölen, brüllen. **4.** tech. in der Po'liertrommel bearbeiten. **III** s **3.** Poltern, Gepolter n, Rattern n, Dröhnen n, Rumpeln n, Grollen n, Rollen n (des Donners). **6.** fig. Grollen n, Unruhe f. **7.** Rumpelgeräusch n (des Schallplattentellers). **8.** tech. Po'liertrommel f. **9.** a) Bedientensitz m, b) Gepäckraum m, c) → rumble seat. **10.** Am. sl. Straßenkampf m (zwischen jugendlichen Banden).

**rum·ble²** ['rʌmbl] sl. **I** v/t **1.** j-n durch'schauen. **2.** etwas ‚spitzkriegen' (durchschauen, entdecken). **3.** Am. j-n argwöhnisch machen. **II** s **4.** Am. a) Razzia f, b) Entlarvung f.

**rum·ble|seat** s mot. Am. Not-, Klappsitz m. ~'**tum·ble** s **1.** ,Rumpelkasten' m (Fahrzeug). **2.** Gerumpel n.

**rum·bus·tious** [rʌm'bʌstɪəs; bes. Am. -tʃəs] adj (adv ~ly) colloq. **1.** laut, lärmend. **2.** wild.

**rum·dum** ['rʌmdʌm] Am. sl. **I** adj **1.** (ganz) nor'mal. **2.** 'durchschnittlich. **II** s **3.** (ganz) nor'maler Mensch. **4.** 'durchschnittlicher Spieler etc.

**ru·men** ['ru:men] pl **-mens, -mi·na** [-mɪnə] s zo. Pansen m.

**ru·mi·nant** ['ru:mɪnənt] **I** adj **1.** zo. 'wiederkäuend: ~ stomach Wiederkäuermagen m. **2.** fig. nachdenklich, grüblerisch. **II** s **3.** zo. 'Wiederkäuer m.

**ru·mi·nate** ['ru:mɪneɪt] **I** v/i **1.** 'wiederkäuen. **2.** fig. grübeln (about, on, over über acc, dat). **II** v/t **3.** 'wiederkäuen. **4.** fig. grübeln über (acc, dat). **ru·mi'na·tion** s **1.** 'Wiederkäuen n. **2.** fig. Nachsinnen n, Grübeln n. '**ru·mi·na·tive** [-nətɪv; Am. -ˌneɪ-] adj (adv ~ly) nachdenklich, grüblerisch.

**rum·mage** ['rʌmɪdʒ] **I** v/t **1.** durch'stöbern, durch'wühlen, wühlen od. kramen in (dat). **2.** a. ~ out, ~ up aus-, her'vorkramen. **II** v/i **3.** a. ~ about (od. around) (her'um)stöbern od. (-)kramen (among, in in dat): to ~ through → 1. **III** s **4.** a. ~ goods Ramsch m, Ausschuß(ware f) m, Restwaren pl. **5.** to have a ~ in (dat). **6.** obs. od. Am. Wirrwarr m. ~ sale s Am. **1.** Ramschverkauf m. **2.** 'Wohltätigkeitsba,sar m.

**rum·mer** ['rʌmə(r)] s Römer m, ('Wein-)Po,kal m.

**rum·my¹** ['rʌmɪ] *s* Rommé *n* (*ein Kartenspiel*).

**rum·my²** ['rʌmɪ] *s Am. sl.* **1.** Säufer(in). **2.** a) Schnapsbrenner *m*, b) Schnapshändler *m*.

**rum·my³** ['rʌmɪ] → **rum²** 1.

**rum·ness** ['rʌmnɪs] *s* (*das*) ‚Komische' (*of an dat*).

**ru·mor**, *bes. Br.* **ru·mour** ['ru:mə(r)] **I** *s* **1.** a) Gerücht *n*, b) Gerede *n*: ~ **has it, the** ~ **runs** es geht das Gerücht; ~**monger** Gerüchtemacher(in). **2.** *obs.* Geräusch *n*, Lärm *m*. **II** *v/t* **3.** (als Gerücht) verbreiten (*meist pass*): **it is** ~**ed that** man sagt *od.* munkelt *od.* es geht das Gerücht, daß.

**rump** [rʌmp] *s* **1.** a) *zo.* Steiß *m*, ¹Hinterteil *n*, -keulen *pl*, b) *orn.* Bürzel *m*: ~**bone** Steißbein *n*. **2.** *Schlächterei: bes. Br.* Schwanzstück *n*: ~ **steak** Rumpsteak *n*. **3.** Gesäß *n*, ¹Hinterteil *n* (*des Menschen*). **4.** *fig.* kümmerlicher Rest, Rumpf *m*: R~ **Parliament, the** R~ *hist. Br.* das Rumpfparlament.

**rum·ple** ['rʌmpl] *v/t* **1.** zerknittern, -knüllen. **2.** *das Haar etc* zerwühlen.

**rum·pus** ['rʌmpəs] *s colloq.* **1.** Krach *m*, Spek¹takel *m*, Kra¹wall *m*. **2.** Trubel *m*, Tu¹mult *m*. **3.** ,Krach' *m*, Streit *m*: **to have a** ~ **with s.o.** sich mit j-m in die Haare geraten.

¹**rum**ǀ**run·ner** *s bes. Am. colloq.* Alkoholschmuggler *m*. ¹~**shop** *s Am.* Schnapsladen *m*.

**run** [rʌn] **I** *s* **1.** Lauf *m* (*a. sport u. fig.*): **in the long** ~ *fig.* auf die Dauer, am Ende, schließlich; **in the short** ~ fürs nächste; **to be in the** ~ *Am.* a) im Rennen liegen, b) *bei e-r Wahl etc* in Frage kommen *od.* kandidieren; **to come down with a** ~ schnell *od.* plötzlich fallen (*a. Barometer, Preise etc*); **to go for** (*od.* **take**) **a** ~ e-n Lauf machen. **2.** Laufen *n*, Rennen *n*: **to be on the** ~ a) (immer) auf den Beinen (*tätig*) sein, b) auf der Flucht sein; **to have a** ~ **for one's money** sich abhetzen müssen; **to have s.o. on the** ~ j-n herumhetzen *od.* -jagen. **3.** Laufschritt *m*: **at** (*od.* **on**) **the** ~ im Lauf(schritt), im Dauerlauf. **4.** Anlauf *m*: **to take a** ~ (e-n) Anlauf nehmen. **5.** *Kricket, Baseball:* (erfolgreicher) Lauf. **6.** *mar. mot.* Fahrt *f*. **7.** *oft* **short** ~ Spa¹zierfahrt *f*. **8.** Abstecher *m*, Ausflug *m* (**to** nach). **9.** *Reiten:* schneller Ga¹lopp. **10.** *hunt.* Hatz *f*. **11.** *aer. mil.* (Bomben)Zielanflug *m*. **12.** Zulauf *m*, *bes. econ.* Ansturm *m*, Run *m* (**on** auf *e-e Bank etc*), stürmische Nachfrage (**on** nach *e-r Ware*). **13.** (Laich)Wanderung *f* (*der Fische*). **14.** *mus.* Lauf *m*. **15.** *Am.* (kleiner) Wasserlauf. **16.** *bes. Am.* Laufmasche *f* (*im Strumpf etc*). **17.** (Ver)Lauf *m*, Fortgang *m*: **the** ~ **of events;** ~ **of the play** *sport* Spielverlauf *m*; **to be against the** ~ **of the play** *sport* den Spielverlauf auf den Kopf stellen. **18.** Verlauf *m*: **the** ~ **of the hills.** **19.** a) Ten¹denz *f*, b) Mode *f*. **20.** (*a. sport* Erfolgs-, Treffer)Serie *f*, Folge *f*, Reihe *f*: **a** ~ **of bad (good) luck** e-e Pechsträhne (Glückssträhne). **21.** *Kartenspiel:* Se¹quenz *f*. **22.** Auflage *f* (*e-r Zeitung etc*). **23.** *tech.* ¹Herstellungsmaße *pl*, -größe *f*, (*Rohr- etc*)Länge *f*, (Betriebs)Leistung *f*, Ausstoß *m*: ~ **of mine** a) Fördererz *n*, b) Rohkohle *f*. **24.** *Bergbau:* Ader *f*. **25.** *tech.* a) ¹Durchlauf *m* (*e-s Beschickungsguts*), b) Charge *f*, (Beschickungs)Menge *f*. **26.** *tech.* a) ¹Arbeitsperi,ode *f*, Gang *m*, b) Bedienung *f* (*e-r Maschine etc*). **27.** *thea. Film:* Laufzeit *f*: **the play had a** ~ **of 44 nights** das Stück wurde 44mal hintereinander gegeben. **28.** (*a.* Amts)Dauer *f*, (-)Zeit *f*: ~ **of office;** ~ **of validity** Gültigkeitsdauer *f*. **29.** a) Strecke *f*, b) *aer.* Roll-

strecke *f*, c) *mar.* Etmal *n* (*vom Schiff in 24 Stunden zurückgelegte Strecke*). **30.** (**of**) *colloq.* a) freie Benutzung (*gen*), b) freier Zutritt (**zu**): **he has the** ~ **of their house** er geht in ihrem Hause ein u. aus. **31.** *bes. Br.* a) Weide *f*, Trift *f*, b) Auslauf *m*, (Hühner)Hof *m*. **32.** a) *hunt.* Wechsel *m*, (Wild)Bahn *f*, b) Maulwurfsgang *m*, Ka¹ninchenröhre *f*. **33.** *sport* Bob-, Rodelbahn *f*. **34.** *tech.* a) Bahn *f*, b) Laufschiene *f*, -planke *f*. **35.** *tech.* Rinne *f*, Ka¹nal *m*. **36.** *tech.* Mühl-, Mahlgang *m*. **37.** Art *f*, Sorte *f* (*a. econ.*). **38.** *meist* **common** ~, **general** ~, **ordinary** ~ ¹Durchschnitt *m*, (*die*) breite Masse: **the common** ~ (**of man**) der Durchschnittsmensch; ~ **of (the) mill** Durchschnitt(sware *f*) *m*. **39.** a) Herde *f*, b) Schwarm *m* (*Fische*). **40.** *mar.* (Achter-, Vor)Piek *m*. **41.** Länge *f*, Ausdehnung *f*. **42. the** ~**s** *pl* (*als sg od. pl konstruiert*) *colloq.* ,Dünnpfiff' *m* (*Durchfall*).

**II** *adj* **43.** geschmolzen: → **butter** 1. **44.** gegossen, geformt: ~ **with lead** mit Blei ausgegossen.

**III** *v/i pret* **ran** [ræn], *dial* **run,** *pp* **run** **45.** laufen, rennen, eilen, stürzen. **46.** da¹vonlaufen, -rennen, Reiß¹aus nehmen. **47.** *sport* a) (um die Wette) laufen, b) (an e-m Lauf *od.* Rennen) teilnehmen, c) *als Zweiter etc* einkommen: **he ran second** er wurde *od.* war Zweiter; → **also** I. **48.** (**for**) a) *pol.* kandi¹dieren (für), b) *colloq.* sich bemühen (um): **to** ~ **for election** kandidieren, sich zur Wahl stellen. **49.** *fig.* laufen (*Blick, Feuer, Finger, Schauer etc*): **his eyes ran over it** sein Blick überflog es; **to** ~ **back over the past** Rückschau halten; **this tune (idea) keeps** ~**ning through my head** diese Melodie (Idee) geht mir nicht aus dem Kopf. **50.** fahren: **to** ~ **into port; to** ~ **before the wind** vor dem Winde segeln; → **ashore.** **51.** gleiten (*Schlitten etc*), ziehen, wandern (*Wolken etc*). **52.** zu den Laichplätzen ziehen *od.* wandern (*Fische*). **53.** *rail. etc* verkehren, (*auf e-r Strecke*) fahren, ,gehen'. **54.** fließen, strömen (*beide a. fig.*), rinnen: **it** ~**s in the family** *fig.* das liegt bei ihnen *etc* in der Familie; → **blood** 1 *u.* 4. **55.** lauten (*Schriftstück*): **the letter** ~**s as follows.** **56.** gehen (*Melodie*). **57.** vergehen, -streichen (*Zeit etc*). **58.** dauern: **school** ~**s from** 8–12; → **running** 15. **59.** laufen (*Theaterstück etc*), gegeben werden. **60.** verlaufen (*Straße etc, a. Vorgang*), sich erstrecken, gehen, führen (*Weg etc*): **a fence** ~**s along the border; my talent (taste) does not** ~ **that way** dafür habe ich keine Begabung (keinen Sinn). **61.** *tech.* laufen: a) gleiten: **the rope** ~**s in a pulley,** b) in Betrieb *od.* Gang sein, arbeiten (*Maschine, Motor etc*), gehen (*Uhr, Mechanismus etc*), funktio¹nieren: **to** ~ **hot** (sich) heißlaufen. **62.** in Betrieb sein (*Hotel, Fabrik etc*). **63.** zer-, auslaufen (*Farbe*). **64.** triefen *od.* tropfen (**with** vor *Nässe etc*), fließen, laufen (*Nase*), tränen (*Augen*): **to** ~ **with tears** in Tränen schwimmen. **65.** (aus-) laufen (*Gefäß*): **the jar** ~**s.** **66.** schmelzen (*Metall etc*): ~**ning ice** tauendes Eis. **67.** *med.* laufen, eitern. **68.** *oft* ~ **up** a) wachsen, wuchern, b) klettern, ranken. **69.** fluten, wogen: **a heavy sea was** ~**ning** *mar.* es lief *od.* e schwere See. **70.** *bes. Am.* laufen, fallen (*Maschen*), Laufmaschen bekommen (*Strumpf etc*), aufgehen (*Naht*). **71.** *econ.* a) laufen, b) fällig werden (*Wechsel etc*). **72.** *jur.* gelten, in Kraft sein *od.* bleiben, laufen: **the lease** ~**s for 7 years** der Pachtvertrag läuft auf 7 Jahre; **the period** ~**s** die Frist läuft. **73.** *jur.* verbunden *od.* gekop-

pelt sein: **the easement** ~**s with the land.** **74.** (*mit adj*) werden, sein: **to** ~ **dry** a) versiegen (*Quelle*), b) austrocknen, c) keine Milch mehr geben (*Kuh*), d) *fig.* erschöpft sein, e) *fig.* sich ausgeschrieben haben (*Autor*); → **high** 25, **low¹** 5, **riot** 4, **short** 5 *u.* 8, **wild** 17. **75.** *econ.* sich stellen, stehen *od.* (*dat*) (*Preis, Ware*). **76.** (*im Durchschnitt*) sein, klein *etc* ausfallen: **to** ~ **small.** **77.** geraten (*in e-n bestimmten Zustand*): **to** ~ **into trouble.**

**IV** *v/t* **78.** *e-n Weg etc* laufen, einschlagen, *e-e Strecke etc* durch¹laufen (*a. fig.*), zu¹rücklegen: **to** ~ **its course** *fig.* s-n Verlauf nehmen; **things must** ~ **their course** man muß den Dingen ihren Lauf lassen. **79.** fahren (*a. mar.*), *e-e Strecke* be-, durch¹fahren: **to** ~ **22 knots** *mar.* mit 22 Knoten fahren; **to** ~ **one's car against a tree** mit dem Wagen gegen e-n Baum fahren. **80.** *Rennen* austragen, laufen, *e-n Wettlauf* machen: **to** ~ **races** Wettrennen veranstalten. **81.** um die Wette laufen mit, laufen gegen. **82.** *fig.* sich messen mit: **to** ~ **s.o. close** dicht herankommen an j-n (*a. fig.*). **83.** *Pferd* a) treiben, hetzen, b) laufen lassen, (*für ein Rennen*) aufstellen. **84.** *pol.* j-n als Kandi¹daten aufstellen (**for** für). **85.** *hunt.* jagen, *e-e Spur* verfolgen (*a. fig.*): **to** ~ **to earth** a) *hunt. e-n Fuchs* im Bau aufstöbern, bis in s-n Bau verfolgen, b) *fig.* j-n, etwas aufstöbern, ausfindig machen. **86.** *Botengänge od. Besorgungen* machen: **to** ~ **errands; to** ~ **messages** Botschaften überbringen. **87.** entfliehen (*dat*): **to** ~ **the country** außer Landes flüchten. **88.** pas¹sieren: **to** ~ **the guard** ungesehen durch die Wache kommen; → **blockade** 1. **89.** *Vieh* a) treiben, b) weiden lassen. **90.** *mar. rail. etc* fahren *od.* verkehren lassen, *Sonderzug etc* einsetzen. **91.** befördern, transpor¹tieren. **92.** schmuggeln: **to** ~ **brandy.** **93.** laufen *od.* gleiten lassen: **he ran his fingers over the keys; to** ~ **one's comb through one's hair** (sich) mit dem Kamm durchs Haar fahren. **94.** *tech.* laufen *od.* rollen *od.* gleiten lassen. **95.** *e-n Film* laufen lassen. **96.** *Am. e-e Annonce* veröffentlichen, bringen. **97.** *tech. e-e Maschine etc* laufen lassen, bedienen. **98.** *e-n Betrieb etc* verwalten, führen, leiten, *ein Geschäft, e-e Fabrik etc* betreiben: **to** ~ **the household** den Haushalt führen *od.* ,schmeißen'; → **show** 15. **99.** hin¹eingeraten (lassen) in (*acc*): **to** ~ **debts** Schulden machen; **to** ~ **a firm into debt** e-e Firma in Schulden stürzen; **to** ~ **the danger of** (*ger*) Gefahr laufen zu (*inf*); → **risk** 1. **100.** geben, fließen, lassen, *Wasser etc* führen (*Leitung*): **this faucet** ~**s hot water** aus diesem Hahn kommt heißes Wasser. **101.** *Gold etc* (mit sich) führen (*Fluß*). **102.** *Fieber, Temperatur* haben: **to** ~ **a high temperature.** **103.** a) *Metall* schmelzen, b) verschmelzen, c) *Blei etc* gießen. **104.** stoßen, stechen: **to** ~ **a splinter into one's finger** sich e-n Splitter in den Finger reißen; **to** ~ **one's head against** (*od.* **into**) **a brick wall** *fig.* mit dem Kopf gegen die Wand rennen. **105.** *e-e Linie, e-n Graben etc* ziehen, *e-e Straße etc* anlegen, *e-e Brücke* schlagen. **106.** *Bergbau: e-e Strecke* treiben. **107.** *electr. e-e Leitung* verlegen, führen. **108.** einlaufen lassen: **to** ~ **a bath.** **109.** schieben, stechen, führen (**through** durch). **110.** (*bei Spielen*) *e-e bestimmte Punktzahl etc* hinterein¹ander erzielen: **to** ~ **fifteen** auf fünfzehn (Punkte *etc*) kommen. **111.** *e-e Schleuse* öffnen: **to** ~ **dry** leerlaufen lassen. **112.** *e-e Naht etc* mit Vorderstich nähen, heften. **113.** *j-n* belangen (**for** wegen).

*Verbindungen mit Präpositionen:*
**run| a·cross** *v/i* j-n zufällig treffen, stoßen auf (*acc*). **~ af·ter** *v/i* hinter (*dat*) 'herlaufen *od.* -sein, *j-m*, *e-m* Bus *etc* nachlaufen (*alle a. fig.*): **he is greatly ~** er hat großen Zulauf; **I can't keep running after you all day!** *colloq.* ich bin doch nicht nur für dich da! **~ a·gainst I** *v/i* **1.** zs.-stoßen mit, laufen *od.* fahren gegen: **to ~ a rock. 2.** *pol.* kandi'dieren gegen. **3.** *fig.* a) gegen ... sein, ungünstig sein für, b) anrennen gegen. **II** *v/t* **4.** mit *dem Kopf etc* stoßen gegen, mit *dem Wagen etc* fahren gegen. **~ at** *v/i* losstürzen auf (*acc*), angreifen. **~ for** *v/i* **1.** auf (*acc*) zulaufen *od.* losrennen, laufen nach. **2. ~ it** Reiß'aus nehmen. **3.** → *life Bes. Redew.*, **run 48. ~ in·to I** *v/i* **1.** (hin-'ein)laufen *od.* (-)rennen in (*acc*). **2.** *mar.* in *den Hafen* einlaufen. **3.** → **run against 1. 4.** → **run across.** Geraten *od.* sich stürzen in (*acc*): **to ~ debt (trouble). 6.** werden *od.* sich entwickeln zu. **7.** sich belaufen auf (*acc*): **it runs into millions** das geht in die Millionen; **to ~ money** ins Geld laufen; → **edition 3. II** *v/t* **8.** *ein Messer etc* stoßen *od.* rennen in (*acc*). **9.** *etwas* stecken *od.* (ein)führen in (*acc*). **10.** stürzen in (*acc*): **to run s.o. into debt (trouble). ~ off I** *v/i* her'unterfahren *od.* -laufen von: **~ rail¹ 4. II** *v/t*: → **foot 1. ~ on** *v/i* **1.** handeln von, sich drehen um, betreffen: **the conversation ran on politics. 2.** (fortwährend) denken an (*acc*), sich beschäftigen mit. **3.** mit *e-m Treibstoff* fahren: **to ~ petrol. 4.** → **run across. ~ o·ver I** *v/i* **1.** laufen *od.* gleiten über (*acc*). **2.** über'fliegen, 'durchgehen, -lesen. **3. to ~ one's time** (*Rundfunk, TV etc*) über'ziehen. **II** *v/t* **4.** mit *dem Auto etc* über'fahren. **~ through** *v/i* **1.** → **run over 2. 2.** kurz erzählen, streifen. **3.** 'durchmachen, erleben. **4.** sich hin'durchziehen durch. **5.** *ein Vermögen* 'durchbringen. **6.** *thea. Szene etc* 'durchspielen. **~ to** *v/i* **1.** sich belaufen auf (*acc*). **2.** (aus)reichen für: **my money will not ~ that. 3.** sich entwickeln zu, neigen zu. **4.** her'vorbringen (*a. fig.*). **5.** allzusehr *Blätter etc* treiben (*Pflanze*): **to ~ leaves;** → *fat 7, seed 1.* **6.** *colloq.* sich *etwas* leisten. **3.** → **run on. ~ up·on** → **run on. ~ with** *v/i* über'einstimmen mit.
*Verbindungen mit Adverbien:*
**run| a·bout** → **run around. ~ a·long** *v/i* (da'hin)fahren, (-)laufen: **~! colloq.** ab mit dir!; **I have got to ~ now!** *colloq.* nun muß ich aber gehen! **~ a·round** *v/i* **1.** her'ab-, um'herrennen: **to ~ in circles** *fig.* sich im Kreis bewegen *od.* drehen. **2.** sich her'umtreiben (**with** mit). **~ a·way** *v/i* (**from**) da'vonlaufen (vor *od.* *dat*), 'durchgehen (*dat*) (*a. Pferd, Auto etc*): **to ~ from home** von zu Hause ausreißen; **to ~ from difficulties** vor Schwierigkeiten davonlaufen; **to ~ from a subject** von e-m Thema abschweifen; **to ~ with** a) durchbrennen mit (*j-m od. etwas*), b) durchgehen mit (*j-m*) (*a. Phantasie, Temperament*), c) ,mitgehen' lassen (*stehlen*), d) *Geld etc* verschlingen, ins *Geld etc* gehen, e) *sport Satz etc* klar gewinnen, f) *fig.* sich verrennen in (*e-e Idee etc*); **don't ~ with the idea** (*od.* **notion**) **that** glauben Sie ja nicht, daß. **~ back** *v/i* zu'rücklaufen: **to ~ over s.th.** *fig.* etwas noch einmal durchgehen. **II** *v/t Band, Film* (zu)'rückspulen. **~ down I** *v/i* **1.** her'ab-, hin'unterlaufen (*a. Tränen etc*). **2.** ablaufen (*Uhr*). **3.** abfließen (*Flut, Wasser etc*). **4.** sinken, abnehmen (*Zahl, Wert etc*). **5.** *fig.* her'unterkommen. **II** *v/t* **6.** anfahren, *mit dem Auto etc* über'fahren. **7.** *mar.* in den Grund bohren. **8.** *j-n* einholen. **9.** *das Wild, a. e-n Verbrecher*

zur Strecke bringen. **10.** erschöpfen, *e-e Batterie* zu stark entladen: **to be ~** erschöpft *od.* abgespannt sein. **11.** ausfindig machen, aufstöbern. **12.** her'absetzen: a) *Qualität, Preis etc* mindern, b) *Belegschaft etc* abbauen, c) *fig.* schlechtmachen. **13.** her'unterwirtschaften: **to ~ a factory. ~ in I** *v/i* **1.** hin'ein-, her'einlaufen: **to ~ to s.o.** j-n (kurz) besuchen. **2.** über'einstimmen (**with** mit). **3.** *print.* kürzer werden, einlaufen (*Manuskript*). **II** *v/t* **4.** hin'einlaufen lassen. **5.** hin'einstecken, -stechen. **6.** einfügen (*a. print.*). **7.** *colloq.* ,einbuchten', einsperren: **to ~ a thief. 8.** *tech. e-e Maschine* (sich) einlaufen lassen, *ein Auto etc* einfahren. **~ off I** *v/i* **1.** → **run away. 2.** ablaufen, abfließen. **3.** *econ.* ablaufen, fällig werden (*Wechsel etc*). **II** *v/t* **4.** *etwas* ,'hinhauen', schnell erledigen. **5.** *ein Gedicht etc* her'unterrasseln. **6.** ablaufen lassen. **7.** *print.* abdrucken, abziehen. **8.** *ein Rennen etc* a) starten, b) austragen. **9.** da'vonjagen. **~ on I** *v/i* **1.** weiterlaufen. **2.** weitergehen, fortlaufen, fortgesetzt werden (**to** bis). **3.** da'hingehen (*Jahre etc*). **4.** (*bes.* unaufhörlich) reden, (fort)plappern. **5.** (*in der Rede etc*) fortfahren. **6.** anwachsen (**into** zu). **7.** *print.* (ohne Absatz) fortlaufen. **II** *v/t* **8.** *print.* a) fortlaufend setzen, b) anhängen. **~ out I** *v/i* **1.** her'aus-, hin'auslaufen (*a. Flüssigkeit*): **to ~ of a port** *mar.* (aus e-m Hafen) auslaufen. **2.** (aus)laufen (*Gefäß*). **3.** ablaufen (*Zeit etc*), zu Ende gehen: **time is running out** die Zeit wird knapp. **4.** a) ausgehen, knapp werden (*Vorrat*), b) keinen Vorrat (*mehr*) haben (**of** an *dat*): **to have ~ of gasoline** (*Br.* **petrol**) kein Benzin mehr haben; **we have ~ of this article** dieser Artikel ist uns ausgegangen. **5.** sich verausgaben, erschöpft sein. **6.** her'vorstechen, her'ausragen. **7.** sich erstrecken. **8.** *print.* länger werden (*Text*). **9.** *das Spiel od.* den Kampf beenden (*auf bestimmte Weise*): **to ~ a winner** als Sieger hervorgehen. **10. ~ on s.o.** *colloq.* j-n im Stich lassen. **II** *v/t* **11.** *ein Rennen etc* zu Ende laufen, beenden, *etwas* voll'enden. **12.** hin'ausjagen, -treiben. **13.** *ein Kabel etc* ausrollen. **14.** erschöpfen: **to run o.s. out** bis zur Erschöpfung laufen; **to be ~** (*vom Laufen*) ausgepumpt sein, b) ausverkauft sein. **~ o·ver I** *v/i* **1.** hin'überlaufen, -fahren. **2.** 'überlaufen, -fließen. **3. ~ with** strotzen vor (*Energie etc*). **II** *v/t* **4.** mit dem Auto etc über'fahren. **5.** a) *etwas* rasch 'durchnehmen, b) *etwas* schnell 'durchgehen *od.* -sehen, (rasch) über'fliegen. **~ through** *v/t* **1.** durch'bohren, -'stoßen. **2.** *ein Wort* 'durchstreichen. **3.** *e-n Zug ohne Halt* 'durchfahren lassen. **4.** → **run over 2. ~ up I** *v/i* **1.** her'auf-, hin'auflaufen, -fahren. **2.** *fig.* schnell anwachsen, hochschießen. **3.** anwachsen *od.* sich belaufen (**to** auf *acc*). **4.** zulaufen (**to** auf *acc*): **to ~ against a wall** *fig.* gegen e-e Wand anrennen. **5.** einlaufen, -gehen (*Kleidung beim Waschen*). **II** *v/t* **6.** anwachsen lassen. **7.** *e-e Rechnung* auflaufen lassen. **8.** *den Preis etc* in die Höhe treiben. **9.** *ein Haus etc* schnell hochziehen. **10.** *e-e Flagge etc* aufziehen, hissen. **11.** *tech.* den Motor hoch- *od.* warmlaufen lassen. **12.** *Kleidungsstück* (zs.-'hauen' (*schnell nähen*). **13.** *Zahlen* schnell zs.-zählen.
**'run·a·bout** *s* **1.** Her'umtreiber(in). **2.** (typisches) Stadtauto. **3.** leichtes Motorboot. **4.** *Am.* Kleinkind *n.* **~ tick·et** *s rail. Br.* Netzkarte *f.*
**run·a·gate** ['rʌnəgeɪt] *s obs.* **1.** Ausreißer(in). **2.** → **runabout 1. 3.** → **renegade I.**
**'run|-a·round** *s* **1.** *a. med. tech.* 'Umlauf

*m.* **2.** Um'gehungsstraße *f*, -linie *f.* **3. to give s.o. the ~** *colloq.* a) j-n hinhalten, j-m ausweichen, b) j-n (*Ehemann, Freundin etc*) ,an der Nase herumführen'. **4.** *print.* (*der*) ein Kli'schee um'gebende Text. **'~a·way I** *s* **1.** Ausreißer *m*, 'Durchgänger *m* (*a. Pferd*). **2.** *phys.* 'Durchgehen *n* (*e-s Atomreaktors*). **3.** *bes. sport* Kantersieg *m.* **II** *adj* **4.** 'durchgegangen, flüchtig, entwichen (*Häftling etc*): **~ car** Wagen, der sich ,selbständig' gemacht hat; **~ inflation** *econ.* galoppierende Inflation; **~ marriage** (*od.* **match**) Heirat *f* e-s durchgebrannten Liebespaares; **~ race** *sport* mühelos *od.* mit großem Vorsprung gewonnenes Rennen; **~ soldier** Deserteur *m*; **~ victory** (*od.* **win**) → **3. '~back** *s Tennis:* Auslauf *m* hinter der Grundlinie.
**run·dle** ['rʌndl] *s* **1.** Rolle *f*, Welle *f.* **2.** (Leiter)Sprosse *f.*
**rund·let** ['rʌndlɪt] *s obs.* **1.** Fäßchen *n.* **2.** *altes brit.* Flüssigkeitsmaß, meist 18 *Gallonen* (*Wein*).
**'run-down I** *adj* **1.** abgespannt, erschöpft, ,erledigt'. **2.** baufällig. **3.** abgelaufen (*Uhr*). **4.** *electr.* erschöpft, verbraucht (*Batterie*). **II** *s* **5.** (*od.* genaue) 'Übersicht (**über** *acc*) *od.* Ana'lyse (*gen*).
**rune** [ruːn] *s* **1.** Rune *f.* **2.** Runenspruch *m.* **3.** *pl* Runendichtung *f.* **4.** Runenzauber *m.* **5.** *fig.* Rätsel *n.* **6.** *poet.* Gedicht *n*, Lied *n.* **'~·staff** *s* **1.** Runenstab *m.* **2.** altertümlicher 'Kerbka,lender.
**rung¹** [rʌŋ] *pret u. pp von* **ring².**
**rung²** [rʌŋ] *s* **1.** (*bes.* Leiter)Sprosse *f.* **2.** *fig.* Sprosse *f*, Stufe *f*: **to start at the bottom ~ of the ladder** ganz unten *od.* ganz klein anfangen; → **top¹ 20. 3.** Querleiste *f.* **4.** (Rad)Speiche *f.*
**ru·nic** ['ruːnɪk] **I** *adj* **1.** runisch, Runen... **II** *s* **2.** Runeninschrift *f.* **3.** *print.* Runenschrift *f.*
**'run-in** *s* **1.** *sport Br.* Einlauf *m.* **2.** *print.* Einschiebung *f.* **3.** *tech.* a) Einfahren *n* (*von Autos, Motoren etc*), b) Einlaufen *n* (*von Maschinen*). **4.** *Am. colloq.* ,Krach' *m*, Zs.-stoß *m*, Streit *m*: **to have a ~ with s.o.** Krach mit j-m haben. **~ groove** *s* Einlaufrille *f* (*auf Schallplatten*).
**run·let¹** ['rʌnlɪt] *s* Rinnsal *n.*
**run·let²** ['rʌnlɪt] *s* → **rundlet.**
**run·na·ble** ['rʌnəbl] *adj* jagdbar.
**run·nel** ['rʌnl] *s* **1.** Rinnsal *n.* **2.** Rinne *f*, Rinnstein *m*, Ka'nal *m.*
**run·ner** ['rʌnə(r)] *s* **1.** (*a.* Wett)Läufer (-in). **2.** Rennpferd *n.* **3.** Bote *m*: **bank ~** Bankbote. **4.** Laufbursche *m.* **5.** *Am. colloq.* Vertreter *m*, Handlungsreisende(r) *m.* **6.** Schmuggler *m.* **7.** *mil.* Meldegänger *m*, Melder *m.* **8.** *hist. Br.* Poli'zist *m.* **9.** *Am.* a) Fahrer *m*, b) Maschi'nist *m.* **10.** Geschäftsführer *m*, Leiter *m.* **11.** *Am.* Laufmasche *f.* **12.** *econ. Am. colloq.* Verkaufsschlager *m.* **13.** Läufer *m* (*langer, schmaler Teppich*). **14.** Tischläufer *m* (*schmale Zierdecke*). **15.** (*Schlitten-, Schlittschuh- etc*)Kufe *f.* **16.** Schieber *m* (*am Schirm etc*). **17.** *tech.* Laufschiene *f.* **18.** *tech.* (*Turbinen- etc*)Laufrad *n*, Läufer *m.* **19.** *tech.* Kollerstein *m.* **20.** *Spinnerei:* Läufer *m.* **21.** *Gießerei:* Abstich-, Gießrinne *f.* **22.** *bot.* a) Ausläufer *m*, b) Ausläuferpflanze *f*, c) Kletterpflanze *f.* **23.** *bot.* Stangenbohne *f.* **24.** *orn.* Ralle *f.* **25.** *ichth.* Goldstöcker *m.* **26.** *print.* Zeilenzähler *m*, Margi'nalziffer *f.* **~ bean** *s bot. Br.* Stangenbohne *f.* **~·'up** *pl* **~s--'up** *s* Zweite(r *m*) *f*, *sport a.* Vizemeister(in) (**to** hinter *dat*).
**run·ning** ['rʌnɪŋ] **I** *s* **1.** Laufen *n*, Lauf *m* (*a. tech.*). **2.** (Wett)Laufen *n*, (-)Rennen *n*, Wettlauf *m* (*a. fig.*): **to be still in the ~** noch gut im Rennen liegen (*a. fig.*); **to be out of the ~** aus dem Rennen sein (*a.*

*fig.*); **to put s.o. out of the** ~ j-n aus dem Rennen werfen (*a. fig.*); **to make the** ~ a) das Tempo machen, b) *fig.* das Tempo angeben, c) *fig.* tonangebend sein; **to take (up) the** ~ sich an die Spitze setzen (*a. fig.*). **3.** (Lauf)Kraft *f*: **to be still full of** ~. **4.** Schmuggel *m*. **5.** Leitung *f*, Führung *f*. **6.** Über'wachung *f*, Bedienung *f* (*e-r Maschine*). **7.** Durch'brechen *n*: **the** ~ **of a blockade. II** *adj* **8.** laufend (*a. tech.*), fahrend: ~ **jump** Sprung *m* mit Anlauf. **9.** flüchtig: **a** ~ **glance. 10.** laufend (*andauernd, ständig*): ~ **debts (expenses, month). 11.** *econ.* laufend, offen: → **running account. 12.** fließend: ~ **water. 13.** *med.* laufend, eiternd (*Wunde*). **14.** flüssig. **15.** aufein'anderfolgend: **for three days** ~ drei Tage hintereinander. **16.** (fort)laufend: ~ **pattern. 17.** laufend, gleitend (*Seil etc*). **18.** line'ar gemessen: **per** ~ **meter** (*bes. Br.* metre) pro laufenden Meter. **19.** *bot.* a) rankend, b) kriechend. **20.** *mus.* laufend: ~ **passages** Läufe.

**run·ning| ac·count** *s econ.* **1.** laufende *od.* offene Rechnung. **2.** laufendes Konto, Kontokor'rent *n.* ~ **board** *s tech.* Tritt-, Laufbrett *n.* ~ **com·men·tar·y 1.** laufender Kommen'tar. **2.** ('Funk)Re-por¦tage *f.* ~ **costs** *s pl* Betriebskosten *pl,* laufende Kosten *pl.* ~ **fight** *s mar. mil.* a) Rückzugsgefecht *n,* b) laufendes Gefecht (*a. fig.*). ~ **fire** *s mar. mil.* **1.** Trommelfeuer *n.* **2.** Lauffeuer *n.* ~ **fit** *s tech.* Laufsitz *m.* ~ **gear** *s tech.* Lauf-, Fahrwerk *n.* ~ **hand** *s* Kur'rentschrift *f.* ~ **head(·line)** *s print.* (lebender) Ko'lumnentitel. ~'**in** *s tech.* Einlaufen *n.* ~ **knot** *s mar.* Laufknoten *m.* ~ **light** *s mar.* Positi'onslampe *f,* Fahrlicht *n.* ~ **mate** *s 1. pol. Am.* a) 'Mitkandi¦dat *m,* b) Kandi'dat *m* für die 'Vizepräsi¦dentschaft. **2.** *Pferderennen:* Schrittmacher-Pferd *n.* **3.** *Am. colloq.* ständiger Begleiter. ~ **rig·ging** *s mar.* laufendes Gut. ~ **shoe** *s sport* Laufschuh *m.* ~ **shot** *s* Film: Fahraufnahme *f.* ~ **speed** *s tech.* **1.** 'Umlaufgeschwindigkeit *f.* **2.** Fahrgeschwindigkeit *f.* ~ **start** *s sport* fliegender Start. ~ **stitch** *s* Vorderstich *m.* ~ **text** *s print.* fortlaufender Text. ~ **ti·tle** → running head(line).

'**run-off** *s* **1.** *sport* Entscheidungslauf *m,* -rennen *n.* **2.** *geol.* Abfluß *m.* **3.** *tech.* Abstich *m.* ~ **pri·ma·ry** *s pol. Am.* Stichwahl *f,* endgültige Vorwahl (*e-r Partei e-s amer. Bundesstaates*). ~ **vote** *s pol.* Stichwahl *f.*

¦**run-of(-the)-'mill** *adj* 'durchschnittlich, mittelmäßig, Durchschnitts...

'**run-on I** *adj* **1.** *bes. print.* angehängt, fortlaufend gesetzt: ~ **sentence** a) zs.-gesetzter Satz, b) Bandwurmsatz *m.* **2.** *metr.* mit Versbrechung. **II** *s* **3.** angehängtes Wort.

'**run-out groove** *s* Auslaufrille *f* (*auf der Schallplatte*).

'**run·proof** *adj bes. Am.* laufmaschensicher, maschenfest.

**runt** [rʌnt] *s* **1.** *zo.* a) Zwergrind *n,* -ochse *m,* b) *kleinstes Ferkel e-s Wurfs.* **2.** (*contp.*) lächerlicher) Zwerg. **3.** *orn. große, kräftige Haustaubenrasse.*

'**run-through** *s* **1.** a) Über'fliegen *n* (*e-s Briefs etc*), b) kur'sorische Lek'türe (*e-s Buchs*), c) kurze Zs.-fassung: **to give s.th. a** ~ etwas überfliegen. **2.** *thea.* schnelle Probe.

'**run-|up** *s* **1.** *sport* Anlauf *m.* **2.** *aer. mil.* (Ziel)Anflug *m.* **3.** *aer.* kurzer Probelauf (*der Motoren vor dem Start*). **4. in the** ~ **to** *fig.* im Vorfeld (*gen*). '~**way** *s* **1.** *aer.* Start-, Lande-, Rollbahn *f.* **2.** *sport* Anlaufbahn *f.* **3.** *bes. Am.* Flußbett *n.* **4.** *hunt.* Wildpfad *m,* (Wild)Wechsel *m:* ~ **watch-**

---

**ing** Ansitzjagd *f.* **5.** Auslauf *m,* Hühnerhof *m.* **6.** Laufsteg *m.* **7.** *bes. Am.* Holzrutsche *f.*

**ru·pee** [ruːˈpiː] *s* Rupie *f* (*Währungseinheit in Indien, Pakistan u. Sri Lanka*).

**rup·ture** [ˈrʌptʃə(r)] **I** *s* **1.** Bruch *m,* Riß *m* (*beide a. med.*): ~ **of the follicle** *physiol.* Follikelsprung *m;* ~ **of muscle** Muskelriß; ~ **support** Bruchband *n* (*bei Hernie*). **2.** Brechen *n* (*a. tech.*), Zerplatzen *n,* -reißen *n.* **3.** *fig.* a) Bruch *m:* **to avoid an open** ~, b) Abbruch *m:* **diplomatic** ~ Abbruch der diplomatischen Beziehungen. **II** *v/t* **4.** brechen (*a. fig.*), zersprengen, -reißen (*a. med.*): **to be** ~**d** → 7; ~**d duck** *mil. Am. colloq.* Adlerabzeichen *n.* **5.** *med. j-m* e-n (*Unterleibs*)Bruch zufügen: **to** ~ **o.s.** → 8. **6.** *fig.* abbrechen. **III** *v/i* **7.** zerspringen, -reißen, e-n Riß bekommen, bersten. **8.** *med.* sich e-n Bruch heben.

**ru·ral** [ˈrʊərəl] *adj* (*adv* ~**ly**) **1.** ländlich, Land...: → **exodus** 2. **2.** landwirtschaftlich. **3.** ländlich, rusti'kal, einfach. ~**ral·ist**, *Am.* '**ru·ral¦ite** *s* **1.** Landbewohner(in). **2.** *j-d, der das Landleben dem Stadtleben vorzieht.* **ru'ral·i·ty** *s* **1.** Ländlichkeit *f,* ländlicher Cha'rakter. **2.** ländliche Szene *od.* Um'gebung. '**ru·ral·ize I** *v/t* **1.** e-n ländlichen Cha'rakter geben (*dat*). **2.** *auf das Landleben* 'umstellen. **II** *v/i* **3.** auf dem Lande leben. **4.** sich auf das Landleben 'umstellen. **5.** ländlich werden, verbauern.

**rur·ban** [ˈrɜːbən; *Am.* ˈrɝr-; ˈrʊər-] *adj* Vorstadt...

**Ru·ri·ta·ni·an** [ˌrʊərɪˈteɪnjən; *Am.* ˌrʊrəˈteɪnɪən] *adj* (*nach e-m Phantasieland in e-m Roman von Anthony Hope*) **1.** abenteuerlich (*politische Verhältnisse etc*). **2.** abenteuerlich, räuberhaft, verwegen (*Aussehen*).

**ru·sa** [ˈruːsə] *s zo.* Rusahirsch *m.*

**ruse** [ruːz; *Am. a.* ruːs] *s* List *f,* Trick *m.*

**rush¹** [rʌʃ] **I** *v/i* **1.** stürmen, jagen, rasen, stürzen: **to** ~ **about** (*od.* **around**) herumhetzen, -hasten; **to** ~ **at s.o.** auf j-n losstürzen; **to** ~ **in** hereinstürzen, -stürmen; **to** ~ **into certain death** in den sicheren Tod rennen; **to** ~ **into extremes** *fig.* ins Extrem verfallen; **an idea** ~**ed into my mind** (*od.* **upon me**) ein Gedanke schoß mir durch den Kopf; **blood** ~**ed to her face** das Blut schoß ihr ins Gesicht; **to** ~ **through** a) hetzen *od.* hasten durch, b) *Buch etc* hastig lesen, c) *Mahlzeit* hastig essen, d) *Arbeit* hastig erledigen; → **conclusion** 2. **2.** a) dahinbrausen, -fegen (*Wind*). **3.** *fig.* sich (*vorschnell*) stürzen (**into** in *od.* auf *acc*): **to** ~ **into marriage** überstürzt heiraten; → **print** 16. **4.** *American Football:* vorstoßen, 'durchbrechen.

**II** *v/t* **5.** (an)treiben, drängen, hetzen, jagen: **I refuse to be** ~**ed** ich lasse mich nicht drängen; **to** ~ **up prices** *econ. Am.* die Preise in die Höhe treiben; **to be** ~**ed for time** *colloq.* unter Zeitdruck stehen; → **foot** 1. **6.** schnell *od.* auf dem schnellsten Wege ('hin)bringen *od.* (-)schaffen: **to** ~ **s.o. to the hospital. 7.** *e-e Arbeit etc* hastig erledigen: **to** ~ **a bill (through)** *e-e Gesetzesvorlage* 'durchpeitschen'. **8.** über'stürzen, -'eilen. **9.** losstürmen auf (*acc*), angreifen, anrennen gegen (*a. sport*): **to** ~ **the goal. 10.** *im* Sturm nehmen (*a. fig.*), erstürmen. **11.** hin'wegsetzen über (*ein Hindernis*). **12.** *American Football:* vorstoßen *od.* 'durchbrechen mit (*dem Ball*). **13.** *Am. sl.* mit Aufmerksamkeiten über'häufen, um'werben. **14.** *Br. colloq. j-n* ,neppen' (£5 um 5 Pfund): **how much did they** ~ **you for it?** wieviel haben sie dir dafür abgeknöpft?

**III** *s* **15.** (Vorwärts)Stürmen *n,* Da'hin-

---

schießen *n,* -jagen *n.* **16.** Brausen *n* (*des Windes*). **17.** Eile *f:* **at a** ~, **on the** ~ *colloq.* in aller Eile, schnellstens; **with a** ~ plötzlich. **18.** *mil.* a) Sturm *m,* b) Sprung *m:* **by** ~**es** sprungweise. **19.** *American Football:* a) Vorstoß *m,* 'Durchbruch *m,* b) Stürmer *m:* → **rush line. 20.** *fig.* a) (An)Sturm *m* (**for** auf *acc*) (*a. econ.*), b) (Massen-)Andrang *m,* c) *bes. econ.* stürmische Nachfrage (**on,** **for** nach): **to make a** ~ **for** losstürzen auf (*acc*). **21.** *med.* (Blut-)Andrang *m.* **22.** *fig.* a) plötzlicher Ausbruch (*von Tränen etc*), b) plötzliche Anwandlung, Anfall *m:* ~ **of pity. 23.** a) Drang *m* (*der Geschäfte*), ,Hetze' *f,* b) Hochbetrieb *m,* -druck *m,* c) Über'häufung *f* (**of** mit *Arbeit etc*). **24.** *ped. Am.* (Wett)Kampf *m.* **25.** *pl* Film: 'Schnellko¦pie *f.*

**IV** *adj* **26.** eilig, dringend, Eil... **27.** geschäftig, Hochbetriebs...

**rush²** [rʌʃ] **I** *s* **1.** *bot.* Binse *f.* **2.** *collect.* Binsen *pl.* **3.** *orn.* Binsenhuhn *n.* **4.** *fig.* Deut *m:* **not worth a** ~ keinen ,Pfifferling' wert; **I don't care a** ~ es ist mir völlig ,schnurz'. **II** *adj* **5.** Binsen...: ~-**bottomed chair** Binsenstuhl *m.*

**rush| bas·ket** *s* Binsenkorb *m.* ~ **bear·ing** *s Br. hist.* Kirchweihfest *n* auf dem Lande. ~ **can·dle** *s* Binsenlicht *n.* ~ **hour** *s* Hauptverkehrszeit *f,* Stoßzeit *f.* '~-**hour** *adj:* ~ **traffic** Stoßverkehr *m.* ~ **job** *s* eilige Arbeit, dringende Sache. '~-**light** *s* **1.** → **rush candle. 2.** *fig. contp.* kleiner Geist (*Person*). ~ **line** *s American Football:* Stürmerreihe *f,* Sturm *m.* ~ **or·der** *s econ.* Eilauftrag *m.* **rush·y** [ˈrʌʃɪ] *adj* **1.** voller Binsen, binsenbestanden. **2.** mit Binsen bedeckt. **3.** Binsen...

**rusk** [rʌsk] *s* **1.** (*Art*) Zwieback *m.* **2.** Mürbegebäck *n.* **3.** *Am.* (*Art*) Semmelmehl *n.*

**Russ** [rʌs] *s sg u. pl u. adj obs. for* **Russian.**

**rus·sel cord** [rʌs] *s Textil.* Wollrips *m.*

**rus·set** [ˈrʌsɪt] **I** *adj* **1.** a) rostbraun, b) rotgelb, c) rotgrau. **2.** *obs.* bäu(e)risch, grob. **3.** *obs.* schlicht, einfach. **II** *s* **4.** a) Rostbraun *n,* b) Rotgelb *n,* c) Rotgrau *n.* **5.** grobes handgewebtes Tuch. **6.** *rötlicher Winterapfel.* '**rus·set·y** → russet 1.

**Rus·sia leath·er** [ˈrʌʃə] *s* Juchten(leder *n*) *m, n.*

**Rus·sian** [ˈrʌʃn] **I** *s* **1.** Russe *m,* Russin *f.* **2.** *ling.* Russisch *n,* das Russische. **II** *adj* **3.** russisch: ~ **roulette** russisches Roulett(e); ~ **salad** *gastr.* russischer Salat.

**Rus·sian·ism** [ˈrʌʃənɪzəm] *s* **1.** Vorherrschen *n* russischer 'Ideen. **2.** Neigung *f* zum Russischen. **3.** Rußlandfreundlichkeit *f.* '**Rus·sian·ize** *v/t* russifi'zieren, russisch machen.

**Rus·si·fi·ca·tion** [ˌrʌsɪfɪˈkeɪʃn] *s* Russifi'zierung *f.* '**Rus·si·fy** [-faɪ] → Russianize.

**Russ·ni·ak** [ˈrʌsnɪæk] → Ruthenian.

**Russo-** [rʌsəʊ; *Am. a.* rʌsə] *Wortelement mit der Bedeutung* a) russisch, b) russisch-...

'**Rus·so·phile** [-faɪl] **I** *s* Russo'phile *m,* Russenfreund *m.* **II** *adj* russo'phil, russenfreundlich.

'**Rus·so·phobe** [-fəʊb] *s* Russo'phobe *m,* Russenfeind *m.*

**rust** [rʌst] **I** *s* **1.** Rost *m:* ~-**free** rostfrei; **to gather** ~ Rost ansetzen. **2.** a) Rostfleck *m,* b) Moder-, Stockfleck *m.* **3.** Rostbraun *n.* **4.** *bot.* a) Rost *m,* Brand *m,* b) a) ~ **fungus** Rostpilz *m.* **II** *v/i* **5.** (ein-, ver)rosten, rostig werden. **6.** *fig.* verkümmern (*Talent etc*), rosten (*Person*), einrosten (*Kenntnisse*). **7.** *bot.* brandig werden. **III** *v/t* **8.** verrosten lassen, rostig machen. **9.** stockfleckig machen. **10.** *fig. Talent etc*

verkümmern lassen. **11.** *bot.* brandig machen.
**rus·tic** [ˈrʌstɪk] **I** *adj* (*adv* ~ally) **1.** ländlich, Land..., Bauern..., rustiˈkal. **2.** einfach, schlicht: ~ **entertainment. 3.** grob, bäu(e)risch, ungehobelt: ~ **manners. 4.** roh (gearbeitet). **5.** *arch.* Rustika..., mit Bossenwerk verziert. **6.** *print.* unregelmäßig geformt, Rustika... **II** *s* **7.** (einfacher) Bauer. **8.** a) ‚Bauer‘ *m*, b) Proˈvinzler *m.* **rus·ti·cate** [ˈrʌstɪkeɪt] **I** *v/i* **1.** aufs Land gehen. **2.** auf dem Land leben od. wohnen. **3.** a) ein ländliches Leben führen, b) verbauern. **II** *v/t* **4.** aufs Land schicken. **5.** verländlichen. **6.** verbauern lassen. **7.** *univ. bes. Br.* releˈgieren, (zeitweilig) von der Universiˈtät verweisen. **8.** *arch.* mit Bossenwerk verzieren. ˌ**rus·ti·ˈca·tion** *s* **1.** Landaufenthalt *m.* **2.** Verbauerung *f.* **3.** *univ. bes. Br.* (zeitweise) Relegatiˈon. **4.** *arch.* Rustika *f*, Bossenwerk *n.* **rus·tic·i·ty** [rʌˈstɪsətɪ] *s* **1.** ländlicher od. rustiˈkaler Chaˈrakter. **2.** bäu(e)risches Wesen, ungehobelte Art. **3.** (ländliche) Einfachheit.
**rus·tic|ware** *s* hellbraune Terraˈkotta. ~ **work** *s* **1.** *arch.* Bossenwerk *n*, Rustika *f.* **2.** *roh gezimmerte Sommerhäuser, Gartenmöbel etc.*
**rust·i·ness** [ˈrʌstɪnɪs] *s* **1.** Rostigkeit *f.* **2.** *fig.* Eingerostetsein *n.* **3.** Rauheit *f*, Heiserkeit *f.*

**rus·tle** [ˈrʌsl] **I** *v/i* **1.** rascheln (*Blätter etc*), rauschen, knistern (*Seide etc*). **2.** *bes. Am. colloq.* ‚mit od. unter Hochdruck‘ arbeiten, ‚wühlen‘. **II** *v/t* **3.** rascheln lassen, rascheln mit od. in (*dat*). **4.** *a.* ~ **up** *bes. Am. colloq.* a) *Geld, Hilfe etc* ‚organiˈsieren‘, auftreiben, b) *Essen* ‚zaubern‘. **5.** *Am. sl. Vieh* stehlen. **III** *s* **6.** Rascheln *n*, Rauschen *n*, Knistern *n.* **7.** *bes. Am. colloq.* ‚Mordsanstrengung‘ *f.* ˈ**rus·tler** *s bes. Am.* **1.** *colloq.* ‚Wühler‘ *m.* **2.** *sl.* Viehdieb *m.*
ˈ**rust·less** *adj* rostfrei, nichtrostend: ~ **steel.**
ˈ**rust·proof** *adj* rostbeständig, rostfrei, nichtrostend.
**rust·y** [ˈrʌstɪ] *adj* (*adv* **rustily**) **1.** rostig, verrostet: **to get** ~ (ver)rosten. **2.** *fig.* eingerostet (*Kenntnisse*), verkümmert (*Talent etc*). **3.** rostfarben. **4.** *bot.* vom Rost(pilz) befallen. **5.** abgetragen, schäbig: ~ **clothes. 6.** heiser, rauh: **a** ~ **voice.**
**rut¹** [rʌt] **I** *s* **1.** (Wagen-, Fahr)Spur *f.* **2.** Furche *f.* **3.** *fig.* (alter) Trott: **to get into a** ~ in e-n Trott verfallen; **to be in a** ~ sich in ausgefahrenen Gleisen bewegen. **II** *v/t* **4.** furchen.
**rut²** [rʌt] *zo.* **I** *s* **1.** a) Brunft *f* (*des Hirsches*), b) *allg.* Brunst *f.* **2.** Brunft-, Brunstzeit *f.* **II** *v/i* **3.** brunften, brunsten. **III** *v/t* **4.** decken, bespringen.

**ru·ta·ba·ga** [ˌruːtəˈbeɪgə] *s Am. bot.* Schwedische Rübe, Gelbe Kohlrübe.
**Ruth¹** [ruːθ] *s a.* **Book of R**~ *Bibl.* (das Buch) Ruth *f.*
**ruth²** [ruːθ] *s obs.* Mitleid *n.*
**Ru·the·ni·an** [ruːˈθiːnjən; -nɪən] **I** *s* **1.** Ruˈthene *m*, Ruˈthenin *f.* **2.** *ling.* Ruˈthenisch *n*, das Ruthenische. **II** *adj* **3.** ruˈthenisch.
**ruth·er·ford** [ˈrʌðə(r)fə(r)d] *s phys.* Rutherford *n* (*Maßeinheit der Strahlungswärme e-r radioaktiven Strahlungsquelle*).
**ruth·less** [ˈruːθlɪs] *adj* (*adv* ~**ly**) **1.** unbarmherzig, grausam, hart. **2.** rücksichts-, skrupellos. ˈ**ruth·less·ness** *s* **1.** Unbarmherzigkeit *f.* **2.** Rücksichts-, Skrupellosigkeit *f.*
**rut·ting** [ˈrʌtɪŋ] **I** *s* → **rut²** I. **II** *adj* Brunst..., Brunft...: ~ **time** (*od.* **season**) Brunft-, Brunstzeit *f.* ˈ**rut·tish** *adj* (*adv* ~**ly**) **1.** *zo.* brunftig, brünstig. **2.** → **rutty².**
**rut·ty¹** [ˈrʌtɪ] *adj* **1.** zerfurcht, voller Furchen. **2.** ausgefahren.
**rut·ty²** [ˈrʌtɪ] *adj* brünstig, geil.
**rye** [raɪ] *s* **1.** *bot.* Roggen *m.* **2.** *bes. Am.* (Glas *n*) Roggenwhisky *m.* **3.** *bes. Am.* Roggenbrot *n.* ~ **bread** *s* Roggenbrot *n.* ~ **flour** *s* Roggenmehl *n.* ~ **grass** *s bot.* Englisches Raigras. ~ **whis·ky** *s bes. Am.* Roggenwhisky *m.*
**ry·ot** [ˈraɪət] *s Br. Ind.* (indischer) Bauer *od.* Pächter.

# S

**S, s** [es] **I** *pl* **S's, Ss, s's, ss** ['esɪz] *s* **1.** S, s *n* (*Buchstabe*). **2.** S S *n*, S-förmiger Gegenstand. **II** *adj* **3.** neunzehnt(er, e, es). **4.** S S-..., S-förmig: **S curve** S-Kurve *f*.

**'s¹** [z *nach Vokalen u. stimmhaften Konsonanten*; s *nach stimmlosen Konsonanten*] **1.** *colloq. für* **is:** he's here. **2.** *colloq. für* **has:** she's just come. **3.** *colloq. für* **does:** what's he think about it?

**'s²** [z *nach Vokalen u. stimmhaften Konsonanten*; ɪz *nach Zischlauten*] *zur Bildung des Possessivs*: the boy's mother.

**'s³** [s] *colloq. für* **us:** let's go!

**Sab·a·oth** [sæ'beɪɒθ; 'sæbeɪɒθ; *Am.* -ɑθ; -əʊθ] *s pl Bibl.* Zebaoth *pl*, Heerscharen *pl*: **the Lord of ~** der Herr Zebaoth, der Herr der Heerscharen.

**sab·bat** ['sæbæt; -ət; *Am. a.* sæ'bɑ:] → Sabbath 3.

**Sab·ba·tar·i·an** [ˌsæbə'teərɪən] *relig.* **I** *s* **1.** Sabba'tarier(in), Sabba'tist(in) (*Mitglied e-r christlichen Sekte*). **2.** Sabba'tierer(in) (*j-d, der den Sabbat heiligt*). **3.** *j-d, der den Sonntag streng einhält.* **II** *adj* **4.** sabba'tarisch.

**Sab·bath** ['sæbəθ] *s* **1.** *relig.* Sabbat *m*: **to keep (break) the ~** den Sabbat heiligen (entheiligen). **2.** Sonntag *m*, Ruhetag *m*: **~ of the tomb** *fig.* Grabesruhe *f*. **3.** *meist* **witches' ~** Hexensabbat *m*.

**Sab·bat·ic** [sə'bætɪk] *adj* (*adv* **~ally**) → Sabbatical I.

**Sab·bat·i·cal** [sə'bætɪkl] **I** *adj* (*adv* **~ly**) **1.** Sabbat... **2.** *meist* **s~** an jedem 7. Tag *od.* Monat *od.* Jahr *etc* 'wiederkehrend: **~ leave** → **sabbatical year** 2. **II** *s* **s~** → **sabbatical year** 2. **S~ year** *s* **1.** Sabbatjahr *n* (*der Juden*). **2.** *univ.* Ferienjahr *n* (*e-s Professors; meist alle 7 Jahre*), Studienurlaub *m*.

**sa·ber**, *bes. Br.* **sa·bre** ['seɪbə(r)] **I** *s* **1.** Säbel *m*: **to rattle the ~** *fig.* mit dem Säbel rasseln. **2.** *mil. hist.* Kavalle'rist *m*. **II** *v/t* **3.** niedersäbeln. **4.** mit dem Säbel verwunden. **~ cut** *s* Säbelhieb *m*. **2.** Schmiß *m*. **~ rat·tler** *s fig.* Säbelraßler *m*. **~ rat·tling** *s fig.* Säbelrasseln *n*. **'~-toothed ti·ger** *s zo.* Säbel(zahn)tiger *m*.

**sa·bin** ['sæbɪn; 'seɪ-] *s Akustik:* Sabin *n* (*Einheit des Absorptionsvermögens*).

**Sa·bine** ['sæbaɪn; *Am.* 'seɪ-] **I** *adj* sa'binisch. **II** *s* Sa'biner(in).

**sa·ble** ['seɪbl] **I** *pl* **-bles**, *bes. collect.* **-ble** *s* **1.** *zo.* a) Zobel *m*, b) (*bes.* Fichten-) Marder *m*. **2.** Zobelfell *n*, -pelz *m*. **3.** *bes. her.* Schwarz *n*. **4.** *meist pl poet.* Trauer (-kleidung) *f*. **II** *adj* **5.** Zobel... **6.** *her.* schwarz. **7.** *poet.* schwarz, finster: **his ~ Majesty** der Fürst der Finsternis (*der Teufel*).

**sa·bot** ['sæbəʊ; *Am. a.* sæ'bəʊ] *s* **1.** Holzschuh *m*. **2.** *mil.* Geschoß- *od.* Führungsring *m*.

**sab·o·tage** ['sæbətɑ:ʒ] *bes. jur. mil.* **I** *s* Sabo'tage *f*: **act of ~** Sabotageakt *m*; **to commit ~** → III. **II** *v/t* sabo'tieren. **III** *v/i* Sabo'tage begehen *od.* treiben.

**ˌsab·o·'teur** [-'tɜ:; *Am.* -'tɜr] *s* Sabo-'teur *m*.

**sa·bra** ['sɑ:brə] *s* Sabre *m* (*in Israel geborenes Kind jüdischer Einwanderer*).

**sa·bre**, *etc bes. Br. für* **saber**, *etc.*

**sa·bre·tache** ['sæbə(r)tæʃ; *Am. a.* 'seɪ-] *s mil. hist.* Säbeltasche *f*.

**sab·u·lous** ['sæbjʊləs] *adj* Sand..., sandig, grießig: **~ urine** *med.* Harngrieß *m*.

**sa·bur·ra** [sə'bʌrə; *Am.* -'bɜrə] *s med.* fuligi'nöse Ablagerung, Sa'burra *f*.

**sac** [sæk] *s* **1.** *anat. bot. zo.* Sack *m*, Beutel *m*. **2.** → sack¹ 5.

**sac·cade** [sæ'kɑ:d] *s* Sac'cade *f*: a) *Reiten:* ruckartiges Anhalten, b) *mus.* starker Bogendruck.

**sac·cate** ['sækət; *bes. Am.* -eɪt] *adj* **1.** sack-, beutelförmig. **2.** in e-m Sack *od.* Beutel befindlich.

**sac·cha·rate** ['sækəreɪt] *s chem.* Saccha-'rat *n*. **'sac·cha·rat·ed** *adj* zucker-, saccha'rosehaltig.

**sac·char·ic** [sə'kærɪk] *adj chem.* Zukker...: **~ acid**.

**sac·cha·rif·er·ous** [ˌsækə'rɪfərəs] *adj chem.* zuckerhaltig *od.* -erzeugend. **sac·char·i·fy** [sə'kærɪfaɪ; sæ-] *v/t* **1.** verzuckern, saccharifi'zieren. **2.** zuckern, süßen.

**sac·cha·rim·e·ter** [ˌsækə'rɪmɪtə(r)] *s* Sacchari'meter *n*, Zucker(gehalt)messer *m*.

**sac·cha·rin(e)** ['sækərɪn] *s chem.* Saccha'rin *n*.

**sac·cha·rine** ['sækəraɪn; -ri:n; *Am. bes.* -rən] *adj* **1.** Zucker..., Süßstoff... **2.** *fig.* honig-, zuckersüß: **a ~ smile**. **ˌsac·cha·'rin·ic** [-'rɪnɪk] *adj chem.* Zucker...

**sac·cha·rin·ize** ['sækərɪnaɪz] *v/t* **1.** mit Saccha'rin süßen. **2.** *fig.* versüßen.

**sac·cha·roid** ['sækərɔɪd] *chem. min.* **I** *adj* zuckerartig, körnig. **II** *s* zuckerartige Sub'stanz.

**sac·cha·rom·e·ter** [ˌsækə'rɒmɪtə(r); *Am.* -'rɑm-] *s* Saccharo'meter *n*, Zucker(gehalt)messer *m*.

**sac·cha·rose** ['sækərəʊs; -rəʊz] *s chem.* Rohrzucker *m*, Saccha'rose *f*.

**sac·ci·form** ['sæksɪfɔ:(r)m] *adj* sackartig, -förmig.

**sac·cule** ['sækju:l] *s bes. anat.* Säckchen *n*.

**sac·er·do·cy** ['sæsə(r)dəʊsɪ; *Am. a.* 'sæk-] *s* Priestertum *n*. **'sac·er·do·tage** [-tɪdʒ] *s bes. contp.* **1.** Pfaffentum *n*. **2.** Pfaffenstaat *m*. **3.** Pfaffenherrschaft *f*. **ˌsac·er·'do·tal** *adj* (*adv* **~ly**) **1.** priesterlich, Priester... **2.** durch den Glauben an e-e von Gott berufene Priesterschaft gekennzeichnet. **ˌsac·er·'do·tal·ism** *s* **1.** Priestertum *n*. **2.** *contp.* Pfaffentum *n*.

**sa·chem** ['seɪtʃəm] *s* **1.** Sachem *m* (*bei den nordamer. Indianern*): a) (*a.* Bundes-) Häuptling *m*, b) Mitglied *n* des Rates (*des Irokesenbundes*). **2.** *Am. humor.* „großes Tier', *bes. pol.* „Par'teiboß' *m*. **3.** *Am.* Vorstandsmitglied *n* (*der* **Tammany Society**).

**sa·chet** ['sæʃeɪ; *Am.* sæ'ʃeɪ] *s* **1.** Duftkissen *n*. **2.** Schamponkissen *n*.

**sack¹** [sæk] **I** *s* **1.** Sack *m*. **2.** *colloq.* „fliegen', **to get the ~** a) „fliegen', „an die Luft gesetzt (*entlassen*) werden', b) *von e-m Mädchen* „den Laufpaß bekommen'; **to give s.o. the ~** → **8. 3.** Sack (-voll) *m*. **4.** *Am.* (Verpackungs)Beutel *m*, (Pa'pier)Sack *m*, Tüte *f*. **5.** a) 'Umhang *m*, b) (kurzer) loser Mantel, c) → **sack coat**, d) *hist.* Kon'tusche *f* (*loses Frauen- od. Kinderkleid des 18. Jhs.*), e) → **sack dress**. **6.** *sl.* „Falle' *f*, „Klappe' *f* (*Bett*): **to hit the ~** „sich in die Falle *od.* Klappe hauen'. **II** *v/t* **7.** einsacken, in Säcke *od.* Beutel (ab)füllen. **8.** *colloq.* a) *j-n* „an die Luft setzen' (*entlassen*), b) *e-m Liebhaber* „den Laufpaß geben'. **III** *v/i* **9.** ~ in *sl.* „sich in die Falle *od.* Klappe hauen'.

**sack²** [sæk] **I** *v/t e-e Stadt etc* (aus)plündern. **II** *s* Plünderung *f*: **to put to ~** → I.

**sack³** [sæk] *s obs.* heller Südwein, *bes.* Sherry *m*.

**sack'·but** ['sækbʌt] *s mus. hist.* **1.** Po'saune *f*. **2.** *Bibl.* (*Art*) Harfe *f*. **'~·cloth** *s* Sackleinen *n*, -leinwand *f*: **to wear ~ and ashes** *fig.* in Sack u. Asche gehen (*Buße tun*). **~ coat** *s Am.* Sakko *m*, *n*. **~ dress** *s* Sackkleid *n*. **'~·ful** [-fʊl] *s* Sack (-voll) *m*.

**sack·ing** ['sækɪŋ] → sackcloth.

**sack rac·ing** *s* Sackhüpfen *n*.

**sacque** → sack¹ 5.

**sa·cra** ['seɪkrə; 'sæk-] *pl von* sacrum.

**sa·cral¹** ['seɪkrəl; *Am. a.* 'sæk-] *adj relig.* sa'kral, Sakral.

**sa·cral²** ['seɪkrəl; *Am. a.* 'sæk-] *anat.* **I** *adj* **1.** sa'kral, Sakral..., Kreuz(bein)... **II** *s* **2.** Kreuz(bein)-, Sa'kralwirbel *m*. **3.** Sa-'kralnerv *m*.

**sac·ra·ment** ['sækrəmənt] *s* **1.** *relig.* Sakra'ment *n* (*Gnadenmittel*): **the S~, the ~** (of the altar), **the Blessed** (*od.* **Holy**) **S~** das Altar(s)sakrament, (*protestantische Kirche*) das (heilige) Abendmahl, *R.C.* das heilige Sakrament, die heilige Kommunion; **the last ~s** die Sterbesakramente; **to administer (receive) the ~** das Abendmahl *od.* die Kommunion spenden (empfangen); **to take the ~** zum Abendmahl *od.* zur Kommunion gehen. **2.** Zeichen *n*, Sym'bol *n* (of für). **3.** feierlicher *od.* heiliger Eid. **4.** My'sterium *n*.

**ˌsac·ra·men·tal** [-'mentl] **I** *adj* (*adv* **~ly**) **1.** sakramen'tal, Sakraments..., heilig: **~ acts**; **~ wine** Meßwein *m*. **2.** *fig.* feierlich, heilig. **3.** sym'bolhaft. **II** *s* **4.** *R.C.* a) heiliger *od.* sakramen'taler

Ritus *od.* Gegenstand, b) *pl* Sakramen-
ˈtalien *pl.*
**sa·crar·i·um** [səˈkreərɪəm] *pl* **-i·a**
[-rɪə] *s* **1.** *relig.* a) Chor *m*, (ˈHoch)Alˌtar-
stätte *f*, b) *R.C.* → **piscina** 2. **2.** *antiq.*
Heiligtum *n*.
**sa·cred** [ˈseɪkrɪd] *adj* (*adv* ~ly) **1.** *relig.*
heilig, geheiligt, geweiht (**to** *dat*). **2.** ge-
weiht, gewidmet (**to** *dat*): **a place** ~ **to
her memory** ein ihrem Andenken ge-
weihter Ort; ~ **to the memory of** (*auf
Grabsteinen*) dem Gedenken von ... ge-
weiht. **3.** *fig.* heilig: ~ **duty**; ~ **right**
geheiligtes Recht; **to hold s.th.** ~ etwas
heilighalten. **4.** kirchlich, geistlich, Kir-
chen...: ~ **music**; **a** ~ **building** ein Sa-
kralbau; ~ **history** a) biblische Ge-
schichte, b) Religionsgeschichte *f*; ~
**poetry** geistliche Dichtung. **S~ Col-
lege** *s R.C.* Heiliges Kolˈlegium, Kar-
diˈnalskolˌlegium *n*. ~ **cow** *s fig. colloq.*
ˌheilige Kuhˈ, (*der, die, das*) Unantast-
bare.              [lige.}
ˈ**sa·cred·ness** *s* Heiligkeit *f*, (das) Hei-}
**sac·ri·fice** [ˈsækrɪfaɪs] **I** *s* [*Am. a.* -fəs]
**1.** *relig.* a) Opfer *n*, Opferung *f*, b) Kreu-
zesopfer *n* (Jesu): **S~ of the Mass** Meß-
opfer. **2.** a) *relig. od. fig.* Opfer *n* (*das
Geopferte*), b) *fig.* Opfer *n*, Aufopferung *f*,
c) (**of**) Verzicht *m* (auf *acc*), Aufgabe *f*
(*gen*): **to make** ~**s** → 8; **to make a** ~ **of
s.th.** etwas opfern; **to make s.o. a** ~ j-m
ein Opfer bringen; **at some** ~ **of accu-
racy** unter einigem Verzicht auf Ge-
nauigkeit; **the great** (*od.* **last**) ~ das
höchste Opfer, *bes.* der Heldentod.
**3.** *econ.* Verlust *m*, Einbuße *f*: **to sell at
a** ~ → 6. **II** *v/t* **4.** *relig.* opfern (**to** *dat*).
**5.** opfern (*a. Schach*), ˈhin-, aufgeben,
verzichten auf (*acc*): **to** ~ **o.s.** sich (auf-)
opfern; **to** ~ **one's life** sein Leben opfern
*od.* hingeben. **6.** *econ.* mit Verlust ver-
kaufen. **III** *v/i* **7.** *relig.* opfern. **8.** *fig.*
Opfer bringen.
**sac·ri·fi·cial** [ˌsækrɪˈfɪʃl] *adj* (*adv* ~ly)
**1.** *relig.* Opfer...: ~ **knife**; ~ **lamb**; ~
**victim** Opfer *n*. **2.** aufopferungsvoll.
**sac·ri·lege** [ˈsækrɪlɪdʒ] *s* Sakriˈleg *n*:
a) Kirchen- *od.* Tempelschändung *f*, *bes.*
Kirchenraub *m*, b) Entweihung *f*, Schän-
dung *f*, c) *allg.* Frevel *m*. ˌ**sac·ri·le-
gious** [-ˈlɪdʒəs] *adj* (*adv* ~ly) sakriˈle-
gisch: a) kirchenschänderisch, b) entwei-
hend, c) *allg.* frevlerisch.
**sa·cring** [ˈseɪkrɪŋ] *s* **1.** Weihung *f* (*der
Hostie u. des Weins zur Messe*). **2.** Weihe *f*
(*e-s Geistlichen*). **3.** Salbung *f* (*e-s Herr-
schers*).
**sac·ris·tan** [ˈsækrɪstən], *a.* **sa·crist**
[ˈsækrɪst; ˈseɪk-] *s relig.* Sakriˈstan *m*,
Mesner *m*, Küster *m*.
**sac·ris·ty** [ˈsækrɪstɪ] *s relig.* Sakriˈstei *f*.
**sa·cro·lum·bar** [ˌseɪkrəʊˈlʌmbə(r),
ˌsæk-] *adj anat.* sakrolumˈbal.
**sac·ro·sanct** [ˈsækrəʊsæŋkt] *adj a. iro.*
sakroˈsankt, hochheilig, unantastbar.
**sa·crum** [ˈseɪkrəm; ˈsæk-] *pl* **-cra**
[-krə] *s anat.* Kreuzbein *n*, Sakrum *n*.
**sad** [sæd] *adj* (*adv* ~ **sadly**) **1.** (**at**) traurig
(über *acc*), betrübt, niedergeschlagen
(wegen *gen*): **a** ~**der and a wiser man**
j-d, der durch Schaden klug geworden
ist; **it is** ~ **but true** traurig, aber wahr.
**2.** melanˈcholisch, schwermütig: ~ **mem-
ories**; **in** ~ **earnest** in bitterem Ernst.
**3.** beklagenswert, traurig, tragisch: **a** ~
**accident**; **a** ~ **duty** e-e traurige Pflicht; **a**
~ **error** ein bedauerlicher Irrtum; ~ **to
say** bedauerlicherweise. **4.** arg,
schlimm: ~ **havoc**; **in a** ~ **state.** **5.** *contp.*
elend, ˌmiseˈrabelˈ, jämmerlich, arg,
ˌfurchtbarˈ: **a** ~ **coward** ein elender Feig-
ling; **a** ~ **dog** ein verkommenes Subjekt.
**6.** dunkel, matt: ~ **colo(u)r.** **7.** teigig,
klitschig: ~ **bread.** ˈ**sad·den** [-dn] **I** *v/t*

traurig machen *od.* stimmen, betrüben.
**II** *v/i* traurig werden (**at** über *acc*).
**sad·dle** [ˈsædl] **I** *s* **1.** (*Pferde-, a. Fahrrad-
etc*)Sattel *m*: **to be in the** ~ im Sattel
sitzen, *fig.* im Amt *od.* an der Macht sein;
**to be firm in one's** ~ *fig.* fest im Sattel
sitzen; **to put the** ~ **on the wrong
(right) horse** *fig.* die Schuld dem Fal-
schen (Richtigen) zuschieben. **2.** Rücken
*m* (*des Pferdes*). **3.** Rücken(stück *n*) *m*
(*beim Schlachtvieh*): ~ **of mutton** Ham-
melrücken. **4.** *orn.* Bürzel *m*. **5.** (Berg-)
Sattel *m*. **6.** *tech.* a) Lagerschale *f* (*e-r
Achse*), b) Buchbinderei: Buchrücken *m*,
c) *Schuhmacherei:* Seitenkappen *pl*, d)
Querholz *n*, e) Bettschlitten *m*, Supˈport
*m* (*an Werkzeugmaschinen*), f) *electr.* Sat-
telstütze *f* (*an Leitungsmasten*), g) Tür-
schwelle *f*. **II** *v/t* **7.** *das Pferd* satteln: **to** ~
**up** aufsatteln. **8.** *bes. fig.* a) belasten
(**with** mit), b) *e-e Aufgabe etc* aufbürden,
-laden, -halsen (**on, upon** *dat*), c) *etwas*
zur Last legen (**on, upon** *dat*): **to** ~ **s.o.
with a responsibility**, **to** ~ **a respon-
sibility (up)on s.o.** j-m e-e Verantwor-
tung aufbürden *od.* -laden. **III** *v/i*
**9.** satteln: **to** ~ **up** aufsatteln. **10.** auf-
sitzen.
ˈ**sad·dle|·back I** *s* **1.** Bergsattel *m*.
**2.** *arch.* Satteldach *n*. **3.** *zo.* Tier
mit sattelförmiger Rückenzeichnung, *bes.*
a) Nebelkrähe *f*, b) männliche Sattelrob-
be, c) Mantelmöwe *f*. **4.** hohlrückiges
Pferd. **II** *adj* → **saddlebacked.** ˈ~
**backed** *adj* **1.** hohlrückig (*Pferd etc*).
**2.** sattelförmig. ˈ~**bag** *s* Satteltasche *f*. ~
**blan·ket** *s* Woilach *m*. ˈ~**cloth** *s* Scha-
ˈbracke *f*, Satteldecke *f*. ~ **horse** *s* Reit-
pferd *n*. ˈ~**nose** *s* Sattelnase *f*.
ˈ**sad·dler** *s* **1.** Sattler *m*. **2.** → **saddle
horse.**
**sad·dle roof** *s arch.* Satteldach *n*.
**sad·dler·y** [ˈsædlərɪ] *s* **1.** Sattleˈrei *f*.
**2.** Sattelzeug *n*.
ˈ**sad·dle-sore** *adj:* **to be** ~ a) sich wund
gerieben haben, b) *Radsport:* Sitzbe-
schwerden haben.
**Sad·du·ce·an** [ˌsædjʊˈsiːən; *Am.* -dʒə-s-]
**I** *adj* sadduˈzäisch. **II** *s* → **Sadducee.**
ˈ**Sad·du·cee** [-siː] *s* Saddu'zäer *m*.
**sad·ism** [ˈseɪdɪzəm; ˈsæd-; ˈsɑː-d-] *s psych.*
Saˈdismus *m*. ˈ**sad·ist** *s* Saˈdist(in). **sa-
dis·tic** [səˈdɪstɪk] *adj* (*adv* ~ally) sa-
ˈdistisch.
**sad·ly** [ˈsædlɪ] *adv* **1.** traurig, betrübt.
**2.** unglücklicher-, bedauerlicherweise,
leider. **3.** arg, äußerst: **he will be** ~
**missed by all of us** er wird uns allen
sehr fehlen, wir werden ihn alle schmerz-
lich vermissen.
**sad·ness** [ˈsædnɪs] *s* Traurigkeit *f*.
**sa·do·mas·och·ism** [ˌsædəʊˈmæsə-
kɪzəm; ˌsæd-] *s psych.* Sadomasoˈchis-
mus *m*. ˈ**sa·doˌmas·och·is·tic** *adj*
(*adv* ~ally) *adj* sadomasoˈchistisch.
**sad sack** *s Am. sl.* **1.** *mil.* ˌKompaˈnietrot-
telˈ *m*. **2.** ˌFlascheˈ *f*, Trottel *m*.
**sa·fa·ri** [səˈfɑːrɪ] *s* Saˈfari *f*: **on** ~ auf
Safari; ~ **park** *m*.
**safe** [seɪf] **I** *adj* (*adv* ~ly) **1.** sicher (**from**
vor *dat*): **a** ~ **place** ein sicherer Ort; **to
keep s.th.** ~ etwas sicher aufbewahren;
**you are** ~ **with him** bei ihm bist du
sicher aufgehoben; **better to be** ~ **than
sorry** Vorsicht ist die ˌMutter der Weis-
heit *od.* der Porzellankisteˈ. **2.** sicher,
unversehrt, außer Gefahr (*a. Patient*): **he
has** ~**ly arrived** er ist gut angekommen;
**he arrived** ~ **and sound** er kam heil u.
gesund an. **3.** sicher, ungefährlich, ge-
fahrlos: ~ (**to operate**) *tech.* betriebs-
sicher; ~ **current** maximal zulässiger
Strom; ~ **period** *physiol.* (die) unfrucht-
baren Tage (*der Frau*); **the rope is** ~

das Seil hält; **is it** ~ **to go there?** kann
man da ungefährdet *od.* gefahrlos hin-
gehen?; **in** ~ **custody** → 7; **(as)** ~ **as
houses** *colloq.* absolut sicher; **it is** ~ **to
say** man kann ruhig sagen; **it is** ~ **to
assume** man kann ohne weiteres *od.*
getrost annehmen; **to be on the** ~ **side**
(*Redew.*) um ganz sicher zu gehen; →
**play** 16 *u.* 23. **4.** vorsichtig: **a** ~ **estimate**
(**policy**, *etc*). **5.** sicher, zuverlässig: **a** ~
**leader** (**method**, *etc*). **6.** sicher, vorˈaus-
sichtlich: **a** ~ **winner**; **he is** ~ **to be**
**there** er wird sicher dasein. **7.** in siche-
rem Gewahrsam (*a. Gangster etc*). **II** *s*
**8.** Safe *m*, Treˈsor *m*, Geldschrank *m*. **9.**
→ **meat safe.**
ˈ**safe|ˌblow·er**, ˈ**~ˌbreak·er** → **safe-
cracker.** ˌ**~ˈcon·duct** *s* **1.** Geleitbrief
*m*. **2.** freies *od.* sicheres Geleit. ˈ**~ˌcrack-
er** *s* Geldschrankknacker *m*. ~ **de·pos-
it** *s* Treˈsor(raum) *m*. ~**de'pos·it box**
*s* Treˈsor(fach *n*) *m*, Safe *m*. ˈ**~guard I** *s*
**1.** Sicherung *f*: a) *allg.* Schutz *m* (**against**
gegen, vor *dat*), b) Vorsichtsmaßnahme *f*
(**against** gegen), c) Sicherheitsklausel *f*,
d) *tech.* Schutzvorrichtung *f*. **2.** *obs.* a)
Geleit-, Schutzbrief *m*, b) sicheres Geleit.
**3.** Schutzwache *f*. **II** *v/t* **4.** sichern,
sichern (**against** gegen, vor *dat*): ~**ing
duty** *econ.* Schutzzoll *m*; → **interest** 7. ~
**house** *s Br.* (*etwa*) konspiraˈtive Woh-
nung. ˌ**~ˈkeep·ing** *s* sicherer Gewahr-
sam, sichere Verwahrung: **it's in** ~ **with
him** bei ihm ist es gut aufgehoben.
ˈ**~light** *s* **1.** Dunkelkammer-
lampe *f*. **2.** Schutzfilter *m*, *n* (*von* 1).
ˈ**safe·ness** → **safety** 1–3.
**safe·ty** [ˈseɪftɪ] **I** *s* **1.** Sicherheit *f*: **to be in**
~; **to jump to** ~ sich durch e-n Sprung in
Sicherheit bringen. **2.** Sicherheit *f*, Ge-
fahrlosigkeit *f*: ~ (**of operation**) *tech.*
Betriebssicherheit; ~ **in flight** *aer.* Flug-
sicherheit; ~ **on the road** Verkehrs-
sicherheit; **we cannot do it with** ~ wir
können es nicht ohne Gefahr tun; **there
is** ~ **in numbers** zu mehreren ist man
sicherer; **to play for** ~ a) sichergehen
(wollen), Risiken vermeiden, b) *sport* auf
Sicherheit spielen; → **first!** Sicherheit
über alles!; → **first scheme** Unfallver-
hütungsprogramm *n*. **3.** Sicherheit *f*, Zu-
verlässigkeit *f*, Verläßlichkeit *f* (*e-s
Mechanismus, Verfahrens etc*). **4.** Siche-
rung *f*, Schutz *m* (**against** gegen, vor *dat*).
**5.** Schutz-, Sicherheitsvorrichtung *f*, Si-
cherung *f*. **6.** Sicherung(sflügel *m*) *f* (*am
Gewehr etc*): **at** ~ gesichert. **7.** *American
Football*: a) Sicherheits-Touchdown *n*
(*durch e-n Spieler hinter s-r eigenen Tor-
linie; zählt 2 Punkte*), b) *a.* ~ **man** ˌAus-
putzerˈ *m*, zuˈrückgezogener Verteidiger.
**II** *adj* **8.** Sicherheits...: ~ **chain**; ~ **de-
vice** → 5.
**safe·ty| belt** *s* **1.** Sicherheitsgürtel *m*.
**2.** *aer. mot. etc* Sicherheitsgurt *m*: **to
wear a** ~ angegurtet *od.* angeschnallt
sein. ~ **bind·ing** *s* Sicherheitsbindung *f*
(*am Ski*). ~ **bolt** *s tech.* **1.** Sicherheits-
riegel *m*. **2.** Sicherungsbolzen *m* (*am Ge-
wehr*). ~ **buoy** *s mar.* Rettungsboje *f*. ~
**catch** *s tech.* **1.** Sicherung *f* (*an Aufzügen
etc*). **2.** Sicherheitsriegel *m*. **3.** Siche-
rungsflügel *m* (*am Gewehr etc*): **to re-
lease the** ~ entsichern. ~ **clause** *s* Si-
cherheitsklausel *f*. ~ **cur·tain** *s thea.*
eiserner Vorhang. ~ **fac·tor** *s tech.* Si-
cherheitsfaktor *m*. ~ **film** *s* Sicherheits-
film *m*, nichtentzündlicher Film. ~ **fund**
*s econ.* Sicherheitsfonds *m* (*bei Banken*). ~
**fuse** *s* **1.** *tech.* Sicherheitszünder *m*,
-zündschnur *f*. **2.** *electr.* a) (Schmelz-)
Sicherung *f*, b) Sicherheitsausschalter *m*.
~ **glass** *s tech.* Sicherheitsglas *n*. ~ **is-
land** *s Am.* Verkehrsinsel *f*. ~ **lamp** *s
Bergbau*: Gruben-, Sicherheitslampe *f*. ~

**lock** s tech. Sicherheitsschloß n. ~
**match** s Sicherheitszündholz n. ~
**meas·ure** s Sicherheitsmaßnahme f,
-vorkehrung f. ~ **net** s (a. fig. soziales)
(Sicherheits)Netz n. ~ **pin** s Sicherheits-
nadel f. ~ **pro·vi·sions** s pl Sicherheits-
vorkehrungen pl. ~ **ra·zor** s Ra'sier-
appa<sub>|</sub>rat m. ~ **rules** s pl Sicherheits-,
Unfallverhütungsvorschriften pl.
**sheet** s Sprungtuch n (der Feuerwehr). ~
**stop** s tech. selbsttätige Hemmung. ~
**switch** s electr. Sicherheitsschalter m. ~
**valve** s 1. tech. 'Überdruck-, 'Sicher-
heitsven<sub>|</sub>til n. 2. fig. Ven'til n (for für): to
sit on the ~ Unterdrückungspolitik be-
treiben. ~ **zone** s Am. Verkehrsinsel f.
**saf·fi·an** ['sæfiən] s Saffian(leder n) m.
**saf·flow·er** ['sæflaʊə(r)] s 1. bot. Sa'flor
m, Färberdistel f. 2. pharm. tech. getrock-
nete Sa'florblüten pl: ~ **oil** Safloröl n.
3. Sa'florfarbstoff m.
**saf·fron** ['sæfrən] I s 1. bot. Echter Sa-
fran. 2. pharm. u. gastr. Safran m.
3. Safrangelb n. II adj 4. Safran...
5. safrangelb.
**sag** [sæg] I v/i 1. sich (bes. in der Mitte)
senken, 'durch-, absacken, bes. tech.
'durchhängen (Brücke, Leitung, Seil etc).
2. abfallen, (her'ab)hängen (Wange):
~**ging**
**shoulders** Hängeschultern. 3. sinken,
fallen, absacken, nachlassen (alle a. fig.),
econ. nachgeben (Markt, Preise etc):
~**ging spirits** sinkender Mut; **the novel**
~**s towards the end** der Roman fällt
gegen Ende hin ab. 4. zs.-sacken: his
face ~**ged** sein Gesicht verfiel. 5. mar.
(meist ~ **to leeward** nach Lee) (ab)trei-
ben. 6. ver-, zerlaufen (Lack, Farbe etc).
II s 7. 'Durch-, Absacken n. 8. Senkung
f. 9. tech. 'Durchhang m. 10. econ. vor-
'übergehende Preisabschwächung. 11.
Sinken n, Nachlassen n (a. fig.).
**sa·ga** ['sɑːɡə] s 1. (altnordische) Saga.
2. Sage f, (Helden)Erzählung f. 3. a. ~
**novel** fig. Fa'milienro<sub>|</sub>man m.
**sa·ga·cious** [səˈɡeɪʃəs] adj (adv ~ly)
scharfsinnig, klug (a. Tier). **sa·gac·i·ty**
[-'ɡæsətɪ] s Scharfsinn m, Klugheit f.
**sage**[1] [seɪdʒ] I s Weise(r) m: the Seven
S~s of Greece; S~ of Chelsea Beiname
von Thomas Carlyle; S~ of Concord
Beiname von Ralph Waldo Emerson; S~ of
Monticello Beiname von Thomas Jeffer-
son. II adj (adv ~ly) weise, klug, ver-
ständig.
**sage**[2] [seɪdʒ] s bot. Salbei m, f: ~ **tea**.
'**sage**·**brush** s bot. (ein) nordamer. Bei-
fuß m. ~ **green** s Salbeigrün n.
**sag·gar, sag·ger** ['sæɡə(r)] s Kera-
mik: Muffel f, Brennkapsel f.
**Sa·git·ta** [sə'dʒɪtə] s 1. [Br. bes. sə'ɡɪtə]
astr. Sa'gitta f, Pfeil m (Sternbild). 2. s~
zo. Sa'gitta f, Pfeilwurm m. 3. s~ math.
Pfeilhöhe f. **sag·it·tal** ['sædʒɪtl] adj sa-
git'tal (bes. biol. med. phys.), pfeilartig,
Pfeil...
**Sag·it·tar·i·us** [<sub>|</sub>sædʒɪ'teərɪəs] s astr.
Sagit'tarius m, Schütze m (Sternbild u.
Tierkreiszeichen): to be (a) ~ Schütze
sein. [förmig.]
**sag·it·tate** ['sædʒɪteɪt] adj bes. bot. pfeil-
**sa·go** ['seɪɡəʊ] s Sago m. ~ **palm** s bot.
Sagopalme f.
**Sa·ha·ra** [sə'hɑːrə; Am. bes. sə'hærə]
I npr Sahara f. II s fig. Wüste f.
**sa·hib** [sɑːb; 'sɑːhɪb; 'sɑːɪb] s 1. Sahib m,
Herr m. 2. fig. feiner Herr, Gentleman m.
**said** [sed] I pret u. pp von say[1]: he is ~ to
have been ill er soll krank gewesen
sein; es heißt, er sei krank gewesen.
II adj bes. jur. vorerwähnt, besagt: ~
witness.
**sai·ga** ['saɪɡə] s zo. Saiga f, 'Steppenanti-
<sub>|</sub>lope f.
**sail** [seɪl] I s 1. mar. a) Segel n, b) collect.

Segel(werk n) pl: to lower (od. strike) ~
die Segel streichen (a. fig.); to make ~ a)
die Segel (bei)setzen, b) mehr Segel bei-
setzen, c) a. to set ~ auslaufen (for nach);
to take in ~ a) die Segel einholen, b) fig.
,zurückstecken'; under ~ unter Segel,
auf der Fahrt; under full ~ mit vollen
Segeln. 2. mar. (Segel)Schiff n: ~ ho!
Schiff ho! (in Sicht). 3. mar. (Segel)Schiff
n: a fleet of 24 ~. 4. (Segel)Fahrt f: to
have a ~ segeln (gehen). 5. pl mar. (Spitz-
name für den) Segelmacher. 6. a) Segel n
(e-s Windmühlenflügels), b) Flügel m (e-r
Windmühle). 7. hunt. u. poet. Flügel m.
8. zo. a) Segel n (Rückenflosse der Segler-
fische), b) Ten'takel m (e-s Nautilus).
II v/i 9. mar. a) allg. mit e-m Schiff od.
zu Schiff fahren od. reisen, b) fahren
(Schiff), c) bes. sport segeln. 10. mar.
a) auslaufen (Schiff), b) abfahren, ab-
segeln (from von; for od. to nach):
ready to ~ segelfertig, klar zum Auslau-
fen. 11. a) a. ~ along fig. da'hingleiten,
-schweben, segeln (Wolke, Vogel), b) to ~
through an examination e-e Prüfung
spielend schaffen. 12. fig. fliegen (Luft-
schiff, Vogel). 13. fig. (bes. stolz) schwe-
ben, rauschen, schreiten: she
~ed down the corridor. 14. ~ in colloq.
a) ,rangehen', zupacken, b) sich (in e-e
Diskussion etc) einschalten. 15. ~ into
colloq. a) j-n od. etwas attac'kieren, ,her-
fallen über (acc), b) ,rangehen' an (acc),
etwas tüchtig anpacken, c) sich in e-e
Diskussion etc einschalten.
III v/t 16. mar. durch'segeln, befahren.
17. mar. a) allg. das Schiff steuern, b) ein
Segelboot segeln. 18. poet. durch die Luft
schweben.
**sail·a·ble** ['seɪləbl] adj mar. 1. schiffbar,
befahrbar. 2. segelfertig.
'**sail**|**boat** s Am. Segelboot n. '~**cloth** s
mar. Segeltuch n.
'**sail·er** s mar. Segler m (Schiff).
'**sail·ing** I s 1. mar. (Segel)Schiffahrt f,
Navigati'on f: plain ~ a) fig. smooth) ~ fig.
,klare od. glatte Sache'; from now on it's
all plain ~ von jetzt an geht alles glatt
(über die Bühne). 2. Segelsport m, Segeln
n. 3. Abfahrt f (for nach). II adj
4. Segel... ~ **boat** s bes. Br. Segelboot n.
~ **mas·ter** s mar. Navi'gator m. ~ **or-**
**ders** s pl mar. 1. Fahrtauftrag m.
2. Befehl m zum Auslaufen. ~ **school** s
sport Segelschule f. ~ **ship**, ~ **ves·sel** s
Segelschiff n. ~ **yacht** s Segeljacht f.
**sail loft** s Segelmacherwerkstatt f (an
Bord).
**sail·or** ['seɪlə(r)] s 1. Ma'trose m, See-
mann m: ~ **collar** Matrosenkragen m; ~
hat → 3; ~ **suit** → 4; ~'s-**choice** ichth.
Seemanns Bester m; ~s' **home** See-
mannsheim n; ~'s **knot** Schifferknoten
m. 2. von Seereisenden: to be a good ~
seefest sein; to be a bad ~ leicht see-
krank werden. 3. Ma'trosenhut m (für
Kinder etc). 4. Ma'trosenanzug m. '**sail-**
**or·man** [-mæn] s irr colloq. für sailor 1.
'**sail**|**plane** I s Segelflugzeug n. II v/i
segelfliegen. ~**yard** s mar. Segelstange f,
Rah f.
**sain** [seɪn] v/t obs. od. dial. 1. bekreuzi-
gen. 2. durch Gebet schützen (from vor
dat). ['sette f.]
**sain·foin** ['sænfɔɪn; 'seɪn-] s bot. Espar-
**saint** [seɪnt] I s 1. (vor Eigennamen S~,
meist abgekürzt St od. S. [snt; seɪnt; Am. a.
seɪnt], pl Sts od. SS. [seɪnts; sənts]) relig.
(a. fig. u. iro.) Heilige(r) m f: St Peter
Sankt Petrus, der heilige Petrus; pa-
tience of a ~ Engelsgeduld f; it is
enough to provoke (od. to try the
patience of) a ~ es könnte sogar e-n
Heiligen verrückt machen; to lead the
life of a ~ → 5 a; young ~s old sinners

Jugend sollte sich austoben; ~ on
wheels iro. (ein) ,ganz Heiliger'.
2. relig. Selige(r m) f. II v/t 3. heilig-
sprechen. 4. heiligen. III v/i meist ~ it
5. a) wie ein Heiliger leben, b) den Heili-
gen spielen.
**Saint An·drew** ['ændruː] npr der heili-
ge An'dreas (Apostel; Schutzheiliger
Schottlands). **St An·drew's cross** s
An'dreaskreuz n. **Saint An·drew's**
**Day** s An'dreastag m (der 30. November).
**St An·tho·ny's fire** ['æntənɪ; Am.
-θə-] s med. a) Wundrose f, b) Gan'grän n,
c) Ergo'tismus m.
**St Bar·thol·o·mew** [bɑː(r)'θɒləmjuː;
Am. -'θɑl-] npr der heilige Bartholo-
'mäus: the massacre of ~ die Bartholo-
mäusnacht (in Paris am 24. August 1572).
**Saint Ber·nard (dog)** ['bɜːnəd; Am.
'bɜrnərd] s Bernhar'diner m (Hund).
**Saint Da·vid** ['deɪvɪd] npr der heilige
David (Schutzheiliger von Wales).
**saint·ed** ['seɪntɪd] adj 1. bes. relig. heilig
(-gesprochen). 2. heilig, fromm. 3. an-
betungswürdig. 4. geheiligt, geweiht
(Ort). 5. selig (Verstorbener).
**St El·mo's fire** ['elməʊz] s meteor.
Elmsfeuer n.
**Saint George** [dʒɔː(r)dʒ] → George 1.
'**saint**·**hood** s 1. (Stand m der) Heiligkeit
f (a. iro.). 2. collect. (die) Heiligen pl.
**St James's** ['dʒeɪmzɪz] s a. the Court of
~ (od. St James) fig. der britische Hof.
~ **Pal·ace** s ein Schloß in London (von
1697 bis 1837 Residenz der brit. Könige).
**Saint John of Je·ru·sa·lem** [dʒɒn;
Am. dʒɑn] s Johan'niterorden m.
**St-John's-wort** [snt'dʒɒnzwɜːt; Am.
sənt'dʒɑnz<sub>|</sub>wɜrt] s der'Johanniskraut n.
**St Leg·er** ['ledʒə(r)] s Saint Leger n (e-s
der wichtigsten Zuchtprüfungen für drei-
jährige Pferde).
**saint·like** ['seɪntlaɪk] → saintly.
**saint·li·ness** ['seɪntlɪnɪs] s Heiligmäßig-
keit f, Heiligkeit f (a. iro.).
**St Luke's sum·mer** [luːks] s Alt'wei-
bersommer m.
**saint·ly** ['seɪntlɪ] adj 1. heilig, fromm.
2. heiligmäßig: a ~ life.
**St Mar·tin's sum·mer** ['mɑː(r)tɪnz] s
später Nachsommer (im November).
**Saint Pat·rick** ['pætrɪk] npr der heilige
Patrick (Schutzheiliger Irlands). **Saint**
**Pat·rick's Day** s Tag m des heiligen
Patrick (der 17. März).
**St Paul's** ['pɔːlz] s die 'Paulskathe<sub>|</sub>drale
(in London).
**St Pe·ter's Chair** ['piːtə(r)z] s fig. der
Stuhl Petri, der Heilige Stuhl. **St Pe·**
**ter's (Church)** s die Peterskirche (in
Rom).
**Saint So·phi·a** [səʊ'faɪə; sə'f-] s die
Hagia So'phia.
**St Ste·phen's** ['stiːvnz] s Br. fig. das
Parla'ment (nach der St Stephen's Chapel
in Westminster).
**Saint Val·en·tine's Day** ['væləntaɪnz]
s Valentinstag m.
**Saint Vi·tus's dance** ['vaɪtəsɪz] s med.
Veitstanz m.
**saith** [seθ] obs. od. poet. 3. sg pres von say[1].
**sake**[1] [seɪk] s: for the ~ of um ... (gen)
willen, j-m zu'liebe, wegen (gen), halber
(gen); for God's (heaven's) ~ um Gottes
(Himmels) willen; for peace(') ~ um des
lieben Friedens willen; for his ~ ihm zu-
liebe, seinetwegen; for my own ~ as well
as yours um meinetwillen ebenso wie um
deinetwillen; for safety's ~ sicherheits-
halber; for old times' ~, for old ~'s ~
eingedenk alter Zeiten; for appearances'
~ um den Schein zu wahren; for con-
venience's ~ der Einfachheit halber, aus
Bequemlichkeitsgründen; art for art's ~
Kunst f als Selbstzweck, L'art pour l'art n.

**sa·ke²** ['sɑːkɪ] s Sake m, Reiswein m.
**sa·ker** ['seɪkə(r)] s orn. Würgfalke m.
**sa·ki** ['sɑːkɪ] s zo. Saki m, Schweifaffe m.
**sal¹** [sæl] s chem. pharm. Salz n: ~ ammoniac Salmiaksalz.
**sal²** [sɑːl] s 1. bot. Sal-, Saulbaum m. 2. Sal n, Saul n, Surreyn n (Holz von 1).
**sa·laam** [səˈlɑːm] I s Selam m, Salem m (orientalischer Gruß). II v/t u. v/i mit e-m Selam od. e-r tiefen Verbeugung (be-)grüßen.
**sal·a·bil·i·ty**, bes. Br. **sale·a·bil·i·ty** [ˌseɪləˈbɪlətɪ] s econ. 1. Verkäuflichkeit f. 2. econ. Marktfähigkeit f, Gangbarkeit f. **'sal·a·ble**, Br. **'sale·a·ble** adj 1. verkäuflich. 2. econ. marktfähig, gängig.
**sa·la·cious** [səˈleɪʃəs] adj (adv ~ly) 1. geil, wollüstig. 2. obˈszön, zotig. **saˈla·cious·ness**, a. **saˈlac·i·ty** [-ˈlæsətɪ] s 1. Geilheit f, Wollust f. 2. Obszöniˈtät f.
**sal·ad** ['sæləd] s 1. Saˈlat m. 2. bot. Saˈlat (-gewächs n, -pflanze f) m, bes. Am. ˈGartensaˌlat m. 3. fig. ˌSaˈlat‘ m (Durcheinander). ~ **days** s pl: in my ~ als ich noch jung u. unbekümmert war. ~ **dish** s Saˈlatschüssel f. ~ **draw·er** s Gemüseschale f (im Kühlschrank). ~ **dress·ing** s Saˈlatsoße f. ~ **oil** s Saˈlatöl n. ~ **serv·ers** s pl Saˈlatbesteck n.
**sal·a·man·der** ['sæləˌmændə(r)] s 1. zo. Salaˈmander m. 2. Salaˈmander m (Feuergeist). 3. j-d, der große Hitze ertragen kann. 4. a) rotglühendes (Schür)Eisen (zum Anzünden), b) tech. (Bau)Ofen zur Verhinderung des Einfrierens von Zement etc, c) glühende (Eisen)Schaufel, die über Gebäck gehalten wird, um es zu bräunen. 5. metall. Ofensau f. ˌsal·a·ˈman·drine [-drɪn] adj salaˈmanderartig, Salamander...
**sa·la·mi** [səˈlɑːmɪ] s Saˈlami f. ~ **tac·tics** s pl bes. pol. Saˈlamitaktik f.
**sa·lar·i·at** [səˈleərɪət] s (Klasse f der) Angestellte(n) pl od. Gehaltsempfänger pl.
**sal·a·ried** ['sælərɪd] adj 1. (fest)bezahlt, (fest)angestellt: ~ **employee** Angestellte(r m) f, Gehaltsempfänger(in). 2. bezahlt: **a** ~ **position**.
**sal·a·ry** ['sælərɪ] I s Gehalt n. II v/t (mit e-m Gehalt) bezahlen, j-m ein Gehalt zahlen. ~ **ac·count** s Gehaltskonto n. ~ **earn·er** s Angestellte(r m) f, Gehaltsempfänger(in).
**sale** [seɪl] s 1. econ. Verkauf m, Veräußerung f: **by private** ~ unter der Hand; **for** ~ zu verkaufen; **not for** ~ unverkäuflich; **to be on** ~ verkauft werden, erhältlich sein; ~ **of work** Basar m; ~ **forced** 1. 2. econ. Verkauf m, Vertrieb m: → **return** 30. 3. econ. Ab-, ˈUmsatz m, Verkaufsziffer f: **slow** ~ schleppender Absatz; **to meet with a ready** ~ schnellen Absatz finden, gut ˌgehen‘. 4. econ. (Saiˈson)Schlußverkauf m: **summer** ~(s) Sommerschlußverkauf m. 5. öffentliche Versteigerung, Auktiˈon f: → **put up** 20. ˌsale·aˈbil·i·ty, ˈsale·a·ble bes. Br. für salability, salable.
**sal·e·ra·tus** [ˌsæləˈreɪtəs] s chem. Natriumˈbikarboˌnat n.
**'sales·room** bes. Br. für salesroom.
**sales ac·count** [seɪlz] s econ. Warenausgangs-, Verkaufskonto n. ~ **a·gent** s (Handels)Vertreter m. ~ **ap·peal** s econ. Zugkraft f, Anziehungskraft f auf Kunden. ~ **a·re·a** s Verkaufs-, Absatzgebiet n. ~ **chart** s Verˈkaufsschaubild n, -taˌbelle f, -kurve f. ~ **check** s Kassenbeleg m. ˈ~ˌ**clerk** s Am. (Laden)Verkäufer(in). ~ **de·part·ment** s Verˈkauf(sabˌteilung f) m. ~ **drive** s econ. Verˈkaufskamˌpagne f. ~ **en·gi·neer** s econ. tech. Verˈkaufsingeˌnieur m. ~ **fi·nance com·pa·ny** s econ. 1. ˈAbsatzfinanˌzierungsgesellschaft f. 2. ˈTeilzahlungskreˌditinstiˌtut n. ˈ~ˌ**girl** s (Laden)Verkäuferin f. ˈ~ˌ**la·dy** Am. → saleswoman. ˈ~**man** [-mən] s irr 1. Verkäufer m. 2. (Handlungs)Reisende(r) m, (Handels-)Vertreter m: **no** ~ **will call** (in Anzeigen) kein Vertreterbesuch. 3. fig. Am. Reisende(r) m (of in dat): **a** ~ **of popular religion**.
**sales·man·ship** ['seɪlzmənʃɪp] s econ. 1. Verkaufstechnik f. 2. Verkaufsgewandtheit f, Geschäftstüchtigkeit f. 3. fig. Überˈzeugungskunst f; wirkungsvolle Art, e-e Idee etc ˌan den Mann zu bringen‘.
**'sales·ˌpeo·ple** s pl econ. Verˈkaufspersoˌnal n. ˈ~ˌ**per·son** s Verkäufer(in). ~ **pro·mo·tion** s Verkaufsförderung f. ~ **rep·re·sent·a·tive** s (Handels)Vertreter m, (Handlungs)Reisende(r) m. ~ **re·sist·ance** s Kaufabneigung f, ˈWiderstand m (des potentiellen Kunden). ˈ~**room** s Verˈkaufs-, bes. Auktiˈonsraum m, -loˌkal n. ~ **talk** s 1. econ. Verkaufsgespräch n. 2. fig. anpreisende Worte pl, Überˈredungskünste pl. ~ **tax** s Am. ˈUmsatzsteuer f. ˈ~ˌ**wom·an** s irr 1. Verkäuferin f. 2. (Handlungs)Reisende f, (Handels-)Vertreterin f.
**Sa·li·an** ['seɪljən; -ɪən] hist. I s Salier(in), salischer Franke. II adj salisch.
**Sal·ic¹** ['sælɪk; 'seɪ-] adj → Salian II: ~ **law** hist. Salisches Gesetz, Lex f salica.
**sal·ic²** ['sælɪk; 'seɪ-] adj min. salisch.
**sal·i·cin(e)** ['sælɪsɪn] s chem. Saliˈzin n.
**sa·li·cion·al** [səˈlɪʃənl] s mus. Salicioˈnal n (dem Streicherklang ähnliches Orgelregister).
**sal·i·cyl** ['sælɪsɪl] s chem. Saliˈzyl n. **sa·lic·y·late** [səˈlɪsɪleɪt; sæl-] I s chem. Salizyˈlat n. II v/t mit Saliˈzylsäure behandeln. **sal·i·cyl·ic** [ˌsælɪˈsɪlɪk] adj Salizyl...: ~ **acid**.
**sa·li·ence** ['seɪljəns], **'sa·li·en·cy** [-sɪ] s 1. Herˈvorspringen n, Herˈausragen n. 2. vorspringende Stelle, Vorsprung m. 3. fig. Betonung f: **to give** ~ **to** s.th. etwas herausstellen.
**sa·li·ent** ['seɪljənt] I adj (adv ~ly) 1. (her)ˈvorspringend, herˈausragend: ~ **angle** ausspringender Winkel; ~ **point** fig. springender Punkt. 2. fig. herˈvorstechend, ins Auge springend: ~ **characteristics**. 3. her. od. poet. springend. 4. poet. (her)ˈvor)sprudelnd. II s 5. math. mil. vorspringender Winkel (e-r Verteidigungslinie etc), mil. Frontausbuchtung f.
**sa·lif·er·ous** [sæˈlɪfərəs] adj 1. salzbildend. 2. bes. geol. salzhaltig. **sal·i·fi·a·ble** ['sælɪfaɪəbl] adj chem. salzbildend. **'sal·i·fy** [-faɪ] v/t chem. 1. ein Salz od. Salze bilden mit. 2. e-e Säure od. Base in das Salz überˈführen.
**sa·lim·e·ter** [sæˈlɪmɪtə(r); Am. seˈl-] → salinometer.
**sa·li·na** [səˈlaɪnə] s Salzsee m od. -sumpf m od. -quelle f.
**sa·line** ['seɪlaɪn; Am. a. -ˌliːn] I adj 1. salzig, salzhaltig, Salz... 2. pharm. saˈlinisch. II s [Br. səˈlaɪn] 3. → **salina**. 4. a) saˈlinisches Mittel, b) physioˈlogische Kochsalzlösung. 5. chem. a) Salzlösung f, b) pl Salze pl. **sa·lin·i·ty** [səˈlɪnətɪ] s 1. Salzigkeit f. 2. Salzhaltigkeit f, Salzgehalt m.
**sal·i·nom·e·ter** [ˌsælɪˈnɒmɪtə(r); Am. -ˈnɑm-] s chem. tech. Salz(gehalt)messer m, Salzwaage f.
**Sa·lique** ['sælɪk; 'seɪ-] → **Salic¹**.
**sa·li·va** [səˈlaɪvə] s Speichel(flüssigkeit f) m.

**sal·i·var·y** ['sælɪvərɪ; Am. -ˌveriː] adj Speichel...: ~ **gland**.
**sal·i·vate** ['sælɪveɪt] med. I v/t 1. (vermehrten) Speichelfluß herˈvorrufen bei j-m. II v/i 2. Speichelfluß haben. 3. Speichel absondern. ˌsal·i·ˈva·tion s 1. Speichelabsonderung f. 2. (vermehrter) Speichelfluß.
**sal·low¹** ['sæləʊ] s bot. (bes. Sal-)Weide f.
**sal·low²** ['sæləʊ] adj bläßlich, fahl. **'sal·low·ness** s Fahlheit f, fahle Blässe.
**sal·low thorn** s bot. Sanddorn m.
**sal·ly** ['sælɪ] I s 1. mil. Ausfall m: ~ **port** Ausfalltor n. 2. Ausflug m, Abstecher m. 3. fig. geistreicher Ausspruch od. Einfall, Geistesblitz m. 4. fig. Ausbruch m: ~ **of anger** Zornesausbruch. 5. obs. Eskaˈpade f, Streich m. 6. arch. (Balken)Vorsprung m. II v/i 7. oft ~ **out** mil. e-n Ausfall machen, herˈvorbrechen. 8. meist ~ **forth** (od. **out**) sich aufmachen, aufbrechen.
**Sal·ly Ar·my** ['sælɪ] s Br. colloq. ˈHeilsarˌmee f. ~ **Lunn** [lʌn] s leichter Teekuchen.
**sal·ma·gun·di** [ˌsælməˈɡʌndɪ] s 1. bunter Teller (Salat, kalter Braten etc). 2. fig. Mischung f, Mischmasch m.
**sal·mi** ['sælmɪ] s Salmi m, ˈWildraˌgout n.
**salm·on** ['sæmən] I s 1. pl -ons, bes. collect. -on ichth. Lachs, Salm m. 2. a. ~ **colo(u)r** Lachs(farbe f) n. II adj 3. a. ~-**colo(u)red** lachsfarben, -rosa, -rot.
**sal·mo·nel·la** [ˌsælməˈnelə] pl -lae [-liː] s biol. Salmoˈnelle f.
**salm·on ladˌder**, ~ **leap**, ~ **pass** s Lachsleiter f. ~ **peal**, ~ **peel** s junger Lachs. ~ **pink** → **salmon** 2. ~ **stair** → **salmon ladder**. ~ **trout** s ichth. 1. ˈLachsfoˌrelle f. 2. amer. ˈSeefoˌrelle f.
**sa·lon** ['sælɔ̃ː; Am. səˈlɑːn] s a) Empfangs-, Gesellschaftszimmer n, b) Ausstellungsraum m, c) fig. schöngeistiger Treffpunkt, d) econ. vornehmes Geschäft: **beauty** ~ Schönheits-, Kosmetiksalon. ~ **mu·sic** s Saˈlonmuˌsik f.
**sa·loon** [səˈluːn] s 1. Saˈlon m (bes. in Hotels etc), (Gesellschafts)Saal m: **billiard** ~ Br. Billardzimmer n; **shaving** ~ Rasiersalon; **shooting** ~ Br. Schießhalle f. 2. aer. mar. a) Saˈlon m (Aufenthaltsraum), b) a. ~ **cabin** mar. Kaˈbine f erster Klasse. 3. Br. a) → **saloon bar**, b) → **saloon car** 1, c) rail. Saˈlonwagen m. 4. Am. Kneipe f. 5. obs. Saˈlon m, Empfangs-, Gesellschaftszimmer n. ~ **bar** s Br. vornehmerer u. teurerer Teil e-s Lokals. ~ **car** s Br. 1. mot. a) Limouˈsine f, b) Motorsport: Tourenwagen m. 2. → **saloon** 3 c. ~**car·riage** → **saloon** 3 c. ~ **deck** s mar. Saˈlondeck n.
**sa·loon·keep·er** s Am. Kneipenwirt m.
**sa·loon·pis·tol** s Br. ˈÜbungspiˌstole f. ~ **ri·fle** s Br. Übungsgewehr n (für den Schießstand etc).
**sal·o·pette** [ˌsæləˈpet] s gesteppte Skilatzhose f.
**sal·pin·gi·tis** [ˌsælpɪnˈdʒaɪtɪs] s med. Salpinˈgitis f, Eileiterentzündung f.
**salt¹** [sɔːlt] I s 1. Koch)Salz n: **to eat s.o.'s** ~ fig. a) j-s Gast sein, b) von j-m abhängig sein; **with a grain** (od. **pinch**) **of** ~ fig. cum grano salis, mit Vorbehalt; **in** ~ (ein)gesalzen, (ein)gepökelt; **not to be worth one's** ~ nichts taugen, ˌkeinen Schuß Pulver wert sein‘; **the** ~ **of the earth** Bibl. u. fig. das Salz der Erde; **to rub** ~ **into** s.o.'s **wound(s)** fig. j-m Salz auf od. in die Wunde streuen. 2. Salz(fäßchen n): ~ **pass the me** ~, **please**; **above** (**below**) **the** ~ am oberen (unteren) Ende der Tafel. 3. chem. Salz n. 4. oft pl med. a) (bes. Abführ)Salz n, b) → **smelling salts**, c) colloq. für **epsom salt**. 5. fig.

Würze f, Salz n. **6.** fig. Witz m, Es'prit m: **a speech full of** ~. **7.** a. old ~ (alter) Seebär.

**II** v/t **8.** salzen, würzen (beide a. fig.). **9.** (ein)salzen, mit Salz bestreuen, bes. pökeln: ~ed meat Pökel-, Salzfleisch n. **10.** phot. Papier mit Fi'xiersalz behandeln. **11.** dem Vieh Salz geben. **12.** chem. a) mit (e-m) Salz behandeln, b) meist ~ out aussalzen. **13.** fig. durch'setzen mit: **a committee** ~ed **with businessmen. 14.** colloq. a) die Geschäftsbücher etc 'fri'sieren', b) ein Bohrloch, e-e Mine etc (betrügerisch) 'anreichern': **to** ~ **a mine. 15.** ~ **away,** ~ **down** a) einsalzen, -pökeln, b) colloq. Geld etc 'auf die hohe Kante legen'.

**III** adj **16.** Salz..., salzig: ~ **water** Salzwasser n; ~ **spring** Salzfäßchen f. **17.** (ein)gesalzen, (ein)gepökelt, Salz..., Pökel...: ~ **beef** gepökeltes Rindfleisch. **18.** bot. Salz..., halo'phil.

**salt²** [sɔːlt] adj obs. geil.

**sal·tant** ['sæltənt] adj her. springend.

**sal·ta·tion** [sæl'teɪʃn] s **1.** Springen n, Tanzen n. **2.** Sprung m. **3.** Springtanz m. **4.** plötzlicher 'Umschwung. **5.** biol. Erbsprung m. **'sal·ta·to·ry** [-tətəri; Am. -ˌtɔːri; -ˌtɔː-] adj **1.** hüpfend, springend. **2.** Spring..., Sprung... **3.** Tanz... **4.** fig. sprunghaft.

**salt|cake** s chem. technisches 'Natriumsul,fat. **'~cel·lar** s Salzfäßchen n: a) Salznäpfchen n, -streuer m, b) Br. colloq. Vertiefung über dem Schlüsselbein.

**salt·ed** ['sɔːltɪd] adj **1.** a) gesalzen, b) salt¹ 17. **2.** colloq. routi'niert, erfahren.

**salt·er** ['sɔːltə(r)] s **1.** Salzsieder m od. -händler m. **2.** Salzarbeiter m. **3.** Einsalzer m.

**salt·ern** ['sɔːltə(r)n] s tech. **1.** Sa'line f. **2.** Salzgarten m (Verdunstungsbassins).

**'salt-free** adj salzlos (Diät etc).

**salt·i·ness** ['sɔːltɪnɪs] s Salzigkeit f.

**salt·ire** ['sɔːltaɪə(r); 'sæl-] s her. Schrägkreuz n.

**salt·ish** ['sɔːltɪʃ] s Salzigkeit f.

**salt|junk** s colloq. Salzfleisch n. ~ **lick** s Salzlecke f (für Wild). ~ **marsh** s **1.** Salzsumpf m. **2.** Butenmarsch f. ~ **mine** s Salzbergwerk n.

**'salt·ness** s Salzigkeit f.

**salt pan** s **1.** tech. Salzsiedepfanne f. **2.** (geol. na'türliches) Ver'dunstungsbas,sin (für Meerwasser).

**salt·pe·ter,** bes. Br. **salt·pe·tre** ['sɔːltˌpiːtə(r); Am. ˌsɔːlt'p-] s Salpeter m.

**salt|pit** s Salzgrube f. **S~ Riv·er** s: to row up ~ pol. Am. in der Versenkung verschwinden. ~ **shak·er** s Salzstreuer m. '~ˌwa·ter adj Salzwasser... ~ **well** s (Salz)Solequelle f. '~ˌworks s pl (oft als sg konstruiert) Sa'line f.

**salt·y** ['sɔːltɪ] adj **1.** salzig. **2.** fig. gesalzen, gepfeffert: ~ **prices.**

**sa·lu·bri·ous** [sə'luːbrɪəs] adj (adv ~ly) heilsam, gesund, zuträglich, bekömmlich: a ~ **climate** ein gesundes Klima.

**sa'lu·bri·ty** [-ətɪ] s Heilsamkeit f, Zuträglichkeit f, Bekömmlichkeit f.

**sal·u·tar·i·ness** ['sæljotərɪnɪs; Am. -ˌteri:-] → salubrity. **'sal·u·tar·y** adj **1.** heilsam, gesund (beide a. fig.), zuträglich. **2.** med. Heil...

**sal·u·ta·tion** [ˌsælju·'teɪʃn; Am. -ljə't-] s **1.** Begrüßung f, Gruß m: in ~ zum Gruß; → angelic. **2.** Anrede f (im Brief). **3.** Gruß-, Begrüßungsformel f.

**sa·lu·ta·to·ri·an** [səˌluːtə'tɔːrɪən; -'toːr-] s Am. Student, der bei der Verleihung akademischer Grade die Begrüßungsrede hält. **sa'lu·ta·to·ry I** adj [Br. -tətəri] Begrüßungs..., Gruß...: ~ **oration** → II. **II** s ped. Am. Begrüßungsrede f.

**sa·lute** [sə'luːt] **I** v/t **1.** grüßen, durch e-e

Geste etc begrüßen. **2.** weitS. empfangen, j-m begegnen: **to** ~ **with an oath** (a smile). **3.** dem Auge od. Ohr begegnen od. sich bieten: **a strange sight** ~d **the eye. 4.** mar. mil. salu'tieren vor (dat), grüßen. **5.** fig. grüßen, ehren, feiern. **6.** obs. od. poet. küssen. **II** v/i **7.** grüßen (to acc). **8.** mar. mil. a) (to) salu'tieren (vor dat), grüßen (acc), b) Sa'lut schießen. **III** s **9.** Gruß m (a. fenc.), Begrüßung f. **10.** mil. a) Gruß m, Ehrenbezeigung f, b) bes. mar. Sa'lut m (of **7 guns** von 7 Schuß): **to stand at the** ~ salutieren; **to take the** ~ a) den Gruß erwidern, b) die Parade abnehmen, c) die Front (der Ehrenkompanie) abschreiten. **11.** Am. Frosch m (Feuerwerkskörper). **12.** obs. od. poet. (Begrüßungs)Kuß m.

**salv·a·ble** ['sælvəbl] adj **1.** erlösbar, rettbar. **2.** zu retten(d), zu bergen(d).

**sal·vage** ['sælvɪdʒ] **I** s **1.** mar. etc a) Bergung f, Rettung f (e-s Schiffs od. s-r Ladung, a. brandgefährdeter Güter etc), b) Bergungsgut n, c) a. ~ **money** Bergegeld n: ~ **vessel** Bergungsfahrzeug n, a. Hebeschiff n; ~ **(work)** Aufräumungsarbeiten pl. **2.** Versicherung: Wert m der bei e-m Brand geretteten Waren. **3.** fig. (Er)Rettung f (from aus). **4.** tech. a) 'Wiederverwertung f (von Industrieabfällen etc), b) verwertbares 'Altmateri,al: ~ **value** Schrottwert m. **II** v/t **5.** bergen, retten (a. mec. u. fig.): **to** ~ **the situation** die Situation retten. **6.** Altmaterial verwerten.

**sal·va·tion** [sæl'veɪʃn] s **1.** (Er)Rettung f (from aus). **2.** Heil n, Rettung f, Retter m. **3.** relig. a) (Seelen)Heil n, Seelenrettung f, b) Erlösung f: **to find** ~ das Heil finden. **S~ Ar·my** s relig. 'Heilsar,mee f.

**sal·va·tion·ism** [sæl'veɪʃnɪzəm] s relig. **1.** Seelenrettungslehre f. **2.** S~ Salu'tismus m (Grundsätze der Heilsarmee). **Sal'va·tion·ist** s relig. Mitglied n der 'Heilsar,mee.

**salve¹** [sælv; sɑːv; Am. sæv] **I** s **1.** (Heil-)Salbe f. **2.** fig. Pflaster n, Balsam m, Trost m: a ~ **for wounded feelings** ein Trostpflästerchen. **3.** fig. Beruhigungsmittel n (fürs Gewissen etc). **II** v/t **4.** (ein)salben. **5.** fig. das Gewissen etc beschwichtigen: **to** ~ **one's conscience. 6.** fig. beschönigen. **7.** fig. e-n Schaden, Zweifel etc beheben.

**salve²** [sælv] → salvage II.

**sal·ver** ['sælvə(r)] s Ta'blett n, Präsen'tierteller m.

**sal·vi·a** ['sælvɪə] s bot. Salbei m, f.

**sal·vo¹** ['sælvəʊ] pl **-vos, -voes** s **1.** mil. a) Salve f, Lage f, b) a. ~ **bombing** aer. Schüttwurf m: ~ **fire** mil. Laufsalve, mar. Salvenfeuer n. **2.** a. ~ **of applause** ein Beifallssturm.

**sal·vo²** ['sælvəʊ] pl **-vos** s **1.** Ausrede f. **2.** bes. jur. Vorbehalt(sklausel f) m: **with an express** ~ **of their rights** unter ausdrücklicher Wahrung ihrer Rechte.

**sal vo·la·ti·le** ['sælvə'lætəlɪ] (Lat.) s pharm. Hirschhornsalz n.

**sal·vor** ['sælvə(r)] s **1.** Berger m. **2.** Bergungsschiff n.

**sa·ma·ra** ['sæmərə] s bot. Flügelfrucht f.

**Sa·mar·i·tan** [sə'mærɪtən] **I** s **1.** Samari'taner(in), Sama'riter(in): **the good** ~ Bibl. der barmherzige Samariter; → Telephone Samaritans. **2.** a. good ~ fig. barm'herziger Sama'riter (guter Mensch). **II** adj **3.** sama'ritisch. **4.** fig. barm'herzig.

**sa·mar·i·um** [sə'meərɪəm] s chem. Sa'marium n.

**sa·mar·skite** [sə'mɑː(r)skaɪt] s min. Sa'mar'skit m.

**sam·ba** ['sæmbə] mus. **I** s Samba f. **II** v/i Samba tanzen.

**sam·bo** ['sæmbəʊ] pl **-bos, -boes** s **1.** Zambo m (in Mittelamerika ein Halb-

blut, bes. Mischling von Negern u. Indianern). **2.** S~ contp. 'Nigger' m.

**Sam Browne (belt)** [ˌsæm'braʊn] s mil. ledernes (Offi'ziers)Koppel mit Schulterriemen.

**same** [seɪm] **I** adj (mit vorhergehendem bestimmtem Artikel od. hinweisendem Fürwort) **1.** selb(er, e, es), gleich, nämlich: **on the** ~ **day; with this** ~ **knife** mit ebendiesem Messer; **at the** ~ **price as** zu demselben Preis wie; **the** ~ **thing as** das gleiche wie; **which is the** ~ **thing** was dasselbe ist; **it comes to the** ~ **thing** es läuft auf dasselbe hinaus; **the very** (od. **just the** od. **exactly the**) ~ **thing** genau dasselbe; **the two problems are really one and the** ~ die beiden Probleme sind eigentlich ein u. dasselbe; **he is no longer the** ~ **man** er ist nicht mehr der gleiche od. der alte; → time 6. **2.** (ohne art) fig. einförmig, eintönig: **the work is really a little** ~.

**II** pron **3.** der-, die-, das'selbe, der od. die od. das gleiche: ~ **here** colloq. so geht es mir auch, 'ganz meinerseits'; **it is all the** ~ **to me** es ist mir ganz gleich od. einerlei. **4. the** ~ a) a. jur. der- od. die'selbe, die erwähnte od. besagte Per'son, b) jur. relig. er, sie, es, dieser, diese, dies(es). **5.** (ohne art) econ. od. colloq. der- od. die- od. das'selbe: **50 pence for alterations to** ~.

**III** adv **6. the** ~ in der'selben Weise, genauso, ebenso (as wie); **all the** ~ gleichviel, trotzdem; **just the** ~ colloq. a) genauso, b) trotzdem; **(the)** ~ **to you** (danke) gleichfalls; → **brass knob, knob 1.**

**same·ness** ['seɪmnɪs] s **1.** Gleichheit f, Identi'tät f. **2.** Eintönigkeit f.

**sam·ite** ['sæmaɪt; 'seɪm-] s hist. schwerer, mit Gold durch'wirkter Seidenstoff.

**sam·let** ['sæmlɪt] s junger Lachs.

**Sa·mo·an** [sə'məʊən] **I** adj **1.** samo'anisch, von den Sa'moa-Inseln. **II** s **2.** Samo'aner(in). **3.** ling. Samo'anisch n, das Samoanische. ~ **War** → **Samoan war** m.

**sam·o·var** [ˌsæməʊ'vɑː; Am. 'sæməˌvɑːr] s Samowar m.

**samp** [sæmp] s Am. Maisgrütze f.

**sam·pan** ['sæmpæn] s Sam'pan m (chinesisches [Haus]Boot).

**sam·phire** ['sæmfaɪə(r)] s bot. **1.** Meerfenchel m. **2.** Queller m.

**sam·ple** ['sɑːmpl; Am. 'sæmpəl] **I** s **1.** econ. a) (Waren-, Quali'täts)Probe f, (Stück-, Typen)Muster n, b) Probepackung f, c) Ausstellungsmuster n, -stück n, d) Gütekontrolle: Stichprobe(nmuster n) f: ~s **only** Muster ohne Wert; **by** ~ **post mail** (als) Muster ohne Wert; **up to** ~ dem Muster entsprechend. **2.** Statistik: Sample n, Stichprobe f, Probeerhebung f, (Erhebungs)Auswahl f. **3.** fig. Musterbeispiel n, typisches Exem'plar. **4.** fig. (Kost)Probe f: a ~ **of his courage; that's a** ~ **of her behavio(u)r** das ist typisch für sie. **II** v/t **5.** pro'bieren, e-e Probe nehmen von, bes. gastr. kosten. **6.** e-e Stichprobe machen bei, (stichprobenweise) testen, e-e Auswahl erheben von. **7.** stichprobenweise ergeben, als Ergebnis e-r Stichprobe od. ein Gegenstück od. etwas Gleichwertiges finden für. **9.** ein (typisches) Beispiel sein für, als Muster dienen für. **10.** e-e Probe zeigen von. **11.** ko'pieren. **12.** Computer: Kommandofunktion etc abfragen, Signal etc abtasten. **III** adj **13.** Muster..., Probe...: ~ **book** econ. Musterbuch n; ~ **card** econ. Muster-, Probekarte f; ~ **case** Musterkoffer m. **14.** Stichproben..., Auswahl... **'sam·pler** s **1.** Pro'bierer(in), Prüfer(in). **2.** Stickerei: Sticktuch n. **3.** TV Farbschalter m. **4.** Computer: Abtaster m. **'sam·pling** s **1.** econ. 'Musterkol,lekti,on f. **2.** econ. Bemusterung f. **3.** econ.

Werbung *f* durch Verteilung von Probe-packungen. **4.** Stichprobenerhebung *f*, ('Umfrage *f* od. Prüfung *f* nach e-m) Auswahlverfahren *n*, Erhebung *f* e-r (re-präsenta'tiven) Auswahl: ~ **inspection** Stichprobenkontrolle *f*. **5.** Muster(stück) *n*, Probe *f*. **6.** Pro'bieren *n* (*von Speisen etc*). **7.** *TV* Farbschaltung *f*. **8.** *Computer*: Abfragen *n*, Abtasten *n*.

**Samp·son** ['sæmpsn; 'sæmsn], **Sam·son** ['sæmsn] *s fig.* Samson *m*, Herku-les *m*.

**Sam·u·el** ['sæmjʊəl; *Am.* -jəwəl; -jəl] *npr u. s Bibl.* (das Buch) Samuel *m*.

**sam·u·rai** ['sæmʊraɪ; *Am.* -mjʊ-] *pl* **-rai** *s hist.* Samu'rai *m*.

**san·a·tive** ['sænətɪv] *adj* heilend, heil-sam, heilkräftig, Heil(ungs)...

**san·a·to·ri·um** [ˌsænə'tɔːrɪəm; *Am. a.* -ʲtəʊ-] *pl* **-ri·ums**, **-ri·a** [-rɪə] *s med.* **1.** Sana'torium *n*, *bes.* a) Lungenheilstät-te *f*, b) Erholungsheim *n*. **2.** (*bes.* Höhen-) Luftkurort *m*. **3.** *Br.* Krankenzimmer *n* (*in e-m Internat*).

**san·a·to·ry** ['sænətərɪ; *Am.* -ˌtəʊriː] → **sanative**.

**sanc·ta** ['sæŋktə] *pl von* **sanctum**.

**sanc·ti·fi·ca·tion** [ˌsæŋktɪfɪ'keɪʃn] *s relig.* **1.** Heiligmachung *f*. **2.** Weihung *f*, Heiligung *f*. **3.** → **sanctified** [-faɪd] *adj* **1.** geheiligt, geweiht. **2.** heilig u. unver-letzlich. **3.** → **sanctimonious**. **'sanc-ti·fy** [-faɪ] *v/t* heiligen: a) weihen, b) (von Sünden) reinigen, c) rechtferti-gen: → **end** 18, d) heilig u. unverletzlich machen.

**sanc·ti·mo·ni·ous** [ˌsæŋktɪ'məʊnjəs; -nɪəs] *adj* (*adv* ~ly) frömmelnd, schein-heilig. ˌsanc·ti'mo·ni·ous·ness, **'sanc·ti·mo·ny** [-məʊnɪ] *s* Scheinhei-ligkeit *f*, Frömme'lei *f*.

**sanc·tion** ['sæŋkʃn] **I** *s* **1.** Sankti'on *f*, (*nachträgliche*) Billigung *od.* Zustim-mung: **to give one's** ~ **to** → 3 a. **2.** *jur.* a) Sanktio'nierung *f* (*e-s Gesetzes etc*), b) *pol.* Sankti'on *f*, Zwangsmittel *n*, c) (*gesetzliche*) Strafe, d) *hist.* De'kret *n*. **II** *v/t* **3.** sanktio'nieren: a) billigen, gut-heißen, b) dulden, c) *e-n Eid etc* bindend machen, d) Gesetzeskraft verleihen (*dat*).

**sanc·ti·ty** ['sæŋktətɪ] *s* **1.** Heiligkeit *f* (*a. Unverletzlichkeit*): → **odor** 3. **2.** *pl* a) heilige Ide'ale *pl*, b) heilige Gefühle *pl*, c) heilige Pflichten *pl*.

**sanc·tu·ar·y** ['sæŋktjʊərɪ; *Am.* -tʃəˌwe-riː] *s* **1.** Heiligtum *n* (*a. fig.*). **2.** *relig.* Heiligtum *n*, heilige Stätte. **3.** *relig. bes. Bibl.* Aller'heiligste(s) *n*. **4.** Sanktu'arium *n*, Freistätte *f*, A'syl *n*: **to seek** ~ **Schutz** *od.* Zuflucht suchen (**with** bei). **5.** *a.* **rights of** ~ A'sylrecht *n*: **to break the** ~ das Asylrecht verletzen. **6.** *fig.* Zu-fluchts-, Freistätte *f*, A'syl *n*. **7.** *hunt.* a) Schonzeit *f*, b) Schutzgebiet *n*: **bird** ~. **sanc·tum** ['sæŋktəm] *pl* **-tums**, **-ta** [-tə] *s* Heiligtum *n*: a) heilige Stätte, b) *fig.* Pri'vat-, Stu'dierzimmer *n*, Pri'vatge-mach *n*, c) innerste Sphäre. → **sanc·to-rum** [sæŋk'tɔːrəm] *s relig. u. humor.* (*das*) Aller'heiligste.

**sand** [sænd] **I** *s* **1.** Sand *m*: **built on** ~ *fig.* auf Sand gebaut; → **rope** 7. **2.** *oft pl* a) Sandbank *f*, b) Sand(strecke *f*, -fläche *f*) *n*: **to plough** (*bes. Am.* **plow**) **the** ~**(s)** *fig.* s-e Zeit verschwen-den. **3.** *meist pl* Sand(körner *pl*) *m*: **num-berless as the** ~**(s)** zahllos wie (der) Sand am Meer; **his** ~**s are running out** s-e Tage sind gezählt. **4.** (Streu-, Scheuer-, Schleif)Sand *m*. **5.** *Am. sl.* 'Mumm' *m*, 'Schneid' *m*. **II** *v/t* **6.** mit Sand bestreuen, *Weg etc a.* sanden. **7.** im Sand vergraben. **8.** schmirgeln, mit Sand scheuern: **to** ~ **down** abschmir-geln.

**san·dal¹** ['sændl] *s* **1.** San'dale *f*, Riemen-schuh *m*. **2.** Sanda'lette *f*.

**san·dal²** ['sændl] *s* **1.** → **sandalwood**. **2.** → **sandal tree** 1.

**san·dal| tree** *s* **1.** *bot.* San'toribaum *m*. **2.** → **sandalwood** 1. **'~·wood** *s* **1.** *a.* **white** ~ a) *bot.* Sandelbaum *m*, b) weißes *od.* echtes Sandelholz (*Holz von* a). **2.** *a.* **red** ~ a) *bot.* (*ein*) Flügelfruchtbaum *m*, b) rotes Sandelholz (*Holz von* a).

**san·da·rac** ['sændəræk] *s* **1.** → **san-darac tree**. **2.** *bes. tech.* Sandarak *m* (*Harz*). ~ **tree** *s bot.* Sandarakbaum *m*.

**'sand|·bag I** *s* **1.** Sandsack *m*. **2.** Sand-säckchen *n* (*Art Totschläger*). **II** *v/t* **3.** mit Sandsäcken befestigen. **4.** (mit e-m Sandsäckchen) niederschlagen. **'~·bank** *s* Sandbank *f*. ~ **bar** *s* längliche Sand-bank. **'~·blast** *tech.* **I** *s* **1.** Sandstrahl *m*. **2.** Sand(strahl)gebläse *n*. **II** *v/t* **3.** sand-strahlen. **'~·blind** *adj* halbblind. **'~·box** *s* **1.** Sandkasten *m*. **2.** *hist.* Streusand-büchse *f*. **3.** *Gießerei*: Sandform *f*. **4.** Sandstreuer *m* (*e-r Lokomotive*). **'~·boy** *s*: (**as**) **happy as a** ~ 'kreuzfi,del, quietschvergnügt. **'~·cast** *v/t irr tech.* in Sand gießen. ~ **cast·ing** *s* Sandguß *m*. ~ **cas·tle** *s* Sandburg *f* (*am Strand etc*). ~ **dol·lar** *s zo.* Sanddollar *m* (*Seeigel*). ~ **drift** *s geol.* Flugsand *m*. ~ **dune** *s* Sanddüne *f*.

**sand·er** ['sændə(r)] *s tech.* **1.** → **sandbox** 4. **2.** Sand(strahl)gebläse *n*. **3.** 'Schmirgel-ˌschleifma,schine *f*.

**sand·er·ling** ['sændə(r)lɪŋ] *s orn.* San-derling *m*.

**sand·ers** ['sændə(r)z] → **sandal-wood** 2 a.

**'sand|·fly** *s zo.* e-e stechende Fliege, *bes.* a) Sandfliege *f*, b) Gnitze *f*, c) Kriebel-mücke *f*. **'~·glass** *s* Sanduhr *f*, Stunden-glas *n*. ~ **grass** *s bot.* Sand-, Küstengras *n*. ~ **grouse** *s orn.* Flughuhn *n*.

**san·dhi** ['sændhi:; 'sændi:] *s ling.* Sandhi *m* (*die lautliche Veränderung, die der An-od. Auslaut e-s Wortes durch e-n benach-barten Wortauslaut od. -anlaut erfährt*).

**'sand|·lot** *Am.* **I** *s* Sandplatz *m* (*Be-helfsspielplatz von Stadtkindern*). **II** *adj* Sandplatz...: ~ **baseball** *auf e-m Sand-platz von nicht organisierten Mannschaf-ten gespielter Baseball*. **'~·man** *s irr* Sandmännchen *n*. ~ **mar·tin** *s orn.* Uferschwalbe *f*. **'~·mon·i·tor** *s zo.* 'Wü-stenwa,ran *m*. **'~·pa·per I** *s* 'Sand-pa,pier *n*. **II** *v/t* (ab)schmirgeln. ~ **par·tridge** *s orn.* Sandhuhn *n*. **'~·pip·er** *s orn.* (*ein*) Schnepfenvogel *m*, *bes.* a) Fluß-uferläufer *m*, b) *a.* **spotted** ~ Drossel-uferläufer *m*. ~ **pit** *s* **1.** Sandkasten *m*. **2.** Sandgrube *f*. **'~·shoe** *s* Strandschuh *m*. **'~·soap** *s* Putzstein *m*, Sandseife *f*. **'~·spit** *s* sandige Landzunge. ~ **spout** *s* Wind-, Sandhose *f*. **'~·stone** *s geol.* Sandstein *m*: **Old (New) Red S~** *unter (über) dem Karbon liegende Sandstein-schicht in Großbritannien.* **'~·storm** *s* Sandsturm *m*. ~ **ta·ble** *s a. mil.* Sand-kasten *m*. ~ **trap** *s Golf: bes.* Am. Sand-hindernis *n*. ~ **wedge** *s Golf*: Sand-Wedge *m* (*Schläger für Schläge aus dem Bunker*).

**sand·wich** ['sænwɪdʒ; *bes. Am.* -tʃ] **I** *s* **1.** Sandwich *n* (*belegtes Klappbrot*): **to sit** ~ *fig.* eingezwängt sitzen. **2.** Ne-benein'ander *n*. **3.** Sandwichman *m*, Pla-'katträger *m*. **II** *v/t* **4.** einklemmen, -zwängen. **5.** *sport den Gegner* ,in die Zange nehmen'. **6.** *a.* ~ **in** *fig.* einlegen, -schieben, da'zwischenschieben. ~ **cake** *s* Schichttorte *f*. **~·course** *s ped. Kurs, bei dem sich theoretische u. praktische Ausbil-dung abwechseln.* ~ **film** *s* doppeltbe-schichteter Film. ~ **man** *s irr* → **sand-wich** 3.

**sand·y¹** ['sændɪ] *adj* **1.** sandig, Sand...: ~ **soil**; ~ **desert** Sandwüste *f*. **2.** *fig.* sand-farben, rotblond: ~ **hair**. **3.** sandartig, körnig. **4.** *fig.* unsicher. **5.** *Am. sl.* schnei-dig, frech.

**Sand·y²** ['sændɪ] *s* (*Spitzname für*) Schot-te *m*.

**sand yacht** *s* Strandsegler *m*.

**sane** [seɪn] *adj* **1.** geistig gesund, nor'mal, *bes. jur.* zurechnungsfähig. **2.** vernünftig, gescheit.

**San·for·ize** ['sænfəraɪz] (*TM*) *v/t* sanfo-ri'sieren (*Gewebe schrumpffrei machen*).

**sang** [sæŋ] *pret von* **sing**.

**san·ga·ree** [ˌsæŋgə'ri:] *s* Sanga'ree *n* (*Ge-tränk aus Wein, Wasser u. Brandy, gesüßt u. gewürzt*).

**sang de bœuf** [sɑ̃də'bœf] (*Fr.*) **I** *s* Tiefrot *n*, blutrote Farbe (*auf altem chinesischem Porzellan*). **II** *adj* blut-, tiefrot, ochsen-blutfarben.

**sang·froid** [ˌsɑ̃:ŋ'frwɑ:] *s* Kaltblütig-keit *f*.

**San·graal, San·grail** [sæŋ'greɪl], **San·gre·al** ['sæŋgrɪəl; *Am.* ˌsæŋ'greɪl] *s relig.* der Heilige Gral.

**san·gri·a** [sæŋ'gri:ə] *s* San'gria *f* (*Rot-weinbowle*).

**san·gui·fi·ca·tion** [ˌsæŋgwɪfɪ'keɪʃn] *s biol.* Blutbildung *f*.

**san·gui·nar·y** ['sæŋgwɪnərɪ; *Am.* -ˌne-ri:] *adj* **1.** blutig, mörderisch: ~ **battle**. **2.** blutdürstig, grausam: **a** ~ **person**; ~ **laws**. **3.** blutig, Blut... **4.** *Br.* unflätig (*Ausdrucksweise*).

**san·guine** ['sæŋgwɪn] **I** *adj* (*adv* ~ly) **1.** heiter, lebhaft, leichtblütig. **2.** voll-, heißblütig, hitzig. **3.** zuversichtlich, opti-'mistisch: **to be** ~ **of success** zuversicht-lich auf Erfolg rechnen. **4.** rot, frisch, blühend, von gesunder Gesichtsfarbe. **5.** *med. hist.* sangu'inisch. **6.** (blut)rot. **II** *s* **7.** Rötelstift *m*. **8.** Rötelzeichnung *f*. **'san·guine·ness** *s* heiteres Tempera-'ment, Zuversichtlichkeit *f*. **san'guin-e·ous** [-nɪəs] *adj* **1.** Blut..., blutig. **2.** → **sanguine** I.

**San·he·drin** ['sænɪdrɪn], *a.* **'San·he-drim** [-drɪm] *s hist.* **1.** Ratsversamm-lung *f* (*der Juden*). **2.** *a.* **Great** ~ Sanhe-'drin *m*, Hoher Rat (*höchste altjüdische Staatsbehörde*). **3.** *a.* **Small** ~, **Lesser** ~ e-r der altjüdischen Provinzräte.

**sa·ni·es** ['seɪniːz] *s med.* pu'trider Eiter, Jauche *f*.

**san·i·fy** ['sænɪfaɪ] *v/t* die hygi'enischen Zustände verbessern in (*dat*).

**san·i·tar·i·an** [ˌsænɪ'teərɪən] **I** *adj* **1.** → **sanitary** 1. **II** *s* **2.** Hygi'eniker *m*. **3.** ˌGe'sundheitsa,postel' *m*.

**san·i·tar·i·ness** ['sænɪtərɪnɪs; *Am.* -ˌte-ri:-] *s* hygi'enische Zustände *pl*.

**san·i·tar·i·um** [ˌsænɪ'teərɪəm] *pl* **-'tar-i·ums**, **-'tar·i·a** [-rɪə] *s bes. Am. für* **sanatorium**.

**san·i·tar·y** ['sænɪtərɪ; *Am.* -ˌteri:] **I** *adj* (*adv* **sanitarily**) **1.** hygi'enisch, Gesund-heits..., gesundheitlich, (*a. tech.*) sani'tär. **2.** hygi'enisch (einwandfrei), gesund. **II** *s* **3.** *Am.* öffentliche Bedürfnisanstalt. ~ **belt** *s* Bindengürtel *m*. ~ **en·gi·neer-ing** *s* Sani'tärtechnik *f*. ~ **e·quip·ment** *s* sani'täre Einrichtung(en *pl*). ~ **nap·kin** *s bes. Am.* Damenbinde *f*. ~ **tam·pon** *s* ('Monats)Tam,pon *m*. ~ **tow·el** *s bes. Br.* Damenbinde *f*.

**san·i·tate** ['sænɪteɪt] *v/t* mit sani'tären Einrichtungen versehen.

**san·i·ta·tion** [ˌsænɪ'teɪʃn] *s* **1.** sani'täre Einrichtungen *pl* (*in Gebäuden*). **2.** Ge-sundheitspflege *f*, -wesen *n*, Hygi'ene *f*. ~ **en·gi·neer** *s Am. euphem.* Müllmann *m*.

**san·i·tize** ['sænɪtaɪz] *v/t bes. Am.* **1.** steri-li'sieren, keimfrei machen. **2.** *fig. Image etc* 'aufpo,lieren.

**san·i·ty** ['sænətɪ] *s* **1.** geistige Gesundheit, *bes. jur.* Zurechnungsfähigkeit *f.* **2.** gesunder Verstand.
**sank** [sæŋk] *pret von* sink.
**san·man** ['sæn‚mæn] *s irr Am. colloq.* Müllmann *m.*
**sans** [sænz; sãːŋ] *prep* ohne (*obs. außer in* Ausdrücken französischer Herkunft).
**San·scrit** → Sanskrit.
**San·sei** [‚saːnˈseɪ] *pl* **–sei, –seis** [-ˈseɪz] *s* Enkelkind *n* ja'panischer Einwanderer in den US'A.
**san·ser·if** [‚sænˈserɪf] *s print.* Gro'tesk *f.*
**San·skrit** ['sænskrɪt] **I** *s* Sanskrit *n.* **II** *adj* Sanskrit... **San·skrit·ic** *adj* Sanskrit..., sans'kritisch. **'San·skrit·ist** *s* Sanskritforscher *m.*
**San·ta** ['sæntə] *colloq. für* Santa Claus.
**San·ta Claus** [‚sæntəˈklɔːz; *bes. Am.* 'sæntəklɔːz] *npr* der Weihnachtsmann, der Nikolaus.
**san·tal** ['sæntəl] *s* **1.** *bot.* rotes Sandelholz *od.* Kalia'turholz. **2.** *chem.* Santal *m.*
**Saor·stat** ['seəstaːt] (*Ir.*) *s* Freistaat *m:* ~ Eireann *hist.* der Irische Freistaat (*seit 29. Dez. 1937 durch* Eire *ersetzt*).
**sap¹** [sæp] **I** *s* **1.** Saft *m* (*in Pflanzen*). **2.** *fig.* (Lebens)Saft *m,* (-)Kraft *f,* Mark *n.* **3.** *a.* ~wood Splint(holz *n*) *m.* **II** *v/t* **4.** entsaften, Saft abziehen aus.
**sap²** [sæp] **I** *s* **1.** *mil.* Sappe *f,* Grabenkopf *m.* **II** *v/t* **2.** unter'wühlen, -'höhlen. **3.** *mil.* (*a. fig. die Gesundheit etc*) unter'graben, -mi'nieren. **4.** *fig.* erschöpfen, schwächen.
**sap³** [sæp] *s colloq.* ,Gimpel' *m,* ,Einfaltspinsel' *m.*
**sap⁴** [sæp] *Am. sl.* **I** *s* Totschläger *m* (*Waffe*). **II** *v/t* j-n mit e-m Totschläger bewußtlos schlagen.
**sap·a·jou** ['sæpədʒuː] *s zo.* Kapu'zineraffe *m.*
**sa·pan·wood** ['sæpənwʊd; *Am. bes.* sə'pæn-] *s* **1.** Sappanholz *n* (*rotes Farbholz*). **2.** *bot.* Sappanbaum *m.*
**'sap·head¹** → sap³.
**'sap·head²** *s mil.* Sappenkopf *m.*
**sap·id** ['sæpɪd] *adj* **1.** e-n Geschmack habend. **2.** schmackhaft. **3.** *fig.* interes·'sant. **sa·pid·i·ty** [sə'pɪdətɪ] *s* Schmackhaftigkeit *f.*
**sa·pi·ence** ['seɪpjəns; -ɪəns] *s meist iro.* Weisheit *f.* **'sa·pi·ent** *adj* (*adv* ~ly) *meist iro.* weise. **‚sa·pi·en·tial** [-pɪ'enʃl] *adj* Weisheit enthaltend, Weisheits...: ~ books *Bibl.* Bücher der Weisheit.
**sap·less** ['sæplɪs] *adj* saftlos (*a. fig. kraftlos*).
**sap·ling** ['sæplɪŋ] *s* **1.** junger Baum, Schößling *m.* **2.** *fig.* ,Grünschnabel' *m,* Jüngling *m.*
**sap·o·na·ceous** [‚sæpəʊ'neɪʃəs; -pə'n-] *adj* **1.** seifenartig, seifig. **2.** *fig.* glatt.
**sa·pon·i·fi·ca·tion** [sə‚pɒnɪfɪ'keɪʃn; *Am.* -‚pɑn-] *s chem. tech.* Verseifung *f:* ~ number Verseifungszahl *f.* **sa'pon·i·fi·er** [-faɪə(r)] *s chem. tech.* **1.** Verseifungsmittel *n.* **2.** Ver'seifungsappa‚rat *m.* **sa'pon·i·fy** [-faɪ] *v/t u. v/i* verseifen.
**sap·per¹** ['sæpə(r)] *s mil.* Sap'peur *m,* Pio'nier *m.*
**sap·per²** ['sæpə(r)] *s* An-, Abzapfer *m.*
**Sap·phic** ['sæfɪk] **I** *adj* **1.** sapphisch: ~ ode. **2.** *meist* s~ lesbisch: ~ vice → sapphism. **II** *s* **3.** sapphischer Vers.
**sap·phire** ['sæfaɪə(r)] **I** *s* **1.** *min.* Saphir *m* (*a. am Plattenspieler*). **2.** *a.* ~ blue Saphirblau *n.* **3.** *orn.* Saphirkolibri *m.* **II** *adj* **4.** saphirblau. **5.** Saphir...
**sap·phir·ine** ['sæfəriːn; -rɪn; *Am. bes.* -‚raɪn] **I** *adj* → sapphire II. **II** *s min.* Saphi'rit *m.* **~ gur·nard** *s ichth.* Knurrhahn *m,* Seeschwalbe *f.*
**sap·phism** ['sæfɪzəm] *s* lesbische Liebe.

**sap·py** ['sæpɪ] *adj* **1.** saftig. **2.** *fig.* kraftvoll, markig. **3.** *colloq.* einfältig, dämlich.
**sa·pr(a)e·mi·a** [sæ'priːmɪə] *s med.* Sa'prä'mie *f,* Blutvergiftung *f* durch Fäulnisstoffe.
**sap·ro·gen·ic** [‚sæprəʊ'dʒenɪk], *a.* **sap·rog·e·nous** [sæ'prɒdʒɪnəs; *Am.* -'prɑ-] *adj* sapro'gen: a) fäulniserregend, b) Fäulnis...
**sap·ro·phyte** ['sæprəʊfaɪt; -prəf-] *s biol.* Sapro'phyt *m,* Fäulnispflanze *f.*
**sap·sa·go** ['sæpsəgəʊ] *s* Schabziger *m* (*grüner Schweizer Kräuterkäse*).
**'sap·wood** *s bot.* Splint(holz *n*) *m.*
**sar** [saː] *s ichth. Br.* Seebrachsen *m,* -brassen *m.*
**Sar·a·cen** ['særəsn] **I** *s* Sara'zene *m,* Sara'zenin *f.* **II** *adj* sara'zenisch.
**Sar·a·cen·ic** [‚særə'senɪk] *adj* sara'zenisch, mohamme'danisch.
**Sar·a·to·ga (trunk)** [‚særə'təʊgə] *s* großer Reisekoffer (*bes. von Damen im 19. Jh. benutzt*).
**sar·casm** ['saː(r)kæzəm] *s* Sar'kasmus *m:* a) beißender Spott, b) sar'kastische Bemerkung. **sar'cas·tic** *adj* (*adv* ~ally) sar'kastisch.
**sar·co·carp** ['saː(r)kəʊkaː(r)p] *s bot.* **1.** Sarko'karp *n,* fleischige Fruchtwand. **2.** (*unkorrekt*) fleischige Frucht.
**sar·code** ['saː(r)kəʊd] *s zo.* Sar'kode *f* (*Protoplasma e-s Einzellers*).
**sar·coid** ['saː(r)kɔɪd] *s med.* Sarko'id *n,* sar'komähnlicher Tumor.
**sar·co·ma** [saː(r)'kəʊmə] *pl* **–ma·ta** [-mətə] *od.* **–mas** *s med.* Sar'kom *n* (*bösartige Bindegewebsgeschwulst*). **sar‚co·ma'to·sis** [-'təʊsɪs] *s* Sarkoma'tose *f.* **sar'co·ma·tous** *adj* Sarkom..., sar'komartig.
**sar·coph·a·gous** [saː(r)'kɒfəgəs; *Am.* -'ka-] *adj zo.* fleischfressend.
**sar·coph·a·gus** [saː(r)'kɒfəgəs; *Am.* -'ka-] *pl* **–gi** [-gaɪ; -dʒaɪ] *od.* **–gus·es** *s* **1.** Sarko'phag *m,* Steinsarg *m.* **2.** *antiq.* Sargstein *m.*
**sar·co·plasm** ['saː(r)kəʊplæzəm] *s biol.* Sarko'plasma *n* (*Substanz zwischen den Muskelfasern*).
**sar·cous** ['saː(r)kəs] *adj* fleischig, Fleisch...
**sar·cy** ['saː(r)sɪ] *adj Br. colloq. für* sarcastic.
**sard** [saː(r)d] *s min.* Sard(er) *m.*
**sar·dine¹** [saː(r)'diːn] **I** *pl* **sar'dines,** *bes. collect.* **sar'dine** *s ichth.* Sar'dine *f:* packed like ~s (zs.-gepfercht) wie die Heringe. **II** *v/t* pferchen (into *in acc*).
**sar·dine²** ['saː(r)daɪn] → sard.
**Sar·din·i·an** [saː(r)'dɪnjən; -nɪən] **I** *adj* **1.** sar'dinisch. **II** *s* **2.** a) Sarde *m,* Sardin *f* (*Bewohner der Insel Sardinien*), b) Sar'dinier(in) (*Bewohner des historischen Königreichs Sardinien*). **3.** *ling.* Sardisch *n,* das Sardische.
**sar·don·ic** [saː(r)'dɒnɪk; *Am.* -'dɑn-] *adj* (*adv* ~ally) **1.** *med.* sar'donisch: ~ laugh. **2.** *fig.* sar'donisch, boshaft, hämisch (*Grinsen etc*).
**sar·do·nyx** ['saː(r)dənɪks; *Am.* saː(r)'dɑn-] *s* **1.** *min.* Sar'donyx *m.* **2.** *her.* Blutrot *n.*
**sar·gas·so** [saː(r)'gæsəʊ] *s bot.* Beerentang *m.* **S~ Sea** *s geogr.* Sar'gassomeer *n.*
**sarge** [saː(r)dʒ] *colloq. für* sergeant 1.
**sa·ri** ['saːrɪ] *s* Sari *m* (*Gewand der Hindufrauen*).
**sark** [saː(r)k] *s bes. Br. dial.* Hemd *n.*
**sar·ky** ['saːkɪ] *adj Br. colloq. für* sarcastic.
**sar·men·tose** [saː(r)'mentəʊs], **sar'men·tous** [-təs] *adj bot.* (mit bewurzelten Ausläufern) kriechend.
**sa·rong** [sə'rɒŋ; *Am. a.* -'raŋ] *s* Sarong *m* (*malaiisches Kleidungsstück*).

**sar·sa·pa·ril·la** [‚saː(r)səpə'rɪlə] *s* **1.** *bot.* Sarsapa'rille *f.* **2.** *med.* Sarsapa'rillwurzel *f.* **3.** Sarsapa'rillex‚trakt *m.*
**sar·sen** ['saː(r)sn] *s geol.* großer Sandsteinblock.
**sar·to·ri·al** [saː(r)'tɔːrɪəl; *Am. a.* -'təʊ-] *adj* (*adv* ~ly) **1.** Schneider...: ~ effect schnittechnischer Effekt. **2.** Kleidung(s)...: ~ elegance Eleganz *f* der Kleidung.
**sar·to·ri·us** [saː(r)'tɔːrɪəs; *Am. a.* -'təʊ-] *s anat.* Sar'torius *m,* Schneidermuskel *m.*
**Sar·um** ['seərəm] *adj relig.* Salisbury...: ~ use Liturgie *f* von Salisbury.
**sash¹** [sæʃ] *s* Schärpe *f.*
**sash²** [sæʃ] *s* **1.** (schiebbarer) Fensterrahmen. **2.** schiebbarer Teil (*des Schiebefensters*).
**sa·shay** [sæ'ʃeɪ] *Am.* **I** *v/i* **1.** schas'sieren (*beim Tanz*). **2.** *colloq.* tänzeln, hüpfen. **II** *s* **3.** *colloq.* Ausflug *m* (*a. fig.*).
**sash| saw** *s tech.* Schlitzsäge *f.* **~ win·dow** *s* Schiebe-, Fallfenster *n.*
**sass** [sæs] *Am.* **I** *s* **1.** *dial. für* sauce. **2.** *colloq.* Frechheit *f.* **II** *v/t* **3.** *colloq.* j-m frech antworten.
**sas·sa·fras** ['sæsəfræs] *s* **1.** *bot.* Sassafras(baum, -lorbeer) *m.* **2.** getrocknete Sassafraswurzelrinde.
**Sas·se·nach** ['sæsənæk] *Scot. od. Ir.* **I** *s* Engländer(in). **II** *adj* englisch.
**sass·y** ['sæsɪ] *adj Am. colloq.* **1.** frech. **2.** forsch. **3.** fesch, schick.
**sat** [sæt] *pret u. pp von* sit.
**Sa·tan** ['seɪtən] *s* (*fig.* s~) Satan *m,* Teufel *m.*
**sa·tan·ic** [sə'tænɪk] *adj* (*adv* ~ally) sa'tanisch, teuflisch: S~ school satanische Schule (*literarische Schule, zu der Byron und Shelley gehörten*).
**Sa·tan·ism** ['seɪtənɪzəm] *s* Sata'nismus *m:* a) teuflische Bosheit, b) Teufelskult *m.*
**satch·el** ['sætʃəl] *s* (Schul)Tasche *f,* (-)Mappe *f,* (*bes. Schul*)Ranzen *m.*
**sate¹** [seɪt] *v/t* über'sättigen: to be ~d with übersättigt sein von.
**sate²** [sæt; seɪt] *pret obs. von* sit.
**sa·teen** [sæ'tiːn] *s* ('Baum)Wollsa‚tin *m.*
**sate·less** ['seɪtlɪs] *adj poet.* unersättlich.
**sat·el·lite** ['sætəlaɪt] **I** *s* **1.** a) *astr.* Satel'lit *m,* Tra'bant *m,* Mond *m,* b) *tech.* (*künstlicher*) ('Erd)Satel‚lit, ~ earth station Erdfunkstelle *f;* ~ killer *mil.* Killersatellit; ~ picture *meteor. etc* Satellitenbild *n;* ~ transmission (*Rundfunk, TV*) Satellitenübertragung *f.* **2.** Tra'bant *m,* Anhänger *m,* Gefolgsmann *m, contp.* Krea'tur *f.* **3.** *fig.* Anhängsel *n, bes. a.* ~ state (*od. nation*) *pol.* Satel'lit(enstaat) *m,* b) *a.* ~ town (*od. city*) Tra'bantenstadt *f,* c) ~ airfield Ausweich-, Feldflugplatz *m,* d) *econ.* Zweigfirma *f.* **II** *v/t* **4.** Rundfunk, TV: per Satel'lit über'tragen.
**sa·tem lan·guag·es** ['saːtəm; 'seɪ-] *s pl ling.* Satemsprachen *pl.*
**sa·ti·a·ble** ['seɪʃjəbl; *bes. Am.* -ʃəbl] *adj* zu sättigen(d), zu befriedigen(d). **'sa·ti·ate I** *v/t* [-ʃieɪt] **1.** über'sättigen. **2.** vollauf sättigen *od.* befriedigen. **II** *adj* [-ət] **3.** über'sättigt. **‚sa·ti'a·tion** [-ʃɪ'eɪʃn] *s* **1.** Über'sättigung *f.* **2.** Befriedigung *f.*
**sa·ti·e·ty** [sə'taɪətɪ] *s* **1.** (*of*) Über'sättigung *f* (mit), 'Überdruß *m* (an *dat*): to ~ bis zum Überdruß. **2.** Sattheit *f.*
**sat·in** ['sætɪn] **I** *s* **1.** Sa'tin *m,* Atlas *m* (*Stoff*). **2.** *a.* white ~ *sl.* Gin *m,* Wa'cholderschnaps *m.* **II** *adj* **3.** Satin... **4.** a) seidenglatt, b) glänzend. **III** *v/t* **5.** *tech.* sati'nieren, glätten.
**sat·i·net(te)** [‚sætɪ'net] *s* Sati'net *m,* Halbatlas *m.*

**sat·in| fin·ish** s tech. ('Bürsten)Mat-
tierung f. ~ **glass** s tech. sati'niertes
Glas. ~ **pa·per** s sati'niertes Pa'pier,
'Atlaspapier n. ~ **stitch** s Stickerei:
Flachstich m. ~**white** s tech. Sa'tinweiß
n (weiße Glanzpaste für Kunstdruckpa-
pier). **'~wood** s bot. indisches Atlas- od.
Sa'tinholz.
**sat·in·y** ['sætɪnɪ] adj seidig.
**sat·ire** ['sætaɪə(r)] s **1.** Sa'tire f, bes.
a) Spottgedicht n, -schrift f (**upon, on**
auf acc), b) sa'tirische Litera'tur, c) Spott
m. **2.** fig. Hohn m (**upon, on** auf acc).
**sa·tir·ic** [sə'tɪrɪk] adj; **sa'tir·i·cal** adj
(adv ~ly) sa'tirisch. **sat·i·rist** ['sætərɪst]
s Sa'tiriker(in). **'sat·i·rize** v/t Sa'tiren
od. e-e Satire machen auf (acc), ver-
spotten.
**sat·is·fac·tion** [ˌsætɪs'fækʃn] s **1.** Befrie-
digung f, Zu'friedenstellung f: **to find ~**
**in** Befriedigung finden in (dat); **to give ~**
befriedigen (→ 4). **2.** (**at, with**) Zu'frie-
denheit f (mit), Befriedigung f, Genug-
tuung f (über acc): **to the ~ of all** zur
Zufriedenheit aller. **3.** relig. Sühne f.
**4.** Satisfakti'on f, Genugtuung f (Duell
etc): **to make** (od. **give**) **~** Genugtuung
leisten. **5.** jur. a) Befriedigung f: **~ of a**
**claim**, b) Erfüllung f: **~ of an obliga-**
**tion**, c) Tilgung f, Bezahlung f: **~ of**
**debt; in ~ of** zur Befriedigung etc (gen).
**6.** Über'zeugung f, Gewißheit f: **to show**
**to the court's ~** jur. einwandfrei glaub-
haft machen. **ˌsat·is'fac·to·ri·ness**
[-tərɪnɪs] s (das) Befriedigende. **ˌsat·is-**
**'fac·to·ry** adj (adv **satisfactorily**)
**1.** befriedigend, zu'friedenstellend, 'hin-
reichend. **2.** relig. sühnend, Sühne...
**sat·is·fy** ['sætɪsfaɪ] **I** v/t **1.** (a. sexuell)
befriedigen, zu'friedenstellen, ausfüllen:
**this work does not ~ me; to be satis-**
**fied with s.th.** mit etwas zufrieden sein;
**to rest satisfied** sich zufriedengeben.
**2.** a) j-n sättigen, b) s-n Appetit, a. s-e
Neugier stillen, c) e-n Wunsch etc erfüllen,
ein Bedürfnis, e-e Nachfrage, a. e-n Trieb
befriedigen. **3.** a) e-e Frage etc 'hinrei-
chend beantworten, b) j-n über'zeugen
(**of** von): **I am satisfied that** ich bin
davon (od. ich habe mich) überzeugt,
daß; **to ~ o.s. that** sich überzeugen od.
vergewissern, daß. **4.** a) e-n Anspruch
befriedigen: **to ~ a claim**, b) e-e Schuld
bezahlen, c) e-r Verpflichtung nachkom-
men: **to ~ an obligation**, c) e-e Bedin-
gung, jur. a. das Urteil erfüllen, d) e-n
Gläubiger befriedigen. **5.** a) j-n entschä-
digen, b) etwas wieder'gutmachen. **6.** e-r
Anforderung entsprechen, genügen.
**7.** math. e-e Bedingung, e-e Gleichung
erfüllen, befriedigen. **II** v/i **8.** befriedi-
gen, zu'friedenstellend sein. **9.** relig. obs.
Buße tun. **'sat·is·fy·ing** adj (adv **~ly**)
**1.** befriedigend, zu'friedenstellend. **2.** sättigend.
**sa·trap** ['sætrəp; Am. 'seɪˌtræp] s hist.
Sa'trap m (a. fig.), Statthalter m. **'sa-**
**tra·py** [-trəpɪ] s Satra'pie f, Statthalter-
schaft f.
**sat·su·ma¹** [sæt'suːmə] s bot. **1.** Sat'su-
mabaum m. **2.** a. ~ **orange** Sat'suma f
(Mandarinenart).
**Sat·su·ma²** ['sætsʊmə; sæt'suːmə], a. ~
**ware** s Satsuma n (cremefarbene japani-
sche Töpferware).
**sat·u·rant** ['sætʃərənt] **I** s **1.** chem. neu-
trali'sierender Stoff. **2.** med. Mittel n
gegen Magensäure. **II** adj **3.** bes. chem.
sättigend.
**sat·u·rate** **I** v/t ['sætʃəreɪt] **1.** bes. chem.
phys. u. fig. sättigen, satu'rieren.
**2.** (durch)'tränken, durch'setzen: **to be**
**~d with** fig. erfüllt od. durchdrungen
sein von. **3.** mil. mit e-m Bombenteppich
belegen. **II** adj [-rɪt; -reɪt] → **saturated 1**

u. **3. 'sat·u·rat·ed** adj **1.** durch'tränkt,
-'setzt. **2.** tropfnaß. **3.** satt: **~ colo(u)rs.**
**4.** a) bes. chem. phys. u. fig. satu'riert,
gesättigt: **~ solution; ~ steam** Satt-
dampf m, b) chem. reakti'onsträge.
**sat·u·ra·tion** [ˌsætʃə'reɪʃn] s **1.** bes.
chem. phys. u. fig. Sättigung f, Satu'rie-
rung f. **2.** (Durch)'Tränkung f, Durch-
'setzung f. **3.** Sattheit f (e-r Farbe). ~
**bomb·ing** s mil. Belegen n mit e-m
Bombenteppich. ~ **point** s chem. Sätti-
gungspunkt m: **to have reached ~** fig.
nicht mehr aufnahmefähig od. gesättigt
sein (a. Markt).
**Sat·ur·day** ['sætə(r)dɪ] s Sonnabend m,
Samstag m: **on ~** (am) Sonnabend od.
Samstag; **on ~s** sonnabends, samstags.
**Sat·urn** ['sætə(r)n] **I** npr **1.** antiq. Sa-
'turn(us) m (altrömischer Gott). **II** s
**2.** astr. Sa'turn m (Planet). **3.** chem. hist.
Blei n. **4.** her. Schwarz n.
**Sat·ur·na·li·a** [ˌsætə(r)'neɪljə] s pl
**1.** antiq. Satur'nalien pl. **2.** oft **s~** (a. als sg
konstruiert) fig. Orgie(n pl) f. **ˌSat·ur-**
**'na·li·an** adj **1.** antiq. satur'nalisch. **2. s~**
**Sa·tur·ni·an** [sæ'tɜːnjən; Am. -'tɜrnɪən]
adj **1.** astr. Saturn... **2.** myth., a. fig. poet.
sa'turnisch: **~ age** goldenes Zeitalter; **~**
**reign** glückliche Regierungszeit. **3.** metr.
sa'turnisch: **~ verse.**
**sat·ur·nine** ['sætə(r)naɪn] adj (adv **~ly**)
**1.** düster, finster: **~ man; ~ face. 2. S~** im
Zeichen des Sa'turn geboren. **3.** min.
Blei...: **~ red** Bleirot n; **~ poisoning** med.
Bleivergiftung f.
**sat·yr** ['sætə(r); Am. a. 'seɪ-] s **1.** oft **S~**
antiq. Satyr m (Waldgott). **2.** fig. Satyr m,
sinnlich-lüsterner Mensch. **3.** med. Sa-
tyro'mane m. **ˌsat·y'ri·a·sis** [-'raɪəsɪs] s
med. Saty'riasis f (abnormer Geschlechts-
trieb beim Mann). **sa·tyr·ic** [sə'tɪrɪk] adj
Satyr..., satyrartig: **~ drama** antiq. Satyr-
spiel n.
**sauce** [sɔːs] **I** s **1.** Soße f, Sauce f, Tunke f:
**what is ~ for the goose is ~ for the**
**gander** was dem einen recht ist, ist dem
andern billig; → **hunger 1. 2.** fig. Würze
f, Reiz m. **3.** Am. Kom'pott n. **4.** colloq.
Frechheit f: **none of your ~!** werd bloß
nicht frech! **5.** tech. a) Beize f, b) (Tabak-)
Brühe f. **II** v/t **6.** mit Soße würzen (a.
fig.). **7.** würzen (a. fig.). **8.** [Am.
sæs] colloq. frech sein zu. **'~·boat** s
Sau'ciere f, Soßenschüssel f. **'~·box** s
colloq. frecher Kerl. **'~·dish** s bes. Am.
Kom'pottschüssel f, -schale f. **'~·pan** s
[-pən; Am. -ˌpæn] s Kochtopf m, Kasse-
'rolle f.
**sau·cer** ['sɔːsə(r)] s 'Untertasse f: → **fly-**
**ing saucer. ~ eye** s Kuller-, Glotzauge n.
**'~-eyed** adj kuller-, glotzäugig. **'~·man**
[-mən] s irr Außerirdische(r) m.
**sau·ci·ness** ['sɔːsɪnɪs; Am. a. 'sæsɪ-] s
**1.** Frechheit f. **2.** Keßheit f. **'sau·cy** adj
(adv **saucily**) **1.** frech. **2.** colloq. flott,
keß, fesch: **a ~ hat.**
**sau·er·bra·ten** ['saʊə(r)ˌbrɑːtən] s
gastr. Sauerbraten m.
**sau·er·kraut** ['saʊə(r)kraʊt] s Sauer-
kraut n.
**sault** [suː] s Am. Stromschnelle f.
**sau·na** ['sɔːnə; bes. Am. 'saʊnə] s Sauna f.
**saun·ter** ['sɔːntə(r)] **I** v/i **1.** schlendern,
bummeln: **to ~ about** (od. **around**) her-
umschlendern, (-)bummeln. **II** s **2.** (Her-
'um)Schlendern n, Bummel m. **3.** Schlen-
dergang m. **'saun·ter·er** s Schlenderer
m, Bummler m.
**sau·ri·an** ['sɔːrɪən] zo. **I** s Saurier m:
a) Eidechse f, b) Rep'til n. **II** adj Sau-
rier..., Eidechsen...
**sau·ry** ['sɔːrɪ] s ichth. Ma'krelenhecht m.
**sau·sage** ['sɒsɪdʒ] s **1.** Wurst f: **not a ~**
überhaupt nichts. **2.** a. ~ **balloon** aer.

colloq. 'Fesselballon m. **3.** contp. Deut-
sche(r m) f. **~·dog** s Br. colloq. Dackel m.
**~ meat** s Wurstteig m, -masse f, Brät n.
**sau·té** ['sɔːteɪ; Am. sɔː'teɪ; soʊ'teɪ] **I** adj
sau'té, sau'tiert (in wenig Fett schnell ge-
braten). **II** s Sau'té n.
**sav·a·ble** ['seɪvəbl] adj zu retten(d).
**sav·age** ['sævɪdʒ] **I** adj (adv **~ly**) **1.** allg.
wild: a) primi'tiv: ~ **tribes**, b) unge-
zähmt: ~ **beasts**, c) wüst, schroff: ~ **land**,
d) bru'tal, grausam, e) grimmig, f) colloq.
wütend, böse. **II** s **2.** Wilde(r m) f.
**3.** Rohling m, Unmensch m. **4.** Bar-
'bar(in), ˌHalbwilde(r' m) f. **5.** bösartiges
Tier, bes. bissiges Pferd. **III** v/t **6.** j-n
bru'tal behandeln, j-m übel mitspielen.
**7.** anfallen u. beißen od. niedertrampeln
(Pferd etc), arg zurichten. **8.** scharf od.
heftig kriti'sieren. **'sav·age·dom** s
**1.** Wildheit f. **2.** die Wilden pl. **'sav·age-**
**ness** s **1.** Wildheit f, Roheit f, Grausam-
keit f. **2.** Wut f, Bissigkeit f. **'sav·age·ry**
[-dʒərɪ; -dʒərɪ] s **1.** 'Unzivilisiertheit f,
Wildheit f. **2.** Roheit f, Grausamkeit f,
Barba'rei f.
**sa·van·na(h)** [sə'vænə] s geogr. Sa'van-
ne f.
**sa·vant** ['sævənt; Am. a. sæ'vɑːnt] s (gro-
ßer) Gelehrter.
**sa·vate** [sə'væt; sə'vɑːt] s sport Sa'vate f,
Fußboxen n.
**save¹** [seɪv] **I** v/t **1.** (er)retten (**from**
von, vor dat): **to ~ s.o.'s life** j-m das Le-
ben retten; → **bacon 2, mar.** bergen.
**3.** bewahren, schützen (**from** vor dat):
**God ~ the queen** Gott erhalte die Köni-
gin; **to ~ the situation** die Situation
retten; → **appearance** Bes. Redew.,
**face 6, harmless 2. 4.** Geld etc sparen,
einsparen: **to ~ fuel** Treibstoff sparen; **to**
**~ time** Zeit gewinnen. **5.** a. ~ **up** auf-
bewahren, -heben, (auf)sparen: **~ it!** sl.
ˌgeschenkt!'; → **breath 1. 6.** a. die Augen
schonen, sparsam 'umge-
hen mit: **to ~ o.s.** (**one's strength**) **for**
**s.th.** sich (s-e Kräfte) für etwas schonen.
**7.** j-m e-e Mühe etc ersparen: **he ~d**
**me the trouble of reading it. 8.** relig.
(**from**) retten (aus), erlösen (von). **9.**
ausnehmen: (**God**) ~ **the mark!** iro. ver-
zeihen Sie die Bemerkung!; ~ (od. **sav-**
**ing**) **your presence** (od. **reverence**)
mit Verlaub. **10.** a. ~ **up** Geld sparen.
**11.** sport a) Tor verhindern, b) Schuß etc
halten, pa'rieren. **II** v/i **12.** a. ~ **up** sparen
(**for** für, **auf** acc). **13.** sport a) retten,
halten, b) Satzball etc abwehren. **14.** Am.
sich halten (Lebensmittel). **III** s **15.** sport
Pa'rade f: **to make a brilliant ~** hervor-
ragend parieren.
**save²** [seɪv] **I** prep u. conj außer (dat), mit
Ausnahme von (od. gen), ausgenommen
(nom), abgesehen von: **all ~ him** alle
außer ihm; ~ **for** bis auf (acc); ~ **that**
abgesehen davon, daß; nur, daß.
**'save-all** s **1.** Sparvorrichtung f, bes.
a) tech. Auffang-, Sammelvorrichtung f,
b) mar. Wassersegel n od. -fänger m.
**2.** dial. Sparbüchse f. **3.** dial. Arbeits-
anzug m.
**sav·e·loy** [ˌsævə'lɔɪ; 'sævəlɔɪ] s Zerve'lat-
wurst f.
**sav·er** ['seɪvə(r)] s **1.** Retter(in). **2.** Spa-
rer(in). **3.** fig. sparsames Gerät etc: **the**
**new electric range is a time-~** der
neue Elektroherd spart Zeit. **'sav·ing**
**I** adj **1.** rettend, befreiend: **a ~ humo(u)r**
ein befreiender Humor. **2.** relig. erlö-
send: ~ **grace** seligmachende Gnade.
**3.** sparsam (**of** mit). **4.** ...sparend: **time-~.**
**5.** ausgleichend, versöhnend: → **re-**
**deem 8. 6.** jur. Vorbehalts...: ~ **clause.**
**II** s **7.** (Er)Rettung f (**from** von, vor dat).
**8.** a) Sparen n, b) Ersparnis f, Einsparung
f: ~ **of time** Zeitersparnis. **9.** pl Erspar-

nis(se *pl*) *f*, Spargeld(er *pl*) *n*, Rücklage *f*.
**10.** *jur.* Vorbehalt *m*. **III** *prep u. conj*
**11.** → **save²**. **12.** unbeschadet (*gen*): →
**save¹** 9.

**sav·ings‖ac·count** *s* Sparkonto *n*. **~
bank** *s* Sparkasse *f*: **~** (deposit) book
Spar(kassen)buch *n*. **~de·pos·it** *s* Spar-
einlage *f*.

**sav·ior**, *bes. Br.* **sav·iour** ['seɪvjə(r)] *s*
(Er)Retter *m*, Erlöser *m*: the S~ *relig.* der
Heiland *od.* Erlöser.

**sa·voir-faire** [ˌsævwɑː(r)'feə(r)] *s* Sa-
voir-'faire *n*, Gewandtheit *f*, Takt(gefühl
*n*) *m*. **ˌsa·voir-'vi·vre** [-'viːvrə] *s* Sa-
voir-'vivre *n*, feine Lebensart.

**sa·vor**, *bes. Br.* **sa·vour** ['seɪvə(r)] **I** *s*
**1.** (Wohl)Geschmack *m*, (-)Geruch *m*.
**2.** *bes. fig.* Würze *f*, Reiz *m*. **3.** *fig.* Bei-
geschmack *m*, Anstrich *m*, Anflug *m* (of
von). **II** *v/t* **4.** kosten. **5.** *bes. fig.* genie-
ßen, auskosten. **6.** *bes. fig.* würzen,
schmackhaft machen. **7.** *fig.* e-n An-
strich *od.* Beigeschmack haben von,
schmecken nach. **III** *v/i* **8.** (of) a) *a. fig.*
schmecken, riechen (nach), b) *fig.* e-n
Beigeschmack haben (von). **'sa·vor·i·-
ness**, *bes. Br.* **'sa·vour·i·ness** [-rɪnɪs]
*s* Wohlgeschmack *m*, -geruch *m*,
Schmackhaftigkeit *f*. **'sa·vor·less**, *bes.
Br.* **'sa·vour·less** *adj* geschmacklos,
geruchlos, fade.

**sa·vor·y¹**, *bes. Br.* **'sa·vour·y** ['seɪvərɪ]
**I** *adj* **1.** wohlschmeckend, -riechend,
schmackhaft. **2.** *a. fig.* appe'titlich, an-
genehm. **3.** würzig, pi'kant (*a. fig.*). **II** *s*
**4.** *Br.* pi'kante Vor- *od.* Nachspeise.

**sa·vor·y²** ['seɪvərɪ] *s bot.* Kölle *f*, Boh-
nenkraut *n*.

**sa·vour**, *etc bes. Br. für* **savor**, *etc.*

**sa·voy** [sə'vɔɪ] *s bot.* Wirsing(kohl) *m*.

**Sa·voy·ard** [sə'vɔɪɑː(r)d] **I** *s* Savo'yarde
*m*, Savo'yardin *f*. **II** *adj* savo'yardisch.

**sav·vy** ['sævɪ] *sl.* **I** *v/t* **1.** ˌka'pieren', ver-
stehen. **II** *v/i* **2.** ~? kapiert?; no ~
a) kapier' ich nicht, b) keine Ahnung.
**III** *s* **3.** ˌGrips' *m*, ˌKöpfchen' *n*, Ver-
stand *m*, ˌ'Durchblick' *m*. **4.** Geschick *n*:
political ~; he has no business ~ er
ist einfach kein Geschäftsmann. **IV** *adj*
**5.** clever, mit ˌKöpfchen'.

**saw¹** [sɔː] **I** *s* **1.** Säge *f*: singing (*od.*
musical) ~ *mus.* singende Säge. **2.** *zo.*
a) Säge *f* (*des Sägehais*), b) Legedorn *m*
(*der Blattwespen*). **3.** *Whist:* Zwickmühle
*f*. **II** *v/t pret* **sawed** *pp* **sawed** *od.*
**sawn** [sɔːn] **4.** sägen: to ~ down a
tree e-n Baum umsägen; to ~ off absä-
gen; a ~n-off shotgun e-e abgesägte
Schrotflinte; to ~ out boards Bretter
zuschneiden; to ~ up zersägen; to ~ the
air (with one's hands) (mit den Hän-
den) in der Luft herumfuchteln; to ~
wood *sl.* ˌsägen' (*schnarchen*). **5.** *colloq.*
e-e Melodie (auf der Geige *etc*) ˌkratzen'.
**III** *v/i* **6.** sägen. **7.** sich sägen lassen. **8.** to
~ away at the violin *colloq.* auf der
Geige ˌherumkratzen'.

**saw²** [sɔː] *pret von* **see¹**.

**saw³** [sɔː] *s* Sprichwort *n*.

**'saw‖back** *s* (gezackte) Bergkette. **~
blade** *s* Sägeblatt *n*. **'~bones** *od.*
**-bones·es** *sl.* a) ˌMedi-
ˌzinmann' *m* (*Arzt*), b) ˌBauchaufschnei-
der' *m* (*Chirurg*). **'~buck** *s Am.* **1.** Säge-
bock *m*. **2.** *sl.* 10-Dollar-Note *f*.

**saw·der** ['sɔːdə(r)] *colloq.* **I** *s meist* soft ~
ˌSchmus' *m*, Schmeiche'lei *f*. **II** *v/t* j-m
um den Bart gehen, schmeicheln.

**'saw‖dust I** *s* **1.** Sägemehl *n*: to let the ~
out of *fig.* die Hohlheit zeigen von, ent-
larven (*acc*). **II** *adj* **2.** Zirkus... **3.** *fig.*
hohl, leer (*Phrasen etc*). **'~fish** *pl*
**-ˌfish·es**, *bes. collect.* **-fish** *s* Sägefisch
*m*. **'~fly** *s zo.* Blattwespe *f*. **~ frame**, **~
gate** *s tech.* Sägegatter *n*. **~ grass** *s bot.*

*Am.* Riedgras *n*. **'~horse** *s* Sägebock *m*.
**'~mill** *s* Sägewerk *n*, -mühle *f*.

**sawn** [sɔːn] *pp von* **saw¹** II.

**Saw·ney** ['sɔːnɪ] *s colloq.* **1.** (*Spitzname
für*) Schotte *m*. **2.** s~ Trottel *m*.

**saw‖set** *s tech.* Schränkeisen *n*. **'~tooth**
**I** *s irr* **1.** Sägezahn *m*. **II** *adj* **2.** Säge-
zahn...: ~ roof Säge-, Scheddach *n*. **3.**
*electr.* Sägezahn...: ~ **voltage** Sägezahn-,
Kippspannung *f*; ~ **wave** Sägezahn-,
Kippschwingung *f*. **'~toothed** *adj* **1.**
mit Sägezähnen (versehen). **2.** gezähnt
(*Blatt etc*). **'~wort** *s bot.* Färberdistel *f*.

**saw·yer** ['sɔːjə(r)] *s* **1.** Säger *m*. **2.** *zo.*
Holzbohrer *m*.

**sax¹** [sæks] *s* **1.** Spitzhacke *f*. **2.** *hist.* Sachs
*m* (*zweischneidiges Schwert*).

**sax²** [sæks] *s colloq.* ˌSax' *n* (*Saxophon*).

**sax·a·tile** ['sæksətaɪl; -tɪl] *adj bot. zo.*
Felsen..., Stein...

**Saxe** [sæks] *s a.* ~ **blue** Sächsischblau *n*.

**sax·horn** ['sækshɔː(r)n] *s mus.* Saxhorn *n*.

**sax·i·frage** ['sæksɪfrɪdʒ; -freɪdʒ] *s bot.*
Steinbrech *m*.

**Sax·on** ['sæksn] **I** *s* **1.** Sachse *m*, Sächsin
*f*. **2.** *hist.* (Angel)Sachse *m*, (Angel)Säch-
sin *f*. **3.** *ling.* Sächsisch *n*, das Sächsische:
Old ~ Altsächsisch, das Altsächsische
(*germanische Sprache*). **II** *adj* **4.** säch-
sisch. **5.** (alt-, angel)sächsisch, *ling. oft*
ger'manisch: ~ **genitive** sächsischer Ge-
nitiv. ~ **blue** → Saxe.

**'sax·on·dom** *s* **1.** Angelsachsentum *n*.
**2.** *collect.* die Angelsachsen *pl*. **'Sax-
on·ism** *s* angelsächsische Spracheigen-
heit, angelsächsisches Wort. **'Sax·on-
ist** *s* Kenner(in) des (Angel- *od.* Alt-)
Sächsischen. **'Sax·o·ny** *s* **1.** *geogr.*
Sachsen *n*. **2.** s~, *a.* ~ **cloth** feiner, glän-
zender Wollstoff.

**sax·o·phone** ['sæksəfəʊn] *s mus.* Saxo-
ˌphon *n*. **sax·o·phon·ist** [sæk'sɒfənɪst;
*bes. Am.* 'sæksəfəʊnɪst] *s* Saxopho'nist
(-in).

**sax·tu·ba** ['sæksˌtjuːbə; *Am. a.* -ˌtuːbə] *s*
Saxtuba *f*.

**say¹** [seɪ] **I** *v/t pret u. pp* **said** [sed] *2. sg
pres obs. od. Bibl.* **say(e)st** ['seɪ(ə)st],
*3. sg pres* **says** [sez] *obs. od. poet.* **saith**
[seθ] **1.** sagen, sprechen: to ~ **yes** to s.th.
ja zu etwas sagen; they have little to ~ to
each other sie haben sich wenig zu
sagen. **2.** sagen, äußern, vorbringen, be-
richten: to have s.th. to ~ to (*od.* with)
etwas zu sagen haben in (*dat*) *od.* bei; he
has nothing to ~ for himself a) er ist
sehr zurückhaltend, b) *contp.* mit ihm ist
nicht viel los; have you nothing to ~ for
yourself? hast du nichts zu d-r Recht-
fertigung zu sagen?; the Bible ~s the
Bibel sagt, in der Bibel heißt es *od.* steht;
people (*od.* they) ~ he is ill, he is said
to be ill man sagt *od.* es heißt, er sei
krank; er soll krank sein; what do you ~
(*oft* what ~ you) to ...? was hältst du von
...?, wie wäre es mit ...?; it ~s here hier
heißt es, hier steht (*geschrieben*); (and) that's
~ing something! (und) das will was
heißen!; → bead 2, nothing *Bes. Redew.*
**3.** sagen, behaupten, versprechen: you
said you would come; ~ soon 2. **4.** a)
*a.* ~ over ein Gedicht *etc* auf-, 'hersagen,
b) *relig.* ein Gebet sprechen, c) *R.C. die
Messe* lesen; ~ grace' 11. **5.** (be)sagen,
bedeuten: that is to ~ das heißt; $ 500, ~,
five hundred dollars 500 $, in Worten:
fünfhundert Dollar; this is ~ing a great
deal das will viel heißen. **6.** *colloq.* anneh-
men: (let us) ~ this happens angenom-
men *od.* nehmen wir (mal) an, das ge-
schieht; a sum of, ~, $ 500 e-e Summe
von sagen wir (mal) 500 $; a country, ~ In-
dia ein Land wie (z. B.) Indien; I should ~
ich würde sagen, ich dächte (schon).

**II** *v/i* **7.** sagen, meinen: it is hard to ~ es
ist schwer zu sagen; you may well ~ so
das kann man wohl sagen; you don't ~
(so)! was du nicht sagst!; ~s he? *colloq.*
sagt er?; ~s you! *sl.* das sagst du!, ˌdenk-
ste'! **8.** I ~ *interj* a) hör(en Sie) mal!,
sag(en Sie) mal!, b) (*erstaunt od. beifällig*)
Donnerwetter!, ich muß schon sagen!

**III** *s* **9.** Ausspruch *m*, Behauptung *f*: to
have one's ~ (to, on) s-e Meinung äu-
ßern (über *acc od.* zu). **10.** Mitsprache-
recht *n*: to have a (no) ~ in s.th. etwas
(nichts) zu sagen haben bei etwas; let
him have his ~ laß(t) ihn (doch auch
mal) reden! **11.** *a.* final ~ endgültige
Entscheidung: who has the ~ in this
matter? wer hat in dieser Sache zu
entscheiden *od.* das letzte Wort (zu
sprechen)?

**say²** [seɪ] *s ein feiner Wollstoff*.

**say·est** ['seɪəst] *obs. 2. sg pres von* **say¹**:
thou ~ du sagst.

**say·ing** ['seɪɪŋ] *s* **1.** Reden *n*, Sagen *n*: it
goes without ~ es versteht sich von
selbst, es ist selbstverständlich; there is
no ~ man kann nicht sagen *od.* wissen
(*ob, wann etc*). **2.** Ausspruch *m*. **3.** Sprich-
wort *n*, Redensart *f*: as the ~ goes (*od.* is)
wie man sagt, wie es (im Sprichwort)
heißt.

**'say-so** *s colloq.* **1.** (bloße) Behauptung:
just on his ~ auf s-e bloße Behauptung
hin. **2.** → **say¹** 10 *u.* 11.

**sayst** [seɪst] → **sayest**.

**'sblood** [zblʌd] *interj obs. abbr. für* **God's
Blood!** verflucht!

**scab** [skæb] **I** *s* **1.** *med.* a) Grind *m*,
(Wund)Schorf *m*, b) Krätze *f*. **2.** *vet.* (*bes.
Schaf*)Räude *f*. **3.** *bot.* Schorf *m*. **4.** *sl.*
Ha'lunke *m*. **5.** *sl.* a) Streikbrecher(in),
b) j-d, der sich nicht an die Ta'rifbestim-
mungen hält (*bes. der unter Tariflohn
arbeitet*), c) Nichtgewerkschaft(l)er *m*: ~
work Schwarzarbeit *f*, a. Arbeit *f* unter
Tariflohn. **6.** *tech.* Gußfehler *m*. **II** *v/i*
**7.** verschorfen, (sich) verkrusten. **8.** *a.* ~ it
*sl.* als Streikbrecher *od.* unter Ta'riflohn
arbeiten.

**scab·bard** ['skæbə(r)d] *s* (Degen- *etc*)
Scheide *f*.

**scabbed** [skæbd] *adj* **1.** → **scabby**.
**2.** *bot.* schorfig.

**scab·bi·ness** ['skæbɪnɪs] *s* **1.** Grindigkeit
*f*. **2.** *vet.* Räudigkeit *f*. **3.** *colloq.* Schäbig-
keit *f*, Gemeinheit *f*. **'scab·by** *adj* **1.** a)
schorfig, grindig, b) mit Krätze behaftet.
**2.** *vet.* räudig. **3.** *colloq.* schäbig, gemein.

**sca·bi·es** ['skeɪbɪiː; -biːz] → **scab** 1 *u.* 2.

**sca·bi·ous¹** ['skeɪbjəs; -bɪəs] *adj* **1.** *med.*
skabi'ös, krätzig. **2.** *vet.* räudig.

**sca·bi·ous²** ['skeɪbjəs; -bɪəs] *s bot.* Ska-
bi'ose *f*.

**sca·brous** ['skeɪbrəs; *Am.* 'skæ-] *adj*
**1.** rauh, schuppig (*Pflanze etc*). **2.** heikel,
schwierig, kniff(e)lig: a ~ question.
**3.** *fig.* schlüpfrig, anstößig.

**scad** [skæd] *s* **1.** *pl* **scads**, *bes. collect.*
**scad** *ichth.* a) (ein) Stöckerfisch *m*,
b) Cata'lufa(fisch) *m*. **2.** *meist pl Am.
colloq.* ein ˌHaufen' *m*, e-e (Un)Menge:
~s of money.

**scaf·fold** ['skæfəld] **I** *s* **1.** (Bau-, Ar-
beits)Gerüst *n*, Gestell *n*. **2.** Blutgerüst *n*,
(*a.* Tod *m auf* dem) Scha'fott *n*. **3.** (ˌRed-
ner-, 'Zuschauer)Triˌbüne *f*. **4.** *thea.* Büh-
ne *f*, *bes. hist.* Schaugerüst *n*. **5.** *anat.*
a) Knochengerüst *n*, b) Stützgewebe *n*.
**6.** *tech.* Ansatz *m* (*im Hochofen*). **II** *v/t*
**7.** ein Gerüst anbringen an (*dat*). **8.** auf
e-m Gestell aufbauen. **'scaf·fold·er** *s*
Gerüstbauer *m*. **'scaf·fold·ing** *s*
**1.** (Bau)Gerüst *n*. **2.** Ge'rüstmateri̱al *n*.
**3.** Aufbau *m* des Gerüsts.

**scag** [skæg] *s Am. sl.* ˌSchnee' *m* (*Heroin*).

**scagl·ia** ['skæljə] *s* Scaglia *f* (*Kalksteinart*).

**scagl·io·la** [skæl'jəʊlə] *s* Scagli'ola *f* (*marmorartiger Kunststein*).
**scal·a·ble** ['skeɪləbl] *adj* ersteigbar.
**scal·age** ['skeɪlɪdʒ] *s Am.* **1.** *econ.* Schwundgeld *n.* **2.** Holzgewicht *n.*
**sca·lar** ['skeɪlə(r)] *math.* **I** *adj* ska'lar, ungerichtet. **II** *s* Ska'lar *m,* ska'lare Grö-ße.
**scal·a·wag** ['skæləwæg] *s* **1.** Kümmerling *m* (*Tier*). **2.** *colloq.* Lump *m,* Taugenichts *m, pl* Gesindel *n.* **3.** *hist. Am. sl.* Scalawag *m* (*Schimpfname für e-n republikanerfreundlichen Weißen in den Südstaaten nach dem Sezessionskrieg*).
**scald**[1] [skɔːld] *s* Skalde *m* (*nordischer Sänger*).
**scald**[2] [skɔːld] **I** *v/t* **1.** verbrühen: to ~ one's fingers on (*od.* with) hot fat sich mit heißem Fett die Finger verbrühen; to be ~ed to death tödliche Verbrennungen erleiden. **2.** *Milch etc* abkochen: ~ing hot a) kochendheiß, b) glühendheiß (*Tag etc*); ~ing tears *fig.* heiße Tränen. **3.** *Obst etc* dünsten. **4.** *Geflügel, Schwein etc* (ab-)brühen. **5.** *a.* ~ out auskochen. **II** *s* **6.** Verbrühung *f,* Verbrennung *f,* Brandwunde *f.* **7.** *bot.* Braunfleckigkeit *f* (*an Obst*).
**scale**[1] [skeɪl] **I** *s* **1.** *zo.* Schuppe *f,* collect. Schuppen *pl.* **2.** *med.* Schuppe *f:* to come off in ~s → 12; the ~s fall from my eyes *fig.* es fällt mir wie Schuppen von den Augen; to remove the ~s from s.o.'s eyes *fig.* j-m die Augen öffnen. **3.** *bot.* a) Schuppenblatt *n,* b) (*Erbsen- etc*)Hülse *f,* Schale *f.* **4.** (*Messer*)Schale *f.* **5.** *zo.* Schildlaus *f.* **6.** Ablagerung *f, bes.* a) Kesselstein *m,* b) *med.* Zahnstein *m:* to form ~ → 13. **7.** *sg od. pl metall.* Zunder *m:* → iron scale. **II** *v/t* **8.** *a.* ~ off a) *e-n Fisch* (ab)schuppen, b) *e-e Schicht etc* ablösen, (ab)schälen, (ab)häuten: to ~ almonds Mandeln schälen. **9.** a) abklopfen, den Kesselstein entfernen aus, b) *Zähne* vom Zahnstein befreien. **10.** *e-e* Kruste *od.* Kesselstein ansetzen in (*dat*) *od.* an (*dat*). **11.** *metall.* ausglühen. **III** *v/i* **12.** *a.* ~ off sich (ab)schuppen od. lösen, abschilfern, abblättern. **13.** Kessel- *od.* Zahnstein ansetzen.
**scale**[2] [skeɪl] **I** *s* **1.** Waagschale *f* (*a. fig.*): ~s of Justice Waage *f* der Justitia *od.* Gerechtigkeit; to hold the ~s even gerecht urteilen; to throw into the ~ *fig.* das Schwert *etc* in die Waagschale werfen; to turn (*od.* tip) the ~s *fig.* den Ausschlag geben; to turn (*od.* tip) the ~s at 100 lbs 100 Pfund wiegen; to weight the ~s in favo(u)r of s.o. j-m e-n (unerlaubten) Vorteil verschaffen. **2.** *meist pl* Waage *f:* a pair of ~s e-e Waage; to go to ~ *sport* gewogen werden (*Boxer, Jockey*); to go to ~ at 90 lbs 90 Pfund wiegen *od.* auf die Waage bringen. **3.** ~s *pl astr.* Waage *f.* **II** *v/t* **4.** wiegen. **5.** *colloq.* (ab-, aus)wiegen. **III** *v/i* **6.** *sport* gewogen werden: to ~ in (out) vor (nach) dem Rennen gewogen werden (*Jockey*).
**scale**[3] [skeɪl] **I** *s* **1.** a) Stufenleiter *f,* Staffelung *f,* b) Skala *f,* Ta'rif *m:* ~ of fees Gebührenordnung *f;* ~ of salaries Gehaltsstaffelung *f;* ~ of wages Lohnskala, -tabelle *f.* **2.** Stufe *f* (*auf e-r Skala, Stufenleiter etc, a. fig.*): social ~ Gesellschaftsstufe; to sink in the ~ im Niveau sinken. **3.** *phys. tech.* Skala *f:* ~ division Gradeinteilung *f;* ~ line Teilstrich *m* e-r Skala. **4.** *geogr. math. tech.* a) Maßstab (sangabe *f*) *m,* b) loga'rithmischer Rechenstab: enlarged (reduced) ~ vergrößerter (verkleinerter *od.* verjüngter) Maßstab; in (*od.* to) ~ maßstab(s)getreu *od.* -gerecht; at a ~ of 1 inch to 1 mile im Maßstab 1 Zoll : 1 Meile; drawn to a ~ of 1 : 5 im Maßstab 1 : 5 gezeichnet; ~

model maßstab(s)getreues Modell. **5.** *fig.* Maßstab *m,* Größenordnung *f,* 'Umfang *m:* on a large ~ in großem Umfang, großen Stils. **6.** *math.* (nu'merische) Zahlenreihe: decimal ~ Dezimalreihe. **7.** *mus.* a) Tonleiter *f,* Skala *f,* b) 'Ton,umfang *m* (*e-s Instruments*), c) ('Orgelpfeifen)Men,sur *f:* to run over (*od.* learn) one's ~s Tonleitern üben. **8.** *ped. psych.* Test(stufen)reihe *f.* **9.** on a ~ (*Börse*) zu verschiedenen Kurswerten: to buy on a ~ s-e Käufe über e-e Baisseperiode verteilen; to sell on a ~ s-e Verkäufe über e-e Hausseperiode verteilen. **10.** *fig.* Leiter *f,* Treppe *f:* a ~ to success. **II** *v/t* **11.** erklettern, ersteigen, erklimmen (*a. fig.*). **12.** *geogr. math. tech.* a) maßstab(s)getreu zeichnen: to ~ off a length maßst. e-e Strecke abtragen, b) maßstäblich ändern: to ~ down (up) maßstab(s)gerecht *od.* maßstäblich verkleinern (vergrößern). **13.** *tech.* mit e-r Teilung versehen. **14.** einstufen: to ~ down *Löhne, Forderungen etc* herunterschrauben; to ~ up *Preise etc* hochschrauben. **III** *v/i* **15.** (auf e-r Skala *od. fig.*) klettern, steigen: to ~ down fallen; to ~ up steigen, in die Höhe klettern.
**scale| ar·mo(u)r** *s* Schuppenpanzer *m.* **~ beam** *s* Waagebalken *m.* **~ buy·ing** *s econ.* (spekula'tiver) Aufkauf von 'Wertpa,pieren. **'~-down** *s* maßstab(s)gerechte *od.* maßstäbliche Verkleinerung.
**scaled** [skeɪld] *adj* **1.** *zo.* schuppig. **2.** abgeschuppt: ~ herring. **3.** mit e-r Skala (versehen).
**scale fern** *s bot.* Schuppenfarn *m.*
**'scale·less** *adj* schuppenlos.
**sca·lene** ['skeɪliːn; skeɪ'l-] **I** *adj math.* ungleichseitig (*Figur*), schief (*Körper*). **II** *s math.* schiefwink(e)liges Dreieck.
**scal·er** ['skeɪlə(r)] *s* **1.** Zahnstein- *od. tech.* Kesselsteinschaber *m.* **2.** *electr. phys.* Fre'quenzteiler *m.*
**scale| rule** *s* Maßstab *m,* -stock *m.* **~ sell·ing** *s econ.* (spekula'tiver) Verkauf von 'Wertpa,pieren. **'~-up** *s* maßstab(s)gerechte *od.* maßstäbliche Vergrößerung.
**scal·i·ness** ['skeɪlɪnɪs] *s* Schuppigkeit *f.*
**scal·ing** ['skeɪlɪŋ] *s* **1.** (Ab)Schuppen *n,* Abblättern *n.* **2.** Kesselstein- *od.* Zahnsteinentfernung *f.* **3.** Erklettern *n,* Aufstieg *m* (*a. fig.*): ~ ladder *mil. hist.* Sturmleiter *f.* **4.** *econ.* (spekula'tiver) Auf- u. Verkauf *m* von 'Wertpa,pieren.
**scall** [skɔːl] *s med.* (Kopf)Grind *m,* Schorf *m:* dry ~ Krätze *f.*
**scal·la·wag** *s* → scalawag.
**scal·lion** ['skæljən] *s bot.* **1.** Scha'lotte *f.* **2.** Lauch *m.*
**scal·lop** ['skɒləp; *Am.* 'skɑl-; 'skæl-] **I** *s* **1.** *zo.* Kammuschel *f.* **2.** *meist pl* Kammuschelfleisch *n* (*Delikatesse*). **3.** *a.* ~ shell Muschel(schale) *f* (*a. aus Porzellan zum Servieren von Ragouts etc*). **4.** *Näherei:* Lan'gette *f.* **II** *v/t* **5.** ausbogen, bogenförmig verzieren: ~ed edge Wellenschliff *m* (*e-s Messers*). **6.** *Näherei:* lang'et'tieren. **7.** *Speisen* in e-r (Muschel-)Schale über'backen.
**scal·ly·wag** ['skælɪwæg] → scalawag.
**scalp** [skælp] **I** *s* **1.** *anat.* Kopfhaut *f.* **2.** Skalp *m* (*abgezogene Kopfhaut als Siegeszeichen*): to take s.o.'s ~ j-n skalpieren; to be out for ~s sich auf dem Kriegspfad befinden, *fig.* angriffslustig sein; to clamo(u)r for s.o.'s ~ *fig.* ,j-s Kopf' fordern. **3.** *fig.* 'Siegestro,phäe *f.* **4.** *econ. bes. Am. colloq.* kleiner Pro'fit. **5.** [*a.* skɒːp] a) *Scot. od. dial.* (Fels)Nase *f,* b) *poet.* Bergkuppe *f.* **II** *v/t* **6.** j-n skal-'pieren. **7.** *econ. bes. Am. colloq.* Wert-

papiere mit kleinem Pro'fit weiterverkaufen. **8.** *colloq. Eintrittskarten* auf dem schwarzen Markt verkaufen. **9.** *Am. colloq.* a) *e-n Gegner* ,erledigen', ,fertigmachen' (*a. sport*), b) *bes. pol.* j-n ,kaltstellen'. **III** *v/i* **10.** *econ. bes. Am. colloq.* mit kleinen Gewinnen speku'lieren. **11.** *colloq.* Eintrittskarten auf dem schwarzen Markt verkaufen.
**scal·pel** ['skælpəl] *s med.* Skal'pell *n.*
**'scalp·er** *s* **1.** *med.* Knochenschaber *m.* **2.** *econ. bes. Am. colloq.* kleiner Speku'lant. **3.** *colloq.* Kartenschwarzhändler (-in).
**scal·y** ['skeɪlɪ] *adj* **1.** schuppig, geschuppt. **2.** Schuppen... **3.** schuppenförmig. **4.** schilferig, sich abschuppend. **5.** *sl.* schäbig, gemein.
**scam** [skæm] *s Am. sl.* ,Masche' *f,* 'Gaunerme,thode *f.*
**scam·mo·ny** ['skæmənɪ] *s* **1.** *bot.* Skam'monia *f.* **2.** *pharm.* Skam'monium (-harz) *n.*
**scamp** [skæmp] **I** *s* **1.** Ha'lunke *m.* **2.** *humor.* Spitzbube *m.* **II** *v/t* **3.** schlud(e)rig ausführen, 'hinschlampen.
**scam·per** ['skæmpə(r)] **I** *v/i* **1.** *a.* ~ about (*od.* around) (her'um)tollen, her'umhüpfen. **2.** hasten: to ~ away (*od.* off) sich davonmachen. **II** *s* **3.** (Her'um)Tollen *n,* Her'umhüpfen *n:* the dog needs a ~ der Hund braucht Auslauf.
**scam·pi** ['skæmpɪ] *s pl* Scampi *pl.*
**scan** [skæn] **I** *v/t* **1.** genau *od.* kritisch prüfen, forschend *od.* scharf ansehen, *Horizont etc* absuchen: to ~ s.o.'s face for s.th. in j-s Gesicht nach etwas suchen. **2.** über'fliegen: to ~ the headlines. **3.** *metr.* skan'dieren. **4.** *Computer, Radar, TV:* abtasten. **II** *v/i* **5.** *metr.* a) skan'dieren, b) sich *gut etc* skan'dieren (lassen).
**scan·dal** ['skændl] *s* **1.** Skan'dal *m:* a) skanda'löses Ereignis, b) (öffentliches) Ärgernis: to cause ~ Anstoß erregen, c) Schande *f,* Schmach *f* (to für). **2.** Verleumdung *f,* (böswilliger) Klatsch, Skan'dalgeschichten *pl:* to talk ~ klatschen. **3.** *jur.* üble Nachrede. **4.** ,unmöglicher' Mensch.
**scan·dal·ize**[1] ['skændəlaɪz] *v/t* Anstoß erregen bei (*dat*), j-n schoc'kieren: to be ~d at s.th. über etwas empört *od.* entrüstet sein.
**scan·dal·ize**[2] ['skændəlaɪz] *v/t mar. Segel* verkleinern, ohne zu reffen.
**'scan·dal,mon·ger** *s* Lästermaul *n,* Klatschbase *f.*
**scan·dal·ous** ['skændələs] *adj* (*adv* ~ly) **1.** skanda'lös, anstößig, schoc'kierend, em'pörend: ~ behavio(u)r. **2.** schändlich, schimpflich. **3.** verleumderisch, Schmäh...: ~ stories Skandalgeschichten. **4.** klatschsüchtig (*Person*).
**scan·dal sheet** *s* Skan'dalblatt *n,* ,Re-'volverblatt' *n.*
**Scan·di·na·vi·an** [,skændɪ'neɪvjən; -vɪən] **I** *adj* skandi'navisch. **II** *s* **2.** Skandi'navier(in). **3.** *ling.* a) Skandi'navisch *n,* das Skandinavische, b) Altnordisch *n,* das Altnordische.
**scan·ner** ['skænə(r)] *s* **1.** *Computer, Radar, TV:* Abtaster *m.* **2.** → scanning disk.
**'scan·ning** *s Computer, Radar, TV:* Abtastung *f.* **~ beam** *s* Abtaststrahl *m.* **~ disk** *s TV* (Bild)Abtaster *m,* Abtastscheibe *f.* **~ lines** *s pl TV* Rasterlinien *pl.*
**scan·sion** ['skænʃn] *s metr.* Skansi'on *f,* Skan'dierung *f.*
**scan·so·ri·al** [skæn'sɔːrɪəl] *adj zo.* **1.** Kletter...: ~ foot. **2.** zu den Klettervögeln gehörig.
**scant** [skænt] *adj* (*adv* ~ly) knapp (of an *dat*), spärlich, kärglich, gering, dürftig: a

~ **chance** e-e geringe Chance; ~ **measure** knappes Maß; ~ **supply** geringer Vorrat; a ~ **2 hours** knapp 2 Stunden; ~ **of breath** kurzatmig. '**scant·ies** [-tɪz] *pl* Damenslip *m*. '**scant·i·ness** [-tɪnɪs] *s* Knappheit *f* (*of an dat*), Kargheit *f*.

**scant·ling** ['skæntlɪŋ] *s* **1.** *tech.* a) Latte *f*, Sparren *m*, b) *collect.* zugeschnittenes Bauholz. **2.** (vorgeschriebene) Stärke *od.* Dicke (*von Bauholz, Steinen etc*). **3.** *tech.* Rahmenschenkel *m*. **4.** *tech.* Faßgestell *n*. **5.** kleine Menge *od.* (An)Zahl.

'**scant·ness** → scantiness.

**scant·y** ['skæntɪ] *adj* (*adv* **scantily**) **1.** kärglich, dürftig, spärlich, (*a. Bikini etc*) knapp. **2.** unzureichend, (zu) knapp. **3.** beengt, klein (*Raum etc*).

**scape¹** [skeɪp] *s* **1.** *bot. zo.* Schaft *m*. **2.** *arch.* (Säulen)Schaft *m*.

**scape²** [skeɪp] *s u. v/t u. v/i obs.* für **escape**.

**-scape** [skeɪp] *Wortelement mit der Bedeutung* Landschaft, Bild: **sandscape** Wüstenlandschaft *f*.

'**scape·goat** *s Bibl.* Sündenbock *m* (*a. fig.*). '**~grace** *s* Taugenichts *m*, Lump *m*.

'**scape·ment** → escapement.

**scaph·oid** ['skæfɔɪd] *anat.* **I** *adj* scapho-id, Kahn... **II** *s a.* ~ **bone** Scapho'id *n*, Kahnbein *n*.

**sca·pi** ['skeɪpaɪ] *pl von* scapus.

**scap·u·la** ['skæpjʊlə] *pl* **-lae** [-liː], **-las** *s anat.* Schulterblatt *n*. '**scap·u·lar I** *adj* **1.** *anat.* Schulter(blatt)... **II** *s* **2.** *relig.* Skapu'lier *n*. **3.** *med.* Schulterbinde *f*. **4.** → scapula. **5.** *a.* ~ **feather** *orn.* Schulter(blatt)feder *f*. '**scap·u·lar·y** [-lərɪ; *Am.* -‚lerɪ-] *s* → scapular II.

**sca·pus** ['skeɪpəs] *pl* **-pi** [-paɪ] *s bot. orn.* Schaft *m*.

**scar¹** [skɑː(r)] **I** *s* **1.** *med.* Narbe *f* (*a. bot.; a. fig. psych.*). **2.** Schramme *f*, Kratzer *m*: **the ~s of the war** *fig.* die Spuren des Kriegs. **3.** *fig.* (Schand)Fleck *m*, Makel *m*. **II** *v/t* **4.** e-e Narbe *od.* Narben hinter-'lassen auf (*dat*): ~**red face** narbiges Gesicht. **5.** *fig.* bei *j-m* ein Trauma hinter'lassen. **6.** *fig.* entstellen, verunstalten. **III** *v/i* **7.** ~ **over** vernarben (*a. fig.*).

**scar²** [skɑː(r)] *s* Klippe *f*, steiler (Felsen-) Abhang.

**scar·ab** ['skærəb] *s* **1.** → scarabaeus. **2.** *zo. allg.* Mistkäfer *m*. ‚**scar·a'bae·id** [-'biːɪd] *s zo.* Kotkäfer *m*. ‚**scar·a'bae·oid** *s* **1.** → scarabaeid. **2.** stili'sierter *od.* imi'tierter Skara'bäus (*Schmuck etc*).

**scar·a·bae·us** [‚skærə'biːəs] *pl* **-bae·us·es, -bae·i** [-'biːaɪ] *s* **1.** *zo.* Skara'bäus *m*. **2.** *fig.* Skara'bäus *m* (*Amulett, Siegel, Schmuck etc*). '**scar·a·bee** [-biː] → scarabaeus.

**Scar·a·mouch** ['skærəmuːtʃ; -muːʃ; -maʊtʃ] *s* **1.** Skara'muz *m* (*italienische Lustspielgestalt*). **2.** *a.* **s~** *fig.* Maulheld *m*.

**scarce** [skeə(r)s] **I** *adj* **1.** knapp, spärlich: ~ **goods**, ~ **commodities** *econ.* Mangelwaren. **2.** selten, rar: **a** ~ **book**; **to make o.s.** ~ *colloq.* a) ‚sich dünnmachen', b) ‚sich rar machen'. **II** *adv* **3.** *obs. od. poet.* für scarcely. '**scarce·ly** *adv* **1.** kaum, gerade erst: ~ **anything** kaum etwas, fast nichts; ~ **... when** kaum ... als. **2.** wohl nicht, kaum, schwerlich: **you can** ~ **expect that**. '**scarce·ness**, '**scar·ci·ty** [-ətɪ] *s* **1.** a) Knappheit *f*, Mangel *m* (*of an dat*), b) Verknappung *f*. **2.** (Hungers)Not *f*: **to suffer** ~. **3.** Seltenheit *f*: ~ **value** Seltenheitswert *m*.

**scare** [skeə(r)] **I** *v/t* **1.** erschrecken, ängstigen, in Schrecken *od.* Panik versetzen, *j-m* e-n Schrecken einjagen: **to be** ~**d of s.th.** vor etwas Angst haben; **to** ~ **s.o. into doing s.th.** j-n (so) einschüchtern, daß er etwas tut; **to** ~ **s.o. stiff** (*od.* **silly, out of his wits, to death**) *colloq.* a) j-n

‚zu Tode' erschrecken, b) j-m e-e Heidenangst einjagen. **2.** *a.* ~ **away** (*od.* **off**) *Vögel etc, a. j-n* verscheuchen, -jagen. **3.** ~ **up** a) *Wild etc* aufscheuchen, b) *Am. colloq.* Geld, Hilfe etc ‚organi'sieren', auftreiben, c) *Am. colloq.* Essen ‚zaubern'. **II** *v/i* **4.** erschrecken: **to** ~ **easily** a) schreckhaft sein, b) *colloq.* ‚sich leicht ins Bockshorn jagen lassen'. **III** *s* **3.** Schreck(en) *m*, Panik *f*, b) blinder A'larm: ~ **buying** Angstkäufe *pl*; ~ **news** Schreckensnachricht *f*. '**~crow** *s* **1.** Vogelscheuche *f* (*a. fig. Person*). **2.** *fig.* Schreckbild *n*, -gespenst *n*, Popanz *m*.

'**scared·y-cat** ['skeə(r)dɪkæt] *s colloq.* Angsthase *m*.

'**scare·head**(**·line**) *s* (riesige) Sensati'onsschlagzeile *f*. '**~mon·ger** *s* Panikmacher(in). '**~mon·ger·ing** *s* Panikmache *f*.

**scarf¹** [skɑː(r)f] *pl* **scarfs** [-fs], **scarves** [-vz] *s* **1.** Hals-, Kopf-, Schultertuch *n*, Schal *m*. **2.** (breite) Kra'watte (*für Herren*). **3.** *mil.* Schärpe *f*. **4.** *relig.* (breite, schwarze) Seidenstola. **5.** Tischläufer *m*.

**scarf²** [skɑː(r)f] *pl* **scarfs** *s* **1.** *tech.* a) Laschung *f* (*von 2 Hölzern*), b) *mar.* Lasch *m*. **2.** *tech.* zugeschärfter Rand. **3.** → scarf joint. **4.** *Walfang:* Einschnitt *m*, Kerbe *f*. **II** *v/t* **5.** *tech.* a) zs.-blatten, -laschen, b) *mar.* (ver)laschen. **6.** *tech.* Leder etc (zu)schärfen. **7.** e-n Wal aufschneiden.

**scarf joint** *s tech.* Blattfuge *f*. '**~pin** *s* Kra'wattennadel *f*. '**~skin** *s anat.* Oberhaut *f*. '**~weld** *s tech.* über'lappte Schweißung.

**scar·i·fi·ca·tion** [‚skeərɪfɪ'keɪʃn] *s med.* Hautritzung *f*. '**scar·i·fi·ca·tor** [-tə(r)] *s med.* Stichelmesser *n*. '**scar·i·fi·er** [-faɪə(r)] *s* **1.** → scarificator. **2.** *agr.* Messeregge *f*. **3.** *tech.* Straßenaufreißer *m*.

**scar·i·fy** ['skeərɪfaɪ] *v/t* **1.** *die Haut* ritzen, aufreißen, *bes. med.* skarifi'zieren. **2.** *fig.* a) *Gefühle etc* verletzen, b) scharf kriti-'sieren. **3.** *agr.* a) *den Boden* auflockern, b) *Samen* anritzen.

**scar·la·ti·na** [‚skɑː(r)lə'tiːnə] *s med.* Scharlach(fieber *n*) *m*.

**scar·let** ['skɑː(r)lət] **I** *s* **1.** Scharlach(rot *n*) *m*. **2.** Scharlach(tuch *n*, -gewand *n*) *m*. **II** *adj* **3.** scharlachrot: **to flush** (*od.* **turn**) ~ **puterrot** werden. **4.** *fig.* unzüchtig. ~ **fe·ver** *s med.* Scharlach(fieber *n*) *m*. ~ **hat** *s* Kardi'nalshut *m*. ~ **let·ter** *s hist.* Scharlachbuchstabe *m* (*scharlachrotes A als Abkürzung von* **adultery** = Ehebruch), im Puritanismus *f bot.* Scharlach-, Feuerbohne *f*. **S~ Wom·an**, *a.* **S~ Whore** *s* **1.** *Bibl.* (die) (scharlachrot gekleidete) Hure. **2.** *fig.* (*das*) heidnische *od.* päpstliche Rom.

**scarp** [skɑː(r)p] **I** *s* **1.** steile Böschung. **2.** *mil.* Grabenböschung *f*. **II** *v/t* **3.** abböschen. **scarped** [-pt] *adj* steil, abschüssig.

**scar·per** ['skɑːpə] *v/i Br. sl.* ‚abhauen', ‚verduften'.

**scarred** [skɑː(r)d] *adj* narbig, voller Narben, von Narben bedeckt.

**scarves** [skɑː(r)vz] *pl von* scarf¹.

**scar·y** ['skeərɪ] *adj colloq.* **1.** a) grus(e)lig, schaurig (*Geschichte etc*), b) unheimlich (*Gegend etc*). **2.** a) furchtsam, b) schreckhaft.

**scat¹** [skæt] *colloq.* **I** *interj* **1.** ‚hau ab!', ‚verdufte!' **2.** Tempo! **II** *v/i* **3.** ‚abhauen', ‚verduften'. **4.** sausen.

**scat²** [skæt] *s dial.* **1.** Schlag *m*, Knall *m*. **2.** *Br.* (Regen)Schauer *m*.

**scat³** [skæt] (*Jazz*) **I** *s* Scat *m* (*Verwendung zs.-hangloser Silben an Stelle von Worten beim Singen*). **II** *v/i* Scat singen.

**scathe** [skeɪð] *obs. od. dial.* **scath** [skæθ] **I** *v/t* **1.** vernichtend kriti'sieren,

**2.** *poet.* versengen. **3.** *obs. od. Scot.* verletzen. **II** *s* **1.** Schaden *m*: **without** ~. **5.** Beleidigung *f*. '**scathe·less** *adj* unversehrt. **scath·ing** ['skeɪðɪŋ] *adj* (*adv* ~**ly**) **1.** ätzend, vernichtend: ~ **criticism**. **2.** verletzend.

**sca·tol·o·gy** [skæ'tɒlədʒɪ; *Am.* -'tɑl-] *s* **1.** *med.* Skatolo'gie *f*, Kotstudium *n*. **2.** *geol.* Studium *n* der Kopro'lithen. **3.** *fig.* Beschäftigung *f* mit dem Ob'szönen (*in der Literatur*).

**scat·ter** ['skætə(r)] **I** *v/t* **1.** ~ **about** (*od.* **around**) (*auch Geräte wohl*) ver-, her-'um-, ausstreuen: **to be** ~**ed all over the place** überall herumliegen; **to** ~ **money about** *fig.* mit dem Geld um sich werfen. **2.** *Menge etc* zerstreuen, *Vögel etc* ausein'anderscheuchen, *Nebel etc* zerteilen: **to be** ~**ed to the four winds** in alle Winde zerstreut werden *od.* sein. **3.** *Gebäude etc* verstreut anordnen: **the houses lie** ~**ed in the valley** die Häuser sind über das ganze Tal verstreut. **4.** *Geld* verzetteln: **to** ~ **one's strength** *fig.* s-e Kräfte *od.* sich verzetteln. **5.** bestreuen (**with** mit). **6.** *phys. Licht etc* zerstreuen. **II** *v/i* **7.** sich zerstreuen (*Menge etc*), ausein'anderstieben (*Vögel etc*), sich zerteilen (*Nebel etc*). **8.** (**over** über *acc*, **in** in *dat*) a) sich verstreuen, b) verteilt *od.* verstreut sein. **9.** streuen (*Gewehr, Schrotschuß, a. Radio etc*). **III** *s* **10.** Ver-, Ausstreuen *n*. **11.** a ~ **of houses** vereinzelte *od.* verstreute Häuser; **there was a** ~ **of raindrops** es hat ein bißchen getröpfelt. **12.** *bes. phys., a. Computer, Radio, Statistik etc:* Streuung *f*. ~ **bomb** *s mil.* Streubrandbombe *f*. '**~brain** *s* oberflächlicher *od.* ‚unkonzen‚trierter Mensch. '**~brained** *adj* oberflächlich, ‚unkonzen‚triert.

'**scat·tered** *adj* **1.** ver-, zerstreut (liegend *od.* vorkommend *etc*). **2.** vereinzelt: ~ **rain showers** (**riots**, *etc*). **3.** *fig.* wirr, kon'fus: **a** ~ **story**; ~ **thoughts**. **4.** *phys.* dif'fus (*Licht etc*): ~ **radiation** Streustrahlung *f*. '**scat·ter·ing** *adj* → scattered 1, 4: ~ **angle** *phys.* Streuwinkel *m*.

**scat·ter rug** *s Am.* (kleine) Brücke. **scat·ty** ['skætɪ] *adj* (*adv* **scattily**) *Br. colloq.* **1.** (ein bißchen) verrückt. **2.** → scatterbrained.

**scaup (duck)** [skɔːp] *s orn.* Bergente *f*. **scaup·er** ['skɔːpə(r)] *s tech.* Hohleisen *n*. **scaur** [skɔː(r)] *bes. Scot.* für scar².

**scav·enge** ['skævɪndʒ] **I** *v/t* **1.** *Straßen etc* reinigen, säubern. **2.** *mot.* Zylinder von Gasen reinigen, (*mit Luft*) ausspülen: **scavenging air** Spülluft *f*; **scavenging stroke** Spültakt *m*, Auspuffhub *m*. **3.** *metall.* reinigen. **4.** *Am. a*) *Abfälle, Überreste etc* auflesen, aufsammeln, b) *Eßbares etc* auftreiben, ergattern. **5.** *Am.* a) nach etwas Brauchbarem *etc* suchen in (*dat*), b) *Laden etc* durch'stöbern (**for** nach). **II** *v/i* **6.** ~ **for** nach *etwas Eßbarem, Brauchbarem etc* (her'um)suchen: **to** ~ **in dustbins for food** Tonnen durch-'wühlen. '**scav·en·ger** *s* **1.** *bes. Br.* Straßenkehrer *m*. **2.** Müllmann *m*. **3.** a) Trödler *m*, Altwarenhändler *m*, b) Lumpensammler *m*. **4.** *chem.* Reinigungsmittel *n*. **5.** *zo.* Aasfresser *m*.

**sce·na** ['ʃeɪnə; *Am.* 'ʃeɪnɑː] *s mus.* **1.** Opernszene *f*. **2.** dra'matisches Rezita'tiv.

**sce·nar·i·o** [sɪ'nɑːrɪəʊ; *Am.* sə'neər-] *pl* **-os** *s* **1.** *thea.* Sze'nar(ium) *n*, Sze'nario *n* (*Textbuch mit Bühnenanweisungen*). **2.** *Film:* Drehbuch *n*. **3.** *fig.* Plan *m* (mit Alterna'tivlösungen). **4.** *fig.* Sze'nario *n*, (geplanter) Ablauf. **sce·nar·ist** ['siːnə-rɪst; *Am.* sə'neər-] *s Film:* Drehbuchautor *m*. **sce·nar·ize** ['siːnəraɪz; *Am.* sə'neər-] *v/t* zu e-m Drehbuch 'umarbeiten.

**scene** [siːn] *s* **1.** *thea.* a) Szene *f*, Auftritt

*m*, b) Ort *m* der Handlung, Schauplatz *m*
(*a. e-s Romans etc*), c) Ku'lisse *f*, d) →
**scenery** b, e) *obs.* Bühne *f*: → **lay**[1] 10,
**set** 60; **change of** ~ Szenenwechsel *m*,
*fig.* ,Tapetenwechsel' *m*; **behind the ~s**
hinter den Kulissen (*a. fig.*). **2.** *Film, TV*:
Szene *f*. **3.** Szene *f*, Epi'sode *f* (*in e-m
Roman etc*). **4.** *paint.* Landschaftsbild *n*.
**5.** Szene'rie *f*, 'Hintergrund *m* (*e-r Erzäh-
lung etc*). **6.** *fig.* Szene *f*, Schauplatz *m*: ~
**of accident** (**crime, crash**) Unfallort *m*
(Tatort *m*, Absturzstelle *f*); **to be on the**
~ zur Stelle sein. **7.** Szene *f*, Anblick *m*: ~
**of destruction** Bild *n* der Zerstörung.
**8.** Szene *f*: a) Vorgang *m*, Vorfall *m*,
b) (heftiger) Auftritt: **to make** (s.o.) **a** ~
(j-m) e-e Szene machen. **9.** *colloq.* (Dro-
gen-, Pop- *etc*)Szene *f*. **10.** *fig.* (Welt-)
Bühne *f*: **to quit the** ~ von der Bühne
abtreten (*sterben*). **11. classical music is
not my** ~ *colloq.* klassische Musik ist
nicht mein Fall. ~ **bay,** ~ **dock** *s thea.*
Ku'lissenraum *m*. ~ **paint·er** *s* **1.** *thea.*
Bühnenmaler(in). **2.** *Literatur:* Land-
schaftsschilderer *m*.
**scen·er·y** ['si:nərɪ] *s* Szene'rie *f*: a) Land-
schaft *f*, Gegend *f*, b) Bühnenbild[d] *n*,
-ausstattung *f*, Ku'lissen *pl*, Dekora-
ti'on *f*.
'**scene,shift·er** *s thea.* Ku'lissenschieber
*m*, Bühnenarbeiter *m*.
**sce·nic** ['si:nɪk; 'sen-] **I** *adj* (*adv ~ally*) **1.**
landschaftlich, Landschafts... **2.** land-
schaftlich schön, malerisch: **a** ~ **valley**; ~
**railway** in e-r künstlichen Landschaft
angelegte Liliputbahn; ~ **road** land-
schaftlich schöne Strecke. **3.** *thea.*
a) szenisch, Bühnen...: ~ **designer** Büh-
nenbildner(in), b) dra'matisch (*a. paint.
etc*): ~ **effects,** c) Ausstattungs...: ~
**artist** → **scene painter** 1. **II** *s* **4.** Na-
'turfilm *m*. '**sce·ni·cal** → **scenic** I.
**sce·no·graph·ic** [,si:nəʊ'græfɪk; ,sen-] *g-]
adj,* ,**sce·no'graph·i·cal** *adj (adv ~ly)*
szeno'graphisch, perspek'tivisch. **sce-
nog·ra·phy** [si:'nɒgrəfɪ; *Am.* -'nɑg-] *s*
Szenogra'phie *f*: a) perspek'tivische Dar-
stellung, b) *thea.* perspek'tivische 'Büh-
nenmale,rei.
**scent** [sent] **I** *s* **1.** (*bes.* Wohl)Geruch *m*,
Duft *m*: **there was a** ~ **of danger** *fig.*
es lag etwas (*Bedrohliches*) in der Luft.
**2.** *bes. Br.* Par'füm *n*. **3.** *hunt.* Witte-
rung *f*, b) Spur *f*, Fährte *f* (*a. fig.*): **to be
on the** (**wrong**) ~ auf der (falschen)
Fährte sein; **to follow up the** ~ der Spur
folgen; **to put on the** ~ auf die Fährte
setzen; **to put** (*od.* **throw**) **off the** ~ von
der (richtigen) Spur ablenken. **4.** a) Ge-
ruchssinn *m*, b) *zo. u. fig.* Spürsinn *m*,
Witterung *f*, *gute etc* Nase: **to have a** ~
**for** s.th. *fig.* e-e Nase *od.* e-n ,Riecher'
für etwas haben. **5.** *Schnitzeljagd:* a) Pa-
'pierschnitzel (*m*) *pl*) Fährte *f*. **II** *v/t*
**6.** *etwas* riechen. **7.** *a.* ~ **out** *hunt. od. fig.*
wittern, (auf)spüren: **to** ~ **treachery**
Verrat wittern. **8.** mit Wohlgeruch erfül-
len. **9.** *bes. Br.* parfü'mieren. **III** *v/i*
**10.** *hunt.* Witterung haben, e-e Fährte *od.*
Spur verfolgen. ~ **bag** *s zo.* Duftdrüse
*f*. **2.** *Fuchsjagd:* künstliche Schleppe.
**3.** Duftkissen *n*. ~ **bot·tle** *s bes. Br.*
Par'fümfläschchen *n*.
**scent·ed** ['sentɪd] *adj* **1.** duftend. **2.** *bes.
Br.* parfü'miert. ~ **fern** *s bot.* Bergfarn *m*.
**scent gland** *s zo.* Duft-, Moschusdrüse *f*.
'**scent·less** *adj* **1.** geruchlos. **2.** *hunt.* ohne
Witterung (*Boden*).
**scep·sis,** *bes. Am.* **skep·sis** ['skepsɪs] *s*
**1.** (**about**) Skepsis *f* (gegen'über), Zweifel
*m* (an *dat*). **2.** *philos.* Skepti'zismus *m*.
**scep·ter,** *bes. Br.* **scep·tre** ['septə(r)] *s*
Zepter *n*: a) Herrscherstab *m*: **to wield
the** ~ das Zepter schwingen *od.* führen,
herrschen, b) *fig.* Herrschergewalt *f*.

'**scep·tered,** *bes. Br.* '**scep·tred** *adj*
**1.** zeptertragend, herrschend (*a. fig.*).
**2.** königlich.
**scep·tic,** *bes. Am.* **skep·tic** ['skeptɪk] *s*
**1.** (*philos. meist* S~) Skeptiker(in). **2.** *relig.*
Zweifler(in), *allg.* Ungläubige(r *m*) *f*,
Athe'ist(in). '**scep·ti·cal,** *bes. Am.*
'**skep·ti·cal** *adj* (*adv ~ly*) skeptisch (*a.
philos.*), 'mißtrauisch, ungläubig: **a** ~
**smile; to be** ~ **about** (*od.* **of**) s.th. e-r
Sache skeptisch gegenüberstehen, etwas
bezweifeln, an etwas zweifeln. '**scep-
ti·cism,** *bes. Am.* '**skep·ti·cism**
[-sɪzəm] → **scepsis.**
**scep·tre,** *etc bes. Br. für* **scepter,** *etc.*
**scha·den·freu·de** ['ʃɑ:dən,frɔɪdə]
(*Ger.*) *s* Schadenfreude *f*.
**sched·u·lar** ['ʃedjʊlə; *Am.* 'skedʒələr]
*adj* Tabellen..., Listen...
**sched·ule** ['ʃedjuːl; *Am.* 'skedʒuːl] **I** *s*
**1.** Liste *f*, Ta'belle *f*, Aufstellung *f*, Ver-
zeichnis *n*, *jur. a.* Kon'kursta,belle *f*.
**2.** *bes. jur.* 'Zusatzar,tikel *m*, Anhang *m*.
**3.** a) Zeitplan *m*, *Radsport:* 'Marsch-
ta,belle *f*, (Lehr-, Arbeits-, Stunden)Plan
*m*, b) Fahr-, Flugplan *m*: **to be ahead of**
~ dem Zeitplan voraus sein; **to be be-
hind** ~ Verspätung haben, *weitS. a.* im
Verzug *od.* Rückstand sein; **to be on** ~
(fahr)planmäßig *od.* pünktlich ankom-
men, c) Ter'minka,lender *m*. **4.** a) Form-
blatt *n*, Formu'lar *n*, b) Fragebogen *m*.
**5.** *econ.* a) 'Einkommensteuerformu,lar
*n*, b) Steuerklasse *f*. **6.** *obs.* Doku'ment *n*.
**II** *v/t* **7.** *etwas* in e-r Liste *etc od.* tabel-
'larisch zs.-stellen. **8.** (in e-e Liste *etc*)
eintragen, -fügen: **the train is ~d to
leave at six** der Zug fährt fahrplan-
mäßig um 6 (ab). **9.** *bes. jur.* (als Anhang)
beifügen (**to** *dat*). **10.** a) festlegen, -set-
zen, b) planen, vorsehen. **11.** klassifi'zie-
ren. '**sched·uled** *adj* **1.** planmäßig (*Ab-
fahrt etc*): ~ **flight** Linienflug *m*. **2.** *a.*
~ **eight-round fight** (*Boxen*) ein auf
8 Runden angesetzter Kampf.
**sche·ma** ['skiːmə] *pl* **-ma·ta** [-mətə] *s*
**1.** Schema *n* (*a. philos.*). **2.** *Logik:* syllo-
'gistische Fi'gur. **3.** *Rhetorik:* Schema *n*,
'Redefi,gur *f*. **sche·mat·ic** [skɪ'mætɪk]
**I** *adj* (*adv ~ally*) **1.** sche'matisch. **II** *s*
**2.** sche'matische Darstellung. **3.** *electr.*
Schaltbild *n*. '**sche·ma·tism** *s* **1.** sche-
'matische Anordnung. **2.** *philos.* Sche-
'matismus *m* (*bei Kant*). '**sche·ma·tize** *v/t*
schemati'sieren.
**scheme** [skiːm] **I** *s* **1.** Schema *n*, Sy'stem
*n*, Anlage *f*: ~ **of colo(u)r** Farbenzusam-
menstellung *f*, -skala *f*; ~ **of philosophy**
philosophisches System. **2.** a) Schema *n*,
Aufstellung *f*, Ta'belle *f*, b) 'Übersicht *f*,
c) sche'matische Darstellung. **2.** Zeitplan
*m*. **4.** Plan *m*, Pro'jekt *n*, Pro'gramm *n*:
**irrigation** ~. **5.** (dunkler) Plan, In'trige *f*,
Kom'plott *n*. **6.** *astr.* A'spektendarstel-
lung *f*. **II** *v/t* **7.** *a.* ~ **out** entwerfen, planen.
**8.** *contp.* Böses planen, aushecken. **9.** in
ein Schema *od.* Sy'stem bringen. **III** *v/i*
**10.** Pläne machen *od.* schmieden: **to** ~
**for** s.th. auf etwas hinarbeiten. **11.** intri-
'gieren, Ränke schmieden. '**schem·er** *s*
**1.** Plänemacher *m*. **2.** Intri'gant *m*, Rän-
keschmied *m*. '**schem·ing** *adj* (*adv ~ly*)
intri'gierend, ränkevoll.
**sche·moz·zle** [ʃɪ'mɒzəl] *s Am. sl.* **1.**
Durchein'ander *n*. **2.** ,Krach' *m* (*Streit*).
**scher·zan·do** [skeə(r)t'sændəʊ; -'sɑ:n-]
*mus. I adj u. adv* scher'zando, heiter. **II** *pl*
**-di** [-diː], **-dos** *s* Scher'zando *n*.
**scher·zo** ['skeə(r)tsəʊ] *pl* **-zos, -zi** [-tsiː]
*s mus.* Scherzo *n*.
**Schick test** [ʃɪk] *s med.* Schicktest *m*,
Schicksche Reakti'on.
**Schie·dam** [skɪ'dæm; *Am.* 'skiːd- ] *s*
Schie'damer *m* (*holländischer Korn-
branntwein*).

**schil·ler** ['ʃɪlə(r)] *s min.* Schillerglanz *m*.
**schism** ['sɪzəm; 'skɪzəm] *s* **1.** *fig.* Spal-
tung *f*. **2.** *relig.* a) Schisma *n*, Kirchen-
spaltung *f*, b) Lossagung *f* (**from** von).
**schis'mat·ic** [-'mætɪk] *bes. relig.* **I** *adj*
(*adv ~ally*) schis'matisch, abtrünnig. **II** *s*
Schis'matiker *m*. **schis'mat·i·cal** *adj*
(*adv ~ly*) → **schismatic** I.
**schist** [ʃɪst] *s geol.* Schiefer *m*. '**schist-
ose** [-təʊs] *adj geol.* schief(e)rig, Schie-
fer...
**schis·to·so·mi·a·sis** [,ʃɪstəsəʊ'maɪə-
sɪs] *s med.* Schistosomi'ase *f* (*e-e Wurm-
erkrankung*).
**schist·ous** ['ʃɪstəs] → **schistose.**
**schi·zan·thus** [skaɪ'zænθəs; skɪ-] *s bot.*
Spaltblume *f*.
**schiz·o** ['skɪtsəʊ] *colloq.* **I** *adj* → **schiz-
ophrenic** II. **II** *pl* **-os** *s* → **schizo-
phrenic** I.
**schiz·o·carp** ['skɪtsəkɑ:(r)p; *Am. a.* 'skɪ-
zə-] *s bot.* Schizo'karp *n*, Spaltfrucht *f*.
**schiz·o·gen·e·sis** [,skɪtsəʊ'dʒenɪsɪs;
*Am. a.* ,skɪzəʊ-] *s zo.* Schizogo'nie *f*.
,**schiz·o'gen·ic,** **schi·zog·e·nous**
[skɪt'sɒdʒɪnəs; *Am.* -'sɑ-; *a.* skɪz'ɑ-] *adj zo.*
schizo'gen, durch, Spaltung entstehend.
**schiz·oid** ['skɪtsɔɪd] *psych.* **I** *adj* schizo-
'id. **II** *s* Schizo'ide(r *m*) *f*.
**schiz·o·my·cete** [,skɪtsəʊmaɪ'si:t;
-'maɪs-; *Am. a.* ,skɪzə-] *s bot.* Schizomy-
'zet *m*, Spaltpilz *m*.
**schiz·o·phrene** ['skɪtsəʊfri:n] *s psych.*
Schizo'phrene(r *m*) *f*. **schiz·o'phre-
ni·a** [-njə; -nɪə] *s psych.* Schizophre'nie *f*.
,**schiz·o'phren·ic** [-'frenɪk] *psych.* **I** *s*
Schizo'phrene(r *m*) *f*. **II** *adj* (*adv ~ally*)
schizo'phren: **to be** ~ *colloq.* mit sich
selbst uneins sein (*over über acc*).
**schiz·o·phyte** ['skɪtsəfaɪt; *Am. a.* 'skɪ-
zə-] *s bot.* Schizo'phyte *f*, Spaltpflan-
ze *f*.
**schiz·o·thy·mi·a** [,skɪtsəʊ'θaɪmjə;
-mɪə] *s psych.* Schizothy'mie *f*, la'tente
Spaltung der Per'sönlichkeit. ,**schiz·o-
'thy·mic** *adj psych.* schizo'thym.
**schiz·y, schiz·zi** ['skɪtsɪ; *Am. a.* 'skɪzɪ]
*adj colloq. für* **schizoid.**
**schle·miel, schle·mihl** [ʃlə'mi:l] *s Am.
sl.* **1.** Schle'mihl *m*, Pechvogel *m*. **2.** Tol-
patsch *m*.
**schlep(p)** [ʃlep] *Am. sl.* **I** *v/t* a) schleppen,
b) (mit sich) her'umschleppen. **II** *v/i* sich
schleppen: **to** ~ **through the traffic** sich
durch den Verkehr quälen. **III** *s* →
**schlepper.** '**schlep·per** [-pər] *s Am. sl.*
,Trottel' *m*, ,Blödmann' *m*.
**schlie·ren** ['ʃli:rən] *s pl min. phys.*
Schlieren *pl*.
**schlock** [ʃlɑːk] *Am. sl.* **I** *adj* ,mies' (*Ware,
Künstler etc*). **II** *s* Ramsch *m*, Ausschuß
*m*, Schund(ware *f*) *m*. '**~,mei·ster**
[-,maɪstər] *s Am. sl.* 'Schundpro,duzent
*m*. **2.** Ramschhändler *m*.
**schmal(t)z** [ʃmɔ:lts] *s sl.* **1.** ,Schmalz' *m*,
Gefühlsduse'lei *f*. **2.** *mus.* 'Schmalz(mu-
,sik *f*) *m*. **3.** (sentimen'taler) Kitsch.
**4.** *Am.* Schmalz *m*. '**schmal(t)z·y** *adj sl.*
**1.** ,schmalzig'. **2.** kitschig.
**schmear, schmeer** [ʃmɪə(r)] *s:* **the
whole** ~ *sl.* der ganze ,Kram' *od.* ,La-
den'.
**Schmidt cam·er·a** [ʃmɪt] *s* Schmidt-
Kamera *f*. ~ **tel·e·scope** *s* Schmidt-
'Spiegel(tele,skop *n*) *m*.
**schmo** [ʃməʊ] *pl* **schmoes** *s Am. sl.*
,Trottel' *m*, ,Blödmann' *m*.
**schmuck** [ʃmʌk] *s Am. sl.* **1.** ,Bauer' *m*.
**2.** ,Fiesling' *m*, gemeiner Kerl.
**schnap·per** ['ʃnæpə(r)] *s ichth.* Schnap-
per *m*.
**schnap(p)s** [ʃnæps] *s* Schnaps *m*.
**schnau·zer** ['ʃnaʊtsə(r)]; *Am. bes.* 'ʃnaʊ-
zər] *s zo.* Schnauzer *m*.
**schnit·zel** ['ʃnɪtsəl] *s* Wiener Schnitzel *n*.

**schnook** [ʃnʊk] *s Am. sl.* ‚Trottel' *m*, ‚Blödmann' *m*.

**schnor·kel** [ˈʃnɔː(r)kl] → **snorkel**.

**schnoz·zle** [ˈʃnɑːzəl] *s Am. sl.* ‚Zinken' *m* (*Nase*).

**schol·ar** [ˈskɒlə; *Am.* ˈskɑlər] *s* **1.** a) Gelehrte(r *m*) *f*, *bes.* Geisteswissenschaftler(in), b) Gebildete(r *m*) *f*: a **Shakespeare** ~ ein Shakespeare-Kenner *od.* -Forscher. **2.** Stuˈdierende(r *m*) *f*: at 80 he was still a ~ als Achtzigjähriger war er noch (immer) ein Lernender; he is an apt ~ er lernt gut; he is a good French ~ im Französischen ist er gut beschlagen. **3.** *ped. univ.* Stipendiˈat(in). **4.** *dial.* Alphaˈbet(in). **5.** *obs. od. poet.* Schüler(in), Jünger(in): the ~s of Socrates. **6.** *obs.* Schüler(in). **ˈschol·ar·ly** [-lɪ] *adj u. adv* **1.** gelehrt. **2.** wissenschaftlich. **3.** gelehrtenhaft. **ˈschol·ar·ship** **1.** Gelehrsamkeit *f*, ([geistes]wissenschaftliche) Forschung: **classical** ~ humanistische Bildung. **2.** *ped. univ.* (Beˈgabten)Stiˌpendium *n*.

**scho·las·tic** [skəˈlæstɪk] **I** *adj* (*adv* ~ally) **1.** (geistes)wissenschaftlich, akaˈdemisch: ~ **education. 2.** Schul..., schulisch, Schüler...: ~ **achievements** schulische Leistungen. **3.** erzieherisch, pädaˈgogisch: ~ **profession** Lehr(er)beruf *m*. **4.** *oft* S~ *philos.* schoˈlastisch: ~ **theology. 5.** *fig.* schoˈlastisch, schulmeisterlich, spitzfindig, peˈdantisch. **II** *s* **6.** *a.* S~ *philos.* Schoˈlastiker *m*. **7.** *fig.* Schulmeister *m*, Peˈdant *m*. **scho·ˈlas·ti·cism** [-sɪzəm] *s* **1.** *a.* S~ Schoˈlastik *f*. **2.** *fig.* Pedanteˈrie *f*.

**scho·li·ast** [ˈskəʊlɪæst] *s* **1.** *antiq.* Scholiˈast *m* (*Verfasser von Scholien*). **2.** *fig.* Kommenˈtator *m* (anˈtiker Schriftsteller). **ˌscho·li·ˈas·tic** *adj* scholiˈastisch, erläuternd. **ˈscho·li·um** [-ljəm, -lɪəm] *pl* **-li·a** [-ljə, -lɪə], **-li·ums** *s* **1.** Scholie *f* (*gelehrte Erläuterung*). **2.** *bes. math.* erläuternder Zusatz.

**school¹** [skuːl] **I** *s* **1.** Schule *f* (*Institution*): at ~ auf der Schule (→ 4); → **high school**, *etc.* **2.** (Schul)Stufe *f*: **lower** ~ Unterstufe; **senior** (*od.* **upper**) ~ Oberstufe, -klassen *pl.* **3.** Kurs *m*, Lehrgang *m*. **4.** (*meist ohne art*) (ˈSchul)Unterricht *m*, Schule *f*: at (*od.* in) ~ in der Schule; to go to ~ zur Schule gehen; to put to ~ einschulen; there is no ~ today heute ist schulfrei; → **tale 5. 5.** Schule *f*, Schulhaus *n*, -gebäude *n*. **6.** *Am.* Hochschule *f*: the ~s die Universitäten. **7.** *univ.* Fakulˈtät *f*, (selbständige) Abˈteilung innerhalb e-r Fakultät, Fachbereich *m*: the **medical** ~ die medizinische Fakultät. **8.** *univ.* Prüfungssaal *m* (*in Oxford*). **9.** *pl univ.* ˈSchlußexˌamen *n* (*für den Grad e-s* **Bachelor of Arts**; *in Oxford*): in the ~s im (Schluß)Examen. **10.** *fig.* harte *etc* Schule, Lehre *f*: a **severe** ~. **11.** *paint. philos. etc* Schule *f*: **other** ~s **of opinion** andere Meinungsrichtungen; the **Hegelian** ~ *philos.* die hegelianische Schule *od.* Richtung, die Hegelianer *pl*; ~ **of thought** (geistige) Richtung; there are different ~s **of thought on that** darüber gehen die Meinungen auseinander; **old school. 12.** *univ. hist.* Hörsaal *m*. **13.** the ~s, the S~s *hist.* a) die Schoˈlastiker *pl*, b) die Schoˈlastik. **14.** *mar. mil.* a) Exerˈziervorschrift *f*, b) Drill *m*. **15.** *mus.* Schule *f*: a) Lehrbuch *n*, b) Lehre *f*, Syˈstem *n*. **II** *v/t* **16.** einschulen. **17.** schulen, ausbilden (in in *dat*): ~ed geschult, geübt. **18.** sein Temperament, *s-e* Zunge *etc* zügeln, beherrschen. **19.** ~ o.s. (to) sich erziehen (zu), sich üben (in *dat*); to ~ o.s. to do s.th. lernen *od.* sich daran gewöhnen, etwas zu tun. **20.** *ein Pferd* dresˈsieren. **21.** *obs.* tadeln.

**school²** [skuːl] *s ichth.* Schwarm *m* (*a. fig.*), Schule *f*, Zug *m* (*Wale etc*).

**school·a·ble** [ˈskuːləbl] *adj* **1.** schulpflichtig. **2.** *obs.* bildungsfähig.

**school age** *s* schulpflichtiges Alter: to be of ~ schulpflichtig sein. **ˈ~·age** *adj* schulpflichtig: ~ **children. ˈ~·bag** *s* Schultasche *f*. ~ **board** *s* (loˈkale) Schulbehörde. ~ **book** *s* Schulbuch *n*. **ˈ~·boy** *s* Schüler *m*, Schuljunge *m*. **ˈ~·boy·ish** *adj* schuljungenhaft. ~ **bus** *s* Schulbus *m*. **ˈ~·chil·dren** *s pl* Schüler *pl*, Schulkinder *pl.* ~ **day** *s* **1.** Schultag *m*. **2.** *pl* Schulzeit *f*. ~ **di·vine** → **schoolman 3.** ~ **di·vin·i·ty** → **scholastic theology.** ~ **drop·out** *s* Schulabbrecher(in). **ˈ~·fel·low** → **schoolmate.** **ˈ~·girl** *s* Schülerin *f*, Schulmädchen *n*. **ˈ~·girl·ish** *adj* schulmädchenhaft (*Benehmen etc*), (*Kleidung a.*) jungˈmädchenhaft. **ˈ~·house** *s* **1.** (*bes.* Dorf)Schulhaus *n*. **2.** *Br.* (Wohn)Haus *n* des Schulleiters. **ˈschool·ing** **1.** (ˈSchul)Unterricht *m*. **2.** Schulung *f*. **3.** Schulgeld *n*. **4.** Dresˈsieren *n*, Dresˈsur *f* (*von Pferden*). **5.** *obs.* Tadel *m*.

**school leav·er** *s bes. Br.* Schulabgänger(in). ~ **leav·ing cer·tif·i·cate** *s* Abgangszeugnis *n*. **ˈ~·ma'am** [-maːm; -ˌmæm] *s Am. colloq. für* **schoolmarm.** **ˈ~·man** [-mən] *s irr* **1.** Schulmann *m*, Pädaˈgoge *m*. **2.** Schulgelehrte(r) *m*. **3.** S~ *hist.* Schoˈlastiker *m*. **ˈ~·marm** [-mɑː(r)m] *s colloq.* **1.** Schullehrerin *f*. **2.** *fig. contp.* Schulmeisterin *f*, Gouverˈnante *f*. **ˈ~·marm·ish** *adj contp.* gouverˈnantenhaft, prüde u. peˈdantisch. **ˈ~·mas·ter I** *s* **1.** Schulleiter *m*. **2.** Lehrer *m*. **3.** *bes. fig. contp.* Schulmeister *m*. **II** *v/t u. v/i* **4.** unterˈrichten. **5.** *bes. fig. contp. Am.* schulmeistern. **ˈ~·mas·ter·ly** *adj bes. fig. contp. Am.* schulmeisterlich. **ˈ~·mate** *s* Mitschüler(in), ˈSchulkameˌrad(in). **ˈ~·mis·tress 1.** Schulleiterin *f*. **2.** Lehrerin *f*. ~ **re·port** *s ped. Br.* Schulzeugnis *n*. **ˈ~·room** *s* Klassenzimmer *n*, Klaßzimmer *n*. ~ **ship** *s mar.* Schulschiff *n*. **ˈ~·teach·er** *s* (Schul-)Lehrer(in). ~ **tie** *s:* old ~ *Br.* a) Kraˈwatte *f* mit den Farben e-r Public School, b) ehemaliger Schüler e-r Public School, c) *contp.* Cliquenwirtschaft *f* unter ehemaligen Schülern e-r Public School, d) *contp.* ˈultrakonservaˌtives u. dünkelhaftes Gehabe von (ehemaligen) Schülern e-r Public School. **ˈ~·time** *s* **1.** ˈUnterrichtszeit *f*. **2.** Schulzeit *f*. ~ **u·ni·form** *s Br.* (einheitliche) Schulkleidung. **ˈ~·work** *s* (*in der Schule zu erledigende*) Arbeiten *pl od.* Aufgaben *pl.* **ˈ~·yard** *s Am.* Schulhof *m.* ~ **year** *s* Schuljahr *n*.

**schoon·er** [ˈskuːnə(r)] *s* **1.** *mar.* Schoner *m*. **2.** *bes. Am. für* **prairie schooner. 3.** a) *Am.* großes Bierglas, b) großes Sherryglas.

**schorl** [ʃɔː(r)l] *s min.* Schörl *m*, (schwarzer) Turmaˈlin.

**schot·tische** [ʃɒˈtiːʃ; *Am.* ʃɑˈt-; *a.* ˈʃɑtɪʃ] *s mus.* Schottische(r) *m* (*a. Tanz*).

**schuss** [ʃʊs] (*Skisport*) **I** *s* Schuß(fahrt *f*) *m.* **II** *v/i* Schuß fahren. **ˈ~·boom** *v/i sl.* Schuß fahren. **ˈ~·boom·er** *s sl.* Schußfahrer(in).

**schwa** [ʃwɑː] *s ling.* Schwa *n*: a) *kurzer Vokal von unbestimmter Klangfarbe*, b) *das phonetische Symbol* ə.

**Schwarz·schild ra·di·us** [ˈʃvɑːtsʃɪlt] *s astr.* Schwarzschild-Radius *m*.

**sci·a·gram** [ˈskaɪəɡræm; ˈsaɪə-], **ˈski·a·gram** [ˈskaɪə-], **ˈsci·a·graph**, *Am.* **ˈski·a·graph** [-ɡrɑːf; *bes. Am.* -ˌɡræf] *s med.* Röntgenbild *n*. **sci·ˈag·ra·phy**, *Am.* **ski·ˈag·ra·phy** [-ˈæɡrəfɪ] *s* **1.** *med.* Röntgen *n*, ˈHerstellung *f* von Röntgenaufnahmen. **2.** Schattenmaleˈrei *f*, Schattenriß *m*.

**sci·am·a·chy** [saɪˈæməkɪ] *s* **1.** Scheingefecht *n*. **2.** Spiegelfechteˈrei *f*.

**sci·at·ic** [saɪˈætɪk] *adj anat. med.* **1.** Ischias...: ~ **nerve**; ~ **pains. 2.** an Ischias leidend. **sci·ˈat·i·ca** [-kə] *s med.* Ischias *f*.

**sci·ence** [ˈsaɪəns] *s* **1.** Wissenschaft *f*: **man of** ~ Wissenschaftler *m*. **2.** *a.* **natural** ~ *collect.* (die) ˈNaturwissenschaft(en *pl*) *f*. **3.** Wissenschaft *f*, Wissensgebiet *n*: **historical** ~ Geschichtswissenschaft; the ~ **of optics** die (Lehre von der) Optik; → **dismal 1. 4.** *fig.* Kunst *f*, Lehre *f*, Kunde *f*: **domestic** ~ Hauswirtschaftslehre; ~ **of gardening** Gartenbaukunst. **5.** *philos. relig.* Wissen *n*, Erkenntnis *f* (**of** von). **6.** Kunst(fertigkeit) *f*, (gute) Technik (*a. sport*): to have s.th. down to a ~ es zu e-r wahren Kunstfertigkeit gebracht haben in (*dat*). **7.** the ~ *sport sl.* a) das Boxen, b) das Fechten. **8.** S~ → **Christian Science. 9.** *obs.* Wissen *n.* ~ **fic·tion** *s* Science-fiction *f*: ~ **novel.**

**sci·en·ter** [saɪˈentə(r)] (*Lat.*) *jur.* **I** *adv* wissentlich. **II** *s* wissentliche Handlung.

**sci·en·tif·ic** [ˌsaɪənˈtɪfɪk] *adj* **1.** (*engS.* naˈtur)wissenschaftlich. **2.** exˈakt, systeˈmatisch: ~ **management** *econ.* wissenschaftliche Betriebsführung. **3.** *sport etc* kunstgerecht. **ˌsci·en·ˈtif·i·cal·ly** *adv* wissenschaftlich, auf wissenschaftliche Art, auf wissenschaftlicher Grundlage.

**sci·en·tism** [ˈsaɪəntɪzəm] *s* Wissenschaftlichkeit *f*. **ˈsci·en·tist** *s* **1.** (Naˈtur)Wissenschaftler(in), (-)Forscher(in). **2.** S~ → **Christian Scientist.**

**sci·en·tol·o·gy** [ˌsaɪənˈtɒlədʒɪ; *Am.* -ˈtɑl-] *s* Scienˈtology (*angewandte religiöse Philosophie mit dem Ziel, veränderte Lebensbedingungen für den einzelnen u. für die Gesellschaft zu schaffen*).

**sci-fi** [ˌsaɪˈfaɪ] *colloq. für* **science fiction.**

**sci·li·cet** [ˈsaɪlɪset; *Am. a.* ˈskiːlɪˌket] *adv* nämlich, das heißt.

**scil·la** [ˈsɪlə] *s bot.* Scilla *f*, Meerzwiebel *f*.

**scim·i·tar, scim·i·ter** [ˈsɪmɪtə(r)] *s* (orienˈtalischer) Krummsäbel.

**scin·ti·gram** [ˈsɪntɪɡræm] *s Nuklearmedizin:* Szintiˈgramm *n*. **scin·tig·ra·phy** [sɪnˈtɪɡrəfɪ] *s* Szintigraˈphie *f*.

**scin·til·la** [sɪnˈtɪlə] *s fig.* Fünkchen *n*, Spur *f*: **not a** ~ **of truth** nicht ein Fünkchen Wahrheit; **not a** ~ **of proof** nicht der geringste Beweis. **ˈscin·til·lant** [-lənt] *adj* funkelnd.

**scin·til·late** [ˈsɪntɪleɪt] **I** *v/i* **1.** Funken sprühen. **2.** funkeln (*a.* Augen), sprühen (*a. fig. Geist, Witz*). **3.** *astr. phys.* szintilˈlieren. **4.** *fig.* (*geistig*) glänzen, (vor Geist) sprühen. **II** *v/t* **5.** *Funken, a. fig. Geistesblitze* (ver)sprühen. **ˌscin·til·ˈla·tion** *s* **1.** Funkeln *n*. **2.** *astr. phys.* Szintillatiˈon *f*: ~ **counter** *phys.* Szintillationszähler *m*. **3.** *fig.* Geistesblitz *m*. **ˈscin·til·la·tor** [-tə(r)] *s phys.* Szintilˈlator *m*.

**sci·o·lism** [ˈsaɪəʊlɪzəm] *s* Halbwissen *n*. **ˈsci·o·list** *s* Halbgebildete(r *m*) *f*.

**sci·on** [ˈsaɪən] *s* **1.** *bot.* Ableger *m*, Steckling *m*, (Pfropf)Reis *n*. **2.** *fig.* Sproß *m*, Sprößling *m*.

**sci·re fa·ci·as** [ˌsaɪərɪˈfeɪʃɪæs] (*Lat.*) *s a.* **writ of** ~ *jur.* Gerichtsbefehl, Gründe anzugeben, warum ein Protokoll *etc* dem Antragsteller nicht bekanntgegeben *od.* der ihm daraus erwachsene Vorteil nicht gewährt werden sollte.

**scir·rhous** [ˈsɪrəs] *adj med.* szirˈrhös, verhärtet. **ˈscir·rhus** [-rəs] *pl* **-rhus·es, -rhi** [-raɪ] *s med.* Szirrhus *m*, harte Krebsgeschwulst.

**scis·sel** [ˈsɪsl] *s tech.* Meˈtallabfall *m*, -späne *pl*.

**scis·sile** [ˈsɪsaɪl; *Am. bes.* -səl] *adj tech.* (leicht) schneid- *od.* spaltbar.

**scis·sion** [ˈsɪʒn; -ʃn] *s* **1.** Schneiden *n*, Spalten *n*. **2.** Schnitt *m*. **3.** *fig.* Spaltung *f*.

**scis·sor** [ˈsɪzə(r)] *v/t* **1.** (*mit der Schere*) (zer-, zu)schneiden. **2.** *a.* ~ **out** ausschneiden. **3.** scherenartig bewegen *etc*.

**scis·sors** [ˈsɪzə(r)z] *s pl* **1.** *a.* **pair of** ~ Schere *f*: **where are my** ~? wo ist m-e Schere? **2.** (*meist als sg konstruiert*) *sport* a) Schere *f* (*Übung am Seitpferd etc*), b) *a.* ~ **jump** (*Hochsprung*) Schersprung *m*, c) *a.* ~ **hold** (*Ringen*) Schere *f.* ˌ~-**and**-ˈpaste *adj colloq.* ˌzs.-gestoppelt' (*Arbeit etc*). ˈ~-ˌgrind·er *s* **1.** Scherenschleifer *m.* **2.** *orn.* Ziegenmelker *m.* ~ **kick** *s* Fußball, Schwimmen: Scherenschlag *m.*

**scis·sure** [ˈsɪʒə(r); ˈsɪʃ-] *s bes. med.* Fissur *f*, Riß *m.*

**sci·u·rine** [ˈsaɪjʊrɪn; -raɪn] *s zo.* Eichhörnchen *n.*

**sclaff** [sklæf] (*Golf*) **I** *v/t* **1.** den Boden streifen mit (*dem Schläger od. Schlag*). **2.** *den Boden* streifen. **II** *v/i* **3.** den Boden streifen. **III** *s* **4.** Fehlschlag *m* auf den Boden.

**scle·ra** [ˈsklɪərə; *Am.* ˈsklerə] *s anat.* Sklera *f*, Lederhaut *f* des Auges.

**scle·ren·ce·pha·li·a** [ˌsklɪərˌenkəˈfeɪljə; *Am.* ˌsklerˌensɪˈfeɪlɪə] *s med.* Geˈhirnskleˌrose *f.*

**scle·ren·chy·ma** [ˌsklaɪəˈreŋkɪmə; *Am.* ˈsklɪr-] *s* **1.** *bot.* Sklerenˈchym *n*, verhärtetes Zellgewebe. **2.** *zo.* → **scleroderm** 1 b.

**scle·ri·tis** [sklɪəˈraɪtɪs; *Am.* ˈsklɪr-] → **sclerotitis**.

**scle·ro·derm** [ˈsklɪərəʊdɜːm; *Am.* ˈskleraˌdɜrm] *zo.* **I** *s* **1.** a) Panzerhaut *f*, b) Hartgewebe *n* der Koˈrallen. **2.** Harthäuter *m.* **II** *adj* **3.** harthäutig. ˌscle·ro·ˈder·ma [-mə] *s med.* Skleroderˈmie *f.*

**scle·ro·ma** [ˌsklɪəˈrəʊmə; *Am.* sklə-] *pl* -ma·ta [-mətə] *od.* -mas *s med.* Skleˈrom *n*, Verhärtung *f.*

**scle·rom·e·ter** [ˌsklɪəˈrɒmɪtə; *Am.* skləˈrɑmətər] *s tech.* Skleroˈmeter *n*, (Ritz-)Härteprüfer *m.*

**scle·ro·sis** [ˌsklɪəˈrəʊsɪs; *Am.* sklə-] *pl* -ro·ses [-rəʊsiːz] *s* **1.** *med.* Skleˈrose *f*, Verhärtung *f* (*des Zellgewebes*). **2.** *bot.* Verhärtung *f* (*durch Zellwandverdikkung*). **3.** *fig.* Verkalkung *f.*

**scle·rot·ic** [ˌsklɪəˈrɒtɪk; *Am.* skləˈrɑ-] **I** *adj* **1.** *anat.* skleˈrotisch, Sklera... **2.** *bot. med.* verhärtet. **3.** *med.* an Skleˈrose leidend. **4.** *fig.* verkalkt. **II** *s* **5.** *anat.* → **sclera**.

**scle·ro·ti·tis** [ˌsklɪərəʊˈtaɪtɪs; *Am.* ˌsklerə-] *s med.* Skleˈritis *f*, Lederhautentzündung *f.*

**scle·rous** [ˈsklɪərəs; *Am.* ˈskler-] *adj bes. med.* skleˈrös, verhärtet.

**scoff¹** [skɒf; *Am. a.* skɑf] **I** *s* **1.** Spott *m*, Hohn *m.* **2.** (*das*) Gespött (*der Leute etc*), Zielscheibe *f* des Spotts. **3.** spöttische Bemerkung. **II** *v/i* **4.** spotten (**at** über *acc*).

**scoff²** [skɒf; *Am. a.* skɑf] *sl.* **I** *s* ˌFutter' *n* (*Nahrung*). **II** *v/t u. v/i* ˌfuttern', gierig essen.

ˈ**scoff·er** *s* Spötter(in).

**scold** [skəʊld] **I** *v/t* **1.** *j-n* (aus)schelten, auszanken (**for** wegen). **II** *v/i* **2.** schimpfen (**at** über *acc*): **to** ~ **at** ~ **1.** **3.** *obs.* keifen. **III** *s* **4.** zänkisches Weib, Zankteufel *m*, (Haus)Drachen *m.* ˈ**scold·ing** *s* **1.** Schelten *n.* **2.** Schelte *f*: **to get a** ~ Schelte bekommen.

**scol·e·cite** [ˈskəʊlɪsaɪt; *Br. a.* ˈskɒ-; *Am. a.* ˈskɑ-] *s min.* Skoleˈzit *m.*

**sco·lex** [ˈskəʊleks] *pl* -le·ces [-ˈliːsiːz] *s zo.* Skolex *m*, Bandwurmkopf *m.*

**scol·lop** [ˈskɒləp; *Am.* ˈskɑl-] → **scallop**.

**sconce¹** [skɒns; *Am.* skɑns] *s* **1.** (Wand-, *a.* Klaˈvier)Leuchter *m.* **2.** Kerzenhalter *m.*

**sconce²** [skɒns; *Am.* skɑns] *s mil.* Schanze *f.*

**sconce³** [skɒns; *Am.* skɑns] *univ. bes. hist.* **I** *v/t j-n* zu e-r Strafe ˌverdonnern', bes. zu e-r Kanne Bier verurteilen (*Oxford, Cambridge*). **II** *s* Strafe *f.*

**sconce⁴** [skɒns; *Am.* skɑns] *s obs. sl.* ˌBirne' *f* (*Kopf*).

**scone** [skɒn; skəʊn; *Am.* skɑn; skəʊn] *s* weiches Teegebäck.

**scoop** [skuːp] *s* **1.** a) Schöpfkelle *f*, Schöpfer *m*, b) Schaufel *f*, Schippe *f*. **2.** *tech.* a) Wasserschöpfer *m*, b) Baggereimer *m*, -löffel *m.* **3.** Kohleneimer *m*, -korb *m.* **4.** (kleine) (*Mehl-, Zuckeretc*)Schaufel. **5.** *med.* Löffel *m.* **6.** (Apfel-, Käse)Stecher *m.* **7.** (Aus)Höhlung *f*, Mulde *f.* **8.** (Aus)Schöpfen *n*, (Aus)Schaufeln *n.* **9.** Schub *m*, Stoß *m*: **at** (*od.* **in**) **one** ~ mit ˈeinem Schub. **10.** Fußball, Hockey: Schlenzer *m.* **11.** *sl.* ˌSchnitt' *m*, (großer) Fang, Gewinn *m.* **12.** Zeitungswesen: *sl.* (sensatioˈnelle) Erst-, Exkluˈsivmeldung, ˌKnüller' *m.* **13.** *Am. sl.* Informatiˈonen *pl*, Einzelheiten *pl.* **14.** *a.* ~ **neck** (tiefer) runder Ausschnitt (*am Kleid*). **II** *v/t* **15.** schöpfen, schaufeln: **to** ~ **up** (auf-)schaufeln, hochheben, -nehmen, zs.-raffen, *fig. Geld* scheffeln. **16.** *meist* ~ **out** ausschöpfen. **17.** *meist* ~ **out** aushöhlen, *ein Loch* (aus)graben. **18.** *oft* ~ **in** *sl. e-n Gewinn* einstecken, *Geld* scheffeln: **to** ~ **in a good profit** ˌe-n (guten) Schnitt machen'. **19.** *sl.* a) *die Konkurrenzzeitung etc* durch e-e Erstmeldung ausstechen, b) (**on** bei, **in** dat) *allg.* schlagen, ausstechen, *j-m* zuˈvorkommen. **20.** Fußball, Hockey: *den Ball* schlenzen, (an-)heben. ~ **net** *s* Fischfang: Streichnetz *n.* ~ **wheel** *s tech.* Schöpf-, Heberad *n.*

**scoot** [skuːt] *v/i colloq.* **1.** rasen, ˌflitzen'. **2.** ˌabhauen': ~! ˌhau ab!'

**scoot·er** [ˈskuːtə(r)] **I** *s* **1.** (Kinder)Roller *m.* **2.** (Motor)Roller *m.* **3.** *sport Am.* Eisjacht *f.* **II** *v/i* **4.** (auf e-m) Roller ˌfahren. **5.** *sport Am.* mit e-r Eisjacht segeln. ˈ**scoot·er·ist** *s mot.* Rollerfahrer(in).

**scop** [skɒp; *Am.* skɑp; skəʊp] *s hist.* Skop *m* (*altgermanischer Dichter od. Sänger*).

**sco·pa** [ˈskəʊpə] *pl* -pae [-piː] *s zo.* Fersenbürste *f* (*an den Beinen der Bienen*).

**scope¹** [skəʊp] *s* **1.** (*jur.* Anwendungs-) Bereich *m*, Gebiet *n*: **within the** ~ **of the law** im Rahmen des Gesetzes; **to come within the** ~ **of a law** unter ein Gesetz fallen; **to be within (outside** *od.* **beyond) the** ~ **of** sich im Rahmen (*gen*) halten (den Rahmen [*gen*] sprengen); **that is within (outside** *od.* **beyond) my** ~ **of duties** das fällt (nicht) in m-n Aufgabenbereich; **an undertaking of wide** ~ ein großangelegtes Unternehmen. **2.** Ausmaß *n*, ˈUmfang *m*, Reichweite *f*: ~ **of authority** *jur.* Vollmachtsumfang. **3.** *a.* ~ **of mind** Gesichtskreis *m*, (geistiger) Horiˈzont: **that is beyond** (*od.* **outside) my** ~ das geht über m-n Horizont. **4.** (Spiel)Raum *m*, Bewegungsfreiheit *f*: **to give one's fancy full** ~ s-r Phantasie freien Lauf lassen; **to have free** ~ freie Hand haben (**for** bei). **5.** Wirkungskreis *m*, Betätigungsfeld *n.* **6.** Länge *f*: **the** ~ **of a cable. 7.** Schuß-, Reichweite *f.* **8.** a) Ausdehnung *f*, Weite *f*, b) (großes) Gebiet, (weiter) Landstrich.

**scope²** [skəʊp] *s electr. colloq. abbr. für* **microscope, oscilloscope,** *etc.*

**-scope** [skəʊp] *Wortelement mit der Bedeutung* Beobachtungsinstrument.

**sco·pol·a·mine** [skəˈpɒləmiːn; -mɪn;

*Am.* skəʊˈpɑl-] *s chem.* Scopolaˈmin *n.*

**-scopy** [skəpɪ] *Wortelement mit der Bedeutung* Beobachtung, Untersuchung.

**scor·bu·tic** [skɔː(r)ˈbjuːtɪk] *med.* **I** *adj* **1.** skorˈbutisch, Skorbut... **2.** an Skorˈbut leidend. **II** *s* Skorˈbutkranke(r *m*) *f.*

**scorch** [skɔː(r)tʃ] **I** *v/t* **1.** versengen, -brennen. **2.** (aus)dörren. **3.** *electr.* verschmoren: ~ed **contact. 4.** *fig.* a) (durch scharfe Kriˈtik *od.* beißenden Spott) verletzen, b) *j-n* scharf kritiˈsieren. **5.** *mil.* verwüsten: ~ed **earth policy** Politik *f* der verbrannten Erde. **II** *v/i* **6.** versengt werden. **7.** *mot. colloq.* rasen. **III** *s* **8.** Versengung *f*, Brandfleck *m.* **9.** *mot. colloq.* Rasen *n*, rasendes Tempo. ˈ**scorch·er** *s* **1.** (Mehl-, Zuckeretc)Schaufel. **5.** *sl.* ˌDing' *n*: a) beißende Bemerkung, scharfe Kriˈtik, böser Brief *etc*, b) ˌtolle Sache', Sensatiˈon *f.* **3.** *sl.* ˌtoller Kerl', ˌtolle Frau'. **4.** *mot. colloq.* ˌRaser' *m*, ˌRennsau' *f.* **5.** *sport sl.* a) Fußball etc: ˌBombenschuß' *m*, b) Tennis *etc*: knallharter Schlag. ˈ**scorch·ing I** *adj* (*adv* ~**ly**) **1.** brennend, sengend, glühendheiß. **2.** *fig.* scharf: ~ **criticism. II** *adv* **3.** ~ **hot** glühendheiß. **III** *s* **4.** Versengen *n.* **5.** *mot. colloq.* Rasen *n.*

**score** [skɔː(r); *Am. a.* ˈskɔʊər] **I** *s* **1.** Kerbe *f*, Einschnitt *m*, Rille *f.* **2.** (Ziel)Linie *f.* **3.** *sport* Start- *od.* Ziellinie *f*: **to get off at full** ~ a) losrasen, ˌrangehen wie Blücher', b) ˌaus dem Häus-chen geraten'. **4.** *sport* a) (Spiel)Stand *m*, b) (erzielte) Punkt- *od.* Trefferzahl, (Spiel)Ergebnis *n*, (Be)Wertung *f*, c) Punktliste *f*: **what is the** ~? wie steht das Spiel?, *fig. Am.* wie ist die Lage?; **the** ~ **is even** das Spiel steht unentschieden; **to get the** ~ das Spiel machen; **to keep** ~ anschreiben; **to know the** ~ *colloq.* Bescheid wissen; ~ **one for me!** *colloq.* eins zu null für mich! **5.** Rechnung *f*, Zeche *f*: **to run up a** ~ Schulden machen, e-e Rechnung auflaufen lassen; **to settle old** ~s *fig.* e-e alte Rechnung begleichen; **what's the** ~? wieviel macht od. kostet das?; **on the** ~ **of** auf Grund (*gen*), wegen (*gen*); **on that** ~ in dieser Hinsicht; **on what** ~? aus welchem Grund? **6.** (Gruppe *f od.* Satz *m* von) zwanzig, zwanzig Stück: **a** ~ **of apples** 20 Äpfel; **four** ~ **and seven** 87. **7.** *pl* große (An-)Zahl *f*: ~s **of people**; ~s **of times** hundertmal, x-mal. **8. to make a** ~ **off s.o.** *colloq.* a) *j-m* ˌeins auswischen', b) *j-n* lächerlich machen. **9.** *mus.* Partiˈtur *f*: **in** ~ in Partitur (gesetzt *od.* herausgegeben). **II** *v/t* **10.** *sport* a) *Punkte od. Treffer* erzielen, sammeln, *Tore* schießen, b) *die Punkte, den Spielstand etc* anschreiben, c) *fig. Erfolge, Siege* verzeichnen, erringen, verbuchen: **to** ~ **a goal** ein Tor schießen *od.* erzielen; **to** ~ **a hit** e-n Treffer erzielen, *fig.* e-n ˌBombenerfolg' haben. **11.** *bes. sport* zählen: **a try** ~s 3 **points. 12.** *ped. psych. j-s* Leistung *etc* bewerten. **13.** *mus.* in Partiˈtur setzen, b) instrumenˈtieren, setzen (**for** für). **14.** *gastr.* Fleisch *etc* schlitzen. **15.** einkerben, -schneiden. **16.** marˈkieren: **to** ~ **out** aus- *od.* durchstreichen; **to** ~ **under** unterstreichen. **17.** *oft* ~ **up** Schulden, e-e Zeche etc anschreiben: **to** ~ **(up) s.th. against** (*od.* **to) s.o.** *fig. j-m* etwas ankreiden. **18.** *bes. Am.* scharf kritiˈsieren *od.* angreifen. **III** *v/i* **19.** *sport* a) e-n Punkt *od.* Treffer *od.* ein Tor erzielen, Punkte sammeln, Tore schießen, b) die Punkte anschreiben. **20.** *colloq.* Erfolg *od.* Glück haben, e-n Vorteil erzielen: **to** ~ **off s.o.** a) *j-m* ˌeins auswischen', b) *j-n* lächerlich ma-

chen; to ~ over s.o. (s.th.) j-n (etwas) übertreffen. **21.** gezählt werden, zählen: that ~s for us das zählt für uns. **22.** Linien od. Striche ziehen od. einkerben. **23.** sl. sich ‚Stoff' (Rauschgift) beschaffen. **24.** to ~ with a girl sl. ein Mädchen ins Bett kriegen.
'**score**|**board** s sport Anzeigetafel f (im Stadion etc). ~ **card** s sport **1.** Spielberichtsbogen m. **2.** Golf: Zählkarte f. **3.** Boxen etc: Punktzettel m.
'**score·less** adj sport torlos: ~ **draw**.
'**scor·er** s **1.** sport a) (An)Schreiber m, b) Torschütze m. **2.** tech. a) Kerb-, Ritz-, (An)Reißvorrichtung f, b) Kerb-, Reißschneide f.
**sco·ri·a** ['skɔːrɪə] pl -**ri·ae** [-riː] s **1.** tech. (Me'tall)Schlacke f. **2.** geol. Gesteinsschlacke f. ‚**sco·ri'a·ceous** [-'eɪʃəs] adj geol. tech. schlackig.
**sco·ri·fi·ca·tion** [ˌskɔːrɪfɪ'keɪʃn] s tech. Verschlackung f, Schlackenbildung f. '**sco·ri·fy** [-faɪ] v/t tech. verschlacken.
'**scor·ing** s **1.** bes. geol. Spalte f, Kerbe f, Einschnitt m. **2.** mus. a) Partitu'rierung f, b) Instrumen'tierung f.
**scorn** [skɔː(r)n] **I** s **1.** Verachtung f, Geringschätzung f: to think ~ of verachten. **2.** Spott m, Hohn m: to laugh to ~ verlachen. **3.** Zielscheibe f des Spottes, (das) Gespött (der Leute etc). **II** v/t **4.** verachten: a) geringschätzen, b) verschmähen. **5.** obs. verspotten, -höhnen. '**scorn·er** s **1.** Verächter m. **2.** Spötter m. '**scorn·ful** [-fʊl] adj (adv ~ly) **1.** verächtlich. **2.** spöttisch.
**Scor·pi·o** ['skɔː(r)pɪəʊ] s astr. Skorpi'on m (Sternbild u. Tierkreiszeichen): to be (a) ~ Skorpion sein.
**scor·pi·on** ['skɔː(r)pjən; -pɪən] s **1.** zo. Skorpi'on m. **2.** S~ astr. → Scorpio. **3.** Bibl. Skorpi'on m, Stachelpeitsche f. **4.** fig. Geißel f. **5.** mil. hist. Skorpi'on m (Wurfmaschine). ~ **fly** s zo. Skorpi'ons-, Schnabelfliege f.
**Scot¹** [skɒt; Am. skɑt] s **1.** Schotte m, Schottin f. **2.** hist. Skote m (ein Kelte).
**scot²** [skɒt; Am. skɑt] s **1.** Zahlung f, Beitrag m: to pay (for) one's ~ fig. s-n Beitrag leisten. **2.** a. ~ **and lot** hist. Br. Gemeindeabgabe f: to pay ~ fig. alles auf Heller u. Pfennig bezahlen.
**Scotch¹** [skɒtʃ; Am. skɑtʃ] **I** adj **1.** schottisch (bes. Whisky etc). **II** s **2.** the ~ collect. die Schotten pl. **3.** Scotch m, schottischer Whisky. **4.** ling. Schottisch n, das Schottische.
**scotch²** [skɒtʃ; Am. skɑtʃ] **I** v/t **1.** (leicht) verwunden, schrammen. **2.** Gerücht etc aus der Welt schaffen, a. im Keim ersticken: to ~ s.o.'s plans j-m e-n Strich durch die Rechnung machen. **3.** Rad etc blo'ckieren. **II** s **4.** Schramme f. **5.** tech. Bremsklotz m, Hemmschuh m (a. fig.). **6.** Himmel-u.-Hölle-Spiel: (am Boden gezogene) Linie.
**Scotch| broth** s gastr. dicke Suppe aus Rind- od. Hammelfleischbrühe, Gemüse u. Perlgraupen. ~ **egg** s gastr. hartes Ei in Brät, paniert u. ausgebacken. ~ **fir** →
Scotch pine. ~ **Gael·ic** s ling. Gälisch n, das (im schottischen Hochland gesprochene) Gälische. '~**man** [-mən] s irr (von Nicht-Schotten gebrauchte Bezeichnung für) Schotte m. ~ **mist** s dichter, nasser Nebel. ~ **peb·ble** s min. in Schottland vorkommendes Geröll aus kryptokristallinem Quarz, das zu Schmucksteinen verarbeitet wird. ~ **pine** s bot. Gemeine Kiefer, Waldkiefer f. ~ **tape** (TM) s 'durchsichtiger Klebestreifen. ~ **ter·ri·er** s zo. Scotchterrier m. '~**wom·an** s irr (von Nicht-Schotten gebrauchte Bezeichnung für) Schottin f. ~ **wood·cock** s gastr. Toast mit Anchovispaste u. Rührei.

**sco·ter** ['skəʊtə(r)] pl -**ters, bes. collect.**
-**ter** s orn. Trauerente f.
‚**scot-'free** adj **1.** unversehrt, unbehelligt. **2.** ungestraft: to go (od. get off, escape) ~ ungeschoren davonkommen.
**sco·tia** ['skəʊʃə; Am. a. -ʃɪə] s arch. Sko'tie f, Hohlkehle f.
**Sco·tism** ['skəʊtɪzəm] s philos. Sco'tismus m (Lehre des Duns Scotus).
**Scot·land Yard** ['skɒtlənd; Am. 'skɑt-] s Scotland Yard m (die Londoner Kriminalpolizei).
**scoto-¹** [skɒtə; Am. skɑtə; skəʊ-] Wortelement mit der Bedeutung Dunkelheits...
**Scoto-²** [skɒtə; Am. skɑtə; skəʊ-] Wortelement mit der Bedeutung schottisch (und): ~**Irish** schottisch-irisch.
‚**scot·o'di·ni·a** [-'dɪnɪə] s med. Skotodi'nie f, Schwindel m.
**sco·to·ma** [skə'təʊmə] pl -**mas, -ma·ta** [-mətə] s med. psych. Sko'tom n.
**sco·to·pi·a** [skə'təʊpɪə; skəʊ-] s med. sko'topisches Sehen, Dämmerungssehen n.
**Scots** [skɒts; Am. skɑts] **I** s ling. → Scotch¹ 4. **II** adj schottisch. ~ **fir** → Scotch pine. '~**man** [-mən] s irr (a. von Schotten gebrauchte Bezeichnung für) Schotte m. ~ **pine** → Scotch pine. '~**wom·an** s irr (a. von Schotten gebrauchte Bezeichnung für) Schottin f.
**Scot·ti·cism** ['skɒtɪsɪzəm; Am. 'skɑ-] s schottische (Sprach)Eigenheit. '**Scot·ti·cize** v/t **1.** e-n schottischen Cha'rakter geben (dat). **2.** ins Schottische über'tragen.
**Scot·tie** ['skɒtɪ; Am. 'skɑti:] s colloq. **1.** Schotte m. **2.** → Scotch terrier.
**Scot·tish** ['skɒtɪʃ; Am. 'skɑ-] **I** s **1.** ling. → Scotch¹ 4. **2.** the ~ collect. selten die Schotten pl. **II** adj **3.** schottisch. ~ **Gael·ic** → Scotch Gaelic. ~ **ter·ri·er** → Scotch terrier.
**Scot·ty** ['skɒtɪ; Am. 'skɑti:] s colloq. **1.** Schotte m. **2.** → Scotch terrier.
**scoun·drel** ['skaʊndrəl] s Schurke m, Schuft m, Ha'lunke m. '**scoun·drel·ism** s **1.** Niedertracht f, Gemeinheit f. **2.** Schurkenstreich m. '**scoun·drel·ly** [-lɪ] adj schurkisch, niederträchtig, gemein.
**scour¹** ['skaʊə(r)] **I** v/t **1.** scheuern, schrubben, Messer etc (blank) putzen, po'lieren. **2.** säubern, reinigen (of, from von): to ~ clothes. **3.** e-n Kanal etc (aus)schwemmen, schlämmen, ein Rohr etc (aus)spülen. **4.** ein Pferd etc putzen, striegeln. **5.** tech. Wolle waschen, entfetten: ~**ing mill** Wollewäscherei f. **6.** den Darm etc durchschlacken. **7.** a. ~ **away**, ~ **off** Flecken etc entfernen, Schmutz abreiben. **II** v/i **8.** scheuern, schrubben, putzen. **9.** reinigen, säubern. **III** s **10.** Scheuern n etc: to give s.th. a ~ etwas scheuern. **11.** Wasserbau: a) Schlämmen n, b) Wegwaschung f, c) ausgehöhltes Flußbett. **12.** Reinigungsmittel n (für Wolle etc). **13.** meist pl vet. Ruhr f.
**scour²** ['skaʊə(r)] **I** v/i **1.** ~ **through** (od. over) ~ **3.** rennen, huschen: to ~ about (od. around) herumrennen. **II** v/t **3.** durch'suchen, -'stöbern, Gegend a. durch'kämmen (for nach): to ~ the town die ganze Stadt ‚abklappern'.
**scour·er** ['skaʊərə; Am. skaʊərər] s Topfkratzer m.
**scourge** [skɜːdʒ; Am. skɜrdʒ] **I** s **1.** Geißel f: a) Peitsche f, b) fig. Plage f: ~ of mosquitoes Moskitoplage; the S~ of God der Gottesgeißel (Attila). **2.** geißeln, (aus)peitschen. **3.** fig. a) durch Kritik etc geißeln, b) strafen, züchtigen, c) quälen, peinigen.
**scour·ings** ['skaʊərɪŋz] s pl (beim Putzen entstehender) Abfall.

**scouse¹** [skaʊs] s gastr. Labskaus n.
**scouse², S~** [skaʊs] Br. colloq. **I** s **1.** Liverpooler(in). **2.** Liverpooler Dia'lekt m. **II** adj **3.** aus od. von Liverpool, Liverpooler.
**scout¹** [skaʊt] **I** s **1.** a) bes. mil. Kundschafter m, Späher m, b) sport Spi'on m, Beobachter m (gegnerischer Mannschaften): → talent 2. **2.** mil. a) Erkundungs-, Aufklärungsfahrzeug n, b) mar. Aufklärungskreuzer m, c) a. ~ **(air)plane** aer. Aufklärer m. **3.** bes. mil. Kundschaften n, Erkundung f: on the ~ auf Erkundung. **4.** a) Pfadfinder m, b) Am. Pfadfinderin f. **5.** a good ~ ein feiner Kerl. **6.** univ. Hausdiener m e-s College (in Oxford). **7.** mot. Br. motori'sierter Pannenhelfer (e-s Automobilklubs). **II** v/i **8.** bes. mil. auf Erkundung sein: ~**ing party** Spähtrupp m. **9.** ~ **about** (od. **around**) sich 'umsehen (for nach). **III** v/t **10.** a. ~ **out** bes. mil. auskundschaften, erkunden. **11.** (wachsam) beobachten.
**scout²** [skaʊt] v/t obs. verächtlich zu'rückweisen.
**scout car** s mil. (Panzer)Spähwagen m.
**scout·er** ['skaʊtə(r)] s **1.** bes. mil. Kundschafter m, Späher m. **2.** aktives, über 18 Jahre altes Mitglied der Boy Scouts.
'**scout·mas·ter** s Führer m (e-r Pfadfindergruppe).
**scow** [skaʊ] s mar. Am. od. Scot. (See-)Leichter m, Schute f.
**scowl** [skaʊl] **I** v/i finster blicken: to ~ at s.o. j-n finster anblicken. **II** v/t a. ~ **down** j-n (durch finstere Blicke) einschüchtern. **III** s finsterer Blick, finsterer (Gesichts)Ausdruck: to give s.o. a ~ j-n finster anblicken. '**scowl·ing** adj (adv ~ly) finster, grollend, drohend.
**scrab·ble** ['skræbl] **I** v/i **1.** kratzen, scharren. **2.** meist ~ **about** (od. **around**) (her'um)suchen, (-)wühlen (for nach). **3.** fig. sich (ab)plagen (for für, um): to ~ for one's livelihood. **4.** krabbeln. **5.** kritzeln. **II** v/t **6.** scharren auf od. in (dat). **7.** bekritzeln. **III** s **8.** Kratzen n, Scharren n. **9.** Gekritzel n. **10.** S~ Scrabble(spiel) n.
**scrag** [skræg] **I** s **1.** ‚Gerippe' n, ‚Knochengestell' n (dürrer Mensch etc). **2.** meist ~ **end (of mutton)** (Hammel-)Hals m. **3.** colloq. ‚Kragen' m, Hals m. **II** v/t **4.** colloq. a) j-n ‚abmurksen', j-m den Hals 'umdrehen, b) j-n (auf)hängen, c) j-n würgen. '**scrag·gi·ness** [-gɪnɪs] s Magerkeit f, Hagerkeit f. '**scrag·gy** adj (adv **scraggily**) **1.** dürr, hager, mager, knochig. **2.** zerklüftet: ~ **land**.
**scram** [skræm] **I** v/i sl. ‚abhauen': ~!, ‚hau ab!', ‚verdufte!', raus! **II** s Kerntechnik: Schnellabschaltung f (e-s Reaktors).
**scram·ble** ['skræmbl] **I** v/i **1.** (auf allen vieren) krabbeln, klettern, kriechen: to ~ to one's feet ‚sich aufrappeln'; to ~ into one's clothes in die Kleider fahren. **2.** sich balgen, sich schlagen, (a. fig.) sich raufen (for um): to ~ for a living sich um s-n Lebensunterhalt ‚abstrampeln'. **3.** sich unregelmäßig ausbreiten. **4.** aer. mil. im A'larmstart losbrausen. **II** v/t **5.** oft ~ **up**, ~ **together** Essen, Geld zs.-kratzen. **6.** Karten etc durchein'anderwerfen, Flugplan etc durchein'anderbringen. **7.** Eier verrühren: to ~ **eggs** Rührei machen; ~**d eggs** Rührei n. **8.** Telefongespräch etc zerhacken. **9.** aer. mil. (bei A'larm) starten lassen. **10.** econ. Am. öffentliche u. private Industrie mischen. **III** s **11.** (Her'um)Krabbeln n, (-)Kriechen n, (-)Klettern n. **12.** Balge'rei f, (a. fig.) Raufe'rei f (for um). **13.** aer. a) A'larmstart m, b) Br. Luftkampf m. **14.** Motorradsport: Br. Moto-'Cross-Rennen n. '**scram·bler** s teleph. etc Zerhacker m.

**scran** [skræn] *s colloq.* **1.** Speisereste *pl.* **2.** ‚Futter' *n* (*Essen*).

**scran·nel** [ˈskrænl] *adj obs.* **1.** mager. **2.** kreischend: a ~ voice.

**scrap¹** [skræp] **I** *s* **1.** Stück(chen) *n*, Brocken *m*, Fetzen *m*, Schnitzel *n*, *m*: a ~ of paper ein Fetzen Papier (*a. fig.*); not a ~ of kein bißchen (*Nahrung etc*); not a ~ of evidence nicht der geringste Beweis; not a ~ of truth nicht ein Fünkchen Wahrheit. **2.** *pl* Abfall *m*, (*bes.* Speise-) Reste *pl.* **3.** (Zeitungs)Ausschnitt *m.* **4.** Bruchstück *n:* ~s of knowledge bruchstückhaftes Wissen; ~s of conversation Gesprächsfetzen *pl.* **5.** *meist pl* (Fett)Grieben *pl.* **6.** *tech.* a) Schrott *m,* b) Ausschuß *m,* c) Abfall *m.* **II** *adj* **7.** Abfall..., Reste...: ~ dinner Resteessen *n.* **8.** *tech.* Schrott... **III** *v/t* **9.** (als unbrauchbar) ausran|gieren. **10.** *fig.* zum alten Eisen *od.* über Bord werfen: to ~ methods. **11.** *tech.* verschrotten, *Schiff* abwracken.

**scrap²** [skræp] *sl.* **I** *s* **1.** Streit *m.* **2.** Schläge|rei *f.* **3.** (Box)Kampf *m.* **II** *v/i* **4.** sich streiten. **5.** sich prügeln. **6.** kämpfen (with mit).

**ˈscrap·book** *s* **1.** Sammelalbum *n,* Einklebebuch *n.* **2.** Buch *n* gemischten Inhalts.

**scrape** [skreɪp] **I** *s* **1.** Kratzen *n,* Scharren *n* (*beide a. als Geräusch*). **2.** Kratzfuß *m* (*Höflichkeitsbezeigung*). **3.** Kratzer *m,* Schramme *f.* **4.** ~ of the pen *fig. bes. Scot.* e-e Zeile, ein paar (*geschriebene*) Worte. **5.** *colloq.* ‚Krach' *m,* Streit *m.* **6.** *colloq.* ‚Klemme' *f:* to be in a ~, in der Klemme' sein *od.* sitzen *od.* stecken, in ‚Schwulitäten' sein. **7.** dünngekratzte Schicht (Butter): bread and ~ *colloq.* dünngeschmiertes Butterbrot. **II** *v/t* **8.** kratzen, schaben: to ~ off abkratzen (von); to ~ out auskratzen; to ~ together (*od.* up) (*a. fig. colloq. Geld etc*) zs.-kratzen; to ~ one's chin *colloq. humor.* sich rasieren; to ~ a living sich gerade so über Wasser halten; to ~ (up) (an) acquaintance *fig.* oberflächlich miteinander bekannt werden; to ~ (up) (an) acquaintance with s.o. *fig.* a) mit j-m oberflächlich bekannt werden, b) sich um j-s Bekanntschaft bemühen, c) *contp.* sich j-m aufdrängen; → barrel 1. **9.** mit *den Füßen etc* kratzen *od.* scharren: to ~ one's feet; to ~ down *Br.* e-n *Redner* durch (Füße)Scharren zum Schweigen bringen. **10.** scheuern, reiben (against an *dat*). **11.** aufschürfen: to ~ one's knees. **III** *v/i* **12.** kratzen, schaben, scharren. **13.** sich kratzen (against an *dat*). **14.** kratzen (on auf e-r *Geige etc*). **15.** ~ along (*od.* by) *colloq.* sich gerade so durchschlagen, über die Runden kommen (on mit); to ~ through a) sich durchzwängen (durch), b) *ped.* gerade so durchkommen, c) sich gerade so durchschlagen, über die Runden kommen (on mit); to ~ through (one's examination) in English mit Ach u. Krach durch die Englischprüfung kommen; to ~ in(to a school) mit Ach u. Krach die Aufnahme (in e-e Schule) schaffen. **16.** *contp.* knickern, knausern.

**scrap·er** [ˈskreɪpə(r)] *s* **1.** *contp.* a) Geizhals *m,* Knicker *m,* b) Fiedler *m,* schlechter Geiger, c) Bartschaber *m* (*Friseur*). **2.** Fußabstreicher *m.* **3.** *tech.* a) Schaber *m,* Kratzer *m,* Streichmesser *n,* b) *arch. etc* Schrapper *m,* c) Pla|nierpflug *m.*

**scrap heap** *s* Abfall- *od.* Schrotthaufen *m:* to throw on the ~ *fig.* zum alten Eisen werfen (*a. j-n*), über Bord werfen; fit only for the ~ völlig wertlos.

**scrap·ing** [ˈskreɪpɪŋ] *s* **1.** Kratzen *n,*

Scharren *n.* **2.** *pl* Abschabsel *pl,* Späne *pl,* Abfall *m.*

**scrap|i·ron** *s tech.* (Eisen)Schrott *m,* Alteisen *n.* ˈ~mer·chant *s* Alteisenhändler *m.* ~ met·al → scrap iron. ~ pa·per *s* **1.** ˈSchmierpa|pier *n.* **2.** ˈAltpa|pier *n.*

**scrap·per** [ˈskræpə(r)] *s sl.* Raufbold *m.*

**scrap·ple** [ˈskræpəl] *s gastr. Am.* Gericht *aus zerkleinertem* (*Schweine*)*Fleisch, Kräutern u. Mehl.*

**scrap·py¹** [ˈskræpɪ] *adj* (*adv* scrappily) **1.** aus (Speise)Resten (ˈhergestellt): a ~ dinner ein Resteessen. **2.** bruchstückhaft. **3.** zs.-gestoppelt.

**scrap·py²** [ˈskræpɪ] *adj* (*adv* scrappily) *sl.* rauf-, kampflustig.

**ˈscrap·yard** *s* Schrottplatz *m.*

**scratch** [skrætʃ] **I** *s* **1.** Kratzer *m,* Schramme *f* (*beide a. med.*), Riß *m.* **2.** Gekritzel *n.* **3.** (Zer)Kratzen *n.* **4.** Kratzen *n,* kratzendes Geräusch: by a ~ of the pen mit ˈeinem Federstrich. **5.** *sport* a) Startlinie *f,* b) norˈmale Startbedingungen *pl:* to start from ~ *fig.* ganz von vorn anfangen; to come (up) to (the) ~ *fig.* sich stellen, s-n Mann stehen, a. den Erwartungen entsprechen; to keep s.o. up to (the) ~ *fig.* j-n ‚bei der Stange halten'; up to ~ *fig.* auf der Höhe *od.* ‚auf Draht' sein; → toe 8. **6.** *Billard:* a) Zufallstreffer *m,* b) Fehlstoß *m.* **7.** *pl* (*als sg konstruiert*) *vet.* Mauke *f.* **II** *adj* **8.** zu Entwürfen (gebraucht): ~ pad a) Notizblock *m,* b) *Computer:* Notizblockspeicher *m;* ~ paper Konzept-, Schmierpapier *n.* **9.** *sport* ohne Vorgabe: a ~ race. **10.** *bes. sport* (bunt) zs.-gewürfelt: a ~ team. **III** *v/t* **11.** (zer)kratzen: to ~ s.o.'s eyes out j-m die Augen auskratzen; to ~ the surface of s.th. *fig.* etwas nur oberflächlich behandeln; to ~ together (*od.* up) *bes. fig. Geld etc* zs.-kratzen; to ~ a living sich gerade so über Wasser halten. **12.** kratzen, *ein Tier* kraulen: to ~ a dog's neck den Hals e-s Hundes kraulen; to ~ one's head sich den Kopf kratzen (*aus Verlegenheit etc*); to ~ s.o.'s back *fig.* j-m um den Bart gehen; ~ my back and I will ~ yours *fig.* e-e Hand wäscht die andere. **13.** (ˈhin)kritzeln. **14.** ~ out, ~ through, ~ off aus-, ˈdurchstreichen. **15.** *sport ein Pferd etc,* a. e-e Nennung zuˈrückziehen. **16.** *pol. Am.* a) *Wahlstimmen* in der Hauptsache ˈeiner Parˈtei geben, b) *Kandidaten* streichen: to ~ a ticket e-e Parteiwahlliste durch Streichungen abändern. **IV** *v/i* **17.** kratzen (*a. Schreibfeder etc*). **18.** sich kratzen *od.* scheuern. **19.** (*auf dem Boden*) scharren (for nach). **20.** ~ along, ~ through *colloq.* sich gerade so ˈdurchschlagen, über die Runden kommen (on mit). **21.** *sport* (s-e Meldung) zuˈrückziehen.

**scratch|line** *s sport* Startlinie *f.* ~ test *s* **1.** *med.* Scratch-, Prick-Test *m.* **2.** *tech.* Ritzversuch *m.* ˈ~work *s arch.* Kratzputz *m.*

**ˈscratch·y** *adj* (*adv* scratchily) **1.** krätzend. **2.** zerkratzt. **3.** kratz(e)lig. **4.** *sport* a) unausgeglichen, b) bunt zs.-gewürfelt: a ~ crew. **5.** *vet.* an Mauke erkrankt.

**scrawl** [skrɔːl] **I** *v/t* **1.** (ˈhin)kritzeln, ˈhinschmieren. **2.** bekritzeln. **II** *v/i* **3.** kritzeln. **III** *s* **4.** Gekritzel *n,* Geschmiere *n.* **ˈscrawl·y** *adj* kritz(e)lig.

**scraw·ny** [ˈskrɔːnɪ] *adj* mager, dürr, knochig.

**scray** [skreɪ] *s orn. Br.* Seeschwalbe *f.*

**scream** [skriːm] **I** *v/i* **1.** schreien (a. *fig. Farbe etc*), gellen, kreischen: to ~ (out) aufschreien; to ~ with laughter vor Lachen brüllen. **2.** (*schrill*) pfeifen (*Loko-*

*motive etc*), heulen (*Wind, Sirene etc*). **II** *v/t* **3.** *oft* ~ out (herˈaus)schreien: to ~ o.s. hoarse sich heiser schreien; to ~ the place down *colloq.* zetermordio schreien. **III** *s* **4.** (gellender) Schrei. **5.** Gekreische *n:* ~s of laughter brüllendes Gelächter. **6.** schriller Ton, Heulen *n* (*e-r Sirene etc*). **7.** he (it) was a (perfect) ~ *colloq.* er (es) war zum Schreien (komisch). **ˈscream·er** *s* **1.** Schreier(in), Schreinde(r *m*) *f.* **2.** *colloq.* ‚tolle Sache', *bes.* Geschichte *f etc* ‚zum Totlachen'. **3.** *print. colloq.* Ausrufezeichen *n.* **4.** *Am. colloq.* (riesige) Sensatiˈonsschlagzeile. **ˈscream·ing** *adj* **1.** schreiend, schrill, grell. **2.** *fig.* schreiend, grell: ~ colo(u)rs. **3.** *colloq.* a) ‚toll', großartig, b) zum Schreien (komisch). **ˈscream·ing·ly** *adv:* ~ funny *colloq.* zum Schreien komisch.

**scree** [skriː] *s geol. Br.* **1.** Geröll *n.* **2.** (Geröll)Halde *f.*

**screech** [skriːtʃ] **I** *v/t u. v/i* (gellend) schreien, kreischen (a. *weitS. Bremsen etc*). **II** *s* (gellender) Schrei. ~ owl *s orn.* **1.** *allg.* schreiende Eule. **2.** Zwergohreule *f.* **3.** *Br.* Schleiereule *f.*

**screed** [skriːd] *s* **1.** a) lange Aufzählung *od.* Liste, b) langatmige Rede, Tiˈrade *f.* **2.** a) floating ~ *arch.* Abgleichbohle *f.* **3.** Landstreifen *m.*

**screen** [skriːn] **I** *s* **1.** (Schutz)Schirm *m,* (-)Wand *f.* **2.** *arch.* a) Zwischenwand *f,* b) Lettner *m* (*in Kirchen*). **3.** (Film-)Leinwand *f.* **4.** the ~ *collect.* der Film, das Kino: ~ star Filmstar *m;* on the ~ auf der Leinwand, im Film. **5.** *Radar, Computer, TV:* Bildschirm *m.* **6.** *med.* Röntgenschirm *m.* **7.** Drahtgitter *n,* -netz *n.* **8.** *tech.* (*großes*) (Gitter)Sieb (*für Sand etc*). **9.** Fliegenfenster *n.* **10.** *fig.* a) Schutz *m,* Schirm *m,* b) Tarnung *f.* **11.** *mil.* a) (*taktische*) Absicherung, (*mar.* Geleit)Schutz *m,* b) Nebelwand *f,* c) Tarnung *f.* **12.** *phys.* a) a. optical ~ Filter *n, m,* Blende *f,* b) a. electric ~ Abschirmung *f,* Schirm(gitter *n*) *m,* c) a. ground ~ *electr.* Erdungsebene *f.* **13.** *phot. print.* Raster(platte *f*) *m.* **14.** *Kricket:* e-e weiße *Holz- od. Stoffwand, die dem Schläger bessere Sicht ermöglicht.* **15.** *mot.* Windschutzscheibe *f.* **II** *v/t* **16.** (be)schirmen, (be)schützen (from vor *dat*). **17.** a. ~ off abschirmen (from gegen) (*a. sport Ball etc*), verdecken, *Licht* abblenden. **18.** *mil.* a) tarnen (*a. fig.*), b) einnebeln. **19.** *fig.* j-n decken. **20.** *tech. Sand etc* (ˈdurch)sieben: ~ed coal Würfelkohle *f.* **21.** *phot.* Bild projiˈzieren, auf die Leinwand werfen. **22.** a) für den Film bearbeiten, b) (ver-)filmen, c) im Fernsehen bringen, senden, d) *Film* vorführen, zeigen. **23.** e-e Mitteilung ans Anschlagbrett heften. **24.** *fig. Personen* überˈprüfen. **III** *v/i* **25.** a) sich (ver)filmen lassen, b) sich für den Film eignen (*Person*).

**screen grid** *s electr.* Schirmgitter *n:* ~ valve (*Am. tube*) Schirmgitterröhre *f.* **ˈscreen·ing** *s* **1.** (ˈDurch)Sieben *n, fig.* Überˈprüfung *f.* **2.** *phot.* a) Projiˈzierung *f,* b) Rastern *n.* **3.** a) Verfilmung *f,* b) *TV* Sendung *f,* c) *Film:* Vorführung *f.* **4.** *pl* a) (*das*) (ˈDurch)Gesiebte *n,* b) Abfall *m.*

**ˈscreen|land** *s Am.* Filmwelt *f.* ~ mem·o·ry *s psych.* Deckerinnerung *f.* ˈ~play *s Film:* Drehbuch *n.* ˈ~print *art tech.* **I** *s* Siebdruck *m.* **II** *v/t* im Siebdruckverfahren ˈherstellen. ˈ~print·ing *s art tech.* Siebdruck(technik *f,* -verfahren *n*) *m.* ~ test *s Film:* Probeaufnahme(n *pl*) *f.* ˈ~test *v/t Film:* Probeaufnahmen machen von. ~ wash *s mot.* Scheibenwaschanlage *f.* ˈ~writ·er *s* Drehbuchautor *m.*

**screeve** [skriːv] *v/i bes. Br. sl.* den Bürgersteig bemalen. **'screev·er** *bes. Br. sl. für* pavement artist.

**screw** [skruː] **I** *s* **1.** *tech.* Schraube *f (ohne Mutter)*: there is a ~ loose (somewhere) *fig.* da stimmt etwas nicht; he has a ~ loose *colloq.* ‚bei ihm ist e-e Schraube locker'. **2.** a) (Flugzeug- *od.* Schiffs)Schraube *f*, b) *mar.* Schraubendampfer *m*. **3.** *tech.* Spindel *f (e-r Presse)*. **4.** Spi'rale *f*. **5.** *colloq.* Druck *m*: to put the ~(s) on s.o. *fig.* j-m die Daumenschrauben anlegen *od.* ansetzen *od.* aufsetzen; to give the ~ another turn *a. fig.* die Schraube anziehen. **6.** *bes. Br.* Tütchen *n (Tabak etc)*. **7.** *bes. sport* Ef'fet *m.* **8.** *sl.* Knauser *m*, Knicker *m.* **9.** *Br. sl.* alter Klepper *(Pferd)*. **10.** *bes. Br. sl.* Lohn *m*, Gehalt *n.* **11.** ‚Kork(en)zieher *m.* **12.** *sl.* (Gefängnis)Wärter *m.* **13.** *vulg.* a) ‚Nummer' *f (Geschlechtsverkehr)*: to have a ~ e-e Nummer machen *od.* schieben, b) to be a good ~ gut ‚bumsen' *od.* ‚vögeln'. **II** *v/t* **14.** schrauben: to ~ down einfestschrauben; to ~ on anschrauben; to ~ up zuschrauben; he has his head ~ed on (the right way) *colloq.* er ist nicht auf den Kopf gefallen. **15.** *a.* ~ up *Papier etc* zs.-knüllen, zerknüllen. **16.** *a.* ~ up a) *die Augen* zs.-kneifen, b) *den Mund, das Gesicht* verziehen (into zu *e-m Grinsen etc*). **17.** ~ down (up) *econ.* die Preise her'unter- (hin'auf)schrauben. **18.** *fig.* a) *j-n* unter Druck setzen, b) *etwas* her'auspressen (out of s.o. aus j-m). **19.** ~ up *fig.* (ver)stärken: to ~ o.s. up sich aufraffen; → **courage. 20.** *bes. sport* dem Ball e-n Ef'fet geben. **21.** *colloq.* ‚reinlegen', ‚übers Ohr hauen'. **22.** ~ up *colloq.* ‚vermasseln'. **23.** ~ up *colloq.* j-n ‚fix u. fertig' machen. **24.** *vulg.* j-n ‚bumsen', ‚vögeln' *(mit j-m Geschlechtsverkehr haben)*: ~ you!, get ~ed! *bes. Am.* scher dich zum Teufel! **III** *v/i* **25.** sich (ein)schrauben lassen. **26.** *sl.* knickern, knausern. **27.** ~ around *Am. sl.* sich her'umtreiben, her'umlungern. **28.** *vulg.* ‚bumsen', ‚vögeln'.

**screw|ar·bor** *s tech.* (Werkzeugspindel *f* mit) Gewindefutter *n.* **~ au·ger** *s tech.* Schneckenbohrer *m.* **'~·ball** *bes. Am.* **I** *s* **1.** *Baseball:* Ef'fetball *m.* **2.** *sl.* ‚Spinner' *m*, verrückter Kerl. **II** *adj sl.* verrückt. **~ bolt** *s tech.* Schraubenbolzen *m.* **~ cap** *s tech.* **1.** Schraubdeckel *m*, Verschlußkappe *f.* **2.** 'Überwurfmutter *f.* **~ con·vey·er** *s tech.* Förderschnecke *f.* **~ die** *s tech.* Gewindeschneideisen *n.* **'~·driv·er** *s* **1.** *tech.* Schraubendreher *m*, -zieher *m.* **2.** Cocktail aus Orangensaft u. Wodka.

**screwed** [skruːd] *adj* **1.** verschraubt. **2.** mit Gewinde. **3.** verdreht, gewunden. **4.** *Br. colloq.* ‚blau', ‚besoffen'.

**screw|gear(·ing)** *s tech.* **1.** Schneckenrad *n.* **2.** Schneckengetriebe *m.* **~ jack** *s* **1.** *tech.* Schraubenwinde *f*, Hebespindel *f.* **2.** *tech.* Wagenheber *m.* **~ key** *s tech.* Schraubenschlüssel *m.* **~ ma·chine** *s tech.* Fas'sondrehbank *f.* **~ nut** *s tech.* Schraubenmutter *f.* **~ plug** *s tech.* Verschlußschraube *f.* **~ press** *s tech.* **1.** Spindelpresse *f.* **2.** Schraubenpresse *f.* **pro·pel·ler** → screw 2 a. **~ punch** → screw press 1. **~ steam·er** → screw 2 b. **~ sur·face** *s math.* Heliko'ide *f*, Wendelfläche *f.* **~ tap** *s tech.* Gewindebohrer *m.* **~ top** *s* Schraubverschluß *m.* **~ wrench** *s tech.* Schraubenschlüssel *m.*

**screw·y** [skruːɪ] *adj* **1.** schraubenartig, gewunden. **2.** *Br. colloq.* ‚beschwipst'. **3.** *bes. Am. sl.* verrückt. **4.** *sl.* knick(e)rig, knaus(e)rig.

**scrib·al** [skraɪbl] *adj* Schreib(er)...: ~ error Schreibfehler *m.*

**scrib·ble¹** [skrɪbl] **I** *v/t a.* ~ down (hin-)

kritzeln, (-)schmieren: to ~ s.th. over etwas bekritzeln. **II** *v/i* kritzeln. **III** *s* Gekritzel *n.*

**scrib·ble²** [skrɪbl] *v/t Wolle* krempeln.

**scrib·bler¹** [skrɪblə(r)] *s* **1.** Kritzler *m*, Schmierer *m.* **2.** *contp.* Skri'bent *m*, Schreiberling *m.*

**scrib·bler²** [skrɪblə(r)] *s tech.* 'Krempelma,schine *f.*

**'scrib·bling| block, ~ pad** *s Br.* Schmier-, No'tizblock *m.*

**scribe** [skraɪb] **I** *s* **1.** (Ab)Schreiber *m*, Ko'pist *m.* **2.** *hist.* Schreiber *m*, Sekre'tär *m.* **3.** *Bibl.* Schriftgelehrte(r) *m.* **4.** *humor.* a) Schriftsteller *m*, b) Journa'list *m.* **5.** *a.* ~ awl Reißahle *f*, -nadel *f.* **II** *v/t* **6.** *tech.* anreißen. **'scrib·er** → scribe 5.

**scrim** [skrɪm] *s* leichter Leinen- *od.* Baumwollstoff.

**scrim·mage** [skrɪmɪdʒ] **I** *s* **1.** Handgemenge *n*, Getümmel *n.* **2.** a) *American Football:* Scrimmage *n*, b) *Rugby:* Gedränge *n.* **II** *v/i* **3.** *American Football:* um den Ball kämpfen *(nach dem Anspiel)*. **4.** (her'um)kramen. **III** *v/t* **5.** *American Football:* den Ball ins Scrimmage werfen.

**scrimp** [skrɪmp] **I** *v/t* **1.** knausern mit, knapp bemessen. **2.** *j-n* knapp-, kurzhalten (for mit). **II** *v/i* **3.** *a.* ~ and save knausern (on mit). **III** *adj* → scrimpy. **'scrimp·y** *adj* **1.** knauserig. **2.** knapp, eng *(Kleidungsstück)*.

**scrim·shank** [skrɪmʃæŋk] *v/i bes. mil. Br. sl.* ‚sich drücken'. **'scrim,shank·er** *s bes. mil. Br. sl.* ‚Drückeberger' *m.*

**scrim·shaw** [skrɪmʃɔː] *s* feine Schnitze'rei *(aus Elfenbein, Muscheln etc)*.

**scrip¹** [skrɪp] *s hist.* (Pilger-, Schäfer-)Tasche *f*, Ränzel *n.*

**scrip²** [skrɪp] *s* **1.** *econ.* Berechtigungsschein *m.* **2.** *econ.* a) Scrip *m*, Interimsschein *m*, -aktie *f*, b) *collect. (die)* Scrips *pl*, *(die)* Interimsaktien *pl.* **3.** *Am.* (staatlicher) Landzuweisungsschein. **4.** *a.* ~ money a) In Notzeiten ausgegebene Er'satzpa,piergeldwährung, b) *mil.* Besatzungsgeld *n.*

**script** [skrɪpt] **I** *s* **1.** Handschrift *f.* **2.** Schrift(zeichen *pl*) *f.* **3.** Schrift(art) *f*: phonetic ~ Lautschrift *f.* **4.** *print.* Schreibschrift *f.* **5.** *jur.* Origi'nal *n*, Urschrift *f.* **6.** Text *m.* **7.** a) *thea. etc* Manu'skript *n*, b) *Film, TV:* Drehbuch *n.* **8.** *ped. Br.* (schriftliche) Prüfungsarbeit. **II** *v/t a. v/i* **9.** das Drehbuch schreiben (für).

**script|de·part·ment** *s Film, thea., TV:* Dramatur'gie *f.* **~ ed·i·tor** *s Film, thea., TV:* Dramatur'turg *m.*

**script·er** [skrɪptə(r)] → scriptwriter.

**script girl** *s Film:* Skriptgirl *n (Ateliersekretärin)*.

**scrip·to·ri·um** [skrɪpˈtɔːrɪəm] *pl* **-ri·a** [-rɪə] *s hist.* Schreibstube *f (e-s Klosters)*.

**scrip·tur·al** [skrɪptʃərəl] *adj* **1.** Schrift-... **2.** *a.* S~ *relig.* biblisch, der Heiligen Schrift: ~ doctrine. **'scrip·tur·al·ism** *s relig.* strenge Bibelgläubigkeit.

**scrip·ture** [skrɪptʃə(r)] *s* **1.** S~, *meist* the S~s, the Holy S~(s) die (Heilige) Schrift, die Bibel. **2.** S~ 'Bibelzi,tat *n*, -stelle *f.* **3.** heilige *od.* religi'öse Schrift: Buddhist ~. **~ read·er** *s hist.* Bibelvorleser(in).

**'script,writ·er** *s* **1.** *Film, TV:* Drehbuchautor *m.* **2.** *Rundfunk:* 'Hörspielautor *m.*

**scriv·en·er** [skrɪvnə(r)] *s hist.* **1.** (öffentlicher) Schreiber: ~'s palsy Schreibkrampf *m.* **2.** No'tar *m.*

**scrod** [skrɒd] *s Am.* junger, kochfertig geschnittener Fisch *(bes. Kabeljau)*.

**scrof·u·la** [skrɒfjələ] *s med. a.* ~ skraf-] *med.* Skrofu'lose *f*, Lymphknotentuberku,lose *f.* **'scrof·u·lous** *adj med.* skrofu'lös.

**scroll** [skrəʊl] **I** *s* **1.** Schriftrolle *f.* **2.** a) *arch.* Vo'lute *f*, Schnörkelverzierung *f*, b) *mus.* Schnecke *f (am Kopf e-s Streichinstruments)*, c) Schnörkel *m (in der Schrift)*, d) *her.* Streifen *m (für die Devise)*. **3.** *tech.* Triebkranz *m.* **4.** Liste *f*, Verzeichnis *n.* **~ chuck** *s tech.* Univer'salspannfutter *n.* **~ gear** *s tech.* Schneckenrad *n.* **~ lathe** *s tech.* Drechslerbank *f.* **~ saw** *s tech.* Laubsäge *f.* **'~·work** *s* **1.** Schneckenverzierung *f.* **2.** Laubsägearbeit *f.*

**scrooch** [skruːtʃ] *v/i Am.* (~ down sich 'hin)kauern.

**Scrooge** [skruːdʒ] *s* Geizhals *m.*

**scro·tal** [skrəʊtl] *adj anat.* skro'tal, Hodensack... **'scro·tum** [-təm] *pl* **-tums, -ta** [-tə] *s anat.* Skrotum *n*, Hodensack *m.*

**scrounge** [skraʊndʒ] *colloq.* **I** *v/t* **1.** ‚or-gani'sieren': a) ‚klauen' *(stehlen)*, b) beschaffen. **2.** ‚schnorren', ‚nassauern'. **II** *v/i* **3.** ‚klauen'. **4.** ‚nassauern', ‚schnorren'. **5.** *meist* ~ around her'umsuchen, sich 'umschauen (for nach). **'scroung·er** *s colloq.* **1.** Dieb *m.* **2.** ‚Schnorrer' *m*, ‚Nassauer' *m.*

**scrub¹** [skrʌb] **I** *v/t* **1.** schrubben, scheuern, (ab)reiben. **2.** *tech.* Gas reinigen. **3.** *a.* ~ out *colloq.* streichen, ausfallen lassen: to ~ a trip. **II** *v/i* **4.** scheuern, schrubben, reiben: to ~ up sich die Hände desinfizieren *(Arzt vor Operation)*. **5.** to ~ round s.th. *colloq.* etwas ignorieren *od.* umgehen. **III** *s* **6.** Scheuern *n*, Schrubben *n*: that wants a good ~ das muß tüchtig gescheuert werden. **7.** → **scrubber** 1. **8.** *sport Am.* a) Re'serveSpieler *m*, b) *a.* ~ team zweite Mannschaft *od.* ‚Garni'tur', c) *a.* ~ game Spiel *n* der Re'servemannschaften.

**scrub²** [skrʌb] *s* **1.** Gestrüpp *n*, Buschwerk *n.* **2.** Busch *m (Gebiet)*. **3.** a) verkrüppelter Baum, b) Tier *n* minderwertiger *od.* unbekannter Abstammung, c) Knirps *m*, d) *fig. contp.* ‚Null' *f*, Nichts *n (Person)*.

**scrub·ber** [skrʌbə(r)] *s* **1.** Schrubber *m*, (Scheuer)Bürste *f.* **2.** *tech.* Skrubber *m*, Rieselturm *m (zur Gasreinigung)*. **3.** *Br. sl.* ‚Flittchen' *n.* **'scrub(·bing) brush** *s* Scheuerbürste *f.*

**scrub·by** [skrʌbɪ] *adj* **1.** gestrüppreich. **2.** verkümmert. **3.** kümmerlich, schäbig. **4.** stopp(e)lig *(Bart, Kinn etc)*.

**scruff¹** [skrʌf] *a.* ~ of the neck *s* (Hautfalten *pl* am) Genick *n*: to take s.o. by the ~ of the neck j-n im Genick *od.* beim Kragen packen.

**scruff²** [skrʌf] *s* **1.** *metall.* (Ab)Schaum *m.* **2.** *Br. colloq.* schmudd(e)lige Per'son. **'scruff·y** *adj colloq.* schmudd(e)lig, dreckig.

**scrum** [skrʌm] *Br. abbr. für* scrummage.

**scrum·mage** [skrʌmɪdʒ] *s* **1.** → scrimmage 1. **2.** *Rugby:* Gedränge *n.*

**scrump·tious** [skrʌmpʃəs] *adj (adv ~ly) colloq.* ‚toll', ‚prima' *(bes. Essen)*.

**scrunch** [skrʌntʃ] **I** *v/t* **1.** knirschend (zer)kauen. **2.** zermalmen. **II** *v/i* **3.** knirschend kauen. **4.** knirschen. **5.** sich knirschend bewegen. **III** *s* **6.** Knirschen *n.*

**scru·ple** [skruːpl] **I** *s* **1.** Skrupel *m*, Zweifel *m*, Bedenken *pl*: to have ~s about doing s.th. Bedenken haben *od.* hegen, etwas zu tun; without ~ skrupellos. **2.** Skrupel *n (Apothekergewicht = 20 gran = 1,296 g)*. **II** *v/i* **3.** Skrupel *od.* Bedenken haben, zögern (to do zu tun). **scru·pu'los·i·ty** [-pjʊˈlɒsɪtɪ; *Am.* -ˈlɑs-] *s* (über'triebene) Gewissenhaftigkeit *od.* Genauigkeit, ('Über)Ängstlichkeit *f.* **'scru·pu·lous** *adj (adv ~ly)* **1.** voller Skrupel *od.* Bedenken. **2.** ('über)gewis-

senhaft, peinlich (genau). **3.** vorsichtig, ängstlich. **'scru·pu·lous·ness** → scrupulosity.

**scru·ti·neer** [ˌskruːtɪˈnɪə(r)] *s* (*pol.* Wahl)Prüfer *m.*

**scru·ti·nize** ['skruːtɪnaɪz] *v/t* **1.** unter'suchen, (genau) prüfen. **2.** genau *od.* forschend *od.* prüfend betrachten, mustern. **'scru·ti·ny** [-nɪ] *s* **1.** Unter'suchung *f*, (genaue) Prüfung. **2.** *pol.* Wahlprüfung *f.* **3.** Über'wachung *f.* **4.** forschender *od.* prüfender Blick.

**scry** [skraɪ] *v/i* mit Hilfe e-r Glaskugel wahrsagen.

**scu·ba** ['skjuːbə; *Am. a.* 'skuː-] *s* (Unter-'wasser)Atemgerät *n:* ~ **diving** Sporttauchen *n.*

**scud** [skʌd] **I** *v/i* **1.** eilen, jagen. **2.** *mar.* lenzen. **II** *s* **3.** Da'hinjagen *n.* **4.** tieftreibende Wolkenfetzen *pl.* **5.** a) (Wind)Bö *f*, b) treibender Nebel.

**scuff** [skʌf] **I** *v/i* **1.** schlurfen(d gehen). **II** *v/t* **2.** (mit den Füßen) ab- *od.* aufscharren. **3.** abstoßen, abnutzen. **4.** schlagen, boxen. **III** *s* **5.** Schlurfen *n.* **6.** Abnutzung *f*, abgestoßene Stelle. **7.** *Am.* (*Art*) Pan'toffel *m.*

**scuf·fle** ['skʌfl] **I** *v/i* **1.** sich balgen, raufen. **2.** ziellos eilen. **3.** schlurfen(d gehen). **II** *s* **4.** Balge'rei *f*, Raufe'rei *f*, Handgemenge *n.* **5.** Schlurfen *n.*

**scull** [skʌl] **I** *s* **1.** *mar.* Heck-, Wriggriemen *m.* **2.** *bes. Rudersport:* Skullriemen *m.* **3.** *bes. Rudersport:* Skuller *m*, Skullboot *n.* **II** *v/t u. v/i* **4.** *mar.* wriggen. **5.** *bes. Rudersport:* skullen (*mit 2 Riemen rudern*). **'scull·er** *s* (*bes. Rudersport*) **1.** Skuller *m* (*Ruderer*). **2.** → scull 3.

**scul·ler·y** ['skʌlərɪ] *s Br.* Spülküche *f.* ~ **maid** *s Br.* Spül-, Küchenmädchen *n.*

**scul·lion** ['skʌljən] *s hist. Br.* Küchenjunge *m.*

**sculp(t)** [skʌlp(t)] *colloq. für* **sculpture** II *u.* III.

**sculp·tor** ['skʌlptə(r)] *s* Bildhauer *m.*

**'sculp·tress** [-trɪs] *s* Bildhauerin *f.*

**sculp·tur·al** ['skʌlptʃərəl] *adj* (*adv* ~ly) bildhauerisch, Skulptur...

**sculp·ture** ['skʌlptʃə(r)] **I** *s* **1.** Skulp'tur *f*, Plastik *f:* a) Bildhauerkunst *f*, Bildhaue'rei *f*, b) Bildhauerwerk *n.* **2.** *bot. zo.* Skulp'tur *f.* **II** *v/t* **3.** formen, (her'aus-) meißeln *od.* (-)schnitzen. **4.** mit Skulp-'turen *od.* Reli'efs schmücken. **III** *v/i* **5.** bildhauern. **ˌsculp·tur'esque** [-'resk] *adj* skulp'turartig, wie (aus)gemeißelt.

**scum** [skʌm] **I** *s* **1.** *a. metall.* Schaum *m.* **2.** *fig.* Abschaum *m*, Auswurf *m:* **the** ~ **of the earth** der Abschaum der Menschheit. **II** *v/t* **3.** abschäumen, den Schaum abschöpfen von. **4.** e-n Schaum bilden auf (*dat*). **III** *v/i* **5.** schäumen, Schaum bilden (*Flüssigkeit*).

**scum·ble** ['skʌmbl] *paint.* **I** *v/t* **1.** *Farben, Umrisse etc* vertreiben, dämpfen. **2.** *ein Bild durch Vertreiben in s-n Farben u.* 'Umrissen weicher machen. **3.** *Lasur* in e-r hauchdünnen Schicht auftragen. **II** *s* **4.** Gedämpftheit *f*, Weichheit *f.* **5.** La'sur *f.*

**scum·my** ['skʌmɪ] *adj* **1.** schaumig. **2.** *fig.* gemein, schäbig, ‚fies'.

**scup·per** ['skʌpə(r)] **I** *s* **1.** *mar.* Speigatt *n.* **2.** *arch.* Wasserabzug *m.* **II** *v/t mil. Br. sl.* **3.** niedermetzeln. **4.** *das Schiff* versenken. **5.** *fig.* a) ka'puttmachen, b) durchein'anderbringen, c) im Stich lassen.

**scurf** [skɜːf; *Am.* skɜrf] *s* **1.** *med.* a) Schorf *m*, Grind *m*, b) *bes. Br.* (Kopf-) Schuppen *pl.* **2.** abblätternde Kruste. **3.** Fetzen *pl*, Reste *pl.* **'scurf·i·ness** [-ɪnɪs] *s med.* Schorfigkeit *f.* **'scurf·y** *adj* **1.** *med.* a) schorfig, grindig, b) schorfartig, c) schuppig. **2.** verkrustet.

**scur·ril·i·ty** [skʌˈrɪlətɪ; skə-] *s* **1.** zotige Scherzhaftigkeit. **2.** Zotigkeit *f.* **3.** Zote *f.*

**scur·ril·ous** ['skʌrɪləs; *Am. a.* 'skɜr-] *adj* (*adv* ~ly) **1.** ordi'när-scherzhaft, ,frech'. **2.** unflätig, zotig.

**scur·ry** ['skʌrɪ; *Am. bes.* 'skɜrɪ] **I** *v/i* **1.** huschen, hasten: **to** ~ **for the door** zum Ausgang hasten. **2.** trippeln. **II** *v/t* **3.** jagen, treiben. **III** *s* **4.** Hasten *n.* **5.** Getrippel *n.* **6.** *sport* Sprint *m.* **7.** *Pferdesport:* Fliegerrennen *n.* **8.** Schneetreiben *n.*

**scur·vy** ['skɜːvɪ; *Am.* 'skɜrvɪ] **I** *s med.* Skor'but *m.* **II** *adj* (*adv* scurvily) (hunds)gemein, ,fies'. ~ **grass** *s bot.* Löffelkraut *n.*

**scut** [skʌt] *s* **1.** *hunt.* Blume *f*, kurzer Schwanz (*des Hasen*), Wedel *m* (*des Rotwilds*). **2.** Stutzschwanz *m.*

**scu·ta** ['skjuːtə; *Am. a.* 'skuː-] *pl von* scutum.

**scu·tage** ['skjuːtɪdʒ; *Am.* 'skuː-] *s mil. hist.* Schildpfennig *m* (*an Stelle von Heerfolge gezahlte Steuer*).

**scu·tate** ['skjuːteɪt; *Am. a.* 'skuː-] *adj* **1.** *bot.* schildförmig (*Blatt*). **2.** *zo.* großschuppig.

**scutch** [skʌtʃ] *tech.* **I** *v/t* **1.** *Flachs* schwingen. **2.** *Baumwolle od. Seidenfäden durch Schlagen entwirren.* **II** *s* **3.** a) (Flachs-) Schwingmesser *n*, b) ('Flachs)ˌSchwingmaˌschine *f.* **4.** Schwingwerg *n.* **5.** *tech.* Putzhammer *m.*

**scutch·eon** ['skʌtʃən] *s* **1.** → escutcheon 1. **2.** *zo.* → scute.

**'scutch·er** → scutch 3 *u.* 5.

**scute** [skjuːt; *Am. a.* skuːt] *s zo.* Schuppe *f*, Schild *m.*

**scu·tel·late** ['skjuːtɪleɪt; -lət; *Am. a.* 'skuː-; *a.* skjuːˈtelət; skuːˈt-] *adj zo.* **1.** schuppig. **2.** schuppenartig.

**scu·tel·lum** [skjuːˈteləm; *Am. a.* skuː-] *pl* **-la** [-lə] *s bot. zo.* Schildchen *n.*

**scu·ti·form** ['skjuːtɪfɔː(r)m; *Am.* 'skuː-] *adj* schildförmig.

**scut·ter** ['skʌtə] *Br. colloq. für* **scurry.**

**scut·tle[1]** ['skʌtl] *s* **1.** Kohlenkasten *m*, -eimer *m.* **2.** flacher Korb.

**scut·tle[2]** ['skʌtl] **I** *v/i* **1.** → scurry I. **2.** ~ **out of** *bes. mil.* sich absetzen aus, sich hastig zu'rückziehen aus (*e-m besetzten Land etc*); **to** ~ **out of a policy** e-e Politik schleunigst wieder aufgeben. **II** *s* **3.** → scurry 4, 5. **4.** a) *bes. mil.* hastiger Rückzug (**out of** aus), b) *fig.* hastiger Rückzieher.

**scut·tle[3]** ['skʌtl] **I** *s* **1.** (Dach-, Boden-) Luke *f.* **2.** *mar.* (Spring)Luke *f.* **3.** *mot.* Stirnwand *f*, Spritzbrett *n.* **II** *v/t* **4.** *mar.* a) *das Schiff* anbohren, die 'Bodenven-ˌtile öffnen von (*e-m Schiff*), b) (selbst) versenken. **5.** *fig. Pläne, Hoffnungen etc* aufgeben.

**'scut·tle·butt** *s* **1.** *mar.* a) (Trink-) Wassertonne *f*, b) Trinkwasseranlage *f.* **2.** *Am. colloq.* Gerücht *n.*

**scu·tum** ['skjuːtəm; *Am. a.* 'skuː-] *pl* **-ta** [-tə] *s* **1.** *antiq. mil.* Schild *m.* **2.** *zo.* Scutum *n* (*Mittelteil des Rückenpanzers der Insekten*).

**scuz·zy** ['skʌzɪ] *adj Am. sl.* dreckig, speckig.

**Scyl·la** ['sɪlə] *npr myth.* Szylla *f:* be**tween** ~ **and Charybdis** *fig.* zwischen Szylla u. Charybdis.

**scy·phus** ['saɪfəs] *pl* **-phi** [-faɪ] *s antiq.* Skyphos *m* (*Tongefäß*). **2.** *bot.* Becher *m*, Kelch *m.*

**scythe** [saɪð] **I** *s* **1.** *agr.* Sense *f.* **2.** *antiq.* Sichel *f* (*am Streitwagen*). **II** *v/t* **3.** *agr.* (ab)mähen. **4.** ~ **down** *Fußball:* um-säbeln.

**Scyth·i·an** ['sɪðɪən; 'sɪθ-] **I** *s* **1.** *antiq.* Skythe *m*, Skythin *f.* **2.** *ling.* Skythisch *n*, das Skythische. **II** *adj* **3.** skythisch.

**sea** [siː] *s* **1.** a) See *f*, Meer *n*, b) Ozean *m*, (Welt)Meer *n:* **the four** ~s die vier (*Großbritannien umgebenden*) Meere; **at** ~ *mar.* auf See; (**all**) **at** ~ *fig.* (völlig) ratlos; **beyond the** ~s, **over** (**the** ~s) nach *od.* in Übersee; **by** ~ auf dem Seeweg, mit dem Schiff; **to follow the** ~ *mar.* zur See fahren; **to go to** ~ *mar.* a) in See stechen, absegeln, b) zur See gehen (*Seemann werden*); **the high** ~s die hohe See, die Hochsee; **in the open** ~ auf hoher See; **on the** ~ a) auf See, zur See, b) *a.* **by the** ~ an der See, an der Küste (*gelegen*). **2.** *mar.* See(gang *m*) *f:* **a heavy** ~; **long** (**short**) ~ lange (kurze) See. **3.** See *f*, hohe Welle: → **ship** 8. **4.** *fig.* Meer *n:* ~ **of flames** Flammenmeer.

**sea|air** *s* See-, Meeresluft *f.* **~an·chor** *s* **1.** *mar.* See- *od.* Treibanker *m.* **2.** *aer.* Wasseranker *m.* **~ a·nem·o·ne** *s zo.* Seeane¦mone *f.* **~an·i·mal** *s* Seetier *n.* **'~bag** *s* Seesack *m* (*e-s Matrosen*). **'~bath·ing** ['beɪðɪŋ] *s* Baden *n* im Meer. **~ bat·tle** *s mar. mil.* Seeschlacht *f*, -gefecht *n.* **~ bear** *s zo.* **1.** Eisbär *m.* **2.** Seebär *m.* **'~bed** *s* Meeresboden *m*, -grund *m.* **S·~bee** ['siːˌbiː] *s mil. Am.* Angehörige(r) *m* e-s schweren Pio'nierbataiˌllons (*der amer. Marine*). **~ bird** *s* Meeres-, Seevogel *m.* **~ bis·cuit** *s* Schiffszwieback *m.* **'~board I** *s* (Meeres-, See)Küste *f.* **II** *adj* Küsten...: ~ **town.** **~ boat** *s mar.* Seeschiff *n*, (hoch)seetüchtiges Schiff. **'~born** *adj* **1.** aus dem Meere stammend *od.* geboren. **2.** *poet.* meergeboren. **'~borne** *adj* See..., auf dem Seeweg befördert: ~ **goods** Seehandelsgüter; ~ **invasion** *mil.* Landungsunternehmen *n* von See aus; ~ **trade** Seehandel *m.* **~ breeze** *s* Seewind *m*, -brise *f.* **~ calf** *s irr* → sea dog 1 a. **~ cap·tain** *s* ('Schiffs)Kapiˌtän *m.* **~ change** *s* **1.** vom Meer bewirkte Verwandlung. **2.** *fig.* große Wandlung. **~ clam** *s zo.* Strandmuschel *f.* **~coast** *s* Meeres-, Seeküste *f.* **~ cock** *s* **1.** *mar.* 'Boden-, 'Bordven¦til *n.* **2.** *orn.* Kiebitzregenpfeifer *m.* **~ cow** *s zo.* **1.** Seekuh *f*, Si'rene *f.* **2.** Walroß *n.* **3.** Flußpferd *n.* **~ crow** *s orn.* Lachmöwe *f.* **~ cu·cum·ber** *s zo.* Seewalze *f*, See-, Meergurke *f.* **~ dev·il** *s* **1.** → devilfish 2. → angelfish 1. **~ dog** *s* **1.** *zo.* a) Gemeiner Seehund, Meerkalb *n*, b) → dogfish. **2.** *fig.* alter Seebär. **'~drome** *s aer.* Wasserflughafen *m.* **~ ea·gle** *s orn.* **1.** Seeadler *m.* **2.** Fisch-, Flußadler *m.* **3.** *myth.* Seeadler *f* (*von Städten od. Häusern*). **~ gate** *s mar.* **1.** Zugang *m* zur See. **2.** *tech.* Flut-, Sicherheitstor *n* (*e-r Deichschleuse etc*). **~ ga(u)ge** *s mar.* **1.** Tiefgang *m.* **2.** Lotstock *m.* **'~girt** *adj poet.* 'meerumˌschlungen. **~ god** *s* Meer(es)gott *m.* **'~go·ing** *adj mar.* **1.** (hoch)seetüchtig, (Hoch)See... **2.** → seafaring I. **~ grass** *s bot.* Seegras *n.* **~ green** *s* Meergrün *n.* **~ gull** *s orn.* Seemöwe *f.* **~ hare** *s zo.* Seehase *m.* **~ hog** *s zo.* Schweinswal *m*, bes. Meerschwein *n*, Kleiner Tümmler *m.* **~ horse** *s* **1.** *zo.* a) Seepferdchen *n*, b) Walroß *n.* **2.** *myth.* Seepferd *n.* **3.** *poet.* schaumgekrönte Welle. **'~·is·land cot·ton** *s* Sea-Island-Baumwolle *f.* **~ kale** *s bot.* See-, Strandkohl *m.* **~ king** *s hist.* Wikingerfürst *m.*

**seal[1]** [siːl] **I** *s* **1.** *pl* **seals**, *bes. collect.*

seal - season                                                      880

**seal** zo. Robbe f, engS. Seehund m. **2.** →
**sealskin** I. **3.** Seal(braun) n. **II** adj **4.** →
**sealskin** II. **III** v/i **5.** auf Robbenjagd
gehen.
**seal²** [siːl] **I** s **1.** Siegel n: given under
my hand and ~ von mir unterzeichnet u.
versiegelt; to set one's ~ to s.th. sein
Siegel auf etwas drücken, *bes. fig.* etwas
besiegeln (*bekräftigen*); to set the (final)
~ on *fig.* a) die Krönung bilden (*gen*),
b) krönen; under (the) ~ of secrecy (of
confession) unter dem Siegel der Ver-
schwiegenheit (des Beichtgeheimnisses).
**2.** Siegel(prägung f) n. **3.** Siegel(stempel
m) n, Petschaft n: the ~s die Amtssiegel
(*bes. als Symbol der Amtsgewalt*); to re-
sign the ~s das Amt niederlegen; →
great seal. **4.** *mail* Aufkleber m (*meist
für karitative Zwecke, ohne postalischen
Wert*): Christmas ~. **5.** *jur.* (Amts)Siegel
n. **6.** Plombe f, (amtlicher) Verschluß:
under ~ (*Zoll etc*) unter Verschluß.
**7.** sicherer Verschluß. **8.** Garan'tie f,
Zusicherung f. **9.** *fig.* Siegel n, Besiege-
lung f, Bekräftigung f. **10.** *fig.* Stempel m,
Zeichen n: as a ~ of friendship zum
Zeichen der Freundschaft; he has the ~
of death in his face sein Gesicht ist vom
Tode gezeichnet. **11.** *tech.* a) (wasser-,
luftdichter) Verschluß: water ~ Wasser-
verschluß, b) (Ab)Dichtung f, c) Versie-
gelung f (*von Holz, Kunststoff etc*).
**II** v/t **12.** siegeln, mit e-m Siegel ver-
sehen: to ~ a document. **13.** besiegeln,
ratifi'zieren, bekräftigen: to ~ a trans-
action ein Geschäft besiegeln. **14.** *fig.*
besiegeln (*endgültig entscheiden*): his
fate is ~ed sein Schicksal ist besiegelt.
**15.** autori'sieren, mit e-m Gültigkeits-
stempel versehen. **16.** zeichnen, s-n
Stempel *od.* sein Zeichen aufdrücken
(*dat*). **17.** a) versiegeln: ~ed orders *bes.
mar.* versiegelte Order; my lips are ~ed
*fig.* m-e Lippen sind versiegelt; this is a
~ed book to me *fig.* das ist mir ein Buch
mit 7 Siegeln, b) *Brief(umschlag)* zukle-
ben: ~ed envelope verschlossener Um-
schlag. **18.** e-n Verschluß, Waggon etc
plom'bieren. **19.** *oft* ~ up her'metisch (*od.
tech.* wasser-, luftdicht) verschließen (*od.
tech.* wasser-, luftdicht) verschließen (*od.*
abdichten: ~ed cabin *aer.* Höhenkabine
f; a vessel ~ed in ice ein eingefrorenes
*od.* vom Eis festgehaltenes Schiff. **20.** ~
off *fig.* a) *mil. etc* abriegeln: to ~ off the
airport; to ~ off a breakthrough, b)
zu-, dichtmachen: to ~ off the border.
**21.** *electr.* den Stecker, Sockel etc einra-
sten *od.* einschnappen lassen. **22.** *tech.* a)
Holz, Kunststoff etc versiegeln, b) grun-
'dieren, c) befestigen, 'einzemen₁tieren,
d) zuschmelzen.
**sea╎lad·der** s *mar.* Fallreep n. **~ lane** s
*mar.* Seeweg m, Schiffahrtsweg m.
**seal·ant** [ˈsiːlənt] s Dichtungsmittel n.
**sea╎law·yer** s *mar. colloq.* Queru'lant m.
**~ leath·er** s Leder n von Seehundsen
(*Haifischen etc*). **~ legs** s pl *mar. colloq.*
Seefestigkeit f: to get (*od.* find)
one's ~ seefest werden. **~ leop·ard** s
zo. **1.** 'Seeleo₁pard m. **2.** Weddellrobbe f.
**3.** Gemeiner Seehund.
**seal·er¹** [ˈsiːlə(r)] s **1.** *Am.* Eichmeister m.
**2.** *tech.* a) (Ver)Siegler m (*Person*),
b) Ver'schließvorrichtung f *od.* -ma-
₁schine f: bag ~, c) Einlaß-, Absperr-
grund m.
**seal·er²** [ˈsiːlə(r)] s *mar.* Robbenfänger
m (*Mann od. Schiff*). **ˈseal·er·y** s **1.**
Robbenfang m, -jagd f. **2.** Robbenfang-
platz m.
**sea╎let·ter** s *Völkerrecht*: Schiffspaß m. **~
lev·el** s Meeresspiegel m, -höhe f: above
(below) ~ über (unter) dem Meeresspie-
gel, über (unter) Meereshöhe; corrected
to ~ auf Meereshöhe umgerechnet.

**seal fish·er·y** → sealery.
**sea╎lil·y** s zo. Seelilie f. **~ line** s 'Meeres-
hori₁zont m.
**seal·ing** [ˈsiːlɪŋ] s **1.** (Be)Siegeln n.
**2.** Versiegeln n, *tech.* a. (Ab)Dichtung f,
Verschluß m: ~ (compound) Dich-
tungs-, Vergußmasse f; ~ ring Dich-
tungsring m; ~ machine (*Beutel- etc*)
Verschließmaschine f. **3.** a) Verpak-
kungsfolie f, b) (starkes) 'Packpa₁pier. ~
wax s Siegellack m.
**sea╎li·on** s zo. **1.** Seelöwe m. **2.** Mähnen-
robbe f. **~ liz·ard** s zo. Meerechse f. **S~
Lord** s *mar. Br.* Seelord m (*Amtsleiter in
der brit. Admiralität*).
**seal╎ring** s Siegelring m. **~ rook·er·y** s
Brutplatz m von Robben. **'~skin I** s
**1.** Seal(skin) m, n, Seehundsfell n.
**2.** Sealjacke f, -mantel m, -cape n. **3.**
Seehundsleder n. **II** adj **4.** Seal..., See-
hunds-.
**sea lungs** s sg u. pl zo. Rippenqualle f.
**Sea·ly·ham** [ˈsiːliəm; *Am.* -ₗhæm], a. ~
**ter·ri·er** s zo. Sealyhamterrier m.
**seam** [siːm] **I** s **1.** Saum m, Naht f (*a.
med.*): to burst at the ~s aus den *od.* allen
Nähten platzen (*a. fig.*). **2.** *tech.* a) (Guß-,
Schweiß)Naht f, b) *bes. mar.* Fuge f,
c) Riß m, Sprung m, d) Falz m. **3.** Narbe f.
**4.** Furche f, Runzel f. **5.** *Bergbau:* (Nutz-)
Schicht f, Flöz n. **II** v/t **6.** a. ~ up, ~
together zs.-nähen. **7.** säumen, mit e-r
(Zier)Naht versehen. **8.** *bes. fig.* (durch-)
'furchen, (zer)schrammen: a face ~ed
with worry ein gramzerfurchtes Ge-
sicht; ~ed with cracks von Rissen
durchzogen, rissig. **9.** *tech.* durch e-e
(Guß-, Schweiß)Naht verbinden. **III** v/i
**10.** rissig werden. **11.** faltig werden.
**'sea·man** [-mən] s irr *mar.* **1.** Seemann m,
Ma'trose m: ordinary ~ Leichtmatrose.
**2.** *mil.* Am. (Ma'rine)Obergefreite(r) m: ~
apprentice (Marine)Gefreite(r); ~ re-
cruit Matrose m. **'sea·man·like,
'sea·man·ly** [-lɪ] adj u. adv seemän-
nisch. **'sea·man·ship** s *mar.* Seemann-
schaft f.
**'sea╎mark** s *mar.* **1.** Seezeichen n.
**2.** Gezeitengrenze f. **~ mark·er** s *mar.*
Farbnotzeichen n. **~ mew** s orn. Sturm-
möwe f. **~ mile** s Seemeile f. **~ mine** s
*mil.* Seemine f.
**'seam·less** adj **1.** naht-, saumlos: ~-
-drawn tube nahtlos gezogene Röhre.
**2.** *bes. mar.* fugenlos.
**sea mon·ster** s Meeresungeheuer n.
**seam·stress** [ˈsemstrɪs; *Am.* ˈsiːm-] s
Näherin f.
**sea mud** s Seeschlamm m, Schlick m.
**seam weld·ing** s *tech.* Nahtschweißen
n.
**seam·y** [ˈsiːmɪ] adj **1.** gesäumt: the ~
side a) die linke Seite, die Nahtseite,
b) *fig.* die Kehr- *od.* Schattenseite.
**2.** faltig, zerfurcht. **3.** narbig. **4.** *geol.*
flözführend.
**Sean·ad Eir·eann** [ₗsænədˈeərən;
ₗʃæn-] (*Ir.*) s Oberhaus *od.* Senat der iri-
schen Republik.
**se·ance, sé·ance** [ˈseɪɑːns] s Sé'ance f,
(spiri'tistische) Sitzung f.
**sea╎ooze** → sea mud. **~ ot·ter** s zo.
Seeotter m. **~ pass** → sea letter. **~
piece** s paint. Seestück n. **~ pike** s
ichth. Seehecht m. **'~plane** s aer. See-,
Wasserflugzeug m. **'~port** s **1.** See-
hafen m. **2.** Seehafen m, Hafenstadt f. **~
pow·er** s **1.** Seemacht f. **2.** Seestärke f,
Stärke f der Ma'rine. **'~quake** s See-
beben n.
**sear¹** [sɪə(r)] **I** v/t **1.** versengen, -brennen.
**2.** *med.* (aus)brennen. **3.** mit e-m Brand-
mal (kenn)zeichnen. **4.** *fig.* brandmar-
ken, zeichnen. **5.** *fig.* abstumpfen: a
~ed conscience. **6.** verdorren lassen.

**7.** *Fleisch* anbraten. **II** v/i **8.** verdorren.
**III** s **9.** Brandmal n, -wunde f, -zeichen n.
**IV** *bes. Br.* **sere** adj poet. **10.** verdorrt,
-welkt: the ~, the ~ yellow leaf *fig.* der
Herbst des Lebens.
**sear²** → sere².
**search** [sɜːtʃ; *Am.* sɜrtʃ] **I** v/t **1.** durch-
'suchen (for nach): to ~ one's memory
sein Gedächtnis durchforsten. **2.** *jur.* ein
*Haus, e-e Person* durch'suchen. **3.** (über-)
'prüfen, unter'suchen. **4.** *fig.* (zu) ergrün-
den (suchen), erforschen, prüfen: to ~
one's heart sein Herz fragen; to ~
one's conscience sein Gewissen prü-
fen. **5.** forschend betrachten: to ~ s.o.'s
face. **6.** *meist* ~ out auskundschaften,
ausfindig machen, aufspüren. **7.** *med.*
son'dieren (Wind, Geschoß etc). **9.** *mil.* mit (Tie-
fen)Feuer bestreichen. **10.** ~ me! *colloq.*
keine Ahnung! **II** v/i **11.** suchen, for-
schen (for nach): to ~ into untersuchen,
ergründen; to ~ through s.th. etwas
'durchsuchen *od.* -sehen. **12.** *jur.* fahnden
(for nach). **13.** *Patentrecht:* recher'chie-
ren. **14.** ~ after streben nach. **III** s
**15.** Suche f, Suchen n, Forschen n (for, of
nach): in ~ of auf der Suche nach; to go
in ~ of auf die Suche gehen nach. **16.** *jur.*
a) Fahndung f (for nach), b) Haussu-
chung f, c) ('Leibes)Visitati₁on f, d) Ein-
sichtnahme f (*in öffentliche Bücher*),
e) *Patentwesen:* Re'cherche f. **17.** Unter-
'suchung f, Über'prüfung f: right of
(visit and) ~ *mil.* Recht n auf Durch-
suchung neutraler Schiffe. **'search·er** s
**1.** Sucher m, (Er)Forscher m. **2.** Unter-
'sucher m, (Über)Prüfer m. **3.** *med.*
Sonde f. **'search·ing** adj (adv ~ly)
**1.** gründlich, eingehend, tiefschürfend.
**2.** forschend: ~ glance. **3.** 'durchdrin-
gend: a ~ wind; ~ fire *mil.* Tiefen-,
Streufeuer n, *Artillerie:* Staffelfeuer n,
*Marine:* Gabelgruppenschießen n.
**'search╎light** s **1.** (Such)Scheinwerfer
m. **2.** Scheinwerferstrahl m, -kegel m. ~
**op·er·a·tion** s *jur.* Fahndung f (for
nach). ~ **par·ty** s Suchmannschaft f,
-trupp m. ~ **ra·dar** s Suchradar n,
Radar-Suchgerät n. **~ war·rant** s Haus-
suchungs-, Durch'suchungsbefehl m.
**'sea╎,res·cue** adj Seenot...: ~ airplane;
~ service Seenotdienst m. **~ risk** s econ.
Seegefahr f. **~ room** s *mar.* Seeräumte f
(*gefahrenreicher Bereich außerhalb der
Küste*). **~ route** s Seeweg m, Schiffahrts-
weg m. **~ salt** s Meersalz n. **'~scape** s
**1.** (Aus)Blick m auf das Meer. **2.** paint.
Seestück n. **~ ser·pent** s zo. u. myth.
Seeschlange f. **'~shore I** s **1.** See-, Mee-
resküste f. **2.** *jur. mar.* Ufer n (*Küsten-
streifen zwischen den gewöhnlichen Hoch-
u. Niedrigwasserstand*) **II** adj **3.** Küsten-
... **'~sick** adj seekrank. **'~sick·ness** s
Seekrankheit f. **'~side I** s Meeresküste
f: at (*od.* by) the ~ an der See, am Meer;
to go to the ~ an die See *od.* ans
Meer fahren. **II** adj See...: ~ place (*od.*
resort) Seebad n.
**sea·son** [ˈsiːzn] **I** s **1.** (Jahres)Zeit f: cold
~; the four ~s (of the year) die vier
Jahreszeiten; dry (rainy) ~ Trockenzeit
(Regenzeit). **2.** a) (Jahres)Zeit (*für etwas*),
günstige, rechte Zeit, b) (Reife)Zeit f, c) a.
pairing ~ hunt. Paarungszeit f, d) Zeit-
punkt m: at that ~ zu diesem Zeitpunkt;
in ~ (gerade) reif *od.* (günstig) auf dem
Markt zu haben (*Früchte*), hunt. jagdbar,
zo. brünstig (*Tier*), *fig.* rechtzeitig, zur
rechten Zeit; in due ~ zu gegebener Zeit,
zur rechten Zeit; out of ~ zur Unzeit;
cherries are now in (out of) ~ jetzt ist
(keine) Kirschenzeit; a word in ~ ein
Rat zur rechten Zeit; out of ~ nicht
(auf dem Markt) zu haben, hunt. nicht
jagdbar, *fig.* unpassend, zur Unzeit;

in and out of ~ jederzeit; **to everything there is a** ~ alles zu s-r Zeit; **for a** ~ e-e Zeitlang; → **close season, open** 17. **3.** Sai'son *f*, Haupt(betriebs-, -geschäfts)zeit *f*: → **dull** 6, **high season, low season, off** 33. **4.** (Ver'anstaltungs-*etc*)Sai₁son *f*: **baseball** ~ Baseballsaison *od.* -spielzeit *f*; **theatrical** ~ Theatersaison, (Theater)Spielzeit *f*. **5.** ('Ferien-, 'Bade-, 'Kur)Sai₁son *f*: **holiday** ~ Ferienzeit *f*. **6.** *Br.* Festzeit *f*, *bes.* Weihnachts-, Oster-, Pfingstzeit *f*: → **compliment** 3. **7.** *pl* (Lebens)Jahre *pl*, Lenze *pl*: **a boy of 12** ~s. **8.** *Br. colloq.* → **season ticket. 9.** *obs.* Würze *f*, Gewürz *n*.
**II** *v/t* **10.** Speisen würzen, anmachen (**with** mit). **11.** *fig.* würzen: ~ed with wit geistreich. **12.** (aus)reifen lassen: **to** ~ **tobacco**; ~ed **wine** ausgereifter *od.* abgelagerter Wein. **13.** *Holz* ablagern. **14.** *e-e Pfeife* einrauchen. **15.** gewöhnen (**to an** *acc*), abhärten: **to be** ~ed **to a climate** an ein Klima gewöhnt sein; **a** ~ed **stomach** ein robuster Magen; ~ed **soldiers** fronterfahrene Soldaten; ~ **troops** ~ed **by battle** kampferprobte Truppen. **16.** *obs.* mildern.
**III** *v/i* **17.** (aus)reifen. **18.** ablagern, austrocknen (*Holz*).

**sea·son·a·ble** ['si:znəbl] *adj* (*adv* **seasonably**) **1.** der Jahreszeit entsprechend (*bes. Wetter*). **2.** der Sai'son angemessen, zeitgemäß. **3.** rechtzeitig: **his** ~ **arrival. 4.** *fig.* (zeitlich) passend *od.* günstig, angebracht, oppor'tun: **a** ~ **advice** ein Rat zur rechten Zeit.

**sea·son·al** ['si:zənl] *adj* (*adv* ~**ly**) **1.** jahreszeitlich. **2.** sai'sonbedingt, -gemäß, peri'odisch, Saison..., saiso'nal: ~ **articles** Saisonartikel; ~ **closing-out sale** *econ.* Saisonschlußverkauf *m*; ~ **trade** Saisongewerbe *n*; ~ **unemployment** saisonale *od.* saisonbedingte Arbeitslosigkeit; ~ **work(er)** Saisonarbeit(er *m*) *f*.

**sea·son·ing** ['si:znɪŋ] *s* **1.** Würze *f* (*a. fig.*), Gewürz *n*: **to check the** ~ **of s.th.** etwas abschmecken. **2.** Reifen *n*. **3.** Ablagern *n* (*von Holz etc*).

**sea·son tick·et** *s* **1.** *rail. etc Br.* Dauer-, Zeitkarte *f*. **2.** *thea. etc* Abonne'ment(skarte *f*) *n*.

**seat** [si:t] *I s* **1.** Sitz(gelegenheit *f*, -platz) *m*. **2.** Bank *f*, Stuhl *m*, Sessel *m*. **3.** (Stuhl-, Klo'sett- *etc*)Sitz *m*. **4.** (Sitz)Platz *m*: **to take a** ~ Platz nehmen, sich setzen; **to take one's** ~ s-n Platz einnehmen; **take your** ~s, please! bitte Platz nehmen! **5.** Platz *m*, Sitz *m* (*im Theater etc*): ~ **book** 19. **6.** (Thron-, Bischofs-, Präsi-'denten- *etc*)Sitz *m* (*fig. a. das Amt*): **crown and** ~ **of France** Krone u. Thron von Frankreich. **7.** Gesäß *n*, Sitzfläche *f*. **8.** Hosenboden *m*. **9.** *Reitsport etc*: guter *etc* Sitz (*Haltung*). **10.** *tech.* Auflage(fläche) *f*, Auflager *n*: **valve** ~ Ventilsitz *m*. **11.** (Amts-, Re'gierungs-, *econ.* Geschäfts)Sitz *m*. **12.** *fig.* Sitz *m* (*Mitgliedschaft*), *pol. a.* Man'dat *n*: **he lost his** ~ **in Parliament** er hat s-n Sitz u. Stimme verloren. **13.** Wohn-, Fa'milien-, Landsitz *m*. **14.** *fig.* Sitz *m*, Stätte *f*, Ort *m*, (Schau)Platz *m*: **a** ~ **of learning** e-e Stätte der Gelehrsamkeit; ~ **of war** Kriegsschauplatz *m*. **15.** *med.* Sitz *m*, (Krankheits-, *a.* Erdbeben)Herd *m* (*a. fig.*).
**II** *v/t* **16.** *j-n* ('hin)setzen, *j-m* e-n Sitz *od.* Platz anweisen: **to** ~ **o.s.** sich setzen *od.* niederlassen; **to be** ~ed! nehmen Sie Platz!; **to remain** ~ed sitzen bleiben, Platz behalten. **17.** Sitzplätze bieten für, Platz bieten (*dat*): **the hall** ~s **500 persons** der Saal hat 500 Sitzplätze. **18.** mit Sitzplätzen ausstatten, bestuhlen.

---

**19.** *e-n Stuhl* mit e-m (neuen) Sitz versehen. **20.** *e-n* (neuen) Hosenboden einsetzen in (*acc*). **21.** *tech.* a) auflegen, lagern (**on** *auf dat*), b) einpassen: **to** ~ **a valve** ein Ventil einschleifen. **22.** a) *j-n* auf den Thron erheben, b) *j-m* e-n Sitz (*bes. im Parlament*) verschaffen.

**seat| belt** *s aer. mot.* Sicherheitsgurt *m*: **fasten your** ~s bitte anschnallen; **to wear a** ~ angegurtet *od.* angeschnallt sein; **compulsory wearing of** ~s Anschnallpflicht *f*. ~ **bone** *s anat.* Sitzbein *n*.

**seat·ed** ['si:tɪd] *adj* **1.** a) sitzend: → **seat** 16, b) gelegen: → **deep-seated. 2.** (*zwei-etc*)sitzig: **two-**~. **'seat·er** *s* (*in Zssgn*) ...sitzer *m* (*Auto, Flugzeug etc*): **four-**~ Viersitzer. **'seat·ing I** *s* **1.** a) Anweisen *n* von Sitzplätzen, b) Platznehmen *n*. **2.** Sitzgelegenheit(en *pl*) *f*. **3.** Stuhlzeug *n*, 'Polstermateri₁al *n*. **4.** *tech.* → **seat** 10. **II** *adj* **5.** Sitz...: ~ **accommodation** → 2; ~ **capacity of 300** 300 Sitzplätze; ~ **plan** *thea. etc* Bestuhlungsplan *m*.

**seat| mile** *s* Passa'giermeile *f* (*Rechnungseinheit bei Beförderungskosten*). '~**-pack par·a·chute** *s aer.* am Gesäß angeschnallter Fallschirm.

**'sea·train** *s mar.* **1.** Tra'jekt(schiff) *n*. **2.** *mil.* Nachschubfahrzeug *n*. ~ **trout** *s ichth.* **1.** 'Meer-, 'Lachsfo₁relle *f*. **2.** (*ein*) *amer.* Seebarsch *m*. ~ **turn** *s* Seewind *m* (*oft mit Nebel verbunden*). ~ **tur·tle** *s zo.* Seeschildkröte *f*. ~ **ur·chin** *s zo.* Seeigel *m*. ~ **wall** *s mar.* Deich *m*, Kaimauer *f*, Hafendamm *m*.

**sea·ward** ['si:wə(r)d] *I adj* **1.** seewärts. **2.** ~ **wind** Seewind *m*. **II** *adv* **3.** seewärts. **III** *s* **4.** Seeseite *f*. **'sea·wards** [-z] → **seaward** II.

**'sea·ware** *s bot.* Seetang *m*. ~ **wa·ter** *s* See-, Meer-, Salzwasser *n*. '~**way** *s* **1.** Seeweg *m*, Schiffahrtsweg *m*. **2.** Seegang *m*. **3.** *mar.* Fahrt *f*. **4.** Binnenschiffahrtsweg *m* für Ozeandampfer. '~**weed** *s bot.* **1.** *allg.* Meerespflanze(n *pl*) *f*. **2.** (See)Tang *m*, Meeresalge *f*. **3.** Seegras *n*. '~**wife** *s irr ichth.* Seeweibchen *n*, Lippfisch *m*. ~ **wolf** *s irr zo.* **1.** See-Ele₁fant *m*. **2.** Seewolf *m* (*a. fig. Pirat*). '~**worth·i·ness** *s* Seetüchtigkeit *f*. '~-₁**worth·y** *adj* seetüchtig: ~ **boat**; ~ **packing** seemäßige Verpackung. ~ **wrack** *s bot.* Tang *m*.

**se·ba·ceous** [sɪ'beɪʃəs] *adj physiol.* talgig, Talg...: ~ **cyst** *med.* Grützbeutel *m*; ~ **duct** Talggang *m*; ~ **follicle** Haarbalgdrüse *f*.

**se·bes·tan, se·bes·ten** [sɪ'bestən] *s bot.* **1.** a) ~ **plum** Sebe'stane *f*, Brustbeere *f*. **2.** Brustbeerenbaum *m*.

**se·bum** ['si:bəm] *s biol.* **1.** Sebum *n*, (Haut)Talg *m*. **2.** Unschlitt *n*.

**sec¹** [sek] *adj* sec, trocken, herb (*Wein etc*).

**sec²** [sek] *s abbr. für* a) **secant**, b) **second².**

**se·cant** ['si:kənt] **I** *s math.* Se'kante *f*, Schnittlinie *f*. **II** *adj* schneidend.

**sec·a·teur** [₁sekə'tɜː; *Am.* ₁'tɜːr] *s bes. Br. meist* (**a pair of**) ~s *pl* Baum-, Gartenschere *f*.

**se·cco** ['sekəʊ] *I adj* secco, trocken. **II** *pl* **-cos** *s* 'Seccomale₁rei *f*.

**se·cede** [sɪ'si:d] *v/i bes. pol. od. relig.* sich trennen *od.* lossagen, abfallen (**from** von). **se'ced·er** *s* **1.** Abtrünnige(r *m*) *f*, Separa'tist(in). **2.** S~ *relig.* Anhänger(in) der **Secession Church.**

**se·cern·ent** [sɪ'sɜːnənt; *Am.* -'sɜːr-] *physiol.* **I** *adj* **1.** sekre'tierend. **II** *s* **2.** 'Absonderungsor₁gan *n*. **3.** sekreti'onsförderndes Mittel.

**se·ces·sion** [sɪ'seʃn] *s* **1.** (Ab)Spaltung *f*, Abfall *m*, Lossagung *f*, Sezessi'on *f*

---

(**from** von). **2.** *oft* S~ *hist.* Sezessi'on *f* (*Abfall der 11 amer. Südstaaten von der Union 1861*). **3.** S~ *relig.* schottische Kirchenspaltung (*1733*). **4.** 'Übertritt *m* (**to** zu). **se'ces·sion·al** *adj* Sonderbunds..., Sezessions... **se'ces·sion·ism** *s* Abfallbestrebungen *pl*. **se'ces·sion·ist** *s* **1.** Abtrünnige(r *m*) *f*, Sonderbündler *m*, Sezessio'nist *m*. **2.** *oft* S~ *Am. hist.* Sezessio'nist *m*, Südstaatler *m*.

**se·clude** [sɪ'klu:d] *v/t* ~ **o.s.** (sich) ab-, ausschließen, absondern. **se'clud·ed** *adj* einsam, abgeschieden: a) zu'rückgezogen (*Lebensweise*), b) abgelegen (*Ort*). **se'clu·sion** [sɪ'klu:ʒn] *s* **1.** Abschließung *f*, Iso'lierung *f*. **2.** Zu'rückgezogenheit *f*, Abgeschiedenheit *f*: **to live in** ~ zurückgezogen leben. **3.** abgelegener Platz.

**sec·ond¹** ['sekənd] **I** *adj* (*adv* → **secondly**) **1.** zweit(er, e, es): **at** ~ **hand** aus zweiter Hand; ~ **in height** zweithöchst(er, e, es); **a** ~ **time** noch einmal; **every** ~ **day** jeden zweiten Tag, alle zwei Tage; ~ **teeth** zweite *od.* bleibende Zähne; **a** ~ **Churchill** *fig.* ein zweiter Churchill; **it has become** ~ **nature with him** es ist ihm zur zweiten Natur geworden *od.* in Fleisch u. Blut übergegangen; → **self** 1, **sight** 1, **thought¹** 3, **wind¹** 7. **2.** zweit(er, e, es): a) ander(er, e, es), nächst(er, e, es), b) zweitklassig, -rangig, 'untergeordnet (**to** *dat*): ~ **cabin** Kabine *f* zweiter Klasse; ~ **lieutenant** *mil.* Leutnant *m*; ~ **to none** unerreicht; **he is** ~ **to none** er ist unübertroffen; → **fiddle** 1. **II** *s* **3.** (der, die, das) Zweite. **4.** (der, die, das) Nächste *od.* 'Untergeordnete *od.* (Nach)Folgende: → **second-in-command. 5.** *sport* Zweite(r *m*) *f*, zweiter Sieger: **to be a good** ~ nur knapp geschlagen werden. **6.** Sekun'dant *m* (*beim Duell od. Boxen*): ~s **out** (*Boxen*) Ring frei! **7.** Helfer(in), Beistand *m*. **8.** *mot.* (*der*) zweite Gang. **9.** *mus.* zweite Stimme, Begleitstimme *f*. **10.** *pl econ.* Ware(n *pl*) *f* zweiter Quali'tät. **11.** *univ. Br.* → **second class** 2. **12.** *colloq. rail.* (die) zweite Klasse. **13.** ~ **of exchange** *econ.* Se'kundawechsel *m*. **14.** *pl* Nachschlag *m* (*zweite Portion*). **III** *adv* **15.** als zweit(er, e, es), zweitens, an zweiter Stelle: **to come in** (*od.* **finish**) ~ als zweiter durchs Ziel gehen, Zweiter werden; **to come** ~ *fig.* (erst) an zweiter Stelle kommen. **IV** *v/t* **16.** unter'stützen (*a. parl.*), *j-m* beistehen. **17.** *j-m* (*beim Duell, Boxen*) sekun'dieren (*a. fig.*).

**sec·ond²** ['sekənd] *s* **1.** Se'kunde *f* (*Zeiteinheit, a. mus.*). **2.** *fig.* Se'kunde *f*, Augenblick *m*, Mo'ment *m*: **wait a** ~! **3.** *math.* ('Bogen)Se₁kunde *f*.

**se·cond³** [sɪ'kɒnd] *v/t Br.* a) *Offizier* abstellen, 'abkom₁man,dieren, b) *Beamten etc* (*bes. zeitweilig*) versetzen.

**Sec·ond| Ad·vent** *s relig.* 'Wiederkunft *f* (*Christi*). ~ **Ad·vent·ist** *s relig.* Ad-ven'tist(in).

**sec·ond·ar·i·ness** ['sekəndərɪnɪs; *Am.* -₁deri:-] *s* Zweitrangigkeit *f*, (*das*) Sekun'däre.

**sec·ond·ar·i·ly** ['sekəndərəlɪ; *Am.* ₁sekən'der-] *adv* **1.** in zweiter Linie, sekun'där. **2.** 'indi₁rekt.

**sec·ond·ar·y** ['sekəndərɪ; *Am.* -₁deri:] **I** *adj* (*adv* → **secondarily**) **1.** nächstfolgend. **2.** zweitrangig, -klassig, nebensächlich, 'untergeordnet: **this is a matter of** ~ **importance** das ist Nebensache *od.* nebensächlich. **3.** *bes. phys.* sekun'där, Sekundär... **4.** Neben...: ~ **axis**; ~ **circle**; ~ **colo(u)r**; ~ **effect**; ~ **electrode. 5.** *chem.* sekun'där, Sekundär...: ~ **alcohol** (**carbon**, *etc*). **6.** *electr.* sekun'där, indu'ziert, Sekundär...: ~ **circuit** → 14 a; ~ **coil**, ~ **winding** → 14 b. **7.** *geol.*

a) sekun'där, b) S~ meso'zoisch. **8.** *ling.* a) sekun'där, (*aus e-r abgeleiteten Form*) abgeleitet, b) Neben...:~ **accent** (*od.* stress) Nebenakzent *m*; ~ **tense** Nebentempus *n*. **9.** Hilfs..., Neben...:~ **line** *rail.* Nebenlinie *f*. **10.** *ped.* Oberschul... **11.** ~ **to** (nach)folgend auf (*acc*), bedingt durch.
**II** *s* **12.** (*etwas*) 'Untergeordnetes. **13.** 'Untergeordnete(r *m*) *f*, Stellvertreter(in). **14.** *electr.* a) Sekun'där(strom)kreis *m*, b) Sekun'därwicklung *f*. **15.** *astr.* Satel'lit *m*. **16.** *orn.* Nebenfeder *f*. **17.** *American Football*: Spieler *m* in der zweiten Reihe.
**sec·ond·ar·y┊bat·ter·y** *s electr.* Sekun'därbatte₁rie *f*. ~ **de·pres·sion** *s meteor.* Randtief *n*. ~ **de·riv·a·tive** *s ling.* Sekun'därableitung *f*. ~ **ed·u·ca·tion** *s* **1.** höhere Schulbildung. **2.** höheres Schulwesen. ~ **e·lec·tron** *s phys.* Sekun'därelektron *n*. ~ **e·mis·sion** *s phys.* Sekun'däremissi₁on *f*. ~ **ev·i·dence** *s jur.* unter'stützendes Be'weismateri₁al. ~ **hem·or·rhage** *s med.* Nachblutung *f*. ~ **host** *s biol.* Zwischenwirt *m*. ~ **lit·er·a·ture** *s* Sekun'därlitera₁tur *f*. ~ **mod·ern school** *s ped. Br.* (*etwa*) Kombinati'on *f* aus Re'al- u. Hauptschule. ~ **plan·et** *s astr.* Satel'lit *m*. ~ **school** *s ped.* höhere Schule. ~ **tech·ni·cal school** *s ped. Br.* (*etwa*) na'turwissenschaftliches Gym'nasium.
**sec·ond┊bal·lot** *s pol.* Stichwahl *f*. ~ **best** *s* (*der, die, das*) Zweitbeste: **to come off** ~ *fig.* den kürzeren ziehen. ₁~-'**best** *adj* zweitbest(er, e, es). ~ **birth** *s relig.* 'Wiedergeburt *f* (*durch die Taufe*). ~ **cham·ber** *s parl.* Oberhaus *n*. ~**child·hood** *s* „zweite Kindheit" (*Senilität*). ~ **class** *s* **1.** *rail. etc* zweite Klasse. **2.** *univ. Br.* akademischer Grad zweiter Klasse. ₁~-'**class I** *adj* **1.** zweitklassig, -rangig: ~ **honours degree** → **second class** 2; ~ **mail** a) *Am.* Zeitungspost *f*, b) *Br.* gewöhnliche Inlandspost. **2.** *rail.* (*Wagen etc*) zweiter Klasse: ~ **carriage. II** *adv* **3.** zweite(r) Klasse: **to travel** ~. **S~ Com·ing** → **Second Advent.** ₁~-'**de·gree** *adj* zweiten Grades: ~ **burns**; → **murder** 1. ₁~-'**draw·er** *adj* → **second-rate.**
**se·conde** [sɪ'kɒnd; *Am.* -'kɑnd] *s fenc.* Se'kond *f*.
**sec·ond·er** ['sekəndə(r)] *s* Unter'stützer(in).
**sec·ond┊es·tate** *s hist.* zweiter Stand (*Adel*). ~ **floor** *s* **1.** *Br.* zweiter Stock. **2.** *Am.* erster Stock (*über dem Erdgeschoß*). ₁~-'**floor** *adj* im zweiten (*Am.* ersten) Stock (gelegen). ₁~-'**guess** *v/t bes. Am.* **1.** 'hinterher *od.* im 'nachhin₁ein kriti'sieren. **2.** *j-s* Absichten durch-'schauen *od.* zu'vorkommen. **3.** vor'aussehen, -sagen. ~**hand I** *adj* **1.** über-'nommen, (*a. Wissen etc*) aus zweiter Hand. **2.** 'indi₁rekt. **3.** gebraucht, alt: ~ **car** Gebrauchtwagen *m*; ~ **clothes** getragene Kleidungsstücke. **4.** anti'quarisch: ~ **books**; ~ **bookseller** Antiquar *m*; ~ **bookshop** Antiquariat *n*; ~ **dealer** Altwarenhändler *m*. **II** *adv* [₁-'hænd] **5.** gebraucht: **to buy s.th.** ~. **6.** aus zweiter Hand: **to know** ~ aus zweiter Hand wissen. **7.** 'indi₁rekt. ~ **hand** *s* Se'kundenzeiger *m*.
**se·con·di** [se'kɒndi:; *Am.* sɪ'kɑn-; -'kɑn-] *pl von* **secondo.**
₁**sec·ond-in-com'mand** *s* **1.** *mil.* stellvertretender Komman'deur. **2.** *mar.* erster Offi'zier.
**sec·ond·ly** ['sekəndlɪ] *adv* zweitens.
**se·cond·ment** [sɪ'kɒndmənt] *s Br.* a) Abstellung *f*, 'Abkomman₁dierung *f* (*e-s Offiziers*), b) (*bes.* zeitweilige) Versetzung (*e-s Beamten etc*).

---

**sec·ond┊mile** *s*: **to go the** ~ *fig.* mehr *od.* ein übriges tun.
**se·con·do** [se'kɒndəʊ; *Am.* sɪ'kɑːn-; -'kɑn-] *mus.* **I** *pl* **-dos, -di** [-diː] *s* **1.** zweite Stimme (*im Duett etc*). **2.** Se'condo *n*, Baß *m* (*beim Vierhändigspielen*). **II** *adj* **3.** zweit(er, e, es).
**sec·ond┊pa·pers** *s pl Am.* letzter Antrag *e-s Ausländers auf amer. Staatsangehörigkeit.* ~ **per·son** *s ling.* zweite Per'son. ₁~--'**rate** *adj* **1.** zweitrangig, -klassig (*a. fig.*). **2.** *fig.* mittelmäßig. ₁~-'**rat·er** *s* mittelmäßige Per'son *od.* Sache. '~--**strike** *adj*: ~ **weapons** *mil.* atomare Vergeltungswaffen.
**se·cre·cy** ['siːkrəsɪ] *s* **1.** Verborgenheit *f*. **2.** Heimlichkeit *f*: **in all** ~, **with absolute** ~ insgeheim. **3.** a) Verschwiegenheit *f*, b) Geheimhaltung(spflicht) *f*: **to swear s.o. to** ~ j-n eidlich zur Verschwiegenheit verpflichten. **4.** (*Wahl- etc*)Geheimnis *n*.
**se·cret** ['siːkrɪt] **I** *adj* (*adv* → **secretly**) **1.** a) geheim, heimlich, b) Geheim...: ~ **agent** (diplomacy, door, drawer, *etc*); ~ **service** (staatlicher) Geheimdienst; ~ **society** Geheimbund *m*, -gesellschaft *f*; ~ **ballot** geheime Wahl; **to keep s.th.** ~ etwas geheimhalten. **2.** verschwiegen (*Person, Ort*). **3.** verborgen, unerforschlich. **4.** in'tim, Geschlechts...: ~ **parts** Geschlechtsteile. **II** *s* **5.** Geheimnis *n* (**from** *vor dat*): **in** ~ a) ~ **secretly**, b) ~ as a ~ im Vertrauen; **to make no** ~ **of s.th.** kein Geheimnis *od.* Hehl aus etwas machen; **to be in the** ~ (in das Geheimnis) eingeweiht sein; **to let s.o. into the** ~ j-n (in das Geheimnis) einweihen; → **keep** 8, 14. **6.** Geheimnis *n*, Schlüssel *m*: **the** ~ **of success** das Geheimnis des Erfolges, der Schlüssel zum Erfolg. **7.** *relig.* a) stilles Gebet, b) S~ *R.C.* Se'kret *f* (*Stillgebet*).
**se·cre·taire** [₁sekrə'teə(r)] → **secretary** 7.
**sec·re·tar·i·al** [₁sekrə'teərɪəl] *adj* **1.** Sekretärs...: ~ **college** Sekretärinnenschule *f*. **2.** Schreib..., Büro...: ~ **help** Schreibkraft *f*.
**sec·re·tar·i·at(e)** [₁sekrə'teərɪət] *s* Sekretari'at *n*.
**sec·re·tar·y** ['sekrətrɪ; *Am.* -₁terɪ] *s* **1.** Sekre'tär(in): ~ **of embassy** Botschaftsrat *m*. **2.** Schriftführer *m* (*e-s Vereins etc*). **3.** Ver'waltungsdi₁rektor *m*. **4.** *econ.* a) Geschäftsführer *m*, b) Syndikus *m*. **5.** *pol. Am.* Mi'nister *m*: **S~ of Defense** (**of Health, Education and Welfare, of the Interior, of Labor, of the Treasury**) Verteidigungs-(Gesundheits-, Innen-, Arbeits-, Finanz)minister: → **Secretary of State** 2 a. **6.** *pol. Br.* (*abbr. für* **Secretary of State** 1 a) Mi'nister *m*. **7.** Sekre'tär *m* (*Schreibschrank*). ~ **bird** *s orn.* Sekre'tär *m*, Stelzgeier *m*. ₁~-'**gen·er·al** *pl* ₁**sec·re·tar·ies**--'**gen·er·al** *s* Gene'ralsekre₁tär *m*. **S~ of State** *s pol.* **1.** *Br.* a) Mi'nister *m* (*in folgenden Fällen*): ~ **for Scotland**; **First** ~ stellvertretender Premierminister; ~ **for Foreign Affairs** Außenminister; ~ **for the Colonies** Kolonialminister; ~ **for Commonwealth Relations** Minister für Commonwealth-Beziehungen; ~ **for the Dominions** *hist.* Dominion-Minister; ~ **for War** Heeresminister; ~ **for Air** Luftfahrtminister, b) 'Staatssekre₁tär *m*, c) 'Staatssekre₁tär *m* (*e-s Bundesstaates*).
'**sec·re·tar·y·ship** *s* **1.** Posten *m od.* Amt *n e-s* Sekre'tärs *etc.* **2.** *pol.* Mi'nisteramt *n*.
**sec·re·tar·y type** *s* Kanz'leischrift *f*.
**se·crete** [sɪ'kriːt] *v/t* **1.** *physiol.* absondern. **2.** verbergen (**from** *vor dat*). **3.** *jur. Vermögensstücke* bei'seite schaffen.

---

**se·cre·tin** [sɪ'kriːtɪn] *s med.* Sekre'tin *n*.
**se·cre·tion** [sɪ'kriːʃn] *s* **1.** *physiol.* a) Sekreti'on *f*, Absonderung *f*, b) Se'kret *n*. **2.** Verheimlichung *f*, Verbergen *n* (**from** vor).
**se·cre·tive** ['siːkrətɪv; sɪ'kriː-] *adj* (*adv* ~**ly**) verschwiegen, heimlichtuerisch: **to be** ~ **about s.th.** mit etwas geheimtun.
**se·cre·tive·ness** *s* Verschwiegenheit *f*, Heimlichtue'rei *f*.
**se·cret·ly** ['siːkrɪtlɪ] *adv* heimlich, (ins-) geheim, im geheimen.
'**se·cret┊mon·ger** *s* Geheimniskrämer (-in).
**se·cre·to·ry** [sɪ'kriːtərɪ] *physiol.* **I** *adj* sekre'torisch, Sekretions... **II** *s* sekre'torische Drüse.
**sect** [sekt] *s* **1.** Religi'onsgemeinschaft *f*. **2.** Sekte *f*. **3.** *fig.* Schule *f*: **the Freudian** ~ die Freudsche Schule.
**sec·tar·i·an** [sek'teərɪən] **I** *adj* **1.** sek'tiererisch (*a. fig.*). **2.** Konfessions... **3.** *fig. contp.* bor'niert. **II** *s* **4.** Anhänger(in) e-r Sekte *od.* e-r Schule. **5.** Sek'tierer(in).
**sec'tar·i·an·ism** *s* Sek'tierertum *n*.
**sec·ta·ry** ['sektərɪ] *s* Sek'tierer(in).
**sec·tile** ['sektaɪl; *Am. bes.* -təl] *adj* schneidbar.
**sec·tion** ['sekʃn] **I** *s* **1.** Ab-, Ausschnitt *m*, Teil *m* (*a. der Bevölkerung etc*). **2.** a) (*a. mikroskopischer*) Schnitt, b) Durch-'schneidung *f*, c) *med.* Sekti'on *f*, Schnitt *m*. **3.** Abschnitt *m* (*e-s Buchs etc*). **4.** Teil *m*, Seite *f* (*e-r Zeitung*): **sports** ~. **5.** *jur.* Para'graph *m*. **6.** Para'graph(zeichen *n*) *m*. **7.** Teil *m*, *n*, Einzelteil *n*, Bestandteil *m*: ~**s of a fishing rod. 8.** *math. tech.* (*a.* Quer)Schnitt *m*, Schnittbild *n*, Pro'fil *n*: **horizontal** ~ Horizontalschnitt; **golden section. 9.** Ab'teilung *f*, Refe'rat *n* (*in der Verwaltung*). **10.** (Arbeits)Gruppe *f*. **11.** *mil.* a) *Am.* Halbzug *m*, b) *Br.* Gruppe *f*, c) Luftwaffe: Halbstaffel *f*, d) **staff** ~ 'Stabsab₁teilung *f*. **12.** *mil.* (*taktischer*) Abschnitt. **13.** *rail. Am.* a) Streckenabschnitt *m*, b) Ab'teil *n* (*e-s Schlafwagens*). **14.** Bezirk *m*. **15.** *Am.* 'Landpar₁zelle *f* von e-r Qua'dratmeile. **16.** *bot. zo.* 'Untergruppe *f* (*e-r Gattung od. Familie*). **II** *v/t* **17.** (ab-, unter)teilen, (in Abschnitte) (ein)teilen. **18.** (*durch Schraffieren etc*) im einzelnen darstellen *od.* unter'teilen. **19.** *med.* a) inzi'dieren, b) mit dem Mikro'tom schneiden.
**sec·tion·al** ['sekʃənl] *adj* (*adv* ~**ly**) **1.** abschnittweise. **2.** Schnitt...: ~ **draw·ing** *tech.* Schnitt(zeichnung *f*) *m*. **3.** Teil-...:~ **strike** Teilstreik *m*; ~ **view** Schnitt-, Teilansicht *f*. **4.** lo'kal, regio'nal, *contp.* partikula'ristisch: ~ **pride** Lokalpatriotismus *m*. **5.** zs.-setzbar, mon'tierbar: ~ **furniture** Anbau-, Aufbaumöbel *pl*. **6.** *tech.* Form..., Profil...:~ **iron**; ~ **steel.** '**sec·tion·al·ism** *s contp.* Partikula'rismus *m*. '**sec·tion·al·ist** *s contp.* Partikula'rist(in). '**sec·tion·al·ize** *v/t* **1.** (*a. tech.* in Bauelemente) unter'teilen: ~**d design** gegliederte Bauweise. **2.** nach lo'kalen Gesichtspunkten *od.* Inter'essen einteilen.
**sec·tor** ['sektə(r)] *s* **1.** *math.* (Kreis- *od.* Kugel)Sektor *m*. **2.** *astr. math.* Sektor *m*. **3.** *mil.* Sektor *m*, Frontabschnitt *m*. **4.** *fig.* Sektor *m*, Bereich *m*, Gebiet *n*: ~ **of the economy** Wirtschaftszweig *m*. ~ **gear** *s tech.* **1.** 'Zahnseg₁ment *n*. **2.** Seg'mentgetriebe *n*.
**sec·to·ri·al** [sek'tɔːrɪəl; *Am. a.* -'təʊ-] **I** *adj* **1.** Sektoren... **2.** *zo.* Reiß...:~ **tooth. II** *s* **3.** *zo.* Reißzahn *m*.
**sec·u·lar** ['sekjʊlə(r)] **I** *adj* (*adv* ~**ly**) **1.** weltlich: a) diesseitig, b) pro'fan: ~ **music**, c) nichtkirchlich: ~ **education**; ~ **arm** weltliche Gerichtsbarkeit. **2.** 'frei-religi₁ös, -denkerisch. **3.** *relig.* weltgeist-

lich, Säkular...: ~ **clergy** Weltgeistlich-keit f. **4.** säku'lar: a) hundertjährlich, b) hundertjährig, jahr'hundertelang: ~ **acceleration** astr. säkulare Beschleuni-gung; ~ **fame** ewiger Ruhm. **II** s relig. **5.** Laie m. **6.** Weltgeistliche(r) m. '**sec-u·lar·ism** s **1.** Säkula'rismus m (a. philos.), Weltlichkeit f. **2.** pol. Antiklerika'lismus m. '**sec·u·lar·ist** I s Säkula-'rist m, Kirchengegner m. **II** adj säkula-'ristisch. ˌ**sec·u·lar·i·ty** [-'lærətɪ] s **1.** Diesseitigkeit f, Weltlichkeit f. **2.** pl weltliche Dinge pl.

**sec·u·lar·i·za·tion** [ˌsekjʊlərar'zeɪʃn; Am. -rə'z-] s **1.** Säkulari'sierung f. **2.** Verweltlichung f. **3.** Entheiligung f. '**sec·u·lar·ize** v/t **1.** kirchlichem Ein-fluß entziehen. **2.** säkulari'sieren: a) kirchlichen Besitz verstaatlichen, b) e-n Ordensgeistlichen zum Weltgeistlichen machen. **3.** verweltlichen. **4.** entheiligen: to ~ **Sunday**. **5.** mit freidenkerischen I'deen durch'dringen.

**se·cund** [sɪ'kʌnd] adj **1.** bot. einseits-wendig. **2.** zo. einseitig (angeordnet).

**sec·un·dine** ['sekəndaɪn; -dɪn] s **1.** meist pl med. Nachgeburt f. **2.** bot. inneres Integu'ment der Samenanlage.

**sec·un·dip·a·ra** [ˌsekən'dɪpərə] pl **-rae** [-riː], **-ras** s med. Sekun'dipara f (Frau, die zweimal geboren hat). ˌ**sec·un'dip-a·rous** adj zweimal geboren habend: ~ **woman** → secundipara.

**se·cun·dum** [sɪ'kʌndəm] (Lat.) prep ge-mäß (dat): ~ **artem** kunstgerecht; ~ **na-turam** naturgemäß; ~ **quid** in dieser (gewissen) Hinsicht.

**se·cure** [sɪ'kjʊə(r)] I adj (adv ~ly) **1.** sicher: a) geschützt, geborgen, in Sicher-heit (from, **against** vor dat): a ~ **hiding place** ein sicheres Versteck, b) fest: a ~ **foundation**, c) mil. uneinnehmbar: a ~ **fortress**, d) gesichert: a ~ **existence**, e) gewiß: **victory** is ~. **2.** ruhig, sorglos: a ~ **life. 3.** in sicherem Gewahrsam (Krimi-neller etc). **II** v/t **4.** (o.s. sich) sichern, schützen (from, **against** vor dat, gegen). **5.** sichern, garan'tieren (s.th. to s.o., s.o. s.th. j-m etwas). **6.** sich sichern od. be-schaffen: to ~ **a seat** e-n Sitzplatz ‚ergat-tern'. **7.** erreichen, erlangen. **8.** jur. einwir-ken: to ~ **a judgment** (patent, etc). **9.** a. tech. sichern, befestigen (**to** an dat): to ~ **by bolts** festschrauben. **10.** (fest) (ver-) schließen: to ~ **the door. 11.** sicherstel-len, in Sicherheit bringen: to ~ **valu-ables. 12.** jur. festnehmen, dingfest ma-chen. **13.** mil. sichern, befestigen. **14.** bes. econ. sicherstellen: a) etwas sichern, garan'tieren (on, by durch): ~d **by mort-gage** hypothekarisch gesichert, b) j-m Sicherheit bieten: to ~ **a creditor. 15.** med. abbinden: to ~ **an artery. 16.** mar. Am. (zur Freizeit) wegtreten lassen. **III** v/i **17.** sich Sicherheit ver-schaffen (**against** gegen). **18.** mar. Am. wegtreten, Freizeit machen.

**se·cu·ri·ty** [sɪ'kjʊərətɪ] s **1.** a) Sicherheit f (Zustand od. Schutz) (**against**, **from** vor dat, gegen), Geborgenheit f, b) Sicher-heitsmaßnahmen pl. **2.** (soziale etc) Sicherheit. **3.** (innere) Sicherheit, Sorg-losigkeit f. **4.** Gewißheit f, Garan'tie f: in ~ **for** als Garantie für. **5.** econ. jur. a) Sicherheit f, Garan'tie f, Bürgschaft f, Kauti'on f, b) Bürge m: to **give** (od. **put up, stand**) ~ Bürgschaft leisten, Kaution stellen. **6.** econ. a) Schuldverschreibung f, b) Aktie f, c) pl 'Wertpaˌpiere pl, Ef'fek-ten pl: **public securities** Staatspapiere; ~ **market** Effektenmarkt m. **7.** mil. Ab-schirmung f: ~ **classification** Geheim-haltungsstufe f. **8.** S~ pol. Sicherheits-beamte(r pl) f, 'Sicherheitsabˌteilung f, econ. a. 'Werkspoliˌzei f. ~ **ad·vis·er** s

Sicherheitsberater m. ~ **a·gent** s Sicher-heitsbeamte(r) m. ~ **bond** s econ. Bürg-schaftswechsel m. ~ **check** s 'Sicher-heitsüberˌprüfung f. ~ **clear·ance** s pol. Unbedenklichkeitsbescheinigung f. **S~ Coun·cil** s pol. Sicherheitsrat m (der Vereinten Nationen). ~ **lock** s Sicherheitsschloß n. ~ **man** s irr → security agent. ~ **po·lice** s 'Sicherheitspoliˌzei f. ~ **pre·cau·tion** s Sicherheitsvorkeh-rung f. ~ **risk** s pol. Sicherheitsrisiko n (a. Person). ~ **screen·ing** s pol. 'Unbedenk-lichkeitsüberˌprüfung f.

**se·dan** [sɪ'dæn] s **1.** mot. Am. a) Limou-'sine f, b) Motorsport: Tourenwagen m. **2.** a. ~ **chair** Sänfte f.

**se·date** [sɪ'deɪt] I adj (adv ~ly) **1.** ruhig, gelassen. **2.** gesetzt, ernst. **II** v/t **3.** med. j-m ein Beruhigungsmittel geben, j-n se-'dieren. **se'date·ness** s **1.** Gelassenheit f. **2.** Gesetztheit f. **se'da·tion** s: to be **under** ~ med. unter dem Einfluß von Beruhigungsmitteln stehen.

**sed·a·tive** ['sedətɪv] I adj beruhigend, med. pharm. a. seda'tiv. **II** s med. pharm. Beruhigungsmittel n, Seda'tiv(um) n.

**sed·en·tar·i·ness** ['sednˌtarɪnɪs; Am. -ˌteri-] s **1.** sitzende Lebensweise. **2.** Seß-haftigkeit f.

**sed·en·tar·y** ['sednˌtarɪ; Am. -ˌteri-] adj **1.** sitzend: ~ **occupation**, ~ **statue**; ~ **life** sitzende Lebensweise. **2.** seßhaft: ~ **tribes. 3.** zo. a) festgewachsen (Austern etc), b) standorttreu: ~ **birds** Standvögel.

**se·de·runt** [sɪ'dɪərənt] (Lat.) s bes. relig. Scot. Sitzung f.

**sedge** [sedʒ] s bot. **1.** Segge f. **2.** allg. Riedgras n. '**sedg·y** adj **1.** mit Riedgras bewachsen. **2.** riedgrasartig.

**se·di·li·a** [se'daɪljə; Am. sə'dɪljə] s pl relig. Reihe f von (meist 3) Steinsitzen (an der Südseite des Chors).

**sed·i·ment** ['sedɪmənt] s Sedi'ment n: a) (Boden)Satz m, Niederschlag m, b) geol. Schichtgestein n. ˌ**sed·i'men-ta·ry** ['mentərɪ] adj sedimen'tär, Se-diment... ˌ**sed·i·men'ta·tion** s **1.** Se-di'mentbildung f, Sedimen'tierung f. **2.** bes. geol. Sedimentati'on f, Schichten-bildung f. **3.** a. **blood** ~ med. Blutsenkung f: ~ **rate** Senkungsgeschwindigkeit f.

**se·di·tion** [sɪ'dɪʃn] s **1.** Aufwieg(e)lung f, Volksverhetzung f. **2.** Aufruhr m. **se·di-tion·ar·y** [-ʃnərɪ; Am. -ʃəˌneri-] I adj → seditious. **II** s Aufwiegler m. **se'di-tious** adj (adv ~ly) aufwieglerisch, auf-rührerisch, 'umstürzlerisch, staatsge-fährdend.

**se·duce** [sɪ'djuːs; Am. a. -'duːs] v/t **1.** e-e Frau etc verführen (a. fig. verleiten, ver-locken; into, to zu; into doing dazu, etwas zu tun). **2.** ~ **from** j-n von e-r Pflicht etc abbringen. **se'duce·ment** → se-duction. **se'duc·er** s Verführer m.

**se·duc·tion** [sɪ'dʌkʃn] s **1.** (engS. sexuel-le) Verführung, Verlockung f. **2.** fig. Ver-suchung f, Lockung f, verführerischer Reiz od. Zauber. **se'duc·tive** [-tɪv] adj (adv ~ly) verführerisch (a. fig. Angebot etc). **se'duc·tive·ness** → seduction **2. se'duc·tress** [-trɪs] s Verführerin f.

**se·du·li·ty** [sɪ'djuːlətɪ; Am. a. -'duː-] s Emsigkeit f, emsiger Fleiß. **sed·u·lous** ['sedjʊləs; Am. -dʒə-] adj (adv ~ly) emsig, (bienen)fleißig. '**sed·u·lous·ness** → sedulity.

**se·dum** ['siːdəm] s bot. Mauerpfeffer m.

**see[1]** [siː] pret **saw** [sɔː] pp **seen** [siːn] I v/t **1.** sehen: ~ **page 15** siehe Seite 15; **as I** ~ **it** fig. wie ich es sehe, in m-n Augen; I ~ **things otherwise** fig. ich sehe od. be-trachte die Dinge anders; I **cannot** ~ **myself doing it** fig. ich kann mir nicht

vorstellen, daß ich es tue; I **cannot** ~ **my way to doing it** ich weiß nicht, wie ich es anstellen soll; I ~ **myself obliged to go** ich sehe mich gezwungen zu gehen; I **wonder what he** ~**s in her** ich möchte wissen, was er an ihr findet; **let us** ~ **what can be done** wir wollen sehen, was sich machen läßt (siehe weitere Verbin-dungen mit den entsprechenden Substan-tiven etc). **2.** (ab)sehen, erkennen: to ~ **danger ahead** Gefahr auf sich zukom-men sehen. **3.** entnehmen, ersehen (**from** aus der Zeitung etc). **4.** (ein)sehen: I **do not** ~ **what he means** ich verstehe nicht, was er meint; I **don't** ~ **the use of it** ich weiß nicht, wozu das gut sein soll; → **joke 2. 5.** (an)sehen, besuchen: ~ **worth** ~**ing** sehenswert. **6.** her'ausfin-den, nachsehen: ~ **who it is** sieh nach, wer es ist. **7.** dafür sorgen(, daß): ~ (**to it**) **that it is done** sorge dafür od. sieh zu, daß es geschieht; to ~ **justice done to s.o.** dafür sorgen, daß j-m Gerechtigkeit widerfährt. **8.** besuchen. **9.** aufsuchen, konsul'tieren (**about** wegen), sprechen (**on business** geschäftlich), Am. colloq. ‚(mal) reden mit' j-m (um ihn zu beein-flussen): **we must** ~ **the judge. 10.** emp-fangen: **he refused to** ~ **me. 11.** beglei-ten, geleiten: to ~ **s.o. home** j-n heimbe-gleiten, j-n nach Hause bringen; to ~ **s.o. to bed** j-n zu Bett bringen; to ~ **s.o. to the station** j-n zum Bahnhof bringen od. begleiten; to ~ **s.o. across the street** j-n über die Straße bringen; → **see off 1, see out 1. 12.** sehen, erleben: to **live to** ~ erleben; to ~ **action** mil. im Einsatz sein, Kämpfe mitmachen; **he has** ~**n better days** er hat schon bessere Tage gesehen. **13.** Poker: halten (durch Setzen e-s gleich hohen Betrages).

**II** v/i **14.** sehen: **we haven't** ~**n much of him lately** wir haben ihn in letzter Zeit nicht allzuoft gesehen. **15.** einsehen, verstehen: I ~ (ich) verstehe!, aha!, ach so!; (**you**) ~, ... weißt du od. wissen Sie, ...; (**you**) ~? colloq. verstehst du?; **as far as I can** ~ soviel ich sehen kann. **16.** nach-sehen: **go and** ~ (**for**) **yourself! 17.** sehen, sich über'legen: **let us** ~! warte(n Sie) mal!, laß mich überlegen!; **we'll** ~ wir werden sehen, mal sehen od. abwarten.

Verbindungen mit Präpositionen:

**see** | **a·bout** v/i sich kümmern um: I **will** ~ **it** a) ich werde mich darum küm-mern, b) colloq. ich will es mir überlegen. ~ **af·ter** v/i sich kümmern um, sorgen für, sehen nach. ~ **in·to** v/i e-r Sache auf den Grund gehen. ~ **o·ver**, ~ **round** v/i sich ansehen: to ~ **a house**. ~ **through** I v/i j-n od. etwas durch'schauen: → **game 6. II** v/i j-n über e-e Schwierigkeit etc hin'weghelfen. ~ **to** v/i sich kümmern um: → **see[1] 7.**

Verbindungen mit Adverbien:

**see** | **off** v/t **1.** j-n verabschieden (**at** am Bahnhof etc). **2.** vertreiben, verjagen. **3.** bes. mil. e-m Angriff etc standhalten. ~ **out** v/t **1.** j-n hin'ausbegleiten. **2.** colloq. etwas zu Ende sehen, bis zum Ende an-sehen od. mitmachen. ~ **through** I v/t **1.** j-m beistehen, helfen (**with** bei). **2.** etwas (bis zum Ende) 'durchhal-ten od. -fechten. **II** v/i **3.** colloq. 'durch-halten.

**see[2]** [siː] s relig. **1.** (Erz)Bischofssitz m, (erz)bischöflicher Stuhl: **Apostolic** (od. **Holy**) **S~** der Apostolische od. Heilige Stuhl. **2.** (Erz)Bistum n: **the** ~ **of Canter-bury. 3.** obs. (bes. Thron)Sitz m.

**See·beck ef·fect** ['siːbek; 'zeɪ-] s phys. 'Seebeck-Efˌfekt m.

**see·catch** ['siːkætʃ] pl '**see·catch·ie** [-tʃɪ] s (Alaska) ausgewachsener männ-licher Seehund.

**seed** [siːd] **I** s **1.** bot. a) Same m, b) (Obst)Kern m, c) collect. Samen pl, d) agr. Saat(gut n) f: **to go** (od. **run**) **to ~** schießen (Salat etc), fig. herunter-, verkommen, verwahrlosen. **2.** agr. bot. Diaspore f. **3.** physiol. Samen m, Sperma n. **4.** zo. Ei n od. Eier pl (bes. des Hummers u. der Seidenraupe). **5.** zo. Austernbrut f. **6.** Bibl. collect. Same m, Nachkommen (-schaft f) pl: **the ~ of Abraham** der Same Abrahams (die Juden); **not of mortal ~** nicht irdischer Herkunft. **7.** pl fig. Saat f, Keim m: **the ~s of reform** (**suspicion**) der Keim e-r Reform (des Argwohns); **to sow the ~s of discord** (die Saat der) Zwietracht säen. **8.** med. Radiumkapsel f (zur Krebsbehandlung etc). **9.** Bläs-chen f (in Glas). **10.** sport gesetzter Spieler. **II** v/t **11.** Samen (aus-) säen. **12.** den Acker etc besäen. **13.** entsamen, Obst entkernen, Flachs riffeln. **14.** sport Spieler etc setzen. **15.** meteor. Wolken impfen. **III** v/i **16.** bot. a) Samen tragen, b) in 'Samen schießen, c) sich aussäen. **17.** agr. a) säen, b) pflanzen.

**'seed|·bed** s **1.** bot. Samen-, Treib-, Mistbeet n. **2.** fig. Pflanz-, bes. contp. Brutstätte f. **'~·cake** s Kümmelkuchen m. **'~·case** s bot. Samenkapsel f. **~ coat** s bot. Samenschale f. **~ corn** s agr. **1.** Saatkorn n. **2.** Am. Saatmais m. **~ drill** s agr. 'Säma₁schine f.

**'seed·er** s **1.** agr. 'Säma₁schine f. **2.** (Frucht)Entkerner m. **3.** → seed fish.

**seed fish** s ichth. Laichfisch m.

**seed·i·ness** ['siːdɪnɪs] s colloq. **1.** Schäbigkeit f. **2.** Abgerissenheit f, her'untergekommenes Äußeres, verwahrloster Zustand. **3.** Flauheit f (des Befindens).

**seed leaf** s irr bot. Keimblatt n.

**seed·ling** ['siːdlɪŋ] s bot. **1.** Sämling m. **2.** Heister m (Bäumchen).

**seed|oys·ter** s zo. **1.** Saatauster f. **2.** pl Austernlaich m. **~ pearl** s Staubperle f. **~ plant** s bot. Samenpflanze f. **~ plot** s **1.** seedbed. **~ po·ta·to** s 'Saatkar₁toffel f.

**seeds·man** ['siːdzmən] s irr agr. **1.** Säer m. **2.** Samenhändler m.

**'seed|·time** s agr. Saatzeit f. **~ ves·sel** s bot. Samenkapsel f. **~ wee·vil** s zo. Getreidespitzmäus-chen n. **~ wool** s noch nicht entkernte Baumwolle.

**seed·y** ['siːdɪ] adj (adv seedily) **1.** bot. samentragend, samenreich. **2.** ichth. laichreif. **3.** colloq. a) schäbig, abgetragen, fadenscheinig, b) schäbig (angezogen), abgerissen, her'untergekommen (Person), c) ,flau', ,mies' (Befinden): **to look ~** elend aussehen.

**'see·ing I** s Sehen n: **a view worth ~** ein sehenswerter Anblick; **~ is believing** Sehen ist Glauben. **II** conj a. ~ **that** da doch; in Anbetracht dessen, daß. **III** prep angesichts (gen), in Anbetracht (gen): **~ his difficulties. '~·₁eye dog** s Am. Blindenhund m.

**seek** [siːk] pret u. pp sought [sɔːt] **I** v/t **1.** suchen: **the reasons are not far to ~** nach den Gründen muß man nicht (erst) lange suchen. **2.** aufsuchen: **to ~ the shade; to ~ a fortuneteller. 3.** (of) suchen (bei), erbitten (von): **to ~ s.o.'s advice** (aid, etc). **4.** begehren, erstreben, trachten od. streben nach: **to ~ fame** nach Ruhm trachten; → life Bes. Redew. **5.** jur. etc beantragen, begehren: **to ~ a divorce** auf Scheidung klagen. **6.** (ver-) suchen, trachten: **to ~ to convince s.o. 7.** zu ergründen suchen: **to ~ through** durchforschen. **8.** to be to ~ obs. (noch) fehlen, nicht zu finden sein; **education is much to ~** (od. **is much to be sought**) **with him** die Erziehung fehlt bei ihm in hohem Maße; **a solution is yet to ~** e-e Lösung muß (erst) noch gefunden wer-

den. **9.** to be to ~ (in) obs. ermangeln (gen). **10.** ~ out a) her'ausfinden, ausfindig machen, b) fig. aufs Korn nehmen. **II** v/i **11.** suchen, fragen, forschen (for, after nach): (much) sought-after (sehr) gefragt, (sehr) begehrt. **'seek·er** s **1.** Sucher(in) (a. relig.): ~ after truth Wahrheitssucher. **2.** med. Sonde f. **3.** aer. mil. Zielanfluggerät n.

**seem** [siːm] v/i **1.** (zu sein) scheinen, anscheinend sein, erscheinen: **it ~s impossible to me** es (er)scheint mir unmöglich; **he ~s (to be) a good fellow** er scheint ein guter Kerl zu sein; **I ~ (to be) deaf today** ich bin heute anscheinend taub; **all is not what it ~s** der Anschein trügt eben oft. **2.** mit inf scheinen (anscheinend tun): **you ~ to believe it** Sie scheinen es zu glauben; **apples do not ~ to grow here** Äpfel wachsen hier anscheinend nicht; **I ~ to hear voices** mir ist, als hörte ich Stimmen. **3.** impers it ~s (**that**) es scheint, daß; anscheinend; **it ~s as if** (od. **though**) es sieht so aus od. es scheint so od. es hat den Anschein, als ob; **it ~s (that) you were lying** du hast anscheinend gelogen; **it ~s to me (that)** it will rain mir scheint, es wird regnen; **it should** (od. **would**) ~ **that** man sollte glauben, daß. **4.** mit Negation **I can't ~ to open this door** ich bringe diese Tür einfach nicht auf.

**'seem·ing I** adj scheinbar: **with ~ sincerity. II** s (An)Schein m: **the ~ and the real Schein** u. Sein. **'seem·ing·ly** adv anscheinend.

**seem·li·ness** ['siːmlɪnɪs] s Anstand m, Schicklichkeit f.

**seem·ly** ['siːmlɪ] adj **1.** anständig, schicklich, passend. **2.** obs. hübsch, nett.

**seen** [siːn] pp von see¹.

**seep** [siːp] v/i **1.** ('durch)sickern (a. fig.): **to ~ away** versickern; **to ~ in** a. fig. einsickern, langsam eindringen. **2.** fig. durch'dringen (through s.o. j-n). **seep²** [siːp] s Am'phibien-Jeep m. **'seep·age** s **1.** ('Durch-, Ver)Sickern n. **2.** 'Durchgesickertes n. **3.** Sickerstelle f, Leck n.

**seer¹** ['siːə(r); 'sɪə(r)] s **1.** Seher(in), Pro'phet(in). **2.** Wahrsager(in).

**seer²** [sɪə] s ,,,

**seer·suck·er** ['sɪə(r)₁sʌkə(r)] s leichtes kreppartiges Leinen.

**see·saw** ['siːsɔː] **I** s **1.** Wippen n, Schaukeln n. **2.** Wippe f, Wippschaukel f. **3.** fig. ständiges Auf u. Ab od. Hin u. Her. **4.** Zwickmühle f (beidseitiges Trumpfen beim Whist). **II** adj **5.** schaukelnd, wippend: **~ motion** Schaukelbewegung f; **~ policy** fig. Schaukelpolitik f. **III** v/i **6.** wippen, schaukeln. **7.** sich hin u. her od. auf u. ab bewegen. **8.** fig. (hin u. her) schwanken. **IV** v/t **9.** schaukeln.

**seethe** [siːð] **I** v/i pret **seethed** obs. **sod** [sɒd] pp **seethed** obs. **sod·den** ['sɒdn; Am. 'sɑdn] **1.** sieden. **2.** schäumen (a. fig.): **to ~ with anger** vor Wut kochen od. schäumen; **the whole country is seething with discontent** im ganzen Land brodelt od. gärt es. **3.** wimmeln (with von). **II** v/t **4.** einweichen. **5.** obs. schmoren, dämpfen. **III** s **6.** Sieden n.

**'see-through I** adj 'durchsichtig: **~ blouse; ~ package** Klarsichtpackung f. **II** s 'durchsichtige Bluse etc.

**seg** [seg], **seg·gie** ['segi] s Am. für segregationist I.

**seg·ment** s ['segmənt] **1.** Abschnitt m, Teil m, n. **2.** math. (Kreis-, Kugel- etc) Seg'ment n. **3.** biol. a) allg. Seg'ment n, Glied n, b) Ring m, 'Körperseg₁ment n (e-s Wurms etc). **II** v/t u. v/i [seg'ment; bes. Am. 'segment] **4.** (sich) in Abschnitte

od. Seg'mente teilen. **seg'men·tal** [-'mentl], **'seg·men·tar·y** [-məntərɪ; Am. -₁terɪ] adj segmen'tär.

**seg·men·ta·tion** [₁segmən'teɪʃn] s **1.** Segmentati'on f, Gliederung f. **2.** biol. (Ei)Furchung f, Zellteilung f.

**seg·ment| gear** s tech. Seg'ment(zahnrad)getriebe n. **~ saw** s tech. **1.** Baumsäge f. **2.** Bogenschnittsäge f.

**seg·re·gate** ['segrɪgeɪt] **I** v/t **1.** trennen (a. nach Rassen, Geschlechtern etc), absondern, iso'lieren: **~d school** Am. Schule f mit Rassentrennung. **2.** tech. (aus)saigern, ausscheiden. **II** v/i **3.** sich absondern od. abspalten (a. fig.). **4.** chem. 'auskristalli₁sieren, sich abscheiden. **5.** biol. sich aufspalten (nach den Mendelschen Gesetzen), mendeln. **III** adj [-gɪt; -geɪt] **6.** iso'liert, abgesondert. **₁seg·re-'ga·tion** s **1.** Absonderung f, Abtrennung f. **2.** Rassentrennung f. **3.** abgespaltener Teil. **4.** biol. Trennung von väterlichen u. mütterlichen Eigenschaften in der Reduktionsteilung. **5.** chem. Abscheidung f. **₁seg·re'ga·tion·ist I** s Anhänger(in) od. Verfechter(in) der 'Rassentrennung(spoli₁tik). **II** adj die Rassentrennung befürwortend. **'seg·re·ga·tive** adj sich absondernd, Trennungs...

**sei·cen·to** [seɪ'tʃentəʊ] s Sei'cento n (italienischer Kunststil des 17. Jhs.).

**seiche** [seɪʃ] s Seiche f (periodische Niveauschwankung von Binnenseen).

**Seid·litz pow·der** ['sedlɪts] s Seidlitzpulver n (ein abführendes Brausepulver).

**sei·gneur** [se'njɜː; seɪn'jɜː; Am. seɪn-'jɜr], **sei·gnior** ['seɪnjə; Am. seɪn'jɔːr] s **1.** hist. Leh(e)ns-, Feu'dalherr m. **2.** Herr m.

**sei·gnior·age** ['seɪnjərɪdʒ] s econ. **1.** Re'gal n, Vorrecht n. **2.** (königliche) Münzgebühr. **3.** Schlagschatz m (Differenz zwischen Realwert u. Nennwert von Münzen). **'sei·gnior·al** [-rəl] → **seignorial. 'sei·gnior·al·ty** [-tɪ] s hist. Grund-, Leh(e)nsherrschaft f.

**sei·gnior·y** ['seɪnjərɪ] s **1.** Feu'dalrechte pl. **2.** (herr)schaftliche Do'mäne etc. **sei·gno·ri·al** [seɪn'jɔːrɪəl] adj feu'dalherrschaftlich.

**seine** [seɪn] mar. **I** s Schlagnetz n. **II** v/t u. v/i mit dem Schlagnetz fischen.

**seise** Br. für seize 5.

**sei·sin** Br. für seizin.

**seism** [saɪzm] s Erdbeben n. **seis·mal** ['saɪzməl] → **seismic. seis·mat·i·cal** [-'mætɪkl] adj geol. phys. seismo'logisch. **'seis·mic** adj seismisch, Erdbeben...

**seis·mo·gram** ['saɪzməgræm] s geol. phys. Seismo'gramm n (Erdbebenkurve des Seismographen). **'seis·mo·graph** [-grɑːf; bes. Am. -græf] s Seismo'graph m, Erdbebenschreiber m. **seis·mol·o·gist** [-'mɒlədʒɪst; Am. -'mɑl-] s Seismo'loge m. **seis·mol·o·gy** [-dʒɪ] s Seismik f, Seismolo'gie f, Erdbebenkunde f.

**seis·mom·e·ter** [saɪz'mɒmɪtə(r); Am. -'mɑm-] s phys. Seismo'meter n, Erdbebenmesser m. **seis·mom·e·try** [-trɪ] s Seismome'trie f.

**seis·mo·scope** ['saɪzməskəʊp] s phys. Seismo'skop n, Erdbebenanzeiger m.

**seiz·a·ble** ['siːzəbl] adj **1.** ergreifbar. **2.** jur. pfändbar, der Beschlagnahme unter'liegend.

**seize** [siːz] **I** v/t **1.** a) (er)greifen, fassen, packen (by an dat): **to ~ a weapon; to ~ s.o. by the neck**, b) fig. ergreifen, pakken, erfassen: **fear ~d the crowd** Furcht ergriff die Menge; **he was ~d with remorse** er wurde von Reue gepackt; **~d with an illness** von e-r Krankheit befallen; **~d with apoplexy** vom Schlag getroffen. **2.** (ein)nehmen, erobern: **to ~ a fortress. 3.** sich e-r Sache

bemächtigen, an sich reißen: **to ~ (the) power** die Macht an sich reißen. **4.** *jur.* beschlagnahmen, pfänden. **5.** *jur. Am.* **j**-*n* in den Besitz setzen (**of** *gen od.* von): **to be ~d with, to stand ~d of** im Besitz *e*-*r Sache* sein. **6.** *j-n* ergreifen, festnehmen. **7.** *e-e Gelegenheit* ergreifen, wahrnehmen. **8.** *fig.* (*geistig*) erfassen, begreifen, verstehen. **9.** *mar.* a) zs.-binden, zurren, b) anbinden. **II** *v/i* **10.** **~ (up)on** *e-e Gelegenheit* ergreifen, *e-e Idee etc* (begierig) aufgreifen. **11.** *meist* **~ up** *tech.* sich festfressen.

**sei·zin** ['si:zɪn] *s jur. Am.* Grundbesitz *m*, verbunden mit Eigentumsvermutung.

**seiz·ing** ['si:zɪŋ] *s* **1.** Ergreifen *n* (*etc*; → **seize**). **2.** *pl mar.* Zurrtau *n*.

**sei·zure** ['si:ʒə(r)] *s* **1.** Ergreifung *f*. **2.** Inbe'sitznahme *f*. **3.** *jur.* a) Beschlagnahme *f*, Pfändung *f*, b) Festnahme *f*. **4.** *med.* Anfall *m*.

**se·jant** ['si:dʒənt] *adj* (*nachgestellt*) her. sitzend.

**se·la·chi·an** [sɪ'leɪkjən; -ɪən] *ichth.* **I** *s* Hai(fisch) *m*. **II** *adj* Haifisch...

**se·lah** ['si:lə] *s Bibl.* Sela *n*.

**sel·dom** ['seldəm] *adv* (*obs. a. adj*) selten: **~, if ever** (nur) äußerst selten.

**se·lect** [sɪ'lekt] **I** *v/t* **1.** auswählen, -lesen. **II** *v/i* **2.** wählen. **III** *adj* **3.** ausgewählt: **~ committee** *parl. Br.* Sonderausschuß *m*. **4.** a) erlesen: a **~ book** (**wine**, *etc*); a **few ~ spirits** einige erlesene Geister, b) ex·klu'siv: a **~ party**. **5.** wählerisch.

**se·lect·ee** [sə‚lek'ti:] *s mil. Am.* Einberufene(r) *m*.

**se·lec·tion** [sɪ'lekʃn] *s* **1.** Wahl *f*: **to make one's ~** s-e Wahl treffen. **2.** Auswahl *f*, -lese *f*. **3.** *biol.* Selekti'on *f*, Zuchtwahl *f*: **natural ~** natürliche Auslese. **4.** Auswahl *f* (**of** an *dat*).

**se·lec·tive** [sɪ'lektɪv] *adj* (*adv* **~ly**) **1.** auswählend, Auswahl...: **~ assembly** *tech.* Austauschbau *m*. **2.** Auslese...: **~ examination**; **~ value**. **3.** *electr.* trennscharf, selek'tiv: **~ circuit** Trennkreis *m*. **4.** wählerisch. **~ ser·vice** *s mil. Am.* **1.** Wehrpflicht *f*, -dienst *m*. **2.** Einberufung *f*. **~ trans·mis·sion** *s tech.* **1.** Selek'tivgetriebe *n*, (Gang)Wählgetriebe *n*. **2.** Getriebe *n* mit Druckknopfschaltung.

**se·lec·tiv·i·ty** [‚sɪlek'tɪvətɪ; sɪ‚lek't-] *s* **1.** Selektivi'tät *f*. **2.** *electr.* Selektivi'tät *f*, Trennschärfe *f*.

**se'lect·man** [-mən; *Am.* -‚mæn] *s irr* Stadtrat *m* (*in den Neuenglandstaaten*).

**se·lec·tor** [sɪ'lektə(r)] *s* **1.** Auswählende(r *m*) *f*. **2.** Sor'tierer(in). **3.** *tech.* a) Wähler *m* (*a. electr.*), b) Schaltgriff *m*, c) *mot.* Gangwähler *m*, d) a. **~ switch** *electr.* Wahlschalter *m*, e) *Computer:* Se'lektor *m*.

**sel·e·nate** ['selɪneɪt] *s chem.* Sele'nat *n*.

**se·len·ic** [sɪ'li:nɪk; -'len-] *adj chem.* se'lensauer, Selen... **se'le·ni·ous** [-'li:njəs; -ɪəs] *adj* se'lenig: **~ acid** Selenigsäure *f*.

**sel·e·nite** ['selɪnaɪt] *s* **1.** *min.* Se'lenit *m*, Gips *m*. **2.** *chem.* Salz *n* der se'lenigen Säure.

**se·le·ni·um** [sɪ'li:njəm; -ɪəm] *s chem.* Se'len *n*: **~ cell** *electr.* Selenzelle *f*.

**sel·e·nog·ra·pher** [‚selɪ'nɒgrəfə(r); *Am.* -'nɑg-] *s* Seleno'loge *m*, Mondforscher *m*. **sel·e'nog·ra·phy** [-fɪ] *s* Selenogra'phie *f*, Mondbeschreibung *f*.

**‚sel·e'nol·o·gist** [-'nɒlədʒɪst; *Am.* -'nɑl-] *s* selenographer. **‚sel·e'nol·o·gy** [-dʒɪ] *s astr.* Selenolo'gie *f*, Mondkunde *f*.

**self** [self] **I** *pl* **selves** [selvz] *s* **1.** Selbst *n*, Ich *n*: **my better ~** mein besseres Selbst; **his second ~** sein zweites Ich (*Freund od. Stütze*); **my humble** (*od.* **poor**) **~** m-e Wenigkeit; **pity's ~** das Mitleid selbst; **your good selves** *econ. obs.* Ihre werte Firma, Sie; → **former²** 1. **2.** Selbstsucht

---

*f*, das eigene *od.* liebe Ich. **3.** *philos.* Ich *n*, Sub'jekt *n*: **the consciousness of ~** das Ich- *od.* Subjektsbewußtsein. **4.** *biol.* a) einfarbige Blume, b) Tier *n* von einheitlicher Färbung, c) auto'games Lebewesen. **II** *adj* **5.** einheitlich: **a ~ trimming** ein Besatz vom selben Material. **6.** *bes. bot.* einfarbig. **7.** *obs.* selbig(er, e, es). **III** *pron* **8.** *econ. od. colloq.* → **myself**, *etc*: **a check** (*Br.* **cheque**) **drawn to ~** ein auf ,Selbst' ausgestellter Scheck; **a ticket admitting ~ and friend** e-e Karte für mich selbst u. e-n Freund.

**‚self·a'ban·don·ment** *s* **1.** (Selbst-) Aufopferung *f*, (bedingungslose) 'Hingabe. **2.** *contp.* Zügellosigkeit *f*. **~-a'base·ment** *s* Selbsterniedrigung *f*. **‚~·ab·ne'ga·tion** *f* Selbstverleugnung *f*. **‚~-ab'sorbed** *adj* **1.** mit sich selbst beschäftigt. **2.** *contp.* ego'zentrisch. **‚~-a'buse** *s* Selbstbefleckung *f* (*Onanie*). **‚~·ac·cu'sa·tion** *s* Selbstanklage *f*. **~-'act·ing** *adj bes. tech.* selbsttätig, auto'matisch. **‚~·ac·tu·al·i'za·tion** *s psych.* Selbstverwirklichung *f*. **~-ad'dressed** *adj* **1.** an sich selbst gerichtet *od.* adres'siert (*Bemerkung etc*). **2.** **~ envelope** Rückumschlag *m*. **~-ad'he·sive** *adj* selbstklebend. **‚~·ad'just·ing** *adj tech.* selbsteinstellend. **'‚~·ad·mi'ra·tion** *s* Selbstbewunderung *f*. **‚~·af·fir'ma·tion** *s psych.* Selbstbewußtsein *n*. **‚~·ag'gran·dize·ment** *s* Selbsterhöhung *f*, -verherrlichung *f*. **~-a'nal·y·sis** *s psych.* 'Selbstana‚lyse *f*. **‚~·ap'point·ed** *adj* selbsternannt, iro. (*nachgestellt*) von eigenen Gnaden: **~ expert.** **‚~-as'sert·ing** *adj* (*adv* **~ly**) **1.** auf s-e Rechte pochend. **2.** *contp.* anmaßend, über'heblich. **‚~·as'ser·tion** *s* **1.** Geltendmachen *n* s-r Rechte. **2.** *contp.* anmaßendes Auftreten. **‚~-as'ser·tive** → **self-asserting**. **‚~-as'sur·ance** *s* Selbstbewußtsein *n*, -sicherheit *f*. **‚~-as'sured** *adj* selbstbewußt, -sicher. **‚~-a'ware** *adj philos. psych.* selbstbewußt. **‚~-a'ware·ness** *s philos. psych.* Selbstbewußtsein *n*, -bewußtheit *f*. **‚~-be'tray·al** *s* Selbstverrat *m*. **‚~-'bind·er** *s agr.* Selbstbinder *m*. **‚~-'blame** *s* Selbstanklage *f*, -beschuldigung *f*. **‚~-'ca·ter·ing** *adj* für Selbstversorger, mit Selbstverpflegung *f*. **‚~-'cen·t(e)red** *adj* ichbezogen, ego'zentrisch. **‚~-'col·o(u)red** *adj* **1.** einfarbig. **2.** na'turfarben. **‚~-com'mand** *s* Selbstbeherrschung *f*. **‚~-com'pla·cent** *adj* (*adv* **~ly**) selbstgefällig, -zufrieden. **‚~-con'ceit** *s* Eigendünkel *m*. **‚~-con'ceit·ed** *adj* dünkelhaft, eingebildet. **‚~-'con·cept** *s psych.* Selbstauffassung *f*, -verständnis *n*. **‚~-con'demned** *adj* selbstverurteilt. **‚~-con'fessed** *adj* erklärt. **‚~-'con·fi·dence** *s* **1.** Selbstvertrauen *n*, -bewußtsein *n*. **2.** *contp.* Über'heblichkeit *f*. **‚~-'con·fi·dent** *adj* (*adv* **~ly**) **1.** selbstsicher, -bewußt. **2.** *contp.* über'heblich. **‚~-'con·scious** *adj* (*adv* **~ly**) **1.** befangen, gehemmt, unsicher. **2.** *philos. psych.* selbstbewußt. **‚~-'con·scious·ness** *s* **1.** Befangenheit *f*. **2.** *philos. psych.* Selbstbewußtsein *n*, -bewußtheit *f*. **‚~-con'sist·ent** *adj* (in sich selbst) konse'quent *od.* folgerichtig. **‚~-con'tained** *adj* **1.** (in sich) geschlossen, selbständig, unabhängig (*alle a. tech.*): **~ unit**; **~ country** Selbstversorgerland *n*; **~ flat** *bes. Br.* abgeschlossene Wohnung; **~ house** Einfamilienhaus *n*. **2.** zu'rückhaltend, reser'viert. **3.** *jur.* selbstbeherrscht. **‚~-con'tempt** *s* Selbstverachtung *f*. **‚~·con·tra'dic·tion** *s* innerer 'Widerspruch, Widerspruch *m* mit *od.* in sich selbst. **‚~·con·tra'dic·to·ry** *adj* 'widerspruchsvoll, 'widersprüchlich. **‚~-con-**

---

**'trol** *s* Selbstbeherrschung *f*. **‚~-con'trolled** *adj* selbstbeherrscht. **‚~-'cooled** *adj tech.* mit Selbstkühlung, eigenbelüftet. **‚~-'crit·i·cal** *adj* selbstkritisch. **‚~-'crit·i·cism** *s* 'Selbstkri‚tik *f*. **‚~-de'ceit** *s* Selbsttäuschung *f*, -betrug *m*. **‚~-de'ceiv·er** *s* j-d, der sich selbst betrügt *od.* täuscht. **‚~-de'cep·tion** → **self-deceit**. **‚~-de'feat·ing** *adj* genau das Gegenteil bewirkend, (völlig) sinnlos. **‚~-de'fence**, *Am.* **-de'fense** *s* **1.** Selbstverteidigung *f*: **the gentle art of ~** die edle Kunst der Selbstverteidigung (*Boxen*). **2.** Notwehr *f*: **in ~.** **‚~-de'ni·al** *s* Selbstverleugnung *f*. **‚~-de'ny·ing** *adj* selbstverleugnend. **‚~-de'spair** *s* Verzweiflung *f* an sich selbst. **‚~-de'struct** *v/i* sich selbst zerstören. **‚~-de'struc·tion** *s* **1.** Selbstzerstörung *f*. **2.** Selbstvernichtung *f*, -mord *m*. **‚~-de'struc·tive** *adj* **1.** selbstzerstörerisch. **2.** selbstmörderisch. **‚~-de‚ter·mi'na·tion** *s* **1.** *bes. pol.* Selbstbestimmung *f*: **right of ~** Selbstbestimmungsrecht *n*. **2.** *philos.* freier Wille. **‚~-de'vo·tion** → **self-abandonment** 1. **‚~-'dis·ci·pline** *s* 'Selbstdiszi‚plin *f*. **‚~-dis'trust** *s* Mangel *m* an Selbstvertrauen, 'Mißtrauen *n* gegen sich selbst. **‚~-'doubt** *s* Zweifel *pl* an sich selbst, Selbstzweifel *pl*. **‚~-'doubt·ing** *adj* selbstzweiflerisch. **‚~-'drive** *adj Br.* Selbstfahrer...: **~ car** Mietwagen *m*; **~ cars for hire** Autovermietung *f* für Selbstfahrer. **‚~-'driv·en** *adj tech.* selbstgetrieben, Selbstantrieb... **‚~-'ed·u·cat·ed** → **self-taught** 1. **‚~-ef'face·ment** *s* Zu'rückhaltung *f*. **‚~-em'ployed** *adj* selbständig (*Kaufmann etc*). **‚~·es'teem** *s* **1.** Selbstachtung *f*. **2.** *contp.* Eigendünkel *m*. **‚~-'ev·i·dent** *adj* selbstverständlich. **‚~-ex·ci'ta·tion** *s electr.* Selbst-, Eigenerregung *f*. **‚~-'ex·e·cut·ing** *adj*: **~ treaty** *pol.* Vertrag *m*, dessen Inhalt kein Ausführungsgesetz notwendig macht. **‚~-ex'ist·ence** *s* **1.** *philos. relig.* 'Selbstexi‚stenz *f*. **2.** unabhängige Exi'stenz. **‚~-ex'plan·a·to·ry** *adj* ohne Erläuterung(en) verständlich, für sich selbst sprechend. **‚~-ex'pres·sion** *s* Ausdruck *m* der eigenen Per'sönlichkeit. **‚~-'feed·er** *s tech.* **1.** Ma'schine *f* mit auto'matischem Brennstoff- *od.* Materi'alzufuhr. **2.** *agr.* 'Futterauto‚mat *m*. **‚~-'feed·ing** *adj tech.* sich selbst nachfüllend *od.* speisend, auto'matisch (*Material od. Brennstoff*) zuführend. **‚~-'fer·til·i·ty** *s bot.* Eigenfruchtbarkeit *f*. **‚~·fer·ti·li'za·tion** *s* Selbstbefruchtung *f*, Autoga'mie *f*. **‚~-'fer·ti·lized** *adj* selbstbefruchtet. **‚~-'fix·ing** *adj* selbsthaftend. **‚~-'for·get·ful** *adj* (*adv* **~ly**) selbstvergessen, selbstlos. **‚~-ful'fil(l)·ment** *s* Selbstverwirklichung *f*. **‚~-'gov·erned**, **‚~-'gov·ern·ing** *adj pol.* selbstverwaltet, unabhängig, auto'nom, selbständig, mit Selbstverwaltung. **‚~-'gov·ern·ment** *s pol.* Selbstverwaltung *f*, Autono'mie *f*. **‚~-'grat·i·fi·ca·tion** → **self-indulgence**. **‚~-'hard·en·ing** *adj metall.* selbsthärtend. **‚~-'help** *s* Selbsthilfe *f*: **~ group.**

**'self·hood** *s* **1.** Individuali'tät *f*, 'Eigenper‚sönlichkeit *f*. **2.** *contp.* Selbstsucht *f*, Ichbezogenheit *f*, Ego'zentrik *f*.

**‚self-'ig·ni·tion** *s* **1.** *phys.* Selbstentzündung *f*. **2.** *mot.* Selbstzündung *f*. **‚~-'im·age** *s psych.* Selbstbild *n*. **‚~-im'por·tance** *s* 'Selbstüber‚hebung *f*, Wichtigtue'rei *f*, Eigendünkel *m*. **‚~-im'por·tant** *adj* (*adv* **~ly**) eingebildet, ,aufgeblasen', wichtigtuerisch. **‚~-in'duced** *adj* **1.** *electr.* 'selbstindu‚ziert. **2.** selbstverursacht. **‚~-in'duc·tion** *s electr.* 'Selbstinduk‚tion *f*. **‚~-in'duc-**

**tive** *adj electr.* 'selbstinduk,tiv. ~**in-**
'**dul·gence** *s* 1. Sich'gehenlassen *n*,
Nachgiebigkeit *f* gegen sich selbst.
2. *contp.* Zügellosigkeit *f*, Maßlosigkeit *f*.
~**in**'**dul·gent** *adj* 1. nachgiebig gegen
sich selbst. 2. zügellos, maßlos. ~**in-**
'**fec·tion** *s med.* Selbstansteckung *f*. ~-
-**in**'**flict·ed** *adj* selbstzugefügt, -bei-
gebracht: ~ **wounds** *mil.* Selbstverstüm-
melung *f*. ~**in**'**struc·tion** *s* 'Selbst-
,unterricht *m*. ~**in**'**struc·tion·al** *adj*
Selbstlehr..., Selbstunterrichts...: ~ **man-**
**ual** Handbuch *n* für den Selbstunter-
richt. ~**in**'**sur·ance** *s* Selbstversiche-
rung *f*. ~'**in·ter·est** *s* Eigennutz *m*,
eigenes Inter'esse. ~**in**'**vit·ed** *adj* un-
gebeten: ~ **guest**.
**self·ish** ['selfɪʃ] *adj* (*adv* ~**ly**) selbst-
süchtig, ego'istisch, eigennützig. '**self-**
**ish·ness** *s* Selbstsucht *f*, Ego'ismus
*m*.
'**self-**,**jus·ti·fi**'**ca·tion** *s* Rechtferti-
gung *f*: **to say s.th. in** ~ etwas zu s-r
Rechtfertigung sagen. ~'**knowl·edge**
*s* Selbsterkenntnis *f*. '~-,**lac·er**'**a·tion** *s*
*fig.* Selbstzerfleischung *f*.
**self·less** ['selflɪs] *adj u. adv* selbstlos.
'**self·less·ness** *s* Selbstlosigkeit *f*.
,**self-**,**liq·ui·dat·ing** *adj*: ~ **credit**
*econ.* sich kurzfristig abdeckender Kre-
dit, Warenkredit *m*. ~'**load·ing** *adj*
Selbstlade..., selbstladend (*Pistole etc*).
~'**lock·ing** *adj tech.* selbstsperrend: ~
**door** Tür *f* mit Schnappschloß. ~'**love**
*s* Eigenliebe *f*, Selbstliebe *f*. ~'**lu·bri-**
**cat·ing** *adj tech.* selbstschmierend. ~-
-'**made** *adj* selbstgemacht: ~ **man** j-d,
der aus eigener Kraft emporgekommen
ist, Selfmademan *m*. ~'**mur·der** *s*
Selbstmord *m*. '~-,**mu·ti**'**la·tion** *s*
Selbstverstümmelung *f*. ~'**neg**'**lect** *s*
1. Selbstlosigkeit *f*. 2. Vernachlässigung *f*
s-s Äußeren. ~**o**'**pin·ion·at·ed** *adj*
1. eingebildet, von sich selbst eingenom-
men. 2. eigensinnig, rechthaberisch. ~-
-'**pit·y** *s* Selbstmitleid *n*. '~-,**pol·li-**
'**na·tion** *s* Selbstbestäubung *f*. ~'**por-**
**trait** *s* 'Selbstpor,trät *n*, -bildnis *n*. ~-
-**pos**'**sessed** *adj* selbstbeherrscht. ~-
-**pos**'**ses·sion** *s* Selbstbeherrschung *f*.
~'**praise** *s* Eigenlob *n*: ~ **is no recom-**
**mendation** Eigenlob stinkt. '~-,**pres-**
**er**'**va·tion** *s* Selbsterhaltung *f*: **instinct**
**of** ~ Selbsterhaltungstrieb *m*. ~**pro-**
'**nounc·ing** *adj ling.* mit Aussprachebe-
zeichnung im Wort selbst (*mittels diakri-*
*tischer Zeichen*). ~**pro**'**pelled** *adj tech.*
mit Eigenantrieb, selbstangetrieben,
Selbstfahr... ~**pro**'**tec·tion** *s* Selbst-
schutz *m*. ~'**rais·ing flour** *s Br.* mit
Backpulver gemischtes Mehl. '~-,**re·al·**
**i**'**za·tion** *s* Selbstverwirklichung *f*.. ~-
-**re**'**cord·ing** *adj tech.* 'selbstregi,strie-
rend, -schreibend. ~**re**'**gard** *s* 1. Ei-
gennutz *m*. 2. Selbstachtung *f*. ~'**reg-**
**is·ter·ing** *adj* 'selbst-recording. ~'**reg-**
**u·lat·ing** *adj bes. tech.* selbstregelnd,
'selbstregu,lierend. ~**re**'**li·ance** *s*
Selbstvertrauen *n*, -sicherheit *f*. ~**re**'**li-**
**ant** *adj* selbstbewußt, -sicher. ~**re-**
'**proach** *s* Selbstvorwurf *m*. ~**re-**
'**spect** *s* Selbstachtung *f*. ~**re**'**spect-**
**ing** *adj* sich selbst achtend: **every** ~
**craftsman** jeder Handwerker, der etwas
auf sich hält. ~**re**'**straint** *s* Selbst-
beherrschung *f*. ~'**right·eous** *adj*
selbstgerecht. ~'**ris·ing flour** *s Am.*
mit Backpulver gemischtes Mehl. ~-
-'**sac·ri·fice** *s* Selbstaufopferung *f*. ~-
-'**sac·ri·fic·ing** *adj* aufopferungsvoll.
'~-**same** *adj* ebenderselbe, -dieselbe,
-dasselbe, ganz der- *od.* die- *od.* das-
'selbe. ~-'**sat·is·fied** *adj* selbstzufrie-
den. ~'**seal·ing** *adj* 1. selbstklebend
(*bes. Briefumschlag*). 2. *tech.* selbst(ab)-

---

dichtend. ~-'**seek·er** *s* Ego'ist(in). ~-
-'**seek·ing I** *adj* selbstsüchtig, ego-
'istisch. **II** *s* Selbstsucht *f*, Ego'ismus *m*.
~-'**ser·vice I** *adj* mit Selbstbedienung,
Selbstbedienungs... **II** *s* Selbstbedienung
*f*. ~'**start·er** *s tech.* Selbststarter *m*,
(Selbst)Anlasser *m*. ~'**styled** *adj iro.*
(*nachgestellt*) von eigenen Gnaden: ~ **ex-**
**pert**. ~-**suf**'**fi·cien·cy** *s* 1. Unabhän-
gigkeit *f* (von fremder Hilfe). 2. *econ.*
Autar'kie *f*, wirtschaftliche Unabhängig-
keit. 3. Eigendünkel *m*. ~-**suf**'**fi·cient**
*adj* 1. nicht auf fremde Hilfe angewiesen,
unabhängig. 2. *econ.* aut'ark. 3. dünkel-
haft. ~-**sug**'**ges·tion** *s psych.* Autosug-
gesti'on *f*. ~-**sup**'**pli·er** *s econ.* Selbst-
versorger *m*. ~-**sup**'**port** *s* 'Selbst,un-
terhalt *m*, -versorgung *f*. ~-**sup**'**port-**
**ing** *adj* 1. → **self-sufficient** 1, 2. 2. *tech.*
freitragend: ~ **mast**. ~-'**taught** *adj*
1. autodi'daktisch: **a** ~ **person** ein Auto-
didakt. 2. selbsterlernt. ~'**tim·er** *s phot.*
Selbstauslöser *m*. ~-'**tor·ture** *s* Selbst-
quäle'rei *f*. ~-'**will** *s* 1. Eigenwille *m*.
2. *contp.* Eigensinn *m*. ~-'**willed** *adj*
1. eigenwillig. 2. *contp.* eigensinnig. ~-
-'**wind·ing** *adj* auto'matisch (*Uhr*): ~
**mechanism** Selbstaufzug *m*.

**sell** [sel] **I** *s* 1. *colloq.* a) Schwindel *m*,
b) Reinfall *m*, „Pleite' *f*: **what a** ~**!** 2. *econ.*
*colloq.* a) Ver'kaufstaktik *f*, -me,thode *f*;
→ **hard** 11, **soft** 1, b) Zugkraft *f* (*e-s*
*Artikels*). **II** *v/t pret u. pp* **sold** [səʊld]
3. verkaufen, veräußern (**for** für; **to an**
*acc*), *auch a.* absetzen: **to** ~, **to be sold** zu
verkaufen; **to** ~ **o.s.** *fig. contp.* sich ver-
kaufen; → **life** *Bes. Redew.*, **pup** 1.
4. *econ.* Waren führen, vertreiben, han-
deln mit. 5. *fig.* verkaufen, e-n guten
Absatz sichern (*dat*): **his name will** ~
**the book**. 6. *colloq.* „verkaufen', ver-
raten (an *acc*): → **pass**[1], **river** 1.
7. *colloq.* j-m etwas „verkaufen',
schmackhaft machen, „aufschwatzen':
**to** ~ **s.o. on s.th.** j-n für etwas begeistern
*od.* erwärmen; **to be sold on s.th.** von
etwas überzeugt *od.* begeistert sein, ganz
für etwas sein. 8. *colloq.* j-n „beschum-
meln'. 9. *econ. colloq.* a) j-n zum Kaufen
anreizen, b) sich j-n als Kunden sichern.
**III** *v/i* 10. verkaufen, Verkäufe tätigen.
11. verkauft werden (**at**, **for** für). 12. sich
*gut etc* verkaufen (lassen), gehen. 13.
*colloq.* verfangen, „ziehen': **that won't** ~.
*Verbindungen mit Adverbien:*

**sell** | **off** *v/t econ.* (*bes.* zu ermäßigten
Preisen) ausverkaufen, *Lager* räumen. ~
**out I** *v/t* 1. ausverkaufen: **to be sold**
**out** ausverkauft sein (*a. Stadion etc*); **we**
**are sold out of umbrellas** die Schirme
sind ausverkauft. 2. *Anteil etc* abgeben,
verkaufen. 3. → **sell** 6. **II** *v/i* 4. **the**
**umbrellas sold out in two days** die
Schirme waren in zwei Tagen ausver-
kauft; **to** ~ **of s.th.** etwas ausverkaufen.
5. *colloq.* sich 'auskaufen' (**to** an *acc*). ~
**up** *Br.* **I** *v/t Geschäft etc* verkaufen: **to**
**sell s.o. up** j-n auspfänden. **II** *v/i* sein
Geschäft *etc* verkaufen.

'**sell·er** *s* 1. Verkäufer(in), Händler(in):
~**s' market** *econ.* Verkäufermarkt *m*; ~**s'**
**option** Verkaufsoption *f*, (*Börse*) Rück-
prämie(ngeschäft *n*) *f*. 2. **good** ~ *econ.*
gutgehende Ware, zugkräftiger Ar'tikel.
3. → **selling race**.
'**sell·ing I** *adj* 1. (*in Zssgn*) verkäuflich.
2. Verkaufs..., Absatz..., Vertriebs... **II** *s*
3. Verkaufen *n*, Verkauf *m*. 4. *econ.* Ver-
'kaufstaktik *f*, -me,thode *f*: → **hard** 11,
**soft** 1. ~ **a·re·a** *s* Verkaufsfläche *f*. ~
**plate** → **selling race**. '~-,**plat·er** *s*
*sport* ein bei e-m Verkaufsrennen laufen-
des Pferd. ~ **price** *econ.* Verkaufspreis
*m*. ~ **race** *s Pferderennsport:* Verkaufs-
rennen *n*. ~ **space** *s* Verkaufsfläche *f*.

---

'**sell·out** *s colloq.* 1. Ausverkauf *m*.
2. ausverkaufte Veranstaltung, volles
Haus: **to play to a** ~ **audience** vor
ausverkauftem Haus spielen. 3. Verrat
*m*, *pol. a.* ,Ausverkauf' *m*.
**Selt·zer** (**wa·ter**) ['seltsə(r)] *s* Selters
(-wasser) *n*.
**sel·vage, sel·vedge** ['selvɪdʒ] *s Webe-*
*rei:* Salband *n*, feste (Webe)Kante.
**selves** [selvz] *pl von* **self**.
**se·man·teme** [sɪ'mænti:m] *s ling.* Be-
'deutungsele,ment *n*.
**se·man·tic** [sɪ'mæntɪk] *adj* (*adv* ~**ally**)
*ling.* se'mantisch. **se'man·tics** *s pl*
(*meist als sg konstruiert*) *ling.* Se'mantik *f*,
(Wort)Bedeutungslehre *f*.
**sem·a·phore** ['seməfɔː(r); *Am. a.*
-,fəʊər] **I** *s* 1. *tech.* Sema'phor *n*: a) *bes.*
*rail.* ('Flügel)Si,gnalmast *m*, b) optischer
Tele'graf. 2. *mil.* (Flaggen)Winken *n*: ~
**message** Winkspruch *m*. **II** *v/t u. v/i*
3. signali'sieren.
**se·ma·si·o·log·i·cal** [sɪ,meɪsɪə'lɒdʒɪkl;
*Am.* -'lɑ-] *adj ling.* semasio'logisch. **se-**
**ma·si·ol·o·gy** [-'ɒlədʒɪ; *Am.* -'ɑl-] *s*
*ling.* Semasiolo'gie *f*.
**sem·blance** ['sembləns] *s* 1. äußere Ge-
stalt, Form *f*, Erscheinung *f*: **in the** ~ **of**
in Gestalt (*gen*). 2. Ähnlichkeit *f* (**to** mit).
3. (An)Schein *m*: **the** ~ **of honesty**;
**under the** ~ **of friendship** unter dem
Deckmantel der Freundschaft; **without**
**the** ~ **of an excuse** ohne auch nur die
Andeutung e-r Entschuldigung.
**se·me(e)** ['semeɪ; *Am. a.* sə'meɪ] *adj her.*
besät, bestreut (**with**, **of** mit).
**se·mei·ol·o·gy** [,semɪ'ɒlədʒɪ; ,siːmɪ-;
*Am.* ,siː,maɪ'ɑl-] *s* Semi'otik *f*: a) *Lehre*
*von den Zeichen*, b) *med.* Symptomatolo-
'gie *f*. ,**se·mei**'**ot·ics** [-'ɒtɪks; *Am.* -'ɑt-]
*s pl* (*als sg od. pl konstruiert*) → **semei-**
**ology**.
**se·men** ['siːmen; *bes. Am.* -mən] *s physiol.*
Samen *m* (*a. bot. pharm.*), Sperma *n*.
**se·mes·ter** [sɪ'mestə(r)] *s univ. bes. Am.*
Se'mester *n*, Halbjahr *n*.
**semi-** [semɪ; *Am. a.* semaɪ] *Wortelement*
*mit der Bedeutung* halb..., Halb...
**sem·i** ['semɪ; *Am. a.* semɑɪ] *s colloq. für*
a) *bes. Br.* **semidetached** II, b) **semi-**
**final** I, c) *Am.* **semitrailer**.
,**sem·i**'**an·nu·al** *adj* 1. halbjährlich.
2. halbjährig.
'**sem·i**,**au·to**'**mat·ic I** *adj* 'halbauto-
,matisch. **II** *s* 'halbauto,matische Feuer-
waffe.
,**sem·i**'**bold** *print.* **I** *adj* halbfett
(*Schrift*): ~ **face**. **II** *s* halbfette Schrift.
'**sem·i·breve** *s mus. bes. Br.* ganze Note:
~ **rest** ganze Pause.
,**sem·i·cen**'**ten·ni·al I** *s* Fünfzig'jahr-
feier *f*. **II** *adj* fünfzigjährig.
'**sem·i**,**cir·cle** *s* 1. Halbkreis *m*. 2. Win-
kelmesser *m*.
,**sem·i**'**cir·cu·lar** *adj* halbkreisförmig:
~ **canal** *anat.* Bogengang *m* (*des inneren*
*Ohrs*).
,**sem·i·co·lon** [,semɪ'kəʊlən; *Am.* 'se-
mɪ,k-] *s* Semi'kolon *n*, Strichpunkt *m*.
,**sem·i·con**'**duc·tor** *s electr.* Halbleiter
*m*: ~ **memory** (*Computer*) Halbleiter-
speicher *m*.
,**sem·i·con·scious** *adj* nicht bei vollem
Bewußtsein.
,**sem·i·de**'**tached I** *adj*: ~ **house** → II.
**II** *s bes. Br.* Doppelhaushälfte *f*.
,**sem·i·di**'**am·e·ter** *s math.* Halbmesser
*m*, Radius *m*.
'**sem·i**,**doc·u**'**men·ta·ry** *s* Spielfilm *m*
mit dokumen'tarischem 'Hintergrund.
'**sem·i**,**dome** *s arch.* Halbkuppel *f*.
,**sem·i**'**fi·nal** *sport* **I** *s* 1. *meist pl* 'Halb-
fi,nale *n*, 'Semifi,nale *n*, Vorschluß-
runde *f*. 2. 'Halbfi,nalspiel *n*. **II** *adj*
3. Halbfinal...: ~ **round** Halbfinale *f*.

**ˌsem·iˈfi·nal·ist** *s sport* ˈHalbfinaˌlist(in).

**ˌsem·iˈfin·ished** *adj tech.* halbfertig: ~ product Halb(fertig)fabrikat *n*.

**ˌsem·iˈflu·id I** *adj* halb-, zähflüssig. **II** *s* zähflüssige Masse.

**ˌsem·i·ˈin·fi·nite** *adj math.* einseitig unendlich (*Größe*).

**ˌsem·iˈliq·uid** → semifluid.

**ˌsem·iˈlu·nar** *adj* halbmondförmig: ~ valve *anat.* Semilunarklappe *f*.

**ˈsem·iˌman·uˈfac·tured** → semifinished.

**ˌsem·iˈmo·no·coque** *s aer.* längsversteifter Schalenrumpf.

**ˌsem·iˈmonth·ly I** *adj u. adv* halbmonatlich. **II** *s* Halbmonatsschrift *f*.

**sem·i·nal** [ˈseminl] *adj* (*adv* ~ly) **1.** *biol. physiol.* Samen..., Sperma...: ~ duct (*od.* tract) Samengang *m*, -leiter *m*; ~ fluid Samenflüssigkeit *f*, Sperma *n*; ~ leaf *bot.* Keimblatt *n*; ~ power Zeugungsfähigkeit *f*. **2.** *fig.* a) zukunftsträchtig, folgenreich, b) fruchtbar, schöpferisch, origiˈnell, c) zukunftsweisend. **3.** *fig.* Entwicklungs..., noch unentwickelt: in the ~ state im Entwicklungsstadium.

**sem·i·nar** [ˈseminɑː(r)] *s univ. etc* Semiˈnar *n*.

**sem·i·nar·i·an** [ˌsemiˈneəriən] *s* **1.** *relig.* Semiˈnarist *m*. **2.** Semiˈnarteilnehmer(-in).

**sem·i·nar·y** [ˈseminəri; *Am.* -ˌneriː] *s* **1.** *relig.* (ˈPriester)Semiˌnar *n*. **2.** *Am.* → seminar. **3.** *fig.* Schule *f*, Pflanzstätte *f*, *contp.* Brutstätte *f*.

**sem·i·na·tion** [ˌsemiˈneiʃn] *s* (Aus-)Säen *n*.

**ˌsem·iˈof·fi·cial** *adj* (*adv* ~ly) halbamtlich, offiziˈös.

**se·mi·ol·o·gy** [ˌsemiˈɒlədʒi; ˌsiː·mi-; *Am.* ˌsiːmaiˈɑl-], **se·mi·ot·ics** [-ˈɒtiks; *Am.* -ˈɑt-] *s pl* (*als sg od. pl konstruiert*) → semeiology.

**ˌsem·iˈpor·ce·lain** *s* ˈHalbporzelˌlan *n*.

**ˌsem·iˈpost·al** *s mail bes. Am.* Wohlfahrtsmarke *f*.

**ˈsem·iˌpre·cious** *adj*: ~ stone Halbedelstein *m*, Schmuckstein *m*.

**ˌsem·iˈpri·vate** *adj* zweiter Klasse (*Krankenhauszimmer od. -bedienung*): ~ room Zweibettzimmer *n* (*in e-r Klinik*).

**ˈsem·iˌpro** [-prəʊ] *colloq. für* semiprofessional.

**ˌsem·i·proˈfes·sion·al I** *adj* **1.** überˈwiegend praktische Kenntnisse erfordernd (*Tätigkeit*). **2.** ˈhalbprofessioˌnell (*a. sport*): ~ player → II. **II** *s* **3.** *sport* ˈHalbprofiˈ *m*, ˈFeierabendprofiˈ *m*.

**ˈsem·iˌqua·ver** *s mus. bes. Br.* Sechzehntel(note *f*) *n*.

**ˌsem·iˈrig·id** *adj* halbstarr (*Luftschiff*).

**ˌsem·iˈskilled** *adj* angelernt: ~ worker.

**ˌsem·iˈsol·id** *adj* halbfest. **II** *s* halbfeste Subˈstanz.

**ˈsem·iˌsteel** *s tech.* **1.** Halbstahl *m*. **2.** *Am.* Puddelstahl *m*.

**Sem·ite** [ˈsiːmait; *bes. Am.* ˈsem-] **I** *s* Seˈmit(in). **II** *adj* seˈmitisch.

**Se·mit·ic** [siˈmitik] **I** *adj* **1.** seˈmitisch. **II** *s* **2.** *ling.* Seˈmitisch *n*, das Semitische. **3.** *pl* (*als sg konstruiert*) Semiˈtistik *f*.

**Sem·i·tist** [ˈsemitist] *s* Semiˈtist(in).

**ˈsem·iˌtone** *s mus.* Halbton *m*.

**ˌsem·iˈtrail·er** *s tech.* Sattelschlepper (-anhänger) *m*.

**ˈsem·iˌvow·el** *s* ˈHalbvoˌkal *m*.

**ˌsem·iˈweek·ly I** *adj u. adv* halbwöchentlich. **II** *s* halbwöchentlich erscheinende Veröffentlichung.

**ˌsem·iˈyear·ly** → semiannual.

**sem·o·li·na** [ˌseməˈliːnə] *s* (Weizen-)Grieß *m*, Grießmehl *n*.

**sem·pi·ter·nal** [ˌsempiˈtɜːnl; *Am.* -ˈtɜr-] *adj poet.* immerwährend, ewig.

**semp·stress** [ˈsempstris; ˈsemstris] → seamstress.

**sen** [sen] *pl* **sen** *s* Sen *m* (*japanische Münze*).

**sen·ar·mon·tite** [ˌsenɑːˈmɒntait; *Am.* ˌsenərˈmɑnˌtait] *s min.* Senarmonˈtit *m*.

**se·na·ry** [ˈsiːnəri; ˈsen-] *adj* Sechser..., Sechs...

**sen·ate** [ˈsenit] *s* **1.** Seˈnat *m* (*a. univ.*). **2.** S~ *parl. Am.* Seˈnat *m* (*Oberhaus*).

**sen·a·tor** [ˈsenətə(r)] *s* Seˈnator *m*. **sen·a·ˈto·ri·al** [-ˈtɔːriəl; *Am. a.* -ˈtəʊ-] *adj* (*adv* ~ly) **1.** senaˈtorisch, Senats... **2.** *pol. Am.* zur Wahl von Senaˈtoren berechtigt.

**send¹** [send] **I** *v/t pret u. pp* **sent** [sent] **1.** *j-n* senden, schicken (to *dat*): to ~ s.o. to bed (to school, to prison) j-n ins Bett (auf e-e Schule, ins Gefängnis) schicken; to ~ s.o. after s.o. j-n j-m nachschicken; to ~ s.o. off the field *sport* j-n vom Platz stellen. **2.** (to) *etwas*, *a.* Grüße, Hilfe *etc* senden, schicken (*dat od.* an *acc*), Ware *etc* versenden, -schicken (an *acc*): to ~ a letter; to ~ help. **3.** *den Ball, e-e Kugel etc* senden, jagen, schießen. **4.** *j-n* fortjagen, -schicken: → business 9. **5.** (*mit adj od. pres p*) machen: to ~ s.o. mad; to ~ s.o. reeling j-n taumeln machen *od.* lassen; → fly¹ 11, pack 37, spin 17. **6.** (*von Gott, dem Schicksal etc*) a) senden, b) geben, gewähren, c) machen: God ~ it may not be so! gebe Gott, es möge nicht so sein! **7.** *e-n Blick etc* senden: to ~ a glance at s.o. j-m e-n Blick zuwerfen; → send forth. **8.** *electr.* senden, überˈtragen. **9.** *sl.* die Zuhörer *etc* in Ekˈstase versetzen, ˈhinreißen: that ~s me! da bin ich ganz ˌweg'! **II** *v/i* **10.** ~ for a) nach *j-m* schicken, *j-n* kommen lassen, *j-n* holen *od.* rufen (lassen), *j-n* zu sich bitten, b) sich *etwas* kommen lassen, *etwas* anfordern. **11.** we sent after him wir schickten ihm *j-n* nach. **12.** *electr.* senden.

*Verbindungen mit Adverbien:*

**send| a·way I** *v/t* **1.** fort-, wegschikken. **2.** *Brief etc* absenden, abschicken. **II** *v/i* **3.** to ~ (to s.o.) for s.th. (von *j-m*) *etwas* anfordern, sich (von *j-m*) *etwas* kommen lassen. **~ back** *v/t* *j-n*, *etwas* zuˈrückschicken, *Speise a.* zuˈrückgehen lassen. **~ down** *v/t* **1.** hinˈunterschicken. **2.** *univ. Br.* releˈgieren. **3.** *Boxen*: auf die Bretter schicken. **4.** *fig. die Preise, Temperatur etc* fallen lassen. **~ for** *v/t* **1.** *j-n etc, a. Licht* aussenden, *Wärme etc* ausstrahlen. **2.** herˈvorbringen, treiben: to ~ leaves. **3.** *e-n Laut etc* ausstoßen. **4.** veröffentlichen, verbreiten. **~ in** *v/t* **1.** einsenden, -schicken, -reichen: to ~ an application; → name Bes. Redew., resignation 2. **2.** *sport e-n Ersatzmann* aufs Feld schicken. **~ off I** *v/t* **1.** → send away 1. **2.** *j-n* verabschieden (at am *Bahnhof etc*). **3.** *sport* vom Platz stellen. **II** *v/i* **4.** → send away II. **~ on** *v/t* **1.** *j-n*, *etwas* vorˈausschicken. **2.** *Brief etc* nachschicken, nachsenden (to an e-e Adresse). **~ out I** *v/t* **1.** hinˈausschicken. **2.** → send forth 1 *u.* 2. **3.** to ~ s.o. out for s.th. j-n nach *etwas* schicken. **4.** Prospekte *etc* verschicken. **II** *v/i* **5.** to ~ for s.th. *etwas* holen lassen. **~ up** *v/t* **1.** hinˈaufschicken. **2.** *fig. die Preise, Temperatur etc* steigen lassen. **3.** *Br. colloq. j-n, etwas* paroˈdieren, verulken. **4.** *Am. colloq.* ˈhinter Schloß u. Riegel bringen'.

**send²** [send] *s* **1.** *mar.* Triebkraft *f*, Druck *m* (*der Wellen*). **2.** *fig.* Imˈpuls *m*, Antrieb *m*.

**sen·dal** [ˈsendl] *s hist.* Zindeltaft *m*.

**ˈsend·er** *s* **1.** (Über)ˈSender(in). **2.** Absender(in). **3.** a) *teleph.* Zahlengeber *m*, b) *tel.* Geber *m*.

**ˈsend|-off** *s colloq.* **1.** Verabschiedung *f*, Abschied *m*: to be given (*od.* to get) a

good ~ groß verabschiedet werden. **2.** gute Wünsche *pl* zum Anfang (*e-r Tätigkeit etc*). **3.** *sport* ˈStart(siˌgnal *n*) *m*. **~-up** *s Br. colloq.* Paroˈdie *f*, Verulkung *f*.

**Sen·e·gal·ese** [ˌsenigəˈliːz] **I** *adj* senegaˈlesisch, Senegal... **II** *s* Senegaˈlese *m*, Senegaˈlesin *f*.

**se·nes·cence** [siˈnesns] *s* Altern *n*. **se·ˈnes·cent** *adj* **1.** alternd. **2.** *med.* Alters..., altersbedingt: ~ arthritis.

**sen·e·schal** [ˈseniʃl] *s hist.* Seneschall *m*, Majorˈdomus *m*.

**se·nile** [ˈsiːnail] *adj* **1.** seˈnil: a) greisenhaft, altersschwach, b) blöd(e), kindisch. **2.** Alters...: ~ decay *med.* Altersabbau *m*; ~ dementia *med.* Altersblödsinn *m*; ~ speckle *med.* Altersfleck *m*. **se·nil·i·ty** [siˈniləti] *s* Seniliˈtät *f*.

**se·nior** [ˈsiːnjə(r)] **I** *adj* **1.** (*nachgestellt u. in England sen., in USA Sr. abgekürzt*) senior: **Mr. John Smith sen.** (*od.* **Sr.**) Herr John Smith sen. **2.** älter (to als): **he is one year ~ to me.** **3.** rang-, dienstälter, ranghöher, Ober...: a ~ man *Br.* ein höheres Semester (*Student*); ~ officer a) höherer Offizier, mein *etc* Vorgesetzter, b) Rangälteste(r) *m*; ~ lecturer *univ. Br.* (*etwa*) Honorarprofessor *m*; ~ lien *jur.* bevorrechtigtes Pfandrecht; the ~ service *Br.* die Kriegsmarine; → partner 2, staff¹ 8. **4.** *ped.* a) Ober...: the ~ classes die Oberstufe, b) *Am.* im letzten Schuljahr (stehend): the ~ class die oberste Klasse. **5.** best(er, e, es), vorˈzüglich, reif: ~ classic *Br.* bester klassischer Philologe (*bei der honours-Prüfung an der Universität Cambridge*). **II** *s* **6.** Ältere(r *m*) *f*: he is my ~ by four years, he is four years my ~ er ist vier Jahre älter als ich. **7.** Ältere(r *m*) *f*. **8.** Rang-, Dienstältere(r *m*) *f*, Vorgesetzte(r *m*) *f*. **9.** *Br.* → senior fellow. **10.** *Am.* Stuˈdent *m od.* Schüler *m* im letzten Studienjahr. **11.** Alte(r *m*) *f*, Greis(in). **~ cit·i·zen** *s* **1.** Altersrentner(in), Ruhegeldempfänger(in). **2.** *pl* Seniˈoren *pl*. **~ fel·low** *s univ. Br.* rangältester Fellow. **~ high (school)** *s ped. Am.* die obersten Klassen der High-School. **~ league** *s Am.* **1.** *sport* oberste Spielklasse. **2.** *fig.* Spitzenklasse *f*, ˌeinsame Spitze': to be ~.

**sen·ior·i·ty** [ˌsiːniˈɒrəti; *Am.* siːnˈjɔːr-; -ˈjɑr-] *s* **1.** höheres Alter. **2.** höheres Dienstalter: to be promoted by ~ nach dem Dienstalter befördert werden. **3.** the ~ *Br.* die rangältesten Fellows *pl* (*e-s Colleges*).

**sen·na** [ˈsenə] *s bot. pharm.* Sennesblätter *pl*.

**sen·night**, *a.* se'n·night [ˈsenait] *s obs.* e-e Woche: Tuesday ~ Dienstag in e-r Woche.

**sen·sate** [ˈsenseit] *adj* sinnlich (wahrgenommen).

**sen·sa·tion** [senˈseiʃn] *s* **1.** (Sinnes-)Wahrnehmung *f*, (-)Empfindung *f*: ~ level Empfindungsschwelle *f*. **2.** Gefühl *n*: a pleasant ~; ~ of thirst Durstgefühl. **3.** Empfindungsvermögen *n*. **4.** (großer) Eindruck, Sensatiˈon *f*, Aufsehen *n*: to make (*od.* create) a ~ Aufsehen erregen, für e-e Sensation sorgen; he was the ~ of the day er war der Sensation des Tages. **5.** Sensatiˈon *f*, Überˈraschung *f* (*Ereignis*). **6.** → sensationalism 2. **sen·ˈsa·tion·al** [-ʃnl] *adj* (*adv* ~ly) **1.** sinnlich, Sinnes... **2.** sensatioˈnell, Sensations...: a) aufsehenerregend, b) verblüffend, c) großartig, ˌtoll', d) auf Efˌfekthasche'rei bedacht: ~ writer ein Sensationsschriftsteller. **3.** *philos.* sensuaˈlistisch. **sen·ˈsa·tion·al·ism** *s* **1.** Sensatiˈonsgier *f*, -lust *f*. **2.** ˌSensatiˈonsmache' *f*. **3.** *philos.* Sensuaˈlismus *m*. **sen·ˈsa·tion·al·ist I** *s* **1.** Sensatiˈonsschrift-

steller(in), -redner(in), Ef¹fekthascher(in). **2.** *philos.* Anhänger *m* des Sensua¹lismus. **II** *adj* → **sensational** 2 d.
**sense** [sens] **I** *s* **1.** Sinn *m*, ¹Sinnesor₁gan *n*: ~ **of hearing** (**sight, smell, taste, touch**) Gehör-(Gesichts-, Geruchs-, Geschmacks-, Tast)sinn; → **sixth** 1. **2.** *pl* Sinne *pl*, (klarer) Verstand: **in** (**out of**) **one's ~s** bei (von) Sinnen; **to lose** (*od.* **take leave of**) **one's ~s** den Verstand verlieren; **to bring** s.o. **to his ~s** j-n wieder zur Besinnung bringen; **to recover one's ~s** wieder zur Besinnung kommen. **3.** *fig.* Vernunft *f*, Verstand *m*: **a man of ~** ein vernünftiger *od.* kluger Mensch; **to have the ~ to do** s.th. so klug sein, etwas zu tun; **do have some ~!** sei doch vernünftig!; → **common sense.** **4.** Sinne *pl*, Empfindungsvermögen *n*. **5.** Gefühl *n*: a) Empfindung *f* (**of** für): ~ **of pain** Schmerzgefühl; ~ **of security** Gefühl der Sicherheit, b) Ahnung *f*, unbestimmtes Gefühl. **6.** Sinn *m*, Gefühl *n* (**of** für): ~ **of beauty** Schönheitssinn; ~ **of decency** (*od.* **decorum**) Anstand(sgefühl *n*) *m*; ~ **of duty** Pflichtgefühl; **a keen ~ of justice** ein ausgeprägter Gerechtigkeitssinn; ~ **of responsibility** Verantwortungsgefühl, -bewußtsein *n*; ~ **of shame** Schamgefühl; → **direction** 1, **humor** 3, **locality** 1, **mission** 5, **purpose** 5. **7.** Sinn *m*, Bedeutung *f*: **figurative** (**literal**, *etc*) ~; **in every ~** in jeder Hinsicht; **in a ~** in gewissem Sinne; **in the good and in the bad ~** im guten wie im bösen *od.* schlechten Sinn. **8.** Sinn *m*, (*etwas*) Vernünftiges: **what is the ~ of doing this?** was hat es für e-n Sinn, das zu tun?; **it makes ~** es hat Hand u. Fuß, es klingt plausibel; **it does not make ~** es hat keinen Sinn; **to talk ~** vernünftig reden. **9.** (*bes.* allgemeine) Ansicht, Meinung *f*, Auffassung *f*: **to take the ~ of the meeting** die Meinung der Versammlung einholen. **10.** *math.* Richtung *f*: ~ **of rotation** Drehsinn *m*. **11.** *Funkpeilung*: (Peil)Seite *f*. **II** *v/t* **12.** empfinden, fühlen, spüren, ahnen. **13.** *Computer*: a) abtasten, b) abfragen. **14.** *bes. Am. colloq.* ₁ka¹pieren¹, begreifen.
**sense|cen·ter,** *bes. Br.* ~**cen·tre** *s biol.* Sinneszentrum *n*. ~ **da·tum** *s irr psych.* Sinnesdatum *n*. ~ **group** *s ling.* Sinngruppe *f* (*beim Sprechen*).
**¹sense·less** *adj* (*adv* ~**ly**) **1.** gefühllos, unempfindlich. **2.** bewußt-, besinnungslos. **3.** unvernünftig, dumm, verrückt (*Person*). **4.** sinnlos, unsinnig (*Sache*). **¹sense·less·ness** *s* **1.** Unempfindlichkeit *f*. **2.** Bewußtlosigkeit *f.* **3.** Unvernunft *f.* **4.** Sinnlosigkeit *f.*
**sense| or·gan** *s* ¹Sinnesor₁gan *n*, -werkzeug *n*. ~ **per·cep·tion** *s* Sinneswahrnehmung *f.*
**sen·si·bil·i·ty** [₁sensɪ¹bɪlətɪ] *s* **1.** Sensibili¹tät *f*, Gefühl *n*, Empfindungsvermögen *n*. **2.** *phys. etc* Empfindlichkeit *f*: ~ **to light** Lichtempfindlichkeit. **3.** *fig.* Empfänglichkeit *f* (**to** für). **4.** *oft pl* Gefühl *n*, Empfinden *n* (**for** für). **5.** *sg od. pl* Sensibili¹tät *f*, (¹Über)Empfindlichkeit *f*, Empfindsamkeit *f.* **6.** *a. pl* Fein-, Zartgefühl *n.*
**sen·si·ble** [¹sensəbl] **I** *adj* (*adv* → **sensibly**) **1.** vernünftig (*Person od. Sache*): ~ **prices. 2.** spür-, fühlbar, merklich. **3.** bei Bewußtsein. **4.** bewußt (**of** *gen*): **to be ~ of** s.th. a) sich e-r Sache bewußt sein, b) etwas empfinden. **5.** a) empfänglich (**to** für), b) empfindlich (**to** gegen). **II** *s* **6.** *a.* ~ **note** *mus.* Leitton *m.* **¹sen·si·ble·ness** *s* Vernünftigkeit *f*, Klugheit *f.* **¹sen·si·bly** *adv* **1.** vernünftig (*etc*, → **sensible**). **2.** vernünftigerweise.
**sens·ing** [¹sensɪŋ] *s* **1.** *Computer*: a) Abtasten *n*, b) Abfragen *n*: ~ **element**

(Meß)Fühler *m*; ~ **head** Abtastkopf *m.* **2.** *Funkpeilung*: Seitenanzeige *f.*
**sens·ism** [¹sensɪzəm] *s philos.* Sensua¹lismus *m.*
**sen·si·tive** [¹sensɪtɪv] **I** *adj* (*adv* ~**ly**) **1.** fühlend: ~ **creature. 2.** Empfindungs...: ~ **nerves. 3.** sensi¹tiv, (¹über-)empfindlich (**to** gegen): **to be ~ to** empfindlich reagieren auf (*acc*). **4.** sen¹sibel, empfindsam, feinfühlig. **5.** veränderlich, schwankend: ~ **market.** **6.** *fig.* a) empfindlich, b) *bes. mil.* gefährdet, expo¹niert: ~ **spot** empfindliche Stelle, neuralgischer Punkt; **a ~ subject** ein heikles *od.* kitzliges Thema. **7.** *bes. biol. chem.* empfindlich, rea¹gibel (**to** auf *acc*): ~ **fern** *bot.* Perlfarn *m*; ~ **plant** Sinnpflanze *f.* **8.** *electr. phys. tech.* empfindlich: **a ~ instrument**; ~ **to shock** stoßempfindlich. **9.** *phot.* lichtempfindlich. **10.** *physiol.* sen¹sorisch, Sinnes... **11.** *Parapsychologie*: sensi¹tiv, medi¹al (begabt *od.* veranlagt). **II** *s* **12.** sensi¹tiver *od.* sen¹sibler Mensch. **13.** *Parapsychologie*: Sensi¹tive(r *m*) *f*, Medium *n.* **¹sen·si·tive·ness** → **sensitivity.**
**₁sen·si¹tiv·i·ty** *s* **1.** Sensibili¹tät *f* (**to** für): a) Empfindlichkeit *f* (*a. electr. etc*), b) *med. psych.* (Grad *m* der) Reakti¹onsfähigkeit *f.* **2.** Empfindlichkeit *f* (**to** gegen): ~ **to light** *phys.* Lichtempfindlichkeit. **3.** Sensitivi¹tät *f*, Feingefühl *n.* **4.** *Parapsychologie*: Sensitivi¹tät *f*, medi¹ale Begabung *od.* Veranlagung. ~ **group** *s psych.* Trainingsgruppe *f.* ~ **train·ing** *s psych.* Sensitivi¹tätstraining *n.*
**sen·si·ti·za·tion** [₁sensɪtaɪ¹zeɪʃn; *Am.* -tə¹z-] *s med. phot.* Sensibili¹sierung *f.* **¹sen·si·tize** *v/t* sensibili¹sieren, (*phot.* licht)empfindlich machen: ~**d** (*phot.* licht)empfindlich gemacht. **¹sen·si·tiz·er** *s phot.* Sensibili¹sator *m.*
**sen·si·tom·e·ter** [₁sensɪ¹tɒmɪtə(r); *Am.* -¹tɑm-] *s opt. phot.* Sensito¹meter *n*, Lichtempfindlichkeitsmesser *m.*
**sen·so·mo·tor** [₁sensə¹məʊtə(r)] → **sensorimotor.**
**sen·sor** [¹sensə(r)] *s electr. tech.* Sensor *m*, (Meß)Fühler *m.*
**sen·so·ri·a** [sen¹sɔːrɪə; *Am. a.* -¹səʊ-] *pl* von **sensorium.**
**sen·so·ri·al** [sen¹sɔːrɪəl; *Am. a.* -¹səʊ-] → **sensory.**
**sen·so·ri·mo·tor** [₁sensərɪ¹məʊtə(r)] *adj physiol.* ¹sensomo₁torisch.
**sen·so·ri·um** [sen¹sɔːrɪəm; *Am. a.* -¹səʊ-] *pl* -**ri·ums, -ri·a** [-rɪə] *s med. psych.* **1.** Sen¹sorium *n*, ¹Sinnesappa₁rat *m.* **2.** Bewußtsein *n*, Sitz *m* des Empfindungsvermögens.
**sen·so·ry** [¹sensərɪ] *adj* sen¹sorisch, Sinnes...: ~ **perception**; ~ **deprivation** *psych.* sensorische Deprivation.
**sen·su·al** [¹sensjʊəl; -ʃʊəl; *Am.* -tʃəwəl; -ʃəl] *adj* (*adv* ~**ly**) **1.** sinnlich, Sinnes... **2.** sinnlich, wollüstig, *bes. Bibl.* fleischlich. **3.** *philos.* sensua¹listisch. **¹sen·su·al·ism** *s* **1.** Sinnlichkeit *f*, Lüsternheit *f.* **2.** *philos.* a) Sensua¹lismus *m*, b) *Ethik*: Hedo¹nismus *m.* **¹sen·su·al·ist** *s* **1.** sinnlicher Mensch. **2.** *philos.* Sensua¹list *m.* **₁sen·su·al¹i·ty** [-¹ælətɪ; *Am.* -tʃə¹wælətɪ] *s* Sinnlichkeit *f.* **¹sen·su·al·ize** *v/t* **1.** j-n sinnlich machen. **2.** versinnlichen.
**sen·su·ous** [¹sensjʊəs; -ʃʊ-; *Am.* -tʃəwəs] *adj* (*adv* ~**ly**) **1.** sinnlich: **a ~** Sinnes..., b) sinnenfroh. **¹sen·su·ous·ness** *s* Sinnlichkeit *f.*
**sent** [sent] *pret u. pp von* **send¹.**
**sen·tence** [¹sentəns] **I** *s* **1.** *ling.* Satz(verbindung *f*) *m*: **complex ~** Satzgefüge *n*; ~ **stress** Satzbetonung *f.* **2.** *jur.* a) (*bes.* Straf)Urteil *n*: **to pass ~** (**up**)**on** das (*fig.* ein) Urteil fällen über (*acc*), verurteilen

(*a. fig.*); **under ~ of death** zum Tode verurteilt, b) Strafe *f*: **to serve a ~ of imprisonment** e-e Freiheitsstrafe verbüßen *od.* absitzen. **3.** *obs.* Sen¹tenz *f*, Aus-, Sinnspruch *m.* **II** *v/t* **4.** *jur. u. fig.* verurteilen (**to** zu).
**sen·ten·tious** [sen¹tenʃəs] *adj* (*adv* ~**ly**) **1.** sentenzi¹ös, prä¹gnant, kernig. **2.** spruchreich, lehrhaft. **3.** *contp.* aufgeblasen, salbungsvoll, phrasenhaft. **sen¹ten·tious·ness** *s* **1.** Prä¹gnanz *f.* **2.** Spruchreichtum *m*, Lehrhaftigkeit *f.* **3.** *contp.* salbungsvolle Art, Großspreche¹rei *f.*
**sen·tience** [¹senʃəns; -ʃɪəns], *a.* **¹sen·tien·cy** [-sɪ] *s* **1.** Empfindung *f.* **2.** Empfindungsvermögen *n.* **¹sen·tient** [-ʃnt] *adj* (*adv* ~**ly**) **1.** empfindungsfähig. **2.** fühlend.
**sen·ti·ment** [¹sentɪmənt] *s* **1.** (seelische) Empfindung, (Gefühls)Regung *f*, Gefühl *n* (**towards** zu. j-m gegen¹über). **2.** *pl* Meinung *f*, Gedanken *pl*, (Geistes)Haltung *f*: **noble ~s** edle Gesinnung; **you express my ~s exactly** Sie sprechen mir aus der Seele. **3.** (Zart-, Fein)Gefühl *n*, Innigkeit *f* (*a. in der Kunst*): **for ~** aus emotionalen Gründen. **4.** → **sentimentality.**
**sen·ti·men·tal** [₁sentɪ¹mentl] *adj* (*adv* ~**ly**) **1.** sentimen¹tal: a) gefühlvoll, empfindsam: ~ **a song**, b) *contp.* rührselig, gefühlsduselig: **a ~ schoolgirl. 2.** gefühlsmäßig, Gefühls...: **for ~ reasons** aus emotionellen Gründen; ~ **value** Liebhaberwert *m.* **₁sen·ti¹men·tal·ism** [-təlɪzəm] *s* **1.** Sentimentali¹tät *f*, Empfindsamkeit *f.* **2.** → **sentimentality. ₁sen·ti¹men·tal·ist** *s* Gefühlsmensch *m.* **₁sen·ti·men¹tal·i·ty** [-¹tælətɪ] *s* Sentimentali¹tät *f*, Gefühlsduse¹lei *f*, Rührseligkeit *f.* **₁sen·ti¹men·tal·ize I** *v/t* sentimen¹tal machen *od.* gestalten. **II** *v/i* in Gefühlen schwelgen, sentimen¹tal werden (**about, over** bei, über *dat*).
**sen·ti·nel** [¹sentɪnl; *Am.* ¹sentnəl] *s* **1.** Wächter *m.* **2.** *mil.* ~ **sentry** 2: **to stand ~** Wache stehen; **to stand ~ over** bewachen. **2.** *Computer*: ¹Trennsym₁bol *n.*
**sen·try** [¹sentrɪ] *s* **1.** → **sentinel** 1. **2.** *mil.* (Wach[t])Posten *m*, Wache *f*: **to stand ~** Wache *od.* Posten stehen. ~ **box** *s mil.* Wachhäus-chen *n.* ~ **go** *s* Wachdienst *m.*
**se·pal** [¹sepəl; *Am. bes.* ¹siː-] *s bot.* Kelchblatt *n.*
**sep·a·ra·bil·i·ty** [₁sepərə¹bɪlətɪ] *s* Trennbarkeit *f.* **¹sep·a·ra·ble** *adj* (*adv* **separably**) trennbar.
**sep·a·rate I** *v/t* [¹sepəreɪt] **1.** trennen (**from** von): a) (ab)sondern, (ab-, aus-)scheiden, b) *Freunde, a. Kämpfende etc* ausein¹anderbringen, -reißen, c) unter¹scheiden zwischen, d) *jur.* (ehelich) trennen: **to ~ church and state; to ~ friends; ~d from his wife; → chaff¹** 1, **sheep** 1. **2.** spalten, auf-, zerteilen (**into** in *acc*). **3.** *chem. tech.* a) scheiden, trennen, (ab)spalten, b) sor¹tieren, c) aufbereiten. **4.** *Milch* zentrifu¹gieren, *Sahne* absetzen lassen. **5.** *mil. Am.* entlassen. **II** *v/i* [¹sepəreɪt] **6.** sich trennen, scheiden (**from** von), ausein¹andergehen. **7.** (**from**) sich lösen *od.* trennen (von), ausscheiden (aus). **8.** *chem. tech.* sich absondern. **9.** *jur.* sich (ehelich) trennen. **III** *adj* [¹seprət] (*adv* ~**ly**) **10.** getrennt, (ab)gesondert, besonder(er, e, es), sepa¹rat, Separat...: ~ **account** *econ.* Sonder-, Separatkonto *n*; ~ **estate** *jur.* eingebrachtes Sondergut (*der Ehefrau*); ~ **maintenance** *jur.* Alimente *pl* (*der getrennt lebenden Ehefrau*). **11.** einzeln, gesondert, getrennt, Einzel...: **two ~ questions** zwei Einzelfragen, zwei gesondert zu behandelnde Fragen; **the ~ members of the**

**body** die einzelnen Glieder des Körpers; ~ **rooms** getrennte Zimmer, Einzelzimmer; **to keep** ~ *Bedeutungen etc* auseinanderhalten; **to be available** ~**ly** einzeln erhältlich sein. **12.** einzeln, iso'liert: ~ **confinement** *jur.* Einzelhaft *f.* **IV** *s* ['seprət] **13.** (der, die, das) einzelne *od.* Getrennte. **14.** *print.* Sonder(ab)druck *m.* **15.** *pl* Mode: Separates *pl.* **'sep·a·rate·ness** *s* **1.** Getrenntheit *f.* **2.** Iso'liertheit *f.* **'sep·a·rat·ing** [-pəreɪt-] *adj* Trenn..., Scheide...

**sep·a·ra·tion** [ˌsepə'reɪʃn] *s* **1.** Trennung *f*, Absonderung *f*: ~ **of powers** *pol.* Gewaltenteilung *f*; ~ **of forces** Truppenentflechtung *f.* **2.** Trennung *f*, Getrenntsein *n.* **3.** Trennungspunkt *m*, -linie *f.* **4.** *jur.* (eheliche) Trennung: **judicial** ~ (gerichtliche) Aufhebung der ehelichen Gemeinschaft; ~ **from bed and board** Trennung von Tisch u. Bett. **5.** *chem. tech.* a) Abscheidung *f*, Spaltung *f*, b) Klas'sierung *f (von Erzen).* **6.** *mil. Am.* Entlassung *f.* ~ **al·low·ance** *s* Trennungszulage *f.* **sep·a·ra·tism** ['sepərətɪzəm] *s pol.* Separa'tismus *m.* **'sep·a·ra·tist I** *s* **1.** *pol.* Separa'tist(in). **2.** *relig.* Sek'tierer(in). **II** *adj* **3.** *pol.* separa'tistisch. **'sep·a·ra·tive** [-pərətɪv; *Am. bes.* -pəˌreɪt-] *adj* trennend, Trennungs... **'sep·a·ra·tor** [-reɪtə(r)] *s* **1.** *tech.* a) Sepa'rator *m,* (Ab-)Scheider *m,* b) (*bes.* 'Milch)Zentri,fuge *f,* Trennschleuder *f,* c) *a.* ~ **stage** (*Radio*) Trennstufe *f.* **2.** *bes. med.* Spreizvorrichtung *f.*

**Se·phar·dim** [se'fɑ:(r)dɪm] *s pl* Se'phardim *pl* (*spanisch-portugiesische Juden u. ihre Nachkommen*).

**se·pi·a** ['si:pjə; -pɪə] *pl* **-as, -ae** [-pi:] *s* **1.** *zo.* Sepia *f,* Gemeiner Tintenfisch. **2.** Sepia *f:* a) *Sekret des Tintenfischs,* b) *Farbstoff.* **3.** *paint.* a) Sepia *f (Farbe),* b) Sepiazeichnung *f.* **4.** *phot.* Sepiadruck *m.*

**se·poy** ['si:pɔɪ] *s Br. Ind. hist.* Sepoy *m* (*indischer Soldat in europäischen Diensten*).

**sep·pu·ku** [se'pu:ku:] *s* Seppuku *n,* Hara'kiri *n.*

**seps** [seps] *s zo.* (*ein*) Skink *m* (*Eidechse*).

**sep·sis** ['sepsɪs] *s* Sepsis *f (Blutvergiftung).*

**sept** [sept] *s* Stamm *m,* Sippe *f* (*bes. in Irland*).

**sep·ta** ['septə] *pl von* septum.

**sep·tan·gle** ['sepˌtæŋgl] *s math.* Siebeneck *n.* **sep'tan·gu·lar** [-gjʊlə(r)] *adj math.* siebeneckig.

**sep·tate** ['septeɪt] *adj* **1.** *anat. bot. zo.* durch e-e Scheidewand abgeteilt. **2.** *phys. tech.* durch e-e os'motische Mem'brane *od.* -e Schallwand abgeteilt: ~ **wave guide** *electr.* Längssteg-Hohlleiter *m.*

**Sep·tem·ber** [sep'tembə(r)] *s* Sep'tember *m:* **in** ~ im September. [mia.)

**sep·te·mi·a** [sep'ti:mɪə] → **septic(a)emia.**   **sep·tem·par·tite** [ˌseptem'pɑ:(r)taɪt] *adj* siebenteilig.

**sep·te·nar·y** ['septɪnərɪ; *Am.* -ˌnerɪ-] **I** *adj* **1.** aus sieben bestehend, sieben. **2.** wöchentlich. **3.** → septennial. **II** *s* **4.** Siebenergruppe *f,* Satz *m* von sieben Dingen. **5.** sieben Jahre *pl.* **6.** Sieben *f.* **sep·ten·nate** [sep'teneɪt; -nət] *s* Zeitraum *m* von sieben Jahren. **sep'ten·ni·al** [-jəl; -ɪəl] *adj* **1.** siebenjährlich. **2.** siebenjährig.

**sep·ten·tri·o·nal** [sep'tentrɪənl] *adj* nördlich, Nord...

**sep·tet(te)** [sep'tet] *s* **1.** *mus.* Sep'tett *n.* **2.** → septenary 4.

**sep·tic** ['septɪk] **I** *adj* (*adv* ~**ally**) **1.** a) *med.* septisch, infi'ziert: a ~ **finger** ein vereiterter Finger; ~ **sore throat** septische Angina, b) faulend. **2.** fäulniserregend: ~ **tank** Faulbehälter *m.* **3.** *fig.*

faul, verrottet. **II** *s* **4.** Fäulniserreger *m.* **sep·ti·c(a)e·mi·a** [ˌseptɪ'si:mɪə] *s med.* Blutvergiftung *f,* Sepsis *f.*

**sep·ti·lat·er·al** [ˌseptɪ'lætərəl] *adj* siebenseitig.

**sep·til·lion** [sep'tɪljən] *s math.* **1.** *Br.* Septilli'on *f (10⁴²).* **2.** *Am.* Quadrilli'on *f (10²⁴).*

**sep·ti·mal** ['septɪml] *adj* auf die Zahl Sieben bezüglich, Sieben(er)...

**sep·time** ['septi:m] *s fenc.* Sep'tim *f.*

**sep·ti·va·lent** [ˌseptɪ'veɪlənt] *adj chem.* siebenwertig.

**sep·tu·a·ge·nar·i·an** [ˌseptjʊədʒɪ'neərɪən; *Am. a.* -ˌtu:ə-; ˌseptəˌwædʒə-] **I** *s* Siebzigjährige(r *m*) *f,* Siebziger(in) (*a. Person in den Siebzigern*). **II** *adj* a) siebzigjährig, b) in den Siebzigern. **sep·tu·ag·e·nar·y** [ˌseptjʊə'dʒɪːnərɪ; *Am.* ˌseptəwə'dʒenərɪ; ˌseptə'wædʒəˌnerɪ-] **I** *adj* **1.** aus siebzig ... bestehend, siebzigteilig. **2.** → septuagenarian II. **II** *s* → septuagenarian I.

**Sep·tu·a·ges·i·ma (Sun·day)** [ˌseptjʊə'dʒesɪmə; *Am.* -təwə-] *s* (Sonntag *m*) Septua'gesima *f (9. Sonntag vor Ostern).*

**Sep·tu·a·gint** [ˌseptjʊəd'ʒɪnt; *Am.* ˌseptəwəˌdʒɪnt; sep'tju:ə-] *s* Septua'ginta *f* (*Übersetzung des Alten Testaments ins Griechische*).

**sep·tum** ['septəm] *pl* **-ta** [-tə] *s* **1.** *anat. bot.* (Scheide)Wand *f,* Septum *n.* **2.** *phys.* os'motische Mem'brane, *a.* Schallwand *f.*

**sep·tu·ple** ['septjʊpl; *Am.* 'septəpəl] **I** *adj* **1.** siebenfach. **II** *s* **2.** (*das*) Siebenfache. **III** *v/t* **3.** versiebenfachen. **4.** siebenmal so groß *od.* so viel sein wie. **IV** *v/i* **5.** sich versiebenfachen.

**sep·tu·plet** ['septjʊplɪt; sep'tju:-; *Am.* sep'tʌplət; -'tu:-] *s* **1.** Siebenergruppe *f.* **2.** Siebenling *m:* ~**s** Siebenlinge. **3.** *mus.* Septi'male *f.*

**sep·tu·pli·cate I** *v/t* [sep'tju:plɪkeɪt; *Am. a.* -'tu:-] **1.** versiebenfachen. **2.** ein Dokument siebenfach ausfertigen. **II** *adj* [-kət] **3.** siebenfach. **III** *s* [-kət] **4.** siebenfache Ausfertigung: **in** ~. **5.** *e-s* von 7 (*gleichen*) Dingen: ~**s** 7 Exemplare.

**sep·ul·cher,** *bes. Br.* **sep·ul·chre** ['sepəlkə(r)] **I** *s* **1.** Grab(stätte *f,* -mal) *n:* **whited** ~ *Bibl. od. poet.* Pharisäer *m.* **2.** *R.C.* a) **Easter** ~ Ostergrab *n,* b) Re'liquienschrein *m.* **II** *v/t* **3.** begraben (*a. fig.*), bestatten. **se·pul·chral** [sɪ'pʌlkrəl] *adj* (*adv* ~**ly**) **1.** Grab..., Begräbnis... **2.** *fig.* düster, Grabes...: ~ **voice** Grabesstimme *f.* **'sep·ul·chre** *bes. Br. für* sepulcher.

**sep·ul·ture** ['sepəltʃə; *Am.* -ˌtʃʊər] *s* (Toten)Bestattung *f.*

**se·qua·cious** [sɪ'kweɪʃəs] *adj* **1.** gefügig, folgsam. **2.** folgerichtig.

**se·quel** ['si:kwəl] *s* **1.** (Aufein'ander)Folge *f:* **in the** ~ in der Folge. **2.** a) Folge(erscheinung) *f,* Konse'quenz *f,* (Aus)Wirkung *f,* b) *fig.* Nachspiel *n* (to auf *acc*): a **judicial** ~. **3.** (Ro'man- *etc*)Fortsetzung *f,* (*a.* Hörspiel- *etc*)Folge *f:* a **three-**~ **program**(me) *TV* ein Dreiteiler.

**se·que·la** [sɪ'kwi:lə; *Am. a.* -'kwe-] *pl* **-lae** [-li:] (*Lat.*) *s med.* Folge(zustand *m,* -erscheinung) *f.*

**se·quence** ['si:kwəns] *s* **1.** (Aufein'ander)Folge *f:* ~ **of operations** *tech.* Arbeitsablauf *m;* ~ **of tenses** *ling.* Zeitenfolge; ~ **counter** (*Computer*) Ablaufzähler *m;* ~ **switch** Folgeschalter *m.* **2.** (Reihen)Folge *f:* **in** ~ der Reihe nach. **3.** Folge *f,* Reihe *f,* Serie *f.* **4.** → **sequel** 2. **5.** Folgerichtigkeit *f.* **6.** Se'quenz *f:* a) *mus.* Motivversetzung *f,* b) *R.C. liturgisches* Chorlied *nach dem Graduale,* c) *Kartenspiel:* Folge *f (von 3 od. mehr Karten der gleichen Farbe).* **7.** *Film:* Szene(nfolge) *f.* **8.** *fig.* Vorgang *m,* Epi'sode *f.*

**se·quent** ['si:kwənt] **I** *adj* **1.** (aufein'ander)folgend. **2.** logisch folgend, konse'quent. **II** *s* **3.** (zeitliche *od.* logische) Folge. **se·quen·tial** [sɪ'kwenʃl] *adj* (*adv* ~**ly**) **1.** (*regelmäßig*) (aufein'ander)folgend: ~ **access** (*Computer*) sequentieller Zugriff; ~ **control** (*Computer*) Folgesteuerung *f;* ~ **scanning** *TV* fortlaufende Bildabtastung. **2.** folgend (to auf *acc*). **3.** folgerichtig, konse'quent.

**se·ques·ter** [sɪ'kwestə(r)] *v/t* **1.** (o.s. sich) absondern (from von). **2.** *jur.* beschlagnahmen: a) unter Treuhänderschaft stellen, b) konfis'zieren. **se·'ques·tered** *adj* einsam, weltabgeschieden (*Dorf etc*), zu'rückgezogen (*Leben*).   [questrum.)

**se·ques·tra** [sɪ'kwestrə] *pl von* se-)

**se·ques·trate** [sɪ'kwestreɪt; 'si:kwes-] → sequester 2. **se·ques·tra·tion** [ˌsi:kwe'streɪʃn] *s* **1.** Absonderung *f,* Ausschluß *m* (from von, *relig.* aus *der Kirche*). **2.** Zu'rückgezogenheit *f.* **3.** *jur.* Beschlagnahme *f:* a) Zwangsverwaltung *f,* b) Einziehung *f.*

**se·ques·tra·tor** ['si:kwestreɪtə(r); sɪ'kwes-] *s jur.* Zwangsverwalter *m.*

**se·ques·trum** [sɪ'kwestrəm] *pl* **-tra** [-trə] *s med.* Se'quester *m* (*abgestorbenes u. losgelöstes Knochenstück*).

**se·quin** ['si:kwɪn] *s* **1.** *hist.* Ze'chine *f.* **2.** Ziermünze *f.*

**se·quoi·a** [sɪ'kwɔɪə] *s* Mammutbaum *m.*

**ser** [sʊə] *s* Seer *n,* Sihr *n* (*ostindisches Handelsgewicht*).

**se·ra** ['sɪərə] *pl von* serum.

**sé·rac** ['seræk; *Am.* sə'ræk] *s* Eiszacke *f* (*an Gletschern*).   [**-glios** Se'rail *n.*)

**se·ra·glio** [se'rɑ:lɪəʊ; *Am.* sə'ræljəʊ] *pl*)

**se·rai** [se'raɪ; sə-] *s* Karawanse'rei *f.*

**se·rape** [se'rɑ:peɪ; *Am.* sə'rɑ:pɪ-] *s* (*oft bunter*) 'Umhang *m* (*von Spanisch-Amerikanern*).

**ser·aph** ['serəf] *pl* **'ser·aphs, 'ser·a·phim** [-fɪm] *s* Seraph *m* (*Engel*). **se·raph·ic** [se'ræfɪk] *adj* (*adv* ~**ally**) se'raphisch, engelhaft, Engels..., verzückt.

**Serb** [sɜ:b; *Am.* sɜrb], **'Ser·bi·an I** *adj* **1.** serbisch. **II** *s* **2.** Serbe *m,* Serbin *f.* **3.** *ling.* Serbisch *n,* das Serbische.

**Ser·bo·Cro·a·tian** [ˌsɜːbəʊkrəʊ'eɪʃn; *Am.* ˌsɜr-] **I** *s* **1.** Serbokro'ate *m,* -kro'atin *f.* **2.** *ling.* Serbokro'atisch *n,* das Serbokroatische. **II** *adj* **3.** serbokro'atisch.

**sere¹** [sɪə(r)] *s Br. für* sear¹ IV.

**sere²** [sɪə(r)] *s* Abzugsstollen *m* (*am Schloß e-r Feuerwaffe*).

**sere³** [sɪə(r)] *s Ökologie:* Sukzessi'on *f* (*zeitliche Aufeinanderfolge der an e-m Standort einander ablösenden Tier- od. Pflanzengesellschaften*).

**se·rein** [se'ræn; sə'reɪn] *s* feiner Regen aus wolkenlosem Himmel (*in den Tropen*).

**ser·e·nade** [ˌserə'neɪd] *mus.* **I** *s* **1.** Sere'nade *f,* Ständchen *n,* 'Nachtmu,sik *f.* **2.** Sere'nade *f* (*vokale od. instrumentale Abendmusik*). **II** *v/i u. v/t* **3.** (*j-m*) ein Ständchen bringen. **ˌser·e·'nad·er** *s* j-d, der ein Ständchen bringt.

**se·re·na·ta** [ˌserə'nɑ:tə] → serenade 2.

**se·rene** [sɪ'ri:n; sə-] **I** *adj* (*adv* ~**ly**) **1.** heiter, klar (*Himmel, Wetter etc*), ruhig (*See etc*), friedlich (*Natur etc*): **all** ~ *sl.* ,alles in Butter'. **2.** heiter, gelassen (*Person, Gemüt etc*). **3.** S~ durch'lauchtig: **His** S~ **Highness** Seine Durchlaucht. **II** *s* **4.** *poet.* Heiterkeit *f* (*des Himmels etc*), Ruhe *f* (*der See etc*). **III** *v/t* **5.** *poet.* aufhellen, -heitern. **se·ren·i·ty** [sɪ'renətɪ] *s* **1.** Heiterkeit *f,* Klarheit *f.* **2.** heitere (Gemüts)Ruhe, (heitere) Gelassenheit. **3.** S~ 'Durchlaucht *f (als Titel):* **Your** S~ Eure Durchlaucht.

**serf** [sɜ:f; *Am.* sɜrf] *s* **1.** *hist.* Leibeigene(r *m*) *f.* **2.** *obs. od. fig.* Sklave *m,* Sklavin *f.*

**ˈserf·age, ˈserf·dom** s **1.** hist. Leib-
eigenschaft f. **2.** obs. od. fig. Sklaveˈrei f.
**serge** [sɜːdʒ; Am. sɜrdʒ] s Serge f (ein
Futterstoff).
**ser·geant** [ˈsɑː(r)dʒənt] s **1.** mil. a) Feld-
webel m, b) (Artillerie- u. Kavallerie-)
Wachtmeister m: ~ first class Am. Ober-
feldwebel; first ~ Hauptfeldwebel. **2.** Po-
liˈzeiserˌgeant m. **3.** Br. a. serjeant
a) Gerichtsdiener m, b) → sergeant at
arms, c) a. ~ at law jur. hist. Br. höherer
Barrister (des Gemeinen Rechts). **4.** hist.
Br. Lehnsmann m. ~ at arms pl ser-
geants at arms s Ordnungsbeamte(r)
m (in beiden Häusern der brit. u. USA-
Legislativen). ~ ma·jor s mil. Hauptfeld-
webel m.
**se·ri·al** [ˈsɪərɪəl] I s **1.** in Fortsetzungen
od. in regelmäßiger Folge erscheinende
Veröffentlichung, bes. ˈFortsetzungsro-
ˌman m. **2.** (Veröffentlichungs)Reihe f,
Serie f, periˈodisch erscheinende Zeit-
schrift, Serien-, Lieferungswerk n. **3.** a)
Sendereihe f, b) (Hörspiel-, Fernseh)Fol-
ge f, Serie f, c) Film in Fortsetzungen.
**II** adj **4.** Serien..., Fortsetzungs...: ~
story Fortsetzungsgeschichte f; ~ rights
Copyright n e-s Fortsetzungsromans.
**5.** serienmäßig, Reihen..., Serien...: ~
manufacture Serienfertigung f; ~ digital
computer tech. Seriendigitalrechner m; ~
number a) laufende Nummer, b) econ.
Fabrikationsnummer f; ~ photograph
Reihenbild n. **6.** mus. Zwölfton...
**se·ri·a·li·za·tion** [ˌsɪərɪəlaɪˈzeɪʃn; Am.
-ləˈz-] s Veröffentlichung f in Fortsetzun-
gen, periˈodische Veröffentlichung. ˈse-
ri·a·lize v/t **1.** periˈodisch od. in Fort-
setzungen veröffentlichen. **2.** reihen-
weise anordnen.
**se·ri·ate I** adj [ˈsɪərɪət; -eɪt] → serial 4.
**II** v/t [-eɪt] reihenweise anordnen.
**se·ri·a·tim** [ˌsɪərɪˈeɪtɪm] (Lat.) adv der
Reihe nach.
**se·ri·a·tion** [ˌsɪərɪˈeɪʃn] s reihenweise
Anordnung.
**Ser·ic** [ˈsɪərɪk; Am. a. ˈser-] adj poet.
chiˈnesisch.
**se·ri·ceous** [sɪˈrɪʃəs] adj **1.** Seiden...
**2.** seidig. **3.** bot. zo. seidenhaarig.
**ser·i·cul·ture** [ˈserɪˌkʌltʃə(r)] s Seiden-
raupenzucht f.
**se·ries** [ˈsɪəriːz; -rɪz] pl -ries s **1.** Serie f,
Reihe f, Folge f, Kette f: a ~ of events; a
~ of concerts e-e Konzertreihe; in ~ der
Reihe nach (→ 4 u. 5). **2.** a) (Arˈtikel-, Buch-
etc)Serie f, (-)Reihe f. **3.** math. Reihe f.
**4.** tech. Serie f, Baureihe f: ~ production
Reihen-, Serienbau m; in ~ serienmäßig.
**5.** a. ~ connection electr. Serien-, Rei-
henschaltung f: ~ motor Reihen(schluß)-
motor m; ~ parallel circuit Reihenpar-
allelschaltung f; ~ wound Reihen-
schluß...; (connected) in ~ in Reihe
geschaltet. **6.** chem. homoˈloge Reihe.
**7.** geol. Schichtfolge f. **8.** zo. Abˈteilung f.
**9.** (Briefmarken- etc)Serie f. **10.** ling. Rei-
he f von gleichgeordneten Satzteilen.
**ser·if** [ˈserɪf] s print. Seˈrife f.
**ser·i·graph** [ˈserɪɡrɑːf; bes. Am. -ɡræf] s
print. Serigraˈphie f, (Seiden)Siebdruck
m. **se·rig·ra·phy** [səˈrɪɡrəfɪ] s Serigra-
ˈphie f (Farbendruckverfahren).
**ser·in** [ˈserɪn; Am. səˈræn] s orn. wilder
Kaˈnarienvogel.
**ser·ine** [ˈserɪn; ˈsɪə-] s chem. Seˈrin n.
**se·rin·ga** [sɪˈrɪŋɡə; sə-] s bot. Kautschuk-
baum m.
**se·ri·o·com·ic** [ˌsɪərɪəʊˈkɒmɪk; Am.
-ˈkɑm-] adj (adv ~ally) ernst-komisch.
**se·ri·ous** [ˈsɪərɪəs] adj **1.** ernst(haft):
a) feierlich, b) seriˈös, c) schwerwiegend,
bedeutend: ~ artist ernsthafter od. seriö-
ser Künstler; ~ dress seriöse Kleidung; ~
face ernstes Gesicht; ~ music ernste

Musik; ~ problem ernstes Problem. **2.**
ernst(haft), ernstlich, ernstgemeint, se-
riˈös: ~ offer; ~ attempt ernsthafter
Versuch; ~ studies ernsthaftes Studium;
are you ~? meinst du das im Ernst?; he
is ~ about er meint es od. es ist ihm ernst
mit; to be ~ about one's work s-e
Arbeit ernst nehmen. **3.** ernstzuneh-
mend, ernstlich, gefährlich, bedenklich:
~ bodily injury jur. Am. schwere Kör-
perverletzung; ~ illness ernste Krank-
heit; a ~ rival ein ernstzunehmender
Gegner. ˈse·ri·ous·ly adv ernst(lich,
-haft), im Ernst: ~ ill ernstlich krank; ~
wounded schwerverwundet; now, ~! im
Ernst!
**ˌse·ri·ous-ˈmind·ed** → serious 1 b.
**ˈse·ri·ous·ness** s **1.** Ernst m, Ernsthaf-
tigkeit f. **2.** Wichtigkeit f, Bedeutung f.
**ser·jeant** [ˈsɑː(r)dʒənt] s jur. **1.** bes. Br.
für sergeant 3. **2.** Common S~ Br.
Stadtsyndikus m (in London).
**ser·mon** [ˈsɜːmən; Am. ˈsɜr-] I s **1.** relig.
Predigt f: to give a ~ e-e Predigt halten;
S~ on the Mount Bibl. Bergpredigt.
**2.** iro. (Moˈral-, Straf)Predigt f. **II** v/t u.
v/i obs. für sermonize. ˈser·mon·ize I
v/t j-m e-e (Moˈral- od. Straf)Predigt
halten. **II** v/i a. iro. predigen.
**se·ro·log·ic** [ˌsɪərəˈlɒdʒɪk; Am. -ˈlɑ-],
ˌse·roˈlog·i·cal [-kl] adj med. seroˈlo-
gisch. **se·rol·o·gist** [sɪəˈrɒlədʒɪst; Am.
səˈrɑl-] s med. Seroˈloge m. se·ˈrol·o·gy s
med. Seroloˈgie f, Serumkunde f.
**se·ros·i·ty** [sɪəˈrɒsɪtɪ; Am. sə-] s med.
**1.** seˈröser Zustand. **2.** seˈröse Flüssig-
keit.
**ser·o·tine¹** [ˈserətaɪn; -tɪn] adj bot. zo.
spät auftretend od. blühend.
**ser·o·tine²** [ˈserətaɪn; -tɪn; Am. -ˌtiːn] s
zo. Spätfliegende Fledermaus.
**se·rous** [ˈsɪərəs] adj med. seˈrös: a) se-
rumähnlich: ~ fluid, b) serumabson-
dernd: ~ gland.
**ser·pent** [ˈsɜːpənt; Am. ˈsɜr-] s **1.** (bes.
große) Schlange. **2.** fig. (Gift)Schlange f
(Person). **3.** the (old) S~ Bibl. die (alte)
Schlange (Satan). **4.** mus. Serˈpent m.
**5.** S~ astr. Schlange f (Sternbild).
**ser·pen·ti·form** [sə(r)ˈpentɪfɔː(r)m; Br.
a. sɜːˈp-; Am. a. ˌsɜrˈp-] → serpentine 1.
**ser·pen·tine** [ˈsɜːpəntaɪn; Am. ˌsɜr-,
-ˌtiːn] I adj **1.** schlangenförmig, Schlan-
gen... **2.** sich schlängelnd, sich windend,
geschlängelt, Serpentinen...: ~ road Ser-
pentine(nstraße) f. **3.** fig. falsch, tückisch.
**II** s **4.** [Am. -ˌtiːn] geol. min. Serpenˈtin m.
**5.** Eis-, Rollkunstlauf: Schlangenbogen m.
**ser·pig·i·nous** [sɜːˈpɪdʒɪnəs; Am. ˌsɜr-;
sər-] adj med. serpigiˈnös, kriechend.
**ser·pi·go** [sɜːˈpaɪɡəʊ; Am. ˌsɜr-; sər-] s
med. fressende Flechte.
**ser·ra** [ˈserə] pl ˈser·rae [-riː] s **1.** zo.
Säge f (des Sägefischs etc). **2.** → serra-
tion.
**ser·ra·del·la** [ˌserəˈdelə], ˌser·raˈdil-
la** [-ˈdɪlə] s bot. Serraˈdella f, Ser(r)a-
ˈdelle f.
**ser·rate** [ˈserɪt; Am. -ˌeɪt; səˈreɪt], a. ser-
rat·ed** [seˈreɪtɪd; sə-; Am. a. ˈserˌeɪ-] adj
bes. biol. bot. (sägeförmig) gezackt.
**ˌser·rate-ˈden·tate** adj bot. gesägt-
-gezähnt.
**ser·ra·tion** [seˈreɪʃn; sə-] s (sägeförmi-
ge) Auszackung.
**ser·ried** [ˈserɪd] adj dicht(geschlossen): ~
ranks.
**ser·ri·form** [ˈserɪfɔː(r)m] → serrate.
**ser·ru·late** [ˈseruleɪt; Am. bes. -lət],
ˈser·ru·lat·ed** [-leɪtɪd] adj feingezackt.
**se·rum** [ˈsɪərəm] pl -rums, -ra [-rə] s
med. physiol. **1.** (Blut)Serum n. **2.** (Heil-,
Schutz)Serum n.
**ser·val** [ˈsɜːvl; Am. ˈsɜrvəl] pl -vals, bes.
collect. -val s Serval m (Buschkatze).

**ser·vant** [ˈsɜːvənt; Am. ˈsɜr-] s **1.** a. do-
mestic ~ Hausangestellte(r m) f, Dienst-
bote m: outdoor ~ Angestellte(r) für
Außenarbeiten (Gärtner, Knecht etc);
~s' hall Gesindestube f. **2.** bes. public ~
a) Staatsbeamte(r) m, b) Angestellte(r) m
im öffentlichen Dienst: → civil servant,
obedient 2. **3.** fig. Diener m: a ~ of God
(mankind, art, etc). **4.** jur. (Handlungs-)
Gehilfe m, Angestellte(r m) f (Ggs. mas-
ter 5 c). **5.** hist. Sklave m (bes. in den USA).
~ girl, ~ maid s Dienstmädchen n.
**serve** [sɜːv; Am. sɜrv] I v/i **1.** dienen,
Dienst tun (beide a. mil.), in Diensten ste-
hen, angestellt sein (with bei): to ~ un-
der s.o. mil. unter j-m dienen. **2.** (bei
Tisch) serˈvieren, bedienen: to ~ at table.
**3.** funˈgieren, amˈtieren (as als): to ~ on a
committee e-m Ausschuß angehören;
to ~ on a jury als Geschworener fungie-
ren. **4.** dienen, nützen: it ~s to do es dient
dazu zu tun; it ~s to show his clever-
ness daran kann man s-e Klugheit er-
kennen. **5.** genügen: it will ~ das wird
genügen od. den Zweck erfüllen; noth-
ing ~s but ... hier hilft nichts als ...
**6.** günstig sein, passen: as occasion ~s
bei passender Gelegenheit. **7.** dienen (as,
for als): a blanket ~d as a curtain.
**8.** econ. bedienen: to ~ in a shop.
**9.** a) Tennis etc: aufschlagen: XY to ~
Aufschlag XY, b) Volleyball: aufgeben.
**10.** R.C. miniˈstrieren.
**II** v/t **11.** j-m, a. Gott, s-m Land etc
dienen, im Dienst stehen bei: → mem-
ory 1. **12.** j-m dienlich sein, helfen (Per-
son od. Sache). **13.** s-e Dienstzeit (a. mil.)
ableisten, s-e Lehre machen, jur. e-e Stra-
fe verbüßen, absitzen. **14.** a) ein Amt
innehaben, ausüben: to ~ an office,
b) Dienst tun in (dat), ein Gebiet, e-n
Personenkreis betreuen, versorgen: the
curate ~s two parishes. **15.** e-r Sache,
e-m Zweck dienen, e-r Sache nützen: to ~
the purpose (of) den Zweck erfüllen
(als); it ~s no purpose es dient keinem
Zweck; to ~ some private ends priva-
ten Zwecken dienen. **16.** genügen (dat),
(aus)reichen für: that is enough to ~ us
a month damit kommen wir e-n Monat
(lang) aus. **17.** j-n, a. econ. e-n Kunden
bedienen, j-m (bei Tisch) aufwarten.
**18.** a. ~ up Essen etc serˈvieren, auf-
tragen, reichen: the meat was ~d cold;
dinner is ~d! es ist serviert od. angerich-
tet!; to ~ s.th. up fig. colloq. etwas ˌauf-
tischen'. **19.** mil. bedienen: to ~ a gun.
**20.** versorgen (with mit): to ~ the town
with gas. **21.** colloq. a) j-n schändlich etc
behandeln: he has ~d me shamefully,
b) j-m etwas zufügen: to ~ s.o. a trick j-m
e-n Streich spielen; to ~ s.o. out colloq.
es j-m ˌbesorgen' od. heimzahlen; (it) ~s him
right! (das) geschieht ihm ganz recht!
**22.** befriedigen: to ~ one's desire s-r
Begierde frönen; to ~ the time sich der
Zeit anpassen. **23.** oft ~ out aus-, vertei-
len. **24.** zo. e-e Stute etc decken. **25.** Ten-
nis etc: den Ball aufschlagen. **26.** jur. j-m
e-e Vorladung etc zustellen: → summons
2, writ¹ 1. **27.** tech. umˈwickeln. **28.** mar.
das Tau bekleiden.
**III** s **29.** → service¹ 25.
**serv·er** [ˈsɜːvə; Am. ˈsɜrvər] s **1.** Ser-
ˈvierer(in). **2.** a) Taˈblett n, b) Warm-
halteplatte f, c) Serˈviertischchen n, d)
Serˈvierwagen m, e) Tortenheber m. **3.**
R.C. Miniˈstrant m. **4.** a) Tennis etc:
Aufschläger m, b) Volleyball: Aufgeber m.
**ˈserv·er·y** s bes. Br. Anrichte f
(Raum).
**ser·vice¹** [ˈsɜːvɪs; Am. ˈsɜr-] I s **1.** Dienst
m, Stellung f (bes. von Hausangestellten):
to be in ~ in Stellung sein; to take s.o.
into one's ~ j-n einstellen. **2.** Dienst m,

Arbeit *f*: **hard ~. 3.** Dienstleistung *f* (*a. econ. jur.*), Dienst *m* (**to** an *dat*): **for ~s** rendered für geleistete Dienste. **4.** (guter) Dienst, Hilfe *f*, Gefälligkeit *f*: **to do** (*od.* **render**) **s.o. a ~** j-m e-n Dienst erweisen; **at your ~** zu Ihren Diensten; **to be** (**place**) **at s.o.'s ~** j-m zur Verfügung stehen (stellen); **on her** (**his**) **Majesty's ~** *mail* (*abbr.* O.H.M.S.) frei durch Ablösung. **5.** *econ. etc* Bedienung *f*: **prompt ~. 6.** Nutzen *m*: **will it be of any ~ to you?** kann es dir irgend etwas nützen? **7.** (*Nacht-, Nachrichten-, Presse-, Telefon- etc*)Dienst *m* **8.** a) Versorgung(sdienst *m*) *f*, b) Versorgungsbetrieb *m*: (**gas**) **water ~** (Gas-)Wasserversorgung; **essential ~s** lebenswichtige Betriebe. **9.** *bes.* **public ~** öffentlicher Dienst, Staatsdienst *m*: → **civil service, diplomatic 1. 10.** Aufgabe *f*, Amt *n*, Funktion *f* (*e-s Staatsbeamten etc*). **11.** *mil.* a) (Wehr-, Militär)Dienst *m*, b) *meist pl* Truppe *f*, Waffengattung *f*, c) Streitkräfte *pl*, d) *Br.* Ma'rine *f*: → **active 8, armed² 1. 12.** *mil.* Aktion *f*, Unter'nehmen *n*. **13.** *mil. Am.* (technische) Versorgungstruppe. **14.** *mil.* Bedienung *f*: **~ of a gun. 15.** *oft pl* Hilfsdienst *m*: **medical ~(s). 16.** *tech.* a) Bedienung *f*, b) Betrieb *m* (*e-r Maschine etc*): **in** (**out of**) **~** in (außer) Betrieb; **~ conditions** Betriebsbedingungen, -beanspruchung *f*. **17.** *tech.* a) Wartung *f*, *mot. a.* Inspekti'on *f*, b) Service *m*, Kundendienst *m* (*a. als Einrichtung*). **18.** *rail. etc* Verkehr(sfolge *f*) *m*, Betrieb *m*: **a twenty-minute ~** ein Zwanzig-Minuten-Verkehr. **19.** *relig.* a) Gottesdienst *m*, b) Litur'gie *f*. **20.** *mus.* musi'kalischer Teil (*der Liturgie*): **Mozart's ~** Mozart-Messe *f*. **21.** Ser'vice *n* (*Eßgeschirr etc*). **22.** *jur.* Zustellung *f*. **23.** *jur. hist.* a) (*Art*) Depu'tat *n*, Abgabe *f*, b) Dienstleistung *f* (*für e-n Herrn*). **24.** *mar.* Bekleidung *f* (*e-s Taues*). **25.** a) *Tennis etc*: Aufschlag *m*, b) *Volleyball*: Aufgabe *f*.
  **II** *v/t* **26.** *tech.* a) warten, pflegen, b) über'holen, in'stand setzen: **my car is being ~d** mein Wagen ist bei der Inspektion *od.* beim Kundendienst. **27.** mit Material, Nachrichten *etc* beliefern, versorgen. **28.** *zo. e-e* Stute *etc* decken.

**ser·vice²** ['sɜːvɪs; *Am.* 'sɜr-] *s bot.* **1.** Spierbaum *m*. **2.** *a.* **wild ~** (**tree**) Elsbeerbaum *m*.
**ser·vice·a·bil·i·ty** [ˌsɜːvɪsə'bɪlətɪ; *Am.* ˌsɜr-] → **serviceableness. 'ser·vice·a·ble** *adj* (*adv* **serviceably**) **1.** verwend-, brauchbar, nützlich: **a ~ tool. 2.** betriebs-, gebrauchs-, leistungsfähig: **a ~ machine. 3.** zweckdienlich. **4.** stra·pa'zierfähig, haltbar, so'lid(e): **a ~ cloth. 5.** *obs.* dienstbar. **'ser·vice·a·ble·ness** *s* **1.** Brauchbarkeit *f*, (gute) Verwendbarkeit. **2.** *tech.* Betriebsfähigkeit *f*.
**ser·vice** |**a·re·a** *s* **1.** *Rundfunk, TV*: Sendebereich *m*. **2.** *Br.* (Autobahn)Raststätte *f*. **~ book** *s* Gebet-, Gesang-, Meßbuch *n*. **~ box** *s electr.* Hauptanschluß(kasten) *m*. **~ brake** *s tech.* Betriebsbremse *f*. **break** → **break¹ 18. ~ cap** *s mil.* Dienstmütze *f*. **~ charge** *s* **1.** *econ.* Bedienungszuschlag *m*. **2.** *econ.* Bearbeitungsgebühr *f*. **~ club** *s* **1.** (*Art*) gemeinnütziger Verein. **2.** *mil.* Sol'datenklub *m*. **~ com·pa·ny** *s mil.* Ver'sorgungskompa'nie *f*. **~ court** *s* a) *Tennis etc*: Aufschlagfeld *n*, b) *Volleyball*: Aufgaberaum *m*. **~ dress** *s mil.* Dienstanzug *m*. **~ en·trance** *s* Dienstboteneingang *m*. **~ flat** *s Br.* E'tagenwohnung *f* mit Bedienung. **~ game** *s Tennis*: Aufschlagspiel *n*. **~ hatch** *s* 'Durchreiche *f* (*für Speisen*). **~ in·dus·try** *s* **1.** *meist pl* Dienstleistungsbetriebe *pl*, -gewerbe *n*. **2.** 'Zulie-

ferindu,strie *f*. **~ life** *s tech.* Lebensdauer *f*. **~ line** *s Tennis etc*: Aufschlaglinie *f*. **'~·man** [-mæn; -mən] *s irr* **1.** Mili'tärangehörige(r) *m*, Sol'dat *m*. **2.** *tech.* a) 'Kundendienstme,chaniker *m*, b) 'Wartungsmon,teur *m*. **~ mod·ule** *s* Versorgungsteil *m* (*e-s Raumschiffs*). **~ pipe** *s tech.* (Haupt)Anschlußrohr *n*. **~ pis·tol** *s* 'Dienstpi,stole *f*. **~ road** *s* paral'lel zu e-r Fernverkehrsstraße verlaufende Nebenstraße. **~ so·ci·e·ty** *s* Dienstleistungsgesellschaft *f*. **~ speed** *s mar.* Reisegeschwindigkeit *f*. **~ state** *s pol.* Wohlfahrtsstaat *m*. **~ sta·tion** *s* **1.** a) Kundendienstwerkstatt *f*, b) Repara'turwerkstatt *f*. **2.** *mot.* (Groß)Tankstelle *f*. **~ stripe** *s mil. Am.* Dienstalterstreifen *m*. **~ switch** *s electr.* Hauptschalter *m*. **~ trade** *s* Dienstleistungsgewerbe *n*. **~ u·ni·form** *s mil.* Dienstanzug *m*. **~ volt·age** *s electr.* Gebrauchs-, Betriebsspannung *f*.
**'ser·vic·ing** *s* **1.** *tech.* Wartung *f*, Pflege *f*: **~ schedule** Wartungsvorschrift *f*, -plan *m*. **2.** Versorgung *f*.
**ser·vi·ent** ['sɜːvɪənt; *Am.* 'sɜr-] *adj* dienend, untergeordnet: **~ tenement** *jur.* dienendes Grundstück.
**ser·vi·ette** [ˌsɜːvɪ'et; *Am.* ˌsɜr-] *s bes. Br.* Servi'ette *f*.
**ser·vile** ['sɜːvaɪl; *Am.* 'sɜrvəl] *adj* (*adv* **~ly**) **1.** unter'würfig, kriecherisch, ser'vil. **2.** Sklaven...: **~ war. 3.** sklavisch: **~ obedience. 4.** *fig.* sklavisch (genau). **ser·vil·i·ty** [-'vɪlətɪ] *s* **1.** (sklavische) Unter'würfigkeit. **2.** kriecherisches Wesen. **3.** Krieche'rei *f*. **4.** *obs.* Sklave'rei *f*.
**'serv·ing** *s* **1.** Ser'vieren *n*. **2.** Porti'on *f*. **3.** *tech.* Um'wick(e)lung *f*. **~ hatch** → **service hatch. ~ ta·ble** *s* Ser'viertischchen *n*.
**ser·vi·tor** ['sɜːvɪtə(r); *Am.* 'sɜr-] *s* **1.** *obs.* Diener(in) (*a. fig.*). **2.** *obs. od. poet.* Gefolgsmann *m*. **3.** *univ. hist.* Stipendi'at *m*.
**ser·vi·tude** ['sɜːvɪtjuːd; *Am.* 'sɜr-; -ˌtuːd] *s* **1.** Sklave'rei *f*, Knechtschaft *f* (*a. fig.*). **2.** Zwangsarbeit *f*: → **penal 1. 3.** *jur.* Servi'tut *n*, Nutzungsrecht *n*.
**ser·vo** ['sɜːvəʊ; *Am.* 'sɜr-] **I** *pl* **-vos** *abbr.* für a) **servomechanism**, b) **servomotor. II** *adj* Servo...
**'ser·vo** |**-as·sist·ed** *adj tech.* Servo...: **~ brake; ~ steering. ~ brake** *s tech.* Servobremse *f*. **~ con·trol** *s aer.* Servosteuerung *f*. **~ mech·a·nism** *s tech.* 'Servomecha,nismus *m*. **'~·mo·tor** *s* Servomotor *m*. **~ steer·ing** *s tech.* Servolenkung *f*.
**ses·a·me** ['sesəmɪ] *s* **1.** *bot.* Indischer Sesam: **~ oil** Sesamöl *n*. **2.** *a.* **~ seed** Sesamsame *m*. **3.** → **open sesame**.
**ses·a·moid** ['sesəmɔɪd] *anat.* **I** *adj* Sesam...: **~ bones** Sesamknöchelchen. **II** *s* Sesambein(chen) *n*. [chel *m*.]
**ses·e·li** ['sesɪlaɪ] *s bot.* Sesel *m*, Bergfen-)
**ses·qui·al·ter** [ˌseskwɪ'æltə(r); *Am. a.* -'ɔːl-], **ses·qui·al·ter·al** *adj* im Verhältnis 3 : 2 *od.* 1 ¹/₂ : 1 stehend.
**ses·qui·bas·ic** [ˌseskwɪ'beɪsɪk] *adj chem.* anderthalbbasisch. **ses·qui·cen·ten·ni·al** [-sen'tenɪəl] **I** *adj* 150jährig. **II** *s* 150-'Jahr-Feier *f*. **ses·qui·pe·da·li·an** [-pɪ'deɪljən] *humor.* **I** *adj* **1.** sehr lang, Bandwurm...: **~ word** → **2. 2.** *fig.* bom-'bastisch. **II** *s* **3.** Wortungeheuer *n*. **'ses·qui·plane** [-pleɪn] *s aer.* Anderthalbdecker *m*.
**ses·sile** ['sesaɪl; *Am. a.* -səl] *adj bot. zo.* ungestielt, sitzend.
**ses·sion** ['seʃn] *s* **1.** *jur. parl.* a) Sitzung *f*, b) 'Sitzungsperi,ode *f*: **to be in ~** e-e Sitzung abhalten, tagen. **2.** *jur.* → **quarter sessions**, *etc.* **3.** *jur.* a) **Court of S~** *Scot.* Oberstes Gericht für Zivilsachen, b) **Court of S~s** *Am.* (einzelstaatliches)

Gericht für Strafsachen. **4.** (lange) Sitzung, Konfe'renz *f*. **5.** *med. psych. etc* Sitzung *f*. **6.** *univ.* a) *Br.* aka'demisches Jahr, b) *Am.* ('Studien)Se,mester *n*. **'ses·sion·al** [-ʃənl] *adj* (*adv* **~ly**) **1.** Sitzungs... **2.** *univ. Br.* ein aka'demisches Jahr (lang) dauernd: **~ course.**
**ses·tet** [ses'tet] *s* **1.** *mus.* → **sextet(te). 2.** *metr.* sechszeilige Strophe.
**ses·ti·na** [se'stiːnə] *s metr.* Se'stine *f*.
**set** [set] **I** *s* **1.** Satz *m* (*Briefmarken, Dokumente, Werkzeuge etc*), (Möbel-, Toiletten- etc)Garni'tur *f*, (Speise- etc)Ser'vice *n*: **a ~ of agreements** *pol.* ein Vertragswerk; **a ~ of colo(u)rs** ein Farbensortiment *n*; **a ~ of drills** ein Satz Bohrer; **~ of values** Wertanschauung *f*. **2.** (Häuser- etc)Gruppe *f*, (Zimmer)Flucht *f* (*a. ~ of houses* (**rooms**). **3.** *econ.* Kollekti'on *f*: **a ~ of articles. 4.** Sammlung *f*, *bes.* a) mehrbändige Ausgabe (*e-s Autors*), b) (Schriften)Reihe *f*, (Ar'tikel)Serie *f*. **5.** *tech.* a) (Ma'schinen)Satz *m*, (-)Anlage *f*, Aggre'gat *n*, b) (Radio- etc)Gerät *n*, Appa'rat *m*. **6.** a) *thea.* Bühnenausstattung *f*, b) *Film*: Szenenaufbau *m*. **7.** *Tennis etc*: Satz *m*. **8.** *math.* a) Zahlenreihe *f*, b) Menge *f*. **9.** ~ of teeth Gebiß *n*. **10.** (Per'sonen)Kreis *m*: a) Gesellschaft(sschicht) *f*, (*literarische etc*) Welt, b) *contp.* Clique *f*, c) *ped.* 'Unterrichtsgruppe *f*: **the chic ~** die Schickeria. **11.** Sitz *m*, Schnitt *m* (*von Kleidern*). **12.** a) Form *f*, b) Haltung *f*. **13.** Richtung *f*, (Ver)Lauf *m* (*e-r Strömung etc*): **the ~ of the current; the ~ of public opinion** der Meinungstrend. **14.** *fig.* Neigung *f*, Ten'denz *f* (**towards** zu). **15.** *psych.* (innere) Bereitschaft (**for** zu). **16.** *poet.* 'Untergang *m*: **the ~ of sun; the ~ of day** das Tagesende. **17.** *tech.* Schränkung *f* (*e-r Säge*). **18.** *tech.* → **setting 10. 19.** *arch.* Feinputz *m*. **20.** *bot.* a) Ableger *m*, Setzling *m*, b) Fruchtansatz *m*. **21.** *Kontertanz*: a) Tänzer(zahl *f*, -paare) *pl*, b) Tour *f*, 'Hauptfi,gur *f*: **first ~** Quadrille *f*. **22.** *mus.* Serie *f*, Folge *f*, Zyklus *m*. **23.** *hunt.* Vorstehen *n* (*des Hundes*): **to make a dead ~ at** *fig.* a) j-n scharf aufs Korn nehmen, herfallen über *j-n*, b) es auf e-n Mann abgesehen haben (*Frau*). **24.** *hunt.* (Dachs-)Bau *m*.
  **II** *adj* **25.** festgesetzt: **at the ~ day; ~ meal** Menü *n*. **26.** a) bereit, b) fest entschlossen (**on, upon doing** zu tun): **all ~** startklar. **27.** vorgeschrieben, festgelegt: **~ rules; ~ books** (*od.* **reading**) *ped.* Pflichtlektüre *f*. **28.** 'wohlüber,legt, 'einstu,diert: **~ speech. 29.** feststehend: **~ phrases. 30.** fest: **~ opinion; ~ purpose** *Bes. Redew.* **31.** starr: **a ~ face** ein unbewegtes Gesicht. **32.** *Am.* halsstarrig, ,stur'. **33.** konventio'nell, for'mell: **~ party. 34.** zs.-gebissen (*Zähne*). **35.** (ein)gefaßt: **a ~ gem. 36.** *tech.* eingebaut: **a ~ tube. 37.** **~ piece** Gruppenbild *n*. **38.** **~ fair** beständig (*auf dem Barometer*). **39.** → **hard-set. 40.** (*in Zssgn*) ...gebaut, ...gestaltet: **well-~** ...gebaut.
  **III** *v/t pret u. pp* **set 41.** setzen, stellen, legen: **to ~ the glass to one's lips** das Glas an die Lippen setzen; **to ~ a match to** ein Streichholz halten an (*acc*), etwas in Brand stecken (*siehe a. die Verbindungen mit anderen entsprechenden Substantiven*). **42.** *in e-n* Zustand (ver)setzen, bringen: **to ~ s.o. free** j-n auf freien Fuß setzen, j-n freilassen; → **ease 2, liberty** *Bes. Redew.*, **right 5 u. 15** (*u. andere entsprechende Verbindungen*). **43.** veranlassen zu: **to ~ a party laughing** e-e Gesellschaft zum Lachen bringen; **to ~ going** in Gang setzen; **to ~ thinking** j-m zu denken geben; → **roar 6. 44.** 'herrichten, (an)ordnen, zu'rechtma-

chen, *bes.* a) *thea. die Bühne* aufbauen: **to ~ the stage**, b) *den Tisch* decken: **to ~ the table**, c) *tech.* (ein)stellen, (-)richten, reguˈlieren, d) *die Uhr, den Wecker* stellen: **to ~ the alarm (clock) for five o'clock** den Wecker auf 5 Uhr stellen, e) *e-e Säge* schränken, f) *ein Messer* abziehen, schärfen, g) *med. e-n Bruch, Knochen* (ein)richten, h) *das Haar* legen. **45.** *mus.* a) vertonen, b) arranˈgieren. **46.** *print.* absetzen. **47.** *agr.* a) *Setzlinge* (an)pflanzen, b) *den Boden* bepflanzen. **48.** a) *die Bruthenne* setzen, b) *Eier* ˈunterlegen. **49.** a) *e-n Edelstein* fassen, b) mit Edelsteinen *etc* besetzen. **50.** *e-e Wache* aufstellen. **51.** *e-e Aufgabe, Frage* stellen: **to ~ a task**. **52.** *j-n* anweisen (**to do s.th.** etwas zu tun), *j-n* an *e-e Sache* setzen. **53.** a) *etwas* vorschreiben, bestimmen, b) *e-n Zeitpunkt* festlegen, -setzen, c) *ein Beispiel etc* geben, *Regel etc* aufstellen, d) *e-n Rekord* aufstellen: → **fashion** 1, **pace**[1] 1. **54.** *den Hund etc* hetzen (**on** auf *j-n*): **to ~ spies on s.o.** j-n bespitzeln lassen, auf j-n Spitzel ansetzen. **55.** *Flüssiges* fest werden lassen, *Milch* gerinnen lassen. **56.** *die Zähne* zs.-beißen. **57.** *den Wert* bestimmen, festsetzen. **58.** *e-n Preis* aussetzen (**on** auf *acc*). **59.** *Geld, sein Leben etc* risˈkieren, aufs Spiel setzen. **60.** *fig.* legen, setzen: **to ~ one's hopes on** s-e Hoffnung setzen auf (*acc*); **the scene is ~ in Rome** der Schauplatz *od.* Ort der Handlung ist Rom, das Stück *etc* spielt in Rom.

**IV** *v/i* **61.** ˈuntergehen (*Sonne etc*). **62.** a) auswachsen (*Körper*), b) ausreifen (*Charakter*). **63.** beständig werden (*Wetter etc*): → 38. **64.** a) fest werden (*Flüssiges*), erstarren (*a. Gesicht, Muskel*), b) *tech.* abbinden (*Zement etc*), c) gerinnen (*Milch*), d) sich absetzen (*Rahm*). **65.** brüten (*Glucke*). **66.** sitzen (*Kleidung*): **to ~ well**. **67.** *fig.* passen (**with** zu). **68.** sich bewegen, fließen, strömen: **the current ~s to the north** die Stromrichtung ist Nord. **69.** wehen, kommen (**from** aus, von) (*Wind*). **70.** sich neigen *od.* richten: **opinion is ~ting against him** die Meinung richtet sich gegen ihn. **71.** *bot.* Frucht ansetzen (*Blüte, Baum*). **72.** *zo.* sich festsetzen (*Austern*). **73.** *tech.* sich verbiegen. **74.** *hunt.* vorstehen (*Hund*). **75.** *med.* sich einrenken.

*Verbindungen mit Präpositionen:*

**set| a·bout** *v/i* **1.** sich an *etwas* machen, *etwas* in Angriff nehmen: **to ~ doing s.th.** sich daranmachen, etwas zu tun. **2.** *colloq.* ˈherfallen über (*j-n*) (*a. fig.*). **~ a·gainst** *v/t* **1. to set one's face** (*od.* **o.s.**) **against s.th.** sich e-r Sache widersetzen. **2.** *j-n* aufhetzen gegen: **to set friend against friend** Zwietracht unter Freunden säen. **3.** *fig. etwas* gegenˈüberstellen (*dat*). **~ at** → **set (up)on**. **~ (up)on** *v/i* anfallen, ˈherfallen über (*acc*).

*Verbindungen mit Adverbien:*

**set| a·part** *v/t* **1.** *Geld etc* beiˈseite legen. **2. set s.o. apart (from)** j-n unterˈscheiden *od.* abheben (von). **~ a·side** *v/t* **1.** *Buch etc* beiˈseite legen, weglegen. **2.** *fig. Geld etc* beiˈseite legen. **3.** *e-n Plan etc* aufgeben. **4.** außer acht lassen, ausklammern, verzichten auf (*acc*). **5.** verwerfen, abschaffen. **6.** *Zeit* a) einplanen, b) erübrigen. **7.** *bes. jur.* aufheben, annulˈlieren. **~ back I** *v/t* **1.** *Uhr* zuˈrückstellen. **2.** (*meist pass*) *Haus etc* zuˈrücksetzen (**some distance** ein Stück). **3.** (**[by] two months**) *j-n, etwas* zuˈrückwerfen (um zwei Monate), e-n Rückschlag bedeuten für (von zwei Monaten). **4. the car set me back £500** *colloq.* das Auto hat mich 500 Pfund gekostet *od.* um 500 Pfund ärmer gemacht. **II** *v/i* **5.** zuˈrückfließen (*Flut etc*). **~ by** *v/t* → **set aside** 2, 6. **~ down I** *v/t* **1.** ˈhinsetzen. **2.** *etwas* abstellen, absetzen. **3.** *e-n Fahrgast* absetzen. **4.** *aer. das Flugzeug* aufsetzen, landen. **5.** (schriftlich) niederlegen, aufzeichnen. **6.** a) *j-m* e-n Dämpfer aufsetzen, b) *Stolz* dämpfen. **7.** rüffeln. **8.** ~ **as** *j-n, etwas* abtun *od.* betrachten als. **9.** *etwas* zuschreiben (**to** *dat*). **10.** a) *etwas* festlegen, -setzen, b) *e-n Termin etc* anberaumen, ansetzen. **II** *v/i* **11.** *aer.* aufsetzen, landen. **~ forth I** *v/t* **1.** bekanntmachen, -geben. **2.** → **set out** 2. **3.** zur Schau stellen. **II** *v/i* **4.** aufbrechen, sich aufmachen: **to ~ on a journey** e-e Reise antreten. **5.** *fig.* ausgehen (**from** von). **~ for·ward I** *v/t* **1.** *die Uhr* vorstellen. **2.** a) *etwas* vorˈantreiben, b) *j-n od. etwas* vorˈan-, weiterbringen. **3.** vorbringen, darlegen. **II** *v/i* **4.** sich auf den Weg machen. **~ in I** *v/t Ärmel etc* einsetzen. **II** *v/i* einsetzen (*beginnen*): **cold weather ~.** **~ off I** *v/t* **1.** herˈvortreten lassen, abheben (**from** von): **to be ~** voneinander abstechen. **2.** herˈvorheben, betonen. **3.** *Streik etc, a. Alarm etc* auslösen, führen zu. **4. to set s.o. off on s.th.** j-n auf etwas bringen; **to set s.o. off laughing** j-n zum Lachen bringen. **5.** a) *e-e Rakete* abschießen, b) *ein Feuerwerk* abbrennen, c) *e-e Sprengladung* zur Exploˈsion bringen. **6.** (**against**) *bes. jur.* a) als Ausgleich nehmen (für), b) *a. econ.* auf-, verrechnen (mit). **7.** ausgleichen, aufwiegen. **II** *v/i* **8.** ein Gegengewicht bilden (**against** zu). **9.** *fig.* anfangen, beginnen. **10.** → **set forth** 4. **11.** *print.* abschmieren. **~ on** *v/t* **1.** a) *j-n* drängen, veranlassen (**to do** zu tun), b) *j-n* aufhetzen, aufwiegeln (**to** zu). **2.** *den Hund etc* hetzen (**to** auf *acc*). **~ out I** *v/t* **1.** *Gemüse etc* auspflanzen. **2.** (ausführlich) darlegen, aufzeigen. **3.** *Verzeichnis etc* anordnen, anlegen. **4.** arranˈgieren, ˈherrichten, *a. Schachfiguren etc* aufstellen. **II** *v/i* **5.** aufbrechen, sich aufmachen (**for** nach). **6.** sich vornehmen, darˈangehen, sich darˈanmachen (**to do** zu tun). **~ to** *v/i* **1.** sich darˈanmachen (**to do** zu tun), sich ,daˈhinterklemmen'. **2.** a) ,loslegen', b) aufeinˈander losgehen. **~ up I** *v/t* **1.** aufstellen, errichten: **to ~ a monument (a road block,** *etc*). **2.** *tech.* aufstellen, monˈtieren: **to ~ a machine**. **3.** einrichten, gründen: **to ~ a business (school,** *etc*). **4.** bilden, einsetzen: **to ~ a government**. **5.** anordnen: **to ~ judicial inquiries**. **6.** *j-m* zu e-m (guten) Start verhelfen, *j-n* etaˈblieren: **to set s.o. up in business; to set o.s. up as** sich niederlassen als. **7.** *jur.* a) *e-e Behauptung etc* aufstellen, vorbringen: **to ~ a good defence** (*Am.* **defense**) e-e gute Verteidigung vorbringen, b) *e-n Anspruch* erheben, geltend machen: **to ~ a claim; to ~ negligence** Fahrlässigkeit geltend machen. **8.** *e-n Kandidaten* aufstellen. **9.** *j-n* erhöhen (**over** über *acc*), *a. j-n* auf den Thron setzen. **10.** *die Stimme, ein Geschrei etc* erheben. **11.** verursachen (*a. med.*). **12.** a) *j-n* (*gesundheitlich*) wiederˈherstellen, b) kräftigen, c) in Form bringen. **13.** *j-m* (finanziˈell) ,auf die Beine helfen'. **14.** a) *j-n* stolz machen, b) *j-n* glücklich stimmen. **15.** *e-e Theorie* aufstellen. **16.** (*oft pass*) *j-n* versorgen (**with** mit): **to be well ~ with** (*od.* **for**) **reading** mit Lektüre eingedeckt sein. **17.** *j-n* aufhetzen (**against** gegen). **18.** *print.* (ab)setzen: **to ~ (in type)**. **19.** *e-n Rekord* aufstellen. **20.** *colloq.* in e-e Falle locken, ,reinlegen'. **21.** *Am. colloq. j-n* mürbe machen. **II** *v/i* **22.** sich niederlassen *od.* etaˈblieren (**as** als): **to ~ for o.s.** sich selbständig machen. **23.** ~ **for** a) sich ausgeben für *od.* als, b) sich aufspielen als.

**se·ta·ceous** [sɪˈteɪʃəs] *adj* borstig.

**ˈset|-aˌside** *s Am.* Rücklage *f.* **ˈ~·back** *s* **1.** *fig.* Rückschlag *m.* **2.** Niederlage *f*, Schlappe *f.* **3.** *econ.* (Preis)Einbruch *m.* **4.** *arch.* a) Rücksprung *m* (*e-r Wand*), b) zuˈrückgesetzte Fasˈsade. **ˈ~·down** *s* **1.** Dämpfer *m.* **2.** Rüffel *m.*

**set ham·mer** *s* Setzhammer *m.*

**se·ti·form** [ˈsiːtɪfɔː(r)m] *adj* borstig. **se·tig·er·ous** [sɪˈtɪdʒərəs] *adj* borstig, Borsten tragend.

**set|-in I** *adj* [ˌsetˈɪn; ˈ-ɪn] **1.** eingesetzt: ~ **sleeve**. **2.** eingebaut, Einbau...: ~ **cupboard**. **II** *s* [ˈsetɪn] **3.** Einsetzen *n*: **the ~ of cold weather**. **~·off** [ˌsetˈɒf; *Am.* ˈ-ˌɔːf] *s* **1.** Konˈtrast *m.* **2.** *jur.* a) Gegenforderung *f*, b) Ausgleich *m.* **3.** (**against**) *fig.* Ausgleich *m* (für), Gegengewicht *n* (zu). **4.** *econ.* Auf-, Verrechnung *f.*

**se·ton** [ˈsiːtn] *s med.* Haarseil *n.*

**set|·out** [setˈaʊt; *bes. Am.* ˈsetaʊt] *s* **1.** Aufmachung *f* (*a. Kleidung*). **2.** *colloq.* a) Vorführung *f*, b) Party *f.* **3.** a) Aufbruch *m*, b) Anfang *m.* **~ piece** *s* **1.** *art* ˈformvollˌendetes Werk. **2.** *mil.* sorgfältig geplante miliˈtärische Operatiˈon. **~·pin** *s tech.* Dübel *m.* **~ point** *s* **1.** *Tennis etc*: Satzball *m.* **2.** *tech.* Sollwert *m.* **ˈ~·screw** *s* Stellschraube *f.* **~ square** *s* Winkel *m*, Zeichendreieck *n.*

**sett** [set] *s* **1.** → **set** I. **2.** Pflasterstein *m.*

**set·te·cen·to** [ˌsetəˈtʃentəʊ] *s* Setteˈcento *n* (*italienischer Kunststil des 18. Jhs.*).

**set·tee** [seˈtiː] *s* **1.** Sitz-, Polsterbank *f.* **2.** kleineres Sofa: ~ **bed** Bettcouch *f.*

**set·ter** [ˈsetə(r)] *s* **1.** *allg.* (*meist in Zssgn*) Setzer(in), Einrichter(in): → **typesetter** 1. **2.** *zo.* Setter *m* (*Vorstehhund*). **3.** (Poliˈzei)Spitzel *m.* **ˌ~-ˈon** *pl* **ˌ~s-ˈon** *s* Aufhetzer(in), Aufwiegler(in). **ˈ~·wort** → **bear's-foot**.

**set the·o·ry** *s math.* Mengenlehre *f.*

**set·ting** [ˈsetɪŋ] *s* **1.** (Ein)Setzen *n*, Einrichten *n*: ~ **of type** *print.* (Schrift)Setzen; **the ~ of a gem** das (Ein)Fassen e-s Edelsteins. **2.** (Gold- *etc*)Fassung *f.* **3.** Abziehen *n*, Schärfen *n*: ~ **of a knife**. **4.** ˈHintergrund *m*: a) Lage *f*, b) *fig.* Rahmen *m*, c) (Situatiˈon *f* u.) Schauplatz *m*: ~ **of a novel**. **5.** szenischer ˈHintergrund: a) *thea.* Bühnenbild *n*, b) *Film*: Ausstattung *f.* **6.** *mus.* a) Vertonung *f*, b) Satz *m*, Einrichtung *f.* **7.** *tech.* Bettung *f*, Sockel *m* (*e-r Maschine*). **8.** *tech.* a) Einstellung *f*: ~ **of a thermostat**, b) Ablese-, Meßwert *m.* **9.** *astr.* (ˈSonnen- *etc*)ˌUntergang *m.* **10.** *tech.* Abbinden *n* (*von Zement etc*): ~ **point** Stockpunkt *m.* **11.** Schränkung *f* (*e-r Säge*). **12.** *Gasgewinnung*: Reˈtortensatz *m.* **13.** Gelege *n* (*alle für e-e Brut gelegten Eier*). **14.** Gedeck *n.* **~ lo·tion** *s* Haarfestiger *m.* **~ rule** *s print.* Setzlinie *f.* **~ stick** *s print.* Winkelhaken *m.* **ˌ~-ˈup** *s* **1.** *bes. tech.* Aufstellen *n*, Einrichten *n.* **2.** ~ **exercises** *Am.* Freiübungen *pl*, Gymˈnastik *f.*

**set·tle**[1] [ˈsetl] **I** *v/t* **1.** vereinbaren, (gemeinsam) festsetzen, sich einigen auf (*acc*): **it is as good as ~d** es ist so gut wie abgemacht; → **hash** 7. **2.** richten, in Ordnung bringen: **to ~ a room**. **3.** *a.* ~ **up** *econ.* erledigen, in Ordnung bringen, regeln: a) bezahlen, *e-e Rechnung etc* begleichen, b) *ein Konto* ausgleichen, c) abwickeln: **to ~ a transaction**, d) *e-n Anspruch* befriedigen: **to ~ a claim**; → **account** *Bes. Redew.* **4.** a) ansiedeln, ansässig machen: **to ~ people**, b) besiedeln, koloniˈsieren: **to ~ a land**, c) errichten, etaˈblieren: **to ~ commercial colonies**. **5.** a) *j-n beruflich, häuslich etc* etaˈblieren, ˈunterbringen, b) *ein Kind etc* versorgen, ausstatten, c) *s-e Tochter* verheiraten. **6.** *die Füße, den Hut etc* (fest) setzen (**on** auf *acc*). **7.** ~ **o.s.** sich nieder-

lassen: **he ~d himself in a chair. 8.** ~
**o.s. to** sich an *e-e Arbeit etc* machen, sich
anschicken zu. **9.** *a.* **~ down** *j-n, den
Magen, die Nerven etc* beruhigen. **10.** *den
Boden, a. fig. j-n, den Glauben, die Ord-*
*nung* festigen: **to ~ order** (one's faith);
**to ~ a road** e-e Straße befestigen. **11.** a)
*e-e Institution etc* gründen, aufbauen (**on**
*auf dat*), b) *e-e Sprache* regeln. **12.** *e-e
Frage etc* klären, regeln, entscheiden,
erledigen: **that ~s it** a) damit ist der Fall
erledigt, b) *iro.* jetzt ist es endgültig aus.
**13.** a) *e-n Streit* beilegen, schlichten,
b) *e-n strittigen Punkt* klären. **14.** *colloq.
j-n* ,fertigmachen', zum Schweigen brin-
gen (*a. weitS.* töten). **15.** a) *e-e Flüssigkeit*
ablagern lassen, klären, b) *Trübstoffe*
sich setzen lassen. **16.** *den Inhalt e-s
Sackes etc* sich setzen lassen, zs.-stau-
chen. **17.** *s-e Angelegenheiten (vor dem
Tod)* ordnen, in Ordnung bringen, *den
Nachlaß* regeln. **18.** (**on, upon**) a) *den
Besitz etc* über¹tragen (auf *acc*), b) (letzt-
willig) vermachen (*dat*), c) *ein Legat, e-e
Rente etc* aussetzen (*dat od.* für). **19.** *die
Erbfolge* regeln, bestimmen. **II** *v/i*
**20.** sich niederlassen *od.* setzen: **a bird
~d on a bough; to ~ back** sich (gemüt-
lich) zurücklehnen. **21.** a) sich *in e-m
Land, e-r Stadt* ansiedeln *od.* niederlas-
sen, b) ~ **in** sich einrichten, c) ~ **in** sich
einleben, sich eingewöhnen: **to ~ into a
new job** sich an e-m neuen Arbeitsplatz
eingewöhnen. **22.** *a.* ~ **down** a) sich *in
e-m Ort* niederlassen, b) sich (häuslich)
niederlassen, c) *a.* **to marry and ~ down**
e-n Hausstand gründen, d) seßhaft wer-
den, zur Ruhe kommen, e) es sich gemüt-
lich machen. **23.** *meist* ~ **down** *fig.* sich
beruhigen, sich legen: **his anger ~d.**
**24.** ~ **down to** sich widmen (*dat*), sich an
*e-e Arbeit etc* machen: **he ~d down to
his task. 25.** ~ **on** fallen auf (*acc*), sich
zuwenden (*dat*), sich konzen¹trieren auf
(*acc*): **his affection ~d on her. 26.** *med.*
sich festsetzen (**on, in** *in dat*), sich legen
(**on** *auf acc*). **27.** beständig(er) werden
(*Wetter*): **it ~d in for rain** es regnete sich
ein; **it is settling for a frost** es wird
Frost geben. **28.** sich senken *od.* setzen
(*Grundmauern etc*). **29.** *a.* ~ **down** *mar.*
langsam absacken (*Schiff*). **30.** sich set-
zen (*Trübstoffe*), sich (ab)klären (*Flüssig-
keit*). **31.** sich legen (*Staub*). **32.** ~ (**up**)**on**
*fig.* a) sich entscheiden für, sich ent-
schließen zu, b) sich einigen auf (*acc*).
**33.** ~ **for** a) sich zu¹friedengeben mit,
sich begnügen mit, b) sich abfinden mit.
**34.** e-e Vereinbarung treffen. **35.** ~ **up**
a) zahlen, b) abrechnen (**with** mit) (*a.
fig.*). **36.** ~ **with** a) abrechnen mit (*a. fig.*),
b) ~ in e-n Vergleich schließen mit,
c) *econ.* Gläubiger abfinden.
**set·tle²** [¹setl] *s* Sitz-, Ruhebank *f* (*mit
hoher Rückenlehne*).
**set·tled** [¹setld] *adj* **1.** seßhaft: ~ **people.
2.** besiedelt: ~ **land. 3.** ruhig, gesetzt: **a ~
man; a ~ life. 4.** fest, ständig: **a ~ abode;
~ habit. 5.** versorgt, verheiratet. **6.** be-
stimmt, entschieden, fest: ~ **opinions. 7.** feststte-
hend, erwiesen: **a ~ fact** (*od.* thing).
**8.** festbegründet: **the ~ order of things.
9.** beständig (*Wetter*). **10.** *jur.* festgesetzt,
vermacht: ~ **estate** a) Nießbrauchsgut *n*,
b) abgewickelter Nachlaß.
**set·tle·ment** [¹setlmənt] *s* **1.** Ansied(e)-
lung *f*: ~ **of people. 2.** Besied(e)lung *f*: ~
**of a land. 3.** a) Siedlung *f*, Niederlassung
*f*: **a ~ of Quakers,** b) (Wohn)Siedlung *f*.
**4.** ¹Unterbringung *f*, Versorgung *f* (*e-r
Person*). **5.** Klärung *f*, Regelung *f*, Erle-
digung *f*, Bereinigung *f*: ~ **of a question.
6.** Festsetzung *f*, (endgültige) Vereinba-
rung. **7.** Schlichtung *f*, Beilegung *f*: ~ **of a**

dispute. **8.** *econ.* a) Begleichung *f*, Be-
zahlung *f*: ~ **of bills,** b) Ausgleich(ung *f*)
*m*: ~ **of accounts,** c) *Börse:* Abrechnung
*f*, d) Abwick(e)lung *f*: ~ **of a transaction,**
e) Vergleich *m*, Abfindung *f*: **day of ~** *fig.*
Tag *m* der Abrechnung; **in ~ of all
claims** zum Ausgleich aller Forderun-
gen. **9.** Über¹einkommen *n*, Abmachung
*f*. **10.** *jur.* a) (¹Eigentums)Über¹tragung *f*,
b) Vermächtnis *n*, c) Schenkung *f*, Stif-
tung *f*, d) Aussetzung *f* (*e-r Rente etc*),
e) **marriage ~** Ehevertrag *m*. **11.** a)
ständiger Wohnsitz, b) Heimatrecht *n*.
**12.** sozi¹ales Hilfswerk. **13.** *pol.* Regelung
*f* der Thronfolge: **Act of S~** *brit. Parla-
mentsbeschluß des Jahres 1701, der die
Thronfolge zugunsten der Sophia von
Hannover u. ihrer Nachkommen regelte.*
**14.** (Ab)Sacken *n*, Senkung *f*. ~ **day** *s
econ.* Abrechnungstag *m*. ~ **house** →
settlement 12.
**set·tler** [¹setlə(r)] *s* **1.** (An)Siedler(in),
Kolo¹nist(in). **2.** Schlichter(in): ~ **of dis-
putes.**
**set·tling** [¹setlɪŋ] *s* **1.** Festsetzen *n* (*etc*; →
settle¹). **2.** *tech.* Ablagerung *f*. **3.** *pl* (Bo-
den)Satz *m*. ~ **day** *s econ.* Abrechnungs-
tag *m*.
**set·tlor** [¹setlə; *Am.* -₁lɔːər] *s jur.* **1.** Ver-
fügende(r *m*) *f*. **2.** Stifter(in).
**set-to** [₁set¹tuː; *bes. Am.* ¹settuː] *pl* **-tos** *s
colloq.* **1.** *sport* (Box)Kampf *m*. **2.** Schlä-
ge¹rei *f*. **3.** (kurzer) heftiger Kampf.
**4.** heftiger Wortwechsel.
**set-up** [¹setʌp] *s* **1.** Aufbau *m*, Organisa-
ti¹on *f*. **2.** Anordnung *f* (*a. tech.*). **3.** *tech.*
Aufbau *m*, Mon¹tage *f*. **4.** *Film, TV:*
a) (Kamera)Einstellung *f*, b) Bauten *pl*,
Szene¹rie *f*. **5.** *TV* Schwarzabhebung *f*.
**6.** *Am.* a) Körperhaltung *f*, b) Konstitu-
ti¹on *f*. **7.** *Am. colloq.* a) Situati¹on *f*,
Lage *f*, b) Pro¹jekt *n*, Plan *m*. **8.** *bes. Am.
colloq.* ,Schiebung' *f*, abgekartete Sache.
**9.** *colloq.* a) ,Laden' *m*, ,Verein' *m* (*Or-
ganisation etc*), b) ,Bude' *f* (*Büro, Woh-
nung etc*). **10.** *Am. sl.* ,Gimpel' *m*, leicht-
gläubiger Mensch.
**sev·en** [¹sevn] **I** *adj* sieben: ~ **deadly sins**
(*die*) 7 Todsünden; ~**-league boots** Sie-
benmeilenstiefel; **S~ Sisters** *astr.* Sie-
bengestirn *n*; **S~ Sleepers** *relig.* Sieben-
schläfer; **the S~ Years' War** der Sieben-
jährige Krieg. **II** *s* Sieben *f* (*Zahl, Spiel-
karte etc*): **the ~ of hearts** die Herz-
sieben; **by ~s** je sieben auf einmal.
**sev·en·fold** [¹sevnfəʊld] **I** *adj u. adv*
siebenfach. **II** *s* (*das*) Siebenfache.
**sev·en·teen** [₁sevn¹tiːn] **I** *adj* siebzehn.
**II** *s* Siebzehn *f*: ~ **sweet ~** ,göttliche Sieb-
zehn' (*Mädchenalter*). **¸sev·en¹teenth**
[-¹tiːnθ] **I** *adj* **1.** siebzehnte(r, e, es).
**2.** siebzehntel. **II** *s* **3.** (*der, die, das*)
Siebzehnte. **4.** Siebzehntel *n*.
**sev·enth** [¹sevnθ] **I** *adj* **1.** sieben(t)e(r, e,
es): **in the ~ place** sieb(en)tens, an
sieb(en)ter Stelle; → **heaven 1. 2.**
sieben(t)el. **II** *s* **3.** (*der, die, das*)
Sieben(t)e: **the ~ of May** der 7. Mai.
**4.** Sieben(t)el *n*. **5.** *mus.* Sep¹time *f*: ~
**chord** Septimenakkord *m*. **¹sev·enth-
ly** *adv* sieben(t)ens.
**sev·en·ti·eth** [¹sevntɪɪθ] **I** *adj* **1.** sieb-
zigst(er, e, es). **2.** siebzigstel. **II** *s* **3.** (*der,
die, das*) Siebzigste. **4.** Siebzigstel *n*.
**sev·en·ty** [¹sevntɪ] **I** *adj* siebzig. **II** *s*
Siebzig *f*: **he is in his seventies** er ist in
den Siebzigern; **in the seventies** in den
siebziger Jahren (*e-s Jahrhunderts*).
**sev·er** [¹sevə(r)] **I** *v/t* **1.** (ab)trennen
(**from** von). **2.** (zer-, ¹durch)trennen, zer-
reißen. **3.** *fig.* a) *e-e Verbindung* (auf)lösen,
b) *diplomatische Beziehungen etc* ab-
brechen. **4.** (vonein¹ander) trennen, aus-
ein¹anderreißen. **5.** ~ **o.s.** (**from**) sich
trennen *od.* lösen (von *j-m, e-r Partei etc*),

(aus *der Kirche etc*) austreten. **6.** *jur.
Besitz, Rechte etc* teilen. **II** *v/i* **7.** (zer)rei-
ßen. **8.** sich trennen *od.* lösen (**from** von).
**9.** sich trennen. **¹sev·er·a·ble** *adj*
**1.** (zer)trennbar. **2.** (ab)trennbar. **3.** *fig.*
(auf)lösbar. **4.** *jur.* getrennt, unabhängig.
**sev·er·al** [¹sevrəl] **I** *adj* (*adv* → sever-
ally) **1.** mehrere. **2.** verschieden, ge-
trennt: **three ~ occasions. 3.** einzeln,
verschieden: **the ~ reasons; each ~
ship** jedes einzelne Schiff. **4.** eigen(er, e,
es), besonder(er, e, es): **we went our ~
ways** wir gingen jeder s-n (eigenen) Weg;
→ **joint 8. II** *s* **5.** mehrere *pl*: ~ **of you.**
**¹sev·er·al·ly** *adv* **1.** einzeln, gesondert,
getrennt: → **jointly. 2.** beziehungsweise.
**sev·er·al·ty** [¹sevrəltɪ] *s jur.* Eigenbesitz
*m*: **estate held in ~** Sonderbesitztum *n*.
**sev·er·ance** [¹sevərəns] *s* **1.** (Ab)Tren-
nung *f* (**from** von). **2.** (Auf)Lösung *f* (*e-r
Verbindung*), Abbruch *m* (*von diploma-
tischen Beziehungen etc*): ~ **pay** Abfin-
dung(ssumme) *f* (*für Arbeitnehmer*).
**se·vere** [sɪ¹vɪə(r)] *adj* **1.** *allg.* streng:
a) scharf, hart: ~ **criticism** (judge, pun-
ishment, *etc*), b) ernst, finster: ~ **face**
(look, man, *etc*), c) rauh, hart: ~ **winter,**
d) herb: ~ **beauty,** e) einfach, schlicht,
schmucklos: ~ **style,** *etc*, f) ex¹akt, strikt:
~ **conformity,** g) schwierig, schwer: **a ~
test. 2.** schlimm, schwer: ~ **illness;** ~
**losses; a ~ blow** ein harter *od.* schwerer
Schlag (*a. fig.*). **3.** heftig, stark: ~ **pain;** ~
**storm. 4.** scharf, beißend: ~ **remark.**
**se¹vere·ly** *adv* **1.** streng, strikt: **to
leave** (*od.* let) ~ **alone** absolut nichts zu
tun haben wollen mit. **2.** schwer, ernst-
lich: ~ **ill.**
**se·ver·i·ty** [sɪ¹verətɪ] *s* **1.** *allg.* Strenge *f*:
a) Schärfe *f*, Härte *f*, b) Rauheit *f*,
c) Ernst *m*, d) Herbheit *f*, e) Schlichtheit *f*,
f) Ex¹aktheit *f*. **2.** Heftigkeit *f*, Stärke *f*.
**sew** [səʊ] *pret* **sewed** [səʊd], *pp* **sewed**
*od.* **sewn** [səʊn] **I** *v/t* **1.** nähen: **to ~ on a
button** e-n Knopf annähen; **to ~ up** zu-,
vernähen. **2.** heften, bro¹schieren: **to ~
books. 3.** ~ **up** *colloq.* a) *Br.* ,restlos
fertigmachen' (*erschöpfen*), b) *Am.* sich
*etwas* sichern, in die Hand bekommen,
c) sich *j-n* (*vertraglich*) ,sichern',
d) *etwas* ,per¹fekt machen': **to ~ up a
deal.** **II** *v/i* **4.** nähen.
**sew·age** [¹sjuːdʒ; *bes. Am.* ¹suː-] **I** *s*
**1.** Abwasser *n*: ~ **farm** Rieselfeld *n*; ~
**sludge** Klärschlamm *m*; ~ **system** Ka-
nalisation *f*; ~ **treatment** Abwasserauf-
bereitung *f*; ~ **works** Kläranlage *f*. **2.** →
sewerage 1. **II** *v/t* **3.** (*zur Düngung*) mit
Abwässern berieseln. **4.** kanali¹sieren.
**sew·er¹** [¹səʊə(r)] *s* **1.** Näher(in). **2.** *Buch-
binderei:* Hefter(in). **3.** *tech.* ¹Näh- *od.*
¹Heftma₁schine *f*.
**sew·er²** [¹sjuə; *Am.* ¹suːər] *tech.* **I** *s*
**1.** ¹Abwasserka₁nal *m*, Klo¹ake *f*: ~ **gas**
Faulschlammgas *n*; ~ **pipe** Abzugsrohr
*n*; ~ **rat** *zo.* Wanderratte *f*. **2.** Gosse *f*,
(Straßen)Rinne *f*. **II** *v/t* **3.** kanali¹sieren.
**sew·er³** [¹sjuə; *Am.* ¹suːər] *s hist.* Truch-
seß *m*.
**sew·er·age** [¹sjuərɪdʒ; *Am.* ¹suː-] *s*
**1.** Kanalisati¹on *f* (*System u. Vorgang*).
**2.** → sewage 1.
**sew·in** [¹sjuːɪn; *Am.* ¹suː-] *s ichth.* ¹Lachs-
fo₁relle *f*.
**sew·ing** [¹səʊɪŋ] *s* Näharbeit *f*, Nähe¹rei *f*.
~ **ma·chine** *s* ¹Nähma₁schine *f*. ~**press**
*s Buchbinderei:* ¹Heftma₁schine *f*.
**sewn** [səʊn] *pp von* sew.
**sex** [seks] **I** *s* **1.** *biol.* (*natürliches*) Ge-
schlecht. **2.** (*männliches od. weibliches*)
Geschlecht (*als Gruppe*): **of both ~es**
beiderlei Geschlechts; **the gentle** (*od.*
**weaker** *od.* **softer**) ~ das zarte *od.*
schwache Geschlecht; **the ~** *humor.* die
Frauen; **the sterner** ~ das starke Ge-

schlecht. **3.** a) Geschlechtstrieb *m*, b) ‚Sex' *m*, e'rotische Anziehungskraft, Sex-Ap'peal *m*, c) Sexu'alleben *n*, d) ‚Sex' *m*, Sexuali'tät *f*, e) ‚Sex' *m*, Geschlechtsverkehr *m*: **to have ~ with s.o.** mit j-m schlafen, f) Geschlecht *n*, Geschlechtsteil(e *pl*) *n*. **II** *v/t* **4.** das Geschlecht bestimmen von: **to ~ a chicken. 5. ~ up** *colloq.* a) e-n Film etc ‚sexy' gestalten, b) j-n ‚scharf machen'. **III** *adj* **6.** a) Sexual...: **~ crime (education, hygiene, life,** etc); **~ object** Sexual-, Lustobjekt *n*, b) Geschlechts...: **~ act (cell, chromosome, hormone, organ,** etc); **~ change** (operation), **~ reversal** *med.* Geschlechtsumwandlung *f*; **~ discrimination** Benachteiligung *f* der Frau; **~ role** *sociol.* Geschlechtsrolle *f*, c) Sex...: **~ film** (magazine, etc).

**sex·a·ge·nar·i·an** [ˌseksədʒɪˈneərɪən] **I** *adj* a) sechzigjährig, b) in den Sechzigern. **II** *s* Sechzigjährige(r *m*) *f*, Sechziger(in) (*a. Person in den Sechzigern*).

**sex·ag·e·nar·y** [seksˈædʒɪnərɪ; *Am.* -ˌnerɪ;; *Br. a.* ˌseksəˈdʒɪ:-] **I** *adj* **1.** aus sechzig ... bestehend, sechzigteilig. **2.** → **sexagenarian** I. **II** *s* → **sexagenarian** II.

**Sex·a·ges·i·ma (Sun·day)** [ˌseksəˈdʒesɪmə] *s* (Sonntag *m*) Sexa'gesima *f* (*8. Sonntag vor Ostern*). **ˌsex·a·ges·i·mal** [-ml] *math.* **I** *adj* Sexagesimal... **II** *s* Sexagesi'malbruch *m*.

**sex·an·gle** [ˈsekˌsæŋgl] *s math.* Sechseck *n*. **ˌsex·an·gu·lar** [-gjʊlə(r)] *adj* sechseckig.

**sex| an·tag·o·nism** *s psych.* Feindschaft *f* zwischen den Geschlechtern. **~ ap·peal** *s* Sex-Ap'peal *m*, e'rotische Anziehungskraft. **~ bomb** *s colloq.* ‚Sexbombe' *f*.

**sex·cen·te·nar·y** [ˌseksenˈtiːnərɪ; *Am.* -ˈten-] **I** *adj* sechshundertjährig. **II** *s* Sechshundert'jahrfeier *f*.

**sex·en·ni·al** [sekˈsenjəl; -ɪəl] *adj* (*adv* **~ly**) **1.** sechsjährig. **2.** sechsjährlich.

**sex·er** [ˈseksə(r)] *s* Geschlechtsbestimmer *m*: **~ chicken ~**.

**sex·il·lion** [sekˈsɪljən] *Br. für* **sextillion.**

**sex·i·ness** [ˈseksɪnɪs] *s colloq. für* **sex** 3 b.

**ˈsex·ism** *s* Se'xismus *m*. **ˈsex·ist I** *adj* se'xistisch. **II** *s* Se'xist *m*.

**sex·i·va·lent** [ˌseksɪˈveɪlənt] *adj chem.* sechswertig.

**sex kit·ten** *s colloq.* ‚Sexkätzchen' *n*.

**ˈsex·less** *adj* (*adv* **~ly**) **1.** *biol.* geschlechtslos (*a. fig.*), ungeschlechtlich, a'gamisch. **2.** *fig.* fri'gid(e).

**sex| link·age** *s biol.* Geschlechtsgebundenheit *f*. **ˈ~-linked** *adj biol.* gengebunden.

**sex·ol·o·gy** [sekˈsɒlədʒɪ; *Am.* -ˈsɑl-] *s biol.* Sexolo'gie *f*, Sexu'alwissenschaft *f*.

**sex·par·tite** [seksˈpɑː(r)taɪt] *adj* sechsteilig.

**ˈsex·pot** *s sl.* **1.** ‚Sexbombe' *f*. **2.** ‚Sexbolzen' *m*.

**sext** [sekst] *s relig.* Sext *f* (*kanonisches Stundengebet*).

**sex·tain** [ˈsekstɪn] *s* sechszeilige Strophe.

**sex·tant** [ˈsekstənt] *s* **1.** *astr. mar.* Sex'tant *m* (*Winkelmeßgerät*). **2.** *math.* Kreissechstel *n*.

**sex·tet(te)** [seksˈtet] *s* **1.** *mus.* Sex'tett *n*. **2.** Sechsergruppe *f*, Satz *m* von sechs Dingen. **3.** *sport* Sechs *f* (*Eishockeymannschaft* etc).

**sex·til·lion** [seksˈtɪljən] *s* **1.** *Br.* Sextilli'on *f* ($10^{36}$). **2.** *Am.* Trilli'arde *f* ($10^{21}$).

**sex·to** [ˈsekstəʊ] *print.* **I** *pl* **-tos** *s* **1.** ˈSexto(for,mat) *n.* **2.** Sextoband *m*. **II** *adj* Sexto...: **~ volume.**

**sex·to·dec·i·mo** [ˌsekstəʊˈdesɪməʊ]

**print. I** *pl* **-mos** *s* **1.** Se'dez(for,mat) *n*. **2.** Se'dezband *m*. **II** *adj* **3.** Sedez...: **~ volume.**

**sex·ton** [ˈsekstən] *s relig.* Küster *m* (u. Totengräber *m*). **~ bee·tle** *s zo.* Totengräber *m* (*Käfer*).

**sex·tu·ple** [ˈsekstjʊpl; *Am.* sekˈstuːpəl; -ˈstʌp-] **I** *adj* **1.** sechsfach. **II** *s* **2.** (*das*) Sechsfache. **III** *v/t* **3.** versechsfachen. **4.** sechsmal so groß *od.* so viel sein wie. **IV** *v/i* **5.** sich versechsfachen.

**sex·tu·plet** [ˈsekstjʊplɪt; *Am.* sekˈstʌp-] *s* **1.** Sechsergruppe *f*. **2.** Sechsling *m*: **~s** Sechslinge. **3.** *mus.* Sex'tole *f*.

**sex·tu·pli·cate I** *v/t* [seksˈtjuːplɪkeɪt; *Am. a.* -ˈstuː-] **1.** versechsfachen. **2.** ein Dokument sechsfach ausfertigen. **II** *adj* [-kət] **3.** sechsfach. **III** *s* [-kət] **4.** sechsfache Ausfertigung: **in ~. 5.** e-s von 6 (*gleichen*) Dingen: **~s** 6 Exemplare.

**sex·u·al** [ˈseksjʊəl; *Am.* -ʃəwəl] *adj* (*adv* **~ly**) sexu'ell, Sexual..., geschlechtlich, Geschlechts...: **(primary, secondary) ~ characteristics** (primäre, sekundäre) Geschlechtsmerkmale; **~ desire** Geschlechtslust *f*, Libido *f*; **~ drive** Geschlechtstrieb *m*; **~ generation** *biol.* Fortpflanzungsgeneration *f*; **~ intercourse** Geschlechtsverkehr *m*; **~ object** Sexual-, Lustobjekt *n*; **~ offence** (*Am.* **offense**) *jur.* Sittlichkeitsdelikt *n*; **~ research** Sexualforschung *f*. **sex·u·al·i·ty** [-ˈælətɪ; *Am.* -ˈwæl-] *s* **1.** Sexuali'tät *f*. **2.** Sexu'alleben *n*. **ˈsex·u·al·ize** *v/t bes. contp.* sexuali'sieren.

**ˈsex·y** *adj colloq.* ‚sexy', (*a. Gang* etc) aufreizend.

**Sey·fert gal·ax·y** [ˈsaɪfə(r)t] *s Astrophysik:* ˈSeyfert-Gala,xie *f*.

**sfor·zan·do** [sfɔː(r)tˈsændəʊ; *Am. a.* -ˈsɑ:-], **sfor·za·to** [-tˈsɑ:təʊ] *adj u. adv mus.* sfor'zando, sfor'zato, stark betont.

**sfu·ma·to** [sfuːˈmɑːtəʊ] *adj paint.* verschwimmend (*Umriß*), inein'ander 'übergehend (*Farben*).

**sh** [ʃ] *interj* sch! (*still*).

**shab·bi·ness** [ˈʃæbɪnɪs] *s allg.* Schäbigkeit *f* (*a. fig.*).

**shab·by** [ˈʃæbɪ] *adj* (*adv* **shabbily**) *allg.* schäbig: a) abgetragen: **~ clothes,** b) abgenutzt: **~ furniture,** c) ärmlich, her'untergekommen: **~ person (house, district,** etc), d) gemein, niederträchtig: **~ trick (villain,** etc), e) kleinlich, ‚schofel', f) geizig, ‚filzig'. **~-gen·teel** *adj* vornehm, aber arm; e-e verbliche Eleganz zur Schau tragend: **the ~** die verarmten Vornehmen.

**shab·rack** [ˈʃæbræk] *s mil.* Scha'bracke *f*, Satteldecke *f*.

**shack**[1] [ʃæk] **I** *s* **1.** Hütte *f*, Ba'racke *f* (*beide a. contp.*). **2.** a) Schuppen *m*, b) Raum *m*. **II** *v/t* **3. ~ up** *colloq.* j-n bei sich wohnen lassen. **III** *v/i* **4. ~ up** *colloq.* zs.-leben (with mit *j-m*).

**shack**[2] [ʃæk] *v/t Am. colloq.* e-m Ball etc nachlaufen.

**ˈshack·le** [ˈʃækl] **I** *s* **1.** *meist pl* Fesseln *pl*, Ketten *pl* (*beide a. fig.*), Hand-, Beinschellen *pl*. **2.** *tech.* a) Gelenkstück *n* (e-r Kette), b) (Me'tall)Bügel *m*, c) Lasche *f*. **3.** *mar.* (Anker)Schäkel *m*. **4.** *electr.* a) Schäkel *m*, b) a. **~ insulator** ˈSchäkeliso,lator *m*. **II** *v/t* **5.** fesseln (*a. fig. hemmen*). **6.** *mar. tech.* laschen.

**ˈshack town** *s Am.* Ba'rackensiedlung *f*, -stadt *f*.

**shad** [ʃæd] *pl* **shads,** *bes. collect.* **shad** *s ichth.* Alse *f*.

**shad·dock** [ˈʃædək] *s bot.* Pampel'muse *f*.

**shade** [ʃeɪd] **I** *s* **1.** Schatten *m* (*a. fig.*): **to be in the ~** *fig.* im Schatten stehen, wenig bekannt sein; **to throw** (*od.* **put** *od.* **cast**) **into the ~** *fig.* in den Schatten stellen; **the ~s of my father!** wie mich das an m-n

Vater erinnert! **2.** schattiges Plätzchen. **3.** *bes. pl* abgeschiedener Ort, Verborgenheit *f*. **4.** *myth.* a) Schatten *m* (*Totenseele*), b) *pl* Schatten(reich *n*) *pl*. **5.** Farbton *m*, Schat'tierung *f*. **6.** Schatten *m*, Schat'tierung *f*, dunkle Tönung: **without light and ~** a) ohne Licht u. Schatten, b) *fig.* eintönig. **7.** *fig.* Nu'ance *f*. **8.** *colloq.* Spur *f*, ‚I'dee' *f*: **a ~ better** ein (kleines) bißchen besser. **9.** (Schutz)Blende *f*, (Schutz-, Lampen-, Sonnen-* etc*)Schirm *m*. **10.** *Am.* Rou'leau *n*. **11.** *pl colloq. a.* **pair of ~s** Sonnenbrille *f*. **12.** *obs.* Gespenst *n*. 

**II** *v/t* **13.** beschatten, verdunkeln (*a. fig.*). **14.** verhüllen (**from** vor *dat*). **15.** (*vor Licht* etc) schützen, *die Augen* etc abschirmen. **16.** *paint.* a) schat'tieren, b) dunkel tönen, c) schraf'fieren. **17.** *a.* **~ off** a) *fig.* abstufen, nuan'cieren (*a. mus.*), b) *econ. die Preise* nach u. nach senken, c) *a.* **~ away** all'mählich 'übergehen lassen (**into, to** in *acc*), d) *a.* **~ away** all'mählich verschwinden lassen. 

**III** *v/i* **18.** *a.* **~ off, ~ away** a) all'mählich 'übergehen (**into, to** in *acc*), b) nach u. nach verschwinden.

**ˈshade·less** *adj* schattenlos.

**shad·i·ness** [ˈʃeɪdɪnɪs] *s* **1.** Schattigkeit *f*. **2.** *colloq.* Anrüchigkeit *f*, (*das*) Zwielichtige.

**shad·ing** [ˈʃeɪdɪŋ] *s* **1.** *paint. u. fig.* Schat'tierung *f*, Abstufung *f*. **2.** *a.* **~ control** *TV* Rauschpegelregelung *f*: **~ value** Helligkeitsstufe *f*.

**shad·ow** [ˈʃædəʊ] **I** *s* **1.** Schatten *m* (*a. paint. u. fig.*), Schattenbild *n*: **to be afraid of one's own ~** sich vor s-m eigenen Schatten fürchten; **to be in s.o.'s ~** in j-s Schatten stehen; **to cast a ~ (up)on** e-n Schatten werfen auf *od.* über (*acc*), etwas trüben; **to live in the ~** im Verborgenen leben; **he is but the ~ of his former self** er ist nur noch ein Schatten s-r selbst; **worn to a ~** zum Skelett abgemagert; **coming events cast their ~s before them** kommende Ereignisse werfen ihre Schatten voraus; **may your ~ never grow** (*od.* **be**) **less** *fig.* möge es dir immer gutgehen. **2.** *pl* (Abend)Dämmerung *f*, Dunkel(heit *f*) *n*). **3.** *fig.* Schatten *m*, Schutz *m*: **under the ~ of the Almighty. 4.** *fig.* Schatten *m*, Spur *f*: **without a ~ of doubt** ohne den geringsten Zweifel. **5.** Schemen *m*, Phan'tom *n*: **to catch** (*od.* **grasp**) **at ~s** Phantomen nachjagen. **6.** *med.* Schatten *m* (*im Röntgenbild*). **7.** *fig.* Schatten *m*: a) ständiger Begleiter, b) Verfolger *m*. **8.** *Rundfunk:* Empfangsloch *n*. **9.** *phot. TV* dunkle Bildstelle. 

**II** *v/t* **10.** e-n Schatten werfen auf (*acc*), verdunkeln (*beide a. fig.*), *fig.* trüben. **11.** *fig.* j-n beschatten (*verfolgen, überwachen*). **12.** *a.* **~ forth** *fig.* a) dunkel andeuten, b) versinnbildlichen.

**ˈshad·ow|box** *v/i sport* schattenboxen (*a. fig.*). **ˈ~box·ing** *s sport* Schattenboxen *n*, *fig. a.* Spiegelfechte'rei *f*. **~-cabi·net** *s pol.* ˈSchattenkabi,nett *n*. **~ fac·to·ry** *s tech.* Schatten-, Ausweichbetrieb *m*. **ˈ~-graph** *s med.* Radio'gramm *n*, *bes.* Röntgenaufnahme.

**ˈshad·ow·less** *adj* schattenlos.

**shad·ow| play, ~ show** *s thea.* Schattenspiel *n*.

**shad·ow·y** [ˈʃædəʊɪ] *adj* **1.** schattig: a) dämm(e)rig, düster, b) schattenspendend. **2.** schattenhaft. **3.** *fig.* unwirklich.

**shad·y** [ˈʃeɪdɪ] *adj* **1.** → **shadowy** 1 *u.* 2: **~ side** Schattenseite *f*; **on the ~ side of fifty** *fig.* über die Fünfzig hinaus. **2.** *colloq.* dunkel, anrüchig, zwielichtig, fragwürdig, zweifelhaft: **~ dealings.**

**shaft** [ʃɑːft; *Am.* ʃæft] **I** *s* **1.** (*Pfeil-*

*etc*)Schaft *m*. **2.** *poet.* Pfeil *m*, Speer *m*: ~**s of satire** *fig.* Pfeile des Spottes. **3.** (*Blitz-, Licht-, Sonnen*)Strahl *m*. **4.** a) Stiel *m* (*e-s Werkzeugs etc*), b) Deichsel(arm *m*) *f*, c) Welle *f*, Spindel *f*. **5.** Fahnenstange *f*. **6.** *arch.* a) (Säulen)Schaft *m*, b) Säule *f*, c) Obe'lisk *m*. **7.** (Aufzugs-, Bergwerks-, Hochofen- *etc*)Schacht *m*: → **sink** 20. **8.** a) *bot.* Stamm *m*, b) *zo.* Schaft *m* (*e-r Feder*). **9.** *Am. vulg.* ‚Schwanz‘ *m* (*Penis*). **II** *v/t* **10.** *Am. sl.* ‚bescheißen‘ (*betrügen*).

**shag¹** [ʃæg] **I** *s* **1.** Zotte(l) *f*, zottiges Haar, grobe, zottige Wolle. **2.** (lange, grobe) Noppe (*e-s Stoffs*). **3.** Plüsch(stoff) *m*. **4.** Shag(tabak) *m*. **5.** *orn.* Krähenscharbe *f*. **II** *v/t* **6.** aufrauhen, zottig machen.

**shag²** [ʃæg] *Br.* **I** *s* **1.** *vulg.* ‚Nummer‘ *f* (*Geschlechtsverkehr*): **to have a ~** e-e Nummer machen *od.* schieben. **II** *v/t* **2.** *vulg.* ‚bumsen‘, ‚vögeln‘ (*schlafen mit*). **3. to be ~ged out** *sl.* ‚fix u. fertig‘ (*völlig erschöpft*) sein.

**shag·gy** ['ʃægɪ] *adj* (*adv* **shaggily**) **1.** zottig, struppig. **2.** rauhhaarig. **3.** *fig.* ungepflegt, verwahrlost. **4.** *fig.* a) verschroben, b) verschwommen. ~**'dog sto·ry** *s* **1.** surrea'listischer Witz. **2.** lange, witzig sein sollende Geschichte.

**sha·green** [ʃæ'griːn] *s* Cha'grin(leder) *n*, Körnerleder *n*.

**shah** [ʃɑː] *s* Schah *m*.

**shake** [ʃeɪk] **I** *s* **1.** Schütteln *n*, Rütteln *n*: ~ **of the hand** Händeschütteln; ~ **of the head** Kopfschütteln; **he gave it a good** ~ er schüttelte es tüchtig; **to give s.o. the** ~ *Am. sl.* j-n ‚abwimmeln‘ *od.* loswerden; **in two** ~**s (of a lamb's tail), in half a** ~ *colloq.* im Nu. **2.** (*a. seelische*) Erschütterung. **3.** Beben *n*: **to be all of a** ~ am ganzen Körper zittern; **he's got the** ~**s** *colloq.* er hat den ‚e-n ‚Tatterich‘. **4.** Stoß *m*: ~ **of wind** Windstoß; **no great** ~**s** *colloq.* nichts Weltbewegendes; **he is no great** ~**s (at)** *colloq.* er ist nicht gerade umwerfend (in *dat*). **5.** *colloq.* Erdbeben *n*. **6.** Riß *m*, Spalt *m*. **7.** *mus.* Triller *m*. **8.** (Milch- *etc*)Shake *m*. **9.** *colloq.* Augenblick *m*, Mo'ment *m*: **wait a** ~! **II** *v/i* *pret* **shook** [ʃʊk], *pp* '**shak·en** **10.** wackeln: **to** ~ **with laughter** sich vor Lachen schütteln. **11.** (sch)wanken, beben: **the earth shook. 12.** zittern, beben (**with** vor *Furcht, Kälte etc*). **13.** *mus.* trillern. **14.** *colloq.* sich die Hände schütteln, sich die Hand geben: ~ **on it!** Hand darauf! **III** *v/t* **15.** schütteln: **to** ~ **one's head** (**over** *od.* **at s.th.*) den Kopf (über etwas) schütteln; **to** ~ **one's finger (a fist, a stick) at s.o.** j-m mit dem Finger (mit der Faust, mit e-m Stock) drohen; → **leg** *Bes. Redew.*, **side** 4. **16.** *a. fig.* j-s Entschluß, den Gegner, j-s Glauben, j-s Zeugenaussage *etc* erschüttern. **17.** rütteln an (*dat*) (*a. fig.*). **18.** j-n (*seelisch*) erschüttern: **he was much shaken by** (*od.* **with** *od.* **at**) **the news** die Nachricht erschütterte ihn sehr. **19.** j-n verunsichern. **20.** j-n aufrütteln (**out of** aus) (*a. fig.*). **21.** *mus.* trillern. **22.** *Am. colloq.* abschütteln, loswerden.

*Verbindungen mit Adverbien:*

**shake| down I** *v/t* **1.** Obst *etc* her-'unterschütteln. **2.** Stroh, Decken *etc* zu e-m Nachtlager ausbreiten. **3.** *den Gefäß-inhalt etc* zu'rechtschütteln. **4.** *Am. colloq.* a) j-n ausplündern (*a. fig.*), b) erpressen, c) ‚filzen‘, durch'suchen, d) verringern, e) *ein Schiff, Flugzeug etc* testen. **II** *v/i* **5.** sich setzen (*Masse*). **6.** a) sich ein (Nacht)Lager zu'rechtmachen, b) *colloq.* sich ‚hinhauen‘ (*zu Bett gehen*). **7.** *Am. colloq.* a) sich vor'übergehend niederlassen (*an e-m Ort*), b) sich einleben *od.* eingewöhnen, c) sich ‚einpendeln‘ (*Sa-*

che). **8.** *Am. colloq.* sich beschränken (**to** auf *acc*). ~ **off** *v/t* **1.** Staub *etc* abschütteln. **2.** *fig. das Joch, a. e-n Verfolger etc* abschütteln, j-n *od.* etwas loswerden. ~ **out I** *v/t* **1.** ausschütteln. **2.** her'ausschütteln. **II** *v/i* **4.** *mil.* ausschwärmen. ~ **up** *v/t* **1.** Kissen *etc* aufschütteln. **2.** 'durchschütteln. **3.** zs.-schütteln, mischen. **4.** j-n (*a. seelisch*) aufrütteln. **5.** drastische (*bes.* perso'nelle) Veränderungen vornehmen in (*e-m Betrieb etc*). **6.** *Vorstellungen etc* vollkommen umkrempeln od. auf den Kopf stellen.

'**shake·down I** *s* **1.** (Not)Lager *n*. **2.** *Am. colloq.* a) Ausplünderung *f* (*a. fig.*), b) Erpressung *f*, c) ‚Filzung‘ *f*, Durch-'suchung *f*, d) Verringerung *f*, e) Test-fahrt *f*, Testflug *m*. **II** *adj* **3.** *Am. colloq.* Test...: ~ **voyage (flight,** *etc*).

ˌ**shake-'hands** *s pl* (*meist als sg kon-struiert*) Händeschütteln *n*, -druck *m*.

**shak·en** ['ʃeɪkən] **I** *pp von* **shake. II** *adj* **1.** erschüttert, (sch)wankend (*a. fig.*): ~ **confidence** erschüttertes Vertrauen; ~ (**badly**) ~ (*arg*) mitgenommen. **2.** (kern-) rissig (*Holz*). [si'ɔn *f.*] '**shake-,out** *s econ. Am. colloq.* Rezes-∫

**shak·er** ['ʃeɪkə(r)] *s* **1.** *tech.* Schüttelvor-richtung *f*. **2.** (Cocktail- *etc*)Shaker *m*, Mixbecher *m*. **3.** S~ *relig.* Shaker *m*, Zitterer *m* (*Sektierer*).

**Shake·spear·e·an,** *bes. Br.* **Shake-spear·i·an** [ʃeɪk'spɪərɪən] **I** *adj* Shake-speare...: a) shakespearisch, shakespea-resch (*nach Art Shakespeares, nach Shake-speare benannt*), b) Shakespearisch, Shakespearesch (*von Shakespeare herrüh-rend*). **II** *s* Shakespeareforscher(in).

'**shake-up** *s* **1.** Aufrütt(e)lung *f*. **2.** dra-stische (*bes.* perso'nelle) Veränderung(en *pl*).

**shak·i·ness** ['ʃeɪkɪnɪs] *s* Wack(e)ligkeit *f* (*a. fig.* Gebrechlichkeit, Unsicherheit).

**shak·ing** ['ʃeɪkɪŋ] **I** *s* **1.** Schütteln *n*, Rütteln *n*. **2.** Erschütterung *f*. **II** *adj* **3.** Schüttel...: ~ **grate** Schüttelrost *m*; → **palsy** 1. **4.** wackelnd.

**shak·o** ['ʃækəʊ] *pl* **-os, -oes** *s* Tschako *m* (*Helm*).

**Shak·spe(a)r·e·an, -i·an** → Shake-spearean.

**shak·y** ['ʃeɪkɪ] *adj* (*adv* **shakily**) **1.** wack(e)lig (*a. fig.*): ~ **chair**; ~ **credit** (**firm, health, old man, knowledge**); **to be** ~ **on one's legs** wacklig auf den Beinen sein. **2.** zitt(e)rig, bebend: ~ **hands**; ~ **voice**. **3.** *fig.* (sch)wankend: ~ **courage** wankender Mut. **4.** *fig.* un-sicher, zweifelhaft. **5.** (kern)rissig (*Holz*).

**shale** [ʃeɪl] *s geol. min.* Schiefer(ton) *m*: ~ **oil** Schieferöl *n*.

**shall** [ʃæl] *inf, imp u. pp fehlen, 2. sg pres obs.* **shalt** [ʃælt], *3. sg pres* **shall,** *pret* **should** [ʃʊd], *2. sg pres obs.* **shouldst** [ʃʊdst], '**should·est** [-ɪst] *v/aux* (*mit folgendem inf ohne to*) **1.** *Futur: ich werde, wir werden:* I (**we**) ~ **come tomorrow. 2.** (*in allen Personen zur Bezeichnung e-s Befehls, e-r Verpflichtung:* ich, er, sie, es soll, du sollst, ihr sollt, wir, Sie, sie sollen: ~ I **come?; what** ~ I **answer?; he** ~ **open the door. 3.** (*zur verkürzenden Wiederholung e-s Fragesatzes mit* shall *in der Bedeutung* d) nicht wahr?, oder nicht?: **he** ~ **come, he** ~ **not** (*od. colloq.* **shan't he**)? **4.** (*zur Bildung e-r bejahenden od. ver-neinenden Antwort auf e-n Fragesatz mit* shall *od.* will): ~ (*od.* **will**) **you come?** (**No,**) I ~ **not** wirst du kommen *od.* kommst du? Nein; ~ (*od.* **will**) **you be happy?** (**Yes,**) I ~ wirst du glücklich sein? Ja. **5.** *jur.* (*zur Bezeichnung e-r Mußbestimmung, im Deutschen durch Indikativ wiedergege-ben*): **any person** ~ **be liable ...** jede Person ist verpflichtet ... **6.** → should 1.

**shal·loon** [ʃæ'luːn; ʃə-] *s* Cha'lon *m* (*fei-ner, geköperter Wollstoff*).

**shal·lop** ['ʃæləp] *s mar.* Scha'luppe *f*.

**shal·lot** [ʃə'lɒt; *Am.* ʃə'lɑt] *s bot.* Scha-'lotte *f*.

**shal·low** ['ʃæləʊ] **I** *adj* (*adv* ~**ly**) **1.** seicht, flach: ~ **water**; ~ **place** → 3; ~ **lens** *opt.* flache Linse. **2.** *fig.* seicht, flach, ober-flächlich. **II** *s* **3.** seichte Stelle, Untiefe *f*. **III** *v/t u. v/i* **4.** (sich) verflachen. '**shal-low·ness** *s* Seichtheit *f* (*a. fig.*).

**shalt** [ʃælt] *obs. 2. sg pres von* **shall: thou** ~ du sollst.

**shal·y** ['ʃeɪlɪ] *adj geol.* schief(e)rig, schieferhaltig.

**sham** [ʃæm] *s* **1.** (Vor)Täuschung *f*, Heuche'lei *f*. **2.** Schwindler(in), Scharla-tan *m*. **3.** Heuchler(in). **4.** Nachahmung *f*, Fälschung *f*. **II** *adj* **5.** vorgetäuscht, fin-'giert, Schein...: ~ **battle** Scheingefecht *n*. **6.** unecht, falsch (*Juwelen etc*), vorge-täuscht, geheuchelt (*Mitgefühl etc*). **III** *v/t* **7.** vortäuschen, heucheln, fin-'gieren, simu'lieren. **IV** *v/i* **8.** sich ver-stellen, heucheln, simulieren: **to** ~ **ill** sich krank stellen, simulieren; **she is only** ~**ming** sie verstellt sich nur, sie tut nur so.

**sha·man** ['ʃæmən; *Am.* 'ʃɑ-; 'ʃeɪ-] *s* Scha'mane *m*, Medi'zinmann *m*.

**sham·a·teur** ['ʃæmətə; -tɜː; *Am.* -ˌtɜr] *s colloq. sport* 'Scheinama,teur *m*.

**sham·ble** ['ʃæmbl] **I** *v/i* watscheln, schlurfen. **II** *s* watschelnder Gang.

**sham·bles** ['ʃæmblz] *s pl* (*oft als sg kon-struiert*) **1.** a) Schlachthaus *n*, b) Fleisch-bank *f*. **2.** *fig.* a) Schlachtfeld *n* (*a. iro. wüstes Durcheinander*), b) Trümmerfeld *n*, Bild *n* der Verwüstung, c) Scherben-haufen *m*: **his life is (in) a** ~.

**sham·bol·ic** [ʃæm'bɒlɪk] *adj*: **a** ~ **room** *Br.* ein Raum, in dem ein wüstes Durch-einander herrscht.

**shame** [ʃeɪm] **I** *s* **1.** Scham(gefühl *n*) *f*: **to feel** ~ **at** sich schämen für; **from** ~ aus Scham vor (*dat*); **for** ~! pfui, schäm dich! **2.** Schande *f*, Schmach *f*: **to be a** ~ **to** → 5; ~ **on you!** schäm dich!, pfui!; **it is (a sin and) a** ~ es ist (e-e Sünde u.) Schande; **to put s.o. to** ~ a) über j-n Schande bringen, b) j-n beschämen (*übertreffen*); **to cry** ~ **upon s.o.** pfui über j-n rufen. **3.** Schande *f* (*Gemeinheit*): **what a** ~! a) es ist e-e Schande!, b) es ist ein Jammer! (*schade*). **II** *v/t* **4.** j-n beschämen, mit Scham erfüllen: **to** ~ **s.o. into doing s.th.** j-n so beschämen, daß er etwas tut. **5.** *j-m* Schande machen. **6.** Schande bringen über (*acc*).

**shame·faced** [ˌʃeɪm'feɪst; *attr.* '-feɪst] *adj* **1.** verschämt, schamhaft. **2.** schüch-tern. **3.** schamrot. **4.** kleinlaut. ˌ**shame-'faced·ly** *adv.* '**shame,faced·ness** *s* **1.** Verschämtheit *f*. **2.** Schüchternheit *f*.

**shame·ful** ['ʃeɪmfʊl] *adj* (*adv* ~**ly**) **1.** schmachvoll, schmählich, schändlich. **2.** schimpflich, entehrend. **3.** unanstän-dig, anstößig. '**shame·ful·ness** *s* **1.** Schmählichkeit *f*. **2.** Schimpflichkeit *f*. **3.** Anstößigkeit *f*. '**shame·less** *adj* (*adv* ~**ly**) schamlos (*a. fig.* unverschämt). '**shame·less·ness** *s* Schamlosigkeit *f* (*a. fig.* Unverschämtheit).

**sham·mer** ['ʃæmə(r)] *s* **1.** Schwind-ler(in). **2.** Heuchler(in). **3.** Simu'lant(in).

**sham·my (leath·er)** ['ʃæmɪ] → chamois 2 u. 3.

**sham·poo** [ʃæm'puː] **I** *v/t* *pret u. pp* -'**pooed 1.** den Kopf, die Haare scham-po'nieren, schamponieren. **2.** j-m den Kopf od. die Haare waschen. **II** *s* **3.** Haar-, Kopfwäsche *f*: **to give o.s. a** ~ sich den Kopf od. die Haare waschen; ~ **and set** Waschen u. Legen. **4.** Sham'poo *n*, Schampon *n*, Schampun *n*, Haar-waschmittel *n*.

**sham·rock** [ˈʃæmrɒk; *Am.* -ˌrɑk] *s bot.*
**1.** weißer Feldklee. **2.** Shamrock *m* (*Kleeblatt als Wahrzeichen Irlands*).
**sha·mus** [ˈʃɑːməs; ˈʃeɪ-] *s Am. sl.* **1.** ‚Bulle'
*m* (*Polizist*). **2.** ‚Schnüffler' *m* (*Privatdetektiv*).
**shan·dry·dan** [ˈʃændrɪdæn] *s* **1.** *hist.*
leichter, zweirädriger Wagen. **2.** *humor.*
‚Klapperkasten' *m*.
**shan·dy** [ˈʃændɪ], *Am. a.* **ˈshan·dygaff** [-gæf] *s* Getränk *n* aus Bier u.
Ingwerbier *od.* Ziˈtronenlimoˌnade.
**shang·hai** [ˌʃæŋˈhaɪ; ˈʃæŋhaɪ] *v/t colloq.*
**1.** *mar. bes. hist.* j-n schangˈhaien (*gewaltsam anheuern*). **2.** *to ~* s.o. *into doing*
s.th. *fig.* a) j-n zwingen, etwas zu tun, b)
j-n (mit e-m Trick *od.* e-r List) dazu
bringen, etwas zu tun.
**Shan·gri-la** [ˌʃæŋgrɪˈlɑː] *s* **1.** paraˈdiesischer (abgeschiedener) Ort. **2.** *mil.* geheime (Operatiˈons)Basis.
**shank** [ʃæŋk] *s* **1.** *anat.* ˈUnterschenkel *m*,
Schienbein *n*. **2.** *colloq.* Bein *n*: *to go on*
*~s* ‚s pony (*od.* mare) auf Schusters Rappen reiten. **3.** *bot.* Stengel *m*, Stiel *m*.
**4.** Hachse *f* (*vom Schlachttier*). **5.** (*mar.*
Anker-, *arch.* Säulen-, *tech.* Bolzen- *etc*)
Schaft *m*. **6.** *mus.* gerader Stimmzug.
**7.** (Schuh)Gelenk *n*. **8.** *print.* (Schrift-)
Kegel *m*. **shanked** *adj* **1.** ...schenk(e)lig,
mit ... Schenkeln. **2.** gestielt.
**shan't** [ʃɑːnt; *Am.* ʃænt] *colloq. für* shall
not.
**shan·tey** [ˈʃæntɪ] *bes. Br. für* chantey.
**Shan·tung,** *a.* **s~** [ˌʃænˈtʌŋ] *s* Schantung
(-seide *f*) *m*.
**shan·ty¹** [ˈʃæntɪ] *s* Hütte *f*, Baˈracke *f*.
**shan·ty²** [ˈʃæntɪ] *bes. Br. für* chantey.
**ˈshan·ty·town** *s* Baˈrackensiedlung *f*,
-stadt *f*.
**shap·a·ble** [ˈʃeɪpəbl] *adj* formbar, gestaltungs-, bildungsfähig.
**shape** [ʃeɪp] **I** *s* **1.** Gestalt *f*, Form *f* (*a.*
*fig.*): *in the ~ of* in Form (*gen*); *in human*
*~* in Menschengestalt; *in no ~* in keiner
Weise. **2.** Fiˈgur *f*, Gestalt *f*: *to put into ~*
formen, gestalten. **3.** feste Form *od.* Gestalt: *to get one's ideas into ~* s-e Gedanken ordnen; *to take ~* (feste) Gestalt
annehmen (*a. fig.*); → lick 1. **4.** (*körperliche od. geistige*) Verfassung, Form *f*: *to*
*be in (good) ~* in (guter) Form sein; *to*
*be in bad ~* in schlechter Verfassung *od.*
Form sein, in schlechtem Zustand *od.*
übel zugerichtet sein. **5.** *tech.* a) Form *f*,
Moˈdell *n*, Fasˈson *f*, b) Formstück *n*, -teil
*n*, c) *pl* Preßteile *pl*. **6.** *gastr.* a) (Puddingetc)Form *f*, b) Stürzpudding *m*.
**II** *v/t* **7.** gestalten, formen, bilden (*into*
zu) (*alle a. fig.*): *to ~* a child's character
*fig.* den Charakter e-s Kindes formen.
**8.** anpassen (*to* an *acc*). **9.** formuˈlieren.
**10.** planen, entwerfen, ersinnen, schaffen: *to ~* the course for *mar. u. fig.* den
Kurs setzen auf (*acc*), ansteuern. **11.** *tech.*
formen, fassoˈnieren.
**III** *v/i* **12.** Gestalt *od.* Form annehmen,
sich formen. **13.** sich *gut etc* anlassen,
sich entwickeln *od.* gestalten: *things ~*
*right* die Dinge entwickeln sich richtig;
*he is shaping well* er ‚macht sich'.
**14.** *meist* **~ up** *colloq.* a) (endgültige)
Gestalt annehmen, b) ‚sich machen', sich
(gut) entwickeln: *he is shaping up*
*well*; *you('d) better ~ up!* reiß dich
doch zusammen!, benimm dich! **15.** **~**
**up to** a) Boxstellung einnehmen gegen,
b) *fig.* j-n herˈausfordern.
**shape·a·ble** → shapable.
**shaped** [ʃeɪpt] *adj* **1.** geformt (*a. tech.*),
gestaltet. **2.** ...geformt, ...förmig.
**ˈshape·less** *adj* **1.** form-, gestaltlos.
**2.** unförmig, ˈmißgestaltet. **ˈshapeˈless·ness** *s* **1.** Form-, Gestaltlosigkeit *f*.
**2.** Unförmigkeit *f*. **ˈshape·li·ness** *s*

Wohlgestalt *f*, schöne Form, Ebenmaß *n*.
**ˈshape·ly** *adj* wohlgeformt, schön,
hübsch. **ˈshap·er** *s* **1.** Former(in), Gestalter(in). **2.** *tech.* a) ˈWaagrechtˌstoßmaˌschine *f*, ˈShapingmaˌschine *f*, b)
Schnellhobler *m*: **~ tool** Formstahl *m*.
**ˈshap·ing** *s* Formgebung *f*, (*tech. bes.*
spanabhebende) Formung, Gestaltung *f*:
**~ machine** → shaper 2 a; **~ mill** Vorwalzwerk *n*.
**shard** [ʃɑː(r)d] *s* **1.** (Ton)Scherbe *f*. **2.** *zo.*
(harte) Flügeldecke (*e-s Insekts*).
**share¹** [ʃeə(r)] **I** *s* **1.** (An)Teil *m* (of an
*dat*): *to fall to* s.o.'s *~* j-m zufallen; *for*
*my ~* für m-n Teil. **2.** (An)Teil *m*, Beitrag
*m*, Kontinˈgent *n*: *to do one's ~* sein(en)
Teil leisten; *to go ~s with* s.o. mit j-m
(gerecht) teilen (*in* s.th. etwas); *~ and ~*
*alike* zu gleichen Teilen; *to have (od.*
*take) a large ~ in* großen Anteil haben
an (*dat*); *to take a ~ in* sich beteiligen an
(*dat*). **3.** *econ.* Beteiligung *f*, Geschäftsanteil *m*, Kapiˈtaleinlage *f*: *~ in a ship*
Schiffspart *m*. **4.** *econ.* a) Gewinnanteil
*m*, b) *bes. Br.* Aktie *f*: *to hold ~s in a*
**company** Aktionär e-r Gesellschaft
sein, c) *a.* **mining ~** Kux *m*. **5.** *econ.*
(Markt)Anteil *m*. **II** *v/t* **6.** (*a. fig. sein Bett,*
*e-e Ansicht, das Schicksal etc*) teilen (*with*
mit). **7.** *meist* **~ out** (**among**) ver-, austeilen (*unter od.* an *acc*), zuteilen (*dat*). **8.**
teilnehmen *od.* -haben an (*dat*), sich an
den Kosten *etc* beteiligen: *to ~* the costs;
**~d** einnehmen, Gemeinschafts... **III** *v/i*
**9.** **~ in** → 8. **10.** sich teilen (*in* in *acc*).
**share²** [ʃeə(r)] *s agr. tech.* (Pflug)Schar *f*:
**~ beam** Pflugbaum *m*.
**share| bro·ker** *s econ. bes. Br.* Efˈfekten-, Börsenmakler *m*. **~ cap·i·tal** *s*
*econ. bes. Br.* ˈAktienkapiˌtal *n*. **~ cer·**
**tif·i·cate** *s econ. bes. Br.* ˈAktienzertiˌkat *n*. **~ crop·per** *s agr. econ. Am.*
kleiner Farmpächter (*der s-e Pacht mit*
*e-m Teil der Ernte entrichtet*). **~ div·i·**
**dend** *s econ. bes. Br.* Diviˈdende *f* in
Form von Gratisaktien. **~ hold·er** *s*
*econ. bes. Br.* Aktioˈnär *m*. **~ hold·ing** *s*
*econ. bes. Br.* Aktienbesitz *m*. **~ list** *s*
*econ. bes. Br.* (Aktien)Kurszettel *m*. **~**
**op·tion** *s econ. bes. Br.* Aktienbezugsrecht *n* (*bes. für Betriebsangehörige*). **~**
**-out** *s* Aus-, Verteilung *f*.
**shar·er** [ˈʃeərə(r)] *s* **1.** (Ver)Teiler(in).
**2.** Teilnehmer(in), Teilhaber(in), Beteiligte(r *m*) *f* (*in* an *dat*).
**share war·rant** *s econ. bes. Br.* (*auf den*
*Inhaber lautendes*) ˈAktienzertifiˌkat.
**shark** [ʃɑː(r)k] *s* **1.** *ichth.* Hai(fisch) *m*.
**2.** *fig.* a) Gauner *m*, Betrüger *m*, b) (*Kredit- etc*)Hai *m*, c) *obs.* Schmaˈrotzer *m*.
**3.** *bes. Am. sl.* ‚Kaˈnone' *f* (*Könner*). **II** *v/i*
**4.** betrügen. **III** *v/t* **5.** *obs.* ergaunern.
**~ skin** *s* **1.** Haifischhaut *f*, -leder *n*.
**2.** *Textilwesen:* a) glatter, köperartiger
Kammgarnstoff, b) schweres, kreidefarbiges Kunstseidentuch.
**sharp** [ʃɑː(r)p] **I** *adj* (*adv* **~ly**) **1.** scharf: **~**
**knife**; **~ curve**; **~ features**. **2.** spitz: **a ~**
**gable**; **a ~ ridge**. **3.** steil, jäh: **a ~ ascent**.
**4.** *fig. allg.* scharf: a) deutlich: **~ contrast**
(**distinction**, **outlines**, *etc*), b) herb, beißend: **~ smell** (**taste**, *etc*), c) schneidend:
**~ order** (**voice**), **~ cry** durchdringender
Schrei, d) schneidend, beißend: **~ frost**;
**~ wind**, e) stechend, heftig: **~ pain**, f)
ˈdurchdringend: **~ look**, g) hart: **~ answer** (**criticism**, *etc*), h) spitz: **~ remark**, i) wachsam: **a ~ ear** (**eye**), j)
schnell: **~ pace** (**play**, *etc*), **~'s the word**
*colloq.* mach fix *od.* schnell!, ‚dalli!' **5.**
heftig, hitzig: **a ~ desire** ein heftiges
Verlangen; **a ~ temper** ein hitziges Temperament. **6.** angespannt: **~ attention**. **7.**
a) scharfsinnig, b) aufgeweckt, ‚auf
Draht', c) *colloq.* ‚gerissen', raffiˈniert: **~**

**practice** Gaunerei *f*. **8.** *mus.* a) scharf (*im*
*Klang*), b) (zu) hoch, c) (*durch Kreuz um*
*e-n Halbton*) erhöht, d) groß, ˈübermäßig
(*Intervall*), e) Kreuz... **9.** *ling.* stimmlos,
scharf: **~ consonant**.
**II** *v/t u.* *v/i* **10.** *mus.* zu hoch singen *od.*
spielen. **11.** *obs.* betrügen.
**III** *adv* **12.** scharf. **13.** jäh, plötzlich.
**14.** pünktlich, genau: **at three o'clock ~**
Punkt 3 (Uhr). **15.** schnell: **look ~!** mach
fix *od.* schnell!, ‚dalli!' **16.** *mus.* zu hoch:
**to sing** (*od.* **play**) **~**.
**IV** *s* **17.** *pl* lange Nähnadeln *pl*.
**18.** *colloq.* a) → sharper 1, b) Fachmann
*m*. **19.** *mus.* a) Kreuz *n*, b) Erhöhung *f*,
Halbton *m* (of über *dat*), c) nächsthöhere
Taste.
**sharp|-cut** *adj* **1.** scharf (geschnitten).
**2.** *fig.* ˈfestumˌrissen, klar, deutlich. **~**
**-edged** *adj* scharfkantig.
**sharp·en** [ˈʃɑː(r)pən] **I** *v/t* **1.** schärfen,
wetzen, schleifen. **2.** (an)spitzen: **to ~ a**
**pencil**. **3.** *fig.* j-n scharfmachen, anreizen. **4.** *fig.* schärfen: **to ~ the mind**.
**5.** anregen: **to ~** s.o.'s **appetite**. **6.** a)
verschärfen: **to ~ a law** (**speech**, *etc*),
b) verstärken: **to ~ the pain**, c) *s-n*
*Worten od. s-r Stimme* ê-n scharfen
Klang geben. **7.** *mus.* (*durch Kreuz*) erhöhen. **8.** *scharf od.* schärfer machen: **to**
**~ vinegar**; **to ~** s.o.'s **features**. **II** *v/i*
**9.** sich verschärfen, scharf *od.* schärfer
werden (*a. fig.*). **ˈsharp·en·er** [-pnə(r)]
*s* (Bleistift- *etc*)Spitzer *m*.
**ˈsharp·er** *s* **1.** Gauner(in), Schwindler
(-in), Betrüger(in). **2.** Falschspieler *m*.
**ˈsharp-ˈeyed** *adj* scharfsichtig, *fig. a.*
scharfsinnig.
**ˈsharp·ness** *s* **1.** Schärfe *f* (*a. fig.* Herbheit *f*, Strenge *f*, Heftigkeit *f*). **2.** Spitzigkeit *f*. **3.** *fig.* a) Scharfsinn *m*, b) Aufgewecktheit *f*, c) Gerissenheit *f*. **4.** (*phot.*
Rand)Schärfe *f*.
**sharp|-ˈset** *adj* **1.** scharf(kantig).
**2.** (heiß)hungrig. **3.** *fig.* ‚scharf', erpicht
(**on** auf *acc*). **~ shoot·er** *s* **1.** Scharfschütze *m* (*a. fig. sport etc*). **2.** *fig. Am.*
a) skrupelloser Kerl, b) Geldraffer *m*.
**~ shoot·ing** *s* **1.** Scharfschießen *n*.
**2.** *fig.* heftige *od.* ˈhinterhältige Atˈtacke.
**~ sight·ed** *adj* scharfsichtig, *fig. a.*
scharfsinnig. **~ tongued** *adj fig.*
scharfzüngig (*Person*). **~ wit·ted** *adj*
scharfsinnig.
**shat·ter** [ˈʃætə(r)] **I** *v/t* **1.** zerschmettern,
-schlagen, -trümmern (*alle a. fig.*).
**2.** zerstören, -rütten: **to ~** s.o.'s **health**
(**nerves**). **3.** *fig.* zerstören: **to ~** s.o.'s
**hopes**. **II** *v/i* **4.** zerbrechen, in Stücke
brechen, zerspringen, -splittern. **~ proof**
*adj* a) bruchsicher, b) splitterfrei, -sicher
(*Glas*). **ˈshat·ter·ing** *adj* (*adv* **~ly**) **1.**
vernichtend (*a. fig.*). **2.** *fig.* ˈumwerfend,
eˈnorm. **3.** (ohren)betäubend.
**shave** [ʃeɪv] **I** *v/t* (*pret u. pp* **shaved**, *pp*
*a.* ˈshav·en [-vn]) **1.** (o.s. sich) raˈsieren.
**2.** *a.* **~ off** ˈabraˌsieren. **3.** (kurz) schneiden *od.* scheren: **to ~ the lawn**. **4.** (ab-)
schaben, abschälen. **5.** *Gerberei:* abschaben, abfalzen: **to ~ hides**. **6.** (glatt)hobeln: **to ~ wood**. **7.** streifen, *a.* knapp
vorˈbeikommen an (*dat*). **8.** *econ. Am. sl.*
*e-n Wechsel* zu Wucherzinsen aufkaufen:
**to ~ a bill**. **II** *v/i* **9.** sich raˈsieren. **10.** **~**
**through** *colloq.* (gerade noch) ‚durchrutschen' (*in e-r Prüfung*). **III** *v/t* **11.** Raˈsur *f*:
**to have** (*od.* **get**) **a ~** sich rasieren (lassen);
**to have a close** (*od.* **narrow**) **~** *colloq.*
mit knapper Not davonkommen, ent-
kommen; **that was a close ~** *colloq.* ‚das
hätte ins Auge gehen können!', das ist
gerade noch einmal gutgegangen'; **by a ~**
*colloq.* um Haaresbreite, um ein Haar. **12.**
*tech.* Schabeisen *n*. **13.** *obs.* Gauneˈrei *f*:
**that was a clean ~** das war glatter Betrug.

**shave·ling** [ˈʃeɪvlɪŋ] *s obs. contp.* **1.** ‚Pfaffe' *m.* **2.** Mönch *m.*

**shav·en** [ˈʃeɪvn] **I** *pp von* shave. **II** *adj* **1.** ra'siert. **2.** (kahl)geschoren: a ~ head.

**shav·er** [ˈʃeɪvə(r)] *s* **1.** Bar'bier *m.* **2.** *meist young~ colloq.* Grünschnabel *m.* **3.** (*bes.* e'lektrischer) Ra'sierappa‚rat.

**Sha·vi·an** [ˈʃeɪvjən; -ɪən] **I** *adj* für G. B. Shaw charakte'ristisch, Shawsch(er, e, es): ~ humo(u)r. **II** *s* Shaw-Verehrer(in), -Kenner(in).

**shav·ing** [ˈʃeɪvɪŋ] *s* **1.** Ra'sieren *n:* ~ brush Rasierpinsel *m;* ~ cream Rasiercreme *f;* ~ head Scherkopf *m;* ~ mirror Rasierspiegel *m;* ~ soap, ~ stick Rasierseife *f.* **2.** *meist pl* Schnitzel *n, m,* (Hobel-)Span *m.*

**shaw** [ʃɔː] *s Br. obs. od. poet.* Dickicht *n.*

**shawl** [ʃɔːl] *s* **1.** 'Umhängetuch *n.* **2.** Kopftuch *n.*

**shawm** [ʃɔːm] *s mus.* Schal'mei *f.*

**shay** [ʃeɪ] *s dial.* Kutsche *f.*

**she** [ʃiː; ʃɪ] **I** *pron* **1.** a) sie (*3. sg für alle weiblichen Lebewesen*), b) *im Gegensatz zum Deutschen:* (*beim Mond*) er, (*bei Ländern*) es, (*bei Schiffen mit Namen*) sie, (*bei Schiffen ohne Namen*) es, (*bei Motoren u. Maschinen, wenn personifiziert*) er, es. **2.** sie: ~ who diejenige, welche. **3.** es: *who is this woman?* ~ *is* Mary es ist Mary. **4.** *contp.* die: *not* ~! die nicht! **II** *s* **5.** ‚Sie' *f:* a) Mädchen *n,* Frau *f,* b) *zo.* Weibchen *n.* **III** *adj* (*in Zssgn*) **6.** *bes. zo.* weiblich, ...weibchen: ~-bear Bärin *f;* ~-dog Hündin *f;* ~-fox a) Füchsin *f,* b) *hunt.* Fähe *f;* ~-goat Geiß *f.* **7.** *contp.* Weibs...: ~-devil Weibsteufel *m.*

**shea** [ʃɪə; *Am.* ʃi; ʃeɪ] *s bot.* Schi(butter)baum *m:* ~ butter Schi-, Sheabutter *f.*

**shead·ing** [ˈʃiːdɪŋ] *s Br.* Verwaltungsbezirk *m* (*der Insel Man*).

**sheaf** [ʃiːf] **I** *pl* **-ves** [-vz] *s* **1.** *agr.* Garbe *f.* **2.** Bündel *n:* ~ of papers; ~ of fire Feuer-, Geschoßgarbe *f;* ~ of rays *phys.* Strahlenbündel. **II** *v/t* **3.** in Garben binden.

**shear** [ʃɪə(r)] **I** *v/t pret* **sheared** *od. obs.* **shore** [ʃɔː(r)], *pp* **sheared** *od. bes. als adj* **shorn** **1.** scheren: to ~ sheep. **2.** a. ~ off (ab)scheren, abschneiden. **3.** *Blech, Glas etc* schneiden. **4.** *fig.* j-n berauben (of gen): → shorn. **5.** *fig.* j-n schröpfen. **6.** *poet.* (ab)hauen. **II** *v/i* **7.** (*mit e-r Sichel*) schneiden *od.* mähen. **8.** *poet.* (*mit dem Schwert etc*) schneiden *od.* hauen (through durch). **III** *s* **9.** a) *meist pl* große Schere, b) Scherenblatt *n:* a pair of ~s e-e (große) Schere. **10.** *tech.* Blechschere *f.* **11.** *meist pl* (Hobel[bank]-, Drehbank]Bett *n.* **12.** → shear legs. **13.** *phys.* → a) shearing force, b) shearing stress. **14.** *dial.* → shearing 1.

**'shear·er** *s* **1.** (Schaf)Scherer *m.* **2.** Schnitter(in). **3.** *tech.* a) 'Scherma‚schine *f,* b) 'Blech‚schneidema‚schine *f.*

**'shear·ing** *s* **1.** Schur *f:* a) Schafscheren, b) Schurertrag. **2.** *geol. phys.* (Ab)Scherung *f.* **3.** *Scot. od. dial.* a) Mähen *n,* Mahd *f,* b) Ernte *f.* ~ force *s phys.* Scher-, Schubkraft *f.* ~ strength *s phys.* Scher-, Schubfestigkeit *f.* ~ stress *s phys.* Scherbeanspruchung *f.*

**shear legs** *s pl* (*a. als sg konstruiert*) *tech.* Scherenkran *m.*

**shear·ling** [ˈʃɪə(r)lɪŋ] *s* erst 'einmal geschorenes Schaf.

**shear** | **pin** *s tech.* Scherbolzen *m.* ~ steel *s* Gärbstahl *m.* ~ stress → shearing stress. '~·wa·ter *s orn.* Sturmtaucher *m.*

**sheat·fish** [ˈʃiːtfɪʃ] *s ichth.* Wels *m.*

**sheath** [ʃiːθ] *pl* **sheaths** [ʃiːðz] *s* **1.** Scheide *f:* ~ knife feststehendes Messer mit Scheide. **2.** *tech.* 'Überzug *m* (*Kabel-, Elektroden-*)Mantel *m.* **4.** *zo. bot.* Scheide *f.* **5.** Kon'dom *n, m.* **6.** *Mode:* Futte'ralkleid *n.* **7.** *zo.* Flügeldecke *f* (*e-s Käfers*).

**sheathe** [ʃiːð] *v/t* **1.** *das Schwert in die Scheide stecken:* → sword. **2.** in e-e Hülle *od.* ein Futte'ral stecken. **3.** *fig.* tief stoßen (in in *acc*): to ~ one's dagger in s.o.'s heart. **4.** *die Krallen einziehen.* **5.** *bes. tech.* um'hüllen, um'manteln, *Kabel* ar'mieren: ~d electrode *electr.* Mantelelektrode *f.*

**sheath·ing** [ˈʃiːðɪŋ] *s* **1.** *tech.* a) Verkleidung *f,* b) Mantel *m,* 'Überzug *m,* c) Bewehrung *f,* Ar'mierung *f* (*e-s Kabels*). **2.** *mar.* Bodenbeschlag *m.*

**sheave¹** [ʃiːv] *v/t* in Garben binden.

**sheave²** [ʃiːv; *Am. a.* ʃɪv] *s tech.* Scheibe *f,* Rolle *f:* ~ pulley Umlenkrolle *f.*

**sheaves** [ʃiːvz] **1.** *pl von* sheaf. **2.** [*Am. a.* ʃɪvz] *pl von* sheave².

**she·bang** [ʃɪˈbæŋ] *s bes. Am. sl.* **1.** ‚Bude' *f,* ‚Laden' *m.* **2.** ‚Appa'rat' *m* (*Sache*). **3.** Kram *m:* the whole ~ der ganze Plunder.

**she·been** [ʃɪˈbiːn] *Ir. od. Scot.* **I** *s* 'ille‚gale ‚Schnapsbude'. **II** *v/i* ille‚gal Branntwein ausschenken.

**shed¹** [ʃed] *s* **1.** Schuppen *m.* **2.** Stall *m.* **3.** (kleine) Flugzeughalle. **4.** Hütte *f.*

**shed²** [ʃed] *v/t pret u. pp* **shed 1.** verschütten, a. *Blut, Tränen* vergießen: I won't ~ any tears over him *fig.* dem werde ich keine Träne nach. **2.** ausstrahlen, a. *Duft, Licht, Frieden etc* verbreiten: → light¹ 11. **3.** *Wasser* abstoßen (*Stoff*). **4.** *biol. Laub, Federn etc* abwerfen, *Hörner* abstoßen, *Zähne* verlieren: to ~ one's skin sich häuten; to ~ a few pounds ein paar Pfund abnehmen. **5.** ablegen (*a. fig.*): to ~ one's winter clothes (a bad habit); to ~ one's old friends s-e alten Freunde ‚ablegen'. **6.** *Br. Ladung* verlieren (*Lkw etc*).

**shed·der** [ˈʃedə(r)] *s* **1.** j-d, der (*Tränen, Blut etc*) vergießt. **2.** *zo.* Krebs *m* im Häutungsstadium. **3.** weiblicher Lachs nach dem Laichen.

**sheen** [ʃiːn] *s* **1.** Glanz *m* (*bes. auf Stoffen*). **2.** *poet.* prunkvolle Kleidung. **3.** *Am. sl.* falsche Münze.

**sheen·y¹** [ˈʃiːnɪ] *adj* glänzend.

**sheen·y²** [ˈʃiːnɪ] *s sl.* ‚Itzig' *m,* Jude *m.*

**sheep** [ʃiːp] *pl* **sheep** *s* **1.** *zo.* Schaf *n:* to cast (*od.* make) ~'s eyes at s.o. j-m schmachtende Blicke zuwerfen; to separate the ~ from the goats *Bibl. u. fig.* die Böcke von den Schafen trennen; you might as well be hanged for a ~ as (for) a lamb ‚wenn schon, denn schon'; → black sheep. **2.** *fig. contp.* ‚Schaf' *n.* **3.** *pl fig.* Schäflein *pl,* Herde *f* (*Gemeinde e-s Pfarrers etc*). **4.** Schafleder *n.* '~-dip *s* Desinfekti'onsbad *n* für Schafe. ~ dog *s* Schäferhund *m.* '~·farm *s Br.* Schaf(zucht)farm *f.* '~·farm·ing *s Br.* Schafzucht *f.* '~·fold *s* Schafhürde *f.* '~·herd·er *s Am.* Schäfer *m.*

**sheep·ish** [ˈʃiːpɪʃ] *adj (adv* ~ly) **1.** schüchtern. **2.** einfältig, blöd(e). **'sheep·ish·ness** *s* **1.** Schüchternheit *f.* **2.** Einfältigkeit *f.*

**'sheep**| **man** [-mən] *s irr* Schafzüchter *m.* '~·pen *s* Schafhürde *f.* ~ pox *s vet.* Schafpocken *pl.* ~ run *s* Schafweide *f.* '~·shear·ing *s* Schafschur *f.* '~·skin *s* **1.** Schaffell *n.* **2.** (*a.* Perga'ment *n* aus) Schafleder *n.* **3.** *Am. colloq.* a) Di'plom *n,* b) Urkunde *f.* '~·walk *s bes. Br.* Schafweide *f.* ~ wash *s* sheep-dip.

**sheer¹** [ʃɪə(r)] **I** *adj* **1.** bloß, rein, pur, nichts als: ~ waste; by ~ force durch bloße *od.* nackte Gewalt; ~ nonsense reiner *od.* barer Unsinn; for ~ pleasure nur so zum Vergnügen. **2.** völlig, rein, glatt: a ~ impossibility. **3.** hauchdünn (*Textilien*). **4.** steil, jäh. **5.** rein, unvermischt, pur: ~ ale. **II** *adv* **6.** völlig, ganz, gänzlich. **7.** senkrecht: to rise ~

---

from the water. **8.** di'rekt, schnurgerade.

**sheer²** [ʃɪə(r)] **I** *s* **1.** *mar.* a) Ausscheren *n,* b) Sprung *m* (*Deckerhöhung*): ~ hulk Hulk *f, m* (*abgetakeltes Schiff*) mit Mastkran; ~ plan Längsriß *m.* **II** *v/i* **2.** *mar.* abscheren, (ab)gieren (*Schiff*). **3.** ~ away (from) *fig.* a) abweichen, abgehen (von), b) sich losmachen (von). **III** *v/t* **4.** *mar.* abdrängen. ~ off *v/i* **1.** → sheer² 2. **2.** *colloq.* abhauen, verschwinden. **3.** ~ from aus dem Wege gehen (*dat*).

**sheet¹** [ʃiːt] **I** *s* **1.** Bettuch *n,* (Bett)Laken *n,* Leintuch *n:* between the ~s colloq. ,in den *od.* in die Federn'; to stand in a white ~ *fig.* reumütig s-e Sünden bekennen; (as) white as a ~ kreidebleich. **2.** Bogen *m,* Blatt *n* (*Papier*): a blank ~ ein weißes *od.* leeres Blatt; a clean ~ *fig.* e-e reine Weste. **3.** *print.* a) (Druck-)Bogen *m,* b) *pl* (lose) Blätter *pl:* in (the) ~s (noch) nicht gebunden (*Buch*). **4.** Bogen *m* (*von Briefmarken*). **5.** Blatt *n:* a) Zeitung *f:* scandal ~ Skandalblatt, b) (Druck-, Flug)Schrift *f.* **6.** *metall.* (Fein)Blech *n.* **7.** *tech.* (dünne) (Blech-, Glas- *etc*)Platte. **8.** weite Fläche (*von Wasser, Eis etc*). **9.** (wogende *od.* sich bewegende) Masse, (Feuer-, Regen-)Wand *f:* the rain came down in ~s es regnete in Strömen. **10.** a) (Gesteins)Schicht *f,* b) (Eis)Scholle *f.* **II** *v/t* **11.** *das Bett* beziehen. **12.** (in ein Laken) (ein)hüllen. **13.** mit e-r (dünnen) Schicht bedecken. **14.** *tech.* mit Blech verkleiden. **III** *v/i* **15.** it (*od.* the rain) ~ed down es regnete in Strömen.

**sheet²** [ʃiːt] *s mar.* **I** *s* **1.** Schot(e) *f,* Segelleine *f:* flowing ~s fliegende Schoten; to be (*od.* have) three ~s in the wind *sl.* ‚sternhagelvoll sein'. **2.** *pl* Vorder- (u. Achter)teil *m* (*des Boots*). **II** *v/t* **3.** a. ~ home *Segel* anholen: to ~ it home to s.o. *fig.* ‚es j-m besorgen'.

**sheet**| **an·chor** *s mar.* Notanker *m* (*a. fig.*). ~ bend *s mar.* einfacher Schotenstek (*Knoten*). '~·cop·per *s tech.* Kupferblech *n.* ~ glass *s* Tafelglas *n.*

**'sheet·ing** *s* **1.** Bettuchstoff *m.* **2.** *tech.* (Blech)Verkleidung *f.*

**sheet**| **i·ron** *s tech.* Eisenblech *n.* ~ lead *s tech.* Tafelblei *n.* '~·light·ning *s* **1.** Wetterleuchten *n.* **2.** Flächenblitz *m.* '~·met·al *s* (Me'tall)Blech *n.* ~ mu·sic *s mus.* Noten *pl* (*auf losen Blättern*), Notenblätter *pl.* ~ steel *s tech.* Stahlblech *n.*

**Shef·field**| **goods** *s pl tech.* plat'tierte (Me'tall)Waren *s pl.* ~ plate *s tech.* versilberte Me'tallplatte (*aus Sheffield*).

**sheik(h)** [ʃeɪk; *bes. Am.* ʃiːk] *s* Scheich *m* (*a. fig. colloq.* Freund *etc*). '**sheik(h)·dom** *s* Scheichtum *n.*

**shek·el** [ˈʃekl] *s* **1.** a) *hist.* S(ch)ekel *m* (*hebräisches Gewichts- u. Münzeinheit*), b) Schekel *m* (*israelische Währungseinheit*). **2.** *pl colloq.* ‚Zaster' *m* (*Geld*).

**shel·drake** [ˈʃeldreik] *s orn.* Brandente *f.*

**shelf** [ʃelf] *pl* **shelves** [-vz] *s* **1.** (Bücher-, Wand-, Schrank)Brett *n,* ('Bücher-, 'Waren- *etc*)Re‚gal *n,* Bord *n,* Fach *n,* Sims *m,* *n:* to be put (*od.* laid) on the ~ *fig.* a) ausrangiert werden (*a. Beamter etc*), b) auf die lange Bank geschoben werden (*Sache*); to get on the ~ ,sitzenbleiben' (*Mädchen*). **2.** Felsplatte *f,* Riff *n.* **3.** *mar.* a) Küstensockel *m,* Schelf *m, n,* b) Sandbank *f.* **4.** *geol.* Schelf *m, n,* Festland(s)sockel *m.*

**shelf·ful** [ˈʃelfʊl] *s:* a ~ of books ein Regal (voll) Bücher.

**shelf**| **life** *s econ.* Lagerfähigkeit *f,* Haltbarkeit *f* (*e-r Ware*). ~ warm·er *s econ.* ‚Ladenhüter' *m.*

**shell** [ʃel] **I** *s* **1.** *allg.* Schale *f.* **2.** *zo.*

a) Muschel(schale) *f*, b) Schneckenhaus *n*, c) Flügeldecke *f (e-s Käfers)*, d) Panzer *m*, Rückenschild *m (der Schildkröte)*: **to come out of one's ~** *fig.* aus sich herausgehen; **to retire into one's ~** *fig.* sich in sein Schneckenhaus zurückziehen, sich abkapseln. **3.** (Eier)Schale *f*: **in the ~** a) (noch) unausgebrütet, b) *fig.* noch in der Entwicklung. **4.** *zo.* a) Muschelkalk *m*, b) Muschelschale *f*, c) Perlmutt *n*, d) Schildpatt *n*. **5.** *bot. (Nuß- etc)*Schale *f*, Hülse *f*, Schote *f*. **6.** *aer. mar.* Schale *f*, Außenhaut *f*, (Schiffs)Rumpf *m*. **7.** Gerüst *n*, Gerippe *n (a. fig.), arch. a.* Rohbau *m*. **8.** Kapsel *f*, *(Scheinwerfer- etc)*Gehäuse *n*, Mantel *m*. **9.** *mil.* a) Gra¹nate *f*, b) (Geschoß-, Pa¹tronen)Hülse *f*, c) *Am.* Pa¹trone *f (für Schrotgewehre)*. **10.** (¹Feuerwerks)Ra¦kete *f*. **11.** *gastr.* Pa¹stetenhülle *f*, -schale *f*. **12.** *chem. phys.* (Elek¹tronen)Schale *f*. **13.** *sport* Rennruderboot *n*. **14.** *(das)* bloße Äußere. **15.** Innensarg *m*. **16.** *(Degen- etc)*Korb *m*. **17.** *print.* Gal¹vano *n*. **18.** *ped. Br.* Mittelstufe *f (an Privatschulen)*.
**II** *v/t* **19.** enthülsen: **to ~ peas. 20.** schälen: **to ~ nuts** Nüsse knacken. **21.** *Körner* von der Ähre entfernen. **22.** *mil.* (mit Gra¹naten) beschießen. **23.** mit Muscheln auslegen. **24. ~ out** *colloq.* ‚blechen‘ *(bezahlen)*.
**III** *v/i* **25. ~ out** *colloq.* ‚blechen‘ (**on** für).

**shel·lac** [ʃə¹læk] **I** *s* **1.** *chem. tech.* Schellack *m*. **II** *v/t pret u. pp* **shel¹lacked 2.** mit Schellack behandeln. **3.** *Am. sl.* ‚vertrimmen‘ *(a. fig. vernichtend schlagen)*.

**'shell¦·back** *s mar. colloq.* (alter) Seebär. **~ egg** *s* Frischei *n (Ggs. Eipulver)*. **'~·fish** *s zo.* Schal(en)tier *n*. **~ game** *s Am.* **1.** Fingerhut-, Nußschalenspiel *n (Bauernfängerspiel)*. **2.** *fig.* a) ¹Täuschungsma¦növer *n*, b) Verwirrspiel *n*. **~ hole** *s* Gra¹nattrichter *m*.

**shell·ing** [¹ʃelɪŋ] *s* **1.** Enthülsen *n*, Schälen *n*. **2.** *mil.* Beschuß *m*, (Artille¹rie-) Feuer *n*.

**shell¦ jack·et** *s* **1.** *mil. Br.* leichte Offi¹ziersjacke. **2.** → **mess jacket.** '**~·out** *s (Art)* Billardspiel *n*. '**~·proof** *adj mil.* bombensicher. **~ shock** *s med. psych.* a) ¹Kriegsneu¦rose *f*, b) ¹Bombenneu¦rose *f*. **~ trans·form·er** *s electr. tech.* ¹Mantel(kern)transfor¦mator *m*. '**~·work** *s* Muschel(einlege)arbeit *f*.

**Shel·ta** [¹ʃeltə] *s* Ge¹heimjar¦gon *m* der Kesselflicker *etc (bes. in Irland)*.

**shel·ter** [¹ʃeltə(r)] **I** *s* **1.** Schutzhütte *f*, -raum *m*, -dach *n*. **2.** Zufluchtsort *m*. **3.** Obdach *n*, Herberge *f*. **4.** Schutz *m*, Zuflucht *f*: **to take** *(od. seek)* **~ →** 10; **to seek ~** *fig.* sich verstecken **(behind a** fact hinter e-r Tatsache). **5.** *mil.* a) Bunker *m*, ¹Unterstand *m*, b) (Luft)Schutzraum *m*, c) Deckung *f* **(from** vor *dat)*. **II** *v/t* **6.** (be)schützen, beschirmen **(from** vor *dat)*: **a ~ed life** ein behütetes Leben; **~ed trade** *econ. Br. (durch Zölle)* geschützter Handelszweig; **~ed workshop** beschützende Werkstätte; **~ed zone** *aer.* Windschatten *m*. **7.** schützen, bedecken, über¹dachen. **8.** *j-m* Schutz *od.* Zuflucht gewähren: **to ~ o.s.** sich verstecken **(behind** hinter *j-m od. etwas)*. **9.** *j-n* beherbergen. **III** *v/i* **10.** Zuflucht *od.* Schutz *od.* Obdach suchen. **11.** sich ¹unterstellen. **~ belt** *s* Shelterbelt *m (Waldstreifen als Windschirm)*. **~ half** *s irr mil. Am.* Zeltbahn *f*. **~ tent** *s (kleines)* Schutzzelt.

**shel·ty, a. shel·tie** [¹ʃeltɪ] *s* Sheltie *n*, Shetlandpony *n*.

**shelve¹** [ʃelv] *v/t* **1.** *Bücher* in ein Re¹gal) einstellen, auf ein Bücherbrett legen *od.* stellen. **2.** *fig.* a) *etwas zu den Akten legen*, b) *etwas Unangenehmes*

---

‚auf die lange Bank schieben‘, c) *etwas* zu¹rückstellen, d) *j-n* ¹ausran¦gieren. **3.** mit Fächern *od.* Re¹galen versehen.

**shelve²** [ʃelv] *v/i* sich (all¹mählich) senken, (sanft) abfallen.

**shelves** [ʃelvz] *pl von* shelf.

**shelv·ing¹** [¹ʃelvɪŋ] *s* **1.** (Bretter *pl* für) Fächer *pl od.* Re¹gale *pl.* **2.** Auf- *od.* Abstellen *n* in Fächern *od.* Re¹galen. **3.** *fig.* a) Bei¹seiteschieben *n*, b) ¹Ausran¦gieren *n*.

**shelv·ing²** [¹ʃelvɪŋ] *adj* schräg, abfallend.

**she·nan·i·gan** [ʃɪ¹nænɪgən] *s colloq. meist pl* **1.** Trick *m*. **2.** ‚Mumpitz‘ *m*, ‚fauler Zauber‘. **3.** (Lausbuben)Streich *m*, ‚Blödsinn‘ *m*.

**'she·oak** *s bot.* Känguruhbaum *m*.

**shep·herd** [¹ʃepə(r)d] **I** *s* **1.** (Schaf)Hirt *m*, Schäfer *m*. **2.** *fig. relig.* (Seelen)Hirt *m (Geistlicher)*: **the (Good) S~** *Bibl.* der Gute Hirte *(Christus)*. **II** *v/t* **3.** *Schafe etc* hüten. **4.** *fig. e-e Menschenmenge* treiben, ‚bug¹sieren‘, führen. **~ dog** *s* Schäferhund *m*.

**shep·herd·ess** [¹ʃepə(r)dɪs] *s* Hirtin *f*, Schäferin *f*.

**shep·herd's¦ crook** *s* Hirtenstab *m*. **~ dog** *s* Schäferhund *m*. **~ pie** *s gastr.* Auflauf aus Hackfleisch u. Kartoffelbrei. **~ plaid** *s* schwarzweiß ka¹rierter Plaid. '**~·purse** *s bot.* Hirtentäschel *n*. '**~·rod** *s bot.* Behaarte Kardendistel.

**sher·ard·ize** [¹ʃerə(r)daɪz] *v/t tech.* sherardi¹sieren *(verzinken)*.

**Sher·a·ton** [¹ʃerətən] **I** *s* Sheratonstil *m (englischer Möbelstil um 1800)*. **II** *adj* Sheraton-.

**sher·bet** [¹ʃɜːbət; *Am.* ¹ʃɜr-] *s* **1.** *a.* **~ powder** Brausepulver *n*. **2.** Sorbet *m*, *n*, Sher¹bett *m*, *n (eisgekühltes Fruchtsaftgetränk)*. **3.** *bes. Am.* Fruchteis *n*. **4.** *Austral. sl.* Bier *n*.

**sherd** [ʃɜːd; *Am.* ʃɜrd] → **shard.**

**she·rif, a. she·reef** [ʃe¹riːf; ʃə-] *s* Sche¹rif *m*: a) *Nachkomme Mohammeds*, b) *Titel mohammedanischer Fürsten*.

**sher·iff** [¹ʃerɪf] *s jur. Sheriff m*: a) *in England, Wales u. Irland der höchste Verwaltungsbeamte e-r Grafschaft*, b) *in den USA der gewählte höchste Exekutivbeamte e-s Bezirks etc*, c) *in Schottland ein Richter an e-m sheriff court*. **~ court** *s jur. niederes schottisches Gericht mit Zuständigkeit in Zivil- u. Strafsachen*.

**sher·lock, a. S~** [¹ʃɜːlɒk; *Am.* ¹ʃɜr¦lɑk] *s colloq.* Detek¹tiv *m*.

**Sher·pa** [¹ʃɜːpə; *Am.* ¹ʃɜr-; ¹ʃeər-] *s* **1.** *pl* **-pa(s)** Sherpa *m*. **2.** **s~** *pl* **-pas** *fig. Br. sl.* Last-, Packesel *m*.

**sher·ry** [¹ʃerɪ] *s* Sherry *m (südspanischer Wein)*: **~ glass** Südweinglas *n*. **~ cob·bler** *s* Sherry Cobbler *m (Mischgetränk aus Sherry, Fruchtsaft, Wasser, Zucker u. gestoßenem Eis)*.

**Shet·land¦ lace** [¹ʃetlənd] *s* Shetlandspitze *f (durchbrochene Handarbeit aus Wolle)*. **~ po·ny →** shelty. **~ wool** *s* Shetlandwolle *f*.

**shew** [ʃəʊ] *pret* **shewed,** *pp* **shewn** *obs. für* show. '**~·bread** *s Bibl.* Schaubrot *n*.

**Shi·ah** [¹ʃiːə] *s relig.* Schia *f (zweite Hauptrichtung des Islams)*.

**shib·bo·leth** [¹ʃɪbəleθ; *Am.* -ləθ] *s fig.* **1.** Schib¹boleth *n*, Erkennungszeichen *n*, Losungswort *n*. **2.** Kastenbrauch *m*. **3.** Plati¹tüde *f*.

**shield** [ʃiːld] **I** *s* **1.** Schild *m*. **2.** Schutzschild *m*, -schirm *m*. **3.** *fig. a)* Schild *m*, Schirm *m*, b) (Be)Schützer(in). **4.** *electr. tech.* Abschirmung *f*. **5.** *zo.* (Rücken-) Schild *m*, Panzer *m*. **6.** Arm-, Schweißblatt *n*. **7.** *her.* (Wappen)Schild *m*. **II** *v/t* **8.** (be)schützen, beschirmen **(from** vor *dat)*. **9.** *bes. contp. j-n* decken. **10.** *electr.*

---

*tech.* abschirmen. **~ bear·er** *s* Schildträger *m*, -knappe *m*. **~ fern** *s bot.* Schildfarn *m*. **~ forc·es** *s pl mil.* Schildstreitkräfte *pl*.

**'shield·less** *adj* **1.** ohne Schild. **2.** *fig.* schutzlos.

**shiel·ing** [¹ʃiːlɪŋ] *s bes. Scot.* **1.** (Vieh-) Weide *f*. **2.** Hütte *f*.

**shift** [ʃɪft] **I** *v/i* **1.** den Platz *od.* die Lage wechseln, sich bewegen: **to ~ from one foot to the other** von e-m Fuß auf den anderen treten; **to ~ on one's chair** auf s-m Stuhl *(ungeduldig etc)* hin u. her rutschen. **2.** *fig.* sich verlagern *(a. jur. Beweislast)*, sich verwandeln *(a. Schauplatz, Szene)*, sich verschieben *(a. ling. Laut)*, wechseln. **3.** die Wohnung wechseln, ¹umziehen. **4.** *a.* **~ along** *fig.* sich notdürftig ¹durchschlagen: **to ~ for o.s.** a) auf sich selbst gestellt sein, b) sich selbst (weiter)helfen. **5.** *fig.* Ausflüchte machen. **6.** *mot. tech.* schalten: **to ~ into second gear** *mot.* in den zweiten Gang schalten; **to ~ up (down)** *mot.* hinaufschalten (herunterschalten). **7.** *Kugelstoßen:* angleiten. **8.** *mar.* sich verlagern, ¹überschießen *(Ballast od. Ladung)*. **9.** *oft* **~ round** sich drehen *(Wind)*. **10.** *colloq.* a) *meist* **~ away** sich da¹vonstehlen, b) sich beeilen.
**II** *v/t* **11.** (um-, aus)wechseln, (aus-) tauschen, verändern: **to ~ one's lodging →** 3; → **ground¹** 7. **12.** *a. fig.* verlagern, -schieben, -legen: **to ~ the scene** to den Schauplatz verlegen nach; **he ~ed his attention to other matters** er wandte s-e Aufmerksamkeit anderen Dingen zu. **13.** *thea.* Kulissen ¹umstellen *(to auf acc)*. **14.** *mil.* das Feuer verlegen. **15.** *thea.* Kulissen schieben. **16.** befördern, bringen **(from, out of** von; **to** nach). **17.** *die Schuld, Verantwortung* (ab) schieben, abwälzen **(onto** auf *acc)*. **18.** *j-n* loswerden. **19.** ¹umpflanzen. **20.** *to* **~ gear(s)** *bes. Am.* a) → **gear** 3 b, b) *fig.* umschalten, wechseln. **21.** *tech.* verstellen, *e-n Hebel* ¹umlegen. **22.** *ling. e-n Laut* verschieben. **23.** *mar.* die *Ladung* ¹umstauen, b) *das Schiff (längs des Kais)* verholen. **24.** die *Kleidung* wechseln. **25.** *Am. colloq. Speise, Getränk* ‚wegputzen‘: **to ~ a few** *sl.* einige Glas, ‚kippen‘.
**III** *s* **26.** Wechsel *m*, Verschiebung *f*, -änderung *f*: **~ of emphasis** *fig.* Gewichtsverlagerung *f*. **27.** (Arbeits)Schicht *f (Arbeiter od. Arbeitszeit)*: **~ allowance** Schichtzuschlag *m*; **~ boss** *Am.* Schichtmeister *m*; **to work in ~s** Schicht arbeiten. **28.** Ausweg *m*, Hilfsmittel *n*, Notbehelf *m*: **to make (a) ~** a) sich notdürftig durchschlagen, b) es fertigbringen **(to do** zu tun), c) sich behelfen **(with** mit; **without** ohne). **29.** Kniff *m*, List *f*, Trick *m*, Ausflucht *f*. **30. ~ of crop** *agr. bes. Br.* Fruchtwechsel *m*. **31.** *American Football:* Positi¹onswechsel *m*. **32.** *Kugelstoßen:* Angleiten *n*. **33.** *geol.* Verwerfung *f*. **34.** *mus.* a) Lagenwechsel *m (bei Streichinstrumenten)*, b) Zugwechsel *m (Posaune)*, c) Verschiebung *f (linkes Pedal beim Flügel etc)*. **35.** *ling.* Lautverschiebung *f*. **36.** *obs.* (¹Unter)Hemd *n (der Frau)*.

**'shift·er** *s* **1.** *thea.* Ku¹lissenschieber *m*, Bühnenarbeiter *m*. **2.** *fig.* schlauer Fuchs. **3.** *tech.* a) Schalter *m*, ¹Umleger *m*, b) Ausrückvorrichtung *f*.

**shift·i·ness** [¹ʃɪftɪnɪs] *s* **1.** Gewandtheit *f*. **2.** Schlauheit *f*. **3.** Verschlagenheit *f*. **4.** *fig.* Unstetigkeit *f*.

**'shift·ing** *adj* wechselnd, veränderlich, sich verschiebend: **~ sand** Treib-, Flugsand *m*.

**shift key** *s* ¹Umschalter *m (der Schreibmaschine)*.

**'shift·less** *adj (adv* **~ly) 1.** hilflos *(a. fig.*

*unfähig).* **2.** unbeholfen, einfallslos. **3.** träge, faul. '**shift·less·ness** *s* **1.** Hilflosigkeit *f (a. fig.).* **2.** Unbeholfenheit *f.* **3.** Trägheit *f.*

**shift| work** *s* **1.** Schichtarbeit *f*: **to do ~** Schicht arbeiten. **2.** *ped.* 'Schicht|unterricht *m.* **~ work·er** *s* Schichtarbeiter(in). '**shift·y** *adj (adv* **shiftily) 1.** einfallsreich, wendig. **2.** schlau, gerissen. **3.** verschlagen. **4.** *fig.* unstet.

**Shi·ism** [ˈʃiːɪzəm] *s relig.* Schi'ismus *m.* '**Shi·ite** [-aɪt] **I** *s* Schi'it(in). **II** *adj* schi'itisch.

**shi·kar** [ʃɪˈkɑː(r)] *Br. Ind.* **I** *s* Jagd *f (als Sport).* **II** *v/t* jagen. **shi·ka·ri,** *a.* **shi·ka·ree** [-ˈkɑːrɪ, -ˈkɑː-] *s Br. Ind. (a.* eingeborener) Jäger.

**shil·le·la(g)h** [ʃɪˈleɪlə, -lɪ] *s Ir.* (Eichenod. Schlehdorn)Knüttel *m.*

**shil·ling** [ˈʃɪlɪŋ] *s Br. altes Währungssystem:* Schilling *m*: **a ~ in the pound** 5 Prozent; **to pay twenty ~s in the pound** s-e Schulden auf Heller u. Pfennig bezahlen; **to take the King's** (*od.* **Queen's) ~** sich als Soldat anwerben lassen; **to cut** s.o. **off with a ~** j-n enterben, j-m keinen Pfennig vermachen. **~ shock·er** *s* 'Schundro,man *m.*

**shil·ly-shal·ly** [ˈʃɪlɪˌʃælɪ] **I** *v/i* schwanken, sich nicht entscheiden können. **II** *s* Schwanken *n,* Zögern *n.* **III** *adj u. adv* schwankend, unentschlossen.

**shi·ly** → shyly.

**shim** [ʃɪm] *s tech.* Keil *m,* Ausgleichsscheibe *f.*

**shim·mer** [ˈʃɪmə(r)] **I** *v/i* schimmern. **II** *s* Schimmer *m,* Schimmern *n.* '**shimmer·y** *adj* schimmernd.

**shim·my** [ˈʃɪmɪ] **I** *s* **1.** Shimmy *m (amer. Jazztanz).* **2.** *tech.* Flattern *n (der Vorderräder).* **3.** *colloq.* (Damen)Hemd *n.* **II** *v/i* **4.** Shimmy tanzen. **5.** *tech.* flattern *(Vorderräder).*

**shin** [ʃɪn] **I** *s* **1.** *anat.* Schienbein *n.* **2. ~ of beef** *gastr.* Rinderhachse *f.* **II** *v/i* **3.** klettern: **to ~ up a tree** e-n Baum hinaufklettern. **4.** *Am.* rennen. **III** *v/t* **5.** klettern auf *(acc).* **6.** *j-n* vors Schienbein treten: **to ~ o.s.** sich das Schienbein stoßen. '**~bone** *s* Schienbein(knochen *m) n.*

**shin·dig** [ˈʃɪndɪg] *s colloq.* **1.** ,Schwof' *m,* Tanzveranstaltung *f.* **2.** (*bes.* ausgelassene) Party. **3.** → shindy.

**shin·dy** [ˈʃɪndɪ] *s colloq.* Krach *m,* Ra'dau *m.*

**shine** [ʃaɪn] **I** *v/i pret u. pp* **shone** [ʃɒn; *Am.* ʃoʊn], *obs.* **shined 1.** scheinen (*Sonne etc),* leuchten, strahlen (*a. Augen etc;* **with joy** vor Freude): **to ~ out** a) hervorleuchten, b) *fig.* hervorragen; **to ~ up to** s.o. *Am. sl.* sich bei j-m anbiedern. **2.** glänzen (*a. fig.* sich hervortun **as** als; **in, at** in *dat).* **II** *v/t* **3.** *pret u. pp meist* **shined** po'lieren: **to ~ shoes.** **III** *s* **4.** (*Sonnen- etc)*Schein *m:* → **rain 1.** **5.** Glanz *m (a. fig.)*: **to take the ~ out of** a) e-r *Sache* den Glanz nehmen, b) *etwas od. j-n* in den Schatten stellen, c) *j-n* ,klein u. häßlich' erscheinen lassen. **6.** Glanz *m (bes. auf Schuhen):* **have a ~?** Schuhputzen gefällig? **7.** *colloq.* Krach *m:* **to kick up a ~** Radau machen. **8.** *Am. colloq.* Dumme'jungenstreich *m.* **9. to take a ~ to** s.o. *Am. sl.* an j-m Gefallen finden. **10.** *Am. sl. contp.* Nigger *m.*

**shin·er** [ˈʃaɪnə(r)] *s* **1.** glänzender Gegenstand. **2.** *sl.* a) Goldmünze *f (bes. Sovereign),* b) *pl* Mo'nneten *pl (Geld),* c) Dia'mant *m.* **3.** *colloq.* ,Veilchen' *n,* blaues Auge. **4.** Glanzstelle *f.*

**shin·gle¹** [ˈʃɪŋgl] **I** *s* **1.** *arch.* (Dach-) Schindel *f.* **2.** Herrenschnitt *m (Damenfrisur).* **3.** *Am. colloq. humor.* (Firmen-) Schild *n*: **to hang out one's ~** sich (als Arzt *etc)* etablieren, ,-n eigenen Laden

aufmachen'. **II** *v/t* **4.** *arch.* mit Schindeln decken. **5.** *Haar* (sehr) kurz schneiden: **~d hair** → 2.

**shin·gle²** [ˈʃɪŋgl] *s geol. Br.* **1.** grober Strandkies. **2.** *a.* **~ beach** Kiesstrand *m.*

**shin·gle³** [ˈʃɪŋgl] *v/t metall.* zängen *(entschlacken).*

**shin·gles** [ˈʃɪŋglz] *s pl (als sg konstruiert) med.* Gürtelrose *f.*

**shin·gly** [ˈʃɪŋglɪ] *adj* kies(el)ig.

**shin·ing** [ˈʃaɪnɪŋ] *adj (adv* **~ly) 1.** leuchtend (*a. fig.),* strahlend, hell. **2.** glänzend (*a. fig.):* **~ example** leuchtendes Beispiel; **a ~ light** e-e Leuchte, ein großes Licht (*Person).*

**shin·ny¹** [ˈʃɪniː] *s sport Am.* Shinny *n (Art Hockey).*

**shin·ny²** [ˈʃɪniː] *v/i Am. colloq. für* shin 3.

**Shin·to** [ˈʃɪntoʊ], '**Shin·to·ism** *s* Schinto'ismus *m (japanische Religion).*

**shin·ty** [ˈʃɪntɪ] *s sport Br.* Shinty *n (Art Hockey).*

**shin·y** [ˈʃaɪnɪ] *adj allg.* glänzend: a) leuchtend (*a. fig.),* b) funkelnd (*a. Auto etc),* c) strahlend: **a ~ day,** d) blank(geputzt), e) blank, abgetragen: **a ~ jacket.**

**ship** [ʃɪp] **I** *s* **1.** *allg.* Schiff *n:* **~'s articles** → **shipping articles;** **~'s biscuit** *Br.* Schiffszwieback *m;* **~'s company** Besatzung *f;* **~'s husband** Mitreeder *m;* **~'s papers** Schiffspapiere; **~'s stores** Schiffsbedarf *m;* **~ of state** *fig.* Staatsschiff; **~ of the desert** *fig.* Schiff der Wüste (*Kamel);* **to take ~** sich einschiffen (**for** nach); **about ~!** klar zum Wenden!; **when my ~ comes home** (*od.* **in**) *fig.* wenn ich das große Los ziehe. **2.** *mar.* Vollschiff *n (Segelschiff mit 3 od. mehr Masten mit Rahsegeln).* **3.** Boot *n.* **4.** a) Luftschiff *n (Flugzeug n,* c) Raumschiff *n.* **II** *v/t* **5.** *mar.* a) an Bord bringen *od.* nehmen, verladen, b) *Passagiere* an Bord nehmen. **6.** *mar.* verschiffen, (mit dem Schiff) transpor'tieren. **7.** *econ.* a) verladen, b) *a.* **~ off** transpor'tieren, verfrachten, -senden, (aus)liefern (*a. zu Lande),* c) *Ware (zur Verladung)* abladen, d) *mar.* e-e *Ladung* über'nehmen. **8.** *mar.* 'übernehmen: **to ~ a sea** e-e See übernehmen. **9.** *mar.* a) *Ruder* einlegen, b) e-n *Mast* einsetzen, c) *den Landungssteg* einholen: → **oar** *Bes. Redew.* **10.** *mar. Matrosen* (an)heuern, anmustern. **11.** *a.* **~ off** *colloq.* fortschicken. **12.** sich einschiffen. **13.** sich anheuern lassen.

**ship| bis·cuit** *s Am.* Schiffszwieback *m.* '**~·board** *s mar.* Bord *m*: **on ~** an Bord. '**~·borne air·craft** *s aer.* Bordflugzeug *n.* '**~·break·er** *s mar.* Schiffsverschrotter *m.* '**~·build·er** *s mar.* Schiff(s)bauer *m,* 'Schiffsarchi,tekt *m.* '**~·build·ing** *s mar.* Schiff(s)bau *m.* **~ ca·nal** *s mar.* 'Seeka,nal *m.* **~ chan·dler** *s mar.* Schiffsausrüster *m.* '**~·load** *s mar.* (volle) Schiffsladung *(als Maß).* '**~·mas·ter** *s mar.* ('Handels)Kapi,tän *m.* '**~·mate** *s mar.* 'Schiffskame,rad *m.*

'**ship·ment** *s* **1.** *mar.* a) Verladung *f,* b) Verschiffung *f,* 'Seetrans,port *m,* c) (Schiffs)Ladung *f.* **2.** *econ. (a. zu Lande)* a) Versand *m,* b) (Waren)Sendung *f,* Lieferung *f.*

**ship| mon·ey** *s hist.* Schiffsgeld *n (in England für Schiffsaufgebote im Krieg erhobene Steuer).* **~ of the line** *s mil. hist.* Linienschiff *n.* '**~·own·er** *s* Reeder *m.* '**ship·per** *s econ.* **1.** Verschiffer *m.* **2.** Absender *m,* b) Frachter *m,* Spedi'teur *m,* c) → **shipping clerk. 3.** *Am.* sich gut zum Versand eignende Ware. **4.** *Am.* → shipping case.

'**ship·ping** *s* **1.** Verschiffung *f.* **2.** a) Abladung *f (Anbordnahme),* b) Verfrachtung *f,* Versand *m (a. zu Lande):* ~

**carton** Versandkarton *m;* ~ **instructions** Versandvorschriften. **3.** *mar. collect.* Schiffe *pl,* Schiffsbestand *m (e-s Landes etc).* **~ a·gent** *s mar.* **1.** 'Schiffsa,gent *m.* **2.** Schiffsmakler *m.* **~ ar·ticles** *s'pl mar.* 'Schiffsar,tikel *pl,* Heuervertrag *m.* **~ bill** *s mar.* Mani'fest *n,* Zollfreischein *m.* **~ case** *s econ.* Versandkiste *f,* -behälter *m.* **~ clerk** *s econ.* Expedi'ent *m,* Leiter *m* der Ver'sandab,teilung. **~ com·mis·sion·er** *s mar. Am.* 'Seemanns,amtskommis,sar *m.* **~ com·pa·ny** *s mar.* Reede'rei *f.* **~ forecast** *s meteor.* Seewetterbericht *m.* **~ mas·ter** *s mar. Br.* 'Seemanns,amtskommis,sar *m.* **~ or·der** *s econ.* Versandauftrag *m.*

'**ship·shape** *adv u. pred adj* ordentlich: **~ and Bristol fashion** in tadelloser Ordnung.

'**ship|-to-'ship** *adj mar.* Bord-Bord-... '**~-to-'shore** *adj mar.* Bord-Land-... '**~way** *s* **1.** *Schiffsbau:* Stapel *m,* Helling *f.* **2.** Trockendock(schiffs)stützen *pl.* **3.** → **ship canal.** '**~·wreck I** *s* **1.** (Schiffs-) Wrack *n.* **2.** Schiffbruch *m, fig. a.* Scheitern *n (von Plänen, Hoffnungen etc):* **to suffer ~** Schiffbruch erleiden; **to make ~ of** → 4. **II** *v/t* **3.** durch Schiffbruch vernichten: **to be ~ed** schiffbrüchig werden *od.* sein. **4.** *fig.* zum Scheitern bringen, vernichten. **III** *v/i* **5.** Schiffbruch erleiden, *fig. a.* scheitern. '**~·wrecked** *adj* schiffbrüchig, *fig. a.* gescheitert. '**~wright** *s* **1.** Schiff(s)bauer *m,* Schiff(s)baumeister *m.* **2.** Schiffszimmermann *m.* '**~·yard** *s* (Schiffs)Werft *f.*

**shir** → shirr.

**shire** [ˈʃaɪə(r); *als Suffix* -ʃə(r); -,ʃɪə(r)] *s* **1.** *Br.* Grafschaft *f (meist in Zssgn):* the **S~s** a) *die englischen Grafschaften, die auf* **-shire** *enden,* b) *die Midlands,* c) *die wegen der Fuchsjagden berühmten Grafschaften (bes. Leicestershire, Rutland u. Northamptonshire).* **2.** (au'stralischer) Landkreis. **3.** *a.* **~ horse** Shire *m,* Shirehorse *n (Rasse schwerer Zugpferde).* '**~moot** *s Br. hist.* Grafschaftsgericht *n od.* -versammlung *f.*

**shirk** [ʃɜːk; *Am.* ʃɜrk] **I** *v/t* **1.** sich drükken vor *(dat).* **2.** *a.* e-m *Blick* ausweichen. **3.** *a.* **~ off** *Am.* etwas ,abschieben' (**on** auf *acc).* **II** *v/i* **4.** sich drücken (**from** vor *dat).* **III** *s* → **shirker.** '**shirk·er** *s* Drückeberger(in).

**shirr** [ʃɜː; *Am.* ʃɜr] **I** *s* **1.** e'lastisches Gewebe, eingewebter Gummifaden, Zugband *n.* **2.** Fältelung *f.* **3.** *v/t* **3.** kräuseln, fälteln. **4.** *Eier* in Sahne *etc* backen. **shirred** *adj* mit eingewebten Gummifäden (versehen), e'lastisch, gekräuselt: **~ goods** Gurtwaren. '**shir·ring** *s* **1.** (fein)gefältelte Arbeit. **2.** Gurtwaren *pl.*

**shirt** [ʃɜːt; *Am.* ʃɜrt] *s* **1.** (Herren-, Ober-) Hemd *n.* **2.** *a.* **~ blouse** Hemdbluse *f.* **3.** 'Unterhemd *n.* **4.** Nachthemd *n (für Herren).*

*Besondere Redewendungen:*

**to get** s.o.'s **~ out** *sl.* j-n ,auf die Palme bringen'; **to give away the ~ off one's back for** s.o. *econ.* das letzte Hemd für j-n hergeben; **to have one's ~ out** *sl.* fuchsteufelswild sein; **without a ~ to** one's **back** ohne ein Hemd auf dem Leib; **keep your ~ on!** *colloq.* ruhig Blut!, nur keine Aufregung!; **to lose one's ~** ,sein letztes Hemd verlieren'; **to put one's ~ on** alles auf ein *Pferd* setzen; **near is my ~, but nearer is my skin** das Hemd ist mir näher als der Rock; → **bet 4; bloody shirt, stuffed shirt.**

**shirt| dress** *s* Hemdkleid *n.* **~ frill** *s* Hemdkrause *f.* **~ front** *s* Hemdbrust *f.* '**shirt·ing** *s* Hemdenstoff *m.* '**shirt·less** *adj* **1.** ohne Hemd. **2.** bettelarm.

**shirt|sleeve** s Hemdsärmel m: in one's ~s in Hemdsärmeln. **'~-sleeve** adj fig. ‚hemdsärmelig', le¹ger, ungezwungen: ~ **diplomacy** offene Diplomatie. **'~stud** s Hemd(en)knopf m. **'~tail** s Hemd(en)schoß m. **'~waist** s Am., **'~waist·er** s Br. Hemdbluse f.

**shirt·y** [¹ʃɜːtɪ; Am. ¹ʃɜr-] adj sl. **1.** fuchsteufelswild. **2.** ‚sauer', verärgert.

**shit** [ʃɪt] **I** s **1.** vulg. ‚Scheiße' f (a. fig.): ~! Scheiße!; I don't give a ~! das ist mir ‚scheißegal!'; not worth a ~ e-n ‚Scheißdreck' wert; to be in the ~ fig. in der Scheiße sitzen. **2.** vulg. ‚Scheißen' n: to have (go for) a ~ ‚scheißen' (gehen). **3.** the ~s pl (als sg od. pl konstruiert) vulg. die ‚Scheiße¹rei', ‚Dünnschiß' m (Durchfall). **4.** fig. vulg. ‚Scheiß' m (Unsinn): to talk ~. **5.** fig. vulg. ‚Arschloch' n: you big ~! du ‚blöde Sau!' **6.** sl. ‚Shit' n (Haschisch). **II** v/i pret. u. pp shit od. **'shitted 7.** vulg. ‚scheißen': to ~ on fig. a) auf j-n, etwas scheißen, b) j-n ‚an-, zs.-scheißen', c) j-n ‚verpfeifen'; (either) ~ or get off the pot! entweder — oder! **III** v/t **8.** vulg. ‚vollscheißen', ‚scheißen' in (acc): to ~ o.s. a) sich vollscheißen, b) fig. sich vor Angst fast in die Hosen scheißen. **~ creek** s: to be up ~ (without a paddle) vulg. ‚bis zum Hals in der Scheiße sitzen'. **'~head** s **1.** fig. vulg. ‚Arschloch' n. **2.** sl. ‚Shitraucher(in)'. **~ list** s: to be on s.o.'s ~ vulg. bei j-m ‚verschissen' haben.

**shit·tah (tree)** [¹ʃɪtə] s Bibl. e-e Akazie.

**shit·ty** [¹ʃɪtɪ] adj vulg. **1.** ‚verschissen' (Hose etc). **2.** fig. ‚beschissen', Scheiß...

**shiv·a·ree** [ʃɪvə¹riː] Am. für charivari.

**shiv·er¹** [¹ʃɪvə(r)] **I** v/i **1.** zittern, (er-) schauern, frösteln (with vor dat). **2.** mar. killen, flattern (Segel). **II** v/t **3.** mar. Segel killen lassen. **III** s **4.** Schauer m, Zittern n, Frösteln n: to be (all) in a ~ wie Espenlaub zittern; a ~ ran (up and) down my back es überlief mich kalt; the ~s a) Fieberschauer, Schüttelfrost m, b) colloq. Gänsehaut f, kalter Schauer; it gave me the ~s mich packte das kalte Grausen.

**shiv·er²** [¹ʃɪvə(r)] **I** s **1.** Splitter m, (Bruch)Stück n, Scherbe f. **2.** min. Dachschiefer m. **3.** tech. Spleiß(e f) m. **II** v/t **4.** zersplittern, -schmettern. **III** v/i **5.** (zer)splittern.

**'shiv·er·ing** s Schauer m: ~ attack, ~ fit Schüttelfrost m.

**'shiv·er·y** adj **1.** fröstelnd. **2.** zitt(e)rig. **3.** fiebrig.

**shlep → schlep(p). 'shlep·per →** schlepper.

**shlock → schlock I.**

**shmear → schmear.**

**shmo → schmo.**

**shmuck → schmuck.**

**shoal¹** [ʃəʊl] **I** adj **1.** seicht, flach. **II** s **2.** Untiefe f, seichte Stelle. **3.** Sandbank f. **III** v/i **4.** seicht(er) werden.

**shoal²** [ʃəʊl] **I** s **1.** Schwarm m (bes. von Fischen). **2.** Masse f, Unmenge f: ~s of people Menschenmassen. **II** v/i **3.** in Schwärmen auftreten. **4.** in Massen auftreten.

**'shoal·y** [¹ʃəʊlɪ] adj seicht, voller Untiefen.

**shoat** [ʃəʊt] s Ferkel n.

**shock¹** [ʃɒk; Am. ʃɑk] **I** s **1.** (heftiger) Stoß, Erschütterung f (a. fig. des Vertrauens etc). **2.** a. mil. Zs.-prall m, -stoß m, Anprall m: the ~ of the waves der Anprall der Wellen. **3.** Schock m, Schreck m, (plötzlicher) Schlag (to für), (seelische) Erschütterung (to gen): to get the ~ of one's life a) zu Tode erschrecken, b) ‚sein blaues Wunder erleben'; with a ~ mit Schrecken; she is in (a state of) ~ sie hat e-n Schock; the news

came as a ~ to him die Nachricht war ein Schock für ihn od. traf ihn schwer. **4.** Schock m, Ärgernis n (to für). **5.** electr. Schlag m, (a. med. E¹lektro)Schock m. **6.** med. a) (Nerven)Schock m, b) (Wund-) Schock m, c) plötzliche Lähmung, d) colloq. Schlag(anfall) m. **7.** psych. ¹Schockreakti₁on f. **II** v/t **8.** erschüttern, erbeben lassen. **9.** fig. schoc¹kieren, em-¹pören: ~ed empört od. entrüstet (at über acc; by durch). **10.** fig. j-m e-n Schock versetzen, j-n erschüttern, bestürzen: ~ed schockiert, entgeistert; I was ~ed to hear zu m-m Entsetzen hörte ich. **11.** j-m e-n Nervenschock versetzen. **12.** j-m e-n (e¹lektrischen) Schlag versetzen. **13.** med. schocken, e-r Schockbehandlung unter-¹ziehen. **III** v/i **14.** mil. zs.-stoßen, -prallen.

**shock²** [ʃɒk; Am. ʃɑk] agr. **I** s Mandel f, Hocke f, (aufgeschichteter) Garbenhaufen. **II** v/t in Mandeln aufstellen.

**shock³** [ʃɒk; Am. ʃɑk] **I** s (~ of hair Haar)Schopf m. **II** adj zottig: ~ head Strubbelkopf m.

**shock|ab·sorb·er** s tech. **1.** Stoßdämpfer m. **2.** ¹Schwingme₁tall n. **~ ab·sorp·tion** s tech. Stoßdämpfung f. **~ ac·tion** s mil. Über¹raschungsangriff m. **~ bri·gade** s ¹Stoßbri₁gade f (von Arbeitern in kommunistischen Ländern).

**'shock·er** s colloq. **1.** Schocker m (j-d, der od. etwas, was schockiert). **2.** Elektri¹sierappa₁rat m.

**'shock|·free** adj tech. stoßfrei. **'~head·ed** adj strubbelig: S~ Peter (der) Struwwelpeter.

**'shock·ing I** adj (adv ~ly) **1.** schoc¹kierend, em¹pörend, unerhört, anstößig. **2.** entsetzlich, haarsträubend. **3.** colloq. scheußlich, schrecklich, mise¹rabel: ~ weather. **II** adv **4.** colloq. schrecklich, unheimlich: a ~ big town.

**'shock|·proof** adj **1.** tech. stoßfest, -sicher, erschütterungsfest. **2.** fig. nicht zu erschüttern. **~ tac·tics** s pl (als sg konstruiert) mil. Stoß-, ¹Durchbruchstaktik f. **~ ther·a·py, ~ treat·ment** s med. ¹Schockthera₁pie f, -behandlung f. **~ troops** s pl mil. ¹Stoßtruppen pl. **~ wave** s aer. phys. Druckwelle f: to send ~s through fig. erschüttern. **~ work·er** s Stoßarbeiter m (in kommunistischen Ländern).

**shod** [ʃɒd; Am. ʃɑd] **I** pret u. pp von shoe. **II** adj **1.** beschuht. **2.** bereift (Fahrzeug). **3.** beschlagen (Pferd, a. Stock etc).

**shod·dy** [¹ʃɒdɪ; Am. ¹ʃɑ-] **I** s **1.** Shoddy n, (langfaserige) Kunstwolle. **2.** Shoddytuch n. **3.** fig. Schund m, Kitsch m. **4.** fig. Protzentum n. **5.** tech. Regene¹ratgummi m, n. **II** adj **6.** Shoddy... **7.** fig. unecht, falsch: ~ aristocracy Talmiaristokratie f. **8.** fig. kitschig, Schund...: ~ literature. **9.** fig. protzig.

**shoe** [ʃuː] **I** v/t pret u. pp shod [ʃɒd; Am. ʃɑd] **1.** a) beschuhen, b) Pferde, etc. in Stock etc beschlagen, Schlittenkufen etc beschienen. **II** s **2.** Schuh m. **3.** a) bes. Br. Halbschuh m, b) Am. Stiefel m. **4.** Hufeisen n. **5.** tech. Schuh m (Schutzbeschlag). **6.** tech. a) Bremsschuh m, -klotz m, b) Bremsbacke f. **7.** tech. (Reifen-) Decke f. **8.** electr. Schleifstück n (des Stromnehmers). **9.** tech. a) Anschlag (-stück n) m, b) Verschleißstück n.
*Besondere Redewendungen:*
dead men's ~s pl. ungeduldig erwartetes Erbe; to be (od. stand) in s.o.'s ~s fig. in j-s Haut stecken; now the ~ is on the other foot colloq. jetzt will er (etc) plötzlich nichts mehr davon wissen; every ~ fits not every foot eines schickt sich nicht für alle; to know where the ~ pinches wissen, wo der Schuh drückt;

to shake in one's ~s vor Angst schlottern; to step into (od. fill) s.o.'s ~s j-s Stelle einnehmen; that's another pair of ~s das sind zwei Paar Stiefel; → die¹ 1, fit¹ 19, lick 1.

**'shoe|·black** s Schuhputzer m. **'~·brush** s Schuhbürste f. **'~·horn** s Schuhlöffel m. **'~·lace** s Schnürsenkel m. **~ leath·er** s Schuhleder n.

**'shoe·less** adj unbeschuht, barfuß.

**'shoe|·mak·er** s Schuhmacher m: ~'s thread Pechdraht m. **'~·shine** s bes. Am. Schuhputzen n: ~ boy Schuhputzer m. **shuf·fle** s: to do the light ~ Br. colloq. das Tanzbein schwingen. **'~·string I** s → shoelace: on a ~ colloq. mit ein paar Groschen, praktisch mit nichts anfangen etc. **II** adj colloq. a) fi¹nanzschwach, b) ‚klein': c) dürftig, armselig. **~ tree** s (Schuh)Leisten m.

**sho·gun** [¹ʃəʊguːn; Am. -gən] s hist. Sho-¹gun m (Titel des japanischen Oberbefehlshabers u. eigentlichen Machthabers).

**shone** [ʃɒn; Am. ʃəʊn] pret u. pp von shine.

**shoo** [ʃuː] **I** interj **1.** husch!, sch!, fort! **II** v/t **2.** a. ~ away weg-, verscheuchen. **3.** Am. colloq. j-n ‚bug¹sieren'. **III** v/i **4.** husch! od. sch! rufen. **'~-in** s Am. colloq. sicherer Gewinner, aussichtsreicher Kandi¹dat.

**shook¹** [ʃʊk] **I** s **1.** Bündel n Faßdauben. **2.** Pack m Möbelbretter etc. **3.** → shock². **II** v/t **4.** zu e-m Bündel zs.-stellen, bündeln.

**shook²** [ʃʊk] pret von shake.

**shoot** [ʃuːt] **I** s **1.** hunt. a) Jagd f, b) ¹Jagd(re₁vier n) f, c) Jagdgesellschaft f, d) Am. Strecke f (erlegtes Wild): the whole ~ colloq. der ‚ganze Laden' od. ‚Kram'. **2.** Wettschießen n. **3.** Am. Ra-¹ketenabschuß m, -start m. **4.** a) Schuß m, b) Schießen n, Feuer n. **5.** bot. a) Sprießen n, b) Schößling m, (Seiten)Trieb m. **6.** (Holz- etc)Rutsche f, Rutschbahn f. **7.** fig. Schuß m, Schießen n, Zucken n (schnelle Bewegung). **8.** Stromschnelle f. **9.** Schuttabladestelle f. **10.** phot. (Film-) Aufnahme f.
**II** v/t pret u. pp shot [ʃɒt; Am. ʃɑt] **11.** e-n Pfeil, e-e Kugel etc (ab)schießen (at nach, auf acc): to ~ one's way to freedom sich (den Weg) freischießen; to ~ questions at s.o. fig. j-n mit Fragen bombardieren; → ball¹ 1, shoot off I. **12.** a) hunt. schießen, erlegen, b) j-n etc anschießen, c) a. ~ dead, Am. a. ~ and kill j-n erschießen (for wegen): to ~ o.s. sich erschießen; I'll be shot if ich will (auf der Stelle) tot umfallen, wenn; ~ shoot down. **13.** hunt. in e-m Revier jagen. **14.** fig. schleudern, schnellen, stoßen: to ~ a line sl. angeben, ‚große Bogen spucken'. **15.** ¹hinschießen über (acc): to ~ a bridge unter e-r Brücke hindurchschießen; to ~ a rapid über e-e Stromschnelle hinwegschießen; to ~ Niagara fig. Kopf u. Kragen riskieren; → light¹ 5. **16.** Strahlen etc schießen, aussenden: to ~ rays; to ~ a glance at e-n schnellen Blick werfen auf (acc). **17.** (mit Fäden) durch-¹schießen, -¹wirken. **18.** Schutt, a. e-n Karren etc abladen, auskippen. **19.** a. ~ out, ~ forth bot. Knospen etc treiben. **20.** e-n Riegel etc vorschieben; → bolt¹ 1. **21.** Bergbau: sprengen. **22.** tech. ein Brett etc gerade-, abhobeln, Holz zurichten, ein Faß schroten. **23.** sport den Ball, ein Tor schießen: to ~ the ball (a goal); to ~ marbles Murmeln spielen. **24.** med. (ein)spritzen: to ~ (up) sl. Heroin etc ‚drücken', ‚schießen'. **25.** a) fotogra¹fieren, aufnehmen, b) drehen, filmen: to ~ a scene.
**III** v/i **26.** a. sport schießen, feuern (at

nach, auf *acc*): **to ~ from the hip** aus der Hüfte schießen (*a. fig. colloq. unbedacht reden od. handeln*); **to ~ at** (*od.* **for**) **s.th.** *colloq.* auf etwas abzielen; **~l** *bes. Am. sl.* schieß los (*sprich*)! **27.** schießen, jagen: **to go ~ing** auf die Jagd gehen; **to ~ over** (*od.* **to**) **dogs** mit Hunden jagen. **28.** (da'hin-, vor'bei- *etc*)schießen, (-)jagen, (-)rasen: **a car shot past; a sudden idea shot across his mind** ein Gedanke schoß ihm plötzlich durch den Kopf; → **shoot ahead. 29.** stechen (*Schmerz, Glied*). **30.** ragen: **a cape ~s out into the sea** ein Kap ragt weit ins Meer hinaus. **31.** *bot.* sprießen, sprossen, keimen. **32.** *phot.* a) fotogra'fieren, b) drehen, filmen. **33.** *a.* **~ up** *sl.* ,schießen', ,drücken' (*Heroin etc spritzen*).
*Verbindungen mit Adverbien*:
**shoot│a·head** *v/i* nach vorn schießen, vor'anstürmen: **to ~ of** vorbeischießen an (*dat*), überholen (*acc*). **~ down** *v/t* **1.** *j-n* niederschießen. **2.** *ein Flugzeug etc* abschießen. **3.** *colloq.* a) *j-n* ,abfahren lassen', b) *Antrag etc* ,abschmettern'. **~ off** I *v/t* **1.** *e-e Waffe* abschießen: **to ~ one's mouth →** 3. II *v/i* **2.** stechen (*bei gleicher Trefferzahl*). **3.** *bes. Am. sl.* a) ,blöd da'herreden', b) ,quatschen' (*Geheimnisse weitererzählen*). **~ out** I *v/t* **1.** *ein Auge etc* ausschießen. **2. to shoot it out** die Sache mit ,blauen Bohnen' entscheiden. **3.** her'ausschleudern, hin'auswerfen, -jagen. **4.** *die Faust, den Fuß* vorschnellen (lassen), *die Zunge* her'ausstrecken, -strecken. **5.** *bot.* → **shoot** 19. II *v/i* **7.** *bot.* → **shoot** 31. **8.** vor-, her'ausschnellen. **~ up** I *v/t* **1.** a) *j-n* ,zs.-schießen', b) *e-e Stadt etc* durch wilde Schieße'reien terrori'sieren. **2.** → **shoot** 24. II *v/i* **3.** em'porschnellen (*a. econ. Preise*). **4.** in die Höhe schießen, rasch wachsen (*Pflanze, Kind*). **5.** jäh aufragen (*Klippe etc*). **6.** → **shoot** 33.

**shoot·a·ble** [ˈʃuːtəbl] *adj* schieß-, jagdbar. **ˈshoot·er** *s* Schütze *m*, Schützin *f*. **shoot·ing** [ˈʃuːtɪŋ] I *s* **1.** a) Schießen *n*, b) Schieße'rei *f*. **2.** Erschießung *f*. **3.** *fig.* Stechen *n* (*Schmerz*). **4.** *hunt.* a) Jagen *n*, Jagd *f*, b) Jagdrecht *n*, c) Jagdre'vier *n*. **5.** Aufnahme *n* pl *f* (*zu e-m Film*), Dreharbeiten *pl*, Drehen *n*. II *adj* **6.** schießend, Schuß..., Schieß... **7.** *fig.* stechend: **~ pains. 8.** Jagd... **~ box** *s* Jagdhütte *f*. **~ brake** *s mot. Br.* Kombiwagen *m*. **~ gal·ler·y** *s* **1.** Schießstand *m*. **2.** Schießbude *f*. **~ i·ron** *s bes. Am. sl.* Schießeisen' *n*. **~ li·cence,** *bes. Am.* **~ li·cense** *s* Jagdschein *m*. **~ lodge** *s* Jagdhütte *f*. **~ match** *s* Preis-, Wettschießen *n*: **the whole ~** *colloq.* der ,ganze Laden *od.* Kram'. **~ range** *s* Schießstand *m*. **~ script** *s* Film: Drehplan *m*. **~ star** *s astr.* Sternschnuppe *f*. **~ stick** *s* Jagdstuhl *m*. **~ war** *s* heißer Krieg, Schießkrieg *m*. **ˈshoot-out** *s* **1.** Schieße'rei *f*. **2.** Fußball: *amer.* Variante des Elfmeterschießens bei unentschiedenem Spielausgang.

**shop** [ʃɒp; *Am.* ʃɑp] I *s* **1.** (Kauf)Laden *m*, Geschäft *n*: **to set up ~** ein Geschäft eröffnen; **to come to the wrong ~** *colloq.* an die falsche Adresse geraten; **all over the ~** *colloq.* a) ,in der ganzen Gegend (herum)', überall verstreut, b) in alle Himmelsrichtungen; **to shut up ~** das Geschäft (*am Abend od. für immer*) schließen, ,den Laden dichtmachen'; → **keep** 19. **2.** Werkstatt *f*: **carpenter's ~** Schreinerwerkstatt *f*, Schreinerei *f*. **3.** a) *oft pl* Betrieb *m*, Fa'brik *f*, Werk *n*: → **closed** (**open**) **shop,** b) (Werks)Ab'teilung *f*, c) Fachsimpe'lei *f*: **to talk ~** fachsimpeln; **to sink the ~** *colloq.* a) nicht vom Geschäft reden, b) s-n Beruf verheimlichen. **4.** *bes. Br. sl.* ,Laden' *m*,

,Verein' *m* (*Organisation etc*), ,Penne' *f* (*Schule*), ,Uni' *f* (*Universität*): **the other ~** die Konkurrenz. **5.** *bes. Br. sl.* ,Kittchen' *n* (*Gefängnis*). II *v/i* **6.** einkaufen, Einkäufe machen: **to go ~ping** einkaufen gehen; **to ~ around** a) (*vor dem Einkaufen*) die Preise vergleichen, b) *fig.* sich umsehen (**for** nach). III *v/t* **7.** *bes. Br. sl.* a) *e-n Komplizen* ,verpfeifen', b) *j-n* ,ins Kittchen bringen'. **~ as·sist·ant** *s Br.* Verkäufer(in). **ˈ~-boy** *s* Ladenjunge *m*. **ˈ~-break·ing** *s* Ladeneinbruch *m*. **~ com·mit·tee** *s econ. Am.* Betriebsrat *m*. **~ floor** *s* **1.** Produkti'onsstätte *f*. **2.** Arbeiter *pl* (*Ggs. Management*): **on the ~** unter den Arbeitern. **~ front** *s* Ladenfront *f*. **ˈ~-girl** *s* Ladenmädchen *n*. **ˈ~-keep·er** *s* Ladenbesitzer(in), -inhaber (-in); *fig.* nation of ~s Krämervolk *n*. **ˈ~-keep·ing** *s* **1.** Kleinhandel *m*. **2.** Betrieb *m* e-s (Laden)Geschäfts. **ˈ~-lift·er** *s* Ladendieb(in). **ˈ~-lift·ing** *s* Ladendiebstahl *m*.

**shop·per** [ˈʃɒpə; *Am.* ˈʃɑpər] *s* **1.** Käufer(in). **2.** *econ.* Einkäufer(in). **ˈshop·ping** I *s* **1.** Einkauf *m*, Einkaufen *n* (*in Läden*): **to do one's ~** (s-e) Einkäufe machen. **2.** Einkäufe *pl* (*eingekaufte Ware*). II *adj* **3.** Laden..., Einkaufs...: **~ bag** Einkaufsbeutel *m*, -tasche *f*; **~ bag lady** *Am. colloq.* Stadtstreicherin *f*; **~ center** (*bes. Br.* **centre**) Einkaufszentrum *n*; **~ goods** *econ.* Konsumgüter, die erst nach genauem Vergleich verschiedener Angebote gekauft werden; **~ list** Einkaufsliste *f*, -zettel *m*; **~ precinct** Einkaufsviertel *n*; **~ street** Geschäfts-, Ladenstraße *f*.

**ˌshop│-ˈsoiled** *bes. Br. für* shopworn. **~ stew·ard** *s* gewerkschaftlicher Vertrauensmann. **ˈ~-talk** *s* Fachsimpe'lei *f*, Fachsimpeln *n*. **ˈ~-walk·er** *s Br.* (aufsichtführender) Ab'teilungsleiter (*in e-m Kaufhaus*). **ˌ~-ˈwin·dow** *s* Schaufenster *n* (*a. fig.*), Auslage *f*: **to put all one's goods in the ~** *fig.* ganz ,auf Wirkung machen'. **ˈ~-worn** *adj* **1.** angestaubt, beschädigt (*Ware*). **2.** *fig.* abgenutzt.

**sho·ran** [ˈʃɔːræn; *Am. a.* ˈʃəʊərˌæn] *s aer.* Shoran *n* (*von* **short-range navigation** *Nahbereichs-Radar-Navigation*).

**shore¹** [ʃɔː(r); *Am. a.* ˈʃəʊər] I *s* Küste *f*, Ufer *n*, Strand *m*, Gestade *n*: **my native ~(s)** *fig.* mein Heimatland; **on ~** an(s) Land; **in ~** in Küstennähe. II *adj* Küsten..., Strand..., Land...: **~ battery** *mil.* Küstenbatterie *f*; **~ leave** Landurlaub *m*; **~ patrol** *mil. Am.* Küstenstreife *f*.

**shore²** [ʃɔː(r); *Am. a.* ˈʃəʊər] I *s* **1.** Strebebalken *m*, Stütze *f*, Strebe *f*. **2.** *mar.* Schore *f* (*Spreizholz*). II *v/t* **3.** *meist* **~ up** a) abstützen, b) *fig.* (unter)'stützen.

**shore³** [ʃɔː(r); *Am. a.* ˈʃəʊər] *obs. pret von* shear.

**ˈshore·less** *adj* ohne Ufer, uferlos (*a. fig. poet.*).

**ˈshore·ward** I *adj* ufer- *od.* küstenwärts gelegen *od.* gerichtet *etc.* II *adv* ufer-, küstenwärts, (nach) der Küste zu. **ˈshore·wards** → shoreward II.

**ˈshor·ing** *s* **1.** *collect.* Stützbalken *pl.* **2.** (Ab)Stützen *n*.

**shorn** [ʃɔː(r)n; *Am. a.* ˈʃəʊərn] *pp von* shear: **~ of** *fig. e-r Sache* beraubt.

**short** [ʃɔː(r)t] I *adj* (*adv* → **shortly**) **1.** (*räumlich u. zeitlich*) kurz: **a ~ life** (memory, street, *etc*); **a ~ time ago** vor kurzer Zeit, vor kurzem; **to get the ~ end of the stick** *Am. colloq.* schlecht wegkommen (*bei e-r Sache*); → **hair** *Bes. Redew.*, **shrift** 2. **2.** kurz, klein (von Gestalt). **3.** kurz, knapp: **a ~ speech**; **'phone is ~ for 'telephone'** ,phone' ist die Kurzform von ,telephone'. **4.** kurz angebunden, barsch (**with** *s.o.* gegen

*j-n*). **5.** knapp: **~ rations; a ~ hour; to run ~** knapp werden, zur Neige gehen (→ 8). **6. to fall** (*od.* **come**) **~ of** *fig. etwas* nicht erreichen, *den Erwartungen etc* nicht entsprechen, hinter *e-r Sache* zu'rückbleiben. **7.** geringer, weniger (of als): **little ~ of 10 dollars** nicht ganz 10 Dollar; **nothing ~ of** nichts weniger als, geradezu. **8.** knapp (of an *dat*): **~ of breath** kurzatmig; **~ of cash** (*od.* **money**) knapp bei Kasse; **they ran ~ of bread** das Brot ging ihnen aus. **9.** mürbe (*Gebäck etc*): **~ pastry** Mürbeteig(gebäck *n*) *m*. **10.** brüchig (*Metall etc*). **11.** *bes. econ.* kurzfristig, auf kurze Sicht: **~ bill**; **~ loan**; **~ date** kurzfristig; → **notice** 4. **12.** *econ.* Baisse... **13.** a) klein, in e-m kleinen Glas ser'viert: **~ drink** Schnaps *m*, ,Kurze(r)' *m*, b) stark, unverdünnt.
II *adv* **14.** kurz(erhand), plötzlich, jäh, ab'rupt: **to cut s.o. ~, to take s.o. up ~** *j-m* ,über den Mund fahren'; **to be taken ~** *colloq.* ,dringend (verschwinden *od.* austreten) müssen'; **to stop ~** jäh innehalten, stutzen (→ 16). **15.** zu kurz: **to throw ~. 16.** **~ of** a) (kurz *od.* knapp) vor (*dat*), b) abgesehen von, außer (*dat*), c) beinahe, fast: **~ of lying** ehe ich lüge; **it was little ~ of a miracle** es grenzte an ein Wunder; **to stop ~ of** zurückschrecken vor (*dat*). **17.** *econ.* ungedeckt: **to sell ~** a) ohne Deckung verkaufen, fixen, b) *fig. colloq.* bagatelli'sieren.
III *s* **18.** (*etwas*) Kurzes, z. B. a) Kurzfilm *m*, b) *mus.* kurzer Ton, c) *metr.* kurze Silbe, d) *ling.* Kürze *f*, kurzer Laut, e) (*Morse*)Punkt *m*, kurzes Zeichen; → **long¹** 23. **19.** Kurzform *f*: **he is called Bill for ~** er wird kurz *od.* der Kürze halber Bill genannt; **in ~** kurz(um). **20.** Fehlbetrag *m*, Manko *n*. **21.** *pl a.* **pair of ~s** a) Shorts *pl*, kurze (Sport)Hose, b) *bes. Am.* ('Herren)Unterhose *f*. **22.** *electr.* ,Kurze(r)' *m* (*Kurzschluß*). **23.** *econ.* ˈBaissespeku,lant *m*. **24.** *pl econ.* a) ohne Deckung verkaufte Waren *pl od.* ˈWertpa,piere *pl*, b) zur Deckung benötigte ˈWertpa,piere *pl* (*beim Blankoverkauf*). **25.** *pl tech.* ˈAbfall- *od.* ˈNebenpro,dukte *pl*. **26.** *pl* feine (Weizen)Kleie.
IV *v/t* **27.** *colloq. für* short-circuit 1.

**short·age** [ˈʃɔː(r)tɪdʒ] *s* **1.** (of) Knappheit *f*, Verknappung *f*, Mangel *m* (an *dat*), *bes. econ.* Engpaß *m* (in *dat*): **~ of staff** Personalmangel *m*. **2.** *bes. econ.* Fehlbetrag *m*, Defizit *n*.

**ˈshort│·bread** → shortcake 1. **ˈ~-cake** *s* **1.** Mürbe-, Teekuchen *m*, Mürbegebäck *n*. **2.** *Am.* a) Nachspeise aus Mürbeteig mit süßen Früchten, b) kaltes Gericht aus Semmeln mit Hühnerfrikassee etc. **ˈ~-change** *v/t* **1.** *j-m* zu'wenig (Wechselgeld) her'ausgeben. **2.** *fig. colloq. j-n* ,übers Ohr hauen'. **~ cir·cuit** *s electr.* Kurzschluß *m*. **ˌ~-ˈcir·cuit** *v/t* **1.** *electr.* a) e-n Kurzschluß *od.* ,Kurzen' verursachen in (*dat*), b) kurzschließen (*als Defekt*), c) *fig.* etwas ,torpe'dieren', b) *etwas* ausschalten *od.* um'gehen. **ˌ~-ˈcom·ing** *s* **1.** Unzulänglichkeit *f*. **2.** Mangel *m*, Fehler *m*. **3.** Pflichtversäumnis *n*. **4.** Fehlbetrag *m*, Defizit *n*. **~ cov·er·ing** *s econ.* Deckungskauf *m*. **~ cut** *s* **1.** Abkürzung(sweg *m*) *f*: **to take a ~** (den Weg) abkürzen. **2.** *fig.* abgekürztes Verfahren. **ˌ~-ˈdat·ed** *adj econ.* kurzfristig (*Staatspapier*). **ˌ~-ˈdis·tance** *adj* Nah...: **~ goods traffic** (*Am.* hauling) Güternahverkehr *m*.

**short·en** [ˈʃɔː(r)tn] I *v/t* **1.** kürzer machen, (ab-, ver)kürzen: *a. Bäume etc* stutzen. **2.** *fig.* verringern. **3.** *den Teig* mürbe machen. **4.** *mar. die Segel* reffen. II *v/i* **5.** kürzer werden. **6.** fallen (*Preise etc*).

**'short·en·ing** s **1.** (Ab-, Ver)Kürzung f. **2.** fig. Verringerung f. **3.** gastr. Backfett n.

**'short|·fall** s Fehlbetrag m, Defizit n. **~ fuse** s Am. aufbrausendes Temperament. **'~·hand** I s **1.** Kurzschrift f, Stenogra'phie f: **to take down in ~** (mit)stenographieren. II adj **2.** Kurzschrift...: **~ typist** Stenotypistin f; **~ writer** Stenograph(in). **3.** in Kurzschrift (geschrieben), stenogra'phiert: **~ expression** Kurzschriftzeichen n, a. Kürzel n. **~'hand·ed** adj econ. knapp an Perso'nal od. Arbeitskräften: **to be ~** an Personalmangel leiden. **~ haul** s Am. Nahverkehr m. **'~·₁haul** adj Am. Nah..., Nahverkehrs... **'~·head** s Anthropologie: Kurzkopf m, Rundschädel m. **~ head** s Pferderennen: kurzer Kopf: **to win by a ~**. **~'head·ed** adj kurzköpfig. **'~·horn** s **1.** zo. Shorthorn n, Kurzhornrind n. **2.** Am. sl. Anfänger m.

**short·ie** → shorty.

**'short·ish** adj etwas od. ziemlich kurz.

**short| list** s bes. Br. (engere) Auswahlliste: **to be on the ~** in der engeren Wahl sein. **'~·list** v/t bes. Br. in die engere Wahl ziehen: **to be ~ed** in die engere Wahl kommen. **~·'lived** adj kurzlebig, fig. a. von kurzer Dauer.

**'short·ly** adv **1.** in Kürze, bald: **~ after** a) kurz danach, b) kurz nach, c) (mit ger) kurz nachdem. **2.** in kurzen Worten. **3.** kurz (angebunden), schroff.

**'short·ness** s **1.** Kürze f. **2.** Schroffheit f. **3.** Knappheit f, Mangel m (of an dat): **~ of breath** Kurzatmigkeit f; **~ of memory** Gedächtnisschwäche f. **4.** Mürbheit f (von Gebäck etc). **5.** metall. Brüchigkeit f, Sprödheit f.

**short| or·der** s **1.** Schnellgericht n (im Restaurant). **2.** **in ~** schnell. **~'range** adj **1.** Kurzstrecken..., Nah..., mil. a. Nahkampf... **2.** fig. kurzfristig (Pläne etc). **~ rib** s anat. falsche Rippe. **~ sale** s econ. Leerverkauf m. **~ sea** s mar. kurze (harte) See. **~ sell·er** s econ. Leerverkäufer m, Fixer m. **~ sell·ing** s short sale. **'~·short sto·ry** s bes. kurze Kurzgeschichte. **~ shunt** s electr. 'Ankerparal·₁lelschaltung f. **~'sight·ed·ness** s → shortsightedness. **~'sight·ed** adj (adv **~ly**) kurzsichtig (a. fig.). **~'sight·ed·ness** s Kurzsichtigkeit f (a. fig.). **~ ski** s Kurzski m. **~'spo·ken** adj kurz angebunden, schroff. **~'staffed** → shorthanded. **'~·stop** s **1.** Baseball: Spieler m zwischen dem 2. u. 3. Mal. **2.** a. **~ bath** phot. Unter'brechungsbad n. **~ sto·ry** s a) Kurzgeschichte f, b) No'velle f. **~ tem·per** s aufbrausendes Tempera'ment. **~'tem·pered** adj hitzig, (leicht)aufbrausend. **'~·term** adj **1.** econ. kurzfristig: **~ credit.** **2.** kurzzeitig (a. tech.), auf kurze Sicht. **3.** ~ **memory** psych. Kurzzeitgedächtnis n. **~ time** s econ. Kurzarbeit f: **to be on** (od. **to work**) **~** kurzarbeiten. **'~·time** adj Kurzzeit...: **~ work** econ. Kurzarbeit f. **~ ton** → ton[1] 1b. **~·'waist·ed** adj 'kurz-, 'hochtail₁liert (Kleid). **~ wave** s electr. phys. Kurzwelle f. **'~·wave** adj electr. phys. **1.** kurzwellig. **2.** Kurzwellen...: **~ transmitter.** **~ weight** s Fehlgewicht n. **~ wind** [wɪnd] s Kurzatmigkeit f (a. fig.). **~·'wind·ed** adj kurzatmig. **~·'wind·ed·ness** s short wind.

**'short·y** colloq. **1.** 'Knirps' m. **2.** etwas Kurzes: **~** (nightdress) Shorty m.

**Sho·sho·ne**, a. **Sho·sho·nee**, **Sho·sho·ni** [ʃəʊ'ʃəʊnɪ; ʃə-] s **1.** Scho'schone m (Indianer). **2.** ling. Scho'schonisch n, das Schoschonische.

**shot[1]** [ʃɒt; Am. ʃɑt] s **1.** Schuß m (a. Knall): **to take a ~ at** schießen auf (acc);

**to call the ~s** fig. colloq. das Sagen haben; **to fire the first** (od. **opening**) **~** a) den ersten Schuß abgeben (a. fig.), b) fig. den (Wahl)Kampf, die Auseinandersetzung etc eröffnen; → long shot 2 u. 3. **2.** Abschuß m. **3.** Schußweite f: **out of** (within) **~** außer (in) Schußweite. **4.** a. **small ~** a) Schrotkugel f, b) collect. Schrot(kugeln pl) m, n: **a charge of ~** e-e Schrotladung. **5.** Geschoß n, (Ka'nonen)Kugel f: **a ~ in the locker** colloq. Geld in der Tasche, e-e letzte Reserve; **like a ~** colloq. a) wie der Blitz, sofort, b) wie aus der Pistole geschossen. **6.** guter etc Schütze: **an excellent ~**; → big shot. **7.** a) Fußball etc: Schuß m: **~ at goal** Torschuß; **to take a ~ at goal** aufs Tor schießen, b) Basketball etc: Wurf m, c) Tennis etc: Schlag m. **8.** Kugelstoßen: Kugel f. **9.** fig. Versuch m: **at the third ~** beim dritten Versuch; **to have a ~ at s.th.** es (einmal) mit etwas versuchen. **10.** fig. (Seiten)Hieb m (at auf acc). **11.** fig. Vermutung f: **a ~ in the dark** ein Schuß ins Blaue. **12.** colloq. a) Spritze f: **a ~ in the arm** fig. ,Spritze' f (bes. finanzielle Hilfe), b) ,Schuß' m (Drogeninjektion): **to give o.s. a ~** ,sich e-n Schuß setzen od. drücken'. **13.** colloq. a) Schuß m (Rum etc), b) ,Gläs-chen' n (Schnaps etc): **to stand ~** die Zeche (für alle) bezahlen. **14.** a) (Film)Aufnahme f, Szene f, b) phot. colloq. Schnappschuß m, Aufnahme f: → long shot 1. **15.** tech. a) Schuß m, Sprengung f, b) Sprengladung f. **16.** Am. sl. Chance f: **a 10 to 1 ~**.

**shot[2]** [ʃɒt; Am. ʃɑt] I pret u. pp von **shoot.** II adj **1.** a. **~ through** (mit Fäden) durch'schossen. **2.** chan'gierend, schillernd (Stoff, Farbe). **3.** tech. geschweißt. **4.** **to get ~ of** colloq. j-n, etwas loswerden. **5.** Am. colloq. ka'putt (erschöpft od. ruiniert). **6.** Am. sl. ,besoffen'.

**shote** → shoat.

**'shot|·gun** I s **1.** Schrotflinte f. II adj **2.** colloq. erzwungen: **~ marriage** (od. **wedding**) ,Mußheirat' f. **3.** Am. colloq. a) gestreut: **~ propaganda,** b) mannigfaltig. **~ put** [pʊt] s (Leichtathletik) **1.** Kugelstoßen n. **2.** Stoß m (mit der Kugel). **'~·put·ter** s Leichtathletik: Kugelstoßer(in).

**shot·ted** ['ʃɒtɪd; Am. 'ʃɑt-] adj **1.** (scharf) geladen (Waffe). **2.** mit e-r Kugel od. mit Kugeln beschwert.

**shot·ten** ['ʃɒtn; Am. 'ʃɑtn] adj ichth. gelaicht habend: **~ herring** Laichhering m.

**shot weld·ing** s tech. Schußschweißen n.

**should** [ʃʊd; unbetont ʃəd; ʃd; ʃt] **1.** pret von **shall,** a. konditional futurisch: ich, er, sie, es sollte, du solltest, wir, Ihr, Sie, sie sollten: **~ it prove false** sollte es sich als falsch erweisen. **2.** konditional: ich würde, wir würden: **I ~ go if ...; I ~ not have come** ich wäre nicht gekommen, wenn; **I ~ like to** ich würde od. möchte gern. **3.** nach Ausdrücken des Erstaunens etc: **it is incredible that he ~ have failed** es ist unglaublich, daß er versagt hat.

**shoul·der** ['ʃəʊldə(r)] I s **1.** Schulter f, Achsel f: **~ to ~** Schulter an Schulter (a. fig.); **to put one's ~ to the wheel** fig. sich tüchtig ins Zeug legen; (**straight**) **from the ~** fig. geradeheraus, unverblümt, ins Gesicht; **over the ~(s)** fig. über die Schulter (hinweg), ironisch; **to give s.o. the cold ~** fig. j-m die kalte Schulter zeigen, j-n kühl od. abweisend behandeln; **he has broad ~s** fig. er hat e-n breiten Rücken, er kann allerhand verkraften; → chip 1, clap[1] 6, head Bes. Redew., old 9, rub 8. **2.** gastr. Bug m, Schulterstück n: **~ of mutton** Hammelkeule f. **3.** a. **~ joint** anat. Schultergelenk

n. **4.** Schulter f, Vorsprung m. **5.** tech. Schulter f, Stoß m (e-r Achse). **6.** print. Achselfläche f (e-r Type). **7.** 'Schulter (-par₁tie f, -teil n) f (e-s Kleids etc). **8.** a) Ban'kett n (Straßenrand), b) 'Übergangsstreifen m (auf e-m Flugplatz). II v/t **9.** (mit der Schulter) stoßen od. drängen: **to ~ s.o. aside** j-n zur Seite stoßen; **to ~ one's way through the crowd** sich mit den Schultern e-n Weg durch die Menge bahnen. **10.** schultern, das Gewehr 'übernehmen: → arm[2] Bes. Redew. **11.** fig. e-e Aufgabe, e-e Verantwortung etc auf sich nehmen, über'nehmen: **to ~ the responsibility. 12.** (an-) stoßen od. (an)grenzen an (acc). III v/i **13.** (mit der Schulter) stoßen (at an acc; against gegen). **14.** sich (mit den Schultern) 'durchdrängen (through durch).

**shoul·der| bag** s 'Umhängetasche f (für Damen). **~ belt** s **1.** mil. Schulterriemen m. **2.** mot. Schultergurt m. **~ blade** s anat. Schulterblatt n. **~ harness** s mot. Schultergurt m. **~ knot** s **1.** Achselband n (e-r Livree). **2.** mil. Schulterstück n. **'~·length** adj schulterlang (Haar). **~ loop** s mil. Schulterstück n, Achselklappe f. **~ mark** s mar. Am. Schulterklappe f. **~ pad** s Schulterpolster n. **~ patch** s, **~ sleeve in·sig·ni·a** s pl mil. Am. Oberarmabzeichen n (Division etc). **~ strap** s **1.** Träger(band) m (bes. an Damenunterwäsche). **2.** Tragriemen m. **3.** mil. Schulterstück n. **~ weap·on** s mil. Schulterwaffe f.

**should·est** ['ʃʊdɪst], **shouldst** [ʃʊdst] **2.** sg pres obs. von **shall.**

**shout** [ʃaʊt] I v/i **1.** (laut) rufen, schreien (for nach): **to ~ for s.o.** nach j-m rufen; **to ~ to s.o.** j-m zurufen. **2.** schreien, brüllen (**with laughter** vor Lachen; **with pain** vor Schmerz): **to ~ at s.o.** j-n anschreien. **3.** jauchzen (**with joy** vor Freude). **4.** Am. fig. schreien (Farbe etc): **~ing need** schreiende Not. **5.** Am. colloq. e-n ,Wirbel' od. ein ,Tam'tam' machen (about um, wegen). II v/t **6.** etwas (laut) rufen, schreien: **to ~ disapproval** laut sein Mißfallen äußern; **to ~ o.s. hoarse** sich heiser schreien; **to ~ s.o. down** j-n niederbrüllen; **to ~ s.o. on** j-n durch Schreie anspornen; **to ~ out** a) herausschreien, b) e-n Namen etc ausrufen; **to ~ s.o. up** colloq. j-n herrufen. **7.** Austral. colloq. a) j-n freihalten, b) Getränke ,spen'dieren'. III s **8.** Schrei m, Ruf m: **to give a ~** aufschreien; **I'll give you a ~** colloq. ich werde von mir hören lassen. **9.** Geschrei n, Gebrüll n: **a ~ of laughter** brüllendes Gelächter. **10. my ~!** Br. u. Austral. colloq. jetzt bin ich dran! (die Getränke zu spendieren). **'shout·er** s Schreier(in). **'shout·ing** s Schreien n, Geschrei n: **it's all over but** (od. **bar**) **the ~** es ist so gut wie gelaufen; **within ~ distance** in Rufweite.

**shove** [ʃʌv] I v/t **1.** (beiseite etc) schieben, stoßen: **to ~ aside; to ~ s.o. about** (od. **around**) j-n herumschubsen (a. fig. colloq. schikanieren); → throat 1. **2.** (achtlos od. rasch) schieben, stecken, stopfen. II v/i **3.** schieben, stoßen. **4.** (sich) dräng(e)ln. **5. ~ off** a) (vom Ufer) abstoßen, b) colloq. ,abschieben', sich da'vonmachen. III s **6.** Stoß m, Schubs m (a. fig.): **to give s.o. a ~** (**off**) j-m weiterhelfen.

**shov·el** ['ʃʌvl] I s **1.** Schaufel f, Schippe f. **2.** tech. a) Löffel m (e-s Löffelbaggers), b) Löffelbagger m; c) Schaufel f. **3.** (e-e) Schaufel(voll). II v/t pret u. pp **-eled,** bes. Br. **-elled 4.** schaufeln: **to ~ up** (od. **in**) **money** Geld scheffeln. III v/i **5.** schaufeln. **'~·board** → shuffleboard.

**shov·el·er,** *bes. Br.* **shov·el·ler** [ˈʃʌvlə(r)] *s* **1.** Schaufler *m.* **2.** *orn.* Löffelente *f.*
**shov·el·ful** [ˈʃʌvlfʊl] *s* (*e-e*) Schaufel (-voll).
**shov·el hat** *s* Schaufelhut *m* (*breitrandiger Hut der anglikanischen Geistlichen*).
**shov·el·ler** [ˈʃʌvlə(r)] *bes. Br. für* shoveler.

**show** [ʃəʊ] **I** *s* **1.** (ˈHer)Zeigen *n*: to vote by ~ of hands durch Handzeichen wählen; ~ of teeth Zähnefletschen *n*. **2.** Schau *f*, Zurˈschaustellung *f*: a ~ of force *fig*. e-e Demonstration der Macht. **3.** (*künstlerische etc*) Darbietung, Vorführung *f*, Vorstellung *f*, Schau *f*: to put on a ~ *fig.* ˌe-e Schau abziehenˈ, sich aufspielen; **to steal the ~** (from s.o.) *fig.* (j-m) ˌdie Schau stehlenˈ (*j-n in den Schatten stellen*). **4.** *colloq.* (Theˈater-, Film-)Vorstellung *f*. **5.** Schau *f*, Ausstellung *f*: on ~ ausgestellt, zu besichtigen(d). **6.** (*Radio-, Fernseh*)Sendung *f*. **7.** (*prunkvoller*) ˈUmzug. **8.** *fig.* Schauspiel *n*, Anblick *m*; **to make a grand** ~; **to make a sorry** ~ e-n traurigen Eindruck hinterlassen; **to make a good** ~ ˌe-e gute Figur machenˈ. **9.** *colloq. gute etc* Leistung: **good** ~! gut gemacht!, bravo!; **bad** ~! schlecht! **10.** Protzeˈrei *f*, Angebeˈrei *f*: **for** ~ um Eindruck zu machen, (nur) fürs Auge; **to be fond of** ~ gern großtun. **11.** (*leerer*) Schein: **in outward** ~ nach außen (hin); **to make a** ~ **of rage** sich wütend stellen. **12.** Spur *f*: **no** ~ **of a bud. 13.** Zirkus-, Theˈatertruppe *f*. **14.** *colloq.* Chance *f*: **to give s.o. a fair** ~. **15.** *colloq.* ˌLadenˈ *m*, ˌKisteˈ *f*, ˌKramˈ *m*, Sache *f*: **a dull (poor)** ~ e-e langweilige (armselige) Sache; **to run the** ~ ˌden Laden *od.* die Sache schmeißenˈ; **to give the (whole)** ~ **away** sich *od.* alles verraten. **16.** Pferderennen: *sl.* dritter Platz. **17.** *mil. sl.* ˌZauberˈ *m*, ˌRaˈbatzˈ *m* (*Einsatz, Krieg*).

**II** *v/t pret* **showed,** *pp* **shown** *od. selten* **showed 18.** zeigen (s.o. s.th., s.th. to s.o. j-m etwas), sehen lassen, *Ausweis, Fahrkarte etc a.* vorzeigen, -weisen: **to** ~ **o.s.** a) sich zeigen, sich sehen lassen, b) *fig.* sich *grausam etc* zeigen, sich erweisen als; **I'll** ~ **him!** der soll mich kennenlernen!; → **card**[1] 1 a (*u. andere Substantive*); **never** ~ **your face again!** laß dich hier nie wieder blicken! **19.** *j-m* zeigen *od.* erklären: **to** ~ **s.o. how to write** j-n schreiben lehren, j-m das Schreiben beibringen. **20.** an den Tag legen, zeigen: **to** ~ **one's knowledge. 21.** ausstellen, auf e-r Ausstellung zeigen: **to** ~ **cats. 22.** *thea. etc* zeigen, vorführen. **23.** j-n ins Zimmer etc führen, geleiten, bringen: **to** ~ **s.o. about** (*od.* **around**) **the town** j-m die Stadt zeigen, j-n in der Stadt herumführen; **to** ~ **s.o. over the house** j-n durch das Haus führen; **to** ~ **s.o. round** j-n (herum)führen. **24.** kundtun, offenˈbaren: **to** ~ **one's intentions. 25.** (auf)zeigen, darlegen: **to** ~ **one's plans. 26.** zeigen, beweisen: **to** ~ **the truth of a statement; you'll have to** ~ **me!** *colloq.* das wirst du mir (erst) beweisen müssen! **27.** *jur.* nachweisen, vorbringen: **to** ~ **proof** *jur.* den Beweis erbringen; → **cause** 4. **28.** *phys. tech.* (an)zeigen: **the speedometer** ~**ed 70. 29.** *Gefühle etc* zeigen, sich anmerken lassen: **to** ~ **one's anger. 30.** zeigen, erkennen lassen, verraten: **to** ~ **bad taste. 31.** *e-e Gunst etc* erweisen, (er)zeigen: **to** ~ **s.o. a favo(u)r; to** ~ **gratitude to s.o.** sich j-m gegenüber dankbar erweisen.

**III** *v/i* **32.** sichtbar werden *od.* sein, sich zeigen: **the blood** ~**s through her skin** man sieht das Blut durch ihre Haut; **it** ~**s** man sieht es; → **time** 1. **33.** *colloq.* sich zeigen, erscheinen. **34.** aussehen (like wie): **to** ~ **to advantage** vorteilhaft aussehen. **35. to be** ~**ing** gezeigt werden, laufen (*Film*).

*Verbindungen mit Adverbien:*
**show| forth** *v/t* darlegen, kundtun. ~ **in** *v/t* herˈein-, hinˈeinführen. ~ **off I** *v/t* **1.** protzen *od.* angeben mit. **2.** *Figur etc* vorteilhaft zur Geltung bringen. **II** *v/i* **3.** angeben, protzen (with mit), sich aufspielen. ~ **out** *v/t* hinˈaus-, herˈausgeleiten, -führen, -bringen. ~ **up I** *v/t* **1.** herˈauf-, hinˈaufführen. **2.** *colloq.* a) j-n bloßstellen, entlarven, b) *etwas* aufdecken: **to** ~ **a fraud. II** *v/i* **3.** *colloq.* ˌaufkreuzenˈ, auftauchen, erscheinen. **4.** vorteilhaft erscheinen. **5.** sich abheben (against gegen).

**show|bill** *s econ.* ˈWerbe-, Reˈklameplaˌkat *n*. ~ **biz** *colloq. für* show business. ~ **board** *s* kleine Anschlagtafel. ~ **boat** *s* Theˈaterschiff *n*. ~ **busi·ness** *s* Showbusineß *n*, Vergnügungs-, Unterˈhaltungsbranche *f*, Schaugeschäft *n*. ~ **card** *s econ.* **1.** Musterkarte *f*. **2.** → show bill. ~ **case I** *s* **1.** Schaukasten *m*. **II** *v/t Am.* **2.** (in e-m Schaukasten *etc*) ausstellen. **3.** *fig.* Leistungen *etc* groß herˈausstellen, herˈausstreichen. ~ **down** *s* **1.** Aufdecken *n* der Karten (*a. fig.*). **2.** *fig.* entscheidende Kraftprobe.
**show·er** [ˈʃaʊə(r)] **I** *s* **1.** (*Regen-, Hagel-etc*)Schauer *m*: ~ **of meteors** Meteorenschauer, -schwarm *m*. **2.** a) (*Funken-, Kugel-etc*)Regen *m*, b) (*Geschoß-, Stein-*)Hagel *m*, c) Unmenge *f*, Masse *f*: **a** ~ **of questions; in** ~**s** in rauhen Mengen. **3.** *Am.* a) (Braut- *etc*)Geschenke *pl*, b) *a.* ~ **party** Party *f* zur Überˈreichung der (Braut- *etc*)Geschenke. **4.** → **shower bath. II** *v/t* **5.** begießen, überˈschütten. **6.** *j-n* (ab)brausen, duschen. **7.** *Hagel etc* niederprasseln lassen. **8.** *j-n* mit Geschenken etc überˈhäufen: **to** ~ **gifts (up)on s.o.;** ~ **s.o. with hono(u)rs. III** *v/i* **9.** strömen, gießen: **to** ~ **down** herabströmen, niederprasseln (*a. Geschosse*). **10.** (sich) brausen, (sich) duschen. ~ **bath** *s* **1.** Dusche *f*: a) Brausebad *n*, b) Brause *f* (*Vorrichtung*). **2.** Duschraum *m*. ~ **cab·i·net** *s* ˈDuschkaˌbine *f*. ~ **proof** *adj* regendicht, wasserdicht, -fest, imprägˈniert (*Stoff etc*).
**show·er·y** *adj* **1.** regnerisch. **2.** schauerartig.
**show|girl** *s* Reˈvuegirl *n*. ~ **glass** *Br. für* showcase I. ~ **house** *s* Musterhaus *n*.
**show·i·ness** [ˈʃəʊɪnɪs] *s* **1.** Prunkhaftigkeit *f*, Gepränge *n*. **2.** Auffälligkeit *f*. **3.** Protzigkeit *f*. **4.** pomˈpöses Auftreten.
**show·ing** [ˈʃəʊɪŋ] *s* **1.** Zeigen *n*, Zurˈschaustellung *f*. **2.** Ausstellung *f*. **3.** Vorführung *f* (*e-s Films etc*): **first** ~ Erstaufführung *f*. **4.** Darlegung *f*. **5.** Erklärung *f*: **on** (*od.* **by**) **your own** ~ nach d-r eigenen Darstellung; **upon proper** ~ *jur.* nach erfolgter Glaubhaftmachung. **6.** Beweis(e *pl*) *m*. **7.** Stand *m* der Dinge, Anschein *m*: **on present** ~ so wie es derzeit aussieht. **8.** Leistung *f*: **to make a good** ~ e-e gute Leistung erbringen *od.* zeigen.
**show|jump·er** *s sport* **1.** Springreiter(in). **2.** Springpferd *n*. ~ **jump·ing** *s sport* Springreiten *n*.
**show·man** [ˈʃəʊmən] *s irr* **1.** Schausteller *m*. **2.** *thea. etc* Produˈzent *m*. **3.** geschickter Propaganˈdist, wirkungsvoller Redner *etc*; j-d, der sich *od.* etwas gut in Szene zu setzen *od.* ˌzu verkaufenˈ versteht, *contp.* ˌSchauspielerˈ *m*; j-d, der ˌauf Wirkung machtˈ, Selbstdarsteller *m*. **show·man·ship** *s* **1.** ˈeffektvolle Darbietung. **2.** Efˌfekthascheˈrei *f*. **3.** *fig.* propaganˈdistisches Taˈlent, (die) Kunst, sich gut in Szene zu setzen, Publikumswirksamkeit *f*.

**shown**[1] [ʃəʊn] *pp von* show.
**show|-off** *s* **1.** ˌAngabeˈ *f*, Protzeˈrei *f*. **2.** *colloq.* ˌAngeber(in)ˈ. ~ **piece** *s* Schau-, Paˈradestück *n*. ~ **place** *s* **1.** Ausstellungsort *m*. **2.** a) Ort *m* mit vielen Sehenswürdigkeiten, b) Sehenswürdigkeit *f*. ~ **room** *s* **1.** Ausstellungsraum *m*. **2.** Vorführungssaal *m*. ~ **tent** *s* Ausstellungszelt *n*. ~ **tri·al** *s jur.* ˈSchauproˌzeß *m*. ~ **win·dow** *s bes. Am.* Schaufenster *n* (*a. fig.*), Auslage *f*.
**show·y** [ˈʃəʊɪ] *adj* (*adv* **showily**) **1.** prächtig, prunkvoll. **2.** auffällig. **3.** glänzend. **4.** protzig.
**shrank** [ʃræŋk] *pret von* shrink.
**shrap·nel** [ˈʃræpnl, -nəl] *s mil.* **1.** Schrapˈnell *n*. **2.** Schrapˈnelladung *f*. **3.** Graˈnatsplitter *pl*.
**shred** [ʃred] **I** *s* **1.** Fetzen *m* (*a. fig.*), Lappen *m*: **in** ~**s** in Fetzen; **to tear to** ~**s** a) → 4, b) *fig. ein Argument etc* zerpflücken, -reißen; ~**s of clouds** Wolkenfetzen. **2.** Schnitzel *n, m*, Stückchen *n*. **3.** Spur *f*, Fünkchen *n*: **without a** ~ **of common sense; not a** ~ **of doubt** nicht der leiseste Zweifel. **II** *v/t pret u. pp* **shred·ded,** *a.* **shred 4.** zerfetzen, in Fetzen reißen. **5.** in (schmale) Streifen schneiden, (*gastr. a.*) schnetzeln. **III** *v/i* **6.** zerreißen, in Fetzen *od.* Stücke gehen.
**shred·der** *s* **1.** *tech.* a) Reißwolf *m*, b) ˈSchneidemaˌschine *f*. **2.** *gastr.* a) Reibeisen *n*, b) ˈSchnitzelmaˌschine *f*, -einsatz *m*.
**shred·out** *s Am.* Teilgebiet *n*, Ausschnitt *m*.
**shrew**[1] [ʃruː] *s* Xanˈthippe *f*, zänkisches Weib: "The Taming of the S~", ˌDer Widerspenstigen Zähmungˈ (*Shakespeare*).
**shrew**[2] [ʃruː] *s zo.* Spitzmaus *f*.
**shrewd** [ʃruːd] *adj* (*adv* ~**ly**) **1.** schlau, pfiffig, ˌgewiegtˈ, ˌgerriebenˈ. **2.** scharfsinnig, klug, gescheit: **a** ~ **face; a** ~ **remark; a** ~ **observer** ein scharfer Beobachter; **this was a** ~ **guess** das war gut geraten. **3.** *obs.* scharf, heftig: **a** ~ **blow (pain, wind).** ˈ**shrewd·ness** *s* **1.** Schlauheit *f*. **2.** Scharfsinn *m*, Klugheit *f*.
**shrew·ish** [ˈʃruːɪʃ] *adj* (*adv* ~**ly**) zänkisch, boshaft, giftig. ˈ**shrew·ish·ness** *s* zänkisches Wesen, Boshaftigkeit *f*.
**shriek** [ʃriːk] **I** *s* **1.** schriller *od.* spitzer Schrei. **2.** Gekreisch(e) *n*, Kreischen *n* (*a. von Bremsen etc*): ~**s of laughter** kreischendes Gelächter. **3.** schriller Ton *od.* Pfiff. **II** *v/i* **4.** schreien, schrille Schreie ausstoßen. **5.** (*gellend*) aufschreien (**with** vor *dat*): **to** ~ **with pain;** ~ (**with laughter**) kreischen (vor Lachen). **6.** schrill klingen, kreischen (*Bremsen etc*). **III** *v/t* **7.** *a.* ~ **out** *etwas* kreischen *od.* gellend schreien.
**shriev·al·ty** [ˈʃriːvltɪ] *s jur. bes. Br.* **1.** Sheriffamt *n*, -würde *f*. **2.** Amtszeit *f od.* Gerichtsbarkeit *f* des Sheriffs.
**shrieve** [ʃriːv] *obs. für* sheriff.
**shrift** [ʃrɪft] *s* **1.** *relig. hist.* Beichte *f* (u. Absoluti on *f*). **2. to give short** ~ **to** *fig.* kurzen Prozeß machen.
**shrike** [ʃraɪk] *s orn.* Würger *m*.
**shrill** [ʃrɪl] **I** *adj* (*adv* **shrilly**) **1.** schrill, gellend: ~**-voiced** mit schriller Stimme. **2.** *fig.* grell (*Licht*), (*Farben a.*) schreiend. **3.** *fig.* heftig, scharf: ~ **criticism. II** *v/t* **4.** *etwas* kreischen *od.* gellend schreien. **III** *v/i* **5.** schrillen, gellen. **IV** *v* **6.** schriller Ton, Schrillen *n*. ˈ**shrill·ness** *s* (*das*) Schrille, schriller Klang, schrille Stimme.
**shrimp** [ʃrɪmp] **I** *s* **1.** *pl* **shrimps,** *bes. collect.* **shrimp** *zo.* Garˈnele *f*. **2.** *fig. contp.* Knirps *m*, ˌGartenzwergˈ *m*. **3.** *a.* ~ **pink** (*od.* **red**) gelbliches Rot. **II** *v/i* **4.** Garˈnelen fangen. ˈ**shrimp·er** *s* Garˈnelenfischer *m*.
**shrine** [ʃraɪn] **I** *s* **1.** *relig.* a) (Reˈliquien-)

Schrein *m*, b) Heiligengrab *n*. **2.** *fig.* Heiligtum *n*. **II** *v/t* **3.** → **enshrine**.

**shrink** [ʃrɪŋk] **I** *v/i pret* **shrank** [ʃræŋk], *a.* **shrunk** [ʃrʌŋk], *pp* **shrunk**, *selten* **'shrunk·en 1.** zu'rückweichen (**from** vor *dat*); to ~ **from doing** s.th. etwas nur widerwillig tun; to ~ **into** o.s. *fig.* sich in sich selbst zurückziehen. **2.** *a.* ~ **back** zu'rückschrecken, -schaudern (**from, at** vor *dat*). **3.** sich scheuen *od.* fürchten (**from** vor *dat*). **4.** (zs.-, ein)schrumpfen. **5.** einlaufen, -gehen (*Stoff*). **6.** abnehmen, schwinden: to ~ **with age** alt und runz(e)lig werden. **II** *v/t* **7.** (ein-, zs.-) schrumpfen lassen. **8.** *fig.* zum Schwinden bringen. **9.** *Textilien* einlaufen lassen, krump(f)en. **10.** ~ **on** *tech.* aufschrumpfen, *Reifen etc* warm aufziehen: ~ **fit** Schrumpfsitz *m*. **III** *s* **11.** *sl.* Psych'iater *m*. **'shrink·age** *s* **1.** (Zs.-, Ein-) Schrumpfen *n*. **2.** Schrumpfung *f*. **3.** Verminderung *f*, Schwund *m* (*a. econ. tech.*), Abnahme *f*. **4.** Einlaufen *n* (*von Textilien*). **'shrink·ing** *adj* (*adv* ~ly) **1.** schrumpfend. **2.** abnehmend. **3.** zu'rückschreckend. **4.** scheu. **5.** 'widerwillig. **'shrink·proof** *adj* schrumpffest, -frei, krumpfecht (*Gewebe*). **'shrink-wrap** *v/t Bücher etc* einschweißen.

**shrive** [ʃraɪv] *pret* **shrove** [ʃrəʊv], *pp* **shriv·en** [ʃrɪvn] *v/t relig. obs.* j-m die Beichte abnehmen u. Absoluti'on erteilen.

**shriv·el** [ʃrɪvl] **I** *v/t pret u. pp* **-eled**, *bes. Br.* **-elled 1.** *a.* ~ **up** a) (ein-, zs.-) schrumpfen lassen, b) runzeln. **2.** (ver)welken lassen, ausdörren. **3.** *fig.* a) verkümmern lassen, b) unfähig *od.* hilflos machen. **II** *v/i* **4.** *oft* ~ **up** (ein-, zs.-) schrumpfen, schrumpeln. **5.** runz(e)lig werden. **6.** (ver)welken. **7.** *fig.* verkümmern. **8.** *fig.* vergehen.

**shriv·en** [ʃrɪvn] *pp von* **shrive**.

**shroff** [ʃrof; *Am.* ʃrɑf] *s* **1.** Geldwechsler *m* (*in Indien*). **2.** *bes. hist.* Geldprüfer *m* (*in China etc*).

**shroud** [ʃraʊd] **I** *s* **1.** Leichentuch *n*, Totenhemd *n*. **2.** *fig.* Hülle *f*, Schleier *m*: a ~ **of mist**. **3.** *pl mar.* Wanten *pl*. **4.** *tech.* Um'mantelung *f*. **5.** *a.* ~ **line** *aer.* Fang-, Tragleine *f* (*am Fallschirm*). **II** *v/t* **6.** in ein Leichentuch (ein)hüllen. **7.** *tech.* um'manteln. **8.** *fig.* in Nebel, Geheimnis *etc* hüllen. **9.** *fig.* verschleiern.

**shrove** [ʃrəʊv] *pret von* **shrive**.

**Shrove| Mon·day** [ʃrəʊv] *s* Rosen'montag *m*. **'~·tide** *s* Fastnachts-, Faschingszeit *f* (*die 3 Tage vor Aschermittwoch*). **~ Tues·day** *s* Fastnachts-, Faschingsdienstag *m*.

**shrub¹** [ʃrʌb] *s* Strauch *m*, Busch *m*.

**shrub²** [ʃrʌb] *s* **1.** (*Art*) Punsch *m*. **2.** *Am.* Getränk *n* aus Fruchtsaft u. Eiswasser.

**shrub·ber·y** [ʃrʌbərɪ] *s bot.* Strauchwerk *n*, Gesträuch *n*, Gebüsch *n*.

**shrub·by** [ʃrʌbɪ] *adj bot.* **1.** strauchig, buschig, Strauch..., Busch... **2.** voller Gesträuch *od.* Gebüsch, (dicht)bewachsen.

**shrug** [ʃrʌg] **I** *v/t* **1.** die Achseln zucken: she ~ged **her shoulders**. **2.** mit e-m Achselzucken kundtun: to ~ **one's low opinion**; to ~ **off** etwas mit e-m Achselzucken abtun, achselzuckend über (*acc*) hinweggehen. **II** *v/i* **3.** die Achseln zucken. **III** *s* **4.** *a.* ~ **of the shoulders** Achselzucken *n*: to **give a** ~ → 3; **with a** ~ achselzuckend. **5.** Bo'lerojäckchen *n*.

**shrunk** [ʃrʌŋk] **I** *pret u. pp von* **shrink**. **II** *adj* **1.** (ein-, zs.-)geschrumpft. **2.** eingelaufen, deka'tiert (*Stoff*). **'shrunk·en I** *pp von* **shrink**. **II** *adj* **1.** abgemagert, abgezehrt: a ~ **hand**. **2.** eingefallen: ~ **cheeks**. **3.** → **shrunk 1.**

**shuck** [ʃʌk] *bes. Am.* **I** *s* **1.** Hülse *f*, Schote *f* (*von Bohnen etc*). **2.** grüne Schale (*von*

---

Nüssen *etc*). **3.** Liesch *m* (*Vorblatt am Maiskolben*). **4.** *pl colloq.* I **don't care** ~s es ist mir 'piepegal'; ~s! Quatsch!; she **can't sing for** ~s sie kann nicht für fünf Pfennig singen. **5.** Austernschale *f*. **II** *v/t* **6.** schälen. **7.** enthülsen. **8.** *oft* ~ **off** *Kleidung etc* abwerfen.

**shud·der** [ʃʌdə(r)] **I** *v/i* schaudern, (er-) zittern, (er)beben (**at** bei; **with** vor *dat*): to ~ **away from** s.th. vor etwas zurückschaudern; I ~ **at the thought**, I ~ **to think of it** mich schaudert bei dem Gedanken. **II** *s* Schauder(n *od.* *m*): it **gives me the** ~s ich finde es gräßlich.

**shuf·fle** [ʃʌfl] **I** *s* **1.** Schlurfen *n*, schlurfender Gang *od.* Schritt. **2.** *a.* b) Schleifer *m* (*Tanz*). **3.** *fig.* Ausflucht *f*, Trick *m*, Schwindel *m*. **4.** (Karten)Mischen *n*. **II** *v/i* **5.** schlurfen, (mit den Füßen) scharren: to ~ **along** dahinschlurfen; to ~ **through** s.th. *fig.* etwas flüchtig erledigen. **6.** (beim Tanzen) die Füße schleifen lassen. **7.** sich schwerfällig (hin'ein)winden (**into** in *acc*): to ~ **into one's clothes**. **8.** sich (ein)schmuggeln (**into** in *acc*). **9.** sich her'auswinden *od.* -halten (**out of** aus). **10.** Ausflüchte machen, sich her'auszuwinden suchen (**out of** aus). **11.** (die Karten) mischen. **III** *v/t* **12.** schleifen *od.* schlurfen lassen: to ~ **one's feet** → 5. **13.** *e-n* Tanz mit schleifenden Schritten tanzen. **14.** *die Karten etc* mischen: to ~ **the cards** *fig.* s-e Taktik ändern. **15.** *fig.* 'hin- u. 'herschieben, 'jon'glieren' mit. **16.** hin'einprakti,zieren (**into** in *acc*). **17.** her'ausschmuggeln (**into** in *acc*). **18.** *etwas* durchein'anderwerfen. **19.** vermischen, -mengen (**among, with** mit). *Verbindungen mit Adverbien:*

**shuf·fle|a·way** *v/t* 'wegprakti,zieren. ~ **off** *v/t* **1.** *Kleider* abstreifen, sich her'auswinden aus. **2.** *fig.* abschütteln, sich *e-r Sache* entledigen. **3.** sich *e-r Verpflichtung etc* entziehen. **4.** *e-e Schuld etc* abwälzen (*[up]on, onto auf acc*). ~ **on** *v/t* *ein Kleid etc* mühsam anziehen. ~ **together** *v/t* zs.-werfen, -raffen.

**'shuf·fle·board** *s* **1.** Beilkespiel *n*. **2.** *mar.* ein 1 ähnliches Bordspiel.

**shuf·fler** [ʃʌflə(r)] *s* **1.** Schlurfende(r *m*) *f*. **2.** Kartenmischer(in). **3.** Ausflüchtemacher(in). **4.** Schwindler(in). **'shuf·fling** *adj* (*adv* ~ly) **1.** schlurfend, schleppend. **2.** unaufrichtig, unredlich. **3.** ausweichend: a ~ **answer**.

**shun** [ʃʌn] *v/t* (ver)meiden, j-m *od.* e-r Sache ausweichen, sich fernhalten von.

**'shun** [ʃʌn] *interj mil. colloq.* stillgestanden!, Achtung! (*aus* **attention!**).

**shunt** [ʃʌnt] **I** *v/t* **1.** bei'seite schieben. **2.** *fig.* etwas aufschieben, zu'rückstellen. **3.** *j-n* nicht zum Zuge kommen lassen, 'kaltstellen'. **4.** *electr.* nebenschließen, shunten. **5.** *rail.* *e-n Zug etc* ran'gieren, verschieben. **6.** abzweigen. **II** *v/i* **7.** *rail.* ran'gieren. **8.** *fig.* (**from** von *e-m Thema, Vorhaben etc*) abkommen, abspringen. **III** *s* **9.** *electr.* a) Nebenschluß *m*, b) 'Neben,widerstand *m*, Shunt *m*: ~ **capacitor** Parallelkondensator *m*; ~ **current** Nebenschlußstrom *m*; ~-**fed** parallelgespeist; ~ **switch** Umgehungsschalter *m*; ~-**wound motor** Nebenschlußmotor *m*. **10.** *rail.* a) Ran'gieren *n*, b) *bes. Br.* Weiche *f*.

**shunt·er** [ʃʌntə(r)] *s* **1.** *rail. Br.* a) Weichensteller *m*, b) Ran'gierer *m*, c) Ran'gierlokomo,tive *f*. **2.** *Br. colloq. für* **arbitrager**. **'shunt·ing** *rail. Br.* **I** *s* **1.** Ran'gieren *n*. **2.** Weichenstellen *n*. **II** *adj* **3.** Rangier..., Verschiebe...: ~ **engine**; ~ **station**.

**shush** [ʃʊʃ; ʃʌʃ] **I** *interj* sch!, pst! **II** *v/i* sch! *od.* pst! machen. **III** *v/t* j-n zum Schweigen bringen.

---

**shut** [ʃʌt] **I** *v/t pret u. pp* **shut 1.** (ver-) schließen, zumachen: to ~ **s.o.'s mouth** *fig.* j-m den Mund stopfen, j-n zum Schweigen bringen; → **door** *Bes. Redew.*, **eye** 1, **face** 1, **heart** *Bes. Redew.*, **mind** 2. **2.** einschließen, -sperren (**into, in, within** in *dat, acc*). **3.** ausschließen, -sperren (**out of** aus). **4.** *Finger etc* (ein)klemmen, -zwängen (**in** in *dat*). **5.** zuklappen, zumachen: to ~ **the book**; to ~ **the jackknife** das Taschenmesser zuklappen. **II** *v/i* **6.** sich schließen, zugehen: **the door** ~ **with a bang** die Tür knallte zu. **7.** (sich) schließen (lassen): **the window** ~s **well**. *Verbindungen mit Adverbien:*

**shut|a·way** *v/t* etwas wegschließen. **2.** to **shut** o.s. **away** sich einigeln (**in** in *dat*). ~ **down I** *v/t* **1.** *Fenster etc* schließen. **2.** *e-e Fabrik etc* schließen, (*für immer a.*) stillegen. **II** *v/i* **3.** 'undurch,dringlich werden (*Nebel etc*). **4.** die Arbeit *od.* den Betrieb einstellen, 'zumachen', 'dichtmachen'. **5.** ~ (up)**on** *colloq.* ein Ende machen mit. ~ **in** *v/t* **1.** einschließen: a) einsperren, b) *fig.* um'geben: to **shut** o.s. **in** sich einschließen. **2.** die Aussicht etc versperren. ~ **off I** *v/t* **1.** *Wasser, Gas etc, a.* den Motor, *e-e Maschine* abstellen: to ~ **the supply** ,den Hahn zudrehen'. **2.** abschließen (**from** von). **II** *v/i* **3.** *tech.* abschalten. ~ **out** *v/t* **1.** *j-n, a.* Licht, Luft *etc* ausschließen, -sperren. **2.** *e-e Landschaft etc* den Blicken entziehen. **3.** *etwas* unmöglich machen. **4.** *sport Am.* den Gegner (ohne Gegentor *etc*) besiegen. ~ **to I** *v/t* **shut** 1. **II** *v/i* **shut** 6. ~ **up I** *v/t* **1.** *das Haus etc* (fest) verschließen, verriegeln: → **shop** 1. **2.** *j-n* einsperren: to **shut** o.s. **up** sich einschließen. **3.** j-m den Mund stopfen. **II** *v/i* **4.** (*meist imp*) *colloq.* ,die Klappe' (*den Mund*) halten.

**'shut·down** *s* **1.** Arbeitsniederlegung *f*. **2.** Schließung *f*, (*für immer a.*) Stillegung *f*. **'~·eye** *s sl.* Schlaf *m*: to **catch some** ~ ein Schläfchen machen. **~·in** [ˌ~ˈɪn; ˈ~ɪn] **I** *adj* **1.** *bes. Am.* ans Haus *od.* Bett gefesselt: ~ **invalids**. **2.** *psych.* sich abkapselnd, verschlossen. **3.** eingeschlossen (*a. fig.*). **II** *s* **4.** *bes. Am.* j-d, der ans Haus *od.* Bett gefesselt ist. **'~·off** *s* **1.** *tech.* Abstell-, Absperrvorrichtung *f*: ~ **valve** Abschaltventil *n*, Abstellhahn *m*. **2.** Abstellen *n*. **3.** *hunt.* Schonzeit *f*. **'~·out** *s* **1.** Ausschließung *f*. **2.** *sport* a) Zu-'Null-Niederlage *f*, b) Zu-'Null-Sieg *m*.

**shut·ter** [ʃʌtə(r)] **I** *s* **1.** Fensterladen *m*, Rolladen *m*, Jalou'sie *f*: to **put up the** ~s *fig.* das Geschäft (*am Abend od. für immer*) schließen, ,zumachen'. **2.** Klappe *f*, Schieber *m*, Verschluß *m*. **3.** *phot.* Verschluß *m*: ~ **speed** Belichtung(szeit) *f*. **4.** *arch.* (Ver)Schalung *f*. **5.** *Wasserbau*: Schütz(e *f*) *n*. **6.** *mus.* Jalou'sie *f* (*der Orgel*). **II** *v/t* **7.** mit Fensterläden versehen *od.* verschließen. **'~·bug** *s colloq.* ,Fotonarr' *m*.

**'shut·ter·ing** *s tech. bes. Br.* (Ver)Schalung *f*.

**shut·tle** [ʃʌtl] **I** *s* **1.** *tech.* a) Weberschiff(chen) *n*, (Web)Schütze(n) *m*, b) Schiffchen *n* (*der Nähmaschine*). **2.** *tech.* Schützentor *n* (*e-r Schleuse*). **3.** → **shuttle bus, shuttle train**. **4.** a) → **shuttle service**, b) Pendelroute *f*. **5.** (Raum)Fähre *f*. **6.** → **shuttlecock** I. **II** *v/t* **7.** (schnell) 'hin- u. 'herbewegen *od.* -befördern. **III** *v/i* **8.** sich (schnell) 'hin- u. 'herbewegen. **9.** 'hin- u. 'herfahren *od.* -eilen *etc*, *rail. etc* pendeln (**between** zwischen). ~ **bus** *s* im Pendelverkehr eingesetzter Bus. **'~·cock** *s* Federball *m*. **II** *v/t* (wie e-n Federball) 'hin- u. 'herjagen. ~ **di·plo·ma·cy** *s pol.* 'Pendeldiploma,tie *f*. ~ **race** *s sport* Pendel-

staffel(lauf *m*) *f*. **~ ser·vice** *s* Pendelver-kehr *m*. **~ train** *s* Pendel-, Vorortzug *m*.
**shwa** → schwa.
**shy**[1] [ʃaɪ] **I** *adj* (*adv* **~ly**) *comp* **'shy·er** *od.* **'shi·er,** *sup* **'shy·est** *od.* **'shi·est** [-ɪst] **1.** scheu (*Tier*). **2.** scheu, schüch-tern. **3.** zu'rückhaltend: **to be** (*od.* fight) **~ of** s.o. j-m aus dem Weg gehen (→ 5). **4.** 'mißtrauisch. **5.** zaghaft: **to be** (*od.* fight) **~ of doing** s.th. Hemmungen haben, etwas zu tun. **6.** abgelegen (*Ort*). **7.** *bes. Am. sl.* knapp (**of, on** an *dat*): **~ of money** knapp bei Kasse. **8.** I'm **~ of ten dollars** *bes. Am. sl.* mir fehlen (noch) 10 Dollar. **9.** *bes. Am. sl.* unfähig, den erforderlichen Einsatz zu bezahlen (*bes. beim Pokerspiel*). **10.** kümmerlich (*Pflanze, Tier*). **11.** *colloq.* anrüchig: **a ~ night club. II** *v/i* **12.** scheuen (**at** vor *dat*) (*Pferd etc*). **13. to ~ away from** *fig.* zurückschrecken vor (*dat*); **to ~ away from doing** s.th. *fig.* sich scheuen, etwas zu tun.
**shy²** [ʃaɪ] **I** *v/t* **1.** werfen, schleudern. **II** *v/i* **2.** werfen. **III** *s* **3.** Wurf *m*. **4.** *fig.* a) Hieb *m*, Stiche'lei *f*, b) Versuch *m*: **to have a ~ at** *j-n* verspotten; es (einmal) mit *etwas* versuchen.
**'shy·ness** *s* **1.** Scheu *f*. **2.** Schüchternheit *f*. **3.** Zu'rückhaltung *f*. **4.** 'Mißtrauen *n*.
**shy·ster** ['ʃaɪstə(r)] *s bes. Am. sl.* **1.** 'Winkeladvo,kat *m*. **2.** Gauner *m*.
**si** [si:] *s mus.* Si *n* (*Solmisationssilbe*).
**Si·a·mese** [,saɪə'mi:z] **I** *adj* **1.** sia'me-sisch. **2.** *fig.* unzertrennlich, ähnlich, Zwillings... **II** *s* **3.** a) Sia'mese *m*, Sia'me-sin *f*, b) *pl* Sia'mesen *pl*. **4.** *ling.* Sia'mesisch *n*, das Siamesische. **~ cat** *s zo.* Siamkatze *f*. **~ twins** *s pl* **1.** Sia'mesische Zwillinge *pl*. **2.** *fig.* unzertrennliche Freunde *pl*.
**sib** [sɪb] *adj* blutsverwandt (**to** mit).
**Si·be·ri·an** [saɪ'bɪərɪən; *Am.* -ꞌbɪr-] **I** *adj* si'birisch. **II** *s* Si'birier(in).
**sib·i·lance** ['sɪbɪləns], **'sib·i·lan·cy** [-sɪ] → sibilation. **'sib·i·lant I** *adj* **1.** zi-schend. **2.** *ling.* Zisch... **~ sound. II** *s* **3.** *ling.* Zischlaut *m*. **'sib·i·late** [-leɪt] **I** *v/i* **1.** zischen. **II** *v/t* **2.** zischen(d aussprechen). **3.** *thea. etc* auszischen. **,sib·i'la·tion** *s* **1.** Zischen *n*. **2.** *ling.* Zischlaut *m*.
**sib·ling** ['sɪblɪŋ] *s* **1.** a) Bruder *m od.* Schwester *f*, b) *pl* Geschwister *pl*. **2.** *biol.* Nachkommenschaft *f* e-s Elternpaares aus verschiedenen Eizellen.
**sib·yl** ['sɪbɪl] *s* **1.** *antiq.* Si'bylle *f*. **2.** *fig.* a) Seherin *f*, b) Hexe *f*.
**sib·yl·line** [sɪ'bɪlaɪn; *bes. Am.* 'sɪbɪ-; *Am. a.* -,li:n] *adj* **1.** sibyl'linisch. **2.** pro'phetisch, geheimnisvoll, dunkel.
**sic** [sɪk] (*Lat.*) *adv* sic, so.
**sic·ca·tive** ['sɪkətɪv] **I** *adj* trocknend. **II** *s* Trockenmittel *n*, Sikka'tiv *n*.
**Si·cil·i·an** [sɪ'sɪljən] **I** *adj* si'zilisch, sizi-li'anisch. **II** *s* Si'zilier(in), Sizili'aner(in).
**sick**[1] [sɪk] **I** *adj* **1.** (*Br. nur attr*) krank (of an *dat*): **~ to death** todkrank; **to fall ~** krank werden, erkranken; **to go ~** *bes. mil.* sich krank melden; **the S~ Man (of Europe, of the East)** *hist.* der Kranke Mann am Bosporus (*die Türkei*). **2.** Brechreiz verspürend: **to be ~** sich erbrechen *od.* übergeben (müssen); **I feel ~** mir ist schlecht *od.* übel; **she turned ~** ihr wurde übel, sie mußte (sich er)bre-chen; **it makes me ~** a) mir wird übel davon (*a. fig.*), b) *fig.* es ekelt mich an. **3.** Kranken..., Krankheits...: **~ diet** Krankenkost *f*. **4.** *fig.* krank (of vor *dat*; **for** nach): **~ at heart** a) todunglücklich, b) angsterfüllt. **5.** *fig.* a) wütend (**with** s.o. über j-n; **at** s.th. über etwas), b) enttäuscht (**at** s.th. von etwas). **6.** (of) *colloq.* angewidert (von), 'überdrüssig (*gen*): **I am ~** (**and tired**) **of** it ich habe es

(gründlich) satt, es hängt mir zum Hals heraus. **7.** *fig.* blaß, fahl: **~ colo(u)r;** ~ **light. 8.** matt, gezwungen: **a ~ smile. 9.** *mar.* schadhaft. **10.** schlecht: **~ eggs** (air, etc). **11.** *econ. colloq.* flau: **~ mar-ket. 12.** *colloq.* grausig, maꞌkaber: **~ jokes;** ~ **humo(u)r** ,schwarzer' Humor. **II** *s* **13. the ~** die Kranken. **14.** Übelkeit *f*: **that's enough to give one the ~** *colloq.* ,das ist (ja) zum Kotzen'. **15.** *bes. Br. colloq.* ,Kotze' *f*.
**sick²** [sɪk] *v/t hunt. u. fig.* den Hund etc hetzen (**on, at** auf *acc*): **to ~ the police on** s.o. j-m die Polizei auf den Hals hetzen; **~ him!** faß!
**sick | bay** *s* **1.** *mar.* ('Schiffs)Laza,rett *n*. **2.** ('Kranken)Re,vier *n*. **'~ bed** *s* **1.** Kran-kenbett *n*. **2.** *fig.* Krankenlager *n*. **~ ben·e·fit** *s Br.* Krankengeld *n*. **~ call** *s* **1.** *mar. mil.* Reꞌvierstunde *f*: **to go on ~** sich krank melden. **2.** Ruf *m* (*e-s Arztes etc*) an ein Krankenlager. **3.** Kranken-besuch *m*. **~ cer·tif·i·cate** *s* 'Krank-heitsat,test *n*.
**sick·en** ['sɪkn] **I** *v/i* **1.** erkranken, krank werden: **to be ~ing for** *e-e Krankheit* ,ausbrüten'. **2.** kränkeln. **3.** sich ekeln (**at** vor *dat*). **4.** 'überdrüssig *od.* müde sein *od.* werden (of gen): **to be ~ed with** *e-r Sache* überdrüssig sein, *etwas* satt haben. **II** *v/t* **5.** *j-m* Übelkeit verursachen. **6.** anekeln, anwidern. **'sick·en·er** *s fig.* **1.** Brechmittel *n*: a) ekelhafte Sache, b) Ekel *n* (*Person*). **2.** furchtbarer Schlag. **'sick-en·ing** *adj* (*adv* **~ly**) **1.** Übelkeit erre-gend: **this is ~** da(bei) kann einem (ja) übel werden. **2.** *fig.* ekelhaft, gräßlich.
**sick | flag** *s mar.* (gelbe) Quaran'täne-flagge. **'~ head·ache** *s med.* **1.** Kopf-schmerz(en *pl*) *m* mit Übelkeit. **2.** Mi-'gräne *f*. **~ in·sur·ance** *s* Kranken-versicherung *f*.
**'sick·ish** *adj* (*adv* **~ly**) **1.** kränklich, un-päßlich, unwohl. **2.** → sickening.
**sick·le** ['sɪkl] *s agr. u. fig.* Sichel *f*: **~ cell** *med.* Sichelzelle *f*: **~ feather** *orn.* Sichel-feder *f* (*des Haushahns*).
**sick leave** *s* Fehlen *n* wegen Krankheit: **to be on ~** wegen Krankheit fehlen; **to request ~** sich krank melden.
**sick·li·ness** ['sɪklɪnɪs] *s* **1.** Kränklichkeit *f*. **2.** kränkliches Aussehen. **3.** Ungesund-heit *f* (*des Klimas etc*).
**sick list** *s mar. mil.* Krankenliste *f*: **to be on the ~** krank (gemeldet) sein.
**'sick·ly I** *adj u. adv* **1.** kränklich, schwächlich. **2.** krank(haft), kränklich, blaß: **~ face. 3.** matt, schwach: **a ~ smile. 4.** ungesund: **~ climate. 5.** 'wi-derwärtig: **~ smell. 6.** *fig.* wehleidig, süßlich, unangenehm: **~ sentimental-ity. II** *v/t* **7.** krank machen: **'sicklied o'er with the pale cast of thought'** von des Gedankens Blässe angekränkelt.
**sick·ness** ['sɪknɪs] *s* **1.** Krankheit *f*: **~ benefit** → sick benefit; **~ insurance** → sick insurance. **2.** Übelkeit *f*, Er-brechen *n*.
**sick | nurse** *s* Krankenschwester *f*, -pfle-gerin *f*. **~ pay** *s* Krankengeld *n*. **~ re-port** *s mar. mil.* **1.** Krankenbericht *m*, -liste *f*. **2.** Krankmeldung *f*. **'~ room** *s* Krankenzimmer *n*, -stube *f*.
**side** [saɪd] **I** *s* **1.** *allg.* Seite *f*: **~ by** Seite an Seite; **at** (*od.* **by**) **the ~ of** an der Seite von (*od. gen*), neben (*dat*), *fig. a.* vergli-chen mit; **on all ~s** überall; **on the ~ of** nebenbei (*verdienen etc*); **on the ~ of** a) auf der Seite von, b) seitens (*gen*); **on this** (**the other**) **~ (of)** diesseits (jenseits) (*gen*); **(on) this ~ of the grave** hienie-den, im Diesseits; **this ~ up!** Vorsicht, nicht stürzen!; **to stand by s.o.'s ~** *fig.* j-m zur Seite stehen; **to be on the small ~** ziemlich klein sein; **to keep on the**

**right ~ of** sich gut stellen mit; **to cast to one ~** *fig.* über Bord werfen; **to put to one ~** *e-e Frage etc* zurückstellen, ausklam-mern; → bright 5, dark 4, err 1, house 1, right 6, safe 3, sunny 2, wrong 2. **2.** *math.* Seite *f* (*a. e-r Gleichung*), *a.* Seitenlinie *f*, -fläche *f*. **3.** a) (Seiten)Rand *m*, b) (Brillen)Bügel *m*. **4.** (Körper)Seite *f*: **to burst** (*od.* **shake, split**) **one's ~s with laughter** sich schütteln vor La-chen. **5.** (Speck-, *Hammel- etc*)Seite *f*: **~ of bacon. 6.** Seite *f*, Teil *m*, *n*: **the east ~ of the city** der Ostteil der Stadt. **7.** Seite *f*: a) (Ab)Hang *m*, Flanke *f*, *a.* Wand *f* (*e-s Berges*), b) Ufer(seite *f*) *n*. **8.** Seite *f*, (Chaꞌrakter)Zug *m*. **9.** Seite *f*: a) Parꞌtei *f* (*a. jur. od. sport*), b) *sport* (Spielfeld)Hälf-te *f*: **to be on s.o.'s ~** auf j-s Seite stehen; **to change ~s** ins andere Lager über-wechseln, *sport* die Seiten wechseln; **to take ~s** → 20; **to win s.o. over to one's ~** j-n auf s-e Seite ziehen. **10.** *sport Br.* Mannschaft *f*. **11.** Seite *f*, Abstammungs-linie *f*: **on one's father's ~,** on the **paternal ~** väterlicherseits. **12.** *jur.* ('Rechts)Ab,teilung *f*: **criminal-law ~** Strafrechtsabteilung. **13.** *ped. Br.* (Stu-dien)Zweig *m*: **classical ~** humanistische Abteilung. **14.** *thea. sl.* Rolle *f*. **15.** *sl.* ,Angabe' *f*, Alꞌlüren *pl*: **to put on ~** ,ange-ben', großtun. **16.** *Billard:* Br. Efꞌfet *n*. **II** *adj* **17.** seitlich (liegend *od.* stehend *etc*), Seiten...: **~ elevation** Seitenriß *m*; **~ pocket** Seitentasche *f*. **18.** von der Seite (kommend), Seiten...: **~ blow** Seitenhieb *m*. **19.** Seiten..., Neben...: **~ door. III** *v/i* **20.** (with) Parꞌtei ergreifen (gen *od.* für), es halten (mit).
**side | aisle** *s arch.* Seitenschiff *n* (*e-r Kirche*). **~ arms** *s pl mar. mil.* Seitenwaf-fen *pl*. **~ band** *s Radio:* 'Seiten(fre-,quenz)band *n*. **~ bet** *s* Zusatzwette *f*. **'~ board** *s* **1.** Anrichtetisch *m*. **2.** Side-board *n*: a) Büꞌfett *n*, b) Anrichte *f*. **3.** Seitenbrett *n*. **4.** *pl Br. für* sideburns. **~ box** *s thea.* Seitenloge *f*. **'~ burns** *s pl bes. Am.* Koteꞌletten *pl*. **'~ car** *s* **1.** Bei-wagen *m*: **~ combination** (*od.* **motor-cycle**) Beiwagen-, Seitenwagenmaschi-ne *f*. **2.** ~ *jaunting car.* **3.** *ein* Cocktail aus Orangenlikör, Zitronensaft *u.* Wein-brand. **~ chain** *s* **1.** *tech., a. biol.* Seiten-kette *f*. **2.** *chem.* Seitenring *m* (*e-s Mole-külrings*). **~ cut** *s* 'Seitenstraße *f*, -weg *m*, -ka,nal *m*.
**sid·ed** ['saɪdɪd] *adj* (*meist in Zssgn*) ...seitig: **four-~.**
**side | dish** *s* **1.** Zwischengang *m*. **2.** Bei-lage *f*. **~ drum** *s* kleine (Wirbel)Trom-mel. **~ ef·fect** *s* Nebenwirkung *f*, Be-gleiterscheinung *f*. **~ face** *s* Seitenansicht *f*, Proꞌfil *n*. **~ fre·quen·cy** *s Radio:* 'Seitenfre,quenz *f*. **~ glance** *s* Seiten-blick *m* (*a. fig.*). **'~ head** *s* **1.** *tech.* Seiten-schlitten *m* (*der Drehbank*). **2.** *print.* Mar-giꞌnaltitel *m*. **'~ hill** *Am. für* hillside. **~ horse** *s Turnen:* Seitpferd *n*. **~ is·sue** *s* Nebenfrage *f*, -sache *f*, 'Randpro,blem *n*. **'~ kick,** *a.* **'~ kick·er** *s Am. sl.* **1.** Kum-ꞌpan *m*, ,Spezi' *m*. **2.** Helfer *m*. **'~ light** *s* **1.** Seitenlicht *n*. **2.** Seitenleuchte *f*. **3.** a) *mar.* Seitenlampe *f*, b) *aer.* Posiꞌtionslicht *n*, c) *mot.* Begrenzungslicht *n*. **4.** Seiten-fenster *n*. **5.** *fig.* Streiflicht *n*. **~ line I** *s* **1.** Seitenlinie *f*. **2.** *rail.* Nebenstrecke *f*. **3.** a) Nebenbeschäftigung *f*, -verdienst *m*, b) Nebenzweig *m* (*e-s Gewerbes*), *econ. a.* 'Nebenar,tikel *m*. **4.** *sport* a) Seitenlinie *f* (*des Spielfelds*), b) *meist pl* Außenfeld *n*: **on the ~s** am Spielfeldrand, als Zuschauer. **II** *v/t* **5.** *sport etc bes. Am.* j-n außer Gefecht setzen. **'~ long I** *adv* seitwärts, seit-lich, quer. **II** *adj* Seitwärts..., seitlich, schräg: **~ motion;** ~ **glance** Seitenblick

m. '~**note** s print. Randbemerkung f.

**si·de·re·al** [saɪˈdɪərɪəl] adj astr. si'derisch, Stern(en)...: ~ **day** (**time**, **year**) Sterntag m (-zeit f, -jahr n).

**sid·er·ite** [ˈsaɪdəraɪt] s bes. Am. 'sɪd-] s chem. min. **1.** Side'rit m, Eisenspat m. **2.** Mete'orgestein n.

**sid·er·og·ra·phy** [ˌsaɪdəˈrɒɡrəfɪ] bes. Am. ˌsɪd-; Am. -ˈrɑːɡ-] s Stahlstich m, -stecherkunst f. 'sid·er·o·lite [-rəlaɪt] s min. Sidero'lith m. ˌsid·er'o·sis [-ˈrəʊsɪs] s med. Side'rose f, Side'rosis f (Ablagerung von Eisenstaub in der Lunge, den Augen etc).

'side|ˌsad·dle **I** s Damensattel m. **II** adv im Damensitz. ~**scene** s thea. **1.** 'Seitenku̱lisse f. **2.** Randszene f. '~**show** s **1.** Nebenvorstellung f. **2.** Nebenausstellung f. **3.** kleine Schaubude. **4.** fig. a) Nebensache f, b) Epi'sode f (am Rande). '~**slip I** v/i **1.** seitwärts rutschen. **2.** aer. slippen, seitlich abrutschen. **3.** mot. (seitlich) ausbrechen. **II** s **4.** seitliches Rutschen. **5.** aer. Slippen n, seitliches Abrutschen. **6.** mot. (seitliches) Ausbrechen.

**sides·man** [ˈsaɪdzmən] s irr Kirchenrat(smitglied n) m.

'side|ˌsplit·ter s etwas zum Totlachen, „Mordsspaß" m. '~ˌsplit·ting adj zwerchfellerschütternd. ~**step I** s Seit(en)schritt m. '~**step I** v/t **1.** Boxen: e-m Schlag (durch Seitschritt) ausweichen. **2.** ausweichen (dat) (a. fig.). **II** v/i **3.** e-n Seit(en)schritt machen. **4.** ausweichen (a. fig.). ~**street** s Seitenstraße f. '~**stroke** s sport Seitenschwimmen n. '~**swipe** colloq. **I** v/t bes. Am. **1.** j-n (mit e-m Schlag) streifen. **2.** mot. a) geparktes Fahrzeug etc (hart) streifen, b) seitlich abdrängen (beim Überholen). **II** s **3.** bes. Am. „Wischer" m (Schlag, der nur streift). **4.** mot. bes. Am. Streifen n. **5.** fig. Seitenhieb m (at auf acc): **to take a ~ at s.o.** j-m e-n Seitenhieb versetzen. '~**track I** s **1.** → siding 1. **2.** fig. „totes Gleis". **II** v/t **3.** rail. e-n Waggon auf ein Nebengleis schieben. **4.** colloq. a) etwas „abbiegen", b) j-n ablenken, c) j-n „kaltstellen". **III** v/i **5.** (vom Thema) ablenken. ~**view** s Seitenansicht f. '~**walk** s bes. Am. Bürgersteig m, Trot'toir n: ~ **artist** Pflastermaler m; ~ **café** Straßencafé n; ~ **superintendent** humor. (besserwisserischer) Zuschauer (bei Bauarbeiten).

**side·ward** [ˈsaɪdwə(r)d] **I** adj seitlich. **II** adv seitwärts, nach der Seite. 'side·wards [-dz] → sideward II. 'side|·ways → sideward. '~**wheel** s mar. Schaufelrad n. '~**wheel·er** s mar. Raddampfer m. ~**whisk·ers** s pl Kote'letten pl. ~**wind** s Seitenwind m. '~**wise** [-waɪz] → sideward.

**sid·ing** [ˈsaɪdɪŋ] s **1.** rail. a) Neben-, Ran'giergleis n, b) Anschlußgleis n, Gleisanschluß m. **2.** arch. Am. (äußere) Seitenwandung (von Holzhäusern). **3.** Am. Zuschneiden n (von Holz). **4.** fig. Par'teinahme f.

**si·dle** [ˈsaɪdl] v/i sich schlängeln, schleichen: **to ~ away** sich davonschleichen od. -stehlen; **to ~ up to s.o.** sich an j-n heranmachen.

**siege** [siːdʒ] **I** s **1.** mil. Belagerung f: **state of ~** Belagerungszustand m; **to lay ~ to** a) e-e Stadt etc belagern, b) fig. j-n bestürmen, „bearbeiten"; → **raise** 33. **2.** fig. a) Bestürmen n, heftiges Zusetzen, b) Zermürbung f, c) zermürbende Zeit. **3.** tech. a) Werkbank f, b) Glasschmelzofenbank f. **4.** obs. Sitz m. **II** adj **5.** Belagerungs... **S~ Per·il·ous** s (Artussage) Platz m der Gefahr (leerer Platz in der Tafelrunde, der für alle Ritter tödlich war, außer für den, welchem die Suche nach dem Gral gelingen sollte).

**Si·en·ese** [ˌsiːeˈniːz] **I** s a) Sie'nese m, Sie'nesin f, b) pl Sie'nesen pl. **II** adj sie'nesisch: ~**school** (Maler)Schule f von Siena.

**si·en·na** [sɪˈenə] s paint. Si'ena(erde) f: **raw ~** hellgelber Ocker.

**Si·en·nese** → Sienese.

**si·er·ra** [sɪˈerə; Br. bes. ˈsɪərə] s Si'erra f, Gebirgskette f.

**si·es·ta** [sɪˈestə] s Si'esta f, Mittagsruhe f, -schlaf m.

**sieve** [sɪv] **I** s **1.** Sieb n, tech. a. 'Durchwurf m, Rätter m: **to fetch** (od. **carry**) **water in a ~** fig. Wasser in ein Sieb schöpfen; **to have a memory like a ~** ein Gedächtnis wie ein Sieb haben. **2.** fig. „Waschweib" n. **3.** Weidenkorb m (a. Maß). **II** v/t **4.** ('durch-, aus)sieben. **III** v/i **5.** sieben.

**sift** [sɪft] **I** v/t **1.** ('durch)sieben: **to ~ flour. 2.** (durch ein Sieb etc) streuen: **to ~ sugar on a cake. 3.** fig. sichten, sorgfältig (über)'prüfen (od. unter'suchen. **4.** meist ~ **out** a) aussieben, absondern, b) erforschen, ausfindig machen. **II** v/i **5.** sieben. **6.** 'durchrieseln, -dringen (a. Licht etc). **7.** fig. (sorgfältige) Unter'suchungen anstellen. 'sift·er s **1.** Sieber(in). **2.** (Vorrichtung f) n. 'sift·ing s **1.** ('Durch)Sieben n. **2.** fig. Sichten n, Unter'suchung f. **3.** pl a) (das) 'Durchgesiebte, b) Siebabfälle pl.

**sigh** [saɪ] **I** v/i **1.** (auf)seufzen, tief (auf)atmen. **2.** schmachten, seufzen (for nach): ~**ed·for** heißbegehrt. **3.** fig. seufzen, ächzen (Wind). **II** v/t oft ~ **out** seufzen(d äußern). **III** s **5.** Seufzer m: a ~ **of relief** ein Seufzer der Erleichterung; **to give** (od. **heave**) a ~ **of relief** erleichtert aufatmen.

**sight** [saɪt] **I** s **1.** Sehvermögen n, -kraft f, Auge(nlicht) n: **good** ~ gute Augen; **long** (**near**) ~ Weit-(Kurz)sichtigkeit f; **second** ~ zweites Gesicht; **to lose one's** ~ das Augenlicht verlieren. **2.** (An)Blick m, Sicht f: at (od. **on**) ~ auf Anhieb, beim ersten Anblick, sofort; **to shoot s.o. at** ~ j-n sofort od. ohne Warnung niederschießen; **at the** ~ **of** beim Anblick (gen); **at first** ~ auf den ersten Blick; **to play** (**sing**, **translate**) **at** ~ vom Blatt spielen (singen, übersetzen); **to catch** ~ **of** erblicken; **to know by** ~ vom Sehen kennen; **to lose** ~ **of** a) aus den Augen verlieren (a. fig.), b) fig. etwas übersehen. **3.** fig. Auge n: **in my** ~ in m-n Augen; **in the** ~ **of God** vor Gott; **to find favo(u)r in s.o.'s** ~ Gnade vor j-s Augen finden. **4.** Sicht(weite) f: (**with**)**in** ~ a) in Sicht (-weite), b) fig. in Sicht; **within** ~ **of the victory** den Sieg (dicht) vor Augen; **out of** ~ außer Sicht; **out of** ~, **out of mind** aus den Augen, aus dem Sinn; **out of my** ~! geh mir aus den Augen!; **to come in** ~ in Sicht kommen; **to put out of** ~ a) wegtun, b) colloq. Essen „wegputzen". **5.** econ. Sicht f: **payable at** ~ bei Sicht fällig; **bill** (**payable**) **at** ~ Sichtwechsel m; **30 days** (**after**) ~ 30 Tage (nach) Sicht; **bill** (**payable**) **after** ~ Nachsichtwechsel m; **to buy s.th.** ~ **unseen** etwas unbesehen kaufen. **6.** Anblick m: **a sorry** ~; **a** ~ **for sore eyes** e-e Augenweide; **to be** (od. **look**) **a** ~ colloq. „verboten" od. „zum Abschießen" aussehen; I **did look a** ~ colloq. ich sah vielleicht aus; **what a** ~ **you are!** colloq. wie siehst du denn aus!; → **god** 1. **7.** Sehenswürdigkeit f: **his roses were a** ~ **to see** s-e Rosen waren e-e Sehenswürdigkeit; **to see the** ~**s of a town** die Sehenswürdigkeiten e-r Stadt besichtigen. **8.** colloq. Menge f, Masse f, Haufen m (Geld etc): a **long** ~ **better** zehnmal besser; **not by a long** ~ bei weitem nicht. **9.** astr. hunt. mil.

tech. Vi'sier(einrichtung f) n: **to take** (a careful) ~ (genau) (an)visieren od. zielen; **to have in one's** ~**s** im Visier haben (a. fig.); **to lower one's** ~**s** fig. Abstriche machen, zurückstecken; **to raise one's** ~**s** fig. höhere Ziele anstreben; **to set one's** ~**s on s.th.** fig. etwas ins Auge fassen; → **full sight. 10.** astr. mar. (mit Winkelinstrument gemessene od. bestimmte) Höhe (e-s Gestirns). **11.** Am. sl. Aussicht f, Chance f.

**II** v/t **12.** sichten, erblicken. **13.** mil. a) 'anvi̱sieren (a. astr. mar.), b) das Geschütz richten, c) e-e Waffe etc mit e-m Vi'sier versehen. **14.** econ. e-n Wechsel präsen'tieren.

**III** v/i **15.** zielen, vi'sieren.

**sight|bill**, ~ **draft** s econ. Sichtwechsel m, -tratte f.

**sight·ed** [ˈsaɪtɪd] **I** adj **1.** sehend (Ggs. blind). **2.** (in Zssgn) ...sichtig. **3.** mil. mit e-m Vi'sier versehen. **II** s **4. the** ~ collect. die Sehenden pl.

**sight glass** s tech. Schauglas n.

'**sight·ing** adj mil. Visier..., Visier...: ~ **line** Visierlinie f; ~ **mechanism** Visier-, Zieleinrichtung f, Zielgerät n; ~ **shot** Anschuß m (Probeschuß); ~ **telescope** Zielfernrohr n. [unsichtbar.]

'**sight·less** adj (adv ~**ly**) **1.** blind. **2.** poet.

**sight·li·ness** [ˈsaɪtlɪnɪs] s Ansehnlichkeit f, Stattlichkeit f. 'sight·ly adj **1.** ansehnlich, gutaussehend, stattlich. **2.** bes. Am. a) schöngelegen, mit schönem (Aus)Blick, b) weithin sichtbar.

'**sight|-read** v/t u. v/i irr **1.** mus. vom Blatt singen od. spielen. **2.** ling. vom Blatt über'setzen. ~**read·er** s **1.** mus. j-d, der vom Blatt singt od. spielt. **2.** ling. j-d, der vom Blatt über'setzt. '~**see** v/i irr die Sehenswürdigkeiten besichtigen: **to go** ~**ing** e-e Besichtigungstour machen. '~-**see·ing I** s Besichtigung f von Sehenswürdigkeiten. **II** adj Besichtigungs...: ~ **bus** Rundfahrtautobus m; ~ **tour** Besichtigungstour f, (Stadt)Rundfahrt f. '~-**seer** [-ˌsiːə(r)] s Tou'rist(in). ~ **test** s Sehprüfung f, -test m.

**sig·il** [ˈsɪdʒɪl] s **1.** Siegel n. **2.** astro'logisches od. magisches Zeichen.

**sig·il·late** [ˈsɪdʒɪlət; -leɪt] adj bot. u. Keramik: mit siegelartigen Mustern.

**sig·ma** [ˈsɪɡmə] s Sigma n (griechischer Buchstabe).

**sig·moid** [ˈsɪɡmɔɪd] **I** adj **1.** a) Σ-, s-förmig, b) c-, halbmondförmig. **II** s **2.** a. ~ **flexure** anat. Sigmo'id n (Dickdarmkrümmung). **3.** s-förmige Kurve.

**sign** [saɪn] **I** s **1.** a) Zeichen n, Sym'bol n (a. fig.), b) a. ~ **of the cross** relig. Kreuzzeichen n: **in** (od. **as a**) ~ **of** zum Zeichen (gen). **2.** (Schrift)Zeichen n. **3.** math. mus. (Vor)Zeichen n (a. Computer). **4.** Zeichen n, Wink m: **to give s.o. a** ~, **to make a** ~ **to s.o.** j-m ein Zeichen geben. **5.** Zeichen n, Si'gnal n. **6.** Anzeichen n, Sym'ptom n (a. med.): **no** ~ **of life** kein Lebenszeichen; **to make no** ~ sich nicht rühren; **the** ~**s of the times** die Zeichen der Zeit; **there was not a** ~ **of him** von ihm war noch nichts zu sehen. **7.** Kennzeichen n. **8.** (Aushänge-, Wirtshaus- etc)Schild n: **at the** ~ **of the White Hart** im (Wirtshaus zum) Weißen Hirsch. **9.** astr. (Tierkreis)Zeichen n. **10.** bes. Bibl. (Wunder-) Zeichen n: ~**s and wonders** Zeichen u. Wunder. **11.** Am. Spur f (a. hunt.).

**II** v/t **12.** a) unter'zeichnen, -'schreiben, a. paint. u. print. si'gnieren: **to ~ a letter**; ~**ed, sealed and delivered** (ordnungsgemäß) unterschrieben und ausgefertigt, b) sich eintragen in (acc): **to ~ the guest book. 13.** mit (s-m Namen) unter'zeichnen. **14.** ~ **away** über'tragen, -'schreiben, abtreten: **to ~ away property. 15.** a. ~

on (*od.* up) (vertraglich) verpflichten (*a. sport*), anstellen, *mar.* anheuern. **16.** *relig.* das Kreuzzeichen machen über (*acc od. dat*), segnen. **17.** *j-m* bedeuten (**to do zu** tun), *j-m etwas* (durch Zeichen *od.* Gebärden) zu verstehen geben: **to ~ one's assent.** **III** *v/i* **18.** unter'schreiben, -'zeichnen: → **dot²** 4. **19.** *econ.* zeichnen. **20.** Zeichen geben, (zu)winken (**to** *dat*). **21.** **~ on** (**off**) *Rundfunk, TV:* sein Pro'gramm beginnen (beenden): **we ~ off at** 10 o'clock Sendeschluß ist um 22 Uhr. **22.** **~ in** a) sich (in e-e Anwesenheitsliste *etc*) eintragen, b) einstempeln. **23.** **~ off** *colloq.* a) (s-e Rede) schließen, b) Schluß machen (*im Brief*), c) sich zu'rückziehen, ‚aussteigen'. **24.** **~ out** a) sich (aus e-r Anwesenheitsliste *etc*) austragen, b) ausstempeln. **25.** a. **~ on** (*od.* up) sich (vertraglich) verpflichten (**for** zu), (e-e) Arbeit annehmen, *mar., mil.* sich verpflichten (**for** auf *5 Jahre etc*): **the player ~ed on for two years** der Spieler hat e-n Zweijahresvertrag unterschrieben. **26.** **~ off on** *Am. colloq.* Plan *etc* ‚absegnen', genehmigen.

**sig·nal** ['sɪɡnl] **I** *s* **1.** *a. mil. etc* Si'gnal *n*, (*a.* verabredetes) Zeichen: **light ~** Leuchtzeichen, Lichtsignal; → **call signal, distress** 5. **2.** *electr. mar. mil. tech.* (Funk)Spruch *m:* **Royal Corps of S~s, the S~s** *Br.* (die) Fernmeldetruppe. **3.** *fig.* Si'gnal *n*, (auslösendes) Zeichen (**for** für, **zu**): **this was the ~ for revolt. 4.** *Kartenspiel:* Si'gnal *n.* **II** *adj* (*adv* **~ly**) **5.** Signal...: **~ arm** *rail.* Signalarm *m;* **S~ Corps** *Am.* Fernmeldetruppe *f;* **~ beacon** Signalbake *f;* **~ communications** *mil.* Fernmeldewesen *n;* **~ engineering** Fernmeldetechnik *f;* **6.** beachtlich, un-, außergewöhnlich. **III** *v/t pret u. pp* **-naled,** *bes. Br.* **-nalled** 7. *j-n* durch Zeichen *od.* Si'gnal(e) verständigen, *j-m* Zeichen geben, *j-m* winken. **8.** *fig.* zu verstehen geben. **9.** e-e *Nachricht etc* signali'sieren, über'mitteln, *etwas* melden. **IV** *v/i* **10.** signali'sieren, Zeichen machen *od.* geben. **~ book** *s mar.* Si'gnalbuch *n.* **~ box** *s rail.* Stellwerk *n.* **~ check** *s electr.* Sprechprobe *f (Mikrofon).*

**sig·nal·er,** *bes. Br.* **sig·nal·ler** ['sɪɡnələ(r)] *s* Si'gnalgeber *m, bes.* a) *mil.* Blinker *m,* Melder *m,* b) *mar.* Si'gnalgast *m.*

**sig·nal** | **flag** *s mar.* Signal-, Winkerflagge *f.* **~ gun** *s mil.* **1.** Si'gnalgeschütz *n.* **2.** Si'gnalschuß *m.* **~ hal·yard** *s mar.* Flaggleine *f.*

**sig·nal·ing,** *bes. Br.* **sig·nal·ling** ['sɪɡnlɪŋ] *adj* Signal...

**sig·nal·ize** ['sɪɡnəlaɪz] **I** *v/t* **1.** aus-, kennzeichnen: **to ~ o.s. by** sich hervortun durch. **2.** her'vorheben. **3.** ankündigen, signali'sieren. **II** *v/i* → **signal** IV.

**sig·nal·man** [-mən] *s irr* **1.** *rail.* Stellwärter *m.* **2.** *mar.* Si'gnalgast *m.* **~ of·fi·cer** *s mil. Am.* **1.** 'Fernmeldeoffi,zier *m.* **2.** Leiter *m* des Fernmeldedienstes (*in Verbänden über Regimentsebene*). **~ pis·tol** *s bes. mil.* 'Leuchtpi,stole *f.* **~ rock·et** *s bes. mil.* 'Leuchtkugel *f,* -ra,kete *f.* **~ tow·er** *s rail.* **1.** Si'gnalturm *m.* **2.** *rail. Am.* Stellwerk *n.*

**sig·na·ry** ['sɪɡnərɪ] *s* ('Schrift),Zeichensy,stem *n.*

**sig·na·to·ry** ['sɪɡnətərɪ; *Am.* ‚-təʊrɪ:; ‚-tɔː-] **I** *adj* **1.** unter'zeichnend, vertragschließend, Signatar...: **~ powers** → 3 c; **~ state** → 3 b. **2.** *econ.* Zeichnungs...: **power** Unterschriftsvollmacht *f.* **II** *s* **3.** a) ('Mit)Unter,zeichner(in), b) *pol.* Signa'tar *m,* Unter'zeichnerstaat *m,* c) *pl pol.* Si'gna'tarmächte *pl* (**to a treaty** e-s Vertrags).

**sig·na·ture** ['sɪɡnətʃə(r); *Am. a.* -,tʃʊər] *s* **1.** 'Unterschrift(sleistung) *f,* Namenszug *m.* **2.** Signa'tur *f (e-s Buchs etc).* **3.** *mus.* Signa'tur *f,* Vorzeichnung *f:* **key ~** Vorzeichen *n,* **a. ~ tune** (*Rundfunk, TV*) 'Kennmelo,die *f.* **5.** *pharm.* Signa'tur *f,* Aufschrift *f.* **6.** *a.* **~ mark** *print.* a) Signa'tur *f,* Bogenzeichen *n,* b) (Signa'tur)Bogen *m.* **7.** *fig. obs.* (Kenn)Zeichen *n.*

**'sign·board** *s (bes.* Firmen-, Aushänge-) Schild *n.*

**sign·er** ['saɪnə(r)] *s* Unter'zeichner(in).

**sig·net** ['sɪɡnɪt] *s* Siegel *n,* Petschaft *n:* **privy ~** Privatsiegel des Königs; → **writer** 3. **~ ring** *s* Siegelring *m.*

**sig·nif·i·cance** [sɪɡ'nɪfɪkəns], **sig·nif·i·can·cy** [-sɪ] *s* **1.** Bedeutung *f,* (tieferer) Sinn. **2.** Bedeutung *f,* Bedeutsamkeit *f,* Wichtigkeit *f:* **of no significance** ohne Belang *od.* Bedeutung, bedeutungslos.

**sig·nif·i·cant** [sɪɡ'nɪfɪkənt] *adj* **1.** bezeichnend (**of** für): **to be ~ of** bezeichnend sein für, hinweisen auf (*acc*). **2.** bedeutsam, wichtig, von Bedeutung. **3.** wesentlich, merklich. **4.** *fig.* vielsagend: **a ~ gesture. 5.** *math.* geltend (*Dezimalstelle*). **sig·nif·i·cant·ly** *adv* **1.** bedeutsam. **2.** bezeichnenderweise. **3.** wesentlich: **not ~ reduced.**

**sig·ni·fi·ca·tion** [,sɪɡnɪfɪ'keɪʃn] *s* **1.** (*bestimmte*) Bedeutung, Sinn *m.* **2.** Bezeichnung *f,* Andeutung *f.*

**sig·nif·i·ca·tive** [sɪɡ'nɪfɪkətɪv; *Am.* -,keɪ-] *adj* (*adv* **~ly**) **1.** Bedeutungs..., bedeutsam. **2.** bezeichnend, kennzeichnend (**of** für).

**sig·ni·fy** ['sɪɡnɪfaɪ] **I** *v/t* **1.** an-, bedeuten, zu verstehen geben. **2.** bedeuten, ankündigen: **a lunar halo signifies rain. 3.** bedeuten: **this signifies nothing. II** *v/i* **4.** *colloq.* bedeuten: **it does not ~** es hat nichts zu bedeuten. **'sig·ni,fy·ing** *s Am. colloq.* Wortgeplänkel *n.*

**'sign-in** *s* 'Unterschriftensammlung *f.*

**sign|lan·guage** *s* Zeichen-, bes. Fingersprache *f.* **~ man·u·al** *pl* **~s man·u·al** *s* **1.** (eigenhändige) 'Unterschrift (*bes. e-s Königs*). **2.** Handzeichen *n.* **~ paint·er** *s* Schilder-, Pla'katmaler *m.* **'~post I** *s* **1.** Wegweiser *m.* **2.** (Straßen)Schild *n,* (Verkehrs)Zeichen *n.* **II** *v/t* **3.** mit Wegweiser(n) versehen. **4.** Straßen be-, ausschildern. **5.** *j-n* orien'tieren.

**Sikh** [siːk] *s* Sikh *m.*

**si·lage** ['saɪlɪdʒ] *agr.* **I** *s* Silo-, Gärfutter *n:* **~ cutter** Futterschneidemaschine *f.* **II** *v/t* Futterpflanzen si'lieren.

**si·lence** ['saɪləns] **I** *s* **1.** (Still)Schweigen *n* (*a. fig.*), Ruhe *f,* Stille *f:* **to keep ~** a) schweigen, still *od.* ruhig sein, b) Stillschweigen wahren (**on** über *acc*); **to break the ~** das Schweigen brechen (*a. fig.*); **to impose ~** a) Ruhe gebieten, b) (**on** s.o. j-m) (Still)Schweigen auferlegen; **in ~** still, schweigend, schweigsam, ruhig; **to pass over in ~** *fig.* stillschweigend übergehen. **2.** *fig.* Schweigen *n,* Verschwiegenheit *f.* **4.** Vergessenheit *f:* **to pass into ~** in Vergessenheit geraten. **5.** *tech.* Geräuschlosigkeit *f.* **II** *v/t* **6.** zum Schweigen bringen (*a. mil. u. fig.*). **7.** *fig.* beschwichtigen, beruhigen: **to ~ the voice of conscience.** **8.** *tech.* dämpfen, geräuschlos *od. tech.* Schalldämpfer *m.* **2.** *mot. Br.* Auspufftopf *m.*

**si·lent** ['saɪlənt] **I** *adj* (*adv* **~ly**) **1.** still, ruhig, schweigsam: **to be** (*od.* **remain**) **~** (sich aus)schweigen (**on** über *acc*); **be ~!** sei(d) still!; **history is ~ upon** (*od.* **as to**) **this** darüber schweigt die Geschichte;

the **~ majority** die schweigende Mehrheit. **2.** still (*Gebet etc*), stumm (*Schmerz etc; a. ling. Buchstabe*). **3.** *fig.* heimlich, stillschweigend: **~ consent. 4.** *a. tech.* leise, geräuschlos. **5.** untätig: **~ volcano;** → **partner** 2, **partnership** 1. **6.** *med.* la'tent: **a ~ disease. 7.** Stummfilm...: **~ star; ~ film** → 8. **II** *s* **8.** Stummfilm *m.* **~ but·ler** *s* (*ein*) Abfallgefäß *n.* **~ ser·vice** *s colloq.* **1.** Ma'rine *f.* **2.** *bes. Am.* 'Unterseebootdienst *m.*

**si·le·sia** [saɪ'liːzjə; sɪ'l-; *bes. Am.* -ʒɪə; -ʒə; -ʃɪə; -ʃə] *s* (schlesische) Leinwand, Li'non *m.* **Si'le·sian** [-ən] **I** *adj* schlesisch. **II** *s* Schlesier(in).

**sil·hou·ette** [,sɪluː'et; *Am.* ‚sɪlə'wet] **I** *s* **1.** Silhou'ette *f:* a) Schattenbild *n,* -riß *m,* b) 'Umriß *m* (*a. fig.*): **to stand out in ~** (**against**) → 5; **this year's ~** die diesjährige Modelinie. **2.** Scherenschnitt *m.* **3.** *a.* **~ target** *mil.* Kopfscheibe *f.* **II** *v/t* **4.** silhouet'tieren: **to be ~d** → 5. **III** *v/i* **5.** sich (als Silhou'ette) abheben (**against** gegen).

**sil·i·ca** ['sɪlɪkə] *s chem.* **1.** Kieselerde *f.* **2.** Quarz(glas *n) m.*

**sil·i·cate** ['sɪlɪkɪt; -keɪt] *s chem.* Sili'kat *n,* kieselsaures Salz. **'sil·i·cat·ed** [-keɪtɪd] *adj* sili'katiert.

**si·li·ceous** [sɪ'lɪʃəs] *adj* **1.** *chem.* kiesel(erde-, -säure)haltig, -artig, Kiesel...: **~ earth** Kieselgur *m.* **2.** kalkfliehend, Urgesteins...: **~ plants.**

**si·lic·ic** [sɪ'lɪsɪk] *adj chem.* Kiesel(erde)..., Silizium...: **~ acid** a) (Ortho)Kieselsäure *f,* b) Metakieselsäure *f.* **si'lic·i·fy** [-faɪ] *v/t u. v/i chem. geol. min.* verkieseln.

**si·li·cious** → **siliceous.**

**si·li·ci·um** [sɪ'lɪsjəm; -ɪəm; *Am. a.* ‚-'lɪʃɪ-], **sil·i·con** ['sɪlɪkən] *s chem.* Si'lizium *n.*

**sil·i·cone** ['sɪlɪkəʊn] *s chem.* Sili'kon *n.* **sil·i·con·ize** ['sɪlɪkənaɪz] *v/t chem. tech.* sili'zieren. [*f,* Staublunge *f.*]

**sil·i·co·sis** [,sɪlɪ'kəʊsɪs] *s med.* Sili'kose*)*

**si·lique** [sɪ'liːk; 'sɪlɪk] *s bot.* Schote *f.* **sil·i·quose** ['sɪlɪkwəʊs] *adj* schotentragend, -artig.

**silk** [sɪlk] **I** *s* **1.** Seide *f:* a) Seidenfaser *f,* b) Seidenfaden *m,* c) Seidenstoff *m,* -gewebe *n:* → **spun ~** Gespinstseide; **thrown ~** Organsin(seide) *m, n;* **to hit the ~** *aer. sl.* mit dem Fallschirm abspringen. **2.** Seide(nkleid *n*): **in ~s and satins** in Samt u. Seide. **3.** *pl* Seidenwaren *pl.* **4.** *jur. Br.* a) 'Seidenta,lar *m (e-s King's od.* **Queen's Counsel**), b) *colloq.* Kronanwalt *m:* **to take ~** Kronanwalt werden. **5.** *fig.* Seide *f, zo.* Spinnfäden *pl.* **6.** *bot. Am.* Seide *f:* **in ~** blühend (*Mais*). **7.** Seidenglanz *m:* **~ of a juwel. II** *adj* **8.** seiden, Seiden...: **you can't make a ~ purse out of a sow's ear** *fig.* aus e-m Kieselstein kann man keinen Diamanten schleifen; **~ culture** Seiden(raupen)zucht *f.* **9.** → **silky** 1.

**silk·en** ['sɪlkən] *adj* **1.** seiden, Seiden...: **~ veil. 2.** → **silky** 1 *u.* 2. **3.** *fig.* a) verwöhnt, reich, b) verweichlicht.

**'silk**|**-,fin·ish** *v/t* merzeri'sieren. **~ gland** *s zo.* Spinndrüse *f (der Seidenraupe).* **'~,grow·er** *s* Seiden(raupen)züchter *m.* **'~hat** *s* Zy'linder(hut) *m.*

**silk·i·ness** ['sɪlkɪnɪs] *s* **1.** (*das*) Seidige *od.* Weiche, seidenartige Weichheit. **2.** *fig.* Sanftheit *f,* Zartheit *f.*

**silk**| **moth** *s zo.* Seidenspinner *m.* **~ screen** *s print.* (Seiden)Siebdruck(gewebe *n) m.* **'~-screen** *v/t print.* im (Seiden)Siebdruckverfahren 'herstellen. **'~--screen print·ing** *s print.* Seidensiebdruck *m.* **~ stock·ing** *s* **1.** Seidenstrumpf *m.* **2.** *fig. Am.* a) 'hochele,gante Per'son, b) Aristo'krat(in), c) Pluto'krat(in). **3.** *hist. Am. colloq.* Födera-

¹list *m.* ↲'**stock·ing** *adj Am. fig.* vornehm, ele'gant. '↲**worm** *s zo.* Seidenraupe *f.*

'**silk·y I** *adj* (*adv* silkily) **1.** seidig (glänzend, *a. bot.*), seidenartig, -weich: ~ **hair**; ~ **willow** *bot.* a) Silberweide *f*, b) Seidige Weide (*Nordamerika*). **2.** *fig.* a) sanft, (ein)schmeichelnd, zärtlich, b) *contp.* (aal)glatt, ölig. **3.** lieblich (*Wein*). **II** *s* **4.** *orn.* Seidenhuhn *n.*

**sill** [sɪl] *s* **1.** (Tür)Schwelle *f.* **2.** Fensterbrett *n*, -bank *f.* **3.** *tech.* Schwellbalken *m.* **4.** *geol.* Lagergang *m.*

**sil·la·bub** ['sɪləbʌb] *s* **1.** (*oft heißes*) Getränk *aus Milch, Rum etc u. Gewürzen.* **2.** *Br.* Nachtisch *aus Milch od. Sahne mit Zucker, Wein u. Zitronensaft.*

**sil·li·ness** ['sɪlɪnɪs] *s* **1.** Dummheit *f*, Albernheit *f.* **2.** Verrücktheit *f.*

**sil·ly** ['sɪlɪ] **I** *adj* (*adv* sillily) **1.** dumm, blöd(e), ‚dämlich'. **2.** dumm, verrückt, albern. **3.** unklug, leichtfertig. **4.** betäubt, benommen (*nach e-m Schlag etc*). **II** *s* **5.** *colloq.* Dummkopf *m*, Dummerchen *n.* '↲**bil·ly** → silly 5. ~ **point** *s* Kricket: *ganz dicht beim Schläger stehender Fänger.* ~ **sea·son** *s* ‚Saure'gurkenzeit' *f.*

**si·lo** ['saɪləʊ] **I** *pl* **-los** *s* **1.** *agr.* a) Silo *m, n,* b) Erdsilo *m, n,* Getreide-, Futtergrube *f.* **2.** *tech.* (*bes.* Ze'ment)Silo *m, n.* **3.** *a.* **launching** ~ 'unterirdische Ra'ketenabschußrampe. **II** *v/t* **4.** *agr.* Futter a) in e-m Silo aufbewahren, b) einmieten.

**sil·phid** ['sɪlfɪd] *s zo.* Aaskäfer *m.*

**silt** [sɪlt] **I** *s* **1.** Treibsand *m*, Schlamm *m*, Schlick *m.* **II** *v/i* **2.** *meist* **up** verschlammen, -sanden. **3.** 'durchsickern. **III** *v/t* **4.** *meist* ~ **up** verschlammen. '**silt·y** *adj* verschlammt.

**Si·lu·ri·an** [saɪ'ljʊərɪən; sɪ'l-; *bes. Am.* -'lʊə-] **I** *adj* **1.** *hist.* Silurer... **2.** *geol.* si'lurisch, Silur... **II** *s* **3.** *hist.* Si'lurer(in). **4.** *geol.* Si'lur(formati‚on *f*, -zeit *f*) *n.*

**sil·van** → sylvan.

**sil·ver** ['sɪlvə(r)] *s* **1.** *chem. min.* Silber *n*: speech is ~ but silence is golden Reden ist Silber, Schweigen ist Gold. **2.** a) Silber(geld *n*, -münzen *pl*) *n*, b) *allg.* Geld *n.* **3.** Silber(geschirr, -zeug) *n.* **4.** Silber(farbe *f*, -glanz *m*) *n.* **5.** *phot.* 'Silbersalz *n*, -ni‚trat *n.* **II** *adj* **6.** *bes. chem.* silbern, Silber...: ~ **basis** *econ.* Silberwährung *f*, -basis *f*; ~ **ore** Silbererz *n.* **7.** silb(e)rig, silberglänzend, -hell. **8.** *fig.* silberhell: ~ **voice**. **9.** *fig.* beredt: ~ **tongue**. **10.** *fig.* zweitbest(er, e, es). **III** *v/t* **11.** versilbern, mit Silber über'ziehen. **12.** silbern färben. **IV** *v/i* **13.** silberweiß werden (*Haar etc*).

**sil·ver| age** *s antiq.* silbernes Zeitalter. ~ **bath** *s phot.* Silberbad *n.* ~ **bro·mide** *s chem. phot.* 'Silberbro‚mid *n.* ~ **fir** *s bot.* Edel-, Weißtanne *f.* '↲**fish** *s ichth.* Silberfisch *m.* ~ **foil** *s* **1.** Silberfolie *f.* **2.** 'Silberpa‚pier *n.* ~ **fox** *s zo.* Silberfuchs *m.* ↲**gilt** *s* vergoldetes Silber. ~ **glance** *s* Schwefelsilber *n.* '↲**gray**, *bes. Br.* ↲**-'grey** *adj* silbergrau. '↲**-haired** *adj* silber-, weißhaarig. ~ **leaf** *s irr tech.* Blattsilber *n.* '↲**leaf** *s irr bot.* silberblätt(e)rige Pflanze, *bes.* Silberpappel *f.*

**sil·ver·ling** ['sɪlvə(r)lɪŋ] *s Bibl.* Silberling *m* (*Münze*).

**sil·ver| lin·ing** *s fig.* Silberstreifen *m* (am Hori'zont), Lichtblick *m*: every cloud has its ~ jedes Unglück hat auch sein Gutes. ~ **med·al** *s bes. sport* 'Silberme‚daille *f.* ~ **med·al·(l)ist** *s bes. sport* 'Silberme‚daillengewinner(in). ~ **ni·trate** *s chem. med. phot.* 'Silberni‚trat *n*, *bes. med.* Höllenstein *m.* ~ **pa·per** *s phot. tech.* 'Silberpa‚pier *n.* ~ **plate** *s* **1.** Silberauflage *f.* **2.** Silber(geschirr, -zeug) *n*, Tafelsilber *n.* ↲**plate** *v/t* versilbern. '↲-

**point** *s paint.* Silberstiftzeichnung *f.* ~ **print·ing** *s phot. print.* Silberdruck(verfahren *n*) *m.* ~ **screen** *s* **1.** (Film)Leinwand *f.* **2.** *collect.* Film *m.* '↲**smith** *s* Silberschmied *m.* ~ **spoon** *s* Silberlöffel *m*: to be born with a ~ in one's mouth *fig.* a) ein Glückskind sein, b) ein Kind reicher Eltern sein. ~ **stand·ard** *s econ.* Silberwährung *f.* ↲**tongued** *adj* beredt, redegewandt. '↲**ware** → silver plate 2. ~ **wed·ding** *s* silberne Hochzeit.

'**sil·ver·y** → silver 7 *u.* 8.

**sil·vi·cul·ture** ['sɪlvɪˌkʌltʃə(r)] *s* Waldbau *m*, 'Forstkul‚tur *f.*

**si·mar** [sɪ'mɑː(r)] *s* 'Überwurf *m*, (leichtes) Frauenkleid.

**sim·i·an** ['sɪmɪən] *zo.* **I** *adj* affenartig, Affen... **II** *s* (*bes.* Menschen)Affe *m.*

**sim·i·lar** ['sɪmɪlə(r)] **I** *adj* (*adv* → similarly) **1.** ähnlich (*a. math.*), (annähernd) gleich (to *dat*). **2.** gleichartig, entsprechend. **3.** *electr. phys.* gleichnamig. **II** *s* **4.** (*das*) Ähnliche *od.* Gleichartige, Ebenbild *n.* **5.** *pl* ähnliche *od.* gleichartige Dinge *pl.* ↲**lar·i·ty** [-'lærətɪ] *s* **1.** Ähnlichkeit *f* (to mit). **2.** Gleichartigkeit *f.* **3.** *pl* Ähnlichkeiten *pl*, ähnliche Züge *pl.* '**sim·i·lar·ly** *adv* ähnlich, in ähnlicher Weise, entsprechend.

**sim·i·le** ['sɪmɪlɪ] *s* Gleichnis *n*, Vergleich *m* (*rhetorische Figur*).

**si·mil·i·tude** [sɪ'mɪlɪtjuːd; *Am. a.* -'tuːd] *s* **1.** Ähnlichkeit *f* (*a. math.*). **2.** Gleichnis *n*, Vergleich *m.* **3.** (*etwas*) Gleichartiges. **4.** (Eben)Bild *n*, Gestalt *f.*

**sim·i·lize** ['sɪmɪlaɪz] **I** *v/t* durch Vergleiche *od.* Gleichnisse erläutern. **II** *v/i* in Gleichnissen reden.

**sim·mer** ['sɪmə(r)] **I** *v/i* **1.** leicht kochen, sieden. **2.** *fig.* kochen (with vor *dat*), gären (*Gefühl, Aufstand*): to ~ down *colloq.* ‚sich abregen', sich beruhigen. **II** *v/t* **3.** zum Sieden bringen. **III** *s* **4.** Sieden *n*: to bring to a ~ zum Sieden bringen; to keep at a (*od.* on the) ~ sieden lassen.

**sim·nel** ['sɪmnl] *s* **1.** *a.* ~ **cake** *Br.* marzi'panüber‚zogener Früchtekuchen. **2.** *a.* ~ **bread** *Am.* feines Weißbrot, *a.* Weißmehlsemmel *f.*

**si·mo·le·on** [sə'məʊlɪən] *s Am. sl.* Dollar *m.*

**Si·mon** ['saɪmən] *npr* **1.** *Bibl.* Simon *m*: ~ (Peter) Simon (Petrus) *m* (*Apostel*). **2.** → Simple Simon.

**si·mon·ize** ['saɪmənaɪz] (*TM*) *v/t* das Auto (*mit e-r patentierten Autopolitur*) po'lieren.

**Si·mon| Le·gree** [lɪ'griː] *s fig.* Menschenschinder *m* (*nach der Gestalt aus „Uncle Tom's Cabin" von Beecher--Stowe*). ~ **Pure** [pjʊə(r)] *s meist* the real ~ *colloq.* ‚der wahre Jakob'.

**si·mo·ny** ['saɪmənɪ; *Am. a.* 'sɪm-] *s* Simo'nie *f* (*Kauf u. Verkauf geistlicher Ämter etc*).

**si·moom** [sɪ'muːm] *s* Samum *m* (*heißer Wüstenwind*).

**simp** [sɪmp] *s Am. sl.* Simpel *m.*

**sim·per** ['sɪmpə(r)] **I** *v/i* albern *od.* af·fek'tiert lächeln. **II** *v/t* mit albernem Lachen äußern. **III** *s* albernes *od.* affek'tiertes Lächeln.

**sim·ple** ['sɪmpl] **I** *adj* (*adv* → simply) **1.** einfach, simpel: a ~ explanation; a ~ task. **2.** einfach, schlicht: a ~ life; a ~ person; ~ diet einfache Kost. **3.** einfach, schlicht: a) schmucklos, kunstlos, b) ungekünstelt: ~ style; ~ beauty schlichte Schönheit. **4.** einfach, niedrig: of ~ birth. **5.** rein, unverfälscht: the ~ truth. **6.** simpel: a) einfältig, töricht, b) ‚unbedarft', ungebildet, c) na'iv, leichtgläubig. **7.** einfach, 'unkompli‚ziert: a ~ de-

sign; ~ **fracture** *med.* einfacher *od.* glatter (Knochen)Bruch. **8.** einfach: ~ **equation** (larceny); ~ **fraction** *math.* einfacher *od.* gemeiner Bruch; ~ **majority** *parl.* einfache Mehrheit; **the** ~ **forms of life** *biol.* die einfachen *od.* niederen Lebensformen. **9.** einfach, gering(fügig), unbedeutend: ~ **efforts**. **10.** glatt, rein: ~ **madness**. **11.** *mus. allg.* einfach (*Takt, Ton, Blasrohr etc*). **II** *s* **12.** *pharm.* Heilkraut *n*, -pflanze *f.*

**sim·ple| con·tract** *s jur.* formloser (*mündlicher od. schriftlicher*) Vertrag. ↲**-'heart·ed** → simple-minded. ~ **hon·o(u)rs** *s pl* Bridge: einfache Hon'neurs *pl.* ~ **in·ter·est** *s econ.* Kapitalzinsen *pl.* ↲**mind·ed** *adj* **1.** einfach, schlicht. **2.** → simple 6. ↲**mind·ed·ness** *s* **1.** Einfalt *f*, Schlichtheit *f.* **2.** Naivi'tät *f.* **3.** Dummheit *f.* **S. Si·mon** *s colloq.* Einfaltspinsel *m.* ~ **time** *s mus.* 2-od. 3teiliger Takt.

**sim·ple·ton** ['sɪmpltən] *s* Einfaltspinsel *m.*

‚**sim·ple-to-re'pair** *adj* repara'turfreundlich.

**sim·plex** ['sɪmpleks] **I** *s* **1.** *ling.* Simplex *n*, einfaches *od.* nicht zs.-gesetztes Wort. **2.** *electr. tel. teleph.* a) Simplex-, Einfachbetrieb *m*, b) 'Simplex-, 'Einfachtelegra‚fie *f.* **II** *adj* **3.** *ling.* einfach, nicht zs.-gesetzt. **4.** *electr.* Simplex..., Einfach...: ~ **circuit**; ~ **operation** → 2 a; ~ **telegraphy** → 2 b.

**sim·plic·i·ter** [sɪm'plɪsɪtə(r)] (*Lat.*) *adv* **1.** einfach, 'schlecht'hin. **2.** *jur. bes. Scot.* abso'lut, ausschließlich.

**sim·plic·i·ty** [sɪm'plɪsɪtɪ] *s* **1.** Einfachheit *f*: a) 'Unkompli‚ziertheit *f*: ~ itself *colloq.* die einfachste Sache der Welt, b) Schlichtheit *f.* **2.** Einfalt *f*, Naivi'tät *f.*

**sim·pli·fi·ca·tion** [ˌsɪmplɪfɪ'keɪʃn] *s* **1.** Vereinfachung *f.* **2.** *econ. tech. Am.* Nor'mierung *f.* '**sim·pli·fi·ca·tive** [-tɪv] *adj* vereinfachend. '**sim·pli·fy** [-faɪ] *v/t* **1.** vereinfachen (*a. erleichtern*; *a.* als einfach hinstellen). **2.** *econ. tech. Am.* nor'mieren.

**sim·plism** ['sɪmplɪzəm] *s* gesuchte *od.* betonte Einfachheit. **sim'plis·tic** *adj* (zu) stark vereinfachend.

**sim·ply** ['sɪmplɪ] *adv* **1.** einfach (*etc*; → simple). **2.** bloß, nur: ~ **and solely** einzig u. allein. **3.** *colloq.* einfach (*wundervoll etc*).

**sim·u·la·crum** [ˌsɪmjʊ'leɪkrəm; *Am. a.* -'læk-] *pl* **-cra** [-krə] *s obs.* **1.** (Ab)Bild *n.* **2.** Scheinbild *n*, Abklatsch *m.* **3.** leerer Schein, hohle Form.

**sim·u·lant** ['sɪmjʊlənt] *adj bes. biol.* ähnlich aussehend (of wie).

**sim·u·late** ['sɪmjʊleɪt] *v/t* **1.** vortäuschen, vorspiegeln, (vor)heucheln, *bes.* e-e *Krankheit* simu'lieren: ~d account *econ.* fingierte Rechnung. **2.** nachahmen, imi'tieren: ~d *econ. tech. Am.* Imitations..., Kunst... **3.** *mil. tech.* simu'lieren, *Bedingungen, Vorgänge* (wirklichkeitsgetreu) nachahmen, *tech. a.* im Mo'dell abbilden. **4.** *ling.* sich (*durch falsche Etymologie*) angleichen an (*acc*). ‚**sim·u'la·tion** *s* **1.** Vorspiegelung *f.* **2.** Heuche'lei *f*, Verstellung *f.* **3.** Nachahmung *f.* **4.** Simu'lieren *n*, Krankspielen *n.* **5.** *mil. tech.* Simu'lierung *f*, (wirklichkeitsgetreue) Nachahmung von Bedingungen *od.* Vorgängen, *tech. a.* Nachbildung *f* im Mo'dell. '**sim·u·la·tor** [-tə(r)] *s* **1.** Heuchler(in). **2.** Nachahmer(in). **3.** Simu'lant(in). **4.** Simu'lator *m*: a) *Testgerät, in dem bestimmte Bedingungen wirklichkeitsgetreu herstellbar sind,* b) *Computer*: Nachbildner *m*, c) *aer. mil. mot. etc* Ausbildungsgerät *n* (*z. B. stationäre Flugzeugführerkabine*).

**si·mul·cast** [ˈsɪməlkɑːst; *Am.* ˈsaɪməlˌkæst] *s* Simulˈtansendung *f* (*über Hörfunk u. Fernsehen*).

**si·mul·ta·ne·i·ty** [ˌsɪməltəˈniːtɪ; ˌsaɪ-] *s* Gleichzeitigkeit *f*.

**si·mul·ta·ne·ous** [ˌsɪməlˈteɪnjəs; -ɪəs; ˌsaɪ-] *adj* (*adv ~ly*) gleichzeitig, simulˈtan (**with** mit): **~ computer** Simultanrechenanlage *f*, -rechner *m*; **~ game** (*Schach*) Simultanspiel *n*; **~ interpreting** Simultandolmetschen *n*.

**sin** [sɪn] **I** *s* **1.** Sünde *f*: **cardinal ~** Hauptsünde; **deadly** (*od.* **mortal, capital**) **~** Todsünde; **original ~** Erbsünde; **pardonable** (*od.* **venial**) **~** läßliche Sünde; → **besetting** 1, **omission** 2; **like ~** *sl.* ˌhöllisch', wie der Teufel; **to live in ~** *obs. od. humor.* in Sünde leben; **~ against the Holy Ghost** Sünde wider den Heiligen Geist; **~ offering** Sünd-, Sühneopfer *n*. **2.** *fig.* (**against**) Sünde *f*, Verstoß *m* (gegen), Frevel *m*, Versündigung *f* (an *dat*). **II** *v/i* **3.** sündigen, fehlen. **4.** *fig.* (**against**) sündigen, verstoßen (gegen), sich versündigen (an *dat*). [pflaster *n*.⟨

**sin·a·pism** [ˈsɪnəpɪzəm] *s med.* Senf-⟩

**sin bin** *s Eishockey: colloq.* Strafbank *f*.

**since** [sɪns] **I** *adv* **1.** seit'dem, -'her: **ever ~** seitdem; **long ~** seit langem; **how long ~?** seit wie langer Zeit?; **a short time ~** vor kurzem. **2.** inˈzwischen, ˈmittler-ˈweile: **he has ~ returned.** **II** *prep* **3.** seit: **~ 1945; ~ Friday; ~ seeing you** seitdem ich dich sah; **~ when …?** *colloq.* seit wann …? **III** *conj* **4.** seit'(dem): **how long is it ~ it happened?** wie lange ist es her, daß das geschah?; **ever ~ he was a child** (schon) seit s-r Kindheit. **5.** da (ja), weil.

**sin·cere** [sɪnˈsɪə(r)] *adj* aufrichtig: a) offen, *lit.* lauter: **a ~ friend** ein wahrer Freund, b) echt: **~ affection**, c) ehrlich: **a ~ wish. sin'cere·ly** *adv* aufrichtig: **Yours ~** Mit freundlichen Grüßen (*als Briefschluß*). **sin'cere·ness** → **sincerity** 1 *u.* 2.

**sin·cer·i·ty** [sɪnˈserətɪ] *s* **1.** Aufrichtigkeit *f*: **in all ~** in aller Offenheit. **2.** Lauterkeit *f*, Echtheit *f*. **3.** echtes *od.* aufrichtiges Gefühl.

**sin·ci·put** [ˈsɪnsɪpʌt] *pl* **-puts, sin'cip·i·ta** [-ˈsɪpɪtə] *s anat.* **1.** Schädeldach *n*. **2.** Vorderhaupt *n*.

**sine¹** [saɪn] *s math.* Sinus *m*: **~ curve** Sinuskurve *f*; **~ of angle** Winkelsinus; **~ wave** *phys.* Sinuswelle *f*.

**si·ne²** [ˈsaɪnɪ] (*Lat.*) *prep* ohne.

**si·ne·cure** [ˈsaɪnɪˌkjʊə(r); ˈsɪn-] *s* Sineˈkure *f*: a) *relig. hist.* Pfründe *f* ohne Seelsorge, b) *fig.* (einträgliche) Pfründe *f*. **'si·neˌcur·ist** *s* Inhaber *m* e-r Sineˈkure.

**si·ne¦ di·e** [ˌsaɪnɪˈdaɪiː; ˌsɪnɪˈdiːeɪ; ˌsɪneɪ-] (*Lat.*) *adv jur.* auf unbestimmte Zeit: **to adjourn ~.** **~ qua non** [-kweɪˈnɒn; *Am.* ˌsɪnɪˌkwɑːˈnɑːn] (*Lat.*) *s* Conˈditio *f* sine qua non, unerläßliche Bedingung.

**sin·ew** [ˈsɪnjuː] *s* **1.** *anat.* Sehne *f*, Flechse *f*. **2.** *pl* Muskeln *pl*, (Muskel)Kraft *f*. **3.** *fig.* Hauptstütze *f*, Lebensnerv *m*: **~s of war** das Geld *od.* die Mittel (zur Kriegführung *etc*). **4.** *pl* Sehnen. **'sin·ewed** *adj* → **sinewy**. **'sin·ew·less** *adj* **1.** ohne Sehnen. **2.** *fig.* kraftlos, schwach. **'sin·ew·y** *adj* **1.** sehnig. **2.** zäh (*a. fig.*). **3.** *fig.* kräftig, kraftvoll.

**sin·ful** [ˈsɪnfʊl] *adj* (*adv ~ly*) sündig, sündhaft. **'sin·ful·ness** *s* Sündhaftigkeit *f*.

**sing** [sɪŋ] **I** *v/i* *pret* **sang** [sæŋ], selten **sung** [sʌŋ], *pp* **sung** [sʌŋ] **1.** singen: **to ~ to s.o.** j-m vorsingen; **to ~ up** lauter singen; **to ~ small** *fig. colloq.* klein beigeben, kleinlaut werden. **2.** summen (*Biene, Wasserkessel etc*), zirpen (*Grille*). **4.** krähen (*Hahn*). **5.** *fig.* pfeifen, sausen,

schwirren (*Geschoß etc*). **6.** heulen, pfeifen (*Wind*). **7.** klingen (*Ohren*). **8.** *poet.* singen, dichten: **to ~ of** besingen. **9.** sich (*gut etc*) singen lassen (*Melodie etc*). **10. ~ out** (laut) rufen (**for** nach). **11.** *a.* **~ out** *bes. Am. sl.* ˌsingen', alle(s) verraten (**to** bei) (*Verbrecher*). **II** *v/t* **12.** singen: **to ~ another song** (*od.* **tune**) *fig.* e-n anderen Ton anschlagen; **to ~ the same song** (*od.* **tune**) *fig.* ins gleiche Horn blasen *od.* stoßen; **to ~ sorrow** jammern. **13. ~ out** ausrufen, schreien. **14.** *poet.* besingen. **15.** j-n durch Singen beruhigen *etc*: **to ~ s.o. to rest;** **to ~ a child to sleep** ein Kind in den Schlaf singen. **III** *s* **16.** *bes. Am. colloq.* (Gemeinschafts)Singen *n*.

**'sing·a·ble** *adj* singbar, zu singen(d).

**singe** [sɪndʒ] **I** *v/t* **1.** ver-, ansengen: **to ~ one's feathers** (*od.* **wings**) *fig.* ˌsich die Finger verbrennen'; **a ~d cat** *Am.* j-d, der nicht so schlecht ist, wie er aussieht; **his reputation is a little ~d** sein Ruf ist ein bißchen angeknackst. **2.** *Geflügel, Schweine* (ab)sengen. **3.** *meist* **~ off** Borsten *etc* absengen. **4.** Haar sengen (*Friseur*). **5.** *Tuch* sengen, (ab)flammen. **II** *v/i* **6.** versengen. **III** *s* **7.** Versengung *f*. **8.** versengte Stelle. **'singe·ing** *s* (Ver-, Ab-, An)Sengen *n*.

**sing·er** [ˈsɪŋə(r)] *s* **1.** Sänger(in) (*a. poet. Dichter*). **2.** Singvogel *m*.

**Sin·gha·lese** [ˌsɪŋhəˈliːz; ˌsɪŋɡəˈliːz] **I** *s* **1.** a) Sing(h)aˈlese *m*, Sing(h)aˈlesin *f* (*Mischling auf Ceylon*), b) *pl* Sing(h)aˈlesen *pl*. **2.** *ling.* Sing(h)aˈlesisch *n*, das Sing(h)aˈlesische. **II** *adj* **3.** sing(h)aˈlesisch.

**sing·ing** [ˈsɪŋɪŋ] **I** *adj* **1.** singend (*etc*; → **sing** I). **2.** Sing…, Gesangs…: **~ lesson. 3.** *phys.* tönend: **~ arc; ~ flame; ~ glass** *phys.* Resonanzglas *n*. **II** *s* **4.** Singen *n*, Gesang *m*: **to teach ~** Gesangsunterricht geben. **5.** *fig.* Klingen *n*, Summen *n*, Pfeifen *n* (*a. electr. etc*), Sausen *n*: **a ~ in the ears** Ohrensausen. **~ bird** *s* Singvogel *m*. **~ voice** *s* Singstimme *f*.

**sin·gle** [ˈsɪŋɡl] **I** *adj* (*adv* → **singly**) **1.** einzig: **not a ~ one** kein einziger. **2.** einzeln, einfach, Einzel…, Ein(fach)…, ein(fach)…: **~-decker** *aer.* Eindecker *m* (*Br. a. einstöckiger Bus*); **~-engined** einmotorig (*Flugzeug*); **~-pole switch** einpoliger Schalter; **~-stage** einstufig; **~-thread** eingängig (*Gewinde*), **~(-trip) ticket** → 12; **~ bookkeeping. 3.** einzeln, alˈlein, Einzel…: **~ bed** Einzelbett *n*; **~ parts** Einzelteile; **~ room** → 13. **4.** alˈlein: a) einsam, für sich (lebend *etc*), b) alˈleinstehend, ledig, unverheiratet, c) ohne fremde Hilfe: **~ life** einsames Leben; Ledigen-, Junggesellenstand *m*; **~ man** Alleinstehende(r) *m*, Junggeselle *m*; **~ mother** alleinerziehende Mutter; **~ woman** Alleinstehende *f*, Junggesellin *f*; → **blessedness** 1. **5.** einmalig: **~ payment. 6.** einmalig, einzigartig: **of a ~ beauty. 7.** ungeteilt, einzig: **~ purpose; to have a ~ eye for** nur Sinn haben für, nur denken an (*acc*); **with a ~ voice** wie aus ˈeinem Munde. **8.** *bot.* einfach, ungefüllt (*Blüte*). **9.** *tech.* einfach, nur ˈeinen Arbeitsgang verrichtend (*Maschine*). **10.** *fig.* aufrichtig: **~ devotion.**

**II** *s* **11.** (der, die, das) Einzelne *od.* Einzige. **12.** *Br.* a) einfache Fahrkarte, b) *aer.* einfaches Ticket. **13.** Einzel…, Einbettzimmer *n*. **14.** *meist pl Tennis etc*: Einzel *n*: **a ~s match** ein Einzel; **~s court** Einzelfeld *n*; **men's ~s** Herreneinzel. **15.** *Single f* (*Schallplatte*). **16.** a) *Br.* ˈEinˌpfundschein *m*, b) *Am.* Einˈdollarschein *m*. **17.** *Single m*, Unverheiratete(r *m*) *f*. **18.** a) *Baseball:* Schlag, der den Spieler nur bis zum ersten Mal gelangen läßt, b) *Kricket:* Schlag *m* für ˈeinen Lauf. **19.**

*hunt. Br.* Wedel *m*, Ende *n* (*des Rehwilds*).

**III** *v/t* **20.** *meist* **~ out** a) auslesen, -suchen, -wählen (**from** aus), b) bestimmen (**for** für *e-n Zweck*), c) her'ausheben.

**sin·gle-'act·ing** *adj tech.* einfachwirkend. **~-'ac·tion** *adj tech.* Einfach… (*nur ˈeinen Arbeitsgang verrichtend*): **~ rifle** Spannschloßgewehr *n*. **~-'bar·rel(l)ed** *adj* einläufig: **~ gun.** **~-'blind** *adj*: **~ experiment** (*od.* **test**) *pharm. psych.* Blindversuch *m*. **~-'breast·ed** *adj* einreihig: **~ suit** Einreiher *m*. **~-'com·bat** *s* Zweikampf *m*, Kampf *m* Mann gegen Mann. **~-'cut** *adj tech.* einhiebig (*Feile*). **~-'en·try** *s econ.* **1.** einfache Buchung. **2.** einfache Buchführung. **~-'eyed** → **single-minded.** **~ file I** *s* Einzelreihe *f*, Gänsemarsch *m*: **in ~** → II. **II** *adv* im Gänsemarsch, *mil.* in Reihe. **~-'foot** *s* (schneller) Paßgang. **~-'hand·ed** *adj u. adv* (*adv a. ~ly*) **1.** einhändig. **2.** mit ˈeiner Hand (arbeitend *etc*). **3.** *fig.* eigenhändig, alˈlein, selbständig, ohne (fremde) Hilfe, auf eigene Faust. **4.** *bes. tech.* mit ˈeiner Hand zu bedienen(d), Einmann…. **5.** *Segeln:* Einhand…. **~-'heart·ed** → **single-minded.** **~-'mind·ed** *adj* **1.** aufrichtig, redlich. **2.** zielstrebig, -bewußt. **~-'mind·ed·ness** *s* **1.** Aufrichtigkeit *f*. **2.** Zielstrebigkeit *f*. **~-ˌname pa·per** *s econ. Am.* nicht giˈrierter Solawechsel.

**'sin·gle·ness** *s* **1.** Einmaligkeit *f*. **2.** Ehelosigkeit *f*. **3.** Einsamkeit *f*. **4.** *a.* **~ of purpose** Zielstrebigkeit *f*. **5.** *fig.* Aufrichtigkeit *f*.

**ˌsin·gle-'phase** *adj electr.* einphasig, Einphasen…. **~ price** *s econ.* Einheitspreis *m*. **~-'seat·er** *bes. aer.* **I** *s* Einsitzer *m*. **II** *adj* Einsitzer…, einsitzig. **~-'sex** *adj*: **~ school** *ped.* a) Jungenschule *f*, b) Mädchenschule *f*. **~-'space** *v/t u. v/i* mit einzeiligem Abstand schreiben *od.* tippen. **~-'stand·ard** *s econ. Am.* ˈmonometalˌlistische Währung. **~-'stick** *sport* **I** *s* a) ˈStockraˌpier *n*, b) Stockfechten *n*. **II** *v/i* stockfechten.

**sin·glet** [ˈsɪŋɡlɪt] *s* **1.** *bes. Br.* a) ärmelloses ˈUnterhemd, b) ärmelloses Triˈkot. **2.** *chem. phys.* Singuˈlett *n*.

**sin·gle tax** *s econ. Am.* Einheitssteuer *f*.

**sin·gle·ton** [ˈsɪŋɡltən] *s* **1.** *Kartenspiel:* Singleton *m* (*einzige Karte e-r Farbe*). **2.** a) Einzelkind *n*, b) Indiˈviduum *n*, c) Einzelgegenstand *m*.

**ˌsin·gle-'track** *adj* **1.** einspurig (*Straße*), *rail. a.* eingleisig. **2.** einspurig (*Tonband*). **3.** → **one-track** 2. **~-'val·ued** *adj math.* einwertig, -deutig. **~-'wire** *adj electr.* eindrähtig, Einader….

**sin·gly** [ˈsɪŋɡlɪ] *adv* **1.** einzeln. **2.** → **single-handed** 3.

**'sing·out** *s* Sing-out *n* (öffentliches Singen von Protestliedern). **~-'song** **I** *s* **1.** Singsang *m*. **2.** *Br.* Gemeinschaftssingen *n*: **to have a ~** gemeinschaftlich singen. **II** *adj* **3.** eintönig. **III** *v/t u. v/i* **4.** eintönig sprechen *od.* singen.

**sin·gu·lar** [ˈsɪŋɡjʊlə(r)] **I** *adj* (*adv ~ly*) **1.** *fig.* einzigartig, einmalig: **a ~ success. 2.** *fig.* eigentümlich, seltsam: **a ~ man. 3.** *ling.* singuˈlarisch, Singular…: **~ number** → 6. **4.** *math. philos.* singuˈlär. **5.** *bes. jur.* einzeln, gesondert: **all and ~** jeder (jede, jedes) einzelne. **II** *s* **6.** *ling.* Singular *m*, (Wort *n* in der) Einzahl *f*. **'sin·gu·lar·ism** *s philos.* Singulaˈrismus *m*. **sin·guˈlar·i·ty** [-ˈlærətɪ] *s* **1.** Besonderheit *f*, Eigentümlichkeit *f*, Seltsamkeit *f*. **2.** Einzigartigkeit *f*. **3.** *math.* Singulariˈtät *f*. **'sin·gu·lar·ize** *v/t* **1.** herˈausstellen. **2.** *ling.* in die Einzahl setzen.

**sin·gul·tus** [sɪŋˈɡʌltəs] *s med.* Sinˈgultus *m*, Schluckauf *m*.

**sin·is·ter** [ˈsɪnɪstə(r)] *adj* (*adv ~ly*)

1. böse, drohend, unheilvoll. **2.** finster, unheimlich. **3.** *her.* link(er, e, es).

**sin·is·tral** ['sɪnɪstrəl] *adj* (*adv* ~ly) **1.** link(er, e, es), linksseitig. **2.** linkshändig. **3.** linkswendig (*Schneckenhaus*).

**sink** [sɪŋk] **I** *v/i pret* **sank** [sæŋk], *selten* **sunk** [sʌŋk], *pp* **sunk** [sʌŋk], *obs. außer als adj* **sunk·en** ['sʌŋkən] **1.** sinken, 'untergehen (*Schiff etc*; *a. Gestirn*): ~ **or swim** *fig.* ganz egal, was passiert; **to leave s.o. to** ~ **or swim** *fig.* j-n s-m Schicksal *od.* sich selbst überlassen. **2.** (her'ab-, nieder)sinken: **his head sank**; **to** ~ **into a chair**; **to** ~ **into the grave** ins Grab sinken. **3.** *unter-*, einsinken: **to** ~ **in the deep snow. 4.** sich senken: a) her'absinken (*Dunkelheit, Wolke etc*), b) abfallen (*Gelände*), c) einsinken (*Haus, Grund*). **5.** sinken, fallen (*Preise, Wasserspiegel, Zahl etc*). **6.** zs.-, 'umsinken. **7.** ~ **under** erliegen (*dat*). **8.** (ein)dringen, (ein)sickern (**into** *in acc*). **9.** *fig.* (**into**) (in *j-s Geist*) eindringen, sich einprägen (*dat*): **he allowed his words to** ~ **in** er ließ s-e Worte wirken. **10.** ~ **into** *fig.* in Ohnmacht, Schlaf *etc* sinken. **11.** nachlassen, abnehmen, schwächer werden: **the storm is** ~**ing**; **the** ~**ing flames** die verlöschenden Flammen. **12.** sich dem Ende nähern, schwächer werden (*Kranker*): **the patient is** ~**ing** fast der Kranke verfällt zusehends. **13.** *in Armut, Vergessenheit etc* geraten, *dem Laster etc* verfallen: **to** ~ **into oblivion (poverty). 14.** (*im Wert etc*) sinken. **15.** sich senken (*Stimme, Blick*): **his voice sank to a whisper. 16.** sinken (*Mut*): **his heart sank** ihn verließ der Mut, sein Mut sank; → **boot**[1] 1.

**II** *v/t* **17.** zum Sinken bringen. **18.** versenken: **to** ~ **a ship. 19.** ver-, einsenken: **to** ~ **a pipe (a post). 20.** *e-e Grube etc* ausheben, *e-n Brunnen, ein Loch* bohren: **to** ~ **a shaft** (*Bergbau*) e-n Schacht abteufen. **21.** *tech.* a) einlassen, -betten, b) 'eingra,vieren, -schneiden, c) *Stempel* schneiden. **22.** *den Wasserspiegel etc, a. den Preis, e-n Wert* senken. **23.** *den Blick, Kopf, a. die Stimme* senken: **to** ~ **one's head on one's chest** den Kopf auf die Brust sinken lassen. **24.** (*im Preis od. Wert*) her'absetzen. **25.** vermindern, -ringern. **26.** *fig.* das Niveau, den Stand her'abdrücken. **27.** a) zu'grunde richten, rui'nieren: **we are sunk** *colloq.* wir sind ,erledigt' *od.* ,geliefert', b) *Plan* zum Scheitern bringen, *e-e Tatsache etc* verheimlichen, vertuschen. **29.** sich hin-'wegsetzen über (*acc*): **to** ~ **one's differences** den Streit begraben *od.* beilegen; → **shop** 3. **30.** *Geld, Arbeit etc* inve'stieren (**in**, **into** *in acc*). **31.** *econ. e-e Schuld* tilgen. **32.** *e-n Anspruch, Namen etc* aufgeben.

**III** *s* **33.** Ausguß(becken *n*) *m*, Spülbecken *n*, Spüle *f* (*in der Küche*): **to go down the** ~ *fig. colloq.* zum Teufel gehen, ,flötengehen'. **34.** Abfluß *m*, Abwasserrohr *n*. **35.** *fig.* Pfuhl *m*, Sumpf *m*: **a** ~ **of iniquity** a) ein Sündenpfuhl, b) e-e Lasterhöhle. **36.** *geol.* a) Bodensenke *f*, b) Endsee *m*, Binnendelta *n*, c) Erosi'onstrichter *m*. **37.** *thea.* Versenkung *f*.

**sink·a·ble** ['sɪŋkəbl] *adj* zu versenken(d), versenkbar.

**'sink·er** *s* **1.** *Bergbau*: Abteufer *m*. **2.** *tech.* Stempelschneider *m*. **3.** *Weberei*: Pla'tine *f*. **4.** a) *mar.* Senkblei *n* (*Lot*), b) Senkgewicht *n* (*am Fischnetz etc*): → **hook** 3. **5.** *Am. sl.* (*Art*) Krapfen *m* (*Gebäck*).

**'sink·ing** **I** *s* **1.** (Ein-, Ver)Sinken *n*. **2.** Versenken *n*. **3.** Schwächegefühl *n*: a) *meist* ~ **of the heart** Angstgefühl *n*, Beklommenheit *f*, b) *meist* ~ **in the**

**stomach** flaues Gefühl im Magen (*a. fig.*). **4.** *med.* Senkung *f* (*e-s Organs*). **5.** *econ.* Tilgung *f* (*e-r Schuld*). **II** *adj* **6.** sinkend (*a. Kräfte, Mut etc*): ~ **fund** Til-gungs-, Amortisationsfonds *m*.

**'sin·less** *adj* (*adv* ~ly) sünd(en)los, sündenfrei, unschuldig, schuldlos. **'sin·less·ness** *s* Sündlosigkeit *f*.

**sin·ner** ['sɪnə(r)] *s* Sünder(in) (*a. fig.* Missetäter[in]; *a. humor.* Halunke).

**Sinn**| **Fein** [ˌʃɪn'feɪn] *s pol.* **1.** Sinn Fein *m* (*1905 gegründete nationalistische Bewegung u. Partei in Irland*). **2.** → **Sinn Feiner**. ~ **Fein·er** *s* Sinnfeiner(in).

**Sino-** [ˈsɪnəʊ; saɪ-; -nə] *Wortelement mit der Bedeutung* chinesisch, China...: ~-**American** chinesisch-amerikanisch.

**Si·no·log·i·cal** [ˌsaɪnə'lɒdʒɪkl; *Am.* -'lɑ-] *adj* sino'logisch. **Si'nol·o·gist** [-'nɒlədʒɪst; *Am.* -'nɑl-], **'Si·no·logue** [-nəlɒg; *Am.* a. -ˌlɑg] *s* Sino'loge *m*, -'login *f*. **Si'nol·o·gy** [-dʒɪ] *s* Sinolo'gie *f* (*Erforschung der chinesischen Sprache, Kultur etc*).

**sin·ter** ['sɪntə(r)] **I** *s geol. u. metall.* Sinter *m*. **II** *v/t* Erz sintern.

**sin·u·ate** ['sɪnjʊət; -eɪt; *Am.* -jəwət; -jəˌweɪt] *adj bes. bot.* gebuchtet (*Blatt*).

**sin·u·os·i·ty** [ˌsɪnjʊ'ɒsɪtɪ; *Am.* -jə'wɑs-] *s* **1.** Biegung *f*, Krümmung *f*, Windung *f*. **2.** Gewundenheit *f* (*a. fig.*). **3.** *fig.* (*das*) Verwickelte.

**sin·u·ous** ['sɪnjʊəs; *Am.* -jəwəs] *adj* (*adv* ~ly) **1.** gewunden, wellenförmig, sich schlängelnd: ~ **line** Wellen-, Schlangenlinie *f*; ~ **flow** *phys.* Wirbelströmung *f*. **2.** *math.* sinusförmig gekrümmt. **3.** *fig.* verwickelt. **4.** *fig.* krumm, winkelzügig. **5.** geschmeidig.

**si·nus** ['saɪnəs] *s* **1.** Krümmung *f*, Kurve *f*. **2.** Ausbuchtung *f* (*a. bot. e-s Blattes*). **3.** *anat. med.* Sinus *m*: a) (Knochen-, Neben)Höhle *f*, b) (*im Hirn*) ve'nöser Sinus, c) Ausbuchtung *f* (*in Gefäßen u. Gängen*), d) Fistelgang *m*.

**si·nus·i·tis** [ˌsaɪnə'saɪtɪs] *s med.* Sinu'(s)itis *f*, Nebenhöhlenentzündung *f*: **frontal** ~ Stirnhöhlenkatarrh *m*.

**si·nus·oi·dal** [ˌsaɪnə'sɔɪdl] *adj electr. math. phys.* sinusförmig, Sinus...: ~ **wave** Sinuswelle *f*.

**Siou·an** ['suːən] *bes. ling.* **I** *adj* Sioux... **II** *s* Sioux *n*, (*die*) Sprache der Sioux.

**Sioux** [suː] **I** *pl* **Sioux** [suːz; suː] *s* a) 'Sioux(indi,aner[in]) *m*, *f*, b) *pl* 'Sioux (-indi,aner) *pl.* **II** *adj* Sioux... ~ **State** *s Am.* (*Beiname für*) North Da'kota *n*.

**sip** [sɪp] **I** *v/t* **1.** nippen an (*dat*) *od.* von, schlückchenweise trinken. **II** *v/i* **2.** (**at**) nippen (*an dat od.* von), schlückchenweise trinken (von). **III** *s* **3.** Nippen *n*. **4.** Schlückchen *n*.

**siph** → **syph**.

**si·phon** ['saɪfn] **I** *s* **1.** Saugheber *m*, Siphon *m*. **2.** *a.* ~ **bottle** Siphonflasche *f*. **3.** *med.* Unter'führung *f* (*e-r Wasserleitung etc*). **4.** *zo.* Sipho *m* (*Atem-, Kloakenöffnung*). **II** *v/t* **5.** *a.* ~ **out** (*a. med. den Magen*) aushebe(r)n, entleeren. **6.** *a.* ~ **off** a) absaugen, b) *fig.* abziehen: **to** ~ (**off**) **staff (funds**, *etc*), c) *fig.* weiterleiten, d) *fig.* abschöpfen: **to** ~ (**off**) **profits. III** *v/i* **7.** (*durch e-n Heber*) aus-, ablaufen. **'si·phon·age** *s bes. phys.* **1.** Aushebern *n*. **2.** Heberwirkung *f*.

**sip·pet** ['sɪpɪt] *s* **1.** (Brot-, Toast)Brocken *m* (*zum Eintunken*). **2.** geröstete Brotschnitte.

**sir** [sɜː; *unbetont* sə; *Am.* sɜr; sər] **I** *s* **1.** mein Herr! (*respektvolle Anrede, meist unübersetzt*): **yes,** ~ ja(wohl) (Herr Lehrer, Herr Oberst, Herr Maier *etc*); **no,** ~ a) nein (mein Herr *etc*), b) *iro.* nein, mein Lieber!, nichts da, mein Freund!; **my dear** ~! *iro.* mein Verehrtester!; **S.** An-

rede in (*Leser*)Briefen (*im Deutschen unübersetzt*); **Dear S.s** Sehr geehrte Herren! (*Anrede in Briefen*). **2. S.** *Br.* Sir *m* (*Titel e-s* **baronet** *od.* **knight**): **S. W. Churchill, S. Winston Churchill,** (*vertraulicher*) **S. Winston. 3.** *Br. Anrede für den* **Speaker** *im Unterhaus.* **4.** Herr *m* (*Titel für antike Helden*). **5.** *obs.* Herr *m* (*in Verbindung mit dem Titel*): ~ **knight. II** *v/t* **6.** j-n mit ,Sir' anreden: **don't** ~ **me!**

**sir·car** ['sɜːkɑː] *s Br. Ind.* **1.** *hist.* indische Re'gierung. **2.** (Haus)Herr *m*. **3.** Sirkar *m*, (eingeborener) Hausverwalter.

**sir·dar** ['sɜːdɑː; *Am.* 'sɜrˌdɑːr] *s mil.* Sir'dar *m*: a) (*in Indien etc*) Befehlshaber *m*, b) *hist.* (*in Ägypten*) brit. Ar'mee-Oberbefehlshaber *m*.

**sire** ['saɪə(r)] **I** *s* **1.** *poet.* a) Vater *m*, Erzeuger *m*, b) Vorfahr *m*. **2.** Vater(tier *n*) *m*, männliches Stammtier, *bes.* Beschäler *m*, Zuchthengst *m*. **3. S.!** Sire!, Eure Maje'stät (*Anrede*). **II** *v/t* **4.** zeugen: **to be** ~**d by** abstammen von (*bes. Zuchtpferd*).

**si·ren** ['saɪərən] **I** *s* **1.** *myth.* Si'rene *f* (*a. fig.* verführerische Frau *od.* bezaubernde Sängerin). **2.** *tech.* Si'rene *f*. **3.** *zo.* a) Armmolch *m*, b) → **sirenian**. **II** *adj* **4.** Sirenen..., *bes. fig.* lockend, verführerisch: ~ **song** Sirenengesang *m*.

**si·re·ni·an** [saɪ'riːnjən; -ɪən] *s zo.* Si'rene *f*, Seekuh *f*.

**sir·i·a·sis** [sɪ'raɪəsɪs] *s med.* Sonnenstich *m*.

**sir·kar** → **sircar**.

**sir·loin** ['sɜːlɔɪn; *Am.* 'sɜr-] *s gastr.* Lenden-, Nierenstück *n* (*des Rinds*): ~ **steak** Lendensteak *n*.

**si·roc·co** [sɪ'rɒkəʊ; *Am.* -'rɑk-] *s* Schi'rokko *m* (*Wind im Mittelmeergebiet*).

**sir·rah** ['sɪrə] *s obs. od. dial.* **1.** Kerl *m*, Bursche *m*. **2.** *interj contp.* Du da!

**sir·ree** [sər'iː; ˌsər'iː] *s Am. colloq.* mein Lieber!: **yes,** ~! aber klar!; **no,** ~! nee, nee!

**ˌsir-'rev·er·ence** *s obs.* **1.** mit Verlaub (*bes. entschuldigend*). **2.** Kot *m*.

**sir·ta·ki** [sɪr'tɑːkiː] *s mus.* Sir'taki *m*.

**sir·up, sir·up·y** → **syrup, syrupy.**

**sis** [sɪs] *s colloq.* Schwester *f*.

**si·sal (hemp)** ['saɪsl] *s* **1.** *bot.* 'Sisal-a,gave *f*. **2.** Sisal(hanf) *m*.

**sis·kin** ['sɪskɪn] *s zo.* (Erlen)Zeisig *m*.

**sis·si·fied** ['sɪsɪfaɪd] *adj colloq.* → **sissy** II.

**sis·sy** ['sɪsɪ] *colloq.* **I** *s* **1.** Weichling *m*, ,Heulsuse' *f*. **2.** ,Waschlappen' *m*, Feigling *m*. **3.** *Am.* Schwester *f*. **II** *adj* **4.** weibisch, verweichlicht. **5.** feig.

**sis·ter** ['sɪstə(r)] *s* **1.** Schwester *f*: **the Fatal** (*od.* **Three**) **S.s** die drei Schicksalsschwestern. **2.** *relig.* a) (Ordens-)Schwester *f*, b) *pl* Schwestern(schaft *f*) *pl*: ~**s of Mercy** Barmherzige Schwestern. **3.** *med. bes. Br.* a) Oberschwester *f*, b) (Kranken)Schwester *f*. **4.** *fig.* Schwester *f* (*etwas Gleichartiges*): **prose, younger** ~ **of verse. 5.** *econ.* ,Schwester' *f* (*Schwestergesellschaft*). **6.** *Am. sl.* (*als Anrede*) ,Mädchen!', ,Kleine!' **II** *adj* **7.** Schwester... (*a. fig.*): ~ **cells** (**city, company, party, ship**, *etc*). ~**-'ger·man** *pl* ~**s-'ger·man** *s* leibliche Schwester.

**'sis·ter·hood** *s* **1.** schwesterliches Verhältnis. **2.** *relig.* Schwesternschaft *f*.

**'sis·ter-in-law** *pl* **'sis·ters-in-law** *s* Schwägerin *f*.

**'sis·ter·less** *adj* schwesterlos, ohne Schwester(n). **'sis·ter·ly** *adj* schwesterlich: ~ **love** Schwesterliebe *f*.

**Sis·tine** ['sɪstiːn; *Br. a.* -taɪn] *adj* six'tinisch: ~ **Chapel** Sixtinische Kapelle.

**Sis·y·phe·an** [ˌsɪsɪ'fiːən] *adj*: ~ **task**, ~ **labo(u)r** Sisyphusarbeit *f*.

**sit** [sɪt], *pret* **sat** [sæt] *obs.* **sate** [sæt; seɪt], *pp* **sat** [sæt] *obs.* **sit·ten** [ˈsɪtn] **I** *v/i* **1.** sitzen: to ~ at s.o.'s feet (*als Schüler*) zu j-s Füßen sitzen; to ~ at work über der Arbeit sitzen; to ~ on one's hands a) nicht applaudieren, b) *fig.* keinen Finger rühren; → fence 11, pretty 9, tight 15. **2.** sich (ˈhin)setzen. **3.** liegen, gelegen sein. **4.** sitzen, brüten (*Henne*). **5.** liegen, lasten. **6.** sitzen, sich (in e-r bestimmten Lage *od.* Stellung) befinden: ~s the wind there? *fig.* daher weht der Wind? **7.** e-e Sitzung (ab)halten, tagen. **8.** (*in e-m Amt*) sitzen, e-n Sitz (inne)haben (in Parliament, *etc* im Parlaˈment *etc*): to ~ on a committee e-m Ausschuß angehören; → sit for 2. **9.** (to s.o.) (Moˈdell *od.* Porˈträt) sitzen: → sit for 3. **10.** sitzen, passen (*Kleidung etc*) (*dat*), *fig. a.* (*j-m*) gut *etc* zu Gesichte stehen: this coat ~s well; his imperiousness ~s him well. **11.** *colloq.* → sit in 1. **II** *v/t* **12.** ~ o.s. sich setzen: → sit down 8. **13.** (*im Sattel*) sitzen auf (*dat*): to ~ a horse well gut zu Pferd sitzen. **14.** Sitzplatz bieten für, aufnehmen: the car will ~ 6 persons. **15.** setzen: to ~ a hen on eggs e-e Glucke setzen.

*Verbindungen mit Präpositionen:*
**sit| for** *v/i* **1.** e-e Prüfung machen. **2.** *parl.* in e-n Wahlkreis vertreten. **3.** one's portrait sich porträˈtieren lassen. **~ on** *v/i* **1.** lasten auf (*j-m*), j-m im Magen liegen. **2.** beraten über (*acc*). **3.** → sit 8. **4.** *colloq.* j-m ,aufs Dach steigen': he needs to be sat on er hat e-e ,Abreibung' nötig. **5.** *colloq.* a) e-e Nachricht *etc* zuˈrückhalten, unterˈdrücken, b) auf e-n Antrag *etc* ,sitzen'. **~ o·ver** *v/i* sitzen über *od.* an (*e-r Arbeit*). **~ through** *v/i* a) e-n Film *etc* bis zum Ende *od.* ganz ansehen, b) über sich ergehen lassen: we had to ~ a boring supporting film. **~ un·der** *v/i* **1.** *relig.* j-s Gottesdienst (*regelmäßig*) besuchen. **2.** j-s Schüler sein, (Vorlesungen) hören bei. **~ up·on** → sit on.

*Verbindungen mit Adverbien:*
**sit|a·bout, ~a·round** *v/i* herˈumsitzen. **~ back** *v/i* **1.** sich zuˈrücklehnen. **2.** *fig.* die Hände in den Schoß legen. **~ by** *v/i* keinen Finger rühren. **~ down I** *v/i* **1.** sich (hin-, nieder)setzen, Platz nehmen: to ~ to work sich an die Arbeit machen. **2.** *aer.* aufsetzen, landen. **3.** ~ before *mil.* belagern. **4.** sich festsetzen *od.* niederlassen. **5.** *fig.* e-e Verschnaufpause einlegen. **6.** ~ (up)on *colloq.* → sit on 4. **7.** ~ under e-e Beleidigung *etc* ˈhinnehmen, einstecken. **II** *v/t* **8.** j-n (ˈhin)setzen. **~ in** *v/i* **1.** babysitten. **2.** a) ein Sit-ˈin veranstalten *od.* inszeˈnieren, b) an e-m Sit-in teilnehmen. **3.** *bes. Am. colloq.* mitmachen (at, on bei). **4.** ~ for *Br.* für j-n einspringen. **~ out I** *v/t* **1.** e-r Vorstellung bis zum Ende beiwohnen. **2.** länger bleiben *od.* aushalten als (*ein anderer Besucher etc*). **3.** ein Spiel, e-n Tanz *etc* auslassen. **II** *v/i* **4.** aussetzen, (*bei e-m Spiel etc*) nicht mitmachen. **5.** draußen *od.* im Freien sitzen. **6.** Segeln: *bes. Br.* das Boot ausreiten. **~ o·ver** *v/i* zur Seite rücken. **~ up** *v/i* **1.** aufrecht sitzen. **2.** sich aufsetzen: to ~ and beg schönmachen, Männchen machen (*Hund*). **3.** sich *im Bett etc* aufrichten. **4.** aufbleiben, b) wachen (with bei e-m Kranken). **5.** *a.* ~ and take notice *colloq.* aufhorchen, aufmerksam werden: to make s.o. ~ a) j-n aufhorchen lassen, b) j-n aufrütteln, c) j-n ,schwer rannehmen'.

**si·tar** [sɪˈtɑː(r); *Br. a.* ˈsɪtɑː] *s mus.* Siˈtar *m.*
**sit·com** [ˈsɪtkɒm; *Am.* -ˌkɑm] *s thea. colloq.* Situatiˈonsko,mödie *f.* **'~-down**

**I** *s* **1.** Verschnaufpause *f*: to have a ~ e-e Verschnaufpause einlegen. **2.** a) *a.* ~ strike *econ.* Sitzstreik *m*, b) *a.* ~ demonstration ˈSitzdemonstratiˌon *f.* **II** *adj* **3.** im Sitzen (eingenommen): a ~ meal.
**site** [saɪt] **I** *s* **1.** Lage *f* (*e-r Baulichkeit, Stadt etc*): ~ plan Lageplan *m.* **2.** Stelle *f*, Örtlichkeit *f*: ~ assembly *tech.* Montagebauverfahren *n*; on ~ a) an Ort u. Stelle, vor Ort liefern *etc*, b) auf der Baustelle. **3.** Stelle *f*, Stätte *f*, Schauplatz *m* (*e-s Vorgangs*): the ~ of the excavations die Ausgrabungsstätte; the ~ of a crime der Tatort; the ~ of the fracture *med.* die Bruchstelle. **4.** Bauplatz *m*, -gelände *n*, Grundstück *n.* **5.** Sitz *m* (*e-r Industrie*). **6.** *econ.* (Ausstellungs)Gelände *n.* **II** *v/t* **7.** plaˈzieren, legen, aufstellen, an-, ˈunterbringen, *e-r Sache* e-n Platz geben: well-~d schöngelegen, in schöner Lage (*Haus*).
**sith** [sɪθ] *Bibl. od. obs. für* since.
**'sit-in** *s* Sit-ˈin *n.*
**si·tol·o·gy** [saɪˈtɒlədʒɪ; *Am.* -ˈtɑl-] *s med.* Diˈätkunde *f*, Ernährungswissenschaft *f.*
**si·to·pho·bi·a** [-təʊˈfəʊbjə; -bɪə] *s psych.* Sitophoˈbie *f*, krankhafte Angst vor dem Essen.
**sit·ten** [ˈsɪtn] *pp obs. von* sit.
**sit·ter** [ˈsɪtə(r)] *s* **1.** Sitzende(r *m*) *f.* **2.** a) Glucke *f*, b) brütender Vogel: a bad ~ e-e schlechte Brüterin. **3.** *paint.* Moˈdell *n.* **4.** *a.* ~-in Babysitter(in). **5.** a) *hunt.* leichter Schuß, b) *fig.* leichte Beute, c) *sport* todsichere Chance.
**'sit·ting** I *s* **1.** Sitzen *n.* **2.** *bes. jur. parl.* Sitzung *f*, Tagung *f*: all-night ~ Nachtsitzung. **3.** *paint. phot. etc* Sitzung *f*: at one ~ *fig.* in ˈeinem Zug *durchlesen etc.* **4.** a) Brutzeit *f*, b) Gelege *n.* **5.** *relig. thea.* Sitz *m*, Platz *m.* **II** *adj* **6.** sitzend. **7.** Tagungs..., Sitzungs..., tagend: the ~ members. **8.** brütend: ~ hen Glucke *f.* **9.** Sitz...: ~ place Sitz(platz) *m.* ~ duck *s fig.* leichte Beute. ~ room *s* **1.** Platz *m* zum Sitzen. **2.** Wohnzimmer *n.* ~ tenant *s* (augenblicklicher) Mieter.
**sit·u·ate** [ˈsɪtjʊeɪt; *Am.* ˈsɪtʃ[ə]weɪt] **I** *v/t* **1.** aufstellen, *e-r Sache* e-n Platz geben, den Platz (*gen*) bestimmen *od.* festlegen. **2.** in e-e Lage bringen. **II** *adj* [-eɪt; *Am. a.* -ət] *jur. od. obs. für* situated 1. **'sit·u·at·ed** [-eɪtɪd] *adj* **1.** gelegen: to be ~ liegen, (gelegen) sein (*Haus*). **2.** in e-r *schwierigen etc* Lage (befindlich): well ~ gut situiert, wohlhabend; thus ~ in dieser Lage.
**sit·u·a·tion** [ˌsɪtjʊˈeɪʃn; *Am.* -tʃʊˈw-] *s* **1.** Lage *f* (*e-s Hauses etc*). **2.** Platz *m.* **3.** *fig.* Situatiˈon *f*: a) Lage *f*, Zustand *m*, b) Sachlage *f*, ˈUmstände *pl*: a difficult ~; the economic ~ of a country; ~ map *mil.* Lagekarte *f*, *tech.* Situationsplan *m*; ~ report *mil.* Lagebericht *m.* **4.** *thea.* draˈmatische Situatiˈon, Höhepunkt *m.* **5.** Stellung *f*, Stelle *f*, Posten *m*: ~s vacant (in Zeitungen etc) Stellenangebote; ~s wanted Stellengesuche. **sit·u·a·tion·al** [-ʃənl] *adj* Situations..., Lage...
**sit·u·a·tion| com·e·dy** *s thea.* Situatiˈonsko,mödie *f.* ~ eth·ics *s pl* (*als sg konstruiert*) philos. Situatiˈonsethik *f.*
**si·tus** [ˈsaɪtəs] *pl* **si·tus** *s* **1.** *med.* Situs *m*, (anaˈtomische) Lage (*e-s Organs*). **2.** Sitz *m*, Lage *f*, Ort *m.*
**sitz| bath** [sɪts] *s* **1.** Sitzbadewanne *f.* **2.** Sitzbad *n.* **'~-krieg** [-kriːɡ] *s mil.* ,Sitzkrieg' *m.* **'~-mark** *s* Skisport: ,Badewanne' *f.*
**Si·va** [ˈsiːvə; ˈʃiːvə] *npr* Schiwa *m* (*ein Hauptgott des Hinduismus*). **'Si·va·ism** *s relig.* Schiwaˈismus *m.*
**six** [sɪks] *s* **1.** sechs: it is ~ of one and half a dozen of the other, *a.* it is ~ and two threes *fig.* das ist gehupft wie gesprungen *od.* Jacke wie Hose; to be ~ feet under *colloq.* ,sich die Radies-chen von unten ansehen *od.* besehen *od.* betrachten'. **2.** (*in Zssgn*) sechs...: ~-cylinder(ed) sechszylindrig, Sechszylinder... (*Motor*). **II** *s* **3.** Sechs *f* (*Zahl, Spielkarte etc*): the ~ of spades die Piksechs; by ~es immer sechs auf einmal; to be at ~es and sevens a) ganz durcheinander sein, b) uneins sein, sich in den Haaren liegen; I'm at ~es and sevens about what to do ich weiß überhaupt nicht mehr, was ich machen soll.
**six·ain** [ˈsɪkseɪn; *Am. a.* səˈzeɪn] *s metr.* Sechszeiler *m.*
**'six-day race** *s*, *colloq.* ~ days *s pl* Radsport: Sechsˈtagerennen *n.*
**six·fold** [ˈsɪksfəʊld] **I** *adj u. adv* sechsfach. **II** *s* (*das*) Sechsfache.
**six-foot·er** *s colloq.* sechs Fuß langer Mensch, ,baumlanger Kerl'. **'~-pack** *s* Sechserpack(ung *f*) *m* (*Dosenbier etc*). **'~-pence** [-pəns] *s Br. altes Währungssystem*: Sixpence(stück *n*) *m*: it does not matter (a) ~ das ist ganz egal. **'~-pen·ny** [-pənɪ] *adj Br.* **1.** *altes Währungssystem*: e-n Sixpence wert, Sixpenny...: ~ bit Sixpenny-Stück *n* (*Münze*). **2.** armselig, billig. **~-shoot·er** *s Am. colloq.* sechsschüssiger Reˈvolver.
**sixte** [sɪkst] *s fenc.* Sixt *f.*
**six·teen** [ˌsɪksˈtiːn; ˈsɪksˈtiːn] **I** *s* Sechzehn *f.* **II** *adj* sechzehn.
**six·teen·mo** [sɪksˈtiːnməʊ] *pl* **-mos** → sextodecimo.
**six·teenth** [ˌsɪksˈtiːnθ; ˈsɪkst-] **I** *adj* **1.** sechzehnt(er, e, es). **2.** sechzehntel. **II** *s* **3.** (*der, die, das*) Sechzehnte. **4.** Sechzehntel *n.* **5.** *a.* ~ note *mus.* Am. Sechzehntel(note *f*) *n.* ~ rest *s mus.* Sechzehntelpause *f.*
**sixth** [sɪksθ] **I** *adj* **1.** sechst(er, e, es): in the ~ place sechstens, an sechster Stelle; ~ sense *fig.* sechster Sinn. **2.** sechstel. **II** *s* **3.** (*der, die, das*) Sechste: the ~ of May der 6. Mai. Sechstel *n.* **5.** *mus.* Sext *f*: ~ chord Sextakkord *m.* ~ col·umn *s pol. Am.* Sechste Koˈlonne: a) Gruppe, die die Untergrundtätigkeit der Fünften Kolonne unterstützt, b) organisierte Gruppe zur Bekämpfung der Fünften Kolonne. ~ form *s poet. Br.* Abschlußklasse e-r höheren Schule, die auf das General Certificate of Education advanced level (→ certificate 2) vorbereitet.
**sixth·ly** [ˈsɪksθlɪ] *adv* sechstens.
**six·ti·eth** [ˈsɪkstɪɪθ] **I** *adj* **1.** sechzigst(er, e, es). **2.** sechzigstel. **II** *s* **3.** (*der, die, das*) Sechzigste. **4.** Sechzigstel *n.*
**Six·tine** [ˈsɪkstiːn; -taɪn] → Sistine.
**six·ty** [ˈsɪkstɪ] **I** *adj* sechzig. **II** *s* Sechzig *f*: he is in his sixties er ist in den Sechzigern; in the sixties in den sechziger Jahren (*e-s Jahrhunderts*). **~-ˈfour dol·lar ques·tion** *s* (*die*) ,große Preisfrage'. **~-ˈfour·mo** [-ˈfɔː(r)məʊ] *print.* **I** *pl* **-mos** *s* **1.** Vierund'sechzigstelfor,mat *n.* **2.** Band *m* im Vierund'sechzigstelfor,mat. **II** *adj* **3.** im Vierund'sechzigstelfor,mat: ~ volume. **~-ˈsix** *s* ˈSechsundˈsechzig *n* (*Kartenspiel*). **six-ˈwheel·er** *s mot.* Dreiachser *m.*
**siz·a·ble**, *bes. Br.* **size·a·ble** [ˈsaɪzəbl] *adj* (ziemlich) groß, ansehnlich, beträchtlich.
**siz·ar** [ˈsaɪzə] *s univ. Br.* Stipendiˈat *m* (*in Cambridge od. Dublin*). **'siz·ar·ship** *s Br.* Stiˈpendium *n.*
**size[1]** [saɪz] **I** *s* **1.** Größe *f*, Maß *n*, Forˈmat *n*, ˈUmfang *m*, *tech. a.* Abmessung(en *pl*) *f*: all of a ~ (alle) gleich groß, (alle) in *od.* von derselben Größe; of all ~s in allen Größen; the ~ of so groß wie; that's

about the ~ of it *colloq.* (genau)so ist es;
→ next 3. **2.** (Schuh-, Kleider- *etc*)Größe
*f*, Nummer *f*: **children's ~s** Kindergrö-
ßen; **two ~s too big** zwei Nummern zu
groß; **she takes ~ 7 in gloves** sie hat
Handschuhgröße 7; **they come in all ~s**
a) die gibt es in allen Größen, b) *fig.*
*colloq.* davon gibt es alle möglichen
(Spiel)Arten. **3.** *fig.* a) Größe *f*, Ausmaß
*n*, Bedeutung *f*, b) (*geistiges etc*) For'mat
(*e-s Menschen*): **to cut s.o. down to ~** j-n
in die Schranken verweisen, j-n auf Nor-
malmaß stutzen. **II** *v/t* **4.** nach Größe(n)
sor'tieren *od.* ordnen. **5.** *bes. tech.* bemes-
sen, in e-r (bestimmten) Größe anferti-
gen. **6.** *Holz etc* zuschneiden. **7.** *meist* **~ up**
*colloq.* ab-, einschätzen, ('ein)ta,xieren
(*alle a. fig.*). **III** *v/i* **8.** **~ up** *colloq.* gleich-
kommen (**to, with** *dat*).
**size²** [saɪz] **I** *s* **1.** (*paint.* Grun'dier)Leim
*m*, Kleister *m*. **2.** a) *Weberei:* Schlichte *f*,
Appre'tur *f*, b) *Hutmacherei:* Steife *f*.
**II** *v/t* **3.** leimen, mit Leim über'streichen.
**4.** *paint.* grun'dieren. **5.** a) *Stoff* schlich-
ten, appre'tieren, b) *Hutfilz* steifen.
**size³** [saɪz] → **sized.**
**size·a·ble** *bes. Br. für* **sizable.**
**sized** [saɪzd] *adj* (*in Zssgn*) ...groß, von
*od.* in ... Größe: **full-~** in voller Größe;
**small-~** klein.
**siz·er¹** ['saɪzə(r)] *s* **1.** Sor'tierer(in).
**2.** *tech.* ('Größen)Sor,tierma,schine *f*.
**3.** *tech.* 'Zuschneidema,schine *f* (*für Holz*).
**siz·er²** ['saɪzə(r)] *s tech.* **1.** Leimer *m*.
**2.** Schlichter *m*.
**siz·y** ['saɪzɪ] *adj* klebrig, zähflüssig.
**siz·zle** ['sɪzl] **I** *v/i* **1.** zischen, brutzeln.
**2.** *Radio etc:* knistern. **II** *s* **3.** Zischen *n*.
**4.** *Radio etc:* Knistern *n*. **'siz·zler** *s*
*colloq.* glühendheißer Tag. **'siz·zling I**
*adj* **1.** zischend, brutzelnd. **2.** glühend-
heiß. **II** *adv* **3.** **~ hot →** 2.
**sjam·bok** ['ʃæmbɒk; *Am.* ʃæm'bɑk;
-'bʌk] *s* Nilpferdpeitsche *f*.
**skald →** **scald¹.**
**skat** [skɑːt; skæt] *s* Skat *m* (*Kartenspiel*).
**skate¹** [skeɪt] *pl* **skates,** *bes. collect.*
**skate** *s ichth.* Rochen *m*.
**skate²** [skeɪt] **I** *s* **1.** a) Schlittschuh *m* (*a.*
*mit Stiefel*): **get** (*od.* **put**) **your ~s on** *fig.*
*colloq.* nun mach schon endlich!, b) Kufe
*f*. **2.** Rollschuh *m*. **II** *v/i* **3.** Schlittschuh
laufen, eislaufen: → **ice** 1. **4.** Rollschuh
laufen. **5.** *fig.* gleiten: **to ~ over** Schwie-
rigkeiten *etc* überspielen.
**skate³** [skeɪt] *s Am. sl.* **1.** alter Klepper
(*Pferd*). **2.** a) 'Knülch' *m*, Bursche *m*,
b) *contp.* 'Dreckskerl' *m*.
**'skate·board I** *s* Skateboard *n*. **II** *v/i*
Skateboard fahren. **'skate·board·er** *s*
Skateboarder(in).
**'skat·er** ['skeɪtə(r)] *s* **1.** Eis-, Schlitt-
schuhläufer(in). **2.** Rollschuhläufer(in).
**skate sail·ing** *s sport* Eissegeln *n*.
**skat·ing** ['skeɪtɪŋ] *s* **1.** Schlittschuh-, Eis-
laufen *n*, Eislauf *m*. **2.** Rollschuhlauf(en
*n*) *m*. **~ rink** *s* **1.** (Kunst)Eisbahn *f*. **2.**
Rollschuhbahn *f*. **~ step** *s* Skisport:
Schlittschuhschritt *m*.
**skean** [ski:n] *s hist. Ir. u. Scot.* Dolch *m*.
**,~'dhu** [-'du:] *s* Dolchmesser *n*.
**ske·dad·dle** [skɪ'dædl] *colloq.* **I** *v/i* ,tür-
men', ,abhauen'. **II** *s* ,Türmen' *n*.
**skee-ball** ['ski:,bɔːl] (*TM*) *s Am.* Spiel,
*bei dem Hartgummibälle auf e-r Holzbahn*
*in Löcher gerollt werden müssen.*
**skeet** (**shoot·ing**) [ski:t] *s* Skeetschie-
ßen *n*.
**skein** [skeɪn] *s* **1.** Strang *m*, Docke *f* (*Wolle*
*etc*). **2.** Skein *n*, Warp *n* (*Baumwollmaß*). **3.**
Kette *f*, Schar *f*, Schwarm *m* (*Wildenten*
*etc*). **4.** *fig.* Gewirr *n*, Durchein'ander *n*.
**skel·e·tal** ['skeləl] *adj* **1.** Skelett... **2.**
ske'lettartig.
**skel·e·tog·e·nous** [,skelɪ'tɒdʒɪnəs; *Am.*

-'tɑ-] *adj med.* knochenbildend. **,skel-**
**e'tol·o·gy** [-'tɒlədʒɪ; *Am.* -'tɑl-] *s* Kno-
chenlehre *f*.
**skel·e·ton** ['skelɪtn] **I** *s* **1.** Ske'lett *n*,
Knochengerüst *n*, Gerippe *n* (*a. fig. ma-*
*gere Person etc*): **~ in the cupboard**
(*Am.* **closet**) streng gehütetes Familien-
geheimnis; **~ at the feast** Gespenst *n* der
Vergangenheit; → **reduce** 7. **2.** *tech.*
(*Stahl- etc*)Ske'lett *n*, (*a. Schiffs-, Flug-*
*zeug*)Gerippe *n*, Rohbau *m*, (*a. Schirm-*)
Gestell *n*. **3.** *bot.* Rippenwerk *n* (*des Blatts*),
'Blattske,lett *n*. **4.** *fig.* a) Rohbau *m*, Ent-
wurf *m*, b) Rahmen *m*: **~ sketch** schema-
tische Zeichnung. **5.** a) 'Stamm(perso,nal
*n*) *m*, b) *mil.* Kader *m*, Stammtruppe *f*. **6.**
Skeleton *m* (*Rennschlitten*). **II** *adj* **7.** Ske-
lett...: **~ construction** Skelett-, Stahlbau-
weise *f*. **8.** *econ. jur.* Rahmen...: **~ law**
(**plan,** *etc*); **~ agreement** Rahmenab-
kommen *n*; **~ bill** Wechselblankett *n*; **~**
**wage agreement** Manteltarif(vertrag)
*m*. **9.** *mil.* Stamm...: **~ crew.** **'~-face type**
*s print.* Ske'lettschrift *f*.
**skel·e·ton·ize** ['skelɪtənaɪz] *v/t* **1.** skelet-
'tieren. **2.** *fig.* skiz'zieren, entwerfen, in
groben 'Umrissen *od.* sche'matisch dar-
stellen. **3.** *mil.* den nor'malen Bestand (*e-r*
*Truppe*) redu'zieren. **4.** *fig.* zahlenmäßig
redu'zieren.
**skel·e·ton|key** *s tech.* Dietrich *m* (*Nach-*
*schlüssel*). **~proof** *s print.* Abzug, *bei dem*
*die Schrift nur in Haarstrichen angegeben*
*ist.*
**skene** [ski:n] → **skean.**
**skep** [skep] *s* **1.** (Weiden)Korb *m*.
**2.** Bienenkorb *m*.
**skep·tic,** *etc bes. Am. für* **sceptic,** *etc.*
**sker·ry** ['skerɪ] *s bes. Scot.* kleine Felsen-
insel.
**sketch** [sketʃ] **I** *s* **1.** *paint. etc* Skizze *f*,
Studie *f*. **2.** Grundriß *m*, Schema *n*, Ent-
wurf *m*. **3.** *fig.* (*a. literarische*) Skizze.
**4.** *thea.* Sketch *m*. **5.** *mus.* (Ton)Skizze *f*.
**II** *v/t* **6.** *oft* **~ in, ~ out** skiz'zieren, ent-
werfen, in großen Zügen
darstellen. **8.** *fig.* andeuten. **III** *v/i* **9.** e-e
Skizze *od.* Skizzen machen. **~ block** *s*
Skizzenblock *m*. **'~book** *s* **1.** Skizzen-
buch *n*. **2.** Sammlung *f* lite'rarischer
Skizzen.
**'sketch·er** *s* Skizzenzeichner(in).
**sketch·i·ness** ['sketʃɪnɪs] *s* **1.** Skizzen-
haftigkeit *f*. **2.** *fig.* Oberflächlichkeit *f*.
**sketch map** *s geogr.* Faustskizze *f*.
**sketch·y** ['sketʃɪ] *adj* (*adv* **sketchily**)
**1.** skizzenhaft, flüchtig, leicht 'hingewor-
fen. **2.** *fig.* oberflächlich. **3.** *fig.* unzu-
reichend: **a ~ meal.** **4.** *fig.* unklar, vage.
**skew** [skju:] **I** *v/i* **1.** schräg gehen.
**2.** schielen (*a. fig.*). **II** *v/t* **3.** seitwärts
wenden, schief legen. **4.** *tech.* abschrä-
gen. **5.** *fig.* Tatsachen verdrehen. **III** *adj*
**6.** schief, schräg: **~ bridge.** **7.** abschüs-
sig. **8.** *math.* ,asym,metrisch. **IV** *s* **7.**
**9.** Schiefe *f*, Schrägheit *f*: **on the ~**
schief. **10.** *math.* Asymme'trie *f*. **11.** *arch.*
a) schräger Kopf (*e-s Strebepfeilers*),
b) 'Untersatzstein *m*. **'~back** *s arch.*
schräges 'Widerlager. **'~bald** [-bɔːld] **I**
*adj* scheckig (*bes. Pferd*). **II** *s* Schecke *m*.
**~·bev·el gear·ing →** **skew gearing.** **~**
**curve** *s math.* mehrfach gekrümmte
Raumkurve.                              [verdreht.]
**skewed** [skju:d] *adj* schief, abgeschrägt,]
**skew·er** ['skjuə(r)] **I** *s* **1.** a) Fleischspieß
*m*, Span *m*, b) Speil(er) *m* (*Wurstver-*
*schluß*). **2.** *fig. bes. humor.* Dolch *m*,
Schwert *n*. **3.** *tech.* Räumnadel *f*. **II** *v/t* **4.**
Fleisch spießen, Wurst speilen. **5.** *fig.*
aufspießen.
**'skew|-eyed** *adj Br.* schielend. **~ gear-**
**ing** *s tech.* Stirnradgetriebe *n*.
**skew-gee** [,skju:'dʒi:] *adj u. adv colloq.*
schief.

**skew·ness** ['skju:nɪs] *s* **1.** Schiefe *f*,
Schrägheit *f*. **2.** *math.* Asymme'trie *f*.
**3.** *Statistik:* Abweichung *f*: **positive**
(**negative**) **~** Abweichung nach oben
(unten).
**skew·whiff** [,skju:'wɪf] *adj u. adv Br.*
*colloq.* schief.
**ski** [ski:] **I** *pl* **ski, skis** [-z] *s* **1.** Ski *m*.
**2.** *aer.* (Schnee)Kufe *f*. **II** *adj* **3.** Ski...: **~**
**binding** (**boot, instructor, lift,** *etc*). **III**
*v/i pret u. pp* **ski'd** *od.* (*Am. nur*) **skied** 4.
Ski laufen *od.* fahren.          [**gram,** *etc.*]
**ski·a·gram** ['skaɪəgræm], *etc* **→ scia-**]
**ski·a·scope** ['skaɪəskəʊp] *s med.* Skia-
'skop *n*, Augenspiegel *m*. **ski'as·co·py**
[-'æskəpɪ] *s* Skiasko'pie *f*, Retinosko'pie
*f*, Schattenprobe *f*.
**ski·bob** ['ski:bɒb; *Am.* -,bɑb] *s* Skibob *m*.
**'ski·bob·ber** *s* Skibobfahrer(in).
**ski cir·cuit** *s sport* Skizirkus *m*.
**skid** [skɪd] **I** *s* **1.** a) Rolle *f* (*für Lasten*), b) Ladebalken *m*,
-bock *m*, Gleitschiene *f*. **2.** *tech.*
a) Rolle *f* (*für Lasten*), b) Ladebalken *m*,
-bock *m*, Gleitschiene *f*. **3.** Bremsklotz *m*.
**4.** *aer.* Gleitkufe *f*, Sporn(rad *n*) *m*.
**5.** *mar.* a) *pl* Holzfender *n*, b) Boots-
schlitten *m*. **6.** *a. mot.* Rutschen *n*, Schleu-
dern *n*: **to go into a ~** → 11; **~ chain** *mot.*
Schneekette *f*; **~ mark** Schleuder-,
Bremsspur *f*. **7.** *fig. colloq.* **to put the ~s**
**on** (*od.* **under**) **s.o.** a) j-m e-n Strich
durch die Rechnung machen, b) j-m
,Feuer unter den Hintern machen', c) j-n
,abschießen'; **he is on the ~s** es geht
abwärts mit ihm. **II** *v/t* **8.** auf e-r Gleit-
schiene *od.* auf Rollen fortbewegen.
**9.** *ein Rad* bremsen, hemmen. **III** *v/i*
**10.** rutschen, (ab-, aus)gleiten. **11.**
schleudern, ins Schleudern geraten (*Auto*
*etc*). **12.** *aer.* seitlich abrutschen. **13.** *fig.*
hin'weggehen (**over** über *acc*).
**skid-doo** [skɪ'du:] *v/i sl.* ,abhauen'.
**'skid|-lid** *s Br. sl.* Sturzhelm *m*. **~ pad** *s*
*mot. Am.,* **'~pan** *s mot. Br.* Schleuder-
strecke *f*. **'~proof** *adj* rutschfest (*Auto-*
*reifen etc*). **~ road** *s Am.* 1. Holzrutsche *f*.
**2. →** **skid row. ~ row** *s Am. colloq.*
billiges Vergnügungsviertel. **'~way →**
skid road 1.
**ski·er** ['ski:ə(r)] *s* Skiläufer(in), -fah-
rer(in).                                 [Einer *m*.]
**skiff** [skɪf] *s mar.* Skiff *n*, (*Rudersport a.*)]
**skif·fle** ['skɪfl] *s* Skiffle *m* (*Jazzmusik, oft*
*auf Behelfsinstrumenten gespielt*).
**ski flight** *s sport* Skiflug *m*. **~ fly·ing** *s*
*sport* Skifliegen *n*.
**ski·ing** ['ski:ɪŋ] **I** *s* Skilauf *m*, -laufen *n*,
-fahren *n*, -sport *m*. **II** *adj* Ski...: **~**
**clothes** (**lessons,** *etc*).
**ski|·jor·ing** [ski:'dʒɔ:rɪŋ] *s sport* Ski-
jöring *n*. **~ jump** *s sport* 1. Skisprung *m*.
**2.** Sprungschanze *f*. **~ jump·ing** *s sport*
Skispringen *n*, Sprunglauf *m*.
**'skil·ful,** *bes. Am.* **'skill·ful** *adj* (*adv*
**~ly**) geschickt: a) gewandt, b) kunst-
gerecht: **~ operation,** c) geübt, kundig
(**at, in** in *dat*): **to be ~ at** sich verstehen
auf (*acc*). **'skil·ful·ness,** *bes. Am.*
**'skill·ful·ness →** skill¹.
**skill¹** [skɪl] *s* Geschick(lichkeit *f*) *n*:
a) Gewandtheit *f*: **game of ~** Geschick-
lichkeitsspiel *n*, b) (Kunst)Fertigkeit *f*,
Können *n*, c) (Fach-, Sach)Kenntnis *f*,
Erfahrenheit *f* (**at, in** in *dat*).
**skill²** [skɪl] *v/i impers obs.* **1.** ins Gewicht
fallen: **it ~s not.** **2.** nützen: **what ~s**
**talking?**
**skilled** [skɪld] *adj* **1.** geschickt, gewandt,
erfahren (**at, in** in *dat*). **2.** Fach...: **~**
**labo(u)r** Facharbeiter *pl*; **~ trades**
Fachberufe; **~ workman** gelernter Ar-
beiter, Facharbeiter *m*.
**skil·let** ['skɪlɪt] *s* **1.** a) (*tech.* Schmelz-)
Tiegel *m*, b) Kasse'rolle *f*. **2.** *bes. Am.*
Bratpfanne *f*.
**skill·ful,** *etc bes. Am. für* **skilful,** *etc.*

**skil·ly** ['skɪlɪ] *s bes. Br.* dünne (Hafer-) Grütze, Wassersuppe *f.*
**skim** [skɪm] **I** *v/t* **1.** (*a. fig. Gewinne*) abschöpfen: to ~ the cream off den Rahm abschöpfen (*oft fig.*). **2.** abschäumen. **3.** *Milch* entrahmen: ~med milk → skim milk. **4.** *fig.* ('hin)gleiten über (*acc*). **5.** *fig.* über'fliegen, flüchtig lesen: to ~ a book. **II** *v/i* **6.** gleiten, streichen (**over** über *acc*, **along** entlang). **7.** ~ over *fig.* → **5.** '**skim·mer** *s* **1.** Schaum-, Rahmkelle *f.* **2.** *tech.* Abstreicheisen *n.* **3.** *mar. Br.* leichtes Rennboot. **4.** *Am. sl.* flacher, breitrandiger Strohhut.
**skim milk** *s* entrahmte Milch, Magermilch *f.*
'**skim·ming** *s* **1.** *meist pl* (*das*) Abgeschöpfte. **2.** *pl* Schaum *m* (*auf Koch-, Schmelz- od. Siedegut*). **3.** *pl metall.* Schlacken *pl.* **4.** Abschöpfen *n*, Abschäumen *n*: ~ of excess profit *econ.* Gewinnabschöpfung *f.* **5.** *pl mar.* (*Seetransportversicherung*) oberste, beschädigte Schicht in e-m Sack (*z. B. Kaffee, Erbsen etc*).
**skimp** [skɪmp] *etc* → scrimp, *etc*.
**skin** [skɪn] **I** *s* **1.** Haut *f* (*a. biol.*): he is only ~ and bone(s) er ist bloß noch Haut u. Knochen; **drenched** (*od. soaked, sopped, wet*) to the ~ bis auf die Haut durchnäßt *od.* naß; by the ~ of one's teeth um Haaresbreite, mit knapper Not; that's no ~ off my nose *colloq.* das ‚juckt' mich nicht; to be in s.o.'s ~ in j-s Haut stecken; to get under s.o.'s ~ *colloq.* a) j-m ,unter die Haut gehen', j-m nahegehen, b) j-m auf die Nerven gehen; to get under the ~ of s.th. etwas richtig verstehen; to have a thick (thin) ~ ein dickes Fell haben (dünnhäutig sein); to save one's ~ mit heiler Haut davonkommen; to live in one's ~ im Adamsod. Evaskostüm herumlaufen; → **jump** 17. **2.** Fell *n*, Pelz *m*, *hunt.* Balg *m*, Decke *f* (*von Tieren*). **3.** Haut *f*, (Kar'toffel-, Obst-*etc*)Schale *f*, Hülse *f*, Schote *f*, Rinde *f.* **4.** *bes. tech.* Haut *f*, dünne Schicht: ~ on milk Haut auf der Milch. **5.** *allg.* Oberfläche *f*, *bes.* a) *aer. mar.* Außenhaut *f*, b) *aer.* (Bal'lon)Hülle *f*, Bespannung *f*, c) *arch.* Außenwand *f*, d) *arch.* (Außen)Verkleidung *f* (*Aluminiumplatten etc*). **6.** (Wasser-, Wein)Schlauch *m.* **7.** *bes. Am. sl.* a) Gauner *m*, b) Geizhals *m*, c) Klepper *m* (*Pferd*). **8.** *sl.*: to keep one's eyes ~ned die Augen offenhalten. **9.** sich *das Knie etc* aufschürfen. **10.** *a.* ~ out ein Tier häuten, *hunt.* abbalgen, *e-m Bock etc* die Decke abziehen: to ~ s.o. alive *colloq.* a) ‚kein gutes Haar an j-m lassen', b) j-m ,gehörig' s-e Meinung sagen; I'll ~ him alive! *colloq.* der kriegt was von mir zu hören!; to ~ and salt s.o. *colloq.* j-n ‚bös in die Pfanne hauen'. **11.** *colloq.* a) *j-n* ausplündern, -beuten, b) *j-n* ,ausnehmen', ,rupfen' (*beim Spiel etc*). **12.** *e-n Strumpf etc* abstreifen. **13.** *electr.* 'abiso,lieren. **III** *v/i* **14.** ~ out *Am. sl.* sich da'vonmachen, fliehen. **15.** *meist* ~ over (zu)heilen, vernarben (*Wunde*).
**skin| boat** *s* Fellboot *n.* ~ col·o(u)r *s* Hautfarbe *f.* ~'deep *adj. u. adv* oberflächlich (*a. fig.*). ~ dis·ease *s med.* Hautkrankheit *f.* ~ div·er *s* Schnorcheltaucher *m.* ~ div·ing *s* Schnorcheltauchen *n.* ~ ef·fect *s electr.* 'Skinef,fekt *m.* ~ flick *s colloq.* Sexfilm *m.* '~flint *s* Knicker *m*, Geizhals *m.* ~ food *s* Nährcreme *f.* ~ fric·tion *s phys.* Oberflächenreibung *f.*
'**skin·ful** [-fʊl] *s*: he had a ~ ,er hatte schwer geladen' (*war betrunken*).
**skin| game** *s colloq.* Schwindel *m*, Bauernfänge,rei *f.* ~ graft *s med.* 'Hauttransplan,tat *n.* ~ graft·ing *s med.*

'Hauttransplantati,on *f*, -über,tragung *f.* '~head *s Br.* Halbstarke(r) *m* mit kurzgeschnittenem Haar u. auffälliger Kleidung.
'**skin·less** *adj* **1.** hautlos, ohne Haut. **2.** ohne Fell, nackt. **3.** *fig.* ('über)empfindlich.
**skinned** [skɪnd] *adj* **1.** häutig. **2.** enthäutet. **3.** (*in Zssgn*) ...häutig, ...fellig.
**skin·ner** ['skɪnə(r)] *s* **1.** Abdecker *m.* **2.** Pelzhändler *m*, Kürschner *m.* **3.** *colloq.* Betrüger *m.* **4.** *Am. colloq.* a) Maultier-, Pferdetreiber *m*, b) (*Kran-, Bagger- etc*) Führer *m.*
**skin·ny** ['skɪnɪ] *adj* **1.** häutig. **2.** mager, abgemagert, dünn. **3.** *fig.* knauserig. '~-dip *colloq.* **I** *v/i* nackt baden. **II** *s* Nacktbad *n.* '~-dip·per *s colloq.* Nacktbadende(r *m*) *f.*
'**skin-pop** *v/i sl.* sich e-n ,Schuß' unter die Haut setzen *od.* drücken.
**skint** [skɪnt] *adj Br. sl.* ,pleite'.
**skin| test** *s med.* Hauttest *m.* ~'tight **I** *adj* hauteng. **II** *s a. pl* hautenges Kleid, *a.* Tri'kot *n.* ~ wool *s* Haut-, Schlachtwolle *f.*
**skip**[1] [skɪp] **I** *v/i* **1.** hüpfen, hopsen, springen: ~ about (*od. around*) herumhüpfen. **2.** seilhüpfen, -springen. **3.** *fig.* Sprünge machen, Seiten über'springen *od.* über'schlagen (*in e-m Buch*): to ~ off abschweifen (*von e-m Thema etc*); to ~ over *etwas* übergehen; to ~ through *Buch etc* überfliegen; to ~ from one subject to another von e-m Thema zum anderen springen. **4.** aussetzen, e-n Sprung tun (*Herz, Maschine etc*), *mot.* e-e Fehlzündung haben. **5.** *ped. Am.* e-e (Schul)Klasse über'springen. **6.** *meist* ~ off (*od.* out) *colloq.* ,abhauen': to ~ (over *od.* across) to e-n Abstecher machen nach. **II** *v/t* **7.** springen über (*acc*): to ~ a ditch; to ~ rope seilhüpfen, -springen. **8.** *fig.* über'springen, auslassen, sich schenken, *e-e Buchseite etc* über'schlagen: ~ it! *colloq.* laß (es) gut sein!, ,geschenkt!' **9.** *colloq.* a) sich vor *e-r Verabredung etc* drücken, *die Schule etc* schwänzen, b) *bes. Am.* aus *e-r Stadt etc* verschwinden: to ~ it ,abhauen'. **III** *s* **10.** Hüpfer *m*, Hopser *m*, (*Tanzen*) Hüpfschritt *m.* **11.** *fig.* Über'gehen *n*, -'springen *n*, Auslassung *f.* **12.** *mus. Am.* Sprung *m.*
**skip**[2] [skɪp] *s sport* Mannschaftsführer *m* (*bes. beim Bowling- u. Curlingspiel*).
**skip**[3] [skɪp] *s* (Stu'denten)Diener *m* (*bes. im* Trinitiy College, Dublin).
**skip**[4] [skɪp] *s* **1.** *tech.* Förderkorb *m.* **2.** *Zuckerfabrikation:* Pfanne(voll) *f* Sirup *od.* Zuckersaft.
**skip| bomb·ing** *s mil.* Abpraller-Bombenabwurf *m.* ~ dis·tance *s electr.* tote Zone. '~jack *s* **1.** *pl* -jacks, *bes. collect.* -jack *ichth.* a) Thunfisch *m*, b) Blaufisch *m.* **2.** *zo.* Springkäfer *m.* **3.** Stehaufmännchen *n* (*Spielzeug*).
**ski plane** *s aer.* Flugzeug *n* mit Schneekufen.
**skip·per** ['skɪpə(r)] **I** *s* **1.** *mar.* Schiffer *m*, Kapi'tän *m.* **2.** *aer.* 'Flugkapi,tän *m.* **3.** *sport* a) 'Mannschaftskapi,tän *m*, b) *Am.* Manager *m*, c) *Am.* Trainer *m.* **4.** *ichth.* Ma'krelenhecht *m.* **II** *v/t* **5.** führen, Kapi'tän sein auf (*dat*).
**skip·pet** ['skɪpɪt] *s* Kapsel *f* (*zum Schutz e-s Siegels*).
**skip·ping** ['skɪpɪŋ] **I** *adj* hüpfend. **II** *s* (*bes. Seil*)Hüpfen *n*, (-)Springen *n.* ~ rope *s* Spring-, Sprungseil *n.*
**skip zone** *s Radio:* stille Zone.
**skirl** [skɜːl] *Br. dial.* **I** *v/i* **1.** pfeifen (*Dudelsack*), Dudelsack spielen. **II** *s* **3.** Pfeifen *n* (*des Dudelsacks*).
**skir·mish** ['skɜːmɪʃ; *Am.* 'skɝ-] *mil.* **I** *s* **1.** (Vorposten)Gefecht *n*, Geplänkel *n* (*a.*

*fig.*): ~ line Schützenlinie *f.* **II** *v/i* plänkeln (*a. fig.*). '**skir·mish·er** *s mil.* Plänkler *m* (*a. fig.*).
**skir·ret** ['skɪrɪt] *s bot.* Merk *m.*
**skirt** [skɜːt; *Am.* skɝt] **I** *s* **1.** (Frauen-, *a.* 'Unter)Rock *m.* **2.** *sl.* a) *a.* bit of ~ ,Weibsbild' *n*, ,Schürze' *f.* b) *the ~ obs. collect.* ,die Weiber' *pl.* **3.** (Rock-, Hemd-*etc*)Schoß *m.* **4.** a) Saum *m*, Rand *m*, Einfassung *f* (*fig. oft pl*): on the ~s of the wood am Waldesrand, am Waldessaum, b) *tech.* Schürze *f* (*e-s Formel-1-Rennwagens etc*). **5.** *meist pl* Außenbezirk *m*, Randgebiet *n.* **6.** leichte Satteltasche. **7.** (*Art*) Kutteln *pl*: ~ of beef (*Art*) Rindskutteln. **II** *v/t* **8.** a) (um)'säumen, b) *fig.* sich entlangziehen an (*dat*): trees ~ the plain. **9.** a) entlanggehen, (außen) her'umgehen um, b) *fig.* um'gehen: to ~ a problem, c) *e-r Gefahr etc* (knapp) entgehen. **III** *v/i* **10.** am Rande sein *od.* liegen *od.* leben. **11.** ~ along a) am Rande entlanggehen *od.* -fahren, b) sich entlangziehen: to ~ (a)round → 9 b. **12.** *hunt.* eigene Wege gehen (*Jagdhund*). ~ dance *s hist.* Serpen'tintanz *m.*
'**skirt·ed** *adj* **1.** e-n Rock tragend. **2.** (*in Zssgn*) mit langem etc Rock: long-~. **3.** *fig.* (ein)gesäumt.
'**skirt·ing** *s* **1.** Rand *m*, Saum *m.* **2.** Rockstoff *m.* **3.** *meist* ~ board *arch. Br.* Fuß-, Scheuerleiste *f.*
**skit** [skɪt] **I** *s* **1.** (at) Stiche'lei *f* (gegen), Seitenhieb *m* (auf *acc*). **2.** Paro'die *f*, Sa'tire *f* (on, upon über *acc, auf acc*). **II** *v/i* **3.** ironi'sieren (at *acc*). **III** *v/t* **4.** stichein gegen.
**ski| tour·ing** *s* Skiwandern *n.* ~ tow *s* Schlepplift *m.*
**skit·ter** ['skɪtə(r)] *v/i* **1.** a) jagen, rennen, b) rutschen, gleiten, c) hüpfen, hopsen, springen. **2.** den Angelhaken an der Wasseroberfläche 'hinziehen.
**skit·tish** ['skɪtɪʃ] *adj* (*adv* ~ly) **1.** ungebärdig, scheu (*Pferd*). **2.** ner'vös, ängstlich. **3.** a) lebhaft, wild, b) (kindisch) ausgelassen (*bes. Frau*), c) fri'vol, zügellos, d) sprunghaft, kapri'ziös.
**skit·tle** ['skɪtl] *bes. Br.* **I** *s* **1.** Kegel *m.* **2.** *pl* (*als sg konstruiert*) Kegeln *n*: to play (at) ~s kegeln, Kegel spielen; → beer[1] 1. **II** *interj colloq.* ,Quatsch!', Unsinn! **III** *v/t* **4.** ~ out (*Kricket*) e-n Schläger *od.* e-e Mannschaft (rasch) ,erledigen'. **IV** *v/i* **5.** kegeln, Kegel spielen. ~ al·ley *s bes. Br.* Kegelbahn *f.*
**skive**[1] [skaɪv] **I** *v/t* **1.** Leder, Fell spalten, (ab)schaben, Gummi abschälen. **2.** Edelstein abschleifen. **II** *s* **3.** Dia'mantenschleifscheibe *f.*
**skive**[2] [skaɪv] *Br. sl.* **I** *v/t* sich drücken vor (*Arbeit, Verantwortung etc*). **II** *v/i a.* ~ off sich drücken.
**skiv·er**[1] ['skaɪvə(r)] *s* **1.** Lederspaltmesser *n.* **2.** Spaltleder *n.*
**skiv·er**[2] [skaɪvə] *s Br. sl.* Drückeberger(in).
**skiv·vy** ['skɪvɪ] *s Br. oft contp.* Dienstmädchen *n.*
**sku·a** ['skjuːə] *s orn.* (great ~ Riesen-) Raubmöwe *f.*
**skul·dug·ger·y** [skʌl'dʌgərɪ] *s colloq.* Gaune'rei *f*, Schwindel *m.*
**skulk** [skʌlk] *v/i* **1.** lauern. **2.** (her'um-) schleichen: to ~ after s.o. j-m nachschleichen. **3.** *fig.* sich drücken. '**skulk·er** *s* **1.** Schleicher(in). **2.** *fig.* Drückeberger(in).
**skull** [skʌl] *s* **1.** *anat.* Schädel(dach *n*) *m*, Hirnschale *f*: fractured ~ *med.* Schädelbruch *m.* **2.** Totenschädel *m*: ~ and crossbones a) Totenkopf *m* (*über zwei gekreuzten Knochen*) (*Gift-, Warnungszeichen*), b) *hist.* Totenkopf-, Piratenflagge *f.* **3.** *fig. oft contp.* Schädel *m* (*Ver-*

*stand*): **to have a thick ~** ein Brett vor dem Kopf haben. **'~cap** *s* **1.** Käppchen *n.* **2.** *anat.* Schädeldach *n*, -decke *f.* **3.** *bot.* Helmkraut *n.* **~ crack·er** *s Am. colloq.* schwere Stahlkugel zum Abbruch von Gebäuden *etc.* **'~guard** *s* Schutzhelm *m.* **'~pan** → skullcap 2.

**skunk** [skʌŋk] **I** *s* **1.** *zo.* Skunk *m*, Stinktier *n.* **2.** Skunk(s)pelz *m.* **3.** *colloq.* ‚(gemeiner) Hund', ‚Schwein' *n.* **II** *v/t* **4.** *Am. colloq.* a) schlagen, besiegen (*a. sport*), b) *sport* Gegner ausschalten. **5.** *Am. colloq.* *j-n* ‚bescheißen' (*betrügen*) (**out of** um). **~ bear** *Am. für* wolverine 1.

**skunk·er·y** ['skʌŋkərɪ] *s Am.* Skunk(s)-farm *f.*

**sky** [skaɪ] **I** *s* **1.** *oft pl* (*Wolken*)Himmel *m*: **in the ~** am Himmel; **out of a clear (blue) ~** *bes. fig.* aus heiterem Himmel. **2.** *oft pl* Himmel *m* (*a. fig.*), Himmelszelt *n*: **if the skies fall we shall catch larks** wenn der Himmel einstürzt, geht davon die Welt nicht unter; **under the open ~** unter freiem Himmel; **in the skies** *fig.* (wie) im Himmel; **to praise** (*od.* extol, laud) **to the skies** *fig.* ‚in den Himmel heben'; **the ~ is the limit** *colloq.* nach oben sind keine Grenzen gesetzt. **3.** a) Klima *n*, Witterung *f*, b) Himmelsstrich *m*, Gegend *f.* **4.** *aer. mil.* Luft(raum *m*) *f.* **5.** *colloq.* oberste Bilderreihe (*in e-r Gemäldeausstellung*). **II** *v/t* **6.** den Ball *etc* hoch in die Luft werfen *od.* schlagen. **7.** *ein Bild* (*in e-r Ausstellung*) (zu) hoch aufhängen. **~ ad·ver·tis·ing** *s econ.* Luftwerbung *f.* **'~blue** *adj* himmelblau. **'~coach** *s aer. Am.* Passa'gierflugzeug *n* ohne Service. **'~div·er** *s sport* Fallschirmspringer(in). **'~div·ing** *s sport* Fallschirmspringen *n.*

**Skye (ter·ri·er)** [skaɪ] *s zo.* Skyeterrier *m.*

**sky-|-'high** *adj u. adv* **1.** himmelhoch (*a. fig.*): **to blow ~** a) sprengen, b) *fig. e-e Theorie etc* über den Haufen werfen. **2.** *Am. colloq.* a) irrsinnig teuer, b) riesig: **~ sums. '~hook (bal·loon)** *s Am. colloq.* Ba'llonsonde *f.* **'~jack I** *v/t Flugzeug* entführen. **II** *s* Flugzeugentführung *f.* **'~jack·er** *s* Flugzeugführer(in). **'~lab** *s Am.* 'Raumla,bor *n.* **'~lark I** *s orn.* Feldlerche *f.* **II** *v/i colloq.* a) her-'umtollen, b) ‚Blödsinn' treiben. **'~light** *s* Oberlicht *n*, Dachfenster *n*, -luke *f.* **'~like** *adj* **1.** himmelblau. **2.** wie der Himmel. **'~line** *s* Hori'zont(linie *f*) *m*, (*Stadt- etc*)Silhou'ette *f.* **'~lin·er** → airliner. **'~man** [-mən] *s irr aer. sl.* Fallschirmjäger *m.* **'~mar·shal** *s Am. Bundespolizist, der zur Verhinderung von Flugzeugentführungen eingesetzt wird.* **~ par·lo(u)r** *s* Dachstube *f.* **~ pi·lot** *s sl.* ‚Schwarzrock' *m* (*Geistlicher*). **'~rock·et I** *s* **1.** *Feuerwerk*: Ra'kete *f.* **II** *v/i* **2.** *colloq.* in die Höhe schießen (*bes. Preise*), sprunghaft ansteigen (*Arbeitslosigkeit etc*): **to ~ to fame** mit ‚einem Schlag berühmt werden. **III** *v/t* **3.** *colloq.* in die Höhe schießen lassen, sprunghaft ansteigen lassen: **to ~ s.o. to fame** *j-n* mit ‚einem Schlag berühmt machen. **4.** *colloq. Preise etc* in die Höhe treiben, hochtreiben. **~ sail** *s mar.* Skysegel *n.* **'~scape** [-skeɪp] *s a. paint.* Wolkenlandschaft *f.* **'~scrap·er** *s* **1.** Wolkenkratzer *m.* **2.** *fig. humor.* (*etwas*) Riesiges. **3.** *mar.* Mondsegel *n.* **'~scrap·ing** *adj* himmelhoch (ansteigend). **~ shade** *s phot.* Gegenlichtblende *f.* **~ sign** *s econ.* ‚Leuchtre,klame *f* (*auf Häusern etc*). **~ surf·ing** *s* Drachenfliegen *n.* **~ train** *s aer.* Luftschleppzug *m.* **~ troops** *s pl aer. mil.* Luftlandetruppen *pl.* **~ truck** *s aer. Am.* Trans'portflugzeug *n.*

**sky·ward** ['skaɪwə(r)d] **I** *adv* himmel'an,

-wärts. **II** *adj* himmelwärts gerichtet. **'sky·wards** → skyward I. **'sky|·way** *s bes. Am.* **1.** *aer.* Luftroute *f.* **2.** Hochstraße *f.* **'~writ·er** *s* Himmelsschreiber *m.* **'~writ·ing** *s* Himmelsschrift *f.*

**slab¹** [slæb] **I** *s* **1.** (Me'tall-, Stein-, Holz-*etc*)Platte *f*, Fliese *f*, Tafel *f*: **~ (of concrete)** Betonsockel *m*, -platte. **2.** *colloq. bes. Br.* a) Operati'onstisch *m*, b) Leichensockel *m*: **on the ~** im Leichenschauhaus. **3.** (dicke) Scheibe (*Brot, Fleisch etc*). **4.** *tech.* Schwarten-, Schalbrett *n.* **5.** *metall.* Bramme *f* (*Roheisenblock*). **6.** *Baseball: Am. sl.* Schlagmal *n.* **7.** (*westliche USA*) Be'tonstraße *f.* **8.** *Am.* flaches, langgezogenes Gebäude. **II** *v/t* **9.** *tech.* a) *e-n Baumstamm* abschwarten, b) in Platten *od.* Bretter zersägen. **10.** mit Platten auslegen. **11.** *Am.* dick auftragen *od.* schmieren.

**slab²** [slæb] *adj Am. colloq.* a) kitschig, b) *fig.* dick aufgetragen.

**slab·ber** ['slæbə(r)] → slobber.

**'slab·stone** *s* **1.** leichtspaltbares Gestein. **2.** *tech.* Steinfliese *f.*

**slack¹** [slæk] **I** *adj* (*adv* **~ly**) **1.** schlaff, locker, lose (*a. fig.*): **~ rope** schlaffes Seil; **to keep a ~ rein** (*od.* hand) die Zügel locker lassen (*a. fig.*). **2.** a) flau: **a ~ breeze**, b) langsam, träge: **a ~ current. 3.** *econ.* flau, lustlos: **~ season** Flaute *f*, stille Saison. **4.** *fig.* (nach)lässig, lasch, schlaff, träge: **to be ~ in one's duties** s-e Pflichten vernachlässigen; **~ pace** gemächliches Tempo; **~ performance** ‚schlappe' Leistung, ‚müde' Vorstellung. **5.** *ling. Vokal:* **~ vowel** offener Vokal. **II** *adv* **6.** (*in Zssgn*) leicht, ungenügend: **~-dried**; **~-baked** nicht durchgebacken. **III** *s* **7.** *bes. mar.* Lose *f*, loses (*Tauetc*)Ende. **8.** Flaute *f* (*a. econ.*). **9.** *mar.* Stillwasser *n.* **10.** *colloq.* (Ruhe)Pause *f.* **11.** *pl* Freizeithose *f.* **12.** *tech.* Spiel *n*: **to take up the ~** Druckpunkt nehmen (*beim Schießen*). **13.** *tech.* Kabelzuschlag *m* (*Vorratslänge*). **14.** *metr.* unbetonte Silbe(*n pl*). **IV** *v/t* **15.** **~ off** → slacken 1. **16.** *oft* **~ up** → slacken 2 *u.* 3. **17.** *tech. Kalk* löschen. **V** *v/i* **18.** → slacken 5. **19.** *meist* **~ off** a) nachlassen, b) *colloq.* trödeln, bummeln. **20.** **~ up** langsamer werden *od.* fahren.

**slack²** [slæk] *s a.* **~ coal** *tech.* Kohlengrus *m.*

**slack·en** ['slækən] **I** *v/t* **1.** *Muskeln, Seil etc* lockern, locker machen, entspannen. **2.** lösen, *ein Segel* lose machen. **3.** verlangsamen, vermindern, her'absetzen: **to ~ one's pace** e-e Schritte verlangsamen; **to ~ one's efforts** in s-n Bemühungen nachlassen. **4.** nachlassen *od.* nachlässig werden in (*dat*). **II** *v/i* **5.** schlaff *od.* locker werden, sich lockern. **6.** nachlassen, (nach)lässig werden. **7.** *fig.* erlahmen. **8.** *econ.* stocken. **9.** langsamer werden.

**'slack·er** *s* Trödler *m*, Bumme'lant *m.*

**slack·jaw** *s* loser Mund, freche Reden *pl.* **~ lime** *s* Löschkalk *m.* **'slack·ness** *s* **1.** Schlaffheit *f*, Lockerheit *f.* **2.** Flaute *f*, Stille *f* (*des Winds od. fig.*). **3.** *econ.* Flaute *f*, Unlust *f*, (Geschäfts-)Stockung *f*: **~ of business** *od. fig.* Schlaffheit *f*, (Nach)Lässigkeit *f*, Trägheit *f.* **5.** *tech.* Spiel *n*, toter Gang.

**slack|·suit** *s Am.* Freizeit-, Hausanzug *m.* **~ wa·ter** *s mar.* Stillwasser *n.* **~ weath·er** *s* ‚müdes' Wetter.

**slag** [slæg] **I** *s* **1.** Schlacke *f*: **~ concrete** Schlackenbeton *m*; **~ furnace**, **~ hearth** Schlackenofen *m.* **2.** *geol.* (vul'kanische) Schlacke. **3.** *Br. sl.* Schlampe *f.* **II** *v/t u. v/i* **4.** verschlacken. **'slag·gy** *adj* schlackig.

**slain** [sleɪn] *pp von* slay¹.

**slake** [sleɪk] *v/t* **1.** *den Durst* löschen, stillen. **2.** *e-e Begierde etc* stillen, befriedigen. **3.** *tech. Kalk* löschen: **~d lime** Löschkalk *m.* **'slake·less** *adj poet.* unstillbar.

**sla·lom** ['slɑːləm; 'sleɪ-] *s sport* Slalom *m*, (*Skisport a.*) Torlauf *m.*

**slam¹** [slæm] **I** *v/t* **1.** *a.* **~ to** *die Tür, den Deckel etc* zuschlagen, zuknallen: **to ~ the door in s.o.'s face** *j-m* die Tür vor der Nase zuschlagen → 8. **2.** *etwas auf den Tisch etc* knallen: **to ~ s.th. down** etwas hinknallen *od.* -schmettern. **3.** *j-n* (heftig) schlagen, hauen. **4.** *sport colloq. j-n* ‚über'fahren' (*hoch schlagen*). **5.** *sl. j-n od. etwas* ‚herunter'machen', *j-n* ‚in die Pfanne hauen'. **II** *v/i* **6.** *a.* **~ to** zuschlagen (*Tür, Deckel*). **7.** knallen, krachen (**into** *in acc*, **gegen**). **8.** **to ~ on the brakes** *mot. colloq.* auf die Bremse steigen. **III** *s* **9.** Knall *m*, Krach *m.* **10.** scharfe Kri'tik, ‚Verriß' *m.* **11.** → slammer. **IV** *interj* **12.** bum(s)!, peng!, zack!

**slam²** [slæm] *s Kartenspiel:* Schlemm *m*: **grand ~** (*Bridge*) Groß-Schlemm (*Gewinn von 13 Stichen*); **little ~**, **small ~** (*Bridge*) Klein-Schlemm (*12 von 13 Stichen*).

**slam|bang** *Am. colloq.* **I** *s* **1.** Ra'dau *m*, Krach *m.* **II** *adj* **2.** krachend, laut. **3.** wuchtig, zackig. **4.** ‚bombig', ‚toll'. **~·'bang** *Am. colloq.* **I** *adj* **1.** krachend. **2.** ‚wild', wie verrückt. **II** *v/i* **3.** Ra'dau machen. **III** *v/t* **4.** verprügeln.

**slam·mer** ['slæmər] *s Am. sl.* ‚Knast' *m*: **he's sitting in the ~**; **to do time in the ~** Knast schieben.

**slan·der** ['slɑːndə; *Am.* 'slændər] **I** *s* **1.** *jur.* (mündliche) Verleumdung, üble Nachrede. **2.** *allg.* Verleumdung *f*: **~ campaign. II** *v/t* **3.** *j-n* verleumden. **III** *v/i* **4.** Verleumdungen verbreiten. **'slan·der·er** *s* Verleumder(in). **'slan·der·ous** *adj* (*adv* **~ly**) verleumderisch.

**slang** [slæŋ] **I** *s* **1.** Slang *m*, Jar'gon *m*, Sonder-, Berufssprache *f*: **artistic (racing, schoolboy) ~** Künstler-(Renn-, Schüler)sprache *f*; **thieves' ~** Gaunersprache *f*, Rotwelsch *n.* **2.** Slang *m*, Jar'gon *m*, sa'loppe 'Umgangssprache. **II** *adj* **3.** Jargon..., Slang...: **~ expression. III** *v/t* **4.** *bes. Br. j-n* wüst beschimpfen: **~ match** gegenseitige Beschimpfung; **they started a ~ing match** sie fingen an, sich Beschimpfungen an den Kopf zu werfen. **'slang·ism** *s* Slangausdruck *m.* **'slan·guage** ['slæŋwɪdʒ] *s colloq.* sa'loppe Ausdrucksweise, (derber) Jar'gon. **'slang·y** *adj* slangartig, Slang..., Jargon...

**slank** [slæŋk] *obs. pret von* slink.

**slant** [slɑːnt; *Am.* slænt] **I** *s* **1.** Schräge *f*, schräge Fläche *od.* Richtung *od.* Linie: **on the ~**, **on a ~** schräg, schief. **2.** Abhang *m.* **3.** a) Ten'denz *f*, ‚Färbung' *f*, b) Einstellung *f*, Sicht *f*, Gesichtspunkt *m*: **you have a wrong ~ on the problem** du siehst das Problem ganz falsch. **4.** *Am. colloq.* (Seiten)Blick *m*: **to take a ~ at** e-n Seitenblick werfen auf (*acc*). **5.** *mar.* (leichte *od.* kurze) Brise. **II** *adj* (*adv* **~ly**) **6.** schräg, schief. **7.** *fig.* einseitig, beeinflußt. **III** *v/i* **8.** a) schräg *od.* schief liegen, b) sich neigen, kippen. **9.** *fig.* ten'dieren (**towards** zu *etwas* hin). **IV** *v/t* **10.** schräg legen, kippen, (*dat*) e-e schräge Richtung geben: **~ed** schräg, schief. **11.** *e-e Nachricht etc* ‚färben', ‚fri'sieren', e-e Ten'denz geben (*dat*). **'~-eye** *s contp.* Schlitzauge *n* (*Asiate etc*). **'~-eyed** *adj* schlitzäugig.

**'slant·ing** *adj* (*adv* **~ly**) schräg, schief, geneigt.

**'slant·ways**, **'slant·wise** *adj u. adv* schräg, schief.

**slap** [slæp] **I** *s* **1.** Schlag *m*, Klaps *m*: **a ~**

in the face e-e Ohrfeige, ein Schlag ins Gesicht (*a. fig.*): he got a ~ in the face when es war für ihn ein Schlag ins Gesicht, als; to give s.o. a ~ on the back j-m (anerkennend) auf den Rücken klopfen; to have a (bit of) ~ and tickle *Br. colloq.* ,fummeln'. **2.** *fig. colloq.* Versuch *m*: at a ~ mit 'einem Schlag; to have a ~ at es mit *etwas* versuchen. **3.** *fig.* scharfer Tadel. **II** *v/t* **4.** schlagen, e-n Klaps geben (*dat*): to ~ s.o. on the back j-m (anerkennend) auf den Rücken klopfen; to ~ s.o.'s face j-n ohrfeigen. **5.** *etwas auf den Tisch etc* knallen, ,schmeißen': to ~ down hinschmeißen; to ~ s.o. into jail j-n ins Gefängnis werfen; to ~ butter on the bread *colloq.* Butter aufs Brot klatschen; to ~ on(to) *colloq. e-n Zuschlag etc* ,draufhauen' auf (*acc*). **6.** scharf tadeln. **III** *v/i* **7.** schlagen, klatschen (*a. Regen etc*). **IV** *adv* **8.** *colloq.* genau, di'rekt: I ran ~ into him. ,~'bang *colloq.* **I** *adv* **1.** genau, di'rekt: ~ in the middle. **2.** Knall u. Fall. **II** *adj* **3.** ,zackig', ungestüm. '~dash **I** *adv* **1.** blindlings, Hals über Kopf. **2.** ,auf die Schnelle', schlampig. **3.** aufs Gerate'wohl. **II** *adj* **4.** hastig, ungestüm. **5.** schlampig, schlud(e)rig: ~ work. **III** *s* **6.** Schlampe'rei *f.* '~happy *adj colloq.* **1.** → punch-drunk. **2.** ausgelassen, 'übermütig. **3.** verrückt. '~jack **1.** *Am.* Pfannkuchen *m.* **2.** *Kartenspiel für Kinder.*

**slap·ping** ['slæpɪŋ] *adj Am. colloq.* **1.** schnell. **2.** riesig. **3.** ,toll', ,prima'. 'slap|·shot *s Eishockey:* Schlagschuß *m.* '~stick **I** *s* **1.** (Narren)Pritsche *f.* **2.** *thea. etc* a) Slapstick *m*, Kla'mauk *m*, b) 'Slapsticko₁mödie *f.* **II** *adj* **3.** *thea. etc* Slapstick..., Klamauk...: ~ comedy → 2 b; ~ humo(u)r → 2 a. '~-up *adj bes. Br. colloq.* (*Essen*), (*Lokal etc a.*) ,piekfein', ,todschick'.

**slash** [slæʃ] **I** *v/t* **1.** (auf)schlitzen, aufreißen. **2.** *ein Kleid etc* schlitzen: ~ed sleeve Schlitzärmel *m.* **3.** zerhauen, zerfetzen. **4.** a) peitschen, b) *die Peitsche* knallen lassen. **5.** *e-n Ball etc* ,dreschen'. **6.** reißen, zerren. **7.** *fig.* a) stark *od.* drastisch kürzen, zs.-streichen: to ~ appropriations, b) drastisch her'absetzen: to ~ prices. **8.** *fig. bes. Am.* Mißstände etc* geißeln, scharf kriti'sieren. **II** *v/i* **9.** hauen (at nach): to ~ at a) losschlagen gegen, attackieren, b) → 8; to ~ out um sich hauen (*a. fig.*). **10.** peitschen (*a. fig. Regen, Wind*). **III** *s* **11.** Hieb *m*, Streich *m.* **12.** Schnitt(wunde *f*) *m*, klaffende Wunde. **13.** Schlitz *m* (*a. Kleidermode*). **14.** Holzschlag *m.* **15.** *oft pl Am.* (ver-)strüpptes) Sumpfgelände. **16.** *fig.* a) drastische Kürzung, b) drastischer Preisnachlaß: ~ price stark herabgesetzter Preis. **17.** Schrägstrich *m.* **18.** *Br. vulg.* ,Schiffen' *n* (*Urinieren*): to have a ~ schiffen; to go e-n schiffen gehen. 'slash·ing **I** *s* **1.** (Auf)Schlitzen *n.* **2.** (Drein)Hauen *n.* **3.** *mil.* Verhau *m.* **II** *adj* **4.** schneidend, schneidend: ~ weapon Hiebwaffe *f.* **5.** *fig.* vernichtend, beißend, scharf: ~ criticism. **6.** *colloq.* a) prächtig, ,prima', b) gewaltig, ,Mords...'

**slat¹** [slæt] *v/t u. v/i* klatschen, knallen, heftig schlagen. **II** *s* ,Patsch' *m*, heftiger Schlag.

**slat²** [slæt] *s* **1.** Leiste *f*, (*a.* Jalou'sie)Stab *m.* **2.** *pl sl.* a) Rippen *pl*, b) ,Arschbacken' *pl.*

**slate¹** [sleɪt] **I** *s* **1.** *geol.* Schiefer *m.* **2.** (Dach)Schiefer *m*, Schieferplatte *f*: ~ roof Schieferdach *n*; he has a ~ loose *bes. Br. colloq.* ,er hat e-n leichten Dachschaden'. **3.** Schiefertafel *f* (*zum Schreiben*): to have a clean ~ *fig.* e-e weiße Weste haben; to clean the ~ *fig.* reinen

Tisch machen; on the ~ *sl.* ,auf Pump'; → wipe 7. **4.** *Film:* Klappe *f.* **5.** *pol. etc Am.* Kandi'datenliste *f.* **6.** Schiefergrau *n* (*Farbe*). **II** *v/t* **7.** *das Dach* mit Schiefer decken. **8.** a) *Kandidaten etc* (vorläufig) aufstellen *od.* nomi'nieren, b) *j-n od. etwas* vorsehen für: to be ~d for für *e-n* Posten etc vorgesehen sein. **9.** *Am.* (*zeitlich*) fest-, ansetzen: elections ~d for July. **10.** *tech.* Felle enthaaren. **III** *adj* **11.** schiefergrau, -farbig, Schiefer...: ~ roof Schieferdach *n.*

**slate²** [sleɪt] *v/t sl.* **1.** ,vermöbeln', verprügeln. **2.** *fig. bes. Br.* a) *Theaterstück etc* ,verreißen', b) *j-m* e-e Standpauke halten.

**slate|blue** *s* Schieferblau *n.* ~ **clay** *s min.* Schieferton *m.* ~ **club** *s Br.* Sparverein *m.* ~ **gray**, *bes. Br.* ~ **grey** *s* Schiefergrau *n.* ~ **pen·cil** *s* Griffel *m.* ~ **quar·ry** *s* Schieferbruch *m.*

**slat·er** ['sleɪtə(r)] *s* **1.** Schieferdecker *m.* **2.** *zo.* (Keller)Assel *f.*

**slath·er** ['slæðə(r)] *bes. Am. colloq.* **I** *v/t* **1.** a) dick schmieren *od.* auftragen (on auf *acc*), b) dick beschmieren (with mit). **2.** verschwenden. **II** *s* **3.** *meist pl (e-e)* große Menge.

**slat·ing¹** ['sleɪtɪŋ] *s arch.* **1.** Schieferdecken *n.* **2.** Schieferbedachung *f.*

**slat·ing²** ['sleɪtɪŋ] *s bes. Br. sl.* **1.** ,Verriß' *m*: to give s.th. a ~ etwas ,verreißen'. **2.** Standpauke *f*: to give s.o. a ~ j-m e-e Standpauke halten.

**slat·ted** ['slætɪd] *adj* mit Leisten *od.* Latten (versehen), Latten...

**slat·tern** ['slætɜːn; *bes. Am.* -tə(r)n] *s* **1.** Schlampe *f.* **2.** *Am.* ,Nutte' *f*, Hure *f.* 'slat·tern·li·ness [-lɪnɪs] *s* Schlampigkeit *f.* 'slat·tern·ly *adj u. adv* schlampig, schmudd(e)lig.

**slat·y** ['sleɪtɪ] *adj* **1.** schief(e)rig. **2.** schieferfarben.

**slaugh·ter** ['slɔːtə(r)] **I** *s* **1.** Schlachten *n.* **2.** *fig.* a) Abschlachten *n*, Niedermetzeln *n*) b) Gemetzel *n*, Blutbad *n*: ~ innocent **6.** **3.** *sport colloq.* vernichtende Niederlage. **II** *v/t* **4.** Vieh schlachten. **5.** *fig.* abschlachten, niedermetzeln. **6.** *sport colloq.* ,ausein'andernehmen'. **7.** *econ. Am.* verschleudern. 'slaugh·ter·er *s* Schlächter *m.*

'slaugh·ter|·house *s* **1.** Schlachthaus *n*, -hof *m.* **2.** *fig.* Schlachtbank *f.* '~man [-mæn] *s irr* Schlachter *m.*

'slaugh·ter·ous *adj* (*adv* ~ly) mörderisch, verheerend.

**Slav** [slɑːv; *Am. a.* slæv] **I** *s* Slawe *m*, Slawin *f.* **II** *adj* slawisch, Slawen...

**slave** [sleɪv] **I** *s* **1.** Sklave *m*, Sklavin *f*: to make ~s of zu Sklaven machen. **2.** *fig.* Sklave *m*, Arbeitstier *n*, Kuli *m*: to work like a ~ → 6. **3.** *fig.* Sklave *m*, Krea'tur *f*, Knecht *m.* **4.** *fig.* Sklave *m* (to, of *gen*): a ~ to one's passions; a ~ to drink (television) alkohol-(fernseh)süchtig. **5.** *tech.* a) 'Nebenaggre₁gat *n*, b) Fernbedienungsgerät *n* (*für Arbeiten mit radioaktivem Material*). **II** *v/i* **6.** schuften, wie ein Kuli arbeiten: to ~ away at s.th. sich mit etwas abplagen; to ~ away over a hot stove ständig am Herd stehen. '~born *adj* als Sklave geboren, unfrei. ~ **clock** *s tech.* Nebenuhr *f.* ~ **driv·er** *s* **1.** Sklavenaufseher *m.* **2.** *fig.* Sklaventreiber *m*, Leuteschinder *m.* '~hold·er *s* Sklavenhalter *m.* ~ **la·bo(u)r** *s* **1.** Sklavenarbeit *f.* **2.** *pol.* Zwangsarbeit *f.* ~ **mar·ket** *s* Sklavenmarkt *m.*

**slav·er¹** ['sleɪvə(r)] *s* **1.** Sklavenschiff *n.* **2.** Sklavenhändler *m.*

**slav·er²** ['slævə(r); 'sleɪ-] **I** *v/i* **1.** geifern, sabbern, sabbeln. **2.** *fig.* katzbuckeln (before vor *dat*). **3.** *fig.* lechzen (for, after nach). **II** *v/t* **4.** *obs.* begeifern, besabbern, besabbern. **III** *s* **5.** Geifer *m.*

**slav·er·er** ['slævərə(r); 'sleɪ-] *s* Geiferer *m.*

**slav·er·y** ['sleɪvərɪ] *s* **1.** Sklave'rei *f* (*a. fig.*): ~ to *fig.* sklavische Abhängigkeit von. **2.** Sklavenarbeit *f*, *fig.* Placke'rei *f.* **slave|ship** *s* Sklavenschiff *n.* **S~States** *s pl hist.* Sklavenstaaten *pl* (*USA*). ~ **sta·tion** *s Radio:* Nebenstelle *f*, -sender *m.* ~ **trade** *s* Sklavenhandel *m.* ~ **trad·er** *s* Sklavenhändler *m.* [barer Geist'.|

**Slav·ic** ['slɑːvɪk; 'slæv-] **I** *adj* slawisch. **II** *s ling.* Slawisch *n*, das Slawische.

**slav·ish** ['sleɪvɪʃ] *adj* (*adv* ~ly) **1.** sklavisch, Sklaven... **2.** *fig.* knechtisch, kriecherisch, unter'würfig. **3.** *fig.* sklavisch: ~ imitation. 'slav·ish·ness *s* (*das*) Sklavische, sklavische Gesinnung.

**Slav·ism** ['slɑːvɪzm; *Am. a.* 'slæv-] *s* Slawentum *n.* 'Slav·ist *s* Sla'wist(in).

**Sla·vo·ni·an** [slə'vəʊnjən; -ɪən] **I** *adj* **1.** sla'wonisch. **2.** slawisch. **II** *s* **3.** Sla'wone *m*, Sla'wonin *f.* **4.** Slawe *m*, Slawin *f.* **5.** → Slavic **II.** **Sla'von·ic** [-'vɒnɪk; *Am.* -'vɑn-] **I** *adj* → Slavonian **I. II** *s* → Slavic **II. Slav·o·phile** ['slɑːvəʊfaɪl; -fɪl; 'slævə-], *a.* 'Slav·o·phil [-fɪl] **I** *adj* slawo'phil, slawenfreundlich. **II** *s* Slawo'phile *m*, Slawenfreund(in).

**slaw** [slɔː] *s bes. Am.* 'Krautsa₁lat *m.*

**slay¹** [sleɪ] *pret* **slew** [sluː] *pp* **slain** [sleɪn] *oft poet.* **I** *v/t* töten, ermorden. **II** *v/i* morden.

**slay²** → **sley.**

'slay·er *s oft poet.* Mörder(in).

**sleave** [sliːv] **I** *v/t* **1.** *tech.* Garn, *bes. Seide* fachen. **II** *s* **2.** Faser *f*, Strähne *f.* **3.** *Weberei:* Flockseide *f.*

**slea·zy** ['sliːzɪ] *adj* **1.** dünn (*a. fig.*): ~ cloth; a ~ story. **2.** → **shabby.**

**sled** [sled] → **sledge¹.** 'sled·ding *s bes. Am.* 'Schlittenfahren *n*, -trans₁port *m*: hard (smooth) ~ *fig.* schweres (glattes) Vorankommen.

**sledge¹** [sledʒ] **I** *s* **1.** a) Schlitten *m* (*a. tech.*), b) (Rodel)Schlitten *m.* **2.** *bes. Br.* (leichterer) Pferdeschlitten *m.* **II** *v/t* **3.** mit e-m Schlitten befördern *od.* fahren. **III** *v/i* **4.** Schlitten fahren, rodeln.

**sledge²** [sledʒ] *s tech.* **1.** Vorschlag-, Schmiedehammer *m.* **2.** schweres Treibfäustel. **3.** *Bergbau:* Schlägel *m.*

'sledge|ham·mer **I** *s* → sledge² **1. II** *adj fig.* a) Holzhammer...: ~ methods, b) wuchtig, vernichtend: ~ blow.

**sleek** [sliːk] **I** *adj* (*adv* ~ly) **1.** glatt, glänzend: ~ hair. **2.** geschmeidig, glatt (*Körper etc*; *a. fig. Wesen*). **3.** *fig. contp.* aalglatt, ölig. **4.** a) gepflegt, ele'gant, schick: a ~ young man, b) schnittig: a ~ car. **II** *v/t* **5.** *a. tech.* glätten. **6.** *Haar* glatt kämmen *od.* bürsten. **7.** *Leder* schlichten. 'sleek·ness *s* Glätte *f*, Geschmeidigkeit *f* (*a. fig.*). 'sleek·y → sleek **I.**

**sleep** [sliːp] **I** *v/i pret u. pp* **slept** [slept] **1.** schlafen: to ~ like a dormouse (*od.* log *od.* top) schlafen wie ein Murmeltier; the bed had not been slept in das Bett war unberührt; to ~ on (*od.* upon *od.* over) a question ein Problem überschlafen; to ~ in a) verschlafen, b) länger schlafen (→ 2); to ~ out im Freien schlafen (→ 2); to ~ through Gewitter etc* verschlafen; I slept through the alarm clock ich habe den Wecker nicht gehört. **2.** schlafen, nächtigen, über'nachten: to ~ in (out) im Haus (außer Haus) schlafen (*Personal*). **3.** (with) schlafen (mit) (*Geschlechtsverkehr haben*): to ~ together miteinander schlafen; to ~ around *colloq.* mit vielen Männern ins Bett gehen. **4.** *fig.* schlafen, ruhen (*Dorf, Fähigkeiten, Streit, Toter etc*): their hatred never slept ihr Haß kam nie zur Ruhe. **5.** stehen (*Kreisel*).

**II** v/t **6.** schlafen: to ~ the ~ of the just den Schlaf des Gerechten schlafen. **7.** ~ away, ~ out *Zeit* verschlafen. **8.** ~ off aus-, verschlafen; to ~ off one's headache; to ~ off one's lunch e-n Verdauungsschlaf halten; to ~ it off *colloq.* s-n Rausch ausschlafen. **9.** Schlafgelegenheit bieten *od.* Betten haben für, *j-n* zum Schlafen 'unterbringen: we can ~ 10 people. **III** *s* **10.** Schlaf *m*, Ruhe *f* (*beide a. fig.*): full of~ schläfrig, verschlafen; in one's ~ im Schlaf; the last (*od.* big, long) ~ *fig.* der ewige Schlaf; to get some ~ ein wenig schlafen; to go to ~ a) *a.* to get to~ einschlafen, b) schlafen gehen; to have one's ~ out ausschlafen; to lose ~ over s.th. von etwas um den Schlaf gebracht werden; to put to ~ a) einschläfern (*a. betäuben etc*), b) *euphem.* Tier einschläfern, c) *Boxen:* Gegner ins Reich der Träume schicken; → broken 4. **11.** *zo.* Winterschlaf *m*. **12.** *bot.* Schlafbewegung *f*.

'sleep·er *s* **1.** Schläfer(in), Schlafende(r *m*) *f*: to be a light (heavy *od.* sound) ~ e-n leichten (festen) Schlaf haben. **2.** *zo.* (Winter-, Sommer)Schläfer *m*. **3.** *rail.* a) Schlafwagen *m*, b) *Br.* Schwelle *f*. **4.** *mot.* *Am.* Lastkraftwagen *m* mit Schlafkoje. **5.** *Am.* a) (*bes.* 'Kinder)Py-ˌjama *m*, b) Schlafsack *m* (*für Babys*). **6.** *Am. colloq.* über'raschender Erfolg *od.* Gewinner. **7.** *econ. Am. colloq.* Ladenhüter *m*.                              [ˌstratiˌon *f*.⟩

'sleep-in *s* Sleep-'in *n*, 'Schlafdemon-⟩
sleep·i·ness ['sliːpɪnɪs] *s* **1.** Schläfrigkeit *f*. **2.** Verschlafenheit *f* (*a. fig.*).

'sleep·ing *adj* **1.** schlafend. **2.** Schlaf...: ~ accommodation Schlafgelegenheit *f*; ~ hour Schlafenszeit *f*. ~ bag *s* Schlafsack *m*. ~ Beau·ty *s* Dorn'rös-chen *n*. ~ car *s rail.* Schlafwagen *m*. ~ draught *s med.* Schlaftrunk *m*. ~ pill → sleeping tablet. ~ po·lice·man *s irr mot. Br.* Rüttelschwelle *f*. ~ sick·ness *s med.* Schlafkrankheit *f*. ~ suit *s* → sleeper 5a. ~ tab·let *s med. pharm.* 'Schlaftaˌblette *f*.
sleep learn·ing *s* 'Schlaflernmeˌthode *f*.
'sleep·less *adj* (*adv* ~ly) **1.** schlaflos. **2.** *fig.* rastlos, ruhelos. **3.** *fig.* wachsam. 'sleep·less·ness *s* **1.** Schlaflosigkeit *f*. **2.** *fig.* Rast-, Ruhelosigkeit *f*. **3.** *fig.* Wachsamkeit *f*.
'sleep·walk *v/i* schlaf-, nachtwandeln. '~ˌwalk·er *s* Schlaf-, Nachtwandler(in). '~ˌwalk·ing **I** *s* **1.** Schlaf-, Nachtwandeln *n*. **II** *adj* **2.** schlaf-, nachtwandelnd. **3.** schlaf-, nachtwandlerisch. '~ˌwear *s* Nachtwäsche *f*.
'sleep·y *adj* (*adv* sleepily) **1.** schläfrig, müde. **2.** schläfrig, verschlafen, schlafmützig, träge. **3.** verschlafen, verträumt: a ~ little village. **4.** einschläfernd: a ~ tune. **5.** teigig, 'überreif: a ~ pear. '~ˌhead *s fig.* Schlafmütze *f*.
sleet [sliːt] **I** *s* **1.** Graupel(n *pl*) *f*, Schloße(n *pl*) *f*. **2.** *meteor.* a) *Br.* Schneeregen *m*, b) *Am.* Graupelschauer *m*. **3.** *bes. Am.* 'Eisˌüberzug *m* (*auf Bäumen etc*). **II** *v/impers* **4.** graupeln. 'sleet·y *adj* graupelig, Graupel...
sleeve [sliːv] **I** *s* **1.** Ärmel *m*: to have s.th. up (*al.* in) one's ~ a) etwas bereit *od.* auf Lager *od.* in petto haben: → ace 1, card¹ 1a, b) etwas im Schilde führen; to laugh in one's ~ sich ins Fäustchen lachen; to roll up one's ~s die Ärmel hoch- *od.* aufkrempeln (*a. fig.*). **2.** *tech.* Muffe *f*, Hülse *f*, Buchse *f*, Man'schette *f*: ~ joint Muffenverbindung *f*. **3.** (Schutz-)Hülle *f*. **II** *v/t* **4.** mit Ärmeln, Muffen *etc* versehen. sleeved *adj* **1.** mit Ärmeln. **2.** (*in Zssgn*) ...ärmelig: long-~. 'sleeve·less *adj* ärmellos.
sleeve link *s* Man'schettenknopf *m*. ~

tar·get *s mil.* Schleppsack *m* (*Übungsziel*). ~ valve *s tech.* 'Muffenvenˌtil *n*.
sleigh [sleɪ] **I** *s* **1.** (Pferde- *od.* Last-)Schlitten *m*. **2.** *mil.* 'Schlittenlaˌfette *f*. **II** *v/i* **3.** (im) Schlitten fahren. ~ bell *s* Schlittenschelle *f*.
sleight [slaɪt] *s* **1.** Geschicklichkeit *f*. **2.** Kunstgriff *m*, Trick *m*, List *f*. ~ of hand *s* **1.** (Taschenspieler)Kunststück *n*, (-)Trick *m* (*a. fig.*). **2.** (Finger)Fertigkeit *f*.
slen·der ['slendə(r)] *adj* (*adv* ~ly) **1.** schlank: a ~ girl. **2.** schmal, dünn, schmächtig: a ~ body (figure, neck). **3.** *fig.* schmal, dürftig: a ~ income. **4.** *fig.* gering, schwach: a ~ hope. **5.** mager, karg: ~ diet. 'slen·der·ize [-raɪz] *v/t u. v/i bes. Am.* schlank(er) machen (werden). 'slen·der·ness *s* **1.** Schlankheit *f*. **2.** Schmalheit *f*, Schmächtigkeit *f*. **3.** *fig.* Dürftigkeit *f*. **4.** Kargheit *f* (*des Essens*).
slept [slept] *pret u. pp von* sleep.
sleuth [sluːθ] **I** *s a.* ~hound Spürhund *m* (*a. fig. Detektiv*). **II** *v/i* (her'um)schnüffeln (*Detektiv*). **III** *v/t j-s* Spur verfolgen.
slew¹ [sluː] *pret von* slay¹.
slew² [sluː] *s Am. od. Canad.* Sumpf(land *n*, -stelle *f*) *m*.
slew³ → slue¹.
slew⁴ [sluː] *s Am. colloq.* (*große*) Menge, Haufe(n) *m*: a ~ of people.
sley [sleɪ] *s tech.* Weberkamm *m*.
slice [slaɪs] **I** *s* **1.** Scheibe *f*, Schnitte *f*, Stück *n*: a ~ of bread. **2.** *fig.* Stück *n* (*Land etc*), (An)Teil *m*: a ~ of the profits ein Anteil am Gewinn; a ~ of luck e-e Portion Glück. **3.** *fig.* Aus-, Querschnitt *m*. **4.** (*bes.* Fisch)Heber *m*, Schaufel *f*. **5.** *tech.* Spachtel *m*, Spatel *m*, *f*. **6.** *Golf, Tennis:* Slice *m* (*Schlag u. Ball*). **II** *v/t* **7.** *a.* ~ up in Scheiben schneiden, aufschneiden: to ~ off *ein Stück* abschneiden (*from von*). **8.** (*fig. a. die Luft, die Wellen*) durch'schneiden. **9.** *fig.* aufteilen. **10.** *bes. tech.* spachteln. **11.** *Golf, Tennis:* den Ball slicen. **III** *v/i* **12.** Scheiben, Stücke *etc* schneiden. **13.** *Golf, Tennis:* slicen, e-n Slice schlagen *od.* spielen. ~ bar *s* Schüreisen *n*.
slic·er ['slaɪsə(r)] *s* (Brot-, Gemüse- *etc*) 'Schneidemaˌschine *f*, (Gurken-, Kraut- *etc*)Hobel *m*.
slick [slɪk] **I** *adj* (*adv* ~ly) **1.** glatt, glitschig. **2.** *bes. Am.* Hochglanz..., glänzend: ~ paper → 13. **3.** *colloq.* a) geschickt, raffi'niert (*Person u. Sache*), gekonnt, ,schick' (*Sache*), b) (aal)glatt (*Person*), c) flott, ,prima': a ~ play. **4.** *sl.* ,schick', ,süß': a ~ girl. **II** *adv* **5.** geschickt. **6.** flugs, ,wie geschmiert'. **7.** *colloq.* di'rekt, genau: ~ in the eye. **III** *v/t* **8.** *das Haar* glätten, ,anklatschen'. **9.** glätten. **10.** *a.* ~ up *colloq.* ,auf Hochglanz bringen'. **IV** *s* **11.** glatte *od.* glänzende (Ober)Fläche. **12.** Ölfleck *m*, Ölfläche *f* (*auf dem Wasser*). **13.** *Am. colloq.* 'Hochglanzmagaˌzin *n*. **14.** *Automobilrennsport:* Slick *m* (*Trockenreifen*). **15.** → slicker 1. **II** *v/impers* **4.** slick·er ['slɪkər] *s Am.* **1.** Regenmantel *m*. **2.** *colloq.* a) Schwindler(in), raffi'nierter Kerl, b) ,feiner Großstadtpinkel'.
slid [slɪd] *pret u. pp von* slide.
slid·a·ble ['slaɪdəbl] *adj* verschiebbar.
slid·den ['slɪdn] *obs. pp von* slide.
slide [slaɪd] **I** *v/i pret slid* [slɪd] *pp* slid, *obs.* slid·den ['slɪdn] **1.** gleiten (*a. Riegel etc*), rutschen: to ~ down a) herunter- *od.* hinunterrutschen, -gleiten, b) *sport* (*in der Tabelle*) abrutschen; to ~ from entgleiten (*dat*); to ~ out heraus- *od.* hinausgleiten, -rutschen; to let things ~ *fig.* die Dinge laufen lassen. **2.** (aus)gleiten, (-)rutschen. **3.** (*auf Eis*) schlittern. **4.** gleiten, schlüpfen: to ~ into the room.

**5.** ~ over *fig.* leicht über *ein Thema etc* hin'weggehen. **6.** ~ into *fig.* in *etwas* ,hin'einschlittern'. **II** *v/t* **7.** gleiten lassen, schieben: to ~ one's hand into one's pocket. **8.** ~ in *fig.* ein Wort einfließen lassen. **9.** *mus.* hin'überziehen.
**III** *s* **10.** Rutschen *n*, Gleiten *n*. **11.** Schlittern *n* (*auf Eis*). **12.** a) Schlitterbahn *f*, b) Rodelbahn *f*, c) (*a.* Wasser-)Rutschbahn *f*. **13.** Erd-, Fels-, Schneerutsch *m*. **14.** *bes. tech.* Rutsche *f*, Gleitfläche *f*. **15.** *tech.* a) Schieber *m*, b) Schlitten *m* (*e-r Drehbank etc*), c) Führung *f*, d) → slideway. **16.** Ob'jektträger *m* (*am Mikroskop*). **17.** Schieber *m* (*e-s Rechenschiebers*). **18.** *phot.* Dia(posi'tiv) *n*: ~ lecture Lichtbildervortrag *m*; ~ projector Diaprojektor *m*. **19.** *mil.* Vi'sierschieber *m*. **20.** *mus.* a) Schleifer *m* (*Verzierung*), b) Hin'überziehen *n* (*zwischen Tönen*), c) Zug *m* (*der Posaune etc*). **21.** (*bes. Haar- od. Gürtel*)Spange *f*.
slide·a·ble → slidable.
slide bar *s tech.* Gleitschiene *f*. ~ cal·i·per *s tech.* Schieb-, Schublehre *f*. ~ con·trol *s tech.* Gleit-, Schieberregler *m*. ~ fas·ten·er *s tech.* Am. Reißverschluß *m*.
slid·er ['slaɪdə(r)] *s* **1.** *tech.* Schieber *m*, Gleitstück *n*. **2.** *electr.* Schleifer *m*.
slide rest *s tech.* Sup'port *m*. ~ rod *s tech.* Führungsstange *f*. ~ rule *s tech.* Rechenschieber *m*, -stab *m*. ~ trombone *s mus.* 'Zugpoˌsaune *f*. ~ valve *s tech.* 'Schieber(venˌtil *n*). ~ way *s tech.* **1.** Gleit-, Schiebebahn *f*. **2.** Geradführungsstück *n*. ~ wire *s electr.* Schleifdraht *m*.
slid·ing ['slaɪdɪŋ] *adj* (*adv* ~ly) **1.** rutschend, gleitend. **2.** Schiebe...: ~ door; ~ weight Laufgewicht *n* (*e-r Waage*). ~ bear·ing *s tech.* Gleitlager *n*. ~ bow [bəʊ] *s electr.* Schleifbügel *m*. ~ cal·i·per → slide caliper. ~ fit *s tech.* Gleitsitz *m*. ~ gear *s tech.* Schieberad *n*, Schub(rad)getriebe *n*. ~ mi·cro·tome *s biol. med.* 'Schlittenmikroˌtom *n*. ~ roof *s mot. etc* Schiebedach *n*. ~ rule → slide rule. ~ scale *s econ.* **1.** gleitende (Lohn- *od.* Preis)Skala. **2.** 'Staffeltaˌrif *m*. '~-scale tar·iff *s econ.* Gleitzoll *m*. ~ seat *s Rudern:* Gleit-, Rollsitz *m*. ~ ta·ble *s* **1.** Ausziehtisch *m*. **2.** *tech.* Tischschlitten *m*. ~ time *s econ. Am.* Gleitzeit *f*.
sli·er ['slaɪə(r)] *comp von* sly.
sli·est ['slaɪɪst] *sup von* sly.
slight [slaɪt] **I** *adj* (*adv* → slightly) **1.** leicht, gering(fügig): the ~est hesitation ein kaum merkliches Zögern; the ~est irritation ein Anflug von Ärger; not in the ~est nicht im geringsten. **2.** schmächtig, dünn. **3.** schwach (*Gerüst etc*). **4.** leicht, schwach (*Geruch etc*). **5.** gering (*Intelligenz etc*). **6.** flüchtig, oberflächlich (*Bekanntschaft*). **II** *v/t* **7.** *j-n* beleidigen, kränken. **8.** *etwas* ,auf die leichte Schulter nehmen'. **9.** *e-e Arbeit etc* (nach)lässig erledigen. **III** *s* **10.** Beleidigung *f*, Kränkung *f*. 'slight·ing *adj* (*adv* ~ly) **1.** beleidigend, kränkend. **2.** abschätzig. 'slight·ly *adv* leicht, schwach, etwas, ein bißchen: to know s.o. only ~ j-n nur flüchtig *od.* oberflächlich kennen. 'slight·ness *s* **1.** Geringfügigkeit *f*. **2.** Schmächtigkeit *f*. **3.** Schwäche *f*.
sli·ly → slyly.
slim [slɪm] **I** *adj* (*adv* ~ly) **1.** schlank, dünn. **2.** gering, dürftig, schwach: a ~ chance. **3.** schlau, ,gerieben'. **II** *v/t* **4.** schlank(er) machen: to ~ down *econ.* gesundschrumpfen. **III** *v/i* **5.** schlank(er) werden: to ~ down *econ.* sich gesundschrumpfen. **6.** e-e Schlankheits-

kur machen. **'~down** s econ. Gesundschrumpfung f, 'Schlankheitskur' f.
**slime** [slaɪm] **I** s **1.** Schlamm. **2.** bes. bot. zo. Schleim m. **3.** fig. Schmutz m. **II** v/t **4.** mit Schlamm od. Schleim über'ziehen od. bedecken.
**slim·i·ness** ['slaɪmɪnɪs] s **1.** bes. bot. zo. Schleimigkeit f, (das) Schleimige. **2.** Schlammigkeit f.
**'slim·line** v/t u. v/i econ. (sich) gesundschrumpfen.
**slim·ming** ['slɪmɪŋ] **I** s **1.** Schlankwerden n, Abnehmen n. **2.** Schlankheitskur f. **II** adj **3.** Schlankheits...: ~ **cure**; ~ **diet**.
**slim·nas·tics** [slɪm'næstɪks] s pl 'Schlankheitsgym,nastik f.
**slim·ness** s **1.** Schlankheit f. **2.** fig. Dürftigkeit f. **'slim·sy** [-zi:], a. **'slimp·sy** [-psi:] adj Am. colloq. dünn, schwach.
**slim·y** ['slaɪmɪ] adj (adv **slimily**) **1.** bes. bot. zo. schleimig. **2.** glitschig. **3.** schlammig. **4.** ekelhaft. **5.** bes. Br. fig. a) schmierig, schmutzig, b) kriecherisch, 'schleimig'.
**sling¹** [slɪŋ] **I** s **1.** (Stein)Schleuder f. **2.** → slingshot. **3.** (Schleuder)Wurf m. **II** v/t pret u. pp **slung** [slʌŋ] **4.** schleudern: to ~ ink colloq. schriftstellern; → mud 2.
**sling²** [slɪŋ] **I** s **1.** Schlinge f (zum Heben von Lasten). **2.** med. (Arm)Schlinge f, Binde f. **3.** Trag-, a. Gewehrriemen m, Gurt m. **4.** meist pl mar. Stropp m, Tauschlinge f. **II** v/t pret u. pp **slung** [slʌŋ] **5.** e-e Schlinge legen um (e-e Last). **6.** (an e-r Schlinge) aufhängen: to be slung from hängen od. baumeln von. **7.** e-e Last hochziehen: → hook 3. **8.** das Gewehr etc 'umhängen: → arms¹ mil. Gewehr umhängen! **9.** med. den Arm in die Schlinge legen.
**sling³** [slɪŋ] s (Art) Punsch m.
**'sling·shot** s Am. (Stein)Schleuder f, Kata'pult n, a. m.
**slink** [slɪŋk] **I** v/i pret **slunk** [slʌŋk], obs. **slank** [slæŋk] pp **slunk 1.** schleichen, sich stehlen: to ~ **off** wegschleichen, sich fortstehlen. **2.** fehlgebären, bes. verkalben (Kuh). **II** v/t **3.** Junges vor der Zeit werfen. **III** s **4.** vet. Fehl-, Frühgeburt f (bes. Kalb). **'slink·y** adj colloq. **1.** mit aufreizendem Gang (Frau). **2.** geschmeidig (Körper). **3.** enganliegend, hauteng (Kleid etc).
**slip¹** [slɪp] **I** s **1.** (Aus)Gleiten n, (-)Rutschen n. **2.** Fehltritt m (a. fig.). **3.** 'Mißgeschick n, 'Panne' f: **there is many a** ~ '**twixt (the) cup and (the) lip** zwischen Lipp' und Kelches Rand schwebt der dunklen Mächte Hand. **4.** (Flüchtigkeits)Fehler m, 'Schnitzer' m, Lapsus m: ~ **of the pen** Schreibfehler; ~ **of the tongue** 'Versprecher' m; **it was a** ~ **of the tongue** ich habe mich (er hat sich etc) versprochen. **5.** Fehler m, Fehlleistung f, 'Panne' f. **6.** 'Unterkleid n, -rock m: → show 32. **7.** (Kissen)Bezug m. **8.** hunt. Koppel f, (Hunde)Leine f: **to give s.o. the** ~ fig. j-m entwischen. **9.** mar. a) (Schlipp)Helling f (für den Stapellauf), b) Am. Schlippe f (Gang in e-m Dock). **10.** tech. Schlupf m (Nacheilen der Drehzahl). **11.** tech. Nachbleiben der Fördermenge bei Pumpen. **12.** Kricket: a) Eckmann m, b) Stellung zur Linken hinter dem Dreistab. **13.** geol. kleine Verwerfung, Erdrutsch m. **14.** aer. Slip m (Seitwärtsbewegung des Flugzeugs, um Höhe zu verlieren).
**II** v/i **15.** gleiten, rutschen: to ~ **from** der Hand etc entgleiten; **to** ~ **from s.o.'s mind** j-m entfallen; **it** ~**ped from my lips** es ist mir ,herausgerutscht'; **to let** ~ sich ,verplappern', etwas verraten; **to let an opportunity** ~ (through one's

fingers) sich e-e Gelegenheit entgehen lassen; **to** ~ **into bad language** in Obszönitäten abgleiten; **the money** ~**ped through her fingers** das Geld zerrann ihr unter den Händen. **16.** ausgleiten, -rutschen. **17.** sich (hoch- etc)schieben, (ver)rutschen. **18.** sich lösen (Knoten). **19.** (hin'ein)schlüpfen: **to** ~ **into a dress** (room, etc); **to** ~ **through** schlüpfen durch (a. fig.). **20.** (on bei) (e-n) Fehler machen, sich ,vertun'. **21.** colloq. nachlassen (Kräfte etc), nachgeben (Preise etc): **he is** ~**ping** er läßt nach.
**III** v/t **22.** gleiten lassen, (bes. heimlich) stecken od. tun: **he** ~**ped the letter into his pocket**; **to** ~ **s.o. s.th.** j-m etwas zustecken; → slip in II. **23.** → slip off II, slip on. **24.** ein Hundehalsband, e-e Fessel etc abstreifen: → collar 2. **25.** e-n Hund etc loslassen. **26.** etwas loslassen. **27.** j-m entwischen, -kommen. **28.** j-s Aufmerksamkeit entgehen: **to have** ~**ped s.o.'s memory** (od. **mind**) j-m entfallen sein. **29.** e-n Knoten lösen. **30.** → slink 3. **31.** med. auskugeln, verrenken: **to** ~ **one's shoulder**; ~**ped disc** Bandscheibenvorfall m.
*Verbindungen mit Adverbien:*
**slip| a·way** v/i **1.** wegschleichen, sich fortstehlen. **2.** verstreichen (Zeit). ~ **by** → slip away 2. ~ **down** v/i rutschen (Speise, Getränk). ~ **in I** v/i **1.** sich einschleichen (a. fig. Fehler), hin'einschlüpfen. **II** v/t **2.** hin'eingleiten lassen. **3.** fig. e-e Bemerkung ein'fließen lassen. ~ **off** **I** v/i → slip away 1. **II** v/t e-n Ring, ein Kleid etc abstreifen. ~ **on** v/t e-n Ring, ein Kleid etc 'überstreifen, tech. aufstecken. ~ **out** **I** v/i hin'ausschlüpfen. **II** v/t her'ausziehen. ~ **through** v/i 'durchschlüpfen (a. fig.). ~ **up** v/i colloq. → slip¹ 20.
**slip²** [slɪp] s (ohne pl u. art) geschlemmte Tonmasse.
**slip³** [slɪp] s **1.** Pfropfreis n, Ableger m, Setzling m. **2.** fig. Sprößling m. **3.** Streifen m, Stück n (Holz, Papier etc), Zettel m: **a** ~ **of a boy** fig. ein schmächtiges Bürschchen; **a** ~ **of a room** fig. ein winziges Zimmer. **4.** (Kon'troll)Abschnitt m: **bank** ~ econ. Giroabschnitt m. **5.** print. Fahne f.
**'slip|·case** s **1.** ('Bücher)Kas,sette f, Schuber m. **2.** → slipcover. **'~,cov·er** s Am. **1.** Schonbezug m (für Möbel). **2.** Schutzhülle f (für Bücher). ~ **joint** s tech. Gleitfuge f. ~**-verbindung** f. ~ **knot** s Laufknoten m. **'~·on I** s **1.** Kleidungsstück n zum 'Überstreifen, bes. a) Slipon m (Mantel), b) Pull'over m. **2.** Slipper m. **II** adj **3.** a) Umhänge..., Überzieh..., b) tech. Aufsteck...: ~ **cap** (lens, etc). **'~·o·ver** s **1.** 'Überzug m. **2.** Pull'over m.
**slip·page** ['slɪpɪdʒ] s **1.** Schlupf m, Schlüpfung f. **2.** Schlüpfungsverlust m.
**slip·per** ['slɪpə(r)] **I** s **1.** a) Pan'toffel m, b) Slipper m (leichter Haus- od. Straßenschuh). **2.** tech. Hemmschuh m. **II** v/t **3.** colloq. j-n mit dem Pan'toffel schlagen.
**slip·per·i·ness** ['slɪpərɪnɪs] s **1.** Schlüpfrigkeit f. **2.** Ungewißheit f.
**slip·per·y** ['slɪpərɪ] adj (adv **slipperily**) **1.** schlüpfrig, glatt, glitschig: **a** ~ **road** (rope, etc); ~ **carriageway!** Vorsicht, Schleudergefahr!; **to be on** ~ **ground** fig. sich auf unsicherem Boden bewegen; **he is on a** (od. the) ~ **slope** fig. er hat s-n gefährlichen Weg eingeschlagen. **2.** fig. gerissen: **a** ~ **fellow**; → eel 1. **3.** zweifelhaft, unsicher: **a** ~ **position**. **4.** heikel: **a** ~ **subject**. **5.** verschwommen: ~ **style**.
**slip·py** ['slɪpɪ] adj colloq. **1.** schlüpfrig, glatt, glitschig. **2.** bes. Br. fix, flink: **look** ~**!** mach fix!
**slip| ring** s electr. Schleif-, Kol'lektorring m. ~ **road** s Br. (Autobahn)Zubrin

ger m. **'~·shod** adj fig. schlampig, schlud(e)rig. **'~·slop I** s colloq. Gelabber n (Getränk; a. fig. leeres Gerede). **II** adj ,labb(e)rig' (a. fig.). **'~·sole** s Einlegesohle f (für Schuhe). **'~,stick** s tech. Am. Rechenschieber m, -stab m. **'~·stream I** s **1.** aer. Luftschraubenstrahl m. **2.** sport Windschatten m. **II** v/i **3.** sport im Windschatten fahren. **'~·up** s colloq. → slip¹ 4 u. 5. **'~·way** s mar. Helling f.
**slit** [slɪt] **I** v/t pret u. pp **slit 1.** aufschlitzen, -schneiden. **2.** zerschlitzen. **3.** in Streifen schneiden. **4.** spalten. **5.** ritzen. **II** v/i **6.** e-n Riß bekommen, reißen. **III** s **7.** Schlitz m. **'~·eyed** adj schlitzäugig.
**slith·er** ['slɪðə(r)] **I** v/i **1.** gleiten, rutschen, schlittern. **2.** (schlangenartig) gleiten (gehen). **II** s **3.** Gleiten n, Rutschen n, Schlittern n. **'slith·er·y** adj rutschig.
**slit| skirt** s geschlitzter (Damen)Rock. ~ **trench** s mil. Splittergraben m.
**sliv·er** ['slɪvə(r)] **I** s **1.** Splitter m, Span m. **2.** Stück(chen) n. **3.** Spinnerei: a) Kammzug m, b) Florband n. **II** v/t **4.** e-n Span abspalten, zersplittern. **5.** Spinnerei: Wolle etc teilen. **II** v/i **6.** zersplittern.
**sliv·o·vitz** ['slɪvəvɪts/'sli:və-] s Slibowitz m, Sliwowitz m.
**slob** [slob; Am. slɑb] s **1.** bes. Ir. Schlamm m, Mo'rast m. **2.** sl. a) ,Bauer' m, b) ,Trottel' m, c) ordi'närer Kerl, d) ,Fiesling' m.
**slob·ber** ['slobə; Am. 'slɑbər] **I** v/i **1.** geifern, sabbeln, sabbern. **2.** ~ **over** fig. kindisch schwärmen von; **he** ~**ed** ,s-e Lippen sprühten'. **3.** schlampen (bei der Arbeit). **II** v/t **4.** ,abschlecken', abküssen, besabbern. **5.** ~ **up** colloq. → slip¹ 20. **III** s **6.** Geifer m. **7.** sentimen'tales Gewäsch. **'slob·ber·y** adj **1.** geifernd, sabbelnd, sabbernd. **2.** begeifert, besabbert. **3.** fig. gefühlsduselig. **4.** schlampig.
**sloe** [sləʊ] s bot. **1.** Schlehe f. **2.** a. ~**bush**, ~**tree** Schleh-, Schwarzdorn m. **3.** einige Arten amer. wilder Pflaumen. **'~-eyed** adj dunkeläugig. ~ **gin** s 'Schlehenli,kör m. **'~·worm** s Br. für slowworm.
**slog** [slog; Am. slɑg] colloq. **I** v/t **1.** j-m e-n harten Schlag versetzen, Ball dreschen. **2.** verprügeln. **II** v/i **3.** ~ **away**, ~ **on** a) sich da'hinschleppen, (mühsam) stapfen, b) fig. sich ,'durchbeißen'. **4.** a. ~ **away** sich (ab)plagen (at s.th. mit etwas), schuften. **III** s **5.** harter Schlag. **6.** a. long ~ fig. (endlose) Schinde'rei.
**slo·gan** ['sləʊgən] s **1.** Scot. Schlachtruf m. **2.** Slogan m: a) Schlagwort n, b) Werbespruch m. **,slo·gan'eer** [-'nɪə(r)] bes. Am. **I** s **1.** Erfinder m od. eifriger Verwender von Schlagwörtern. **2.** Werbetexter m. **II** v/i **3.** Werbesprüche texten. **'slo·gan·ize** v/t **1.** in Schlagwortform bringen. **2.** (werbe)wirksam ausdrücken.
**slog·ger** ['slogə; Am. 'slɑgər] s colloq. **1.** sport harter Schläger. **2.** fig. ,Arbeitstier' m.
**sloid, slojd** → sloyd.
**sloop** [slu:p] s mar. Scha'luppe f. ~ **of war** s mar. hist. Br. Ka'nonenboot n.
**slop¹** [slop; Am. slɑp] **I** s **1.** (Schlamm-) Pfütze f. **2.** meist pl ,Gelabber' n, 'Spülwasser' n. **3.** meist pl a) Spülicht n, b) Schmutzwasser n, c) Exkre'mente pl. **4.** Schweinetrank m. **5.** Krankensüppchen n. **6.** Matsch m. **7.** colloq. rührseliges Zeug. **II** v/i **8.** verschütten. **9.** bespritzen. **10.** ('hin)klatschen. **11.** a. ~ **up** geräuschvoll essen od. trinken. **III** v/i **12.** oft ~ **over**, ~ **out** Wasser verschütten. **13.** ~ **over** (the edge) 'überschwappen. **14.** ('hin)klatschen. **15.** ~ **over** colloq.

ˈüberschwenglich schwärmen. **16.** (durch Schlamm) patschen, waten. **17.** a. ~ **about** (od. **around**) colloq. ˌherˈumhängenˈ (Person).

**slop²** [slɒp; Am. slɑp] s **1.** Kittel m, lose Jacke. **2.** pl billige Konfektiˈonskleidung. **3.** pl dial. Pluderhose(n pl) f. **4.** mar. Kleidung f u. Bettzeug n, ˈKlaˈmottenˈ pl. **5.** pl hist. weite Hose.

**slopǀbaˑsin, ~ bowl** s Br. Schale, in die bei Tisch Tee- u. Kaffeereste gegossen werden.

**slope** [sləʊp] **I** s **1.** (Ab)Hang m. **2.** Böschung f. **3.** a) Neigung f, Gefälle n, b) Schräge f, geneigte Ebene: **at the** ~ mil. mit Gewehr über; **on the** ~ schräg, abfallend. **4.** geol. Senke f. **5.** math. ˈRichtungskoeffiziˌent m. **6.** Bergbau: schräger Stollen. **7.** Rezessiˈon f. **II** v/i **8.** sich neigen, (schräg) abfallen. **9.** colloq. a) a. ~ **off** ˌabhauenˈ, b) a. ~ **about** (od. **around**) herˈumschlendern. **III** v/t **10.** neigen, senken. **11.** abschrägen (a. tech.). **12.** (ab)böschen. **13.** mil. das Gewehr ˈübernehmen: → **arm²** Bes. Redew. **ˈslopˑing** adj schräg, abfallend, ansteigend.

**slop pail** s Toiˈletteneimer m.

**slopˑpiˑness** [ˈslɒpɪnɪs; Am. ˈslɑp-] s **1.** Matschigkeit f. **2.** colloq. Schlampigkeit f. **3.** colloq. Rührseligkeit f.

**slopˑpy** [ˈslɒpɪ; Am. ˈslɑpiː] adj (adv **sloppily**) **1.** matschig: ~ **ground**. **2.** naß, bespritzt: ~ **table**. **3.** ˌlabb(e)rigˈ: ~ **food**. **4.** colloq. rührselig, sentimenˈtal. **5.** colloq. nachlässig, saˈlopp (a. Sprache), schlud(e)rig, schlampig.

**slopǀshop** s Laden m mit billiger Konfektiˈonsware. **ˈ~work** s **1.** a) ˈHerstellung f von billiger Konfektiˈonsware, b) billige Konfektiˈonskleidung. **2.** schlampige Arbeit.

**slosh** [slɒʃ; Am. a. slɑʃ] **I** s **1.** → **slush** 1 u. 2. **2.** Schuß m (e-r Flüssigkeit). **3.** colloq. (harter) Schlag. **II** v/i **4.** a. ~ **about** (od. **around**) im (Schmutz)Wasser herˈumpatschen. **5.** schwappen (**over** über acc). **III** v/t **6.** j-n, etwas bespritzen: **to ~ about** (od. **around**) Flüssigkeit verspritzen. **7.** ~ **on** colloq. Farbe etc a) draufklatschen, b) klatschen auf (acc). **8.** Br. colloq. j-m e-n harten Schlag versetzen. **9.** a. ~ **down** Am. colloq. Bier etc hinˈunterschütten. **sloshed** [-ʃt] adj Br. sl. ˌbesoffenˈ.

**slot¹** [slɒt; Am. slɑt] **I** s **1.** Schlitz m, Einwurf m (e-s Automaten etc), Spalt m, Spalte f. **2.** tech. Nut f, Kerbe f: ~ **and key** Nut u. Feder. **3.** Am. enger Raum. **4.** colloq. a) (freie) Stelle (**in** in e-r Organisation etc), b) (freier) Platz (**on** in e-r Mannschaft), c) a. ~ **time** (Rundfunk, TV) (feste) Sendezeit: **to find a** ~ **for** j-n unterbringen (**in** e-r Firma etc); j-n, etwas unterbringen od. einbauen (**in** e-m Programm etc). **II** v/t **5.** tech. schlitzen, nuten. **6.** ~ **into** colloq. a) j-n ˈunterbringen in (dat), b) j-n, etwas ˈunterbringen od. einbauen in (dat). **III** v/i **7.** ~ **into** colloq. a. fig. hinˈeinpassen in (acc), sich einfügen in (acc): **this part** ~**s into that part; the song will** ~ **into the programme) here** das Lied paßt an dieser Stelle am besten.

**slot²** [slɒt; Am. slɑt] s bes. hunt. Spur f.

**slot³** [slɒt] s Br. **1.** (Tür)Riegel m. **2.** (Meˈtall)Stange f. **3.** Latte f.

**slot car** s Am. elektrisch betriebenes Modellrennauto.

**sloth** [sləʊθ; Am. a. slɔːθ] s **1.** Faulheit f. **2.** zo. Faultier n. **ˈslothˑful** adj (adv **~ly**) faul, träge. **ˈslothˑfulˑness** → sloth 1.

**slot maˑchine** s (ˈWaren-, ˈSpiel)Automat m.

---

**slotˑted screw** [ˈslɒtɪd; Am. ˈslɑt-] s tech. Schlitzschraube f.

**ˈslotˑting maˑchine** s tech. ˈSenkrechtstoßmaˌschine f.

**slouch** [slaʊtʃ] **I** s **1.** krumme, nachlässige Haltung. **2.** latschiger Gang. **3.** fig. Laxheit f. **4.** a) herˈabhängende Hutkrempe, b) Schlapphut m. **5.** bes. Am. colloq. a) Nichtstuer m, b) ˌNieteˈ f, ˌFlascheˈ f: **he is no** ~ (**at**) ˌer ist auf Drahtˈ (**in** dat); **the show is no** ~ ˌdas Stück ist nicht ohneˈ. **II** v/i **6.** krumm dastehen od. dasitzen, sich lümmeln. **7.** a. ~ **along** latschig gehen, latschen: **to** ~ **about** (od. **around**) herumlatschen. **8.** herˈabhängen (Krempe etc). **III** v/t **9.** die Krempe herˈunterbiegen. **10.** die Schultern hängen lassen. ~ **hat** s Schlapphut m.

**ˈslouchˑing, ˈslouchˑy** adj **1.** krumm (Haltung), latschig (Gang, Haltung, Person). **2.** herˈabhängend (Krempe). **3.** lax, faul.

**slough¹** [slaʊ] s **1.** Sumpf-, Schmutzloch n. **2.** Moˈrast m (a. fig.): ~ **of despond** tiefe od. tiefste Verzweiflung. **3.** [slu:] bes. Am. od. Canad. Sumpf m, bes. (sumpfige) Flußbucht.

**slough²** [slʌf] **I** s **1.** abgestreifte Haut (bes. der Schlange). **2.** fig. (etwas) Abgetanes. **3.** med. Schorf m, tote Haut. **II** v/i **4.** oft ~ **away**, ~ **off** a) sich häuten, b) med. sich ablösen (Schorf). **5.** ~ **off** fig. Am. nachlassen. **III** v/t **6.** a. ~ **off** a) Haut etc abstreifen, abwerfen, b) fig. etwas loswerden, e-e Gewohnheit etc ablegen. **7.** Bridge: e-e Karte abwerfen.

**sloughˑy¹** [ˈslaʊɪ; Am. bes. ˈsluːi] adj sumpfig.

**sloughˑy²** [ˈslʌfɪ] adj med. schorfig.

**Slo·vak** [ˈsləʊvæk; Am. a. ˌ-ˈvɑːk], **Slo·vak·i·an** [-kɪən] **I** s **1.** Sloˈwake m, Sloˈwakin f. **2.** ling. Sloˈwakisch n, das Slowakische. **II** adj **3.** sloˈwakisch.

**slov·en** [ˈslʌvn] s a) Schlamper m, b) Schlampe f.

**Slo·vene** [ˈsləʊviːn], **Slo·ve·ni·an** [-njən; -nɪən] **I** s **1.** Sloˈwene m, Sloˈwenin f. **2.** ling. Sloˈwenisch n, das Slowenische. **II** adj **3.** sloˈwenisch.

**slov·en·li·ness** [ˈslʌvnlɪnɪs] s Schlampigkeit f. **slov·en·ly** adj u. adv schlampig, schlud(e)rig.

**slow** [sləʊ] **I** adj (adv **~ly**) **1.** allg. langsam: ~ **and sure** langsam, aber sicher; **to be** ~ **in arriving** lange ausbleiben, auf sich warten lassen; **to be** ~ **to write** sich mit dem Schreiben Zeit lassen; **to be** ~ **to take offence** nicht leicht etwas übelnehmen; **not to be** ~ **to do s.th.** etwas prompt tun, nicht lange mit etwas fakkeln; **the clock is 10 minutes** ~ die Uhr geht 10 Minuten nach. **2.** allˈmählich, langsam: ~ **growth**. **3.** träge, langsam, bedächtig: **a** ~ **worker**. **4.** säumig (a. Zahler), unpünktlich. **5.** schwerfällig, begriffsstutzig, schwer von Begriff: **to be** ~ **in learning s.th.** etwas nur schwer lernen; **to be** ~ **of speech** e-e schwere Zunge haben; → **uptake** 1. **6.** schwach (Feuer, Hitze). **7.** schleichend (Fieber, Gift). **8.** econ. schleppend, schlecht: ~ **sale**; ~ **business**. **9.** schleppend, langsam vergehend (Zeit). **10.** langweilig, fad(e). **11.** langsam (Rennbahn), schwer (Boden). **12.** mot. Leerlauf... **13.** phot. lange Belichtung erfordernd (Linse, Filter, Film). **14.** Atomphysik: ~ **neutron**; ~ **reactor**. **II** adv **15.** langsam: ~**!** mot. langsam fahren!; **to go** ~ fig. a) langsam tun, b) econ. e-n Bummelstreik machen. **III** v/t **16.** meist ~ **down**, ~ **up** a) die Geschwindigkeit verlangsamen, -ringern, b) etwas verzögern. **IV** v/i **17.** meist ~ **down**, ~ **up** sich verlangsamen, langsamer werden: **he had better**

---

~ **down a bit** fig. er sollte lieber kurztreten od. etwas langsamer tun.

**slowǀˌactˑing** adj electr. langsam (wirkend), träge (ansprechend), Langzeit... ~ **as·sets** s pl econ. feste Anlagen pl. ~ **burn** s: **to do a** ~ Am. colloq. allˈmählich in Wut geraten. **ˈ~ˌburnˑing stove** s Dauerbrandofen m. **ˈ~coach** s colloq. Langweiler m: **hurry up, you old** ~! **ˈ~down** s **1.** Verlangsamung f. **2.** econ. Am. Bummelstreik m. **ˈ~ lane** s mot. Kriechspur f (Autobahn). ~ **march** s mus. Trauermarsch m. ~ **match** s mil. tech. Zündschnur f, Lunte f. **~ˈmo·tion** s phot. Zeitlupe(ntempo n) f: **in** ~ in Zeitlupe. **~ˈmo·tion** adj Zeitlupen...: ~ **picture** Zeitlupe(naufnahme) f; ~ **dial** Feinstellskala f. **ˈ~ˌmov·ing** adj **1.** langsam (gehend). **2.** econ. → **slow** 8.

**ˈslow·ness** s **1.** Langsamkeit f. **2.** Schwerfälligkeit f. **3.** Begriffsstutzigkeit f. **4.** Langweiligkeit f.

**ˈslowǀˌpoke** Am. für slowcoach. ~ **time** s mil. (langsames) Marschtempo. ~ **train** s Personenzug m. **~ˈwit·ted** → slow 5. **ˈ~worm** s zo. Blindschleiche f.

**sloyd** [slɔɪd] s ped. ˈWerkˌunterricht m (bes. Schnitzen).

**slub** [slʌb] tech. **I** v/t grob vorspinnen. **II** s Vorgespinst n. **ˈslub·ber** s tech. ˈVorspinnmaˌschine f.

**sludge** [slʌdʒ] s **1.** Schlamm m, Schlick m, (a. Schnee)Matsch m. **2.** tech. Schlamm m, Bodensatz m. **3.** Klärschlamm m. **4.** tech. Pochschlamm m. **5.** Treibeis n. **6.** med. Blutklumpen m. **ˈsludg·y** adj **1.** schlammig, matschig. **2.** mit Eisschollen bedeckt.

**slue¹** [sluː] **I** v/t a. ~ **round** herˈumdrehen, -schwenken, um s-e Achse drehen. **II** v/i sich herˈumdrehen.

**slue²** → slew⁴.

**slug¹** [slʌg] s **1.** zo. (Weg)Schnecke f. **2.** bes. Am. colloq. Faulpelz m. **II** v/i **3.** faulenzen.

**slug²** [slʌg] s **1.** Stück n ˈRohmeˌtall. **2.** a) hist. Musˈketenkugel f, b) (Luftgewehr-, Am. Piˈstolen)Kugel f, c) grobes Schrot. **3.** Am. falsche Münze (Automatenmißbrauch). **4.** print. a) ˈDurchschuß m, Reˈglette f, b) ˈSetzmaˌschinenzeile f, c) Zeilenguß m. **5.** phys. Masseneinheit f. **6.** Am. colloq. Gläs-chen n (Schnaps etc).

**slug³** [slʌg] **I** s bes. Am. **1.** harter Schlag. **II** v/t **2.** j-m e-n harten Schlag versetzen. **III** v/i **3.** aufeinander einschlagen. **4.** a. ~ **on** fig. sich ˌdurchbeißenˈ.

**slug·a·bed** [ˈslʌgəbed] s Langschläfer (-in).

**slug·fest** [ˈslʌgˌfest] s Am. colloq. bes. Boxen: Schlägeˈrei f, Keileˈrei f.

**slug·gard** [ˈslʌgə(r)d] **I** s Faulpelz m. **II** adj (adv **~ly**) faul.

**slug·ger** [ˈslʌgə(r)] s bes. Am. colloq. Boxen u. Baseball: harter Schläger.

**slug·gish** [ˈslʌgɪʃ] adj (adv **~ly**) **1.** träge (a. med. Organ), träge fließend (Fluß etc), langsam, schwerfällig. **2.** econ. schleppend, flau. **ˈslug·gish·ness** s Trägheit f, Langsamkeit f, Schwerfälligkeit f.

**sluice** [sluːs] **I** s tech. **1.** Schleuse f (a. fig.). **2.** Stauwasser n. **3.** ˈSchleusenkaˌnal m. **4.** ˈAbflußkaˌnal m. **5.** (Gold- od. Erz-)Waschrinne f. **6.** colloq. gründliche (Ab)Waschung f. **II** v/t **7.** Wasser ablassen. **8.** (aus)spülen. **9.** min. Erz etc waschen. **III** v/i **10.** a) ausströmen, ~ **gate** s tech. Schleusentor n: **to open the** ~**s to** (od. **for**) fig. Tür u. Tor öffnen (dat). **ˈ~way** → sluice 3.

**slum¹** [slʌm] **I** s **1.** a) schmutzige Gasse, b) ˈElendsquarˌtier n. **2.** meist pl Slums pl, Elendsviertel n od. pl: ~ **clearance** Sanierung f von Slums. **II** v/i **3.** meist **go** ~**ming** die Slums (bes. aus Neugier) auf-

suchen. **4.** in primi'tiven Verhältnissen leben. **III** v/t **5. to ~ it** → **4.**

**slum²** [slʌm] s chem. bes. Br. unlösliches Oxydationsprodukt des rohen Schmieröls.

**slum³** [slʌm] → **slumgullion**.

**slum·ber** ['slʌmbə(r)] **I** v/i **1.** bes. poet. schlummern (a. fig.). **2.** da'hindösen. **II** v/t **3.** ~ **away** Zeit verschlafen, -dösen. **III** s meist pl **4.** Schlummer m: ~ **party** Am. Nachthemdparty junger Mädchen. **5.** Da'hindösen n. **6.** fig. Dorn'rös-chen-schlaf m. **'slum·ber·ous** adj (adv ~ly) **1.** schläfrig. **2.** einschläfernd.

**slum·brous** ['slʌmbrəs] → **slumber-ous**.

**'slum,dwell·er** s Slumbewohner(in).

**slum·gul·lion** ['slʌmɡʌljən] s Am. colloq. **1.** wäßriges ,Gesöff'. **2.** Eintopf (-gericht n) m. **3.** mit Fett u. Meerwasser vermischtes Blut (an Deck e-s Walfängers).

**'slum·lord** s Eigentümer e-s bewohnten, abbruchreifen Mietshauses.

**slum·my** ['slʌmɪ] adj verwahrlost, Slum...

**slump** [slʌmp] **I** v/i **1.** (hin'ein)plumpsen. **2.** meist ~ **down** (in sich) zs.-sacken (Person). **3.** econ. stürzen (Preise). **4.** völlig versagen. **5.** geol. rutschen. **II** s **6.** econ. a) (Preis)Sturz m, Baisse f (an der Börse), b) (starker) Konjunk'turrückgang. **7.** allg. plötzlicher Rückgang. **8.** sport 'Schwächeperi,ode f. **9.** geol. Rutschung f.

**slung** [slʌŋ] pret u. pp von **sling**¹ u. ².

**slung shot** s Am. Schleudergeschoß n.

**slunk** [slʌŋk] pret u. pp von **slink**.

**slur¹** [slɜː; Am. slɜr] **I** v/t **1.** verunglimpfen, verleumden. **2.** obs. beflecken (a. fig.). **II** s **3.** Makel m, (Schand)Fleck m: **to put** (od. **cast**) **a** ~ **upon** a) → 1, b) j-s Ruf etc schädigen. **4.** Verunglimpfung f, Verleumdung f.

**slur²** [slɜː; Am. slɜr] **I** v/t **1.** a) undeutlich schreiben, b) print. schmitzen, verwischen. **2.** ling. e-e Silbe etc verschlucken, -schleifen, undeutlich aussprechen. **3.** mus. a) Töne binden, le'gato spielen, b) Noten mit Bindebogen bezeichnen. **4.** oft ~ **over** (leicht) über ein Thema etc hin'weggehen. **II** v/i **5.** undeutlich schreiben. **6.** ,nuscheln', undeutlich sprechen. **7.** mus. le'gato singen od. spielen. **8.** print. schmitzen. **III** s **9.** Undeutlichkeit f, ,Genuschel' n. **10.** mus. a) Bindung f, Le'gato n, b) Bindebogen m. **11.** print. Schmitz m.

**slurp** [slɜːp; Am. slɜrp] colloq. **I** v/t u. v/i schlürfen. **II** s Schlürfen n.

**slush** [slʌʃ] **I** s **1.** Schneematsch m. **2.** Schlamm m, Matsch m. **3.** geol. Schlammeis n. **4.** tech. Schmiermittel n. **5.** tech. Pa'pierbrei m. **6.** Gefühlsduse'lei f, Schwärme'rei f. **7.** Schund m, Kitsch m. **II** v/t **8.** bespritzen. **9.** (ein)schmieren: ~ing mit Rostschutzöl n. **10.** a. ~ **up** e-e Fuge verstreichen. **11.** abspritzen, abspülen. **III** v/i → **slosh** II. ~ **fund** s Am. Schmiergelderfonds m.

**'slush·y** adj **1.** matschig, schlammig. **2.** kitschig, rührselig, ,schmalzig'.

**slut** [slʌt] s **1.** Schlampe f. **2.** ,Nutte' f, Hure f. **3.** humor. ,kleines Luder' (Mädchen). **4.** bes. Am. Hündin f. **'slut·tish** adj (adv ~ly) schlampig, liederlich. **'slut·tish·ness** s Schlampigkeit f, Liederlichkeit f.

**sly** [slaɪ] comp **'sli·er** od. **'sly·er** sup **'sli·est** od. **'sly·est** [-ɪst] adj (adv → slyly, a. slily) **1.** schlau, verschlagen, listig. **2.** verstohlen, heimlich, 'hinterhältig: **on the** ~ insgeheim, ,klammheimlich'; → **dog** fig. **3.** verschmitzt, durch'trieben, pfiffig. **'~·boots** s humor. ,Schlauberger' m, ,Pfiffikus' m.

**sly·ly** ['slaɪlɪ] adv von sly. **'sly·ness** s Schlauheit f (etc).

**smack¹** [smæk] **I** s **1.** (Bei)Geschmack m (of von). **2.** fig. Beigeschmack m, Anflug m (of von). **3.** Prise f (Salz etc). **4.** Häppchen n, Bissen m. **5.** bes. Am. sl. Hero'in n. **II** v/i **6.** schmecken (of nach). **7.** fig. schmecken od. riechen (of nach).

**smack²** [smæk] **I** s **1.** Klatsch m, Klaps m, klatschender Schlag: **a** ~ **in the eye** a) ein Schlag ins Gesicht (a. fig.), b) fig. ,ein Schlag ins Kontor'; **to have a** ~ **at s.th.** es (einmal) mit etwas versuchen. **2.** Schmatzen n, Schnalzen n. **3.** (bes. Peitschen-) Knall m. **4.** Schmatz m (Kuß). **II** v/t **5.** knallen mit: **to** ~ **a whip. 6.** etwas schmatzend genießen. **7.** ~ **one's lips** a) schmatzen, b) sich die Lippen lecken. **8.** etwas 'hinklatschen. **9.** klatschen(d schlagen) auf (acc). **10.** die Hände etc zs.-schlagen. **11.** j-m e-n Klaps geben. **III** v/i **12.** schmatzen. **13.** klatschen(d schlagen) (on auf acc). **14.** knallen (Peitsche etc). **15.** 'hinklatschen (on auf acc). **IV** adv colloq. **16.** mit e-m Klatsch. **17.** genau, di'rekt: ~ **in the middle.**

**smack³** [smæk] s mar. Schmack(e) f (vollgedecktes Fischerboot).

**'smack·er** s **1.** colloq. Schmatz m (Kuß). **2.** sl. a) Br. Pfund n, b) Am. Dollar m.

**'smack·head** s bes. Am. sl. Hero'insüchtige(r m) f.

**'smack·ing** s (Tracht f) Prügel pl.

**small** [smɔːl] **I** adj **1.** allg. klein: **to make o.s.** ~ sich klein machen. **2.** klein, schmächtig: **a** ~ **boy. 3.** klein, gering (Anzahl, Grad etc): **they came in** ~ **numbers** es kamen nur wenige. **4.** wenig: ~ **blame to him** ihn trifft kaum e-e Schuld; **to have** ~ **cause for** kaum Anlaß zu Dankbarkeit etc haben. **5.** klein, armselig, dürftig. **6.** klein, mit wenig Besitz: ~ **farmer** Kleinbauer m; ~ **tradesman** kleiner Geschäftsmann. **7.** klein, (sozi'al) niedrig: ~ **people** kleine Leute. **8.** unbedeutend, klein: **a** ~ **poet**; **a** ~ **man. 9.** bescheiden, klein: **a** ~ **beginning. 10.** klein, trivi'al: **the** ~ **worries** die kleinen Sorgen; **a** ~ **matter** e-e Kleinigkeit od. Bagatelle; **in a** ~ **way** a) bescheiden leben etc, b) im kleinen handeln etc. **11.** contp. kleinlich. **12.** contp. niedrig: **his** ~ **spiteful nature. 13.** ,klein', beschämt: **to feel** ~ sich klein (u. häßlich) vorkommen, beschämt sein; **to make s.o. feel** ~ j-n beschämen; **to look** ~ beschämt dastehen. **14.** schwach, klein (Stimme): **the** ~ **voice of conscience** die Stimme des Gewissens. **15.** dünn (Bier).

**II** adv **16.** fein, klein: **to cut** ~ kleinschneiden. **17.** ängstlich: → **sing** 1. **18.** auf bescheidene Art. **19.** gering(schätzig): **to think** ~ ,kleinkariert' denken; **to think** ~ **of s.o.** auf j-n herabsehen.

**III** s **20.** (das) Kleine, (etwas) Kleines: **by** ~ **and** ~ nach u. nach; **in** ~ im kleinen; **in the** ~ in kleinen Mengen etc. **21.** schmal(st)er od. verjüngter Teil: **the** ~ **of the back** das Kreuz (Körperteil). **22.** pl bes. Br. colloq. 'Unterwäsche f, Taschentücher pl etc: **to wash one's** ~**s** s-e kleine Wäsche waschen.

**small·age** ['smɔːlɪdʒ] s bot. obs. Sellerie m, f.

**small** | **arms** s pl mil. Handfeuerwaffen pl. ~ **beer** s **1.** obs. Dünnbier n. **2.** bes. Br. colloq. a) Lap'palien pl, ,kleine Fische' pl, b) ,Null' f, ,Nichts' n (Person): **to think no** ~ **of o.s.** e-e hohe Meinung von sich haben. ~ **cap·i·tals** s pl print. Kapi-'tälchen pl. ~ **cat·tle** s pl Kleinvieh n. ~ **change** s Kleingeld n. **2.** → **small beer** 2. ~ **cir·cle** s math. Kleinkreis m (e-r Kugel). **'~·clothes** s pl **1.** hist.

Kniehosen pl. **2.** 'Unterwäsche f. **3.** Kinderkleidung f. ~ **coal** s Feinkohle f, Grus m. ~ **deer** s **1.** hunt. Kleinwild n. **2.** fig. colloq. kleine (unbedeutende) Leute pl. ~ **fry** s **1.** junge od. kleine Fische pl. **2.** → **fry²** 3. **3.** → **small beer** 2. **'~,hold·er** s bes. Br. Kleinbauer m. ~ **'hold·ing** s bes. Br. Kleinlandbesitz m. ~ **hours** s pl (die) frühen Morgenstunden pl: **until** (od. **into**) **the** ~ bis in die frühen Morgenstunden.

**small·ish** ['smɔːlɪʃ] adj ziemlich klein.

**small** | **let·ter** s Kleinbuchstabe m: **to write a word with a** ~ ein Wort klein schreiben. **~·'mind·ed** adj engstirnig, kleinlich, ,kleinka,riert'.

**'small·ness** s **1.** Kleinheit f. **2.** geringe Anzahl. **3.** Geringfügigkeit f. **4.** Kleinlichkeit f. **5.** niedrige Gesinnung.

**small** | **pi·ca** s print. kleine Cicero (-schrift) (11 Punkt). ~ **po·ta·toes** s pl (oft als sg konstruiert) bes. Am. colloq. → **small beer** 2. **'~·pox** s med. Pocken pl, Blattern pl. ~ **print** s (das) Kleingedruckte (e-s Vertrags). **~·'scale** adj in kleinem Rahmen, klein. **'~·screen** adj Br. colloq. Fernseh... **'~·sword** s fenc. Flo'rett n. ~ **talk** s oberflächliche Konver'sati'on, (belangloses) Geplauder: **he has no** ~ er kann nicht (unverbindlich) plaudern. **~·'tim·er** s colloq. ,kleiner Mann', unbedeutender (z. B. Geschäfts)Mann. ~ **town** s Kleinstadt f. **'~·town** adj **1.** kleinstädtisch, Kleinstadt... **2.** kleinbürgerlich. **~·'town·er** s Kleinstädter(in). **'~·ware** s Br. Kurzwaren pl.

**smalt** [smɔːlt] s **1.** chem. S(ch)malte f, Kobaltblau n. **2.** Kobaltglas n.

**smar·agd** ['smærægd] s Sma'ragd m.

**smarm·y** ['smɑː(r)mɪ] adj colloq. **1.** kriecherisch. **2.** ölig, schmeichlerisch. **3.** kitschig, sentimen'tal.

**smart** [smɑː(r)t] **I** adj (adv ~ly) **1.** klug, gescheit, pa'tent, intelli'gent. **2.** gewandt, geschickt. **3.** geschäftstüchtig. **4.** gerissen, raffi'niert: **to play it** ~ colloq. schlau sein. **5.** witzig, geistreich. **6.** contp. ,superklug', ,klugscheißerisch'. **7.** schmuck, gepflegt. **8.** a) ele'gant, schick, fesch, b) modisch, auffallend schick, ('hyper-)mo,dern: **the** ~ **set** die Schickeria. **9.** forsch, schneidig: **a** ~ **pace** s to salute **~ly** zackig salutieren. **10.** flink, fix. **11.** hart, scharf, empfindlich: **a** ~ **blow** ein harter Schlag; **a** ~ **punishment** e-e harte od. empfindliche Strafe. **12.** scharf, heftig: ~ **pain**; ~ **criticism. 13.** schlagfertig, keß, frech: **a** ~ **answer. 14.** colloq. beträchtlich. **II** s **15.** stechender Schmerz. **16.** fig. Schmerz m. **17.** Geck m. **18.** meist pl Am. sl. ,Grips' m (Verstand). **III** v/i **19.** schmerzen, brennen, weh tun. **20.** (seelisch) leiden (**from**, **under** unter dat): **he** ~**ed under the insult** die Kränkung nagte an s-m Herzen; **you shall** ~ **for it** das sollst du (noch) büßen.

**smart** | **al·eck** s colloq. ,Klugscheißer' m. **'~·al·eck·y** adj colloq. → **smart** 6. **smart·en** ['smɑː(r)tn] **I** v/t **1.** oft ~ **up** her'ausputzen, schönmachen. **2.** fig. j-n aufwecken, ,auf Draht' bringen. **II** v/i meist ~ **up 3.** sich schönmachen, sich ,in Schale werfen'. **4.** fig. aufwachen. **5.** sich verschärfen.

**smart mon·ey** s Am. **1.** jur. Strafe einschließender Schadenersatz. **2.** von 'gutunter,richteten Inve'storen/Wettern angelegtes/gesetztes Geld. **3.** collect. 'gutunter,richtete Inve'storen od. Wetter pl. **4.** (vom Arbeitgeber an e-n verletzten Arbeitnehmer gezahlte) Entschädigung.

'**smart·ness** s **1.** Klugheit f, Gescheit-
heit f. **2.** Gewandtheit f. **3.** Gerissenheit f.
**4.** (flotte) Ele'ganz, Schick m. **5.** Forsch-
heit f. **6.** Schärfe f, Heftigkeit f.
'**smart·y** → smart aleck.

**smash** [smæʃ] **I** v/t **1.** oft ~ **up** zerschla-
gen, -trümmern, -schmettern, in Stücke
schlagen: **to ~ atoms** phys. Atome zer-
trümmern; **to ~ in** einschlagen; **to ~
s.o.'s face in** colloq. j-m 'die Fresse'
einschlagen. **2.** die Faust, e-n Stein etc, a.
den Tennisball etc schmettern: **to ~ a
stone through the window. 3.** a) j-n
zs.-schlagen, b) den Feind vernichtend
schlagen, c) e-n Gegner 'fertigmachen',
d) e-e Bande etc zerschlagen, e) fig. ein
Argument etc restlos wider'legen. **4.** j-n
finanzi'ell ka'puttmachen od. rui'nieren.
**II** v/i **5.** zersplittern, in Stücke springen.
**6.** krachen, knallen (**against** gegen; **into**
in acc; **through** durch). **7.** zs.-stoßen,
-krachen (Autos etc). **8.** aer. Bruch ma-
chen. **9.** oft ~ **up** 'zs.-krachen', bank'rott
gehen. **10.** fig. (gesundheitlich) 'ka'putt-
gehen'. **11.** fig. zu'schanden werden.
**12.** Tennis etc: schmettern. **III** adj
**13.** colloq. 'toll', sensatio'nell: **a ~ suc-
cess. IV** adv u. interj **14.** krachend,
bums(!), krach(!). **V** s **15.** Zerkrachen n.
**16.** Krach m. **17.** ⇄ smashup 2-4. **18.** (a.
finanzi'eller) Zs.-Bruch, Ru'in m: **to go to
~** 'kaputtgehen': a) völlig zs.-brechen, b)
→ 9. **19.** Tennis etc: Schmetterball m.
**20.** Am. sl. a) 'Kies' m (Geld), b) (a.
falsche) Münze. **21.** eisgekühltes alkoho-
lisches Mischgetränk. **22.** colloq. 'toller'
Erfolg. **~-and-'grab raid** s bes. Br.
Schaufenstereinbruch m.
**smashed** [smæʃt] adj sl. **1.** 'voll' (betrun-
ken). **2.** 'high' (unter Drogeneinfluß).
'**smash·er** s **1.** Tennis etc: Schmetterer
m. **2.** colloq. schwerer Schlag (a. fig.).
**3.** colloq. 'Mordsding' n, 'tolle Sache',
'Wucht' f: **a ~ (of a girl)** ein 'tolles'
Mädchen.
**smash hit** s colloq. 'Schlager' m, Bom-
benerfolg m.
'**smash·ing** adj **1.** heftig: **a ~ blow.
2.** vernichtend: **~ defeat. 3.** colloq. 'toll',
'sagenhaft' (Figur, Zeit etc), 'umwerfend
(Erfolg etc).
'**smash·up** s **1.** völliger Zs.-bruch.
**2.** Bank'rott m. **3.** mot. etc Zs.-stoß m.
**4.** aer. Bruch(landung f) m.
**smat·ter** ['smætə(r)] v/t sich oberfläch-
lich od. neben'bei beschäftigen mit.
'**smat·ter·er** s Stümper(in). '**smat-
ter·ing** s oberflächliche Kenntnis: **he
has a ~ of French** er kann ein paar
Brocken Französisch.
**smaze** [smeiz] s Am. (aus smoke u.
haze) 'rauchdurch,setzter Nebel.
**smear** [smiə(r)] **I** v/t **1.** schmieren: **to ~
an axle. 2.** Fett (auf)schmieren (**on** auf
acc). **3.** die Haut etc einschmieren.
**4.** etwas beschmieren: a) bestreichen
(**with** mit), b) besudeln: **~ed with blood**
blutverschmiert. **5.** Schrift etc ver-
schmieren, -wischen. **6.** fig. a) j-s Ruf
besudeln, b) j-n verleumden, 'durch den
Dreck ziehen'. **7.** sport Am. colloq. 'über-
'fahren' (hoch besiegen). **II** v/i **8.** schmie-
ren, sich verwischen. **II** s **9.** Schmiere f.
**10.** (Fett-, Schmutz)Fleck m. **11.** fig. Be-
sudelung f, Verunglimpfung f. **12.** med.
Abstrich m. **~ cam·paign** s Ver'leum-
dungskam,pagne f. **~,case** [-,keis] s Am.
Quark. **~ sheet** s Skan'dalblatt n
(Zeitung). **~ test** s med. Abstrich m. **~
word** s ehrenrührige Bezeichnung.
'**smear·y** adj **1.** schmierig. **2.** ver-
schmiert.
**smeg·ma** ['smegmə] s physiol. Smegma n
(Drüsensekret).
**smell** [smel] **I** v/t pret u. pp **smelled** od.

**smelt 1.** etwas riechen. **2.** fig. Verrat etc
wittern: → **rat** 1. **3.** beriechen, riechen
an (dat): ~ **this rose! 4.** fig. etwas berie-
chen, sich genauer ansehen. **5.** ~ **out**
hunt. aufspüren (a. fig. entdecken, aus-
findig machen). **II** v/i **6.** riechen (**at** an
dat). **7.** riechen, e-n Geruchssinn haben:
**can bees ~?** 8. meist ~ **about** (od.
**around**) fig. her'umschnüffeln. **9.** gut etc
riechen, duften. **10.** (übel) riechen, stin-
ken (colloq. a. fig. unangenehm sein): **his
breath ~s** er riecht aus dem Mund. **11.** ~
**of** riechen nach (a. fig.): **it ~s of nepo-
tism. III** s **12.** Geruch(ssinn) m.
**13.** Geruch m: a) Duft m, b) Gestank m.
**14.** fig. Anflug m (**of** von): **a ~ of an-
archy. 15.** Riechen n: **to take a ~ at** (Am.
**of**) s.th. fig. etwas beriechen. '**smell·er**
s **1.** zo. Tast-, Schnurrhaar n. **2.** sl. 'Riech-
kolben' m (Nase). **3.** sl. Schlag m auf die
Nase.
**smell·ing**| **bot·tle** ['smeliŋ] s Riech-
fläschchen n. **~ salts** s pl Riechsalz n.
'**smell·y** adj colloq. übelriechend, stin-
kend: ~ **feet** Schweißfüße.
**smelt**[1] [smelt] pl **smelts,** collect. a.
**smelt** s ichth. Stint m.
**smelt**[2] [smelt] v/t metall. **1.** Erz (ein-)
schmelzen, verhütten. **2.** Kupfer etc aus-
schmelzen.
**smelt**[3] [smelt] pret u. pp von **smell.**
'**smelt·er** s **1.** Schmelzer m. **2.** → smelt-
ery. '**smelt·er·y** s tech. Schmelzhütte f.
'**smelt·ing** s tech. Verhüttung f: ~ **fur-
nace** Schmelzofen m.
**smew** [smju:] s orn. Kleiner Säger.
**smi·lax** ['smailæks] s bot. Stechwinde f.
**smile** [smail] **I** v/i **1.** lächeln (a. fig. Sonne
etc): **to ~ at** a) j-n anlächeln, j-m zu-
lächeln, b) j-n, etwas belächeln, lächeln
über (acc); **to come up smiling** fig. die
Sache leicht übersehen. **2.** ~ (**up**)**on** fig.
j-m lächeln od. hold sein: **fortune ~d on**
**him. II** v/t **3. to ~ one's approval
(consent)** beifällig (zustimmend) lä-
cheln; **to ~ a bitter ~** bitter lächeln. **4.** ~
**away** Tränen etc hin'weglächeln. **III** s
**5.** Lächeln n: **to give s.o. a ~** j-n an-
lächeln, j-m zulächeln; **to be all ~s** (übers
ganze Gesicht) strahlen. **6.** meist pl fig.
Lächeln n, Gunst f. '**smil·ing** adj (adv
**~ly**) **1.** lächelnd (a. fig.). **2.** fig. huldvoll.
**smirch** [smɜːtʃ; Am. smɜrtʃ] **I** v/t **1.**
beschmieren, besudeln (a. fig.). **II** s **2.**
(Schmutz)Fleck m. **3.** fig. Schandfleck m.
**smirk** [smɜːk; Am. smɜrk] **I** v/i affek-
'tiert od. blöd lächeln, grinsen. **II** s af-
fek'tiertes Lächeln, Grinsen n.
**smit** [smit] v/t u. pp obs. von **smite.**
**smite** [smait] pret **smote** [smɜʊt], obs.
**smit** [smit], pp **smit·ten** ['smitn],
**smote,** obs. **smit I** v/t **1.** Bibl. rhet., a.
humor. schlagen (a. = erschlagen od.
heimsuchen): → **rib** 1. **2.** befallen: **smit-
ten with the plague** von der Pest be-
fallen od. dahingerafft. **3.** fig. packen:
**smitten with desire** von Begierde ge-
packt. **4.** fig. 'hinreißen: **he was smitten
with her charms** er war hingerissen von
ihrem Charme; → **smitten** 2. **5.** plagen,
quälen: **his conscience smote him** sein
Gewissen schlug ihm. **6.** obs. od. poet.
allg. schlagen. **II** v/i **7.** schlagen. **8.** ~
**upon** fig. an das Ohr etc schlagen.
**smith** [smiθ] s Schmied m.
**smith·er·eens** [,smiðə'riːnz] s pl Stücke
pl, Fetzen pl, Splitter pl: **to smash to ~ in**
(tausend) Stücke schlagen.
**smith·er·y** ['smiðəri] s **1.** Schmiede-
arbeit f. **2.** Schmiedehandwerk n.
**smith·son·ite** ['smiθsnait] s min. Smith-
so'nit m.
**smith·y** ['smiði; Am. bes. -θi:] s Schmie-
de f.

**smit·ten** ['smitn] **I** pp von **smite. II** adj

**1.** betroffen, befallen. **2.** (**by**) colloq. 'ver-
knallt' (in j-n), 'ganz weg' od. 'hingerissen
(von j-m).
**smock** [smɒk; Am. smak] **I** s **1.** (Ar-
beits)Kittel m. **2.** (Kinder)Kittel m.
**3.** obs. Frauenhemd n. **II** v/t **4.** e-e
Bluse etc smoken, mit Smokarbeit ver-
zieren. ~ **frock** s (Art) Russen-, Fuhr-
mannskittel m.
**smock·ing** ['smɒkiŋ; Am. 'smak-] s **1.**
Smokarbeit f. **2.** Smokstiche pl.
**smog** [smɒg; Am. smag] **I** s (aus smoke
u. fog) Smog m, Dunstglocke f, 'rauch-
durch,setzter Nebel. **II** v/t: **to be ~ged**
in von Smog eingehüllt sein. '**~bound**
adj von Smog eingehüllt.
**smok·a·ble** ['smɜʊkəbl] adj rauchbar.
**smoke** [smɜʊk] **I** s **1.** Rauch m (a. phys. u.
chem.): **like ~** sl. wie der Teufel, im
Handumdrehen; **there's no ~ without a
fire** irgend etwas ist immer dran (an e-m
Gerücht). **2.** Rauchwolke f, Qualm m,
Dunst m: **to end** (od. **go up**) **in ~** fig. sich
in nichts auflösen. **3.** mil. (Tarn)Nebel m.
**4.** Rauchen n (e-r Zigarre etc): **to have a
~** 'eine' rauchen. **5.** Ziga'rettenpause f.
**6.** colloq. 'Glimmstengel' m, Zi'garre f od.
Ziga'rette f. **7.** sl. a) Marihu'ana n,
b) 'Hasch' n (Haschisch): **to blow ~**
'kiffen'. **II** v/i **8.** rauchen: **do you ~?**
**9.** qualmen, rauchen (Schornstein, Ofen
etc). **10.** dampfen (a. Pferd). **11.** sl. 'kif-
fen' (Marihuana od. Haschisch rauchen).
**III** v/t **12.** Tabak, Pfeife etc rauchen.
**13.** Fisch, Fleisch, Holz etc räuchern: **~d
ham** geräucherter Schinken, Räucher-
schinken m. **14.** Glas etc rußig machen,
schwärzen. **15.** ~ **out** ausräuchern (a.
fig.). **16.** ~ **up** fig. ans Licht bringen.
**smoke·a·ble** → smokable.
**smoke**| **ball** s mil. 'Nebelgra,nate f. ~
**bomb** s mil. Nebel-, Rauchbombe f. ~
**con·sum·er** s Rauchverzehrer m. ~
**de·tec·tor** s tech. Rauchmelder m. '**~-
-dried** adj geräuchert: ~ **meat. ~ hel-
met** s Rauchmaske f (Feuerwehr). '**~-
house** s **1.** Räucherhaus n. **2.** Gerberei:
Schwitzkammer f.
'**smoke·less** adj (adv **~ly**) rauchlos (a.
mil.): ~ **powder.**
**smok·er** ['smɜʊkə(r)] s **1.** Raucher(in):
~**'s cough** Raucherhusten m; ~**'s heart**
med. Raucher-, Nikotinherz n. **2.** Räu-
cherer m. **3.** rail. 'Raucher(ab,teil n) m.
**4.** zwanglose Herrenparty. **5.** sl. 'Kiffer'
m (Marihuana- od. Haschischraucher).
**smoke**| **room** bes. Br. für smoking
**room. ~ screen** s **1.** mil. Rauch-, Nebel-
schleier m. **2.** fig. 'Tarnma,növer n, Nebel
m. '**~sig·nal** s 'Rauchsi,gnal n. '**~stack**
s Schornstein m.
**smok·ing** ['smɜʊkiŋ] **I** adj **1.** Rauch...
**2.** rauchend. **3.** Rauchen n: **no ~**
Rauchen verboten, rail. Nichtraucher. ~
**car,** ~ **com·part·ment** s 'Raucher-
ab,teil n. ~ **gun** s bes. jur. 'unwider,leg-
barer Beweis. ~ **jack·et** s Hausjacke f.
~ **pis·tol** → smoking gun. ~ **room** s
Herren-, Rauchzimmer n: **smoking-
-room talk** Herrengespräche pl, -witze
pl. ~ **to·bac·co** s (Rauch)Tabak m.
**smok·y** ['smɜʊki] adj **1.** qualmend.
**2.** dunstig, dunlig, verräuchert: ~
**room. 3.** rauchgrau. **4.** rauchig: ~ **voice;**
~ **taste** Rauchgeschmack m. ~ **quartz** s
min. Rauchquarz m.
**smol·der,** bes. Br. **smoul·der** ['smɜʊl-
də(r)] **I** v/i **1.** glimmen, schwelen (a. fig.
Feindschaft etc). **2.** glühen, glimmen (a.
fig.): **his eyes ~ed with hatred. II** s **3.**
Rauch m, Qualm m. **4.** schwelendes Feuer.
**smolt** [smɜʊlt] s ichth. (flußabwärtszie-
hender) Lachs, Salm m.
**smooch**[1] [smuːtʃ] Am. **I** v/t beschmieren.
**II** s (Schmutz)Fleck m.

**smooch²** [smuːtʃ] *sl.* **I** *s* **1.** ‚Schmusen‘ *n*, ‚Knutschen‘ *n*. **2.** *Am.* Schmatz *m*, Kuß *m*. **3.** *Br.* ‚Stehblues‘ *m*. **II** *v/i* **4.** ‚schmusen‘, ‚knutschen‘. **5.** *Br.* eng umˈschlungen tanzen.

**smooth** [smuːð] **I** *adj* (*adv* ~ly) **1.** *allg.* glatt: ~ **hair** (**surface**, *etc*); ~ **muscle** *anat.* glatter Muskel. **2.** eben: ~ **terrain**. **3.** glatt, ruhig: ~ **sea**; **a** ~ **passage** e-e ruhige Überfahrt; **I am now in** ~ **water** *fig.* jetzt habe ich es geschafft; → **sailing** 1. **4.** gutgemischt: ~ **salad dressing**. **5.** *tech.* ruhig, stoßfrei: ~ **running**. **6.** *mot.* zügig: ~ **driving**; ~ **shifting of gears**. **7.** *aer.* glatt: ~ **landing**. **8.** glatt, reibungslos: **to make things** ~ **for s.o.** j-m den Weg ebnen. **9.** sanft, weich: **a** ~ **voice**; ~ **notes**. **10.** *fig.* flüssig, eleˈgant, schwungvoll: **a** ~ **melody** (**style**, *etc*). **11.** *fig.* glatt, geschliffen, fließend: **a** ~ **speech**. **12.** (*contp.* aal)glatt, gewandt: ~ **manners**; **a** ~ **talker**; **a** ~ **tongue** e-e glatte Zunge. **13.** *Am. sl.* a) fesch, schick, b) ‚sauber‘, prima. **14.** mild, lieblich (*Wein*). **15.** *ling.* ohne Aspiratiˈon. **II** *adv* **16.** glatt, ruhig: **things have gone** ~ **with me** *fig.* bei mir ging alles glatt. **III** *v/t* **17.** glätten (*a. fig.*): **to** ~ **the way for** j-m *od.* e-r *Sache* den Weg ebnen. **18.** *fig.* besänftigen. **19.** *math.* abrunden: **to** ~ **a curve**. **20.** *Statistik:* ausgleichen: **to** ~ **irregularities**. **21.** *ling.* monophthonˈgieren. **IV** *v/i* **22.** → **smooth down** 1. **V** *s* **23.** Glätten *n*: **to give a** ~ **to** glattstreichen. **24.** glatter Teil: → **rough** 18.

*Verbindungen mit Adverbien:*

**smoothˈaˈway** *v/t* Schwierigkeiten *etc* wegräumen, ‚ausbügeln‘. **~ˈdown I** *v/i* **1.** sich glätten *od.* beruhigen (*Meer etc u. a. fig.*). **II** *v/t* **2.** glattstreichen. **3.** besänftigen. **4.** e-n *Streit* schlichten. **~ out** *v/t* **1.** e-e *Falte* glattstreichen, ausplätten (**from** aus). **2.** *Schwierigkeiten* aus dem Weg räumen. **~ˈoˈver** *v/t* **1.** e-n *Streit* schlichten. **2.** e-n *Fehler etc* bemänteln.

**ˈsmoothˈbore** *adj u. s* (Gewehr *n*) mit glattem Lauf. **~ˈbreathˈing** *s ling.* Spiritus *m* lenis.

**ˈsmoothˈer** *s* **1.** Glätter(in). **2.** *tech.* a) ˈSchleif-, Poˈliermaˌschine *f*, b) Glättpresse *f* (*für Papier*), c) Spa(ch)tel *m, f*.

**ˈsmoothˈfaced** *adj* **1.** a) bartlos, b) ˈglattraˌsiert. **2.** *fig.* glatt, katzenfreundlich. **~ˈfile** *s tech.* Schlichtfeile *f*.

**smoothˈie** [ˈsmuːðɪ] *s colloq.* **1.** ‚toller‘ *od.* schicker Kerl. **2.** aalglatter Bursche.

**ˈsmoothˈingˈcaˈpacˈiˈtor** [ˈsmuːðɪŋ] *s electr.* ˈAbflach-, Beˈruhigungskondenˌsator *m*. **~ˈiˈron** *s* Plätt-, Bügeleisen *n*. **~ plane** *s tech.* Schlichthobel *m*.

**ˈsmoothˈness** *s* **1.** Glätte *f* (*a. fig.*). **2.** glatter Fluß, Eleˈganz *f* (*e-r Rede etc*). **3.** Schliff *m*, Gewandtheit *f*, Glätte *f* (*des Benehmens*). **4.** Sanftheit *f*. **5.** Glattzüngigkeit *f*. **6.** Reibungslosigkeit *f* (*a. fig.*). **ˌsmoothˈshavˈen** *adj* ˈglattraˌsiert. **ˌ~ˈspoˈken**, **ˌ~ˈtongued** *adj fig.* glattzüngig, schmeichlerisch.

**smoothˈy** → **smoothie**.

**smote** [sməʊt] *pret u. pp von* **smite**.

**smothˈer** [ˈsmʌðə(r)] **I** *s* **1.** Rauch *m*, dicker Qualm, stickige Luft. **2.** schwelendes Feuer. **3.** Dampf-, Dunst-, Staub-, Schneewolke *f*, Sprühnebel *m*. **4.** (wirre *od.* erdrückende) Masse. **II** *v/t* **5.** ersticken (*a. fig.*): **to** ~ **a child** (**a fire, a rebellion, a cry**, *etc*); **to** ~ **a shot** *sport* e-n Schuß unschädlich machen. **6.** *bes. fig.* überˈhäufen (**with** mit *Arbeit etc*): **to** ~ **s.o. with kisses** j-n abküssen; **to** ~ **in** (*od.* **with**) etwas völlig bedecken mit, einhüllen in (*dat*), begraben unter (*Blu-*

---

*men, Decken etc*). **7.** *oft* ~ **up** unterˈdrücken (*a. fig.*): **to** ~ **a yawn** (**one’s rage, a secret**, *etc*); **to** ~ **a scandal** e-n Skandal vertuschen; **to** ~ **a bill** e-e Gesetzesvorlage zu Fall bringen *od.* unterdrücken. **8.** *Brote etc* dick belegen *od.* garˈnieren. **9.** *sport colloq.* ‚vernaschen‘, ‚überˈfahren‘ (*hoch schlagen*). **III** *v/i* **10.** ersticken. **11.** unterˈdrückt *od.* erstickt werden. ~ **love** *s* Affenliebe *f*.

**smoulˈder** *bes. Br. für* **smolder**.

**smudge** [smʌdʒ] **I** *s* **1.** (Schmutz)Fleck *m*, Klecks *m*. **2.** *bes. Am. a.* fire qualmendes Feuer (*gegen Mücken, Frost etc*). **II** *v/t* **3.** verschmieren. **4.** vollklecksen, ver-, beschmieren. **5.** *fig.* j-s *Ruf etc* besudeln. **III** *v/i* **6.** schmieren (*Papier, Tinte etc*). **7.** beschmiert *od.* schmutzig werden. **8.** qualmen. **ˈsmudgˈy** *adj* (*adv* **smudgily**) **1.** verschmiert, schmierig, schmutzig. **2.** unsauber: ~ **impression**. **3.** qualmend.

**smug** [smʌg] **I** *adj* (*adv* **smugly**) **1.** *obs.* schmuck. **2.** ˌgeschniegelt u. gebügelt‘. **3.** selbstgefällig, blaˈsiert. **II** *s* **4.** blaˈsierter Kerl.

**smugˈgle** [ˈsmʌgl] **I** *v/t* Waren, *a. weitS.* e-n *Brief, j-n etc* schmuggeln; **to** ~ **in** (**out**) ein-(heraus)schmuggeln; **to** ~ **s.th. past s.o.** etwas an j-m vorbeischmuggeln. **II** *v/i* schmuggeln. **ˈsmugˈgler** *s* **1.** Schmuggler *m*. **2.** Schmuggelschiff *n*. **ˈsmugˈgling** *s* Schmuggel *m*, Schleichhandel *m*.

**smut** [smʌt] **I** *s* **1.** Ruß-, Schmutzflocke *f od.* -fleck *m*. **2.** *fig.* Zote(n *pl*) *f*, Schmutz *m*, Schweineˈrei(en *pl*) *f*: **to talk** ~ Zoten reißen, ‚schweinigeln‘. **3.** *bot.* (das Getreide)Brand *m*: ~ **fungus** Brandpilz *m*. **II** *v/t* **4.** beschmutzen. **5.** *bot.* brandig machen.

**smutch** [smʌtʃ] **I** *v/t* beschmutzen, schwarz machen. **II** *s* schwarzer Fleck.

**smutˈtiˈness** [ˈsmʌtɪnɪs] *s* **1.** Schmutzigkeit *f* (*a. fig.*). **2.** *bot.* Brandigkeit *f*. **ˈsmutˈty** *adj* (*adv* **smuttily**) **1.** schmutzig, rußig. **2.** *fig.* schmutzig, unanständig, zotig, obˈszön: ~ **joke** Zote *f*, Schweineˈrei *f*. **3.** *bot.* brandig.

**snack** [snæk] *s* **1.** Imbiß *m*, Snack *m*: **to have a** ~ e-e Kleinigkeit essen. **2.** Happen *m*, Bissen *m*. **3.** (An)Teil *m*: **to go** ~**s** (untereinander) teilen. ~ **bar** *s* Imbißstube *f*, Snackbar *f*. ~ **taˈble** *s* Eßtischchen *n* (*für 1 Person*).

**snafˈfle** [ˈsnæfl] **I** *s* **1.** *a.* ~ **bit** Trense *f*, Gebiß *n*. **II** *v/t* **2.** a) e-m *Pferd* die Trense anlegen, b) mit der Trense lenken. **3.** *fig.* im Zaum halten. **4.** *Br. colloq.* ‚mausen‘, stehlen.

**snaˈfu** [snæˈfuː] *Am. sl.* (*aus* situation normal - all fucked up) **I** *adj* **1.** in heillosem Durcheinˈander. **2.** ‚beschissen‘. **II** *s* **3.** heilloses Durcheinˈander. **4.** ‚beschissene Lage‘. **III** *v/t* **5.** ‚versauen‘.

**snag** [snæg] **I** *s* **1.** Knorren *m*, Aststumpf *m*. **2.** *bes. Am.* Baumstumpf (*in Flüssen*). **3.** a) Zahnstumpf *m*, b) *Am.* Raffzahn *m*. **4.** *fig.* ‚Haken‘ *m*: **to strike** (*od.* **come upon**) **a** ~ auf Schwierigkeiten stoßen; **there must be a** ~ **in it** irgendwo in der Sache muß e-n Haken haben. **II** *v/t* **5.** *bes. Am.* ein *Boot etc* gegen e-n Baumstumpf fahren lassen. **6.** e-n *Fluß* von Baumstümpfen befreien. **7.** *fig.* behindern. **8.** *Am. colloq.* (sich) etwas schnappen.

**snagˈged** [ˈsnægɪd], **ˈsnagˈgy** *adj* **1.** ästig, astig, knorrig. **2.** *bes. Am.* voller Baumstümpfe (*Fluß*) *od.* Hindernisse (*Flußlauf*).

**snail** [sneɪl] *s* **1.** *zo.* Schnecke *f* (*a. fig. lahmer Kerl, Faulpelz*): **at a** ~**’s pace** im Schneckentempo. **2.** → **snail wheel**. ~

---

**cloud** *s* Stratoˈkumulus *m* (*Wolke*). **ˈ~ˈpaced** *adj* sich im Schneckentempo bewegend. ~ **shell** *s* Schneckenhaus *n*. ~ **wheel** *s* Schnecke *f*, Schneckenrad *n* (*der Uhr*).

**snake** [sneɪk] **I** *s* **1.** Schlange *f* (*a. fig.*): ~ **in the grass** a) falsche Schlange, b) verborgene Gefahr; **to warm** (*od.* **cherish**) **a** ~ **in one’s bosom** e-e Schlange am Busen nähren; **to see** ~**s** *colloq.* ‚weiße Mäuse sehen‘ (*Säufer*). **2.** *econ.* Währungsschlange *f*. **II** *v/t* **3.** **to** ~ **one’s way** sich schlängeln. **4.** *Am.* schleifen, zerren: **to** ~ **a log**. **III** *v/i* **5.** sich schlängeln. ~ **charmˈer** *s* Schlangenbeschwörer *m*. ~ **dance** *s* Schlangentanz *m*. ~ **fence** *s Am.* zickzackförmige Einfriedung. ~ **pit** *s* **1.** Schlangengrube *f*. **2.** *fig.* Irrenanstalt *f*. **3.** *fig.* Abgrund *m*, Hölle *f*. **ˈ~ˈskin** *s* **1.** Schlangenhaut *f*. **2.** Schlangenleder *n*.

**snakˈy** [ˈsneɪkɪ] *adj* **1.** Schlangen... **2.** schlangenreich. **3.** schlangenartig, gewunden, sich schlängelnd. **4.** *fig.* falsch, ˈhinterhältig.

**snap** [snæp] **I** *v/i* **1.** schnappen (**at** nach): **to** ~ **at s.o.** → 16; **to** ~ **out** *fig.* aufbrausen. **2.** schnappen, hastig greifen (**at** nach) (*a. fig.*): **to** ~ **at the chance** zugreifen, die Gelegenheit beim Schopf packen. **3.** knallen (*Peitsche etc*). **4.** zuschnappen (*Verschluß etc*), klicken. **5.** zerkrachen, brechen, zerspringen, -reißen, entzweigehen: **his nerves** ~**ped** s-e Nerven versagten. **6.** schnellen: **he had gone forward**; ~ **to attention** *mil.* ‚Männchen bauen‘, Haltung annehmen; ~ **to it!** *colloq.* mach Tempo!; ~ **out of it!** *colloq.* komm, komm!, laß das (sein)! **7.** blitzen (*vor Zorn*): **her eyes** ~**ped**. **8.** *phot.* knipsen.

**II** *v/t* **9.** (er)schnappen, beißen: **to** ~ **off** abbeißen; → **head** *Bes. Redew.*, **nose** *Bes. Redew.* **10.** schnell greifen nach, schnappen nach: **to** ~ **s.o.’s bag from him** j-m die Tasche entreißen. **11.** ~ **up** a) auf-, wegschnappen, b) (gierig) an sich reißen: **to** ~ **up the offer** das Angebot schnell annehmen. **12.** schnappen mit: ~ **one’s fingers**; **to** ~ **one’s fingers at** *fig.* j-n, etwas nicht ernst nehmen, j-n auslachen. **13.** knallen mit: **to** ~ **a whip**. **14.** (auf- *od.* zu)schnappen *od.* (-)knallen lassen: **to** ~ **a lid**. **15.** ~ **up** a) j-n barsch unterˈbrechen, b) j-n kurz abfertigen. **16.** j-n ‚anschnauzen‘, anfahren. **17.** *a.* ~ **out** ‚bellen‘: **to** ~ **out a remark** (**an order**, *etc*). **18.** zerknicken, -knacken, -brechen, -reißen: **to** ~ *meist* ~ **up** *Kricket:* den Schlagmann hart nehmen. **20.** → **snapshot** II.

**III** *adj* **21.** Schnapp... **22.** Schnell...: **judg(e)ment** (vor)schnelles Urteil; **a** ~ **vote** e-e Blitzabstimmung. **23.** kinderleicht.

**IV** *adv u. interj* **24.** knacks(!), krach(!), schnapp(!).

**V** *s* **25.** Knacken *n*, Krachen *n*, Knacks *m*, Klicken *n*. **26.** (Peitschen- *etc*)Knall *m*. **27.** Reißen *n*, (Zer)Brechen *n*. **28.** (Zu)Schnappen *n*, Biß *m*: **to make** (*od.* **take**) **a** ~ **at** schnappen nach. **29.** → **snapshot** I. **30.** a) → **snap lock**, b) → **snap lock**. **31.** *fig. colloq.* ‚Schmiß‘ *m*, Schwung *m*. **32.** barsches Wort. **33.** *colloq.* (*ein*) bißchen: **I don’t care a** ~ das ist mir völlig schnuppe. **34.** *bes. Am. colloq.* a) ‚schlauer‘ Posten, b) Kleinigkeit *f*, leichte Sache, c) ‚todsichere‘ Sache. **35.** *bes. Br.* (knuspriges) Plätzchen: **lemon** ~. **36.** kurze Zeit: **in a** ~ im Nu; **cold** ~ Kälteeinbruch *m*. **37.** (*Art*) Schnippschnapp *n* (*Kartenspiel*).

**snapˈbolt** → **snap lock**. ~ **catch** *s tech.* Schnapper *m*. **ˈ~ˈdragˈon** *s* **1.** *bot.* Lö-

wenmaul *n.* **2.** Ro'sinenfischen *n* (*aus brennendem Branntwein*; *Weihnachtsspiel*). **~ fas·ten·er** *s* Druckknopf *m*. **~ hook** *s tech.* Kara'binerhaken *m*. **~ link** *s tech.* Kettenglied *n* mit Schnappverschluß. **~ lock** *s tech.* Schnappschloß *n*. **'snap-on** *adj* **1.** mit Schnappverschluß. **2.** mit Druckknopf (befestigt).

**snap·pish** ['snæpɪʃ] *adj* (*adv ~ly*) **1.** bissig: **~ dog. 2.** *fig.* a) bissig, reizbar, barsch, b) schnippisch.

**snap·py** ['snæpɪ] *adj* (*adv* snappily) **1.** → snappish. **2.** knisternd, knackend. **3.** *colloq.* a) schnell, fix, b) forsch, flott, ,zackig': **make it ~!**, *Br. a.* **look ~!** mach (mal) fix!, c) schwungvoll, schmissig, d) schick: **~ clothes. 4.** *phot.* scharf.

**snap|ring** *s mount.* Kara'binerhaken *m*. **~ shot** *s mil.* Schnellschuß *m*. **'~·shot** *phot.* **I** *s* Schnappschuß *m*, Mo'mentaufnahme *f*. **II** *v/t* e-n Schnappschuß machen von, etwas knipsen. **~ switch** *s tech.* Schnappschalter *m*.

**snare** [sneə(r)] **I** *s* **1.** Schlinge *f*, Fallstrick *m*, Falle *f*, *fig. a.* Fußangel *f*: **to set a ~ for s.o.** j-m e-e Falle stellen. **2.** *med.* Schlinge *f*. **3.** *mus.* Schnarrsaite *f* (*e-r Trommel*). **II** *v/t* **4.** mit e-r Schlinge fangen. **5.** *fig.* a) ,ergattern', sich ,angeln', b) sich ,unter den Nagel reißen'. **6.** *fig.* um'stricken, fangen, *j-m* e-e Falle stellen. **~ drum** *s mus.* kleine Trommel, Schnarrtrommel *f*.

**snar·er** ['sneərə(r)] *s* Schlingenleger *m*.

**snarl¹** [snɑː(r)l] **I** *s* **1.** Knoten *m*, ,Fitz' *m* (*in Garn, Haar etc*). **2.** *fig.* a) wirrer Knäuel, wirres Durchein'ander, Gewirr *n*: **traffic ~** Verkehrschaos *n*, -stockung *f*, b) Verwick(e)lung *f*. **II** *v/t* **3.** *a.* **~ up** verwickeln, -wirren. **III** *v/i* **4.** *a.* **~ up** sich verwirren *od.* ,verfitzen'.

**snarl²** [snɑː(r)l] **I** *v/i* wütend knurren, die Zähne fletschen (*Hund, a. Person*): **to ~ at s.o.** *fig.* j-n anfauchen. **II** *v/t* etwas wütend knurren *od.* her'vorstoßen. **III** *s* Knurren *n*, Zähnefletschen *n*.

**'snarl-up** *s bes. Br. colloq.* Durchein-'ander *n*, *bes.* Verkehrschaos *n*.

**snatch** [snætʃ] **I** *v/i* **1.** schnappen, greifen (**at** *nach*): **to ~ at the offer** *fig.* mit beiden Händen zugreifen. **II** *v/t* **2.** etwas schnappen, ergreifen, packen: **to ~ up** aufraffen. **3.** etwas schnappen, fangen: **to ~ the ball. 4.** *fig.* e-e Gelegenheit etc ergreifen, etwas, *a. Schlaf* ,ergattern': **to ~ a hurried meal** rasch etwas zu sich nehmen. **5.** etwas an sich reißen: **to ~ a kiss** e-n Kuß rauben. **6. ~ (away) from** *j-m* etwas, *j-n* dem Meer, dem Tod etc entreißen: **he was ~ed away from us by premature death** er wurde uns durch e-n (allzu) frühen Tod entrissen. **7. ~ off** weg-, her'unterreißen. **8.** *Gewichtheben*: reißen. **III** *s* **9.** Schnappen *n*, schneller (Zu)Griff: **to make a ~ at s.th.** → 2–4. **10.** kurzer Augenblick: **~es of sleep. 11.** *meist pl* Bruchstück *n*, ,Brocken' *m*, (*etwas*) Aufgeschnapptes: **~es of conversation** Gesprächsfetzen pl: **by** (*od.* **in**) **~es** a) hastig, ruckweise, b) ab u. zu. **12.** *colloq.* (Raub *m* durch) Entreißen *n*. **13.** *Gewichtheben*: Reißen *n*. **14.** *Am. vulg.* a) ,Fotze' *f*, ,Möse' *f* (*Vulva*), b) ,Nummer' *f* (*Geschlechtsverkehr*): **to have a ~** e-e Nummer machen *od.* schieben.

**'snatch·y** *adj* (*adv* snatchily) abgehackt, in Absätzen, ruckweise, spo'radisch.

**snaz·zy** ['snæzɪ] *adj colloq.* ,piekfein', ,todschick'.

**sneak** [sniːk] **I** *v/i* **1.** (sich) schleichen: **to ~ about** (*od.* **around**) herumschleichen, -schnüffeln; **to ~ away** sich davonschleichen, sich ,verkrümeln'; **to ~ up on s.o.** (sich) an j-n heranschleichen; **to ~ out of s.th.** *fig.* sich vor etwas drücken. **2.** huschen, wischen. **3.** *fig. contp.*

a) ,leisetreten', b) kriechen, katzbuckeln. **4.** *ped. Br. colloq.* ,petzen': **to ~ on s.o.** j-n ,verpetzen'. **II** *v/t* **5.** etwas schmuggeln (**into** *in acc*). **6.** *colloq.* ,sti'bitzen', stehlen: **to ~ a drink** heimlich ,e-n kippen'; **to ~ a goal** *sport* ,abstauben'. **7.** *Rundfunk, TV: colloq.* langsam ein- *od.* ausblenden: **to ~ in** (out). **III** *s* **8.** *contp.* a) ,Leisetreter' *m*, b) Kriecher *m*. **9.** *ped. Br. colloq.* ,Petze' *f*. **10.** *Kricket*: (schneller) Roller. **11. on the ~** *colloq.* ,klammheimlich'. **IV** *adj* **12.** heimlich: **~ attack** *mil.* Überraschungsangriff *m*; **~ current** *electr.* Fremdstrom *m*. **'sneak·ers** [-ə(r)z] *s pl bes. Am. colloq.* Turnschuhe *pl*. **'sneak·ing** *adj* (*adv ~ly*) **1.** verstohlen. **2.** ,hinterlistig, gemein. **3.** heimlich: **~ sympathy; ~ suspicion** leiser Verdacht.

**sneak|pre·view** *s Am. colloq.* inoffizielle erste Vorführung e-s neuen Films (*zum Testen der Publikumsreaktion*). **~ thief** *s irr* Einsteig- *od.* Gelegenheitsdieb *m*.

**'sneak·y** → sneaking.

**sneer** [snɪə(r)] **I** *v/i* **1.** höhnisch grinsen, hohnlächeln, ,feixen' (**at** *über acc*). **2.** höhnen, spötteln, spotten (**at** *über acc*). **II** *v/t* **3.** etwas höhnen *od.* höhnisch äußern. **III** *s* **4.** Hohnlächeln *n*, höhnische Gri'masse. **5.** Hohn *m*, Spott *m*, höhnische Bemerkung. **'sneer·er** *s* Spötter(in), ,Feixer' *m*. **'sneer·ing** *adj* (*adv ~ly*) höhnisch, spöttisch, ,feixend'.

**sneeze** [sniːz] **I** *v/i* **1.** niesen. **2.** (**at**) *colloq.* ,husten' (auf *acc*): **not to be ~d at** nicht zu verachten. **II** *s* **3.** Niesen *n*. **'~·wood** *s bot.* Niesholz *n*. **'~·wort** *s bot.* Nieskraut *n*.

**snell** [snel] *s Am.* (Stück *n*) (Darm- *od.* Roßhaar)Schnur *f* (*zur Befestigung des Hakens an der Angel*).

**snick** [snɪk] **I** *v/t* **1.** schneiden. **2.** (ein-)kerben. **3.** *Kricket:* den Ball (*bes. unabsichtlich*) mit der Schlägerkante schlagen. **II** *s* **4.** Kerbe *f*. **5.** *Kricket:* mit der Schlägerkante geschlagener Ball.

**snick-a-snee** [ˌsnɪkə'sniː]; 'snɪkəsniː] → snickersnee.

**snick·er** ['snɪkə(r)] **I** *v/i* **1.** *Am.* kichern. **2.** wiehern. **II** *v/t* **3.** *Am. colloq.* etwas kichern(d sagen). **III** *s* **4.** *Am.* Kichern *n*. **~·snee** [ˌ-'sniː; '-sniː] *s* **1.** *obs.* Messerstecherei *f*. **2.** Dolch *m*, langes Messer.

**snide** [snaɪd] **1.** unecht, nachgemacht, falsch. **2.** abfällig, höhnisch (*Bemerkung etc*). **3.** *Am.* betrügerisch. **II** *s* **4.** etwas Nachgemachtes, z.B. falsches Geldstück, unechter Edelstein. **5.** *Am.* Gauner *m*.

**sniff** [snɪf] **I** *v/i* **1.** schnuppern, schnüffeln (**at** *an dat*): **to ~ about** (*od.* **around**) *fig.* herumschnüffeln. **2.** schniefen, die Nase hochziehen. **3.** *fig.* die Nase rümpfen (**at** *über acc*): **not to be ~ed at** nicht zu verachten. **II** *v/t* **4.** *a.* **~ in** (*od.* **up**) durch die Nase einziehen. **5.** schnuppern an (*dat*). **6.** riechen (*a. fig.* wittern): **to ~ out** ausschnüffeln. **7.** naserümpfend sagen. **8.** *Kokain etc* schnupfen: **to ~ snow** *sl.* ,koksen'. **III** *s* **9.** Schnüffeln *n*. **10.** Schniefen *n*. **11.** Naserümpfen *n*. **'sniff·er dog** *s* a) Spürhund *m*, b) Rauschgifthund *m*.

**snif·fle** ['snɪfl] **I** *v/i* **1.** → sniff 2. **2.** greinen, ,heulen'. **II** *s* **3.** Schniefen *n*. **4. the ~s** *pl colloq.* Schnupfen *m*.

**'sniff·y** *adj colloq.* **1.** naserümpfend, hochnäsig, verächtlich. **2.** *Br.* muffig.

**snif·ter** ['snɪftə(r)] *s* **1.** *bes. Am.* Kognakschwenker *m*. **2.** *colloq.* Schnäps-chen *n*, ,Gläs-chen'. **3.** kleine Menge, ,Schuß' *m*. **4.** *pl* Schnupfen *m*.

**snift·ing valve** ['snɪftɪŋ], *a.* **'snif·ter valve** *s tech.* 'Schnüffelven til *n*.

**snig·ger** ['snɪɡə(r)] *bes. Br. für* snicker 1, 3, 4.

**snig·gle** ['snɪɡl] *v/t u. v/i* (Aale *etc*) mit Ködern fangen.

**snip** [snɪp] **I** *v/t* **1.** schnippeln, schnipseln, schneiden: **to ~ off**, **to ~ away** ab-, wegschneiden, abschnipseln. **2.** *Fahrkarte* knipsen. **II** *v/i* **3.** schnippeln, schnipseln. **III** *s* **4.** Schnipsel *m*, *n*, Schnippel *m*. **5.** Schnitt *m*. **6.** *obs. colloq.* Schneider *m*. **7.** *Am. colloq.* a) Knirps *m*, b) Frechdachs *m*. **8.** *Br. colloq.* a) ,todsichere' Sache, b) Gelegenheitskauf *m*. **9.** *pl tech.* (Hand)Blechschere *f*.

**snipe** [snaɪp] **I** *s* **1.** *pl* snipes, *bes. collect.* **snipe** *orn.* Schnepfe *f*. **2.** *mil.* Schuß *m* aus dem 'Hinterhalt: **to take ~s at s.o.** *fig.* j-n aus dem Hinterhalt angreifen. **3.** *Am. sl.* ,Hugo' *m*, (Zi'garren- *etc*)Stummel *m*. **II** *v/i* **4.** *hunt.* Schnepfen jagen *od.* schießen. **5.** (**at**) a) *mil.* aus dem 'Hinterhalt schießen (auf *acc*), b) *fig.* aus dem 'Hinterhalt angreifen (*acc*). **III** *v/t* **6.** *mil.* abschießen, ,wegputzen'.

**snip·er** ['snaɪpə(r)] *s mil.* Heckenschütze *m*. **'~·scope** *s mil.* 'Infrarotvi sier.

**snip·pet** ['snɪpɪt] *s* **1.** (Pa'pier)Schnipsel *m*, *n*. **2.** *pl fig.* Bruchstücke *pl*, ,Brocken' *pl*: **~s of conversation** Gesprächsfetzen *pl*. **snip·py** ['snɪpɪ], *a.* **'snip·pet·y** [-ɪtɪ] *adj* **1.** bruchstückartig, (winzig) klein. **2.** *colloq.* a) schroff, barsch, b) → sniffy 1.

**snip-snap** ['snɪpsnæp] **I** *s* **1.** Schnippschnapp *n* (*der Schere etc*). **2.** *colloq.* schlagfertige Antwort. **II** *adv* **3.** schnippschnapp. **'snip,snap'sno·rum** [-'snɔːrəm] *s* Schnippschnapp *n* (*Kartenspiel*).

**snitch** [snɪtʃ] *sl.* **I** *v/t* **1.** ,klauen', ,sti'bitzen'. **II** *v/i* **2. ~ on** *j-n* ,verpfeifen', verraten. **III** *s* **3.** Verräter *m*. **4.** *bes. Am.* ,Zinken' *m* (*Nase*). **'snitch·er** → snitch 3.

**sniv·el** ['snɪvl] **I** *v/i* *pret u. pp* **-eled**, *bes. Br.* **-elled 1.** schniefen, die Nase hochziehen. **2.** greinen, ,heulen'. **3.** wehleidig tun. **II** *v/t* **4.** etwas (her'aus)schluchzen. **III** *s* **5.** Greinen *n*, ,Geheule' *n*. **6.** Schniefen *n*. **7.** wehleidiges Getue. **'sniv·el·er**, *bes. Br.* **'sniv·el·ler** *s* ,Heulsuse' *f*. **'sniv·el·ing**, *bes. Br.* **'sniv·el·ling** *s* **1.** → snivel III. **II** *adj* **2.** triefnasig, schniefend. **3.** wehleidig.

**snob** [snɒb; *Am.* snɑb] *s* **1.** Snob *m*: **~ appeal** Snob-Appeal *m*, Anziehungskraft *f* für Snobs. **2.** *Br. obs.* Mensch niederer Herkunft. **'snob·ber·y** [-ərɪ] *s* Sno'bismus *m*. **'snob·bish** *adj* (*adv ~ly*) sno'bistisch, versnobt. **'snob·bish·ness** *s* sno'bistische Art. **'snob·bism** → snobbery.

**sno·fa·ri** [snəʊ'fɑːrɪ; *Am. a.* -'færɪ] *s* Po'larexpediti on *f*. [,Knutsche'rei' *f*.] **snog** [snɒɡ] *Br. sl.* **I** *v/i* ,knutschen'. **II** *s*

**snook** [snuːk; snʊk] *s*: **to cock a ~ at s.o.** a) j-m e-e lange Nase machen', b) *fig.* j-n nicht ernst nehmen, j-n auslachen.

**snook·er** ['snuːkə; *Am.* 'snʊkər] **I** *s a.* **~ pool** (*Billard*) Snooker Pool *m*. **II** *v/t fig.* j-n in e-e schwierige Lage bringen.

**snoop** [snuːp] *fig. colloq.* **I** *v/i* **1.** schnüffeln: **to ~ about** (*od.* **around**) herumschnüffeln. **II** *v/t* **2.** *Am.* ausschnüffeln. **III** *s* **3.** Schnüffe'lei *f*, ,Schnüffler' *m*. **'snoop·er** *s colloq.* ,Schnüffler' *m*. **snoop·er·scope** ['snuːpə(r)skəʊp] *s mil.* *Am.* 'Infrarotvi sier mit Bildwandler. **'snoop·y** *adj colloq.* schnüffelnd, neugierig.

**snoot** [snuːt] *s bes. Am. colloq.* **1.** ,Schnauze' *f* (*Gesicht*). **2.** ,Rüssel' *m* (*Nase*). **3.** ,Schnute' *f*, Gri'masse *f*: **to make a ~** e-e Schnute ziehen, e-e Grimasse schneiden (**at** *s.o.* j-m). **'snoot·y** *adj colloq.* ,großkotzig', hochnäsig.

**snooze** [snuːz] *colloq.* **I** *v/i* **1.** ein Nickerchen machen. **2.** dösen. **II** *v/t* **3. ~ away** *Zeit* vertrödeln. **III** *s* **4.** Nickerchen *n*: **to have a ~** → 1.

**snore** [snɔː(r); *Am. a.* ˈsnəʊər] **I** *v/i* schnarchen. **II** *v/t a.* ~ **away**, ~ **out** *Zeit* (ver)schlafen. **III** *s* Schnarchen *n*.
**ˈsnor·er** *s* Schnarcher *m*.
**snor·kel** [ˈsnɔː(r)kl] **I** *s mar. mil.* Schnorchel *m* (*a. Sporttauchen*). **II** *v/i* schnorcheln.
**snort** [snɔː(r)t] **I** *v/i* **1.** (*a.* wütend *od.* verächtlich) schnauben. **2.** prusten. **II** *v/t* **3.** *oft* ~ **out** *Worte* (wütend) schnauben. **4.** ausprusten. **5.** *Kokain etc* schnupfen: **to** ~ **snow** *sl.* ˌkoksen'. **III** *s* **6.** Schnauben *n*, Prusten *n*. **7.** *sl.* → **snifter** 2.
**ˈsnort·er** *s* **1.** Schnaubende(r *m*) *f*. **2.** *colloq.* heftiger Sturm. **3.** *colloq.* a) ˌMordsding' *n*, ˌtolle Sache', b) ˌMordskerl' *m*. **4.** *sl.* → **snifter** 2.
**ˈsnort·y** *adj* wutschnaubend.
**snot** [snɒt; *Am.* snɑt] *s* **1.** *vulg.* ˌRotz' *m*. **2.** *sl.* ˌScheißkerl' *m*. **ˈsnot·ty** (*adj*) **1.** *vulg.* rotzig, Rotz... **2.** *sl.* ˌdreckig', gemein. **3.** → **snooty**. **II** *s* **4.** *mar. bes. Br. sl.* ˈSeekaˌdett *m*.
**snout** [snaʊt] *s* **1.** *zo.* Schnauze *f*. **2.** *colloq.* a) ˌRüssel' *m* (*Nase*), b) ˌSchnauze' *f*, Vorderteil *n* (*des Autos etc*). **3.** *tech.* Schnabel *m*, Tülle *f*. **4.** *geol.* Gletscherzunge *f*. **5.** *Br. sl.* a) Tabak *m*, b) ˌGlimmstengel' *m* (*Zigarette*).
**snow** [snəʊ] **I** *s* **1.** Schnee *m*. **2.** *pl* Schneefälle *pl*: ~**s of yesteryear** *fig.* Schnee von gestern. **3.** *pl* Schneemassen *pl*. **4.** *poet.* Silberhaar *n*. **5.** *poet.* Blütenschnee *m*. **6.** *poet.* Schneeweiß *n*. **7.** *chem., a. TV* Schnee *m*. **8.** *sl.* ˌSnow' *m*, ˌSchnee' *m* (*Kokain, Heroin*). **9.** *gastr.* ˌSchnee *m*, Schaum *m*. **II** *v/i* **10.** schneien: **gifts** ~ed **in on her birthday** es regnete Geschenke zu ihrem Geburtstag. **III** *v/t* **11.** ~ed **in** (*od.* **up** *od.* **under**) eingeschneit. **12.** ~ **under** (*meist im pp*) *fig.* a) *pol. bes. Am.* e-n Kandidaten vernichtend schlagen, b) *mit Arbeit etc* überˈhäufen, ˌzudecken': ~ed **under by worries** von Sorgen fast erdrückt, c) *j-n* mit viel Gerede ˌeinwickeln'. **13.** *fig.* regnen, hageln: **it was** ~ing complaints.
**ˈsnow·ball I** *s* **1.** Schneeball *m*: **to have a** ~ **fight** e-e Schneeballschlacht machen; **she doesn't have a** ~'**s chance in hell** *colloq.* sie hat nicht die Spur e-r Chance. **2.** *fig.* Laˈwine *f*: ~ **system** Schneeballsystem *n*. **3.** *Getränk aus Eierlikör u. Zitronenlimonade*. **4.** *bot.* Schneeball *m*. **II** *v/i* **5.** Schneebälle werfen auf (*acc*). **III** *v/i* **6.** sich mit Schneebällen bewerfen. **7.** *fig.* laˈwinenartig anwachsen. **ˈ~bank** *s* Schneeverwehung *f*. **ˈ~bird** *s* **1.** → **snow bunting**. **2.** *Am. sl.* a) ˌKokser(in)' (*Kokainsüchtige[r]*), b) Heroˈinsüchtige(r *m*) *f*. **ˈ~blind** *adj* schneeblind. **ˈ~blind·ness** *s* Schneeblindheit *f*. **ˈ~blink** *s* Schneeblink *m*. **ˈ~bound** *adj* eingeschneit, durch Schnee(massen) (von der Außenwelt) abgeschnitten. **ˈ~break** *s geol.* **1.** Schneerutsch *m*. **2.** Schneebruch *m* (*Baumbruch od. Gebiet*). **3.** (*Wald*)Schutzstreifen *m* (*gegen Schneeverwehungen*). **~ bun·ny** *s colloq.* ˌSkihaserl' *n*. **~ bun·ting** *s orn.* Schneeammer *f*. **ˈ~cap** *s orn.* (*ein*) Kolibri *m*. **ˈ~capped** *adj* schneebedeckt. **~ chain** *s mot.* Schneekette *f*. **ˈ~cov·ered** *adj* schneebedeckt. **~ drift** *s* Schneewehe *f*. **ˈ~drop** *s* **1.** *bot.* Schneeglöckchen *n*. **2.** *bot.* (*e-e*) amer. Aneˈmone. **ˈ~fall** *s* Schneefall *m*, -menge *f*. **ˈ~field** *s* Schneefeld *n*. **ˈ~flake** *s* **1.** Schneeflocke *f*. **2.** *bot.* Großes Schneeglöckchen. **ˈflow·er** → **snowdrop**. **~ gnat** *s* Zuckmücke *f*. **~ gog·gles** *s pl a.* **pair of** ~ Schneebrille *f*. **~ goose** *s orn.* Schneegans *f*. **~ grouse** *s orn.* Schneehuhn *n*. **~ ice** *s geol.* Schnee-Eis *n*. **~ job** *s Am. sl.* Versuch *m*, *j-n* mit viel Gerede ˌeinzu-

wickeln'. **~ line**, **~ lim·it** *s* Schneegrenze *f*. **ˈ~mak·ing gun** *s* ˈSchneekaˌnone *f*. **ˈ~man** [-mæn] *s irr* **1.** Schneemann *m*. **2.** *meist* **Abominable S**~ Schneemensch *m* (*sagenhafter Tiermensch im Himalaja*). **ˈ~mo·bile** [-məʊˌbiːl] *s* Motorschlitten *m*, ˈSchneemoˌbil *n*. **~ pel·lets** *s pl* Graupeln *pl*, (Hagel-) Schloßen *pl*. **ˈ~plough**, *bes. Am.* **ˈ~plow** *s* Schneepflug *m* (*a. Skisport*). **~ shoe I** *s* Schneeschuh *m*. **II** *v/i* auf Schneeschuhen gehen. **ˈ~slide** *s* Schneerutsch *m*. **ˈ~storm** *s* Schneesturm *m*. **ˈ~suit** *s* (*einteiliger*) Kinder-Schneeanzug. **~ tire**, *bes. Br.* **~ tyre** *s mot.* Winterreifen *m*. **~ˈwhite** *adj* schneeweiß. **S**~ **White** *npr* Schneeˈwittchen *n*.
**snow·y** [ˈsnəʊɪ] *adj* (*adv* snowily) **1.** schneeig, Schnee...: ~ **weather** Schneewetter *n*. **2.** schneebedeckt, Schnee... **3.** schneeweiß.
**snub¹** [snʌb] **I** *v/t* **1.** *j-n* vor den Kopf stoßen, brüsˈkieren. **2.** *j-m* über den Mund fahren: **to** ~ **s.o. into silence** *j-n* barsch zum Schweigen bringen. **3.** *j-n* kurz abfertigen. **II** *s* **4.** Brüsˈkierung *f*: **to suffer a** ~ brüskiert *od.* vor den Kopf gestoßen werden.
**snub²** [snʌb] *adj* a) stumpf, b) *a.* ~**-nosed** stupsnasig: ~ **nose** Stupsnase *f*.
**snuff¹** [snʌf] **I** *v/t* **1.** *a.* ~ **up** durch die Nase einziehen. **2.** beschnüffeln. **3.** *etwas* schnuppern, riechen. **II** *v/i* **4.** schnuppern, schnüffeln. **5.** Schnupftabak nehmen, schnupfen. **III** *s* **6.** Schnüffeln *n*. **7.** Atemzug *m* durch die Nase. **8. to be up to** ~ *colloq.* a) gesund sein, b) in Form sein, c) den Erwartungen entsprechen (*a. Arbeit etc*), d) *bes. Br.* ˌschwer auf Draht sein'. **9.** Schnupftabak *m*: **to give s.o.** ~ *colloq.* j-m ˌSaures geben'.
**snuff²** [snʌf] **I** *s* **1.** Schnuppe *f* (*verkohlter Kerzendocht*). **II** *v/t* **2.** *e-e Kerze* putzen. **3.** *meist* ~ **out** a) auslöschen, b) *fig.* Revolte etc ersticken, Hoffnungen etc zunichte machen. **4. to** ~ **it** *Br. sl.* ˌabkratzen' (*sterben*).
**ˈsnuff·box** *s* (Schnupf)Tabaksdose *f*. **ˈ~col·o(u)red** *adj* gelbbraun, tabakfarben.
**ˈsnuff·er** *s* (Tabak)Schnupfer(in).
**snuff·ers** [ˈsnʌfə(r)z] *s pl* Lichtputzschere *f*.
**snuf·fle** [ˈsnʌfl] **I** *v/i* **1.** schnüffeln, schnuppern (**at** an *dat*). **2.** schniefen, die Nase hochziehen. **3.** näseln. **II** *v/t* **4.** *meist* ~ **out** *etwas* näseln. **III** *s* **5.** Schnüffeln *n*. **6.** Näseln *n*. **7. the** ~**s** *pl* Schnupfen *m*.
**ˈsnuff-ˌtak·er** → **snuffer**. **ˈ~-ˌtak·ing** *s* (Tabak)Schnupfen *n*.
**ˈsnuff·y** *adj* **1.** schnupftabakartig. **2.** beschmutzt mit *od.* voll Schnupftabak. **3.** *fig.* ˌverschnupft', ˌeingeschnappt'.
**snug** [snʌg] **I** *adj* (*adv* ~**ly**) **1.** gemütlich, traulich, behaglich. **2.** komˈpakt: a ~ **boat**. **3.** ordentlich, sauber. **4.** angenehm. **5.** geborgen, gut versorgt: (**as**) ~ **as a bug in a rug** *colloq.* wie die Made im Speck. **6.** auskömmlich, ˌhübsch': a ~ **fortune**. **7.** *mar.* a) schmuck: a ~ **ship**, b) seetüchtig, c) dicht. **8.** angenliegend: a ~ **dress** (~ **fit** a) guter Sitz (*e-s Kleids etc*), b) *tech.* Paßsitz *m*. **9.** verborgen: **to keep s.th.** ~ *etwas* geheimhalten; **to lie** ~ sich versteckt halten. **II** *adv* **10.** behaglich, gemütlich. **III** *v/i* **11.** → **snuggle** 1. **IV** *v/t* **12.** *oft* ~ **down** gemütlich *od.* bequem machen. **13.** *meist* ~ **down** *mar.* das Schiff auf Sturm vorbereiten. **V** *s* **14.** → **snuggery** 2.
**snug·ger·y** [ˈsnʌgərɪ] *s* **1.** *bes. Br.* kleine, behagliche Bude', ˌwarmes Nest' (*Zimmer etc*). **2.** *Br.* kleines Nebenzimmer (*in e-m Pub*).

**snug·gle** [ˈsnʌgl] **I** *v/i* **1.** sich anschmiegen *od.* kuscheln (**up to s.o.** an j-n): **to** ~ **down** (**in bed**) sich ins Bett kuscheln. **II** *v/t* **2.** an sich drücken *od.* schmiegen, (lieb)ˈkosen. **3.** *j-n* (warm) einhüllen.
**so** [səʊ] **I** *adv* **1.** (*meist vor adj u. adv*) so, dermaßen: ~ **surprised**; ~ **great a man** ein so großer Mann; **it is only** ~ **much rubbish** es ist ja alles Blödsinn; **not** ~ ... **wie**; → **much** *Bes. Redew.* **2.** (*meist exklamatorisch*) so (sehr), ja so (*überaus*): **I am** ~ **glad** ich freue mich (ja) so; **you are** ~ **right!** ganz richtig! **3.** so (..., daß): **it was** ~ **hot I took my coat off**. **4.** so, in dieser Weise: ~ **it is** (genau) so ist es, stimmt; **is that** ~? wirklich?; ~ **as to** so daß, um zu; ~ **that** so daß; **or** ~ etwa, oder so; **why** ~? warum?, wieso?; **how** ~? wie (kommt) das?; ~ **saying** mit *od.* bei diesen Worten; ~ **Churchill** so (sprach) Churchill; → **even** 4, **if** 1. **5.** (*als Ersatz für ein Prädikativum od. e-n Satz*) a) es, das: **I hope** ~ ich hoffe (es); **I have never said** ~ das habe ich nie behauptet; **I think** ~ ich glaube *od.* denke schon; **I should think** ~! ich denke doch!, das will ich meinen!; **I told you** ~ ich habe es dir ja (gleich) gesagt; b) auch: **you are tired and** ~ **am I** du bist müde und ich (bin es) auch; **I am stupid!** ~ **you are** ich bin dumm! allerdings(, das bist du)! **6.** also: ~ **you came after all** du bist also doch (noch) gekommen; ~ **what?** *colloq.* na und?, na wenn schon? **II** *conj* **7.** daher, folglich, deshalb, also, und so, so ... denn: **he was ill** ~ **they were quiet** er war krank, deshalb waren sie ruhig; **it was necessary** ~ **we did it** es war nötig, und so taten wir es (denn). **III** *interj* **8.** so!
**soak** [səʊk] **I** *v/i* **1.** sich vollsaugen, durchˈtränkt werden: ~**ing wet** tropfˈnaß. **2.** sickern: **to** ~ **in** (**through**) ein(durch)sickern. **3.** ~ **in(to s.o.'s mind)** (j-m) langsam ins Bewußtsein eindringen. **4.** *colloq.* ˌsaufen'. **II** *v/t* **5.** *etwas* einweichen. **6.** durchˈtränken, -ˈnässen, -ˈfeuchten: ~ed **in blood** blutgetränkt, -triefend; → **skin** 1. **7.** *tech.* tränken, imprägˈnieren (**in** mit). **8.** ~ **in** einsaugen: **to** ~ **up** a) aufsaugen, b) *fig.* ˌschlukken' (*Profit etc*), c) *fig. Wissen etc* in sich aufnehmen. **9.** ~ **o.s. in** s.th. *fig.* sich ganz in etwas versenken. **10.** *colloq.* ˌsaufen': **to** ~ **o.s.** ˌsich volllaufen lassen'; ~ed ˌvoll'. **11.** *Am. sl.* a) *j-n* ˌverdreschen', b) *fig. j-m besorgen*. **12.** *sl. j-n* schröpfen *od.* ˌausnehmen'. **III** *v/i* **13.** Einweichen *n*, Durchˈtränken *n*: **to give s.th. a** ~ etwas einweichen. **14.** *tech.* Imprägˈnieren *n*. **15.** Einweichflüssigkeit *f*. **16.** *colloq.* a) ˌSäufer *m*, b) Saufeˈrei *f*. **17.** *colloq.* ˌDusche' (*Regenguß etc*).
**ˈsoak·age** *s* **1.** Ein-, Aufsaugen *n*. **2.** ˈDurchsickern *n*. **3.** ˈdurchgesickerte Flüssigkeit, Sickerwasser *n*.
**ˈsoak·er** → **soak** 17.
**ˈso-and-so** *pl* -**sos** *colloq.* **1.** Herr *od.* Frau *od.* Frl. Soundso: ~ **came to see me**. **2.** *euphem.* ˌHund' *m*, gemeiner Kerl.
**soap** [səʊp] **I** *s* **1.** Seife *f*. **2.** *chem.* Seife *f*, Alˈkalisalze *pl* der Fettsäuren. **3.** → **soft soap** 2. **4.** *Am.* → **soap opera**. **5.** *colloq.* (it's) **no** ~! nichts zu machen!, (*ablehnend a.*) nichts da!; **it was no** ~ da war nichts zu machen. **II** *v/t* **6.** *a.* ~ **down** ein-, abseifen. **7.** → **soft-soap**. **ˈ~ box** *s* **1.** ˈSeifenkiste *f*, -karˌton *m*. **2.** ˌSeifenkiste' *f* (*improvisierte Rednerbühne*). **3.** Seifenkiste *f* (*Fahrzeug*). **III** *adj* **4.** Seifenkisten...: ~ **orator** Volks-, Straßenredner *m*; ~ **derby** Seifenkistenrennen *n*. **~ bub·ble** *s* Seifenblase *f* (*a. fig.*). **~ dish** *s* Seifenschale *f*, -halter *m*. **~ earth** *s min.* Tonseife *f*. **~ op·er·a** *s*

*Rundfunk, TV*: 'Seifenoper' *f (rührselige* [*Familien*]*Serie*). **~ pow·der** *s* Seifenpulver *n.* '**~stone** *s min.* Seifen-, Speckstein *m.* '**~suds** *s pl* Seifenlauge *f*, -wasser *n.* '**~works** *s pl (oft als sg konstruiert) tech.* Seifensiede'rei *f.*

'**soap·y** *adj (adv* **soapily) 1.** seifig, Seifen...: **~ water. 2.** seifig, seifenartig. **3.** *sl.* ölig, schmeichlerisch.

**soar** [sɔː(r); *Am. a.* saʊr] **I** *v/i* **1.** (hoch) aufsteigen, sich erheben (*Vogel, Berge etc*). **2.** in großer Höhe fliegen *od.* schweben: **~ing eagle. 3.** *aer.* segeln, gleiten. **4.** *fig.* sich em'porschwingen (*Geist, a.* Stimme *etc*): **~ing thoughts** hochfliegende Gedanken. **5.** in die Höhe schnellen (*Preise etc*). **II** *s* **6.** Hochflug *m (a. fig.).* '**soar·ing I** *adj (adv* **~ly) 1.** hochfliegend (*a. fig.*). **2.** *fig.* a) em'porstrebend, b) erhaben. **II** *s* **3.** *aer.* Segeln *n*, Gleiten *n.*

**sob** [sɒb; *Am.* sab] **I** *v/i* schluchzen. **II** *v/t a.* **~ out** (her'aus)schluchzen: **to ~ o.s. to sleep** sich in den Schlaf weinen; → **heart** *Bes. Redew.* **III** *s* Schluchzen *n*, schluchzender Laut: **~ sister** *colloq.* a) Briefkastentante *f*, -onkel *m (e-r Zeitschrift),* b) Verfasser(in) rührseliger Romane *etc*; **~ story** *colloq.* rührselige Geschichte; **~ stuff** *colloq.* rührseliges Zeug.

**so·be·it** [səʊ'biːɪt] *conj obs.* wenn nur, wo'fern.

**so·ber** ['səʊbə(r)] **I** *adj (adv* **~ly) 1.** nüchtern (*nicht betrunken*): **(as) ~ as a judge** stocknüchtern. **2.** mäßig (*Person*). **3.** nüchtern, sachlich: **a ~ businessman; a ~ mind; ~ facts** nüchterne Tatsachen; **in ~ fact** nüchtern betrachtet. **4.** gesetzt, so'lide, ernsthaft, vernünftig (*Person*). **5.** nüchtern, unauffällig: **~ colo(u)rs** gedeckte Farben. **II** *v/t* **6.** *oft* **~ up** ernüchtern: **to have a ~ing effect on s.o.** auf j-n ernüchternd wirken. **III** *v/i* **7.** *oft* **~ down** (*od.* **up**) a) nüchtern werden, ausnüchtern, b) *fig.* Verstand annehmen, vernünftig werden. **~-'mind-ed** *adj* nüchtern, besonnen, vernünftig. '**~sides** *s* ,Trauerkloß' *m*, fader Kerl.

**so·bri·e·ty** [səʊ'braɪətɪ; sə-] *s* **1.** Nüchternheit *f (a. fig.).* **2.** Mäßigkeit *f.* **3.** Ernst(haftigkeit *f) m.* [name *m.*]

**so·bri·quet** ['səʊbrɪkeɪ] *s* Spitz-, Bei-

**soc·age** ['sɒkɪdʒ; *Am.* 'sɑ-; 'səʊ-] *s jur. hist.* **1.** (*nicht zum Ritter- u. Heeresdienst verpflichtende*) Lehensleistung. **2.** Belehnung *f (auf dieser Grundlage),* Frongut *n.*

,**so-'called** *adj* sogenannt (*a. angeblich*).

**soc·cage** → socage.

**soc·cer** ['sɒkə; *Am.* 'sɑkər] *sport* **I** *s* Fußball *m (Spiel).* **II** *adj* Fußball...: **~ team; ~ ball** Fußball *m.*

**so·cia·bil·i·ty** [,səʊʃə'bɪlətɪ] *s* Geselligkeit *f*, 'Umgänglichkeit *f.*

**so·cia·ble** ['səʊʃəbl] **I** *adj (adv* **sociably) 1.** a) gesellig, 'umgänglich, freundlich, b) zutraulich (*Tier*). **2.** ungezwungen, gemütlich, gesellig: **a ~ evening. 3.** → **social 1. II** *s* **4.** *hist.* Kremser *m*, offener, vierrädriger Kutschwagen (*mit Längssitzen*). **5.** Zweisitzer *m (Dreirad etc).* **6.** Plaudersofa *n.* **7.** *bes. Am.* → **social 9.** '**so·cia·ble·ness** *s* sociability.

**so·cial** ['səʊʃl] **I** *adj (adv* **~ly) 1.** *zo. etc* gesellig: **man is a ~ animal** der Mensch ist ein geselliges Wesen; **~ bees** soziale *od.* staatenbildende Bienen. **2.** gesellig, gemeinschaftlich: **~ activities. 3.** → **sociable 1. 4.** sozi'al, gesellschaftlich: **~ position, ~ rank** gesellschaftlicher Rang, soziale Stellung. **5.** sozi'al, Gesellschafts...: **~ criticism** Sozialkritik *f*; **~ly critical** sozialkritisch; **~ legislation** soziale Gesetzgebung; **~ policy** Sozialpolitik *f.* **6.** *pol.* sozia'listisch, Sozial...: **S~ Democrat** Sozialdemokrat(in). **7.** *med.*

*Volks...,* Sozial...: **~ diseases** *euphem.* Geschlechtskrankheiten. **8.** for'mell. **II** *s* **9.** geselliges Bei'sammensein.

**so·cial| an·thro·pol·o·gy** *s* Ethnosozio'lo'gie *f.* **~ climb·er** *s j-d, der versucht, gesellschaftlich emporzukommen,* Aufsteiger *m, contp.* Streber *m.* **~ con·tract** *s* Gesellschaftsvertrag *m.* **~ con·trol** *s sociol.* sozi'ale Kon'trolle, (zwingende) Einflußnahme der Gesellschaft. **~ dance** *s* Gesellschaftstanz *m.* **~ dis·tance** *s sociol.* sozi'ale Dis'tanz. **~ en·gi·neer·ing** *s sociol.* angewandte Sozi'alwissenschaft. **~ e·vil** *s* Prostituti'on *f.* **~ in·sur·ance** *s econ.* Sozi'alversicherung *f*: **~ benefits** Sozialversicherungsleistungen; **~ contributions** Sozialversicherungsbeiträge.

**so·cial·ism** ['səʊʃəlɪzəm] *s* Sozia'lismus *m.* '**so·cial·ist I** *s* Sozia'list(in). **II** *adj* sozia'listisch: **S~ International** *pol.* Sozialistische Internationale. ,**so·cial'is·tic** *adj (adv* **~ally)** sozia'listisch.

**so·cial·ite** ['səʊʃəlaɪt] *s colloq.* Angehörige(r *m*) *f* der oberen Zehn'tausend.

**so·ci·al·i·ty** [,səʊʃɪ'ælətɪ] *s* **1.** Geselligkeit *f.* **2.** Geselligkeitstrieb *m.*

**so·cial·i·za·tion** [,səʊʃəlaɪ'zeɪʃn; *Am.* -lə'z-] *s econ. pol. sociol.* Soziali'sierung *f*, Sozialisati'on *f.* '**so·cial·ize I** *v/t* **1.** auf das Leben (in der Gesellschaft) vorbereiten. **2.** *econ. pol.* soziali'sieren, verstaatlichen, vergesellschaften: **~d medicine** *Am.* verstaatlichtes Gesundheitswesen. **3.** *sociol. psych.* soziali'sieren (*in die Gesellschaft hineinwachsen lassen*). **4.** *ped.* gemeinsam erarbeiten (lassen): **to ~ a recitation. II** *v/i* **5.** gesellschaftlich verkehren (**with** mit).

**so·cial| or·der** *s sociol.* Gesellschaftsordnung *f.* **~ or·gan·i·za·tion** *s sociol.* Ge'sellschaftsstruk,tur *f.* **~ psy·chol·o·gy** *s* Sozi'alpsycholo,gie *f.* **~ sci·ence** *s* Sozi'alwissenschaft *f.* **~ sec·re·tar·y** *s* Pri'vatsekre,tär(in). **~ se·cu·ri·ty** *s* **1.** sozi'ale Sicherheit. **2.** Sozi'alversicherung *f.* **3.** Sozi'alhilfe *f*: **to be on ~** Sozialhilfe beziehen. **~ serv·ic·es** *s pl* staatliche Sozi'alleistungen *pl.* **~ struc·ture** *s sociol.* Ge'sellschaftsstruk,tur *f.* **~ stud·ies** *s pl ped. Br.* Landeskunde *f.* **~ sys·tem** *s pol.* Ge'sellschaftssy,stem *n.* **~ work** *s* Sozi'alarbeit *f.* **~ work·er** *s* Sozi'alarbeiter(in).

**so·ci·e·tal** [sə'saɪətl] *adj* Gesellschafts..., gesellschaftlich.

**so·ci·e·ty** [sə'saɪətɪ] *s* **1.** *allg.* Gesellschaft *f*: a) Gemeinschaft *f*: **human ~, ~ of nations** Familie *f* der Nationen, b) gesellschaftliche 'Umwelt, c) *sociol.* Kul'turkreis *m.* **2.** (die große *od.* ele'gante) Gesellschaft *od.* Welt: **not fit for good ~** nicht salon- *od.* gesellschaftsfähig; **~ lady** Dame *f* der großen Gesellschaft; **the leaders of ~** die Spitzen der Gesellschaft; **~ column** Gesellschaftsspalte *f (in e-r Zeitung).* **3.** Gesellschaft *f*: a) (gesellschaftlicher) 'Umgang, Verkehr *m*: **he is cut off from all ~,** b) Anwesenheit *f.* **4.** Gesellschaft *f*, Vereinigung *f*, Verein *m*: **S~ of Friends** Gesellschaft der Freunde, (*die*) Quäker *pl*; **~ of Jesus** Gesellschaft Jesu, (*der*) Jesuitenorden. **5.** *bot.* Pflanzengesellschaft *f.* **6.** *relig. Am.* Ortskirchenverwaltung *f (der Kongregationalisten).*

**socio-** [səʊsjəʊ; -jə; -sɪəʊ; -ʃjəʊ; -ʃɪəʊ] *Wortelement mit den Bedeutungen* a) Gesellschafts..., Sozial..., b) soziologisch: **~biology** Soziobiologie *f*; **~critical** sozialkritisch; **~economic** sozialwirtschaftlich; **~linguistics** Soziolinguistik *f*; **~political** sozialpolitisch; **~psychology** Sozialpsychologie *f.*

**so·ci·og·e·ny** [,səʊsɪ'ɒdʒɪnɪ; *Am.* -'ɑ-] *s*

Wissenschaft *f* vom Ursprung der menschlichen Gesellschaft.

**so·ci·o·gram** ['səʊsjəʊgræm; -sɪəʊ-] *s* Sozio'gramm *n.*

**so·ci·og·ra·phy** [,səʊsɪ'ɒgrəfɪ; *Am.* -ʃɑg-] *s* Soziogra'phie *f.*

**so·ci·o·log·i·cal** [,səʊsjə'lɒdʒɪkl; *Am.* -sɪə'lɑ-] *adj (adv* **~ly)** sozio'logisch. ,**so·ci'ol·o·gist** [-sɪ'ɒlədʒɪst; *Am.* -'ɑl-] *s* Sozio'loge *m*. ,**so·ci'ol·o·gy** [-sɪ'ɒlədʒɪ; *Am.* -'ɑl-] *s* Soziolo'gie *f.*

**sock¹** [sɒk; *Am.* sak] **I** *s* **1.** *pl econ. a.* **sox** Socke *f*, Socken *m*: **to pull up one's ~s** *Br. colloq.* 'sich am Riemen reißen'; **put a ~ in it!** *Br. sl.* hör auf!, halt's Maul!; **he is six feet tall in his ~s** er ist sechs Fuß groß ohne Schuhe. **2.** *Br.* Einlegesohle *f.* **3.** Soccus *m*: a) *antiq.* Schuh der Komödienspieler, b) Sinnbild für die Komödie. **II** *v/t* **4.** **~ in** *aer. sl.* am Abflug hindern: **planes ~ed in** by fog. **5.** **~ away** *Am. sl.* Geld ,auf die hohe Kante legen'.

**sock²** [sɒk; *Am.* sak] *sl.* **I** *v/t* **1.** *j-m* ,ein Ding (*e-n harten Schlag*) verpassen': **to ~ s.o. on the jaw** j-m e-n Kinnhaken ,verpassen'. **2.** knallen: **big hailstones were ~ing me on the head. 3.** **~ it to s.o.** j-m ,Bescheid stoßen'. **II** *s* **4.** harter Schlag: **to give s.o. a ~ on the jaw** j-m e-n Kinnhaken ,verpassen'. **5.** *Am.* → **punch¹ 1. III** *adj* **6.** *Am.* ,toll', ,Bomben...': **a ~ play.**

**sock·dol·a·ger, sock·dol·o·ger** [sak'dɒlɪdʒər] *s Am. sl.* **1.** ,entscheidender Schlag'. **2.** *fig.* a) ,Volltreffer' *m*, b) ,Mordsding' *n*, ,dicker Hund'.

**sock·et** ['sɒkɪt; *Am.* 'sakət] **I** *s* **1.** *anat.* a) (Augen-, Zahn)Höhle *f*, b) Gelenkpfanne *f.* **2.** *tech.* Steckhülse *f*, Muffe *f*, Rohransatz *m.* **3.** *electr.* a) Steckdose *f*, b) Fassung *f (f-r Glühlampe),* c) Sockel *m (für Röhren etc),* d) Anschluß *m*: **~ for headphones** Kopfhöreranschluß. **II** *v/t* **4.** mit e-r Muffe *etc* versehen. **5.** in e-e Muffe *od.* Steckdose tun. **~ joint** *s anat. tech.* Kugelgelenk *n.* **~ wrench** *s tech.* Steckschlüssel *m.* [Sockel *m.*\]

**so·cle** ['səʊkl; *Am. a.* 'sakəl] *s arch.* **So·crat·ic** [sɒ'krætɪk; *bes. Am.* sə-; səʊ-] **I** *adj (adv* **~ally)** so'kratisch: **~ irony** *s.* **method. II** *s* So'kratiker *m.*

**sod¹** [sɒd; *Am.* sad] *s* **1.** Grasnarbe *f*: **under the ~** unterm Rasen (*tot*). **2.** Rasenstück *n.* **II** *v/t* **3.** mit Rasen bedecken.

**sod²** [sɒd; *Am.* sad] *s bes. Br. sl.* **1.** ,Heini' *m*, Blödmann *m*: **you ~!** du blöder Hund! **2.** Kerl *m*: **a nice old ~. 3.** I **don't give** (*od.* **care**) **a ~** das ist mir ,scheißegal!' **II** *v/t* **4.** **~ it!** ,Scheiße!' **III** *v/i* **5.** **~ off** (*meist imp*) ,Leine ziehen' (*verschwinden*).

**sod³** [sɒd; *Am.* sad] *obs. pret von* **seethe.**

**so·da** ['səʊdə] *s chem.* **1.** Soda *f, n*, kohlensaures Natrium: (**bicarbonate of**) **~** → **sodium bicarbonate. 2.** → **sodium hydroxide. 3.** 'Natriumo,xyd *n.* **4.** Soda(wasser) *n*: **whisky and ~. 5.** → **soda water. 6.** **~ ash** *s. econ.* Soda *f, n.* **2.** *chem.* Sodaasche *f.* **~ bis·cuit,** *Am.* **~ crack·er** *s* Keks *m (mit doppeltkohlensaurem Natrium gebacken).* **~ foun·tain** *s Am.* Ausschank *m (für nichtalkoholische Getränke) (Raum).* **~ jerk(·er)** *s Am. colloq.* Verkäufer *m* in e-m Ausschank. **~ lime** *s chem.* Natronkalk *m.*

**so·da·lite** ['səʊdəlaɪt] *s min.* Soda'lith *m.*

**so·dal·i·ty** [səʊ'dælətɪ] *s R.C.* karita'tive Bruderschaft.

**so·da| lye** *s* Natronlauge *f.* **~ pop** *s Am. colloq.* ,Limo' *f (Limonade).* **~ wa·ter** *s* **1.** Sodawasser *n.* **2.** Mine'ral-, Seltterswasser *n*, Sprudel *m.*

**sod·den¹** ['sɒdn; *Am.* 'sadn] **I** *obs. pp von* **seethe. II** *adj* **1.** durch'näßt, -'weicht.

**2.** teigig, klitschig: ~ **bread. 3.** aufgedunsen, -geschwemmt: ~ **face. 4.** *colloq.* ‚voll‘, ‚besoffen‘. **5.** *colloq.* a) ‚blöd‘, ‚doof‘, b) fad, c) träg.
**sod·den²** [ˈsɒdn; *Am.* ˈsɑdn] **I** *v/t* **1.** durch'nässen, -'weichen. **2.** *j-n* aufschwemmen. **3.** a) *j-n* träge machen, b) *j-n* ‚verblöden‘ lassen. **II** *v/i* **4.** durch-'näßt *od.* aufgeweicht werden.
**so·di·um** [ˈsəʊdjəm; -ɪəm] *s chem.* Natrium *n.* ~ **bi·car·bon·ate** *s chem.* 'Natrium₁bikarbo₁nat *n,* doppeltkohlensaures Natrium. ~ **car·bon·ate** *s chem.* Soda *f, n,* 'Natriumkarbo₁nat *n.* ~ **chlo·ride** *s chem.* Kochsalz *n,* 'Natriumchlo₁rid *n.* ~ **hy·drox·ide** *s chem.* 'Natriumhydro₁xyd *n,* Ätznatron *n.* ~ **hy·po·chlo·ride** *s chem.* 'Natrium₁hypochlo₁rit *n.* ~ **lamp** → sodium-vapo(u)r lamp. ~ **ni·trate** *s chem.* Natriumni₁trat *n,* 'Natron-, 'Chilesal₁peter *m.* ~ -'va·po(u)r lamp *s electr.* Natriumdampflampe *f.*
**Sod·om** [ˈsɒdəm; *Am.* ˈsɑ-] *s* **1.** *Bibl.* Sodom *n.* **2.** *fig.* Sodom *n* (u. Go'morrha *n*) (*lasterhafter Ort*). **'sod·om·ite** *s j-d,* der Analverkehr ausübt, a. Sodo'mit(in). **'sod·om·y** *s* 'widerna₁türliche Unzucht, bes. A'nalverkehr *m, a.* Sodo'mie *f.*
**so·ev·er** [səʊˈevə(r)] *adv* (wer etc) auch immer.                                        [couch *f.*]
**so·fa** [ˈsəʊfə] *s* Sofa *n.* ~ **bed** *s* Bett-]
**sof·fit** [ˈsɒfɪt; *Am.* ˈsɑf-] *s arch.* Laibung *f.*
**soft** [sɒft; *bes. Am.* sɔːft] **I** *adj* (*adv* ~ly) **1.** *allg.* weich: (as) ~ **as silk** seidenweich; ~ **prices** *econ.* nachgiebige Preise; ~ **rays** *phys.* weiche Strahlen; ~ **selling,** *colloq.* ~ **sell** weiche Verkaufstaktik. **2.** *tech.* weich, *bes.* a) ungehärtet (*Eisen*), b) schmiedbar (*Metall*), c) bröck(e)lig (*Gestein*), d) enthärtet (*Wasser*). **3.** glatt, weich: ~ **hair;** ~ **skin. 4.** mild, lieblich: ~ **wine. 5.** *fig.* weich, sanft: ~ **eyes** (**heart, words,** *etc*). **6.** sacht, leise: ~ **movements** (noise, talk, *etc*). **7.** sanft, gedämpft: ~ **colo(u)rs** (light, music, *etc*). **8.** schwach, verschwommen: ~ **outlines;** ~ **negative** *phot.* weiches Negativ. **9.** mild, sanft: ~ **climate;** ~ **rain. 10.** *Br.* schwül, regnerisch, feucht. **11.** sanft: ~ **sleep** (touch, *etc*); ~ **punishment** milde Strafe; **to be** ~ **with s.o.** sanft umgehen mit j-m. **12.** ruhig, höflich, gewinnend: ~ **manners. 13.** leicht beeinflußbar. **14.** gefühlvoll, empfindsam. **15.** *contp.* schlaff, verweichlicht. **16.** *colloq.* leicht, angenehm, gemütlich: a ~ **job;** a ~ **thing** e-e ‚ruhige Sache‘. **17.** a) alkoholfrei: ~ **drinks,** b) weich: ~ **drugs. 18.** *a.* ~ **in the head** *colloq.* leicht ‚bescheuert‘, ‚doof‘. **19.** *ling.* a) stimmhaft: ~ **mutes** stimmhafte Verschlußlaute, b) als Zischlaut gesprochen, c) palatali'siert.
**II** *adv* **20.** sanft, leise: **to speak** ~.
**III** *s* **21.** (*das*) Weiche *od.* Sanfte. **22.** weicher Gegenstand, weiches Materi'al *etc.* **23.** → softy.
**soft|·neal·ing** *s tech.* Weichglühen *n.* '~·ball *s sport* a) Softball(spiel *n*) *m* (*Abart des Baseball, mit weicherem u. größerem Ball*), b) *der bei a verwendete Ball.* ~·'boiled *adj* **1.** weich(gekocht) (*Ei*). **2.** *colloq.* weichherzig. ~·'centred *adj Br.* mit Cremefüllung (*Gebäck etc*). ~·'coal *s tech.* Weichkohle *f.* ~·core → soft-core. '~·core *adj Br. u. Am.:* ~ **pornography** → II. **II** *s* 'Softpornogra₁phie *f.* ~·cur·ren·cy *s econ.* weiche Währung.
**sof·ten** [ˈsɒfn; *Am.* ˈsɔːfən] **I** *v/t* **1.** weich *od.* biegsam machen. **2.** Farbe, Stimme, Ton dämpfen. **3.** *Wasser* enthärten. **4.** *fig.* mildern. **5.** *j-n* erweichen, *j-s Herz* rühren. **6.** *j-n* verweichlichen. **7.** *a.* ~ **up** *mil.* den Gegner zermürben, weichmachen, b) *mil.* e-e Festung etc sturmreif schießen, c)

potentielle Kunden kaufwillig stimmen. **8.** *econ.* die Preise drücken. **II** *v/i* **9.** weich(er) *od.* sanft(er) *od.* mild(er) werden. **'sof·ten·er** *s* **1.** Enthärtungsmittel *n.* **2.** Weichmacher *m* (*bei Kunststoffen etc*). **'sof·ten·ing** *s* **1.** Erweichen *n:* ~ **agent** *tech.* Weichmacher *m;* ~ **point** *tech.* Erweichungspunkt *m;* ~ **of the brain** *med.* Gehirnerweichung *f.* **2.** *ling.* Erweichung *f* (*e-s Lautes*).
**soft|·fur·nish·ings** *s pl Br.* Teppiche *pl,* Vorhänge *pl,* Gar'dinen *pl etc.* ~ **goods** *s pl Br.* Tex'tilien *pl.* ~ **hail** *s* Eisregen *m.* '~·head *s* Schwachkopf *m.* '~·head·ed *adj* leicht ‚bescheuert‘, ‚doof‘. ~·'heart·ed *adj* weichherzig. ~·'land *v/t u. v/i Raumfahrt:* weich landen. ~ **land·ing** *s Raumfahrt:* weiche Landung. ~ **lead** [led] *s* Weichblei *n.* ~ **line** *s bes. pol.* weicher Kurs: **to follow** (*od.* adopt) **a** ~ e-n weichen Kurs einschlagen. ~·'line *adj bes. pol.* kompro'mißbereit. ~·'lin·er *s bes. pol.* j-d, der e-n weichen Kurs einschlägt. ~ **mon·ey** *s econ. colloq.* Pa'piergeld *n.*
**soft|·ness** *s* **1.** Weichheit *f,* Zartheit *f.* **2.** Sanftheit *f,* Milde *f.* **3.** *contp.* Weichlichkeit *f.*
**soft|·ped·al** *s* **1.** *mus.* Pi'anope₁dal *n,* linkes Pe'dal. **2.** *colloq.* ‚Dämpfer‘ *m:* **to put a** ~ **on s.th.** e-r Sache e-n Dämpfer aufsetzen. ~·'ped·al *v/t* **1.** (*a. v/i*) mit dem Pi'anope₁dal spielen. **2.** *colloq.* etwas ‚her'unterspielen‘. ~·'sci·ence *s* a) Gesellschafts-, Sozi'alwissenschaft *f,* b) Verhaltenswissenschaft *f.* ~·'shelled *adj zo.* weichschalig: ~ **crab;** ~ **turtle** Weichschildkröte *f.* ~ **shoul·der** *s* nicht befestigtes Ban'kett. ~ **soap** *s* **1.** *chem.* Schmierseife *f.* **2.** *colloq.* ‚Schmus‘ *m,* Schmeiche'lei(en *pl*) *f,* Kompli'mente *pl.* ~·'soap *v/t colloq.* j-m ‚um den Bart gehen‘. ~ **sol·der** *s tech.* Weich-, Schnelllot *n.* ~·'sol·der *v/t tech.* weichlöten. '~·spo·ken *adj* **1.** leise sprechend: **to be** ~ leise sprechen. **2.** gewinnend, freundlich. ~ **tech·nol·o·gy** *s* alterna'tive Technolo'gie. ~ **verge** → soft shoulder. '~·ware *s* Software *f:* a) *Computer:* Programme *etc,* b) *Sprachlabor:* Be'gleitmateri₁al *n* (*Ggs. technische Ausrüstung*). '~·wood *s* **1.** Weichholz *n.* **2.** Baum *m* mit weichem Holz. **3.** Nadel(baum)holz *n.*
**'soft·y** *s colloq.* **1.** Trottel *m.* **2.** Schwächling *m,* ‚Schlappschwanz‘ *m.*
**sog·gy** [ˈsɒgɪ; *Am. a.* ˈsɑ-] *adj* **1.** feucht, sumpfig. **2.** durch'näßt, -'weicht. **3.** teigig, klitschig: ~ **bread. 4.** *colloq.* a) ‚blöde‘, ‚doof‘, b) fade, c) träg.
**soi-di-sant** [₁swɑːdiːˈzãː] *adj* sogenannt, angeblich.
**soi·gné** *m,* **soi·gnée** *f* [ˈswɑːnjeɪ; *Am.* swɑːnˈjeɪ] *adj* soi'gniert, gepflegt.
**soil¹** [sɔɪl] **I** *v/t* **1.** beschmutzen: a) schmutzig machen, verunreinigen, b) *bes. fig.* besudeln, beflecken. **II** *v/i* **2.** schmutzig werden, *leicht etc* schmutzen. **III** *s* **3.** Verschmutzung *f.* **4.** Schmutzfleck *m.* **5.** Schmutz *m.* **6.** Dung *m.* **7.** *hunt. obs.* Suhle *f:* **to go** (*od.* run) **to** ~ Zuflucht suchen (*Wild*).
**soil²** [sɔɪl] *s* **1.** (Erd)Boden *m,* Erde *f,* Grund *m.* **2.** *fig.* (Heimat)Erde *f,* Scholle *f,* Land *n:* **on British** ~ auf britischem Boden.
**soil³** [sɔɪl] *v/t Vieh* mit Grünfutter füttern.
**'soil·age** *s agr.* Grünfutter *n.*
**soil|·pipe** *s* Abflußrohr *n* (*bes. am Klosett*). '~·re₁sist·ing *adj* schmutzabstoßend, -abweisend.
**soi·ree, soi·rée** [ˈswɑːreɪ; *Am.* swɑːˈreɪ] *s* Abendgesellschaft *f.*
**so·journ** [ˈsɒdʒɜːn; ˈsʌdʒ-; *Am.* ˈsəʊ-₁dʒɜrn; səʊˈdʒ-] **I** *v/i* **1.** sich (vor'über-

gehend) aufhalten, (ver)weilen (**in** in *od.* an *dat;* **with** bei). **II** *s* **2.** (vor'übergehender) Aufenthalt. **3.** *obs.* Aufenthaltsort *m.* **'so·journ·er** *s* Gast *m,* Besucher (-in).
**soke** [səʊk] *s jur. Br. hist.* **1.** Gerichtsbarkeit *f.* **2.** Gerichtsbarkeitsbezirk *m.* '~·man [-mən] *s irr* Lehnsmann *m.*
**Sol¹** [sɒl; *Am.* sɑl] (*Lat.*) *s* **1.** *poet.* Sonne *f.* **2.** *antiq.* Sonnengott *m.*
**sol²** [sɒl; *Am.* səʊl] *s mus.* sol *n* (*Solmisationssilbe*).
**sol³** [sɒl; *Am. a.* sɑl] *pl* sols [-z], **'so·les** [-leɪs] *s* Sol *m* (*peruanische Währungseinheit*).                                        [*Lösung*.]
**sol⁴** [sɒl; *Am. a.* sɑl] *s chem.* Sol *n* (*kolloide*]
**so·la¹** [ˈsəʊlə] *s bot.* Solastrauch *m.*
**so·la²** [ˈsəʊlə] *f* (*Lat.*) *adj u. adv* al'lein (*bes. bei Bühnenanweisungen*).
**sol·ace** [ˈsɒləs; *Am.* ˈsɑləs] **I** *s* **1.** Trost *m:* **she found** ~ **in religion. II** *v/t* **2.** trösten: **to** ~ **o.s.** (**with s.th.**) sich (mit etwas) trösten. **3.** mildern, lindern: **to** ~ **grief.**                                        [Tölpel *m.*]
**so·lan** [ˈsəʊlən] *s a.* ~ **goose** *orn. obs.*]
**so·la·num** [səʊˈleɪnəm; sə'l-] *s bot.* Nachtschatten *m.*
**so·lar** [ˈsəʊlə(r)] **I** *adj* **1.** *astr.* Sonnen...: ~ **day** (spectrum, system, time, *etc*); ~ **constant** Solarkonstante *f;* ~ **eclipse** Sonnenfinsternis *f;* ~ **motion** Bewegung *f* des Sonnensystems; ~ **plexus** *anat.* a) Solarplexus *m,* b) *colloq.* Magengrube *f.* **2.** *tech.* a) Sonnen...: ~ **cell** (energy *od.* power, *etc*); ~ **collector** (*od.* panel) Sonnenkollektor *m;* ~ **furnace** Sonnenofen *m,* b) durch 'Sonnenener₁gie angetrieben: ~ **battery** Sonnenbatterie *f;* ~ **plant,** ~ **power station** Sonnen-, Solarkraftwerk *n.* **II** *s* **3.** 'Sonnenener₁gie *f.*
**so·lar·i·a** [səʊˈleərɪə; səˈl-] *pl von* solarium.
**so·lar·im·e·ter** [₁səʊləˈrɪmɪtə(r)] *s phys.* Solari'meter *n* (*Gerät zur Messung der Sonnen- u. Himmelsstrahlung*).
**so·lar·i·um** [səʊˈleərɪəm; səˈl-] *pl* -i·a [-ɪə], -i·ums *s* **1.** *med.* Sonnenliegehalle *f.* **2.** 'Sonnenter₁rasse *f.* **3.** *phot.* Solarium *n.*
**so·lar·i·za·tion** [₁səʊlərarˈzeɪʃn; *Am.* -rəˈz-] *s* **1.** *med.* Lichtbehandlung *f.* **2.** *tech.* 'Umstellung *f* auf 'Sonnenener₁gie. **3.** *phot.* Solarisati'on *f.* **'so·lar·ize** *v/t* **1.** *med.* j-n mit Lichtbädern behandeln. **2.** *tech. Haus etc* auf 'Sonnenener₁gie 'umstellen. **3.** *phot.* solari'sieren. **II** *v/i* **4.** *phot.* solari'sieren.
**so·la·ti·um** [səʊˈleɪʃjəm; -ʃɪəm] *pl* -ti·a [-ʃɪə; -ʃɪə] *s bes. Am.* Schmerzensgeld *n* (*bei Verletzung des Persönlichkeitsrechts*).
**'so·lar·₁pow·ered** *adj* **1.** durch 'Sonnenener₁gie angetrieben. **2.** mit 'Sonnenbatte₁rien gespeist *od.* betrieben.
**sold** [səʊld] *pret u. pp von* sell.
**sol·der** [ˈsɒldə; ˈsəʊl-; *Am.* ˈsɑːdər; ˈsɔː-] **I** *s* **1.** *tech.* Lot *n,* 'Lötme₁tall *n:* ~ **hard** (soft) **solder. 2.** *fig.* Kitt *m,* Bindemittel *n.* **II** *v/t* **3.** *tech.* (ver)löten: ~**ed joint** Lötstelle *f;* ~**ing iron** Lötkolben *m;* ~**ing paste** Lötpaste *f.* **4.** *fig.* zs.-schweißen, verbinden. **III** *v/i* **5.** löten.
**sol·dier** [ˈsəʊldʒə(r)] **I** *s* **1.** *mil.* Sol'dat *m:* ~ **of Christ** Streiter *m* Christi; **old** ~ a) Veteran *m,* b) *colloq.* ‚alter Hase‘, c) *sl.* leere Flasche; ~ **of fortune** a) Söldner *m,* b) Glücksritter *m.* **2.** *mil.* (einfacher) Sol'dat, Schütze *m,* Mann *m.* **3.** *fig.* Kämpfer *m* (**in the cause of peace** für den Frieden). **4.** *Am. colloq.* Drückeberger *m.* **5.** *zo.* Krieger *m,* Sol'dat *m* (*bei Ameisen etc*). **II** *v/i* **6.** (als Sol'dat) dienen *od.* kämpfen: **to go** ~**ing** Soldat werden. **7.** ~ **on** *bes. Br.* (unermüdlich) weitermachen, aushalten. '~·like *adj* sol'datisch. '~·dier·ly *adj* **1.** sol'datisch, mili'tärisch, kriegerisch. **2.** Soldaten... **'sol·dier-**

**ship** *s* **1.** (*das*) Sol'datische. **2.** Sol'datentum *n*. '**sol·dier·y** *s* **1.** Mili'tär *n*. **2.** Sol'daten *pl*.

**sole**[1] [səʊl] **I** *s* **1.** (Fuß)Sohle *f*. **2.** (Schuh)Sohle *f*: ~ **leather** Sohl(en)leder *n*. **3.** *tech*. Bodenfläche *f*, Sohle *f*. **4.** *sport* 'Unterfläche *f* des Golfschlägers. **II** *v/t* **5.** besohlen.

**sole**[2] [səʊl] *adj* (*adv* → solely) **1.** einzig, al'leinig, Allein...: **the** ~ **reason** der einzige Grund; ~ **agency** Alleinvertretung *f*; ~ **bill** *econ*. Solawechsel *m*; ~ **heir** Allein-, Universalerbe *m*. **2.** *bes. jur*. unverheiratet: → **feme sole**.

**sole**[3] [səʊl] *pl* **soles** [-z], *bes. collect*. **sole** *s ichth*. Seezunge *f*.

**sol·e·cism** ['sɒlɪsɪzəm; *Am*. 'salə-; 'səʊ-] *s* Verstoß *m*, „Schnitzer" *m*: a) *ling*. Sprachsünde *f*, b) Faux'pas *m*, „Sünde" *f*. ,**sol·e'cis·tic** *adj* **1.** *ling*. 'unkor,rekt. **2.** ungehörig.

**sole·ly** ['səʊllɪ] *adv* (einzig u.) al'lein, ausschließlich, lediglich, nur.

**sol·emn** ['sɒləm; *Am*. 'sal-] *adj* (*adv* ~ly) **1.** *allg*. feierlich, ernst, so'lenn: (**as**) ~ **as an owl** *oft humor*. todernst. **2.** feierlich: ~ **declaration**; ~ **contract** *jur*. formeller Vertrag; ~ **oath** feierlicher *od*. heiliger Eid. **3.** ehrwürdig, hehr, erhaben: a ~ **cathedral**. **4.** festlich, feierlich: ~ **state dinner** Staatsbankett *n*. **5.** gewichtig, ernst(haft), eindringlich: a ~ **warning**. **6.** düster: ~ colo(u)rs.

**so·lem·ni·ty** [sə'lemnətɪ] *s* **1.** Feierlichkeit *f*, (feierlicher *od*. würdevoller) Ernst. **2.** *oft pl* feierliches Zeremoni'ell. **3.** *bes. relig*. Festlichkeit *f*, Feierlichkeit *f*. **4.** *jur*. Förmlichkeit *f*. **sol·em·nize** ['sɒləmnaɪz; *Am*. 'sal-] *v/t* **1.** feierlich begehen. **2.** e-e Trauung (feierlich) voll'ziehen.

**so·le·noid** ['səʊlənɔɪd] *s electr. tech*. Soleno'id *n*, Zy'linderspule *f*: ~ **brake** Solenoidbremse *f*. ,**so·le'noi·dal** *adj* soleno'idförmig.

**sol-fa** [,sɒl'faː; *Am*. ,səʊl-] *mus*. **I** *s* **1.** *a*. ~ **syllables** Solmisati'onssilben *pl*. **2.** Tonleiter *f*. **3.** Solmisati'on(sübung) *f*. **II** *v/t* **4.** auf Solmisati'onssilben singen. **III** *v/i* **5.** solmi'sieren.

**sol·fa·ta·ra** [,sɒlfə'taːrə; *Am*. ,səʊl-] *s* Solfa'tare *f* (*Schwefeldampfquelle in Vulkangebieten*).

**so·li** ['səʊliː] *pl von* solo 1.

**so·lic·it** [sə'lɪsɪt] **I** *v/t* **1.** sich bemühen um: to ~ **an office** (orders, *etc*); to ~ **customers** Kundschaft werben. **2.** dringend bitten (**s.o.** j-n; **s.th.** um etwas; **s.o. for s.th.** *od*. **s.th. of** s.o. j-n um etwas). **3.** *Männer* ansprechen (*Prostituierte*). **4.** *jur*. anstiften. **II** *v/i* **5.** dringend bitten (**for** um). **6.** Aufträge sammeln. **7.** *a*. ~ **for the purpose of prostitution** *jur*. sich anbieten (*Prostituierte*). **so,lic·i'ta·tion** *s* **1.** dringende Bitte. **2.** *econ*. (Auftrags-, Kunden)Werbung *f*. **3.** *jur*. Anstiftung *f* (**of** zu). **4.** Ansprechen *n* (*durch Prostituierte*).

**so·lic·i·tor** [sə'lɪsɪtə(r)] *s* **1.** *jur. Br*. So'licitor *m* (*Anwalt, der nur vor bestimmten niederen Gerichten plädieren darf u. die Schriftsätze für den barrister vorbereitet*). **2.** *jur. Am*. 'Rechtsbere,rent *m*: city ~. **3.** *Am*. A'gent *m*, Werber *m*. ~ **gen·er·al** *pl* **so·lic·i·tors gen·er·al** *s jur*. a) *Br*. zweiter Kronanwalt, b) *Am*. stellvertretender Ju'stizmi,nister, c) *Am*. oberster Ju'stizbeamter (*in einigen Staaten*).

**so·lic·it·ous** [sə'lɪsɪtəs] *adj* (*adv* ~ly) **1.** besorgt (**about, for** um, wegen). **2.** (**of**) eifrig bedacht, erpicht (auf *acc*), begierig (nach). **3.** bestrebt, eifrig bemüht (**to do** zu tun). **so'lic·i·tude** [-tjuːd; *Am. a.* -ˌtuːd] *s* **1.** Besorgtheit *f*, Sorge *f*. **2.** *pl* Sorgen *pl*. **3.** über'triebener Eifer.

**sol·id** ['sɒlɪd; *Am*. 'saləd] **I** *adj* (*adv* ~ly)

---

**1.** *allg*. fest: ~ **food** (fuel, ice, wall, *etc*); ~ **body** Festkörper *m*; ~ **lubricant** *tech*. Starrschmiere *f*; ~ **state** *phys*. fester (Aggregat)Zustand; ~ **waste** Festmüll *m*; **on** ~ **ground** auf festem Boden (*a. fig.*). **2.** hart, kom'pakt. **3.** dicht, geballt: ~ **masses of clouds**. **4.** sta'bil, mas'siv (gebaut): ~ **buildings**. **5.** derb, fest, sta'bil, kräftig: a ~ **fabric**; ~ **build** kräftiger Körperbau; ~ **leather** Kernleder *n*; a ~ **meal** ein kräftiges Essen. **6.** mas'siv (*Ggs. hohl*), Voll...: ~ **axle** Vollachse *f*; ~ **tire** (*bes. Br*. **tyre**) Vollgummireifen *m*. **7.** mas'siv, gediegen: ~ **gold**. **8.** *fig*. so'lid(e), gründlich: ~ **learning**. **9.** zs.-hängend: **a** ~ **row of buildings**. **10.** *colloq*. voll, „geschlagen": **for a** ~ **hour**. **11.** a) einheitlich (*Farbe*), b) einfarbig: **a** ~ **background**. **12.** echt, wirklich: ~ **comfort**. **13.** gewichtig, triftig: ~ **reasons**; ~ **arguments** handfeste Argumente. **14.** *fig*. so'lid(e), zuverlässig, gediegen (*Person*). **15.** *econ*. so'lid(e). **16.** *math*. a) körperlich, räumlich, b) Kubik..., Raum...: ~ **capacity** = **angle** räumlicher Winkel; ~ **geometry** Stereometrie *f*; a ~ **foot** ein Kubikfuß. **17.** *print*. kom'preß, ohne 'Durchschuß. **18.** kräftig, tüchtig: **a good** ~ **blow** ein harter Schlag. **19.** geschlossen, einmütig, so'lidarisch (**for** für *j-n od. etwas*): **to go** (*od*. **be**) ~ **for s.o.**, **to be ~ly behind s.o.** geschlossen hinter j-m stehen; **the** ~ **South** der einmütige Süden (*der USA, der ständig für die Demokraten stimmt*); **a** ~ **vote** e-e einstimmige Wahl. **20. to be** ~ *Am. colloq*. auf gutem Fuß stehen (**with** s.o. mit j-m). **21.** *Am. sl*. „prima", „Klasse", erstklassig. [total ausgebucht.] **II** *adv* **22. we are booked** ~ wir sind **III** *s* **23.** *math*. Körper *m*. **24.** *phys*. Festkörper *m*. **25.** *pl* feste Bestandteile *pl*: **the ~s of milk**.

**sol·i·dar·i·ty** [,sɒlɪ'dærətɪ; *Am*. ,salə-] *s* Solidari'tät *f*, Zs.-gehörigkeitsgefühl *n*, Zs.-halt *m*: **to declare one's** ~ **with s.o.** sich mit j-m solidarisch erklären. '**sol·i·dar·y** [-dərɪ; *Am*. -ˌderiː] *adj* soli'darisch.

'**sol·id|-drawn** *adj tech*. gezogen: ~ **axle**; ~ **tube** nahtlos gezogenes Rohr. ~**-fu·el(l)ed** *adj* mit festem Treibstoff angetrieben: ~ **rocket** Feststoffrakete *f*. ~**-hoofed** [-ft] *adj zo*. einhufig.

**sol·i·di** ['sɒlɪdaɪ; *Am*. 'sal-] *pl von* solidus.

**so·lid·i·fi·ca·tion** [sə,lɪdɪfɪ'keɪʃn] *s phys. etc* Erstarrung *f*, Festwerden *n*. **so'lid·i·fy** [-faɪ] **I** *v/t* **1.** fest werden lassen. **2.** verdichten. **3.** *fig*. festigen, konsoli'dieren. **II** *v/i* **4.** fest werden, erstarren. **5.** *fig*. sich festigen.

**so·lid·i·ty** [sə'lɪdətɪ] *s* Festigkeit *f* (*a. fig.*), kom'pakte *od*. mas'sive *od*. sta'bile Struk'tur, Dichtigkeit *f*.

'**sol·id-state** *adj electr*. 'volltransistori,siert: **a** ~ **stereo set**. ~ **chem·is·try** *s* 'Festkörperche,mie *f*. ~ **phys·ics** *s pl* (*meist als sg konstruiert*) 'Festkörperphy,sik *f*.

,**sol·id'un·gu·late** *adj zo*. einhufig.

**sol·i·dus** ['sɒlɪdəs; *Am*. 'sal-] *pl* **-di** [-daɪ] (*Lat.*) *s* **1.** *antiq*. Solidus *m* (*Goldmünze*). **2.** Schrägstrich *m* (*z. B. bei Datumsangaben*).

**so·lil·o·quize** [sə'lɪləkwaɪz] **I** *v/i* **1.** *bes. thea*. monologi'sieren. **2.** Selbstgespräche führen. **II** *v/t* **3.** etwas zu sich selbst sagen. **so'lil·o·quy** [-kwɪ] *s* **1.** *bes. thea*. Mono'log *m*. **2.** Selbstgespräch *n*.

**sol·i·ped** ['sɒlɪped; *Am*. 'salə-] *zo*. **I** *s* Einhufer *m*. **II** *adj* einhufig.

**sol·ip·sism** ['sɒlɪpsɪzəm; *Am*. 'səʊl-; 'sal-] *s philos*. Solip'sismus *m* (*Lehre, daß nur das Ich wirklich ist*).

---

**sol·i·taire** [,sɒlɪ'teə(r); 'sɒlɪ-; *Am*. 'salə-] *s* **1.** Soli'tär(spiel) *n*. **2.** *bes. Am*. Pati'ence *f* (*Kartenspiel*). **3.** Soli'tär *m* (*einzeln gefaßter Edelstein*).

**sol·i·tar·y** ['sɒlɪtərɪ; *Am*. 'salə,teriː] **I** *adj* (*adv* **solitarily**) **1.** einsam: a ~ **life** (walk, *etc*). **2.** einzeln, einsam: a ~ **rider** (tree, *etc*); → **confinement** 5. **3.** *fig*. einzig: a ~ **exception**. **4.** *bot. zo*. soli'tär: ~ **bees**. **II** *s* **5.** *colloq*. Einzelhaft *f*.

**sol·i·tude** ['sɒlɪtjuːd; *Am*. 'salə,tjuːd; *a*. -ˌtuːd] *s* **1.** Einsamkeit *f*, Abgeschiedenheit *f*. **2.** (Ein)Öde *f*.

**sol·ler·et** [,sɒlə'ret; *Am*. ,sal-] *s hist*. Eisenschuh *m* (*der Ritterrüstung*).

**so·lo** ['səʊləʊ] **I** *pl* **-los** *s* **1.** *pl a*. **-li** [-liː] *bes. mus*. Solo(gesang *m*, -spiel *n*, -tanz *m etc*) *n*. **2.** Kartenspiel: Solo *n*. **3.** *aer*. Al'leinflug *m*. **II** *adj* **4.** *bes. mus*. Solo... **5.** Allein...: ~ **entertainer** *thea*. Alleinunterhalter *m*; ~ **run** *sport* Alleingang *m*; ~ **flight** → 3. **III** *adv* **6.** al'lein, „solo": **to fly** ~ → IV. **IV** *v/i* **7.** *aer*. e-n Al'leinflug machen. '**so·lo·ist** *s mus*. So'list(in).

**Sol·o·mon** ['sɒləmən; *Am*. 'sal-] *npr Bibl*. Salomon *m* (*a. fig. Weiser*). ,**Sol·o'mon·ic** [-'mɒnɪk; *Am*. -'man-] *adj* salo'monisch, weise.

**sol·stice** ['sɒlstɪs; *Am*. 'sal-; 'səʊl-] *s* **1.** *astr*. Sol'stitium *n*, Sonnenwende *f*: **summer** (**winter**) ~. **2.** *fig*. Höhe-, Wendepunkt *m*. **sol'sti·tial** [-'stɪʃl] *adj astr*. Sonnenwende...: ~ **point** Solstiti'al-, Umkehrpunkt *m*.

**sol·u·bil·i·ty** [,sɒljʊ'bɪlətɪ; *Am*. ,sal-] *s* **1.** *chem*. Löslichkeit *f*. **2.** *fig*. Lösbarkeit *f*. **sol·u·ble** ['sɒljʊbl; *Am*. 'sal-] *adj* **1.** *chem*. (auf)löslich. **2.** *fig*. lösbar. ~ **glass** *s chem*. Wasserglas *n*.

**so·lus** *m* ['səʊləs] (*Lat.*) *adj u. adv* al'lein (*bes. bei Bühnenanweisungen*).

**sol·ute** [sɒ'ljuːt; *Am*. 'sal,juːt] **I** *s* **1.** *chem*. aufgelöster Stoff. **II** *adj* **2.** gelöst. **3.** *bot*. lose.

**so·lu·tion** [sə'luːʃn] *s* **1.** Lösung *f* (**to, for, of** *gen*), Auflösung *f*. **2.** *chem*. a) (Auf)Lösung *f*, b) Lösung *f*: (**rubber**) ~ Gummilösung; **held in** ~ gelöst; *in* ~ *fig*. noch in der Schwebe. **3.** a) *med*. Lysis *f*, Wendung *f* (*e-r Krankheit*), b) *bes. med*. Unter'brechung *f*. **so'lu·tion·ist** *s* (Zeitungs)Rätsellöser *m*.

**solv·a·ble** ['sɒlvəbl; *Am. a.* 'sal-] → **soluble**.

**solve** [sɒlv; *Am. a.* salv] *v/t* **1.** e-e Aufgabe, ein Problem lösen. **2.** ein Verbrechen *etc* aufklären. **3.** Zweifel beheben.

**sol·ven·cy** ['sɒlvənsɪ; *Am. a.* 'sal-] *s econ*. Zahlungsfähigkeit *f*, Sol'venz *f*, Liquidi'tät *f*.

**sol·vent** ['sɒlvənt; *Am. a.* 'sal-] **I** *adj* **1.** *chem*. (auf)lösend. **2.** *fig*. zersetzend. **3.** *fig*. erlösend: **the** ~ **power of laughter**. **4.** *econ*. zahlungsfähig, sol'vent, liquid. **II** *s* **5.** *chem*. Lösungsmittel *n*. **6.** *fig*. zersetzendes Ele'ment.

**so·ma**[1] ['səʊmə] *s* **1.** *bot*. Soma(pflanze *f*) *m*. **2.** *relig*. Soma *m* (*Hinduismus*; *Opfertrank u. Gottheit*).

**so·ma**[2] ['səʊmə] *pl* '**so·ma·ta** [-mətə], **-mas** *s biol*. Soma *n*: a) Körper *m*, b) Körperzelle *f*.

**so·mat·ic** [səʊ'mætɪk; sə'm-] *adj* (*adv* ~ally) *biol. med*. **1.** körperlich: ~ **cell** Soma-, Körperzelle *f*. **2.** so'matisch.

**so·ma·to·gen·ic** [,səʊmətəʊ'dʒenɪk; səʊ-ˌmætə-] *adj physiol*. somato'gen. ,**so·ma·to'log·ic** [-'lɒdʒɪk; *Am*. -'laː-], ,**so·ma·to'log·i·cal** *adj* somato'logisch. ,**so·ma'tol·o·gist** [-'tɒlədʒɪst; *Am*. -'taːl-] *s* Somato'loge *m*. ,**so·ma'tol·o·gy** [-dʒɪ] *s med*. Somatolo'gie *f*, Körperlehre *f*. ,**so·ma·to'psy·chic** [-'saɪkɪk] *adj med. psych*. psychoso'matisch.

**som·ber**, *bes. Br*. **som·bre** ['sɒmbə;

*Am.* 'sɑmbər] *adj* (*adv* ~ly) **1.** düster, trüb(e) (*a. fig.*). **2.** dunkelfarbig. **3.** *fig.* trübsinnig, melan'cholisch. **'som·ber·ness,** *bes. Br.* **'som·bre·ness** *s* **1.** Düsterkeit *f*, Trübheit *f* (*a. fig.*). **2.** *fig.* Trübsinnigkeit *f*.

**som·bre·ro** [sɒm'breərəu; *Am.* sɑm-; sɑm-] *pl* **-ros** *s* Som'brero *m*.

**some** [sʌm; *unbetont* səm; sm] **I** *adj* **1.** (*vor Substantiven*) (irgend)ein: ~ **day** eines Tages; ~ **day** (*or other*) irgendwann (einmal) (*in der Zukunft*); ~ **person** irgendeiner, (irgend) jemand . **2.** (*vor pl*) einige, ein paar: → **few 1. 3.** manche: ~ **people are optimistic. 4.** ziemlich (viel), beträchtlich. **5.** gewiss(er, e, es): **to** ~ **extent** in gewissem Maße, einigermaßen. **6.** etwas, ein wenig, ein bißchen: ~ **bread; take** ~ **more** nimm noch etwas. **7.** ungefähr, gegen, etwa: **a village of** ~ **80 houses. 8.** *sl.* beachtlich, 'toll', ,ganz hübsch': ~ **player!; that was** ~ **race!** das war vielleicht ein Rennen! **II** *adv* **9.** *bes. Am.* etwas, ziemlich. **10.** *colloq.* ,e'norm', ,toll'. **III** *pron* **11.** (irgend)ein(er, e, es): ~ **of these days** dieser Tage, demnächst. **12.** etwas: ~ **of it** etwas davon; ~ **of these people** einige dieser Leute; **will you have** ~? möchtest du welche *od.* davon haben? **13.** *bes. Am. sl.* dar'über hin'aus, noch mehr. **14.** ~ ..., ~ ... die einen ..., die anderen ...

**some·bod·y** ['sʌmbədɪ; *Am. a.* -₁bɑdiː] **I** *pron* (irgend) jemand, irgendeiner. **II** *s* bedeutende Per'sönlichkeit: **he thinks he is** ~ er bildet sich ein, er sei jemand. **'~·day** *adv* eines Tages. **'~·how** *adv* oft ~ **or other 1.** irgendwie, auf irgendeine Weise. **2.** aus irgendeinem Grund, ,irgendwie': ~ (**or other**) **I don't trust him.** '~·one *pron* (irgend) jemand, irgendeiner: ~ **or other** irgend jemand. **II** *s* → **somebody II.** '~·**place** *adv bes. Am.* irgendwo(hin).

**som·er·sault** ['sʌmə(r)sɔːlt] **I** *s* **1.** a) Salto *m*, b) Purzelbaum *m*: **to turn** (*od.* **do**) **a** ~ → **II. 2.** *fig.* Wende um 180 Grad, völliger 'Meinungs₁umschwung. **II** *v/i* **3.** a) e-n Salto machen, b) e-n Purzelbaum schlagen.

**'some·thing I** *s* **1.** (irgend) etwas, was: ~ **or other** irgend etwas; **a certain** ~ ein gewisses Etwas; **there is** ~ **in what you say** da ist etwas dran. **2.** ~ **of** so etwas *od.* etwas Ähnliches wie: **I am** ~ **of a carpenter** ich bin so etwas wie ein Zimmermann. **II** *adv* **3.** ~ **like** a) so etwas wie, so ungefähr, b) *colloq.* wirklich, mal, aber: **that's** ~ **like a pudding!; that's** ~ **like!** das lasse ich mir gefallen. **4.** etwas, ziemlich.

**'some·time I** *adv* irgend(wann) ein'mal (*bes. in der Zukunft*), irgendwann. **II** *adj* **3.** ehemalig(er, e, es): ~ **professor.**

**'some·times** *adv* manchmal, hie u. da, dann u. wann, gelegentlich, zu'weilen: ~ **gay,** ~ **sad** mal lustig, mal traurig.

**'some·way(s)** *adv bes. Am.* irgendwie.

**'some·what** *adv* etwas, ein wenig, ein bißchen: ~ **of a shock** ein ziemlicher Schock; **he is** ~ **of a bore** er ist ein ziemlich langweiliger Mensch.

**'some·where** *adv* **1.** a) irgendwo, b) irgendwo'hin: ~ **else** sonstwo(hin), woanders(hin): **to get** ~ *colloq.* Fortschritte machen. **2.** ~ **about** so etwa, um ... her'um: **this happened** ~ **about 1900.**

**so·mite** ['səumaɪt] *s biol.* So'mit *m*, 'Urseg₁ment *n*.

**som·nam·bu·late** [sɒm'næmbjuleɪt; *Am.* sɑm-] *v/i* schlaf-, nachtwandeln. **som₁nam·bu·la·tion** *s* Schlaf-, Nachtwandeln *n*. **som'nam·bu·lism** *s med.* Somnambu'lismus *m*, Schlaf-,

---

Nachtwandeln *n.* **som'nam·bu·list** *s* Somnam'bule *m, f*, Schlaf-, Nachtwandler(in). **som₁nam·bu'lis·tic** *adj* somnam'bul: a) schlaf-, nachtwandlerisch, b) schlaf-, nachtwandelnd.

**som·ni·fa·cient** [₁sɒmnɪ'feɪʃnt; *Am.* ₁sɑm-] *adj u. s* → **soporific. som'nif·er·ous** [-'nɪfərəs], **som'nif·ic** *adj* einschläfernd.

**som·nil·o·quence** [sɒm'nɪləkwəns; *Am.* sɑm-], **som'nil·o·quism, som'nil·o·quy** [-kwɪ] *s* Schlafreden *n*.

**som·no·lence** ['sɒmnələns; *Am.* 'sɑm-] *s* **1.** Schläfrigkeit *f*. **2.** *med.* Schlafsucht *f*. **'som·no·lent** *adj* **1.** schläfrig, schlaftrunken. **2.** einschläfernd. **3.** *med.* im Halbschlaf (befindlich).

**son** [sʌn] *s* **1.** Sohn *m* (*of od.* **to s.o.** j-s): ~ **and heir** Stammhalter *m*; **S~ of God** (*od.* **Men**) *relig.* Gottes- *od.* Menschensohn (*Christus*); ~**s of men** *Bibl.* Menschenkinder. **2.** *fig.* Sohn *m*, Abkomme *m*: ~ **of a bitch** *bes. Am. sl.* a) ,Scheißkerl' *m*, b) ,Scheißding' *n*; ~ **of a gun** *bes. Am. sl.* a) ,alter Gauner', b) ,toller Hecht'. **3.** *pl collect.* Nachfolger *pl*, Schüler *pl*, Jünger *pl*, Söhne *pl* (*e-s Volks etc*). **4.** → **sonny.**

**so·nance** ['səunəns] *s* **1.** *ling.* Stimmhaftigkeit *f*. **2.** Laut *m*. **'so·nant** *ling.* **I** *adj* stimmhaft. **II** *s* a) So'nant *m*, b) stimmhafter Laut.

**so·nar** ['səunɑː(r)] *s mar.* Sonar *n*, S-Gerät *n* (*Unterwasserortungsgerät; aus* **so**und **na**vigation **r**anging).

**so·na·ta** [sə'nɑːtə] *s mus.* So'nate *f*. ~ **form** *s mus.* So'natenform *f*, -satz *m*.

**so·na·ti·na** [₁sɒnə'tiːnə; *Am.* ₁sɑnə-] *s mus.* Sona'tine *f*.

**sonde** [sɒnd; *Am.* sɑnd] *s Raumfahrt:* Sonde *f*.

**sone** [səun] *s Akustik:* Sone *n* (*Lautstärkeeinheit*).

**son et lu·mi·ère** [₁sɒneɪ'luːmɪeə(r); *Am.* ₁səun-] *s* Son et lumi'ère *n* (*akustische u. optische Darbietung an historischen Plätzen etc, bes. für Touristen*).

**song** [sɒŋ] *s* **1.** *mus.* Lied *n*: **the S~ of Solomon** (*od.* **S~s**) *Bibl.* das Hohelied (Salomonis), das Lied der Lieder; **the S~ of the Three Children** *Bibl.* der Gesang der drei Jünglinge im Feuerofen; **he got it for a** ~ *fig.* ,er bekam es für ein Butterbrot'. **2.** Song *m*. **3.** a) Lied *n*, Gedicht *n*, b) Poe'sie *f*, Dichtung *f*. **4.** Singen *n*, Gesang *m* (*a. von Vögeln*): **to break** (*od.* **burst**) **into** ~ zu singen anheben. **5.** ~ **and dance** *colloq.* Getue *n*: **to make a** ~ **and dance** sich aufführen (**about** *s.th.* wegen e-r Sache); **that's nothing to make a** ~ (**and dance**) **about** davon braucht man kein Aufhebens zu machen; **to give s.o. a** ~ **and dance** *Am.* j-m ein Märchen erzählen (**about** *über acc*). '~·**bird** *s* **1.** Singvogel *m*. **2.** *fig.* Sängerin *f*. '~·**book** *s mus.* Liederbuch *n*. ~ **cy·cle** *s mus.* Liederzyklus *m*.

**song·ster** ['sɒŋstə(r)] *s* **1.** *mus.* Sänger. **2.** Singvogel *m*. **3.** *Am.* (*bes.* volkstümliches) Liederbuch *n*. **'song·stress** [-strɪs] *s* Sängerin *f*.

**song** **thrush** *s orn.* Singdrossel *f*. '~·**writ·er** *s* Songdichter *m*.

**son·ic** ['sɒnɪk; *Am.* -sɑn-] *adj phys.* Schall... ~ **bar·ri·er** → **sound barrier.** ~ **boom,** *a.* ~ **bang** *s aer. phys.* 'Überschallknall *m*, Düsenknall *m*. ~ **depth find·er** *s mar.* Echolot *n*. ~ **mine** *s mar.* Schallmine *f*.

**'son-in-law** *pl* **'sons-in-law** Schwiegersohn *m*.

**son·net** ['sɒnɪt; *Am.* 'sɑnət] *s metr.* So'nett *n*. **₁son·net'eer** [-'tɪə(r)] **I** *s* So'nettdichter *m*. **II** *v/i* So'nette schreiben.

---

**son·ny** ['sʌnɪ] *s* Kleine(r) *m*, Junge *m* (*Anrede*).

**son·o·buoy** ['səunəbɔɪ; *Am. a.* -nəu-₁buːiː; 'sɑnəu-] *s mar.* Schall-, Geräuschboje *f*.

**so·nom·e·ter** [səu'nɒmɪtə(r); sə-; *Am.* -'nɑm-] *s phys.* Sono'meter *n*, Schallmesser *m*.

**so·no·rant** ['sɒnərənt; *Am.* sə'nəu-; -'nɔː-] *s ling.* So'nor(laut) *m*.

**so·nor·i·ty** [sə'nɒrɪtɪ; *Am. a.* -'nɑr-] *s* **1.** Klangfülle *f*, (Wohl)Klang *m*. **2.** *ling.* (Ton)Stärke *f* (*e-s Lauts*).

**so·no·rous** [sə'nɔːrəs; *Am. a.* sə'nəurəs] *adj* (*adv* ~ly) **1.** tönend, reso'nant (*Holz etc*). **2.** volltönend (*a. ling.*), klangvoll, so'nor (*Sprache, Stimme etc*). **3.** *phys.* Schall..., Klang...

**son·sy** ['sɒnsɪ] *adj Scot. od. Ir.* **1.** drall: a ~ **girl. 2.** gutmütig.

**soon** [suːn] *adv* **1.** bald, unverzüglich: **at the** ~**est** frühestens. **2.** (sehr) bald, (sehr) schnell: **no** ~**er than** ... kaum ... als; **no** ~**er said than done** gesagt, getan; → **mend 3. 3.** bald, früh: **as** (*od.* **so**) ~ **as** so bald wie *od.* als; ~**er or later** früher oder später; **the** ~**er, the better** je früher, desto besser. **4.** gern: (just) **as** ~ ebensogut; **I would** ~**er ... than** ... ich möchte lieber *od.* würde eher ... als ...

**soon·er**[1] ['suːnə(r)] *adv* (*comp von* **soon**) a) früher, eher, b) schneller, c) lieber: → **soon** 2–4.

**soon·er**[2] ['suːnə] *s Am. sl.* **1.** *hist.* Siedler, der sich auf Regierungsgelände vor dessen Freigabe niederließ. **2. S~** (*Spitzname für e-n*) Bewohner von Okla'homa: **S~ State** Oklahoma *n*.

**soot** [sut] **I** *s* Ruß *m*. **II** *v/t* be-, verrußen.

**sooth** [suːθ] *s:* **in** ~ *Br. obs.* für'wahr.

**soothe** [suːð] *v/t* **1.** besänftigen, beruhigen, beschwichtigen, trösten. **2.** Schmerz *etc* mildern, lindern.

**sooth·fast** ['suːθfɑːst; *Am.* -₁fæst] *adj obs.* wahrhaft, treu, verläßlich.

**sooth·ing** ['suːðɪŋ] *adj* (*adv* ~ly) **1.** besänftigend (*etc*; → **soothe** 1). **2.** lindernd. **3.** wohltuend, angenehm, sanft: ~ **music.**

**sooth·say** ['suːθseɪ] *v/i irr* wahrsagen. '~·**say·er** *s* Wahrsager(in). '~·**say·ing** *s* **1.** Wahrsagen *n*. **2.** Wahrsagung *f*.

**soot·i·ness** ['sutɪnɪs] *s* **1.** Rußigkeit *f*. **2.** Schwärze *f*. **'soot·y** *adj* (*adv* sootily) **1.** rußig, Ruß... **2.** geschwärzt. **3.** schwarz(braun).

**sop** [sɒp; *Am.* sɑp] **I** *v/t* **1.** eintunken, -tauchen. **2.** durch'tränken, -'nässen, -'weichen: ~ **skin 1.** ~**ping up** *Wasser etc* aufwischen. **II** *s* **4.** eingetunkter, eingeweichter Bissen (*Brot etc*). **5.** (*etwas*) Durch'weichtes, Matsch *m*. **6.** *fig.* ,Brokken' *m*, Beschwichtigungsmittel *n*, ,Schmiergeld' *n*: **to give** ~ **to Cerberus, to throw s.o. a** ~ j-m e-n Brocken hinwerfen, damit er e-e Weile Frieden gibt. **7.** *fig.* Weichling *m*, ,Schlappschwanz' *m*.

**soph** [sɒf; *Am.* sɑf] *colloq. für* **sopho·more.**

**soph·ism** ['sɒfɪzəm; *Am.* 'sɑf-] *s* **1.** So'phismus *m*, Spitzfindigkeit *f*, 'Scheinargu₁ment *n*. **2.** Trugschluß *m*. **'Soph·ist** *s* **1.** *philos.* So'phist *m*. **2.** *a. fig.* So'phist *m*, spitzfindiger Mensch. **'soph·ist·er** *s* **1.** *obs.* So'phist *m*. **2.** *univ. Br. hist.* Student *im* a) 2. *od.* 3. Jahr (*Cambridge*), b) 3. *od.* 4. Jahr (*Dublin*).

**so·phis·tic** [sə'fɪstɪk; *Am.* sə'f-] *adj;* **so·phis·ti·cal** (*adv* ~ly) so'phistisch (*a. fig.* spitzfindig).

**so·phis·ti·cate** [sə'fɪstɪkeɪt] **I** *v/t* **1.** j-m die Na'türlichkeit nehmen, verbilden. **2.** j-n weltklug machen, (geistig) verfeinern. **3.** kompli'zieren. **4.** e-n Text, *a. Nahrungsmittel* verfälschen. **II** *v/i* **5.** So-

phismen gebrauchen. **III** *s* [*a.* -kɪt] **6.** weltkluge (*etc*) Perˈson (→ **sophisticated** 1 *u.* 2). **soˈphis·ti·cat·ed** [-ɪd] *adj* **1.** erfahren, weltklug, intellektuˈell, (geistig) anspruchsvoll (*Person*). **2.** *contp.* blaˈsiert, ˈhochgestochen', ˌauf moˈdern *od.* intellektuˈell machend': **a ~ student. 3.** anspruchsvoll, verfeinert, kultiˈviert, raffiˈniert, subˈtil: **a ~ style. 4.** anspruchsvoll, exquiˈsit, mit ˈPfiff': **a ~ novel. 5.** gekünstelt, unecht. **6.** *tech.* a) kompliˈziert: **~ techniques;** **a ~ equipment,** b) hochentwickelt, technisch ausgereift, ausgeklügelt, mit allen Raffiˈnessen: **a ~ machine. 7.** verfälscht: **~ oil; ~ text.** **so·ˌphis·ti·caˈtion** *s* **1.** Weltklugheit *f*, Intellektuaˈlismus *m*, (geistige) Differenˈziertheit, Kultiˈviertheit *f.* **2.** Blaˈsiertheit *f*, ˈhochgestochene' Art. **3.** (*das*) geistig Anspruchsvolle. **4.** *tech.* (höchste) technische Perfektiˈon, Ausgereiftheit *f*, technisches Raffineˈment. **5.** (Ver)Fälschung *f.* **6.** → **sophistry.**

**soph·ist·ry** [ˈsɒfɪstrɪ; *Am.* ˈsɑf-] *s* **1.** Spitzfindigkeit *f*, Sophisteˈrei *f.* **2.** Soˈphismus *m*, Trugschluß *m.*

**soph·o·more** [ˈsɒfəˌmɔːr; *Am.* ˈsɑfmɔːr; -ˌməʊər] *s ped. Am.* ˈCollege-Stuˌdent(in) *od.* Schüler(in) e-r High-School im 2. Jahr.

**so·po·rif·er·ous** [ˌsɒpəˈrɪfərəs; *Am.* ˌsɑ-; ˌsəʊ-] *adj* einschläfernd. **ˌso·poˈrif·ic I** *adj* einschläfernd. **II** *s bes. pharm.* Schlafmittel *n.*

**sop·ping** [ˈsɒpɪŋ; *Am.* ˈsɑp-] *adj a.* **~ wet** klitsch-, patschnaß, triefend (naß). **ˈsop·py** *adj* (*adv* **soppily**) **1.** völlig naß, durchˈweicht: **~ soil. 2.** regnerisch: **~ weather. 3.** *Br. colloq.* ˌschmalzig', rührselig: **to be ~ on s.o.** ˌin j-n verknallt sein'.

**so·pra·nist** [səˈprɑːnɪst; *Am. a.* -ˈpræn-] *s mus.* Sopraˈnist(in). **soˈpra·no** [-nəʊ] **I** *pl* **-nos** *s* Soˈpran *m*: a) Soˈpranstimme *f*, b) → **sopranist,** c) Soˈpranparˌtie *f.* **II** *adj* Sopran..., → **clef.**

**so·ra** [ˈsɔːrə], **~ rail** *s orn.* Sumpfhuhn *n.*

**Sorb¹** [sɔː(r)b] *s* Sorbe *m*, Wende *m.*

**sorb²** [sɔː(r)b], *a.* **~ ap·ple** *s bot.* Speierling *m*, Spierling *m.*

**sor·bate** [ˈsɔː(r)beɪt; -bət] *s chem.* Sorˈbat *n.*

**sor·be·fa·cient** [ˌsɔː(r)bɪˈfeɪʃnt] *med.* **I** *adj* absorˈbierend, absorptiˈonsfördernd. **II** *s* Abˈsorbens *n.*

**sor·bet** [ˈsɔː(r)bət] *s bes. Br.* Fruchteis *n.*

**Sor·bi·an** [ˈsɔː(r)bjən; -ɪən] **I** *adj* **1.** sorbisch. **II** *s* **2.** Sorbe *m*, Sorbin *f.* **3.** *ling.* Sorbisch(e) *n*, das Sorbische.

**sorb·ic ac·id** [ˈsɔː(r)bɪk] *s chem.* Sorˈbinsäure *f.*

**sor·bi·tol** [ˈsɔː(r)bɪtɒl; *Am. a.* -ˌtəʊl] *s chem.* Sorˈbit *n* (*Zuckeralkohol*).

**sor·bose** [ˈsɔː(r)bəʊs] *s chem.* Sorˈbose *f* (*einfacher Zucker*).

**sor·cer·er** [ˈsɔː(r)sərə(r)] *s* Zauberer *m*, Hexenmeister *m.* **ˈsor·cer·ess** *s* Zauberin *f*, Hexe *f.* **ˈsor·cer·ous** *adj* Zauber..., Hexen... **ˈsor·cer·y** *s* Zaubeˈrei *f*, Hexeˈrei *f.*

**sor·did** [ˈsɔː(r)dɪd] *adj* (*adv* **~ly**) **1.** schmutzig. **2.** *fig.* schmutzig, gemein. **3.** knausˈrig, knickˈrig. **4.** *bes. bot. zo.* schmutzfarben. **ˈsor·did·ness** *s* Schmutzigkeit *f*, *fig. a.* Gemeinheit *f.*

**sor·dine** [ˌsɔː(r)ˈdiːn], **sor·di·no** [ˌsɔː(r)ˈdiːnəʊ] *pl* **-ni** [-niː] *s mus.* Dämpfer *m*, Sorˈdine *f.*

**sore** [sɔː(r); *Am. a.* səʊr] **I** *adj* (*adv* → **sorely**) **1.** weh, wund: **~ feet;** **~ heart** *fig.* wundes Herz, Leid *n*; → **sight** 6, **spot** 5. **2.** entzündet, schlimm, böse: **~ finger; a ~ throat** e-e Halsentzündung; → **thumb** 1. **3.** a) mürrisch, brummig, bärbeißig, gereizt: → **bear²** 1, b) *colloq.* ˌeingeschnappt', verärgert, beleidigt, böse

(about über *acc*, wegen). **4.** *fig.* heikel: **a ~ subject. 5.** *obs. od. poet.* schlimm, arg, groß: **in ~ distress. II** *s* **6.** Wunde *f*, Entzündung *f*, wunde Stelle: **an open ~** a) e-e offene Wunde (*a. fig.*), b) *fig.* ein altes Übel, ein ständiges Ärgernis. **III** *adv obs. od. poet.* **7.** sehr, arg, schlimm.

**ˈsore·head** *bes. Am. colloq.* **I** *s* mürrischer Mensch. **II** *adj* enttäuscht, verärgert.

**sor·el** [ˈsɒrəl] → **sorrel¹.**

**sore·ly** [ˈsɔː(r)lɪ] *adv* **1.** arg, ˌbös': a) sehr, äußerst, bitter: **~ disappointed,** b) schlimm: **~ wounded;** **~ tried** schwergeprüft. **2.** dringend: **~ needed. 3.** bitterlich: **she wept ~.**

**sor·ghum** [ˈsɔː(r)gəm] *s* **1.** *bot.* Sorghum *n*, *bes.* Durra *f*, Mohrenhirse *f.* **2.** Sirup *m* der Zuckerhirse. **ˈsor·go** [-gəʊ] *pl* **-gos** [-z] *s bot.* Chiˈnesisches Zuckerrohr.

**so·ri·tes** [sɒˈraɪtiːz; *Am.* sə-] *s philos.* Soˈrites *m*, Kettenschluß *m.*

**so·rop·ti·mist** [sɔːˈrɒptɪmɪst; *Am.* -ˈrɑp-, *a.* sə-] *s* Soroptiˈmistin *f* (*Mitglied des Damen-Rotary-Clubs*).

**so·ror·i·cid·al** [səˌrɒrɪˈsaɪdl] *adj* schwestermörderisch. **soˈror·i·cide** *s* **1.** Schwestermord *m.* **2.** Schwestermörder(in).

**so·ror·i·ty** [səˈrɒrətɪ; *Am. a.* -ˈrɑr-] *s* **1.** *univ. Am.* Verbindung von Studentinnen. **2.** *relig.* Schwesternschaft *f.*

**so·ro·sis** [səˈrəʊsɪs] *pl* **-ses** [-siːz] *s* **1.** *bot.* zs.-gesetzte Beerenfrucht (*z. B. Ananas*). **2.** *Am.* Frauenverein *m.*

**sorp·tion** [ˈsɔː(r)pʃn] *s chem. phys.* (Ab-)Sorptiˈon *f.*

**sor·rel¹** [ˈsɒrəl; *Am.* ˈsɑ-] **I** *s* **1.** Rotbraun *n.* **2.** (Rot)Fuchs *m* (*Pferd*). **3.** *hunt. zo.* geringer Schaufler (*dreijähriger Damhirsch*). **II** *adj* **4.** rotbraun.

**sor·rel²** [ˈsɒrəl; *Am.* ˈsɑ-] *s bot.* **1.** Sauerampfer *m.* **2.** Sauerklee *m.*

**sor·row** [ˈsɒrəʊ; *Am. a.* ˈsɑr-] **I** *s* **1.** Kummer *m*, Leid *n* (**at**, **over** über *acc*; **for** um): **much ~, many ~s** viel Leid *od.* Unglück; **to my ~** zu m-m Kummer *od.* Leidwesen; **his son has been a great ~ to him** sein Sohn hat ihm schon viel Kummer bereitet. **2.** Reue *f* (**for** über *acc*). **3.** Klage *f*, Jammer *m.* **4.** *bes. iro.* Bedauern *n*: **without much ~. II** *v/i* **5.** sich grämen *od.* härmen (**at**, **over**, **for** über *acc*, wegen, um). **6.** klagen, trauern (**after**, **for** um, über *acc*). **ˈsor·row·ful** *adj* (*adv* **~ly**) traurig: a) sorgen-, kummervoll, b) klagend: **a ~ song** ein Klagelied, c) beklagenswert: **a ~ accident.**

**sor·ry** [ˈsɒrɪ; *Am. a.* ˈsɑrɪ] *adj* **1.** adj. betrübt, bekümmert: **I was** (*od.* felt) **~ for him** er tat mir leid; **to be ~ for o.s.** *colloq.* sich selbst bedauern; **I am** (so) **~!** (es) tut mir (so) leid!, (ich) bedauere!, Verzeihung!; **I am ~ to say** ich muß leider sagen. **2.** reuevoll: **to be ~ about s.th.** etwas bereuen *od.* bedauern. **3.** *contp.* traurig, erbärmlich, jämmerlich: **a ~ excuse** ˌe-e faule Ausrede'; **in a ~ state** in e-m traurigen *od.* kläglichen Zustand. **II** *interj* **4. ~!** Verzeihung!, Entschuldigung!

**sort¹** [sɔː(r)t] *s obs.* **1.** Los *n*, Schicksal *n.* **2.** Weissagung *f* (*durch das Los*).

**sort²** [sɔː(r)t] **I** *s* **1.** Sorte *f*, Art *f*, Klasse *f*, Gattung *f*, *econ. a.* Marke *f*, Qualiˈtät *f*: **all ~s of** alle möglichen Leute; **it takes all ~s** (**to make a world**) es muß auch solche (*Leute*) geben; **all ~s of things** alles mögliche. **2.** Art *f*: **after a ~** gewissermaßen; **nothing of the ~** nichts dergleichen; **I won't do anything of the ~!** ich denke nicht daran!, e-n Dreck werde ich tun!; **what ~ of a tree?** was für ein Baum?; **these ~ of men** *colloq.* diese Art Leute, solche Leute; **something of**

the **~** so etwas, etwas Derartiges; **a ~ of stockbroker** *colloq.* (so) e-e Art Börsenmakler; **I ~ of expected it** *colloq.* so etwas habe ich irgendwie *od.* halb erwartet; **he ~ of hinted** er machte so e-e (vage) Andeutung; **he is a good ~** *colloq.* er ist ein guter *od.* anständiger Kerl; **he is not my ~** er ist nicht mein Fall *od.* Typ; **he is not the ~ of man who ...** er ist nicht der Mann, der (*so etwas tut*). **3. of a ~, of ~s** *contp.* so etwas (ähnliches) wie: **a politician of ~s. 4. out of ~s** *colloq.* nicht auf der Höhe *od.* dem Damm. **5.** *print.* ˈSchriftgarniˌtur *f*: **out of ~s** ausgegangen. **II** *v/t* **6. ~ out** Briefmarken *etc* sorˈtieren, (ein)ordnen: **to ~ o.s. out** *colloq.* a) zur Ruhe kommen, b) sich einrichten, c) sich eingewöhnen. **7. ~ out** a) ˈauslesen, -sorˌtieren, sichten: **to ~ s.th. out from s.th.** etwas von etwas trennen, b) *fig.* sich Klarheit verschaffen über (*acc*). **8. ~ out** *colloq.* Problem *etc* lösen, e-e Lösung finden für: **the problem has ~ed itself out** das Problem hat sich (von selbst) erledigt. **9. ~ out** *colloq.* j-n ˌzur Schnecke *od.* Minna machen'. **10.** *a.* **~ together** zs.-stellen, -tun (**with** mit). **III** *v/i* **11.** *obs.* gut, schlecht passen (**with** zu).

**ˈsort·er** *s* **1.** Sorˈtierer(in). **2.** Computer *etc*: Sorˈtierer *m* (*Vorrichtung*).

**sor·tie** [ˈsɔː(r)tiː; *Am. a.* sɔːrˈtiː] **I** *s* **1.** *mil.* Ausfall *m.* **2.** *aer. mil.* (Einzel)Einsatz *m*, Feindflug *m.* **3.** *mar.* Auslaufen *n.* **II** *adj* **4.** **~ lab** (*od.* **can**) *colloq.* ˈRaumlaˌbor *n.* **III** *v/i* **5.** *mil.* e-n Ausfall machen. **6.** *aer. mil.* e-n (Einzel)Einsatz fliegen. **7.** *mar.* auslaufen.

**sor·ti·lege** [ˈsɔː(r)tɪlɪdʒ] *s* Wahrsagen *n* (*aus Losen*).

**SOS** *s* **1.** *mar.* SOˈS *n* (*Morse-Hilferuf von Schiffen in Seenot*). **2.** *colloq.* Hilferuf *m.* **ˈso-so,** *a.* **so so** *adj u. adv colloq.* soˈ(so) laˈla (*mäßig, leidlich*).

**sot** [sɒt; *Am.* sɑt] **I** *s* Säufer *m.* **II** *v/i* saufen.

**so·te·ri·ol·o·gy** [sɒˌtɪərɪˈɒlədʒɪ; *Am.* səʊˌtɪrɪˈɑl-] *s relig.* Soterioloˈgie *f* (*Lehre von der Erlösung durch Christus*).

**sot·tish** [ˈsɒtɪʃ; *Am.* ˈsɑt-] *adj* (*adv* **~ly**) **1.** ˌversoffen'. **2.** ˌbesoffen'. **3.** ˌblöd' (*albern*). **ˈsot·tish·ness** *s* **1.** ˌVersoffenheit' *f*, ˌBlödheit' *f.*

**sot·to vo·ce** [ˌsɒtəʊˈvəʊtʃɪ; *Am.* ˌsɑt-] *adv mus.* leise, gedämpft (*a. fig. halblaut*).

**sou·brette** [suːˈbret] *s thea.* Souˈbrette *f.*

**sou·bri·quet** [ˈsuːbrɪkeɪ; ˈsuː-] → **sobriquet.**

**sou·chong** [ˌsuːˈtʃɒŋ; *Am.* ˈsuːˌtʃɔːŋ] *s* Souchong *m* (*Teesorte*).

**Sou·da·nese** → **Sudanese.**

**souf·fle** [ˈsuːfl] *s med.* Geräusch *n.*

**souf·flé** [ˈsuːfleɪ; *Am.* suːˈfleɪ] *s gastr.* Auflauf *m*, Soufˈflé *n.*

**sough** [saʊ; sʌf] **I** *s* Rauschen *n* (*des Windes*). **II** *v/i* rauschen.

**sought** [sɔːt] *pret u. pp von* **seek.**

**soul** [səʊl] *s* **1.** *relig. philos.* Seele *f*: ˈpon my ~! ganz bestimmt! **2.** Seele *f*, Herz *n*, Gemüt *n*, (*das*) Innere *n*: **he has a ~ above mere moneygrubbing** er hat auch noch Sinn für andere Dinge als Geldraffen; **in my ~** er ist ganz tief in m-m Herzen; **to bare one's ~ to s.o.** j-m sein Herz ausschütten. **3.** *fig.* Seele *f* (*Triebfeder, Mittelpunkt*): **he was the ~ of the enterprise. 4.** *fig.* Geist *m* (*Person*): **the greatest ~s of the past. 5.** Seele *f* (*Mensch*): **the ship went down with** 100 **~s** a good **~** e-e gute Seele, e-e Seele von e-m Menschen; **an honest ~** e-e ehrliche Haut; **poor ~** armer Kerl; **not a ~** keine Menschenseele. **6.** Inbegriff *m*, Muster *n*: **he is the ~ of generosity** er ist die Großzügigkeit selbst *od.* in Per-

son. **7.** Kraft *f*, Inbrunst *f*, *a.* (künstlerischer) Ausdruck: **he has no** ~ er hat keine Energie; **his pictures lack** ~ s-n Bildern fehlt Leben. **8. S**~ *Christian Science:* Seele *f* (*Gott*). **9.** *mus.* Soul *m:* ~ **music. 10.** *besonderes Zs.-gehörigkeitsgefühl der Schwarzen in den USA:* ~ **brother,** ~ **sister** (*unter Schwarzen gebrauchter Ausdruck für*) Schwarze(r *m*) *f;* ~ **food** *traditionelle Speisen der Schwarzen.* [(*Arbeit etc*).]

'**soul-de¦stroy·ing** *adj* geisttötend¦

**souled** [soʊld] *adj* (*in Zssgn*) ...herzig, ...gesinnt: **high-**~ hochherzig.

'**soul·ful** *adj* (*adv* ~ly) seelen-, gefühlvoll: **a** ~ **look** ein schmachtender Blick.

'**soul·less** *adj* (*adv* ~ly) seelenlos (*a. fig.* gefühllos, egoistisch, *a.* ausdruckslos).

**soul¦ mate** *s* Gesinnungsgenosse *m:* **they are** ~**s** sie sind verwandte Seelen. '~**¦search·ing** *s* Gewissensprüfung *f.* '~**¦stir·ring** *adj* ergreifend.

**sound¹** [saʊnd] **I** *adj* (*adv* ~ly) **1.** gesund: ~ **in mind and body** körperlich u. geistig gesund; ~ **in wind and limb** *colloq.* kerngesund, gesund u. munter; → **bell¹** 1, **mind** 2. **2.** gesund, in¦takt, fehlerfrei, tadellos: ~ **fruit** unverdorbenes Obst. **3.** *econ.* gesund, so¦lid(e), sta¦bil: **a** ~ **company** (**currency,** *etc*); **a** ~ **credit** sicherer Kredit; **he is** ~ **on sherry** *colloq.* sein Sherry ist gut. **4.** gesund, vernünftig, gut: ~ **investment** (**policy,** *etc*). **5.** gut, brauchbar: ~ **advice. 6.** folgerichtig: ~ **argument. 7.** '**gut**(fun¦diert), so¦lid(e): ~ **knowledge. 8.** *jur.* rechtmäßig, begründet, gültig: **a** ~ **title. 9.** zuverlässig: **a** ~ **friend; he is** ~ er ist in Ordnung. **10.** gut, tüchtig: **a** ~ **strategist** (**thinker,** *etc*). **11.** kräftig, tüchtig, gehörig: ~ **sleep** tiefer *od.* gesunder Schlaf; → **beating** 1, **sleeper** 1. **II** *adv* **12.** fest, tief: **to sleep** ~.

**sound²** [saʊnd] *s* **1.** Sund *m*, Meerenge *f:* **the** ~ der Sund (*zwischen Schweden u. Dänemark*). **2.** *ichth.* Fischblase *f.*

**sound³** [saʊnd] **I** *v/t* **1.** *bes. mar.* (aus)loten, peilen. **2.** *tech.* den Meeresboden etc erforschen. **3.** *oft* ~ **out** a) *etwas* son¦dieren (*a. med.*), erkunden, erforschen: **to** ~ **s.o.'s view,** b) *j-n* aushorchen' (**about,** on über *acc*). **II** *v/i* **4.** *bes. mar.* loten. **5.** auf Grund gehen (*Wal*). **6.** *fig.* son¦dieren. **III** *s* **7.** *med.* Sonde *f.*

**sound⁴** [saʊnd] **I** *s* **1.** a) Schall *m*, Laut *m*, Ton *m:* ~ **amplifier** Lautverstärker *m;* **faster than** ~ mit Überschallgeschwindigkeit; → **and fury** *fig.* Schall u. Rauch; **hollows Getöse; within** ~ in Hörweite, b) *Film, TV:* Ton(technik *f*) *m.* **2.** Klang (-wirkung *f*) *m,* (*Beat-, Jazzmusik a.*) Sound *m.* **3.** Ton *m*, Laut *m*, Geräusch *n:* **without a** ~ geräusch-, lautlos. **4.** *fig.* Ton *m*, Klang *m*, Tenor *m:* **I don't like the** ~ **of it!** die Sache gefällt mir nicht! **5.** *ling.* Laut *m.* **II** *v/i* **6.** (er)schallen, (-)klingen. **7.** *fig.* klingen: **that** ~**s strange. 8.** ~ **off** *colloq.* ,tönen' (**about,** on von): **to** ~ **off against** ,herziehen' über (*acc*). **9.** ~ **in** *jur.* auf Schadenersatz *etc* lauten (*Klage*): **to** ~ **in damages.** **III** *v/t* **10.** *s-e Trompete etc* erschallen *od.* erklingen lassen: **to** ~ **the horn** *mot.* hupen; **to** ~ **s.o.'s praises** *fig.* j-s Lob singen. **11.** äußern: **to** ~ **a note of warning** e-e Warnung anklingen lassen. **12.** *ling.* (aus)sprechen: **the h in 'hon-¦**o(u)r' is not ~ed. **13.** verkünden: **the bell** ~**s noon** die Glocke schlägt 12 Uhr (mittags); → **alarm** 1, **charge** 26, **retreat¹** 1. **14.** *a. med.* abhorchen, abklopfen.

'**sound¦-ab¦sorb·ing** *adj tech.* schall-dämpfend, -schluckend. ~ **ar·chives** *pl* 'Tonar¦chiv *n.* ~ **bar·ri·er** *s aer. phys.* Schallgrenze *f,* -mauer *f:* **to break the**

~ **die Schallmauer durchbrechen.** '~**¦board** *s* **1.** *mus.* Reso¦nanzboden *m*, Schallbrett *n.* **2.** → **sounding board** 2 u. 3. ~ **booth** *s Film etc:* 'Tonka¦bine *f.* ~ **box 1.** *mus. hist.* Schalldose *f.* **2.** *mus.* Reso¦nanzkasten *m.* **3.** *Film etc:* 'Tonka¦bine *f.* ~ **broad·cast·ing** *s* Hörfunk *m.* ~ **cam·er·a** *s tech.* (Ma¦gnet)Tonkamera *f.* '~**¦con¦di·tion** *v/t tech.* die A¦kustik (*gen*) verbessern. ~ **con·duc·tiv·i·ty** *s tech.* Schalleitfähigkeit *f.* ~ **ef·fects** *s pl Film, Rundfunk, TV:* 'Ton-ef¦fekte *pl,* Geräusche *pl.* ~ **en·gi·neer** *s Rundfunk etc:* Tonmeister *m,* -techniker *m.*

**sound·er¹** [ˈsaʊndə(r)] *s tel.* Klopfer *m.*

**sound·er²** [ˈsaʊndə(r)] *s mar.* **1.** a) Lotkörper *m,* b) *Kriegsmarine:* Lotsgast *m.* **2.** Lot *n:* → **echo sounder.**

**soun·der³** [ˈsaʊndə(r)] *s* Wildschweinrudel *n.*

**sound¦ film** *s* Tonfilm *m.* ~ **hole** *s mus.* Schalloch *n.*

**sound·ing¹** [ˈsaʊndɪŋ] *adj* (*adv* ~ly) **1.** tönend, schallend. **2.** wohlklingend, so¦nor. **3.** *contp.* lautstark, bom¦bastisch.

**sound·ing²** [ˈsaʊndɪŋ] *s mar.* **1.** *oft pl* Loten *n.* **2.** *pl* (ausgelotete *od.* auslotbare) Wassertiefe: **out of** (*od.* **off**) ~**s** a) auf nicht lotbarer Wassertiefe, b) *fig.* ohne sicheren Boden under den Füßen; **to take a** ~ a) loten, b) *fig.* sondieren.

**sound·ing¦ bal·loon** *s* Ver¦suchsbal¦lon *m,* Bal¦lonsonde *f.* ~ **board** *s* **1.** *mus.* → soundboard *etc* **2.** Schallmuschel *f* (*für Orchester etc im Freien*). **3.** Schalldämpfungsbrett *n.* **4.** *fig.* Podium *n,* Tri¦büne *f.* ~ **line** *s mar.* Lotleine *f.* ~ **rock·et** *s* Ra-¦ketensonde *f.* ~ **tube** *s mar.* Peilrohr *n.*

**sound in·su·la·tion** *s* Schalldämmung *f.*

**sound·less¹** [ˈsaʊndlɪs] *adj* laut-, geräuschlos.

**sound·less²** [ˈsaʊndlɪs] *adj bes. poet.* unergründlich, grundlos.

**sound¦ lo·ca·tor** *s mil.* Horchgerät *n.* ~ **mix·er** *s Film etc:* Tonmeister *m.* ~ **mo·tion pic·ture** *s bes. Am.* Tonfilm *m.*

'**sound·ness** *s* **1.** Gesundheit *f* (*a. fig.*). **2.** *fig.* Folgerichtigkeit *f.*

'**sound¦-on-¦film** *s* Tonfilm *m.* ~ **pol-lu·tion** *s* Lärmbelästigung *f.* ~ **pro-jec·tor** *s* 'Ton(film)pro¦jektor *m.* '~**¦proof I** *adj* schalldicht. **II** *v/t* schalldicht machen, iso¦lieren. '~**¦proof·ing** *s* 'Schalliso¦lierung *f.* ~ **rang·ing** *s* Schallmessen *n.* **II** *adj* Schallmeß... ~ **re·cord·er** *s* Tonaufnahmegerät *n.* ~ **re·pro·duc·er** *s* Tonwiedergabegerät *n.* ~ **shift**(**·ing**) *s ling.* Lautverschiebung *f.* ~ **track** *s* **1.** *Film:* Tonspur *f.* **2.** 'Filmmu¦sik *f.* ~ **truck** *s Am.* Lautsprecherwagen *m.* ~ **wave** *s phys.* Schallwelle *f.*

**soup** [suːp] *s* **1.** Suppe *f,* Brühe *f:* **to be in the** ~ *colloq.* ,in der Patsche' *od.* ,Tinte' sitzen; **from** ~ **to nuts** *Am. colloq.* von A bis Z. **2.** *fig.* dicker Nebel, ,Waschküche' *f.* **3.** *phot. colloq.* Entwickler *m.* **4.** *mot. sl.* **P**'**S** *f.* **5.** *Am. sl.* Nitrogly¦ze¦rin *n* (*zum Geldschrankknacken*). **II** *v/t* **7.** ~ **up** *colloq.* a) den Motor ,fri¦sieren': **souped-up car** → **hot rod** 1, b) *allg.* verstärken, ,aufmöbeln', c) Dampf hinter e-e Sache machen.

**soup·çon** [ˈsuːpsɔ̃ː; *Am.* ~¦sɑːn; suːpˈsɒn] *s* **1.** Prise *f* (*Salz etc*). **2.** *fig.* Hauch *m,* Anflug *m* (*von Sarkasmus etc*).

**soup¦ kitch·en** *s* **1.** Armenküche *f.* **2.** *bes. mil.* Feldküche *f.* ~ **plate** *s* Suppenteller *m.* ~ **spoon** *s* Suppenlöffel *m.*

**sour** [ˈsaʊə(r)] **I** *adj* (*adv* ~ly) **1.** sauer (*a. Geruch, Milch*), herb, bitter: ~ **cream** Sauerrahm *m;* **to turn** (*od.* **go**) ~ (**on**) *fig.* → **11;** → **grape** 1. **2.** (übel)riechend, sauer. **3.** *fig.* sauertöpfisch, säuerlich, verdrießlich, mür-

risch: **a** ~ **man; a** ~ **face** ein saures Gesicht. **4.** *fig.* naßkalt: ~ **weather. 5.** *agr.* sauer (*kalkarm, naß*): ~ **soil. 6.** schwefelhaltig: ~ **fuel. II** *s* **7.** Säure *f.* **8.** Bitternis *f:* **the sweet and** ~ **of life** Freud u. Leid (des Lebens); **to take the sweet with the** ~ das Leben nehmen, wie es (eben) ist. **9.** *Am.* (saurer) Cocktail: **gin** ~. **III** *v/i* **10.** sauer werden. **11.** *fig.* Lust verlieren (**on** an e-r Sache), (**on** s.th. e-e Sache) ,überkriegen', c) ,mies' werden, d) ka¦putt-, schiefgehen (*Ehe etc*). **IV** *v/t* **12.** säuern (*a. chem.*): ~**ed cream** *Br.* Sauerrahm *m.* **13.** *fig.* verbittern.

**source** [sɔː(r)s; *Am. a.* ˈsɔʊərs] *s* **1.** Quelle *f, poet.* Quell *m.* **2.** Quellfluß *m.* **3.** *poet.* Strom *m.* **4.** *fig.* (*Licht-, Strom- etc*)Quelle *f:* ~ **of light;** ~ **of energy** Energieträger *m;* ~ **of strength** Kraftquell *m.* **5.** *fig.* Quelle *f,* Ursprung *m:* ~ **of information** Nachrichtenquelle; **from a reliable** ~ aus zuverlässiger Quelle; **to have its** ~ in s-n Ursprung haben in (*dat*). **6.** (*literarische*) Quelle *f.* **7.** *econ.* (*Einnahme-, Kapital- etc*)Quelle *f:* ~ **of supply** Bezugsquelle; **to levy a tax at the** ~ e-e Steuer an der Quelle erheben. ~ **book** *s* Quellenbuch *n.* ~ **lan·guage** *s ling.* Ausgangssprache *f.* ~ **ma·te·ri·al 1.** 'Quellenmateri¦al *n.* **2.** *phys.* Ausgangsstoff *m.* ~ **pro·gram(me)** *s Computer:* 'Quellpro¦gramm *n.*

**sour·dine** [ˌsʊə(r)ˈdiːn] → **sordine.**

'**sour·dough** *s Am. od. Canad.* **1.** Sauerteig *m.* **2.** A¦laska-Schürfer *m.*

'**sour·ing** *s* Säuerung *f* (*a. chem.*). '**sour-ish** *adj* säuerlich, angesäuert. '**sour-ness** *s* **1.** Herbheit *f,* Säure *f.* **2.** *fig.* Bitterkeit *f.*

'**sour·puss** *s* ,Sauertopf' *m.*

**sou·sa·phone** [ˈsuːzəfəʊn] *s mus.* Sousa-¦phon *n.*

**souse¹** [saʊs] **I** *s* **1.** Pökelfleisch *n.* **2.** Pökelbrühe *f,* Lake *f.* **3.** Eintauchen *n.* **4.** Sturz *m* ins Wasser, b) ,Dusche' *f,* Regenguß *m.* **5.** *sl.* a) Saufe¦rei *f,* b) *Am.* Säufer *m,* c) ,Suff' *m.* **II** *v/t* **6.** eintauchen. **7.** durch¦tränken. **8.** *Wasser etc* ausgießen (**over** über *acc*). **9.** (ein)pökeln. **10.** *sl.* Wein *etc* ,saufen': ~**d** ,voll', ,besoffen'. **III** *v/i* **11.** durch¦näßt werden. **12.** *sl.* ,saufen'.

**souse²** [saʊs] **I** *s* **1.** *hunt. obs.* a) Aufsteigen *n,* b) Her¦abstoßen *n* (*des Falken*). **2.** Plumps *m.* **II** *adv u. interj* **3.** plumps(!), ,wupp'(!).

**sou·tane** [suːˈtɑːn] *s R.C.* Sou-¦tane *f.*

**sou·ten·eur** [ˌsuːtəˈnɜː; *Am.* ~ˈnɜr] *s* Zuhälter *m.*

**south** [saʊθ] **I** *s* **1.** Süden *m:* **in the** ~ **of** im Süden von; **to the** ~ **of** → **7; from the** ~ aus dem Süden. **2.** *a.* **S**~ Süden *m,* südlicher Landesteil: **the S**~ **of Germany** Süddeutschland *n;* **the S**~ a) *Br.* Südengland *n,* b) *Am.* der Süden, die Südstaaten. **3.** *poet.* Süd(wind) *m.* **II** *adj* **4.** südlich, Süd... **III** *adv* **5.** nach Süden, südwärts. **6.** aus dem Süden (*bes. Wind*). **7.** ~ **of** südlich von. **IV** *v/i* **8.** nach Süden gehen *od.* fahren. **9.** kulmi¦nieren (*Mond etc*). **S**~ **Af·ri·can I** *adj* 'südafri¦kanisch. **II** *s* 'Südafri¦kaner(in): ~ **Dutch** Afrikaander(in). **S**~**A·mer·i·can I** *adj* 'südameri¦kanisch. **II** *s* 'Südameri¦kaner(in). '~**¦bound** *adj* nach Süden gehend *od.* fahrend. ~**by east** *s* Südsüd¦ost *m.* ~ **by west** *s* Südsüd¦west *m.* '**S**~**¦down** [-daʊn] *s zo.* Southdownschaf *n.* ~**¦east I** *s* Süd¦osten *m.* **II** *adj* süd¦östlich, Südost... **III** *adv* süd¦östlich, nach Süd¦osten.

ˌ**south·¦east·er** *s* Süd¦ostwind *m.* ~**¦east·er·ly I** *adj* süd¦östlich, Südost...

II *adv* von *od.* nach Süd'osten. ⁓'**east·ern** → southeast II. ⁓'**east·ward**
I *adj u. adv* nach Süd'osten, süd'östlich. II *s* süd'östliche Richtung. ⁓'**east·ward·ly** *adj u. adv* süd'ostwärts (gelegen *od.* gerichtet).
**south·er** ['saʊðə(r)] I *s* 1. Südwind *m*. II *v/i* 2. nach Süden drehen (*Wind*). 3. → south 8.
**south·er·ly** ['sʌðə(r)lɪ] I *adj* südlich, Süd... II *adv* von *od.* nach Süden.
**south·ern** ['sʌðə(r)n] *adj* 1. südlich, Süd...: S⁓ Cross *astr.* Kreuz *n* des Südens; S⁓ Europe Südeuropa *n*; ⁓ lights *astr.* Südlicht *n*. 2. S⁓ südstaatlich, ... der Südstaaten (*der USA*). 3. südwärts, Süd...: ⁓ course Südkurs *m*. '**south·ern·er** *s* 1. Bewohner(in) des Südens (*e-s Landes*). 2. S⁓ Südstaatler(in) (*in den USA*).
**south·ern·ly** ['sʌðə(r)nlɪ] → southerly.
'**south·ern·most** [-məʊst] *adj* südlichst(er, e, es).
'**south·ern·wood** *s bot.* Stabwurz *f*.
**south·ing** ['saʊðɪŋ; -θɪŋ] *s* 1. Südrichtung *f*, südliche Fahrt. 2. *astr.* a) Kulminati'on *f* (*des Mondes etc*) b) südliche Deklinati'on (*e-s Gestirns*). 3. *mar.* 'Breiten,unterschied *m* bei e-r Fahrt nach Süden.
**south·most** ['saʊθməʊst] → southernmost. ⁓'**paw** I *adj* linkshändig: ⁓ stance (*Boxen*) Rechtsauslage *f*. II *s* Linkshänder *m*, (*Boxen*) Rechtsausleger *m*. ⁓ **point** *s phys.* Südpunkt *m*. **S⁓ Pole** *s* Südpol *m*.
**south·ron** ['sʌðrən] I *s* 1. → southerner 1. 2. *meist* S⁓ *Scot.* a) Engländer(in), b) *pl* (*die*) Engländer *pl*. II *adj* 3. *bes. Scot.* südlich, bes. englisch.
**South Sea** *s* Südsee *f*.
,**south**'-**south**'**east** I *adj* südsüd'östlich, Südsüdost... II *adv* nach *od.* aus Südsüd'osten. III *s* Südsüd'osten *m*. ⁓'**ward** *adj u. adv* nach Süden, südlich, südwärts: in a ⁓ direction Richtung Süden. '⁓**·wards** *adv* → southward. ⁓'**west** I *adj* süd'westlich, Südwest... II *adv* nach *od.* aus Süd'westen. III *s* Süd'westen *m*. ⁓'**west·er** *s* 1. Süd'westwind *m*. 2. → sou'wester 1. ⁓'**west·er·ly** I *adj* süd'westlich, Südwest... II *adv* nach *od.* aus Süd'westen. ⁓'**west·ern** → southwest. ⁓'**west·ward** I *adj u. adv* nach Süd'westen, süd'westlich. II *s* süd'westliche Richtung. ⁓'**west·ward·ly** *adj u. adv* süd'westwärts (gelegen *od.* gerichtet).
**sou·ve·nir** [,suːvə'nɪə(r); 'suːvə,nɪə(r)] *s* Andenken *n*, Souve'nir *n*: ⁓ edition *print.* Gedächtnisausgabe *f*.
**sou'**·**west·er** [saʊ'westə(r)] *s* 1. Süd'wester *m* (*wasserdichter Ölhut*). 2. → southwester 1.
**sov·er·eign** ['sɒvrɪn; *Am.* 'sɑvrən; -ərn] I *s* 1. Souve'rän *m*, Mon'arch(in), Landesherr(in). 2. souve'räner Herrscher. 3. (*die*) Macht im Staat (*Person od. Gruppe*). 4. souve'räner Staat. 5. *fig.* König(in). 6. Sovereign *m* (*alte brit. Goldmünze von 20 Schilling*). II *adj* 7. höchst (-er, e, es), oberst(er, e, es): the ⁓ good das höchste Gut. 8. 'unum,schränkt, souve'rän, königlich: ⁓ power. 9. souve'rän (*Staat*). 10. äußerst(er, e, es), größt (-er, e, es), 'unüber,trefflich: '**sov·er·eign·ty** [-rəntɪ] *s* 1. oberste *od.* höchste (Staats)Gewalt. 2. Souveräni'tät *f*, Landeshoheit *f*, Eigenstaatlichkeit *f*. 3. Oberherrschaft *f*: consumer ⁓ *econ. Am.* (*der*) beherrschende Einfluß des Verbrauchers.
**so·vi·et** ['saʊvɪət; 'sɒv-; *Am.* 'saʊvi,et; 'sɑv-] I *s oft* S⁓ 1. So'wjet *m*: a) Arbeiter- u. Sol'datenrat *m*, b) *allg.* Behörde *f*:

Supreme S⁓ Oberster Sowjet (*Volksvertretung*). 2. the S⁓ das So'wjetsy,stem. 3. *pl* (*die*) So'wjets *pl*. II *adj* 4. S⁓ so'wjetisch, Sowjet... '**so·vi·et·ism** *s* So'wjetsy,stem *n*. ,**so·vi·et·i'za·tion** *s* Sowjeti'sierung *f*. '**so·vi·et·ize** *v/t* sowjeti'sieren. ,**so·vi·et·ol·o·gist** [-'tɒlədʒɪst; *Am.* -'tɑl-] *s* Sowjeto'loge *m*.
**sov·ran** ['sɒvrən; *Am.* 'sɑv-; *a.* -ərn] → sovereign.
**sow**[1] [saʊ] *s* 1. Sau *f*, (Mutter)Schwein *n*: to get the wrong ⁓ by the ear a) den Falschen erwischen, b) sich gründlich irren. 2. *metall.* a) Mulde *f*, (Ofen)Sau *f*, b) Massel *f* (*gegossener Barren*).
**sow**[2] [saʊ] *pret u. pp* **sowed** [saʊd], *pp a.* **sown** [saʊn] I *v/t* 1. säen, ausstreuen (*a. fig.*): you must reap what you have ⁓n was man sät, muß man auch ernten; → oat 1, seed 7, wind[1] 1. 2. Land besäen, einsäen. 3. *etwas* verstreuen. II *v/i* 4. säen.
**so·war** [saʊ'wɑː; sɒ-] *s Br. Ind.* indischer Kavalle'rist.
'**sow**·**back** ['saʊ-] *s geol.* langer u. scharfer Gebirgskamm. '⁓**bread** *s bot.* Erdscheibe *f*, Saubrot *n*. ⁓ **bug** *s zo. Am.* Kellerassel *f*.
**sow·er** ['saʊə(r)] *s* 1. Säer *m*: he is a ⁓ of discord *fig.* er stiftet *od.* sät Zwietracht. 2. 'Säma,schine *f*.
**sown** [saʊn] *pp von* sow[2].
**sox** [sɒks; *Am.* saks] *pl econ. von* sock[1] 1.
**soy** [sɔɪ] *s* 1. Sojabohnenöl *n*. 2. → soybean. **so·ya (bean)** ['sɔɪə; *Am. dial. a.* 'saʊdʒiː], '**soy·bean** *s bot.* Sojabohne *f*.
**soz·zled** ['sɒzld] *adj Br. colloq.* ,blau' (*betrunken*).
**spa** [spɑː] *s* 1. Mine'ralquelle *f*. 2. Badekurort *m*, Bad *n*: ⁓ concert Kurkonzert *n*; ⁓ garden Kurpark *m*.
**space** [speɪs] I *s* 1. *math. philos.* Raum *m* (*Ggs. Zeit*): to disappear into ⁓ sich in Luft auflösen; to stare (*od.* gaze) into (vacant) ⁓ ins Leere starren. 2. (Welt-)Raum *m*, Weltall *n*. 3. Raum *m*, Platz *m*: to require (*od.* take up) much ⁓; for ⁓ reasons aus Platzgründen. 4. (Zwischen)Raum *m*, Stelle *f*, Lücke *f*. 5. *aer. rail. etc* Platz *m*. 6. Zwischenraum *m*, Abstand *m*. 7. Zeitraum *m*: a ⁓ of three hours; after a ⁓ nach e-r Weile; for a ⁓ e-e Zeitlang. 8. *print.* Spatium *n*, Ausschluß(stück *n*) *m*, Abstand *m*, Pause *f*. 10. *Am.* a) Raum *m* für Re'klame (*in Zeitschriften etc*), b) 'Anzeigenfor,mat *n*, c) Rundfunk, *TV*: (Werbe)Zeit *f*. II *v/t* 11. räumlich *od.* zeitlich einteilen: ⁓d out over ten years auf 10 Jahre verteilt. 12. in Zwischenräumen anordnen. 13. *meist* ⁓ out *print.* a) ausschließen, b) weit(läufig) setzen, sperren. 14. *a.* ⁓ out gesperrt schreiben (*auf der Schreibmaschine*). 15. ⁓d (out) *bes. Am. sl.* ,high' (*unter Drogeneinfluß*).
**space**|**age** *s* Weltraumzeitalter *n*. '⁓**band** *s print.* (Spatien)Keil *m*. ⁓ **bar** *s* Leertaste *f*. '⁓**borne** *adj* 1. Weltraum...: ⁓ satellite. 2. über Satel'lit, Satelliten...: ⁓ television. ⁓ **cap·sule** *s* Raumkapsel *f*. ⁓ **charge** *s electr.* Raumladung *f*: ⁓ grid Raumladegitter *n*. '⁓**craft** *s* (Welt)Raumfahrzeug *n*. ⁓ **fic·tion** *s* 'Weltraumro,mane *pl*. ⁓ **flight** *s* (Welt)Raumflug *m*. ⁓ **heat·er** *s* Raumstrahler *m*. ⁓ **key** → space bar. '⁓**lab** *s* 'Raumla,bor *n*. ⁓ **lat·tice** *s phys.* Raumgitter *n*. '⁓**man** [-mæn; -mən] *s irr* 1. (Welt)Raumfahrer *m*, Astro'naut *m*. 2. Außerirdische(r) *m*. ⁓ **med·i·cine** *s* 'Raumfahrtmedi,zin *f*. ⁓ **op·er·a** *s* 1. Weltraumstory *f*, -film *m*. 2. → space fiction. ⁓ **plat·form** → space station. '⁓**port** *s* Raumfahrtzentrum *n*. ⁓ **probe** *s* (Welt)Raumsonde *f*.

**spac·er** ['speɪsə(r)] *s tech.* 1. Di'stanzstück *n*. 2. → space bar.
**space**|**race** *s* Wettlauf *m* um die Eroberung des Weltraums. ⁓ **re·search** *s* (Welt)Raumforschung *f*. ⁓ **rock·et** *s* ('Welt)Raumra,kete *f*. ⁓ **rule** *s print.* Querlinie *f*. '⁓**sav·ing** I *adj* raum-, platzsparend. II *s* Platzersparnis *f*. '⁓**ship** *s* Raumschiff *n*. ⁓ **shut·tle** *s* Raumfähre *f*. ⁓ **sta·tion** *s* ('Welt)Raumstati,on *f*. ⁓ **suit** *s* Raumanzug *m*. ⁓ '**time** I *s math. philos.* Zeit-Raum *m*. II *adj* Raum-Zeit...: ⁓ travel *s* (Welt-)Raumfahrt *f*. ⁓ **type** *s print.* Sperrdruck *m*. ⁓ **ve·hi·cle** *s* (Welt)Raumfahrzeug *n*. '⁓**walk** I *s* 'Weltraumspa,ziergang *m*. II *v/i* sich frei im Weltraum bewegen, e-n 'Weltraumspa,ziergang machen. ⁓ **weap·ons** *pl mil.* Weltraumwaffen *pl*. '⁓**wom·an** *s irr* 1. (Welt)Raumfahrerin *f*, Astro'nautin *f*. 2. Außerirdische *f*. ⁓ **writ·er** *s* (Zeitungs- *etc*)Schreiber, der nach dem 'Umfang s-s Beitrags bezahlt wird.
**spac·ey** ['speɪsɪ] *adj sl.* 1. benommen. 2. verträumt. 3. ausgefallen (*Kleidung etc*).
**spa·cial** → spatial.
**spac·ing** ['speɪsɪŋ] *s* 1. Einteilen *n* (*in Abständen*). 2. (*a. zeitlicher*) Abstand. 3. *print. etc* a) Sperren *n*, b) Zwischenraum *m*, Zeilenabstand *m*.
**spa·cious** ['speɪʃəs] *adj* (*adv* ⁓**ly**) 1. geräumig, weit, ausgedehnt. 2. *fig.* weit, 'umfangreich, um'fassend. '**spa·cious·ness** *s* 1. Geräumigkeit *f*. 2. *fig.* Weite *f*, 'Umfang *m*, Ausmaß *n*.
**spac·y** → spacey.
**spade**[1] [speɪd] I *s* 1. Spaten *m*: to call a ⁓ a ⁓ *fig.* das Kind beim (rechten) Namen nennen; to dig the first ⁓ den ersten Spatenstich tun. 2. *mil.* La'fettensporn *m*. II *v/t* 3. *a.* ⁓ up 'umgraben. 4. den Speck abschälen von (*e-m Wal*). III *v/i* 5. graben, mit dem Spaten arbeiten.
**spade**[2] [speɪd] *s* 1. Pik(karte *f*) *n*, Schippe *f* (*des französischen Blatts*), Grün *n* (*des deutschen Blatts*): seven of ⁓s Piksieben *f*. 2. *meist pl* Pik(farbe *f*) *n*: in ⁓s *Am. colloq.* mit Zins u. Zinseszins. 3. *contp.* ,Nigger' *m*.
'**spade·ful** [-fʊl] *s* (*ein*) Spaten(voll) *m*.
**spade**|**hus·band·ry** *s agr.* 'Spatenkul,tur *f*. ⁓ **mash·ie** *s Golf:* Spade-Mashie *m* (*Eisenschläger Nr. 6*). '⁓**work** *s* 1. *fig.* mühevolle Vorarbeit , Klein-, Pio'nierarbeit *f*. 2. *sport* Vorarbeit *f*: to do the ⁓ die Vorarbeit leisten.
**spa·di·ceous** [speɪ'dɪʃəs] *adj* 1. rötlichbraun. 2. *bot.* kolbig.
**spa·dix** ['speɪdɪks] *pl* **-di·ces** [-'daɪsiːz; 'speɪdɪ-] *s bot.* (Blüten)Kolben *m*.
**spa·do** ['speɪdəʊ] *pl* **-do·nes** [-'dəʊniːz] (*Lat.*) *s* 1. a) Ka'strat *m*, b) Impo'tente(r) *m*. 2. ka'striertes Tier.
**spa·ghet·ti** [spə'getɪ] *s pl* 1. Spa'ghetti *pl*. 2. *sl.* 'Filmsa,lat *m*. ⁓ **west·ern** *s Am. sl.* Italo-Western *m*.
**spake** [speɪk] *obs. pret von* speak.
**spall** [spɔːl] I *s* 1. (Stein-, Erz)Splitter *m*. II *v/t* 2. *tech.* Erz zerstückeln. III *v/i* 3. zerbröckeln, absplittern. 4. *phys.* spalten.
**spal·peen** [spæl'piːn] *s Ir.* Nichtsnutz *m*.
**spam** [spæm] (*TM*) *s* (*aus* spiced ham) Dosenfleisch *n* (*aus gewürztem u. kleingeschnittenem Schinken*).
**span**[1] [spæn] I *s* 1. Spanne *f*: a) *gespreizte* Hand, b) englisches Maß (= 9 inches). 2. *arch.* a) Spannweite *f* (*e-s Bogens*), b) Stützweite *f* (*e-r Brücke*), c) (*einzelner*) (Brücken)Bogen. 3. *aer.* Spannweite *f*. 4. *mar.* Spann *n*, Haltetau *n*, -kette *f*. 5. *fig.* Spanne *f*, 'Umfang *m*. 6. *bes. med. psych.* (Gedächtnis-, Seh- *etc*)Spanne *f*: memory ⁓. 7. (kurze) Zeitspanne.

**8.** Lebensspanne *f*, -zeit *f*. **9.** (*Art*) Gewächshaus *n*. **10.** Gespann *n*. **II** *v/t* **11.** abmessen. **12.** um'spannen. **13.** sich erstrecken über (*e-n Fluß etc*; *a. fig.*), über'spannen. **14.** über'brücken. **15.** *fig.* über'spannen, um'fassen.

**span²** [spæn] *obs. pret von* spin.

**span·cel** ['spænsl] **I** *s* Fußfessel *f* (*für Tiere*). **II** *v/t pret u. pp* **-celed**, *bes. Br.* **-celled** mit e-m Strick fesseln.

**span·drel** ['spændrəl] *s* **1.** *arch.* Span'drille *f*, (Gewölbe-, Bogen)Zwickel *m*. **2.** *tech.* Hohlkehle *f*.

**span·gle** ['spæŋgl] **I** *s* **1.** Flitter(plättchen *n*) *m*, Pail'lette *f*, Glitzerschmuck *m*. **2.** *bot.* Gallapfel *m*. **II** *v/t* **3.** mit Flitter besetzen. **4.** *fig.* schmücken, über'säen: the ~d heavens der gestirnte Himmel.

**'span·gly** [-glɪ] *adj* glitzernd, Flitter...

**Span·iard** ['spænjə(r)d] *s* Spanier(in).

**span·iel** ['spænjəl] *s* **1.** *zo.* Spaniel *m*, Wachtelhund *m*. **2.** *fig.* 'Kriecher' *m*.

**Span·ish** ['spænɪʃ] **I** *adj* **1.** spanisch: ~ America; War of the ~ Succession *hist.* (*der*) Spanische Erbfolgekrieg. **II** *s* **2.** *collect.* (*die*) Spanier *pl*. **3.** *ling.* Spanisch *n*, das Spanische. **~ A·mer·i·can I** *adj* 'spanisch-ameri'kanisch, la'teinameri,kanisch. **II** *s* La'teinameri,kaner(in). **~ chest·nut** *s bot.* 'Eßka,stanie *f*. **~ fly** *s zo.* Spanische Fliege. **~ Main** *s* **1.** Nord'ostküste *f* 'Süda,merikas. **2.** (*unkorrekt*) südliche Ka'ribische See. **~ pa·pri·ka** *s bot.* Spanischer Pfeffer, Pa'prika *m*.

**spank** [spæŋk] *colloq.* **I** *v/t* **1.** *j-n* verhauen, *j-m* ,den Hintern versohlen'. **2.** *Pferde etc* antreiben. **II** *v/i* **3.** *a.* ~ **along** (da'hin)flitzen. **III** *s* **4.** Schlag *m*, Klaps *m*. **'spank·er** *s* **1.** *colloq.* Renner *m* (*schnelles Pferd*). **2.** *colloq.* a) 'Prachtexem,plar *n*, b) Prachtkerl *m*. **3.** *mar.* Be'san *m*. **'spank·ing** *colloq.* **I** *adj* (*adv* ~ly) **1.** schnell, flink. **2.** scharf, tüchtig, stark: ~ **breeze** steife Brise; ~ **pace** flottes Tempo. **3.** prächtig, ,mächtig', ,toll'. **II** *adv* **4.** ~ **clean** blitzsauber; ~ **new** funkelnagelneu. **III** *s* **5.** ,Haue' *f*, Schläge *pl*: to give s.o. a ~ → **1**.

**span·ner** ['spænə(r)] *s* **1.** *tech.* Schraubenschlüssel *m*: to throw a ~ in(to) the works *Br. colloq.* ,querschießen'. **2.** *tech.* Querverstrebung *f*.

**spar¹** [spɑ:(r)] *s min.* Spat *m*.

**spar²** [spɑ:(r)] **I** *s* **1.** *mar.* Rundholz *n*, Spiere *f*. **2.** *aer.* Holm *m*. **II** *v/t* **3.** *mar.* mit Spieren versehen.

**spar³** [spɑ:(r)] **I** *v/i* **1.** *Boxen:* sparren. **2.** (*mit Sporen*) kämpfen (*Hähne*). **3.** sich streiten (**with** mit), sich ein Wortgefecht liefern. **4.** *to* ~ **for time** Zeit schinden. **II** *s* **5.** *Boxen:* Sparringskampf *m*. **6.** *fig.* Wortgefecht *n*, (Wort)Geplänkel *n*.

**spare** [speə(r)] **I** *v/t* **1.** *j-n od. etwas* verschonen, *e-n Gegner, j-s Gefühle, j-s Leben* schonen: to ~ s.o.'s feelings; to ~ his blushes! bring ihn doch nicht in Verlegenheit!; if we are ~d wenn wir verschont bleiben. **2.** sparsam 'umgehen mit, schonen: don't ~ the paint spar nicht mit (der) Farbe; ~ expense *Bes. Redew.*, rod **3.** *j-m etwas* ersparen, *j-n* verschonen mit: ~ me the trouble erspare mir die Mühe; ~ me these explanations verschone mich mit diesen Erklärungen; (not) to ~ o.s. sich (nicht) schonen. **4.** entbehren: we cannot ~ him just now. **5.** erübrigen, übrig haben: can you ~ me a cigarette (a moment)? hast du e-e Zigarette (e-n Augenblick Zeit) für mich (übrig)?; no time to ~ keine Zeit (zu verlieren); ~ enough II. **II** *v/i* **6.** sparen. **III** *adj* **7.** Ersatz..., Reserve...: ~ tire (*bes. Br.* **tyre**) a) Ersatzreifen *m*, b) *Br. colloq. humor.* ,Ret-

tungsring' *m* (*Fettwulst um die Hüfte*); ~ **part** → 12; **~part surgery** *med.* Ersatzteilchirurgie *f*. **8.** 'überflüssig, -schüssig, übrig: ~ **moment** freier Augenblick; ~ **room** Gästezimmer *n*; ~ **time** (*od. hours*) Freizeit *f*, Mußestunden *pl*; **~time activities** Freizeitgestaltung *f*. **9.** sparsam, kärglich. **10.** sparsam (*Person*). **11.** mager (*Person*). **12.** to go → *Br. sl.* ,hochgehen' (*wütend werden*). **IV** *s* **13.** *tech.* Ersatzteil *n*, *m*. **14.** Ersatzreifen *m*. **15.** *Bowling:* Spare *m* (*Abräumen mit 2 Würfen*). **'spare·ness** *s* **1.** Magerkeit *f*. **2.** Kärglichkeit *f*.

**'spare·rib** *s* Rippe(n)speer *m*.

**sparg·er** ['spɑ:(r)dʒə(r)] *s tech.* **1.** (Wasser)Sprenggerät *n*. **2.** *Brauerei:* Sprenkler *m*.

**spar·ing** ['speərɪŋ] *adj* (*adv* ~ly) **1.** sparsam (**in**, **of** mit), mäßig: to be ~ of sparsam umgehen mit, kargen mit (*a. fig.*). **2.** sparsam (*mit Worten*), knapp. **3.** spärlich, dürftig, knapp. **'spar·ing·ness** *s* **1.** Sparsamkeit *f*. **2.** Dürftigkeit *f*.

**spark¹** [spɑ:(r)k] **I** *s* **1.** Funke(n) *m* (*a. fig.*): the vital ~ der Lebensfunke; to strike ~s out of s.o. *j-n* in Fahrt bringen'; they struck ~s off each other sie waren sich (sofort) gegenseitig zuwider; ~s flew Funken stoben. **2.** *fig.* Funke(n) *m*, Spur *f* (of von *Intelligenz, Leben etc*). **3.** funkelnder Gegenstand, *bes.* Dia'mant *m*. **4.** *electr.* a) (e'lektrischer) Funke, b) Entladung *f*, c) (Licht)Bogen *m*. **5.** *mot.* (Zünd)Funke *m*: to advance (retard) the ~ die Zündung vorstellen (zurückstellen). **6.** *Radio:* a) → **spark transmitter**, b) → **spark transmission**. **II** *v/i* **7.** Funken sprühen. **8.** funkeln. **9.** *tech.* zünden. **III** *v/t* **10.** *j-n* befeuern. **11.** ~ **off** *fig* etwas auslösen.

**spark²** [spɑ:(r)k] **I** *s* **1.** flotter (junger) Mann. **2.** bright ~ *Br. iro.* ,Intelligenzbestie' *f*. **II** *v/t* **3.** *j-m* den Hof machen.

**spark|ad·vance** *s tech.* Vor-, Frühzündung *f*. **~ ar·rest·er** *s electr.* Funkenlöscher *m*. **~cham·ber** *s phys.* Funkenkammer *f*. **~ coil** *s* **1.** *electr.* 'Funkenin,duktor *m*. **2.** *mot.* Zündspule *f*. **~ discharge** *s electr.* Funkenentladung *f*. **~ gap** *s electr.* Funkenstrecke *f*.

**'spark·ing** *s electr. tech.* Funkenbildung *f*. **~ plug** *s mot. Br.* Zündkerze *f*.

**spar·kle** ['spɑ:(r)kl] **I** *v/i* **1.** funkeln (*a. fig.*): her eyes ~d with anger ihre Augen blitzten vor Zorn; his conversation ~d with wit s-e Unterhaltung sprühte vor Witz. **2.** *fig.* a) funkeln, sprühen (*Witz, Geist*), b) bril'lieren, glänzen (*Person*). **3.** Funken sprühen. **4.** perlen (*Wein*). **5.** *Licht* sprühen. **III** *s* **6.** Funkeln *n*, Glanz *m*. **7.** Funke(n) *m*. **8.** Bril'lanz *f*. **'spar·kler** [-klə(r)] *s* **1.** (*etwas*) Funkelndes. **2.** *sl.* Dia'mant *m*. **3.** Wunderkerze *f* (*Feuerwerk*). **4.** funkelnder Geist (*Person*). **'spark·let** [-lɪt] *s* **1.** Fünkchen *n* (*a. fig.*). **2.** glitzernder Stein (*an Gewändern*). **3.** Kohlen'dio,xydkapsel *f* (*für Siphonflaschen*). **'spark·ling** [-klɪŋ] *adj* (*adv* ~ly) **1.** funkelnd, sprühend (*beide a. fig. Witz etc*). **2.** *fig.* geistsprühend, spritzig (*Person, a. Dialog etc*). **3.** schäumend, mous'sierend: ~ **wine** a) Schaumwein *m*, b) Sekt *m*; ~ **water** Sprudel *m*.

**'spark|o·ver** *s electr.* 'Überschlag *m* (*e-s Funkens*). **~ plug** *s* **1.** *mot.* Zündkerze *f*. **2.** *Am. colloq.* ,Motor' *m*, treibende Kraft (*Person*).

**sparks** [spɑ:(r)ks] *s colloq.* **1.** E'lektriker *m*. **2.** *mar.* Funker *m*.

**spark| trans·mis·sion** *s Radio:* Über'tragung *f* mittels Funkensender. **~ trans·mit·ter** *s Radio:* Funkensender *m*.

**spar·ring** ['spɑ:rɪŋ] *s* **1.** *Boxen:* Sparring *n*: ~ **partner** Sparringspartner *m*. **2.** *fig.* Wortgefecht *n*, (Wort)Geplänkel *n*.

**spar·row** ['spærəʊ] *s orn.* Spatz *m*, Sperling *m*. **~ bill** *s* Schuhzwecke *f*. **'~grass** *s colloq.* Spargel *m*. **~ hawk** *s orn.* Sperber *m*.

**spar·ry** ['spɑ:rɪ] *adj min.* spatig.

**sparse** [spɑ:(r)s] *adj* (*adv* ~ly) **1.** spärlich, dünn(gesät): a ~ population. **2.** dünn, spärlich: ~ hair. **'sparse·ness, 'spar·si·ty** *s* Spärlichkeit *f*.

**Spar·tan** ['spɑ:(r)tən] *antiq. u. fig.* **I** *adj* spar'tanisch. **II** *s* Spar'taner(in). **'Spar·tan·ism** *s* Spar'tanertum *n*.

**spar·te·ine** ['spɑ:(r)tɪi:n; -tɪɪn] *s chem.* Sparte'in *n*.

**spasm** ['spæzəm] *s* **1.** *med.* Krampf *m*, Spasmus *m*, Zuckung *f*. **2.** Anfall *m*: ~ of fear; a ~ of coughing ein Hustenanfall.

**spas·mod·ic** [spæz'mɒdɪk; *Am.* -'mɑd-] *adj* (*adv* ~ally) **1.** *med.* krampfhaft, -artig, spas'modisch. **2.** sprunghaft, vereinzelt. **spas·mo·lyt·ic** [,spæzmə'lɪtɪk] *adj med.* krampflösend.

**spas·tic** ['spæstɪk] *med.* **I** *adj* (*adv* ~ally) spastisch, Krampf...: ~ **paralysis** krampfartige Lähmung. **II** *s* Spastiker(in) (*a. fig. sl.*).

**spat¹** [spæt] *zo.* **I** *s* **1.** Muschel-, Austernlaich *m*. **2.** a) *collect.* junge Schaltiere *pl*, b) junge Auster *od.* Muschel. **II** *v/i* **3.** laichen.

**spat²** [spæt] *s meist pl* Ga'masche *f*.

**spat³** [spæt] *colloq.* **I** *s* **1.** *selten* Klaps *m*. **2.** *Am.* Kabbe'lei *f*. **II** *v/i* **3.** *Am.* sich kabbeln. **III** *v/t* **4.** *selten j-m* e-n Klaps geben.

**spat⁴** [spæt] *pret u. pp von* spit¹.

**spatch·cock** ['spætʃkɒk; *Am.* -,kɑk] **I** *s* sofort nach den Schlachten gegrilltes Huhn *etc*. **II** *v/t colloq.* Worte *etc* einflicken (**into** in *acc*).

**spate** [speɪt] *s* **1.** Über'schwemmung *f*, Hochwasser *n*: to be in ~ Hochwasser führen. **2.** *fig.* (Wort)Schwall *m*, Flut *f*.

**spathe** [speɪð] *s* Blütenscheide *f*.

**spa·tial** ['speɪʃl] *adj* räumlich, Raum... **spa·ti·al·i·ty** [-ʃɪ'ælətɪ] *s* räumlicher Cha'rakter.

**spa·ti·o·tem·po·ral** [,speɪʃɪəʊ'tempərəl] *adj* Raum-Zeit-...

**spat·ter** ['spætə(r)] **I** *v/t* **1.** bespritzen, beschmutzen (**with** mit). **2.** (ver)spritzen. **3.** *fig.* a) *Verleumdungen* ausstreuen, b) *j-s Namen* besudeln, c) *j-n* ,mit Dreck bewerfen'. **II** *v/i* **4.** spritzen. **5.** (nieder-) prasseln, klatschen (**on** auf *acc*). **III** *s* **6.** Spritzen *n*. **7.** Klatschen *n*, Prasseln *n*. **8.** Spritzer *m*, Spritzfleck *m*. **'~dash** *s meist pl* Ga'masche *f*. **'~dock** *s bot.* **1.** Gelbe Teichrose (*Nordamerika*). **2.** a) Seerose *f*, b) Teichrose *f*. **'~work** *s tech.* Spritzarbeit *f*, Spritzmale'rei *f*.

**spat·u·la** ['spætjʊlə; *Am.* -tʃ[ələ] *s* **1.** *med. tech.* Spa(ch)tel *m*, *f*. **2.** *orn.* Löffelente *f*. **'spat·u·late** [-lət] *adj* spa(ch)telförmig.

**spav·in** ['spævɪn] *s vet.* Spat *m* (*Pferdekrankheit*). **'spav·ined** *adj* spatig, lahm.

**spawn** [spɔ:n] **I** *s* **1.** *ichth.* Laich *m*. **2.** *bot.* My'zel(fäden *pl*) *n*. **3.** *fig. contp.* Brut *f*, Gezücht *n*. **II** *v/i* **4.** *ichth.* laichen. **5.** *fig. contp.* a) sich wie Ka'ninchen vermehren, b) wie Pilze aus dem Boden schießen. **III** *v/t* **6.** *ichth.* den Laich ablegen. **7.** *contp.* Kinder massenweise in die Welt setzen. **8.** *fig.* ausbrüten, her'vorbringen. **'spawn·er** *s* Rog(e)ner *m*, Fischweibchen *n* zur Laichzeit. **'spawn·ing** *s* **1.** Laichen *n*. **II** *adj* **2.** laichend. **3.** Laich...: ~ **time**. **4.** *fig.* sich stark vermehrend: the ~ slums.

**spay** [speɪ] *v/t vet.* ka'strieren, die Eierstöcke (*gen*) entfernen.

**speak** [spi:k] *pret* **spoke** [spəʊk], *obs.*

**spake** [speɪk] *pp* **spo·ken** ['spəʊkən], *obs.* **spoke I** *v/i* **1.** reden, sprechen (to mit; about über *acc*): spoken *thea.* gesprochen (*Regieanweisung*); the portrait ~s *fig.* das Porträt ist sprechend ähnlich; so to ~ sozusagen; ~ speak of *u.* to, speaking I. **2.** (öffentlich) reden, sprechen (on über *acc*). **3.** mitein'ander sprechen. **4.** ertönen (*Trompete etc*). **5.** *bes. Br.* anschlagen, Laut geben (*Hund*). **6.** *mar.* signali'sieren. — **II** *v/t* **7.** sprechen, sagen: → volume 1. **8.** aussprechen, sagen, äußern: to ~ the truth die Wahrheit sagen; → mind 4. **9.** feststellen, sagen (*in Schriftstücken etc*). **10.** verkünden (*Trompete etc*). **11.** e-e Sprache sprechen (können): he ~s French er spricht *od.* kann Französisch. **12.** *fig.* e-e Eigenschaft etc verraten. **13.** *obs.* (an)zeigen: his conduct ~s him generous sein Verhalten zeigt s-e Großzügigkeit. **14.** *mar.* ein Schiff ansprechen (*durch Signale*).
*Verbindungen mit Präpositionen:*
**speak| for** *v/i* **1.** sprechen *od.* eintreten für: to ~ o.s. a) selbst sprechen, b) s-e eigene Meinung äußern; ~ yourself! das meinst aber auch nur du!; speaking for myself was mich anbelangt; that speaks for itself das spricht für sich selbst; that speaks (well) for him das spricht für ihn *od.* zu s-n Gunsten. **2.** zeugen von. — **~ of** *v/i* **1.** sprechen von *od.* über (*acc*): nothing to ~ nicht der Rede wert, nichts Erwähnenswertes; not to ~ ganz zu schweigen von. **2.** *etwas* verraten, zeugen von. — **~ to** *v/i* **1.** *j-n* ansprechen, mit *j-m* (*a.* mahnend *etc*) sprechen *od.* reden. **2.** bestätigen, bezeugen. **3.** zu sprechen kommen auf (*acc*).
*Verbindungen mit Adverbien:*
**speak| out I** *v/i* **1.** → speak up. **2.** ~ against sich klar u. deutlich aussprechen gegen. — **II** *v/t* **3.** aussprechen. — **~ up** *v/i* **1.** laut u. deutlich sprechen; ~! (sprich) lauter! (→ 2). **2.** ,kein Blatt vor den Mund nehmen': ~! heraus mit der Sprache! (→ 1). **3.** sich einsetzen (for für).
'**speak,eas·y** *s Am.* ,Flüsterkneipe' *f* (*während der Prohibition*).
'**speak·er** *s* **1.** Sprecher(in), Redner(in). **2.** S~ *parl.* Speaker *m*, Präsi'dent *m*: the S~ of the House of Commons der Präsident des Unterhauses; Mr. S~! Herr Vorsitzender!; to catch the S~'s eye das Auge des Vorsitzenden auf sich lenken, sich erfolgreich zu Wort melden. **3.** *Am.* Vortragsbuch *n*. **4.** *electr.* Lautsprecher *m*. '**speak·er·ship** *s parl.* Amt *n* des Präsi'denten.
'**speak·ing I** *adj* (*adv* ~ly) **1.** sprechend, redend: ~! *teleph.* am Apparat!; Brown ~! *teleph.* (hier) Brown!; the English-~ countries die englischsprechenden Länder; ~ acquaintance flüchtige(r) Bekannte(r); to have a ~ knowlege of e-e Sprache (nur) sprechen können; → term 11. **2.** (*adverbial*) gesprochen: generally ~ allgemein (gesprochen *od.* gesagt); legally ~ juristisch betrachtet. **3.** *fig.* sprechend: a ~ likeness. **4.** Sprech..., Sprach...: a ~ voice e-e (gute) Sprechstimme. **5.** Vortrags...: ~ tour. — **II** *s* **6.** Sprechen *n*, Reden *n*. ~ choir *s* Sprechchor *m*. ~ clock *s bes. Br.* Zeitansage *f*. ~ trum·pet *s* Sprachrohr *n*, -rohr *n*. ~ tube *s* **1.** Sprechverbindung *f* zwischen zwei Räumen *etc*. **2.** → speaking trumpet.
**spear¹** [spɪə(r)] **I** *s* **1.** a) (Wurf)Speer *m*, b) Lanze *f*, Spieß *m*: ~ side männliche Linie (*e-r Familie*). **2.** *poet.* Speerträger *m*. — **II** *v/t* **3.** durch'bohren, aufspießen.
**spear²** [spɪə(r)] *bot.* **I** *s* Gras-, Getreidehalm *m*, Sproß *m*. — **II** *v/i* (auf)sprießen.
**spear| car·ri·er** *s fig.* **1.** Vorkämpfer *m*,

Bannerträger *m*. **2.** *contp.* Handlanger *m*. '**~·fish I** *s ichth.* Speerfisch *m*. **II** *v/i* mit dem Speer (unter Wasser) fischen. ~ gun *s* Har'punenbüchse *f*. ~ grass *s bot.* **1.** Straußgras *n*. **2.** Gemeine Quecke. **3.** Spartgras *n.* '**~·head I** *s* **1.** Lanzenspitze *f*. **2.** *mil.* Angriffsspitze *f.* Stoßkeil *m.* **3.** *fig.* a) Anführer *m*, Vorkämpfer *m*, b) Spitze *f*, beherrschendes Ele'ment. — **II** *v/t* **4.** *mil.* vor'ausgehen, vor'anstürmen (*dat*). **5.** *fig.* die Spitze (*gen*) bilden, an der Spitze (*gen*) stehen, anführen. '**~·mint** *s bot.* Grüne Minze.
**spec** [spek] *s colloq.* Spekulati'on *f*: on ~ auf gut Glück.
**spe·cial** ['speʃl] **I** *adj* (*adv* ~specially) **1.** spezi'ell, (ganz) besonder(er, e, es): ~ ability; his ~ charm; my ~ friend. **2.** spezi'ell, Spezial..., Fach...: ~ knowledge Fachkenntnis *f*, -wissen *n*: this is too ~ das ist zu speziell. **3.** a) Sonder...: ~ case (court, permission, tax, train, *etc*), b) Extra..., Ausnahme...: ~ constable → 5 b, ~ correspondent → 5 e; ~ edition → 5 c. **4.** spezi'ell, bestimmt: on ~ days an bestimmten Tagen. — **II** *s* **5.** (*j-d od. etwas*) Besonderes, *Br.* a) 'Hilfspoli,zist *m*, b) Sonderzug *m*, c) Sonderausgabe *f*, Extrablatt *n*, d) Sonderprüfung *f*, e) Sonderberichterstatter *m*, f) *Rundfunk, TV:* Sondersendung *f*, g) *econ. Am.* Sonderangebot *n*: on ~ im Angebot, h) *Am.* Tagesgericht *n* (*im Restaurant*).
**spe·cial| a·gent** *s econ. jur.* 'Sonderbe,vollmächtigte(r *m*) *f*. ~ a·re·a *s Br.* Notstandsgebiet *n*. ~ bar·gain *s econ.* Sonderangebot *n*. S~ Branch *s Br.* 'Staatssicherheitspoli,zei *f*. ~ con·tract *s* spe·cialty 3. ~ de·liv·er·y *s mail* Eilzustellung *f*, ,durch Eilboten'. ~ div·i·dend *s econ.* 'Extradivi,dende *f*. S~ Draw·ing Rights *s pl econ.* Sonderziehungsrechte *pl* (*auf den Internationalen Währungsfonds*). ~ ef·fects *s pl Film, TV:* Spezi'alef,fekte *pl*. ~ en·dorse·ment *s econ.* Vollgiro *n*.
**spe·cial·ist** ['speʃəlɪst] **I** *s* **1.** Spezia'list *m*: a) Fachmann *m*, b) *med.* Facharzt *m* (in für). **2.** *econ. Am.* Jobber, der sich auf e-e bestimmte Kategorie von Wertpapieren beschränkt. **II** *adj* **3.** spezi'ali'siert, Spezial..., Fach...: ~ knowledge. ,spe·cial'is·tic → specialist II. ,spe·ci·al·i·ty [-ʃi'ælə-tɪ] *s bes. Br.* **1.** Besonderheit *f.* a) besonderer Punkt, b) *pl* Einzelheiten *pl*. **3.** besonderes Merkmal. **4.** *a. econ.* Speziali'tät *f*. **5.** → specialty 1-3. ,spe·cial·i·'za·tion [-ʃəlaɪ'zeɪʃn; *Am.* -ʃələ'z-] *s* Speziali'sierung *f*. '**spe·cial·ize I** *v/i* **1.** sich speziali'sieren (in auf *acc*). **2.** *biol.* sich besonders entwickeln (*Organe*). — **II** *v/t* **3.** speziali'sieren: ~d → specialist II. **4.** *biol. Organe* besonders entwickeln.
**spe·cial| ju·ry** *s jur.* (*aus sozial u. wirtschaftlich höheren Berufsklassen*) besonders zs.-gesetzte Geschworene. ~ li·cence *s jur. Br.* Sondergenehmigung *zur Eheschließung ohne Aufgebot an e-m beliebigen Ort u. zu e-r beliebigen Zeit.*
**spe·cial·ly** ['speʃəlɪ] *adv* **1.** im besonderen, besonders. **2.** eigens, ausdrücklich, extra.
**spe·cial| plead·er** *s* **1.** *jur.* Anwalt, der sich auf die Abfassung von Anträgen etc spezialisiert hat. **2.** Tatsachen-, Rechtsverdreher *m*. ~ plead·ing *s* **1.** *jur.* a) Sonderschriftsatz *m* (*der sich speziell mit dem Tatbestand befaßt*), b) Vorbringen *n* von 'Nebenmateri,al. **2.** *fig.* Spitzfindigkeit *f*. ~ school *s* Sonderschule *f*.
**spe·cial·ty** ['speʃltɪ] *s bes. Am.* **1.** Spezi'alfach *n*, -gebiet *n*. **2.** *econ.* a) Spezi'alar,tikel *m*, Speziali'tät *f*, b) Neuheit *f*. **3.** *jur. a. Am.* a) formgebundener Vertrag, b) besiegelte Urkunde. **4.** → speciality 2 a, 3, 4.

**spe·cial ver·dict** *s jur. Urteil der Geschworenen über 'eine Tatfrage allein.*
**spe·cie** ['spiːʃiː; *Am. a.* -siː] *s* **1.** Hartgeld *n*, Münze *f*. **2.** Bargeld *n*: ~ payments Barzahlung *f*; in ~ a) in bar, b) in natura; to return s.th. in ~ *fig.* etwas in *od.* mit gleicher Münze heimzahlen.
**spe·cies** ['spiːʃiːz; *Am. a.* -siːz] *pl* -cies *s* **1.** Art *f*, Sorte *f*. **2.** *biol.* Spezies *f*: the (*od.* our) ~ die Menschheit. **3.** *Logik:* Art *f*, Klasse *f*. **4.** Vorstellung *f*, Bild *n*. **5.** *relig.* (sichtbare) Gestalt (von Brot u. Wein) (*beim Abendmahl*).
**spe·cif·ic** [spɪ'sɪfɪk] **I** *adj* (*adv* ~ally) **1.** spe'zifisch, spezi'ell, bestimmt(er, e, es): a ~ function. **2.** bestimmt, defini'tiv, prä'zis(e): a ~ statement; ~ figures konkrete Zahlen; he should be more ~ about it er sollte sich präziser ausdrücken *od.* nähere Angaben darüber machen. **3.** eigen(tümlich) (to *dat*): a style ~ to that school. **4.** typisch, besonder(er, e, es). **5.** wesentlich. **6.** *biol.* Art...: ~ name. **7.** *med.* a) spe'zifisch (wirkend): a ~ remedy (*od.* medicine) → 9, b) spe'zifisch: a ~ disease. **8.** *phys.* a) spe'zifisch: ~ energy, b) Einheits-... — **II** *s* **9.** *med.* spe'zifisches Heilmittel, Spe'zifikum *n*.
**spec·i·fi·ca·tion** [,spesɪfɪ'keɪʃn] *s* **1.** Spezifi'zierung *f*, Spezifikati'on *f*. **2.** genaue Aufzählung, Spezifikati'on *f*. **3.** *meist pl* Einzelangaben *pl od.* -vorschriften *pl*, *bes.* a) *arch.* Baubeschrieb *m*, b) technische Beschreibung. **4.** *jur.* Pa'tentbeschreibung *f*, -schrift *f*. **5.** *jur.* Spezifikati'on *f* (*Eigentumserwerb durch Verarbeitung*).
**spe·cif·ic| char·ac·ter** *s biol.* Artmerkmal *n*. ~ du·ty *s econ.* spe'zifischer Zoll. ~ grav·i·ty *s phys.* spe'zifisches Gewicht, Wichte *f*. ~ per·form·ance *s jur.* effek·'tive Vertragserfüllung.
**spec·i·fy** ['spesɪfaɪ] **I** *v/t* **1.** (einzeln) angeben *od.* aufführen *od.* (be)nennen, spezifi·'zieren. **2.** (in e-r Aufstellung) besonders anführen. **3.** bestimmen, (im einzelnen) festsetzen. — **II** *v/i* **4.** genaue Angaben machen.
**spec·i·men** ['spesɪmɪn] *s* **1.** Exem'plar *n*: a fine ~. **2.** Muster *n* (*a. print.*), Probe (-stück *n*) *f*, *tech. a.* Prüfstück *n*: a ~ of s.o.'s handwriting e-e Handschriftenprobe (von j-m). **3.** Probe *f*, Beispiel *n* (of gen): ~ signature Unterschriftsprobe. **4.** *colloq. contp.* ,Exem'plar' *n*: a) ,Muster' *n* (of an *dat*), b) ,Type' *f*, komischer Kauz. ~ cop·y *s print.* 'Probeexem,plar *n*. ~ page *s print.* Probeseite *f*.
**spe·cious** ['spiːʃəs] *adj* (*adv* ~ly) bestechend, (äußerlich) blendend, trügerisch: ~ argument Scheinargument *n*; ~ prosperity scheinbarer Wohlstand. '**spe·cious·ness** *s* **1.** (*das*) Bestechende, trügerischer Schein.
**speck¹** [spek] **I** *s* **1.** Fleck(en) *m*, Fleckchen *n*. **2.** Stückchen *n*, (*das*) bißchen: a ~ of dust ein Stäubchen. **3.** faule Stelle (*im Obst*). **4.** Pünktchen *n*. — **II** *v/t* **5.** sprenkeln, tüpfeln.
**speck²** [spek] *s Am. dial. od. S.Afr.* **1.** Speck *m*, Fett *n*. **2.** Walspeck *m*. **3.** *nur S.Afr.* Nilpferdfett *n*, -speck *m*.
**speck·le** ['spekl] **I** *s* Fleck(en) *m*, Sprenkel *m*, Tupfen *m*, Punkt *m*. — **II** *v/t* → speck¹ 5. '**speck·led** *adj* **1.** gefleckt, gesprenkelt, getüpfelt. **2.** (bunt)scheckig. '**speck·less** *adj* (*adv* ~ly) fleckenlos, sauber, rein (*alle a. fig.*).
**specs** [speks] *s pl colloq.* Brille *f*.
**spec·ta·cle** ['spektəkl; *Am.* -tɪkəl] **I** *s* **1.** Schauspiel *n* (*a. fig.*). **2.** Schaustück *n*: to make a ~ of o.s. sich zur Schau stellen, (unangenehm) auffallen. **3.** Ausstattungsfilm *m*. **4.** Anblick *m*: a sorry ~. **5.** *pl a.* pair of ~s Brille *f*. **6.** a pair of ~s (*Kricket*) doppeltes Nullresultat des gleichen Spielers.

*in beiden* **innings. II** *adj* **7.** Brillen...: ~ wearer. **'spec·ta·cled** *adj* **1.** bebrillt, brillentragend, ... mit Brille. **2.** *zo.* Brillen...: ~ **bear;** ~ **cobra** Brillenschlange *f.*

**spec·tac·u·lar** [spek'tækjulə(r)] **I** *adj* (*adv* ~ly) **1.** Schau..., schauspielartig. **2.** spektaku'lär, sensatio'nell, aufsehenerregend, impo'sant. **II** *s* **3.** (*das*) Sensatio'nelle (*etc*). **4.** *bes. Am.* große (Fernseh-)Schau, 'Galare,vue *f.*

**spec·ta·tor** [spek'teɪtə(r); *Am. bes.* 'spek-,teɪ-] *s* Zuschauer *m:* ~ **sport** Zuschauersport *m.* **spec'ta·tress** [-'teɪtrɪs] *s* Zuschauerin *f.*

**spec·ter,** *bes. Br.* **spec·tre** ['spektə(r)] *s* **1.** Geist *m,* Gespenst *n.* **2.** *fig.* a) (Schreck-)Gespenst *n,* b) Hirngespinst *n.* ~ **in·sect** *s* *zo.* Gespenstheuschrecke *f.* ~ **le·mur** *s zo.* Koboldmaki *m.*

**spec·tra** ['spektrə] *pl von* **spectrum.**

**spec·tral** ['spektrəl] *adj* (*adv* ~ly) **1.** geisterhaft, gespenstisch. **2.** *phys.* Spektral-...: ~ **analysis** *f;* ~ **colo(u)r** Spektral-, Regenbogenfarbe *f.*

**spec·tre** *bes. Br. für* **specter.**

**spec·tro·chem·is·try** [,spektrəʊ'kemɪstrɪ] *s* Spektroche'mie *f.*

**spec·tro·col·or·im·e·try** ['spektrəʊ-,kʌlə'rɪmɪtrɪ] *s phys.* Spek'tralfarbenmessung *f.*

**spec·tro·gram** ['spektrəʊgræm] *s phys.* Spektro'gramm *n.* **'spectro·graph** [-grɑːf; *Am.* -græf] *s phys.* **1.** Spektro'graph *m.* **2.** Spektro'gramm *n.*

**spec·trol·o·gy** [spek'trɒlədʒɪ; *Am.* -'trɑl-] *s* (Wissenschaft *f* der) Spek'tralana,lyse *f.*

**spec·trom·e·ter** [spek'trɒmɪtə(r); *Am.* -'trɑm-] *s phys.* Spektro'meter *n.* **,spec·tro'met·ric** [-trəʊ'metrɪk; -trə'm-] *adj* spektro'metrisch.

**spec·tro·mi·cro·scope** [,spektrəʊ'maɪkrəskəʊp] *s phys.* Spek'tralmikro,skop *m.* **spec·tro·scope** ['spektrəskəʊp] *s phys.* Spektro'skop *n.* **,spec·tro'scop·ic** [-'skɒpɪk; *Am.* -'skɑ-] *adj;* **,spec·tro'scop·i·cal** *adj* (*adv* ~ly) spek'tralana,lytisch, spektro'skopisch.

**spec·trum** ['spektrəm] *pl* **-tra** [-trə] *s* **1.** *phys.* ~ **analysis** Spektralanalyse *f;* **ultraviolet** ~ Ultraviolett-Spektrum *n.* **2.** *a.* **radio** ~ (Fre'quenz-)Spektrum *n.* **3.** *a.* **ocular** ~ *opt.* Nachbild *n.* **4.** *fig.* Spektrum *n,* Skala *f:* **the whole** ~ **of fear; all across the** ~ auf der ganzen Linie.

**spec·u·la** ['spekjulə] *pl von* **speculum.** **'spec·u·lar** *adj* **1.** spiegelnd, Spiegel...: ~ **iron** *min.* Eisenglanz *m;* ~ **stone** *min.* Marienglas *n.* **2.** *med.* Spekulum...

**spec·u·late** ['spekjuleɪt] *v/i* **1.** nachsinnen, -denken, grübeln, Vermutungen anstellen, theoreti'sieren, ,speku'lieren' (**on, upon, about** über *acc*). **2.** *econ.* speku'lieren (**for, on** auf *Baisse etc;* **in** *Kupfer etc*). **,spec·u'la·tion** *s* **1.** Nachdenken *n,* -sinnen *n,* Grübeln *n.* **2.** Betrachtung *f,* Theo'rie *f,* Spekulati'on *f* (*a. philos.*). **3.** Vermutung *f,* Mutmaßung *f,* Rätselraten *n,* Spekulati'on *f:* **mere** ~. **4.** *econ.* Spekulati'on *f.*

**spec·u·la·tive** ['spekjulətɪv; *Am. a.* ,leɪ-] *adj* (*adv* ~ly) **1.** *philos.* spekula'tiv. **2.** theo'retisch. **3.** nachdenkend, grüblerisch. **4.** forschend, abwägend: **a** ~ **glance. 5.** *econ.* spekula'tiv, Spekula-tions...: ~ **ge·om·e·try** *s math.* spekula'tive Geome'trie.

**spec·u·la·tor** ['spekjuleɪtə(r)] *s econ.* Speku'lant *m.*

**spec·u·lum** ['spekjuləm] *pl* **-la** [-lə] *s* **1.** (Me'tall)Spiegel *m* (*bes. für Teleskope*). **2.** *med.* Spekulum *n,* Spiegel *m.* **3.** *zo.* Spiegel *m* (*Fleck*). ~ **met·al** *s tech.* 'Spiegelme,tall *n.*

---

**sped** [sped] *pret u. pp von* **speed.**

**speech** [spiːtʃ] **I** *s* **1.** Sprache *f,* Sprechvermögen *n:* **to recover one's** ~ die Sprache wiedergewinnen. **2.** Reden *n,* Sprechen *n:* **freedom of** ~ Redefreiheit *f;* → **figure** 7, **silver** 1. **3.** Rede *f,* Äußerung *f:* **to direct one's** ~ **to** das Wort richten an (*acc*). **4.** Gespräch *n:* **to have** ~ **of s.o.** mit j-m reden. **5.** Rede *f,* Ansprache *f,* Vortrag *m,* *jur.* Plädo'yer *n:* ~ **from the throne** *Br.* Thronrede. **6.** a) (Landes)Sprache *f,* b) Dia'lekt *m.* **7.** *Sprech-* od. *Ausdrucksweise f,* Art *f* zu sprechen, Sprache *f:* **in common** ~ in der Umgangssprache, landläufig. **8.** Klang *m* (*e-s Instruments*). **II** *adj* **9.** Sprach..., Sprech..., Rede...: ~ **act** *ling.* Sprechakt *m;* ~ **area** *ling.* Sprachraum *m;* ~ **center** (*bes. Br.* centre) *anat.* Sprechzentrum *n;* ~ **clinic** *med.* Sprachklinik *f;* ~ **community** *ling.* Sprachgruppe *f;* ~ **defect** Sprachfehler *m;* ~ **island** *ling.* Sprachinsel *f;* ~ **map** Sprachenkarte *f;* ~ **melody** *ling.* Sprachmelodie *f,* Intonation *f;* ~ **reading** Lippenlesen *n;* ~ **record** Sprechplatte *f;* ~ **rhythm** *ling.* Sprechrhythmus *m;* ~ **sound** *ling.* Sprachlaut *m,* Phonem *n;* ~ **therapist** *med.* Logopäde *m;* ~ **therapy** *med.* Logopädie *f.* ~ **day** *s* ped. *Br.* (Jahres)Schlußfeier *f.*

**speech·i·fi·ca·tion** [,spiːtʃɪfɪ'keɪʃn] *s contp.* Redenschwingen *n.* **'speech·i·fi·er** [-faɪə(r)] *s* Viel-, Volksredner(in). **'speech·i·fy** [-faɪ] *v/i* Reden schwingen, Volksreden halten.

**'speech·less** *adj* (*adv* ~ly) **1.** *fig.* sprachlos (**with** vor): **the shock left her** ~ der Schreck verschlug ihr die Rede *od.* Sprache *od.* Stimme. **2.** stumm, wortkarg. **3.** *fig.* unsäglich: ~ **grief.** **'speech·less·ness** *s* Sprachlosigkeit *f.*

**'speech,mak·er** *s humor.* Redner *m.*

**speed** [spiːd] **I** *s* **1.** Geschwindigkeit *f,* Tempo *n,* Schnelligkeit *f,* Eile *f:* **at a** ~ **of** mit e-r Geschwindigkeit von; **at full** ~ mit Höchstgeschwindigkeit; **to go at full** ~ sich mit größter Geschwindigkeit bewegen; **full** ~ **ahead** *mar.* volle Kraft voraus; **at the** ~ **of light** mit Lichtgeschwindigkeit; **that's not my** ~ *Am. sl.* das ist nicht mein Fall. **2.** *tech.* Drehzahl *f,* b) *mot. etc* Gang *m:* **three-**~ **bicycle** Fahrrad *n* mit Dreigangschaltung. **3.** *phot.* a) Lichtempfindlichkeit *f* (*des Objektivs*), b) Verschlußgeschwindigkeit *f,* Öffnung *f.* **4.** *obs.* Glück *n:* **good** ~! viel Glück! **5.** *sl.* ,Speed' *m* (*Aufputschmittel, z.B. Amphetamine*). **II** *v/t pret u. pp* **sped** [sped] **6.** (an)treiben. **7.** rasch befördern. **8.** *s-n Lauf etc* beschleunigen, *s-n Weg* schnell gehen *od.* zu'rücklegen. **9.** *pret u. pp* **speed·ed** *meist* ~ **up** a) *e-e Sache* beschleunigen, vor'antreiben, *die Produktion* erhöhen, b) *e-e Maschine* beschleunigen. **10.** *Pfeil* abschießen. **11.** *j-n* fortschicken, schnell verabschieden, *j-m* Lebe'wohl sagen. **12.** *obs. j-m* beistehen: **God** ~ **you!** Gott sei mit dir! **III** *v/i* **13.** (da'hin)eilen, rasen: **the time sped by** die Zeit verging wie im Flug. **14.** *mot.* (zu) schnell fahren: → **speeding. 15.** ~ **up** (*pret u. pp* '**speed·ed**) die Geschwindigkeit erhöhen.

**'speed|·ball** *s sl.* e-e Mischung aus Kokain u. Morphin *od* Heroin. **'~·boat** *s* **1.** *mar.* Schnellboot *n.* **2.** *sport* Rennboot *n.* **~·bump** *s mot. Am.* Rüttelschwelle *f.* ~ **cone** *s tech.* **1.** Stufenscheibe *f.* **2.** (stufenloses regelbares) Riemenkegelgetriebe. ~ **con·trol** *s tech.* **1.** Geschwindigkeitsregelung *f.* **2.** Drehzahlregelung *f.* **~·cop** *s Br. colloq.* ,weiße Maus' (*motorisierter Verkehrspolizist*). **~·count·er** *s bes. mot.* Drehzahlmesser *m,* Tourenzähler *m.* **'speed·er** *s* **1.** *tech.* Geschwindigkeits-

---

regler *m.* **2.** *rail. Am.* Drai'sine *f.* **3.** *mot.* ,Raser' *m.*

**speed in·di·ca·tor** *s* **1.** → speedometer. **2.** → speed counter.

**speed·i·ness** ['spiːdɪnɪs] *s* Schnelligkeit *f.* **'speed·ing** *s mot.* zu schnelles Fahren, Ge'schwindigkeitsüber'tretung *f:* **no** ~! Schnellfahren verboten!

**speed** | **lathe** *s tech.* Schnelldrehbank *f.* ~ **lim·it** *s mot.* Geschwindigkeitsbegrenzung *f,* Tempolimit *n.* ~ **mer·chant** *s mot. Br. sl.* ,Rennsau' *f.*

**speed·o** ['spiːdəʊ] *pl* **-os** *s bes. mot.* ,Tacho' *m* (*Tachometer*).

**speed·om·e·ter** [spɪ'dɒmɪtə(r); *Am.* -'dɑm-] *s bes. mot.* Tacho'meter *n,* Tacho'meter *m,* *n.*

**'speed|·read** *v/t irr* nach der 'Schnellleseme,thode lesen. **'~·read·ing** *s* 'Schnelleseme,thode *f.* ~ **skat·er** *s sport* Eisschnelläufer(in). ~ **skat·ing** *s sport* Eisschnellauf *m.*

**speed·ster** ['spiːdstə(r)] *s mot.* **1.** ,Raser' *m.* **2.** ,Flitzer' *m* (*Sportwagen*).

**speed** | **trap** *s* Autofalle *f.* **'~·up** *s* **1.** Beschleunigung *f,* Temposteigerung *f.* **2.** *econ.* Produkti'onserhöhung *f.* '**~·way** *s* **1.** *sport* a) Speedwayrennen *pl,* b) *a.* ~ **track** Speedwaybahn *f.* **2.** *Am.* a) *mot.* Schnellstraße *f,* b) *sport* Autorennstrecke *f.*

**speed·well** ['spiːdwel] *s bot.* Ehrenpreis *n,* *m.*

**'speed·y** *adj* (*adv* **speedily**) schnell, zügig, rasch, prompt: **to wish s.o. a** ~ **recovery** j-m gute Besserung wünschen.

**speiss** [spaɪs] *s chem.* Speise *f* (*Gemenge von Arseniden*).

**spe·l(a)e·ol·o·gist** [,spelɪ'ɒlədʒɪst; ,spiː-; *Am.* -'ɑl-] *s* Speläo'loge *m,* Höhlenforscher *m.* **,spe·l(a)e·ol·o·gy** [-dʒɪ] *s* Speläolo'gie *f,* Höhlenforschung *f.*

**spel·i·can** ['spelɪkən] → spillikin.

**spell¹** [spel] *pret u. pp* **spelled** *od.* **spelt** [spelt] **I** *v/t* **1.** buchsta'bieren: **to backward** a) rückwärts buchstabieren, b) *fig.* völlig verdrehen. **2.** (ortho'graphisch richtig) schreiben. **3.** bilden, ergeben: **l-e-d** ~s **led. 4.** bedeuten: **it** ~s **trouble. 5.** ~ **out,** ~ **over** (mühsam) entziffern. **6.** *meist* ~ **out** *fig.* a) darlegen, b) (**for s.o.** *j-m*) etwas ,auseinanderklauben'. **II** *v/i* **7.** (richtig) schreiben. **8.** geschrieben werden, sich schreiben: **cad** ~s **c-a-d.**

**spell²** [spel] **I** *s* **1.** Zauber(wort *n*) *m.* **2.** *fig.* Zauber *m,* Bann *m,* Faszinati'on *f:* **to be under a** ~ a) verzaubert sein, b) *fig.* fasziniert *od.* gebannt sein; **to break the** ~ a) den (Zauber)Bann brechen, b) *fig.* den Bann *od.* das Eis brechen: **to cast a** ~ **on** → **3. II** *v/t* **3.** a) verzaubern, b) *fig.* bezaubern, faszi'nieren.

**spell³** [spel] **I** *s* **1.** Arbeit(szeit) *f,* Beschäftigung *f* (**at** mit): **to have a** ~ **at s.th.** sich e-e Zeitlang mit etwas beschäftigen. **2.** (Arbeits)Schicht *f:* **to give s.o. a** ~ → **3.** **3.** *bes. Am.* Anfall *m:* **a** ~ **of coughing** ein Hustenanfall; **a** ~ **of depression** e-e vorübergehende Depression. **4.** a) Zeit (-abschnitt *m*) *f,* b) kurze Zeit, (*ein*) Weilchen *n:* **for a** ~. **5.** *Am. colloq.* ,Katzensprung' *m* (*kurze Strecke*). **6.** *meteor.* Peri'ode *f:* **a** ~ **of fine weather** e-e Schönwetterperiode; **hot** ~ Hitzewelle *f.* **7.** *Austral.* Ruhe(pause) *f.* **II** *v/t* **8.** *Am. j-n* (bei s-r Arbeit) ablösen.

**'spell|·bind** *v/t irr* → spell² 3. **'~·bind·er** *s* faszi'nierender Redner, fesselnder Ro'man *etc.* **'~·bound** *adj u. adv* (wie) gebannt, faszi'niert, gefesselt: **to hold s.o.** ~ j-n fesseln.

**'spell·er** *s* **1.** **to be a good** ~ in der Ortho'phie gut beschlagen sein. **2.** Fibel *f.* **'spell·ing** *s* a) Buchsta'bieren *n,* b) Rechtschreibung *f,* Orthogra'phie *f:* ~ **bee** Rechtschreibewettbewerb *m;* ~

book → speller 2; ~ pronunciation *ling.* buchstabengetreue Aussprache.

**spelt**[1] [spelt] *s bot.* Spelz *m*, Dinkel(weizen) *m*.

**spelt**[2] [spelt] *pret u. pp von* spell[1].

**spel·ter** ['speltə(r)] *s* **1.** *econ.* (Handels-, Roh)Zink *n*. **2.** *a.* ~ **solder** *tech.* Messingschlaglot *n*.

**spe·lunk** [spɪ'lʌŋk] *v/i Am.* Höhlen erforschen (*als Hobby*). **spe'lunk·er** *s* Höhlenforscher *m*.

**spence** [spens] *s Br. dial.* Speisekammer *f od.* -schrank *m*.

**spen·cer**[1] ['spensə(r)] *s hist. u. Damenmode:* Spenzer *m* (*kurze Überjacke*).

**spen·cer**[2] ['spensə(r)] *s mar. hist.* Gaffelsegel *n*.

**spend** [spend] *pret u. pp* **spent** [spent] **I** *v/t* **1.** verbrauchen, aufwenden, ausgeben (on für): to~ money; → penny 1. **2.** verwenden, anlegen (on für): to~ time on one's work Zeit für *od.* auf s-e Arbeit verwenden. **3.** vertun, -geuden, -schwenden, 'durchbringen, unnütz ausgeben: to ~ a fortune in gambling ein Vermögen verspielen. **4.** *Zeit* zu-, verbringen. **5.** (*o.s.* sich) erschöpfen, verausgaben: the storm is spent der Sturm hat sich gelegt. **II** *v/i* **6.** Geld ausgeben, Ausgaben machen. **7.** laichen (*Fische*). **'spend·er** *s*: big~ a) Verschwender(in), b) zahlungskräftiger Kunde.

**'spend·ing** *s* **1.** (*das*) Geldausgeben. **2.** Ausgabe(n *pl*) *f*: government ~ Staatsausgaben. ~ **mon·ey** *s* Taschengeld *n*. ~ **pow·er** *s* Kaufkraft *f*. ~ **u·nit** *s econ.* Verbrauchereinheit *f*.

**spend·thrift** ['spendθrɪft; 'spenθr-] **I** *s* Verschwender(in). **II** *adj* verschwenderisch.

**Spen·se·ri·an** [spen'sɪərɪən] **I** *adj* (Edmund) Spenser betreffend, Spenser... **II** *s* Spenseri'aner *m*. ~ **stan·za** *s metr.* Spenserstanze *f* (*Reimschema a b a b b c b c c*).

**spent** [spent] **I** *pret u. pp von* spend. **II** *adj* **1.** matt, verausgabt, erschöpft, entkräftet: ~ bullet matte Kugel; ~ liquor *tech.* Ablauge *f*. **2.** ausgegeben, verbraucht. **3.** *zo.* (von Eiern *od.* Samen) entleert (*Insekten, Fische*): ~ herring Hering *m* nach dem Laichen. **4.** *Kernphysik:* ausgebrannt (*Brennelement*).

**sperm**[1] [spɜːm; *Am.* spɜrm] *s biol.* **1.** Sperma *n*, Samenflüssigkeit *f*. **2.** Samenzelle *f*.

**sperm**[2] [spɜːm; *Am.* spɜrm] *s* **1.** → spermaceti. **2.** *zo.* → sperm whale. **3.** → sperm oil.

**sper·ma·ce·ti** [ˌspɜːmə'setɪ; -'siː-; *Am.* ˌspɜr-] *s* Walrat *m*.

**sper·ma·ry** ['spɜːmərɪ; *Am.* 'spɜr-] *s physiol.* Keimdrüse *f*.

**sper·mat·ic** [spɜː'mætɪk; *Am.* spɜr-] *adj biol.* sper'matisch, Samen... ~ **cord** Samenstrang *m*. ~ **fil·a·ment** *s* Samenfaden *m*. ~ **flu·id** → sperm[1] 1.

**sper·ma·tid** ['spɜːmətɪd; *Am.* 'spɜr-] *s biol.* Sperma'tide *f*.

**sper·ma·to·blast** ['spɜːmətəʊblæst; *Am.* 'spɜr-; *a.* spɜr,mætə'bl-] *s biol.* Ursamenzelle *f*. ˌsper·ma·to'gen·e·sis [-'dʒenɪsɪs] *s biol.* Spermatoge'nese *f*, Samenbildung *f*. ˌsper·ma·to·ge'net·ic [-dʒɪ'netɪk], ˌsper·ma'tog·e·nous [-'tɒdʒɪnəs; *Am.* -'tɑ-] *adj biol.* spermato'gen.

**sper·ma·to·phore** ['spɜːmətəʊfɔː(r); *Am.* 'spɜr-; *a.* spɜr'mætəf-] *s zo.* Sperma'tophore *f*, Samenträger *m*, -kapsel *f*. **sper·ma·to·phyte** ['spɜːmətəʊfaɪt; *Am.* 'spɜr-] *s bot.* Spermato'phyte *f*, Samenpflanze *f*. ˌsper·ma·tor'rh(o)e·a [-rɪə; *Am.* -'riːə] *s med.* Spermator'rhö(e) *f*, Samenfluß *m* ohne geschlechtliche Erregung. **sper-**

---

**ma·to·zo·id** [ˌspɜːmətəʊ'zəʊɪd; *Am.* ˌspɜr-; *a.* spɜr,mætə'z-] *s biol.* Spermatozo'id *n*. **sper·ma·to·zo·on** [-'zəʊɒn; *Am.* -ɑn] *pl* **-zo·a** [-'zəʊə] *s biol.* Spermato'zoon *n*, Spermium *n*.

**sperm|bank** *s* Samenbank *f*. ~ **cell** *s biol.* **1.** Samenzelle *f*. **2.** Samenfaden *m*, -tierchen *n*. ~ **nu·cle·us** *s biol.* Samenkern *m*.

**sperm oil** *s* Walratöl *n*.

**sper·mo·log·i·cal** [ˌspɜːmə'lɒdʒɪkl; *Am.* ˌspɜrmə'lɑ-] *adj* **1.** *med.* spermato-'logisch. **2.** *bot.* samenkundlich.

**sperm whale** *s zo.* Pottwal *m*.

**spew** [spjuː] **I** *v/i* sich erbrechen, ,spuk-ken', ,speien'. **II** *v/t meist* ~ forth (*od.* out, up) erbrechen, (aus)speien, (aus)spei-ken, auswerfen. **III** *s* (*das*) Erbrochene.

**sphac·e·late** ['sfæsɪleɪt] *v/t u. v/i med.* brandig machen (werden). ˌsphac·e-'la·tion *s med.* Brandbildung *f*. **'sphac·e·lous** *adj med.* gangrä'nös.

**sphaero-** [sfɪərəʊ] *Wortelement mit der Bedeutung* Kugel..., Sphäro...

**sphag·num** ['sfægnəm] *s bot.* Sphagnum *n*, Torf-, Sumpfmoos *n*.

**sphal·er·ite** ['sfæləraɪt] *s min.* Sphale'rit *m*, Zinkblende *f*.

**sphe·ges** ['sfiːdʒiːz] *pl von* sphex.

**sphene** [sfiːn; *bes. Am.* sfiːn] *s min.* Ti-ta'nit *m*.

**sphe·nic** ['sfiːnɪk] *adj* keilförmig.

**sphe·no·gram** ['sfiːnəgræm] *s* Keilschriftbuchstabe *m*. **sphe·nog·ra·phy** [sfɪ'nɒgrəfɪ; *Am.* -'nɑg-] *s* Keilschriftkunde *f*. **'sphe·noid I** *adj* **1.** keilförmig. **2.** *anat.* Keilbein... **II** *s* **3.** *min.* Spheno'id *n*. **sphe'noi·dal** *adj* **1.** *anat.* Keilbein... **2.** *min.* sphenoi'dal.

**sphere** [sfɪə(r)] **I** *s* **1.** Kugel *f* (*a. math.; a. sport colloq.* Ball): doctrine of the ~ *math.* sphärische Trigonometrie, Sphärik *f*. **2.** kugelförmiger Körper, *bes.* Himmelskörper *m*. **3.** *Er- od.* Himmelskugel *f*. **4.** *antiq. astr.* Sphäre *f*: music of the ~s Sphärenmusik *f*. **5.** *poet.* Himmel *m*, Sphäre *f*. **6.** (*Einfluß-, Interessen- etc*) Sphäre *f*, Gebiet *n*, Bereich *m*: ~ of influence (of interest); ~ (of activity) (Wirkungs)Kreis *m*, (Tätigkeits)Bereich *m*. **7.** *fig.* (gesellschaftliche) Um'gebung, Mili'eu *n*. **II** *v/t* **8.** um'geben, um'kreisen. **9.** (kugel)rund machen. **10.** *poet.* in den Himmel heben.

**spher·ic** ['sferɪk; *Am. a.* 'sfɪrɪk] **I** *adj* **1.** *poet.* himmlisch. **2.** kugelförmig. **3.** sphärisch. **II** *s pl* → spherics[1]. **'spher·i·cal** *adj* (*adv* ~ly) **1.** kugelförmig. **2.** *math.* a) Kugel...: ~ sector (segment, *etc*), b) sphärisch: ~ angle (astronomy, geometry, *etc*); ~ triangle sphärisches Dreieck, Kugeldreieck *n*.

**sphe·ric·i·ty** [sfɪ'rɪsətɪ] *s* Kugelgestalt *f*.

**spher·ics**[1] ['sferɪks; *Am. a.* 'sfɪr-] *s pl (als sg konstruiert)* *math.* Sphärik *f*, Kugellehre *f*.

**spher·ics**[2] ['sferɪks; 'sfɪə-] *s pl (als sg konstruiert)* Wetterbeobachtung *f* mit elek'tronischen Geräten.

**sphe·roid** ['sfɪərɔɪd; *Am. a.* 'sfer-] *s math.* Sphäro'id *n*. **II** *adj* → spheroidal.

**sphe·roi·dal** [sfɪə'rɔɪdl; *Am.* 'sfɪə-] *adj (adv* ~ly) sphäro'idisch, kugelig. ˌsphe'roi·dic *adj*, ˌsphe'roi·di·cal *adj (adv* ~ly) spheroidal.

**sphe·roid·ize** ['sfɪərɔɪdaɪz; *Am. a.* 'sfer-] *v/t* weichglühen.

**spher·ule** ['sferjuːl; -ruːl; *Am. a.* 'sfɪə-] *s* Kügelchen *n*. **'spher·u·lite** *s min.* Sphäro'lith *m*.

**spher·y** ['sfɪərɪ] *adj poet.* **1.** sphärisch, Sternen... **2.** Kugel...

**sphex** [sfeks] *pl* **sphe·ges** ['sfiːdʒiːz] *s zo.* Sand-, Grabwespe *f*.

**sphinc·ter** ['sfɪŋktə(r)] *anat.* **I** *s a.* ~

---

muscle Schließmuskel *m*. **II** *adj* Schließ-(muskel)...

**sphinx** [sfɪŋks] *pl* **'sphinx·es** *od.* **sphin·ges** ['sfɪndʒiːz] *s* **1.** *meist* S~ *myth. u. arch.* Sphinx *f* (*a. fig.* rätselhafter Mensch). **2.** *a.* ~ **moth** *zo.* Sphinx *f* (*Nachtfalter*). **3.** *a.* ~ **baboon** *zo.* Sphinxpavian *m*. '~·**like** *adj* sphinxartig (*a. fig.*).

**sphra·gis·tics** [sfrə'dʒɪstɪks] *s pl (als sg konstruiert)* Sphra'gistik *f*, Siegelkunde *f*.

**sphyg·mic** ['sfɪgmɪk] *adj med.* Puls...

**sphyg·mo·gram** ['sfɪgməʊgræm] *s med.* Sphygmo'gramm *n*, Pulskurve *f*. **'sphyg·mo·graph** [-grɑːf; *bes. Am.* -græf] *s med.* Sphygmo'graph *m*, Pulsschreiber *m*. ˌsphyg·mo·ma'nom·e·ter [-məʊmə'nɒmɪtə(r); *Am.* -'nɑm-] *s med.* Sphygmomano'meter *n*, Blutdruckmesser *m*. **sphyg'mom·e·ter** [-'mɒmɪtə(r); *Am.* -'mɑm-] *s med.* Sphygmo'meter *n*, Pulskurvenschreiber *m*.

**spi·ca** ['spaɪkə] *pl* **-cae** [-siː; -kiː] *s* **1.** *bot.* Ähre *f*. **2.** S~ *astr.* Spika *f* (*Stern*). **3.** *med.* Kornährenverband *m*. **'spi·cate** [-keɪt] *adj bot.* a) ährentragend (*Pflanze*), b) ährenförmig (angeordnet) (*Blüte*).

**spice** [spaɪs] **I** *s* **1.** a) Gewürz *n*, Würze *f*, b) *collect.* Gewürze *pl*. **2.** *fig.* Würze *f*: to give ~ to → 4. **3.** *fig.* Beigeschmack *m*, Anflug *m*. **II** *v/t* **4.** würzen, *fig. a.* e-r *Sache* Würze verleihen. '~·**bush** *s bot.* **1.** Falscher Ben'zolstrauch. **2.** Gewürzstrauch *m*.

**spiced** [spaɪst] → spicy 1 *u.* 2.

**spice rack** *s* Gewürzbord *n*.

**spic·er·y** ['spaɪsərɪ] *s* **1.** *collect.* Gewürze *pl.* **2.** → spiciness.

**'spice·wood** → spicebush.

**spic·i·ness** ['spaɪsɪnɪs] *s a. fig.* (*das*) Würzige, (*das*) Pi'kante.

**spick-and-span** [ˌspɪkən'spæn] *adj* **1.** *a.* ~ new funkelnagelneu. **2.** a) blitzsauber, b) ,wie aus dem Ei gepellt' (*Person*).

**spic·u·lar** ['spaɪkjʊlə(r); *bes. Am.* 'spɪk-] *adj* **1.** *zo.* nadelförmig. **2.** *bot.* ährchenförmig.

**spic·ule** ['spaɪkjuːl; *bes. Am.* 'spɪk-] *s* **1.** (Eis- *etc*)Nadel *f*. **2.** *zo.* nadelartiger Fortsatz, *bes.* a) Ske'lettnadel *f* (*e-s Schwammes etc*), b) Stachel *m*. **3.** *bot.* Ährchen *n*.

**spic·y** ['spaɪsɪ] *adj (adv* spicily) **1.** gewürzt, würzig. **2.** würzig, aro'matisch: a ~ perfume. **3.** Gewürz...: ~ isles. **4.** *fig.* gewürzt, witzig: ~ article. **5.** *fig.* pi'kant, ,gepfeffert', schlüpfrig: a ~ anecdote. **6.** *sl.* a) ,gereizt', ,geladen', b) schick.

**spi·der** ['spaɪdə(r)] **I** *s* **1.** *zo.* Spinne *f*. **2.** *bes. Am.* Bratpfanne *f*. **3.** *Am.* Dreifuß *m* (*Untersatz*). **4.** *tech.* a) Armkreuz *n*, b) Drehkreuz *n*, c) Armstern *m* (*e-s Rades*). **5.** *electr.* a) Ständerkörper *m*, b) Zen'trierungsfeder *f* (*im Lautsprecher*). **II** *v/t* **6.** mit e-m Netz feiner Linien *od.* Risse bedecken. ~ **catch·er** *s orn.* **1.** Spinnenfresser *m*. **2.** Mauerspecht *m*. ~ **crab** *s zo.* (*e-e*) Spinnenkrabbe. '~·**like** *adj* spinnenartig. ~ **line** *s meist pl opt. tech.* Faden(kreuz *n*), Ablese(linie *f*). '~·**man** [-mæn] *s irr arch. bes. Br. colloq.* Mon'teur *m* für 'Stahlkonstrukti,onen. ~ **mon·key** *s zo.* (*ein*) Klammeraffe *m*.

**spi·der's web** → spider web.

**spi·der|web** *s* Spinn(en)gewebe *n* (*a. fig.*). '~·**work** *s* mit feinen Fäden über-'sponnene Spitzen- *od.* Fi'letarbeit. **'spi·der·y** *adj* **1.** spinnenartig, Spinnen... **2.** spinnwebartig. **3.** voll von Spinnen.

**spiel** [spiːl] *bes. Am. sl.* **I** *s* **1.** a) Werbesprüche *pl*, b) ,Masche' *f*, ,Platte' *f*: to give s.o. a ~ a) j-n zu e-m Kauf *etc* beschwatzen, b) j-m ,ein Loch *od.* Löcher in den Bauch reden'. **II** *v/i* **2.** s-e Werbesprüche ,her'unterrasseln'. **3.** Reden schwingen. **III** *v/t* **4.** ~ off etwas

*Auswendiggelerntes* ‚her'unterrasseln'.
**'spiel·er** *s sl.* **1.** *bes. Am.* Marktschreier *m.* **2.** *Rundfunk, TV: bes. Am.* (Werbe-)Ansager *m.* **3.** *bes. Austral.* a) Falschspieler *m*, b) Gauner *m.*

**spiff·ing** ['spɪfɪŋ] *adj sl.* ‚(tod)schick', ‚toll'.

**spif·fli·cate** → spiflicate.

**spiff·y** ['spɪfɪ] → spiffing.

**spif·li·cate** ['spɪflɪkeɪt] *v/t sl.* **1.** ‚es j-m besorgen'. **2.** den Garaus machen (*dat*).

**spig·ot** ['spɪgət] *s tech.* **1.** (Faß)Zapfen *m.* **2.** Zapfen *m (e-s Hahns).* **3.** (Faß-, *Am.* Leitungs)Hahn *m.* **4.** Muffenverbindung *f (bei Röhren).*

**spike¹** [spaɪk] *s bot.* **1.** (Gras-, Korn)Ähre *f.* **2.** (Blüten)Ähre *f.*

**spike²** [spaɪk] **I** *s* **1.** Stift *m*, Spitze *f*, Stachel *m*, Dorn *m.* **2.** *tech.* (Haken-, Schienen)Nagel *m*, Bolzen *m.* **3.** Eisenspitze *f (am Zaun).* **4.** *sport* a) Spike *m*, b) *pl* Spikes *pl (Rennschuhe etc).* **5.** *pl mot.* Spikes *pl (am Reifen).* **6.** *hunt.* Spieß *m (e-s Junghirsches).* **7.** *med.* Zacke *f (in der Fieberkurve etc).* **8.** *electr.* a) nadelförmiger Im'puls, b) *a. Rundfunk, TV:* 'Überschwingspitze *f.* **9.** *ichth.* junge Ma'krele. **10.** → spike heel. **11.** *Volleyball:* Schmetterschlag *m.* **II** *v/t* **12.** festnageln. **13.** mit (Eisen)Spitzen *etc* versehen. **14.** aufspießen. **15.** *sport* mit den Spikes verletzen. **16.** *mil. Geschütz* vernageln: **to ~ s.o.'s guns** *fig.* j-m e-n Strich durch die Rechnung machen. **17.** *fig. Am.* ‚erledigen'. **18.** a) e-n Schuß Alkohol geben in (*ein Getränk*), b) *fig.* würzen, ‚pfeffern'. **19.** *Volleyball: Ball* schmettern. **20.** *Journalismus: Story* ablehnen.

**spiked¹** [spaɪkt] *adj bot.* ährentragend.

**spiked²** [spaɪkt] *adj* **1.** mit Nägeln *od.* (Eisen)Spitzen (*versehen*): **~ shoes** → spike² 4b; **~ helmet** Pickelhaube *f.* **2.** mit Schuß (*Getränk*).

**spike| heel** *s* Pfennigabsatz *m (am Damenschuh).* **~ lav·en·der** *s bot.* Spieke *f.*

**spike·nard** ['spaɪknɑː(r)d] *s* **1.** La'vendelöl *n.* **2.** *bot.* Indische Narde. **3.** *bot.* Traubige A'ralie.

**spike oil** → spikenard 1.

**spik·y** ['spaɪkɪ] *adj* **1.** spitz, stach(e)lig. **2.** *Br. colloq.* a) eigensinnig, b) empfindlich.

**spile** [spaɪl] **I** *s* **1.** (Faß)Zapfen *m*, Spund *m.* **2.** Pflock *m*, Pfahl *m.* **II** *v/t* **3.** verspunden. **4.** anzapfen. **'~·hole** *s tech.* Spundloch *n.*

**spil·i·kin** → spillikin.

**spill¹** [spɪl] *s* **1.** (Holz)Splitter *m.* **2.** Fidibus *m.*

**spill²** [spɪl] **I** *v/t pret u. pp* **spilled** [spɪld] *od.* **spilt** [spɪlt] **1.** *a.* **~ out** ver-, ausschütten, 'überlaufen lassen: → milk 1. **2.** *Blut* vergießen. **3.** ver-, um'herstreuen: **to ~ sand.** **4.** *mar. Segel* killen lassen. **5.** a) *e-n Reiter* abwerfen, b) *j-n* schleudern. **6.** *sl.* ausplaudern: → bean 1. **II** *v/i* **7.** *a.* **~ out** 'überlaufen, verschüttet werden. **8.** *a.* **~ over** *a. fig.* sich ergießen (**into** *in acc*). **9.** **~ over** *fig.* wimmeln (**with** von). **10.** *sl.* ‚auspacken', ‚singen' (**to** bei). **III** *s* **11.** Vergießen *n.* **12.** 'Überlaufen *n.* **13.** Sturz *m (vom Pferd etc).* **14.** *econ.* Preis-, Kurssturz *m.*

**spill·age** ['spɪlɪdʒ] *s* **1.** → spill² 11, 12. **2.** (*das*) Vergossene *od.* 'Übergelaufene.

**spil·li·kin** ['spɪlɪkɪn] *s* a) Mi'kadostäbchen *n*, b) *pl (als sg konstruiert)* Mi'kado(spiel) *n.*

**'spill·way** *s tech.* 'Abflußka,nal *m*, 'Überlauf(rinne *f*) *m.*

**spilt** [spɪlt] *pret u. pp von* spill².

**spin** [spɪn] **I** *v/t pret spun* [spʌn], *obs.* **span** [spæn], *pp* **spun** **1.** *bes. tech.* (zu Fäden) spinnen: **to ~ flax (wool,** *etc*). **2.** spinnen: **to ~ thread (yarn).** **3.** *tech.*

(durch e-e Düse) spinnen: **to ~ synthetic fibers** (*bes. Br.* fibres). **4.** *tech.* (*meist im pp*) *Gold, Glas etc* fadendünn ausziehen: **spun gold.** **5.** schnell drehen, (her'um-) wirbeln, *e-n Kreisel* drehen: **to ~ a top.** **6.** *aer.* das Flugzeug trudeln lassen. **7.** *Wäsche* schleudern. **8.** *e-e Schallplatte* ‚laufen lassen'. **9.** *e-e Münze* hochwerfen. **10.** *fig.* a) sich *etwas* ausdenken, erzählen: **~ yarn** 3. **11.** *meist* **~ out** in die Länge ziehen, ausspinnen, ‚strecken': **to ~ out a story.** **12.** **~ out** *e-e Suppe etc* ‚strecken'. **13.** *sport Ball* mit Ef'fet schlagen. **14.** mit künstlichem Köder angeln. **15.** *Br. sl.* e-n Kandidaten ‚durchrasseln' lassen. **II** *v/i* **16.** spinnen. **17.** *a.* **~ round** her'umwirbeln: **to send s.o.** **~ning** j-n zu Boden schleudern; **my head ~s** mir dreht sich alles. **18.** *a.* **~ along** da'hinsausen. **19.** *a.* **~ away** *fig.* schnell *od.* wie im Flug verfliegen. **20.** *aer.* trudeln. **21.** *Br. sl.* ‚durchrasseln' (*Prüfungskandidat*). **22.** *mot.* 'durchdrehen (*Räder*). **III** *s* **23.** (*das*) Her'umwirbeln. **24.** schnelle Drehung, Drall *m.* **25.** *phys.* Spin *m*, Drall *m (des Elektrons).* **26.** **to go for a ~** *colloq.* e-e Spritztour machen. **27.** *aer.* a) (Ab-)Trudeln *n:* **flat ~** flaches Trudeln, Flachtrudeln; **to go into a ~** abtrudeln; **to be in a (flat) ~** *bes. Br. colloq.* ‚am Rotieren sein'; **to send s.o. into a (flat) ~** *bes. Br. colloq.* j-n ‚zum Rotieren bringen', b) 'Sturzspi,rale *f.* **28.** Schleudern *n (der Wäsche).* **29.** *sport* Ef'fet *m:* **to give (a) ~ to the ball** dem Ball Effet geben.

**spin·ach**, *obs.* **spin·age** ['spɪnɪdʒ; *bes. Am.* -nɪtʃ] *s* **1.** *bot.* Spi'nat *m.* **2.** *Am. sl.* a) ekelhaftes Zeug, b) Gestrüpp *n, bes.* Bart *m*, c) ‚Mist' *m.*

**spi·nal** ['spaɪnl] *adj anat.* spi'nal, Rückgrat..., Wirbel..., Rückenmarks... **~ ar·ter·y** *s* 'Rückenmark,arterie *f.* **~ col·umn** *s* Wirbelsäule *f*, Rückgrat *n.* **~ cord** *s* Rückenmark *n.* **~ cur·va·ture** *s* Krümmung *f* der Wirbelsäule. **~ mar·row** → spinal cord. **~ nerve** *s* Spi'nalnerv *m.*

**spin·dle** ['spɪndl] **I** *s* **1.** *tech.* a) (Hand-)Spindel *f*, b) Welle *f*, Achszapfen *m*, c) Drehbankspindel *f*, d) Triebstock *m.* **2.** *Garnmaß:* a) für Baumwolle = 15 120 *yards*, b) für Leinen = 14 400 *yards.* **3.** *tech.* Hydro'meter *n.* **4.** *biol.* Kernspindel *f.* **5.** *bot.* Spindel *f.* **II** *v/i* **6.** (auf)schießen (*Pflanze*). **7.** in die Höhe schießen (*Person*). **'~·legged** *adj* storchbeinig. **'~·legs, '~·shanks** *s pl* **1.** Storchbeine *pl.* **2.** (*als sg konstruiert*) ‚Storchbein'.

**spin·dling** ['spɪndlɪŋ], **'spin·dly** *adj* lang u. dünn, spindeldürr.

**,spin-'dri·er** → spin-dryer.

**'spin·drift** *s mar.* Nebel *m (von zerstäubtem Wasser).*

**,spin|-'dry** *v/t Wäsche* schleudern. **,~-'dry·er** *s* (Wäsche)Schleuder *f.*

**spine** [spaɪn] *s* **1.** *bot. zo.* Stachel *m.* **2.** *anat.* Wirbelsäule *f*, Rückgrat *n (a. fig. fester Charakter).* **3.** (Gebirgs)Grat *m.* **4.** *tech.* Buchrücken *m.* **spined** *adj* **1.** *bot. zo.* stach(e)lig, Stachel... **2.** *anat.* Rückgrat..., Wirbel...

**spi·nel** [spɪ'nel] *s min.* Spi'nell *m.*

**'spine·less** *adj* **1.** stachellos. **2.** ohne Rückgrat, rückgratlos (*a. fig.*). **3.** geschmeidig.

**spin·et** [spɪ'net; *Am. bes.* 'spɪnət] *s mus.* Spi'nett *n.*

**spi·nif·er·ous** [spaɪ'nɪfərəs] *adj* stach(e)lig, stacheltragend.

**spi·ni·form** ['spaɪnɪfɔː(r)m] *adj* dornen-, stachelförmig, spitz(ig).

**spin·na·ker** ['spɪnəkə(r)] *s mar.* Spinnaker *m*, großes Dreieckssegel.

**spin·ner** ['spɪnə(r)] *s* **1.** *poet. od. dial.*

Spinne *f.* **2.** Spinner(in). **3.** *tech.* 'Spinnma,schine *f.* **4.** Kreisel *m.* **5.** (Po'lier-)Scheibe *f.* **6.** *aer.* Pro'pellerhaube *f.* **7.** Blinker *m*, Spinner *m (der Angel).* **8.** a) *Kricket:* Ef'fetball *m*, b) *American Football:* Drehung *f (Täuschungsmanöver).* **9.** *zo.* → spinneret 1. **10.** *zo.* → goatsucker.

**spin·ner·et** ['spɪnəret; *Am. bes.* ,spɪnə'ret] *s* **1.** *zo.* Spinndrüse *f.* **2.** *tech.* Spinndüse *f.*

**spin·ner·y** ['spɪnərɪ] *s tech.* Spinne'rei *f.*

**spin·ney** ['spɪnɪ] *s Br.* Dickicht *n.*

**spin·ning** ['spɪnɪŋ] *s* **1.** Spinnen *n.* **2.** Gespinst *n.* **3.** *aer.* Trudeln *n.* **~ e·lec·tron** *s phys.* 'umlaufendes Elektron. **~ frame** *s tech.* 'Spinnma,schine *f.* **~ jen·ny** *s tech.* 'Feinspinnma,schine *f.* **~ mill** *s* Spinne'rei *f.* **~ top** *s* Kreisel *m (Spielzeug).* **~ wheel** *s tech.* Spinnrad *n.*

**'spin-off** *s* **1.** *tech.* 'Neben-, 'Abfallpro,dukt *n.* **2.** *fig.* Neben-, Begleiterscheinung *f.*

**spi·nose** ['spaɪnəʊs] *adj bes. bot.* stach(e)lig. **spi·nos·i·ty** [-'nɒsɪtɪ; *Am.* -'nɑs-] *s* Stach(e)ligkeit *f.*

**spi·nous** ['spaɪnəs] *adj bot. zo.* stach(e)lig.

**spin·ster** ['spɪnstə(r)] *s* **1.** älteres Fräulein, alte Jungfer; **~ aunt** unverheiratete Tante. **2.** *jur. Br.* a) unverheiratete Frau, b) *(nach dem Namen)* ledig: **Miss Jones, ~.** **'spin·ster·hood** *s* **1.** Alt'jüngferlichkeit *f.* **2.** Alt'jungfernstand *m.* **3.** lediger Stand (*der Frau*). **'spin·ster·ish**, **'spin·ster·ly** *adj* alt'jüngferlich.

**spi·nule** ['spaɪnjuːl] *s bot. zo.* Stachel *m.* **'spin·u·lose** [-jʊləʊs], **'spin·u·lous** [-ləs] *adj zo.* stach(e)lig.

**spin·y** ['spaɪnɪ] *adj* **1.** *bot. zo.* stach(e)lig. **2.** *fig.* heikel, schwierig. **~ lob·ster** *s zo.* Gemeine Lan'guste *f.*

**spi·ra·cle** ['spaɪərəkl; *Am.* 'spɪrɪkəl; 'spaɪ-] *s* **1.** Atem-, Luftloch *n, bes. bot. zo.* Tra'chee *f.* **2.** *zo.* Spritzloch *n (bei Walen etc).* **spi·rac·u·lar** [spɪ'rækjʊlə(r); spaɪ-] *adj* Atem-, Luftloch...

**spi·rae·a** [spaɪ'rɪə; -'riːə] *s bot.* Spi'räe *f*, Geißbart *m.*

**spi·ral** ['spaɪərəl] **I** *adj* (*adv* ~ly) **1.** gewunden, schrauben-, schneckenförmig, spi'ral, Spiral...: **~ balance** (Spiral)Federwaage *f*; **~ conveyor** → 5a; **~ fracture** *med.* Spiralbruch *m*; **~ gear(ing)** *tech.* Schraubenradgetriebe *n*; **~ nebula** → 7; **~ spring** → 5b; **~ staircase** Wendeltreppe *f.* **2.** *math.* spi'ralig, Spiral... **II** *s* **3.** a) Spi'rale *f*, b) Windung *f (e-r* Spi'rale). **4.** *math.* Spi'rale *f*, Spi'ral-, Schneckenlinie *f.* **5.** *tech.* a) Förderschnecke *f*, b) Spi'ralfeder *f.* **6.** *electr.* a) Spule *f*, Windung *f*, b) Wendel *m (bei Glühlampen).* **7.** *astr.* Spi'ralnebel *m.* **8.** *aer.* Spi'rale *f*, Spi'ralflug *m.* **9.** *econ.* (*Lohn-, Preis- etc*)Spi'rale *f.* **III** *v/t pret u. pp* **-raled**, *bes. Br.* **-ralled** **10.** spi'ralig machen. **11.** *a.* **~ up (down)** *Preise etc* hin'auf- (her'unter)schrauben. **IV** *v/i* **12.** *a.* **~ up (down)** sich spi'ralförmig nach oben (unten) bewegen (*a. fig. Preise, Kosten etc*). **13.** *a.* **~ up (down)** spi'ralförmig aufwärts (abwärts) fliegen.

**spi·rant** ['spaɪərənt] *ling.* **I** *s* Spirans *f*, Reibelaut *m.* **II** *adj* spi'rantisch.

**spire¹** [spaɪə(r)] *s* **1.** → spiral 3. **2.** *zo.* Gewinde *n.*

**spire²** [spaɪə(r)] **I** *s* **1.** (Dach-, Turm-, *a.* Baum-, Berg)Spitze *f.* **2.** Kirchturm *m.* **3.** spitz zulaufender Körper *od.* Teil, *z. B. zo.* (Geweih)Gabel *f.* **4.** *bot.* a) (Blüten-)Ähre *f*, b) Sprößling *m*, c) Grashalm (-spitze *f*) *m.* **II** *v/i* **5.** spitz zulaufen, gipfeln. **6.** *dial.* aufschießen (*Pflanze*). **III** *v/t* **7.** **~ up** auftürmen. **8.** mit e-r Spitze versehen, spitz zulaufen lassen.

**spi·re·a** → spiraea.
**spired**[1] ['spaɪə(r)d] *adj* spi'ralförmig.
**spired**[2] ['spaɪə(r)d] *adj* **1.** spitz (zulaufend). **2.** spitztürmig.
**spi·rem(e)** ['spaɪriːm] *s biol.* Knäuelstadium *n*, Spi'rem *n* (*in der Zellteilung*).
**spi·ril·lum** [spaɪ'rɪləm] *pl* **-la** [-lə] *s med.* 'Schraubenbak̦terie *f*, Spi'rille *f*.
**spir·it** ['spɪrɪt] **I** *s* **1.** *allg.* Geist *m*. **2.** Geist *m*, Odem *m*, Lebenshauch *m*. **3.** Geist *m*: a) Seele *f* (*e-s Toten*), b) Gespenst *n*. **4.** S~ (göttlicher) Geist. **5.** Geist *m*, (innere) Vorstellung: **in (the)** ~ im Geiste (*nicht wirklich*). **6.** (*das*) Geistige, Geist *m*: **the world of the ~** die geistige Welt. **7.** Geist *m*: a) Gesinnung *f*, (*Gemein- etc*)Sinn *m*, b) Cha'rakter *m*, c) Sinn *m*: **the ~ of the law; that's the ~!** *colloq.* so ist's recht!; → **enter into** 4. **8.** *meist pl* Gemütsverfassung *f*, Stimmung *f*: **in high (low) ~s** in gehobener (gedrückter) Stimmung; **as (od. if, when) the ~ moves** (*od.* **takes**) **one** wenn e-m danach zumute ist. **9.** *fig.* Feuer *n*, Schwung *m*, E'lan *m*, Mut *m*, *pl a.* Lebensgeister *pl*: **full of ~s** voll Feuer, voller Schwung; **when(ever) the ~ moves me** wenn es mich überkommt, wenn ich Lust dazu verspüre. **10.** (Mann *m* von) Geist *m*, Kopf *m*. **11.** *fig.* Seele *f*, treibende Kraft (*e-s Unternehmens etc*). **12.** (Zeit)Geist *m*: **the ~ of the age** (*od.* **times**). **13.** *chem.* a) Spiritus *m*: ~ **lamp**, b) Destil'lat *n*, Geist *m*, Spiritus *m*: ~ **of ether** *pharm.* Hoffmannstropfen *pl*; ~**(s) of hartshorn** Hirschhorn-, Salmiakgeist; ~**(s) of wine** Weingeist. **14.** *pl* alko'holische *od.* geistige Getränke *pl*, Spiritu'osen *pl*. **15.** *a. pl chem. Am.* Alkohol *m*. **16.** Färberei: (*bes.* Zinn)Beize *f*. **II** *v/t* **17.** *a.* ~ **up** aufmuntern, anstacheln. **18.** ~ **away**, ~ **off** wegschaffen, -zaubern, verschwinden lassen.
**spir·it·ed** ['spɪrɪtɪd] *adj* (*adv* ~**ly**) **1.** le'bendig, lebhaft, tempera'ment-, schwungvoll. **2.** e'nergisch, kühn, beherzt. **3.** feurig (*Pferd etc*). **4.** (geist-) sprühend, le'bendig (*Rede, Buch etc*). **5.** (*in Zssgn*) ...gesinnt: → **public-spirited**, b) ...gestimmt: → **low-spirited**, *etc.* '**spir·it·ed·ness** *s* **1.** Lebhaftigkeit *f*, Le'bendigkeit *f*, Tempera'ment *n*. **2.** Ener'gie *f*, Beherztheit *f*. **3.** (*in Zssgn*) a) ...sinn *m*: → **public-spiritedness**, b) ...stimmung *f*: → **low-spiritedness**, *etc.*
**spir·it·ism** ['spɪrɪtɪzəm] *s* Spiri'tismus *m*. '**spir·it·ist** *s* Spiri'tist *m*. ,**spir·it·is·tic** *adj* spiri'tistisch.
'**spir·it·less** *adj* (*adv* ~**ly**) **1.** geistlos. **2.** schwunglos, schlapp. **3.** lustlos. **4.** mutlos. '**spir·it·less·ness** *s* **1.** Geistlosigkeit *f*. **2.** Schwunglosigkeit *f*. **3.** Lustlosigkeit *f*. **4.** Mutlosigkeit *f*.
**spir·it lev·el** *s tech.* Nivel'lier-, Wasserwaage *f*.
**spi·ri·to·so** [ˌspɪrɪ'təʊsəʊ] *adj u. adv mus.* lebhaft, munter.
**spir·it rap·ping** *s* Spiritismus *m*: Geisterklopfen *n* (*Kommunikation mit Geistern Verstorbener durch Klopfzeichen*).
**spir·it·u·al** ['spɪrɪtjʊəl; -tʃʊəl; *Am.* -tʃəwəl] **I** *adj* (*adv* ~**ly**) **1.** geistig, unkörperlich. **2.** geistig, innerlich, seelisch: ~ **life** Seelenleben *n*. **3.** vergeistigt. **4.** göttlich (inspi'riert): **the ~ law** das göttliche Recht; **the ~ man** *od.* die innerste, eigentliche Natur des Menschen, b) *Bibl.* der wiedergeborene, erlöste Mensch. **5.** a) religi'ös, b) kirchlich, c) geistlich: ~ **court** (*song, etc*); ~ **director** *R.C.* geistlicher Ratgeber; ~ **incest** *relig.* geistlicher Inzest. **6.** intellektu'ell, geistig. **7.** geistreich, -voll. **8.** geistig: ~ **father**. **II** *s* **9.** *mus.* (Neger)Spiritual *n*.

**10.** *pl* geistige *od.* geistliche Dinge *pl*.
'**spir·it·u·al·ism** *s* **1.** Geisterglaube *m*, Spiri'tismus *m*. **2.** *philos.* a) Spiritua'lismus *m*, b) meta'physischer Idea'lismus. **3.** (*das*) Geistige. '**spir·it·u·al·ist** *s* **1.** *philos.* Spiritua'list *m*, Idea'list *m*. **2.** Spiri'tist *m*. ,**spir·it·u·al·is·tic** *adj* **1.** *philos.* spiritua'listisch. **2.** spiri'tistisch.
**spir·it·u·al·i·ty** [ˌspɪrɪtjʊ'ælɪtɪ; -tʃʊ-; *Am.* -tʃə'wæl-] *s* **1.** (*das*) Geistige. **2.** (*das*) Geistliche. **3.** Unkörperlichkeit *f*, geistige Na'tur. **4.** *oft pl hist.* geistliche Rechte *pl od.* Einkünfte *pl*. '**spir·it·u·al·ize** [-əlaɪz] *v/t* **1.** vergeistigen. **2.** im übertragenen Sinne deuten.
**spir·it·u·ous** ['spɪrɪtjʊəs; -tʃʊəs; *Am.* -tʃəwəs; -təs] *adj* **1.** alko'holisch: ~ **liquors** Spirituosen *pl*. **2.** destil'liert.
**spi·ro·ch(a)ete** ['spaɪrəʊkiːt] *s med. zo.* Spiro'chäte *f*.
**spi·rom·e·ter** [ˌspaɪə'rəmɪtə(r); *Am.* spaɪ'ram-] *s med.* Spiro'meter *n*, Atmungsmesser *m*. '**spi·ro·phore** [-rəfɔː(r)] *s med.* 'Sauerstoffappa̦rat *m*.
**spirt** → **spurt**[2]. [wunden.]
**spir·y**[1] ['spaɪərɪ] *adj* spi'ralförmig, ge-
**spir·y**[2] ['spaɪərɪ] *adj* **1.** spitz zulaufend. **2.** vieltürmig.
**spit**[1] [spɪt] **I** *v/i pret u. pp* **spat** [spæt], *selten* **spit 1.** a) spucken (**on** auf *acc*): **to ~ (up)on** (*od.* **at**) **s.o.** j-n anspucken; **to ~ in s.o.'s eye** (*od.* **face**) j-m ins Gesicht spucken, *fig.* j-m s-e Verachtung zeigen, b) ausspucken. **2.** *impers* sprühen (*fein regnen*). **3.** fauchen, zischen (*Katze etc*): **to ~ at s.o.** j-n anfauchen. **4.** (her'aus-) sprudeln, (-)spritzen (*kochendes Wasser etc*). **II** *v/t* **5.** *a.* ~ **out** (aus)spucken. **6.** *Feuer etc* speien, spucken. **7.** *oft* ~ **out** *fig.* *Worte* (heftig) her'vorstoßen, fauchen, zischen: ~ **it out!** *colloq.* nun sag's schon! **III** *s* **8.** Spucke *f*, Speichel *m*: ~ **and polish** *mar. mil. colloq.* a) Putz- u. Flickstunde *f*, b) peinliche Sauberkeit, c) Leutescha̦nderei *f*: ~**-and-polish** *colloq.* ,wie aus dem Ei gepellt'. **9.** (Aus-) Spucken *n*. **10.** Fauchen *n* (*e-r Katze etc*). **11.** Sprühregen *m*. **12.** *colloq.* Eben-, Abbild *n*: **she is the ~ (and image)** (*Br. a.* **the dead ~**) **of her mother** sie ist ihrer Mutter wie aus dem Gesicht geschnitten.
**spit**[2] [spɪt] **I** *s* **1.** (Brat)Spieß *m*. **2.** *geogr.* Landzunge *f*. **3.** spitz zulaufende Sandbank. **II** *v/t* **4.** an e-n Bratspieß stecken. **5.** aufspießen.
**spit**[3] [spɪt] *s* Spatenstich *m*.
'**spit·ball** *s Am. colloq.* **1.** (gekautes) Pa'pierkügelchen (*als Wurfgeschoß*). **2.** Baseball: mit Speichel *od.* Schweiß angefeuchteter Ball.
**spitch·cock** ['spɪtʃkɒk; *Am.* -ˌkɑk] **I** *s* Brat-, Röstaal *m*. **II** *v/t* e-n Aal *etc* zerlegen u. zubereiten.
**spit curl** *s Am.* ,Schmachtlocke' *f*.
**spite** [spaɪt] **I** *s* **1.** Boshaftigkeit *f*, Bosheit *f*, Gehässigkeit *f*: **from pure** (*od.* **in cold, out of**) ~ aus reiner Bosheit; ~ **fence** als reine Schikane errichteter Zaun; ~ **marriage** Heirat *f* aus Trotz (*gegenüber e-m Dritten*). **2.** Groll *m*: **to have a ~ against s.o.** e-n Groll auf j-n haben. **3.** **in** ~ **of** trotz, ungeachtet (*gen*): **in** ~ **of that** dessenungeachtet, trotzdem; **in** ~ **of o.s.** unwillkürlich. **II** *v/t* **4.** j-m ,eins auswischen': → **nose** Bes. Redew. '**spite·ful** *adj* (*adv* ~**ly**) boshaft, gehässig. '**spite·ful·ness** → **spite** 1.
'**spit·fire** *s* **1.** Hitzkopf *m*, *bes.* ,Drachen' *m* (*streitsüchtige Frau*). **2.** feuerspeiender Vul'kan.
**spit·ting im·age** ['spɪtɪŋ] → **spit**[1] 12.
**spit·tle** ['spɪtl] *s* Spucke *f*, Speichel *m*.
**spit·toon** [spɪ'tuːn] *s* Spucknapf *m*.
**spitz (dog)** [spɪts] *s zo.* Spitz *m* (*Haushund*).

**spiv** [spɪv] *s Br. sl.* Schieber *m*, Schwarzhändler *m*.
**splanch·nic** ['splæŋknɪk] *adj anat.* Eingeweide...: ~ **nerve** Splanchnikus *m*. **splanch'nol·o·gy** [-'nɒlədʒɪ; *Am.* -'nɑl-] *s med.* Eingeweidelehre *f*, Splanchnolo'gie *f*.
**splash** [splæʃ] **I** *v/t* **1.** (mit Wasser *od.* Schmutz *etc*) bespritzen. **2.** a) *Wasser etc* spritzen, gießen (**on, over** über *acc*): **to ~ around** herumspritzen mit; **to ~ one's money about** bes. Br. colloq. mit Geld um sich werfen, b) *Farbe etc* klatschen (**on** auf *acc*). **3.** ~ **s-n Weg** patschend bahnen. **4.** (be)sprenkeln. **5.** *colloq.* (*in der Zeitung*) in großer Aufmachung bringen, groß her'ausstellen. **6.** *Plakate etc* anbringen (**on** an *dat*). **7.** *a.* ~ **out** *Am.* ,hinhauen', skiz'zieren. **II** *v/i* **8.** spritzen. **9.** platschen: a) planschen: **to ~ about** (*od.* **around**) herumplanschen, b) plumpsen: **to ~ down** wassern, eintauchen (*Raumkapsel*). **10.** klatschen (*Regen*). **11.** ~ **out** *bes. Br. colloq.* ,e-n Haufen Geld rausschmeißen' (**on** für). **III** *adv u. interj* **12.** platschend, p(l)atsch(!), klatsch(!). **IV** *s* **13.** Spritzen *n*. **14.** Klatschen *n*, Platschen *n*, ,Platsch' *m*. **15.** Schwapp *m*, Guß *m*. **16.** Spritzer *m*, (Spritz)Fleck *m*. **17.** (Farb-, Licht-) Fleck *m*. **18.** *colloq.* a) Aufsehen *n*, Sensati'on *f*: **to make a ~** Aufsehen erregen, Furore machen, b) große Aufmachung (*in der Presse etc*): **to get a ~** groß herausgestellt werden, c) protziger Aufwand. **19.** *Br. colloq.* Schuß *m* (Soda-) Wasser. '~**board** *s tech.* Schutzblech *n*, -brett *n*. '~**down** *s* Wasserung *f*, Eintauchen *n* (*e-r Raumkapsel*).
'**splash·er** *s* **1.** Spritzende(r *m*) *f*. **2.** Schutzblech *n*. **3.** Wandschoner *m*.
**splash guard** *s mot. etc Am.* Spritzschutz *m* (*am Hinterrad*). ~ **lu·bri·ca·tion** *s tech.* Tauch(bad)schmierung *f*. ~ **par·ty** *s Am.* a) Party *f am* Swimmingpool, b) Strandparty *f*. '~**proof** *adj tech.* spritzwassergeschützt. ~ **wa·ter** *s tech.* Schwallwasser *n*.
'**splash·y** *adj* **1.** spritzend. **2.** platschend. **3.** bespritzt. **4.** matschig. **5.** *colloq.* sensatio'nell, ,toll'.
**splat·ter** ['splætə(r)] **I** *v/t* **1.** (mit Wasser *od.* Schmutz *etc*) bespritzen. **2.** a) *Wasser etc* spritzen, gießen (**on, over** über *acc*): **to ~ about** (*od.* **around**) herumspritzen mit, b) *Farbe etc* klatschen (**on** auf *acc*). **II** *v/i* **3.** spritzen. **4.** platschen: a) planschen: **to ~ about** (*od.* **around**) herumplanschen, b) plumpsen. **5.** klatschen (*Regen*).
**splay** [spleɪ] **I** *v/t* **1.** ausbreiten, ausdehnen. **2.** *arch.* ausschrägen. **3.** (ab)schrägen. **4.** *bes. vet.* *Schulterknochen* ausrenken (*bei Pferden*). **II** *v/i* **5.** ausgeschrägt sein. **III** *adj* **6.** breit u. flach. **7.** gespreizt, auswärts gebogen: ~ **foot** → **splayfoot** I. **8.** schief, schräg. **9.** *fig.* linkisch. **IV** *s* **10.** *arch.* Ausschrägung *f*.
'**splayed** *adj* → **splay** 7, 8.
'**splay·foot** *med.* **I** *s irr* Spreiz-, Plattfuß *m*. **II** *adj* mit Spreiz- *od.* Plattfüßen (behaftet). ,~**foot·ed** *adj* **1.** → **splayfoot** II. **2.** *fig.* linkisch.
**spleen** [spliːn] **I** *s* **1.** *anat.* Milz *f*. **2.** *fig.* schlechte Laune. **3.** *obs.* Hypochon'drie *f*, Melancho'lie *f*. **4.** *obs.* Spleen *m*, ,Tick' *m*. '**spleen·ful**, '**spleen·ish** *adj* (*adv* ~**ly**) **1.** mürrisch, griesgrämig, übelgelaunt. **2.** hypo'chondrisch, melan'cholisch.
**sple·nal·gi·a** [splɪ'nældʒə] *s med.* Milzschmerz *m*, Seitenstechen *n*.
**splen·dent** ['splendənt] *adj min. od. fig.* glänzend, leuchtend.
**splen·did** ['splendɪd] *adj* (*adv* ~**ly**) **1.** glänzend, großartig, herrlich, prächtig

*(alle a. colloq.):* ~ **isolation** *pol. hist.*
Splendid isolation *f (Bündnislosigkeit
Englands im 19. Jh.).* **2.** glorreich: ~ **vic-
tory. 3.** großartig, wunderbar, her'vor-
ragend: ~ **talents.** '**splen·did·ness** *s*
**1.** Glanz *m*, Pracht *f.* **2.** Großartig-
keit *f.*
**splen·dif·er·ous** [splen'dɪfərəs] *adj
colloq. od. humor.* herrlich, prächtig.
**splen·dor,** *bes. Br.* **splen·dour** ['splen-
də(r)] *s* **1.** heller Glanz. **2.** Pracht *f,* Herr-
lichkeit *f.* **3.** Prunk *m.* **4.** Großartigkeit *f,*
Bril'lanz *f.*
**sple·net·ic** [splɪ'netɪk] **I** *adj (adv ~ally)*
**1.** *anat.* Milz... **2.** *med.* milzkrank. **3.** *fig.*
mürrisch, griesgrämig, übelgelaunt.
**4.** *obs.* hypo'chondrisch, melan'cholisch.
**II** *s* **5.** *med.* Milzkranke(r *m*) *f.* **6.** *fig.*
mürrischer Mensch. **7.** *obs.* Hypo'chon-
der *m,* Melan'choliker *m.*
**splen·ic** ['splenɪk; 'spliː-] *adj med.*
Milz...: ~ **fever** Milzbrand *m.*
**sple·ni·tis** [splɪ'naɪtɪs] *s med.* Sple'nitis *f,*
Milzentzündung *f.*
**sple·ni·us** ['spliːnɪəs] *pl* **-ni·i** [-nɪaɪ] *s
anat.* Spleniusmuskel *m.*
**splen·i·za·tion** [ˌsplenɪ'zeɪʃn; ˌspliː-] *s
med.* Splenisati'on *f (milzartige Verdich-
tung der Lunge).*                    [bruch *m.*]
**sple·no·cele** ['spliːnəʊsiːl] *s med.* Milz-⌡
**sple·no·meg·a·ly** [ˌspliːnəʊ'megəlɪ;
*Am.* ˌsplen-] *s med.* Splenomega'lie *f,*
krankhafte Milzvergrößerung.
**splice** [splaɪs] **I** *v/t* **1.** *mar. tech.* zs.-
splissen, spleißen: → **main brace.**
**2.** durch Falz verbinden. **3.** *(an den En-
den)* mitein'ander verbinden, zs.-fügen,
*bes. Filmstreifen etc* (zs.-)kleben: **to ~ in**
einfügen; **splicing tape** Klebeband *n.*
**4.** *e-n Strumpf etc (an Ferse u. Zehen)*
verstärken. **5.** *colloq.* verheiraten: **to get
~d** getraut werden. **II** *s* **6.** *mar. tech.*
Spleiß *m,* Splissung *f:* **to sit on the ~**
*(Kricket)* (zu) vorsichtig spielen. **7.** *tech.*
(Ein)Falzung *f.* **8.** *tech.* Klebestelle *f (an
Filmen etc).* **9.** *colloq.* Hochzeit *f.*
**spline** [splaɪn] **I** *s* **1.** längliches, dünnes
Stück Holz od. Me'tall. **2.** *(Art)* 'Kurven-
line͜al *n.* **3.** *tech.* a) Keil *m,* Splint *m,*
b) (Längs)Nut *f.* **II** *v/t* **4.** *tech.* a) ver-
keilen, b) (längs)nuten.
**splint** [splɪnt] **I** *s* **1.** *med.* Schiene *f:* **in ~s**
geschient. **2.** *anat.* → **splint bone 1.
3.** *tech.* Span *m.* **4.** *vet.* a) → **splint bone**
2, b) Knochenauswuchs *m od.* Tumor *m
(am Pferdefuß).* **5.** *min.* Schieferkohle *f.*
**6.** *hist.* Armschiene *f (e-r Rüstung).* **II** *v/t*
**7.** schienen.
**splint|bas·ket** *s* Spankorb *m.* ~ **bone** *s*
**1.** *anat.* Wadenbein *n.* **2.** *vet.* Knochen des
Pferdehufes hinter dem Schienbein. ~**coal**
→ **splint 5.**
**splin·ter** ['splɪntə(r)] **I** *s* **1.** *(a.* Bomben-,
Knochen- *etc)*Splitter *m,* Span *m.* **2.** *fig.*
Splitter *m,* Bruchstück *n.* **II** *v/t* **3.** zer-
splittern *(a. fig.).* **III** *v/i* **4.** zersplittern *(a.
fig.).* **5.** ~ **off** a) absplittern, b) *fig.* sich
absplittern (**from** von). ~ **bar** *s* tech.
Ortscheit *n.* ~ **group** *s* Splittergruppe *f.* ~
**par·ty** *s pol.* 'Splitterpar͜tei *f.* '~**proof**
*adj* splittersicher. '**splin·ter·y** *adj*
**1.** *bes. min.* splitt(e)rig, schief(e)rig.
**2.** leicht splitternd. **3.** Splitter...
**split** [splɪt] **I** *v/t pret u. pp* **split,** *selten*
'**split·ted 1.** (zer-, auf)spalten, (zer)tei-
len, schlitzen: **to ~ straws** (allzu) pedan-
tisch sein; **to ~ words** wortklauberisch
sein; ~ **hair** *Bes. Redew.* **2.** zerreißen: **to ~
side 4. 3.** *fig.* zerstören. **4.** (unterein'an-
der) (auf)teilen, sich in *etwas* teilen: **to ~
the profits;** **to ~ a bottle** e-e Flasche
zusammen trinken; **to ~ the difference**
a) *econ.* sich in die Differenz teilen,
b) sich auf halbem Wege einigen; **to ~
shares** *(bes. Am.* **stocks)** Aktien splitten;

**to ~ one's vote(s)** *(od.* **ticket)** *pol. Am.*
panaschieren; **to ~ up** a) auf-, unterglie-
dern, b) auseinanderreißen. **5.** trennen,
entzweien, *e-e Partei etc* spalten, *sport das
Feld* ausein'anderreißen. **6.** *sl.* *(absichtlich
od. unabsichtlich)* verraten. **7.** *Am. colloq.
Whisky etc* 'spritzen', mit Wasser verdün-
nen. **8.** *phys.* a) *Atome etc* (auf)spalten,
b) *Licht* zerlegen: **to ~ off** abspalten.
**II** *v/i* **9.** sich (auf)spalten, reißen.
**10.** zerspringen, (-)platzen, bersten: **my
head is ~ting** *fig.* ich habe rasende Kopf-
schmerzen. **11.** a) zerschellen *(Schiff),*
b) *fig.* scheitern. **12.** sich entzweien *od.*
spalten (**on, over** wegen *gen*): **to ~ off** sich
abspalten. **13.** sich spalten *od.* teilen (**into**
in *acc).* **14.** ab-, losgetrennt werden.
**15.** sich teilen (**on** in *acc).* **16. to ~ on** s.o.
(**to**) *sl.* a) *bes. ped.* j-n 'verpetzen' (bei),
b) j-n 'verpfeifen' (bei). **17.** *colloq.* sich
schütteln vor Lachen. **18.** *pol. bes. Am.*
pana'schieren. **19.** *sl.* 'abhauen', ver-
schwinden.
**III** *s* **20.** Spalt *m,* Riß *m,* Sprung *m.*
**21.** abgespaltener Teil, Bruchstück *n.*
**22.** *fig.* Spaltung *f (e-r Partei etc).* **23.** *fig.*
Entzweiung *f,* Zerwürfnis *n,* Bruch *m.*
**24.** Splittergruppe *f.* **25.** *(bes.* Ba'nanen-)
Split *m.* **26.** *colloq.* halbe Flasche *(Mineral-
wasser etc).* **27.** *colloq.* halbgefülltes
(Schnaps- *etc)*Glas. **28.** *oft pl a)* Akrobatik,
*Tanz etc:* Spa'gat *m:* **to do the ~s** e-n
Spagat machen, b) *Turnen:* Grätsche *f.*
**29.** *tech.* Schicht *f (von Spaltleder).* **30.** *Br.
sl.* a) (Poli'zei)Spitzel *m,* b) Denunzi'ant *m.*
**IV** *adj* **31.** zer-, gespalten, geteilt, Spalt...:
~ **ends** (Haar)Spliß *m.* **32.** *fig.* gespalten,
zerrissen: **to be ~ (on the issue)** uneinig
*od.* gespalten sein (in der Sache). **33.** *econ.*
geteilt: ~ **quotation** in Sechzehnteln ge-
gebene Notierung.
**split| bear·ing,** ~ **box** *s tech.* Schalen-
lager *n.* ~ **cloth** *s med.* Binde *f* mit mehre-
ren Enden. ~ **de·ci·sion** *s Boxen:* nicht
einstimmiges Urteil. ~ **hide** *s* Spaltleder *n.*
~ **in·fin·i·tive** *s ling.* gespaltener Infini-
tiv *(z.B.* **I want to really finish it).** ~
~'**lev·el** *arch.* **I** *adj* mit Zwischenstock-
werken: ~ **house** → **II. II** *s* Halbgeschoß-
haus *n.* ~ **peas(e)** *s pl* halbe Erbsen *pl (für
Püree etc).* ~ **per·son·al·i·ty** *s psych.*
gespaltene Per'sönlichkeit. '~**phase
mo·tor** *s electr.* Wechselstrommotor *m*
mit Spaltphase. ~ **s** *aer.* Abschwung *m.* ~
~'**sec·ond** *s* Bruchteil *m* e-r Se'kunde. ~
~'**sec·ond watch** *s sport* Stoppuhr *f* mit
zwei Zeigern *(für volle u. Bruchteile von
Sekunden).*
**split·ter** ['splɪtə(r)] *s* **1.** Spalter *m.* **2.** *tech.*
a) Spalteisen *n,* b) 'Spaltma͜schine *f.* **3.** *fig.*
Haarspalter(in).
**split tick·et** *s pol. Am.* Wahlzettel *m* mit
Stimmen für Kandi'daten mehrerer Par-
'teien.
**split·ting** ['splɪtɪŋ] **I** *adj* **1.** *(ohren- etc)*zer-
reißend. **2.** heftig, rasend: **a ~ headache.
3.** blitzschnell. **4.** zwerchfellerschütternd:
**a ~ farce. II** *s* **5.** *tech.* (Zer)Spaltung *f:* **the
~ of the atom** die Atomspaltung. **6.** *econ.*
Splitting *n:* a) Aktienteilung *f,* b) Besteue-
rung *e-r Ehepartners zur Hälfte des ge-
meinsamen Einkommens.*
'**split-up** *s* **1.** → **split 22. 2.** → **split 23.
3.** *econ.* (Aktien)Split *m.*
**splodge** [splɒdʒ; *Am.* splɑdʒ], **splotch**
[splɒtʃ; *Am.* splɑtʃ] **I** *s* (Schmutz)Fleck *m,*
Klecks *m.* **II** *v/t* beklecksen. '**splotch·y**
*adj* fleckig, schmutzig.
**splurge** [splɜːdʒ; *Am.* splɜrdʒ] *colloq.* **I** *s*
**1.** protziges Getue, 'Angabe' *f,* 'Schau' *f.*
**2.** verschwenderischer Aufwand. **3.** Luxus
*m,* Extrava'ganz *f.* **II** *v/i* **4.** protzen, 'an-
geben', e-e 'Schau abziehen'. **5.** prassen,
'Orgien feiern'. **III** *v/t* **6.** *Geld* hemmungs-
los ausgeben (**on** für). '**splurg·y** *adj Am.*

*colloq.* **1.** angeberisch, protzig. **2.** extra-
va'gant.
**splut·ter** ['splʌtə(r)] **I** *v/i* **1.** stottern.
**2.** 'stottern', 'kotzen' *(Motor).* **3.** zischen
*(Braten etc).* **4.** klecksen *(Schreibfeder).*
**5.** spritzen, platschen *(Wasser etc).* **II** *v/t*
**6.** *Worte* her'aussprudeln, -stottern. **7.** ver-
spritzen. **8.** bespritzen, 'bekleckern'. **9.** j-n
(beim Sprechen) bespucken. **III** *s*
**10.** Geplapper *n.* **11.** Spritzen *n.* **12.** Spru-
deln *n.* **13.** Zischen *n.* **14.** *mot.* 'Stottern' *n.*
**Spode,** *a.* **s~** [spəʊd] *s* verziertes Porzel'lan
*(aus Staffordshire).*
**spoil** [spɔɪl] **I** *v/t pret u. pp* **spoiled**
[spɔɪld], *a.* **spoilt** [spɔɪlt] **1.** *etwas, a.* j-m
**den Appetit, den Spaß** *etc* verderben, rui-
'nieren, vernichten, *e-n Plan* vereiteln. **2.** a)
*j-s Charakter etc* verderben, b) *ein Kind*
verwöhnen, -ziehen: **a ~ed brat** ein ver-
zogener Fratz; **the ~ed child of fortune**
Fortunas Lieblingskind. **3.** *(pret u. pp nur
~ed)* berauben (**of** *gen*), (aus)plündern.
**II** *v/i* **4.** verderben, 'ka'puttgehen',
schlecht werden *(Obst etc).* **5. to be ~ing
for** brennen auf *(acc):* **to be ~ing for a
fight** streitlustig sein, Streit suchen.
**6.** *(pret u. pp nur ~ed)* plündern, rauben.
**III** *s* **7.** *meist pl (Sieges)*Beute *f,* Raub *m.*
**8.** Beute(stück *n*) *f.* **9.** *meist pl bes. Am.*
a) Ausbeute *f,* b) *pol.* Gewinn *m,* Einkünfte
*pl (e-r Partei nach dem Wahlsieg):* **the ~s of
office** der Profit aus e-m öffentlichen
Amt. **10.** *fig.* Errungenschaft *f,* Gewinn *m,*
Schatz *m.* **11.** *pl* 'Überreste *pl (von den
Mahlzeiten e-s Tieres).*
**spoil·age** ['spɔɪlɪdʒ] *s* **1.** *print.* Makula'tur
*f,* Fehldruck *m.* **2.** *bes. econ.* Verderb *m (von
Waren).*
'**spoil·er** *s* **1.** Plünderer *m,* Räuber *m.*
**2.** Verderber *m.* **3.** *aer.* Störklappe *f.* **4.** *mot.*
Spoiler *m.*
'**spoil·five** *s* Kartenspiel, von 2 *od.* mehr
*Personen mit je 5 Karten gespielt.*
'**spoils·man** [-mən] *s irr pol. Am.* j-d, der
nach der Futterkrippe strebt.
'**spoil·sport** *s* Spielverderber(in).
**spoils sys·tem** *s pol. Am.* 'Futterkrippen-
sy͜stem *n.*
**spoilt** [spɔɪlt] *pret u. pp von* **spoil.**
**spoke**[1] [spəʊk] **I** *s* **1.** (Rad)Speiche *f.*
**2.** (Leiter)Sprosse *f.* **3.** *mar.* Spake *f (des
Steuerrads).* **4.** Bremsvorrichtung *f:* **to put
a ~ in s.o.'s wheel** *fig.* j-m e-n Knüppel
zwischen die Beine werfen'. **II** *v/t* **5.** *das
Rad* a) verspeichen, b) (ab)bremsen.
**spoke**[2] [spəʊk] *pret u. obs. pp von* **speak.**
**spoke bone** *s anat.* Speiche *f.*
**spo·ken** ['spəʊkən] **I** *pp von* **speak. II** *adj*
**1.** gesprochen, mündlich: ~ **English** ge-
sprochenes Englisch. **2.** *(in Zssgn)* ...spre-
chend: ~ **soft-spoken,** *etc.*
'**spokes·man** [-mən] *s irr* Wortführer *m,*
Sprecher *m.* '**spokes͜wom·an** *s irr*
Wortführerin *f,* Sprecherin *f.*
**spo·li·ate** ['spəʊlɪeɪt] **I** *v/t* (aus)plündern,
berauben. **II** *v/i* plündern. ˌ**spo·li·a·tion**
*s* **1.** Plünderung *f,* Beraubung *f.* **2.** *mar. mil.*
a) *kriegsrechtliche Plünderung neutraler
Schiffe,* b) Vernichtung *f* der ('Schiffs')Pa-
͜piere *(zur Verschleierung von Ziel u. La-
dung des Schiffes).* **3.** *jur.* unberechtigte
Änderung *(e-s Dokuments).*
**spon·da·ic** [spɒn'deɪɪk; *Am.* spɑn-] *adj
metr.* spon'deisch. '**spon·dee** [-diː] *s
metr.* Spon'deus *m.*
**spon·du·licks, spon·du·lix** [spɒn-
'djuːlɪks] *s pl Am. sl.* 'Zaster' *m (Geld).*
**spon·dyl(e)** ['spɒndɪl; *Am.* 'spɑn-] *s anat.
zo.* Wirbelknochen *m.*
**spon·dy·li·tis** [ˌspɒndɪ'laɪtɪs; *Am.*
ˌspɑn-] *s med.* Spondy'litis *f,* Wirbelent-
zündung *f.*
**spon·dy·lus** ['spɒndɪləs; *Am.* 'spɑn-] *s*
**1.** *anat.* (Rücken)Wirbel *m.* **2.** *zo.* Klapp-
muschel *f.*

**sponge** [spʌndʒ] **I** s **1.** zo., a. weitS. Schwamm m: **to pass the ~ over** fig. aus dem Gedächtnis löschen, vergessen; **to throw in** (od. **up**) **the ~** (Boxen) das Handtuch werfen (a. fig. sich geschlagen geben); **to have a memory like a ~** ein Gedächtnis haben wie ein Sieb. **2.** fig. colloq. Schma'rotzer m, ‚Nassauer' m (Person). **3.** gastr. a) aufgegangener Teig, b) lockerer, gekochter Pudding, c) → **sponge cake. 4.** med. Tupfer m. **5.** mil. Wischer m (zum Reinigen des Geschützes). **II** v/t **6.** (mit e-m Schwamm) reinigen: **to ~ down** abreiben; **to ~ off** (od. **away**) weg-, abwischen. **7.** meist **~ out** auslöschen (a. fig.). **8. ~ up** Wasser etc (mit e-m Schwamm) aufsaugen, -nehmen. **9.** fig. colloq. (kostenlos) ‚ergattern', ‚schnorren' (from von): **to ~ a dinner. III** v/i **10.** sich vollsaugen. **11.** Schwämme sammeln. **12.** fig. colloq. schma'rotzen, ‚nassauern': **to ~ on** s.o. auf j-s Kosten leben. **~bag** s Br. Toi'lettenbeutel m. **~bath** → sponge-down. **~cake** s Bis'kuitkuchen m. **~cloth** s (Art) Frot'tee n. **'~-down** s Abreibung f (mit e-m Schwamm).

**spong·er** ['spʌndʒə(r)] s **1.** Reiniger m. **2.** tech. a) Deka'tierer m, b) Deka'tierma,schine f. **3.** Schwammtaucher m, -sammler m. **4.** → sponge 2.

**sponge rub·ber** s Schaumgummi m.

**spon·gi·ness** ['spʌndʒɪnɪs] s Schwammigkeit f, Porosi'tät f.

**spong·ing house** ['spʌndʒɪŋ] s jur. hist. Wohnung e-s Gerichtsdieners, in der ein Schuldgefangener vorübergehend untergebracht wurde.

**spon·gy** ['spʌndʒɪ] adj **1.** Schwamm..., schwamm(art)ig. **2.** schwammig, po'rös. **3.** locker. **4.** sumpfig, matschig.

**spon·sal** ['spɒnsl; Am. 'spɑn-] adj hochzeitlich, Hochzeits...

**spon·sion** ['spɒnʃn; Am. 'spɑn-] s **1.** ('Übernahme f e-r) Bürgschaft f. **2.** jur. pol. (von e-m nicht bes. bevollmächtigten Vertreter) für den Staat übernommene Verpflichtung.

**spon·son** ['spɒnsn; Am. 'spɑn-] s **1.** mar. Radgehäuse n. **2.** mar. mil. seitliche Geschützplattform. **3.** aer. Stützschwimmer m. **4.** seitlicher Ausleger (e-s Kanus).

**spon·sor** ['spɒnsə(r); Am. 'spɑn-] **I** s **1.** Bürge m, Bürgin f. **2.** (Tauf)Pate m, (-)Patin f: **to stand ~ to** (od. **for**) (bei) j-m Pate stehen. **3.** Förderer m, Gönner(in). **4.** Schirmherr(in). **5.** Geldgeber m, Sponsor m. **II** v/t **6.** bürgen für. **7.** fördern. **8.** die Schirmherrschaft (gen) über'nehmen. **9.** Rundfunk-, Fernsehsendung, Sportler etc sponsern. **spon'so·ri·al** [-'sɔːrɪəl; Am. a. -'soʊ-] adj Paten...

**'spon·sor·ship** s **1.** Bürgschaft f. **2.** Patenschaft f. **3.** Gönnerschaft f. **4.** Schirmherrschaft f.

**spon·ta·ne·i·ty** [ˌspɒntəˈneɪətɪ; -'niː-; Am. ˌspɑn-] s **1.** Spontanei'tät f, Freiwilligkeit f, eigener Antrieb. **2.** (das) Impul'sive, impul'sives od. spon'tanes Handeln. **3.** Ungezwungenheit f, Na'türlichkeit f.

**spon·ta·ne·ous** [spɒn'teɪnjəs; -ɪəs; Am. spɑn-] adj (adv **~ly**) **1.** spon'tan: a) plötzlich, impul'siv, b) freiwillig, von innen her'aus (erfolgend), c) ungekünstelt, ungezwungen, na'türlich. **2.** unwillkürlich. **3.** bot. wildwachsend. **4.** selbsttätig, spon'tan, von selbst (entstanden): **~ combustion** phys. Selbstverbrennung f; **~ generation** biol. Urzeugung f; **~ ignition** tech. Selbstentzündung f; **~ly** inflammable selbstentzündlich. **spon'ta·ne·ous·ness** → spontaneity.

**spon·toon** [spɒn'tuːn; Am. spɑn-] s mil. hist. Spon'ton m (Halbpike).

**spoof** [spuːf] colloq. **I** s **1.** a) Ulk m, b) Humbug m, Schwindel m. **2.** Paro'die f

(of auf acc). **II** v/t **3.** a) verulken, b) beschwindeln. **4.** paro'dieren. **III** v/i **5.** schwindeln.

**spook** [spuːk] **I** s **1.** colloq. Spuk m, Gespenst n. **2.** Am. sl. ‚komischer Kauz'. **3.** Am. sl. Ghostwriter m. **4.** Am. sl. Spi'on m. **II** v/t **5.** Am. colloq. e-n Ort heimsuchen (Gespenst). **6.** Am. colloq. j-m e-n Schrecken einjagen. **7.** Am. sl. ein Buch als Ghostwriter schreiben (for s.o. für j-n). **III** v/i **8.** Am. colloq. (in panischer Furcht) da'vonhetzen. **'spook·y**, a. **'spook·ish** adj colloq. **1.** spukhaft, gespenstisch, schaurig: **~ house** Spukhaus n. **2.** Am. schreckhaft.

**spool** [spuːl] **I** s Spule f: a **~ of thread** e-e Rolle Zwirn. **II** v/t u. v/i (sich) (auf-) spulen.

**spoon** [spuːn] **I** s **1.** Löffel m. **2.** bes. mar. Löffelruder(blatt) n. **3.** (Angeln) Blinker m. **4.** sport Spoon m (Golfschläger). **5.** mar. mil. Führungsschaufel f (am Torpedorohr). **6.** sl. Einfaltspinsel m. **II** v/t **7.** meist **~ up**, **~ out** auslöffeln. **8. ~ out** (löffelweise) austeilen. **9.** löffelartig aushöhlen od. formen. **10.** sport den Ball schlenzen. **III** v/i **11.** mit e-m Blinker angeln. **12.** sl. obs. ‚schmusen'. **~bait** → spoon 3. **'~bill** s orn. **1.** Löffelreiher m. **2.** Löffelente f. **~bit** s tech. Löffelbohrer m. **~bread** s Am. (Art) Auflauf m. **~chis·el** s tech. Hohlmeißel m. **'~drift** → spindrift.

**spoon·er·ism** ['spuːnərɪzəm] s (un)beabsichtigtes Vertauschen von Buchstaben od. Silben (z.B. queer old dean statt dear old queen; nach Rev. W. A. Spooner).

**'spoon|-feed** v/t irr **1.** mit dem Löffel füttern. **2.** fig. auf-, hochpäppeln, a. verwöhnen. **3.** ~ to s.th. to s.o. (for s.o.) a) j-m etwas ‚vorkauen', b) j-m etwas eintrichtern. **4.** fig. (geistig) bevormunden. **'~ful** [-fʊl] s (ein) Löffel(voll) m. **~meat** s (Kinder-, Kranken)Brei m, ‚Papp' m.

**spoon·y** ['spuːnɪ] adj sl. obs. verliebt, ‚verknallt' (on in j-n).

**spoor** [spʊə(r)] hunt. **I** s Spur f, Fährte f. **II** v/t aufspüren. **III** v/i e-e Spur verfolgen.

**spo·rad·ic** [spə'rædɪk] adj (adv **~ally**) spo'radisch, gelegentlich, vereinzelt (auftretend).

**spo·range** [spə'rændʒ], **spo'ran·gi·um** [-'dʒɪəm] pl **-gi·a** [-dʒɪə] s 'Sporan,gium n, Sporenträger m, -kapsel f.

**spore** [spɔː(r); Am. a. 'spəʊər] s **1.** biol. Spore f, Keimkorn n. **2.** fig. Keim(zelle f) m. **~case** s → sporange. **~fruit** s bot. Sporenfrucht f.

**spo·rif·er·ous** [spɔː'rɪfərəs] adj bot. sporentragend, -bildend.

**spo·ro·gen·e·sis** [ˌspɔːrəʊ'dʒenɪsɪs; Am. a. ˌspəʊrə-] s biol. Sporoge'nese f, Entstehung f von Sporen. **spo'rog·e·nous** [spɔː'rɒdʒɪnəs; Am. -'rɑ-; a. spə-] adj **1.** bot. sporo'gen, sporenbildend. **2.** zo. sich durch Sporen fortpflanzend.

**spo·ro·phyll** ['spɔːrəʊfɪl; Am. a. 'spəʊrə-] s bot. Sporo'phyll n, sporentragendes Blatt.

**spo·ro·zo·a** [ˌspɔːrə'zəʊə; Am. a. ˌspəʊ-] s pl Sporo'zoen pl, Sporentierchen pl.

**spor·ran** ['spɒrən] s beschlagene Felltasche (Schottentracht).

**sport** [spɔː(r)t; Am. a. 'spəʊərt] **I** s **1.** oft pl Sport m: **to go in for ~s** Sport treiben. **2.** a) 'Sport(art f, -diszi,plin f) m, b) engS. Jagd- od. Angelsport m. **3.** Kurzweil f, Zeitvertreib m. **4.** Spaß m, Scherz m: **in ~** zum Scherz, im Spaß. **5.** Spott m: **to make ~ of** sich lustig machen über (acc). **6.** Zielscheibe f des Spottes. **7.** fig. Spielball m: **the ~ of Fortune. 8.** colloq. feiner od. anständiger Kerl, ‚Pfundskerl' m: **be a good ~** a) sei kein Spielverderber, b) sei ein guter Kerl, nimm es nicht übel. **9.** Am. colloq. a) Sportbegeisterte(r) m, bes. Spieler m, b) Genießer m. **10.** pl ped. Br. Sportfest n. **11.** biol. Spiel-, Abart f. **12.** obs. Liebe'lei f. **II** adj **13.** Am. sportlich, Sport... **III** v/i **14.** sich belustigen. **15.** sich tummeln, her'umtollen. **16.** obs. sich lustig machen (**with** über acc). **17.** biol. mu'tieren. **18.** obs. tändeln. **IV** v/t **19.** colloq. stolz (zur Schau) tragen, sich sehen lassen mit, protzen mit: **he ~ed a green tie;** → oak 4. **20.** meist **~ away** Geld, Zeit etc vergeuden, verschwenden.

**sport clothes** Am. für sports clothes. **~coat** Am. für sports coat.

**'sport·ing** adj (adv **~ly**) **1.** a) Sport...: **~ editor**, b) Jagd...: **~ gun. 2.** sportlich, sporttreibend: **~ holiday(s** pl) (bes. Am. **vacation**) Sporturlaub m; **~ motorist** sportlicher Fahrer. **3.** sportlich, fair, anständig: **a ~ chance** e-e faire Chance. **4.** unter'nehmungslustig, mutig. **~ house** s Am. colloq. Freudenhaus n.

**'spor·tive** adj (adv **~ly**) **1.** a) mutwillig, b) verspielt. **2.** spaßhaft, lustig.

**'sports** adj Sport... **~bi·cy·cle** s Sportrad n. **~car** s Sportwagen m. **'~cast** s Rundfunk, TV: Am. Sportsendung f. **'~,cast·er** s Rundfunk, TV: Am. 'Sportre,porter m. **~clothes** s pl **1.** Sportkleidung f. **2.** Freizeitkleidung f. **~coat** s Sportsakko m, n. **~day** s ped. Br. Sportfest n. **~ed·i·tor** s 'Sportredak,teur m. **~jack·et** s Sportsakko m, n. **'~man** [-mən] s irr **1.** Sportler m, Sportsmann m. **2.** anständiger Kerl. **'~man·like** adj sportlich, fair. **'~man·ship** s sportliches Benehmen, Fairneß f. **~med·i·cine** s 'Sportmedi,zin f. **'~wear** → sports clothes. **'~wom·an** s irr Sportlerin f. **'~writ·er** s 'Sportjourna,list m.

**'sport·y** adj colloq. **1.** angeberisch, auffallend. **2.** modisch. **3.** vergnügungssüchtig. **4.** sportlich, fair.

**spor·u·late** ['spɒrjʊleɪt; -rʊ-] v/i bot. Sporen bilden. **'spor·ule** [-juːl; -ruːl] s biol. (kleine) Spore.

**spot** [spɒt; Am. spat] **I** s **1.** (Schmutz-, Rost- etc)Fleck(en) m: → knock 5. **2.** fig. Schandfleck m, Makel m: **without a ~** makellos. **3.** (Farb)Fleck m, Tupfen m (a. zo.): → leopard 1. **4.** med. a) Leberfleck m, Hautmal n, b) Pustel f, Pickel m. **5.** Stelle f, Fleck m, Ort m, Platz m: **on the ~** a) auf der Stelle, vom Fleck weg, sofort, b) an Ort u. Stelle, vor Ort, c) zur Stelle, da, d) auf dem Posten, ‚auf Draht', e) Am. colloq. in (Lebens)Gefahr: **to be on the** (od. **in a**) **~**, ‚in der Klemme' sein od. sitzen od. stecken; **to put s.o. on the ~** colloq. a) j-n in Verlegenheit bringen, b) Am. beschließen, j-n ‚umzulegen' (töten); **in ~s** Am. colloq. a) stellenweise, b) in gewisser Weise; **soft ~** fig. Schwäche f (**for** für); **sore** (od. **tender**) **~** fig. wunder Punkt, empfindliche Stelle, Achillesferse f; **on the ~ of four** Punkt 4 (Uhr); → high spot. **6.** Fleckchen n, Stückchen n: **a ~ of ground. 7.** thea. colloq. (Pro'gramm)Nummer f, Auftritt m. **8.** colloq. a) Bissen n, Häppchen n, b) Tropfen m, Schluck m: **a ~ of whisky,** c) (ein) bißchen n: **a ~ of rest. 9.** bes. Am. colloq. a) Nachtklub m, b) Amü'sierbetrieb m: → hot spot 2. **10.** Rundfunk, TV: (Werbe)Spot m. **11.** a) Billard: Point m, b) Am. Auge n (auf Würfeln etc). **12.** orn. Maskentaube f. **13.** ichth. Umberfisch m. **14.** → spotlight I. **15.** → sunspot. **16.** pl econ. Lokowaren pl.

**II** adj **17.** econ. a) so'fort lieferbar, b) so'fort zahlbar (bei Lieferung), c) bar,

Bar…: ~ **goods** → 16. **18.** örtlich begrenzt, lo'kal. **19.** gezielt, Punkt…: → **spot check.**
**III** v/t **20.** beflecken (a. fig.). **21.** tüpfeln, sprenkeln. **22.** colloq. entdecken, erspähen, her'ausfinden. **23.** pla'cieren: **to ~ a** billiard ball. **24.** mil. genau ausmachen. **25.** von Flecken reinigen. **26.** Bäume anschalmen.
**IV** v/i **27.** e-n Fleck od. Flecke machen. **28.** flecken, fleckig werden. **29.** impers it's **~ting with rain** Br. es tröpfelt.
**spot| an·nounce·ment** → spot 10. ~ **ball** s Billard: auf den Point stehender Ball. ~ **busi·ness** s econ. Lokogeschäft n. ~ **cash** s econ. Barzahlung f, so'fortige Kasse. ~ **check** s Stichprobe f: **vehicle~** Verkehrskontrolle f. ~**·check** [ı-'tʃek; Am. '-ıtʃ-] v/t stichprobenweise über-'prüfen.
**'spot·less** adj (adv ~ly) a. fig. fleckenlos, rein, unbefleckt. **'spot·less·ness** s a. fig. Fleckenlosigkeit f, Reinheit f, Unbeflecktheit f.
**'spot|·light I** s **1.** thea. (Punkt)Scheinwerfer(licht n) m. **2.** fig. Rampenlicht n (der Öffentlichkeit): **in the ~** im Brennpunkt des Interesses. **3.** mot. Suchscheinwerfer m. **II** v/t **4.** anstrahlen. **5.** fig. die Aufmerksamkeit lenken auf (acc). ~ **mar·ket** s econ. Spotmarkt m. ~**·news** pl (als sg konstruiert) Kurznachrichten pl. ~**·'on** adj Br. colloq. haargenau: **to be ~** ,sitzen' (Ausdruck etc). ~ **price** s econ. Kassapreis m, -kurs m.
**spot·ted** ['spɒtıd; Am. 'spɑ-] adj **1.** gefleckt, getüpfelt, gesprenkelt, scheckig. **2.** fig. befleckt, besudelt. **3.** med. Fleck…: ~ **fever** a) Fleckfieber b) Genickstarre f.
**spot·ter** ['spɒtə; Am. 'spatər] s **1.** Am. colloq. Detek'tiv m. **2.** mil. (Luft)Aufklärer m, Artille'riebeobachter m. **3.** Luftschutz: Flugmelder m.
**spot test** s Stichprobe f.
**spot·ti·ness** ['spɒtınıs; Am. 'spɑ-] s **1.** (das) Fleckige, Fleckigkeit f (a. TV). **2.** fig. (das) Uneinheitliche.
**spot·ting** ['spɒtıŋ; Am. 'spɑ-] s **1.** Fleckenbildung f. **2.** Erspähen n, Entdecken n. **3.** mil. a) Schlußbeobachtung f, b) Aufklärung f.
**spot·ty** ['spɒtı; Am. 'spɑ-] adj (adv spottily) **1.** → spotted 1. **2.** pickelig. **3.** uneinheitlich.
**,spot·'weld** v/t tech. punktschweißen.
**spous·al** ['spaʊzl] **I** adj **1.** a) Hochzeits…, b) ehelich. **II** s **2.** meist pl Hochzeit f. **3.** obs. Ehe(stand m) f.
**spouse** [spaʊz; spaʊs] s **1.** (a. jur. Ehe-) Gatte m, Gattin f, Gemahl(in). **2.** relig. a) Seelenbräutigam m (Gott, Christus), b) Braut f Christi (Kirche, Nonne). **'spouse·less** adj **1.** ohne Gatten od. Gattin. **2.** unverehelicht.
**spout** [spaʊt] **I** v/t **1.** Wasser etc (aus-) speien, (her'aus)spritzen. **2.** fig. a) Zahlen etc ,her'unterrasseln', b) Fragen etc her-'aussprudeln, c) Gedicht etc dekla'mieren. **3.** obs. versetzen, -pfänden. **II** v/i **4.** Wasser speien, spritzen (a. Wal). **5.** her'vorsprudeln, her'ausschießen, -spritzen (Wasser etc). **6.** a) dekla'mieren, b) sal'badern. **III** s **7.** Tülle f, Schnabel m, Schnauze f (e-r Kanne etc). **8.** Abfluß-, Speirohr n. **9.** tech. a) Schütte f, Rutsche f, b) Spritzdüse f. **10.** Wasserstrahl. **11.** zo. a) Fon'täne f (e-s Wals), b) → spout hole. **12.** → waterspout. **13.** obs. Pfandhaus n: **up the ~** a) obs. versetzt, verpfändet, b) fig. colloq. ,im Eimer' (Pläne etc), c) fig. colloq. ,futsch' (Geld etc), d) fig. colloq. ,in Schwulitäten' (Person): **she's up the ~** fig. colloq. bei ihr ist was ,unterwegs'. **'spout·er** s **1.** Ölquelle f, -strahl m. **2.** fig. ,Redenschwin-

ger' m. **3.** zo. (spritzender) Wal. **4.** mar. Walfänger m (Schiff).
**spout hole** s zo. Spritzloch n (des Wals).
**sprag¹** [spræg] s **1.** Bremsklotz m, -keil m. **2.** tech. Spreizholz n.
**sprag²** [spræg] s ichth. Dorsch m.
**sprain** [spreın] med. **I** v/t e-n Knöchel etc verstauchen: **don't ~ anything!** iro. ,brich dir keinen ab!' **II** s Verstauchung f.
**sprang** [spræŋ] pret von **spring.**
**sprat** [spræt] s ichth. Sprotte f: **to throw a ~ to catch a whale** (od. **herring** od. **mackerel**) fig. mit der Wurst nach der Speckseite werfen.
**sprawl** [sprɔːl] **I** v/i **1.** ausgestreckt daliegen: **to send s.o. ~ing** j-n zu Boden strecken. **2.** sich am Boden wälzen. **3.** ,sich ('hin)rekeln' od. ,(-)lümmeln'. **4.** krabbeln, kriechen. **5.** sich spreizen. **6.** bot. wuchern. **7.** sich (unregelmäßig) ausbreiten: **~ing town; ~ing hand** ausladende Handschrift. **II** v/t **8.** meist ~ **out** (aus)spreizen, (unregelmäßig) ausbreiten: **~ed out** (weit) auseinandergezogen. **III** s **9.** Spreizen n, ,Rekeln' n. **10.** (unregelmäßige od. 'unkontrol,lierte) Ausbreitung (des Stadtgebiets etc): **urban ~.**
**spray¹** [spreı] **I** s **1.** Gischt m, f, Schaum m, Sprühwasser n, -nebel m, -regen m. **2.** pharm. tech. a) Spray m, n, b) Zerstäuber m, Sprüh-, Spraydose f. **3.** fig. Regen m. **II** v/t **4.** zer-, verstäuben, versprühen, vom Flugzeug abregnen. **5.** a. ~ **on** tech. aufsprühen, -spritzen. **6.** besprühen, bespritzen, Haar sprayen. **7.** tech. 'spritzlac,kieren.
**spray²** [spreı] s **1.** Zweig(lein n) m, Reis n. **2.** collect. a) Gezweig n, b) Reisig n. **3.** Blütenzweig m. **4.** Zweigverzierung f.
**'spray·er** → spray¹ 2 b.
**spray·ey** ['spreıı] adj verästelt.
**spray| gun** s tech. 'Spritzpi,stole f. ~ **noz·zle** s **1.** (Gießkannen)Brause f. **2.** Brause f. **3.** tech. Spritzdüse f. ~ **-'paint** v/t Parolen etc sprühen (**on** auf acc).
**spread** [spred] **I** v/t pret u. pp **spread 1.** oft ~ **out** (a. fig.) ausbreiten: **to ~ a carpet** (one's arms, hands, wings, etc), b) ausstrecken: **to ~ one's arms; the peacock ~s its tail** der Pfau schlägt ein Rad; → **table** 2, **wing** 1. **2.** oft ~ **out** die Beine etc spreizen. **3.** oft ~ **out** ausdehnen. **4.** bedecken, über'säen, -'ziehen (**with** mit). **5.** ausbreiten, verteilen, streuen. **6.** Butter etc (auf)streichen, Farbe, Mörtel etc auftragen (**on** auf acc). **7.** Brot streichen, schmieren. **8.** breit- od. ausein'anderdrücken, b) breitschlagen. **10.** ver-, ausbreiten: **to ~ a disease** (a fragrance); **to ~ fear** Furcht verbreiten. **11.** a. ~ **abroad** e-e Nachricht verbreiten, ein Gerücht a. ausstreuen, -sprengen. **12.** (zeitlich) verteilen (**over a period** über e-e Zeitspanne). **13.** ~ **o.s.** sl. a) ,sich (an)geben', ,dick(e)tun'. **II** v/i **14.** a. ~ **out** sich ausbreiten od. verteilen. **15.** ~ sich ausbreiten (Fahne etc; a. Lächeln etc), sich entfalten. **16.** sich (vor den Augen) ausbreiten od. erstrecken od. ausdehnen: **the plain ~ before our eyes. 17.** bes. tech. sich strecken od. dehnen lassen (Werkstoff etc). **18.** sich streichen od. auftragen lassen (Butter, Farbe etc): **the paint ~s well. 19.** sich ver- od. ausbreiten (Geruch, Pflanze, Krankheit, Gerücht, Idee etc), 'übergreifen (**to** auf acc) (Feuer, Epidemie etc). **20.** breit- od. ausein'andergedrückt werden.
**III** s **21.** Ausbreitung f, -dehnung f. **22.** Ver-, Ausbreitung f: **the ~ of learning** (**of the disease**, etc). **23.** Ausdehnung f, Breite f, Weite f, 'Umfang m.

**24.** Körperfülle f: **middle-age ~** ,Speck der mittleren Jahre'. **25.** (weite) Fläche: **a ~ of land. 26.** aer. orn. (Flügel)Spanne f, Spannweite f. **27.** (Zwischen)Raum m, Abstand m, Lücke f (a. fig.). **28.** Dehnweite f. **29.** math. phys., a. Ballistik: Streuung f. **30.** (a. Zeit)Spanne f. **31.** (Bett-etc)Decke f, Tuch n. **32.** colloq. fürstliches Mahl. **33.** (Brot)Aufstrich m. **34.** print. Doppelseite f. **35.** Statistik: Abweichung f. **36.** econ. Stel'lagegeschäft n (an der Börse). **37.** econ. Marge f, (Verdienst)Spanne f, Diffe'renz f.
**IV** adj **38.** ausgebreitet, verbreitet. **39.** gespreizt. **40.** gedeckt (Tisch).
**41.** Streich…: ~ **cheese.**
**spread·a·ble** ['spredəbl] adj streichfähig.
**spread| ea·gle** s **1.** her. Adler m. **2.** Am. colloq. Hur'rapatrio,tismus m. **3.** Eis-, Rollkunstlauf: Mond m (Figur). ~**-'ea·gle** [ı-'iːgl; '-ı,iːgl] **I** adj **1.** ausgebreitet, gespreizt. **2.** Am. colloq. hur'rapatri,otisch. **II** v/t **3.** ausbreiten, spreizen. **4.** sport Am. colloq. vernichtend schlagen. **III** v/i **5.** Eis-, Rollkunstlauf: e-n Mond laufen. ~**-ea·gle·ism** → spread eagle 2.
**spread·er** ['spredə(r)] s **1.** Streu- od. Spritzgerät n, bes. a) ('Dünger)Streu-ma,schine f, b) Zerstäuber m, 'Spritzpi,stole f, c) Brause f, Spritzdüse f, d) Spachtel m, e) (Butter-, Streich)Messer n, f) Spinnerei: 'Auflagma,schine f. **2.** tech. Spreizer m, Abstandsstütze f.
**spree** [spriː] s colloq.: **to go (out) on a ~** a) ,e-n draufmachen' (ausgelassen feiern), b) e-e ,Sauftour' machen; **to go on a buying** (od. **shopping, spending**) **~** wie verrückt einkaufen.
**sprig** [sprɪg] **I** s **1.** bot. Zweiglein n, Schößling m. **2.** colloq. Sprößling m, ,Ableger' m. **3.** colloq. Bürschchen n. **4.** → spray² 4. **5.** Zwecke f, Stift m. **II** v/t **6.** mit e-m Zweigmuster verzieren. **7.** anheften. **'sprig·gy** adj mit kleinen Zweigen besetzt od. verziert.
**spright·li·ness** ['spraıtlınıs] s Lebhaftigkeit f, Munterkeit f. **'spright·ly** adj u. adv lebhaft, munter.
**spring** [sprɪŋ] **I** v/i pret **sprang** [spræŋ] od. **sprung** [sprʌŋ] pp **sprung 1.** springen: **to ~ at** (od. **[up]on**) s.o. auf j-n losstürzen; **to ~ to s.o.'s defence** (Am. **defense**) j-m zur Hilfe eilen; **to ~ to the eyes** fig. in die Augen springen; **to ~ to one's feet** aufspringen; **he sprang to life** fig. plötzlich kam Leben in ihn. **2.** oft ~ **up** aufspringen, -fahren. **3.** (da'hin-) springen, (-)schnellen, hüpfen. **4.** meist ~ **back** zu'rückschnellen: **the branch sprang back; the door ~s open** die Tür springt auf; **the trap sprang the** Falle schnappte zu. **5.** oft ~ **forth,** ~ **out** a) her'ausschießen, (-)sprudeln (Wasser, Blut etc), b) (her'aus)sprühen, springen (Funken etc). **6.** meist ~ **up** a) (plötzlich) aufkommen (Wind etc), b) fig. plötzlich entstehen od. aufkommen, aus dem Boden schießen (Industrie, Idee etc). **7.** aufschießen (Pflanzen etc). **8.** (from) entspringen (dat): a) quellen (aus), b) fig. 'herkommen, stammen (von): **his actions sprang from a false conviction** s-e Handlungen entsprangen e-r falschen Überzeugung; **where did you ~ from?** wo kommst du plötzlich her?; **to be sprung from** entstanden sein aus. **9.** abstammen (**from** von). **10.** arch. sich wölben (Bogen). **11.** (hoch) aufragen. **12.** auffliegen (Rebhühner etc). **13.** tech. a) sich werfen od. biegen, b) springen, aufplatzen (Holz). **14.** mil. explo'dieren, losgehen (Mine). **II** v/t **15.** springen lassen. **16.** etwas zu'rückschnellen lassen. **17.** e-e Falle zuschnappen lassen. **18.** ein

*Werkzeugteil etc* her!ausspringen lassen. **19.** zerbrechen, spalten. **20.** *e-n Riß etc, mar. ein Leck* bekommen: **to ~ a leak. 21.** (mit Gewalt) biegen. **22.** explo!dieren lassen: → **mine**[2] 10. **23.** *fig.* mit *e-r Neuigkeit etc* ,her!ausplatzen': **to ~ s.th. on s.o.** j-m etwas plötzlich eröffnen. **24.** *e-e Quelle etc* freilegen. **25.** *hunt.* aufscheuchen. **26.** *arch. e-n Bogen* wölben. **27.** *tech.* (ab)federn. **28.** *Br. colloq. Geld etc* ,springen lassen'. **29.** *Br. colloq.* j-n ,erleichtern' (for um): **to ~ s.o. for a pound. 30.** *sl.* (from) *j-n* befreien (aus, *fig.* von), *Häftling* ,rausholen' (aus *dem Knast*).
**III** *s* **31.** Sprung *m,* Satz *m*: **he took a ~** er nahm e-n Anlauf. **32.** Zu!rückschnellen *n,* -schnappen *n.* **33.** Elastizi!tät *f,* Sprung-, Schnellkraft *f.* **34.** *fig.* (geistige) Spannkraft. **35.** a) Sprung *m,* Riß *m,* Spalt *m,* b) Krümmung *f (e-s Brettes etc).* **36.** (a. *Mineral-, Öl*)Quelle *f,* Brunnen *m:* → **hot spring. 37.** *fig.* Quelle *f,* Ursprung *m.* **38.** *fig.* Triebfeder *f,* Beweggrund *m.* **39.** *arch.* a) (Bogen)Wölbung *f,* b) Gewölbeanfang *m.* **40.** *tech.* (*bes.* Sprung-) Feder *f.* **41.** Frühling *m (a. fig.),* Frühjahr *n:* **the ~ of life; in ~** im Frühling.
**IV** *adj* **42.** Frühlings... **43.** a) federnd, e!lastisch, b) Feder... **44.** Sprung... **45.** Schwung...
**spring¦back** *s* Buchbinderei: Klemmrücken *m.* ~ **bal·ance** *s tech.* Federwaage *f.* ~ **bar·ley** *s agr.* Sommergerste *f.* ~ **bed** *s* !Sprungfederma,tratze *f.* !~ **board** *s* Wassersprungen: Sprungbrett *n* (a. *fig.*), (*Turnen* a.) Federbrett *n:* ~ **div·ing** Kunstspringen *n.* '~**bok** [-bɔk; *Am.* ,bɑk] *s* **1.** *pl* **~s** *bes. collect.* -**bok** *zo.* Springbock *m.* **2.** S~ *bes. Kricket, Rugby: S. Afr.* Natio!nalspieler *m.* ~ **bows** [bəʊz] *s pl tech.* Federzirkel *m.* '~**buck** [-bʌk] → **springbok** 1. ~ **chick·en** *s* **1.** *bes. Am.* Brathühnchen *n.* **2. she's no ~** *fig. colloq.* a) sie ist nicht mehr die jüngste, b) sie ist nicht von gestern. ,~!**clean** I *v/t u. v/i* Frühjahrsputz machen (in *dat*). **II** *s Br.* → **spring-cleaning.** ,~!**clean·ing** *s* Frühjahrsputz *m.*
**springe** [sprɪndʒ] **I** *s* **1.** *hunt.* Schlinge *f.* **2.** *fig.* Fallstrick *m,* Falle *f.* **II** *v/t* **3.** mit e-r Schlinge fangen. **III** *v/i* **4.** Schlingen legen.
**spring·er** ['sprɪŋə(r)] *s* **1.** *a.* ~ **spaniel** *zo.* Springerspaniel *m.* **2.** *arch.* (Bogen-)Kämpfer *m.* **3.** hochträchtige Kuh.
**spring¦fe·ver** *s* **1.** Frühjahrsmüdigkeit *f.* **2.** (rastlose) Frühlingsgefühle *pl.* ~ **gun** *s* Selbstschuß *m.* '~**head** *s* Quelle *f,* Ursprung *m* (a. *fig.*). ~ **hook** *s tech.* Kara!binerhaken *m.*
**spring·i·ness** ['sprɪŋɪnɪs] → **spring** 33.
**spring leaf** *s irr tech.* Federblatt *n.*
,**spring¦-!load·ed** *adj tech.* unter Federdruck (stehend). ~ **lock** *s tech.* Schnappschloß *n.* ~**mat·tress** → **spring bed.** ~ **scale** *s tech.* Federwaage *f.* ~ **sus·pen·sion** *s tech.* federnde Aufhängung, Federung *f.* ~ **steel** *s tech.* Federstahl *m.* '~**tide** *s* springtime. ~ **tide** *s* **1.** *mar.* Springtide *f,* -flut *f.* **2.** *fig.* Flut *f,* Über-!schwemmung *f.* '~**time** *s* Frühling *m (a. fig.),* Frühlingszeit *f,* Frühjahr *n.* ~ **wa·ter** *s* Quell-, Brunnenwasser *n.* ~**wheat** *s agr.* Sommerweizen *m.* '~**wort** *s bot.* Springwurz(el) *f.*
**spring·y** ['sprɪŋɪ] *adj (adv* **springily**) **1.** federnd, e!lastisch. **2.** *fig.* schwungvoll.
**sprin·kle** ['sprɪŋkl] **I** *v/t* **1.** *Wasser* sprenkeln, (ver)sprengen (on auf *acc*). **2.** *Salz, Pulver etc* sprenkeln, streuen. **3.** (ver-, zer)streuen, verteilen (a. *fig.*). **4.** besprenkeln, besprengen, bestreuen (with mit). **5.** *Stoff etc* sprenkeln, (be)tüpfeln (**with**

mit). **II** *v/i* **6.** sprenkeln. **7.** *impers* sprühen (*fein regnen*). **III** *s* **8.** (Be)Sprengen *n,* (Be)Sprenkeln *n.* **9.** Sprühregen *m.* **10.** Prise *f Salz etc.* **11.** → **sprinkling** 2.
**sprin·kler** ['sprɪŋklə(r)] *s* **1.** a) *allg.* !Spreng-, Be'rieselungs-, Be'regnungsappa,rat *m od.* -anlage *f,* b) Sprinkler *m,* Rasensprenger *m,* c) Brause *f,* Gießkannenkopf *m,* d) Spritze *f (e-s Gartenschlauchs),* e) Sprinkler *m (e-r Beregnungsanlage im Kaufhaus etc),* f) Sprengwagen *m,* g) Streudose *f,* Streuer *m.* **2.** *R.C.* Weih(wasser)wedel *m.* ~**head** → **sprinkler** 1. ~ **sys·tem** *s* Sprinkler-, Beregnungsanlage *f (im Kaufhaus etc).*
'**sprin·kling** *s* **1.** → **sprinkle** 8—10. **2.** a ~ **of** *fig.* ein bißchen, etwas, e-e Spur, ein paar *Leute etc,* ein wenig *Zucker etc.*
**sprint** [sprɪnt] **I** *v/i* **1.** *Leichtathletik:* a) sprinten, b) *a. allg.* sprinten, spurten. **II** *s* **2.** *a.* ~ **race** *a. Leichtathletik:* Sprint *m,* b) *Pferde-, Radsport:* Fliegerrennen *n.* **3.** *Leichtathletik etc:* Sprint *m,* Spurt *m* (a. *allg.*): ~ **at the finish** Endspurt; **to make a ~** e-n Spurt hinlegen. '**sprint·er 1.** *Leichtathletik:* a) Sprinter(in), b) *a. allg.* Sprinter(in), Spurter(in). **2.** *Pferde-, Radsport:* Flieger *m.*
**sprit** [sprɪt] *s mar.* Spriet *n.*
**sprite** [spraɪt] *s* **1.** Elfe *f,* Fee *f,* Kobold *m.* **2.** Schemen *m,* Geist *m.*
**sprit·sail** ['sprɪtsl; -seɪl] *s mar.* Sprietsegel *n.*
**sprock·et** ['sprɒkɪt; *Am.* 'sprɑ-] *s tech.* **1.** Zahn *m* e-s (Ketten)Rads. **2.** ~ **wheel** Ketten(zahn)rad *n.* **3.** ('Film-) Trans,porttrommel *f.*
**sprout** [spraʊt] **I** *v/i* **1.** *a.* ~ **up** sprießen, (auf)schießen, aufgehen. **2.** keimen. **3.** Knospen treiben. **4.** *a.* ~ **up** schnell wachsen, sich schnell entwickeln, (*Person*) in die Höhe schießen, (*Gebäude etc*) wie Pilze aus dem Boden schießen. **II** *v/t* **5.** (her'vor)treiben, wachsen *od.* keimen lassen, entwickeln: **to ~ a beard** sich e-n Bart wachsen lassen. **III** *s* **6.** Sproß *m,* Sprößling *m (a. fig.),* Schößling *m.* **7.** *pl* → **Brussels sprouts.**
**spruce**[1] [spru:s] *s* **1.** *a.* ~ **fir** *bot.* Fichte *f,* Rottanne *f.* **2.** Fichte(nholz *n) f.* **3.** *a.* ~ **beer** Sprossenbier *n (aus Rottannenextrakt).*
**spruce**[2] [spru:s] **I** *adj (adv* **~ly) 1.** schmuck, (blitz)sauber, a!drett. **2.** *contp.* ,geschniegelt', ,affig'. **II** *v/t* **3.** *oft* ~ **up** *colloq.* j-n feinmachen, her-!ausputzen: **to ~ o.s. up →** 4. **III** *v/i* **4.** *oft* ~ **up** *colloq.* sich feinmachen, ,sich in Schale werfen'. '**spruce·ness** *s* **1.** Sauberkeit *f,* A!drettheit *f.* **2.** *contp.* ,Affigkeit' *f.*
**sprue**[1] [spru:] *s tech.* **1.** Gießloch *n.* **2.** Gußzapfen *m.*
**sprue**[2] [spru:] *s* Sprue *f (Tropenkrankheit).*
**sprung** [sprʌŋ] **I** *pret u. pp von* **spring. II** *adj* **1.** *tech.* gefedert. **2.** rissig (*Holz*).
**spry** [spraɪ] *adj* **1.** flink, hurtig. **2.** lebhaft, munter.
**spud** [spʌd] **I** *s* **1.** *agr.* a) Jät-, Reutspaten *m,* b) Stoßeisen *n.* **2.** Spachtel *m, f.* **3.** *colloq.* Kar!toffel *f.* **II** *v/t* **4.** *meist* ~ **up,** out ausgraben, -stechen, -jäten. **5.** *a. e-e Ölquelle* anbohren. '~,**bash·ing** *s mil. Br. sl.* Küchendienst *m.*
**spue** → **spew.**
**spume** [spju:m] **I** *s* Schaum *m,* Gischt *m, f.* **II** *v/i* schäumen. **III** *v/t* ausstoßen, absondern. **spu'mes·cence** [-'mesns] *s* Schäumen *n.* **spu'mes·cent, 'spu·mous, 'spum·y** *adj* schäumend, schaumig.
**spun** [spʌn] **I** *pret u. pp von* **spin. II** *adj* gesponnen: ~ **glass** Glasgespinst *n;* ~ **gold** Goldgespinst *n;* ~ **silk** Schappseide

*f;* ~ **sugar** *Am.* Zuckerwatte *f;* ~ **yarn** *mar.* Schiemannsgarn *n.*
**spunk** [spʌŋk] *s* **1.** Zunderholz *n.* **2.** Zunder *m,* Lunte *f.* **3.** *colloq.* a) Feuer *n,* Schwung *m,* b) ,Mumm' *m,* Mut. **4.** *Br. vulg.* ,Soße' *f (Sperma).* '**spunk·y** *adj* **1.** *colloq.* feurig, schwungvoll. **2.** *colloq.* mutig, draufgängerisch. **3.** *Am. colloq.* gereizt, reizbar.
**spur** [spɜ:; *Am.* spɜr] **I** *s* **1.** (Reit)Sporn *m:* ~**s** Sporen; ~ **rowel** Sporenrädchen *n;* **to put** (*od.* **set) ~s to →** 9; **to win one's ~s** *fig.* sich die Sporen verdienen. **2.** *fig.* Ansporn *m,* Antrieb *m,* Stachel *m:* **on the ~ of the moment** e-r Eingebung des Augenblicks folgend, ohne Überlegung, spontan. **3.** *bot.* a) Dorn *m,* Stachel *m* (*kurzer Zweig etc*), b) Sporn *m (Nektarbehälter).* **4.** *zo.* Sporn *m (von Vögeln, bes. des Hahns).* **5.** Steigeisen *n.* **6.** *geogr.* Ausläufer *m.* **7.** *arch.* a) Strebe *f,* Stütze *f,* b) Strebebalken *m,* c) (Mauer)Vorsprung *m.* **8.** *mil. hist.* Vorwerk *n.* **II** *v/t* **9.** spornen, e-m Pferd die Sporen geben. **10.** *oft* ~ **on** *fig.* j-n anspornen, anstacheln (**to do** zu tun). **11.** Sporen (an)schnallen an (*acc*). **III** *v/i* **12.** (das Pferd) spornen, (dem Pferd) die Sporen geben. **13.** a) sprengen, eilen, b) *a.* ~ **on,** ~ **forth** *fig.* (vorwärts-, weiter)drängen.
**spurge** [spɜ:dʒ; *Am.* spɜrdʒ] *s bot.* Wolfsmilch *f.*
**spur¦gear** *s tech.* **1.** Geradstirnrad *n.* **2.** → **spur gearing.** ~ **gear·ing** *s* Geradstirnradgetriebe *n.*
**spurge lau·rel** *s* Lorbeer-Seidelbast *m.*
**spu·ri·ous** ['spjʊərɪəs] *adj (adv* **~ly) 1.** falsch, unecht, Pseudo..., Schein... **2.** nachgemacht, ver-, gefälscht. **3.** unehelich. **4.** *bot. zo.* Schein...: ~ **fruit.** **5.** *electr.* wild, Stör..., Neben...: ~ **oscillations.** '**spu·ri·ous·ness** *s* Unechtheit *f.*
**spurn** [spɜ:n; *Am.* spɜrn] **I** *v/t* **1.** *obs.* mit dem Fuß (weg)stoßen. **2.** verschmähen, verächtlich zu!rückweisen, j-n a. abweisen. **II** *v/i* **3.** ~ **at** verachten, j-m a. s-e Verachtung zeigen.
,**spur-of-the-'mo·ment** *adj* spon!tan.
**spurred** [spɜ:d; *Am.* spɜrd] *adj* gespornt, sporentragend (a. *bot. zo.*).
**spur·rey, spur·ry** ['spʌrɪ; *Am. bes.* 'spɜrɪ] *s bot.* Spörgel *m.*
**spurt**[1] [spɜ:t; *Am.* spɜrt] **I** *s* **1.** *sport* (a. Zwischen)Spurt *m,* Sprint *m.* **2.** plötzliche Aktivi!tät *od.* Anstrengung. **3.** *econ.* a) plötzliches Anziehen (*von Kursen, Preisen etc*), b) plötzliche Geschäftszunahme. **II** *v/i* **4.** *sport* spurten, sprinten. **5.** plötzlich ak!tiv werden.
**spurt**[2] [spɜ:t; *Am.* spɜrt] **I** *v/t u. v/i* (her'aus)spritzen. **II** *s* (Wasser-, *etc*)Strahl *m.*
**spur¦track** *s rail.* Neben-, Seitengleis *n.* ~ **wheel** → **spur gear** 1.
**sput·ter** ['spʌtə(r)] → **splutter.**
**spu·tum** ['spju:təm; *Am. a.* 'spu:-] *pl* -**ta** [-tə] *s med.* Sputum *n,* Auswurf *m.*
**spy** [spaɪ] **I** *v/t* **1.** *oft* ~ **out** ausspio,nieren, -spähen, -kundschaften: **to ~ out the land** (*od.* **ground**) *fig.* a) ,die Lage peilen', b) sich e-n Überblick verschaffen. **2.** *a.* ~ **out** ausfindig machen. **3.** erspähen, entdecken. **II** *v/i* **4.** *mil. etc* spio-!nieren, Spio!nage treiben: **to ~ (up)on** a) j-m nachspionieren, j-n bespitzeln, b) *Gespräch etc* abhören. **5.** *fig.* her!umspio,nieren (**into** in *dat*). **III** *s* **6.** Späher(in), Kundschafter(in). **7.** *mil. etc* Spi!on(in). **8.** *fig.* Spitzel *m:* ~ **in the cab** *colloq.* Fahrtenschreiber *m.* '~**glass** *s* Fernglas *n.* '~**hole** *s* Guckloch *n.* ~ **ring** *s* Spio!nagering *m.* ~ **sat·el·lite** *s mil.* Spio!nagesatel,lit *m,* ,!Himmelsspi,on' *m.*
**squab** [skwɒb; *Am.* skwɑb] *I s* **1.** (noch

nicht flügges) Täubchen. **2.** a) Sofakissen
*n*, Polster(stuhl *m*, -bank *f*) *n*, b) *bes. Br.*
Rückenlehne *f* (*des Autositzes*). **3.** ,Dick-
wanst' *m*. **II** *adj* **4.** unter'setzt, feist,
plump. **5.** *orn.* noch nicht flügge, unge-
fiedert.

**squab·ble** ['skwɒbl; *Am.* 'skwɑbəl] **I** *v/i*
sich zanken *od.* ,kabbeln' (**about, over**
wegen, um). **II** *v/t print.* verquirlen. **III** *s*
Zank *m*, ,Kabbe'lei' *f*. **'squab·bler** *s*
,Streithammel' *m*.

**squab·by** ['skwɒbɪ; *Am.* 'skwɑ-] →
squab 4.

**squab|chick·en** *s* noch nicht *od.* eben
flügge gewordenes Hühnchen. **~ pie** *s*
'Taubenpa,stete *f*.

**squac·co** ['skwækəʊ; *Am. a.* 'skwɑ-] *pl*
**-cos** *orn.* Rallenreiher *m*.

**squad** [skwɒd; *Am.* skwɑd] **I** *s* **1.** *mil.*
Gruppe *f*, Korpo'ralschaft *f*: **~ drill**
Grundausbildung *f*; **awkward ~**
a) ,patschnasse' Rekruten, b) *fig.* ,Fla-
schenverein' *m*. **2.** (Arbeits- *etc*)Gruppe
*f*: → rescue 7. **3.** a) (*Überfall- etc*)Kom-
'mando *n* (*Polizei*): **~ car** *Am.* (Funk-)
Streifenwagen *m*; → flying squad,
murder 1, riot 1, b) Dezer'nat *n*. **4.** *sport*
Kader *m*. **II** *v/t* **5.** in Gruppen einteilen.

**squad·ron** ['skwɒdrən; *Am.* 'skwɑ-] *s*
**1.** *mil.* (Reiter)Schwa,dron *f*,
b) (Panzer)Batail,lon *n*. **2.** *mar. mil.*
(Flotten)Geschwader *n*: → flying
squadron. **3.** *aer. mil.* Staffel *f*: a) *Br.*
10–18 *Flugzeuge*, b) *Am.* 3 *Schwärme*
*von je 3–6 Flugzeugen*. **4.** *allg.* Gruppe *f*,
Ab'teilung *f*, Mannschaft *f*. **~ lead·er** *s*
*aer. mil.* (Flieger)Ma,jor *m*.

**squail** [skweɪl] *s* **1.** *pl* (*als sg konstruiert*)
Flohhüpfen *n*, -spiel *n*. **2.** Spielplättchen
*n* zum Flohhüpfen.

**squal·id** ['skwɒlɪd; *Am.* 'skwɑ-] *adj* (*adv*
**~ly**) **1.** schmutzig, verkommen (*beide a.*
*fig.*), verwahrlost. **2.** erbärmlich. **squa-
'lid·i·ty, 'squal·id·ness** *s* Schmutz
*m*, Verkommenheit *f* (*beide a. fig.*), Ver-
wahrlosung *f*.

**squall¹** [skwɔːl] *s* **1.** *meteor.* Bö *f*,
heftiger Windstoß: **black ~** Sturmbö *mit*
schwarzem Gewölk; **white ~** Sturmbö
aus heiterem Himmel. **2.** *colloq.* ,Sturm'
*m*, ,Gewitter' *n*: **to look out for ~s** die
Augen offenhalten. **II** *v/i* stürmen.

**suall²** [skwɔːl] *v/i* kreischen, schreien.
**II** *v/i oft* **~ out** *etwas* hinauskreischen. **III** *s*
schriller Schrei; **~s** Geschrei *n*.

**squall·er** ['skwɔːlə(r)] *s* Schreihals *m*.

**'squall·y** *adj* **1.** böig, stürmisch.
**2.** *colloq.* ,stürmisch': → home life.

**squa·loid** ['skweɪlɔɪd] *adj ichth.* Hai-
fisch...

**squal·or** ['skwɒlə; *Am.* 'skwɑlər] →
squalidity.

**squa·ma** ['skweɪmə] *pl* **-mae** [-miː] *s*
*anat. bot. zo.* Schuppe *f*, schuppenartige
Or'ganbildung *f* (*Feder, Knochenteil etc*).

**'squa·mate** [-meɪt] *adj* schuppig.

**squa·mif·er·ous** [skweɪ'mɪfərəs] *adj*
*biol.* schuppentragend.

**squa·mous** ['skweɪməs] *adj anat. biol.*
squa'mös, schuppig.

**squan·der** ['skwɒndə; *Am.* 'skwɑndər]
*v/t oft* **~ away** *Geld, Zeit etc* verschwen-
den, -geuden: **to ~ o.s.** sich verzetteln *od.*
,verplempern'. **'squan·der·er** *s* Ver-
schwender(in). **'squan·der·ing I** *adj*
verschwenderisch. **II** *s* Verschwendung
*f*, -geudung *f*. **squan·der'ma·ni·a**
[-'meɪnjə, -nɪə] *s* Verschwendungssucht *f*.

**square** [skweə(r)] **I** *s* **1.** *math.* Qua'drat *n*
(*Figur*). **2.** Qua'drat *n*, Viereck *n*, qua'dra-
tisches Stück (*Glas, Stoff etc*), Karo *n*.
**3.** Feld *n* (*e-s Brettspiels*): **to be back to ~**
**one** *fig.* wieder da sein, wo man angefan-
gen hat; wieder ganz am Anfang stehen.
**4.** *Am.* Häuserblock *m*, -viereck *n*.

**5.** (öffentlicher) Platz: **Trafalgar S~**.
**6.** *tech.* a) Winkel(maß *n*) *m*, Anschlag-
winkel *m*, b) *bes. Zimmerei*: Geviert *n*: **by
the ~** *fig.* genau, exakt; **on the ~** im
rechten Winkel, *fig. colloq.* ehrlich, an-
ständig, in Ordnung; **out of ~** nicht recht-
wink(e)lig, *fig.* nicht in Ordnung; → **T
square. 7.** *math.* Qua'drat(zahl *f*) *n*: **in
the ~** im Quadrat. **8.** *mil.* Kar'ree *n*.
**9.** (Wort-, Zahlen)Qua,drat *n*: **word ~**
Quadraträtsel *n*. **10.** *arch.* Säulenplatte *f*.
**11.** *Buchbinderei*: vorspringender Rand.
**12.** Drehzapfen *m* (*der Uhr*). **13.** *sl.*
Spießer *m*.

**II** *v/t* **14.** a) **~ off** qua'dratisch *od.* recht-
wink(e)lig machen. **15.** a) **~ off** in Qua-
'drate einteilen, *Papier etc* ka'rieren: **~d
paper** *Br.* Millimeterpapier *n*. **16.** *math.*
a) den Flächeninhalt berechnen von (*od.*
*gen*), b) *e-e Zahl* qua'drieren, ins Qua'drat
erheben, c) *e-e Figur* qua'drieren, in ein
Qua'drat verwandeln: → circle 1. **17.** auf
s-e Abweichung vom rechten Winkel *od.*
von der Geraden *od.* von der Ebene prü-
fen. **18.** *tech.* a) vierkantig formen (*od.*
behauen *od.* zuschneiden, *Holz* abvieren,
b) im rechten Winkel anbringen. **19.** *mar.*
*Rahen* vierkant brassen. **20.** *die Schultern*
straffen. **21.** ausgleichen. **22.** *sport* den
*Kampf* unentschieden beenden: → **ac-
count** *Bes. Redew.*, b) *e-e Schuld* beglei-
chen, c) *Gläubiger* befriedigen. **24.** *fig.* in
Einklang bringen (**with** mit), anpassen
(**to** an *acc*). **25.** *sl.* a) *j-n* ,schmieren',
bestechen, b) *e-e Sache* ,regeln', ,in Ord-
nung bringen'.

**III** *v/i* **26.** *oft* **~ up**, *Am.* **~ off** in
Boxerstellung gehen: **to ~ up to s.o.** ,sich
vor j-m aufpflanzen'; **to ~ up to a prob-
lem** ein Problem anpacken. **27.** (**with**) in
Einklang stehen (mit), passen (zu). **28.** s-e
Angelegenheiten in Ordnung bringen: **to
~ up** *econ.* abrechnen (**with** mit) (*a. fig.*).
**29.** *a.* **~ by the lifts and braces** *mar.*
vierkant brassen.

**IV** *adj* (*adv* **~ly**) **30.** *math.* qua'dratisch,
Quadrat...: **~ inch** Quadratzoll *m*; **~ pyr-
amid** quadratische Pyramide; **~ unit** Flä-
cheneinheit *f*. **31.** *math.* ... im Qua'drat: **a
table 3 feet ~. 32.** rechtwink(e)lig, im
rechten Winkel (stehend) (**to** zu).
**33.** (vier)eckig: **a ~ table. 34.** *tech.* Vier-
eck..., Vierkant...: → peg 1. **35.** breit
(-schulterig), vierschrötig, stämmig (*Per-
son*). **36.** *mar.* Vierkant..., im Kreuz ge-
braßt. **37.** gleichmäßig, gerade, eben: **a ~
surface. 38.** *fig.* in Einklang (stehend)
(**with** mit), in Ordnung, stimmend: **to get
things ~** die Sache in Ordnung bringen.
**39.** *Golf etc*: gleichstehend. **40.** *econ.*
a) abgeglichen (*Konten*), b) quitt: **to get ~
with s.o.** mit j-m quitt werden (*a. fig.*).
**41.** *colloq.* a) re'ell, anständig, b) ehrlich,
offen: → deal¹ 15. **42.** klar, deutlich: **a ~
refusal; the problem must be faced
~ly** das Problem muß klar ins Auge ge-
faßt werden. **43.** *colloq.* ,ordentlich', ,an-
ständig': **a ~ meal. 44.** zu viert: **~ game; ~
party. 45.** *sl.* altmodisch, spießig: → John
*Am.* braver Bürger; **to turn ~** verspießern.

**V** *adv* **46.** qua'dratisch, (recht-, vier-)
eckig. **47.** *colloq.* anständig, ehrlich.
**48.** *Am.* mitten, di'rekt.

**'square|-'bash·ing** *s mil. Br. sl.* (Ka-
'sernenhof)Drill *m*. **~-'built** [,-'bɪlt; *attr.*
'-b-] *adj* → square 35. **~'dance** *s bes. Am.*
Square dance *m*. **'~-dance** *v/i bes. Am.*
e-n Square dance tanzen. **~-'deal·ing**
*adj colloq.* ehrlich (handelnd), re'ell. **~-
,head** *s Am. contp.* ,Qua'dratschädel' *m*
(*Skandinavier, Deutscher in USA u. Kana-
da*). **'~-head·ed** *adj tech.* vierkantig,
Vierkant... **~ knot** *s mar.* Kreuzknoten
*m*. **'~-law** *adj electr.* qua'dratisch: **~
rectifier. ~ leg** *s Kricket*: Fänger *m* (*od.*

dessen Platz *m*) rechtwink(e)lig links
vom Schläger. **~ mile** *s* Qua'dratmeile *f*.

**'square·ness** *s* **1.** (*das*) Qua'dratische *od.*
Rechteckige *od.* Viereckige. **2.** Vier-
schrötigkeit *f*. **3.** *colloq.* Ehrlichkeit *f*.

**square|num·ber** *s math.* Qua'dratzahl
*f*. **~ pi·an·o** *s mus.* 'Tafelkla,vier *n*. **~-
-'rigged** *adj mar.* vollgetakelt. **~-'rig-
ger** *s mar.* Rahsegler *m*. **~ root** *s math.*
(Qua'drat)Wurzel *f*. **~ sail** *s mar.* Rah-
segel *n*. **~ shoot·er** *s Am. colloq.*
ehrlicher *od.* anständiger Kerl. **~-
-'shoul·dered** *adj* breitschult(e)rig.

**squares·ville** ['skweəz,vɪl] *sl.* **I** *s*
Spießertum *n*. **II** *adj* spießig.

**,square-'toed** *adj* **1.** mit breiten Kap-
pen (*Schuh*). **2.** *fig.* a) altmodisch, b) steif.

**squar·ish** ['skweərɪʃ] *adj* fast *od.* un-
gefähr qua'dratisch.

**squar·rose** ['skwærəʊs; *Br. a.* 'skwɒ-;
*Am. a.* 'skwɑ-] *adj* **1.** *bot.* sparrig. **2.** *zo.*
vorstehend.

**squash¹** [skwɒʃ; *Am. a.* skwɑʃ] **I** *v/t*
**1.** (zu Brei) zerquetschen, zs.-drücken.
**2.** breitschlagen. **3.** → squeeze 4. **4.** *fig.*
*e-n Aufruhr etc* niederschlagen, (im
Keim) ersticken, *Hoffnungen* zerstören.
**5.** *colloq. j-n* ,fertigmachen'. **II** *v/i*
**6.** zerquetscht werden. **7.** → squeeze 10.
**8.** *colloq.* glucksen (*Fuß im Morast etc*).
**9.** *aer.* absacken. **III** *s* **10.** Matsch *m*,
Brei *m*, breiige Masse. **11.** → squeeze 15.
**12.** *Br.* (Zi'tronen- *etc*)Saft *m*. **13.** *colloq.*
Glucksen *n*. **14.** *sport* a) Squash *n*, b) →
squash rackets.

**squash²** [skwɒʃ; *Am. a.* skwɑʃ] *s bot.*
Kürbis *m*.

**squash|rack·ets** *s pl* (*als sg konstruiert*)
*sport* ein dem Squash ähnliches Spiel. **~
ten·nis** → squash¹ 14 a.

**'squash·y** *adj* (*adv* squashily) **1.** weich,
breiig. **2.** matschig (*Boden*).

**squat** [skwɒt; *Am.* skwɑt] **I** *v/i pret u. pp*
**'squat·ted, squat 1.** hocken, kauern:
**to ~ down** sich hinhocken. **2.** *colloq.*
,hocken' (*sitzen*): **find somewhere to ~** setz dich irgend-
wo hin. **4.** sich ohne Rechtstitel ansie-
deln. **5.** sich auf re'gierungseigenem
Land niederlassen. **II** *v/t* **6.** **~ o.s.** sich
'hinhocken. **7.** sich ohne Rechtstitel an-
siedeln auf (*dat*). **8.** leerstehendes Haus
besetzen. **III** *adj* **9.** in der Hocke: **to sit
~. 10.** unter'setzt, vierschrötig. **IV** *s*
**11.** Hocken *n*, Kauern *n*. **12.** Hocke *f* (*a.
sport*), Hockstellung *f*. **13.** besetztes
Haus. **'squat·ter** *s* **1.** Hockende(r *m*) *f*.
**2.** Squatter *m*, Ansiedler *m* ohne Rechts-
titel. **3.** Siedler *m* auf re'gierungseigenem
Land. **4.** *Austral.* Schafzüchter *m*.
**5.** Hausbesetzer(in).

**squaw** [skwɔː] *s* **1.** Squaw *f*, Indi'anerfrau
*f*, Indi'anerin *f*. **2.** *Am. contp.* (Ehe)Frau *f*.

**squawk** [skwɔːk] **I** *v/i* **1.** *bes. orn.* krei-
schen. **2.** *colloq.* lautstark prote'stieren
(**about** gegen). **II** *s* **3.** *orn.* Kreischen
*n*. **4.** *colloq.* Pro'testgeschrei *n*.

**squaw|man** *s irr* mit e-r Indianerin
verheirateter Weißer. **~ win·ter** *s
meteor. Am.* kurzer Wintereinbruch im
Herbst.

**squeak** [skwiːk] **I** *v/i* **1.** quiek(s)en,
piep(s)en. **2.** quietschen (*Türangel etc*),
(*Bremsen etc a.*) kreischen. **3.** *sl.* →
squeal 5. **4.** *a.* **~ by** (*od.* **through**) *colloq.*
mit knapper Not 'durchkommen (*in e-r
Prüfung etc*). **II** *v/t* **5.** etwas quiek(s)en,
piep(s)en. **III** *s* **6.** Quiek(s)en *n*, Piep(s)en
*n*. **7.** Quietschen *n*, Kreischen *n*. **8.** *colloq.*
**to have a narrow** (*od.* **close**) **~** mit
knapper Not davonkommen *od.* ent-
kommen; **that was a narrow ~** das ist
gerade noch einmal gutgegangen', ,das
hätte ins Auge gehen können'. **9.** *Am. sl.*
Chance *f*. **'squeak·y** *adj* (*adv* squeak-

ily) **1.** quiek(s)end, piep(s)end. **2.** quietschend, kreischend.
**squeal** [skwi:l] **I** v/i **1.** schreien, kreischen. **2.** quietschen, kreischen (*Bremsen etc*). **3.** quiek(s)en, piep(s)en. **4.** *colloq.* lautstark prote'stieren (**about** gegen). **5.** *sl.* a) *bes. ped.* ,petzen', b) ,singen': **to ~ on s.o. (to)** j-n ,verpetzen' *od.* ,verpfeifen' (bei). **II** v/t **6.** *etwas* schreien, kreischen. **7.** *etwas* quiek(s)en, piep(s)en. **III** s **8.** Schreien *n*, Kreischen *n*. **9.** Qietschen *n*. **10.** Schrei *m*. **11.** *colloq.* Pro'testgeschrei *n*. **'squeal·er** s **1.** Schreier *m*. **2.** a) Täubchen *n*, b) *allg.* junger Vogel. **3.** *sl.* Verräter *m*.
**squeam·ish** ['skwi:mɪʃ] adj (adv **~ly**) **1.** ('über)empfindlich, zimperlich. **2.** pe'nibel, 'übergewissenhaft. **3.** heikel (*im Essen etc*). **4.** (leicht) Ekel empfindend: **I felt ~** mir wurde komisch im Magen. **'squeam·ish·ness** s **1.** ('Über)Empfindlichkeit *f*, Zimperlichkeit *f*. **2.** 'Übergewissenhaftigkeit *f*. **3.** heikle Art. **4.** Ekel *m*, Übelkeit *f*.
**squee·gee** [skwi:'dʒi:; *Am.* 'skwi:dʒi:] s **1.** Gummischrubber *m* (*für Fenster etc*). **2.** *phot.* (Gummi)Quetschwalze *f*.
**squeez·a·ble** ['skwi:zəbl] adj **1.** *fig.* nachgiebig, gefügig. **2.** zs.-drückbar.
**squeeze** [skwi:z] **I** v/t **1.** zs.-drücken, (-)pressen: **to ~ s.o.'s hand** j-m die Hand drücken. **2.** a) **~ dry** e-e Frucht ausquetschen, -pressen, b) e-n Schwamm ausdrücken, c) *colloq.* j-n ,ausnehmen', schröpfen. **3.** *oft* **~ out** Saft (her)'auspressen, -quetschen (**from** aus): **to ~ a tear** *fig.* e-e Träne zerdrücken, ,ein paar Krokodilsträn weinen'. **4.** drücken, quetschen, zwängen (**into** in *acc*): **to ~ in** einklemmen; **to ~ o.s.** (*od.* **one's way**) **in** (**through**) sich hinein-(hindurch)zwängen; **they were ~d up against each other** sie standen dicht gedrängt. **5.** *colloq.* fest *od.* innig an sich drücken. **6.** *colloq.* a) ,unter Druck setzen', erpressen, b) *Geld etc* her'auspressen, *Vorteil etc* her'ausschinden (**out of** aus). **7.** *Bridge:* zum Abwerfen zwingen. **8.** abklatschen, e-n Abdruck machen von (*e-r Münze etc*). **II** v/i **9.** quetschen, drücken, pressen. **10.** sich zwängen *od.* quetschen: **to ~ through** (**in, out**) sich durch-(hinein-, hinaus)zwängen; **to ~ up** sich (zs.-)rücken. **11.** sich (aus)quetschen *od.* (-)pressen lassen. **III** s **12.** Druck *m*, Pressen *n*, Quetschen *n*. **13.** Händedruck *m*. **14.** (innige) Um'armung. **15.** Gedränge *n*: **it was a** (**tight**) ~ es ging ganz schön eng zu. **16.** ausgepreßter Saft. **17.** *colloq.* ,Klemme' *f*, Druck *m*, (*bes.* Geld)Verlegenheit *f*: **to be in a tight ~** schwer im Druck sein. **18.** *Bridge: Spiel od. Situation, wo man e-e Farbe od. e-e wichtige Karte aufgeben muß.* **19.** *colloq.* ,Druck' *m*, Erpressung *f*: **to put the ~ on s.o.** j-n unter Druck setzen. **20.** *econ.* a) (*a.* Geld-)Knappheit *f*, wirtschaftlicher Engpaß, b) *Börse:* Zwang *m* zu Deckungskäufen: **credit** ~ Kreditbeschränkung *f*, -verknappung *f*. **21.** (*bes.* Wachs)Abdruck *m*, (-)Abguß *m*. **22.** *colloq.* **to have a tight** (*od.* **close, narrow**) ~ mit knapper Not davonkommen *od.* entkommen; **that was a tight ~** das ist gerade noch einmal gutgegangen!, ,das hätte ins Auge gehen können!'
**squeeze| bot·tle** s (Plastik)Spritzflasche *f*. **~ box** s *mus. colloq.* ,'Quetschkom,mode' *f* (Ziehharmonika).
**squeez·er** ['skwi:zə(r)] s **1.** (Frucht)Presse *f*, Quetsche *f*. **2.** *tech.* a) ('Aus)Preßma,schine *f*, b) Quetsch-, Schotterwerk *n*, c) 'Preßformma,schine *f*.
**squelch** [skweltʃ] **I** v/t **1.** zermalmen. **2.**

*fig.* *Kritik etc* unter'drücken. **3.** *colloq.* j-m ,den Mund stopfen'. **II** v/i **4.** p(l)atschen. **5.** glucksen (*Schuh im Morast etc*). **III** s **6.** Matsch *m*. **7.** glucksender Laut. **8.** → **squelcher** 2. **'squelch·er** s *colloq.* **1.** vernichtender Schlag. **2.** vernichtende Antwort.
**squib** [skwɪb] **I** s **1.** a) Frosch *m*, (Feuerwerks)Schwärmer *m*, b) *allg. Br.* (Hand-)Feuerwerkskörper *m*: **damp** ~ *Br. sl.* ,Reinfall' *m*, ,Pleite' *f*. **2.** *Bergbau:* Zündladung *f* (*a. mil. hist.*). **3.** (po'litische) Sa'tire, Spottgedicht *n*. **II** v/i **4.** Spottgedichte *od.* Sa'tiren schreiben. **III** v/t **5.** j-n mit Spottgedichten angreifen, bespötteln.
**squid** [skwɪd] s **1.** *pl* **squids** [-dz], *bes. collect.* **squid** *zo.* (*ein*) zehnarmiger Tintenfisch, *bes.* Kalmar *m*. **2.** künstlicher Köder in Tintenfischform. **3.** *mar. mil.* mehrrohriger Wasserbombenwerfer.
**squiffed** [skwɪft] → **squiffy**.
**squif·fy** ['skwɪfɪ] adj *bes. Br. colloq.* ,angesäuselt'.
**squig·gle** ['skwɪgl] **I** s **1.** Schnörkel *m* (*beim Schreiben*). **II** v/i **2.** kritzeln. **3.** sich winden.
**squil·gee** [ˌskwɪl'dʒi:; *Am.* 'skwɪlˌdʒi:] → **squeegee**.
**squill** [skwɪl] s **1.** *bot.* a) Meerzwiebel *f*, b) Blaustern *m*. **2.** *zo.* Heuschreckenkrebs *m*.
**squinch** [skwɪntʃ] s *arch.* Stützbogen *m*.
**squint** [skwɪnt] **I** v/i **1.** schielen (*a. weit S.* schräg blicken). **2.** blinzeln, zwinkern. **3.** **~ at** *fig.* a) schielen nach, b) e-n Blick werfen auf (*acc*), c) scheel *od.* 'mißgünstig *od.* argwöhnisch blicken auf (*acc*). **II** v/t **4.** *die Augen* a) verdrehen, b) zs.-kneifen: **to ~ one's eyes**. **III** s **5.** Schielen *n* (*a. fig.*): **to have a ~** schielen; **convergent** ~ Einwärtsschielen; **divergent** ~ Auswärtsschielen. **6.** *colloq.* a) schräger Seitenblick, b) (rascher *od.* verstohlener) Blick: **to have a ~ at** → 3 b. **IV** adj **7.** schielend. **8.** schief, schräg. **'~-eyed** adj **1.** schielend. **2.** *fig.* scheel, böse.
**squir·arch·y** → **squirearchy**.
**squire** ['skwaɪə(r)] **I** s **1.** (*englischer*) Landjunker, -edelmann, *a.* Gutsherr *m*, Großgrundbesitzer *m*. **2.** *bes. colloq.* (*in England u. USA Ehrentitel für*) a) (Friedens)Richter *m*, b) *andere Person mit lokaler Obrigkeitswürde*. **3.** *hist.* Edelknabe *m*, (Schild)Knappe *m*. **4.** *obs.* Kava'lier *m*: a) Begleiter *m* (*e-r Dame*), b) *colloq.* Gal'lan *m*, Liebhaber *m*: **~ of dames** Frauenheld *m*. **II** v/t u. v/i **5.** *obs.* a) (e-r Dame) Ritterdienste leisten *od.* den Hof machen, b) (e-e Dame) begleiten.
**squire·arch·y** ['skwaɪərɑ:(r)kɪ] s Junkertum *n*: a) *collect.* (die) (Land)Junker *pl*, b) (Land)Junkerherrschaft *f*.
**squir·een** [ˌskwaɪə'ri:n] s kleiner (*bes.* irischer) Gutsbesitzer.
**'squire·hood** s Rang *m od.* Würde *f* e-s **squire**.
**'squire·let** [-lɪt], **'squire·ling** [-lɪŋ] s Krautjunker *m*. **'squire·ly** adj junkerlich.
**squirm** [skwɜ:m; *Am.* skwɜrm] **I** v/i **1.** sich krümmen, sich winden (*a. fig.* **with** vor *Scham etc*): **to ~ out of** a) (mühsam) aus e-m Kleid herausschälen, b) *fig.* sich aus e-r Notlage etc herauswinden. **II** s **2.** Krümmen *n*, Sich'winden *n*. **3.** *mar.* Kink *f* (*im Tau*). **'squirm·y** adj sich windend.
**squir·rel** ['skwɪrəl; *Am.* 'skwɜrəl; 'skwʌrəl] s **1.** *pl* **-rels**, *bes. collect.* **-rel** *zo.* Eichhörnchen *n*: ~ **flying squirrel**. **2.** Feh *n*, Grauwerk *n* (*Pelz*). **~ cage** s **1.** a) Laufradkäfig *m*, b) *fig.* ,Tretmühle'

*f*. **2.** *electr.* Käfiganker *m*. **'~-cage** adj *electr.* Käfig..., Kurzschluß... **'~-fish** s (*ein*) Stachelfisch *m*. **~ mon·key** s *zo.* Totenkopfäffchen *n*.
**squirt** [skwɜ:t; *Am.* skwɜrt] **I** v/i **1.** spritzen. **2.** her'vorspritzen, -sprudeln. **II** v/t **3.** (her'vor-, her'aus)spritzen: **to ~ water**. **4.** bespritzen. **III** s **5.** (Wasser*etc*)Strahl *m*. **6.** Spritze *f*: ~ **can** *tech.* Spritzkanne *f*. **7.** *a.* ~ **gun** 'Wasserpi,stole *f*. **8.** *colloq.* a) ,kleiner Scheißer', b) ,Zwerg' *m*.
**squish** [skwɪʃ] **I** s **1.** → **squelch** 7. **II** v/t **2.** ,zermatschen'. **III** v/i **3.** → **squelch** 5. **'squish·y** adj matschig.
**squit** [skwɪt] s *Br. sl.* **1.** ,kleiner Scheißer'. **2.** ,Mist' *m*.
**Sri Lan·kan** [ˌsri:'læŋkən; *Am.* -'lɑ:ŋ-] s Sri'lanker(in). **II** adj sri'lankisch.
**St., St** abbr. → **saint** 1 (*etc*).
**stab** [stæb] **I** v/t **1.** j-n a) niederstechen, mit e-m Messer *etc* verletzen, b) *a.* **~ to death** erstechen, erdolchen. **2.** *ein Messer etc* bohren, stoßen (**into** in *acc*). **3.** *fig.* j-n (seelisch) verletzen: **to ~ s.o. in the back** j-m in den Rücken fallen; **to ~ s.o.'s reputation** an j-m Rufmord begehen. **4.** *etwas* durch'bohren, aufspießen, stechen in (*acc*). **5.** *tech.* e-e Mauer rauh hauen. **6.** *Buchteile* vorstechen. **II** v/i **7.** stechen (**at s.o.** nach j-m). **8.** (*mit den Fingern etc*) stoßen (**at** nach, auf *acc*). **9.** stechen (*Schmerz*). **10.** stechen, dringen (*Strahlen etc*). **III** s **11.** Stich *m*, (Dolch- *etc*)Stoß *m*. **12.** Stich(wunde *f*) *m*: ~ **in the back** *fig.* Dolchstoß *m*. **13.** *fig.* Stich *m* (*scharfer Schmerz, jähes Gefühl*). **14.** spitzer (Licht- *etc*)Strahl. **15.** *colloq.* Versuch *m*: **to have** (*od.* **make**) **a ~ at s.th.** es (einmal) mit etwas versuchen. **~ cell** s *biol.* Stabzelle *f*.
**sta·bile** ['steɪbaɪl, -bɪl] **I** adj **1.** fest (-stehend), statio'när. **2.** sta'bil (*a. med.*). **II** s [*Am.* 'steɪbi:l] **3.** Stabile *n* (*abstrakte Freiplastik*).
**sta·bil·i·ty** [stə'bɪlətɪ] s **1.** *allg.* Stabili'tät *f*: a) Standfestigkeit *f*, b) Festigkeit *f*, 'Widerstandsfähigkeit *f*, (Wert)Beständigkeit *f*, c) Unveränderlichkeit *f* (*a. math.*), d) *chem.* Resi'stenz *f*: **economic ~** wirtschaftliche Stabilität; **~ of prices** *econ.* Preis- *od.* Kursstabilität. **2.** *fig.* Beständigkeit *f*, Standhaftigkeit *f*, (Cha'rakter)Festigkeit *f*. **3.** a) *tech.* Kippsicherheit *f*, **~ on curves** *mot.* Kurvenstabilität *f*, b) *aer.* dy'namisches Gleichgewicht.
**sta·bi·li·za·tion** [ˌsteɪbɪlaɪ'zeɪʃn; *Am.* -lə'z-] s *allg. bes. econ. tech.* Stabili'sierung *f*. **'sta·bi·lize** [-laɪz] v/t stabili'sieren (*a. aer. mar. tech*): a) festigen, stützen, b) kon'stant halten, c) im Gleichgewicht halten: **to ~ prices** *econ.* die Preise *od.* Kurse stabilisieren; **~d warfare** *mil.* Stellungskrieg *m*. **'sta·bi·liz·er** s **1.** *aer. mar. mot. tech.*, *a. chem.* Stabili'sator *m*. **2.** *aer.* Stabili'sierungsflosse *f*. **3.** *electr.* a) Glättungsröhre *f*, b) 'Spannungskon,stanthalter *m*. **4.** *tech.* Stabili'sierungsmittel *n* (*für Kunststoffe etc*).
**sta·ble**[1] ['steɪbl] **I** s **1.** (Pferde-, Kuh-)Stall *m*. **2.** Stall(bestand) *m*. **3.** Rennstall *m* (*bes. collect. Pferde, Radrennfahrer*). **4.** *fig.* ,Stall' *m* (*Mannschaft, Künstlergruppe, Familie etc*). **5.** *pl mil.* a) Stalldienst *m*, b) Si'gnal *n* zum Stalldienst. **II** v/t **6.** *Pferde* einstallen. **III** v/i **7.** im Stall stehen (*Pferd*). **8.** *contp.* hausen.
**sta·ble**[2] ['steɪbl] adj (adv **stably**) **1.** sta'bil: a) standfest, -sicher (*a. phys. tech.*), b) 'widerstandsfähig, fest: ~ **structure**, c) (wert)beständig, fest, dauerhaft, haltbar, d) unveränderlich (*a. math.*), kon'stant, gleichbleibend (*a. electr.*): ~ **volt-**

age, e) *chem.* resi'stent: ~ **in water** wasserbeständig, f) statio'när: ~ **equilibrium** *phys.* stabiles Gleichgewicht. **2.** *econ. pol.* sta'bil: ~ **currency. 3.** *fig.* beständig, gefestigt: (**emotionally**) ~ charakterlich gefestigt; **he is in** ~ **condition** sein Zustand ist nicht lebensbedrohend.

'**sta·ble|·boy** *s* Stalljunge *m.* ~ **com·pan·ion** *s* Stallgefährte *m* (*a. Radsport u. fig.*). ~ **fly** *s zo.* **1.** Gemeine Stechfliege. **2.** Stallfliege *f.* '~**man** [-mən; -mæn] *s irr* Stallknecht *m.* '~**mate** → **stable companion.**

'**sta·ble·ness** → **stability.**

**sta·bling** ['steɪblɪŋ] *s* **1.** Einstallung *f.* **2.** Stallung(en *pl*) *f*, Ställe *pl.*

**stac·ca·to** [stə'kɑːtəʊ] *adj u. adv* **1.** *mus.* stak'kato. **2.** *fig.* abgehackt.

**stack** [stæk] **I** *s* **1.** *agr.* Schober *m*, Feim *m*: ~ **wheat** ~. **2.** Stoß *m*, Stapel *m*: **a** ~ **of books. 3.** *colloq.* ,Haufen' *m*, Masse *f*: ~**s of work** jede Menge Arbeit. **4.** *Br.* Stack *n* (*Maßeinheit für Holz u. Kohlen: 108 ft³ = 3,05814 m³*). **5.** *Am.* ('Bücher)Re,gal *n.* **6.** *oft pl* a) Gruppe *f* von Re'galen, b) ('Haupt)Maga,zin *n* (*e-r Bibliothek*). **7.** *tech.* a) *rail.* Schornstein *m*, b) *mot.* Auspuffrohr *n*, c) (Schmiede)Esse *f*, d) *electr.* (gestockte) An'tennenkombinati,on, e) Satz *m*, Aggre'gat *n*: ~ **blow** 29 b. **8.** *mil.* (Ge'wehr)Pyra,mide *f.* **9.** Felssäule *f.* **10.** *Computer:* Stapelspeicher *m.* **II** *v/t* **11.** *a.* ~ **up** Heu *etc* aufsetzen, -schobern. **12.** *a.* ~ **up** (auf-)stapeln, (auf-, überein'ander)schichten. **13.** vollstapeln. **14.** *mil.* die Gewehre zs.-setzen: **to** ~ **arms. 15. to** ~ **the cards** die Karten ,packen' (*betrügerisch mischen*): **the cards** (*od.* **odds**) **are** ~**ed against him** *fig.* s-e Chancen sind gleich Null. **16.** *aer.* das Flugzeug in e-e Wartezone einweisen. **III** *v/i* **17.** ~ **up** *Am. colloq.* a) sich anlassen *od.* entwickeln: **as things** ~ **up now**, b) sich halten (**against** gegen). '**stack·er** *s* Stapler *m* (*Person u. Vorrichtung*).

**stad·dle** ['stædl] *s* **1.** Ständer *m*, Gestell *n.* **2.** Forstwesen: Hegereis *n* (*junger Baum*).

**sta·di·al** ['steɪdjə; -dɪə] *pl von* **stadium.**

**sta·di·a²** ['steɪdjə; -dɪə] *s a.* ~ **rod** *surv.* Vermessungsstange *f*, Meßlatte *f.*

**sta·di·um** ['steɪdjəm; -dɪəm] *pl* **-di·a** [-djə; -dɪə], **-di·ums** *s* **1.** *antiq.* Stadion *n* (*Kampfbahn od. Längenmaß*). **2.** (*pl meist* **-ums**) *sport* Stadion *n.* **3.** *bes. biol. med.* Stadium *n.*

**staff¹** [stɑːf; *Am.* stæf] **I** *pl* **staffs,** (1–7, 10) *a.* **staves** [steɪvz] *s* **1.** Stab *m*, Stecken *m*, Stock *m.* **2.** (Amts-, Kom'mando)Stab *m.* **3.** Bischofs-, Krummstab *m.* **4.** (Fahnen)Stange *f*, -mast *m.* **5.** *fig.* Stütze *f*: **the** ~ **of his old age**, b) (*das*) Wichtigste *od.* Nötigste: ~ **of life** Brot *m*, Nahrung *f.* **6.** *surv.* Meßstab *m.* **7.** *tech.* Unruhwelle *f* (*der Uhr*). **8.** a) (Mitarbeiter)Stab *m*, b) Beamtenstab *m*, c) *ped.* Lehrkörper *m*, ('Lehrer)Kol,legium *n*, d) Perso'nal *n*, (*die*) Angestellten *pl*, Belegschaft *f*: **editorial** ~ Redaktion(sstab *m*) *f*; **medical** ~ Arztpersonal *n* (*e-s Krankenhauses*); **senior** ~ (*die*) leitenden Angestellten; **to be on the** ~ **of** zum Stab *od.* Lehrkörper *od.* Personal (*gen*) gehören, fest angestellt sein bei, Mitarbeiter sein bei. **9.** *mil.* Stab *m*: ~ **order** Stabsbefehl *m.* **10.** *mus.* 'Noten(linien)sy,stem *n.*

**II** *adj* **1.** Personal...: ~ **doctor** Betriebsarzt *m*; ~ **member** Mitarbeiter(in); ~ **room** Lehrerzimmer *n.* **12.** *mil.* a) Stabs..., b) Gelände...: ~ **walk** Geländebesprechung *f.*

**III** *v/t* **13.** (mit Perso'nal) besetzen: **well** ~**ed** gut besetzt. **14.** mit e-m Stab

*od.* Lehrkörper *etc* versehen. **15.** den Lehrkörper *e-r Schule* bilden.

**staff²** [stɑːf; *Am.* stæf] *s tech.* Baustoff *aus Gips u.* (Hanf)Fasern.

**staff| car** *s mil.* Befehlsfahrzeug *n.* ~ **col·lege** *s mil.* Gene'ralstabsakade,mie *f.*

**staff·er** ['stɑːfə; *Am.* 'stæfər] *s colloq.* Belegschafts-, *bes.* Redakti'onsmitglied *n.*

**staff| man·a·ger** *s econ.* Perso'nalchef *m.* ~ **no·ta·tion** *s mus.* Liniennotenschrift *f.* ~ **of·fi·cer** *s mil.* 'Stabsoffi,zier *m.* ~ **ride** *s mil.* Geländefahrt *f* (*zur Geländebesprechung*). ~ **ser·geant** *s mil.* (*Br. Ober*)Feldwebel *m.*

**stag** [stæg] **I** *s* **1.** *zo.* a) Rothirsch *m*, b) Hirsch *m.* **2.** *bes. dial. zo.* Männchen *n.* **3.** *nach der Reife kastriertes männliches Tier.* **4.** *colloq.* a) ,Unbeweibte(r)' *m*, Herr *m* ohne Damenbegleitung, b) → **stag party. 5.** *econ. Br.* Kon'zertzeichner *m.* **II** *adj* *colloq.* Herren...: ~ **dinner**, b) Sex...: ~ **film. III** *adv* **7.** *colloq.* ,unbeweibt', ,solo': **to go** ~ → 9. **IV** *v/i* **8.** *econ. Br.* in neu ausgegebenen Aktien speku'lieren. **9.** *colloq.* ohne Damenbegleitung *od.* ,solo' gehen. **V** *v/t* **10.** *econ. Br.* den Markt durch Kon'zertzeichnung beeinflussen. ~ **bee·tle** *s zo.* Hirschkäfer *m.*

**stage** [steɪdʒ] **I** *s* **1.** *tech.* Bühne *f*, Gerüst *n*: **hanging** ~ Hängegerüst; **landing** ~ Landungsbrücke *f.* **2.** Podium *n.* **3.** *thea.* Bühne *f* (*a. fig. Theaterwelt od. Bühnenlaufbahn*): **the** ~ *fig.* die Bühne, das Theater; **to be on the** ~ Schauspieler(in) *od.* beim Theater sein; **to go on the** ~ zur Bühne gehen; **to hold the** ~ sich halten (*Theaterstück*); **to put** (*od.* **bring**) **on the** ~ → 16; **to set the** ~ **for** *fig.* a) die Voraussetzungen schaffen für, b) e-n (entsprechenden) Rahmen geben (*dat*); → **hold²** 23. **4.** *fig.* Bühne *f*, Schauplatz *m*: **the political** ~. **5.** *hist.* a) ('Post)Stati,on *f*, b) Postkutsche *f.* **6.** *Br.* Teilstrecke *f*, Fahrzone *f* (*Bus etc*). **7.** (Reise)Abschnitt *m*, E'tappe *f* (*a. Radsport u. fig.*): **by** *od.* **in** (**easy**) ~**s** etappenweise, *fig. a.* Schritt für Schritt. **8.** *a. biol. econ. med.* Stadium *n*, Stufe *f*, Phase *f*: **critical** ~ kritisches Stadium; **experimental** (**initial, intermediate**) ~ Versuchs-(Anfangs-, Zwischen)stadium; **at this** ~ zum gegenwärtigen Zeitpunkt; ~**s of appeal** *jur.* Instanzenweg *m.* **9.** *arch.* (Bau)Abschnitt *m.* **10.** *geol.* Stufe *f* (*e-r Formation*). **11.** Ob'jektitsch *m* (*am Mikroskop*). **12.** *electr.* Verstärkerstufe *f.* **13.** *tech.* Stufe *f* (*a. e-r Rakete*). **14.** *tech.* Farbläufer *m* (*e-s Flusses*). **15.** *Am.* Höhe *f* des Wasserspiegels (*e-s Flusses*).

**II** *v/t* **16.** a) auf die Bühne bringen, insze'nieren, b) für die Bühne bearbeiten. **17.** a) *allg.* veranstalten: **to** ~ **an exhibition**, b) insze'nieren, 'durchführen, aufziehen: **to** ~ **a demonstration. 18.** *tech.* (be)rüsten. **19.** *mil. Am.* 'durchschleusen.

**stage| box** *s thea.* Pro'szeniumsloge *f.* '~**coach** *s hist.* Postkutsche *f.* '~**craft** *s* **1.** drama'turgisches Können. **2.** schauspielerisches Können. ~ **de·sign** *s* Bühnenbild *n.* ~ **de·sign·er** *s* Bühnenbildner(in). ~ **di·rec·tion** *s* Bühnen-, Re'gieanweisung *f.* ~ **di·rec·tor** *s* Regis'seur *m.* ~ **door** *s* Bühneneingang *m.* ~ **ef·fect** *s* **1.** 'Bühnenwirkung *f*, -ef,fekt *m.* **2.** *fig.* Thea'tralik *f.* ~ **fe·ver** *s* Drang *m* zur Bühne, The'aterbesessenheit *f.* ~ **fright** *s* Lampenfieber *n.* '~**hand** *s* Bühnenarbeiter *m.* '~**house** *s hist.* 'Poststati,on *f.* '~**man·age** [,-'mænɪdʒ; ',-m-] → **stage** 17. ~ **man·ag·er** *s* Inspi'zient *m.* ~ **name** *s* Bühnen-, Künstlername *m.* ~ **play** *s* Bühnenstück *n.*

**stag·er** ['steɪdʒə(r)] *s meist* **old** ~ ,alter Hase'.

**stage| race** *s Radsport:* E'tappenrennen *n.* ~ **rights** *s pl jur.* Aufführungs-, Bühnenrechte *pl.* ~ **set·ting** *s* Bühnenbild *n.* '~**struck** *adj* the'aterbesessen. ~ **wag·(g)on** *s hist.* Packwagen *m.* ~ **wait** *s* dra'matische Pause. ~ **whis·per** *s* **1.** *thea.* nur für das Publikum bestimmtes Flüstern. **2.** *fig.* weithin hörbares Geflüster. '~'**whis·per** *v/i fig.* weithin hörbar flüstern. '~**wise** *adj* **1.** bühnenerfahren (*Regisseur etc*). **2.** bühnenwirksam (*Stück*).

**stage·y** *Am. für* **stagy.**

**stag·fla·tion** [stæg'fleɪʃn] *s econ.* Stagflati'on *f.*

**stag·gard** ['stægə(r)d], '**stag·gart** [-gə(r)t] *s hunt.* Hirsch *m* im vierten Jahr, Sechsender *m.*

**stag·ger** ['stægə(r)] **I** *v/i* **1.** (sch)wanken, taumeln, torkeln: **to** ~ **to one's feet** sich schwankend erheben. **2.** wanken, (zu'rück)weichen (*Truppen*). **3.** *fig.* (sch)wanken(d werden). **II** *v/t* **4.** ins Wanken bringen, (sch)wankend machen, erschüttern (*alle a. fig.*). **5.** *fig.* a) verblüffen, b) *stärker:* 'umwerfen, über'wältigen, sprachlos machen. **6.** *tech., a. aer.* gestaffelt *od.* versetzt anordnen. **7.** *Arbeitszeit etc* staffeln: **to** ~ **holidays. III** *s* **8.** (Sch)Wanken *n*, Taumeln *n*: **to give a** ~ → 1. **9.** *pl* (*als sg konstruiert*) a) *med.* Schwindel *m*, b) *vet.* Schwindel *m* (*bei Rindern*), Koller *m* (*bei Pferden*), Drehkrankheit *f* (*bei Schafen*). **10.** *aer.* Staffelung *f* (*a. fig.*), versetzte Anordnung. **11.** *Leichtathletik:* Kurvenvorgabe *f.* '**stag·gered** *adj* **1.** *tech.* versetzt (angeordnet), gestaffelt. **2.** gestaffelt: ~ (**working**) **hours.** '**stag·ger·ing** *adj* (*adv* ~**ly**) **1.** (sch)wankend, taumelnd. **2.** wuchtig, heftig: **a** ~ **blow. 3.** *fig.* a) 'umwerfend, über'wältigend, phan'tastisch, b) schwindelerregend: ~ **prices.**

'**stag·hound** *s hunt. hist.* Hirschhund *m.*

**stag·i·ness** ['steɪdʒɪnɪs] *s* Thea'tralik *f*, Ef,fekthasche'rei *f.*

**stag·ing** ['steɪdʒɪŋ] *s* **1.** *thea.* a) Insze'nierung *f*, b) Bühnenbearbeitung *f.* **2.** *fig.* a) Veranstaltung *f*, b) Insze'nierung *f*, 'Durchführung *f.* **3.** (Bau)Gerüst *n.* **4.** *mar.* Hellinggerüst *n.* ~ **a·re·a** *s mil.* **1.** Bereitstellungsraum *m.* **2.** Auffangraum *m.* ~ **post** *s Br.* **1.** *mil.* Sammelgebiet *n.* **2.** 'Zwischenstati,on *f.* **3.** *fig.* Ansatz *m* (**in** zu).

**Stag·i·rite** ['stædʒɪraɪt] *s:* **the** ~ der Stagi'rit (*Aristoteles*).

**stag·nan·cy** ['stægnənsɪ] *s* Stagnati'on *f*: a) Stockung *f*, Stillstand *m*, b) *bes. econ.* Stille *f*, Flauheit *f*, c) *fig.* Trägheit *f.* '**stag·nant** *adj* (*adv* ~**ly**) sta'gnierend: a) stockend, stillstehend, b) abgestanden (*Wasser*), stehend (*Gewässer*), c) *bes. econ.* still, flau, schleppend, d) *fig.* träge. '**stag·nate** [-neɪt] *v/i* sta'gnieren, stocken, stillstehen. **stag'na·tion** → **stagnancy.**

**stag par·ty** *s colloq.* (*meist feuchtfröhlicher*) Herrenabend.

**stag·y** ['steɪdʒɪ] *adj* **1.** bühnenmäßig, Bühnen... **2.** *fig.* thea'tralisch, ef'fekthaschend.

**staid** [steɪd] **I** *obs. pret u. pp von* **stay¹. II** *adj* (*adv* ~**ly**) **1.** gesetzt, seri'ös. **2.** ruhig (*a. Farben*), gelassen. '**staid·ness** *s* **1.** Gesetztheit *f.* **2.** Ruhe *f*, Gelassenheit *f.*

**stain** [steɪn] **I** *s* **1.** (Schmutz-, *a.* Farb-)Fleck *m.* ~-**resistant** schmutzabweisend (*Teppich etc*). **2.** *fig.* Schandfleck *m*, Makel *m.* **3.** Färbung *f.* **4.** *tech.* a) Farbe *f*, Färbemittel *n*, b) (Holz)Beize *f.* **5.** *physiol.* Mal *n*, Fleck *m.* **II** *v/t* **6.** beschmutzen, beflecken, besudeln (*al-*

le *a. fig.*). **7.** färben, *Holz* beizen, *Glas etc* bemalen. **8.** *Tapeten, Stoff etc* bedrucken. **III** *v/i* **9.** Flecken verursachen. **10.** Flecken bekommen, schmutzen. **stained** *adj* **1.** be-, verschmutzt, fleckig. **2.** *fig.* besudelt. **3.** bunt, bemalt, Farb...: ~ **glass**, **~-glass** a) Buntglas..., b) *fig.* frömmelnd. '**stain·er** *s tech.* **1.** Färber *m*, Beizer *m*. **2.** Farbstoff *m*, Beize *f*. '**stain·ing** I *s* **1.** (Ver)Färbung *f*. **2.** Verschmutzung *f*. **3.** *bes. tech.* Färben *n*, Beizen *n*: ~ **of glass** Glasmalerei *f*. **II** *adj* **4.** Färbe... '**stain·less** *adj* (*adv* ~ly) **1.** *bes. fig.* fleckenlos, unbefleckt. **2.** *tech.* nichtrostend, rostfrei: ~ **steel**.
**stair** [steə(r)] *s* **1.** Treppe *f*, Stiege *f*. **2.** (Treppen)Stufe *f*. **3.** *pl* Treppe(nhaus *n*) *f*: **above** ~s a) oben, b) *Br. hist.* bei der Herrschaft; **below** ~s a) unten, b) *Br. hist.* beim Hauspersonal; **down** (**up**) ~s → **downstairs** (**upstairs**) a flight of ~s e-e Treppe. **4.** *pl* Landungssteg *m*. ~ **car·pet** *s* Treppenläufer *m*.
'**stair·case** *s* Treppe *f*, Treppenhaus *n*, -aufgang *m*. ~ **curve**, ~ **pol·y·gon** *s math.* 'Treppenpoly₁gon *n*. ~ **volt·age** *s* Treppenspannung *f*.
'**stair·head** *s* oberster Treppenabsatz. ~ **rod** *s* (Treppen)Läuferstange *f*. '~**way** → staircase. '~**well** *s* Treppenschacht *m*.
**stake**¹ [steɪk] I *s* **1.** (*a.* Grenz)Pfahl *m*, Pfosten *m*: **to pull up** ~s *bes. Am. colloq.* ,s-e Zelte abbrechen'. **2.** Marter-, Brandpfahl *m*: **the** ~ *fig.* der (Tod auf dem) Scheiterhaufen. **3.** Pflock *m* (*zum Anbinden von Tieren*). **4.** a) (Wagen)Runge *f*, b) (*Art*) Pritschenwagen *m*. **5.** Absteckpfahl *m*, -pflock *m*. **6.** kleiner (Hand-) Amboß. **7.** *Reitsport:* Hindernisstange *f*. **II** *v/t* **8.** *oft* ~ **off**, ~ **out** abstecken (*a. fig.*): **to** ~ **out a** (*od.* **one's**) **claim** (**to**) *fig.* s-e Ansprüche auf (*acc*) anmelden; **to** ~ **in** (*od.* **out**) mit Pfählen einzäunen; **to** ~ **off** durch Pfähle abtrennen. **9.** *ein Tier* anpflocken. **10.** *ein Tier* anpflocken. **11.** a) (mit e-m Pfahl) durch'bohren, b) pfählen (*als Strafe*). **12.** *colloq.* Haus, Verdächtigen etc (poli'zeilich) über'wachen.
**stake**² [steɪk] I *s* **1.** (Wett-, Spiel)Einsatz *m*: **to place one's** ~**s on** setzen auf (*acc*); **to be at** ~ *fig.* auf dem Spiel stehen; **to play for high** ~**s** um hohe Einsätze spielen, b) *fig.* ein hohes Spiel spielen, allerhand riskieren; **to sweep the** ~**s** den ganzen Gewinn einstreichen. **2.** *fig.* Inter'esse *n*, Anteil *m*, Beteiligung *f* (*a. econ.*): **to have a** ~ **in** interessiert *od.* beteiligt sein an (*dat*); **to have a** ~ **in the country** am Wohlergehen des Staates interessiert sein. **3.** *pl Pferderennen:* a) Do'tierung *f*, b) Rennen *n*. **4.** *Am. colloq.* für **grubstake**. **II** *v/t* **5.** Geld setzen (**on** auf *acc*). **6.** *fig.* einsetzen, wagen, aufs Spiel setzen, ris'kieren: **I'd** ~ **my life on that** darauf gehe ich jede Wette ein. **7.** *fig. sein Wort etc* verpfänden (**on** für). **8.** *Am. colloq.* inve'stieren in (*j-n od. etwas*).
'**stake**|**·hold·er** *s* 'Unpar₁teiischer, der die Wetteinsätze verwahrt. ~ **net** *s mar.* Staknetz *n*. '~**out** *s colloq.* (poli'zeiliche) Über'wachung (**on** *gen*).
**Sta·kha·no·vism** [stæ'kænəvɪzəm; *Am.* stɑ'kɑː-] *s* Sta'chanow-Sy₁stem *n*. **Sta·'kha·no·vite** [-vaɪt] *s* Sta'chanowarbeiter(in).
**sta·lac·tic** [stə'læktɪk] → stalactitic. **sta·'lac·ti·form** [-fɔː(r)m] *adj min.* stalak'titenförmig. **sta·'lac·tite** ['stæləktaɪt; *Am. bes.* stə'læk₁taɪt] *s min.* Stalak'tit *m*, hängender Tropfstein. **stal·ac·tit·ic** [₁stælæk'tɪtɪk] *adj* (*adv* ~ally) stalak'titisch, Stalaktiten...

**sta·lag·mite** ['stæləgmaɪt; *Am. bes.* stə'læg₁maɪt] *s min.* Stalag'mit *m*, stehender Tropfstein. **stal·ag·mit·ic** [₁stæləg'mɪtɪk] *adj* (*adv* ~ally) stalag'mitisch, Stalagmiten...
**stale**¹ [steɪl] I *adj* (*adv* ~ly) **1.** alt (*Ggs. frisch*), bes. a) schal, abgestanden: ~ **beer**, b) alt(backen): ~ **bread**, c) schlecht, verdorben: ~ **food**. **2.** schal: ~ **smell** (**taste**, *a. fig.* **pleasure**, *etc*). **3.** verbraucht, muffig: ~ **air**. **4.** *fig.* fad, abgedroschen, (ur)alt: ~ **jokes**. **5.** a) verbraucht, über'anstrengt, *sport a.* 'übertrai₁niert, ,ausgebrannt', b) ,eingerostet', aus der Übung (gekommen). **6.** *jur.* verjährt, unwirksam *od.* gegenstandslos (geworden): ~ **affidavit**; ~ **debt**. **II** *v/i* **7.** schal *etc* werden. **III** *v/t* **8.** schal machen, abnützen.
**stale**² [steɪl] *zo.* I *v/i* stallen, harnen (*Vieh*). **II** *s* Harn *m*.
**stale·mate** ['steɪlmeɪt] I *s* **1.** *Schach:* Patt *n*. **2.** *fig.* Patt *n*, Sackgasse *f*. **II** *v/t* **3.** *Schach:* patt setzen. **4.** *fig.* in e-e Sackgasse führen.
**stale·ness** ['steɪlnɪs] *s* **1.** Schalheit *f* (*a. fig.*). **2.** *fig.* a) Abgedroschenheit *f*, b) Verbrauchtheit *f*.
**Sta·lin·ism** ['stɑːlɪnɪzəm; 'stæ-] *s pol.* Stali'nismus *m*. '**Sta·lin·ist** I *s* Stali'nist(in). **II** *adj* stali'nistisch.
**stalk**¹ [stɔːk] *s* **1.** *bot.* Stengel *m*, Stiel *m*, Halm *m*. **2.** *biol. zo.* Stiel *m* (*Träger e-s Organs*). **3.** *zo.* Federkiel *m*. **4.** Stiel *m* (*e-s Weinglases etc*). **5.** hoher Schornstein. **6.** *arch.* Stengel *m* (*an Säulen*).
**stalk**² [stɔːk] I *v/i* **1.** *hunt.* a) sich anpirschen, b) pirschen, auf die Pirsch gehen. **2.** *oft* ~ **along** a) (ein'her)stol₁zieren, b) (-)schreiten, b) staksen, steif(beinig) gehen. **3.** 'umgehen (*Gespenst, Krankheit etc*). **4.** *obs.* schleichen. **II** *v/t* **5.** *hunt. u. fig.* sich her'anpirschen an (*acc*). **6.** *hunt.* durch'pirschen, -'jagen. **7.** verfolgen, hinter *j-m* 'herschleichen. **8.** 'umgehen in (*dat*) (*Gespenst, Krankheit etc*). **III** *s* **9.** *hunt.* Pirsch(jagd) *f*. **10.** Stol'zieren *n*, stolzer *od.* steifer Gang.
**stalked** [stɔːkt] *adj bot. zo.* gestielt, ...stielig: **long-**~ langstielig.
**stalk·er** ['stɔːkə(r)] *s hunt.* Pirschjäger *m*.
,**stalk-'eyed** *adj zo.* stieläugig.
'**stalk·ing-horse** ['stɔːkɪŋ] *s* **1.** *hunt. hist.* Versteckpferd *n*. **2.** *fig.* Vorwand *m*, Deckmantel *m*: **to make s.o. a** ~ j-n vorschieben. **3.** *pol. fig.* Strohmann *m*.
'**stalk·less** *adj* **1.** ungestielt. **2.** *bot.* sitzend, stengellos.
'**stalk·let** [-lɪt] *s* Stielchen *n*.
'**stalk·y** *adj* **1.** stengel-, stielartig. **2.** hochaufgeschossen.
**stall**¹ [stɔːl] I *s* **1.** a) Box *f* (*im Stall*), b) *obs.* Stall *m*. **2.** (Verkaufs)Stand *m*, (Markt)Bude *f*: ~ **money** Standgeld *n*. **3.** Chor-, Kirchenstuhl *m*. **4.** *bes. thea. Br.* Sperrsitz *m*. **5.** Hülle *f*, Schutz *m*, *bes.* → **fingerstall**. **6.** *Bergbau: bes. Br.* Arbeitsstand *m*. **7.** (mar'kierter) Parkplatz. **8.** *aer.* Sackflug *m*. **II** *v/t* **9.** *Tiere* a) in Boxen 'unterbringen, b) *obs.* in Boxen mästen. **10.** a) *e-n Wagen* durch ,Abwürgen' des Motors zum Stehen bringen, b) *den Motor* ,abwürgen', c) *aer.* über'ziehen. **III** *v/i* **11.** steckenbleiben (*Wagen etc*). **12.** ,absterben' (*Motor*). **13.** *aer.* abrutschen.
**stall**² [stɔːl] I *s* **1.** Ausflucht *f*, 'Hinhaltema₁növer *n*. **2.** *Am.* Kom'plize *m* e-s Taschendiebs. **II** *v/i* **3.** a) Ausflüchte machen, sich nicht festlegen (wollen), b) *a.* ~ **for time** Zeit schinden. **4.** *sport bes. Am.* a) sich nicht voll ausgeben, b) auf Zeit spielen. **III** *v/t* **5.** *oft* ~ **off** a) *j-n* 'hinhalten, b) *etwas* hin'ausziögern.
**stall·age** ['stɔːlɪdʒ] *s Br.* Standgeld *n*.

**stall**|**bar** *s Turnen:* Sprossenwand *f*. '~**feed** *v/t irr Tiere* in Boxen mästen. '~**hold·er** *s* Standinhaber(in).
'**stall·ing speed** ['stɔːlɪŋ] *s aer.* kritische Geschwindigkeit.
**stal·lion** ['stæljən] *s* (Zucht)Hengst *m*.
**stal·wart** ['stɔːlwə(r)t] I *adj* (*adv* ~ly) **1.** stramm, kräftig, ro'bust, (hand)fest. **2.** tapfer, beherzt. **3.** *bes. pol.* unentwegt, treu: **S~ Republican**. **II** *s* **4.** strammer *od.* handfester Kerl. **5.** *bes. pol.* treuer Anhänger, Unentwegte(r *m*) *f*.
**sta·men** ['steɪmen; -mən] *pl* **-mens**, **stam·i·na** ['stæmɪnə; *Am. a.* 'steɪ-] *s bot.* Staubblatt *n*, -gefäß *n*, -faden *m*.
**stam·i·na** ['stæmɪnə] *s* **1.** Lebenskraft *f* (*a. fig.*), Vitali'tät *f*. **2.** Stärke *f*, Kraft *f*. **3.** Zähigkeit *f*, Ausdauer *f*. **4.** 'Widerstandskraft *f* (*a. mil.*), 'Durchhalte-, Stehvermögen *n*, Konditi'on *f* (*a. sport*). '**stam·i·nal** *adj* **1.** Lebens..., vi'tal. **2.** Widerstands..., Konditions..., **3.** *bot.* Staubblatt... '**stam·i·nate** [-nət; -neɪt], ,**stam·i·'nif·er·ous** [-'nɪfərəs] *adj bot.* männlich.
**stam·mer** ['stæmə(r)] I *v/i* **1.** *med.* stottern. **II** *v/t* **2.** *a.* ~ **out** stottern, stammeln. **III** *s* **3.** *med.* Stottern *n*: **to have a** ~ stottern. **4.** Gestotter *n*, Gestammel *n*. '**stam·mer·er** *s med.* Stotterer *m*, Stotterin *f*. '**stam·mer·ing** *adj* **1.** *med.* stotternd. **2.** stotternd, stammelnd. **II** *s* **3.** → stammer III.
**stamp** [stæmp] I *v/t* **1.** a) stampfen, *Skipiste* treten, b) aufstampfen mit, c) stampfen auf (*acc*): **to** ~ **one's foot** aufstampfen; **to** ~ **down** a) feststampfen, b) niedertrampeln, c) *aus*treten: **to** ~ **out a fire**, b) zertrampeln, c) *fig.* ausmerzen, d) niederschlagen, ersticken: **to** ~ **out a rebellion**. **2.** prägen: **to** ~ **money**. **3.** aufprägen (**on** auf *acc*). **4.** *fig.* (fest) einprägen: **to** ~ **s.th. on s.o.'s mind** j-m etwas fest einprägen; ~**ed upon s.o.'s memory** unverrückbar in j-s Erinnerung. **5.** *e-e Urkunde etc* stempeln. **6.** *Namen etc* aufstempeln (**on** auf *acc*). **7.** *Gewichte etc* eichen. **8.** *e-n Brief etc* fran'kieren, freimachen, e-e Briefmarke (auf)kleben auf (*acc*): ~**ed envelope** Freiumschlag *m*. **9.** *e-e* Steuer- *od.* Gebührenmarke (auf)kleben auf (*acc*). **10.** kennzeichnen (*a. fig.*): **to be** ~**ed with** gekennzeichnet sein durch. **11.** *fig.* (as *od. acc*) kennzeichnen *od.* charakteri'sieren (als), stempeln (zu). **12.** *tech.* a) ~ **out** (aus)stanzen, b) pressen, c) *Lumpen etc* einstampfen, d) *Erz* pochen. **13.** *Butter* formen.
**II** *v/i* **14.** aufstampfen. **15.** stampfen, trampeln (**on** auf *acc*): **to** ~ **on** *fig.* hart vorgehen gegen.
**III** *s* **16.** (*Dienst- etc*)Stempel *m*. **17.** *fig.* Stempel *m* (*der Wahrheit etc*), Gepräge *n*: **to bear the** ~ of den Stempel des *Genies etc* tragen; **he left his** ~ **on his times** er gab s-r Zeit das Gepräge. **18.** (Brief)Marke *f*. **19.** (Stempel-, Steuer-, Gebühren-) Marke *f*: **revenue** ~. **20.** *a.* **trading** ~ *econ.* Ra'battmarke *f*. **21.** (Firmen)Zeichen *n*, Eti'kett *n*. **22.** *fig.* Art *f*, Schlag *m*: **a man of his** ~ ein Mann s-s Schlages; **of a different** ~ aus *m* anderen Holz geschnitzt. **23.** *tech.* a) Stempel *m*, b) Prägestempel *m*, c) Stanze *f*, d) Stanzeisen *n* (*des Buchbinders*), e) Stampfe *f*, f) Presse *f*, g) Pochstempel *m*, h) Pa'trize *f*. **24.** Prägung *f*. **25.** Aufdruck *m*. **26.** a) Eindruck *m*, b) Spur *f*. **27.** (Auf)Stampfen *n*.
**stamp**|**al·bum** *s* (Brief)Markenalbum *n*. ~ **book·let** *s mail* Markenheftchen *n*. ~ **col·lec·tor** *s* (Brief)Markensammler *m*. ~ **du·ty** *s econ.* Stempelgebühr *f*: **exempt from** ~ stempelfrei; **subject to** ~ stempel(gebühren)pflichtig.

**stam·pede** [stæm'piːd] **I** *s* **1.** a) wilde, panische Flucht, Panik *f*, b) wilder Ansturm. **2.** *fig.* (Massen)Ansturm *m*: ~ of **shoppers**. **3.** *pol. Am.* a) 'Meinungs,umschwung *m*, b) ,Erdrutsch' *m*, Wählerflucht *f*. **4.** *Am. colloq.* Volksfest *n* (*mit Cowboydarbietungen etc*). **II** *v/i* **5.** in wilder Flucht da'vonstürmen, 'durchgehen. **6.** (in Massen) losstürmen. **III** *v/t* **7.** in wilde Flucht jagen. **8.** a) in Panikstimmung versetzen, b) treiben (**into do-ing** *s.th.* dazu, etwas zu tun), c) über-'rumpeln, d) *pol. Am.* ~ an ,Erdrutsch' her'vorrufen bei: **to** ~ **a convention**.

'**stamp·er** *s tech.* **1.** Stampfe(r *m*) *f*, Ramme *f*. **2.** Stößel *m*, Stempel *m*.

'**stamp·ing** *s tech.* **1.** Ausstanzen *n*. **2.** Stanzstück *n*. **3.** Preßstück *n*. **4.** Prägung *f*. ~ **die** *s tech.* 'Schlagma,trize *f*. ~ **ground** *s* **1.** Re'vier *n* (*a. von Tieren*). **2.** Tummelplatz *m*, Treff(punkt) *m*.

**stamp(·ing) mill** *s tech.* **1.** Stampfmühle *f*. **2.** Pochwerk *n*.

**stance** [stæns; *Br.* a. stɑːns] *s* **1.** *a. sport* Stellung *f*, Haltung *f* (*a. fig.*). **2.** *mount.* Stand *m*.

**stanch**[1] [stɑːntʃ; *Am.* a. stɔːntʃ] *v/t* **1.** *Blut(ung)* stillen. **2.** *fig.* Einhalt gebieten (*dat*). [staunch[2].]

**stanch**[2] [stɑːntʃ; *Am.* a. stɔːntʃ] →

**stan·chion** ['stɑːnʃn; *Am.* 'stæntʃən] *s* **I** *s* Pfosten *m*, Stütze *f* (*a. mar.*). **II** *v/t* a) (ab)stützen, b) verstärken.

'**stanch·ness** → staunchness.

**stand** [stænd] **I** *s* **1.** a) Stehen *n*, b) Stillstand *m*, Halt *m*. **2.** a) (Stand)Platz *m*, Standort *m*, b) *fig.* Standpunkt *m*: **to take one's** ~ sich aufstellen (**at** bei, auf *dat*), *fig.* Stellung beziehen; **to take one's** ~ **on** *fig.* sich stützen auf (*acc*). **3.** *fig.* Eintreten *n*: **to make a** ~ **against** sich entgegenstellen *od.* -stemmen (*dat*); **to make a** ~ **for** sich einsetzen für. **4.** a) ('Zuschauer)Tri,büne *f*, b) Podium *n*. **5.** *jur. Am.* Zeugenstand *m*: **to take the** ~ a) den Zeugenstand betreten, b) als Zeuge aussagen; **to take the** ~ **on** *s.th.* etwas beschwören. **6.** *econ.* (Verkaufs-, Messe-) Stand *m*. **7.** Stand(platz) *m* (*für Taxis*). **8.** (Kleider-, Noten- *etc*)Ständer *m*. **9.** Gestell *n*, Re'gal *n*. **10.** a) Sta'tiv *n*, b) Stütze *f*. **11.** (Baum)Bestand *m*. **12.** *agr.* Stand *m* (*des Getreides etc*), (zu erwartende) Ernte: ~ **of wheat** stehender Weizen. **13.** *thea.* Gastspiel(ort *m*) *n*: ~ **one-night stand**. **14.** ~ **of arms** *mil.* (vollständige) Ausrüstung (*e-s Soldaten*).
**II** *v/i pret u. pp* **stood** [stʊd] **15.** *allg.* stehen: ..., (**as**) **sure** (*od.* **true**) **as I'm** ~**ing here** ..., so wahr ich hier stehe!; **to** ~ **alone** a) (*mit e-r Ansicht etc*) allein (da)stehen, b) unerreicht dastehen *od.* sein; **to** ~ **fast** (*od.* **firm**) fest *od.* hart bleiben (**on** in *dat*) (→ 18); **to** ~ **or fall** stehen *od.* fallen, siegen *od.* untergehen; **to** ~ **gasping** keuchend dastehen; **to** ~ **on one's head** a) e-n Kopfstand machen, kopfstehen', b) *fig.* (vor Freude etc) ,kopfstehen'; **to** ~ **to lose** (**to win**) (mit Sicherheit) verlieren (gewinnen); **as matters** ~ nach Lage der Dinge; **I want to know where I** ~ ich will wissen, woran ich bin; **the thermometer** ~**s at 78** das Thermometer steht auf 78 Grad (Fahrenheit); **the wind** ~**s in the west** der Wind weht von Westen; **to** ~ **well with s.o.** mit j-m gut stehen, sich mit j-m gut stellen. **16.** stehen, liegen, sich befinden, sein (*Sache*). **17.** sein: **to** ~ **accused** (aghast, **ready,** *etc*); **to** ~ **convicted** überführt sein (**of** *gen*); **to** ~ **in need of help** Hilfe nötig haben; → **correct 2. 18.** ~ still stehenbleiben, stillstehen: ~! halt!; ~ **fast!** *mil.* a) *Br.* stillgestanden!, b) *Am.* Abteilung halt! **19.** bleiben: **to** ~ **neutral** (un-

challenged); **and so it** ~**s** und dabei bleibt es. **20.** sich stellen, treten: **to** ~ **back** (*od.* **clear**) zurücktreten; **to** ~ **on the defensive** sich verteidigen; **to** ~ **on the offensive** zum Angriff antreten. **21.** (groß) sein, messen: **he** ~**s six feet** (tall). **22.** zu vereinbaren sein (**with** mit): **if it** ~**s with hono(u)r**. **23.** sich behaupten, bestehen (**against** gegen): **to** ~ **through** *s.th.* etwas überstehen *od.* -dauern. **24.** *fig.* festbleiben. **25.** *a.* ~ **good** (weiterhin) gelten: **my offer** ~**s** mein Angebot bleibt bestehen; **to let** *s.th.* ~ etwas gelten *od.* bestehen lassen. **26.** *mar.* (*auf e-m Kurs*) liegen *od.* sein, steuern, halten. **27.** zu'statten kommen (**to** *dat*). **28.** *hunt.* vorstehen (**upon** *dat*) (*Hund*): **to** ~ **upon game. 29.** *Kartenspiel:* halten, nicht passen. **30.** lauten: **the sentence must** ~ **thus.**
**III** *v/t* **31.** stellen: **to** ~ **a plane on its nose** *aer.* ,e-n Kopfstand machen'; **to** ~ *s.th.* **on its head** *fig.* etwas auf den Kopf stellen. **32.** standhalten (*dat*), aushalten: **he can't** ~ **the climate** er kann das Klima nicht (v)ertragen; **I could not** ~ **the pain** ich konnte den Schmerz nicht aushalten *od.* ertragen; **I can't** ~ **him** ich kann ihn nicht ausstehen; → **racket**[2] 4. **33.** sich *etwas* gefallen lassen, dulden, ertragen: **I won't** ~ **it any longer. 34.** sich *e-r Sache* unter'ziehen: → **trial** 2. **35.** bestehen: → **test**[1] 2. **36.** a) *Pate* stehen, b) *Bürgschaft etc* leisten: → **security** 5, **sponsor** 2, **surety** 1. **37.** *colloq.* a) aufkommen für, b) (*j-m*) *ein Essen etc* spen'dieren: **to** ~ **a drink** ,einen' ausgeben *od.* spendieren; **to** ~ **a round** e-e Runde ,schmeißen'; → **shot**[1] 13, **treat** 11. **38.** *e-e Chance* haben.
*Verbindungen mit Präpositionen:*
**stand** | **by** *v/i* **1.** *j-m* zur Seite stehen, zu j-m halten *od.* stehen. **2.** stehen zu, treu bleiben (*dat*): **to** ~ **one's principles** (**word,** *etc*). ~ **for** *v/i* **1.** stehen für, bedeuten. **2.** eintreten für, vertreten: **to** ~ **birth control. 3.** *bes. Br.* sich bewerben um: **to** ~ **an office. 4.** *bes. Br.* kandi'dieren für: **to** ~ **a constituency**; **to** ~ **election** kandidieren, sich zur Wahl stellen. **5.** *colloq.* → **stand** 33. ~ **on** *v/i* **1.** halten *od.* achten auf (*acc*): **to** ~ **ceremony** a) die Etikette beachten, b) (sehr) förmlich sein; **don't** ~ **ceremony** mach doch keine Umstände; → **dignity** 4. **2.** pochen auf (*acc*): **to** ~ **one's rights. 3.** beruhen auf (*dat*). **4.** *mar.* den Kurs beibehalten. ~ **o·ver** *v/i* über'wachen, aufpassen auf (*acc*). ~ **to** *v/i* **1.** → **stand by 1. 2.** stehen zu (*s-m Versprechen etc*), bei *s-m* Wort bleiben: **to** ~ **one's duty** (treu) s-e Pflicht tun; **to** ~ **one's oars** sich (kräftig) in die Riemen legen; → **gun** 1. **3.** ~ **it** (**that**) da'bei bleiben(, daß). ~ **up·on** → **stand on.**
*Verbindungen mit Adverbien:*
**stand** | **a·bout** *v/i* her'umstehen. ~ **a·part** *v/i* **1.** a) abseits *od.* für sich stehen, b) (**from**) sich ausschließen (von), nicht mitmachen (bei). **2.** *fig.* sich distan'zieren (**from** von). ~ **a·round** → **stand about.** ~ **a·side** *v/i* **1.** bei'seite treten. **2.** *fig.* zu'rücktreten (**in** *s.o.'s* **favo[u]r** zu j-s Gunsten). **3.** tatenlos her'umstehen. ~ **back** *v/i* **1.** zu'rücktreten. **2.** ~ **from** abseits (*gen*) liegen. **3.** *fig.* Abstand gewinnen von. ~ **by** *v/i* **1.** da'beisein *od.* -stehen u. zusehen (müssen), (ruhig) zusehen. **2.** a) *bes. mil.* bereitstehen, sich in Bereitschaft halten, b) *mar.* sich klar halten: ~! *mil.* Achtung!, *mar.* klar zum Manöver! **3.** *Funk:* a) auf Empfang bleiben, b) sendebereit sein. ~ **down** *v/i* **1.** *jur.* den Zeugenstand verlassen. **2.** *bes. Br.* → **stand aside** 2. **3.** *mil.* sich auflösen. ~ **in**

*v/i* **1.** (als Ersatz) einspringen (**for** *s.o.* für j-n). **2.** ~ **for** (*bes. Film*) j-n doubeln. **3.** ~ **with** ,unter e-r Decke stecken mit'. **4.** *mar.* landwärts anliegen. ~ **off I** *v/i* **1.** sich entfernt halten (**from** von). **2.** *fig.* Abstand halten (*im Umgang*). **3.** *fig.* in e-e Sackgasse geraten. **4.** *mar.* seewärts anliegen: **to** ~ **and on** ab und zu liegen. **II** *v/t* **5.** *econ. Br.* j-n (*bes.* vor'übergehend) entlassen. **6.** sich *j-n* vom Leibe halten. ~ **out I** *v/i* **1.** (*a. fig.* deutlich) her'vortreten, -springen: → **mile 1. 2.** abstehen (*Ohren*). **3.** *fig.* her'ausragen, her'vorstechen. **4.** sich gut abheben (**against,** in contrast **to** gegen *od.* von). **5.** aus-, 'durchhalten, nicht nachgeben. **6.** sich hartnäckig wehren (**against** gegen). **7.** ~ **for** bestehen auf (*dat*). **8.** ~ **to sea** *mar.* auslaufen. **II** *v/t* **9.** aushalten, standhalten (*dat*): **to** ~ **a storm** *mar.* e-n Sturm abwettern. ~ **o·ver I** *v/i* **1.** (**to** auf *acc*) a) sich vertagen, b) verschoben werden. **2.** liegenbleiben, warten: **the accounts can** ~ **till next week. II** *v/t* **3.** vertagen, verschieben (**to** auf *acc*). ~ **to** *mil.* **II** *v/t* in Bereitschaft versetzen. **II** *v/i* in Bereitschaft stehen. ~ **up I** *v/i* **1.** aufstehen, sich erheben (*beide a. fig.*). **2.** sich aufrichten (*Stachel etc*). **3.** ~ **against** angehen gegen. **4.** ~ **for** eintreten *od.* sich einsetzen für. **5.** ~ **to** mutig gegen'übertreten (*dat*), Pa'roli *od.* die Stirn bieten (*dat*). **6.** a) (**under, to**) sich (gut) halten (**unter, gegen**), standhalten (*dat*): **evidence that stands up in court** Beweismaterial, das der gerichtlichen Prüfung standhält, b) halten (*Skipiste*). **II** *v/t* **7.** *colloq.* j-n ,versetzen'.

**stand·ard**[1] ['stændə(r)d] **I** *s* **1.** Standard *m*, Norm *f*. **2.** Muster *n*, Vorbild *n*. **3.** Maßstab *m*: **to apply another** ~ e-n anderen Maßstab anlegen; ~ **of value** Wertmaßstab; **by present-day** ~**s** nach heutigen Begriffen; **double** ~ doppelte Moral. **4.** Richt-, Eichmaß *n*, Standard *m*. **5.** Richtlinie *f*: **code of** ~**s** Richtlinien. **6.** (Mindest)Anforderungen *pl*: **to be up to** (**below**) den Anforderungen (nicht) genügen *od.* entsprechen; **to set a high** ~ viel verlangen, hohe Anforderungen stellen; ~**s of entry** *ped.* Aufnahmebedingungen; ~ **of living** Lebensstandard *m*. **7.** *econ.* 'Standard(quali,tät *f od.* -ausführung *f*) *m*. **8.** (Gold- *etc*)Währung *f*, (-)Standard *m*. **9.** Standard *m*: a) Feingehalt *m*, Feinheit *f* (*der Edelmetalle*), b) *a.* **monetary** ~ Münzfuß *m*. **10.** Stand *m*, Ni'veau *n*, Grad *m*: **to be of a high** ~ ein hohes Niveau haben; ~ **of knowledge** Bildungsgrad, -stand; ~ **of prices** Preisniveau, -spiegel *m*. **11.** *ped. bes. Br.* Stufe *f*, Klasse *f*. **12.** Standard *m* (*Holzmaß*).
**II** *adj* **13.** a) Norm...: ~ **part**; ~ **specifications** Normvorschriften, b) nor'mal: ~ **type** *print.* normale Schrift(form), c) Normal...: ~ **atmosphere** (**candle, clock, film, time,** *etc*), d) Standard..., Einheits..., *tech. a.* Serien..., serienmäßig: ~ **model**; ~ **size** gängige Größe (*Schuhe etc*); **to be** ~ **on** zur Serienausstattung (*gen*) gehören, e) Durchschnitts..., ~ **value**; ~ **rate** *econ.* Grund-, Einheitsgebühr *f*, *a.* Normalsatz *m*; ~ **weight** Normal-, Eichgewicht *n*, *a.* Gewichtseinheit *f*. **14.** gültig, maßgebend, Standard...: ~ **edition**; **S**~ **German** *ling.* Hochdeutsch *n*. **15.** klassisch: ~ **novel**; ~ **author** Klassiker *m*.

**stand·ard**[2] ['stændə(r)d] **I** *s* **1.** a) *mil. pol.* Stan'darte *f*, b) Fahne *f*, Flagge *f*, c) Wimpel *m*. **2.** *fig.* Banner *n*. **3.** *tech.* a) Ständer *m*, b) Pfosten *m*, Pfeiler *m*, Stütze *f*, c) Gestell *n*. **4.** *agr.* a) Hochstämmchen *n* (*freistehender Strauch*), b) Hochstamm *m*,

Baum *m* (*Obst*). **5.** *orn.* Fahne *f* (*Federteil*). **II** *adj* **6.** stehend, Steh...: ~ **lamp** Stehlampe *f*. **7.** *agr.* hochstämmig: ~ **rose**.

**'stand·ard|-,bear·er** *s* **1.** *mil.* a) Fahnenträger *m*, b) *hist.* Fähnrich *m*. **2.** *fig.* (An)Führer *m*, Bannerträger *m*. **~,bred** *adj agr. Am.* aus Herdbuchzucht (stammend): ~ **horse**. **~·de·vi·a·tion** *s Statistik*: Standardabweichung *f*. **~ dol·lar** *s* (Gold)Dollar *m*. **S~ Eng·lish** *s* hochsprachliches Englisch. **~ ga(u)ge** *s rail.* Nor'malspur *f*.

**stand·ard·i·za·tion** [,stændədaɪ'zeɪʃn; *Am.* -dərdə'z-] *s* **1.** Normung *f*, Vereinheitlichung *f*, Standardi'sierung *f*: ~ **committee** Normenausschuß *m*. **2.** *chem.* Standardi'sierung *f*, Ti'trierung *f*. **3.** Eichung *f*. **'stand·ard·ize** [-daɪz] *v/t* **1.** normen, standardi'sieren, nor'mieren, vereinheitlichen. **2.** *chem.* standardi'sieren, ti'trieren. **3.** eichen.

**'stand-by I** *pl* **-bys** *s* **1.** Stütze *f*, Beistand *m*, Hilfe *f* (*Person od. Sache*). **2.** *meist* old ~ altbewährte Sache(, auf die man zurückgreifen kann). **3.** (A'larm*etc*)Bereitschaft *f*: to be on ~ in Bereitschaft stehen. **4.** *tech.* Not-, Re'servegerät *n*. **5.** Ersatz *m*. **II** *adj* **6.** Hilfs..., Not..., Ersatz..., Reserve...: ~ **unit** *electr.* Notaggregat *n*. **7.** Bereitschafts...: ~ **du·ty**, ~ **service** Bereitschaftsdienst *m*; ~ **position** *mil.* Wartestellung *f*; ~ **station** (*Radio*) Bereitschaftsstelle *f*. **8.** *econ.* Beistands...: ~ **credit**.

**stand| cam·er·a** *s phot. Br.* Sta'tivkamera *f*. **'~-down** *s* (*sport* Wettkampf-) Pause *f*, *a.* vor'übergehende Arbeitseinstellung. **'~·eas·y** *s mil.* Rührt-Euch *n* (*Kommando*).

**stand·ee** [stæn'diː] *s bes. Am.* a) Stehplatzinhaber(in), b) j-d, der stehen muß.

**stand·er-by** [,stændə(r)'baɪ] *pl* **,stand·ers-'by** *s* Da'beistehende(r *m*) *f*, Zuschauer(in).

**'stand·fast** *s* feste Positi'on.

**'stand-in** *s* **1.** *bes. Film*: Double *n*. **2.** Ersatzmann *m*, Vertreter(in). **3.** *Am. colloq.* a) gute Stellung, b) ,gute Nummer' (with s.o. bei j-m).

**'stand·ing I** *s* **1.** a) Stand *m*, Rang *m*, Stellung *f*, b) Kredi'twür*m*: **position of high** ~ hochangesehene *od.* hochstehende Persönlichkeit. **2.** Dauer *f*: **of long** ~ seit langem bestehend, alt (*Brauch, Freundschaft etc*). **3.** Stehen *n*: **no** ~ keine Stehplätze. **II** *adj* **4.** stehend (*a. fig.*): ~ **water**; ~ **army** *mil.* stehendes Heer; ~ **corn** Getreide *n* auf dem Halm; ~ **jump** *sport* Sprung aus dem Stand; ~ **position** *mil.* (im) Anschlag stehend; **a** ~ **rule** e-e (fest)stehende Regel; ~ **timber** Holz *n* auf dem Stamm; **all** ~ *mar.* a) unter vollen Segeln, b) *sl.* hilflos. **5.** *fig.* ständig: ~ **nuisance**; → **committee** 1, **dish** 3 b. **6.** *econ.* laufend: ~ **charge** laufende Unkosten. **7.** Steh...: ~ **desk**; ~ **matter** *print.* Stehsatz *m*. **8.** üblich, gewohnt: **a** ~ **dish**. **9.** bewährt, alt: **a** ~ **joke**. **~ group** *s pol.* Standing Group *m* (*Führungsgremium der* Nato). **~ or·der** *s* **1.** *econ.* a) Dauerauftrag *m* (*e-s Bankkunden*), b) (*Zeitungs- etc*) Abonne'ment *n*. **2.** *pl parl. etc* Geschäftsordnung *f*. **3.** *mil.* Dauerbefehl *m*. **~ rig·ging** *s mar.* stehendes Gut. **~ room** *s* **1.** Platz *m* zum Stehen. **2.** Stehplatz *m*. **~ start** *s sport* stehender Start: **from a** ~ mit stehendem Start. **~ wave** *s electr.* stehende Welle.

**stand·ish** [ˈstændɪʃ] *s obs.* 'Schreibtischgarni,tur *f*.

**'stand|-off I** *s* **1.** *Am.* Distan'zierung *f*: ~ **bomb** Luft-Boden-Mittelstreckenrakete *f*. **2.** *fig.* Sackgasse *f*. **II** *adj* ~ **standoffish**. **~'off·ish** *adj* **1.** reser'viert, (sehr)

---

ablehnend, unnahbar. **2.** hochmütig. **~ oil** *s tech.* Standöl *n*. **'~·out** *Am. colloq.* **I** *s* **1.** (*etwas*) Her'vorragendes. **2.** her'ausragende Per'sönlichkeit. **II** *adj* **3.** her'vor-, her'ausragend. **'~·pat** *pol. Am. colloq.* **I** *s* sturer Konserva'tiver. **II** *adj* (starr) konserva'tiv. **~'pat·ter** → **standpat I**. **'~·pipe** *s tech.* **1.** Standrohr *n*. **2.** Wasserturm *m*. **'~·point** *s* Standpunkt *m* (*a. fig.*): **from the historical** ~. **'~·still** *I* *s* Stillstand *m*: **to be at a** ~ stillstehen, stocken, ruhen, an e-m toten Punkt angelangt sein; **from** ~ *mot. etc* aus dem Stand; **to come** (**bring**) **to a** ~ zum Stillstand *od.* Erliegen kommen (bringen). **II** *adj* stillstehend: ~ **agreement** *pol.* Stillhalteabkommen *n*. **'~-up** *adj* **1.** stehend: ~ **collar** Stehkragen *m*. **2.** *colloq.* im Stehen eingenommen: ~ **meal**. **3.** wild, wüst (*Schlägerei*): ~ **fight** (*Boxen*) Schlägerei *f*.

**stang** [stæŋ] *pret obs. von* **sting**.

**stan·hope** [ˈstænəp] *s* **1.** Stanhope *m* (*ein offener Einspänner*). **2.** *a.* **S~ press** *print.* Stanhopepresse *f*.

**stan·iel** [ˈstænjəl] → **kestrel**.

**sta·nine** [ˈsteɪnaɪn] *s aer. mil.* (mit 1 bis 9 Punkten bewerteter Grad der) Fliegertauglichkeit *f*.

**stank**[1] [stæŋk] *s Br. dial.* **1.** Teich *m*, Weiher *m*. **2.** Wassergraben *m*. **3.** 'Wasserreser,voir *n*. **4.** a) Damm *m*, b) Wehr *n*, c) Schleuse *f*.

**stank**[2] [stæŋk] *pret von* **stink**.

**stan·na·ry** [ˈstænərɪ] *tech. Br.* **I** *s* **1.** Zinngrubengebiet *n*. **2.** a) Zinngrube *f*, b) Zinnofen *m*. **II** *adj* **3.** Zinn(gruben)...

**stan·nate** [ˈstænət; *Am.* -,neɪt] *s chem.* Stan'nat *n*.

**stan·nel** [ˈstænl] → **kestrel**.

**stan·nic** [ˈstænɪk] *adj chem.* Zinn..., Stanni...

**stan·nif·er·ous** [stæˈnɪfərəs] *adj* zinnhaltig. **'stan·nite** [-aɪt] *s* **1.** *min.* Zinnkies *m*, Zinn'stein *m*. **2.** *chem.* Stan'nit *n*. **3.** *min.* Stan'nit *m*. **'stan·nous** *adj chem.* Zinn..., Stanni...

**stan·za** [ˈstænzə] *s metr.* **1.** Strophe *f*. **2.** Stanze *f*. **'stan·zaed** [-zəd] *adj* ...strophig: **eight-~**. **stan'za·ic** [-ˈzeɪɪk] *adj* strophisch.

**sta·pe·di·al** [stæˈpiːdjəl; -ɪəl; *Am.* steɪ-; stə-] *adj anat.* Steigbügel...: ~ **bone** → **stapes**.

**sta·pes** [ˈsteɪpiːz] (*Lat.*) *pl* **'sta·pes**, **sta·pe·des** [stæˈpiːdiːz; *Am. a.* ˈsteɪpə-] *s anat.* Steigbügel *m*, Stapes *m* (*Gehörknöchelchen*).

**staph·y·lo·coc·cus** [,stæfɪləʊˈkɒkəs; *Am.* -ˈkɑ-] *s irr med.* Staphylo'kokkus *m*.

**sta·ple**[1] [ˈsteɪpl] **I** *s* **1.** *econ.* 'Haupterzeugnis *n*, -pro,dukt *n*: **the ~ of a country**. **2.** *econ.* Stapelware *f*: a) 'Hauptar,tikel *m*, b) Massenware *f*. **3.** *econ.* Rohstoff *m*. **4.** *tech.* Stapel *m*: a) Qualität *od.* Länge des Fadens, b) Büschel Schafwolle: **of short** ~ kurzstapelig. **5.** *tech.* a) Rohwolle *f*, b) Faser *f*: ~ **fiber** (*bes. Br.* **fibre**) Zellwolle. **6.** *fig.* Hauptgegenstand *m*, -thema *n*. **7.** *econ.* a) Stapelplatz *m*, b) Handelszentrum *n*. **8.** *hist.* Markt *m* mit Stapelrecht. **II** *adj* **9.** *econ.* Stapel...: ~ **goods** (**port, right, trade**). **10.** Haupt...: ~ **food** (**industry**, *etc*); ~ **subject of conversation** → **6**. **11.** *econ.* a) Haupthandels..., b) (markt)gängig, c) Massen... **12.** *hist.* Monopol... **III** *v/t* **13.** (nach Stapel) sor'tieren: **to** ~ **cotton**.

**sta·ple**[2] [ˈsteɪpl] *tech.* **I** *s* **1.** (Draht)Öse *f*. **2.** Krampe *f*. **3.** Heftdraht *m*, -klammer *f*. **4.** *mus.* Messingröhrchen *n* (*im Oboenmundstück*). **II** *v/t* **5.** (mit Draht) heften: **stapling machine** → **stapler**[1]. **6.** klammern (*an acc*).

---

**sta·pler**[1] [ˈsteɪplə(r)] *s tech.* 'Heft-,ma,schine *f*.

**sta·pler**[2] [ˈsteɪplə(r)] *s econ.* **1.** ('Baumwoll)Sor,tierer *m*. **2.** Stapelkaufmann *m*.

**star** [stɑː(r)] **I** *s* **1.** *astr.* a) Stern *m*, b) *meist* **fixed** ~ Fixstern *m*, c) Gestirn *n*. **2.** Stern *m*: a) sternähnliche Fi'gur, b) *fig.* Größe *f*, Berühmtheit *f* (*Person*), c) Orden *m*, d) *print.* Sternchen *n* (*Hinweiszeichen*), e) weißer Stirnfleck (*bes. e-s Pferdes*): **S~s and Stripes** Sternenbanner *n* (*Nationalflagge der USA*); **a literary** ~ *fig.* ein Stern am literarischen Himmel; **to see** ~**s** *colloq.* ,Sterne sehen' (*nach e-m Schlag*). **3.** a) Stern *m* (*Schicksal*), b) *a.* **lucky** ~ Glücksstern *m*, guter Stern: **unlucky** ~ Unstern *m*; **his** ~ **is in the ascendant** (**is** *od.* **has set**) sein Stern ist im Aufgehen (ist untergegangen); **to follow one's** ~ s-m (Glücks)Stern vertrauen; **you may thank** (*od.* **bless**) **your** ~**s** Sie können von Glück sagen(, daß). **4.** (Bühnen-, *bes.* Film-)Star *m*. **5.** *sport etc* Star *m*: **football** ~. **6.** *electr.* Stern *m*. **7.** *Segeln*: Star *m* (*Boot*).

**II** *adj* **8.** Stern...: ~ **map** (*od.* **chart**); ~ **time**. **9.** Haupt...: ~ **prosecution witness** *jur.* Hauptbelastungszeuge *m*. **10.** *thea., a. sport etc* Star...: ~ **player** Star *m*; ~ **performance** Elitevorstellung *f*; ~ **turn** Hauptattraktion *f*. **11.** her'vorragend, Star...: ~ **reporter**.

**III** *v/t* **12.** mit Sternen schmücken *od.* besäen. **13.** *j-n in od.* e-r Hauptrolle zeigen: **a film** ~**ring** ... ein Film mit ... in der Hauptrolle. **14.** *print.* mit Sternchen versehen.

**IV** *v/i* **15.** die *od.* e-e Hauptrolle spielen: **to** ~ **in a film**; **to** ~ **as** *fig.* Hervorragendes leisten als, glänzen als.

**star ap·ple** *s bot.* Sternapfel *m*.

**star·board** [ˈstɑː(r)bə(r)d] *aer. mar.* **I** *s* Steuerbord *n*: **to cast to** ~ *mar.* nach Steuerbord fallen. **II** *adj* Steuerbord... **III** *adv* **1.** nach Steuerbord, b) steuerbord(s). **IV** *v/t u. v/i* nach Steuerbord halten.

**star boat** *s Segeln*: Starboot *n*.

**starch** [stɑː(r)tʃ] **I** *s* **1.** Stärke *f*: a) Stärkemehl *n*, b) Wäschestärke *f*, c) Stärkekleister *m*, d) *chem.* A'mylum *n*: ~ **blue** Stärke-, Kobaltblau *n*; ~ **printing** Druckkleister *m*. **2.** *pl* stärkereiche Nahrungsmittel *pl*, 'Kohle(n)hy,drate *pl*. **3.** *fig.* Steifheit *f*, Förmlichkeit *f*. **4.** *Am. colloq.* ,Mumm' *m* (*Energie*): **to let** (*od.* **knock**) **the** ~ **out of s.o.** j-m ,die Luft rauslassen'. **II** *v/t* **5.** Wäsche stärken, steifen. **6.** *a.* ~ **up** steifer *od.* förmlicher machen.

**Star| Cham·ber** *s hist. Br.* Sternkammer *f* (*nur dem König verantwortliches Willkürgericht bis 1641*). **'s~-,cham·ber** *adj* Willkür(justiz)...

**starched** [stɑː(r)tʃt] *adj* **1.** gestärkt, gesteift. **2.** *fig.* steif, förmlich. **'starch·i·ness** [-ɪnɪs] *s fig.* Steifheit *f*, Förmlichkeit *f*.

**'starch-re,duced** *adj* stärkearm (*Nahrungsmittel*).

**'starch·y** *adj* (*adv* **starchily**) **1.** stärkehaltig. **2.** Stärke... **3.** gestärkt. **4.** *fig.* steif, förmlich.

**star| cloud** *s astr.* Sternnebel *m*. **~ con·nec·tion** *s electr.* Sternschaltung *f*. **'~-crossed** *adj poet.* unglückselig. **'~-,del·ta** *adj electr.* Stern-Dreieck...

**star·dom** [ˈstɑː(r)dəm] *s* **1.** Welt *f* der Stars. **2.** *collect.* Stars *pl*. **3.** Berühmtheit *f*, Ruhm *m*: **to achieve** (*od.* **reach, rise to**) ~ ein (richtiger) Star werden.

**star| drift** *s astr.* Sterndrift *f*. **~ dust** *s* **1.** *astr.* Sternnebel *m*. **2.** *astr.* kosmischer Staub. **3. there was** ~ **in her eyes** *fig.*

in ihrem Blick lag etwas Naiv-Romantisches.

**stare** [steə(r)] **I** v/i **1.** (~ **at** an)starren, (-)stieren: **to ~ after** s.o. j-m nachstarren. **2.** große Augen machen, erstaunt blicken, ‚glotzen', gaffen: **to ~ at** angaffen, anstaunen; **to make** s.o. ~ j-n in Erstaunen versetzen. **II** v/t **3.** ~ **s.o. out** (**of countenance**) (od. **down**) j-n so lange anstarren, bis er verlegen wird; **to ~ s.o. into silence** j-n mit e-m (strengen) Blick zum Schweigen bringen. **4.** ~ **s.o. in the face** fig. a) j-m in die Augen springen, b) j-m deutlich vor Augen stehen; **bankruptcy ~d him in the face** der Bankrott stand ihm drohend vor Augen. **III** s **5.** (starrer od. erstaunter) Blick, Starren n. **'star·er** s Gaffer m.

**star|finch** s orn. Rotschwänzchen n. **'~·fish** s zo. Seestern m. **'~·flow·er** s bot. **1.** Milchstern m. **2.** Siebenstern m. **'~·gaze** v/i **1.** humor. sich die Sterne begucken. **2.** (mit offenen Augen) träumen. **3.** sich s-e I'dole (aus der Nähe) ansehen. **'~·gaz·er** s **1.** humor. Sterngucker m. **2.** Träumer(in). **3.** j-d, der sich s-e I'dole (aus der Nähe) ansieht.

**star·ing** ['steə(r)ɪŋ] **I** adj (adv ~ly) **1.** stier, starrend: ~ **eyes. 2.** auffallend: a ~ **tie. 3.** grell: a ~ **red. II** adv **4.** → **stark** 7.

**stark** [stɑː(r)k] **I** adj (adv ~ly) **1.** steif, starr: ~ **and stiff** stocksteif. **2.** rein, völlig: ~ **folly;** ~ **nonsense** barer Unsinn. **3.** (splitter)nackt. **4.** fig. rein sachlich: ~ **report;** ~ **facts** nackte Tatsachen. **5.** kahl, öde: ~ **landscape. 6.** poet. stark. **II** adv **7.** völlig, ganz: ~ (**staring**) **mad** ‚total verrückt'; ~ **naked** splitternackt. **'stark·ers** ['stɑː(r)kə(r)z] adj bes. Br. sl. splitternackt.

**'star·less** adj sternlos.

**'star·let** [-lɪt] s **1.** Sternchen n. **2.** Starlet n, Filmsternchen n.

**'star·light I** s Sternenlicht n. **II** adj → starlit.

**star·ling**[1] ['stɑː(r)lɪŋ] s orn. Star m.

**star·ling**[2] ['stɑː(r)lɪŋ] s Pfeilerkopf m (Eisbrecher an e-r Brücke).

**'star|lit** adj **1.** sternhell, -klar. **2.** (nur) von den Sternen beleuchtet. ~ **point** s electr. Stern-, Nullpunkt m.

**starred** [stɑː(r)d] adj **1.** gestirnt: **the ~ sky. 2.** sternengeschmückt. **3.** print. mit (e-m) Sternchen bezeichnet.

**star·ry** ['stɑː(r)ɪ] adj **1.** Sternen..., Stern... **2.** → a) starlit, b) starred 2. **3.** strahlend: ~ **eyes. 4.** sternförmig. **5.** bot. zo. Stern... **6.** fig. hochfliegend, über'spannt: **a ~ scheme.** ~-**eyed** [ˌ-'aɪd; attr. '-aɪd] adj **1.** mit strahlenden Augen. **2.** fig. a) blauäugig, na'iv, b) ro'mantisch, verträumt.

**star|shell** s mil. Leuchtkugel f, -geschoß n. **'~·span·gled** adj **1.** sternenbesät: **The S~-S~ Banner** das Sternenbanner (Nationalflagge od. -hymne der USA). **2.** Am. (contp. hur'ra)patri¡otisch.

**start** [stɑː(r)t] **I** s **1.** Start m (a. fig.): ~ **in life** a) Eintritt m od. Start ins Leben, b) ‚Starthilfe' f, (berufliche) Förderung; **to give** s.o. **a ~ (in life)** j-m beim Eintritt ins Leben behilflich sein; → **false start. 2.** Startzeichen n (a. fig.): **to give the ~. 3.** a) Aufbruch m, b) Abreise f, c) Abfahrt f, d) aer. Abflug m, Start m, e) Abmarsch m. **4.** Beginn m, Anfang m: **at the ~** am Anfang; **from the ~** von Anfang an; **from ~ to finish** von Anfang bis Ende; **to make a fresh ~** e-n neuen Anfang machen, noch einmal von vorn anfangen. **5.** sport f) Vorgabe f: **to give** s.o. **10 yards ~,** b) Vorsprung m (a. fig.): **to get** (od. **have**) **the ~ of one's rivals** s-n Rivalen zuvorkommen. **6.** a) Auffahren n, -schrecken n, Zs.-fahren n, b) Schreck m: **to give a ~ →** 18; **to give** s.o. **a ~** j-n auf-

od. erschrecken; **with a ~** jäh, schreckhaft, erschrocken. **7.** (neuer) Anlauf, Ruck m: → **fit**[2] 2. **8.** colloq. Über'raschung f: → **rum**[2] 1. **9.** a) Anwandlung f, Laune f, b) Ausbruch m, c) (Geistes)Blitz m.

**II** v/i **10.** sich auf den Weg machen, aufbrechen, sich aufmachen (**for** nach): **to ~ on a journey** e-e Reise antreten. **11.** a) abfahren, abgehen (Zug), b) mar. auslaufen (Schiff), c) aer. abfliegen, starten (**for** nach), d) sport starten. **12.** mot. tech. anspringen (Motor), anlaufen (Maschine). **13.** anfangen, beginnen (**on** mit e-r Arbeit etc; **on doing** damit, etwas zu tun): **now, don't you ~!** colloq. fang (doch) nicht schon wieder od. auch noch (damit) an!; **to ~ in business** ein Geschäft anfangen od. eröffnen; **to ~ on a book** mit e-m Buch anfangen; **to ~ with** (Redew.) a) erstens, als erstes, b) zunächst, c) um es gleich zu sagen; ... **to ~ with ...** als Vorspeise; **he ~ed by explaining to us ...** er erklärte uns zunächst einmal ...; **he ~ed saying ...** er legte mit der Bemerkung los ... **14.** fig. ausgehen (**from** von e-m Gedanken etc). **15.** entstehen, aufkommen. **16.** (los)stürzen (**for** auf acc): **to ~ back** zurückweichen, -schrecken (**from** vor dat) (a. fig.). **17.** aufspringen: **to ~ from one's seat. 18.** a) auffahren, hochschrecken, b) zs.-fahren, -zucken (at vor dat, bei e-m Geräusch etc). **19.** stutzen (**at** bei). **20.** aus den Höhlen treten (Augen): **his eyes seemed to ~ from their sockets** die Augen quollen ihm fast aus dem Kopf. **21.** (her¡vor)quellen (**from** aus) (Blut, Tränen). **22.** sich (los)lösen od. lockern. **III** v/t **23.** in Gang od. Bewegung setzen, in Gang bringen, tech. a. anlassen: **to ~ an engine; to ~ a fire** ein Feuer anzünden od. in Gang bringen; **to ~ something** a) etwas unternehmen, b) colloq. etwas anrichten. **24.** e-n Vorgang einleiten. **25.** a) anfangen, beginnen: **to ~ a letter (a quarrel); to ~ work(ing)** zu arbeiten anfangen, b) e-e Aktion starten: **to ~ a publicity campaign,** c) gründen, aufmachen, ins Leben rufen: **to ~ a business; to ~ a family** e-e Familie gründen. **26.** a) e-e Frage aufwerfen, b) ein Thema anschneiden, c) ein Gerücht in 'Umlauf setzen. **27.** j-m zu e-m Start verhelfen: **to ~ s.o. in business. 28.** sport a) starten (lassen): **to ~ the runners,** b) ein Pferd, e-n Läufer aufstellen, nomi'nieren, an den Start schicken. **29.** abfahren lassen: **to ~ a train. 30.** a. ~ **off** schicken (**on a voyage** auf e-e Reise; **to** nach, zu). **31.** j-n veranlassen, lassen: **this ~ed her talking** das brachte sie zum Reden. **32.** lockern, lösen. **33.** hunt. aufstöbern, aufscheuchen.

*Verbindungen mit Adverbien:*

**start|in** v/i colloq. **1.** ~ **on doing** (od. **to do**) s.th. sich daranmachen, etwas zu tun. **2.** ~ **on** gegen j-n, etwas vom Leder ziehen. ~ **off** **I** v/i **1.** → **start** 13. **II** v/t **2.** → **start** 25, 30. **3.** **to ~ s.o. off on s.th.** j-n auf etwas bringen. ~ **out** v/i → **start** 10. ~ **up I** v/i → **start** 12, 17, 18. **II** v/t → **start** 23.

**'start·er** **I** s **1.** sport Starter m (Kampfrichter u. Wettkampfteilnehmer). **2.** rail. etc Am. Fahrdienstleiter m. **3.** fig. Initi'ator m. **4.** colloq. erster Schritt: **as** (od. **for**) **a ~,** bes. Br. **for ~s** a) erstens, als erstes, b) zunächst, c) um es gleich zu sagen. **5.** electr. mot. Starter m, Anlasser m. **II** adj **6.** tech. → **starting** 5.

**'start·ing I** s **1.** Starten n, Start m, Ablauf m. **2.** tech. Anlassen n, In'gangsetzen n, Starten n: **cold** ~ Kaltstart m. **II** adj **3.** sport Start...: ~ **block (line, pistol, shot,** etc); ~ **whistle** Anpfiff m.

**4.** Anfangs...: ~ **capital (salary,** etc). **5.** mot. tech. Anlaß..., Anlasser...: ~ **crank** Anlaßkurbel f; ~ **current** Anlaufstrom m; ~ **motor** Anlaßmotor m; ~ **torque** electr. Anzugsmoment n. ~ **gate** s Pferderennen: Am. 'Startma¡schine f. ~ **mon·ey** s sport Startgeld n. ~ **point** s Ausgangspunkt m (a. fig.). ~ **price** s Pferderennen: Eventu¡alquote f. **2.** Mindestgebot n (Auktion). ~ **stalls** s pl Pferderennen: Br. 'Startma¡schine f.

**star·tle** ['stɑː(r)tl] **I** v/t **1.** erschrecken. **2.** aufschrecken (**from** aus), aufscheuchen. **3.** fig. aufrütteln. **4.** über'raschen: a) bestürzen, b) verblüffen. **II** v/i **5.** erschrecken: **to ~ easily** (sehr) schreckhaft sein. **6.** aufschrecken (**from** aus). **III** s **7.** Schreck m. **8.** Bestürzung f, Über'raschung f. **'star·tling** [-tlɪŋ] adj (adv ~ly) **1.** erschreckend, bestürzend, alar'mierend: ~ **news. 2.** über'raschend, verblüffend, aufsehenerregend.

**star·va·tion** [stɑː(r)ˈveɪʃn] s **1.** Hungern n: **to die of ~** verhungern; ~ **diet** Fasten-, Hungerkur f; ~ **ration** Hungerration f; ~ **wages** Hungerlohn m, -löhne pl. **2.** Hungertod m, Verhungern n.

**starve** [stɑː(r)v] **I** v/i **1.** a. ~ **to death** verhungern: **I am simply starving** colloq. ich komme fast um vor Hunger. **2.** hungern, Hunger leiden. **3.** Not leiden. **4.** fig. hungern, lechzen (**for** nach). **5.** fasten. **6.** fig. verkümmern. **7.** obs. od. Br. dial. a) erfrieren, b) frieren. **II** v/t **8.** ~ **to death** verhungern lassen. **9.** aushungern. **10.** hungern od. (a. fig.) darben lassen: **to be ~d** a) Hunger leiden, ausgehungert sein (a. fig.), b) fig. → 4; **to be ~d of** (od. **for**) knapp sein an (dat). **11.** fig. verkümmern lassen: **to ~ a project of funds** Gelder von e-m Projekt abziehen. **'starve·ling** [-lɪŋ] obs. **I** s **1.** Hungerleider m. **2.** fig. Kümmerling m. **II** adj **3.** hungrig. **4.** ausgehungert. **5.** 'unterernährt, mager. **6.** fig. kümmerlich.

**star wheel** s tech. Sternrad n.

**sta·ses** ['steɪsiːz; 'stæ-] pl von stasis.

**stash**[1] [stæʃ] sl. **I** v/t **1.** verstecken: **to ~ away** beiseite tun, horten. **2.** bes. Br. aufhören mit: ~ **it!** halt's Maul! **II** s **3.** Versteck n. **4.** (geheimes) Lager, Vorrat m (of an dat).

**stash**[2] [stæʃ] s Am. sl. Schnurrbart m.

**sta·sis** ['steɪsɪs; 'stæ-] pl **-ses** [-siːz] s **1.** med. Stase f, (Blut- etc)Stauung f. **2.** phys. Stauung f. **3.** fig. Stagnati'on f.

**stat·a·ble** ['steɪtəbl] adj feststellbar.

**stat·coul·omb** ['stætˌkuːlɒm; Am. -ˌlɑm] s electr. 'Statcou¡lomb n.

**state** [steɪt] **I** s **1.** meist S~ pol. Staat m: → **affair** 2. **2.** pol. Am. (Bundes-, Einzel-) Staat m: ~ **law** Rechtsordnung f des Einzelstaates; ~**'s attorney** Staatsanwalt m; → **state's evidence. 3.** the S~s colloq. die (Vereinigten) Staaten pl (die USA). **4.** Zustand m: ~ **of inertia** phys. Beharrungszustand m; (**low**) **general** ~ (schlechter) Allgemeinzustand; **in a ~** colloq. in miserablem Zustand (→ 5 b); **maternity** ~ med. Schwangerschaft f; **in a ~ of nature** a) im Naturzustand, b) relig. im Zustand der Sünde; ~ **of the Union message** Am. (jährlicher) Rechenschaftsbericht (des Präsidenten) an die Nation; ~ **of war** mil. Kriegszustand; → **aggregation** 2, **emergency** I, **equilibrium, health** 2. **5.** a) (Geistes-, Gemüts)Zustand m, (-)Verfassung f, b) colloq. Erregung f: **in** (**quite**) **a** ~ ,ganz aus dem Häus-chen' (**over** wegen). **6.** Stand m, Lage f: ~ **of the art** neuester Stand der Wissenschaft od. Technik; ~ **of the economy** wirtschaftliche Gesamtlage; ~ **of facts** jur. Tatbestand m; ~ **of grace** relig. Stand

der Gnade; → **affair** 2. **7.** (Per'sonen-, Fa'milien)Stand *m*; → **married** 1. **8.** *philos.* Sein *n*, Dasein *n*: the future ~ das zukünftige Leben; ~ **of being** Seinsweise *f*. **9.** *med. zo. etc* Stadium *n*. **10.** (gesellschaftliche) Stellung, Stand *m*: in a style befitting one's ~ standesgemäß. **11.** Pracht *f*, Staat *m*: **carriage of** ~ Prunk-, Staatskarosse *f*; **chair of** ~ Thron *m*; in ~ mit großem Zeremoniell *od.* Pomp; to lie in ~ feierlich aufgebahrt liegen; to live in ~ großen Aufwand treiben. **12.** *pl pol. hist.* (Land)Stände *pl*. **13.** *pol. gesetzgebende Körperschaft auf Jersey u. Guernsey.* **14.** a) Erhaltungszustand *m* (*e-s Buches etc*), b) Teilausgabe *f*. **15.** *Kupferstecherei:* (Zustands-, Ab)Druck *m*: a first ~ ein Erstdruck. **16.** *mil.* Stärkemeldung *f*.
**II** *adj* **17.** staatlich, Staats...: ~ **apparatus** Staatsapparat *m*; ~ **capitalism** Staatskapitalismus *m*; ~ **funeral** Staatsbegräbnis *n*; ~ **mourning** Staatstrauer *f*; ~ **prison** Strafanstalt *f* (*in USA e-s Bundesstaates*); ~ **prisoner** politischer Häftling *m*. Gefangener; ~ **property** Staatseigentum *n*; ~ **religion** Staatsreligion *f*; ~ **visit** Staatsbesuch *m*. **18.** Staats..., Prunk..., Parade..., feierlich: ~ **apartment** Staatsgemach *n*, Prunkzimmer *n*; ~ **bed** Parade-, Prunkbett *n*; ~ **carriage** Prunk-, Staatskarosse *f*; ~ **occasion** besonderer *od.* feierlicher Anlaß.
**III** *v/t* **19.** festsetzen, -legen: → **stated** 1. **20.** erklären: a) darlegen: to ~ one's views, b) *jur.* (aus)sagen, *e-n* Grund, *e-e* Klage *etc* vorbringen: → **case**[1] 6. **21.** angeben, anführen: to ~ full particulars; to ~ the facts die Tatsachen anführen; to ~ the reason why erklären *od.* den Grund angeben, weshalb. **22.** erwähnen, bemerken. **23.** feststellen, konsta'tieren. **24.** *ein Problem etc* stellen. **25.** *math.* (mathe'matisch) ausdrücken.
**state·a·ble** → statable.
**state| aid** *s* staatliche Unter'stützung *od.* Förderung. '~-con,trolled *adj* unter staatlicher Aufsicht: ~ economy Zwangswirtschaft *f*. '~-craft *s pol.* Staatskunst *f*.
**stat·ed** ['steɪtɪd] *adj* **1.** festgesetzt: at ~ times; at ~ intervals in regelmäßigen Abständen; ~ meeting *Am.* ordentliche Versammlung. **2.** (ausdrücklich) bezeichnet, (*a.* amtlich) anerkannt. **3.** angegeben, angeführt: as ~ above; ~ account *econ.* spezifizierte Rechnung; ~ capital *econ.* ausgewiesenes (Gesellschafts)Kapital. **4.** ~ case *jur.* Sachdarstellung *f*. **5.** festgestellt: ~ value.
**State| De·part·ment** *s pol. Am.* 'Außenmini'sterium *n*. ~ **guard** *s Am.* Mi'liz *f* (*e-s Bundesstaates*).
**'state·hood** *s pol. bes. Am.* Eigenstaatlichkeit *f*, Souveräni'tät *f*.
**'State,house** *s pol. Am.* Parla'mentsgebäude *n od.* Kapi'tol *n* (*e-s Bundesstaates*).
**'state·less** *adj pol.* staatenlos: ~ **person** Staatenlose(r *m*) *f*. **'state·less·ness** *s* Staatenlosigkeit *f*.
**state·li·ness** ['steɪtlɪnɪs] *s* **1.** Stattlichkeit *f*. **2.** Vornehmheit *f*. **3.** Würde *f*. **4.** Pracht *f*. **'state·ly** *I adj* **1.** stattlich, impo'sant, prächtig. **2.** würdevoll. **3.** erhaben, vornehm. **II** *adv* **4.** würdevoll.
**state·ment** ['steɪtmənt] *s* **1.** (*a.* amtliche *etc*) Erklärung, Verlautbarung *f*, Statement *n*: to make a ~ e-e Erklärung abgeben. **2.** a) (Zeugen- *etc*)Aussage *f*, b) Angabe(n *pl*) *f*: false ~; ~ of facts Sachdarstellung *f*, Tatbestand *m*; ~ of contents Inhaltsangabe *f*. **3.** Behauptung *f*. **4.** *bes. jur.* (schriftliche) Darle-

gung, (Par'tei)Vorbringen *n*: ~ **of claim** Klageschrift *f*; ~ **of defence** (*Am.* **defense**) a) Klagebeantwortung *f*, b) Verteidigungsschrift *f*. **5.** Bericht *m*, Aufstellung *f*: ~ **of policy** Regierungserklärung *f*. **6.** *econ.* a) (Geschäfts-, Monats-, Rechenschafts- *etc*) Bericht *m*: monthly ~, b) (Gewinn-, Jahres- *etc*)Ausweis *m*: annual ~; ~ **of affairs** *econ.* Übersicht *f* über die Vermögenslage (*e-r Person od. e-s Unternehmens*), *jur. Br.* Vermögensaufstellung *f* (*e-s Konkursschuldners*); ~ of account Kontoauszug *m*; financial ~ Finanzbericht, (Finanzierungs)Bilanz *f*; ~ **bank statement**, c) *Am.* Bi'lanz *f*: ~ of assets and liabilities. **7.** Darstellung *f*, Darlegung *f* (*e-s Sachverhalts*). **8.** *econ.* Lohn *m*, Ta'rif *m*. **9.** *art* Aussage *f*. **10.** *mus.* Einführung *f* des Themas. **11.** *Computer:* Anweisung *f*.
**,state|-of-the-'art** *adj* dem heutigen Stand der Wissenschaft *od.* Technik entsprechend, mo'dern. **'~-owned** *adj* staatseigen, staatlich. **'~-room** *s* **1.** *mar.* ('Einzel)Ka,bine *f*. **2.** *rail. Am.* Pri'vatab,teil *n* (*mit Betten*). **3.** Staats-, Prunkzimmer *n*.
**state's ev·i·dence** *s jur. Am.* **1.** Kronzeuge *m* (*als Belastungszeuge auftretender Mitschuldiger*): to turn ~ als Kronzeuge auftreten, gegen s-e Komplizen aussagen. **2.** belastendes (Be'weis)Materi,al.
**'state,side, S~** *Am.* **I** *adj* **1.** ameri'kanisch, Heimat... **II** *adv* **2.** in den Staaten, in der Heimat. **3.** nach den *od.* in die Staaten (zu'rück).
**states·man** ['steɪtsmən] *s irr* **1.** *pol.* Staatsmann *m*: → **elder statesman**. **2.** (bedeutender) Po'litiker. **'states·man·like**, **'states·man·ly** *adj* staatsmännisch. **'states·man·ship** *s* Staatskunst *f*.
**States of the Church** → Papal States. **States' Right·er** *s pol. Am.* Födera'list *m*. ~ **Rights** *s pl pol. Am.* Staatsrechte *pl* (*Rechte der Einzelstaaten der USA*).
**states·wom·an** ['steɪts,wumən] *s irr* (bedeutende) Po'litikerin.
**,state-'sub·si·dized** *adj* staatlich subventio'niert.
**,state-'wide** *adj Am.* über den ganzen Staat verbreitet.
**stat·ic** ['stætɪk] **I** *adj* (*adv* ~ally) **1.** *phys.* statisch: ~ **calculation** (electricity, pressure, *etc*); ~ **friction** Haftreibung *f*; ~ **sense** *physiol.* Gleichgewichtssinn *m*; ~ **tube** *aer.* Staurohr *n*. **2.** *electr.* (e,lektro-)'statisch: ~ **charge**. **3.** *Funk:* a) atmo-'sphärisch (*Störung*): ~ **interference**, b) Störungs...: ~ **suppression** Entstörung *f*. **4.** (fest)stehend, ortsfest. **5.** *allg.* statisch, gleichbleibend. **II** *s* **6.** statische Elektrizi'tät. **7.** *Funk:* atmo'sphärische *od.* statische Störungen *pl*. **8.** *pl* (*als sg konstruiert*) *phys.* Statik *f*. **9.** he got a lot of ~ *Am. colloq.* er mußte sich einiges anhören.
**sta·tion** ['steɪʃn] **I** *s* **1.** Platz *m*, Posten *m* (*a. sport*): to take up one's ~ s-n Platz *od.* Posten einnehmen. **2.** a) (Rettungs-, Unfall- *etc*)Stati'on *f*: first-aid ~, b) (Beratungs-, Dienst-, Tank- *etc*)Stelle *f*: petrol ~, c) (Tele'grafen)Amt *n*, d) *teleph.* Sprechstelle *f*: call ~, e) *pol.* ('Wahl-)Lo,kal *n*: polling ~, f) (Handels)Niederlassung *f*: trading ~, g) (Feuer-, Polizei-*etc*)Wache *f*: police ~. **3.** ('Forschungs-)Stati,on *f*, (Erdbeben)Warte *f*. **4.** *electr.* a) 'Funkstati,on *f*, b) *mil.* Funkstelle *f*, c) ('Rundfunk)Sender *m*, (-)Stati,on *f*, d) Kraftwerk *n*: power ~. **5.** *mail* (Zweig)Postamt *n*. **6.** *rail.* a) Bahnhof *m*, b) ('Bahn)Stati,on *f*. **7.** *Am.* (Bus- *etc*) Haltestelle *f*. **8.** *naval* ~ *mar.* a) Flottenstützpunkt *m*, b) Stati'on *f*. **9.** *mil.*

a) Posten *m*, Stützpunkt *m*, b) Standort *m*, c) *aer. Br.* (Flieger)Horst *m*. **10.** *biol.* Standort *m*. **11.** Dienstort *m* (*e-s Beamten etc*). **12.** *aer. mar.* Positi'on *f*: to leave ~ ausscheren. **13.** (gesellschaftliche *etc*) Stellung: ~ in life; to marry below one's ~ nicht standesgemäß heiraten; men of ~ Leute von Rang. **14.** Stati'on *f*, Rast(ort *m*) *f* (*auf e-r Reise etc*). **15.** *relig.* a) Stati'on *f* (*der Gottesdienst des Papstes an besonderen Tagen*), b) Stati'onskirche *f*. **16.** *a.* ~ of the cross *relig.* ('Kreuzweg-)Stati,on *f*. **17.** *a.* ~ day *relig.* Wochen-Fasttag *m*. **18.** *surv.* a) Stati'on *f* (*Ausgangspunkt*), b) Basismeßstrecke *f* von 100 Fuß. **19.** *astr.* statio'närer Punkt. **20.** *agr. Austral.* Rinder- *od.* Schaf(zucht)farm *f*. **21.** *hist.* (*Br. Ind.*) a) (englische) Kolo'nie, b) Euro'päerviertel *n*. **22.** *Bergbau:* Füllort *m*.
**II** *v/t* **23.** (o.s. sich) aufstellen, po'stieren. **24.** *mar. mil.* statio'nieren: to ~ troops (ships, rockets); to be ~ed stehen.
**sta·tion·ar·y** ['steɪʃnərɪ; *Am.* -ʃəˌneri:] *adj* **1.** *tech. etc* statio'när (*a. astr. u. med.*), ortsfest, fest(stehend): ~ **run** *sport* Laufen *n* am Ort; ~ **treatment** *med.* stationäre Behandlung; ~ **warfare** *mil.* Stellungskrieg *m*. **2.** seßhaft. **3.** gleichbleibend, statio'när: to **remain** ~ unverändert sein *od.* bleiben; ~ **population** (*Statistik*) stationäre Bevölkerung. **4.** (still)stehend: to be ~ stehen. ~ **dis·ease** *s med.* lo'kal auftretende u. jahreszeitlich bedingte Krankheit. ~ **tan·gent** *s math.* 'Wendetan,gente *f* (*e-r Kurve*). ~ **wave** *s electr. phys.* stehende Welle.
**sta·tion·er** ['steɪʃnə(r)] *s* **1.** Pa'pier-, Schreibwarenhändler *m*: ~'s (shop) Papier-, Schreibwarenhandlung *f*. **2.** *obs.* Buchhändler *m*: S~s' Company *Londoner Innung der Buchhändler, Verleger u. Papierwarenhändler*; S~s' Hall *Sitz der Stationers' Company*; to enter at S~s' Hall *ein Buch registrieren (u. damit gegen Nachdruck schützen) lassen*; S~s' Register *von der Stationers' Company geführtes u. der Sicherung der Urheberrechte dienendes Verzeichnis der in England neu erscheinenden Bücher*. **'sta·tion·er·y** [-ʃnərɪ; *Am.* -ʃəˌneri:] **I** *s* **1.** Schreib-, Pa'pierwaren *pl*: office ~. **2.** 'Brief-, 'Schreibpa,pier *n*. **II** *adj* **3.** Schreib-, Papierwaren...
**sta·tion| hos·pi·tal** *s med. mil.* 'Standort-, Re'servelaza,rett *n*. ~ **house** *s bes. Am.* **1.** a) Poli'zeiwache *f*, -re,vier *n*, b) Feuerwache *f*. **2.** *rail.* 'Bahnstati,on *f*. ~ **mark·er** *s* Skalenreiter *m* (*am Radio*). **'~mas·ter** *s rail.* Stati'onsvorsteher *m*. ~ **pole**, ~ **rod** *s surv.* Nivel'lierstab *m*. ~ **se·lec·tor** *s electr.* Stati'onswähler *m*, Sendereinstellung *f*; ~ **button** Stationstaste *f*. ~ **wag·on** *s mot.* Kombiwagen *m*.
**stat·ism** ['steɪtɪzəm] *s econ. pol.* Diri'gismus *m*, Planwirtschaft *f*.
**stat·ist** ['steɪtɪst] **I** *s* **1.** Sta'tistiker *m*. **2.** *pol.* a) Anhänger *m* des Diri'gismus *od.* der Planwirtschaft, b) *obs.* Po'litiker *m*. **II** *adj* **3.** *pol.* diri'gistisch, planwirtschaftlich.
**sta·tis·tic** [stə'tɪstɪk] *adj*; **sta'tis·ti·cal** *adj* (*adv* ~ly) sta'tistisch: ~ **distribution** Wahrscheinlichkeits-, Häufigkeitsverteilung *f*. **stat·is·ti·cian** [,stætɪ'stɪʃn] *s* Sta'tistiker *m*. **sta'tis·tics** *s pl* **1.** (*als sg konstruiert*) Sta'tistik *f* (*Wissenschaft od. Methode*). **2.** (*als pl konstruiert*) Sta'tistik(en *pl*) *f*.
**sta·tor** ['steɪtə(r)] *s tech.* Stator *m*: ~ **current** *electr.* Ständerstrom *m*.
**stat·o·scope** ['stætəskəup] *s aer. phys.* Stato'skop *n*.

**stat·u·ar·y** ['stætjʊərɪ; *Am.* -tʃə‚werɪ:] **I** *s* **1.** Bildhauerkunst *f*, ‚Bildhaue'rei *f*. **2.** (Rund)Plastiken *pl*, Statuen *pl*, Skulp-'turen *pl*. **3.** Bildhauer *m*. **II** *adj* **4.** Bildhauer... **5.** (rund)plastisch, fi'gürlich. **6.** Statuen...: ~ **marble**.

**stat·ue** ['stætʃu:; *Br. a.* -tju:] *s* Statue *f*, Standbild *n*, Plastik *f*: ~ **of a saint** Heiligenfigur *f*. '**stat·ued** *adj* mit Statuen geschmückt.

**stat·u·esque** [‚stætjʊ'esk; -tʃʊ-; *Am.* -tʃə'wesk] *adj* statuenhaft (*a. fig.*). ‚**stat·u'ette** [-'et; *Am.* -J'wet] *s* Statu'ette *f*: ~ **of a saint** Heiligenfigur *f*.

**stat·ure** ['stætʃə(r)] *s* **1.** Sta'tur *f*, Wuchs *m*, Gestalt *f*, Größe *f*. **2.** *fig.* (*geistige etc*) Größe, For'mat *n*, Ka'liber *n*.

**sta·tus** ['steɪtəs; *Am. a.* 'stæ-] *s* **1.** *jur.* a) Status *m*, (Rechts)Stellung *f*, b) *a.* **legal** ~ Rechtsfähigkeit *f*, c) Ak'tivlegitimati‚on *f*: ~ **of ownership** Eigentumsverhältnisse; **equality of** ~ (politische) Gleichberechtigung; **national** ~ Staatsangehörigkeit *f*. **2.** *a.* **military** ~ (Wehr-)Dienstverhältnis *n*. **3.** (Fa'milien- od. Per'sonen)Stand *m*: **civil** (*od.* **personal**) ~. **4.** (gesellschaftliche *etc*) Stellung, Rang *m*: **social** ~; **his** ~ **among novelists**. **5.** (*gesellschaftliches etc*) Pre'stige, Status *m*: ~**-mindedness** Prestigedenken *n*; ~ **seeker** j-d, der auf gesellschaftliches Prestige erpicht ist; ~ **symbol** Statussymbol *n*. **6.** (geschäftliche) Lage: **financial** ~ *econ.* Vermögenslage. **7.** *a. med.* Zustand *m*, Status *m*: **nutritional** ~ Ernährungszustand. ~ **quo** [kwəʊ] (*Lat.*) *s* (*der*) Status quo (*der jetzige Zustand*). ~ **quo an·te** ['æntɪ] (*Lat.*) *s* (*der*) Status quo ante (*der vorherige Zustand*).

**stat·u·ta·ble** ['stætjʊtəbl; *Am.* -tʃə-; -tʃu:t-] → **statutory** 1–4, 6.

**stat·ute** ['stætju:t; *bes. Am.* -tʃu:t; *Am. a.* -tʃət] *s* **1.** *jur.* a) Gesetz *n* (*vom Parlament erlassene Rechtsvorschrift*), b) Gesetzesbestimmung *f*, -vorschrift *f*, c) Parla-'mentsakte *f*: ~ **of bankruptcy** Konkursordnung *f*; **declaratory** ~, **regulatory** ~ Ausführungsgesetz. **2.** *a.* ~ **of limitations** *jur.* (Gesetz *n* über) Verjährung *f*: **there is no** ~ **of limitations on murder** Mord verjährt nicht; **not subject to the** ~ unverjährbar; **to plead the** ~ Verjährung geltend machen. **3.** *jur.* Sta'tut *n*, Satzung *f*: ~ **of Westminster** *pol. hist.* Statut von Westminster (*durch das 1931 das British Commonwealth of Nations anerkannt wurde*). '~**-barred** *adj jur.* verjährt. ~ **book** *s jur.* Gesetzessammlung *f*. ~ **law** *s jur.* Gesetzesrecht *n*, geschriebenes Recht (*Ggs.* common law). ~ **mile** *s* (gesetzliche) Meile (*1,60933 km*).

**stat·u·to·ry** ['stætjʊtərɪ, -tʃʊ-; *Am.* -tʃə-‚təʊrɪ; -‚tɔ:-] *adj* (*adv* **statutorily**) **1.** *jur.* gesetzlich: ~ **heir** (**holiday**, **restrictions**, *etc*); ~ **corporation** Körperschaft *f* des öffentlichen Rechts; ~ **declaration** *Br.* eidesstattliche Erklärung; ~ **guardian** (amtlich eingesetzter) Vormund; ~ **instrument** *Br.* (Ausführungs-, Rechts-)Verordnung *f*; ~ **law** → **statute law**; ~ **meeting** *econ.* ordentliche Versammlung. **2.** *jur.* gesetzlich vorgeschrieben: ~ **notice** gesetzliche Kündigungsfrist; ~ **reserve** *econ.* gesetzliche Rücklage. **3.** Gesetzes-... **4.** *jur.* (dem Gesetz nach) strafbar: ~ **offence** (*bes. Am.* **offense**) strafbare Handlung; → **rape**[1] 1. **5.** *jur.* Verjährungs-...: ~ **period** Verjährung(s)frist) *f*. **6.** satzungsgemäß. [**stanch**[1]]

**staunch**[1] [stɔ:ntʃ; stɑ:ntʃ] *bes. Br. für*
**staunch**[2] [stɔ:ntʃ; stɑ:ntʃ] *adj* (*adv* ~**ly**) **1.** (ge)treu, zuverlässig. **2.** standhaft, fest, eisern. **3.** wasserdicht, seetüchtig (*Schiff*). **4.** so'lid (gearbeitet), fest.

---

'**staunch·ness** *s* **1.** Treue *f*, Zuverlässigkeit *f*. **2.** Standhaftigkeit *f*.

**stau·ro·lite** ['stɔ:rəlaɪt] *s min.* Stauro-'lith *m*.

**stave** [steɪv] **I** *s* **1.** (Faß)Daube *f*. **2.** (Leiter)Sprosse *f*, Runge *f*. **3.** Stock *m*, Knüttel *m*. **4.** *metr.* a) Strophe *f*, Vers *m*, b) (Reim)Stab *m*. **5.** *mus.* 'Noten(linien)-sy‚stem *n*. **II** *v/t pret u. pp* **staved** *od.* **stove** [stəʊv] **6.** a) *meist* ~ **in** einschlagen, b) *ein Loch* schlagen, c) *ein Faß* zerschlagen. **7.** ~ **off** a) *j-n* 'hinhalten, b) *ein Unheil etc* abwenden, abwehren, c) *etwas* aufschieben. **8.** mit Dauben *od.* Sprossen versehen. **III** *v/i* **9.** *Am.* jagen, rasen, eilen. ~ **rhyme** *s metr.* Stabreim *m*.

**staves** [steɪvz] *pl von* **staff**[1].

**staves·a·cre** ['steɪvz‚eɪkə(r)] *s* **1.** *bot.* Scharfer Rittersporn. **2.** *pharm.* Stephanskörner *pl.*

**stay**[1] [steɪ] **I** *v/i pret u. pp* **stayed** *od. obs.* **staid** [steɪd] **1.** bleiben (**with s.o.** bei j-m): **to** ~ **away** (**from**) fernbleiben (*dat*), wegbleiben (von); **to** ~ **behind** a) zurückbleiben, b) noch dableiben; **to come to** ~ (für immer) bleiben; **a fashion that has come to** ~ e-e Mode, die bleiben wird; **to** ~ **in** a) *a.* **to** ~ **indoors** zu Hause *od.* drinnen bleiben, b) *ped.* nachsitzen; **to** ~ **on** (noch länger) bleiben; **to** ~ **out** a) draußen bleiben (*a. Wäsche etc*), wegbleiben, nicht heimkommen, b) *econ.* weiterstreiken; **to** ~ **up** a) aufbleiben, wach bleiben, b) hängen bleiben (*Bild etc*), c) *über Wasser* bleiben; **to** ~ **for** (*od.* **to**) **dinner** zum Essen bleiben; **to** ~ **off** meiden, sich fernhalten von (*Alkohol*); **to** ~ **out** of sich heraushalten aus; ~! halt!; → **put**[1] 3. sich (vor'übergehend) aufhalten, wohnen (**at**, **in** in *dat*; **with s.o.** bei j-m). **3.** (sich) verweilen. **4.** stehenbleiben. **5.** warten (**for s.o.** auf j-n). **6.** *bes. sport colloq.* 'durchhalten. **7.** ~ **with** *bes. sport Am. colloq.* mithalten (können) mit.
**II** *v/t* **8.** a) aufhalten, Halt gebieten (*dat*), hemmen, b) anhalten, c) zu'rückhalten (**from** von), d) (fest)halten: **to** ~ **one's hand** sich zurückhalten. **9.** *jur.* a) *die Urteilsvollstreckung, ein Verfahren* aussetzen: **to** ~ **a judgement** (**the proceedings**), b) *ein Verfahren, die Zwangsvollstreckung* einstellen. **10.** *j-s Hunger etc* stillen. **11.** *sport* 'durchhalten. **12.** ~ **out** a) über'leben, b) länger bleiben als. **13.** *a.* ~ **up** a) stützen (*a. fig.*), b) *fig. j-m* 'den Rücken steifen'. **14.** *tech.* a) absteifen, b) ab-, verspannen, c) verankern.
**III** *s* **15.** (vor'übergehender) Aufenthalt: **to make a long** ~ **in London** sich längere Zeit in London aufhalten. **16.** a) Halt *m*, Stockung *f*, b) Hemmnis *n* (**upon** für): **to put a** ~ **on** *s-e Gedanken etc* zügeln. **17.** *jur.* Aussetzung *f*, Einstellung *f*, (Voll'streckungs)Aufschub *m*. **18.** *colloq.* Ausdauer *f*, Stehvermögen *n*. **19.** *tech.* a) Stütze *f*, b) Strebe *f*, c) Verspannung *f*, d) Verankerung *f*. **20.** *pl bes. Br.* Kor'sett *n*. **21.** *fig.* Stütze *f*.

**stay**[2] [steɪ] *mar.* **I** *s* **1.** Stag *n*: **to be** (**hove**) **in** ~ **4**; **to miss the** ~**s** das Wenden verfehlen. **II** *v/t* **2.** *den Mast* stagen. **3.** *das Schiff* durch *od.* gegen den Wind wenden. **III** *v/i* **4.** über Stag gehen, wenden.

'**stay·-at-home I** *s* häuslicher Mensch, *contp.* Stubenhocker(in): **I'm a** ~ ich bin am liebsten zu Hause. **II** *adj* häuslich, *contp.* stubenhockerisch. ~ **bolt** *s tech.* **1.** Stehbolzen *m*. **2.** Ankerbolzen *m*.

'~**-down** (**strike**) *s Br.* Sitzstreik *m* (*der Bergleute*).

'**stay·er** *s* **1.** j-d, der bleibt *etc*. **2.** ausdauernder Mensch. **3.** *Pferdesport:* Steher *m*.

‚**stay-'fore·sail** *s mar.* Fockstagsegel *n*.

---

'**stay·ing pow·er** ['steɪɪŋ] *s* Stehvermögen *n*, Ausdauer *f*.

'**stay-in** (**strike**) *s* Sitzstreik *m*.

'**stay·lace** *s* Kor'settschnur *f*. '~**mak·er** *s* Kor'sett-, 'Miederfabri‚kant *m*. '~**sail** ['-seɪl; *mar.* 'steɪsl] *s mar.* Stagsegel *n*. ~ **tube** *s tech.* Standrohr *n*.

**stead** [sted] *s* **1.** Stelle *f*: **in his** ~ an s-r Statt, statt seiner; **in** (**the**) ~ **of** an Stelle von (*od. gen*), anstatt (*gen*). **2.** Nutzen *m*: **to stand s.o. in good** ~ j-m (gut) zu'statten kommen.

**stead·fast** ['stedfəst; -fɑ:st; *Am.* -‚fæst] *adj* (*adv* ~**ly**) **1.** fest, unverwandt: **a** ~ **gaze**. **2.** fest: a) unbeweglich, b) dauerhaft. **3.** fest, unerschütterlich: a) standhaft, unentwegt, treu, b) unabänderlich: ~ **decision** (**faith**, *etc*). '**stead·fast·ness** *s* Standhaftigkeit *f*, Festigkeit *f*: ~ **of purpose** Zielstrebigkeit *f*.

**stead·i·ness** ['stedɪnɪs] *s* **1.** Festigkeit *f*. **2.** Beständigkeit *f*, Stetigkeit *f*. **3.** so'lide Art.

**stead·y** ['stedɪ] **I** *adj* (*adv* **steadily**) **1.** (stand)fest, sta'bil: **a** ~ **ladder**; **he was not** ~ **on his legs** er stand nicht fest auf den Beinen; ~ **prices** *econ.* feste *od.* stabile Preise. **2.** gleichbleibend, -mäßig, stetig, ständig, unveränderlich: ~ **girl friend** feste Freundin; ~ **pace** gleichmäßiges Tempo; ~ **progress** stetige *od.* ständige Fortschritte. **3.** gewohnheits-, regelmäßig: ~ **customer** Stammkunde *m*. **4.** → **steadfast** 1. **5.** a) → **steadfast** 3, b) ordentlich, so'lid(e): **a** ~ **man**; **to lead a** ~ **life**, c) nüchtern, gesetzt, d) zuverlässig: **a** ~ **friend** (**player**, *etc*). **6.** ruhig, sicher: **a** ~ **eye** (**hand**). **II** *adv* **7.** *colloq.* a) **to go** ~ (**with**) vorsichtig(er) sein (mit), sich zurückhalten (bei mit), b) **to go** ~ **with** (fest) mit *j-m* ‚gehen'. **III** *interj* **8.** sachte!, ruhig Blut! **9.** ~ **on**! halt! **IV** *v/t* **10.** festigen, fest *od.* sicher *od.* ruhig *etc* machen: **to** ~ **o.s.** a) sich stützen, b) sich beruhigen. **11.** *ein Pferd* zügeln. **12.** *j-n* zur Vernunft bringen, ernüchtern. **V** *v/i* **13.** fest *od.* sicher *od.* ruhig *etc* werden, Halt gewinnen, sich festigen, sich stabili'sieren (*a. econ. Preise etc*). **14.** *oft* ~ **down** vernünftig werden. **VI** *s* **15.** Stütze *f*. **16.** *colloq.* feste Freundin *od.* fester Freund. '~**-go·ing** *adj* **1.** gleichbleibend, beständig: ~ **devotion**. **2.** so'lid(e), gesetzt. ~ **state** *s* Molekularbiologie, Biophysik: Fließgleichgewicht *n*. **~-'state the·o·ry** *s* Kosmologie: 'Steady-state-Theo‚rie *f*.

**steak** [steɪk] *s* **1.** Steak *n*. **2.** ('Fisch)Kote‚lett *n*, (-)Fi‚let *n*. **3.** Frika'delle *f*. ~ **ham·mer** *s* Fleischklopfer *m*.

**steal** [sti:l] **I** *v/t pret* **stole** [stəʊl], *pp* **stol·en** ['stəʊlən] **1.** stehlen (*a. fig.*), entwenden: **to** ~ **s.th. from s.o.** j-m etwas stehlen; **to** ~ **s.o.'s girl friend** j-m die Freundin ‚ausspannen'. **2.** *fig.* stehlen, erlisten, erhaschen: **to** ~ **a kiss from s.o.** j-m e-n Kuß rauben; **to** ~ **a look at** e-n verstohlenen Blick werfen auf (*acc*); → **march**[1] *Bes. Redew.*, **show** 3, **thunder** 1. **3.** *fig.* stehlen, plagi'ieren. **4.** *fig.* schmuggeln (**into** in *acc*). **5.** *sport etc den* Ball, Punkte etc ergattern. **II** *v/i* **6.** stehlen. **7.** schleichen, sich stehlen: **to** ~ **away** sich davonstehlen. **8.** ~ **over** (*od.* **[up]on**) *j-n* beschleichen: **anxiety was** ~**ing over her. III** *s* **9.** *colloq.* Diebstahl *m*. **10.** *Am. colloq.* po'litische Schiebung. **11. at that price it is a** ~ *Am. colloq.* zu dem Preis ist das fast geschenkt.

**stealth** [stelθ] *s* Heimlichkeit *f*: **by** ~ heimlich, verstohlen. '**stealth·i·ness** [-ɪnɪs] *s* Heimlichkeit *f*. '**stealth·y** *adj* (*adv* **stealthily**) verstohlen, heimlich.

**steam** [sti:m] **I** *s* **1.** (Wasser)Dampf *m*: **at full** ~ mit Volldampf (*a. fig.*); **full** ~ **ahead** Volldampf voraus; **to get up** ~

Dampf aufmachen (*a. fig.*); **to let** (*od.* **blow**) **off** ~ Dampf ablassen, *fig. a.* sich *od.* s-m Zorn Luft machen; **to put on** ~ a) Dampf anlassen, b) *fig.* ,Dampf dahinter machen'; **he ran out of** ~ *fig.* ihm ging die Puste aus; **under one's own** ~ mit eigener Kraft (*a. fig.*). **2.** Dampf *m*, Dunst *m*, Schwaden *pl.* **3.** *fig.* Kraft *f*, Wucht *f.* **4.** Dampfer *m*: **they travel by** ~. **II** *v/i* **5.** dampfen (*a. Pferd etc*). **6.** verdampfen. **7.** *mar. rail.* dampfen (*fahren*). **8.** ,dampfen', brausen, sausen. **9.** *meist* ~ **ahead**, ~ **away** *colloq.* a) ,sich (mächtig) ins Zeug legen', b) gut vor'ankommen. **10.** ~ **up** (*over*) (sich) beschlagen (*Glas etc*). **11.** *colloq.* vor Wut kochen. **III** *v/t* **12.** a) *Speisen etc* dämpfen, dünsten, b) *Holz etc* dämpfen, *Stoff* deka'tieren. **13.** *Gas etc* ausströmen. **14.** ~ **up** *Glas etc* beschlagen. **15.** *meist* ~ **up** *colloq.* a) ankurbeln, auf Touren bringen: **to** ~ **the industry**, b) *j-n* in Rage bringen: **to be** ~**ed up** *colloq.* → 11; **don't let it** ~ **you!** reg dich (darüber) nicht auf! **~ bath** s Dampfbad *n.* **blow·er** *s tech.* Dampfgebläse *n.* **'~ boat** *s* Dampfboot *n*, (*bes.* Fluß)Dampfer *m.* **~ boil·er** *s* Dampfkessel *m.* **~ box** *s* **1.** *tech.* Schieberkasten *m.* **2.** Dampfkochtopf *m.* **~ chest** → steam box 1. **~ en·gine** *s* **1.** 'Dampfma,schine *f.* **2.** 'Dampflokomo,tive *f.*

**'steam·er** *s* **1.** *mar.* Dampfer *m*, Dampfschiff *n.* **2.** *tech.* 'Dampfma,schine *f.* **3.** a) Dampfkochtopf *m*, b) 'Dämpfappa,rat *m.* **~ rug** *s* grobe Wolldecke.

**steam| fit·ter** *s* 'Heizungsinstalla,teur *m.* **~ ga(u)ge** *s* Mano'meter *n.* **~ hammer** *s* Dampfhammer *m.* **~ heat** *s* **1.** durch Dampf erzeugte Hitze. **2.** *phys.* spe'zifische Verdampfungswärme. **~ heat·er** *s* **1.** Dampfheizungskörper *m.* **2.** Dampfheizung *f.* **~ heat·ing** *s* Dampfheizung *f.* **~ i·ron** *s* Dampfbügeleisen *n.* **~ nav·vy** *Br. für* steam shovel. **~ or·gan** *s mus.* Dampf(pfeifen)orgel *f.* **~ ra·di·o** *s colloq.* ,Dampfradio' *n.* **'~ ,roll·er I** *s* **1.** Dampfwalze *f* (*a. fig.*). **II** *v/t* **2.** glattwalzen. **3.** *fig.* a) *die Opposition etc* niederwalzen, ,über'fahren', b) *e-n Antrag etc* 'durchpeitschen, -drücken, c) *j-n* unter Druck setzen (**into doing** daß er *etwas* tut). **'~ ship** → steamer 1. **~ shov·el** *s tech.* (Dampf)Löffelbagger *m.* **~ ta·ble** *s* **1.** *dampfbeheizte Theke zum Warmhalten von Speisen.* **2.** *fig.* 'Informa,tionstheke *f.* **~ tight** [-'taɪt; -'t-] *adj tech.* dampfdicht. **~ tug** *s mar.* Schleppdampfer *m.* **~ tur·bine** *s tech.* 'Dampftur,bine *f.* **~ whis·tle** *s* Dampfpfeife *f.*

**'steam·y I** *adj* (*adv* **steamily**) **1.** dampfig, dampfend, Dampf... **2.** beschlagen (*Glas etc*). **3.** *colloq.* e'rotisch. **II** *s* **4.** *Am. sl.* ,Porno' *m* (*Film*).

**ste·a·rate** ['stɪəreɪt] *s chem.* Stea'rat *n.*
**ste·ar·ic** [stɪ'ærɪk; *Am. a.* 'stɪərɪk] *adj chem.* Stearin...: ~ **acid. ste·a·rin** ['stɪərɪn; 'stɪə-] *s* **1.** Stea'rin *n.* **2.** *der feste Bestandteil e-s Fettes.*
**ste·a·tite** ['stɪətaɪt] *s min.* Stea'tit *m.*
**ste·a·to·ma** [ˌstɪə'təʊmə] *s med.* **1.** Stea'tom *n*, Fettgeschwulst *f.* **2.** Li'pom *n.*
**ste·a·to·sis** [ˌstɪə'təʊsɪs] *s med.* Stea'tose *f*, Verfettung *f.*
**sted·fast**, *etc* → steadfast, *etc.*
**steed** [stiːd] *s rhet.* (Streit)Roß *n.*
**steel** [stiːl] **I** *s* **1.** Stahl *m*: ~ a) Stähle, b) *Börse*: Stahlaktien; **of** ~ → 5. **2.** (*Gegenstand aus*) Stahl *m*, *bes.* a) Wetzstahl *m*, b) Feuerstahl *m*, c) Kor'settstäbchen *n.* **3.** a. **cold** ~ kalter Stahl, Schwert *n*, Dolch *m.* **4.** *fig.* Kraft *f*, Härte *f.* **II** *adj* **5.** stählern: a) Stahl..., aus Stahl, b) *fig.* (stahl)hart, eisern. **III** *v/t* **6.** *tech.* (ver)stählen. **7.** *fig.* stählen, wappnen: **to** ~ **o.s.**

---

**for** (*against*) **s.th.** sich für (gegen) etwas wappnen; **he** ~**ed his heart against compassion** er verschloß sich dem Mitleid. **~ band** *s mus.* Steelband *f.* **~ blue** *s* Stahlblau *n.* **'~ clad** *adj* stahlgepanzert. **'~ drawn** *adj* aus gezogenem Stahl. **'~ en,graved** *adj* in Stahl gestochen. **~ en·grav·ing** *s* Stahlstich *m* (*Bild u. Technik*). **~ gray**, *bes. Br.* **~ grey** *s* Stahlgrau *n.*
**steel·i·fy** ['stiːlɪfaɪ] *v/t tech. Eisen* in Stahl verwandeln.
**steel·i·ness** ['stiːlɪnɪs] *s tech.* Härte *f* (*a. fig.*), Stahlartigkeit *f.*
**steel| mill** *s tech.* Stahl(walz)werk *n.* **~ wool** *s* Stahlspäne *pl*, -wolle *f.* **'~ works** *s* **1.** Stahlarbeit *f*, Stahlteile *pl.* **2.** 'Stahlkonstrukti,on *f.* **3.** *pl* (*oft als sg konstruiert*) Stahlwerk *n.* **'~ work·er** *s* Stahlarbeiter *m.*
**'steel·y** → steel 5.
**steel·yard** ['stiːlja(r)d; 'stɪlja(r)d] *s* Laufgewichtswaage *f.*
**steen·bok** ['stiːnbɒk; 'steɪn-; *Am.* -ˌbɑk] → steinbok.
**steep[1]** [stiːp] **I** *adj* (*adv* ~**ly**) **1.** steil, jäh, abschüssig. **2.** *fig.* jäh. **3.** *colloq.* a) ,happig', ,gepfeffert': ~ **prices**, b) e'norm: **a** ~ **task**, c) ,toll', unglaublich: **a** ~ **story**, d) unverschämt: ~ **demand**; **that's a bit** ~**!** das ist allerhand! **II** *s* **4.** jäher Abhang.
**steep[2]** [stiːp] **I** *v/t* **1.** eintauchen, -weichen, *Tee* aufbrühen. **2.** (**in, with**) (durch)'tränken, imprä'gnieren (mit). **3.** (**in**) *fig.* durch'tränken, -'dringen (mit), erfüllen (von): **to** ~ **o.s. in a subject** sich ganz in ein Thema versenken; ~**ed in** versunken in (*dat*); ~**ed in crime** verbrecherisch; ~**ed in history** geschichtsträchtig. **II** *s* **4.** Einweichen *n*, -tauchen *n.* **5.** a) Lauge *f*, Bad *n*, b) Einweichgefäß *n.*
**steep·en** ['stiːpən] *v/t u. v/i* steil(er) machen (werden), (sich) erhöhen.
**stee·ple** ['stiːpl] *s* **1.** Kirchturm *m.* **2.** Spitzturm *m.* **3.** Kirchturmspitze *f.* **'~ chase I** *s* **1.** *Pferdesport:* Steeplechase *f*, Hindernis-, Jagdrennen *n.* **2.** *Leichtathletik:* Hindernislauf *m.* **II** *v/i* **3.** *Pferdesport:* e-e Steeplechase bestreiten. **4.** *Leichtathletik:* e-n Hindernislauf bestreiten. **'~ chas·er** *s* **1.** *Pferdesport:* a) Steepler *m* (*Pferd*), b) Jagdreiter *m.* **2.** *Leichtathletik:* Hindernisläufer *m.*
**stee·pled** ['stiːpld] *adj* **1.** mit e-m Turm (versehen), betürmt. **2.** vieltürmig (*Stadt*). [arbeiter *m.*]
**'stee·ple·jack** *s* Schornstein-, Turm-]
**'steep·ness** *s* **1.** Steilheit *f*, Steile *f.* **2.** steile Stelle.
**steer[1]** [stɪə(r)] **I** *v/t* **1.** steuern, lenken (*beide a. fig.*). **2.** *e-n Weg etc* verfolgen, einschlagen, *e-n Kurs* steuern. **3.** *j-n* lotsen, ,bug'sieren'. **II** *v/i* **4.** steuern: **to** ~ **clear of** *fig.* (ver)meiden, aus dem Weg gehen (*dat*). **5.** *mar. mot. etc* sich gut *etc* steuern lassen. **6.** *mar. etc* gesteuert werden, fahren: **to** ~ **for** lossteuern auf (*acc*) (*a. fig.*). **III** *s* **7.** *Am. colloq.* ,Tip' *m.*
**steer[2]** [stɪə(r)] *s* **1.** Ochse *m.* **2.** männliches Schlachtvieh.
**steer·a·ble** ['stɪərəbl] *adj* lenkbar.
**steer·age** ['stɪərɪdʒ] *s* **1.** *bes. mar.* (*das*) Steuern. **2.** *mar. etc* a) Steuerung *f* (*Vorrichtung*), b) Steuerwirkung *f*, c) Reak-ti'on(sfähigkeit) *f*, d) Zwischendeck *n.* **'~ way** *s mar.* Steuerfahrt *f*, -fähigkeit *f.*
**'steer·er** *s* **1.** *bes. mar.* Steuerer *m.* **2.** Steuergerät *n.* **3.** *Am. sl.* ,Schlepper' *m* (*zu Nachtklubs etc*).
**'steer·ing I** *s* **1.** Steuern *n.* **2.** Steuerung *f*, Lenkung *f* (*a. fig.*). **3.** *Am. die Praktik von Immobilienmaklern, schwarzen Kunden*

---

*ausschließlich Wohnungen in von Schwarzen bewohnten Gegenden anzubieten.* **II** *adj* **4.** Steuer... **~ col·umn** *s mot.* Lenksäule *f.* **~ com·mit·tee** *s pol. etc* Lenkungsausschuß *m.* **~ gear** *s* **1.** *mot.* Steuerung *f*, Lenkung *f*, Lenkgetriebe *n.* **2.** *mar.* Steuergerät *n.* **~ knuck·le** *s mot. Am.* Achsschenkel *m.* **~ lock** *s mot.* Lenkungseinschlag *m.* **~ play** *s mot.* toter Gang *od.* Spiel *n* der Lenkung. **~ wheel** *s* **1.** *mar.* Steuerrad *n.* **2.** *mot.* Steuer-, Lenkrad *n.* **~ wheel lock** *s mot.* Lenk(rad)schloß *n.*
**steers·man** ['stɪə(r)zmən] *s irr mar.* Rudergänger *m.*
**steeve[1]** [stiːv] *v/t mar.* traven, *e-e Ballenladung* (*fest*) zs.-pressen.
**steeve[2]** [stiːv] *s mar.* Steigung *f* (*des Bugspriets*).
**stein** [staɪn] (*Ger.*) *s* Bier-, Maßkrug *m.*
**stein·bock** → steinbok.
**stein·bok** ['staɪnbɒk; *Am.* -ˌbɑk] *pl* **-boks**, *bes. collect.* **-bok** *s zo.* Steinbock *m.*
**ste·le** ['stiːlɪ; -liː] *pl* **-lae** [-liː], **-les** *s antiq.* Stele *f* (*Bild- od. Grabsäule*).
**stel·lar** ['stelə(r)] *adj astr.* stel'lar, Stern(en)...
**stel·late** ['stelət; -eɪt] *adj* sternförmig: ~ **leaves** *bot.* quirlständige Blätter. **'stel·lat·ed** [-eɪtɪd], **stel'lif·er·ous** [-'lɪfərəs] *adj* **1.** → stellate. **2.** gestirnt. **'stel·lu·lar** [-ljʊlə(r)] *adj* sternchenförmig.
**stem[1]** [stem] **I** *s* **1.** (Baum)Stamm *m.* **2.** *bot.* a) Stengel *m*, b) (Blüten-, Blatt-, Frucht)Stiel *m*, c) Halm *m*: ~ **leaf** Stengelblatt *n.* **3.** Bündel *n* Ba'nanen. **4.** *allg.* (Pfeifen-, Weinglas- *etc*)Stiel *m.* **5.** a) (Lampen)Fuß *m*, b) (Ven'til)Schacht *m*, c) (Thermo'meter)Röhre *f*, d) (Aufzieh-) Welle *f* (*e-r Uhr*). **6.** *fig.* Geschlecht *n*, Stamm *m.* **7.** *ling.* (Wort)Stamm *m.* **8.** *mus.* (Noten)Hals *m.* **9.** *print.* Grund-, Abstrich *m.* **10.** *mar.* (Vorder)Steven *m*: **from** ~ **to stern** von vorn bis achtern. **II** *v/t* **11.** entstielen. **III** *v/i* **12.** stammen, ('her)kommen (**from** von).
**stem[2]** [stem] **I** *v/t* **1.** eindämmen (*a. fig.*). **2.** *fig.* a) aufhalten, Einhalt gebieten (*dat*), b) sich entgegenstemmen (*dat*), ankämpfen gegen (*a. mar.*). **3.** *ein Loch etc* abdichten, abdämmen. **4.** *e-e Blutung* stillen. **5.** *den Ski* zum Stemmbogen ansetzen. **II** *v/i* **6.** *Skisport:* stemmen.
**stemmed** [stemd] *adj* **1.** *bot.* a) gestielt, b) (*in Zssgn*) ...stielig: **long**~. **2.** entstielt.
**'stem·less** *adj* stengellos, ungestielt.
**stem·ple** ['stempl] *s Bergbau:* Stempel *m*, Stützholz *n.*
**stem| turn** *s Skisport:* Stemmbogen *m.* **'~ wind·er** [-ˌwaɪndə(r)] *s* **1.** Remon'toiruhr *f.* **2.** *Am. colloq.* a) ,tolle Sache', b) ,Mordskerl' *m.* **'~ wind·ing** *adj* **1.** mit Aufziehwelle: ~ **watch** → stem-winder 1. **2.** *Am. colloq.* ,toll'.
**stench** [stentʃ] *s* Gestank *m.* **~ bomb** *s* Stinkbombe *f.* **~ trap** *s* Siphon *m*, Geruchsverschluß *m.*
**sten·cil** ['stensl] **I** *s* **1.** a) a. ~ **plate** ('Maler)Scha,blone *f*, b) *print.* ('Wachs)Ma,trize *f.* **2.** a) Scha'blonenzeichnung *f*, -muster *n*, b) Ma'trizenabzug *m.* **II** *v/t pret u. pp* **-ciled**, *bes. Br.* **-cilled 3.** schablo'nieren, mittels Scha'blone beod. aufmalen. **4.** auf Ma'trize(n) schreiben.
**Sten gun** [sten] *s mil.* leichtes Ma'schinengewehr, LMG *n.*
**sten·o** ['stenəʊ] *pl* **-os** *Am. colloq. für* stenographer.
**sten·o·car·di·a** [ˌstenəʊ'kɑː(r)dɪə; -nə'k-] *s med.* Stenokar'die *f*, Herzkrampf *m.*
**sten·o·graph** ['stenəɡrɑːf; *bes. Am.*

-græf] **I** s **1.** Steno¦gramm n. **2.** Kurzschriftzeichen n. **3.** Stenogra¦phierma¦schine f. **II** v/t **4.** (¦mit)stenogra¦phieren. **ste·nog·ra·pher** [stə¦nɒgrəfə(r); Am. -¦nɑg-] s **1.** Steno¦graph(in). **2.** Am. Stenoty¦pistin f. ¦**sten·o**¦**graph·ic** [-nə¦græfɪk] adj (adv ~ally) steno¦graphisch. **ste·nog·ra·phy** [stə¦nɒgrəfɪ; Am. -¦nɑ-] s Stenogra¦phie f, Kurzschrift f. **ste·not·ic** [stɪ¦nɒtɪk; Am. -¦nɑ-] adj med. (krankhaft) verengend od. verengt. **sten·o·type** [¦stenəʊtaɪp] → stenograph **2** u. **3.** ¦**sten·o**¦**typ·ist** s j-d, der e-e Stenographiermaschine bedient. ¦**sten·o**¦**typ·y** [-pɪ] s Stenoty¦pie f. **sten·to·ri·an** [sten¦tɔːrɪən; Am. a. -¦təʊ-] adj überlaut: ~ voice Stentorstimme f. **step** [step] **I** s **1.** Schritt m (a. Geräusch u. Maß): **a ~ forward** ein Schritt vorwärts (a. fig.); ~ **by** ~ Schritt für Schritt (a. fig.); **to take a ~** e-n Schritt machen; **watch** (od. **mind**) **your ~!** paß auf, wo du hintrittst! (→ 7); **to keep one ~ ahead** fig. immer e-n Schritt voraus sein. **2.** (Fuß)Stapfe m: **to tread in s.o.'s ~s** in j-s Fußstapfen treten. **3.** (eiliger etc) Schritt, Gang m. **4.** (Tanz)Schritt m. **5.** (Mar¦schier-, Gleich)Schritt m: **in** ~ im Gleichschritt; **in** ~ **with** fig. im Einklang mit; **out of** ~ außer Tritt; **out of** ~ **with** fig. nicht im Einklang mit; **to break** ~ aus dem Schritt kommen; **to fall in** ~ Tritt fassen; **to keep** ~ **with** Schritt halten mit (a. fig.); → **retrace** 1. **6.** (ein) paar Schritte pl, ¦Katzensprung¦ m: **it is only a ~ to my house. 7.** Schritt m, Maßnahme f: **to take ~s** Schritte unternehmen; **watch** (od. **mind**) **your ~!** Vorsicht!, paß auf, was du tust! (→ 1); **false step, legal 4. 8.** fig. Schritt m, Stufe f. **9.** Stufe f (e-r Treppe etc), (Leiter-) Sprosse f: **mind the ~!** Vorsicht, Stufe! **10.** Trittbrett n (am Fahrzeug). **11.** pl, a. **pair of ~s** Trittleiter f. **12.** geogr. Stufe f, Ter¦rasse f. **13.** mus. a) (Ton-, Inter¦vall-) Schritt m, b) Inter¦vall n, c) (Tonleiter-) Stufe f. **14.** electr. tech. (Schalt-, a. Verstärker)Stufe f, Schaltschritt m. **15.** a) (Rang)Stufe f, Grad m, b) bes. mil. Beförderung f: **when did he get his ~?** wann wurde er befördert?
**II** v/i pret u. pp **stepped,** obs. **stept** [stept] **16.** schreiten, treten: **to ~ into a fortune** fig. unverhofft zu e-m Vermögen kommen. **17.** (zu Fuß) gehen, treten: ~ **in!** herein!; **will you** ~ **this way, please** kommen Sie bitte hier entlang; **to ~ off** aussteigen aus (Bus etc), treten von (Bürgersteig). **18.** → **step out** 2. **19.** treten ([up]on auf acc): ~ **on it!** colloq. Tempo!; → **accelerator** 2, **gas** 6 b.
**III** v/t **20.** a) e-n Schritt machen: **to ~ a pace,** b) e-n Tanz tanzen: **to ~ it** zu Fuß gehen; tanzen. **21.** a. ~ **off,** ~ **out** e-e Entfernung etc a) abschreiten, b) abstecken. **22.** abstufen. **23.** mit Stufen versehen. **24.** tech. stufenweise ändern.
Verbindungen mit Adverbien:
**step¦a·side** v/i **1.** zur Seite treten. **2.** fig. (in favo[u]r of) Platz machen (für), zu¦rücktreten (zu¦gunsten). ~**back** **I** v/i **1.** zu¦rücktreten. **2.** (vor Schreck etc) zu¦rückweichen. **II** v/t **3.** abstufen. ~ **down** **I** v/i **1.** her-, hin¦unterschreiten. **2.** (a.) → **step aside** 2, b) zu¦rücktreten (as von s-m Posten als). **II** v/t **3.** verringern, verzögern. **4.** electr. her¦untertransfor¦mieren. ~ **for·ward** v/i **1.** vortreten, nach vorne treten. **2.** fig. sich melden (Zeugen etc). **II** v/t **5.** → **step** 21. ~ **out** v/i **1.** (bes. kurz) weggehen. **2.** forsch ausschreiten. **3.** colloq. (viel) ausgehen. **4.** ~ **on** Am. colloq. Ehepartner betrügen. **II** v/t **5.** → **step** 21. ~ **up I** v/i **1.** hin¦auf-, her¦aufsteigen.

**2.** zugehen (to auf acc). **3.** sich steigern. **4.** Am. colloq. (im Rang) befördert werden. **II** v/t **5.** steigern, die Produktion etc ankurbeln, Forderungen etc hochschrauben. **6.** electr. ¦hochtransfor¦mieren. **7.** Am. colloq. j-n (im Rang) befördern.
¦**step**¦**broth·er** s Stiefbruder m. ~**-by-**-**~** adj fig. schrittweise. **~-child** s irr Stiefkind n. ~ **cline** s biol. gestufter ¦Merkmalsgradi¦ent. **~-dame** obs. für ¦stepmother. ~ **dance** s Step(tanz) m. ~**-daugh·ter** s Stieftochter f. **~-down** **I** adj electr. Umspann...: ~ **ratio** Untersetzungsverhältnis n; ~ **transformer** Abwärtstransformator m. **II** s Verringerung f. ~**-fa·ther** s Stiefvater m. ~**-in** **I** adj **1.** Schlupf..., zum Hin¦einschlüpfen: ~ **dress;** ~ **mocassins** (od. **shoes**) → 3. **II** s **2.** a. pl (Damen)Schlüpfer m. **3.** pl Slipper pl. ~**-lad·der** s Trittleiter f. ~**-moth·er** s Stiefmutter f, fig. a. Rabenmutter f. ~**-moth·er·ly** adj stiefmütterlich. **step·ney** [¦stepnɪ] s mot. Br. hist. Ersatzrad n. ¦**step-off** s Steilabhang m. ¦**step**¦**par·ents** s pl Stiefeltern pl. **steppe** [step] s geogr. Steppe f. **stepped** [stept] adj a. tech. (ab)gestuft, Stufen... **step·per** [¦stepə(r)] s **1.** Renner m, guter Gänger (Pferd). **2.** Tänzer(in). **step·ping stone** [¦stepɪŋ] s **1.** (Tritt-) Stein m (im Wasser etc). **2.** fig. Sprungbrett n. **step¦rock·et** s ¦Stufenra¦kete f. **~-sister** s Stiefschwester f. **~-son** s Stiefsohn m. **stept** [stept] obs. pret u. pp von **step.** ¦**step-up I** adj stufenweise erhöhend: ~ **transformer** electr. Aufwärtstransformator m. **II** s Steigerung f. ¦**step·wise** adj u. adv fig. schritt-, stufenweise. **ster·co·ra·ceous** [ˌstɜːkə¦reɪʃəs; Am. ˌstɜr-], **ster·co·ral** [-rəl] adj Kot..., kotartig. **stere** [stɪə(r)] s Ster m (Holzmaß). **ster·e·o** [¦sterɪəʊ; ¦stɪə-] **I** pl **-os** s **1.** Radio etc: Stereo n: **to broadcast in ~. 2.** colloq. Stereogerät n. **3.** colloq. für **stereotype** 1. **4.** colloq. a) ¦Stereofotogra¦fie f, b) Stereofoto n. **II** adj **5.** Radio etc: Stereo...: ~ **broadcast** (**decoder, record,** etc); ~ **suite** (od. **system**) Stereoanlage f. ˌ**ster·e·o**¦**chem·is·try** s Stereo-, ¦Raumche¦mie f. ¦**ster·e·o**¦**chro·my** [-¦krəʊmɪ] s Stereochro¦mie f (Wandmalerei mit Wasserfarben). **ster·e·o·gram** [¦sterɪəgræm; ¦stɪər-] s phys. **1.** Raumbild n. **2.** → **stereograph** I. **3.** Br. ¦Stereomu¦siktruhe f. ¦**ster·eo·graph** [-grɑːf; bes. Am. -græf] **I** s stereo¦skopisches Bild. **II** v/t u. v/i stereofotogra¦fieren. **ster·e·og·ra·phy** [ˌsterɪ¦ɒgrəfɪ; Am. -¦ɑg-] s math. Stereogra¦phie f, Körperzeichnung f. **ster·e·om·e·ter** [ˌsterɪ¦ɒmɪtə(r); ˌstɪər-; Am. -¦ɑm-] s phys. Stereo¦meter n. **ster·e**¦**om·e·try** [-trɪ] s **1.** phys. Stereome¦trie f. **2.** math. Geome¦trie f des Raumes. ¦**ster·e·o**¦**phon·ic** adj stereo¦phon(isch), Stereoton..., Raum...: ~ **sound** Raumton m. **ster·e·o·plate** [¦sterɪəpleɪt; ¦stɪər-] s print. Stereo¦typplatte f, Stereo n. **ster·e·o·scope** [¦sterɪəskəʊp; ¦stɪər-] s Stereo¦skop n. ¦**ster·e·o**¦**scop·ic** [-¦skɒpɪk; Am. -¦skɑ-] adj (adv ~ally) stereo¦skopisch: ~ **camera** Stereokamera f; ~ **photograph** Stereofoto(grafie f) n; ~ **photography** Stereofotografie f; ~ **vision** stereoskopisches od. plastisches Sehen. **ster·e·os·co·py** [ˌsterɪ¦ɒskəpɪ;

ˌstɪər-; Am. -¦ɑs-] s **1.** Stereosko¦pie f. **2.** räumliches Sehen. **ster·e·o·type** [¦stɪərɪətaɪp; ¦ster-] **I** s **1.** print. a) Stereoty¦pie f, Plattendruck m, b) Stereo¦type f, Druckplatte f. **2.** fig. Kli¦schee n, Scha¦blone f. **II** v/t **3.** print. stereoty¦pieren. **4.** fig. stereo¦typ wieder¦holen. **5.** sich e-e Kli¦scheevorstellung bilden von. **6.** in e-e feste Form bringen. ¦**ster·e·o·typed** adj **1.** print. stereoty¦piert. **2.** fig. a) stereo¦typ, unveränderlich, b) kli¦schee-, scha¦blonenhaft. ¦**ster·e·o·typ·er,** ¦**ster·e·o·typ·ist** s print. Stereoty¦peur m, Materngießer m. ˌ**ster·e·o·ty**¦**pog·ra·phy** [-taɪ¦pɒgrəfɪ; Am. -¦pɑg-] s print. Stereo¦typdruck (-verfahren n) m. ¦**ster·e·o·typ·y** [-taɪpɪ] s Stereoty¦pie f: a) print. Druckverfahren, b) med. Reiterati¦on f (häufige Wiederholung derselben Bewegungen od. Ausdrücke). **ster·ic** [¦sterɪk; ¦stɪər-] adj chem. sterisch. **ster·ile** [¦steraɪl; Am. -rəl] adj **1.** med. ste¦ril, keimfrei: ~ **bandage. 2.** biol. u. fig. unfruchtbar, ste¦ril: ~ **cow** (**soil, mind,** etc); **a ~ seed** bot. ein tauber od. nicht keimfähiger Same. **3.** fig. fruchtlos: **a ~ discussion;** ~ **capital** totes Kapital. **4.** fig. leer, gedankenarm: ~ **style. 5.** fig. ¦unproduk¦tiv: **a ~ writer.** **ste·ril·i·ty** [ste¦rɪlətɪ; stə¦r-] s Sterili¦tät f (a. fig.). **ster·i·li·za·tion** [ˌsterɪlaɪ¦zeɪʃn; Am. -rələ¦z-] s **1.** Sterilisati¦on f: a) med. Entkeimung f, b) Unfruchtbarmachung f. **2.** Sterili¦tät f. ¦**ster·i·lize** [-laɪz] v/t **1.** med. sterili¦sieren: a) entkeimen, keimfrei machen, b) unfruchtbar machen (a. fig.). **2.** den Boden ausmergeln. **3.** fig. abtöten. **4.** Kapital etc nicht gewinnbringend anlegen. ¦**ster·i·liz·er** s Sterili¦sator m (Apparat). **ster·let** [¦stɜːlɪt; Am. ¦stɜr-] s ichth. Sterlet m. **ster·ling** [¦stɜːlɪŋ; Am. ¦stɜr-] **I** adj **1.** Sterling(...): **ten pounds ~** 10 Pfund Sterling; ~ **area** Sterlinggebiet n, -block m. **2.** von Standardwert (Gold, Silber). **3.** fig. lauter, echt, gediegen, bewährt: **a ~ character** ein lauterer Charakter; ~ **merit** hervorragendes Verdienst. **II** s **4.** Sterling m (Währung). **5.** Br. Standardfeingehalt m (für Münzen). **6.** Sterlingsilber n. **7.** Sterlingsilberwaren pl. **stern[1]** [stɜːn; Am. stɜrn] adj (adv ~ly) **1.** streng, hart (to mit; gegen): ~ **necessity** bittere Notwendigkeit. **2.** unnachgiebig, eisern: **a ~ resolve. 3.** finster, streng: **a ~ face.** **stern[2]** [stɜːn; Am. stɜrn] s **1.** mar. Heck n, Achterschiff n: ~ **on** mit dem Heck nach vorn; (**down**) **by the** ~ hecklastig; → **stem[1]** 6 a) ¦Hinterteil n, Gesäß n, b) zo. Schwanz m. **3.** allg. Heck n, hinterer Teil. **ster·na** [¦stɜːnə; Am. ¦stɜr-] pl von **sternum.** **ster·nal** [¦stɜːnl; Am. ¦stɜrnl] adj anat. Brustbein... **stern¦chas·er** s mar. hist. Heckgeschütz n. ~ **fast** s mar. Achtertau n. ~**foremost** adv **1.** mar. über Steuer, rückwärts. **2.** fig. ungeschickt. ~ **frame** mar. **1.** Spiegelspant n. **2.** ¦Hintersteven m. **~most** [-məʊst] adj (zu)achterst. ¦**stern·ness** s **1.** Strenge f, Härte f. **2.** Unnachgiebigkeit f. **ster·no·cos·tal** [ˌstɜːnəʊ¦kɒstl; Am. ˌstɜrnəʊ¦kɑstl] adj anat. sternoko¦stal (Brustbein u. Rippen betreffend). ¦**stern**¦**post** s mar. Achtersteven m. ~ **rope** → **stern fast.** ~ **sheets** s pl mar. Achterspitze pl (e-s Boots). **ster·num** [¦stɜːnəm; Am. ¦stɜr-] pl **-nums, -na** [-nə] s anat. Brustbein n.

**ster·nu·ta·tion** [ˌstɜːnjʊˈteɪʃn; *Am.* ˌstɜr-] *s med.* Niesen *n.*

**'stern|·way** *s mar.* Heckfahrt *f.* **~·wheel** *s mar.* Heckrad *n.* **~·wheel·er** *s* Heckraddampfer *m.*

**ster·ol** [ˈstɪərɒl; ˈsterɒl; *Am. a.* -əʊl] *s chem.* Steˈrin *n.*

**ster·to·rous** [ˈstɜːtərəs; *Am.* ˈstɜr-] *adj* (*adv* ~**ly**) schnarchend.

**stet** [stet] (*Lat.*) *print.* **I** *interj* bleibt!, stehenlassen! **II** *v/t* mit ˈstet' *od.* Pünktchen marˈkieren.

**steth·o·scope** [ˈsteθəskəʊp] *med.* **I** *s* Stethoˈskop *n*, Hörrohr *n.* **II** *v/t* abhorchen. **ˌsteth·o·ˈscop·ic** [-ˈskɒpɪk; *Am.* -ˈska-] *adj* (*adv* ~**ally**) stethoˈskopisch. **ste·ˈthos·co·py** [-ˈθɒskəpɪ; *Am.* -ˈθas-] *s* Stethoskoˈpie *f.*

**stet·son** [ˈstetsn] *s* Stetson *m* (*Hut der Cowboys u. im 1. Weltkrieg der austral. u. neuseeländischen Soldaten*).

**ste·ve·dore** [ˈstiːvədɔː(r); *Am. a.* -ˌdəʊər] *s mar.* **1.** Schauermann *m*, Stauer *m.* **2.** Stauer *m*, Schiffsbelader *m* (*Unternehmer*).

**stew¹** [stjuː; *Am. a.* stuː] **I** *v/t* **1.** schmoren, dämpfen, dünsten: → stewed. **2.** ~ up *Am. colloq.* aufregen. **II** *v/i* **3.** schmoren: → juice 1. **4.** *fig.* schmoren, braten, ‚vor Hitze fast ˈumkommen'. **5.** *colloq.* sich aufregen. **III** *s* **6.** Eintopf-, Schmorgericht *n.* **7.** *Br. obs. od. Am.* Borˈdell *n.* **8.** *pl Am. colloq.* Elendsviertel *n.* **9.** *colloq.* Aufregung *f*: to be in a ~ in (heller) Aufregung sein.

**stew²** [stjuː; *Am. a.* stuː] *s* **1.** *Br. obs.* Fischteich *m*, -behälter *m.* **2.** künstliche Austernbank.

**stew³** [stjuː; stjuː] *s aer. Am. colloq.* Steward *m*, Stewardeß *f.*

**stew·ard** [ˈstjʊə(r)d; *Am. a.* ˈstuː-] *s* **1.** Verwalter *m.* **2.** Inˈspektor *m*, Aufseher *m.* **3.** Haushofmeister *m.* **4.** Butler *m.* **5.** Tafelmeister *m*, Kämmerer *m* (*e-s College, Klubs etc*). **6.** *mar.* a) Proviˈantmeister *m*, b) *a. aer.* Steward *m.* **7.** (*Fest-etc*)Ordner *m*, Radsport: ˈRennkommisˌsar *m.* **8.** → shop steward. **'stew·ard·ess** *s* **1.** *aer. mar.* Stewardeß *f.* **2.** Verwalterin *f.* **'stew·ard·ship** *s* **1.** Verwalteramt *n.* **2.** Verwaltung *f.*

**stewed** [stjuːd; *Am. a.* stuːd] *adj* **1.** geschmort, gedämpft, gedünstet. **2.** *Br.* stark (*Tee*). **3.** *sl.* ‚besoffen'.

**'stew|·pan** *s* Schmorpfanne *f*, Kasseˈrolle *f.* **'~·pot** *s* Schmortopf *m.*

**sthe·ni·a** [ˈsθiːnjə; -nɪə; sθɪˈnaɪə] *s med.* Stheˈnie *f*, (Körper)Kraft *f.* **sthen·ic** [ˈsθenɪk] *adj med.* sthenisch, kräftig.

**stib·i·al** [ˈstɪbɪəl] *adj chem. min.* spießglanzartig, Antimon... **'stib·ine** [-iːn; -aɪn; -ɪn] *s chem.* Stiˈbin *n.* **'stib·i·um** [-ɪəm] *s chem. obs.* Antiˈmon *n.*

**stich** [stɪk] *s metr.* Vers *m*, Zeile *f.*

**stich·o·myth·i·a** [ˌstɪkəʊˈmɪθɪə] *s* Stichomyˈthie *f* (*Form des Dialogs, bei der Rede u. Gegenrede auf je e-n Vers verteilt sind*).

**stick¹** [stɪk] **I** *s* **1.** a) Stecken *m*, Stock *m*, (trockener) Zweig: → hop¹ 6, b) *pl* Klein-, Brennholz *n*: (dry) ~s (dürres) Reisig. **2.** Scheit *n*, Stück *n* Holz. **3.** Gerte *f*, Rute *f.* **4.** Stengel *m*, Stiel *m* (*Rhabarber, Sellerie*). **5.** Stock *m* (*a. fig. Schläge*), Stab *m*, Knüttel *m*, Prügel *m*: he wants the ~ er verdient e-e Tracht Prügel; any ~ to beat a dog *fig.* ein Vorwand ist bald gefunden; to get (give) the ~ e-e Tracht Prügel bekommen (verabreichen); a policy of the big ~ e-e Politik der starken Hand; he got hold of the wrong end of the ~ a) er hat es *od.* die Sache falsch verstanden, b) *a.* he got hold of the short (*od.* dirty) end of the ~ *Am.* er wurde schwer benachteiligt; not

a ~ of furniture kein einziges Möbelstück; the ~ and the carrot *fig.* Zuckerbrot u. Peitsche; → cleft stick. **6.** *mus.* a) Taktstock *m*, b) (Trommel)Schlegel *m*, c) (Geigen)Bogen *m.* **7.** (Spaˈzier)Stock *m.* **8.** (Besen- *etc*)Stiel *m.* **9.** a) (Zucker-, Siegellack)Stange *f*, b) (Stück *n*) Raˈsierseife *f*, c) (Lippen- *etc*)Stift *m.* **10.** (Dynaˈmit)Stange *f.* **11.** Amtsstab *m.* **12.** a) Baseball *etc*: Schläger *m*, b) Hockey *etc*: Stock *m*: ~s hoher Stock, c) Pferdesport: Hürde *f.* **13.** a) *aer.* Steuerknüppel *m*, b) *mot.* Schalthebel *m*, -knüppel *m.* **14.** *print.* Winkelhaken *m.* **15.** *aer. mil.* a) (Bomben)Reihe *f*: ~ bombing Reihenwurf *m*, b) Gruppe *f* (abspringender) Fallschirmjäger. **16.** *pl bes. Am. colloq.* finsterste Proˈvinz: in the ~s. **17.** *colloq. od.* dry) old ‚ˈStockfisch' *m*, Langweiler *m*, b) *allg.* Kerl *m*: a queer old ~ ein ‚komischer Kauz'. **18.** *Am.* Schuß *m* (*Alkohol*). **19.** *sl.* Joint *m* (*Haschisch- od. Marihuanazigarette*).

**II** *v/t* **20.** e-e Pflanze mit e-m Stock stützen. **21.** *print.* Typen a) setzen, b) in e-m Winkelhaken aneinˈanderreihen.

**stick²** [stɪk] **I** *s* **1.** *bes. Am.* Stich *m*, Stoß *m.* **2.** *obs.* a) Stillstand *m*, b) Hindernis *n.* **3.** a) Haftvermögen *n*, b) *colloq.* klebrige Subˈstanz.

**II** *v/t pret u. pp* **stuck** [stʌk] **4.** a) durchˈstechen, -ˈbohren, b) erstechen. **5.** (ab)stechen: to ~ pigs. **6.** stechen mit (in, into in *acc*; through durch): to ~ a pin into a balloon. **7.** stechen, stoßen: to ~ a knife into s.th. **8.** stecken: to ~ a flower in one's buttonhole; → nose *Bes. Redew.* **9.** spicken: a coat stuck with badges. **10.** stecken, aufspießen: to ~ a potato on a fork. **11.** stecken, strecken: to ~ one's head out of the window; to ~ out one's arm (chest, tongue) den Arm (die Brust, die Zunge) herausstrecken. **12.** stecken, heften (to an *acc*). **13.** kleben: to ~ a stamp on a letter; to ~ together zs.-kleben. **14.** Fotos etc kleben (in in *acc*). **15.** bekleben. **16.** zum Stecken bringen, festfahren: to be stuck a) im Schlamm *etc* steckenbleiben, b) *a. fig.* festsitzen, nicht mehr weiterkönnen; I'm stuck for ideas mir fällt nichts (mehr) ein; to be stuck on *colloq.* vernarrt sein in (*acc*); to be stuck with s.th. etwas ‚am Hals' haben; to get stuck in(to) *colloq.* a) sich in e-e Arbeit ‚hineinknien', b) *Austral.* über j-n (*a. mit Worten*) herfallen. **17.** *colloq.* verwirren, in Verlegenheit bringen: he stuck me with a puzzle; to be stuck for s.th. verlegen sein um etwas. **18.** *colloq.* j-n ‚blechen lassen' (for für). **19.** *sl.* j-n ‚leimen', prellen. **20.** *sl.* etwas *od.* j-n (v)ertragen, ausstehen, aushalten: I can't ~ him ich kann ihn nicht ausstehen. **21.** ~ it (out) *bes. Br. colloq.* ˈdurchhalten. **22.** ~ it on *bes. Br. colloq.* a) ‚saftige' Preise verlangen, b) ‚dick auftragen', überˈtreiben.

**III** *v/i* **23.** stecken: a nail ~s in the wall. **24.** (fest)kleben, haften (to an *dat*): it does not ~ es klebt *od.* hält nicht; to ~ together zs.-kleben. **25.** (to) sich halten *od.* festklammern (an *dat*), sich heften (an *acc*): they stuck to his heels sie hefteten sich an s-e Fersen; → bur 1. **26.** haften(bleiben), hängenbleiben (*a. fig.*): some of it will ~ etwas (von e-r Verleumdung) bleibt immer hängen; to ~ in the mind im Gedächtnis haftenbleiben; that name stuck to him dieser Name blieb an ihm hängen; to make s.th. ~ *fig.* dafür sorgen, daß etwas sitzt. **27.** ~ to a) sich an e-e Regel *etc* halten, b) bei e-m Getränk *etc* bleiben; ~ to, *colloq.* ~ with bei e-r Gruppe *etc* bleiben; ~ to, *colloq.* ~ at an *od.* über e-r Arbeit

bleiben; ~ to, *colloq.* ~ by bei s-r Ansicht *etc* bleiben, s-n Grundsätzen *etc* treu bleiben, zu s-m Wort *etc* stehen; ~ to, *colloq.* ~ by, ~ with zu j-m halten; to ~ to s.o.'s fingers *colloq.* j-m ‚an den Fingern klebenbleiben' (*von j-m gestohlen werden*); to ~ to the point bei der Sache *od.* sachlich bleiben; to eat s.th. that ~s to the ribs etwas Kräftiges essen; to ~ together zs.-halten; → gun 1. **28.** steckenbleiben: to ~ in s.o.'s throat a) j-m im Hals steckenbleiben (*a. fig.* Worte etc), b) *a.* to ~ in s.o.'s craw *fig. colloq.* j-m gegen den Strich gehen; → fast² 5, mud 2. **29.** a) verwirrt sein, b) zögern, sich stoßen (at an *dat*), c) zuˈrückschrecken (at vor *dat*): to ~ at nothing vor nichts zurückschrecken. **30.** herˈvorstehen (from, out of aus), stehen (up in die Höhe).

*Verbindungen mit Adverbien:*

**stick| a·bout**, **~ a·round** *v/i colloq.* dableiben, in der Nähe bleiben, sich verfügbar halten. **~ down** *v/t* **1.** Umschlag *etc* zukleben. **2.** *colloq.* Gegenstand abstellen, absetzen. **3.** *colloq.* etwas (auf-)schreiben (on auf *acc*). **~ out I** *v/i* **1.** ab-, herˈvor-, herˈausstehen. **2.** *fig.* auffallen: → mile 1, thumb 1. **3.** bestehen (for auf *dat*). **4.** *Am. colloq.* streiken. **II** *v/t* **5.** herˈausst(r)ecken: → chin I, neck *Bes. Redew.*, stick² 11. **~ up I** *v/t* **1.** *sl.* überˈfallen, ausrauben: to ~ a bank. **2.** stick 'em up! *sl.* Hände hoch! **II** *v/i* **3.** → stick² 30. **4.** ~ for *colloq.* sich einsetzen für. **5.** ~ to mutig gegenˈübertreten (*dat*).

**ˌstick|-at-ˈnoth·ing** *adj colloq.* skrupellos. **~ con·trol** *s aer.* **1.** Knüppelsteuerung *f.* **2.** Steuerknüppel *m.*

**'stick·er** *s* **1.** a) (Schweine)Schlächter *m*, b) Schlachtmesser *n*, c) Plaˈkatankleber *m.* **3.** a) Klebestreifen *m*, b) Aufkleber *m*, c) (*an das Fahrzeug angeklebter*) Strafzettel (*wegen falschen Parkens*). **4.** zäher Kerl. **5.** treue Seele, Unentwegte(r *m*) *f.* **6.** *colloq.* ‚Hocker' *m*, (zu) lange bleibender Gast. **7.** *econ. colloq.* ‚Ladenhüter' *m.* **8.** ‚harte Nuß', kniffliges Proˈblem.

**stick·i·ness** [ˈstɪkɪnɪs] *s* **1.** Klebrigkeit *f.* **2.** Schwüle *f.* **3.** *fig. colloq.* Unnachgiebigkeit *f.* **4.** *fig. colloq.* Schwierigkeit *f.*

**stick·ing| place** *s* Anschlag *m*, Haltepunkt *m* (*e-r Schraube etc*). **2.** *fig.* (*das*) Äußerste (*to the ~ bis*) zum Äußersten *od.* Letzten. **~ plas·ter** *s* Heftpflaster *n.* **~ point** → sticking place.

**stick in·sect** *s zo.* Gespenstheuschrecke *f.*

**'stick-in-the-mud** *colloq.* **I** *adj* rückständig, -schrittlich, *bes. pol.* reaktioˈnär. **II** *s* Rückschrittler *m*, *bes. pol.* Reaktioˈnär *m.*

**'stick|·jaw** *s colloq.* ‚Plombenzieher' *m* (*zäher Bonbon etc*). **~ lac** *s* Stocklack *m.*

**stick·le** [ˈstɪkl] *v/i* **1.** hartnäckig zanken *od.* streiten (for um): to ~ for s.th. etwas hartnäckig verfechten. **2.** Bedenken äußern.

**stick·le·back** [ˈstɪklbæk] *s ichth.* Stichling *m.*

**stick·ler** [ˈstɪklə(r)] *s* **1.** Eiferer *m.* **2.** hartnäckiger Verfechter (for *gen*). **3.** Kleinigkeitskrämer(in), Peˈdant(in), j-d, der es ganz genau nimmt (for mit): a ~ for detail; I am no ~ for ceremony ich lege keinen Wert auf Förmlichkeit. **4.** → sticker 8.

**'stick·pin** *s Am.* Kraˈwattennadel *f.*

**stick-to-it·ive** [stɪkˈtuːətɪv] *adj Am. colloq.* zäh, hartnäckig. **stick-ˈto-it·ive·ness** *s Am. colloq.* Zähigkeit *f*, Hartnäckigkeit *f.*

**stick·um** [ˈstɪkəm] *s Am. colloq.* Kleister *m*, Klebstoff *m.*

**'stick-up I** *adj* **1.** in die Höhe stehend: ~ collar → 4. **2.** Kleb(e)... **3.** *sl.* Raub...: ~

man → 5 b. **II** s **4.** Stehkragen m. **5.** sl.
a) ('Raub,)Überfall m, b) Räuber m.
'**stick·y** adj **1.** klebrig: ~ **charge** mil.
Haftladung f; ~ **label** Br. Klebezettel m.
**2.** schwül, stickig: ~ **weather. 3.** ver-
klemmt: ~ **windows. 4.** fig. colloq.
a) eklig, unangenehm: **to come to** (od.
**meet) a ~ end** ein böses Ende nehmen,
b) schwierig, heikel: **a ~ problem; to be**
(od. **bat) on a ~ wicket** Br. ‚in der
Klemme' sein od. sitzen od. stecken,
c) heikel, kritisch (**about** 'hinsichtlich):
**to be ~ about doing s.th.** etwas nur
ungern tun, d) econ. starr, unnachgiebig:
~ **prices,** e) econ. schleppend: ~ **supply,**
f) econ. schwerverkäuflich: ~ **merchan-
dise,** g) Am. kitschig, sentimen'tal: **a ~
death scene,** h) hölzern, steif (Person).
**stiff** [stɪf] **I** adj (adv ~**ly) 1.** allg. steif,
starr: ~ **collar** (**face,** etc): ~ **neck** steifer
Hals; → **lip** 1. **2.** zäh, dick, steif: ~
**dough. 3.** steif (Brise), stark (Wind, Strö-
mung). **4.** a) stark, scharf (alkoholische
Getränke), bes. steif (Grog), b) stark (Me-
dizin). **5.** fig. (kopfsteif) (Person). **6.** fig.
a) hart: ~ **adversary,** b) scharf: ~ **com-
petition** (**opposition**), c) hartnäckig,
verbissen: ~ **fight** (**resistance,** etc).
**7.** schwierig, hart: **a ~ task. 8.** hart: **a ~
penalty. 9.** econ. a) sta'bil, fest, b) über-
'höht: ~ **prices; a ~ market** e-e stabile
Marktlage. **10.** steif, for'mell, gezwun-
gen. **11.** a) steif, linkisch, b) starr, sche-
'matisch: **a ~ style. 12.** colloq. unglaub-
lich: **a bit ~** ziemlich stark, ‚allerhand'.
**13.** colloq. ‚zu Tode' (gelangweilt, er-
schrocken). **14.** sl. ‚blau', ‚besoffen'.
**II** s sl. **15.** Leiche f. **16.** ‚müder Klepper'
(Rennpferd). **17.** a) ‚Langweiler m, b) a.
**big ~** ‚Blödmann' m. **18.** Am. a) ‚Lappen'
m (Banknote), b) ‚Blüte' f (Falschgeld),
c) ‚Fetzen' m (Dokument), d) ‚Kas'siber'
m (im Gefängnis). **19.** ‚Besoffene(r' m) f.
‚~-'**backed** adj **1.** mit steifem Rücken.
**2.** fig. äußerst kor'rekt od. for'mell.
**stiff·en** ['stɪfn] **I** v/t **1.** (ver)steifen, (ver-)
stärken, Stoff etc steifen, stärken. **2.** Flüs-
sigkeit, Glieder steif od. starr machen,
Flüssigkeit etc verdicken. **3.** fig. (be)stär-
ken, j-m den Nacken od. Rücken steifen.
**4.** fig. a) (ver)stärken, b) verschärfen: **to
~ the competition. 5.** econ. festigen. **II**
v/i **6.** sich versteifen od. verstärken od.
verschärfen (alle a. fig.). **7.** steif od. starr
werden. **8.** fig. sich versteifen od. verhär-
ten, hart od. unnachgiebig werden. **9.** fig.
werden (**into** od.). **10.** steif od. förmlich
werden. **11.** econ. sich festigen. '**stiff-
en·er** s **1.** Versteifung f. **2.** colloq. ‚Seel-
enwärmer' m, Stärkung f (Schnaps etc).
'**stiff·en·ing** s Versteifung f: a) Steif-
werden n, b) 'Steifmateri,al n.
‚**stiff-'necked** adj fig. halsstarrig.
'**stiff·ness** s **1.** Steifheit f (a. fig.), Starr-
heit f. **2.** Zähigkeit f, Dickflüssigkeit f.
**3.** fig. Härte f, Schärfe f.
**sti·fle**[1] ['staɪfl] **I** v/t **1.** ersticken: **to ~ s.o.**
(**a fire, revolt,** etc). **2.** unter'drücken: **to
~ a cry** (**a yawn, an oath,** etc); **to ~ a
discussion** e-e Diskussion abwürgen.
**II** v/i **3.** (weitS.) schier) ersticken.
**sti·fle**[2] ['staɪfl] s zo. **1.** a. ~ **joint** Knie-
gelenk n (Pferd, Hund): ~ **bone** Knie-
scheibe f (des Pferdes). **2.** vet. Knie-
gelenkgalle f (Pferd).
**sti·fling** ['staɪflɪŋ] adj (adv ~**ly**) erstik-
kend (a. fig.), stickig.
**stig·ma** ['stɪgmə] pl -**mas, -ma·ta**
[-mətə] s **1.** Brandmal n, Schandfleck m,
Stigma n. **2.** Merkmal n. **3.** med. Sym-
'ptom n. **4.** (pl -**mata**) Stigma n: a)
med. (Wund)Mal n (periodisch blutend),
b) meist pl R.C. Wundmal(e pl) n (Chri-
sti). **5.** zo. Stigma n: a) Augenfleck m (der
Flagellaten), b) Luftloch n (der Insekten).

**6.** bot. Narbe f, Stigma n (der Blüte).
**stig·mat·ic** [-'mætɪk] **I** adj **1.** stig'ma-
tisch, gezeichnet, gebrandmarkt. **2.** bot.
narbenartig. **3.** opt. (ana)stig'matisch.
**II** s → stigmatist. '**stig·ma·tist** s R.C.
Stigmati'sierte(r m) f. ‚**stig·ma·ti'za-
tion** [-taɪ'zeɪʃn; Am. -tə'z-] s Stigmati-
'sierung f. '**stig·ma·tize** v/t **1.** bes. fig.
brandmarken, (kenn)zeichnen. **2.** med.
R.C. stigmati'sieren.
**stil·bite** ['stɪlbaɪt] s min. Stil'bit m.
**stile**[1] [staɪl] s **1.** Zauntritt m. **2.** → turn-
stile.
**stile**[2] [staɪl] s Seitenstück n (e-r Täfelung),
Höhenfries m (e-r Tür).
**sti·let·to** [stɪ'letəʊ] pl -**tos** [-z] s **1.** Sti'lett
n. **2.** Schnürlochstecher m. **3.** → stiletto
**heel** s Pfennigabsatz m (am
Damenschuh).
**still**[1] [stɪl] **I** adj (adv obs. **stilly**) **1.** still,
reg(ungs)los, unbeweglich. **2.** still, ruhig,
lautlos: **keep ~!** sei(d) still! **3.** still, leise.
**4.** ruhig, friedlich, still. **5.** still: **a ~ lake;**
→ **water** Bes. Redew. **6.** nicht mous-
'sierend: ~ **wine** Stillwein m. **7.** phot.
Stand..., Steh..., Einzel(aufnahme)... **II** s
**8.** poet. Stille f: **in the ~ of night. 9.** phot.
Standfoto n, Einzelaufnahme f (Ggs.
Film). **10.** → **still alarm. III** v/t
**11.** Geräusche etc zum Schweigen od.
Verstummen bringen. **12.** j-n beruhigen,
ein Verlangen etc stillen. **IV** v/i **13.** still
werden, sich beruhigen.
**still**[2] [stɪl] **I** adv **1.** (immer) noch, noch
immer, bis jetzt: **points ~ unsettled** bis
jetzt od. noch (immer) ungeklärte Fra-
gen. **2.** (beim comp) noch, immer: ~ **high-
er** (od. **higher ~**) noch höher; ~ **more so
because** um so mehr als. **3.** a. ~ **and all**
dennoch, doch. **4.** poet. od. dial. immer,
stets. **II** conj **5.** und doch, (und) dennoch.
**still**[3] [stɪl] **I** s **1.** a) Destil'lierkolben m,
b) Destil'lierappa,rat m. **2.** → **distillery.**
**II** v/t u. v/i **3.** obs. destil'lieren.
**stil·lage** ['stɪlɪdʒ] s Gestell n.
**still** | **a·larm** s bes. Am. stiller 'Feuer-
a,larm. ‚**~·birth** ['-b-; ‚-'b-] s Totgeburt f.
‚**~·born** ['-b-; ‚-'b-] adj totgeboren (a.
fig.). '**~-fish** v/i vom verankerten Boot
aus angeln. ‚**~ hunt** 1. Pirsch(jagd) f.
**2.** Am. colloq. heimliche Jagd (**for** auf
acc), pol. heimliche Kam'pagne. '**~-
-hunt** v/i pirschen. **II** v/t anpirschen,
sich anpirschen an (acc). ~ **life** pl **~ lifes,**
a. ~ **lives** s paint. Stilleben n.
'**still·ness** s Stille f.
'**still·room** s Br. **1.** hist. Destillati'ons-
raum m. **2.** a) Vorratskammer f, b) Ser-
'vierraum m.
**Still·son wrench** ['stɪlsn] (TM) s tech.
Am. (ein) Gelenkhakenschlüssel m.
'**still·y** adj poet. u. adv obs. still, ruhig.
**stilt** [stɪlt] s **1.** Stelze f. **2.** arch. Pfahl m,
Pfeiler m. **3.** a. ~ **bird** orn. Stelzenläufer
m. '**stilt·ed** adj (adv ~**ly) 1.** gestelzt,
gespreizt, geschraubt: ~ **style. 2.** arch.
erhöht. '**stilt·ed·ness** s Gespreiztheit f
etc.
**stim·u·lant** ['stɪmjʊlənt] **I** s **1.** med.
Stimulans n, Anregungs-, Reiz-, Auf-
putschmittel n. **2.** Genußmittel n, bes.
Alkohol m. **3.** Anreiz m (**of** für). **II** adj →
stimulating.
**stim·u·late** ['stɪmjʊleɪt] **I** v/t **1.** med. etc,
a. fig. stimu'lieren, anregen, beleben, auf-
putschen, (durch Alkohol a.) ani'mieren.
**2.** fig. etwas ankurbeln, in Schwung brin-
gen: **to ~ production. II** v/i **3.** med. etc,
a. fig. anregen, beleben, aufputschen,
stimu'lieren. '**stim·u·lat·ing** adj
**1.** med. etc, a. fig. anregend, belebend,
stimu'lierend, aufputschend: ~ **drug** →
stimulant 1. **2.** fig. anspornend. ‚**stim-
u·la·tion** s **1.** Anreiz m, Antrieb m,

Anregung f, Belebung f. **2.** angeregter
Zustand. **3.** med. Reiz m, Reizung f.
'**stim·u·la·tive** [-lətɪv; Am. -,leɪ-] adj
→ stimulating: **to be ~** (**of** od. **to**) →
stimulate. '**stim·u·la·tor** [-leɪtə(r)] s
**1.** Beleber m. **2.** → stimulant 1. **3.** Anreiz
m. '**stim·u·lus** ['stɪmjʊləs] pl -**li** [-laɪ;
-li:] s **1.** Stimulus m: a) (An)Reiz m,
Antrieb m, Ansporn m: **under the ~ of**
getrieben von, b) med. Reiz m: ~ **thresh-
old** Reizschwelle f. **2.** → stimulant 1.
**3.** bot. Nesselhaar n.
**sti·my** → stymie.
**sting** [stɪŋ] **I** v/t pret **stung** [stʌŋ] od.
obs. **stang** [stæŋ], pp **stung** 1. stechen.
**2.** beißen, brennen in od. auf (dat).
**3.** schmerzen, weh tun (Schlag etc), peini-
gen: **stung with remorse** von Reue
geplagt. **4.** anstacheln, reizen (**into** zu):
**to ~ s.o. into action** j-n aktiv werden
lassen. **5.** colloq. a) j-n ‚neppen', betrügen
(**for** um Geld etc), b) **to ~ s.o. for a
pound** j-m ein Pfund ‚abknöpfen'. **II** v/i
**6.** stechen. **7.** brennen, beißen (Pfeffer
etc). **8.** schmerzen, weh tun (a. fig.). **III** s
**9.** Stachel m (e-s Insekts; a. fig.): **the ~ of
death** (**jealousy,** etc). **10.** Stich m, Biß
m: ~ **of conscience** Gewissensbisse; **the
~ is in the tail** fig. das dicke Ende kommt
noch. **11.** Pointe f, Spitze f (e-s Epi-
gramms etc). **12.** Schwung m, Wucht f.
**13.** bot. → stimulus 3.
**sting·a·ree** ['stɪŋəri:] Am. → stingray.
**sting·er** ['stɪŋə(r)] s **1.** a) stechendes In-
'sekt, b) stechende Pflanze. **2.** colloq.
a) schmerzhafter Schlag, b) beißende
Bemerkung. **3.** Am. Cocktail m aus Bran-
dy u. Li'kör.
**sting·i·ness** ['stɪndʒɪnɪs] s Geiz m.
**sting·ing** ['stɪŋɪŋ] adj (adv ~**ly) 1.** bot. zo.
stechend: ~ **hair** → stimulus 3. **2.** fig.
a) schmerzhaft: **a ~ blow,** b) schneidend,
beißend: ~ **cold** (**wind**), c) beißend,
scharf, verletzend: **a ~ remark. ~ net-
tle** s bot. Brennessel f.
'**sting·less** adj biol. stachellos.
'**sting·ray** s ichth. Stachelrochen m.
**stin·gy** ['stɪndʒɪ] adj (adv **stingily**)
**1.** geizig, knick(e)rig, knaus(e)rig: **to be
~ of s.th.** mit etwas knausern. **2.** dürftig.
**stink** [stɪŋk] **I** v/i pret **stank** [stæŋk],
**stunk** [stʌŋk], pp **stunk 1.** stinken,
unangenehm od. übel riechen (**of** nach):
**he ~s of** (od. **with**) **money** sl. ‚er stinkt
vor Geld'. **2.** fig. ‚stinken': **it stinks to
high heaven** es stinkt zum Himmel; ~
**nostril. 3.** fig. colloq. (,hunds)mise'rabel
sein. **II** v/t **4.** oft ~ **out,** ~ **up** verstänkern:
**to ~ the place out. 5.** meist ~ **out** a)
ausräuchern, b) j-n durch Gestank ver-
treiben. **6.** sl. (den Gestank gen) riechen:
**you can ~ it a mile off. III** s **7.** Gestank
m. **8.** Am. colloq. (billiges) Par'füm. **9.** Br.
sl. Che'mie f. **10.** colloq. Stunk m: **to kick
up** (od. **make, raise**) **a ~** Stunk machen
(**about** wegen).
**stink·ard** ['stɪŋkə(r)d] s **1.** zo. Stinktier n.
**2.** sl. Dreckskerl m.
'**stink·ball** s mar. hist. Stinkbombe f. ~
**bomb** s Stinkbombe f.
'**stink·er** s **1.** ‚Stinker' m. **2.** a) ‚Stinka-
'dores' m (Käse), b) ‚Stinka'dores' f (Zi-
garre). **3.** pl Dreckskerl m. **4.** sl. a) gehar-
nischter Brief, b) böse Bemerkung od.
Kri'tik, c) ‚harte Nuß', ,harter Brocken',
d) ‚Mist' m (etwas Minderwertiges).
'**stink·ing I** adj (adv ~**ly) 1.** übelriechend,
stinkend. **2.** sl. a) widerlich, gemein,
b) mise'rabel. **3.** sl. ‚stinkbesoffen'.
**II** adv sl. ~ **drunk** ,stinkbesoffen'; ~
**rich** ‚stinkreich'. ~ **badg·er** s Stink-
dachs m.
**stink·o** ['stɪŋkəʊ] adj sl. ,besoffen'.
'**stink·pot** s **1.** → stinker 1-3. **2.** mar.
hist. Stinktopf m.

**stint¹** [stɪnt] **I** v/t **1.** j-n od. etwas einschränken, j-n kurz- od. knapphalten (**in**, **of** mit): **to ~ o.s. of** sich einschränken mit, sich etwas versagen. **2.** knausern od. kargen mit: **to ~ food** (money, praise). **II** s **3.** Be-, Einschränkung f: **without ~** ohne Einschränkung, reichlich, rückhaltlos. **4.** a) (vorgeschriebenes) Maß, b) (zugewiesene) Arbeit, Pensum n: **to do one's daily ~** sein Tagespensum erledigen. **5.** Bergbau: Schicht f.

**stint²** [stɪnt] s orn. (ein) Strandläufer m.

**stint·ed** ['stɪntɪd] adj (adv **~ly**) knapp, karg. [drängt.]

**sti·pate** ['staɪpeɪt] adj bot. (dicht)ge-J

**stipe** [staɪp] s bot. Stiel m (a. zo.), Stengel m, Strunk m.

**sti·pel** ['staɪpl; Am. a. staɪ'pel] s bot. sekun'däres Nebenblättchen.

**sti·pend** ['staɪpend] s Gehalt n (bes. e-s Geistlichen od. Lehrers od. Magistratsbeamten).

**sti·pen·di·ar·y** [staɪ'pendjərɪ; Am. -dɪˌerɪ:] **I** adj **1.** besoldet: **~ magistrate** → 3. **2.** Gehalts... **II** s **3.** jur. Br. Berufsrichter m (an e-m **magistrate's court**).

**stip·i·tate** ['stɪpɪteɪt] adj bot. zo. gestielt.

**stip·ple** ['stɪpl] **I** v/t **1.** paint. tüpfeln, in Punk'tiermaˌnier malen od. stechen, punk'tieren. **II** s **2.** paint. Punk'tiermaˌnier f, Pointil'lismus m. **3.** Punk'tierung f. **4.** fig. Tüpfelefˌfekt m. **'stip·pler** s **1.** Punk'tierer m, Pointil'list m. **2.** Punk'tiernadel f.

**stip·u·lar** ['stɪpjʊlə(r)], **'stip·u·lar·y** [-lərɪ; Am. -ˌlerɪ:] adj bot. nebenblattartig, mit Nebenblättern (versehen).

**stip·u·late** ['stɪpjʊleɪt] bes. econ. jur. **I** v/i **1.** (**for**) a) e-e Vereinbarung treffen (über acc), b) etwas zur Bedingung machen. **II** v/t **2.** festsetzen, vereinbaren, ausbedingen: **as ~d** wie vereinbart. **3.** jur. e-n Tatbestand einverständlich außer Streit stellen. ˌstip·u'la·tion s **1.** econ. jur. (vertragliche) Abmachung, Über'einkunft f. **2.** jur. Klausel f, Bedingung f. **3.** jur. Par'teienüberˌeinkunft f. **'stip·u·la·tor** [-tə(r)] s jur. Ver'tragsparˌtei f, Kontra'hent m.

**stip·ule** ['stɪpjuːl] s bot. Nebenblatt n.

**stir¹** [stɜː; Am. stɜr] **I** v/t **1.** ('um)rühren: **to ~ up** a) gut durch- od. umrühren, b) Schlamm aufwühlen. **2.** das Feuer (an-) schüren. **3.** Glied etc rühren, bewegen: → **finger** 1, **stump** 2. **4.** (leicht) bewegen: **the wind ~red the leaves.** **5.** ~ **up** fig. j-n auf-, wachrütteln. **6.** ~ **up** fig. a) j-n aufreizen, -hetzen, b) Neugier etc erregen, c) Streit etc entfachen, d) Erinnerungen wachrufen; **to ~ up s.o.'s blood** j-s Blut in Wallung bringen. **7.** fig. bewegen, erregen, aufwühlen. **II** v/i **8.** sich rühren, sich bewegen, sich regen: **not to ~ from the spot** sich nicht von der Stelle rühren. **9.** sich rühren (lassen): **the starch paste ~s easily.** **10.** sich rühren od. regen, rührig od. geschäftig sein: **he never ~red abroad** (od. **out of house**) er ging nie aus. **11.** a) im 'Umlauf od. Gange sein, laut werden, b) geschehen, sich ereignen. **12.** wach od. rührig werden, erwachen (a. fig.): **he is not ~ring yet** er ist noch nicht auf (-gestanden). **III** s **13.** Rühren n: **to give s.th. a ~** etwas umrühren. **14.** Bewegung f: **not a ~** nicht die geringste Bewegung. **15.** Aufregung f, Aufruhr m, Tu'mult m. **16.** Betriebsamkeit f, reges Treiben. **17.** Aufsehen n, Sensati'on f: **to make** (od. **cause**, **create**) **a ~** Aufsehen erregen. **18.** fig. (An)Stoß m, Aufrütt(e)lung f.

**stir²** [stɜː; Am. stɜr] s sl. ˌKittchen' n, ˌKnast' m (Gefängnis): **in ~** im Knast.

**stir·a·bout** ['stɜːrəbaʊt; Am. 'stɜr-] s **1.** Br. Porridge m, n. **2.** a) → **stir¹** 16, b) betriebsamer Mensch.

**stirk** [stɜːk] s Br. **1.** junges (einjähriges) Rind. **2.** fig. ˌOchse' m.

**Stir·ling's for·mu·la** ['stɜːlɪŋz; Am. 'stɜr-] s math. Stirlingsche Formel.

**stir·pes** ['stɜːpiːz; Am. 'stɜr-] pl von stirps.

**stir·pi·cul·ture** ['stɜːpɪkˌʌltʃə(r); Am. 'stɜr-] s biol. Rassenzüchtung f, -pflege f.

**stirps** [stɜːps; Am. stɜrps] pl **stir·pes** ['stɜːpiːz; Am. 'stɜr-] (Lat.) s **1.** Stamm m, Fa'milie(nzweig m) f. **2.** jur. a) Stammvater m, b) Stamm m: **per stirpes** Erbfolge f nach Stämmen. **3.** biol. Gattung f.

**stir·rer** ['stɜːrə; Am. 'stɜrər] s **1.** a) Rührholz n, -löffel m, b) Rührwerk n. **2.** fig. Aufhetzer(in). **'stir·ring I** s **1.** → **stir¹** 13–16. **II** adj **2.** bewegt. **3.** fig. rührig, tätig, geschäftig, betriebsam. **4.** aufwühlend, erregend: ~ **events**; **a ~ speech** e-e mitreißende Rede; ~ **times** bewegte Zeiten. **5.** tech. Rühr...

**stir·rup** ['stɪrəp; Am. bes. 'stɜr-] s **1.** Steigbügel m. **2.** tech. Bügel m. **3.** mar. Springpferd n (Haltetau). ~ **bone** s anat. Steigbügel m (im Ohr). ~ **cup** s Abschiedstrunk m. ~ **i·ron** s Steigbügel m (ohne Steigriemen). ~ **leath·er**, ~ **strap** s Steig(bügel)riemen m.

**stitch** [stɪtʃ] **I** s **1.** Nähen etc: Stich m: **a ~ in time saves nine** (Sprichwort) gleich getan ist viel gespart; **to put a ~** (od. **~es**) **in** e-e Wunde etc (ver)nähen. **2.** Stricken etc: Masche f. **3.** Strick-, Häkel-, Stickart f, Stich(art f) m. **4.** colloq. Faden m: **he has not a dry ~ on him** er hat keinen trockenen Faden am Leib; **without a ~ on** splitternackt. **5.** a) Stich m, Stechen n (Schmerz): **to be in ~es** sich kaputtlachen; **that had me in ~es** ich lachte mich halb tot darüber, b) a. ~ **in the side** Seitenstechen n. **6.** Buchbinderei: Heftung f. **II** v/t **7.** nähen, steppen, (be-) sticken. **8.** ~ **on(to)** annähen (an acc); ~ **up** zs.-, vernähen (a. med.), (zs.-)flicken. **9.** (zs.-)heften, bro'schieren: **to ~ cartons.** **III** v/i **10.** nähen, sticken, heften.

**'stitch·ing** s Nähen n (etc; → **stitch** II). ~ **ma·chine** s tech. 'Stepp-, 'Heftmaˌschine f. ~ **nee·dle** s Heft-, Sticknadel f. ~ **silk** s Näh-, Stickseide f.

**stith·y** ['stɪðɪ] s obs. für **smithy**.

**sti·ver** ['staɪvə(r)] s **1.** hist. Stüber m (kleine holländische Münze). **2.** fig. Heller m: **not a ~**; **I don't care a ~** es ist mir völlig gleich(gültig).

**sto·a** ['stəʊə] pl **-ae** [-iː], **-as** s antiq. Stoa f: a) arch. Säulenhalle f, b) **S~** philos. stoische Philoso'phie.

**stoat¹** [stəʊt] s zo. **1.** Herme'lin n. **2.** Wiesel n.

**stoat²** [stəʊt] v/t (mit unsichtbaren Stichen) zs.-nähen.

**sto·chas·tic** [stəʊ'kæstɪk; Am. stə'k-; stəʊ'k-] s (Statistik, Wahrscheinlichkeitsrechnung) **I** adj sto'chastisch: ~ **process**. **II** s pl (als sg konstruiert) Sto'chastik f.

**stock** [stɒk; Am. stɑk] **I** s **1.** (Baum-, Pflanzen)Strunk m. **2.** fig. ˌKlotz' m (steifer Mensch). **3.** bot. Lev'koje f. **4.** bot. Wurzelstock m. **5.** agr. ('Pfropf)ˌUnterlage f. **6.** (Peitschen-, Werkzeug- etc) Griff m. **7.** mil. a) (Gewehr)Schaft m, b) (M'G-)Schulterstütze f, c) La'fettenbalken m. **8.** tech. a) 'Unterlage f, Block m, b) (Amboß)Klotz m, c) Kluppe f, Schneideisenhalter m, d) (Hobel)Kasten m. **9.** agr. (Pflug)Storch m. **10.** pl hist. Stock m (Strafmittel). **11.** pl mar. Helling f, Stapel m: **off the ~s** a) vom Stapel (gelaufen), b) fig. fertig, vollendet; **to have s.th. on the ~s** fig. etwas in Arbeit haben; **on the ~s** im Bau, im Werden (a.

fig.). **12.** tech. (Grund-, Werk)Stoff m, (Ver'arbeitungs)Materiˌal n, (Füll- etc) Gut n: **paper ~** Papiergespinst n. **13.** (Fleisch-, Gemüse)Brühe f (als Suppengrundlage). **14.** a) bes. hist. steifer Kragen, b) bes. mil. Halsbinde f. **15.** (Bienen)Stock m. **16.** biol. a) Urtyp m, b) Rasse f. **17.** a) Rasse f, (Menschen)Schlag m, b) Fa'milie f, 'Her-, Abkunft f: **of Puritan ~**. **18.** ling. a) Sprachstamm m, b) Sprachengruppe f. **19.** allg. Vorrat m, Bestand m (of an dat), b) econ. (Waren)Lager n, Inven'tar n: ~ **(on hand)** Warenbestand; **in (out of) ~** (nicht) vorrätig od. auf Lager; **to take ~** Inventur machen, a. fig. (e-e) Bestandsaufnahme machen; **to take ~ of** fig. sich klarwerden über (acc), j-n od. etwas abschätzen. **20.** econ. Ware(n pl) f. **21.** fig. (Wissens etc)Schatz m: **a ~ of information**. **22.** a) a. **live~** Vieh(bestand m) n, lebendes Inven'tar, b) **dead ~** totes Inven'tar, Materiˌal n: **fat ~** Schlachtvieh; → **rolling stock**. **23.** econ. a) 'Anleihekapiˌtal n, b) 'Wertpaˌpiere pl (über Anleihekapital). **24.** econ. a) 'Grundkapiˌtal n, b) 'Aktienkapiˌtal n, c) Geschäftsanteil m. **25.** econ. a) bes. Am. Aktie(n pl) f, b) pl Aktien pl, c) pl Ef'fekten pl, 'Wertpaˌpiere pl: **to hold ~s in a company** Aktionär e-r Gesellschaft sein; **his ~ has gone up** s-e Aktien sind gestiegen (a. fig. colloq.). **26.** econ. a) Schuldverschreibung f, b) pl Br. 'Staatspaˌpiere pl. **27.** thea. a) Reper'toire n, b) Am. Reper'toirethe·ater n. **28.** Am. → **stock car**.

**II** adj **29.** stets vorrätig, Lager..., Serien...: ~ **model** Serienmodell n; ~ **size** Standardgröße f. **30.** Lager...: ~ **clerk** Lagerverwalter m, Lage'rist m. **31.** fig. a) stehend, stereo'typ: ~ **phrases**, b) contp. abgedroschen. **32.** Vieh(zucht)..., Zucht...: ~ **farm** Viehfarm f; a. ~ **mare** e-e Zuchtstute. **33.** econ. bes. Am. Aktien... **34.** thea. Repertoire...: ~ **plays**; ~ **actors**.

**III** v/t **35.** ausstatten, versorgen, -sehen, füllen (**with** mit): **well-~ed** gutausgestattet. **36.** a. ~ **up** auf Lager legen od. haben, e-n Vorrat halten von, (auf-) speichern. **37.** econ. Ware vorrätig haben, führen. **38.** agr. a) e-e Farm (bes. mit Vieh) ausstatten, b) a. ~ **down** Land (bes. mit Gras) bepflanzen: **to ~ a stream with trout** e-n Bach mit Forellen besetzen. **39.** ein Gewehr, Werkzeug etc schäften. **40.** hist. j-n in den Stock legen (als Bestrafung). [mit).] **IV** v/i **41.** oft ~ **up** sich eindecken (on)

**stock ac·count** s econ. Br. Kapi'tal-, Ef'fektenkonto n, -rechnung f.

**stock·ade** [stɒ'keɪd; Am. stɑ-] **I** s **1.** Sta'ket n, Einpfählung f. **2.** mil. a) Pali'sade f, b) Am. Mili'tärgefängnis n. **II** v/t **3.** einpfählen, mit e-m Sta'ket um'geben.

**stock|book** s econ. **1.** Lagerbuch n. **2.** bes. Am. Aktienbuch n. **3.** → **studbook**. **'~breed·er** s agr. Viehzüchter m. **'~breed·ing** s agr. Viehzucht f. **'~bro·ker** s econ. Ef'fekten-, Börsenmakler m. ~ **car** s mot. **1.** Serienwagen m. **2.** sport Stock-Car m. ~ **car** s rail. Am. Viehwagen m. ~ **cer·tif·i·cate** s econ. bes. Am. 'Aktienzertifiˌkat n. **~com·pa·ny** s **1.** econ. bes. Am. Aktiengesellschaft f. **2.** thea. Reper'toirebühne f (Unternehmen). **~cor·po·ra·tion** s econ. Am. **1.** Kapi'talgesellschaft f. **2.** Aktiengesellschaft f. **~div·i·dend** s econ. Divi'dende f in Form von Gratisaktien. **~dove** s orn. Hohltaube f.

**stock·er** ['stɒkər] s agr. Am. Masttier n, bes. Mastochse m.

**stock|ex·change** s econ. **1.** (Ef'fekten-,

Aktien)Börse *f.* **2.** Börsenkurse *pl*: the ~ fell. ~ **farm·er** *s agr.* Viehzüchter *m.* ~ **farm·ing** *s agr.* Viehzucht *f.* '**~·fish** *s* Stockfisch *m.* '**~·hold·er** *s* **1.** *econ. bes. Am.* Aktio'när *m.* **2.** *agr. Austral.* Viehbesitzer *m.* '**~·hold·ing** *s econ. bes. Am.* Aktienbesitz *m.*

**stock·i·net** [ˌstɒkɪ'net; *Am.* ˌstɑ-] *s* Stocki'nett *n*, Tri'kot(gewebe *n*) *m, n.*

**stock·ing** ['stɒkɪŋ; *Am.* 'stɑkɪŋ] *s* **1.** Strumpf *m*: in one's ~ feet in Strümpfen. **2.** *a.* **elastic** ~ *med.* Gummistrumpf *m.* **3.** *zo.* (Färbung am) Fuß *m.* '**stock·inged** *adj* bestrumpft, (nur) in Strümpfen.

**stock·ing| frame, ~ loom, ~ machine** *s* Strumpfwirkma,schine *f.* ~ **mask** *s* Strumpfmaske *f.*

ˌ**stock-in-'trade** *s* **1.** *econ.* a) Warenbestand *m*, b) Betriebsmittel *pl*, c) 'Arbeitsmateri,al *n*, Werkzeug *n.* **2.** *fig.* a) Rüstzeug *n*, b) ‚Reper'toire' *n*, (übliche) ‚Masche'.

**stock·ist** ['stɒkɪst] *s econ. Br.* Fachgeschäft *n*, -händler *m.*

'**stock|,job·ber** → jobber 3, 4. '**~,job·bing** → jobbing 5, 6. ~ **ledg·er** *s econ. bes. Am.* Aktienbuch *n.* ~ **list** *s econ. bes. Am.* (Aktien)Kurszettel *m.* ~ **lock** *s* Riegel-, Einsteckschloß *n.* '**~·man** [-mən] *s irr* **1.** *Austral.* a) Viehzüchter *m*, b) Viehhüter *m.* **2.** *econ. Am.* Lagerverwalter *m*, Lage'rist *m.* ~ **mar·ket** *s econ.* **1.** → stock exchange 1. **2.** *Am.* → stock exchange 2. ~ **op·tion** *s econ. bes. Am.* Aktienbezugsrecht *n* (*bes. für Betriebsangehörige*). '**~·pile** *s* **1.** Schotterhalde *f* (*zur Straßeninstandhaltung*). **2.** (of) Vorrat *m* (an *dat*) (*a. fig.*), Stapel *m* (*gen*). **II** *v/t* **3.** a) e-n Vorrat anlegen an (*dat*), aufstapeln, b) horten. **III** *v/i* **4.** a) e-n Vorrat anlegen, b) horten. '**~,pil·ing** *s* Vorratsbildung *f.* '**~·pot** *s* Suppentopf *m.* '**~·rid·er** *s Austral.* berittener Hirte, Cowboy *m.* '**~·room** *s* Lager(raum *m*) *n.* ~ **shot** *s phot.* Ar'chivaufnahme *f.* ~ **so·lu·tion** *s phot.* Vorratslösung *f.* '**~·still** *adj* regungslos. '**~,tak·ing** *s econ.* Bestandsaufnahme *f* (*a. fig.*), Inven'tur *f.* '**~·turn** *s econ. Am.* 'Lager,umsatz *m.* ~ **war·rant** → share warrant.

**stock·y** ['stɒkɪ; *Am.* 'stɑ-] *adj* stämmig, unter'setzt.

'**stock·yard** *s* Viehhof *m.*

**stodge** [stɒdʒ; *Am.* stɑdʒ] *colloq.* **I** *v/i u. v/t* **1.** sich (den Magen) vollstopfen: to ~ (o.s.). **II** *s* **2.** a) dicker Brei, b) schwerverdauliches Zeug (*a. fig.*). **3.** Langweiler *m.* '**stodg·y** *adj* (*adv* stodgily) **1.** a) dick, zäh, b) schwerverdaulich (*a. fig. Stil etc*). **2.** *fig.* schwerfällig (*Stil etc, a. Person*). **3.** ‚zäh', langweilig. **4.** spießig.

**stoep** [stu:p] *s bes. S.Afr.* Ve'randa *f.*

**sto·gie, sto·gy** ['stəʊgɪ:] *s Am.* **1.** (billige) lange Zi'garre. **2.** plumper Schuh.

**Sto·ic** ['stəʊɪk] **I** *adj a.* **s·** → stoical. **II** *s philos., a. fig.* **s·** Stoiker *m.* '**sto·i·cal** *adj* (*adv* ~ly) **1.** stoisch, gleichmütig, unerschütterlich. **2.** **S·** stoisch.

**stoi·chi·om·e·try** [ˌstɔɪkɪ'ɒmɪtrɪ; *Am.* -'ɑm-] *s chem.* Stöchiome'trie *f.*

**Sto·i·cism** ['stəʊɪsɪzəm] *s* Stoi'zismus *m*: a) *philos.* (Lehre *f* der) Stoa *f*, b) **s·** *fig.* Gleichmut *m.*

**stoke** [stəʊk] **I** *v/t a.* ~ **up 1.** das Feuer *etc* schüren (*a. fig.*), den Ofen *etc* (an)heizen, beschicken. **3.** *colloq.* a) ~ o.s. sich (den Magen) vollstopfen, b) *Essen etc* (in sich) hin'einstopfen. **II** *v/i a.* ~ **up 4.** schüren. **5.** heizen, feuern. **6.** *colloq.* sich vollessen, sich (den Magen) vollstopfen. '**~·hold** *s mar.* Heizraum *m.* '**~·hole** *s* **1.** → stokehold. **2.** Schürloch *n.*

**stok·er** ['stəʊkə(r)] *s* **1.** Heizer *m.* **2.** *tech.* (auto'matische) Brennstoffzuführung.

**stole¹** [stəʊl] *s relig. u. Damenmode:* Stola *f.*

**stole²** [stəʊl] → stolon.

**stole³** [stəʊl] *pret von* steal.

**sto·len** ['stəʊlən] *pp von* steal.

**stol·id** ['stɒlɪd; *Am.* 'stɑ-] *adj* (*adv* ~ly) **1.** stur, stumpf. **2.** gleichmütig, unerschütterlich. **sto·lid·i·ty** [stɒ'lɪdətɪ; *Am.* stɑ-], '**stol·id·ness** *s* **1.** Stur-, Stumpfheit *f.* **2.** Gleichmut *m*, Unerschütterlichkeit *f.*

**sto·lon** ['stəʊlən; *Br. a.* -lɒn; *Am. a.* -ˌlɑn] *s bot.* Stolo *m*, Ausläufer *m.*

**sto·ma** ['stəʊmə] *pl* **-ma·ta** [-mətə] *s* **1.** *bot.* Stoma *n*, Spaltöffnung *f.* **2.** *zo.* Atmungsloch *n* (*der Insekten*).

**stom·ach** ['stʌmək] **I** *s* **1.** Magen *m*: a strong ~ ein guter Magen (*a. fig.*); on an empty ~ auf leeren *od.* nüchternen Magen (*rauchen etc*), mit leerem *od.* nüchternem Magen (*schwimmen gehen etc*); on a full ~ mit vollem Magen. **2.** Bauch *m*, Leib *m.* **3.** Appe'tit *m* (for auf *acc*). **4.** Lust *f* (for zu): he had no ~ for further fighting. **5.** *obs.* a) Laune *f*, b) Stolz *m.* **II** *adj* **6.** Magen...: ~ upset Magenverstimmung *f.* **III** *v/t* **7.** verdauen (*a. fig.*). **8.** *fig.* a) vertragen, ‚kraften', b) ‚einstecken', ‚hinnehmen. '**~·ache** *s med.* Magenschmerz(en *pl*) *m*, Bauchweh *n.*

**stom·ach·al** ['stʌməkl] → stomachic I. **stom·ach·er** ['stʌmək(ə)r] *s hist.* Mieder *n.*

**sto·mach·ic** [stə'mækɪk; stə'm-] **I** *adj* **1.** Magen..., gastrisch. **2.** magenstärkend, verdauungsfördernd. **II** *s* **3.** *med.* Magenmittel *n.*

**sto·ma·ta** ['stəʊmətə] *pl von* stoma.

**sto·ma·ti·tis** [ˌstəʊmə'taɪtɪs] *s med.* Stoma'titis *f*, Mundschleimhautentzündung *f.*

**sto·ma·tol·o·gy** [ˌstəʊmə'tɒlədʒɪ; *Am.* -'tɑl-] *s med.* Stomatolo'gie *f.* **stom·a·to·scope** [stəʊ'mætəskəʊp] *s med.* Stomato'skop *n*, Mundspiegel *m.*

**stomp** [stɒmp; *Am. a.* stamp] → stamp 1, 14, 15.

**stone** [stəʊn] **I** *v/t* **1.** mit Steinen bewerfen: ~ the crows! *Br. colloq.* ‚das ist ein Hammer!' **2.** *a.* ~ to death steinigen. **3.** mit Steinen auslegen, pflastern. **4.** schleifen, glätten. **5.** *e-e Frucht* entsteinen, -kernen. **6.** ~ o.s. *Am. sl.* sich ‚besaufen': → stoned 3. **II** *adj* **7.** steinern, Stein... **8.** irden, Stein...: ~ jar. **III** *s* **9.** Stein *m*: a heart of ~ ein Herz aus Stein; → *Bes. Redew.* **10.** (*Grab-, Schleif-etc*)Stein *m.* **11.** *a.* precious ~ (Edel)Stein *m.* **12.** (*pl* ~) *brit.* Gewichtseinheit (*14 lb = 6,35 kg*). **13.** (*Pfirsich- etc*)Stein *m*, (*Dattel- etc*)Kern *m.* **14.** *med.* a) (*Nieren-, Blasen-, Gallen*)Stein *m*, b) Steinleiden *n.* **15.** (*Hagel*)Korn *n.* **16.** *Lithographie:* Stein *m.* **17.** *print.* 'Umbruchtisch *m.* **18.** (*Domino-, Dame- etc*)Stein *m.* **19.** *pl vulg. obs.* ‚Eier' *pl* (*Hoden*).

*Besondere Redewendungen:*

to leave no ~ unturned nichts unversucht lassen; to throw ~s (*od.* a ~) at s.o. *fig.* mit Steinen nach j-m werfen; to give a ~ for bread *Bibl.* e-n Stein für Brot bieten.

**stone| age** *s meist* S~ A~ *hist.* Steinzeit *f.* '**~·blind** *adj* stockblind. ~ **blue** *s min.* Smalte *f*, Blauglas *n.* ~ **break** *s bot.* Steinbrech *m.* ~ **break·er** *s* **1.** Steinklopfer *m.* **2.** 'Steinbrechma,schine *f.* '**~·broke** *adj colloq.* ‚völlig pleite', ‚völlig abgebrannt'. '**~·cast** *s* stone's throw. ~ **cell** *s bot.* Steinzelle *f.* '**~·chat** *s orn.* **1.** Schwarzkehlchen *n.* **2.** → blue titmouse. ~ **cir·cle** *s Archäologie:* Steinkreis *m.* ~ **coal** *s min.* Steinkohle *f*, bes. Anthra'zit *m.* '**~·cold** *adj* eiskalt. ~

**crush·er** *s tech.* 'Steinbrechma,schine *f.* '**~,cut·ter** *s tech.* **1.** Steinmetz *m*, -schleifer *m.* **2.** 'Steinschneidema,schine *f.*

**stoned** [stəʊnd] *adj* **1.** steinig, Stein... **2.** entsteint, -kernt. **3.** *sl.* a) ‚(stink)besoffen', b) ‚high' (*unter Drogeneinfluß*).

ˌ**stone|·'dead** *adj* mausetot. '**~·'deaf** *adj* stocktaub. ~ **dress·er** *s* stonecutter. ~ **fence** *s Am. sl.* Mischgetränk, *bes. Whisky mit Apfelmost.* ~ **fruit** *s* Steinfrucht *f*, collect. Steinobst *n.*

'**stone·less** *adj* steinlos: ~ fruit. **stone| lil·y** *s fos'sile* Seelilie. ~ **mar·ten** *s zo.* Steinmarder *m.* ~ **ma·son** *s* Steinmetz *m.* ~ **pit** *s* Steinbruch *m.* ~ **'s throw** *s*: within a ~ (of) e-n Steinwurf *od.* ‚Katzensprung' entfernt (von). ~ **wall** *s bes. Br.* **I** *v/i* **1.** *Kricket:* defen'siv spielen (*Schläger*). **2.** a) *parl.* Obstrukti'on treiben, b) ~ on *bes. pol.* Verhandlungen *etc* bloc'kieren. **II** *v/t* **3.** a) *Gesetzesvorlage etc* durch Obstrukti'on zu Fall bringen, b) → 2 b. ~ **wall·er** *s parl. bes. Br.* Obstrukti'onspo,litiker *m*, Verschleppungstaktiker *m.* ~ **wall·ing** *s parl. bes. Br.* Obstrukti'on *f*, Verschleppungstaktik *f* (*bes. durch Dauerreden zur Verhinderung e-r Abstimmung*). ~ **ware** *s* Steinzeug *n.* '**~·work** *s* Steinmetzarbeit *f.*

**ston·i·ness** ['stəʊnɪnɪs] *s* **1.** steinige Beschaffenheit. **2.** *fig.* Härte *f.*

**ston·ing** ['stəʊnɪŋ] *s* Steinigung *f.*

**stonk** [stɒŋk; *Am.* stɑŋk] *s mil.* schwerer Artille'riebeschuß.

**ston·y** ['stəʊnɪ] *adj* **1.** steinig: ~ ground; → ground¹ 1. **2.** steinern, Stein... **3.** *fig.* steinern: a ~ heart ein Herz aus Stein. **4.** *fig.* starr, eisig: a ~ stare. **5.** → stone-broke. '**~·broke** → stone-broke. '**~,heart·ed** *adj* hartherzig.

**stood** [stʊd] *pret u. pp von* stand.

**stooge** [stu:dʒ] **I** *s* **1.** *thea.* Stichwortgeber *m* (*der dem Conférencier etc Witze u. Pointen zuspielt*). **2.** *sl.* Handlanger *m*, Helfershelfer *m*, Krea'tur *f.* **3.** *Am. sl.* (Poli'zei-, Lock)Spitzel *m.* **4.** *Br. sl.* ‚Flasche' *f*, ‚Heini' *m.* **II** *v/i* **5.** dem Conférenci'er Pointen zuspielen. **6.** *sl.* Handlangerdienste tun. **7.** *meist* ~ **about** (*od.* **around**) *sl.* a) *aer.* her'umfliegen, b) her'umgehen.

**stook** [stʊk] *bes. Br. für* shock².

**stool** [stu:l] **I** *s* **1.** Hocker *m*, (Bü'ro-, Kla'vier- *etc*)Stuhl *m*: to fall between two ~s ‚sich zwischen zwei Stühle setzen'. **2.** Schemel *m.* **3.** Nachtstuhl *m.* **4.** *med.* Stuhl *m*: a) Kot *m*, b) Stuhlgang *m*: to go to ~ Stuhlgang haben. **5.** *bot.* a) (Wurzel)Schößling(e *pl*) *m*, b) Wurzelstock *m*, c) Baumstumpf *m* (*der Wurzelschößlinge treibt*). **6.** *bes. Am.* Lockvogel *m.* **II** *v/i* **7.** *bot.* Schößlinge treiben. **8.** (Sich)Beugen *n.* **pi·geon** *s* **1.** Lockvogel *m* (*a. fig.*). **2.** *bes. Am. sl.* (Poli'zei-, Lock)Spitzel *m.*

**stoop¹** [stu:p] **I** *v/i* **1.** sich bücken, sich (vorn'über)beugen. **2.** gebeugt gehen *od.* sein, sich krumm halten. **3.** *fig. contp.* a) sich her'ablassen, b) sich erniedrigen, die Hand reichen (to zu; to do zu tun). **4.** sich unter'werfen, nachgeben. **5.** her'abstoßen (*Vogel*). **II** *v/t* **6.** neigen, beugen, *die Schultern* hängenlassen **III** *s* **7.** (Sich)Beugen *n.* **8.** gebeugte *od.* krumme Haltung: to walk with a ~ gebeugt gehen. **9.** krummer Rücken. **10.** Niederstoßen *n* (*e-s Vogels*).

**stoop²** [stu:p] *s Am.* kleine Ve'randa (*vor dem Haus*).

**stoop·ing·ly** ['stu:pɪŋlɪ] *adv* gebückt, gebeugt, krumm.

**stop** [stɒp; *Am.* stɑp] **I** *v/t pret u. pp* **stopped,** *obs.* **stopt 1.** aufhören (do-ing zu tun): to ~ doing s.th. etwas bleibenlassen; do ~ that noise hör (doch) auf mit dem Lärm; ~ it hör auf

(damit). **2.** a) *allg.* aufhören mit, b) *Besuche etc, econ. s-e* Zahlungen, *e-e* Tätigkeit, *jur.* das *Verfahren* einstellen: **to ~ one's visits** (payments, the proceedings), c) abbrechen: **to ~ the fight (the negotiations,** *etc*). **3.** a) *allg.* ein Ende machen *od.* bereiten, Einhalt gebieten (*dat*), b) aufhalten, zum Halten *od.* Stehen bringen, stoppen: **to ~ an attack (progress, an opponent, the traffic),** c) stoppen, anhalten: **to ~ the car (train, ball),** d) *e-e* Maschine, a. das Gas etc abstellen, e) *e-e* Fabrik stillegen, f) *Lärm etc* unter'binden, g) *Boxen: Kampf* abbrechen. **4.** sperren (lassen): **to ~ (payment on) a check** (*Br.* **cheque). 5.** unter'brechen: **to ~ a speaker. 6.** *sport* a) *Boxen: e-n Hieb* pa'rieren, b) *e-n Gegner* besiegen *od.* stoppen: **to ~ a blow** sich e-n Schlag 'einfangen'; **to ~ a bullet** e-e Kugel 'verpaßt bekommen'; → **packet** 5. **7.** (**from**) abhalten (von), hindern (an *dat*). **8.** *a.* **~ up** ver-, zustopfen: **to ~ a leak; to ~ one's ears** sich die Ohren zuhalten; **to ~ s.o.'s mouth** *fig.* j-m den Mund stopfen, j-n zum Schweigen bringen (*a. euphem. umbringen*); → **gap** 1. **9.** versperren, -stopfen, bloc'kieren. **10.** *Blut,* a. *e-e Wunde* stillen. **11.** *e-n Zahn* plom'bieren, füllen. **12.** *Betrag* abziehen, einbehalten (**out of,** **from** von). **13.** *Bridge:* stoppen, decken. **14.** *mus.* a) *e-n Ton od. e-e Saite* greifen, b) *ein Griffloch* zuhalten, schließen, c) *das Blasinstrument, den Ton* stopfen. **15.** *ling.* interpunk'tieren. **16.** → **down** *phot.* das *Objektiv* abblenden. **17.** **~ out** (*Ätzkunst*) abdecken.

**II** *v/i* **18.** (an)halten, haltmachen, stehenbleiben, stoppen. **19.** aufhören, an-, innehalten, *e-e* Pause machen: **he ~ped in the middle of a sentence** er hielt mitten in e-m Satz inne; **he'll ~ at nothing** er schreckt vor nichts zurück; **to ~ out** *Am. s-e* Ausbildung kurzzeitig unterbrechen; → **dead** 38, **short** 14, 16. **20.** aufhören: **the noise has ~ped; his annuity ~s. 21. ~ off** a) kurz haltmachen, b) 'Zwischenstation machen. **22. ~ over** 'Zwischenstation machen. **23. ~ by** *bes. Am.* kurz (bei *j-m*) vor'beikommen *od.* -schauen. **24.** bleiben: **to ~ at home,** *etc*); **to ~ away (from)** fernbleiben (*dat*), wegbleiben (von); **to ~ behind** noch dableiben; **to ~ in** a) *a.* **to ~ indoors** zu Hause *od.* drinnen bleiben, b) *ped.* nachsitzen; **to ~ out** a) wegbleiben, nicht heimkommen, b) *econ.* weiterstreiken; **to ~ up** aufbleiben, wach bleiben.

**III** *s* **25.** a) Halt *m,* Stillstand *m,* b) Ende *n:* **to come to a ~** anhalten, *weitS.* zu e-m Ende kommen, aufhören; **to put a ~ to, to bring to a ~** → 3 a. **26.** Pause *f.* **27.** *rail. etc* Aufenthalt *m,* Halt *m.* **28.** a) *rail.* Stati'on *f,* b) (Bus)Haltestelle *f,* c) *mar.* Anlegestelle *f.* **29.** 'Absteigequar,tier *n.* **30.** Hemmnis *n,* Hindernis *n.* **31.** *tech.* Anschlag *m,* Sperre *f,* Hemmung *f.* **32.** *econ.* a) Sperrung *f,* Sperrauftrag *m* (*für Scheck etc*), b) → **stop order. 33.** *mus.* a) Griff *m,* Greifen *n* (*e-r Saite etc*), b) Griffloch *n,* c) Klappe *f,* d) Ven'til *n,* e) Re'gister *n* (*e-r Orgel etc*), f) Re'gisterzug *m:* **to pull out all the ~s** *fig.* alle Register ziehen, alle Hebel in Bewegung setzen. **34.** *ling.* a) Knacklaut *m,* b) Verschlußlaut *m.* **35.** *phot.* f-stop-Blende *f* (*als Einstellmarke*). **36.** a) Satzzeichen *n,* b) Punkt *m.*

,**stop|-and-'go** *adj* a) durch (Verkehrs)Ampeln geregelt: **~ driving (highways,** *etc*), b) **~ traffic** Stop-and--go-Verkehr *m.* **~ bath** *s phot.* Unter-'brecherbad *n.* '**~cock** *s tech.* Absperrhahn *m.*

**stope** [stəʊp] *s Bergbau:* Strosse *f,* Erzkammer *f.*
'**stop|·gap I** *s* **1.** Lückenbüßer *m,* Notbehelf *m,* Ersatz *m.* **2.** *bes. econ.* Über-'brückung *f.* **II** *adj* **3.** Not..., Behelfs... **4.** *bes. econ.* Überbrückungs...: **~ aid** (credit, *etc*). **~ key** *s tech.* Einsatzschlüssel *m.* **2.** *mus.* → **stop** 33 f. '**~knob** → **stop** 33 f. '**~light** *s* **1.** *mot.* Stopp-, Bremslicht *n.* **2.** *Am.* (Verkehrs)Ampel *f.* ,**~'loss** *adj econ.* zur Vermeidung weiterer Verluste (bestimmt): **~ order** → **stop order. ~ mo·tion** *s* **1.** *tech.* Abstellvorrichtung *f.* **2.** *phot.* Zeitraffer *m:* **~ camera.** **~ or·der** *s econ.* Stop-loss-Auftrag *m.* '**~o·ver** *s* **1.** 'Reiseunter,brechung *f,* (kurzer) Aufenthalt. **2.** 'Zwischenstati,on *f.*
**stop·page** ['stɒpɪdʒ; *Am.* 'stɑp-] *s* **1.** a) (An)Halten *n,* b) Stillstand *m,* c) Aufenthalt *m.* **2.** (*Verkehrs- etc*)Stockung *f.* **3.** *tech.* a) (Betriebs)Störung *f,* Hemmung *f* (*a. e-r Pistole etc*), b) Verstopfung *f* (*a. med. e-s Organs*). **4.** Gehalts-, Lohnabzug *m:* **~ at source** Besteuerung *f* an der Quelle. **5.** *jur.* Beschlagnahme *f,* Sperrung *f* (*von Waren*): **~ in transit(u)** Anhalten *n* von bereits abgeschickten Waren seitens des Absenders. **6.** (*Arbeits-, Betriebs-, Zahlungs*)Einstellung *f.*
**stop pay·ment** *s* Zahlungssperre *f* (*für Schecks etc*).
**stop·per** ['stɒpə; *Am.* 'stɑpər] **I** *s* **1.** Hemmnis *n:* **to put a ~** (*od.* **the ~s**) **on** s.th. e-r Sache ein Ende setzen. **2.** a) Stöpsel *m,* Pfropf(en) *m,* b) Stopfer *m.* **3.** *tech.* Absperrvorrichtung *f,* Hemmer *m, mar.* Stopper *m:* **~ circuit** *electr.* Sperrkreis *m.* **4.** *Werbung: colloq.* Blickfang *m.* **5.** *bot.* Eu'genie *f.* **II** *v/t* **6.** zustöpseln.
**stop·ping** ['stɒpɪŋ; *Am.* 'stɑp-] *s* **1.** (An-, Auf)Halten *n* (*etc;* → **stop** I). **2.** *med.* a) Plom'bieren *n,* b) Plombe *f,* Füllung *f.* **~ dis·tance** *s mot.* Anhalteweg *m.* **~ place** *s* Haltestelle *f,* Stati'on *f.* **~ train** *s bes. Br.* Bummelzug *m.*
**stop plate** *s tech.* Endanschlag *m.*
**stop·ple** ['stɒpl; *Am.* 'stɑpəl] **I** *s* Stöpsel *m.* **II** *v/t* zustöpseln.
**stop| press** *s bes. Br.* (Spalte *f* für) letzte (nach Redakti'onsschluß eingelaufene) Meldungen *pl.* **~screw** *s tech.* Anschlagschraube *f.* **~sign** *s mot.* Stoppschild *n.* **~ street** *s mot.* Stoppstraße *f.*
**stopt** [stɒpt; *Am.* stɑpt] *obs. pret u. pp von* **stop.**
**stop| thrust** *s fenc.* Aufhaltstoß *m.* **~ time** *s* Stop-time *f.* **~ valve** *s tech.* 'Absperrven,til *n.* **~ vol·ley** *s Tennis:* Stoppflugball *m.* '**~watch** *s* Stoppuhr *f.*
**stor·a·ble** ['stɔːrəbl; *Am. a.* 'stəʊr-] **I** *adj* lagerfähig, Lager... **II** *s econ.* lagerfähige Ware.
**stor·age** ['stɔːrɪdʒ; *Am. a.* 'stəʊr-] *s* **1.** (Ein)Lagerung *f,* Lagern *n,* Speicherung *f* (*a. electr. u. Computer*): **in ~** auf Lager; → **cold storage. 2.** Lager(raum *m) n,* De'pot *n.* **3.** Lagergeld *n.* **~ bat·ter·y** *s electr. bes. Am.* Akku(mu'lator) *m.* **~ cam·er·a** *s phot.* Speicherkamera *f:* **~ tube** *TV* Bildspeicherröhre *f.* **~ ca·pac·i·ty** *s Computer:* 'Speicherkapazi,tät *f.* **~cell** *s* **1.** *electr.* Akkumu'latorzelle *f.* **2.** *Computer:* Speicherzelle *f.* **~de·vice** *s Computer:* Speichergerät *n.* **~heat·er** *s* Speicherofen *m.* **~ ring** *s Kernphysik:* Speicherring *m.* **~ tube** *s Computer:* (*TV* Bild)Speicherröhre *f.*
**sto·rax** ['stɔːræks; *Am. a.* 'stəʊr-] *s* **1.** Styrax *m,* Storax *m* (*Harz*). **2.** *bot.* Storaxbaum *m.*
**store** [stɔː(r); *Am. a.* stəʊr] **I** *s* **1.** (Vorrats)Lager *n,* Vorrat *m:* **in ~** auf Lager, vorrätig; **to be in ~ for s.o.** *fig.* j-m

bevorstehen, auf j-n warten; **to have** (*od.* **hold) in ~ for s.o.** *e-e Überraschung etc* für j-n bereithalten, j-m *e-e Enttäuschung etc* bringen. **2.** *pl* a) Vorräte *pl,* Ausrüstung *f* (*u.* Verpflegung *f*), Provi'ant *m,* b) *a.* **military ~s** Militärbedarf *m,* 'Kriegsmateri,al *n* (*Munition, Proviant etc*), c) *a.* **naval ~s,** **ship's ~s** *mar.* Schiffsbedarf *m,* d) ('Roh)Materi,al *n.* **3.** a) *bes. Am.* (Kauf)Laden *m,* Geschäft *n,* b) *bes.* Br. Kauf-, Warenhaus *n.* **4.** Lagerhaus *n.* **5.** (große) Menge, Fülle *f,* Schatz *m,* Reichtum *m* (**of** an *dat*): **his great ~ of knowledge** sein großer Wissensschatz; **to set great (little) ~ by** *fig.* a) großen (geringen) Wert legen auf (*acc*), b) *etwas* hoch (gering) einschätzen. **6.** *Computer: bes. Br.* Speicher *m.* **II** *adj* **7.** *Am.* a) Konfektions..., von der Stange: **~ clothes,** b) aus der Fa'brik: **~ bread,** c) künstlich: **~ teeth. III** *v/t* **8.** ausstatten, eindecken, versorgen (**with** mit), *ein Schiff* verprovian'tieren: **to ~ one's mind with facts** s-n Kopf mit Fakten anfüllen. **9.** *a.* **~ up, ~ away** a) einlagern, (auf)speichern, auf Lager nehmen, *die Ernte* einbringen, b) *fig.* im Gedächtnis bewahren. **10.** (in ein Lager) einstellen, lagern. **11.** fassen, aufnehmen. **12.** *electr. phys., a. Computer:* speichern. **IV** *v/i* **13.** sich *gut etc* halten, lagern lassen: **food that ~s well. ~ cat·tle** *s Br.* Mastvieh *n.* '**~front** *s bes. Am.* Ladenfront *f.* '**~house** *s* **1.** Lagerhaus *n.* **2.** *fig.* Fundgrube *f.* '**~keep·er** *s* **1.** Lagerverwalter *m,* Lage'rist *m.* **2.** a) *mil.* Kammer-, Geräteverwalter *m,* b) *mar.* Vorratsverwalter *m,* Küper *m.* **3.** *bes. Am.* Ladenbesitzer(in), -inhaber(in). '**~keep·ing** *s* **1.** Kleinhandel *m.* **2.** Betrieb *m* e-s (Laden)Geschäfts. '**~man** [-mən] *s irr Am.* **1.** → **storekeeper. 2.** Lagerarbeiter *m.* '**~room** *s* **1.** Lagerraum *m,* Vorratskammer *f.* **2.** *bes. Am.* Verkaufsraum *m.* '**~ship** *s mar.* Versorgungsschiff *n.*
**sto·rey,** *bes. Am.* **sto·ry** ['stɔːrɪ; *Am. a.* 'stɔːrɪ:] *s* Stock(werk *n) m,* Geschoß *n,* E'tage *f:* **he is a bit weak in the upper ~** *colloq.* 'er ist nicht ganz richtig im Oberstübchen'. '**sto·reyed,** *bes. Am.* '**sto·ried** *adj* mit Stockwerken: **a two-~ house** ein zweistöckiges Haus.
**sto·ried** ['stɔːrɪd; *Am.* 'stəʊr-] *adj* **1.** geschichtlich, berühmt. **2.** 'sagenum,woben. **3.** mit Bildern aus der Geschichte geschmückt: **a ~ frieze.**
**sto·ried** *bes. Am. für* storeyed.
**sto·ri·ette** [ˌstɔːrɪ'et; *Am. a.* ˌstəʊr-] *s* Geschichtchen *n.*
**stork** [stɔː(r)k] *s orn.* Storch *m.* '**~'s-bill** *s bot.* Storchschnabel *m.*
**storm** [stɔː(r)m] **I** *s* **1.** Sturm *m* (*a. fig.*), Unwetter *n:* **S~ and Stress** *hist.* Sturm und Drang; **~ in a teacup** *Br.* ,Sturm im Wasserglas'. **2.** Hagel-, Schnee)Sturm *m,* Gewitter *n.* **3.** *mar. od.* 'kanartiger Sturm (*Windstärke 11*). **4.** *mil.* (An)Sturm *m:* **to take by ~** im Sturm nehmen *od.* erobern (*a. fig.*). **5.** *fig.* Schauer *m,* Hagel *m:* **a ~ of missiles. 6.** *fig.* (Beifalls-, Protest- *etc*)Sturm *m:* **a ~ of applause** (protest). **II** *v/i* **7.** wüten, toben (*Wind etc; a. fig.* at wegen). **8.** *impers* **it was ~ing in the mountains** im Gebirge tobte ein Unwetter. **9.** *mil.* stürmen, angreifen. **10.** stürmen, stürzen. **III** *v/t* **11.** *mil. etc* (er)stürmen. **12.** *fig.* wüten(d sagen). **~ an·chor** *s bes. fig.* Notanker *m.* '**~--beat·en** *adj* sturmgepeitscht. '**~bird** → stormy petrel 1. '**~bound** *adj* **1.** vom Sturm am Auslaufen gehindert (*Schiff*). **2.** vom Sturm aufgehalten *od.* von der Außenwelt abgeschnitten. **~ cen·ter,** *bes. Br.* **~ cen·tre** *s* **1.** *meteor.* Sturmzentrum *n.* **2.** *fig.* Unruheherd *m.*

**cloud** *s* Gewitterwolke *f (a. fig.)*. **~cone** *s mar.* Sturmkegel *m (Signal)*.
**storm·ing par·ty** *s mil.* Sturmtrupp *m*.
**storm| lane** *s* storm track. **~ lantern** *s* 'Sturmla,terne *f*. **~ pet·rel** → stormy petrel 1. **'~proof** *adj* sturmfest, -sicher. **~ rub·ber** *s Am.* (niedriger) 'Gummi,überschuh. **'~-tossed** *adj* sturmgepeitscht. **~ track** *s meteor.* Sturmbahn *f*. **~ troop·er** *s hist.* S'A-Mann *m (Nazi)*. **~ troops** *s pl* **1.** *mil.* Sturmtruppen *pl*. **2.** *hist.* 'Sturmab,teilung *f*, S'A *f m*.
**'storm·y** *adj* stürmisch *(a. fig.)*. **~ pet·rel** *s. orn.* Sturmschwalbe *f*. **2.** *fig.* a) Unruhestifter *m*, b) En'fant ter'rible *n*. **3.** *fig.* Unglücksbote *m*.
**sto·ry¹** ['stɔːrɪ; *Am. a.* 'stəʊrɪː] *s* **1.** *(a.* amü'sante) Geschichte, Erzählung *f*: the same old **~** *fig.* das alte Lied; **that's another ~** *fig.* das ist etwas anderes, das steht auf e-m anderen Blatt. **2.** Fabel *f*, Handlung *f*, Story *f (e-s Dramas etc)*. **3.** (Lebens)Geschichte *f*, Story *f*: the Glenn Miller S**~**. **4.** Geschichte *f*, Bericht *m*: the **~** goes man erzählt sich; to cut a long **~** short um es kurz zu machen, kurz u. gut; to tell the whole *(od.* full) **~** ,auspacken', alles sagen. **5.** *(*'Zeitungs)Ar,tikel *m*, *(-)*Story *f*. **6.** *fig. (die)* 'Hintergründe *pl*, alle Tatsachen *pl*: to get the whole **~**. **7.** *colloq.* a) (Lügen-, Ammen)Märchen *n*, ,Geschichte' *f*, b) → storyteller 3.
**sto·ry²** *bes. Am. für* storey.
**'sto·ry|book** **I** *s* **1.** Geschichten-, Märchenbuch *n*. **II** *adj* **2.** a) wie in e-m Ro'man: **~ ending**, b) Märchen...: **~ world**. **3.** Bilderbuch...: **~ career**. **~ line** *s* Handlung *f (e-s Dramas etc)*. **'~,tell·er** *s* **1.** (Märchen-, Geschichten)Erzähler *(-in)*. **2.** Erzähler *m (Autor)*. **3.** *colloq.* Flunkerer *m*, Lügenbold *m*. **'~,tell·ing** *s* **1.** (Geschichten)Erzählen *n*. **2.** Erzählkunst *f*.
**stoup** [stuːp] *s* **1.** *R.C.* Weihwasserbecken *n*. **2.** *bes. Scot.* Eimer *m*. **3.** *obs. od. dial.* a) Becher *m*, b) Krug *m*.
**stout** [staʊt] **I** *adj (adv ~ly)* **1.** stämmig, kräftig. **2.** dick, korpu'lent, beleibt. **3.** ausdauernd, zäh, hartnäckig. **4.** mannhaft, wacker, tapfer, beherzt. **5.** heftig: **a ~ attack** (wind, *etc)*. **6.** kräftig, sta'bil *(Material etc)*. **II** *s* **7.** Stout *m (dunkles Bier mit starkem Hopfengeschmack)*.
**'stout·en** *v/t u. v/i* stark *od.* dick machen (werden). **stout·heart·ed** [,~'hɑː-; *attr.* '~,hɑː-] → stout 4. **'stout·ish** *adj* etwas *od.* ziemlich stark *od.* kräftig *od.* beleibt. **'stout·ness** *s* **1.** Stämmigkeit *f*. **2.** Beleibtheit *f*, Korpu'lenz *f*. **3.** Tapferkeit *f*, Mannhaftigkeit *f*. **4.** Ausdauer *f*.
**stove¹** [stəʊv] **I** *s* **1.** Ofen *m*, (Koch)Herd *m*. **2.** *tech.* a) Brennofen *m*, b) Trockenkammer *f*. **3.** *bes. Br.* Treibhaus *n*. **II** *v/t* **4.** a) warmhalten, b) trocknen, erhitzen. **5.** *bes. Br.* im Treibhaus ziehen.
**stove²** [stəʊv] *pret u. pp von* stave.
**stove| en·am·el** *s* Einbrennlack *m*. **'~pipe** *s* **1.** Ofenrohr *n*. **2.** *a.* **~ hat** *colloq.* Zy'linder *m*, ,Angströhre' *f*. **3.** *pl colloq.* Röhrenhose *f*.
**sto·ver** ['stəʊvə(r)] *s agr.* a) *bes. Br.* Futter *n*, b) *Am.* (Mais- *etc)*Stroh *n (als Viehfutter)*.
**stow** [stəʊ] **I** *v/t* **1.** *mar.* (ver)stauen. **2.** verstauen, packen: **to ~ away** a) wegräumen, -stecken, b) *colloq.* ,verdrükken'; **to ~ away a stick 3.** vollfüllen, (be)laden. **4.** *sl.* sich *etwas* aufsparen. **5.** *sl.* aufhören mit: **~ it!** hör auf (damit)!, halt's Maul! **II** *v/i* **6.** **~ away** sich an Bord schmuggeln, als blinder Passa'gier mitreisen. **'stow·age** *s bes. mar.* **1.** Stauen *n*: **~ certificate** Stauungsattest *n*. **2.** Laderaum *m*. **3.** Ladung *f*. **4.** Staugeld *n*.
**'stow·a·way** *s* **1.** blinder Passa'gier. **2.** Versteck *n*.
**stra·bis·mal** [strə'bɪzməl], **stra'bis·mic** [-mɪk] *adj* schielend, Schiel...
**stra'bis·mus** [-məs] *s* Stra'bismus *m*, Schielen *n*. **stra'bot·o·my** [-'bɒtəmɪ; *Am.* -'bɑt-] *s med.* Straboto'mie *f*, 'Schieloperati,on *f*.
**Strad** [stræd] *colloq. für* Stradivarius.
**strad·dle** ['strædl] **I** *v/i* **1.** a) breitbeinig *od.* mit gespreizten Beinen gehen *od.* stehen *od.* sitzen, b) die Beine spreizen, grätschen *(a. Turnen)*, c) rittlings sitzen. **2.** sich (ausein'ander)spreizen. **3.** (aus)strecken. **4.** *fig. Am.* schwanken, es mit beiden Par'teien halten. **5.** *econ.* Ar-bi'trage betreiben. **II** *v/t* **6.** rittlings sitzen auf *(dat)*: **to ~ a horse. 7.** mit gespreizten Beinen stehen über *(dat)*: **to ~ a ditch. 8.** *die Beine* spreizen. **9.** *fig.* sich nicht festlegen wollen bei *e-r Streitfrage etc*: **to ~ an issue. 10.** *mil.* das Ziel eingabeln. **11.** *Poker:* den Einsatz blind verdoppeln. **III** *s* **12.** (Beine)Spreizen *n*. **13.** a) breitbeiniges *od.* ausgreifendes Gehen, b) breitbeiniges (Da)Stehen, c) Rittlingssitzen *n*. **14.** Schrittweise *f*. **15.** *fig. Am.* ausweichende *od.* unentschlossene Haltung. **16.** *Börse:* Stel'lage *(-geschäft n) f*. **17.** a) *Turnen:* Grätsche *f*, b) *Hochsprung:* Straddle *m*, Wälzer *m*. **'~-leg·ged**, *bes. Br.* **-legged** *adj u. adv* breitbeinig.
**Strad·i·var·i·us** [,strædɪ'veərɪəs; -'vɑː-] *s mus.* Stradi'vari *f (Geige)*.
**strafe** [strɑːf; *bes. Am.* streɪf] **I** *v/t* **1.** *aer. mil.* im Tiefflug mit Bordwaffen angreifen. **2.** *colloq.* j-n ,anpfeifen'. **II** *s* → strafing. **'straf·ing** *s* **1.** Bordwaffenbeschuß *m*. **2.** *colloq.* ,Anpfiff' *m*.
**strag·gle** ['strægl] *v/i* **1.** her'umstreifen. **2.** (hinter'drein- *etc)*bummeln, (-)zotteln. **3.** a) sich verirren, b) *mil.* versprengt werden. **4.** wuchern *(Pflanze etc)*, sich unregelmäßig ausbreiten. **5.** verstreut liegen *od.* stehen *(Häuser etc)*, sich 'hinziehen *(Vorstadt etc)*. **6.** *fig.* abschweifen.
**'strag·gler** *s* **1.** Bummler(in). **2.** Nachzügler *m (a. mar.)*. **3.** *mil.* Versprengte(r) *m*. **4.** *bot.* wilder Schößling. **'straggling** *adj (adv ~ly)*, **a.** **'strag·gly** *adj* **1.** *(beim Marsch etc)* zu'rückgeblieben. **2.** (weit) ausein'andergezogen *(Kolonne)*. **3.** wuchernd *(Pflanze etc)*, sich unregelmäßig ausbreitend. **4.** verstreut (liegend), weitläufig. **5.** 'widerspenstig: **~ hair.**
**straight** [streɪt] **I** *adj (adv ~ly)* **1.** gerade: **~ legs**; **~ hair** glattes Haar; **~ line** gerade Linie, *math.* Gerade *f*; to keep a **~ face** das Gesicht nicht verziehen. **2.** a **~ left** (right) *(Boxen)* e-e linke (rechte) Gerade; **in ~ sets** *(Tennis etc)* ohne Satzverlust. **3.** in Ordnung, ordentlich: to put **~** in Ordnung bringen; to put things **~** Ordnung schaffen; to set s.o. **~ on** j-s Meinung über *(acc)* richtigstellen. **4.** gerade, offen, ehrlich, re'ell: a **~ businessman**; → die **2** 1. **5.** anständig: a **~ life. 6.** *colloq.* zuverlässig, sicher: a **~ tip. 7.** ehrlich, re'ell: a **~ fight. 8.** geradlinig, folgerichtig: **~ thinking. 9.** *pol. Am.* ,hundertpro,zentig': a **~ Republican. 10.** *pur:* to drink one's whisky **~. 11.** a) *thea.* konventio'nell *(Stück)*, b) *thea.* ef'fektlos *(Spiel)*, c) gewöhnlich, nor'mal: a **~** novel. **12.** *econ. Am.* mit festem Preis, ohne 'Mengenra,batt: **cigars ten cents ~. 13.** *mot. tech.* Reihen...: **~ engine. 14.** *colloq.* quitt: we're **~. 15.** *sl.* spießig. **16.** *sl.* ,nor'mal', ,hetero' *(heterosexuell)*. **II** *adv* **17.** gerade('aus): to go **~ on. 18.** richtig: he does not see **~**; I can't think **~** ich kann nicht (mehr) klar denken; to get s.o. **~** *sl.* j-n richtig verstehen. **19.** di'rekt, gerade, gerade(s)wegs, unmittelbar: he comes **~** from London; → horse 1, shoulder 1. **20.** *oft* **~ out** 'rundher,aus, ,klipp u. klar': he told him **~ out. 21.** ehrlich, anständig, ordentlich: to live **~**; to go **~** *colloq.* ,keine krummen Sachen mehr machen'; play it **~** (with me)! bleib schön ehrlich (mir gegen'über)! **22.** **~ away, ~ off** so'fort, auf der Stelle, gleich.
**III** *s* **23.** Geradheit *f*: out of the **~** krumm, schief. **24.** *sport* (Gegen-, Ziel-) Gerade *f*. **25.** *sport (Erfolgs-, Treffer-etc)*Serie *f*. **26.** *Poker:* Straight *m (Folge von 5 Karten beliebiger Farbe)*. **27.** to be on the **~ and narrow** auf dem Pfad der Tugend wandeln. **28.** the **~** of it *bes. Am. colloq.* die (reine) Wahrheit. **29.** *sl.* Spießer *m*.
**straight| an·gle** *s math.* gestreckter Winkel *(180°)*. **~ ar·row** *s Am.* grundanständiger Kerl. **~'ar·row** *adj Am.* grundanständig. **~·a·way** [,~ə'weɪ; '~ə-] **I** *adj* gerade, geradlinig *(a. fig.)*. **II** *adv* so'fort, auf der Stelle, gleich. **III** *s sport* (Gegen-, Ziel)Gerade *f*.
**straight·en** ['streɪtn] **I** *v/t* **1.** gerademachen, (gerade-, aus)richten, (aus)strecken, *tech.* Draht recken, *mil.* die Front begradigen: to **~** one's face e-e ernste Miene aufsetzen; to **~** s.o. up richten sich aufrichten. **2.** *a.* **~ up** Zimmer etc aufräumen. **3.** *oft* **~ out** *(od.* up) a) *etwas* in Ordnung bringen: to **~** one's affairs; things will **~** themselves out das wird von allein (wieder) in Ordnung kommen, b) *colloq.* j-n (wieder) auf die rechte Bahn bringen, ,zu'rechtbiegen', c) *colloq.* j-m ,den Kopf zu'rechtsetzen'. **4.** *oft* **~ out** entwirren, klarstellen. **II** *v/i* **5.** gerade werden. **6.** **~ up** a) sich aufrichten, b) *colloq.* ein anständiges Leben beginnen.
**,straight|-'faced** *adj* mit unbewegtem Gesicht. **~ fight** *s pol.* di'rekter Kampf zwischen 2 'Gegenkandi,daten. **~·flush** *s Poker:* Straight-flush *m (Folge von 5 gleichfarbigen Karten)*. **~'for·ward I** *adj (adv ~ly)* **1.** gerade'aus gerichtet. **2.** freimütig, di'rekt, offen. **3.** ehrlich, redlich, aufrichtig. **4.** einfach, 'unkompli,ziert. **II** *adv* **5.** gerade'aus. **6.** → I. **~'for·ward·ness** *s* **1.** Di'rektheit *f*, Offenheit *f*. **2.** Aufrichtigkeit *f*. **~-from-the-'shoul·der** *adj* unverblümt. **'~,jack·et** → straitjacket. **'~·laced** → strait-laced. **'~·line** *adj math. phys. tech.* geradlinig, line'ar *(a. econ.)*: **~ depreciation** *econ.* lineare Abschreibung; **~ method** *econ.* gleichmäßige Abschreibung vom Anschaffungswert; **~ motion** a) *phys.* geradlinige Bewegung, b) *tech.* Geradführung *f*.
**'straight·ness** *s* Geradheit *f*: a) Geradlinigkeit *f*, b) *fig.* Aufrichtigkeit *f*, Ehrlichkeit *f*.
**'straight|-,out** *adj Am. colloq.* **1.** rückhaltlos, kompro'mißlos. **2.** offen, aufrichtig. **~·way** ['~weɪ; ,~'weɪ] *adv obs.* stracks, so'gleich.
**strain¹** [streɪn] **I** *v/t* **1.** (an)spannen, (straff) (an)ziehen: to **~** a rope. **2.** sich e-n Muskel, e-e Sehne etc zerren, sich das Handgelenk verstauchen, sich das Auge etc *(a. sich)* über'anstrengen: to have a **~**ed muscle e-e Muskelzerrung haben. **3.** die Augen, das Herz etc über'anstrengen. **4.** (bis zum äußersten) anstrengen *od.* anspannen: to **~** one's ears (eyes); to **~** o.s. → nerve 7. **5.** *tech.* defor'mieren, verformen, verziehen. **6.** *fig.* etwas über-'spannen, strapa'zieren, j-s Geduld, Kräfte etc über'fordern, auf e-e harte Probe stellen: to **~** s.o.'s patience (strength, etc). **7.** *fig.* e-n Sinn, ein Recht strapa'zieren, vergewaltigen, Gewalt antun *(dat)*,

*Befugnisse etc* über'schreiten: **to ~ the meaning of a word**; **to ~ a point** zu weit gehen; **a ~ed interpretation** e-e forcierte Auslegung. **8.** ('durch)seihen, pas-'sieren, filtern, fil'trieren: **to ~ out** (*od.* **off**) abseihen. **9.** (fest) drücken *od.* pressen: **to ~ s.o. to one's breast** (**heart**) j-n an s-e Brust ziehen (ans Herz drücken). **II** *v/i* **10.** sich (bis zum äußersten) anstrengen (**to do** zu tun): **to ~ after** sich abmühen um, streben nach; **to ~ after effects** nach Effekt haschen. **11.** sich (an)spannen. **12. ~ at** zerren an (*dat*): → **gnat** 1, **leash** 1. **13.** (*a.* beim Stuhlgang) pressen, drücken: **to ~ at stool. 14.** *tech.* sich verziehen, sich verformen. **15.** a) 'durchlaufen, -tropfen, -sickern (*Flüssigkeit*), b) sich *gut etc* (ab)seihen *od.* filtern lassen. **III** *s* **16.** Spannung *f*, Beanspruchung *f*, Zug *m*. **17.** *tech.* verformende Spannung, Verdehnung *f*. **18.** *med.* a) Zerrung *f*, b) Über'anstrengung *f*. **19.** Anstrengung *f*, Anspannung *f*, Kraftaufwand *m*. **20.** (*a.* starke) Anstrengung, Stra'paze *f* (für), Über'anstrengung *f* (*gen*), (*nervliche, a. finanzielle*) Belastung (für), Druck *m* (auf *acc*), Last *f* (*der Verantwortung etc*): **to be a ~ on s.o.'s nerves** j-n Nerven kosten; **to put** (*od.* **place**) **a great ~ on** stark beanspruchen *od.* belasten; **it is a ~** es nimmt einen mit; **under a ~** mitgenommen, mit den Nerven herunter. **21.** *meist pl* Weise *f*, Melo-'die *f*: **to the ~s of** zu den Klängen (*gen*). **22.** Vers *m*, Pas'sage *f*. **23.** *fig.* Ton(art *f*) *m*, Ma'nier *f*, Stil *m*: **a humorous ~. 24.** Laune *f*, Stimmung *f*: **he was in a philosophizing ~** er war zum Philosophieren aufgelegt. **25.** *pl* Spannungen *pl*.
**strain²** [streın] *s* **1.** Geschlecht *n*, Linie *f*. **2.** Abstammung *f*. **3.** *biol.* a) Rasse *f*, b) (Ab-, Spiel)Art *f*. **4.** Beimischung *f*, (Rassen)Merkmal *n*, Zug *m*: **a ~ of Greek blood** ein Schuß griechischen Bluts. **5.** (Erb)Anlage *f*, (Cha'rakter)Zug *m*. **6.** Spur *f*, Anflug *m* (*von*).
**strained** [streınd] *adj* **1.** gezwungen, 'unna,türlich: **a ~ smile. 2.** gespannt: **~ relations.** '**strain·ed·ly** [-nıdlı] *adv*.
'**strain·er** *s* **1.** Seiher *m*, Sieb *n*, Filter *m*, *n*. **2.** *tech.* Streck-, Spannvorrichtung *f*.
**strait** [streıt] **I** *s* **1.** *oft pl* Straße *f*, Meerenge *f*: **the S~s of Dover** die Straße von Dover; **S~s Settlements** *ehemalige brit. Kronkolonie* (*Malakka, Penang, Singapur*); **the S~s** a) (*früher*) die Straße *od.* Meerenge von Gibraltar, b) (*heute*) die Malakkastraße. **2.** *oft pl* Not *f*, (*bes. finanzi'elle*) Verlegenheit: **to be in dire** (*od.* **desperate**) **~s** in e-r ernsten Notlage sein. **II** *adj* **3.** *obs.* a) eng, schmal: **the ~gate** *Bibl.* die enge Pforte, b) streng, hart. '**strait·en** [-tn] *v/t* beschränken, beengen: **in ~ed circumstances** in beschränkten Verhältnissen; **~ed for** verlegen um.
'**strait**⎪**jack·et I** *s* Zwangsjacke *f* (*a. fig.*). **II** *v/t* in e-e Zwangsjacke stecken (*a. fig.*). **~'laced** *adj* sittenstreng, puri'tanisch, prüde.
'**strait·ness** *s obs.* **1.** Enge *f*. **2.** Strenge *f*, Härte *f*.
**strake** [streık] *s mar.* (Planken)Gang *m*.
**stra·min·e·ous** [strə'mınıəs] *adj* **1.** strohern, Stroh... **2.** strohfarben.
**stra·mo·ni·um** [strə'məʊnjəm, -nıəm], *a.* **stram·o·ny** ['stræmənı] *s* **1.** *bot.* Stechapfel *m*. **2.** *pharm.* Stra'monium *n*.
**strand¹** [strænd] **I** *v/t* **1.** *mar.* auf den Strand setzen, auf Grund treiben. **2.** *fig.* stranden *od.* scheitern lassen; **~ed** a) gestrandet (*a. fig.*), b) *mot.* stecken- *od.* liegengeblieben; **to be** (**left**) **~ed** a) 'auf dem trock(e)nen sitzen', b) ,aufge-

schmissen' sein. **II** *v/i* **3.** stranden (*a. fig.*). **III** *s* **4.** *bes. poet.* Gestade *n*, Ufer *n*.
**strand²** [strænd] **I** *s* **1.** Strang *m*, Ducht *f* (*e-s Taus od. Seils*). **2.** Seil *n*, Tau *n*. **3.** *tech.* (Draht-, Seil)Litze *f*. **4.** *biol.* (Gewebe-) Faser *f*. **5.** (Haar)Strähne *f*. **6.** (Perlen-) Schnur *f*. **7.** *fig.* Faden *m*, Ele'ment *n*, Zug *m* (*e-s Ganzen*). **II** *v/t* **8.** *ein Seil* drehen. **9.** *electr. ein Kabel* verseilen: **~ed wire** Litzendraht *m*; **~ cable** vielsträhniges Drahtkabel. **10.** *Tau etc* brechen.
**strange** [streındʒ] **I** *adj* (*adv* **~ly**) **1.** seltsam, eigenartig, sonderbar, merkwürdig, ,komisch': **~ to say** seltsamerweise. **2.** fremd, neu, unbekannt, ungewohnt, nicht geläufig (**to s.o.** j-m). **3.** (**to**) nicht gewöhnt (an *acc*), nicht vertraut (mit). **4.** reser'viert, kühl. **II** *adv colloq.* → 1. '**strange·ness** *s* **1.** Seltsamkeit *f*, (*das*) Merkwürdige. **2.** Fremdheit *f*.
**stran·ger** ['streındʒə(r)] *s* **1.** Fremde(r *m*) *f*, Unbekannte(r *m*) *f*, Fremdling *m*: **I am a ~ here** ich bin hier fremd; **to make a ~ of s.o.** j-n wie e-n Fremden behandeln; **you are quite a ~** Sie sind ein seltener Gast; **he is no ~ to me** er ist mir kein Fremder; **I spy** (*od.* **see**) **~s** *parl. Br.* ich beantrage die Räumung der Zuschauertribüne; **the little ~** *humor.* der kleine Neuankömmling; **~s' gallery** *parl. Br.* Zuschauertribüne *f*. **2.** Neuling *m* (**to** in *dat*): **to be a ~** to nicht vertraut sein mit; **he is no ~ to poverty** die Armut ist ihm nicht unbekannt. **3.** *jur.* Dritte(r *m*) *f*, Unbeteiligte(r *m*) *f*.
**stran·gle** ['stræŋgl] **I** *v/t* **1.** erwürgen, erdrosseln, strangu'lieren. **2.** *j-n* würgen, *den Hals* einschnüren (*Kragen etc*). **3.** *fig.* ersticken: a) abwürgen: **to ~ local initiative**, b) unter'drücken: **a ~d sigh. II** *v/i* **4.** ersticken. '**~hold** *s* **1.** *bes. Judo*: Würgegriff *m*. **2.** *fig.* a) voll'kommene Gewalt (**on** über *acc*): **they have a ~ on me** ich bin ihnen vollkommen ausgeliefert, b) **to put a ~ on** *etwas* stark beeinträchtigen.
**stran·gles** ['stræŋglz] *s pl* (*meist als sg konstruiert*) *vet.* Druse *f*.
**stran·gu·late** ['stræŋgjʊleıt] *v/t* **1.** *med.* a) *Gefäß etc* abschnüren, abbinden, b) **~d hernia** eingeklemmter Bruch. **2.** → **strangle** 1. ⎪**stran·gu'la·tion** *s* **1.** Erdrosselung *f*, Strangu'lierung *f*. **2.** *med.* Abschnürung *f*, Abbindung *f*.
**stran·gu·ry** ['stræŋgjʊrı] *s med.* Strangu-'rie *f*, Harnzwang *m*, -drang *m*.
**strap** [stræp] **I** *s* **1.** (Leder-, *a.* Trag-, *tech.* Treib)Riemen *m*, Gurt *m*, Band *n*: **the ~** Züchtigung *f* mit dem Riemen. **2.** a) Schlaufe *f*, Halteriemen *m* (*im Bus etc*), b) (Stiefel)Strippe *f*. **3.** Streichriemen *m*. **4.** a) (Schulter- *etc*)Streifen *m*, (Achsel-) Klappe *f*, b) Träger *m* (*an Kleidern*), c) Steg *m* (*an der Hose*). **5.** *tech.* a) (Me'tall)Band *n*, b) Gelenkplatte *f*, c) Bügel *m* (*am Kopf-hörer*). **6.** *mar.* Stropp *m*. **7.** *bot.* Blatthäutchen *n*. **II** *v/t* **8.** festschnallen (**to** an *acc*): **to ~ o.s. in** sich festschnallen; **~ped trousers** Steghose *f*. **9.** 'umschnallen. **10.** (*an* e-n Streichriemen) abziehen: **to ~ a razor. 11.** mit e-m Riemen schlagen. **12.** *med.* a) Heftpflaster kleben auf (*e-e Wunde*), b) *a.* **~ up** *j-m* e-n Heftpflasterverband machen. **13. to be** (**financially**) **~ped** *Am. colloq.* ,blank' *od.* ,pleite' sein. '**~·hang·er** *s colloq.* Stehplatzinhaber(in) (*im Bus etc*). **~·i·ron** *s mar.* Bandeisen *n*.
'**strap·less** *adj* schulterfrei (*Kleid*), trägerlos (*Badeanzug, Kleid*).
**strap·pa·do** [strə'peıdəʊ; stræ-; -'pɑ:-] *pl* **-does** [-z] *s hist.* (Folterung *f* mittels) Wippe *f*.
**strap·per** ['stræpə(r)] *s* **1.** a) strammer Bursche, b) strammes *od.* dralles Mädchen. **2.** Stallknecht *m*. '**strap·ping I** *adj* **1.** stramm, stämmig: **a ~ girl** ein

dralles Mädchen. **II** *s* **2.** Riemen *pl*. **3.** Tracht *f* Prügel. **4.** *med.* Heftpflaster (-verband *m*) *n*.
'**strap·work** *s arch.* verschlungene Bandverzierung.
**stra·ta** ['strɑːtə; *bes. Am.* 'streıtə; *Am. a.* 'strætə] *pl von* **stratum**.
**strat·a·gem** ['strætədʒəm] *s* **1.** Kriegslist *f*. **2.** List *f*, Trick *m*.
**stra·tal** ['streıtl] *adj geol.* Schichten...
**stra·te·gic** [strə'tiːdʒık] *adj* (*adv* **~ally**) *mil.* stra'tegisch: a) *die Strategie betreffend*: **~ plans, ~ bomber force**, b) stra'tegisch wichtig: **~ point** (**target**, *etc*), c) kriegswichtig: **~ goods**, d) Kriegs... **stra'te·gics** *s pl* (*als sg konstruiert*) → **strategy**. '**strat·e·gist** *s* Stra'tege *m*. '**strat·e·gize** [-dʒaız] *v/i* e-e Strate'gie entwerfen (**on** für). '**strat·e·gy** [-dʒı] *s* Strate'gie *f*: a) Kriegskunst *f*, b) (Art *f* der) Kriegsführung *f*, c) *fig.* Taktik *f*, d) List *f*.
**strath** [stræθ] *s Scot.* breites Tal. **strath·'spey** [-'speı] *s ein schottischer Tanz*.
**stra·ti** ['streıtaı; *Br. a.* 'strɑː-; *Am. a.* 'stræ-] *pl von* **stratus**.
**stra·tic·u·late** [strə'tıkjʊlət; -leıt] *adj geol.* dünngeschichtet.
**strat·i·fi·ca·tion** [ˌstrætıfı'keı∫n] *s* **1.** *bes. geol.* a) Schichtung *f*, Stratifikati'on *f*, b) Schichtenbildung *f*. **2.** *fig.* Schichtung *f*, Gliederung *f*. ⎪**strat·i·fi·ca·tion·al** *adj*: **~ grammar** *ling.* stratifikationelle Grammatik, Stratifikationsgrammatik *f*. '**strat·i·fied** [-faıd] *adj* geschichtet, schichtförmig: **~ rock** Schichtgestein *n*; **~ sample** (*Statistik*) geschichtete Stichprobe; **highly ~** *fig.* vielschichtig. '**strat·i·form** [-fɔ:(r)m] *adj* schichtenförmig. '**strat·i·fy** [-faı] **I** *v/t* **1.** *bes. geol.* schichten, stratifi'zieren. **II** *v/i* **2.** *bes. geol.* a) Schichten bilden, b) in Schichten liegen. **3.** (gesellschaftlich) Schichten entwickeln.
**stra·tig·ra·phy** [strə'tıgrəfı] *s geol.* Stratigra'phie *f*, Formati'onskunde *f*.
**strat·o·cir·rus** [ˌstrætəʊ'sırəs; ˌstreı-] *s irr meteor.* niedriger u. dichter Zirro-'stratus.
**stra·toc·ra·cy** [strə'tɒkrəsı; *Am.* -'tɑk-] *s* Mili'tärherrschaft *f*.
**strat·o·cruis·er** ['strætəʊˌkruːzə(r)] *s aer.* Strato'sphärenflugzeug *n*.
**strat·o·cu·mu·lus** [ˌstrætəʊ'kjuːmjʊləs; ˌstreı-] *s irr meteor.* Strato'kumulus *m* (→ **cumulostratus**).
**strat·o·sphere** ['strætəʊˌsfıə(r)] *s* Strato'sphäre *f*. ⎪**strat·o'spher·ic** [-'sferık; *Am. a.* -'sfıərık] *adj* **1.** strato'sphärisch. **2.** *fig. Am.* a) ,astro'nomisch', e'norm, b) phan'tastisch, über'spannt.
**stra·tum** ['strɑːtəm; *bes. Am.* 'streı-; *Am. a.* 'stræ-] *pl* **-ta** [-tə], **-tums** *s* **1.** *allg.* (*a.* Gewebe-, Luft)Schicht *f*, Lage *f*. **2.** *geol.* Schicht *f*, Formati'on *f*. **3.** *fig.* (gesellschaftliche *etc*) Schicht.
**stra·tus** ['streıtəs; *Br. a.* 'strɑː-; *Am. a.* 'stræ-] *pl* **-ti** [-taı] *s meteor.* Stratus *m*, Stratus-, Schichtwolke *f*.
**straw** [strɔ:] **I** *s* **1.** Strohhalm *m*: **to draw ~s** Strohhalme ziehen (*als Lose*); **to catch** (*od.* **clutch, grab, grasp**) **at a ~** (*od.* **~s**) sich an e-n Strohhalm klammern; **the last ~** (**that breaks the camel's back**) der Tropfen, der das Faß zum Überlaufen bringt; **that's the last ~!** jetzt reicht's mir aber!; **~ in the wind** Anzeichen *n*; → **care** 8, **Stroh 2.** Stroh *n*: **in the ~** *obs.* im Wochenbett; → **man** 3. **3.** Trinkhalm *m*. **4.** Strohhut *m*. **II** *adj* **5.** strohern, Stroh... **6.** strohfarben. **7.** *fig. bes. Am.* wertlos, Schein...
**straw·ber·ry** ['strɔ:bərı; *Am. a.* ˌ-ˌberı:] **I** *s* **1.** *bot.* Erdbeere *f*. **2.** *a.* **crushed ~** Erdbeerrot *n* (*Farbe*). **3.** *colloq.* ,Knutschfleck' *m*. **II** *adj* **4.** Erdbeer...: **~ jam. ~ blonde** *adj* rotblond. **~ mark** *s med.*

rotes Muttermal. **~ tongue** *s med.* Himbeerzunge *f* (*bei Scharlach*).
**straw|bid** *s econ. Am.* Scheingebot *n.* **~ bid·der** *s econ. Am.* Scheinbieter *m.* **'~board** *s* **1.** Strohpappe *f.* **2.** Preßspan(platte *f*) *m.* **~ boss** *s Am. colloq.* **1.** Vorarbeiter *m.* **2.** Stellvertreter *m* des Chefs. **'~col·o(u)red** *adj* strohfarbig, -farben. **'~flow·er** *s bot.* Strohblume *f.* **~hat** *s* **1.** Strohhut *m.* **2.** *a.* **~ theater** *Am. colloq.* 'Freilichtthe‚ater *n.* **~ man** *s irr bes. Am.* **1.** Strohpuppe *f.* **2.** *fig.* Strohmann *m.* **~ mat·tress** *s* Strohsack *m.* **~ plait** *s* Strohgeflecht *n* (*bes. für Hüte*). **~ poll** → straw vote. **~ stem** *s* **1.** aus der Schale her'ausgezogener Weinglasfuß. **2.** Weinglas mit solchem Fuß. **~ stuff** *s tech.* Stroh(zell)stoff *m* (*für Papier*). **~ vote** *s pol. bes. Am.* Probeabstimmung *f.* **~ wine** *s* Strohwein *m.*
**straw·y** ['strɔːɪ] *adj* **1.** strohern. **2.** mit Stroh bestreut.
**stray** [streɪ] **I** *v/i* **1.** (her'um)strolchen, (-)streunen (*a. Tier*). **2.** (her'um)streifen: *to ~ to j-m* zulaufen. **3.** weglaufen (*from* von). **4.** a) abirren (*from* von), sich verlaufen: *the helicopter had ~ed across the frontier* der Hubschrauber hatte versehentlich die Grenze überflogen, b) *fig.* vom rechten Weg abkommen. **5.** *fig.* abschweifen (*Gedanken etc*). **6.** *electr.* streuen, vagabun'dieren. **II** *s* **7.** verirrtes *od.* streunendes Tier. **8.** (Her'um)Irrende(r *m*) *f*, Heimatlose(r *m*) *f.* **9.** herrenloses Gut. **10.** *pl electr.* atmo-'sphärische Störungen *pl.* **III** *adj* **11.** verirrt, streunend: **a ~ dog (child)**; **~ bullet** verirrte Kugel. **12.** vereinzelt: **~ customers. 13.** beiläufig: **a ~ remark. 14.** *electr.* Streu...: **~ power** Verlustleistung *f.*
**streak** [striːk] **I** *s* **1.** Streif(en) *m*, Strich *m.* **2.** (Licht)Streifen *m*, (-)Strahl *m:* **~ of lightning** Blitzstrahl; **like a ~ (of lightning)** *colloq.* wie der Blitz. **3.** Streifen *m*, Lage *f* (*z. B. im Speck*): **bacon with ~s of fat and lean** durchwachsener Speck. **4.** Maser *f*, Ader *f* (*im Holz*). **5.** *fig.* Anlage *f*, Spur *f*, Anflug *m*, Zug *m*, humoristische *od.* Ader: **a ~ of humo(u)r. 6.** *fig.* Strähne *f:* **~ of (bad) luck** (Pech-)Glückssträhne; **a winning ~** e-e Gewinnserie. **7.** *min.* Strich *m.* **8.** Bakteriologie: Aufstreichimpfung *f:* **~ culture** Strichkultur *f.* **9.** *chem.* Schliere *f.* **II** *v/t* **10.** streifen. **11.** adern. **III** *v/i* **12.** streifig werden. **13.** rasen, flitzen. **14.** *colloq.* ‚blitzen', ‚flitzen' (*unbekleidet über belebte Straßen etc laufen*).
**streaked** [striːkt] *adj* **1.** streifig, gestreift. **2.** gemasert (*Holz*). **3.** durch-'wachsen (*Speck*). **4.** geschichtet.
**'streak·er** *s colloq.* ‚Blitzer(in'), ‚Flitzer(in'). **'streak·y** *adj* (*adv* streakily) **1.** → streaked. **2.** *Am. colloq.* a) ner'vös, ängstlich, b) 'unterschiedlich, c) wechselhaft.
**stream** [striːm] **I** *s* **1.** a) Wasserlauf *m*, b) Bach *m*, Flüßchen *n.* **2.** Strom *m*, Strömung *f:* **to go** (*od.* **swim**) **against** (**with**) **the ~** gegen den (mit dem) Strom schwimmen (*a. fig.*); **down ~** stromabwärts; **up ~** stromaufwärts. **3.** *oft pl* (*Blut-, Gas-, Menschen- etc*) Strom *m*, (*Licht-, Tränen- etc*)Flut *f:* **~ of air** Luftstrom; **~ of words** Wortschwall *m*; **~ of consciousness** *psych.* Bewußtseinsstrom; **~-of-consciousness novel** Bewußtseinsstromroman *m.* **4.** *fig.* Strömung *f*, Richtung *f.* **5.** *ped. Br.* Leistungsgruppe *f* (*innerhalb e-r Klasse*). **6.** Gang *m*, Lauf *m* (*der Zeit etc*). **7. to be on ~** in Betrieb sein (*Kraftwerk etc*); **to go on ~** den Betrieb aufnehmen. **II** *v/i* **8.** strömen (*Flüssigkeit*), tränen (*Augen*): **to ~ with** triefen von (*dat*); **sweat was** (*tears*

were) **~ing down her face** der Schweiß lief (Tränen liefen) ihr übers Gesicht; **her face was ~ing with sweat (tears)** ihr Gesicht war schweiß-(tränen)überströmt. **9.** strömen, fluten (*Licht, Menschen etc*). **10.** *im Wind* flattern: **~ing flags. 11.** fließen (*Haare*). **12.** da'hinschießen (*Meteor*). **III** *v/t* **13.** aus-, verströmen: **his nose ~ed blood** aus s-r Nase strömte Blut. **14.** *mar.* auswerfen, -setzen: **to ~ the buoy. 15.** *ped. Br. e-e Klasse* in Leistungsgruppen einteilen.
**'stream·er** *s* **1.** Wimpel *m*, flatternde Fahne. **2.** (*langes, flatterndes*) Band, Pa-'pierschlange *f.* **3.** Spruchband *n*, Transpa'rent *n.* **4.** *fig. allg.* Streifen *m*, Band *n*, Fahne *f*, *bes.* Wolken-, Nebelstreif(en) *m.* **5.** Lichtstreifen *m* (*bes. des Nordlichts*). **6.** *pl electr.* unbestimmte Strahlungen *pl:* **~ discharge** strahlartige Entladung. **7.** *a.* **~ headline** (*Zeitung*) 'Balken‚überschrift *f*, breite Schlagzeile. **8.** *a.* **~ fly** *e-e Angelfliege mit langen Federn.* **'streaming I** *s* **1.** Strömen *n.* **2.** *biol.* Fließen *n* (*Protoplasmabewegung*). **3.** *mar.* Schleppgeld *n.* **4.** *ped. Br.* Einteilung *f* in Leistungsgruppen. **II** *adj* **5.** strömend. **6.** triefend. **7.** tränend. **'stream·less** *adj* **1.** ohne Flüsse, wasserarm (*Gegend*). **2.** stehend (*Gewässer*). **'stream·let** [-lɪt] *s* Bächlein *n.*
**'stream|line I** *s* **1.** *a.* **~ shape** *tech.* Stromlinienform *f.* **2.** ele'gante *od.* schnittige Form. **3.** Strömungslinie *f.* **4.** *phys.* Stromlinie *f:* **~** Strömung. **II** *adj* **5.** → streamlined 1. **III** *v/t* **6.** Stromlinienform geben (*dat*), stromlinienförmig konstru'ieren, windschnittig gestalten *od.* verkleiden. **7.** schnittig *od.* ele'gant gestalten. **8.** *fig.* a) moderni'sieren, b) rationali'sieren, 'durchorgani‚sieren, c) verbessern, wirkungsvoller *od.* zügiger *od.* reibungsloser gestalten, d) *bes. pol. Am.* ‚gleichschalten'. **'~lined** *adj* **1.** *phys. tech.* stromlinienförmig, windschnittig, windschlüpfig, Stromlinien... **2.** schnittig, ele'gant (u. zweckmäßig), formschön: **~ office equipment. 3.** *fig.* a) moderni-'siert, fortschrittlich, b) ratio'nell, 'durchorgani‚siert, c) *pol. Am.* ‚gleichgeschaltet'. **'~lin·er** [-‚l-; ‚-'l-] *s bes. Am.* Stromlinienzug *m.*
**street** [striːt] **I** *s* **1.** Straße *f:* **in the ~** auf der Straße; **to live in** (*Am.* **on**) **a ~** in e-r Straße wohnen; **not in the same ~ as** *colloq.* nicht zu vergleichen mit; **~s ahead** *colloq.* haushoch überlegen (*of dat*); **~s apart** *colloq.* grundverschieden; **this is (right) up my ~** *colloq.* das ist genau mein Fall; **to be** (*od.* **go**) **on the ~s** ‚auf den Strich' gehen; **to walk the ~s** a) ‚auf den Strich' gehen, b) auf freiem Fuß sein; **→ man 3, woman 1. 2. the S~** a) *econ.* das Hauptgeschäfts- *od.* Börsenviertel, b) *Br.* → Fleet Street, c) *Am.* → Wall Street, d) die Fi'nanzwelt. **II** *adj* **3.** Straßen...: **~ lighting. 4.** *Börse:* a) Freiverkehrs..., b) *Br.* nach Börsenschluß (erledigt).
**street| Ar·ab** *s* Gassenjunge *m.* **~ bro·ker** *s econ.* freier Makler. **'~‚car** *s Am.* Straßenbahn(wagen *m*) *f.* **~ cer-tif·i·cate** *s econ. Am.* formlos über-'tragene Aktie. **~ clean·er** *s* **1.** *bes. Am.* Straßenkehrer *m.* **2.** Kehrfahrzeug *n.* **~ door** *s* Haustür *f* (*die direkt auf die Straße führt*). **~ lamp, ~ light** *s* 'Straßenla‚terne *f.* **~ map, ~ plan** *s* Stadtplan *m.* **~ mar·ket** *s econ.* **1.** Freiverkehrsmarkt *m.* **2.** *Br.* Nachbörse *f.* **~ or·gan** *s mus.* Drehorgel *f*, Leierkasten *m.* **~ ref·uge** *s Br.* Verkehrsinsel *f.* **~ sweep·er** → street cleaner. **~ the-**

**a·ter**, *bes. Br.* **~ the·a·tre** *s* 'Straßenthe‚ater *n.* **~ val·ue** *s* Straßenverkaufswert *m* (*von Drogen*). **'~‚walk·er** *s* Straßen-, Strichmädchen *n*, Prostitu'ierte *f.*
**street·ward** ['striːtwə(r)d] *adj u. adv* nach der Straße zu *od.* an der Straße (gelegen).
**'street‚work·er** *s Am.* Streetworker *m* (*Sozialarbeiter, der gefährdete Jugendliche betreut*).
**strength** [streŋθ; -ŋkθ] *s* **1.** Kraft *f*, Stärke *f*, Kräfte *pl:* **~ of body** Körperkraft, -kräfte; **~ of mind (will)** Geistes-(Willens)stärke, -kraft; **~ of character** Charakterstärke, -festigkeit *f:* **to go from ~ to ~** a) immer stärker *od.* besser werden, b) von Erfolg zu Erfolg eilen. **2.** *fig.* Stärke *f:* **this is not his ~**; **his ~ is** (*od.* **lies**) **in endurance** s-e Stärke ist die Ausdauer. **3.** Macht *f*, Gewalt *f:* **the ~ of public opinion. 4.** (Beweis-, Über'zeugungs)Kraft *f:* **on the ~ of** auf Grund (*gen*), kraft (*gen*), auf ... hin. **5.** *bes. mil.* (Kopf-, Truppen-)Stärke *f:* **actual ~** Ist-Stärke; **required ~** Soll-Stärke; **~ report**, **~ return** Stärkemeldung *f*; **in full ~** in voller Stärke, vollzählig; **in (great) ~** in großer Zahl, zahlreich; **to be on the ~** a) *Br.* auf der Stammrolle stehen, b) *allg.* zur Belegschaft gehören. **6.** *mil.* Stärke *f*, (Heeres)Macht *f*, Schlagkraft *f.* **7.** *bes. phys. tech.* Stärke *f*, (Bruch-, Zerreiß- *etc*)Festigkeit *f:* **tearing ~. 8.** *chem. electr. phys.* (Strom-, Feld- *etc*)Stärke *f*, Wirkungsgrad *m:* **~ of an acid**; **~ of field. 9.** Stärke *f*, Gehalt *m* (*e-s Getränks*). **10.** Stärke *f*, Intensi'tät *f* (*von Farben, Sinneseindrücken etc*). **11.** *fig.* Stärke *f*, Kraft (-quelle) *f:* **God is our ~. 12.** *Börse:* Festigkeit *f.*
**'strength·less** *adj* kraftlos, matt.
**strength·en** ['streŋθən; -ŋkθən] **I** *v/t* **1.** stärken, stark machen: **to ~ s.o.'s hand** *fig.* j-m Mut machen. **2.** *fig.* bestärken, bekräftigen. **3.** verstärken (*a. electr. tech.*), vermehren (*a. math.*). **II** *v/i* **4.** stark werden, erstarken. **5.** sich verstärken, stärker werden. **'strength-en·er** *s* **1.** *fig. u. med.* Stärkungsmittel *n.* **2.** *tech.* Verstärkung(steil *n*) *f.* **'strength·en·ing I** *s* **1.** Stärkung *f.* **2.** Verstärkung *f* (*a. electr. tech.*), Vermehrung *f* (*a. math.*). **II** *adj* **3.** stärkend, kräftigend. **4.** verstärkend, Verstärkungs...
**strength·less** *adj* kraftlos, matt.
**stren·u·ous** ['strenjʊəs; *Am.* -jəwəs] *adj* (*adv* -ly) **1.** emsig, rührig. **2.** eifrig, tatkräftig, tüchtig. **3.** e'nergisch: **~ opposition. 4.** anstrengend, mühsam. **'stren-u·ous·ness** *s* **1.** Emsigkeit *f.* **2.** Eifer *m*, Tatkraft *f.* **3.** Ener'gie *f.* **4.** (*das*) Anstrengende *od.* Mühsame.
**strep** [strep] *colloq. für* streptococcus.
**strep·to·ba·cil·lus** [‚streptəʊbə'sɪləs] *s irr med.* 'Streptoba‚zillus *m.* **‚strep·to-'coc·cus** *s irr med.* Strepto'kokkus *m.* **‚strep·to'my·cin** [-'maɪsɪn] *s med.* Streptomy'cin *n.*
**stress** [stres] **I** *v/t* **1.** a) *ling. metr. mus.* betonen, den Ak'zent legen auf (*acc*) (*beide a. fig.*), b) *fig.* her'vorheben, unter'streichen, Nachdruck *od.* Wert legen auf (*acc*). **2.** *phys. tech.* beanspruchen, belasten (*a. electr.*). **3.** *fig.* beanspruchen, be-, über'lasten, stressen. **II** *s* **4.** *fig.* Nachdruck *m:* **to lay ~ (up)on → 1. 5.** *ling. metr. mus.* a) Ton *m*, ('Wort-, 'Satz)Ak‚zent *m*, b) Betonung *f*, c) *metr.* betonte Silbe: **main ~** Hauptton; **~ accent** (*reiner*) Betonungsakzent *m*; **~ group** Akzentgruppe *f.* **6.** *phys. tech.* a) Beanspruchung *f*, Belastung *f* (*a. electr.*), b) (e'lastische) Spannung, c) Kraft *f:* **~ analyst** Statiker *m*; **~-strain diagram**

Spannung/Dehnung-Schaubild *n.* **7.** *fig.* (*nervliche, seelische etc*) Belastung, Anspannung *f*, Druck *m*, Streß *m*: ~ disease *med.* Streß-, Managerkrankheit *f*; ~ test *med.* Belastungstest *m.* **8.** Zwang *m*, Druck *m*: the ~ of poverty die drückende Armut; under the ~ of circumstances unter dem Druck der Umstände. **9.** Ungestüm *n*: the ~ of the weather die Unbilden der Witterung; → storm 1. **'stress·ful** [-fʊl] *adj* aufreibend, anstrengend, ,stressig‘, Streß...: ~ situation; it was very ~ es war ein großer Streß.

**stretch** [stretʃ] **I** *v/t* **1.** *oft* ~ out (aus)strecken, *bes.* den *Kopf od.* Hals recken: to ~ o.s. (out) → 14; → leg *Bes. Redew.*, wing 1. **2.** *j-n* niederstrecken. **3.** *sl. j-n* (auf)hängen. **4.** ~ out *die Hand etc* aus-, 'hinstrecken. **5.** *ein Tuch, Seil, e-e Saite etc* spannen (**over** über *dat od. acc*), straffziehen, *e-n Teppich etc* ausbreiten: he was fully ~ed *fig.* er wurde richtig *od.* voll gefordert (*a. sport*). **6.** strecken, (*Hand*)*Schuhe etc* (aus)weiten, *bes. Hosen* spannen, *sport Führung etc* ausdehnen (to auf *acc*). **7.** *phys. tech.* spannen, dehnen, (st)recken. **8.** *Nerven, Muskeln* anspannen. **9.** aus-, über'spannen, ausbeulen. **10.** *fig.* über'spannen, -'treiben: to ~ a principle. **11.** *fig.* es mit *der Wahrheit, e-r Vorschrift etc* nicht allzu genau nehmen: to ~ the truth; to ~ a point a) ein wenig zu weit gehen, b) es nicht allzu genau nehmen, ,ein Auge zudrücken‘, ,fünf gerade sein lassen‘; to ~ a word, *etc* e-n Begriff dehnen, e-m Wort *etc* e-e weite Auslegung geben. **12.** 'überbeanspruchen, *Befugnisse, e-n Kredit etc* über-'schreiten. **13.** *a.* ~ out *e-n Vorrat etc* strecken.

**II** *v/i* **14.** *oft* ~ out sich (aus)strecken, sich dehnen *od.* rekeln. **15.** langen (for nach). **16.** sich erstrecken, sich 'hinziehen (to [bis] zu) (*Gebirge etc, a. Zeit*): to ~ down to *fig.* zurückreichen *od.* -gehen (bis) zu *od.* in (*acc*) (*Zeitalter, Erinnerung etc*). **17.** sich dehnen (lassen). **18.** *meist* ~ out a) ausschreiten, b) *sport* im gestreckten Ga'lopp reiten, c) *sport* sich auseinanderziehen (*Feld*). **19.** *colloq.* sich ins Zeug legen. **20.** *sl.* ,baumeln‘, hängen. **21.** *a.* ~ out reichen (*Vorrat etc*).

**III** *s* **22.** (Sich-)'Dehnen *n*, (-)'Strecken *n*, Rekeln *n*: to give o.s. a ~, to have a ~ → 14. **23.** Strecken *n*, (Aus)Dehnen *n*, (-)Weiten *n*: ~ marks *med.* Schwangerschaftsstreifen; ~ properties *tech.* Dehnungseigenschaften, Elastizität *f.* **24.** Spannen *n.* **25.** Anspannung *f*, (An)'Anstrengung *f*: by any ~ of the English language bei großzügiger Auslegung der englischen Sprache; by every ~ of the imagination unter Aufbietung aller Phantasie; by no ~ of the imagination ... es ist völlig unvorstellbar, daß ...; on (*od.* at) the ~ angespannt, angestrengt; at full ~ mit aller Kraft. **26.** *fig.* Über'spannen *n*, -'treiben *n*, Strapa'zierung *f.* **27.** Über'schreiten *n* (*von finanziellen Mitteln, Befugnissen etc*). **28.** (Weg)Strecke *f*, Fläche *f*, Ausdehnung *f.* **29.** *sport* Gerade *f.* **30.** to have a ~ sich die Beine vertreten. **31.** Zeit(raum *m*, -spanne) *f*: a ~ of 10 years; 8 hours at a ~ 8 Stunden hintereinander. **32.** to do a ~ *sl.* ,Knast schieben‘.

**IV** *adj* **33.** dehnbar, Stretch...: ~ nylon Stretchnylon *n.*

**stretch·er** ['stretʃə(r)] **I** *s* **1.** *med.* (Kranken)Trage *f*: ~-bearer Krankenträger *m*; ~ case nicht gehfähiger Verletzter. **2.** (*Schuh- etc*)Spanner *m.* **3.** *tech.* Streckvorrichtung *f.* **4.** Rippe *f* (*e-s Regenschirms*). **5.** *paint.* Keilrahmen *m.* **6.** *mar.* Fußleiste *f* (*im Ruderboot*).

**7.** *arch.* a) Läufer *m* (*längs liegender Mauerstein*), b) Stretchbalken *m*: ~ bond Läuferverband *m.* **II** *v/t* **8.** ~ off *sport Spieler* auf der Trage vom Platz schaffen.

**'stretch-ˌout** *s econ. Am. colloq.* **1.** 'Arbeitsintensiˌvierung *f* ohne entsprechende Lohnerhöhung. **2.** *bes. mil.* Produkti'onsstreckung *f.*

**'stretch·y** *adj* dehnbar, e'lastisch.

**streu·sel** ['struːzəl; 'ʃtrɔɪ-] *s Am.* Streusel *m, n.* ~**ˌku·chen** *s Am.* Streuselkuchen *m.*

**strew** [struː] *pret u. pp* **strewed,** *pp a.* **strewn** [struːn] *v/t* **1.** (aus)streuen. **2.** bestreuen.

**strewn** [struːn] *pp von* strew.

**stri·a** ['straɪə] *pl* **stri·ae** ['straɪiː] *s* **1.** Streifen *m*, Furche *f.* **2.** *pl med.* Striae *pl*: a) Striemen *pl*, b) Schwangerschaftsstreifen *pl.* **3.** *zo.* Stria *f*, Falte *f.* **4.** *pl geol.* (Gletscher)Schrammen *pl.* **5.** *arch.* Riffel *m*, Furche *f* (*an Säulen*). **6.** *electr.* leuchtender Streifen. **'stri·ate I** *v/t* [-eɪt] **1.** streifen, furchen, riefeln. **2.** *geol.* kritzen. **II** *adj* [-ɪt; -eɪt] → striated. **stri·at·ed** [straɪ'eɪtɪd; *Am.* '-ˌeɪ-] *adj* **1.** gestreift, gerieffelt: ~ muscle *anat.* gestreifter *od.* willkürlicher Muskel. **2.** *geol.* gekritzt.

**stri·a·tion** [straɪ'eɪʃn] *s* **1.** Streifen-, Riefenbildung *f*, Furchung *f*, Riefung *f.* **2.** Streifen *m od. pl*, Riefe(n *pl*) *f*: ~ of pregnancy → stria 2 b. **3.** *geol.* Schramme(n *pl*) *f.* **stri·a·ture** [-əˌtjʊə; *bes. Am.* -ətʃə(r)] → striation.

**strick·en** ['strɪkən] **I** *pp von* strike. **II** *adj* **1.** *obs.* verwundet. **2.** (with) heimgesucht, schwer betroffen (von *Not, Unglück etc*), befallen (von *Krankheit*), ergriffen, gepackt (von *Schrecken, Schmerz etc*), schwergeprüft, leidend: a ~ man; ~ area Notstandsgebiet *n*; ~ seafarers in Not befindliche Seefahrer. **3.** *fig.* niedergeschlagen, (gram)gebeugt: a ~ look ein verzweifelter Blick; ~ in years vom Alter gebeugt. **4.** *allg.* angeschlagen: a ~ ship. **5.** gestrichen (voll): a ~ measure of corn. **6.** „geschlagen“, voll: for a ~ hour. **strick·le** ['strɪkl] **I** *s* **1.** Abstreichlatte *f.* **2.** Streichmodel *m.* **II** *v/t* **3.** ab-, glattstreichen.

**strict** [strɪkt] *adj* **1.** strikt, streng: ~ discipline (man, neutrality, observance, truth, *etc*); in ~ confidence streng vertraulich; to keep a ~ watch over s.o. j-n streng bewachen. **2.** streng: ~ law (morals, investigation, *etc*). **3.** streng, genau: in the ~ sense im strengen Sinn; ~ly speaking genaugenommen. **4.** streng, ex'akt, prä'zise. **5.** *mus.* streng: ~ counterpoint. **'strict·ly** *adv* **1.** streng *etc.* **2.** genaugenommen. **3.** völlig, ausgesprochen. **'strict·ness** *s* Strenge *f*: a) Härte *f*, b) (peinliche) Genauigkeit.

**stric·ture** ['strɪktʃə(r)] *s* **1.** *oft pl* (on, upon) scharfe Kri'tik (an *dat*), kritische Bemerkung (über *acc*). **2.** *med.* Strik'tur *f*, Verengung *f.* **'stric·tured** *adj med.* strikturiert, verengt.

**strid** [strɪd] *obs. pret u. pp von* stride.

**strid·den** ['strɪdn] *pp von* stride.

**stride** [straɪd] **I** *v/i pret* **strode** [strəʊd], *pp* **strid·den** ['strɪdn], *obs. pret u. pp* **strid 1.** schreiten. **2.** *a.* ~ out (forsch) ausschreiten. **II** *v/t* **3.** etwas entlang-, abschreiten. **4.** über-, durch'schreiten, -'queren. **5.** mit gespreizten Beinen gehen über (*acc*) *od.* stehen über (*dat*). **6.** rittlings sitzen auf (*dat*). **III** *s* **7.** Schreiten *n*, gemessener Schritt. **8.** langer *od.* großer Schritt. **9.** a) Schritt(weise *f*) *m*, b) Gangart *f* (*e-s Pferdes*): to get into (*od.* hit *od.* strike) one's ~ (richtig) in Schwung *od.* Fahrt kommen; to take s.th. in one's ~

etwas spielend (leicht) schaffen. **10.** *meist pl fig.* (Fort)Schritte *pl*: with rapid ~s mit Riesenschritten.

**stri·dence** ['straɪdns], **'stri·den·cy** [-sɪ] *s* **1.** Schrillheit *f*, (*das*) Schneidende *od.* Grelle. **2.** Knirschen *n.* **'stri·dent** [-dnt] *adj* (*adv* ~ly) **1.** schrill, 'durchdringend, schneidend, grell. **2.** knirschend, knarrend. **3.** *fig.* scharf, heftig.

**strid·u·late** ['strɪdjʊleɪt; *Am.* -dʒə-] *v/i zo.* zirpen, schwirren. **ˌstrid·u·'la·tion** *s* Zirpen *n*, Schwirren *n.* **'strid·u·la·tor** [-tə(r)] *s* zirpendes In'sekt.

**strife** [straɪf] *s* Streit *m*: a) Zwist *m*, Hader *m*, b) Kampf *m*: to be at ~ sich streiten, uneins sein.

**strig** [strɪg] *s* Stiel *m.*

**stri·gose** ['straɪgəʊs] *adj* **1.** *bot.* Borsten..., striegelig. **2.** *zo.* feingestreift.

**strike** [straɪk] **I** *s* **1.** Schlag *m*, Hieb *m*, Stoß *m.* **2.** (Glocken)Schlag *m.* **3.** Schlag (-werk *n*) *m* (*e-r Uhr*). **4.** *econ.* Streik *m*, Ausstand *m*: to be on ~ streiken; to go on ~ in (den) Streik *od.* in den Ausstand treten; on ~ streikend. **5.** *Baseball:* (Verlustpunkt *m* bei) Schlagfehler *m.* **6.** *Bowling:* Strike *m* (*Abräumen beim 1. Wurf*). **7.** *Angeln:* a) Ruck *m* mit der Angel, b) Anbeißen *n* (*des Fisches*). **8.** *Münzherstellung:* Prägungsbetrag *m.* **9.** *Bergbau:* a) Streichen *n* (*der Schichten*), b) (Streich)Richtung *f.* **10.** *colloq.* ,Treffer‘ *m*, Glücksfall *m*: a lucky ~ ein Glückstreffer. **11.** *mil.* a) (*bes.* Luft)Angriff *m*, b) A'tomschlag *m*, c) Einsatzgeschwader *n.* **12.** *Am. sl.* Er'pressungsversuch *m*, -maˌnöver *n* (*a. pol.*). **13.** *chem. electr.* a) dünnes Elek'tronendepoˌsit, b) dazu verwendeter Elektrolyt.

**II** *v/t pret* **struck** [strʌk], *pp* **struck, strick·en** ['strɪkən], *obs.* **strook** [strʊk], **'struck·en** 14. schlagen, Schläge *od.* e-n Schlag versetzen (*dat*), *allg.* treffen: to ~ s.o. in the face j-n ins Gesicht schlagen; to ~ together zs.-, aneinanderschlagen; struck by a stone von e-m Stein getroffen; he was struck dead by lightning er wurde vom Blitz erschlagen; ~ me dead! *sl.* so wahr ich hier stehe! **15.** *das Messer etc* stoßen (into in *acc*). **16.** e-n Schlag führen: → blow[2] 1. **17.** *mus.* e-n Ton, a. e-e Glocke, Saite, Taste anschlagen: → chord[1] 2, note 9 u. 11. **18.** a) *ein Streichholz* anzünden, *ein Feuer* machen, b) *Funken* schlagen. **19.** den Kopf, Fuß etc (an)stoßen, schlagen (**against** gegen). **20.** stoßen *od.* schlagen gegen *od.* auf (*acc*), zs.-stoßen mit, *mar.* auflaufen auf (*acc*), einschlagen in (*acc*) (*Geschoß, Blitz*). **21.** fallen auf (*acc*) (*Licht*), auftreffen auf (*acc*), *das Auge od. Ohr* treffen: a sound struck his ear im Laut schlug an sein Ohr; to ~ s.o.'s eye j-m ins Auge fallen. **22.** *fig.* j-m einfallen *od.* in den Sinn kommen: an idea struck him ihm kam *od.* er hatte e-e Idee. **23.** j-m auffallen: what struck me was ... was mir auffiel *od.* worüber ich staunte, war ... **24.** Eindruck machen auf (*acc*), j-n beeindrucken: to be struck by beeindruckt *od.* hingerissen sein von; to be struck on a girl *sl.* in ein Mädchen ,verknallt‘ sein. **25.** j-m gut etc vorkommen: how does it ~ you? was hältst du davon?; it struck her as ridiculous es kam ihr lächerlich vor. **26.** stoßen auf (*acc*), (zufällig) treffen *od.* entdecken, *Gold etc* finden: → oil 1, rich 7. **27.** Wurzeln schlagen: → root[1] 1. **28.** *thea.* Kulissen etc abbauen. **29.** Zelt etc abbrechen: → camp[1] 1. **30.** *mar.* a) *die Flagge, Segel* streichen, b) (weg)fieren: → flag[1] 1, 2, sail 1. **31.** den Fisch mit e-m Ruck an der Angel auf den Haken spießen. **32.** a) *s-e*

*Beute* schlagen (*Habicht etc*), b) die Giftzähne schlagen in (*acc*) (*Schlange*). **33.** *tech.* glattstreichen. **34.** a) *math.* den Durchschnitt, das Mittel nehmen, b) *econ.* die Bilanz, den Saldo ziehen, c) *econ.* e-e Dividende ausschütten: → average 1, balance 7, mean³ 4. **35.** (*bes. von e-r Liste*) streichen: → roll 2, strike off 1, strike through. **36.** *e-e Münze, Medaille* schlagen, prägen. **37.** *die Stunde etc* schlagen (*Uhr*). **38.** *fig.* j-n schlagen, heimsuchen, treffen (*Unglück, Not etc*), befallen (*Krankheit*). **39.** a) ~ into *j-m e-n Schrecken* einjagen, b) (with mit *Schrecken, Schmerz etc*) erfüllen: to ~ s.o. with fear. **40.** *j-n* blind, taub etc machen: → blind 1, dumb 3. **41.** *ein Tempo, e-e Gangart* anschlagen. **42.** *e-e Haltung od. Pose, einnehmen.* **43.** *econ.* e-n Handel abschließen: → bargain Bes. Redew. **44.** to ~ work a) *econ.* die Arbeit niederlegen, b) Feierabend machen.
**III** *v/i* **45.** (zu)schlagen, (-)stoßen: → iron 1. **46.** schlagen, treffen: to ~ at a) *j-n od.* nach *j-m* schlagen, b) *fig.* zielen auf (*acc*): → root¹ 1. **47.** a) sich schlagen, kämpfen (for für), b) zuschlagen, angreifen. **48.** zubeißen (*Schlange*). **49.** (on, upon) a) (an)schlagen, stoßen (an *acc*, gegen), b) *mar.* auflaufen (auf *acc*), (auf *Grund*) stoßen. **50.** fallen (*Licht*), auftreffen (*Lichtstrahl, Schall etc*) (on, upon auf *acc*). **51.** ~ (up)on auf *Öl, Erz etc* stoßen (→ 26). **52.** schlagen (*Uhr*): → hour 3. **53.** sich entzünden (*Streichholz*). **54.** *electr.* sich (*plötzlich*) entladen (*Funke*): to ~ across überspringen. **55.** einschlagen, treffen (*Blitz, Geschoß*). **56.** *bot.* Wurzel schlagen. **57.** den Weg *nach rechts etc* einschlagen, sich (plötzlich) *nach links etc* wenden: to ~ to the right; to ~ for home *colloq.* heimzu gehen: to ~ into a) einbiegen in (*acc*), e-n Weg einschlagen, b) *fig.* plötzlich verfallen in (*acc*), etwas beginnen: to ~ into a gallop in Galopp verfallen; to ~ into a subject sich e-m Thema zuwenden. **58.** *econ.* streiken (for um; against gegen). **59.** *mar.* die Flagge streichen (to vor *dat*) (a. *fig.*). **60.** *geol.* streichen (*Schicht*). **61.** *Angeln:* a) anbeißen (*Fisch*), b) den Fisch mit e-m Ruck auf den Angelhaken spießen. **62.** ('durch-)dringen (to zu; into *acc*; through durch) (*Kälte etc*).
*Verbindungen mit Adverbien:*
**strike| back** *v/i* zu'rückschlagen (a. *fig.*). ~ **be·low** *v/t mar.* (weg)fieren. ~ **down** I *v/t* **1.** niederschlagen, -strecken. **2.** *fig.* a) außer Gefecht setzen (*Krankheit etc*), b) da'hinraffen. II *v/i* **3.** her'abprallen, stechen (*Sonne*). ~ **in** *v/i* **1.** beginnen, anfangen, einfallen (a. *mus.*). **2.** *med.* (sich) nach innen schlagen (*Krankheit*). **3.** einfallen, unter'brechen (with mit *e-r Frage etc*). **4.** sich einmischen *od.* einschalten. **5.** mitmachen (with bei). **6.** ~ with sich richten nach. **in·wards** ~ strike in 2. ~ **off** *v/t* **1.** abschlagen, abhauen. **2.** *Wort etc* (aus)streichen, löschen, tilgen. **3.** *ein Bild, Gedicht etc* 'hinhauen'. **4.** *etwas* genau 'wiedergeben. **5.** *tech.* glattstreichen. **6.** *print.* abziehen. ~ **out** I *v/t* **1.** → strike off 2. **2.** *fig.* (mit leichter Hand) entwerfen, ersinnen, ausdenken. **3.** *meist fig.* e-n Weg einschlagen. **4.** *Baseball:* den Schläger ,aus' machen. II *v/i* **5.** los-, zuschlagen. **6.** (zum Schlag) ausholen. **7.** (forsch) ausschreiten, ,loslegen' (a. *fig.*), a. losschwimmen (for nach, auf *e-n Ort* zu): to ~ for o.s. s-e eigene Wege gehen (a. *fig.*). **8.** *beim Schwimmen etc* ausgreifen. ~ **through** *v/t* 'durchstreichen. ~ **up** I *v/i* **1.** *mus.* einsetzen (*Spieler, Melodie*). II *v/i* **2.** *mus.* a) *ein Lied etc*

anstimmen, b) *die Kapelle* einsetzen lassen. **3.** *colloq.* e-e *Freundschaft* anknüpfen, schließen (with mit): to ~ a conversation ein Gespräch anknüpfen.
**strike| bal·lot** *s econ.* Urabstimmung *f.* ~ **ben·e·fit** → strike pay. **'~bound** *adj* a) bestreikt, b) vom Streik lahmgelegt. **'~break** *v/i irr econ.* sich als Streikbrecher betätigen. **'~break·er** *s econ.* Streikbrecher *m.* ~ **call** *s econ.* Streikaufruf *m.* ~ **meas·ure** → struck measure. ~ **pay** *s econ.* Streikgeld(er *pl*) *n.* **'~prone** *adj econ.* streikanfällig.
**strik·er** ['straɪkə(r)] *s* **1.** Schläger(in). **2.** *econ.* Streikende(r *m*) *f*, Ausständige(r *m*) *f.* **3.** Schläger *m*, Schlagwerkzeug *n.* **4.** Hammer *m*, Klöppel *m* (*in Uhren*). **5.** *mil.* Schlagbolzen *m.* **6.** *electr.* Zünder *m.* **7.** *mil. Am. colloq.* (Offi'ziers)Bursche *m.* **8.** *bes. Fußball:* Stürmer *m*, Spitze *f.* **'~,out** *s Tennis etc: Am.* Rückschläger(in).
**strike vote** → strike ballot.
**strik·ing** ['straɪkɪŋ] *adj* (*adv* **~ly**) **1.** schlagend, Schlag...: ~ **clock** Schlaguhr *f*; ~ **mechanism** Schlagwerk *n.* **2.** *fig.* a) bemerkenswert, auffallend, eindrucksvoll: a ~ feature; ~ progress, b) über'raschend, verblüffend: ~ likeness, c) treffend: a ~ example. **3.** *econ.* streikend. ~ **cir·cle** *s Hockey:* Schußkreis *m.* ~ **dis·tance** *s* Schlagweite *f* (a. *electr. tech.*).
**'strik·ing·ness** *s* (*das*) Auffallende *od.* Treffende *od.* Über'raschende.
**Strine** [straɪn] *colloq. humor.* I *s* Au'stralisches Englisch. II *adj* au'stralisch.
**string** [strɪŋ] I *s* **1.** Schnur *f*, Bindfaden *m.* **2.** (Schürzen-, Schuh- *etc*)Band *n*, Kordel *f*: to have s.o. on a ~ j-n am Gängelband *od.* am Bändel *od.* in s-r Gewalt haben. **3.** *Puppenspiel:* Faden *m*, Draht *m*: to pull the ~s *fig.* die Fäden in der Hand halten, der Drahtzieher sein; to pull all ~s (possible) to *fig.* alles daransetzen um zu, alle Hebel in Bewegung setzen um zu. **4.** Schnur *f* (*von Perlen, Zwiebeln etc*): a ~ of pearls e-e Perlenschnur. **5.** *fig.* Reihe *f*, Kette *f*: ~ of islands Inselkette; a ~ of questions e-e Reihe von Fragen; a ~ of vehicles e-e Kette von Fahrzeugen. **6.** Koppel *f* (*von Pferden etc*). **7.** *mus.* a) Saite *f*, b) *pl* 'Streichinstru,mente *pl*, (die) Streicher *pl*: to touch a ~ *fig.* e-e Saite zum Erklingen bringen; → harp 3. **8.** (Bogen)Sehne *f*: to be a second ~ das zweite Eisen im Feuer sein (→ 12); → bow²¹ a. **9.** *bot.* a) Faser *f*, Fiber *f*, b) Faden *m* (*der Bohnen*). **10.** *zo. obs.* Flechse *f.* **11.** *arch.* a) → stringcourse, b) (Treppen)Wange *f.* **12.** *bes. sport* (*erste etc*) Garni'tur: to be a second ~ a) zur 2. Garnitur gehören, b) *fig.* ,die zweite Geige spielen' (→ 8). **13.** *meist pl* ,Haken' *m*: to have a ~ (attached) to it e-n Haken haben; no ~s attached ohne Bedingungen.
**II** *adj* **14.** *mus.* Saiten..., Streich(er)...: ~ **department**, ~ **group**, ~ **section** Streicher(gruppe *f*) *pl.*
**III** *v/t pret u. pp* **strung** [strʌŋ], *pp selten* **stringed 15.** mit Schnüren *od.* Bändern versehen. **16.** *e-e Schnur etc* spannen. **17.** (zu-, ver)schnüren, zubinden. **18.** Perlen *etc* aufreihen. **19.** *fig.* anein'anderreihen, verknüpfen. **20.** *mus.* a) besaiten, bespannen (a. *e-n Tennisschläger etc*), b) das Saiteninstrument stimmen. **21.** *den Bogen* a) mit e-r Sehne versehen, b) spannen. **22.** behängen: to ~ a room with festoons *etc.* **23.** ~ up bes. *pp j-n, j-s Nerven* anspannen: to ~ o.s. up to a) sich in *e-e Erregung etc* hineinsteigern, b) sich aufraffen zu *etwas od. etwas zu tun*; → high-strung. **24.** ~ up *colloq. j-n*

,aufknüpfen'. **25.** *Am. colloq. j-n* ,verkohlen'. **26.** ~ along *colloq.* a) *j-n* 'hinhalten, b) *j-n* ,einwickeln', täuschen (with mit). **27.** *bes. Bohnen* abziehen. **28.** ~ out räumlich *od.* zeitlich einteilen: strung out over ten years auf 10 Jahre verteilt. **29.** to be strung out *bes. Am. sl.* a) drogensüchtig sein, b) ,high' sein (*unter Drogeneinfluß stehen*), c) ,auf (dem) Turkey sein' (*unter Entzugserscheinungen leiden*).
**IV** *v/i* **30.** ~ along a) sich in e-r Reihe bewegen (*Personen, Fahrzeuge*), b) *colloq.* sich anschließen (with s.o. j-m), mitmachen. **31.** Fäden ziehen (*Flüssigkeit*).
**string| bag** *s* Einkaufsnetz *n.* ~ **band** *s mus.* **1.** 'Streichka,pelle *f.* **2.** *colloq.* string orchestra. ~ **bass** *s mus.* Kontrabaß *m.* ~ **beans** *s* **1.** *bes.* Gartenbohne *f*, *pl* a. ~ grüne Bohnen *pl.* **2.** *fig. colloq.* ,Bohnenstange' *f.* **'~course** *s arch.* Fries *m*, Sims *m*, *n* (*um ein Gebäude*). ~ **de·vel·op·ment** *s fig.* ribbon development.
**stringed** [strɪŋd] *adj* **1.** *mus.* Saiten..., Streich...: ~ **instruments**; ~ **music** Streichmusik *f.* **2.** *mus.* (*in Zssgn*) ...saitig. **3.** aufgereiht (*Perlen etc*).
**strin·gen·cy** ['strɪndʒənsɪ] *s* **1.** Härte *f*, Schärfe *f.* **2.** Bündigkeit *f*, zwingende Kraft: the ~ of an argument. **3.** *econ.* (Geld-, Kre'dit)Verknappung *f*, Knappheit *f*: ~ on the money market Gedrückheit *f* des Geldmarktes. **'strin·gent** *adj* (*adv* **~ly**) **1.** streng, hart, scharf: ~ rules. **2.** zwingend: ~ necessity. **3.** zwingend, über'zeugend, bündig: ~ arguments. **4.** *bes. econ.* knapp (*Geld*), gedrückt (*Geldmarkt*). **5.** streng, scharf, herb: ~ taste.
**string·er** ['strɪŋə(r)] *s* **1.** *mus.* Saitenaufzieher *m.* **2.** *rail.* Langschwelle *f.* **3.** *arch.* → string 11 b. **4.** *tech.* Längs-, Stütz-, Streckbalken *m.* **5.** *aer.* Längsversteifung *f.* **6.** *mar.* Stringer *m.*
**string·i·ness** ['strɪŋɪnɪs] *s* **1.** Faserigkeit *f.* **2.** Zähigkeit *f.*
**string| or·ches·tra** *s mus.* 'Streichor,chester *n.* ~ **or·gan** *s mus.* 'Orgelkla,vier *n.* ~ **pea** *s bot.* Zuckererbse *f.* ~ **quar·tet(te)** *s mus.* 'Streichquar,tett *n.* **'~stop** *s* 'Streiche,gister *n*, -stimme *f* (*der Orgel*). ~ **tie** *s* schmale Kra'watte.
**string·y** ['strɪŋɪ] *adj* **1.** fadenartig, sich (lang) 'hinziehend. **2.** flechsig, sehnig: ~ meat. **3.** sehnig: a ~ fellow. **4.** zäh(flüssig), Fäden ziehend: ~ syrup. **5.** *mus.* dünn u. na'sal (*Ton*).
**stri·o·la** ['straɪələ] *pl* **-lae** [-liː] *s biol.* Streifchen *n.* **'stri·o·late** [-lət; -leɪt], **'stri·o·lat·ed** [-leɪtɪd] *adj* feingestreift.
**strip** [strɪp] *v/t* **1.** a. ~ off *Haut etc* abziehen, abstreifen, (ab)schälen, *Farbe* abkratzen, *Früchte* enthülsen, *Baum* abrinden, *Bett etc* abziehen: to ~ the paint off a wall die Farbe von e-r Wand abkratzen. **2.** a) ~ off *ein Kleid etc* ausziehen, abstreifen, b) *j-n* ausziehen (to the skin bis auf die Haut): → buff¹ 3, stripped II. **3.** *fig.* a) entblößen: to ~ s.o. of his office j-n s-s Amtes entkleiden; ~ped of his power s-r Macht beraubt, b) a. ~ off *etwas Äußerliches* wegnehmen. **4.** *ein Haus etc* ausräumen, *e-e Fabrik* demon'tieren. **5.** a. ~ down *mar.* abtakeln. **6.** a. ~ down *tech.* zerlegen, ausein'andernehmen. **7.** *electr.* e-n *Draht* 'abiso,lieren. **8.** *tech.* das Gewinde über'drehen. **9.** *chem.* die flüchtigen Bestandteile *od.* das Ben'zol abtreiben von. **10.** *Tabakblätter* a) entstielen, b) entrippen. **11.** *agr.* ausmelken: to ~ a cow.
**II** *v/i* **12.** a) a. ~ off sich ausziehen, (*beim Arzt*) sich freimachen: to ~ down to sich ausziehen bis auf (*acc*); to ~ to the waist den Oberkörper freimachen, b) ,strip-

pen' (*e-n Striptease vorführen*). **13.** *a.* ~ **off** sich (ab)schälen, sich lösen. **14.** *tech.* sich lockern.

**III** *s* **15.** a) Ausziehen *n*, (*beim Arzt*) Freimachen *n*, b) ,Strip' *m* (*Striptease*): **to do a** ~ e-n Strip vorführen. **16.** Streifen *m*, schmales, langes Stück: **a** ~ **of cloth** (**bacon, land**); **to tear s.o. off a** ~, **to tear** ~**s** (*od.* **a** ~) **off s.o.** *colloq.* j-n ,zur Minna machen'. Schnecke machen'. **17.** *Phila-telie:* (Marken)Streifen *m*. **18.** → **comic strips. 19.** *aer.* Start- u. Landestreifen *m*. **20.** *tech.* a) Walzrohling *m*, b) Bandeisen *n*, -stahl *m*. **21.** *chem. tech.* Abbeizbad *n*. **22.** *Fußball:* *Br. colloq.* Dreß *m*.

**IV** *adj* **23.** Strip(tease)...: ~ **club**.

**strip| build·ing** *s Br.* Reihenbauweise *f*. ~ **car·toon** → comic strips. ~ **con-nec·tor** *s electr.* Lüsterklemme *f*. ~ **crop·ping** *s agr.* Streifenpflanzung *f*.

**stripe** [straɪp] **I** *s* **1.** *meist andersfarbiger* Streifen (*a. zo.*), Strich *m*. **2.** *bes. mil.* Tresse *f*, (Ärmel)Streifen *m*: **to get one's** ~**s** (zum Unteroffizier) befördert wer-den; **to lose one's** ~**s** degradiert werden. **3.** Striemen *m*. **4.** (Peitschen- *etc*)Hieb *m*. **5.** *fig. bes. Am.* Art *f*, Sorte *f*, Schlag *m*: **of the same political** ~ derselben politi-schen Richtung; **a man of quite a dif-ferent** ~ ein Mann von ganz anderem Schlag. **II** *v/t* **6.** streifen: ~**d** gestreift, streifig.

**strip light·ing** *s* Sof|ittenbeleuchtung *f*.

**strip·ling** ['strɪplɪŋ] *s* Bürschchen *n*.

**strip min·ing** *s bes. Am.* Tagebau *m*.

**stripped** [strɪpt] **I** *pp von* **strip. II** *adj* **1.** nackt (*a. Draht, a. mot. ohne Extras*), entblößt (*a. fig.*). **2.** *phys.* abgestreift: ~ **neutrons**; ~ **atom** hochionisiertes Atom.

**strip·per** ['strɪpə(r)] *s* **1.** *tech.* a) 'Schäl-ma|schine *f*, b) Spinnerei: Arbeitswal-ze *f*, Abstreifer *m*, Stripper *m*. **2.** ,Strippe-rin' *f* (*Stripteasetänzerin*). **'strip·ping** *s* **1.** Schälen *n*, Abstreifen *n*. **2.** (*das*) Ab-gestreifte *od.* Abgezogene. **3.** *Atomphy-sik:* Extrakti'on *f*, Stripping *n*. **4.** *pl* Nachmilch *f*, letzte Milch. **5.** *chem. tech.* Entplat'tierung *f*.

**strip| pok·er** *s* Strip Poker *n*. **'~tease I** *s* Striptease *m*, *n*: **to do a** ~ e-n Striptease vorführen. **II** *adj* Striptease... **'~teas·er** *s* Stripteasetänzerin *f*.

**strip·y** ['straɪpɪ] *adj* gestreift, streifig.

**strive** [straɪv] *pret* **strove** [strəʊv], *sel-ten* **strived,** *pp* **striv·en** ['strɪvn], *a.* **strived,** *selten* **strove** *v/i* **1.** sich (be-)mühen, bestrebt sein (**to do** zu tun). **2.** (**for, after**) streben (nach), ringen, sich mühen (um). **3.** (erbittert) kämpfen (**against** gegen; **with** mit), ringen (**with** mit). **4.** *obs.* wetteifern (**with s.o.** mit j-m; **for s.th.** um etwas).

**striv·en** ['strɪvn] *pp von* **strive.**

**strobe** [strəʊb] *s* **1.** *phot.* Röhrenblitz *m*. **2.** *Radar:* Schwelle *f*. **'strob·ing** *s Ra-dar:* Si'gnalauswertung *f*.

**strob·o·scope** ['strəʊbəskəʊp] *s med. phys.* Strobo'skop *n*.

**strode** [strəʊd] *pret von* **stride.**

**stroke** [strəʊk] **I** *s* **1.** (*a. Blitz-, Flügel-, Schicksals*)Schlag *m*, Hieb *m*, Streich *m*, Stoß *m*: ~ **of fate** (**lightning, wing**); **at a** (*od.* **one**) ~ mit 'einem Schlag, auf 'einen Streich (*a. fig.*); **a good** ~ **of business** ein gutes Geschäft; ~ **of** (**good**) **luck** Glückstreffer *m*, -fall *m*; **by a** ~ **of for-tune** durch e-n glückhaften Zufall; **he has not done a** ~ **of work** er hat (noch) keinen Strich getan. **2.** (Glocken-, Hammer-, Herz- *etc*)Schlag *m*: **on the** ~ pünktlich; **on the** ~ **of nine** Schlag *od.* Punkt neun. **3.** *med.* Anfall *m*, *bes.* Schlag(anfall) *m*. **4.** *tech.* a) (Kolben)Hub *m*, b) Hubhöhe *f*, c) Takt *m*. **5.** *sport* a) Schwimmen: Stoß *m*, (Bein)Schlag *m*,

(Arm)Zug *m*, b) *Golf, Rudern, Tennis etc:* Schlag *m*, c) *Rudern:* Schlagzahl *f*: **to set the** ~ die Schlagzahl bestimmen. **6.** *Ru-dern:* Schlagmann *m*: **to row** ~ am Schlag sitzen. **7.** (Pinsel-, Feder)Strich *m* (*a. print.*), (Feder)Zug *m*: **to put** (*od.* **add**) **the finishing** ~(**s**) **to s.th.** e-r Sache (den letzten) Schliff geben, letzte Hand an etwas legen; ~ **of the pen** mit e-m Federstrich (*a. fig.*); **a** ~ **above** *colloq.* ein gutes Stück besser als. **8.** *fig.* (Hand-) Streich *m*, Ma'növer *n*, (*energische*) Maß-nahme: **a clever** ~ ein geschickter Schachzug. **9.** (*glänzender*) Einfall, (gro-ßer) Wurf, Leistung *f*: **a** ~ **of genius** ein Geniestreich. **10.** Stil *m*, Ma'nier *f*, Art *f*. **11.** *mus.* a) Schlag(bewegung *f*) *m* (*des Dirigenten etc*), b) Bogenstrich *m*, c) (Ta-sten)Anschlag *m*, d) (Noten)Balken *m*. **12.** *math.* Pfeil *m*, Vektor *m*. **13.** Strei-cheln *n*: **to give s.o. a** ~ j-n streicheln.

**II** *v/t* **14.** mit e-m Strich *od.* mit Strichen kennzeichnen. **15.** *meist* ~ **out** (aus)strei-chen. **16. to** ~ **a boat** (*Rudern*) am Schlag e-s Boots sitzen. **17.** streichen über (*acc*): **to** ~ **one's hair; to** ~ **s.o. the wrong way** *fig.* j-n reizen. **18.** streicheln.

**III** *v/i* **19.** *Tennis etc:* schlagen. **20.** (at mit *e-r bestimmten Schlagzahl*) rudern.

**stroke| house** *s Am. sl.* Pornokino *n*. ~ **play** *s Golf:* Zähl(wett)spiel *n*.

**stroll** [strəʊl] **I** *v/i* **1.** schlendern, (her-'um)bummeln, spa'zieren(gehen). **2.** her-'umziehen: ~**ing gypsies;** ~**ing player** → stroller 4. **II** *s* **3.** Spa'ziergang *m*, Bummel *m*: **to go for a** ~, **to take a** ~ e-n Bummel machen. **'stroll·er** *s* **1.** Bumm-ler(in), Spa'ziergänger(in). **2.** Landstrei-cher(in). **3.** *bes. Am.* Sportwagen *m* (*für Kinder*). **4.** Wanderschauspieler(in).

**stro·ma** ['strəʊmə] *pl* **-ma·ta** [-mətə] *s anat.* Stroma *n* (*a. bot.*), Grundgewebe *n*. **stro·mat·ic** [strəʊ'mætɪk] *adj* stro'ma-tisch.

**strong** [strɒŋ] **I** *adj* (*adv* → **strongly**) **1.** *allg.* a) stark: ~ **blow** (**feeling, lens, light, nerves, poison, position, prejudice, resemblance, suspicion, team, etc**); ~ **at home** *sport* heimstark, b) kräftig: ~ **colo(u)rs** (**health, voice, etc**); ~ **man** *pol.* starker Mann; ~ **mind** scharfer Verstand, kluger Kopf; **to have** ~ **feelings about s.th.** sich über etwas erregen; → **point** 24. **2.** *fig.* tüchtig, gut, stark (**in** in *dat*): ~ **in mathematics**. **3.** *fig.* stark, fest: ~ **faith** (**conviction, etc**); **to be** ~ **against s.th.** entschieden gegen etwas sein; ~ **face** energisches *od.* markantes Gesicht. **4.** stark, mächtig: ~ **nation; a company 200** ~ *mil.* e-e 200 Mann starke Kompanie. **5.** *fig.* stark, aussichtsreich: **a** ~ **candidate. 6.** *fig.* gewichtig, über'zeugend, zwingend: ~ **argument. 7.** *fig.* e'nergisch, stark, ent-schlossen: ~ **efforts;** ~ **measures; with a** ~ **hand** mit starker Hand; **to use** ~ **language** Kraftausdrücke gebrauchen; ~ **word** Kraftausdruck *m*. **8.** über'zeugt, eifrig: **a** ~ **Tory.** **9.** stark, schwer: ~ **drinks** (**cigar**); ~ **shoes** feste Schuhe. **10.** stark: ~ **perfume** (**smell, taste**). **11.** scharf riechend *od.* schmeckend, übelriechend, -schmeckend: ~ **flavo(u)r** scharfer *od.* strenger Geschmack; ~ **but-ter** ranzige Butter. **12.** *econ.* a) fest: ~ **market,** b) lebhaft: ~ **demand,** c) anzie-hend: ~ **prices. 13.** *ling.* stark: ~ **decli-nation;** ~ **verb. II** *adv* **14.** stark, nach-drücklich, e'nergisch: **to come on** ~ a) ,rangehen', auftrumpfen. **15.** *colloq.* tüchtig, ,mächtig': **to be going** ~ ,gut in Schuß' *od.* in Form sein; **to come** (*od.* **go**) **it** ~, **to come on** ~ a) sich (mächtig) ins Zeug legen, b) auftrumpfen; **to come it too** ~ dick auftragen, übertreiben.

**'strong|-arm** *colloq.* **I** *adj* **1.** gewaltsam, Gewalt...: ~ **methods;** ~ **man** Schläger *m*. **II** *v/t* [*a.* ~'ɑː(r)m] **2.** j-n (durch Ge-waltandrohung) einschüchtern: **to** ~ **s.o. into doing s.th.** j-n so einschüchtern, daß er etwas tut. **3.** über'fallen. **4.** zs.-schlagen. **~-boned** ['-bəʊnd; ˌ-'b-] *adj* stark-, grobknochig. **'~-box** *s* ('Geld-, 'Stahl)Kas|sette *f*, Tre'sorfach *n*. ~ **breeze** *s meteor.* starker Wind (*Wind-stärke 6*). ~ **gale** *s meteor.* Sturm *m* (*Windstärke 9*). ˌ~-**head·ed** *adj* starr-köpfig, eigensinnig. **'~-hold** *s* **1.** *mil.* Feste *f*, Festung *f*. **2.** *fig.* Bollwerk *n*. **3.** *fig.* Hochburg *f*.

**'strong·ly** *adv* **1.** kräftig, stark. **2.** ge-waltsam, heftig: **to feel** ~ **about** sich erregen über (*acc*). **3.** nachdrücklich.

ˌ**strong-**'**mind·ed** *adj* willensstark, e'nergisch. ~ **point** *s* **1.** *mil.* Stützpunkt *m*. **2.** *fig.* → **point** 24. ~ **room** *s* Stahl-kammer *f*, Tre'sor(raum) *m*. ˌ~-'**willed** *adj* **1.** willensstark, e'nergisch. **2.** eigen-sinnig, -willig.

**stron·ti·a** ['strɒnʃə; -ʃə; -tɪə; *Am.* 'strɒntʃə] *s chem.* **1.** Stronti'an(erde *f*) *n*. **2.** 'Stron-ti·an** [-ən] *s chem.* **1.** Stronti'an(erde *f*) *n*. **2.** 'Stron-tiumhydro|xyd *n*. **'stron·ti·um** [-əm] *s chem. med.* Strontium *n*.

**strook** [strʊk] *obs. pp von* **strike.**

**strop** [strɒp; *Am.* strɑp] **I** *s* **1.** Streich-riemen *m* (*für Rasiermesser*). **2.** *mar.* Stropp *m*. **II** *v/t* **3.** abziehen: **to** ~ **a razor.**

**stro·phan·thin** [strəʊ'fænθɪn] *s med. pharm.* Strophan'thin *n*.

**stro·phe** ['strəʊfɪ] *s metr.* Strophe *f*. **stroph·ic** ['strɒfɪk; *bes. Am.* 'strəʊ-; *Am. a.* 'strɑ-] *adj* strophisch.

**stroph·oid** ['strɒfɔɪd; *Am.* 'strəʊˌf-] *s math.* Stropho'ide *f*, Stropho'id *n*.

**strop·py** ['strɒpɪ] *adj Br. sl.* ,muffig', ,grantig'.

**stroud** [straʊd] *s bes. Am. hist.* grobe Wolldecke, grobes Gewand.

**strove** [strəʊv] *pret u. selten pp von* **strive.**

**struck** [strʌk] **I** *pret u. pp von* **strike. II** *adj econ. Am.* bestreikt. **'struck·en** *obs. pp von* **strike.**

**struck| ju·ry** *s jur.* Geschworene, die gewählt werden, indem beide Parteien un-erwünschte Personen von der Vorschlags-liste streichen. ~ **meas·ure** *s econ.* ge-strichenes Maß.

**struc·tur·al** ['strʌktʃərəl] *adj* (*adv* ~**ly**) **1.** struktu'rell (bedingt), Struktur... (*a. fig.*), *fig. a.* or'ganisch: ~ **changes** Struk-turwandlungen; ~ **unemployment** strukturelle Arbeitslosigkeit; ~ **psy-chology** Strukturpsychologie *f*. **2.** bau-lich, Bau..., Konstruktions...: ~ **element** (*od.* **member**) Bauteil *n*, -element *n*; ~ **engineering** Bautechnik *f*; ~ **steel** Bau-stahl *m*. **3.** *biol.* a) morpho'logisch, Struk-tur..., b) or'ganisch: ~ **cell** Strukturzelle *f*; ~ **disease** organische Krankheit. **4.** *geol.* tek'tonisch: ~ **geology** Geotekto-nik *f*. **5.** *chem.* Struktur...: ~ **formula.** **'struc·tur·al·ism** *s ling. philos.* Struk-tura'lismus *m*. **'struc·tur·al·ist I** *s* Struktura'list(in). **II** *adj* struktura'li-stisch.

**struc·ture** ['strʌktʃə(r)] **I** *s* **1.** Struk'tur *f* (*a. biol. chem. geol. phys. psych.*), (Auf-)Bau *m*, Gefüge *n*, Gliederung *f* (*alle a. fig.*): **economic** ~ Wirtschaftsstruktur; ~ **of power** Machtstruktur; ~ **of a sen-tence** Satzbau; **price** ~ *econ.* Preisstruk-tur, -gefüge. **2.** *arch. tech.* Bau(art *f*) *m*, Konstrukti'on *f*. **3.** Bau(werk *n*) *m*, Ge-bäude *n* (*a. fig.*), *pl* Bauten *pl*. **4.** *fig.* Gebilde *n*. **II** *v/t* **5.** struktu'rieren. **'struc·ture·less** *adj* struk'turlos. **'struc·tur·ize** *v/t* struktu'rieren.

**stru·del** ['struːdl] *s* Strudel *m*: **apple** ~.

**strug·gle** ['strʌgl] **I** v/i **1.** (against, with) kämpfen (gegen, mit), ringen (mit) (for um *Atem, Macht etc*). **2.** sich winden, zappeln, sich sträuben (against gegen). **3.** sich (ab)mühen (with mit; to do zu tun), sich anstrengen *od.* (ab)quälen: to ~ through sich durchkämpfen; to ~ to one's feet mühsam aufstehen, sich ,hochrappeln'. **II** s **4.** Kampf m, Ringen n, Streit m (for um; with mit): ~ for existence (*od.* life) a) *biol.* Kampf ums Dasein, b) Existenzkampf. **5.** Streben n, Anstrengung(en *pl*) f. **'strug·gler** s Kämpfer m.

**strum** [strʌm] **I** v/t **1.** (her'um)klimpern auf (*dat*): to ~ a guitar. **2.** *e-e Melodie* (her'unter)klimpern. **II** v/i **3.** klimpern (on auf *dat*). **III** s **4.** Geklimper n.

**stru·ma** ['struːmə] *pl* **-mae** [-miː] s *med.* **1.** Struma f, Kropf m. **2.** Skrofu'lose f. **'stru·mose** [-məʊs], **'stru·mous** [-məs] *adj* **1.** *med.* stru'mös, Kropf... **2.** *med.* skrofu'lös. **3.** *bot.* kropfig.

**strum·pet** ['strʌmpit] s *obs.* Dirne f, Hure f, Metze f.

**strung** [strʌŋ] *pret u. pp von* string.

**strut¹** [strʌt] **I** v/i **1.** stol'zieren: to ~ about (*od.* around) herumstolzieren (in *dat*, auf *dat*). **2.** *fig.* großspurig auftreten, großtun. **II** s **3.** stolzer Gang, Stol'zieren n. **4.** *fig.* großspuriges Auftreten, Groß-tue'rei f.

**strut²** [strʌt] *arch. tech.* **I** s Strebe f, Stütze f, Spreize f, Verstrebung f. **II** v/t verstreben, abspreizen, abstützen.

**strut·ter** ['strʌtə(r)] s *fig.* Großtuer(in).

**strut·ting¹** ['strʌtiŋ] **I** *adj* **1.** stol'zie-rend. **2.** *fig.* großspurig, -tuerisch. **II** s → strut¹ II.

**strut·ting²** ['strʌtiŋ] s *arch. tech.* Ver-strebung f, Abstützung f.

**strych·nic** ['strɪknɪk] *adj chem. pharm.* Strychnin...

**strych·nine** ['strɪkniːn; *Am. a.* -ˌnaɪn] **I** s *chem. pharm.* Strych'nin n. **II** v/t mit Strych'nin vergiften. **'strych·nin·ism** [-nɪzəm] s *med.* Strych'ninvergiftung f.

**stub** [stʌb] **I** s **1.** (Baum)Stumpf m, (-)Strunk m. **2.** (Bleistift-, Kerzen- etc) Stummel m, Stumpf m. **3.** (Ziga'retten-, Zi'garren)Stummel m, ,Kippe' f. **4.** kur-zer stumpfer Gegenstand, *z. B.* a) Kupp-nagel m, b) stumpfe Feder: ~ axle *tech.* Achsschenkel m; ~ bolt Stiftschraube f; ~ (tenon) Fußzapfen m. **5.** Kon'trollab-schnitt m (*e-r Eintrittskarte etc*). **II** v/t **6.** *Land* roden, von Baumstrünken etc säubern. **7.** ~ up *Bäume etc* ausroden. **8.** to ~ one's toe sich die Zehe anstoßen (against, on an *dat*). **9.** zerschlagen, (zer)quetschen: to ~ stones. **10.** *meist* ~ out *e-e Zigarette etc* ausdrücken.

**stub·ble** ['stʌbl] s **1.** Stoppel f. **2.** *collect.* (Getreide-, Bart- etc)Stoppeln *pl*: ~ plough (*bes. Am.* plow) *agr.* Stoppel-pflug m. **3.** *a.* ~ field Stoppelfeld n. **'stub·bly** *adj* stopp(e)lig, Stoppel...

**stub·born** ['stʌbə(r)n] *adj* (*adv* ~ly) **1.** eigensinnig, halsstarrig, störrisch, dickköpfig. **2.** hartnäckig: ~ resistance. **3.** standhaft, unbeugsam. **4.** 'widerspen-stig: ~ hair; ~ material. **5.** spröde, hart, zäh: ~ ore strengflüssiges Erz. **'stub-born·ness** s **1.** Eigen-, Starrsinn m, Halsstarrigkeit f. **2.** Hartnäckigkeit f. **3.** Standhaftigkeit f. **4.** 'Widerspenstig-keit f. **5.** Sprödigkeit f, *metall.* Streng-flüssigkeit f.

**stub·by** ['stʌbɪ] *adj* **1.** stummelartig, kurz. **2.** kurz u. dick, unter'setzt: ~ fin-gers Wurstfinger. **3.** stopp(e)lig.

**stuc·co** ['stʌkəʊ] s *pl* **-coes, -cos** [-z] s **1.** Stuck m (*Gipsmörtel*). **2.** Außen-putz m. **3.** Stuck(arbeit f, -verzierung f) m, Stukka'tur f. **II** v/t **4.** mit Stuck

verzieren, stuc'kieren. **'~·work** → stucco 3.

**stuc·co** [stʌk] *pret u. pp von* stick².

**stuck-up** [ˌ-'ʌp; '-ʌp] *adj colloq.* ,hoch-näsig'.

**stud¹** [stʌd] **I** s **1.** Beschlagnagel m, Knopf m, Knauf m, Buckel m. **2.** *arch.* Ständer m, (Wand)Pfosten m. **3.** *tech.* a) Kettensteg m, b) Stift m, Zapfen m, c) Stiftschraube f, d) Schrauben-, Steh-bolzen m. **4.** *mil.* (Führungs)Warze f (*e-s Geschosses*). **5.** Kragen-, Man'schetten-knopf m. **6.** *electr.* a) Kon'taktbolzen m, b) Brücke f. **7.** Stollen m (*e-s Fußball-schuhs etc*). **II** v/t **8.** mit Pfosten versehen *od.* stützen. **9.** mit Beschlagnägeln *od.* Knöpfen etc beschlagen *od.* verzieren. **10.** *a. fig.* besetzen, über'säen, sprenkeln (with mit). **11.** verstreut sein über (*acc*): rocks ~ded the field.

**stud²** [stʌd] **I** s **1.** *collect.* Stall m (*Pferde e-s Gestüts etc*): royal ~ königlicher Mar-stall. **2.** Gestüt n: at ~ auf *od.* zur Zucht. **3.** a) (Zucht)Hengst m, b) *allg.* männ-liches Zuchttier, c) *sl.* ,Sexbolzen' m: he's not much of a ~ als Mann ist mit ihm nicht viel los. **4.** *collect.* Zucht f (*Tiere*). **5.** → stud poker. **II** *adj* **6.** Zucht... **7.** Pferde..., Stall...

**stud** | **bolt** s *tech.* Stehbolzen m. **'~·book** s **1.** Gestütbuch n. **2.** *allg.* Zuchtstamm-buch n.

**stud·ding sail** ['stʌdɪŋ] s *mar.* Bei-, Leesegel n.

**stu·dent** ['stjuːdnt; *Am. bes.* 'stuː-] s **1.** a) *univ.* Stu'dent(in), b) *ped. bes. Am. u. allg.* Schüler(in), c) Lehrgangs-, Kursteilneh-mer(in): ~ of law, law ~ Student der Rechte. **2.** Gelehrte(r m) f, (Er)Forscher (-in). **3.** Beobachter(in). ~ ad·vis-er s Studienberater(in). ~ driv·er s *Am.* Fahrschüler(in). ~ lamp s *hist.* Stu'dier-lampe f. ~ pi·lot s *aer.* Flugschüler(in). **'stu·dent·ship** s **1.** Stu'dentsein n, Stu-'dentenzeit f. **2.** *Br. univ.* Sti'pendium f.

**stu·dent** | **teach·er** s *ped.* Prakti'kant (-in). ~ un·ion s **1.** Stu'dentenschaft f (*Körperschaft*). **2.** Universitätsgebäude für Einrichtungen u. Veranstaltungen der Stu-dentenschaft.

**stud** | **farm** s Gestüt n. ~ horse s Zucht-hengst m.

**stud·ied** ['stʌdɪd] *adj* (*adv* ~ly) **1.** ge-sucht, gekünstelt, gewollt: ~ politeness. **2.** 'wohlüber‚legt: a ~ reply. **3.** geflissent-lich, absichtlich: a ~ insult. **4.** bewan-dert, beschlagen (in in *dat*).

**stu·di·o** ['stjuːdɪəʊ; *Am. a.* 'stuː-] **I** *pl* **-os** [-z] s **1.** *paint. phot. etc* Ateli'er n, (Künst-ler-, Schauspiel-, Tanz- etc)Studio n. **2.** ('Film)Ateli‚er n. **3.** (Fernseh-, Rund-funk)Studio n, Aufnahme-, Senderaum m, -saal m, ('Ton)Ateli‚er n. **II** *adj* **4.** Atelier..., Studio...: ~ broadcast Studiosendung f; ~ couch Doppelbett-couch f; ~ shot (*Film*) Atelier-, Innen-aufnahme f.

**stu·di·ous** ['stjuːdjəs; -ɪəs; *Am. a.* 'stuː-] *adj* (*adv* ~ly) **1.** dem Studium ergeben, gelehrtenhaft. **2.** fleißig, lernbegierig, be-flissen. **3.** eifrig bedacht (of auf *acc*), bemüht (to do zu tun). **4.** sorgfältig, peinlich (gewissenhaft). **5.** → studied. **'stu·di·ous·ness** s **1.** Fleiß m, (Stu-'dier)Eifer m, Beflissenheit f. **2.** Sorgfalt f, Gewissenhaftigkeit f.

**stud** | **mare** s Zuchtstute f. ~ pok·er s Stud Poker n (*Form des Pokers, bei dem die erste Karte bzw. die beiden ersten Karten mit der Bildseite nach unten, die restlichen vier bzw. sechs Karten mit der Bildseite nach oben aufgegeben werden*).

**stud·y** ['stʌdɪ] **I** s **1.** Stu'dieren n. **2.** (wissenschaftliches) Studium: stud-ies Studien *pl*, Studium; to make a ~ of

s.th. etwas sorgfältig studieren; to make a ~ of doing s.th. *fig.* bestrebt sein, etwas zu tun; in a brown ~ in Gedanken versunken, geistesabwesend. **3.** Studie f, Unter'suchung f (of, in über *acc*, zu). **4.** 'Studienfach n, -zweig m, -ob‚jekt n, Stu-dium n: the proper ~ of mankind is man das eigentliche Studienobjekt der Menschheit ist der Mensch; his face was a perfect ~ *iro.* sein Gesicht war sehenswert. **5.** Stu'dier-, Arbeitszimmer n. **6.** *art, Literatur:* Studie f (in in *dat*), Entwurf m. **7.** *mus.* E'tüde f. **8.** to be a good (slow) ~ *thea. sl.* s-e Rollen leicht (schwer) lernen. **II** v/i **9.** a) stu'dieren, b) lernen: to ~ for an examination sich auf e-e Prüfung vorbereiten. **10.** *obs.* (for) über'legen (*acc*), suchen (nach). **III** v/t **11.** *allg.* stu'dieren: a) *ein Fach etc* erlernen: to ~ law, b) unter'suchen, prüfen, *a.* genau lesen: to ~ a map e-e Karte studieren; to ~ out *sl.* ausknobeln, c) mustern, prüfen(d ansehen), spürt etc *e-n Gegner* abschätzen: to ~ an oppo-nent; to ~ s.o.'s face; to ~ s.o.'s wishes j-s Wünsche zu erraten suchen. **12.** *e-e Rolle etc* einstu‚dieren. **13.** *Br. colloq.* aufmerksam *od.* rücksichtsvoll sein ge-gen *j-m.* **14.** sich bemühen um *etwas* (*od.* to do zu tun), bedacht sein auf (*acc*): → interest 7.

**stud·y** | **com·mis·sion** s 'Studienkom-missi‚on f. ~ group s Arbeitsgruppe f, -gemeinschaft f. ~ hall s Studien-, Lese-saal m, Arbeitsraum m. ~ home s *Am.* psychi'atrische Kinderklinik.

**stuff** [stʌf] **I** s **1.** Stoff m, Materi'al n, Masse f. **2.** ('Roh)Stoff m, (-)Materi‚al n. **3.** a) (Woll)Stoff m, Zeug n, Gewebe n, b) *Br.* (*bes.* Kamm)Wollstoff m. **4.** Zeug n, Sachen *pl* (*Gepäck, Ware etc, a. Nah-rungsmittel etc*): household ~ Hausrat m, -gerät n; this is good ~ *colloq.* das ist was Gutes. **5.** *fig.* Zeug n, Stoff m: dull ~ fades Zeug; he is (made) of sterner ~ er ist aus härterem Holz geschnitzt; he has good ~ in him in ihm steckt etwas; the ~ that heroes are made of das Zeug, aus dem Helden gemacht sind; good ~! *colloq.* bravo!, prima!; that's the ~ (to give them)! so ist's richtig!, nur weiter so!; he knows his ~ er kennt sich aus; do your ~! *colloq.* ,laß mal sehen!', ,auf geht's!'; he did his ~ er tat s-e Arbeit; → rough 6. **6.** (wertloses) Zeug, Plunder m, Kram m (*a. fig.*): take that ~ away! nimm das Zeug weg!; ~ and nonsense! dummes Zeug! **7.** a) *colloq.* ,Zeug' n, ,Stoff' m (*Schnaps etc*), b) *sl.* ,Stoff' m (*Drogen*). **8.** *sl.* Getue n, ,Sums' m: grandstand ~ Angeberei f. **9.** the ~ *colloq.* ,das nötige Kleingeld'. **10.** Leder-schmiere f. **11.** *tech.* Ganzzeug n, Pa'pier-masse f; ~ engine Holländer m. **12.** *tech.* Bauholz n. **13.** *a.* bit of ~ *sl.* ,Mieze' f.

**II** v/t **14.** (*a. fig.* sich den Kopf mit Tatsachen etc*) vollstopfen, -pfropfen, (an)füllen: to ~ o.s. (on) sich (den Ma-gen) (mit *Essen*) vollstopfen; to ~ a pipe e-e Pfeife stopfen; to ~ s.o. (with lies) *sl.* j-m die Hucke vollügen'; → throat 1. **15.** *a.* ~ up ver-, zustopfen: to ~ a hole; my nose is ~ed up m-e Nase ist verstopft *od.* zu. **16.** *ein Sofa etc* polstern. **17.** *a.* ~ out *fig. ein Buch etc* füllen, ,ausstopfen', ,gar-'nieren' (with mit). **18.** über'füllen, -'la-den: to ~ a car with people. **19.** *j-n* über'füttern. **20.** *Geflügel* a) stopfen: to ~ a goose, b) *gastr.* füllen, far'cieren. **21.** *Tiere* ausstopfen: a ~ed owl. **22.** *pol. Am. die Wahlurne* mit gefälschten Stimm-zetteln füllen. **23.** *etwas* stopfen (into in *acc*). **24.** (zs.-)pressen, (-)stopfen. **25.** *Le-der* mit Fett imprä'gnieren. **26.** *vulg.* e-e

*Frau* ‚stopfen' (*schlafen mit*): **get** ~ed! leck(t) mich (doch) am Arsch!
**III** *v/i* **27.** sich (den Magen) vollstopfen.
**stuffed shirt** [stʌft] *s colloq.* **1.** ‚eingebildeter Fatzke', Wichtigtuer *m.* **2.** Spießer *m.*
**stuff gown** *s jur. Br.* 'Wolltaˌlar *m* e-s junior counsel. **2.** → junior counsel.
**stuff·i·ness** ['stʌfɪnɪs] *s* **1.** Dumpfheit *f*, Schwüle *f*, Stickigkeit *f.* **2.** Langweiligkeit *f.* **3.** *colloq.* a) Spießigkeit *f*, b) Pedante'rie *f*, c) Steifheit *f*, d) Verstaubtheit *f*, e) Prüde'rie *f.* **4.** *colloq.* ‚Muffigkeit' *f*, ‚Grantigkeit' *f.*
**stuff·ing** ['stʌfɪŋ] *s* **1.** Füllen *n*, (Aus-)Stopfen *n.* **2.** Füllung *f*, 'Füllmateriˌal *n.* **3.** 'Polstermateriˌal *n*, Füllhaar *n* (*für Sofas etc*): **to knock the** ~ **out of** a) j-n ‚zur Schnecke *od.* Minna machen', b) j-n ‚fix u. fertig machen', c) *j-n* (*gesundheitlich*) ‚kaputtmachen'. **4.** *gastr.* Füllsel *n*, (Fleisch)Füllung *f*, Farce *f.* **5.** Lederschmiere *f.* **6.** (*literarisch*) ‚Füllsel'. ~ **box** *s tech.* Stopfbüchse *f.*
**stuff·y** ['stʌfɪ] *adj* (*adv* **stuffily**) **1.** dumpf, schwül, muffig, stickig. **2.** langweilig, fad. **3.** *colloq.* a) spießig, b) pe'dantisch, c) steif, d) ‚verstaubt', ‚verknöchert', e) prüde, zimperlich. **4.** *colloq.* ‚muffig', ‚grantig'.
**stul·ti·fi·ca·tion** [ˌstʌltɪfɪ'keɪʃn] *s* Verdummung *f.* **'stul·ti·fy** [-faɪ] *v/t* **1.** j-n als dumm 'hinstellen, j-n, etwas unglaubwürdig od. lächerlich erscheinen lassen. **2.** a) wirkungs- *od.* nutzlos machen, b) zu'nichte machen. **3. to** ~ **the mind** verdummen. **4.** *jur.* für unzurechnungsfähig erklären.
**stum** [stʌm] *s* **1.** ungegorener Traubensaft. **2.** Most *m.*
**stum·ble** ['stʌmbl] **I** *v/i* **1.** stolpern, straucheln (**at, over** über *acc*) (*a. fig.*): **to** ~ **in(to)** *fig.* in e-e Sache (hinein)stolpern *od.* (-)schlittern; **to** ~ **(up)on** (*od.* **across**) zufällig stoßen auf (*acc*). **2.** stolpern, taumeln, wanken. **3.** *fig.* a) e-n Fehltritt tun, straucheln, sündigen, b) e-n Fehler machen, ‚stolpern'. **4.** stottern, sich verhaspeln: **to** ~ **through a speech** e-e Rede herunterstottern. **5.** sich stoßen, Anstoß nehmen (**at** an *dat*) **II** *s* **6.** Stolpern *n*, Straucheln *n*, *fig. a.* Fehltritt *m.* **7.** Fehler *m.*
**stum·bling block** ['stʌmblɪŋ] *s* **1.** Hindernis *n*, Hemmschuh *m* (**to** für). **2.** Stolperstein *m.*
**stu·mer** ['stjuːmə] *s Br. sl.* **1.** Fälschung *f*, *bes.* gefälschter *od.* ungedeckter Scheck. **2.** ‚Versager' *m.*
**stump** [stʌmp] **I** *s* **1.** (Baum-, Kerzen-, Zahn- *etc*)Stumpf *m*, Stummel *m*, (Baum-, Ast)Strunk *m*: **to buy timber in** (*od.* **at, Br. on**) **the** ~ Holz auf dem Stamm kaufen; **amputation** ~ *med.* Amputationsstumpf; ~ **foot** *med.* Klumpfuß *m*; **to be up a** ~ *Am. sl.* ‚in der Klemme' sein *od.* sitzen *od.* stecken. **2.** *pl sl.* ‚Stelzen' *pl* (*Beine*): **to stir one's** ~**s** ‚Tempo machen'. **3.** Stampfen *n*, Stapfen *n.* **4.** *bes. Am.* a) 'Rednertriˌbüne *f*, b) 'Wahlpropaˌganda *f*: **to go on** (*od.* **take**) **the** ~ e-e Propagandareise machen, von Ort zu Ort reisen u. (Wahl)Reden halten. **5.** *Kricket:* Torstab *m*: **to draw (the)** ~**s** das Spiel beenden. **6.** *paint.* Wischer *m.*
**II** *v/t* **7.** *Am. colloq.* sich *die Zehen etc* anstoßen (**against** an *dat*). **8.** *colloq.* stampfen *od.* stapfen durch. **9.** *colloq.* verblüffen, ratlos machen: **a problem that** ~**ed me** (*od.* **had me** ~**ed**) ein Problem, mit dem ich einfach nicht fertig wurde; **he was** ~**ed** er war mit s-r Weisheit am Ende; ~**ed for** verlegen um (*e-e Antwort etc*). **10.** *Am. colloq.* j-n her'aus-

fordern (**to do** zu tun). **11.** *bes. Am. colloq.* e-e Gegend *etc* als Wahlredner bereisen: **to** ~ **it** → 16. **12.** *a.* ~ **out** *Kricket:* den Schläger ‚aus' machen. **13.** e-e Zeichnung (mit dem Wischer) abtönen. **14.** ~ **up** *Br. colloq.* ‚berappen', ‚blechen' (for für).
**III** *v/i* **15.** *colloq.* stampfen, stapfen. **16.** *Am. colloq.* Wahlreden halten. **17.** ~ **up** → 14. **'stump·er** *s* **1.** *colloq.* ‚harte Nuß'. **2.** *Am. colloq.* a) Wahlredner *m*, b) po'litischer Agi'tator. **3.** *Kricket:* Torwächter *m.*
**stump|** **or·a·tor,** ~ **speak·er** → stumper 2. ~ **speech** *s Am.* Volks-, Wahlrede *f.*
**'stump·y** *adj* (*adv* **stumpily**) **1.** stumpfartig. **2.** *colloq.* unter'setzt, gedrungen. **3.** plump.
**stun** [stʌn] *v/t* **1.** betäuben. **2.** *fig.* betäuben: a) verblüffen, b) niederschmettern, c) über'wältigen: ~**ned** wie betäubt *od.* gelähmt, ganz verblüfft *od.* überwältigt.
**stung** [stʌŋ] *pret u. pp von* sting.
**stun gre·nade** *s mil.* 'Blendgraˌnate *f.*
**stunk** [stʌŋk] *pret u. pp von* stink.
**stun·ner** ['stʌnə(r)] *s colloq.* a) ‚toller Kerl', b) ‚tolle Frau', c) ‚tolle Sache'. **'stun·ning** *adj* (*adv* ~**ly**) **1.** betäubend (*a. fig. niederschmetternd*). **2.** *colloq.* ‚toll', ‚phan'tastisch'.
**stun·sail, stun·s'l(e)** ['stʌnsl] → studding sail.
**stunt¹** [stʌnt] *v/t* **1.** (im Wachstum, in der Entwicklung *etc*) hemmen, hindern: **to** ~ **a child** (**industry,** *etc*): **to become** ~**ed** verkümmern. **2.** verkümmern lassen, verkrüppeln: ~**ed** verkümmert, verkrüppelt.
**stunt²** [stʌnt] **I** *s* **1.** Kunststück *n*, Kraftakt *m.* **2.** Sensati'on *f:* a) Schaunummer *f*, b) Bra'vourstück *n*, c) Schlager *m.* **3.** *aer.* Flugkunststück *n*: ~**s** Kunstflug *m.* **4.** (toller) (Re'klame- *etc*)Trick, ‚Kunststückchen' *n.* **5.** ‚tolle Masche', ‚tolles Ding'. **II** *v/i* **6.** *bes. aer.* (Flug)Kunststücke machen, kunstfliegen. **7.** ‚tolle Stückchen' machen. **'stunt·er** *s* **1.** Akro'bat(in). **2.** *aer.* Kunstflieger(in).
**stunt fly·ing** *s aer.* Kunstflug *m.*
**stunt man** *s irr Film:* Stuntman *m*, Double *m* (*für gefährliche Szenen*).
**stu·pa** ['stuːpə] *s arch.* Stupa *m* (*indische Pagode*).
**stupe¹** [stjuːp; *Am. a.* stuːp] *med.* **I** *s* heißer 'Umschlag *od.* Wickel. **II** *v/t* a) j-m heiße 'Umschläge machen, b) heiße 'Umschläge legen auf (*acc*).
**stupe²** [stjuːp; stj-] *s Am.* blöder Kerl.
**stu·pe·fa·cient** [ˌstjuːpɪ'feɪʃnt; *Am. a.* ˌstuː-] **I** *adj* betäubend, abstumpfend. **II** *s med.* Betäubungsmittel *n.* **stu·pe·'fac·tion** [-'fækʃn] *s* **1.** Betäubung *f*, Abstumpfung *f.* **2.** Abgestumpftheit *f.* **3.** Bestürzung *f*, Verblüffung *f.* **'stu·pe·fy** [-faɪ] *v/t* **1.** betäuben: ~**ing drugs.** **2.** verdummen. **3.** abstumpfen. **4.** verblüffen, bestürzen.
**stu·pen·dous** [stjuː'pendəs; *Am. a.* stuː-] *adj* (*adv* ~**ly**) **1.** erstaunlich. **2.** riesig, gewaltig, e'norm, 'umwerfend.
**stu·pid** ['stjuːpɪd; *Am. a.* 'stuː-] **I** *adj* (*adv* ~**ly**) **1.** dumm, stu'pid. **2.** stumpfsinnig, fad, ‚blöd', langweilig, stu'pid. **3.** betäubt, benommen. **II** *s* **4.** Dummkopf *m.*
**stu·'pid·i·ty** [stjuː-; *Am. a.* stuː-] *s* **1.** Dummheit *f* (*a. Handlung, Idee*). **2.** Stumpfsinn *m.*
**stu·por** ['stjuːpə(r); *Am. a.* 'stuː-] *s* **1.** Erstarrung *f*, Betäubung *f.* **2.** Eingeschlafensein *n* (*e-s Gliedes*). **3.** *med. psych.* Stupor *m*: a) Benommenheit *f*: **in a drunken** ~ sinnlos betrunken, b) Stumpfsinn *m.* **'stu·por·ous** *adj* **1.** erstarrt, betäubt. **2.** *med.* stuporartig.

**stur·died** ['stɜːdɪd; *Am.* 'stɜr-] *adj vet.* drehkrank (*Schaf etc*).
**stur·di·ness** ['stɜːdɪnɪs; *Am.* 'stɜr-] *s* **1.** Ro'bustheit *f.* **2.** *fig.* Standhaftigkeit *f.*
**stur·dy¹** ['stɜːdɪ; *Am.* 'stɜr-] *adj* (*adv* **sturdily**) **1.** ro'bust, kräftig, sta'bil (*a. Material*). **2.** *fig.* standhaft, entschlossen.
**stur·dy²** ['stɜːdɪ; *Am.* 'stɜr-] *s vet.* Drehkrankheit *f* (*der Schafe etc*).
**stur·geon** ['stɜːdʒən; *Am.* 'stɜr-] *pl* **'stur·geons** [-z], *bes. collect.* **'sturgeon** *s ichth.* Stör *m.*
**stut·ter** ['stʌtə(r)] **I** *v/i* **1.** stottern (*a. Motor*). **2.** *fig.* keckern (*Maschinengewehr etc*). **II** *v/t* **3.** *a.* ~ **out** stottern, stammeln. **III** *s* **4.** *med.* Stottern *n*: **to have a** ~ stottern. **5.** Gestottere *n*, Gestammel *n.* **'stut·ter·er** *s med.* Stotterer *m*, Stotterin *f.* **'stut·ter·ing I** *adj* **1.** *med.* stotternd. **2.** stotternd, stammelnd. **II** *s* **3.** → stutter III.
**sty¹** [staɪ] **I** *s* **1.** Schweinestall *m* (*a. fig.*). **2.** *fig.* a) Pfuhl *m*, b) Lasterhöhle *f.* **II** *v/t* **3.** Schweine in den Stall sperren.
**sty²,** *a.* **stye** [staɪ] *s med.* Gerstenkorn *n.*
**Styg·i·an** ['stɪdʒɪən] *adj* **1.** stygisch. **2.** finster. **3.** höllisch.
**style** [staɪl] **I** *s* **1.** Stil *m*, Art *f*, Typ *m.* **2.** Stil *m*, Art *f* u. Weise *f*, Ma'nier *f*: ~ **of singing** Gesangsstil *m*; **in the** ~ **of** in der Manier *od.* im Stil von (*od. gen*); **in superior** ~ in überlegener Manier, souverän; → **cramp²** 7. **3.** (guter) Stil: **in** ~ stilvoll (→ 5, 6, 7). **4.** *sport* Stil *m*, Technik *f.* **5.** (Lebens)Stil *m*, Lebensart *f*: **in good** ~ stil-, geschmackvoll; **in bad** ~ stil-, geschmacklos; **to live in great** ~ auf großem Fuße leben. **6.** vornehme Lebensart, Ele'ganz *f*, Stil *m*: **in** ~ vornehm; **to put on** ~ *Am. colloq.* vornehm tun. **7.** Mode *f*, Stil *m*: **the latest** ~; **in** ~ modisch. **8.** (Mach)Art *f*, Ausführung *f*, Fas'son *f*, Stil *m*: **in all sizes and** ~**s** in allen Größen u. Ausführungen. **9.** (lite'rarischer) Stil: **commercial** ~ Ge'schäftsstil *m*; **he has no** ~ er hat keinen Stil. **10.** (Kunst-, Bau)Stil *m*: **to be in the** ~ **of** sich im Stil anlehnen an (*acc*); **in proper** ~ stilecht. **11.** a) Titel *m*, Anrede *f*, (*a.* Berufs)Bezeichnung *f*, b) *econ. jur.* Firma *f*, (Firmen)Bezeichnung *f*: **under the** ~ **of** unter dem Namen ..., *econ.* unter der Firma ... **12.** a) *antiq.* Stilus *m*, (Schreib)Griffel *m*, b) (Schreib-, Ritz-)Stift *m*, c) Ra'diernadel *f*, Stichel *m*, d) Nadel *f* (*e-s Plattenspielers*), e) Feder *f* (*e-s Dichters*). **13.** *med.* Sonde *f.* **14.** Zeiger *m* (*e-r Sonnenuhr*). **15.** Zeitrechnung *f*, Stil *m*: **Old (New) S**~. **16.** *print.* (Schrift-)Stil *m* u. Orthogra'phie *f.* **17.** *bot.* Griffel *m.* **18.** *anat.* Griffelfortsatz *m.*
**II** *v/t* **19.** betiteln, anreden, (be)nennen, bezeichnen. **20.** a) (nach der neuesten Mode) entwerfen, (modisch) zuschneiden: **to** ~ **up** (im Stil *od.* Schnitt *etc*) verbessern, ‚aufpolieren', b) *econ. tech.* entwerfen, gestalten: **to** ~ **the car body,** c) *econ. Am. colloq.* in Mode bringen, (dem Käufer) schmackhaft machen. **'styl·er** *s* **1.** Modezeichner(in), -schöpfer(in). **2.** *tech.* (Form)Gestalter *m.*
**sty·let** [staɪ'let; *Am. a.* staɪ'let] *s* **1.** Sti'lett *n* (*kleiner Dolch*). **2.** (Gra'vier)Stichel *m.* **3.** *med.* a) (kleine) Sonde, b) Man'drin *m*, Sondenführer *m.* **4.** → style 18.
**sty·li** ['staɪlaɪ] *pl von* stylus.
**sty·li·form** ['staɪlɪfɔː(r)m] *adj bot. zo.* griffelförmig.
**styl·ing** ['staɪlɪŋ] *s* **1.** sti'listische Über'arbeitung, Stili'sieren *n.* **2.** *econ. tech.* Styling *n*, (gefällige) Aufmachung, *bes. mot.* Formgebung *f.*
**styl·ish** ['staɪlɪʃ] *adj* (*adv* ~**ly**) **1.** stilvoll. **2.** modisch, ele'gant, flott, schnittig. **3.** *contp.* 'hyperele¡gant, ‚affig'. **'styl-**

**ish·ness** s 1. (das) Stilvolle. 2. (das) Modische, Ele'ganz f.

**styl·ist** ['staɪlɪst] s 1. Sti'list(in). 2. → **styler**. **sty'lis·tic I** adj (adv ~ally) sti-'listisch, Stil...: ~ **analysis**. **II** s pl (meist als sg konstruiert) Sti'listik f.

**sty·lite** ['staɪlaɪt] s relig. Sty'lit m, Säulen-heilige(r) m.

**styl·ize** ['staɪlaɪz] v/t 1. allg. stili'sieren. 2. e-m Stil angleichen. 3. der Konventi'on unter'werfen.

**sty·lo** ['staɪləʊ] pl **-los** s colloq. für **stylograph**.

**sty·lo·graph** ['staɪləʊgrɑːf; bes. Am. -græf] s 1. (Art) Tintenkuli m. 2. Füll-(feder)halter m. ˌsty·lo'graph·ic [-ˈgræfɪk] adj (adv ~ally) stylo'graphisch: ~ **pen** → **stylograph**.

**sty·loid** ['staɪlɔɪd] anat. I adj stylo'id, griffelförmig: ~ **process** → II. II s Griffelfortsatz m.

**sty·lus** ['staɪləs] pl **-li** [-laɪ], **-lus·es** s 1. → style 12 a, d, 14, 17, 18. 2. Ko'pier-stift m. 3. Schreiber m, (Schreib)Stift m (e-s Registriergeräts).

**sty·mie** ['staɪmɪ] I s 1. Golf: a) Situation, wenn der gegnerische Ball zwischen dem Ball des Spielers u. dem Loch liegt, auf das er spielt, b) Lage des gegnerischen Balles wie in 1 a. II v/t 2. Golf: den Gegner (durch die Lage des Balles von 1 a) behindern. 3. fig. a) e-n Plan etc vereiteln, b) e-n Gegner matt setzen.

**styp·tic** ['stɪptɪk] adj u. s pharm. blutstil-lend(es Mittel): ~ **pencil** Alaunstift m.

**sty·rax** ['staɪəræks] → **storax** 2.

**sty·rene** ['staɪəriːn] s chem. Sty'rol n. ~ **res·in** s Polysty'rol n.

**Styr·i·an** ['stɪrɪən] I adj stei(e)risch, steiermärkisch. II s Steiermärker(in).

**sty·ro·lene** ['staɪərəliːn] → **styrene**.

**Styx** [stɪks] npr myth. Styx m (Fluß der Unterwelt): **to cross the** ~ sterben; (as) **black as** ~ schwarz wie die Nacht.

**Sua·bi·an** → **Swabian**.

**su·a·ble** ['sjuːəbl; Am. 'suː-] adj jur. 1. (ein)klagbar (Sache). 2. (passiv) pro-'zeßfähig (Person).

**sua·sion** ['sweɪʒn] s 1. (moral ~ gütliches) Zureden. 2. Über'redung(sver-such m) f. **'sua·sive** [-sɪv] adj (adv ~ly) 1. über'redend, zuredend. 2. über'zeugend.

**suave** [swɑːv] adj (adv ~ly) 1. verbindlich, höflich, zu'vorkommend, sanft. 2. (Wein) ölig. 3. lieblich, mild (Wein etc). **'suave-ness, 'suav·i·ty** s 1. Höflichkeit f, Verbindlichkeit f. 2. Lieblichkeit f, Milde f. 3. pl a) Höflichkeiten pl, Artigkeiten pl, b) Annehmlichkeiten pl.

**sub**[1] [sʌb] colloq. I s 1. abbr. für subal-tern II, subeditor, sublieutenant, submarine I, subordinate II, subscription I, substitute I, subway, etc. 2. bes. Br. Vorschuß m. II adj 3. Aushilfs..., Not... III v/i 4. (for) einspringen (für), vertreten (acc). 5. bes. Br. sich e-n Vorschuß nehmen. IV v/t 6. abbr. für subedit.

**sub**[2] [sʌb] (Lat.) prep unter: ~ **finem** am Ende (e-s zitierten Kapitels); ~ **judice** (noch) anhängig, (noch) nicht entschieden (Rechtsfall); ~ **rosa** unter dem Siegel der Verschwiegenheit, vertraulich; ~ **voce** unter dem angegebenen Wort (in e-m Lexikon etc).

**sub-** [sʌb] Wortelement mit den Bedeutungen a) unterhalb, Unter..., Grund..., Sub...), b) untergeordnet, Neben..., Sub..., Unter..., c) angrenzend, d) annähernd, e) chem. basisch, f) math. umgekehrt.

ˌsub'ac·e·tate s econ. basisch essig-saures Salz.

ˌsub'ac·id adj 1. säuerlich. 2. fig. etwas bissig (Bemerkung etc).

**su·ba·dar** → subahdar.

ˌsub'aer·i·al adj 1. bot. unmittelbar an der Erdoberfläche wachsend od. gelegen. 2. geol. suba'erisch.

ˌsub'a·gen·cy s 1. econ. 'Unteragen,tur f. 2. jur. Nebenvollmacht f. ˌsub'a·gent s 1. econ. a) 'Untervertreter m, b) 'Zwi-schenspedi,teur m. 2. jur. 'Unterbevoll-mächtigte(r m) f.

**su·bah·dar** [ˌsuːbəˈdɑː(r)] s Br. Ind. hist. 1. Vizekönig m, Statthalter m (e-r Provinz). 2. eingeborener Kompa'nieführer.

ˌsub'al·pine bot. zo. I adj subal'pin(isch). II s a) subal'pines Tier, b) subal'pine Pflanze.

**sub·al·tern** ['sʌbltən; Am. səˈbɔːltərn] I adj 1. subal'tern (a. Logik), 'unter-geordnet, Unter... 2. mil. bes. Br. Sub-altern... II s 3. Subal'terne(r m) f, Unter-'gebene(r m) f. 4. mil. bes. Br. Subal'tern-offi,zier m (bis einschließlich Oberleut-nant).

ˌsub'aq·ua adj 1. Unterwasser...: ~ **swimming**. 2. (Sport)Taucher...: ~ **equipment**.

ˌsub·a'quat·ic adj Unterwasser..., bot. zo. a. suba'quatisch.

ˌsub·a'que·ous adj Unterwasser...

'sub·arch s arch. Archi'volte f.

ˌsub'arc·tic adj geogr. sub'arktisch.

'sub·a·re·a s Teilgebiet n (a. fig.).

ˌsub·as'sem·bly s tech. 'Teilmon,tage f.

ˌsub'at·om s chem. phys. Bestandteil m (e-s A'toms), subato'mares Teilchen.

ˌsub·a'tom·ic adj subato'mar: ~ **par·ti·cle**.

ˌsub'au·di·ble adj 1. phys. unter der Hörbarkeitsgrenze. 2. kaum hörbar.

ˌsub'au·di·o adj electr. 'infraa,kustisch.

ˌsub·au'di·tion s 1. a) Her'aushören n, b) Lesen n zwischen den Zeilen. 2. a) Impli'zieren n, b) (das) Impli'zierte.

'sub,base·ment s Kellergeschoß n.

ˌsub'cal·i·ber, bes. Br. ˌsub'cal·i·bre adj mil. 1. Kleinkaliber... 2. Artillerie: Abkommkaliber...

ˌsub'car·bon·ate s chem. basisches Karbo'nat.

ˌsub'cat·e·go·ry s 'Untergruppe f.

**sub·cep·tion** [səbˈsepʃn] s psych. 'unter-schwellige Wahrnehmung.

ˌsub'cir·cuit s electr. Teilschaltung f.

'sub·claim s jur. (bes. Pa'tent),Unter-anspruch m.

'sub·class s biol. math. etc 'Unterklasse f.

**sub·cla·vi·an** [ˌsʌbˈkleɪvjən; -ɪən] anat. I adj unter dem Schlüsselbein (gelegen). II s → Lieblichkeit artery, subclavian muscle. ~ **ar·ter·y** s 'Unterschlüssel-beinschlagader f. ~ **mus·cle** s Schlüssel-beinmuskel m.

ˌsub'com,mit·tee s 'Unterausschuß m.

ˌsub'con·scious psych. I adj (adv ~ly) 1. 'unterbewußt. 2. halbbewußt. II s 3. 'Unterbewußtsein n, (das) 'Unter-bewußte. ˌsub'con·scious·ness s 'Un-terbewußtsein n.

ˌsub'con·ti·nent s 'Subkonti,nent m.

**sub·con·tract I** s [ˌsʌbˈkɒntrækt; Am. -ˈkɑn-] 1. Neben-, 'Untervertrag m. II v/t [ˌsʌbkənˈtrækt; Am. bes. -ˈkɑnˌtr-] 2. als 'Subunter,nehmer über'nehmen. 3. an (e-n) 'Subunter,nehmer vergeben. **sub-con'trac·tor** s 'Subunter,nehmer m, Zulieferer m.

ˌsub'con·tra·ry math. philos. I adj sub-kon'trär. II s subkon'trärer Satz.

ˌsub'cos·tal adj anat. subko'stal.

ˌsub'crit·i·cal adj electr. phys. 'unter-kritisch: ~ **mass**.

**sub·cul·ture** [ˈ-ˌk-; ˌ-ˈk-] s 1. sociol. 'Subkul,tur f. 2. Bakteriologie: 'Neben-kul,tur f.

ˌsub·cu'ta·ne·ous adj anat. zo. sub-ku'tan, unter der od. die Haut.

ˌsub'cu·tis s anat. 'Unterhaut(zell-gewebe n) f, Sub'kutis f.

ˌsub'dea·con s relig. 'Unterde,chant m.

ˌsub'dean s relig. 'Unterde,chant m.

**sub·deb** ['sʌbˌdeb; -ˈdeb] colloq. für sub-debutante. ˌsub'deb·u,tante s Am. 1. noch nicht in die Gesellschaft eingeführtes junges Mädchen. 2. Teenager m (Mädchen).

ˌsub'de·riv·a·tive s ling. von e-m De-riva'tiv abgeleitetes Wort.

ˌsub·di'vide v/t 1. (v/i sich) unter'teilen od. aufgliedern. 2. Am. Land parzel'lie-ren. ˌsub·di,vi·sion s 'Unter'teilung f, Aufgliederung f. 2. 'Unterab,teilung f.

ˌsub'dom·i·nant mus. I s 'Subdomi-,nante f. II adj 'subdomi,nantisch.

**sub·du·al** [səbˈdjuːəl; Am. a. -ˈduː-] s Unter'werfung f.

**sub·due** [səbˈdjuː; Am. a. -ˈduː] v/t 1. a) unter'werfen (**to** dat), unter'jochen, b) bezwingen, über'winden, -'wältigen, 2. fig. bändigen, zähmen. 3. Farbe, Licht, Stimmen etc, a. fig. j-s Begeisterung, Stim-mung etc dämpfen. 4. fig. j-m e-n Dämp-fer aufsetzen. 5. agr. Land urbar machen. **sub'dued** adj (adv ~ly) 1. unter'worfen, -'jocht. 2. gebändigt, gezähmt. 3. ge-dämpft (a. fig.): ~ **colo(u)rs** (light, spir-its, voice, etc). **sub'du·er** s 1. Unter-'werfer(in), -'jocher(in). 2. Bändiger(in).

ˌsub'ed·it v/t redi'gieren. ˌsub'ed·i·tor s Redak'teur(in).

**su·ber** ['sjuːbə; Am. 'suːbər] s 1. 'Kork (-sub,stanz f, -holz n) m. 2. Korkrinde f.

**su·be·re·ous** [sjuːˈbɪərɪəs; -ˈber-; Am. suːˈbɪr-] adj 1. korkig, Kork... 2. kork-artig. **su'ber·ic** [-ˈberɪk] adj Kork... **su-ber·in** ['sjuːbərɪn; Am. 'suː-] s chem. Sube'rin n, Korkstoff m. **'su·ber·ose** [-rəʊs], a. **'su·ber·ous** [-rəs] → su-bereous.

ˌsub,fam·i·ly s bes. zo. 'Unterfa,milie f.

ˌsub'fe·brile adj med. subfe'bril, fast fieb(e)rig.

**sub·fusc** ['sʌbfʌsk] adj 1. dunkel(farbig), düster. 2. fig. trist.

ˌsub·ge'ner·ic adj (adv ~ally) e-e 'Untergattung betreffend. **sub·ge·nus** ['sʌbˌdʒiːnəs; ˌ-ˈdʒ-] s irr bes. biol. 'Un-tergattung f.

ˌsub'gla·cial adj geol. 1. 'unterglazi,al. 2. teilweise glazi'al.

ˌsub'grade s Straßenbau: Packlagen-oberfläche f.

'sub·group s biol. etc 'Untergruppe f.

'sub·head, 'sub,head·ing s 1. print. 'Unter-, Zwischentitel m. 2. 'Unterab,tei-lung f (e-s Buches etc).

ˌsub'hu·man adj 1. halbtierisch, fast menschlich. 2. unmenschlich, menschen-unwürdig.

**sub·ja·cent** [sʌbˈdʒeɪsənt] adj 1. dar-'unterliegend. 2. tiefer gelegen. 3. Unter-grund... 4. fig. zu'grundeliegend.

**sub·ject** ['sʌbdʒɪkt] I s 1. (Gesprächs-etc)Gegenstand m, Thema n, Stoff m: ~ **of conversation**; a ~ **for debate** ein Dis-kussionsthema; **to change the** ~ das Thema wechseln, von etwas anderem reden; **on the** ~ **of** über (acc), bezüglich (gen); **S~:** (in Briefen) Betrifft, meist abbr. Betr. 2. ped. univ. (Lehr-, Schul-, Stu-dien)Fach n, Fachgebiet n: **the** ~ **of physics**. 3. Grund m, Anlaß m (for complaint zur Beschwerde). 4. Gegen-stand m, Ob'jekt n: **the** ~ **of ridicule** der Gegenstand des Gegenstand des Spottes. 5. mus. Thema n. 6. art Vorwurf m, Thema n, Su'jet n. 7. a) 'Untertan(in), b) Staatsbürger(in), -angehörige(r m) f: **he is a British** ~ er hat od. besitzt die britische Staatsange-hörigkeit. 8. ling. Sub'jekt n, Satzgegen-

stand *m.* **9.** *med. etc* a) (Ver'suchs)Ob,jekt *n*, b) Ver'suchsper,son *f od.* -tier *n*, c) Leichnam *m* (*für Sektionszwecke*), d) Pati'ent(in). **10.** (*ohne art*) die betreffende Per'son (*in Informationen*). **11.** *Logik:* Sub'jekt(sbegriff *m*) *n.* **12.** *philos.* a) Sub-'stanz *f*, b) Sub'jekt *n*, Ich *n:* ~ and object Subjekt u. Objekt, Ich u. Nicht-Ich.
**II** *adj* **13.** 'untertan, unter'geben (to *dat*). **14.** abhängig (to *von*) (*Staat etc*). **15.** ausgesetzt (to *dat*): ~ to ridicule. **16.** (to) unter'worfen, -'liegend (*dat*), abhängig (von), vorbehaltlich (*gen*): ~ to approval (*od.* authorization) genehmigungspflichtig; ~ to consent vorbehaltlich Ihrer Zustimmung; ~ to duty zollpflichtig; ~ to change without notice Änderungen vorbehalten; ~ to being unsold, ~ to (prior) sale *econ.* freibleibend, Zwischenverkauf vorbehalten; ~ to the laws of nature den Naturgesetzen unterworfen. **17.** (to) neigend (zu), anfällig (für): ~ to headaches.
**III** *v/t* [səb'dʒekt] **18.** (to) unter'werfen, -'jochen, 'untertan machen (*dat*), abhängig machen (von). **19.** *fig.* unter'werfen, -'ziehen, aussetzen (to *dat*): to ~ s.o. to a test j-n e-r Prüfung unter'ziehen; to ~ o.s. to ridicule sich dem Gespött aussetzen.
**sub·ject| cat·a·logue** (*Am. a.* **cat·a·log**) *s* 'Schlagwortkata,log *m.* ~ **heading** *s* Ru'brik *f* in e-m 'Sachre,gister. ~ **in·dex** *s a. irr* 'Sachre,gister.
**sub·jec·tion** [səb'dʒekʃn] *s* **1.** Unter-'werfung *f*, -'jochung *f.* **2.** Unter'worfensein *n.* **3.** Abhängigkeit *f* (to *von*): to be in ~ to s.o. von j-m abhängig sein.
**sub·jec·tive** [səb'dʒektɪv] **I** *adj* (*adv* ~ly) **1.** *allg., a. med. philos. psych.* subjek'tiv. **2.** *ling.* Subjekts..., des Sub'jekts: ~ case → 3. **II** *s* **3.** *ling.* Nominativ *m.* **sub'jec·tive·ness** *s* Subjektivi'tät *f.* **sub'jec·tiv·ism** *s bes. philos.* Subjekti'vismus *m.* **sub'jec·tiv·i·ty** [,sʌbdʒek'tɪvətɪ] *s* Subjektivi'tät *f.*
**sub·ject| mat·ter** *s* **1.** Gegenstand *m* (*e-r Abhandlung etc, jur. e-r Klage etc*). **2.** Stoff *m*, Inhalt *m* (*Ggs. Form*). ~ -'**ob·ject** *s philos.* subjek'tives Ob'jekt (*der Erkenntnis*). ~ **ref·er·ence** *s* Sachverweis *m.*
,**sub·join** *v/t* **1.** hin'zufügen. **2.** beilegen, -fügen.
,**sub·ju·gate** ['sʌbdʒʊgeɪt; *Am.* -dʒɪ,g-] *v/t* **1.** unter'jochen, -'werfen (to *dat*). **2.** *bes. fig.* bezwingen, bändigen, zähmen. ,**sub·ju'ga·tion** *s* Unter'werfung *f*, -'jochung *f.* '**sub·ju·ga·tor** [-tə(r)] *s* Unter'jocher(in).
**sub·junc·tive** [səb'dʒʌŋktɪv] *ling.* **I** *adj* **1.** konjunktivisch. **II** *s* **2.** *a.* ~ mood Konjunktiv *m.* **3.** Konjunktivform *f.*
**sub·late** [sʌb'leɪt] *v/t* (*Logik*) **1.** verneinen, leugnen. **2.** (*dat*) wider'sprechen. **3.** aufheben.
,**sub·lease I** *s* 'Untermiete *f*, -pacht *f*, -vermietung *f*, -verpachtung *f.* **II** *v/t* 'unter-, weitervermieten, -verpachten (to s.o. an j-n). ,**sub·les'see** *s* 'Untermieter(in), -pächter(in). ,**sub·les·sor** *s* 'Untervermieter(in), -verpächter(in).
,**sub·let** *v/t u. v/i irr* 'unter-, weitervermieten.
,**sub·lieu'ten·ant** *s mar. mil. Br.* Oberleutnant *m* zur See: acting ~ Leutnant *m* zur See.
**sub·li·mate I** *v/t* ['sʌblɪmeɪt] **1.** *chem.* subli'mieren. **2.** *fig.* subli'mieren (*a. psych.*), veredeln, -geistigen, läutern. **II** *s* [-mət; -meɪt] **3.** *chem.* Subli'mat *n.* **III** *adj* [-mət; -meɪt] **4.** subli'miert. ,**sub·li'ma·tion** *s* **1.** *chem.* Sublima-ti'on *f.* **2.** *fig.* Subli'mierung *f* (*a. psych.*), Veredelung *f*, -geistigung *f*, Läuterung *f.* **sub·lime** [sə'blaɪm] **I** *adj* (*adv* ~ly) **1.**

erhaben, hehr, sub'lim: ~ **language** gehobene Sprache; ~ **truths** hehre Wahrheiten. **2.** erhebend, großartig, grandi'os, gewaltig: ~ **scenery. 3.** *colloq.* großartig, wunderbar: a ~ **husband. 4.** *iro.* a) großartig: ~ **ignorance**, b) kom'plett: a ~ **idiot**, c) kraß: ~ **indifference. II** *s* **5.** the ~ das Erhabene. **6.** *fig.* Gipfel *m:* the ~ of folly. **III** *v/t* **7.** subli'mieren: ~d sulfur (*bes. Br.* sulphur) Schwefelblüte *f*, -blumen *pl.* **IV** *v/i* **8.** *chem.* subli'mieren. **9.** *phys.* sich verflüchtigen. **10.** *fig.* sich veredeln *od.* läutern. **Sub·lime Porte** [pɔː(r)t; *Am. a.* pəʊərt] *s pol. hist.* (Hohe) Pforte (*Hof od. Regierung des osmanischen Reichs*).
**sub·lim·i·nal** [,sʌb'lɪmɪnl; səb-] *adj med. psych.* **1.** 'unterbewußt: ~ self (*das*) Unterbewußte. **2.** 'unterschwellig: ~ advertising (perception, stimulus, *etc*).
**sub·lim·i·ty** [sə'blɪmətɪ] *s* **1.** Erhabenheit *f.* **2.** Großartigkeit *f.* **3.** Gipfel *m.*
,**sub·lin·gual** *anat.* **I** *adj* unter der Zunge (gelegen), sublingu'al: ~ **gland. II** *s* sublingu'ale Drüse *etc.*
,**sub·lit·er·a·ture** *s* **1.** drittrangige *od.* trivi'ale Litera'tur. **2.** vervielfältigte Schriftstücke *pl* für in'ternen Gebrauch.
,**sub·lit·to·ral** *adj* **1.** tiefer als die Küste (gelegen). **2.** nahe der Küste (gelegen *od.* lebend).
,**sub·lu·nar·y**, *a.* ,**sub'lu·nar** *adj* sublu'nar(isch): a) unter dem Mond (befindlich), b) *fig.* irdisch.
,**sub·ma'chine gun** *s mil.* Ma'schinenpi,stole *f.*
**sub·man** ['sʌbmæn] *s irr* **1.** bru'taler Kerl. **2.** Idi'ot *m.*
,**sub·mar·gin·al** *adj* **1.** *bot. zo.* fast am Rand (befindlich). **2.** *econ.* nicht mehr ren'tabel.
,**sub·ma'rine I** *s* **1.** *mar. mil.* 'Unterseeboot *n*, U-Boot *n.* **2.** (*etwas*) 'Unterseeisches, *bes.* a) *bot.* Unter'wasserpflanze *f*, b) *zo.* Seetier *n.* **II** *adj* **3.** 'unterseeisch, Untersee..., subma'rin: ~ **cable** (Tief-, Unter)Seekabel *n.* **4.** *mar. mil.* Unterseeboot..., U-Boot...: ~ **warfare; ~ chaser** U-Boot-Jäger *m;* ~ **pen** Unterseebootbunker *m.* **III** *v/t* **5.** *mar. mil.* mit e-m U-Boot *od.* U-Booten angreifen. ,**sub·mar·in·er** *s mar. mil.* Besatzungsmitglied *n* e-s U-Boots. '**sub·ma'rin·ing** *s* U-Bootkrieg *m.*
**sub·max·il·lar·y** [,sʌbmæk'sɪlərɪ; *Am.* sʌb'mæksə,leri:] *anat.* **I** *adj* submaxil'lar: ~ **gland** Unterkieferdrüse *f.* **II** *s* 'Unterkieferar,terie *f*, -knochen *m etc.*
,**sub·me·di·ant** *s mus.* sechste Stufe (*der Tonleiter*).
**sub·merge** [səb'mɜːdʒ; *Am.* -'mɜrdʒ] **I** *v/t* **1.** ein-, 'untertauchen, versenken. **2.** über'schwemmen, unter Wasser setzen. **3.** *fig.* a) unter'drücken, verschütten, b) über'tönen. **II** *v/i* **4.** 'untertauchen, -sinken. **5.** *mar.* tauchen (*U-Boot*). **sub'merged** *adj* **1.** 'untergetaucht. **2.** *mar. mil.* Angriff *etc* unter Wasser. **3.** über-'schwemmt. **4.** *fig.* unter'drückt, niedergehalten. **5.** *bot.* → submersed 2. **6.** *fig.* verelendet, verarmt: the ~ tenth das verelendete Zehntel (*der Bevölkerung*). **sub·mer·gence** *s* **1.** Ein-, 'Untertauchen *n*, Versenken *n.* **2.** Über'schwemmung *f.*
**sub·mersed** [səb'mɜːst; *Am.* -'mɜrst] *adj* **1.** → submerged 1–3. **2.** *bot.* Unterwasser...: ~ **plants. sub'mers·i·ble** *adj* **1.** versenkbar, 'untertauchbar. **2.** *mar.* a) tauchfähig (*U-Boot etc*), b) Untersee..., Tauch... **II** *s* **3.** *mar. mil.* 'Untersee-, Tauchboot *n.* **sub'mer·sion** [-ʃn; *Am. bes.* -ʒən] → submergence.
,**sub·mi·cron** *s chem. phys.* Submi'kron *n* (*nur im Ultramikroskop sichtbares Teilchen*).

,**sub·mi·cro'scop·ic** *adj chem. phys.* submikro'skopisch.
**sub·mis·sion** [səb'mɪʃn] *s* **1.** (to) Unter-'werfung *f* (unter *acc*), Ergebenheit *f* (in *acc*). **2.** Unter'würfigkeit *f:* with all due ~ mit allem schuldigen Respekt. **3.** *bes. jur.* Vorlage *f* (*e-s Dokuments etc*), Unter-'breitung *f* (*e-r Frage etc*). **4.** *jur.* a) Sachvorlage *f*, Behauptung *f*, b) Kompro'miß *m, n*, Schiedsvertrag *m.* **sub-'mis·sive** [-sɪv] *adj* (*adv* ~ly) **1.** ergeben, gehorsam. **2.** unter'würfig. **sub'mis·sive·ness** *s* **1.** Ergebenheit *f.* **2.** Unter-'würfigkeit *f.*
**sub·mit** [səb'mɪt] **I** *v/t* **1.** j-n *od.* etwas unter'werfen, -'ziehen, aussetzen (to *dat*): to ~ o.s. (to) → 4. **2.** *bes. jur.* unter'breiten, vortragen, -legen (to *dat*). **3.** *bes. jur.* a) beantragen, b) behaupten, zu bedenken geben, *bes. parl.* ergebenst bemerken. **II** *v/i* **4.** (to) gehorchen (*dat*), sich fügen (*dat od.* in *acc*), sich j-m, e-m *Urteil etc* unter'werfen, sich e-r *Operation etc* unter'ziehen. **sub'mit·tal** → submission 1 u. 3.
,**sub·mon·tane** *adj* am Fuße e-s Berges *od.* Gebirges (gelegen), vorgelagert.
,**sub·mul·ti·ple** *math.* **I** *adj* (in *e-r Zahl ohne Rest*) mehrmals enthalten. **II** *s* höhere (*als zweite*) Wurzel, in e-r Zahl enthaltener Faktor.
,**sub·nar'cot·ic** *adj med.* leicht nar'kotisch *od.* betäubend.
,**sub·nor·mal I** *adj* **1.** 'unter,durchschnittlich (*Begabung, Temperatur etc*), minderbegabt (*Person*). **2.** *math.* subnor'mal. **II** *s* **3.** Minderbegabte(r *m*) *f.* **4.** *math.* Subnor'male *f.*
,**sub'or·der** *s biol.* 'Unterordnung *f.*
,**sub'or·di·nar·y** *s her.* 'untergeordnetes Wappenbild.
**sub·or·di·nate** [sə'bɔː(r)dnət] **I** *adj* (*adv* ~ly) **1.** 'untergeordnet (to *dat*): a) unter-'stellt (to *dat*), Unter...: ~ **position** untergeordnete Stellung, b) nebensächlich, zweitrangig, Neben...: to be ~ to s.th. e-r Sache an Bedeutung nachstehen. **2.** *ling.* abhängig, Neben...: ~ **clause. 3.** *obs.* unter'würfig. **II** *s* **4.** Unter'gebene(r *m*) *f.* **5.** (*etwas*) Nebensächliches *od.* 'Untergeordnetes. **III** *v/t* [-dɪneɪt] **6.** *a. ling.* 'unterordnen (to *dat*). **7.** zu'rückstellen (to hinter *acc*). **sub·or·di·na·tion** [-dɪ'neɪʃn] *s* **1.** 'Unterordnung *f* (to unter *acc*). **2.** *ling.* Unter'würfigkeit *f.* **sub'or·di·na·tive** [-dɪnətɪv; *Am.* -dn,eɪtɪv] *adj* **1.** *bes. ling.* 'unterordnend. **2.** Unterordnungs...
**sub·orn** [sʌ'bɔː(r)n; sə-] *v/t jur.* j-n (*bes. zum Meineid*) anstiften: to ~ s.o. to commit perjury; to ~ witnesses Zeugen bestechen. **sub·or·na·tion** [,sʌbɔ:(r)'neɪʃn] *s jur.* Anstiftung *f*, Verleitung *f* (*of zum Meineid, zu falscher Zeugenaussage*), Zeugenbestechung *f:* ~ **of perjury; ~ of witnesses. sub'orn·er** *s bes. jur.* Anstifter(in) (*of perjury* zum Meineid).
,**sub·ox·i·da·tion** *s chem.* unvollständige Oxydati'on. ,**sub'ox·ide** *s chem.* Oxy'dul *n.*
**sub·pe·na** *bes. Am. für* subpoena.
'**sub·plot** *s* Nebenhandlung *f.*
**sub·poe·na** [səb'piːnə; *bes. Am.* sə'p-] *jur.* **I** *s* (Vor)Ladung *f* (unter Strafandrohung). **II** *v/t* (unter Strafandrohung) vorladen.
,**sub'po·lar** *adj* **1.** *geogr.* subpo'lar. **2.** *astr.* unter dem Himmelspol (gelegen).
,**sub'pro·gram(me)** *s Computer:* 'Unterpro,gramm *n.*
'**sub,re·gion** *s* **1.** *bot. geogr. zo.* 'Subre,gi,on *f*, 'Untergebiet *n.* **2.** *math.* Teilbereich *m.* ,**sub're·gion·al** *adj* 'subre,gio,nal.

**sub·rep·tion** [səbˈrepʃn] s **1.** bes. jur. Erschleichung f. **2.** (arglistig herˈbeigeführter) Irrtum.

**sub·ro·gate** [ˈsʌbrəʊgeɪt] v/t jur. j-n einsetzen (for s.o. an j-s Stelle; to the rights of s.o. in j-s Rechte). ˌsub·roˈga·tion s jur. ˈForderungsˌübergang m (kraft Gesetzes): ~ of a creditor Ersetzung f e-s Gläubigers durch e-n anderen; ~ of rights Rechtseintritt m.

ˈsub·rouˌtine s Computer: ˈSubrouˌtine f, ˈUnterproˌgramm n.

ˌsubˈscap·u·lar adj anat. subskapuˈlar, unter dem Schulterblatt (gelegen).

**sub·scribe** [səbˈskraɪb] **I** v/t **1.** unterˈzeichnen, -ˈschreiben, (ˈunterschriftlich) anerkennen: to ~ a contract. **2.** etwas mit (s-m Namen etc) (unter)ˈzeichnen. **3.** e-n Geldbetrag zeichnen (for shares für Aktien; to a fund für e-n Fonds). **4.** allg. beisteuern, spenden. **II** v/i **5.** e-n Geldbetrag zeichnen (for, to für). **6.** vorbestellen, abonˈnieren (for, to acc): he ~d for the book (to a magazine). **7.** Geld beisteuern, spenden. **8.** unterˈschreiben, -ˈzeichnen (to acc). **9.** ~ to fig. (etwas) unterˈschreiben, billigen, gutheißen, beipflichten (dat). **subˈscrib·er** s **1.** Unterˈzeichner(in), -ˈzeichnete(r m) f (to gen). **2.** Befürworter(in) (to gen). **3.** a) Subskriˈbent(in), Abonˈnent(in), b) teleph. Teilnehmer(in): ~ trunk dialling Br. Selbstwählfernverkehr m. **4.** Zeichner (-in), Spender(in) (to e-s Geldbetrages).

**sub·script** [ˈsʌbskrɪpt] **I** adj **1.** darˈuntergeschrieben. **II** s **2.** chem. math. tiefgestellter Index, Tiefzahl f. **3.** (etwas) Darˈuntergeschriebenes. **sub·scrip·tion** [səbˈskrɪpʃn] **I** s **1.** (to) Beitrag m (zu, für), Spende f (für), (gezeichneter) Betrag. **2.** Br. Mitgliedsbeitrag m. **3.** (teleph.) GrundˈGebühr f (to für). **4.** (to) Abonneˈment n, Vorbestellung f, Subskriptiˈon f (gen); Bezugsrecht n (auf acc): by ~ im Abonnement; to take out a ~ to e-e Zeitung etc abonnieren. **5.** Subskriptiˈonssumme f, Fonds m. **6.** a) Unterˈzeichnung f, b) ˈUnterschrift f. **7.** (to) (ˈunterschriftliche) Einwilligung (in acc) od. Zustimmung (zu). **8.** econ. Zeichnung f: ~ of a sum (of a loan, etc); ~ for shares Aktienzeichnung; open for ~ zur Zeichnung aufgelegt; to inviteˈ~s for a loan e-e Anleihe (zur Zeichnung) auflegen. **II** adj **9.** Subskriptions..., Abonnements..., econ. Zeichnungs...: ~ edition Subskriptionsausgabe f; ~ library beitragspflichtige Leihbibliothek; ~ list a) econ. Subskriptionsliste f, b) (Zeitung) Zeichnungsliste f; ~ price Bezugspreis m.

ˈsubˌsec·tion s ˈUnterabˌteilung f, -abschnitt m.

**sub·sel·li·um** [sʌbˈseliəm] pl -li·a [-ə] (Lat.) s **1.** (niedrige) (Kirchen)Bank. **2.** → misericord(e).

ˌsubˈsen·si·ble adj mit den Sinnen nicht mehr wahrnehmbar.

**sub·se·quence** [ˈsʌbsɪkwəns] s **1.** späteres Eintreten. **2.** (das) Nachfolgende. **3.** Folge(erscheinung) f. **4.** [ˌsʌbˈsiːkwəns] math. Teilfolge f. ˈsub·se·quent adj (nach)folgend, nachträglich, später, Nach...: ~ charges nachträglich entstehende od. entstandene Kosten; ~ events spätere od. nachfolgende Ereignisse; ~ treatment Nachbehandlung f; ~ to a) später als, b) nach, im Anschluß an (acc), folgend (dat); ~ upon a) infolge (gen), b) (nachgestellt) (daraus) entstehend od. entstanden, (daraufhin) erfolgend. ˈsub·se·quent·ly adv **1.** ˈhinterher, nachher. **2.** anschließend, in der Folge. **3.** später.

**sub·serve** [səbˈsɜːv; Am. -ˈsɜrv] v/t dien-

lich od. förderlich sein (dat). **subˈser·vi·ence** [-vjəns; -vɪəns] s **1.** Unterˈwürfigkeit f (to gegenˈüber). **2.** Dienlichkeit f, Nützlichkeit f (to für). **3.** Abhängigkeit f (to von). **subˈser·vi·ent** adj (adv ~ly) **1.** dienstbar, ˈuntergeordnet (to dat). **2.** unterˈwürfig (to gegenˈüber). **3.** dienlich, förderlich (to dat).

**sub·side** [səbˈsaɪd] v/i **1.** sich senken: a) sinken (Flut etc), b) (ein)sinken, absacken (Boden etc), sich setzen (Haus etc). **2.** chem. sich (ab)setzen, sich niederschlagen. **3.** fig. abklingen, abflauen, nachlassen, sich legen: the storm (fever, etc) ~d; to ~ into in etwas verfallen. **4.** colloq. sich fallen lassen, sinken: he ~d into a chair.

**sub·sid·ence** [səbˈsaɪdns; ˈsʌbsɪ-] s **1.** (Erd)Senkung f, Absinken n. **2.** fig. Nachlassen n, Abflauen n. **3.** chem. (Boden)Satz m.

**sub·sid·i·ar·y** [səbˈsɪdjərɪ; Am. -dɪˌeri-] **I** adj **1.** Hilfs..., Unterstützungs...: ~ treaty Subsidienvertrag m; to be ~ to ergänzen, unterstützen (acc). **2.** unterˈgeordnet (to dat), Neben...: ~ character thea. Nebenfigur f; ~ company → 4; ~ rights jur. Nebenrechte (aus e-m Vertrag); ~ stream Nebenfluß m; ~ subject Nebenfach n. **II** s **3.** oft pl Beistand m, Hilfe f, Stütze f. **4.** econ. Tochter(gesellschaft) f.

**sub·si·di·za·tion** [ˌsʌbsɪdaɪˈzeɪʃn; Am. -dəˈz-] s Subventioˈnierung f. ˈsub·si·dize [-daɪz] v/t **1.** subventioˈnieren, e-n Zuschuß od. Zuschüsse gewähren (dat). **2.** j-n durch Hilfsgelder verpflichten, Truppen unterˈhalten. ˈsub·si·dy [-dɪ] s **1.** Beihilfe f (aus öffentlichen Mitteln), Subventiˈon f. **2.** oft pl pol. Subˈsidien pl, Hilfsgelder pl. **3.** (geldliche) Unterˈstützung. **4.** Br. hist. parlamenˈtarische Zuwendung (aus Steuergeldern) an die Krone.

**sub·sist** [səbˈsɪst] **I** v/i **1.** exiˈstieren, bestehen. **2.** weiterbestehen, fortdauern, bleiben. **3.** sich ernähren od. erhalten, leben (on, upon von; by durch). **4.** philos. a) (selbständig) bestehen, b) denkbar sein. **II** v/t **5.** j-n ernähren, erhalten, unterˈhalten. **subˈsist·ence** s **1.** Bestehen n, Dasein n, Exiˈstenz f. **2.** Auskommen n, (Lebens)Unterhalt m, Exiˈstenz(möglichkeit) f: ~ farming (od. agriculture) Ackerbau m ausschließlich für den Eigenbedarf; ~ level Existenzminimum n; ~ theory econ. Existenzminimum-Theorie f. **3.** bes. mil. Versorgung f, Verpflegung f. **4.** a. ~ money (od. allowance) a) (Lohn)Vorschuß m, b) Trennungszulage f, c) ˈUnterhaltsbeihilfe f, -zuschuß m. **5.** philos. a) Wesen n, b) Subsiˈstenz f. **6.** Innewohnen n.

ˈsub·soil s ˈUntergrund m.

ˌsubˈso·lar adj **1.** unter der Sonne (befindlich). **2.** geogr. tropisch.

ˌsubˈson·ic adj phys. **I** adj **1.** Unterschall...: ~ aircraft → II; at ~ speed mit Unterschallgeschwindigkeit. **II** s **2.** ˈUnterschallflugzeug n. **3.** ˈUnterschallflug m.

ˈsubˌspe·cies s irr biol. ˈUnterart f, Subˈspezies f. ˌsubˈspe·cif·ic adj zu e-r ˈUnterart gehörig.

ˌsubˈspher·i·cal adj fast rund.

**sub·stance** [ˈsʌbstəns] s **1.** Subˈstanz f, Maˈterie f, Stoff m, Masse f. **2.** fig. Subˈstanz f: a) Wesen n, b) (das) Wesentliche, wesentlicher Inhalt od. Bestandteil, Kern m, c) Gehalt m: this essay lacks ~; in ~ im wesentlichen; arguments of little ~ wenig stichhaltige Argumente. **3.** philos. a) Subˈstanz f, b) Wesen n, Ding n. **4.** Gegenständlichkeit f, Wirklichkeit f. **5.** Vermögen n, Kapiˈtal n: a man of ~

ein vermögender Mann. **6.** Christian Science: Gott m.

ˌsubˈstand·ard adj **1.** unter der (gültigen) Norm; ~ goods Ausschußware f; ~ film Schmalfilm m; ~ risk (Versicherung) anomales Risiko. **2.** ling. nicht hoch- od. schriftsprachlich, ˈumgangssprachlich.

**sub·stan·tial** [səbˈstænʃl] adj (adv → substantially) **1.** materiˈell, stofflich, wirklich (vorˈhanden), greifbar. **2.** nahrhaft, kräftig, gehaltvoll: a ~ meal. **3.** fest, kräftig: ~ cloth. **4.** beträchtlich, wesentlich: ~ difference (progress, etc); ~ reasons gewichtige Gründe; a ~ sum e-e namhafte od. stattliche Summe. **5.** wesentlich: in ~ agreement im wesentlichen übereinstimmend; a ~ victory im großen u. ganzen ein Sieg. **6.** gediegen, zuverlässig. **7.** stichhaltig, funˈdiert: ~ arguments (evidence, etc). **8.** vermögend, kapiˈtalkräftig: ~ traders. **9.** bes. philos. substantiˈell, wesentlich. subˌstan·ti·al·i·ty [-ʃɪˈælətɪ] s **1.** Wirklichkeit f, Stofflichkeit f, Greifbarkeit f. **2.** a) Nahrhaftigkeit f, b) collect. nahrhafte Dinge pl. **3.** Festigkeit f. **4.** Gewichtigkeit f. **5.** Gediegenheit f. **6.** Stichhaltigkeit f. **7.** philos. Substantialiˈtät f. subˈstan·tial·ize [-ʃəlaɪz] v/t **1.** verkörpern. **2.** → substantiate 2. **II** v/i **3.** Subˈstanz gewinnen, sich verstofflichen. **4.** sich verwirklichen. subˈstan·tial·ly adv **1.** dem Wesen nach. **2.** im wesentlichen. **3.** beträchtlich, wesentlich, in hohem Maße, weitgehend. subˈstan·ti·ate [-ʃɪeɪt] v/t **1.** a) begründen, b) beweisen, erhärten, jur. a. glaubhaft machen. **2.** Gestalt od. Wirklichkeit verleihen (dat), konkretiˈsieren. **3.** verstärˈ gen. subˌstan·ti·aˈtion s **1.** a) Begründung f, b) Erhärtung f, Beweis m, jur. a. Glaubhaftmachung f: in ~ of zur Erhärtung od. zum Beweis von (dat). **2.** Verwirklichung f, Konkretiˈsierung f.

**sub·stan·ti·val** [ˌsʌbstənˈtaɪvl] adj (adv ~ly) ling. substanˈtivisch, Substantiv... ˈsub·stan·tive [-tɪv] **I** s **1.** ling. a) Substantiv n, Hauptwort n, b) substantivisch gebrauchte Form. **II** adj [bes. Br. (außer 2.) səbˈstæn-] ling. a) substantivisch (gebraucht), b) das Sein ausdrückend: ~ verb. **2.** selbständig, unabhängig. **4.** wesentlich. **5.** wirklich, reˈal. **6.** fest: ~ rank mil. Dienstgrad m mit Patent. **7.** jur. materiˈell: ~ law. **8.** ~ dye tech. substantiver Farbstoff.

ˈsubˌsta·tion s **1.** Neben-, Außenstelle f. **2.** electr. ˈUnterwerk n. **3.** teleph. (Teilnehmer)Sprechstelle f.

**sub·stit·u·ent** [sʌbˈstɪtjʊənt; səb-; Am. -tˈstəwənt] s chem. Substituˈent m.

**sub·sti·tute** [ˈsʌbstɪtjuːt; Am. -ˌtuːt] **I** s **1.** a) Ersatz(mann) m, (Stell)Vertreter(in): to act as a ~ for s.o. j-n vertreten, b) sport Auswechselspieler m: ~s' bench Auswechselbank f. **2.** Ersatz(stoff m, -mittel n), Surroˈgat n. **3.** ling. Ersatzwort n. **4.** mil. hist. Ersatzmann m. **II** adj **5.** Ersatz...: ~ driver; ~ food; ~ material tech. Austausch(werk)stoff m; ~ power of attorney jur. Untervollmacht f. **III** v/t **6.** (for) einsetzen (für, anˈstelle von), an die Stelle setzen (von od. gen), bes. chem. math. etc substituˈieren (für). **7.** j-n ersetzen, an j-s Stelle treten. **8.** to ~ A for B B durch A ersetzen, B gegen A austauschen od. auswechseln (alle a. sport). **IV** v/i **9.** (for) als Ersatz dienen, als Stellvertreter funˈgieren (für), an die Stelle treten (von od. gen), einspringen (für). ˈsub·sti·tut·ed adj Ersatz..., ersatzweise.

**sub·sti·tu·tion** [ˌsʌbstɪˈtjuːʃn; Am. a. -ˈtuː-] s **1.** Einsetzung f (a. jur. e-s Ersatzerben etc): ~ of an heir. **2.** contp. ˈUnter-

schiebung f: ~ **of a child. 3.** a) Ersatz m, Ersetzung f, (ersatzweise) Verwendung, b) *sport* Auswechslung f. **4.** Stellvertretung f. **5.** *chem. math.* Substituti'on f. **6.** *ling.* ('Laut)Substituti,on f. **7.** *psych.* Verdrängung f: ~ **neurosis** Ersatzneurose f. ,**sub·sti'tu·tion·al** [-ʃənl] *adj* (*adv* ~ly); ,**sub·sti'tu·tion·ar·y** [-ʃnɔrɪ; *Am.* -ʃə,neriː], '**sub·sti·tu·tive** [-tɪv] *adj* **1.** Stellvertretungs... **2.** Ersatz...

**sub·strate** ['sʌbstreɪt] *s* **1.** → substratum. **2.** *biol. chem.* Sub'strat n.

,**sub'strat·o,sphere** *s aer.* 'Substrato,sphäre f.

,**sub'stra·tum** *s irr* **1.** 'Unter-, Grundlage f (*a. fig.*). **2.** *geol.* 'Unterschicht f. **3.** *biol. chem.* Träger m, Medium n. **4.** *biol.* Nähr-, Keimboden m, Sub'strat n. **5.** *ling.* Sub'strat n. **6.** *philos.* Sub'stanz f. **7.** *phot.* Grundschicht f.

**sub·struc·tion** [,sʌb'strʌkʃn], '**sub·,struc·ture** *s* **1.** *arch.* Funda'ment n, 'Unterbau m (*a. rail.*). **2.** *fig.* Grundlage f.

**sub·sume** [səb'sjuːm; *Am.* -'suːm] *v/t* **1.** zs.-fassen, 'unterordnen (**under** unter *dat od. acc*). **2.** einordnen, -schließen (**in** in *acc*). **3.** *philos.* (als Prämisse) vor'ausschicken. **sub'sump·tion** [-'sʌmpʃn] *s* **1.** Zs.-fassung f (**under** unter *dat od. acc*). **2.** Einordnung f (**in** in *acc*). **3.** *Logik:* a) Subsumpti'on f (e-s Begriffes), b) 'Untersatz m (*beim Schluß*).

'**sub,sur·face I** *s agr.* Erdschicht f (zwischen Humusschicht u. 'Unterboden). **2.** (Wasser)Schicht f (unter der Oberfläche). **II** *adj* **3.** unter der Oberfläche (befindlich). **4.** a) Untergrund..., b) Unterwasser...

'**sub,sys·tem** *s* 'Teilsy,stem n.

,**sub'tan·gent** *s math.* 'Subtan,gente f.

,**sub'teen** *s Am.* Kind n (*bes.* Mädchen n) unter 13 Jahren.

,**sub'tem·per·ate** *adj geogr.* die kühleren Teile der gemäßigten Zonen betreffend.

,**sub'ten·an·cy** *s* 'Untermiete f, -pacht f. ,**sub'ten·ant** *s* 'Untermieter m, -pächter m.

**sub·tend** [səb'tend] *v/t* gegen'überliegen (*dat*).

**sub·ter·fuge** ['sʌbtə(r)fjuːdʒ] *s* **1.** Vorwand m, Ausflucht f. **2.** List f.

**sub·ter·ra·ne·an** [,sʌbtə'reɪnjən; -nɪən], ,**sub·ter'ra·ne·ous** *adj* **1.** 'unterirdisch. **2.** *fig.* versteckt, heimlich.

'**sub,ti·tle I** *s* 'Untertitel m. **II** *v/t* e-n Film unter'titeln.

**sub·tle** ['sʌtl] *adj* (*adv* → subtly) **1.** *allg.* fein: ~ **aroma** (**distinction, smile,** *etc*). **2.** fein(sinnig), 'hintergründig, sub'til: ~ **irony**; a ~ **hint** ein leiser od. zarter Wink. **3.** heikel, schwierig: a ~ **point. 4.** scharf (-sinnig), spitzfindig. **5.** a) geschickt, b) gerissen, raffi'niert. **6.** (heim)tückisch, schleichend: a ~ **poison.** '**sub·tle·ty** [-tɪ] *s* **1.** Feinheit f, sub'tile Art, (*das*) Subtile. **2.** Spitzfindigkeit f. **3.** Scharfsinn(igkeit f) m. **4.** a) Geschicklichkeit f, b) Gerissenheit f, Raffi'nesse f. **5.** Tücke f. **6.** schlauer Einfall, Fi'nesse f. '**sub·tly** [-lɪ] *adv* fein etc, auf feine etc Weise (→ subtle).

,**sub'ton·ic s 1.** *ling.* 'Halbvo,kal m. **2.** *mus.* Leitton m. **II** *adj* **3.** *ling.* 'halbvo,kalisch.

**sub·to·pi·a** [sʌb'təʊpɪə] *s Br.* Rand-

gebiete *pl* der Großstadt, zersiedelte Landschaft.

,**sub'tor·rid** *adj geogr.* subtropisch.

,**sub'to·tal I** *s* Zwischen-, Teilsumme f. **II** *v/t pret u. pp* **-taled,** *bes. Br.* **-talled** e-e Zwischen- od. Teilsumme errechnen von.

**sub·tract** [səb'trækt] **I** *v/t* **1.** wegnehmen (**from** von). **2.** *math.* abziehen, subtra'hieren (**from** von). **II** *v/i* **3.** (**from**) Abstriche machen (von), schmälern (*acc*). **4.** *math.* subtra'hieren. **sub'trac·tion** *s* **1.** *math.* Subtrakti'on f, Abziehen n. **2.** *fig.* Abzug m. **sub'trac·tive** *adj* **1.** abziehend. **2.** *math.* abzuziehen(d).

,**sub'tra·hend** ['sʌbtrəhend] *s math.* Subtra'hend m.

'**sub·tribe** *s bot. zo.* 'Unterstamm m, -klasse f.

,**sub'trip·li·cate** *adj math.* Kubikwurzel...

,**sub'trop·i·cal** *adj geogr.* subtropisch. ,**sub'trop·ics** *s pl geogr.* Subtropen pl.

'**sub·type** *s biol.* **1.** 'untergeordneter Typus. **2.** Formati'onsglied n.

**su·bu·late** ['sjuːbjʊlət; -leɪt; *bes. Am.* 'suːbjə-] *adj* **1.** pfriemenförmig. **2.** *bot.* pfriemlich.

**sub·urb** ['sʌbɜːb; *Am.* -ɑːrb] *s* **1.** Vorstadt f, -ort m, *pl a.* Randbezirke pl. **2.** (Stadt-)Randsiedlung f. **sub·ur·ban** [sə'bɜːbən; *Am.* -'bɜr-] **I** *adj* **1.** vorstädtisch, Vorstadt..., Vorort(s)... **2.** *contp.* provinzi'ell, spießig. **II** *s* **3.** → surburbanite. **4.** *mot. Am.* Kombiwagen m. **sub'ur·ban·ite** *s* Vorstädter(in). **sub'ur·ban·ize** *v/t* e-n 'Vorstadtcha,rakter verleihen (*dat*). **sub'ur·bi·a** [-bɪə] *s* **1.** Vorstadt f, Randbezirke *pl* (e-r Stadt), Stadtrand(siedlungen *pl*) m. **2.** *collect.* Vorstadtbewohner pl. **3.** Leben(sstil m) n in der Vorstadt.

'**sub·va,ri·e·ty** *s bot. zo.* 'untergeordnete Abart.

**sub·ven·tion** [səb'venʃn] *s* (staatliche) Subventi'on f, (finanzi'elle) Beihilfe. **sub'ven·tioned** *adj* subventio'niert.

**sub·ver·sion** [səb'vɜːʃn; *Am.* -'vɜrʒən] *s* **1.** *pol.* Subversi'on f: a) ('Um)Sturz m, b) Staatsgefährdung f, Verfassungsverrat m: ~ **of a government** Sturz e-r Regierung. **2.** Unter'grabung f, Zerrüttung f, -setzung f. **sub'ver·sive I** *adj* (*adv* ~ly) **1.** *pol.* 'umstürzlerisch, subver'siv, staatsgefährdend, Wühl...: ~ **activities. 2.** zerstörerisch, zerrüttend. **II** *s* **3.** *pol.* 'Umstürzler(in).

**sub·vert** [sʌb'vɜːt; səb-; *Am.* -'vɜrt] *v/t* **1.** *pol.* a) stürzen: **to ~ the government,** b) 'umstoßen: **to ~ the law; to ~ the constitution** die Verfassung gewaltsam ändern. **2.** unter'graben, zerrütten, -setzen. **3.** 'umwerfen, zerstören.

'**sub·way** *s* **1.** *Am.* 'Untergrundbahn f, U-Bahn f. **2.** ('Straßen-, 'Fußgänger-) Unter,führung f. **3.** Leitungstunnel m.

,**sub'ze·ro** *adj* unter 0 Grad, unter dem Gefrierpunkt (*Temperatur*).

**suc·cade** [sʌ'keɪd] *s meist pl* (in Zucker) eingemachte od. kan'dierte Frucht.

**suc·ceed** [sək'siːd] **I** *v/i* **1.** glücken, erfolgreich sein od. verlaufen, gelingen, Erfolg haben (*Sache*). **2.** Erfolg haben, erfolgreich sein, sein Ziel erreichen (*Person*) (**as** als; **in** mit *etwas*; **with** bei *j-m*): he ~ed **in doing s.th.** es gelang ihm, etwas zu tun; **to ~ in action** *jur.* obsiegen; he ~ed **very badly** es gelang ihm sehr schlecht. **3.** (**to**) a) Nachfolger werden (in e-m Amt etc), b) erben (*acc*): **to ~ to the throne** auf dem Thron folgen; **to ~ to s.o.'s rights** in j-s Rechte eintreten. **4.** (**to**) (*unmittelbar*) folgen (*dat od. auf acc*), nachfolgen (*dat*). **II** *v/t* **5.** (nach-) folgen (*dat*), folgen (*dat od. auf acc*), j-s

(Amts- od. Rechts)Nachfolger werden, j-n beerben: **to ~ s.o. in office** j-s Amt übernehmen.

**suc·cès d'es·time** [sək,seɪdes'tiːm] *s* Achtungserfolg m.

**suc·cess** [sək'ses] *s* **1.** (guter) Erfolg, Gelingen n: **with ~** erfolgreich; **without ~** erfolglos; **to be a ~** ein Erfolg sein, (gut) einschlagen (*Sache u. Person*): **the evening was a ~** es war ein gelungener Abend; ~ **rate** Erfolgsquote f; → crown 20. **2.** Erfolg m, (Glanz)Leistung f. **3.** (beruflicher *etc*) Erfolg: ~ **story** Erfolgsgeschichte f; **S~ Story of the Week** Aufsteiger m der Woche. **suc'cess·ful** *adj* (*adv* ~ly) **1.** erfolgreich: **to be ~** → succeed 1 u. 2; **to be ~ in doing s.th.** etwas mit Erfolg tun, Erfolg haben bei od. mit etwas; ~ **party** *jur.* obsiegende Partei. **2.** gelungen, geglückt, erfolgreich: a ~ **experiment. suc'cess·ful·ness** *s* **1.** Erfolg m.

**suc·ces·sion** [sək'seʃn] *s* **1.** (Aufein'ander-, Reihen)Folge f: **in ~** nach-, auf-, hintereinander; **in quick** (*od.* **rapid**) **~** in rascher Folge. **2.** Reihe f, Kette f, ('un-unter,brochene) Folge (**of** *gen od. von*). **3.** Nach-, Erbfolge f, Sukzessi'on f: ~ **to the throne** Thronfolge; **in ~ to George II** als Nachfolger von Georg II.; **to be next in ~ to s.o.** als nächster auf j-n folgen; ~ **to an office** Übernahme f e-s Amtes, Nachfolge in e-m Amte; ~ **state** *pol.* Nachfolgestaat m; → apostolic 1, Spanish 1. **4.** *jur.* a) Rechtsnachfolge f, b) Erbfolge f, c) *a.* **order of ~** Erbfolgeordnung f, d) *a.* **law of ~** (objektives) Erbfolgerecht, e) ~ **to** 'Übernahme f od. Antritt m (e-s Erben); ~ **duties** Erbschaftssteuer f (*für unbewegliches Vermögen*); ~ **rights** (subjektive) Erbrechte. **5.** *collect.* a) Nachfolger *pl,* b) Nachkommenschaft f, c) Erben pl. **6.** *biol.* Abstammungsfolge f (e-r Art etc). **7.** *bot.* Sukzessi'on f. **suc'ces·sion·al** *adj* **1.** (nach)folgend, Nachfolge... **2.** aufein-'anderfolgend, zs.-hängend. **suc'ces·sion·ist** *s relig.* Verfechter m der apo-'stolischen Sukzessi'on od. Nachfolge. **suc'ces·sive** [-sɪv] *adj* **1.** (aufein'an-der)folgend, sukzes'siv: **3 ~ days** 3 Tage hintereinander. **2.** nachein'ander entstanden od. geordnet, fortlaufend, stufenweise. **suc'ces·sive·ly** *adv* der Reihe nach, nach-, hinterein'ander. **suc·'ces·sive·ness** *s* (Reihen)Folge f, Nachein'ander n. **suc'ces·sor** [-sə(r)] *s* Nachfolger(in) (**to, of** *j-s, für j-n*): ~ (**in interest** *od.* **title**) Rechtsnachfolger(in); ~ **to the throne** Thronfolger(in); ~ **in office** Amtsnachfolger(in).

**suc·cinct** [sək'sɪŋkt] *adj* (*adv* ~ly) **1.** kurz (u. bündig), knapp, la'konisch, prä-'gnant. **2.** kurz (angebunden), barsch. **suc'cinct·ness** *s* **1.** Kürze f, Knappheit f, Prä'gnanz f. **2.** Barschheit f.

**suc·cor,** *bes. Br.* **suc·cour** ['sʌkə(r)] **I** *s* **1.** Hilfe f, Beistand m. **2.** *mil.* Einsatz m. **II** *v/t* **3.** j-m beistehen od. zu Hilfe kommen. **4.** *mil.* entsetzen.

**suc·co·ry** ['sʌkərɪ] *s* Zi'chorie f.

**suc·co·tash** ['sʌkətæʃ] *s Am.* (indiani-scher) Mais- u. Bohneneintopf.

**suc·cour** *bes. Br.* für succor.

**suc·cu·bus** ['sʌkjʊbəs] *pl* **-bi** [-baɪ] *s* Sukkubus m.

**suc·cu·lence** ['sʌkjʊləns], '**suc·cu·len·cy** [-sɪ] *s* **1.** Saftigkeit f. **2.** *agr.* Grün-, Silofutter n. '**suc·cu·lent** *adj* (*adv* ~ly) **1.** saftig, *bot. a.* fleischig, sukku'lent: ~ **plants** Sukkulenten pl; → feed → succulence 2. **2.** *fig.* kraftvoll, saftig.

**suc·cumb** [sə'kʌm] *v/i* **1.** zs.-brechen (**to** unter *dat*). **2.** (**to**) a) (j-m) unter'liegen, b) (e-r Krankheit etc, *a.* der Versuchung

*etc*) erliegen: **he** ⟍**ed to temptation.**
**3. (to, under, before)** nachgeben (*dat*), weichen (*dat od.* vor *dat*).
**suc·cur·sal** [sʌˈkɜːsl; *Am.* səˈkɜrsəl] *adj* Hilfs...: ⟍ **church.**
**suc·cus·sion** [səˈkʌʃn; sʌ-] *s* Schütteln *n*, Erschütterung *f* (*a. med.*).
**such** [sʌtʃ] **I** *adj* **1.** solch(er, e, es), derartig(er, e, es): ⟍ **a man** ein solcher Mann; **no** ⟍ **thing** nichts dergleichen; **there are** ⟍ **things** so etwas gibt es *od.* kommt vor; ⟍ **a life as they live** ein Leben, wie sie es führen; ⟍ **people as you see here** die(jenigen) *od.* alle Leute, die man hier sieht; **a system** ⟍ **as this** ein derartiges System; ⟍ **a one** ein solcher, e-e solche, ein solches; **Mr.** ⟍ **and** ⟍ Herr Soundso; ⟍ **and** ⟍ **persons** die u. die Personen. **2.** ähnlich, derartig(er, e, es): **silk and** ⟍ **luxuries. 3.** *pred* so (beschaffen), derart(ig), von solcher Art (**as to** daß): ⟍ **is life** so ist das Leben; ⟍ **as it is** wie es nun einmal ist; ⟍ **being the case** da es sich so verhält. **4.** solch(er, e, es), so (groß *od.* klein *etc*), dermaßen: **he got** ⟍ **a fright that** er bekam e-n derartigen Schrecken, daß; ⟍ **was the force of the explosion** so groß war die Gewalt der Explosion. **5.** *colloq.* so (gewaltig), solch: **we had** ⟍ **fun!** wir hatten (ja) so e-n Spaß!
**II** *adv* **6.** so, derart: ⟍ **a nice day** so ein schöner Tag; ⟍ **a long time** e-e so lange Zeit.
**III** *pron* **7.** solch(er, e, es), der, die, das, die *pl*: ⟍ **as** *a)* diejenigen, welche; alle, die; solche, die, *b)* wie (zum Beispiel); ⟍ **was not my intention** das war nicht m-e Absicht; **man as** ⟍ der Mensch als solcher; **all** ⟍ alle dieser Art; **and** ⟍ (like) u. dergleichen. **8.** *colloq. od. econ.* der-, die-, das'selbe, die'selben *pl*. **'**⟍**-like** *adj* u. *pron* der'gleichen.
**suck** [sʌk] **I** *v/t* **1.** saugen (**from, out of** aus *dat*). **2.** saugen an (*dat*), aussaugen: **to** ⟍ **an orange. 3.** *a.* ⟍ **in,** ⟍ **up** aufsaugen, -nehmen (*a. fig.*). **4.** ⟍ **in** *a)* einsaugen, *b)* *Wissen* in sich aufsaugen, *c)* *Br. sl.* j-n ,bescheißen'. **5.** lutschen an (*dat*): **to** ⟍ **one's thumb** (am) Daumen lutschen; **to** ⟍ **sweets** Bonbons lutschen. **6.** *a.* ⟍ **down** schlürfen: **to** ⟍ **soup. 7.** ⟍ **down** (*od.* **under**) in die Tiefe ziehen (*Strudel*). **8.** *fig.* holen, gewinnen, ziehen: **to** ⟍ **advantage out of** Vorteil ziehen aus. **9.** *fig.* aussaugen, -pressen: → **brain** 2. **10.** ⟍ **s.o. off** *vulg.* j-m e-n ,blasen'.
**II** *v/i* **11.** saugen, lutschen (**at** an *dat*): **he** ⟍**ed at his pipe** er sog an s-r Pfeife. **12.** an der Brust trinken (*od.* saugen. **13.** Luft saugen (*od.* ziehen (*Pumpe*). **14.** ⟍ **up to** *sl.* j-m ,in den Arsch kriechen'.
**III** *s* **15.** Saugen *n*, Lutschen *n*: **to give** ⟍ **to** *obs. für* **suckle** 1; **to have** (*od.* **take**) **a** ⟍ **at** (kurz) saugen an (*dat*). **16.** Sog *m*, Saugkraft *f.* **17.** saugendes Geräusch. **18.** Wirbel *m*, Strudel *m*. **19.** *colloq.* kleiner Schluck. **20.** *sl.* ,Arschkriecher(in)'.
**'suck·er I** *s* **1.** saugendes Jungtier (*bes. Spanferkel, Br.* **2.** *zo.* *a)* Saugrüssel *m*, *b)* Saugnapf *m.* **3.** *ichth. a)* (ein) Karpfenfisch *m*, *b)* Neunauge *n*, *c)* Lumpenfisch *m.* **4.** *tech. a)* Saugkolben *m*, *b)* 'Saugven₁til *n*, *c)* Saugnapf *m*, *d)* Saugfuß *m.* **5.** *bot.* (*a.* Wurzel)Schößling *m.* **6.** Lutscher *m* (*Bonbon am Stiel*). **7.** *sl.* Dumme(r *m*) *f*, Gimpel *m*, (gutgläubiger) Trottel: **to play** (*od.* **have**) **s.o. for a** ⟍ j-n ,bescheißen'; **to be a** ⟍ **for** *a)* immer wieder reinfallen auf (*acc*), *b)* verrückt sein nach; **there's a** ⟍ **born every minute** *Am.* die Dummen werden nicht alle. **8.** S. (*Spitzname für e-n*) Einwohner *m* von Illinois. **II** *v/t* **9.** *e-e Pflanze von* Schößlingen befreien. **III** *v/i* **10.** Schößlinge treiben. ⟍ **list** *s Am. sl.* Liste *f*

wahr'scheinlicher Spender *od.* Käufer *etc*.
**'suck·ing** *adj* **1.** saugend, Saug...: ⟍ **infant** Säugling *m.* **2.** noch nicht flügge (sehr) jung: ⟍ **dove. 3.** angehend, Anfänger..., ,grün': **a** ⟍ **lawyer** ein angehender Rechtsanwalt. ⟍ **calf** *s* Milchkalb *n.* ⟍ **coil** *s tech.* Tauchkernspule *f.* ⟍ **disk** → **sucker** 2 b. ⟍ **pig** *s* Spanferkel *n.*
**suck·le** [ˈsʌkl] *v/t* **1.** säugen (*a. zo.*), *ein Kind* stillen, *e-m Kind* die Brust geben. **2.** *fig.* nähren, pflegen. **II** *v/i* **3.** stillen, säugen (*a. zo.*). **'suck·ling** [-lɪŋ] *s* **1.** Säugling *m.* **2.** (*noch nicht entwöhntes*) Jungtier.
**su·cre** [ˈsuːkreɪ; ˈsukre] *s* Sucre *m* (*goldene Münzeinheit u. Silbermünze Ecuadors*).
**su·crose** [ˈsuːkrəʊs; -əʊz; *Br. a.* ˈsjuː-] *s chem.* Rohr-, Rübenzucker *m*, Su'crose *f.*
**suc·tion** [ˈsʌkʃn] **I** *s* **1.** (An)Saugen *n*, *tech. a.* Saugwirkung *f*, -leistung *f.* **2.** *phys.* Saugfähigkeit *f.* **3.** *phys. tech.* Sog *m*, 'Unterdruck *m.* **4.** *mot.* Hub(höhe *f od.* -kraft *f*) *m.* **II** *adj* **5.** Saug...: ⟍ **pump** (*valve*). ⟍ **clean·er** → **suction sweeper.** ⟍ **cup** *s tech.* Saugnapf *m.* ⟍ **foot** *s irr tech.* Saugfuß *m.* ⟍ **meth·od** *s med.* 'Absauge₁thode *f* (*Schwangerschaftsabbruch*). ⟍ **pipe** *s tech.* Ansaugleitung *f.* ⟍ **plate** *s med.* Saugplatte *f* (*für e-e Zahnprothese*). ⟍ **stop** *s ling.* Schnalzlaut *m.* ⟍ **stroke** *s tech.* (An)Saughub *m.* ⟍ **sweep·er** *s* Staubsauger *m.* [Saug...]
**suc·to·ri·al** [sʌkˈtɔːrɪəl; *Am. a.* -ˈtəʊ-] *adj*]
**Su·da·nese** [₁suːdəˈniːz] **I** *adj* suda'nesisch, Sudan... **II** *s a)* Suda'nese *m*, Suda'nesin *f*, *b)* *pl* Suda'nesen *pl.*
**su·dar·i·um** [sjuːˈdeərɪəm; *bes. Am.* suː-] *pl* **-i·a** [-ɪə] *s* **1.** *relig.* Schweißtuch *n* (*der Heiligen Ve'ronika*). **2.** → **sudatory** 3. **su·da·to·ri·um** [₁sjuːdəˈtɔːrɪəm; *bes. Am.* ₁suː-; *Am. a.* -ˈtəʊ-] *pl* **-ri·a** [-rɪə] → **sudatory** 3. **'su·da·to·ry** [-tərɪ; *Am.* -₁təʊriː; -₁tɔː-] **I** *adj* **1.** Schwitz(bad)... **2.** *pharm.* schweißtreibend. **II** *s* **3.** Schwitzbad *n*, -kasten *m.* **4.** *pharm.* schweißtreibendes Mittel.
**sudd** [sʌd] *s* treibende Pflanzenmasse (*auf dem Weißen Nil*).
**sud·den** [ˈsʌdn] **I** *adj* (*adv* ⟍**ly**) **1.** plötzlich, jäh, über'raschend, unvermutet: ⟍ **death** *a)* plötzlicher Tod, *b)* *colloq.* Entscheidung durch e-n einzigen Münzenwurf, *c)* *sport colloq.* Stichkampf *m*, *d)* *colloq.* Verlängerung *f* bis zur Entscheidung; ⟍ **infant death syndrome** *med.* plötzlicher Kindestod. **2.** jäh, hastig, abʼrupt: ⟍ **death'stürzt, jäh. II** *adv* **2.** *poet.* plötzlich. **III** *s* **5. all of a** ⟍ ganz plötzlich, auf einmal. **'sud·den·ness** *s* Plötzlichkeit *f.*
**Su·de·ten** [suːˈdeɪtən] **I** *s a.* ⟍ **German** Suʼdetendeutsche(r *m*) *f.* **II** *adj* Sudeten...
**su·dor** [ˈsjuːdɔː(r); *bes. Am.* suː-] *s* Schweiß *m.* ⟍**su·dor·if·er·ous** [-dəˈrɪfərəs] *adj physiol.* Schweiß absondernd, Schweiß...: ⟍ **gland.** ₁**su·dor'if·ic** *adj u. s pharm.* schweißtreibend(es Mittel).
**Su·dra** [ˈsuːdrə; *Br. a.* ˈsjuː-] *s Br. Ind.* Sudra *m*: *a)* niedrigste indische Kaste, *b)* Angehöriger dieser Kaste.
**suds** [sʌdz] *s pl* (*a. als sg konstruiert*) **1.** *a)* Seifenwasser *n*, -lauge *f*, *b)* Seifenschaum *m.* **2.** Schaum *m.* **3.** *Am. sl.* Bier *n.* **'suds·er** *s Am. sl. für* **soap opera.** **'suds·y** *adj* schaumig.
**sue** [sjuː; *bes. Am.* suː] **I** *v/t* **1.** *jur.* j-n (*gerichtlich*) belangen, verklagen (**for** auf *acc*, wegen): ⟍ **a capacity** 9. **2.** *a.* ⟍ **out** *jur.* e-n Gerichtsbeschluß beantragen *od.* erwirken. **3.** j-n bitten (**for** um). **4.** *obs.* werben um j-n. **II** *v/i* **5.** *jur.* klagen (**for** auf *acc*): **to** ⟍ **for a divorce; to** ⟍ **for a debt** e-e Schuld einklagen. **6.** *a)* nach

suchen (**to s.o.** bei j-m; **for s.th.** um etwas), *b)* bitten, flehen (**for** um).
**suede, suède** [sweɪd] *s* **1.** Wildleder *n*, Veʼlours(leder) *n.* **2.** *a.* ⟍ **cloth** Veʼlours (-stoff) *m.*
**su·er** [ˈsjuːə(r); *bes. Am.* ˈsuː-] *s* **1.** Antragsteller(in). **2.** *jur.* Kläger(in).
**su·et** [ˈsjʊɪt; ˈsʊɪt; *Am.* ˈsuːət] *s* Nierenfett *n*, Talg *m*: ⟍ **pudding** Süßspeise aus Mehl, Talg, Brotkrumen *etc.* **'su·et·y** *adj* talgig, Talg...
**suf·fer** [ˈsʌfə(r)] **I** *v/i* **1.** leiden (**from** an *dat*): **to** ⟍ **from a complex** e-n Komplex haben. **2.** *weitS.* leiden (**under, from** unter *dat*): **trade** ⟍**s from war. 3.** Schaden erleiden, in Mitleidenschaft gezogen werden: **the engine** ⟍**ed severely** der Motor wurde stark mitgenommen; **your reputation will** ⟍ dein Ruf wird leiden. **4.** *mil.* Verluste erleiden. **5.** büßen, bestraft werden, bezahlen müssen: **you will** ⟍ **for your foolishness. 6.** 'hingerichtet werden, den Tod erleiden. **II** *v/t* **7.** erleiden: **to** ⟍ **a death** (**a penalty, losses,** *etc*). **8.** *Durst etc* leiden, *etwas* erdulden. **9.** *etwas* erfahren, erleiden: **to** ⟍ **a change. 10.** *etwas od.* j-n ertragen, aushalten: **how can you** ⟍ **him?** 11. dulden, (zu)lassen, erlauben, gestatten: **he** ⟍**ed their presence** er duldete ihre Gegenwart; **he** ⟍**ed himself to be cheated** er ließ sich betrügen. **'suf·fer·a·ble** *adj* (*adv* **sufferably**) erträglich. **'suf·fer·ance** *s* **1.** Duldung *f*, Einwilligung *f*: **on** ⟍ unter stillschweigender Duldung, nur geduldet(erweise); **it is beyond** ⟍ **es** übersteigt alles Erträgliche. **2.** *econ. Br.* Zollvergünstigung *f.* **3.** *obs. a)* (Er)Dulden *n*, *b)* Leiden *n*, Not *f*: **to remain in** ⟍ *econ.* weiter Not leiden (*Wechsel*). **'suf·fer·er** *s* **1.** Leidende(r *m*) *f*, Dulder(in): **to be a** ⟍ **by** (*od.* **from**) leiden durch *od.* an (*dat*). **2.** Geschädigte(r *m*) *f.* **3.** Märtyrer(in). **'suf·fer·ing I** *s* Leiden *n*, Dulden *n*: **the** ⟍**s of Christ** *relig.* das Leiden Christi. **II** *adj* leidend.
**suf·fice** [səˈfaɪs] **I** *v/i* genügen, (aus)reichen: ⟍ **it to say** es ist genug wohl, wenn ich sage. **II** *v/t* j-m genügen.
**suf·fi·cien·cy** [səˈfɪʃnsɪ] *s* **1.** 'Hinlänglichkeit *f*, Angemessenheit *f.* **2.** 'hinreichende Menge *od.* Zahl: **a** ⟍ **of money** genug *od.* genügend Geld. **3.** 'hinreichendes Auskommen. **4.** *med.* Suffizi'enz *f*, Funkti'onstüchtigkeit *f.* **suf·fi·cient I** *adj* **1.** genügend, genug, ausreichend, 'hinreichend (**for** für): **to be** ⟍ genügen, (aus)reichen. **2.** *obs.* tauglich, fähig (*Person*). **II** *s* **3.** *colloq.* genügende Menge, genug. **suf·fi·cient·ly** *adv* genügend (*etc*; → **sufficient** 1), zur Genüge, 'hinlänglich.
**suf·fix** [ˈsʌfɪks] **I** *s* **1.** *ling.* Sufʼfix *n*, Nachsilbe *f.* **II** *v/t* [*a.* səˈfɪks] **2.** *ling.* als Sufʼfix anhängen. **3.** anfügen, anhängen.
**suf·fo·cate** [ˈsʌfəkeɪt] **I** *v/t* **1.** ersticken (*a. fig. unterdrücken*): **to be** ⟍**d with** erstickt werden von. **2.** würgen. **II** *v/i* **3.** (**with**) ersticken (an *dat*), 'umkommen (vor *dat*). **'suf·fo·cat·ing** *adj* (*adv* ⟍**ly**) erstickend: ⟍ **air** stickige Luft; ⟍ **sound** erstickter Laut. ₁**suf·fo'ca·tion** *s* **1.** Ersticken *n*, Erstickung *f.* **2.** *med.* Atembeklemmung *f.*
**Suf·folk** [ˈsʌfək] *s* **1.** Suffolk(schaf) *n.* **2.** *a.* ⟍ **punch** Suffolk(pferd) *n.* **3.** *a)* Suffolk(schwein) *n* (*schwarzes englisches Schwein*), *b)* hellfarbige amer. Schweinerasse.
**suf·fra·gan** [ˈsʌfrəgən; *Am.* -rɪgən; -rɪdʒən] *relig.* **I** *adj* Hilfs..., Suffragan... **II** *s a.* ⟍ **bishop** Suffra'gan(bischof) *m.*
**suf·frage** [ˈsʌfrɪdʒ] *s* **1.** *pol.* Wahl-, Stimmrecht *n*: **female** ⟍, **woman** ⟍ Frauenstimmrecht; **manhood** ⟍ all-

gemeines Stimmrecht (der Männer); **universal** ~ allgemeines Wahlrecht. **2.** (Wahl)Stimme *f*. **3.** Abstimmung *f*, Wahl *f*. **4.** Zustimmung *f*. **5.** *meist pl relig.* Bittgebet *n*, Fürbitte *f*. ‚**suf·fra'gette** [-rə'dʒet; *Am.* -rɪ-] *s* Suffra'gette *f*, Stimmrechtlerin *f*. '**suf·fra·gist** [-rə- dʒɪst; *Am.* -rɪ-] *s* Stimmrechtler(in).

**suf·fuse** [sə'fjuːz] *v/t* **1.** a) über'gießen, -'strömen, b) über'ziehen (**with** mit *e-r Farbe*), c) durch'fluten (*Licht*): **a face** ~**d with blushes** ein von Schamröte überzogenes Gesicht. **2.** zerstreuen. **suf'fu- sion** [-ʒn] *s* **1.** Über'gießung *f*, -'flutung *f*. **2.** Über'gossensein *n*, 'Überzug *m*. **3.** *med.* 'Blutunter‚laufung *f*. **4.** *fig.* (Scham-) Röte *f*.

**sug·ar** ['ʃʊgə(r)] **I** *s* **1.** Zucker *m* (*a. chem. u. physiol.*): ~ **of lead** *chem.* Bleizucker; ~ **of milk** *chem.* Milchzucker. **2.** *chem.* 'Kohlehy‚drat *n*. **3.** *Am.* a) Stückchen *n* Zucker, b) Löffel(voll) *m* Zucker. **4.** *Am.* → **sugar bowl. 5.** Schmeiche'lei *f*, honigsüße Worte *pl*. **6.** *sl.* ‚Zaster' *m*, Geld *n*. **7.** *colloq.* ,Süße' *f*, ,Schätzchen' *n*. **8.** *interj Am. colloq.* ,Mist!', ,Käse!' **9.** *sl.* LS'D *n*. **II** *v/t* **10.** zuckern, süßen. **11.** über'zuckern, mit Zucker bestreuen. **12.** *a.* ~ **over** (*od.* **up**) *fig.* → **sugar-coat 2. III** *v/i* **13.** kristalli'sieren. ~ **ba·sin** *s Br.* Zukkerdose *f*. ~ **beet** *s bot.* Zuckerrübe *f*. ~ **bowl** *s* Zuckerdose *f*: **the S~ B~** (**of the World**) *fig.* Kuba *n*. ~ **can·dy** *s* **1.** Kandis(zucker) *m*. **2.** *fig.* (*etwas*) Süßes. ~**‚-can·dy** *adj bes. fig.* zuckersüß. ~ **cane** *s bot.* Zuckerrohr *n*. ~**-coat** [‚-'kəʊt; '-k-] *v/t* **1.** mit Zucker(guß) über'ziehen, über'zuckern: ~**ed pill** *pharm.* Dragée *n*, verzuckerte Pille (*a. fig.*). **2.** *fig.* a) versüßen, b) beschönigen. ~**-coat- ing** [‚-'k-; '-k-] *s* **1.** Zuckerguß *m*. **2.** *fig.* a) Versüßen *n*, b) Beschönigung *f*. ~ **dad·dy** *s sl.* alter ,Knacker', der ein junges Mädchen aushält. **sug·ared** ['ʃʊgə(r)d] *adj* **1.** gezuckert, gesüßt. **2.** mit Zuckerguß. **3.** süß. **4.** → **sugary 3. sug·ar·i·ness** ['ʃʊgərɪnɪs] *s* **1.** Süßigkeit *f*, Zuckerhaltigkeit *f*. **2.** Süßlichkeit *f* (*a. fig.*). **sug·ar‚ loaf** *s irr* Zuckerhut *m*. '~**-loaf** *adj* zuckerhutförmig. ~ **ma·ple** *s bot.* Zuckerahorn *m*. ~ **pea** *s bot.* Zuckererbse *f*. '~**-plum** *s* **1.** Süßigkeit *f*, Bonbon *m*, *n*. **2.** *fig.* a) Schmeiche'lei *f*, süße Worte *pl*, b) Lockspeise *f*. ~ **re·fin·er·y** *s* 'Zuckerraffine‚rie *f*. '~**-teat, '~-tit** *s* Lutschbeutel *m* (*mit Zucker*). ~ **tongs** *s pl* Zuckerzange *f*. '~**-works** *s pl* (*oft als sg konstruiert*) 'Zuckerfa‚brik *f*.

**sug·ar·y** ['ʃʊgərɪ] *adj* **1.** zuckerhaltig, zuck(e)rig, süß, Zucker... **2.** süßlich (*a. fig.*): ~ **melodies. 3.** *fig.* zuckersüß: ~ **smile** (**words,** *etc*).

**sug·gest** [sə'dʒest; *Am. a.* səg'dʒest] *v/t* **1.** *etwas od. j-n* vorschlagen, empfehlen, *etwas* anregen, *etwas* nahelegen (**to** s.o. j-m): **I** ~ **going home, I** ~ (**that**) **we** (**should**) **go home** ich schlage vor heimzugehen. **2.** *e-e* Idee *etc* eingeben, -flüstern, sugge'rieren: **to** ~ **itself** sich aufdrängen, in den Sinn kommen (**to** s.o. j-m). **3.** 'hindeuten *od.* -weisen auf (*acc*), schließen lassen auf (*acc*). **4.** denken lassen *od.* erinnern *od.* gemahnen an (*acc*): **the scene** ~**s Elizabethan times. 5.** andeuten, anspielen auf (*acc*), sagen wollen, zu verstehen geben, die Ansicht äußern (**that** daß): **I** ~ wenn ich bemerken darf, m-r Ansicht nach. **6.** *a. jur.* unter'stellen, behaupten (**that** daß). **7.** *psych.* sugge'rieren, *durch* Suggesti'on beeinflussen. **sug‚gest·i'bil- i·ty** *s* Beeinflußbarkeit *f*, ‚Suggestibili'tät *f*. **sug·gest·i·ble** *adj* **1.** beein-

flußbar, sugge'stibel. **2.** sugge'rierbar.

**sug·ges·tion** [sə'dʒestʃən; *Am. a.* səg- 'dʒest-] *s* **1.** Vorschlag *m*, Anregung *f*: **at the** ~ **of** auf Vorschlag von (*od. gen*). **2.** Wink *m*, 'Hinweis *m*. **3.** Anflug *m*, Spur *f*, Hauch *m*, ,I'dee' *f*: **not even a** ~ **of fatigue** nicht die leiseste Spur von Müdigkeit; **a** ~ **of blue in the gray** (*bes. Br.* **grey**) e-e Idee Blau im Grau. **4.** Vermutung *f*: **a mere** ~. **5.** Erinnerung *f* (**of** an *acc*). **6.** Her'vor-, Wachrufen *n*. **7.** Andeutung *f*, Anspielung *f* (**of** auf *acc*). **8.** Eingebung *f*, -flüsterung *f*. **9.** *psych.* Suggesti'on *f*, (hyp'notische) Beeinflussung.

**sug·ges·tive** [sə'dʒestɪv; *Am. a.* səg- 'dʒest-] *adj* **1.** (**of**) andeutend (*acc*), erinnernd (an *acc*): **to be** ~ **of** → **suggest** 3 u. 4. **2.** anregend, gehaltvoll: **a** ~ **speech. 3.** a) vielsagend: **a** ~ **glance,** b) *contp.* zweideutig, anzüglich, schlüpfrig: **a** ~ **song. 4.** *psych.* sugge'stiv, Suggestiv... **sug‚ges·tive·ly** *adv* andeutungsweise. **sug‚ges·tive·ness** *s* **1.** (*das*) Anregende, Gedanken-, Beziehungsreichtum *m*. **2.** (*das*) Vielsagende. **3.** Zweideutigkeit *f*, Schlüpfrigkeit *f*.

**su·i·cid·al** [‚sjʊɪ'saɪdl; ‚sʊɪ-; *bes. Am.* ‚suː-] *adj* selbstmörderisch (*a. fig.*), Selbstmord...: ~ **thoughts. su·i'cid·al- ly** *adv* in selbstmörderischer Weise.

**su·i·cide** ['sjʊɪsaɪd; 'sʊɪ-; *bes. Am.* 'suː-] **I** *s* **1.** Selbstmord *m* (*a. fig.*), Freitod *m*, Sui'zid *m*: **political** ~; **to commit** ~ Selbstmord begehen, in den Freitod gehen, den Freitod wählen. **2.** Selbstmörder(in). **II** *adj* **3.** Selbstmord...: ~ **at- tempt;** ~ **clause;** ~ **seat** *mot.* Selbstmördersitz *m* (*Beifahrersitz*). **4.** *mil.* Himmelfahrts...: ~ **squad.** **III** *v/i* **5.** *Am.* Selbstmord begehen. **IV** *v/t* **6.** **to** ~ **o.s.** *Am.* → **5.**

**su·i ge·ne·ris** [‚sjʊaɪ'dʒenərɪs; ‚sʊ-; *bes. Am.* ‚suː-] (*Lat.*) *adj* eigener Art, einzigartig: **a case** ~ ein Fall für sich. ~ **ju·ris** [-'dʒʊərɪs] (*Lat.*) *adj jur.* **1.** aus eigenem Recht. **2.** unabhängig, mündig, geschäftsfähig.

**su·int** [swɪnt; 'suːɪnt] *s* Wollfett *n*, -schweiß *m*.

**suit** [suːt] **I** *s* **1.** a) (Herren)Anzug *m*, b) (Damen)Ko‚stüm *n*: **to cut one's** ~ **according to one's cloth** *fig.* sich nach der Decke strecken. **2.** Garni'tur *f*, Satz *m*: ~ **of armo(u)r** *hist.* Rüstung *f*; ~ **of sails** *mar.* Satz (Segel). **3.** *Kartenspiel:* Farbe *f*: ~ **of spades** Pikfarbe; ~ **of cards** ganze Farbe, ,Flöte' *f*; **long** (**short**) ~ lange (kurze) Farbe *od.* Hand; **to follow** ~ a) (Farbe) bedienen, b) *fig.* dasselbe tun, ,nachziehen', dem Beispiel folgen. **4.** *jur.* Rechtsstreit *m*, Pro'zeß *m*, Klage(sache) *f*, Verfahren *n*: **to bring** (*od.* **institute**) **a** ~, **to file** ~ Klage erheben, e-n Prozeß einleiten *od.* anstrengen (**against** gegen); **in** ~ strittig. **5.** Werben *n* (*um e-e Frau*). **6.** Anliegen *n*, Bitte *f*.

**II** *v/t* **7.** *j-n* (ein)kleiden. **8.** (**to**) anpassen (*dat od.* an *acc*), abstimmen (auf *acc*): **to** ~ **the action to the word, to** ~ **one's actions to one's words** das Wort in die Tat umsetzen, auf Worte Taten folgen lassen; **a task** ~**ed to his powers** e-e s-n Kräften angemessene Aufgabe. **9.** passen zu, *j-m* stehen, *j-m* kleiden. **10.** passen für, sich eignen zu *od.* für: **he is not** ~**ed for** (*od.* **to be**) **a teacher** er eignet sich nicht zum Lehrer; **the book is not** ~**ed to** (*od.* **for**) **children** das Buch eignet sich nicht für Kinder; **to** ~ **s.o's purpose** j-s Zwecken entsprechen. **11.** sich schikken *od.* ziemen für *j-n.* **12.** *j-m* bekommen, zusagen: **the climate** ~**s me. 13.** zu'friedenstellen, *j-m* gefallen: **to try**

**to** ~ **everybody** es allen Leuten recht machen wollen; ~ **yourself** mach, was du willst; **it** ~**s me** (**fine**) das paßt mir (großartig); **what time would** ~ **you? wann paßt es Ihnen?; are you** ~**ed?** haben Sie etwas Passendes gefunden?; → **book** 1.

**III** *v/i* **14.** (**with, to**) passen (zu), über'einstimmen (mit). **15.** passen, (an)genehm sein (**with** *dat*): **this date** ~**s very well** (**with me**) dieses Datum paßt (mir) sehr gut; **he is hard to** ~ er ist schwer zufriedenzustellen.

**suit·a·bil·i·ty** [‚suːtə'bɪlətɪ] *s* **1.** Eignung *f*. **2.** Angemessenheit *f*, Schicklichkeit *f*. **3.** Über'einstimmung *f*. '**suit·a·ble** *adj* (*adv* **suitably**) **1.** passend, geeignet (**to,** for für, zu): **to be** ~ passen, sich eignen. **2.** angemessen, schicklich (**to, for** für): **to be** ~ sich schicken. **3.** entsprechend. '**suit·a·ble·ness** → **suitability**.

**suit·case** ['suːtkeɪs] *s* (Hand)Koffer *m*.

**suite** [swiːt] *s* **1.** Gefolge *n*. **2.** Satz *m*, Serie *f*, Folge *f*, Reihe *f*. **3.** a) Suite *f*, Zimmerflucht *f*, b) Wohnung *f*. **4.** ('Möbel-, 'Sitz)Garni‚tur *f*, (Zimmer)Einrichtung *f*. **5.** *mus.* Suite *f*.

**suit·ed** ['suːtɪd] *adj* **1.** passend, geeignet: → **suit** 10. **2.** (*in Zssgn*) gekleidet. '**suit- ing** *s* (Herren)Anzugstoff *m*.

**suit·or** ['suːtə(r)] *s* **1.** Freier *m*. **2.** *jur.* Kläger *m*, (Pro'zeß)Par‚tei *f*. **3.** Bittsteller *m*.

**Suk·koth** ['sʊkəʊt; -kəʊθ; *Am. a.* -kəs], *a.* **Suk·kos** ['sʊkəs, -kəʊs] *s pl* (*als sg konstruiert*) *relig.* Laubhüttenfest *n*.

**sul·cal** ['sʌlkəl] *adj* **1.** *anat.* Furchen... **2.** *ling.* a) gefurcht (*Zunge*), b) mit gespaltener Zunge artiku'liert. '**sul·cate** [-keɪt], '**sul·cat·ed** *adj* **1.** *bes. bot.* gefurcht. **2.** *zo.* gespalten (*Huf etc*). '**sul- cus** [-kəs] *pl* **-ci** [-saɪ; -kaɪ] *s anat.* (*a.* Gehirn)Furche *f*.

**sul·fa drugs,** *bes. Br.* **sul·pha drugs** ['sʌlfə] *s pl pharm.* Sulfona'mide *pl.* **sulf·am·ate,** *bes. Br.* **sulph·am·ate** ['sʌlfəmeɪt] *s chem.* sulfa'midsaures Salz. **sulf·am·ic,** *bes. Br.* **sulph·am·ic** [sʌl'fæmɪk] *adj chem.* sulfa'minsauer, Sulfamin...

**sulf·am·ide,** *bes. Br.* **sulph·am·ide** [sʌl'fæmaɪd; -ɪd; 'sʌlfəmaɪd], *a.* **sulf·- 'am·id,** *bes. Br.* **sulph'am·id** [-ɪd] *s chem.* Sulfa'mid *n*. **sulf·a·mine,** *bes. Br.* **sulph·a·mine** [‚sʌlfə'miːn; sʌl'fæmɪn], *a.* **sulf'am·in,** *bes. Br.* **sulph'am·in** [-'fæmɪn] → **sulfamyl. sulf·a·min·ic,** *bes. Br.* **sulph·a·min- ic** [‚sʌlfə'mɪnɪk] → **sulfamic. sul·fa·myl,** *bes. Br.* **sul·pha·myl** ['sʌl- fəmɪl] *s chem.* Sulfa'mylgruppe *f*. **sul·fate,** *bes. Br.* **sul·phate** ['sʌlfeɪt] *chem.* **I** *s* **1.** schwefelsaures Salz, Sul'fat *n*: **acid** ~ Bisulfat; ~ **of alumina** schwefelsaure Tonerde, Aluminiumsulfat; ~ **of copper** Kupfersulfat, -vitriol *n*; ~ **of iron, ferrous** ~ Eisenvitriol *n*, Ferrosulfat; ~ **of magnesium** Bittersalz *n*, Magnesiumsulfat; ~ **of potash** schwefelsaures Kali, Kaliumsulfat; ~ **of sodium** (*od.* **soda**) schwefelsaures Natrium, Glaubersalz *n*, Natriumsulfat. **II** *v/t* **2.** sulfa'tieren. **3.** *electr.* vitrioli'sieren.

**sul·fide,** *bes. Br.* **sul·phide** ['sʌlfaɪd] *s chem.* Sul'fid *n*.

**sul·fite,** *bes. Br.* **sul·phite** ['sʌlfaɪt] *s chem.* Sul'fit *n*, schwefelsaures Salz.

**sul·fit·ic,** *bes. Br.* **sul·phit·ic** [sʌl'fɪtɪk] *adj chem.* schwefligsauer, Sulfit...

**sul·fo-,** *bes. Br.* **sul·pho-** [sʌlfəʊ] *chem. Wortelement mit den Bedeutungen* a) Sulfo... (*die Gruppe* $SO_3H$ *enthaltend*), b) Sulfon... (*das Radikal* $SO_2$ *enthaltend*), c) Schwefel(säure)... ($H_2SO_4$ *enthaltend*)

**sul·fon·a·mide**, *bes. Br.* **sul·phon·a·mide** [sʌlˈfɒnəmaɪd; *Am.* -ˈfɑn-; -ˈfəʊn-; *a.* -mɪd] *s pharm.* Sulfonaˈmid *n*.

**sul·fo·nate**, *bes. Br.* **sul·pho·nate** [ˈsʌlfəneɪt] *chem.* **I** *s* Sulfoˈnat *n*. **II** *v/t* sulfuˈrieren.

**sul·fon·ic**, *bes. Br.* **sul·phon·ic** [sʌlˈfɒnɪk; *Am.* -ˈfɑn-; -ˈfəʊn-] *adj chem.* Sulfo..., sulˈfonsauer.

**sul·fo·nyl**, *bes. Br.* **sul·pho·nyl** [ˈsʌlfənɪl] *chem.* **I** *s* Sulˈfon *n*. **II** *adj* Sulfonyl...

**sul·fo·vi·nate**, *bes. Br.* **sul·pho·vi·nate** [-ˈvaɪneɪt] *s chem.* Sulfoviˈnat *n*, schwefelweinsaures Salz.

**sul·fur**, *bes. Br.* **sul·phur** [ˈsʌlfə(r)] *s* **1.** *chem. min.* Schwefel *m*: → **flower** 9, **milk** 3. **2.** *a.* ~ **yellow** Schwefelgelb *n*.

**sul·fu·rate**, *bes. Br.* **sul·phu·rate** [ˈsʌlfjʊreɪt; *Am.* -fər-] **I** *v/t* → **sulfurize**. **II** *adj* [-rət] → **sulfurated**. **'sul·fu·rat·ed**, *bes. Br.* **'sul·phu·rat·ed** *adj* **1.** (ein-, aus)geschwefelt. **2.** vulkaniˈsiert.

**sul·fu·re·ous**, *bes. Br.* **sul·phu·re·ous** [sʌlˈfjʊərɪəs] *adj* **1.** → **sulfurous**. **2.** schwefelfarben.

**sul·fu·ret**, *bes. Br.* **sul·phu·ret** [ˈsʌlfjʊret; *Am. a.* -fər-] *chem.* **II** *v/t pret u. pp* **'sul·fu·ret·(t)ed**, *bes. Br.* **'sul·phu·ret·ted** schwefeln: ~(t)ed geschwefelt; ~(t)ed hydrogen Schwefelwasserstoff *m*.

**sul·fu·ric**, *bes. Br.* **sul·phu·ric** [sʌlˈfjʊərɪk] *adj chem.* Schwefel...

**sul·fu·rize**, *bes. Br.* **sul·phu·rize** [ˈsʌlfjʊraɪz; -fər-] *v/t chem.* **1.** (ein-, aus-) schwefeln. **2.** vulkaniˈsieren.

**sul·fu·rous**, *bes. Br.* **sul·phu·rous** [ˈsʌlfərəs; -fjʊr-] *adj* **1.** *chem.* (*vierwertigen*) Schwefel enthaltend, schwef(e)lig, Schwefel...: ~ **acid** schweflige Säure. **2.** *fig.* a) höllisch, b) hitzig, wild.

**sul·fur·y**, *bes. Br.* **sul·phur·y** [ˈsʌlfərɪ] *adj* **1.** → **sulfurous**. **2.** schwefelfarben.

**sulk** [sʌlk] **I** *v/i* schmollen, ,eingeschnappt' sein. **II** *s meist pl* Schmollen *n*: to be in (*od.* have) the ~s → **I**. **'sulk·i·ness** [-ɪnɪs] *s* **1.** Schmollen *n*. **2.** *fig.* Düsterkeit *f*. **'sulk·y I** *adj* (*adv* **sulkily**) **1.** schmollend. **2.** *fig.* düster, trübe: a ~ **day**. **3.** *agr. tech. Am.* mit Fahrersitz: ~ **plow. II** *s* **4.** a) *sport* Sulky *n*, Traberwagen *m*, b) zweirädriger, einsitziger Einspänner, c) *agr. tech. Am.* Pflug *m etc* mit Fahrersitz.

**sul·lage** [ˈsʌlɪdʒ] *s* **1.** Abwasser *n*, Jauche *f*. **2.** Schlamm *m*, Ablagerung *f* (*in Flüssen etc*). **3.** *metall.* Schlacke *f*, Schaum *m*.

**sul·len** [ˈsʌlən] *adj* (*adv* ~ly) **1.** mürrisch, grämlich, verdrossen. **2.** düster, trübe: ~ **colo(u)rs** (face, sky, *etc*); ~ **sound** dumpfer Laut. **3.** ˈwiderspenstig, störrisch (*bes. Tiere od. Dinge*). **4.** langsam, träge: ~ **stream**. **'sul·len·ness** *s* **1.** mürrisches Wesen, Verdrossenheit *f*. **2.** Düsterkeit *f*, Dumpfheit *f*. **3.** ˈWiderspenstigkeit *f*. **4.** Trägheit *f*.

**sul·ly** [ˈsʌlɪ] *v/t meist fig.* beflecken, besudeln.

**sul·pha drugs, sul·pha·mate**, *etc bes. Br. für* **sulfa drugs, sulfamate**, *etc*.

**sul·phur, sul·phu·rate**, *etc bes. Br. für* **sulfur, sulfurate**, *etc*.

**sul·tan** [ˈsʌltən] *s* **1.** Sultan *m*. **2.** Desˈpot *m*, Tyˈrann *m*. **3.** *orn.* a) Sultanshuhn *n*, b) → **sultana** 3. **4.** *a.* **sweet** ~, **yellow** ~ *bot.* Moschus-Flockenblume *f*. **sulˈta·na** [-ˈtɑːnə; *Am.* -ˈtænə] *s* **1.** Sultanin *f*. **2.** a) Mäˈtresse *f*, b) Kurtiˈsane *f*. **3.** *orn.* Sultans-, Purpurhuhn *n*. **4.** ~ **raisin** Sultaˈnine *f*. **'sul·tan·ate** [-tənət; -eɪt] *s* Sultaˈnat *n*. **'sul·tan·ess** Sultanin *f*. **'sul·tan·ship** *s* Sultanswürde *f*: **his** ~ *iro.* Seine Herrlichkeit. **sul·tri·ness** [ˈsʌltrɪnɪs] *s* Schwüle *f*.

**'sul·try** [-trɪ] *adj* (*adv* **sultrily**) **1.** schwül (*a. fig. erotisch*): ~ **day** (music, *etc*). **2.** *fig.* heftig, hitzig: ~ **temper**.

**sum** [sʌm] **I** *s* **1.** *allg.* Summe *f*: a) ~ **total** (Gesamt-, End)Betrag *m*, Gesamtmenge *f*, b) (Geld)Betrag *m*, c) *fig.* Ergebnis *n*, Fazit *n*, d) *fig.* Gesamtheit *f*: the ~ of experience; in ~ insgesamt, *fig.* mit ˈeinem Wort. **2.** *math.* Zahlen-, Additiˈonsreihe *f*. **3.** *colloq.* Rechenaufgabe *f*: to do ~s rechnen; he is good at ~s er kann gut rechnen. **4.** *a.* ~ **and substance** Inbegriff *m*, Kern *m*, Subˈstanz *f*. **5.** Zs.-fassung *f*. **6.** *fig. obs.* Gipfel *m*, Höhe (-punkt *m*) *f*. **II** *v/t* **7.** ~ **up** sumˈmieren, adˈdieren, zs.-zählen. **8.** ~ **up** *ein Ergebnis* ausmachen: **10 victories** ~med up this record. **9.** ~ **up** a) *j-n* kurz ein- *od.* abschätzen, mit Blicken messen, b) *e-e Situation* erfassen. **10.** ~ **up** zs.-fassen (in a word in ˈeinem Wort), rekapituˈlieren, resüˈmieren. **III** *v/i* **11.** *meist* ~ **up** sich belaufen (**to, into** auf *acc*). **12.** ~ **up** (das Gesagte) zs.-fassen, resüˈmieren.

**su·mac(h)** [ˈʃuːmæk; ˈsuː-; *Br. a.* ˈsjuː-] *s* **1.** *bot.* Sumach *m*, Färberbaum *m*. **2.** Schmack *m* (*Gerbstoff des Sumach*).

**Su·me·ri·an** [sjuˈmɪərɪən; *Am.* su:-; *Am. a.* -ˈmer-] **I** *s* **1.** Suˈmerer(in). **2.** *ling.* Suˈmerisch *n*, das Sumerische. **II** *adj* **3.** suˈmerisch.

**sum·less** [ˈsʌmlɪs] *adj poet.* unzählig, unermeßlich.

**sum·ma** [ˈsʊmɑː; -mə] *pl* -**mae** [-miː; -maɪ] *s philos. relig. bes. hist.* Summa *f*.

**sum·ma·ri·ness** [ˈsʌmərɪnɪs] *s* (*das*) Sumˈmarische, Kürze *f*.

**sum·ma·rize** [ˈsʌməraɪz] *v/t u. v/i* zs.-fassen.

**sum·ma·ry** [ˈsʌmərɪ] **I** *s* Zs.-fassung *f*, (gedrängte) ˈÜbersicht, Abriß *m*, (kurze) Inhaltsangabe. **II** *adj* (*adv* **summarily**) sumˈmarisch: a) knapp, gedrängt, zs.-fassend: ~ **account**, b) *bes. jur.* abgekürzt, Schnell...: ~ **procedure** (court, *etc*); ~ **offence** (*bes. Am.* **offense**) Übertretung *f*, c) oberflächlich, flüchtig: ~ **treatment**; ~ **dismissal** fristlose Entlassung.

**sum·ma·tion** [sʌˈmeɪʃn] *s* **1.** Zs.-zählen *n*. **2.** Sumˈmierung *f*. **3.** (Gesamt)Summe *f*. **4.** *jur. Am.* (Schluß)Plädoyₑₑr *n*.

**sum·mer¹** [ˈsʌmə(r)] *s* **1.** Sommer *m*: **in** ~ im Sommer. **2.** *poet.* Lenz *m*, (Lebens)Jahr *n*: **a lady of 30** ~**s**. **3.** *fig.* Höhepunkt *m*, Blüte *f*. **II** *v/t* **4.** *Pflanzen* überˈsommern. **III** *v/i* **5.** den Sommer verbringen: **to** ~ **in Italy**. **6.** überˈsommern (*Tiere, Pflanzen*). **IV** *adj* **7.** sommerlich, Sommer...: ~ **day**.

**sum·mer²** [ˈsʌmə(r)] *s arch.* **1.** Oberschwelle *f*, (Tür-, Fenster)Sturz *m*. **2.** Trag-, Kragstein *m*, Konˈsole *f* (*auf Pfeilern*). **3.** *a.* ~ **tree** Tragbalken *m*.

**sum·mer| com·plaint** → **summer diarrhea**. **~corn** *s* Sommergetreide *n*. **di·ar·rhe·a** *s med. Am.* ˈSommerdiarˌrhö(e)*f*. **~fal·low** *s agr.* Sommerbrache *f*. **'~fal·low** *v/t Land* im Sommer brachen. **II** *adj* sommerbrach. **'~house** *s* **1.** Gartenhaus *n*, (-)Laube *f*. **2.** Landhaus *n*, Sommersitz *m*.

**sum·mer·ing** [ˈsʌmərɪŋ] *s arch.* erste Lage Mauerwerk auf e-m Pfeiler *etc*.

**sum·mer|light·ning** *s* Wetterleuchten *n*. **'~like** → **summerly**.

**sum·mer·li·ness** [ˈsʌmə(r)lɪnɪs] *s* (*das*) Sommerliche. **'sum·mer·ly** *adj u. adv* sommerlich.

**sum·mer re·sort** *s* Sommerkurort *m*.

**sum·mer·sault** → **somersault**.

**sum·mer| school** *s ped. univ.* Ferien-, Sommerkurs *m*. **~sports** *s pl* Sommersportarten *pl*. **~term** *s univ.* ˈSommerseˌmester *n*. **'~time, a. '~tide** *s* Som-

mer(ˈ[s]zeit *f*) *m*. ~ **time** *s bes. Br.* Sommerzeit *f* (*um 1 Stunde vorgerückte Uhrzeit*): **double** ~ doppelte Sommerzeit. **'~weight** *adj* sommerlich, Sommer...: ~ **clothes.** ~ **wheat** *s agr.* Sommerweizen *m*.

**'sum·mer·y** *adj* sommerlich.

**sum·ming-up** [ˌsʌmɪŋˈʌp] *pl* ˌsum·mings-'up *s* **1.** Zs.-fassung *f*. **2.** *jur.* Resüˈmee *n*. **3.** *fig.* Biˈlanz *f*.

**sum·mist** [ˈsʌmɪst] *s philos. relig. bes. hist.* Sumˈmist *m*, Verfasser *m* e-r Summa.

**sum·mit** [ˈsʌmɪt] **I** *s* **1.** (höchster) Gipfel, Kuppe *f* (*e-s Berges*), Spitze *f* (*e-s Masts etc*), Scheitel *m* (*e-r Kurve etc*), Kamm *m* (*e-r Welle etc*), Kappe *f*, Krone *f* (*e-s Dammes etc*). **2.** *fig.* Gipfel *m*, Höhe (-punkt *m*) *f*: **at the** ~ **of power** auf dem Gipfel der Macht. **3.** *econ. pol.* Gipfel *m*: **economic** ~ Wirtschaftsgipfel. **II** *adj* **4.** *econ. pol.* Gipfel...: ~ **conference** (meeting, talks). **'sum·mit·ry** [-rɪ] *s econ. pol. bes. Am.* ˈGipfelpoliˌtik *f*.

**sum·mon** [ˈsʌmən] *v/t* **1.** auffordern, -rufen (**to do** zu tun). **2.** rufen, (zu sich) bestellen, kommen lassen, ˈherziˌtieren. **3.** *jur.* (vor)laden. **4.** *e-e Konferenz etc* zs.-, einberufen. **5.** *oft* ~ **up** *s-e Kraft, s-n Mut etc* zs.-nehmen, aufbieten: → **courage. 6.** *euphem.* (aus dem Leben) abberufen. **'sum·mon·er** *s* (*hist.* Gerichts)Bote *m*.

**sum·mons** [ˈsʌmənz] **I** *s* **1.** Aufforderung *f*, Aufruf *m*. **2.** *jur.* (Vor)Ladung *f*: **to take out a** ~ **against s.o.**, **to serve a** ~ **on s.o.** j-n (vor)laden (lassen). **3.** Einberufung *f*. **II** *v/t* **4.** *j-n* (vor)laden (lassen).

**sump** [sʌmp] *s* **1.** Sammelbehälter *m*, Senkgrube *f*. **2.** *mot. tech.* Ölwanne *f*. **3.** *Gießerei:* Vorherd *m*. **4.** *Bergbau:* (Schacht)Sumpf *m*.

**sump·si·mus** [ˈsʌmpsɪməs] *s pedantisch korrekter Ausdruck als Ersatz für e-n weitverbreiteten falschen*.

**sump·ter** [ˈsʌmptə(r)] *obs.* **I** *s* Saumtier *n*. **II** *adj* Pack...: ~ **horse**; ~ **saddle**.

**sump·tion** [ˈsʌmpʃn] *s philos.* **1.** Präˈmisse *f*. **2.** Obersatz *m* (*im Syllogismus*).

**sump·tu·ar·y** [ˈsʌmptjʊərɪ; -tʃʊ-; *Am.* -tʃəˌwerɪ:] *adj* Aufwands..., Luxus...: ~ **law** (*od.* **regulation**) *hist.* Luxusgesetz *n*.

**sump·tu·os·i·ty** [ˌsʌmptjʊˈɒsɪtɪ; *Am.* -tʃəˈwɑs-] → **sumptuousness. 'sump·tu·ous** [-tʃʊəs; -tjʊəs; *Am.* -tʃəˈwəs] *adj* (*adv* ~ly) **1.** kostspielig. **2.** kostbar, prächtig, herrlich. **3.** üppig, aufwendig, luxuriˈös. **'sump·tu·ous·ness** *s* **1.** Kostspieligkeit *f*, Kostbarkeit *f*, Pracht *f*. **3.** Üppigkeit *f*, Aufwand *m*, Luxus *m*.

**sun** [sʌn] **I** *s* **1.** Sonne *f*: **a place in the** ~ *fig. a.* ein Platz an der Sonne; **his** ~ **is set** sein Stern ist erloschen; **to rise with the** ~ in aller Frühe aufstehen; **to take** (*od.* **shoot**) **the** ~ *mar.* die Sonne schießen; **under the** ~ *fig.* unter der Sonne, auf Erden; **to talk about everything under the** ~ über Gott u. die Welt reden. **2.** Sonnenwärme *f*, -licht *n*, -schein *m*, Sonne *f*: **to take the** ~ sich sonnen; **to have the** ~ **in one's eyes** die Sonne genau im Gesicht haben; **he caught the** ~ er hat ein bißchen zuviel Sonne abbekommen; **she has had too much** ~ sie ist zu lange in der Sonne gewesen; **a touch of** ~ ein leichter Sonnenstich. **3.** *poet. u. fig.* Tag *m*, Jahr *n*. **4.** *astr.* a) Sonne *f* (*Himmelskörper mit Eigenlicht*), b) Nebensonne *f*. **II** *v/t* **5.** der Sonne aussetzen, in die Sonne legen: **to** ~ **o.s.** → **6. III** *v/i* **6.** sich sonnen.

**sun-and-plan·et mo·tion** *s tech.* Plaˈnetengetriebe *n*. ~ **an·i·mal·cule** *s zo.* Sonnentierchen *n*. ~ **arc** → **sun lamp 2. '~baked** *adj* von der Sonne ausgedörrt *od.* getrocknet. ~ **bath** *s* Sonnen-

bad *n.* '**~bathe** *v/i* ein Sonnenbad *od.* Sonnenbäder nehmen. '**~beam** *s* Sonnenstrahl *m.* **~ bed** *s* Sonnenliege *f.* **~ bench** *s* Sonnenbank *f.* **~ blind** *s bes. Br.* Mar'kise *f.* '**~break** → sunburst. '**~burn** *s* **1.** Sonnenbrand *m.* **2.** Sonnenbräune *f.* **3.** *bot.* Ergrünungsfleck *m* (*an e-r Kartoffel*). **4.** *bot.* → sunscald. '**~burned,** '**~burnt** *adj* **1.** sonnverbrannt: **to be** ~ e-n Sonnenbrand haben. **2.** sonnengebräunt. '**~burst** *s* **1.** plötzlicher 'Durchbruch der Sonne. **2.** Sonnenbanner *n* (*Japans*). **3.** Brilli'antenro,sette *f* (*Schmuckstück*). '**~,cure** *v/t* Tabak *etc* an der Sonne trocknen.

**sun·dae** ['sʌndeɪ; *Am.* -dɪː] *s* Eisbecher *m* mit Früchten.

**Sun·day** ['sʌndɪ; *Br. a.* -deɪ] **I** *s* **1.** Sonntag *m*: **on** ~ (am) Sonntag; **on** ~**s** sonntags; **to look two ways to find** ~ *sl.* schielen. **II** *adj* **2.** sonntäglich, Sonntags...: ~ **best,** ~ **clothes** Sonntagsstaat *m,* -kleider *pl*; **~-go-to-meeting** *colloq.* Sonntags...; ~ **punch** *bes. Am. colloq.* a) Boxen: K.-o.-Schlag *m,* b) *fig.* vernichtender Schlag; ~ **saint** *colloq.* 'Sonntagschrist(in)'; ~ **school** Sonntagsschule *f.* **3.** Sonntags...: ~ **driver** ; ~ **painter.** **III** *v/i Am. colloq.* **4.** den Sonntag verbringen.

**sun deck** *s* **1.** Sonnendeck *n* (*auf e-m Schiff*). **2.** 'Sonnen,terrasse *f.*

**sun·der** ['sʌndə(r)] *poet.* **I** *v/t* **1.** trennen, sondern (**from** von). **2.** losreißen. **3.** teilen, spalten. **4.** *fig.* entzweien. **II** *v/i* **5.** sich trennen, getrennt werden. **III** *s* **6.** **in** ~ entzwei, ausein'ander.

'**sun·dew** *s bot.* Sonnentau *m.* '**~di·al** *s* Sonnenuhr *f.* '**~dog** *s astr.* **1.** → sun **4** b. **2.** kleiner Halo (*am Nebensonnenkreis*). '**~down** *s* **1.** → sunset 1. **2.** *Am.* breitkrempiger (*Damen*)Hut. '**~down·er** *s* **1.** *Austral. colloq.* Landstreicher *m* (*bes. e-r, der erst immer dann um ein Nachtquartier bittet, wenn es zum Arbeiten bereits zu spät ist*). **2.** *bes. Br. colloq.* Dämmerschoppen *m.* **3.** *mar. colloq.* strenger Kapi'tän. '**~drenched** *adj* 'sonnenüber,flutet. '**~dress** *s* Strandkleid *n.* '**~dried** *adj* an der Sonne getrocknet *od.* gedörrt.

**sun·dries** ['sʌndrɪz] *s pl* Di'verses *n,* Verschiedenes *n,* allerlei Dinge *pl, a.* diverse Unkosten *pl, econ. a.* Kurz-, Gemischtwaren *pl.*

**sun·dry** ['sʌndrɪ] *adj* verschiedene, di'verse, allerlei, allerhand: **all and** ~ all u. jeder, alle miteinander; **~-colo(u)red** verschiedenfarbig.

'**sun·fast** *adj bes. Am.* lichtecht (*Stoff*). '**~fish** **I** *s ichth.* **1.** Sonnenfisch *m.* **2.** Klumpfisch *m.* **3.** Mondfisch *m.* **4.** Riesenhai *m.* **II** *v/i Am.* **5.** bocken (*Pferd*). '**~,flow·er** *s bot.* Sonnenblume *f.*

**sung** [sʌŋ] *pret u. pp von* sing.

**sun|gear** → sun wheel. '**~,glass·es** *s pl a.* **pair of** ~ Sonnenbrille *f.* '**~glow** *s meteor.* **1.** Morgen-, Abendröte *f.* **2.** Sonnenhof *m.* **~ hat** *s* Sonnenhut *m.* **~ helmet** *s* Tropenhelm *m.*

**sunk¹** [sʌŋk] **I** *pret u. pp von* sink. **II** *adj* **1.** vertieft. **2.** *bes. tech.* eingelassen, versenkt: ~ **screw;** ~ **fence** Grenzgraben *m* (*statt Zaun*).

**sunk²** [sʌŋk] *s bes. Scot.* **1.** Rasenbank *f.* **2.** *meist pl* Strohkissen *n.*

**sunk·en** ['sʌŋkən] **I** *obs. pp von* sink. **II** *adj* **1.** versunken. **2.** eingesunken: ~ **rock** blinde Klippe. **3.** a) tiefliegend, vertieft (angelegt), b) *tech.* → sunk¹ 2. **4.** *fig.* hohl, eingefallen: ~ **cheeks** *pl;* ~ **eyes** tiefliegende Augen; **a** ~ **face** ein eingefallenes Gesicht.

**sun lamp** *s* **1.** *med.* (künstliche) Höhensonne. **2.** *Film etc:* Jupiterlampe *f.*

---

**sun·less** *adj* **1.** sonnenlos, ohne Sonne. **2.** *fig.* freudlos.

'**sun·light** *s* Sonnenschein *m,* -licht *n.* '**~like** *adj* **1.** sonnenähnlich, Sonnen... **2.** strahlend, leuchtend. '**~lit** *adj* sonnenbeschienen. **~ lounge** *s Br.* 'Glasve,randa *f.*

**sunn** [sʌn] *s* **1.** *bot.* Sunnhanf *m.* **2.** *a.* ~ **hemp** Sunn(hanf) *m* (*Faser von* 1).

**Sun·na(h)** ['sʌnə; 'sʊnə] *s relig.* Sunna *f* (*orthodoxe Überlieferung des Islam neben dem Koran*).

**sun·ni·ness** ['sʌnɪnɪs] *s fig.* (*das*) Sonnige, Heiterkeit *f.*

**sun·ny** ['sʌnɪ] *adj* (*adv* sunnily) **1.** sonnig, Sonnen...: ~ **exposure** Sonnenlage *f;* ~ **side** Sonnenseite *f* (*a. fig. des Lebens*); ~**-side up** nur auf 'einer Seite gebraten (*Ei*). **2.** *fig.* sonnig, heiter: **a** ~ **smile; to be on the** ~ **side of forty** noch nicht 40 (Jahre alt) sein; **to look on** (*od.* **at**) **the** ~ **side of things** das Leben von s-r heiteren Seite betrachten.

**sun| par·lor,** ~ **porch** *s Am.* 'Glasve,randa *f.* ~ **pow·er** *s astr. phys.* 'Sonnenener,gie *f.* '**~proof** *adj* **1.** für Sonnenstrahlen 'un,durchlässig. **2.** lichtfest. '**~ray** *s* Sonnenstrahl *m.* '**~rise** *s* Sonnenaufgang *m:* **at** ~ bei Sonnenaufgang. '**~roof** *s* **1.** 'Dachter,rasse *f.* **2.** *mot.* Schiebedach *n.* '**~scald** *s bot.* Sonnen-, Rindenbrand *m.* '**~,seek·er** *s* Sonnenhungrige(*r m*) *f.* '**~,seek·ing** *adj* sonnenhungrig. '**~set** *s* **1.** 'Sonnen,untergang *m:* **at** ~ bei Sonnenuntergang. **2.** Abend *m* (*a. fig.*): ~ **of life** Lebensabend. **3.** *fig.* Niedergang *m.* '**~shade** *s* **1.** Sonnenschirm *m.* **2.** Mar'kise *f.* **3.** *phot.* Gegenlichtblende *f.* **4.** *pl colloq. a.* **pair of** ~**s** Sonnenbrille *f.* '**~shine** **I** *s* **1.** Sonnenschein *m* (*a. fig.*): ~ **roof** *mot.* Schiebedach *n;* ~ **pill** *Am. sl.* gelbe *od.* orange LSD-Tablette. **II** *adj* **2.** sonniges Wetter. **III** *adj* **3.** sonnig, *fig. a.* glücklich, heiter. **4.** ~ **friends** Freunde im Glück, unzuverlässige Freunde. '**~shin·y** *adj* → sunshine 3. **~ show·er** *s colloq.* leichter Schauer bei Sonnenschein. ~ **spot** → sun lamp 2. '**~spot** *s* **1.** *astr.* Sonnenfleck *m.* **2.** Sommersprosse *f.* **3.** *Br. colloq.* sonniges Urlaubsgebiet. '**~stroke** *s med.* Sonnenstich *m.* '**~struck** *adj:* **to be** ~ *med.* e-n Sonnenstich haben. '**~tan** *s* **1.** (Sonnen)Bräune *f:* ~ **lotion** (*od.* **oil**) Sonnenöl *m.* **2.** Rotbraun *n.* '**~tanned** *adj* braungebrannt. ~ **ter·race** *s* 'Sonnenter,rasse *f.* '**~trap** *s* sonniges Plätzchen. '**~up** → sunrise. ~ **valve** *s tech.* (*Art*) Photozellenschalter *m.* ~ **vi·sor** *s mot.* Sonnenblende *f.*

**sun·ward** ['sʌnwə(r)d] *adj u. adv* sonnenwärts, der Sonne zu(gewendet). '**sun·wards** [-z] *adv* → sunward.

**sun| wheel** *s tech.* Sonnenrad *n* (*im Planetengetriebe*). '**~wise** *adj u. adv* mit der Sonne, im Uhrzeigersinn. ~ **wor·ship(-p)er** *s relig. u. fig.* Sonnenanbeter(in).

**sup¹** [sʌp] *obs.* **I** *v/i* zu Abend essen: **they** ~**ped off** (*od.* **on**) **cold meat** sie hatten kaltes Fleisch zum Abendessen. **II** *v/t j-n* zum Abendessen bewirten.

**sup²** [sʌp] **I** *v/t* **1.** *a.* ~ **off,** ~ **out** löffeln, schlürfen. **2. to** ~ **sorrow** a) leiden, b) Sorgen haben, c) Gewissensbisse haben. **II** *v/i* **3.** nippen, löffeln. **III** *s* **4.** Mundvoll *m,* (kleiner) Schluck (**at a bottle** aus e-r Flasche): **a bite and a** ~ etwas zu essen u. zu trinken; **neither bit** (*od.* **bite**) **nor** ~ ,nichts zu nagen u. zu beißen'.

**supe** [su:p; *Br. a.* sju:p] *sl.* **I** *s* → supernumerary 6. **II** *v/t a.* ~ **up** *aer.* ,fri'sieren'. **III** *v/i* → super 9.

**super-** [su:pə(r)] *Wortelement mit den Bedeutungen* a) übermäßig, Über...,

---

b) oberhalb (*gen od. von dat*) *od.* über (*dat*) befindlich, c) *bes. scient.* Super..., d) übergeordnet, Ober...

**su·per** ['su:pə(r)] **I** *s* **1.** *colloq. für* a) superfilm, b) superintendent, c) supernumerary II, d) *Am.* supermarket, e) superhet(erodyne). **2.** *econ. colloq.* a) Spitzenklasse *f,* b) Quali'tätsware *f.* **3.** Buchbinderei: (Heft)Gaze *f.* **II** *adj* **4.** *colloq. für* a) superficial 2, b) superfine 1. **5.** Super...: ~ **bomb. 6.** *iro.* Super..., hundert'fünfzigpro,zentig: **a** ~ **patriot. 7.** *colloq.* ,super', ,toll', ,prima', ,Spitze', ,Klasse'. **III** *v/i* **8.** *thea. etc colloq.* als Sta'tist(in) mitspielen, e-e Sta'tistenrolle haben.

**su·per·a·ble** ['su:pərəbl] *adj* über'windbar, besiegbar.

,**su·per|'a'bound** *v/i* **1.** im 'Überfluß vor'handen sein. **2.** in noch größerem Maße vor'handen sein. **3.** e-e 'Überfülle haben (**in,** **with** an *dat*). ,**~a'bun·dance** *s* 'Überfülle *f,* -fluß *m* (**of** an *dat*). ,**~a'bun·dant** *adj* (*adv* **~ly**) **1.** 'überreichlich. **2.** 'überschwenglich, über'trieben. ,**~'ac·id** *adj chem.* über'säuert. ,**~'add** *v/t* (noch) hin'zufügen (**to** zu): **to be** ~**ed** (**to**) noch dazukommen (zu *etwas*). ,**~ad'di·tion** *s* weitere Hin'zufügung, Zusatz *m:* **in** ~ (**to**) noch obendrein, zusätzlich (zu). ,**~'al·tar** *s relig. hist.* **1.** (*oft tragbare*) steinerne *etc* Al'tarplatte. **2.** Al'tarstein *m.*

**su·per·an·nu·ate** [,su:pə'rænjʊeɪt; *Am.* -jə,w-] *v/t* **1.** (*wegen Erreichung der Altersgrenze*) pensio'nieren, in den Ruhestand versetzen. **2.** als zu alt *od.* als veraltet bezeichnen. **3.** zu'rückweisen *od.* ausscheiden. ,**su·per'an·nu·at·ed** *adj* **1.** a) pensio'niert, b) über'altert (*Person*). **2.** veraltet, über'holt. **3.** abgetragen, ausgedient: ~ **clothes.** '**su·per,an·nu'a·tion** *s* **1.** a) Pensio'nierung *f,* b) Ruhestand *m.* **2.** (Alters)Rente *f,* Pensi'on *f,* Ruhegeld *n:* ~ **contribution** Altersversicherungsbeitrag *m;* ~ **fund** Pensionskasse *f.*

,**su·per'au·di·ble** *adj phys.* 'ultraa,kustisch.

**su·perb** [sju:'pɜːb; *Am.* sʊ'pɜrb] *adj* (*adv* **~ly**) **1.** herrlich, prächtig, großartig. **2.** her'vorragend, ausgezeichnet, vor'züglich. **3.** *bot. zo.* prächtig gefärbt, Pracht...

**su·per·bi·par·ti·ent** [,su:pə(r)baɪ'pɑː(r)tɪənt; -ʃnt] *adj math.* im Verhältnis (von) 5:3 (stehend). ,**~bi'quin·tal** [-bɑ'kwɪntl] *adj math.* im Verhältnis (von) 7:5 (stehend). ,**~bi'ter·tial** [-baɪ'tɜːʃl; *Am.* -'tɜrʃəl] → superbipartient. ,**~'cal·en·der** (*Papierherstellung*) **I** *s* 'Hochka,lander *m.* **II** *v/t* 'hochsati,nieren. ,**~'car·go** [-ˌk-; -ˌ'k-] *s* Frachtaufseher *m,* Super'kargo *m.* ,**~'charge** *v/t* **1.** über'laden, zusätzlich beladen. **2.** *mot.* vor-, 'überverdichten: ~**d engine** Lader-, Kompressormotor *m.* **3.** → pressurize 1, 2. ,**~'charg·er** *s tech.* Vorverdichter *m,* (Auflade)Gebläse *n,* Kom'pressor *m.*

**su·per·cil·i·ous** [,su:pə(r)'sɪlɪəs] *adj* (*adv* **~ly**) hochmütig, -näsig, her'ablassend. ,**su·per'cil·i·ous·ness** *s* Hochmut *m,* -näsigkeit *f,* Her'ablassung *f.* ,**su·per|'civ·i·lized** *adj* 'überzivili,siert. ,**~'class** *s zo.* 'Überklasse *f.* ,**~con·'duc·tive** *adj phys.* supraleitend, -leitfähig. ,**~con'scious** *adj psych.* **1.** 'überbewußt. **2.** das Bewußtsein über'schreitend, über'bewußt. ,**~'cool** *v/t phys.* unter'kühlen. ,**~'coun·try** *s pol.* Supermacht *f.* ,**~cre'ta·ceous** *adj geol.* über der Kreide (liegend). ,**~'dom·i·nant** *s mus. Am.* sechste Stufe (*der Tonleiter*). ,**~'du·per**

[-'dju:pə(r)] adj sl. ‚supertoll'. ~'du•ty adj tech. Höchstleistungs..., für höchste Beanspruchung. ~'e•go s psych. 'Über-Ich n. ~el•e'va•tion s 1. tech. Über'höhung f (e-r Kurve etc). 2. TV Abhebung f. ~'em•i•nence s 1. Vorrang (-stellung f) m. 2. über'ragende Bedeutung od. Quali'tät, Vor'trefflichkeit f, Großartigkeit f. ~'em•i•nent adj (adv ~ly) her'vorragend, vor'züglich, über'ragend (for wegen).

su•per•er•o•ga•tion ['su:pər‚erə'geɪʃn] s 1. Mehrleistung f: works of ~ relig. überschüssige (gute) Werke. 2. fig. 'Übermaß n (of an dat): work of ~ Arbeit f über die Pflicht hinaus. ‚su•per•e'rog•a•to•ry [-'rɒgətɔri; Am. -I'rɒgə‚tɔʊri; ‚-|tɔ:-] adj 1. über das Pflichtmaß hin'ausgehend, 'übergebührlich. 2. 'überflüssig.

su•per•ette [‚su:pə'ret] s bes. Am. kleiner Supermarkt.

‚su•per|'ex•cel•lent adj (adv ~ly) höchst vor'trefflich, 'unüber‚trefflich. ~ex'cit•ed adj (adv ~ly) 'übererregt, über'reizt. ~'fam•i•ly s zo. 'Oberfa‚milie f. ~|fe•cun'da•tion s biol. med. 'Überbefruchtung f.

su•per•fe•ta•tion [‚su:pə(r)fi:'teɪʃn] s 1. Empfängnis f während der Schwangerschaft. 2. → superfecundation. 3. Häufung f. 4. 'Überprodukti‚on f (of an dat).

su•per•fi•cial [‚su:pə(r)'fɪʃl] adj (adv ~ly) 1. oberflächlich, Oberflächen.... 2. Flächen..., Quadrat...: 50 ~ feet 50 Quadratfuß. 3. äußerlich, äußer(er, e, es). 4. fig. oberflächlich: a) flüchtig, b) seicht. 'su•per‚fi•ci'al•i•ty [-ʃi'æləti] s 1. Oberflächenlage f. 2. fig. Oberflächlichkeit f, (das) Oberflächliche. ‚su•per'fi•cies [-'ʃi:z] pl -cies s 1. Oberfläche f. 2. fig. Oberfläche f, äußerer Anschein.

'su•per|•film s Monumen'talfilm m. ~'fine I adj 1. bes. econ. extra-, superfein, hochfein. 2. über'feinert, prezi'ös. II s 3. pl econ. extrafeine Ware. ~'flu•id s supraflüssiges Helium, Helium n II.

su•per•flu•i•ty [‚su:pə(r)'flu:əti; Am. -J'flu:-] s 1. 'Überfluß m, Zu'viel n (of an dat). 2. meist pl Entbehrlichkeit f, 'Überflüssigkeit f. su•per•flu•ous [su:'pɜ:-fluəs; Am. su'pɜrfləwəs] adj (adv ~ly) 1. 'überreichlich (vor'handen). 2. 'überflüssig, unnötig. 3. verschwenderisch.

'su•per|•group s Computer: 'Übergruppe f. ~'heat v/t tech. über'hitzen. ~'heat•er s tech. ('Dampf)Über‚hitzer m. ~'heav•y•weight sport I s Superschwergewicht(ler m) m. II adj Superschwergewichts... ~'he•ro s Superheld m. ~'het•er•o•dyne s electr. I adj Überlagerungs..., Superhet... II s Über'lagerungsempfänger m, Super(het) m. '~high fre•quen•cy s electr. superhohe Fre'quenz. ~'high-'fre•quen•cy adj electr. Höchstfrequenz... ~'high•way s Am. Autobahn f. ~'hu•man adj 'übermenschlich: ~ beings; ~ efforts. ~im'pose v/t 1. dar'auf-, dar'übersetzen od. -stellen od. -legen. 2. setzen, legen, lagern, schichten (on, upon auf od. über acc): one ~d on the other übereinandergelagert. 3. hin'zufügen (on zu), folgen lassen (on dat), anein'anderreihen. 4. electr. phys. über'lagern. 5. Film etc: 'durch-, einblenden, 'einko‚pieren. '~im•preg'na•tion → superfetation. 1. ~in'cum•bent adj 1. oben'auf liegend. 2. lastend. ~in'duce v/t 1. (noch) hin'zufügen (zu). 2. (zusätzlich) einführen (on, upon zu). 3. (oben'drein) her'beiführen. 4. fig. aufpfropfen.

su•per•in•tend [‚su:pərɪn'tend; -prɪn-] v/t 1. die (Ober)Aufsicht haben über (acc), beaufsichtigen, über'wachen. 2. verwalten, leiten. ‚su•per•in-'tend•ence s 1. (Ober)Aufsicht f (over über acc). 2. Verwaltung f, Leitung f (of gen). ‚su•per•in'tend•ent I s 1. Leiter m, Vorsteher m, Di'rektor m: ~ of public works. 2. (Ober)Aufseher m, Aufsichtsbeamte(r) m, In'spektor m: ~ of schools Schulinspektor. 3. a) Br. (etwa) Kommis'sar(in), b) Am. Poli'zeichef m. 4. bes. Am. Hausverwalter m. 5. relig. Superinten'dent m. II adj 6. aufsichtführend, leitend, Aufsichts...

su•pe•ri•or [su:'pɪərɪə(r)] I adj (adv ~ly) 1. höherstehend, höher(er, e, es), Ober..., vorgesetzt: ~ court jur. höheres Gericht, höhere Instanz; ~ officer vorgesetzter od. höherer Beamter od. Offizier, Vorgesetzte(r) m. 2. über'legen, über'ragend, souve'rän: ~ man; ~ skill; → style 2. 3. höher(er, e, es), um'fassend(er, e, es): ~ genus; ~ wisdom. 4. höher(er, e, es), besser (to als), her'vorragend, erlesen: ~ quality; ~ beings höhere Wesen; ~ performance hervorragende Leistung. 5. (to) größer, stärker (als), über'legen (dat): ~ in number zahlenmäßig überlegen; in der Überzahl; ~ forces mil. Übermacht f; ~ title to an estate jur. höherer Rechtsanspruch auf ein Gut. 6. fig. über'legen, -'heblich: ~ smile. 7. iro. vornehm: ~ persons bessere od. feine Leute. 8. erhaben (to über acc): ~ to prejudice; to rise ~ to s.th. sich über etwas erhaben zeigen. 9. höherliegend, ober(er, e, es): ~ planets astr. äußere Planeten. 10. print. hochgestellt.

II s 11. to be s.o.'s ~ in thinking (courage, etc) j-m geistig (an Mut etc) überlegen sein; he has no ~ in courage an Mut übertrifft ihn keiner. 12. a. ~ in rank Vorgesetzte(r m) m. 13. relig. a) (a. Father S~ Vater m) Su'perior m, b) (a. Lady od. Mother S~ Schwester f) Oberin f. su‚pe•ri'or•i•ty [-'ɒrəti; Am. a. -'ɑr-] s 1. Erhabenheit f (to, over über acc). 2. Über'legenheit f, 'Übermacht f (to, over über acc; in in od. an dat). 3. Vorrecht n, -rang, -zug m. 4. Über-'heblichkeit f: ~ complex psych. Superioritätskomplex m.

su•per•ja•cent [‚su:pə(r)'dʒeɪsnt] adj geol. dar'auf-, dar'überliegend.

su•per•la•tive [su:'pɜ:lətɪv; Am. su'pɜr-] I adj 1. höchst(er, e, es): ~ beauty (praise, wisdom, etc). 2. 'unüber‚trefflich, über'ragend. 3. ling. superlativisch, Superlativ...: ~ degree → 5. II s 4. höchster Grad, höchste Stufe, Gipfel m (a. contp.), contp. Ausbund m (of an dat). 5. ling. Superlativ m: to talk in ~s fig. in Superlativen reden. su'per•la-tive•ly adv 1. im höchsten Grade. 2. → superlative. su'per•la•tive•ness s 1. höchster Grad. 2. 'Unüber‚trefflichkeit f.

‚su•per|'lu•na•ry, ~'lu•nar adj 1. jenseits des Mondes (gelegen). 2. 'überirdisch. '~man [-mæn] s irr 1. philos. u. fig. 'Übermensch m. 2. S~ Am. Gestalt der Comic-strip-Serie. 3. bes. iro. Superman m. '~mar•ket s Supermarkt m. ~'mol•e•cule s 'Makromole‚kül n.

su•per•nac•u•lum [‚su:pə(r)'nækjʊləm] I adv 1. to drink ~ obs. bis auf die Nagelprobe austrinken. 2. vollständig. II s 3. obs. al'koholisches Getränk bester Quali'tät. 4. fig. köstliche Sache.

su•per•nal [su:'pɜ:nl; Am. sʊ'pɜrnl] adj (adv ~ly) 1. 'überirdisch, himmlisch. ‚su•per|'nat•u•ral I adj 'überna‚türlich. II s the ~ das 'Überna‚türliche. ~'nat-u•ral•ism s 1. philos. relig. ‚Supranatu-ra'lismus m, Offen'barungsglaube m. 2. Wunderglaube m. ~'nor•mal adj 1. 'über‚durchschnittlich, über das Nor-

'male hin'ausgehend. 2. außer-, ungewöhnlich. ~'no•va s a. irr astr. Supernova f. ~'nu•mer•ar•y I adj 1. 'überzählig, außerplanmäßig, extra. 2. 'überflüssig. II s 3. 'überzählige Per'son od. Sache. 4. außerplanmäßiger Beamter od. Offi'zier. 5. Hilfskraft f, -arbeiter(in). 6. thea. etc Sta'tist(in). ~'ox•ide s chem. 'Super-, 'Pero‚xyd n. ~'per•son•al adj 'überper‚sönlich. ~'phos•phate s chem. 'Superphos‚phat n.

su•per•pose [‚su:pə(r)'pəʊz] v/t 1. (auf-) legen, lagern (on, upon über od. auf acc). 2. überein'ander anordnen od. anbringen, überein'anderlegen, -schichten, -lagern. 3. math. überein'anderlagern, superpo'nieren: to be ~d sich decken. 4. electr. über'lagern. ‚su•per-po'si•tion [-pə'zɪʃn] s 1. Aufschichtung f, -lagerung f. 2. Auf-, Überein'andersetzen n. 3. bes. geol. Schichtung f: the law of ~ geol. Gesetz, nach dem die unterliegende Schicht älter ist als die obere. 4. bot. math. Superpositi'on f. 5. electr. phys. Über'lagerung f.

'su•per|‚pow•er s 1. pol. a) Supermacht f (Nation), b) 'überstaatliche Macht. 2. electr. Höchstleistung f (von großen Verbundnetzen): ~ station Großkraftwerk n; ~ transmitter Größtsender m. ~'race s pol. Herrenvolk n. ~'roy•al s 'Großroy‚alpa‚pier n (brit. Schreib- od. Zeichenpapier, Format 19 × 27 Zoll; amer. Schreibpapier, Format 20 × 28 Zoll; Druckbogen, Format 20¹/₂ × 27¹/₂ Zoll). ~'sat•u•rate v/t chem. med. tech. über'sättigen. '~sat•u•ra•tion f. ~'scribe [‚-'skraɪb; '-sk-] v/t 1. s-n Namen etc oben'ansetzen. 2. beschriften, über'schreiben. '~script I s 1. → superscription 2. 2. math. hochgestellter Index. II adj 3. über'schrieben. ~'scrip•tion s 1. Über'schreibung n. 2. obs. 'Über-, Auf-, Inschrift f.

su•per•sede [‚su:pə(r)'si:d] v/t 1. j-n od. etwas ersetzen (by durch). 2. abschaffen, beseitigen, ein Gesetz etc aufheben. 3. j-n absetzen, s-s Amtes entheben. 4. j-n in der Beförderung etc über'gehen. 5. verdrängen, ersetzen, 'überflüssig machen: new methods ~ old ones. 6. an die Stelle treten von (od. gen), j-n od. etwas ablösen, j-s Nachfolger werden: to be ~d by abgelöst werden von. ‚su•per'se-de•as [-dɪæs; -ɪəs] s 1. jur. (Anordnung f der) Aussetzung f des Verfahrens, Si'stierungsbefehl m, 'Widerruf m (e-r Anordnung). 2. fig. Hemmnis n. ‚su•per'sed-ence, ‚su•per'se•dure [-dʒə(r)] s supersession.

‚su•per|'sen•si•ble I adj 'übersinnlich. II s the ~ das 'Übersinnliche. ~'sen•si-tive adj 'überempfindlich. ~'sen•so•ry → supersensible I. ~'serv•ice•a•ble adj obs. (allzu) dienstbeflissen, 'übereifrig.

su•per•ses•sion [‚su:pə(r)'seʃn] s 1. Ersetzung f (by durch). 2. Abschaffung f, Aufhebung f. 3. Absetzung f. 4. Verdrängung f (by durch).

'su•per|•size I s 'Riesenfor‚mat n, 'Übergröße f. II adj 'übergroß, riesig. ~'son-ic I adj 1. phys. 'ultraschallfre‚quent, Ultraschall... 2. aer. phys. 'Überschall...: ~ aircraft → 5 a; ~ speed mit Überschallgeschwindigkeit; ~ boom, ~ bang → sonic boom. 3. sl. ‚supertoll'. II s 4. phys. a) Ultraschallwelle f, b) pl (als sg konstruiert) Fachgebiet n des Ultraschalls. 5. aer. phys. a) 'Überschallflugzeug n, b) 'Überschallflug m. ~'sound s phys. Ultraschall m. ~'star s Superstar m. ~'state s pol. Supermacht f.

su•per•sti•tion [‚su:pə(r)'stɪʃn] s 1. Aberglaube(n) m. 2. abergläubischer

Brauch. ˌsu·per'sti·tious [-ʃəs] *adj* (*adv* ~ly) abergläubisch. ˌsu·per'sti·tious·ness *s* (*das*) Abergläubische, Aberglaube(n) *m*.

'su·per|·store *s bes. Br.* großes Kaufhaus. ~'stra·tum *s irr* **1.** *geol.* obere Schicht. **2.** *ling.* Super'strat *n*. ~'struc·ture *s* **1.** Ober-, Aufbau *m*: ~ work *arch.* Hochbau *m*. **2.** *mar.* Deckaufbauten *pl*. **3.** *fig.* Oberbau *m*. ~'sub·tle *adj* über-'feinert, -'spitzt. ~'tank·er *s mar.* Supertanker *m*. '~'tax *s econ.* **1.** → surtax **1. 2.** *bes. Br.* Einkommensteuerzuschlag *m*. ~'tem·po·ral¹ *adj* 'überzeitlich, ewig. ~'tem·po·ral² *adj anat.* über dem Schläfenbein (gelegen). ~ter'ra·ne·an, ~ter'ra·ne·ous, ~ter'rene *adj* über *od.* auf der Erde *od.* Erdoberfläche (befindlich). ~ter'res·tri·al *adj* über der Erde (befindlich), 'überirdisch. ~'ton·ic *s mus.* zweite Stufe (*der Tonleiter*).

su·per·vene [ˌsuːpə(r)'viːn] *v/i* **1.** (noch) hin'zukommen (upon, on zu). **2.** sich plötzlich einstellen, (unvermutet) eintreten, da'zwischenkommen. **3.** (unmittelbar) folgen, sich ergeben. ˌsu·per'ven·i·ence [-jəns] → supervention. ˌsu·per'ven·i·ent *adj* **1.** (noch) hin'zukommend (to zu). **2.** unvermutet eintretend, da'zwischenkommend. **3.** (unmittelbar) folgend. ˌsu·per'ven·tion [-'venʃn] *s* **1.** Hin'zukommen *n* (on zu). **2.** unvermutetes Eintreten, Da'zwischenkommen *n*.

su·per·vise ['suːpə(r)vaɪz] *v/t* beaufsichtigen, über'wachen, die (Ober)Aufsicht haben *od.* führen über (*acc*), kontrol'lieren. ˌsu·per'vi·sion [-'vɪʒn] *s* **1.** Beaufsichtigung *f*, Über'wachung *f*. **2.** (Ober-)Aufsicht *f*, Kon'trolle *f* (of über *acc*): police ~ Polizeiaufsicht *f*. **3.** *Schul*inspekti,on *f*. 'su·per·vi·sor [-vaɪzə(r)] *s* **1.** Aufseher *m*, Kontrol'leur *m*, Aufsichtsbeamte(r) *m*, Aufsichtführende(r) *m*. **2.** *Am.* (leitender) Beamter e-s Stadt-*od.* Kreisverwaltungsvorstandes. **3.** *ped.* Fachbeauftragte(r) *m* e-r Schulbehörde. **4.** *univ.* ˌDoktorvater' *m*. su·per·vi·so·ry [-vaɪzərɪ; ˌ-'v-] *adj* Aufsichts..., Überwachungs...: ~ function Kontrollfunktion *f*.

su·pi·na·tion [ˌsjuːpɪ'neɪʃn; *bes. Am.* ˌsuː-] *s* **1.** Supinati'on *f*, Aufwärtsdrehung *f* (*von Handteller od. Fußsohle*). **2.** Rückenlage *f*.

su·pine¹ ['sjuːpaɪn; *bes. Am.* 'suː-] *s ling.* Su'pinum *n*.

su·pine² [sjuː'paɪn; *bes. Am.* suː-] *adj* (*adv* ~ly) **1.** auf dem Rücken liegend, aus-, 'hingestreckt: ~ position Rückenlage *f*. **2.** mit der Innenfläche nach oben (Hand, Fuß etc). **3.** *poet.* zu'rückgelehnt, geneigt. **4.** *fig.* nachlässig, untätig, träge. su'pine·ness *s fig.* Nachlässigkeit *f*, Trägheit *f*.

sup·per ['sʌpə(r)] **I** *s* **1.** Abendessen *n*, -brot *n*: to have ~ zu Abend essen; ~ club *Am.* exklusiver Nachtklub. **2.** the S~ *relig.* a) a. the Last S~ das letzte Abendmahl (*Christi*), b) a. the Lord's S~ das heilige Abendmahl, *R.C.* die heilige Kommuni'on. **II** *v/i* **3.** selten zu Abend essen. **III** *v/t* **4.** selten j-m das Abendessen ser'vieren *od.* machen. 'sup·per·less *adj* ohne Abendessen.

sup·plant [sə'plɑːnt; *Am.* -'plænt] *v/t* j-n *od.* etwas verdrängen, e-n Rivalen ausstechen.

sup·ple ['sʌpl] **I** *adj* (*adv* supply) **1.** geschmeidig: a) biegsam, e'lastisch, b) *fig.* beweglich: a ~ mind. **2.** *fig.* fügsam, nachgiebig. **3.** kriecherisch, unter-'würfig. **II** *v/t* **4.** geschmeidig *etc* machen. **5.** *ein Pferd* zureiten. **III** *v/i* **6.** geschmeidig *etc* werden.

---

sup·ple·ment **I** *s* ['sʌplɪmənt] **1.** (to) Ergänzung *f* (*gen od.* zu), Zusatz *m* (zu). **2.** Nachtrag *m*, Anhang *m* (to zu e-m *Buch*), Ergänzungsband *m*. **3.** Beilage *f* (*zu e-r Zeitung etc*): commercial ~ Handelsbeilage. **4.** *math.* Ergänzung *f* (*auf 180 Grad*). **5.** Aufbesserung *f* (to one's income s-s Einkommens). **II** *v/t* ['sʌplɪment] **6.** ergänzen. **7.** *sein Einkommen* aufbessern. ˌsup·ple'men·tal [-'mentl] *adj* (*adv* ~ly) → supplementary **1**: ~ firm *Am.* Zulieferfirma *f*. sup·ple·men·tar·i·ly [ˌsʌplɪ'mentərəlɪ; *Am. bes.* ˌsʌplə'menˌterəlɪ] *adv*. ˌsup·ple'men·ta·ry [-'mentərɪ] **I** *adj* **1.** ergänzend, Ergänzungs..., zusätzlich, Zusatz..., Nach(trags)...: to be ~ to s.th. etwas ergänzen; ~ agreement *econ. pol.* Zusatzabkommen *n*; ~ benefit *Br.* Sozialhilfe *f*; ~ budget *pol.* Nachtragshaushalt *m*; ~ entry *econ.* Nachtragsbuchung *f*; ~ estimates *econ.* Nachtragsetat *m*; ~ order Nachbestellung *f*; ~ proceedings *jur.* a) Zusatzverfahren *n*, b) Offenbarungsverfahren *n* (*zwecks Vollstreckung*); ~ question Zusatzfrage *f*; to take a ~ ticket (e-e Fahrkarte) nachlösen. **2.** *math.* supplemen'tär: ~ angle Supplementärwinkel *m*. **3.** *bes. tech.* Hilfs..., Ersatz..., Zusatz... **II** *s* **4.** Nachtrag *m*, Ergänzung *f*. ˌsup·ple·men'ta·tion [-men-] *s* Ergänzung *f*: a) Nachtragen *n*, b) Nachtrag *m*, Zusatz *m*.

sup·ple·ness ['sʌplnɪs] *s* **1.** Geschmeidigkeit *f* (*a. fig.*). **2.** Fügsamkeit *f*. **3.** Unter'würfigkeit *f*.

sup·ple·tion [sə'pliːʃn] *s ling.* Suppleti'on *f*.

sup·ple·to·ry ['sʌplɪtərɪ; *Am.* ~ˌtəʊriː; ~ˌtɔː-; sə'pliːtərɪ] → supplementary **1**.

sup·pli·ant ['sʌplɪənt] **I** *s* (demütiger) Bittsteller. **II** *adj* (*adv* ~ly) flehend, demütig (bittend).

sup·pli·cant ['sʌplɪkənt] → suppliant. 'sup·pli·cat [-kæt] *s univ. Br.* Gesuch *n* (*bes. um Immatrikulation*). 'sup·pli·cate [-keɪt] **I** *v/i* **1.** demütig *od.* dringlich bitten, flehen (for um). **II** *v/t* **2.** anflehen, demütig bitten (s.o. for s.th. j-n um etwas). **3.** erbitten, erflehen, bitten um. ˌsup·pli'ca·tion *s* **1.** demütige Bitte (for um), Flehen *n*. **2.** (Bitt)Gebet *n*. **3.** Gesuch *n*. 'sup·pli·ca·to·ry [-kətərɪ; -keɪ-; *Am.* -kəˌtəʊriː; ~ˌtɔː-] *adj* flehend.

sup·pli·er [sə'plaɪə(r)] *s* Liefe'rant(in), *a. pl* Lieferfirma *f*.

sup·ply [sə'plaɪ] **I** *v/t* **1.** a) *allg.* liefern: to ~ electricity (goods, proof, *etc*), b) beschaffen, bereitstellen, sorgen für, zuführen: to ~ the necessary equipment. **2.** *j-n od. etwas* beliefern, versorgen, ausstatten, versehen, *electr. tech.* speisen (with mit): to ~ s.o. with s.th., to ~ s.th. to s.o. **3.** ergänzen: to ~ missing words. **4.** ausgleichen, ersetzen: to ~ a loss; to ~ a deficit ein Defizit decken. **5.** *ein Bedürfnis* befriedigen: to ~ a want e-m Mangel abhelfen; to ~ the demand *econ.* die Nachfrage decken. **6.** *e-e Stelle* ausfüllen, einnehmen, *ein Amt* vor'übergehend versehen: to ~ the place of s.o. j-n vertreten. **7.** *econ.* nachschießen, -zahlen. **II** *s* **8.** Lieferung *f* (to an *acc*), Zufuhr *f*, Beschaffung *f*, Bereitstellung *f*. **9.** Belieferung *f*, Versorgung *f* (with mit), Bedarfsdeckung *f*: ~ crisis *econ.* Versorgungskrise *f*. **10.** *electr.* (Netz)Anschluß *m*. **11.** Ergänzung *f*, Zuschuß *m*, Beitrag *m*. **12.** *econ.* Angebot *n*: ~ and demand Angebot u. Nachfrage; to be in short ~ knapp sein. **13.** *meist pl* Vorrat *m*, Lager *n*, Bestand *m*. **14.** *meist pl mil.* Nachschub *m*, Ver'sorgung(smateri,al *n*) *f*, Provi'ant *m*. **15.** *pl econ.* Ar'tikel *pl*, Bedarf *m*: operating supplies Betriebsstoffe. **16.** a) Stellvertreter(in), Ersatz *m*, b) Stellvertretung *f*: on ~ in Vertretung. **17.** *meist pl parl.* bewilligter E'tat: Committee of S~ Haushaltsausschuß *m*. **III** *adj* **18.** Versorgungs..., Liefer..., Lieferungs...: ~ plant Lieferwerk *n*; ~ price *econ.* äußerster *od.* niedrigster Preis; ~-side economics *Am.* angebotsorientierte Wirtschaftspolitik. **19.** *mil.* a) Versorgungs...: ~ area (bomb, officer, ship), b) Nachschub...: ~ base Versorgungs-, Nachschubbasis *f*; ~ lines Nachschubverbindungen *pl*; ~ sergeant Kammerunteroffizier *m*. **20.** *electr. tech.* Speise...: ~ circuit (current, line, relay); ~ pipe Zuleitung(srohr *n*) *f*; ~ station *Br.* Kraftwerk *n*; ~ voltage Netz-, Speisespannung *f*. **21.** Aushilfs..., Ersatz...: ~ teacher.

sup·port [sə'pɔː(r)t; *Am. a.* -'pəʊrt] **I** *v/t* **1.** tragen, (ab)stützen, (aus)halten: to ~ a wall (weight, *etc*). **2.** ertragen, (er)dulden, aushalten. **3.** *j-n* unter'stützen, stärken, *j-m* beistehen, *j-m* Rückendeckung geben: what ~ed him was hope nur die Hoffnung hielt ihn aufrecht. **4.** erhalten, unter'halten, sorgen für, ernähren (on von): to ~ a family; to ~ o.s. on sich ernähren *od.* erhalten von; inability to ~ o.s. Erwerbsunfähigkeit *f*. **5.** aufkommen für, finan'zieren: to ~ a project. **6.** in Gang halten: to ~ the conversation. **7.** eintreten für, unter'stützen, fördern, befürworten: to ~ a policy (a candidate). **8.** vertreten: to ~ a theory. **9.** beweisen, begründen, erhärten, rechtfertigen. **10.** *econ.* a) *e-e Währung* decken, b) *den Preis* halten, stützen. **11.** *thea. etc* a) *e-e Rolle* spielen, b) als Nebendarsteller(in) auftreten mit (*e-m Star etc*). **II** *s* **12.** *allg.* Stütze *f*: to walk without ~; ~ hose Stützstrümpfe *pl*. **13.** *arch. tech.* a) Stütze *f*, Halter *m*, Träger *m*, Ständer *m*, b) Strebe *f*, Absteifung *f*, c) Lagerung *f*, Bettung *f*, d) Sta'tiv *n*, e) *arch.* 'Durchzug *m*. **14.** *mil.* (Gewehr)Auflage *f*. **15.** (*a. mil.* taktische) Unter'stützung *f*, Beistand *m*, Rückhalt *m*, Rückendeckung *f*: to give ~ to → 3; in ~ of zur Unterstützung (*gen*); ~ buying *econ.* Stützungskäufe *pl*. **16.** Unter'haltung *f* (*e-r Einrichtung*). **17.** ('Lebens,)Unterhalt *m*. **18.** *fig.* Stütze *f*, (Rück)Halt *m*. **19.** Aufrechterhaltung *f*. **20.** Bekräftigung *f*, Erhärtung *f*, Beweis *m*: in ~ of zur Bestätigung von (*od. gen*). **21.** *mil.* Re'serve *f*, Verstärkung *f*. **22.** *thea.* a) Partner(in) (*e-s Stars*), b) Unter'stützung *f* (*e-s Stars*) (durch das En'semble), c) En'semble *n*. **23.** *phot.* Träger *m*.

sup·port·a·ble [sə'pɔː(r)təbl; *Am. a.* -'pəʊrt-] *adj* (*adv* supportably) **1.** haltbar, vertretbar: ~ view. **2.** erträglich, zu ertragen(d). sup'port·er *s* **1.** *arch. tech.* Stütze *f*, Träger *m*. **2.** *fig.* Beistand *m*, Helfer(in), Unter'stützer(in), Stütze *f*. **3.** Erhalter(in). **4.** Anhänger(in) (*a. sport*), Verfechter(in), Vertreter(in), Befürworter(in). **5.** *med.* Stütze *f*, Tragbinde *f*. **6.** *her.* Wappen-, Schildhalter *m*. sup'port·ing *adj* **1.** tragend, stützend, Stütz..., Trag...: ~ surfaces *aer.* Tragwerk *n*. **2.** unter'stützend, Unterstützungs...: ~ actor *thea. etc* Nebendarsteller *m*; ~ bout (*Boxen*) Rahmenkampf *m*; ~ cast *thea. etc* Ensemble *n*; ~ fire *mil.* Unterstützungsfeuer *n*; ~ measures flankierende Maßnahmen; ~ program(me) (*Film*) Beiprogramm *n*; ~ purchases *econ.* Stützungskäufe. **3.** erhärtend, bekräftigend: ~ document Unterlage *f*, Beleg *m*; ~ evidence zusätz-

liche Beweise. **sup'port·ive** → **supporting** 3.

**sup·pos·a·ble** [sə'pəʊzəbl] *adj* **1.** anzunehmen(d), denkbar. **2.** vor'aussetzbar. **3.** vermutlich.

**sup·pos·al** [sə'pəʊzl] → **supposition**.

**sup·pose** [sə'pəʊz] **I** *v/t* **1.** (als möglich *od.* gegeben) annehmen, vor'aussetzen, sich vorstellen: ~ (*od.* **supposing** *od.* **let us** ~) angenommen, gesetzt den Fall; **it is to be** ~**d that** es ist anzunehmen, daß. **2.** *imp* (*e-n Vorschlag einleitend*) wie wäre es, wenn (*wir e-n Spaziergang machten?*): ~ **we went for a walk!** wie wäre's mit e-m Spaziergang? **3.** vermuten, glauben, meinen: **they are British, I** ~ **es sind wohl** *od.* vermutlich Engländer; **I** ~ **I must have fallen asleep** ich muß wohl eingeschlafen sein. **4.** (*mit acc u. inf*) halten für: **I** ~ **him to be a painter; he is** ~**d to be rich** er soll reich sein. **5.** (notwendigerweise) vor'aussetzen: **creation** ~**s a creator. 6.** (*pass mit inf*) sollen: **isn't he** ~**d to be at home?** sollte er nicht (eigentlich *od.* von Rechts wegen) zu Hause sein?; **a grammarian is** ~**d to know (the) grammar** von e-m Grammatiker erwartet man, daß er die Grammatik kennt; **you are not** ~**d to know everything** du brauchst nicht alles zu wissen; **what is that** ~**d to mean?** was soll denn das? **II** *v/i* **7. I** ~ **so** ich nehme es an, wahrscheinlich, vermutlich. **sup'posed** *adj* **1.** angenommen: **a** ~ **case. 2.** vermutlich. **3.** vermeintlich, angeblich. **sup'pos·ed·ly** [-ɪd] *adv*.

**sup·po·si·tion** [ˌsʌpə'zɪʃn] *s* **1.** Vor'aussetzung *f*: **on the** ~ **that** unter der Voraussetzung, daß. **2.** Vermutung *f*, Mutmaßung *f*, Annahme *f*. **3.** *Logik:* Begriffsinhalt *m*. **ˌsup·po'si·tion·al** [-ʃənl] *adj* (*adv* ~**ly**), **ˌsup·po'si·tion·ar·y** [-ʃnərɪ; *Am.* -ˌʃəˌnerɪ:] *adj* auf Annahme beruhend, angenommen, hypo'thetisch. **sup·pos·i·ti·tious** [səˌpɒzɪ'tɪʃəs; *Am.* -ˌpɑzə-] *adj* **1.** unecht, gefälscht, vorgeblich. **2.** 'untergeschoben (*Kind, Absicht etc*), erdichtet. **3.** → **suppositional. sup'pos·i·tive** [-'pɒzɪtɪv; *Am.* -'pɑzə-] → **suppositional**.

**sup·pos·i·to·ry** [sə'pɒzɪtərɪ; *Am.* -'pɑzə-ˌtəʊrɪ; -ˌtɔ:-] *s med.* Zäpfchen *n*, Supposi'torium *n*.

**sup·press** [sə'pres] *v/t* **1.** *allg.* unter'drücken: **to** ~ **a rebellion** (**a cough, a feeling,** *electr.* **a radio noise,** *etc*); ~**ed laughter** unterdrücktes Lachen; **to** ~ **interference from** *electr.* ein Gerät entstören. **2.** *etwas* abschließen, abschaffen, *e-r Sache* ein Ende machen. **3.** a) *ein Buch etc* verbieten *od.* unter'drücken, b) *e-e Textstelle* streichen. **4.** verheimlichen, -schweigen, unter'schlagen, vertuschen: **to** ~ **evidence** *jur.* Beweismaterial unterschlagen. **5.** *med.* a) *e-e Blutung* stillen, b) *Durchfall* stopfen, c) *Harn, Stuhl* verhalten. **6.** *psych.* verdrängen. **sup'pres·sant** *s:* **appetite** ~ Appetitzügler *m*. **sup'press·i·ble** *adj* unter'drückbar, zu verheimlichen(d). **sup'pres·sion** [-ʃn] *s* **1.** Unter'drückung *f* (*a. fig. u. electr.*): ~ **of interference** *electr.* Entstörung *f*. **2.** Abschaffung *f*. **3.** Verschweigen *n*, -tuschung *f*, -heimlichung *f*, Unter'schlagung *f*. **4.** *med.* a) (Blut)Stillung *f*, b) Stopfung *f*, c) (Harn-, Stuhl)Verhaltung *f*. **5.** *psych.* Verdrängung *f*. **sup'pres·sive** [-sɪv] *adj* unter'drückend, Unterdrückungs... **sup'pres·sor** [-sə(r)] *s* **1.** Unter'drücker(in). **2.** Verhehler(in). **3.** *electr.* a) Sperrgerät *n*, b) Entstörer *m*: ~ **grid** Bremsgitter *n*.

**sup·pu·rate** [ˈsʌpjʊəreɪt] *v/i med.* eitern. **ˌsup·pu'ra·tion** *s* Eiterung *f*, Eiterbildung *f*. **ˈsup·pu·ra·tive** [-rətɪv;**

---

*Am. a.* -ˌreɪ-] *adj* eiternd, eitrig, Eiter...

**su·pra** ['su:prə] (*Lat.*) *adv* oben (*bei Verweisen in e-m Buch etc*).

**supra-** [su:prə] Wortelement mit den Bedeutungen a) *bes. scient.* über, oberhalb, b) früher, vorhergehend, c) über ... hinaus.

**ˌsu·pra·con'duc·tor** *s electr.* Supraleiter *m*.

**ˌsu·pra'lim·i·nal** *adj psych.* bewußt, 'überschwellig.

**ˌsu·pra·mo'lec·u·lar** *adj chem.* supramoleku'lar.

**ˌsu·pra'mun·dane** *adj* 'überweltlich, -irdisch.

**ˌsu·pra'na·tion·al** *adj* 'übernatio,nal, -staatlich.

**ˌsu·pra'nat·u·ral** → **supernatural**.

**ˌsup·ra'pro·test** *s a.* **acceptance** ~ *econ. jur.* Interventi'onsak,zept *n*, Ehrenannahme *f*.

**ˌsu·pra're·nal** *anat.* **I** *adj* suprare'nal, Nebennieren...: ~ **extract** Nebennierenextrakt *m*. **II** *s* Nebennieren(drüse) *f*.

**su·prem·a·cy** [sʊ'premsɪ] *s* **1.** Oberhoheit *f*: a) *pol.* höchste Gewalt, Souveräni'tät *f*, b) Supre'mat *m, n* (*Oberhoheit in Kirchensachen*): **Act of S~** Suprematsakte *f* (*Gesetz, durch welches das Staatsoberhaupt zum Haupt der englischen Kirche erklärt wurde; 1535*); **oath of** ~ Supremateid *m*. **2.** *fig.* Vorherrschaft *f*, 'Übergewicht *n*, Über'legenheit *f*: **air** ~ Luftherrschaft *f*; **naval** ~ Vormachtstellung *f* zur See; **his** ~ **among dramatists** sein Vorrang unter den Dramatikern.

**su·preme** [sʊ'pri:m] **I** *adj* **1.** höchst(er, e, es), oberst(er, e, es), Ober...: ~ **authority** höchste (Regierungs)Gewalt; ~ **command** *mil.* Oberbefehl *m*, -kommando *n*; ~ **commander** *mil.* Oberbefehlshaber *m*; **S~ Court** *Am.* a) Oberstes Bundesgericht, b) oberstes Gericht (*e-s Bundesstaates*); → **judicature** 1; **S~ Soviet** Oberster Sowjet; **to reign** ~ herrschen (*a. fig.*). **2.** höchst(er, e, es), größt(er, e, es), äußerst(er, e, es), über'ragend: ~ **courage; S~ Being** → 6; **the** ~ **good** *philos.* das höchste Gut; **the** ~ **punishment** die Todesstrafe; **he stands** ~ **among poets** er nimmt unter den Dichtern den höchsten Rang ein. **3.** letzt(er, e, es): ~ **moment** Augenblick *m* des Todes; ~ **sacrifice** Hingabe *f* des Lebens. **4.** entscheidend, kritisch: **the** ~ **hour in the history of a nation. II** *s* **5. the** ~ der *od.* die *od.* das Höchste. **6. the S~** der Allerhöchste, Gott *m*. **7.** *fig.* Gipfel *m*: **the** ~ **of folly. su'preme·ly** *adj* höchst, im höchsten Grad, 'überaus.

**su·pre·mo** [sʊ'pri:məʊ] *pl* **-mos** *s Br. colloq.* Oberboß *m*.

**sur-** [sɜ:; *Am.* sɜr; sər] *Wortelement mit der Bedeutung* über, auf.

**su·ra¹** ['sʊərə] *s relig.* Sure *f* (*Abschnitt des Korans*).

**su·ra²** ['sʊərə] *s Br. Ind.* gegorener Palmensaft.

**su·rah¹** → **sura¹**.

**su·rah²** [ˈsʊərə; *Am.* ˈsʊrə] *s* Surah *m*, Seidenköper *m*.

**su·ral** [ˈsjʊərəl; *Am.* ˈsʊrəl] *adj* Waden...

**su·rat** [sʊ'ræt] *s* **1.** Su'ratbaumwolle *f*. **2.** minderwertiger Baumwollstoff.

**sur·base** [ˈsɜ:beɪs; *Am.* ˈsɜrˌb-] *s arch.* Kranz(gesims *n*) *m*, Rand *m*.

**sur·cease** [sɜ:ˈsi:s; *Am.* ˌsɜr-; *a.* ˈsɜrˌs-] *obs.* **I** *v/i* **1.** ablassen (**from** von). **2.** aufhören. **II** *v/t* **3.** ablassen von. **4.** einstellen. **III** *s* **5.** Ende *n*, Aufhören *n*. **6.** Unter'brechung *f*, Pause *f*.

**sur·charge I** [ˈsɜ:tʃɑ:(r)dʒ; *Am.* ˈsɜrˌtʃ-] **1.** *bes. fig.* Über'lastung *f*, -'bürdung *f*. **2.** *econ.* a) Über'forderung *f* (*a. fig.*), zu'viel berechnete Gebühr, b) 'Überpreis *m*, c) (Steuer)Zuschlag *m*, d) Zuschlag(s-

---

gebühr *f*) *m*, e) Nach-, Strafporto *n*. **3.** 'Über-, Aufdruck *m* (*auf Briefmarken etc*). **II** [ˌsɜ:ˈtʃɑ:(r)dʒ; *Am. bes.* ˈsɜrˌtʃ-; *a.* ˌsɜrˈtʃ-] **4.** über'fordern, -'lasten, -'bürden. **5.** *econ.* a) Nachporto *od.* e-n Zuschlag *Am.* erheben auf (*acc*), b) *ein Konto* zusätzlich belasten. **6.** *Briefmarken etc* (*mit neuer Wertangabe*) über'drucken. **7.** über'füllen, -'sättigen.

**sur·cin·gle** [ˈsɜ:sɪŋgl; *Am.* ˈsɜrˌs-] **I** *s* **1.** Sattel-, Packgurt *m*. **II** *v/t* **2.** *e-m Pferd* e-n Sattel- *od.* Packgurt anlegen. **3.** mit e-m Gurt befestigen.

**sur·coat** [ˈsɜ:kəʊt; *Am.* ˈsɜrˌk-] *s* **1.** *hist.* a) Wappenrock *m*, b) 'Überrock *m* (*der Frauen*). **2.** Freizeitjacke *f*, Anorak *m*.

**surd** [sɜ:d; *Am.* sɜrd] **I** *adj* **1.** *math.* irratio'nal: ~ **number. 2.** *ling.* stimmlos. **3.** sinnlos. **II** *s* **4.** *math.* irratio'nale Größe, *a.* Wurzelausdruck *m*. **5.** *ling.* stimmloser Laut.

**sure** [ʃʊə(r); *Br. a.* ʃɔ:] **I** *adj* (*adv* → **surely**) **1.** *nur pred* (**of**) sicher, gewiß (*gen*), über'zeugt (von): **are you** ~ (**about it**)? bist du (dessen) sicher?; **I feel** ~ **of getting my money back** ich bin überzeugt (davon), daß ich mein Geld zurückerhalte; **if one could be** ~ **of living to 80** wenn man sicher wüßte, daß man 80 Jahre alt wird; **I am not quite** ~ **that** ich bin nicht ganz sicher, daß; **he is** (*od.* **feels**) ~ **of success** er ist sich s-s Erfolges sicher; **to be** ~ **of one's facts** sich s-r Sache sicher sein; **to be** ~ **of o.s.** selbstsicher sein; **I'm** ~ **I didn't mean to hurt you** ich wollte Sie ganz gewiß nicht verletzen; **she was not** ~ **that she had heard** es war ihr so, als hätte sie gehört; **are you** ~ **you won't come?** wollen Sie wirklich nicht kommen? **2.** *nur pred* sicher, gewiß, (ganz) bestimmt, zweifellos (*objektiver Sachverhalt*): **he is** ~ **to come** er kommt sicher *od.* bestimmt; **man is** ~ **of death** dem Menschen ist der Tod gewiß *od.* sicher; **to make** ~ **that** sich (davon) überzeugen, daß; **to make** ~ **of** *s.th.* a) sich von etwas überzeugen, sich e-r Sache vergewissern, b) sich etwas sichern; **to make** ~ (*Redew.*) um sicherzugehen; **be** ~ **to** (*od.* **and**) **shut the window!** vergiß nicht, das Fenster zu schließen!; **for** ~ sicher, bestimmt; **not now, that's for** ~ jetzt jedenfalls nicht; **to be** ~ (*Redew.*) sicher(lich), natürlich (*a. einschränkend* = freilich, allerdings). **3.** sicher, untrüglich: ~ **proof. 4.** sicher, unfehlbar: **a** ~ **cure; a** ~ **shot;** ~ **thing!** *bes. Am. colloq.* (tod)sicher!, (aber) klar!; → **slow** 1. **5.** verläßlich, zuverlässig. **6.** sicher, fest: **a** ~ **footing;** ~ **faith** *fig.* fester Glaube.

**II** *adv* **7.** *colloq.* sicher(lich): ~ **enough** a) ganz bestimmt, b) tatsächlich; ~**!** (aber) klar!, aber sicher!, und ob!; → **egg¹** 1. **8.** *Am. colloq.* wirklich: **it** ~ **was cold** es war vielleicht kalt!

**ˈsure·ˌfire** *adj colloq.* (tod)sicher, zuverlässig. **ˌsure·ˈfoot·ed** *adj* **1.** sicher auf den Beinen. **2.** *fig.* sicher.

**sure·ly** [ˈʃʊə(r)lɪ; *Br. a.* ˈʃɔ:lɪ] *adv* **1.** sicher(lich), gewiß, bestimmt, zweifellos. **2.** a) (ganz) bestimmt *od.* gewiß: **it** ~ **cannot have been he,** b) doch (wohl): **it** ~ **can't be true. 3.** sicher: **slowly but** ~ langsam, aber sicher. **4.** (*in Antworten*) gewiß, na'türlich, selbstverständlich, (aber) sicher.

**sure·ness** [ˈʃʊə(r)nɪs; *Br. a.* ˈʃɔ:nɪs] *s* Sicherheit *f:* a) Gewißheit *f,* feste Über'zeugung, b) Zuverlässigkeit *f,* c) Entschiedenheit *f.*

**sure·ty** [ˈʃʊərətɪ; ˈʃʊə(r)tɪ; *Br. a.* ˈʃɔ:tɪ] *s* **1.** *bes. jur.* a) Sicherheit *f*, Bürgschaft *f*, Kauti'on *f*, b) Bürge *m*: **to stand** ~ **bürgen** *od.* Bürgschaft leisten (**for** für *j-n*); ~

**bond** Bürgschaftsurkunde *f*; ~ **company** *Am.* Kautionsversicherungsgesellschaft *f*. **2.** Gewähr(leistung) *f*, Garan'tie *f*. **3.** *obs.* Gewißheit *f*: **of a** ~ gewiß, ohne Zweifel. **'sure·ty·ship** *s bes. jur.* Bürgschaft(sleistung) *f*.

**surf** [sɜːf; *Am.* sɜrf] **I** *s* **1.** Brandung *f*. **II** *v/i* **2.** a) in der Brandung baden, b) *sport* wellenreiten, surfen. **3.** branden (*a. fig.*).

**sur·face** ['sɜːfɪs; *Am.* 'sɜr-] **I** *s* **1.** *allg.* Oberfläche *f*: **a smooth** ~; ~ **of water** Wasseroberfläche, -spiegel *m*: **to come** (*od.* **rise**) **to the** ~ → **16. 2.** *fig.* Oberfläche *f*, (*das*) Äußere: **on the** ~ a) äußerlich, b) vordergründig, c) oberflächlich betrachtet; **to bring to the** ~ zutage fördern; **to lie on the** ~ zutage liegen; → **scratch 11. 3.** *math.* a) (Ober)Fläche *f*, b) Flächeninhalt *m*: **lateral** ~ Seitenfläche. **4.** Straßenbelag *m*, -decke *f*. **5.** *aer.* Tragfläche *f*. **6.** *Bergbau:* Tag *m*: **on the** ~ über Tag, im Tagebau. **II** *adj* **7.** Oberflächen... (*a. tech.*): ~ **hardening. 8.** *mar.* Überwasser...: ~ **vessel. 9.** Land...: ~ **transport(ation). 10.** *Bergbau:* im Tagebau. **11.** *fig.* a) oberflächlich: ~ **impressions**, b) vordergründig: ~ **realism**, c) Schein..., äußerlich, unaufrichtig: ~ **politeness. III** *v/t* **12.** *tech. allg.* die Oberfläche behandeln *od.* bearbeiten von (*od. gen*). **13.** a) glätten, b) *tech.* plandrehen, c) *Lackierung* spachteln. **14.** mit e-m (Oberflächen)Belag versehen: **to** ~ **a road. 15.** *ein U-Boot* auftauchen lassen. **IV** *v/i* **16.** a) an die Oberfläche kommen, b) *fig.* ans Tageslicht kommen: **he did not** ~ er kam nicht zum Vorschein, er zeigte sich nicht. **17.** auftauchen (*U-Boot*).

ˌsur·faceˌ'ac·tive *adj phys.* 'oberflächenakˌtiv. ~ **car** *s Am.* Straßenbahn *f* (*Ggs. U-Bahn, Schwebebahn*). ~**charge** *s electr.* (Ober)Flächenladung *f*. ~ **dive** *s* Tauchen *n* aus der Schwimmlage. '~-efˌfect ship *s Am.* Luftkissenfahrzeug *n*. ~ **fric·tion drag** *s phys.* Oberflächenreibung *f*. ~ **ga(u)ge** *s tech.* (Plan-)Flächenlehre *f*. ~ **in·te·gral** *s math.* ('Ober)Flächeninteˌgral *n*. ~ **mail** *s* gewöhnliche Post (*Ggs. Luftpost*). '~-**man** [-mən] *s irr* **1.** *rail.* Streckenarbeiter *m*. **2.** *Bergbau:* Arbeiter *m* im Tagebau. ~ **noise** *s* Rauschen *n* (*e-r Schallplatte*). ~ **plate** *s tech.* Planscheibe *f* (*der Drehbank*). ~ **print·ing** *s print.* Reli'ef-, Hochdruck *m*.

**sur·fac·er** ['sɜːfɪsə(r); *Am.* 'sɜr-] *s tech.* **1.** a) 'Plandrehmaˌschine *f*, b) ('Plan)Hobelmaˌschine *f*. **2.** Spachtelmasse *f*.

**sur·face**¦**struc·ture** *s ling.* 'Oberflächenstrukˌtur *f*. ~ **ten·sion** *s phys.* Oberflächenspannung *f*. ¦**~-to-'air mis·sile** *s mil.* 'Boden-'Luft-Raˌkete *f*. ¦**~-to-'sur·face mis·sile** *s mil.* 'Boden-'Boden-Raˌkete *f*. ~ **wa·ter** *s geol.* Oberflächenwasser *n*. ~ **work** *s Bergbau:* Arbeit *f* über Tage.

**sur·fac·tant** [sɜː'fæktənt; *Am.* sɜr-; sər-] *s phys.* 'oberflächenakˌtives Mittel.

**'surf·¦board** *sport* **I** *s* Surfbrett *n*. **II** *v/i* wellenreiten, surfen. **'~board·er** *s sport* Wellenreiter(in), Surfer(in). **'~boat** *s mar.* Brandungsboot *n*.

**sur·feit** ['sɜːfɪt; *Am.* 'sɜr-] **I** *s* **1.** 'Übermaß *n* (**of** an *dat*). **2.** *a. fig.* Über'fütterung *f*, -'sättigung *f* (**of** mit). **3.** 'Überdruß *m*, Ekel *m*: **to** (**a**) ~ bis zum Überdruß. **II** *v/t* **4.** über'sättigen, -'füttern (**with** mit). **5.** über'füllen, -'laden. **III** *v/i* **6.** (**of, with**) sich über'sättigen (mit), bis zum 'Überdruß essen *od.* trinken (von).

**'surf·er** *s* **1.** Brandungsschwimmer(in). **2.** → surfboarder.

**sur·fi·cial** [sɜː'fɪʃl; *Am.* sɜr-; *a.* 'sɜrˌf-] *adj geol.* (Erd)Oberflächen...

**'surf·ing** *s* **1.** Brandungsschwimmen *n*. **2.** *sport* Wellenreiten *n*, Surfen *n*.

**'surf**¦**rid·er** *s* **1.** → surfer 1. **2.** → surfboarder. **'~rid·ing** *s* → surfing.

**'surf·y** *adj* brandend, Brandungs...

**surge** [sɜːdʒ; *Am.* sɜrdʒ] **I** *s* **1.** Woge *f*, (hohe) Welle (*beide a. fig.*), Sturzsee *f*. **2.** *a. fig.* Wogen *n*, (An)Branden *n*. **3.** *fig.* (Auf)Wallung *f*: **a** ~ **of emotion. 4.** *electr.* Spannungsstoß *m*: ~ **voltage** Stoßspannung *f*. **II** *v/i* **5.** wogen, hochgehen, -branden (*alle a. fig. Gefühle etc*), *fig.* (auf)wallen. **6.** (*auf den Wellen*) wogen, reiten (*Schiff*). **7.** *fig.* a) wogen, (vorwärts)drängen (*Menschenmenge etc*), b) brausen (*Orgel, Verkehr etc*). **8.** *electr.* a) plötzlich ansteigen (*Spannung od. Strom*), b) heftig schwanken (*Spannung etc*).

**sur·geon** ['sɜːdʒən; *Am.* 'sɜr-] *s* **1.** Chir'urg *m*: ~ **dentist** Zahnarzt *m, bes.* Zahnchirurg *m*. **2.** *mil.* leitender Saniˌtätsoffizier: ~ **general** *pl* ~**s general** *Br.* Stabsarzt *m*; ~ **General** *Am.* a) General(stabs)arzt *m*, b) Marineadmiralarzt *m*; ~ **major** *Br.* Oberstabsarzt *m*. **3.** *mar.* Schiffsarzt *m*. **4.** *hist.* Wundarzt *m*, Bader *m*. **'sur·ger·y** [-ərɪ] *s* **1.** *med.* Chirur'gie *f*: ~ **of the chest** Thoraxchirurgie *f*. **2.** *med.* chir'urgische Behandlung, chirurgischer *od.* opera'tiver Eingriff: **to remove by** ~ operativ entfernen. **3.** *Am.* Operati'onssaal *m.* **4.** *Br.* a) Sprechzimmer *n*, b) Sprechstunde *f*: ~ **hours** Sprechstunden. **5.** *fig.* drastischer Eingriff. **'sur·gi·cal** [-ɪkl] *adj* (*adv* ~**ly**) **1.** *med.* chir'urgisch. **2.** *med.* Operations...: ~ **team**; ~ **instruments** Operationsbesteck *n*. **3.** *med.* von e-r Operati'on 'herrührend, Operations...: ~ **wound**; ~ **fever** septisches Fieber. **4.** ~ **boot** orthopädischer Schuh; ~ **stocking** Stützstrumpf *m*. **5.** ~ **spirit** Wundbenzin *n*. **6.** *fig.* einschneidend, drastisch.

**surg·ing** ['sɜːdʒɪŋ; *Am.* 'sɜr-] **I** *s* **1.** *a. fig.* Wogen *n*, Branden *n*. **2.** *electr.* Pendeln *n* (*der Spannung etc*). **II** *adj* → surgy. **'surg·y** *adj* wogend, brandend (*a. fig.*).

**su·ri·cate** ['sʊrɪkeɪt; *Br. a.* 'sjʊə-] *s zo.* Suri'kate *f*.

**sur·li·ness** ['sɜːlɪnɪs; *Am.* 'sɜr-] *s* **1.** Verdrießlichkeit *f*, mürrisches Wesen. **2.** Bärbeißigkeit *f*.

**sur·ly** ['sɜːlɪ; *Am.* 'sɜr-] *adj* (*adv* surlily) **1.** verdrießlich, mürrisch, griesgrämig. **2.** grob, bärbeißig. **3.** zäh: ~ **soil. 4.** rauh, düster: ~ **weather.**

**sur·mise** **I** *s* ['sɜːmaɪz; sɜː'm-; *Am.* sərˈm-; 'sɜrˌm-] Vermutung *f*, Mutmaßung *f*. **II** *v/t* [sɜː'maɪz; *Am.* sər'm-] mutmaßen, vermuten, sich *etwas* einbilden. **III** *v/i* Mutmaßungen anstellen.

**sur·mount** [sɜː'maʊnt; *Am.* sər'm-] *v/t* **1.** a) über'steigen, b) besteigen. **2.** *fig.* über'winden. **3.** krönen, bedecken: ~**ed by** gekrönt *od.* überdeckt *od.* überragt von. **sur'mount·a·ble** *adj* **1.** über'steigbar, ersteigbar. **2.** *fig.* über'windbar, zu über'winden(d).

**sur·mul·let** [sɜː'mʌlət] *s ichth. Am.* Seebarbe *f*.

**sur·name** ['sɜːneɪm; *Am.* 'sɜrˌn-] **I** *s* **1.** Faˈmilien-, Nach-, Zuname *m*. **2.** *obs.* Beiname *m*. **II** *v/t* **3.** *j-m* den Zu- *od. obs.* Beinamen ... geben: **~d** a) mit Zunamen ..., b) *obs.* mit dem Beinamen ...

**sur·pass** [sə(r)'pɑːs; *Am.* -'pæs] *v/t* **1.** über'treffen (**in** an *dat*): **it ~ed my expectations**; **to** ~ **o.s.** sich selbst übertreffen; **not to be ~ed** unübertrefflich. **2.** *j-s Kräfte etc* über'steigen: **that ~ed my comprehension** das ging mir über m-n Verstand. **sur'pass·ing** *adj* (*adv* ~**ly**) 'unüberˌtrefflich, unerreicht.

**sur·plice** ['sɜːplɪs; *Am.* 'sɜr-] *s relig.* Chorrock *m*, -hemd *n*: ~ **choir** Chorhemden tragender (Sänger)Chor; ~ **fee** Stolgebühr *f* (*für e-e Taufe etc*). **'surpliced** *adj* mit e-m Chorrock bekleidet.

**sur·plus** ['sɜːpləs; *Am.* 'sɜr-; *a.* -ˌplʌs] **I** *s* **1.** 'Überschuß *m*, Rest *m*. **2.** *econ.* a) 'Überschuß *m*, Mehr(betrag *m*) *n*, b) Mehrertrag *m*, 'überschüssiger Ertrag *od.* Gewinn, c) (unverteilter) Reingewinn, d) Mehrwert *m*. **II** *adj* **3.** 'überschüssig, Über(schuß)..., Mehr...: ~ **account** *econ.* Gewinn(überschuß)konto *n*; ~ **population** Bevölkerungsüberschuß *m*; ~ **weight** Mehr-, Übergewicht *n*; ~ **value** Mehrwert *m* (*Marxismus*). **'surplus·age** *s* **1.** 'Überschuß *m*, -fülle *f* (**of** an *dat*). **2.** (*etwas*) 'Überflüssiges *od.* Unwesentliches. **3.** *jur.* unerhebliches Vorbringen.

**sur·pris·al** [sə(r)'praɪzl] *s obs.* Über'raschung *f*.

**sur·prise** [sə(r)'praɪz] **I** *v/t* **1.** *allg.* über'raschen: a) ertappen: **to** ~ **a burglar**, b) verblüffen, in Erstaunen (ver)setzen: **to be ~d at s.th.** über etwas erstaunt sein, sich über etwas wundern; **I should not be ~d if** es sollte mich nicht wundern, wenn, c) *a. mil.* über'rumpeln, -'fallen: **to** ~ **the enemy**; **to** ~ **s.o. into** (**doing**) j-n zu etwas verleiten, j-n dazu verleiten, etwas zu tun. **2.** befremden, em'pören, schocˈkieren: **I am ~d at your behavio(u)r. II** *s* **3.** Über'raschung *f*, -'rump(e)lung *f*: **to take by** ~ j-n, den *Feind etc* überrumpeln, überraschen, *e-e Festung etc* im Handstreich nehmen. **4.** *fig.* 'Über'raschung *f* (Wahre ~ **for you**); it **came as a great** ~ (**to him**) es kam (ihm) sehr überraschend; ~, ~! *colloq.* a) da staunst du, was?, b) ätsch! **5.** Über'raschung *f*, Verblüffung *f*, Erstaunen *n*, Verwunderung *f*, Bestürzung *f*: **to my** ~ zu m-r Überraschung; **to stare in** ~ große Augen machen. **III** *adj* **6.** a) über'raschend, b) Überraschungs...: ~ **attack** (**party, visit**, etc). **sur'pris·ed·ly** [-ɪdlɪ] *adv* über'rascht. **sur'pris·ing** *adj* über'raschend, erstaunlich. **sur'prising·ly** *adv* über'raschend(erweise), erstaunlich(erweise).

**sur·ra(h)** ['sʊərə] *s vet.* Surra *f* (*Haustierkrankheit*).

**sur·re·al** [sə'rɪəl; -'riːəl] *adj* 'surreˌal, traumhaft, unwirklich. **sur're·al·ism** *s* Surrea'lismus *m*. **sur're·al·ist** **I** *s* Surrea'list(in). **II** → surrealistic. **surˌre·al'is·tic** *adj* (*adv* ~**ally**) surrea'listisch.

**sur·re·but** [ˌsʌrɪ'bʌt; ˌsɜːˌ-; *Am.* ˌsɜr-] *v/i jur.* e-e Quintu'plik vorbringen. **ˌsurre'but·ter** *s jur.* Quintu'plik *f*.

**sur·re·join** [ˌsʌrɪ'dʒɔɪn; ˌsɜːˌ-; *Am.* ˌsɜr-] *v/i jur.* tripli'zieren, der Du'plik des Beklagten antworten. **ˌsur·re'join·der** [-də(r)] *s jur.* Tri'plik *f*.

**sur·ren·der** [sə'rendə(r)] **I** *v/t* **1.** etwas über'geben, ausliefern, -'händigen (**to** *dat*): **to** ~ **s.o.** (**to**) *fig.* → **6. 2.** *mil.* die *Festung etc* über'geben (**to the enemy** dem Feind). **3.** *ein Amt, Vorrecht etc* aufgeben, etwas abtreten, verzichten auf (*acc*), preisgeben: **to** ~ **an office** (**a privilege**); **to** ~ **hopes** die Hoffnung aufgeben; **to** ~ **an insurance policy** *econ.* e-e Versicherungspolice zum Rückkauf bringen. **4.** *jur.* a) *ein Recht* aufgeben, b) *e-e Sache* her'ausgeben, c) *e-n Verbrecher* ausliefern. **II** *v/i* (**to**) **5.** *mil. u. fig.* sich ergeben (*dat*), kapitu'lieren, die Waffen strecken (vor *dat*). **6.** sich *der Verzweiflung etc* 'hingeben *od.* über'lassen: **to** ~ **to despair;** *fig.* sich *dem inevitable* sich ins Unvermeidliche fügen *od.* schicken. **7.** sich *dem Gericht, der Polizei*

stellen. **III** s **8.** 'Übergabe f, Ausliefe-
rung f, -händigung f. **9.** mil. 'Übergabe f,
Kapitulati'on f. **10.** (of) Auf-, Preisgabe f
(gen), Verzicht m (auf acc): ~ **of a privi-
lege. 11.** 'Hingabe f, Sichüber'lassen n.
**12.** Aufgabe f e-r Versicherung: ~ **value**
Rückkaufswert m. **13.** jur. a) Aufgabe f
(e-s Rechtes etc), b) Her'ausgabe f (e-r
Sache), c) Auslieferung f (e-s Ver-
brechers).
**sur·rep·ti·tious** [ˌsʌrəp'tɪʃəs; Am. ˌsʌr-]
adj (adv ~ly) **1.** erschlichen, durch Betrug
erlangt, betrügerisch. **2.** heimlich, ver-
stohlen: a ~ **glance**; ~ **edition** unerlaub-
ter Nachdruck. **3.** unecht, gefälscht: a ~
**passage.**
**sur·rey** ['sʌrɪ; 'sʌ-] s Am. leichter vier-
räd(e)riger Kutschwagen.
**sur·ro·gate** ['sʌrəgɪt; -geɪt; Am. 'sʌr-] s
**1.** Stellvertreter m (bes. e-s Bischofs).
**2.** jur. Am. Nachlaß- u. Vormundschafts-
richter m. **3.** Ersatz m, Surro'gat n (of,
for für): ~ **mother** Leih-, Mietmutter f.
**sur·round** [sə'raʊnd] **I** v/t **1.** um'geben,
um'ringen: ~ed by a crowd; ~ed by
danger von Gefahren umgeben, mit
Gefahr verbunden; ~ed by luxury von
Luxus umgeben; circumstances ~ing
s.th. (Begleit)Umstände e-r Sache. **2.** mil.
etc um'zingeln, um'stellen, einkreisen,
-schließen. **II** s **3.** Um'randung f, Ein-
fassung f, bes. Br. Boden(schutz)belag m
zwischen Wand u. Teppich. **4.** Ring m: ~
**of guards. 5.** hunt. Am. Kesseltreiben n.
**sur'round·ing I** adj **1.** um'gebend,
'umliegend: ~ **country** ~ 2 a. **II** s pl
**2.** Um'gebung f: a) 'Umgegend f, 'Um-
kreis m, b) 'Umwelt(bedingungen pl) f.
**3.** äußere 'Umstände pl, Begleiterschei-
nungen pl.
**sur·tax** ['sɜːtæks; Am. 'sɜrˌt-] econ. **I** s
**1.** Steuerzuschlag m. **2.** Einkommen-
steuerzuschlag m. **II** v/t **3.** mit e-m
Steuerzuschlag belegen.
**sur·tout** ['sɜːtuː; ˌsɜː'tuː; Am. sər'tuː;
'sɜrˌtuː] s hist. Sur'tout m, (einreihiger)
'Überzieher.
**sur·veil·lance** [sɜː'veɪləns; Am. sər-] s
Über'wachung f, Aufsicht f: to keep
under ~ überwachen; to be under po-
lice ~ unter Polizeiaufsicht stehen; ~
**radar** Rundsichtradar(gerät) n.
**sur·vey** [sə(r)'veɪ; Am. a. 'sɜrˌveɪ] **I** v/t
**1.** über'blicken, -'schauen. **2.** sorgfältig
prüfen, genau betrachten, mustern.
**3.** (ab)schätzen, begutachten: to ~ an
estate. **4.** besichtigen, inspi'zieren.
**5.** Land etc vermessen, aufnehmen. **6.** fig.
e-n 'Überblick geben über (acc): to ~ the
situation. **II** v/i **7.** e-e (sta'tistische) Er-
hebung vornehmen. **III** s ['sɜːveɪ; Am.
'sɜrˌveɪ] **8.** bes. fig. 'Überblick m, 'Über-
sicht f (of über acc). **9.** sorgfältige Prü-
fung, genaue Betrachtung, Musterung f.
**10.** Schätzung f, Begutachtung f. **11.**
Gutachten n, (Prüfungs)Bericht m. **12.**
Besichtigung f, Inspekti'on f. **13.** (Land-)
Vermessung f, Aufnahme f. **14.** (Lage-)
Plan m, (-)Karte f. **15.** a) (sta'tistische)
Erhebung f, 'Umfrage f, b) med. 'Reihen-
unterˌsuchung f. **sur'vey·ing** s **1.**
(Land-, Feld)Vermessung f, Vermes-
sungskunde f, -wesen n. **2.** Vermessen n,
Aufnehmen n (von Land etc). **3.** Besich-
tigung f.
**sur·vey·or** [sə(r)'veɪə(r)] s **1.** Land-,
Feldmesser m, Geo'meter m: ~'s chain
Meßkette f. **2.** (amtlicher) In'spektor od.
Verwalter od. Aufseher: ~ **of highways**
Straßenmeister m; **Board of S~s** Bau-
behörde f. **3.** Am. hist. Zollaufseher m.
**4.** Br. (ausführender) Archi'tekt. **5.** Sach-
verständige(r) m, Gutachter m.
**sur·viv·al** [sə(r)'vaɪvl] s **1.** Über'leben n:
~ **of the fittest** biol. Überleben des Tüch-

tigsten; ~ **kit** Überlebensausrüstung f; ~
**rate** Überlebensquote f; ~ **shelter** atom-
sicherer Bunker; ~ **time** mil. Überlebens-
zeit f; ~ **value** biol. Erhaltungswert m. **2.**
Weiter-, Fortleben n. **3.** Fortbestand m.
**4.** 'Überbleibsel n, -rest m. **5.** Über'lebsel
n (Rest alten Brauchtums od. alter Kultu-
ren). **sur'viv·al·ist** s Am. Über'lebens-
kämpfer(in). **sur'viv·ance** s Versiche-
rungswesen: Erlebensfall m. **sur'vive I**
v/i **1.** über'leben, am Leben bleiben. **2.**
noch leben od. bestehen, übriggeblieben
sein. **3.** weiterleben, fortleben, -bestehen.
**II** v/t **4.** j-n od. etwas über'leben, über-
'dauern, länger leben als. **5.** etwas über-
'leben, -'stehen: to ~ a disaster. **6.** colloq.
aushalten, ertragen. **sur'viv·ing** adj **1.**
über'lebend: the ~ wife. **2.** hinter'blie-
ben: ~ **dependents** Hinterbliebene. **3.**
übrigbleibend, Rest...: ~ **debts** econ.
Restschulden. **sur·vi·vor** [sə(r)'vaɪvə(r)] s **1.**
Über'lebende(r) m. **2.** jur. Über'lebender,
auf den nach Ableben der Miteigentü-
mer das Eigentumsrecht 'übergeht. **sur-
'vi·vor·ship** s **1.** Über'leben n. **2.** jur.
Recht n e-s od. der Über'lebenden auf
das Eigentum nach Ableben der übrigen
Miteigentümer.
**sus** [sʌs] colloq. **I** → suspect I, II. **II** →
suspicion I.
**sus·cep·tance** [sə'septəns] s electr.
Blindleitwert m.
**sus·cep·ti·bil·i·ty** [səˌseptə'bɪlətɪ] s
**1.** Empfänglichkeit f, Anfälligkeit f (to
für): ~ **to colds**; ~ **to corrosion** tech.
Korrosionsneigung f. **2.** Empfindlich-
keit f, Beeindruckbarkeit f. **3.** pl (leicht
verletzbare) Gefühle pl, Feingefühl n.
**4.** a) phys. Magneti'sierbarkeit f, b) electr.
Suszeptibili'tät f. **sus'cep·ti·ble** adj
(adv **susceptibly**) **1.** anfällig (to für).
**2.** empfindlich (to gegen): ~ **to pain**
schmerzempfindlich; ~ **to injuries** ver-
letzungsanfällig. **3.** empfänglich (to für):
~ **to flatteries. 4.** (leicht) zu beeindruk-
ken(d): ~ **minds. 5. to be** ~ **of** (od. to)
etwas zulassen: **the passage is** ~ **of a
different interpretation. sus·cep·tive** [sə'septɪv] adj **1.** aufneh-
mend, rezep'tiv. **2.** → susceptible. **sus-
cep·tiv·i·ty** [ˌsʌsep'tɪvətɪ; səˌsep't-] s
**1.** Aufnahmefähigkeit f, Rezeptivi'tät f.
**2.** → susceptibility.
**sus·lik** ['sʌslɪk; Am. a. 'suː-] s **1.** zo. Ziesel
n. **2.** Suslik m, Ziesel(pelz) m.
**sus·pect** [sə'spekt] v/t **1.** j-n verdäch-
tigen (of gen), im Verdacht haben (of
doing etwas zu tun od. daß etwas tut):
**to be** ~ed **of doing** (od. having done)
s.th. im Verdacht stehen od. verdächtigt
werden, etwas getan zu haben. **2.** arg-
wöhnen, befürchten. **3.** fast glauben: **I** ~
**him to be a liar. 4.** vermuten, glauben,
den Verdacht haben (that daß): **I** ~ (that)
**you once thought otherwise. 5.** etwas
anzweifeln, miß'trauen (dat). **II** v/i
**6.** (e-n) Verdacht od. Argwohn hegen,
argwöhnisch sein. **III** s ['sʌspekt]
**7.** Verdächtige(r) m/f od. verdächtige Per-
'son, jur. Ver'dachtsperˌson f: polit-
ical ~ politisch Verdächtige(r); small-
pox ~ med. Pockenverdächtige(r). **IV** adj
['sʌspekt; Am. a. sə'sp-] **8.** verdächtig,
su'spekt (a. fig. fragwürdig). **sus'pect-
ed** adj **1.** verdächtigt (of gen): → sus-
pect I. **2.** verdächtig.
**sus·pend** [sə'spend] v/t **1.** a. tech. auf-
hängen (from an dat). **2.** chem. suspen-
'dieren, schwebend halten: **dust** ~ed **in
the air** in der Luft schwebender Staub.
**3.** fig. e-e Frage in der Schwebe od.
unentschieden lassen, offenlassen: **to** ~
**one's opinion** sich od. s-e Meinung
noch nicht festlegen. **4.** auf-, verschie-
ben, jur. das Verfahren, die Vollstreckung

aussetzen: **to** ~ **a sentence** jur. e-e Strafe
zur Bewährung aussetzen. **5.** (zeitweilig)
aufheben od. außer Kraft setzen, suspen-
'dieren: **to** ~ **a regulation. 6.** die Arbeit,
mil. die Feindseligkeiten, econ. die Zah-
lungen (zeitweilig) einstellen: **to** ~ **hostil-
ities; to** ~ **payment(s). 7.** j-n suspen-
'dieren, (zeitweilig) s-s Amtes entheben.
**8.** (zeitweilig) ausschließen: **to** ~ **a mem-
ber of a club. 9.** sport j-n sperren. **10.**
mit s-r Meinung etc zu'rückhalten. **11.**
mus. e-n Ton vorhalten. **sus'pend·ed**
adj **1.** hängend, aufgehängt, Hänge...: **to
be** ~ hängen (by, from an dat); ~ **roof**
Hängedecke f. **2.** schwebend, feinver-
teilt: ~ **material** biol. Schwebestoff m.
**3.** (jur. zur Bewährung) ausgesetzt, ver-,
aufgeschoben: ~ **proceedings;** ~ **ani-
mation** med. Scheintod m; ~ **sentence**
**of two years** zwei Jahre mit Bewährung.
**4.** (zeitweilig) aufgehoben. **5.** (zeitweilig)
s-s Amtes enthoben, suspen'diert. **sus-
'pend·er** s **1.** pl a. **pair of** ~**s** Am.
Hosenträger pl. **2.** Br. a) Strumpfhalter
m, Straps m: ~ **belt** Hüftgürtel m, -halter
m, b) Sockenhalter m. **3.** tech. Aufhänge-
vorrichtung f. **4.** Hängevase f.
**sus·pense** [sə'spens] s **1.** Spannung f,
Ungewißheit f: **anxious** ~ Hangen n u.
Bangen n; **in** ~ gespannt, voller Span-
nung. **2.** Ungewißheit f, Unentschieden-
heit f, Schwebe f: **to be in** ~ in der
Schwebe sein; **to keep in** ~ a) j-n im
ungewissen lassen, b) etwas in der
Schwebe lassen; ~ **account** econ. Inte-
rimskonto n; ~ **entry** transitorische Bu-
chung. **3.** Spannung f (e-s Romans etc):
**full of** ~, ~**-packed** spannend, span-
nungsgeladen. **4.** jur. → suspension 6:
**to place in** ~ → suspend 5. **sus'pense-
ful** adj spannend. **sus'pen·si·ble** adj
**1.** auf-, verschiebbar, aufzuschieben(d).
**2.** chem. phys. suspen'dierbar. **sus'pen-
sion** [-ʃn] s **1.** Aufhängen n. **2.** bes. tech.
Aufhängung f: **front-wheel** ~; ~ **bridge**
Hängebrücke f; ~ **railroad** (bes. Br. rail-
way) Schwebebahn f; ~ **spring** Trag-
feder f. **3.** tech. Federung f. **4.** chem. phys.
Suspensi'on f: a) Schweben n, b) Auf-
schlämmung f. **5.** (einstweilige) Einstel-
lung: ~ **of arms** (od. hostilities) mil.
Einstellung der Feindseligkeiten; ~ **of
payment(s)** econ. Zahlungseinstellung
f; ~ **periods** (od. points) bes. Am. Aus-
lassungspunkte. **6.** jur. Aussetzung f,
vor'übergehende Aufhebung (e-s
Rechts): ~ **of the statute of limitations**
Hemmung f der Verjährung. **7.** Auf-
schub m, Verschiebung f. **8.** Suspen'die-
rung f (from von), (Dienst-, Amts)Ent-
hebung f. **9.** (zeitweiliger) Ausschluß.
**10.** sport Sperre f. **11.** mus. Vorhalt m.
**sus'pen·sive** [-sɪv] adj **1.** aufschiebend,
suspen'siv: ~ **condition;** ~ **veto** parl.
suspensives Veto. **2.** unter'brechend,
hemmend. **3.** unschlüssig. **4.** unbe-
stimmt.
**sus·pen·soid** [sə'spensɔɪd] s chem. phys.
Suspeno'id n, dis'perse Phase m.
**sus·pen·sor** [sə'spensə(r)] s **1.** med. Sus-
pen'sorium n. **2.** bot. Sus'pensor m, (Em-
bryo)Träger m. **sus'pen·so·ry I** adj **1.**
hängend, Schwebe..., Hänge... **2.** anat.
Aufhänge...: ~ **bone. 3.** econ. jur. →
suspensive 1. **II** s **4.** anat. a) a. ~
**ligament** Aufhängeband n, b) a. ~ **mus-
cle** Aufhängemuskel m. **5.** med. a) a. ~
**bandage** Suspen'sorium n, b) Bruch-
band n.
**sus·pi·cion** [sə'spɪʃn] **I** s **1.** Argwohn m,
'Mißtrauen n (of gegen). **2.** (of) Verdacht
m (gegen j-n), Verdächtigung f (gen):
**above** ~ über jeden Verdacht erhaben;
**on** ~ auf Verdacht hin; **on** (od. **under**) ~
**of murder** unter Mordverdacht; **to be**

**under** ~ unter Verdacht stehen, verdächtigt werden; **to cast a** ~ **on** e-n Verdacht auf *j-n* lenken; **to come** (*od.* **fall**) **under** ~ in Verdacht geraten; **to have** (*od.* **entertain**) **a** ~ **that** den Verdacht haben *od.* hegen, daß. **3.** Vermutung *f:* **no** ~ keine Ahnung. **4.** *fig.* Spur *f:* **a** ~ **of brandy** (**of arrogance**); **a** ~ **of a smile** der Anflug e-s Lächelns. **II** *v/t bes. Am. dial.* → **suspect** 1 *u.* 2.

**sus·pi·cious** [səˈspɪʃəs] *adj* (*adv* ~**ly**) **1.** ˈmißtrauisch, argwöhnisch (**of** *s.o.* gegen *j-n*, gegenüber *j-m*): **a** ~ **glance.** **2.** verdächtig, verdachterregend: ~ **person** → **suspect** 7. **sus·pi·cious·ness** *s* **1.** ˈMißtrauen *n*, Argwohn *m* (**of** gegen [-über]), ˈmißtrauisches Wesen. **2.** (*das*) Verdächtige.

**sus·pi·ra·tion** [ˌsʌspɪˈreɪʃn] *s bes. poet.* **1.** Seufzer *m*, Seufzen *n*. **2.** tiefes Atemholen. **sus·pire** [səˈspaɪə(r)] *v/i bes. poet.* **1.** sich sehnen, schmachten (**for, after** nach). **2.** seufzen. **3.** tief atmen.

**suss** [sʌs] *v/t Br. sl.* **1.** hinter (*acc*) kommen: ~ **it** dahinterkommen. **2.** *meist* ~ **out** *j-n, etwas* unter die Lupe nehmen.

**Sus·sex** [ˈsʌsɪks] *s zo.* **1.** (*rotbraune englische Rinderrasse*) **2.** Sussex *n* (*Haushuhnrasse*).

**sus·so** [ˈsʌsəʊ] *pl* **-sos** *s Austral. sl.* **1.** Stempelgeld *n*. **2.** Stempelgeldbezieher(in).

**sus·tain** [səˈsteɪn] *v/t* **1.** stützen, tragen: ~**ing wall** Stützmauer *f.* **2.** aushalten: **to** ~ **pressure.** **3.** *fig.* aushalten, ertragen: **to** ~ **comparison** den Vergleich aushalten, e-m Vergleich standhalten; **to** ~ **an attack** e-m Angriff standhalten; **to be able to** ~ **s.th.** e-r Sache gewachsen sein. **4.** erleiden, daˈvontragen: **to** ~ **damages** (**an injury, a loss**, *etc*); **to** ~ **a defeat** e-e Niederlage erleiden. **5.** *etwas* (aufrecht) erhalten, in Gang halten, *das Interesse etc* wachhalten: ~**ing member** förderndes Mitglied; ~**ing program** (*Rundfunk, TV*) *Am.* Programm *n* ohne Reklameeinblendungen. **6.** a) *j-n* erhalten, unterˈhalten, versorgen, *e-e Familie etc* ernähren, *e-e Armee* verpflegen, b) *j-n* betreuen, c) *e-e Institution* unterˈhalten. **7.** *j-n* aufrechterhalten, stärken, *j-m* Kraft geben. **8.** *j-n od. j-s Forderung* unterˈstützen. **9.** *jur.* als rechtsgültig anerkennen, e-m *Antrag, Einwand, Klagebegehren etc* stattgeben. **10.** bestätigen, erhärten, rechtfertigen: **to** ~ **a theory.** **11.** *mus.* e-n Ton (aus)halten: ~**ing pedal** Fortepedal *n*, rechtes Pedal. **sus·tained** *adj* **1.** anhaltend (*a. Interesse etc*), (an)dauernd, Dauer...: ~ **fire** *mil.* Dauerfeuer *n*; ~ **speed** Dauergeschwindigkeit *f.* **2.** *mus.* a) (aus-) gehalten (*Ton*), b) getragen. **3.** *phys.* ungedämpft: ~ **oscillation.** **4.** *jur. parl.* angenommen: **motion** ~. **sus·tain·ed·ly** [- nɪdlɪ] *adv.* **sus·tain·er** *s* **1.** Träger *m*, Stütze *f* (*a. fig.*). **2.** Erhalter(in). **3.** *tech.* Marschtriebwerk *n* (*e-r Rakete*).

**sus·te·nance** [ˈsʌstɪnəns] *s* **1.** (ˈLebens-) Unterhalt *m*, Auskommen *n.* **2.** Nahrung *f.* **3.** Nährkraft *f.* **4.** Erhaltung *f*, Ernährung *f*, Versorgung *f:* **for the** ~ **of our bodies** für unser leibliches Wohl. **5.** *fig.* Beistand *m*, Stütze *f.*

**sus·te·ntac·u·lar** [ˌsʌstenˈtækjʊlə(r); -tən-] *adj anat.* stützend, Stütz...: ~ **tis·sue.** **sus·te·ntac·u·lum** [-ləm] *pl* **-la** [-lə] *s anat.* ˈStützorˌgan *n*, -gerüst *n.*

**sus·te·nta·tion** [ˌsʌstenˈteɪʃn; -tən-] *s* **1.** → **sustenance** 1, 2, 4. **2.** Unterˈhaltung *f* (*e-s Instituts etc*). **3.** (Aufrecht)Erhaltung *f.* **4.** Unterˈstützung *f.* **5.** Stütze *f*, Halt *m.*

**su·sur·rant** [sjuˈsʌrənt; sʊ-; *Am.* sʊˈsɜr-; -ˈsʌr-] *adj* **1.** flüsternd, säuselnd. **2.** leise rauschend, raschelnd. **su·sur·ra·tion** [ˌsjuːsəˈreɪʃn; *bes. Am.* ˌsuː-] *s*

**1.** Flüstern *n*, Säuseln *n.* **2.** leises Rauschen, Rascheln *n.* **su·sur·rous** → **susurrant.**

**sut·ler** [ˈsʌtlə(r)] *s mil. hist.* Marˈketender(in).

**sut·tee** [ˈsʌtiː; sʌˈtiː] *s hist.* (*in Indien*) **1.** Sati *f*, Suttee *f* (*Witwe, die sich mit dem Leichnam ihres Mannes verbrennen ließ*). **2.** → **sutteeism. sut·tee·ism** *s* (*freiwilliger*) Feuertod e-r Witwe.

**su·tur·al** [ˈsuːtʃərəl] *adj* **1.** mit e-r Naht versehen. **2.** Naht... **ˈsu·tur·al·ly** *adv* mittels (e-r) Naht, durch Nähte.

**su·ture** [ˈsuːtʃə(r)] **I** *s* **1.** *med.* a) Naht *f*, b) Nähen *n* (*e-r Wunde*), c) ˈNahtmateˌri‚al *n*, Faden *m:* **clip** ~ Klammernaht *f.* **2.** *anat.* Naht *f* (*feste Knochenverbindung*). **3.** *bot.* Naht *f*, Verwachsungslinie *f.* **4.** *allg.* Verbindungsnaht *f*, Naht(stelle) *f* (*a. fig.*). **II** *v/t* **5.** *bes. med.* (zu-, ver)nähen.

**su·ze·rain** [ˈsuːzəreɪn; *Am. a.* -rən] **I** *s* **1.** Oberherr *m*, Suzeˈrän *m.* **2.** *pol.* Proˈtektorstaat *m.* **3.** *hist.* Oberlehnsherr *m.* **II** *adj* **4.** oberhoheitlich. **5.** *hist.* oberlehnsherrlich. **ˈsu·ze·rain·ty** [-tɪ] **I** *s* **1.** Oberhoheit *f*, Suzeräniˈtät *f.* **2.** *hist.* Oberlehnsherrlichkeit *f.*

**sva·ra·bhak·ti** [ˌsvɑːrəˈbʌktɪ; ˌsvɑːrəˈbæktiː] *s ling.* Sanskrit: Svaraˈbhakti *f*, ˈSproßvoˌkal *m.*

**svelte** [svelt] *adj* **1.** (gerten)schlank, graˈzil. **2.** gebildet, kultiˈviert.

**swab** [swɒb; *Am.* swɑb] **I** *s* **1.** a) Scheuerlappen *m*, b) Schrubber *m*, c) Mop *m*, d) Handfeger *m*, e) *mar.* Schwabber *m.* **2.** *med.* a) Wattebausch *m*, Tupfer *m*, b) Abstrichtupfer *m*, c) Abstrich *m.* **3.** *mar. sl.* (Offiˈziers)Epauˌlette *f.* **4.** *sl.* Trottel *m.* **II** *v/t* **5.** *a.* ~ **down** aufwischen, *mar. das Deck* schrubben: **to** ~ **up** aufwischen. **6.** *med.* a) *Blut* abtupfen, b) *e-e Wunde* betupfen. **ˈswab·ber** [-bə(r)] *s mar.* Schwabberer *m*, Schiffsreiniger *m.*

**Swa·bi·an** [ˈsweɪbjən; -ɪən] **I** *s* **1.** Schwabe *m*, Schwäbin *f.* **2.** *ling.* Schwäbisch *n*, das Schwäbische. **II** *adj* **3.** schwäbisch.

**swacked** [swækt] *adj sl.* **1.** ‚blau‘ (*betrunken*). **2.** ‚high‘ (*unter Drogeneinfluß*).

**swad¹** [swɒd; *Am.* swɑd] *s mil. sl.* ‚Landser‘ *m.*

**swad²** [swɑd] *s Am. sl.* ‚Haufen‘ *m.*

**swad·dle** [ˈswɒdl; *Am.* ˈswɑdl] **I** *v/t* **1.** wickeln, in Windeln legen: **to** ~ **a baby.** **2.** umˈwickeln, einwickeln. **II** *s* **3.** *Am.* Windel *f.*

**ˈswad·dling** *s* **1.** Wickeln *n* (*e-s Babys*). **2.** Umˈwickeln *n.* **3.** *pl* a) Windeln *pl*, b) Binden *pl.* ~ **bands** *s pl*, ~ **clothes** *s pl* Windeln *pl:* **to be still in one's** ~ *fig.* ‚noch in den Windeln liegen‘.

**swad·dy** [ˈswɒdɪ] *Br.* → **swad¹.**

**Swa·de·shi** [swɑːˈdeɪʃɪ] *s Br. Ind.* Swaˈdeshi(bewegung) *f.* a) *bes. wirtschaftliches*) Unabhängigkeitsstreben, b) Boykott ausländischer, *bes. brit.* Waren.

**swag** [swæg] *s* **1.** Girˈlande *f* (*Verzierung*). **2.** *bes. Austral.* (Reise)Bündel *n*, Ranzen *m.* **3.** *sl.* Beute *f*, Raub *m.*

**swage** [sweɪdʒ] *tech.* **I** *s* **1.** (Doppel-) Gesenk *n:* **bottom** ~ Untergesenk. **2.** Präge*f*, Stanze *f.* **3.** *a.* ~ **block** Gesenkblock *m.* **II** *v/t* **4.** im Gesenk bearbeiten.

**swag·ger** [ˈswægə(r)] **I** *v/i* **1.** stolˈzieren: **to** ~ **about** (*od.* **around**) herumstolzieren (**in** *dat*, **auf** *dat*). **2.** großspurig auftreten, großtun. **II** *s* **3.** stolzer Gang, Stolˈzieren *n.* **4.** *fig.* großspuriges Auftreten, ˈGroßtueˌrei *f.* **III** *adj* **5.** *colloq.* ‚piekfein‘, eleˈgant: ~ **stick** *mil.* Offiziersstöckchen *n*; ~ **coat** schicker kurzer Mantel. **ˈswag·ger·er** *s fig.* Großtuer(in). **ˈswag·ger·ing I** *adj* **1.** stolˈzierend. **2.** *fig.* großspurig, -tuerisch. **II** *s* → **swagger** II.

**Swa·hi·li** [swɑːˈhiːlɪ] **I** *pl* **-lis, -li** *s*

Suaˈheli *m, f*, Swaˈhili *m, f.* **2.** *ling.* Kisuaˈheli *n.* **II** *adj* **3.** Suaheli...

**swain** [sweɪn] *s* **1.** *meist poet.* Bauernbursche *m*, Schäfer *m*, Seladon *m.* **2.** *poet. od. humor.* Liebhaber *m*, Verehrer *m.*

**swale** [sweɪl] *s* **1.** schattige Stelle. **2.** *bes. Am.* (*sumpfige*) Senke, Mulde *f.*

**swal·low¹** [ˈswɒləʊ; *Am.* ˈswɑ-] **I** *v/t* **1.** a. ~ **up** (ver)schlucken, verschlingen: **to** ~ **down** hinunterschlucken. **2.** *fig.* verschlingen: **to** ~ **a book.** **3.** *a.* ~ **up** a) *schlucken*, sich einverleiben: **to** ~ **a territory.** **4.** *meist* ~ **up** *fig. j-n, ein Schiff etc, a. Geld, Zeit* verschlingen. **5.** *colloq.* ‚schlucken‘, für bare Münze nehmen: **she** ~**ed his every word.** **6.** ‚einstecken‘, ‚schlucken‘: **to** ~ **an insult.** **7.** a) *Tränen, Ärger* ‚hinˈunterschlucken‘, b) *Lachen, Erregung* unterˈdrücken. **8.** *s-e Worte etc* zuˈrücknehmen: **to** ~ **one's words. II** *v/i* **9.** schlucken (*a. vor Erregung*): **to** ~ **the wrong way** sich verschlucken; **to** ~ **hard** *fig.* kräftig schlucken. **III** *s* **10.** Schlund *m*, Kehle *f.* **11.** Schluck *m.* **12.** *geol. Br.* Schluckloch *n.*

**swal·low²** [ˈswɒləʊ; *Am.* ˈswɑ-] *s orn.* **1.** Schwalbe *f:* **one** ~ **does not make a summer** e-e Schwalbe macht noch keinen Sommer; ~ **dive** (*Wasserspringen*) Schwalbensprung *m.* **2.** Mauersegler *m.* **ˈswal·low·tail** *s* **1.** Schwalbenschwanz *m.* **2.** *a.* ~ **butterfly** *zo.* Schwalbenschwanz *m.* **3.** *orn.* Schwalbenschwanz-Kolibri *m.* **4.** *a.* ~ **coat** Frack *m.* **5.** schwalbenschwanzartiger Wimpel. **ˈ~-tailed** *adj bes. orn. zo.* schwalbenschwanzartig, Schwalbenschwanz...: ~ **coat** Frack *m.* **ˈ~wort** *s bot.* **1.** (*ein*) St.-Lorenzkraut *n.* **2.** Schwalbenwurz *f.*

**swam** [swæm] *pret von* **swim.**

**swa·mi** [ˈswɑːmɪ] *s* **1.** Meister *m* (*Anrede, bes. für Brahmanen*). **2.** *Am.* a) → **pundit** 2, b) Jogi *m*, Yogi *m.*

**swamp** [swɒmp; *Am. a.* swɑmp] **I** *s* **1.** Sumpf *m.* **2.** Moˈrast *m.* **II** *v/t* **3.** überˈschwemmen (*a. fig.*): **to be** ~**ed with** *fig.* mit *Arbeit, Einladungen etc* überhäuft werden *od.* sein, sich nicht mehr retten können vor (*dat*). **4.** *sport* vernichtend schlagen. **5.** *Bande etc* unschädlich machen. **6.** *mar. ein Boot* a) vollaufen lassen, b) zum Sinken bringen. **7.** *meist* ~ **out** e-n *Weg etc* durch den Wald hauen. **III** *v/i* **8.** *mar.* a) vollaufen, b) versinken. **9.** überˈschwemmt werden. ~ **boat** *s* Sumpfboot *n.* ~ **fe·ver** *s med. bes. Am.* Sumpffieber *n.* **ˈ~land** *s* Sumpfland *n.*

**ˈswamp·y** *adj* sumpfig, moˈrastig, Sumpf...

**swan** [swɒn; *Am.* swɑn] **I** *s* **1.** *orn.* Schwan *m:* **S~ of Avon** *fig.* Beiname von Shakespeare; ~ **dive** (*Wasserspringen*) *bes. Am.* Schwalbensprung *m.* **2.** **S~** *astr.* Schwan *m* (*Sternbild*). **II** *v/i* **3.** *meist* ~ **about** (*od.* **around**), ‚herˈumgondeln‘ (**in** *dat*). ~ **goose** *s irr orn.* Schwanengans *f.* **ˈ~herd** *s* Schwanenwärter *m.*

**swank** [swæŋk] *colloq.* **I** *s* **1.** ‚Angeb‘ *f*, Protzeˈrei *f:* **for** ~ aus Angabe. **2.** *Br.* ‚Angeber‘ *m*, Protz *m.* **3.** *bes. Am.* ‚Schick‘ *m.* **II** *v/i* **4.** *oft* ~ **it** protzen, prunken, ‚angeben‘. **III** *adj bes. Am. für* **swanky. ˈ~pot** → **swank** 2.

**ˈswank·y** *adj colloq.* **1.** protzig, ‚angeberisch‘. **2.** (tod)schick‘, ‚piekfein‘.

**ˈswan·like** *adj* schwengleich, -artig. ~ **maid·en** *s myth.* Schwan(en)jungfrau *f.* ~ **neck** *s* Schwanenhals *m* (*a. fig. u. tech.*).

**swan·ner·y** [ˈswɒnərɪ; *Am.* ˈswɑn-] *s* Schwanenteich *m.*

**ˈswan's-down** *s* **1.** Schwanendaune(n *pl*) *f.* **2.** *meist* **swansdown**) a) weicher,

dicker Wollstoff, b) Swandown m, (ein) 'Baumwollfla,nell m.

**swan|shift** s myth. Schwanenhemd n. **~ shot** s hunt. grober Schrot. '**~skin** s Swanskin m, feiner geköperter Fla'nell. **~ song** s bes. fig. Schwanengesang m. **~ -'up·ping** s Br. Einfangen u. Kennzeichnen der jungen Schwäne (bes. auf der Themse).

**swap** [swɒp; Am. swɑp] colloq. **I** v/t **1.** (ein-, aus)tauschen (for für). **2.** tauschen, wechseln: to ~ horses; to ~ places with s.o.; to ~ stories Geschichten austauschen. **II** v/i **3.** tauschen: to ~ round die Plätze tauschen. **III** s **4.** Tausch(geschäft n, -handel) m: to do a ~ tauschen. **5.** econ. Swap(geschäft f) m.

**swa·raj** [swə'rɑːdʒ] s Br. Ind. **1.** Swa'radsch n, natio'nale 'Selbstre,gierung. **2.** S~ Swa'radsch-Par,tei f.

**sward** [swɔː(r)d] **I** s **1.** Rasen m. **2.** Grasnarbe f. **II** v/t **3.** mit Rasen bedecken.

**sware** [sweə(r)] pret obs. von swear.

**swarm¹** [swɔː(r)m] **I** s **1.** (Bienen- etc) Schwarm m. **2.** Schwarm m, Schar f, Horde f, 'Haufen' m: a ~ of children (soldiers, etc). **3.** fig. 'Haufen' m, Masse f: a ~ of letters. **4.** biol. frei schwimmende Kolonie von Schwärmsporen. **II** v/i **5.** schwärmen (Bienen). **6.** wimmeln (with von): the market place ~s with people auf dem Marktplatz wimmelt es von Menschen. **7.** (her'um)schwärmen, (zs.-)strömen; beggars ~ in that town in dieser Stadt wimmelt es von Bettlern; to ~ out a) ausschwärmen, b) hinausströmen; to ~ to a place zu e-m Ort hinströmen. **III** v/t **8.** e-n Ort in Schwärmen über'fallen, heimsuchen. **9.** Bienen ausschwärmen lassen.

**swarm²** [swɔː(r)m] **I** v/t hin'aufklettern (auf acc). **II** v/i klettern: to ~ up → I.

**swarm|cell, ~ spore** s biol. Schwärmspore f.

**swart** [swɔː(r)t] obs. od. poet. od. dial. für swarthy.

**swarth·i·ness** ['swɔː(r)ðınıs] s dunkle Gesichtsfarbe, Schwärze f, Dunkelbraun n. '**swarth·y** adj dunkel(häutig, -braun), schwärzlich.

**swash** [swɒʃ; Am. a. swɑʃ] **I** v/i **1.** platschen, klatschen, schwappen (Wasser etc). **2.** planschen (im Wasser). **3.** mit dem Säbel etc rasseln. **4.** obs. für swashbuckle. **II** v/t **5.** Wasser etc a) spritzen lassen, b) klatschen. **III** s **6.** Platschen n, Klatschen n, Schwappen n. **7.** Platsch m, Klatsch m (Geräusch). '**~buck·le** v/i bramarba'sieren, mit s-n Heldentaten prahlen. '**~buck·ler** s **1.** verwegener Kerl. **2.** Bra'marbas m, Prahlhans m, 'Eisenfresser' m. **3.** hi'storischer 'Abenteuerfilm od. -ro,man. '**~buck·ling I** s **1.** Bramarba'sieren n, Prahlen n. **II** adj **2.** verwegen. **3.** bramarba'sierend, prahlerisch.

**swash·er** ['swɒʃə(r); Am. a. 'swɑ-] → swashbuckler. '**swash·ing** adj **1.** klatschend: a ~ blow. **2.** obs. für swashbuckling 3.

**swash|let·ter** s print. großer, verschnörkelter Kursivbuchstabe. **~ plate** s tech. Taumelscheibe f.

**swas·ti·ka** ['swɒstıkə; Am. 'swɑs-] s Hakenkreuz n.

**swat¹** [swɒt; Am. swɑt] **I** v/t **1.** schlagen: to ~ s.o. with the head with an umbrella j-m e-n Schirm über den Kopf schlagen. **2.** Br. Fliege etc totschlagen. **II** v/i **3.** ~ at nach j-m schlagen. **III** s **4.** (wuchtiger) Schlag. **5.** bes. Br. Fliegenklappe f, -klatsche f.

**swat²** [swɒt; Am. swɑt] pret u. pp obs. von sweat.

**swat³** Br. → swot.

**swatch** [swɒtʃ; Am. swɑtʃ] s **1.** (bes. Stoff)Muster n. **2.** Musterbuch n.

**swath** [swɔːθ; Am. a. swɑːθ] pl **swaths** [-θs; -ðz] s **1.** Schwade(n m) f (Getreide). **2.** Reihe f od. Streifen m zwischen den Schwaden. **3.** abgemähter Raum. **4.** Schwung m der Sense, Schnitt m.

**swathe¹** [sweıð; Am. a. swɑːð; swɔːð] **I** v/t **1.** (um)'wickeln (with mit), einwickeln. **2.** (wie e-n Verband) her'umwickeln. **II** s **4.** Binde f, Verband m. **5.** (Wickel)Band n. **6.** med. 'Umschlag m.

**swathe²** [sweıð; Am. a. swɑːð; swɔːð] → swath.

**swat·ter** ['swɒtə; Am. 'swɑtər] s **1.** Fliegenklappe f, -klatsche f. **2.** Baseball: colloq. guter Schläger.

**sway** [sweı] **I** v/i **1.** schwanken: a) sich wiegen, schaukeln, b) taumeln. **2.** sich neigen. **3.** fig. sich zuneigen (to dat). **4.** fig. a) sich bewegen (between ... and zwischen ... und): to ~ backwards and forwards hin- u. herwogen (Schlacht etc), b) schwanken (between ... and zwischen ... und). **5.** herrschen (over über acc). **II** v/t **6.** etwas schwenken, schaukeln, wiegen: to ~ one's hips sich in den Hüften wiegen. **7.** neigen. **8.** meist ~ up mar. Masten etc aufheißen. **9.** fig. beeinflussen, lenken, beherrschen: to ~ the masses; to ~ the audience das Publikum mitreißen; his speech ~ed the elections s-e Rede beeinflußte die Wahlen entscheidend; ~ing arguments unwiderlegliche Argumente. **10.** bes. poet. das Zepter etc schwingen. **11.** beherrschen, herrschen über (acc). **III** s **12.** Schwanken n, Wiegen n. **13.** Schwung m, Wucht f. **14.** Einfluß m, Bann m: under the ~ of unter dem Einfluß od. im Banne (gen) (→ 15). **15.** Herrschaft f, Gewalt f: to hold ~ over → 11; under the ~ of a dictator in der Gewalt od. unter der Herrschaft e-s Diktators.

**swear** [sweə(r)] **I** v/i pret **swore** [swɔː(r); Am. a. 'swəʊər], obs. **sware** [sweə(r)], pp **sworn** [swɔː(r)n; Am. a. 'swəʊərn] **1.** schwören, e-n Eid leisten (on the Bible od. Book auf die Bibel): to ~ by a) bei Gott etc schwören, b) colloq. schwören auf (acc), felsenfest glauben an (acc); to ~ to s.th. a) etwas geloben, b) etwas beschwören. **2.** fluchen (at auf acc). **II** v/t **3.** e-n Eid schwören: → affidavit, oath Bes. Redew. **4.** beschwören, eidlich bekräftigen: to ~ out jur. Am. e-n Haftbefehl durch (eidliche) Strafanzeige erwirken. **5.** schwören: to ~ allegiance (revenge, etc); I ~ to speak (od. tell) the truth, the whole truth, and nothing but the truth jur. ich schwöre, die reine Wahrheit zu sagen, nichts zu verschweigen u. nichts hinzuzufügen (Eidesformel); to ~ off e-m Laster abschwören; to ~ by all that's holy (od. all one holds dear) bei allem schwören, was e-m heilig ist; I could have sworn that ich hätte schwören können, daß. **6.** j-n schwören lassen, j-m e-n Eid abnehmen: to ~ s.o. in j-n vereidigen; to ~ s.o. into an office j-n in ein Amt einschwören; → secrecy 3. '**swear·ing** s **1.** Schwören n. **2.** jur. Eid(esleistung f) m: ~-in Vereidigung f. **3.** Fluchen n. '**swear·word** s Fluch m.

**sweat** [swet] **I** v/i pret u. pp **sweat, 'sweat·ed,** obs. **swat** [swɒt; Am. swɑt] **1.** schwitzen (with vor dat). **2.** phys. tech. etc schwitzen, anlaufen. **3.** fermen'tieren (Tabak). **4.** colloq. schwitzen, sich abrackern, 'schuften'. **5.** econ. für e-n Hungerlohn arbeiten. **6.** colloq. büßen: he must ~ for it.

**II** v/t **7.** (aus)schwitzen: to ~ gum; to ~ blood colloq. a) Blut u. Wasser schwitzen, b) sich abrackern; to ~ off (od. away) Gewicht abschwitzen; to ~ out a) e-e Krankheit etc (her)ausschwitzen, b) fig. etwas mühsam hervorbringen; to ~ it out colloq. a) durchhalten, b) abwarten; to ~ one's guts out colloq. sich die Seele aus dem Leib ,schuften'. **8.** a. ~ through 'durchschwitzen. **9.** schwitzen lassen, in Schweiß bringen: to ~ down a) j-n durch e-e Schwitzkur abnehmen lassen, b) Am. fig. verringern, drastisch verkleinern. **10.** econ. ,schuften lassen', ausbeuten: to ~ one's employees. **11.** colloq. j-n ,bluten lassen', auspressen. **12.** colloq. j-n (im Verhör) ,in die Mache nehmen'. **13.** tech. schwitzen od. gären lassen. **14.** metall. a) (~ out aus)seigern, b) schmelzen, c) (heiß-, weich)löten. **15.** Kabel schweißen. **16.** Tabak fermen'tieren lassen.

**III** s **17.** Schwitzen n, Schweißausbruch m: nightly ~s Nachtschweiß m. **18.** Schweiß m: cold ~ kalter Schweiß, Angstschweiß; in a ~, colloq. all of a ~ a) in Schweiß gebadet, b) vor Angst schwitzend; to get into a ~ in Schweiß geraten; by the ~ of one's brow im Schweiße s-s Angesichts; no ~! Am. colloq. kein Problem! **19.** med. Schwitzkur f. **20.** phys. tech. Feuchtigkeit f, Ausschwitzung f. **21.** colloq. ,Schufte'rei' f. **22.** old ~ alter Haudegen (Soldat).

'**sweat·band** s **1.** Schweißleder n, -band n (in Hüten). **2.** bes. sport Schweißband n. '**~box** s **1.** Tabakaufbereitung f: Fermen'tierkammer f. **2.** colloq. ,Brutkasten' m. **~ duct** s anat. 'Schweißgang m, -ka,nal m. **sweat·ed** ['swetıd] adj econ. **1.** für Hungerlöhne 'hergestellt. **2.** ausgebeutet, 'unterbezahlt: ~ workers. **sweat·er** ['swetə(r)] s **1.** Sweater m, Pull'over m: ~ blouse Strickbluse f; ~ girl colloq. ,kurvenreiches' Mädchen. **2.** econ. Ausbeuter m.

**sweat gland** s anat. Schweißdrüse f. **sweat·i·ness** ['swetınıs] s Verschwitztheit f, Schweißigkeit f.

**sweat·ing** ['swetıŋ] **I** s **1.** Schwitzen n, Schweißabsonderung f. **2.** econ. Ausbeutung f. **3.** tech. (Heiß-, Weich)Lötung f. **4.** Fermen'tierung f (Tabak). **II** adj **5.** schwitzend. **~ bath** s ~ bath; ~ room hist. Schwitzkammer f. ~ **sick·ness** s med. hist. Schweißfieber n. ~ **sys·tem** s econ. 'Ausbeutungssy,stem n.

**sweat|pants** s pl sport bes. Am. Trainingshose(n pl) f. ~ **shirt** s Sweatshirt n. '**~shop** s econ. Ausbeutungsbetrieb m. ~ **suit** s sport bes. Am. Trainingsanzug m.

**sweat·y** ['swetı] adj (adv **sweatily**) **1.** schwitzend, verschwitzt, schweißnaß. **2.** Schweiß...: ~ feet. **3.** fig. schweißtreibend, anstrengend.

**Swede** [swiːd] s **1.** Schwede m, Schwedin f. **2.** s~ bes. Br. für Swedish turnip. **Swed·ish** ['swiːdıʃ] **I** adj **1.** schwedisch: ~ drill, ~ gymnastics → Swedish movements. **II** s **2.** ling. Schwedisch n, das Schwedische. **3.** the ~ collect. die Schweden pl. ~ **box** s Turnen: Kasten m. ~ **mas·sage** s med. schwedische Bewegungsbehandlung. ~ **move·ments** s pl med. schwedische Gym'nastik. ~ **tur·nip** s agr. bot. Br. Schwedische Rübe, Gelbe Kohlrübe.

**swee·ny** ['swiːnı] s vet. 'Muskelatro,phie f (bei Pferden).

**sweep** [swiːp] **I** v/t pret u. pp **swept** [swept] **1.** kehren, fegen: to ~ away (off, up) weg-(fort-, auf)kehren; to ~

away *fig.* hinwegfegen; **swept and garnished** *Bibl.* gekehrt u. geschmückt. **2.** frei machen, säubern (**of** von) (*a. fig.*): **to ~ a path** (channel, *etc*); **to ~ the sea of enemy ships. 3.** jagen, treiben (*bes. fig.*): **to ~ the enemy before one** den Feind vor sich hertreiben; **to ~ all before one** auf der ganzen Linie siegen; **a wave of fear swept the country** e-e Welle der Angst ging durchs Land; **it swept the opposition into office** es brachte die Opposition ans Ruder. **4.** (hin'weg)streichen *od.* (-)fegen über (*acc*) (*Wind etc*). **5.** *a.* **~ away** (*od.* **off**) fort-, mitreißen: **the river swept away the bridge; he swept his audience along with him** er riß s-e Zuhörerschaft mit; **to ~ s.o. off his feet** a) j-n hinreißen, b) j-s Herz im Sturm erobern. **6.** (aus dem Weg) räumen, beseitigen: **to ~ away** *fig.* e-m Übelstand *etc* abhelfen, aufräumen mit; **to ~ aside** *fig.* etwas abtun, beiseite schieben, hinwegwischen; **to ~ off** j-n hinweg-, dahinraffen (*Tod, Krankheit*). **7.** (*mit der Hand*) fahren *od.* streichen über (*acc*). **8.** *Geld* einstreichen: → **board**[1] **8. 9.** a) *ein Gebiet* durch'streifen, b) ('hin)gleiten *od.* schweifen über (*acc*) (*Blick etc*), c) (*mit Scheinwerfern od. Radar*) absuchen (**for** nach). **10.** *mil.* Gelände mit Feuer bestreichen. **11.** *mus.* a) *Instrument, Saiten, Tasten* (be)rühren, (an)schlagen, ('hin)gleiten über (*acc*), b) *Töne* entlocken (**from an instrument** e-m Instru'ment).

**II** *v/i* **12.** kehren, fegen: → **broom** 1. **13.** fegen, stürmen, jagen (*Wind, Regen etc*; *a. Armee, Krieg etc*), fluten (*Wasser, Truppen etc*), durchs Land gehen (*Epidemie etc*): **to ~ along** (by, down, over, past) entlang- *od.* einher-(hernieder-, darüber hin-, vorüber)fegen *etc*; **to ~ down on** sich (herab)stürzen auf (*acc*); **fear swept over him** Furcht überkam ihn; **to ~ into power** durch e-n überwältigenden Wahlsieg an die Macht kommen. **14.** (maje'stätisch) ein'herschreiten: **she swept from the room** sie rauschte aus dem Zimmer. **15.** in weitem Bogen gleiten. **16.** sich (da)'hinziehen (*Küste, Straße etc*). **17.** *mar.* dreggen (**for** nach): **to ~ for mines** Minen suchen *od.* räumen.

**III** *s* **18.** Kehren *n*, Fegen *n*: **to give s.th. a ~** etwas kehren; **at one ~** mit 'einem Schlag; **to make a clean ~** a) gründlich aufräumen (**of** mit), b) *sport* überlegen siegen (**of in** *dat*). **19.** Da'hinfegen *n*, -stürmen *n*, Brausen *n* (*des Windes etc*): **onward** → *fig.* mächtige Fortschritte. **20.** Rauschen *n*: **the ~ of her long skirt. 21.** a) schwungvolle (Hand*etc*)Bewegung, b) Schwung *m* (*e-r Sense, Waffe etc*), c) (Ruder)Schlag *m*. **22.** *fig.* Reichweite *f*, Bereich *m*, Spielraum *m*, weiter (geistiger) Hori'zont. **23.** *fig.* a) Schwung *m*, Gewalt *f*, b) mächtige Bewegung, Strom *m*. **24.** Schwung *m*, Bogen *m*: **the ~ of the road** (roof, *etc*). **25.** ausgedehnte Strecke, weite Fläche. **26.** Auffahrt *f* (*zu e-m Haus*). **27.** *meist* Kehricht *m, n*, Müll *m*. **28.** Ziehstange *f* (*e-s Ziehbrunnens*). **29.** *mar.* a) langes Ruder, b) Dreggtau *n* (*zum Ankerfischen*), c) Räumgerät *n* (*zum Minensuchen*), d) Gillung *f* (*e-s Segels*). **30.** *electr.* Kipp *n*, 'Hinlauf *m* (*in Kathodenstrahlröhren*). **31.** *Radar etc*: a) Abtastung *f*, b) Abtaststrahl *m*. **32.** *bes. Br.* Schornsteinfeger *m*. **33.** *Kartenspiel*: Gewinn *m* aller Stiche *od.* Karten. **34.** → **sweepstake.**

**IV** *adj* **35.** *electr.* Kipp..., (Zeit)Ablenk...

**'sweep·back** *aer.* **I** *s* Pfeilform *f*, -stel-

lung *f* (*der Tragflächen*). **II** *adj* pfeilförmig, Pfeil...: **~ wing.**

**'sweep·er** *s* **1.** (Straßen)Kehrer(in). **2.** 'Kehrma₁schine *f*. **3.** *mar.* Such-, Räumboot *n*. **4.** *Fußball*: Ausputzer *m*.

**sweep**|**gen·er·a·tor** *s electr.* **1.** 'Kippgene₁rator *m*. **2.** Fre'quenzwobbler *m*. **~ hand** → **sweep-second.**

**sweep·ing** ['swiːpɪŋ] **I** *adj* (*adv* **~ly**) **1.** kehrend, Kehr... **2.** brausend, stürmisch (*Wind etc*). **3.** um'fassend, ausgedehnt. **4.** schwungvoll: a) ausladend: **~ gesture,** b) mitreißend: **~ melodies; ~ lines** schwungvolle Linien, schnittige Form. **5.** 'durchschlagend, über'wältigend: **~ success; ~ victory** überlegener Sieg. **6.** 'durchgreifend, radi'kal: **~ changes. 7.** weitreichend, um'fassend, *a.* (zu) stark verallge'meinernd, sum'marisch: **~ judg(e)ment** Pauschalurteil *n*; **~ powers** umfassende Vollmachten. **II** *s pl* **8.** a) Kehricht *m, n*, Müll *m*, b) *fig. contp.* Auswurf *m*, Abschaum *m*.

**sweep**|**net** *s* **1.** *mar.* großes Schleppnetz. **2.** Schmetterlingsnetz *n*. **'~₁sec·ond** *s* **1.** Zen'tralse₁kundenzeiger *m*. **2.** Uhr *f* mit Zen'tralse₁kundenzeiger. **~ seine** → **sweep net** 1. **'~stake** *s, bes. Am.* **'~stakes** *s pl* (*als sg konstruiert*) **1.** a) (*bes. Pferde*)Rennen, dessen Dotierung ausschließlich aus Nenngeldern besteht, b) aus den Nenngeldern gebildete Dotierung. **2.** Lotterie, deren Gewinne sich ausschließlich aus den Einsätzen zs.-setzen. **3.** *fig.* Kampf *m*, Rennen *n*: **the presidential ~(s)** das Rennen um die Präsidentschaft.

**sweet** [swiːt] **I** *adj* (*adv* **~ly**) **1.** süß. **2.** süß *od.* lieblich (duftend): **to be ~ with** duften nach. **3.** frisch: **~ butter** (meat, milk). **4.** Frisch..., Süß...: **~ water. 5.** süß, lieblich: **~ melody** (voice, *etc*). **6.** süß, angenehm: **~ dreams** (slumber, *etc*). **7.** süß, lieb: **a ~ face; at her own ~ will** ganz nach ihrem Köpfchen; → **seventeen** II. **8.** lieb, nett, freundlich, reizend: **to ~ od.** **gegen'über** *j-m*), sanft: **~ temper** (*od.* **nature**, **disposition**) freundliche Art, Liebenswürdigkeit *f*; **to be ~ on s.o.** *colloq.* in j-n verliebt sein; **to keep s.o. ~** j-n bei Laune halten. **9.** *colloq.* ,süß', ,goldig', entzückend, reizend (*alle a. iro.*): **what a ~ hat! 10.** *colloq.* a) tadellos, einwandfrei, b) mühelos, glatt, ruhig, c) leicht, bequem. **11.** *chem.* a) säurefrei: **~ minerals,** b) schwefelfrei: **~ petrol. 12.** *agr.* nicht sauer: **~ soil. 13.** *Jazz*: 'melodi'ös, ,sweet'. **II** *s* **14.** Süße *f*. **15.** *bes. Br.* a) Bon'bon *m, n*, Süßigkeit *f*, b) *pl* Süßigkeiten *pl.* **16.** *Br.* Süßspeise *f*, süßer Nachtisch. **17.** *meist pl fig.* Annehmlichkeit *f*: **the ~(s) of life;** → **sour** 8. **18.** (*meist als Anrede*) ,Süße(r' *m*) *f*, Schatz *m*. **'~-and-'sour** *adj gastr.* süß-sauer. **'~bread** *s* Bries *n*. **'~-bri·er,** *a.* **'~·bri·ar** [₁-'braɪə(r); '₁-brɪ-] *s bot.* Schottische Zaunrose. **~ chest·nut** *s bot.* 'Edelka₁stanie *f*. **~ corn** *s bot.* Zuckermais *m*. **2.** grüne Maiskolben *pl* (*als Gemüse*). **sweet·en** ['swiːtn] **I** *v/t* **1.** süßen. **2.** *fig.* versüßen, angenehm(er) machen. **3.** mildern. **4.** beschwichtigen, gnädig stimmen. **5.** *sl.* ,schmieren', bestechen. **6.** *econ. bes. Am. colloq.* hochwertige Sicherheiten gewähren auf (*acc*): **to ~ loans. II** *v/i* **7.** süß(er) werden. **'sweet·en·er** *s* **1.** Süßstoff *m*. **2.** Beschwichtigungsmittel *n*. **3.** *sl.* ,Schmiergeld', Bestechungsgeld *n*. **'sweet·en·ing** *s* **1.** (Ver)Süßen *n*. **2.** Süßstoff *m*.

**sweet**|**flag** *s bot.* Gemeiner Kalmus. **~ gale** *s bot.* Heidemyrte *f.* **'~·heart** *s* Schatz *m*, Liebste(r *m*) *f.* **~ herbs** *s pl* Küchen-, Gewürzkräuter *pl.*

**sweet·ie** ['swiːtɪ] *s* **1.** *Br.* Bon'bon *m, n.* **2.** *colloq.* (*meist als Anrede*) Schätzchen *n,*

,Süße' *f.* **3.** *bes. Br. colloq.* Schatz *m*: **she's a ~.**

**sweet·ing** ['swiːtɪŋ] *s bot.* Jo'hannisapfel *m*, Süßling *m*.

**sweet·ish** ['swiːtɪʃ] *adj* süßlich.

**'sweet**|**meat** *s* Bon'bon *m, n.* **~-na·tured** [₁-'n-; '₁-n-] → **sweet** 8.

**sweet·ness** ['swiːtnɪs] *s* **1.** Süße *f*, Süßigkeit *f.* **2.** süßer *od.* lieblicher Duft. **3.** Frische *f.* **4.** *fig.* (*etwas*) Angenehmes, Annehmlichkeit *f*, (*das*) Süße. **5.** Freundlichkeit *f.*

**sweet**|**oil** *s* Speise-, *bes.* O'livenöl *n.* **~ pea** *s bot.* Gartenwicke *f.* **~ po·ta·to** *s* **1.** *bot.* 'Süßkar₁toffel *f*, Ba'tate *f.* **2.** *mus. Am. colloq.* Oka'rina *f.* **~-scent·ed** [₁-'sentɪd; '₁-s-] *adj bot.* wohlriechend, duftend. **'~-shop** *s bes. Br.* Süßwarenladen *m*, -warengeschäft *n.* **~ sing·er** *s*: **the S~ S~ of Israel** *relig.* der Psalmist, König David. **~ talk** *s Am. colloq.* Schmeiche'lei(en *pl*) *f.* **'~-talk** *v/t Am. colloq.* j-m ,um den Bart gehen', j-m schmeicheln: **to ~ s.o. into doing s.th.** j-n durch Schmeicheleien dazu bringen, etwas zu tun. **~-tem·pered** [₁-'t-; '₁-t-] *adj* sanft(mütig), gutmütig. **~-tongued** [₁-'tʌŋd; '₁-t-] *adj* schmeichlerisch, ,honigsüß'. **~ tooth** *s colloq.* Vorliebe *f* für Lecke'reien: **she has a ~** sie ist ein Leckermäulchen, sie nascht gern. **~ wil·liam** *s bot.* Stu'denten-, Bartnelke *f.* **'~·wood** *s bot.* **1.** (Edler) Lorbeerbaum. **2.** *Name mehrerer tropischer Pflanzen, bes.* a) Nek'tandra *f*, b) Balsampflanze *f*, c) Zypernholzbaum *m.*

**sweet·y** → **sweetie** 2.

**swell** [swel] **I** *v/i pret* **swelled,** *pp* **swollen** ['swəʊlən], *selten* **swelled,** *swoln* [swəʊln] **1.** a. **~ up**, **~ out** (an-, auf)schwellen (**into, to** zu), dick werden. **2.** sich aufblasen *od.* -blähen (*a. fig. contp.*). **3.** anschwellen, (an)steigen (*Wasser etc; a. fig. Anzahl, Preise etc*). **4.** sich wölben: a) ansteigen (*Land etc*), b) sich ausbauchen *od.* bauschen, gebaucht *od.* geschweift sein (*Mauerwerk, Möbel etc*), c) *mar.* sich blähen (*Segel*). **5.** her'vorbrechen (*Quelle, Tränen*). **6.** (auf)quellen (*Getreide, Holz etc*). **7.** *bes. mus.* a) anschwellen (**into** zu), b) (an- u. ab)schwellen (*Ton, Orgel etc*). **8.** *fig.* bersten (wollen) (**with** vor *dat*): **his heart ~ed with indignation. 9.** aufwallen, sich steigern (**into** zu) (*Gefühl*). **10.** sich aufplustern: **to ~ with pride** stolzgeschwellt sein.

**II** *v/t* **11.** a. **~ up**, **~ out** a. *fig. ein Buch etc* anschwellen lassen. **12.** aufblasen, -blähen, -treiben: **to ~ the belly** (a tin can, *etc*). **13.** *bes. mus.* a) anschwellen lassen, b) (an- u. ab)schwellen lassen. **14.** *fig.* aufblähen (**with** vor *dat*): **~ed with pride** stolzgeschwellt.

**III** *s* **15.** (An)Schwellen *n.* **16.** Schwellung *f*, *med. a.* Geschwulst *f.* **17.** *mar.* Dünung *f.* **18.** Wölbung *f*, Ausbuchtung *f*, -bauchung *f.* **19.** kleine Anhöhe, sanfte Steigung. **20.** a) Bom'bage *f*, Auftreiben *n* (*von verdorbenen Konservenbüchsen*), b) aufgetriebene Kon'servenbüchse. **21.** *fig.* Anschwellen *n*, Anwachsen *n*, (An)Steigen *n.* **22.** *mus.* a) (An- u. Ab-)Schwellen *n*, Schwellton *m*, b) Schwellzeichen *n* (**<** **>**), c) Schwellwerk *n* (*der Orgel etc*). **23.** *colloq.* a) ,großes Tier', ,Größe' *f*, b) ,feiner Pinkel', c) ,Mordskerl' *m*, ,Kanone' *f* (**at** in *dat*).

**IV** *adj* **24.** *sl.* (*a. interj*) ,prima(!)', ,Klasse(!)'. **25.** *colloq.* ,(tod)schick', ,piekfein', ,stinkvornehm', feu'dal.

**swelled** [sweld] *adj* **1.** (an)geschwollen, aufgebläht: **~ head** *colloq.* Aufgeblasenheit *f.* **2.** geschweift (*Möbel*), ausgebuchtet.

**'swell·ing I** *s* **1.** (*a. mus. u. fig.* An-

Schwellen *n.* **2.** *med. vet.* Schwellung *f,* Geschwulst *f, a.* Beule *f,* Ö'dem *n:* **glandular** ~ Drüsenschwellung; **hunger** ~ Hungerödem. **3.** (Auf)Quellen *n.* **4.** Wölbung *f:* a) Erhöhung *f,* b) *arch.* Ausbauchung *f,* c) *Tischlerei:* Schweifung *f.* **5.** (Gefühls)Aufwallung *f.* **II** *adj* (*adv* ~**ly**) **6.** (an)schwellend (*a. fig.*). **7.** ,geschwollen' (*Stil etc*).

**swell**| **key·board,** ~ **man·u·al** *s mus.* 'Schwellmanu₁al *n* (*der Orgel*). ~ **mob** *s Br. sl.* collect. (die) Hochstapler *pl.* ~ **or·gan** *s mus.* Schwellwerk *n* (*Manual*). ~ **ped·al** *s mus.* Pe'dal-, Fußschweller *m* (*der Orgel*). ~ **rule** *s print.* englische Linie.

**swel·ter** ['swelta(r)] **I** *v/i* **1.** vor Hitze (schier) verschmachten *od.* ,'umkommen'. **2.** in Schweiß gebadet sein. **3.** *fig.* (vor Hitze) kochen (*Stadt etc*). **II** *s* **4.** drückende Hitze, Schwüle *f.* **5.** to be in a ~ → **1.** **6.** Hexenkessel *m.* **'swel·ter·ing, 'swel·try** [-trɪ] *adj* **1.** vor Hitze vergehend *od.* verschmachtend. **2.** in Schweiß gebadet. **3.** drückend, schwül.

**swept** [swept] *pret u. pp von* **sweep.** '~**-back wing** *s aer.* Pfeilflügel *m.* ~ **volume** *s mot.* Hubraum *m.* ~ **wing** → **swept-back wing.**

**swerve** [swɜːv; *Am.* swɜrv] **I** *v/i* **1.** ausbrechen (*Auto, Pferd*). **2.** *mot.* das Steuer *od.* den Wagen her'umreißen, e-n Schlenker machen. **3.** ausweichen (*Boxer etc*). **4.** e-n Schwenk machen, schwenken: **the highway** ~**s south. 5.** *fig.* abweichen, abgehen (**from** von). **II** *v/t* **6.** to ~ **the car** → **2. 7.** *sport Ball* anschneiden. **8.** *fig.* *j-n* abbringen (**from** von). **III** *s* **9.** *mot.* Schlenker *m.* **10.** Ausweichbewegung *f* (*e-s Boxers etc*). **11.** Schwenk *m* (*e-r Straße*). **12.** *sport* Schnitt *m.*

**swift** [swɪft] **I** *adj* (*adv* ~**ly**) **1.** *allg.* schnell, rasch. **2.** flüchtig, rasch da'hineilend (*Zeit etc*). **3.** rasch: a) geschwind, eilig, b) plötzlich, unerwartet: **his** ~ **death. 4.** flink, hurtig, *a.* geschickt: **a** ~ **worker;** ~ **wit** flinker Verstand. **5.** rasch, eilfertig, schnell bereit: ~ **to anger** jähzornig: → **offence 2. 6.** jäh, hastig: ~ **anger** Jähzorn *m.* **II** *adv* **7.** (*meist poet. od. in Zssgn*) schnell, geschwind, rasch: ~**-passing. III** *s* **8.** *orn.* (*bes.* Mauer)Segler *m.* **9.** *a.* ~ **moth** *orn. e-e brit.* Taubenrasse. **10.** *zo.* ~ **newt. 11.** *tech.* Haspel *f,* (Garn-, Draht-) Winde *f.* ₁'~**'foot·ed** *adj* schnellfüßig, flink.

'**swift·ness** *s* Schnelligkeit *f,* Geschwindigkeit *f.*

**swig**[^1] [swɪg] **I** *v/t a.* ~ **down,** ~ **off** *Getränk* ,hin'unterkippen'. **II** *v/i* e-n kräftigen Zug tun (**at** aus). **III** *s* kräftiger Zug *od.* Schluck: **to take a** ~ (**at**) → **II.**

**swig**[^2] [swɪg] *v/t oft* ~ **up** *mar. Segel* hissen *od.* straffen.

**swill** [swɪl] **I** *v/t* **1.** (ab)spülen: **to** ~ **out** ausspülen. **2.** *colloq.* ,saufen', hin'unterschütten: **to** ~ **beer;** **to** ~ **o.s. with sich** ,vollaufen lassen' mit. **II** *v/i* **3.** ,saufen'. **III** *s* **4.** (Ab)Spülen *n:* **to give s.th. a** ~ etwas (ab)spülen. **5.** Spülicht *n* (*a. fig. contp.*). **6.** Spültrank *m* (*für Schweine*). **7.** a) ,Gesöff' *n,* b) ,Saufraß' *m.*

**swim** [swɪm] **I** *v/i pret* **swam** [swæm], *obs. od. dial.* **swum** [swʌm], *pp* **swum 1.** schwimmen. **2.** schwimmen, treiben (*Gegenstand*). **3.** schweben, (sanft) gleiten: **the moon** ~**s in the sky; she swam into the room. 4.** a) schwimmen (**in** in *dat*), b) über'schwemmt *od.* voll sein, 'überfließen (**with** von): **the meat** ~**s in gravy** das Fleisch schwimmt in der Soße; **his eyes were** ~**ming with tears** s-e Augen schwammen in Tränen; **to** ~ **in** *fig.* schwimmen in (*Geld etc*). **5.** (ver-) schwimmen (**before one's eyes** vor

den Augen), sich drehen: **my head** ~**s** mir ist schwind(e)lig.

**II** *v/t* **6.** a) schwimmen: **to** ~ **a mile,** b) durch'schwimmen: **to** ~ **the Channel; to** ~ **a race** um die Wette schwimmen, an e-m Wettschwimmen teilnehmen. **7.** *j-n,* *ein Pferd etc, e-e Sache* schwimmen lassen. **8.** mit *j-m* um die Wette schwimmen.

**III** *s* **9.** Schwimmen *n,* Bad *n:* **to go for a** ~ schwimmen gehen; **to have** (*od.* **take**) **a** ~ baden, schwimmen. **10.** *fig.* Schweben *n,* (*sanftes*) Gleiten *n.* **11.** *colloq.* Strom *m od.* Gang *m* der Ereignisse: **to be in** (**out of**) **the** ~ a) (nicht) auf dem laufenden *od.* im Bilde sein, b) (nicht) mithalten können; **in the** ~ **with** vertraut mit. **12.** *Angelsport:* tiefe u. fischreiche Stelle (*e-s Flusses*). **13.** Schwindel(anfall) *m.* ~ **blad·der** *s ichth.* Schwimmblase *f.* '~**cap** *s* Bademütze *f,* -kappe *f.*

**swim·mer** ['swɪmə(r)] *s* **1.** Schwimmer (-in). **2.** *zo.* 'Schwimmor₁gan *n.*

**swim·mer·et** ['swɪmərət; *Am. a.* ₁-'ret] *s zo.* Schwimmfuß *m* (*bei Krebsen*).

**swim·ming** ['swɪmɪŋ] **I** *s* **1.** Schwimmen *n.* **2.** *a.* ~ **of the head** Schwindel(gefühl *n*) *m.* **II** *adj* (*adv* → **swimmingly**) **3.** schwimmend. **4.** Schwimm...: ~ **bird;** ~ **instructor** Schwimmlehrer *m.* ~ **bath** *meist pl Br.* Schwimmbad *n,* bes. Hallenbad *n:* ~ **attendant** Bademeister *m.* ~ **blad·der** *s ichth.* Schwimmblase *f.* ~ **cap** *s* Bademütze *f,* -kappe *f.* ~ **costume** *s bes. Br.* Badeanzug *m.*

**swim·ming·ly** ['swɪmɪŋlɪ] *adv fig.* glatt, reibungslos: **to go** ~ glattgehen.

**swim·ming**|**pool** *s* **1.** Schwimmbecken *n,* Swimmingpool *m.* **2.** Schwimmbad *n:* a) *a.* **open-air** ~ Freibad *n,* b) *a.* **indoor** ~ Hallenbad *n;* ~ **attendant** Bademeister *m.* ~ **trunks** *s pl a.* **pair of** ~ Badehose *f.*

'**swim·suit** *s* Badeanzug *m.*

**swin·dle** ['swɪndl] **I** *v/i* **1.** betrügen, mogeln. **II** *v/t* **2.** *j-n* beschwindeln, betrügen (**out of s.th.** um etwas). **3.** *etwas* erschwindeln, ergaunern (**out of s.o.** von *j-m*). **III** *s* **4.** Schwindel *m,* Betrug *m.* '**swin·dler** *s* Schwindler(in), Betrüger (-in).

**swine** [swaɪn] *s* **1.** *pl* ~ *agr. zo. poet. od. obs.* Schwein *n.* **2.** *pl* ~**s** a) Rüpel *m,* b) ,Schwein' *n.* ~ **fe·ver** *s vet. bes. Br.* Schweinepest *f.* '~**herd** *s bes. poet.* Schweinehirt *m.* ~ **in·flu·en·za** *s vet.* Schweinegrippe *f.* ~ **plague** *s vet.* Schweineseuche *f.* ~ **pox** *s* **1.** *med. hist.* Schafs-, Wasserpocken *pl.* **2.** *vet.* Schweinepocken *pl.*

**swin·er·y** ['swaɪnərɪ] *s* **1.** Sau-, Schweinestall *m.* **2.** *fig.* Schweine'rei *f.*

**swing** [swɪŋ] **I** *v/t pret* **swung** [swʌŋ], *obs. od. dial.* **swang** [swæŋ], *pp* **swung 1.** schwingen: **to** ~ **a sword** (**a lasso**); **to** ~ **o.s. from branch to branch. 2.** schwingen, ('hin- u. 'her)schwenken: **to** ~ **a bell; to** ~ **one's arms** mit den Armen schlenkern; **to** ~ **out** *tech.* ausschwenken; **to** ~ **s.o. round** *j-n* herumwirbeln *od.* -schwenken; **to** ~ **the propeller** den Propeller durchdrehen *od.* anwerfen; → **lead**[^2] **2, room 1. 3.** baumeln *od.* pendeln lassen, aufhängen (**from** an *dat*): **to** ~ **a hammock** e-e Hängematte aufhängen; **to** ~ **one's legs** mit den Beinen baumeln; **to** ~ **a gate open** (**to**) ein Tor auf-(zu)stoßen. **4.** *j-n* (*in e-r Schaukel*) **5.** *bes. mil.* ~ **in** *od.* **out** ein- *od.* aus)schwenken lassen. **6.** *mar.* (rund)schwojen. **7.** *auf die* Schulter *etc* (hoch)schwingen. **8.** *tech.* Spielraum lassen für: **a lathe that** ~**s 12 inches. 9.** *colloq.* a) etwas ,schaukeln', ,hinkriegen': **to** ~ **the job,** b) *Am. die Wähler etc* ,her'umkriegen', c) *Am.* e-e *Wahl etc* entscheiden(d beeinflussen).

**II** *v/i* **10.** ('hin- u. 'her)schwingen, pendeln, ausschlagen (*Pendel, Zeiger*): **to** ~ **from branch to branch** sich von Ast zu Ast schwingen; **to** ~ **into motion in** Schwung *od.* Gang kommen; **to** ~ **into action** *fig.* loslegen; **to** ~ **round the circle** *Am.* a) *fig.* alles abdecken, b) *pol.* e-e Wahlrundreise machen; **to** ~ **round the circle of all theories** *Am.* sich der Reihe nach mit allen Theorien befassen. **11.** schweben, baumeln (**from** an *dat*) (*Glocke etc*). **12.** (sich) schaukeln. **13.** *colloq.* ,baumeln' (*gehängt werden*): **he must** ~ **for it. 14.** sich (*in den Angeln*) drehen (*Tür etc*): **the door** ~**s on its hinges; to** ~ **open** (**to**) auffliegen (zuschlagen); **to** ~ **round** a) sich ruckartig umdrehen, b) sich drehen (*Wind etc*), c) *fig.* umschlagen (*öffentliche Meinung etc*). **15.** *mar.* schwojen. **16.** schwenken, mit schwungvoller *od.* flotten Bewegungen gehen, *a. mil.* (flott) mar'schieren: **to** ~ **into line** *mil.* einschwenken. **17.** mit Schwung *od.* in großem Bogen fahren: **the car swung out of a side street. 18.** sich in weitem Bogen 'hinziehen: **the road** ~**s north. 19.** a) schwanken, b) *tech.* Schwingungen haben. **20.** a) Schwung haben, schwungvoll sein (*Musik etc*), b) lebenslustig sein. **21.** (zum Schlag) ausholen: **to** ~ **at** *s.o.* nach *j-m* schlagen. **22.** *mus.* swingen, Swing spielen *od.* tanzen. **23.** *sl.* ,swingen' (*Atmosphäre haben*). **24.** *sl.* (gerne) Partner tauschen.

**III** *s* **25.** ('Hin- u. 'Her)Schwingen *n,* Schwingung *f,* Pendeln *n,* Ausschlagen *n* (*e-s Pendels od. Zeigers*), *tech. a.* Schwungweite *f,* Ausschlag *m:* **the** ~ **of the pendulum** der Pendelschlag (*a. fig. u. pol.*); **free** ~ Bewegungsfreiheit *f,* Spielraum *m* (*beide a. fig.*): **to give full** ~ **to** a) *e-r Sache* freien Lauf lassen, b) *j-m* freie Hand lassen; **in full** ~, in Schwung', in vollem Gang. **26.** Schaukeln *n:* **to have a** ~ schaukeln. **27.** a) Schwung *m* (*beim Gehen, Skilauf etc*), schwingender Gang, Schlenkern *n,* b) *metr. mus.* Schwung *m* (*a. fig.*), schwingender Rhythmus: **with a** ~ schwungvollen *od.* flotten Bewegungen; **to get into the** ~ **of things** *colloq.* ,den Bogen rauskriegen'; **to go with a** ~ Schwung haben, *a.* wie am Schnürchen gehen. **28.** Schwung(kraft *f*) *m* (*a. fig.*): **at full** ~ in vollem Schwung, in voller Fahrt. **29.** *econ. Am. colloq.* Konjunk'turperi₁ode *f.* **30.** *colloq.* (Arbeits)Schicht *f.* **31.** *Boxen:* Schwinger *m.* **32.** *pol. Am.* Wahlrundreise *f.* **33.** Schwenkung *f.* **34.** Schaukel *f:* → **roundabout 6.** **35.** *tech.* a) Spielraum *m,* Spitzenhöhe *f* (*e-r Drehbank*), b) (Rad)Sturz *m.* **36.** *mus.* Swing *m* (*Jazz*). **37.** *econ.* Swing *m,* Spielraum *m* für Kre'ditgewährung.

'**swing**|**·back** *s* **1.** *phot.* Einstellscheibe *f.* **2.** (to) *fig.* Rückkehr *f* (zu), Rückfall *m* (in *acc*). '~**boat** *s Br.* Schiffsschaukel *f.* ~ **bridge** *s tech.* Drehbrücke *f.* ~ **credit** *s econ.* 'Swingkre₁dit *m.* ~ **door** *s* Pendeltür *f.*

**swinge** [swɪndʒ] *v/t obs.* 'durchprügeln.

'**swinge·ing** *adj bes. Br.* einschneidend (*Kürzungen etc*), ex'trem hoch, gewaltig (*Besteuerung etc*).

**swing·er** ['swɪŋə(r)] *s* **1.** lebenslustige Per'son. **2.** *sl.* j-d, der alles mitmacht, was ,in' ist. **3.** *sl.* j-d, der (gern) Partnertausch macht.

**swing**| **gate** *s* Drehtor *n.* ~ **glass** *s* Drehspiegel *m.*

**swing·ing** ['swɪŋɪŋ] **I** *s* **1.** Schwingen *n,* Schaukeln *n,* Pendeln *n.* **2.** Schwenken *n.* **3.** *mar.* Schwojen *n.* **4.** *electr.* a) (Fre-'quenz)Schwankung(en *pl*) *f,* b) Schwund *m.* **II** *adj* (*adv* ~**ly**) **5.** schwingend, schaukelnd, pendelnd, Schwing...: ~ **door** Pen-

deltür *f*. **6.** *bes. tech.* Schwenk...: ~ **lever** Schwenkarm *m*. **7.** schwankend: ~ **temperature** *med.* Temperaturschwankungen *pl*; ~ **voter** *Austral. colloq.* Wechselwähler(in). **8.** *fig.* schwungvoll: a) rhythmisch, b) kraftvoll, c) lebenslustig.

**swin·gle¹** ['swɪŋgl] *tech.* **I** *s* (Flachs-, Hanf)Schwinge *f*. **II** *v/t* schwingeln.

**swin·gle²** ['swɪŋgəl] *s Am. sl.* lebenslustiger Single.

**'swin·gle·tree** *s* Wagenschwengel *m*.

**swing| mu·sic** *s* 'Swing(mu₁sik *f*) *m*. **'~-out** *adj tech.* ausschwenkbar. ~ **plough,** *bes. Am.* ~ **plow** *s agr.* Schwingpflug *m* (*ohne Räder*). **'~·round** *s* 'Meinungs₁umschwung *m*. ~ **seat** *s* Hollywoodschaukel *f*. ~ **shift** *s Am. colloq.* Spätschicht *f* (*von 16 bis 24 Uhr*). **~·'wing** *aer. bes. mil.* **I** *adj* **1.** Schwenkflügel...: ~ **aircraft** → **3. II** *s* **2.** Schwenkflügel *m*. **3.** Schwenkflügler *m*.

**swin·ish** ['swaɪnɪʃ] *adj* (*adv* ~ly) schweinisch, säuisch.

**swipe** [swaɪp] **I** *s* **1.** *colloq.* harter Schlag, (*Pranken- etc*)Hieb *m*: **to give s.o. a ~ round the ear** j-m eins hinter die Ohren geben. **2.** Ziehstange *f* (*e-s Ziehbrunnens*). **3.** *pl Br. sl.* Dünnbier *n*. **II** *v/t* **4.** *sport colloq.* den Ball ,dreschen'. **5.** *sl.* ,klauen', stehlen. **III** *v/i* **6.** ~ **at** *colloq.* schlagen nach: **to ~ away at** einschlagen auf (*acc*).

**swirl** [swɜːl; *Am.* swɜrl] **I** *v/i* **1.** wirbeln (*Wasser; a. fig. Kopf*), e-n Strudel bilden. **2.** *a.* ~ **about** (her'um)wirbeln. **II** *v/t* **3.** *a.* ~ **about** etwas her'umwirbeln. **III** *s* **4.** Wirbel *m* (*a. fig.*), Strudel *m*. **5.** *Am.* (Haar)Wirbel *m*. **6.** Ast *m* (*im Holz*). **7.** Wirbel(n) *m*) *m* (*Drehbewegung*).

**swish** [swɪʃ] **I** *v/i* **1.** schwirren, sausen, zischen: **to ~ past** vorbeizischen (*Auto etc*). **2.** rascheln (*Seide etc*). **3.** *mot.* wischen (*Scheibenwischer*). **II** *v/t* **4.** sausen *od.* schwirren lassen. **5.** ~ **off** abhauen. **6.** *sl.* 'durchprügeln. **III** *s* **7.** Sausen *n*, Zischen *n*. **8.** Rascheln *n*. **9.** *Br.* a) (Ruten)Streich *m*, b) Peitschenhieb *m*. **10.** *Am. sl.* ,Tunte' *f* (*effeminierter Homosexueller*). **IV** *adj* **11.** *bes. Br. colloq.* ,(tod)schick'. **12.** *Am. sl.* ,tuntenhaft'. **V** *interj* **13.** fft!, wutsch!

**Swiss** [swɪs] **I** *s* **1.** a) Schweizer(in), b) *pl* Schweizer *pl*. **2.** **s.** → **Swiss muslin. II** *adj* **3.** schweizerisch, Schweizer...: ~ **cheese** *s* Schweizer Käse *m*. ~ **franc** *econ.* Schweizer Franken *m*. ~ **German** *s ling.* Schweizerdeutsch *n*. ~ **Guard** *s* **1.** Schweizergarde *f*. **2.** Schweizer *m*.

**swiss·ing** ['swɪsɪŋ] *s Textilwesen:* 'Druckka₁landern *n*.

**Swiss| mus·lin** *s* 'Schweizermusse₁lin *m* (*Stoff*). ~ **roll** *s* Bis'kuitrolle *f*. ~ **tea** *s pharm.* Schweizertee *m*.

**switch** [swɪtʃ] **I** *s* **1.** a) Rute *f*, Gerte *f*, b) Peitsche *f*. **2.** (Ruten)Streich *m*. **3.** falscher Zopf. **4.** Schwanzquaste *f* (*e-s Rindes*). **5.** *electr.* a) Schalter *m*, b) Weiche *f*. **6.** *rail. Am.* a) Weiche *f*: **to shift the ~es for** *fig.* die Weichen stellen für, b) Stellen *n* (*e-r Weiche*). **7.** *econ.* 'Umstellung *f* (*bei Kapitalanlagen etc*). **8.** (to) *fig.* 'Umstellung *f* (*auf acc*), Wechsel *m* (zu): **to make a** ~ e-e Umstellung *od.* e-n Wechsel vornehmen. **9.** a) Austausch *m* (for gegen), b) Verwandlung *f* (to in *acc*). **10.** *Kartenspiel:* Farbwechsel *m*. **II** *v/t* **11.** peitschen. **12.** zucken mit: **to ~ a muscle.** **13.** mit *dem Schwanz* schlagen (*Kuh etc*). **14.** *a.* ~ **over** *electr. tech.* ('um)schalten: **to ~ on** a) einschalten, *das Licht* anschalten, b) *colloq.* j-n ,anturnen' (*in Erregung etc versetzen*), c) *colloq.* j-n ,anturnen' (*zum Gebrauch von Drogen veranlassen*); **to ~ off** a) ab-, ausschalten, b) *colloq.* j-n anöden; **to ~ through** *teleph.* Anrufer,

Gespräch durchstellen (**to** zu). **15.** *rail. bes. Am.* a) *den Zug* ran'gieren, b) *Waggons* 'umstellen. **16.** *fig.* a) 'umstellen (**to** auf *acc*): **to ~ (over) production**, b) wechseln: **to ~ methods** (lanes) die Methode (die Spur) wechseln; **to ~ positions** *sport* rochieren; **to ~ roles** *fig.* die Rollen tauschen, c) 'überleiten: **to ~ the talk to another topic** auf ein anderes Thema überleiten. **17.** austauschen (**for** gegen): **to ~ (a)round** *Möbel* umstellen; **to ~ s.o. (a)round within a department** (**between the departments**) j-n e-e Abteilung (die einzelnen Abteilungen) durchlaufen lassen. **18.** *electr. tech.* (*a.* ~ **over** 'um)schalten: **to ~ off** abschalten (*a. fig. colloq.*). **19.** *rail. bes. Am.* ran'gieren. **20.** *fig.* 'umstellen: **to ~ (over) to** übergehen zu, sich umstellen auf (*acc*), *univ.* umsatteln auf (*acc*). **21.** *Kartenspiel:* die Farbe wechseln.

**'switch|·back** *s* **1.** *a.* ~ **road** Serpen'tine(nstraße) *f*. **2.** *a.* ~ **railway** *Br.* Achterbahn *f*. **'~·blade** *s*, **'~·blade knife** *s irr bes. Am.* Schnappmesser *n*. **'~·board** *s* **1.** *electr.* Schaltbrett *n*, -tafel *f*. **2.** *teleph.* (Tele'fon)Zen₁trale *f*: ~ **operator** Telefonist(in). ~ **box** *s electr.* Schaltkasten *m*. ~ **clock** *s tech.* Schaltuhr *f*.

**switch·er·oo** [₁swɪtʃə'ruː] *s Am. sl.* **1.** unerwartete Wendung. **2.** Vertauschung *f*.

**'switch|·gear** *s* Schaltvorrichtung *f*. **'~·girl** *s Austral. colloq.* Telefo'nistin *f*. **'~-₁hit·ter** *s Am. sl.* bisexu'ell Veranlagte(r *m*) *f*.

**'switch·ing** **I** *s* **1.** *electr. tech.* ('Um-) Schalten *n*: **~·on** Einschalten; **~·off** Ab-, Ausschalten. **2.** *rail. bes. Am.* Ran'gieren *n*. **II** *adj* **3.** *electr. tech.* (Um)Schalt...: ~ **relay**; ~ **time** Schaltzeit *f*. **4.** *rail. bes. Am.* Rangier...: ~ **engine** Rangier-, Verschiebelok(omotive) *f*.

**'switch|·man** [-mən] *s irr rail. Am.* Weichensteller *m*. **'~·o·ver** → **switch 8.** ~ **plug** *s electr. tech.* Schaltstöpsel *m*. ~ **sig·nal** *s electr. tech.* 'Schaltsi₁gnal *n*. ~ **tend·er** → **switchman. '~·yard** *s rail. Am.* Ran'gier-, Verschiebebahnhof *m*.

**swith** [swɪθ], **swithe** [swaɪð; swɪθ] *adv bes. Am. dial.* schnell, gleich, so'fort.

**Switz·er** ['swɪtsə(r)] *s* **1.** Schweizer(in). **2.** Schweizer *m* (*Angehöriger der Schweizergarde*).

**swiv·el** ['swɪvl] **I** *s* **1.** *tech.* Drehzapfen *m*, -ring *m*, -gelenk *n*, (*a. mar.* Ketten)Wirbel *m*. **2.** *mar. mil.* Drehstütze *f*. **II** *v/t pret u. pp* **-eled,** *bes. Br.* **-elled 3.** drehen, schwenken. **4.** mit e-m Drehzapfen versehen. **III** *v/i* **5.** sich drehen. **IV** *adj* **6.** Dreh..., Schwenk..., dreh-, schwenkbar: ~ **axis** Schwenkachse *f*. ~ **bridge** *s tech.* Drehbrücke *f*. **~·chair** *s* Drehstuhl *m*. **~·con·nec·tion** *s tech.* schwenkbare Verbindung. **~·gun** *s mil. hist.* Drehbasse *f* (*Geschütz*). **~·joint** *s tech.* Drehgelenk *n*.

**swiz(z)** [swɪz] *s Br. colloq.* **1.** Schwindel *m*, Betrug *m*. **2.** bittere Enttäuschung.

**swiz·zle** ['swɪzl] *s* **1.** *ein schaumig geschlagener Cocktail aus Alkohol, Zitronensaft, Zucker etc.* **2.** *Br.* → **swiz(z). ~ stick** *s* Rührstäbchen *n* (*für Cocktails etc*), Sektquirl *m*.

**swob** → **swab.**

**swol·len** ['swəʊlən] **I** *pp von* **swell. II** *adj med. u. fig.* geschwollen: ~ **head** *colloq.* Aufgeblasenheit *f*. **~-'head·ed** *adj colloq.* aufgeblasen, eingebildet.

**swoln** [swəʊln] *pp obs. von* **swell.**

**swoon** [swuːn] *obs.* **I** *v/i* **1.** in Ohnmacht fallen (**with** vor *dat*). **2.** in Verzücken geraten. **3.** *meist* ~ **away** verhallen (*Musik etc*). **II** *s* **4.** Ohnmacht(sanfall *m*) *f*. **5.** Verzückung *f*.

**swoop** [swuːp] **I** *v/i* **1.** *oft* ~ **down** (**upon, on, at**) a) her'abstoßen, -sausen, sich stürzen (auf *acc*), b) *fig.* 'herfallen (über *acc*), c) e-e Razzia machen (in *dat*). **II** *v/t* **2.** *meist* ~ **up** *colloq.* packen, ,schnappen'. **III** *s* **3.** Her'abstoßen *n* (*e-s Raubvogels*). **4.** Razzia *f* (**on** in *dat*). **5.** **at one (fell)** ~ *fig.* mit 'einem Schlag.

**swop** → **swap.**

**sword** [sɔː(r)d; *Am. a.* sɔʊrd] *s* Schwert *n*, Säbel *m*, Degen *m*, *allg.* Waffe *f*: **to cross ~s** die Klingen kreuzen (*a. fig.*); **to draw (sheathe) the** ~ a) das Schwert ziehen (in die Scheide stecken), b) *fig.* den Kampf beginnen (beenden); **to put to the** ~ über die Klinge springen lassen, hinrichten; **a ~ over our heads** ein Damoklesschwert(, das über uns schwebt); → **measure 18.** ~ **arm** *s* rechter Arm. **bay·o·net** *s mil.* langes, breites Bajo'nett. ~ **belt** *s* **1.** Schwertgehenk *n*. **2.** *mil.* Degenkoppel *n*. **~·cane** *s* Stockdegen *m*. ~ **dance** *s* Schwert(er)tanz *m*. **'~·fish** *s* Schwertfisch *m*. ~ **hilt** *s* Schwert-, Degengriff *m*. ~ **knot** *s mil.* Degen-, Säbelquaste *f*. ~ **lil·y** *s bot.* Schwertel *m*, Siegwurz *f*. **'~·play** *s* **1.** (Degen-, Säbel-) Kampf *m*. **2.** Fechtkunst *f*. **3.** *fig.* Gefecht *n*, Du'ell *n*.

**swords·man** ['sɔː(r)dzmən; *Am. a.* 'sɔʊrdz-] *s irr* **1.** Fechter *m*. **2.** *poet.* Kämpfer *m*, Streiter *m*. **'swords·man·ship** *s* Fechtkunst *f*.

**'sword|·stick** → **sword cane. '~-₁swal·low·er** *s* Schwertschlucker *m*.

**swore** [swɔː(r); *Am.* swɔʊr] *pret von* **swear.**

**sworn** [swɔː(r)n; *Am.* swɔʊrn] **I** *pp von* **swear. II** *adj* **1.** *econ. jur.* (gerichtlich) vereidigt, beeidigt: ~ **expert** (**interpreter,** *etc*). **2.** eidlich, beeidet: ~ **statement. 3.** geschworen: ~ **enemies** Todfeinde. **4.** verschworen: ~ **friends;** ~ **brothers** (*bes.* Waffen-) Brüder.

**swot** [swɒt; *Am.* swɑt] *bes. ped. Br. colloq.* **I** *v/i* **1.** ,büffeln', ,pauken' (for für). **II** *v/t* **2.** *meist* ~ **up** a) etwas ,büffeln', ,pauken', b) *etwas* noch einmal gründlich 'durcharbeiten. **III** *s* **3.** a) ,Büffler(in)', b) Streber(in). **4.** ,Büffe'lei' *f*, ,Pauke'rei' *f*. **5.** hartes Stück Arbeit. **'swot·ter** → **swot 3.**

**swum** [swʌm] *pp u. obs. od. dial. pret von* **swim.**

**swung** [swʌŋ] *pret u. pp von* **swing.** ~ **dash** *s print.* Tilde *f*.

**syb·a·rite** ['sɪbəraɪt] **I** *s fig.* Syba'rit *m*, Genußmensch *m*. **II** *adj* → **sybaritic.** **₁syb·a·'rit·ic** *adj;* **₁syb·a·'rit·i·cal** *adj* syba'ritisch, genußsüchtig. **'syb·a·rit·ism** [-raɪtɪzəm] *s* Sybari'tismus *m*, Genußsucht *f*.

**syb·il** irrtümlich für **sibyl.**

**syc·a·mine** ['sɪkəmaɪn; -mɪn] *s Bibl.* Maulbeerbaum *m*.

**syc·a·more** ['sɪkəmɔː(r); *Am.* -₁məʊər] *s bot.* **1.** *Am.* Pla'tane *f*. **2.** *a.* ~ **maple** *Br.* Bergahorn *m*. **3.** *a.* ~ **fig, Egyptian ~, Oriental** ~ Syko'more *f*, Maulbeerfeigenbaum *m*.

**sy·cee (sil·ver)** [saɪ'siː; *Am.* 'saɪ₁siː] *s econ. hist.* feines Silber (*in Barren; Tauschmittel in China*).

**sy·co·ni·um** [saɪ'kəʊnjəm; -nɪəm] *pl* **-ni·a** [-njə; -nɪə] *s bot.* Schein-, Sammelfrucht *f*.

**syc·o·phan·cy** ['sɪkəfənsɪ] *s* ,Kriecheʹrei' *f*, Speichelleckeʹrei *f*. **'syc·o·phant** [-fænt; -fənt] *s* Schmeichler *m*, ,Kriecher' *m*, Speichellecker *m*. **₁syc·o·'phan·tic** [-'fæntɪk] *adj* (*adv* ~ally) kriecherisch, schmeichlerisch.

**sy·co·sis** [saɪ'kəʊsɪs] *s med.* Sy'kose *f*, Bartflechte *f*.

**syl·la·bar·y** ['sıləbərı; *Am.* -ˌberı:] *s* 'Silbentaˌbelle *f*.
**syl·la·bi** ['sıləbaı] *pl von* syllabus.
**syl·lab·ic** [sı'læbık] *adj* (*adv* ~ally) **1.** syl'labisch, Silben...: ~ accent. **2.** silbenbildend, silbisch. **3.** (*in Zssgn*) ...silbig. **4.** *metr.* silbenzählend.
**syl·lab·i·cate** [sı'læbıkeıt] *v/t ling.* sylla-'bieren: a) Silben bilden aus, in Silben teilen *od.* trennen, b) Silbe für Silbe aussprechen. **syl,lab·i·(·fi)'ca·tion** [-(fı)-'keıʃn] *s ling.* Silbenbildung *f od.* -teilung *f od.* -trennung *f*. **syl'lab·i·fy** [-faı] → syllabicate.
**syl·la·bism** ['sıləbızəm] *s ling.* **1.** 'Silben(schrift)chaˌrakter *m* (*e-r Sprache*). **2.** → syllabi(fi)cation. **'syl·la·bize** → syllabicate.
**syl·la·ble** ['sıləbl] **I** *s* **1.** *ling.* Silbe *f*: not to breathe (*od.* tell) a ~ keine Silbe verlauten lassen, kein Sterbenswörtchen sagen; in words of one ~ a) in einfachen Worten, b) einfach ausgedrückt. **2.** *mus.* Tonsilbe *f*: ~ name Solmisationssilbe *f*. **II** *v/t* **3.** → syllabicate b. **4.** *poet.* a) stammeln, b) aussprechen. **'syl·la·bled** *adj* ...silbig, Silben...
**syl·la·bub** → sillabub.
**syl·la·bus** ['sıləbəs] *pl* -bus·es, -bi [-baı] *s* **1.** Abriß *m*, Auszug *m*, zs.-fassende Inhaltsangabe, Syllabus *m*. **2.** *jur.* Kom'pendium *n* (*von richtungweisenden Entscheidungen*). **3.** (*bes.* Vorlesungs)Verzeichnis *n*, 'Unterrichts-, Lehrplan *m*. **4.** *R.C.* Syllabus *m* (*der verdammten Lehren*).
**syl·lep·sis** [sı'lepsıs] *s ling.* Syl'lepsis *f*, Syl'lepse *f*: a) *Nichtübereinstimmung e-s Wortes mit* 'einem *od.* mehreren *s-r Bezugswörter*, b) *Gebrauch bes. des Prädikats im wörtlichen u. übertragenen Sinn in e-m Satz*. **syl'lep·tic** [-tık] *adj*; **syl'lep·ti·cal** *adj* (*adv* ~ly) syl'leptisch.
**syl·lo·gism** ['sılədʒızəm] *s philos.* Syllo-'gismus *m*, (Vernunft)Schluß *m*. **syl·lo'gis·tic** **I** *adj a.* **ˌsyl·lo'gis·ti·cal** (*adv* ~ly) syllo'gistisch. **II** *s meist pl* (*a. als sg konstruiert*) Syllo'gistik *f*. **'syl·lo·gize** [-dʒaız] **I** *v/i* syllogi'sieren, folgerichtig denken. **II** *v/t* durch Schluß folgern.
**sylph** [sılf] *s* **1.** Sylphe *m*, Luftgeist *m*. **2.** *fig.* Syl'phide *f*, gra'ziles Mädchen. **'sylph·ish, 'sylph·like, 'sylph·y** *adj* sylphenhaft, gra'zil.
**syl·van** ['sılvən] **I** *adj* **1.** Wald(es)...: ~ deities Waldgötter. **2.** bewaldet, waldig, Wald... **II** *s* **3.** Waldgeist *m*.
**syl·vi·cul·ture** → silviculture.
**sym-** [sım] → syn-[1].
**sym·bi·ont** ['sımbıɒnt; *Am.* -ˌant; *a.* -ˌbaı-], *a.* **'sym·bi·on** [-ɒn; *Am.* -ˌan] *s biol.* Symbi'ont *m*, Partner *m* e-r Symbi'ose.
**sym·bi·o·sis** [ˌsımbı'əʊsıs; *Am. a.* -ˌbaı-] *s biol. u. fig.* Symbi'ose *f*: antagonistic ~, antipathetic ~ Schmarotzertum *n*. **ˌsym·bi'ot·ic** [-'ɒtık; *Am.* -'at-] *adj*; **ˌsym·bi'ot·i·cal** [-kl] *adj* (*adv* ~ly) biol. symbi'o(n)tisch.
**sym·bol** ['sımbl] **I** *s* **1.** Sym'bol *n* (*a. psych. u. relig.*), Sinnbild *n*, Zeichen *n*. **2.** Sym'bol *n*, (graphisches) Zeichen. **II** *v/t pret u. pp* **-boled**, *bes. Br.* **-bolled** → symbolize.
**sym·bol·ic** [sım'bɒlık; *Am.* -'bal-] *adj a.* **sym'bol·i·cal** [-kl] (*adv* ~ly) **1.** sym-'bolisch, sym'bolhaft, sinnbildlich (of für): to be ~ of s.th. etwas versinnbildlichen; **symbolic address** (*Computer*) symbolische Adresse, Distanzadresse *f*; **symbolic language** (*Computer*) symbolische (Programmier)Sprache; **symbolic logic** *math. philos.* symbolische Logik, Logistik *f*. **II** *s pl* (*als sg kon-*

struiert) **2.** Studium *n* alter Sym'bole. **3.** *relig.* Sym'bolik *f*.
**sym·bol·ism** ['sımbəlızəm] *s* **1.** Sym-'bolik *f* (*a. relig.*), sym'bolische Darstellung, *math.* Forma'lismus *m*. **2.** sym'bolischer Cha'rakter, symbolische Bedeutung. **3.** *collect.* Sym'bole *pl.* **4.** *paint. etc* Symbo'lismus *m*. **'sym·bol·ist I** *s* **1.** Sym'boliker *m* (*a. relig.*). **2.** *paint. etc* Symbo'list(in) **II** *adj* → symbolistic. **ˌsym·bol'is·tic** *adj*; **ˌsym·bol'is·ti·cal** *adj* (*adv* ~ly) symbo'listisch.
**sym·bol·i·za·tion** [ˌsımbəlaı'zeıʃn; *Am.* -lə'z-] *s* **1.** Symboli'sierung *f*, sinnbildliche Darstellung, Versinnbildlichung *f*. **2.** sym'bolische Bedeutung. **'sym·bol·ize I** *v/t* **1.** symboli'sieren: a) versinnbildlichen, b) sinnbildlich darstellen. **2.** sym'bolisch auffassen. **II** *v/i* **3.** Sym'bole gebrauchen.
**sym·bol·o·gy** [sım'bɒlədʒı; *Am.* -'bal-] *s* Symbolo'gie *f*, Sym'bolik *f*.
**sym·met·ric** [sı'metrık] *adj*; **sym-'met·ri·cal** *adj* (*adv* ~ly) sym'metrisch, eben-, gleichmäßig: ~ axis *math.* Symmetrieachse *f*. **'sym·me·trize** [-mıtraız] *v/t* sym'metrisch machen.
**sym·me·try** ['sımıtrı] *s* Symme'trie *f* (*a. fig. Ebenmaß*): ~ group *math. phys.* Symmetriegruppe *f*; ~ principle (*Mikrophysik*) Symmetrieprinzip *n*.
**sym·pa·thet·ic** [ˌsımpə'θetık] **I** *adj* (*adv* ~ally) **1.** mitfühlend, teilnehmend: ~ strike Sympathiestreik *m*. **2.** einfühlend, verständnisvoll: a ~ heart; ~ introspection? **3.** sym'pathisch, angenehm (to *dat*), ansprechend, gewinnend. **4.** im Einklang stehend (to mit): ~ clock *tech.* synchronisierte Uhr. **5.** gleichgesinnt, -gestimmt, kongeni'al. **6.** günstig gesinnt (to, toward[s] *dat*): to be ~ to s.th. e-r Sache wohlwollend gegenüberstehen; to examine ~ally wohlwollend prüfen. **7.** sympa'thetisch, geheimnisvoll: ~ cure sympathetische Kur, Wunderkur *f*; ~ ink sympathetische Tinte, Geheimtinte *f*. **8.** *med. physiol.* sym'pathisch: a) zum Sym-'pathikus gehörig: ~ nerve → 10 a; ~ nervous system → 10 b, b) miterlitten: ~ pain. **9.** *mus. phys.* mitschwingend: ~ resonance a) sympathetische Resonanz, b) *phys.* Oberwellenresonanz *f*; ~ string Resonanzseite *f*; ~ vibration Sympathieschwingung *f*. **II** *s* **10.** *physiol.* a) Sym'pathikus(nerv) *m*, b) Sym'pathikussystem *n*.
**sym·pa·thize** ['sımpəθaız] *v/i* **1.** (with) a) sympathi'sieren (mit), gleichgesinnt sein (*dat*), b) mitfühlen, -leiden, -empfinden (mit), c) über'einstimmen (mit), d) wohlwollend gegen'überstehen (*dat*). **2.** sein Mitgefühl *od.* Beileid ausdrücken (with s.o. j-m). **3.** *med.* in Mitleidenschaft gezogen werden (with von). **'sym·pa·thiz·er** *s* **1.** Sympathi'sant (-in). **2.** a) Mitfühlende(r *m*) *f*, b) Kondo'lent(in).
**sym·pa·thy** ['sımpəθı] *s* **1.** Sympa'thie *f*, Zuneigung *f* (for für): to have little ~ with wenig übrig haben für; ~ strike Sympathiestreik *m*. **2.** Seelenverwandtschaft *f*, Gleichgestimmtheit *f*. **3.** Mitleid *n*, -gefühl *n* (with mit; for für): in ~ with s.o. aus Mitleid mit j-m; to feel ~ for (*od.* with) a) Mitleid haben mit j-m, b) Anteil nehmen an e-r Sache. **4.** *pl* (An)Teilnahme *f*, Beileid *n*: to offer one's sympathies to s.o. j-m s-e Teilnahme aussprechen, j-m kondolieren; letter of ~ Beileidsschreiben *n*. **5.** *med.* Mitleidenschaft *f*. **6.** a) Wohlwollen *n*, b) Zustimmung *f*. **7.** Über'einstimmung *f*, Einklang *m*: to be in ~ with im Einklang stehen mit. **8.** *biol. psych.* Sympa-'thie *f*, Wechselwirkung *f* (*a. phys.*).

**sym·pet·al·ous** [sım'petələs] *adj bot.* sympe'tal (*mit verwachsenen Kronblättern*).
**sym·phon·ic** [sım'fɒnık; *Am.* -'fan-] *adj* (*adv* ~ally) *mus.* sin'fonisch, sym'phonisch, Sinfonie..., Symphonie...: ~ poem sinfonische Dichtung.    [har'monisch.]
**sym·pho·ni·ous** [sım'fəʊnjəs; -ıəs] *adj*ʃ
**sym·pho·nist** ['sımfənıst] *s mus.* Sin-'foniker *m*, Sym'phoniker *m* (*Komponist von Sinfonien*).
**sym·pho·ny** ['sımfənı] **I** *s* **1.** *mus.* a) Sinfo'nie *f*, Sympho'nie *f*, b) → symphony orchestra. **2.** *mus. obs.* (har-'monischer) Zs.-klang. **3.** (*Farben- etc*) Sympho'nie *f*: a ~ of colo(u)r. **4.** *fig.* (*häusliche etc*) Harmo'nie. **II** *adj* **5.** *mus.* Sinfonie..., Symphonie...: ~ concert. ~ or·ches·tra *s mus.* Sinfo'nie-, Sympho'nieorˌchester *n*.
**sym·phy·sis** ['sımfısıs] *pl* -ses [-sı:z] *s* **1.** *anat.* a) Sym'physe *f*, (Knochen)Fuge *f*, b) Scham(bein)fuge *f*. **2.** *bot.* Verwachsung *f*.
**sym·pi·e·som·e·ter** [ˌsımpıı'zɒmıtə(r); *Am.* -'zam-] *s tech.* **1.** (*Art*) 'Flüssigkeitsbaroˌmeter *n* mit Gasfüllung. **2.** (*Art*) Strömungsdruckmesser *m*.
**sym·po·di·um** [sım'pəʊdjəm; -ıəm] *pl* -di·a [-ə] *s bot.* Scheinachse *f*, Sym'podium *n*.
**sym·po·si·um** [sım'pəʊzjəm; -ıəm] *pl* -si·a [-ə], -si·ums *s* **1.** *antiq.* Sym'posion (*n*: a) Gastmahl *n*, b) *Titel philosophischer Dialoge*: ~ Sym'posion *n*, Sym'posium *n*. **3.** (wissenschaftliche) Diskussi'on. **4.** Sammlung *f* von Beiträgen.
**symp·tom** ['sımptəm] *s med. u. fig.* Sym'ptom *n*, (An)Zeichen *n* (of für, von). **ˌsymp·to'mat·ic** [-'mætık] *adj*; **ˌsymp·to'mat·i·cal** *adj* (*adv* ~ly) *bes. med.* sympto'matisch (*a. fig. bezeichnend*) (of für). **'symp·tom·a·tize** [-mətaız] *v/t* sympto'matisch sein für. **ˌsymp·tom·a'tol·o·gy** [-ˌtɒlədʒı; *Am.* -ˌtal-] *s med.* Symptomatolo'gie *f*.
**syn-[1]** [sın] *Wortelement mit der Bedeutung* mit, zusammen.
**syn-[2]** [sın] *Wortelement mit der Bedeutung* künstlich, Kunst...
**syn·aer·e·sis** [sı'nıərəsıs; *Am. a.* -'ner-] *s ling.* Synä'rese *f*, Syn'äresis *f* (*Vereinigung zweier Vokale zu* 'einer *Silbe*).
**syn·a·gogue,** *Am. a.* **syn·a·gog** ['sınəgɒg; *Am.* -ˌgag] *s relig.* Syna'goge *f* (*Gebäude u. Gemeinde*).
**syn·a·le·pha, syn·a·loe·pha** [ˌsınə'li:fə] *s ling. metr.* Syna'loiphe *f*, Verschleifung *f* (*z. B. he's für he is*).
**syn·an·ther·ous** [sı'nænθərəs] *adj bot.* syn'andrisch: ~ plant Komposite *f*, Korbblüt(l)er *m*.
**sync** [sıŋk] *colloq. für* a) synchronization 1: to be in (out of) ~ a) (nicht) synchron sein, b) *fig.* (with) (nicht) in Einklang sein (mit), b) synchronize 5.
**syn·carp** ['sınka:(r)p] *s bot.* Sammelfrucht *f*. **syn'car·pous** *adj* syn'karp.
**synch** → sync.
**syn·chro·flash** [ˌsıŋkrəʊ'flæʃ; *bes. Am.* -ˌflæʃ] *phot.* **I** *adj* Synchronblitz... **II** *s* Syn'chronblitz(licht *n*) *m*.
**syn·chro·mesh** [ˌsıŋkrəʊ'meʃ; *bes. Am.* -ˌmeʃ] *tech.* **I** *adj* Synchron... **II** *s a.* ~ gear Syn'chrongetriebe *n*.
**syn·chron·ic** [sıŋ'krɒnık; *Am.* -'kra-] *adj* **1.** *ling.* syn'chronisch: ~ dictionary (linguistics). **2.** → synchronous. **syn·chro·nism** ['sıŋkrənızəm] *s* **1.** Synchro-'nismus *m*, Gleichzeitigkeit *f*. **2.** Synchronisati'on *f*. **3.** synchro'nistische (Ge-'schichts)Taˌbelle *f*. **4.** *phys.* Gleichlauf *m*. **ˌsyn·chro'nis·tic** [-'nıstık] *adj* (*adv* ~ally) **1.** synchro'nistisch (*Gleichzeitiges zs.-stellend*). **2.** → synchronous. **ˌsyn-**

**chro·ni'za·tion** [-naɪ'zeɪʃn; *Am.* -nə'z-] *s* **1.** *bes. Film, TV* Synchronisati¹on *f*, Synchroni¹sierung *f*. **2.** Gleichzeitigkeit *f*, zeitliches Zs.-fallen.
**syn·chro·nize** ['sɪŋkrənaɪz] **I** *v/i* **1.** gleichzeitig sein, zeitlich zs.-fallen *od.* über¹einstimmen. **2.** syn¹chron gehen (*Uhr*) *od.* laufen (*Maschine*). **3.** *bes. Film, TV* synchroni¹siert sein. **II** *v/t* **4.** Uhren, Maschinen synchroni¹sieren, auf Gleichlauf bringen: ~d shifting *mot. etc* Synchron(gang)schaltung *f*. **5.** *Film, TV* synchroni¹sieren. **6.** *Ereignisse* synchro¹nistisch darstellen, *Gleichzeitiges* zs.-stellen. **7.** *Geschehnisse* (zeitlich) zs.-fallen lassen *od.* aufein¹ander abstimmen: **to ~ events** (**factory operations**, *etc*); ~d **swimming** Synchronschwimmen *n*. **8.** *mus.* a) zum (genauen) Zs.-spiel bringen: **to ~ the orchestra**, b) genau zu¹sammen ausführen (lassen): **to ~ a passage. 9.** ~d **sleep** synchronisierter Schlaf. **'syn·chro·niz·er** *s* **1.** *tech.* Synchroni¹sierungsgerät *n*. **2.** *phot.* Synchroni¹sator *m*. **'syn·chro·niz·ing** *s electr.* Synchroni¹sierung *f*: ~ **discriminator** Gleichlauffrequenzgleichrichter *m*; ~ **pulse TV** Gleichlaufimpuls *m*.
**syn·chro·nol·o·gy** [ˌsɪŋkrə'nɒlədʒɪ; *Am.* -¹nɑl-] *s* synchro¹nistische Anordnung.
**syn·chro·nous** ['sɪŋkrənəs] *adj* (*adv* ~ly) **1.** gleichzeitig (**with** mit), (zeitlich) zs.-fallend: **to be ~** (zeitlich) zs.-fallen. **2.** syn¹chron: a) *electr. tech.* gleichlaufend (*Maschine etc*), gleichgehend (*Uhr*), b) *electr. phys.* von gleicher Phase u. Schwingungsdauer: ~ **capacitor** Phasenschieber *m*; ~ **computer** Synchronrechner *m*; ~ **motor** Synchronmotor *m*; ~ **speed** synchrone Drehzahl. **3.** synchro¹nistisch. [chronism.]
**syn·chro·ny** ['sɪŋkrənɪ] → **syn-**)
**syn·chro·tron** ['sɪŋkrəʊtrɒn; *Am.* -krəˌtrɑn] *s phys.* Synchrotron *n* (*Beschleuniger für geladene Elementarteilchen, der die Teilchen auf der gleichen Kreisbahn beschleunigt*).
**syn·cli·nal** [sɪŋ'klaɪnl; sɪn-] **I** *adj* synkli¹nal, muldenförmig. **II** *s* → **syncline**.
**'syn·cline** [-klaɪn] *s geol.* Synkli¹nale *f*, Mulde *f*.
**syn·co·pal** ['sɪŋkəpl] *adj* **1.** syn¹kopisch. **2.** *med.* Ohnmachts...
**syn·co·pate** ['sɪŋkəpeɪt] **I** *v/t* **1.** *ling.* ein Wort synko¹pieren, zs.-ziehen. **2.** *mus.* synko¹pieren. **II** *v/i* **3.** synko¹pieren. **'syn·co·pat·ed** *adj* syn¹kopisch, Synkopen... **ˌsyn·co'pa·tion** *s* **1.** *ling.* → **syncope 1. 2.** *mus.* a) Synko¹pierung *f*, b) Syn¹kope(n *pl*) *f*, c) syn¹kopische Mu¹sik.
**syn·co·pe** ['sɪŋkəpɪ] *s* **1.** *ling.* a) Syn¹kope *f*, b) Synko¹pierung *f*, Kontrakti¹on *f* (*im Wortinneren*). **2.** *mus.* Syn¹kope *f*. **3.** *med.* Syn¹kope *f*, Ohnmacht *f*. **syn·cop·ic** [sɪn'kɒpɪk; *Am.* -¹kɑ-] *adj* syn¹kopisch.
**syn·cre·tism** ['sɪŋkrɪtɪzəm] *s* **1.** *philos. relig.* Synkre¹tismus *m* (*Verschmelzung gegensätzlicher Lehren, Religionen etc*). **2.** *ling.* (¹Kasus)Synkreˌtismus *m* (*Zs.-fall verschiedener Kasus in* ¹einem). [mesh.)
**syn·cro·mesh** *bes. Br. für* **synchro-**)
**'syn·crude** *s chem.* syn¹thetisches Rohöl.
**syn·cy·ti·um** [sɪn'sɪtɪəm; *Am.* -¹sɪʃɪəm; -ʃəm] *pl* **-ti·a** [-ə] *s biol.* Syn¹zytium *n* (*durch Zellenfusion entstandene Plasmamasse*).
**syn·dac·tyl(e)** [sɪn'dæktɪl] *med. zo.* **I** *adj* mit verwachsenen Zehen *od.* Fingern. **II** *s* Vogel *m od.* Tier *n* mit verwachsenen Zehen. **syn'dac·tyl·ism** *s* Syndakty¹lie *f*.
**syn·det·ic** [sɪn'detɪk] *adj bes. ling.* syn¹detisch: a) verbindend, Binde..., b) (durch Bindewort) verbunden.

**syn·dic** ['sɪndɪk] *s jur.* **1.** Syndikus *m*, Rechtsberater *m*. **2.** Bevollmächtigte(r) *m*. **3.** *univ. Br.* Se¹natsmitglied *n*. **'syn·di·cal·ism** [-kəlɪzəm] *s* Syndika¹lismus *m* (*radikaler Gewerkschaftssozialismus*).
**syn·di·cate** **I** *s* ['sɪndɪkɪt; -kət] **1.** *econ. jur.* Syndi¹kat *n*, Kon¹sortium *n*. **2.** *econ.* Ring *m*, (Unter¹nehmer)Verband *m*, ¹Absatzkarˌtell *n*. **3.** Syndi¹kat *n* (*Amt od. Würde e-s Syndikus*). **4.** a) ¹Zeitungssyndiˌkat *n*, b) Gruppe *f* zs.-gehöriger Zeitungen. **5.** (Ver¹brecher)Syndiˌkat *n*. **II** *v/t* [-keɪt] **6.** *econ. jur.* zu e-m Syndi¹kat vereinigen, e-m Syndikat anschließen. **7.** a) *e-n Artikel* in mehreren Zeitungen zu¹gleich veröffentlichen, b) *Pressematerial* über ein Syndi¹kat verkaufen, c) *Zeitungen* zu e-m Syndi¹kat zs.-schließen. **III** *v/i* [-keɪt] **8.** ein Syndi¹kat bilden. **IV** *adj* [-kɪt; -kət] **9.** *econ. jur.* Konsortial...
**ˌsyn·di'ca·tion** [-¹keɪʃn] *s econ. jur.* Syndi¹katsbildung *f*.
**syn·drome** ['sɪndrəʊm; -drəmɪ] *s med.* Syn¹drom *n* (*a. sociol.*), Sym¹ptomenkomˌplex *m*.
**syn·ec·do·che** [sɪ'nekdəkɪ] *s Rhetorik:* Syn¹ekdoche *f* (*Vertauschung von Teil u. Ganzem, z. B.* sail *für* ship).
**syn·ec·tic** [sɪ'nektɪk] **I** *adj* syn¹ektisch. **II** *s pl* (*als sg konstruiert*) Syn¹ektik *f* (*Studium von kreativen Prozessen von unterschiedlichen Gruppenmitgliedern*).
**syn·er·e·sis** → **synaeresis.**
**syn·er·get·ic** [ˌsɪnə(r)'dʒetɪk] **I** *adj* syner¹getisch. **II** *s pl* (*als sg konstruiert*) Syner¹getik *f* (*Forschungsgebiet, das sich mit der Aufdeckung von Wesenszügen völlig verschiedener Wissensgebiete befaßt*).
**syn·er·gic** [sɪ'nɜːdʒɪk; *Am.* -¹nɜr-] *adj* synergistic. **syn·er·gism** ['sɪnə(r)dʒɪzəm; *Br. a.* sɪ'nɜːdʒ-] *s* **1.** *biol. med.* Syner¹gie *f*, Zs.-wirken *n*. **2.** *relig.* Syner¹gismus *m*. **ˌsyn·er'gis·tic** *adj biol. med.* syner¹gistisch (*a. relig.*), zs.-wirkend.
**'syn·er·gy** [-dʒɪ] → **synergism 1.**
**syn·e·sis** ['sɪnɪsɪs] *s ling.* Synesis *f*.
**'syn·fu·el** *s chem.* syn¹thetischer Treibstoff.
**syn·ga·my** ['sɪŋgəmɪ] *s* **1.** *biol.* Ga¹metenverschmelzung *f*. **2.** *bot.* planlose Kreuzung verwandter Pflanzen.
**'syn·gas** *s chem.* syn¹thetisches Gas.
**syn·gen·e·sis** [sɪn'dʒenɪsɪs] *s biol.* geschlechtliche Vermehrung.
**syn·i·ze·sis** [ˌsɪnɪ'ziːsɪs] *s* **1.** *metr.* Syn¹i¹zese *f*, Syn¹izesis *f* (*Zs.-ziehung zweier Vokale zu* ¹einer *Silbe*). **2.** *biol.* Mas¹sierung *f* des Chroma¹tins.
**syn·od** ['sɪnəd] *s* **1.** *relig.* Syn¹ode *f*: (o)ecumenical ~, general ~ General-synode. **2.** *allg.* (beratende) Versammlung, Tagung *f*. **'syn·od·al** [-ədl] *adj*; **syn'od·ic** [-¹nɒdɪk; *Am.* -¹nɑd-] *adj*; **syn'od·i·cal** *adj* (*adv* ~ly) **1.** *relig.* syno¹dal. **2.** *astr.* syn¹odisch: ~ month.
**syn·o·nym** ['sɪnənɪm] *s* **1.** *ling.* Syno¹nym *n*, bedeutungsähnliches *od.* -gleiches Wort. **2.** *fig.* (gleichbedeutende) Bezeichnung (**for** für): **to be a ~ for** gleichbedeutend sein mit. **syn·o'nym·ic** *adj*; **ˌsyn·o'nym·i·cal** *adj* syno¹nym(isch). **syn'on·y·mous** [-¹nɒnɪməs; *Am.* -¹nɑ-] *adj* (*adv* ~ly) **1.** *ling.* syno¹nym(isch): a) bedeutungsgleich, b) bedeutungsähnlich. **2.** *allg.* gleichbedeutend (**with** mit). **syn'on·y·my** [-mɪ] *s* **1.** *ling.* a) Synony¹mie *f*, Bedeutungsgleichheit *f*, Bedeutungsähnlichkeit *f*, b) Syno¹nymik *f* (*Lehre od. Sammlung*). **2.** *bot. zo.* Zs.-stellung *f* der wissenschaftlichen Namen.
**syn·op·sis** [sɪ'nɒpsɪs; *Am.* -¹nɑp-] *pl* **-ses** [-siːz] *s* Syn¹opse *f*: a) *allg.* ¹Übersicht *f*, Zs.-fassung *f*, Abriß *m*, b) *relig.* (vergleichende) Zs.-schau. **syn'op·tic** [-tɪk] **I** *adj* (*adv* ~ally) **1.** syn¹optisch,

¹übersichtlich, zs.-fassend, Übersichts... **2.** um¹fassend: ~ **genius. 3.** *oft* S~ *relig.* syn¹optisch: S~ **Gospels** synoptische Evangelien, Synopse *f*. **II** *s* **4.** *oft* S~ *relig.* → Synoptist. **syn'op·ti·cal** *adj* (*adv* ~ly) → synoptic I. **Syn'op·tist**, *a.* s~ [-tɪst] *s relig.* Syn¹optiker *m* (*Matthäus, Markus u. Lukas*).
**syn·o·vi·a** [sɪ'nəʊvjə; -vɪə; saɪ-] *s physiol.* Syn¹ovia *f*, Gelenkschmiere *f*. **syn'o·vi·al** *adj physiol.* synovi¹al, Synovial...: ~ **fluid** → **synovia**. **ˌsyn·o'vi·tis** [-nə-¹vaɪtɪs] *s med.* Syno¹vitis *f*, Gelenkentzündung *f*.
**syn·tac·tic** [sɪn'tæktɪk] **I** *adj* a. **syn'tac·ti·cal** [-kl] (*adv* ~ly) syn¹taktisch, Syntax... **II** *s pl* (*als sg konstruiert*) Syn¹taktik *f*.
**syn·tax** ['sɪntæks] *s* **1.** *ling.* Syntax *f*: a) Satzbau *m*, b) Satzlehre *f*. **2.** *math. philos.* Syntax *f*, Be¹weistheo¹rie *f*.
**syn·the·sis** ['sɪnθɪsɪs] *pl* **-ses** [-siːz] *s allg.* Syn¹these *f*. **'syn·the·sist** *s* Syn-¹thetiker *m*. **'syn·the·size** *v/t* **1.** zs.-fügen, verbinden, -schmelzen, durch Syn¹these aufbauen. **2.** syn¹thetisch verfahren mit (*e-r Sache*). **3.** *chem. tech.* syn¹thetisch *od.* künstlich ¹herstellen.
**syn·thet·ic** [sɪn'θetɪk] **I** *adj* (*adv* ~ally) **1.** syn¹thetisch: a) *bes. ling. philos.* zs.-setzend, -fügend: ~ **language** *ling.* synthetische Sprache, b) *chem.* künstlich, Kunst...: ~ **rubber**; ~ **fiber** (*bes. Br.* **fibre**) Kunstfaser *f*. **2.** *contp.* syn¹thetisch, künstlich, unecht. **3.** *bes. mil.* nachgeahmt: ~ **flight instruction** *aer.* Bodenausbildung *f*; ~ **trainer** Ausbildungsgerät *n*, (Flug)Simulator *m*. **II** *s* **4.** *chem.* Kunststoff *m*. **syn'thet·i·cal** *adj* (*adv* ~ly) → synthetic I. **syn'thet·i·cism** [-sɪzəm] *s* **1.** *chem.* syn¹thetisches Verfahren. **2.** *bes. ling. philos.* syn¹thetische Grundsätze *pl*.
**syn·the·tize** ['sɪnθɪtaɪz] → **synthesize.**
**syn·ton·ic** [sɪn'tɒnɪk; *Am.* -¹tɑn-] *adj* (*adv* ~ally) **1.** *electr.* (auf gleicher Fre¹quenz) abgestimmt. **2.** *psych.* extraver¹tiert.
**syn·to·nize** ['sɪntənaɪz] *v/t electr.* abstimmen *od.* einstellen (**to** auf *e-e bestimmte Frequenz*). **'syn·to·ny** [-nɪ] *s* **1.** *electr.* (Fre¹quenz)Abstimmung *f*, Reso¹nanz *f*. **2.** *psych.* Extraversi¹on *f*.
**syph** [sɪf] *s sl.* **1.** ¹Syph¹ *f* (Syphilis). **2.** → **syphilitic II.**
**sy·pher** ['saɪfə(r)] *v/t tech.* Planken etc mittels ¹Schrägüberˌlappung (bündig) verbinden.
**syph·i·lis** ['sɪfɪlɪs] *s med.* Syphilis *f*. **ˌsyph·i'lit·ic** [-¹lɪtɪk] **I** *adj* syphi¹litisch. **II** *s* Syphi¹litiker(in). **'syph·i·lize** *v/t* **1.** mit Syphilis infi¹zieren. **2.** mit e-m Syphilis-Serum impfen. **'syph·i·loid** *adj* syphiloˌid, syphilisähnlich.
**sy·phon** → **siphon.**
**sy·ren** → **siren.**
**Syr·i·ac** ['sɪrɪæk] **I** *adj* (alt)syrisch. **II** *s ling.* (Alt)Syrisch *n*, das (Alt)Syrische.
**Syr·i·an** ['sɪrɪən] **I** *adj* syrisch. **II** *s* Syrer(in), Syrier(in).
**sy·rin·ga** [sɪ'rɪŋgə] *s bot.* Sy¹ringe *f*, Flieder *m*.
**syr·inge** ['sɪrɪndʒ; *bes. Am.* sɪ'r-] **I** *s* **1.** *med. u. tech.* Spritze *f*. **II** *v/t* **2.** (ein-)spritzen. **3.** *das Ohr* ausspritzen. **4.** *e-e Pflanze etc* ab-, bespritzen. **III** *v/i* **5.** spritzen.
**syr·ing·es** ['sɪrɪndʒiːs; *bes. Am.* sɪ'r-] *pl von* **syrinx.**
**syr·in·gi·tis** [ˌsɪrɪn'dʒaɪtɪs] *s med.* Syrin¹gitis *f*, (¹Ohr)Tubenkaˌtarrh *m*.
**syr·inx** ['sɪrɪŋks] *pl* **-ing·es** ['sɪrɪndʒiːz; *bes. Am.* sɪ'r-], **-inx·es** *s* **1.** *anat.* Eu¹stachische Röhre. **2.** *med.* Fistel *f*. **3.** *orn.* Syrinx *f*, unterer Kehlkopf... **4.** *myth.*

Syrinx *f*, Pan-, Hirtenflöte *f*. **5.** enger Felsengang (*in ägyptischen Grabmälern*).

**Syro-** [saɪərəʊ; sɪr-] *Wortelement mit der Bedeutung* Syro..., syrisch.

**syr·tis** [ˈsɜːtɪs; *Am.* ˈsɜr-] *pl* **-tes** [-tiːz] *s* Syrte *f*, Treib-, Triebsand *m*.

**syr·up** [ˈsɪrəp; *Am. a.* ˈsɜr-] *s* **1.** Sirup *m*, Zuckersaft *m*. **2.** *fig. contp.* sentimen·taler Kitsch, süßliches Zeug. **'syr·up·y** *adj* **1.** sirupartig, dickflüssig, klebrig. **2.** *fig.* süßlich, sentimen·tal.

**sys·tal·tic** [sɪˈstæltɪk; *Am. a.* -sɪsˈtɔːl-] *adj med.* syˈstaltisch, zs.-ziehend.

**sys·tem** [ˈsɪstəm] *s* **1.** *allg.* Syˈstem *n*: a) Aufbau *m*, Gefüge *n*, b) Einheit *f*, geordnetes Ganzes, c) Anordnung *f*: **moun·tain ~** Gebirgssystem. **2.** (Eisenbahn-, Straßen-, Verkehrs- *etc*)Netz *n*. **3.** *tech.* Syˈstem *n*, Anlage *f*, Aggreˈgat *n*: **electrical ~**; **cooling ~** Kühlanlage, Kühlung *f*. **4.** *scient.* Syˈstem *n*, Lehrgebäude *n*: **~ of philosophy**. **5.** Syˈstem *n*: a) Ordnung *f*, Form *f*, b) Verfahren *n*, Meˈthode *f*, Plan *m*: **electoral ~** Wahlsystem, -verfahren; **legal ~** Rechtssystem, -ordnung; **savings-bank ~** Sparkassenwesen *n*; **~ of government** Regierungssystem,

Staatsform; **a ~ by which to win at roulette** ein Gewinnsystem beim Roulett; **to have ~ in one's work** System in der Arbeit haben; **to lack ~** kein System haben. **6.** (ˈMaß-, Geˈwichts)Syˌstem *n*: **metric ~**. **7.** *astr.* Syˈstem *n*: **solar ~**; **the ~, this ~** das Weltall. **8.** *math.* a) (Beˈzugs-) Syˌstem *n*, b) Syˈstem *n*, Schar *f* (*von Geraden*): **~ of coordinates** Koordinatensystem; **~ of lines** Geradenschar. **9.** *anat. physiol.* a) (Orˈgan)Syˌstem *n*, b) the **~** der Orgaˈnismus, der Körper: **to get s.th. out of one's ~** *fig. colloq.* etwas loswerden. **10.** *bot. zo.* (Klassifikatiˈons-) Syˌstem *n*. **11.** *geol.* Formatiˈon *f*. **12.** *chem. phys.* Syˈstem *n*. **13.** **the ~** das Syˈstem (*Establishment*).

**sys·tem·at·ic** [ˌsɪstɪˈmætɪk] **I** *adj* (*adv* **~ally**) **1.** systeˈmatisch: a) plan-, zweckmäßig, -voll: **~ work**, b) meˈthodisch (*vorgehend od. geordnet*): **~ investigation**; **~ theology** systematische Theologie. **2.** *bot. zo.* systeˈmatisch, Klassifikations... **II** *s pl* (*als sg konstruiert*) **3.** Systeˈmatik *f*: a) systeˈmatische Darstellung, b) *bot. zo.* Klassifikatiˈon *f*.

**sys·tem·a·tism** [ˈsɪstɪmətɪzəm] *s* **1.** Sy-

stematiˈsierung *f*. **2.** Syˈstemtreue *f*. **'sys·tem·a·tist** *s* Systeˈmatiker(in). **ˌsys·tem·a·tiˈza·tion** [-taɪˈzeɪʃn; *Am.* -təˈz-] *s* Systematiˈsierung *f*. **'sys·tem·a·tize** *v/t* systematiˈsieren, in ein Syˈstem bringen.

**sys·tem·ic** [sɪˈstemɪk] *adj* (*adv* **~ally**) **1.** *physiol.* Körper..., Organ...: **~ circulation** großer Blutkreislauf; **~ disease** Allgemein-, Systemerkrankung *f*; **~ heart** Körperherz *n*, linkes Herz. **2.** → **systematic 1.**

**sys·tem·ize** [ˈsɪstəmaɪz] → **systematize**.

**sys·tems| a·nal·y·sis** *s Computer*: Syˈstemanaˌlyse *f*. **~ an·a·lyst**, **~ en·gi·neer** *s Computer*: Syˈstemanaˌlytiker *m*.

**sys·to·le** [ˈsɪstəlɪ] *s* Systole *f*: a) *med.* Zs.-ziehung des Herzmuskels, b) *metr.* Kürzung e-s langen Vokals *od.* e-s Diphthongs.

**sys·tol·ic** [-ˈstɒlɪk; *Am.* -sˈtɑl-] *adj med.* syˈstolisch.

**sys·tyle** [ˈsɪstaɪl] *adj arch.* dicht beeinˈanderstehend (*Säulen*).

**syz·y·gy** [ˈsɪzɪdʒɪ] *s* Syˈzygie *f*, Syˈzygium *n*: a) *meist pl astr.* Zs.-kunft u. Gegenschein von 2 Planeten, b) *metr.* Verbindung von 2 Versfüßen.

# T

**T, t** [tiː] **I** *pl* **T's, Ts, t's, ts** [tiːz] *s* **1.** T, t *n* (*Buchstabe*): **to a T** (*od.* t) haargenau, aufs Haar (genau); **it suits me to a T** das paßt mir ausgezeichnet; **to cross the T's** (*od.* **t's**) *fig.* a) peinlich genau sein, b) es klar u. deutlich sagen. **2.** *tech.* T-Stück *n*, T-förmiger Gegenstand, T-förmiges Zeichen: **(flanged) T** *tech.* T-Stück *n*. **II** *adj* **3.** zwanzigst(er, e, es). **4. T** T-..., T-förmig.

**ta** [taː] *interj Br. colloq.* danke.

**Taal** [taːl] *s ling.* Afri'kaans *n*.

**tab** [tæb] **I** *s* **1.** Streifen *m*, Klappe *f*, kurzes Stück, *bes.* a) Schlaufe *f*, (Mantel-)Aufhänger *m*, b) Lappen *m*, Zipfel *m*, c) Ohrklappe *f* (*an der Mütze*), d) Lasche *f* (*am Schuh*), (Stiefel)Strippe *f*, e) Dorn *m* (*am Schnürsenkel*), f) *mil. Br.* (Kragen-)Spiegel *m*. **2.** *print.* (Index)Zunge *f*. **3.** Eti'kett *n*, Schildchen *n*, Anhänger *m*, (Kar'tei)Reiter *m*. **4.** *tech.* Nase *f*. **5.** *aer.* Hilfs-, Trimmruder *n*. **6.** *bes. Am. colloq.* a) Rechnung *f*, b) Kosten *pl*, c) Kon'trolle *f*: **to keep a ~ on, to keep ~s on** kontrollieren, sich auf dem laufenden halten über (*acc*), beobachten. **7.** *colloq. für* a) **tabloid**, b) **tabulator. II** *v/t* **8.** mit Streifen *etc* versehen. **9.** *Am. colloq.* a) bezeichnen (**as** als), b) bestimmen (**for** für).

**tab·ard** ['tæbə(r)d] *s hist.* Wappen- *od.* Heroldsrock *m*.

**tab·a·ret** ['tæbərɪt] *s* seidener gestreifter 'Möbelda,mast.

**tab·a·sheer, tab·a·shir** [,tæbə'ʃɪə(r)] *s bot.* Taba'xir *m*.

**tab·bi·net** → tabinet.

**tab·by** ['tæbɪ] **I** *s* **1.** *a.* ~ **cat** *zo.* a) getigerte *od.* gescheckte Katze, b) (weibliche) Katze. **2.** *colloq.* a) *bes. Br.* alte Jungfer, b) Klatschbase *f*. **3.** *obs.* Moi'ré *m*, *n* (*Stoff*). **II** *adj* **4.** gestreift, gescheckt. **5.** *obs.* Moiré...

**tab·e·fac·tion** [,tæbɪ'fækʃn] *s med.* Auszehrung *f*, körperlicher Verfall.

**tab·er·nac·le** ['tæbə(r)nækl] **I** *s* **1.** *Bibl.* Hütte *f*, Zelt *n*. **2. T~** *relig.* Stiftshütte *f* (*der Juden*): **Feast of T~s** Laubhüttenfest *n*. **3.** *relig.* a) (*jüdischer*) Tempel, b) *Br.* Bethaus *n* (*der Dissenters*), c) Mor'monentempel *m*. **4.** Taber'nakel *n*, *m*: a) über'dachte Nische (*für e-e Statue*): ~ **work** *arch.* Maßwerk *n* mit *od.* Reihe *f* von Tabernakeln, b) *R.C.* Sakra'mentshäus-chen *n*. **5.** Leib *m* (*als Wohnsitz der Seele*). **6.** *mar.* Mastbock *m*. **II** *v/i* **7.** *obs.* weilen, s-e Zelte aufschlagen. **III** *v/t* **8.** *fig. obs.* (vor'übergehend) beherbergen. ,**tab·er'nac·u·lar** [-kjʊlə(r)] *adj arch. relig.* Tabernakel...

**ta·bes** ['teɪbiːz] *s med.* Tabes *f*: a) *a.* ~ **dorsalis** Rückenmarkschwindsucht *f*, b) *allg.* Auszehrung *f*. **ta·bes·cence** [tə'besns] *s med.* Auszehrung *f*. **ta'bes·cent** *adj* **1.** *med.* auszehrend. **2.** *bot.* (ver)welkend.

**ta·bet·ic** [tə'betɪk] *med.* **I** *s* Ta'betiker (-in). **II** *adj* tabisch, tabeskrank.

**tab·id** ['tæbɪd] → tabetic II.

**tab·i·net** ['tæbɪnɪt] *s* (*Art*) (gewässerte) Pope'line (*Möbelbezugstoff*).

**tab·la·ture** ['tæblətʃə(r); *Am. a.* -,tʃʊər] *s* **1.** Bild *n*: a) Tafelgemälde *n*, b) bildliche Darstellung (*a. fig.*). **2.** *mus. hist.* Tabula'tur *f*.

**ta·ble** ['teɪbl] **I** *s* **1.** *allg.* Tisch *m*. **2.** Tafel *f*, Tisch *m*: a) gedeckter Tisch, b) Mahl (-zeit *f*) *n*, Kost *f*, Essen *n*: **at** ~ bei Tisch, beim Essen; **to set** (*od.* **lay** *od.* **spread**) **the** ~ den Tisch decken, (auf)decken; **to clear the** ~ (den Tisch) abdecken *od.* abräumen; **to sit down to** ~ sich zu Tisch setzen; **to take the head of the** ~ bei Tisch obenan sitzen; **under the** ~ a) unter dem Ladentisch, im Schleichhandel, b) unter der Hand, heimlich; **to drink s.o. under the** ~ ,j-n unter den Tisch trinken' (**as** als); **to keep** (*od.* **set**) **a good** ~ e-e gute Küche führen; **to turn the** ~**s** (**on s.o.**) ,den Spieß umdrehen' (j-m gegenüber); **the** ~**s are turned** ,das Blatt hat sich gewendet'; → **Lord's table. 3.** *parl.* Tisch *m* des Hauses: **to lay on the** ~ 20. **4.** (Tisch-, Tafel)Runde *f*: → **round table. 5.** Komi'tee *n*, Ausschuß *m*. **6.** *geogr. geol.* Tafel(land *n*) *f*, Pla'teau *n*: ~ **mountain** Tafelberg *m*. **7.** *arch.* a) Tafel *f*, Platte *f*, b) Sims *m*, *n*, Fries *m*. **8.** (Holz-, Stein- *etc*, *a.* Gedenk- *etc*)Tafel *f*: **the (two)** ~**s of the law** *relig.* die (beiden) Gesetzestafeln. **9.** Ta'belle *f*, Verzeichnis *n*, Liste *f*: ~ **of exchanges** *econ.* Kurstabelle; ~ **of wages** Lohntabelle; → **content¹** 3. **10.** *math.* Tafel *f*, Ta'belle *f*: ~ **of logarithms** Logarithmentafel; **to learn one's** ~**s** rechnen lernen; → **multiplication** 2. **11.** *anat.* Tafel *f*, Tabula *f* (*des Schädeldaches*). **12.** *mus.* a) Schallbrett *n* (*der Orgel*), b) Decke *f* (*e-s Saiteninstruments*). **13.** a) Tafel *f* (*große oberste Schlifffläche am Edelstein*), b) Tafelstein *m*. **14.** *tech.* Tisch *m*, Auflage *f* (*an Werkzeugmaschinen etc*). **15.** *med. colloq.* (Operati'ons)Tisch *m*. **16.** *opt.* Bildebene *f*. **17.** *print.* Ta'belle(nsatz *m*) *f*. **18.** Chiromantie: Handteller *m*.
**II** *v/t* **19.** auf den Tisch legen (*a. fig.* vorlegen). **20.** *bes. parl.* a) *Br.* e-n Antrag *etc* einbringen, (zur Diskussi'on) stellen, b) *Am.* zu'rückstellen, *bes.* e-e Gesetzesvorlage ruhenlassen: **to** ~ **a bill**, c) *Am.* verschieben. **21.** in e-e Ta'belle eintragen, in ein Verzeichnis anlegen von, (tabel'larisch) verzeichnen. **22.** *mar.* Stoßlappen an ein Segel setzen. **23.** Erz aufbereiten.
**III** *v/i* **24. (with)** *obs.* in Kost sein (bei), tafeln (mit).

**tab·leau** ['tæbləʊ; *Am. a.* tæ'bləʊ] *pl* **-leaux, -leaus** [-ləʊz] *s* **1.** Bild *n*: a) Gemälde *n*, b) anschauliche Darstellung. **2.** → **tableau vivant. 3.** *bes. Br.* (über'raschende) Szene: **what a** ~! man stelle sich die Situation vor! ~ **vi·vant** *pl* **ta·bleaux vi·vants** [viː'vãːŋ] *s* **1.** lebendes Bild. **2.** *fig.* Ta'bleau *n*, malerische Szene.

**ta·ble|board** *s Am.* Verpflegung *f*, Kost *f* (*ohne Wohnung*). ~ **book** *s math. tech.* Ta'bellenbuch *n*. ~ **clamp** *s* Tischklammer *f*. **~cloth** *s* Tischtuch *n*, -decke *f*. ~ **cut** *s* Tafelschnitt *m*. '**~cut** *adj* mit Tafelschnitt (versehen): ~ **gem.**

**ta·ble d'hôte** *pl* **ta·bles d'hôte** [,taːbl'dəʊt; *Am. a.* ,tæbəl-] *s a.* ~ **meal** Me'nü *n*.

**ta·ble| foot·ball** *s Br.* Tischfußball *m*. '**~hop** *v/i* von e-m Tisch zum andern gehen (*im Restaurant etc*). ~ **knife** *s irr Br.* Tafel-, Tischmesser *n*. ~ **lamp** *s* Tischlampe *f*. '**~land** *s geogr. geol.* Tafelland *n*. ~ **leaf** *s irr Br.* Tischklappe *f*, Zwischenplatte *f*. ~ **li·cence** *s Br.* 'Schankkonzessi,on *f* nur bei Abgabe von Speisen. '**~,lift·ing** → table-turning. ~ **light·er** *s* Tischfeuerzeug *n*. ~ **lin·en** *s* Tischwäsche *f*. ~ **mat** *s* Set *n*. ~ **nap·kin** *s* Servi'ette *f*. ~ **plate** *s* Tafelsilber *n*. '**~,rap·ping** *s* Spiritismus: Tischklopfen *n*. **~run·ner** *s* Tischläufer *m*. ~ **salt** *s* Tafelsalz *n*. ~ **set** *s* Rundfunk, *TV*: Tischgerät *n*. '**~spoon** *s* Eßlöffel *m*. '**~spoon·ful** [-fʊl] *s* (*ein*) Eßlöffel(voll) *m*.

**tab·let** ['tæblɪt] *s* **1.** Täfelchen *n*, Tafel *f*. **2.** (Gedenk-, Wand- *etc*)Tafel *f*. **3.** *hist.* Schreibtafel *f*. **4.** (No'tiz-, Schreib-, Zeichen)Block *m*. **5.** Stück *n* (Seife), Tafel *f* (*Schokolade*). **6.** *pharm.* Ta'blette *f*: ~ **coated** 2. **7.** *arch.* Kappenstein *m*.

**ta·ble| talk** *s* Tischgespräch *n*. ~ **ten·nis** *s* sport Tischtennis *n*. '**~,tilt·ing**, '**~,tip·ping** → table-turning. ~ **top** *s* Tischplatte *f*. '**~,turn·ing** *s* **1.** Spiritismus: Tischrücken *n*. **2.** *bes. contp.* Spiri'tismus *m*. '**~ware** *s* Geschirr *n* u. Besteck *n*. ~ **wa·ter** *s* Tafel-, Mine'ralwasser *n*. ~ **wine** *s* Tafel-, Tischwein *n*.

**tab·loid** ['tæblɔɪd] **I** *s* **1.** Bildzeitung *f*, *bes.* Sensati'ons-, Re'volverblatt *n*, *pl a.* Boule'vardpresse *f*. **2.** *Am.* (Informati'ons)Blatt *n*. **3.** *fig.* Zs.-fassung *f*, Kurzfassung *f*. **II** *adj* **4.** konzen'triert: **in** ~ **form. 5.** Sensations...: ~ **press.**

**ta·boo** [tə'buː; *Am. a.* tæ-] **I** *adj* ta'bu: a) geheiligt, b) unantastbar, c) verboten, d) verpönt. **II** *s* Ta'bu *n*: **to be under (a)** ~ tabu sein; **to break a** ~ ein Tabu durchbrechen *od.* zerstören; **to put under (a)** ~ → **III. III** *v/t* etwas für ta'bu erklären, tabui'sieren, tabu'ieren.

**ta·bo(u)r** ['teɪbə(r)] *s mus.* Tambu'rin *n* (*ohne Schellen*).

**tab·o(u)·ret** ['tæbərɪt; *Am.* ,tæbə'ret; -'reɪ] *s* **1.** Hocker *m*, Tabu'rett *n*. **2.** Stickrahmen *m*.

**tab·ret** ['tæbrɪt] s mus. hist. kleine Handtrommel, Tambu'rin n.

**ta·bu** → taboo.

**tab·u·lar** ['tæbjʊlə(r)] adj (adv ~ly) **1.** tafelförmig, Tafel..., flach. **2.** dünn. **3.** blätt(e)rig, geschichtet. **4.** tabel'larisch, Tabellen...: ~ **bookkeeping** amer. Buchführung f; **in~ form** tabellarisch, in Tabellenform; ~ **key** Tabulatortaste f; ~ **standard** econ. Preisindexwährung f; ~ **summary** econ. Übersichtstabelle f.

**ta·bu·la ra·sa** [,tæbjʊlə'ra:sə; -zə] pl **-lae ra·sae** [-li:'ra:si:; -zi:] (Lat.) s **1.** philos. Tabula r rasa (Zustand der Seele vor der Gewinnung von Eindrücken u. der Entwicklung von Vorstellungen). **2. to make** ~ fig. tabula rasa machen, **(of)** reinen Tisch machen (mit).

**tab·u·lar·ize** → tabulate 1.

**tab·u·late** ['tæbjʊleɪt] **I** v/t **1.** tabellari'sieren, tabel'larisch (an)ordnen. **2.** abflachen. **II** adj [bes. -lɪt] → **tabular**.

**tab·u·la·tion** s **1.** Tabellari'sierung f. **2.** Ta'belle f. **3.** Statistik: Auszählung f, -wertung f. **'tab·u·la·tor** [-tə(r)] s **1.** Tabellari'sierer m. **2.** tech. a) Tabu'lator m (an der Schreibmaschine), b) Computer: Tabel'liereinrichtung f.

**tac·a·ma·hac** ['tækəməhæk] s bot. chem. pharm. **1.** Takama'hak(harz) n. **2.** Pappelharz n. **3.** Kiefernharz n. **4.** Balsampappel f.

**tach** [tæk] colloq. für tachometer.

**tache** [ta:ʃ; tæʃ] s colloq. Schnurrbart m.

**tach·om·e·ter** [,tæk'ɒmɪtə(r); Am. -ʲɑ-] s surv. Tacheo'meter n. **,tach·e·'om·e·try** [-trɪ] s Tacheome'trie f, Schnellmessung f.

**ta·chism** ['tæʃɪzəm] s paint. Ta'chismus m.

**ta·chis·to·scope** [tə'kɪstəskəʊp] s psych. Tachisto'skop n (Gerät zur Vorführung optischer Reize).

**tach·o·graph** ['tækəʊgrɑ:f; Am. 'tækə,græf] s mot. tech. Tacho'graph m, Fahrtenschreiber m.

**ta·chom·e·ter** [tæ'kɒmɪtə(r); Am. -ʲkɑ-] s mot. tech. Tacho'meter n, Geschwindigkeitsmesser m.

**tach·y·car·di·a** [,tækɪ'kɑ:(r)dɪə] s med. Tachykar'die f, Herzjagen n.

**ta·chym·e·ter** [tæ'kɪmɪtə(r)] s surv. Tachy'meter n. **ta'chym·e·try** [-trɪ] s Tachyme'trie f, Schnellmessung f.

**tach·y·on** ['tækɪɒn; Am. -ˌɑn] s phys. Tachyon n (hypothetisches Elementarteilchen, das sich mit Überlichtgeschwindigkeit bewegt).

**tach·y·phy·lax·is** [,tækɪfɪ'læksɪs] s med. Tachyphyla'xie f (nachlassendes, durch Steigerung der Dosis nicht ausgleichbares Reagieren des Organismus auf wiederholt verabreichte Arzneimittel).

**tac·it** ['tæsɪt] adj (adv ~ly) bes. jur. stillschweigend; ~ **approval**; ~ **mortgage** Am. gesetzliche Hypothek.

**tac·i·turn** ['tæsɪtɜːn; Am. -ˌtɜrn] adj (adv ~ly) schweigsam, wortkarg, verschlossen. **,tac·i'tur·ni·ty** s Schweigsamkeit f, Verschlossenheit f.

**tack¹** [tæk] **I** s **1.** (Nagel)Stift m, Reißnagel m, Zwecke f. **2.** a. ~**ing stitch** (Näherei) Heftstich m. **3.** (An)Heften n. **4.** mar. a) Halse f, b) Halsetau n. **5.** mar. Schlag m, Gang m (beim Lavieren od. Kreuzen): **to be on the port** ~ nach Backbord lavieren. **6.** mar. La'vieren n (a. fig.). **7.** Zickzackkurs m (zu Lande). **8.** fig. Kurs m, Weg m, Richtung f: **on the wrong** ~ auf dem Holzweg; **to try another** ~ es anders versuchen. **9.** parl. Br. 'Zusatzantrag m, -ar,tikel m. **10.** a) Klebrigkeit f, b) Klebkraft f. **11.** Reiten: Sattelzeug n.
**II** v/t **12.** heften (to an acc): **to ~ on(to)** anheften (an acc, dat). **13.** a. ~ **down** festmachen, Teppich etc festnageln. **14.** ~ **together** anein'anderfügen, (mitein'ander) verbinden (a. fig.), zs.-heften: **to ~ mortgages** econ. Br. Hypotheken verschiedenen Ranges zs.-schreiben; **to ~ securities** jur. Br. Sicherheiten zs.-fassen. **15.** ([on]to) anfügen (an acc), hin'zufügen (dat, zu): **to ~ a rider to a bill** pol. Br. e-e (aussichtsreiche) Vorlage mit e-m Zusatzantrag koppeln. **16.** tech. heftschweißen. **17.** mar. das Schiff a) durch den Wind wenden, b) la'vieren.
**III** v/i **18.** mar. a) wenden, b) la'vieren: **to ~ down wind** in den Wind halsen. **19.** a) e-n Zickzackkurs verfolgen, b) fig. la'vieren, s-n Kurs (plötzlich) ändern.

**tack²** [tæk] colloq. Nahrung f, bes. ‚Fraß' m: → **hardtack**.

**tack ham·mer** s Zweckenhammer m.

**tack·le** ['tækl] **I** s **1.** Gerät n, (Werk)Zeug n, Ausrüstung f: → **fishing tackle**. **2.** (Pferde)Geschirr n. **3.** a. **block and** ~ tech. Flaschenzug m. **4.** mar. Talje f, Takel-, Tauwerk n. **5.** Fußball etc: Angreifen n, Angehen n (e-s Gegners im Ballbesitz). **6.** American Football: (Halb-)Stürmer m. **II** v/t **7.** j-n od. etwas packen. **8.** j-n angreifen, anein'andergeraten mit. **9.** fig. a) j-n zur Rede stellen (**about, on, over** wegen), b) j-n angehen (**for** um). **10.** Fußball etc: den Gegner im Ballbesitz angreifen, angehen. **11.** ein Problem etc a) in Angriff nehmen, anpacken, angehen, b) lösen, fertig werden mit: **to ~ a task. 12.** sl. sich 'hermachen über (acc): **to ~ a bottle of whisky.**

**tack| riv·et** s tech. Heftniete f. **'~-weld** v/t heftschweißen.

**tack·y¹** ['tækɪ] adj klebrig, zäh.

**tack·y²** ['tækiː] adj Am. colloq. **1.** a) verwahrlost, her'untergekommen, b) schäbig. **2.** 'unmo,dern, altmodisch. **3.** a) protzig, b) geschmacklos.

**tac·node** ['tæknəʊd] s math. Selbstberührungspunkt m (e-r Kurve).

**tact** [tækt] s **1.** Takt m, Takt-, Zartgefühl n. **2.** Feingefühl n (of für). **3.** mus. Takt(-schlag) m. **'tact·ful** [-fʊl] adj (adv ~ly) taktvoll. **'tact·ful·ness** → tact 1.

**tac·tic** ['tæktɪk] s mil. u. fig. Taktik f, taktischer Zug. **'tac·ti·cal** adj (adv ~ly) mil. taktisch (a. fig. planvoll, klug): ~ **unit** taktische Einheit, Kampfeinheit f.

**tac·ti·cian** [tæk'tɪʃn] s mil. u. fig. Taktiker m.

**tac·tics** ['tæktɪks] s pl **1.** (meist als sg konstruiert) mil. Taktik f. **2.** (meist als pl konstruiert) fig. Taktik f, planvolles Vorgehen: **a clever stroke of** ~ e-e kluge Taktik; **to change** ~ die (od. s-e) Taktik ändern.

**tac·tile** ['tæktaɪl; Am. a. -tl] adj **1.** tak'til (den Tastsinn betreffend). **2.** selten greifbar, tastbar. ~ **cell** s biol. Tastsinneszelle f. ~ **cor·pus·cle** s anat. (Meißnersches) Tastkörperchen. ~ **hair** s zo. Tasthaar n, bot. a. Fühlhaar n. ~ **sense** s biol. Tastsinn m. [keit f, Tastbarkeit f.]

**tac·til·i·ty** [tæk'tɪlətɪ] s selten Greifbar-

**'tact·less** adj (adv ~ly) taktlos: ~ **thing** (**remark**, etc) Taktlosigkeit f. **'tactless·ness** s selten Taktlosigkeit f.

**tac·tu·al** ['tæktjʊəl; Am. -tʃəwəl; -tʃəl] adj (adv ~ly) tastbar, Tast...: ~ **sense** biol. Tastsinn m.

**tad** [tæd] s bes. Am. colloq. **1.** ‚Steppke' m, kleiner Junge. **2.** a. fig. Stück(chen) n: **a** ~ ein bißchen, ein wenig, etwas.

**tad·pole** ['tædpəʊl] s zo. Kaulquappe f.

**tae·kwon·do** [ˌtaɪˈkwɒnˈdəʊ; Am. -ˌkwan-] s Tae'kwondo n (koreanische Kampfsportart).

**tael** [teɪl] s Tael n: a) hist. chinesische Geldeinheit, b) ostasiatisches Gewicht (meist 37,78 g).

**ta'en** [teɪn] poet. abbr. für taken.

**tae·ni·a** ['tiːnɪə] pl **-as, -ae** [-iː; Am. a. -ˌaɪ] s **1.** antiq. Tänie f, Stirnband n. **2.** arch. Regula f. **3.** anat. (Muskel- etc)Band n, Tänie f. **4.** zo. Bandwurm m. **'tae·ni·oid** adj **1.** bandförmig. **2.** zo. bandwurmartig, Bandwurm...

**taf·fa·rel, taf·fer·el** ['tæfərəl] → taffrail.

**taf·fe·ta** ['tæfɪtə], **'taf·fe·ty** [-tɪ] **I** s Taft m. **II** adj Taft...

**taf·frail** ['tæfreɪl] s mar. Heckreling f.

**taf·fy¹** ['tæfɪ] s **1.** bes. Am. für toffee. **2.** colloq. ‚Schmus' m, Schmeiche'lei f.

**Taf·fy²** ['tæfɪ] s sl. Wa'liser m.

**taf·i·a** ['tæfɪə] s Rum m (bes. aus Guayana od. Westindien).

**tag¹** [tæg] **I** s **1.** (loses) Ende, Anhängsel n, Zipfel m, Fetzen m, Lappen m. **2.** Troddel f, Quaste f. **3.** Eti'kett n, Anhänger m, Schildchen n, (Ab)Zeichen n, Pla'kette f: ~ **day** Am. Sammeltag m. **4.** Schlaufe f (am Stiefel), (Schnürsenkel)Stift m, Dorn m. **5.** tech. a) Lötklemme f, -stift m, b) Lötfahne f. **6.** Angeln: Glitzerschmuck m (an der künstlichen Fliege). **7.** a) Schwanzspitze f (bes. e-s Fuchses), b) Wollklunker f, m (des Schafes). **8.** ling. Frageanhängsel n. **9.** Re'frain m, Kehrreim m. **10.** a) Schlußwort n, b) Pointe f, c) Mo'ral f. **11.** stehende Redensart, bekanntes Zi'tat. **12.** Bezeichnung f, Beiname m. **13.** → ragtag. **14.** Computer: Identifi'zierungskennzeichen n. **15.** Am. 'Nummernschild n. **II** v/t **16.** mit e-m Anhänger od. Eti'kett etc versehen, etiket'tieren, Waren auszeichnen. **17.** mar'kieren: ~**ged atoms. 18.** e-e Rede etc a) mit e-m Schlußwort od. e-r Mo'ral versehen, b) verbrämen, ‚gar'nieren'. **19.** fig. abstempeln (**as** als). **20.** anfügen, anhängen (**to** an acc). **21.** Am. a) j-m e-n Strafzettel ans Auto stecken, b) colloq. j-n anklagen (**for** wegen). **22.** e-m Schaf die Klunkerwolle abscheren. **23.** colloq. hinter j-m ‚herlatschen'. **III** v/i **24.** ~ **along** colloq. a) ‚da'hinlatschen', b) mitkommen, -gehen (**with** mit), c) fig. notgedrungen mitmachen: **to ~ after** (od. **behind**) → 23.

**tag²** [tæg] **I** s Fangen n (Kinderspiel). **II** v/t fangen.

**tag| dance** s Tanz m, bei dem abgeklatscht werden darf. ~ **end** s colloq. **1.** bes. Am. Schluß m, Ende n, ‚Schwanz' m. **2.** meist pl a) (letzter) Rest, b) Fetzen m (a. fig.): ~**s of memories.**

**ta·ge·tes** [tæ'dʒiːtiːz; Am. 'tædʒə,tiːz] s bot. Stu'denten-, Samtblume f.

**tag·gers** ['tægə(r)z] s pl tech. dünnes Weiß- od. Eisenblech.

**ta·glia·tel·le** [ˌtæljə'telɪ] s pl Taglia'telle pl.

**tag·meme** ['tægmiːm] s ling. Tag'mem n (Zuordnungseinheit in der Tagmemik). **'tag·mem·ic** **I** adj tag'memisch. **II** s pl (als sg konstruiert) Tag'memik f (linguistische Theorie auf syntaktischer Ebene).

**'tag|·rag** **I** s **1.** Fetzen m, Lumpen m. **2.** → ragtag. **II** adj **3.** zerlumpt. ~ **sale** s garage sale.

**Ta·hi·tian** [tɑːˈhiːʃn; bes. Am. tə-] **I** s **1.** Tahiti'aner(in). **2.** ling. Ta'hitisch n, das Tahitische. **II** adj **3.** ta'hitisch.

**tahr** [tɑː(r)] s zo. Tahr m.

**Tai** [taɪ] → Thai.

**tai·ga** ['taɪgə] s geogr. Taiga f.

**tail¹** [teɪl] **I** s **1.** zo. Schweif m, Schwanz m: **the ~ wags the dog** fig. der Unbedeutendste od. Dümmste führt das Regiment; **to turn** ~ ausreißen, davonlaufen; **to twist s.o.'s** ~ colloq. j-n piesacken od. schikanieren; **(close) on s.o.'s** ~ j-m (dicht) auf den Fersen; **with one's ~ between one's legs** fig. mit eingezogenem Schwanz; ~**s up** hochgestimmt,

fidel; **keep your ~ up!** halt die Ohren steif!, laß dich nicht unterkriegen! **2.** *colloq.* Hinterteil *n*, Steiß *m*. **3.** *fig.* Schwanz *m*, (hinteres *od.* unteres) Ende, Schluß *m*: **~ of a comet** Kometenschweif *m*; **~ of a letter** Briefschluß *m*; **~ of a note** *mus.* Notenhals *m*; **out of the ~ of one's eye** aus den Augenwinkeln; **~ of a page** unterer Rand *od.* Fuß *m* e-r (Druck)Seite; **~ of a storm** (ruhigeres) Ende e-s Sturmes. **4.** Haarzopf *m*, -schwanz *m*. **5.** *meist pl* Rück-, Kehr-, Wappenseite *f* (e-r *Münze*): → **head** 39. **6.** a) Schleppe *f* (e-s *Kleides*), b) (Rock-, Hemd)Schoß *m*. **7.** *pl colloq.* a) Gesellschaftsanzug *m*, b) Frack *m*. **8.** Schleife *f* (e-s *Buchstabens*). **9.** *electr. tech.* a) ¹Nach-im₁puls *m*, b) Si¹gnalschwanz *m*. **10.** *Radar*: Nachleuchtschleppe *f*. **11.** Sterz *m*. **12.** *metr.* Koda *f*. **13.** *anat.* a) Sehnenteil *m* (e-s *Muskels*), b) Pankreasschwanz *m*, c) Nebenhoden *m*. **14.** *aer.* a) Leitwerk *n*, b) Heck *n*, Schwanz *m*. **15.** a) Gefolge *n*, b) Anhang *m* (e-r *Partei*), c) (nachfolgende Masse (e-r *Gemeinschaft*), d) ,Schwanz' *m*, (die) Letzten *pl od.* Schlechtesten *pl*: **the ~ of the class. 16.** *colloq.* ,Beschatter' *m* (*Detektiv etc*): **to put a ~ on s.o.** j-n beschatten lassen. **17.** *bes. Am. vulg.* a) bes. **piece** (*od.* **bit**) **of ~** ,Mieze' *f*, b) ,Fotze' *f*, ,Möse' *f* (*Vagina*). **II** *v/t* **18.** e-n Schwanz anbringen an (*dat*): **to ~ a kite. 19.** den Schwanz *od.* das ,Schlußlicht' bilden (*gen*): **dogs ~ing the procession. 20.** *a.* **~ on** (**to**) befestigen (an *dat*), anhängen (an *acc*). **21.** *Früchte* zupfen, entstielen. **22.** stutzen: **to ~ a dog. 23.** am Schwanz packen. **24.** *j-n* beschatten. **III** *v/i* **25.** sich ¹hinziehen, e-n Schwanz bilden: **to ~ away** (*od.* **off**) a) abflauen, abnehmen, sich verlieren, b) zurückbleiben, -fallen, c) sich auseinanderziehen (*Kolonne etc*), d) sich verschlechtern, nachlassen. **26.** *oft* **~ on, ~ along** *colloq.* hinter¹herlaufen (**after** *od.* **behind s.o.** j-m). **27.** *arch.* (mit dem Ende) eingelassen sein (**in, into** in *acc od. dat*).

**tail²** [teil] *jur.* **I** *s* Beschränkung *f* (der Erbfolge), beschränktes Erb- *od.* Eigentumsrecht: **heir in ~** Vorerbe *m*; **issue in ~** erbberechtigte Nachkommenschaft; **tenant in ~** Eigentümer *m*, dessen Rechte durch Nacherbenbestimmungen beschränkt sind; **estate in ~ male** Fideikommiß *n*. **II** *adj* beschränkt: **estate ~.**

**'tail·back** *s mot. Br.* Rückstau *m*. **'~board** *s mot. etc* Ladeklappe *f*. **~ cen-ter, bes. ~ cen·tre** *s tech.* Reitstockspitze *f*. **~coat** *s* Frack *m*. **~comb** *s* Stielkamm *m*.

**tailed** [teild] *adj* **1.** geschwänzt. **2.** schwanzlos. **3.** (*in Zssgn*) ...schwänzig: **long-~.**

**tail‖ end** *s* **1.** Schluß *m*, Ende *n*. **2.** *bes. Am. colloq.* Hinterteil *n*, Steiß *m*. **'end·er** *s sport etc Am. colloq.* ,Schlußlicht' *n* (*Letzter*). **~ fin** *s* **1.** *ichth.* Schwanzflosse *f*. **2.** *aer.* Seitenflosse *f* (am *Leitwerk*). **~ fly** *s Angeln*: Am. Fliege *f*. **~ gate** *s* **1.** Niedertor *n* (e-r *Schleuse*). **2.** *bes. Am.* a) → **tailboard**, b) *mot.* Heckklappe *f*. **3.** *rail. Am.* (*Art*) Rampe *f* (am *Wagenende*). **4.** *mus.* Tail-gate *m* (*Posaunenstil im New-Orleans-Jazz*). **'~gate** *v/t u. v/i mot. bes. Am.* zu dicht auffahren (auf *acc*). **~ group** *s ichth.* Leiterwk *n. ~.* **gun** *s aer. mil.* Heckwaffe *f*. **'~heav·y** *adj aer.* schwanzlastig.

**'tail·ing** *s* **1.** *arch.* eingelassenes Ende. **2.** *pl* Rückstände *pl*, Abfälle *pl*, *bes.* a) Erzabfälle *pl*, b) Ausschußmehl *n*. **3.** zerlaufene Stelle (*im Kattunmuster*).

**tail‖ lamp** *s mot. etc Am.* Rück-, Schlußlicht *n*. **~ land·ing** *s aer.* Schwanzlandung *f*.

**'tail·less** *adj* schwanzlos (*a. aer.*): **~ air-craft.**

**'tail·light** *s* **1.** *mot. etc* Rück-, Schlußlicht *n*. **2.** *aer.* Hecklicht *n*.

**tai·lor** [¹teilə(r)] **I** *s* **1.** Schneider *m*: **the ~ makes the man** Kleider machen Leute. **II** *v/t* **2.** schneidern. **3.** schneidern für (*j-n*). **4.** *j-n* kleiden, ¹ausstaf₁fieren. **5.** nach Maß zuschneiden *od.* arbeiten. **6.** (**to**) *fig.* zuschneiden (für *j-n*, auf *etwas*). **III** *v/i* **7.** schneidern. **'tai·lored** *adj* **1.** a) nach Maß angefertigt, maßgeschneidert, b) gutsitzend (*Kleid etc*), tadellos gearbeitet, c) sportlich elegant (geschnitten)...: **~ costume** Schneiderkostüm *n*; **~ suit** Maßanzug *m*. **2.** *fig.* zugeschnitten (**to** auf *acc*). **'tai·lor·ess** *s* Schneiderin *f*. **'tai·lor·ing** *s* **1.** Schneidern *n*. **2.** Schneiderarbeit *f*.

**'tai·lor‖-made** **I** *adj* **1.** → **tailored** 1. **2.** ele¹gant gekleidet. **3.** auf Bestellung angefertigt. **4.** (genau) zugeschnitten *od.* abgestimmt (**for** auf *acc*): **he is ~ for this work** er ist für diese Arbeit wie geschaffen; **she was ~ for that part** *thea. etc* die Rolle war ihr auf den Leib (zu)geschnitten *od.* geschrieben. **5.** *colloq.* nicht selbstgedreht (*Zigarette*). **II** *s* **6.** ¹Schneiderko₁stüm *n*. **7.** *colloq.* nicht selbstgedrehte Ziga¹rette. **'~-make** *v/t irr* nach Maß *od.* auf Bestellung anfertigen.

**'tail‖-piece** *s* **1.** Anhängsel *n*, Anhang *m*. **2.** *print.* ¹Schlußvi₁gnette *f*. **3.** *mus.* Saitenhalter *m*. **'~pin** *s* **1.** *tech.* Reitstockstift *m*. **2.** *mus.* Fuß *m*, Bodenstück *n* (bei *Saiteninstrumenten*). **~ pipe** *s* **1.** *tech.* Saugrohr *n* (e-r *Pumpe*). **2.** a) *mot.* Auspuffrohr *n*, *bes.* Auspuffrohrende *n*, b) *aer.* Ausstoßrohr *n*. **~ plane** *s aer.* Höhen-, Dämpfungsflosse *f*. **~ shaft** *s tech.* Schraubenwelle *f*. **~ skid** *s aer.* Schwanzsporn *m*. **~ slide** *s aer.* Abrutschen *n* über den Schwanz. **~ spin** *s* **1.** *aer.* (Ab)Trudeln *n*. **2.** *fig.* a) Panik *f*, b) Chaos *n*. **~ spin·dle** *s tech.* Pi¹nole *f*. **'~stock** *s tech.* Reitstock *m* (e-r *Drehbank*). **~ sur-face** *s aer.* Schwanzfläche *f*. **~ twist-ing** *s colloq.* Schi¹kane(n *pl*) *f*. **~ u·nit** *s aer.* (Schwanz)Leitwerk *n*. **~ wheel** *s aer.* Spornrad *n*. **~ wind** *s aer. mar.* Rückenwind *m*.

**tain** [tein] *s* Zinnfolie *f*.

**taint** [teint] **I** *s* **1.** Fleck *m*. **2.** *fig.* (Schand)Fleck *m*, Makel *m*. **3.** *fig.* Spur *f*: **a ~ of suspicion** ein Schatten *m* von Mißtrauen. **4.** *med.* a) (verborgene) Ansteckung, b) Seuche *f*, c) (verborgene) Anlage (**to** zu e-r *Krankheit*): **a ~ of in-sanity**. **~ of hereditary** 1. **5.** *fig.* verderblicher Einfluß, Gift *n*. **II** *v/t* **6.** (**with**) verderben (durch), vergiften (mit) (*beide a. fig.*): **to be ~ed with** behaftet sein mit. **7.** anstecken. **8.** besudeln, beflecken (*beide a. fig.*). **III** *v/i* **9.** verderben, schlecht werden (*Fleisch etc*). **'taint·less** *adj* (*adv ~ly*) *bes. fig.* unbefleckt, makellos.

**take** [teik] **I** *s* **1.** *Fischerei*: Fang *m*. **2.** *hunt.* a) Beute *f*, b) Erbeutung *f*. **3.** *colloq.* Anteil *m* (**of** an *dat*), *bes.* Beute *f*. **4.** Einnahme(n *pl*) *f*. **5.** a) *Film*: Szene(naufnahme) *f*, b) *Rundfunk etc*: Aufnahme *f*. **6.** *print.* Porti¹on *f* (e-s *Manuskripts*). **7.** *med.* a) Reakti¹on *f* (auf e-e *Impfung*), b) Anwachsen *n* (e-s *Hauttransplantats*). **8.** *fig.* Reakti¹on *f*: → **double take**. **9.** *bes. Br.* Pachtland *n*. **10.** *Schach etc*: Schlagen *n* (e-r *Figur*).

**II** *v/t pret* **took** [tuk] *pp* **tak·en** [¹teikən] **11.** *allg.*, *a. Abschied*, e-n *Partner*, *Unterricht etc* nehmen: **~ it or leave it** *colloq.* mach, was du willst; **~n all in all** im großen (u.) ganzen; **taking one thing with the other** im großen (u.) ganzen (*siehe die Verbindungen mit den betreffenden Substantiven*). **12.** (weg)nehmen: →

**~ that silly grin off your face!** *colloq.* hör auf, so blöd zu grinsen! **13.** a) nehmen, fassen, packen, ergreifen, b) *sport Paß etc* aufnehmen. **14.** *Fische etc* fangen. **15.** *Verbrecher etc* fangen, ergreifen. **16.** *mil.* gefangennehmen, *Gefangene* machen. **17.** *mil.* e-e *Stadt, Stellung etc* (ein)nehmen, *a. Land* erobern, *Schiff* kapern. **18.** *j-n* erwischen, ertappen (**steal-ing** beim Stehlen; **in a lie** bei e-r Lüge). **19.** nehmen, sich aneignen, Besitz ergreifen von, sich bemächtigen (*gen*). **20.** *e-e Gabe etc* (an-, entgegen)nehmen, empfangen. **21.** bekommen, erhalten, *Geld, Steuer etc* einnehmen, *e-n Preis etc* gewinnen. **22.** (her¹aus)nehmen (**from, out of** aus), *a. fig. Zitat etc* entnehmen (**from** *dat*): **I ~ it from s.o. who knows** ich habe (weiß) es von j-m, der es genau weiß. **23.** *e-e Speise etc* zu sich nehmen, *e-e Mahlzeit* einnehmen, *Gift, Medizin etc* nehmen. **24.** sich *e-e Krankheit* holen *od.* zuziehen: → **ill** 6. **25.** nehmen: a) auswählen: **I am not taking any** *sl.* ,ohne mich'!, b) kaufen, c) mieten, d) *e-e Ein-tritts-, Fahrkarte* lösen, e) *e-e Frau* heiraten, f) mit *e-r Frau* schlafen, g) *e-n Weg* wählen. **26.** mitnehmen: **~ me with you** nimm mich mit; **you can't ~ it with you** *fig.* im Grab nützt (dir) aller Reichtum nichts mehr, das letzte Hemd hat keine Taschen. **27.** (¹hin- *od.* weg)bringen, *j-n wohin* führen: **business took him to London**; **he was ~n to hospital** er wurde ins Krankenhaus gebracht. **28.** *j-n* (durch den *Tod*) wegraffen. **29.** *math.* abziehen (**from** von). **30.** *j-n* treffen, erwischen (*Schlag*). **31.** *e-n Hindernis* nehmen. **32.** *j-n* befallen, packen (*Empfindung, Krankheit*): **to be ~n with a disease** e-e Krankheit bekommen; **~n with fear** vor Furcht gepackt. **33.** *e-n Gefühl* haben, bekommen, *Mitleid etc* empfinden, *Mut* fassen, *Anstoß* nehmen, *Ab-, Zuneigung* fassen (**to** gegen, für): **to be ~n with** (at über *acc*); → **comfort** 6, **courage**, **fancy** 7, **pride** 2. **34.** *Feuer* fangen. **35.** *e-e Bedeutung*, *e-n Sinn*, *e-e Eigenschaft*, *Gestalt* annehmen, bekommen: **to ~ a new meaning**. **36.** *e-e Farbe*, *e-n Geruch od. Geschmack* annehmen. **37.** *sport u. Spiele*: a) *Ball, Punkt, Figur, Stein* abnehmen (**from** *dat*), b) *Stein* schlagen, c) *Karte* stechen, d) *das Spiel* gewinnen, e) *Eckstoß etc* ausführen. **38.** *jur.* erben, *Zeitung* beziehen, *econ.* e-n *Auf-trag* her¹einnehmen. **39.** *e-e Ware*, *Zeitung* beziehen, *econ. e-n Auf-trag* her¹einnehmen. **40.** nehmen, ver-wenden: **~ 4 eggs** man nehme 4 Eier. **41.** *e-n Zug*, *ein Taxi etc* nehmen, benutzen. **42.** *e-e Gelegenheit*, *e-n Vorteil* ergreifen, wahrnehmen: → **chance** 5. **43.** (*als Beispiel*) nehmen. **44.** *e-n Platz* einnehmen: **~n besetzt. 45.** *fig. j-n, das Auge, den Sinn* gefangennehmen, fesseln, (für sich) einnehmen: **to be ~n with** (*od.* **by**) begeistert *od.* entzückt sein von. **46.** *den Befehl*, *die Führung*, *e-e Rolle*, *e-e Stellung*, *den Vorsitz* über¹nehmen. **47.** *e-e Mühe, Verantwortung* auf sich nehmen. **48.** leisten: a) *e-e Arbeit*, *e-n Dienst* ver-richten, b) *e-n Eid*, *ein Gelübde* ablegen: → **oath** *Bes. Redew.*, c) *ein Versprechen* (ab)geben. **49.** *e-e Notiz*, *Aufzeichnung* machen, niederschreiben, *ein Diktat*, *Protokoll* aufnehmen. **50.** *phot. etwas* aufnehmen, *ein Bild* machen. **51.** *e-e Messung*, *Zählung etc* vornehmen, ¹durchführen. **52.** *wissenschaftlich* ermit-teln, *e-e Größe*, *die Temperatur etc* mes-sen, *Maß* nehmen. **53.** machen, tun: **to ~ a look** e-n Blick tun *od.* werfen (**at** auf *acc*). **54.** *e-e Maßnahme* ergreifen, tref-fen. **55.** *e-e Auswahl* treffen. **56.** *e-n Ent-schluß* fassen. **57.** *e-e Fahrt*, *e-n Spazier-

*gang, a. e-n Sprung, e-e Verbeugung, Wendung etc* machen, *Anlauf* nehmen. **58.** *e-e Ansicht* vertreten: → **stand** 2, **view** 12. **59.** a) verstehen, b) auffassen, auslegen, c) *etwas gut etc* aufnehmen: **do you ~ me?** verstehen Sie(, was ich meine)?; **I ~ it that ich nehme an, daß; may we ~ it that ...?** dürfen wir es so verstehen, daß ...?; **to ~ s.th. ill of s.o.** j-m etwas übelnehmen; **to ~ s.th. seriously** etwas ernst nehmen. **60.** ansehen *od.* betrachten (**as** als), halten (**for** für): **I took him for an honest man; what do you ~ me for?** wofür halten Sie mich eigentlich? **61.** sich *Rechte, Freiheiten* (her'aus)nehmen. **62.** a) *e-n Rat, e-e Auskunft* einholen, b) *e-n Rat* annehmen, befolgen. **63.** *e-e Wette, ein Angebot* annehmen. **64.** glauben: **you may ~ it from me** verlaß dich drauf! **65.** *e-e Beleidigung, e-n Verlust etc, a.* j-n 'hinnehmen, *Strafe, Folgen* auf sich nehmen, sich *etwas* gefallen lassen: **to ~ people as they are** die Leute nehmen, wie sie (eben) sind. **66.** *etwas* ertragen, aushalten: **can you ~ it?** kannst du das aushalten?; **to ~ it** *colloq.* es ,kriegen', es ausbaden (müssen). **67.** *med.* sich *e-r Behandlung etc* unter'ziehen. **68.** *ped. univ. e-e Prüfung* machen, ablegen: **to ~ French** Examen im Französischen machen; → **degree** 8. **69.** *e-e Rast, Ferien etc* machen, *Urlaub, a. ein Bad* nehmen. **70.** *Platz, Raum* ein-, wegnehmen, beanspruchen. **71.** a) *Zeit, Material etc, a. fig. Geduld, Mut etc* brauchen, erfordern, kosten, *gewisse Zeit* dauern: **it took a long time** es dauerte *od.* brauchte lange; **it ~s a man to do that** das kann nur ein Mann (fertigbringen); **he took a little convincing** es bedurfte (bei ihm) einiger Überredung, b) *j-n etwas* kosten, *j-m etwas* abverlangen: **it took him** (*od.* **he took**) **3 hours** es kostete ihn *od.* er brauchte 3 Stunden. **72.** *e-e Kleidergröße, Nummer* haben: **which size in hats do you ~?** **73.** *ling.* a) *grammatische Form* annehmen, *im Konjunktiv etc* stehen, b) *e-n Akzent, e-e Endung, ein Objekt etc* bekommen. **74.** aufnehmen, fassen, Platz bieten für. **III** *v/i* **75.** *bot.* Wurzel schlagen. **76.** *bot. med.* anwachsen (*Pfropfreis, Steckling, Transplantat*). **77.** *med.* wirken, anschlagen (*Medikament etc*). **78.** *colloq.* ,ankommen', ,ziehen', ,einschlagen', Anklang finden (*Buch, Theaterstück etc*). **79.** *jur.* das Eigentumsrecht erlangen, *bes.* erben, (als Erbe) zum Zuge kommen. **80.** sich *gut etc* fotogra'fieren (lassen). **81.** Feuer fangen. **82.** anbeißen (*Fisch*). **83.** *tech.* an-, eingreifen.
*Verbindungen mit Präpositionen:*
**take| af·ter** *v/i* **1.** *j-m* nachschlagen, -geraten, ähneln (*dat*): **he takes after his father. 2.** es *j-m* nachmachen. **~ a·gainst** *v/i bes. Br.* **1.** (e-e) Abneigung empfinden gegen *j-n.* **2.** Par'tei ergreifen gegen. **~ from I** *v/t* **1.** (*j-m*) *etwas* wegnehmen. **2.** *math.* abziehen von. **II** *v/i* **3.** Abbruch tun (*dat*), *etwas* schmälern, her'absetzen. **4.** *etwas* beeinträchtigen, mindern. **~ to** *v/i* **1.** sich begeben in (*acc*) *od.* nach *od.* zu: **to ~ the stage** zur Bühne gehen, b) sich flüchten in (*acc*) *od.* zu, c) *fig.* Zuflucht nehmen zu. **2.** a) (her'aus)gehen *od.* sich begeben an (*s-e Arbeit etc*), b) sich *e-r Sache* widmen, sich abgeben mit: **to ~ doing s.th.** dazu übergehen, etwas zu tun. **3.** anfangen, sich ergeben (*dat*), sich verlegen auf (*acc*): **to ~ bad habits** schlechte Gewohnheiten annehmen; **to ~ begging** (**drink**) sich aufs Betteln (Trinken) verlegen. **4.** rea'gieren auf (*acc*), *etwas* (willig) annehmen. **5.** sich 'hingezogen füh-

len zu, Gefallen finden an (*j-m*). **6.** *med.* sich legen auf (*acc*), angreifen: **the disease took to the heart. ~ up·on** *v/t*: **~ o.s.** *etwas* auf sich nehmen; **to take it upon o.s. to do s.th.** a) es auf sich nehmen, etwas zu tun, b) sich berufen fühlen, etwas zu tun. **~ with** *v/i* verfangen bei: **that won't ~ me** das verfängt *od.* ,zieht' bei mir nicht.
*Verbindungen mit Adverbien:*
**take| a·back** *v/t* verblüffen, über'raschen: → **aback** 2. **~ a·bout** → **take around. ~ a·long** *v/t* mitnehmen. **~ a·part** *v/t* **1.** *tech.* ausein'andernehmen, zerlegen. **2.** *fig. colloq. e-n Gegner, e-e Theorie, ein Theaterstück etc* ,ausein'andernehmen'. **~ a·round** *v/t* **1.** **to take s.o. around with one** j-n mitnehmen. **2.** *j-n* her'umführen. **~ a·side** *v/t* j-n bei'seite nehmen. **~ a·way** *v/t* **1.** wegnehmen (**from** s.o.; **from** s.th. von etwas). **2.** *j-n* (hin)'wegraffen (*Tod*). **3. pizzas to ~** (*Schild*) *Br.* Pizzas zum Mitnehmen. **II** *v/i* **4. ~ from** → **take from** II. **5.** (den Tisch) abdecken *od.* abräumen. **~ back** *v/t* **1.** wieder nehmen. **2.** *Ware* zu'rücknehmen (*a. fig. sein Wort*). **3.** zu'rückgewinnen, -erobern. **4.** *j-n* wieder einstellen. **5.** *Ehemann etc* wieder aufnehmen. **6.** (im Geist) zu'rückversetzen (**to** in *e-e Zeit*). **~ down** *v/t* **1.** her'unter-, abnehmen, *Fahne* einholen. **2.** *Gebäude* abbrechen, abreißen, abtragen, *ein Gerüst* abnehmen. **3.** *tech.* zerlegen: **to ~ an engine. 4.** *e-n Baum* fällen. **5.** *print.* Typenmaterial verteilen. **6.** *Arznei etc* (hin'unter)schlucken. **7.** *colloq. j-n* ,ducken', demütigen. **8.** *meist pass* j-n niederwerfen (*Krankheit*): **he was taken down with fever. 9.** nieder-, aufschreiben, no'tieren. **10.** aufzeichnen (*Tonbandgerät etc*). **~ in** *v/t* **1.** (her)'einlassen: **to ~ water; to ~ gas** (*Br.* **petrol**) *mot.* tanken. **2.** *Gast etc* a) einlassen, b) aufnehmen: **to ~ lodgers** (Zimmer) vermieten. **3.** *e-e Dame* zu Tisch führen. **4.** *Heimarbeit* annehmen: **to ~ a typing job. 5.** *Br. e-e Zeitung* halten. **6.** a) *fig. etwas* in sich aufnehmen, b) von oben bis unten betrachten. **7.** *die Lage* über'schauen. **8.** *etwas* glauben, ,schlucken'. **9.** her'einnehmen, einziehen, *mar.* Segel einholen. **10.** kürzer *od.* enger machen: **to ~ a dress. 11.** *fig.* einschließen, um'fassen. **12.** *j-n* ,mitnehmen', ansehen: **to ~ a monument** (**a movie,** *etc*). **13.** *colloq. j-n* ,reinlegen': **to be taken in** a) ,reinfallen', b) ,reingefallen' sein. **~ off I** *v/t* **1.** wegnehmen, -bringen, -schaffen, *a. Flecken etc* entfernen. **2.** *med.* abnehmen, ampu'tieren. **3.** *j-n* fortführen, -bringen: **to take s.o. off** sich fortmachen. **4.** (durch den Tod) wegraffen. **5.** a) aus dem Verkehr ziehen, b) *Busdienst etc* einstellen. **6.** den Hut ab-nehmen, ziehen, *Kleidungsstück* ablegen, ausziehen. **7.** sich *e-n Tag etc* freinehmen, *e-n Tag etc* Urlaub machen. **8.** *econ.* a) *Rabatt etc* abziehen, b) *Steuer etc* senken. **9.** austrinken. **10.** *thea. Stück etc* absetzen. **11.** aufstellen, vorbereiten: **to ~ a trial balance** *econ. e-e* Rohbilanz aufstellen. **12.** anfertigen: **to ~ 200 copies. 13.** *j-n* abbilden, porträ'tieren. **14.** *colloq. j-n* nachmachen, -ahmen. **II** *v/i* **15.** *sport* abspringen. **16.** *aer.* a) abfliegen, starten, b) abheben. **17.** a) fortgehen, sich fortmachen, b) sich aufmachen (**for** nach), c) (los)rennen (**along** *Straße etc*). **19.** anlaufen (*Produktion etc*). **~ on I** *v/t* **1.** *Gewicht* ansetzen. **2.** *Arbeit etc* annehmen, über'nehmen. **3.** *Waren, Passagiere* an Bord nehmen. **4.** *Arbeiter* ein-, anstellen, *Mitglieder* aufnehmen. **5.** a) *j-n* (als Gegner) annehmen,

sich auf *e-n Kampf* einlassen mit, b) es aufnehmen mit *j-m.* **6.** *e-e Wette* eingehen. **7.** *e-e Eigenschaft, Gestalt, e-e Farbe* annehmen. **8.** *e-e Sprache, Kultur etc* über'nehmen, sich zu eigen machen. **II** *v/i* **9.** *colloq.* ,sich haben', ,ein großes The'ater machen', sich aufregen: **don't ~ so!** hab dich nicht so! **10.** sich aufspielen. **11.** ,ziehen', ,einschlagen' (*Buch, Schlager etc*). **12.** in Dienst treten. **~ out** *v/t* **1.** a) her'ausnehmen, b) wegnehmen, entfernen (**of** von, aus). **2.** *e-n Fleck* her'ausmachen, entfernen (**of** aus). **3.** *Geld* abheben. **4.** *econ. jur.* a) *ein Patent, e-e Vorladung etc* erwirken, b) *e-e Versicherung* abschließen: **to ~ an insurance** (**policy**). **5.** ,erledigen', ausschalten. **6.** **to take it out** sich schadlos halten (**in** an *e-r Sache*), sich rächen: **to take it out of** a) sich rächen *od.* schadlos halten für (*e-e Beleidigung etc*), b) *j-n* ,fertigmachen', erschöpfen; **to take it out on s.o.** s-n Zorn *od.* es an j-m auslassen. **7.** *etwas* austreiben (**of** s.o. j-m): **to take the nonsense out of s.o. 8.** *j-n* zum Abendessen etc ausführen: **to take s.o. out to dinner. 9.** *Bridge:* den Gegner über'bieten. **10. pizzas to ~** (*Schild*) *Am.* Pizzas zum Mitnehmen. **~ o·ver I** *v/t* **1.** *ein Amt, e-e Aufgabe, die Macht etc, a. e-e Idee etc* über'nehmen. **II** *v/i* **2.** die Amtsgewalt *od.* die Leitung *od.* die Re'gierung *od.* die Macht über'nehmen: **to ~ for s.o.** j-s Stelle übernehmen. **3.** die Sache in die Hand nehmen. **4.** in den Vordergrund treten, an die Spitze gelangen, in Mode kommen. **~ up I** *v/t* **1.** aufheben, -nehmen. **2.** hochheben. **3.** nach oben bringen. **4.** *Straße* aufreißen. **5.** *ein Gerät, e-e Waffe* erheben, ergreifen. **6.** *Flüssigkeit* aufnehmen, -saugen. **7.** *Reisende* mitnehmen. **8.** *e-e Tätigkeit, die Verfolgung* aufnehmen, *e-n Beruf* ergreifen. **9.** sich befassen mit, sich verlegen auf (*acc*). **10.** *e-n Fall, e-e Idee etc* aufgreifen. **11. to take s.o. up on s.th.** bei j-m wegen *e-r* Sache ,einhaken' (→ 22). **12.** *e-e Erzählung etc* fortführen, fortfahren in (*dat*). **13.** *Platz, Zeit, Gedanken etc* ausfüllen, beanspruchen: **to ~ time** (**s.o.'s attention**) Zeit (j-s Aufmerksamkeit) in Anspruch nehmen; **taken up with** in Anspruch genommen von. **14.** a) *s-n Wohnsitz* aufschlagen, b) *e-e Wohnung* beziehen. **15.** *e-e Stelle* antreten. **16.** *e-n Posten* einnehmen. **17.** *e-n Verbrecher* aufgreifen, verhaften. **18.** *e-e Haltung* einnehmen. **19.** sich zu eigen machen: **to ~ current opinions. 20.** *e-e Masche* (*beim Stricken*) aufnehmen. **21.** *econ.* a) *Kapital, e-e Anleihe* aufnehmen, b) *Aktien* zeichnen, c) *e-n Wechsel* einlösen. **22.** *e-e Wette, Herausforderung etc* annehmen: **to take s.o. up on it** j-n beim Wort nehmen. **23.** a) *e-m Redner* ins Wort fallen, b) *j-n* zu'rechtweisen, korri'gieren. **24.** *j-n* schelten, tadeln. **25.** *med.* *e-e Gefäß* abbinden. **II** *v/i* **26.** *colloq.* sich einlassen (**with** mit *j-m*). **27.** a) (wieder) anfangen, b) weitermachen. **28. ~ for** eintreten *od.* sich einsetzen für *j-n.* **29.** *dial.* sich bessern (*Wetter*).

'**take|-a·part** → **takedown** 1. **'~·a·way** *Br. I adj* **1.** zum Mitnehmen: **~ meals. 2. ~ restaurant** → 3. **II** *s* **3.** Restau'rant *n* mit Straßenverkauf. **'~·down I** *adj* **1.** zerlegbar, ausein'andernehmbar. **II** *s* **2.** Zerlegen *n*. **3.** *tech.* leichtzerlegbares Gerät *etc.* **4.** *Ringen:* Niederwurf *m*. **5.** *colloq.* Demütigung *f*. **'~·home I** *adj* **1. ~ pay** *econ.* Nettolohn *m*, -gehalt *n*. **2. ~ sale** *Br.* → **off-sale** I. **II** *s* **1.** **'~·in** *s colloq.* **1.** Schwindel *m*. **2.** Betrüger(in).

**tak·en** ['teɪkən] *pp von* **take.**

**'take|-off** s **1.** Wegnehmen n. **2.** aer. a) Start m (a. mot.), Abflug m: → **assist** 2, b) Abheben n: ~ **speed** Abhebegeschwindigkeit f. **3.** tech. Abnahmestelle f. **4.** sport a) Absprung m, b) Absprungstelle f: ~ **board** Absprungbalken m. **5.** a. ~ **point** fig. Ausgangspunkt m. **6.** colloq. Nachahmung f: to do a ~ of s.o. j-n nachahmen od. -machen. **'~out** Am. **I** adj **1.** ~ meal → **3. 2.** ~ restaurant → **4. II** s **3.** Mahlzeit f zum Mitnehmen. **4.** Restau'rant n mit Straßenverkauf. **'~-,o·ver** s **1.** econ. (Ge'schäfts-, 'Firmen-),Übernahme f: ~ **bid** Übernahmeangebot n. **2.** pol. 'Macht,übernahme f.

**tak·er** ['teɪkə(r)] s **1.** (Ab-, Auf-, Ein-, Weg- etc)Nehmer(in). **2.** econ. Abnehmer(in), Käufer(in). **3.** j-d, der e-e Wette od. ein Angebot annimmt.

**'take-up** s **1.** Spannen n, Anziehen n. **2.** tech. Spannvorrichtung f. **3.** bes. phot. a) Aufwick(e)lung f, b) a. ~ **spool** Aufwickelspule f.

**tak·ing** ['teɪkɪŋ] **I** s **1.** (An-, Ab-, Auf-, Ein-, Ent-, 'Hin-, Weg- etc)Nehmen n. **2.** Inbe'sitznahme f. **3.** jur. Wegnahme f. **4.** mil. Einnahme f, Eroberung f. **5.** mar. Aufbringung f: ~ **of a ship. 6.** mil. Gefangennahme f. **7.** Festnahme f: ~ **of a criminal. 8.** Fang m, Beute f. **9.** colloq. a) med. Anfall m, b) Aufregung f: in a **great** ~ ,ganz aus dem Häus·chen'. **10.** phot. Aufnahme f. **11.** pl econ. Einnahme(n pl) pl. **II** adj (adv **~ly**) **12.** fesselnd. **13.** einnehmend, anziehend, gewinnend. **14.** med. colloq. ansteckend (a. fig.). ~ **a·way** s Wegnahme f. ~ **back** s **1.** Zu'rücknahme f. **2.** econ. Rücknahme f. ~ **o·ver** s 'Übernahme f.

**ta·lar·i·a** [tə'leərɪə] (Lat.) s pl antiq. myth. Ta'larien pl, Flügelschuhe pl (des Hermes).

**talc** [tælk] **I** s **1.** min. Talk(um n) m. **2.** ~ **talcum powder. II** v/t pret u. pp **talcked, talced** [-kt] **3.** a) talku'mieren, b) pudern. **'talck·y, 'talc·ose** [-kəʊs] adj talkig.

**tal·cum** ['tælkəm] s **1.** → talc 1. **2.** → **talcum powder.** ~ **pow·der** s a) Talkum(puder m) n, b) Körperpuder m.

**tale** [teɪl] s **1.** Erzählung f, Bericht m: it tells its own ~ fig. es spricht für sich selbst. **2.** Erzählung f, Geschichte f: thereby hangs a ~ damit ist e-e Geschichte verknüpft; → **old wives' tale. 3.** Sage f, Märchen n. **4.** Lüge(ngeschichte) f, ,Märchen' n. **5.** Klatschgeschichte f: to tell (od. carry od. bear) ~s klatschen; to tell ~s (out of school) fig. aus der Schule plaudern; → **dead 1. 6.** obs. od. poet. (An-, Gesamt)Zahl f. **'~,bear·er** s Zwischen-, Zuträger(in), Klatschmaul n. **'~,bear·ing I** s Zuträge'rei f, Klatsch(e'rei f) m. **II** adj klatschsüchtig, Klatsch...

**tal·ent** ['tælənt] s **1.** Ta'lent n, Begabung f (beide a. Person), Gabe f: ~ **for music** musikalisches Talent; **of great** ~ sehr talentiert. **2.** collect. Ta'lente pl, talen-'tierte Per'sonen pl: ~ **scout** Talentsucher m; ~ **show** TV etc Talentschuppen m; **to engage the best** ~ die besten Kräfte verpflichten. **3.** Bibl. Pfund n. **4.** antiq. Ta'lent n (Gewichts- od. Münzeinheit). **'tal·ent·ed** adj talen'tiert, begabt. **'tal·ent·less** adj 'untalen,tiert.

**ta·les** ['teɪliːz] s pl jur. Ersatzgeschworene pl. **ta·les·man** ['teɪlɪzmən; 'teɪlz-] s irr Ersatzgeschworene(r) m.

**'tale,tell·er** s **1.** Märchen-, Geschichtenerzähler m. **2.** Flunkerer m. **3.** → talebearer.

**ta·li** ['teɪlaɪ] pl von talus¹.

**tal·i·on** ['tælɪən] s jur. Ver'geltungsprin,zip n.

**tal·i·ped** ['tælɪped] med. zo. **I** adj **1.** defor'miert (Fuß). **2.** klumpfüßig. **II** s **3.** Klumpfuß m (Person). **'tal·i·pes** [-piːz] s med. Klumpfuß m.

**tal·i·pot (palm)** ['tælɪpɒt; Am. -lə,pɑt], a. **'tal·i·put (palm)** [-pʌt] s bot. Schattenpalme f.

**tal·is·man** ['tælɪzmən; -lɪs-] pl **-mans** s Talisman m. **,tal·is'man·ic** [-'mænɪk] adj magisch.

**talk** [tɔːk] **I** s **1.** Reden n. **2.** Gespräch n: a) Unter'haltung f, Plaude'rei f, b) a. pol. Unter'redung f: to have a ~ **with** s.o. mit j-m reden od. plaudern, sich mit j-m unterhalten. **3.** Aussprache f. **4.** Rundfunk etc: a) Plaude'rei f, b) Vortrag m: to **give a** ~ **on** e-n Vortrag halten über (acc). **5.** Gerede n: a) Geschwätz n, b) Klatsch m: **he is all** ~ er ist ein großer Schwätzer; **that was all** ~ das war alles nur Gerede; **to end in** ~ im Sand verlaufen; **there is** ~ **of his being bankrupt** man spricht davon, daß er bankrott sei; → **big 7, small talk. 6.** Gesprächsgegenstand m: **to be the** ~ **of the town** Stadtgespräch sein. **7.** Sprache f, Art f zu reden: → **baby talk.** **II** v/i **8.** reden, sprechen: **to** ~ **round** s.th. um etwas herumreden; → **big 15, tall 5, wild 17. 9.** reden, sprechen, plaudern, sich unter'halten (**about,** on über acc; **of** von; **with** mit): **he knows what he is** ~**ing about** er weiß, wovon er spricht; **to** ~ **at** s.o. auf j-n einreden; **to** ~ **to** s.o. a) mit j-m sprechen od. reden, b) colloq. j-m die Meinung sagen, j-m e-e Standpauke halten; ~**ing of** da wir gerade von ... sprechen; **you can** ~! colloq. das sagst ausgerechnet du!; **now you are** ~**ing!** colloq. das läßt sich schon eher hören! **10.** contp. reden: a) schwatzen, b) klatschen: **to get o.s.** ~**ed about** ins Gerede kommen. **III** v/t **11.** etwas reden: **to** ~ **nonsense;** → **sense 1, wisdom 1. 12.** e-e Sprache sprechen: **to** ~ **French. 13.** reden od. sprechen über (acc): **to** ~ **business** (politics, religion); → **shop 3. 14.** reden: **to** ~ **s.o. hoarse; to** ~ **s.o. into believing** s.th. j-n etwas glauben machen; **to** ~ **s.o. into s.th.** j-m etwas einreden, j-n zu etwas überreden; **to** ~ **s.o. out of** s.th. j-m etwas ausreden; **to** ~ **s.o. to death** Am. für **talk out 1.**

Verbindungen mit Adverbien:

**talk|a·way I** v/t **1.** Zeit verplaudern. **2.** to talk s.o.'s fears away j-m s-e Ängste ausreden. **II** v/i **3.** 'ununter,brochen reden. ~ **back** v/i e-e freche Antwort od. freche Antworten geben (**to** dat). ~ **down I** v/t **1.** j-n ,unter den Tisch reden'. **2.** j-n niederschreien. **3.** ein Flugzeug her'untersprechen (bei der Landung). **II** v/i **4. (to)** sich dem (niedrigen) Ni'veau (s-r Zuhörerschaft) anpassen: **to** ~ **to one's audience. 5.** her'ablassend reden (**to** mit). ~ **out** v/t **1.** parl. ,totreden', die Annahme (e-r Gesetzesvorlage etc) durch Hin'ausziehen der De'batte bis zur Vertagung verhindern: **to** ~ **a bill. 2.** Probleme etc 'ausdisku,tieren. ~ **o·ver** v/t **1.** j-n über'reden (**to doing** s.th. etwas zu tun). **2.** besprechen, 'durchsprechen: **to** ~ **a plan.** ~ **round** → **talk over 1.** ~ **up** bes. Am. colloq. **I** v/t etwas rühmen, anpreisen, her'ausstreichen. **II** v/i frei s-e Meinung äußern.

**talk·a·thon** ['tɔːkə,θɒn] s Am. colloq. Marathonsitzung f.

**talk·a·tive** ['tɔːkətɪv] adj (adv **~ly**) schwätzig, gesprächig, redselig. **'talk·a·tive·ness** s Redseligkeit f.

**'talk-back** s electr. Gegen-, Wechselsprechanlage f.

**talk·ee-talk·ee** [,tɔːkiː'tɔːkiː] s Am. colloq. **1.** Kauderwelsch n. **2.** Geschwätz n.

**'talk·er** s **1.** Schwätzer(in). **2.** Sprechen-

de(r m) f: **he is a good** ~ er kann gut reden.

**'talk·fest** ['tɔːk,fest] s Am colloq. großes Pa'laver.

**talk·ie** ['tɔːkɪ] s colloq. Tonfilm m.

**'talk-in** s **1.** Pro'testdemonstrati,on f mit zahlreichen Rednern. **2.** Vortrag m, Rede f. **3.** Gespräch n, Diskussi'on f.

**'talk·ing I** s **1.** Sprechen n, Reden n. **2.** Geschwätz n, Gerede n. **3.** Unter'haltung f: → **do¹ 4. II** adj sprechend (a. fig.): ~ **parrot,** ~ **eyes,** ~ **doll** Sprechpuppe f. **5.** electr. teleph. Sprech...: ~ **current,** ~ **book** ,sprechendes Buch' (in e-r Blindenhörbücherei): ~ **library for the blind** Blindenhörbücherei f. ~ **film** s Tonfilm m. ~ **heads** s pl Film, TV: sprechende Köpfe. ~ **(mo·tion) picture** s Tonfilm m. ~ **point** s **1.** Gesprächsstoff m. **2.** (gutes) Argu'ment. ~ **shop** s Br. colloq. contp. ,Quasselbude' f (Parlament etc). **'~-to** pl **-tos** s: **to give s.o. a** ~ colloq. j-m e-e Standpauke halten.

**talk| jock·ey** s Rundfunk: Am. Mode'rator m e-r Sendung mit tele'fonischer Zuhörerbeteiligung. ~ **shop** s talking shop. ~ **show** s TV Talk-Show f. **'~-show host** s TV Talkmaster m.

**talk·y** ['tɔːkɪ] adj geschwätzig (a. fig. Buch etc).

**tall** [tɔːl] **I** adj **1.** groß, hochgewachsen: **six feet** ~ sechs Fuß groß. **2.** hoch: a ~ **tree** ein hoher Baum. **3.** lang (u. dünn). **4.** colloq. a) obs. ,toll', b) großsprecherisch, -spurig, c) über'trieben, unglaublich: a ~ **story; that is a** ~ **order** das ist ein bißchen viel verlangt. **II** adv **5.** colloq. großspurig: **to talk** ~ ,große Töne spucken', angeben; → **[Steuer f].**

**tal·lage** ['tælɪdʒ] s Br. hist. (Gemeinde-)

**'tall·boy** s Br. Kom'mode f mit Aufsatz. **2.** Am. hochstieliges Weinglas.

**tal·li·age** ['tælɪɪdʒ] → tallage.

**'tall·ish** adj ziemlich groß.

**'tall·ness** s **1.** Größe f. **2.** Höhe f. **3.** Länge f.

**tal·low** ['tæləʊ] **I** s **1.** Talg m: **vegetable** ~ Pflanzentalg. **2.** tech. Schmiere f. **3.** Talg-, Unschlittkerze f. **II** v/t **4.** (ein-)talgen, schmieren. **'~-faced** adj bleich, käsig. **'~-top** s mug(e)liger Edelstein.

**'tal·low·y** adj talgig.

**tal·ly¹** ['tælɪ] **I** s **1.** hist. Kerbholz n. **2.** Strichliste f. **3.** econ. a) (Ab)Rechnung f, b) (Gegen)Rechnung f, c) Kontogegenbuch n (= Kunden), d) Warenliste f. **4.** Dupli'kat n, Seiten-, Gegenstück n (of zu). **5.** a) Zählstrich m, b) Stückmaß n, -zahl f: **to buy by the** ~ nach dem Stück kaufen. **6.** Eti'kett n, Marke f, Kennzeichen n (auf Kisten etc). **7.** Ku'pon m. **8.** Zählung f. **9.** sport a) Punktzahl f, b) Punkt m. **II** v/t **10.** (stückweise) nachzählen, regi'strieren, buchen, kontrol'lieren. **11.** oft ~ **up** berechnen. **12.** miteinander in Über'einstimmung bringen. **13.** Waren be-, auszeichnen. **14.** sport etc e-n Punkt od. Punkte a) erzielen, b) no'tieren. **III** v/i **15. (with)** über'einstimmen (mit), entsprechen (dat). **16.** aufgehen, stimmen.

**tal·ly²** ['tælɪ] v/t mar. Schoten beiholen.

**tal·ly-ho** [,tælɪ'həʊ] hunt. **I** interj hallo!, ho! (Jagdruf beim Erblicken des Fuchses). **II** pl **-'hos** s Hallo n. **III** v/i pret u. pp **-'hoed, -'ho'd** ,hallo' rufen.

**'tal·ly·man** [-mən] s irr econ. **1.** Br. Inhaber m e-s Abzahlungsgeschäftes. **2.** Kontrol'leur m. ~ **sheet** s econ. Kon'trolliste f. ~ **shop** s econ. Br. Abzahlungsgeschäft n. ~ **sys·tem** s econ. Br. 'Abzahlungssy,stem n. ~ **trade** s econ. Br. Abzahlungsgeschäft n.

**tal·ma** ['tælmə] s hist. langer, capeartiger 'Umhang.

**tal·mi gold** ['tælmɪ] s Talmigold n.
**Tal·mud** ['tælmʊd; -məd; Am. a. 'tɑːl-ˌmʊd] s relig. Talmud m. **Tal·mud·ic** [tæl'mʊdɪk; Am. tæl'mjuː-; -'muː; -'mʌ-; tɑːl'muː-], **Tal'mud·i·cal** adj tal'mudisch. **'Tal·mud·ist** s Talmu'dist m.
**tal·on** ['tælən] s 1. orn. u. fig. Klaue f, Kralle f. 2. arch. Kehlleiste f. 3. Kartenspiel: Ta'lon m. 4. econ. Ta'lon m, Erneuerungsschein m (an Wertpapieren), ('Zins)Kuˌpon m. **'tal·oned** adj mit Krallen od. Klauen (versehen).
**ta·lus¹** ['teɪləs] pl **-li** [-laɪ] s 1. anat. Talus m, Sprungbein n. 2. anat. Fußgelenk n. 3. med. Klumpfuß m.
**ta·lus²** ['teɪləs; Am. a. 'tæ-] s 1. Abhang m, Böschung f. 2. geol. Schutthalde f.
**tam** [tæm] → tam-o'-shanter.
**tam·a·ble** ['teɪməbl] adj (be)zähmbar.
**tam·a·rack** ['tæməræk] s bot. 1. Nordamer. Lärche f. 2. Tamarak(holz) n.
**tam·a·rind** ['tæmərɪnd] s bot. Tama'rinde f.                              ['rɪske f.]
**tam·a·risk** ['tæmərɪsk] s bot. Tama-
**tam·bour** ['tæmˌbʊə(r)] I s 1. (große) Trommel. 2. a. ~ frame Stickrahmen m. 3. Tambu'rierstickeˌrei f: ~ stitch Tamburierstich m. 4. arch. a) Säulentrommel f, b) Tambour m (zylindrischer Unterbau e-r Kuppel). 5. Festungsbau: Tambour m. 6. tech. Trommel f. 7. Rolltür f (e-s Rollschranks etc). II v/t 8. Stoff tambu'rieren. **tam·bou·rine** ['tæmbʊrɪn] s mus. Tamb(o)u'rin n. **tam·bou·rine** [ˌtæmbəˈriːn] s mus. (flaches) Tamb(o)u'rin.
**tame** [teɪm] I adj (adv ~ly) 1. a. allg. zahm: a) gezähmt: a ~ lion, b) friedlich: a ~ fellow, c) folgsam, ˌbrav', d) harmlos: a ~ joke, e) lahm, fad(e): a ~ affair; a ~ retort. 2. bot. veredelt: ~ berries. II v/t 3. a. fig. zähmen, bändigen. 4. Land urbar machen. **'tame·a·ble** → tamable. **'tame·less** adj poet. 1. un(be)zähmbar. 2. ungezähmt, ungebändigt. **'tame·ness** s 1. Zahmheit f (a. fig.). 2. Folgsamkeit f. 3. Harmlosigkeit f. 4. Lahmheit f. **'tam·er** s (Be)Zähmer (-in), Bändiger(in).
**Tam·il** ['tæmɪl] I s pl **-ils, -il** 1. Ta'mile m (Sprecher des Tamil). 2. ling. Ta'mil n, Ta'mulisch n. II adj 3. ta'mulisch. **Ta·mil·i·an** [təˈmɪljən; -ɪən] → Tamil.
**Tam·ma·ny** ['tæmənɪː] s pol. Am. 1. abbr. für a) Tammany Hall, b) Tammany Society. 2. fig. po'litische Korruptiˈon. ~ **Hall** s pol. Am. 1. Versammlungshaus der Tammany Society in New York. 2. fig. → Tammany Society. ~ **So·ci·e·ty** s pol. Am. organisierte demokratische Partei in New York.
**tam·my¹** ['tæmɪ] s Eta'min n, Eta'mine f (gazeartiges, durchsichtiges Gewebe).
**tam·my²** ['tæmɪ] gastr. I s a. ~ **cloth** Passiertuch n. II v/t Soßen etc pas'sieren.
**tam·my³** ['tæmɪ] → tam-o'-shanter.
**tam-o'-shan·ter** [ˌtæməˈʃæntə(r); Am. 'tæməˌ-] s Schottenmütze f.
**tamp** [tæmp] I v/t 1. tech. besetzen, abdämmen, zupfropfen: to ~ a drill hole. 2. a) feststampfen: to ~ the soil, b) Beton rammen. II s 3. tech. Stampfer m.
**tamp·er** ['tæmpə(r)] s tech. 1. Besetzer m (von Bohrlöchern; Person). 2. Stampfer m (Gerät).
**tam·per** ['tæmpə(r)] v/i (with) 1. a) sich (ein)mischen (in acc), b) hin'einpfuschen (in acc). 2. a) her'umpfuschen (an dat), b) sich zu schaffen machen (an dat): to ~ with a document od. e Urkunde verfälschen od. ˌfrisieren'. 3. a) (mit j-m) intri'gieren od. heimlich verhandeln, b) (j-n) (zu) bestechen od. (zu) beeinflussen (suchen): to ~ with a witness.
**tam·pi·on** ['tæmpɪən; Am. a. 'tɑːm-] s mil. Mündungspfropfen m.

**tam·pon** ['tæmpən; Am. -ˌpɑn] I s 1. med. Tam'pon m, Wattebausch m. 2. print. Tam'pon m (zum Einfärben). 3. allg. Pfropfen m. 4. mus. Doppelschlegel m. II v/t 5. med. u. print. tampo'nieren.
**tam·pon·ade** [ˌtæmpəˈneɪd], **'tam·pon·age** [-nɪdʒ], **'tam·pon·ment** [-mənt] s med. Tampo'nieren n.
**tam-tam** ['tæmtæm] → tom-tom.
**tan** [tæn] I s 1. tech. a) Lohe f, b) Gerbsäure f, c) → tannin. 2. chem. Gerbstoff m. 3. Lohfarbe f. 4. (gelb)braunes Kleidungsstück (bes. Schuh). 5. (Sonnen-) Bräune f: to get a good ~ schön braun werden. II v/t 6. tech. a) Leder gerben, b) beizen. 7. phot. gerben. 8. j-n, die Haut bräunen. 9. colloq. j-m das Fell gerben': → hide² 1. III v/i 10. sich gerben lassen (Leder). 11. a) sich bräunen (Haut), b) braun werden. IV adj 12. lohfarben, gelbbraun. 13. Gerb...
**ta·na¹** ['tɑːnə; -nɑː] s Br. Ind. Poliˈzei- od. Miliˈtärstatiˌon f.
**ta·na²** ['tɑːnə] s zo. Tana m, Spitzhörnchen n.
**tan·a·ger** ['tænədʒə(r)] s orn. Tan'gara m, Prachtmeise f.
**tan·dem** ['tændəm] I adv 1. hinterein'ander (angeordnet) (Pferde, Maschinen etc). II s 2. Tandem n (Pferdegespann, Wagen, Fahrrad): in ~ zusammen (with mit). 3. tech. Reihe f, Tandem n. 4. electr. Kas'kade f. III adj 5. Tandem..., hinterein'ander angeordnet: ~ **airplane** Tandemflugzeug n; ~ **arrangement** tech. Reihenanordnung f, Tandem n; ~ **bi·cycle** Tandem n; ~ **connection** electr. Kaskadenschaltung f; ~ **compound** (engine) Reihenverbundmaschine f.
**tang¹** [tæŋ] I s 1. tech. a) Griffzapfen m (e-s Messers etc), b) Angel f, c) Dorn m. 2. a) scharfer Geruch od. Geschmack, b) Beigeschmack m (of von) (a. fig.). II v/t 3. tech. mit e-m Heftzapfen etc versehen.
**tang²** [tæŋ] I s (scharfer) Klang. II v/t u. v/i (laut) ertönen (lassen).
**tang³** [tæŋ] s bot. Seetang m.
**tan·gen·cy** ['tændʒənsɪ], selten **'tan·gence** s math. Berührung f, Tan'genz f.
**tan·gent** ['tændʒənt] I adj math. 1. → tangential 1. II s 2. math. Tan'gente f: ~ **balance** tech. Neigungsgewichtswaage f; ~ **sight** mil. Geschützaufsatz m; to go (od. fly) off at a ~ unvermittelt (vom Thema) abschweifen. 3. mus. Tan'gente f (am Klavichord). 4. Am. colloq. geradlinige Eisenbahnstrecke.
**tan·gen·tial** [tænˈdʒenʃl; -tʃl] adj (adv ~ly) 1. math. a) Tangential..., Berührungs..., b) tangentiˈal, berührend: to be ~ to s.th. etwas berühren. 2. fig. a) sprunghaft, flüchtig, b) ziellos, c) abschweifend, d) ˌuntergeordnet, nebensächlich, Neben...: to play a ~ rôle. ~ **co·or·di·nate** s math. ˈLinienkoordiˌnate f. ~ **force** s phys. Tangentiˈalkraft f. ~ **plane** s math. Berührungsebene f.
**Tan·ge·rine** [ˌtændʒəˈriːn] I s 1. Bewohner(in) von Tanger. 2. t~ bot. Mandaˈrine f. II adj 3. aus Tanger.
**tan·gi·ble** ['tændʒəbl] adj (adv tangibly) 1. greifbar, materiˈell, körperlich. 2. fig. klar, bestimmt. 3. econ. materiˈell: ~ **assets** → 5a; ~ **property** → 5b. II s 4. (etwas) Greifbares. 5. pl econ. a) materiˈelle Vermögenswerte pl, b) Am. Sachvermögen n.
**tan·gle** ['tæŋgl] I v/t 1. verwirren, -wickeln, durchein'anderbringen (alle a. fig.). 2. fig. verstricken (in in acc). II v/i 3. sich verheddern (a. fig.). 4. Am. colloq. sich in e-n Kampf od. Wortwechsel einlassen (with mit). III s 5. Gewirr n, wirrer Knäuel. 6. fig. Verwirrung f, -wicklung f,

Durchein'ander n. 7. bot. (Riemen)Tang m. ~ˌ**foot** pl -ˌ**foots** s Am. sl. Schnaps m, bes. (billiger) Whisky.
**tan·gly** ['tæŋglɪ] adj verwickelt, -worren.
**tan·go** ['tæŋgəʊ] I pl **-gos** s mus. Tango m. II v/i Tango tanzen: it takes two to ~ fig. dazu gehören zwei.
**tan·gram** ['tæŋgrəm] s chinesisches Zs.-setzspiel.
**tang·y** ['tæŋɪ] adj mit scharfem Beigeschmack, scharf.
**tan·ist** ['tænɪst] s hist. gewählter Nachfolger des Häuptlings (bei keltischen Völkern).
**tank** [tæŋk] I s 1. mot. etc Tank m: with a full ~ vollgetankt. 2. (Wasser)Becken n, Ziˈsterne f. 3. rail. a) Wasserkasten m (des Tenders), b) 'Tenderlokoˌmotive f. 4. → tanker 1. 5. phot. Bad n. 6. mil. Panzer (-wagen) m, Tank m. 7. bes. Am. sl. a) (Haft)Zelle f, b) ˌKittchen' n. II v/t 8. in Tanks lagern. 9. ~ up bes. Br. Auto, Flugzeug auf-, volltanken: to get ~ed up → 10b; ~ed up sl. ˌvoll'. III v/i 10. ~ up a) bes. Br. auftanken (Flugzeug), (Fahrer a.) volltanken, b) sl. ˌsich vollaufen lassen' (on mit).
**tank·age** ['tæŋkɪdʒ] s 1. Fassungsvermögen n e-s Tanks. 2. (Gebühr f für die) Aufbewahrung in Tanks. 3. agr. Fleischmehl n (Düngemittel).
**tank·ard** ['tæŋkə(r)d] s Humpen m.
**tank| bust·er** s mil. colloq. 1. Panzerknacker m. 2. Jagdbomber m zur Panzerbekämpfung. ~ **car** s rail. bes. Am. Kesselwagen m. ~ **cir·cuit** s electr. Oszilˈlatorschwingkreis m. ~ **de·stroy·er** s mil. Sturmgeschütz n. ~ **di·vi·sion** s mil. 'Panzerdivisiˌon f. '~ˌ**doz·er** s mil. Räumpanzer m. ~ **dra·ma** s thea. Am. colloq. Sensatiˈonsstück n. ~ **en·gine** → tank 3 b.
**tank·er** ['tæŋkə(r)] s 1. mar. Tanker m, Tankschiff n. 2. a. ~ **aircraft** aer. Tankflugzeug n. 3. mot. Tankwagen m. 4. mil. 'Panzersolˌdat m.
**tank| farm** s mil. tech. Tanklager n. ~ **farm·ing** s 'Hydrokulˌtur f. ~ **i·ron** s tech. mittelstarkes Eisenblech. '~ˌ**ship** → tanker 1. ~ **town** s Am. colloq. ˌNest' n, ˌKaff' n. ~ **trap** s mil. Panzerfalle f. ~ **truck** s Tankwagen m. ~ **wag·on** s rail. Br. Kesselwagen m.
**tan liq·uor** s tech. Beizbrühe f.
**tan·nage** ['tænɪdʒ] s 1. Gerbung f. 2. Gerbstoff m.
**tan·nate** ['tæneɪt] s chem. Tan'nat n.
**tanned** [tænd] adj 1. tech. lohgar. 2. braungebrannt.
**tan·ner¹** ['tænə(r)] s (Loh)Gerber m.
**tan·ner²** ['tænə(r)] s hist. Br. sl. Sixpence(stück n) m.
**tan·ner·y** ['tænərɪ] (Loh)Gerbeˈrei f.
**tan·nic** ['tænɪk] adj chem. Gerb...: ~ **acid** Gerbsäure f, Tan'nin n.
**tan·nif·er·ous** [tæˈnɪfərəs] adj chem. gerbsäurehaltig. **tan·nin** ['tænɪn] s chem. Gerbsäure f, Tan'nin n.
**tan·ning** ['tænɪŋ] s 1. Gerben n. 2. colloq. (Tracht f) Prügel pl.
**tan|ooze, ~ pick·le** s tan liquor. ~ **pit** s Lohgrube f.
**tan·rec** ['tænrek] → tenrec.
**tan·sy** ['tænzɪ] s bot. 1. Rainfarn m. 2. Gänsefingerkraut n.
**tan·ta·late** ['tæntəleɪt] s chem. tan'talsaures Salz. **tan'tal·ic** [-'tælɪk] adj chem. tan'talsauer, Tantal...
**tan·ta·li·za·tion** [ˌtæntəlaɪˈzeɪʃn; Am. -lə'z-] s 1. Quälen n, ˌZappellassen' n. 2. (Tantalus)Qual f. **'tan·ta·lize** [-laɪz] v/t peinigen, quälen, ˌzappeln' lassen. **'tan·ta·liz·ing** adj (adv ~ly) quälend, aufreizend, verlockend, 'unwiderstehlich.
**tan·ta·lum** ['tæntələm] s chem. Tantal n.

**tan·ta·lus** [ˈtæntələs] *s* verschließbarer Flaschenhalter *od.* -ständer.

**tan·ta·mount** [ˈtæntəmaʊnt] *adj* gleichbedeutend (**to** mit): **to be** ~ **to** gleichkommen (*dat*), hinauslaufen auf (*acc*).

**tan·ta·ra** [ˈtæntərə; tænˈtɑːrə] *s* Fanˈfarenstoß *m*.

**tan·tiv·y** [tænˈtɪvɪ] **I** *s* **1.** schneller Gaˈlopp. **2.** Hussa *n* (*Jagdruf*). **II** *adv* **3.** eiligst, mit äußerster Geschwindigkeit.

**Tan·tra** [ˈtæntrə; *Am.* ˈtʌn-; ˈtɑːn-] *s relig.* Tantra *n* (*hinduistischer Text*). **ˈTan·trism** *s* Tanˈtrismus *m*.

**tan·trum** [ˈtæntrəm] *s* Wutanfall *m*: **to fly into a** ~ e-n Koller kriegen.

**Ta·o** [ˈtɑːəʊ] *s philos.* Tao *n* (*Urgrund des Seins, Vernunft etc*). **ˈTao·ism** *s relig.* Taoˈismus *m* (*chinesische Volksreligion*). **ˈTa·o·ist I** *s* Taoˈist *m*. **II** *adj* taoˈistisch.

**tap¹** [tæp] **I** *s* **1.** Zapfen *m*, Spund *m*, (Faß)Hahn *m*: **on** ~ a) angezapft (*Faß*), b) vom Faß (*Bier etc*), c) *fig.* (sofort) verfügbar, auf Lager, zur Hand. **2.** a) (Wasser-, Gas)Hahn *m*, b) Wasserleitung *f*: **to turn on the** ~ *colloq.* zu heulen anfangen, losheulen. **3.** *colloq.* (Getränke)Sorte *f*. **4.** *med.* Punktiˈon *f*. **5.** *sl.* ˌ(An)Pumpversuch' *m*. **6.** → **taproom. 7.** *tech.* a) Gewindebohrer *m*, b) (Ab)Stich *m*, c) Abzweigung *f*. **8.** *electr.* a) Stromabnehmer *m*, b) Anzapfung *f*, c) Zapfstelle *f*. **II** *v/t* **9.** mit e-m Zapfen *od.* Hahn versehen. **10.** abzapfen: **to** ~ **a fluid. 11.** anzapfen, anstechen: **to** ~ **a barrel. 12.** *med.* punkˈtieren. **13.** *electr.* anzapfen: **to** ~ **the wire(s)** a) Strom stehlen *od.* abzapfen, b) Telefongespräche abhören, die Leitung(en) anzapfen. **14.** a) *electr.* die Spannung abgreifen, b) anschließen. **15.** *tech.* mit (e-m) Gewinde versehen. **16.** *metall.* die Schlacke abstechen. **17.** *fig.* Hilfsquellen etc erschließen. **18.** Vorräte etc angreifen, anbrechen, anzapfen. **19.** *sl.* j-n ˌanpumpen' (**for** um).

**tap²** [tæp] **I** *v/t* **1.** leicht schlagen *od.* klopfen *od.* pochen an (*acc*) *od.* auf (*acc*) *od.* gegen, etwas beklopfen. **2.** leicht tippen mit: **to** ~ **one's fingers on the table** mit den Fingern auf dem *od.* den Tisch trommeln. **3.** antippen. **4.** *e-n Schuh* flicken. **II** *v/i* **5.** klopfen (**on**, **at** gegen, an *acc*). **6.** *hunt.* trommeln (*Hase od. Kaninchen*). **III** *s* **7.** leichter Schlag, Klaps *m*. **8.** *pl mil. Am.* Zapfenstreich *m*. **9.** Stück *n* Leder, Flicken *m*.

**tap| dance** *s* Steptanz *m*. **ˈ~–dance** *v/i* steppen. **~ danc·er** *s* Steptänzer(in). **~ danc·ing** *s* Steppen *n*, Steptanz *m*.

**tape** [teɪp] **I** *s* **1.** schmales (Leinen)Band, Zwirnband *n*. **2.** (Isolier-, Meß-, Metall-etc)Band *n*, (Papier-, Kleb- etc)Streifen *m*. **3.** *electr.* a) Telegraphie: Paˈpierstreifen *m*, b) *Computer, Fernschreiber:* Lochstreifen *m*, c) (Maˈgnet-, Video-, Ton-) Band *n*. **4.** Heftpflaster *n*. **5.** *sport* Zielband *n*: **to breast the** ~ das Zielband durchreißen. **II** *v/t* **6.** mit e-m Band versehen. **7.** (mit Band) umˈwickeln *od.* binden. **8.** mit Heftpflaster verkleben: **to** ~ **a wound. 9.** Buchteile heften. **10.** mit dem Bandmaß messen: **to have s.o.** (**s.th.**) **~d** *bes. Br. colloq.* klarsehen mit j-m (etwas); **to have things well ~d** *bes. Br. colloq.* alles gut im Griff haben. **11.** a) auf (Ton)Band aufnehmen; **~d music** *Am.* Musik *f* vom Band, b) *TV* aufzeichnen.

**~ deck** *s electr.* Tapedeck *n*. **~ li·brar·y** *s* ˈBandarˌchiv *n*. **ˈ~–line** *s Am. für* **tape measure. ~ ma·chine** *s* **1.** *Börse: Br.* Fernschreiber *m*. **2.** → **tape recorder. ~ meas·ure** *s* Meßband *n*, Bandmaß *n*. **~ play·er** *s electr.* ˈBandˌwiedergabegerät *n*.

**ta·per** [ˈteɪpə(r)] **I** *s* **1.** a) dünne Wachs-

---

kerze, b) schwache Lichtquelle. **2.** Wachsstock *m*. **3.** *tech.* Verjüngung *f*, Spitzˈzulaufen *n*, Koniziˈtät *f*. **4.** konischer Gegenstand. **5.** *fig.* langsames Nachlassen, Abnehmen *n*. **6.** *electr.* ˈWiderstandsverteilung *f*. **II** *adj* **7.** spitz zulaufend, konisch, sich verjüngend: ~ **file** Spitzfeile *f*. **III** *v/t* **8.** verjüngen, zuspitzen, konisch machen. **9.** ~ **off** *fig.* die Produktion auslaufen lassen: **to** ~ **off one's day** den Tag auslaufen lassen. **IV** *v/i* **10.** *oft* ~ **off** spitz zulaufen, sich verjüngen. **11.** ~ **off** *fig.* allˈmählich aufhören, auslaufen.

**ˈtape|–reˌcord** → **tape 11.** ~ **re·cord·er** *s electr.* Tonbandgerät *n*. ~ **re·cord·ing** *s* **1.** Bandaufnahme *f*. **2.** *TV* (Band)Aufzeichnung *f*.

**ˈta·per·ing** → **taper 7.**

**ta·per| pin** *s tech.* konischer Stift. ~ **roll·er bear·ing** *s tech.* Kegelrollenlager *n*. ~ **tap** *s tech.* Gewindebohrer *m*.

**tape speed** *s* Band-, Transˈportgeschwindigkeit *f*.

**ta·pes·tried** [ˈtæpɪstrɪd] *adj* gobeˈlingeschmückt.

**ta·pes·try** [ˈtæpɪstrɪ] *s* **1.** Gobeˈlin *m*, Wandteppich *m*, gewirkte Taˈpete. **2.** Dekoratiˈonsstoff *m*. **3.** Tapisseˈrie *f*. **~ car·pet** *s* Wandteppich *m*.

**ˈtape·worm** *s zo.* Bandwurm *m*.

**ˈtap|–hole** *s metall.* (Ab)Stichloch *n*. **ˈ~–house** *s obs.* Wirtshaus *n*, Schenke *f*.

**tap·i·o·ca** [ˌtæpɪˈəʊkə] *s* Tapiˈoka *f*.

**ta·pir** [ˈteɪpə(r)] *pl* **-pirs**, *bes. collect.* **-pir** *s zo.* Tapir *m*.

**tap·is** [ˈtæpiː] *pl* **-pis** *s obs.* Teppich *m*: **to bring (up)on the** ~ *fig.* ˌaufs Tapet' *od.* zur Sprache bringen.

**ta·pote·ment** [təˈpəʊtmənt] *s med.* ˈKlopfmasˌsage *f*.

**tap·pet** [ˈtæpɪt] *s tech.* **1.** Daumen *m*, Mitnehmer *m*. **2.** (Wellen)Nocke *f*. **3.** (Venˈtil- etc)Stößel *m*. **4.** Steuerknagge *f*. **~ gear** *s* Nockensteuerung *f*.

**ˈtap·ping¹** *s* **1.** (An-, Ab)Zapfen *n*. **2.** *tech.* a) (Ab)Stich *m*, b) Abzweigung *f*, c) Gewindebohren *n*, -schneiden *n*: ~ **drill** Gewindebohrer *m*. **3.** *electr.* a) Anzapfung *f*, b) Angriff *m*: ~ **contactor** Anzapf-, Stufenschütz *n*. **4.** *med.* Punkˈtieren *n*. **5.** *fig.* Erschließen *n*: **the** ~ **of natural resources.**

**ˈtap·ping²** *s* (Be)Klopfen *n*.

**ˈtap·room** *s* Schankstube *f*. **ˈ~–root** *s bot.* Pfahlwurzel *f*.

**tap·ster** [ˈtæpstə(r)] *s* Schankkellner *m*.

**tap| twirl** *s* Wasserstrahlregler *m*. **~ wa·ter** *s* Leitungswasser *n*.

**tar** [tɑː(r)] **I** *s* **1.** Teer *m*. **2.** *colloq. obs.* Teerjacke *f* (*Matrose*). **II** *v/t* **3.** teeren: **to** ~ **and feather** *j-n* teeren u. federn; **~ed with the same brush** kein Haar besser.

**tar·a·did·dle** [ˈtærədɪdl] *s colloq.* **1.** Flunkeˈrei *f*. **2.** ˌQuatsch' *m*.

**ta·ran·tu·la** [təˈræntjʊlə; *Am.* -tʃələ] *pl* **-las**, **-lae** [-liː] *s zo.* Taˈrantel *f*.

**ta·rax·a·cum** [təˈræksəkəm] *s bot.* Löwenzahn *m*.

**ˈtar|–board** *s* Dach-, Teerpappe *f*. **ˈ~–boil·er** *s* Straßenbau: Teerkessel *m*. **ˈ~–brush** *s* Teerpinsel *m*: **he has a touch** (*od.* **lick**) **of the** ~ *Am. colloq.* er hat Neger- *od.* Indianerblut in den Adern.

**tar·di·ness** [ˈtɑː(r)dɪnɪs] *s* **1.** Langsamkeit *f*. **2.** Unpünktlichkeit *f*, Säumigkeit *f*. **3.** *Am.* Verspätung *f*. **ˈtar·dy** *adj* (*adv* **tardily**) **1.** langsam, träge. **2.** säumig, saumselig, unpünktlich. **3.** *Am.* spät, verspätet: **to be** ~ zu spät kommen.

**tare¹** [teə(r)] *s* **1.** *bot.* (*bes.* Futter)Wicke *f*. **2.** *Bibl.* Unkraut *n*.

**tare²** [teə(r)] *s econ.* Tara *f*: ~ **and tret** Tara u. Gutgewicht. **II** *v/t* taˈrieren.

**tare³** [teə(r)] *pret obs. von* tear².

---

**targe** [tɑː(r)dʒ] *s hist.* Tartsche *f* (*Schild*).

**tar·get** [ˈtɑː(r)gɪt] **I** *s* **1.** (Schieß-, Ziel-) Scheibe *f*. **2.** Trefferzahl *f*. **3.** *mil.* Ziel *n*: **to be off** ~ a) danebengehen (*Schuß etc*, *sport a.* Wurf), b) *fig.* ˌdanebenhauen'; **to be on** ~ a) treffen (*Schuß etc*), b) *sport* aufs Tor gehen (*Schuß, Wurf*), c) *fig.* auf dem richtigen Weg sein. **4.** *fig.* Zielscheibe *f* (*des Spottes etc*). **5.** *fig.* (Leistungs-, Produktions- etc)Ziel *n*, (-)Soll *n*: **to set o.s. a** (*od.* **the**) ~ **of doing s.th.** (es) sich zum Ziel setzen, etwas zu tun. **6.** *rail.* ˈWeichensiˌgnal *n*. **7.** *surv.* Radar: Ziel *n*, ˈMeßobˌjekt *n*. **8.** *electr.* a) ˈFangelekˌtrode *f*, b) ˈAntikaˌthode *f* (*von Röntgenröhren*), c) ˈFotokaˌthode *f* (*e-r Aufnahmeröhre*). **9.** *Kernphysik:* a) Target *n*, Auffänger *m*, b) Zielkern *m*. **10.** *bes. her.* runder Schild. **II** *v/t* **11.** *fig.* ˈanviˌsieren, ins Auge fassen, planen. **III** *adj* **12.** Ziel...: ~ **area** mil. Zielbereich *m*; ~ **blip** (*Radar*) Zielzeichen *n*; ~ **bombing** gezielter Bombenwurf; ~ **date** Stichtag *m*, Termin *m*; ~ **electrode** → **8a**; ~ **figures** Sollzahlen; ~ **group** (*Werbung*) Zielgruppe *f*; ~ **language** *ling.* Zielsprache *f*; ~ **man** (*Fußball*) kopfballstarker Mittelstürmer (*auf den hohe Flanken geschlagen werden*); ~ **pickup** mil. Zielerfassung *f*; ~ **pistol** Übungspistole *f*; ~ **practice** Scheiben-, Übungsschießen *n*; **~–seeking** *mil.* zielsuchend (*Rakete etc*); ~ **ship** Zielschiff *n*. **ˈtar·get·a·ble** *adj* mil. aufs Ziel einstellbar (*Sprengköpfe etc*).

**tar·get·eer**, **tar·get·ier** [ˌtɑː(r)gɪˈtɪə(r)] *s hist.* mit Schild bewaffneter ˈFußsolˌdat.

**Tar·heel** [ˈtɑːˌhiːl], **ˈTarˌheel·er** *s Am. colloq.* (*Spitzname für*) Bewohner(in) von ˈNordkaroˌlina.

**tar·iff** [ˈtærɪf] **I** *s* **1.** ˈZolltaˌrif *m*. **2.** Zoll(gebühr *f*) *m*. **3.** (Geˈbühren-, ˈKosten- etc)Taˌrif *m*. **4.** Preisverzeichnis *n* (*im Hotel etc*). **II** *v/t* **5.** e-n Taˈrif aufstellen für. **6.** Ware mit Zoll belegen. ~ **pro·tec·tion** *s* Zollschutz *m*. ~ **rate** *s* **1.** Taˈrifsatz *m*. **2.** Zollsatz *m*. ~ **wall** *s* Zollschranke *f* (*e-s Staates*).

**tar·mac** [ˈtɑː(r)mæk] *s* **1.** ˈTeermakaˌdam(straße *f*) *m*. **2.** *aer.* a) makadamiˈsierte Rollbahn, b) Hallenvorfeld *n*. **ˌtar·macˈad·am** → **tarmac 1.**

**tarn** [tɑː(r)n] *s* kleiner Bergsee.

**tar·nal** [ˈtɑː(r)nl], **tarˈna·tion** [-ˈneɪʃən] *adj, adv u. interj Am. dial.* verdammt.

**tar·nish** [ˈtɑː(r)nɪʃ] **I** *v/t* **1.** trüben, matt *od.* blind machen, *fig. e-r Sache* den Glanz nehmen. **2.** *fig.* besudeln, beflecken. **3.** *tech.* matˈtieren. **II** *v/i* **4.** matt *od.* trübe werden. **5.** anlaufen (*Metall*). **III** *s* **6.** Trübung *f*. **7.** Beschlag *m*, Anlaufen *n* (*von Metall*). **8.** *fig.* Makel *m*, Fleck *m*.

**ta·rok**, *a.* **ta·roc**, **ta·rock** [ˈtærɒk; *Am.* -ˌɑːk] *s* Taˈrock *n*, *m* (*Kartenspiel*).

**tar·ot** [ˈtærəʊ] *s* **1.** Kartenbild *n* im Taˈrock (*zu Am. Kartenlegen verwendet*). **2.** *pl* (*als sg konstruiert*) tarok.

**tarp** [tɑː(r)p] *colloq. für* tarpaulin.

**tar·pan** [ˈtɑː(r)pæn] *s zo.* Tarˈpan *m*.

**tar pa·per** *s* ˈTeerpaˌpier *n*, -pappe *f*.

**tar·pau·lin** [tɑː(r)ˈpɔːlɪn] *s* **1.** *mar.* a) Perˈsenning *f* (*geteertes Segeltuch*), b) Ölzeug *n* (*bes.* Hose, Mantel). **2.** Plane *f*, Wagendecke *f*. **3.** Zeltbahn *f*.

**tar·ra·did·dle** → **taradiddle.**

**tar·ra·gon** [ˈtærəgən] *s bot.* Estragon *m*.

**tar·rock** [ˈtærək] *s orn. Br.* **1.** Stummelmöwe *f*. **2.** → **tern¹.**

**tar·ry¹** [ˈtɑːrɪ] *adj* teerig.

**tar·ry²** [ˈtærɪ] **I** *v/i* **1.** zögern, zaudern. **2.** (ver)weilen, bleiben. **II** *v/t* **3.** *obs.* abwarten.

**tar·sal** [ˈtɑː(r)sl] *anat.* **I** *adj* **1.** Fußwurzel... **2.** (Augen)Lidknorpel... **II** *s* **3.** a.

bone Fußwurzelknochen m. **4.** (Augen-) Lidknorpel m.

**tar·si** ['tɑ:(r)saɪ] pl von **tarsus.**

**tar·si·a** ['tɑ:(r)sɪə] s In'tarsia f, Einlegearbeit f.

**tar·sus** ['tɑ:(r)səs] pl **-si** [-saɪ] s **1.** anat. → **tarsal** 3 u. 4. **2.** orn. Laufknochen m. **3.** zo. Fußglied n.

**tart¹** [tɑ:(r)t] adj (adv ~ly) **1.** sauer, scharf, herb. **2.** fig. scharf, beißend: a ~ **reply.**

**tart²** [tɑ:(r)t] **I** s **1.** bes. Am. (Frucht-, Creme)Törtchen n. **2.** bes. Br. Obstkuchen m, (Obst)Torte f. **3.** sl. ,Flittchen' n. **II** v/t **4.** ~ **up** Br. sl. Haus etc geschmacklos 'herrichten: **to** ~ **o.s. up** sich ,aufdonnern'.

**tar·tan¹** ['tɑ:(r)tən] **I** s Tartan m: a) Schottentuch n, b) Schottenmuster n. **II** adj Tartan..., Schotten...: ~ **plaid.**

**tar·tan²** ['tɑ:(r)tən] s mar. Tar'tane f (gedecktes einmastiges Fischereifahrzeug im Mittelmeer).

**tar·tan³** ['tɑ:(r)tən] s sport Tartan m (Bahnbelag): ~ **track** Tartanbahn f.

**Tar·tar¹** ['tɑ:(r)tə(r)] **I** s **1.** Ta'tar(in). **2.** a. t~ Wüterich m, böser od. unangenehmer Kerl: **to catch a** ~ an den Unrechten kommen. **II** adj **3.** tar'tarisch.

**tar·tar²** ['tɑ:(r)tə(r)] s **1.** chem. pharm. Weinstein m: ~ **emetic** pharm. Brechweinstein. **2.** med. Zahnstein m.

**Tar·tar·e·an** [tɑ:(r)'teərɪən] adj poet. höllisch, (aus) der 'Unterwelt.

**tar·tar·ic** [tɑ:(r)'tærɪk] adj: ~ **acid** chem. Weinsäure f.

**tart·let** ['tɑ:(r)tlɪt] s bes. Br. (Obst)Törtchen n.

**'tart·ness** s Schärfe f: a) Säure f, Herbheit f, b) Bissigkeit f.

**tar·trate** ['tɑ:(r)treɪt] s chem. wein(stein)saures Salz, Tar'trat n.

**Ta·shi La·ma** ['tɑ:ʃɪ] s relig. Taschi-Lama m.

**ta·sim·e·ter** [tə'sɪmɪtə(r)] s electr. phys. Tasi'meter n (Gerät zur Messung von Druckschwankungen).

**task** [tɑ:sk; Am. tæsk] **I** s **1.** (a. schwierige) Aufgabe: **to set s.o. a** ~ j-m e-e Aufgabe stellen; **to take to** ~ fig. j-n ,ins Gebet nehmen' (**for** wegen). **2.** Pflicht f, (auferlegte) Arbeit, Pensum n. **3.** ped. univ. Prüfungsaufgabe f. **II** v/t **4.** j-m Arbeit auferlegen od. aufbürden od. zuweisen, j-n beschäftigen. **5.** j-m e-e Aufgabe stellen. **6.** fig. j-s Kräfte etc stark beanspruchen: **to** ~ **one's memory** sein Gedächtnis anstrengen. ~ **force** s **1.** mar. mil. a) gemischter Kampfverband, b) Sonder-, Spezi'aleinheit f (a. der Polizei). **2.** 'Sonderdezer,nat n (der Polizei). **3.** fig. Pro'jektgruppe f. **'~·mas·ter** s **1.** (bes. strenger) Arbeitgeber od. Aufseher: **severe** ~ strenger Zuchtmeister. **2.** → **task-setter** 1. **'~·set·ter** s econ. Am. **1.** (Arbeits)Anweiser m. **2.** Arbeiter, dessen Leistung zur allgemeinen Norm gemacht wird. ~ **time** s econ. Am. Zeitnorm f. ~ **wag·es** s econ. Ak'kord-, Stücklohn m. **'~·work** s **1.** harte od. unangenehme Arbeit. **2.** econ. Ak'kordarbeit f.

**Tas·ma·ni·an** [tæz'meɪnjən; -nɪən] **I** adj tas'manisch. **II** s Tas'manier(in).

**tas·sel** ['tæsl] **I** s **1.** Quaste f, Troddel f. **2.** bot. Am. Narbenfäden pl (des Maiskolbens). **3.** (eingeheftetes) Lesezeichen. **II** v/t pret u. pp **-seled**, bes. Br. **-selled 4.** mit Quasten schmücken. **5.** Am. die Narbenfäden entfernen von (Mais). **III** v/i **6.** bot. blühen (Mais). ~ **grass** s bot. Salde f.

**tast·a·ble** ['teɪstəbl] adj schmeckbar, zu schmecken(d).

**taste** [teɪst] **I** v/t **1.** Speisen etc kosten, (ab)schmecken, pro'bieren (a. fig.): → **blood** 1. **2.** kosten, Essen anrühren: he had not ~d food for days. **3.** etwas (her'aus)schmecken: **to** ~ **the garlic in a sausage. 4.** fig. kosten, kennenlernen, erleben, erfahren. **5.** fig. genießen.
**II** v/i **6.** schmecken (**of** nach). **7.** ~ **of** fig. riechen od. schmecken nach. **8.** kosten, versuchen, pro'bieren (**of** von od. acc). **9.** ~ **of** fig. → 4.
**III** s **10.** Geschmack m: **to leave a bad** (od. **nasty**) ~ **in one's mouth** bes. fig. e-n üblen Nachgeschmack hinterlassen. **11.** Geschmackssinn m. **12.** (Kost-) Probe f (**of** von od. gen): a) kleiner Bissen, Happen m, b) Schlückchen n: **have a** ~ **of s.th.** etwas kosten od. probieren. **13.** fig. (Kost)Probe f, Vorgeschmack m: **to have a** ~ **of s.th.** e-n Vorgeschmack von etwas bekommen. **14.** fig. Beigeschmack m, Anflug m (**of** von). **15.** fig. (künstlerischer od. guter) Geschmack: **to be a man of** ~ Geschmack haben; **each to his** ~ jeder nach s-m Geschmack; **in bad** ~ geschmacklos (a. weitS. taktlos); **in good** ~ a) geschmackvoll, b) taktvoll; → **matter** 3. **16.** fig. Geschmacksrichtung f, Mode f. **17.** fig. (**for**) a) Neigung f, Vorliebe f, Sinn m (für): **a** ~ **for music,** b) Geschmack m, Gefallen n (an dat): **not to my** ~ nicht nach m-m Geschmack; **that's not to everybody's** ~ das ist nicht jedermanns Sache.

**taste·a·ble** → **tastable.**

**taste** | **bud,** ~ **bulb** s anat. Geschmacksbecher m, -knospe f. ~ **cell,** ~ **cor·pus·cle** s anat. Geschmackskörperchen n (der Zunge).

**taste·ful** ['teɪstfʊl] adj (adv ~ly) **1.** schmackhaft. **2.** fig. geschmackvoll. **'taste·ful·ness** s **1.** Schmackhaftigkeit f. **2.** fig. guter Geschmack (e-r Sache), (das) Geschmackvolle.

**'taste·less** adj (adv ~ly) **1.** unschmackhaft, fad(e). **2.** fig. geschmacklos, a. weitS. taktlos. **'taste·less·ness** s **1.** Unschmackhaftigkeit f. **2.** fig. Geschmack-, Taktlosigkeit f.

**'tast·er** s **1.** (berufsmäßiger Tee-, Wein etc)Schmecker, Koster m. **2.** bes. hist. Vorkoster m. **3.** Pro'bierglas-chen n (für Wein). **4.** (Käse)Stecher m. **5.** Pi'pette f. **6.** → **taste** 12.

**tast·i·ness** ['teɪstɪnɪs] → **tastefulness.**

**tast·y** ['teɪstɪ] adj (adv tastily) → **tasteful.**

**tat¹** [tæt] **I** v/i Frivoli'tätenarbeit machen. **II** v/t in Frivoli'tätenarbeit 'herstellen.

**tat²** [tæt] s Br. Ind. rauhe indische Leinwand.

**ta-ta** [,tæ'tɑ:; Am. tɑ:'tɑ:] interj Kindersprache: auf 'Wiedersehen!, ,Tschüs!'

**Ta·tar** ['tɑ:tə(r)] **I** s Ta'tar(in). **II** adj ta'tarisch. **Ta·tar·i·an** [-'teərɪən], **Ta-'tar·ic** [-'tærɪk] adj ta'tarisch.

**tat·ter** ['tætə(r)] s Lumpen m, Fetzen m: **in** ~s in Fetzen, zerfetzt; **to tear to** ~s a) zerfetzen, -reißen, b) fig. Ruf etc ruinieren, ramponieren.

**tat·ter·de·mal·ion** [,tætə(r)də'meɪljən] **I** s zerlumpter Kerl. **II** adj → **tattered** 1.

**tat·tered** ['tætə(r)d] adj **1.** zerlumpt, abgerissen. **2.** zerrissen, -fetzt. **3.** fig. ru'iniert, rampo'niert (Ruf etc).

**tat·ter·sall** ['tætə(r)sɔ:l] s **1.** a. ~ **check** farbige Deckkaromusterung. **2.** farbig gewürfelter Westenstoff.

**tat·ting** ['tætɪŋ] s Frivoli'täten-, Schiffchenarbeit f.

**tat·tle** ['tætl] **I** v/i klatschen, ,tratschen'. **II** v/t ausplaudern. **III** s Klatsch m, ,Tratsch' m. **'tat·tler** s **1.** Klatschbase f, -maul n. **2.** orn. (ein) Wasserläufer m.

**tat·too¹** [tə'tu:; tæ-] **I** s **1.** mil. a) Zapfenstreich m (Signal): **to sound** (**beat**) **the** ~ → 3, b) 'Abendpa,rade f mit Mu'sik. **2.** Trommeln n, Klopfen n: **to beat a** ~ **on the table with one's fingers** mit den Fingern auf dem od. den Tisch trommeln. **II** v/i **3.** mil. den Zapfenstreich blasen od. trommeln. **4.** (**at, on**) trommeln (gegen, an acc), klopfen (an acc).

**tat·too²** [tə'tu:; tæ-] **I** v/t **1.** täto'wieren. **2.** ein Muster 'eintäto,wieren (**on** in acc). **II** s **3.** Täto'wierung f. **tat'too·er, tat-'too·ist** s Täto'wierer(in).

**tat·ty** ['tætɪ] adj **1.** Br. a) schmuddelig (Kleidung etc), b) schmutzig (Stadt etc). **2.** billig (Ausrede etc).

**tau** [taʊ; Am. a. tɔ:] s Tau n (griechischer Buchstabe).

**taught** [tɔ:t] pret u. pp von **teach.**

**taunt¹** [tɔ:nt; Am. a. tɑ:nt] **I** v/t **1.** verhöhnen, -spotten: **to** ~ **s.o. with s.th.** j-m etwas (höhnisch) vorwerfen. **II** v/i **2.** höhnen, spotten. **III** s **3.** Spott m, Hohn m. **4.** spöttische od. höhnische Bemerkung.

**taunt²** [tɔ:nt; Am. a. tɑ:nt] adj mar. (sehr) hoch (Mast).

**'taunt·ing** adj (adv ~ly) spöttisch, höhnisch.

**taupe** [təʊp] adj taupe, maulwurfs-, braungrau.

**tau·rine¹** ['tɔ:raɪn] **I** adj **1.** zo. a) rinderartig, Rinder..., b) Stier... **2.** astr. Stier... **II** s **3.** Stier m.

**tau·rine²** ['tɔ:ri:n] s chem. Tau'rin n.

**tau·rom·a·chy** [tɔ:'rɒməkɪ; Am. -'rɑ-] s Tauroma'chie f: a) Technik f des Stierkampfs, b) Stierkampf m.

**Tau·rus** ['tɔ:rəs] s astr. Stier m (Sternbild u. Tierkreiszeichen): **to be** (**a**) ~ Stier sein.

**taut** [tɔ:t] adj (adv ~ly) **1.** straff, stramm (Seil etc), angespannt (a. Gesicht, Nerven, Person): **nerves** (as) ~ **as a bowstring** zum Zerreißen angespannte Nerven. **2.** bes. mar. schmuck. **'taut·en I** v/t **1.** strammziehen, straff anspannen. **2.** Glied strecken. **II** v/i **3.** sich straffen od. spannen. → 'taut·chrone f).

**tau·to·chrone** ['tɔ:təʊkrəʊn] s math. f.

**tau·to·log·ic** [,tɔ:tə'lɒdʒɪk; Am. ,tɔ:tl'ɑ-] adj; **,tau·to'log·i·cal** [-kl] adj (adv ~ly) tauto'logisch. **tau'tol·o·gize** [-'tɒlədʒaɪz; Am. -'tɑ-] v/i unnötig das'selbe wieder'holen, Tautolo'gien gebrauchen.

**tau·tol·o·gy** [-dʒɪ] s Tautolo'gie f, Doppelaussage f.

**tau·to·mer** ['tɔ:təmə(r)] s chem. Tauto-'mere n. **tau'tom·er·ism** [-'tɒmərɪzəm; Am. -'tɑ-] s chem. Tautome'rie f.

**tav·ern** ['tævə(r)n] s **1.** obs. Wirtshaus n, Schenke f. **2.** Am. Gasthaus n, -hof m.

**taw¹** [tɔ:] s/t v/t weißgerben.

**taw²** [tɔ:] s **1.** Murmel f. **2.** Murmelspiel n. **3.** Ausgangslinie f (beim Murmelspiel).

**taw·dri·ness** ['tɔ:drɪnɪs; Am. a. 'tɑ:-] s **1.** Grelle f. **2.** geschmacklose Aufmachung. **3.** Flitterhaftigkeit f.

**taw·dry** ['tɔ:drɪ; Am. a. 'tɑ:-] adj (adv tawdrily) **1.** knallig, grell. **2.** geschmacklos aufgemacht (Lokal etc), ,aufgedonnert' (Person). **3.** flitterhaft, Flitter...

**tawed** [tɔ:d] adj al'laungar (Leder). **'taw·er** s Weißgerber m. **'taw·er·y** [-ərɪ] s Weißgerbe'rei f. [Lohfarbe f.)

**taw·ni·ness** ['tɔ:nɪnɪs; Am. a. 'tɑ:-] s]

**taw·ny** ['tɔ:nɪ; Am. a. 'tɑ:-] adj lohfarben, gelbbraun. ~ **owl** s orn. Waldkauz m.

**taws(e)** [tɔ:z] Br. **I** s Lederriemen m (zur Züchtigung). **II** v/t mit dem Lederriemen züchtigen.

**tax** [tæks] v/t **1.** j-n od. etwas besteuern, j-m e-e Steuer od. Abgabe auferlegen. **2.** jur. die Kosten etc ta'xieren, schätzen, ansetzen (**at** auf acc). **3.** fig. belasten. **4.** fig. stark in Anspruch nehmen, anstrengen, anspannen, strapa'zieren.

**5.** auf e-e harte Probe stellen. **6.** *j-n* zu'rechtweisen (**with** wegen). **7.** beschuldigen, bezichtigen (**s.o. with s.**th. j-n e-r Sache). **II** *s* **8.** (Staats)Steuer *f* (**on** auf *acc*), Abgabe *f*: ~ **on land** Grundsteuer; ~ **on real estate** *Am.* Grund(stücks)-steuer; **after** (**before**) ~**es** nach Abzug der Steuern, *a.* netto (vor Abzug der Steuern, *a.* brutto); **200 dollars in** ~**es** 200 Dollar an Steuern; **it all goes into** ~ das frißt alles die Steuer. **9.** Besteuerung *f* (**on** gen). **10.** Gebühr *f*. **11.** Beitrag *m*. **12.** *fig.* a) Bürde *f*, Last *f*, b) Belastung *f*, Beanspruchung *f* (**on** *gen od.* von): **a heavy** ~ **on his time** e-e starke Inanspruchnahme s-r Zeit. ~ **a·bate·ment** *s econ.* Steuernachlaß *m*.

**tax·a·bil·i·ty** [ˌtæksə'bɪlətɪ] *s* **1.** Besteuerungsfähigkeit *f*. **2.** Steuerpflichtigkeit *f*. **3.** *jur.* Gebührenpflichtigkeit *f*. **'tax·a·ble I** *adj* **1.** besteuerungsfähig. **2.** steuerpflichtig: ~ **income**. **3.** Steuer...: ~ **val·ue**; ~ **capacity** Steuerkraft *f*. **4.** *jur.* gebührenpflichtig. **II** *s Am.* **5.** Steuerpflichtige(r *m*) *f*. **6.** steuerpflichtiges Einkommen.

**tax al·low·ance** *s econ. Br.* (Steuer-) Freibetrag *m*.

**tax·a·tion** [tæk'seɪʃn] *s econ.* **1.** Besteuerung *f*: **profits before** (**after**) ~ unbesteuerte (besteuerte) Gewinne, *a.* Brutto-(Netto)Gewinne. **2.** *collect.* Steuern *pl*. **3.** Steuereinkünfte *pl*. **4.** *jur.* Schätzung *f*, Ta'xierung *f*: ~ **of costs**.

**tax| a·void·ance** *s* (le'gale) 'Steuerumˌgehung. ~ **bill** *s econ. Br.* **1.** *colloq.* Steuerbescheid *m*. **2.** *pol.* Steuervorlage *f*. ~**brack·et** *s econ.* Steuergruppe *f*, -klasse *f*. ~ **bur·den** *s* steuerliche Belastung, Steuerlast *f*. ~ **cer·tif·i·cate** *s Am.* Bescheinigung *f* über den Kauf von Land in e-m **tax sale**. ~ **col·lec·tor** *s econ.* Steuereinnehmer *m*. ~ **cred·it** *s econ. Am.* (Steuer)Freibetrag *m*, abzugsfähiger Betrag. ~**cut** *s econ.* Steuersenkung *f*. '~**deˌduct·i·ble** *adj econ.* steuerabzugsfähig, (steuerlich) absetzbar. **dodg·er** *s* 'Steuerhinterˌzieher(in). '~ˌeat·er** *s econ. Am. colloq.* Unter'stützungsempfänger(in). ~**e·vad·er** *s* 'Steuerhinterˌzieher(in). ~ **e·va·sion** *s jur.* 'Steuerhinterˌziehung *f*. ~**ex'empt** *adj econ. Am.* steuerfrei. ~ **ex·ile** *s econ.* **1.** 'Steuerexˌil *m* (to live in ~ im Steuerexil leben. **2.** Steuerflüchtling *m*. ~ **ex·pa·tri·ate** → **tax exile 2.** ~'**free** *adj u. adv econ.* steuerfrei. ~ **ha·ven** *s econ.* 'Steuerparaˌdies *n*, -oˌase *f*. ~ **horse** *s econ. colloq.* Abschreibungsgesellschaft *f*.

**tax·i** ['tæksɪ] **I** *pl* -**is**, *a.* -**ies** *s* **1.** *abbr. für* **taxicab. II** *v/i* **2.** mit e-m Taxi fahren. **3.** *aer.* rollen. **III** *v/t* **4.** in e-m Taxi befördern. **5.** *aer.* das Flugzeug rollen lassen, fahren. '~**cab** *s* Taxi *n*, Taxe *f*. ~ **danc·er** *s bes. Am.* Taxigirl *n*.

**tax·i·der·mal** [ˌtæksɪ'dɜːml; *Am.* -'dɜr-məl], **tax·i'der·mic** *adj* taxi'dermisch. '**tax·i·der·mist** *s* ('Tier)Präparator *m*, Ausstopfer *m*. '**tax·i·der·my** *s* Ta-xider'mie *f*.

**tax·i| driv·er** *s* 'Taxichaufˌfeur *m*, -fahrer *m*. ~ **girl** *n* → **taxi dancer**. '~**man** [-mən] *irr bes. Br. für* **taxi driver**. '~ˌme·ter** *s* Taxa'meter *m*, Fahrpreisanzeiger *m*.

'**tax·i·plane** *s bes. Am.* Lufttaxi *n*.

**tax·i rank** *s* Taxistand *m*.

**tax·is** ['tæksɪs] *s* **1.** *biol.* Taxis *f*, Ta'xie *f*, taktische Bewegung. **2.** *biol.* Klassifi'zierung *f*. **3.** *med.* Taxis *f*: a) *unblutiges Zurückbringen* e-s Eingeweidebruches, b) Wieder'einrichtung *f* (e-s Gelenks *etc*). **4.** *ling. rhet.* Anordnung *f*.

**tax·i| stand** *bes. Am. für* **taxi rank**. ~ **strip**, '~**way** *s aer.* Rollbahn *f*.

---

**tax| li·en** *s Am.* Steuerpfandrecht *n*. ~ **list** *s econ.* Steuerliste *f*.

**tax·o·nom·ic** [ˌtæksə'nɒmɪk; *Am.* -sə-'na-] *adj*, **ˌtax·o'nom·i·cal** [-kl] *adj* (*adv* ~**ly**) *biol.* **1.** taxo'nomisch, Klassifizierungs... **2.** klassifi'zierend. **tax'on·o·my** [-'sɒnəmɪ; *Am.* -'sɑ-] *s* Syste'matik *f*, Taxono'mie *f*.

'**tax|ˌpay·er** *s econ.* Steuerzahler(in). ~ **rate** *s econ.* Steuersatz *m*. ~ **re·lief** *s econ.* Steuererleichterung(en *pl*) *f*, -vergünstigung(en *pl*) *f*. ~ **re·turn** *s econ.* Steuererklärung *f*. ~ **roll** → **tax list**. ~ **sale** *s econ. Am.* Zwangsverkauf *od.* -versteigerung zur Bezahlung von Steuerschulden. ~ **ti·tle** *s jur. Am.* ein bei e-m **tax sale** erworbener Besitztitel.

**T band·age** *s med.* T-Binde *f*.

**T bar** *s tech.* T-Eisen *n*.

'**T-bone steak** *s* Steak mit T-förmigem Knochen.

**te** [tiː] *s mus.* ti *n* (*Solmisationssilbe*).

**tea** [tiː] **I** *s* **1.** *bot.* Chi'nesischer Teestrauch. **2.** Tee *m*: **not for all the** ~ **in China** nicht um alles in der Welt. **3.** Tee(mahlzeit *f*) *m*: **five-o'clock** ~ Fünfuhrtee *m*; → **high tea**. **4.** *Am. sl.* ˌGrass' *n* (*Marihuana*). **II** *v/i* **5.** *colloq.* Tee trinken. **III** *v/t* **6.** *colloq.* mit Tee bewirten. ~ **bag** *s Tee-*, Aufgußbeutel *m*. ~ **ball** *s bes. Am.* Tee-Ei *n*. ~ **bread** *s* (*Art*) Teekuchen *m*. ~ **cad·dy** *s* Teebüchse *f*. ~ **cake** → **tea bread**. '~ˌcart** *s Am.* Teewagen *m*.

**teach** [tiːtʃ] *pret u. pp* **taught** [tɔːt] **I** *v/t* **1.** *ein Fach* lehren, unter'richten *od.* 'Unterricht geben in (*dat*). **2.** *j-n, a. j-n etwas* lehren, *j-n* unter'richten, -'weisen in (*dat*): **to** ~ **s.o. a lesson** j-m e-e Lektion erteilen. **3.** *j-m etwas* zeigen, beibringen: **to** ~ **s.o.** (**how**) **to whistle** j-m das Pfeifen beibringen; **to** ~ **s.o. better** j-n e-s Besser(e)n belehren; **to** ~ **s.o. manners** j-m Manieren beibringen; **I will** ~ **you to steal** *colloq.* dich werd' ich das Stehlen lehren!; **that'll** ~ **you!** a) das wird dir e-e Lehre sein!, b) das kommt davon!. **4.** *ein Tier* dres'sieren, abrichten: **you can't** ~ **an old dog new tricks** *colloq.* was Häns-chen nicht lernt, lernt Hans nimmermehr. **5.** **to** ~ **school** *Am.* an e-r Schule unter'richten. **II** *v/i* **6.** unter'richten, 'Unterricht geben, Lehrer(in) sein. '**teach·a·ble** *adj* **1.** lehrbar (*Sache*). **2.** gelehrig (*Person*). '**teach·a·ble·ness** *s* **1.** Lehrbarkeit *f*. **2.** Gelehrigkeit *f*. '**teach·er** *s* Lehrer(in): ~**s college** *Am.* pädagogische Hochschule.

'**teach-in** *s bes. univ.* Teach-in *n* (*Versammlung mit Vorträgen u. Diskussionen über politische Themen*).

'**teach·ing I** *s* **1.** Unter'richten *n*, Lehren *n*. **2.** *oft pl* Lehre *f*, Lehren *pl*. **3.** Lehrberuf *m*. **II** *adj* **4.** lehrend, unter'richtend: ~ **aid** Lehr-, Unterrichtsmittel *n*; ~ **hospital** Lehrkrankenhaus *n*; ~ **machine** Lern-, Lehrmaschine *f*; ~ **method** Lehr-, Unterrichtsmethode *f*; ~ **pool** Lehrschwimmbecken *n*; ~ **profession** → 3, b) (*der*) Lehrerstand, (*die*) Lehrer *pl*; ~ **staff** Lehrerkollegium *n*, Lehrkörper *m*.

**tea| clip·per** *s mar.* Teeklipper *m*. ~ **cloth** *s* **1.** kleine Tischdecke. **2.** *bes. Br.* Geschirrtuch *n*. ~ **co·sy**, *Am.* ~ **co·zy** *s* Teehaube *f*, -wärmer *m*. '~**cup** *s* **1.** Teetasse *f*. **2.** → **teacupful**. '~**cupˌful** [-ˌfʊl] *s* (*e-e*) Teetasse(voll). ~ **dance** *s* Tanztee *m*. ~ **egg** *s bes. Br.* Tee-Ei *n*. ~ **fight** *s colloq.* Teegesellschaft *f*. ~ **gar·den** *s* **1.** 'Gartenrestauˌrant *n*. **2.** Teepflanzung *f*. ~ **gown** *s* Nachmittagskleid *n*. '~**house** *s* Teehaus *n* (*in China u. Japan*).

**teak** [tiːk] *s* **1.** *bot.* Teakholzbaum *m*. **2.** Teak-, Ti(e)kholz *n*.

'**teaˌket·tle** *s* Tee-, Wasserkessel *m*.

---

**teak| tree** → **teak 1**. '~**wood** → **teak 2**. [*orn.* Krickente *f*.]

**teal** [tiːl] *pl* **teals**, *bes. collect.* **teal** *s*

**tea leaf** *s irr* **1.** Teeblatt *n*. **2.** *pl* Teesatz *m*. **3.** *Br. sl.* ˌLangfinger' *m* (*Dieb*).

**team** [tiːm] **I** *s* **1.** (*Pferde- etc*)Gespann *n* (*Am. a. mit Wagen etc*): **a** ~ **of horses**. **2.** *sport u. fig.* Mannschaft *f*, Team *n*: ~ **captain** Mannschaftskapitän *m*; ~ **event** Mannschaftswettbewerb *m*; ~ **game** Mannschaftsspiel *n*; **politician of the first** ~ Politiker der ersten Garnitur. **3.** (*Arbeits- etc*)Gruppe *f*, Team *n*: **a** ~ **of scientists**; **by a** ~ **effort** mit vereinten Kräften. **4.** Ab'teilung *f*, Ko'lonne *f* (*of workmen* von Arbeitern). **5.** *orn.* Flug *m*, Zug *m*: **a** ~ **of partridges**. **6.** *dial.* a) Brut *f*: **a** ~ **of ducks**, b) Vieh(bestand *m*) *n*. **II** *v/t* **7.** *Zugtiere* zs.-spannen. **III** *v/i* **8.** ~ **up** *colloq.* a) sich zs.-tun *od.* -schließen (**with s.o.** mit j-m), b) sich anschließen (**with s.o.** j-m, an j-n), c) zs.-passen (*Kleidungsstücke*): **to** ~ **up with** passen zu.

**tea mak·er** *s* Tee-Ei *n* (*in Löffelform*).

**team| hand·ball** *s sport Am.* Handball (-spiel *n*) *m*. '~**mate** *s* **1.** *sport* 'Mannschaftskameˌrad(in). **2.** 'Arbeitskolˌlege *m*, -kolˌlegin *f*. ~ **play** *s sport* Mannschafts-, Zs.-spiel *n*. ~ **spir·it** *s* **1.** *sport* Mannschaftsgeist *m*. **2.** *fig.* Gemeinschafts-, Korpsgeist *m*. '~**ster** ['tiːmstə(r)] *s* **1.** Fuhrmann *m*. **2.** *Am.* Lastwagenfahrer *m*.

'**team|-teach** *v/i irr* gemeinsam unter'richten (*Fachlehrer*). ~ **teach·ing** *s* gemeinsamer 'Unterricht. ~**work** *s* **1.** → **team play**. **2.** koordi'nierte *od.* gute Zs.-arbeit, Teamwork *n*.

**tea| par·ty** *s* **1.** Teegesellschaft *f*: **the Boston T~ P~** der Teesturm von Boston (*1773*). **2.** *Am. fig.* ˌwilde *od.* heiße Sache'. '~**pot** *s* Teekanne *f*.

**tea·poy** ['tiːpɔɪ] *s* **1.** dreifüßiges Tischchen. **2.** Teetischchen *n*.

**tear**[1] [tɪə(r)] *s* **1.** Träne *f*: **in** ~**s** weinend, in Tränen (aufgelöst), unter Tränen; **slimming without** ~ müheloses Abnehmen; → **burst 4, fetch 5, squeeze 3**. **2.** *pl* Tränen *pl*, Leid *n*. **3.** Tropfen *m*: ~ **of resin** Harztropfen; ~ **glass** *tech.* (Glas-)Träne *f*.

**tear**[2] [teə(r)] **I** *s* **1.** (Zer)Reißen *n*: → **wear**[1] **15**. **2.** Riß *m*. **3.** rasendes Tempo: **at full** ~ in vollem Schwung; **in a** ~ in wilder Hast. **4. to go on a** ~ ,auf den Putz hauen'.

**II** *v/t pret* **tore** [tɔː(r); *Am.* 'təʊər] *obs.* **tare** [teə(r)] *pp* **torn** [tɔː(r)n; *Am.* 'təʊərn] **5.** zerreißen: **to** ~ **one's shirt** sich das Hemd zerreißen; **to** ~ **in two** entzweireißen; **to** ~ **open** aufreißen; **to** ~ **a page out of a book** e-e Seite aus e-m Buch herausreißen; **that's torn it, that** ~**s it** jetzt ist es aus *od.* passiert!; → **piece 2**. **6.** *die Haut etc* aufreißen: **to** ~ **one's hand** sich die Hand aufreißen. **7.** (ein)reißen: **to** ~ **a hole in one's coat** (sich) ein Loch in die Jacke reißen. **8.** zerren an (*dat*), (aus)reißen: **to** ~ **one's hair** sich die Haare (aus)raufen. **9.** wegreißen, gewaltsam entfernen (**from** von). **10.** entreißen (**s.th. from s.o.** j-m etwas). **11.** *fig.* zerreißen, -fleischen: **a party torn by internal strife** e-e durch interne Streitigkeiten zerrissene Partei; **torn between hope and despair** zwischen Hoffnung u. Verzweiflung hin- u. hergerissen; **a heart torn with anguish** ein schmerzgequältes Herz.

**III** *v/i* **12.** (zer)reißen. **13.** reißen, zerren (**at** an *dat*). **14.** *colloq.* stürmen, jagen, rasen, fegen: **to** ~ **about** (*od.* **around**) (in der Gegend) herumsausen; **to** ~ **into s.o.**

über j-n herfallen (*a. mit Worten*). **15.**
*colloq.* wüten, toben.
*Verbindungen mit Adverbien:*
**tear│a·way** *v/t* weg-, losreißen (**from**
von) (*a. fig.*): **to tear o.s. away** sich
losreißen. **~ down** *v/t* **1.** her'unterreißen
(*a. fig. kritisieren*). **2.** nieder-, 'umreißen.
**~ off I** *v/t* **1.** ab-, wegreißen: → **strip** 16.
**2.** sich *ein Kleid etc* vom Leibe reißen.
**3.** *colloq.* etwas ,'hinhauen' (*schnell ma-
chen*). **II** *v/i* **4.** losstürmen. **~ out** *v/t*
(her)'ausreißen. **~ up** *v/t* **1.** aufreißen: **to
~ the floor. 2.** ausreißen: **to ~ a tree.**
**3.** zerreißen, in Stücke reißen: **to ~ a
letter. 4.** *fig.* unter'graben, zerstören.
**tear·a·way** ['tɛərəweɪ] *bes. Br.* **I** *adj* a)
ungestüm, ,wild', b) ra'baukenhaft. **II** *s*
a) ungestümer *od.* ,wilder' Kerl, b) Ra-
'bauke *m.*
**tear│ bomb** [tɪə(r)] *s mil.* Tränengas-
bombe *f.* **'~·drop** *s* **1.** Träne *f.* **2.** An-
hänger *m* (*am Ohrring*). **~ duct** *s anat.*
'Tränenka‚nal *m.*
**tear·er** ['tɛərər] *s Am. sl.* ,tolles Ding'.
**tear·ful** ['tɪə(r)fʊl] *adj* (*adv* **~ly**) **1.** trä-
nenreich: **a ~ farewell. 2.** weinend, in
Tränen: **to be ~** weinen. **3.** *contp.* weiner-
lich. **4.** traurig: **a ~ event.**
**tear│ gas** [tɪə(r)] *s chem.* Tränengas *n.*
**'~·gas** *v/t* Tränengas einsetzen *od.* mit
Tränengas vorgehen gegen. **~ gland** *s*
*anat.* Tränendrüse *f.* **~ gre·nade** *s mil.*
'Tränengasgra‚nate *f.*
**tear·ing** ['tɛərɪŋ] *adj* **1.** (zer)reißend.
**2.** *colloq.* rasend: **~ headache; to be in a
~ hurry** es ,schrecklich' *od.* ,wahnsinnig'
eilig haben; **to be in a ~ rage** vor Wut
rasen. **3.** *bes. Br. colloq.* prächtig, ,toll'. **~
strength** *s* Zerreißfestigkeit *f.*
**'tear│jerk·er** ['tɪə(r)-] *s colloq.* ,Schnul-
ze' *f.*, ,Schmachtfetzen' *m.* **'~·jerk·ing**
*adj colloq.* rührselig, sentimen'tal.
**tear·less** ['tɪə(r)lɪs] *adj* tränenlos.
**'tear-off** ['tɛə(r)-] **I** *s* Abriß *m* (*e-r Ein-
trittskarte etc*). **II** *adj* Abreiß...: **~ cal-
endar.**
**'tea│·room** *s* Teestube *f*, Ca'fé *n.* **~ rose** *s*
*bot.* Teerose *f.*
**tear sheet** *s Am.* Belegbogen *m*,
-seite *f* (*bei Zeitungsannoncen etc*).
**tear│ shell** [tɪə(r)] *s mil.* 'Tränengas-
gra‚nate *f.* **'~·stained** *adj* **1.** tränennaß.
**2.** verweint (*Augen*).
**tear·y** ['tɪərɪ] *adj* **1.** tränennaß. **2.** zu
Tränen rührend.
**tease¹** [tiːz] **I** *v/t* **1.** hänseln, necken,
aufziehen, foppen, sticheln (**about** we-
gen). **2.** quälen: a) ärgern, b) belästigen,
bestürmen, *j-m ein* Ohren leiern' (**for**
wegen). **3.** (auf)reizen. **4.** *tech.* a) *Wolle*
kämmen, krempeln, b) *Flachs* hecheln,
c) *Werg* auszupfen. **5.** *tech. Tuch* (auf-)
rauhen, kar'dieren. **6.** *biol.* zerlegen: **to ~
a specimen for microscopic exami-
nation. 7.** *bes. Am. Haar* tou'pieren. **II**
*v/i* **8.** sticheln. **9.** lästig *od.* aufdringlich
sein. **III** *s* **10.** Necken *n*, Sticheln *n*,
Necke'rei *f*, Stiche'lei *f.* **11.** *colloq.* a) →
**teaser** 1 *u.* 3, b) Plage *f*, lästige Sache. **12.**
*Am. sl.* ,Kies' *m* (*Geld*).
**tease²** [tiːz] *v/t tech.* das Feuer *e-s Glas-
schmelzofens* schüren.
**tea·sel** ['tiːzl] **I** *s* **1.** *bot.* (*bes.* Weber-)
Karde *f.* **2.** *Weberei:* (Rau-, Tuch)Karde
*f.* **II** *v/t pret u. pp* **-seled**, *bes. Br.*
**-selled 3.** *Tuch* karden, krempeln.
**'tea·sel·er** *s*, *bes. Br.* **'tea·sel·ler** *s*
(*Tuch*)Rauher *m.*
**teas·er** ['tiːzə(r)] *s* **1.** Hänsler *m*, Necker
*m.* **2.** Quäl-, Plagegeist *m.* **3.** *sl.* Frau,
die ,alles verspricht, aber nichts hält'.
**4.** *colloq.* ,harte Nuß', schwierige Sache.
**5.** *colloq.* (*etwas*) Verlockendes. **6.** *tech.*
a) (Woll)Kämmer *m*, b) (Flachs)Hechler
*m*, c) (Werg)Auszupfer *m*, d) (Tuch-)

Rauher *m.* **7.** *Spinnerei:* Reißwolf *m.* **8.**
*orn.* Raubmöwe *f.*
**tea│ ser·vice, ~ set** *s* 'Teeser‚vice *n.* **~
shop** *Br.* → **tearoom. '~·spoon** *s* Tee-
löffel *m.* **'~·spoon‚ful** [-‚fʊl] *s* (*ein*) Tee-
löffel(voll) *m.*
**teat** [tiːt] *s* **1.** *anat.* Brustwarze *f* (*der
Frau*). **2.** *zo.* Zitze *f.* **3.** (Gummi-)
Sauger *m* (*e-r Babyflasche*). **4.** *tech.* War-
ze *f.*
**tea│ ta·ble** *s* (niedriger) Teetisch. **'~-
-‚ta·ble** *adj meist fig.* Teetisch...: **~ con-
versation** zwanglose Plauderei, Plausch
*m.* **'~·things** *s pl* Teegeschirr *n.* **~·time** *s*
Teestunde *f.* **~ tow·el** *s bes. Br.* Ge-
schirrtuch *n.* **~ tray** *s* Teebrett *n.* **~
trol·ley** *bes. Br. für* **tea wagon. ~·urn** *s*
'Teema‚schine *f.* **~ wag·on** *s Am.* Tee-
wagen *m.*
**tea·zel, tea·zle** → **teasel.**
**tec** [tek] *s Am. sl.* Detek'tiv *m.*
**tech·ne·tron·ic** [‚teknə'trɒnɪk; *Am.*
-'trɑ-] *adj* von Technolo'gie u. Elek'tro-
nik geprägt, techno'logisch-elek'tro-
nisch: **~ era.**
**tech·nic** ['teknɪk] **I** *adj* **1.** → **technical.**
**II** *s* **2.** → **technicality** 3, 4, 5. **3.** *meist pl*
a) → **technique,** b) → **technology.**
**tech·ni·cal** ['teknɪkl] *adj* (*adv* → **tech-
nically**) **1.** *allg.* technisch: a) *die Technik*
*betreffend:* **~ problems,** b) *engS.* be-
triebs-, verfahrenstechnisch: **~ data; ~
department** technische Betriebsabtei-
lung; **~ director** technischer Leiter,
c) *das Technische e-s Fachgebiets, e-s
Kunstzweigs, e-r Sportart betreffend:* **~
skill** technisches Geschick, gute Tech-
nik, d) *der Technik dienend:* **~ college**
Technische Hochschule; **~ highschool**
*Am.* (*etwa*) Berufsoberschule, Techni-
sche Oberschule; **~ school** → **second-
ary technical school,** e) fachmännisch,
fachgemäß, Fach..., Spezial...: **~ dictio-
nary** Fachwörterbuch *n*; **~ man** Fach-
mann *m*; **~ staff** technisches Personal,
Fachpersonal *n*; **~ term** Fachausdruck
*m.* **2.** *fig.* technisch: a) sachlich, b) rein
for'mal, theo'retisch: **~ knockout** (*Bo-
xen*) technischer K. o.; **~ on·grounds** *jur.*
aus formal-juristischen *od.* (verfahrens-)
technischen Gründen. **3.** *econ.* manipu-
'liert: **~ market; ~ price.**
**tech·ni·cal·i·ty** [‚teknɪ'kælətɪ] *s* **1.** (*das*)
Technische, technische Einzelheit *od.*
Besonderheit; **technicalities** techni-
sche Einzelheiten. **3.** Fachausdruck *m.*
**4.** technische Förmlichkeit (*e-s Verfah-
rens etc*). **5.** reine Formsache, (for'male)
Spitzfindigkeit.
**tech·ni·cal·ly** ['teknɪkəlɪ] *adv* **1.** tech-
nisch. **2.** eigentlich, genaugenommen.
**tech·ni·cian** [tek'nɪʃn] *s* **1.** Techniker *m*,
(technischer) Fachmann. **2.** *weitS.* Tech-
niker *m*, Vir'tuose *m*: **this artist is an
excellent ~** dieser Künstler hat e-e bril-
lante Technik. **3.** *mil. Am.* Techniker *m*
(*Dienstrang für Spezialisten*).
**tech·ni·cism** ['teknɪsɪzəm] *s* Techni'zis-
mus *m* (*Auffassung, die die Technik zur
Grundlage der Lösung von Problemen al-
ler Art machen*).
**Tech·ni·col·or** ['teknɪ‚kʌlə(r)] (*TM*) **I** *s*
*tech.* Technico'lor(verfahren) *n.* **II** *adj*
Technicolor...
**tech·nics** ['teknɪks] *s pl* **1.** (*meist als sg
konstruiert*) Technik *f*, *bes.* Inge'nieur-
wissenschaft *f.* **2.** technische Einzelhei-
ten *pl.* **3.** Fachausdrücke *pl.* **4.** (*meist als
sg konstruiert*) → **technique.**
**tech·ni·fy** ['teknɪfaɪ] **I** *v/t* techni'sieren.
**II** *v/i* techni'siert werden.
**tech·nique** [tek'niːk] *s* **1.** Technik *f*,
(Arbeits)Verfahren *n*: **~ of welding**
schweißtechnisches Verfahren, Schweiß-
technik *f.* **2.** *mus. paint. sport etc* Technik

*f*: a) Me'thode *f*, b) Art *f* der Ausführung,
c) Geschicklichkeit *f*, Kunstfertigkeit *f.*
**tech·nism** ['teknɪzəm] → **technicism.**
**techno-** [teknəʊ] *Wortelement mit der
Bedeutung* technisch.
**‚tech·no'chem·is·try** *s* Indu'strieche-
‚mie *f.*
**tech·noc·ra·cy** [tek'nɒkrəsɪ; *Am.* -'nɑ-]
*s* Technokra'tie *f.* **'tech·no·crat**
[-nəʊkræt] *s* Techno'krat *m*, **‚tech·no-
'crat·ic** *adj* techno'kratisch.
**tech·no·log·ic** [‚teknə'lɒdʒɪk; *Am.* -'lɑ-]
*adj*, **‚tech·no'log·i·cal** [-kl] *adj* (*adv*
**~ly**) **1.** techno'logisch, technisch: **~ dic-
tionary** technisches Fachwörterbuch; **~
gap** technologische Lücke. **2.** *econ.* tech-
no'logisch, durch Techni'sierung *od.*
technische 'Umstellung bedingt: **~ un-
employment. tech'nol·o·gist** [-nɒlə-
dʒɪst; *Am.* -'nɑ-] *s* Technologe *m.* **tech-
'nol·o·gy** *s* **1.** Technolo'gie *f*: **~ assess-
ment** Technikbewertung *f*, -folgenab-
schätzung *f*; **~ transfer** Technologie-
transfer *m.* **2.** *f.* technische 'Fachtermino-
lo‚gie *f.* **3.** angewandte Na'turwissen-
schaft.
**‚tech·no'ma·ni·a** *s* Technoma'nie *f*
(*übermäßiges Interesse an der Techno-
logie*).
**‚tech·no'pho·bi·a** *s* Technopho'bie *f*
(*Abneigung gegen die Technologie*).
**tech·nop·o·lis** [tek'nɒpəlɪs; *Am.* -'nɑ-] *s*
*sociol.* Technolo'giegesellschaft *f.*
**‚tech·no·psy'chol·o·gy** *s* angewandte
Psycho'logie *f.*
**'tech·no‚struc·ture** *s* 'Technostruk‚tur
*f* (*an den Entscheidungsprozessen in Wirt-
schaft u. Gesellschaft beteiligter Personen-
kreis*).
**tech·y** → **tetchy.**
**tec·ti·bran·chi·ate** [‚tektɪ'bræŋkɪeɪt;
-kɪt] *zo.* **I** *adj* mit bedeckten Kiemen
(versehen). **II** *s* Bedecktkiemer *m.*
**tec·tol·o·gy** [tek'tɒlədʒɪ; *Am.* -'tɑ-] *s biol.*
Struk'turlehre *f.*
**tec·ton·ic** [tek'tɒnɪk; *Am.* -'tɑ-] *adj* (*adv*
**~ally**) **1.** *bes. arch. geol.* tek'tonisch. **2.**
*biol.* struktu'rell. **tec'ton·ics** *s pl* (*meist
als sg konstruiert*) **1.** Tek'tonik *f* (*Lehre
von der Gliederung von Bau- u.
Kunstwerken*). **2.** *geol.* (Geo)Tek'tonik *f*
(*Lehre vom Bau u. von den Bewegungen
der Erdkruste*).
**tec·to·ri·al** [tek'tɔːrɪəl; *Am. a.* -'təʊ-] *adj*
*anat.* Schutz..., Deck...: **~ membrane**
Deckmembran(e) *f.*
**tec·trix** ['tektrɪks] *pl* **tec·tri·ces** ['tek-
trɪsɪz; tek'traɪsɪz] *s orn.* Deckfeder *f.*
**ted¹** [ted] *v/t agr.* Gras zum Trocknen
ausbreiten.
**ted²** [ted] *colloq. für* **teddy boy.**
**'ted·der** *s agr.* Heuwender *m* (*Maschine
u. Arbeiter*).
**ted·dy │ (bear)** ['tedɪ] *s* Teddy(bär) *m.* **~
boy** *s Br.* Halbstarke(r) *m.* **~ girl** *s Br.*
Halbstarkenbraut *f.*
**Te De·um** [‚tiː'diːəm; ‚teɪ'deɪəm] *s* Te-
'deum *n*: a) *frühchristlicher Hymnus* (*Te
deum laudamus*), b) *Chorwerk über diese
Textworte.*
**te·di·ous** ['tiːdjəs; *Am.* -dɪəs; -dʒəs] *adj*
(*adv* **~ly**) **1.** ermüdend. **2.** langweilig,
öd(e). **3.** weitschweifig. **'te·di·ous-
ness, 'te·di·um** [-jəm; -ɪəm] *s* **1.** Lang-
weiligkeit *f.* **2.** Weitschweifigkeit *f.*
**tee¹** [tiː] *s* **1.** T, t *n* (*Buchstabe*). **2.** T *n*,
T-förmiger Gegenstand, *bes. tech.* a) T-
-Stück *n*, b) T-Eisen *n.* **II** *adj* **3.** T-...,
T-förmig. **III** *v/t* **3.** *electr.* abzweigen: **to
~ across** in Brücke schalten; **to ~ to-
gether** parallelschalten.
**tee²** [tiː] *s* **1.** *Curling:* Tee *n* (*Mittelpunkt
des Zielkreises*): **to a ~** *fig.* aufs Haar
(genau), haargenau. **2.** *Golf:* Tee *n*: a) **~
·ing ground** Abschlag *m*: **~ shot** Tee-

shot *m*, Abschlag *m*, b) *Stift aus Holz od. Kunststoff.* **II** *v/t* **3.** *Golf:* a) den Ball auf das Tee legen, aufsetzen, b) ~ **off** *den Ball vom Tee schlagen.* **III** *v/i* **4.** ~ **off** a) *Golf:* abschlagen, b) *fig.* anfangen.

**teem¹** [tiːm] *v/i* **1.** wimmeln (with von): the roads are ~ing with people auf den Straßen wimmelt es von Menschen; this page ~s with mistakes diese Seite strotzt von Fehlern. **2.** reichlich vorhanden sein: fish ~ in that river in dem Fluß wimmelt es von Fischen. **3.** *obs.* a) *zo.* Junge gebären, b) *bot.* Früchte tragen. **4.** *obs.* a) gebären, b) schwanger sein.

**teem²** [tiːm] **I** *v/t* **1.** ausleeren. **2.** *tech.* a) *flüssiges Metall* abstechen, (aus)gießen, b) *e-e Form* mit geschmolzenem Me'tall vollgießen. **II** *v/i* **3.** the rain is ~ing down, it is ~ing (with rain) es regnet in Strömen.

**teen¹** [tiːn] *bes. Am. für* teenage I.

**teen²** [tiːn] *s dial.* **1.** Schaden *m*. **2.** Schmerz *m*. **3.** Kummer *m*. **4.** Ärger *m*.

**teen·age** [ˈtiːneɪdʒ] **I** *adj a.* **ˈteen-aged** **1.** im Teenageralter: a ~ son. **2.** Teenager..., für Teenager: ~ fashions. **II** *s* **3.** Teenageralter *n*. **ˈteen,ag·er** *s* Teenager *m*.

**teen·er** [ˈtiːnər] *bes. Am. für* teenager.

**teens** [tiːnz] *s pl* **1.** Teenageralter *n*: to be in one's ~ ein Teenager sein. **2.** Teenager *pl*.

**teen·sy** [ˈtiːnzɪ; -sɪ], *a.* ˌteen·sy·ˈween·sy [ˈwiːnzɪ; -sɪ] → teeny¹.

**tee·ny¹** [ˈtiːnɪ], *a.* ˌtee·ny·ˈwee·ny [-ˈwiːnɪ] *adj colloq.* ‚klitzeklein', winzig.

**tee·ny²** [ˈtiːnɪ] *s colloq.* ‚Teeny' *m* (*Teenager*). **ˈ~,bop·per** *s colloq.* junger Teenager *m* (*bes. Mädchen*), *der alles mitmacht, was gerade ‚in' ist.*

**tee shirt** → T shirt.

**tee·ter** [ˈtiːtə(r)] **I** *v/i* **1.** *bes. Am.* schaukeln, wippen. **2.** (sch)wanken: to ~ on the edge of disaster (defeat) *fig.* sich am Rande e-r Katastrophe (Niederlage) bewegen. **II** *v/t* **3.** *bes. Am.* schaukeln *od.* wippen mit: to ~ one's chair. **III** *s* **4.** *a.* ~ board *bes. Am.* Wippe *f*.

**teeth** [tiːθ] *pl von* tooth.

**teethe** [tiːð] *v/i med.* zahnen, (die) Zähne bekommen.

**teeth·ing** [ˈtiːðɪŋ] *s med.* Zahnen *n*. **~ ring** *s* Beißring *m*. **~ trou·bles** *s pl* **1.** Beschwerden *pl* während des Zahnens. **2.** *fig.* Kinderkrankheiten *pl*.

**tee·to·tal** [tiːˈtəʊtl] *adj (adv ~ly)* **1.** absti'nent, Abstinenz..., Abstinenzler...: to be ~ keinen Alkohol trinken. **2.** *colloq.* völlig, gänzlich. **teeˈto·tal·er**, *bes. Br.* **teeˈto·tal·ler** *s* Absti'nenzler(in). **teeˈto·tal·ism** *s* **1.** Absti'nenz *f*. **2.** Abstiˈnenzprinˌzip *n*.

**tee·to·tum** [ˌtiːˈtəʊtʌm; tiːˈtəʊtəm] *s* Drehwürfel *m*, (vierflächiger) Kreisel.

**teg** [teg] *s* Schaf *n* im 2. Jahr.

**teg·men** [ˈtegmən] *pl* **ˈteg·mi·na** [-mɪnə] *s* **1.** Decke *f*, Hülle *f*. **2.** *bot.* innere Samenschale. **3.** *anat.* Decke *f*, Dach *n*.

**teg·u·lar** [ˈtegjʊlə(r)] *adj* **1.** ziegelartig, Ziegel... **2.** *zo.* Flügelschuppen...

**teg·u·ment** [ˈtegjʊmənt], *etc* → integument, *etc*.

**te-hee** [tiːˈhiː] **I** *interj* hi'hi! **II** *s* Kichern *n*. **III** *v/i* kichern.

**teil** [tiːl], *a.* ~ **tree** *s bot.* Linde *f*.

**te·la** [ˈtiːlə] *pl* **-lae** [-liː] *s anat.* Tela *f*, (Binde)Gewebe *n*.

**tel·a·mon** [ˈteləmən; *Am.* -ˌmɑn] *pl* **-mons**, **-mon·es** [ˌteˈməʊniːz] *s arch.* Telamon *m*, *n* (*kraftvolle Gestalt als Träger von Bauteilen*).

**tel·e** [ˈtelɪ] *bes. Am. colloq. für* television.

**tele-** [telɪ] *Wortelement mit der Bedeutung* a) Fern..., b) Fernseh...

---

**ˈtel·e·ba,rom·e·ter** *s phys.* 'Telebaroˌmeter *n*.

**ˈtel·e,cam·er·a** *s TV* Fernsehkamera *f*.

**tel·e·cast** [ˈtelɪkɑːst; *Am.* -ˌkæst] **I** *v/t pret u. pp* **-cast** *od.* **-cast·ed** im Fernsehen über'tragen *od.* bringen: ~ address Fernsehansprache *f*. **II** *s* Fernsehsendung *f*. **ˈtel·e·cast·er** *s* Fernsehansager(in) *od.* -sprecher(in).

**tel·e·cin·e** [ˌtelɪˈsɪnɪ] *s* im Fernsehen gezeigter (Spiel)Film.

**ˈtel·e·com,mu·ni'ca·tion** **I** *s* **1.** Fernmeldeverkehr *m* *od.* -verbindung *f*. **2.** fernmeldetechnische Über'tragung. **3.** *meist pl* Fernmeldetechnik *f*, -wesen *n*. **II** *adj* **4.** Fernmelde...: ~ network.

**ˈtel·e,con·fer·ence** *s* Konfe'renz *f* per Telefon.

**ˈtel·e·con,trol** *s tech.* Fernsteuerung *f*, -lenkung *f*.

**ˈtel·e·course** *s TV* Fernsehlehrgang *m*, -kurs *m*.

**ˈtel·e,di·ag'no·sis** *s irr med.* 'Ferndiaˌgnose *f*.

**ˈtel·e·film** *s* Fernsehfilm *m*.

**tel·e·gen·ic** [ˌtelɪˈdʒenɪk; *Am. a.* -ˈdʒiː-] *adj TV* tele'gen.

**tel·eg·no·sis** [ˌteleˈnəʊsɪs] *s Parapsychologie:* Telegno'sie *f*, Hellsehen *n*.

**te·leg·o·ny** [tɪˈlegənɪ] *s biol.* Telego'nie *f* (*wissenschaftlich nicht haltbare Annahme, daß ein rassereines Weibchen nach e-r einmaligen Begattung durch ein rassefremdes Männchen keine rassereinen Nachkommen mehr hervorbringen kann*).

**tel·e·gram** [ˈtelɪgræm] *s* Tele'gramm *n*: by ~ telegrafisch.

**tel·e·graph** [ˈtelɪgrɑːf; *bes. Am.* -ˌgræf] **I** *s* **1.** Tele'graf *m*. **2.** Tele'gramm *n*. **3.** → telegraph board. **II** *v/t* **4.** a) j-m etwas telegra'fieren, b) *j-n* tele'grafisch benachrichtigen. **5.** j-m Geld tele'grafisch anweisen *od.* über'weisen. **6.** a) (*durch Zeichen*) zu verstehen geben, signali'sieren, b) *Boxen: colloq. e-n Schlag* ‚telegra'fieren' (*erkennbar ansetzen*). **7.** *bes. sport* den Spielstand *etc* auf e-r Tafel anzeigen. **III** *v/i* **8.** telegra'fieren (to *dat od.* an *acc*). **9.** Zeichen geben. **~ board** *s bes. sport* Anzeigetafel *f*. **~ code** *s* Tele'grammschlüssel *m*.

**te·leg·ra·pher** [tɪˈlegrəfə(r)] *s* Telegra'fist(in).

**tel·e·graph·ese** [ˌtelɪgrɑːˈfiːz; *bes. Am.* -græ-] *s* Tele'grammstil *m*.

**tel·e·graph·ic** [ˌtelɪˈgræfɪk] *adj (adv ~ally)* **1.** tele'grafisch: ~ acceptance *econ.* Drahtakzept *n*; ~ address Tele'grammadresse *f*, Drahtanschrift *f*. **2.** *fig.* tele'grammartig, im Tele'grammstil.

**te·leg·ra·phist** [tɪˈlegrəfɪst] *s* Telegra'fist(in).

**tel·e·graph| key** *s electr.* (Tele'grafen-, Morse)Taste *f*. **~ line** *s* Tele'grafenleitung *f*. **~ pole**, *bes. Br.* **~ post** *s* Tele'grafenstange *f*, -mast *m*.

**te·leg·ra·phy** [tɪˈlegrəfɪ] *s* Telegra'fie *f*.

**ˌtel·e·ki'ne·sis** *s Parapsychologie:* Teleki'nese *f*. **ˌtel·e·ki'net·ic** *adj* teleki'netisch.

**ˈtel·e·lens** *s phot.* 'Teleobjekˌtiv *n*.

**ˌtel·e·me'chan·ics** *s pl (als sg konstruiert) tech.* Teleme'chanik *f*, me'chanische Fernsteuerung *f*.

**ˌtel·e'med·i·cine** *s* 'Telemediˌzin *f*.

**tel·e·me·ter** [tɪˈlemɪtə(r)] *s* Tele'meter *n*: a) *tech.* Entfernungsmesser *m*, b) *electr.* Fernmeßgerät *n*. **te·lem·e·try** [tɪˈlemɪtrɪ] *s* Teleme'trie *f*, Fernmessung *f*.

**tel·en·ceph·a·lon** [ˌtelenˈsefəlɒn; *Am.* -ˌlɑn] *s anat.* Telen'zephalon *n*, Endhirn *n*.

**tel·e·o·log·ic** [ˌteliːəˈlɒdʒɪk; *Am.* -ˈlɑ-] *a.* ˌtiː-] *adj;* **ˌtel·e·o'log·i·cal** [-kl] *adj (adv ~ly) philos.* teleo'logisch: ~ argument teleologischer Gottesbeweis. **ˌtel·e'ol-**

---

**o·gy** [-ˈɒlədʒɪ; *Am.* -ˈɑ-] *s* Teleolo'gie *f* (*Lehre von der Zielgerichtetheit u. Zielstrebigkeit jeder Entwicklung im Universum*).

**tel·e·ost** [ˈtelɪɒst; *Am.* -ˌɑst; *a.* ˈtiː-], *a.* **ˌtel·e'os·te·an** [-tɪən] *s ichth.* Knochenfisch *m*.

**tel·e·path·ic** [ˌtelɪˈpæθɪk] *adj (adv ~ally)* tele'pathisch: ~ suggestion (*Parapsychologie*) Mentalsuggestion *f*. **te·lep·a·thist** [tɪˈlepəθɪst] *s* **1.** Tele'path *m*. **2.** j-d, der an Telepa'thie glaubt. **te·lep·a·thize I** *v/t* tele'pathisch beeinflussen. **II** *v/i* Telepa'thie ausüben. **te·lep·a·thy** [-θɪ] *s* Telepa'thie *f*, Ge'dankenüberˌtragung *f*.

**tel·e·phone** [ˈtelɪfəʊn] **I** *s* **1.** Tele'fon *n*: by ~ telefonisch; on the ~ telefonisch, durch das *od.* am Telefon; to be on the ~ a) Telefon(anschluß) haben, b) am Telefon sein; over the ~ durch das *od.* per Telefon. **II** *v/t* **2.** j-n anrufen. **3.** *etwas* tele'fonisch über'mitteln *od.* 'durchgeben (s.th. to s.o., s.o. s.th. j-m etwas). **III** *v/i* **4.** telefo'nieren, anrufen: to ~ for a taxi ein Taxi rufen. **IV** *adj* **5.** tele'fonisch: ~ reservation. **~ am·pli·fi·er** *s* Tele'fonverstärker *m*. **~an·swer·ing ma·chine** *s* Anrufbeantworter *m*. **~ book** *s* → telephone directory. **~ booth**, *Br.* **~ box** *s* Tele'fon-, Fernsprechzelle *f*. **~ call** *s* Tele'fongespräch *n*, (Tele'fon)Anruf *m*: to make a ~ ein Telefongespräch führen; I had three ~s ich bin dreimal angerufen worden. **~ call·er** *s* Anrufer(in). **~ con·nec·tion** *s* Fernsprech-, Tele'fonanschluß *m*. **~ di·rec·to·ry** *s* Tele'fon-, Fernsprechbuch *n*. **~ ex·change** *s* **1.** Fernsprechamt *n*. **2.** Tele'fonzenˌtrale *f*. **~ ki·osk** *Br. für* telephone booth. **~ net·work** *s* Tele'fonnetz *n*. **~ num·ber** *s* Tele'fonnummer *f*. **~ op·er·a·tor** *s bes. Am.* Telefo'nist(in). **~ re·ceiv·er** *s* Tele'fonhörer *m*. **T~ Sa·mar·i·tans** *s pl Br.* Tele'fonseelsorge *f*. **~ set** *s* Tele'fonappaˌrat *m*. **~ show·er** *s Am.* Handbrause *f*. **~ sub·scrib·er** *s* Fernsprechteilnehmer(in).

**tel·e·phon·ic** [ˌtelɪˈfɒnɪk; *Am.* -ˈfɑ-] *adj (adv ~ally)* tele'fonisch, fernmündlich, Telefon... **te·leph·o·nist** [tɪˈlefənɪst] *s* Telefo'nist(in). **tel·e·phon·i·tis** [ˌtelɪfəʊˈnaɪtɪs] *s colloq.* ‚Telefo'nitis' *f*. **te·leph·o·ny** [tɪˈlefənɪ] *s* Telefo'nie *f*, Fernsprechwesen *n*.

**ˌtel·e'pho·to** *phot.* **I** *adj* **1.** Telefoto(grafie)...: ~ lens → telelens. **II** *s* **2.** 'Telefoto(graˌfie *f*) *n*. **3.** 'Bildteleˌgramm *n*. **4.** Funkbild *n*. **ˌtel·e'pho·to·graph** → telephoto II. **ˈtel·e,pho·to'graph·ic** *adj (adv ~ally)* **1.** *phot.* 'telefotoˌgrafisch. **2.** 'bildteleˌgrafisch. **ˌtel·e·pho'tog·ra·phy** *s* **1.** 'Telefotograˌfie *f*. **2.** 'Bildteleˌgrafie *f*.

**ˈtel·e·play** *s* Fernsehspiel *n*.

**ˈtel·e,print·er** *s electr.* Fernschreiber *m* (*Gerät*): ~ message Fernschreiben *n*; ~ operator Fernschreiber(in).

**ˌtel·e'proc·ess·ing** *s Computer:* (Daten)Fernverarbeitung *f*.

**ˈtel·e,prompt·er** *s TV* Teleprompter *m* (*optisches Souffliergerät, Textband*).

**tel·e·ran** [ˈtelɪræn] *s aer.* Tele'ran *n* (*aus television and radar navigation Blindflugverfahren mit Fernsehkursanweisung vom Boden*).

**ˈtel·e·re,cord** *v/t* fürs Fernsehen aufzeichnen. **ˈtel·e·re,cord·ing** *s* (Fernseh)Aufzeichnung *f*.

**tel·e·scope** [ˈtelɪskəʊp] **I** *s* **1.** Tele'skop *n*, Fernrohr *n*. **II** *v/t* **2.** zs.-, inein'anderschieben. **3.** *fig.* verkürzen, kompri'mieren (into zu). **III** *v/i* **4.** sich inein'anderschieben (lassen): telescoping → tel·escopic 3. **IV** *adj* → telescopic. **~ eye** *s*

*zo.* Teleˈskopauge *n.* ~ **fish** *s ichth.* Teleˈskopfisch *m.* ~ **sight** *s mil.* Zielfernrohr *n.* ~ **word** *s ling.* Schachtelwort *n.*

**tel·e·scop·ic** [ˌtelɪˈskɒpɪk; *Am.* -ˈskɑ-] *adj* (*adv* ~**ally**) **1.** teleˈskopisch: a) Fernrohr...: ~ **sight** *mil.* Zielfernrohr *n*, b) *nur durch ein Fernrohr sichtbar*: ~ **stars. 2.** weitsehend. **3.** ineinˈanderschiebbar, ausziehbar, Auszieh..., Teleskop...: ~ **aerial** (*bes. Am.* **antenna**) (*Radio etc*) Teleskopantenne *f*; ~ **umbrella** Taschenschirm *m.*

**ˈtel·e·screen** *s TV* Fernseh-, Bildschirm *m.*

**tel·e·sis** [ˈtelɪsɪs] *s sociol.* zielbewußter u. geplanter Fortschritt.

**ˈtel·e·text** *s TV* Bildschirm-, Videotext *m.*

**ˌtel·e·therˈmom·e·ter** *s phys.* ˈFern-, ˈTelethermoˌmeter *n.*

**tel·e·thon** [ˈteləˌθɑn] *s TV Am.* Mammutsendung *f* (*bes. für karitative Zwecke*).

**ˈtel·e·tube** *s TV* Bildröhre *f.*

**ˈtel·eˌtype** *s electr. Am.* **1.** Fernschreiber *m* (*Gerät*): ~ **operator** Fernschreiber(in). **2.** *a.* ~ **message** Fernschreiben *n.* **ˌtel·eˈtypeˌset·ter** *s print.* ˈFernsetzmaˌschine *f.* **ˌtel·eˈtypeˌwrit·er** *s electr. Am.* Fernschreiber *m* (*Gerät*).

**ˈtel·e·view I** *v/t* sich *etwas* (im Fernsehen) ansehen. **II** *v/i* fernsehen. **ˈtel·eˌview·er** *s* Fernsehzuschauer(in), Fernseher(in).

**tel·e·vise** [ˈtelɪvaɪz] *v/t* → **telecast** I.

**tel·e·vi·sion** [ˈtelɪˌvɪʒn] **I** *s* **1.** Fernsehen *n*: **to be in** ~ beim Fernsehen sein; **on** ~ im Fernsehen; **to watch** ~ fernsehen. **2.** ˈFernsehappaˌrat *m*, -gerät *n.* **II** *adj* **3.** Fernseh...: ~ **advertising** (*od.* **commercials**) Werbefernsehen *n*, Fernsehwerbung *f*; ~ **set** → 2; ~ **tube** Bildröhre *f*; ~ **viewer** Fernsehzuschauer(in). **ˌtel·eˈvi·sion·al** [-ʒənl] *adj* (*adv* ~**ly**) Fernseh...

**tel·e·vi·sor** [ˈtelɪvaɪzə(r)] *s TV* **1.** → **television** 2. **2.** → **telecaster. 3.** → **televiewer.**

**ˌtel·eˈvis·u·al** *adj* **1.** → **televisional. 2.** → **telegenic.**

**tel·ex** [ˈteleks] *electr.* **I** *s* **1.** Telex *n*, Fernschreiber(teilnehmer)netz *n*: **to be on the** ~ Telex- *od.* Fernschreibanschluß haben. **2.** Fernschreiber *m* (*Gerät*): **the news was on the** ~ die Nachricht kam per Fernschreiber; ~ **operator** Fernschreiber(in). **3.** Telex *n*, Fernschreiben *n.* **II** *v/t* **4.** *j-m etwas* telexen *od.* per Fernschreiben mitteilen.

**tel·fer,** *etc* → **telpher,** *etc.*

**tel·ford** [ˈtelfə(r)d] *adj tech.* Telford...

**tel·ic** [ˈtelɪk; *Am. a.* ˈtiː-] *adj* **1.** zweckbestimmt. **2.** *ling.* Absichts..., Zweck...: ~ **clause** Absichtssatz *m.*

**tell** [tel] *pret u. pp* **told** [təʊld] **I** *v/t* **1.** sagen, erzählen (**s.o. s.th., s.th. to s.o.** j-m etwas): **I (can)** ~ **you that** ... ich kann Sie *od.* Ihnen versichern, daß ...; **I (just) can't** ~ **you how** ... ich kann Ihnen gar nicht sagen, wie ...; **I have been told** mir ist gesagt worden; **you're telling me!** *colloq.* wem sagen Sie das?; **to** ~ **the world** *colloq.* (es) hinausposaunen; → **another** 2, **so** 5. **2.** erzählen: **to** ~ **a story. 3.** mitteilen, berichten, sagen, nennen: **to** ~ **one's name** s-n Namen nennen; **to** ~ **the reason** den Grund angeben; **to** ~ **the time** die Zeit anzeigen (*Uhr*); → **lie**¹ 1, **truth** 1. **4.** mit Worten ausdrücken: **I cannot** ~ **my grief. 5.** verraten: **to** ~ **a secret. 6.** (mit Bestimmtheit) sagen: **it is difficult to** ~ es ist schwer zu sagen; **there is no** ~**ing what** ... es läßt sich nicht sagen, was ... **7.** erkennen (**by, from** an *dat*): **I cannot** ~ **who that person is** ich kann nicht feststellen *od.* sagen, wer diese Person ist; **to** ~ **by (the) ear** mit dem Gehör feststellen, hören. **8.** unterˈscheiden (**one from the other** eines vom andern): **to** ~ **apart, to** ~ **the difference between** auseinanderhalten. **9.** sagen, befehlen: **to** ~ **s.o. to do s.th.** j-m sagen, er solle etwas tun; **do as you are told** tu, was ich gesagt habe. **10.** (ab)zählen: **to** ~ **the votes** *parl.* die Stimmen zählen; **all told** alles in allem; → **bead** 2. **11.** ~ **off** a) abzählen, b) *mil.* ˈabkommanˌdieren (**for** zu), c) *colloq. j-m* ‚Bescheid stoßen' (**for** wegen).

**II** *v/i* **12.** berichten, erzählen (**of** von; **about** über *acc*). **13.** (**of**) ein Zeichen *od.* Beweis sein (für, von), beweisen (*acc*), verraten (*acc*). **14.** erkennen, wissen: **how can you** ~? wie können Sie das wissen *od.* sagen?; **you never can** ~ man kann nie wissen. **15.** *colloq.* ‚petzen': **to** ~ **on s.o.** j-n verraten *od.* ‚verpetzen'; **don't** ~! nicht(s) verraten! **16.** wirken, sich auswirken (**on** bei, auf *acc*): **every blow (word)** ~**s** jeder Schlag (jedes Wort) ‚sitzt'; **the hard work began to** ~ **on him** die harte Arbeit hinterließ allmählich ihre Spuren bei ihm; **his troubles have told on him** s-e Sorgen haben ihn sichtlich mitgenommen; **that** ~**s against you** das spricht gegen Sie. **17.** sich (deutlich) abheben (**against** gegen, von), (deutlich) herˈvortreten, zur Geltung kommen.

**ˈtell·a·ble** *adj* **1.** erzählbar, mitteilbar. **2.** erzählenswert.

**ˈtell·er** *s* **1.** Erzähler(in). **2.** *tech.* Siˈgnalappaˌrat *m.* **3.** Zähler(in). **4.** *bes. parl.* Stimmenzähler *m.* **5.** *bes. Am.* Kassen-, Schalterbeamte(r) *m*, Kasˈsierer *m* (*e-r Bank*): ~**'s department** Hauptkasse *f*; **automatic** ~ Geldautomat *m*, Bankomat *m.*

**ˈtell·ing** *adj* (*adv* ~**ly**) **1.** wirkungsvoll, wirksam, eindrucksvoll: **a** ~ **blow** ein wirkungsvoller Schlag; ~ **effect** durchschlagende Wirkung; ~ **success** durchschlagender Erfolg. **2.** aufschlußreich, vielsagend: **a** ~ **smile.** ˌ~**-ˈoff** *s*: **to give s.o. a (good)** ~ *colloq.* j-m ‚(kräftig) Bescheid stoßen'.

**ˈtell·tale I** *s* **1.** Klatschbase *f*, Zuträger(in), ‚Petze' *f.* **2.** verräterisches (Kenn)Zeichen. **3.** *tech.* selbsttätige Anzeigevorrichtung, *bes.* Konˈtrolluhr *f.* **4.** *mar.* a) Axioˈmeter *n* (*e-s Ruders*), b) Hängekompaß *m* (*in der Kapitänskajüte*). **II** *adj* **5.** klatschsüchtig, schwatzhaft. **6.** verräterisch: **a** ~ **tear. 7.** sprechend: ~ **resemblance. 8.** *tech.* a) Anzeige..., b) Warn...: ~ **clock** Kontrolluhr *f*; ~ **lamp** Kontrollampe *f.*

**tel·lu·rate** [ˈteljʊreɪt] *s chem.* telˈlursaures Salz.

**tel·lu·ri·an**¹ [teˈljʊərɪən; *Am.* -ˈlʊr-] **I** *adj* irdisch, Erd... **II** *s* Erdbewohner(in).

**tel·lu·ri·an**² [teˈljʊərɪən; *Am.* -ˈlʊr-] *s astr.* Telˈlurium *n* (*Gerät zur modellhaften Darstellung der Bewegungen von Erde u. Mond um die Sonne*).

**tel·lu·ric**¹ [teˈljʊərɪk; *Am.* -ˈlʊ-] → **tellurian**¹ I.

**tel·lu·ric**² [teˈljʊərɪk; *Am.* -ˈlʊ-] *adj chem.* telˈlurisch, telˈlursauer, Tellur...: ~ **acid** Tellursäure *f.*

**tel·lu·ride** [ˈteljʊraɪd] *s chem.* Telluˈrid *n.*

**tel·lu·ri·on** → **tellurian**².

**tel·lu·rite** [ˈteljʊraɪt] *s* **1.** *chem.* Telluˈrit *n.* **2.** *min.* Telˈlurˌdioˌxyd *n.*

**tel·lu·ri·um** [teˈljʊərɪəm; *Am.* -ˈlʊ] *s chem.* Telˈlur *n.*

**tel·lu·rous** [ˈteljʊrəs; *Am. a.* təˈlʊrəs] *adj chem.* telˈlurig, Tellur...

**tel·ly** [ˈtelɪ] *s bes. Br. colloq.* **1.** ‚Fernseher' *m* (*Gerät*). **2.** (*das*) Fernsehen: **on the** ~ im Fernsehen: **to watch** ~ fernsehen.

**tel·o·cen·tric** [ˌteləʊˈsentrɪk] *adj u. s biol.* teloˈzentrisch(es Chromoˈsom).

**tel·o·type** [ˈteləʊtaɪp] *s electr.* **1.** eˈlektrischer ˈSchreib- *od.* ˈDrucktelegraf. **2.** autoˈmatisch gedrucktes Teleˈgramm.

**tel·pher** [ˈtelfə(r)] *tech.* **I** *s* **1.** Wagen *m* e-r (Eˈlektro)Hängebahn. **2.** → **telpherage. II** *adj* **3.** (Elektro)Hängebahn...: ~ **line** → **telpherway. ˈtel·pher·age** *s* autoˈmatische (eˈlektrische) Lastenbeförderung. **ˈtel·pher·way** *s tech.* Telpherbahn *f*, (Eˈlektro)Hängebahn *f.*

**tel·son** [ˈtelsn] *s zo.* Schwanzfächer *m.*

**Tel·u·gu** [ˈteləguː] **I** *pl* **-gu** *od.* **-gus** *s* **1.** Telugu *m* (*Angehöriger e-s drawidischen Volkes*). **2.** *ling.* Telugu *n.* **II** *adj* **3.** Telugu...

**tem·blor** [ˈtemblər] *s Am.* Erdbeben *n.*

**tem·er·ar·i·ous** [ˌteməˈreərɪəs] *adj* (*adv* ~**ly**) **1.** tollkühn, verwegen. **2.** unbesonnen. **3.** *contp.* kühn, frech.

**te·mer·i·ty** [tɪˈmerətɪ] *s* **1.** Tollkühnheit *f*, Verwegenheit *f.* **2.** Unbesonnenheit *f.* **3.** *contp.* Kühnheit *f*, Frechheit *f.*

**temp** [temp] *Br. colloq.* **I** *s* (*von e-r Agentur vermittelte*) ˈZeitsekreˌtärin. **II** *v/i* als ˈZeitsekreˌtärin arbeiten.

**tem·per** [ˈtempə(r)] **I** *s* **1.** Temperaˈment *n*, Natuˈrell *n*, Veranlagung *f*, Gemüt(sart *f*) *n*, Chaˈrakter *m*: **good** ~ Gutmütigkeit *f*, ausgeglichenes Wesen; → **even**² 3, **quick** 5. **2.** Stimmung *f*, Laune *f*: **in a good (in a bad** *od.* **in an ill)** ~ (bei) guter (schlechter) Laune. **3.** Gereiztheit *f*, Zorn *m*: **to be in a** ~ gereizt *od.* wütend sein; **to fly** (*od.* **get**) **into a** ~ in Wut geraten. **4.** Gemütsruhe *f* (*obs. außer in den Redewendungen*): **to keep one's** ~ ruhig bleiben; **to lose one's** ~ in Wut geraten, die Geduld verlieren; **out of** ~ übellaunig; **to put s.o. out of** ~ j-n wütend machen. **5.** Zusatz *m*, Beimischung *f.* **6.** *bes. tech.* richtige Mischung. **7.** *tech.* Härte(grad *m*) *f.* **8.** *obs.* a) Komproˈmiß *m*, *n*, b) Mittelding *n.* **9.** *obs.* körperliche Beschaffenheit, Konstitutiˈon *f.* **II** *v/t* **10.** mildern, mäßigen, abschwächen (**with** durch). **11.** *tech.* mischen, anmachen: **to** ~ **mortar. 12.** *tech.* a) tempern, glühfrischen: **to** ~ **cast iron,** b) vorspannen, verspannen: **to** ~ **glass,** c) härten: **to** ~ **plastics. 13.** *mus.* tempeˈrieren: **to** ~ **a piano. III** *v/i* **14.** *tech.* den richtigen Härtegrad erreichen *od.* haben.

**tem·per·a** [ˈtempərə] *s* ˈTempera(maleˌrei) *f.*

**tem·per·a·ment** [ˈtempərəmənt; -prə-; *Am. a.* -pərm-] *s* **1.** → **temper** 1. **2.** Temperaˈment *n*, Lebhaftigkeit *f.* **3.** richtige *od.* innere Beschaffenheit. **4.** *mus.* Temperaˈtur *f*, tempeˈrierte Stimmung: **to set the** ~ die Temperatur setzen *od.* festlegen. **ˌtem·per·aˈmen·tal** [-ˈmentl] *adj* (*adv* ~**ly**) **1.** temperaˈmentvoll, lebhaft. **2.** mit starken perˈsönlichen Zügen, eigenwillig. **3.** a) reizbar, launisch, b) leichterregbar, c) *colloq.* unzuverlässig (*Gerät etc*): **to be** ~ (s-e) ‚Mucken' haben. **4.** veranlagungsmäßig, anlagebedingt: ~**ly lazy** von Natur aus faul.

**tem·per·ance** [ˈtempərəns; -prəns; *Am. a.* -pərns] *s* **1.** Mäßigkeit *f*, Enthaltsamkeit *f.* **2.** a) Mäßigkeit *f* im Alkoholgenuß, b) Abstiˈnenz *f* vom Alkoholgenuß. **3.** *obs.* Selbstbeherrschung *f.* ~ **ho·tel** *s* alkoholfreies Hotel. ~ **move·ment** *s* Abstiˈnenzbewegung *f.* ~ **so·ci·e·ty** *s* Abstiˈnenzverein *m.*

**tem·per·ate** [ˈtempərət; -prət] *adj* (*adv* ~**ly**) **1.** gemäßigt, maßvoll: ~ **language. 2.** zuˈrückhaltend, (selbst)beherrscht. **3.** mäßig: ~ **enthusiasm. 4.** a) mäßig, enthaltsam (*bes. im Essen u. Trinken*), b) abstiˈnent (*alkoholische Getränke mei-*

*dend).* **5.** gemäßigt, mild: ~ **climate**; ~
**zone** *geogr.* gemäßigte Zone. **'tem·**
**per·ate·ness** *s* **1.** Gemäßigtheit *f.*
**2.** Beherrschtheit *f.* **3.** geringes Ausmaß.
**4.** a) Mäßigkeit *f,* Enthaltsamkeit *f,* Mä-
ßigung *f* (*bes. im Essen u. Trinken*),
b) Absti'nenz *f* (*von alkoholischen Ge-*
*tränken*). **5.** Milde *f* (*des Klimas etc*).
**tem·per·a·ture** ['temprətʃə(r); *Am. a.*
'tempər₁tʃʊər] *s* **1.** *phys.* Tempera'tur *f:* at
a ~ **of 50 degrees** bei e-r Temperatur
von 50 Grad. **2.** *physiol.* ('Körper)Tem-
pera₁tur *f:* to take s.o.'s ~ j-s Tempera-
tur messen, j-n messen; **to have** (*od.* **run**) **a** ~
Fieber *od.* (erhöhte) Temperatur haben.
~ **curve** *s* Tempera'tur-, *med.* Fieber-
kurve *f.* **'~₁sen·si·tive** *adj* tempera'tur-
empfindlich.
**tem·pered** ['tempə(r)d] *adj* **1.** (*bes. in*
*Zssgn*) gestimmt, gelaunt: ~ **even-**
**-tempered,** *etc.* **2.** gemäßigt. **3.** *mus.*
tempe'riert. **4.** *tech.* gehärtet. **'tem·**
**per·er** *s tech.* **1.** Mischer *m* (*Person od.*
*Gerät*). **2.** 'Tonknetma₁schine *f.*
**tem·per·ing| box** ['tempərɪŋ; -prɪŋ] *s*
*tech.* Glühtopf *m.* ~ **fur·nace** *s* Anlaß-,
Temperofen *m.*
**tem·pest** ['tempɪst] *s* **1.** (wilder) Sturm:
"The T~" „Der Sturm" (*Shakespeare*); ~
in a teapot *Am.* ‚Sturm im Wasserglas'.
**2.** *fig.* Sturm *m,* (heftiger) Ausbruch.
**3.** Gewitter *n.* **'~₁beat·en,** **'~₁tossed**
*adj* sturmgepeitscht.
**tem·pes·tu·ous** [tem'pestjʊəs; *Am.*
-ʃ'pestʃəwəs] *adj a. fig.* stürmisch, unge-
stüm, heftig. **tem'pes·tu·ous·ness** *s*
Ungestüm *n,* Heftigkeit *f.*
**tem·pi** ['tempiː] *pl von* tempo.
**Tem·plar** ['templə(r)] *s* **1.** *hist.* Templer
*m,* Tempelherr *m,* -ritter *m.* **2.** Tempel-
ritter *m* (*ein Freimaurer*). **3.** *oft* **Good** ~
Guttempler *m* (*ein Temperenzler*).
**tem·plate** ['templɪt] *s* **1.** *tech.* Scha'blone
*f,* Lehre *f:* ~ **casting** *metall.* Schablonen-
guß *m.* **2.** *arch.* a) 'Unterleger *m* (*Balken*),
b) (Dach)Pfette *f,* c) Kragholz *n.* **3.** *mar.*
Mallbrett *n.*
**tem·ple¹** ['templ] *s* **1.** Tempel *m* (*a. fig.*).
**2.** Gotteshaus *n.* **3.** *Am.* Syna'goge *f.* **4.** T~
*jur.* Temple *m* (*in London; früher Ordens-*
*haus der Tempelritter, jetzt Sitz zweier*
*Rechtskollegien:* **the Inner T~** *u.* **the**
**Middle T~**).
**tem·ple²** ['templ] *s* **1.** *anat.* Schläfe *f.*
**2.** *Am.* (Brillen)Bügel *m.*
**tem·ple³** ['templ] *s* *Weberei:* Tömpel *m.*
**tem·plet** → template.
**tem·po** ['tempoʊ] *pl* **-pos,** *bes. mus.* **-pi**
[-piː] *s* Tempo *n:* a) *mus.* Zeitmaß *n,* b) *fig.*
Geschwindigkeit *f:* ~ **turn** (*Skisport*)
Temposchwung *m.*
**tem·po·ral¹** ['tempərəl; -prəl] *adj* (*adv*
**~ly**) **1.** zeitlich: a) Zeit... (*Ggs. räumlich*),
b) irdisch. **2.** weltlich (*Ggs. geistlich*): ~
**courts. 3.** *ling.* tempo'ral, Zeit...: ~ **ad-**
**verb** Umstandswort *n* der Zeit; ~ **clause**
Temporalsatz *m.*
**tem·po·ral²** ['tempərəl; -prəl] *anat.* **I** *adj*
**1.** Schläfen...: ~ **bone** → **3. 2.** Schläfen-
bein... **II** *s* **3.** Schläfenbein *n.*
**tem·po·ral·i·ty** [₁tempə'rælətɪ] *s* **1.** Zeit-
bedingtheit *f,* Zeitweiligkeit *f.* **2.** (*etwas*)
Zeitliches *n.* Vor'übergehendes: **tem-**
**poralities** *jur.* zeitliche Güter. **3.** *pl relig. *
Tempo'ralien *pl.*
**tem·po·ral·ty** ['tempərəltɪ; -prəl-] *s obs.*
**1.** weltlicher Besitz. **2.** Laienstand *m.*
**tem·po·rar·i·ness** ['tempərərɪnɪs;
-prərɪ-; *Am.* -pə₁reri-] *s* Einst-, Zeitwei-
ligkeit *f,* zeitweilige Dauer.
**tem·po·rar·y** ['tempərərɪ; -prərɪ; *Am.*
-pə₁reri] *adj* (*adv* **temporarily**) provi-
'sorisch: a) vorläufig, einst-, zeitweilig,
vor'übergehend, tempo'rär: ~ **arrange-**
**ment** Übergangsregelung *f,* b) Not...,

Hilfs..., Interims...: ~ **bridge** Behelfs-,
Notbrücke *f;* ~ **credit** *econ.* Zwischen-
kredit *m.*
**tem·po·rize** ['tempəraɪz] *v/i* **1.** Zeit zu
gewinnen suchen, abwarten, sich nicht
festlegen, la'vieren: **to** ~ **with s.o.** j-n
hinhalten. **2.** sich anpassen, mit dem
Strom schwimmen, ‚s-n Mantel nach
dem Wind hängen'. **3.** ein(en) Kompro-
'miß schließen (**with** mit). **'tem·po·**
**riz·er** *s* **1.** j-d, der Zeit zu gewinnen
sucht *od.* der sich nicht festlegt. **2.** Op-
portu'nist(in). **'tem·po·riz·ing** *adj*
(*adv* **~ly**) **1.** ‚hinhaltend, abwartend.
**2.** opportu'nistisch.
**tempt** [tempt] *v/t* **1.** *relig. u. allg.* j-n
versuchen, in Versuchung führen. **2.** j-n
verlocken, -leiten, dazu bringen (**to do,**
**into doing** zu tun): **to be ~ed to do s.th.**
versucht *od.* geneigt sein, etwas zu tun. **3.**
reizen, locken: this offer ~s me. **4.** her-
'ausfordern: **to** ~ **God**; **to** ~ (**one's**) **fate.**
**temp·ta·tion** [temp'teɪʃn] *s* Versuchung
*f,* -führung *f,* -lockung *f* (*a. Sache*): **to**
**resist** (**yield to**) ~ der Versuchung wi-
derstehen (unterliegen); **to lead into** ~ in
Versuchung führen. **'tempt·er** *s* Ver-
sucher *m,* -führer *m:* **the T~** *relig.* der
Versucher. **'tempt·ing** *adj* (*adv* **~ly**)
verführerisch, -lockend. **'tempt·ing·**
**ness** *s* (*das*) Verführerische. **'tempt·**
**ress** *s* Versucherin *f,* Verführerin *f.*
**ten** [ten] **I** *adj* **1.** zehn. **II** *s* **2.** Zehn *f* (*Zahl,*
*Spielkarte etc*): **the** ~ **of hearts** die Herz-
zehn; ~**s of thousands** Zehntausende;
**by** ~**s** immer zehn auf einmal; → **upper**
**ten** (**thousand**). **3.** *colloq.* Zehner *m*
(*Geldschein etc*). **To take** ~ *Am. colloq.*
e-e kurze Pause machen.
**ten·a·ble** ['tenəbl] *adj* (*adv* **tenably**)
**1.** haltbar: a ~ **argument**; a ~ **fortress.**
**2.** verliehen (**for** für, auf *acc*): **an office** ~
**for two years. 'ten·a·ble·ness** *s* Halt-
barkeit *f.*
**ten·ace** ['teneɪs] *s Bridge, Whist etc:* Kom-
bination der besten u. der drittbesten Karte
e-r Farbe in 'einer Hand: **major** ~ As u.
Dame; **minor** ~ König u. Bube; **double**
~ As, Dame u. Zehn.
**te·na·cious** [tɪ'neɪʃəs] *adj* (*adv* **~ly**)
**1.** zäh, hartnäckig: **to be** ~ **of s.th.** zäh an
etwas festhalten; ~ **of life** zählebig; ~
**ideas** zählebige *od.* schwer auszurotten-
de Ideen. **2.** verläßlich, gut: a ~ **memory.**
**3.** zäh, klebrig. **4.** *phys.* zäh, reiß-, zug-
fest. **te·na·cious·ness, te·nac·i·ty**
[-'næsətɪ] *s* **1.** *allg.* Zähigkeit *f:* a) Kleb-
rigkeit *f,* b) *phys.* Reiß-, Zugfestigkeit *f,*
c) *fig.* Hartnäckigkeit *f:* ~ **of life** Zäh-
lebigkeit *f;* ~ **of purpose** Zielstrebigkeit
*f.* **2.** Verläßlichkeit *f:* ~ **of memory.**
**te·nac·u·lum** [tɪ'nækjʊləm] *pl* **-la** [-lə] *s*
*med.* Te'nakel *n,* Halter *m.*
**te·nail(le)** [te'neɪl] *s mil.* Zangenwerk *n.*
**ten·an·cy** ['tenənsɪ] *s jur.* **1.** Pacht-, Miet-
verhältnis *n:* **at will** jederzeit beid(er)-
seitig kündbares Pachtverhältnis. **2.** a)
Pacht-, Mietbesitz *m,* b) Eigentum *n:* ~
**in common** Mieteigentum. **3.** Pacht-,
Mietdauer *f.*
**ten·ant** ['tenənt] **I** *s* **1.** *jur.* Pächter *m,*
Mieter *m:* ~ **farmer** (Guts)Pächter *m.*
**2.** *jur.* Inhaber *m* (*von Realbesitz, Renten*
*etc*). **3.** Bewohner *m.* **4.** *jur. hist.* Lehns-
mann *m:* ~ **in chief** Kronvasall *m.* **II** *v/t*
**5.** *jur.* in Pacht *od.* Miete haben. **6.** *jur.*
innehaben. **7.** bewohnen. **8.** beherber-
gen: **this house** ~**s five families** in
diesem Haus wohnen 5 Familien. **'ten·**
**ant·a·ble** *adj* **1.** *jur.* pacht-, mietbar.
**2.** bewohnbar. **'ten·ant·less** *adj* **1.** un-
verpachtet. **2.** unvermietet, leer(ste-
hend): ~ **flats. 'ten·ant·ry** [-trɪ] *s*
**1.** *collect.* Pächter *pl,* Mieter *pl.* **2.** →
**tenancy.**

**ten·'cent** *adj Am. colloq.* billig (*a. fig.*): ~
**store** billiges Warenhaus.
**tench** [tenʃ; tentʃ] *pl* **'tench·es,** *bes.*
*collect.* **tench** *s ichth.* Schlei(e *f*) *m.*
**tend¹** [tend] *v/i* **1.** sich bewegen, streben
(**to, toward**[**s**] nach, auf ... zu): **to** ~ **from**
wegstreben von. **2.** *fig.* a) ten'dieren,
neigen (**to, towards** zu), b) dazu neigen
(**to do** zu tun). **3.** *fig.* a) führen, beitragen
(**to s.th.** zu etwas), b) dazu beitragen (**to**
**do** zu tun), c) hin'auslaufen (**to** auf *acc*).
**4.** *mar.* schwoien.
**tend²** [tend] **I** *v/t* **1.** *tech.* bedienen: **to** ~ **a**
**machine. 2.** sorgen für, sich kümmern
um, nach *j-m* sehen: **to** ~ **a patient** e-n
Kranken pflegen; **to** ~ **a flock** e-e Herde
hüten. **3.** *obs.* als Diener begleiten. **4.** *obs.*
achten auf (*acc*). **II** *v/i* **5.** aufwarten (**on,**
**upon** *dat*). **6.** ~ **to** *bes. Am. colloq.* acht-
geben auf (*acc*).
**ten·den·cious** → tendentious.
**ten·den·cy** ['tendənsɪ] *s* **1.** *allg.* Ten'denz
*f:* a) Richtung *f,* Strömung *f,* b) (*be-*
*stimmte*) Absicht, Zweck *m,* c) Hang *m,*
Zug *m* (**to, toward** zu), Neigung *f* (**to**
für), d) *biol.* Anlage *f.* **2.** Gang *m,* Lauf *m:*
**the** ~ **of events.**
**ten·den·tious** [ten'denʃəs; *Am.* -tʃəs]
*adj* (*adv* **~ly**) tendenzi'ös, Tendenz...
**ten'den·tious·ness** *s* tendenzi'öser
Cha'rakter.
**ten·der¹** ['tendə(r)] *adj* (*adv* **~ly**) **1.** zart,
weich, mürbe: ~ **meat. 2.** *allg.* zart: ~ **age**
(**colo**[**u**]**r, health,** *etc*); ~ **passion** Liebe
*f.* **3.** zart, empfindlich, *fig.* a. sen'sibel: a ~
**conscience;** ~ **feet;** a ~ **plant** ein zartes
Pflänzchen (*a. fig.*); ~ **spot 5. 4.** *fig.*
heikel, ‚kitzlig': a ~ **subject. 5.** sanft,
zart, zärtlich: **the** ~ **touch of her hand.**
**6.** zärtlich, liebevoll: a ~ **lover** (**glance,**
*etc*). **7.** (**of, over**) bedacht (auf *acc*),
besorgt (um). **8.** *mar.* rank, 'unsta₁bil,
topplastig.
**ten·der²** ['tendə(r)] **I** *v/t* **1.** (for'mell)
anbieten: **to** ~ **an averment** *jur.* e-n
Beweis anbieten; → **oath** *Bes. Redew.,*
**resignation** 2 b. **2.** anbieten, zur Ver-
fügung stellen: **to** ~ **one's services.**
**3.** aussprechen, zum Ausdruck bringen:
**to** ~ **s.o. one's thanks; to** ~ **one's apolo-**
**gies** sich entschuldigen. **4.** *econ. jur.*
als Zahlung (*e-r Verpflichtung*) anbieten.
**II** *v/i* **5.** *econ.* sich an e-r *od.* der Aus-
schreibung beteiligen, ein Angebot ma-
chen: **invitation to** ~ Ausschreibung *f;*
**to** ~ **and contract for a supply**
e-n Lieferungsvertrag abschließen. **III** *s*
**6.** Anerbieten *n,* Angebot *n:* **to make a** ~
**of** → **2. 7.** *econ.* (**legal** ~ gesetzliches)
Zahlungsmittel. **8.** *econ.* Angebot *n,* Of-
'ferte *f* (*bei e-r Ausschreibung*): **to invite**
~**s for a project** ein Projekt ausschrei-
ben; **to put to** ~ in freier Ausschreibung
vergeben; **by** ~ in Submission. **9.** *econ.*
Kostenanschlag *m.* **10.** *econ. jur.* Zah-
lungsangebot *n.*
**tend·er³** ['tendə(r)] *s* **1.** Pfleger(in).
**2.** *mar.* a) Tender *m,* Begleitschiff *n,*
Leichter *m,* b) *mil.* Mutterschiff *n.* **3.** *rail.*
Tender *m,* Kohle-, Begleitwagen *m.*
**tend·er·er** ['tendərə(r)] *s econ.* Ange-
botssteller *m,* Bewerber *m.*
**'ten·der₁foot** *pl* **-₁feet** *od.* **-₁foots** *s*
*Am. colloq.* **1.** Anfänger *m,* Green-
horn *n.* **2.** neuaufgenommener Pfadfin-
der.
**₁ten·der'heart·ed** *adj* (*adv* **~ly**) weich-
herzig.
**ten·der·ize** ['tendəraɪz] *v/t* weich *od.*
zart machen: **to** ~ **meat. 'ten·der·iz·er**
*s* Fleischzartmacher *m.*
**'ten·der₁loin** *s* zartes Lendenstück,
('Rinder-, *od.* 'Schweine)Fi₁let *n.*
**'ten·der·ness** *s* **1.** Zartheit *f* (*a. fig.*),
Weichheit *f.* **2.** Zartheit *f,* Empfindlich-

keit *f, fig. a.* Sensibili'tät *f.* **3.** Zärtlich-
keit *f.*

**ten·di·nous** ['tendɪnəs] *adj* **1.** sehnig,
flechsig: ~ **meat. 2.** *anat.* Sehnen...

**ten·don** ['tendən] *s anat.* Sehne *f, bes. zo.*
Flechse *f:* ~ **sheath** Sehnenscheide *f.*

**ten·do·vag·i·ni·tis** ['tendəʊˌvædʒɪ'naɪ-
tɪs] *s med.* Tendovagi'nitis *f,* Sehnen-
scheidenentzündung *f.*

**ten·dril** ['tendrɪl] *s bot.* Ranke *f.*

**ten·e·brous** ['tenɪbrəs] *adj* dunkel, fin-
ster, düster.

**ten·'eight·y** *s chem.* fluressigsaures Na-
trium (*ein Rattengift*).

**ten·e·ment** ['tenɪmənt] *s* **1.** Wohnhaus *n.*
**2.** *a.* ~ **house** Mietshaus *n, bes.* 'Miets-
ka,serne *f.* **3.** Mietwohnung *f.* **4.** Woh-
nung *f.* **5.** *jur.* a) (Pacht)Besitz *m,*
b) beständiger Besitz, beständiges Privi-
'legium: → **dominant** 1, **servient.** ,**ten·**
**e·men·tal** [-'mentl], ,**ten·e·men·ta·**
**ry** *adj* Pacht..., Miet...

**te·nes·mus** [tɪ'nezməs] *s* Te'nesmus *m,*
(schmerzhafter) Drang: **rectal** ~ Stuhl-
drang *m;* **vesical** ~ Harndrang *m.*

**ten·et** ['ti:net; 'te-; -nɪt] *s* **1.** (Grund-,
Lehr)Satz *m,* Lehre *f,* Dogma *n.* **2.** *obs.*
Meinung *f.*

**ten·fold** ['tenfəʊld] **I** *adj u. adv* zehnfach.
**II** *s (das)* Zehnfache.

'**ten·,gal·lon hat** *s Am. colloq.* breit-
randiger Cowboyhut.

**te·ni·a,** *etc Am. für* **taenia,** *etc.*

**ten·ner** ['tenə(r)] *s colloq.* ,Zehner' *m:*
a) *Am.* Zehn'dollarschein *m,* b) *Br.* Zehn-
'pfundschein *m.*

**ten·nis** ['tenɪs] *s sport* Tennis *n.* ~ **arm** *s*
*med.* Tennisarm *m.* ~ **ball** *s sport* Tennis-
ball *m.* ~ **court** *s sport* Tennisplatz *m.* ~
**el·bow** → **tennis arm.** ~ **rack·et** *s*
*sport* Tennisschläger *m.*

**ten·no** ['tenəʊ] *pl* -**no,** -**nos** *s* Tenno *m*
(*japanischer Kaisertitel*).

**ten·on** ['tenən] *tech.* **I** *s* Zapfen *m:* ~ **saw**
Ansatzsäge *f,* Fuchsschwanz *m.* **II** *v/t*
verzapfen.

**ten·or** ['tenə(r)] **I** *s* **1.** Verlauf *m,* (Fort-)
Gang *m.* **2.** Tenor *m,* (wesentlicher) In-
halt, Sinn *m,* Gedankengang *m.* **3.** Wesen
*n,* Na'tur *f,* Beschaffenheit *f.* **4.** Absicht *f.*
**5.** *econ.* Laufzeit *f* (*e-s Vertrages, e-s
Wechsels*). **6.** *jur.* Abschrift *f,* Ko'pie *f.*
**7.** *mus.* Te'nor *m:* a) Te'norstimme *f,*
b) Te'norsänger *m,* c) Te'norpar,tie *f,*
d) Te'norinstru,ment *n, bes.* Bratsche *f.*
**II** *adj* **8.** *mus.* Tenor...: ~ **clef.** '**ten·or·**
**ist** [-rɪst] *s mus.* Teno'rist *m:* a) Te'nor-
sänger *m* (*im Chor*), b) Spieler(in) e-s
Te'norinstru,ments, *bes.* Brat'schist(in).

**ten·pence** ['tenpəns] *s* (*Summe od. Wert
von*) zehn Pence *pl.* '~**pin** *s* **1.** Kegel *m:* ~
**bowling** Bowling *n.* **2.** *pl* (*als sg kon-
struiert*) *Am.* Bowling *n.*

**ten·rec** ['tenrek] *s zo.* Tanrek *m,* Borsten-
igel *m.*

**tense¹** [tens] *s ling.* Tempus *n,* Zeit(form)
*f:* **simple (compound)** ~**s** einfache (zs.-
gesetzte) Zeiten.

**tense²** [tens] **I** *adj* (*adv* ~**ly**) **1.** straff,
gespannt. **2.** *fig.* a) (an)gespannt (*Person,
Nerven etc*), b) ('über)ner,vös, ver-
krampft (*Person*), c) spannungsgeladen:
**a** ~ **moment,** d) zermürbend: **a** ~ **game,**
e) gespannt (*Lage etc*): **to grow less** ~
sich entspannen. **3.** *ling.* gespannt, ge-
schlossen: **a** ~ **sound. II** *v/t* **4.** (an)span-
nen, straffen. **III** *v/i* **5.** sich straffen *od.*
(an)spannen. **6.** *fig.* (vor Nervosi'tät *etc*)
starr werden, sich verkrampfen.

'**tense·ness** *s* **1.** Straffheit *f.* **2.** *fig.* (ner-
'vöse) Spannung, Verkrampfung *f.*

**ten·si·bil·i·ty** [,tensə'bɪlətɪ] *s* Dehnbar-
keit *f.* '**ten·si·ble** [-səbl] *adj* dehnbar.

**ten·sile** ['tensaɪl; *Am.* -səl] *adj* **1.** dehn-,
streckbar. **2.** *phys.* Spannungs..., Zug...,

**Dehn(ungs)...:** ~ **strength (stress)** Zug-,
Dehnfestigkeit *f* (-beanspruchung *f*).

**ten·sim·e·ter** [ten'sɪmɪtə(r)] *s tech.*
Gas-, Dampf(druck)messer *m.*

**ten·si·om·e·ter** [,tensɪ'ɒmɪtə; *Am.* -'ɑm-
ətər] *s tech.* Zugmesser *m.*

**ten·sion** ['tensn; *Am.* 'tent∫ən] **I** *s* **1.**
Spannung *f* (*a. electr.*). **2.** *med. phys.*
Druck *m.* **3.** *phys.* a) Dehnung *f,* b) Zug-,
Spannkraft *f:* ~ **spring** Zug-, Spann-
feder *f.* **4.** *tech.* Spannvorrichtung *f.*
**5.** *fig.* (ner'vöse) Spannung, (An)Ge-
spanntheit *f.* **6.** *fig.* gespanntes Verhält-
nis, Spannung *f:* **political** ~ politische
Spannung(en). **II** *v/t* **7.** (an)spannen.
'**ten·sion·al** [-∫ənl] *adj* Dehn...,
Spann(ungs)...

**ten·sive** ['tensɪv] *adj* Spannung ver-
ursachend.

**ten·son** ['tensn] *s* Ten'zone *f* (*Streitge-
dicht der Troubadours*).

**ten·sor** ['tensə(r)] *s* **1.** *a.* ~ **muscle** *anat.*
Tensor *m,* Streck-, Spannmuskel *m.*
**2.** *math.* Tensor *m.*

'**ten·,spot** *s Am. sl.* **1.** *Kartenspiel:* Zehn *f*
(*Karte*). **2.** ,Zehner' *m,* Zehn'dollarschein
*m.* '~**strike** *s* **1.** → **strike** 6. **2.** *fig. colloq.*
,Volltreffer' *m.*

**tent¹** [tent] **I** *s* **1.** Zelt *n:* → **oxygen. 2.** *fig.*
Wohnung *f,* Wohnstätte *f.* **II** *v/t* **3.** in
Zelten 'unterbringen. **III** *v/i* **4.** zelten.
**5.** in Zelten leben. **6.** wohnen.

**tent²** [tent] *med.* **I** *s* Tam'pon *m.* **II** *v/t*
durch e-n Tam'pon offenhalten.

**tent³** [tent] *s* süßer span. Tintowein *m.*

**ten·ta·cle** ['tentəkl] *s* **1.** *zo.* a) Ten'takel
*m, n,* Fühler *m,* b) Fang-, Greifarm *m* (*e-s
Polypen etc*). **2.** *bot.* Ten'takel *m.* **3.** *fig.*
Fühler *m:* **to stretch out a** ~. '**ten·ta·**
**cled** *adj bot. zo.* mit Ten'takeln (ver-
sehen). **ten·tac·u·lar** [-'tækjʊlə(r)] *adj*
Fühler..., Tentakel... **ten·tac·u·late**
[-lət; -lɪt], **ten·tac·u·lat·ed** [-leɪtɪd] *adj*
**1.** mit Ten'takeln (versehen). **2.** ten'takel-
förmig.

**ten·ta·tive** ['tentətɪv] **I** *adj* **1.** a) ver-
suchend, versuchsweise: **to make** ~ **in-
quiries** sondieren, b) Versuchs... **2.** vor-
sichtig, zögernd, zaghaft. **II** *s* **3.** Versuch
*m.* '**ten·ta·tive·ly** *adv* **1.** versuchs-
weise, als Versuch. **2.** zögernd.

**tent bed** *s* Feldbett *n.* ~ **cit·y** *s* Zelt-
stadt *f.*

**ten·ter** ['tentə(r)] *s tech.* Spannrahmen *m*
(*für Tuch*). '~**hook** *s tech.* Spannhaken
*m:* **to be on** ~**s** *fig.* ,wie auf (glühenden)
Kohlen sitzen', auf die Folter gespannt
sein; **to keep s.o. on** ~**s** *fig.* j-n auf die
Folter spannen.

**tenth** [tenθ] **I** *adj* **1.** zehnt(er, e, es): **in the**
~ **place** zehntens, an zehnter Stelle. **2.**
zehntel. **II** *s* **3.** (*der, die, das*) Zehnte: **the**
~ **of May** der 10. Mai. **4.** Zehntel *n:* **a** ~ **of
a second** e-e Zehntelsekunde. **5.** *hist.*
Zehnt *m.* **6.** *mus.* De'zime *f:* ~ **chord**
Dezimakkord *m.* '**tenth·ly** *adv* zehn-
tens.

**tent peg** *s* Zeltpflock *m,* Hering *m.* ~
**peg·ging** *s* Sportart *zu Pferd, bei der in
vollem Galopp Pflöcke mit der Lanze aus
dem Boden geholt werden müssen.* ~ **pole** *s*
Zeltstange *f.* ~ **stitch** *s* Stickerei: Perl-
stich *m.*

**ten·u·is** ['tenjʊɪs; *Am.* -jəwəs] *pl* '**ten-
u·es** [-i:z] *s ling.* Tenuis *f* (*stimmloser,
nicht aspirierter Verschlußlaut*).

**ten·u·ity** [te'nju:ətɪ; *Am. a.* -'nu:-] *s*
**1.** Dünnheit *f* (*a. phys. e-r Substanz*).
**2.** Zartheit *f.* **3.** Schlankheit *f.* **4.** *fig.*
Dürftigkeit *f.*

**ten·u·ous** ['tenjʊəs; *Am.* -jəwəs] *adj*
**1.** dünn. **2.** zart, fein. **3.** schlank. **4.** *phys.*
dünn, verdünnt. **5.** *fig.* dürftig (*Argument
etc*).

**ten·ure** ['te,njʊə(r); 'tenjə(r)] *s* **1.** (Grund-)

Besitz *m.* **2.** *jur.* a) Besitzart *f,* b) Besitz-
titel *m:* ~ **by lease** Pachtbesitz *m;* **feudal**
~ *hist.* Lehnsbesitz *m.* **3.** Besitzdauer *f.*
**4.** Innehaben *n,* Bekleidung *f* (*e-s Amtes*):
~ **of office** Amtsdauer *f.* **5.** Anstellung *f,*
Amt *n.* **6.** *fig.* Genuß *m* (*e-r Sache*). **ten-
u·ri·al** [te'njʊərɪəl] *adj* (Land)Besitz...

**te·nu·to** [tɪ'nju:təʊ; *Am.* teɪ'nu:-] *adj u.
adv* ausgehalten (*Note, Ton*).

**te·pee** ['ti:pi:] *s* Indi'anerzelt *n,* Wig-
wam *m.*

**tep·e·fy** ['tepɪfaɪ] *v/t u. v/i* lauwarm ma-
chen (werden).

**teph·rite** ['tefraɪt] *s geol.* Te'phrit *m.*

**tep·id** ['tepɪd] *adj* (*adv* ~**ly**) lauwarm, lau
(*a. fig.*). **te·pid·i·ty** [te'pɪdətɪ], *a.* '**tep-
id·ness** *f* Lauheit *f* (*a. fig.*).

**te·qui·la** [tɪ'ki:lə; *Am. a.* teɪ-] *s* Te'quila *m.*

**tera-** [terə] *Worteelement mit der Bedeu-
tung* Billion: ~**volt** Teravolt *n.*

**ter·a·tism** ['terətɪzəm] *s med.* 'Mißbil-
dung *f,* Deformi'tät *f.* '**ter·a·toid** [-tɔɪd]
**I** *adj* mon'strös, 'mißgebildet. **II** *s* →
**teratoma.** ,**ter·a·tol·o·gy** [-'tɒlədʒɪ;
*Am.* -'tɑ-] *s* **1.** a) Märchen *n von Unge-
heuern,* b) *Sammlung solcher Märchen.*
**2.** *med.* Teratolo'gie *f* (*Lehre von den
Mißbildungen*). ,**ter·a·to·ma** [-'təʊmə] *s
med.* Tera'tom *n* (*angeborene Geschwulst
aus Geweben*).

**ter·bi·um** ['tɜ:bjəm; *Am.* 'tɜrbɪəm] *s* Ter-
bium *n* (*metallisches Element*).

**terce** [tɜːs; *Am.* tɜrs] → **tierce** 2.

**ter·cel** ['tɜːsl; *Am.* 'tɜrsəl], **terce·let**
['tɜːs-; *Am.* tɜrs-] *s orn.* männlicher
Falke.

**ter·cen·te·nar·y** [,tɜːsen'ti:nərɪ; *Am.*
,tɜrsen'te-], *a.* ,**ter·cen'ten·ni·al** [-'ten
jəl; -nɪəl] **I** *adj* **1.** dreihundertjährig. **II** *s*
**2.** dreihundertster Jahrestag. **3.** Drei-
hundert'jahrfeier *f.*

**ter·cet** ['tɜːsɪt; *Am.* 'tɜrsət; *a.* ,-'set] *s*
**1.** *metr.* Ter'zine *f.* **2.** *mus.* Tri'ole *f.*

**ter·e·binth** ['terəbɪnθ] *s bot.* Tere-
'binthe *f.*

**ter·gal** ['tɜːgl; *Am.* 'tɜrgəl] *adj zo.*
Rücken...

**ter·gi·ver·sate** ['tɜːdʒɪvɜːseɪt; *Am.* ,tɜr-
'dʒɪvərˌseɪt] *v/i* **1.** Ausflüchte machen,
sich drehen u. wenden. **2.** abfallen, ab-
trünnig werden. ,**ter·gi·ver'sa·tion** *s*
**1.** Ausflucht *f.* **2.** Abfall *m.* **3.** Wankelmut
*m.* **ter·gi·ver·sa·tor** [-tə(r)] *s* **1.** j-d, der
Ausflüchte macht. **2.** Rene'gat *m,* Ab-
trünnige(r) *m.*

**term** [tɜːm; *Am.* tɜrm] **I** *s* **1.** (*bes. fach-
licher*) Ausdruck, Bezeichnung *f:* → **tech-
nical** 2. **2.** *pl* Ausdrucksweise *f,* Worte *pl,*
'Denkkatego,rien *pl:* **in** ~**s** ausdrücklich,
in Worten; **to praise s.o. in the highest**
~**s** j-n in den höchsten Tönen loben; **to
condemn s.th. in the strongest** ~**s** et-
was schärfstens verurteilen; **in** ~**s of** a) in
Form von (*od. gen*), b) im Sinne (*gen*),
c) hinsichtlich (*gen*), bezüglich (*gen*),
d) vom Standpunkt (*gen,* von ... her, e)
verglichen mit, im Verhältnis zu; **in** ~**s of
approval** beifällig; **in** ~**s of literature**
literarisch (betrachtet), vom Literari-
schen her; **to think in military** ~**s** in
militärischen Kategorien denken; **to
think in** ~**s of money** (nur) in Mark u.
Pfennig denken; → **plain¹** 4. **3.** *pl* Wort-
laut *m:* **the exact** ~**s;** **to be in the
following** ~**s** folgendermaßen lauten.
**4.** a) Zeit *f,* Dauer *f;* ~ **of imprisonment**
*jur.* Freiheitsstrafe *f;* ~ **of office** Amtszeit,
-dauer *f,* -periode *f;* **for a** ~ **of four years**
für die Dauer von vier Jahren; **to be too
old to serve a second** ~ er ist zu alt für
e-e zweite Amtsperiode, b) (*Zahlungs- etc*)
Frist *f:* ~ **of payment; on** ~ *econ.* auf Zeit;
**on** (*od.* **in**) **the long** ~ auf lange Sicht; ~
**deposit** *econ.* Termingeld *m,* -einlage *f;* ~
**insurance** *econ.* Kurzversicherung *f.* **5.**

*econ.* a) Laufzeit *f*: ~ **of a contract**, b) Ter'min *m*: **to set a** ~ **e-n Termin** festsetzen; **at** ~ zum festgelegten Termin. **6.** *jur.* a) *Br.* Quar'talster,min *m* (*vierteljährlicher Zahltag für Miete, Zinsen etc*), b) *Br.* (*halbjährlicher*) Lohn-, Zahltag (*für Dienstboten*). **7.** *jur.* 'Sitzungsperi,ode *f.* **8.** *ped. univ.* Quar'tal *n*, Tri'mester *n*, Se'mester *n*: **end of** ~ Schul- *od.* Semesterschluß *m*; **to keep** ~**s** *Br.* Jura studieren. **9.** *pl* (Vertrags- *etc*)Bedingungen *pl*, Bestimmungen *pl*: ~**s of delivery** *econ.* Liefer(ungs)bedingungen; ~**s of trade** Austauschverhältnis *n* (*im Außenhandel*); **on easy** ~**s** zu günstigen Bedingungen; **on the** ~**s that** unter den Bedingung, daß; **to come to** ~**s** a) handelseinig werden, sich einigen (**with** mit), b) **with** sich abfinden mit; **to come to** ~**s with the past** die Vergangenheit bewältigen; **to come to** ~**s with the future** der Zukunft(sentwicklungen) akzeptieren; **to bring to** ~**s** j-n zur Annahme der Bedingungen bringen; → **equal** 10, **reference** 3. **10.** *pl* Preise *pl*, Hono'rar *n*: **what are your** ~**s?** was verlangen Sie?; **cash** ~**s** Barpreis *m*; **I'll give you special** ~**s** ich mache Ihnen e-n Sonderpreis; → **inclusive** 2. **11.** *pl* Beziehungen *pl*, Verhältnis *n* (*zwischen Personen*): **to be on good** (**bad, friendly**) ~**s** **with** auf gutem (schlechtem, freundschaftlichem) Fuße stehen mit; **they are not on speaking** ~**s** sie sprechen nicht (mehr) miteinander. **12.** *pl* gute Beziehungen *pl*: **to be on** ~**s with s.o.** mit j-m gut stehen. **13.** *math.* a) Glied *n*: ~ **of a sum** Summand *m*, b) Ausdruck *m*: ~ **of an equation**, c) *Geometrie*: Grenze *f*: ~ **of a line**. **14.** *Logik*: Begriff *m*: → **contradiction** 3, **major** 5. **15.** *arch.* Grenzstein *m*, -säule *f.* **16.** *physiol.* a) errechneter Ent'bindungster,min: **to carry to** (**full**) ~ **ein** *Kind* austragen; **to go** (*od.* **be taken**) **to** ~ ausgetragen werden; **she is near her** ~ sie steht kurz vor der Niederkunft, b) *obs.* Menstruati'on *f.* **II** *v/t* **17.** (be)nennen, bezeichnen als.

**ter·ma·gant** ['tɜːməgənt; *Am.* 'tɜr-] **I** *adj* zänkisch, keifend, böse. **II** *s* Weibs-, Zankteufel *m*, (Haus)Drachen *m.*

**ter·mi·na·bil·i·ty** [,tɜːmɪnə'bɪlətɪ; *Am.* ,tɜr-] *s* **1.** Begrenzbarkeit *f*, Bestimmbarkeit *f.* **2.** (zeitliche) Begrenzung, Befristung *f.* '**ter·mi·na·ble** *adj* (*adv* **terminably**) **1.** begrenzbar, bestimmbar. **2.** befristet, zeitlich begrenzt, kündbar: ~ **agreement.** '**ter·mi·na·ble·ness** → **terminability.**

**ter·mi·nal** ['tɜːmɪnl; *Am.* 'tɜrmɪnəl] **I** *adj* **1.** Grenz..., begrenzend: ~ **figure** → **term** 15. **2.** letzt(er, e, es), End..., (Ab-)Schluß...: ~ **airport** → 11 c; ~ **amplifier** *electr.* Endverstärker *m*; ~ **examination** *ped.* Abschlußprüfung *f*; ~ **station** → 11 a; ~ **syllable** *ling.* Endsilbe *f*; ~ **value** *math.* Endwert *m*; ~ **voltage** *electr.* Klemmenspannung *f.* **3.** *univ.* Semester..., Trimester... **4.** *med.* a) unheilbar (*a. fig.*), b) im Endstadium, c) Sterbe...: ~ **clinic. 5.** *fig.* vernichtend, verhängnisvoll (**to** für). **6.** *bot.* end-, gipfelständig. **II** *s* **7.** Endstück *n*, -glied *n*, Ende *n*, Spitze *f.* **8.** *ling.* Endsilbe *f*, -buchstabe *m*, -wort *n.* **9.** *electr.* a) Klemmschraube *f*, b) (Anschluß)Klemme *f*, Pol *m*: **plus** (**minus**) ~ Plus-(Minus)pol, c) Endstecker *m*, d) Kabelschuh *m.* **10.** *arch.* Endglied *n*, -verzierung *f.* **11.** a) *rail. etc* 'Endstati,on *f*, Kopfbahnhof *m*, b) End- *od.* Ausgangspunkt *m* (*e-r Transportlinie etc*), c) *aer.* Bestimmungsflughafen *m*: → **air terminal**, d) (zen'traler) 'Umschlagplatz *m.* **12.** Terminal *n*: a) *Ein-u.* Ausgabeeinheit e-r EDV-Anlage, b) *Empfangs- u.*

*Sendestation e-r Rohrpostanlage.* **13.** *univ.* Se'mesterprüfung *f.* '**ter·mi·nal·ly** [-nəlɪ] *adv* **1.** zum Schluß, am Ende. **2.** ter'minweise. **3.** ~ **ill** *med.* unheilbar krank. **4.** *univ.* se'mesterweise.

**ter·mi·nate** ['tɜːmɪneɪt; *Am.* 'tɜrmə-] **I** *v/t* **1.** (*räumlich*) begrenzen. **2.** beendigen, abschließen. **3.** *econ. jur.* beendigen, aufheben, kündigen: **to** ~ **a contract. II** *v/i* **4.** (**in**) end(ig)en (in *dat*), aufhören (mit). **5.** *econ. jur.* endigen, ablaufen (*Vertrag etc*). **6.** *ling.* enden (**in** auf *acc*). **III** *adj* [-nət; -nɪt] **7.** begrenzt. **8.** *math.* endlich. ,**ter·mi'na·tion** *s* **1.** Aufhören *n.* **2.** Ende *n*, Schluß *m.* **3.** Abschluß *m*, Beendigung *f*: ~ **of pregnancy** *med.* Schwangerschaftsabbruch *m*, -unterbrechung *f.* **4.** *jur.* Beendigung *f*: a) Ablauf *m*, Erlöschen *n*, b) Aufhebung *f*, Kündigung *f*: ~ **of a contract. 5.** *ling.* Endung *f.* ,**ter·mi'na·tion·al** [-ʃənl] *adj* **1.** → **terminative** 1. **2.** *ling.* durch Flexi'on der Endung gebildet: ~ **comparison** germanische Steigerung. '**ter·mi·na·tive** [-nətɪv; *Am.* -,neɪ-] *adj* (*adv* ~**ly**) **1.** beendigend, End..., (Ab)Schluß... **2.** *ling.* den Abschluß e-r Handlung anzeigend.

**ter·mi·ni** ['tɜːmɪnaɪ; *Am.* 'tɜr-] *pl von* **terminus.**

**ter·min·ism** ['tɜːmɪnɪzəm; *Am.* 'tɜr-] *s philos. relig.* Termi'nismus *m.*

**ter·mi·no·log·i·cal** [,tɜːmɪnə'lɒdʒɪkl; *Am.* ,tɜrmənə'lɑ-] *adj* (*adv* ~**ly**) termino'logisch: ~ **inexactitude** *humor.* Schwindelei *f.* ,**ter·mi'nol·o·gy** [-'nɒlədʒɪ; *Am.* -'nɑ-] *s* Terminolo'gie *f*, Fachsprache *f*, -ausdrücke *pl.*

**ter·mi·nus** ['tɜːmɪnəs; *Am.* 'tɜr-] *pl* -**ni** [-naɪ], -**nus·es** (*Lat.*) *s* **1.** Endpunkt *m*, Ziel *n*, Ende *n.* **2.** → **terminal** 11. ~ **ad quem** [-,æd'kwem; *Am.* -,ɑːd-] *s jur. philos.* Zeitpunkt *m*, bis zu dem *od.* ausgeführt sein muß. ~ **a quo** [-,ɑː-'kwəʊ] *s jur. philos.* Zeitpunkt *m*, von dem an etwas gilt *od.* ausgeführt wird.

**ter·mi·tar·y** ['tɜːmɪtərɪ; *Am.* 'tɜrmə,teri:] *s zo.* Ter'mitenbau *m*, -hügel *m.* **ter·mite** ['tɜːmaɪt; *Am.* 'tɜr-] *s zo.* Ter'mite *f.*

'**term·less** *adj* **1.** unbegrenzt. **2.** bedingungslos.

**term·or** ['tɜːmə; *Am.* 'tɜrmər] *s jur.* Besitzer *m* auf (Lebens)Zeit.

'**term·time** *s* Schul- *od.* Se'mesterzeit *f* (*Ggs. Ferien*).

**tern**[1] [tɜːn; *Am.* tɜrn] *s orn.* Seeschwalbe *f.*

**tern**[2] [tɜːn; *Am.* tɜrn] *s* **1.** Dreiergruppe *f*, -satz *m.* **2.** *a.* ~ **schooner** *mar.* dreimastiger Schoner.

**ter·nal** ['tɜːnl; *Am.* 'tɜrnəl] → **ternary** 1.

**ter·na·ry** ['tɜːnərɪ; *Am.* 'tɜr-] *adj* **1.** aus (je) drei bestehend, dreifältig: ~ **code** Dreieralphabet *n*; ~ **form** *mus.* dreiteilige Form; ~ **number** Dreizahl *f.* **2.** *a. bot.* dreizählig, ter'när. **3.** *metall.* dreistoffig, Dreistoff...: ~ **alloy. 4.** aus drei A'tomen bestehend. **5.** *math.* ter'när.

**ter·nate** ['tɜːnɪt; -neɪt; *Am.* 'tɜr-] → **ternary** 1, 2.

'**terne(·plate)** ['tɜːn-; *Am.* 'tɜrn-] *s metall.* Mattweißblech *n.* ['pen *n.*]

**ter·pene** ['tɜːpiːn; *Am.* 'tɜr-] *s chem.* Ter-'**Terp·sich·o·re** [tɜːp'sɪkərɪ; *Am.* ,tɜrp-] *npr* Ter'psichore *f* (*Muse des Tanzes*). ,**Terp·si·cho're·an** [-'riːən] *adj a.* t~ *oft humor.* Tanz..., tänzerisch.

**ter·ra** ['tɜːrə] (*Lat.*) *s* Erde *f*, Land *n.*

**ter·race** ['tɜːrəs] **I** *s* **1.** *geol.* Ter'rasse *f*, Geländestufe *f.* **2.** *arch.* a) Ter'rassen-, Flachdach *n*, b) Ter'rasse *f.* **3.** *bes. Br.* Häuserreihe *f* (an erhöht gelegener Straße). **4.** *Am.* Grünstreifen *m*, -anlage *f* (*in der Straßenmitte*). **5.** *sport Br.* (Zuschauer)Rang *m* (*im Stadion*): **the** ~**s** die Ränge *pl. a. die Zuschauer.* **II** *v/t* **6.** ter-

'rassenförmig anlegen, terras'sieren. **7.** mit Ter'rassen versehen. '**ter·raced** *adj* **1.** ter'rassenförmig (angelegt). **2.** flach (*Dach*). **3.** ~ **house** *Br.* Reihenhaus *n.*

**ter·ra**|**-cot·ta** [,tɜːrə'kɒtə; *Am.* -'kɑ-] *I s* **1.** Terra'kotta *f.* **2.** Terra'kottafi,gur *f.* **II** *adj* **3.** Terra'kotta... ~**fir·ma** [-'fɜːmə; *Am.* -'fɜrmə] (*Lat.*) *s* festes Land, fester Boden.

**ter·rain** [te'reɪn; *bes. Am.* tə-] *bes. mil.* **I** *s* Ter'rain *n*, Gelände *n.* **II** *adj* Gelände...

**ter·ra in·cog·ni·ta** [,tɜːreɪn'kɒgnɪtə; *Am.* 'tɜrə,ɪn,kɑg'niːtə] *pl* -**rae -tae** [-riː-tiː; *Am.* -ri,aɪ -,taɪ] *s* Terra *f* in'cognita: a) unerforschtes Land, b) *fig.* unerforschtes Wissensgebiet.

**ter·rane** [te'reɪn] *s geol.* Formati'on(engruppe) *f.*

**ter·ra·ne·an** [tə'reɪnjən; -nɪən] *adj* irdisch, Erd...

**ter·ra·ne·ous** [tə'reɪnjəs; -nɪəs] *adj bot.* auf dem Lande wachsend, Land...

**ter·ra·pin** ['terəpɪn] *s zo.* Dosenschildkröte *f.*

**ter·ra·que·an** [te'reɪkwɪən], **ter'ra·que·ous** [-kwɪəs] *adj* aus Land u. Wasser bestehend.

**ter·rar·i·um** [te'reərɪəm; *Am.* tə'rær-] *pl* -**ums, -a** [-ə] *s* Ter'rarium *n.*

**ter·raz·zo** [te'rætsəʊ; *Am.* tə'ræzəʊ; tə'rɑːtsəʊ] *s* Ter'razzo *m*, Ze'mentmosa,ik *n.*

**ter·rene** [te'riːn] *adj* **1.** irdisch, Erd... **2.** Erd..., erdig.

**terre·plein** ['teəpleɪn; *Am.* 'terə,pleɪn] *s* Wallgang *m.*

**ter·res·tri·al** [tɪ'restrɪəl] *I adj* **1.** irdisch, weltlich. **2.** Erd...: → **globe** 3. **3.** *geol.* ter'restrisch, (Fest)Land... **4.** *bot. zo.* Land..., Boden... **II** *s* **5.** Erdbewohner(in).

**ter·ret** ['terɪt] *s* Zügelring *m* (*am Pferdegeschirr*).

**ter·ri·ble** ['terəbl] *adj* (*adv* **terribly**) schrecklich, furchtbar, fürchterlich (*alle a. fig. colloq.* außerordentlich). '**ter·ri·ble·ness** *s* Schrecklichkeit *f*, Fürchterlichkeit *f.*

**ter·ri·er**[1] ['terɪə(r)] *s* **1.** Terrier *m* (*Hunderasse*). **2.** T~ *colloq. für* **territorial** 4 a.

**ter·ri·er**[2] ['terɪə(r)] *s jur.* Flurbuch *n.*

**ter·rif·ic** [tə'rɪfɪk] *adj* (*adv* ~**ally**) **1.** fürchterlich, furchtbar, schrecklich (*alle a. fig. colloq.*). **2.** *colloq.* ,toll', phan'tastisch, gewaltig.

**ter·ri·fied** ['terɪfaɪd] *adj* (zu Tode) erschrocken, entsetzt, verängstigt: **to be** ~ **of** schreckliche Angst haben vor (*dat*). '**ter·ri·fy** ['terɪfaɪ] *v/t* j-m Angst u. Schrecken einjagen: **to** ~ **s.o. into doing s.th.** j-m solche Angst einjagen, daß er etwas tut. '**ter·ri·fy·ing** → **terrific** 1.

**ter·rig·e·nous** [te'rɪdʒɪnəs] *adj geol.* terri'gen, vom Festland stammend.

**ter·rine** [te'riːn] *s* **1.** irdenes Gefäß (*zum Einmachen od. Servieren*). **2.** → **tureen.**

**ter·ri·to·ri·al** [,terɪ'tɔːrɪəl; *Am. a.* -'təʊ-] *I adj* (*adv* ~**ly**) **1.** Grund..., Land...: ~ **property. 2.** territori'al, Landes-, Gebiets...: ~ **airspace** Lufthoheitsgebiet *n*; T~ **Army**, T~ **Force** *mil.* Territorialarmee *f*, Landwehr *f*; ~ **claims** *pol.* territoriale Forderungen *pl*; ~ **jurisdiction** *jur.* örtliche Zuständigkeit; ~ **waters** Hoheitsgewässer. **3.** T~ Territorial..., ein Terri'torium *n* (*der USA*) betreffend. **II** *s* **4.** T~ *mil.* a) Territori'alsol,dat *m*, Landwehrmann *m*, b) *pl* Territori'altruppen *pl*, -mannschaften *pl.* **ter·ri·to·ri·al·ize** *v/t* **1.** territori'al machen. **2.** zum Terri'torium *od.* Staatsgebiet machen.

**ter·ri·to·ry** ['terɪtərɪ; *Am.* 'terə,təʊri:; -,tɔː-] *s* **1.** Gebiet *n*, Terri'torium *n* (*beide a. fig.*), *fig. a.* Bereich *m.* **2.** *pol.* Hoheits-

Staatsgebiet *n*: **on** British ~ auf britischem Gebiet. **3. T~** *pol.* Terri'torium *n* (*Schutzgebiet*). **4.** *econ.* (Vertrags-, Vertreter)Gebiet *n*, (-)Bezirk *m*. **5.** *sport* (Spielfeld)Hälfte *f*.

**ter·ror** ['terə(r)] *s* **1.** (tödlicher) Schrekken, Entsetzen *n*, schreckliche Angst (**of** vor *dat*): **to strike with** ~ in Angst u. Schrecken versetzen; **deadly** ~ Todesangst *f*. **2.** Schrecken *m* (*schreckeneinflößende Person od. Sache*): **political** ~ Politterror *m*; ~ **bombing** Bombenterror *m*. **3.** Terror *m*, Gewalt-, Schreckensherrschaft *f*. **4.** *colloq.* a) ,Ekel' *n*, ,Landplage' *f*, b) Schreckgespenst *n*, Alptraum *m*, c) (schreckliche) Plage (**to** für). **'ter·ror·ism** *s* **1.** → terror 3. **2.** Terro'rismus *m*. **'ter·ror·ist I** *s* Terro'rist(in). **II** *adj* terro'ristisch, Terror...: ~ **group** Terroristengruppe *f*. **'ter·ror·ize** *v/t* **1.** terrori'sieren. **2.** einschüchtern.

**'ter·ror|-,strick·en,** '~-**struck** *adj* u. *adv* schreckerfüllt, starr vor Schreck.

**ter·ry** ['terı] **I** *s* **1.** ungeschnittener Samt *od.* Plüsch. **2.** Frot'tiertuch *n*, -gewebe *n*. **3.** Schlinge *f* (*des ungeschnittenen Samtes etc*). **II** *adj* **4.** ungeschnitten (*Samt*): ~ **velvet** Frisé-, Kräuselsamt *m*. **5.** frot'teeartig: ~ **cloth** → 2; ~ **towel** Frottier-, Frottee(hand)tuch *n*.

**terse** [tɜːs; *Am.* tɜrs] *adj* (*adv* ~**ly**) **1.** knapp, kurz u. bündig, markig, prä'gnant. **2. to be** ~ kurz angebunden sein. **'terse·ness** *s* Knappheit *f*, Kürze *f*, Prä'gnanz *f*.

**ter·tial** ['tɜːʃl; *Am.* 'tɜrʃəl] *s* *orn.* Schwungfeder *f* der dritten Reihe.

**ter·tian** ['tɜːʃn; *Am.* 'tɜrʃən] *med.* **I** *adj* am dritten Tag wiederkommend, Tertian...: ~ **ague**, ~ **fever**, ~ **malaria** → II. **II** *s* Terti'anfieber *n*.

**ter·ti·ar·y** ['tɜːʃərı; *Am.* 'tɜr-; *a.* -ʃɪ̩erı:] **I** *adj* **1.** *allg.* (*geol.* **T~**) terti'är, Tertiär...: ~ **winding** *electr.* Tertiärwicklung *f*. **2.** *med.* terti'är, dritten Grades: ~ **burns**. **II** *s* **3. T~** *geol.* Terti'är *n*. **4.** *a.* **T~** *relig.* Terti'arier(in). **5.** → tertial.

**ter·va·lent** [tɜː'veılənt; *Am.* tɜr-] *adj* *chem.* dreiwertig.

**ter·y·lene** ['terəli:n] (*TM*) *s* Terylene *n* (*Gewebe aus synthetischer Faser*).

**ter·za ri·ma** [ˌtɜːtsə'ri:mə; *Am.* ˌtɜr-] *pl* **ter·ze ri·me** [ˌtɜːtseı'ri:meı; *Am.* ˌtɜr-] *s* *metr.* Ter'zine *f* (*meist durch Kettenreim mit den anderen verbundene Strophe aus drei elfsilbigen Versen*).

**ter·zet·to** [tɑː'tsetəʊ; *Am.* tɜrt-] *pl* **-tos, ti** [-ti:] *s* *mus.* (vo'kales) Ter'zett *od.* Trio.

**Tes·la** ['teslə] *adj* *electr.* Tesla...

**tes·sel·late I** *v/t* ['tesıleıt] **1.** tessel'lieren, mit Mosa'iksteinchen auslegen, mosa'ikartig zs.-setzen. **II** *adj* [a. -lıt] **2.** → tessellated. **3.** *bot.* gewürfelt. **'tes·sel·lat·ed** *adj* gewürfelt, mosa'ik-, schachbrettartig, Mosaik...: ~ **floor**, ~ **pavement** Mosaik(fuß)boden *m*. ˌ**tes·sel·'la·tion** *s* Mosa'ik(arbeit *f*) *n*.

**tes·ser·a** ['tesərə] *pl* **-ser·ae** [-ri:] *s* (Mosa'ik)Steinchen *n*, (viereckiges) Täfelchen.

**test¹** [test] **I** *s* **1.** *allg.*, *a.* *tech.* Probe *f*, Versuch *m*, Test *m*. **2.** a) Prüfung *f*, Unter'suchung *f*, Stichprobe *f*, b) *fig.* Probe *f*, Prüfung *f*: **a severe** ~ e-e strenge Prüfung, *fig.* e-e harte Probe; **to put to the** ~ auf die Probe stellen; **to put to the** ~ **of experience** praktisch erproben; **to stand the** ~ die Probe bestehen, sich bewähren (~ **of strength** Kraftprobe; ~ **crucial** 1. **3.** Prüfstein *m*, Prüfungsmaßstab *m*, Kri'terium *n*: **success is not a fair** ~. **4.** *ped.* *psych.* Test *m*, (Eignungs-, Leistungs)Prüfung *f*. **5.** *med.* (*Blut- etc*) Probe *f*, Test *m*. **6.** *chem.* a) Ana'lyse *f*,

---

b) Rea'gens *n*, c) Nachweis *m*, Prüfbefund *m*. **7.** *metall.* a) Versuchstiegel *m*, Ka'pelle *f*, b) Treibherd *m*. **8.** Probebohrung *f* (*nach Öl*). **9.** → **test match. 10.** *Br. hist.* Testeid *m*: **T~ Act** Testakte *f* (*Gesetz von 1673*); **to take the** ~ den Testeid leisten. **II** *v/t* **11.** (**for** s.th. auf etwas [hin]) prüfen (*a. ped.*) *od.* unter'suchen, erproben, e-r Prüfung unter'ziehen, testen (*alle a. tech.*): **to** ~ **out** ausprobieren. **12.** auf die Probe stellen: **to** ~ **s.o.'s patience. 13.** *ped.* *psych.* j-n testen. **14.** *chem.* analy'sieren. **15.** *electr.* e-e Leitung prüfen *od.* abfragen. **16.** *math.* die Probe machen auf (*acc*). **17.** *mil.* anschießen: **to** ~ **a gun. III** *adj* **18.** Probe..., Versuchs..., Prüf(ungs)..., Test...: ~ **circuit** *electr.* Meßkreis *m*; ~ **drive** *mot.* Probefahrt *f*; ~ **flight** *aer.* Probe-, Testflug *m*; ~ **run** *tech.* Probelauf *m* (*e-r Maschine etc*); ~ **track** *mot.* Teststrecke *f*; ~ **word** *psych.* Reizwort *n*.

**test²** [test] *s* **1.** *zo.* harte Schale (*von Mollusken etc*). **2.** → testa.

**tes·ta** ['testə] *pl* **-tae** [-ti:] *s* *bot.* Samenschale *f*.

**test·a·ble** ['testəbl] *adj* **1.** prüf-, unter'suchbar. **2.** *jur.* a) letztwillig verfügbar, b) bezeugbar, c) als Zeuge zuverlässig.

**tes·ta·cean** [te'steıʃn] *zo.* **I** *adj* hartschalig, Schaltier... **II** *s* Schaltier *n*. **tes·'ta·ceous** [-ʃəs] *adj* *zo.* hartschalig, Schalen...

**tes·ta·cy** ['testəsı] *s* *jur.* Testa'mentshinter,lassung *f*.

**tes·tae** ['testi:] *pl* *von* **testa**.

**tes·ta·ment** ['testəmənt] *s* **1.** *meist* **last will and** ~ *jur.* Testa'ment *n*, letzter Wille. **2.** *obs.* außer *relig.* Bund *m*. **3. T~** *Bibl.* (*Altes od. Neues*) Testa'ment. **4.** Zeugnis *n*, Beweis *m* (**to** *gen od.* für). ˌ**tes·ta·'men·ta·ry** [-'mentərı] *adj* *jur.* testamen'tarisch: a) letztwillig, b) durch Testa'ment (vermacht *od.* bestimmt): ~ **disposition** letztwillige Verfügung; ~ **guardian** durch Testament eingesetzter Vormund; ~ **capacity** Testierfähigkeit *f*.

**tes·ta·mur** [te'steımə(r)] (*Lat.*) *s bes. univ. Br.* Prüfungszeugnis *n*.

**tes·tate** ['testeıt; -tıt] *adj* *jur.*: **to die** ~ unter Hinter'lassung e-s Testa'ments sterben, ein Testament hinter'lassen. **tes·'ta·tor** [-tə(r)] *s* *jur.* 'Erb,lasser *m*. **tes·'ta·trix** [-trıks] *pl* **-tri·ces** [-trısı:z] *s* 'Erb,lasserin *f*.

**test| ban trea·ty** *s* *pol.* Teststoppabkommen *n*. '~-**bed** *s tech.* Prüfstand *m*. ~ **card** *s* *TV Br.* Testbild *n*. ~ **case** *s* **1.** Muster-, Schulbeispiel *n*. **2.** *jur.* a) 'Musterpro,zeß *m*, b) Präze'denzfall *m*. '~-**drive** *v/t irr mot.* ein Auto probefahren.

**tes·tee** [te'sti:] *s ped. psych.* 'Testper,son *f*, Prüfling *m*.

**test·er¹** ['testə(r)] *s* **1.** Prüfer *m*. **2.** Prüfgerät *n*, Testvorrichtung *f*.

**tes·ter²** ['testə(r)] *s* **1.** *arch.* Baldachin *m*. **2.** (Bett)Himmel *m*.

**tes·tes** ['testi:z] *pl von* **testis**.

**'test|-,fire** → **test¹** 17. '~-**fly** *v/t irr aer.* ein Flugzeug probefliegen. ~ **glass** → **test tube**.

**tes·ti·cle** ['testıkl] *s* *anat.* Te'stikel *m*, Hode *m, f*, Hoden *m*. **tes·'tic·u·lar** [-jʊlə(r)] *adj* Hoden...

**tes·ti·fy** ['testıfaı] **I** *v/t* **1.** *jur.* (als Zeuge) aussagen: **to refuse to** ~ die Aussage verweigern; **to** ~ **against** a) aussagen gegen (*j-n*), b) *Bibl.* Zeugnis ablegen wider (*j-n*); **to** ~ **to** a) etwas bezeugen, b) *fig.* → 3. **II** *v/t* **2.** *jur.* aussagen, bezeugen. **3.** *fig.* bezeugen: a) zeugen von, b) kundtun.

---

**tes·ti·mo·ni·al** [ˌtestı'məʊnjəl; -nıəl] **I** *s* **1.** (Führungs- *etc*)Zeugnis *n*. **2.** Empfehlungsschreiben *n*, Refe'renz *f*. **3.** (Zeichen *n* der) Anerkennung *f*, *bes.* Ehrengabe *f*. **II** *adj* **4.** Anerkennungs..., Ehren...

**tes·ti·mo·ny** ['testımənı; *Am.* -ˌməʊ-] *s* **1.** Zeugnis *n*: a) *jur.* (mündliche) Zeugenaussage, b) Beweis *m*: **in** ~ **whereof** *jur.* urkundlich dessen; **to bear** ~ **to** bezeugen (*a. fig.*); **to call s.o. in** ~ *jur.* j-n als Zeugen aufrufen, *fig.* j-n zum Zeugen anrufen; **to have s.o.'s** ~ **for** j-n zum Zeugen haben für; **on his** ~ auf Grund s-r Aussage. **2.** *collect.* Zeugnis(se *pl*) *n*, Berichte *pl*: **the** ~ **of history. 3.** *Bibl.* Zeugnis *n*: a) Gesetzestafeln *pl*, b) *meist pl* (göttliche) Offen'barung, *a.* Heilige Schrift.

**tes·ti·ness** ['testınıs] *s* Gereiztheit *f*.

**test·ing** ['testıŋ] **I** *s* **1.** Probe *f*, Erprobung *f*. **2.** Prüfung *f*, Unter'suchung *f*, Testen *n*. **II** *adj* **3.** *bes. tech.* Probe..., Prüf..., Versuchs..., Meß..., Test... (*a. psych. etc*): ~ **circuit** *electr.* Meßkreis *m*; ~ **engineer** Prüf(feld)ingenieur *m*; ~ **ground** *tech.* a) Prüffeld *n*, b) Versuchsgelände *n*.

**tes·tis** ['testıs] *pl* **-tes** [-ti:z] (*Lat.*) → **testicle**.

**test| lamp** *s* *tech.* Prüflampe *f*. ~ **load** *s* *tech.* Probebelastung *f*. ~ **match** *s* *Kricket*: interna'tionaler Vergleichskampf. ~ **mod·el** *s* *tech.* Ver'suchsmo,dell *n*.

**tes·ton** ['testən; *Am.* -ˌtɑːn], *a.* **tes·toon** [te'stu:n] *s hist.* **1.** Te'ston *m* (*französische Silbermünze im 16. Jh.*). **2.** Schilling *m* (*in England zur Zeit Heinrichs VIII.*).

**tes·tos·ter·one** [te'stɒstərəʊn; *Am.* -'stɑːs-] *s biol. chem.* Testoste'ron *n* (*männliches Sexualhormon*).

**test| pa·per** *s* **1.** *ped.* a) Prüfungsbogen *m*, b) schriftliche (Klassen)Arbeit. **2.** *chem.* Rea'genz-, 'Lackmuspa,pier *n*. **3.** *jur. Am.* Handschriftenprobe *f*. ~ **pat·tern** *s* *TV Am.* Testbild *n*. ~ **pi·lot** *s aer.* 'Testpi,lot *m*. ~ **print** *s phot.* Probeabzug *m*. ~ **so·lu·tion** *s* *chem.* Ti'trierlösung *f*. ~ **stand** *s tech.* Prüfstand *m*. ~ **tube** *s biol. chem.* Rea'genzglas *n*. '~-**tube** *adj* **1.** in der Re'torte entwickelt *od.* produ'ziert: ~ **fabrics**. **2.** *med.* aus der Re'torte, Retorten...: ~ **babies**.

**tes·tu·di·nal** [te'stju:dɪnl; *Am. a.* -ˌstu:-] *adj* *zo.* schildkrötenartig.

**tes·ty** ['testı] *adj* (*adv* **testily**) gereizt, reizbar, unwirsch.

**te·tan·ic** [tə'tænık] *adj* *med.* te'tanisch, starrkrampfartig. **tet·a·nism** ['tetənızəm] *s med.* gesteigerter Muskeltonus. **'tet·a·nize** *v/t* tetani'sieren, Starrkrampf erzeugen bei (*j-m*) *od.* in (*e-m Organ*). **tet·a·nus** ['tetənəs] *s med.* Tetanus *m*: a) (*bes.* Wund)Starrkrampf *m*, b) te'tanischer Krampfanfall, c) Starrkrampferreger *m*.

**tetch·i·ness** ['tetʃınıs] *s* Reizbarkeit *f*. **'tetch·y** *adj* (*adv* **tetchily**) empfindlich, reizbar.

**tête-à-tête** [ˌteıtɑː'teıt; *Am.* ˌteıtə'tɑːt-] **I** *adj u. adv* **1.** vertraulich, unter vier Augen. **2.** ganz al'lein (**with** mit). **II** *s* **3.** Tête-à-'tête *n*.

**tête-bêche** [ˌtet'beʃ; *Am. a.* ˌteıt'beıʃ] *s Philatelie*: Kehrdruck *m*.

**teth·er** ['teðə(r)] **I** *s* **1.** Haltestrick *m*, (-)Seil *n*. **2.** *fig.* a) Spielraum *m*, b) (geistiger) Hori'zont: **to be at the end of one's** ~ am Ende s-r (*a. finanziellen*) Kräfte sein, nicht mehr zu helfen wissen, am Ende s-r Geduld sein. **II** *v/t* **3.** *Vieh* anbinden (**to** an *acc*). **4.** (**to**) *fig.* binden (an *acc*), beschränken (auf *acc*).

**tetra-** ['tetrə] *Wortelement mit der Bedeutung* vier.

ˌtet·ra·ˈbas·ic *adj chem.* vierbasisch.
ˌtet·ra·ˈchlo·ride *s* Tetrachloˈrid *n.*
ˈtet·ra·chord *s mus.* Tetraˈchord *n.*
tet·rad [ˈtetræd] *s* **1.** Vierzahl *f.* **2.** (*die Zahl*) Vier *f.* **3.** *chem.* vierwertiges Aˈtom *od.* Eleˈment. **4.** *biol.* (ˈSporen)Teˌtrade *f.*
tet·ra·gon [ˈtetrəgən; *Am.* -ˌgɑn] *s math.* Tetraˈgon *n,* Viereck *n.* te·trag·o·nal [teˈtrægənl] *adj* **1.** *math.* viereckig, tetragoˈnal. **2.** *bot.* vierkantig.
te·trag·y·nous [teˈtrædʒɪnəs] *adj bot.* tetraˈgynisch, mit 4 Griffeln *od.* Narben (*Blüte*).
tet·ra·he·dral [ˌtetrəˈhedrəl; *bes. Am.* -ˈhiː-] *adj math. min.* vierflächig, tetraˈedrisch: ~ **angle** Vierkant *m.* ˌtet·ra·ˈhe·dron [-drən] *pl* -ˈhe·drons, -ˈhe·dra [-drə] *s math.* Tetraˈeder *n,* Vierflächner *m.*
ˈtet·raˌhex·a·ˈhe·dral *adj math.* tetrakishexaˈedrisch, vierundzwanzigflächig.
te·tral·o·gy [təˈtrælədʒɪ; *Am. a.* -ˈtrɑ-] *s* Tetraloˈgie *f.*
te·tram·e·ter [teˈtræmɪtə(r)] *s metr.* Teˈtrameter *m.*
te·tran·drous [teˈtrændrəs] *adj bot.* teˈtrandrisch, viermännig.
tet·ra·pet·al·ous [ˌtetrəˈpetələs] *adj bot.* tetrapeˈtalisch, mit 4 Blütenblättern.
tet·ra·ploid [ˈtetrəplɔɪd] *adj biol.* tetraploˈid (*mit vierfachem Chromosomensatz*).
tet·ra·pod [ˈtetrəpɒd; *Am.* -ˌpɑd] *zo.* **I** *adj* vierfüßig. **II** *s* Tetraˈpod *m,* Vierfüßer *m.*
te·trarch [ˈtetrɑː(r)k; ˈtiː-] *s hist.* **1.** Teˈtrarch *m,* Vierfürst *m.* **2.** *mil.* ˈUnterbefehlshaber *m.*
tet·ra·tom·ic [ˌtetrəˈtɒmɪk; *Am.* -ˈtɑ-] *adj chem.* ˈvieraˌtomig.
tet·ra·va·lent [ˌtetrəˈveɪlənt] *adj chem.* vierwertig.
tet·rode [ˈtetrəʊd] *s electr.* Teˈtrode *f,* Vierpolröhre *f.*
tet·ter [ˈtetə(r)] *s med.* Flechte *f.*
Teu·ton [ˈtjuːtən; *Am. a.* ˈtuː-] **I** *s* **1.** Gerˈmane *m,* Gerˈmanin *f.* **2.** Teuˈtone *m,* Teuˈtonin *f.* **3.** *colloq.* Deutsche(r *m*) *f.* **II** *adj* → **Teutonic** I. **Teu·ton·ic** [-ˈtɒnɪk; *Am.* -ˈtɑ-] **I** *adj* **1.** gerˈmanisch. **2.** teuˈtonisch. **3.** *oft contp.* (typisch) deutsch: ~ **thoroughness.** **4.** Deutschordens...: ~ **Knights** Deutschordensritter *pl;* ~ **Order** Deutschritterorden *m.* **II** *s* **5.** *ling.* Gerˈmanisch *n,* das Germanische. ˈTeu·ton·ism [-tənɪzəm] *s* **1.** Gerˈmanentum *n,* germanisches Wesen. **2.** Teutoˈnismus *m,* Glaube *m* an die Überˈlegenheit der gerˈmanischen Rasse. **3.** *ling.* Gerˈmanismus *m.* ˈTeu·ton·ize *v/t u. v/i* (sich) germaniˈsieren.
Tex·an [ˈteksən] **I** *adj* teˈxanisch, aus Texas. **II** *s* Teˈxaner(in).
Tex·as| fe·ver [ˈteksəs] *s vet.* Texasfieber *n,* ˈRindermaˌlaria *f.* ~ **Rang·ers** *s pl berittene Staatspolizeitruppe von Texas.* ~ **tow·er** *s mil.* Radarvorwarnturm *m.*
text [tekst] *s* **1.** (Ur)Text *m.* **2.** (genauer) Wortlaut. **3.** *print.* Text(abdruck, -teil) *m* (*Ggs. Illustrationen etc*). **4.** (Lied- *etc*)Text *m.* **5.** Thema *n:* **to stick to one's** ~ bei der Sache bleiben. **6.** → **textbook. 7.** a) Bibelstelle *f,* b) Bibeltext *m.* **8.** ~ **hand. 9.** *print.* a) Text *f* (*Schriftgrad von 20 Punkt*), b) Frakˈturschrift *f.* ˈ~·book *s* Lehrbuch *n,* Leitfaden *m* (**on** *gen*): ~ **example** Paradebeispiel *n.* ~ **hand** *s* große Hand- *od.* Schreibschrift.
tex·tile [ˈtekstaɪl; *Am. a.* -tl] **I** *s* **1.** a) Gewebe *n,* Webstoff *m,* Texˈtilwaren *pl,* Texˈtilien *pl.* **2.** Faserstoff *m.* **II** *adj* **3.** gewebt, Textil..., Stoff..., Gewebe...: ~ **industry** Textilindustrie *f;* ~ **goods** → 1 b.
tex·tu·al [ˈtekstjʊəl; *Am.* -tʃəwəl; -tʃəl]

adj (adv ~ly) **1.** Text..., textlich: ~ **criticism** (Bibel)Textkritik *f;* ~ **reading** Lesart *f.* **2.** wortgetreu, wörtlich. ˈtex·tu·al·ism *s* **1.** strenges Festhalten am Wortlaut (*bes. der Bibel*). **2.** (*bes.* ˈBibel-) ˌTextkriˌtik *f.*
tex·tu·ral [ˈtekstʃərəl] *adj* (*adv* ~ly) **1.** Gewebe... **2.** Struktur..., struktuˈrell: ~ **changes.**
tex·ture [ˈtekstʃə(r)] *s* **1.** Gewebe *n.* **2.** *a. geol.* Strukˈtur *f,* Gefüge *n.* **3.** Strukˈtur *f,* Beschaffenheit *f.* **4.** *biol.* Texˈtur *f* (*Gewebezustand*). **5.** Maserung *f* (*des Holzes*).
T| gird·er *s tech.* T-Träger *m.* ˈ~·group *s psych.* Trainingsgruppe *f.*
Thai [taɪ] *pl* **Thais, Thai** *s* **1.** Thai *m, f,* Thailänder(in). **2.** *ling.* a) Thai *n,* b) Thaisprachen *pl.* **II** *adj* **3.** Thai..., thailändisch. **4.** *ling.* Thai...
thal·a·mus [ˈθæləməs] *pl* **-mi** [-maɪ] *s* **1.** *anat.* Thalamus *m,* Sehhügel *m.* **2.** *bot.* Fruchtboden *m.*
tha·lid·o·mide [θəˈlɪdəmaɪd] *s med. pharm.* Thalidoˈmid *n:* ~ **baby** Conterganbaby *n.*
thal·li [ˈθælaɪ] *pl von* **thallus.**
thal·lic [ˈθælɪk] → **thallous.**
thal·li·um [ˈθælɪəm] *s chem.* Thallium *n.*
thal·lous [ˈθæləs] *adj chem.* Thallium...
thal·lus [ˈθæləs] *pl* **-li** [-laɪ], **-lus·es** *s bot.* Thallus *m,* Lager *n.*
Thames [temz] *npr* Themse *f:* **he won't set the ~ on fire** *fig.* er hat das Pulver auch nicht erfunden.
than [ðən; ðæn] *conj* (*nach e-m Komparativ*) als: **younger** ~ **he; she would rather lie** ~ **admit it** lieber log sie, als es zuzugeben; **more** ~ **was necessary** mehr als nötig; **none other** ~ **you** niemand anders als Sie.
than·age [ˈθeɪnɪdʒ] *s hist.* **1.** Thanswürde *f,* -rang *m.* **2.** Lehngut *n od.* -pflichten *pl* e-s Thans.
than·a·tol·o·gy [ˌθænəˈtɒlədʒɪ; *Am.* -ˈtɑ-] *s* Thanatoloˈgie *f* (*Forschungsgebiet, das sich mit Fragen des Sterbens u. des Todes befaßt*).
thane [θeɪn] *s* **1.** *hist.* a) Gefolgsadlige(r) *m* (*bei den Angelsachsen u. Dänen*), b) Than *m,* Lehnsmann *m* (*der schottischen Könige*). **2.** *allg.* schottischer Adlige(r).
thank [θæŋk] **I** *s pl* a) Dank *m,* b) Dankesbezeigung(en *pl* *f,* Danksagung(en *pl*) *f:* **to give** ~s **to God** Gott danken; **letter of** ~s Dank(es)brief *m;* **in** ~s **for** zum Dank für; **with** ~s dankend, mit Dank; ~s **to** *a. fig. u. iro.* dank (*gen*); **small** ~s **to her, we succeeded** ohne ihre Hilfe gelang es uns; ~s dankend: **no,** ~s nein, danke; **many** ~s vielen Dank; **small** ~s **I got** schlecht hat man es mir gedankt. **II** *v/t j-m* danken, sich bedanken bei: (I) ~ **you** danke; **no,** ~ **you** nein, danke; (**yes,**) ~ **you** ja, bitte; **I will** ~ **you** *oft iro.* ich wäre Ihnen sehr dankbar (**for doing, to do** wenn Sie täten); ~ **you for nothing** *iro.* ich danke (bestens); **he has only himself to** ~ **for that** *iro.* das hat er sich selbst zuzuschreiben; → **star 3.**
thank·ee [ˈθæŋkɪ] *interj sl.* danke.
thank·ful [ˈθæŋkfʊl] *adj* (*adv* ~ly) dankbar (**to** s.o.; **j**-m): **I am** ~ **that** ich bin (heil)froh, daß. ˈthank·ful·ness *s* Dankbarkeit *f.*
ˈthank·less *adj* (*adv* ~ly) undankbar (*Person; fig. a. Aufgabe etc*): **a** ~ **task.** ˈthank·less·ness *s* Undankbarkeit *f.*
thank of·fer·ing *s Bibl.* Sühneopfer *n.*
ˈthanks|giv·er *s* Danksager(in). ˈ~·giv·ing *s* **1.** Danksagung *f, bes.* Dankgebet *n.* **2.** *Am.* **T~** (**Day**) (Ernte)Dankfest *n* (*4. Donnerstag im November*).
ˈthank|wor·thy *adj* dankenswert. ˈ~·you *s* Danke(schön) *n:* ~ **letter** Dankschreiben *n,* -brief *m.*

that¹ [ðæt] **I** *pron u. adj* (*hinweisend*) **those** [ðəʊz] **1.** (*ohne pl*) das: ~ **is true** das stimmt; ~'s **all** das ist alles; ~'s **it!** a) so ist's recht!, b) das ist es ja (gerade)!; ~'s **what it is** das ist es ja gerade; ~'s ~ *colloq.* das wäre erledigt, ˈdamit bastaˈ; **well,** ~ **was** ~! *colloq.* aus der Traum!; ~ **is** (**to say**) das heißt; *und zwar;* **at** ~ a) zudem, (noch) obendrein, b) *colloq.* dabei; **let it go at** ~ *colloq.* lassen wir es dabei bewenden; **for all** ~ trotz alledem; **like** ~ so; ~'s **what he told me** so hat er es mir erzählt. **2.** (*bes. von weiter entfernten Personen etc sowie zur Betonung*) jener, jene, jenes, der, die, das, der-, die-, dasjenige: **this cake is much better than** ~ (**one**) dieser Kuchen ist viel besser als jener; ~ **car over there** jenes *od.* (*meist*) das Auto da drüben; ~ **there man** *vulg.* der Mann da; **those who** diejenigen welche; ~ **which** das, was; **those are his friends** das sind s-e Freunde. **3.** solch(er, e, es): **to** ~ **degree** daß in solchem Ausmaße *od.* so sehr, daß. **II** *adv* **4.** *colloq.* so (sehr), dermaßen: ~ **far** so weit; ~ **furious** so *od.* dermaßen wütend; **not all** ~ **good** so gut auch wieder nicht; ~ **much** so viel.
that² [ðət; ðæt] *pl* **that** *relative pron* **1.** (*in einschränkenden Sätzen; e-e prep darf nie davorstehen*) der, die, das, welch(er, e, es): **the book** ~ **he wanted** das Buch, das er wünschte; **the man** ~ **I spoke of** der Mann, von dem ich sprach; **the day** ~ **I met her** der Tag, an dem ich sie traf; **any house** ~ jedes Haus, das; **no one** ~ keiner, der; **Mrs. Jones, Miss Black** ~ **was** *colloq.* Frau J., geborene B.; **Mrs. Quilp** ~ **is** die jetzige Frau Q. **2.** (*nach all, everything, nothing, etc*) was: **all** ~ alles, was; **the best** ~ das Beste, was.
that³ [ðət; ðæt] *conj* **1.** (*in Subjekts- u. Objektssätzen*) daß: **it is a pity** ~ **he is not here** es ist schade, daß er nicht hier ist; **it is 5 years** ~ **he went away** es sind nun 5 Jahre her, daß *od.* seitdem er fortging; **I am not sure** ~ **it will be there** ich bin nicht sicher, ob *od.* daß es dort ist *od.* sein wird. **2.** (*in Konsekutivsätzen*) daß: **so** ~ **so daß; I was so tired** ~ **I went to bed** ich war so müde, daß ich zu Bett ging. **3.** (*in Finalsätzen*) daˈmit, daß: **we went there** ~ **we might see it** wir gingen hin, um es zu sehen. **4.** (*in Kausalsätzen*) weil, da (ja), daß: **not** ~ **I have any objection** nicht, daß ich etwas dagegen hätte; **it is rather** ~ es ist eher deshalb, weil; **in** ~ a) darum, weil, b) insofern, als. **5.** (*in Wunschsätzen u. Ausrufen*) daß: **O** ~ **I could believe it!** daß ich es doch glauben könnte! **6.** (*nach Adverbien der Zeit*) da, als: **now** ~ jetzt, da; **at the time** ~ **I was born** zu der Zeit, als ich geboren wurde.
thatch [θætʃ] **I** *s* **1.** Dachstroh *n,* ˈDeckmateriˌal *n* (*Stroh, Reet etc*). **2.** Stroh-, Reetdach *n.* **3.** *colloq.* (Haar)Schopf *m.* **II** *v/t* **4.** mit Stroh *etc* decken: ~ed **cottage** kleines strohgedecktes Landhaus; ~ed **roof** → 2. ˈthatch·er *s* Dachdecker *m.* ˈthatch·ing → thatch 1.
thau·ma·tol·o·gy [ˌθɔːməˈtɒlədʒɪ; *Am.* -ˈtɑ-] *s* Wunderlehre *f,* Thaumatoloˈgie *f.*
thau·ma·trope [ˈθɔːmətrəʊp] *s phys.* Wunderscheibe *f,* Thaumaˈtrop *m.*
thau·ma·turge [ˈθɔːmətɜːdʒ; *Am.* -ˌtɜrdʒ] *s* Thaumaˈturg *m:* a) Zauberer *m,* b) Wundertäter *m.* ˈthau·ma·tur·gy [-dʒɪ] *s* Thaumaturˈgie *f.*
thaw [θɔː] **I** *v/i* **1.** (auf)tauen, schmelzen: **the ice** ~s. **2.** *impers.* tauen: **it is** ~ing. **3.** *fig.* ˈauftauenˈ (*Person*). **II** *v/t* **4.** schmelzen, auftauen, zum Tauen bringen. **5.** *a.* ~ **out** *fig. j-n* ˈauftauen lassenˈ. **III** *s* **6.** (Auf)Tauen *n.* **7.** Tauwetter *n* (*a.*

*fig. pol.*). **8.** *fig.* ‚Auftauen' *n*, ‚Warmwerden' *n*.

**the**[1] [*unbetont vor Konsonanten:* ðə; *unbetont vor Vokalen:* ðɪ; *betont od. alleinstehend:* ðiː] **1.** (*bestimmter Artikel*) der, die, das, *pl* die (*u. die entsprechenden Formen im acc u. dat*): ~ **book on** ~ **table** das Buch auf dem Tisch; ~ **England of today** das England von heute; ~ **Browns** die Browns, die Familie Brown. **2.** *vor Maßangaben:* **one dollar** ~ **pound** e-n Dollar das Pfund; **wine at 2 pounds** ~ **bottle** Wein zu 2 Pfund die Flasche. **3.** [ðɪ] ¹der, ¹die, ¹das (*hervorragende od. geeignete etc*): **he is** ~ **painter of the century** er ist ¹der Maler des Jahrhunderts.

**the**[2] [ðə] *adv* (*vor comp*) desto, um so; **the ... the** je ... desto; ~ **sooner** ~ **better** je eher, desto besser; **so much** ~ **better** um so besser; **so much** ~ **more** um so (viel) mehr; **not any** ~ **better** um nichts besser; ~ **more so as** um so mehr, als.

**the·an·dric** [θiːˈændrɪk], **the·an·throp·ic** [ˌθiːænˈθrɒpɪk; *Am.* -ˈɑː-] *adj relig.* theanˈthropisch, gottmenschlich. **the·an·thro·pism** [-ˈθrəpɪzəm] *s* **1.** Gottmenschentum *n* (*Christi*). **2.** Theanthroˈpie*f*, Vermenschlichung*f*Gottes. **the·ar·chy** [ˈθiːɑː(r)kɪ] *s* **1.** Theokraˈtie *f*, Gottesherrschaft *f*. **2.** *collect.* Götter (-himmel *m*, -welt *f*) *pl*.

**the·a·ter**, *bes. Br.* **the·a·tre** [ˈθiːətə(r)] *s* **1.** Theˈater *n*: a) Schauspielhaus *n*, b) Theˈaterpublikum *n*, c) (*das*) Drama (*als Kunstgattung*): **the English** ~; ~ **of the absurd** absurdes Theater; ~ **of cruelty** Theater der Grausamkeit; ~ **of the streets** Straßentheater. **2.** *collect.* Bühnenwerke *pl*. **3.** *fig.* (of war Kriegs-) Schauplatz *m*: → **operation** 10. **4.** a) (Hör)Saal *m*: **lecture** ~, b) *a.* **operating** ~ *Br.* Operationssaal *m*: ~ **nurse** Operationsschwester *f*. **'~·go·er** *s* Theˈaterbesucher(in). ~ **nu·cle·ar weap·on** *s mil.* taktische Aˈtomwaffe.

**the·a·tre** *bes. Br. für* **theater.**

**the·at·ri·cal** [θiˈætrɪkl] **I** *adj* (*adv* ~ly) **1.** Theater..., Bühnen..., bühnenmäßig. **2.** *fig.* theaˈtralisch. **II** *s* **3.** *pl* Theˈater-, *bes.* Liebhaberaufführungen *pl*. **the·at·ri·cal·i·ty** [-ˈkælətɪ] *s* (*das*) Theaˈtralische. **the·at·ri·cal·ize** *v/t* dramatiˈsieren (*a. fig.*). **the·at·rics** *s pl* **1.** (*als sg konstruiert*) Theˈater(reˌgie)kunst*f*. **2.** *fig.* Theaˈtralik *f*.

**The·ban** [ˈθiːbən] **I** *adj* theˈbanisch: **the** ~ **Bard** Pindar *m*. **II** *s* Theˈbaner(in).

**thé dan·sant** *pl* **thés dan·sants** [ˌteɪdãːˈsãːŋ] *s* Tanztee *m*.

**thee** [ðiː] *pron* **1.** *obs. od. poet. od. Bibl.* a) dich, b) dir: **of** ~ dein(er, e, es). **2.** *dial.* (*u. in der Sprache der Quäker*) du. **3.** *obs. od. poet. reflex* a) dich, b) dir.

**theft** [θeft] *s* Diebstahl *m* (**from** aus; **from s.o.** an j-m). **'~·proof** *adj* diebstahlsicher.

**the·ine** [ˈθiːiːn; -ɪn] *s chem.* Theˈin *n*.

**their** [ðeə(r); *Am. a.* ðər] *pron* (*pl zu* **him, her, it**) **1.** ihr, ihre: ~ **books** ihre Bücher. **2.** *colloq.* (*nach* **everybody**, *etc statt* **his** *od.* **her**) sein, seine: **everybody took** ~ **pencil.**

**theirs** [ðeə(r)z] *pron* **1.** der od. die od. das ihrige *od.* ihre: **this book is** ~ dieses Buch ist das ihre *od.* gehört ihnen; **a friend of** ~ ein Freund von ihnen; **the fault was** ~ die Schuld lag bei ihnen. **2.** *colloq.* (*nach* **everybody**, *etc statt* **his** *od.* **hers**) seiner, seine, seines: **everybody thinks** ~ **is best.**

**the·ism** [ˈθiːɪzəm] *s relig.* Theˈismus *m*. **'the·ist I** *s* Theˈist(in). **II** *adj* theˈistisch. **the·is·tic**, *a.* **the·is·ti·cal** *adj* theˈistisch.

**them** [ðəm; ðem] *pron* **1.** (*acc u. dat von* **they**) a) sie (*acc*), b) ihnen: **they looked behind** ~ sie blickten hinter sich. **2.** *colloq.* sie (*nom*): ~ **as** diejenigen, die; ~ **are the ones we saw** das sind die, die wir gesehen haben. **3.** *colloq.* diese: ~ **guys**; ~ **were the days!** das waren noch Zeiten!

**the·mat·ic** [θiˈmætɪk] *adj* (*adv* ~ally) **1.** *bes. mus.* theˈmatisch. **2.** *ling.* theˈmatisch: a) Thema...: ~ **vowel**, b) mit e-m ¹Themaˌkal gebildet: ~ **verb.**

**theme** [θiːm] *s* **1.** Thema *n* (*a. mus.*), Gegenstand *m*, Stoff *m*: **to have s.th. for** (a) ~ etwas zum Thema haben. **2.** *ped. bes. Am.* (Schul)Aufsatz *m*, (-)Arbeit *f*. **3.** *ling.* (Wort)Stamm *m*. **4.** *Rundfunk, TV:* ¹Kennmeloˌdie *f*. **5.** *hist.* ¹Versimproviˌsatiˌon *f* (*über ein vom Publikum gestelltes Thema*). ~ **song** *s* **1.** *mus.* ¹Titelmeloˌdie *f* (*e-s Films etc*). **2.** → **theme** 4. **3.** *colloq. j-s* ‚alte Leier'.

**them·selves** [ðəmˈselvz] *pron* **1.** (*emphatisch*) (sie) selbst: **they** ~ **said it** sie selbst sagten es. **2.** *reflex* sich (selbst): **they washed** ~ sie wuschen sich; **the ideas in** ~ die Ideen an sich. **3.** *colloq.* (*nach* **everybody**, *etc statt* **himself** *od.* **herself**) sich selbst: **everybody has to look after** ~.

**then** [ðen] **I** *adv* **1.** damals: **long before** ~ lange vorher. **2.** dann: ~ **and there** *od.* **der Stelle**, sofort. **3.** dann, hierauf, darauf: **what** ~? was dann? **4.** dann, ferner, außerdem: **and** ~ **some** *Am. sl.* und noch viel mehr; **but** ~ aber andererseits, aber freilich. **5.** dann, in dem Falle: **if ... is** wenn ... dann. **6.** denn: **well** ~ nun gut (denn). **7.** dann: **how** ~ **did he do it?** wie hat er es denn (dann) getan? **8.** also, folglich, dann: ~ **you did not expect me?** du hast mich also nicht erwartet?; **I think,** ~ **I exist** ich denke, also bin ich. **II** *adj* **9.** damalig: **the** ~ **president. III** *s* **10.** diese bestimmte Zeit: **by** ~ bis dahin, inzwischen; **from** ~ von da an; **till** ~ bis dahin *od.* dann; **not till** ~ erst von da ab, erst dann. **11.** Damals *n*.

**the·nar** [ˈθiːnɑː(r); *Am. a.* -nər] *s anat.* **1.** Handfläche *f*. **2.** Daumenballen *m*. **3.** Fußsohle *f*.

**thence** [ðens] *adv* **1.** a) **from** ~ von da, von dort. b) (*zeitlich*) von da an, seit jener Zeit, von der Zeit an: **a week** ~ e-e Woche darauf. **3.** daher, deshalb. **4.** daraus, aus dieser Tatsache: ~ **it follows.** **'~·forth**, **'~·for·ward(s)** *adv* von da an, seit der Zeit, seitˈdem.

**the·oc·ra·cy** [θiˈɒkrəsɪ; *Am.* -ˈɑː-] *s* Theokraˈtie *f*. **the·o·crat** [ˈθiːəkræt] *s* Theoˈkrat(in). **the·o·crat·ic** [ˌθiːəˈkrætɪk] *adj* (*adv* ~ally) theoˈkratisch.

**the·od·i·cy** [θiˈɒdɪsɪ; *Am.* -ˈɑː-] *s philos.* Theodiˈzee *f* (*Rechtfertigung Gottes hinsichtlich des von ihm in der Welt zugelassenen Übels u. Bösen*).

**the·od·o·lite** [θiˈɒdəlaɪt; *Am.* -ˈɑː-] *s surv.* Theodoˈlit *m* (*Instrument zur Horizontal- u. Höhenwinkelmessung*).

**the·og·o·ny** [θiˈɒgənɪ; *Am.* -ˈɑː-] *s* Theoˈgoˈnie *f*, (Lehre *f* von der) Gedicht *n* über die) Abstammung der Götter.

**the·o·lo·gi·an** [ˌθiːəˈlɒdʒjən; -dʒən] *s* Theoˈloge *m*. **the·o·log·i·cal** [-ˈlɒdʒɪkl; *Am.* -ˈlɑː-] *adj* (*adv* ~ly) theoˈloˈgisch: ~ **student** Theologiestudent(in). **the·o·lo·gize** [θiˈɒlədʒaɪz; *Am.* -ˈɑː-] **I** *v/i* theologiˈsieren. **II** *v/t* ein Problem theoˈlogisch behandeln. **the·o·logue** [ˈθiːəlɔːg; -ˌlɒg] *s Am. colloq.* **1.** Theoˈloge *m*. **2.** Theoloˈgiestuˌdent(in). **the·ol·o·gy** [θiˈɒlədʒɪ; *Am.* -ˈɑː-] *s* Theoloˈgie *f*.

**the·om·a·chy** [θiˈɒməkɪ; *Am.* -ˈɑː-] *s* **1.** Theomaˈchie *f*, Kampf *m* der Götter.

**2.** Kampf *m* gegen die Götter *od.* gegen Gott.

**the·o·man·cy** [ˈθiːəʊmænsɪ] *s* Theoˈmanˈtie *f* (*Weissagung durch göttliche Eingebung*).

**the·o·ma·ni·a** [ˌθiːəˈmeɪnjə] *s* Theomaˈnie *f*, religiˈöser Wahnsinn.

**the·o·mor·phic** [ˌθiːəˈmɔːfɪk] *adj* theoˈmorph(isch), in göttlicher Gestalt auftretend *od.* erscheinend.

**the·oph·a·ny** [θiˈɒfənɪ; *Am.* -ˈɑː-] *s* Theophaˈnie *f*, Erscheinung *f* (e-s) Gottes.

**the·or·bo** [θiˈɔː(r)bəʊ] *pl* **-bos** *s mus. hist.* Theˈorbe *f* (*Baßlaute*).

**the·o·rem** [ˈθiːərəm] *s math. philos.* Theoˈrem *n*, (Grund-, Lehr)Satz *m*: ~ **of the cosine** Kosinussatz *m*.

**the·o·ret·ic** [ˌθiːəˈretɪk] *adj*; **the·o·ret·i·cal** [-kl] *adj* (*adv* ~ly) **1.** theoˈretisch: ~ **chemistry. 2.** spekulaˈtiv. **the·o·re·ti·cian** [-rəˈtɪʃn] *s oft contp.* (reiner) Theoˈretiker *m*. **the·o·ret·ics** *s pl* (*meist als sg konstruiert*) Theoˈretik *f*.

**the·o·rist** [ˈθiːərɪst] *s* Theoˈretiker(in). **'the·o·rize** *v/i* **1.** theoretiˈsieren, Theoˈrien aufstellen (**about** über *acc*). **2.** annehmen (**that** daß). **'the·o·riz·er** *s* Theoˈretiker(in).

**the·o·ry** [ˈθiːərɪ] *s* **1.** Theoˈrie *f*, Lehre *f*: ~ **of chances** Wahrscheinlichkeitsrechnung *f*; ~ **of evolution** *biol.* Evolutionstheorie; ~ **of games** *math.* Spieltheorie. **2.** Theorie *f*, theoˈretischer Teil (*e-r Wissenschaft*): ~ **of music** Musiktheorie. **3.** Theoˈrie *f* (*Ggs.* Praxis): **in** ~ theoretisch. **4.** Theoˈrie *f*, Idee *f*: **his pet** ~ s-e Lieblingsidee. **5.** Hypoˈthese *f*, Annahme *f*: **my** ~ **is that ...** m-r Ansicht nach ...; **if my** ~ **is correct** wenn ich mich nicht irre.

**the·o·soph·ic** [ˌθiːəˈsɒfɪk; *Am.* -ˈsɑː-] *adj*; **the·o·soph·i·cal** [-kl] *adj* (*adv* ~ly) *relig.* theoˈsophisch: **Theosophical Society** Theosophische Gesellschaft. **the·os·o·phist** [θiˈɒsəfɪst; *Am.* -ˈɑː-] **I** *s* Theoˈsoph(in). **II** *adj* → **theosophic. the·os·o·phy** *s* Theoˈsophie *f*.

**ther·a·peu·tic** [ˌθerəˈpjuːtɪk] *adj*; **ther·a·peu·ti·cal** [-kl] *adj* (*adv* ~ly) *med.* theraˈpeutisch: ~ **training** *(od.* **exercise**) Bewegungstherapie *f*. **ther·a·peu·tics** *s pl* (*meist als sg konstruiert*) Theraˈpeutik *f*, Theraˈpie(lehre) *f*. **ther·a·peu·tist**, *bes.* **ther·a·pist** *s* Theraˈpeut(in). **'ther·a·py** *s* Theraˈpie *f*: a) Behandlung *f*, b) Heilverfahren *n*.

**there** [ðeə(r)] **I** *adv* **1.** da, dort: **down** (**up, over, in**) ~ da *od.* dort unten (oben, drüben, drinnen); **I have been** ~ **before** *colloq.* das weiß ich alles schon; **to have been** ~ *colloq.* ‚dabeigewesen sein', genau Bescheid wissen; ~ **and then** a) hier u. jetzt, b) auf der Stelle, sofort; ~ **it is!** a) da ist es!, b) *fig.* so steht es! ; ~ **you are** (*od.* **go**)! siehst du!, da hast du's!; **you** ~! (*Anruf*) du da!, he! **2.** (da-, dort)hin: **down** (**up, over, in**) ~ da (*od.* dort) hinunter (hinauf, hinüber, hinein); ~ **and back** hin u. zurück; **to get** ~ a) hingelangen, -kommen, b) *colloq.* ‚es schaffen'; **to go** ~ hingehen. **3.** darin, in dieser Sache *od.* ¹Hinsicht: ~ **I agree with you** darin stimme ich mit dir überein. **4.** *fig.* da, hier, an dieser Stelle (*in e-r Rede etc*). **5.** *es:* ~ **is**, *pl* ~ **are** es gibt *od.* ist *od.* sind: ~ **is a God**; ~ **was once a king** es war einmal ein König; ~ **was dancing** es wurde getanzt; ~ **is s.th. between these two** die beiden haben etwas miteinander; ~ **arises the question** es erhebt sich die Frage; ~ **'s a good boy** (**girl, fellow**)! sei doch (so) lieb!, (so ist's) brav! **II** *interj* **6.** da!, schau (her)!, na!: ~, ~! (*tröstend*) na, komm!; ~ **now!** na, bitte!

**'there|·a·bout**, *a.* **'~·a·bouts** *adv* **1.** da herˈum, etwa da: **somewhere** ~ da irˈ

gendwo. **2.** *fig.* so ungefähr, so etwa: **five hundred people or ~s** so etwa *od.* ungefähr fünfhundert Leute; **ten pounds or ~s** etwa um 10 Pfund (herum). **~'af·ter** *adv* **1.** da'nach, her'nach, später. **2.** seit'her. **3.** demgemäß, danach. **~a'nent** *adv bes. Scot.* diesbezüglich. **~'at** *adv bes. jur.* **1.** da'selbst, dort. **2.** bei dieser Gelegenheit, dabei, da. **~'by** *adv* **1.** dadurch, auf diese Weise. **2.** da'bei, dar'an, davon. **3.** nahe da'bei. **~'for** *adv* dafür: **the reasons ~.** **~'fore** *adv u. conj* **1.** deshalb, -wegen, darum, daher. **2.** demgemäß, folglich. **~'from** *adv* davon, daraus, daher. **~'in** *adv* **1.** dar'in, da drinnen. **2.** *fig.* 'darin, in dieser 'Hinsicht. **~in'af·ter** *adv bes. jur.* (weiter) unten, später, nachstehend (*in e-r Urkunde etc*). **~'of** *adv bes. jur.* **1.** davon. **2.** dessen, deren. **~'on** *adv* dar'auf, dar'an, dar'über. **~'to** *adv obs.* **1.** da'zu, dar'an, da'für. **2.** außerdem, noch da'zu. **~'un·der** *adv* dar'unter. **~'un·to** *adv obs.* (noch) da'zu, über'dies. **~up'on** *adv* **1.** darauf, hierauf, da'nach. **2.** darauf'hin, demzufolge, darum. **3.** *obs.* (örtlich) dar'auf, drauf. **~'with** *adv* **1.** damit. **2.** → **thereupon** 1 *u.* 2. **~with'al** *adv obs.* **1.** über'dies, außerdem. **2.** damit.

**the·ri·ac** ['θɪrɪæk] *s med. hist.* Theriak *n*, Gegengift *n*.

**the·ri·o·mor·phic** [ˌθɪərɪəʊ'mɔː(r)fɪk] *adj* therio'morphisch, tiergestaltig.

**therm** [θɜːm] *s phys. Br.* 100 000 Wärmeeinheiten.

**ther·mae** ['θɜːmiː; *Am.* 'θɜːrˌmiː; -ˌmaɪ] (*Lat.*) *s pl* Thermen *pl*: a) *antiq.* öffentliche Bäder *pl*, b) *med.* Ther'malquellen *pl*, -bad *n*.

**ther·mal** ['θɜːml; *Am.* 'θɜːrməl] **I** *adj* (*adv* **~ly**) **1.** *phys.* thermisch, Wärme..., Hitze...: **~ analysis** Thermoanalyse *f*; **~ barrier** *aer.* Hitzemauer *f*, -schwelle *f*; **~ breeder** thermischer Brüter; **~ current** → 4; **~ diffusion** Thermodiffusion *f*; **~ efficiency** Wärmewirkungsgrad *m*; **~ equator** *meteor.* thermischer Äquator; **~ expansion** Wärmeausdehnung *f*; **~ insulation** Wärmeisolierung *f*; **~ neutron** thermisches Neutron; **~ pollution** Umweltschädigung *f* durch Wärme; **~ power station** Wärmekraftwerk *n*; **~ reactor** thermischer Reaktor; **~ shock** Thermoschock *m*; **~ unit** Wärmeeinheit *f*; **~ value** Heizwert *m* (*von Brennstoffen*). **2.** warm, heiß: **~ water** heiße Quelle. **3.** *med.* ther'mal, Thermal...: **~ spring** Thermalquelle *f*. **II** *s* **4.** *aer. phys.* Thermik *f*.

**ther·mic** ['θɜːmɪk; *Am.* 'θɜːr-] *adj* (*adv* **~ally**) thermisch, Wärme..., Hitze...: **~ fever** *med.* Sonnenstich *m*.

**ther·mi·on** ['θɜːmɪən; *Am.* 'θɜːrˌmaɪən; -ˌɑːn] *s chem.* Thermion *n*. **ther·mi·on·ic** [-'ɒnɪk; *Am.* -'ɑː-] **I** *adj* thermi'onisch: **~ current** *electr.* Thermionenstrom *m*; **~ emission** *electr. phys.* thermische Emission; **~ valve** (*Am.* **tube**) Elektronenröhre *f*. **II** *s pl* (*meist als sg konstruiert*) *electr. phys.* Lehre *f* von den Elek'tronenröhren.

**therm·is·tor** [θɜː'mɪstə; *Am.* 'θɜːrˌmɪstər] *s electr.* Ther'mistor *m*.

**ther·mite** ['θɜːmaɪt; *Am.* 'θɜːrˌmaɪt], *a.* **'ther·mit** [-mɪt] *s chem. tech.* Ther'mit *n*: **~ process** Thermitverfahren *n*.

**thermo-** [θɜːmɔ; *Am.* θɜːr-] *Wortelement mit den Bedeutungen* a) Wärme..., Hitze..., Thermo..., b) thermoelektrisch.

**ther·mo'bar·o·graph** *s meteor.* Thermobaro'graph *m*.

**ther·mo'chem·is·try** *s chem.* Thermoche'mie *f*.

**'ther·mo,cou·ple** *s electr. phys.* Thermoele'ment *n*.

**'ther·mo,cur·rent** *s électr.* thermoe'lektrischer Strom.

**ther·mo·dy'nam·ics** *s pl* (*als sg konstruiert*) *phys.* Thermody'namik *f*.

**ther·mo·e'lec·tric** *adj* (*adv* **~ally**) thermoe'lektrisch, 'wärmee,lektrisch: **~ battery** Thermosäule *f*; **~ couple** → **thermocouple**; **~ materials** Thermoelektrika. **ther·mo·e·lec'tric·i·ty** *s* Thermoelektrizi'tät *f*, 'Wärmeelektrizi,tät *f*.

**ther·mo·gram** ['θɜːməʊɡræm; *Am.* 'θɜːrməˌɡræm] *s phys.* Thermo'gramm *n*. **'ther·mo·graph** [-ɡrɑːf; *bes. Am.* -ɡræf] *s phys.* Thermo'graph *m*, Wärme-(grad)schreiber *m*.

**ther·mo'la·bile** *adj phys.* thermola'bil, nicht wärmebeständig.

**ther·mo·lu·mi'nes·cence** *s phys.* Thermolumines'zenz *f*.

**ther·mol·y·sis** [θɜː'mɒlɪsɪs; *Am.* θɜːr'mɑlə-] *s chem.* Thermo'lyse *f*.

**ther·mo·mag'net·ic** *adj phys.* thermomag'netisch.

**ther·mom·e·ter** [θə'mɒmɪtə(r); *Am.* -'mɑ-; *a.* θɜːr-] *s phys.* Thermo'meter *n*, Tempera'turmeßgerät *n*: **~ bulb (stem, well)** Thermometerkugel *f* (-schaft *m*, -hülse *f*); **~ reading** Thermometerablesung *f*, -stand *m*; → **clinical** 1. **ther·mo·met·ric** [ˌθɜːməʊ'metrɪk; *Am.* ˌθɜːrmə-] *adj*; **ther·mo'met·ri·cal** *adj* (*adv* **~ly**) *phys.* thermo'metrisch, Thermometer... **ther'mom·e·try** [-trɪ] *s meteor.* Thermome'trie *f*, Tempera'turmessung *f*.

**ther·mo'nu·cle·ar** *adj phys.* thermonukle'ar: **~ reaction**; **~ bomb** thermonukleare Bombe, Fusionsbombe *f*.

**ther·mo·phile** ['θɜːməʊfaɪl; *Am.* 'θɜːrmə-], **'ther·mo·phil** [-fɪl] *adj biol.* thermo'phil, wärmeliebend: **~ bacteria**.

**ther·mo·phore** ['θɜːməʊfɔː(r); *Am.* 'θɜːrmə-] *s med.* Thermo'phor *n*, wärmespeicherndes Gerät (*zur Wärmebehandlung*). [Thermosäule *f*]

**'ther·mo·pile** *s chem. electr. phys.*

**ther·mo'plas·tic** *chem.* **I** *adj* thermo'plastisch, warm verformbar. **II** *s* Thermo'plast *m*.

**ther·mo·re'sist·ant** *adj chem. med.* hitzebeständig.

**Ther·mos (bot·tle)** ['θɜːmɒs; *Am.* 'θɜːrməs] (*TM*) *s* Thermosflasche *f*.

**ther·mo·scope** ['θɜːməʊskəʊp; *Am.* 'θɜːrmə-] *s phys.* Thermo'skop *n*.

**'ther·mo,set·ting** *adj* hitzehärtbar, du-ro'plastisch.

**Ther·mos flask** → **Thermos (bottle)**.

**ther·mo'sta·ble** *adj phys.* thermosta'bil, wärmebeständig.

**ther·mo·stat** ['θɜːməʊstæt; *Am.* 'θɜːrmə-] *s electr. tech.* Thermo'stat *m*. **ther·mo'stat·ic** **I** *adj* (*adv* **~ally**) thermo'statisch. **II** *s pl* (*als sg konstruiert*) *phys.* Thermo'statik *f*.

**ther·mo'ther·a·py** *s med.* Thermothera'pie *f*, Wärmebehandlung *f*.

**the·roid** ['θɪərɔɪd] *adj* tierisch, vertiert.

**the·sau·rus** [θɪ'sɔːrəs] *pl* **-ri** [-raɪ], **-rus·es** *s* The'saurus *m*: a) Wörterbuch *n*, b) (Wort-, Wissens-, Sprach)Schatz *m*.

**these** [ðiːz] *pl von* **this**.

**the·sis** ['θiːsɪs] *pl* **-ses** [-siːz] *s* **1.** These *f*: a) Behauptung *f*, b) (Streit)Satz *m*, Postu'lat *n*. **2.** a) Thema *n* (*e-s Aufsatzes etc*), b) *ped.* Aufsatz *m*. **3.** *univ.* a) doctoral **~** Dissertati'on *f*, Doktorarbeit *f*, b) *allg.* wissenschaftliche Arbeit. **4.** [*a.* 'θesɪs] *metr. a. antiq.* Thesis *f* (*betonter Teil e-s Versfußes*), b) Senkung *f*, unbetonte Silbe. **~ nov·el** *s* Ten'denzro,man *m*. **~ play** *s* Pro'blemstück *n*.

**Thes·pi·an** ['θespɪən] **I** *adj* **1.** thespisch. **2.** Schauspiel..., Tragödien..., dra'ma-tisch, tragisch. **II** *s* **3.** *oft humor.* Thespisjünger(in) (*Schauspieler[in]*).

**Thes·sa·lo·ni·an** [ˌθesə'ləʊnjən] **I** *s* **1.** Thessa'lonicher(in). **2.** *pl* (*als sg konstruiert*) *Bibl.* (Brief *m* des Paulus an die) Thessa'lonicher *pl.* **II** *adj* **3.** thessa'lonisch.

**the·ta** ['θiːtə; *Am. a.* 'θeɪtə] *s* Theta *n* (*griechischer Buchstabe*). **~ wave** *s physiol.* Thetawelle *f*.

**thews** [θjuːz; *Am. a.* θuːz] *s pl* **1.** Muskeln *pl.* **2.** (Muskel-, Körper)Kraft *f*.

**they** [ðeɪ] *pron* **1.** (*pl zu* **he, she, it**) sie: **~ go. 2.** man: **~ say** man sagt. **3.** es: **Who are ~? T~ are Americans** Wer sind sie? Es *od.* sie sind Amerikaner. **4.** (*auf Kollektiva bezogen*) er, sie, es: **the police ...,** **they** ... **die Polizei...,** sie (*sg*). **5. ~ who** diejenigen, welche.

**thi·a·mine** ['θaɪəmiːn; -mɪn] *s chem.* Thia'min *n*, Aneu'rin *n*, Vita'min B$_1$ *n*.

**thick** [θɪk] **I** *adj* (*adv* **~ly**) **1.** *allg.* dick: **a board 2 inches ~** ein zwei Zoll dickes Brett; **(as) ~ as two short planks** *colloq.* 'strohdumm'. **2.** dick, massig: **a ~ neck. 3.** *Bergbau:* mächtig (*Flöz*). **4. to give s.o. a ~ ear** *colloq.* j-m ,eins *od.* ein paar hinter die Ohren geben'. **5.** dicht: **~ crowds** (**fog, hair,** *etc*). **6. ~ with** über u. über bedeckt von: **~ with dust. 7. ~ with** voll von, voller, reich an (*dat*): **the air is ~ with snow** die Luft ist voll(er) Schnee. **8.** dick(flüssig). **9.** neblig, trüb(e): **~ weather. 10.** schlammig: **~ puddles** Schlammpfützen. **11.** dumpf, belegt, heiser: **~ voice. 12.** dumm. **13.** dicht (aufein'anderfolgend). **14.** *fig.* reichlich, massenhaft: **(as) ~ as peas** wie Sand am Meer. **15.** *colloq.* ,stark', frech: **that's a bit ~!** das ist ein starkes Stück! **16.** *colloq.* ,dick' (befreundet): **they are (as) ~ as thieves** sie halten zusammen wie Pech u. Schwefel. **II** *s* **17.** dickster Teil, dick(st)e Stelle. **18.** *fig.* dichtester Teil, Mitte *f*, Brennpunkt *m*: **in the ~ of** mitten in (*dat*); **in the ~ of it** mittendrin; **in the ~ of the fight(ing)** im dichtesten Kampfgetümmel; **in the ~ of the crowd** im dichtesten Menschengewühl; **through ~ and thin** durch dick u. dünn. **19.** Dummkopf *m.* **III** *adv* **20.** dick: **to spread ~** *Butter etc* dick aufstreichen *od.* auftragen; **to lay it on ~** *colloq.* ,dick auftragen'; **~-flowing** dickflüssig. **21.** dicht *od.* rasch (aufein'ander): **the blows came fast and ~** die Schläge fielen hageldicht. **22.** schwerfällig, undeutlich. **~-and--'thin** *adj* treu (wie Gold), (ganz) zuverlässig: **a ~ friend** ein Freund, der mit e-m durch dick u. dünn geht.

**thick·en** ['θɪkən] **I** *v/t* **1.** dick(er) machen, verdicken. **2.** eindicken: **to ~ a sauce** (**a paint,** *etc*); **to ~ a soup** e-e Suppe legieren. **3.** dicht(er) machen, verdichten. **4.** verstärken, -mehren: **to ~ the ranks. 5.** trüben: **fumes ~ the air. II** *v/i* **6.** dick(er) werden. **7.** dick(flüssig) werden. **8.** dicht(er) werden, sich verdichten. **9.** sich trüben. **10.** *fig.* sich verwickeln *od.* verwirren: **the plot ~s** der Knoten (*im Drama etc*) schürzt sich. **11.** sich vermehren, zunehmen. **12.** heftiger werden (*Kampf*). **13.** undeutlich werden (*Stimme*). **'thick·en·er** *s* **1.** Eindicker *m.* **2.** *chem.* Verdicker *m*, Absetzbehälter *m.* **3.** Verdickungsmittel *n.* **'thick·en·ing** *s* **1.** Verdickung *f*: a) Verdicken *n*, b) verdickte Stelle. **2.** Eindickung *f*. **3.** Eindickmittel *n.* **4.** Verdichtung *f*. **5.** *med.* Anschwellung *f*, Schwarte *f*.

**thick·et** ['θɪkɪt] *s* Dickicht *n.* **'thick·et·ed** *adj* voller Dickicht(e).

**'thick·head** *s* Dummkopf *m.* **~'headed** *adj* **1.** dickköpfig. **2.** *fig.* begriffsstutzig, dumm.

**'thick·ness** s **1.** Dicke f, Stärke f. **2.** Dichte f. **3.** Verdickung f. **4.** Lage f, Schicht f: two ~es of silk. **5.** Dickflüssigkeit f. **6.** Undeutlichkeit f: ~ of speech schwere Zunge.

**'thick|'set** adj **1.** dicht(gepflanzt): a ~ hedge. **2.** dichtbesetzt: ~ with jewels. **3.** unter'setzt, stämmig: a ~ man. ~-**'skinned** adj **1.** dickhäutig. **2.** dickschalig. **3.** zo. Dickhäuter... **4.** fig. dickfellig. ~**'skulled** adj **1.** dickköpfig. **2.** fig. → thick-witted. ~**'walled** adj biol. dickwandig. ~**'wit·ted** adj dumm, begriffsstutzig.

**thief** [θiːf] pl **thieves** [θiːvz] s **1.** Dieb(in): stop ~! haltet den Dieb!; one ought to set a ~ to catch a ~ wenn man e-n Schlauen fangen will, darf man keinen Dummen schicken; **thieves'** Latin Gaunersprache f, Rotwelsch n. **2.** Lichtschnuppe f (an Kerzen). **3.** → thief tube. ~**'proof** adj diebessicher. ~ **tube** s tech. Stechheber m.

**thieve** [θiːv] v/t u. v/i stehlen.

**thiev·er·y** [ˈθiːvərɪ] s **1.** Diebe'rei f, Diebstahl m. **2.** Diebesgut n, -beute f.

**thieves** [θiːvz] pl von **thief.**

**thiev·ish** [ˈθiːvɪʃ] adj (adv ~ly) **1.** diebisch, Dieb(e)s... **2.** heimlich, verstohlen. **'thiev·ish·ness** s diebisches Wesen.

**thigh** [θaɪ] s **1.** anat. (Ober)Schenkel m. **2.** zo. Femur m. ~**'bone** s anat. (Ober-) Schenkelknochen m.

**thighed** [θaɪd] adj (in Zssgn) ...schenk(e)lig.

**thill** [θɪl] s Gabeldeichsel f. **'thill·er, a. thill horse** s Deichselpferd n.

**thim·ble** [ˈθɪmbl] s **1.** Näherei: a) Fingerhut m, b) Nähring m. **2.** tech. a) Me'tallring m, b) (Stock)Zwinge f. **3.** mar. Kausche f. ~**'ful** [-fʊl] s **1.** (ein) Fingerhut(voll) m, Schlückchen n. **2.** fig. Kleinigkeit f. ~**'rig** I s **1.** Fingerhutspiel n (Bauernfängerspiel). **2.** → thimblerigger. II v/t **3.** a. allg. betrügen. ~**'rig·ger** s **1.** Fingerhutspieler m. **2.** allg. Bauernfänger m.

**thin** [θɪn] I adj (adv ~ly) **1.** allg. dünn: ~ air (arms, blood, clothes, syrup, wire, etc); a ~ line e-e dünne od. schmale od. feine Linie. **2.** dünn, schmächtig, mager: ~ lath 1, rake[1] 1. **3.** dünn, licht: ~ hair; ~ rain feiner Regen; he is rather ~ on top sein Haar ist schon ziemlich licht. **4.** fig. spärlich, dünn: ~ attendance spärlicher Besuch, geringe Beteiligung; to be ~ on the ground dünn gesät sein; a ~ house thea. e-e schwachbesuchte Vorstellung; ~ profits geringer Profit; ~ vegetation spärliche Vegetation. **5.** dünn, schwach: ~ beer; ~ sound; ~ voice. **6.** agr. mager: ~ soil. **7.** fig. mager, dürftig, spärlich: he had a ~ time colloq. es ging ihm ,mies'. **8.** fig. fadenscheinig: a ~ excuse (argument, etc). **9.** fig. seicht, sub'stanzlos: a ~ treatise. **10.** phot. kon'trastarm, undeutlich: a ~ print. II v/t **11.** oft ~ down, ~ off, ~ out a) dünn(er) machen, b) e-e Flüssigkeit verdünnen, c) fig. verringern, e-e Bevölkerung dezi'mieren, d) e-e Schlachtreihe, e-n Wald etc lichten, e) Pflanzen weiter ausein'andersetzen. III v/i **12.** oft ~ down, ~ off, ~ out a) dünn(er) werden, b) sich verringern, c) sich lichten, fig. spärlicher werden, abnehmen: his hair is ~ning sein Haar lichtet sich; to ~ out geol. sich auskeilen (Flöz).

**thine** [ðaɪn] pron obs. od. Bibl. od. poet. **1.** (substantivisch) der od. die od. das dein(ig)e, dein(e, er). **2.** (adjektivisch vor Vokalen od. stummem h für thy) dein(e): ~ eyes.

**thing[1]**, oft **T~** [θɪŋ] s parl. Thing n (in

---

Skandinavien u. Island: Reichstag od. Volksgerichtsversammlung).

**thing[2]** [θɪŋ] s **1.** (konkretes) Ding, Sache f, Gegenstand m (etwas Konkretes): the law of ~s jur. das Sachenrecht; ~s personal (real) jur. (un)bewegliche Sachen; just the ~ I wanted genau (das), was ich haben wollte. **2.** colloq. a) Ding n, Dings(da) n, b) euphem. ‚Ding‘ n (männliches od. weibliches Geschlechtsteil). **3.** Ding n, Sache f, Angelegenheit f: above all ~s vor allen Dingen, vor allem; ~s political politische Dinge, alles Politische; a pretty ~ iro. e-e schöne Geschichte; for one ~ (erstens) einmal; latest ~ in hats das Neueste in od. an Hüten; in all ~s in jeder Hinsicht; no small ~ keine Kleinigkeit; not a ~ (rein) gar nichts; of all ~s ausgerechnet (dieses etc); it's one of those ~s da kann man (halt) nichts machen; to do great ~s große Dinge tun, Großes vollbringen; to do one's (own) ~ colloq. tun, was man will; if I hate one ~, it is ... wenn ich 'eines hasse, dann ist es ... **4.** pl Dinge pl, 'Umstände pl, (Sach)Lage f: ~s are improving die Dinge od. Verhältnisse bessern sich. **5.** pl Sachen pl, Zeug n (Gepäck, Gerät, Kleider etc): swimming ~s Badesachen, -zeug; to put on one's ~s sich anziehen. **6.** pl Sachen pl (Getränke, Essen, Medizin): a lot of good ~s viele gute Sachen (zum Essen u. Trinken). **7.** Wesen n, Geschöpf n: dumb ~s, **8.** a) Ding n (Mädchen etc): young ~, b) Kerl m: (the) poor ~ das arme Ding, der arme Kerl; poor ~! der od. die Ärmste!, du od. Sie Armste(r)!; the dear old ~ ,die gute alte Haut'; → old 10.

**thing·a·my** [ˈθɪŋəmɪ], a. **'thing·a·ma·bob** [-əmɑbbb; Am. -maˌbab], **'thing·a·ma·jig** [-dʒɪg] → **thing-umbob.** [sich.] **thing-in-it'self** s philos. Ding n an] **thing·um·bob** [ˈθɪŋəmbbb; Am. -ˌbab], a. **'thing·um·a·bob** [-mɪbbb; Am. -məˌbab], **'thing·um·a·jig** [-dʒɪg], **'thing·um·my** [-mɪ] s colloq. (der, die, das) ‚Dings(da od. -bums‘).

**think** [θɪŋk] pret u. pp **thought** [θɔːt] I v/t **1.** etwas denken: to ~ base thoughts gemeine Gedanken hegen; to ~ away wegdenken; to ~ out a) sich etwas ausdenken, b) bes. Am. a. to ~ through ein Problem zu Ende denken; to ~ over sich etwas überlegen, b) durch den Kopf gehen lassen; to ~ to o.s. bei sich denken; to ~ up e-n Plan etc aushecken, sich etwas ausdenken, sich etwas einfallen lassen. **2.** über'legen, nachdenken über (acc). **3.** denken, sich vorstellen: one cannot ~ the infinite; I can't ~ how you do it colloq. es ist mir schleierhaft, wie du das machst. **4.** bedenken: ~ what your father has done for you! **5.** denken, meinen, glauben, vermuten. **6.** a) halten od. erachten für, b) etwas halten (of von): I ~ him (he is thought) to be a poet ich halte (man hält) ihn für e-n Dichter; he ~s the lecture very interesting er findet die Vorlesung sehr interessant; to ~ o.s. clever sich für schlau halten; I ~ it best to go now ich halte es für das beste, jetzt zu gehen; to ~ it advisable es für ratsam halten od. erachten; to ~ s.th. possible etwas für möglich halten. **7.** denken an (acc): the child thought no harm das Kind dachte an nichts Böses. **8.** gedenken, denken, beabsichtigen (of doing, to do zu tun): to ~ (to do) no harm nichts Böses im Sinn haben.

II v/i **9.** denken (of an acc): to ~ ahead vor'ausdenken, b) vorsichtig sein; to ~ aloud, to ~ out loud laut denken; now that I come to ~ of it a) wenn ich es mir

---

recht über'lege, b) da fällt mir ein; to ~ for o.s. selbständig denken. **10.** ~ of a) sich besinnen auf (acc), sich erinnern an (acc): try to ~ of all that has happened, b) a. ~ about etwas bedenken: ~ of it! denke daran!; I have my reputation to ~ about ich muß an m-n Ruf denken, c) sich etwas denken od. vorstellen, d) e-n Plan etc ersinnen, sich etwas ausdenken, e) daran denken, erwägen, im Sinne haben: to ~ of marrying ans Heiraten denken; I shouldn't ~ of doing such a thing so etwas würde mir nicht im Traum einfallen, f) halten von: → better[1] 6, much 3, nothing Bes. Redew., world Bes. Redew. **11.** über'legen, nachdenken (about, over über acc): let me ~ a moment!; only ~! denk dir nur!, stell dir vor!; that gave him s.th. to ~ about das gab ihm zu denken. **12.** denken, glauben, meinen: → so 5.

III s colloq. **13.** a) (Nach)Denken n: to have a (fresh) ~ about s.th. über etwas nachdenken (etwas noch einmal über-denken), b) Gedanke m: to have another ~ coming ,schief gewickelt sein‘.

IV s **14.** colloq. a) Denk..., b) (geistig) anspruchsvoll.

**'think·a·ble** adj denkbar, vorstellbar. **'think·er** s Denker(in).

**think| fac·to·ry** Am. → think tank 1. ~**-in** s colloq. **1.** Sym'posion n, Sym'posium n. **2.** Konfe'renz f.

**'think·ing** I adj (adv ~ly) **1.** denkend, vernünftig: a ~ being ein denkendes Wesen; all ~ men jeder vernünftig Denkende. **2.** Denk... II s **3.** Denken n: to do some hard ~ scharf nachdenken; to do some quick ~ schnell ,schalten‘; that's good ~! nicht schlecht (gedacht)!; to put on one's ~ cap colloq. (mal) nachdenken. **4.** Nachdenken n, Über'legen n. **5.** Meinung f: in (od. to) my (way of) ~ m-r Meinung od. Ansicht nach, nach m-m Dafürhalten. **6.** pl Überlegung(en pl) f, Gedanken(gang m) pl. ~**-ma·chine** s colloq. ‚Elek'tronengehirn‘ n.

**'think|-so** pl **-sos** s bes. Am. colloq. (grundlose od. bloße) Vermutung: on your mere ~? auf d-e bloße Vermutung hin?, nur weil du das vermutest? ~**-tank** s colloq. **1.** ‚Denkfa'brik‘ f. **2.** Strate'giekommissi, on f. ~ **tank·er** s colloq. Mitglied n e-r ‚Denkfa'brik‘ od. e-r Strate'giekommissi, on.

**thin·ner** [ˈθɪnə(r)] s **1.** Verdünner m (Arbeiter od. Gerät). **2.** (bes. Farben)Verdünner m, (-)Verdünnungsmittel n.

**'thin·ness** s **1.** Dünne f, Dünnheit f. **2.** Magerkeit f. **3.** Feinheit f. **4.** fig. Spärlichkeit f. **5.** fig. Dürftigkeit f. **6.** fig. Seichtheit f.

**thin| seam** s geol. Schmitze f. ~**-'skinned** adj **1.** dünnhäutig. **2.** fig. (‚über)empfindlich. ~**-'sown** adj **1.** dünngesät (a. fig.). **2.** fig. schwachbevölkert.

**thi·ol** [ˈθaɪɒl; Am. a. ˌɑʊl] chem. I s Thi'olalkohol m. II adj Thiol...

**thi·on·ic** [θaɪˈɒnɪk; Am. -ˈɑ-] adj chem. Thio..., Thion..., Schwefel...

**third** [θɜːd; Am. θɜrd] I adj (adv → thirdly) **1.** dritt(er, e, es). **2.** ~ in height dritthöchst(er, e, es). **2.** drittklassig, -rangig: ~ cabin Kabine f dritter Klasse; ~ cousin Vetter m dritten Grades. II s **3.** Drittel n. **4.** (der, die, das) Dritte. **5.** sport Dritte(r m) f, dritter Sieger. **6.** mot. (der) dritte Gang. **7.** mus. Terz f. **8.** ~ of a) Drittel n der Hinter'lassenschaft des Mannes, b) allg. Witwengut n. **9.** Terz f (sechzigster Teil e-r Zeit- od. Bogensekunde). **10.** Papierherstellung: Kartenformat $1^1/_2 \times 3$ Zoll. **11.** meist pl econ. Ware(n pl) f dritter Quali'tät od. Wahl, dritte Wahl. **12.** univ. Br. → third

class 2. **~ age** s (hohes) Alter. **~ best** s (der, die, das) Drittbeste. **~-'best** adj drittbest(er, e, es). **~ class** s **1.** rail. etc dritte Klasse. **2.** univ. Br. aka'demischer Grad dritter Klasse. **~-'class I** adj **1.** drittklassig, -rangig: ~ honours degree → third class 2; ~ mail Am. Drucksachen pl. **2.** rail. (Wagen etc) dritter Klasse: ~ carriage. **II** adv **3.** dritte(r) Klasse: to travel ~. **~ coun·try** s jur. pol. Drittland n. **~ de·gree** s **1.** dritter Grad. **2.** colloq. ,dritter Grad', Folterverhör n. **3.** Freimaurerei: Meistergrad m. **~-'de·gree I** adj dritten Grades: ~ burns. **II** v/t Am. colloq. den ,dritten Grad' anwenden bei. **~ es·tate** s hist. dritter Stand (Bürgertum). **~ floor** s **1.** Br. dritter Stock. **2.** Am. zweiter Stock. **'~-floor** adj im dritten (Am. zweiten) Stock (gelegen). **~ force** s fig. dritte Kraft. **~-'hand** adj u. adv aus dritter Hand (erworben). **~ house** s pol. Am. Clique, die Einfluß auf die Gesetzgebung hat.

**'third·ly** adv drittens.

**third| par·ty** s **1.** econ. jur. Dritte(r) m. **2.** pol. dritte Par'tei od. Kraft (in e-m Zweiparteiensystem). **~-'par·ty** adj econ. jur. Dritt...: ~ debtor; ~ insurance Haftpflichtversicherung f; insured against ~ risks haftpflichtversichert. **~ per·son** s **1.** ling. dritte Per'son. **2.** econ. jur. Dritte(r) m. **~ rail** s Stromschiene f. **~-'rate** adj **1.** drittrangig, -klassig (a. fig.). **2.** fig. minderwertig. **~-'rat·er** s **1.** unbedeutende Per'son. **2.** minderwertige Sache. **T~ Reich** s hist. (das) Dritte Reich (Hitlerregime). **~ sex** s colloq. (das) ,dritte Geschlecht', (die) Homosexu'ellen pl. **~ wire** s electr. Mittelleiter m. **T~ World** s pol. (die) Dritte Welt.

**thirst** [θɜːst; Am. θɜrst] **I** s **1.** Durst m: ~ strike Durststreik m. **2.** fig. Durst m, Gier f, Verlangen n, Sucht f (for, poet. after nach): ~ for blood Blutdurst; ~ for knowledge Wissensdurst; ~ for power Machtgier. **II** v/i **3.** dürsten, durstig sein, Durst haben. **4.** fig. dürsten, lechzen (for, poet. after nach): to ~ for revenge; to ~ to do s.th. darauf brennen, etwas zu tun. **'thirst·i·ness** s Durst(igkeit f) m. **'thirst·y** adj (adv thirstily) **1.** durstig: to be ~ Durst haben, durstig sein. **2.** ,durstig' (a. Auto), trinkfreudig: a ~ man. **3.** agr. dürr, trocken: ~ season; ~ soil. **4.** colloq. ,trocken': ~ work (e-e) Arbeit, die Durst macht. **5.** fig. begierig, lechzend (for, poet. after nach): to be ~ for s.th. nach etwas dürsten od. lechzen.

**thir·teen** [ˌθɜːˈtiːn; Am. ˌθɜr-] **I** adj dreizehn. **II** s Dreizehn f. **thir·teenth** [-θ] **I** adj **1.** dreizehnt(er, e, es). **2.** dreizehntel. **II** s **3.** (der, die, das) Dreizehnte. **4.** Dreizehntel n. **5.** mus. 'Terzde,zime f.

**thir·ti·eth** [ˈθɜːtɪɪθ; Am. ˈθɜr-] **I** adj **1.** dreißigst(er, e, es). **2.** dreißigstel. **II** s **3.** (der, die, das) Dreißigste. **4.** Dreißigstel n.

**thir·ty** [ˈθɜːtɪ; Am. ˈθɜr-] **I** adj **1.** dreißig: ~ all Tennis: dreißig beide; T~ Years' War hist. Dreißigjähriger Krieg. **II** s **2.** Dreißig f: he is in his thirties er ist in den Dreißigern; in the thirties in den dreißiger Jahren (e-s Jahrhunderts). **3.** Journalismus: Am. sl. Ende n (30 als Schlußzeichen e-s Artikels etc). **~ty-'two·mo** [-ˈtuːməʊ] print. **I** pl -mos s **1.** Zweiund'dreißigerformat n. **2.** Band m im Zweiund'dreißigerfor,mat. **II** adj **3.** im Zweiund'dreißigerfor,mat: ~ volume.

**this** [ðɪs] pl **these** [ðiːz] **I** pron **1.** a) dieser, diese, dieses, b) dies, das: all ~ dies alles, all das; ~ and that dies u. das, allerlei; for all ~ deswegen, darum; like ~ so; these are his children das sind s-e Kinder; ~ is what I expected (genau) das habe ich erwartet; ~ is what

happened folgendes geschah. **2.** dieses, dieser Zeitpunkt, dieses Ereignis: after ~ danach; at ~ dabei, daraufhin; before ~ zuvor; by ~ bis dahin, mittlerweile. **II** adj **3.** dieser, diese, dieses: ~ book. **4.** der od. die od. das (da): look at ~ dog! schau den Hund (da) an! **5.** der (die, das) naheliegende od. hiesige: in ~ country hier(zulande). **6.** dies(er, es), bes. econ. der (das) laufende (Jahr, Monat): of ~ month dieses Monats; ~ day week heute in e-r Woche; ~ time diesmal. **7.** dieser, diese, dieses, letzt(er, e, es): all ~ week die ganze (letzte) Woche; (for) these 3 weeks die letzten 3 Wochen, seit 3 Wochen. **8.** colloq. I met ~ man who ... ich traf da (so) e-n Kerl, der ...; I read ~ book which ... ich las da (so) ein Buch, das ... **III** adv **9.** so: ~ far; ~ much.

**this·tle** [ˈθɪsl] s bot. Distel f (a. her. das Emblem Schottlands): Order of the T~ Distel-, Andreasorden m. **'~-down** s bot. Distelwolle f. **~ finch** s orn. Distelfink m. **this·tly** [ˈθɪslɪ] adj **1.** distelig, voller Disteln. **2.** stach(e)lig.

**thith·er** [ˈðɪðə(r); Am. a. ˈθɪ-] obs. od. poet. **I** adv dorthin, dahin, in der Richtung: ~ hither 1. **II** adj jenseitig, anderer, e, es): the ~ bank of a stream.

**tho** Am. colloq. für **though**.

**thole¹** [θəʊl] obs. od. dial. **I** v/t **1.** erdulden. **2.** dulden. **II** v/i **3.** leiden.

**thole²** [θəʊl], **'thole·pin** s mar. Dolle f.

**Thom·as** [ˈtɒməs; Am. ˈtɑ-] **I** npr Bibl. Thomas m (Apostel). **II** s meist doubting ~ fig. ungläubiger Thomas.

**Tho·mism** [ˈtəʊmɪzəm] s philos. relig. Tho'mismus m (Lehre des Thomas von Aquin u. s-r Schule).

**thong** [θɒŋ] **I** s **1.** (Leder)Riemen m (Halfter, Zügel, Peitschenschnur etc). **2.** bes. Am. 'Zehensan,dale f (aus Gummi od. Plastik). **II** v/t **3.** mit Riemen versehen od. befestigen. **4.** (mit e-m Riemen) (aus)peitschen.

**tho·ra·ces** [ˈθɔːrəsiːz; Am. a. ˈθəʊ-] pl von **thorax**.

**tho·rac·ic** [θɔːˈræsɪk; θə-] adj anat. thora'kal, Brust...: ~ aorta Brustschlagader f; ~ cage Brustkorb m, -kasten m; ~ duct Milchbrustgang m.

**tho·rax** [ˈθɔːræks; Am. a. ˈθəʊər,æks] pl -rax·es, -ra·ces [-rəsiːz] s **1.** anat. Brust(korb m, -kasten m) f, Thorax m. **2.** zo. Mittelleib m (bei Gliederfüßlern).

**thor·ic** [ˈθɔːrɪk; Am. a. ˈθɑ-; ˈθəʊ-] adj chem. Thorium...

**tho·rite** [ˈθɔːraɪt; Am. a. ˈθəʊər,aɪt] s min. Tho'rit m.

**thorn** [θɔː(r)n] s **1.** Dorn m: to be a ~ in s.o.'s flesh (od. side) a) j-m ein Pfahl im Fleische sein, b) j-m ein Dorn im Auge sein; to be (od. sit) on ~s ,wie auf (glühenden) Kohlen sitzen'; → bed Bes. Redew. **2.** bot. Dornstrauch m, bes. Weißdorn m. **3.** Dorn m (der altenglische u. isländische Buchstabe þ). **~ ap·ple** s bot. Stechapfel m. **'~-back** s **1.** ichth. Nagelrochen m. **2.** zo. Meerspinne f.

**thorned** [θɔː(r)nd] adj dornig.

**thorn·i·ness** [ˈθɔː(r)nɪnɪs] s **1.** Dornigkeit f. **2.** fig. Mühseligkeit f. **3.** (das) Heikle. **'thorn·less** adj dornenlos. **'thorn·y** adj **1.** dornig. **2.** fig. dornenvoll, mühselig, schwierig. **3.** heikel: a ~ problem.

**thor·o** Am. colloq. für **thorough**.

**thor·ough** [ˈθʌrə; Am. ˈθɜrəʊ] **I** adj (adv → thoroughly) **1.** allg. gründlich: a) sorgfältig: a ~ man; a ~ test, b) genau, eingehend: a ~ investigation; ~ knowledge gründliche Kenntnisse pl, c) 'durchgreifend: a ~ reform. **2.** voll'kommen: a) voll'kommen, per'fekt, meisterhaft, b) echt, durch u. durch: a ~ politician,

c) völlig: a ~ delight e-e reine Freude, d) contp. ,ausgekocht', abgefeimt: a ~ rascal. **II** prep u. adv **3.** obs. durch. **III** s **4.** T~ hist. die Gewaltpolitik Lord Straffords u. Erzbischof Lauds unter Karl I. **5.** Ge'waltmaßnahme f, -poli,tik f. **~ bass** [beɪs] s mus. Gene'ralbaß m. **'~-bred I** adj **1.** biol. zo. reinrassig, Vollblut... **2.** fig. a) rassig, b) ele'gant, c) kulti'viert. **3.** fig. → thorough 2 b. **4.** rassig, schnittig: a ~ sports car. **II** s **5.** a) Vollblut(pferd) n, b) T~ englisches Vollblut. **6.** reinrassiges Tier. **7.** rassiger od. kulti'vierter Mensch. **8.** mot. rassiger od. schnittiger Wagen. **'~-fare** s **1.** 'Durchgangsstraße f, Hauptverkehrsstraße f. **2.** 'Durchfahrt f: no ~! Durchfahrt verboten! **3.** Wasserstraße f. **'~-go·ing** adj **1.** → thorough 1. **2.** radi'kal, kompro'mißlos.

**'thor·ough·ly** adv **1.** gründlich etc. **2.** gänzlich, völlig, vollkommen, to'tal. **3.** äußerst: ~ delighted. **'thor·ough·ness** s **1.** Gründlichkeit f. **2.** Voll'kommenheit f. **3.** Voll'endung f.

**'thor·ough·paced** adj **1.** in allen Gangarten geübt (Pferd). **2.** fig. → thorough 2 b, d.

**thorp(e)** [θɔː(r)p] s Dorf n (bes. bei Ortsnamen).

**those** [ðəʊz] pl von **that¹**.

**thou¹** [ðaʊ] **I** pron poet. od. Br. dial. od. Bibl. du. **II** v/t j-n mit thou anreden.

**thou²** [θaʊ] pl **thous, thou** s colloq. ,Mille' n, Tausend n.

**though** [ðəʊ] **I** conj **1.** ob'wohl, ob'gleich, ob'schon. **2.** a. even ~ wenn auch, selbst wenn, wenn'gleich, zwar: important ~ it is so wichtig es auch ist; what ~ the way is long was macht es schon aus, wenn der Weg lang ist. **3.** je'doch, doch. **4.** as ~ als ob, wie wenn. **II** adv **5.** colloq. (am Satzende) aber, trotzdem, dennoch, allerdings: I wish you had told me, ~.

**thought¹** [θɔːt] s **1.** a) Gedanke m, Einfall m: a happy ~, b) Gedankengang m, c) Gedanke(n) pl, Denken n: to read s.o.'s ~s j-s Gedanken lesen; (as) quick as ~ blitzschnell; his one ~ was how to get away er dachte nur daran, wie er fortkommen könnte; it never entered my ~s es kam mir nie in den Sinn; not to give a ~ to s.th. keinen Gedanken an e-e Sache verschwenden; → lost 8. **2.** nur sg Denken n, Denkvermögen n: to stimulate ~ zum Denken anregen; are animals capable of ~? können Tiere denken?; a beauty beyond ~ e-e unvorstellbare Schönheit. **3.** Über'legung f: to give ~ to s.th Gedanken über ~ (acc); to take ~ how to do s.th. sich überlegen, wie man etwas tun könnte; after serious ~ nach ernsthafter Erwägung; he acts without ~ er handelt, ohne zu überlegen; on second ~ a) nach reiflicher Überlegung, b) wenn ich es mir recht überlege. **4.** (Für)Sorge f, Rücksicht (-nahme) f: to give (od. have) some ~ to Rücksicht nehmen auf (acc); to take ~ for Sorge tragen für. um (acc); to take ~ no ~ to (od. for) nicht achten auf (acc); take no ~ for the morrow! denke nicht an morgen od. an die Zukunft! **5.** Absicht f: we had (some) ~s of coming wir trugen uns mit dem Gedanken zu kommen; he had no ~ of doing er dachte nicht daran zu tun. **6.** meist pl Gedanke m, Meinung f, Ansicht f. **7.** nur sg Denken n: a) Denkweise f: scientific ~, b) Gedankenwelt f: Greek ~. **8.** fig. ,I'dee' f, Spur f: he is a ~ smaller er ist e-e Idee kleiner; a ~ hesitant etwas zögernd.

**thought²** [θɔːt] pret u. pp von **think**.

**thought| block·ing** s psych. Denkhemmung f. **~ ex·per·i·ment** s scient. Ge'dankenexperi,ment n.

**'thought·ful** [-fʊl] *adj* (*adv* ~ly) **1.** gedankenvoll, nachdenklich, besinnlich (*a. Buch etc*). **2.** achtsam (**of** mit). **3.** rücksichtsvoll, aufmerksam, zuˈvorkommend. **4.** durchˈdacht (*Aktion*). **'thought·ful·ness** *s* **1.** Nachdenklichkeit *f*, Besinnlichkeit *f*. **2.** Achtsamkeit *f*. **3.** Rücksichtnahme *f*, Aufmerksamkeit *f*. **'thought·less** *adj* (*adv* ~ly) **1.** gedankenlos, ˈunüberˌlegt, unbesonnen, unbekümmert. **2.** rücksichtslos, unaufmerksam. **'thought·less·ness** *s* **1.** Gedankenlosigkeit *f*, Unbesonnenheit *f*, Unbekümmertheit *f*. **2.** Rücksichtslosigkeit *f*, Unaufmerksamkeit *f*.

ˌthoughtˈout** *adj* durchˈdacht: **a well ~ plan** ein wohldurchdachter Plan. **~ patˈtern** *s* ˈDenkschema *n*, -strukˌtur *f*. **'~ˌread** *v/t irr Am. j-s* Gedanken lesen. **~readˈer** *s* Gedankenleser(in). **~transˈferˈence** *s* Geˈdankenüberˌtragung *f*.

**thou·sand** [ˈθaʊznd] **I** *adj* **1.** tausend: **The T~ and One Nights** Tausendundeine Nacht. **2.** *a.* **~ and one** *fig.* tausend, unzählige, zahllose: **a ~ apologies; to die a ~ deaths** a) vor Scham fast in den Boden sinken, b) tausend Ängste ausstehen; **a ~ thanks** tausend Dank. **II** *s* **3.** Tausend *n* (*Einheit*): **~s** Tausende; **many ~s of times** vieltausendmal; **they came in their ~s** (*od.* the ~) sie kamen zu Tausenden; **one in a ~** ein(er, e, es) unter Tausend. **4.** Tausend *f* (*Zahl*). **'thou·sand·fold** [-fəʊld] **I** *adj u. adv* tausendfach. **II** *s* (*das*) Tausendfache. **thou·sandth** [ˈθaʊzntθ] **I** *s* **1.** (der, die, das) Tausendste. **2.** Tausendstel *n*. **II** *adj* **3.** tausendst(er, e, es). **4.** tausendstel.

**thral·dom** *Br. für* thralldom.

**thrall** [θrɔːl] *s* **1.** *hist.* Leibeigene(r *m*) *f*, Hörige(r *m*) *f*. **2.** *fig.* Sklave *m* (**to** *gen*). **3.** ~ **thralldom:** **to be in ~ to one's passions** Sklave s-r Leidenschaften sein. **'thrall·dom** *s* **1.** *hist.* Leibeigenschaft *f*. **2. to be held in ~ to s.th.** *fig.* von etwas in den Bann geschlagen sein.

**thrash** [θræʃ] **I** *v/t* **1.** → thresh I. **2.** *j-n* verdreschen, verprügeln: **to get ~ed** Prügel beziehen (*a. sport colloq.*). **3.** *sport colloq. j-m e-e* Abfuhr erteilen. **II** *v/i* **4.** → thresh 3. **5.** *a.* ~ **about** (*od.* **around**) a) sich *im Bett etc* hin u. her werfen, b) um sich schlagen, c) zappeln (*Fisch*). **6.** *mar.* knüppeln (*gegen Wind u. Wellen segeln*). **7.** einschlagen (**at** auf *acc*). **II** *s* **8.** a) Schlag *m*, b) Schlagen *n*. **'thrashˈer** *s* → thresher. **'thrash·ing** *s* **1.** → threshing I. **2.** „Dresche" *f*, (Tracht *f*) Prügel *pl*: **to give s.o. a ~** → thrash 2. **3.** *sport colloq.* Abfuhr *f*: **to give s.o. a ~** → thrash 3. **II** *adj* → threshing II.

**thra·son·i·cal** [θrəˈsɒnɪkl; *Am.* -ˈsɑ-; *a.* θreɪ-] *adj* prahlerisch, aufschneiderisch.

**thread** [θred] **I** *s* **1.** Faden *m*, Zwirn *m*, Garn *n*: ~ (**of life**) *fig.* Lebensfaden; **he has not a dry ~ on him** er hat keinen trockenen Faden am Leib; ~ **and thrum** Faden u. Trumm (*Gutes u. Schlechtes durcheinander*); → hang 16. **2.** Faden *m*, Faser *f*, Fiber *f*. **3.** *tech.* (Schrauben)Gewinde *n*, Gewindegang *m*. **4.** *fig.* (dünner) Strahl, Strich *m*. **5.** dünne (Kohlen-, Erz-) Ader. **6.** *fig.* Faden *m*, Zs.-hang *m*: **he lost the ~ (of his story)** er verlor den Faden; **to resume** (*od.* **pick up, take up**) **the ~** den Faden wiederaufnehmen. **7.** *pl Am. sl.* Sachen *pl*, „Klaˈmotten" *pl* (*Kleider*). **II** *v/t* **8.** *e-e* Nadel einfädeln. **9.** Perlen *etc* aufreihen, -fädeln (**on** auf *acc*). **10.** mit Fäden durchˈziehen. **11.** *fig.* durchˈziehen, -ˈdringen, erfüllen. **12.** sich winden durch: **to ~ one's way (through)** → 16. **13.** *tech.* (ein) Gewinde schneiden in (*acc*). **14.** *electr.* ein Kraftfeld bilden um (*e-n Leiter*). **15.** *phot.* e-n Film ein-

legen in (*acc*). **III** *v/i* **16.** sich (hinˈdurch)schlängeln (**through** durch). **'~bare** *adj* **1.** fadenscheinig, abgetragen. **2.** schäbig (gekleidet). **3.** *fig.* dürftig, schäbig. **4.** *fig.* abgedroschen: **a ~ word**. **'~bare·ness** *s* **1.** Fadenscheinigkeit *f*. **2.** Schäbigkeit *f* (*a. fig.*). **3.** *fig.* Abgedroschenheit *f*.

**thread·ed** [ˈθredɪd] *adj tech.* Gewinde...: ~ **flange. 'thread·er** *s* **1.** Einfädler(in). **2.** ˈEinfädelmaˌschine *f*. **3.** *tech.* Gewindeschneider *m*.

**'thread·ing lathe** *s tech.* Gewindeschneidemaschine *f*.

**thread|lace** *s* Leinen-, Baumwollspitze *f*. **'~like** *adj* fadenförmig. ~ **mark** *s* Faserzeichen *n* (*im Papiergeld*). **~pitch** *s tech.* (Gewinde)Steigung *f*. **'~worm** *s zo.* Fadenwurm *m*.

**thread·y** [ˈθredɪ] *adj* **1.** fadenartig, faserig. **2.** Fäden ziehend. **3.** *fig.* schwach, dünn: ~ **voice;** ~ **pulse** *med.* Fadenpuls *m*.

**threat** [θret] *s* **1.** Drohung *f* (**of** mit; **to** gegen). **2.** (**to**) Bedrohung *f* (*gen*), Gefahr *f* (**für**): **a ~ to peace; there was a ~ of rain** es drohte zu regnen. **threat·en** [ˈθretn] **I** *v/t* **1.** (**with**) *j-m* drohen (mit), *j-m* androhen (*acc*), *j-n* bedrohen (mit). **2.** *etwas* androhen (**to** *dat*): **he ~ed punishment to all of us**. **3.** drohend ankündigen: **the sky ~s a storm**. **4.** (damit) drohen (**to do** zu tun): **she ~ed to buy a car**. **5.** *etwas* bedrohen, gefährden: ~**ed** (**with dying out** *od.* **by extinction**) *biol.* (vom Aussterben) bedroht. **II** *v/i* **6.** drohen. **7.** *fig.* drohen: a) drohend beˈvorstehen: **a catastrophe was ~ing,** b) Gefahr laufen (**to do** zu tun). **'threat·en·ing** *adj* (*adv* ~ly) **1.** drohend, Droh...: ~ **letter** Drohbrief *m*. **2.** *fig.* bedrohlich.

**three** [θriː] **I** *adj* **1.** drei. **II** *s* **2.** Drei *f* (*Zahl, Spielkarte etc*): **the ~ of hearts** die Herzdrei; **by ~s** immer drei auf einmal; **T~ in One** *relig.* (die) Dreieinigkeit *od.* Dreifaltigkeit; → rule 7. **3.** Eiskunstlauf: Dreier *m*. **'~act play** *s thea.* Dreiakter *m*. **'~card monˈte** *s Am.,* ~**card trick** *s Br.* Kümmelblättchen *n* (*Bauernfängerspiel*). **~col·o(u)r** *adj* dreifarbig, Dreifarben...: ~ **process** Dreifarbendruck(verfahren *n*) *m*. **~cor·nered** *adj* **1.** dreieckig: ~ **hat** Dreispitz *m*. **~'D I** *s* ˈdreidimensioˌnaler Efˈfekt: **to be in ~** dreidimensional sein. **II** *adj* → three-dimensional. **'~day e·vent** *s* Reitsport: Military *f*. **'~day e·vent·er** *s* Military-Reiter(in). **'~day fe·ver** *s med.* Dreiˈtagefieber *n*. **~deck·er** *s* **1.** *mar.* Dreidecker *m*. **2.** (*etwas*) Dreiteiliges, *bes. colloq.* dreibändiger Roˈman, *allg.* „dicker Wälzer". **3.** *colloq.* „Mordsding" *n*. **~dig·it** *adj math.* dreistellig: ~ **number.** **~di'men·sion·al** *adj* ˈdreidimensioˌnal: ~ **curve** Raumkurve *f*; ~ **sound** Raumton *m*. **'~door** *adj mot.* dreitürig. **three·fold** [ˈθriːfəʊld] **I** *adj u. adv* dreifach. **II** *s* (*das*) Dreifache.

**'three|·four (time)** *s mus.* Dreiˈvierteltakt *m*. **~'hand·ed** *adj* **1.** dreihändig. **2.** von drei Perˈsonen gespielt: ~ **whist.** **'~lane** *adj* dreispurig (*Autobahn etc*). **~'leg·ged** *adj* dreibeinig: ~ **race** Dreibeinwettlauf *m*. **~'mast·er** *s mar.* Dreimaster *m*. **~'mile** *adj* Dreimeilen...: ~ **limit;** ~ **zone.** **'~part** *adj mus.* dreistimmig, für drei Stimmen. **three·pence** [ˈθrepəns; ˈθrɪ-; ˈθrʌ-] *s Br.* **1.** (Wert *m* von) drei Pence *pl*. **2.** *hist.* Dreiˈpencestück *n*. **~pen·ny** [-pəni] *adj* **1.** *Br.* im Wert von drei Pence, Dreipence... **2.** *fig. bes. Br.* billig, wertlos.

**'three|-phase** *adj electr.* dreiphasig, Dreiphasen...: ~ **current** Drehstrom *m*, Dreiphasenstrom *m*. **'~piece I** *adj* dreiteilig: ~ **suit** → II a; ~ **suite** → II b. **II** *s* a) Dreiteiler *m*, b) dreiteilige ˈSitzgarniˌtur. **'~pin** *adj electr.* dreipolig: ~ **plug.** **'~ply I** *adj* **1.** dreifach (*Garn, Seil etc*). **2.** dreischichtig (*Holz etc*). **II** *s* **3.** dreischichtiges Sperrholz. **'~point** *adj bes. aer. tech.* Dreipunkt...: ~ **bearing;** ~ **landing;** ~ **switch** Dreiwegschalter *m*. **~'quar·ter I** *adj* dreiviertel: ~ **face** Halbprofil *n*; ~ **time** *mus. bes. Am.* Dreiˈvierteltakt *m*. **II** *s a.* ~ **back** (*Rugby*) Dreiˈviertelspieler *m*. **'~ring cir·cus** *s Am.* **1.** ˈdreimaˌnegiger Zirkus. **2.** *fig.* „Affenzirkus" *m*. **~'score** *adj obs.* sechzig.

**three·some** [ˈθriːsəm] **I** *adj* **1.** zu dreien, Dreier... **II** *s* **2.** Dreiergruppe *f*, *bes. humor.* „Trio" *n*. **3.** Golf: Dreier(spiel *n*) *m*.

**'three|-speed gear** *s tech.* Dreiganggetriebe *n*. **'~square** *adj tech.* dreikantig. **'~stage** *adj tech.* dreistufig: ~ **amplifier;** ~ **rocket** Dreistufenrakete *f*. **'~star** *adj* Drei-Sterne-...: ~ **general;** ~ **restaurant.** **'~way** *adj bes. electr. tech.* Dreiweg...: ~ **cock;** ~ **switch.**

**thre·node** [ˈθriːnəʊd; ˈθren-] → threnody. **thre·no·di·al** [θrɪˈnəʊdɪəl], **thre'nod·ic** [-ˈnɒdɪk; *Am.* -ˈnɑ-], **thre'nod·i·cal** *adj* Klage..., Trauer... **thren·o·dist** [ˈθrenədɪst] *s* Dichter(in) *od.* Sänger(in) von Threnoˈdien. **thren·o·dy** [ˈθrenədɪ] *s* Threnoˈdie *f*, Threnos *m*, Klagelied *n*.

**thresh** [θreʃ] **I** *v/t* **1.** dreschen: **to ~ out** *fig.* gründlich erörtern, klären. **II** *v/i* **2.** dreschen. **3.** → thrash 5. **'thresh·er** *s* **1.** Drescher *m*. **2.** ˈDreschmaˌschine *f*. **3.** *a.* ~ **shark** *ichth.* Fuchshai *m*. **'thresh·ing** *s* **1.** Dreschen *n*. **2.** Dresch...: ~ **machine;** ~ **floor** Dreschboden *m*, Tenne *f*.

**thresh·old** [ˈθreʃəʊld; -həʊld] **I** *s* **1.** (Tür)Schwelle *f*. **2.** *fig.* Schwelle *f*, Beginn *m*: **on the ~ of manhood** an der Schwelle zum Mannesalter. **3.** *med. phys. psych. etc* Schwelle *f*: ~ **of audibility** Hör(barkeits)schwelle; ~ **of consciousness** Beˈwußtseinsschwelle; ~ **of pain** Schmerzgrenze *f*, -schwelle; ~ **stimulus** 1. **II** *adj* **4.** Schwellen...: ~ **frequency;** ~ **value;** ~ **dose** *med.* kritische Dosis.

**threw** [θruː] *pret von* throw.

**thrice** [θraɪs] *adv obs.* **1.** dreimal. **2.** sehr, ˈüberaus, über...

**thrift** [θrɪft] *s* **1.** Sparsamkeit *f*: a) Sparsinn *m*, b) Wirtschaftlichkeit *f*: ~ **account** *Am.* Sparkonto *n*; ~**priced** preisgünstig; ~ **shop** Second-hand-Shop *m* (*oft für karitative Zwecke*); ~ **society** *Am.* Sparvereinigung *f*. **2.** *bot.* Grasnelke *f*. **'thrift·i·ness** → thrift 1. **'thrift·less** *adj* (*adv* ~ly) verschwenderisch. **'thrift·less·ness** *s* Verschwendung *f*. **'thrift·y** *adj* (*adv* thriftily) **1.** sparsam (**of, with** mit): a) haushälterisch, b) wirtschaftlich (*a. Sachen*), c) knauserig. **2.** *poet.* gedeihend, blühend, erfolgreich.

**thrill** [θrɪl] **I** *v/t* **1.** erschauern lassen, erregen, packen, begeistern, elektriˈsieren, entzücken. **2.** *j-n* durchˈlaufen, -ˈschauern, überˈlaufen (*Gefühl*). **II** *v/i* **3.** (er)beben, erschauern, zittern (**with** vor *dat;* **to** bei). **4.** (**to**) sich begeistern (für), gepackt *od.* elektriˈsiert werden (von). **5.** durchˈlaufen, -ˈschauern, -ˈrieseln (**through** *acc*). **6.** zittern, (er)beben, vibrieren. **III** *s* **7.** Zittern *n*, Erregung *f*: **a ~ of joy** e-e freudige Erregung, ein freudiges Erbeben. **8.** (*das*) Spannende *od.* Erregende *od.* Packende. **9.** a) (Nerven)Kitzel *m*, prickelndes Gefühl, b) Sensatiˈon *f*. **10.** Beben *n*, Vibratiˈon *f*.

**'thrill·er** s ‚Reißer' m, Thriller m (Kriminalfilm, -roman etc). **'thrill·ing** adj **1.** a) auf-, erregend, packend, spannend, b) sensatio'nell. **2.** 'hinreißend, begeisternd. [füßer m.]
**thrips** [θrɪps] pl **thrips** s zo. Blasen-
**thrive** [θraɪv] pret **throve** [θrəʊv] od. **thrived** [θraɪvd] pp **thriv·en** [θrɪvn] od. **thrived** [θraɪvd] v/i **1.** gedeihen (on mit, bei) (Kind, Pflanze, Tier). **2.** fig. gedeihen: a) blühen, flo'rieren (Geschäft etc), b) Erfolg haben, reich werden (Person), c) sich entwickeln: **vice was thriving.** **'thriv·ing** adj (adv **~ly**) fig. gedeihend, blühend.
**thro'** [θruː] poet. für **through.**
**throat** [θrəʊt] **I** s **1.** anat. Kehle f, Gurgel f, Rachen m, Schlund m: **that sticks in my ~** das ist mir zuwider; **the words stuck in my ~** die Worte blieben mir im Halse stecken; **to ram, shove, stuff) s.th. down s.o.'s** ~ j-m etwas eintrichtern; → **lie¹** 2, **sore** 2. **2.** Hals m: **to cut s.o.'s** ~ j-m den Hals abschneiden; **to take s.o. by the ~** j-n an der Gurgel packen; **to cut one's own** ~ sich selbst ruinieren. **3.** fig. 'Durch-, Eingang m, verengte Öffnung, (Trichter-) Hals m: ~ **of a vase** Hals e-r Vase; ~ **of a furnace** tech. Gicht f e-s Hochofens. **4.** arch. Hohlkehle f. **5.** mar. **a)** ~ **of a knife** Knieholzes, b) Klauohr n (obere vordere Ecke e-s Stagsegels), c) Klau f e-r Gaffel. **II** adj **6.** a) Hals..., Rachen..., b) a. electr. Kehlkopf...: ~ **microphone.** **'throat·ed** adj (bes. in Zssgn) ...kehlig. **'throat·y** adj (adv **throatily**) **1.** kehlig, guttu'ral. **2.** heiser, rauh.
**throb** [θrɒb; Am. θrɑb] **I** v/i **1.** (heftig) klopfen, pochen, hämmern (Herz etc): **~bing pains** klopfende od. pulsierende Schmerzen. **2.** (heftig) beben od. zittern. **II** s **3.** Klopfen n, Pochen n, Hämmern n, (Puls)Schlag m. **4.** Erregung f, Erbeben n.
**throe** [θrəʊ] s meist pl **1.** heftiger Schmerz: a) pl (Geburts)Wehen pl, b) pl Todeskampf m, Ago'nie f, c) fig. (Seelen-) Qual(en pl) f. **2.** fig. heftiger Kampf: **in the ~s of motion** in (etwas Unangenehmem), im Kampf mit.
**throm·bi** [θrɒmbaɪ; Am. θrɑm-] pl von **thrombus.**
**throm·bin** [θrɒmbɪn; Am. θrɑm-] s Biochemie: Throm'bin n.
**throm·bo·cyte** [θrɒmbəʊsaɪt; Am. θrɑmbə-] s med. Blutplättchen n, Thrombo'zyt m.
**throm·bo·phle·bi·tis** [θrɒmbəʊflɪ'baɪtɪs; Am. ˌθrɑm-] s med. Thrombophle'bitis f.
**throm·bo·sis** [θrɒm'bəʊsɪs; Am. θrɑm-] pl **-ses** [-siːz] s med. Throm'bose f. **throm·bot·ic** [-'bɒtɪk; Am. -'bɑ-] adj med. throm'botisch, Thrombose...
**throm·bus** [θrɒmbəs; Am. θrɑm-] pl **-bi** [-baɪ] s med. Thrombus m.
**throne** [θrəʊn] **I** s **1.** a) Thron m (e-s Königs etc): → **speech** 5, b) Stuhl m (des Papstes, e-s Bischofs). **2.** fig. Thron m: a) Herrschaft f: **to come to the ~** auf den Thron kommen, b) Herrscher(in). **II** v/t **3.** auf den Thron setzen. **III** v/i **4.** thronen. **'throne·less** adj thronlos.
**throng** [θrɒŋ] **I** s **1.** (Menschen)Menge f. **2.** Gedränge n, Andrang m. **3.** Menge f, Masse f (Sachen). **II** v/i **4.** sich drängen od. (zs.-)scharen, (her'bei-, hin'ein- etc) strömen. **III** v/t **5.** sich drängen in (dat): **people ~ed the streets; the streets were ~ed with people** auf den Straßen wimmelte es von Menschen. **6.** bedrängen, um'drängen.
**thros·tle** [θrɒsl; Am. θrɑsəl] s **1.** a. ~ **frame** tech. 'Drossel(spinn)maˌschine f. **2.** orn. poet. od. dial. (Sing)Drossel f.

**throt·tle** [θrɒtl; Am. θrɑtl] **I** s **1.** Kehle f, Gurgel f. **2.** mot. tech. a) a. ~ **lever** Gashebel m, b) a. ~ **valve** Drosselklappe f: **at full** ~ mit Vollgas, fig. a. mit Volldampf; **to open (close) the ~** Gas geben (wegnehmen). **II** v/t **3.** a) würgen, b) erdrosseln. **4.** fig. ersticken, abwürgen, unter'drücken: **to ~ free speech.** **5.** oft ~ **down** mot. tech. (ab)drosseln (a. fig.). **III** v/i **6.** meist ~ **back** (od. **down**) a) mot. tech. drosseln, Gas wegnehmen, b) fig. kürzertreten.
**through** [θruː] **I** prep **1.** (räumlich) durch, durch ... hin'durch: **to pass** ~ a **tunnel; to bore** ~ a **board.** **2.** zwischen ... hin'durch, durch: ~ **the trees.** **3.** durch, in (überall umher): **to roam (all)** ~ **the country** das (ganze) Land durchstreifen. **4.** (e-n Zeitraum) hin'durch, während: **all** ~ **his life** sein ganzes Leben hindurch; **the whole summer** ~ den ganzen Sommer lang. **5.** Am. (von ...) bis: **Monday** ~ **Friday.** **6.** (bis zum Ende od. ganz) durch, fertig (mit): **when will you get** ~ **your work? 7.** fig. durch: **I saw** ~ **his hypocrisy** ich durchschaute s-e Heuchelei; **to get** ~ **an examination** e-e Prüfung bestehen, durch e-e Prüfung kommen; **to have been** ~ **s.th.** etwas erlebt haben. **8.** durch, mittels: **it was** ~ **him we found out** durch ihn kamen wir darauf. **9.** aus, vor, durch, in-, zu'folge, wegen: ~ **neglect** infolge od. durch Nachlässigkeit.
**II** adv **10.** durch: ~ **and** ~ durch u. durch, ganz u. gar; **to push a needle** ~ e-e Nadel durchstechen; **he would not let us** ~ er wollte uns nicht durchlassen; **you are** ~**!** teleph. Sie sind verbunden!; **wet** ~ völlig durchnäßt. **11.** (ganz) durch: **this train goes** ~ **to Boston** dieser Zug fährt (durch) bis Boston; **the bad wheather lasted all** ~ das schlechte Wetter dauerte die ganze Zeit (hindurch) an. **12.** (ganz) durch (von Anfang bis Ende): **to read a letter** ~; **to carry a matter** ~ e-e Sache durchführen. **13.** fertig, durch: **he is not yet** ~; ~ **with** fertig mit (Personen od. Sachen); **I am** ~ **with him** colloq. mit dem bin ich fertig; **I am** ~ **with it** ‚ich habe es satt'; **are you** ~ **with that job?** bist du mit dieser Arbeit fertig?
**III** adj **14.** 'durchgehend, Durchgangs...: ~ **bolt** tech. durchgehender Bolzen; ~ **car** Am., ~ **carriage,** ~ **coach** Br. rail. Kurswagen m; ~ **dialing** teleph. Am. Durchwahl f; ~ **flight** aer. Direktflug m; ~ **rate** econ. Durchgangstarif m; ~ **ticket** rail. Am. für Strecken verschiedener Eisenbahngesellschaften gültige Fahrkarte; ~ **traffic** Durchgangsverkehr m; a ~ **train** ein durchgehender Zug; ~ **travel(l)er** Transitreisende(r m) f.
**through-com'posed** adj mus. 'durchkompo,niert (Lied).
**through'out I** prep **1.** über'all in (dat): ~ **the country** im ganzen Land. **2.** während: ~ **the year** das ganze Jahr hindurch. **II** adv **3.** durch u. durch, ganz u. gar, 'durchweg: **rotten** ~ völlig verfault; **a sound policy** ~ e-e durch u. durch vernünftige Politik. **4.** über'all. **5.** die ganze Zeit.
**'through·put** s econ., a. Computer: 'Durchsatz m. ~ **street** s Am. 'Durchgangsstraße f. **~way** s Am. **1.** → **through street. 2.** Schnellstraße f.
**throve** [θrəʊv] pret von **thrive.**
**throw** [θrəʊ] **I** s **1.** Werfen n, (Speeretc)Wurf m. **2.** a) (einzelner) Wurf, b) Wurfweite f. **3.** fig. Wurf m, Coup m. **4.** tech. a) (Kolben)Hub m, b) Kröpfung f (e-r Kurbelwelle). **5.** tech. (Regler- etc) Ausschlag m. **6.** tech. (Projekti'ons)Ent-

fernung f. **7.** Am. (Damen)Schal m. **8.** Am. leichte (Woll)Decke. **9.** Würfelspiel: Wurf m (Werfen u. gewürfelte Zahl). **10.** Ringen: Schwung m, Wurf m. **11.** Fußball: Einwurf m: **to take the** ~ einwerfen.
**II** v/t pret **threw** [θruː] pp **thrown** [θrəʊn] **12.** werfen, schleudern (at nach): **to** ~ **o.s. at s.o.** sich j-m an den Hals werfen. **13.** zuwerfen (s.o. s.th. j-m etwas) (a. fig.): **to** ~ **a glance, a kiss,** etc). **14.** das Netz, die Angel etc auswerfen. **15.** Kleidungsstücke werfen (over, on über acc): **to** ~ **a shawl over one's shoulders** sich e-n Schal über die Schultern werfen; → **throw on. 16.** fig. (in Entzücken, Verwirrung etc) versetzen: **to** ~ **into confusion;** **to be thrown out of work** arbeitslos werden; **he was thrown with bad companions** er geriet in schlechte Gesellschaft. **17.** tech. e-n Hebel 'umlegen, die Kupplung ein- od. ausrücken, e-n Schalter ein- od. ausschalten: **to** ~ **a lever** (a clutch, a switch) 'umlegen. **18.** Gefäße auf e-r Töpferscheibe formen, drehen. **19.** Kartenspiel: a) ausspielen, b) ablegen. **20.** zu Boden werfen, (Ringen) den Gegner auf die Matte werfen, den Reiter abwerfen (Pferd): **that threw me!** colloq. das hat mich (glatt) umgehauen! **21.** Am. colloq. e-n Wettkampf etc absichtlich verlieren: **to** ~ **the race. 22.** a) Würfel werfen, b) e-e Zahl würfeln. **23.** zo. Junge werfen. **24.** zo. Haut etc abwerfen. **25.** Seide etc zwirnen, mouli'nieren. **26.** e-e Brücke schlagen (over, across über acc). **27.** colloq. e-e Gesellschaft geben, e-e Party ,schmeißen'. **28.** colloq. aus dem Kon'zept od. aus der Fassung bringen. **29.** colloq. e-n Wutanfall etc bekommen: **to** ~ **a fit.**
**III** v/i **30.** werfen. **31.** würfeln.
**Verbindungen mit Präpositionen:**
**throw in·to** v/t **1.** (hin'ein)werfen in (acc): **to** ~ **the battle** Truppen in die Schlacht werfen; **to throw s.o. into prison** j-n ins Gefängnis werfen; **to** ~ **the bargain** (beim Kauf) dreingeben; → **heart** Bes. Redew. **2. to throw o.s. into** fig. sich in die Arbeit, den Kampf etc stürzen. ~ **on,** ~ **up·on** v/t **1.** werfen auf (acc): **to be thrown upon o.s.** (od. **upon one's own resources)** (ganz) auf sich selbst angewiesen sein. **2. to throw o.s. (up)on** sich auf die Knie etc werfen; **to throw o.s. on s.o.'s mercy** sich j-m auf Gnade u. Ungnade ausliefern; **they threw themselves upon the mercy of God** sie vertrauten sich der Gnade Gottes an.
**Verbindungen mit Adverbien:**
**throw a·bout,** ~ **a·round** v/t **1.** verstreuen: **to throw one's money about** fig. mit Geld um sich werfen; → **weight** 3. **2.** her'umwerfen: **to throw one's arms about** mit den Armen (her'um)fuchteln; **to throw o.s. about** sich (im Bett etc) hin u. her werfen. ~ **a·way** v/t **1.** fort-, wegwerfen: **to throw o.s. away** fig. sich wegwerfen (on s.o. an j-n). **2.** Geld, Zeit verschwenden, -geuden ([up]on an j-n, für etwas). **3.** e-e Gelegenheit etc verpassen, -schenken. **4.** etwas verwerfen, über Bord werfen. **5.** etwas beiläufig sagen. ~ **back I** v/t **1.** e-n Ball, ein Bild etc, a. weitS. Truppen zu'rückwerfen (a. fig. aufhalten, hemmen): **to be thrown back upon** angewiesen sein auf (acc). **2. to throw s.th. back at s.o.** fig. j-m etwas vorhalten od. -werfen. **II** v/i **3.** (to) fig. zu'rückkehren (zu), zu'rückverfallen (auf acc, in acc). **4.** biol. rückarten. ~ **by** v/t beiseite legen od. werfen, 'ausran,gieren. ~ **down** v/t **1.** (o.s. sich) niederwerfen: → **gauntlet¹** 2. **2.** 'umstür-

zen. **3.** *chem.* fällen. **~ in I** *v/t* **1.** (hin-)
'einwerfen: **to throw the ball in** (*Fuß-
ball*) einwerfen. **2.** *e-e Bemerkung etc*
einflechten, -werfen. **3.** da'zugeben, *et-
was* mit in den Kauf geben, dreingeben.
**4.** *tech.* den *Gang etc* einrücken. **II** *v/i* **5. ~
with** *Am. sl.* gemeinsame Sache machen
mit (*j-m*), sich mit *j-m* zs.-tun. **~ off I** *v/t*
**1.** *ein Kleidungsstück, a. fig.* Skrupel *etc*
abwerfen. **2.** *ein Joch etc* abwerfen, ab-
schütteln: **to ~ the chains of marriage**
sich aus den Fesseln der Ehe befreien. **3.**
*j-n, e-e Krankheit etc* loswerden. **4.** *e-n
Verfolger* abschütteln, *e-n Jagdhund a.*
von der Fährte abbringen. **5.** in die Irre
führen. **6.** *ein Gedicht etc* schnell 'hin-
werfen, ,aus dem Ärmel schütteln'. **7.** *e-e
Bemerkung* 'hinwerfen, fallenlassen. **8.**
aus dem Kon'zept *od.* aus der Fassung
bringen. **9.** *tech.* a) kippen, 'umlegen, b)
auskuppeln, -rücken. **10.** *print.* abziehen.
**II** *v/i* **11.** die Jagd beginnen. **12.** lästern
(**on** über *acc*). **~ on** *v/t* (sich) *ein Klei-
dungsstück* 'überwerfen. **~ o•pen** *v/t* **1.**
die Tür aufreißen, -stoßen. **2.** (allge-
mein *od.* öffentlich) zugänglich machen
(**to** *dat*, für). **~ out I** *v/t* **1.** *Abfall etc*
wegwerfen. **2.** *a.* *j-n, e-n Beamten etc*
hin'auswerfen. **3.** *bes. parl.* verwerfen. **4.**
*arch.* vorbauen, *e-n Flügel etc* anbauen
(**to** an *acc*). **5.** *e-e Bemerkung* fallenlassen,
*e-n Vorschlag etc* äußern, *e-n Wink* geben.
**6.** a) *etwas* über den Haufen werfen, b) *j-n*
aus dem Kon'zept *od.* aus der Fassung
bringen. **7.** *Licht etc* abgeben, aussenden,
-strahlen. **8.** *tech.* auskuppeln, -rücken.
**9.** *Fühler etc* ausstrecken: **to ~ a chest**
*colloq.* sich in die Brust werfen; → **feeler**
1. **II** *v/i* **10.** *sport* abwerfen. **~ o•ver** *v/t* **1.**
*etwas* über den Haufen werfen. **2.** *e-n
Plan etc* über Bord werfen, aufgeben. **3.**
*e-n Freund etc* sitzen- *od.* fallenlassen (for
wegen). **~ to•geth•er** *v/t* **1.** zs.-werfen:
**to be thrown together** zs.-kommen. **2.**
*fig. etwas* zs.-stoppeln. **~ up I** *v/t* **1.**
hochwerfen. **2.** *etwas* aufgeben, 'hinwer-
fen, 'hinschmeißen', ,an den Nagel hän-
gen'. **3.** erbrechen. **4.** hastig errichten, *e-e
Schanze etc* aufwerfen. **5.** *bes. print.* her-
'vorheben. **6.** *prominente Persönlichkeiten
etc* her'vorbringen. **7. to throw s.th. up
to** s.o. *j-m etwas* vorhalten *od.* -werfen.
**II** *v/i* **8.** (sich) erbrechen, sich über-
'geben.

**'throw|•a•way I** *s* **1.** etwas zum Weg-
werfen, *z.B.* Re'klamezettel *m. B.* **II** *adj*
**2.** a) Wegwerf...: **~ package,** b) Ein-
weg...: **~ bottle. 3. ~ prices** Schleuder-
preise. **4.** beiläufig (*Bemerkung*). **'~
back** *s* **1.** *biol.* Ata'vismus *m, a. fig.*
Rückkehr *f* (**into** zu). **2.** *Film etc:* Rück-
blende *f.* **'~down** *s* Fußball: Schieds-
richterball *m.*
**'throw•er** *s* **1.** Werfer(in). **2.** *Töpferei:*
Dreher(in), Former(in). **3.** → **throwster.**
**'throw-in** *s* Fußball: Einwurf *m:* **to take
the ~** einwerfen.
**'throw•ing I** *s* Werfen *n,* (*Speer- etc*)
Wurf *m:* **~ the javelin. II** *adj* Wurf...: **~
knife.** [bank.\
**throw lathe** *s* *tech.* kleine Handdreh-\
**thrown** [θrəʊn] **I** *pp von* **throw. II** *adj*
gezwirnt: **~ silk** Seidengarn *n.*
**'throw|-off** *s* **1.** *hunt.* Aufbruch *m* zur
Jagd. **2.** a) → **throw-out** 1, b) *print.*
Druckabsteller *m.* **'~out** *s* **1.** *tech.* Aus-
schaltvorrichtung *f,* Ausschaltung *f.* **2.**
*mot.* Ausrückvorrichtung *f:* **~ lever**
(Kupplungs)Ausrückhebel *m.* **3.** Aus-
werfer *m.* **4.** *print.* Faltblatt *n.* **5.** *sport*
Abwurf *m.* [ner(in).\
**throw•ster** ['θrəʊstə(r)] *s* Seidenzwir-\
**thru** *Am. colloq. für* **through.**
**thrum¹** [θrʌm] **I** *v/i* **1.** *mus.* klimpern (**on**
auf *dat*). **2.** (mit den Fingern) trommeln

(**on** auf *dat od. acc*). **3.** trommeln (*Regen*).
**II** *v/t* **4.** *mus.* a) klimpern auf (*e-m In-
strument*), b) *e-e Melodie* klimpern (**on**
auf *dat*). **5.** (mit den Fingern) trommeln
auf (*dat od. acc*). **III** *s* **6.** Klimpern *n,*
Geklimper *n.*
**thrum²** [θrʌm] **I** *s* **1.** *Weberei:* a) Trumm
*n, m* (*am Ende der Kette*), b) *pl* (Reihe *f*
von) Fransen *pl,* Saum *m.* **2.** Franse *f,*
loser Faden. **3.** *oft pl* Garnabfall *m,* Fus-
sel *f, m.* **II** *v/t* **4.** befransen.
**thrush¹** [θrʌʃ] *s* *orn.* Drossel *f.*
**thrush²** [θrʌʃ] *s* **1.** *med.* Soor *m.* **2.** *vet.*
Strahlfäule *f.*
**thrust** [θrʌst] **I** *v/t* *pret u. pp* **thrust**
**1.** *e-e Waffe etc* stoßen (**into** in *acc*).
**2.** *allg.* stecken, schieben: **to ~ one's
hand into one's pocket; to ~ s.th. on
(sich)** *etwas* hastig überwerfen; → **nose**
*Bes. Redew.* **3.** stoßen, drängen, treiben,
werfen: **to ~ aside** zur Seite stoßen; **to ~
o.s. forward** a) sich nach vorn drängen,
b) *fig.* sich in den Vordergrund drängen;
**to ~ s.o. into prison** j-n ins Gefängnis
werfen; **to ~ on** vorwärts-, antreiben; **to ~
o.s. into** sich werfen *od.* drängen in (*acc*);
**to ~ out** a) (her- *od.* hin)ausstoßen, b) *die
Zunge* herausstrecken, c) *die Hand* aus-
strecken; **to ~ one's way through the
crowd** sich durch die Menge drängen
*od.* schieben; **to ~ s.th. upon s.o.** j-m
*etwas* aufdrängen. **4.** *meist* **~ through** j-n
durch'bohren. **5. ~ in** *ein Wort* einwerfen.
**II** *v/i* **6.** stoßen (**at** nach). **7.** stoßen,
drängen (**at** gegen; **into** in *acc*). **8.** sich
schieben, sich drängen: **to ~ past** sich
vorbeidrängen an (*dat*). **9.** sich werfen (**at**
auf *acc*; **between** zwischen *acc*). **III** *s*
**10.** Stoß *m.* **11.** Hieb *m* (*a. fig.* **at** auf *acc*).
**12.** *mil.* a) Vorstoß *m,* b) Stoßrichtung *f*
(*a. fig.*). **13.** *allg. u. tech.* Druck *m.* **14.** *aer.
phys. tech.* Schub(kraft *f*) *m.* **15.** *arch.
tech.* (Horizon'tal-, Seiten)Schub *m.*
**16.** *geol.* Schub *m.* **17.** *fig.* Zielstrebigkeit
*f.* **~ bear•ing** *s* *tech.* **1.** Drucklager *n.*
**2.** Querstück *n.*
**'thrust•er** *s* **1.** Stoßende(r *m*) *f.* **2.** Kor-
rek'turtriebwerk *n* (*e-r Rakete*). **3.** j-d, der
vorprellt *od.* andere zur Seite drängt.
**'thrust•ing** *adj* **1.** e'nergisch, zielstrebig.
**2.** ehrgeizig.
**thrust| per•form•ance** *s* *aer. tech.*
Schubleistung *f.* **~ weap•on** *s* *mil.* Stich-,
Stoßwaffe *f.*
**thud** [θʌd] **I** *s* dumpfer (Auf)Schlag,
,Bums' *m.* **II** *v/i* dumpf (auf)schlagen,
,bumsen'.
**thug** [θʌg] *s* **1.** *oft* **T~** *hist.* Thug *m*
(*Mitglied e-r geheimen Mordbande in In-
dien*). **2.** a) (Gewalt)Verbrecher *m,*
Raubmörder *m,* Gangster *m,* b) ,Schlä-
ger' *m.* **thug•gee** [θʌ'gi:; *Am.* 'θʌgi:], *a.*
**T~** *s* *hist.* Thug-Unwesen *n.* **'thug-
ger•y** [-ərɪ] *s* **1.** → **thuggee. 2.** Brutali-
'tät *f.* **'thug•gish** *adj* bru'tal.
**thu•ja** ['θu:jə; 'θju:jə] *s* *bot.* Thuja *f,* Le-
bensbaum *m.*
**thumb** [θʌm] **I** *s* **1.** Daumen *m* (*a. im
Handschuh*): **~ a('s breadth)** *e-e* Dau-
menbreite; **his fingers are** (*od.* **he is**)
**all ~s,** **he has ten ~s** er hat zwei linke
Hände; **under s.o.'s ~** in j-s Gewalt,
unter j-s Fuchtel; **she has him under
her ~** sie hat ihn ,an der Kandare'; **that
sticks out like a sore ~** *colloq.* a) das
sieht ja ein Blinder, b) das fällt auf wie ein
Kuhfladen auf der Autobahn; **to give
s.o. (s.th.) the ~s up** a) j-n (etwas) akzep-
tieren, b) sich für j-n (etwas) entscheiden;
**~s up!** alles in Ordnung!, b) ,prima!';
**it's ~s up for your offer** dein Angebot
ist angenommen; **to give s.o. (s.th.) the
~s down** a) j-n (etwas) ablehnen, b) sich
gegen j-n (etwas) entscheiden; → **rule** 2.
**II** *v/t* **2.** *ein Buch etc* abgreifen: **(well-)~ed**

abgegriffen. **3.** *Buchseiten* 'durchblättern.
**4. to ~ a lift** (*od.* **ride**) *colloq.* per Anhalter
fahren, trampen; **to ~ a car** *colloq.* ein
Auto anhalten, sich mitnehmen lassen;
**to ~ one's way to** *colloq.* trampen nach.
**5. to ~ one's nose at s.o.** j-m e-e lange
Nase machen. **III** *v/i* **6. to ~ through a
book** ein Buch 'durchblättern. **~ in•dex**
*s* *a. irr print.* Daumenindex *m.* '~**mark** *s*
Daumenabdruck *m.* '~**nail I** *s* Dau-
mennagel *m.* **II** *adj* **~ sketch** a) kleine
Skizze, b) *fig.* kurze Skizze. **~ nut** *s* *tech.*
Flügelmutter *f.* '~**print** *s* Daumenab-
druck *m.* **~ rule** *s* Faustregel *f.* '~**screw**
*s* **1.** *tech.* Flügelschraube *f.* **2.** *hist.* Dau-
menschraube *f* (*Folterinstrument*). '~
**stall** *s* Däumling *m* (*Schutzkappe*). '~
**tack** *s* *Am.* Reißzwecke *f,* -nagel *m,*
Heftzwecke *f.*
**thumb•y** ['θʌmɪ] *adj* tappig.
**thump** [θʌmp] **I** *s* **1.** dumpfer Schlag,
,Plumps' *m,* ,Bums' *m.* **2.** (Faust)Schlag
*m,* Puff *m,* Knuff *m.* **3.** Pochen *n.* **II** *v/t*
**4.** (heftig) schlagen *od.* hämmern *od.*
pochen gegen *od.* auf (*acc*), *Kissen* auf-
schütteln. **5.** ,plumpsen' *od.* ,bumsen'
gegen *od.* auf (*acc*). **6.** *colloq.* j-n ,ver-
dreschen'. **7. ~ out** *colloq. e-e Melodie*
her'unterhämmern (**on** auf *dat*). **III** *v/i*
**8.** (auf)schlagen, ,plumpsen', ,bumsen'
(**on** auf *acc*; **at** gegen). **9.** (laut) pochen
(*Herz*). '**thump•er** *s* *colloq.* **1.** ,Mords-
ding' *n,* (*e-e*) ,Wucht'. **2.** faustdicke Lüge.
'**thump•ing** *colloq.* **I** *adj* kolos'sal,
,Mords...' **II** *adv* ,mordsmäßig': **a ~
great lie** e-e faustdicke Lüge.
**thun•der** ['θʌndə(r)] **I** *s* **1.** Donner *m:* **to
steal s.o.'s ~** *fig.* j-m den Wind aus den
Segeln nehmen. **2.** *obs. od. poet.* Blitz
(-strahl) *m,* Ungewitter *n.* **3.** *pl fig.* Don-
ner *m,* Getöse *n:* **~s of applause** don-
nernder Beifall, Beifallssturm *m.* **4.** *a. pl
fig.* ,Donnerwetter' *n,* donnernde Rede.
**II** *v/i* **5.** *impers* donnern (*a. fig. Kanone,
Zug etc*). **6.** *a.* **~ out** *fig.* wettern (**against**
gegen). **III** *v/t* **7.** *a.* **~ out** *etwas* donnern.
'~**and-'light•ning** *adj* grell, in auf-
fälligen Farben (*Kleid etc*).
**thun•der•a•tion** [θʌndə'reɪʃn] *interj
Am. colloq.* Donner u. Doria!
'**thun•der|•bolt** *s* **1.** Blitz (u. Donner-
schlag) *m,* Blitzstrahl *m* (*a. fig.*): **to fall
like a ~** *fig.* wie e-e Bombe einschlagen. **2.**
*myth., a. geol.* Donnerkeil *m.* '~**clap** *s*
Donnerschlag *m* (*a. fig.*). '~**cloud** *s* **1.**
Gewitterwolke *f.* **2.** *fig.* dunkle Wolke.
'~**head** *s* *bes. Am.* Gewitterwolke *f.*
'**thun•der•ing I** *adj* **1.** *(adv* ~**ly)** **1.** don-
nernd (*a. fig.*). **2.** *colloq.* gewaltig, un-
geheuer: **a ~ idiot** ein Volldiot; **a ~ lie** e-e
faustdicke Lüge. **II** *adv* **3.** *colloq.* ,riesig',
,mächtig': **I was ~ glad.**
**thun•der•ous** ['θʌndərəs] *adj (adv* ~**ly)**
**1.** gewitterschwül, gewittrig. **2.** *fig.* don-
nernd: **~ applause** Beifallssturm *m.* **3.**
*fig.* gewaltig, ungeheuer.
'**thun•der|•show•er** *s* Gewitterschauer
*m.* '~**storm** *s* Gewitter *n,* Unwetter *n.*
'~**struck** *adj* **1.** *vom* Blitz getroffen. **2.**
*fig.* wie vom Donner gerührt.
**thun•der•y** ['θʌndərɪ] → **thunderous** 1:
**~ shower** Gewitterschauer *m.*
**thu•ri•ble** ['θjʊərɪbl] *s* *relig.* (Weih-)
Rauchfaß *n.*
**Thu•rin•gi•an** [θjʊə'rɪndʒɪən; *Am. a.*
θʊ'rɪndʒən] **I** *adj* thüringisch, Thürin-
ger(...). **II** *s* Thüringer(in).
**Thurs•day** ['θɜ:zdɪ; *Am.* 'θɜrz-] *s* Don-
nerstag *m:* **on ~** (am) Donnerstag; **on ~s**
donnerstags.
**thus** [θʌs] *adv* **1.** so, folgendermaßen.
**2.** so'mit, also, folglich. **3.** so, demgemäß.
**4.** so, in diesem Maße: **~ far** soweit, bis
jetzt; **~ much** so viel. '**thus•ly** *adv
colloq.* so.

**thwack** [θwæk] **I** v/t **1.** (derb) schlagen. **2.** verprügeln. **II** s **3.** (derber) Schlag.

**thwart** [θwɔː(r)t] **I** v/t **1.** e-n Plan etc durch'kreuzen, vereiteln, hinter'treiben. **2.** j-m entgegenarbeiten, j-m e-n Strich durch die Rechnung machen. **II** s mar. **3.** Ruderbank f, Ducht f. **III** adj **4.** querliegend, schräg, Quer... 'thwart·ship adj mar. querschiffs liegend. 'thwart·ships adv querschiffs, dwars.

**thy** [ðaɪ] adj obs. od. poet. dein, deine: ~ neighbo(u)r dein Nächster.

**thy·la·cine** [ˈθaɪləsaɪn] s zo. Beutelwolf m. [ze u. Gewürz).\ **thyme** [taɪm] s bot. Thymian m (Pflan-\ **thy·mi** [ˈθaɪmaɪ] pl von thymus. **thym·ic¹** [ˈtaɪmɪk] adj Thymian...

**thy·mic²** [ˈθaɪmɪk] adj anat. Thymus (-drüsen)...

**thy·mus** [ˈθaɪməs] pl -mus·es, -mi [-maɪ], a. ~ gland s anat. Thymus (-drüse f) m.

**thy·ra·tron** [ˈθaɪrətrɒn; Am. -ˌtrɑn] s electr. Thyratron n, Stromtor n.

**thy·roid** [ˈθaɪrɔɪd] **I** adj anat. **1.** Schilddrüsen... **2.** Schildknorpel... **II** s **3.** a. ~ gland Schilddrüse f. **4.** a. ~ cartilage Schildknorpel m. **5.** 'Schilddrüsenar,terie f od. -vene f. **6.** 'Schilddrüsenpräpa,rat n. 'thy·roid·ism s med. Thyreoi'dismus m (Über- od. Unterfunktion der Schilddrüse). ,thy·roid'i·tis [-'daɪtɪs] s med. Thyreoi'ditis f, Schilddrüsenentzündung f.

**thy·rox·ine** [θaɪˈrɒksiːn; -sɪn; Am. -'rɑk-], a. **thy'rox·in** [-sɪn] s chem. physiol. Thyro'xin n.

**thyr·sus** [ˈθɜːsəs; Am. 'θɜr-] pl -si [-saɪ] s **a)** antiq. Bac'chan,tenstab m, **b)** bot. Strauß m (ein Blütenstand).

**thy·self** [ðaɪˈself] pron obs. od. poet. **1.** du (selbst). **2.** dat dir (selbst). **3.** acc dich (selbst).

**ti** [tiː] s mus. ti n (Solmisationssilbe).

**ti·a·ra** [tɪˈɑːrə; Am. a. -ˈæ-] s **1.** Ti'ara f (Papstkrone od. -würde). **2.** Dia'dem n, Stirnreif m (für Damen).

**Ti·bet·an** [tɪˈbetən] **I** adj **1.** ti'betisch, tibe'tanisch. **II** s **2.** Ti'beter(in), Tibe'taner(in). **3.** ling. Ti'betisch n, das Tibetische.

**tib·i·a** [ˈtɪbɪə] pl -ae [-iː] od. -as s anat. Schienbein n, Tibia f. 'tib·i·al adj anat. Schienbein...

**tic** [tɪk] s med. Tic(k) m, (ner'vöses) (Muskel- od. Gesichts)Zucken n. **tic dou·lou·reux** [ˌtɪkduːləˈrɜː; Am. a. -ˈruː] s med. Tri'geminusneuralˌgie f.

**tich** [tɪtʃ] s colloq. Knirps m.

**tick¹** [tɪk] **I** s **1.** Ticken n: to (od. on) the ~ (auf die Sekunde) pünktlich. **2.** bes. Br. colloq. Augenblick m, Mo'ment m: in two ~s im Nu, im Handumdrehen. **3.** Haken m, Häkchen n (Vermerkzeichen). **II** v/i **4.** a. ~ away ticken: to ~ away (od. by) verrinnen, -gehen; to ~ over a) mot. Br. im Leerlauf sein, b) fig. normal od. ganz ordentlich laufen (Geschäft etc). **5.** what makes him ~? a) was hält ihn (so) in Schwung?, b) was geht in ihm vor? **III** v/t **6.** a. ~ away ticken, durch Ticken anzeigen. **7.** in e-r Liste anhaken: to ~ off a) abhaken, b) genau beschreiben, c) colloq. j-n ,zs.-stauchen', ,anpfeifen', d) bes. Am. colloq. j-n ,auf die Palme bringen'.

**tick²** [tɪk] s zo. Zecke f: → tight 13.

**tick³** [tɪk] s **1.** (Kissen- etc)Bezug m. **2.** a) Inlett n, b) Ma'tratzenbezug m. **3.** colloq. Drell m, Drillich m.

**tick⁴** [tɪk] s colloq. Kre'dit m, ,Pump' m: to buy on ~ auf Borg od. Pump kaufen. 'tick·er s **1.** Börse: bes. Am. Fernschreiber m (Gerät). **2.** sl. ,Wecker' m (Uhr).

**3.** sl. ,Pumpe' f (Herz). ~ tape s bes. Am. Loch-, Telexstreifen m: ~ parade Konfettiparade f; to get a ~ reception mit e-r Konfettiparade empfangen werden.

**tick·et** [ˈtɪkɪt] **I** s **1.** (Ausweis-, Eintritts-, Mitglieds-, The'ater- etc) Karte f, rail. etc Fahrkarte f, -schein m, aer. Flugschein m, Ticket n: to take a ~ e-e Karte lösen; to work one's ~ die Reisekosten abarbeiten. **2.** (bes. Gepäck-, Pfand)Schein m. **3.** Lotte'rielos n. **4.** Eti'kett n, Schildchen n, (Preis- etc)Zettel m. **5.** econ. (Kassen)Beleg m: sales ~. **6.** mot. a) Strafzettel m, b) gebührenpflichtige Verwarnung. **7.** aer. mar. colloq. Li'zenz f. **8.** pol. a) Am. (Wahl-, Kandi'daten)Liste f: to vote a straight ~ die Liste (e-r Partei) unverändert wählen; to write one's own ~ colloq. (ganz) s-e eigenen Bedingungen stellen; → split 4, split ticket, b) bes. Am. ('Wahl-, Par'tei)Pro,gramm n. **9.** colloq. (das) Richtige: that's the ~! **10.** ~ of leave jur. Br. hist. (Schein m über) bedingte Freilassung: to be on ~ of leave bedingt freigelassen sein. **11.** to get one's ~ mil. Br. colloq. aus dem Militärdienst entlassen werden. **II** v/t **12.** etiket'tieren, mit e-m Eti'kett od. Schildchen versehen, Waren auszeichnen. **13.** j-m e-e (Fahr- etc)Karte aushändigen od. -stellen. **14.** fig. colloq. bestimmen (for for).

**tick·et | a·gen·cy** s **1.** rail. etc Fahrkartenverkaufsstelle f. **2.** thea. etc Vorverkaufsstelle f. '~·can·cel·(l)ing machine s (Fahrschein)Entwerter m. ~ col·lec·tor s Bahnsteigschaffner m. ~ day s Börse: Br. Tag m vor dem Abrechnungstag. ~ in·spec·tor s 'Fahrkartenkon,trolˌleur m. ~ of·fice s **1.** rail. Fahrkartenschalter m. **2.** thea. Kasse f. '~·of-'leave man s jur. Br. hist. bedingt Strafentlassene(r) m. ~ punch s (Fahrkarten)Lochzange f. ~ tout s Kartenschwarzhändler m.

**tick·ing** [ˈtɪkɪŋ] s Drell m, Drillich m. '~·off s colloq. ,Anpfiff' m: to get a ~; to give s.o. a ~ j-n ,zs.-stauchen' od. ,anpfeifen'.

**tick·le** [ˈtɪkl] **I** v/t **1.** kitzeln (a. fig. angenehm erregen): to ~ the soles of s.o.'s feet j-n an den Fußsohlen kitzeln. **2.** fig. a) freudig erregen: ~d pink colloq. ,ganz weg' (vor Freude), b) amü'sieren: I'm ~d to death colloq. ich könnte mich totlachen (a. iro.), c) schmeicheln (dat): it ~d his vanity. **3.** meist ~ up (an)reizen. **II** v/i **4.** kitzeln. **5.** jucken. **III** s **6.** Kitzeln n. **7.** Kitzel m (a. fig.). **8.** Jucken n, Juckreiz m. 'tick·ler s **1.** (der, die, das) Kitzelnde. **2.** Am. Vormerk-, No'tizbuch n, Ter'minka,lender m: ~ file Wiedervorlagemappe f. **3.** colloq. ,kitz(e)lige' Sache, (schwieriges) Pro'blem. **4.** a. ~ coil electr. Rückkopplungsspule f.

**tick·lish** [ˈtɪklɪʃ] adj (adv ~ly) **1.** kitz(e)lig. **2.** fig. a) ,kitz(e)lig', heikel, schwierig, gefährlich: a ~ job, b) la'bil, unsicher. **3.** ('über)empfindlich (Person).

**tick·tack** [ˈtɪktæk] s **1.** Am. Ticken n, Ticktack n (e-r Uhr). **2.** Br. Zeichensprache f der Buchmacher (bei Pferderennen): ~ man Buchmachergehilfe m.

**tick·tock** [ˈtɪktɒk; Am. -ˌtɑk] **I** s Ticken n, Ticktack n (e-r Uhr). **II** v/i ticken.

**tid·al** [ˈtaɪdl] adj **1.** Gezeiten... **2.** von den Gezeiten abhängig, sich nach den Gezeiten richtend: a ~ steamer. **3.** Flut...: ~ harbo(u)r. ~ air s med. Atmungsluft f. ~ ba·sin s mar. Tidebecken n. ~ in·let s Priel m. ~ lift s Tidenhub m. ~ pow·er plant s tech. Gezeitenkraftwerk n. ~ riv·er s mar. dem Wechsel der Gezeiten unter'worfener Fluß. ~ wave s **1.** mar.

Flutwelle f (a. fig.). **2.** fig. Welle f, Woge f: a ~ of enthusiasm.

**tid·bit** [ˈtɪdˌbɪt] Am. für titbit.

**tid·dle·dy·winks** [ˈtɪdldiˌwɪŋks] Am. für tiddlywinks.

**tid·dler** [ˈtɪdlə] s Br. colloq. **1.** winziger Fisch. **2.** Knirps m.

**tid·dly** [ˈtɪdlɪ] adj Br. colloq. **1.** winzig. **2.** angesäuselt, beschwipst.

**tid·dly·winks** [ˈtɪdlɪwɪŋks] s pl (als sg konstruiert) Flohhüpfen n.

**tide¹** [taɪd] **I** s **1.** a) Gezeiten pl, Tiden pl, Ebbe f u. Flut f, b) Flut f, Tide f: low ~ → low water; → high tide; the ~ is coming in (going out) die Flut kommt (die Ebbe setzt ein); the ~ is out es ist Ebbe; turn of the ~ Gezeitenwechsel m, fig. Umschwung m; the ~ turns fig. das Blatt wendet sich. **2.** Gezeitenstrom m. **3.** fig. Strom m, Strömung f, Lauf m: the ~ of events der Gang der Ereignisse; to swim (od. go) against (with) the ~ gegen den (mit dem) Strom schwimmen. **4.** fig. (das) Auf u. Ab, (das) Wechselhafte: the ~ of popular interest. **5.** (in Zssgn) a) Zeit f: winter-~, b) relig. (Fest)Zeit f: Christmas ~. **6.** günstiger Augenblick, (die) rechte Zeit. **II** v/i **7.** fließen, strömen. **8.** (mit dem Strom) treiben, mar. bei Flut ein- od. auslaufen. **9.** ~ over fig. hin'wegkommen über (acc). **III** v/t **10.** treiben. **11.** ~ over a) hin'weghelfen über (acc), b) j-n ,über Wasser halten': to ~ it over ,sich über Wasser halten', ,über die Runden kommen'.

**tide²** [taɪd] v/i obs. sich ereignen.

**tide | day** s mar. Gezeitentag m. ~ gate s mar. tech. Flut(schleusen)tor n. ~ ga(u)ge s mar. tech. (Gezeiten)Pegel m. '~·land s geogr. Am. Watt n. '**tide·less** adj gezeitenlos. '**tide·mark** s **1.** Gezeitenmarke f. **2.** Pegelstand m. **3.** bes. Br. colloq. schwarzer Rand (in der Badewanne od. am Hals). '~·rode adj mar. stromgerecht. ~ ta·ble s mar. Gezeitentafel f. '~·wait·er s hist. Hafenzollbeamte(r) m. '~·wa·ter s **1.** Flut- od. Gezeitenwasser n: ~ district Wattengebiet n. **2.** allg. Flutgebiet n der Meeresküste. ~ wave s Gezeiten-, Flutwelle f. '~·way s Priel m.

**ti·di·ness** [ˈtaɪdɪnɪs] s **1.** Sauberkeit f, Ordnung f, Ordentlichkeit f. **2.** Nettigkeit f.

**tid·ings** [ˈtaɪdɪŋz] s pl obs. od. poet. Nachricht(en pl) f, Neuigkeit(en pl) f, Botschaft f, Kunde f.

**ti·dy** [ˈtaɪdɪ] **I** adj (adv tidily) **1.** sauber, reinlich, ordentlich. **2.** nett, schmuck. **3.** colloq. ,ordentlich', beträchtlich: a ~ sum of money ein hübsches Sümmchen, e-e Stange Geld. **II** v/t **4.** a. ~ up in Ordnung bringen, aufräumen: to ~ o.s. up sich zurechtmachen; to ~ away wegräumen; to ~ out aufräumen, ,ausmisten'. **III** v/i **5.** ~ up aufräumen, Ordnung machen, saubermachen. **IV** s **6.** Fächerkasten m, (Arbeits-, Flick- etc) Beutel m. **7.** Abfallkorb m od. -sieb n. **8.** (Sofa- etc)Schoner m, Schutzdeckchen n. '~·up s Aufräumen n: to give a room a ~ ein Zimmer in Ordnung bringen od. aufräumen.

**tie** [taɪ] **I** s **1.** (Schnür)Band n. **2.** a) Schlips m, Kra'watte f, b) Halstuch n. **3.** Schnürschuh m. **4.** Schleife f, Masche f. **5.** fig. a) Band n: the ~(s) of friendship, b) pol. psych. Bindung f: mother ~. **6.** colloq. (lästige) Fessel, Last f. **7.** Verbindung f, Befestigung f. **8.** arch. tech. a) Verbindung(sstück n) f, b) Anker m, c) → tie beam. **9.** rail. Am. Schwelle f. **10.** parl. pol. (Stimmen)Gleichheit f: to end in a ~ stimmengleich enden. **11.** sport a) Punktgleichheit f, Gleichstand m, b) Unent-

schieden *n*, c) (Ausscheidungs)Spiel *n*, d) Wieder'holung(sspiel *n*) *f.* **12.** *mus.* Bindebogen *m*, Liga'tur *f.*
**II** *v/t* **13.** an-, festbinden (**to** an *acc od. dat*). **14.** a) binden, schnüren, b) *a. fig.* fesseln: **to ~ s.o.'s hands** *bes. fig.* j-m die Hände binden; **to ~ s.o.'s tongue** j-m die Zunge binden, j-n zum Schweigen verpflichten. **15.** (sich) *die Schuhe, Krawatte, e-e Schleife etc* binden. **16.** (zs.-)knoten, (-)knüpfen: **to ~ a cord. 17.** *fig.* verknüpfen, -binden. **18.** *arch. tech.* verankern, befestigen. **19.** hemmen, hindern. **20.** (**to**) j-n binden (an *acc*), verpflichten (zu). **21.** j-n in Anspruch nehmen (*Pflichten etc*). **22.** *pol. sport* gleichstehen *od.* -ziehen mit. **23.** *mus.* Noten (anein-'ander)binden.
**III** *v/i* **24.** *parl. pol.* gleiche Stimmenzahl haben. **25.** *sport* a) punktgleich sein, gleichstehen, b) unentschieden spielen *od.* kämpfen (**with** gegen).
*Verbindungen mit Adverbien:*
**tie|back** *v/t Haar etc* zu'rückbinden. **~ down** *v/t* **1.** fesseln (**to** an *acc*). **2.** an-, festbinden (**to** an *acc*). **3.** *mil.* gegnerische Truppen binden. **4.** *fig.* (**to**) a) binden (an *acc*), b) j-n festlegen (auf *acc*). **5.** **to be tied down** *fig.* angebunden sein. **~ in I** *v/i* **1.** (**with**) über'einstimmen (mit), passen (zu). **II** *v/t* **2.** (**with**) verbinden (mit). kombi'nieren *od.* koppeln (mit), einbauen (in *acc*). **3. to tie s.o. in with s.th.** j-n mit etwas in Verbindung bringen. **~ on** *v/t* **1.** → tie 13. **2. to tie one on** *bes. Am. colloq.* sich e-n ,andudeln'. **~ up I** *v/t* **1.** (an-, ein-, ver-, zs.-, zu)binden. **2.** *mar. Schiff* auflegen. **3.** *fig.* fesseln, hindern, hemmen. **4.** *fig.* festhalten, beschäftigen. **5.** *fig.* lahmlegen, *e-e Industrie, die Produktion* stillegen, *Vorräte etc* bloc'kieren. **6.** unter Dach u. Fach bringen. **7.** festlegen: a) *econ. Geld* fest anlegen, b) *jur. bes. Erbgut* e-r Verfügungsbeschränkung unter'werfen: **the will tied up the estate** das Testament legte den Besitz fest. **8. to tie it up** *Am. colloq.* die Sache erledigen. **II** *v/i* **9.** sich verbinden (**with** mit).
**tie| bar** *s* **1.** a) *rail.* Verbindungsstange *f* (*e-r Weiche*), b) *tech.* Spurstange *f.* **2.** *print.* Bogen *m* (*über 2 Buchstaben*). **~ beam** *s arch. tech.* Zugbalken *m.* **'~- ,break·er**, *a.* **'~-break** *s Tennis:* Tie- -Break *m, n.*
**tied** [taɪd] *adj econ.* zweckgebunden. **~ house** *s Br.* Braue'reigaststätte *f.*
**tie dye·ing** *s Textilwesen:* Knüpfbatik *m, f.*
**'tie|-in I** *s* **1.** *econ. Am.* a) kombi'nierte *od.* aufein'ander abgestimmte Werbung (*zweier Firmen etc*), b) Kopplungsgeschäft *n*, -verkauf *m.* **2.** Verbindung *f*, Zs.-hang *m.* **II** *adj* **3.** *econ. Am.* gekoppelt: **~ sale** → 1 b. **'~-on I** *adj* zum Anbinden, Anhänge...: **~ label** → II. **II** *s* Anhängezettel *m.* **'~-pin** *s* Kra'wattennadel *f.* **~ plate** *s* **1.** *arch. tech.* Ankerplatte *f.* **2.** *rail.* Stoßplatte *f.*
**tier** [tɪə(r)] **I** *s* **1.** Reihe *f*, Lage *f*: **in ~s** in Reihen übereinander, lagenweise. **2.** *thea.* a) (Sitz)Reihe *f*, b) Rang *m.* **3.** *fig.* Rang *m*, Stufe *f.* **II** *v/t oft* **~ up** reihenweise anordnen, aufein-'anderschichten.
**tierce** [tɪə(r)s] *s* **1.** a) Tierce *f* (*altes Weinmaß; 42 gallons*), b) Faß mit diesem Inhalt. **2.** *relig.* Terz *f* (*3. Stufe des Breviergebets; um 9 Uhr*). **3.** *fenc.* Terz *f.* **4.** [*Br. bes.* tɜːs] *Kartenspiel:* Terz *f*, Se'quenz *f* von 3 Karten.
**tier·cel** ['tɜːsl; *Am.* 'tɪərsəl] → tercel.
**tier·ce·ron** ['tɪə(r)sərən] *s arch.* Nebenrippe *f.*
**tier·cet** ['tɪəsɪt; *Am.* 'tɪər-] → tercet.

**tie rod** *s tech.* **1.** Zugstange *f.* **2.** Kuppelstange *f.* **3.** *rail.* Spurstange *f.*
**'tie-up** *s* **1.** Verbindung *f*, Zs.-hang *m.* **2.** Koppelung *f*, Kombinati'on *f.* **3.** *Am.* Lahm-, Stillegung *f.* **4.** *bes. Am.* (a. Verkehrs)Stockung *f*, Stillstand *m.*
**tiff** [tɪf] *s* **1.** Reibe'rei *f*, ,Kabbe'lei' *f*, kleine Meinungsverschiedenheit. **2.** schlechte Laune: **in a ~** übelgelaunt.
**tif·fa·ny** ['tɪfənɪ] *s* **1.** Seidengaze *f.* **2.** Mull(stoff) *m*, Flor *m.*
**tif·fin** ['tɪfɪn] *s Br. Ind.* Mittagessen *n.*
**tige** [tiːʒ] (*Fr.*) *s* **1.** *arch.* Säulenschaft *m.* **2.** *bot.* Stengel *m*, Stiel *m.*
**ti·ger** ['taɪɡə(r)] *s* **1.** *zo.* (*bes.* Ben'galischer *od.* Königs)Tiger: **American ~** Jaguar *m*; **red ~** → cougar; **to rouse the ~ in s.o.** j-n in e-n reißenden Tiger verwandeln. **2.** *hist. Br. sl.* li'vrierter Diener, Page *m.* **~ cat** *s zo.* **1.** Tigerkatze *f.* **2.** getigerte (Haus)Katze. **'~-flow·er** *s bot.* Tigerblume *f.*
**ti·ger·ish** ['taɪɡərɪʃ] *adj* (*adv* ~ly) **1.** tigerartig. **2.** blutdürstig. **3.** wild, grausam.
**ti·ger| lil·y** *s bot.* **1.** Tigerlilie *f.* **2.** a) Pantherlilie *f*, b) Phila'delphia-Lilie *f.* **~ moth** *s zo.* Bärenspinner *m.* **~ shark** *s ichth.* Tigerhai *m.* **'~-wood** *s bot.* Lettern-, Tigerholz *n.*
**tight** [taɪt] **I** *adj* (*adv* ~ly) **1.** dicht (*nicht leck*): **a ~ barrel. 2.** fest(sitzend): **~ stopper**; **~ knot** fester Knoten; **~ screw** festangezogene Schraube. **3.** a) straff, (an)gespannt: **a ~ muscle**; **~ ropes**; **~ security** *fig.* scharfe Sicherheitsmaßnahmen *pl*, b) *fig.* verkniffen, zs.-gepreßt: **~ lips. 4.** knapp, (zu) eng: **~ fit** a) knapper Sitz (*e-s Kleides etc*), b) tech. Feinpassung *f*, Haftsitz *m*; **~ shoes** enge Schuhe; **~ trousers** enganliegende Hosen. **5.** a) eng, dicht(gedrängt), b) *colloq.* kritisch, ,mulmig': **~ corner 3, squeeze 17. 6.** prall (voll): **the bag is ~; ~ schedule** voller Terminkalender. **7.** *sport* a) ausgeglichen: **a ~ match**, b) knapp: **a ~ race** ein Brust-an-Brust-Rennen; → **squeeze 22. 8.** *colloq.* ,knick(e)rig', geizig. **9.** *econ.* a) knapp: **money is ~**, b) angespannt (*Marktlage*): **a ~ money market** e-e angespannte Lage auf dem Geldmarkt. **10.** a) verdichtet, kompri'miert, b) gedrängt, knapp (*Stil*): **~ plot** straffe Handlung, c) hieb- u. stichfest: **the argument is absolutely ~. 11.** *obs.* schmuck: **a ~ lass. 12.** *bes. art* eng, am Kleinen klebend, allzu konventio'nell. **13.** *sl.* ,blau', ,besoffen': (**as**) **~ as a tick** ,stinkbesoffen'. **II** *adv* **14.** eng, knapp. **15.** *a. tech.* fest: **to hold ~** festhalten; **to sit ~** a) fest im Sattel sitzen, b) sich nicht vom Fleck rühren, c) *fig.* sich eisern behaupten, sich nicht beirren lassen, d) (den richtigen Augenblick abwarten.
**tight·en** ['taɪtn] **I** *v/t* **1.** *a.* **~ up** zs.-ziehen. **2.** *e-e Schraube, die Zügel etc* fester, anziehen, *e-e Feder, e-n Gurt etc* spannen: **to ~ one's belt** ,(sich) den Gürtel enger schnallen'; **to make s.o. ~ his belt** ,j-m den Brotkorb höher hängen'. **3.** straffen: **to ~ a muscle (a rope, etc)**; **to ~ one's grip** fester zupacken, den Druck verstärken (*a. fig.*); **to ~ up** a) *Sicherheitsmaßnahmen* verschärfen, b) *Handlung* straffen. **4.** (ab)dichten: **~ing compound** *tech.* Dichtungsmasse *f.* **II** *v/i* **5.** sich straffen. **6.** fester werden: **his grip ~ed. 7.** *a.* **~ up** sich fest zs.-ziehen. **8.** *econ.* sich versteifen (*Markt*). **9. to ~ up on** etwas einschränken, begrenzen.
**'tight·en·er** *s tech.* a) Spanner *m*, b) Spannschloß *n*, c) Spannscheibe *f*, -rolle *f.*
**‚tight|'fist·ed** → tight 8. **‚~'fit·ting** *adj* **1.** → tight 4. **2.** *tech.* genau an- *od.*

eingepaßt, Paß... **‚~'laced** *adj fig.* sittenstreng, prüde, puri'tanisch. **‚~- 'lipped** *adj* **1.** schmallippig. **2.** *fig.* verschlossen.
**'tight·ness** *s* **1.** Dichte *f.* **2.** Festigkeit *f*, fester Sitz. **3.** Straffheit *f.* **4.** Enge *f.* **5.** Gedrängtheit *f.* **6.** *colloq.* ,Knicke-'rei' *f*, Geiz *m.* **7.** *econ.* a) (Geld)Knappheit *f*, b) angespannte Marktlage.
**'tight·rope I** *s* (Draht)Seil *n* (*der Artisten*). **II** *adj* (Draht)Seil...: **~ walker** Seiltänzer(in).
**tights** [taɪts] *s pl* **1.** ('Tänzer-, Ar-'tisten)Tri‚kot *n.* **2.** *bes. Br.* Strumpfhose *f.*
**'tight‚wad** *s Am. colloq.* Geizkragen *m.*
**ti·gon** ['taɪɡən] *s* Kreuzung *f* aus Tiger u. Löwin.
**ti·gress** ['taɪɡrɪs] *s* **1.** Tigerin *f.* **2.** *fig.* Me'gäre *f*, Weibsteufel *m.* **'ti·grine** [-ɡrɪn; -ɡraɪn] *adj* **1.** tigerartig. **2.** *bot. zo.* getigert.
**tike** → tyke.
**ti·ki** ['tiːkɪ] *s* (*Maorikult*) **1.** Ahnen-, Götterbild *n.* **2.** a) der erste Mensch, b) Schöpfergottheit *f.*
**til·bu·ry** ['tɪlbərɪ; *Am. a.* -‚berɪː] *s hist.* leichter zweirädriger Wagen.
**til·de** [tɪld; *bes. Am.* 'tɪldə] *s ling.* Tilde *f*: a) *Zeichen auf dem palatalisierten spanischen n*, b) *Ersatzzeichen für ein zu wiederholendes Wort.*
**tile** [taɪl] **I** *s* **1.** (Dach)Ziegel *m*: **he has a ~ loose** *sl.* ,bei ihm ist e-e Schraube locker'; **to be (out) on the ~s** ,herumsumpfen'. **2.** (Stein- *od.* Kunststein)Platte *f*, (Fußboden-, Wand-, Teppich)Fliese *f*, (Ofen-, Wand)Kachel *f.* **3.** *collect.* Ziegel *pl*, Fliesen(fußboden *m*) *pl*, (Wand-)Kacheln *pl.* **4.** *arch.* Hohlstein *m.* **5.** *tech.* Tonrohr *n.* **6.** *colloq.* a) ,Angströhre' *f* (*Zylinder*), b) ,Deckel' *m*, ,Koks' *m* (*steifer Hut*). **II** *v/t* **7.** (mit Ziegeln) decken. **8.** mit Fliesen *od.* Platten auslegen, kacheln. **'~·burn·er** *s* Ziegelbrenner *m.* **'~-‚fix·er** *s* Fliesen-, Plattenleger *m.* **~ kiln** *s* (Ziegel)Brennofen *m.* **~ ore** *s min.* Rotkupfererz *n.*
**'til·er** *s* **1.** Dachdecker *m.* **2.** Fliesen-, Plattenleger *m.* **3.** Ziegelbrenner *m.* **4.** Logenhüter *m* (*Freimaurer*).
**'tile‚stone** *s geol.* Fliesen-, Sandstein *m.* **'~-work** *s tech.* **1.** *pl* Ziege'lei *f.* **2.** Kachel-, Fliesenarbeit *f.*
**til·i·a·ceous** [‚tɪlɪ'eɪʃəs] *adj* Linden...
**'til·ing** *s* **1.** Dachdecken *n.* **2.** Fliesen-, Plattenlegen *n*, Kacheln *n.* **3.** Ziegelbedachung *f.* **4.** (Stein- *od.* Kunststein-) Platten *pl*, (Fußboden-, Wand-, Teppich)Fliesen *pl*, (Ofen-, Wand)Kacheln *pl.*
**till¹** [tɪl] **I** *prep* **1.** bis: **~ Monday**; **~ now** bis jetzt, bisher; **~ then** bis dahin *od.* nachher; **~ when?** bis wann? **2.** bis zu: **~ death** bis zum Tod, bis in den Tod. **3.** **not ~** erst: **not ~ yesterday** erst gestern. **II** *conj* **4.** bis: **we waited ~ he came. 5. not ~** erst als (*od.* wenn) eher als.
**till²** [tɪl] *v/t agr. den Boden bebauen,* bestellen.
**till³** [tɪl] *s* **1.** (Laden)Kasse *f*: **~ money** Kassenbestand *m*; **to be caught with one's hand in the ~** beim Griff in die Kasse ertappt werden. **2.** Geldkasten *m.*
**till⁴** [tɪl] *s geol.* Geschiebelehm *m*, Mo'ränenschutt *m.*
**till·a·ble** ['tɪləbl] *adj agr.* anbaufähig.
**till·age** ['tɪlɪdʒ] *s* **1.** Bodenbestellung *f*: **in ~** bebaut. **2.** Ackerbau *m.* **3.** Ackerland *n.*
**'till·er¹** *s* **1.** Ackerbauer *m.* **2.** Ackerfräse *f.*
**'till·er²** *s* **1.** *mar.* Ruderpinne *f.* **2.** *tech.* Griff *m.*
**'till·er³** *s* Wurzelsproß *m*, Schößling *m.* **II** *v/i* Schößlinge treiben.

**till·er rope** *s mar.* Steuerreep *n.*

**tilt¹** [tɪlt] **I** *v/t* **1.** a) *allg.* kippen, neigen, schräglegen, -stellen, b) *Film, TV:* die *Kamera* (senkrecht) schwenken. **2.** ˈumkippen, ˈumstoßen. **3.** *tech.* recken. **4.** *mar. das Schiff* krängen. **5.** *hist.* (im *Turnier*) a) (mit eingelegter Lanze) anrennen gegen, b) *die Lanze* einlegen. **II** *v/i* **6.** *a.* ~ **over** a) sich neigen, kippen, b) (ˈum)kippen, ˈumfallen. **7.** *mar.* krängen (*Schiff*). **8.** *hist.* im Turˈnier kämpfen: **to** ~ **at** a) anreiten gegen: → **windmill** 1, b) mit der Lanze stechen nach, c) *fig.* losziehen gegen, *j-n, etwas* attackieren. **9.** *Am.* tenˈdieren (**toward** zu *etwas* hin). **III** *s* **10.** Kippen *n.* **11.** *Film, TV:* (senkrechter) Schwenk: **to give a** ~ **to** → 1 b. **12.** Schräglage *f*, Neigung *f*: **on the** ~ **auf** der Kippe. **13.** *hist.* (ˈRitter)Turˈnier *n*, Lanzenbrechen *n.* **14.** Auseinˈandersetzung *f*: **to have a** ~ **with s.o.** **15.** (Lanzen)Stoß *m*: **to have a** ~ **at** *fig.* losziehen gegen, *j-n, etwas* attackieren. **16.** (Angriffs)Wucht *f*: (**at**) **full** ~ mit voller Wucht. **17.** *Am.* Tenˈdenz *f*, ˈFärbung' *f*, ˌDrall' *m.*

**tilt²** [tɪlt] **I** *s* **1.** (Wagen- *etc*)Plane *f*, Verdeck *n.* **2.** *mar.* Sonnensegel *n.* **3.** Sonnendach *n* (*über Verkaufsständen etc*). **4.** *obs.* Zelt(plane *f*) *n.* **II** *v/t* **5.** (mit e-r Plane) bedecken.

**tilt**| **boat** *s mar.* mit e-m Sonnensegel bedecktes Boot. **~ cart** *s tech.* Kippwagen *m.*

**ˈtilt·er** *s* **1.** *hist.* Turˈnierkämpfer *m.* **2.** *tech.* (Kohlen- *etc*)Kipper *m*, Kippvorrichtung *f*, *Walzwerk:* Wipptisch *m.* **3.** *tech.* Schwarzhammerarbeiter *m.*

**tilth** [tɪlθ] → **tillage**.

**tilt ham·mer** *s tech.* Schwarzhammer *m.*

**ˈtilt·ing** *adj* **1.** schwenk-, kippbar, Kipp...: ~ **bearing** Kipplager *n*; ~ **cart** → tilt **cart**; ~ **table** a) *tech.* Wippe *f*, b) *vet.* Kipptisch *m.* **2.** *tech.* Reck...: ~ **hammer** → tilt **hammer**. **3.** *hist.* Turnier...

**tilt**| **mill** *s tech.* Hammerwerk *n.* **ˈ~yard** *s* Turˈnierplatz *m.*

**tim·bal** [ˈtɪmbl] *s* **1.** *mus. hist.* (Kessel-)Pauke *f.* **2.** *zo.* ˈSchrillmemˌbran(e) *f* (*der Zikaden*).

**tim·bale** [tæmˈbɑːl; ˈtɪmbl] *s gastr.* Timˈbale *f* (*e-e Pastete*).

**tim·ber** [ˈtɪmbə(r)] **I** *s* **1.** (Bau-, Zimmer-, Nutz)Holz *n.* **2.** *collect.* (Nutzholz-) Bäume *pl*, Baumbestand *m*, Wald(bestand) *m.* **3.** *Br.* a) Bauholz *n*, b) Schnittholz *n.* **4.** *mar.* Inholz *n*: ~**s of a ship** Spantenwerk *n* e-s (Holz)Schiffes. **5.** *Am.* Holz *n*, Kaˈliber *n*, Schlag *m*: **a man of his** ~; **he is of presidential** ~ er hat das Zeug zum Präsidenten. **II** *v/t* **6.** (ver)zimmern. **7.** *Holz* abvieren. **8.** *Graben etc* absteifen. **III** *adj* **9.** Holz... **ˈ~cruis·er** *s Am.* Holzmesser *m* (*der den Ertrag e-s Waldes schätzt*).

**tim·bered** [ˈtɪmbə(r)d] *adj* **1.** gezimmert. **2.** Fachwerk... **3.** bewaldet.

**tim·ber**| **for·est** *s* Hochwald *m.* ~ **frame** *s tech.* Bundsäge *f.* **ˈ~framed** *adj* Fachwerk... ~ **fram·ing** *s tech.* Holzfachwerk *n.* ~ **hitch** *s* Zimmermannsknoten *m.*

**ˈtim·ber·ing** *s* **1.** Zimmern *n*, Ausbau *m.* **2.** *tech.* Verschalung *f*, Holzverkleidung *f.* **3.** Bau-, Zimmerholz *n.* **4.** a) Gebälk *n*, b) Fachwerk *n.*

**ˈtim·ber**|**ˌland** *s Am.* Waldland *n* (*das Nutzholz liefert*). ~ **line** *s* Baumgrenze *f.* **ˈ~man** [-mən] *s irr* **1.** Holzfäller *m*, -arbeiter *m.* **2.** *Bergbau:* Stempelsetzer *m.* ~ **mill** *s* Sägewerk *n*, -mühle *f.* ~ **tree** *s* Nutzholzbaum *m.* ~ **wolf** *s irr zo. ein amer. Wolf.* **ˈ~work** *s tech.* Gebälk *n*, Holzwerk *n.* **ˈ~yard** *s* Holzplatz *m.*

**tim·bre** [ˈtæmbrə; *bes. Am.* ˈtæmbə(r); ˈtɪm-] *s mus.* Timbre *n*, Klangfarbe *f* (*a. ling.*).

**tim·brel** [ˈtɪmbrəl] *s* Tambuˈrin *n.*

**time** [taɪm] **I** *s* **1.** Zeit *f*: ~ **past, present, and to come** Vergangenheit, Gegenwart u. Zukunft; **for all** ~ für alle Zeiten; **as** ~ **went on** im Laufe der Zeit; ~ **will show** die Zeit wird es lehren; **Father T-** die Zeit (*personifiziert*). **2.** (endliche *od.* irdische) Zeit (*Ggs. Ewigkeit*). **3.** *astr.* Zeit *f*: **astronomical** ~. **4.** Zeit *f*, Uhr(zeit) *f*: **what's the** ~?, **what** ~ **is it?** wieviel Uhr ist es?, wie spät ist es?; **at this** ~ **of day** a) zu dieser (späten) Tageszeit, zu so später Stunde, b) *fig.* so spät, in diesem späten Stadium; **to bid** (*od.* **pass**) **s.o. the** ~ **of (the) day, to pass the** ~ **of day with s.o.** *colloq.* j-n grüßen; **to know the** ~ **of day** *colloq.* wissen, was es geschlagen hat; **so that's the** ~ **of day!** *colloq.* so steht es also!; **some** ~ **about noon** etwa um Mittag; **this** ~ **tomorrow** morgen um diese Zeit; **this** ~ **twelve months** heute übers Jahr; **to keep good** ~ richtig *od.* genau gehen (*Uhr*). **5.** Zeit (-dauer) *f*, Zeitabschnitt *m*, (*a. phys.* Fall-*etc*)Dauer *f*, *econ. a.* Arbeitszeit *f* (*im Herstellungsprozeß etc*): **a long** ~ lange Zeit; **some** ~ **longer** noch einige Zeit; **to be a long** ~ **in doing s.th.** lange (Zeit) dazu brauchen, etwas zu tun; ~ **of a draft** *econ.* Laufzeit *f* e-s Wechsels. **6.** Zeit (-punkt *m*) *f*: ~ **of arrival** Ankunftszeit; **at the** ~ a) zu dieser Zeit, damals, b) gerade; **at the present** ~ derzeit, gegenwärtig; **at the same** ~ a) gleichzeitig, zur selben Zeit, b) gleichwohl, zugleich, andererseits; **at that** ~ zu der Zeit; **at one** ~ einst, früher (einmal); **at some** ~ irgendwann (einmal); **for the** ~ für den Augenblick; **for the** ~ **being** a) vorläufig, fürs erste, b) unter den gegenwärtigen Umständen; **in three weeks'** ~ in *od.* binnen drei Wochen. **7.** *oft pl* Zeit(alter *n*) *f*, Zeiten *pl*, Eˈpoche *f*: **at** (*od.* **in**) **the** ~ **of Queen Anne** zur Zeit der Königin Anna; **in our** ~ in unserer Zeit; **she was a legend in her own** ~ sie war schon zu Lebzeiten e-e Legende; → **old** 4. **8.** *pl* Zeiten *pl*, Zeitverhältnisse *pl.* **9. the** ~**s** die Zeit: **behind the** ~**s** hinter der Zeit zurück, rückständig; → **move** 13. **10.** Frist *f*, (zugemessene) Zeit: ~ **of delivery** *econ.* Lieferfrist, -zeit; ~ **for payment** *econ.* Zahlungsfrist; **to ask** ~ *econ.* um Frist(verlängerung) bitten; **you must give me** ~ Sie müssen mir Zeit geben *od.* lassen. **11.** (verfügbare) Zeit: **to buy a little** ~ etwas Zeit schinden, e-e kleine Galgenfrist gewinnen; **to have no** ~ keine Zeit haben; **to have no** ~ **for s.o.** *fig.* nichts übrig haben für j-n; **to take** (**the**) ~ sich die Zeit nehmen (**to do** zu tun); **to take one's** ~ sich Zeit lassen; ~ **is up!** die Zeit ist um *od.* abgelaufen!; ~, **gentlemen, please!**; ~!; **closing** ~! Polizeistunde!; ~! *sport* Zeit!: a) anfangen!, b) aufhören!; ~! *parl.* Schluß!; → **fore-lock¹**. **12.** (*oft schöne*) Zeit, Erlebnis *n*: **to have the** ~ **of one's life** a) sich großartig amüsieren, b) leben wie ein Fürst. **13.** unangenehme Zeit, Unannehmlichkeit *f.* **14.** (Zeit)Lohn *m*, *bes.* Stundenlohn *m.* **15.** *colloq.* (Zeit *f* im) ˌKnast' *m*: **to do** ~ (im *Gefängnis*) ˌsitzen'. **16.** Lehrzeit *f*, -jahre *pl.* **17.** (bestimmte *od.* passende) Zeit: **the** ~ **has come for s.th.** *od.* **to happen** es ist an der Zeit, daß etwas geschieht; **there is a** ~ **for everything** alles zu s-r Zeit; **it is** ~ **for breakfast** es ist Zeit zum Frühstück; → **high time**. **18.** a) (naˈtürliche *od.* norˈmale) Zeit, b) (Lebens)Zeit *f*: ~ **of life** Alter *n*; **his** ~ **is drawing near** s-e Zeit ist gekommen, sein Tod naht

heran; **the** ~ **was not yet** die Zeit war noch nicht gekommen. **19.** a) Schwangerschaft *f*, b) Niederkunft *f*: **she is far on in her** ~ sie ist hochschwanger; **she is near her** ~ sie steht kurz vor der Entbindung. **20.** (günstige) Zeit: **now is the** ~ jetzt ist die passende Gelegenheit, jetzt gilt es (**to do** zu tun); **at such** ~**s** bei solchen Gelegenheiten. **21.** Mal *n*: **the first** ~ das erste Mal; **each** ~ **that** jedesmal wenn; ~ **and again**, ~ **after** ~ immer wieder; **at some other** ~, **at other** ~**s** ein anderes Mal; **at a** ~ auf einmal, zusammen, zugleich, jeweils; **one at a** ~ einzeln, immer eine(r, s); **two at a** ~ zu zweit, paarweise, jeweils zwei; → **every** *Bes. Redew.* **22.** *pl* mal, ...mal: **three** ~**s four is twelve** drei mal vier ist zwölf; **twenty** ~**s** zwanzigmal; **three** ~**s the population of Coventry** dreimal so viele Einwohner wie Coventry; **four** ~**s the size of yours** viermal so groß wie deines. **23.** *bes. sport* (erzielte, gestoppte) Zeit: **the winner's** ~ **is 2.50 minutes**. **24.** Einheit *f* der Zeit (*im Drama*). **25.** *metr.* metrische Einheit, *bes.* Mora *f.* **26.** Tempo *n*, Zeitmaß *n.* **27.** *mus.* a) rhythmischer Wert (*e-r Note od. Pause*), b) Tempo *n*, Zeitmaß *n*, c) Rhythmus *m*, Takt(bewegung *f*) *m*, d) Takt(art *f*) *m*: ~ **variation** Tempoveränderung *f*; **to beat** (**keep**) ~ den Takt schlagen (halten). **28.** *mil.* Marschtempo *n*, Schritt *m*: → **mark¹** 27.

*Besondere Redewendungen:*

**against** ~ gegen die Zeit *od.* Uhr, mit größter Eile; **to be ahead of** (*od.* **before**) ~ zu früh daran sein; **to be ahead of** (*od.* **before**) **the** ~**s** (*od.* **one's** ~) s-r Zeit voraus sein; **to be behind** ~ zu spät daran sein, Verspätung haben; **to be behind the** ~**s** (*od.* **one's** ~) rückständig sein; **between** ~**s** in den Zwischenzeiten; **from** ~ **to** ~ von Zeit zu Zeit; **in** ~ a) rechtzeitig (**to do** um zu tun), b) mit der Zeit, c) im (richtigen) Takt; **on** ~ a) pünktlich, rechtzeitig, b) *bes. Am.* für e-e (bestimmte) Zeit, c) *econ. Am.* auf Zeit, *bes.* auf Raten; **out of** ~ a) zur Unzeit, unzeitig, b) vorzeitig, c) zu spät, d) aus dem Takt *od.* Schritt; **till such** ~ **as** so lange bis; **to** ~ pünktlich; **with** ~ mit der Zeit; ~ **was, when** die Zeit ist vorüber, als; ~ **has been when** es gab e-e Zeit, da; **take** ~ **while** ~ **serves** nutze die Zeit, solange du sie hast.

**II** *v/t* **29.** (mit der Uhr) messen, (ab)stoppen, die Zeit messen von (*od. gen.*). **30.** timen (*a. sport*), die Zeit *od.* den richtigen Zeitpunkt wählen *od.* bestimmen für, zur rechten Zeit tun. **31.** zeitlich abstimmen. **32.** die Zeit festsetzen für, (zeitlich) legen: **the train is** ~**d to leave at 7** der Zug soll um 7 abfahren. **33.** *e-e Uhr* richten, stellen. **34.** zeitlich regeln (**to** nach), *tech.* die Zündung *etc* einstellen, *elektronisch etc* steuern. **35.** das Tempo *od.* den Takt angeben für.

**III** *v/i* **36.** Takt halten. **37.** zeitlich zs.-*od.* überˈeinstimmen (**with** mit).

**time**| **and mo·tion** (**stud·y**) *s econ.* Zeitstudie *f.* ~ **bar·gain** *s Börse: Br.* Terˈmingeschäft *n.* ~ **base** *s electr.* **1.** Zeitbasis *f.* **2.** Zeitablenkschaltung *f.* **ˈ~base** *adj electr.* Kipp... ~ **belt** *Am. für* **time zone**. ~ **bill** *s econ. bes. Am.* Zeitwechsel *m.* **ˈ~bomb** *s mil.* Zeitbombe *f* (*a. fig.*). ~ **book** *s econ.* Arbeits(stunden)buch *n.* ~ **cap·sule** *s* Grundsteinlegung: Kasˈsette *f* mit ˈZeitdokuˌmenten. **ˈ~card** *s* **1.** Stechkarte *f.* **2.** *Am.* Fahrplan *m.* ~ **clock** *s* Stechuhr *f.* ~ **con·stant** *s electr.* ˈZeitkonˌstante *f.* **ˈ~conˌsuming** *adj* zeitraubend, -aufwendig. ~ **cred·it** *s* gleitende Arbeitszeit: Zeitguthaben *n.*

**timed** [taɪmd] *adj* **1.** zeitlich (genau) festgelegt *od.* reguʼliert: → **ill-timed, well-timed. 2.** *tech.* taktmäßig.

**timeǀ debʼit** *s gleitende Arbeitszeit:* Fehlzeit *f.* ˈ∼-deˌlay reˈlay *s electr.* ˈZeitreˌlais *n.* ∼ **deˈposʼit** *s econ. Am.* Terˈmingeld *n,* -einlage *f.* ∼ **draft** *s econ. bes. Am.* Zeitwechsel *m.* ˈ∼-exˌpired *adj mil. Br.* ausgedient (*Soldat od. Unteroffizier*). ∼ **exˈpoˈsure** *s phot.* **1.** Zeitbelichtung *f.* **2.** Zeitaufnahme *f.* ∼ **frame** *s* zeitlicher Rahmen. ∼ **freight** *s econ. Am.* Eilfracht *f.* ∼ **fuse,** *bes. Am.* ∼ **fuze** *s* Zeitzünder *m.* ˈ∼-honˌo(u)red *adj* altʼehrwürdig. ˈ∼ˌkeepʼer *s* **1.** Zeitmesser *m:* **to be a good** ∼ richtig *od.* genau gehen (*Uhr*). **2.** *sport u. econ.* Zeitnehmer *m.* ∼ **lag** *s* **1.** ˈZeitdiffeˌrenz *f.* **2.** *bes. tech.* Verzögerung(szeit) *f,* zeitliche Nacheilung *od.* Lücke. ˈ∼-lapse *adj phot.* Zeitraffer...

ˈtimeˈless *adj* (*adv* ∼ly) **1.** immerwährend, ewig. **2.** zeitlos: ∼ art; ∼ beauty. **3.** von unbestimmbarem Alter, alterslos: ∼ people.

**time limʼit** *s* **1.** Frist *f,* Terˈmin *m:* **to set a** ∼ **for s.th.** etwas befristen. **2.** *electr.* Grenzzeit *f* (*des Relais*): ∼ **relay** Zeitrelais *n.*

**timeˈliˈness** [ˈtaɪmlɪnɪs] *s* **1.** Rechtzeitigkeit *f.* **2.** günstige Zeit. **3.** Aktualiˈtät *f.*

**timeǀ loan** *s econ.* Darlehen *n* auf Zeit. ∼ **lock** *s tech.* Zeitschloß *n.*

**timeˈly** [ˈtaɪmlɪ] **I** *adj* **1.** rechtzeitig. **2.** (*zeitlich*) günstig, angebracht. **3.** aktuʼell. **II** *adv* **4.** *obs. od. poet.* rechtzeitig, früh, bald.

**timeǀ monˈeys** *s econ.* Festgeld *n.* ˈ∼-ˈout *pl* ˈ∼-ˈouts *s* **1.** *sport* Auszeit *f.* **2.** *bes. Am.* Pause *f.* ∼ **payˈment** *s econ. Am.* Ratenzahlung *f.* ˈ∼-piece *s* Chronoˈmeter *n,* Zeitmesser *m,* Uhr *f.* ∼ **purˈchase** *s econ.* Terˈminkauf *m.*

ˈtimˈer *s* **1.** Zeitmesser *m* (*Apparat*). **2.** *tech.* Zeitgeber *m,* -schalter *m.* **3.** *mot.* Zündverteiler *m.* **4.** a) Stoppuhr *f,* b) Seʼkundenuhr *f.* **5.** *sport u. econ.* Zeitnehmer *m.* **6.** (*in Zssgn*) j-d, der e-e (*bestimmte*) Zeit arbeitet *etc:* → **half timer 1.**

**timeǀ reˈverˈsal** *s phys.* ˈZeitˌumkehr *f.* ˈ∼ˌsavʼer *s* zeitsparendes Gerät *od.* Eleˈment. ˈ∼ˌsavʼing *adj* zeit(er)sparend. ∼ **sense** *s* Zeitgefühl *n.* ˈ∼ˌservʼer *s* Opportuʼnist(in), Gesinnungslump *m.* ˈ∼ˌservʼing **I** *adj* opportuʼnistisch. **II** *s* Opportuʼnismus *m,* Gesinnungslumpeˈrei *f.* ∼ **sharʼing** *s Computer:* Timesharing *n* (*Zeitzuteilung bei e-r gemeinsamen Inanspruchnahme e-r Großrechenanlage durch verschiedene Benutzer*). ∼ **sheet** *s* **1.** Arbeits(zeit)blatt *n.* **2.** Stechkarte *f.* ∼ **shutʼter** *s phot.* Zeitverschluß *m.* ∼ **sigʼnal** *s* Rundfunk, Fernsehen: Zeitzeichen *n.* ∼ **sigʼnaˈture** *s mus.* Taktvorzeichnung *f.*

**times sign** *s math.* Mal-, Multiplikaˈtiˈonszeichen *n.*

**timeǀ studʼy** *s econ.* Zeitstudie *f.* ˈ∼-ˌstudʼy man** *s econ.* Zeitstudienfachmann *m.* ∼ **switch** *s electr.* Schaltuhr *f,* Zeitschalter *m.* ˈ∼ˌtaˈble **I** *s* **1.** a) Fahrplan *m,* b) Flugplan *m.* **2.** *ped. Br.* Stundenplan *m.* **3.** a) ˈZeittaˌbelle *f,* ˈFahrplan' *m* (*für ein Projekt*), b) Radsport: ˈMarschtaˌbelle *f.* **4.** *mus.* a) Takttafel *f,* b) ˈNotenwerttaˌbelle *f.* **II** *v/t* **5.** *bes. Br.* e-e Zeit festsetzen für. ˈ∼-ˌtestʼed *adj* (alt)bewährt. ∼ **triˈal** *s Radsport:* Zeitfahren *n.* ∼ **valˈue** *s econ. mus.* Zeitwert *m.* ˈ∼-wise *adj u. adv colloq.* terˈminlich. ˈ∼-workʼs *econ.* nach Zeit (*bes. Stunden od. Tagen*) bezahlte Arbeit. ˈ∼ˌworkʼer *s* nach Zeit bezahlter Arbeiter. ˈ∼-worn *adj* **1.** vom Zahn der

Zeit angenagt, abgenutzt. **2.** veraltet, altmodisch. **3.** abgedroschen (*Phrase etc*). ∼ **zone** *s geogr.* Zeitzone *f.*

**timˈid** [ˈtɪmɪd] *adj* (*adv* ∼ly) **1.** furchtsam, ängstlich. **2.** schüchtern, zaghaft. **tiˈmidˈiˈty, ˈtim·id·ness** *s* **1.** Ängstlichkeit *f.* **2.** Schüchternheit *f.*

**timˈing** [ˈtaɪmɪŋ] *s* **1.** Timing *n* (*a. sport*), (richtige) zeitliche Abstimmung *od.* Berechnung. **2.** zeitliche Koordiʼnierung (*verschiedener Handlungen*). **3.** *tech.* (zeitliche) Steuerung, (*Ventil-, Zündpunkt- etc*) Einstellung *f:* ∼ **element** Zeitglied *n* (*im Relais*), ∼ (im)**pulse** Taktimpuls *m;* ∼ **motor** Schaltmotor *m;* ∼ **switch** → **time switch.**

**timˈorˈous** [ˈtɪmərəs] *adj* (*adv* ∼ly) → **timid.**

**Timˈoˈthy**[1] [ˈtɪməθɪ] *npr u. s Bibl.* (Brief *m* des Aʼpostels Paulus an) Tiˈmotheus *m.*

**timˈoˈthy**[2] [ˈtɪməθɪ], *a.* ∼ **grass** *s bot.* Tiˈmotheusgras *n.*

**timˈpaˈni** [ˈtɪmpənɪ] *s pl* (*a. als sg konstruiert*) *mus.* Timpani *pl,* (Kessel-)Pauken *pl.* ˈtim·pa·nist [-nɪst] *s* (Kessel)Pauker *m.*

**tin** [tɪn] **I** *s* **1.** *chem. tech.* Zinn *n:* **base** ∼ Halbzinn; **common** ∼ Probezinn; **orˈdinary** ∼ Blockzinn. **2.** Weißblech *n.* **3.** (Blech-, *bes. Br.* Konʼserven)Dose *f,* (-)Büchse *f.* **4.** *sl.* ʼPiepen' *pl* (*Geld*). **II** *adj* **5.** zinnern, Zinn...; ∼ **wedding** *fig.* hölzerne Hochzeit (10. *Hochzeitstag*). **6.** Blech..., blechern (*a. fig. contp.*). **7.** *bes. Br.* Konserven..., Büchsen..., Dosen... **8.** *fig.* minderwertig, unecht. **III** *v/t* **9.** verzinnen. **10.** *bes. Br.* konserʼvieren, (in Büchsen) einmachen *od.* packen, eindosen: → **tinned 2.**

**tin-a-mou** [ˈtɪnəmuːʔ] *s* Steißhuhn *n.*

**tin-cal** [ˈtɪŋkl] *s min.* Tinkal *m.*

**tinǀ can** *s* **1.** Blechdose *f,* -büchse *f.* **2.** *mar. sl.* Zerstörer *m.* ˈ∼-coat** *v/t tech.* feuerverzinnen. ∼ **cry** *s tech.* Zinngeschrei *n.*

**tinct** [tɪŋkt] *obs. od. poet.* **I** *s* Farbe *f,* Färbung *f.* **II** *adj* gefärbt. **III** *v/t* färben.

**tincˈtoˈriˈal** [-ˈtɔːrɪəl; *Am. a.* -ˈtəʊ-] *adj* **1.** Färbe..., färbend. **2.** Farb(e)...

**tincˈture** [ˈtɪŋktʃə(r)] **I** *s* **1.** *med. pharm.* Tinkʼtur *f:* ∼ **of arnica (iodine)** Arnika-(Jod)tinktur. **2.** Aufguß *m.* **3.** *fig.* a) Spur *f,* Beigeschmack *m,* b) Anstrich *m:* ∼ **of education. 4.** *her.* Tinkʼtur *f,* (heʼraldische) Farbe. **5.** *poet.* Farbe *f.* **6.** *obs.* a) ˈQuintesˌsenz *f,* b) Exʼtrakt *m.* **7.** *Alchimie:* (ˈLebens)Eliˌxier *n.* **II** *v/t* **8.** färben. **9.** *fig.* e-n Anstrich geben (*dat*) (**with** von): **to be ∼d with** e-n Anstrich haben von. **10.** *fig.* durchʼdringen (**with** mit).

**tin-der** [ˈtɪndə(r)] *s* Zunder *m:* German∼ Feuerschwamm *m;* **to be** ∼ **to s.th.** *fig.* etwas anheizen. ˈ∼-box** *s* **1.** Zunderbüchse *f.* **2.** *fig.* ʼPulverfaß' *n.*

**tine** [taɪn] *s* **1.** Zinke *f,* Zacke *f* (*e-r Gabel etc*). **2.** *hunt.* (Geweih)Sprosse *f,* Ende *n.*

**tin-e-a** [ˈtɪnɪə] *s med.* (Haut)Flechte *f,* Tinea *f.*

**tined** [taɪnd] *adj* **1.** mit Zinken *od.* Zacken (versehen). **2.** ...zinkig.

**tinǀ fish** *s mar. sl.* ʼAal' *m* (*Torpedo*). ∼ **foil** *s* **1.** Stanniʼol *n.* **2.** Stanniʼol-, ˈSilberpaˌpier *n.* ˈ∼-ˈfoil** *v/t* **1.** mit Stanniʼol belegen. **2.** in Stanniʼol(paˌpier) verpacken. **II** *adj* **3.** Stanniol...

**ting** [tɪŋ] **I** *s* helles Klingen, Klingeln *n.* **II** *v/t* klingeln, **III** *v/i* klingeln.

**ting-a-ling** [ˌtɪŋəˈlɪŋ] *s* Klingʼling *n.*

**tinge** [tɪndʒ] **I** *v/t pres p* **tingeˈing** *od.* ˈ**tingˈing** **1.** tönen, (leicht) färben. **2.** *fig.* (*dat*) e-n Anstrich geben (**with** von): **to be** ∼**d with** e-n Anflug *od.* Beigeschmack haben von, etwas von ... an sich haben. **II** *v/i* **3.** sich färben. **III** *s* **4.** leichter Farbton, Tönung *f:* **to have a** ∼ **of red**

e-n Stich ins Rote haben, ins Rote spielen. **5.** *fig.* Anstrich *m,* Anflug *m,* Spur *f.*

**tinˈgle** [ˈtɪŋgl] **I** *v/i* **1.** prickeln, kribbeln, beißen, brennen (*Haut, Ohren etc*) (**with cold** vor Kälte). **2.** klingen, summen (**with** vor *dat*): **my ears are tingling** mir klingen die Ohren. **3.** vor Erregung zittern, beben (**with** vor *dat*). **4.** *fig.* knistern (**with** vor *dat*): **the story** ∼**s with suspense** die Geschichte ist spannungsgeladen. **5.** flirren (*Hitze, Licht*). **II** *s* **6.** Prickeln *n* (*etc:* → 1–3). **7.** (nerʼvöse) Erregung, Beben *n.*

**tinǀ god** *s* **1.** Götze *m,* Popanz *m.* **2.** ˌkleiner Gott:' ∼ **hat** *s mil. colloq.* Stahlhelm *m.* ˈ∼ˌhorn** *Am. sl.* **I** *adj* angeberisch, hochstaplerisch. **II** *s* Angeber *m,* Hochstapler *m.*

**tinkˈer** [ˈtɪŋkə(r)] **I** *s* **1.** (wandernder) Kesselflicker: **not worth a** ∼**'s damn** (*Br. cuss, curse*) *colloq.* keinen Pfifferling wert, (*Person*) keinen Schuß Pulver wert; **not to give a** ∼**'s damn** (*Br. cuss, curse*) *colloq.* sich e-n Dreck darum kümmern. **2.** a) Pfuscher *m,* Stümper *m,* b) Bastler *m* (*a. fig.*). **3.** a) Pfuscheʼrei *f,* Stümpeʼrei *f,* b) Basteˈlei *f:* **to have a** ∼ **at s.th.** an etwas herumpfuschen *od.* -basteln. **4.** *ichth.* a) junge Maʼkrele, b) Paʼzifikmaˌkrele *f.* **II** *v/i* **5.** (**with, at an** *dat*) a) herʼumpfuschen, b) herʼumbasteln. **III** *v/t* **6.** *meist* ∼ **up** (*rasch*) zs.-flicken, zuˈrechtbasteln *od.* -pfuschen (*a. fig.*).

**tinˈkle** [ˈtɪŋkl] **I** *v/i* **1.** hell (er)klingen, klingeln. **2.** klirren. **3.** *colloq.* pinkeln. **II** *v/t* **4.** klingeln mit. **III** *s* **5.** Klinge(l)n *n,* (*a. fig.* Vers-, Wort)Geklingel *n:* **to give s.o. a** ∼ *Br. colloq.* j-n ˌanklingeln' (*anrufen*). **6.** *colloq.* ˌPinkeln' *n:* **to have (go for) a** ∼ ˌpinkeln' (gehen).

**tinǀ liqˈuor** *s chem. tech.* ˈZinnchloˌrür *n.* ∼ **liˈzˈzie** *s colloq. humor.* ˌalter Klapperkasten' (*Auto*). ˈ∼-man** [-mən] *s irr* **1.** Zinngießer *m.* **2.** → **tinsmith.** ∼ **mine** *s* Zinngrube *f.*

**tinned** [tɪnd] *adj* **1.** verzinnt: ∼ **iron plate** Weißblech *n.* **2.** *bes. Br.* konserʼviert, Dosen..., Büchsen...: ∼ **fruit** Obstkonserven *pl;* ∼ **meat** Büchsenfleisch *n.*

ˈtin-ner *s* **1.** → **tinsmith. 2.** Verzinner *m.* **3.** *bes. Br.* a) Arbeiter(in) in e-r Konʼservenfaˌbrik, b) Konʼservenfabriˌkant *m.* ˈ**tin-ner-y** *s Br.* Konʼservenfaˌbrik *f.*

**tin-ni-tus** [tɪˈnaɪtəs; ˈtɪnɪtəs] *s med.* Ohrensausen *n,* -klingen *n.*

**tin-ny** [ˈtɪnɪ] *adj* **1.** zinnern. **2.** zinnhaltig. **3.** blechern (*a. fig. Klang*). **4.** nach Blech schmeckend (*Konserve*). **5.** *fig.* wertlos, ˌbillig'.

**tinǀ opˈenˈer** *s bes. Br.* Dosen-, Büchsenöffner *m.* ∼ **ore** *s min.* Zinnerz *n.* ˈ∼-pan** *adj* blechern, scheppernd. **T∼ Pan Alley** *s colloq.* **1.** Zentrum *n* der ˌSchlagerinduˌstrie. **2.** *collect.* (die) ˈSchlagerinduˌstrie. ∼ **plate** *s tech.* Weiß-, Zinnblech *n.* ˈ∼-plate** *v/t* verzinnen. **II** *adj* Weiß-, Zinnblech... ∼ **pot** *s* **1.** Blechtopf *m.* **2.** *tech.* Grobkessel *m.* ˈ∼-pot** *adj colloq.* schäbig, ˌbillig'.

**tin-sel** [ˈtɪnsl] **I** *s* **1.** Flitter-, Rauschgold *n,* -silber *n.* **2.** Laˈmetta *n.* **3.** Glitzerschmuck *m.* **4.** *fig.* Flitterkram *m,* Kitsch *m.* **5.** *obs.* Laʼmé *m,* Broʼkat *m.* **II** *adj* **6.** mit Flittergold *etc* verziert, Flitter... **7.** *fig.* flitterhaft, kitschig, Flitter..., Schein... **III** *v/t pret u. pp* **-seled,** *bes.* **-selled 8.** mit Flitterwerk verzieren. **9.** kitschig herʼausputzen. ˈ**tin-sel-ly** → **tinsel II.**

ˈ**tin-smith** *s* Blechschmied *m,* Klempner *m.* ∼ **solˈder** *s tech.* Weichlot *n,* Lötzinn *n.* ∼ **solˈdier** *s* ˈZinnsolˌdat *m.*

**tint** [tɪnt] **I** *s* **1.** (hellgetönte *od.* zarte) Farbe. **2.** Farbton *m,* Tönung *f:* **autumn** ∼**s** Herbstfärbung *f;* **to have a bluish** ∼

e-n Stich ins Blaue haben, ins Blaue spielen. **3.** *paint.* Weißmischung *f.* **4.** *Gravierkunst:* feine Schraf'fierung. **5.** *print.* Tan-'gierraster *m.* **II** *v/t* **6.** (leicht) färben: ~ed glass Rauchglas *n;* ~ed paper Tonpapier *n.* **7.** a) abtönen, b) aufhellen.

**tin tack** *s* Tape'ziernagel *m:* to come down to ~s *colloq.* zur Sache kommen.

**tin·tin·nab·u·la·tion** ['tɪntɪˌnæbjʊ-'leɪʃn] *s* Klinge(l)n *n,* Geklingel *n.*

**'tin·ware** *s* (Weiß)Blechwaren *pl.* **'~work** *s* **1.** Zinngegenstand *m,* -gerät *n.* **2.** *pl* (*oft als sg konstruiert*) a) Zinnhütte *f,* b) Weißblechhütte *f.*

**ti·ny** ['taɪnɪ] **I** *adj* (*adv* tinily) winzig: a ~ mouse; a ~ noise. **II** *s* Kleine(r, s) (*Kind*): the tinies die ganz Kleinen.

**tip¹** [tɪp] **I** *s* **1.** (*Schwanz-, Stock- etc*) Spitze *f,* äußerstes (*Flügel- etc*)Ende, Zipfel *m:* ~ of the ear Ohrläppchen *n;* ~ of the finger (nose, tongue) Finger- (Nasen-, Zungen)spitze; to have s.th. at the ~s of one's fingers *fig.* etwas 'parat' haben, etwas aus dem Effeff können; on the ~s of one's toes auf (den) Zehenspitzen; I had it on the ~ of my tongue es lag *od.* schwebte mir auf der Zunge. **2.** (Berg)Gipfel *m,* Spitze *f:* ~ iceberg. **3.** *tech.* (*spitzes*) Endstück, *bes.* a) (*Stock- etc*)Zwinge *f,* b) (*Pumpen-, Stecker-, Taster- etc*)Spitze *f,* c) Düse *f,* d) Tülle *f,* e) (Schuh)Kappe *f.* **4.** Filter *m* (*e-r Zigarette*). **II** *v/t* **5.** *tech.* mit e-r Spitze *od.* Zwinge *etc* versehen, beschlagen. **6.** Büsche *etc* stutzen.

**tip²** [tɪp] **I** *s* **1.** Neigung *f:* to give s.th. a ~ → **5.** **2.** *Br.* (*Schutt- etc*)Ablade-platz *m,* (-)Halde *f:* coal ~ Kohlen-halde. **3.** *tech.* Kippvorrichtung *f,* -anlage *f.* **II** *v/t* **4.** kippen, neigen: → scale² **1.** **5.** *meist* ~ over 'umkippen. **6.** auskippen. **7.** tippen an (*den Hut; zum Gruß*): → hat *Bes. Redew.* **8.** *Br.* Müll *etc* abladen. **III** *v/i* **9.** sich neigen. **10.** *meist* ~ over 'umkippen, *aer.* auf den Kopf gehen.

*Verbindungen mit Adverbien:*

**tip off** *v/t* **1.** auskippen, abladen. **2.** *sl.* ein Glas Bier *etc* 'hin'unterkippen'. **~ out** **I** *v/t* ausschütten, -kippen. **II** *v/i* her-'ausfallen. **~·o·ver** → tip² **5** *u.* **10.** **~ up** *v/t u. v/i* **1.** hochkippen, -klappen. **2.** 'umkippen.

**tip³** [tɪp] **I** *s* **1.** Trinkgeld *n.* **2.** (*Wett-etc*)Tip *m.* **3.** Tip *m,* Wink *m,* Fingerzeig *m,* 'Hinweis *m,* Rat *m:* to take the ~ den Ratschlag befolgen. **II** *v/t* **4.** *j-m* ein Trinkgeld geben. **5.** *j-m* e-n Tip *od.* Wink geben: to ~ s.o. off, to ~ s.o. the wink j-m ein-n Tip *od.* Wink geben, j-n (recht-zeitig) warnen. **6.** *bes. sport* tippen auf (*acc*). **7.** *colloq.* a) geben: to ~ s.o. a signal, b) zum besten geben: to ~ a song. **III** *v/i* **8.** Trinkgeld(er) geben. **9.** Tips geben.

**tip⁴** [tɪp] **I** *s* Klaps *m,* leichte Berührung: to give the ball a ~ den Ball antippen. **II** *v/t* leicht schlagen *od.* berühren, Ball antippen. **III** *v/i* trippeln.

**tip and run** *s sport Br.* Art Kricket. **~-and-'run** *adj fig. bes. Br.* Überraschungs-..., blitzschnell: ~ raid; ~ raider *aer. mil.* Einbruchsflieger *m.* **'~·cart** *s* Kippkarren *m,* -wagen *m.* **'~·cat** *s* Spatzeck *n* (*Kinderspiel*). **~ e·lec·trode** *s electr.* 'Punktschweißelek₁trode *f.*

**'tip-off** *s* **1.** Tip *m,* Wink *m.* **2.** *Basketball:* Sprungball *m.*

**tipped** [tɪpt] *adj* **1.** mit e-m Endstück *od.* e-r Zwinge *od.* Spitze *etc* (versehen). **2.** mit Filter, Filter-... (*Zigarette*).

**'tip·per¹** *s mot. tech.* Kipper *m.*

**'tip·per²** *s:* to be a generous ~ groß-zügig Trinkgeld geben.

**tip·per|lor·ry** *Br.,* **~ truck** → tipper¹.

**tip·pet** ['tɪpɪt] *s* **1.** Pele'rine *f,* (her'ab-hängender) Pelzkragen. **2.** *relig.* (Seiden)Halsband *n,* (-)Schärpe *f.* **3.** *hist.* langes, schmales, her'abhängendes Band. **4.** *zo.* Halskragen *m.* **5.** Darm-, Haarschnur *f* (*der Angel*).

**'tip·ping** *s mus.* Zungenschlag *m.* **~ an·gle** *s tech.* Kippwinkel *m.* **~ gear** *s tech.* Kippvorrichtung *f.*

**tip·ple¹** ['tɪpl] **I** *v/t u. v/i* 'picheln'. **II** *s* (alko'holisches) Getränk.

**tip·ple²** ['tɪpl] *s* **1.** *tech.* Kippvorrichtung *f.* **2.** Abladestelle *f.* **3.** Kipphalde *f.*

**'tip·pler** *s* 'Pichler' *m,* (Quar'tals-) Säufer *m.*

**tip·si·fy** ['tɪpsɪfaɪ] *v/t* 'beduseln'. **'tip·si·ness** *s* Beschwipstheit *f,* angeheiterter Zustand.

**'tip·staff** *s a. irr* **1.** *hist.* Amtsstab *m.* **2.** Gerichtsdiener *m.*

**tip·ster** ['tɪpstə(r)] *s* **1.** *bes. Rennsport u. Börse:* (berufsmäßiger) Tipgeber. **2.** Infor'mant *m.*

**tip·sy** ['tɪpsɪ] *adj* (*adv* tipsily) **1.** angeheitert, beschwipst: to be ~ e-n Schwips haben. **2.** wack(e)lig, schief. **~ cake** *s mit* Wein getränkter u. mit Eiercreme servierter Kuchen.

**'tip₁tilt·ed** *adj:* ~ nose Stupsnase *f.* **'~·toe** **I** *s:* on ~ a) auf (den) Zehenspitzen, b) *fig.* neugierig, gespannt, erwartungsvoll, c) *fig.* dar'auf brennend (to do zu tun). **II** *adj u. adv* → **I.** **III** *v/i* auf (den) Zehenspitzen gehen *od.* schleichen. **~ 'top** **I** *s* **1.** Gipfel *m,* Spitze *f, fig. a.* Höhepunkt *m.* **2.** *pl obs.* (*die*) oberen Zehn'tausend. **II** *adj u. adv* **3.** *colloq.* 'tipp'topp', 'prima', erstklassig. **'~-up** *adj* aufklappbar, Klapp...: ~ seat Klappsitz *m.*

**ti·rade** [taɪ'reɪd] *s* **1.** Wortschwall *m,* Ti-'rade *f* (*a. mus.*). **2.** 'Schimpfkano₁nade *f.*

**tire¹** ['taɪə(r)] **I** *v/t* **1.** ermüden, müde machen: to ~ out (völlig) erschöpfen; to ~ to death a) todmüde machen, b) *fig.* tödlich langweilen. **2.** *fig.* ermüden, langweilen. **II** *v/i* **3.** müde werden, ermüden, ermatten (by, with durch). **4.** *fig.* müde werden (of gen; of doing zu tun).

**tire²,** *bes. Br.* **tyre** ['taɪə(r)] *tech.* **I** *s* (Rad-, Auto)Reifen *m.* **II** *v/t* bereifen.

**tire³** ['taɪə(r)] *obs.* **I** *v/t* **1.** schmücken. **II** *s* **2.** (schöne) Kleidung, Kleid *n.* **3.** Schmuck *m,* (Kopf)Putz *m.*

**tire|cas·ing** *s tech.* (Lauf)Decke *f,* (Reifen)Mantel *m.* **~ chain** *s tech.* Schneekette *f.*

**tired¹** ['taɪə(r)d] *adj* **1.** ermüdet, müde (by, with von): ~ to death todmüde. **2.** *fig.* müde, 'überdrüssig (of gen): I am ~ of it ich habe es satt. **3.** erschöpft, verbraucht, müde (geworden). **4.** abgenutzt.

**tired²** ['taɪə(r)d] *adj tech.* bereift.

**'tired·ness** *s* **1.** Müdigkeit *f.* **2.** *fig.* 'Überdruß *m.*

**tire|ga·u(g)e** *s tech.* Reifendruckmesser *m.* **~ grip** *s tech.* Griffigkeit *f der* Reifen.

**'tire·less¹** *adj* unermüdlich.

**'tire·less²** *adj tech.* unbereift.

**'tire·less·ness** *s* Unermüdlichkeit *f.*

**tire|le·ver** *s* ('Reifen)Mon₁tierhebel *m.* **~ marks** *s pl mot.* Reifen-, Bremsspuren *pl.* **~ rim** *s tech.* Reifenwulst *m.*

**tire·some** ['taɪə(r)səm] *adj* (*adv* ~ly) ermüdend (*a. fig.* langweilig, unangenehm, lästig). **'tire·some·ness** *s* **1.** (*das*) Ermüdende. **2.** Langweiligkeit *f.* **3.** (*das*) Unangenehme.

**'tire₁wom·an** *s irr obs.* **1.** Kammerzofe *f.* **2.** *thea.* Garderobi'ere *f.*

**'tir·ing room** *s* **1.** Ankleideraum *m.* **2.** *thea.* Garde'robe *f.*

**ti·ro** → tyro.

**Tir·o·lese** [ˌtɪrə'liːz] **I** *adj* ti'rol(er)isch, Tiroler(...). **II** *s* Ti'roler(in).

**T i·ron** *s tech.* T-Eisen *n.*

**tir·ra·lir·ra** [ˌtɪrə'lɪrə] *s* Tiri'li *n* (*Vogelruf*).

**'tis** [tɪz] Zs.-ziehung von it is.

**ti·sane** [tiː'zæn] → ptisan.

**tis·sue** ['tɪʃuː; *Br. a.* 'tɪsjuː] **I** *s* **1.** *biol.* (Zell-, Muskel- *etc*)Gewebe *n:* ~ culture Gewebekultur *f;* ~ tolerance Gewebeverträglichkeit *f.* **2.** feines Gewebe, Flor *m.* **3.** *fig.* Gewebe *n,* Netz *n:* a ~ of lies. **4.** a. ~ paper 'Seidenpa₁pier *n.* **5.** Pa'pier- (hand-, taschen)tuch *n.* **6.** a. carbon ~ *phot.* 'Kohlepa₁pier *n.* **II** *v/t* **7.** in 'Seidenpa₁pier (ein)wickeln. **8.** (durch)'weben.

**tit¹** [tɪt] *s orn.* Meise *f.*

**tit²** [tɪt] *s obs. od. dial.* Klepper *m.*

**tit³** [tɪt] *s:* ~ for tat wie du mir, so ich dir; to give s.o. ~ for tat es j-m mit gleicher Münze heimzahlen.

**tit⁴** [tɪt] *s* **1.** → teat. **2.** *vulg.* 'Titte' (*weibliche Brust*): ~ and bum papers (*od.* magazines) 'Arsch-und-Titten-Presse' *f.* **3.** *Br. vulg.* 'blöde Sau', 'Arschloch' *n.*

**Ti·tan¹** ['taɪtən] **I** *s* **1.** *myth.* Ti'tan *m.* **2.** *t~* Ti'tan *m,* Gi'gant *m.* **II** *adj* **3.** *oft* t~ → **Titanic¹.** **Ti·tan'esque** [-'nesk] → **Titanic¹.** **'Ti·tan·ess** *s* Ti'tanin *f.*

**Ti·tan·ic¹** [taɪ'tænɪk] *adj* **1.** ti'tanisch, Titanen... **2.** *meist* t~ *fig.* ti'tanisch, gi-'gantisch.

**ti·tan·ic²** [taɪ'tænɪk] *adj chem.* Titan...: ~ acid.

**ti·tan·ite** ['taɪtənaɪt] *s min.* Tita'nit *m.*

**ti·ta·ni·um** [taɪ'teɪnjəm; -nɪəm] *s chem.* Ti'tan *n.*

**tit·bit** ['tɪtbɪt] *s* Leckerbissen *m* (*a. fig.*).

**titch** → tich.

**ti·ter,** *bes. Br.* **ti·tre** ['taɪtə(r)] *s chem.* Titer *m.*

**tith·a·ble** ['taɪðəbl] *adj* zehntpflichtig.

**tithe** [taɪð] **I** *s* **1.** *oft pl bes. relig.* (der) Zehnt(e). **2.** zehnter Teil, Zehntel *n:* not a ~ of it *fig.* nicht ein bißchen davon. **II** *v/t* **3.** den Zehnten bezahlen von. **4.** den Zehnten erheben von.

**tith·ing** ['taɪðɪŋ] *s* **1.** → tithe I. **2.** Zehnten *n* (*Erheben od. Bezahlen des Zehnten*). **3.** *hist.* Zehntschaft *f.* **'~·man** [-mən] *s irr hist.* **1.** Vorsteher *m* e-r Zehntschaft. **2.** *Am.* Parochialbeamter, der über Sitte u. Ordnung, *bes.* über die Einhaltung der Sonntags-heiligung wachte.

**Ti·tian, t~** ['tɪʃn] **I** *s* Tizianrot *n.* **II** *adj* tizianrot. **ˌTi·tian'esque** [-ʃə'nesk] *adj* tizi'anisch.

**tit·il·late** ['tɪtɪleɪt] *v/t u. v/i* **1.** kitzeln. **2.** *fig.* kitzlen, prickeln, angenehm erregen. **ˌtit·il'la·tion** *s* **1.** Kitzeln *n.* **2.** *fig.* Kitzel *m.*

**tit·i·vate** ['tɪtɪveɪt] *humor.* **I** *v/i* sich feinmachen *od.* schniegeln. **II** *v/t:* to ~ o.s. → I; to ~ a restaurant herausputzen.

**'tit·lark** *s orn.* Pieper *m.*

**ti·tle** ['taɪtl] *s* **1.** (*Buch- etc*)Titel *m.* **2.** (*Kapitel- etc*)'Überschrift *f.* **3.** a) Hauptabschnitt *m,* Titel *m* (*e-s Gesetzes etc*), b) *jur.* Titel *m* (*e-r Klage etc*). **4.** *Film:* 'Untertitel *m.* **5.** Bezeichnung *f,* Name *m.* **6.** (Adels-, Ehren-, Amts)Titel *m:* ~ of nobility Adelstitel, -prädikat *n;* to bear a ~ e-n Titel führen. **7.** *sport* (Meister)Titel *m.* **8.** *jur.* a) Rechtstitel *m,* -anspruch *m,* Recht *n* (to auf *acc*), b) (dingliches) Eigentum(srecht) (in an *dat*), c) → title deed. **9.** *allg.* Recht *n,* Anspruch *m* (to auf *acc*). **10.** *print.* a) → title page, b) Buchrücken *m.* **'ti·tled** *adj* **1.** betitelt. **2.** titu'liert, benannt. **3.** ad(e)lig.

**ti·tle| deed** *s jur.* Eigentumsurkunde *f.* **'~·hold·er** *s* **1.** *jur.* (Rechts)Titelinhaber(in). **2.** *sport* Titelhalter(in), -verteidi-

ger(in). **~ in·sur·ance** *s econ. Am.* Versicherung *f* von Rechtsansprüchen auf Grundbesitz. **~ page** *s* Titelblatt *n*, -seite *f.* **~ part**, **~ role** *s thea. etc* Titelrolle *f*. **~ song** *s Film*: ¹Titelmelo¦die *f*. **~ sto·ry** *s* Titelgeschichte *f*.

**ti·tling** [ˈtaɪtlɪŋ] *s* **1.** Betitelung *f*, Benennung *f*. **2.** *Buchbinderei*: a) Prägen *n* des Titels (*auf die Buchdecke*, b) (*aufgeprägter*) Buchtitel.

**ti·tlist** [ˈtaɪtlɪst] → titleholder.

**¹tit·mouse** *s irr orn.* Meise *f*.

**Ti·to·ism** [ˈtiːtəʊɪzəm] *s pol.* Tito¦ismus *m*. **¹Ti·to·ist I** *s* Tito¦ist *m*. **II** *adj* tito¦istisch.

**ti·trate** [ˈtaɪtreɪt] *v/t u. v/i chem.* ti¦trieren. **ti¹tra·tion** *s* Ti¦trierung *f*, ¹Maßana¦lyse *f*.

**ti·tre** *bes. Br. für* titer.

**tit·ter** [ˈtɪtə(r)] **I** *v/i u. v/t* kichern. **II** *s* Gekicher *n*, Kichern *n*.

**tit·ti·vate** → titivate.

**tit·tle** [ˈtɪtl] *s* **1.** Pünktchen *n*, *bes.* I-Tüpfelchen *n*. **2.** *fig.* Tüttelchen *n*, (*das*) bißchen: **to a ~** aufs I-Tüpfelchen *od.* Haar (*ganz genau*); **not a ~ of it** kein *od.* nicht ein Jota (davon).

**¹tit·tle·¦tat·tle I** *s* **1.** Schnickschnack *m*, Geschwätz *n*. **2.** Klatsch *m*, Tratsch *m*. **II** *adj* **3.** geschwätzig. **4.** klatsch-, tratschsüchtig. **III** *v/i* **5.** schwatzen, schwätzen. **6.** klatschen, tratschen.

**tit·tup** [ˈtɪtəp] **I** *s* **1.** Hüpfen *n*, Springen *n*. **2.** (¹übermütiger) Luftsprung. **II** *v/i pret u. pp* **-tuped**, *bes. Br.* **-tupped 3.** (her¹um)hüpfen, (-)tollen.

**tit·ty** [ˈtɪtɪ] *s* **1.** *colloq.* a) (Mutter)Brust *f*, b) *zo.* Euter *n*, c) *zo.* Zitze *f*. **2.** *Am. dial.* Muttermilch *f*.

**tit·u·bate** [ˈtɪtjʊbeɪt; *Am.* -tʃə-] *v/i med.* taumeln, schwanken. **¡tit·u¹ba·tion** *s* **1.** schwankender Gang. **2.** *a.* lingual ~ Stottern *n*.

**tit·u·lar** [ˈtɪtjʊlə; *Am.* -tʃələr] **I** *adj* **1.** Titel...: **~ hono(u)rs** Titelehren. **2.** Titular... (*nominell*): **~ bishop**; **~ king**. **II** *s* **3.** Titelträger *m*. **4.** Titu¦lar *m* (*nomineller Inhaber e-s Amtes*). **5.** *relig.* a) Titu¦lar *m* (*Inhaber e-r Titularkirche*), b) ¹Kirchenpa¦tron *m*. **¹tit·u·lar·y** [-lərɪ; *Am.* -¡leriː] **I** *adj* **1.** Titel..., Titular... **2.** Rechtstitel... **II** *s* → titular 3 *u.* 4.

**Ti·tus** [ˈtaɪtəs] *npr u. s Bibl.* (Brief *m* des Paulus an) Titus *m*.

**Tit·y·re·tu**, **t~** [¡tɪtɪrɪˈtjuː] *s Br. hist.* Angehöriger *e-r* Bande von jugendlichen, aus reichen Familien stammenden Rowdies in London (17. Jh.).

**tiz·woz** [ˈtɪzwɒz; *Am.* -wɑz] → tizzy.

**tiz·zy** [ˈtɪzɪ] *s colloq.* Aufregung *f*: **to send** (*od.* throw) **s.o. in a ~** j-n in helle Aufregung versetzen; **to be in** (*od.* all of) **a ~** vor Aufregung ganz aus dem Häuschen sein.

**T junc·tion** *s* T-Kreuzung *f*.

**tme·sis** [ˈtmiːsɪs] *s ling.* Tmesis *f* (*Trennung von zs.-gesetzten od. engverbundenen Wörtern durch Einschübe*).

**to I** *prep* [tuː; tʊ; tə] **1.** (*Grundbedeutung*) zu. **2.** (*Richtung u. Ziel, räumlich*) zu, nach, an (*acc*), in (*acc*), auf (*acc*): **to go ~ London** nach London fahren; **from east ~ west** von Osten nach Westen; **to throw s.th.** ~ **the ground** etwas auf den *od.* zu Boden werfen. **3.** in (*dat*): **I have never been ~ London**. **4.** (*Richtung, Ziel, Zweck*) zu, auf (*acc*), an (*acc*), in (*acc*), für, gegen: **to pray ~ God** zu Gott beten; **our duty ~ s.o.** unsere Pflicht j-m gegenüber; **~ what purpose?** wozu?; **to be invited ~ dinner** zum Dinner eingeladen sein; **to beat ~ death** zu Tode prügeln; **to speak ~ s.o.** mit j-m sprechen; **what is that ~ you?** Was geht das Sie an?; **to play ~ a large audience** vor

e-m großen Publikum spielen. **5.** (*Zugehörigkeit*) zu, in (*acc*), für, auf (*acc*): **he is a brother ~ her** er ist ihr Bruder; **a cousin ~ ...** ein Vetter des *od.* von ...; **an assistant ~ s.o.** j-s Gehilfe; **secretary ~ ...** Sekretär des ..., j-s Sekretär; **to speak ~ the question** zur Sache sprechen; **there is no end ~ it** es hat kein Ende; **that is all there is ~ it** das ist alles; **there is a moral ~ the story** die Geschichte hat e-e Moral; **an introduction ~ s.th.** e-e Einführung in etwas; **a cap with a tassel ~ it** e-e Mütze mit e-r Troddel (daran); **a room ~ myself** ein Zimmer für mich (allein); **a key ~ the trunk** ein Schlüssel für den (*od.* zum) Koffer. **6.** (*Übereinstimmung, Gemäßheit*) nach, für, gemäß: **~ my feeling** nach m-m Gefühl. **7.** (*im Verhältnis od. Vergleich*) zu, gegen, gegen¦über, auf (*acc*), mit: **you are but a child ~ him** gegen ihn sind Sie nur ein Kind; **five ~ one** fünf gegen eins; **the score is three ~ one** das Spiel *od.* es steht drei zu eins; **two is ~ four as four is ~ eight** zwei verhält sich zu vier wie vier zu acht; **three ~ the pound** drei auf das Pfund. **8.** (*Ausmaß, Grenze, Grad*) bis, (bis) zu, (bis) an (*acc*), auf (*acc*), in (*dat*): **~ the clouds** bis an die Wolken; **ten feet ~ the ground** zehn Fuß bis zum Boden; **to love ~ craziness** bis zum Wahnsinn lieben. **9.** (*zeitliche Ausdehnung od. Grenze*) bis, bis zu, bis gegen, auf (*acc*), vor (*dat*): **from three ~ four** von drei bis vier (Uhr). **10.** (*Begleitung*) zu, nach: **to sing ~ a guitar** zu e-r Gitarre singen; **they danced ~ a tune** sie tanzten nach e-r Melodie. **11.** *zur Bildung des Dativs*: a) *betont*: **he gave the book ~ me, not ~ you!** er gab das Buch mir, nicht Ihnen!, b) *unbetont*: **she was a good mother ~ him** sie war ihm e-e gute Mutter.

**II** *part* [tʊ; tə] **12.** *zur Bezeichnung des Infinitivs*: **~ go** gehen; **easy ~ understand** leicht zu verstehen; **she was heard ~ cry** man hörte sie weinen. **13.** (*Zweck, Absicht*) um zu, zu: **he only does it ~ earn money** er tut es nur, um Geld zu verdienen. **14.** *zur Verkürzung des Nebensatzes*: **I weep ~ think of it ich** weine, wenn ich daran denke; **he was the first ~ arrive** er kam als erster; **~ be honest, I should decline** wenn ich ehrlich sein soll, muß ich ablehnen; **~ hear him talk** wenn man ihn (so) reden hört. **15.** *zur Bezeichnung e-s Grundes*: **why blame you me ~ love you?** *poet. obs.* was tadelst du mich, weil ich dich liebe? **16.** *zur Andeutung e-s aus dem vorhergehenden zu ergänzenden Infinitivs*: **I don't go because I don't want ~** ich gehe nicht, weil ich nicht (gehen) will.

**III** *adv* [tuː] **17.** a) zu, geschlossen: **to pull the door ~** die Türe zuziehen, b) angelehnt: **leave the door ~**. **18.** *bei verschiedenen Verben*: dran, her¹an: **~ fall to**, **put to**, **set to**, *etc*. **19.** (*wieder*) zu Bewußtsein *od.* zu sich *kommen, bringen*: **to come to**. **20.** *mar.* nahe am Wind: **keep her ~! 21. ~ and fro** a) hin u. her, b) auf u. ab.

**toad** [təʊd] *s* **1.** *zo.* Kröte *f*: **to eat s.o.'s ~s** *fig.* vor j-m kriechen; **a ~ under a harrow** *fig.* ein geplagter Mensch. **2.** *fig.* ¸Ekel¹ *n* (*Person*). **¹~¸eat·er** *s* Speichellecker(in). **¹~¸eat·ing I** *s* Speichellecke¦rei *f*. **II** *adj* speichelleckerisch. **¹~fish** *s ichth.* Krötenfisch *m*. **¹~flax** *s bot.* Leinkraut *n*. **¸~-in-the-¹hole** *s gastr.* in Pfannkuchenteig gebackene Würste. **¹~stone** *s* Krötenstein *m*. **¹~stool** *s bot.* **1.** (größerer Blätter)Pilz *m*. **2.** Giftpilz *m*.

**toad·y** [ˈtəʊdɪ] **I** *s* Speichellecker(in). **II** *v/t* vor j-m kriechen *od.* (her¹um-)scharwenzeln. **III** *v/i* speichellecken,

(her¹um)scharwenzeln: **to ~ to** → II.

**¹toad·y·ism** *s* Speichellecke¦rei *f*.

**¸to-and-¹fro I** *pl* **-fros** *s* **1.** Hin- u. Herbewegung *f* (*e-s Pendels etc*). **2.** Hin u. Her. **3.** *fig.* Schwanken *n*. **4.** *fig.* a) Wortgefecht *n*, b) Frage-u.-Antwort-Spiel *n*. **II** *adj* **5.** Hin-u. Her...: **~ motion**. **6.** **~ visiting** Besuche u. Gegenbesuche *pl*.

**toast¹** [təʊst] **I** *s* **1.** Toast *m*: **(as) warm as ~** mollig warm; **to have s.o. on ~** *sl.* j-n ganz in der Hand haben. **II** *v/t* **2.** a) toasten, b) rösten. **3. to ~ one's hands by the fire** sich die Hände am Feuer wärmen. **III** *v/i* **4.** sich toasten *od.* rösten lassen. **5. to be ~ing in the sun** *colloq.* sich in *od.* von der Sonne braten lassen.

**toast²** [təʊst] **I** *s* **1.** Toast *m*, Trinkspruch *m*: **to propose a ~ to** → 3. **2.** gefeierte Per¦son *od.* Sache(, *auf die ein Toast ausgebracht wird*): **the ~ of the opera season** der Star der Opernsaison. **II** *v/t* **3.** toasten *od.* trinken auf (*acc*), e-n Toast *od.* Trinkspruch ausbringen auf (*acc*). **III** *v/i* **4.** toasten (to auf *acc*).

**¹toast·er¹** *s* Toaster *m*.

**¹toast·er²** *s* j-d, der toastet *od.* e-n Trinkspruch ausbringt.

**¹toast·ing fork** *s* Röstgabel *f*.

**¹toast¦mas·ter** *s* j-d, der bei Diners Tischredner ankündigt sowie Toasts ansagt *od.* ausbringt. **~ rack** *s* Toastständer *m*.

**to·bac·co** [təˈbækəʊ] *pl* **-cos** *s* **1.** *a.* ~ **plant** *bot.* Tabak(pflanze *f*) *m*. **2.** (*Rauchetc*)Tabak *m*: **~ heart** *med.* Nikotinherz *n*. **3.** *collect.* Tabakwaren *pl*. **4.** *a.* **brown ~** Tabakbraun *n*. **to¹bac·co·nist** [-kənɪst] *s bes. Br.* Tabak(waren)händler *m*: **~'s (shop)** Tabak(waren)laden *m*. **to·bac·co¦ pipe** *s* Tabakspfeife *f*. **~ pouch** *s* Tabakbeutel *m*. **T~ Road** *s Am. fig.* Elendsgebiet *n*, -viertel *n*. **~ tamp·er** *s* Pfeifenstopfer *m*.

**to·bie** → toby 2.

**to·bog·gan** [təˈbɒgən; *Am.* -¹bɑ-] *s* **1.** (Rodel)Schlitten *m*: **~ slide** (*od.* chute) Rodelbahn *f*. **2.** *Am.* a) Rodelhang *m*, b) **our firm is on the ~** *fig.* mit unserer Firma geht es bergab, c) *fig.* (Preisetc)Sturz *m*: **to hit the ~** → 4. **II** *v/i* **3.** Schlitten fahren, rodeln. **4.** *Am. fig.* stürzen, ¸purzeln¹ (*Preise etc*). **to¹bog·gan·er**, **to¹bog·gan·ist** *s* Rodler(in).

**to·by** [ˈtəʊbɪ] *s* **1.** *a.* **jug** Bierkrug in Gestalt e-s dicken alten Mannes mit Dreispitz. **2.** *Am. sl.* billiger Ziga¹rillo.

**toc·ca·ta** [təˈkɑːtə] *s mus.* Tok¹kata *f*.

**Toc H** [¸tɒkˈeɪtʃ] *s Br.* e-e christlich-humanitäre Gesellschaft.

**to·col·o·gy** [təˈkɒlədʒɪ; *Am.* təʊˈkɑ-] *s med.* Tokolo¦gie *f*, Geburtshilfe *f*.

**toc·sin** [ˈtɒksɪn] *s* **1.** ¸Alarm-, Sturmglocke *f*. **2.** ¸Alarm-, ¹Warnsi¦gnal *n*.

**tod¹** [tɒd; *Am.* tɑd] *s* altes englisches Wollgewicht, meistens 28 lb = 12,7 kg.

**tod²** [tɒd] *s Br. dial.* Fuchs *m*.

**tod³** [tɒd] *s*: **on one's ~** *Br. sl.* ganz allein.

**to·day** [təˈdeɪ] **I** *adv* **1.** heute, heutzutage, gegenwärtig. **II** *s* **2.** heutiger Tag: **~'s paper** die heutige Zeitung, die Zeitung von heute; **~'s rate** *econ.* Tageskurs *m*. **4.** (*das*) Heute, (*die*) heutige Zeit, (*die*) Gegenwart: **the writers of ~** die Schriftsteller von heute *od.* der Gegenwart.

**tod·dle** [ˈtɒdl; *Am.* ¹tɑdl] **I** *v/i* **1.** auf wack(e)ligen *od.* unsicheren Beinen gehen (*bes. Kleinkind*). **2.** *colloq.* (da¹hin-) zotteln: **to ~ off** (*od.* along) sich trollen, ¸abhauen¹. **II** *s* **3.** wack(e)liger *od.* unsicherer Gang. **4.** *colloq.* Bummel *m*: **to go for a ~** e-n Bummel machen. **¹tod·dler** *s* Kleinkind *n*.

**tod·dy** ['tɒdɪ; *Am.* 'tɑ-] *s* Toddy *m*:
a) *grogartiges Getränk*, b) Palmwein *m*.
**to-do** [tə'du:] *pl* **-dos** *s colloq.* **1.** Krach
*m*, Lärm *m*. **2.** Getue *n*, ,Wirbel' *m*,
,The'ater' *n*: to make much ~ about
s.th. viel Wind um e-e Sache machen.
**to·dy** ['təʊdɪ] *s orn.* Todi *m*.
**toe** [təʊ] **I** *s* **1.** *anat.* Zehe *f*, Zeh *m*: big (*od.*
great) ~ große Zehe; little ~ kleine Zehe;
on one's ~s *colloq.* ,auf Draht', ,auf dem
Posten'; to turn one's ~s in (out) ein-
wärts (auswärts) gehen; to turn up
one's ~s *sl.* ,ins Gras beißen' (*sterben*); to
tread (*od.* step) on s.o.'s ~ '*colloq.* j-m
auf die Hühneraugen treten'. **2.** Vorder-
huf *m* (*des Pferdes*). **3.** Spitze *f*, Kappe *f*
(*von Schuhen, Strümpfen etc*). **4.** *fig.* Spit-
ze *f*, Ende *n*. **5.** *tech.* a) (Well)Zapfen *m*,
b) Nocken *m*, Daumen *m*, Knagge *f*,
c) *rail.* Keil *m* (*der Weiche*). **6.** *sport* Löffel
*m* (*des Golfschlägers*). **II** *v/t* **7.** a) *Strümp-
fe etc* mit neuen Spitzen versehen,
b) *Schuhe* bekappen. **8.** mit den Zehen
berühren: to ~ the line (*od.* mark) a) in
e-r Linie (*sport* zum Start) antreten, b)
*fig.* sich der Parteilinie unterwerfen, ,li-
nientreu sein', ,spuren' (*a. weitS. gehor-
chen*); to keep s.o. ~ing the line j-n bei
der Stange halten. **9.** *sport* den Ball spit-
zeln. **10.** j-m e-n Fußtritt versetzen.
**11.** *Golf:* den Ball mit dem Löffel (*des
Schlägers*) schlagen. **III** *v/i* **12.** to ~ in
(out) (*mit den Fußspitzen*) einwärts (aus-
wärts) stehen *od.* gehen.
**'toe·board** *s* **1.** Fußbrett *n*. **2.** *Leicht-
athletik:* Stoß-, Wurfbalken *m*. **'~·cap** *s*
(Schuh)Kappe *f*. **~ clip** *s Radsport:*
Rennhaken *m*.
**toed** [təʊd] *adj* (*in Zssgn*) ...zehig.
**toe|** **dance** *s* Spitzentanz *m*. **'~-dance**
*v/i* auf den Spitzen tanzen. **~ danc·er** *s*
Spitzentänzer(in). **'~·hold** *s* **1.** Halt *m* für
die Zehen (*beim Klettern*). **2.** *fig.* a) An-
satzpunkt *m*, b) Brückenkopf *m*, 'Aus-
gangsposi,ti,on *f*: to get a ~ Fuß fassen.
**3.** *Ringen:* Zehengriff *m*. **'~-in** *s mot.*
Vorspur *f*. **~ i·ron** *s hist.* Zehenbacken *m*
(*der Skibindung*). **~ loop** *s* Eis-, Rollkunst-
lauf: Toe-loop *m*. **'~·nail** *s anat.* Zehen-
nagel *m*. **'~-out** *s mot.* Nachspur *f*. **~
rub·ber** *s Am.* 'Gummi,überzug *m* (*für
Damenschuhe*). **'~-shoe** *s* Bal'lettschuh *m*
(*für den Spitzentanz*). **~ spin** *s* Eis-,
Rollkunstlauf: 'Spitzenpirou,ette *f*.
**toff** [tɒf] *s Br. sl.* ,feiner Pinkel', ,Fatzke'
*m*, Geck *m*.
**tof·fee, a. tof·fy** ['tɒfɪ; *Am. a.* 'tɑ-] *s bes.
Br.* Toffee *n*, 'Sahnebon,bon *n*, *m*: he
can't shoot for ~ *colloq.* vom Schießen
hat er keinen (blassen) Schimmer; not
for ~ *colloq.* nicht für Geld u. gute Worte.
**~ ap·ple** *s bes. Br.* kan'dierter Apfel. **'~-
-nosed** *adj Br. colloq.* ,aufgeblasen',
eingebildet.
**toft** [tɒft] *s Br. hist.* a) Heim-, Hofstätte *f*,
b) *a.* **~ and croft** Anwesen *n*, Haus *n* mit
da'zugehörigem Land.
**tog** [tɒg; *Am. a.* tɑg] *colloq.* **I** *s pl* ,Kla-
'motten' *pl*, ,Kluft' *f*: golf ~s Golfdreß *m*;
to put on one's best ~s sich ,in Schale
werfen'. **II** *v/t meist* ~ out, ~ up j-n
her'ausputzen: to ~ o.s. up (*od.* out) sich
,in Schale werfen'.
**to·geth·er** [tə'geðə(r)] **I** *adv* **1.** zu'sam-
men: to call (sew) ~ zs.-rufen (-nähen);
to belong ~ zs., zueinandergehören; to
get it all ~ *Am. sl.* ausgeglichen werden.
**2.** zu- *od.* bei'sammen, mitein'ander, ge-
meinsam: to live ~ zs.-leben. **3.** zu-
'sammen(genommen): more than all
the others ~. **4.** mitein'ander, gegen-
ein'ander: to fight ~. **5.** zu'gleich, gleich-
zeitig, zu'sammen: two things ~. **6.**
(*Tage etc*) nach-, hinterein'ander, (*e-e
Zeit etc*) lang *od.* hin'durch: 3 days ~ 3

Tage nacheinander *od.* lang; he talked
for hours ~ er sprach stundenlang. **7.** ~
with zu'sammen *od.* gemeinsam mit,
(mit)'samt, mit: he sent him a letter ~
with some money. **II** *adj* **8.** *Am. sl.*
ausgeglichen: a ~ young man. **to'geth-
er·ness** *s* **1.** Zs.-gehörigkeit *f*, Einheit *f*.
**2.** Nähe *f*. **3.** Zs.-gehörigkeitsgefühl *n*.
**tog·ger·y** ['tɒgərɪ; *Am. a.* 'tɑ-] *s colloq.*
**1.** → tog I. **2.** *a.* ~ shop *bes. Br.* Kleider-
laden *m*.
**tog·gle** ['tɒgl; *Am.* 'tɑgəl] **I** *s* **1.** *mar. tech.*
Knebel *m*. **2.** *tech.* → toggle joint. **II** *v/t*
**3.** ein-, festknebeln. **~ bolt** *s tech.* Kne-
belbolzen *m*. **~ joint** *s tech.* Knebel-,
Kniegelenk *n*. **~ press** *s tech.* Kniege-
lenkpresse *f*. **~ switch** *s electr.* Kipp-
schalter *m*.
**toil¹** [tɔɪl] **I** *s* **1.** mühselige Arbeit, Placke-
'rei *f*, Mühe *f*, Plage *f*. **II** *v/i* **2.** sich
abmühen *od.* abplacken *od.* quälen *od.*
plagen (at, on mit). **3.** sich vorwärts-
arbeiten (along auf *dat*), sich mühselig
'durcharbeiten (through durch): to ~ up
a hill e-n Berg mühsam erklimmen.
**toil²** [tɔɪl] *s meist pl fig.* Schlingen *pl*, Netz
*n*: in the ~s of a) in den Schlingen *des
Satans etc*, b) in Schulden *etc* verstrickt.
**toile** [twɑ:l] *s* Toile *f* (*Gewebe in Lein-
wandbindung*).                [*n*, -pferd *n*.]
**'toil·er** *s* Schwerarbeiter *m*, Arbeitstier *f*
**toi·let** ['tɔɪlɪt] *s* **1.** Toi'lette *f*, Klo'sett *n*.
**2.** Toi'lette *f* (*Ankleiden, Kämmen etc*): to
make one's ~ Toilette machen. **3.** Fri-
'sier-, Toi'lettentisch *m*. **4.** Toi'lette *f*,
(feine) Kleidung, *a.* (Abend)Kleid *n od.*
(Gesellschafts)Anzug *m*. **~ bag** *s* Kul'tur-
beutel *m*. **~ case** *s* 'Reiseneces,saire *n*. **~
glass** *s* Toi'lettenspiegel *m*. **~ pa·per** *s*
Toi'letten-, Klo'settpa,pier *n*. **~ pow·
der** *s* Körperpuder *m*. **~ roll** *s* Rolle *f*
Toi'letten- *od.* Klo'settpa,pier. **~ room**
→ toilet 1.
**toi·let·ry** ['tɔɪltrɪ] *s* Toi'lettenar,tikel *m*.
**toi·let|** **seat** *s* Klo'settsitz *m*, -brille *f*. **~
set** *s* Toi'lettengarni,tur *f*. **~ soap** *s*
Toi'lettenseife *f*. **~ ta·ble** → toilet 3.
**toi·lette** [twɑ:'let] → toilet 2, 4.
**toi·let|** **tis·sue** → toilet paper. **~
wa·ter** *s* Eau *n*, *f* de toi'lette.
**toil·ful** ['tɔɪlful], **'toil·some** [-səm] *adj*
(*adv* ~ly) mühselig. **'toil·some·ness** *s*
Mühseligkeit *f*.
**'toil·worn** *adj* abgearbeitet, erschöpft.
**to·ing and fro·ing** [,tu:ɪŋən'frəʊɪŋ] *s*
Hin u. Her *n*.
**To·kay** [təʊ'keɪ] *s* To'kaier *m* (*ungari-
scher Wein u. Traube*).
**toke** [təʊk] *Am. sl.* **I** *s* Zug *m* an e-r
Marihu'anazi,g,rette: to take a ~ → II.
**II** *v/i* e-n Zug an e-r Marihu'anaziga-
,rette machen.
**to·ken** ['təʊkən] **I** *s* **1.** Zeichen *n*:
a) Anzeichen *n*, Merkmal *n*, b) Beweis *m*:
as a (*od.* in) ~ of als *od.* zum Zeichen
(*gen*); by the same ~ a) aus dem gleichen
Grunde, mit demselben Recht, umge-
kehrt, andererseits, b) überdies, ferner.
**2.** Andenken *n*, Erinnerungsgeschenk *n*,
('Unter)Pfand *n*. **3.** Scheidemünze *f*.
**4.** *Bergbau:* Hauermarke *f*. **5.** (Me'tall-)
Marke *f* (*als Fahrausweis*). **6.** Spielmarke
*f*. **7.** Gutschein *m*, Bon *m*. **8.** *Bibl. u. obs.*
(verabredetes) Zeichen. **II** *adj* **9.** a)
nomi'nell: ~ coin Scheidemünze *f*; ~
money Scheidemünzen *pl*; Not-, Ersatz-
geld *n*; ~ payment symbolische Zah-
lung; ~ strike kurzer Warnstreik; ~
Alibi...: ~ woman, ~ negro *a.* ,Vor-
zeigeneger' *m*. **10.** Schein-: ~ raid
Scheinangriff *m*.
**to·kol·o·gy** → tocology.
**to·la** ['təʊlə] *s* Tola *n*, *f* (*indische Gewichts-
einheit; etwa 11,6 g*).
**toll·booth** ['tɒlbuːθ; *Am. a.* 'təʊl-; -tɑl-] *s*

**1.** → tollbooth. **2.** *bes. Scot.* Rathaus *n*.
**told** [təʊld] *pret u. pp von* **tell.**
**tol·er·a·ble** ['tɒlərəbl; *Am.* 'tɑ-] *adj* (*adv*
tolerably) **1.** erträglich: ~ life (pain,
etc). **2.** leidlich, mittelmäßig, erträglich.
**3.** *how are you?* ~ *colloq.* so lala; he felt
tolerably secure *colloq.* er fühlte sich
einigermaßen sicher. **4.** *tech.* zulässig: ~
error (limit, etc). **'tol·er·a·ble·ness** *s*
**1.** Erträglichkeit *f*. **2.** Mittelmäßigkeit *f*.
**tol·er·ance** ['tɒlərəns; *Am.* 'tɑ-] *s*
**1.** Tole'ranz *f*, Duldsamkeit *f*. **2.** (of) a)
Duldung *f* (*gen*), b) Nachsicht *f* (mit).
**3.** *med.* a) Tole'ranz *f*, 'Widerstands-
fähigkeit *f* (for gegen *Gift etc*), b) Ver-
träglichkeit *f*: → tissue 1. **4.** *math. tech.*
Tole'ranz *f*, zulässige Abweichung, Spiel
*n*, Fehlergrenze *f*. **'tol·er·ant** *adj* (*adv*
~ly) **1.** tole'rant, duldsam (of gegen): to
be ~ of criticism Kritik vertragen
(können). **2.** geduldig, nachsichtig (of
mit). **3.** *med.* 'widerstandsfähig (of ge-
gen). **'tol·er·ate** [-reɪt] *v/t* **1.** j-n *od.*
*etwas* dulden, ertragen, leiden. **2.** duld-
sam *od.* tole'rant sein gegen. **3.** zulassen,
tole'rieren, 'hinnehmen, sich gefallen
lassen. **4.** *etwas* ertragen: to ~ s.o.'s
company. **5.** *bes. med.* vertragen: to ~ a
poison. **,tol·er·a·tion** *s* **1.** Duldung *f*,
Tole'rierung *f*. **2.** → tolerance 1.
**toll¹** [təʊl] *s* **1.** *hist.* Zoll(gebühr *f*) *m*, *bes.*
Wege-, Brückenzoll *m*. **2.** Straßenbenut-
zungsgebühr *f*, Maut *f*. **3.** Standgeld *n*
(*auf e-m Markt etc*). **4.** *Am.* Hafengebühr
*f*. **5.** *Br. hist.* Recht *des* Lehnsherrn, Ab-
gaben zu erheben. **6.** *teleph. Am.* Gebühr *f*
für ein Ferngespräch. **7.** *fig.* Tri'but *m* (*an
Menschenleben etc*), (Blut)Zoll *m*, (Zahl *f*
der) Todesopfer *pl*: the ~ of the road die
(Zahl der) Verkehrsopfer; to take a ~ of
100 lives 100 Todesopfer fordern (*Kata-
strophe*); to take its ~ *od. fig.* j-n arg
mitnehmen, s-n Tribut fordern von (*j-m
od. e-r Sache*), *Kräfte, Vorräte etc* stark
beanspruchen *od.* strapazieren, nicht
spurlos vorübergehen an (*dat*).
**toll²** [təʊl] **I** *v/t* **1.** (*bes.* Toten)Glocke
läuten, erschallen lassen. **2.** *e-e Stunde*
schlagen: the clock ~s the hour.
**3.** (*durch Glockengeläut*) verkünden, die
Totenglocke läuten für (*j-n*). **II** *v/i*
**4.** läuten, schallen. **5.** schlagen (*Glocke,
Uhr*). **III** *s* **6.** (*feierliches*) Geläut.
**7.** Glockenschlag *m*.
**toll·age** ['təʊlɪdʒ] *s* **1.** → toll¹ 1 *u.* 2.
**2.** Entrichtung *f od.* Erhebung *f* von
Zöllen *od.* Straßenbenutzungsgebühren.
**toll|** **bar** → tollgate. **'~·booth** *s* Maut-
häus-chen *n*. **~ bridge** *s* gebührenpflich-
tige Brücke, Mautbrücke *f*. **~ ca·ble** *s
teleph.* Fernkabel *n*. **~ call** *s teleph.* **1.** *Am.*
Ferngespräch *n*. **2.** *Br. obs.* Nahverkehrs-
gespräch *n*. **~ col·lec·tor** *s* **1.** Mautner
*m*. **2.** Zählvorrichtung *f* an e-r Mautstelle.
**'~·gate** *s* Schlagbaum *m* (*e-r Maut-
straße*). **'~·house** *s* Mautstelle *f*. **~ road** *s*
gebührenpflichtige Straße, Mautstraße *f*.
**to·lu** [tə'lu:; *Am.* tə-] *s* Tolubalsam *m*.
**tol·u·ate** ['tɒljʊeɪt; *Am.* 'tɑljə,weɪt] *s
chem.* Tolu'at *n*.
**tol·u·ene** ['tɒljuːiːn; *Am.* 'tɑljə,wiːn] *s
chem.* Tolu'ol *n*.
**to·lu·i·dine** [tə'ljuːɪdiːn; *Am.* tə'luː,ɪdiːn] *s
chem.* Tolui'din *n*.
**tol·u·ol** ['tɒljʊɒl; *Am.* 'tɑljə,wɔːl; -,wəʊl]
→ toluene.
**tol·u·yl** ['tɒljʊɪl; *Am.* 'tɑljə,wɪl] *s a.* ~
group (*od.* radical) *chem.* Tolu'yl *n*.
**tom** [tɒm; *Am.* tɑm] *s* **1.** Männchen *n*
(*kleinerer Tiere*): ~ turkey Truthahn *m*,
Puter *m*. **2.** Kater *m*. **3.** T~ (*abbr. für*)
Thomas *m*: (every *od.* any) T~, Dick,
and Harry Hinz u. Kunz, jeder x-belie-
bige; T~ Thumb Däumling *m*; T~ and
Jerry *Am.* Eiergrog *m*.

**tom·a·hawk** [ˈtɒməhɔːk; *Am.* ˈtɑmɪ-] **I** *s*
**1.** Tomahawk *m*, Kriegsbeil *n* (*der Indianer*): **to bury** (**dig up**) **the** ~ *fig.* das Kriegsbeil begraben (ausgraben). **2.** *Austral.* (Hand)Beil *n.* **II** *v/t* **3.** mit dem Tomahawk verwunden *od.* erschlagen. **4.** *fig.* 'in die Pfanne hauen' (*hart kritisieren*).
**tom·al·ley** [ˈtɒmælɪ; *Am.* ˈtɑmˌælɪ; təˈmæliː] *s* Hummerleber *f.*
**to·ma·to** [təˈmɑːtəʊ; *Am.* *a.* -ˈmeɪ-] *pl* **-toes** *s* *bot.* Toˈmate *f.*
**tomb** [tuːm] *s* **1.** Grab(stätte *f*) *n.* **2.** Grabmahl *n*, Gruft *f.* **3.** *fig.* (*das*) Grab, (*der*) Tod.
**tom·bac(k),** *a.* **tom·bak** [ˈtɒmbæk; *Am.* ˈtɑm-] *s* *tech.* Tombak *m*, Rotmessing *n.*
**tomb cham·ber** *s* Grabkammer *f.*
**tom·bo·la** [tɒmˈbəʊlə; *Am.* ˈtɑmbələ] *s* Tombola *f.*
**tom·boy** [ˈtɒmbɔɪ; *Am.* ˈtɑm-] *s* Wildfang *m*, Range *f* (*Mädchen*). **ˈtom·boy·ish** *adj* ausgelassen, wild.
**ˈtomb·stone** *s* **1.** Grabstein *m*, -mal *n.* **2.** Grabplatte *f.*
**ˌtomˈcat** *s* Kater *m.*
**tome** [təʊm] *s* **1.** Band *m* (*e-s Werkes*). **2.** ,dicker Wälzer' (*Buch*).
**tom·fool** [ˌtɒmˈfuːl; *Am.* ˌtɑm-] **I** *s* Einfaltspinsel *m*, Dummkopf *m.* **II** *adj* einfältig, dumm. **III** *v/i* (her'um)albern.
**tomˈfool·er·y** [-ərɪ] *s* Albernheit *f*, Unsinn *m.*
**tom·my¹** [ˈtɒmɪ; *Am.* ˈtɑ-] *s* **1.** *mil. Br.* a) *a.* T~ Atkins ,Tommy' *m* (*der brit. Soldat*), b) *a.* T~ *colloq.* ,Tommy' *m*, Landser *m* (*einfacher Soldat*). **2.** *Br. dial.* ,Fres'salien' *pl*, Verpflegung *f.* **3.** *tech.* a) (verstellbarer) Schraubenschlüssel, b) *a.* ~ **bar** Knebelgriff *m.* T~ **gun** *s mil.* Maˈschinenpiˌstole *f.* ~ˈrot *s colloq.* (purer) Blödsinn, ,Quatsch' *m.*
**to·mo·gram** [ˈtəʊməgræm] *s med.* Tomograˈphie *f* (*einzelne Anwendung des Röntgenschichtverfahrens*). **toˈmog·ra·phy** [-ˈmɒgrəfɪ; *Am.* -ˈmɑ-] *s med.* Tomograˈphie *f*, Röntgenschichtverfahren *n.*
**to·mor·row** [təˈmɒrəʊ; *Am.* *a.* -ˈmɑ-] **I** *adv* morgen: ~ **week** morgen in e-r Woche *od.* in acht Tagen; ~ **morning** morgen früh; ~ **night** morgen abend. **II** *s* (*der*) morgige Tag, (*das*) Morgen: ~'s **paper** die morgige Zeitung; ~ **never comes** das werden wir nie erleben; **as if there were no** ~ als ob es das letzte Mal wäre.
**tom·pi·on** [ˈtɒmpjən; *Am.* ˈtɑmpɪən] → tampion.
**Tomˌ Tidˈdler's ground** [ˈtɪdlə(r)z] *s* **1.** Kinderspiel, bei dem ein Spieler (Tom Tiddler) die anderen Spieler zu fangen versucht, die in sein Gebiet eindringen. **2.** *fig.* Niemandsland *n.* **ˈt~·tit** *s orn. Br.* (*bes.* Blau)Meise *f.* **ˈt~-tom I** *s mus.* **1.** Hindutrommel *f.* **2.** (*chinesischer*) Gong. **3.** Tom-ˈtom *n*, Tamˈtam *n.* **4.** monoˈtones Geräusch. **II** *v/t u. v/i pret u. pp* **-tomed,** *bes. Br.* **-tommed 5.** trommeln.
**ton¹** [tʌn] *s* **1.** (*englische*) Tonne (*Gewicht*): a) *a.* **long** ~ *bes. Br.* = 2240 lbs. *od.* 1016,05 *kg*, b) *a.* **short** ~ *bes. Am.* = 2000 lbs. *od.* 907,185 *kg*, c) *a.* **metric** ~ metrische Tonne (= 2204,6 lbs. = 1000 *kg*); **to weigh a** ~ *colloq.* ,wahnsinnig' schwer sein; ~ **brick** 1. **2.** *mar.* Tonne *f* (*Raummaß*): **register** ~ Registertonne (= 100 *cubic feet* = 2,8317 *m³*); **gross register** ~ Bruttoregistertonne (*Schiffsgrößenangabe*); **displacement** ~ Tonne (der) Wasserverdrängung; **measurement** (*od.* **freight**) ~ Frachttonne (= 40 *cubic feet*). **3.** *pl* *colloq.* Unmasse(*n pl*) *f*: ~**s of money** massenhaft Geld; ~**s of times** ,tausendmal'; ~**s better** viel *od.* wesentlich

besser. **4. to do the** (*od.* a) ~ *Br. sl.* a) mit 100 Meilen fahren (*Fahrer*), b) 100 Meilen fahren *od.* schaffen (*Auto etc*).
**ton²** [tɔ̃ː; *Am.* təʊn] *s* (*die*) herrschende Mode: **in the** ~ modisch, elegant.
**ton·al** [ˈtəʊnl] *adj mus.* **1.** Ton..., tonlich. **2.** klanglich. **3.** toˈnal: a) tonartlich, b) der Tonaliˈtät angepaßt: ~ **fugue** Fuge *f* mit tonaler Beantwortung. **ˈton·al·ist** [-nəlɪst] *s* toˈnaler Musiker. **toˈnal·i·ty** [-ˈnælətɪ] *s* **1.** *mus.* Tonaliˈtät *f*: a) Tonart *f*, b) ˈKlangchaˌrakter *m* (*e-s Instruments etc*). **2.** *paint.* Tönung *f*, Farbton *m.*
**ˈto-name** *s Scot.* **1.** Beiname *m.* **2.** Spitzname *m.*
**ton·do** [ˈtɒndəʊ; *Am.* ˈtɑn-] *pl* **-di** [-diː] *s* Tondo *n*, Rundbild *n.*
**tone** [təʊn] **I** *s* **1.** *allg.* Ton *m*, Laut *m*, Klang *m.* **2.** Ton *m*, Stimme *f*: **in an angry** ~ mit zorniger Stimme, in ärgerlichem Ton. **3.** *ling.* a) Tonfall *m*: **English with a French** ~, b) Betonung *f*, Tonhöhe *f.* **4.** *mus.* a) Ton *m*: **degrees of** ~ Stärkungen, b) *Am.* Note *f.* **5.** *mus.* ˈKlang(chaˌrakter *m*, -farbe *f*) *m.* **6.** → **Gregorian tone. 7.** *paint.* (Farb)Ton *m*, Farbgebung *f*, Tönung *f.* **8.** *fig.* Schatˈtierung *f*, Abstufung *f*, Tönung *f.* **9.** *med.* Tonus *m* (*Spannungszustand der Muskeln*). **10.** *fig.* Spannkraft *f.* **11.** *fig.* a) Haltung *f*, Geist *m*, b) Niˈveau *n*: **to give** ~ **to a place. 12.** Stimmung *f* (*a. econ. an der Börse*). **13.** Ton *m*, Note *f*, Stil *m*: **to set the** ~ of a) den Ton angeben (*für*), tonangebend sein in (*dat*), b) den Stil *e-r Sache* bestimmen, c) entscheidend sein für. **II** *v/t* **14.** e-n Ton verleihen (*dat*), e-e Färbung geben (*dat*), *ein Bild* koloˈrieren: ~**d** (ab)getönt; ~**d paper** Tonpapier *n.* **15.** *ein Instrument* stimmen. **16.** *e-e Farbe etc* abstufen, (ab)tönen. **17.** *phot.* tonen: **toning bath** Tonbad *n.* **18.** *fig.* a) ˈumformen, -modeln, b) regeln. **19.** *j-m* Spannkraft verleihen, *j-n*, *a.* die Muskeln stärken. **III** *v/i* **20.** e-n Farbton *od.* e-e Tönung annehmen. **21.** sich abstufen *od.* abtönen. **22.** *a.* ~ **in** (**with**) a) verschmelzen (mit), b) harmoˈnieren (mit), passen (zu).
*Verbindungen mit Adverbien:*
**toneˈ down I** *v/t paint. u. fig.* dämpfen, mildern: **to** ~ **a colo(u)r; to** ~ **s.o.'s anger. II** *v/i* sich mildern *od.* abschwächen. ~ **up** *v/t* **1.** *paint. u. fig.* kräftiger machen, *ton* verstärken. **2.** → tone 19.
**toneˈ arm** *s* Tonarm *m* (*am Plattenspieler*). ~ **clus·ter** *s mus.* **1.** Tonbündel *n* (*in e-m Akkord*). **2.** Bündelnote *f.* ~ **colo(u)r** *s mus. phys.* Klangfarbe *f.* ~ **con·trol** *s Radio etc*: Klangregler *m*, Tonblende *f.* ~ˈ**deaf** *adj* nicht in der Lage, Töne verschiedener Höhe zu unterˈscheiden. ~ **lan·guage** *s ling.* Tonsprache *f* (*Chinesisch etc*).
**ˈtone·less** *adj* (*adv* ~**ly**) **1.** tonlos (*a. Stimme*). **2.** eintönig.
**to·neme** [ˈtəʊniːm] *s ling.* Toˈnem *n* (*Phonem, das in e-r bestimmten Betonung besteht*).
**toneˈ paint·ing** *s mus.* Tonmaleˈrei *f.* ~ **pic·ture** *s mus.* Tongemälde *n.* ~ **pitch** *s phys.* Tonhöhe *f.* ~ **po·em** *s mus.* Tondichtung *f.* ~ **qual·i·ty** *s* **1.** *mus.* ˈKlangchaˌrakter *m.* **2.** *phys.* Klanggüte *f.* ~ **row**, ~ **se·ries** *s Zwölftonmusik*: Reihe *f.* ~ **syl·la·ble** *s ling.*
**to·net·ic** [təʊˈnetɪk] *ling.* **I** *adj*: ~ **language** → tone language. **II** *s pl* (*als sg konstruiert*) Tonlehre *f.*
**tong** [tɒŋ; *Am.* taŋ] *s chinesischer Geheimbund in den USA.*
**tongs** [tɒŋz; *Am. a.* taŋz] *s pl* (*a. als sg konstruiert*) Zange *f*: **a pair of** ~ e-e Zange; **are these your** ~? ist das d-e Zange?; **I would not touch that with a**

**pair of** ~ a) das würde ich nicht einmal mit e-r Zange anfassen, b) *fig.* mit der Sache möchte ich nichts zu tun haben.
**tongue** [tʌŋ] **I** *s* **1.** *anat.* Zunge *f* (*a. fig. Redeweise*): **malicious** ~**s** böse Zungen; **with** (**one's**) ~ **in** (**one's**) **cheek**, ~ **in cheek** a) ironisch, b) mit Hintergedanken; **to bite the** ~ auf der Zunge beißen; **to bite one's** ~ sich auf die Zunge beißen (*a. fig.*); **I would rather bite off my** ~ **than** ... ich würde mir eher *od.* lieber die Zunge abbeißen als ...; **to find one's** ~ die Sprache wiederfinden; **to make s.o. find his** ~ *j-m* die Zunge lösen, *j-n* zum Reden bringen; **to get one's** ~ (**a)round** *colloq. ein schwieriges Wort etc* richtig aussprechen; **to give** ~ a) sich laut u. deutlich äußern (**to** zu), b) anschlagen (*Hund*), c) Laut geben (*Jagdhund*); **to have a long** ~ geschwätzig sein; **to have a ready** ~ nicht auf den Mund gefallen sein, schlagfertig sein; **to have a sharp** ~ e-e scharfe *od.* spitze Zunge haben; **to hold one's** ~ den Mund halten; **to keep a civil** ~ (**in one's head**) höflich bleiben; **he lost his** ~ er verlor die Sprache, ihm verschlug es die Sprache; **to put one's** ~ **out at s.o.** *j-m* die Zunge herausstrecken; **to wag one's** ~ ,tratschen'; **to set** ~**s wagging** Gerede verursachen; → **loose** 5 *f*, tip¹ 1. **2.** *gastr.* (Rinder- *etc*)Zunge *f*: **smoked** ~ Räucherzunge. **3.** Sprache *f* (*e-s Volkes*), Zunge *f*: **confusion of** ~**s** *Bibl.* Sprachverwirrung *f*; **gift of** ~**s** a) *Bibl.* Gabe *f* des Zungenredens, b) Sprachtalent *n*, c) *relig.* ekstatische Rede (*in Sekten*). **4.** *Bibl.* Volk *n*, Natiˈon *f*, Zunge *f.* **5.** *fig.* Zunge *f* (**a flame, a shoe,** *etc*). **6.** ~ Klöppel *m* (*e-r Glocke*). **7.** (Wagen)Deichsel *f.* **8.** *Tischlerei*: Zapfen *m*, Spund *m*, Feder *f*: ~ **and groove** Feder u. Nut. **9.** *tech.* a) (Lauf-, Führungs)Schiene *f*, b) Lasche *f.* **10.** *rail.* Weichenzunge *f.* **11.** Dorn *m* (*e-r Schnalle*). **12.** Zeiger *m* (*e-r Waage*). **13.** *electr.* (Reˈlais)Anker *m.* **14.** *geogr.* Landzunge *f.* **II** *v/t* **15.** *mus.* mit Flatterzunge blasen. **16.** *Tischlerei*: verzapfen, durch Nut u. Feder verbinden.
**tongued** *adj* **1.** (*in Zssgn*) ...züngig. **2.** *tech.* gezapft, gefedert.
**ˌtongue-in-ˈcheek** *adj* **1.** iˈronisch. **2.** mit ˈHintergedanken. ˈ~-**lash** *v/t colloq. j-n* ,zs.-stauchen', *j-m* ,e-e Standpauke halten'. ˈ~-**lash·ing** *s colloq.* ,Standpauke' *f.* ˈ~-**tie** *s med.* angeborene Kürze des Zungenbändchens. **II** *v/t fig. j-m* die Zunge lähmen *od.* die Sprache verschlagen. ˈ~-**tied** *adj fig.* stumm, sprachlos (*vor Verlegenheit etc*): **to be** ~ keinen Ton herausbringen. ~ **twist·er** *s* ,Zungenbrecher' *m.*
**ton·ic** [ˈtɒnɪk; *Am.* ˈtɑ-] **I** *adj* (*adv* ~**ally**) **1.** *med.* tonisch: ~ **spasm** Starrkrampf *m.* **2.** stärkend, belebend, erfrischend (*a. fig.*): ~ **water** Tonic *n.* **3.** *ling.* a) Ton..., b) betont: ~ **accent** musikalischer Akzent; ~ **language** → tone language. **4.** *mus.* Grundton..., Tonika...: ~ **chord** Grundakkord *m*; ~ **major** (**minor**) gleichnamige Dur-(Moll-)Tonart; ~ **sol-fa** Tonika-Do-System *n.* **5.** *paint.* Tönungs..., Farb(gebungs)... **II** *s* **6.** *pharm.* Stärkungsmittel *n*, Tonikum *n.* **7.** Tonic *n*: **gin and** ~. **8.** *fig.* Stimuˈlanz *f.* **9.** *mus.* Grundton *m*, Tonika *f.* **10.** *ling.* stimmhafter Laut.
**to·nic·i·ty** [təʊˈnɪsətɪ] *s* **1.** *med.* a) Tonus *m*, b) Spannkraft *f.* **2.** musiˈkalischer Ton.
**to·night** [təˈnaɪt] **I** *adv* **1.** heute abend. **2.** heute nacht. **II** *s* **3.** der heutige Abend. **4.** diese Nacht.
**ton·ite** [ˈtəʊnaɪt] *s chem.* Toˈnit *m* (*Sprengpulver*).

**ton·ka bean** ['tɒŋkə; *Am.* 'taŋkə] *s bot.* Tonkabohne *f.*

**ton·nage** ['tʌnɪdʒ] *s* **1.** *mar.* Ton'nage *f*, Tonnengehalt *m*, Schiffsraum *m*: **displacement ~** Verdrängungstonnage; **gross ~** Bruttotonnengehalt; **net register ~** Nettotonnengehalt *m*; **register ~** amtlicher Tonnengehalt. **2.** Ge'samtton·nage *f (der Handelsflotte e-s Landes)*. **3.** Ladungsgewicht *n.* **4.** (Ge'samt)Produkti₁on *f (nach* **tons** *berechnet für Stahl etc)*. **5.** Schiffszoll *m*, Tonnengeld *n.* **6.** *Br. hist.* (Wein)Zollgebühr *f.*

**tonne** [tʌn] *s* metrische Tonne.

**ton·neau** ['tɒnəʊ; *Am.* 'tɑ-; *a.* tə'nəʊ] *pl* **-neaus** *s mot.* hinterer Teil *(mit Rücksitzen)* e-s Autos.

**ton·ner** ['tʌnə(r)] *s mar.* (*meist in Zssgn*) ...tonner, Schiff *n* von ... Tonnen.

**to·nom·e·ter** [təʊ'nɒmɪtə(r); *Am.* -'nɑ-] *s* **1.** *mus. phys.* Tonhöhenmesser *m.* **2.** *phys.* (*med.* Blut)Druckmesser *m.*

**ton·sil** ['tɒnsl; *Am.* 'tɑnsəl] *s anat.* Mandel *f*, Ton'sille *f*: **~ snare** *med.* Tonsillenschlinge *f*; **to have one's ~s out** sich die Mandeln herausnehmen lassen. **'ton·sil·lar** [-sɪlə(r)] *adj anat.* Mandel..., ton·sil'lär, tonsil'lär.

**ton·sil·lec·to·my** [₁tɒnsɪ'lektəmɪ; *Am.* ₁tɑnsə-] *s med.* Mandelentfernung *f*, Tonsillekto'mie *f*: **incomplete** (*od.* **partial**) **~** Mandelresektion *f.* **ton·sil·li·tis** [-'laɪtɪs] *s med.* Mandelentzündung *f.* **ton·sil·lot·o·my** [-'lɒtəmɪ; *Am.* -'lɑ-] *s med.* Mandelschlitzung *f*, Tonsilloto'mie *f.*

**ton·so·ri·al** [tɒn'sɔːrɪəl; *Am.* tɑn-; -'səʊ-] *adj meist humor.* Barbier...: **~ artist** ,Figaro' *m.*

**ton·sure** ['tɒnʃə; *Am.* 'tɑntʃər] *relig.* **I** *s* **1.** Tonsu'rierung *f.* **2.** Ton'sur *f.* **II** *v/t* **3.** tonsu'rieren, die Ton'sur schneiden bei.

**ton·tine** [tɒn'tiːn; *Am.* 'tɑn₁tiːn] *s hist.* **1.** Ton'tine *f (Lebensrentengemeinschaft).* **2.** Ton'tine *f*, Erbklassenrente *f.* **3.** Anteil *m* an der Ton'tine.

**'ton-up** *Br. sl.* **I** *adj*: **~ motorbike** ,Maschine', die 100 Meilen schafft; **~ motorcyclist** → **II. II** *s* ,Motorradrennsau' *f.*

**to·nus** ['təʊnəs] *s med.* **1.** → tonicity 1. **2.** Starrkrampf *m.*

**to·ny** ['təʊniː] *adj Am. colloq.* **1.** schick, ele'gant. **2.** (stink)vornehm, feu'dal, Nobel...: **a ~ restaurant.**

**too** [tuː] *adv* **1.** (*vorangestellt*) zu, allzu: **all ~ familiar** allzu vertraut; **~ fond of comfort** zu sehr auf Bequemlichkeit bedacht; **~ high for you to reach** zu hoch, als daß du es erreichen könntest; **~ good to be true** zu schön, um wahr zu sein; **~ large for my taste** für m-n Geschmack zu groß; **~ much (of a good thing)** zuviel (des Guten); **far ~ many** viel zu viele; **don't be ~ sure!** sei nicht so sicher! **2.** *colloq.* sehr, über'aus, höchst, äußerst: **it is ~ kind of you; I am only ~ glad to help you** es ist mir ein (reines) Vergnügen, Ihnen zu helfen; **it's not ~ easy** es ist gar nicht so leicht. **3.** (*nachgestellt*) auch, ebenfalls. **4.** *Am. colloq.* (*zur Verstärkung beim imp*) **you will ~ do that!** und ob du das tun wirst!

**took** [tʊk] *pret von* take.

**tool** [tuːl] **I** *s* **1.** Werkzeug *n*, Gerät *n*, Instru'ment *n*: **~s** *collect.* Handwerkszeug; **burglar's ~s** Einbruchswerkzeug; **gardener's ~s** Gartengerät. **2.** *tech.* (Bohr-, Schneide- *etc*)Werkzeug *n (e-r Maschine), a.* Arbeits-, Drehstahl *m*: **cutting ~.** **3.** *tech.* a) 'Werkzeugma₁schine *f*, b) Drehbank *f.* **4.** a) 'Stempelfi₁gur *f (der Punzarbeit auf e-m Bucheinband)*, b) (Präge)Stempel *m.* **5.** *fig.* a) Handwerkszeug *n*, (Hilfs)Mittel *n (Bücher etc)*, b) Rüstzeug *n (Fachwissen etc)*. **6.** *fig. contp.* Werkzeug *n*, Hand-

langer *m*, Krea'tur *f (e-s anderen)*. **7.** *Br. sl.* ,Ka'none' *f (Revolver)*. **8.** *vulg.* ,Schwanz' *m (Penis)*. **II** *v/t* **9.** *tech.* bearbeiten. **10.** *meist* **~ up** e-e Fabrik (maschi'nell) ausstatten, -rüsten: **to ~ up a factory.** **11.** *e-n Bucheinband* punzen, mit Stempel verzieren. **12.** *sl.* ,kut'schieren' (*fahren*). **III** *v/i* **13.** *oft* **~ up** die nötigen Ma'schinen aufstellen (*in e-r Fabrik*), sich (maschi'nell) ausrüsten (**for** für). **14.** *a.* **~ along** *sl.* ,her'umgondeln', ,(-)kut₁schieren'.

**tool|bag** *s* Werkzeugtasche *f.* **~ bit** *s tech.* Werkzeugspitze *f*, Drehmeißel *m.* **'~-box** *s* Werkzeugkasten *m.* **~ car·ri·er** *s tech.* Werkzeughalter *m*, -schlitten *m.* **~ en·gi·neer** *s tech.* Arbeitsvorbereiter *m.* **~ en·gi·neer·ing** *s tech.* Arbeitsvorbereitung *f.* **'~-hold·er** *s tech.* Stahl-, Werkzeughalter *m.* **~ house** *s* Geräteschuppen *m.*

**tool·ing** ['tuːlɪŋ] *s* **1.** *tech.* Bearbeitung *f.* **2.** *tech.* Einrichten *n (e-r Werkzeugmaschine)*. **3.** maschi'nelle Ausrüstung. **4.** *a.* **~ costs** Werkzeugkosten *pl.* **5.** Buchbinderei: Punzarbeit *f*, Prägedruck *m.*

**tool| kit** *s* **1.** Werkzeug *n.* **2.** Werkzeugtasche *f.* **'~-mak·er** *s tech.* Werkzeugmacher *m.* **~ post** *s tech.* Schneidstahlhalter *m.* **~ shed** *s* Geräteschuppen *m.* **~ steel** *s tech.* Werkzeugstahl *m.* **~ sub·ject** *s univ. Am. (zur Beherrschung des Hauptfachs)* notwendiges Beifach.

**toot¹** [tuːt] **I** *v/i* **1.** tuten, blasen. **2.** hupen (*Auto*). **3.** *Am. sl.* ,(her'um)gondeln'. **4.** *Am. sl.* Behauptungen aufstellen, ,tönen'. **II** *v/t* **5.** *etwas, ein Instrument* blasen. **6.** *Am. colloq.* etwas 'auspo₁saunen. **III** *s* **7.** Tuten *n*, Blasen *n.* **8.** *Am. colloq.* ,Sauftour' *f*: **to go on a ~** e-e Sauftour machen.

**toot²** [tuːt] *Am. sl.* **I** *s* **1.** ,Koks' *m (Kokain)*. **2.** Prise *f* (,Koks'). **II** *v/i* **3.** (,Koks') schnupfen.

**'toot·er** *s* **1.** Blashorn *n.* **2.** (Auto)Hupe *f.*

**tooth** [tuːθ] **I** *pl* **teeth** [tiːθ] *s* **1.** *anat. zo.* Zahn *m*: **~ of time** *fig.* der Zahn der Zeit; **the teeth of the wind** der schneidende Wind; **long in the ~** a) alt, b) alternd; **to cast** (*od.* **fling**) **s.th. in s.o.'s teeth** *fig.* j-m etwas ins Gesicht schleudern; **to draw the teeth of** a) *j-n* beruhigen, b) *j-n* ungefährlich machen, c) *e-r Sache* die Spitze nehmen, *etwas* entschärfen; **to fight s.th. ~ and nail** etwas verbissen *od.* erbittert *od.* bis aufs Messer bekämpfen; **to get one's teeth into** sich an e-e Sache ranmachen; **to show one's teeth (to)** a) die Zähne fletschen (*gegen*), b) *fig.* die Zähne zeigen (*dat*); **armed to the teeth** bis an die Zähne bewaffnet; **in the teeth of** a) gegen *Widerstand etc*, b) trotz *od.* ungeachtet *der Gefahren etc*; **~ clench** 1, **cut** 39, **edge** 1, **lie²** 1, **skin** 1, **sweet tooth.** **2.** Zahn *m (e-s Kammes, Rechens, e-r Säge, e-s Zahnrads etc)*. **3.** (Gabel)Zinke *f.* **4.** *bot.* Zähnchen *n.* **5.** *tech. fig.* Schärfe *f*: **to put teeth into** (den nötigen) Nachdruck verleihen (*dat*); **legislation with teeth** scharfe Gesetzgebung; **to have lost its teeth** nicht mehr ,greifen' *od.* ,ziehen'. **II** *v/t* **6.** *ein Rad etc* bezahnen, mit Zähnen versehen. **7.** *ein Brett etc* verzahnen. **8.** anrauhen: **to the surface.** **9.** kauen, beißen. **III** *v/i* **10.** inein'andergreifen (*Zahnräder*). **'~-ache** *s med.* Zahnweh *n*, -schmerzen *pl.* **'~-brush** *s* Zahnbürste *f.* **~ de·cay** *s med.* Karies *f.*

**toothed** [tuːθt; tuːðd] *adj* **1.** mit Zähnen (versehen), Zahn..., gezahnt. **2.** *bot.* gezähnt, gezackt (*Blattrand*). **3.** *tech.* verzahnt. **4.** *fig.* scharf, schneidend: **a ~ wind.** **~ gear·ing** → toothed-wheel gearing. **~ seg·ment** *s tech.* 'Zahnseg-

ment *n.* **~ wheel** *s tech.* Zahnrad *n.* **'~-wheel gear·ing** *s tech.* Zahnradgetriebe *n.*

**tooth·ing** ['tuːθɪŋ; -ðɪŋ] *s* **1.** *tech.* a) (Ver)Zähnen *n*, b) Rauhen *n (e-r Oberfläche)*, c) Auszacken *n (e-s Blattrandes etc)*. **2.** Verzahnung *f.*

**tooth·less** ['tuːθlɪs] *adj* zahnlos.

**'tooth|·paste** *s* Zahnpasta *f*, -creme *f.* **'~-pick** *s* **1.** a) Zahnstocher *m*, b) *a.* **~ holder** Zahnstocherbehälter *m.* **2.** *pl* Splitter *m*: **to smash into ~s** zerschmettern. **3.** *Am. sl.* Bewohner(in) von Ar'kansas. **~ pow·der** *s* Zahnpulver *n.* **~ sock·et** *s anat.* Zahnfach *m.*

**tooth·some** ['tuːθsəm] *adj (adv ~ly)* lecker (*a. fig.*).

**tooth·y** ['tuːθɪ] *adj* **1.** → toothsome. **2.** **he gave me a ~ grin** er grinste mich an u. entblößte dabei sein Pferdegebiß.

**too·tle** ['tuːtl] **I** *v/i* **1.** tuten (*Hupe etc*), dudeln (*Instrument etc*). **2.** *Am. colloq.* quatschen. **3.** *colloq.* ,(her'um)gondeln'. **4.** *colloq.* ,(da'hin)zotteln': **to ~ off** (*od.* **along**) ,sich trollen', abhauen. **II** *v/t* **5.** dudeln. **III** *s* **6.** Tuten *n*, Dudeln *n.* **7.** *Am. colloq.* Gewäsch *n.*

**'too-too** *colloq.* **I** *adj* über'spannt. **II** *adv* über'trieben, gar zu.

**toots** [tʊts] *s bes. Am. colloq.* ,Kleine' *f*, ,Schätzchen' *n (meist als Anrede).*

**toot·sie** ['tʊtsɪ] *s* **1.** *bes. Am. colloq.* → toots. **2.** *Am. colloq.* Partygirl *n*, -mädchen *n.* **3.** → tootsy.

**toot·sy** ['tʊtsɪ], *a.* **toot·sy-'woot·sy** [-'wʊtsɪ] *s (Kindersprache)* Füßchen *n.*

**top¹** [tɒp; *Am.* tap] **I** *s* **1.** ober(st)es Ende, Oberteil *n*, höchster Punkt, *bes.* a) Spitze *f*, Gipfel *m (e-s Berges)*, b) Kuppe *f (e-s Hügels)*, c) Krone *f*, Wipfel *m (e-s Baumes)*, d) Dach(spitze *f*) *n*, (Haus)Giebel *m*, e) Kopf(ende *n*) *m (des Tisches, e-r Buchseite etc)*, f) (Deich-, Mauer)Krone *f*, g) Oberfläche *f (des Wassers etc)*: **the ~ of the world** das Dach der Welt; **at the ~** obenan; **at the ~ of** oben an (*od.* *dat*): **at the ~ of the street** oben in der Straße; **at the ~ of page 10**, **page 10 at the ~** (auf) Seite 10 oben; **off the ~ of one's head** auf Anhieb, so ohne weiteres; **on ~** oben(auf *a. fig.*); **on (the) ~ of** a) oben auf (*dat*), über (*dat*), b) *colloq.* direkt vor (*dat*); **on ~ of each other** auf *od.* übereinander; **on (the) ~ of it** obendrein; **to get on ~ of s.th.** *fig.* e-r Sache Herr werden; **to go over the ~** a) *mil.* Sturmangriff (*aus dem Schützengraben*) antreten, b) *fig.* es wagen. **2.** *fig.* Spitze *f*, erste *od.* höchste *od.* oberste Stelle, 'Spitzenpositi₁on *f*: **the ~ of the class** der Primus der Klasse; **at the ~ of the tree** (*od.* **ladder**) a) in höchster Stellung, an oberster Stelle, b) auf dem Gipfel des Erfolgs; **to come out on ~** als Sieger *od.* Bester hervorgehen; **to come to the ~** an die Spitze kommen, sich durchsetzen; **to be on ~ (of the world)** obenauf sein; **to be on ~ of s.th.** e-r Sache gewachsen sein. **3.** a) höchster Grad, b) höchster Punkt, Höchststand *m*: **at the ~ of one's speed** mit höchster Geschwindigkeit; **at the ~ of one's voice** aus vollem Halse; **the ~ of the tide** der Höchststand der Flut. **4.** *fig.* Gipfel *m*, (das) Äußerste *od.* Höchste: **the ~ of his ambition** sein höchster Ehrgeiz; **the ~ of all creation** die Krone der Schöpfung. **5.** *colloq. a)* Auslese *f*, ,Creme' *f (der Gesellschaft)*, b) *pl* (die) ,großen Tiere' *pl.* **6.** Kopf *m*, Scheitel *m*: **from ~ to bottom** vom Scheitel bis zur Sohle; **from ~ to toe** von Kopf bis Fuß; → **blow** 29 b. **7.** (Schachtel-, Topf- *etc*) Deckel *m.* **8.** *mot. etc* Verdeck *n.* **9.** (Bett)Himmel *m.* **10.** (Möbel)Aufsatz *m.* **11.** Oberteil *n (des Pyjamas, Bade-*

anzugs etc). **12.** a) (Schuh)Oberleder *n*, b) Stulpe *f (an Stiefeln, Handschuhen etc)*. **13.** *mar.* Mars *m, f.* **14.** *bot.* a) oberer Teil (*e-r Pflanze*; *Ggs.* Wurzel), b) (Rüben-*etc*)Kraut *n*: turnip ~(s).**15.** *chem.* 'Spitzenfrakti‚on *f*. **16.** *Golf:* a) Schlag *m* oberhalb des Ballzentrums, b) Kreiselbewegung *f* des (Golf)Balles bei zu hohem Schlagen. **17.** Blume *f* (*des Bieres*). **18.** *mot.* → topgear. **19.** *mil. sl.* → top sergeant.

**II** *adj* **20.** oberst(er, e, es): ~ line Kopf-, Titelzeile *f*; the ~ rung *fig.* die höchste Stellung, die oberste Stelle. **21.** höchst(er, e, es): at ~ speed mit Höchstgeschwindigkeit; ~ earner Spitzenverdiener(in); ~ efficiency *tech.* Spitzenleistung *f*; ~ prices Höchst-, Spitzenpreise; ~ quality Spitzenqualität *f*. **22.** (der, die, das) erste: the ~ place; to win the ~ hono(u)rs in a competition den ersten Preis in e-m Wettbewerb gewinnen. **23.** Haupt...: ~ colo(u)r. **24.** *colloq.* erstklassig, best(er, e, es): ~ ale; to be in ~ form (*od.* shape) in Höchstform sein.

**III** *v/t* **25.** (oben) bedecken, krönen. **26.** über'ragen. **27.** mit e-r Spitze, e-m Oberteil, e-m Deckel *etc* versehen. **28.** an der Spitze *der Klasse, e-r Liste etc* stehen. **29.** die Spitze *od.* den Gipfel (*gen*) erreichen: to ~ a hill. **30.** (*zahlenmäßig etc*) über'steigen: to ~ one million die Millionengrenze übersteigen. **31.** *j-n* an Größe *od.* Gewicht über'treffen: he ~s me by 2 inches er ist (um) 2 Zoll größer als ich; he ~s 5 feet er ist etwas über 5 Fuß groß. **32.** über'ragen, -'treffen, schlagen: that ~s everything; to ~ped den kürzeren ziehen. **33.** *Pflanzen* beschneiden, stutzen, köpfen, kappen. **34.** *ein Hindernis* nehmen: to ~ped the fence. **35.** *chem. die flüchtigen Bestandteile* her'ausdestil‚lieren. **36.** *Golf:* den Ball oben schlagen. **37.** *agr.* (kopf)düngen. **38.** *agr. zo.* Tiere hochzüchten. **39.** *e-e Farbe* über'färben, -'decken (**with** mit). **40.** *sl. j-n* ‚aufknüpfen' (*hängen*). **41.** *sl. j-m* ‚eins über den Schädel hauen'.

*Verbindungen mit Adverbien:*

**top| off** *v/t* etwas abschließen, krönen (**with** mit). **~ out I** *v/t* das Richtfest (*gen*) feiern. **II** *v/i* Richtfest feiern. **~ up** *v/t Glas, Tank, Öl etc* auf-, nachfüllen: to top s.o. up j-n nachschenken.

**top²** [tɒp; *Am.* tɑp] *s* Kreisel *m* (*Spielzeug*): → sleep 1.

**to·paz** ['təʊpæz] *s* **1.** *min.* To'pas *m*. **2.** To'pas-, Goldfarbe *f*. **3.** *orn.* To'paskolibri *m*.

**to·paz·o·lite** [təʊ'pæzəlaɪt; *Am.* -'peɪ-] *s min.* Topazo'lith *m*.

**top| board** *s Schach:* Spitzenbrett *n* (*bei Mannschaftswettkämpfen*). **~ boot** *s* (kniehoher) Stiefel, Langschäfter *m*. '**~-cast** *v/t irr metall.* fallend gießen. **~ cen·ter** (*bes. Br.* **cen·tre**) *s tech.* oberer Totpunkt (*bei Motoren etc*). '**~coat** *s* 'Überzieher *m*, Mantel *m*. **~ cross** *s zo.* Kreuzung *f* zwischen hochwertigen (*männlichen*) u. weniger wertvollen Tieren. **~ dog** *s colloq.* **1.** (der) Herr *od.* Überlegene. **2.** (der) Chef *od.* Oberste. **~ draw·er** *s* **1.** oberste Schublade. **2.** *colloq.* (die) oberen 'Zehn'tausend: he does not come from (*od.* out of) the ~ er kommt nicht aus den feinen Kreisen. '**~-'draw·er** *adj colloq.* **1.** (stink)vornehm, aus bester Fa'milie (stammend). **2.** höchst(er, e, es), best(er, e, es). '**~-dress** *v/t* **1.** *e-e Straße* beschottern. **2.** *agr.* kopfdüngen. '**~-'dress·ing** *s* **1.** *tech.* Oberflächenschotterung *f*. **2.** *agr.* a) Kopfdüngung *f*, b) Kopfdünger *m*.

**tope¹** [təʊp] *v/t u. v/i* ‚saufen'.

**tope²** [təʊp] *s ichth.* Glatthai *m*.

**tope³** [təʊp] *s arch.* Tope *f (indische Pagode)*.

**to·pee** ['təʊpi; *Am. a.* təʊ'pi:] *s Br. Ind.* Tropenhelm *m*.

**to·pek** ['təʊpek] → tupek.

'**top·er** *s* Säufer *m*.

**top| fer·men·ta·tion** *s* Obergärung *f*. '**~-flight** *adj colloq.* **1.** höchst(er, e, es), oberst(er, e, es). **2.** erstklassig, ‚prima'. '**~-flight·er** → topnotcher. **~gal·lant** [‚tɒp'gælənt; *Am.* ‚tɑp-; *mar.* tə'g-] **I** *s* **1.** *mar.* Bramsegel *n*. **2.** 'überragender Teil. **3.** *fig.* Gipfel *m*. **II** *adj* **4.** *mar.* Bram...: ~ sail; ~ forecastle feste Back. **5.** *fig.* über'ragend. **~ gear** *s mot.* höchster Gang. '**~-graft** *v/t* agr. pfropfen (*in der Krone*). **~ hat** *s* Zy'linder(hut) *m*. '**~-'heav·y** *adj* **1.** oberlastig (*Gefäß etc*): she's quite ~ *colloq.* ‚die hat ganz schön viel Holz vor der Hütte'. **2.** *mar.* topplastig. **3.** *aer.* kopflastig. **4.** *econ.* a) 'überbewertet (*Wertpapiere*), b) 'überkapitali‚siert (*Unternehmen*). **5.** mit zu viel Verwaltungsperso‚nal an der Spitze (*Organisation etc*).

**To·phet(h)** ['təʊfet; *Am.* -fət] *s* **1.** *Bibl.* Tophet *n*. **2.** Hölle *f (a. fig.)*.

**to·phi** ['təʊfaɪ] *pl von* tophus.

‚**top-'hole** *adj bes. Br. colloq.* erstklassig, ‚ganz groß'.

**to·phus** ['təʊfəs] *pl* '**to·phi** [-faɪ] *s med.* **1.** Gichtknoten *m*. **2.** Zahnstein *m*.

**to·pi¹** ['təʊpɪ] *s zo.* 'Topi-Anti‚lope *f*.

**to·pi²** → topee.

**to·pi·ar·y** ['təʊpjərɪ; *Am.* -pi‚eri:] **I** *s* **1.** Kunst *f* des Bäumeschneidens. **2.** *bot.* a) Formbaum *m*, -strauch *m*, b) *collect.* Formbäume *pl*. **3.** Ziergarten *m* mit kunstvoll beschnittenem Baum- u. Buschwerk. **II** *adj* **4.** Formbaum..., Formstrauch...: ~ garden → 3; ~ work kunstvoll beschnittenes Baumwerk.

**top·ic** ['tɒpɪk; *Am.* 'tɑ-] *s* **1.** Thema *n*, Gegenstand *m*: ~ of conversation Gesprächsthema; ~ for discussion Diskussionsthema. **2.** *pl philos.* Topik *f*.

'**top·i·cal** *adj* (*adv* ~ly) **1.** topisch, örtlich, lo'kal (*alle a. med.*): ~ remedy; colo(u)rs topische Farben. **2.** a) aktu'ell: ~ song Lied *n* mit aktuellen Anspielungen, b) zeitkritisch. **3.** the'matisch. **top·i·cal·i·ty** [-'kælətɪ] *s* Aktuali'tät *f*, aktu'elle *od.* lo'kale Bedeutung.

**top| kick** *s mil. Am. sl.* → top sergeant. '**~knot** *s* **1.** Haarknoten *m*, Dutt *m*. **2.** *orn.* (Feder)Haube *f*, Schopf *m*.

'**top·less** **I** *adj* **1.** ohne Kopf. **2.** *obs.* unermeßlich hoch. **3.** Oben-ohne-...: ~ dress → 4 a; ~ night club → 4 b; ~ waitress → 4 c. **II** *s* **4.** a) Oben-ohne-Kleid *n*, b) 'Oben-'ohne-'Nachtlo‚kal *n*, c) Oben-ohne-Bedienung *f*.

'**top·most** *adj* oberst(er, e, es), höchst(er, e, es).

‚**top-'notch** *adj colloq.* ‚prima', erstklassig. ‚**~'notch·er** *s colloq.* ‚Ka'none' *f* (*Könner*).

**to·pog·ra·pher** [tə'pɒgrəfə(r); *Am.* -'pɑ-] *s geogr.* Topo'graph *m*. **top·o·graph·ic** [‚tɒpə'græfɪk; *Am.* ‚tɑ-; ‚təʊ-] *adj*; **top·o·graph·i·cal** *adj* (*adv* ~ly) topo'graphisch. **to·pog·ra·phy** [tə'pɒgrəfɪ; *Am.* -'pɑ-] *s* **1.** *geogr.* Topogra'phie *f (a. med.)*. **2.** topo'graphische Beschaffenheit (*e-s Ortes etc*). **3.** *mil.* Geländekunde *f*.

**top-oi** ['tɒpɔɪ; *Am.* 'təʊp‚ɔɪ; 'tɑp-] *pl von* topos.

**top·o·log·i·cal** [‚tɒpə'lɒdʒɪkl; *Am.* ‚tɑpə-'lɑ-; ‚təʊ-] *adj* (*adv* ~ly) math. topo'logisch: ~ly equivalent topologisch äquivalent; ~ group topologische Gruppe; ~ space topologischer Raum. **to·pol·o·gy** [tə'pɒlədʒɪ; *Am.* -'pɑ-; təʊ-] *s* **1.** Topo'lo'gie *f*: a) Ortskunde *f*, b) *math.* Geome'trie *f* der Lage. **2.** *med.* topo'graphische Anato'mie.

**to·pon·y·my** [tə'pɒnɪmɪ; tə-; *Am.* tə'pɑ-; təʊ-] *s* **1.** Ortsnamen *pl* (*e-s bestimmten Distriktes*). **2.** Ortsnamenkunde *f*. **3.** *med.* Nomenkla'tur *f* für die Körpergegenden.

**top·os** ['tɒpɒs; *Am.* 'təʊp‚ɑs; 'tɑp-] *pl* **-oi** [-ɔɪ] *s ling.* Topos *m*, festes Kli'schee.

'**top·per** *s* **1.** *colloq.* a) ‚tolles Ding', b) ‚Pfundskerl' *m*. **2.** *colloq.* ‚Angströhre' *f* (*Zylinder*). **3.** *sl.* (obenaufliegendes) Schaustück (*bei Obst etc*). **4.** *Am.* Paletot *m* (*Damenmantel*).

'**top·ping** **I** *s* **1.** *gastr.* Gar'nierung *f*, Auflage *f (a. tech.)*. **2.** ~ up Auffüllen *n*. **II** *adj* (*adv* ~ly) **3.** höchst(er, e, es), oberst(er, e, es). **4.** *bes. Br. colloq.* ‚prima', ‚super', erstklassig. **5.** *Am.* anmaßend, arro'gant. ‚**~'out (cer·e·mo·ny)** *s* Richtfest *n*.

**top·ple** ['tɒpl; *Am.* 'tɑpəl] **I** *v/i* **1.** wackeln. **2.** stürzen, kippen, purzeln: to ~ down (*od.* over) umkippen, niederstürzen, hinpurzeln. **II** *v/t* **3.** ins Wanken bringen. **4.** ('um)stürzen: to ~ s.th. over etwas umstürzen *od.* umkippen. **5.** *fig. Regierung etc* stürzen.

'**top-pour** *v/t tech.* fallend (ver)gießen.

**tops** [tɒps; *Am.* tɑps] *adj colloq.* ‚prima', ‚super', erstklassig.

'**top·sail** ['tɒpsl; *Am.* 'tɑp‚seɪl; -səl] *s mar.* Mars-, Topsegel *n*. **~ saw·yer** *s Br. colloq.* ‚hohes Tier'. '**~'se·cret** *adj* streng geheim. **~ ser·geant** *s mil. Am. colloq.* Hauptfeldwebel *m*, ‚Spieß' *m*. '**~side** *s* **1.** *gastr. Br.* Oberschale *f (des Rinderbratens)*. **2.** obere Seite. **3.** *meist pl* obere Seitenteile *pl* (*e-s Schiffes*). **II** *adv* **4.** *colloq.* auf Deck. **5.** *fig.* oben'auf. '**~soil** *s agr.* Boden-, Ackerkrume *f*, Mutterboden *m*. '**~spin** *s Tischtennis etc:* Topspin *m*.

**top·sy-tur·vy** [‚tɒpsɪ'tɜːvɪ; *Am.* ‚tɑpsɪ-'tɜːrvi:] **I** *adv* **1.** das Oberste zu'unterst, auf den Kopf: to turn everything ~ alles auf den Kopf stellen. **2.** kopf'über kopf'unter: to fall ~. **3.** drunter u. drüber, verkehrt. **II** *adj* **4.** auf den Kopf gestellt, in wildem Durchein'ander, cha'otisch. **III** *s* **5.** (wildes *od.* heilloses) Durchein'ander, Kuddelmuddel *m, n*, Chaos *n*. **IV** *v/t* **6.** auf den Kopf stellen, völlig durchein'anderbringen. '**~'tur·vy·dom** → topsy-turvy 5.

'**top-up** *s*: to give s.o. a ~ j-m nachschenken.

**toque** [təʊk] *s* **1.** *hist.* Ba'rett *n*. **2.** *bes. hist.* Toque *f (randloser Damenhut)*. **3.** *zo.* Hutaffe *m*.

**tor** [tɔː] *s Br.* Felsturm *m*.

**to·ra(h)** ['tɔːrə; *Am. a.* 'təʊrə] *s* **1.** T~ Gesetz *n* Mosis, Penta'teuch *m*. **2.** Tho'ra *f*.

**torc** → torque.

**torch** [tɔː(r)tʃ] **I** *s* **1.** Fackel *f (a. fig. des Wissens etc)*: to carry a ~ for *fig. Am.* ein Mädchen (von ferne) verehren. **2.** *a. electric* ~ *bes. Br.* Taschenlampe *f*. **3.** *tech.* a) Schweißbrenner *m*, b) Lötlampe *f*, c) Brenner *m*. **4.** *Am.* a) Brandstifter *m*, b) Pyro'mane *m*. **II** *v/t* **5.** mit Fackeln erleuchten. '**~bear·er** *s* Fackelträger *m (a. fig.)*. **~ lamp** *s tech.* Lötlampe *f*. '**~light** *s* Fackelschein *m*: ~ procession (*od.* parade) Fackelzug *m*; by ~ bei Fackelschein.

**tor·chon** ['tɔːʃɒn; *Am.* 'tɔːr‚ʃɑːn], *a.* ~ lace

*s* Tor'chonspitze *f.* **~ pa·per** *s* Tor'chon-
,büttenpa,pier *n.*

**torch│pine** *s bot.* (Amer.) Pechkiefer *f.* **~
sing·er** *s* Schnulzensänger(in). **~ song** *s*
sentimen'tales Liebeslied.

**tore** [tɔː(r)] *pret von* tear².

**tor·e·a·dor** ['tɒrɪədɔː(r)]; *Am. a.* 'taʊ-;
'ta-] *s* Torea'dor *m,* berittener Stier-
kämpfer.

**to·re·ro** [tɒ'reərəʊ; *Am.* tə-] *pl* **-ros**
(*Span.*) *s* To'rero *m,* Stierkämpfer *m.*

**to·reu·tic** [tə'ruːtɪk] **I** *adj* bos'siert, ge-
hämmert, zise'liert. **II** *s pl* (*a. als sg kon-
struiert*) To'reutik *f,* Me'tallbildne,rei *f.*

**to·ri** ['tɔːraɪ; *Am. a.* 'taʊ-] *pl von* torus.

**tor·ment I** *v/t* [tɔː(r)'ment] **1.** *bes. fig.*
quälen, peinigen, plagen, foltern (**with**
mit): **~ed with** (*od.* **by**) gequält *od.* ge-
plagt von *Zweifeln etc.* **2.** *Wassermassen
etc* aufwühlen. **3.** *e-n Text* entstellen. **II** *s*
['tɔː(r)ment] **4.** Pein *f,* Qual *f,* Marter *f*:
**to be in ~, to suffer ~(s)** Qualen aus-
stehen. **5.** Plage *f.* **6.** Quälgeist *m.*

**tor·men·til** [tɔː(r)'mentɪl] *s bot.* Tor-
men'till *m,* Blutwurz *f.*

**tor·men·tor** [tɔː(r)'mentə(r)] *s* **1.** Pei-
niger *m.* **2.** Quälgeist *m.* **3.** *mar.* lange
Fleischgabel. **4.** *Film:* 'schallabsor,bie-
rende Wand. **5.** *thea.* vordere Ku'lisse.

**tor'men·tress** [-trɪs] *s* Peinigerin *f.*

**torn** [tɔː(r)n] *pp von* tear².

**tor·nad·ic** [tɔː(r)'nædɪk; *Am. a.* -'neɪ-]
*adj* wirbelsturmartig, Tornado...

**tor·na·do** [tɔː(r)'neɪdəʊ] *pl* **-does, -dos**
*s* **1.** Tor'nado *m*: a) *Wirbelsturm in den
USA,* b) *tropisches Wärmegewitter.* **2.** *fig.*
Wirbelwind *m* (*Person*): **he was a real ~**
er war nicht mehr zu halten *od.* bremsen.
**3.** *fig.* a) **~ of work** Arbeitswut *f,* b) **~ of
applause** orkanartiger Applaus; **~ of
protest** Proteststurm *m*; **~ of words**
Wortschwall *m.*

**to·roid** ['tɔːrɔɪd; *Am. a.* 'taʊ-] *s* Toro'id
*m*: a) *math.* Ring *m,* b) *electr.* Ring-
kernspule *f.*

**to·rose** ['tɔːrəʊs; *Am. a.* 'taʊ-] *adj bes. bot.*
wulstig.

**tor·pe·do** [tɔː(r)'piːdəʊ] **I** *pl* **-does** *s*
**1.** *mil.* a) *mar.* Tor'pedo *m,* b) *a.* **aerial ~**
*aer.* 'Lufttor,pedo *m,* c) *mar.* (See)Mine *f,*
d) (Spreng)Mine *f.* **2.** *a.* **toy ~** *Am.* Knall-
erbse *f.* **3.** *Ölgewinnung:* 'Sprengpa,trone
*f.* **4.** *ichth.* Zitterrochen *m.* **5.** *Am. sl.*
(professio'neller) ,Killer'. **II** *v/t* **6.** *mar.*
torpe'dieren (*a. fig. zunichte machen*).
**7.** sprengen. **~ boat** *s mar.* Tor'pedoboot
*n*: **~ destroyer** (Torpedoboot)Zerstörer
*m.* **~ bomb·er** *s aer.* Tor'pedoflugzeug
*n.* **~ net, ~ net·ting** *s mar. mil.* Tor'pe-
donetz *n.* **~ plane** *s* Tor'pedoflugzeug *n.*
**~ tube** *s* Tor'pedorohr *n.*

**tor·pid** ['tɔː(r)pɪd] *adj* (*adv* **~ly**) **1.** träge,
schlaff, *med. a.* tor'pid. **2.** a'pathisch,
stumpf. **3.** starr, erstarrt, betäubt. **tor-
'pid·i·ty** [-'pɪdətɪ], **'tor·pid·ness,
'tor·por** [-pə(r)] *s* **1.** Träg-, Schlaffheit *f,
med. a.* Torpor *m,* Torpidi'tät *f.* **2.** Apa-
'thie *f,* Stumpfheit *f.* **3.** Erstarrung *f,*
Betäubung *f.* **tor·por'if·ic** [-pə'rɪfɪk]
*adj* betäubend, lähmend.

**torque** [tɔː(r)k] *s* **1.** *phys. tech.* 'Drehmo-
,ment *n.* **2.** *hist.* Torques *m,* (Bronze-
*etc*)Halsring *m.* **~ am·pli·fi·er** *s electr.*
'Drehmo,mentverstärker *m.* **~ arm** *s
mot.* Schubstange *f (an der Hinterachse).* **~
con·vert·er** *s tech.* 'Drehmo,ment-
wandler *m.* **~ shaft** *s tech.* Dreh-, Tor-
si'onsstab *m.* **~ tube** *s mot.* Hohlwelle *f.*

**tor·re·fac·tion** [,tɒrɪ'fækʃn; *Am. a.* ,tɔːr-]
*s chem. tech.* Rösten *n,* Darren *n.* **'tor-
re·fy** [-faɪ] *v/t* rösten, darren.

**tor·rent** ['tɒrənt; *Am. a.* 'tɑ-] *s* **1.** reißen-
der Strom, *bes.* Wild-, Sturzbach *m.*
**2.** (Lava)Strom *m.* **3. ~s of rain** sintflut-
artige Regenfälle; **the rain fell in ~s** es

goß in Strömen. **4.** *geol.* a) Torrent *m*
(*Flußoberlauf*), b) Tor'rente *m* (*nur nach
Regenfällen Wasser führender Bachlauf*).
**5.** *fig.* Strom *m,* Schwall *m,* Sturzbach *m*
(*von Fragen etc*). **tor·ren·tial** [tə'renʃl;
*Am.* tɔː'renʃəl; tə-] *adj* **1.** sturzbacharttig,
reißend, wild. **~ rain(s)** sintflutartige
Regenfälle. **2.** *fig.* wortreich. **3.** *fig.*
ungestüm, wild.

**tor·rid** ['tɒrɪd; *Am. a.* 'tɑ-] *adj* (*adv* **~ly**)
**1.** ausgedörrt, verbrannt: **a ~ plain.**
**2.** sengend, brennend (heiß) (*a. fig.*): **~
zone** *geogr.* heiße Zone; **~ passion** *fig.*
glühende Leidenschaft. **tor'rid·i·ty**
[-'rɪdətɪ], **'tor·rid·ness** *s* **1.** sengende
Hitze. **2.** Dürre *f.*

**Tor·ri·do·ni·an** [,tɒrɪ'dəʊnɪən] *adj*: **~
sandstone** *geol.* Torri'donsandstein *m.*

**tor·sel** ['tɔː(r)sl] *s* **1.** *arch.* 'Unterlage
*f.* **2.** gewundenes Orna'ment.

**tor·si** ['tɔː(r)sɪ] *pl von* torso.

**tor·sion** ['tɔː(r)ʃn] *s* **1.** Drehung *f* (*a.
math.*). **2.** *phys. tech.* Verdrehung *f,* Tor-
si'on *f*: **~ balance** Drehwaage *f*; **~ bar**
*mot.* Drehstab *m*; **~ pendulum** Dreh-
pendel *n.* **3.** *med.* Abschnürung *f* (*e-r
Arterie*). **'tor·sion·al** [-ʃən] *adj* Dreh...,
(Ver)Drehungs..., Torsions...: **~ axis**
Drillachse *f*; **~ force** Dreh-, Torsions-
kraft *f*; **~ moment** *phys.* Dreh-, Tor-
sionsmoment *n.*

**tor·sive** ['tɔː(r)sɪv] *adj bot.* spi'ral(en)för-
mig gewunden.

**tor·so** ['tɔː(r)səʊ] *pl* **-sos, -si** [-sɪ] *s* Torso
*m*: a) Rumpf *m,* b) *fig.* Bruchstück *n,*
'unvoll,endetes Werk.

**tort** [tɔː(r)t] *s jur.* unerlaubte Handlung,
zi'vilrechtliches De'likt: **law of ~s** Scha-
den(s)ersatzrecht *n.* **'~·, fea·sor** [-,fiː-
zə(r)] *s jur.* rechtswidrig Handelnde(r
*m*) *f.*

**tor·tel·li·ni** [,tɔː(r)tə'liːnɪ] *s pl gastr.*
Tortel'lini *pl.*

**tor·ti·col·lis** [,tɔː(r)tɪ'kɒlɪs; *Am.* -'kɑ-] *s
med.* Torti'kollis *m,* Schiefhals *m.*

**tor·tile** ['tɔː(r)taɪl; -tɪl] *adj* spi'ralig ge-
dreht.

**tor·til·la** [tɔː'tiːlə; *Am.* tɔːr'tiːjə] *s* Tor'tilla
*f (flacher Maiskuchen).*

**tor·tious** ['tɔː(r)ʃəs] *adj jur.* rechtswidrig:
**~ act** ~ tort.

**tor·toise** ['tɔː(r)təs] **I** *s zo.* Schildkröte *f*:
**a case of hare and ~** ein Fall, in dem
Beharrlichkeit das Können besiegt; (**as**)
**slow as a ~** (langsam) wie e-e Schnecke.
**II** *adj* Schildpatt... **~·shell** ['tɔː(r)təʃel]
**I** *s* **1.** Schildpatt *n.* **2.** *zo.* Amer. Fuchs
*m* (*Schmetterling*). **II** *adj* **3.** Schild-
patt...: **~ butterfly** → 2; **~ cat** *zo.* Schild-
pattkatze *f.*

**tor·tu·os·i·ty** [,tɔː(r)tjʊ'ɒsətɪ; *Am.* ,tɔːrtʃə-
'wasəti:] *s* **1.** Krümmung *f,* Windung *f.*
**2.** Gewundenheit *f.* **tor·tu·ous** ['tɔː(r)-
tjʊəs; *Am.* 'tɔːrtʃəwəs] *adj* (*adv* **~ly**)
**1.** gewunden, gekrümmt. **2.** *fig.* 'um-
ständlich. **3.** → tortious.

**tor·ture** ['tɔː(r)tʃə(r)] **I** *s* **1.** Folter(ung) *f*:
**to put to the ~** foltern. **2.** Tor'tur *f,*
(Folter)Qual(en *pl*) *f,* Marter *f.* **3.** *fig.*
Entstellung *f,* Verdrehung *f*: **~ of a text.**
**II** *v/t* **4.** foltern. **5.** *fig.* peinigen, quälen,
martern. **6. to ~ a confession from** ein
Geständnis herauspressen aus. **7.** *e-n
Text* entstellen, verdrehen. **~·cham·ber**
*s* Folterkammer *f.*

**'tor·tur·er** *s* **1.** Folterknecht *m.* **2.** *fig.*
Peiniger *m.*

**to·rus** ['tɔːrəs; *Am. a.* 'taʊ-] *pl* **-ri** [-raɪ] *s*
Torus *m*: a) *arch. med.* Wulst *m,* b) *math.*
Ringfläche *f,* c) *bot.* Blütenboden *m,*
d) *bot.* Körbchenboden *m* (*bei Komposi-
ten*), e) *tech.* Treibrad *n.*

**To·ry** ['tɔːrɪ; *Am. a.* 'taʊ-] **I** *s* **1.** *pol. Br.*
Tory *m,* Konserva'tive(r) *m.* **2.** *a.* **t~** *pol.
Br.* Reaktio'när *m,* 'Ultrakonserva,ti-

ve(r) *m.* **3.** *hist. Br.* Tory *m* (*Anhänger der
konservativ-legitimistischen Partei, die
bes. für die Rechte Jakobs I. eintrat*).
**4.** *hist. Am.* Tory *m,* Loya'list *m* (*Anhän-
ger Englands während des amer. Unab-
hängigkeitskrieges*). **5.** *a.* **t~** *hist.* Tory *m*
(*royalistischer irischer Bandit*). **II** *adj*
**6.** *pol. Br.* Tory..., to'rystisch, konser-
va'tiv. **7.** *a.* **t~** *pol. Br.* reaktio'när, 'ultra-
konserva,tiv. **'To·ry·ism** *s pol. Br.*
**1.** To'rysmus *m.* **2.** 'Ultrakonserva,tis-
mus *m.*

**tosh** [tɒʃ; *Am.* tɑʃ] *s colloq.* ,Quatsch' *m.*

**toss** [tɒs; *Am.* a. tɑs] **I** *s* **1.** (*a.* Hoch)Wer-
fen *n,* Wurf *m*: **a ~ of the head** ein Hoch-
*od.* Zurückwerfen des Kopfes. **2.** 'Hin- u.
'Herwerfen *od.* -fen *n,* Schütteln *n.* **3.** a)
Hochwerfen *n* e-r Münze, b) → **toss-
-up** 2. **4.** Sturz *m* (*bes. vom Pferde*): **to
take a ~** stürzen, *bes.* abgeworfen wer-
den. **5.** *Am. sl.* ,Filzen' *n* (*bes. nach
Rauschgift*). **II** *v/t pret u. pp* **tossed,**
*obs. od. poet.* **tost** [tɒst; *Am. a.* tɑst] **6.**
werfen, schleudern: **to ~ off** a) *den Reiter*
abwerfen (*Pferd*), b) hinunterstürzen; **to
~ off a drink,** c) *e-e Arbeit* ,hinhauen',
*etwas* ,aus dem Ärmel schütteln'; **to ~ on**
*ein Kleidungsstück* überwerfen. **7.** *a.* **~
about** schütteln, 'hin- u. 'herschleudern
*od.* -werfen. **8.** *a.* **~ up** *e-e Münze etc, a.
den Kopf* hochwerfen: **to ~ s.o. for s.th.**
mit j-m um etwas losen (*durch Münz-
wurf*). **9.** *meist* **~ up** hochschleudern, in
die Luft schleudern, (*in e-r Decke*) prel-
len. **10. ~ up** *ein Essen* rasch zubereiten.
**11.** *mar.* **die Riemen** pieken: **~ oars!**
Riemen hoch! **12.** *Am. sl.* j-n (*bes. nach
Rauschgift*) ,filzen'. **III** *v/i* **13.** 'hin- u.
'hergeworfen werden, geschüttelt wer-
den. **14.** *a.* **~ about** sich (*im Schlaf etc*)
'hin- u. 'herwerfen. **15.** rollen (*Schiff*). **16.**
schwer gehen (*See*). **17.** a) flattern (*Fahne
etc*), b) 'hin- u. 'herschwanken (*Äste etc*).
**18.** *a.* **~ up** e-e Münze hochwerfen, durch
Hochwerfen e-r Münze losen (**for** um):
**to ~ for the choice of ends** *sport* die
Seiten auslosen. **19.** stürzen: **to ~ out of
the room. tossed** *adj*: **~ salad** ge-
mischter Salat.

**'toss·pot** *s obs.* Trunkenbold *m.*

**'toss-up** *s* **1.** → toss 3 a. **2.** ungewisse
Sache: **it is a ~** die Chancen stehen gleich,
das hängt ganz vom Zufall ab; **it is a
(complete) ~ whether he comes or
not** es ist völlig offen, ob er kommt oder
nicht.

**tost** [tɒst; *Am. a.* tɑst] *obs. od. poet. pret u.
pp von* toss.

**tot¹** [tɒt; *Am.* tɑt] *s colloq.* **1.** Knirps *m,*
Kerlchen *n.* **2.** Schlückchen *n* (*Alkohol*).
**3.** *bes. Br. fig.* Häppchen *n,* (*ein*) klein
wenig.

**tot²** [tɒt; *Am.* tɑt] *colloq.* **I** *s* **1.** (Gesamt)
Summe *f.* **2.** *bes. Br.* a) Additi'on *f,*
b) Additi'onsaufgabe *f.* **II** *v/t* **3.** *meist* **~
up** zs.-zählen, -rechnen. **III** *v/i* **4.** **~ up**
a) sich belaufen (**to** auf *acc*), b) sich
sum'mieren.

**to·tal** ['təʊtl] **I** *adj* (*adv* **~ly**) **1.** ganz,
gesamt, Gesamt...: **~ amount** → 4; **the ~
population** die Gesamtbevölkerung.
**2.** to'tal, gänzlich, völlig: **~ eclipse** *astr.*
totale Finsternis; **~ failure** völliger Fehl-
schlag; **~ loss** Totalverlust *m.* **3.** to'tal,
alle Mittel anwendend: **~ war** totaler
Krieg. **II** *s* **4.** (Gesamt)Summe *f,* Ge-
samt-, Endbetrag *m,* Gesamtmenge *f*: **a ~
of 20 bags** insgesamt 20 Beutel. **5.** (*das*)
Ganze. **III** *v/t pret u. pp* **-taled,** *bes. Br.*
**-talled 6.** zs.-zählen, -rechnen. **7.** sich
belaufen auf (*acc*), insgesamt betragen
*od.* sein: **total(l)ing 10 dollars** im Ge-
samtbetrag von 10 Dollar. **8.** *Am. colloq.*
*Auto etc* zu Schrott fahren. **IV** *v/i* **9.** sich
belaufen (**to** auf *acc*).

**to·tal·i·tar·i·an** [ˌtəʊtælɪˈteərɪən] *pol.*
**I** *adj* totali'tär. **II** *s* Anhänger *m* totali-
'tärer Grundsätze. ˌ**to·tal·i'tar·i·an·**
**ism** *s* Totalita'rismus *m*, totali'täre
Grundsätze *pl* u. Me'thoden *pl*, bes. to-
talitäres Sy'stem.
**to·tal·i·ty** [təʊˈtælətɪ] *s* **1.** Gesamtheit *f.*
**2.** Vollständigkeit *f.* **3.** *bes. pol.* Totali'tät
*f.* **4.** *astr.* to'tale Verfinsterung.
**to·tal·i·za·tion** [ˌtəʊtəlaɪˈzeɪʃn; *Am.*
-ləˈz-] *s* **1.** Zs.-fassung *f.* **2.** Sum'mierung
*f.* '**to·tal·i·za·tor** [-tə(r)] *s* **1.** Zählwerk
*n.* **2.** *Pferdesport: bes. Br.* Totali'sator *m.*
**to·tal·ize** ['təʊtəlaɪz] **I** *v/t* **1.** (zu e-m
Ganzen) zs.-fassen. **2.** zs.-zählen, -rech-
nen. **II** *v/i* **3.** *Pferdesport: bes. Br.* e-n
Totali'sator verwenden. '**to·tal·iz·er** →
**totalizator.**
**tote**[1] [təʊt] *s bes. Br. colloq.* ˌToto' *m*
(*Totalisator*).
**tote**[2] [təʊt] *v/t colloq.* **1.** (bei sich) tragen,
(mit sich her'um)schleppen. **2.** transpor-
'tieren.
**tote** | **bag** *s Am.* Einkaufstasche *f.* ~
**board** → totalizator 2. '~-ˌbox *s Am.*
Trans'portbehälter *m.*
**to·tem** ['təʊtəm] *s* Totem *n:* ~ **pole** (*od.*
**post**) Totempfahl *m.* **to'tem·ic**
[-'temɪk] *adj* Totem... '**to·tem·ism** *s*
Tote'mismus *m*, Totemglaube *m.* ˌ**to·**
**tem'is·tic** *adj* tote'mistisch.
**tot·ter** ['tɒtə(r); *Am.* 'tɑ-] *v/i* **1.** torkeln,
wanken: **to ~ to one's grave** *fig.* dem
Grabe zuwanken. **2.** wackeln, (sch)wan-
ken (*beide a. fig.*): **a ~ing government**
e-e wankende Regierung; **to ~ to its fall**
allmählich zs.-brechen (*Imperium etc*).
'**tot·ter·ing** *adj* (*adv* ~ly), '**tot·ter·y**
*adj* wack(e)lig, (sch)wankend: ~ **steps;** ~
**contact** *electr.* Wackelkontakt *m.*
**tou·can** ['tuːkən; -kæn; -kɑːn] *s orn.*
Tukan *m*, Pfefferfresser *m.*
**touch** [tʌtʃ] **I** *s* **1.** a) Berühren *n*, Berüh-
rung *f:* **at a ~** beim Berühren; **on the**
**slightest ~** bei der leisesten Berührung;
**that was a near ~** *colloq.* ˌdas hätte ins
Auge gehen können', das ist gerade noch
einmal gutgegangen; within ~ in Reich-
weite; → **touch and go**, b) *fenc.* Treffer
*m.* **2.** Tastsinn *m*, -gefühl *n:* **it is dry to**
**the ~** es fühlt sich trocken an; **it has a**
**velvety ~** es fühlt sich wie Samt an.
**3.** Verbindung *f*, Kon'takt *m*, Fühlung-
(nahme) *f:* **to lose ~ with** a) den Kontakt
mit j-m *od.* e-r Sache verlieren, b) *sport*
den Anschluß verlieren an (*acc*); **to keep**
**in ~ with s.o.** a) mit j-m in Verbindung
bleiben, b) *sport* den Anschluß halten an
j-n; **to get in(to) ~ with s.o.** a) mit j-m
Fühlung nehmen *od.* in Verbindung
treten, sich mit j-m in Verbindung set-
zen; **please get in ~!** bitte melden (Sie
sich)! (*Zeugen etc*); **to put s.o. in ~ with**
j-n in Verbindung setzen mit. **4.** leichter
Anfall: **a ~ of influenza** ein leichter
Grippe; → **sun** 2. **5.** (Pinsel-*etc*)Strich *m:*
**to put the finishing ~(es) to** s.th. e-r
Sache (den letzten) Schliff geben, letzte
Hand an etwas legen. **6.** Anflug *m:* **a ~ of**
**sarcasm;** **a ~ of romance** ein Hauch
von Romantik; **he has a ~ of genius** er
hat e-e geniale Ader; **a ~ of the macabre**
ein Stich ins Makabre; **a ~ of red** ein
rötlicher Hauch, ein Stich ins Rote.
**7.** Spur *f:* **a ~ of pepper. 8.** Hand *f*
(*des Meisters etc*), Stil *m*, (souve'räne)
Ma'nier: **the ~ of the master;** **light ~**
leichte Hand *od.* Art; **with sure ~** mit
sicherer Hand. **9.** (charakte'ristischer)
Zug, besondere Note: **the personal ~**
die persönliche Note. **10.** Einfühlungs-
vermögen *n*, (Fein)Gefühl *n.* **11.** *fig.* Ge-
präge *n*, Stempel *m:* **the ~ of the 20th**
**century. 12.** *mus.* a) Anschlag *m* (*des
Pianisten od. des Pianos*), b) Strich *m* (*des

Geigers*). **13.** Probe *f:* **to put to the ~** auf
die Probe stellen. **14.** a) *Fußball etc:*
Seitenaus *n*, b) *Rugby:* Mark *f:* **in ~** im
Seitenaus; **in der Mark. 15.** *sl.* a) ˌAn-
pumpen' *n* (*um Geld*), b) ˌgepumptes'
Geld, c) (leichtes) Opfer, j-d, der sich
(leicht) ˌanpumpen' läßt: **he is a soft** (*od.*
**an easy**) ~. **16.** *sl.* a) ˌKlauen' *n*, Stehlen *n*,
b) ˌFang' *m*, ˌBeute' *f.*
**II** *v/t* **17.** berühren, angreifen, anfas-
sen: **to ~ the spot** *fig.* es treffen; **~ wood!**
unberufen!, toi, toi, toi! **18.** befühlen,
betasten. **19.** fühlen, wahrnehmen.
**20.** (**to**) in Berührung bringen (mit), le-
gen (an *acc*, auf *acc*). **21.** mitein'ander in
Berührung bringen. **22.** leicht anstoßen,
drücken auf (*acc*): **to ~ the bell** klingeln;
**to ~ glasses** (mit den Gläsern) anstoßen.
**23.** *weitS.* (*meist neg*) Alkohol *etc* anrüh-
ren, antasten: **he does not ~ cocktails;**
**he hasn't ~ed his dinner; he refuses**
**to ~ these transactions** er will mit
diesen Geschäften nichts zu tun haben.
**24.** in Berührung kommen *od.* stehen
mit, Kon'takt haben mit. **25.** grenzen *od.*
stoßen an (*acc*). **26.** erreichen, reichen
an (*acc*). **27.** *fig.* erreichen, erlangen. **28.**
(*es*) erraten, treffen, her'ausfinden. **29.**
*colloq.* j-m *od.* e-r Sache gleichkommen,
her'anreichen an (*acc*). **30.** tönen, schat-
'tieren, (leicht) färben. **31.** *fig.* färben,
(ein wenig) beeinflussen: **morality ~ed**
**with emotion** gefühlsbeeinflußte Mo-
ral. **32.** beeindrucken. **33.** rühren, be-
wegen: **I am ~ed** ich bin gerührt; **it ~ed**
**him to the heart** es ging ihm zu Herzen;
**~ed to tears** zu Tränen gerührt. **34.** *fig.*
treffen, verletzen. **35.** *ein Thema etc* be-
rühren. **36.** berühren, betreffen, ange-
hen: **it ~es none but him. 37.** in Mit-
leidenschaft ziehen, angreifen, mitneh-
men: **~ed** a) angegangen (*Fleisch*), b)
*colloq.* ˌbekloppt', ˌnicht ganz bei Trost'
(*Person*). **38.** a) haltmachen in (*dat*), b)
*mar.* e-n Hafen anlaufen. **39.** *sl.* j-n ˌan-
pumpen', ˌanhauen' (**for** um): **to ~ s.o.**
**for 20 dollars. 40.** *sl.* ˌklauen', ˌorgani-
'sieren'. **41.** *bes.* m e-n Kranken die
Hand auflegen (**for** zur Heilung *gen*).
**III** *v/i* **42.** sich berühren, Berührung *od.*
Kon'takt haben. **43.** ~ (**up**)**on** grenzen *od.*
her'anreichen an (*acc*): **it ~es on treason**
es grenzt an Verrat. **44.** ~ (**up**)**on** betref-
fen, berühren: **it ~es upon my inter-**
**ests. 45.** ~ (**up**)**on** berühren, kurz er-
wähnen, streifen: **he merely ~ed upon**
**this question. 46.** ~ **at** *mar.* anlegen bei
*od.* in (*dat*), anlaufen (*acc*). **47.** *bes. hist.*
zur Heilung (**for** *gen*) die Hand auflegen.
*Verbindungen mit Adverbien:*
**touch** | **down** *v/i* **1.** *American Football,
Rugby:* in ~ Versuch erzielen *od.* legen.
**2.** *aer.* aufsetzen. ~ **off** *v/t* **1.** e-e Skizze
(rasch) entwerfen. **2.** (flüchtig) skiz'zie-
ren. **3.** e-e Explosion *etc*, *fig.* e-e Krise *etc*
auslösen, *fig.* e-n Proteststurm *etc* ent-
fachen. ~ **up** *v/t* **1.** a) verbessern, ver-
vollkommnen, ausfeilen, b) auffrischen
(*a. fig. das Gedächtnis*), ˌaufpo,lieren.
**2.** *phot.* retu'schieren. **3.** *j-m* e-n aufmun-
ternden Klaps geben. **4.** *Br. colloq.* j-n
ˌhochnehmen', ˌbetatschen'.
**touch** | **and go** *s* **1.** rasches Hin u. Her.
**2.** *fig.* a) ris'kante Sache, b) pre'käre
Situati'on: **it was ~** es hing an e-m Haar,
es stand auf des Messers Schneide.
ˌ**~-and-'go** *adj* **1.** flüchtig, oberfläch-
lich: ~ **dialogue;** ~ **landing** *aer.* Aufsetz-
u. Durchstartlandung *f.* **2.** a) ris'kant,
b) pre'kär. ~ **bod·y**, a. ~ **cor·pus·cle** *s*
*anat.* Tastkörperchen *n.* ~ **danc·ing** *s*
Tanzen *n* mit 'Körperkon,takt. '**~down**
*s* **1.** *American Football, Rugby:* Versuch
*m.* **2.** *aer.* Aufsetzen *n.*
**tou·ché** [tuːˈʃeɪ] *interj* **1.** *fenc.* getrof-

fen!, Treffer! **2.** *fig.* eins zu null für dich!
**touch** | **foot·ball** *s sport* Form des Ameri-
can Football, bei der der Gegner nur be-
rührt, nicht aber zu Fall gebracht wird.
'**~hole** *s hist.* Zündloch *n.*
**touch·i·ness** ['tʌtʃɪnɪs] *s* Empfindlich-
keit *f.*
'**touch·ing I** *adj* (*adv* ~ly) *fig.* rührend,
ergreifend. **II** *a.* **as** ~ *prep obs.* betref-
fend, was ... betrifft.
ˌ**touch** | **-in-'goal line** *s Rugby:* Mal-
marklinie *f.* ~ **judge** *s Rugby:* Seiten-
richter *m.* '**~line** *s sport* a) Seitenlinie *f,*
b) *Rugby:* Marklinie *f.* '**~-me-ˌnot** *s*
**1.** *bot.* Springkraut *n*, bes. a) Rührmich-
nichtan *n*, b) 'Gartenbalsa,mine *f.* **2.**
*colloq.* ˌBlümlein *n* Rührmichnichtan'
(*Mädchen*). ~ **pa·per** *s* 'Zündpa,pier *n.*
'**~stone** *s* **1.** *min.* Pro'bierstein *m.* **2.** *fig.*
Prüfstein *m.* ~ **sys·tem** *s* Zehn'finger-
sy,stem *n* (*auf der Schreibmaschine*).
~ **tel·e·phone** *s* 'Tastentele,fon *n.* '**~-**
**-type** *v/i* blindschreiben. '**~-up** *s* Ver-
besserung *f, phot.* Re'tusche *f:* **to give**
**s.th. a ~** → **touch up** 1. **2.** '**~wood** *s*
**1.** Zunder(holz *n*) *m.* **2.** *bot.* Feuer-
schwamm *m.*
**touch·y** ['tʌtʃɪ] *adj* (*adv* **touchily**)
**1.** ('über)empfindlich, reizbar, leichtge-
kränkt. **2.** a) ris'kant, gefährlich, b) hei-
kel, ˌkitzlig': **a ~ subject. 3.** *med.*
(druck)empfindlich.
**tough** [tʌf] **I** *adj* (*adv* ~ly) **1.** zäh: a) hart,
'widerstandsfähig, b) zähflüssig: ~ **meat**
zähes Fleisch; **the meat was** (**as**) ~ **as**
**leather** (*od. colloq.* **an old boot**) zäh wie
Leder. **2.** zäh, ro'bust, stark: ~ **body**
(**man, animal,** *etc*). **3.** zäh, hartnäckig: ~
**fight** (**resistance,** *etc*). **4.** *fig.* schwierig,
unangenehm: **a ~ fellow** (**job, problem,**
*etc*); **a ~ winter** ein harter Winter; **it was**
~ **going** *colloq.* es war ein hartes Stück
Arbeit; ~ **luck** *bes. Am. colloq.* Pech *n.* **5.**
*colloq.* ˌeklig', grob: **he is a ~ customer**
mit ihm ist nicht gut Kirschen essen; **a ~**
**foreign policy** e-e harte *od.* aggressive
Außenpolitik; **to get ~ with s.o.** a) j-m
gegenüber massiv werden, b) gegen j-n
hart durchgreifen. **6.** rowdyhaft, bru'tal,
übel, Schläger..., Verbrecher...: ~ **guy** →
8; **a ~ neighbo(u)rhood** e-e üble *od.*
verrufene Gegend. **7.** übel, schlimm,
ˌbös': **in a ~ spot** übel dran; **if things get**
~ wenn es ˌmulmig' wird. **II** *s* **8.** Rowdy
*m*, Ra'bauke *m*, Schläger(typ) *m*, ˌübler
Kunde'. '**tough·en** *v/t u. v/i* zäh(er) *etc*
machen *od.* werden. '**tough·ie** [-ɪ] *s bes.
Am. colloq.* **1.** ˌharte Nuß', schwierige
Sache. **2.** → **tough** 8. ˌ**tough-'mind-**
**ed** *adj bes. Am.* **1.** rea'listisch (denkend).
**2.** unbeugsam, hart. '**tough·ness** *s*
**1.** Zähigkeit *f*, Härte *f* (*beide a. fig.*).
**2.** Zähflüssigkeit *f.* **3.** Ro'bustheit *f.*
**4.** Hartnäckigkeit *f.* **5.** Schwierigkeit *f.*
**6.** Brutali'tät *f.*
**tou·pee** ['tuːpeɪ; *Am.* tuːˈpeɪ] *s* Tou'pet *n*
(*Haarersatzstück*).
**tou·pet** → **toupee.**
**tour** [tʊə(r)] **I** *s* **1.** Tour *f* (**of** durch):
a) (Rund)Reise *f*, (-)Fahrt *f:* **on (a)** ~ auf
Reisen, b) Ausflug *m*, Wanderung *f,*
Fahrt *f:* → **conduct** 7. **2.** Rundgang *m*
(**of** durch): ~ **of inspection** Besichti-
gungsrundgang, -rundfahrt *f.* **3.** *thea. etc*
Tour'nee *f* (**of** durch), Gastspielreise *f* (**of**
durch): **to go on** ~ auf Tournee gehen.
**4.** Runde *f*, Schicht *f:* **three ~s a day**
drei Schichten täglich. **5.** *mil.* (turnus-
mäßige) Dienstzeit. **II** *v/t* **6.** bereisen,
durch'reisen: **to ~ France. 7.** *thea. etc*
**to ~ a country** in e-m Land auf Tour-
nee gehen (*a. sport*); **to ~ a play** mit
e-m Stück auf Tournee gehen. **III** *v/i*
**8.** reisen, e-e Reise *od.* Tour machen
(**through, about** durch). **9.** *thea. etc* e-e

Gastspielreise od. (a. sport) e-e Tour'nee machen.

**tour·bil·lion** [ˌtʊə(r)'bɪljən] s **1.** Tourbilli'on m (Feuerwerksrakete). **2.** Wirbelwind m.

**tour com·pa·ny** s Reiseveranstalter m.

**tour de force** [ˌtʊə(r)də'fɔː(r)s; Am. a. -ᴶfəʊərs] s **1.** Gewaltakt m. **2.** Glanzleistung f.

**'tour·er** s mot. Tourenwagen m.

**'tour·ing** adj Touren..., Reise...: ~ **car** mot. bes. Am. Tourenwagen m; ~ **company** thea. Wanderbühne f; ~ **exhibition** Wanderausstellung f.

**tour·ism** ['tʊərɪzəm] s **1.** Reise-, Fremdenverkehr m, Tou'rismus m. **2.** Fremdenverkehrswesen n, Tou'ristik f.

**'tour·ist** I s **1.** (Ferien-, Vergnügungs-)Reisende(r m) f, Tou'rist(in). **2.** sport Mitglied n e-r Mannschaft auf Tour'nee. **II** adj **3.** Reise..., Fremden(verkehrs)..., Touristen...: ~ **agency** (od. **bureau**, **office**) a) Reisebüro n, b) Verkehrsamt n, -verein m; ~ **attraction** Touristenattraktion f; ~ **bicycle** Tourenrad n; ~ **class** Touristenklasse f; ~ **country** Urlaubsland n; ~ **industry** Fremdenindustrie f; ~ **ticket** Rundreisekarte f; ~ **trap** Touristenfalle f. **'tour·ist·y** adj colloq., oft contp. **1.** für Tou'risten: ~ **souvenirs**. **2.** a ~ **place** a) ein auf Tourismus getrimmter Ort, b) ein von Touristen überlaufener Ort.

**tour·ma·line** ['tʊə(r)məliːn; Am. a. -lɪn], a. **'tour·ma·lin** [-lɪn] s min. Turma'lin m.

**tour·na·ment** ['tʊə(r)nəmənt] s **1.** (Schach-, Tennis- etc)Tur'nier n. **2.** hist. ('Ritter)Tur'nier n.

**tour·ne·dos** ['tʊənədəʊ; Am. ˌtʊrnə-'dəʊ; turnədo] (Fr.) s gastr. Tourne'dos n.

**tour·ney** ['tʊə(r)nɪ] bes. hist. I s Tur'nier n. II v/i tur'nieren, an e-m Tur'nier teilnehmen.

**tour·ni·quet** ['tʊə(r)nɪkeɪ; Am. -kət] s med. Tourni'quet n, Aderpresse f.

**tour op·er·a·tor** s Reiseveranstalter m.

**tou·sle** ['taʊzl] v/t das Haar etc (zer)zausen, verwuscheln.

**tout** [taʊt] colloq. I v/i **1.** (bes. aufdringliche Kunden-, Stimmen)Werbung treiben (for für). **2.** Pferderennen: a) bes. Br. sich (durch Spionieren) gute Renntips verschaffen, b) Wettips geben od. verkaufen. II v/t **3.** aufdringliche Werbung treiben für. **4.** (durch aufdringliche Werbung) belästigen. **5.** Pferderennen: a) bes. Br. (durch Spionieren) Informati'onen erlangen über (acc), b) j-m Wettips geben od. verkaufen. III s **5.** Kundenwerber m, (-)Schlepper m. **7.** a) bes. Br. „Spi'on" m (beim Pferdetraining), b) Tipgeber m. **8.** to be on the ~ for Ausschau halten nach. **9.** (Karten)Schwarzhändler m.

**tout en·sem·ble** [tutãsãbl] (Fr.) s art Gesamteindruck m, -wirkung f.

**'tout·er** → tout 6.

**tou·zle** → tousle.

**to·va·rich, to·va·risch** [tə'vɑːrɪʃ] (Russ.) s Genosse m, To'warischtsch m.

**tow¹** [təʊ] I s **1.** Schleppen n, Schlepparbeit f: to have in ~ im Schlepptau haben (a. fig.); to take ~ sich schleppen lassen; to take in(to) ~ bes. fig. ins Schlepptau nehmen. **2.** bes. mar. Schleppzug m. II v/t **3.** (ab)schleppen, ins Schlepptau nehmen: to ~ **away** falsch geparktes Fahrzeug abschleppen; **~ed flight** (**target**) aer. Schleppflug m (-ziel n). **4.** ein Schiff treideln. **5.** hinter sich 'herziehen, ab-, mitschleppen, bug'sieren.

**tow²** [təʊ] s **1.** (Schwing)Werg n. **2.** Werggarn n. **3.** Packleinwand f.

**tow·age** ['təʊɪdʒ] s **1.** Schleppen n, Bug-
'sieren n. **2.** Treideln n. **3.** (Ab)Schleppgebühr f.

**to·ward** I prep [tə'wɔːd; tʊ-; tɔːd; Am. 'təʊərd; 'tɔː-] **1.** auf (acc) ... zu, gegen od. zu ... hin, nach ... zu, zu: ~ **the house**. **2.** nach ... zu, in der Richtung u. Nähe von: he lives ~ **Birmingham**. **3.** (zeitlich) gegen: ~ **noon**. **4.** gegen'über (dat): his friendly attitude ~ **us**. **5.** (als Beitrag) zu, um e-r Sache (willen), zum Zwecke (gen): efforts ~ **reconciliation** Bemühungen um e-e Versöhnung. **II** adj ['təʊə(r)d; Am. a. 'tɔː-; tɔːrd] **6.** obs. fügsam. **7.** obs. od. Am. vielversprechend. **8.** pred selten im Gange, am Werk. **9.** obs. bevorstehend. **to·ward·ly** ['təʊə(r)dlɪ; Am. a. -tɔː-] adj obs. **1.** → toward 6 u. 7. **2.** günstig, rechtzeitig.

**to·wards** [tə'wɔːdz; tʊ-; tɔːdz; Am. 'təʊərdz; 'tɔː-] bes. Br. für **toward** I.

**'tow·a·way** Am. I s Abschleppen n (e-s falsch geparkten Fahrzeugs). II adj Abschlepp...: ~ **charges**; ~ **zone**. **'~bar** mot. **1.** Abschleppstange f. **2.** Anhängerkupplung f. **'~boat** s Schleppschiff n, Schlepper m mar. **~car** s mot. Am. Abschleppwagen m.

**tow·el** ['taʊəl] I s Handtuch n: to throw in the ~ (Boxen) das Handtuch werfen (a. fig. sich geschlagen geben); **oaken** ~ sl. obs. Knüttel m. II v/t pret u. pp **-eled**, bes. Br. **-elled** (mit e-m Handtuch) (ab)trocknen od. (ab)reiben. ~ **dispens·er** s 'Handtuchauto,mat m. ~ **horse** s Handtuchständer m. ~ **rack** → **towel horse**. **~rail** s Handtuchhalter m.

**'tow·el·(l)ing** s **1.** Frot'tee n, m. **2.** Abreibung f.

**tow·er¹** ['taʊə(r)] I s **1.** Turm m: ~ of **Babel** Bibl. Turm von Babel; ~ **block** Br. (Büro-, Wohn)Hochhaus n. **2.** Feste f, Bollwerk n: ~ of **strength** fig. Stütze f, Säule f. **3.** Zwinger m, Festung f (Gefängnis): the T~ (of **London**) der (Londoner) Tower. **4.** chem. Turm m (Reinigungs- od. Absorptionsanlage). II v/i **5.** (hoch)ragen, sich em'portürmen (to zu): to ~ **above** etwas od. j-n überragen (a. fig. turmhoch überlegen sein [dat]). **6.** hunt. senkrecht hochschießen (Falke etc).

**tow·er²** ['taʊə(r)] s mar. Treidler m, Schlepper m (vom Land aus).

**tow·ered** ['taʊə(r)d] adj (hoch)getürmt.

**'tow·er·ing** adj **1.** turmhoch (aufragend), hoch-, aufragend. **2.** gewaltig, maßlos: ~ **ambition**; in a ~ **rage** rasend vor Wut.

**'tow·head** s **1.** Flachshaar n. **2.** Flachskopf m (Person).

**'tow·ing** adj (Ab)Schlepp...: ~ **cable** Abschleppseil n; ~ **line** → **towline**. ~ **net** → **townet**. ~ **path** → **towpath**.

**'tow·line** s **1.** Abschleppseil n. **2.** mar. Treidelleine f, Schlepptau n.

**town** [taʊn] s **1.** Stadt f (unter dem Rang e-r city). **2.** meist the ~ die Stadt: a) die Stadtbevölkerung, b) das Stadtleben; → paint 5. **3.** oft market ~ Marktflecken m. **4.** bes. Am. Stadt- od. Landgemeinde f (als Verwaltungseinheit). **5.** collect. Bürger(schaft f) pl (e-r Universitätsstadt): ~ **and gown** Bürgerschaft u. Studentenschaft. **6.** (ohne art) die (nächste) Stadt (vom Sprecher aus gesehen): to ~ nach der od. in die Stadt, Br. bes. nach London; out of ~ nicht in der Stadt, auswärts, Br. bes. nicht in London; to go to ~ colloq. sich ins Zeug legen (on bei); to be (out) on the ~ colloq. ‚auf den Putz hauen', ‚einen draufmachen'. ~ **ball** s Am. Schlagballspiel n. **'~bred** adj in der Stadt aufgewachsen. ~ **car** s viertüriger Personenwagen mit separatem, durch eine Glasscheibe vom Fahrersitz getrennten

Fahrgastraum. ~ **cen·tre** s Br. Innenstadt f, City f. ~ **clerk** s **1.** Br. a) städtischer Verwaltungsbeamter, b) hist. ('Ober)Stadtdi,rektor m. **2.** Am. Gemeindeverwaltungsbeamte(r) m. ~ **coun·cil** s **1.** Br. Stadtrat m. **2.** Am. Gemeinderat m. ~ **coun·cil·(l)or** s **1.** Br. Stadtrat(smitglied n) m. **2.** Am. Gemeinderat(smitglied n) m. **~cri·er** s hist. Ausrufer m.

**town·ee** [taʊ'niː] s colloq., oft contp. **1.** Städter m, Stadtmensch m. **2.** Br. Bewohner e-r Universitätsstadt, der nichts mit der Universität zu tun hat.

**'tow·net** s Zug-, Schleppnetz n.

**town| gas** s chem. Stadtgas n. ~ **hall** s Rathaus n. ~ **house** s **1.** Stadthaus n, Haus in der Stadt. **2.** Am. Reihenhaus n.

**town·i·fy** ['taʊnɪfaɪ] v/t verstädtern.

**town| ma·jor** s mil. Br. hist. 'Stadtkommanˌdant m. ~ **meet·ing** s pol. Am. Gemeindeversammlung f. ~ **plan·ning** s Städte-, Stadtplanung f, städtebauliche Planung. **~scape** ['taʊnskeɪp] s **1.** Stadtbild n. **2.** art Stadtansicht f.

**'towns·folk** s pl Städter pl, Stadtbevölkerung f.

**town·ship** ['taʊnʃɪp] s **1.** hist. (Dorf-, Stadt)Gemeinde f od. (-)Gebiet n. **2.** Am. Verwaltungsbezirk m. **3.** surv. Am. 6 Qua'dratmeilen großes Gebiet.

**'towns·man** [-mən] s irr **1.** Städter m, Stadtbewohner m. **2.** a. fellow ~ Mitbürger m. **'~peo·ple** → townsfolk. **'~wom·an** s irr **1.** Städterin f, Stadtbewohnerin f. **2.** a. fellow ~ Mitbürgerin f.

**'tow·path** s Treidelpfad m. **'~rope** → towline. ~ **truck** → tow car.

**tow·y** ['təʊɪ] adj **1.** aus Werg. **2.** wergartig, Werg...

**tox·(a)e·mi·a** [tɒk'siːmɪə; Am. tɑk-] s med. Tox(ik)ämie f, Blutvergiftung f.

**tox·(a)e·mic** [-mɪk] adj med. tox(ik)ämisch, Blutvergiftungs...

**tox·ic** ['tɒksɪk; Am. 'tɑk-] I adj (adv ~ally) giftig, toxisch, Gift...: ~ **waste** Giftmüll m. II s Gift(stoff m) n.

**tox·i·cant** ['tɒksɪkənt; Am. 'tɑk-] → toxic.

**tox·ic·i·ty** [tɒk'sɪsətɪ; Am. tɑk-] s med. Toxizi'tät f, Giftigkeit f.

**tox·i·co·log·i·cal** [ˌtɒksɪkə'lɒdʒɪkl; Am. ˌtɑksɪkə'lɑ-] adj (adv ~ly) med. toxiko'logisch. **ˌtox·i'col·o·gist** [-'kɒlədʒɪst; Am. -ᴶka-] s Toxiko'loge m. **ˌtox·i'col·o·gy** [-dʒɪ] s Toxikolo'gie f, Giftkunde f.

**tox·in** ['tɒksɪn; Am. 'tɑk-] s med. To'xin n, Gift(stoff m) n. **'~ˌan·ti'tox·in** s 'Gegenˌtoxin n.

**tox·oid** ['tɒksɔɪd; Am. 'tɑk-] s med. **1.** (Ehrlichsches) Toxo'id n. **2.** Im'munstoff m.

**tox·oph·i·lite** [tɒk'sɒfɪlaɪt; Am. tɑk-'sɑfə-] s (guter od. begeisterter) Bogenschütze.

**toy** [tɔɪ] I s **1.** (Kinder)Spielzeug n (a. fig.), pl a. Spielsachen pl, -waren pl. **2.** fig. Spiele'rei f. **3.** obs. Liebe'lei f. II v/i **4.** (with) spielen (mit e-m Gegenstand), fig. a. liebäugeln (mit e-m Gedanken etc). III adj **5.** Spiel(zeug)..., Kinder...: ~ **book** Bilderbuch n; ~ **train** Miniatur-, Kindereisenbahn f. **6.** Zwerg...: ~ **dog** Schoßhund m; ~ **spaniel** Zwergspaniel m. ~ **box** s Spielzeugschachtel f. **'~like** adj winzig, spielzeugartig. **'~man** [-mən] s irr 'Spielwarenhändler m od. -,hersteller m. **'~shop** s Spielwarengeschäft n, -handlung f.

**tra·be·at·ed** ['treɪbɪeɪtɪd], a. **'tra·be·ate** [-ət; -eɪt] adj arch. aus Horizon'talbalken konstru'iert. **ˌtra·be'a·tion** s arch. Säulengebälk n.

**tra·bec·u·la** [trə'bekjʊlə] pl **-lae** [-liː] s

**1.** *anat.* Tra'bekel *f*, Bälkchen *n*. **2.** *bot.* Zellbalken *m*.

**trace**[1] [treɪs] **I** *s* **1.** (Fuß-, Wagen-, Wild-*etc*)Spur *f*: **to be on s.o.'s ~** j-m auf der Spur sein; **to be hot on s.o.'s ~** j-m dicht auf den Fersen sein; **without a ~** spurlos. **2.** *fig.* Spur *f*: a) ('Über)Rest *m*: **~s of an ancient civilization**, b) (An)Zeichen *n*: **~s of fatigue**; **to leave its ~s (up)on** s-e Spuren hinterlassen auf (*e-m Gesicht etc*), c) geringe Menge, (*ein*) bißchen: **a ~ of salt**; **not a ~ of fear** keine Spur von Angst; **a ~ of a smile** ein fast unmerkliches Lächeln, der Anflug e-s Lächelns. **3.** *Am.* Pfad *m*, (mar'kierter) Weg. **4.** Linie *f*: a) Aufzeichnung *f* (*e-s Meßgeräts*), Kurve *f*, b) Zeichnung *f*, Skizze *f*, c) Pauszeichnung *f*, d) *bes. mil.* Grundriß *m*. **5.** a) *electr.*, *a. mil.* Leuchtspur *f*: **~ of a cathode-ray tube**, b) *Radar*: (Bild)Spur *f*. **II** *v/t* **6.** j-m *od.* e-r *Sache* nachspüren, j-s Spur folgen. **7.** *Wild*, *Verbrecher etc* verfolgen, aufspüren. **8.** *a.* **~ out** *j-n od.* etwas ausfindig machen *od.* aufspüren, etwas auf- *od.* her'ausfinden. **9.** *fig.* e-r *Entwicklung etc* nachgehen, etwas verfolgen, erforschen: **to ~ s.th.** to etwas zurückführen auf (*acc*) *od.* herleiten von; **to ~ s.th. back** etwas zurückverfolgen (**to** bis zu). **10.** erkennen, feststellen. **11.** *e-n Pfad* verfolgen. **12.** *a.* **~ out** (auf)zeichnen, skiz'zieren, entwerfen. **13.** *Buchstaben* sorgfältig (aus)ziehen, schreiben, malen. **14.** *tech.* a) *a.* **~ over** ko'pieren, ('durch)pausen, b) *e-e Linie*, *die Bauflucht etc* abstecken, c) *e-e Messung* aufzeichnen: **~d chart** (*od.* **map**) Planpause *f*. **III** *v/i* **15.** *a.* **~ back** zu'rückgehen *od.* sich zu'rückverfolgen lassen bis (**to** zu *od.* in *acc*).

**trace**[2] [treɪs] *s* **1.** Zugriemen *m*, Strang *m* (*am Pferdegeschirr*): **in the ~s** angespannt (*a. fig.*); **to kick over the ~s** *colloq.* über die Stränge schlagen. **2.** *tech.* Pleuel-, Schubstange *f*.

**trace·a·ble** ['treɪsəbl] *adj* (*adv* **traceably**) **1.** aufspür-, nachweis-, auffindbar. **2.** zu'rückzuführen(d) (**to** auf *acc*): **to be ~ to** → **trace**[1] 15.

**trace| el·e·ment** *s chem.* 'Spurenele-ment *n*. **~ horse** *s* Zugpferd *n*.

**'trac·er** *s* **1.** Aufspürer(in). **2.** *mail. rail. etc* *Am.* Such-, Laufzettel *m*. **3.** a) (technischer) Zeichner, b) 'Durchzeichner *m*, Pauser *m*. **4.** *Schneiderei*: Ko'pierräd-chen *n*. **5.** *tech.* Punzen *m*. **6.** *chem. med. phys.* ('Radio-, Iso'topen)Indi,kator *m*, 'Leitiso,top *m*. **7.** *electr. tech.* Taster *m*. **8.** *mil.* a) *meist* **~ bullet** (*od.* **shell**) Leuchtspur-, Rauchspurengeschoß *n*, b) *meist* **~ composition** Leuchtspursatz *m*.

**trac·er·ied** ['treɪsərɪd] *adj arch.* mit Maßwerk (versehen).

**trac·er·y** ['treɪsərɪ] *s* **1.** *arch.* Maßwerk *n* (*an gotischen Fenstern*). **2.** Flechtwerk *n*.

**tra·che·ae** [trə'kiːiː; *Am.* 'treɪkɪə] *pl* **tra·che·ae** [trə'kiːiː; *Am.* 'treɪkɪˌiː; -ˌaɪ] *s* **1.** *anat.* Tra'chea *f*, Luftröhre *f*. **2.** *Tra'chee f*: a) *zo.* 'Luftka,nal *m*, b) *bot.* Gefäß *n*.

**tra·che·al** [trə'kiːəl; *Am.* 'treɪkɪəl] *adj* **1.** *anat.* Luftröhren... **2.** *zo.* Tracheen... **3.** *bot.* Gefäß...

**tra·che·ate** [trə'kiːɪt; *Am.* 'treɪkɪˌeɪt; -ət] *zo.* **I** *adj* mit Tra'cheen (versehen). **II** *s* Tra'cheentier *n*.

**tra·che·i·tis** [ˌtrækɪ'aɪtɪs; *Am.* ˌtreɪ-] *s med.* Trache'itis *f*, Luftröhrenentzündung *f*.

**tra·che·ot·o·my** [ˌtrækɪ'ɒtəmɪ; *Am.* ˌtreɪkɪ'ɑ-] *s med.* Tracheoto'mie *f*, Luftröhrenschnitt *m*.

**tra·cho·ma** [trə'kəʊmə] *s med.* Tra-'chom *n*, Granu'lose *f* (*der Bindehaut*).

**tra·chyte** ['trækaɪt; 'treɪ-] *s geol.* Tra-'chyt *m*.

**'trac·ing** *s* **1.** Suchen *n*, Nachforschung *f*. **2.** *tech.* a) (Auf)Zeichnen *n*, b) 'Durchpausen *n*. **3.** *tech.* a) Zeichnung *f*, (Auf-)Riß *m*, Plan *m*, b) Pause *f*, Ko'pie *f*: **to make a ~** of (durch)pausen. **4.** Aufzeichnung *f* (*e-s Kardiographen etc*). **~ cloth** *s* Pausleinen *n*. **~ file** *s* 'Suchkar-,tei *f*. **~ lin·en** → **tracing cloth**. **~ op·er·a·tion** *s* Fahndung *f*. **~ pa·per** *s* 'Pauspa,pier *n*. **~ ser·vice** *s* Suchdienst *m*. **~ wheel** → **tracer** 4.

**track** [træk] **I** *s* **1.** (*Fuß*-, *Ski*-, *Wagen*-, *Wild- etc*)Spur *f*, Fährte *f* (*beide a. fig.*): **the ~ of my thoughts** mein Gedankengang; **to be on s.o.'s ~s** j-m dicht auf den Fersen sein; **to be hot on s.o.'s ~s** j-m dicht auf den Fersen sein; **to be on the right ~** *fig.* auf der richtigen Spur *od.* auf dem richtigen Weg sein; **to be on the wrong ~**, **to be off the ~** *fig.* auf der falschen Spur *od.* auf dem falschen Weg *od.* auf dem Holzweg sein; **to cover up one's ~s** s-e Spur(en) verwischen; **to make ~s** *colloq.* a) ‚sich auf die Socken machen‘, b) ‚abhauen‘, verschwinden; **to make ~s for home** *colloq.* sich auf den Heimweg machen; **to keep ~ of** *fig.* etwas verfolgen, sich auf dem laufenden halten über (*acc*); **to lose ~ of** aus den Augen verlieren; **to put** (*od.* **throw**) **s.o. off the ~** j-n von der (richtigen) Spur ablenken; **to shoot s.o. in his ~s** j-n auf der Stelle niederschießen; **to stop in one's ~s** *Am.* abrupt stehenbleiben; → **beaten** 5. **2.** *rail.* Gleis *n*, Geleise *n u. pl*, Schienenstrang *m*: **off the ~** entgleist, aus den Schienen; **on ~** *econ.* auf der Achse, rollend; **he was born on the wrong side of the ~** *Am.* er stammt aus ärmlichen Verhältnissen. **3.** a) *mar.* Fahrwasser *n*, Seegatt *n*, b) *aer.* Kurs *m* über Grund. **4.** *mar.* (*übliche*) Route: **North Atlantic ~**. **5.** Pfad *m*, Weg *m* (*beide a. fig.*). **6.** Bahn *f*: **~ of a comet** (**storm**, **bullet**, *etc*); **(clear the) ~!** Bahn frei! **7.** *sport* a) (Renn-, Lauf)Bahn *f*, b) *meist* **~-and-field sports** 'Leichtath,letik *f*. **8.** *Computer*, *Tonband*: Spur *f*. **9.** *Stück n*, Nummer *f* (*e-r Langspielplatte etc*). **10.** *phys.* Bahnspur *f*. **11.** *mot.* a) Spurweite *f*, b) 'Reifenpro,fil *n*. **12.** (Gleis-, Raupen-)Kette *f* (*e-s Traktors etc*). **13.** *ped. Am.* Leistungsgruppe *f* (*innerhalb e-r Klasse*). **II** *v/t* **14.** nachgehen, -spüren (*dat*), verfolgen (**to** bis). **15.** **~ down** aufspüren, zur Strecke bringen: **to ~ down a deer** (**criminal**). **16.** *a.* **~ out** aufspüren, ausfindig machen. **17.** *e-n Weg* kennzeichnen. **18.** *durch*'queren: **to ~ a desert**. **19.** *a.* **~ up** *Am.* Schmutzspuren hinter'lassen auf (*dat*). **20.** *rail. Am.* Gleise verlegen in (*dat*). **21.** *mot. tech.* mit Raupenketten versehen: **~ed vehicle** Ketten-, Raupenfahrzeug *n*. **22.** *ped. Am.* *e-e Klasse* in Leistungsgruppen einteilen. **III** *v/i* **23.** *tech.* in der Spur bleiben (*Räder*, *Saphirnadel etc*), Spur halten. **24.** *Film*: (mit der Kamera) fahren: **to ~ in on** heranfahren an (*acc*).

**track·age** ['trækɪdʒ] *s rail. Am.* **1.** Schienen *pl*. **2.** Schienenlänge *f*. **3.** Streckenbenutzungsrecht *n od.* -gebühr *f*.

**track-and-'field** *adj sport* Leichtathletik...; → **track** 7 c.

**'track·er** *s* **1.** Spurenleser *m*. **2.** ‚Spürhund' (*Person*). **3.** *mil.* Zielgeber *m* (*Gerät*). **~ dog** *s* Spürhund *m*.

**'track·ing I** *s ped. Am.* Einteilung *f* in Leistungsgruppen. **II** *adj* (ge)führig (*Schnee*). **~ screen** *s Radar etc*: (Ziel-)Verfolgungsmonitor *m*, -bildschirm *m*. **~ sta·tion** *s Raumfahrt*: 'Bodenstati,on *f*.

**'track,lay·er** *s* **1.** *rail. Am.* Streckenarbeiter *m*. **2.** Raupenschlepper *m*, -fahrzeug *n*.

**'track·less** *adj* (*adv* **~ly**) **1.** unbetreten. **2.** weg-, pfadlos. **3.** schienenlos. **4.** spurlos.

**track| meet** *s Am.* 'Leichtath,letikveranstaltung *f*. **~ race** *s* Radsport: Bahnrennen *n*. **~ rec·ord** *s* **1.** *sport* 'Bahnre,kord *m*. **2.** *fig. colloq.* a) (erworbene) Kenntnisse *pl*, b) (erzielte) Leistungen *pl*. **~ rid·er** *s* Radsport: Bahnfahrer(in). **~ rod** *s mot.* Spurstange *f*. **~ shoe** *s sport* Rennschuh *m*.

**track·ster** ['trækstər] *s mot. Am.* ‚fri-'sierter' Spezi'alrennwagen (mit Bremsfallschirm) für $^{1}/_{4}$ Meile.

**'track·suit** *s sport* Trainingsanzug *m*. **~ walk·ing** *s* Leichtathletik: Bahngehen *n*.

**tract**[1] [trækt] *s* **1.** (ausgedehnte) Fläche, Strecke *f*, (Land)Strich *m*, Gegend *f*, Gebiet *n*. **2.** *anat.* Trakt *m*, (Ver'dauungs-*etc*)Sy,stem *n*. **3.** *physiol.* (Nerven)Strang *m*: **optic ~** Sehstrang. **4.** Zeitraum *m*, -spanne *f*.

**tract**[2] [trækt] *s bes. relig.* Trak'tat *m*, *n*, kurze Abhandlung, *contp.* Trak'tätchen *n*.

**trac·ta·bil·i·ty** [ˌtræktə'bɪlətɪ] *s* **1.** Lenkbarkeit *f*. **2.** Gefügigkeit *f*. **'trac·ta·ble** *adj* (*adv* **tractably**) **1.** lenkbar, folg-, fügsam. **2.** gefügig, geschmeidig, leicht zu bearbeiten(d): **~ material**. **'trac·ta·ble·ness** → **tractability**.

**Trac·tar·i·an·ism** [træk'teərɪənɪzəm] *s relig.* Traktaria'nismus *m* (*zum Katholizismus neigende Richtung in der anglikanischen Staatskirche*).

**tract house** *s* Einzelhaus *n* in e-r Wohnsiedlung.

**trac·tion** ['trækʃn] *s* **1.** Ziehen *n*. **2.** *phys. tech.* a) Zug *m*: **~ engine** Zugmaschine *f*, b) Zugkraft *f*, -leistung *f*. **3.** *phys. tech.* Reibungsdruck *m*. **4.** *mot.* a) Griffigkeit *f* (*der Reifen*), b) *a.* **~ of the road** Bodenhaftung *f*. **5.** a) Fortbewegung *f*, b) Trans'port *m*, Beförderung *f*: **interurban ~** *Am.* Städtenahverkehr *m*. **6.** *physiol.* Zs.-ziehung *f* (*von Muskeln*). **7.** *med.* Streckung *f*: **~ bandage** Streckverband *m*; **in** (**high**) **~** im Streckverband. **8.** Anziehung(skraft) *f* (*a. fig.*). **'trac·tion·al** [-ʃənl] *adj*, **'trac·tive** *adj* Zug...

**trac·tor** ['træktə(r)] *s* **1.** 'Zugma,schine *f*, Traktor *m*, Trecker *m*, Schlepper *m*. **2.** *a.* **~ truck** *mot. Am.* Sattelschlepper *m*. **3.** *aer.* a) *a.* **~ propeller** (*od.* **airscrew**) Zugschraube *f*, b) *a.* **~ airplane** Flugzeug *n* mit Zugschraube *f*. **~-drawn** *adj* motorgezogen, motori'siert. **~ plough**, *bes. Am.* **~ plow** *s* Motorpflug *m*.

**trac·trix** ['træktrɪks] *pl* **-tri·ces** [-trɪsiːz] *s math.* Traktrix *f*, Schleppkurve *f*.

**trad** [træd] *colloq.* **I** *s mus.* traditio'neller Jazz. **II** *adj* traditio'nell.

**trade** [treɪd] *s* **1.** *econ.* Handel *m*, (Handels)Verkehr *m*. **2.** *econ. mar.* Verkehr *m*, Fahrt *f*. **3.** *econ.* Geschäft *n*: a) Geschäftsweg *m*, Branche *f*, b) (Einzel-, Groß)Handel *m*, Geschäftslage *f*, -gewinn *m*: **to be in ~** *bes. Br.* Geschäftsmann *od.* (Einzel)Händler sein; **she does a good ~** sie macht gute Geschäfte; **good** (**bad**) **for ~** handelsgünstig (handelsungünstig); **we sell to the ~** Abgabe an Einzelhändler *od.* Wiederverkäufer. **4.** **the ~** *econ.* a) die Geschäftswelt, b) der Spiritu'osenhandel, c) die Kundschaft. **5.** Gewerbe *n*, Beruf *m*, Handwerk *n*, Branche *f*, Meti'er *n*: **a baker by ~** Bäcker von Beruf; **every man to his ~** jeder, wie er es gelernt hat; **two of a ~ never agree** zwei von gleichen Geschäften sind sich niemals einig; **the ~ of war** *fig.* das Kriegshandwerk. **6.** Zunft *f*, Gilde *f*. **7.** *meist pl* → **trade wind**. **8.** *obs.*

Pfad *m*, Weg *m*. **9.** *obs.* Beschäftigung *f*, Gewohnheit *f*.

**II** *v/t* **10.** (aus)tauschen (**for** gegen): to ~ places die Plätze tauschen (**with** mit); I wouldn't ~ places with him *fig.* ich möchte nicht mit ihm tauschen. **11.** to ~ blows aufeinander einschlagen; to ~ insults sich gegenseitig Beleidigungen an den Kopf werfen. **12.** ~ away (*od.* off) verschachern. **13.** ~ in in Zahlung geben (**for** für).

**III** *v/i* **14.** a) Handel treiben, b) in Geschäftsbeziehungen stehen (**with** mit), c) handeln (**in** s.th. mit e-r Sache). **15.** ~ (up)on *etwas* ausnutzen, speku-'lieren auf (*acc*). **16.** ~ down (up) *econ. Am.* billiger (teurer) einkaufen. **17.** *Am.* a) Kunde sein, (ein)kaufen (**with** bei *j-m*), b) (ein)kaufen (**at** in *e-m Laden*).

**trade**|**ac·cept·ance** *s econ.* 'Handels-ak,zept *n*. **~ ac·counts** *s pl econ. Bilanz:* ~ payable Warenschulden *pl*; ~ receivable Warenforderungen *pl*. **~ al·low·ance** → **a·re·a** trading area. **~ as·so·ci·a·tion** *s econ.* **1.** Wirtschaftsverband *m*. **2.** Arbeitgeber-, Unter'nehmerverband *m*. **~ bal·ance** *s econ.* 'Handelsbi,lanz *f*. **~ bar·ri·ers** *s pl econ.* Handelsschranken *pl*. **~ bill** *s econ.* Waren-, Handelswechsel *m*. **~ cy·cle** *s econ. Br.* Konjunk'turzyklus *m*. **~ def·i·cit** → trade gap. **~ del·e·ga·tion** *s* 'Handelsdelegati,on *f*. **~ di·rec·to·ry** *s* Branchen-, Firmenverzeichnis *n*, 'Handelsa,dreßbuch *n*. **~ dis·count** *s econ.* 'Handels-, 'Händlerra,batt *m*, Ra-'batt für 'Wiederverkäufer. **~ dis·putes** *s pl econ.* Arbeitsstreitigkeiten *pl*. **~ dol·lar** *s econ. hist.* Tradedollar *m* (*Silbermünze*). **~ e·di·tion** *s* Handelsausgabe *f* (*Buch*). **~ fair** *s econ.* (Handels)Messe *f*. **~ gap** *s econ.* 'Handelsbi,lanzdefizit *n*. '**~-in** *I s* **1.** in Zahlung gegebene Sache. **2.** to get a good ~ etwas günstig in Zahlung geben (können). **II** *adj* **3.** ~ value Eintausch-, Verrechnungswert *m*. **~ jour·nal** *s* Handelsblatt *n*. '**~-,last** *s Am. colloq.* Austausch *m* von Kompli'menten aus zweiter Hand. '**~-mark** *I s* **1.** Warenzeichen *n*: registered ~ eingetragenes Warenzeichen. **2.** *fig.* Kennzeichen *n*, Stempel *m*. **II** *v/t* **3.** *econ.* a) Warenzeichen anbringen an (*dat*), b) *Zeichen od. Ware* gesetzlich schützen lassen: **~ed** goods Markenartikel. **~mis·sion** *s econ.* 'Handelsmissi,on *f*. **~ name** *s econ.* **1.** Markenname *m*, Handelsbezeichnung *f*. **2.** *jur.* Firmenname *m*, Firma *f*. '**~-off** *s fig.* **1.** Geschäft *n*, Handel *m*. **2.** Absprache *f*. **3.** Kompro'miß *m*: to make a ~ e-n Kompromiß schließen. **~ pa·per** *s econ.* Warenwechsel *m*. **~ price** *s econ.* Großhandelspreis *m*.

'**trad·er** *s* **1.** *econ.* Händler *m*, Kaufmann *m*. **2.** *mar.* Handelsschiff *n*. **3.** *Börse: Am.* 'Wertpa,pierhändler *m*.

**trade**|**school** *s econ.* Handels-, Gewerbeschule *f*. **~ se·cret** *s* Betriebs-, Geschäftsgeheimnis *n*. '**trades·folk** *s pl* Geschäftsleute *pl*. **trade show** *s* (geschlossene) Filmvorführung für Verleiher u. Kritiker. '**trades**|**man** [-mən] *s irr* **1.** *econ.* (Einzel)Händler *m*, Geschäftsmann *m*. **2.** Ladeninhaber *m*. **3.** Handwerker *m*. '**~peo·ple** *s pl* Geschäftsleute *pl*. **trades un·ion,** *etc* → trade union, *etc*. **trade**|**sym·bol** *s econ.* Bild *n* (*Warenzeichen*). **~ test** *s* Fachprüfung *f* (*für Handwerker etc*). **trade**|**un·ion** *s* Gewerkschaft *f*. ,**~'un·ion** *adj* gewerkschaftlich, Gewerkschafts...: ~ movement. **~un·ion·ism** *s* Gewerkschaftswesen *n*. **~ un·ion·ist** *s* Gewerkschaftler(in).

**trade wind** *s* Passat(wind) *m*. '**trad·ing I s 1.** Handeln *n*. **2.** Handel *m* (**in** s.th. mit etwas; **with** s.o. mit *j-m*). **II** *adj* **3.** Handels... **4.** handeltreibend. **~ a·re·a** *s econ.* Absatz-, Verkaufsgebiet *n*. **~ com·pa·ny** *s econ.* Handelsgesellschaft *f*. **~ es·tate** *s Br.* Indu'striegebiet *n*. **~ floor** *s* Börsensaal *m*. **~ part·ner** *s econ.* Handelspartner *m*. **~ post** *s* **1.** *econ.* Handelsniederlassung *f*. **2.** *Börse:* Standplatz *m*. **~ stamp** *s econ.* Ra'battmarke *f*.

**tra·di·tion** [trə'dɪʃn] *s* **1.** *allg.* Traditi'on *f*: a) mündliche Über'lieferung (*a. relig.*), b) ~ history *n*, (alter) Brauch, Brauchtum *n*, c) Gepflogenheit *f*, d) (Kul-'tur- *etc*)Erbe *n*, e) *bes. art u. Literatur:* über'lieferte Grundsätze *pl*: by ~ traditionell(erweise); it is a ~ for s.o. to do s.th. es ist üblich, daß j-d etwas tut; to be in the ~ sich im Rahmen der Tradition halten; ~ has it that es ist überliefert, daß. **2.** Über'lieferung *f*, über'lieferte Geschichte, alte Sage, alter Glaube. **3.** *jur.* Auslieferung *f*, 'Übergabe *f*. **tra'di·tion·al** [-ʃənl] *adj* (*adv* ~ly) traditio'nell, Traditions...: a) (mündlich) über'liefert, b) 'herkömmlich, (alt)'hergebracht, üblich. **tra'di·tion·al·ism** *s bes. relig.* Traditiona'lismus *m*, Festhalten *n* an der Über'lieferung. **tra'di·tion·al·ize** *v/t* **1.** zur Traditi'on machen. **2.** mit Traditi'onen ausstatten. **tra'di·tion·ar·y** [-nərɪ; *Am.* -ʃə,nerɪ:] → **traditional**.

**tra·duce** [trə'dju:s; *Am. a.* -'du:s] *v/t* verleumden.

**traf·fic** ['træfɪk] **I** *s* **1.** (öffentlicher, Straßen-, Schiffs-, Eisenbahn- *etc*)Verkehr. **2.** (Per'sonen-, Güter-, Nachrichten-, Fernsprech- *etc*)Verkehr *m*. **3.** a) (Handels)Verkehr *m*, Handel *m* (**in** in *dat*, mit), b) ('ille,galer) Handel: **drug** ~; ~ in persons Menschenhandel; more than the ~ will bear mehr als unter den vorherrschenden Umständen vertretbar ist. **4.** *fig.* a) Verkehr *m*, Geschäft(e *pl*) *n*, b) Austausch *m* (**in** von): ~ in ideas. **5.** Besuch(erzahl *f*) *m*, Betrieb *m*, Kundenandrang *m*. **II** *v/i pret u. pp* '**trafficked 6.** (*a.* 'ille,gal) handeln *od.* Handel treiben (**in** s.th. mit; **with** s.o. mit). **7.** *fig.* verhandeln (**with** mit). **III** *v/t* **8.** befahren: a heavily ~ked highway. **9.** im Handel 'umsetzen. ,**traf·fic·a·'bil·i·ty** *s bes. Am.* **1.** *econ.* Marktfähigkeit *f*. **2.** Pas'sierbarkeit *f*. '**traf·fic·a·ble** *adj bes. Am.* **1.** *econ.* marktfähig, gängig. **2.** pas'sierbar (*Gelände etc*).

**traf·fi·ca·tor** ['træfɪkeɪtə] *s mot. Br.* (Fahrt)Richtungsanzeiger *m*: a) *hist.* Winker *m*, b) Blinker *m*.

**traf·fic**|**block** → traffic jam. **~ cha·os** *s* Verkehrschaos *n*. **~ cir·cle** *s Am.* Kreisverkehr *m*. **~ cone** *s* Py'lon *m*, Py-'lone *f*, Leitkegel *m*. **~ cop** *s Am. sl.* Ver-'kehrspoli,zist *m*. **~ en·gi·neer·ing** *s* Verkehrstechnik *f*, -planung *f*. **~ is·land** *s* Verkehrsinsel *f*. **~ jam** *s* Verkehrsstokkung *f*, -stauung *f*, (Fahrzeug)Stau *m*. '**~-jammed** *adj* verstopft (*Straße*). '**traf·fick·er** *s* (*a.* 'ille,galer) Händler. **traf·fic**|**lane** *s mot.* Spur *f*. **~ lane mark·ing** *s mot.* 'Fahrbahnmar,kierung *f*. **~ light** *s Br. meist pl* Verkehrsampel *f*. **~ man·age·ment** *s econ.* **1.** Betriebsführung *f*. **2.** Versandleitung *f*. **~ man·ag·er** *s econ.* **1.** Be'triebsdi,rektor *m*. **2.** Versandleiter *m*. **~ noise** *s* Verkehrslärm *m*. **~ of·fence** (*bes. Am.* **of·fense**) *s mot.* Ver'kehrsde,likt *n*. **~ of·fend·er** *s mot.* Verkehrssünder *m*. **~ pat·tern** *s aer.* Anflugvorschriften *pl*. **~ queue** *s bes. Br.* Fahrzeugschlange *f*. **~ reg·u·la·tions** *s pl* Verkehrsvorschriften *pl*, (Straßen)Verkehrsordnung *f*.

**sign** *s* Verkehrszeichen *n*, -schild *n*. **~ sig·nal** → traffic light. **~ ward·en** *s Br.* Poli'tesse *f*.

**trag·a·canth** ['trægəkænθ; *Am. a.* -dʒə-] *s chem. pharm.* Tra'gant(gummi *n*, *m*) *m*.

**tra·ge·di·an** [trə'dʒi:djən; -ɪən] *s* **1.** Tragiker *m*, Trauerspieldichter *m*. **2.** *thea.* Tra'göde *m*, tragischer Darsteller. **tra·ge·di·enne** [-dɪ'en] *s thea.* Tra'gödin *f*. **trag·e·dy** ['trædʒɪdɪ] *s* **1.** Tra'gödie *f*: a) *thea.* Trauerspiel *n* (*a. als Kunstform*), b) *fig.* tragische *od.* erschütternde Begebenheit, c) Unglück(sfall *m*) *n*, Katastrophe *f*. **2.** *fig.* (das) Tragische.

**trag·ic** ['trædʒɪk] *adj*; '**trag·i·cal** *adj* (*adv* ~ly) *thea. u. fig.* tragisch: ~ event; ~ irony; ~ actor Tragödie *m*; tragically tragischerweise.

**trag·i·com·e·dy** [,trædʒɪ'kɒmɪdɪ; *Am.* -'kɑ-] *s* 'Tragiko,mödie *f* (*a. fig.*). ,**trag·i·com·ic** *adj*; ,**trag·i·com·i·cal** *adj* (*adv* ~ly) tragi'komisch.

**trail** [treɪl] **I** *v/t* **1.** (nach)schleppen, (-)schleifen, hinter sich 'herziehen: to ~ one's coat(tails) *fig.* provozieren, Streit suchen. **2.** verfolgen, *j-m* nachgehen, -spüren, *j-n* beschatten. **3.** e-n Pfad treten durch: to ~ the grass. **4.** *a.* ~ out *Am. fig.* hin'ausziehen, in die Länge ziehen. **5.** zu'rückbleiben hinter (*dat*), *j-m* nachhinken (*a. fig.*). **6.** ~ arms *mil.* das Gewehr mit der Mündung nach vorn halten (*Gewehrkolben in Bodennähe, Lauf im Winkel von 30°*): ~ arms! Gewehr rechts! **II** *v/i* **7.** schleifen: her skirt ~s on the ground. **8.** wehen, flattern. **9.** her'unterhängen. **10.** *bot.* kriechen, sich ranken: ~ing plant → trailer 1. **11.** da'hinziehen (*Rauch etc*). **12.** sich (da'hin)schleppen. **13.** nachhinken (*a. fig.*), hinter'dreinzotteln. **14.** ~ away (*od.* off) sich verlieren (*Klang, Stimme, a. Diskussion etc*). **15.** e-r Spur nachgehen. **16.** fischen (**for** nach). **III** *s* **17.** nachgeschleppter Teil, *bes.* Schleppe *f* (*e-s Kleides*). **18.** Schweif *m*, Schwanz *m*: the ~ of a meteor; ~ of smoke Rauchfahne *f*. **19.** Spur *f*: the slimy ~ of a slug; ~ of blood. **20.** *hunt. u. fig.* Fährte *f*, Spur *f*: to be on s.o.'s ~ *j-m* auf der Spur sein; to be hot on s.o.'s ~ *j-m* dicht auf den Fersen sein; to be off the ~ auf der falschen Spur sein; ~ camp¹ 5. **21.** (Trampel)Pfad *m*, Weg *m*: to blaze the ~ a) den Weg markieren, b) *fig.* den Weg bahnen (**for** für), bahnbrechend sein, Pionierarbeit leisten. **22.** *aer. mil.* Rücktrift *f* (*beim Bombardieren*). **23.** *mil.* Gewehr-rechts-Haltung *f* (→ 6). **24.** *mil.* (La'fetten)Schwanz *m*. '**trail**|**blaz·er** *s* **1.** Pistensucher *m*. **2.** *fig.* Bahnbrecher *m*, Pio'nier *m*. '**~,blaz·ing** *adj fig.* bahnbrechend. '**trail·er** *s* **1.** *bot.* Kriechpflanze *f*. **2.** *mot. etc* a) Anhänger *m*, b) *Am.* Wohnwagen *m*, Wohnanhänger *m*, Caravan *m*: ~ camp, ~ court, ~ park Platz *m* für Wohnwagen. **3.** *tech.* Hemmstange *f*. **4.** *Film, TV:* (Pro'gramm)Vorschau *f*. **5.** Endstreifen *m* (*an e-m Film*). **trail·er·ite** ['treɪlə,raɪt] *s Am.* Caravaner *m*. '**trail·ing**|**aer·i·al** (*bes. Am.* **an·ten·na**) *s aer. electr.* 'Schleppan,tenne *f*. **~ ax·le** *s mot.* nicht angetriebene Achse, Schleppachse *f*.

**train** [treɪn] **I** *s* **1.** *rail.* (Eisenbahn)Zug *m*: ~ journey Bahnfahrt *f*; ~ staff Zugpersonal *n*; to go by ~ mit dem Zug *od.* der Bahn fahren; to be on the ~ im Zug sein *od.* sitzen, mitfahren; to take a ~ to mit dem Zug fahren nach. **2.** Zug *m* (*von Personen, Wagen etc*), Kette *f*, Ko'lonne *f*: ~ of barges Schleppzug (*Kähne*). **3.** Gefolge *n* (*a. von admirers*): to have (*od.* bring) in its ~ zur Folge haben, mit sich bringen. **4.** *fig.* Reihe *f*,

Folge *f*, Kette *f* (*von Ereignissen etc*): ~ **of events**; ~ **of thought** Gedankengang *m*; **in** ~ a) im Gang(e), b) bereit (**for** für); **to put in** ~ in Gang setzen. **5.** *mil. bes. hist.* Train *m*, Troß *m*. **6.** *mil.*, *a. Bergbau:* Leitfeuer *n*, Zündlinie *f*. **7.** *tech.* a) Walzwerk *n*, b) ~ **of wheels** Trieb-, Räderwerk *n*. **8.** Schleppe *f* (*am Kleid*). **9.** *astr.* (Ko'meten)Schweif *m*. **10.** *phys.* Reihe *f*, Serie *f*: ~ **of impulses** Stromstoßreihe, -serie; ~ **of waves** Wellenzug *m*. **11.** *chem.* Gerätesatz *m*.

**II** *v/t* **12.** j-n er-, aufziehen. **13.** *bot.* a) (*bes.* am Spa'lier) ziehen, b) wachsen lassen. **14.** j-n ausbilden (*a. mil.*), *a.* das Auge, den Geist schulen: → **trained**. **15.** *j-m etwas* 'einexer,zieren, beibringen. **16.** *sport* trai'nieren: **to ~ an athlete (a horse). 17.** a) *Tiere* abrichten, dres'sieren (**do** zu tun), b) *Pferde* zureiten. **18.** *ein Geschütz etc* richten (**on** auf *acc*). **III** *v/i* **19.** sich ausbilden (**for** zu, als), sich schulen *od.* üben: **where did you ~?** wo wurden Sie ausgebildet? **20.** *sport* trai'nieren (**for** für). **21.** *a.* ~ **it** *colloq.* mit der Bahn fahren.

*Verbindung mit Adverbien:*

**train| down** *v/i sport* 'abtrai,nieren, Gewicht machen, 'abkochen'. ~ **off** *sport* **I** *v/i* außer Form kommen. **II** *v/t Gewicht* 'abtrai,nieren, 'abkochen'.

'**train·band** *s hist.* Bürgerwehr *f*. '**~bear·er** *s* Schleppenträger *m*. ~ **box** *s Am.* Reisekofferchen *n*. ~ **case** → train box. ~ **dis·patch·er** *s rail.* Zugabfertigungsbeamte(r) *m*. ~ **driv·er** *s rail.* Lokomo-'tivführer *m*.

**trained** [treɪnd] *adj* **1.** (voll) ausgebildet, gelernt, geschult: ~ **men** (*od.* **personnel**) Fachkräfte, geschultes Personal. **2.** geübt, geschult: ~ **eye** *od.* ~ **mind. 3.** dres-'siert: **a ~ dog.**

**train·ee** [treɪ'niː] *s* **1.** in der (Berufs-) Ausbildung Stehende(r *m*) *f*: a) Auszubildende(r *m*) *f*, b) Prakti'kant(in), c) *Management:* Trai'nee *m*,*f*. **2.** *mil. Am.* Sol'dat *m* in der Grundausbildung. ~ **nurse** *s* Lernschwester *f*.

'**train·er** *s* **1.** Ausbilder *m*, Lehrer *m*. **2.** *sport* Trainer *m*. **3.** a) ('Hunde-*etc*)Dres'seur *m*, Abrichter *m*, b) Zureiter *m*, c) Domp'teur *m*. **4.** *aer.* a) Schulflugzeug *n*, b) ('Flug)Simu,lator *m*.

**train fer·ry** *s* Eisenbahnfähre *f*.

'**train·ing I** *s* **1.** Schulung *f*, Ausbildung *f*. **2.** Üben *n*. **3.** *bes. sport* Training *n*: **to be in** ~ a) im Training stehen, b) (gut) in Form sein; **to be out of** ~ nicht in Form sein; **to go into** ~ das Training aufnehmen; → **physical** 1. **4.** a) Abrichten *n* (*von Tieren*), b) Zureiten *n*. **5.** *bot.* Ziehen *n* (*am Spalier*). **II** *adj* **6.** Ausbildungs..., Schulungs..., Lehr... **7.** *sport* Trainings... ~ **aids** *s pl ped. etc* Schulungshilfsmittel *pl*. ~ **a·re·a** *s mil.* Truppenübungsplatz *m*. ~ **camp** *s* **1.** *sport* Trainingslager *n*. **2.** *mil.* Ausbildungslager *n*. ~ **col·lege** *s ped. Br. hist.* Lehrerbildungsanstalt *f*. ~ **film** *s* Lehrfilm *m*. ~ **flight** *s aer.* Ausbildungsflug *m*. ~ **post** *s* Ausbildungsplatz *m*. ~ **school** *s* **1.** *ped.* Aufbauschule *f*. **2.** *jur.* Jugendstrafanstalt *f*. ~ **ship** *s* Schulschiff *n*.

'**train·load** *s* Zugladung *f*. '**~man** [-mən] *s irr Am.* Angehörige(r) *m* des 'Zugbegleitperso,nals. '**~mas·ter** *s rail. Am.* (Bezirks)Aufsichtsbeamte(r) *m*. '**~-oil** *s* (Fisch)Tran *m*, *bes.* Walöl *n*. ~ **service** *s* Zugverbindung *f*. '**~sick** *adj*: **she gets** ~ ihr wird beim Zugfahren schlecht.

**traipse** → trapse.

**trait** [treɪ; treɪt] *s* **1.** (Cha'rakter)Zug *m*,

---

Merkmal *n*, Eigenschaft *f*. **2.** *Am.* Gesichtszug *m*.

**trai·tor** ['treɪtə(r)] *s* Verräter *m* (**to** an *dat*). '**trai·tor·ous** *adj* (*adv* ~**ly**) verräterisch. '**trai·tress** [-trɪs] *s* Verräterin *f*.

**traj·ect I** *s* ['trædʒekt] **1.** *tech.* Tra'jekt *m*, *n*, (Eisenbahn)Fähre *f*. **2.** 'Überfahrt *f*. **3.** 'Übergangsstelle *f*. **II** *v/t* **tra·ject** [trə'dʒekt] **4.** 'übersetzen über (*acc*). **5.** *phys.* Licht etc 'durchlassen.

**tra·jec·to·ry** ['trædʒɪktərɪ; *bes. Am.* trə-'dʒek-] *s* **1.** *math. phys.* Flugbahn *f*, *aer.* Fallkurve *f* (*e-r Bombe*): ~ **chart** Flugbahnbild *n*. **2.** *Geometrie:* Trajekto'rie *f*.

**tram¹** [træm] **I** *s* **1.** *Br.* a) Straßenbahn(wagen *m*) *f*: **by** ~ mit der Straßenbahn, b) → **tramway** 1. **2.** *Bergbau:* Förderwagen *m*, Hund *m*. **3.** *tech.* a) Hängebahn *f*, b) Laufkatze *f*. **II** *v/t* **4.** im Förderwagen transpor'tieren. **III** *v/i* **5.** *a.* ~ **it** *Br.* mit der Straßenbahn fahren.

**tram²** [træm] *s* Tram-, Einschlagseide *f*.

**tram³** [træm] *s* **1.** → trammel 5. **2.** *tech.* Ju'stierung *f*.

'**tram·car** *s* **1.** *Br.* Straßenbahnwagen *m*. **2.** → tram¹ 2. '**~line** *s* **1.** *Br.* Straßenbahnlinie *f od.* -schiene *f*. **2.** *pl Tennis, Badminton:* Seitenlinien *pl* für Doppel. **3.** *pl fig.* 'Leitprin,zipien *pl*.

**tram·mel** ['træml] **I** *s* **1.** *a.* ~ **net** (Schlepp)Netz *n* (*zum Fisch- od. Vogelfang*). **2.** Spannriemen *m* (*für Pferde*). **3.** *meist pl fig.* Fessel(n *pl*) *f*, Hemmschuh *m*. **4.** Kesselhaken *m*. **5.** *math.* El'lipsenzirkel *m*. **6.** *a.* ~ **pair of** ~**s** Stangenzirkel *m*. **II** *v/t* **7.** *meist fig.* fessel, hemmen.

**tra·mon·tane** [trə'mɒntən; *Am.* -'mɑn-] **I** *adj* **1.** transal'pin(isch). **2.** fremd, bar-'barisch. **II** *s* **3.** Fremdling *m*.

**tramp** [træmp] **I** *v/i* **1.** trampeln (**on**, **upon** auf *acc*), stampfen, stapfen. **2.** *meist* ~ **it** wandern, mar'schieren, ,tippeln'. **3.** vagabun'dieren, her'umstromern. **II** *v/t* **4.** durch'wandern. **5.** trampeln, stampfen: **to ~ down** niedertrampeln. **III** *s* **6.** Getrampel *n*. **7.** schwerer Schritt, Stapfen *n*. **8.** Wanderung *f*, (Fuß)Marsch *m*: **on the** ~ auf Wanderschaft. **9.** Vaga'bund *m*, Landstreicher *m*. **10.** *colloq.* ,Flittchen' *n*. **11.** *a.* ~ **steamer** *mar.* Trampschiff *n*: ~ **shipping** Trampschiffahrt *f*.

**tram·ple** ['træmpl] **I** *v/i* **1.** (*a.* ~ **about** her'um)trampeln (**on**, **upon** auf *dat*). **2.** *fig.* mit Füßen treten (**on**, **upon** auf *acc*). **II** *v/t* **3.** (zer)trampeln: **to ~ to death** zu Tode trampeln; **to ~ down** niedertrampeln; **to ~ out** a fire ein Feuer austreten; **to ~ underfoot** herumtrampeln auf (*dat*). **III** *s* **4.** Trampeln *n*.

**tram·po·lin(e)** ['træmpəlɪn] *s sport etc* Trampo'lin *n*. '**tram·po·lin·er**, '**tram·po·lin·ist** *s* a) Trampo'linspringer(in), b) *sport* Trampo'linturner(in).

'**tram·way** *s* **1.** *Br.* Straßenbahn(linie) *f*. **2.** *Bergbau:* a) Schienenweg *m*, b) Grubenbahn *f*.

**trance** [trɑːns; *Am.* træns] **I** *s* **1.** Trance(zustand *m*) *f*: **to go into a** ~ in Trance fallen; **to put into a** ~ in Trance versetzen. **2.** Ek'stase *f*, Verzückung *f*. **II** *v/t* **3.** in Ek'stase versetzen.

**trank** [træŋk] *s Am. colloq.* Beruhigungsmittel *n*.

**tran·nie**, **tran·ny** ['trænɪ] *s Br. colloq.* ,Tran'sistor' *m* (*Transistorradio*).

**tran·quil** ['træŋkwɪl] *adj* (*adv* ~**ly**) **1.** ruhig, friedlich. **2.** gelassen. **3.** heiter. **tran·quil·i·ty**, *bes. Br.* **tran·quil·li·ty** *s* **1.** Ruhe *f*, Friede(n) *m*. **2.** Gelassenheit *f*, (Seelen)Ruhe *f*. **3.** Heiterkeit *f*.

---

,**tran·quil·i'za·tion**, *bes. Br.* ,**tran·quil·li'za·tion** [-laɪ'zeɪʃn; *Am.* -ljə-] *s* Beruhigung *f*. '**tran·quil·ize**, *bes. Br.* '**tran·quil·lize** *v/t u. v/i* (sich) beruhigen. '**tran·quil·iz·er**, *bes. Br.* '**tran·quil·liz·er** *s* Beruhigungsmittel *n*.

**trans-** [trænz; -s] *Vorsilbe mit den Bedeutungen* a) jenseits, b) durch, c) über.

**trans·act** [træn'zækt; -'sækt] *v/t Geschäfte etc* ('durch)führen, erledigen, abwickeln: **to ~ business**; **to ~ a bargain** e-n Handel abschließen. **II** *v/i* verhandeln, unter'handeln (**with** mit). **trans·'ac·tion** *s* **1.** 'Durchführung *f*, Abwicklung *f*, Erledigung *f*. **2.** Ver-, Unter'handlung *f*. **3.** *econ.* Transakti'on *f*, Geschäft *n*, (Geschäfts)Abschluß *m*. **4.** *jur.* Rechtsgeschäft *n*. **5.** *pl econ.* (Ge'schäfts)Umsatz *m*: **cash** ~**s** Barumsätze. **6.** *pl* Proto'koll *n*, Sitzungsbericht *m* (*der Börse od. gelehrter Gesellschaften*). **trans·'ac·tor** [-tə(r)] *s* **1.** 'Durchführende(r *m*) *f*. **2.** 'Unterhändler(in).

**trans·ad·mit·tance** [,trænzəd'mɪtəns; ,træns-] *s electr.* Gegenscheinleitwert *m*.

**trans·al·pine** [,trænz'ælpaɪn; *Am. a.* ,træns-] *adj* transal'pin(isch).

**trans·at·lan·tic** [,trænzət'læntɪk; *Am. a.* ,træns-] **I** *adj* **1.** transat'lantisch, 'überseeisch. **2.** Übersee...: ~ **flight** 3; ~ **flight** Ozeanflug *m*. **II** *s* **3.** 'Überseedampfer *m*. **4.** in 'Übersee Lebende(r *m*) *f*.

**trans·ceiv·er** [træn'siːvə(r)] *s electr.* Sender-Empfänger *m*.

**tran·scend** [træn'send] **I** *v/t* **1.** *bes. fig.* über'schreiten, -'steigen, hin'ausgehen über (*acc*). **2.** *fig.* über'treffen. **II** *v/i* **3.** *fig.* her'vorragen, -stechen. **tran·'scend·ence**, **tran·'scend·en·cy** *s* **1.** Über'legenheit *f*, Erhabenheit *f*. **2.** *relig.*, *a. math. philos.* Transzen'denz *f*. **tran·'scend·ent** *adj* **1.** transzen'dent: a) *philos.* 'übersinnlich, b) *relig.* 'überweltlich, -na,türlich. **2.** her'vorragend.

**tran·scen·den·tal** [,trænsen'dentl] **I** *adj* **1.** *philos.* transzenden'tal: a) *Scholastik:* meta'physisch, b) (*bei Kant*) apri'orisch: ~ **idealism** transzendentaler Idealismus; ~ **object** reales Objekt. **2.** 'überna,türlich, -menschlich. **3.** erhaben, über'legen. **4.** ab'strakt: ~ **ideas. 5.** verworren, ab'strus: ~ **conceptions. 6.** *math.* transzen'dent: ~ **number** → 8. **7.** ~ **meditation** transzendentale Meditation. **II** *s* **8.** *math.* Transzen'dente *f*. **9.** *pl Scholastik:* Transzenden'talien *pl*. **10.** *philos.* (*das*) Transzenden'tale. **11.** Transzenden'talphi,losoph *m*. ~ **scen·den·tal·ism** [-təlɪzəm] *s* Transzenden'talphilo,sophie *f*, Transzendenta-'lismus *m*.

**trans·con·duc·tance** [,trænzkən'dʌktəns; ,træns-] *s electr.* Gegenwirkleitwert *m*.

**trans·con·ti·nen·tal** ['trænz,kɒntɪ'nentl; *Am.* ,trænz,kɑntɪ'nentl] *adj* **1.** transkontinen'tal, e-n Erdteil durch'ziehend *od.* -'querend. **2.** auf der anderen Seite des Kontinents (gelegen *etc*).

**tran·scribe** [træn'skraɪb] *v/t* **1.** abschreiben, ko'pieren. **2.** (*in e-e andere Schriftart*) über'tragen: **to ~ one's shorthand notes in longhand. 3.** *fig.* e-n Gedanken um'schreiben. **4.** *mus.* tran·skri'bieren, 'umschreiben. **5.** *Rundfunk, TV:* a) aufzeichnen, auf Band nehmen, b) (vom Band) über'tragen (*der Börse od.* **6.** *Computer:* 'umschreiben. **7.** *fig.* aufzeichnen. '**tran·script** [-skrɪpt] *s* Abschrift *f*, Ko'pie *f*. **tran·'scrip·tion** *s* **1.** Abschreiben *n*. **2.** Abschrift *f*, Ko'pie *f*. **3.** 'Umschrift *f*. **4.** *mus.* Transkripti'on *f*. **5.** *Rundfunk, TV:* a) Aufnahme *f*, b) Aufzeichnung *f*: ~ **turntable** Abspieltisch *m* (*für Tonaufnahmen*).

**trans·cul·tur·a·tion** [ˌtrænzˌkʌltʃə-
ˈreɪʃn] s Kulˈturwandel m.
**trans·duc·er** [trænzˈdjuːsə(r); træns-;
Am. a. -ˈduː-] s 1. electr. (ˈUm)Wandler m.
2. tech. (ˈMeßwert)ₗUmformer m. 3.
Computer: Wandler m. [den.]
**tran·sect** [trænˈsekt] v/t ˈdurchschnei-
**tran·sept** [ˈtrænsept] s arch. Querschiff n.
**trans·fer** [trænsˈfɜː; Am. -ˈfɜr; a.
ˈtræns-] I v/t 1. hinˈüberbringen, -schaf-
fen (from ... to von ... nach od. zu).
2. überˈgeben, -ˈmitteln (to s.o. j-m).
3. verlegen (to nach, zu; in, into in acc):
to ~ a production plant (troops, one's
domicile); to ~ a patient med. e-n Pa-
tienten überweisen (to an acc). 4. a) e-n
Beamten, Schüler versetzen (to nach; in,
into in e-e andere Schule etc), b) (to) sport
e-n Spieler transfeˈrieren (zu), abgeben
(an acc). 5. (to) jur. überˈtragen (auf acc),
zeˈdieren, abtreten (an acc). 6. econ. a) e-e
Summe vortragen, b) e-n Posten, ein
Wertpapier ˈumbuchen, c) Aktien etc
überˈtragen. 7. Geld überˈweisen (to an
j-n, auf ein Konto). 8. fig. s-e Zuneigung
etc überˈtragen (to auf acc). 9. fig. ver-
wandeln (into in acc). 10. print. e-n
Druck, Stich überˈtragen, ˈumdrucken.
II v/i 11. (to zu) a) ˈübertreten, b) sport
wechseln (Spieler). 12. verlegt od. ver-
setzt werden (to nach, zu). 13. rail. etc
ˈumsteigen (to in acc). III s [ˈtrænsfɜː;
Am. -ˈfɜr] 14. ˈÜbergabe f, Überˈmittlung
f (to an acc). 15. Verlegung f (to nach, zu;
in, into in acc): ~ of domicile. 16.
Versetzung f (to nach; in, into in acc): ~
of a civil servant. 17. (to zu) sport a)
Transˈfer m, b) Wechsel m. 18. (to) jur.
Überˈtragung f (auf acc), Zessiˈon f, Ab-
tretung f (an acc). 19. econ. a) (ˈWert-
paˌpier- etc)ₗUmbuchung f, b) (ˈAktien-
etc)Überˈtragung f. 20. econ. (ˈGeld-)
Überˌweisung f (to an acc, auf acc): ~ of
foreign exchange Devisentransfer m;
~ business Giroverkehr m. 21. print. a)
Abziehen n, ˈUmdrucken n, b) Abzug m,
ˈUmdruck m, Überˈtragung f, c) Abzieh-
bild n. 22. rail. etc a) ˈUmsteigen n, b)
ˈUmsteigefahrkarte f, c) a. mar. ˈUm-
schlagplatz m, d) Fährboot n. **trans-**
ˌfer·a'bil·i·ty s Überˈtragbarkeit f.
**trans'fer·a·ble** adj bes. econ. jur.
überˈtragbar (a. Wahlstimme).
**trans·fer| a·gent** s econ. Am. Trans-
ˈferaˌgent m. ~ **bank** s Girobank f. ~
**book** s econ. ˈUmschreibungs-, Aktien-
buch n. ~ **day** s econ. ˈUmschreibungstag
m. ~ **deed** s Überˈtragungsurkunde f.
**trans·fer·ee** [ˌtrænsfɜːˈriː] s 1. Versetz-
te(r m) f. 2. jur. Erwerber m, Überˈnehmer
m, Zessioˈnar m.
**trans·fer·ence** [ˈtrænsfərəns; træns-
ˈfɜː-] s 1. → transfer 15, 16. 2. jur. →
transfer 18. 3. econ. → transfer 19.
4. psych. Überˈtragung f.
**trans·fer·en·tial** [ˌtrænsfəˈrenʃl] adj
econ. Übertragungs...
**trans·fer| fee** s sport Ablöse(summe) f. ~
**ink** s print. ˈUmdrucktinte f, -farbe f. ~
**list** s bes. Fußball: Transˈferliste f.
**trans·fer·or** [trænsˈfɜːrə(r)] s jur. Ze-
ˈdent m, Abtretende(r) m.
**trans·fer| pa·per** s print. ˈUmdruck-
paˌpier n. ~ **pay·ment** s (öffentliche)
Zuwendung(en pl). ~ **pic·ture** s Ab-
ziehbild n.
**trans·fer·rer** [trænsˈfɜːrə(r)] s 1. Über-
ˈtrager m. 2. → transferor.
**trans·fer| re·sist·ance** s electr. ˈÜber-
gangsˌwiderstand m. ~ **tick·et** → trans-
fer 22 b.
**trans·fig·u·ra·tion** [ˌtrænsfɪɡjʊˈreɪʃn] s
1. ˈUmgestaltung f. 2. relig. a) Verklärung
f (Christi), b) T~ Fest n der Verklärung (6.
August). **trans'fig·ure** [-ˈfɪɡə; Am. -ˈfɪ-

gjər] v/t 1. ˈumgestalten, -formen (into in
acc). 2. relig. u. fig. verklären.
**trans·fi·nite** [trænsˈfaɪnaɪt] adj math.
transfiˈnit, ˈüberendlich.
**trans·fix** [trænsˈfɪks] v/t 1. durchˈste-
chen, -ˈbohren (a. fig.). 2. fig. erstarren
lassen, lähmen: ~ed wie versteinert, starr
(with vor). **trans'fix·ion** [-ˈfɪkʃn] s
1. Durchˈbohrung f. 2. fig. Erstarrung f.
**trans·form** [trænsˈfɔː(r)m] I v/t 1. ˈum-
gestalten, -wandeln, -bilden, -formen, a.
fig. j-n verwandeln, -ändern (into, to in
acc, zu). 2. transforˈmieren: a) electr.
ˈumspannen, b) ling. math. ˈumwandeln
(into in acc). II v/i 3. sich verwandeln
(into, to in). **trans'form·a·ble** adj ˈum-,
verwandelbar.
**trans·for·ma·tion** [ˌtrænsfə(r)ˈmeɪʃn] s
1. ˈUmgestaltung f, -bildung f, -formung
f, Veränderung f, -wandlung f, ˈUm-
wandlung f. 2. fig. Verwandlung f, (Cha-
ˈrakter- od. Sinnes)Änderung f. 3. Trans-
formatiˈon f: a) electr. ˈUmspannung f, b)
ling. math. ˈUmwandlung f (into in acc).
5. meist ~ **scene** thea. Verwandlungs-
szene f. 6. ˈDamenpeˌrücke f, Haar(er-
satz)teil n. **trans·for·ma·tion·al**
[-ʃənl] adj ling. transformatioˈnell,
Transformations...: ~ **grammar**.
**trans·for·ma·tive** [trænsˈfɔː(r)mətɪv]
adj ˈumgestaltend, -bildend.
**trans·form·er** s 1. ˈUmgestalter(in),
-wandler(in). 2. electr. Transforˈmator
m, ˈUmspanner m.
**trans·form·ism** [trænsˈfɔː(r)mɪzəm] s
biol. 1. Transforˈmismus m, Deszen-
ˈdenztheoˌrie f. 2. Entwicklung f.
**trans·fuse** [trænsˈfjuːz] v/t 1. obs. ˈum-
gießen. 2. med. a) Blut überˈtragen,
b) Serum etc einspritzen, c) e-e ˈBlutüber-
ˌtragung machen bei j-m. 3. fig. einflößen
(into dat). 4. fig. a) durchˈdringen,
b) erfüllen (with mit). **trans'fu·sion**
[-ʒn] s 1. obs. ˈUmgießen n. 2. med.
a) (ˈBlut)Transfusiˌon f, b) Injektiˈon f.
3. fig. Erfüllung f (with mit).
**trans·gress** [trænsˈɡres] I v/t 1. über-
ˈschreiten (a. fig.). 2. fig. Gesetze etc
überˈtreten, verletzen. II v/i 3. (against
gegen). sich vergehen, sündigen.
**trans'gres·sion** [-ʃn] s 1. Überˈschrei-
tung f (a. fig.). 2. Überˈtretung f, Verlet-
zung f (von Gesetzen etc). 3. Vergehen n,
Missetat f. 4. geol. Transgressiˈon f,
ˈÜbergreifen n der Schichten. **trans-**
ˈgres·sive adj verstoßend (of gegen).
**trans'gres·sor** [-sə(r)] s Missetäter(in).
**tran·ship** [trænˈʃɪp], etc → transship,
etc.
**trans·hu·mance** [trænsˈhjuːməns;
trænz-] s Transhuˈmanz f (Wirtschafts-
form, bei der das Vieh auf entfernte Som-
merweiden gebracht wird).
**tran·si·ence** [ˈtrænzɪəns; Am. a. -tʃəns],
a. **tran·si·en·cy** [-sɪ] s Vergänglichkeit
f, Flüchtigkeit f. **tran·si·ent** I adj (adv
~ly) 1. (zeitlich) vorˈübergehend. 2. ver-
gänglich, flüchtig, kurz. 3. wechselhaft.
4. Am. a) sich vorˈübergehend aufhal-
tend, b) Durchgangs...: ~ **camp**; ~ **visi-
tor**, ~ **guest** → 8. 5. electr. Einschalt...,
Einschwing...: ~ **current**; ~ **impulse**.
6. mus. ˈüberleitend. II s 7. flüchtige
Erscheinung. 8. Am. ˈDurchreisende(r m)
f. 9. electr. a) Einschaltstoß m, b) Ein-
schwingvorgang m, c) a. ~ **wave** Wan-
derwelle f.
**tran·sil·i·ence** [trænˈsɪlɪəns] s geol.
abˈrupter ˈÜbergang (von e-r Formation
zur anderen).
**trans·il·lu·mi·nate** [ˌtrænzɪˈljuːmɪ-
neɪt; -træns-; bes. Am. -ˈluː-] v/t bes. med.
durchˈleuchten.
**trans·i·re** [trænˈsaɪərɪ] s econ. Zollbe-
gleitschein m.

**tran·sis·tor** [trænˈsɪstə(r); -ˈzɪs-] s electr.
Tranˈsistor m: ~ **switch** Schalttransistor.
**tran·sis·tor·ize** v/t transˈsisto rieren,
transistoriˈsieren, mit Transiˈstoren aus-
rüsten.
**trans·it** [ˈtrænsɪt; -zɪt] I s 1. ˈDurch-,
ˈÜberfahrt f: ~ **of persons** Personen-
verkehr m. 2. a) ˈDurchgang m (a. astr.),
b) ˈDurchgangsstraße f, c) Verkehrsweg
m. 3. econ. Tranˈsit m, ˈDurchfuhr f,
Transˈport m (von Waren): in ~ unter-
wegs od. auf dem Transport. 4. ˈDurch-
gangsverkehr m: ~ **rapid** 1. 5. Am.
öffentliche Verkehrsmittel pl. 6. fig.
ˈÜbergang m (to zu). II adj 7. a. astr.
electr. Durchgangs...: ~ **camp** (circle,
traffic, etc); ~ **passenger** aer. Transit-
passagier m; ~ **visa** Durchreise-, Transit-
visum n. 8. econ. Transit..., Durch-
gangs...: ~ **goods**; ~ **duty** Durchfuhrzoll
m. III v/t 8. durch-, überˈqueren, a. astr.
gehen durch, pasˈsieren.
**tran·si·tion** [trænˈsɪʒn; -ˈzɪʃn] I s 1.
ˈÜbergang m (a. mus. u. phys.) (from ... to
... von ... zu ...; into in acc). 2. a. ~ **period**
ˈÜbergangszeit f: (state of) ~ Übergangs-
stadium n. II adj 3. ~ **transitional**: ~
**element** chem. Übergangselement n.
**tran·si·tion·al**, a. **tran·si·tion·a·ry**
[-ʃnərɪ; Am. -ʃənerɪ] adj Übergangs...,
Überleitungs..., Zwischen...: ~ **stage**
Übergangsstadium n.
**tran·si·tive** [ˈtrænsɪtɪv] I adj (adv ~ly)
1. ling. transitiv, zielend: ~ **verb** → 4. 2.
Logik: transitiv: a ~ **equation**. 3. Über-
gangs... II s 4. a. ~ **verb** ling. Transi-
tiv(um) n, transitives Verb, zielendes
Zeitwort. **'tran·si·tive·ness** s ling.
transitive Funktiˈon.
**tran·si·to·ri·ness** [ˈtrænsɪtərɪnɪs; -zɪ-;
Am. -ˌtəʊrɪ-; -ˌtɔː-] s Flüchtigkeit f, Ver-
gänglichkeit f.
**tran·si·to·ry** [ˈtrænsɪtərɪ; -zɪ-; Am.
-ˌtəʊrɪ; -ˌtɔː-] adj (adv transitorily) 1.
(zeitlich) vorˈübergehend, transiˈtorisch:
~ **action** jur. an keinen Gerichtsstand ge-
bundene Klage. 2. vergänglich, flüchtig.
**trans·lat·a·ble** [trænsˈleɪtəbl; trænz-]
adj überˈsetzbar.
**trans·late** [trænsˈleɪt; trænz-] I v/t 1.
überˈsetzen, -ˈtragen (into in acc): to ~ a
book into English ein Buch ins Eng-
lische übersetzen od. -tragen. 2. Grund-
sätze etc überˈtragen (into in acc): to ~
ideas into action Gedanken in die Tat
umsetzen; to ~ itself in werden zu. 3. fig.
a) auslegen, interpreˈtieren, b) ausdrük-
ken (in dat). 4. a) chiffrierte Nachricht
etc überˈtragen, b) Computer: Informa-
tion überˈsetzen. 5. relig. a) e-e Reliquie
etc überˈführen, verlegen (to nach), b) e-n
Geistlichen versetzen (from ... to von ...
nach). 6. relig. j-n entrücken. 7. obs. j-n
ˈhinreißen. 8. verwandeln (into in acc). 9.
Br. Schuhe etc ˈumarbeiten. 10. tech. e-e
Bewegung überˈtragen auf (acc). II v/i
11. überˈsetzen. 12. sich gut etc überˈset-
zen lassen.
**trans·la·tion** [trænsˈleɪʃn; trænz-] s
1. Überˈsetzung f, -ˈtragung f (into in
acc). 2. fig. Auslegung f, Interpretatiˈon f.
3. a) Überˈtragung f (e-r chiffrierten
Nachricht etc), b) Computer: Überˈsetz-
ung f: ~ **program(me)** Übersetzungs-
programm n. 4. Versetzung f (e-s Geist-
lichen) (from ... to von ... nach). 5. relig.
Entrückung f. 6. Verwandlung f (into in
acc). **trans'la·tion·al** [-ʃnl] adj Über-
setzungs... **trans'la·tor** [-tə(r)] s 1.
Überˈsetzer(in). 2. Computer: Überˈset-
zer m.
**trans·lit·er·ate** [trænzˈlɪtəreɪt; træns-]
v/t transkriˈbieren, (in ein anderes Alpha-
bet) ˈumschreiben. **trans·lit·er·a·**
**tion** s Transkriptiˈon f.

**trans·lo·cate** [ˌtrænzləʊˈkeɪt; ˌtræns-; *Am.* ˈtrænsləʊˌkeɪt] *v/t* **1.** verlagern. **2.** *biol.* Chromosomenbruchstücke translo-'zieren, verlagern. ˌ**trans·loˈca·tion** *s* **1.** Verlagerung *f.* **2.** *biol.* Translokatiˈon *f,* Verlagerung *f.*

**trans·lu·cence** [trænzˈluːsns; træns-], *a.* **transˈlu·cen·cy** [-sɪ] *s* **1.** ˈLicht,durch-lässigkeit *f.* **2.** ˈDurchscheinen *n.* **transˈlu·cent** *adj* (*adv* ~ly) **1.** a) ˈlicht,durch-lässig, b) halb ˈdurchsichtig: ~ **glass** Milchglas *n.* **2.** ˈdurchscheinend.

**trans·lu·na·ry** [trænzˈluːnərɪ; træns-] *adj* **1.** transluˈnarisch. **2.** *fig.* phanˈtastisch. [*adj* ˈüberseeisch, Übersee...\]

**trans·ma·rine** [ˌtrænzməˈriːn; ˌtræns-]ˇ **trans·mi·grant** [trænzˈmaɪɡrənt; træns-] **I** *s* ˈDurchreisende(r *m*) *f,* -wandernde(r *m*) *f.* **II** *adj* ˈdurchziehend.

**trans·mi·grate** [trænzmaɪˈɡreɪt; ˌtræns-; *Am.* trænsˈmaɪˌɡreɪt; trænz-] *v/i* **1.** fortziehen. **2.** ˈübersiedeln. **3.** auswandern. **4.** wandern(*Seele*). ˌ**trans·miˈgra·tion** [-maɪˈɡreɪʃn] *s* **1.** Auswanderung *f,* ˈÜbersiedlung *f.* **2.** *a.* ~ **of souls** Seelenwanderung *f.* **3.** *med.* a) ˈÜberwandern *n* (*Ei-, Blutzelle etc*), b) Diapeˈdese *f.* ˌ**trans·miˈgra·tion·ism** *s* Lehre *f* von der Seelenwanderung. **transˈmi·gra·to·ry** [-ˈmaɪɡrətərɪ; *Am.* -ˌtəʊriː; -ˌtɔː-] *adj* (aus)wandernd, ˈübersiedelnd, Wander...

**trans·mis·si·bil·i·ty** [trænzˌmɪsəˈbɪlətɪ; træns-] *s* **1.** Überˈsendbarkeit *f,* -ˈtragbarkeit *f.* **2.** *phys.* ˈDurchlässigkeit *f.* **transˈmis·si·ble** *adj* **1.** überˈsendbar. **2.** *a. med. u. fig.* überˈtragbar (**to** auf *acc*). **3.** *biol. med.* vererblich.

**trans·mis·sion** [trænzˈmɪʃn; træns-] *s* **1.** Überˈsendung *f,* -ˈmittlung *f, econ.* Versand *m.* **2.** Überˈmittlung *f;* ~ **of news** Nachrichtenübermittlung, -übertragung *f.* **3.** *ling.* (ˈText)Überˌlieferung *f.* **4.** *tech.* a) Transmissiˈon *f,* Überˈsetzung *f,* b) Triebwelle *f,* -werk *n:* ~ **gear** Wechselgetriebe *n.* **5.** *allg.* Überˈtragung *f:*a) *biol.* Vererbung *f,* b) *med.* Ansteckung *f,* c) *Rundfunk, TV:* Sendung *f,* d) *jur.* Überˈlassung *f:* ~ **of rights** Rechtsübertragung *f,* e) *phys.* Fortpflanzung *f:* ~ **of waves.** **6.** *phys.* (ˈLicht)ˌDurchlässigkeit *f.* ~ **belt** *s tech.* Treibriemen *m.* ~ **case** *s tech.* Getriebegehäuse *n.* ~ **gear·ing** *s tech.* Überˈsetzungsgetriebe *n.* ~ **line** *s electr.* Überˈtragungs- od. Fernleitung *f.* Hochspannungsleitung *f.* ~ **ra·tio** *s tech.* Überˈsetzungsverhältnis *n.* ~ **shaft** *s tech.* Kardanwelle *f.*

**trans·mit** [trænzˈmɪt; træns-] *v/t* **1.** (to) überˈsenden, -ˈmitteln (*dat*), (ver)senden (an *acc*), befördern (zu). **2.** mitteilen (**to** *dat*): ~ **news** (impressions, *etc*). **3.** *fig.* Ideen *etc* überˈliefern, -ˈmitteln, weitergeben (**to** *dat*). **4.** *allg.* überˈtragen (*a. med.*): a) *biol.* vererben, b) *jur.* überˈschreiben, vermachen. **5.** *phys.* Wärme *etc* a) (fort-, weiter)leiten, b) *a. Kraft* überˈtragen, c) *Licht etc* ˈdurchlassen. **6.** *Rundfunk, TV:* senden. **transˈmit·tal** → **transmission** 1–4 a.

**transˈmit·ter** *s* **1.** Überˈsender *m,* -ˈmittler *m.* **2.** *tel. teleph.* Mikroˈphon *n.* **3.** *Radio:* a) Sendegerät *n,* b) Sender *m.* **4.** *tech.* (Meßwert)Geber *m.* **transˈmit·ting** *adj* Sende...: ~ **aerial** (*bes. Am.* antenna), ~ **set** Sendegerät *n;* ~ **station** Sender *m.*

**trans·mog·ri·fy** [trænzˈmɒɡrɪfaɪ; træns-; *Am.* -ˈmɑ-] *v/t humor.* (gänzlich) ˈummodeln.

**trans·mon·tane** [trænzˈmɒnteɪn; træns-; *Am.* -ˈmɑn,-] → **tramontane.**

**trans·mut·a·ble** [trænzˈmjuːtəbl; træns-] *adj* (*adv* **transmutably**) ˈumwandelbar.

**trans·mu·ta·tion** [ˌtrænzmjuːˈteɪʃn; ˌtræns-] *s* **1.** ˈUmwandlung *f* (*a. chem. phys.*). **2.** *biol.* Transmutatiˈon *f,* ˈUmbildung *f.* **transˈmut·a·tive** [-ˈmjuː-tətɪv] *adj* ˈumwandelnd.

**trans·mute** [trænzˈmjuːt; træns-] *v/t* ˈumwandeln, verwandeln (**into** in *acc*).

**trans·na·tion·al** [trænzˈnæʃənl; træns-] **I** *adj* **1.** ˈübernatioˌnal. **2.** *econ.* multinatioˈnal (*Konzern*). **II** *s* **3.** *econ.* multinatioˈnaler Konˈzern.

**trans·o·ce·an·ic** [ˈtrænzˌəʊʃɪˈænɪk; *Am.* a. ˈtræns-] *adj* **1.** transozeˈanisch, überseeisch. **2.** a) Übersee..., b) Ozean...

**tran·som** [ˈtrænsəm] *s* **1.** *arch.* a) Querbalken *m* (*über e-r Tür*), b) (Quer)Blende *f* (*e-s Fensters*). **2.** *a.* ~ **window** *bes. Am.* a) durch Sprossen geteiltes Fenster, b) Oberlicht *n.* **3.** *mar.* Heckwerk *n.*

**tran·son·ic** [trænˈsɒnɪk; *Am.* -ˈsɑ-] *adj phys.* Überschall...: ~ **barrier** → **sound barrier.**

**trans·par·en·cy** [trænsˈpærənsɪ] *s* **1.** ˈDurchsichtigkeit *f.* **2.** *bes. phys.* Transpaˈrenz *f,* (ˈLicht)ˌDurchlässigkeit *f.* **3.** Transpaˈrent *n,* Leuchtbild *n.* **4.** *phot.* Diaposiˈtiv *n,* Dia *n.* **transˈpar·ent** *adj* (*adv* ~ly) **1.** ˈdurchsichtig: ~ **colo(u)r** Lasurfarbe *f;* ~ **slide** → **transparency** 3. **2.** *bes. phys.* transpaˈrent, (ˈlicht)ˌdurchlässig. **3.** *fig.* ˈdurchsichtig, offenkundig, leicht zu durchˈschauen(d). **4.** *fig.* klar: ~ **style.** **5.** *fig.* offen, ehrlich.

**trans·pierce** [trænsˈpɪə(r)s] *v/t* durchˈbohren, -ˈdringen (*a. fig.*).

**tran·spi·ra·tion** [ˌtrænspəˈreɪʃn] *s* **1.** *physiol.* a) Hautausdünstung *f,* b) Schweiß *m.* **2.** Absonderung *f,* Ausdünstung *f:* ~ **of gases** *phys.* Austreten *n* von Gasen (*durch Kapillaren*).

**tran·spire** [trænˈspaɪə(r)] **I** *v/i* **1.** *physiol.* transpiˈrieren, schwitzen. **2.** ausgedünstet werden. **3.** *fig.* ˈdurchsickern, bekannt werden. **4.** pasˈsieren, sich ereignen, vorfallen. **II** *v/t* **5.** ausdünsten, -schwitzen.

**trans·plant** [trænsˈplɑːnt; *Am.* -ˈplænt] **I** *v/t* **1.** bot. ver-, ˈumpflanzen. **2.** *med.* transplanˈtieren, verpflanzen: **to** ~ **a heart. 3.** *fig.* verpflanzen, -setzen, ˈumsiedeln (**to** nach; **into** in *acc*). **II** *v/i* **4.** sich versetzen *od.* verpflanzen lassen. **III** *s* [ˈtrænsplɑːnt; *Am.* -ˌplænt] **5.** a) → **transplantation,** b) *med.* Transplanˈtat *n.* ˌ**trans·planˈta·tion** *s* **1.** Verpflanzung *f:* a) *bot.* ˈUmpflanzung *f,* b) *fig.* Versetzung *f,* ˈUmsiedlung *f* (**to** nach; **into** in *acc*), c) *med.* Transplantatiˈon *f.* **2.** a) ˈUmsiedler(in), b) ˈUmsiedlergruppe *f.*

**trans·po·lar** [ˌtrænzˈpəʊlə(r); ˌtræns-] *adj* den Nord- *od.* Südpol überˈquerend, Polar...: ~ **route.**

**tran·spon·der,** *a.* **tran·spon·dor** [trænˈspɒndə; *Am.* -ˈspɑndər] *s electr.* Antwortsender *m.*

**tran·spon·tine** [ˌtrænzˈpɒntaɪn; *Am.* træns-ˈpɑn-] *adj* **1.** jenseits der Brücke gelegen. **2.** *Br. obs.* (in London) südlich der Themse gelegen.

**trans·port I** *v/t* [trænˈspɔː(r)t; *Am.* a. -sˈpəʊərt] **1.** transporˈtieren, befördern, fortschaffen, versenden. **2.** (*meist pass*) *fig.* a) j-n ˈhinreißen, entzücken: ~ed **with joy** außer sich vor Freude, b) heftig erregen, aufwühlen. **3.** *bes. hist.* deporˈtieren. **4.** *obs.* ins Jenseits befördern, töten. **II** *s* [ˈtrænspɔː(r)t; *Am.* -ˌpəʊərt] **5.** a) Transˈport *m* (*a. phys.*), Beförderung *f:* ~ **phenomena** *phys.* Transporterscheinungen, ~ **theory** *phys.* Transporttheorie *f,* b) Versand *m,* Verschiffung *f,* c) Verkehr *m:* **Minister of T~** Verkehrsminister *m.* **6.** Beförderungsmittel *n od. pl.* **7.** *a.* ~ **ship, ~ vessel** a) Transˈport-,

Frachtschiff *n,* b) ˈTruppentransˌporter *m.* **8.** *a.* ~ **plane** Transˈportflugzeug *n.* **9.** *fig.* a) Taumel *m* (*der Freude etc*), b) heftige Erregung: **in a** ~ **of joy (rage)** außer sich vor Freude (Wut).

**trans·port·a·bil·i·ty** [trænˌspɔː(r)tə-ˈbɪlətɪ; *Am.* a. -sˌpəʊər-] *s* Transˈportfähigkeit *f,* Versendbarkeit *f.* **transˈport·a·ble** *adj* transˈportfähig, versendbar.

**trans·por·ta·tion** [ˌtrænspɔːˈteɪʃn; *Am.* -pər-] *s* **1.** → **transport** 5. **2.** Transˈportsyˌstem *n.* **3.** *bes. Am.* a) Beförderungs-, Verkehrsmittel *pl,* b) Transˈport-, Beförderungskosten *pl,* c) Fahrschein *m,* -ausweis *m.* **4.** *bes. hist.* Deportatiˈon *f.*

**trans·port·er** *s* **1.** Beförderer *m.* **2.** *tech.* Förder-, Transˈportvorrichtung *f.*

**trans·pose** [trænsˈpəʊz] *v/t* **1.** ˈumstellen, ˈumgrupˌpieren (*beide a. ling.*), ver-, ˈumsetzen. **2.** transpoˈnieren: a) *chem.* ˈumlagern, b) *math.* vertauschen, c) *mus.* versetzen. **3.** *electr. tech.* Leitungen *etc* kreuzen.

**trans·po·si·tion** [ˌtrænspəˈzɪʃn] *s* **1.** ˈUmstellung *f,* ˈUmgrupˌpierung *f* (*beide a. ling.*), ver-, ˈUmsetzung *f.* **2.** Transpositiˈon *f:* a) *chem.* ˈUmlagerung *f,* b) *math.* Vertauschung *f,* c) *mus.* Versetzung *f.* **3.** *electr. tech.* Kreuzung *f* (*von Leitungen etc*).

**trans·sex·u·al** [trænzˈseksjʊəl; *Am.* -ˈsekʃəwəl] **I** *adj* transsexuˈell. **II** *s* Transsexuˈelle(r *m*) *f.*

**trans·ship** [trænsˈʃɪp] *v/t econ. mar.* ˈumladen, ˈumschlagen: **to** ~ **goods.** **transˈship·ment** *s* ˈUmladung *f,* ˈUmschlag *m:* ~ **charge** Umladegebühr *f;* ~ **port** Umschlaghafen *m.*

**tran·sub·stan·ti·ate** [ˌtrænsəb-ˈstænʃɪeɪt; *Am.* -tʃiː-] *v/t* **1.** ˈum-, verwandeln (**into, to** in *acc,* zu). **2.** *relig. Brot u. Wein* (*in Leib u. Blut Christi*) verwandeln. ˈ**tran·sub·stanˈti·a·tion** *s* **1.** ˈUm-, Verwandlung *f.* **2.** *relig.* Transˈsubstantiatiˈon *f,* Wandlung *f.*

**tran·su·date** [ˈtrænsjʊdeɪt; -sʊ-; *Am.* a. trænsˈjuːdət] *s* **1.** *physiol.* Transsuˈdat *n.* **2.** *chem.* Absonderung *f,* Aussonderung *f.* ˌ**tran·suˈda·tion** *s* **1.** ˈDurchschwitzung *f* (*von Flüssigkeiten*). **2.** *chem.* Ab-, Aussonderung *f.* **tranˈsu·da·to·ry** [-ˈsjuːdətərɪ; *Am.* -ˌtəʊriː; -ˌtɔː-; *a.* -ˈsuː-] *adj* **1.** *physiol.* ˈdurchschwitzend. **2.** *chem.* ab-, aussondernd. **tranˈsude** [-ˈsjuːd; *Am.* a. -ˈsuːd] **I** *v/i* **1.** *physiol.* ˈdurchschwitzen (*Flüssigkeiten*). **2.** (ˈdurch)dringen, (-)sickern (**through** durch). **3.** abgesondert werden. **II** *v/t* **4.** *chem.* ab-, aussondern.

**trans·u·ran·ic** [ˌtrænzjʊˈrænɪk; *Am.* ˌtrænsˈjʊˌrænɪk; -ˈreɪ-] *adj chem.* transuˈranisch. ˌ**trans·uˈra·ni·um** [-ˈreɪnjəm; -nɪəm] *s chem. phys.* Transuˈran *n.*

**trans·ver·sal** [trænzˈvɜːsl; træns-; *Am.* -ˈvɜrsəl] **I** *adj* (*adv* ~ly) → **transverse** 1. **II** *s math.* Transverˈsale *f.*

**trans·verse** [trænzˈvɜːs; træns-; *Am.* -ˈvɜrs] **I** *adj* (*adv* ~ly) **1.** *bes. math. tech.* schräg, diagoˈnal, Quer..., quer(laufend) (**to** zu): ~ **axis** *biol. math. tech.* Querachse *f;* ~ **diameter** Querdurchmesser *m;* ~ **colon** *anat.* Querdarm *m;* ~ **flute** *mus.* Querflöte *f;* ~**-mounted** *mot.* querliegend (*Motor*); ~ **section** *math.* Querschnitt *m.* **II** *s* **2.** Querstück *n od.* -achse *f od.* -muskel *m.* **3.** *math.* große Achse e-r Elˈlipse.

**trans·vert·er** [trænzˈvɜːtə; *Am.* trænsˈvɜrtər; trænz-] *s electr.* Transˈverter *m,* tranˈsistorbestückter ˈGleichspannungsˌumformer.

**trans·ves·tist** [trænzˈvestɪst; *Am.* træns-], **transˈves·tite** [-taɪt] *s psych.* Transveˈstit *m.*

**Tran·syl·va·ni·an** [ˌtrænsɪlˈveɪnjən]
**I** adj siebenˈbürgisch: ~ **Alps** Südkarpaten pl. **II** s Siebenˈbürger(in).

**trap¹** [træp] **I** s **1.** hunt., a. mil. u. fig. Falle
f: **to lay** (od. **set**) **a** ~ **for** s.o. j-m e-e Falle
stellen; **to walk** (od. **fall**) **into a** ~ in e-e
Falle gehen. **2.** chem. (Ab)Scheider m. **3.**
tech. a) Auffangvorrichtung f, b) Dampf-,
Wasserverschluß m, c) (Sperr)Klappe f,
d) Geruchsverschluß m (im Klosett). **4.**
electr. (Funk)Sperrkreis m. **5.** pl mus.
Schlagzeug n. **6.** Golf: (bes. Sand)Hindernis n. **7.** Trapschießen: ˈWurfmaˌschine f.
**8.** Fischfang: Reuse f. **9.** → trap door.
**10.** Br. Gig n, zweirädriger Einspänner.
**11.** sl. ˈSchnauze' f (Mund): **to keep
one's ~ shut** die Schnauze halten. **II** v/t
**12.** (mit od. in e-r Falle) fangen, (a. phys.
Elektronen) einfangen. **13.** einschließen:
**the miners are** ~**ped**; **to be** ~**ped
under an avalanche** unter e-r Lawine
begraben sein. **14.** fig. in e-e Falle locken:
**they** ~**ped him into admitting that** ...
er ging ihnen auf den Leim u. gab zu, daß
... **15.** Fallen aufstellen in (dat). **16.** tech.
a) mit e-r Klappe od. e-m (Wasser- etc)
Verschluß versehen, b) Gas etc abfangen.
**17.** sport Ball stoppen. **III** v/i **18.** Fallen
stellen (**for** dat).
**trap²** [træp] s **1.** obs. verzierte Pferdedecke. **2.** pl colloq. a) ˈSiebensachen' pl,
b) Gepäck n.
**trap³** [træp] s geol. min. Trapp m.
**trap door** s **1.** Fall-, Klapptür f, (aer.
Boden)Klappe f. **2.** thea. Versenkung f. **3.**
Bergbau: Wettertür f.
**trapes** → trapse.
**tra·peze** [trəˈpiːz; Am. a. træ-] s Artistik,
Segeln: Traˈpez n. **tra·pe·zi·form**
[-zɪfɔː(r)m] adj traˈpezförmig. **tra·pe·
zi·um** [-zjəm; -zɪəm] pl **-zi·ums, -zi·a**
[-ə] s **1.** math. a) bes. Br. Traˈpez n, b) bes.
Am. Trapezoˈid n. **2.** anat. Traˈpezbein n,
großes Vieleckbein (der Handwurzel).
**tra·pe·zo·he·dron** [ˌtrəˌpiːzəʊˈhedrən;
Am. -ˈhiː-; a. ˌtræpə-] pl **-drons, -dra**
[-drə] s math. Trapezoˈeder n.
**trap·e·zoid** [ˈtræpɪzɔɪd] **I** s **1.** math.
a) bes. Am. Traˈpez n, b) bes. Br. Trapezoˈid n. **2.** anat. Trapezoˈidbein n,
kleines Vieleckbein (der Handwurzel).
**II** adj → trapezoidal. ˌtrap·e·ˈzoi·dal
adj math. a) bes. Am. traˈpezförmig,
b) bes. Br. trapezoˈid.
ˈtrap·per s Trapper m, Fallensteller m,
Pelztierjäger m.
ˈtrap·pings s pl **1.** Staatsgeschirr n (für
Pferde). **2.** fig. a) ˈStaat' m, Schmuck m,
b) Drum u. Dran n, ˈVerzierungen' pl.
**Trap·pist** [ˈtræpɪst] relig. **I** s Trapˈpist m.
**II** adj Trappisten...
**trap·py** [ˈtræpɪ] adj tückisch (Boden etc).
**trapse** [treɪps] v/i **1.** (daˈhin)latschen,
(-)zotteln. **2.** (herˈum)schlendern.
ˈtrap|ˌshoot·ing s sport Trapschießen n.
~ **stair(s)** s Falltreppe f.
**trash** [træʃ] **I** s **1.** bes. Am. Abfall m,
Abfälle pl, Müll m. **2.** fig. Kitsch m
(Bücher etc). **3.** ˈBlech' n, ˈQuatsch' m,
Unsinn m: **to talk** ~. **4.** Gesindel n,
Ausschuß m: **white** ~ sl. (die) arme weiße
Bevölkerung (im Süden der USA). **5.** Reisig n. **6.** a) Baˈgasse f (ausgepreßter Stengel des Zuckerrohrs), b) Kornhülsen pl.
**II** v/t bes. Am. demoˈlieren, zerstören
(a. fig. Umwelt etc). **8.** bes. Am. a) wegwerfen, b) fig. Vorstellung etc ablegen,
aufgeben. ~ **can** s Am. **1.** Abfall-, Mülleimer m. **2.** Abfall-, Mülltonne f.
**trash·i·ness** [ˈtræʃɪnɪs] s Wertlosigkeit f,
Minderwertigkeit f. ˈtrash·y adj (adv
trashily) wertlos, minderwertig, kitschig, Schund..., Kitsch...
**trass** [træs] s geol. Traß m, Tuffstein m.
**trau·ma** [ˈtrɔːmə; ˈtraʊmə] s Trauma n:

a) med. Wunde f, Verletzung f, b) psych.
seelischer Schock, seelische Erschütterung. **trau·ˈmat·ic** [-ˈmætɪk] adj (adv
~**ally**) med. psych. trauˈmatisch: ~ **ex-
perience (neurosis, psychosis)**; ~ **cat-
aract** med. Wundstar m; ~ **medicine**
Unfallmedizin f; ~ **tissue** med. Wundgewebe n. **trau·ma·tism** [ˈtrɔːmətɪzəm; ˈtraʊ-] s med. psych. Traumaˈtismus
m. ˈtrau·ma·tize v/t med. psych. traumatiˈsieren.
**tra·vail** [ˈtræveɪl; Am. a. trəˈveɪl] obs. od.
rhet. **I** s **1.** mühevolle Arbeit. **2.** med.
Kreißen n, (Geburts)Wehen pl: **to be in** ~
→ **3.** fig. Pein f, Seelenqual f: **to be in** ~
**with** schwer ringen mit. **II** v/i **4.** sich
(ab)mühen. **5.** med. kreißen, in den
Wehen liegen.
**trav·el** [ˈtrævl] **I** s **1.** Reisen n, Reiseverkehr m. **2.** meist pl (längere) Reise. **3.**
pl, a. **book of** ~(s) Reisebeschreibung f.
**4.** tech. Bewegung f, Lauf m, Weg m,
(Kolben- etc)Hub m: **the** ~ **of a piston**; ~
**shot** (Film) Fahraufnahme f. **II** v/i pret u.
pp **-eled**, bes. Br. **-elled 5.** reisen, e-e
Reise machen: **to** ~ **through** durchreisen, -fahren. **6.** econ. reisen (in in e-r
Ware), als (Handels)Vertreter arbeiten
(**for** für). **7.** a) astr. phys. tech. sich bewegen, b) phys. sich fortpflanzen: **light**
~**s faster than sound. 8.** tech. sich ˈhinu. ˈherbewegen, laufen (Kolben etc). **9.**
bes. fig. schweifen, wandern: **his glance**
~(**l)ed over the crowd. 10.** den Transˈport (gut etc) vertragen (bes. verderbliche
Ware). **11.** colloq. a) ˌe-n Zahn draufhaben', b) sausen. **III** v/t **12.** ein Land, a.
econ. e-n Vertreterbezirk bereisen, ein
Gebiet durchˈwandern, e-e Strecke zuˈrücklegen. ~ **a·gen·cy** s ˈReisebüˌro n. ~
**al·low·ance** s Reisekostenzuschuß m.
~ **bu·reau** s a. irr ˈReisebüˌro n.
**trav·eled**, bes. Br. **trav·elled** [ˈtrævld]
adj **1.** (weit-, viel)gereist, (weit) herˈumgekommen (Person). **2.** (viel)befahren
(Straße etc).
ˈtrav·el·er, bes. Br. ˈtrav·el·ler s
**1.** Reisende(r m) f. **2.** Weitgereiste(r m) f.
**3.** econ. (Handels)Vertreter m, Handlungsreisende(r) m. **4.** tech. Laufstück m,
bes. a) Laufkatze f, b) Hängekran m.
**trav·el·(l)er's| check** (Br. **cheque**) s
Reisescheck m, Travellerscheck m.
ˈ~|joy s bot. Waldrebe f.
ˈtrav·el·ing, bes. Br. ˈtrav·el·ling
**I** adj **1.** reisend, wandernd: ~ **salesman**
(Handels)Vertreter m, Handlungsreisende(r) m. **2.** Reise...: ~ **bag** (case, clock,
rug) Reisetasche f (-koffer m, -wecker m,
-decke f). **3.** fahrbar, Wander..., auf
Rädern: ~ **circus** Wanderzirkus m; ~
**library** Wanderbücherei f. **4.** tech. fahrbar, Lauf...: ~ **crab** Laufkatze f; ~ **crane**
Laufkran m; ~ **grate** Wanderrost m; ~
**table** fahrbarer Arbeitstisch. **5.** phys.
fortschreitend, wandernd, Wander...: ~
**wave. II** s **6.** Reisen n. ~ **fel·low·ship,**
~ **schol·ar·ship** s ˈReise-, ˈAuslandsstiˌpendium n. ~ **stair·case**, ~ **stairs**
s pl Rolltreppe f.
**trav·el·la·tor** [ˈtrævəleɪtə] s Br. Rollsteig m.
**trav·el·ogue,** Am. a. **trav·el·og**
[ˈtrævəlɒg; Am. a. -ˌlɑg] s Reisebericht m
(Vortrag, meist mit Lichtbildern).
ˈtrav·el|-sick adj reisekrank. ~ **sick-
ness** s Reisekrankheit f. ~ **writ·er** s
Reiseschriftsteller m.
**tra·vers·a·ble** [ˈtrævə(r)səbl; trəˈvɜːsəbl;
Am. -ˈvɜrs-] adj **1.** (leicht) durch- od.
überˈquerbar: **a** ~ **desert. 2.** pasˈsierbar,
befahrbar. **3.** tech. (aus)schwenkbar.
**tra·vers·al** → traverse 16.
**trav·erse** [ˈtrævə(r)s; trəˈvɜːs; Am. -ˈvɜrs]
**I** v/t **1.** durch-, überˈqueren: **to** ~ **a**

desert. **2.** durchˈziehen, -ˈfließen: **a
district** ~**d by canals. 3.** überˈspannen,
führen über (acc): **a bridge** ~**s the river.**
**4.** auf und ab gehen in (dat): **to** ~ **the
room. 5.** tech., a. mil. (aus)schwenken: **to**
~ **a gun. 6.** Linien etc kreuzen, schneiden.
**7.** tech. querhobeln. **8.** fig. etwas ˈdurchgehen, (sorgfältig) ˈdurcharbeiten. **9.** fig.
durchˈkreuzen: **to** ~ s.o.'s **plan. 10.** mar.
das Schiff kreuzen. **11.** jur. a) ein Vorbringen bestreiten, b) Einspruch erheben
gegen (e-e Klage). **12.** mount. Skisport: e-n
Hang queren.
**II** v/i **13.** tech. sich drehen. **14.** sport
traverˈsieren: a) fenc. seitwärts ausfallen,
b) Reitsport: querspringen. **15.** mount.
Skisport: queren.
**III** s **16.** Überˈquerung f, Durchˈfahren
n, -ˈquerung f. **17.** arch. a) Quergitter n,
b) Querwand f, c) Quergang m, d) Traˈverse f, Querbalken m, -stück n.
**18.** math. Transverˈsale f, Schnittlinie f.
**19.** mar. Koppelkurs m: **to work** (od.
**solve**) **a** ~ die Kurse koppeln. **20.** mil.
a) Traˈverse f, Querwall m (e-r Festung),
b) Schulterwehr f. **21.** mil. Schwenken n
(e-s Geschützes). **22.** bes. tech. a) Schwenkung f (e-r Maschine), b) schwenkbarer
Teil. **23.** surv. Polyˈgon(zug m) m. **24.** jur.
a) Bestreitung f, b) Einspruch m.
**25.** mount. Skisport: a) Queren n (e-s
Hanges), b) Quergang m.
**IV** adj (adv ~ly) **26.** Quer..., querlaufend: ~ **drill** tech. Querbohrer m; ~
**motion** Schwenkung f. **27.** Zickzack...: ~
**sailing** mar. Koppelkurs m. **28.** sich
kreuzend: **two** ~ **lines.**
**tra·vers·ing| fire** s mil. Breitenfeuer n.
~ **pul·ley** s tech. Laufrad n.
**trav·er·tine** [ˈtrævə(r)tiːn; -tɪn], a.
ˈtrav·er·tin [-tɪn] s geol. Traverˈtin m.
**trav·es·ty** [ˈtrævɪstɪ] **I** s **1.** Traveˈstie f
(komisch-satirische Umgestaltung). **2.** fig.
Zerrbild n, Karikaˈtur f: **a** ~ **of justice** ein
Hohn auf die Gerechtigkeit. **II** v/t
**3.** traveˈstieren. **4.** fig. ins Lächerliche
ziehen, kariˈkieren.
**trawl** [trɔːl] mar. **I** s **1.** (Grund)Schleppnetz n. **2.** Lang-, Kurrleine f. **II** v/t u. v/i
**3.** mit dem Schleppnetz fischen. ˈtrawl-
er s (Grund)Schleppnetzfischer m (Boot
od. Person).
**trawl| line** → trawl 2. ~ **net** → trawl 1.
**tray** [treɪ] s **1.** Taˈblett n, bes. Serˈvier- od.
Teebrett n, a. Präsenˈtierteller m.
**2.** (ˈumgehängtes) Verkaufsbrett,
ˌBauchladen' m. **3.** econ. Auslagekästchen n: jewel(l)er's ~. **4.** flache Schale.
**5.** phot. Entwicklerschale f od. -rahmen
m. **6.** Ablagekorb m (im Büro). **7.** (Koffer)Einsatz m. ~ **ag·ri·cul·ture** s
hydroponics.
**treach·er·ous** [ˈtretʃərəs] adj (adv ~ly)
**1.** verräterisch, treulos (**to** gegen).
**2.** (heim)tückisch, ˈhinterhältig. **3.** fig.
trügerisch, tückisch: ~ **ice**; ~ **memory**
unzuverlässiges Gedächtnis. ˈtreach-
er·ous·ness s **1.** Treulosigkeit f, Verräteˈrei f. **2.** a. fig. Tücke f. ˈtreach·er·y
s **1.** (**to**) Verrat m (an dat), Verräteˈrei f,
Treulosigkeit f (gegen). **2.** Niedertracht f,
ˈHinterlist f.
**trea·cle** [ˈtriːkl] s **1.** bes. Br. a) Sirup m,
Zuckerdicksaft m, b) Meˈlasse f. **2.** fig.
a) Süßlichkeit f (der Stimme etc), b) süßliches Getue. **3.** med. obs. Allˈheilmittel n.
**trea·cly** [-klɪ] adj **1.** sirupartig, Sirup...
**2.** fig. süßlich.
**tread** [tred] **I** s **1.** Tritt m, Schritt m.
**2.** Trittfläche f. **3.** a) Tritt(spur f) m,
b) (Rad- etc)Spur f. **4.** tech. a) Lauffläche
f (e-s Rades), b) (ˈReifen)Proˌfil n.
**5.** Spurweite f. **6.** Peˈdalabstand m (am
Fahrrad). **7.** a) Fußraste f, Trittbrett n,
b) (Leiter)Sprosse f. **8.** Auftritt m (e-r

*Stufe*). **9.** *orn.* a) Treten *n* (*Begattung*), b) Hahnentritt *m* (*im Ei*).
**II** *v/t pret* **trod** [trɔd; *Am.* trɑd] *obs.*
**trode** [trəʊd] *pp* **trod·den** ['trɔdn; *Am.* 'trɑdn] *od.* **trod 10.** beschreiten: to ~ a dangerous path *fig.* e-n gefährlichen Weg eingeschlagen haben; → **board**[1] 9. **11.** *rhet.* durch'messen: to ~ the room. **12.** *e-n Pfad* treten: to ~ (**down**) a) zertreten, zertrampeln, b) festtreten; to ~ mud into the carpet Schmutz in den Teppich eintreten; to ~ out *Feuer* austreten; to ~ underfoot herumtreten auf (*dat*). **13.** *e-n Tanzschritt* machen: to ~ a measure 10. **14.** *Pedale etc*, a. *Wasser* treten. **15.** *orn.* treten (*begatten*): to ~ a hen.
**III** *v/i* **16.** treten (**on** auf *acc*): to ~ lightly (*od.* **softly**) a) leise auftreten, b) *fig.* vorsichtig zu Werke gehen; → **air**[1] 1, **toe** 1. **17.** (ein'her)schreiten: → **angel** 1. **18.** to ~ (**up**)**on** a) herumtrampeln auf (*dat*), b) zertrampeln. **19.** *fig.* unmittelbar folgen (**on** auf *acc*): → **heel** *Bes. Redew.* **20.** *orn.* a) treten (*Hahn*), b) sich paaren.
**trea·dle** ['tredl] **I** *s* **1.** Tretkurbel *f*, Tritt *m*: ~ **drive** Fußantrieb *m.* **2.** Pe'dal *n.* **II** *v/t* **3.** mit dem Fuß bedienen. **III** *v/i* **4.** ein Pe'dal *etc* bedienen *od.* treten.
**'tread·mill** *s hist.* Tretmühle *f* (*a. fig.*), Tretwerk *n.*
**trea·son** ['tri:zn] *s* **1.** *allg.* Verrat *m* (**to** an *dat*). **2.** *jur.* a) Landesverrat *m*, b) *a.* **high** ~, *Br. a.* **felony** Hochverrat *m.* **'trea·son·a·ble** *adj* (landes- *od.* hoch)verräterisch.
**treas·ure** ['treʒə(r); *Am. a.* 'treɪ-] **I** *s* **1.** Schatz *m*: a ~ **of gold**; ~**s of the soil** Bodenschätze. **2.** Reichtum *m*, Reichtümer *pl*, Schätze *pl.* **3.** *fig.* Schatz *m*, Kostbarkeit *f*: **art** ~s Kunstschätze; **this book is my chief** ~ dieses Buch ist mein größter Schatz. **4.** *colloq.* „Perle' *f* (*Dienstmädchen etc*). **5.** *colloq.* Schatz *m*, Liebling *m.* **II** *v/t* **6.** *meist* ~ **up** auf-, anhäufen, (an)sammeln. **7.** *a.* ~ **up** a) (hoch)schätzen, b) hegen, hüten: to ~ **s.o.'s memory** j-s Andenken bewahren *od.* in Ehren halten. ~ **house** *s* **1.** Schatzhaus *n*, -kammer *f.* **2.** *fig.* Gold-, Fundgrube *f.* ~ **hunt** *s* Schatzsuche *f.*
**'treas·ur·er** *s* **1.** Schatzmeister(in) (*a. econ.*), (*e-s Vereins etc a.*) Kassenführer *m*, -wart *m.* **2.** *econ. Am.* Leiter *m* der Fi'nanzab,teilung. **3.** *Br.* Fis'kalbeamte(r) *m*: **city** ~ Stadtkämmerer *m*; **T~ of the Household** Fiskalbeamter des königlichen Haushalts. **'treas·ur·er·ship** *s* Schatzmeisteramt *n*, Amt *n* e-s Kassenwarts.
**treas·ure trove** *s* **1.** *jur.* (herrenloser) Schatzfund. **2.** *fig.* Gold-, Fundgrube *f.*
**treas·ur·y** ['treʒərɪ; *Am. a.* 'treɪ-] *s* **1.** Schatzkammer *f*, -haus *n.* **2.** *pol.* a) Schatzamt *n*, b) Staatsschatz *m*: **Lords** (*od.* **Commissioners**) **of the T~** (*das*) brit. Finanzministerium; **First Lord of the T~** erster Schatzlord (*meist der Premierminister*). **3.** Fiskus *m*, Staatskasse *f.* **4.** Schatztruhe *f.* **5.** Schatz(kästlein *n*) *m*, Sammlung *f*, Antholo'gie *f* (*als Buchtitel*). **T~ Bench** *s parl. Br.* Re'gierungsbank *f.* ~ **bill** *s econ.* (*kurzfristiger*) Schatzwechsel. **T~ Board** *s Br.* Fi'nanzminis,terium *n.* ~ **bond** *s econ. Am.* (*langfristige*) Schatzanweisung. ~ **cer·tif·i·cate** *s econ. Am.* (*mittelfristiger*) Schatzwechsel *m.* ~ **war·rant** *s econ. Br.* Schatzanweisung *f.*
**treat** [tri:t] **I** *v/t* **1.** behandeln, 'umgehen mit: to ~ **s.o. brutally.** **2.** betrachten, behandeln (**as** als): to ~ **s.th. as a joke.** **3.** a) *chem. med. tech.* behandeln (**for**

gegen; **with** mit), b) *chem. Abwässer* klären. **4.** *ein Thema etc*, a. *künstlerisch* behandeln. **5.** *j-m* e-n Genuß bereiten, bes. *j-n* bewirten (**to** mit): to ~ **o.s. to a bottle of champagne** sich e-e Flasche Champagner leisten *od.* genehmigen *od.* gönnen; to ~ **s.o. to s.th.** j-m etwas spendieren; to be ~ed to s.th. in den Genuß e-r Sache kommen. **II** *v/i* **6.** ~ **of** handeln von: to ~ **of an interesting topic** ein interessantes Thema behandeln. **7.** ~ **with** verhandeln mit (**for** über *acc*). **8.** a) (die Zeche) bezahlen, b) e-e Runde ausgeben. **III** *s* **9.** (Extra)Vergnügen *n*, bes. (Fest)Schmaus *m*: **school** ~ Schulfest *n od.* -ausflug *m.* **10.** *colloq.* (Hoch)Genuß *m*, Wonne *f*, „Fest' *n.* **11.** (Gratis)Bewirtung *f*: to **stand** ~ → 8; **it is my** ~ es geht auf m-e Rechnung, diesmal bezahle 'ich.
**trea·tise** ['tri:tɪz, -tɪs] *s* (wissenschaftliche) Abhandlung.
**treat·ment** ['tri:tmənt] *s* **1.** Behandlung *f* (*a. med. chem. tech.*): to **give s.th. full** ~ *fig.* etwas gründlich behandeln *od.* erfassen; to **give s.o. the** (**full**) ~ *colloq.* a) *j-n* entsprechend behandeln, b) *j-n* „in die Mangel nehmen'; to **receive regular** ~ *med.* in ständiger Behandlung sein; ~ **expenses** *med.* Arzt- u. Arzneikosten, Behandlungskosten. **2.** Behandlung *f*, Handhabung *f* (*e-s Themas etc*). **3.** *tech.* a) Bearbeitung *f*, b) Bearbeitungsverfahren *n.* **4.** *Film:* Treatment *n* (*erweitertes Handlungsschema*).
**trea·ty** ['tri:tɪ] *s* **1.** (*bes.* Staats)Vertrag *m*, Pakt *m.* **2.** *econ.* Rückversicherungsvertrag *m.* **3.** *obs.* Verhandlung *f*: to **be in** ~ **with s.o. for s.th.** mit j-m über etwas verhandeln. ~ **port** *s mar. hist.* Vertragshafen *m.* ~ **pow·ers** *s pl pol.* Vertragsmächte *pl.*
**tre·ble** ['trebl] **I** *adj* (*adv* **trebly**) **1.** dreifach. **2.** *math.* dreistellig. **3.** *mus.* Diskant..., Sopran... **4.** hoch, schrill. **II** *s* **5.** *mus.* Dis'kant *m*: a) So'pran *m*, b) Oberstimme *f*, c) Dis'kantlage *f*, d) Dis'kantsänger(in) *od.* -stimme *f.* **6.** *Radio:* Höhen *pl*: ~ **control** Höhenregler *m.* **III** *v/t u. v/i* **7.** (sich) verdreifachen.
**tre·cen·to** [treɪ't∫entəʊ] *s* Tre'cento *n* (*italienischer Kunststil des 14. Jhs.*).
**tre·de·cil·lion** [ˌtri:dɪ'sɪljən] *s* **1.** *Br.* Tre'dezillion *f*(*10⁷⁸*). **2.** *Am.* Septillion *f*(*10⁴²*).
**tree** [tri:] **I** *s* **1.** Baum *m*: **he's sitting in the** ~ auf dem Baum; **to be up a** ~ *colloq.* „in der Klemme' sein *od.* sitzen *od.* stecken; ~ **of knowledge** (**of good and evil**) *Bibl.* Baum der Erkenntnis (von Gut u. Böse); ~ **of heaven** (Ostasiatischer) Götterbaum; ~ **of life** a) *Bibl.* Baum des Lebens, b) *bot.* Lebensbaum; → **bark**[2] 1, **top**[1] 2, **wood** 1. **2.** (*Rosen- etc*)Strauch *m*, (*Bananen- etc*)Staude *f.* **3.** *tech.* Baum *m*, Schaft *m*, Balken *m*, Welle *f.* **4.** (Holz)Gestell *n.* **5.** → **family tree. 6.** *chem.* Kri'stallbaum *m.* **7.** (Stiefel)Leisten *m.* **II** *v/t* **8.** auf e-n Baum treiben *od.* jagen. **9.** *Am. colloq.* j-n in die Enge treiben. ~ **creep·er** *s orn.* Baumläufer *m.* '~**,doz·er** *s tech.* Baumräumer *m* (*Planierraupe*). ~ **fern** *s bot.* Baumfarn *m.* ~ **frog** *s zo.* Baum-, Laubfrosch *m.*
**tree·less** ['tri:lɪs] *adj* baumlos, kahl.
**tree line** *s* Baumgrenze *f.* '~**nail** *s tech.* Holznagel *m*, Dübel *m.* ~ **nurs·er·y** *s* Baumschule *f.* ~ **sur·geon** *s* 'Baumchir,urg *m.* ~ **toad** → **tree frog.** '~**top** *s* Baumkrone *f*, -wipfel *m.*
**tre·foil** ['trefɔɪl; 'tri:-] *s* **1.** *bot.* Klee *m.* **2.** *arch.* Dreipaß *m.* **3.** *bes. her.* Kleeblatt *n.* ~ **arch** *s arch.* Kleeblattbogen *m.*
**trek** [trek] **I** *v/i* **1.** *S.Afr.* trecken, ziehen,

im Ochsenwagen reisen. **2.** e-e lange (gefährliche) Reise machen. **3.** ziehen, mar'schieren. **II** *s* **S.Afr.** Treck *m.* **5.** lange (gefährliche) Reise.
**trel·lis** ['trelɪs] **I** *s* **1.** Gitter *n*, Gatter *n.* **2.** *tech.* Gitterwerk *n.* **3.** *agr.* Spa'lier *n.* **4.** Gartenhäus·chen *n* (*aus Gitterwerk*), Pergola *f.* **II** *v/t* **5.** vergittern: ~**ed window** Gitterfenster *n.* **6.** am Spa'lier ziehen: ~**ed vine** Spalierwein *m.* '~**work** *s* Gitterwerk *n* (*a. tech.*).
**trem·a·tode** ['tremətəʊd] *s zo.* Saugwurm *m.*
**trem·ble** ['trembl] **I** *v/i* **1.** (er)zittern, (er)beben (**at, with** vor *dat*): to ~ **all over** (*od.* **in every limb**) am ganzen Körper beben; to ~ **at the thought** (**to think**) bei dem Gedanken zittern; → **balance** 2. **2.** zittern, bangen, fürchten (**for** für, um): to ~ **for s.o.'s safety**; **a trembling uncertainty** e-e bange Ungewißheit. **II** *s* **3.** Zittern *n*, Beben *n*: **she was all of a** ~ sie zitterte am ganzen Körper. **4.** *pl* (*als sg konstruiert*) *vet.* Milchfieber *n.* **'trem·bler** *s electr.* a) ('Hammer-, 'Selbst)Unter,brecher *m*, b) e'lektrische Glocke *od.* Klingel: ~ **bell** Wecker *m* mit Selbstunterbrecher.
**'trem·bling** *adj* (*adv* ~**ly**) zitternd. ~ **grass** *s bot.* Zittergras *n.* ~ **pop·lar**, ~ **tree** *s bot.* Zitterpappel *f*, Espe *f.*
**trem·blor** ['tremblər; ˌblɔ:r] *s Am.* Erdbeben *n.*
**trem·bly** ['tremblɪ] *adj colloq.* **1.** zitternd. **2.** ängstlich.
**tre·men·dous** [trɪ'mendəs] *adj* (*adv* ~**ly**) **1.** schrecklich, fürchterlich. **2.** *colloq.* gewaltig, ungeheuer, e'norm, ko'los'sal, ,toll'.
**tre·mo·lan·do** [ˌtremə'lɑ:ndəʊ] *mus.* **I** *adj* tremo'lando, zitternd. **II** *pl* -**dos** *s* 'Tremolo-Ef,fekt *m.*
**trem·o·lite** ['treməlaɪt] *s min.* Tremo-'lit *m.*
**trem·o·lo** ['tremələʊ] *pl* -**los** *s mus.* Tremolo *n.*
**trem·or** ['tremə(r)] *s* **1.** *med.* Zittern *n*, Zucken *n*: ~ **of the heart** Herzflattern *n.* **2.** Zittern *n*, Schau(d)er *m* (*der Erregung*): **in a** ~ **of** zitternd vor (*dat*). **3.** Angst(gefühl *n*) *f*, Beben *n*: **not without** ~**s** nicht ohne Bangen. **4.** Beben *n* (*der Erde*). **5.** vi'brierender Ton.
**trem·u·lous** ['tremjʊləs] *adj* **1.** zitternd, bebend, zitt(e)rig. **2.** ängstlich.
**tre·nail** ['tri:neɪl; 'trenl] → **treenail.**
**trench** [trent∫] **I** *v/t* **1.** mit Gräben durch'ziehen *od.* (*mil.*) befestigen. **2.** *Br.* einkerben, furchen. **3.** *agr.* tief 'umpflügen, ri'golen. **4.** zerschneiden, -teilen. **II** *v/i* **5.** (*mil.* Schützen)Gräben ausheben. **6.** *geol.* sich (ein)graben (*Fluß etc*). **7.** ~ (**up**)**on** *fig.* 'übergreifen auf (*acc*), in j-s Rechte eingreifen, beeinträchtigen (*acc*). **8.** ~ (**up**)**on** *fig.* hart grenzen an (*acc*): **that** ~**ed upon heresy. III** *s* **9.** (*mil.* Schützen)Graben *m.* **10.** Einschnitt *m*, Furche *f*, tiefe Rinne. **11.** *Bergbau:* Schramm *m.*
**trench·an·cy** ['trent∫ənsɪ] *s* Schärfe *f*, (*das*) Schneidende. **'trench·ant** *adj* (*adv* ~**ly**) **1.** scharf, schneidend: ~ **sarcasm. 2.** e'nergisch, einschneidend: **a** ~ **policy. 3.** scharf, prä'zis(e): **a** ~ **analysis. 4.** *poet.* scharf: **a** ~ **blade.**
**trench coat** *s* Trenchcoat *m.*
**'trench·er**[1] *s* **1.** *bes. hist.* Tran'chier-, Schneidebrett *n.* **2.** *obs.* Speise *f.*
**'trench·er**[2] *s* Schanzarbeiter *m.*
**trench·er** | **cap** → **mortarboard** 2. ~ **com·pan·ions** *s pl* Tischgenossen *pl.* '~**man** [-mən] *s irr* (*guter etc*) Esser.
**trench** | **fe·ver** *s* Schützengrabenfieber *n.* ~ **foot** *s med.* Schützengrabenfüße *pl* (*Fußbrand*). ~ **gun**, ~ **mor·tar** *s*

*mil.* Gra'natwerfer *m.* **~ mouth** *s med.* An'gina *f* Plaut-Vin'centi. **~ per·i-scope** *s mil.* Grabenspiegel *m.* **~ plough,** *bes. Am.* **~plow** *s* Grabenpflug *m.* **~ war·fare** *s mil.* Stellungskrieg *m.* **trend** [trend] **I** *s* **1.** (Ver)Lauf *m*: **the ~ of events. 2.** (allgemeine) Richtung (*a. fig.*). **3.** Entwicklung *f*, Ten'denz *f*, Trend *m* (*alle a. econ.*): **downward ~** *econ.* fallende Tendenz; **the ~ of his argument was** s-e Beweisführung lief darauf hinaus; **~ in** (*od.* **of**) **prices** *econ.* Preistendenz. **4.** Bestrebung *f*, Neigung *f*, Zug *m*: **modern ~s in theology. 5.** *math.* Trend *m*, Strich *m*, Grundbewegung *f*: **~ ordinate** Trendwert *m*. **6.** *geol.* Streichrichtung *f.* **II** *v/i* **7.** e-e Richtung haben *od.* nehmen, sich neigen (**towards** nach *e-r bestimmten Richtung*), streben, ten'dieren: **to ~ away from** sich abzukehren beginnen von. **8.** sich erstrecken, laufen (**towards** nach *Süden etc*). **9.** *geol.* streichen (**to** nach). **~ a·nal·y·sis** *s econ.* Konjunk'turana,lyse *f.* **'~,set·ter** *s Mode etc*: j-d, der den Ton angibt; Schrittmacher *m*, Trendsetter *m*. **'~,set·ting** *adj* tonangebend.

**tren·dy** ['trendɪ] *bes. Br. colloq.* **I** *adj* mo'dern: **to be ~** als 'schick' gelten, 'in' sein; **to be a ~ dresser** sich modern kleiden. **II** *s* j-d, der sich bewußt mo'dern gibt: **the trendies** *pl* die Schickeria.

**tre·pan¹** [trɪ'pæn] **I** *s* **1.** *med.* Tre'pan *m*, Schädelbohrer *m*. **2.** *tech.* 'Bohrma,schine *f.* **3.** *geol.* Stein-, Erdbohrer *m*. **II** *v/t* **4.** *med.* trepa'nieren, j-m den Schädel öffnen.

**tre·pan²** [trɪ'pæn] *v/t obs.* **1.** betrügen, über'listen. **2.** locken (**into** in *acc*). **3.** verlocken, -leiten (**into** zu).

**tre·pang** [trɪ'pæŋ] *s zo.* Trepang *m* (*eßbare Seewalze*).

**tre·phine** [trɪ'fiːn; *Am.* 'triː,faɪn] *med.* **I** *s* Tre'phine *f*, Schädelsäge *f*, -bohrer *m*. **II** *v/t* → **trepan¹** 4.

**trep·i·da·tion** [,trepɪ'deɪʃn] *s* **1.** *med.* (Glieder-, Muskel)Zittern *n*. **2.** Beben *n*. **3.** Angst *f*, Beklommenheit *f.*

**tres·pass** ['trespəs] **I** *v/i* **1.** *jur.* e-e unerlaubte Handlung begehen: **to ~** (**up**)**on** a) 'widerrechtlich betreten; **to ~ on** s.o.'s **land**; **no ~ing** Betreten verboten, b) rechtswidrig Übergriffe gegen j-s *Eigentum etc* begehen; **to ~** (**up**)**on** s.o.'s **property. 2.** (**up**)**on** 'übergreifen auf (*acc*), eingreifen in (*acc*); **to ~ on** s.o.'s **rights. 3. ~** (**up**)**on** *j-s Zeit etc* über Gebühr in Anspruch nehmen; **to ~ on** s.o.'s **hospitality** (*time, etc*). **4.** *obs.* (**against**) verstoßen (gegen), sündigen (**wider** *od.* **gegen**). **II** *s* **5.** Über'tretung *f*, Vergehen *n*, Verstoß *m*. **6.** 'Mißbrauch *m* (**on** *gen*). **7.** 'Übergriff *m*. **8.** *jur. allg.* unerlaubte Handlung (*Zivilrecht*): a) unbefugtes Betreten, b) Besitzstörung *f*, c) 'Übergriff *m* gegen die Per'son (*z. B. Körperverletzung*). **9.** *a.* **action for ~** *jur.* Schadenersatzklage *f* aus unerlaubter Handlung, *z. B.* Besitzstörungsklage *f*. **'tres·pass·er** *s* **1.** *jur.* a) Rechtsverletzer *m*, b) Unbefugte(r *m*) *f*, c) Besitzstörer *m*: **~s will be prosecuted** Betreten bei Strafe verboten. **2.** *obs.* Sünder(in).

**tress** [tres] *s* **1.** (Haar)Flechte *f*, Zopf *m*. **2.** Locke *f.* **3.** *pl* offenes (gelocktes) Haar, Lockenfülle *f.* **tressed** *adj* **1.** geflochten. **2.** gelockt.

**tres·sure** ['treʃə(r)] *s her.* Saum *m.*

**tres·tine** ['trestaɪn] *s hunt.* dritte Sprosse (*des Hirschgeweihs*).

**tres·tle** ['tresl] *s* **1.** *tech.* Gestell *n*, Gerüst *n*, Bock *m*, Schragen *m*. **2.** *mil.* Brückenbock *m*: **~ bridge** Bockbrücke *f.* **~ board** *s* Platte *f* (*zum Auflegen auf*

*Böcke*). **~ ta·ble** *s* (*auf Böcke gestellter*) Zeichentisch. **'~,tree** *s mar.* Längssaling *f.* **'~,work** *s* **1.** Gerüst *n*. **2.** *Am.* 'Eisenbahnvia,dukt *m*, Brücke *f* aus Strebepfeilern.

**trews** [truːz] *s pl, a.* **pair of ~** *Scot.* enge Hose aus ka'riertem Stoff.

**trey** [treɪ] *s* Drei *f* (*im Kartenspiel etc*).

**tri·a·ble** ['traɪəbl] *adj jur.* a) zu verhandeln(d), justiti'abel (*Sache*), b) belangbar, abzuurteilen(d) (*Person*).

**tri·ac·id** [traɪ'æsɪd] *chem.* **I** *s* dreibasige Säure, Tricar'bonsäure *f.* **II** *adj* dreisäurig (*Basen*).

**tri·ad** ['traɪəd; -æd] *s* **1.** Tri'ade *f*: a) Dreiheit *f*, -zahl *f*, b) *chem.* dreiwertiges Ele'ment, c) *math.* Trias *f*, Dreiergruppe *f.* **2.** *mus.* Dreiklang *m.*

**tri·ag·o·nal** [traɪ'ægənl] *adj* dreieckig, -wink(e)lig.

**tri·al** ['traɪəl] **I** *s* **1.** Versuch *m* (**of** mit), Erprobung *f*, Probe *f*, Prüfung *f* (*alle a. tech.*): **~ and error** a) empirische Methode, (Herum)Probieren *n*, b) *math.* Regula *f* falsi; **~ of strength** Kraftprobe *f*; **on ~** auf *od.* zur Probe; **to be on ~** a) e-e Probezeit durchmachen, b) *fig.* auf dem Prüfstand sein (→ 2); **on the first ~** beim ersten Versuch; **by way of ~** versuchsweise; **to give** s.o. (s.th.) **a ~** e-n Versuch mit j-m (etwas) machen, j-n (etwas) testen. **2.** *jur.* ('Straf- *od.* Zi'vil)Pro,zeß *m*, Gerichtsverfahren *n*, (Haupt)Verhandlung *f*: **at the ~** of im Prozeß gegen; **~ by jury** Schwurgerichtsverfahren; **new ~** Wiederaufnahmeverfahren; **to bring** s.o. **up for** (*od.* **to**) **~**, **to put** s.o. **to** (*od.* **on**) **~** j-n vor Gericht bringen; **to stand** (**one's**) **~**, **to be on ~** sich vor Gericht verantworten (→ 1); (**in**)**capable of standing ~**, (**un**)**fit to stand ~** verhandlungs(un)fähig. **3.** *fig.* a) (Schicksals)Prüfung *f*, Heimsuchung *f*, b) Last *f*, Plage *f*, (Nerven)Belastung *f*, c) Stra'paze *f* (*alle* **to** für *j-n*). **4.** *sport* a) Ausscheidungsrennen *n*, Vorlauf *m*, b) → **trial match. II** *adj* **5.** Versuchs..., Probe... **6.** *jur.* Verhandlungs...: **~ bal·ance** *s econ. math.* 'Rohbi,lanz *f.* **~ bal·loon** *s Am.* Ver'suchsbal,lon *m* (*a. fig.*). **~ bor·ing** *s tech.* Probe-, Versuchsbohrung *f.* **~ court** *s jur.* 'erstinstanzliches Gericht. **~ dock·et** *s jur. Am.* Pro'zeßliste *f*, Ter'minka,lender *m.* **~ fire** *s mil.* Ein-, An-, Probeschießen *n.* **~ flight** *s aer.* Probe-, Testflug *m.* **~ judge** *s jur.* Richter *m* der ersten In'stanz. **~ ju·ry** → **petty jury. ~ law·yer** *s jur. Am.* Pro'zeßanwalt *m.* **~ mar·riage** *s* Ehe *f* auf Probe. **~ match** *s sport* Ausscheidungs-, Qualifikati'onsspiel *n.*

**tri·a·logue** ['traɪəlɒg; *Am. a.* -,lɑg] *s* Dreiergespräch *n.*

**tri·al or·der** *s econ.* Probeauftrag *m.* **~ pack·age** *s* Probepackung *f.* **~ run** *s tech.* Probelauf *m* (*e-r Maschine etc*), *mot.* Probefahrt *f*: **to give** s.o. (s.th.) **a ~** *fig.* e-n Versuch mit j-m (etwas) machen, j-n (etwas) testen.

**tri·an·drous** [traɪ'ændrəs] *adj bot.* tri'andrisch, mit drei Staubgefäßen.

**tri·an·gle** ['traɪæŋgl] *s* **1.** *math.* Dreieck *n.* **2.** *mus.* a) Triangel *m*, b) *hist.* (*dreieckiges*) Spi'nett. **3.** a) Reißdreieck *n*, b) Winkel *m* (*zum technischen Zeichnen*). **4.** *tech.* Gestängekreuz *n.* **5.** *T~ astr.* Triangel *m*, Dreieck *n* (*Sternbild*). **6.** *meist* **eternal ~** *fig.* Dreiecksverhältnis *n.*

**tri·an·gu·lar** [traɪ'æŋgjʊlə(r)] *adj* **1.** *math. tech.* dreieckig, -wink(e)lig, -seitig, -kantig: **~ compasses** dreischenk(e)liger Zirkel; **~ number** Dreiecks-, Trigonalzahl *f.* **2.** *fig.* dreiseitig, drei Par'teien *etc* um'fassend: **~ agreement; ~ operations** (*od.* **transactions**)

*econ.* Dreiecksgeschäfte; **~ relationship** Dreiecksverhältnis *n.* **3.** *mil.* dreigliedrig: **~ division** *mil.* **tri·an·gu·lar·i·ty** [-'lærətɪ] *s* Dreiecksform *f.*

**tri·an·gu·late** **I** *v/t* [traɪ'æŋgjʊleɪt] **1.** dreieckig machen. **2.** *surv.* triangu'lieren. **II** *adj* [-lət] **3.** aus Dreiecken zs.-gesetzt. **Tri·as** ['traɪəs] → **Triassic. Tri·as·sic** [traɪ'æsɪk] *geol.* **I** *s* 'Trias(for-mati,on) *f.* **II** *adj* tri'assisch, Trias...

**tri·a·tom·ic** [,traɪə'tɒmɪk; *Am.* -'tɑ-] *adj chem.* 'dreia,tomig.

**trib·a·dism** ['trɪbədɪzəm] *s* Triba'die *f*, lesbische Liebe.

**trib·al** ['traɪbl] *adj* **1.** Stammes... **2.** *bot. zo.* Tribus... **'trib·al·ism** [-bəlɪzəm] *s* **1.** 'Stammessy,stem *n*. **2.** Stammesgefühl *n.*

**tri·bas·ic** [traɪ'beɪsɪk] *adj chem.* drei-, tribasisch.

**tribe** [traɪb] *s* **1.** (Volks)Stamm *m.* **2.** Gruppe *f.* **3.** *bot. zo.* Tribus *f*, Klasse *f.* **4.** *humor. od. contp.* Sippschaft *f*, 'Verein' *m.* **tribes·man** ['traɪbzmən] *s irr* Stammesangehörige(r) *m*, -genosse *m.*

**trib·let** ['trɪblɪt] *s tech.* Reibahle *f.*

**tri·bol·o·gy** [traɪ'bɒlədʒɪ; *Am.* -'bɑ-] *s* Tribolo'gie *f* (*Lehre von Reibung u. Verschleiß gegeneinander bewegter Körper*).

**tri·brach** ['trɪbræk; *Am.* 'traɪ-] *s metr.* Tribrachys *m* (*Versfuß von 3 kurzen Silben*).

**trib·u·la·tion** [,trɪbjʊ'leɪʃn] *s* Drangsal *f*, 'Widerwärtigkeit *f*, Leiden *n.*

**tri·bu·nal** [traɪ'bjuːnl; trɪ-] *s* **1.** *jur.* Gericht(shof *m*) *n*, Tribu'nal *n* (*a. fig.*). **2.** Richterstuhl *m* (*a. fig.*). **trib·u·nate** ['trɪbjʊnɪt; *bes. Am.* -neɪt] *s* **1.** *antiq.* Tribu'nat *n.* **2.** Gruppe *f* von Tri'bunen.

**tri·bune¹** ['trɪbjuːn] *s* **1.** *antiq.* ('Volks-) Tri,bun *m*: **military ~** Kriegstribun. **2.** Verfechter *m* der Volksrechte, Volksheld *m.*

**tri·bune²** ['trɪbjuːn] *s* **1.** Tri'büne *f.* **2.** Rednerbühne *f.* **3.** Bischofsthron *m.*

**trib·u·tar·i·ness** ['trɪbjʊtərɪnɪs; *Am.* -,teri:nɪs] *s* Zinspflichtigkeit *f.* **'trib·u·tar·y** [-tərɪ; *Am.* -,teri-] **I** *adj* (*adv* tributarily) **1.** 'trib'ut-, zinspflichtig (**to** *dat*). **2.** 'untergeordnet (**to** *dat*). **3.** helfend, beisteuernd (**to** zu). **4.** *geogr.* Neben...: **~ stream. II** *s* **5.** Tri'butpflichtige(r *m*) *f*, *a.* tri'butpflichtiger Staat. **6.** *geogr.* Nebenfluß *m.*

**trib·ute** ['trɪbjuːt] *s* **1.** Tri'but *m*, Zins *m*, Abgabe *f.* **2.** *fig.* Tri'but *m*: a) Zoll *m*, Beitrag *m*, b) Huldigung *f*, Hochachtung *f*, Achtungsbezeigung *f*, Anerkennung *f*: **~ of admiration** gebührende Bewunderung; **to pay ~ to** s.o. j-m Hochachtung bezeigen *od.* Anerkennung zollen.

**tri·car** ['traɪkɑː] *s Br.* Dreiradlieferwagen *m.*

**trice¹** [traɪs] *s*: **in a ~** im Nu, im Handumdrehen.

**trice²** [traɪs] *v/t a.* **~ up** *mar.* aufheißen, -holen.

**tri·ceps** ['traɪseps] *pl* **~ceps·es,** *a.* **~ceps** *s anat.* Trizeps *m* (*Muskel*).

**tri·chi·na** [trɪ'kaɪnə] *pl* **-nae** [-niː] *s zo.* Tri'chine *f.* **trich·i·nize** [-kɪnaɪz] *v/t* mit Tri'chinen anstecken *od.* bevölkern.

**,trich·i·no·sis** [-kɪ'nəʊsɪs] *s med. vet.* Trichi'nose *f.* **'trich·i·nous** *adj* trichi'nös. [Trichlo'rid *n.*]

**tri·chlo·ride** [traɪ'klɔːraɪd] *s chem.*]

**tri·chol·o·gy** [trɪ'kɒlədʒɪ; *Am.* -'kɑ-] *s med.* Lehre *f* von den Haarkrankheiten.

**tri·cho·ma** [trɪ'kəʊmə] *s* **1.** *med. vet.* Tri'chom *n*, Weichselzopf *m*. **2.** → **trichome** 1.

**tri·chome** ['traɪkəʊm; 'trɪ-] *s* **1.** *bot.* Tri'chom *n*, Pflanzenhaar *n*. **2.** *zo.* Tri'chom *n*, haarartiger Fortsatz.

**trich·o·mon·ad** [,trɪkəʊ'mɒnæd; *Am.* -kə'məʊ-] *s zo.* Trichomo'nade *f.*

**tri·chord** [ˈtraɪkɔː(r)d] *adj u. s mus.* dreisaitig(es Instruˈment).

**tri·cho·sis** [trɪˈkəʊsɪs] *s* Triˈchose *f*, Haarkrankheit *f*.

**tri·chot·o·my** [trɪˈkɒtəmɪ; *Am.* traɪˈkɑ-] *s* Dreiheit *f*, -teilung *f*.

**tri·chro·mat·ic** [ˌtraɪkrəʊˈmætɪk] *adj* **1.** *med.* mit norˈmalem Farbensinn (begabt). **2.** *phot.* Dreifarben... **triˈchro·ma·tism** [-ˈkrəʊmətɪzəm] *s* **1.** *med.* Trichromaˈsie *f.* **2.** *phot.* Dreifarbigkeit *f.*

**trick** [trɪk] **I** *s* **1.** Trick *m*, Kniff *m*, Dreh *m*, List *f*, *pl a.* Schliche *pl:* **full of ~s** raffiniert; **to be up to s. o.'s ~s** j-s Schliche durchschauen (→ 2); **to know a ~ worth two of that** *colloq.* e-n noch viel besseren Trick wissen; **she never misses a ~** *colloq.* sie läßt sich nichts entgehen. **2.** Streich *m*: **dirty** (*od.* **mean**) **~** gemeiner *od.* übler Streich, Gemeinheit *f*; **~s of fortune** Tücken des Schicksals; **the ~s of the memory** *fig.* die Tücken des Gedächtnisses; **to play s. o. a ~**, **to play ~s on s. o.** j-m e-n Streich spielen; **to be up to one's ~s** (wieder) Dummheiten *od.* ‚Mätzchen‘ machen; **what ~s have you been up to?** was hast du angestellt?; **none of your ~s!** keine Mätzchen! **3.** Trick *m*, (Karten- *etc*)Kunststück *n*, Kunstgriff *m*: **card ~**; **to do the ~** *colloq.* den Zweck erfüllen; **that did the ~** *colloq.* damit war es geschafft; **how's ~s?** *colloq.* wie geht's? **4.** Gaukelbild *n*, (Sinnes)Täuschung *f*, Illusiˈon *f*. **5.** (*bes.* üble *od.* dumme) Angewohnheit, Eigenheit *f*: **to have a ~ of doing s. th.** die Angewohnheit haben, etwas zu tun. **6.** (charakteristischer) Zug, eigentümlicher Ton (der Stimme). **7.** *Kartenspiel:* Stich *m*: **to take** (*od.* **win**) **a ~** e-n Stich machen. **8.** *mar.* Rudertörn *m.* **9.** *Am. sl.* Fahrt *f*, (Dienst)Reise *f.* **10.** *Am. sl.* ‚Mieze‘ *f (Mädchen)*. **11.** *vulg.* ‚Nummer‘ *f (Geschlechtsverkehr, bes.* e-r Prostituierten). **II** *v/t* **12.** täuschen, betrügen, prellen (**out of** um), ‚reinlegen‘, ‚austricksen‘ (*a. sport*). **13. to ~ s. o. into doing s. th.** j-n mit e-m Trick dazu bringen, etwas zu tun. *meist* **~ up**, **~ out**, **~ off** schmücken, (auf-, herˈaus)putzen. **III** *adj* **15.** Trick...: **~ film** (**scene, thief,** *etc*); **~ button** Tricktaste *f (am Tonbandgerät)*. **16.** Kunst...: **~ flying**; **~ rider**; **~ cyclist** a) Kunstradfahrer *m*, b) *Br. sl.* Psychiater *m.* **17.** *colloq.* mit ‚Macken‘: **a ~ car. 'trick·er →** trickster. **'trick·er·y** *s* **1.** Betrügeˈrei *f*, Gauneˈrei *f*. **2.** Betrügeˈreien *pl.* **3.** Kniff *m.*

**trick·i·ness** [ˈtrɪkɪnɪs] *s* **1.** Verschlagenheit *f*, Durchˈtriebenheit *f*, Raffiˈniertheit *f*. **2.** Unzuverlässigkeit *f.* **3.** ‚Kitz(e)ligkeit‘ *f (e-r Situation etc)*. **4.** Kompliˈziertheit *f.* **'trick·ish** *adj* tricky.

**trick·le** [ˈtrɪkl] **I** *v/i* **1.** tröpfeln: **tears were trickling down her cheeks** Tränen kullerten ihr über die Wangen. **2.** rieseln. **3.** sickern (**through** durch): **to ~ out** *fig.* durchsickern. **4.** *fig.* a) tröpfeln, b) gruppenweise *od.* eins ums andere kommen *od.* gehen *etc:* **to ~ away** allmählich verebben. **5.** trudeln (*Ball etc*). **II** *v/t* **6.** tröpfeln (lassen), träufeln. **7.** rieseln lassen. **III** *s* **8.** Tröpfeln *n.* **9.** Rieseln *n.* **10.** Rinnsal *n (a. fig.).* **~ charg·er** *s electr.* Kleinlader *m.*

**trick·si·ness** [ˈtrɪksɪnɪs] *s* **1.** → trickiness. **2.** ‚Übermut *m.*

**trick·ster** [ˈtrɪkstə(r)] *s* Gauner(in), Schwindler(in).

**trick·sy** [ˈtrɪksɪ] *adj* **1.** → tricky. **2.** ‚übermütig.

**trick·track** [ˈtrɪktræk] *s* Tricktrack *n. (Brett- u.* Würfelspiel).

**trick·y** [ˈtrɪkɪ] *adj* (*adv* **trickily**) **1.** verschlagen, durchˈtrieben, raffiˈniert. **2.**

---

**un**zuverlässig. **3.** heikel, ‚kitz(e)lig‘: **~ problem** (**situation**, *etc*). **4.** knifflig, kompliˈziert. **5.** → trick 17.

**tri·clin·ic** [traɪˈklɪnɪk] *adj* triˈklin(isch) (*Kristall*).

**tri·col·o(u)r** [ˈtrɪkələ; *bes. Am.* ˈtraɪˌkʌlə(r)] **I** *s* Trikoˈlore *f.* **II** *adj* dreifarbig, Dreifarben...

**tri·cot** [ˈtrɪkəʊ; *Am. a.* ˈtraɪkət] *s* Triˈkot *m*, *a. n (Stoff).*

**tric·trac →** tricktrack.

**tri·cus·pid** [ˌtraɪˈkʌspɪd] **I** *adj* **1.** dreispitzig. **2.** *anat.* trikuspiˈdal. **II** *s anat.* **3.** *a.* **~ valve** Trikuspiˈdalklappe *f.* **4.** Backenzahn *m.*

**tri·cy·cle** [ˈtraɪsɪkl] **I** *s* Dreirad *n.* **II** *v/i* Dreirad fahren.

**tri·dent** [ˈtraɪdnt] **I** *s* Dreizack *m (a. des Neptun).* **II** *adj* → tridental. **triˈden·tal** [-ˈdentl], **tri·den·tate** [-teɪt] *adj* dreizackig, Dreizack...

**Tri·den·tine** [trɪˈdentəm; traɪ-; -tiːn] **I** *adj* **1.** tridenˈtinisch: **~ profession of faith** *relig.* Tridentinisches Glaubensbekenntnis. **II** *s* **2.** Tridenˈtiner(in). **3.** *relig.* Kathoˈlik(in).

**tried** [traɪd] **I** *pret u. pp von* try. **II** *adj* erprobt, bewährt.

**tri·en·ni·al** [traɪˈenjəl; -nɪəl] *adj* (*adv* **~ly**) **1.** dreijährig, drei Jahre dauernd. **2.** alle drei Jahre stattfindend, dreijährlich. **triˈen·ni·um** [-ˈenɪəm] *pl* **-ni·ums, -ni·a** [-nɪə] *s* Triˈennium *n*, Zeitraum *m* von drei Jahren.

**tri·er** [ˈtraɪə(r)] *s* **1.** Unterˈsucher *m*, Prüfer *m*: **he is a great ~** *colloq.* er läßt nichts unversucht. **2.** *jur.* a) Richter *m*, b) *Br.* Überˈprüfer *m* von Einwänden gegen Geschworene. **3.** Prüfgerät *n.*

**tri·er·arch·y** [ˈtraɪərɑ(r)kɪ] *s hist.* Trierarˈchie *f (Ausstattung, Instandhaltung u. Führung e-s Kriegsschiffs für ein Jahr).*

**tri·fec·ta** [traɪˈfektə] *s Pferdesport: Am.* Dreierwette *f.*

**tri·fle** [ˈtraɪfl] **I** *s* **1.** *allg.* Kleinigkeit *f:* a) unbedeutender Gegenstand, b) Lapˈpalie *f*, Bagaˈtelle *f:* **to stand upon ~s** ein Kleinigkeitskrämer sein; **not to stick at ~s** sich nicht mit Kleinigkeiten abgeben, c) Kinderspiel *n:* **that is mere ~ to him,** d) kleine Geldsumme, e) (*das*) bißchen: **a ~ an** ein bißchen, ein wenig; **a ~ expensive** ein bißchen *od.* etwas teuer. **2.** (*Art*) ‚Zinnleˌgierung *f* mittlerer Härte. **3.** a) *bes. Br.* Trifle *n (Biskuitdessert),* b) *Am. Obstdessert mit Schlagsahne.* **II** *v/i* **4.** spielen: **to ~ with a pencil**; **to ~ with one's food** im Essen herumstochern. **5.** *fig.* spielen, sein Spiel treiben *od.* leichtfertig ˈumgehen (**with** mit): **he is not be ~d with** er läßt nicht mit sich spaßen. **6.** scherzen, tändeln, leichtfertig daˈherreden. **7.** die Zeit vertrödeln, trödeln. **III** *v/t* **8. ~ away** Zeit vertrödeln, -tändeln, *a. Geld* verplempern. **'tri·fler** *s* **1.** oberflächlicher *od.* friˈvoler Mensch. **2.** Tändler *m.* **3.** Müßiggänger *m.* **'tri·fling** *adj* (*adv* **~ly**) **1.** oberflächlich, leichtfertig, friˈvol. **2.** tändelnd. **3.** unbedeutend, geringfügig, belanglos.

**tri·fo·li·ate** [traɪˈfəʊlɪət] *adj bot.* **1.** dreiblätt(e)rig. **2.** → trifoliolate.

**tri·fo·li·o·late** [traɪˈfəʊlɪəleɪt] *adj bot.* **1.** dreizählig (*Blatt*). **2.** mit dreizähligen Blättern (*Pflanze*).

**tri·fo·ri·um** [traɪˈfɔːrɪəm; *Am. a.* -ˈfəʊ-] *pl* **-ri·a** [-ə] *s arch.* Triˈforium *n (Säulengang).*

**tri·form** [ˈtraɪfɔː(r)m] *adj* **1.** dreiteilig. **2.** dreiförmig. **3.** dreifach.

**tri·fur·cate** **I** *adj* [traɪˈfɜːkeɪt; -kɪt; *Am.* -ˈfɜr-] dreigabelig, -zackig. **II** *v/i* [-keɪt] sich dreifach gabeln.

**trig**[1] [trɪg] *adj* (*adv* **~ly**) *obs. od. dial. Br.* **1.** schmuck, aˈdrett. **2.** kräftig.

---

**trig**[2] [trɪg] *bes. dial.* **I** *v/t* **1.** Rad *etc* hemmen. **2.** *a.* **~ up** stützen. **II** *s* **3.** Hemmklotz *m*, -schuh *m.*

**trig**[3] [trɪg] *colloq. für* trigonometry.

**trig·a·mous** [ˈtrɪgəməs] *adj* **1.** in Trigaˈmie lebend. **2.** *bot.* dreihäusig. **'trig·a·my** *s* Trigaˈmie *f.*

**trig·ger** [ˈtrɪgə(r)] **I** *s* **1.** *electr. phot. tech., a. fig.* Auslöser *m.* **2.** *mil.* Abzug *m (e-r Feuerwaffe),* (*am Gewehr a.*) Drücker *m*, (*in e-r Bombe etc*) Zünder *m:* **to pull the ~** abdrücken; **to be quick** (*od.* **fast**) **on the ~** a) schnell abdrücken, b) *fig.* ‚fix‘ *od.* ‚auf Draht‘ (*reaktionsschnell od. schlagfertig*) sein. **II** *v/t* **3.** *a.* **~ off** auslösen (*a. fig.*). **~ cam** *s tech.* Schaltnocken *m.* **~ cir·cuit** *s electr.* Triggerschaltung *f.* **~ fin·ger** *s* Zeigefinger *m.* **~ guard** *s mil.* Abzugsbügel *m.* **'~·hap·py** *adj* **1.** schießwütig. **2.** kriegslüstern. **3.** aggresˈsiv: **~ critics. ~ re·lay** *s electr.* Kippeˌrelais *n.* **~ switch** *s* Kipphebelschalter *m.*

**tri·glot** [ˈtraɪglɒt; *Am.* -ˌglɑt] *adj* dreisprachig.

**tri·glyph** [ˈtraɪglɪf] *s arch.* Triˈglyph *m*, Dreischlitz *m (im dorischen Fries).*

**tri·gon** [ˈtraɪgən; *Am.* -ˌgɑn] *s* **1.** *obs.* Dreieck *n.* **2.** *astr.* → trine 4, b) → triplicity. **3.** *mus. antiq.* dreieckige Harfe.

**trig·o·nal** [ˈtrɪgənl; *Am.* traɪˈgəʊnl] *adj* **1.** dreieckig. **2.** *bot. zo.* dreikantig. **3.** *min.* trigoˈnal. **4.** *astr.* Trigonal...

**trig·o·no·met·ric** [ˌtrɪgənəˈmetrɪk] *adj;* **ˌtrig·o·no·met·ri·cal** *adj* (*adv* **~ly**) *math.* trigonoˈmetrisch. **ˌtrig·o·ˈnom·e·try** [-ˈnɒmɪtrɪ; *Am.* -ˈnɑ-] *s math.* Trigonomeˈtrie *f:* **plane ~** ebene Trigonometrie.

**tri·graph** [ˈtraɪgrɑːf; *bes. Am.* -græf] *s ling.* Gruppe *f* von drei Buchstaben (*zur Bezeichnung e-s einzigen Lautes od. Diphthongs*).

**tri·he·dral** [traɪˈhedrəl; *Am.* -ˈhiː-] *adj math.* dreiflächig, triˈedrisch. **triˈhe·dron** [-drən] *pl* **-drons, -dra** [-drə] *s* Triˈeder *n*, Dreiflächner *m.*

**tri·jet** [ˈtraɪdʒet] *adj u. s* dreistrahlig(es Düsenflugzeug).

**trike** [traɪk] *colloq. für* tricycle.

**tri·lat·er·al** [ˌtraɪˈlætərəl] *adj* **1.** *math.* dreiseitig. **2.** Dreier...: **~ talks.**

**tril·by** [ˈtrɪlbɪ] *s* **1.** *a.* **~ hat** *Br. colloq.* (ein) weicher Filzhut. **2.** *pl sl.* ‚Flossen‘ *pl* (*Füße*).

**tri·lin·e·ar** [ˌtraɪˈlɪnɪə(r)] *adj math.* dreilinig: **~ coordinates** Dreieckskoordinaten.

**tri·lin·gual** [ˌtraɪˈlɪŋgwəl] *adj* dreisprachig.

**tri·lit·er·al** [ˌtraɪˈlɪtərəl] *adj u. s* aus drei Buchstaben bestehend(es Wort).

**tri·lith** [ˈtraɪlɪθ], **tri·lith·on** [traɪˈlɪθɒn; *Am.* -ˌθɑn] *s Archäologie:* Triˈlith *m.*

**trill** [trɪl] *v/t u. v/i* **1.** *mus. etc* trillern, trällern. **2.** *ling.* (*bes.* das r) rollen. **II** *s* **3.** *mus.* Triller *m.* **4.** *ling.* gerollter Konsoˈnant, *bes.* gerolltes r.

**tri·lion** [ˈtrɪljən] *s* **1.** *Br.* Trilliˈon *f.* **2.** *Am.* Billiˈon *f.*

**tri·o·gy** [ˈtrɪlədʒɪ] *s* Triloˈgie *f.*

**trim** [trɪm] **I** *v/t* **1.** in Ordnung bringen, zuˈrechtmachen. **2.** *a.* **~ up** (auf-, herˈaus)putzen, schmücken, ˈausstafˌfieren, schönmachen: **to ~ o. s.**; **to ~ the Christmas tree** den Weihnachtsbaum schmücken; **to ~ a shopwindow** ein Schaufenster dekorieren. **3.** *Kleider, Hüte etc* besetzen, garˈnieren. **4.** *Hecken, Haar, Nägel etc* (be-, zuˈrecht)schneiden, stutzen, *bes. Hundefell* trimmen. **5.** *fig.* (zuˈrecht)stutzen, beschneiden: **to ~ the budget.** **6.** *Bauholz* behauen, zurichten. **7.** *colloq.* j-n a) ‚herˈunterputzen‘, b) ‚reinlegen‘, c) ‚beschummeln‘

*(betrügen)* **(out of** um), d) ‚vertrimmen' *(a. sport klar schlagen)*. **8.** *Feuer* anschüren. **9.** *aer. mar.* trimmen: a) in die richtige Lage bringen: **to ~ the plane (ship)**, b) *Segel* stellen, brassen: **to ~ one's sails (to every wind)** *fig.* sein Mäntelchen nach dem Wind hängen, c) *Kohlen* schaufeln, d) *die Ladung* (richtig) verstauen: **to ~ the hold. 10.** *electr.* trimmen, (fein)abgleichen. **II** *v/i* **11.** *mar.* trimmen. **12.** *fig.* e-n Mittelkurs steuern, *bes. pol.* la'vieren: **to ~ with the times** sich den Zeiten anpassen, Opportunitätspolitik treiben. **III** *s* **13.** Ordnung *f*, (richtiger) Zustand, richtige *(a.* körperliche *od.* seelische) Verfassung: **in good (out of)** ~ in guter (schlechter) Verfassung *(a. Person)*; **to keep in (good)** ~ sich in Form halten; **in ~ for** in der richtigen Verfassung für; **in fighting** ~ *mil.* gefechtsbereit; **in sailing** ~ segelfertig. **14.** *aer. mar.* a) Trimm(lage *f) m,* b) richtige Stellung *der* (Segel), c) *a.* ~ **of the hold** gute Verstauung (der Ladung). **15.** Putz *m,* Staat *m,* Gala(kleidung) *f.* **16.** *mot.* a) Innenausstattung *f,* b) (Karosse'rie-) Verzierungen *pl,* c) Zierleiste *f.* **17.** *Am.* 'Schaufensterdekorati₁on *f.* **IV** *adj (adv* ~**ly)** **18.** schmuck, hübsch, sauber, ordentlich, ‚(gut) im Schuß', ‚tipp'topp'.

**tri·mes·ter** [traɪ'mestə(r)] *s* **1.** Zeitraum *m* von drei Monaten, Vierteljahr *n.* **2.** *univ. etc* Tri'mester *n.*

**trim·e·ter** ['trɪmɪtə(r)] *metr.* **I** *adj* tri'metrisch. **II** *s* Trimeter *m (sechsfüßiger Vers).*

**tri·met·ric** [traɪ'metrɪk] *adj* **1.** tri'metrisch. **2.** ortho'rhombisch *(Kristalle).* **3.** *math.* 'dreidimensio₁nal.

**'trim·mer** *s* **1.** Aufarbeiter(in): hat ~ Putzmacher(in). **2.** *mar.* a) (Kohlen-) Trimmer *m,* b) Stauer *m.* **3.** *Am.* 'Schaufensterdekora₁teur *m.* **4.** *tech.* Werkzeug *n od.* Ma'schine *f* zum Ausputzen *od.* Zu'rechtschneiden. **5.** *Zimmerei:* Wechselbalken *m.* **6.** *fig. bes. pol.* Opportu'nist(in). **7.** *electr.* 'Trimmer(konden₁sator) *m.*

**'trim·ming** *s* **1.** (Auf-, Aus)Putzen *n,* Zurichten *n.* **2.** a) (Hut-, Kleider)Besatz *m,* Borte *f,* b) *pl* Zutaten *pl,* Posa'menten *pl.* **3.** *pl* Gar'nierung *f,* Zutaten *pl,* Beilagen *pl (e-r Speise).* **4.** *fig.* ‚Verzierung' *f,* ‚Gar'nierung' *f (im Stil etc).* **5.** *pl* Abfälle *pl,* Schnipsel *pl.* **6.** *aer. mar.* a) Trimmen *n,* b) Staulage *f:* ~ **flap** *aer.* Trimmklappe *f.* **7.** *electr.* Trimmen *n,* Feinabgleich *m:* ~ **capacitor** → trimmer 7. **8.** *colloq.* (Tracht *f)* Prügel *pl.* **9.** *sport colloq.* Abfuhr *f:* **to give s.o. a** ~ j-m e-e Abfuhr erteilen; **to get a** ~ e-e Abfuhr erleiden, sich e-e Abfuhr holen.

**'trim·ness** *s* **1.** gute Ordnung. **2.** Gepflegtheit *f,* gutes Aussehen, *(das)* Schmucke.

**tri·month·ly** [₁traɪ'mʌnθlɪ] *adj* dreimonatlich, vierteljährlich.

**tri·mo·tor** ['traɪ₁məʊtə(r)] *s aer.* 'dreimo₁toriges Flugzeug.

**tri·nal** ['traɪnl] *adj* dreifach.

**tri·na·ry** ['traɪnərɪ] → ternary.

**trine** [traɪn] **I** *adj* **1.** dreifach. **2.** *astr.* trigo'nal. **II** *s* **3.** Dreiheit *f.* **4.** *astr.* Trigo'nala₁spekt *m.*

**trin·gle** [trɪŋgl] *s* **1.** Vorhangstange *f.* **2.** *arch.* Kranzleiste *f.*

**Trin·i·tar·i·an** [₁trɪnɪ'teərɪən] **I** *adj* **1.** *relig.* Dreieinigkeits... **2.** *relig.* Trinitarier... **3.** t~ dreifach, -glied(e)rig. **II** *s* *relig.* **4.** Bekenner(in) der Drei'einigkeit. **5.** *hist.* Trini'tarier(in). **|Trin·i'tar·i·an·ism** *s relig.* Drei'einigkeitslehre *f.*

**tri₁ni·tro'ben·zene** [traɪ₁naɪtrəʊ-] *s*

*chem.* Trinitroben'zol *n.* **tri₁ni·tro'tol·u·ene, tri₁ni·tro'tol·u·ol** *s chem.* ₁Trinitrotolu'ol *n.*

**trin·i·ty** ['trɪnɪtɪ] *s* **1.** Dreiheit *f.* **2.** **T~** *relig.* Trini'tät *f,* Drei'einigkeit *f,* Drei'faltigkeit *f.* **T~ 'Breth·ren** *s pl* Mitglieder *pl* des **Trinity House. T~ House** *s Verband zur Aufsicht über Lotsen, Leuchtfeuer, See- u. Lotsenzeichen.* **T~ Sun·day** *s relig.* Sonntag *m* Trini'tatis. **T~ term** *s univ. Br.* 'Sommertri₁mester *n.*

**trin·ket** ['trɪŋkɪt] *s* **1.** *(bes. billiges od. wertloses)* Schmuckstück. **2.** *pl fig.* ‚Kinkerlitzchen' *pl.*

**tri·no·mi·al** [traɪ'nəʊmjəl; -ɪəl] **I** *adj* **1.** *math.* tri'nomisch, dreigliedrig, -namig: ~ **root.** **2.** *biol.* dreigliedrig *(Benennung).* **II** *s* **3.** Tri'nom *n:* a) *math.* dreigliedrige (Zahlen)Größe, b) *biol.* dreigliedrige Benennung.

**tri·o** ['triːəʊ] *pl* **-os** *s mus. u. fig.* Trio *n.*

**tri·ode** ['traɪəʊd] *s electr.* Tri'ode *f,* 'Dreielek₁trodenröhre *f.*

**tri·o·let** ['triːəʊlet; 'traɪ-] *s metr.* Trio'lett *n (achtzeiliges Ringelgedicht).*

**tri·or** → trier 2 b.

**trip** [trɪp] **I** *v/i* **1.** trippeln, tänzeln. **2.** *a.* ~ **up** stolpern, straucheln *(a. fig.):* **to ~ over one's own feet** über die eigenen Füße stolpern. **3.** *fig.* (e-n) Fehler machen: **to catch s.o.** ~**ping** j-n bei e-m Fehler ertappen. **4.** a) *(über ein Wort)* stolpern, sich versprechen, b) (mit der Zunge) anstoßen. **5.** *obs.* e-e Reise *od.* e-n Ausflug machen. **6.** *oft* ~ **out** *sl.* auf e-n ‚Trip' gehen.

**II** *v/t* **7.** *oft* ~ **up** j-m ein Bein stellen, j-n zu Fall bringen *(beide a. fig.).* **8.** *etwas* vereiteln. **9.** *fig.* j-n ertappen (in bei e-m *Fehler etc).* **10.** *tech.* a) auslösen, b) schalten.

**III** *s* **11.** a) *(bes.* kurze, *a.* See)Reise, b) Ausflug *m,* (Spritz)Tour *f,* Abstecher *m* **(to** nach): ~ **recorder** *mot.* Tageskilometerzähler *m.* **12.** *weitS.* Fahrt *f.* **13.** Stolpern *n.* **14.** a) *bes. fig.* Fehltritt *m,* b) *fig.* Fehler *m.* **15.** Beinstellen *n.* **16.** Trippeln *n,* Tänzeln *n.* **17.** *sl.* ‚Trip' *m (Drogenrausch):* **to go on a** ~. **18.** *tech.* a) Auslösevorrichtung *f,* b) Auslösen *n:* ~ **cam** *(od.* **dog)** Schaltnocken *m,* (Auslöse)Anschlag *m;* ~ **lever** Auslöse- *od.* Schalthebel *m.*

**tri·pack** ['traɪpæk] *s phot.* Drei'schichtenfilm *m.*

**tri·par·tite** [₁traɪ'pɑː(r)taɪt] *adj* **1.** *bes. bot.* dreiteilig. **2.** dreifach (ausgefertigt): ~ **deed. 3.** Dreier...: ~ **treaty** Dreimächtevertrag *m.* **₁tri·par'ti·tion** [-'tɪʃn] *s* Dreiteilung *f.*

**tripe** [traɪp] *s* **1.** *gastr.* Kal'daunen *pl,* Kutteln *pl.* **2.** *colloq.* a) Schund *m,* Kitsch *m,* b) ‚Quatsch' *m,* Blödsinn *m.* **3.** *meist pl vulg.* Eingeweide *pl.*

**tri·pe·dal** ['traɪ₁pedl; ₁traɪ'piːdl] *adj* dreifüßig.

**'trip₁ham·mer** *s tech.* Aufwerfhammer *m.*

**tri·phase** ['traɪfeɪz] → three-phase.

**tri·phib·i·ous** [traɪ'fɪbɪəs] *adj mil.* unter Einsatz von Land-, See- u. Luftstreitkräften ('durchgeführt).

**triph·thong** ['trɪfθɒŋ; 'trɪp-] *s ling.* Tri'phthong *m,* Dreilaut *m.*

**tri·plane** ['traɪpleɪn] *s aer.* Dreidecker *m.*

**tri·ple** ['trɪpl] **I** *adj (adv* ~**ly)** **1.** dreifach. **2.** dreimalig. **3.** Drei..., drei... Tripel... **II** *s* **4.** *(das)* Dreifache. **5.** *Pferdesport: Am.* Dreierwette *f.* **III** *v/t u. v/i* **6.** (sich) verdreifachen. **T~ Al·li·ance** *s pol. hist.* 'Tripelalli₁anz *f,* Dreibund *m.* ~ **bars** *s pl Springreiten:* Triplebarre *f.* **~·dig·it** *adj bes. Am.* dreistellig. **T~ En·tente** *s pol. hist.* 'Tripelen₁tente *f.* ~ **fugue** *s mus.* Tripelfuge *f.* ~ **jump**

*Leichtathletik:* Dreisprung *m.* **'~·pole** *adj electr.* dreipolig, Dreipol...

**tri·plet** ['trɪplɪt] *s* **1.** Drilling *m.* **2.** Dreiergruppe *f.* **3.** Trio *n (drei Personen etc).* **4.** *mus.* Tri'ole *f.* **5.** *metr.* Dreireim *m.* **6.** *Poker:* Dreierpasch *m (drei gleichwertige Karten).*

**tri·ple time** *s mus.* Tripel-, Dreitakt *m.*

**tri·plex** ['trɪpleks; *Am. a.* 'traɪ-] **I** *adj* **1.** dreifach: ~ **glass** Triplex-, Sicherheitsglas *n.* **II** *s* **2.** *mus.* Tripeltakt *m.* **3.** *(etwas)* Dreifaches.

**trip·li·cate** ['trɪplɪkət] **I** *adj* **1.** dreifach. **II** *s* **2.** *(das)* Dreifache. **3.** dreifache Ausfertigung: **in** ~. **4.** *e-s* von *3 (gleichen)* Dingen: ~**s** 3 Exemplare. **III** *v/t* [-keɪt] **5.** verdreifachen. **6.** dreifach ausfertigen. **₁trip·li'ca·tion** *s* Verdreifachung *f.*

**tri·plic·i·ty** [trɪ'plɪsətɪ; *Am. a.* traɪ-] *s* **1.** Triplizi'tät *f (a. astr.),* Drei(fach)heit *f.* **2.** Dreiergruppe *f.*

**trip·loid** ['trɪplɔɪd] *biol.* **I** *adj* triplo'id. **II** *s* triplo'ider Orga'nismus.

**tri·pod** ['traɪpɒd; *Am. a.* -₁pɑd] *s* **1.** Dreifuß *m.* **2.** *bes. phot.* Sta'tiv *n.* **3.** *mil. tech.* Dreibein *n.*

**tri·o·li** ['trɪpəlɪ] *s geol.* Tripel *m,* Po'lierschiefer *m.*

**tri·pos** ['traɪpɒs] *s univ. Br.* letztes Ex'amen für das **honours degree** *(in Cambridge).*

**'trip·per** *s* **1.** *bes. Br.* a) Ausflügler(in), b) Tou'rist(in). **2.** Auslösevorrichtung *f.*

**'trip·ping** *adj (adv* ~**ly)** **1.** leicht(füßig), flink. **2.** flott, munter. **3.** strauchelnd *(a. fig.).* **4.** *tech.* Auslöse..., Schalt...

**trip·py** ['trɪpɪ] *adj Am. sl.* ‚high' *(im Drogenrausch).*

**trip·tane** ['trɪpteɪn] *s chem.* klopffester Kraftstoff.

**trip·tych** ['trɪptɪk] *s* Triptychon *n,* dreiteiliges (Al'tar)Bild.

**trip·tyque** [trɪp'tiːk] *s* Triptyk *n (Grenzübertrittsschein für Kraftfahrzeuge).*

**trip wire** *s* Stolperdraht *m.*

**tri·que·tra** [traɪ'kwiːtrə; -'kwetrə] *s* dreieckiges Orna'ment.

**tri·reme** ['traɪriːm] *s mar. antiq.* Tri'reme *f,* Tri'ere *f (Dreiruderer).*

**tri·sect** [traɪ'sekt] *v/t* dreiteilen, in drei (gleiche) Teile teilen. **tri'sec·tion** *s* Dreiteilung *f.*

**tris·mus** ['trɪzməs] *s med.* Trismus *m,* Kaumuskelkrampf *m.*

**tri·some** ['traɪsəʊm] *s biol.* Tri'som *n.*

**tri·syl·lab·ic** [₁traɪsɪ'læbɪk] *adj (adv* ~**ally)** dreisilbig. **₁tri'syl·la·ble** [-'sɪləbl] *s* dreisilbiges Wort.

**trite** [traɪt] *adj (adv* ~**ly)** abgedroschen, platt, ba'nal. **'trite·ness** *s* Abgedroschenheit *f,* Plattheit *f.*

**trit·i·um** ['trɪtɪəm; *Am. a.* 'trɪʃiːəm] *s chem. phys.* Tritium *n.*

**Tri·ton[1]** ['traɪtn] *s* **1.** *antiq.* Triton *m (niederer Meergott):* **a** ~ **among (the) minnows** ein Riese unter Zwergen. **2.** t~ *zo.* Tritonshorn *n.* **3.** t~ *zo.* Molch *m.*

**tri·ton[2]** ['traɪtn] *s chem. phys.* Tritiumkern *m,* Triton *n.*

**tri·tone** ['traɪtəʊn] *s mus.* Tritonus *m.*

**trit·u·rate** ['trɪtjʊreɪt; *Am.* -tʃə-] *v/t* zerreiben, -mahlen, -stoßen, pulveri'sieren. **₁trit·u'ra·tion** *s* Zerreibung *f,* Pulveri'sierung *f.*

**tri·umph** ['traɪəmf] **I** *s* **1.** Tri'umph *m:* a) Sieg *m* **(over** über *acc),* b) Siegesfreude *f* **(at** über *acc):* **in** ~ im Triumph, triumphierend. **2.** Tri'umph *m (Großtat, Erfolg):* **the** ~**s of science. 3.** *antiq. (Rom)* Tri'umph(zug) *m.* **II** *v/i* **4.** triumphieren: a) den Sieg erringen, b) froh'locken, jubeln *(beide* over über *acc),* c) Erfolg haben. **tri'um·phal** [-'ʌmfl] *adj* Triumph..., Sieges...: ~ **arch** Triumph-

bogen *m*; ~ **car** Siegeswagen *m*; ~ **procession** Triumph-, Siegeszug *m*. **tri-ˈum·phant** *adj* (*adv* ~ly) **1.** triumˈphierend: a) den Sieg feiernd, b) sieg-, erfolg-, glorreich, c) frohˈlockend, jubelnd. **2.** *obs.* prächtig, herrlich.

**tri·um·vir** [trɪˈʌmvə(r); *bes. Am.* traɪ-] *pl* **-virs, -vi·ri** [trɪˈʌmviriː; *bes. Am.* traɪˈʌmviraɪ] *s antiq.* Triˈumvir *m* (*a. fig.*). **tri·um·vi·rate** [traɪˈʌmvirət] *s* **1.** *antiq.* Triumviˈrat *n* (*a. fig.*). **2.** *fig.* Dreigestirn *n*.

**tri·une** [ˈtraɪjuːn] *adj bes. relig.* dreiˈeinig.

**tri·u·ni·ty** [-ətɪ] → **trinity 2.**

**tri·va·lent** [ˌtraɪˈveɪlənt] *adj chem.* dreiwertig.

**triv·et** [ˈtrɪvɪt] *s* **1.** Dreifuß *m* (*bes. für Kochgefäße*): (**as**) **right as a ~** (*gesundheitlich*) vollkommen in Ordnung. **2.** (kurzfüßiger) ˈUntersetzer.

**triv·i·a** [ˈtrɪvɪə] *s pl* Bagaˈtellen *pl*, Kleinigkeiten *pl*. **triv·i·al** [ˈtrɪvɪəl] *adj* (*adv* ~ly) **1.** triviˈal, platt, baˈnal, allˈtäglich. **2.** nichtssagend, gering(fügig), unbedeutend, belanglos. **3.** unbedeutend, oberflächlich (*Person*). **4.** *biol.* volkstümlich (*Ggs. wissenschaftlich*). **triv·i·al·i·ty** [-ˈælətɪ] *s* **1.** Trivialiˈtät *f*, Plattheit *f*: a) Banaliˈtät *f*, b) triviˈale *od.* nichtssagende Bemerkung. **2.** Geringfügigkeit *f*, Belanglosigkeit *f*. **ˈtriv·i·al·ize** *v/t* bagatelliˈsieren, ˌherˈunterspielen'.

**triv·i·um** [ˈtrɪvɪəm] *s univ. hist.* Trivium *n* (*der niedere Teil der Freien Künste: Grammatik, Logik, Rhetorik*).

**tri·week·ly** [ˌtraɪˈwiːklɪ] **I** *adj* **1.** dreiwöchentlich. **2.** dreimal wöchentlich erscheinend (*Zeitschrift etc*) *od.* verkehrend (*Verkehrsmittel*). **II** *adv* **3.** dreimal in der Woche.

**troat** [trəʊt] **I** *s* Röhren *n* (*des Hirsches*). **II** *v/i* röhren.

**tro·car** [ˈtrəʊkɑː(r)] *s med.* Troˈkar *m*, Hohlnadel *f*.

**tro·cha·ic** [trəʊˈkeɪɪk] *metr.* **I** *adj* troˈchäisch. **II** *s* Troˈchäus *m*.

**tro·char** → **trocar**.

**tro·che** [trəʊʃ; *bes. Am.* ˈtrəʊkiː] *s* Paˈstille *f*.

**tro·chee** [ˈtrəʊkiː] *s metr.* Troˈchäus *m*.

**troch·le·a** [ˈtrɒklɪə; *Am.* ˈtrɑk-] *pl* **-le·ae** [-liːiː] *s anat.* Trochlea *f*, Rolle *f*.

**tro·choid** [ˈtrəʊkɔɪd; *Am. a.* ˈtrɑ-] **I** *adj* **1.** radförmig. **2.** sich um e-e Achse drehend. **3.** *math.* zykloˈidenartig. **II** *s* **4.** *math.* Trochoˈide *f.* **5.** *anat.* Rollgelenk *n*.

**trod** [trɒd; *Am.* trɑd] *pret u. pp von* **tread**. **trod·den** [ˈtrɒdn; *Am.* ˈtrɑdn] *pp von* **tread**.

**trode** [trəʊd] *obs. pret von* **tread**.

**trog·lo·dyte** [ˈtrɒglədaɪt; *Am.* ˈtrɑ-] *s* **1.** Trogloˈdyt *m*, Höhlenbewohner *m*. **2.** *fig.* a) Einsiedler *m*, b) primiˈtiver *od.* bruˈtaler Kerl. **3.** *zo.* Trogloˈdyt *m*, Schimˈpanse *m*. **ˌtrog·loˈdyt·ic** [-ˈdɪtɪk] *adj* trogloˈdytisch.

**troll[1]** [trəʊl] **I** *v/t u. v/i obs. od. dial.* **1.** rollen. **2.** a) (fröhlich) trällern, b) im Rundgesang singen. **3.** (mit der Schleppangel) fischen (in *dat*) (**for** nach). **II** *s* **4.** Rundgesang *m*. **5.** Schleppangel *f*, künstlicher Köder.

**troll[2]** [trəʊl] *s* Troll *m*, Kobold *m*.

**trol·ley** [ˈtrɒlɪ; *Am.* ˈtrɑ-] *s* **1.** *Br.* a) Handwagen *m*, b) Gepäckwagen *m*, c) Kofferkuli *m*, d) Einkaufswagen *m*, e) Sackkarre(n *m*), f) *Golf:* Caddie *m*.

**2.** *Bergbau: Br.* Förderwagen *m*, Lore *f*. **3.** *rail. Br.* Draiˈsine *f*. **4.** *electr.* Konˈtaktrolle *f* (*bei Oberleitungsfahrzeugen*). **5.** *Am.* Straßenbahn(wagen *m*) *f. Br.* Tee-, Serˈvierwagen *m*. ~ **bag** *s Br.* Einkaufsroller *m*. ~ **bus** *s* Oberleitungsbus *m*, Obus *m*. ~ **car** *s Am.* Straßenbahnwagen *m*. ~ **pole** *s electr. tech.* Stromabnehmerstange *f*. ~ **wire** *s* Oberleitung *f*.

**trol·lop** [ˈtrɒləp; *Am.* ˈtrɑ-] **I** *s* **1.** a) ˈSchlampe' *f*, b) leichtes Mädchen. **II** *v/i* **2.** schlampen. **3.** ˌlatschen'.

**trol·ly** → **trolley**.

**trom·ba** [ˈtrɒmbə; *Am.* ˈtrɑmbə] *s mus.* Tromˈpete *f* (*a. Orgelregister*).

**trom·bone** [trɒmˈbəʊn; *Am.* trɑm-] *s mus.* **1.** Poˈsaune *f*. **2.** Posauˈnist *m*. **tromˈbon·ist** *s mus.* Posauˈnist *m*.

**tro·mom·e·ter** [trəʊˈmɒmɪtə(r); *Am.* -ˈmɑ-] *s* Tromoˈmeter *n* (*zur Messung sehr leichter Beben*).

**trompe** [trɒmp; *Am.* trɑmp] *s tech.* (ˈWasser)Gebläseappaˌrat *m* (*in e-m Gebläseofen*).

**troop** [truːp] **I** *s* **1.** Trupp *m*, Haufe(n) *m*, Schar *f*. **2.** *meist pl mil.* Truppe(n *pl*) *f*. **3.** *mil.* a) Schwaˈdron *f*, b) ˈPanzerkompaˌnie *f*, c) Batteˈrie *f*, d) *mil.* ˈMarsch-, Tromˈpetensiˌgnal *n*. **5.** *Am.* Zug *m* von Pfadfindern (*16–32 Jungen*). **6.** *meist pl fig.* (*e-e*) Menge, Haufen *m*: ~**s of servants**. **II** *v/i* **7.** *oft* ~ **up**, ~ **together** sich scharen, sich sammeln. **8.** ~ **with** sich zs.-tun mit. **9.** (in Scharen) ziehen, (*herein- etc*)marˈschieren: **to ~ the colours** *Br.* die Fahnenparade abhalten (*anläßlich des Geburtstages des Monarchen*). ~ **car·ri·er** *s mil.* **1.** *aer. mar.* ˈTruppentransˌporter *m*. **2.** *mot.* Mannschaftswagen *m*. ˈ~-ˌcar·ry·ing *adj*: ~ **vehicle** *mil. Br.* Mannschaftswagen *m*.

**ˈtroop·er** *s* **1.** *mil.* Kavalleˈrist *m*: **to swear like a ~** fluchen wie ein Landsknecht. **2.** ˈStaatspoliˌzist *m*. **3.** *Am. u. Austral.* berittener Poliˈzist. **4.** *mil.* Kavalleˈriepferd *n*. **5.** *bes. Br. für* **troopship**.

**troop|school** *s mil. Am.* Waffenschule *f*. ˈ~-**ship** *s mar. mil.* ˈTruppentransˌporter *m*.

**tro·pae·o·lum** [trəʊˈpiːələm] *s bot.* Kapuˈzinerkresse *f*.

**trope** [trəʊp] *s* **1.** Tropus *m*, bildlicher Ausdruck. **2.** *relig. hist.* liˈturgischer Begleitspruch. **3.** *mus.* Tropus *m*.

**troph·ic** [ˈtrɒfɪk; *Am.* ˈtrəʊ-] *adj biol.* trophisch, Ernährungs...

**troph·o·plasm** [ˈtrɒfəplæzəm; *Am.* ˈtrəʊ-] *s biol.* Trophoˈplasma *n*, ernährendes Plasma.

**tro·phy** [ˈtrəʊfɪ] **I** *s* **1.** Troˈphäe *f*, Siegeszeichen *n od.* -beute *f* (*alle a. fig.*). **2.** (*Jagd- etc*)Troˈphäe *f*, Preis *m*. **3.** Andenken *n* (**of** an *acc*). **4.** *antiq.* Siegesˈdenk)mal *n* (*a. fig.*). **II** *v/t* **5.** mit Troˈphäen schmücken.

**trop·ic** [ˈtrɒpɪk; *Am.* ˈtrɑ-] **I** *s* **1.** *astr. geogr.* Wendekreis *m*: **T~ of Cancer (Capricorn)** Wendekreis des Krebses (Steinbocks). **2.** *pl geogr.* Tropen *pl.* **II** *adj* → **tropical[1]**.

**trop·i·cal[1]** [ˈtrɒpɪkl; *Am.* ˈtrɑ-] *adj* (*adv* ~ly) **1.** Tropen..., tropisch: ~ **heat**; ~ **diseases**; ~ **hygiene** Tropenhygiene *f*; ~ **medicine** Tropenmedizin *f*; ~ **year** tropisches Jahr. **2.** *fig.* heiß, hitzig.

**trop·i·cal[2]** [ˈtrɒpɪkl; *Am.* ˈtrəʊ-] *adj* (*adv* ~ly) tropisch, fiˈgürlich, bildlich.

**trop·i·cal·ize** [ˈtrɒpɪkəlaɪz; *Am.* ˈtrɑ-] *v/t* **1.** tropenfest machen. **2.** tropisch machen.

**tro·pism** [ˈtrəʊpɪzəm] *s biol.* Troˈpismus *m*, Krümmungsbewegung *f*.

**trop·o·log·i·cal** [ˌtrɒpəˈlɒdʒɪkl; *Am.* ˌtrəʊpəˈlɑ-; ˌtrɑ-] → **tropical[2]**.

**tro·pol·o·gy** [trəʊˈpɒlədʒɪ; *Am.* -ˈpɑ-] *s* **1.** bildliche Ausdrucksweise. **2.** *bes. relig. Bibl.* Figuˈralbedeutung *f*.

**trop·o·pause** [ˈtrɒpəpɔːz; *Am.* ˈtrəʊ-; ˈtrɑ-] *s meteor.* Grenze *f* zwischen Tropoˈsphäre u. Stratoˈsphäre.

**trop·o·phyte** [ˈtrɒpəfaɪt; *Am.* ˈtrəʊ-; ˈtrɑ-] *s* Tropoˈphyt *m* (*Pflanze, die sich e-m Wechselklima anpaßt*).

**trop·o·sphere** [ˈtrɒpəˌsfɪə(r); *Am.* ˈtrəʊ-; ˈtrɑ-] *s meteor.* Tropoˈsphäre *f*.

**trop·po** [ˈtrɒpəʊ; *Am.* ˈtrɑ-] *adv mus.* zu (sehr): **ma non ~** aber nicht zu sehr.

**trot[1]** [trɒt; *Am.* trɑt] **I** *v/i* **1.** traben, trotten, im Trab gehen *od.* reiten: **to ~ along** (*od. off*) *colloq.* ab-, losziehen. **II** *v/t* **2.** *das Pferd* traben lassen, *a. j-n* in Trab setzen *od.* bringen. **3.** ~ **out** a) *ein Pferd* vorreiten, -führen, b) *fig. colloq.* etwas *od. j-n* vorführen, renomˈmieren mit, *Argumente, Kenntnisse etc*, *a.* Wein *etc* auftischen, daˈherbringen, aufwarten mit. **4.** ~ **round** *j-n* herˈumführen. **III** *s* **5.** Trott *m*, Trab *m* (*a. fig.*): **at a ~** im Trab; **to go for a ~** e-n kleinen Spaziergang machen; **to keep s.o. on the ~** *j-n* in Trab halten; **on the ~** *colloq.* hintereinander. **6.** *Pferdesport:* Trabrennen *n*. **7.** *colloq.* ˌTaps' *m* (*kleines Kind*). **8.** *colloq.* ˌTants' (*alte Frau*). **9. the ~s** *pl* (*als sg od. pl konstruiert*) *colloq.* ˈDünnpfiff' *m* (*Durchfall*). **10.** *ped. Am. sl.* a) ˈEselsbrücke' *f*, ˌKlatsche' *f* (*Übersetzungshilfe*), b) Spickzettel *m*.

**trot[2]** [trɒt; *Am.* trɑt] *s Fischerei:* lange, straffgezogene Leine.

**troth** [trəʊθ; *Am. a.* trɑθ] *s obs.* Treue(gelöbnis *n*) *f*: **by my ~!**, **in ~!** meiner Treu!, wahrlich!; **to pledge one's ~** sein Wort verpfänden, ewige Treue schwören; **to plight one's ~** sich verloben.

**Trot·sky·ism** [ˈtrɒtskɪɪzəm; *Am. a.* -ɑt-] *s pol.* Trotzˈkismus *m*.

**ˈtrot·ter** *s* **1.** Traber *m* (*Pferd*). **2.** Fuß *m*, Bein *n* (*von Schlachttieren*): **pig's ~s** Schweinsfüße. **3.** *pl humor.* ˌHaxen' *pl* (*menschliche Füße*). **ˈtrot·tie** [-tɪ] → **trot[1] 7**.

**ˈtrot·ting race** *s Pferdesport:* Trabrennen *n*.

**tro·tyl** [ˈtrəʊtɪl] → **trinitrotoluene**.

**trou·ba·dour** [ˈtruːbəˌdʊə(r); -dɔː(r); *Am. a.* -ˌdəʊər] *s hist.* Troubadour *m* (*a. fig.*).

**trou·ble** [ˈtrʌbl] **I** *v/t* **1.** *j-n* beunruhigen, stören, belästigen: **to be ~d in mind** sehr beunruhigt sein. **2.** *j-n* bemühen, bitten (**for** um): **may I ~ you to pass me the salt**; **I will ~ you to hold your tongue!** *iro.* würden Sie gefälligst den Mund halten! **3.** *j-m* Mühe machen, *j-m* ˈUmstände *od.* Unannehmlichkeiten bereiten, *j-n* behelligen (**about**, *with* mit): **don't ~ yourself** bemühen Sie sich nicht. **4.** quälen, plagen: **to be ~d with** gout von der Gicht geplagt sein. **5.** *j-m* Kummer *od.* Verdruß bereiten *od.* machen, *j-n* beunruhigen: **she is ~d about** sie macht sich Sorgen wegen; **don't let it ~ you** machen Sie sich (deswegen) keine Sorgen *od.* Gedanken; **~d face** sorgenvolles *od.* gequältes Gesicht. **6.** *Wasser etc* aufwühlen, trüben: **~d waters** *fig.* unangenehme Lage, schwierige Situation: **to fish in ~d waters** *fig.* im trüben fischen; → **oil 1**. **II** *v/i* **7.** sich beunruhigen, sich aufregen (**about** über *acc*): **I should not ~ if** a) ich wäre beruhigt, wenn, b) es wäre mir gleichgültig, wenn. **8.** sich die Mühe machen, sich bemühen (**to do** zu tun), sich ˈUmstände machen: **don't ~ be-**

mühen Sie sich nicht; **don't~ to write** du brauchst nicht zu schreiben; **why should I ~ to explain** warum sollte ich mir (auch) die Mühe machen, das zu erklären. **III** *s* **9.** a) Mühe *f*, Plage *f*, Anstrengung *f*, Last *f*, Belästigung *f*, Störung *f*: **to give s.o. ~** j-m Mühe verursachen; **to go to much ~** sich besondere Mühe machen *od.* geben; **to put s.o. to ~** j-m Umstände bereiten; **omelet(te) is no ~ (to prepare)** Omelett macht gar nicht viel Arbeit; (**it is**) **no~** (**at all**) (es ist) nicht der Rede wert; **to save o.s. the ~ of doing** sich die Mühe (er)sparen, *etwas* zu tun; **to take (the) ~** sich (die) Mühe machen; **to take ~ over s.th.** sich Mühe geben mit, b) *weitS.* Unannehmlichkeiten *pl*, Schwierigkeiten *pl*, Schere'reien *pl*, ,Ärger' *m* (**with** mit *der Polizei etc*): **to ask** (*od.* **look**) **for ~** unbedingt Ärger haben wollen; **to be in ~** in Schwierigkeiten sein; **to be in ~ with the police** Ärger mit der Polizei haben; **his girl friend is in ~** s-e Freundin ist in ,Schwierigkeiten' (*schwanger*); **to get into ~** in Schwierigkeiten geraten, Schwierigkeiten *od.* Ärger bekommen; **to make ~ for s.o.** j-n in Schwierigkeiten bringen; **he's ~** *colloq.* mit ihm wird's Ärger geben; → **head** 13. **10.** Schwierigkeit *f*, Pro'blem *n*, (*das*) Dumme *od.* Schlimme (dabei): **to make ~** Schwierigkeiten machen; **the ~ is** der Haken *od.* das Unangenehme ist (**that** daß); **what's the~?** wo(ran) fehlt's?, was ist los? **11.** *med.* Leiden *n*, Störung *f*, Beschwerden *pl*: **heart~** Herzleiden, ,Herzgeschichte' *f*. **12.** a) *pol.* Unruhe (*n pl*) *f*, Wirren *pl*, b) *allg.* Af'färe *f*, Kon'flikt *m*. **13.** *tech.* Störung *f*, De'fekt *m*: **engine~**. **'trou·ble|-free** *adj tech.* störungsfrei. **'~,mak·er** *s* Unruhestifter(in). **~ man** *s irr tech.* Störungssucher *m*. **'~-proof** *adj* störungsfrei. **'~,shoot·er** *s* **1.** ~ **trouble man. 2.** *fig.* Friedensstifter *m*, ,Feuerwehrmann' *m*. **'~,shoot·ing** *s* **1.** *tech.* Störungs-, Fehlersuche *f*. **2.** *fig.* Friedenstiften *n*.

**trou·ble·some** ['trʌblsəm] *adj* (*adv* ~**ly**) **1.** störend, lästig. **2.** mühsam, beschwerlich: ~ **work. 3.** unangenehm (*a. Person*). **'trou·ble·some·ness** *s* **1.** Lästigkeit *f*. **2.** Beschwerlichkeit *f*. **3.** (*das*) Unangenehme.

**trou·ble spot** *s* **1.** *tech.* schwache Stelle. **2.** *bes. pol.* Unruheherd *m*.

**trou·blous** ['trʌbləs] *adj obs. od. poet.* unruhig.

**trou-de-loup** *pl* **trous-de-loup** [,tru:də'lu:] *s mil. hist.* Wolfsgrube *f*.

**trough** [trɒf] *s* **1.** Trog *m*, Mulde *f*. **2.** Wanne *f*. **3.** (*tech.* Zufuhr)Rinne *f*: ~ **conveyor** Trogförderer *m*. **4.** *a. geogr.* Graben *m*, Furche *f*. **5.** Wellental *n*: ~ **of the sea. 6.** *a.* ~ **of low pressure** Tief (-druckrinne) *n*. **7.** *a.* ~ **battery** *electr.* 'Trog(batte,rie *f*) *m*. **8.** *bes. econ.* Tiefpunkt *m* (*a. in e-m statistischen Schaubild*), ,Talsohle' *f*.

**trounce** [traʊns] *v/t* **1.** verprügeln. **2.** *sport* ,über'fahren' (*hoch besiegen*). **3.** *fig.* ,her'untermachen'. **'trounc·ing** *s* **1.** (Tracht *f*) Prügel *pl*. **2.** *sport* Abfuhr *f*: **to give s.o. a ~** j-m e-e Abfuhr erteilen; **to get a ~** e-e Abfuhr erleiden, sich e-e Abfuhr holen.

**troupe** [tru:p] *s* (Schauspieler- *od.* Zirkus)Truppe *f*. **'troup·er** *s* **1.** Mitglied *n* e-r Schauspielertruppe. **2. a good ~** ein treuer Mitarbeiter.

**trou·ser** ['traʊzə(r)] **I** *s* **1.** *pl a.* **pair of ~s** (lange) Hose, Hosen *pl*: → **wear** 1. **2.** Hosenbein *n*. **II** *adj* **3.** Hosen...: ~ **leg** (**suit**, *etc*). **'trou·sered** *adj* (lange) Hosen tragend, behost. **'trou·ser·ing** *s* Hosenstoff *m*.

**trousse** [tru:s] *s med.* chir'urgisches Besteck, Operati'onsbesteck *n*.

**trous·seau** ['tru:səʊ] *pl* **-seaus, -seaux** [-səʊz] *s* Brautausstattung *f*, Aussteuer *f*.

**trout** [traʊt] **I** *s* **1.** *pl* **trouts,** *bes. collect.* **trout** *ichth.* Fo'relle *f*. **2.** *meist* old ~ *Br. colloq.* ,alte Ziege'. **II** *v/i* **3.** Fo'rellen fischen. **III** *adj* **4.** Forellen...: ~ **stream** Forellenbach *m*.

**trou·vaille** [tru:'vaɪ] *s* unverhoffter Glücksfall *od.* Gewinn.

**trove** [trəʊv] *s* Fund *m*.

**tro·ver** ['trəʊvə(r)] *s jur.* **1.** rechtswidrige Aneignung. **2.** *a.* **action of ~** Klage *f* auf Her'ausgabe des Wertes (*e-r widerrechtlich angeeigneten Sache*).

**trow** [trəʊ] *v/t obs.* **1.** glauben, meinen. **2.** (*e-r Frage hinzugefügt*): (**I**) ~ **frag'** ich, möchte ich wissen.

**trow·el** ['traʊəl] **I** *s* **1.** (Maurer)Kelle *f*: **to lay it on with a ~** *colloq.* ,dick auftragen'. **2.** *agr.* Hohlspatel *m*, *f*, Pflanzenheber *m*. **II** *v/t pret u. pp* **-eled,** *bes. Br.* **-elled 3.** *tech.* mit der Kelle auftragen *od.* glätten.

**troy** [trɔɪ] *econ.* **I** *s a.* ~ **weight** Troygewicht *n* (*für Edelmetalle, Edelsteine u. Arzneien; 1 lb. = 373,2418 g*). **II** *adj* Troy(gewichts)...

**tru·an·cy** ['tru:ənsɪ] *s* **1.** unentschuldigtes Fernbleiben, (,Schul)Schwänze'rei *f*. **2.** Bummeln *n*.

**tru·ant** ['tru:ənt] **I** *s* **1.** a) (Schul)Schwänzer(in), b) Bumme'lant(in), Faulenzer(in): **to play ~** a) (*bes. die Schule*) schwänzen; bummeln. **II** *adj* **2.** träge, (faul) her'umlungernd, pflichtvergessen. **3.** (schul)schwänzend: ~ **children**; ~ **officer** Beamter, *der unentschuldigtes Fernbleiben vom Unterricht zu untersuchen hat*. **4.** *fig.* (ab)schweifend (*Gedanken etc*).

**truce** [tru:s] *s* **1.** *mil.* Waffenruhe *f*, -stillstand *m*: **flag of ~** Parlamentärflagge *f*; ~ **of God** *hist.* Gottesfriede *m*; **a ~ to talking!** Schluß mit (dem) Reden! **2.** (**political**) ~ Burgfrieden *m*. **3.** (Ruhe-, Atem)Pause *f* (**from** von). **tru·cial** ['tru:ʃəl; -ʃɪəl; -ʃəl] *adj* Waffenstillstands..., durch Waffenstillstand gebunden.

**truck¹** [trʌk] **I** *s* **1.** Tauschhandel *m*, -geschäft *n*. **2.** Verkehr *m*: **to have no ~ with s.o.** mit j-m nichts zu tun haben. **3.** *a.* Gemüse *n*: ~ **farm,** ~ **garden** Gemüsegärtnerei *f*; ~ **farmer** Gemüsegärtner *m*. **4.** *collect.* Kram(waren *pl*) *m*, Hausbedarf *m*. **5.** *contp.* Trödel(kram) *m*, Plunder *m*: **I shall stand no ~** ich werde mir nichts gefallen lassen. **6.** *meist* ~ **system** *econ. hist.* Natu'rallohn-, 'Trucksy,stem *n*. **II** *v/t* **7.** (**for**) (aus-, ver)tauschen (gegen), eintauschen (für). **8.** verschachern. **III** *v/i* **9.** Tauschhandel treiben. **10.** schachern, handeln (**for** um).

**truck²** [trʌk] **I** *s* **1.** *tech.* Block-, Laufrad *n*, Rolle *f*. **2.** Lastauto *n*, -(kraft)wagen *m*. **3.** Hand-, Gepäck-, Rollwagen *m*. **4.** Lore *f*: *a) rail. Br.* Dreh-, 'Untergestell *n*, b) *Bergbau:* Kippkarren *m*, Förderwagen *m*. **5.** *rail.* offener Güterwagen. **6.** *mar.* Flaggenknopf *m*. **7.** *mil.* 'Blockräderla,fette *f*. **II** *v/t* **8.** auf Last- *od.* Güterwagen befördern. **III** *v/i* **9.** e-n Lastwagen fahren. **IV** *adj* **10.** (Last-, Güteretc)Wagen...: ~ **trailer** a) Lastwagenhänger *m*, b) *meist* ~-**trailer** Lastzug *m*; ~ **shot** (*Film*) Fahraufnahme *f*. **'truck-age** *s* **1.** Lastwagentrans,port *m*. **2.** Trans'portkosten *pl*.

**'truck·er¹** *s* **1.** Lastwagen-, Fern(last-)fahrer *m*. **2.** 'Autospedi,teur *m*.

**'truck·er²** *s* **1.** *Scot.* Hau'sierer *m*. **2.** *Am.* Gemüsegärtner *m*.

**truck·le¹** ['trʌkl] *v/i* (zu Kreuze) kriechen (**to** vor *dat*).

**truck·le²** ['trʌkl] **I** *s* **1.** (Lauf)Rolle *f*. **2.** *meist* ~ **bed** (*niedriges*) Rollbett (*zum Unterschieben unter ein höheres*). **II** *v/t* **3.** *bes.* Möbelstück rollen.

**'truck·ler** *s* Kriecher(in).

**truc·u·lence** ['trʌkjʊləns], **'truc·u·len·cy** [-sɪ] *s* Roheit *f*, Wildheit *f*, Grausamkeit *f*. **'truc·u·lent** *adj* (*adv* ~**ly**) **1.** wild, roh, grausam, bru'tal. **2.** trotzig, aufsässig. **3.** gehässig.

**trudge** [trʌdʒ] **I** *v/i* **1.** (*bes.* mühsam) stapfen. **2.** sich (mühsam) (fort)schleppen: **to ~ along. II** *v/t* **3.** (mühsam) durch'wandern. **III** *s* **4.** langer *od.* mühseliger Marsch *od.* Weg.

**true** [tru:] **I** *adj* (*adv* → **truly**) **1.** wahr, wahrheitsgemäß: **a ~ story; to be** (*od.* **hold**) ~ (**for, of**) zutreffen (auf *acc*), gelten (für); → **come** 12. **2.** echt, wahr: **a ~ Christian**; ~ **current** *electr.* Wirkstrom *m*; ~ **love** wahre Liebe; ~ **stress** *tech.* wahre spezifische Belastung; ~ **value** Ist-Wert *m*; (**it is**) ~ zwar, allerdings, freilich, zugegeben; **is it ~ that ...?** stimmt es, daß ...?; → **true bill. 3.** (ge-) treu (**to** *dat*): (**as**) ~ **as gold** (*od.* **steel**) treu wie Gold; ~ **to one's principles** (**word**) s-n Grundsätzen (s-m Wort) getreu; ~ **to one's contracts** vertragstreu. **4.** getreu (**to** *dat*) (*von Sachen*): ~ **to life** lebenswahr, -echt; ~ **to nature** naturgetreu; ~ **to pattern** modellgetreu; ~ **to size** *tech.* maßgerecht, -haltig; ~ **to type** artgemäß, typisch; → **copy** 1. **5.** genau, richtig: ~ **weight. 6.** wahr, rechtmäßig, legi'tim: ~ **heir** (**owner**, *etc*). **7.** zuverlässig: **a ~ sign. 8.** *tech.* genau, richtig (ein)gestellt *od.* eingepaßt. **9.** *geogr. mar. phys.* rechtweisend: ~ **declination** Ortsmißweisung *f*; ~ **north** geographisch *od.* rechtweisend Nord. **10.** *mus.* richtig gestimmt, rein. **11.** *biol.* reinrassig. **II** *adv* **12.** wahr('haftig): **to speak ~** die Wahrheit reden. **13.** (ge)treu (**to** *dat*). **14.** genau: **to shoot ~. III** *s* **15. the ~** das Wahre. **16.** (*das*) Richtige *od.* Genaue: **out of ~** *tech.* un-rund. **IV** *v/t* **17.** *oft* ~ **up** *tech.* a) *Lager* ausrichten; **to ~ a bearing**, b) *Werkzeug* nachschleifen, *Schleifscheibe* abdrehen, c) *Rad* zen'trieren.

**true| bill** *s jur. Am.* begründete (*von den Geschworenen bestätigte*) Anklage (-schrift). ~ **blue** *s* getreuer Anhänger. **'~-'blue** *adj* treu, ,waschecht', durch u. durch: **a ~ Tory. '~born** *adj* echt, gebürtig: **a ~ American. '~bred** *adj* reinrassig. **'~-'false test** *s ped. bes. Am.* Ja-Nein-Test *m*. **'~heart·ed** *adj* aufrichtig, ehrlich. **'~-'lev·el** *s* (echte) Horizon'talebene *f*. **'~-'life** *adj* lebenswahr, -echt. **'~-'love** *s* Geliebte(r *m*) *f*. **'~-love knot**, *a.* **'~-lov·er's knot** *s* Doppelknoten *m*.

**'true·ness** ['tru:nɪs] *s* **1.** Wahrheit *f*. **2.** Echtheit *f*. **3.** Treue *f*. **4.** Richtigkeit *f*, Genauigkeit *f*.

**true rib** *s anat.* echte Rippe.

**truf·fle** ['trʌfl] *s bot.* Trüffel *f*, *m*.

**tru·ism** ['tru:ɪzəm] *s* Tru'ismus *m*, Binsenwahrheit *f*, Gemeinplatz *m*.

**trull** [trʌl] *s obs.* Dirne *f*, Hure *f*.

**tru·ly** ['tru:lɪ] *adv* **1.** wahrheitsgemäß. **2.** aufrichtig: **I am ~ sorry** es tut mir aufrichtig leid; **Yours (very)** ~ (*als Briefschluß*) Hochachtungsvoll, Ihr sehr ergebener; **yours** ~ *humor.* m-e Wenigkeit. **3.** in der Tat, wirklich, wahr'haftig. **4.** genau, richtig.

**tru·meau** [tru'məʊ] *pl* **-meaux** [-'məʊz] *s arch.* Fensterpfeiler *m*.

**trump**[1] [trʌmp] *s obs. od. poet.* **1.** Trom-petef. **2.** Trom'petenstoß *m:* the ~ of doom, the last ~ die Posaune des Jüngsten Gerichts.

**trump**[2] [trʌmp] **I** *s* **1.** *Kartenspiel:* a) Trumpf *m*, b) *a.* ~ **card** Trumpfkartef: to lead off a ~ Trumpf ausspielen; to play one's ~ **card** *fig.* s-n Trumpf ausspielen; to put s.o. to his ~s *fig.* j-n bis zum Äußersten treiben; to turn up ~s *colloq.* a) sich als das beste erweisen, ein voller Erfolg sein, b) Glück haben. **2.** *colloq.* feiner Kerl. **II** *v/t* **3.** a) e-e Karte mit e-m Trumpf stechen: to ~ a trick mit e-m Trumpf e-n Stich machen, b) *j-n, e-e Karte* über'trumpfen. **4.** *fig. j-n, etwas* über'trumpfen (with mit). **III** *v/i* **5.** a) Trumpf ausspielen, b) trumpfen, c) mit e-m Trumpf stechen.

**trump**[3] [trʌmp] *v/t* ~ up *contp.* erdichten, erfinden, ,sich aus den Fingern saugen'.

**trump·er·y** ['trʌmpərɪ] **I** *s* **1.** Plunder *m*, Schund *m*. **2.** *fig.* Gewäsch *n*, ,Quatsch' *m*. **II** *adj* **3.** Schund..., Kitsch..., kitschig, geschmacklos. **4.** nichtssagend, ,billig': ~ **arguments.**

**trum·pet** ['trʌmpɪt] **I** *s* **1.** *mus.* Trom-petef: to blow one's own ~ *Am. fig.* sein eigenes Lob(lied) singen. **2.** Trom'petenstoß *m* (*a.* des Elefanten): the last ~ die Posaune des Jüngsten Gerichts. **3.** *mus.* Trom'pete(nre,gister *n*) *f* (der Orgel). **4.** Trom'peter *m.* **5.** Schalltrichter *m*, Sprachrohr *n.* **6.** *med.* Höhrrohr *n.* **II** *v/i* **7.** Trom'pete blasen, trom'peten (*a.* Elefant). **III** *v/t* **8.** trom'peten, blasen. **9.** *a.* ~ forth *fig.*, 'auspo,saunen'. ~ **call** *s* Trom-peten,signal *n.*

**'trum·pet·er** *s* **1.** Trom'peter *m.* **2.** Herold *m.* **3.** *fig.* a) ,'Auspo,sauner(in)', b) Lobredner *m*, c) ,Sprachrohr' *n.* **4.** *orn.* a) Trom'petervogel *m* (*Südamerika*), b) Trom'petertaube *f.*

**trum·pet| ma·jor** *s mil.* 'Stabstrom-,peter *m.* '~-shaped *adj* trom'peten-, trichterförmig. [**2.** Rumpf...\]

**trun·cal** ['trʌŋkl] *adj* **1.** Stamm... **trun·cate** [trʌŋ'keɪt; 'trʌŋkeɪt] **I** *v/t* **1.** stutzen, beschneiden (*beide a. fig.*). **2.** *math.* abstumpfen. **3.** *tech.* Gewinde abflachen. **4.** *Computer:* *Programmablauf etc* beenden. **II** *adj* **5.** *bot. zo.* (ab)gestutzt, abgestumpft. **trun·cat·ed** *adj* **1.** *a. fig.* gestutzt, beschnitten. **2.** *math.* abgestumpft: ~ **pyramid** Pyramidenstumpf *m*; ~ **cone** **1.** Kegel. **3.** *tech.* abgeflacht. **trun·ca·tion** *s* **1.** *a. fig.* Stutzung *f*, Beschneidung *f.* **2.** *math.* Abstumpfung *f.* **3.** *tech.* Abflachung *f.* **4.** *Computer:* Beendigung *f.*

**trun·cheon** ['trʌntʃən] *s* **1.** *Br.* (Gummi-) Knüppel *m*, Schlagstock *m* (*des Polizisten*). **2.** Kom'mando-, Marschallstab *m.*

**trun·dle** ['trʌndl] **I** *v/t* **1.** *ein Faß etc* rollen, trudeln: to ~ a hoop e-n Reifen schlagen; to ~ s.o. in *fahren od.* schieben (*Invaliden*). **II** *v/i* **2.** rollen, sich wälzen, trudeln. **III** *s* **3.** Rolle *f*, Walze *f*: ~ **bed** **truckle**[2]. **4.** kleiner Rollwagen.

**trunk** [trʌŋk] *s* **1.** (Baum)Stamm *m.* **2.** Rumpf *m*, Leib *m*, Torso *m.* **3.** *fig.* Stamm *m*, Hauptteil *m.* **4.** *zo.* Rüssel *m* (*des Elefanten*). **5.** *anat.* (Nerven- etc) Strang *m*, Stamm *m.* **6.** (Schrank)Koffer *m*, Truhe *f.* **7.** *arch.* (Säulen)Schaft *m.* **8.** *tech.* Rohrleitung *f*, Schacht *m.* **9.** Hauptfahrrinne *f* (*e-s Kanals etc*). **10.** *teleph.* a) Fernleitung *f*, b) *bes. Br.* Fernverbindung *f.* **11.** *rail.* → **trunk line** **1.** **12.** *pl a.* pair of ~s a) → **trunk hose**, b) Badehose *f*, c) *sport* Shorts *pl*, d) *bes. Br.* ('Herren),Unterhose *f.* **13.** *Computer:* Anschlußstelle *f.* **14.** *mot. Am.* Kofferraum *m.* ~ **call** *s teleph. bes. Br.* Ferngespräch *n.* ~ **hose** *s hist.* Pluder-, Knie-

hose(n *pl*) *f.* ~ **line** *s* **1.** *rail.* Hauptstrecke *f*, -linie *f.* **2.** → **trunk route. 3.** *teleph.* → **trunk** **10** a. ~ **road** *s* Haupt-, Fernverkehrsstraße *f.* ~ **route** *s allg.* Hauptstrecke *f.*

**trun·nel** ['trʌnl] → **treenail.**

**trun·nion** ['trʌnjən] *s* **1.** *tech.* (Dreh-) Zapfen *m.* **2.** *mil.* Schildzapfen *m* (*der Lafette*).

**truss** [trʌs] **I** *v/t* **1.** *oft* ~ up a) bündeln, (fest)schnüren, (zs.-)binden, b) *j-n* fesseln. **2.** *Geflügel* (*zum Braten*) dres'sieren, (auf)zäumen. **3.** *arch.* stützen, absteifen. **4.** *oft* ~ up *obs. Kleider etc* aufschürzen, -stecken. **5.** *meist* ~ up *obs. j-n* aufhängen. **II** *s* **6.** *med.* Bruchband *n.* **7.** *arch.* a) Träger *m*, Binder *m*, b) Gitter-, Hänge-, Fachwerk *n*, Gerüst *n.* **8.** *mar.* Rack *n.* **9.** (Heu-, Stroh- etc)Bündel *n*, (*a.* Schlüssel)Bund *m*, *n.* ~ **bridge** *s tech.* (Gitter)Fachwerkbrücke *f.*

**trust** [trʌst] **I** *s* **1.** (in) Vertrauen *n* (auf *acc*, zu), Zutrauen *n* (zu): to place (*od.* put) one's ~ in → **11**; position of ~ Vertrauensstellung *f*, -posten *m*; to take on ~ *j-m, etwas* glauben. **2.** Zuversicht *f*, zuversichtliche Erwartung *od.* Hoffnung, Glaube *m.* **3.** Kre'dit *m*: on ~ a) auf Kredit, b) auf Treu u. Glauben. **4.** Pflicht *f*, Verantwortung *f.* **5.** Verwahrung *f*, Obhut *f*, Aufbewahrung *f*: in ~ zu treuen Händen, zur Verwahrung. **6.** (das) Anvertraute, anvertrautes Gut, Pfand *n.* **7.** *jur.* a) Treuhand (-verhältnis *n*) *f*, b) Treuhandgut *n*, -vermögen *n*: to hold s.th. in ~ etwas zu treuen Händen verwahren, etwas treuhänderisch verwalten; ~ **territory** *pol.* Treuhandgebiet *n*; → **breach** *Bes. Redew.* **8.** *econ. jur.* a) Trust *m*, b) Kon'zern *m*, c) Kar'tell *n*, Ring *m.* **9.** *econ. jur.* Stiftung *f*: **family** ~ Familienstiftung. **II** *v/i* **10.** vertrauen, sein Vertrauen setzen, sich verlassen *od.* bauen (in, to auf *acc*). **III** *v/t* **11.** *j-m* (ver)trauen, glauben, sich verlassen auf (*acc*): to ~ s.o. to do s.th. j-m etwas zutrauen; I do not ~ him round the corner ich traue ihm nicht über den Weg; ~ him to do that! *iro.* a) das sieht ihm ähnlich!, b) verlaß dich drauf, er wird es tun! **12.** (zuversichtlich) hoffen *od.* erwarten, glauben: I ~ he is not hurt ich hoffe, er ist nicht verletzt. **13.** (s.o. with s.th., s.th. to s.o.) j-m etwas anvertrauen. **14.** wagen, sich zutrauen, sich getrauen.

**trust| ac·count** *s jur.* Treuhandkonto *n.* ~ **a·gree·ment** *s jur.* Treuhandvertrag *m.* '~-bust·er *s Am. colloq.* Beamte(r) *m* des Kar'tellamtes. ~ **com·pa·ny** *s econ. Am.* Treuhandgesellschaft *f*, -bank *f.* ~ **deed** *s jur.* **1.** Treuhandvertrag *m.* **2.** Stiftungsurkunde *f.*

**trust·ed** ['trʌstɪd] *adj* **1.** bewährt (*Methode etc*). **2.** getreu (*Freund etc*).

**trus·tee** [,trʌs'tiː] **I** *s* **1.** *jur.* Sachwalter *m* (*a. fig.*), (Vermögens)Verwalter *m*, Treuhänder *m*: **Public T~** *Br.* Öffentlicher Treuhänder; ~ **stock**, *a.* ~ **securities** mündelsichere Wertpapiere. **2.** *jur. Am.* Person, die Vermögen *od.* Rechte e-s Schuldners durch **trustee process** mit Beschlag belegt hat. **3.** Ku'rator *m*, Pfleger *m*; board of ~s Kuratorium *n.* **4.** *pol.* Treuhänderstaat *m.* **II** *v/t* **5.** *jur.* e-m Treuhänder anvertrauen *od.* über'geben: to ~ an estate. ~ **pro·cess** *s jur. Am.* Beschlagnahme *f*, (*bes.* Forderungs)Pfändung *f.*

**trus·tee·ship** [,trʌs'tiː.ʃɪp] *s* **1.** Treuhänderschaft *f*, Kura'torium *n.* **2.** *pol.* a) Treuhandverwaltung *f* (*e-s Gebiets*) durch die Vereinten Nati'onen, b) Treuhandgebiet *n.*

**trust·ful** ['trʌstfʊl] *adj* (*adv* ~ly) ver-

trauensvoll, zutraulich. '**trust·ful·ness** *s* Vertrauen *n*, Zutraulichkeit *f.*

**trust fund** *s* Treuhandvermögen *n.*
**trust·i·fi·ca·tion** [,trʌstɪfɪ'keɪʃn] *s econ.* Vertrustung *f*, Trustbildung *f.*
**trust·i·ness** ['trʌstɪnɪs] *s* Treue *f*, Zuverlässigkeit *f*, Vertrauenswürdigkeit *f.*
'**trust·ing** *adj* → **trustful.**
'**trust,wor·thi·ness** *s* Zuverlässigkeit *f*, Vertrauenswürdigkeit *f.* '**trust,wor·thy** *adj* (*adv* **trustworthily**) vertrauenswürdig, zuverlässig.
**trust·y** ['trʌstɪ] **I** *adj* (*adv* **trustily**) **1.** vertrauensvoll. **2.** treu, zuverlässig, vertrauenswürdig: ~ **servant. II** *s* **3.** zuverlässiger Mensch. **4.** privi-'legierter Sträfling, ,Kal'fakter' *m.*

**truth** [truːθ] *s* **1.** Wahrheit *f*: in ~, *obs.* of a ~ in Wahrheit; to tell the ~, ~ to tell um die Wahrheit zu sagen, ehrlich gesagt; there is no ~ in it daran ist nichts Wahres; the ~ is that I forgot it in Wirklichkeit *od.* tatsächlich habe ich es vergessen; the ~, the whole ~, and nothing but the ~ *jur.* die Wahrheit, die ganze Wahrheit u. nichts als die Wahrheit; → **home truth. 2.** *oft* T~ (das) Wahre. **3.** (die allgemein anerkannte) Wahrheit: **historical** ~. **4.** Wirklichkeit *f*, Echtheit *f.* **5.** Treue *f*: ~ to life Lebensechtheit *f*; ~ to nature Naturtreue *f.* **6.** Genauheit *f*, Richtigkeit *f*: to be out of ~ *tech.* nicht genau passen. ~ **drug** *s chem. psych.* Wahrheitsdroge *f*, -serum *n.*
**truth·ful** ['truːθfʊl] *adj* (*adv* ~ly) **1.** wahr, wahrheitsliebend. **2.** wahrheitsliebend. **3.** echt, genau, getreu. '**truth·ful·ness** *s* **1.** Wahrheitsliebe *f.* **2.** Echtheit *f.* '**truth|-func·tion** *s* Logik: 'Wahrheitsfunkti,on *f.* '~-,lov·ing *adj* wahrheitsliebend. ~ **se·rum** *s a. irr* → **truth drug.** ~ **ta·ble** *s* Logik: Wahrheitstafel *f.* '~-,val·ue *s* Wahrheitswert *m.*

**try** [traɪ] **I** *s* **1.** Versuch *m*: at the first ~ beim ersten Versuch; to have a ~ e-n Versuch machen (at s.th. mit etwas); it's worth a ~ es ist *od.* wäre e-n Versuch wert. **2.** *Rugby:* Versuch *m.*
**II** *v/t* **3.** versuchen, pro'bieren, es versuchen *od.* probieren mit *od.* bei, e-n Versuch machen mit: you had better ~ something easier du versuchst es besser mit etwas Leichterem; to ~ one's best sein Bestes tun; ~ a department store versuch es einmal in e-m Kaufhaus; → **hand** *Bes. Redew.* **4.** *oft* ~ out (aus-, durch)pro,bieren, erproben, testen, prüfen: to ~ a new method (remedy, invention); to ~ the new wine den neuen Wein probieren; to ~ on ein Kleid etc anprobieren, e-n Hut aufprobieren; to ~ it on with s.o. *colloq.* ,es bei j-m probieren'; → **wing** **1.** **5.** e-n Versuch *od.* ein Experi'ment machen mit: to ~ the door die Tür zu öffnen suchen; to ~ one's luck (with s.o. bei j-m) sein Glück versuchen. **6.** *jur.* a) (über) e-e Sache verhandeln, e-n Fall (gerichtlich) unter'suchen: to ~ a case, b) gegen *j-n* verhandeln, *j-n* vor Gericht stellen: he was tried for murder. **7.** entscheiden, zur Entscheidung bringen: to ~ rival claims by a duel; → **conclusion** **7.** **8.** *die Augen etc* angreifen, (über)'anstrengen, *Mut, Nerven, Geduld* auf e-e harte Probe stellen. **9.** *j-n* arg mitnehmen, plagen, quälen. **10.** *meist* ~ out *tech.* a) *Metalle* raffi'nieren, b) *Talg etc* ausschmelzen, c) *Spiritus* rektifi'zieren.
**III** *v/i* **11.** versuchen (at *acc*), sich bemühen *od.* bewerben (for um). **12.** e-n Versuch machen: ~ again! (versuch es) noch einmal!; ~ and read! versuche zu lesen!; to ~ back *fig.* zurückgreifen, -kommen (to auf *acc*); → **hard** **24.**

**'try·ing** *adj* (*adv* ~**ly**) **1.** schwierig, kritisch, unangenehm, nervenaufreibend. **2.** anstrengend, mühsam, ermüdend (**to** für).

**'try|-on** *s* **1.** Anprobe *f*. **2.** *Br. colloq.* 'Schwindelma,növer *n*. **'~-out** *s* **1.** Probe *f*, Erprobung *f*: **to give s.th. a ~** etwas ausprobieren. **2.** *sport* Ausscheidungs-, Testkampf *m*, -spiel *n*. **3.** *thea.* Probevorstellung *f*.

**tryp·a·no·some** ['trɪpənəsəʊm; *Am.* trɪp'ænə,səʊm] *s med. zo.* Trypano'soma *n*. **tryp·a·no·so·mi·a·sis** [-nəʊsəʊ-'maɪəsɪs; *Am.* -nəsə'm-] *s med.* Trypanoso'miasis *f*: **African ~** Schlafkrankheit *f*.

**try·sail** ['traɪseɪl; *mar.* 'traɪsl] *s mar.* Gaffelsegel *n*.

**try square** *s tech.* Richtscheit *n*.

**tryst** [trɪst] *obs. od. poet.* **I** *s* **1.** Verabredung *f*. **2.** Stelldichein *n*, Rendez'vous *n*. **3.** → **trysting place**. **II** *v/t* **4.** *j-n* (an e-n verabredeten Ort) bestellen. **5.** *Zeit, Ort etc* verabreden.

**'tryst·ing place** *s* Treffpunkt *m*.

**tsar** [zɑː(r); tsɑː(r)], *etc* → **czar**, *etc*.

**tset·se (fly)** ['tsetsɪ] *s zo.* Tsetsefliege *f*.

**T shirt** *s* T-shirt *n*.

**tsou·ris** ['tsɔːres; 'tsuːrɪs] *s pl Am. sl.* Zores *m*, Ärger *m*.

**T square** *s tech.* **1.** Reißschiene *f*. **2.** Anschlagwinkel *m*.

**tsu·na·mi** [tsʊ'nɑːmɪ] *s* Tsunami *m*, Flutwelle *f*.

**tsu·ris** → **tsouris**.

**tub** [tʌb] **I** *s* **1.** (*colloq.* Bade)Wanne *f*. **2.** *Br. colloq.* (Wannen)Bad *n*: **to have a ~** baden. **3.** Kübel *m*, Zuber *m*, Bottich *m*, Bütte *f*. **4.** (*Butter- etc*)Faß *n*, Tonne *f*. **5.** Faß *n* (*als Maß*): **~ of tea**; **a ~ of gin** ein Fäßchen Gin (*etwa 4 Gallonen*). **6.** *mar. colloq.* ‚Kahn' *m*, ‚Pott' *m* (*Schiff*). **7.** *colloq.* ‚Faß' *m*, Dicke(r *m*) *f* (*Person*). **8.** *Rudern*: Übungsboot *n*. **9.** *Bergbau*: a) Förderkorb *m*, b) Förderwagen *m*, Hund *m*. **10.** *humor.* Kanzel *f*. **II** *v/t* **11.** *bes. Butter* in ein Faß tun. **12.** *bot.* in e-n Kübel pflanzen. **13.** *colloq.* baden. **14.** *Rudern*: *j-n* im Übungsboot trai'nieren. **III** *v/i* **15.** *colloq.* (sich) baden. **16.** *Rudern*: im Übungsboot trai'nieren.

**tu·ba** ['tjuːbə; *Am. a.* 'tuːbə] *s mus.* Tuba *f*.

**tub·al** ['tjuːbəl; *Am. a.* 'tuː-] *adj physiol.* tu'bar, Eileiter...

**tub·by** ['tʌbɪ] **I** *adj* **1.** faßartig, tonnenförmig. **2.** *colloq.* rundlich, klein u. dick. **3.** *mus.* dumpf, hohl (klingend). **II** *s* **4.** *colloq.* ‚Dickerchen' *n*.

**tube** [tjuːb; *Am. a.* tuːb] **I** *s* **1.** Rohr (-leitung *f*) *n*, Röhre *f*: **to go down the ~(s)** *Am. colloq.* a) vor die Hunde gehen, b) verpuffen. **2.** (*Glas- etc*)Röhrchen *n*: → **test tube**. **3.** (Gummi)Schlauch *m*: **rubber ~**; → **inner tube**. **4.** (Me'tall-) Tube *f*: **~ of toothpaste**; **~ colo(u)rs** Tubenfarben. **5.** *mus.* (Blas)Rohr *n*. **6.** *anat.* Röhre *f*, Ka'nal *m*, Tube *f* (*a. Eileiter*). **7.** *bot.* (Pollen)Schlauch *m*. **8.** a) (U-Bahn-)Tunnel *m*, b) *a.* **T~** (*die*) (Londoner) U-Bahn. **9.** *electr.* Röhre *f*: **the ~** *Am. colloq.* die ‚Röhre' (*Fernseher*): **on the ~** *Am. colloq.* ‚in der Glotze' (*im Fernsehen*). **10. ~ of force** *phys.* Kraftröhre *f* (*in e-m Kraftfeld*). **11.** *Am.* hautenges Kleid. **II** *v/t* **12.** *tech.* mit Röhren versehen. **13.** (durch Röhren) befördern. **14.** in Röhren *od.* Tuben abfüllen. **15.** röhrenförmig machen. **'tube·less** *adj* schlauchlos (*Reifen*).

**tu·ber** ['tjuːbə(r); *Am. a.* 'tuː-] *s* **1.** *bot.* Knolle *f*, Knollen(gewächs *n*, -frucht *f*) *m*. **2.** *med.* Tuber *m*, Knoten *m*, Schwellung *f*.

**tu·ber·cle** ['tjuːbə(r)kl; *Am. a.* 'tuː-] *s* **1.** *biol.* Knötchen *n*. **2.** *med.* a) Tu'berkel (-knötchen *n*) *m*, b) (*bes.* 'Lungen)Tu,berkel *m*. **3.** *bot.* kleine Knolle.

**tu·ber·cu·lar** [tjuː'bɜːkjʊlə(r); *Am.* -'bɜr-; *a.* tuː-] → **tuberculous**.

**tu·ber·cu·lin test** [tjuː'bɜːkjʊlɪn; *Am.* -'bɜrkjə-; *a.* tuː-] *s med.* Tuberku'linprobe *f*.

**tu·ber·cu·lize** [tjuː'bɜːkjʊlaɪz; *Am.* -'bɜrkjə-; *a.* tuː-] *v/t med.* *j-m* ein Tu'berkelpräpa,rat einimpfen.

**tu·ber·cu·lo·sis** [tjuː,bɜːkjʊ'ləʊsɪs; *Am.* -,bɜrkjə-; *a.* tuː-] *s med.* Tuberku'lose *f*: **~ of the lungs, pulmonary ~** Lungentuberkulose. **tu·ber·cu·lous** *adj med.* **1.** tuberku'lös, Tuberkel... **2.** höckerig, knotig.

**tube·rose[1]** ['tjuːbərəʊz; *Am.* 'tjuː;brəʊz; 'tuː-] *s bot.* Tube'rose *f*, 'Nachthya,zinthe *f*.

**tu·ber·ose[2]** ['tjuːbərəʊs; *Am. a.* 'tuː-] → **tuberous**.

**tu·ber·os·i·ty** [,tjuːbə'rɒsətɪ; *Am.* -'rɑ-; *a.* ,tuː-] → **tuber** 2.

**tu·ber·ous** ['tjuːbərəs; *Am. a.* 'tuː-] *adj* **1.** *med.* a) mit Knötchen bedeckt, b) knotig, knötchenförmig. **2.** *bot.* a) knollentragend, b) knollig: **~ root**.

**tu·bi·form** ['tjuːbɪfɔː(r)m; *Am. a.* 'tuː-] *adj* röhrenförmig.

**tub·ing** ['tjuːbɪŋ; *Am. a.* 'tuː-] *s tech.* **1.** 'Röhrenmateri,al *n*, Rohr *n*. **2.** *collect.* Röhren *pl*, Röhrenanlage *f*, Rohrleitung *f*. **3.** Rohr(stück) *n*.

**'tub|-,thump·er** *s* (g)eifernder *od.* schwülstiger Redner. **'~-,thump·ing** *adj* (g)eifernd, schwülstig.

**tu·bu·lar** ['tjuːbjʊlə(r); *Am. a.* 'tuː-] *adj* röhrenförmig, Röhren..., Rohr...: **~ boiler** *tech.* Heizrohr-, Röhrenkessel *m*; **~ furniture** Stahlrohrmöbel *pl*; **~-steel pole** Stahlrohrmast *m*.

**tu·bule** ['tjuːbjuːl; *Am. a.* 'tuː-] *s* **1.** Röhrchen *n*. **2.** *anat.* Ka'nälchen *n*.

**tuck** [tʌk] **I** *s* **1.** Biese *f*, Falte *f*, Einschlag *m*, Saum *m*. **2.** eingeschlagener Teil. **3.** Lasche *f* (*am Schachteldeckel etc*). **4.** *mar.* Gilling *f*. **5.** *ped. Br. colloq.* Süßigkeiten *pl*. **6.** *Am. colloq.* Schwung *m*, ‚Mumm' *m*. **7.** *sport* Hocke *f*. **II** *v/t* **8.** stecken: **to ~ s.th. under one's arm** etwas unter den Arm klemmen; **to ~ one's tail** *colloq.* ‚den Schwanz einziehen'; **to ~ away** a) wegstecken, verstauen, b) verstecken; **~ed away** versteckt(liegend) (*z. B. Dorf*); **to ~ in** (*od.* up) weg-, einstecken. **9.** *colloq.* ‚in,‚ ~ up (warm) zudecken, (behaglich) einpacken: **to ~ s.o. (up) in bed** *j-n* ins Bett stecken *od.* packen. **10. ~ up** *die Beine* anziehen, *sport* anhocken. **11.** *meist* **~** a) einnähen, b) *e-n Rock etc* hochstecken, -schürzen, c) *ein Kleid* raffen, d) *die Hemdsärmel* hochkrempeln. **12. ~ in** *colloq.* Essen ‚verdrücken'. **III** *v/i* **13.** sich zs.-ziehen, sich falten. **14. ~ away** sich verstauen lassen (into in *dat*). **15. ~ in** *colloq.* (*beim Essen*) ‚reinhauen': **to ~ into s.th.** sich etwas schmecken lassen.

**'tuck·er[1]** *v/t meist* **~ out** *bes. Am. colloq.* *j-n* ‚fertigmachen', völlig erschöpfen: **~ed out** (total) erledigt.

**'tuck·er[2]** *s* **1.** Faltenleger *m* (*Teil der Nähmaschine*). **2.** *hist.* Hals-, Brusttuch *n*: → **bib** 2. **3.** Hemdchen *n*. **4.** *bes. Austral. colloq.* ‚Fres'salien' *pl*. **'~-bag** *s bes. Austral. colloq.* Provi'antbeutel *m*.

**tuck·et** ['tʌkɪt] *s obs.* Trom'petenstoß *m*.

**'tuck|-in** *s*: **to have a good ~** *bes. Br. colloq.* tüchtig ‚futtern'. **'~-net** *s* Fischerei: Landungsnetz *n*. **'~-out** → **tuck-in**. **seine** → **tuck net**. **'~-shop** *s ped. Br. colloq.* Süßwarenladen *m*.

**Tu·dor** ['tjuːdə(r); *Am. a.* 'tuː-] **I** *adj* **1.** Tudor... (*das Herrscherhaus od. die Zeit der Tudors, 1485–1603, betreffend*): **a ~ drama** *ein Drama aus der Tudorzeit*; **~ architecture** (*od.* **style**) Tudorstil *m*

(*englische Spätgotik*). **II** *s* **2.** Tudor *m, f* (*Herrscher[in]) aus dem Hause Tudor*). **3.** Tudordichter *m*.

**Tues·day** ['tjuːzdɪ; *Am. a.* 'tuːz-] *s* Dienstag *m*: **on ~** (am) Dienstag; **on ~s** dienstags.

**tu·fa** ['tjuːfə; *Am. a.* 'tuːfə] *s geol.* **1.** Kalktuff *m*. **2.** → **tuff**. **tu'fa·ceous** [-'feɪʃəs] *adj* Kalktuff...

**tuff** [tʌf] *s geol.* Tuff *m*. **tuff·a·ceous** [tʌ'feɪʃəs] *adj* tuffartig, Tuff...

**tuft** [tʌft] *s* **1.** (*Gras-, Haar- etc*)Büschel *n*, (*Feder- etc*)Busch *m*, (*Haar*)Schopf *m*. **2.** kleine Baum- *od.* Gebüschgruppe. **3.** Quaste *f*, Troddel *f*. **4.** *anat.* Kapil'largefäßbündel *n*. **5.** Spitzbärtchen *n*. **6.** *univ. Br. hist.* adliger Stu'dent. **II** *v/t* **7.** mit Troddeln *od.* e-m (Feder)Busch *od.* e-r Quaste versehen. **8.** *Matratzen etc* 'durchheften u. gar'nieren. **III** *v/i* **9.** Büschel bilden. **'tuft·ed** *adj* **1.** büschelig. **2.** mit e-m (Feder)Busch *od.* mit Quasten verziert. **3.** *orn.* Hauben...: **~ lark**.

**'tuft|,hunt·er** *s* gesellschaftlicher Streber. **'~-hunt·ing** **I** *adj* streberhaft. **II** *s* Strebertum *n*.

**tuft·y** ['tʌftɪ] *adj* büschelig.

**tug** [tʌg] **I** *v/t* **1.** (heftig) ziehen, zerren. **2.** zerren an (*dat*). **3.** *mar.* schleppen. **II** *v/i* **4. ~ at** heftig ziehen *od.* zerren *od.* reißen an (*dat*). **5.** *fig.* sich abplagen. **III** *s* **6.** Zerren *n*, heftiger Ruck: **to give s.th. a ~** → **4.** **7.** *fig.* a) große Anstrengung, b) schwerer (*a. seelischer*) Kampf (**for** um): **~ of war** *sport u. fig.* Tauziehen *n*. **8.** *a.* **~ boat** *mar.* Schlepper *m*, Schleppdampfer *m*.

**tu·i·tion** [tjuː'ɪʃn; *Am.* tʊ-] *s* 'Unterricht *m*: **private ~** Privatunterricht, -stunden *pl*; **~ aids** Lehrmittel. **tu'i·tion·al** [-'ʃənl], **tu'i·tion·ar·y** [-'ʃnərɪ; *Am.* -'ʃə,neriː] *adj* Unterrichts..., Studien...

**tu·la** ['tjuːlə] → **niello** 1.

**tu·la·re·m(i)·a** [,tjuːlə'riːmɪə; *Am. a.* ,tuː-] *s vet.* Tulari'mie *f*, Hasenpest *f*.

**tu·lip** ['tjuːlɪp; *Am. a.* 'tuː-] *s bot.* **1.** Tulpe *f*. **2.** a) Tulpenblüte *f*, b) Tulpenzwiebel *f*. **~ tree** *s bot.* Tulpenbaum *m*. **~ wood** *s* **1.** Tulpenbaumholz *n*. **2.** Rosenholz *n*.

**tulle** [tjuːl; *Am.* tuːl] *s* Tüll *m*.

**tul·war** ['tʌlwɑː(r)] *s Br. Ind.* gebogener Säbel.

**tum·ble** ['tʌmbl] **I** *s* **1.** Fall *m*, Sturz *m* (*beide a. fig.*): **to have** (*od.* **take**) **a ~** (hin)stürzen; **~ in prices** *econ.* Preissturz. **2.** a) Purzelbaum *m*, b) Salto *m*. **3.** Schwanken, Wogen *n*. **4.** *fig.* Wirrwarr *m*, Durchein'ander *n*: **all in a ~** kunterbunt *od.* völlig durcheinander. **5. to give s.o. a ~** *Am. colloq.* von *j-m* No'tiz nehmen.

**II** *v/i* **6.** *a.* **~ down** (ein-, 'hin-, 'um-) fallen, (-)stürzen: **to ~ over** umstürzen, sich überschlagen. **7.** purzeln, stolpern (**over** *über acc*). **8.** stolpern (eilen): **to ~ into s.o.** *fig.* *j-m* in die Arme laufen; **to ~ into a war**, *etc* in e-n Krieg *etc* ‚hineinschlittern'; **to ~ to s.th.** *colloq.* checken, ‚kapieren' *od.* ‚spitzkriegen'. **9.** *econ.* stürzen, ‚purzeln' (*Preise etc*). **10.** Purzelbäume schlagen, Luftsprünge *od.* Saltos machen, *sport* Bodenübungen machen. **11.** sich wälzen, 'hin- u. 'herrollen. **12.** *mil.* taumeln (*Geschoß*). **III** *v/t* **13.** zu Fall bringen, 'umstürzen, -werfen. **14.** durch'wühlen. **15.** ‚schmeißen', schleudern. **16.** zerknüllen, *das Haar etc* zerzausen. **17.** *tech.* schleudern (*in e-r Trommel etc*). **18.** *hunt.* schießen, abschießen: **to ~ a hare**. **'~-down** *adj* baufällig.

**'tum·bler** *s* **1.** (*fuß- u. henkelloses*) Trink-, Wasserglas, Becher *m*. **2.** Par'terreakro,bat(in). **3.** *tech.* Zuhaltung *f*

(*e-s* Türschlosses). **4.** *tech.* Nuß *f* (*e-s Gewehrschlosses*). **5.** *tech.* Richtwelle *f* (*an Übersetzungsmotoren*). **6.** *tech.* a) Zahn *m*, b) Nocken *m*. **7.** *tech.* Scheuertrommel *f*. **8.** *orn.* Tümmler *m*. **9.** *Am.* Stehaufmännchen *n* (*Spielzeug*). ~ **gear** *s tech.* Schwenkgetriebe *n*. ~ **le·ver** *s tech.* (Norton)Schwinge *f*. ~ **switch** *s electr.* Kipp(hebel)schalter *m*.

**tum·brel** ['tʌmbrəl], '**tum·bril** [-brɪl] *s* **1.** *agr.* Mistkarren *m*. **2.** *hist.* Schinderkarren *m*. **3.** *mil. hist.* Muniti'onskarren *m*. **4.** *hist.* Tauchstuhl *m* (*Folterinstrument*).

**tu·me·fa·cient** [ˌtjuːmɪ'feɪʃnt; *Am. a.* ˌtuː-] *adj med.* Schwellung erzeugend, (an)schwellend. ˌ**tu·me'fac·tion** [-'fækʃn] → **tumescence.** '**tu·me·fy** [-faɪ] *med.* **I** *v/i* (an-, auf)schwellen. **II** *v/t* (an)schwellen lassen. **tu'mes·cent** *adj* (an)schwellend, geschwollen.

**tu·mid** ['tjuːmɪd; *Am. a.* 'tuː-] *adj* (*adv* ~ly) *med. u. fig.* geschwollen. **tu'mid·i·ty,** '**tu·mid·ness** *s* Geschwollenheit *f*.

**tum·my** ['tʌmɪ] *s Kindersprache:* Bäuchlein *n:* ~ **ache** Bauchweh *n*.

**tu·mo(u)r** ['tjuːmə(r); *Am. a.* 'tuː-] *s med.* Tumor *m*.

**tu·mu·lar** ['tjuːmjʊlə(r); *Am. a.* 'tuː-], '**tu·mu·lar·y** [-lərɪ; *Am.* -ˌlerɪ] *adj* hügelförmig, (Grab)Hügel...

**tu·mu·li** ['tjuːmjʊlaɪ; *Am. a.* 'tuː-; 'tʌmjʊ-] *pl von* tumulus.

**tu·mult** ['tjuːmʌlt; *Am. a.* 'tuː-] *s* Tu'mult *m:* a) Getöse *n*, Lärm *m*, b) (*a. fig. seelischer*) Aufruhr: **in a** ~ in Aufruhr.

**tu'mul·tu·ar·y** [-tjʊərɪ; *Am.* -tʃə-ˌwerɪ] *adj* **1.** → **tumultuous. 2.** verworren. **3.** aufrührerisch, wild. **tu'mul·tu·ous** [-tjʊəs; *Am.* -tʃəwəs; -tʃəs] *adj* (*adv* ~ly) **1.** tumultu'arisch, lärmend. **2.** heftig, stürmisch, turbu'lent, erregt.

**tu·mu·lus** ['tjuːmjʊləs; *Am. a.* 'tuː-; 'tʌmjə-] *pl* -**li** [-laɪ] *s* (*bes. alter* Grab-)Hügel.

**tun** [tʌn] **I** *s* **1.** Faß *n*. **2.** *Br.* Tonne *f* (*altes Flüssigkeitsmaß:* 252 gallons = 1144,983 *l*). **3.** *Brauerei:* Maischbottich *m*. **II** *v/t* **4.** *oft* ~ **up** in Fässer (ab)füllen. **5.** in Fässern lagern.

**tu·na** ['tuːnə; 'tjuːnə] *s ichth.* Thunfisch *m*.

**tun·a·ble** ['tjuːnəbl; *Am. a.* 'tuː-] *adj* **1.** *mus.* stimmbar. **2.** *Radio etc* abstimmbar.

**tun·dra** ['tʌndrə] *s geogr.* Tundra *f*.

**tune** [tjuːn; *Am. a.* tuːn] **I** *s* **1.** *mus.* Melo'die *f:* **to the** ~ **of** a) nach der Melodie von, b) *colloq.* in Höhe von, in der Größenordnung von; **to call the** ~ das Sagen haben; → **change** 11, **sing** 12. **2.** *mus.* Cho'ral *m*, Hymne *f*. **3.** *mus.* (*richtige, saubere*) (Ein)Stimmung (*e-s Instruments*): **to keep** ~ Stimmung halten (→ 4); **in** ~ (richtig) gestimmt; **out of** ~ verstimmt. **4.** *mus.* richtige Tonhöhe: **to keep** ~ Ton halten (→ 3); **to sing in** ~ tonrein *od.* sauber singen; **to play out of** ~ unrein *od.* falsch spielen. **5.** *electr.* Abstimmung *f*, (Scharf)Einstellung *f*. **6.** *fig.* Harmo'nie *f:* **in** ~ **with** in Einklang (stehend) mit, übereinstimmend mit, harmonierend mit; **to be out of** ~ **with** im Widerspruch stehen zu, nicht übereinstimmen *od.* harmonieren mit. **7.** *fig.* Stimmung *f*, Laune *f:* **not to be in** ~ **for** nicht aufgelegt sein zu; **out of** ~ verstimmt, mißgestimmt. **8.** *fig.* gute Verfassung: **to keep the body in** ~ sich in Form halten; **in** ~ *aer.* startklar.

**II** *v/t* **9.** *oft* ~ **up** a) *mus.* stimmen, b) *fig.* abstimmen (**to** auf *acc*). **10.** (**to**) anpassen (an *acc*), in Über'einstimmung bringen (mit). **11.** *fig.* bereitmachen (**for** für). **12.** *electr.* abstimmen, einstellen (**to** auf *acc*): ~**d circuit** Ab-

stimm-, Schwingkreis *m;* → **tune in** II. **III** *v/i* **13.** tönen, klingen. **14.** (ein Lied) singen. **15.** *mus.* stimmen. **16.** harmo-'nieren (**with** mit) (*a. fig.*).

*Verbindungen mit Adverbien:*

**tune|down** *v/t fig.* dämpfen. ~ **in I** *v/i* (*das Radio etc*) einschalten: **to** ~ **to** a) *e-n Sender, ein Programm* einschalten, b) *fig.* sich einstellen *od.* einstimmen auf (*acc*). **II** *v/t das Radio etc* einstellen (**to** auf *acc*): **to be tuned in to** a) *e-n Sender, ein Programm* eingestellt haben, b) *fig.* eingestellt *od.* eingestimmt sein auf (*acc*). ~ **out** *v/i Am. colloq.* ,abschalten'. ~ **up I** *v/t* **1.** → **tune** 9. **2.** *aer. mot.* a) start-, einsatzbereit machen, b) *e-n Motor* einfahren, c) *e-n Motor* tunen. **3.** *fig.* a) bereitmachen, b) in Schwung bringen, *das Befinden etc* heben. **II** *v/i* **4.** (die Instru'mente) stimmen (*Orchester*). **5.** *mus.* sich einsingen. **6.** *colloq.* a) einsetzen, b) losheulen.

**tune·a·ble** → **tunable.**

**tune·ful** ['tjuːnfʊl; *Am.* 'tjuːnfəl; *a.* 'tuːn-] *adj* (*adv* ~ly) **1.** me'lodisch. **2.** *obs.* sangesfreudig: ~ **birds.** '**tune·less** *adj* 'unmeˌlodisch. '**tun·er** *s* **1.** *mus.* (Instru'menten)Stimmer *m*. **2.** *mus.* a) Stimmpfeife *f*, b) Stimmvorrichtung *f* (*der Orgel*). **3.** *electr.* Abstimmvorrichtung *f*. **4.** *Radio, TV:* Tuner *m*, Ka'nalwähler *m*.

'**tune·up** *s* **1.** *Am.* ~ **warm-up** 1 *u.* 3. **2.** *tech.* Maßnahmen *pl* zur Erzielung maxi'maler Leistung.

**tung·state** ['tʌŋsteɪt] *s chem.* Wolfra-'mat *n*.

**tung·sten** ['tʌŋstən] *s chem.* Wolfram *n:* ~ **lamp** *electr.* Wolfram(faden)lampe *f;* ~ **steel** *tech.* Wolframstahl *m*. **tung-'sten·ic** [-'stenɪk] *adj* Wolfram..., wolframsauer. '**tung·stic** [-stɪk] *adj chem.* Wolfram...

**tu·nic** ['tjuːnɪk; *Am. a.* 'tuː-] *s* **1.** *antiq.* a) Tunika *f* (*Rom*), b) Chi'ton *m* (*Griechenland*). **2.** *mil. bes. Br.* Waffen-, Uni'formrock *m*. **3.** a) (*längere*) (Frauen-)Jacke, 'Überkleid *n*, b) Kasack *m*. **4.** → **tunicle. 5.** *biol.* Häutchen *n*, Hülle *f*.

**tu·ni·ca** ['tjuːnɪkə; *Am. a.* 'tuː-] *pl* -**cae** [-kiː] *s anat.* Häutchen *n*, Mantel *m*.

**tu·ni·cle** ['tjuːnɪkl; *Am. a.* 'tuː-] *s* Meßgewand *n*.

'**tun·ing I** *s* **1.** a) *mus.* Stimmen *n*, b) *fig.* Einstimmung *f* (**to** auf *acc*). **2.** Anpassung *f* (**to** an *acc*). **3.** *electr.* Abstimmung *f*, Einstellung *f* (**to** auf *acc*). **II** *adj mus.* Stimm...: ~ **fork** Stimmgabel *f;* ~ **hammer,** ~ **wrench** Stimmhammer *m*, -schlüssel *m;* ~ **peg,** ~ **pin** (Stimm)Wirbel *m*. **5.** *electr.* Abstimm...: ~ **control** Abstimmknopf *m;* ~ **eye** magisches Auge.

**tun·nage** → **tonnage.**

**tun·nel** ['tʌnl] **I** *s* **1.** Tunnel *m*, Unter-'führung *f* (*Straße, Bahn, Kanal*): ~ **vision** a) *med.* Gesichtsfeldeinengung *f*, b) *fig.* enger Gesichtskreis *od.* Horizont; **to see light at the end of the** ~ *fig.* (wieder) Land sehen. **2.** *a. zo.* 'unterirdischer Gang, Tunnel *m*. **3.** *Bergbau:* Stollen *m*. **II** *v/t pret u. pp* -**neled,** *bes. Br.* -**nelled 4.** *tech.* unter'tunneln, *e-n* Tunnel bohren *od.* graben *od.* treiben durch. **5.** *der Länge nach* aushöhlen. **III** *v/i* **6.** *tech.* *e-n* Tunnel anlegen *od.* treiben (**through** durch). '**tun·nel·(l)ing** *s tech.* Tunnelanlage *f*, -bau *m:* ~ **machine** Tunnelvortriebsmaschine *f*.

**tun·ny** ['tʌnɪ] *pl* -**nies,** *bes. collect.* -**ny** → **tuna.**

**tup** [tʌp] **I** *s* **1.** *zo.* Widder *m*. **2.** *tech.* Hammerkopf *m*, Rammklotz *m*, Fallbär *m*. **II** *v/t* **3.** *zo.* bespringen, decken.

**tu·pek** ['tjuːpek; *Am. a.* 'tuː-], '**tu·pik** [-pɪk] *s Sommerzelt der Eskimos.*

**tup·pence** ['tʌpəns], '**tup·pen·ny** 

['tʌpnɪ] *Br. colloq. für* **twopence, twopenny.**

**tur·ban** ['tɜːbən; *Am.* 'tɜr-] *s* **1.** Turban *m*. **2.** *hist.* turbanähnlicher Kopfschmuck (*der Frauen zu Anfang des 19. Jhs.*). **3.** randloser Hut. '**tur·baned** *adj* turbantragend.

**tur·ba·ry** ['tɜːbərɪ] *s Br.* **1.** a) **common of** ~ *jur.* Recht *n*, (auf fremdem Boden) Torf zu stechen. **2.** Torfmoor *n*.

**tur·bid** ['tɜːbɪd; *Am.* 'tɜr-] *adj* (*adv* ~ly) **1.** dick(flüssig), trübe, schlammig. **2.** dick, dicht: ~ **fog. 3.** *fig.* verworren, wirr. **tur'bid·i·ty, 'tur·bid·ness** *s* **1.** Trübheit *f*, Dicke *f*. **2.** *fig.* Verworrenheit *f*.

**tur·bi·nate** ['tɜːbɪnɪt; -neɪt; *Am.* 'tɜr-] **I** *s* **1.** *anat.* Nasenmuschel *f*. **2.** *zo.* gewundene Muschelart. **II** *adj* **3.** *anat.* muschelförmig. **4.** *zo.* schneckenförmig gewunden. **5.** *bot.* kreiselförmig.

**tur·bine** ['tɜːbaɪn; -bɪn; *Am.* 'tɜr-] *s tech.* Tur'bine *f:* ~ **aircraft** Turbinenflugzeug *n;* ~**powered** mit Turbinenantrieb.

**tur·bit** ['tɜːbɪt; *Am.* 'tɜr-] *s orn.* Möwchen *n* (*kleine Haustaube*).

ˌ**tur·bo'blow·er** [ˌtɜːbəʊ-; *Am.* ˌtɜr-], ˌ**tur·bo'charg·er,** ˌ**tur·bo·com'pres·sor** *s aer.* Turbolader *m*, -gebläse *n*. ˌ**tur·bo'jet (en·gine)** *s aer.* (Flugzeug *n* mit) Turbostrahltriebwerk *n*. '**tur·boˌlin·er** *s* Düsenverkehrsflugzeug *n*. ˌ**tur·bo·pro'pel·ler en·gine,** *a.* ˌ**tur·bo'prop en·gine,** ˌ**tur·bo-'prop-jet en·gine** *s aer.* Tur'binen-Pro'peller-Strahltriebwerk *n*. ˌ**tur·bo-'ram-jet en·gine** *s aer. tech.* Ma-'schine *f* mit Staustrahltriebwerk. ˌ**tur·bo'su·perˌcharg·er** *s aer.* Turbo-(höhen)lader *m*.

**tur·bot** ['tɜːbət; *Am.* 'tɜr-] *pl* -**bots,** *bes. collect.* -**bot** *s ichth.* Steinbutt *m*.

**tur·bu·lence** ['tɜːbjʊləns; *Am.* 'tɜrbjə-] *s* **1.** Unruhe *f*, Aufruhr *m*, Ungestüm *n*, Turbu'lenz *f*, Sturm *m* (*a. meteor.*). **2.** *phys.* Turbu'lenz *f*, Wirbelbewegung *f*. '**tur·bu·lent** *adj* (*adv* ~ly) **1.** ungestüm, stürmisch, turbu'lent. **2.** aufrührerisch. **3.** *phys.* verwirbelt: ~ **flow** turbulente Strömung, Wirbelströmung *f*.

**Turco-** → **Turko-.**

**turd** [tɜːd; *Am.* tɜrd] *s vulg.* **1.** ,Scheiße' *f*, ,Scheißhaufen' *m*. **2.** ,Scheißkerl' *m*.

**tu·reen** [təˈriːn; tjʊ-] *s* Ter'rine *f*.

**turf** [tɜːf; *Am.* tɜrf] **I** *pl* **turfs,** *a.* **turves** [-vz] *s* **1.** Rasen *m*, Grasnarbe *f*. **2.** Rasenstück *n*, Sode *f*. **3.** Torf(ballen) *m:* ~**-cutter** *Ir.* Torfstecher *m*. **4.** *sport* Turf *m:* a) (Pferde)Rennbahn *f*, b) **the** ~ *fig.* der Pferderennsport: ~ **accountant** *Br.* Buchmacher *m*. **5.** *fig.* Re'vier *n*. **II** *v/t* **6.** mit Rasen bedecken. **7.** ~ **out** *bes. Br. colloq.* j-n rausschmeißen.

**turf·ite** ['tɜːfaɪt; *Am.* 'tɜr-] *s bes. Am.* Pferderennsportliebhaber *m*. '**turf-man** [-mən] *s irr* → **turfite.** '**turf·y** *adj* **1.** rasenbedeckt, Rasen... **2.** torfartig, Torf... **3.** *fig.* Pferderennsport...

**tur·ges·cence** [tɜːˈdʒesns; *Am.* ˌtɜr-] *s* **1.** *med.* Schwellung *f*, Geschwulst *f*. **2.** *fig.* Schwulst *m*. **tur'ges·cent** *adj med.* (an)schwellend.

**tur·gid** ['tɜːdʒɪd; *Am.* 'tɜr-] *adj* (*adv* ~ly) **1.** *med.* (an)geschwollen. **2.** *fig.* schwülstig, ,geschwollen'. **tur'gid·i·ty, 'tur·gid·ness** *s* **1.** Geschwollensein *n*. **2.** *fig.* ,Geschwollenheit' *f*, Schwülstigkeit *f*.

**Turk** [tɜːk; *Am.* tɜrk] **I** *s* **1.** Türke *m*, Türkin *f:* **Young T~s** *pol.* Jungtürken *pl*. **2.** *fig. obs.* Ty'rann *m*. **II** *adj* **3.** türkisch, Türken...

**Tur·key**[1] ['tɜːkɪ; *Am.* 'tɜr-] *adj* türkisch: ~ **carpet** Orientteppich *m;* ~ **red** Türkischrot *n*.

**tur·key**[2] ['tɜːkɪ; *Am.* 'tɜr-] *s* **1.** *pl* -**keys,** *bes. collect.* -**key** *orn.* Truthahn *m*,

-henne *f*, Pute(r *m*) *f*. **2.** *thea. Am. colloq.*
,Pleite' *f*, ,'Durchfall' *m*. **3.** to talk ~ *bes.*
*Am. colloq.* a) offen *od.* sachlich reden,
b) Frak'tur reden (**with** mit *j-m*), ,mas-
'siv' werden (**with** *j-m* gegen'über). ~
**cock** *s* **1.** Truthahn *m*, Puter *m*: (**as**) **red**
**as a** ~ puterrot (im Gesicht). **2.** *fig.*
aufgeblasener Kerl.

**Tur·ki** ['tɜːkiː; *Am.* 'tɜr-] **I** *s* **1.** → **Turkic.**
**2.** 'Turkta,tar(in). **II** *adj* **3.** 'turkta,ta-
risch. **Tur·kic** ['tɜːkɪk; *Am.* 'tɜr-] *s ling.*
Türk- *od.* Turksprache(n *pl*) *f* (*ural-alta-
ische Sprachgruppe*).
**Turk·ish** ['tɜːkɪʃ; *Am.* 'tɜr-] **I** *adj* tür-
kisch, Türken... **II** *s ling.* Türkisch *n*, das
Türkische. ~ **bath** *s* türkisches Bad. ~
**de·light** *s* 'Fruchtge,leekon,fekt *n*. ~
**mu·sic** *s* Jani'tscharenmu,sik *f*. ~ **to-
bac·co** *s* Ori'enttabak *m*. ~ **tow·el** *s*
Frot'tier-, Frot'tee(hand)tuch *n*.
**Turko-** [tɜːkəʊ; *Am.* tɜr-] *Wortelement
mit der Bedeutung türkisch, Türken...:*
~**phil(e)** Türkenfreund *m*.
**Tur·ko·man** ['tɜːkəmən; *Am.* 'tɜr-] *s*
**1.** *pl* **-mans** Turk'mene *m*. **2.** *ling.* Turk-
'menisch *n*, das Turkmenische.
**tur·mer·ic** ['tɜːmərɪk; *Am.* 'tɜr-] *s* **1.** *bot.*
Gelbwurz *f*. **2.** *pharm.* Kurkuma *f*, Tur-
merikwurzel *f*. **3.** Kurkumagelb *n* (*Farb-
stoff*). ~ **pa·per** *s chem.* 'Kurkumapa-
,pier *n*.
**tur·moil** ['tɜːmɔɪl; *Am.* 'tɜr-] *s* **1.** Aufruhr
*m*, Unruhe *f*, Tu'mult *m* (*alle a. fig.*): **in a** ~
in Aufruhr. **2.** Getümmel *n*.
**turn**[1] [tɜːn; *Am.* tɜrn] **I** *s* **1.** ('Um)Dre-
hung *f*: **a single** ~ **of the handle; to**
**give s.th. a** ~ etwas drehen; **to a** ~
ausgezeichnet, vortrefflich, aufs Haar;
**done to a** ~ gerade richtig durchgebra-
ten; → **wheel** 7. **2.** Turnus *m*, Reihe(nfol-
ge) *f*: ~ (**and** ~) **about** reihum, abwech-
selnd, wechselweise; **in** ~ a) der Reihe
nach, b) dann wieder; **in his** ~ seiner-
seits; **to speak out of** ~ *fig.* unpassende
Bemerkungen machen; **to take** ~**s** (mit-)
einander *od.* sich (gegenseitig) abwech-
seln (**at** in *dat*, bei); **to take one's** ~
handeln, wenn man die Reihe an e-n kommt;
**wait your** ~! warte, bis du an der Reihe
*od.* dran bist; **my** ~ **will come** *fig.* m-e
Zeit kommt auch noch, ,ich komme
schon noch dran'. **3.** Drehen *n*, Wendung
*f*: ~ **to the left** Linkswendung. **4.** Wende-
punkt *m* (*a. fig.*). **5.** Biegung *f*, Kurve *f*,
Kehre *f*. **6.** *sport* a) Turnen: Drehung *f*, b)
*Schwimmen:* Wende *f*, c) *Skisport:* Wende
*f*, Kehre *f*, Schwung *m*, d) *Eis-, Rollkunst-
lauf:* Kehre *f*, Kurve *f*. **7.** Krümmung *f* (*a.
math.*). **8.** Wendung *f*: a) 'Umkehr *f*: **to be**
**on the** ~ *mar.* umschlagen (*Gezeiten*) (→
30); → **tide**[1] 1, b) Richtung *f*, (Ver)Lauf
*m*: **to take a** ~ **for the better** (**worse**)
sich bessern (sich verschlimmern); **to**
**take an interesting** ~ e-e interessante
Wendung nehmen (*Gespräch etc*), c)
(*Glücks-, Zeiten- etc*)Wende *f*, Wechsel *m*,
'Umschwung *m*, Krise *f*: **a** ~ **in one's**
**luck** e-e Glücks- *od.* Schicksalswende; ~
**of the century** Jahrhundertwende; ~ **of**
**life** Lebenswende, *med.* Wechseljahre *pl*
(*der Frau*). **9.** Ausschlag(en *n*) *m* (*e-r
Waage*). **10.** (Arbeits)Schicht *f*. **11.** Tour
*f*, (einzelne) Windung (*e-r Bandage, e-s
Kabels etc*). **12.** (kurzer) Spa'ziergang,
Runde *f*: **to take a** ~ e-n Spaziergang
machen. **13.** kurze Fahrt, Spritztour *f*.
**14.** *mar.* Törn *m*. **15.** (Rede)Wendung *f*,
Formu'lierung *f*. **16.** Form *f*, Gestalt *f*,
Beschaffenheit *f*. **17.** Art *f*, Cha'rakter *m*:
~ (**of mind**) Denkart *f*, -weise *f*. **18.** (**for,
to**) Neigung *f*, Hang *m*, Ta'lent *n* (zu):
Sinn *m* (für): **practical** ~ praktische Ver-
anlagung; **to have a** ~ **for languages**
sprachbegabt sein; **to be of a humor-
ous** ~ Sinn für Humor haben. **19.**

a) (*ungewöhnliche od. unerwartete*) Tat,
b) Dienst *m*, Gefallen *m*: **a bad** ~ ein
schlechter Dienst *od.* e-e schlechte Tat; **a
friendly** ~ ein Freundschaftsdienst; **to
do s.o. a good** (**an ill**) ~ j-m e-n guten
(schlechten) Dienst erweisen; **to do s.o.
a good** ~ j-m e-n Gefallen tun; **one good**
~ **deserves another** e-e Liebe ist der
anderen wert. **20.** Anlaß *m*: **at every** ~
auf Schritt u. Tritt, bei jeder Gelegenheit.
**21.** (kurze) Beschäftigung: ~ (**of work**)
(Stück *n*) Arbeit *f*; **to take a** ~ **at** s.th. es
kurz mit e-r Sache versuchen. **22.** *med.*
a) Taumel *m*, Schwindel *m*, b) Anfall *m*.
**23.** *colloq.* Schock *m*, Schrecken *m*: **to
give s.o. a** ~ j-n erschrecken. **24.** Zweck
*m*: **this will serve your** ~ das wird dir
nützlich sein; **this won't serve my** ~
damit ist mir nicht gedient. **25.** *econ.*
vollständig durchgeführte Börsenaktion.
**26.** *mus.* Doppelschlag *m*. **27.** *thea. bes.
Br.* (Pro'gramm)Nummer *f*. **28.** *mil.*
(Kehrt)Wendung *f*, Schwenkung *f*: **left**
(**right**) ~! *Br.* links-(rechts)um!; **about** ~!
*Br.* ganze Abteilung kehrt! **29.** *print.*
Fliegenkopf *m* (*umgedrehter Buchstabe*).
**30. on the** ~ am Sauerwerden (*Milch*)
(→ 8).

**II** *v/t* **31.** (*im Kreis od. um e-e Achse*)
drehen. **32.** e-n Schlüssel, e-e Schraube
*etc*, *a.* e-n Patienten ('um-, her'um)dre-
hen. **33.** *a. Kleider* wenden, etwas 'um-
kehren, -stülpen, -drehen: **it** ~**s my
stomach** mir dreht sich dabei der
Magen um; → **head** *Bes. Redew.* **34.** ein
*Blatt, e-e Buchseite* 'umdrehen, -wenden,
-blättern: **to** ~ **the page** umblättern.
**35.** *rail.* e-e Weiche, *tech.* e-n Hebel 'um-
legen: **to** ~ **a switch** (**a lever**). **36.** *agr.
den Boden* 'umgraben, -pflügen. **37.** zu-
wenden, -drehen, -kehren (**to** *dat*). **38.**
*den Blick, die Kamera, s-e Schritte etc*
wenden, *a.* s-e Gedanken, sein Verlangen
richten, lenken (**against** gegen; **on** auf
*acc*; **toward[s]** auf *acc*, nach): **to** ~ **one's
attention to** s.th. e-r Sache s-e Auf-
merksamkeit zuwenden; **to** ~ **the hose
on the fire** den Schlauch auf das Feuer
richten; **to** ~ **one's steps home** die
Schritte heimwärts lenken. **39.** a) 'um-,
ab-, weglenken, -leiten, -wenden, b) ab-
wenden, abhalten (**to** ~ **a bullet**. **40.** *j-n*
'umstimmen, abbringen (**from** von).
**41.** *die Richtung* ändern, e-e neue Rich-
tung geben (*dat*). **42.** *das Gesprächsthema*
wechseln. **43.** a) *e-e Waage etc* zum Aus-
schlagen bringen, b) *fig.* ausschlagge-
bend sein bei: **to** ~ **an election** bei e-r
Wahl den Ausschlag geben; → **scale**[2] 1.
**44.** verwandeln (**into** in *acc*): **to** ~ **water
into wine; to** ~ **love into hate; to** ~ **a
firm into a joint-stock company** e-e
Firma in e-e Aktiengesellschaft umwan-
deln; **to** ~ **into cash** flüssigmachen, zu
Geld machen. **45.** machen, werden las-
sen (**into** zu): **to** ~ **sick** a) j-n krank
machen, b) j-m Übelkeit verursachen; **it**
~**ed her pale** es ließ sie erblassen. **46.** *a.*
~ **sour** *Milch* sauer werden lassen. **47.** *das
Laub* verfärben: **to** ~ **the leaves.** **48.** e-n
*Text* über'tragen, -'setzen (**into Italian**
ins Italienische). **49.** her'umgehen *od.*
biegen um: → **corner** 1. **50.** *mil.* a)
um'gehen, um'fassen, b) aufrollen: **to** ~
**the enemy's flank.** **51.** hin'ausgehen
*od.* -sein über (*acc*): **he is just** ~**ing** (*od.*
**has just** ~**ed**) 50 er ist gerade 50 gewor-
den. **52.** *tech.* a) drehen, b) *Holzwaren*
drechseln, c) *Glas* marbeln, rollen. **53.** *a.
fig.* formen, gestalten, (kunstvoll) bilden,
*Komplimente, Verse etc* drechseln: **a
well-**~**ed ankle** ein wohlgeformtes Fuß-
gelenk; **to** ~ **a phrase** e-n Satz bilden *od.*
formen *od.* feilen. **54.** *econ.* verdienen,
'umsetzen. **55.** *e-e Messerschneide etc*

'um-, verbiegen, *a.* stumpf machen: **to** ~
**the edge** (*od.* **point**) **of** *fig.* e-r Bemer-
kung etc die Spitze nehmen. **56.** *e-n Salto*
machen, *e-n Purzelbaum* schlagen. **57.** ~
**loose** a) freilassen, b) *Hund etc* loslassen
(**on** auf *acc*).

**III** *v/i* **58.** sich drehen (lassen), sich (im
Kreis) (her'um)drehen: **the wheel** ~**s.**
**59.** sich drehen *od.* 'hin- u. 'herbewegen
(lassen): **the tap will not** ~. **60.** 'um-
drehen, -wenden, *bes.* (*in e-m Buch*)
('um)blättern. **61.** sich (ab-, 'hin-, zu-)
wenden: → **turn to** I. **62.** sich *stehend,
liegend etc* ('um-, her'um)drehen: →
**grave**[1] 1. 63.) a) *mar. mot.* wenden, *mar.*
(ab)drehen, b) *aer. mot.* kurven, e-e
Kurve machen. **64.** (ab-, ein)biegen
(**down** in *e-e Seitenstraße etc*): **I do not
know which way to** ~ *fig.* ich weiß nicht,
was ich machen soll. **65.** e-e Biegung
machen (*Straße, Wasserlauf etc*). **66.** sich
krümmen (*od.* winden: → **worm** 1. **67.** zu-
'rückschlagen *od.* -prallen *od. fig.* -fallen
(**on** auf *acc*). **68.** sich 'umdrehen: a) sich
um 180° drehen, b) zu'rückschauen. **69.**
sich 'umdrehen *od.* 'umwenden (las-
sen), sich 'umstülpen: **my umbrella** ~**ed
inside out** mein Regenschirm stülpte
sich um; **my stomach** ~**s at this sight**
bei diesem Anblick dreht sich mir der
Magen um. **70.** schwind(e)lig werden:
**my head** ~ e-d ihr dreht sich alles im
Kopf; **his head** ~**ed with the success**
der Erfolg ist ihm zu Kopf gestiegen.
**71.** sich (ver)wandeln (**into, to** in *acc*),
'umschlagen (*bes. Wetter*): **love** ~**s
into hate. 72.** werden: **to** ~ **cold** (**pale**,
*etc*); **to** ~ **communist** (**soldier**, *etc*); **to** ~
(**sour**) sauer werden (*Milch*); **to** ~ **traitor**
zum Verräter werden. **73.** sich verfärben
(*Laub*). **74.** sich wenden (*Gezeiten*): →
**tide**[1] 1. **75.** *tech.* sich (ab)drehen, drech-
seln *od.* (ver)formen lassen. **76.** *print.*
(*durch Fliegenköpfe*) bloc'kieren.
*Verbindungen mit Präpositionen:*

**turn** | **a·gainst I** *v/i* **1.** sich (*feindlich
etc*) wenden gegen: **to** ~ **s.o. II** *v/t* **2.** j-n
aufhetzen *od.* aufbringen gegen. **3.** *Spott
etc* richten gegen. ~ **in·to** → turn 44, 48,
71. ~ **on I** *v/i* **1.** sich drehen um *od.* in
(*dat*). **2.** → **turn upon** 1 *u.* 2. **3.** sich
wenden *od.* richten gegen. **II** *v/t* → **turn**
38. ~ **to I** *v/i* **1.** sich nach *links etc* wenden
(*Person*), nach *links etc* abbiegen (*a. Fahr-
zeug, Straße etc*): **to** ~ **the left. 2.** a) sich
*der Musik, e-m Thema etc* zuwenden,
b) sich beschäftigen mit, c) sich an-
schicken (**doing s.th.** etwas zu tun).
**3.** s-e Zuflucht nehmen zu: **to** ~ **God.
4.** sich an *j-n* wenden, zu Rate ziehen: **to**
~ **a doctor** (**a dictionary**). **5.** → **turn** 71.
**II** *v/t* **6.** *Hand* anlegen bei: **to turn a** (*od.*
**one's**) **hand to** s.th. etwas in Angriff
nehmen; **he can turn his hand to any-
thing** er ist zu allem zu gebrauchen. **7.** →
**turn** 38. **8.** verwandeln in (*acc*). **9.** etwas
anwenden zu: → **account** 12. ~ **up·on** *v/i*
**1.** *fig.* abhängen von. **2.** *fig.* sich drehen
um, handeln von. **3.** → **turn on** 3.
*Verbindungen mit Adverbien:*

**turn** | **a·bout** ~ **a·round I** *v/t*
**1.** (her)'umdrehen. **2.** *agr. Heu, Boden*
wenden. **II** *v/i* **3.** sich (im Kreis *od.*
her'um-)drehen. **4.** *mil.* kehrt-
machen. **5.** *fig.* 'umschwenken. ~ **a·side**
*v/t u. v/i* (sich) abwenden (**from** von). ~
**a·way I** *v/t* **1.** *das Gesicht etc* abwenden
(**from** von). **2.** abweisen, weg-, fort-
schicken. **3.** fortjagen, entlassen. **II** *v/i* **4.**
sich abwenden (**from** von), (weg-, fort-)
gehen. ~ **back I** *v/t* **1.** zur Rückkehr
veranlassen, 'umkehren lassen. **2.** → **turn
down** 3. **3.** e-e Buchseite etc 'umknicken.
**4.** *Uhr* zu'rückdrehen: → **clock**[1] 1. **II** *v/i*
**5.** zu'rück-, 'umkehren. **6.** zu'rückgehen.

**7.** zu'rückblättern (**to** auf *acc*). **~ down I** *v/t* **1.** 'umkehren, -legen, -biegen, *den Kragen* 'umschlagen, *e-e Buchseite etc* 'umknicken. **2.** *Gas, Lampe* klein(er) drehen, *Radio etc* leise(r) stellen. **3.** *das Bett* aufdecken, *die Bettdecke* zu'rückschlagen. **4.** *j-n, e-n Vorschlag etc* ablehnen, *j-m* e-n Korb geben. **II** *v/i* **5.** abwärts *od.* nach unten gebogen sein, (her'unter-) hängen. **6.** sich 'umlegen *od.* -schlagen lassen. **~ in I** *v/t* **1.** *bes. Am.* einreichen, -senden. **2.** *Uniform etc* ab-, zu'rückgeben. **3.** *j-n* anzeigen *od.* der Poli'zei über'geben: **to turn o.s. in** sich stellen. **4.** einwärts *od.* nach innen drehen *od.* biegen *od.* stellen: **to turn one's feet in. 5.** *colloq.* etwas 'auf die Beine stellen', zu'stande bringen. **6.** *colloq.* aufgeben, seinlassen. **II** *v/i* **7.** *colloq.* sich 'hinhauen', ins Bett gehen. **8.** einwärts gebogen sein. **9. to ~ (up) on o.s.** in sich selbst zurückziehen. **~ off I** *v/t* **1.** *Gas, Wasser etc* abdrehen, *a. ein Gerät* abstellen, *Licht, Radio etc* ausmachen, -schalten. **2.** abwenden, ablenken: **to ~ a blow. 3.** *colloq.* 'rausschmeißen', entlassen. **4.** *tech.* abdrehen (*an der Drehbank*). **5.** *colloq.* *j-m* anwidern, b) *j-m* die Lust nehmen. **II** *v/i* **6.** abbiegen (*Person, a. Straße*). **~ on** *v/t* **1.** *Gas, Wasser etc* aufdrehen, *a. ein Gerät* anstellen, *Licht, Radio etc* anmachen, einschalten: → **agony** 1, **charm** 1, **waterwork** 2. **2.** *colloq.* 'antörnen', 'anturnen': a) *zum Gebrauch von Drogen veranlassen,* b) 'anmachen' (*a. sexuell*). **~ out I** *v/t* **1.** hin'auswerfen, wegjagen, vertreiben. **2.** entlassen (*of aus e-m Amt etc*). **3.** *e-e Regierung* stürzen. **4.** *Vieh auf die Weide treiben.* **5.** 'umstülpen, -kehren: **to ~ s.o.'s pockets. 6.** ausräumen: **to ~ a room (s.o.'s furniture). 7.** a) *econ.* Waren produ'zieren, 'herstellen, b) *contp.* Bücher etc produ'zieren, c) *fig. Wissenschaftler etc* her'vorbringen (*Universität etc*): **Oxford has turned out many statesmen** aus Oxford sind schon viele Staatsmänner hervorgegangen. **8.** → **turn off I. 9.** auswärts *od.* nach außen drehen *od.* biegen *od.* stellen: **to turn one's feet out. 10.** ausstatten, 'herrichten, *bes.* kleiden: **well turned-out** gut gekleidet. **11.** *mil.* antreten *od.* (*Wache*) her'austreten lassen: **to ~ the guard. II** *v/i* **12.** auswärts gebogen sein. **13.** a) hin'ausziehen, -gehen, b) *mil.* ausrücken (*a. Feuerwehr etc*), c) *zur Wahl etc* kommen (*Bevölkerung*), d) *mil.* antreten, e) *econ. bes. Br.* in Streik treten, f) (*aus dem Bett*) aufstehen. **14.** her'auskommen (*of aus*). **15.** *gut etc* ausfallen, werden. **16.** sich gestalten, *gut etc* ausgehen, ablaufen. **17.** sich erweisen *od.* entpuppen als, sich her'ausstellen: **he turned out (to be) a good swimmer** er entpuppte sich als guter Schwimmer; **it turned out that he was never there** es stellte sich heraus, daß er nie dort war. **~ o·ver I** *v/t* **1.** *Geld, Ware* 'umsetzen, e-n 'Umsatz haben *von*: **to ~ goods**; **he turns over £1,000 a week** er hat e-n wöchentlichen Umsatz von 1000 Pfund. **2.** 'umdrehen, -wenden, *bes. ein Blatt, e-e Seite* 'umblättern: **please ~!** bitte wenden!; → **leaf** 4. **3.** 'umwerfen, -kippen. **4.** (**to**) a) über'tragen (*dat od. auf acc*), über'geben (*dat*), b) *j-n* (*der Polizei etc*) ausliefern, über'geben: **to ~ a business to s.o.** j-m ein Geschäft übergeben. **5.** *a.* **~ in one's mind** *etwas* über'legen, sich durch den Kopf gehen lassen. **II** *v/i* **6.** sich drehen, ro'tieren. **7.** sich *im Bett etc* 'umdrehen: → **grave**1 1. **8.** 'umkippen, -schlagen. **~ round I** *v/i* **1.** sich (im Kreis *od.* her'um- *od.* 'um)drehen: **then**

she turned round and slapped my face urplötzlich ohrfeigte sie mich. **2.** *fig.* s-n Sinn ändern, 'umschwenken. **II** *v/t* **3.** (her'um)drehen. **~ to** *v/i* sich ,ranmachen' (an die Arbeit), sich ins Zeug legen. **~ un·der** *v/t agr.* 'unterpflügen. **~ up I** *v/t* **1.** nach oben drehen *od.* richten *od.* biegen, *den Kragen* hochschlagen, -klappen: **turn it up!** *Br. sl.* halt die Klappe!; → **nose** *Bes. Redew.*, **toe** 1. **2.** ausgraben, zu'tage fördern. **3.** *Spielkarten* aufdecken. **4.** *e-n Rock etc* 'um-, einschlagen. **5.** *Br.* a) *ein Wort* nachschlagen, b) *ein Buch* zu Rate ziehen. **6.** *Gas, Lampe* aufdrehen, groß *od.* größer drehen, *Radio etc* laut(er) stellen. **7.** *ein Kind* übers Knie legen. **8.** *colloq. j-m* den Magen 'umdrehen (*vor Ekel*). **9.** *sl. e-e Arbeit* ,aufstecken'. **II** *v/i* **10.** sich nach oben drehen, nach oben gerichtet *od.* gebogen sein (*Hutkrempe etc*), hochgeschlagen sein (*Kragen*). **11.** *fig.* auftauchen: a) aufkreuzen, erscheinen, kommen, *a.* sich melden (*Person*), b) zum Vorschein kommen, sich (an)finden (*Sache*). **12.** geschehen, eintreten, pas'sieren. **13.** sich erweisen *od.* entpuppen als.

**turn**[2] [tɜːn] *v/i sport Am.* turnen.

'**turn·a·ble** *adj* drehbar.

'**turn·a·bout** *s* **1.** *a. fig.* Kehrtwendung *f* um 180 Grad. **2.** *fig.* 'Umschwung *m*. **3.** *mar.* Gegenkurs *m*. **4.** *Am.* Karus'sell *n.* **5.** beidseitig tragbares Kleidungsstück. **6.** → **turncoat.** **,~-and-'bank in·di·ca·tor** *s* (Wende- u. Querneigungs)anzeiger *m*. '**~a·round** *s* **1.** *mot. etc* Wendeplatz *m.* **2.** → **turnabout** 1 *u.* 2. **3.** *aer. mar. mot.* Rundreisedauer *f*, 'Umlaufzeit *f.* **4.** (Gene'ral)Über'holung *f* (*e-s Fahrzeugs*). '**~back** *s* **1.** Feigling *m.* **2.** 'Umschlag *m*, Stulpe *f.* **~ bridge** *s tech.* Drehbrücke *f.* '**~buck·le** *s tech.* Spannschraube *f*, -schloß *n*, '**~coat** *s* Abtrünnige(r *m*) *f*, 'Überläufer(in), Rene'gat *m.* '**~cock** *s tech.* **1.** Drehhahn *m.* **2.** Wasserrohraufseher *m.* '**~down I** *adj* **1.** 'umlegbar, Umlege...: **~ collar** → 2. **II** *s* **2.** 'Umleg(e)kragen *m.* **3.** *fig.* Ablehnung *f*.

**turned** [tɜːnd; *Am.* tɜrnd] *adj* **1.** gedreht: **~ part** *tech.* Drehteil *n.* **2.** *tech.* gedreht, gedrechselt. **3.** gestaltet, geformt: **well-~. 4.** ('um)gebogen: **~-back** zurückgebogen; **~-down** a) nach unten gebogen, b) Umlege...; **~-in** einwärts gebogen; **~-out** nach außen gebogen; **~-up** aufgebogen. **5.** verdreht, -kehrt. **6.** *print.* 'umgedreht, auf dem Kopf stehend.

'**turn·er**[1] *s* **1.** *tech.* Wender *m* (*Gerät*). **2.** *tech.* a) Dreher *m*, b) Drechsler *m*, c) *Keramik:* Töpfer *m*.

**turn·er**[2] ['tɜːnər; 'tʊərnər] *s sport Am.* Turner(in).

**turn·er·y** ['tɜːnərɪ; *Am.* 'tɜr-] *s tech.* **1.** a) Drehen *n*, b) Drechseln *n.* **2.** *collect.* a) Dreharbeit(en *pl*) *f*, b) Drechslerarbeit(en *pl*) *f.* **3.** a) Drehe'rei *f*, b) Drechsle'rei *f*.

'**turn·ing** *s* **1.** Drehung *f.* **2.** *tech.* Drehen *n*, Drechseln *n.* **3.** (Straßen-, Fluß)Biegung *f.* **4.** a) (Straßen)Ecke *f*, b) Querstraße *f*, Abzweigung *f.* **5.** *fig.* Gestalt(ung) *f*, Form *f.* **6.** *pl* Drehspäne *pl.* **~ chis·el** *s tech.* (Ab)Drehstahl *m.* **~ cir·cle** *s mot.* Wendekreis *m.* **~ gouge** *s tech.* Hohlmeißel *m.* **~ lathe** *s tech.* Drehbank *f.* **~ ma·chine** *s tech.* 'Drehma,schine *f.* **~ move·ment** *s mil.* Um'gehungsbewegung *f.* **~ point** *s* **1.** *fig.* a) Wendepunkt *m* (*a. math. surv.*), b) *med.* Krisis *f*, Krise *f.* **2.** *aer. sport* Wendemarke *f*.

**tur·nip** ['tɜːnɪp; *Am.* 'tɜr-] *s* **1.** *bot.* (bes. Weiße) Rübe. **2.** *colloq.* ,Zwiebel' *f* (*plumpe Taschenuhr*). **3.** *colloq.* Trottel *m.* **~ cab·bage** *s bot.* Kohl'rabi *m.*

'**turn|·key I** *s obs.* Gefangenenwärter *m*, Schließer *m.* **II** *adj:* **~ contract** Bauvertrag, der die schlüsselfertige Übergabe des Gebäudes vorsieht. **~ me·ter** *s aer.* Kurvenmesser *m.* '**~off** *s* **1.** Abzweigung *f.* **2.** Ausfahrt *f* (*von e-r Autobahn*). '**~on** *s colloq.* 'tolle' *od.* ,phan'tastische' Sache *od.* Per'son. '**~out** *s* **1.** *bes. mil.* Ausrücken *n.* **2.** *econ. bes. Br.* a) Streik *m*, Ausstand *m*, b) Streikende(r *m*) *f*, Ausständige(r *m*) *f.* **3.** a) Besucher(zahl *f*) *pl*, Zuschauer(zahl *f*) *pl*, b) (Wahl- *etc*)Beteiligung *f.* **4.** Equi'page *f*, (Pferde)Gespann *n*, Kutsche *f.* **5.** Ausstattung *f*, *bes.* Kleidung *f.* **6.** *econ.* Ge'samtprodukti,on *f*, Ausstoß *m.* **7.** a) Ausweichstelle *f* (*auf e-r Autostraße*), b) → **turn-off. 8. to give s.th. a ~**, **to have a ~ of s.th.** etwas ausräumen. '**~o·ver** *s* **1.** 'Umstürzen *n*, -werfen *n.* **2.** *pol.* 'Umschwung *m*, *bes.* (*deutliche*) Verschiebung der Wählerstimmen. **3.** Ver-, 'Umwandlung *f.* **4.** Ein- u. Ausgang *m*, Zu- u. Abgang *m* (*von Patienten in Krankenhäusern etc*): **labo(u)r** *od.* **em·ployee ~** *econ.* Arbeitskräftebewegung *f*; **tenant ~** Mieterfluktuation *f.* **5.** *econ.* 'Umgrup,pierung *f*, 'Umschichtung *f.* *econ.* 'Umsatz *m*: **~ tax** *Br.* Umsatzsteuer *f.* **7.** *Br.* (*Zeitungs*)Ar'tikel, der auf die nächste Seite 'übergreift. **8.** a) (*Apfel- etc*)Tasche *f*, b) (*Hühner- etc*)Pa'stete *f.* '**~pike** *s* **1.** Schlagbaum *m* (*Mautstraße*). **2.** a) *road* gebührenpflichtige (*Am.* Schnell)Straße, Mautstraße *f*, b) *hist.* spanischer Reiter. '**~round** *s* **1.** *econ. mar.* 'Umschlag *m* (*Abfertigung e-s Schiffes im Hafen*). **2.** Wendestelle *f.* **3.** → **turnabout** 5. '**~screw** *s tech.* Schraubenzieher *m.* '**~sole** *s* **1.** *bot.* a) Sonnenblume *f*, b) Sonnenwende *f*, Helio'trop *n*, c) Lackmuskraut *n.* **2.** *chem.* Lackmus *m* (*als Farbstoff*). '**~spit** *s* **1.** Bratenwender *m.* **2.** *hist.* Bratspießdreher *m* (*Hund od. Diener*). '**~stile** *s* Drehkreuz *n* (*an Durchgängen etc*). '**~ta·ble** *s tech.* **1.** *rail.* Drehscheibe *f.* **2.** Plattenteller *m* (*am Plattenspieler*). **3.** 'Wiedergabegerät *n.* '**~,ta·ble lad·der** *s bes. Br.* Drehleiter *f* (*der Feuerwehr*). '**~up I** *adj* **1.** aufwärts gerichtet: **~ nose** ,Himmelfahrtsnase' *f.* **2.** hochklappbar: a) **~ bed** Wandklappbett *n.* **II** *s* **3.** a) hochgestülpter Hutrand, b) *bes. Br.* 'Hosen,aufschlag *m.* **4. ~ for the book** *colloq.* Über'raschung *f*: **that's a ~!** ist vielleicht ein Ding!

**tur·pen·tine** ['tɜːpəntaɪn; *Am.* 'tɜr-] *s chem.* **1.** Terpen'tin *n.* **2.** *a.* **oil** (*od.* **spirit[s]**) **of ~** Terpen'tinöl *n*, -geist *m.* **~ tree** *s bot.* Tere'binthe *f.*

**tur·pi·tude** ['tɜːpɪtjuːd; *Am.* 'tɜr-; *a.* -ˌtuːd] *s* **1.** *a.* **moral ~** Verworfenheit *f.* **2.** Schandtat *f.*

**turps** [tɜːps; *Am.* tɜrps] *s pl* (*meist als sg konstruiert*) *colloq. für* **turpentine** 2.

**tur·quoise** ['tɜːkwɔɪz; *Am.* 'tɜr-] *s* **1.** *min.* Tür'kis *m.* **2.** *a.* **blue** Tür'kisblau *n*: **~ green** Türkisgrün *n.*

**tur·ret** ['tʌrɪt; *Am. a.* 'tɜrət] *s* **1.** *arch.* Türmchen *n.* **2.** *mil.* Geschütz-, Panzer-, Gefechtsturm *m*: **~ gun** Turmgeschütz *n.* **3.** *aer. mil.* Kanzel *f.* **4.** *tech.* Re'volverkopf *m*: **~ lathe** Revolverdrehbank *f.* **5.** *TV* Linsendrehkranz *m*: **~ turner** induktiver Kanalwähler.

'**tur·ret·ed** *adj* **1.** mit e-m Turm *od.* mit Türmchen (versehen), betürmt. **2.** turmartig. **3.** *zo.* spi'ral-, türmchenförmig.

**tur·tle**[1] ['tɜːtl; *Am.* 'tɜrtl] *obs. für* **turtledove** 1.

**tur·tle**[2] ['tɜːtl; *Am.* 'tɜrtl] *s zo.* (See-) Schildkröte *f*: **green ~** Suppenschildkröte; **to turn ~** a) *mar.* kentern, um-

schlagen, b) sich überschlagen (*Auto etc*), c) *Am. colloq.* hilflos *od.* feige sein.

**'tur·tle|·dove** *s* **1.** *orn.* Turteltaube *f.* **2.** *colloq.* ‚Turteltäubchen' *n*, ‚Schatz' *m.* **'~neck** *s* a) Rollkragen *m*, b) *a.* **~ sweater** 'Rollkragenpull,over *m.* **~ shell** *s* Schildkrötenschale *f*, Schildpatt *n.*

**turves** [tɜːvz; *Am.* tɜrvz] *pl von* turf.

**Tus·can** ['tʌskən] **I** *adj* **1.** tos'kanisch. **II** *s* **2.** *ling.* Tos'kanisch *n*, das Toskanische. **3.** Tos'kaner(in).

**tush¹** [tʌʃ] *interj obs.* pah!

**tush²** [tʌʃ] *s* Eckzahn *m* (*bes. des Pferdes*).

**tusk** [tʌsk] **I** *s* **1.** a) Fangzahn *m*, b) Stoßzahn *m* (*des Elefanten etc*), c) Hauer *m* (*des Wildschweins*). **2.** langer vorstehender Zahn. **II** *v/t* **3.** mit Hauern *etc* durch'bohren *od.* verwunden.

**tusked** *adj zo.* mit Fangzähnen *etc* (bewaffnet). **'tusk·er** *s zo.* Ele'fant *m od.* Keiler *m* (*mit ausgebildeten Stoßzähnen*). **'tusk·y** → tusked.

**tus·sa, tus·sah** ['tʌsə], *a.* **tus·sar** ['tʌsə(r)], **tus·seh** ['tʌsə], **tus·ser** ['tʌsə(r)] *s* **1.** Tussahseide *f.* **2.** *zo.* Tussahspinner *m.*

**tus·sle** ['tʌsl] **I** *s* **1.** Kampf *m*, Balge'rei *f*, Raufe'rei *f.* **2.** *fig.* erbittertes Ringen, scharfe Kontro'verse. **II** *v/i* **3.** kämpfen (*a. fig.*), raufen, sich balgen (**foɪ** um).

**tus·sock** ['tʌsək] *s* (*bes.* Gras)Büschel *n.* **~ grass** *s bot.* Bültgras *n.* **~ moth** *s zo.* **1.** Bürstenbinder *m.* **2.** Rotschwanz *m.*

**tus·sock·y** ['tʌsəkɪ] *adj* **1.** grasreich. **2.** *fig.* buschig.

**tus·sore** ['tʌsə; *bes. Am.* 'tʌsɔː(r)] → tussa.

**tut** [tʌt] **I** *interj* **1.** ach was!, pah!, pff! **2.** pfui! **3.** Unsinn!, Na, na! **II** *v/t* **4.** miß'billigen.

**tu·te·lage** ['tjuːtɪlɪdʒ; *Am. a.* 'tuː-] *s* **1.** *jur.* Vormundschaft *f.* **2.** a) Bevormundung *f*, b) Schutz *m*, c) (An)Leitung *f.* **3.** Unmündigkeit *f.* **'tu·te·lar** [-lə(r)] → tutelary. **'tu·te·lar·y** [-lərɪ; *Am.* -ˌtlˌerɪ] *adj* **1.** *jur.* Vormunds..., Vormundschafts... **2.** schützend, Schutz...: ~ authority a) *jur.* Machtbefugnisse *pl* e-s Vormunds, b) Schutzherrschaft *f*; ~ goddess desses Schutzgöttin(nen).

**tu·tor** ['tjuːtə(r); *Am. a.* 'tuː-] **I** *s* **1.** *ped.* Pri'vat-, Hauslehrer *m*, Erzieher *m.* **2.** *univ. Br.* Tutor *m*, Studienleiter *m*, -berater *m* (*meist ein* **fellow** *aus dem College, der den Studiengang von* **undergraduates** *überwacht u. ihnen mit Rat u. Tat zur Seite steht*). **3.** *univ. Am.* Assi'stent *m* (mit Lehrauftrag). **4.** *ped. univ.* (Ein-)Pauker *m*, Repe'titor *m.* **5.** *jur.* Vormund *m.* **II** *v/t* **6.** *ped.* j-n schulen, erziehen: **to ~ o.s.** sich (selbst) erziehen, Selbstbeherrschung üben. **8.** *fig.* j-n bevormunden. **III** *v/i* **9.** *ped.* Erzieher(in) *etc* sein. **10.** *ped. Am. colloq.* Pri'vat,unterricht geben *od.* nehmen. **'tu·tor·ess** *s* **1.** *ped.* Pri'vat-, Hauslehrerin *f*, Erzieherin *f.* **2.** *univ. Br.* Tu'torin *f.*

**tu·to·ri·al** [tjuː'tɔːrɪəl; *Am. a.* -ˈtəʊ-; tuː-] *univ. Br.* **I** *s* Tu'torenkurs *m.* **II** *adj* Tutor...: ~ **system** Einzelunterrichtung *f* durch Tutoren.

**'tu·tor·ship** *s* **1.** *ped.* Pri'vat-, Hauslehrerstelle *f.* **2.** *univ. Br.* Amt *n od.* Stelle *f* e-s Tutors. **3.** → tutelage 1 *u.* 2.

**tut·san** ['tʌtsən] *s bot.* Großes Jo'hanniskraut.

**tut·ti** ['tuːtiː] *mus.* **I** *adj u. adv* **1.** alle zu'sammen. **II** *s* **2.** Tutti *n*, voller Chor, volles Or'chester. **3.** Tuttistelle *f.*

**tut·ti-frut·ti** [ˌtuːtɪˈfruːtɪ] *s* **1.** Tutti'frutti *n.* **2.** Fruchtbecher *m* (*Speiseeis*).

**tut-tut** [ˌtʌtˈtʌt] → tut.

**tut·ty** ['tʌtɪ] *s chem.* unreines 'Zinko,xyd, Ofenbruch *m.*

**tu·tu** ['tuːtuː] *s* Tu'tu *n*, Bal'lettröckchen *n.*

---

**tu-whit tu-whoo** [tʊˌwɪtʊˈwuː] *s u. interj* Tu'hu *n* (*Schrei der Eule*).

**tux** [tʌks] *colloq. für* tuxedo.

**tux·e·do** [ˌtʌkˈsiːdəʊ] *pl* **-dos** *u.* **-does** *s Am.* Smoking *m.*

**tu·yère** [twiːˈeə(r)] *s tech.* Eßeisen *n* (*Lufteinlaß an Hochöfen*).

**TV** [ˌtiːˈviː] *colloq.* **I** *adj* **1.** Fernseh... **II** *s* **2.** Fernseher *m*, 'Fernsehappa,rat *m.* **3.** Fernsehen *n*: **on ~** im Fernsehen.

**twad·dle** ['twɒdl] **I** *v/i* **1.** quasseln, ‚quatschen'. **II** *s* **2.** Gequassel *n*, sinnloses Gewäsch. **3.** ‚Quatsch' *m.*

**twain** [tweɪn] *obs. od. poet.* **I** *adj* zwei: **in ~** entzwei. **II** *s* (die) Zwei *pl*, Paar *n.*

**twang** [twæŋ] **I** *v/i* **1.** schwirren, scharf klingen. **2.** näseln. **II** *v/t* **3.** Saiten etc schwirren lassen, (heftig) zupfen, klimpern *od.* kratzen auf (*dat*). **4.** *etwas* näseln. **III** *s* **5.** scharfer Ton *od.* Klang, Schwirren *n.* **6.** Näseln *n*, näselnde Aussprache.

**'twas** [twɒz; *Am.* twɑz] *poet. od. dial.* Zs.-ziehung von **it was**.

**twat** [twɒt; *Am.* twɑt] *s vulg.* **1.** ‚Fotze' *f* (*a. Frau*), ‚Möse' *f* (*Vulva*). **2.** ‚Arsch' *m.* **3.** *fig.* ‚Arschloch' *n.*

**tweak** [twiːk] **I** *v/t* **1.** zerren, reißen: **to ~ s.o.'s ear** j-n am Ohr ziehen. **2.** zwicken, kneifen: **to ~ s.o.'s cheek** j-n in die Backe kneifen. **II** *s* **3.** Kneifen *n.*

**twee** [twiː] *adj Br. colloq.* geziert, affek'tiert (*Benehmen etc*).

**tweed** [twiːd] *s* **1.** Tweed *m* (*englischer Wollstoff*). **2.** *pl* Tweedsachen *pl.*

**twee·dle** ['twiːdl] *v/i* **1.** *mus.* fideln, dudeln, klimpern. **2.** singen (*Vogel*).

**ˌTwee·dle'dum and ˌTwee·dle'dee** [ˌtwiːdlˈdʌm; -ˈdiː] *s*: **to be (as) alike as ~** nicht voneinander zu unterscheiden sein, (*bes. Personen a.*) sich gleichen wie ein Ei dem andern.

**'tween** [twiːn] *poet. od. dial.* **I** *adv u. prep* → between. **II** *adj* (in Zssgn) Zwischen... **~ deck** *s mar.* Zwischendeck *n.*

**'tween·y** ['twiːnɪ] *s Br. colloq. obs.* Hausmagd *f.*

**tweet** [twiːt] **I** *v/i* **1.** zwitschern (*Vögel*): **~ ~!** piep, piep! **II** *s* **2.** Gezwitscher *n.* **3.** *electr.* Pfeifton *m.* **'tweet·er** *s electr.* Hochtonlautsprecher *m.*

**tweez·ers** ['twiːzə(r)z] *s pl a.* **pair of ~** Pin'zette *f.*

**twelfth** [twelfθ] **I** *adj* **1.** zwölft(er, e, es): **~ man** (*Kricket*) Ersatzspieler *m.* **2.** zwölftel. **II** *s* **3.** (*der, die, das*) Zwölfte. **4.** Zwölftel *n.* **'~-cake** *s* Drei'königskuchen *m.* **T·~ Night** *s* **1.** Drei'königsabend *m.* **2.** Vorabend *m* von Drei'könige.

**twelve** [twelv] **I** *adj* zwölf. **II** *s* Zwölf *f.*

**'twelve·mo** [-məʊ] *print.* **I** *pl* **-mos** **1.** Duo'dez(for,mat) *n.* **2.** Duo'dezband *m.* **II** *adj* **3.** Duodez...: **~ volume.**

**'twelve|·month** *s bes. Br. obs. od. dial.* Jahr *n*, Jahresfrist *f.* **'~-tone** *adj mus.* Zwölfton...: **~ system** (*music*).

**twen·ti·eth** ['twentɪθ] **I** *adj* **1.** zwanzigst(er, e, es). **2.** zwanzigstel. **II** *s* **3.** (*der, die, das*) Zwanzigste. **4.** Zwanzigstel *n.*

**twen·ty** ['twentɪ] **I** *adj* zwanzig: **~-one** a) einundzwanzig, b) (*s*) *bes. Am.* Siebzehnundvier *n* (*ein Kartenspiel*); **~ questions** *pl* (*als sg konstruiert*) ein Fragespiel. **II** *s* Zwanzig *f*: **he is in his twenties** er ist in den Zwanzigern, er ist im Twen; **in the twenties** in den zwanziger Jahren (*e-s Jahrhunderts*). **~-'four·mo** [-ˈfɔː(r)məʊ; *Am. a.* -ˈfəʊr-] *pl* **-mos** *s print.* Lage *f* zu 48 Seiten.

**'twere** [twɜː; *Am.* twɜr] Zs.-ziehung von **it were**.

**twerp** [twɜːp; *Am.* twɜrp] *s sl.* **1.** ‚(blöder) Heini'. **2.** ‚Niete' *f*, ‚halbe Porti'on'.

**twi·bil(l)** ['twaɪbɪl] *s* **1.** *tech.* Breithacke *f*,

---

Karst *m.* **2.** *hist.* zweischneidige Streitaxt.

**twice** ['twaɪs] *adv* zweimal: **~ 3** ist 6 2 mal 3 ist 6; **to think ~ about s.th.** *fig.* sich e-e Sache zweimal überlegen; **he didn't think ~ about it** er zögerte nicht lange; **~ as much** doppelt *od.* zweimal *od.* noch einmal soviel, das Doppelte; **~ the sum** die doppelte Summe. **'twic·er** *s colloq.* j-d, der etwas zweimal tut. **2.** *print. Br. sl.* Schweizerdegen *m* (*Setzer, der zugleich Drucker ist*).

**ˌtwice-'told** *adj* **1.** zweimal erzählt. **2.** alt, abgedroschen: **a ~ tale.**

**twid·dle** ['twɪdl] **I** *v/t* **1.** her'umdrehen (an *dat*), (her'um)spielen mit: **to ~ one's thumbs** *fig.* ‚Däumchen drehen', die Hände in den Schoß legen. **II** *v/i* (her'um)spielen (**with** mit). **III** *s* Her'umdrehen *n*: **to give s.th. a ~** etwas herumdrehen.

**twig¹** [twɪg] *s* **1.** (dünner) Zweig, Ästchen *n*, Rute *f*: → hop¹ 6. **2.** Wünschelrute *f.* **3.** *anat.* 'Endar,terie *f*, -nerv *m.*

**twig²** [twɪg] *colloq.* **I** *v/t* **1.** ‚ka'pieren' (*verstehen*). **2.** (be)merken, ‚spitzkriegen'. **II** *v/i* **3.** ‚ka'pieren', ‚schalten'.

**twig·gy** ['twɪgɪ] *adj* **1.** voller Zweige. **2.** *fig.* dünn, zart.

**twi·light** ['twaɪlaɪt] **I** *s* **1.** (*meist* Abend-) Dämmerung *f*: **~ of the gods** *myth.* Götterdämmerung *f.* **2.** Zwielicht *n*, Halbdunkel *n.* **3.** *fig.* Verfall *m*: **~ of one's life** Lebensabend *m.* **II** *adj* **4.** zwielichtig, dämmerig, schattenhaft. **5.** Zwielicht..., Dämmer(ungs)... **~ sleep** *med. u. fig.* Dämmerschlaf *m.* **~ state** *med.* Dämmerzustand *m.*

**twill** [twɪl] **I** *s* Köper(stoff) *m.* **II** *v/t* köpern.

**'twill** [twɪl] *poet. od. dial.* Zs.-ziehung von **it will**.

**twin** [twɪn] **I** *s* **1.** Zwilling *m*: **~s** Zwillinge *pl.* **2.** *fig.* Gegenstück *n* (**of** zu). **3.** *min.* 'Zwillingskri,stall *m.* **4. the T-~s** *pl astr.* die Zwillinge *pl* (*Kastor u. Pollux*). **II** *adj* **5.** Zwillings..., Doppel..., doppelt: **~-bed** Einzelbett *n* (*von zwei gleichen*); **~-bedded room** Zweibettzimmer *n*; **~ brother** Zwillingsbruder *m*; **~ cable** *electr.* Zwillings-, Zweifachkabel *n*; **~ carburet(t)or** *mot.* Doppelvergaser *m*; **~ cord** (*od.* **flex**) *electr.* doppeladrige Schnur; **~ engine** *aer.* Zwillingstriebwerk *n*; **~-engined** *aer.* zweimotorig; **~-lens reflex camera** *phot.* Spiegelreflexkamera *f*; **a ~ problem** ein zweifaches Problem; **~-screw** *mar.* Doppelschrauben...; **~ sister** Zwillingsschwester *f*; **~ souls** 'ein Herz u. 'eine Seele'; **~ town** Partnerstadt *f*; **~ track** Doppelspur *f* (*e-s Tonbands*). **6.** *bot. zo.* doppelt, gepaart. **III** *v/i* **7.** Zwillinge zur Welt bringen. **IV** *v/t* **8.** paaren, eng verbinden: **to be ~ned with** die Partnerstadt sein von... **9.** *min.* verzwillingen. **10.** *electr.* zu zweien verseilen.

**twine** [twaɪn] **I** *s* **1.** starker Bindfaden, Schnur *f.* **2.** *tech.* (gezwirntes) Garn, Zwirn *m.* **3.** Wick(e)lung *f.* **4.** Windung *f.* **5.** Geflecht *n*, Verschlingung *f*, Knäuel *m*, *n.* **6.** *bot.* Ranke *f.* **II** *v/t* **7.** zs.-drehen, zwirnen. **8.** winden, binden: **to ~ a wreath. 9.** *fig.* inein'anderschlingen, verflechten, -weben. **10.** schlingen, winden (**about**, **around** um). **11.** um'schlingen, um'winden, um'ranken (**with** mit). **III** *v/i* **12.** sich verflechten (**with** mit). **13.** sich winden. **14.** *bot.* sich (em'por-) ranken. **'twin·er** *s* **1.** Zwirner(in). **2.** *bot.* Kletter-, Schlingpflanze *f.* **3.** *tech.* 'Zwirnma,schine *f.*

**twinge** [twɪndʒ] **I** *s* **1.** stechender Schmerz, Stechen *n*, Zwicken *n*, Stich *m* (*a. fig.*): **~ of conscience** Gewissensbisse *pl.* **2.** Zucken *n.* **II** *v/t u. v/i* **3.**

stechen, schmerzen (*acc*). **4.** *obs.* zwicken, kneifen.

**twin·kle** ['twɪŋkl] **I** *v/i* **1.** (auf)blitzen, glitzern, funkeln (*Sterne etc*; *a. Augen*). **2.** (hin u. her *od.* auf u. ab) huschen *od.* zucken. **3.** (*mit den Augen*) blinzeln, (verschmitzt) zwinkern. **II** *v/t* **4.** (auf)blitzen *od.* funkeln lassen. **5.** blinzeln mit (*den Augen*). **III** *s* **6.** Blitzen *n*, Glitzern *n*, Funkeln *n*. **7.** Zucken *n*, Ruck *m*. **8.** (Augen)Zwinkern *n*, Blinzeln *n*: **a** humorous ~. **9.** → twinkling 2. '**twinkling** *s* **1.** → twinkle 6 u. 8. **2.** *fig.* Augenblick *m*: **in the ~ of an eye** im Nu, im Handumdrehen.

'**twin-set** *s* Twinset *m*, *n* (*Damenpullover u. -jacke aus dem gleichen Material u. in der gleichen Farbe*). '**~-track** *adj* two-tier.

**twirl** [twɜːl; *Am.* twɜrl] **I** *v/t* **1.** (her'um-) wirbeln, quirlen: **to ~ one's thumbs** ,Däumchen drehen', die Hände in den Schoß legen. **2.** den Bart zwirbeln, *e-e Locke etc* drehen. **II** *v/i* **3.** sich (her'um)drehen, wirbeln. **III** *s* **4.** schnelle (Um')Drehung, Wirbel *m*. **5.** Schnörkel *m*.

**twirp** → twerp.

**twist** [twɪst] **I** *v/t* **1.** drehen: **to ~ off** losdrehen, *Deckel* abschrauben. **2.** (zs.-) drehen, zwirnen. **3.** verflechten, -schlingen. **4.** winden, wickeln: → finger 1. **5.** *Blumen, e-n Kranz etc* winden, binden. **6.** um'winden. **7.** verdrehen: **to ~ s.o.'s arm** a) j-m den Arm verdrehen, b) *fig.* j-n unter Druck setzen, auf j-n Druck ausüben; **to ~ one's ankle** sich den Fuß vertreten. **8.** wringen. **9.** verbiegen, -krümmen. **10.** *das Gesicht* verzerren, -ziehen: **he ~ed his face.** **11.** *fig.* verbiegen: **~ed mind** verbogener od. krankhafter Geist. **12.** *fig.* verdrehen, entstellen: **to ~ a report.** **13.** *dem Ball* Ef'fet geben. **II** *v/i* **14.** sich drehen: **to ~ round** sich umdrehen; **to ~ in the wind** *fig.* (wie) auf glühenden Kohlen sitzen. **15.** sich winden (*a. fig.*), sich krümmen. **16.** sich schlängeln, sich winden (*Fluß etc*). **17.** sich verziehen *od.* verzerren. **18.** sich verschlingen. **19.** *mus.* twisten, Twist tanzen. **III** *s* **20.** Drehung *f*, Windung *f*, Biegung *f*, Krümmung *f*. **21.** Drehung *f*, Rotati'on *f*: **to give s.th. a ~** etwas drehen. **22.** Geflecht *n*. **23.** Zwirnung *f*. **24.** Verflechtung *f*, Knäuel *m*, *n*. **25.** Verkrümmung *f*. **26.** (Gesichts)Verzerrung *f*. **27.** *fig.* Entstellung *f*, Verdrehung *f*: **to give s.th. a ~** → 12. **28.** *fig.* (ausgeprägte) Neigung *od.* Veranlagung: **he has a criminal ~ in him** er ist kriminell veranlagt. **29.** *fig.* Trick *m*, ,Dreh' *m*. **30.** *fig.* über'raschende Wendung, ,'Knalle,fekt' *m*. **31.** *sport* Ef'fet *n*: **to put a ~ on a ball** e-m Ball Effet geben, b) Ef'fetball *m*. **32.** *tech.* a) Drall *m* (*Windung der Züge bei Feuerwaffen, Drehungszahl e-s Seils etc*), b) Torsi'on(swinkel *m*) *f*. **33.** Spi'rale *f*: ~ **drill** Spiralbohrer *m*. **34.** a) (Seiden-, Baumwoll)Twist *m*, b) Zwirn *m*. **35.** Seil *n*, Schnur *f*. **36.** Rollentabak *m*. **37.** *Bäckerei:* Kringel *m*, Zopf *m*. **38.** *sport* Schraube *f* (*beim Wasserspringen etc*): ~ **dive** Schraube(nsprung *m*) *f*. **39.** *mus.* Twist *m*: **to do the ~** Twist tanzen, twisten. **40.** *Am. sl.* ,Flittchen' *n*. '**twist·er** *s* **1.** Dreher(in), Zwirner(in). **2.** *tech.* 'Zwirn-, 'Drehma,schine *f*. **3.** *sport* Ef-'fetball *m*. **4.** *colloq.* ,harte Nuß', schwierige Sache. **5.** *colloq.* ,falscher Fuffziger', Gauner *m*. **6.** *Am. colloq.* Tor'nado *m*, Wirbelsturm *m*. **7.** → twist 37 u. 38. **8.** Twisttänzer(in). '**twist·y** *adj* **1.** verdreht, gewunden, sich windend. **2.** *fig.* falsch, unzuverlässig.

**twit¹** [twɪt] **I** *v/t* **1.** *j-n* aufziehen (**about, on, with** mit, wegen). **2.** *j-m* Vorwürfe machen (**with** wegen). **II** *s* *Am. colloq.* Nervosi'tät *f*: **to be in a ~** nervös sein; **to give s.o. the ~** j-n nervös machen.

**twit²** [twɪt] *s* *Br. colloq.* Trottel *m*.

**twitch** [twɪtʃ] **I** *v/t* **1.** zupfen, reißen. **2.** zupfen *od.* reißen an (*dat*). **3.** kneifen, zwicken. **4.** zucken mit: **to ~ one's lips.** **II** *v/i* **5.** zucken (**with** vor). **6.** zupfen, reißen (**at** an *dat*). **III** *s* **7.** Zuckung *f*, Zucken *n*. **8.** Ruck *m*. **9.** Stich *m* (*Schmerz*). **10.** Nasenbremse *f* (*für Pferde*). [ling *m*.\ ]

**twite (finch)** [twaɪt] *s* *orn.* Berghänf-J

**twit·ter** ['twɪtə(r)] **I** *v/i* **1.** zwitschern (*Vögel*), zirpen (*a. Insekt*). **2.** *fig.* a) piepsen, b) (aufgeregt) schnattern. **3.** *fig.* kichern. **4.** *fig.* (vor Aufregung) zittern. **II** *v/t* **5.** *etwas* zwitschern. **III** *s* **6.** Gezwitscher *n*. **7.** *fig.* Kichern *n*. **8.** *fig.* Geschnatter *n* (*e-r Person*). **9.** *fig.* Nervosi'tät *f*: **in a ~, all of a ~** aufgeregt.

'**twixt** [twɪkst] *poet. od. dial. abbr. für* betwixt.

**two** [tuː] **I** *s* **1.** Zwei *f* (*Zahl, Spielkarte etc*): **the ~ of hearts** die Herzzwei; **in two·s** *colloq.* im Handumdrehen. **2.** Paar *n*: **the ~** die beiden, beide; **the ~ of us** wir beide; **to put ~ and ~ together** *fig.* sich e-n Vers darauf machen, s-e Schlüsse ziehen; **in** (*od.* **by**) **~s** zu zweien, zu zweit, paarweise; ~ **and** ~ paarweise, zwei u. zwei; ~ **can play (at) that game, that's a game ~ can play** das kann ein od. ein anderer auch (*Drohung*). **II** *adj* **3.** zwei: **one or ~** ein oder zwei, einige; **in a day or ~** in ein paar Tagen; **to break in ~** in zwei Teile zerbrechen; **to cut in ~** entzweischneiden. **4.** beide: **the ~ cars.**

'**two-act play** *s* *thea.* Zweiakter *m*. '**~-bit** *adj* *Am. colloq.* **1.** 25-Cent-...: ~ **cigar.** **2.** billig (*a. fig. contp.*). **3.** klein, unbedeutend: **a ~ politician.** ~ **bits** *s pl* *Am. colloq.* **1.** Vierteldollar *m*, 25 Cent(s) *pl.* **2.** *fig.* ,kleine Fische' *pl*, armselige Sache. '**~-by-'four** *adj* **1.** *tech.* 2 zu *od.* mal 4 (*Zoll etc*). **2.** *Am. colloq.* klein, unbedeutend. ~ **cents** *s pl Am. colloq.* **1.** ,mick(e)rige' Summe: **to feel like ~** sich mick(e)rig vorkommen. **2.** *a.* ~ **worth** *fig.* ,Senf' *m*: **to get in one's ~** s-n Senf dazugeben. '**~-cham·ber** *adj* *pol.* Zweikammer...: ~ **system.** '**~-,col-o(u)r** *adj* zweifarbig, Zweifarben... '**~-cy·cle** *adj* *tech. Am.* Zweitakt...: ~ **engine** Zweitaktmotor *m*, Zweitakter *m*. '**~-'D** → two-dimensional. '**~-'deck·er** *s* **1.** *mar.* Zweidecker *m*. **2.** Doppeldecker *m* (*Autobus etc*). '**~-'dig·it** *adj* zweistellig: ~ **figure**; ~ **group** (*Computer*) Bigramm *n*. '**~-di'men·sion·al** *adj* 'zweidimensio,nal. '**~-'door** *adj* *mot.* zweitürig. '**~-'edged** *adj* **1.** zweischneidig (*a. fig.*). **2.** *fig.* zweideutig. '**~-'en-gined** *adj* 'zweimo,torig. '**~-'faced** *adj* **1.** doppelgesichtig. **2.** *fig.* falsch, heuchlerisch. '**~-'fam·i·ly house** *s* 'Zweifa,milienhaus *m*. '**~-'fist·ed** *adj* *Am. colloq.* (knall)hart.

**two·fold** ['tuːfəʊld] **I** *adj u. adv* zweifach, doppelt. **II** *s* (*das*) Zweifache, (*das*) Doppelte.

,**two-'four (time)** *s* *mus.* Zwei'vierteltakt *m*. '**~-'hand·ed** *adj* **1.** zweihändig. **2.** beidhändig. **3.** zweihändig (zu gebrauchen): ~ **sword** Zweihänder *m*. **4.** a) von zwei Per'sonen zu bedienen(d): ~ **saw**, b) für zwei Per'sonen: ~ **game.** '**~-horse(d)** *adj* zweispännig: ~ **coach** Zweispänner *m*. '**~-'job man** *s irr* Doppelverdiener *m*. '**~-lane** *adj* zweispurig (*Straße*). '**~-'man** *adj* ~ **bob** (*od.* **sled**) Zweierbob *m*. '**~-'mast·er** *s mar.* Zweimaster *m*. '**~-,name pa·per** *s econ. Am.*

*colloq.* Dokument mit der Unterschrift von zwei Verantwortlichen. '**~-part** *adj mus.* zweistimmig, für zwei Stimmen: ~ **time** → duple time. '**~-,par·ty sys·tem** *s pol.* Zweipar'teiensy,stem *n*. ~ **pence** ['tʌpəns] *s Br.* (Wert *m* von) zwei Pence *pl*: **not to care ~ for** sich nicht scheren um; **he didn't care ~** es war ihm völlig egal. ~ **pen·ny** ['tʌpnɪ] **I** *adj* **1.** *Br.* im Wert von zwei Pence, Zweipenny... **2.** *fig.* *bes. Br.* armselig, billig. **II** *s* **3.** *Br. hist.* (*Art*) Dünnbier *n*. ,**~-pen·ny-'half·pen·ny** [-'heɪpnɪ] *adj* **1.** *Br.* Zweieinhalbpenny... **2.** *fig. bes. Br.* mise'rabel, schäbig. '**~-phase** *adj electr.* zweiphasig, Zweiphasen... '**~-piece** **I** *s* a) ~ **dress** Jackenkleid *n*, b) *a.* ~ **swimsuit** Zweiteiler *m*. **II** *adj* zweiteilig. '**~-ply** *adj* **1.** doppelt (*Stoff etc*). **2.** zweischäftig (*Tau*). **3.** zweisträhnig: ~ **wool.** '**~-point** *adj bes. aer. tech.* Zweipunkt...: ~ **landing** Radlandung *f*. '**~-pole** *adj electr.* Zweipol... '**~-pronged** *adj* zwiespältig (*Reaktion etc*). '**~-seat·er** *s aer. mot.* Zweisitzer *m*. ,**~-'sid·ed** *adj* **1.** zweiseitig. **2.** *fig.* falsch, heuchlerisch. **3.** *jur. pol.* bilate'ral.

**two·some** ['tuːsəm] **I** *adj* **1.** zu zweien, Zweier... **II** *s* **2.** Zweiergruppe *f*, *bes. humor.* ,Duo' *n*. **3.** *Golf:* Zweier(spiel *n*) *m*.

'**two-speed gear** *s tech.* Zweiganggetriebe *n*. '**~-spot** *s Am. colloq.* Zwei'dollarnote *f*. '**~-stage** *adj tech.* zweistufig: ~ **amplifier**; ~ **rocket** Zweistufenrakete *f*. '**~-star** *adj* Zwei-Sterne-...: ~ **general**; ~ **restaurant.** '**~-step** *s mus.* Twostep *m* (*Tanz*). '**~-stroke** *bes. Br.* → two-cycle. '**~-'thirds rule** *s pol. Am.* Grundsatz *m* der Zwei'drittelmehrheit. '**~-tier** *adj* zweigleisig (*Verhandlungen etc*). '**~-time** *v/t colloq.* **1.** Mann, Frau betrügen (**with** mit). **2.** *allg.* ,reinlegen', ,übers Ohr hauen'. '**~-tone** *adj* **1.** zweifarbig. **2.** ~ **horn** *mot.* Zweiklanghupe *f*. '**~-track** → two-tier.

'**twould** [twʊd] *poet. od. dial. Zs.-ziehung von* it would.

'**two-way** *adj* **1.** *bes. electr. tech.* Doppel..., Zweiwege...: ~ **adapter** (*od.* **plug**) Doppelstecker *m*; ~ **cock** Zweigehahn *m*; ~ **communications** Gegensprechen *n*, Doppelverkehr *m*; ~ **socket** Doppelsteckdose *f*; ~ **television** Gegensehbetrieb *m*; ~ **traffic** Doppel-, Gegenverkehr *m*. **2.** *fig.* gegenseitig, im Austausch: **friendship is a ~ street** Freundschaft beruht auf Gegenseitigkeit.

**ty·coon** [taɪ'kuːn] *s* **1.** *hist.* Schogun *m*, Kronfeldherr *m* (*in Japan*). **2.** a) Indu-'striema,gnat *m*, -kapi,tän *m*: **oil ~** Ölmagnat, b) *bes. pol.* ,Oberbonze' *m*.

'**ty·ing(-in) a·gree·ment** *s econ. jur.* Kopplungsgeschäft *n*.

**tyke** [taɪk] *s* **1.** Köter *m*. **2.** Lümmel *m*, Flegel *m*, Kerl *m*: (**Yorkshire**) ~ *contp.* Bewohner(in) *von* Yorkshire. **3.** *Am. colloq.* ,Wurm' *n*.

**ty·lo·pod** ['taɪləʊpɒd; *Am.* -lə,pɑd] *zo.* **I** *adj* schwielensohlig. **II** *s* Schwielensohler *m*.

**ty·lo·sis** [taɪ'ləʊsɪs] *pl* -ses [-siːz] *s* **1.** *med.* Schwielenbildung *f*, Ty'losis *f*. **2.** *bot.* Thylle(nbildung) *f*.

**tymp** [tɪmp] *s tech.* Tümpel(stein) *m* (*e-s Hochofens*).

**tym·pan** ['tɪmpən] *s* **1.** (gespannte) Mem'bran(e). **2.** *print.* Preßdeckel *m*. **3.** → tympanum 2. **4.** *mus.* (Hand)Trommel *f*.

**tym·pan·ic** [tɪm'pænɪk] *adj anat.* Mittelohr..., Trommelfell...: ~ **bone** Paukenbein *n*; ~ **cavity** Paukenhöhle *f*; ~ **membrane** Trommelfell *n*.

**tym·pa·nist** ['tɪmpənɪst] *s mus.* **1.** *hist.* Trommelschläger *m*. **2.** (Kessel)Pauker *m*.

**tym·pa·ni·tes** [ˌtɪmpəˈnaɪtiːz] *s med. vet.* Tympaˈnie *f*, Blähsucht *f*.

**tym·pa·ni·tis** [ˌtɪmpəˈnaɪtɪs] *s med.* Tympaˈnitis *f*, Mittelohrentzündung *f*.

**tym·pa·num** [ˈtɪmpənəm] *pl* **-na** [-nə], **-nums 1.** *anat.* a) Mittelohr *n*, b) Trommelfell *n*. **2.** *arch.* Tympanon *n*: a) Giebelfeld *n*, b) Türbogenfeld *n*. **3.** *mus.* a) Trommel *f*, b) Trommelfell *n*, c) *hist.* Pauke *f*. **4.** *tech.* Tret-, Schöpfrad *n*.

**Tyn·wald** [ˈtɪnwəld; ˈtaɪn-] *s pol.* Thing *n*, gesetzgebende Körperschaft (*der Isle of Man*).

**typ·al** [ˈtaɪpl] *adj* typisch, Typen...

**type** [taɪp] **I** *s* **1.** Typ(us) *m*: a) Urform *f*, b) typischer Vertreter, c) charakteˈristische Klasse, Kategoˈrie *f*. **2.** *biol.* Typus *m* (*charakteristische Gattung*). **3.** Ur-, Vorbild *n*, Muster *n*, Moˈdell *n*. **4.** *tech.* Typ *m*, Moˈdell *n*: ~ **plate** Typenschild *n*. **5.** a) Art *f*, Schlag *m*, Sorte *f* (*alle a. colloq.*): **he acted out of** ~ das war sonst nicht s-e Art, b) *colloq.* „Kerl‘ *m*, ‚Type‘ *f*: **he is not that** ~ **of man** er gehört nicht zu dieser Sorte, er ist nicht der Typ; **she is not my** ~ sie ist nicht mein Typ; → **true** 4. **6.** *print.* a) Letter *f*, Buchstabe *m*, (Druck)Type *f*, b) *collect.* Lettern *pl*, Schrift *f*, Druck *m*: **a headline in large** ~; **in** ~ (ab)gesetzt; **to set (up) in** ~ setzen. **7.** Gepräge *n* (*e-r Münze etc*; *a. fig.*). **8.** *fig.* Sinnbild *n*, Symˈbol *n* (**of** für *od. gen*). **9.** Vorˈwegnahme *f* (*bes. in der Literatur*). **II** *v/t* **10.** etwas mit der Maˈschine (ab)schreiben, (ab)tippen: ~**d** maschinegeschrieben; **typing error** Tippfehler *m*; **typing pool** Schreibbüro *n*; **to** ~ **information into a computer** Daten in e-n Computer eingeben *od.* eintippen. **11.** den Typ bestimmen von (*od. gen*), *bes. med. j-s* Blutgruppe feststellen. **12.** → **typify. 13.** → **typecast. III** *v/i* **14.** maˈschineschreiben, tippen.

**type** | **a·re·a** *s print.* Satzspiegel *m*. ˈ~**bar** *s* **1.** *tech.* Typenhebel *m* (*bei der Schreibmaschine*). **2.** *print.* gegossene Schriftzeile. ˈ~**cast** *v/t irr thea. etc* a) e-m Schauspieler e-e s-m Typ entsprechende Rolle geben, b) *e-n Schauspieler* auf ein bestimmtes Rollenfach festlegen. ˈ~**face** *s print.* **1.** Schriftbild *n*. **2.** Schriftart *f*. ~ **found·er** *s print.* Schriftgießer *m*. ~ **found·ry** *s print.* ˌSchriftgießeˈrei *f*. ~ **ge·nus** *s a. irr biol.* Faˈmilientyp *m*.

ˈ~**high** *adj u. adv print.* schrifthoch, in Schrifthöhe (*Am. 0,9186 Zoll, Br. 0,9175 Zoll*). ~ **met·al** *s print.* ˈSchrift-, ˈLetternmeˌtall *n.* ~ **page** *s print.* Satzspiegel *m.* ˈ~**script** *s* **1.** Maˈschinenschrift(satz *m*) *f.* **2.** maˈschinengeschriebener Text. ˈ~**set·ter** *s print.* **1.** (Schrift)Setzer *m.* **2.** ˈSetzmaˌschine *f.* ˈ~**set·ting** *print.* **I** *s* (Schrift)Setzen *n.* **II** *adj* Setz...: ~ **machine.** ~ **spe·cies** *s irr bot. zo.* Leitart *f.* ~ **spec·i·men** *s* **1.** *biol.* Typus *m*, Origiˈnal *n.* **2.** *tech.* ˈMusterexemˌplar *n.* ˈ~**write** *irr* **I** *v/t* → **type** 10. **II** *v/i* → **type** 14. ˈ~**writ·er** *s* **1.** ˈSchreibmaˌschine *f.* **2.** ˈSchreibmaˌschinenschrift. **3.** Maˈschinenschreiber(in). ˈ~**writ·ing** *s* **1.** Maˈschineschreiben *n.* **2.** Maˈschinenschrift *f.* ˈ~**writ·ing tel·e·graph** *s tech.* ˈFernschreibmaˌschine *f.* ˈ~**writ·ten** *adj* maˈschinegeschrieben, mit der Maˈschine geschrieben, in Maˈschinenschrift.

**typh·li·tis** [tɪfˈlaɪtɪs] *s* Tyˈphlitis *f*, Blinddarmentzündung *f*.

**ty·phoid** [ˈtaɪfɔɪd] *med.* **I** *adj* typhusartig, tyˈphös, Typhus...: ~ **bacillus** Typhuserreger *m*; ~ **fever** → **II** *s* (ˈUnterleibs)Typhus *m*.

**ty·phon·ic** [taɪˈfɒnɪk; *Am.* -ˈfɑ-] *adj* Taifun..., taiˈfunartig. **ty·phoon** [-ˈfuːn] *s* Taiˈfun *m*.

**ty·phous** [ˈtaɪfəs] → **typhoid** I.

**ty·phus** [ˈtaɪfəs] *s med.* Fleckfieber *n*, Flecktyphus *m*.

**typ·ic** [ˈtɪpɪk] *selten für* **typical**.

**typ·i·cal** [ˈtɪpɪkl] *adj (adv* ~**ly**) **1.** typisch: a) repräsentaˈtiv, b) charakteˈristisch, bezeichnend, kennzeichnend (**of** für): **to be** ~ **of** s.th. etwas kennzeichnen *od.* charakterisieren. **2.** symˈbolisch, sinnbildlich (**of** für). **3.** a) ur-, vorbildlich, echt, b) ˈhinweisend (**of** auf *etwas Künftiges*). ˈ**typ·i·cal·ness** *s* **1.** (*das*) Typische. **2.** Sinnbildlichkeit *f*.

**typ·i·fy** [ˈtɪpɪfaɪ] *v/t* **1.** typisch *od.* ein typisches Beispiel sein für, verkörpern. **2.** versinnbildlichen.

**typ·ist** [ˈtaɪpɪst] *s* **1.** Maˈschinenschreiber(in). **2.** Schreibkraft *f*.

**ty·po** [ˈtaɪpəʊ] *pl* **-pos** *s colloq.* **1.** → **typographer. 2.** Druckfehler *m*.

**ty·pog·ra·pher** [taɪˈpɒɡrəfə(r); *Am.* -ˈpɑ-] *s print.* **1.** (Buch)Drucker *m.*

**2.** (Schrift)Setzer *m.* ˌ**ty·po·graph·ic** [-pəˈɡræfɪk] *adj* (*adv* ~**ally**) **1.** typoˈgraphisch, Buchdruck(er)... **2.** → **typographical 1.** ˌ**ty·po·graph·i·cal** *adj* (*adv* ~**ly**) **1.** Druck..., drucktechnisch: ~ **error** Setz-, Druckfehler *m.* **2.** → **typographic 1.** **ty·pog·ra·phy** [-fɪ] *s* **1.** Buchdruckerkunst *f*, Typograˈphie *f.* **2.** (Buch)Druck *m.* **3.** Druckbild *n.*

**ty·po·log·i·cal** [ˌtaɪpəˈlɒdʒɪkl; *Am.* -ˈlɑ-] *adj* typoˈlogisch. **ty·pol·o·gy** [-ˈpɒlədʒɪ; *Am.* -ˈpɑ-] *s* Typoloˈgie *f*: a) *scient.* Typenlehre *f*, b) *relig.* Vorbilderlehre *f*.

**ty·po·nym** [ˈtaɪpənɪm] *s biol.* Typusbezeichnung *f*.

**ty·poth·e·tae** [taɪˈpɒθɪtiː; *Am.* -ˈpɑθə-] *s pl* (Meister)Drucker *pl* (*in USA u. Kanada*).

**ty·ran·nic** [tɪˈrænɪk] *adj*; **ty·ran·ni·cal** *adj* (*adv* ~**ly**) tyˈrannisch, desˈpotisch, Tyrannen...

**ty·ran·ni·cid·al** [tɪˌrænɪˈsaɪdl] *adj* Tyrannenmord... **ty·ran·ni·cide** [-saɪd] *s* **1.** Tyˈrannenmord *m.* **2.** Tyˈrannenmörder *m.*

**tyr·an·nize** [ˈtɪrənaɪz] **I** *v/i* tyˈrannisch sein *od.* herrschen: **to** ~ **over** → **II. II** *v/t* tyranniˈsieren.

**ty·ran·no·saur** [tɪˈrænəsɔː(r); *Am.* a. taɪ-], **ty·ran·no·sau·rus** [-rəs] *s zo.* Tyrannoˈsaurus *m.*

**tyr·an·nous** [ˈtɪrənəs] → **tyrannic.**

**tyr·an·ny** [ˈtɪrənɪ] *s* **1.** Tyranˈnei *f*: a) Despoˈtismus *m*, b) Gewalt-, Willkürherrschaft *f.* **2.** tyˈrannische Härte *od.* Grausamkeit. **3.** Tyranˈnei *f* (*tyrannische Handlung etc*). **4.** *antiq.* Tyˈrannis *f.*

**ty·rant** [ˈtaɪərənt] *s* Tyˈrann *m.*

**tyre** [ˈtaɪə(r)] *bes. Br. für* **tyre**[2].

**ty·ro** [ˈtaɪərəʊ] *pl* **-ros** *s* Anfänger(in), Neuling *m*: **I'm a** ~ **compared with him** gegen ihn bin ich ein Waisenknabe.

**Ty·ro·le·an** [tɪˈrəʊlɪən; ˌtɪrəˈliːən] → **Tyrolese I a, II. Ty·ro·lese** [ˌtɪrəˈliːz] **I** *s* a) Tiˈroler(in), b) *pl* Tiˈroler *pl.* **II** *adj* tiˈrolisch, Tiroler(...).

**Tyr·rhene** [tɪˈriːn] → **Tyrrhenian. Tyr·rhe·ni·an** [-ˈriːnjən; -nɪən] **I** *adj* tyrˈrhenisch, eˈtruskisch: ~ **Sea** Tyrrhenisches Meer. **II** Tyrˈrhener(in), Eˈtrusker(in).

**tzar** [zɑː(r); tsɑː(r)] *etc* → **czar**, *etc.*

**tzet·se (fly)** → **tsetse (fly).**

**tzi·gane** [tsɪˈɡɑːn], **tzi·ga·ny** [tsɪˈɡɑːnɪ] **I** *adj* Zigeuner... **II** *s* Ziˈgeuner(in).

# U

**U, u** [ju:] **I** pl **U's, u's, Us, us** [ju:z] s **1.** U, u n (Buchstabe). **2.** U n, U-förmiger Gegenstand. **3.** Am. sl. ‚Uni' f (Universität). **II** adj **4.** einundzwanzigst(er, e, es). **5.** Ü U-..., U-förmig. **6.** Ü Br. colloq. vornehm, fein, dem Sprachgebrauch der Oberschicht entsprechend.

**u·bi·e·ty** [ju:'baɪɪtɪ] s philos. Irgendwosein n.

**U·biq·ui·tar·i·an** [ju:ˌbɪkwɪ'teərɪən] **I** s **1.** relig. Ubiqui'tarier(in). **II** adj **2.** relig. ubiqui'tarisch. **3.** u∼ allgegenwärtig.

**u'biq·ui·tous** adj (adv ∼ly) allgegenwärtig, (gleichzeitig) über'all zu finden(d). **u'biq·ui·ty** s Allgegenwart f.

**'U|-boat** s mar. U-Boot n, (deutsches) 'Unterseeboot. **∼ bolt** s tech. Bügelbolzen m, U-Bolzen m.

**u·dal** ['ju:dl] s jur. hist. bes. Br. Al'lod(ium) n, lehnzinsfreier Besitz, Freigut n (heute noch auf den Orkney- u. Shetland-Inseln).

**ud·der** ['ʌdə(r)] s Euter n.

**u·dom·e·ter** [ju:'dɒmɪtə(r); Am. -'da-] s meteor. Udo'meter n, Regenmesser m.

**UFO** [ˌju:ef'əʊ; 'ju:fəʊ] pl **UFO's** s UFO n, Ufo n.

**u·fol·o·gy** [ˌju:'fɒlədʒɪ; Am. -'fa-] s Ufolo'gie f.

**ugh** [ʌx; ʊh; ɜːh; Am. ʌg] interj hu!, (p)äh!, pfui!

**ug·li·fy** ['ʌglɪfaɪ] v/t häßlich machen, verunzieren, entstellen.

**ug·li·ness** ['ʌglɪnɪs] s **1.** Häßlichkeit f. **2.** Schändlichkeit f, Gemeinheit f. **3.** 'Widerwärtigkeit f. **4.** Gefährlichkeit f.

**ug·ly** ['ʌglɪ] **I** adj (adv uglily) **1.** häßlich, garstig (beide a. fig.): (as) as sin häßlich wie die Nacht; → duckling. **2.** gemein, schändlich, schmutzig: an ∼ crime. **3.** unangenehm, 'widerwärtig, übel: an ∼ customer ein unangenehmer Kerl, ‚ein übler Kunde'; to be in an ∼ mood üble Laune haben. **4.** bös(e), schlimm, gefährlich: an ∼ situation (wound, etc). **II** s **5.** colloq. häßlicher Mensch.

**U·gri·an** ['u:grɪən; 'ju:-] **I** adj **1.** ugrisch. **II** s **2.** Ugrier(in). **3.** → Ugric I. **'U·gric I** s ling. Ugrisch n, das Ugrische. **II** adj ugrisch.

**uh·lan** [ʊ'lɑ:n; Am. a. 'u:ˌlɑ:n; 'ju:lən] s mil. hist. U'lan m.

**uit·land·er, U∼** ['eɪtlændə(r)] s S. Afr. Ausländer(in).

**u·kase** [ju:'keɪz; -'keɪs] s Ukas m: a) hist. (za'ristischer) Erlaß, b) fig. Verordnung f, Befehl m.

**u·ke·le·le** → ukulele.

**U·krain·i·an** [ju:'kreɪnjən; -ɪən] **I** adj **1.** ukra'inisch, u'krainisch. **II** s **2.** Ukrai'ner(in), U'krainer(in). **3.** ling. Ukrai'nisch n, U'krainisch n, das Ukrainische.

**u·ku·le·le** [ˌju:kə'leɪlɪ; Am. a. ˌu:-] s mus. Uku'lele n (viersaitige Hawaiigitarre).

**u·lan** → uhlan.

---

**ul·cer** ['ʌlsə(r)] s **1.** med. (Magen- etc) Geschwür n: gastric ∼. **2.** fig. a) Geschwür n, (Eiter)Beule f, b) Schandfleck m. **'ul·cer·ate** [-reɪt] **I** v/t **1.** med. eitern od. schwären lassen: ∼d eitrig, vereitert. **2.** fig. vergiften, -derben. **II** v/i **3.** med. geschwürig werden, schwären. ‚**ul·cer·**'**a·tion** s med. Geschwür(bildung f) n, Schwären n, (Ver)Eiterung f. **'ul·cer·a·tive** [-rətɪv; -reɪ-] adj med. **1.** geschwürig, Geschwür(s)... **2.** Geschwür(e) her'vorrufend. **'ul·cer·ous** adj (adv ∼ly) **1.** med. a) geschwürig, eiternd, b) Geschwür(s)..., Eiter... **2.** fig. kor'rupt, giftig.

**u·le·ma** ['u:lɪmə; Am. ˌu:lə'mɑ:] s a) pl collect. Ule'mas pl (im Islam Vertreter der theologischen Gelehrsamkeit u. Rechtsprechung), b) Ule'ma m.

**u·lig·i·nous** [ju:'lɪdʒɪnəs] adj **1.** bot. Sumpf... **2.** sumpfig, mo'rastig.

**ul·lage** ['ʌlɪdʒ] s econ. **1.** Fehlmenge f (Flüssigkeit). **2.** Schwund m: a) Lec'kage f, Flüssigkeitsverlust m, b) Gewichtsverlust m.

**ul·ma·ceous** [ʌl'meɪʃəs] adj bot. Ulmen...

**ul·na** ['ʌlnə] pl **-nae** [-ni:], **-nas** s anat. Elle f. **'ul·nar** adj Ellen...

**ul·ster** ['ʌlstə(r)] s Ulster(mantel) m.

**ul·te·ri·or** [ʌl'tɪərɪə(r)] adj **1.** (räumlich) jenseitig: ∼ region. **2.** später (folgend), (zu)künftig, ferner, weiter, anderweitig: ∼ action. **3.** fig. tiefer(liegend), versteckt, -borgen: ∼ motives tiefere Beweggründe, Hintergedanken.

**ul·ti·ma** ['ʌltɪmə] s ling. metr. Ultima f, Endsilbe f.

**ul·ti·ma·ta** [ˌʌltɪ'meɪtə] pl von ultimatum.

**ul·ti·mate** ['ʌltɪmət] **I** adj **1.** äußerst(er, e, es), (aller)letzt(er, e, es): his∼ goal sein höchstes Ziel; ∼ consumer (od. user) econ. End-, Letztverbraucher m. **2.** entferntest(er, e, es), entlegenst(er, e, es). **3.** End..., endgültig: ∼ result Endergebnis n. **4.** grundlegend, elemen'tar, Grund...: ∼ analysis chem. Elementaranalyse f; ∼ fact jur. beweiserhebliche Tatsache; ∼ truths Grundwahrheiten. **5.** phys. tech. Höchst..., Grenz...: ∼ strength End-, Bruchfestigkeit f. **II** s **6.** (das) Letzte, (das) Äußerste. **7.** (der) Gipfel (in an dat). **'ul·ti·mate·ly** adv schließlich, endlich, letzten Endes, im Grunde.

**ul·ti·ma·tum** [ˌʌltɪ'meɪtəm] pl **-tums**, **-ta** [-tə] s **1.** pol. u. fig. Ulti'matum n: to deliver an ∼ to s.o., to give s.o. an ∼ j-m ein Ultimatum stellen; to give s.o. an ∼ to do s.th. j-n ultimativ auffordern, etwas zu tun. **2.** äußerste Grenze, Endziel n. **3.** 'Grundprin,zip n.

**ul·ti·mo** ['ʌltɪməʊ] (Lat.) adv econ. vom letzten Monat, letzten od. vorigen

---

Monat(s). ∼'**gen·i·ture** [-'dʒenɪtʃə(r); -tʃʊə(r)] s jur. Erbfolge f des jüngsten Sohnes.

**Ul·to·ni·an** [ʌl'təʊnɪən] **I** adj (die irische Provinz) Ulster betreffend, von Ulster. **II** s Bewohner(in) von Ulster.

**ul·tra** ['ʌltrə] **I** adj **1.** ex'trem, radi'kal, Erz..., Ultra... **2.** 'übermäßig, über'trieben, ultra..., super... **II** s **3.** Extre'mist m, Ultra m.

**ultra-** [ʌltrə] Wortelement mit den Bedeutungen a) jenseits (liegend), b) übersteigend, c) übermäßig.

‚**ul·tra·**'**au·di·ble** adj phys. 'über,hörfre,quent.

‚**ul·tra·con**'**ser·va·tive I** adj 'ultrakonserva,tiv. **II** s 'Ultrakonserva,tive(r m) f.

‚**ul·tra·fax** ['ʌltrəfæks] (TM) s Ultrafax n (schnellarbeitendes Bildfunkverfahren).

‚**ul·tra·**'**high fre·quen·cy** s electr. Ultra'hochfre,quenz f, Dezi'meterwellen pl.

‚**ul·tra·high-**'**fre·quen·cy** adj Ultrahochfrequenz..., Dezimeter...

**ul·tra·ism** ['ʌltrəɪzəm] s Extre'mismus m. '**ul·tra·ist** → ultra 3.

‚**ul·tra·ma**'**rine I** adj **1.** überseeisch. **2.** chem. paint. ultrama'rin: ∼ blue → 3. **II** s chem. **3.** Ultrama'rin(blau) n. **4.** A'zur-, La'surblau n.

‚**ul·tra·mi·cro**'**chem·is·try** s chem. 'Ultramikroche,mie f.

‚**ul·tra·mi·cro·scope** s phys. 'Ultramikro,skop n.

‚**ul·tra·mod·ern** adj 'ultra-, 'hypermo,dern. ‚**ul·tra·mod·ern·ism** s 'Ultramoder,nismus m.

‚**ul·tra·mon·tane I** adj **1.** jenseits der Berge (gelegen od. lebend). **2.** südlich der Alpen (gelegen od. lebend), itali'enisch. **3.** pol. relig. ultramon'tan, streng päpstlich. **II** s → ultramontanist. ‚**ul·tra·**'**mon·ta·nist** s pol. relig. Ultramon'tane(r m) f.

‚**ul·tra·mun**'**dane** adj 'überweltlich.

‚**ul·tra·na·tion·al** adj 'ultranatio,nal.

‚**ul·tra·rap·id** adj phot. lichtstark.

‚**ul·tra·red** adj obs. ultrarot.

'**ul·tra·short wave** s electr. Ultra'kurzwelle f.

‚**ul·tra·some** ['ʌltrəsəʊm] s biol. Ultra'som n.

‚**ul·tra·son·ic** phys. **I** adj Ultra-, Überschall... **II** s pl (als sg konstruiert) Lehre f vom Ultraschall.

'**ul·tra·sound** s phys. Ultraschall m, 'Überschall(wellen pl) m.

‚**ul·tra·vi·o·let** adj phys. ultravio,lett.

**ul·tra vi·res** [ˌʌltrə'vaɪəri:z] (Lat.) adv u. pred adj jur. über j-s Macht od. Befugnisse (hin'ausgehend).

**ul·u·lant** ['ju:ljʊlənt; Am. 'ʌljə-] adj heulend (a. Sturm etc), (weh)klagend. '**ul·u·late** [-leɪt] v/i heulen, (weh)kla-

gen. ˌul·uˈlaˈtion s Heulen n, (Weh-) Klagen n.

um·bel [ˈʌmbəl] s bot. Dolde f. ˈumbelˈlate [-lɪt; -leɪt], ˈum·belˈlat·ed [-leɪtɪd] adj doldenblütig, Dolden... umˈbelˈliˈfer [-ˈbelɪfə(r)] s Doldengewächs n. ˌum·belˈlifˈer·ous [-ˈlɪfərəs] adj doldenblütig, -tragend. um·belˈlule [ʌmˈbeljuːl; Am. a. ˈʌmbəˌluːl] s Döldchen n.

um·ber¹ [ˈʌmbə(r)] I s 1. min. Umber(erde f) m, Umbra f. 2. Umber m, Erd-, Dunkelbraun n (Farbe). II adj 3. dunkelbraun. III v/t 4. mit Umbra färben.

um·ber² [ˈʌmbə(r)] s ichth. Äsche f.

um·bil·i·cal [ˌʌmbɪˈlaɪkl; ʌmˈbɪlɪkl] I adj 1. anat. Nabel...: ~ cord a) → 2, b) a. ~ cable → 3. II s 2. anat. Nabelschnur f. 3. tech. Verbindungskabel n (e-s Raumanzugs etc). um·bil·i·cate [-ˈbɪlɪkət; -keɪt] adj med. 1. genabelt. 2. nabelförmig (eingedellt). um·bil·i·cus [ʌmˈbɪlɪkəs; ˌʌmbɪˈlaɪkəs] pl -ci [-kaɪ], -cus·es s 1. anat. Nabel m. 2. (nabelförmige) Delle. 3. bot. (Samen)Nabel m. 4. math. Nabelpunkt m.

um·bo [ˈʌmbəʊ] pl -boˈnes [ʌmˈbəʊniːz], -bos s 1. hist. (Schild)Buckel m. 2. (Vor-)Wölbung f, Höcker m: a) anat. Nabel m (des Trommelfells), b) zo. Umbo m, Schalenwirbel m (bei Muscheln). ˈum·boˈnate [-bənɪt; -neɪt] adj gebuckelt, vorgewölbt.

um·bra [ˈʌmbrə] pl -brae [-briː], -bras s 1. Schatten m. 2. astr. a) Kernschatten m, b) Umbra f (dunkler Kern e-s Sonnenflecks).

um·brage [ˈʌmbrɪdʒ] s 1. Anstoß m, Ärgernis n: to give ~ Anstoß erregen (to s.o. bei j-m); to take ~ at (od. about) Anstoß nehmen an (dat). 2. (schattenspendendes) Laubwerk. 3. obs. Schatten m. umˈbra·geous [-ˈbreɪdʒəs] adj (adv ~ly) 1. schattig, schattenspendend, -reich. 2. fig. empfindlich, übelnehmerisch.

um·bral [ˈʌmbrəl] adj 1. Schatten... 2. astr. a) Kernschatten..., b) Umbra...

um·brel·la [ʌmˈbrelə] s 1. (Regen-, Sonnen- etc)Schirm m: ~ stand Schirmständer m. 2. aer. (geöffneter) Fallschirm. 3. zo. Schirm m, Glocke f (der Quallen). 4. mil. a) aer. Jagdschutz m, Abschirmung f, b) a. ~ barrage Feuervorhang m, -glocke f. 5. fig. a) Schutz m: under the ~ of, b) Rahmen m: to get (od. put) under one ~ unter ˈeinen Hut bringen; ~ organization Dachorganisation f; ~ phrase allumfassender Ausdruck. umˈbrelˈlaed [-ləd] adj beschirmt, mit e-m Schirm (bewaffnet).

Um·bri·an [ˈʌmbrɪən] I adj 1. umbrisch. II s 2. Umbrer(in). 3. ling. Umbrisch n, das Umbrische.

u·mi·ak [ˈuːmɪæk] s Umiak m, n (Boot der Eskimofrauen).

um·laut [ˈʊmlaʊt] ling. I s 1. ˈUmlaut m. 2. ˈUmlautzeichen n. II v/t 3. ˈumlauten.

um·pire [ˈʌmpaɪə(r)] I s 1. bes. jur. sport Schiedsrichter m, ˈUnparˌteiische(r) m. 2. jur. Obmann m e-s Schiedsgerichts. II v/t 3. a) bes. jur. sport als Schiedsrichter funˈgieren bei, b) sport Spiel leiten. 4. (durch Schiedsspruch) schlichten od. entscheiden. III v/i 5. bes. jur. sport als Schiedsrichter funˈgieren. 6. schlichten. ˈum·pire·ship s bes. jur. sport Schiedsrichteramt n.

ump·teen [ˌʌmpˈtiːn] adj colloq. ˌzigˈ (viele): ~ times x-mal. ˈumpˈteenth [-ˈtiːnθ], a. ˈumpˈti·eth [-tɪθ] adj colloq. ˌzigstˈ(er, e, es)ˈ, (der, die, das) ˈsoundsoˈvielte: for the ~ time zum x-ten Mal.

ˈun [ən] pron colloq. für one 10: that's a good ~ das ist ein guter Witz; he's a tough ~ er ist ein ˌharter Knochenˈ.

un-¹ [ʌn] Vorsilbe mit verneinender Bedeutung, entsprechend den deutschen Vorsilben Un..., un..., nicht..., Nicht...

un-² [ʌn] Vorsilbe mit umkehrender od. privativer Bedeutung, entsprechend den deutschen Vorsilben ent..., los..., auf..., ver... etc (bei Verben).

ˌun·aˈbashed adj 1. unverfroren. 2. furchtlos, unerschrocken.

ˌun·aˈbat·ed adj unvermindert: the storm continued (od. was) ~ der Sturm ließ nicht nach. ˌun·aˈbatˈing adj unablässig, anhaltend.

ˌun·abˈbre·vi·at·ed adj ungekürzt.

unˈable adj 1. unfähig, außerˈstande, nicht in der Lage (to do zu tun): to be ~ to work nicht arbeiten können, arbeitsunfähig sein; ~ to pay zahlungsunfähig, insolvent. 2. untauglich, ungeeignet (for für). 3. schwach, hilflos.

ˌun·aˈbridged adj ungekürzt.

un·acˈcent·ed [ˌʌnækˈsentɪd; ʌnˈæksentɪd] adj unbetont.

ˌun·acˈcept·a·ble adj 1. unannehmbar (to für). 2. unerwünscht. 3. untragbar (to für).

ˌun·acˈcom·mo·dat·ing adj 1. ungefällig. 2. unnachgiebig.

ˌun·acˈcom·pa·nied adj unbegleitet, ohne Begleitung (a. mus.), alˈlein: ~ baggage (bes. Br. luggage) aufgegebenes (Reise)Gepäck.

ˌun·acˈcom·plished adj 1. unvollendet, unfertig. 2. fig. ungebildet.

ˈun·acˌcount·a·bil·i·ty s 1. Nichtverantwortlichkeit f. 2. Unerklärlichkeit f. ˌun·acˈcount·a·ble adj 1. nicht verantwortlich. 2. unerklärlich, seltsam. ˌun·acˈcount·a·bly adv unerklärlicherweise.

ˌun·acˈcount·ed-for adj 1. unerklärt. 2. nicht belegt.

ˌun·acˈcred·it·ed adj unbeglaubigt, nicht akkrediˈtiert.

ˌun·acˈcus·tomed adj 1. ungewohnt, fremd. 2. nicht gewöhnt (to acc od. an acc): to be ~ to doing s.th. es nicht gewöhnt sein, etwas zu tun.

ˌun·aˈchiev·a·ble adj 1. unausführbar. 2. unerreichbar.

ˌun·acˈknowl·edged adj 1. nicht anerkannt, uneingestanden. 2. unbestätigt (Brief etc).

ˌun·acˈquaint·ed adj (with) unerfahren (in dat), nicht vertraut (mit), unkundig (gen): to be ~ with s.th. etwas nicht kennen, mit e-r Sache nicht vertraut sein.

unˈact·a·ble adj thea. nicht bühnengerecht, unaufführbar. ˌunˈact·ed adj nicht aufgeführt: ~ plays.

ˈun·aˌdapt·a·bil·i·ty s 1. Unanpaßbarkeit f. 2. Unanwendbarkeit f. 3. Ungeeignetsein n, Ungeeignetheit f. ˌun·aˈdapt·a·ble adj 1. nicht anpassungsfähig (to an acc). 2. nicht anwendbar (to auf acc). 3. ungeeignet (for, to für, zu).

ˌun·aˈdapt·ed adj 1. nicht angepaßt (to dat od. an acc). 2. ungeeignet, nicht eingerichtet (to für).

ˌun·adˈdressed adj nicht adresˈsiert, ohne Anschrift: ~ letters.

ˌun·adˈjust·ed adj 1. bes. psych. nicht angepaßt (to dat od. an acc). 2. ungeregelt, unerledigt.

ˌun·aˈdorned adj schmucklos, schlicht.

ˌun·aˈdul·ter·at·ed adj unverfälscht, rein, echt.

ˌun·adˈven·tur·ous adj 1. ohne Unterˈnehmungsgeist. 2. ereignislos: ~ journey.

ˈun·adˌvis·aˈbil·i·ty s Unratsamkeit f. ˌun·adˈvis·a·ble adj unratsam, nicht

ratsam od. empfehlenswert. ˌun·adˈvised adj 1. unberaten. 2. unbesonnen, ˈunüberˌlegt. ˌun·adˈvis·ed·ly [-zɪdlɪ] adv.

ˌun·afˈfect·ed adj (adv ~ly) 1. ungekünstelt, naˈtürlich, nicht affekˈtiert (Stil, Auftreten etc). 2. echt, aufrichtig. 3. unberührt, ungerührt, unbeeinflußt, unbeeindruckt (by von). ˌun·afˈfect·ed·ness s 1. Naˈtürlichkeit f. 2. Aufrichtigkeit f.

ˌun·aˈfraid adj unerschrocken, furchtlos: to be ~ of keine Angst haben vor (dat).

ˌun·agˈgres·sive adj nicht aggresˈsiv, friedfertig.

ˌunˈaid·ed adj 1. ohne Unterˈstützung od. Hilfe (by von), (ganz) alˈlein. 2. unbewaffnet, bloß: ~ eye.

ˌunˈaired adj 1. ungelüftet: ~ room. 2. ungetrocknet, feucht: ~ laundry.

ˌun·aˈlarmed adj nicht beunruhigt. ˌun·aˈlarm·ing adj nicht beunruhigend.

ˌunˈal·ien·a·ble adj (adv unalienably) unveräußerlich.

ˌunˈal·lied adj 1. unverbunden. 2. unverbündet, ohne Verbündete. 3. biol. etc nicht verwandt.

ˌunˈal·low·a·ble adj unzulässig, unerlaubt.

ˌunˈal·loyed adj 1. chem. unvermischt, ˈunleˌgiert. 2. fig. ungetrübt: ~ happiness.

ˌunˈal·lur·ing adj nicht verlockend, reizlos.

unˌal·ter·aˈbil·i·ty s Unveränderlichkeit f. unˈal·ter·a·ble adj (adv unalterably) unveränderlich, unabänderlich. ˌunˈal·tered adj unverändert.

ˌun·aˈmazed adj nicht verwundert: to be ~ at sich nicht wundern über (acc).

ˌun·amˈbig·u·ous adj (adv ~ly) unzweideutig, eindeutig. ˌun·amˈbig·u·ous·ness s Eindeutigkeit f.

ˌun·amˈbi·tious adj (adv ~ly) 1. nicht ehrgeizig, ohne Ehrgeiz. 2. (von Dingen) anspruchslos, schlicht.

ˌun·aˈme·na·ble adj 1. unzugänglich (to dat od. für). 2. nicht verantwortlich (to gegenˈüber).

ˌun·aˈmend·ed adj unverbessert, nicht abgeändert, nicht ergänzt.

ˌun-Aˈmer·i·can adj 1. ˈunameriˌkanisch. 2. pol. Am. ˈantiameriˌkanisch: ~ activities staatsfeindliche Umtriebe.

unˌa·mi·aˈbil·i·ty s Unliebenswürdigkeit f. ˌunˈa·mi·a·ble adj unliebenswürdig, unfreundlich. ˌunˈa·mi·a·ble·ness s unamiability.

ˌun·aˈmus·ing adj (adv ~ly) nicht unterˈhaltsam, langweilig.

ˌun·an·i·mat·ed adj leblos: a) unbelebt, b) fig. fade, langweilig.

u·na·nim·i·ty [ˌjuːnəˈnɪmɪtɪ] s 1. Einmütigkeit f. 2. Einstimmigkeit f. uˈnan·i·mous [-ˈnænɪməs] adj (adv ~ly) 1. einmütig, einig. 2. einstimmig: a ~ vote.

ˌun·anˈnealed adj metall. ungetempert.

ˌun·anˈnounced adj 1. unangemeldet, unangekündigt.

ˌunˈan·swer·a·ble adj 1. nicht zu beantworten(d). 2. ˈunwiderˌlegbar. 3. nicht verantwortlich od. haftbar (for für). ˌunˈan·swered adj 1. unbeantwortet, unerwidert. 2. ˈunwiderˌlegt.

ˌunˈan·tic·i·pat·ed adj ˈunvorˌhergesehen, unerwartet.

ˌun·apˈpalled adj unerschrocken.

ˌun·apˈpeal·a·ble adj jur. nicht berufungs- od. rechtsmittelfähig.

ˌun·apˈpeas·a·ble adj 1. nicht zu besänftigen(d), unversöhnlich. 2. nicht zuˈfriedenzustellen(d), unersättlich.

**ˌunˈap·pe·tiz·ing** *adj* **1.** ˈunappeˌtitlich. **2.** *fig.* wenig reizvoll.

**ˌun·apˈplied** *adj* nicht angewandt *od.* gebraucht: ~ funds totes Kapital.

**ˌun·apˈpre·ci·at·ed** *adj* nicht gebührend gewürdigt *od.* geschätzt, unbeachtet. **ˌun·apˈpre·ci·a·tive** → inappreciative.

**ˌun·ap·preˈhen·sive** *adj* **1.** schwerfällig, schwer von Begriff. **2.** unbekümmert, furchtlos.

**ˌun·apˈproach·a·ble** *adj* (*adv* unapproachably) unnahbar.

**ˌun·apˈpro·pri·at·ed** *adj* **1.** nicht in Besitz genommen, herrenlos. **2.** nicht verwendet *od.* gebraucht. **3.** *econ.* nicht zugeteilt, keiner bestimmten Verwendung zugeführt (*Gelder etc*).

**ˌun·apˈproved** *adj* ungebilligt, nicht genehmigt.

**ˌunˈapt** *adj* (*adv* ~ly) **1.** ungeeignet, untauglich (for für, zu). **2.** unangebracht, unpassend: an ~ comparison. **3.** nicht geeignet (to do zu tun). **4.** ungeschickt (at bei, in *dat*).

**ˌunˈar·gued** *adj* **1.** unbesprochen, nicht diskuˈtiert. **2.** unbestritten.

**ˌunˈarm** → disarm I. **ˌunˈarmed** *adj* **1.** unbewaffnet. **2.** *mil.* unscharf (*Munition*).

**ˌunˈar·mo(u)red** *adj* **1.** *bes. mar. mil.* ungepanzert. **2.** *tech.* nichtbewehrt: ~ cable.

**ˌun·arˈtis·tic** *adj* (*adv* ~ally) unkünstlerisch.

**uˈna·ry** [ˈjuːnərɪ] *adj chem. phys.* einstoffig, Einstoff...

**ˌun·as·cerˈtain·a·ble** *adj* nicht feststellbar *od.* zu ermitteln(d). **ˌun·as·cerˈtained** *adj* nicht sicher festgestellt.

**ˌun·aˈshamed** *adj* **1.** nicht beschämt. **2.** schamlos. **ˌun·aˈsham·ed·ly** [-ɪdlɪ] *adv.*

**ˌunˈasked** *adj* **1.** ungefragt. **2.** ungebeten, unaufgefordert. **3.** uneingeladen.

**ˌun·asˈpir·ing** *adj* ohne Ehrgeiz, anspruchslos, bescheiden.

**ˌun·asˈsail·a·ble** *adj* **1.** unangreifbar (*a. fig.*). **2.** *fig.* unanfechtbar, ˈunwiderˌleglich.

**ˌun·asˈsign·a·ble** *adj* **1.** nicht zuzuschreiben(d) (to *dat*). **2.** *jur.* nicht überˈtragbar, unabtretbar.

**ˌun·asˈsim·i·la·ble** *adj* nicht assimiˈlierbar, nicht angleichungsfähig.

**ˌun·asˈsist·ed** *adj* (*adv* ~ly) ohne Hilfe *od.* Unterˈstützung (by von), (ganz) alˈlein.

**ˌun·asˈsum·ing** *adj* (*adv* ~ly) anspruchslos, bescheiden.

**ˌun·asˈsured** *adj* **1.** unsicher, ohne Zuversicht. **2.** *econ.* nicht versichert.

**ˌun·atˈtached** *adj* **1.** nicht befestigt (to an *dat*). **2.** nicht gebunden, unabhängig. **3.** ungebunden, frei, ledig. **4.** *ped. univ.* exˈtern, keinem College angehörend (*Student*). **5.** *mil.* zur Dispositiˈon stehend. **6.** *jur.* nicht mit Beschlag belegt.

**ˌun·atˈtain·a·ble** *adj* unerreichbar.

**ˌun·atˈtempt·ed** *adj* unversucht.

**ˌun·atˈtend·ed** *adj* **1.** unbegleitet, ohne Begleitung. **2.** *meist* ~ to a) unbeaufsichtigt, b) vernachlässigt.

**ˌun·atˈtest·ed** *adj* **1.** unbezeugt, unbestätigt. **2.** *Br.* (behördlich) nicht überˈprüft.

**ˌun·atˈtrac·tive** *adj* ˈunattrakˌtiv: a) wenig anziehend, reizlos, b) wenig einnehmend: an ~ appearance, c) wenig zugkräftig: ~ offers.

**ˌun·auˈthen·tic** *adj* nicht auˈthentisch, unverbürgt, unecht. **ˌun·auˈthen·ti·cat·ed** *adj* unbeglaubigt.

**ˌun·auˈthor·ized** *adj* **1.** nicht autoriˈsiert *od.* bevollmächtigt, unbefugt: ~

person Unbefugte(r *m*) *f.* **2.** unerlaubt: ~ reprint unberechtigter Nachdruck.

**ˌun·aˈvail·a·ble** *adj* (*adv* unavailably) **1.** nicht verfügbar *od.* vorˈhanden *od.* erreichbar: to be ~ *sport* ausfallen (*Spieler*). **2.** unbrauchbar: ~ energy *phys.* Verlustenergie *f.* **3.** → unavailing.

**ˌun·aˈvail·ing** *adj* frucht-, nutzlos, vergeblich.

**ˌun·aˈvoid·a·ble** *adj* (*adv* unavoidably) **1.** unvermeidlich: ~ cost *econ.* feste Kosten *pl*, Fixkosten *pl.* **2.** *jur.* ˈunumˌstößlich, unanfechtbar.

**ˌun·aˈvowed** *adj* uneingestanden, nicht eingestanden. **ˌun·aˈvow·ed·ly** [-ɪdlɪ] *adv.*

**ˌun·aˈwak·ened** *adj* **1.** ungeweckt. **2.** *fig.* unerweckt, schlafend: ~ feelings.

**ˌun·aˈware I** *adj* **1.** (of) nicht gewahr (*gen*), in Unkenntnis (*gen*): to be ~ of s.th. sich e-r Sache nicht bewußt sein, etwas nicht wissen *od.* bemerken. **2.** nichtsahnend, ahnungslos: he was ~ that er ahnte nicht, daß. **II** *adv* → unawares. **ˌun·aˈwares** *adv* **1.** unabsichtlich, versehentlich: → entertain 2. **2.** unerwartet, unvermutet, unversehens: to catch (*od.* take) s.o. ~ j-n überraschen *od.* -rumpeln; at ~ unverhofft, überraschend.

**ˌunˈbacked** *adj* **1.** ohne Rückhalt *od.* Unterˈstützung. **2.** an ~ horse ein Pferd, auf das nicht gesetzt wurde. **3.** *econ.* ungedeckt, nicht indosˈsiert (*Scheck etc*). **4.** nicht zugeritten (*Pferd*).

**ˌunˈbag** *v/t* (aus e-m Sack *etc*) ausschütten, herˈausnehmen, -lassen.

**ˌunˈbaked** *adj* **1.** ungebacken. **2.** *fig.* unreif.

**ˌunˈbal·ance I** *v/t* **1.** aus dem Gleichgewicht bringen (*a. fig.*). **2.** *fig.* Geist verwirren. **II** *s* **3.** Gleichgewichtsstörung *f.* **4.** *fig.* Unausgeglichenheit *f.* **5.** *electr. tech.* Unwucht *f*, ˈUnsymmeˌtrie *f.* **ˌunˈbal·anced** *adj* **1.** aus dem Gleichgewicht gebracht (*a. fig.*), nicht im Gleichgewicht (befindlich). **2.** *fig.* unausgeglichen. **3.** *fig.* gestört (*Geist*): of ~ mind geistesgestört. **4.** *econ.* unausgeglichen, nicht salˈdiert: ~ budget. **5.** *electr.* ˈunsymˌmetrisch: ~ voltage.

**ˌunˈbal·last** *v/t mar.* das Schiff von Ballast befreien. **ˌunˈbal·last·ed** *adj* **1.** *mar.* ohne Ballast. **2.** *fig.* unstet, schwankend.

**ˌunˈband·age** *v/t* den Verband abnehmen von.

**ˌun·bapˈtized** *adj* ungetauft, *weitS.* heidnisch.

**ˌunˈbar** *v/t* aufriegeln.

**ˌunˈbear·a·ble** *adj* (*adv* unbearably) unerträglich.

**ˌunˈbeard·ed** *adj* bartlos.

**ˌunˈbeat·a·ble** *adj* unschlagbar: ~ prices.

**ˌunˈbeat·en** *adj* **1.** ungeschlagen, unbesiegt. **2.** unüberˌtroffen: ~ record. **3.** unerforscht: ~ region.

**ˌunˈbeau·ti·ful** *adj* unschön.

**ˌun·beˈcom·ing** *adj* (*adv* ~ly) **1.** unkleidsam: this hat is ~ to him dieser Hut steht ihm nicht. **2.** *fig.* unpassend, unschicklich, ungehörig (of, to für *j-n*). **ˌun·beˈcom·ing·ness** *s* **1.** Unkleidsamkeit *f.* **2.** Unschicklichkeit *f.*

**ˌun·beˈfit·ting** → unbecoming 2.

**ˌun·beˈfriend·ed** *adj* ohne Freund(e), freundlos.

**ˌun·beˈknown, ˌun·beˈknownst I** *adv* (to) ohne (*j-s*) Wissen. **II** *adj* unbekannt (to *dat*).

**ˌun·beˈliev·a·ble** *adj* (*adv* unbelievably) unglaublich. **ˌun·beˈliev·er** *s relig.* Ungläubige(r *m*) *f*, Glaubenslose(r *m*) *f.* **ˌun·beˈliev·ing** *adj* (*adv* ~ly) ungläubig, glaubenslos.

**ˌun·beˈloved** *adj* ungeliebt.

**ˌunˈbelt** *v/t* **1.** entgürten. **2.** Schwert etc aus dem Gurt nehmen, losschnallen.

**ˌunˈbend** *irr* **I** *v/t* **1.** e-n Bogen, *a. fig.* den Geist entspannen: to ~ a bow (the mind). **2.** geradebiegen, glätten. **3.** (aus-)strecken. **4.** *mar.* a) Tau, Kette etc losmachen, b) *Segel* abschlagen. **II** *v/i* **5.** sich entspannen, sich lösen. **6.** *fig.* s-e Förmlichkeit ablegen, ‚auftauen‘, aus sich herˈausgehen.

**ˌunˈbend·ing** *adj* (*adv* ~ly) **1.** unbiegsam. **2.** *fig.* unbeugsam, entschlossen. **3.** *fig.* reserˈviert, steif.

**ˌun·beˈseem·ing** → unbecoming 2.

**ˌun·beˈsought** → unbid(den).

**ˌunˈbi·as(s)ed** *adj* (*adv* ~ly) unvoreingenommen, unparteiisch, *bes. jur.* unbefangen.

**ˌunˈbid(·den)** *adj* ungebeten: a) unaufgefordert, b) ungeladen: ~ guests.

**ˌunˈbind** *v/t irr* **1.** *j-n* losbinden, befreien. **2.** lösen: to ~ a knot (one's hair, etc). **3.** den Verband abnehmen von.

**ˌunˈblam·a·ble** *adj* (*adv* unblamably) untadelig, unschuldig.

**ˌunˈbleached** *adj* ungebleicht.

**ˌunˈblem·ished** *adj bes. fig.* unbefleckt, makellos.

**ˌunˈblend·ed** *adj* ungemischt, rein.

**ˌunˈblink·ing** *adj* (*adv* ~ly) **1.** ungerührt. **2.** unerschrocken.

**ˌunˈblood·ed** *adj* nicht reinrassig: ~ horse.

**ˌunˈblush·ing** *adj* (*adv* ~ly) schamlos: to be quite ~ sich kein bißchen schämen (about für, wegen).

**ˌunˈbod·ied** *adj* **1.** körperlos, unkörperlich. **2.** entkörpert, vom Körper befreit.

**ˌunˈbolt** *v/t* aufriegeln.

**ˌunˈbolt·ed[1]** *adj* unverriegelt.

**ˌunˈbolt·ed[2]** *adj* ungebeutelt, ungesiebt: ~ flour.

**ˌunˈbook·ish** *adj* a) nicht belesen, b) ungelehrt.

**ˌunˈboot** *v/t* **1.** *j-m* die Stiefel ausziehen. **II** *v/i* sich die Stiefel ausziehen.

**ˌunˈborn** *adj* **1.** (noch) ungeboren. **2.** *fig.* (zu)künftig, kommend: ~ generations.

**ˌunˈbos·om I** *v/t* **1.** enthüllen, offenˈbaren (to *dat*): to ~ o.s. to → II. **II** *v/i* ~ to sich (*j-m*) anvertrauen *od.* offenˈbaren, (*j-m*) sein Herz ausschütten.

**ˌunˈbought** *adj* nicht gekauft.

**ˌunˈbound** *adj* **1.** *fig.* ungebunden, frei. **2.** ungebunden, broˈschiert, ohne Einband: ~ books.

**ˌunˈbound·ed** *adj* (*adv* ~ly) **1.** unbegrenzt. **2.** *fig.* grenzen-, schrankenlos.

**ˌunˈbowed** *adj fig.* ungebeugt, ungebrochen.

**ˌunˈbox** *v/t* auspacken.

**ˌunˈbrace** *v/t* **1.** lösen, losschnallen. **2.** (o.s. sich) entspannen (*a. fig.*). **3.** schwächen.

**ˌunˈbreak·a·ble** *adj* unzerbrechlich.

**ˌunˈbrib·a·ble** *adj* unbestechlich.

**ˌunˈbri·dle** *v/t* **1.** *das Pferd* abzäumen. **2.** *fig. Zunge* lösen. **ˌunˈbri·dled** *adj* **1.** abgezäumt. **2.** *fig.* ungezügelt, zügellos: ~ tongue lose Zunge.

**ˌunˈbroke** *obs. od. dial.* für unbroken. **ˌunˈbro·ken** *adj* **1.** ungebrochen (*a. fig. Eid, Versprechen etc*), unzerbrochen, heil, ganz. **2.** ˈununterˌbrochen, ungestört: ~ peace; ~ line *math.* durch-*od.* ausgezogene Linie. **3.** ungezähmt, *bes.* nicht zugeritten: ~ horse. **4.** unbeeinträchtigt, unvermindert. **5.** *agr.* ungepflügt. **6.** ungebrochen, ˈunüberˌtroffen: ~ record.

**ˌunˈbroth·er·ly** *adj* unbrüderlich.

**ˌunˈbuck·le** *v/t* auf-, losschnallen.

**ˌunˈbuilt** *adj* **1.** (noch) nicht gebaut. **2.** *a.* ~-on unebaut (*Gelände*).

**ˌunˈbur·den** *v/t* **1.** *bes. fig.* entlasten, von

e-r Last befreien, erleichtern: to ~ one's conscience; to ~ o.s. (to s.o.) (j-m) sein Herz ausschütten. 2. a) sich e-r Sache entledigen, *ein Geheimnis etc* loswerden, b) *fig.* bekennen, beichten: to ~ one's sins; to ~ one's troubles to s.o. s-e Sorgen bei j-m abladen.

,un'bur·ied *adj* unbegraben.

,un'burned, ,un'burnt *adj* 1. unverbrannt. 2. ungebrannt (*Ziegel etc*).

,un'bur·y *v/t* ausgraben (*a. fig. ans Licht bringen*).

,un'busi·ness·like *adj* ungeschäftsmäßig, unsachlich.

,un'but·ton *v/t* aufknöpfen: to ~ one's heart to s.o. j-m sein Herz ausschütten.

,un'but·toned *adj* 1. aufgeknöpft. 2. *fig.* gelöst, zwanglos (*Stimmung etc*), ,aufgeknöpft' (*Person*).

,un'cage *v/t* aus dem Käfig lassen, freilassen (*a. fig.*).

,un'cal·cu·lat·ed *adj* ungewollt, unbeabsichtigt.

,un'called *adj* 1. unaufgefordert, ungebeten. 2. *econ.* nicht aufgerufen.

,un'called-for *adj* 1. ungerufen, unerwünscht, unnötig. 2. unverlangt. 3. depla'ciert, unangebracht, unpassend: an ~ remark.

un'can·ny *adj* (*adv* uncannily) unheimlich (*a. fig.*): with ~ sureness mit nachtwandlerischer Sicherheit.

,un'cap *v/t* 1. *Flasche etc* aufmachen, öffnen. 2. *fig.* enthüllen.

,un'cared-for *adj* 1. unbeachtet. 2. vernachlässigt (*Kind etc*), ungepflegt (*Garten, Hände etc*).

,un'care·ful *adj* 1. unvorsichtig. 2. unbekümmert, gleichgültig: to be ~ of (*od.* for) sich nicht kümmern um.

,un'car·pet·ed *adj* ohne Teppich(e).

,un'case *v/t* 1. auspacken. 2. entfalten: to ~ a flag.

,un'cat·a·log(u)ed *adj* nicht katalogi-'siert.

un'ceas·ing *adj* (*adv* ~ly) unaufhörlich.

'un,cer·e'mo·ni·ous *adj* (*adv* ~ly) 1. ungezwungen, zwanglos. 2. a) unsanft, grob, b) unhöflich.

un'cer·tain *adj* (*adv* ~ly) 1. unsicher, ungewiß, unbestimmt: his arrival is ~. 2. nicht sicher: to be ~ of s.th. e-r Sache nicht sicher od. gewiß sein. 3. zweifelhaft, undeutlich, vage: an ~ answer. 4. unzuverlässig: an ~ friend. 5. unstet, unbeständig, veränderlich, launenhaft: ~ temper; ~ weather unbeständiges Wetter. 6. unsicher, verwirrt: an ~ look.

un'cer·tain·ty *s* 1. Unsicherheit *f*, Ungewißheit *f*, Unbestimmtheit *f*: ~ principle *phys.* Unschärferelation *f*. 2. Zweifelhaftigkeit *f*. 3. Unzuverlässigkeit *f*. 4. Unbeständigkeit *f*.

,un·cer'tif·i·cat·ed *adj* 1. unbescheinigt. 2. ohne amtliches Zeugnis, nicht diplo'miert.

,un'cer·ti·fied *adj* nicht bescheinigt, unbeglaubigt.

,un'chain *v/t* 1. losketten. 2. befreien (*a. fig.*).

,un'chal·lenge·a·ble *adj* (*adv* unchallengeably) unanfechtbar, unbestreitbar. ,un'chal·lenged *adj* unbestritten, 'unwider,sprochen: an ~ victory ein unangefochtener Sieg.

,un'change·a·ble *adj* (*adv* unchangeably) unveränderlich, unwandelbar.

,un'change·a·ble·ness *s* Unveränderlichkeit *f*. ,un'changed *adj* 1. unverändert. 2. ungewechselt. ,un'chang·ing *adj* (*adv* ~ly) unveränderlich.

'un,char·ac'ter'is·tic *adj* 'uncharakte-,ristisch, untypisch (of für): it is ~ of her to do s.th. es ist nicht ihre Art, etwas zu tun.

,un'charged *adj* 1. nicht beladen. 2. *jur.* nicht angeklagt. 3. *electr.* nicht (auf)geladen. 4. *obs.* ungeladen (*Schußwaffe*). 5. *econ.* a) unbelastet (*Konto*), b) unberechnet.

'un,char·is'mat·ic *adj* 'uncharis,matisch, ohne (besondere) Ausstrahlung(skraft).

,un'char·i·ta·ble *adj* 1. lieblos, hart (-herzig). 2. schonungslos. ,un'char·i·ta·ble·ness *s* Lieblosigkeit *f*, Härte *f*.

,un'chart·ed *adj* auf keiner (Land)Karte verzeichnet: ~ territory *fig.* unbekanntes Gebiet, Neuland *n*; the ~ depths of mind die unerforschten Tiefen der Seele.

,un'char·tered *adj* 1. unverbrieft, nicht privile'giert, unberechtigt. 2. gesetzlos.

,un'chaste *adj* (*adv* ~ly) unkeusch. ,un'chaste·ness, ,un'chas·ti·ty *s* Unkeuschheit *f*.

,un'checked *adj* 1. ungehindert, ungehemmt. 2. 'unkontrol,liert, ungeprüft.

,un'chiv·al·rous *adj* unritterlich, 'unga,lant.

,un'chris·tened *adj* ungetauft.

,un'chris·tian *adj* 1. unchristlich. 2. *colloq.* unverschämt, ,verboten': at an ~ hour zu e-r ,unchristlichen' Zeit. ,un'chris·tian·ize *v/t* entchristlichen, dem Christentum entfremden.

,un'church *v/t relig.* 1. aus der Kirche ausstoßen. 2. *e-r Sekte etc* den Cha'rakter *od.* die Rechte e-r Kirche nehmen.

un·ci [ˈʌnsaɪ] *pl von* uncus.

un·ci·al [ˈʌnsɪəl; *Am. a.* ˈʌnʃəl] I *adj* 1. Unzial... II *s* 2. Unzi'ale *f*, Unzi'albuchstabe *m*. 3. Unzi'alschrift *f*.

un·ci·form [ˈʌnsɪfɔː(r)m] I *adj* hakenförmig. II *s anat.* Hakenbein *n* (*der Handwurzel*).

un·ci·nate [ˈʌnsɪnɪt; *bes. Am.* -neɪt] *adj biol.* hakenförmig, gekrümmt.

,un'cir·cum·cised *adj relig.* unbeschnitten (*a. fig. ungläubig*). 'un,cir·cum'ci·sion *s Bibl.* (die) Unbeschnittenen *pl*, (die) Heiden *pl*.

,un'civ·il *adj* (*adv* ~ly) 1. unhöflich, grob. 2. *obs.* 'unzivili,siert. ,un'civ·i·lized *adj* 'unzivili,siert.

,un'clad *adj* 1. unbekleidet. 2. *tech.* 'nichtplat,tiert.

,un'claimed *adj* 1. nicht beansprucht, nicht geltend gemacht. 2. nicht abgeholt *od.* abgenommen: ~ dividends *econ.* nicht abgehobene Dividenden; an ~ letter ein nicht abgeholter Brief, ein unzustellbarer Brief.

,un'clasp I *v/t* 1. lösen, auf-, loshaken *od.* -schnallen, öffnen. 2. loslassen: to ~ s.o.'s arm. II *v/i* 3. sich lösen *od.* öffnen.

,un'classed *adj* keiner Klasse angehörend.

,un'clas·si·fied *adj* 1. nicht klassifi-'ziert, nicht eingeordnet: ~ road *Br.* Landstraße *f*. 2. *mil. pol.* offen, nicht geheim. ,un'clas·si·fy *v/t* von der Geheimhaltungsliste streichen, freigeben.

un·cle [ˈʌŋkl] *s* 1. Onkel *m* (*a. weitS.*): U~ Sam Onkel Sam (*die USA*); to cry ~ *Am. colloq.* aufgeben, sich geschlagen geben; → Bob², Dutch¹ 1. 2. *sl.* Pfandleiher *m*. 3. *Am. colloq.* (*bes. älterer*) Neger: U~ Tom *contp.* serviler Nigger; U~ Tomahawk *contp.* Indianer, *der sich dem weißen Establishment anpaßt*.

,un'clean *adj* 1. unrein (*a. fig.*). 2. *med.* belegt (*Zunge*).

,un'clean·li·ness *s* 1. Unreinlichkeit *f*, Unsauberkeit *f*. 2. *fig.* Unreinheit *f*, Unkeuschheit *f*. ,un'clean·ly *adj* 1. unreinlich, unsauber. 2. *fig.* unrein, unkeusch.

,un'clear *adj* unklar. ,un'cleared *adj* 1. ungeklärt, nicht geregelt. 2. nicht abgeräumt: ~ table. 3. nicht gerodet: ~ forest. 4. *jur.* nicht freigesprochen *od.* entlastet. 5. *econ.* ungetilgt, nicht abbezahlt.

,un'clench I *v/t* 1. *die Faust* öffnen. 2. *s-n* Griff lockern. II *v/i* 3. sich öffnen *od.* lockern.

,un'cler·i·cal *adj* 'unkleri,kal, ungeistlich, mit dem Stande des Geistlichen nicht vereinbar.

,un'clinch → unclench.

,un'cloak I *v/t* 1. *j-m* den Mantel *etc* abnehmen; to ~ o.s. → 3. 2. *fig.* enthüllen, -larven. II *v/i* 3. den Mantel *etc* ausziehen.

,un'clog *v/t* die Verstopfung beseitigen in (*dat*).

,un'close I *v/t* 1. öffnen. 2. *fig.* enthüllen. II *v/i* 3. sich öffnen. ,un'closed *adj* 1. unverschlossen, geöffnet, offen. 2. unbeendet, nicht abgeschlossen.

,un'clothe *v/t* 1. entkleiden, -blößen. 2. *fig.* enthüllen. ,un'clothed *adj* unbekleidet.

,un'cloud·ed *adj* 1. unbewölkt, wolkenlos. 2. *fig.* ungetrübt: ~ happiness.

un·co [ˈʌŋkəʊ] *Scot. od. dial.* I *adj* 1. ungewöhnlich, beachtlich. 2. seltsam. 3. unheimlich. II *adv* 4. äußerst, höchst: the ~ guid ,die ach so guten Menschen'. III *pl* -cos *s* 5. *pl* Neuigkeit(en *pl*) *f*. 6. Fremde(r *m*) *f*.

,un'cock *v/t Gewehr(hahn) etc* entspannen.

,un'coil *v/t u. v/i* (sich) abwickeln *od.* abspulen *od.* aufrollen.

,un'coined *adj* ungeprägt, ungemünzt.

,un'col·lect·ed *adj* 1. nicht (ein)gesammelt. 2. *econ.* (noch) nicht erhoben: ~ fees. 3. *fig.* nicht gefaßt *od.* gesammelt.

,un'col·o(u)red *adj* 1. ungefärbt. 2. *fig.* ungeschminkt, objek'tiv: an ~ report.

,un'combed *adj* ungekämmt.

,un'com'bined *adj a. phys.* ungebunden, frei: ~ heat.

,un–come-'at·a·ble *adj colloq.* a) unerreichbar, b) unzugänglich, unnahbar: it (he) is ~ ,da (an ihn) ist nicht ranzukommen'.

,un'come·li·ness *s* 'Unattraktivi,tät *f*.

,un'come·ly *adj* 1. unattrak,tiv, unschön. 2. *obs.* unschicklich.

un'com·fort·a·ble *adj* (*adv* uncomfortably) 1. unangenehm, beunruhigend: he had a ~ feeling that er hatte das ungute Gefühl, daß. 2. unbehaglich, ungemütlich (*beide a. fig. Gefühl etc*), unbequem: ~ chair; ~ situation ungemütliche Lage; ~ silence peinliche Stille. 3. verlegen, unruhig.

,un'com'mend·a·ble *adj* 1. nicht zu empfehlen(d), nicht empfehlenswert.

,un·com'mer·cial *adj* 1. nicht handeltreibend. 2. unkaufmännisch.

,un·com'mis·sioned *adj* nicht beauftragt *od.* ermächtigt, unbestallt.

,un·com'mit·ted *adj* 1. nicht begangen: ~ crimes. 2. (to) nicht verpflichtet (zu), nicht gebunden (an *acc*), nicht festgelegt (auf *acc*): to remain ~ sich nicht festlegen. 3. *pol.* bündnis-, blockfrei, neu'tral: the ~ countries. 4. *jur.* a) nicht in e-r Strafanstalt befindlich, b) nicht in e-e Heil- u. Pflegeanstalt eingewiesen. 5. *parl.* nicht an e-n Ausschuß *etc* verwiesen. 6. nicht zweckgebunden: ~ funds.

un'com·mon I *adj* (*adv* ~ly) ungewöhnlich: a) selten, b) außergewöhnlich, -ordentlich. II *adv obs. od. dial.* ungewöhnlich, äußerst, ungemein, selten: ~ handsome. un'com·mon·ness *s* Ungewöhnlichkeit *f*.

**un·com'mu·ni·ca·ble** *adj* **1.** nicht mitteilbar. **2.** *med.* nicht über'tragbar *od.* ansteckend. **un·com'mu·ni·ca·tive** *adj* nicht *od.* wenig mitteilsam *od.* gesprächig, verschlossen. **un·com'mu·ni·ca·tive·ness** *s* Verschlossenheit *f*. **un·com'pan·ion·a·ble** *adj* ungesellig, nicht 'umgänglich.

**un·com'plain·ing** *adj* (*adv* ~ly) klaglos, ohne Murren, geduldig. **un·com'plain·ing·ness** *s* Klaglosigkeit *f*. **un·com'plai·sant** *adj* (*adv* ~ly) ungefällig.

**un·com'plet·ed** *adj* 'unvoll,endet. **un·com'pli·cat·ed** *adj* 'unkompli,ziert, einfach.

**'un,com·pli'men·ta·ry** *adj* **1.** nicht *od.* wenig schmeichelhaft: **to be** ~ **about** sich nicht sehr schmeichelhaft äußern über (*acc*). **2.** unhöflich.

**un·com'pound·ed** *adj* **1.** nicht zs.-gesetzt, unvermischt. **2.** einfach. **'un,com·pre'hend·ing** *adj* (*adv* ~ly) verständnislos.

**un·com'pro·mis·ing** *adj* (*adv* ~ly) **1.** kompro'mißlos, zu keinem Kompro'miß bereit. **2.** unbeugsam, unnachgiebig. **3.** entschieden, eindeutig.

**un·con'cealed** *adj* unverhohlen, offen. **un·con'cern** *s* **1.** Sorglosigkeit *f*, Unbekümmertheit *f*. **2.** Gleichgültigkeit *f*: **with** ~ gelassen, gleichgültig. **un·con'cerned** *adj* **1.** (in) nicht betroffen (von), unbeteiligt (an *dat*), nicht verwickelt (in *acc*). **2.** uninteres,siert (**with** an *dat*), gleichgültig. **3.** unbesorgt, unbekümmert (**about** um, wegen): **to be** ~ **about** sich über *etwas* keine Gedanken *od.* Sorgen machen. **4.** unbeteiligt, 'unpar,teiisch. **un·con'cern·ed·ly** [-nıdlı] *adv.* **un·con'cern·ed·ness** → unconcern. **un·con'cil·i·a·to·ry** *adj* unversöhnlich.

**un·con'di·tion·al** *adj* (*adv* ~ly) **1.** unbedingt, bedingungslos: ~ **surrender** bedingungslose Kapitulation. **2.** uneingeschränkt, vorbehaltlos: ~ **promise**. **'un·con,di·tion'al·i·ty, un·con·'di·tion·al·ness** *s* **1.** Bedingungslosigkeit *f*. **2.** Vorbehaltlosigkeit *f*. **un·con·'di·tioned** *adj* **1.** → unconditional. **2.** *psych.* unbedingt, angeboren: ~ **reflex**. **3.** *philos.* unbedingt, abso'lut.

**un·con'fessed** *adj* **1.** nicht (ein)gestanden, ungebeichtet: ~ **sins**. **2.** ohne Beichte: **to die** ~. **un·con'fined** *adj* unbegrenzt, unbeschränkt.

**un·con'firmed** *adj* **1.** unbestätigt, nicht bekräftigt *od.* erhärtet, unverbürgt: **an** ~ **rumo(u)r**. **2.** *relig.* a) nicht konfir'miert, b) *R.C.* nicht gefirmt.

**un·con'form·a·ble** *adj* (*adv* unconformably) **1.** unvereinbar (**with** mit). **2.** nicht über'einstimmend (**to, with** mit). **3.** *geol.* diskor'dant, nicht gleichstrebend *od.* -gelagert (*Schichten*). **4.** *relig. hist.* nonkonfor'mistisch.

**un·con'gen·ial** *adj* **1.** ungleichartig, nicht (geistes)verwandt *od.* kongeni'al (**with** mit). **2.** nicht zusagend, unangenehm, 'unsym,pathisch (**to** *dat*): **this job is** ~ **to him** diese Arbeit sagt ihm nicht zu. **3.** unfreundlich.

**un·con'nect·ed** *adj* **1.** unverbunden, getrennt. **2.** (logisch) 'unzu,sammenhängend: **an** ~ **report**. **3.** nicht verwandt. **4.** ungebunden, ohne Anhang.

**un·con'quer·a·ble** *adj* (*adv* unconquerably) 'unüber,windlich (*a. fig.*), unbesiegbar. **un·con·quered** *adj* unbesiegt, nicht erobert.

**un·con·sci'en·tious** *adj* (*adv* ~ly) nicht gewissenhaft.

**un·con'scion·a·ble** *adj* (*adv* uncon-scionably) **1.** gewissen-, skrupellos. **2.** nicht zumutbar. **3.** unmäßig, ,unverschämt': ~ **demands**; **it took him an** ~ **time** er brauchte unglaublich lange dazu.

**un·con'scious I** *adj* (*adv* ~ly) **1.** unbewußt: **to be** ~ **of** nichts ahnen *od.* wissen von, sich e-r Sache nicht bewußt sein. **2.** *med.* bewußtlos, ohnmächtig. **3.** unbewußt, leblos: ~ **matter**. **4.** unbewußt, unwillkürlich, unfreiwillig (*a. Humor*). **5.** unabsichtlich: **an** ~ **mistake**. **6.** *psych.* unbewußt. **II** *s* **7. the** ~ *psych.* das Unbewußte. **un·con'scious·ness** *s* **1.** Unbewußtheit *f*. **2.** *med.* Bewußtlosigkeit *f*. **un·con·se·crat·ed** *adj* ungeweiht. **un·con'sent·ing** *adj* ablehnend.

**un·con'sid·ered** *adj* **1.** unberücksichtigt. **2.** unbedacht, 'unüber,legt. **un,con·sti'tu·tion·al** *adj* (*adv* ~ly) *pol.* verfassungswidrig. **'un·con·sti,tu·tion'al·i·ty** *s* Verfassungswidrigkeit *f*. **un·con'strained** *adj* ungezwungen, zwanglos. **un·con'strain·ed·ly** [-nıdlı] *adv.* **un·con'straint** *s* Ungezwungenheit *f*, Zwanglosigkeit *f*.

**un·con'tam·i·nat·ed** *adj* **1.** nicht verunreinigt. **2.** nicht infi'ziert *od.* vergiftet (*a. fig.*), (*a.* radioak'tiv) nicht verseucht.

**un,con'tem·plat·ed** *adj* **1.** 'unvor,hergesehen. **2.** unbeabsichtigt, ungeplant. **un·con'test·ed** *adj* unbestritten, unangefochten: ~ **election** *pol.* Wahl *f* ohne Gegenkandidaten. **'un,con·tra'dict·ed** *adj* 'unwider,sprochen, unbestritten.

**un·con'trol·la·ble** *adj* (*adv* uncontrollably) **1.** 'unkontrol,lierbar. **2.** unbeherrscht, zügellos: **an** ~ **temper**. **un·con'trolled** *adj* **1.** 'unkontrol,liert, ohne Aufsicht. **2.** unbeherrscht, zügellos. **3.** *tech.* ungesteuert. **un·con'trol·led·ly** [-ıdlı] *adv*.

**un·con'tro·vert·ed** → uncontested. **un·con'ven·tion·al** *adj* 'unkonventio,nell: a) unüblich: ~ **methods**, b) ungezwungen, zwanglos: ~ **manner**. **'un·con,ven·tion'al·i·ty** *s* 'unkonventio,nelle Art, Zwanglosigkeit *f*, Ungezwungenheit *f*.

**un·con'ver·sant** *adj* **1.** nicht vertraut (**with** mit). **2.** unbewandert (**in** auf dem). **un·con'vert·ed** *adj* **1.** unverwandelt. **2.** *relig.* unbekehrt (*a. fig. nicht über-zeugt*). **3.** *econ.* nicht konver'tiert. **un·con'vert·i·ble** *adj* **1.** nicht verwandelbar. **2.** nicht vertauschbar. **3.** *econ.* nicht konver'tierbar.

**un·con'vinced** *adj* nicht *od.* wenig über'zeugt (**of** von). **un·con'vinc·ing** *adj* nicht über'zeugend.

**un'cooked** *adj* ungekocht, roh.

**un'cord** *v/t* auf-, losbinden. **un'cork** *v/t* **1.** entkorken. **2.** *fig. colloq.* **s-n Gefühlen** *etc* Luft machen. **3.** *Am. colloq.* etwas ,vom Stapel lassen'.

**un·cor'rect·ed** *adj* **1.** 'unkorri,giert, unberichtigt, unverbessert. **2.** nicht gebessert.

**un·cor'rob·o·rat·ed** *adj* unbestätigt, nicht erhärtet.

**un·cor'rupt·ed** *adj* **1.** unverdorben. **2.** *fig.* → incorrupt.

**un'count·a·ble** *adj* **1.** unzählbar. **2.** zahllos. **un'count·ed** *adj* **1.** ungezählt. **2.** unzählig.

**un'cou·ple** *v/t* **1.** *Hunde etc* aus der Koppel (los)lassen. **2.** loslösen, trennen. **3.** *tech.* ab-, aus-, loskuppeln. **un'cou·pled** *adj* **1.** ungekoppelt, nicht gepaart. **2.** getrennt.

**un'cour·te·ous** *adj* (*adv* ~ly) unhöflich. **un'court·li·ness** *s* **1.** (*das*) Unhöfische. **2.** Unhöflichkeit *f*. **un'court·ly** *adj* **1.** unhöfisch. **2.** unhöflich, grob.

**un·couth** [ʌn'kuːθ] *adj* (*adv* ~ly) **1.** ungeschlacht, unbeholfen, plump. **2.** ungehobelt, grob. **3.** *obs.* wunderlich. **4.** *bes. poet.* einsam, wild, öde (*Gegend*). **5.** *obs.* a) unbekannt, fremd, b) abstoßend.

**un'cov·e·nant·ed** *adj* **1.** nicht vertraglich festgelegt. **2.** nicht vertraglich gebunden. **3.** *relig.* nicht verheißen: ~ **mercies**.

**un'cov·er I** *v/t* **1.** aufdecken, entblößen, freilegen: **to** ~ **o.s.** → 5. **2.** *fig.* aufdecken, enthüllen. **3.** *mil.* außer Deckung bringen, ohne Deckung lassen. **4.** *Boxen etc*: ungedeckt lassen. **II** *v/i* **5.** den Hut abnehmen, das Haupt entblößen. **un'cov·ered** *adj* **1.** unbedeckt (*a. barhäuptig*). **2.** unbekleidet, nackt, entblößt. **3.** *tech.* blank: ~ **wire**. **4.** *mil. sport* ungeschützt, entblößt. **5.** *econ.* ungedeckt: ~ **bill**.

**un·creas·a·ble** [,ʌn'kriːsəbl] *adj* knitterfest, -frei (*Stoff*).

**un·cre'ate I** *v/t* vernichten, auslöschen. **II** *adj* → uncreated. **un·cre'at·ed** *adj* **1.** (noch) nicht erschaffen *od.* geschaffen. **2.** unerschaffen, ewig.

**un'crit·i·cal** *adj* (*adv* ~ly) unkritisch, kri'tiklos (**of** gegen'über).

**un'cross** *v/t* gekreuzte Arme *od.* Beine geradelegen. **un'crossed** *adj* nicht gekreuzt: ~ **check** (*Br. cheque*) *econ.* nicht gekreuzter Scheck, Barscheck *m*.

**un'crowd·ed** *adj* wenig befahren: ~ **street**.

**un'crowned** *adj* **1.** (noch) nicht gekrönt. **2.** ungekrönt (*a. fig.*): **the** ~ **king of high finance**.

**unc·tion** [ʌŋkʃn] *s* **1.** Salbung *f*, Einreibung *f*. **2.** *pharm.* Salbe *f*. **3.** *relig.* a) (heiliges) Öl, b) Salbung *f*, Weihe *f*, c) *a.* **extreme** ~ Letzte Ölung. **4.** *fig.* Balsam *m* (*Linderung od. Trost*) (**to** für). **5.** Inbrunst *f*, Pathos *n*. **6.** *contp.* Salbung *f*, unechtes Pathos: **with** ~ salbungsvoll. **unc·tu'os·i·ty** [-tjʊ'ɒsɪtɪ; *Am.* -tʃə-wa-] *s* **1.** Öligkeit *f*. **2.** *fig.* (*das*) Salbungsvolle. **'unc·tu·ous** [-tʃʊəs; *Am.* -tʃəwəs; -tʃəs] *adj* (*adv* ~ly) **1.** ölig, fettig: ~ **soil** fetter Boden. **2.** *fig.* salbungsvoll, ölig. **'unc·tu·ous·ness** → unctuosity.

**un'cul·ti·va·ble** *adj* unbebaubar, nicht kulti'vierbar. **un'cul·ti·vat·ed** *adj* **1.** unbebaut. **2.** *fig.* brachliegend, vernachlässigt: ~ **talents**. **3.** *fig.* 'unzivi,lisiert. **4.** *fig.* ungebildet, 'unkulti,viert. **un'cul·tured** → uncultivated 1, 3, 4.

**un'cum·bered** *adj* unbeschwert, unbelastet.

**un'curbed** *adj* **1.** abgezäumt. **2.** *fig.* ungezähmt, zügellos.

**un'cured** *adj* **1.** ungeheilt. **2.** ungesalzen, ungepökelt.

**un'curl** *v/t u. v/i* (sich) entkräuseln *od.* glätten.

**un·cur'tailed** *adj* ungekürzt, unbeschnitten.

**un·cus** [ʌŋkəs] *pl* **un·ci** [ʌnsaɪ] *s anat.* Haken *m*, Häkchen *n*.

**un'cus·tom·ar·y** *adj* ungebräuchlich, ungewöhnlich, unüblich. **un'cus·tomed** *adj* **1.** zollfrei. **2.** unverzollt.

**un'cut** *adj* **1.** ungeschnitten. **2.** unzerschnitten. **3.** *agr.* ungemäht. **4.** *tech.* a) unbehauen, b) ungeschliffen: **an** ~ **diamond**. **5.** unbeschnitten: **an** ~ **book**. **6.** *fig.* ungekürzt.

**un'dam·aged** *adj* unbeschädigt, unversehrt, heil.

**un'damped** *adj* **1.** *bes. electr. mus. phys.* ungedämpft. **2.** unangefeuchtet. **3.** *fig.* nicht entmutigt, unverzagt.

**un·date** [ʌndeɪt], **un·dat·ed**[1] *adj* wellig, gewellt.

**un'dat·ed**[2] *adj* **1.** 'unda,tiert, ohne Datum. **2.** unbefristet.

ˌun·ˈdaunt·ed *adj* (*adv* ˌly) unerschrocken, unverzagt, furchtlos. ˌun·ˈdaunt·ed·ness *s* Unerschrockenheit *f.*

un·ˈdé *adj her.* gewellt.

un·dec·a·gon [ʌnˈdekəgɒn; *Am.* -ˌgɑn] *s math.* Elfeck *n.*

ˌun·de·ˈcay·ing *adj* unvergänglich.

ˌun·de·ˈceive *v/t* 1. *j-m* die Augen öffnen, *j-n* desillusioˈnieren. 2. *j-n* aufklären (of über *acc*), e-s Besser(e)n belehren. ˌun·de·ˈceived *adj* 1. nicht irregeführt. 2. aufgeklärt, e-s Besser(e)n belehrt.

ˌun·de·ˈcid·ed *adj* 1. nicht entschieden, unentschieden, offen: to leave a question ˄. 2. unbestimmt, vage. 3. unentschlossen, unschlüssig. 4. unbeständig (*Wetter*).

un·de·ˈcil·lion [ˌʌndɪˈsɪljən] *s math.* 1. *Br.* Undezilliˈon *f* (*10⁶⁶*). 2. *Am.* Sextilliˈon *f* (*10³⁶*).

ˌun·de·ˈci·pher·a·ble *adj* 1. nicht zu entziffern(d), nicht entzifferbar. 2. nicht enträtselbar.

ˌun·de·ˈclared *adj* 1. nicht bekanntgemacht, nicht erklärt: ˄ war Krieg *m* ohne Kriegserklärung. 2. *econ.* nicht deklaˈriert.

un·ˈdée → undé.

ˌun·de·ˈfend·ed *adj* 1. unverteidigt. 2. *jur.* a) unverteidigt, ohne Verteidiger, b) ˈunwiderˌsprochen (*Klage*).

ˌun·de·ˈfiled *adj* unbefleckt, rein (*a. fig.*).

ˌun·de·ˈfin·a·ble *adj* ˈundefiˌnierbar, unbestimmbar. ˌun·de·ˈfined *adj* 1. unbegrenzt. 2. unbestimmt, vage.

ˌun·ˈde·i·fy *v/t* entgöttlichen.

ˌun·de·ˈliv·ered *adj* 1. nicht befreit, unerlöst (from von). 2. nicht überˈgeben *od.* ausgehändigt, nicht (ab)geliefert, nicht zugestellt. 3. nicht gehalten (*Rede*).

ˌun·de·ˈmand·ing *adj* 1. anspruchslos (*a. fig.*): ˄ music. 2. leicht, ohne hohe Anforderungen: an ˄ task.

ˈunˌdem·oˈcrat·ic *adj* ˈundemoˌkratisch.

ˌun·de·ˈmon·stra·tive *adj* zuˈrückhaltend, reserˈviert, unaufdringlich.

ˌun·de·ˈni·a·ble *adj* (*adv* undeniably) 1. unleugbar, unbestreitbar. 2. *selten* ausgezeichnet.

ˈun·deˌnom·iˈna·tion·al *adj* 1. nicht konfessioˈnell gebunden. 2. interkonfessioˈnell: ˄ school Gemeinschafts-, Simultanschule *f.*

ˌun·de·ˈpend·a·ble *adj* unzuverlässig.

ˌun·de·ˈplored *adj* unbeweint, unbeklagt.

un·der [ˈʌndə(r)] I *prep* 1. *allg.* unter (*dat od. acc*). 2. (*Lage*) unter (*dat*), ˈunterhalb von (*od. gen*): from ˄ the table unter dem Tisch hervor. 3. (*Richtung*) unter (*acc*): the ball rolled ˄ the table; he struck him ˄ the left eye. 4. unter (*dat*), am Fuße von (*od. gen*): the citizens assembled ˄ the castle wall. 5. (*zeitlich*) unter (*dat*), während (*gen*): ˄ his rule; he lived ˄ the Stuarts er lebte zur Zeit der Stuarts; ˄ the date of unter dem Datum vom *1. Januar etc.* 6. unter (*der Führung etc*): he fought ˄ Wellington. 7. unter (*dat*), unter dem Schutz von, unter Zuˈhilfenahme von: ˄ arms unter Waffen; ˄ darkness im Schutz der Dunkelheit. 8. unter (*dat*), geringer als, weniger als: persons ˄ 40 (years of age) Personen unter 40 (Jahren); the ˄-thirties die Personen unter 30 Jahren; in ˄ an hour in weniger als ˈeiner Stunde; he cannot do it ˄ an hour er braucht mindestens e-e Stunde dazu. 9. *fig.* unter (*dat*): ˄ his tyranny; a criminal ˄ sentence of death ein zum Tode verurteilter Verbrecher; ˄ supervision unter Aufsicht; ˄ alcohol unter Alkohol, alkoholisiert; ˄ an assumed

name unter e-m angenommenen Namen. 10. gemäß, laut, nach: ˄ the terms of the contract; ˄ the provisions of the law a) nach den gesetzlichen Bestimmungen, b) im Rahmen des Gesetzes; claims ˄ a contract Forderungen aus e-m Vertrag. 11. in (*dat*): ˄ treatment in Behandlung. 12. bei: he studied physics ˄ Maxwell. 13. mit: ˄ s.o.'s signature mit j-s Unterschrift, (eigenhändig) unterschrieben *od.* unterzeichnet von j-m.

II *adv* 14. darˈunter, unter: → go (keep, *etc*) under. 15. unten: as ˄ wie unten (angeführt); to get out from ˄ *Am. sl.* a) sich herauswinden, b) den Verlust wettmachen.

III *adj* (*oft in Zssgn*) 16. unter(er, e, es), Unter...: the ˄ layers die unteren Schichten *od.* Lagen; the ˄ surface die Unterseite. 17. unter(er, e, es), nieder(er, e, es), ˈuntergeordnet, Unter...: the ˄ classes die unteren *od.* niederen Klassen. 18. (*nur in Zssgn*) ungenügend, zu gering: an ˄dose.

ˌun·derˈa·chieve *v/i* weniger leisten als erwartet, (*in e-r Prüfung*) schlechter abschneiden als erwartet. ˌ˄aˈchiev·er *s* j-d, der weniger leistet *od.* schlechter abschneidet als erwartet. ˌ˄ˈact *thea. etc* I *v/t* e-e Rolle unterˈspielen, -ˈtreiben, unterˈtreiben spielen. II *v/i* unterˈtreiben (*a. fig.*). ˌ˄ˈage *adj* minderjährig, unmündig. ˈ˄ˌa·gent *s* ˈUntervertreter *m.* ˈ˄arm I *adj* 1. Unterarm... 2. → underhand I. II *adv* 3. mit e-r ˈUnterarmbewegung. ˈ˄ˌbel·ly *s* 1. *zo.* Bauch *m.* 2. *fig.* Schwachstelle *f.* ˌ˄ˈbid I *v/t irr* 1. *econ.* a) unterˈbieten, weniger bieten als, b) zuˈwenig bieten für. 2. *Bridge:* zu niedrig reizen mit (*e-m Blatt*). II *v/i* 3. *econ.* zuˈwenig bieten. 4. *econ.* weniger bieten, ein niedrigeres Angebot machen. ˌ˄ˈbill *v/t econ. Am.* Waren zu niedrig deklaˈrieren *od.* berechnen. ˌ˄ˈbred *adj* 1. ungebildet, unfein. 2. nicht reinrassig: ˄ dog. ˈ˄brush *s bes. Am.* ˈUnterholz *n,* Gestrüpp *n* (*a. fig.*). ˌ˄ˈbuy *irr* I *v/t* 1. zuˈwenig (ein)kaufen von. 2. billiger *od.* günstiger (ein)kaufen als (*j-d*): to ˄ s.o. 3. etwas unter Preis (ein)kaufen. II *v/i* 4. unter Bedarf *od.* unter Preis (ein)kaufen. ˌ˄ˈcap·i·tal·ize *v/t econ.* 1. e-n zu niedrigen Nennwert für das ˈStammkapiˌtal (*e-s Unternehmens*) angeben: to ˄ a firm. 2. das Kapiˈtal unterˈschätzen von. 3. ˈunterkapitaliˌsieren. ˈ˄ˌcar·riage *s* 1. *aer.* Fahrwerk *n,* -gestell *n.* 2. *mot. etc* Fahrgestell *n.* 3. *mil.* ˈUnterlaˌfette *f.* ˈ˄cart *Br. colloq.* für undercarriage 1. ˌ˄ˈcast *v/t irr thea. etc* 1. *j-m* e-e kleine(re) Rolle geben. 2. ein Stück *etc* mit zweitklassigen Schauspielern besetzen. ˌ˄ˈcharge I *v/t* 1. *j-m* zu wenig berechnen *od.* abverlangen. 2. e-n Betrag zuˈwenig verlangen: he ˄d two pounds. 3. etwas zu gering bemessen. 4. *electr.* e-e Batterie *etc* unterˈladen. 5. ein Geschütz *etc* zu schwach laden. II *v/i* 6. zuˈwenig verlangen (for für). III *s* 7. zu geringe Berechnung *od.* Belastung. 8. *electr.* ungenügende (Auf)Ladung. ˈ˄class *s sociol.* ˈunterprivileˌgierte Klasse. ˈ˄cliff *s geol.* Felsstufe *f.* ˌ˄ˈclothed *adj* ungenügend bekleidet. ˈ˄clothes *s pl,* ˈ˄ˌcloth·ing *s* ˈUnterkleidung *f,* -wäsche *f,* Leibwäsche *f.* ˈ˄coat I *s* 1. Rock *m,* Weste *f* (*unter e-m anderen Kleidungsstück getragen*). 2. *zo.* Wollhaarkleid *n.* 3. *paint. tech.* Grundierung *f,* Voranstrich *m.* 4. *mot. Am.* ˈUnterbodenschutz *m.* II *v/t* 5. *mot. Am.* e-n ˈUnterbodenschutz machen bei. ˌ˄ˈcool *v/t phys.* unterˈkühlen. ˈ˄ˌcov·er *adj* 1. Geheim...: ˄ agent Undercover-

-Agent *m* (*Kriminalbeamter im Untergrund*). 2. heimlich: ˄ payments. ˈ˄croft *s arch.* ˈunterirdisches Gewölbe, Krypta *f,* Gruft *f.* ˈ˄ˌcur·rent *s* ˈUnterströmung *f* (*a. fig.*). ˈ˄ˌcut I *v/t irr* [ˌ-ˈkʌt] 1. den unteren Teil wegschneiden *od.* weghauen von, unterˈhöhlen. 2. (*im Preis*) unterˈbieten. 3. *Golf, Tennis etc:* e-n Ball mit ˈUnterschnitt spielen. II *s* [ˈ-ˌkʌt] 4. Unterˈhöhlung *f.* 5. *Golf, Tennis etc:* unterˈschnittener Ball. 6. *gastr. Br.* zartes Lendenstück, (ˈRinder- *od.* ˈSchweine)Fiˌlet *n.* ˌ˄de·ˈvel·op *v/t bes. phot.* ˈunterentwickeln. ˌ˄de·ˈvel·oped *adj phot. u. fig.* ˈunterentwickelt: ˄ child; ˄ country *pol.* Entwicklungsland *n.* ˌ˄ˈdo *v/t irr* 1. etwas unvollkommen tun, mangelhaft erledigen. 2. nicht gar kochen, nicht ˈdurchbraten. ˈ˄dog *s fig.* 1. (*a.* sicherer) Verlierer, Unterˈlegene(r *m*) *f.* 2. a) (*der*) soziˈal Schwächere *od.* Zuˈrückgesetzte *od.* Benachteiligte, b) (*der*) (zu Unrecht) Verfolgte. ˌ˄ˈdone *adj* nicht gar, nicht ˈdurchgebraten. ˈ˄dose I *s* [ˈ-ˌdəʊs] 1. zu geringe Dosis. 2. *fig.* Zuˈwenig *n* (of an *dat*). II *v/t* [ˌ-ˈdəʊs] 3. *j-m* e-e zu geringe Dosis geben. 4. etwas zu gering doˈsieren. ˌ˄ˈdrain *tech.* I *v/t* [ˌ-ˈdreɪn] durch unterˈirdische Kaˈnäle entwässern *od.* trokkenlegen. II *s* [ˈ-dreɪn] ˈunterirdischer Drän(strang). ˌ˄ˈdraw *v/t irr* ungenau *od.* ungenügend zeichnen *od.* darstellen. ˌ˄ˈdress *v/t u. v/i* (sich) zu einfach kleiden. ˌ˄em·ˈploy·ment *s econ.* ˈUnterbeschäftigung *f.* ˌ˄ˈes·ti·mate I *v/t* [ˌ-ˈestɪmeɪt] unterˈschätzen, ˈunterbewerten. II *s* [ˌ-ˈestɪmət] Unterˈschätzung *f,* ˈUnterbewertung *f.* ˌ˄ˌes·ti·ˈma·tion → underestimate II. ˌ˄ex·ˈpose *v/t phot.* unterbelichten: to be ˄d *fig.* zu wenig Publizität haben. ˌ˄ex·ˈpo·sure *s* 1. *phot.* ˈUnterbelichtung *f.* 2. *fig.* mangelnde Publiziˈtät. ˌ˄ˈfeed *v/t irr* ˈunterernähren, nicht genügend (er)nähren *od.* füttern: underfed unterernährt. ˈ˄ˌfeed·ing *s* ˈUnterernährung *f.* ˈ˄felt *s* ˈFilzˌunterlage *f.* ˈ˄floor *adj* Unterboden..., *mot.* Unterflur...: ˄ engine; ˄ heating Fußbodenheizung *f.* ˈ˄flow *s* 1. ˈunterirdischer (ˈDurch)Fluß. 2. *fig.* ˈUnterströmung *f.* ˈ˄foot *adv* 1. unter den Füßen, mit (den) Füßen, unten, am Boden: it is very hard ˄ der Boden ist steinhart gefroren; → trample 3, tread 12. 2. *colloq.* (diˈrekt) vor den Füßen, im Wege. 3. *fig.* in der Gewalt, unter Konˈtrolle. ˈ˄frame *s tech.* ˈUntergestell *n,* Rahmen *m.* ˈ˄fur *s zo.* Wollhaarkleid *n.* ˈ˄ˌgar·ment *s* (Stück *n*) ˈUnterkleidung *f.* ˈ˄glaze (*Keramik*) I *s* ˈUnterglaˌsur *f,* erste Glaˈsur. II *adj* Unterglasur... ˌ˄ˈgo *v/t irr* 1. erleben, ˈdurchmachen: to ˄ a change. 2. sich *er Operation etc* unterˈziehen. 3. erdulden: to ˄ pain. ˌ˄ˈgrad *colloq.* für undergraduate. ˌ˄ˈgrad·u·ate *s univ.* 1. *Br.* Stuˈdent(in). 2. *Am.* Studenten... ˌ˄ˈground I *adv* [ˌ-ˈgraʊnd] 1. unter der *od.* die Erde, ˈunterirdisch. 2. *fig.* im verborgenen, heimlich, geheim: to go ˄ a) *pol.* zur Untergrundbewegung werden, b) *pol.* in den Untergrund gehen, c) untertauchen. II *adj* [ˈ-graʊnd] 3. ˈunterirdisch: ˄ cable Erdkabel *n;* ˄ car park, ˄ garage Tiefgarage *f;* ˄ pipe erdverlegtes Rohr; ˄ railway (*Am.* railroad) → 9; ˄ water Grundwasser *n.* 4. *Bergbau:* unter Tag(e): ˄ mining Untertag(e)bau *m.* 5. *tech.* Tiefbau...: ˄ engineering Tiefbau *m.* 6. *fig.* Untergrund..., Geheim..., untergrund: ˄ fighter *pol.* Untergrundkämpfer *m;* ˄ movement *pol.* Untergrundbewegung *f.* 7. *art* Underground...: ˄ film (music, *etc*). III *s* [ˈ-graʊnd] 8. ˈunterirdischer Raum

*od.* ('Durch)Gang. **9.** *bes. Br.* 'Untergrundbahn *f*, U-Bahn *f*. **10.** *pol.* 'Untergrund(bewegung *f*) *m*. **11.** *art* 'Underground *m*. ~**grown** *adj* **1.** nicht ausgewachsen. **2.** (mit 'Unterholz) über-'wachsen. '~**growth** *s* 'Unterholz *n*, Gestrüpp *n*. ~**hand** *adj u. adv* **1.** *fig.* a) heimlich, verstohlen, b) 'hinterlistig, -hältig. **2.** *Baseball, Kricket etc*: mit der Hand unter Schulterhöhe ausgeführt (*Wurf etc*): ~ **service** (*Tennis*) Tiefaufschlag *m*. ~**hand·ed** *adj* **1.** → underhand 1. **2.** *econ.* knapp an Arbeitskräften *od.* Perso'nal. ~**hand·ed·ness** *s* Heimlichkeit *f*, 'Hinterhältigkeit *f*. ~'**hung** *adj med.* a) über den Oberkiefer vorstehend, b) mit vorstehendem 'Unterkiefer. ~**in'sur·ance** *s econ.* 'Unterversicherung *f*. ~**in'sure** *v/t u. v/i* (sich) 'unterversichern. '~**is·sue** *s econ.* Minderausgabe *f*. ~**lay** [͵-'leɪ] **I** *v/t irr* **1.** (dar)'unterlegen. **2.** unter'legen, stützen (**with** mit). **3.** *print.* den Satz zurichten. **II** *v/i* **4.** *Bergbau:* sich neigen, einfallen. **III** *s* [ʹ-leɪ] **5.** 'Unterlage *f*. **6.** *print.* Zurichtebogen *m*. **7.** *Bergbau:* schräges Flöz. '~**lease** *s* 'Unterverpachtung *f*, 'Untermiete *f*. ~**les͵see** *s* 'Unterpächter(in), -pächter(in). ~**let** *v/t irr* **1.** unter Wert verpachten *od.* vermieten. **2.** 'unterverpachten, -vermieten. ~**lie** *v/i irr* **1.** liegen unter (*dat*). **2.** *fig.* e-r Sache zu'grunde liegen. **3.** *econ.* unter'liegen, unter'worfen sein (*beide dat*). ~**line I** *v/t* [͵-'laɪn] **1.** unter'streichen (*a. fig. betonen*). **II** *s* [ʹ-laɪn] **2.** Unter'streichung *f*. **3.** (Vor)Ankündigung *f* am Fuß e-s The'aterpla͵kats. **4.** 'Bild͵unterschrift *f*, Bildtext *m*. '~**lin·en** *s* 'Unter-, Leibwäsche *f*. **un·der·ling** [ʹʌndə(r)lɪŋ] *s contp.* Unter'gebene(r *m*) *f*, 'Untergeordnete(r *m*) *f*, Handlanger *m*, 'Kuli' *m*. '**un·der·lip** *s* 'Unterlippe *f*. '~**load** *s tech.* 'Unterbelastung *f*. ~'**ly·ing** *adj* **1.** dar'unterliegend. **2.** *fig.* zu'grunde liegend, grundlegend, eigentlich, tiefer (-er, e, es). **3.** *econ. Am.* Vorrangs..., Prioritäts... ~'**man** *v/t* ein Schiff etc nicht genügend bemannen: ~**ned** a) unterbemannt, b) (personell) unterbesetzt. ~'**men·tioned** *adj Br.* untenerwähnt. ~'**mine** *v/t* **1.** *mil. tech.* untermi'nieren (*a. fig.*). **2.** aushöhlen, auswaschen, unter'spülen. **3.** *fig.* unter'graben, zersetzen, all'mählich zu'grunde richten. ~'**most I** *adj* unterst(er, e, es). **II** *adv* zu'unterst. ͵**un·der'neath I** *prep* **1.** unter (*dat od. acc*), 'unterhalb (*gen*). **II** *adv* **2.** unten, dar'unter. **3.** auf der 'Unterseite. ͵**un·der'nour·ished** *adj* unterernährt. ~'**nour·ish·ment**, ~**nu'tri·tion** *s* 'Unterernährung *f*. ~**oc·cu·pied** *adj* unterbelegt (*Haus etc*). ~**pants** *s pl a.* **pair of** ~ 'Unterhose *f*. '~**pass** *s* ('Straßen-, 'Eisenbahn)Unter͵führung *f*. ~'**pay** *v/t irr* 'unterbezahlen. ~'**pay·ment** *s* 'Unterbezahlung *f*. ~**peo·pled** *adj* 'unterbevölkert. ~'**pin** *v/t arch.* a) (unter')stützen, b) unter'mauern (*beide a. fig.*). ~'**pin·ning** *s* **1.** *arch.* Unter-'mauerung *f*, 'Unterbau *m*. **2.** *fig.* Stütze *f*, Unter'stützung *f*. **3.** *meist pl colloq.* ͵Fahrgestell' *n* (*Beine*). ~'**play** *v/t* **1.** → underact I. **2.** **to** ~ **one's hand** *fig.* nicht alle Trümpfe ausspielen. **II** *v/i* → underact II. ~'**plot** *s* Nebenhandlung *f*, Epi'sode *f* (*im Drama etc*). ~**pop·u·lat·ed** *adj* 'unterbevölkert. ~'**price** *v/t econ.* **1.** etwas unter Preis anbieten. **2.** *j-n* unter'bieten. ~'**print** *v/t* **1.** *print.* a) gegendrucken, b) zu schwach drucken. **2.** *phot.* 'unterko͵pieren. ~'**priv·i·leged** *adj* 'unterprivile͵giert, benachteiligt, zu kurz gekommen, schlecht(er)ge-stellt: **the** ~ die wirtschaftlich Schlecht-

gestellten. ~**pro'duc·tion** *s econ.* 'Unterprodukti͵on *f*. ~'**proof** *adj* 'unterpro͵zentig (*Spirituosen*). ~'**prop** *v/t* **1.** von unten her (ab)stützen. **2.** *fig.* unter'stützen, -'mauern. ~'**quote** *v/t econ. j-n* unter'bieten. ~'**rate** *v/t* **1.** unter-'schätzen, 'unterbewerten (*a. sport*). **2.** *econ.* zu niedrig veranschlagen. ~**re-'act** *v/i* zu schwach rea'gieren (**to** auf *acc*). ~**re'ac·tion** *s* zu schwache Reakti'on (**to** auf *acc*). '~**rep·re'sent·ed** *adj* 'unterreprä͵sen͵tiert. '~**score** *v/t* unter'streichen (*a. fig. betonen*). '~**sea** **I** *adj* 'unterseeisch, Unterwasser... **II** *adv* → underseas. '~**seal** *mot. Br.* **I** *s* 'Unterbodenschutz *m*. **II** *v/t* e-n 'Unterbodenschutz machen bei. ~**seas** *adv* 'unterseeisch, unter'Wasser. '~**sec·re·tar·y** *s pol.* 'Staatssekre͵tär *m*: **Parliamentary U**~ *Br.* parlamentarischer Staatssekretär; **Permanent U**~ *Br.* Ständiger Unterstaatssekretär (*Abteilungsleiter in e-m Ministerium*). ~'**sell** *v/t irr econ.* **1.** *j-n* unter'bieten. **2.** *Ware* verschleudern, unter Wert verkaufen. ~**set I** *v/t irr* [͵-'set] e-e Mauer etc (unter')stützen (*a. fig.*). **II** *s* [ʹ-set] *mar.* 'Unter-, Gegenströmung *f*. ~'**sexed** *adj* mit zu schwach entwickelten Geschlechtstrieb haben. '~**sher·iff** *s jur.* Vertreter *m* e-s Sheriffs. '~**shirt** *s bes. Am.* 'Unterhemd *n*. ~'**shoot** *v/t*: **to** ~ **the runway** *aer.* vor der Landebahn aufsetzen. '~**shorts** *s pl a.* **pair of** ~ *bes. Am.* ('Herren)͵Unterhose *f*. '~**shot** *adj* **1.** *tech.* 'unterschlächtig. **2.** *med.* mit vorstehendem 'Unterkiefer. '~**shrub** *s* kleiner Strauch. '~**side I** *s* 'Unterseite *f*. **II** *adj* auf der 'Unterseite. ~'**sign** *v/t* unter'schreiben, -'zeichnen. ~'**signed I** *adj* unter'zeichnet. **II** *s* **the** ~ a) der (die) Unter'zeichnete, b) *pl* die Unterzeichneten *pl*. ~'**sized**, *adj* **1.** unter Nor'malgröße. **2.** winzig. '~**size** *adj* **1.** unter Nor'malgröße. **2.** winzig. '~**skirt** *s* 'Unterrock *m*. ~'**slung** *adj tech.* **1.** Hänge...: ~ **cooler**; ~ **frame** Unterzugrahmen *m* (*am Auto*). **2.** unter'baut: ~ **spring**. '~**soil** *s* 'Untergrund *m*. ~**song** *s mus.* a) Begleitstimme *f*, -ton *m*, b) *obs.* Re'frain *m*, Kehrreim *m*. ~'**spend** *irr* **I** *v/i* zu'wenig ausgeben. **II** *v/t* weniger ausgeben als, *e-e bestimmte Ausgabensumme* unter'schreiten. ~'**staffed** *adj* (perso'nell) 'unterbesetzt. ͵**un·der'stand** *irr* **I** *v/t* **1.** verstehen: a) begreifen, b) einsehen, c) 'wörtlich od. auffassen, d) (volles) Verständnis haben für: **to** ~ **each other** sich od. einander verstehen, *a.* zu e-r Einigung gelangen; **to give s.o.** ~ *j-m* zu verstehen geben; **to make o.s. understood** sich verständlich machen; **do I** (*od.* **am I to**) ~ **that ...?** soll das heißen, daß ...?; **be it understood** wohlverstanden; **what do you** ~ **by ...?** was verstehen Sie unter ...?; (**do you**)~? verstehen? **2.** sich verstehen auf (*acc*), sich auskennen in (*dat*), wissen (**how to** *mit inf* wie man *etwas macht*): **he** ~**s horses** er versteht sich auf Pferde; **she** ~**s children** sie kann mit Kindern umgehen. **3.** vo'raussetzen, als sicher *od.* gegeben annehmen: **I** ~ **that** (**the**) **doors open at** 8.30 ich nehme an, daß die Türen um 8.30 Uhr geöffnet werden; **that is understood** das versteht sich (von selbst); **it is understood that ...** *a. jur.* es gilt als vereinbart, daß ...; **an understood thing** e-e aus- *od.* abgemachte Sache. **4.** erfahren, hören: **I** ~ **that ...** ich hör(t)e *od.* man sagt/sagt mir, daß ...?; **I** ~ **him to be** (*od.* **that he is**) **an expert** wie ich höre, ist er ein Fachmann; **it is understood** es heißt, wie verlautet. **5.** (**from**) entnehmen (*dat od. aus*), schließen (aus) her'aushören (aus): **no one could** ~ **that from her words.**

**6.** *bes. ling.* bei sich *od.* sinngemäß ergänzen, hin'zudenken: **in this phrase the verb is understood** in diesem Satz muß das Verb (sinngemäß) ergänzt werden. **II** *v/i* **7.** verstehen: a) begreifen (*volles*) Verständnis haben: **he will** ~ er wird es *od.* mich *od.* uns *etc* (schon) verstehen. **8.** Verstand haben. **9.** Bescheid wissen (**about** s.th. über e-e Sache). **10.** hören: ..., **so I** ~! wie ich höre, ... ͵**un·der'stand·a·ble** *adj* verständlich. ͵**un·der'stand·a·bly** *adv* **1.** verständlicherweise. **2.** verständlicherweise. ͵**un·der'stand·ing I** *s* **1.** Verstehen *n*. **2.** Verstand *m*: a) Intelli'genz *f*, b) *philos.* Intel'lekt *m*. **3.** Verständnis *n* (**of** für). **4.** (*gutes etc*) Einvernehmen (**between** zwischen). **5.** Verständigung *f*, Vereinbarung *f*, Über'einkunft *f*, Abmachung *f*, Einigung *f*: **to come to an** ~ **with s.o.** zu e-r Einigung mit *j-m* kommen *od.* gelangen, sich mit *j-m* verständigen. **6.** Klarstellung *f*. **7.** Bedingung *f*: **on the** ~ **that** unter der Bedingung *od.* Voraussetzung, daß. **II** *adj* (*adv* ~**ly**) **8.** verständnisvoll, verstehend. **9.** verständig, gescheit. ͵**un·der'state** *v/t* **1.** zu gering angeben *od.* ansetzen. **2.** (bewußt) zu'rückhaltend *od.* maßvoll darstellen, unter'treiben. **3.** abschwächen, mildern. ~'**state·ment** *s* **1.** zu niedrige Angabe. **2.** Unter'treibung *f*, Under'statement *n*. ~'**steer** *v/i mot.* unter'steuern (*Auto*). ~'**stock** *v/t* ein Lager etc ungenügend versorgen *od.* beliefern (**with** mit). ~'**strap·per** s → underling. ~'**stratum** *s a. irr geol.* (*das*) Liegende. ~'**strength** *adj* (perso'nell) 'unterbesetzt. ~'**stud·y I** *v/t* **1.** *thea.* e-e Rolle als zweite Besetzung 'einstu͵dieren, *thea.* einspringen für. **3.** *fig.* sich einarbeiten in (*acc*). **II** *v/i* **4.** *thea.* e-e Rolle als zweite Besetzung 'einstu͵dieren. **III** *s* **5.** *thea.* zweite Besetzung. **6.** *fig.* Ersatzmann *m*. '~**sur·face** *s* 'Unterseite *f*. ͵**un·der'take** *irr* **I** *v/t* **1.** e-e Aufgabe über'nehmen, auf sich *od.* in die Hand nehmen: **to** ~ **a task**. **2.** *e-e Reise etc* unter'nehmen. **3.** über'nehmen, eingehen: **to** ~ **a risk**; **to** ~ **a responsibility** e-e Verantwortung übernehmen. **4.** sich erbieten, sich verpflichten (*a. jur.*) (**to do** zu tun). **5.** garan'tieren, sich verbürgen (**that** daß). **6.** *obs.* sich einlassen mit. **II** *v/i* **7.** *obs.* sich verpflichten (**for** zu). **8.** *obs.* bürgen (**for** für). ~'**tak·er** *s* a) Leichenbestatter *m*, b) Be'stattungs-, Be'erdigungsinsti͵tut *n*. ~'**tak·ing** *s* **1.** 'Übernahme *f*: **the** ~ **of a task**. **2.** Unter'nehmung *f*. **3.** *econ.* Unter'nehmen *n*, Betrieb *m*: **industrial** ~. **4.** Verpflichtung *f*. **5.** Garan'tie *f*. **6.** [ʹ-͵teɪkɪŋ] Leichenbestattung *f*. ͵**un·der'tax** *v/t* **1.** zu niedrig besteuern, 'unterbesteuern. **2.** zu niedrig einschätzen. ~**tax'a·tion** *s* 'Unterbesteuerung *f*. ~'**ten·an·cy** *s* 'Unterpacht *f*, -miete *f*. ~'**ten·ant** *s* 'Untermieter(in), -pächter(in). ~**the-'count·er**, ~**the-'ta·ble** *adj* unter der Hand (getätigt), heimlich. ~'**time** *v/t phot.* 'unterbelichten. '~**tint** *s* gedämpfte Farbe *od.* Färbung. '~**tone** *s* **1.** gedämpfter Ton, gedämpfte Stimme: **in an** ~ mit gedämpfter Stimme. **2.** *fig.* a) 'Unterton *m*, b) *pl* Neben-, Zwischentöne *pl*, Beigeschmack *m*: **it had** ~**s of** es schwang darin etwas von ... mit. **3.** *phys.* gedämpfte Farbe. **4.** *Börse:* Grundton *m*. '~**tow** *s mar.* **1.** Sog *m*. **2.** 'Widersee *f*. ~'**val·ue** *v/t* **1.** unter'schätzen, 'unterbewerten, zu gering ansetzen. **2.** geringschätzen. '~**vest** *s bes. Br.* 'Unterhemd *n*. '~**waist** *s Am.* 'Un-

termieder n. ˌ~'**wa·ter** adj **1.** Unterwasser...: ~ **massage. 2.** mar. 'unterhalb der Wasserlinie (liegend). ˌ~'**way** adj **1.** auf Fahrt (befindlich). **2.** während der Fahrt. **3.** für unter'wegs, Reise... '~**wear** → **underclothes.** ~**weight I** s ['-weɪt] 'Untergewicht n. **II** adj [ˌ-'weɪt] 'untergewichtig: **to be** ~ Untergewicht haben. ˌ~'**whelm** v/t fig. j-n alles andere als über'wältigen. '~**wing** s zo. **1.** 'Unterflügel m. **2.** Ordensband n (Falter). '~**wood** s 'Unterholz n, Gestrüpp n (a. fig.). ˌ~'**work I** v/t **1.** etwas nicht sorgfältig genug arbeiten. **2.** billiger arbeiten als, j-n unter'bieten. **II** v/i **3.** zu wenig arbeiten. **4.** billiger arbeiten. '~**world** s **1.** 'Unterwelt f: a) myth. Hades m, b) Verbrecherwelt f. **2.** 'unterirdische od. -seeische Regi'on. **3.** (die) entgegengesetzte Erdhälfte, Anti'poden pl.

'**un·der**|**write** irr **I** v/t **1.** etwas dar'unterschreiben, -setzen. **2.** fig. etwas unter'schreiben, s-e Zustimmung geben zu. **3.** econ. a) e-e Effektenemission (durch 'Übernahme der nicht verkauften Pa'piere) garan'tieren, b) bürgen od. garan'tieren für. **4.** econ. a) e-e Versicherungspolice unter'zeichnen, e-e Versicherung über'nehmen, b) etwas versichern, c) die Haftung über'nehmen für. **II** v/i **5.** econ. Versicherungsgeschäfte machen. '~**writ·er** s econ. **1.** Versicherer m. **2.** Mitglied n e-s Emissi'onskonˌsortiums. **3.** bes. Am. colloq. Ver'sicherungsaˌgent m. '~**writ·ing** econ. **1.** (See-) Versicherung(sgeschäft n) f. **2.** Emissi'onsgaranˌtie f. **II** adj **3.** ~ **syndicate** Emissionskonsortium n.

ˌ**un·de'scrib·a·ble** adj unbeschreiblich.

ˌ**un·de'served** adj unverdient. ˌ**un·de-'serv·ed·ly** [-ɪdlɪ] adv unverdientermaßen. ˌ**un·de'serv·ing** adj (adv ~ly) unwert, unwürdig (of gen): **to be** ~ **of** kein Mitgefühl etc verdienen.

ˌ**un·de'signed** adj unbeabsichtigt, unabsichtlich. ˌ**un·de'sign·ed·ly** [-ɪdlɪ] adv. ˌ**un·de'sign·ing** adj ehrlich, aufrichtig.

'**un·deˌsir·a'bil·i·ty** s Unerwünschtheit f. ˌ**un·de'sir·a·ble I** adj (adv undesirably) **1.** nicht wünschenswert. **2.** unerwünscht, lästig: → **alien** 7. **II** s **3.** unerwünschte Per'son. ˌ**un·de'sired** adj unerwünscht, 'unwillˌkommen. ˌ**un·de'sir·ous** adj nicht begierig (of nach): **to be** ~ **of** s.th. etwas nicht wünschen od. nicht (haben) wollen.

ˌ**un·de'tach·a·ble** adj nicht (ab)trennbar od. abnehmbar.

ˌ**un·de'tect·ed** adj unentdeckt.

ˌ**un·de'ter·mined** adj **1.** (noch) nicht entschieden, unentschieden, schwebend, offen: **an** ~ **question. 2.** unbestimmt, vage. **3.** unentschlossen, unschlüssig.

ˌ**un·de'terred** adj nicht abgeschreckt, unbeeindruckt (by von).

ˌ**un·de'vel·oped** adj **1.** unentwickelt. **2.** unerschlossen (Gelände).

**un·de·vi·at·ing** adj (adv ~ly) **1.** nicht abweichend. **2.** unentwegt, unbeirrbar.

**un·dies** [ˈʌndɪz] s pl colloq. ('Damen-) ˌUnterwäsche f.

'**un·difˌfer·en·ti·at·ed** adj 'undifferenˌziert.

ˌ**un·di'gest·ed** adj unverdaut (a. fig.).

**un·dig·ni·fied** adj unwürdig, würdelos.

ˌ**un·di'lut·ed** adj a) unverdünnt, b) a. fig. unverwässert, unverfälscht.

ˌ**un·di'min·ished** adj unvermindert.

**un·dine** [ˈʌndiːn; ʌnˈdiːn] s **1.** Un'dine f, Wassernixe f. **2.** med. Un'dine f (Glasgefäß für Spülungen).

ˌ**un·dip·lo'mat·ic** adj (adv ~ally) 'undiploˌmatisch.

---

ˌ**un·di'rect·ed** adj **1.** ungeleitet, führungslos, ungelenkt. **2.** 'unadresˌsiert. **3.** math. phys. ungerichtet.

ˌ**un·dis'cerned** adj unbemerkt. ˌ**un·dis'cern·ing** adj (adv ~ly) urteilslos, unkritisch.

ˌ**un·dis'charged** adj **1.** unbezahlt, unbeglichen. **2.** econ. (noch) nicht entlastet: ~ **debtor. 3.** nicht abgeschossen (Gewehr etc). **4.** nicht entladen (Schiff etc).

**un·dis·ci·plined** adj **1.** 'undiszipliˌniert. **2.** ungeschult.

ˌ**un·dis'closed** adj ungenannt, geheimgehalten, nicht bekanntgegeben.

ˌ**un·dis'cour·aged** adj nicht entmutigt.

ˌ**un·dis'cov·er·a·ble** adj (adv undiscoverably) unauffindbar, nicht zu entdecken(d). ˌ**un·dis'cov·ered** adj **1.** unentdeckt. **2.** unbemerkt.

ˌ**un·dis'crim·i·nat·ing** adj (adv ~ly) **1.** keinen 'Unterschied machend, 'unterschiedslos. **2.** urteilslos, unkritisch.

ˌ**un·dis'cussed** adj unerörtert.

ˌ**un·dis'guised** adj **1.** unverkleidet, 'unmasˌkiert. **2.** fig. unverhüllt, unverhohlen. ˌ**un·dis'guis·ed·ly** [-ɪdlɪ] adv.

ˌ**un·dis'mayed** adj unerschrocken, unverzagt.

ˌ**un·dis'posed** adj **1.** ~ **of** nicht verteilt od. vergeben, econ. a. unverkauft. **2.** abgeneigt, nicht aufgelegt od. bereit (**to do** zu tun). [stritten.]

ˌ**un·dis'put·ed** adj (adv ~ly) unbe-J

ˌ**un·dis'sem·bled** adj **1.** aufrichtig, echt. **2.** unverhüllt, unverhohlen.

ˌ**un·dis'solved** adj **1.** unaufgelöst (a. fig.). **2.** ungeschmolzen.

ˌ**un·dis'tin·guish·a·ble** adj (adv undistinguishably) **1.** nicht erkennbar od. wahrnehmbar. **2.** nicht unter'scheidbar, nicht zu unter'scheiden(d) (from von). ˌ**un·dis'tin·guished** adj **1.** sich nicht unter'scheidend (from von). **2.** 'durchschnittlich, nor'mal. **3.** → **undistinguishable.**

ˌ**un·dis'tract·ed** adj nicht abgelenkt (from von).

ˌ**un·dis'turbed** adj **1.** ungestört. **2.** unberührt, gelassen. ˌ**un·dis'turb·ed·ly** [-ɪdlɪ] adv.

ˌ**un·di'vid·ed** adj ungeteilt (a. fig.): ~ **attention. 2.** 'ununterˌbrochen. **3.** al'leinig: ~ **responsibility. 4.** econ. nicht verteilt: ~ **profits.**

ˌ**un·di'vorced** adj nicht geschieden.

ˌ**un·di'vulged** adj undisclosed.

**un·do** [ˌʌn'duː] v/t irr **1.** fig. rückgängig od. ungeschehen machen, aufheben. **2.** fig. a) rui'nieren, zu'grunde richten, vernichten, b) e-e Frau etc verführen. **3.** fig. zu'nichte machen: **to** ~ **s.o.'s hopes. 4.** a) aufmachen, öffnen: **to** ~ **a parcel** (one's collar, etc), b) aufknöpfen: **to** ~ **one's waistcoat,** c) losbinden: → **undone. 5.** colloq. j-m den Reißverschluß etc aufmachen. **6.** e-n Saum auftrennen.

ˌ**un'dock I** v/t **1.** mar. ein Schiff entdocken. **2.** Raumfahrt: Mondlandefähre etc abkoppeln. **II** v/i **3.** mar. aus dem Dock fahren. **4.** Raumfahrt: abkoppeln.

ˌ**un'do·er** s Verführer m. ˌ**un'do·ing** s **1.** (das) Aufmachen (etc, → undo 4–6). **2.** fig. Rückgängigmachen n. **3.** fig. a) Zu'grunderichten n, b) Verführung f. **4.** fig. Un'glück n, Verderben n, Ru'in m.

ˌ**un·do'mes·ti·cat·ed** adj nicht unhäuslich. **2.** ungezähmt, wild.

ˌ**un'done I** pp von undo. **II** adj **1.** ungetan, unerledigt: **to leave** s.th. ~ etwas ungetan od. unausgeführt lassen; **to leave nothing** ~ nichts unversucht lassen, alles (nur Mögliche) tun. **2.** zu'grundegerichtet, rui'niert, 'erledigt'. **3.** offen, auf: **to come** ~ aufgehen.

---

ˌ**un'doubt·ed** adj unbezweifelt, unzweifelhaft, unbestritten. ˌ**un'doubt·ed·ly** adv zweifellos, ohne (jeden) Zweifel. ˌ**un'doubt·ing** adj (adv ~ly) nicht zweifelnd, zuversichtlich.

ˌ**un'drape** v/t **1.** die Dra'pierung entfernen von. **2.** enthüllen.

ˌ**un'dreamed,** a. ˌ**un'dreamt** adj oft ~**of** nie erträumt, ungeahnt, unerhört.

ˌ**un·dress** [ˌʌn'dres] **I** v/t **1.** entkleiden, ausziehen. **2.** den Verband abnehmen von. **II** v/i **3.** sich entkleiden od. ausziehen. **III** s **4.** Alltagskleid(ung f) n. **5.** Hauskleid(ung f) n. **6.** mil. 'Interimsuniˌform f. **7.** in a state of ~ a) halb bekleidet, b) unbekleidet. **IV** adj ['ʌndres] **8.** Alltags..., Haus... ˌ**un'dressed** adj **1.** unbekleidet: **to get** ~ → **undress** 3. **2.** gastr. a) 'ungarˌniert, b) unzubereitet. **3.** tech. a) ungegerbt (Leder), b) unbehauen (Holz, Stein). **4.** med. unverbunden (Wunde etc).

ˌ**un'dried** adj ungetrocknet.

ˌ**un'drink·a·ble** adj nicht trinkbar, ungenießbar.

ˌ**un'due** adj (adv unduly) **1.** econ. (noch) nicht fällig: **an** ~ **debt. 2.** unangemessen, unpassend, unangebracht, ungehörig, ungebührlich: ~ **behavio(u)r. 3.** unnötig, über'trieben, 'übermäßig: ~ **haste** übertriebene Eile; **he was not unduly worried** er war nicht übermäßig od. allzu beunruhigt. **4.** bes. jur. unzulässig: → **influence** 1.

**un·du·lant** ['ʌndjʊlənt; Am. -dʒə-] adj **1.** wallend, wogend. **2.** wellig. ~ **fe·ver** s med. Maltafieber n.

**un·du·late** ['ʌndjʊleɪt; Am. -dʒə-] **I** v/i **1.** wogen, wallen, sich wellenförmig (fort)bewegen. **2.** wellenförmig verlaufen. **II** v/t **3.** in wellenförmige Bewegung versetzen, wogen lassen. **4.** wellen. **III** adj [a. -lɪt] → **undulated.** '**un·du·lat·ed** adj wellenförmig, gewellt, wellig, Wellen...: ~ **line** Wellenlinie f. '**un·du·lat·ing** adj (adv ~ly) **1.** → **undulated. 2.** wallend, wogend. ˌ**un·du'la·tion** s **1.** wellenförmige Bewegung, Wallen n, Wogen n. **2.** geol. Welligkeit f. **3.** phys. Wellenbewegung f, -linie f. **4.** phys. Schwingung(sbewegung) f. **5.** math. Undulati'on f (e-r Kurve etc). '**un·du·la·to·ry** [-lətrɪ; Am. -ləˌtɔːrɪ; -ˌtɔː-] adj **1.** wellenförmig, Wellen...: ~ **current** electr. Wellenstrom m; ~ **theory** phys. Wellentheorie f des Lichts.

ˌ**un'du·ti·ful** adj (adv ~ly) **1.** pflichtvergessen. **2.** ungehorsam. **3.** unehrerbietig.

**un'dy·ing** adj unsterblich, unvergänglich, ewig: ~ **love** (fame, etc); **with** ~ **hatred** mit nie nachlassendem Haß.

ˌ**un'earned** adj nicht erarbeitet, unverdient: ~ **income** econ. Einkommen n aus Vermögen, Kapitaleinkommen n; ~ **increment** Wertzuwachs m von Grundbesitz.

ˌ**un'earth** v/t **1.** ein Tier aus der Höhle treiben. **2.** ausgraben (a. fig.). **3.** fig. ans (Tages)Licht bringen, aufstöbern, ausfindig machen.

ˌ**un'earth·ly** adj **1.** 'überirdisch. **2.** unirdisch, 'übernaˌtürlich. **3.** schauerlich, unheimlich. **4.** colloq. unmöglich (Zeit): **at an** ~ **hour** zu e-r ˌunchristlichen' Zeit.

**un·eas·i·ness** s **1.** (körperliches u. geistiges) Unbehagen, unbehagliches Gefühl. **2.** colloq. Unruhe. **3.** Unbehaglichkeit f (e-s Gefühls etc). **4.** Unsicherheit f.

**un'eas·y** adj (adv uneasily) **1.** unruhig, beklommen, unbehaglich, besorgt, ängstlich, ner'vös: **to feel** ~ **about** s.th. über etwas beunruhigt sein; **an** ~ **feeling** ein unbehagliches Gefühl; **he is** ~ **about** (od. at) ihm ist nicht ganz wohl bei. **2.** unruhig, ruhelos: **to pass an** ~ **night.**

3. unbehaglich, ungemütlich, beunruhigend: **an ~ suspicion** ein beunruhigender Verdacht. **4.** unsicher (*im Sattel etc*). **5.** gezwungen, verlegen, unsicher: **~ behavio(u)r.** [eßbar.)

,un'eat·a·ble *adj* ungenießbar, nicht)
'un,e'co'nom·ic *adj* (*adv* ~ally) unwirtschaftlich.

,un'ed·i·fy·ing *adj* wenig erbaulich, unerquicklich.

,un'ed·u·cat·ed *adj* ungebildet.

,un·em'bar·rassed *adj* **1.** nicht verlegen, 'unge,niert. **2.** unbehindert. **3.** frei von (Geld)Sorgen.

,un·e'mo·tion·al *adj* (*adv* ~ly) **1.** leidenschaftslos, emoti'onslos, nüchtern. **2.** teilnahmslos, passiv, kühl. **3.** gelassen.

,un·em'ploy·a·ble **I** *adj* **1.** nicht verwendbar *od.* verwendungsfähig, unbrauchbar. **2.** arbeitsunfähig. **II** *s* **3.** Arbeitsunfähige(r *m*) *f*. ,un·em-'ployed **I** *adj* **1.** arbeits-, erwerbs-, stellungslos. **2.** ungenützt, brachliegend: ~ **capital** *econ.* totes Kapital. **II** *s* **3.** the ~ die Arbeitslosen *pl.*

,un·em'ploy·ment *s* Arbeits-, Erwerbslosigkeit *f*. **~ ben·e·fit** *s econ. Br.*, **~ com·pen·sa·tion** *s econ. Am.* 'Arbeitslosenunter,stützung *f*. **~ in·sur·ance** *s econ.* Arbeitslosenversicherung *f*. **~ rate** *s econ.* Arbeitslosenquote *f*.

,un·en'cum·bered *adj* **1.** *jur.* unbelastet (*Grundbesitz*). **2.** (**by**) unbehindert (durch), frei (von): ~ **by any restrictions** ohne irgendwelche Behinderungen.

un'end·ing *adj* (*adv* ~ly) endlos, nicht enden wollend, unaufhörlich, ewig.

,un·en'dowed *adj* **1.** nicht ausgestattet (**with** mit). **2.** nicht do'tiert (**with** mit), ohne Zuschuß. **3.** *fig.* nicht begabt (**with** mit).

,un·en'dur·a·ble *adj* (*adv* unendurably) unerträglich.

,un·en'force·a·ble *adj* nicht erzwingbar, *jur. a.* nicht voll'streckbar *od.* 'durchführbar.

,un·en'gaged *adj* frei: a) nicht gebunden, nicht verpflichtet, b) nicht verlobt, c) unbeschäftigt.

,un-'Eng·lish *adj* unenglisch.

,un·en'light·ened *adj fig.* unaufgeklärt (**on** über *acc*), rückständig.

,un·en·ter·pris·ing *adj* nicht *od.* wenig unter'nehmungslustig, ohne Unter'nehmungsgeist.

'un·en,thu·si'as·tic *adj* lustlos: **he was ~ about** (*od.* **over**) **it** er war davon wenig begeistert.

,un·en'vi·a·ble *adj* (*adv* unenviably) nicht zu beneiden(d), wenig beneidenswert.

,un·e'qual **I** *adj* (*adv* ~ly) **1.** ungleich, 'unterschiedlich: **an ~ fight** ein ungleicher Kampf; **~ opportunities** Chancenungleichheit *f*. **2.** nicht gewachsen (**to** *dat*): **he is ~ to the task. 3.** ungleichförmig. **4.** *math.* ungerade (*Zahl*). **II** *s* **5.** *pl. (die)* Ungleichartigen *pl. (Dinge etc).* **6.** *pl. (die)* Unebenbürtigen *pl.* ,un·e-qual(l)ed *adj* **1.** unerreicht, 'unüber,troffen (**by** von; **for** in *od.* an *dat*): ~ **for beauty** an Schönheit nicht zu übertreffen. **2.** beispiellos, *nachgestellt:* ohne'gleichen: ~ **ignorance; not ~** nicht ohne Beispiel.

,un·e'quiv·o·cal *adj* (*adv* ~ly) **1.** unzweideutig, 'un,mißverständlich, eindeutig. **2.** aufrichtig.                [untrüglich.]

,un'err·ing *adj* (*adv* ~ly) unfehlbar,)

,un·es'cap·a·ble *adj* unentrinnbar.

,un·es'sen·tial **I** *adj* **1.** unwesentlich, unwichtig, entbehrlich. **II** *s* (*etwas*) Unwesentliches, Nebensache *f*.

,un·e·ven *adj* **1.** uneben: ~ **ground.**

---

**2.** ungerade: ~ **number;** ~ **page** Buchseite *f* mit ungerader Zahl. **3.** ungleich (-mäßig, -artig): ~ **bars** (*Turnen*) Stufenbarren *m*. **4.** *fig.* unausgeglichen: **he has an ~ temper** er ist unausgeglichen *od.* Stimmungen unterworfen; **an ~ fight** ein ungleicher Kampf. ,un·e'ven·ness *s* **1.** Unebenheit *f*. **2.** Ungleichheit *f*. **3.** Unausgeglichenheit *f*.

,un·e'vent·ful *adj* (*adv* ~ly) ereignislos, ruhig, *a.* ohne Zwischenfälle (verlaufend).

,un·ex'act·ing *adj* **1.** anspruchslos, keine hohen Anforderungen stellend. **2.** leicht, nicht anstrengend.

,un·ex'am·pled *adj* beispiellos, unvergleichlich, *nachgestellt:* ohne'gleichen: ~ **success;** **not ~** nicht ohne Beispiel.

,un·ex'celled *adj* 'unüber,troffen.

,un·ex'cep·tion·a·ble *adj* (*adv* unexceptionably) **1.** einwandfrei, untadelig. **2.** unbestreitbar.

,un·ex'cep·tion·al *adj* (*adv* ~ly) **1.** nicht außergewöhnlich. **2.** keine Ausnahme(n) zulassend. **3.** ausnahmslos. **4.** → unexceptionable.

,un·ex'haust·ed *adj* **1.** nicht erschöpft (*a. fig.*). **2.** nicht aufgebraucht.

,un·ex'pect·ed *adj* (*adv* ~ly) **1.** unerwartet, 'unvor,hergesehen. **2.** *colloq.* unvermutet.

,un·ex'pired *adj* (noch) nicht abgelaufen *od.* verfallen, noch in Kraft.

,un·ex'plain·a·ble *adj* unerklärbar, unerklärlich. ,un·ex'plain·a·bly *adv* unerklärlich(erweise). ,un·ex'plained *adj* unerklärt.

,un·ex'plored *adj* unerforscht.

,un·ex'pressed *adj* unausgesprochen.

,un·ex·pur·gat·ed *adj* nicht (von anstößigen Stellen) gereinigt, ungekürzt.

un'fad·ing *adj* **1.** unverwelkend (*a. fig.*). **2.** *fig.* unvergänglich. **3.** nicht verblassend (*Farbe etc*).

un'fail·ing *adj* (*adv* ~ly) **1.** unfehlbar, nie versagend. **2.** treu. **3.** unerschöpflich, unversiegbar: ~ **sources of supply.**

,un'fair *adj* unfair: a) ungerecht, unbillig, b) unehrlich, *bes. econ.* unlauter, c) nicht anständig *od.* unsportlich (*alle:* **to** gegen'über *dat*): ~ **advantage** unrechtmäßig erlangter Vorteil; ~ **means** unlautere Mittel; → **competition** 2 a. ,un-'fair·ly *adv* **1.** unfair, unbillig(erweise *etc*). **2.** zu Unrecht: **not ~** nicht zu Unrecht. ,un'fair·ness *s* Unfairneß *f*: a) Ungerechtigkeit *f*, b) Unehrlichkeit *f*, *bes. econ.* Unlauterkeit *f*, c) Unsportlichkeit *f*.

,un'faith *s* Unglaube *m*. ,un'faith·ful *adj* (*adv* ~ly) **1.** un(ge)treu, treulos. **2.** unehrlich, unaufrichtig. **3.** nicht wortgetreu, ungenau: ~ **copy;** ~ **translation.** ,un'faith·ful·ness *s* Untreue *f*, Treulosigkeit *f*.

un'fal·ter·ing *adj* (*adv* ~ly) **1.** nicht schwankend, sicher: ~ **step. 2.** fest: ~ **glance (voice). 3.** *fig.* unbeugsam, entschlossen.

,un·fa'mil·iar *adj* **1.** unbekannt, nicht vertraut (**to** *dat*). **2.** nicht vertraut (**with** mit). **3.** ungewohnt, fremd (**to** *dat od.* für). 'un·fa,mil·i'ar·i·ty *s* **1.** Unbekanntheit *f*, Nichtvertrautsein *n*. **2.** Fremdheit *f*.

,un'fash·ion·a·ble *adj* **1.** 'unmo,dern, altmodisch. **2.** 'unele,gant.

,un'fas·ten **I** *v/t* losbinden, lösen, aufmachen, öffnen. **II** *v/i* sich lösen, aufgehen: ~ed unbefestigt, lose.

,un'fa·thered *adj* **1.** vaterlos, *bes.* unehelich, 'illegi,tim. **2.** unbekannten Ursprungs: ~ **slanders.** ,un'fa·ther·ly *adj* unväterlich, lieblos.

un'fath·om·a·ble *adj* (*adv* unfathomably) **1.** unergründlich (*a. fig.*). **2.** uner-

---

meßlich, weit. **3.** *fig.* unbegreiflich. ,un-'fath·omed *adj* unergründet.

,un'fa·vo(u)r·a·ble *adj* (*adv* unfavo[u]rably) **1.** ungünstig, unvorteilhaft (**for, to** für). **2.** widrig (*Umstände, Wetter etc*). **3.** unvorteilhaft (*Aussehen*). **4.** *econ.* passiv: ~ **balance of trade.** ,un'favo(u)r·a·ble·ness *s* Unvorteilhaftigkeit *f*.

,un'fea·si·ble *adj* unausführbar.

,un'fed *adj* ungefüttert, ohne Nahrung.

un'feel·ing *adj* (*adv* ~ly) **1.** unempfindlich. **2.** gefühllos. un'feel·ing·ness *s* **1.** Unempfindlichkeit *f*. **2.** Gefühllosigkeit *f*.

un'feigned *adj* **1.** ungeheuchelt. **2.** wahr, echt, aufrichtig.

,un'felt *adj* ungefühlt.

,un'fem·i·nine *adj* unweiblich.

un'fer·tile *adj* unfruchtbar (*a. fig.*).

un'fet·ter *v/t* **1.** *j-m* die Fußfesseln lösen. **2.** *fig.* befreien (**from** von). ,un'fettered *adj fig.* ungehindert, unbeschränkt, frei.

,un'fig·ured *adj* **1.** nicht bildhaft *od.* bilderreich: ~ **language** nüchterne Sprache. **2.** unverziert, ungemustert.

,un'fil·i·al *adj* lieb-, re'spektlos, pflichtvergessen (*Kind*).

,un'filled *adj* **1.** un(aus)gefüllt, leer. **2.** unbesetzt: ~ **position. 3.** ~ **orders** *econ.* nicht ausgeführte Bestellungen *pl*, Auftragsbestand *m*.

,un'fin·ished *adj* **1.** unfertig (*a. fig. Stil etc*). **2.** a) *tech.* unbearbeitet, b) *Weberei:* ungeschoren. **3.** 'unvoll,endet: ~ **book;** ~ **symphony. 4.** unerledigt: ~ **business** *bes. parl.* unerledigte Punkte *pl (der Geschäftsordnung).*

,un'fit **I** *adj* (*adv* ~ly) **1.** unpassend, ungeeignet. **2.** ungeeignet, unfähig, untauglich: ~ **for service** *bes. mil.* dienstfähig, (dienst)untauglich; ~ **for transport** transportunfähig; ~ **to eat** ungenießbar; → **consumption** 5. **3.** *sport* nicht fit, nicht in (guter) Form. **II** *v/t* **4.** ungeeignet *etc* machen (**for** für). ,un'fit·ness *s* Untauglichkeit *f*. ,un'fit·ted *adj* **1.** ungeeignet, untauglich. **2.** nicht (gut) ausgerüstet (**with** mit). ,un-'fit·ting *adj* (*adv* ~ly) **1.** ungeeignet, unpassend. **2.** unangebracht, unschicklich.

,un'fix *v/t* **1.** losmachen, lösen: ~ **bayonets!** *mil.* Seitengewehr, an Ort! **2.** *fig.* unsicher machen, ins Wanken bringen. ,un'fixed *adj* **1.** unbefestigt, lose. **2.** *fig.* schwankend.

,un'flag·ging *adj* (*adv* ~ly) unermüdlich, unentwegt.

,un'flap·pa·ble *adj colloq.* unerschütterlich: **to be ~** nicht aus der Ruhe zu bringen sein.

,un'flat·ter·ing *adj* (*adv* ~ly) **1.** nicht *od.* wenig schmeichelhaft. **2.** ungeschminkt.

,un'fledged *adj* **1.** ungefiedert, (noch) nicht flügge. **2.** *fig.* unreif, unfertig.

,un'fleshed *adj* unerfahren.

un'flinch·ing *adj* (*adv* ~ly) **1.** nicht zu'rückschreckend (**from, at** vor *dat*). **2.** unerschrocken, unerschütterlich. **3.** entschlossen, unnachgiebig.

,un'fly·a·ble *adj aer.* **1.** fluguntüchtig: ~ **aircraft. 2.** zum Fliegen ungeeignet: ~ **weather** kein Flugwetter.

un'fold **I** *v/t* **1.** entfalten, ausbreiten, öffnen. **2.** *fig.* enthüllen, darlegen, offen-'baren. **3.** *fig.* entwickeln: **to ~ a story. II** *v/i* **4.** sich entfalten, sich öffnen. **5.** *fig.* sich entwickeln.

,un'forced *adj* ungezwungen (*a. fig. natürlich*).

,un·fore'see·a·ble *adj* 'unvor,herseh-bar. ,un·fore'seen *adj* 'unvor,hergesehen, unerwartet.

ˌunˈforˈgetˈtaˈble adj (adv unforgettably) unvergeßlich.

ˌunˈforˈgivˈaˈble adj unverzeihlich.

ˌunˈforˈgivˈen adj unverziehen. ˌunforˈgivˈing adj unversöhnlich, nachtragend.

ˌunˈforˈgotˈten adj unvergessen.

ˌunˈformed adj 1. ungeformt, formlos. 2. unfertig, unentwickelt.

ˌunˈforˈtiˈfied adj 1. mil. unbefestigt. 2. tech. nicht verstärkt. 3. nicht angereichert: ~ food.

unˈforˈtuˈnate I adj 1. unglücklich, Unglücks..., verhängnisvoll, unglückselig. 2. glücklos. 3. bedauerlich. II s 4. Unglückliche(r m) f. unˈforˈtuˈnateˈly adv unglücklicher-, bedauerlicherweise, leider.

ˌunˈfoundˈed adj (adv ~ly) fig. unbegründet, grundlos, gegenstandslos: ~ hopes (suspicion, etc); ~ rumo(u)rs gegenstandslose Gerüchte.

ˌunˈframed adj ungerahmt.

ˌunˈfree adj unfrei.

ˌunˈfreeze irr I v/t 1. auftauen. 2. econ. Preise etc freigeben: to ~ prices den Preisstop aufheben. 3. Gelder zur Auszahlung freigeben. II v/i 4. auftauen.

unˈfreˈquent adj nicht häufig, selten.

ˌunˈfreˈquentˈed adj 1. nicht od. wenig besucht. 2. einsam, verlassen.

ˌunˈfriendˈed adj freundlos, ohne Freund(e).

ˌunˈfriendˈliˈness s Unfreundlichkeit f. ˌunˈfriendˈly I adj 1. unfreundlich (a. fig. Zimmer etc): to be ~ to s.o. zu j-m unfreundlich sein. 2. ungünstig (for, to für). II adv 3. selten unfreundlich.

ˌunˈfrock v/t 1. relig. j-m das geistliche Amt entziehen. 2. Am. j-n ausstoßen (from aus e-m Berufsstand etc).

ˌunˈfruitˈful adj (adv ~ly) 1. unfruchtbar. 2. fig. frucht-, ergebnislos. ˌunˈfruitˈfulˈness s 1. Unfruchtbarkeit f. 2. fig. Fruchtlosigkeit f.

ˌunˈfundˈed adj econ. ˈunfunˌdiert, nicht funˈdiert: ~ debt.

ˌunˈfurl I v/t entfalten, öffnen, auseinˈanderbreiten, entrollen: to ~ sails mar. Segel losmachen. II v/i sich entfalten.

ˌunˈfurˈnished adj 1. nicht ausgerüstet od. versehen (with mit). 2. ˈunmöˌbliert: ~ room Leerzimmer n.

unˈgainˈliˈness s Plumpheit f, Unbeholfenheit f. unˈgainˈly adj u. (selten) adv unbeholfen, plump, linkisch.

ˌunˈgalˈlant adj (adv ~ly) 1. ˈungaˌlant (to zu, gegenˈüber). 2. nicht tapfer, feige.

ˌunˈgarˈbled adj unverstümmelt, nicht entstellt: ~ report.

ˌunˈgear v/t 1. tech. auskuppeln. 2. obs. Zugtiere aus-, abschirren.

ˌunˈgenˈerˈous adj (adv ~ly) 1. nicht freigebig, ˌknaus(e)rigˈ. 2. kleinlich.

ˌunˈgenˈial adj unfreundlich (a. fig. Klima etc).

ˌunˈgenˈtle adj (adv ungently) 1. unfreundlich. 2. unsanft, unzart. 3. obs. unedel, unvornehm.

ˌunˈgenˈtleˈmanˈlike → ungentlemanly. ˌunˈgenˈtleˈmanˈliˈness s 1. unfeines od. unvornehmes Wesen. 2. ungebildetes od. unfeines Benehmen.

ˌunˈgenˈtleˈmanˈly adj e-s Gentleman unwürdig, unvornehm, unfein.

ˌunˈgetˈ-atˈaˈble → un-come-at-able.

ˌunˈgiftˈed adj unbegabt.

ˌunˈgildˈed, a. ˌunˈgilt adj nicht vergoldet.

ˌunˈgird v/t losgürten.

ˌunˈglazed adj 1. unverglast: ~ window. 2. ˈunglaˌsiert: ~ jugs.

ˌunˈgloved adj ohne Handschuh(e).

ˌunˈgodˈliˈness s Gottlosigkeit f. ˌun-

ˈgodˈly adj 1. gottlos (a. weitS. verrucht). 2. colloq. scheußlich, schrecklich: an ~ mess ein heilloses Durcheinander; at an ~ hour zu e-r ˌunchristlichenˈ Zeit.

ˌunˈgovˈernˈaˈble adj (adv ungovernably) 1. unlenksam, unbotmäßig. 2. zügellos, unbändig, wild. ˌunˈgovˈerned adj unbeherrscht, ungezügelt, zügellos.

ˌunˈgraceˈful adj (adv ~ly) 1. ohne Anmut, ˈungraziˌös. 2. plump, ungelenk.

ˌunˈgraˈcious adj (adv ~ly) 1. ungnädig. 2. poet. unfreundlich. 3. unangenehm. 4. obs. für ungraceful.

ˌunˈgramˈmatˈiˈcal adj (adv ~ly) 1. ling. ˈungramˌmatisch. 2. fig. falsch.

ˌunˈgrateˈful adj (adv ~ly) 1. undankbar (to gegen). 2. fig. unangenehm, undankbar: ~ task. ˌunˈgrateˈfulˈness s Undank(barkeit f) m.

ˌunˈgratˈiˈfied adj unbefriedigt.

ˌunˈgroundˈed adj 1. unbegründet. 2. a) ungeschult, b) ohne sichere Grundlage(n) (Wissen). 3. electr. Am. nicht geerdet.

ˌunˈgrudgˈing adj (adv ~ly) 1. bereitwillig. 2. neidlos, großzügig: to be ~ in praise neidlos Lob spenden.

unˈgual [ˈʌŋgwəl] adj anat. zo. Nagel..., Klauen..., Huf...

ˌunˈguardˈed adj 1. unbewacht (a. fig. Moment etc), ungeschützt. 2. fig. unvorsichtig, unbedacht: an ~ answer.

unˈguent [ˈʌŋgwənt] s pharm. Salbe f.

ˌunˈguidˈed adj 1. ungeleitet, führer-, führungslos. 2. mil. tech. nicht (fern)gesteuert od. (-)gelenkt: ~ missile.

unˈguˈlate [ˈʌŋgjʊlɪt; -lət] zo. I adj 1. hufförmig. 2. mit Hufen, Huf... 3. Huftier... II s 4. Huftier n.

ˌunˈhackˈneyed adj 1. ungewöhnlich. 2. nicht abgedroschen.

ˌunˈhair v/t enthaaren.

ˌunˈhalˈlowed adj 1. nicht geheiligt, ungeweiht. 2. unheilig, proˈfan.

ˌunˈhamˈpered adj ungehindert.

ˌunˈhand v/t obs. od. poet. loslassen.

ˌunˈhandˈiˈness s 1. Unhandlichkeit f. 2. Ungeschick(lichkeit f) n.

ˌunˈhandˈsome adj (adv ~ly) 1. unschön (a. fig. Benehmen etc). 2. kleinlich.

ˌunˈhandˈy adj (adv unhandily) 1. unhandlich, schwer zu handhaben(d). 2. unbeholfen, ungeschickt (Person).

ˌunˈhang v/t bes. irr ab-, herˈunternehmen: to ~ a picture.

unˈhapˈpiˈly adv unglücklicherweise, leider. unˈhapˈpiˈness s Unglück(seligkeit f) n, Elend n. unˈhapˈpy adj allg. unglücklich: a) traurig, niedergeschlagen, b) un(glück)selig, unheilvoll: an ~ day, c) ungeschickt, unpassend: an ~ remark; ~ contrast bedauerlicher Gegensatz.

ˌunˈharmed adj unversehrt, heil.

ˌunˈharˈmoˈniˈous adj mus. ˈunharˌmonisch (a. fig.).

ˌunˈharˈness v/t Pferde etc a) ausspannen, b) abschirren.

unˈhealthˈiˈness s Ungesundheit f. unˈhealthˈy adj (adv unhealthily) 1. allg. ungesund: a) kränklich (a. Aussehen etc), b) gesundheitsschädlich: ~ climate (food, etc), c) colloq. gefährlich (for für; to do zu tun). 2. schädlich, verderblich: ~ influence. 3. ˈunnaˌtürlich, krankhaft: ~ curiosity.

ˌunˈheard adj 1. ungehört. 2. jur. ohne rechtliches Gehör. 3. to go ~ unbeachtet bleiben, keine Beachtung finden.

ˌunˈheardˈ-of adj unerhört, noch nie dagewesen, beispiellos.

ˌunˈheatˈaˈble adj unheizbar.

ˌunˈheedˈed adj (adv ~ly) unbeachtet: to go ~ unbeachtet bleiben, keine Beachtung finden. ˌunˈheedˈful adj (adv ~ly) unachtsam, sorglos: to be ~ of nicht

achten auf (acc). ˌunˈheedˈing adj (adv ~ly) sorglos, nachlässig, unachtsam.

ˌunˈhelped adj ohne Hilfe od. Unterˈstützung (by von), (ganz) alˈlein. ˌunˈhelpˈful adj (adv ~ly) 1. nicht hilfreich, ungefällig. 2. (to) nutzlos (für), nicht od. wenig dienlich (dat).

ˌunˈherˈaldˈed adj 1. unerwartet. 2. unbekannt, aus dem Nichts kommend: ~ and unsung sang- u. klanglos.

ˌunˈheˈroˈic adj (adv ~ally) ˈunheˌroisch.

unˈhesˈiˈtatˈing adj (adv ~ly) 1. ohne Zaudern od. Zögern, unverzüglich. 2. bereitwillig, adv a. anstandslos, ohne weiteres.

ˌunˈhewn adj unbehauen, roh (a. fig. ungefüge).

ˌunˈhinˈdered adj ungehindert.

ˌunˈhinge v/t 1. e-e Tür etc aus den Angeln heben (a. fig.). 2. die Angeln entfernen von. 3. losmachen (from von). 4. fig. a) aus dem Gleichgewicht bringen, durcheinˈanderbringen, b) Nerven, Geist zerrütten.

ˌunˈhisˈtorˈic adj; ˌunˈhisˈtorˈiˈcal adj (adv ~ly) 1. ˈunhiˌstorisch. 2. ungeschichtlich, nicht geschichtlich (belegt), legenˈdär.

ˌunˈhitch v/t 1. loshaken, -machen. 2. Pferd ausspannen.

ˌunˈhoˈliˈness s 1. Unheiligkeit f. 2. Ruchlosigkeit f. ˌunˈhoˈly adj 1. unheilig. 2. ungeheiligt, nicht geweiht. 3. gottlos, ruchlos. 4. colloq. scheußlich, schrecklich: an ~ mess ein heilloses Durcheinander; at an ~ hour zu e-r ˌunchristlichenˈ Zeit.

ˌunˈhonˈoˈu)red adj 1. nicht geehrt, unverehrt. 2. econ. nicht honoˈriert (Wechsel etc).

ˌunˈhook v/t u. v/i los-, aufhaken.

unˈhoped adj oft ~-for unverhofft, unerwartet.

ˌunˈhorse v/t aus dem Sattel werfen od. heben (a. fig.).

ˌunˈhouse [-z] v/t 1. (aus dem Hause) vertreiben. 2. obdachlos machen. ˌunˈhoused adj obdach- od. heimatlos, vertrieben.

ˌunˈhurˈried adj (adv ~ly) gemütlich, gemächlich.

ˌunˈhurt adj 1. unverletzt. 2. unbeschädigt.

ˌunˈhusk v/t enthülsen, schälen.

uni- [juːnɪ] Wortelement mit der Bedeutung uni..., ein..., einzig.

ˌuˈniˈaxˈiˈal, a. ˌuˈniˈaxˈal adj bot. math. min. tech. einachsig.

ˌuˈniˈcamˈerˈal [-ˈkæmərəl] adj parl. etc Einkammer...

ˌuˈniˈcelˈluˈlar adj biol. einzellig: ~ animal, ~ plant Einzeller m.

ˌuˈniˈcolˈoˈu)r(ed) adj einfarbig, uni.

uˈniˈcorn [ˈjuːnɪkɔː(r)n] s 1. Einhorn n (Fabeltier, a. her. u. Bibl.). 2. a. ~ fish, ~ whale, sea ~ zo. Einhornwal m, Narwal m. 3. ~ shell zo. Einhornschnecke f. 4. Dreigespann n.

ˌunˈiˈdeˈaˈd, a. ˌunˈiˈdeˈaˈd [ˌʌnaɪˈdɪəd] adj iˈdeenlos. ˌunˈiˈdeˈal adj 1. nicht ideˈell. 2. ohne Ideˈal(e). 3. proˈsaisch, materiaˈlistisch.

ˌunˈiˈdenˈtiˈfied adj unbekannt, nicht identifiˈzierbar od. identifiˈziert: ~ flying object unbekanntes Flugobjekt.

ˌuˈniˈdiˈmenˈsionˈal adj ˈeindimensioˌnal.

ˌunˌidˈiˈoˈmatˈic adj ling. ˈunidioˌmatisch.

ˌuˈniˈdiˈrecˈtionˈal adj in ˈeiner Richtung verlaufend.

uˈniˈfiˈcaˈtion [ˌjuːnɪfɪˈkeɪʃn] s 1. Vereinigung f. 2. Vereinheitlichung f. uˈniˈfied [-faɪd] adj 1. vereinheitlicht, einheitlich: ~ field theory math. phys. ein-

heitliche Feldtheorie. **2.** *econ.* konsoli-
'diert: ~ **debt**. **'u·ni·fi·er** *s* **1.** Einiger *m*.
**2.** (*das*) Vereinigende.
**u·ni·fi·lar** [ˌjuːnɪˈfaɪlə(r)] *adj phys. tech.*
einfädig, Unifilar...
**u·ni·form** [ˈjuːnɪfɔː(r)m] **I** *adj (adv* ~**ly**)
**1.** gleich(förmig), uni'form. **2.** gleichblei-
bend, kon'stant: ~ **temperature**. **3.** ein-
heitlich, über'einstimmend, gleich, uni-
'form, Einheits...: ~ **price** Einheitspreis
*m*. **4.** einförmig, eintönig. **5.** *math.* von
nur 'einem Wert (*Funktion*). **II** *s* **6.** Uni-
'form *f*, Dienstkleidung *f*: **nurse's** ~
Schwesterntracht *f*. **III** *v/t* **7.** unifor-
'mieren, gleichförmig *etc* machen. **8.** *mil.*
*etc j-n* unifor'mieren: ~**ed** uniformiert, in
Uniform. **u·ni'form·i·ty** *s* **1.** Gleich-
förmigkeit *f*, Uniformi'tät *f*. **2.** Kon'stanz
*f*. **3.** Einheitlichkeit *f*, Über'einstimmung
*f*: ~ **of U.~** *parl. Br. hist.* Uniformitäts-
Akte *f* (*1662*). **4.** Einförmigkeit *f*, Ein-
tönigkeit *f*.
**u·ni·fy** [ˈjuːnɪfaɪ] *v/t* **1.** verein(ig)en, zs.-
schließen. **2.** vereinheitlichen: → **unified**.
**u·ni·lat·er·al** *adj (adv* ~**ly**) **1.** einseitig.
**2.** *jur. pol.* einseitig: ~ **contract** einseitig
verpflichtender Vertrag. **3.** *med.* ein-,
halbseitig. **4.** *sociol.* nur zu 'einer Vor-
fahrenlinie gehörend.
**u·ni·lin·gual** *adj* einsprachig.
**un·il·lu·mi·nat·ed** *adj* **1.** unerleuchtet
(*a. fig.*). **2.** *fig.* unwissend.
**un·im·ag·i·na·ble** *adj (adv* unimagi-
nably) unvorstellbar. **un·im·ag·i·na·**
**tive** *adj (adv* ~**ly**) einfalls-, phanta'sielos.
**un·im·ag·ined** *adj* ungeahnt.
**un·i·mod·al** *adj* Statistik: eingipfelig
(*Häufigkeitskurve*).
**un·im·paired** *adj* unvermindert, un-
geschmälert, unbeeinträchtigt.
**un·im·pas·sioned** *adj* leidenschafts-
los, ruhig.
**un·im·peach·a·ble** *adj* **1.** *jur.* unan-
fechtbar. **2.** untadelig.
**un·im·ped·ed** *adj (adv* ~**ly**) ungehin-
dert.
**un·im·por·tance** *s* Unwichtigkeit *f*.
**un·im·por·tant** *adj* unwichtig, un-
wesentlich, unbedeutend.
**un·im·pos·ing** *adj* nicht impo'nierend
*od.* impo'sant, eindruckslos.
**un·im·press·i·ble** *adj* (**to**) unbeein-
flußbar, nicht zu beeindrucken(d)
(durch), unempfänglich (für). **un·im·**
**pres·sion·a·ble** *adj* **1.** für Eindrücke
unempfänglich. **2.** → **unimpressible**.
**un·im·pres·sive** *adj* → unimposing.
**un·im·proved** *adj* **1.** unverbessert,
nicht vervollkommnet. **2.** nicht besser
geworden. **3.** *agr. bes. Am.* nicht kulti-
'viert *od.* melio'riert (*Land*).
**un·in·flect·ed** *adj ling.* 'unflek,tiert,
flexi'onslos.
**un·in·flu·enced** *adj* unbeeinflußt (**by**
durch, von). **'un·in·flu·en·tial** *adj*
ohne Einfluß (**on** auf *acc*; **in** in *dat*), nicht
einflußreich.
**un·in·formed** *adj* **1.** (**on**) nicht infor-
'miert *od.* unter'richtet (über *acc*), nicht
eingeweiht (in *acc*). **2.** ungebildet.
**un·in·hab·it·a·ble** *adj* unbewohnbar.
**un·in·hab·it·ed** *adj* unbewohnt, leer.
**un·in·i·ti·at·ed** *adj* uneingeweiht,
nicht eingeführt (into, **in** in *acc*).
**un·in·jured** *adj* **1.** unverletzt. **2.** unbe-
schädigt.
**un·in·spired** *adj* wenig begeistert *od.*
inspi'riert, schwunglos, ohne Feuer,
,lahm'. **un·in·spir·ing** *adj* nicht be-
geisternd, wenig anregend.
**un·in·struct·ed** *adj* **1.** nicht unter'rich-
tet, unwissend. **2.** nicht instru'iert, ohne
Verhaltensmaßregeln. **un·in·struc-**
**tive** *adj* nicht instruk'tiv *od.* lehrreich.

**un·in'sured** *adj* unversichert.
**un·in'tel·li·gent** *adj (adv* ~**ly**) 'unintel-
li,gent, beschränkt, geistlos, dumm.
**un·in,tel·li·gi'bil·i·ty** *s* Unverständ-
lichkeit *f*. **un·in'tel·li·gi·ble** *adj (adv*
unintelligibly) unverständlich (**to** für
*od.* dat).
**un·in'tend·ed,** **un·in'ten·tion·al**
*adj (adv* ~**ly**) unbeabsichtigt, unabsicht-
lich, ungewollt.
**un·in·ter·est·ed** *adj (adv* ~**ly**) **1.** inter-
'esselos, 'uninteres,siert (**in** an *dat*): **to be**
~ **in** s.th. sich für etwas nicht interessie-
ren. **2.** gleichgültig, unbeteiligt. **un·in·**
**ter·est·ing** *adj (adv* ~**ly**) 'uninteres-
,sant.
**un·in·ter'mit·ting** *adj* 'ununter,bro-
chen, anhaltend.
**un·in·ter'rupt·ed** *adj (adv* ~**ly**) 'un-
unter,brochen: a) ungestört (**by** von),
b) kontinu'ierlich, fortlaufend, anhal-
tend: ~ **working hours** durchgehende
Arbeitszeit, c) geschlossen (*Ladenfront*
*etc*).
**un·in'ven·tive** *adj* **1.** nicht erfinde-
risch. **2.** einfallslos.
**un·in'vest·ed** *adj econ.* nicht inve'stiert
*od.* angelegt, tot (*Kapital*).
**un·in'vit·ed** *adj* un(ein)geladen. **un·**
**in'vit·ing** *adj (adv* ~**ly**) nicht *od.* wenig
einladend *od.* verlockend *od.* anziehend.
**u·ni·o** [ˈjuːnɪəʊ] *pl* **-os** *s zo.* Fluß-
muschel *f*.
**un·ion** [ˈjuːnjən] *s* **1.** *allg.* Vereinigung *f*,
Verbindung *f*. **2.** (eheliche) Verbindung,
Ehe(bund *m*) *f*. **3.** Eintracht *f*, Harmo'nie
*f*. **4.** (Zweck)Verband *m*, Vereinigung *f*,
Verein *m*, Bund *m*: **monetary** ~ Wäh-
rungsunion *f*; → **universal** 6. **5.** →
**student union**. **6.** *pol.* Vereinigung *f*,
Zs.-schluß *m*: **the U.~** *Br. hist.* a) *Vereini-*
*gung Englands u. Schottlands* (*1706*),
b) *Vereinigung Großbritanniens u. Irlands*
(*1801*). **7.** *pol.* Uni'on *f*, Staatenbund *m*
(bes. *das Vereinigte Königreich u. die*
*Südafrikanische Union*). **8. the U.~** *pol.*
a) *bes. Am.* die USA *pl*, die Vereinigten
Staaten *pl*, b) *hist.* die Nordstaaten *pl* (*im*
*Sezessionskrieg*). **9.** Gewerkschaft *f*: ~
**card** Gewerkschaftsausweis *m*. **10.** *Br.*
a) *Vereinigung unabhängiger Kirchen*, b)
*hist. Kirchspielverband zur gemeinsamen*
*Armenpflege*. **11.** *hist.* Armen-, Arbeits-
haus *n*. **12.** *hist.* Unio'nismus *m* (*unionistische*
*Bestrebungen pl od. Poli'tik*). **13.** *Weberei*: Mischge-
webe *n*. **14.** *mar.* Gösch *f* (*Flaggenfeld mit*
*Hoheitsabzeichen*): **U.~ Flag** → **union**
**jack** 1.
**un·ion·ism** [ˈjuːnjənɪzəm] *s* **1.** unio'ni-
stische Bestrebungen *pl od.* Poli'tik. **2. U.~**
*pol. hist.* Unio'nismus *m* (*unionistische*
*Bestrebungen in bezug auf die Nordstaaten*
*der USA im Sezessionskrieg od. auf die*
*Vereinigung Englands u. Irlands*). **3.** Ge-
werkschaftswesen *n*. **'un·ion·ist** *s* **1. U.~**
*pol. hist.* Unio'nist *m*. **2.** Gewerkschaft-
ler(in).
**Un·ion·ist Par·ty** *s pol. hist.* (die) Unio-
'nisten *pl* (*Liberale Unionisten u. Konser-*
*vative Partei in e-r gemeinsamen Partei*).
**un·ion·ize** [ˈjuːnjənaɪz] *v/t* gewerk-
schaftlich organi'sieren.
**un·ion| jack** *s* **1. U.~ J.~** Union Jack *m*
(*brit. Nationalflagge*). **2.** *mar.* → **union**
14. ~ **joint** *s tech.* Rohrverbindung *f*. ~
**shop** *s econ.* Betrieb, der nur Gewerk-
schaftsmitglieder einstellt *od.* Arbeitneh-
mer, die bereit sind, innerhalb von 30
Tagen der Gewerkschaft beizutreten. ~
**sta·tion** *s Am.* (Zen'tral)Bahnhof *m* (*von*
*verschiedenen Eisenbahngesellschaften be-*
*nutzt*). ~ **suit** *s Am.* Hemdhose *f* mit
langem Bein.
**u·ni·pa·ra** [juːˈnɪpərə] *pl* **-rae** [-riː],
**-ras** *s* **1.** *med.* Pri'mipara *f* (*Frau, die erst*

*einmal geboren hat*). **2.** Tier, das nur 'ein
Junges gebärt (*bei e-m Wurf*). **u'nip·a·**
**rous** *adj* **1.** *med.* erst einmal geboren
habend: ~ **woman** → unipara 1. **2.** *zo.*
nur 'ein Junges gebärend (*bei e-m Wurf*).
**3.** *bot.* nur 'eine Achse *od.* 'einen Ast
treibend.
**u·ni'par·tite** *adj* einteilig.
**u·ni'po·lar** *adj* **1.** *electr. phys.* einpolig,
Einpol..., Unipolar... **2.** *anat.* monopo'lar
(*Nervenzelle*).
**u·nique** [juːˈniːk] **I** *adj* **1.** einzig. **2.** ein-
malig, einzigartig. **3.** unerreicht, bei-
spiellos, *nachgestellt*: ohne'gleichen. **4.**
un-, außergewöhnlich. **5.** *colloq.* großar-
tig, ,toll'. **6.** *math.* eindeutig. **II** *s* **7.** nur
einmal exi'stierendes Exem'plar. **8.** Sel-
tenheit *f*, Unikum *n*. **u'nique·ly** *adv* **1.**
ausschließlich, al'lein. **2.** in einzigartiger
Weise. **u'nique·ness** *s* **1.** Einzigartig-,
Einmaligkeit *f*. **2.** *math.* Eindeutigkeit *f*: ~
**theorem** Eindeutigkeitssatz *m*.
**'u·ni·sex** *s* Unisex *m* (*Verwischung der*
*Unterschiede zwischen den Geschlechtern,*
*bes. im Erscheinungsbild*). **II** *adj* Uni-
sex...: ~ **clothes**. **u·ni'sex·u·al** *adj*
eingeschlechtig, *bot. zo. a.* getrenntge-
schlechtlich.
**u·ni·son** [ˈjuːnɪzn; -sn] *s* **1.** *mus.* Ein-,
Gleichklang *m*, Uni'sono *n*: **in** ~ unisono,
einstimmig (*a. fig.*). **2.** *fig.* Über'einstim-
mung *f*, Einklang *m*: **in** ~ **with** in Ein-
klang mit. **u'nis·o·nant** [-ˈnɪsənənt] →
unisonous 1 *u.* 2. **u'nis·o·nous** *adj*
**1.** *mus.* a) gleichklingend, b) einstimmig.
**2.** *fig.* über'einstimmend.
**u·nit** [ˈjuːnɪt] *s* **1.** *allg.* Einheit *f*, (bes.
*Möbel*)Ele'ment *n*: ~ **of account** (**trade,**
**value**) *econ.* (Ver)Rechnungs-(Handels-,
Wertungs)einheit; ~ **character** *biol.*
(nach den Mendelschen Gesetzen) ver-
erbte Eigenschaft; ~ **cost** *econ.* Kosten *pl*
pro Einheit; ~ **factor** *biol.* Erbfaktor *m*; ~
**furniture** Anbaumöbel *pl*; ~ **price** *econ.*
Stück-, Einzelpreis *m*. **2.** *phys.* (Grund-,
Maß)Einheit *f*: ~ **force** Krafteinheit; ~ **of**
**power** (**time, work**) Leistungs-(Zeit-,
Arbeits)einheit. **3.** *math.* Einer *m*, Einheit
*f*: **abstract** ~ abstrakte Einheit; ~ **frac-**
**tion** Stammbruch *m*. **4.** *tech.* a) (Bau-)
Einheit *f*, b) Aggre'gat *n*, Anlage *f*: ~ **box**
**principle** Baukastenprinzip *n*; ~ **con-**
**struction** Konstruktion *f* nach dem Bau-
kastenprinzip, Baukastenbauweise *f*. **5.**
*mil.* Einheit *f*, Verband *m*, Truppenteil *m*.
**6.** *ped.* a) *bes. Am.* (Schul-, Lehr)Jahr *n* (*in*
*e-m Fach*), b) Lerneinheit *f*. **7.** *med.* Ein-
heit *f*, Dosis *f*, Menge *f*. **8.** Grundeinheit *f*,
Kern *m*, Zelle *f*: **the family as the** ~ **of**
**society**. **9.** *Am.* Gruppe *f* Gleichgesinn-
ter, (feste) Gemeinschaft. **10.** *Rationie-*
*rung*: Marke *f*. **'u·nit·age** *s* (Anzahl *f*
von) Einheiten *pl*.
**U·ni·tar·i·an** [ˌjuːnɪˈteərɪən] *relig.* **I** *s*
Uni'tarier(in). **II** *adj* uni'tarisch. **'U·ni-**
**tar·i·an·ism** *s relig.* Unita'rismus *m*.
**u·ni·tar·y** [ˈjuːnɪtərɪ; *Am.* -ˌterɪ] *adj*
**1.** zentra'listisch, Einheits... **2.** einheit-
lich. **3.** *math.* uni'tär, Einheits... **4.** *electr.*
*phys.* (Maß)Einheits...
**u·nite¹** [juːˈnaɪt] **I** *v/t* **1.** verbinden (*a.*
*chem. tech.*), vereinigen. **2.** *obs.* (ehelich)
verbinden, verheiraten. **3.** *Eigenschaften*
in sich vereinigen. **II** *v/i* **4.** sich vereini-
gen. **5.** *chem. tech.* sich verbinden (**with**
mit). **6.** sich zs.-tun: **to** ~ **in doing** s.th.
geschlossen *od.* vereint etwas tun. **7.** sich
anschließen (**with** *dat od.* an *acc*). **8.** *obs.*
sich verheiraten. *od.* verbinden.
**u·nite²** [ˈjuːnaɪt] *s hist.* englische Gold-
münze unter Jakob I. (*20 Schilling*)
**u·nit·ed** [juːˈnaɪtɪd] *adj* **1.** vereinig(t): ~
**colonies** *hist.* die 13 amer. Kolonien im
Revolutionskrieg; **U.~ Provinces** *hist.*
Vereinigung von Holland, Zeeland u. 5

anderen *Provinzen 1597*. **2.** vereint, gemeinsam: ~ **action**. **U~ Breth·ren** *s pl relig*. **1.** Vereinigte Brüder *pl* in Christo (*protestantische Sekte in den USA*). **2.** Herrnhuter *pl*, Brüdergemeine *f*. **U~ King·dom** *s pol.* (*das*) Vereinigte Königreich (*Großbritannien u. Nordirland*). **U~ Na·tions** *s pl pol.* Vereinte Nationen *pl*: ~ **General Assembly** Vollversammlung *f* der Vereinten Nationen; ~ **Security Council** Weltsicherheitsrat *m*. **U~ States I** *s pl* (*meist als sg konstruiert*) **1.** *pol.* Vereinigte Staaten *pl* (*von* ¹Norda₁merika), US¹A *pl*. **2.** *Am. colloq.* Ameri-¹kanisch *n*, (*das*) amerikanische Englisch: **to talk** ~ e-e deutliche Sprache (*mit j-m*) sprechen. **II** *adj* **3.** (U¹S-)ameri₁kanisch, US-...

**u·ni·tive** [¹ju:nɪtɪv; *Am. a.* jʊ¹naɪ-] *adj* vereinigend.

**u·nit·ize** [¹ju:nɪtaɪz] *v/t* **1.** zu e-r Einheit machen. **2.** *tech.* nach dem ¹Baukastenprin₁zip konstru¹ieren. **3.** in Einheiten verpacken.

**u·nit¹mag·net·ic pole** *s phys.* ma¹gnetischer Einheitspol. ~ **or·gan** *s mus.* (*moderne amer.*) Multiplex-Orgel. ~ **rule** *s pol. Am.* (*bei den Demokraten*) Regel, wonach die innerhalb e-r Delegation erzielte Mehrheit die als Gesamtheit abgegebene Stimme der Gruppe bestimmt. ~ **trust** *s econ. Br.* In¹vestmentfonds *m*.

**u·ni·ty** [¹ju:nətɪ] *s* **1.** Einheit *f*: **the dramatic unities** *thea.* die drei Einheiten. **2.** Einheitlichkeit *f* (*a. e-s Kunstwerks*). **3.** Einigkeit *f*, Eintracht *f*: ~ (**of sentiment**) Einmütigkeit *f*. **4.** (*nationale etc*) Einheit: **at** ~ in Eintracht, im Einklang. **5.** *jur.* Einheit *f*: ~ **of** (**joint**) **property** Eigentum *n* in Gemeinschaft zur gesamten Hand. **6.** *math.* (*die Zahl*) Eins *f*, Einheit *f*.

**u·ni·va·lent** [₁ju:nɪ¹veɪlənt] *adj* **1.** *chem.* einwertig. **2.** *biol.* univa¹lent, einzeln (*Chromosomen*).

**¹u·ni·valve I** *adj* **1.** *zo.* einschalig, einklappig. **2.** *bot.* einklappig (*Frucht*). **II** *s* **3.** *zo.* einschalige Muschel.

**u·ni·ver·sal** [₁ju:nɪ¹vɜːsl; *Am.* ₋¹vɜrsəl] *adj* (*adv* ~ly) **1.** univer¹sal, Universal..., glo¹bal, ¹allum₁fassend, gesamt: ~ **genius** Universalgenie *n*; ~ **heir** *jur.* Universalerbe *m*; ~ **knowledge** umfassendes Wissen; ~ **remedy** *pharm.* Universalmittel *n*; ~ **succession** *jur.* Gesamtnachfolge *f*; **the** ~ **experience of mankind** die ganze *od.* gesamte Erfahrung der Menschheit. **2.** univer¹sell, gene¹rell, allge¹mein(gültig): ~ **rule**, ~ **agent** *econ.* Generalbevollmächtigte(r *m*) *f*. **3.** ¹allum₁fassend, allgemein: ~ **military service** allgemeine Wehrpflicht; ~ **partnership** *jur.* allgemeine Gütergemeinschaft; **to meet with** ~ **applause** allgemeinen Beifall finden; **the disappointment was** ~ die Enttäuschung war allgemein. **4.** allgemein, ¹überall üblich: **a** ~ **practice**. **5.** ¹überall anzutreffen(d). **6.** ¹weltum₁fassend, Welt...: ~ **language** Weltsprache *f*; **U~ Postal Union** Weltpostverein *m*; ~ **time** Weltzeit *f*. **7.** *tech.* Universal...: ~ **chuck** Universalfutter *n*; ~ **current** *electr.* Allstrom *n*; ~ **joint** Universal-, Kardangelenk *n*; ~ **motor** *electr.* Universal-, Allstrommotor *m*. **II** *s* **8.** (*das*) Allgemeine. **9.** *Logik:* allgemeine Aussage: **the U~s** die Universalien. **10.** *philos.* Allge¹meinbegriff *m*. **11.** *Metaphysik:* (*das*) Selbst.

**u·ni·ver·sal·ism** [₁ju:nɪ¹vɜːsəlɪzəm; *Am.* ₋¹vɜr-] *s philos. relig.* Universa¹lismus *m*. **u·ni¹ver·sal·ist** *s* Universa¹list *m*. **u·ni·ver·sal·i·ty** [₋¹sælətɪ] *s* **1.** (*das*) ¹Allum₁fassende. **2.** Allge¹meinheit *f*. **3.** Universali¹tät *f*, Vielseitigkeit *f*.

**4.** um¹fassende Bildung. **5.** Allge¹meingültigkeit *f*. **6.** *obs.* Allge¹meinheit *f*, Masse *f* (*e-s Volkes*). **u·ni¹ver·sal·ize** *v/t* **1.** Allge¹meingültigkeit verleihen (*dat*), allge¹meingültig machen. **2.** allgemein verbreiten.

**u·ni·verse** [¹ju:nɪvɜːs; *Am.* ₋¸vɜrs] *s* **1.** Uni¹versum *n*, (Welt)All *n*, Kosmos *m*. **2.** Welt *f*. **3.** Bereich *m*, Raum *m*, Gesamtheit *f*: ~ **of discourse** (*Logik*) geistiger Raum e-r Abhandlung.

**u·ni·ver·si·ty** [₁ju:nɪ¹vɜːsətɪ; *Am.* ₋¹vɜr-] **I** *s* Universi¹tät *f*, Hochschule *f*: **at the U~ of Oxford**, **at Oxford U~** auf *od.* an der Universität Oxford; **to go to a** ~, *Br. a.* **to go to** ~ studieren. **II** *adj* Universitäts..., Hochschul..., aka¹demisch: ~**bred**, ~**trained** mit Universitätsbildung, akademisch gebildet; ~ **education** Hochschulbildung *f*; ~ **extension** Versuch *von Universitäten, sich mit Hilfe von außerhalb der Universität veranstalteten Vortragsreihen breiteren Schichten zu eröffnen*; ~ **man** Akademiker *m*; ~ **place** Studienplatz *m*; ~ **population** Gesamtzahl *f* der Studenten (*e-s Landes*); ~ **reform** Studienreform *f*.

**u·ni·vo·cal** [₁ju:nɪ¹vəʊkl; *Am.* juː¹nɪvəkəl] **I** *adj* eindeutig, unzweideutig. **II** *s* Wort *n* mit nur ¹einer Bedeutung.

**¸un¹jaun·diced** *adj* a) neidlos, b) unvoreingenommen.

**¸un¹just** *adj* (*adv* ~ly) ungerecht (**to** gegen): **to be** ~ **to s.o.** *a.* j-n ungerecht behandeln. **un¹jus·ti·fi·a·ble** *adj* (*adv* unjustifiably) unentschuldbar, nicht zu rechtfertigen(d). **un¹jus·ti·fied** *adj* ungerechtfertigt, unberechtigt. **¸un¹just·ness** *s* Ungerechtigkeit *f*.

**un·kempt** [₁ʌn¹kempt] *adj* **1.** ungekämmt, zerzaust. **2.** *fig.* unordentlich, vernachlässigt, ungepflegt.

**¸un¹kill·a·ble** *adj meist fig.* nicht ¹umzubringen(d).

**un¹kind** *adj* (*adv* ~ly) **1.** lieb-, herz-, rücksichtslos (**to** gegen). **2.** unfreundlich (**to** zu). **un¹kind·li·ness** *s* Unfreundlichkeit *f*. **un¹kind·ly** *adj u. adv* ~ *1.* unkind. **un¹kind·ness** *s* **1.** Lieblosigkeit *f*. **2.** Unfreundlichkeit *f*.

**¸un¹know·a·ble** *bes. philos.* **I** *adj* un(er)-kennbar, jenseits menschlicher Erkenntnis. **II** *s* **the U~** das Unerkennbare. **¸un¹know·ing** *adj* (*adv* ~ly) **1.** unwissend. **2.** unwissentlich, unbewußt. **3.** nicht wissend, ohne zu wissen (**that** daß; **how** wie; *etc*). **4.** nichts wissend (**of** von, über *acc*). **un¹known I** *adj* **1.** unbekannt (**to** *dat*): **the U~ Soldier** (*od.* **Warrior**) der Unbekannte Soldat; → **quantity** 4. **2.** (**to s.o.**) ohne (j-s) Wissen. **3.** nie gekannt, beispiellos: **an** ~ **delight**. **II** *s* **4.** (*der, die, das*) Unbekannte. **5.** *math.* Unbekannte *f*.

**¸un¹la·bel(l)ed** *adj* nicht etiket¹tiert, ohne Eti¹kett, ohne Aufschrift, unbeschriftet.

**¸un¹la·bo(u)red** *adj* mühelos (*a. fig. leicht*, ungezwungen).

**¸un¹lace** *v/t* aufschnüren.

**¸un¹lade** *v/t* **1.** ent-, ausladen. **2.** *mar.* Ladung *f* löschen. **¸un¹lad·en** *adj* **1.** unbeladen: ~ **weight** Leergewicht *n*. **2.** *fig.* unbelastet (**with** von).

**¸un¹la·dy·like** *adj* nicht damenhaft, unvornehm, unfein.

**¸un¹laid** *adj* **1.** nicht gelegt, ungelegt. **2.** nicht gebannt: ~ **ghosts**. **3.** ungedeckt (*Tisch*). **4.** ungerippt (*Papier*).

**¸un·la·ment·ed** *adj* unbeklagt, unbetrauert.

**¸un¹lash** *v/t* losmachen.

**¸un¹latch** *v/t* die Tür aufklinken.

**¸un¹law·ful** *adj* (*adv* ~ly) **1.** *bes. jur.* ungesetzlich, rechts-, gesetzwidrig,

¹widerrechtlich, ¹ille₁gal, unzulässig. **2.** unerlaubt. **3.** unehelich. **¸un¹lawful·ness** *s* Gesetzwidrigkeit *f*, ¹Widerrechtlichkeit *f*.

**¸un¹lead·ed** [₋¹ledɪd] *adj* **1.** unverbleit, bleifrei. **2.** *print.* ohne ¹Durchschuß.

**¸un¹learn** *a. irr* **I** *v/t* **1.** Ansichten *etc* ablegen, aufgeben. **2. to have** ~**ed to do s.th.** nicht mehr fähig sein *od.* es verlernt haben, etwas zu tun. **II** *v/i* **3.** s-e Ansichten *etc* ablegen *od.* aufgeben, *weitS.* ¹umlernen.

**¸un¹learned¹** *adj* **1.** nicht gelernt *od.* ¹einstu₁diert. **2.** nicht gelehrt.

**¸un¹learn·ed²** *adj* **1.** ungelehrt. **2.** unerfahren, unbewandert (**in** in *dat*).

**¸un¹learnt** → **unlearned¹**.

**¸un¹leash** *v/t* **1.** Hund *etc* losbinden, loslassen (**against**, **on**, **upon** auf *acc*) (*a. fig.*): **all his anger was** ~**ed on her** sein ganzer Zorn entlud sich auf sie *od.* über sie. **2.** *fig.* a) Krieg *etc* entfesseln, auslösen, b) Energie *etc* freisetzen.

**¸un¹leav·ened** *adj* ungesäuert (*Brot*).

**un·less** [ən¹les; ʌn-] **I** *conj* wenn ... nicht, so¹fern ... nicht, es sei denn (daß) ..., außer wenn ..., ausgenommen (wenn). **II** *prep selten* außer.

**¸un¹let·tered** *adj* **1.** analpha¹betisch. **2.** ungebildet. **3.** ungelehrt. **4.** unbeschriftet, unbedruckt.

**¸un¹li·censed** *adj* **1.** nicht konzessio-¹niert, (amtlich) nicht zugelassen: **an** ~ **house** ein Lokal ohne Schankkonzession. **2.** ohne Li¹zenz.

**¸un¹licked** *adj fig.* a) ungehobelt, ungeschliffen, grob, b) ,grün', unreif: ~ **cub** grüner Junge.

**¸un¹lik·a·ble** *adj* ¹unsym₁pathisch.

**¸un¹like I** *adj* **1.** ungleich, (vonein¹ander) verschieden: ~ **signs** *math.* ungleiche Vorzeichen. **2.** unähnlich: **the portrait is very** ~. **II** *prep* **3.** unähnlich (**s.o.** j-m), verschieden von, anders als: **he is quite** ~ **his father**; **that is very** ~ **him** das sieht ihm gar nicht ähnlich. **4.** anders als, nicht wie. **5.** im Gegensatz zu: ~ **his brother**, **he works hard**. **¸un¹like·a·ble** *adj* unlikable.

**un¹like·li·hood**, **un¹like·li·ness** *s* Unwahrscheinlichkeit *f*. **un¹like·ly** **I** *adj* **1.** unwahrscheinlich. **2.** (ziemlich) unmöglich: ~ **place**. **3.** aussichtslos: **an** ~ **venture**. **II** *adv* **4.** unwahrscheinlich.

**¸un¹like·ness** *s* **1.** Ungleichheit *f*, Verschiedenheit *f*. **2.** Unähnlichkeit *f*.

**¸un¹lim·ber** *v/t u. v/i* **1.** *mil.* abprotzen. **2.** *fig.* (sich) bereitmachen.

**un¹lim·it·ed** *adj* **1.** unbegrenzt, unbeschränkt (*a. math.*): ~ **power**; ~ **company** *econ. Br.* Gesellschaft *f* mit unbeschränkter Haftung; ~ **problem** *math.* Unendlichkeitsproblem *n. Börse:* nicht limi¹tiert. **3.** *fig.* grenzenlos, uferlos.

**¸un¹lined¹** *adj* ungefüttert: ~ **coat**.

**¸un¹lined²** *adj* **1.** ¹unlini₁iert, ohne Linien. **2.** faltenlos, glatt: ~ **face**.

**¸un¹link** *v/t* **1.** losketten. **2.** Kettenglieder trennen. **3.** e-e Kette ausein¹andernehmen.

**¸un¹liq·ui·dat·ed** *adj econ.* **1.** ungetilgt (*Schulden etc*). **2.** nicht festgestellt (*Schuldbetrag etc*). **3.** ¹unliqui₁diert (*Unternehmen*).

**¸un¹list·ed** *adj* **1.** (in e-r Liste) nicht verzeichnet *od.* aufgeführt. **2.** *teleph. Am.* Geheim...: ~ **number**. **3.** ~ **securities** *econ.* nicht notierte Wertpapiere, Freiverkehrswerte *pl*.

**¸un¹load I** *v/t* **1.** aus-, entladen. **2.** *mar.* die Ladung löschen. **3.** *fig.*(**o.s.** sich) (von e-r Last) befreien, erleichtern. **4.** *colloq.* (**on**, **onto** auf) a) Möbel, Kinder *etc* abladen (bei), b) Verantwortung *etc* abwälzen (auf *acc*), c) Wut *etc* auslassen (an

*dat*). **5.** *mil.* entladen: **to ~ a gun. 6.** *Börse:* Aktien (*massenweise*) abstoßen, auf den Markt werfen. **II** *v/i* **7.** aus-, abladen. **8.** gelöscht *od.* ausgeladen werden. **9.** *colloq.* sein Herz ausschütten (**to** *dat*).

**ˌun'lock** *v/t* **1.** aufschließen, öffnen: **~ed** unverschlossen, geöffnet. **2.** *mil.* entsichern. **3.** *fig.* offen'baren.

**un'looked-for** unerwartet, ˈunvorˌhergesehen, über'raschend.

**ˌun'loose, un'loos·en** *v/t* **1.** *Knoten etc* lösen. **2.** *Griff etc* lockern. **3.** loslassen, losmachen, freilassen.

**ˌun'lov·a·ble** *adj* nicht liebenswert.

**ˌun'loved** *adj* ungeliebt.

**ˌun'love·li·ness** *s* Unschönheit *f*, Reizlosigkeit *f*. **ˌun'love·ly** *adj* unschön, reizlos.

**ˌun'lov·ing** *adj* kalt, lieblos.

**un'luck·i·ly** *adv* unglücklicherweise. **un'luck·y** *adj* unglücklich: a) vom Pech verfolgt: **to be ~** Pech *od.* kein Glück haben, b) fruchtlos: **~ effort,** c) ungünstig: **~ moment,** d) unheilvoll, unselig, schwarz, Unglücks...: **~ day.**

**ˌun'made** *adj* ungemacht.

**ˌun'maid·en·ly** *adj obs.* nicht mädchenhaft, unweiblich.

**ˌun'mail·a·ble** *adj bes. Am.* nicht postversandfähig.

**ˌun·main'tain·a·ble** *adj* unhaltbar.

**ˌun'make** *v/t irr* **1.** aufheben, ˈumstoßen, widerˈrufen, rückgängig machen. **2.** *j-n* absetzen. **3.** ˈumbilden. **4.** vernichten.

**ˌun'man** *v/t* **1.** *obs.* unmenschlich machen, verrohen lassen. **2.** entmannen. **3.** *j-n* s-r Kraft berauben. **4.** weibisch machen. **5.** *j-n* verzagen lassen, entmutigen. **6.** *e-m Schiff etc* die Besatzung nehmen: **~ned** unbemannt.

**un'man·age·a·ble** *adj* (*adv* **unmanageably**) **1.** schwer zu handhaben(d), unhandlich. **2.** *fig.* unlenksam, unfügsam. **3.** ˈunkontrolˌlierbar: **~ situation.**

**ˌun'man·li·ness** *s* Unmännlichkeit *f*. **ˌun'man·ly** *adj* **1.** unmännlich. **2.** weibisch. **3.** feige, nicht mannhaft.

**un'man·ner·li·ness** *s* schlechtes Benehmen. **un'man·ner·ly** *adj* ungesittet, ˈunmaˌnierlich.

**ˌun·manˌu'fac·tured** *adj tech.* unverarbeitet, roh.

**ˌun'marked** *adj* **1.** nicht marˈkiert, unbezeichnet, ungezeichnet. **2.** nicht gekennzeichnet, (*Polizeifahrzeug etc a.*) neuˈtral. **3.** unbemerkt. **4.** *sport* ungedeckt.

**ˌun'mar·ket·a·ble** *adj econ.* **1.** nicht marktgängig *od.* -fähig. **2.** unverkäuflich.

**ˌun'mar·riage·a·ble** *adj* nicht heiratsfähig. **ˌun'mar·ried** *adj* unverheiratet, ledig: **~ mothers.**

**ˌun'mask I** *v/t* **1.** *j-m* die Maske abnehmen, *j-n* demasˈkieren. **2.** *fig. j-m* die Maske herˈunterreißen, *j-n* entlarven. **II** *v/i* **3.** die Maske abnehmen, sich demasˈkieren. **4.** *fig.* die Maske fallen lassen, sein wahres Gesicht zeigen. **ˌun'mask·ing** *s fig.* Entlarvung *f*.

**ˌun'matched** *adj* unvergleichlich, unerreicht, ˈunüberˌtroffen: **to be ~ for** alle anderen *od.* alles andere übertreffen an (*dat*).

**ˌun·ma'te·ri·al** *adj* immateriˈell, unkörperlich, unstofflich.

**ˌun'mean·ing** *adj* (*adv* **~ly**) **1.** sinnlos, bedeutungslos. **2.** nichtssagend, ausdruckslos.

**ˌun'meant** *adj* unbeabsichtigt, ungewollt.

**ˌun'meas·ur·a·ble** *adj* (*adv* **unmeasurably**) **1.** unmeßbar. **2.** → **unmeasured** 2. **ˌun'meas·ured** *adj* **1.** ungemessen. **2.** unermeßlich, grenzenlos, unbegrenzt. **3.** unmäßig, maßlos.

**ˌun·me'lo·di·ous** *adj* ˈunmeˌlodisch, ˈunmelodiˌös.

**un'men·tion·a·ble** *adj* **1.** → **unspeakable. 2. a** formerly **~** topic ein Thema, über das man früher nicht sprach *od.* das früher tabu war; **an ~** word ein Wort, das man nicht in den Mund nimmt.

**un'men·tion·a·bles** *s pl humor.* (*die*) Unaussprechlichen *pl* (*Unterhose*). **ˌun'men·tioned** *adj* unerwähnt.

**un'mer·chant·a·ble** → **unmarketable.**

**un'mer·ci·ful** *adj* (*adv* **~ly**) unbarmherzig, mitleid(s)los.

**ˌun'mer·it·ed** *adj* unverdient. **ˌun'mer·it·ed·ly** *adv* unverdientermaßen.

**ˌun'met·al(l)ed** *adj tech.* ungeschottert (*Straße*).

**ˌun·me'thod·i·cal** *adj* ˈunmeˌthodisch, syˈstem-, planlos.

**ˌun'met·ri·cal** *adj metr.* unmetrisch, nicht in Versform geschrieben.

**ˌun'mil·i·tar·y** *adj* **1.** ˈunmiliˌtärisch. **2.** nicht miliˈtärisch, Zivil...

**un'mind·ful** *adj* (*adv* **~ly**) **1.** unaufmerksam, unachtsam: **to be ~ of** nicht achten auf (*acc*). **2.** uneingedenk (**of** *gen*): **to be ~ of** nicht denken an (*acc*).

**ˌun'min·gled** → **unmixed.**

**ˌun·mis'tak·a·ble** *adj* (*adv* **unmistakably**) **1.** ˈunˌmißverständlich. **2.** unverkennbar, nicht zu verwechseln(d).

**un'mit·i·gat·ed** *adj* **1.** ungemildert. **2.** vollˈendet, Erz..., *nachgestellt:* durch u. durch: **an ~** liar; **~ rubbish** völliger *od.* kompletter Blödsinn.

**ˌun'mixed** *adj* **1.** unvermischt. **2.** *fig.* ungemischt, rein, pur.

**ˌun'mod·i·fied** *adj* unverändert, nicht (ab)geändert.

**ˌun·mo'lest·ed** *adj* unbelästigt: **to live ~ in** Frieden leben.

**ˌun'moor** *mar.* **I** *v/t* **1.** abankern, losmachen. **2.** vor ˈeinem Anker liegen lassen. **II** *v/i* **3.** die Anker lichten.

**ˌun'mor·al** *adj* ˈunmoˌralisch. **ˌun·mo'ral·i·ty** *s* ˈUnmoˌral *f*.

**ˌun'mort·gaged** *adj jur.* **1.** unverpfändet. **2.** hypoˈthekenfrei, unbelastet.

**ˌun'moth·er·ly** *adj* unmütterlich, lieblos.

**ˌun'mount·ed** *adj* **1.** unberitten: **~ police. 2.** nicht aufgezogen (*Bild etc*). **3.** *tech.* ungefaßt: **~ jewel.**

**ˌun'mourned** *adj* unbetrauert.

**ˌun'mov·a·ble** *adj* (*adv* **unmovably**) **1.** unbeweglich. **2.** *fig.* unerschütterlich, standhaft, gelassen. **ˌun'moved** *adj* **1.** unbewegt. **2.** *fig.* ungerührt, unbewegt.

**ˌun'mov·ing** *adj* regungslos.

**ˌun'mur·mur·ing** *adj* ohne Murren, klaglos.

**ˌun'mu·si·cal** *adj mus.* **1.** ˈunmeˌlodisch, ˈmißtönend (*Klang*). **2.** ˈunmusiˌkalisch (*Person*).

**ˌun'muz·zle** *v/t* **1.** *e-m Hund* den Maulkorb abnehmen. **2.** *fig. j-m* das Recht auf freie Meinungsäußerung gewähren.

**ˌun'nam(e)·a·ble** *adj* unsagbar. **ˌun'named** *adj* **1.** namenlos, ohne Namen. **2.** nicht namentlich genannt, ungenannt, unerwähnt.

**un'nat·u·ral** *adj* (*adv* **~ly**) **1.** ˈunnaˌtürlich. **2.** künstlich, gekünstelt, affekˈtiert. **3.** ˈwidernaˌtürlich: **~ crimes; ~ vices. 4.** ungeheuerlich, abˈscheulich. **5.** un-, außergewöhnlich: **it is ~ for him to get drunk** es ist nicht s-e Art, sich zu betrinken. **6.** anoˈmal, abˈnorm.

**ˌun'nav·i·ga·ble** *adj mar.* nicht schiffbar, unbefahrbar.

**un·nec·es·sar·i·ly** [ˌʌnˈnesəsərɪlɪ; *bes. Am.* ˌʌnˌnesɪˈser-] *adv* **1.** unnötigerweise. **2.** unnötig: **~ rude. un·nec·es·sar·y**

*adj* **1.** unnötig, nicht notwendig. **2.** nutzlos, ˈüberflüssig.

**ˌun'need·ed** *adj* nicht benötigt, nutzlos. **ˌun'need·ful** *adj* (*adv* **~ly**) unnötig, nicht notwendig.

**ˌun'neigh·bo(u)r·ly** *adj* **1.** nicht gutˈnachbarlich. **2.** unfreundlich, ungesellig.

**ˌun'nerve** *v/t* **1.** entnerven, zermürben. **2.** *j-n* die Nerven verlieren lassen, *j-n* entmutigen. **3.** *j-n* schwächen.

**ˌun'not·ed** *adj* **1.** unbeachtet, unauffällig. **2.** → **unnoticed** 1.

**ˌun'no·ticed** *adj* **1.** unbemerkt, unbeobachtet: **to pass ~** unbemerkt bleiben; **to let s.th. pass ~** etwas ignorieren. **2.** → **unnoted** 1.

**ˌun'num·bered** *adj* **1.** ˈunnumeˌriert. **2.** ungezählt, zahllos.

**ˌun·ob'jec·tion·a·ble** *adj* (*adv* **unobjectionably**) einwandfrei.

**ˌun·o'blig·ing** *adj* ungefällig.

**ˌun·ob'scured** *adj* nicht verdunkelt.

**ˌun·ob'serv·ant** *adj* unaufmerksam, unachtsam: **to be ~ of** nicht achten auf (*acc*). **ˌun·ob'served** *adj* unbeobachtet, unbemerkt.

**ˌun·ob'struct·ed** *adj* **1.** unversperrt, ungehindert: **~ view. 2.** *fig.* unbehindert, reibungslos.

**ˌun·ob'tain·a·ble** *adj* **1.** *bes. econ.* nicht erhältlich. **2.** unerreichbar.

**ˌun·ob'tru·sive** *adj* (*adv* **~ly**) unaufdringlich: a) zuˈrückhaltend, bescheiden, b) unauffällig. **ˌun·ob'tru·sive·ness** *s* Unaufdringlichkeit *f*.

**ˌun·oc·cu·pied** *adj* frei: a) leer(stehend), unbewohnt: **~ house; to be ~** leer stehen, b) unbesetzt: **~ chair,** c) unbeschäftigt (*Person*), d) *mil.* unbesetzt.

**ˌun·of·fend·ing** *adj* **1.** nicht verletzend *od.* beleidigend *od.* kränkend. **2.** nicht anstößig.

**ˌun·of·fi·cial** *adj* (*adv* **~ly**) **1.** nichtamtlich, ˈinoffiziˌell. **2. ~ strike** *econ.* wilder Streik.

**ˌun·o·pened** *adj* **1.** ungeöffnet, verschlossen: **~ letter. 2.** *econ.* unerschlossen: **~ market.**

**ˌun·op'posed** *adj* **1.** unbehindert. **2.** unbeanstandet: **~ by** ohne Widerstand *od.* Einspruch seitens (*gen*).

**ˌun'or·gan·ized** *adj* **1.** ˈunorˌganisch: **~ ferment** *biol.* Enzym *n.* **2.** ˈunorganiˌsiert, wirr. **3.** (*gewerkschaftlich*) nicht organiˈsiert.

**ˌun·o'rig·i·nal** *adj* wenig origiˈnell.

**ˌun'or·tho·dox** *adj* **1.** *relig.* ˈunorthoˌdox (*a. fig.*). **2.** *fig.* ˈunkonventioˌnell, unüblich.

**ˈunˌos·ten'ta·tious** *adj* (*adv* **~ly**) unaufdringlich, unauffällig: a) prunklos, schlicht, b) zuˈrückhaltend, de'zent (*Farben etc*).

**ˌun'owned** *adj* **1.** herrenlos. **2.** nicht anerkannt: **an ~ child.**

**ˌun'pack** *v/t u. v/i* auspacken.

**ˌun'paged** *adj* nicht pagiˈniert, ohne Seitenzahlen.

**ˌun'paid** *adj* **1.** unbezahlt, noch nicht bezahlt, rückständig: **~ debt; ~ interest. 2.** *econ.* noch nicht eingezahlt: **~ capital. 3.** unbesoldet, unbezahlt, ehrenamtlich (*Stellung*). **ˌun'paid-for** → **unpaid** 1.

**ˌun'paired** *adj* **1.** ungepaart. **2.** *zo.* a) ungepaart, b) unpaarig.

**un'pal·at·a·ble** *adj* **1.** unschmackhaft, ungenießbar (*a. fig.*). **2.** *fig.* unangenehm, ˈwiderwärtig.

**un'par·al·lel(l)ed** *adj* einmalig, beispiellos, *nachgestellt:* ohneˈgleichen.

**un'par·don·a·ble** *adj* (*adv* **unpardonably**) unverzeihlich.

**ˌun'par·ent·ed** *adj* elternlos, *bes.* verwaist.

**ˈunˌpar·lia'men·ta·ry** *adj pol.* a) ˈun-

parlamen₁tarisch, b) der Würde des Parla'ments nicht entsprechen(d).

₁un'pas·teur·ized *adj chem.* nicht pasteuri'siert.

₁un'pat·ent·ed *adj* nicht paten'tiert.

'un₁pa·tri'ot·ic *adj (adv ~ally)* 'unpatri₁otisch.

₁un'paved *adj* ungepflastert.

₁un'pay·ble *adj* 1. unbezahlbar. 2. *econ.* 'unren₁tabel.

₁un'ped·i·greed *adj* ohne Stammbaum.

₁un'peg *v/t* 1. *Wäsche* abnehmen, von der Leine nehmen. 2. *Preise etc* freigeben.

₁un'peo·ple *v/t* entvölkern.

₁un·per'ceiv·a·ble *adj (adv* unperceivably) nicht wahrnehmbar, unmerklich. ₁un·per'ceived *adj* unbemerkt. ₁un·per'ceiv·ed·ly [-ɪdlɪ] *adv.*

₁un·per'formed *adj* 1. nicht ausgeführt, ungetan, unverrichtet. 2. nicht aufgeführt: ~ plays.

₁un'per·son *s* 'Unper₁son *f.*

₁un·per'suad·a·ble *adj* nicht zu über-'reden(d), nicht über'redbar. ₁un·per-'sua·sive *adj* nicht über'zeugend.

₁un·per'turbed *adj* nicht beunruhigt, gelassen, ruhig.

un₁phil·o'soph·ic *adj;* un₁phil·o-'soph·i·cal *adj (adv ~ly)* 'unphilo₁sophisch.

₁un'pick *v/t e-e Naht etc* (auf)trennen.

₁un'picked *adj* 1. *econ.* nicht ausgesucht, 'unsor₁tiert: ~ samples. 2. ungepflückt.

₁un·pic·tur'esque *adj* wenig malerisch.

₁un'pin *v/t* 1. die Nadeln entfernen aus. 2. losstecken, abmachen.

₁un'pit·ied *adj* unbemitleidet. ₁un'pit·y·ing *adj (adv ~ly)* mitleid(s)los.

₁un'placed *adj* 1. (noch) nicht pla'ciert, ohne festen Platz (*in e-r Anordnung etc*). 2. *sport* 'unpla₁ciert: to be ~ unplaciert bleiben, sich nicht placieren können. 3. a) nicht 'untergebracht, b) nicht angestellt, ohne Stellung, c) *univ.* ohne Studienplatz: to be still ~ noch keinen Studienplatz gefunden haben.

₁un'plait *v/t* 1. glätten. 2. *das Haar etc* aufflechten.

₁un'planned *adj* 1. ungeplant. 2. 'unvor-₁hergesehen.

₁un'play·a·ble *adj* 1. unspielbar. 2. *thea.* nicht bühnenreif *od.* -gerecht. 3. *sport* unbespielbar (*Boden, Platz*).

un'pleas·ant *adj (adv ~ly)* 1. unangenehm, unerfreulich. 2. unfreundlich. 3. unwirsch, ₁unangenehm' (*Person*). un'pleas·ant·ness *s* 1. (*das*) 'Unangenehme. 2. Unannehmlichkeit *f.* 3. 'Mißhelligkeit *f,* Unstimmigkeit *f:* the late ~ *Am. colloq.* der Sezessionskrieg.

₁un'pledged *adj* 1. nicht verpflichtet. 2. unverpfändet.

₁un'pli·a·ble, ₁un'pli·ant *adj* 1. nicht biegsam, ungeschmeidig (*a. fig.*). 2. *fig.* unnachgiebig, halsstarrig.

₁un'plug *v/t* den Pflock *od.* Stöpsel entfernen aus.

₁un'plumbed *adj* 1. ungelotet. 2. *fig.* unergründet, unergründlich: ~ depths. 3. *tech.* ohne Installati'on(en).

₁un·po'et·ic *adj;* ₁un·po'et·i·cal *adj (adv ~ly)* 'unpo₁etisch, undichterisch.

₁un'point·ed *adj* ungespitzt, stumpf.

₁un'pol·ished *adj* 1. 'unpo₁liert (*a. Reis*). 2. *tech.* ungeschliffen. 3. *fig.* unausgefeilt (*Stil etc*). 4. *fig.* ungeschliffen, ungehobelt (*Bemerkung, Kerl etc*).

₁un·po'lit·ic *adj* ~ unpolitical 5. ₁un·po-'lit·i·cal *adj* 1. 'unpo₁litisch. 2. po'litisch unklug. 3. 'unpo₁litisch, an Poli'tik 'un·interes₁siert. 4. 'unpar₁teiisch. 5. unklug.

₁un'polled *adj* 1. *pol.* nicht gewählt habend: ~ elector Nichtwähler(in). 2. *pol. Am.* nicht (*in die Wählerliste*) eingetragen.

₁un·pol'lut·ed *adj* 1. unverschmutzt, unverseucht, sauber (*Umwelt*). 2. *fig.* unbefleckt.

₁un'pop·u·lar *adj* 'unpopu₁lär, unbeliebt: to make o.s. ~ with sich bei *j-m* unbeliebt machen; to be ~ with bei *j-m* schlecht angeschrieben sein. 'un₁pop·u'lar·i·ty *s* 'Unpopulari₁tät *f,* Unbeliebtheit *f.* ₁un'pop·u·lar·ize *v/t* 'unpopu₁lär machen.

₁un·pos'sessed *adj* 1. herrenlos (*Sache*). 2. ~ of s.th. nicht im Besitz e-r Sache.

₁un'post·ed *adj* 1. *colloq.* nicht infor-'miert, 'ununter₁richtet. 2. *Br.* nicht aufgegeben: ~ letters.

₁un'prac·ti·cal *adj (adv ~ly)* 1. unpraktisch. 2. unbrauchbar, unzweckmäßig. 'un₁prac·ti'cal·i·ty, ₁un'prac·ti·cal·ness *s* schlechte Verwendbarkeit.

un'prac·ticed, *bes. Br.* un'practised *adj* ungeübt (in *in dat*).

un'prec·e·dent·ed *adj (adv ~ly)* 1. beispiellos, unerhört, noch nie dagewesen. 2. *jur.* ohne Präze'denzfall (*a. fig.*).

₁un·pre'dict·a·ble *adj* nicht vor'aussagbar: he's quite ~ bei ihm weiß man nie genau, wie er reagiert; er ist nur schwer auszumachen.

₁un'prej·u·diced *adj* 1. (against gegen['über]) unvoreingenommen, vorurteilsfrei. 2. *jur.* unbefangen. 3. *a. jur.* unbeeinträchtigt.

₁un·pre'med·i·tat·ed *adj (adv ~ly)* 1. 'überlegt. 2. *jur.* ohne Vorsatz.

₁un·pre'pared *adj* 1. unvorbereitet: an ~ speech. 2. (for) nicht vorbereitet *od.* gefaßt (auf *acc*), nicht gerüstet (für). 3. *mus.* frei eintretend (*Dissonanz*). ₁un·pre'par·ed·ly [-ɪdlɪ] *adv.* ₁un·pre-'par·ed·ness [-ɪd-] *s* Unvorbereitetsein *n.*

'un₁pre·pos'sess·ing *adj* wenig einnehmend *od.* anziehend, 'unsym₁pathisch.

₁un·pre'sent·a·ble *adj* nicht präsen-'tabel.

₁un·pre'sum·ing *adj* nicht anmaßend *od.* vermessen.

₁un·pre'sump·tu·ous *adj* nicht über-'heblich.

₁un·pre'tend·ing *adj (adv ~ly)* 1. anspruchslos, bescheiden, schlicht. 2. nichts Falsches vorspiegelnd. ₁un·pre'ten·tious *adj (adv ~ly)* → unpretending 1.

₁un'priced *adj* 1. ohne (feste) Preisangabe. 2. *fig. poet.* unschätzbar.

₁un'prin·ci·pled *adj* ohne (feste) Grundsätze, haltlos (*Person*), gewissenlos, cha'rakterlos (*a. Benehmen*).

₁un'print·a·ble *adj* nicht druckfähig *od.* druckreif. ₁un'print·ed *adj* 1. ungedruckt (*Schriften*). 2. unbedruckt (*Stoffe etc*).

₁un'priv·i·leged *adj* nicht privile'giert *od.* bevorrechtigt: ~ creditor *jur.* Massegläubiger *m.*

₁un·pro'cur·a·ble *adj* nicht zu beschaffen(d), nicht erhältlich.

₁un·pro'duc·tive *adj (adv ~ly)* 'unproduk₁tiv (*a. fig.*), unergiebig, unfruchtbar (*a. fig.*), 'unren₁tabel: ~ capital *econ.* totes Kapital. ₁un·pro'duc·tive·ness *s* 'Unproduktivi₁tät *f,* Unergiebigkeit *f,* Unfruchtbarkeit *f* (*a. fig.*), 'Unren₁tabili₁tät *f.*

₁un·pro'fes·sion·al *adj* 1. keiner freien Berufsgruppe (*Ärzte, Rechtsanwälte etc*) zugehörig. 2. nicht berufsmäßig. 3. standeswidrig: ~ conduct. 4. unfachmännisch.

₁un'prof·it·a·ble *adj (adv* unprofitably) 1. nicht einträglich *od.* gewinnbringend *od.* lohnend, 'unren₁tabel: to be ~ sich nicht rentieren. 2. unvorteilhaft. 3. nutzlos, zwecklos, 'überflüssig. ₁un-

'prof·it·a·ble·ness *s* 1. 'Unrentabili-₁tät *f.* 2. Nutzlosigkeit *f.*

₁un·pro'gres·sive *adj (adv ~ly)* 1. nicht fortschrittlich, rückständig. 2. *bes. pol.* rückschrittlich, konserva'tiv, reaktio-'när. 3. ohne Fortschritt, stillstehend.

₁un'prom·is·ing *adj* nicht vielversprechend, ziemlich aussichtslos.

₁un'prompt·ed *adj* spon'tan.

₁un·pro'nounce·a·ble *adj* unaussprechlich.

₁un·pro'pi·tious *adj (adv ~ly)* ungünstig, unvorteilhaft.

₁un·pro'por·tion·al *adj (adv ~ly)* unverhältnismäßig, 'unproportio₁nal (*a. math.*).

₁un·pro'tect·ed *adj* 1. ungeschützt, schutzlos. 2. ungedeckt (*Schachfigur*).

₁un·pro'test·ed *adj* 1. ohne Einspruch. 2. *econ.* nicht prote'stiert: ~ bill.

₁un'prov·a·ble *adj* unbeweisbar, nicht nachweisbar. ₁un'proved, ₁un'prov·en *adj* unbewiesen.

₁un·pro'vid·ed *adj* 1. ~ with nicht versehen mit, ohne. 2. unvorbereitet. 3. ~ for unversorgt (*Kinder etc*). 4. ~ for nicht vorgesehen.

₁un·pro'voked *adj* 1. 'unprovo₁ziert. 2. grundlos.

₁un'pub·lish·a·ble *adj* zur Veröffentlichung ungeeignet. ₁un'pub·lished *adj* unveröffentlicht.

₁un'punc·tu·al *adj (adv ~ly)* unpünktlich. 'un₁punc·tu'al·i·ty *s* Unpünktlichkeit *f.*

₁un'pun·ish·a·ble *adj* nicht strafbar. ₁un'pun·ished *adj* unbestraft, ungestraft: to go ~ straflos ausgehen.

₁un'put·down·a·ble *adj colloq.* so spannend *od.* interes'sant, daß man es *etc* nicht mehr aus der Hand legen kann (*Buch etc*).

₁un'qual·i·fied *adj* 1. 'unqualifi₁ziert: a) ungeeignet, unbefähigt (for für), b) unberechtigt: ~ attack. 2. uneingeschränkt, unbedingt: ~ acceptance *econ.* uneingeschränktes Akzept (*e-s Wechsels*), bedingungslose Annahme. 3. ausgesprochen: ~ liar.

₁un'quench·a·ble *adj (adv* unquenchably) 1. unstillbar (*a. fig.*), unlöschbar. 2. *fig.* unauslöschbar.

un'ques·tion·a·ble *adj (adv* unquestionably) 1. unzweifelhaft, fraglos. 2. unbedenklich. ₁un'ques·tioned *adj* 1. ungefragt. 2. unbezweifelt, unbestritten. un'ques·tion·ing *adj* bedingungslos, blind: ~ obedience. un-'ques·tion·ing·ly *adv* bedingungslos, ohne zu fragen, ohne Zögern.

₁un'qui·et *adj (adv ~ly)* 1. unruhig, turbu'lent: ~ times. 2. ruhelos, gehetzt: ~ spirit. 3. unruhig, laut.

₁un'quot·a·ble *adj* nicht zi'tierbar. ₁un-'quote *v/i:* ~! Ende des Zitats! ₁un-'quot·ed *adj* 1. nicht zi'tiert *od.* angeführt. 2. *econ. Börse:* nicht no'tiert.

₁un'rat·i·fied *adj pol.* nicht ratifi'ziert. ₁un'ra·tioned *adj* nicht ratio'niert, frei (erhältlich).

un'rav·el *v/t pret ud pp -eled, bes. Br.* -elled 1. *tech. Gewebe* ausfasern. 2. *Gestricktes* auftrennen, -räufeln, -dröseln. 3. entwirren. 4. *fig.* entwirren, -rätseln. II *v/i* 5. sich entwirren *etc.* un'rav·el·ment *s* Entwirrung *f,* -rätselung *f,* (Auf)Lösung *f:* the ~ of the plot die Lösung des Knotens (*e-r Handlung*).

₁un'read [-'red] *adj* 1. ungelesen. 2. a) unbelesen, ungebildet, b) unbewandert (in *in dat*).

₁un'read·a·ble [-'riːdəbl] *adj* unlesbar: a) nicht lesenswert, b) unleserlich.

₁un'read·i·ness [-'redɪ-] *s* mangelnde Bereitschaft. ₁un'read·y *adj (adv* un-

readily) nicht bereit (for s.th. zu etwas; to do zu tun), nicht fertig.
ˌun're·al adj (adv ~ly) **1.** unwirklich, 'irre͜al. **2.** sub'stanz-, wesenlos, nur eingebildet. **3.** wirklichkeitsfremd. ˌun're·al·ism s 'Mangel m an Rea'lismus od. Wirklichkeitssinn. 'un͜re·al'is·tic adj (adv ~ally) wirklichkeitsfremd, 'unrea͜listisch. ˌun·re·al·i·ty s **1.** Unwirklichkeit f. **2.** Wesenlosigkeit f.
ˌun're·al·iz·a·ble adj nicht reali'sierbar: a) nicht zu verwirklichen(d), nicht aus- od. 'durchführbar, b) econ. nicht verwertbar, unverkäuflich. ˌun're·al·ized adj **1.** nicht verwirklicht od. erfüllt. **2.** nicht vergegenwärtigt od. erkannt.
ˌun'rea·son s **1.** Unvernunft f. **2.** Torheit f. un'rea·son·a·ble adj (adv unreasonably) **1.** vernunftos: ~ beasts. **2.** unvernünftig, unsinnig. **3.** unvernünftig, unbillig, 'über-, unmäßig, unzumutbar. un'rea·son·a·ble·ness s **1.** Unvernunft f. **2.** Unbilligkeit f, Unmäßigkeit f, (das) Unzumutbare. un'rea·son·ing adj **1.** nicht von der Vernunft geleitet, vernunftlos. **2.** unvernünftig, blind.
ˌun·re'ceipt·ed adj econ. 'unquit͜tiert.
ˌun·re'cep·tive adj nicht aufnahmefähig, unempfänglich (of, to für).
ˌun·re'cip·ro·cat·ed adj nicht auf Gegenseitigkeit beruhend: his love was ~ s-e Liebe wurde nicht erwidert od. blieb unerwidert.
ˌun'reck·oned adj **1.** ungezählt. **2.** nicht mitgerechnet.
ˌun·re'claimed adj **1.** nicht zu'rückgefordert (Eigentum etc). **2.** fig. ungebessert. **3.** ungezähmt (Tiere). **4.** 'unkulti͜viert (Land).
ˌun'rec·og·niz·a·ble adj (adv unrecognizably) nicht 'wiederzuerkennen(d).
ˌun'rec·og·nized adj **1.** nicht ('wieder)erkannt. **2.** nicht anerkannt.
ˌun·re'con·ciled adj unversöhnt (to, with mit).
ˌun͜re·con'struct·ed adj Am. colloq. ('erz)konserva͜tiv.
ˌun·re'cord·ed adj **1.** (geschichtlich) nicht über'liefert od. aufgezeichnet od. belegt. **2.** nicht eingetragen od. regi-'striert. **3.** jur. nicht beurkundet od. protokol'liert. **4.** a) nicht (auf Schallplatte, Tonband etc) aufgenommen, b) Leer...: ~ tape.
ˌun·re'deem·a·ble adj **1.** bes. relig. nicht erlösbar. **2.** econ. untilgbar, unkündbar. **3.** nicht wieder'gutzumachen(d). ˌun·re'deemed adj **1.** relig. unerlöst. **2.** econ. a) ungetilgt: ~ debt, b) uneingelöst: ~ bill. **3.** fig. ungemildert (by durch): ~ rascal Erzschurke m. **4.** uneingelöst: ~ promise; ~ pawn.
ˌun·re'dressed adj **1.** nicht wieder'gutgemacht. **2.** nicht abgestellt: ~ abuse.
ˌun'reel I v/t **1.** abspulen, abwickeln, abrollen lassen. II v/i **2.** sich abspulen. **3.** abrollen.
ˌun·re'fined adj **1.** chem. tech. nicht raffi'niert, ungeläutert, roh, Roh...: ~ sugar Rohzucker m. **2.** fig. ungebildet, unfein, 'unkulti͜viert.
ˌun·re'flect·ing adj (adv ~ly) **1.** nicht reflek'tierend. **2.** gedankenlos, 'überͺlegt.
ˌun·re'formed adj **1.** unverbessert. **2.** ungebessert, unbekehrt.
ˌun·re'fut·ed adj 'unwiderͺlegbar.
ˌun·re'gard·ed adj **1.** unberücksichtigt. **2.** unbeachtet. ˌun·re'gard·ful adj (of) ohne Rücksicht (auf acc), rücksichtslos (gegen).
ˌun·re'gen·er·a·cy s relig. Sündhaftigkeit f. ˌun·re'gen·er·ate adj **1.** relig. nicht 'wiedergeboren. **2.** nicht ge- od. verbessert, nicht refor'miert.

ˌun'reg·is·tered adj **1.** nicht regi'striert od. eingetragen (a. econ. jur.). **2.** amtlich nicht zugelassen (Fahrzeug): ~ doctor nicht approbierter Arzt. **3.** mail nicht eingeschrieben.
ˌun·re'gret·ted adj **1.** unbedauert. **2.** unbeklagt.
ˌun·re'hearsed adj **1.** ungeprobt: ~ play. **2.** spon'tan.
ˌun·re'lat·ed adj **1.** ohne Beziehung (to, with zu). **2.** nicht verwandt (to, with mit) (a. fig.). **3.** nicht berichtet.
ˌun·re'laxed adj **1.** nicht entspannt. **2.** med. nicht erschlafft. ˌun·re'lax·ing adj nicht nachlassend, unermüdlich.
ˌun·re'lent·ing adj (adv ~ly) **1.** unnachgiebig, unerbittlich. **2.** unvermindert.
'un·reͺli·a'bil·i·ty s Unzuverlässigkeit f. ˌun·re'li·a·ble adj (adv unreliably) unzuverlässig.
ˌun·re'lieved adj **1.** ungelindert. **2.** nicht unter'brochen, 'ununterͺbrochen. **3.** mil. a) nicht abgelöst (Wache), b) nicht entsetzt (belagerter Platz).
ˌun·re'li·gious adj 'unreligi͜ös.
ˌun·re'mem·bered adj vergessen.
ˌun·re'mit·ting adj (adv ~ly) unablässig, unaufhörlich, beharrlich.
ˌun·re'mu·ner·a·tive adj nicht lohnend od. einträglich, 'unrenͺtabel.
ˌun·re'newed adj nicht erneuert.
ˌun·re'pair s schlechter baulicher Zustand, Baufälligkeit f: to be in (a state of) ~ baufällig sein; to fall into ~ baufällig werden.
ˌun·re'pealed adj **1.** nicht wider'rufen. **2.** nicht aufgehoben.
ˌun·re'peat·a·ble adj 'unwiederͺholbar, nicht zu wieder'holen(d).
ˌun·re'pent·ant adj reuelos, unbußfertig: to be ~ of s.th. etwas nicht bereuen.
ˌun·re'pent·ed adj unbereut.
ˌun·re'pin·ing adj **1.** ohne Murren, klaglos. **2.** unverdrossen.
ˌun·re'place·a·ble adj unersetzbar, nicht zu ersetzen(d).
ˌun·re'port·ed adj nicht berichtet.
ˌun·rep·re'sent·ed adj nicht vertreten.
'unͺre·pro'duc·i·ble adj nicht reprodu'zierbar.
ˌun·re'proved adj ungetadelt, ohne Tadel, nicht miß'billigt.
ˌun·re'quit·ed adj **1.** 'unerͺwidert: ~ love. **2.** unbelohnt: ~ services. **3.** ungesühnt: ~ deed.
ˌun·re'sent·ed adj nicht übelgenommen od. verübelt. ˌun·re'sent·ful adj (adv ~ly) nicht übelnehmerisch.
ˌun·re'serve s Freimütigkeit f. ˌun·re'served adj **1.** uneingeschränkt, vorbehaltlos, rückhaltlos, völlig. **2.** freimütig, offen(herzig). **3.** nicht reser'viert. ˌun·re'serv·ed·ly [-ɪdlɪ] adv. ˌun·re'serv·ed·ness [-ɪd-] s **1.** Rückhaltlosigkeit f. **2.** Offenheit f, Freimütigkeit f.
ˌun·re'sist·ed adj ungehindert: to be ~ auf keinen Widerstand treffen. ˌun·re'sist·ing adj (adv ~ly) 'widerstandslos.
ˌun·re'solved adj **1.** ungelöst: ~ problem. **2.** unschlüssig, unentschlossen. **3.** a. chem. math. mus. opt. unaufgelöst.
ˌun·re'spon·sive adj (adv ~ly) **1.** unempfänglich (to für): to be ~ (to) nicht reagieren od. ansprechen (auf acc) (a. electr. tech. etc). **2.** kalt, teilnahmslos.
ˌun'rest s Unruhe f, pol. a. Unruhen pl. ˌun'rest·ful adj (adv ~ly) **1.** ruhelos, rastlos. **2.** ungemütlich. **3.** unbequem. ˌun'rest·ing adj (adv ~ly) rastlos, unermüdlich.
ˌun·re'strained adj **1.** ungehemmt (a.

fig. ungezwungen). **2.** hemmungslos, zügellos. **3.** uneingeschränkt. ˌun·re-'strain·ed·ly [-ɪdlɪ] adv. ˌun·re-'straint s **1.** Ungehemmtheit f (a. fig. Ungezwungenheit). **2.** Hemmungs-, Zügellosigkeit f.
ˌun·re'strict·ed adj (adv ~ly) uneingeschränkt, unbeschränkt.
ˌun·re'turned adj **1.** nicht zu'rückgegeben. **2.** unerwidert, unvergolten: to be ~ unerwidert bleiben. **3.** pol. Br. nicht (ins Parlament) gewählt.
ˌun·re'vealed adj nicht offen'bart, verborgen, geheim.
ˌun·re'vised adj **1.** nicht revi'diert: a) nicht geändert (Ansicht), b) nicht über'arbeitet (u. verbessert) (Buch etc). **2.** nicht über'prüft od. 'durchgesehen.
ˌun·re'voked adj nicht wider'rufen.
ˌun·re'ward·ed adj unbelohnt.
ˌun·rhe'tor·i·cal adj **1.** 'unrheͺtorisch. **2.** nicht phrasenhaft, schlicht.
ˌun'rhymed adj ungereimt, reimlos.
ˌun'rid·dle v/t enträtseln.
ˌun'ri·fled adj tech. ungezogen, glatt (Gewehrlauf).
ˌun'rig v/t **1.** mar. abtakeln. **2.** aer. 'abmonͺtieren.
un'right·eous adj (adv ~ly) **1.** nicht rechtschaffen. **2.** relig. ungerecht, sündig. un'right·eous·ness s mangelnde Rechtschaffenheit.
ˌun'rip v/t aufreißen, aufschlitzen.
ˌun'ripe adj allg. unreif. ˌun'ripe·ness s Unreife f.
un'ri·val(l)ed adj **1.** ohne Ri'valen od. Gegenspieler. **2.** unerreicht, unvergleichlich, a. econ. konkur'renzlos.
ˌun'riv·et v/t **1.** tech. ab-, losnieten. **2.** fig. lösen. [sicher.]
ˌun'road·worͺthy adj nicht verkehrs-
ˌun'roll I v/t **1.** entfalten, entrollen, ausbreiten. **2.** abwickeln. II v/i **3.** sich entfalten. **4.** sich ausein'anderrollen.
ˌun·ro'man·tic adj (adv ~ally) allg. 'unroͺmantisch.
ˌun'roof v/t Haus etc abdecken.
ˌun'root v/t bes. Am. **1.** (mit den Wurzeln) ausreißen, e-n Baum etc entwurzeln (a. fig.). **2.** fig. her'ausreißen (from aus). **3.** fig. ausrotten, ausmerzen.
ˌun'rope v/t **1.** losbinden. **2.** mount. (a. v/i sich) ausseilen.
ˌun'round v/t ling. Vokale entrunden.
ˌun'ruf·fled adj **1.** ungekräuselt, glatt. **2.** fig. gelassen, unerschüttert.
ˌun'ruled adj **1.** fig. unbeherrscht. **2.** unlini'iert (Papier).
ˌun'rul·i·ness [ʌn'ruːlɪnɪs] s **1.** Unlenkbarkeit f, 'Widerspenstigkeit f, Aufsässigkeit f. **2.** Ausgelassenheit f, Wildheit f, Unbändigkeit f. **3.** Ungestüm n. ˌun'rul·y adj **1.** unlenksam, 'widerspenstig, aufsässig. **2.** ungebärdig, wild, ausgelassen. **3.** ungestüm.
ˌun'sad·dle I v/t **1.** das Pferd absatteln. **2.** j-n aus dem Sattel werfen, abwerfen. II v/i **3.** absatteln.
ˌun'safe adj (adv ~ly) (a. verkehrs)unsicher, gefährlich. ˌun'safe·ness, ˌun'safe·ty s (a. Verkehrs)Unsicherheit f, Gefährlichkeit f.
ˌun'said adj ungesagt, unausgesprochen, unerwähnt: it is better left ~ es bleibt besser unerwähnt.
ˌun'sal·a·ble, bes. Br. ˌun'sale·a·ble adj **1.** unverkäuflich. **2.** econ. nicht marktfähig od. gangbar od. absetzbar.
ˌun'sal·a·ried adj unbezahlt, ehrenamtlich: ~ clerk Volontär(in).
ˌun'sale·a·ble bes. Br. für unsalable.
ˌun'salt·ed adj **1.** ungesalzen. **2.** colloq. 'unroutiͺniert, unerfahren.
ˌun'sanc·tioned adj nicht sanktio-'niert: a) nicht gebilligt, b) nicht geduldet.

,un'san·i·tar·y *adj* **1.** ungesund. **2.** 'un-hygi¦enisch.

'un¦sat·is'fac·to·ri·ness *s* (*das*) Unbe-friedigende, Unzulänglichkeit *f*. 'un-¦sat·is'fac·to·ry *adj* (*adv* unsatisfac-torily) unbefriedigend, ungenügend, un-zulänglich.

,un'sat·is·fied *adj* **1.** (*a. sexuell*) unbe-friedigt, nicht zu'friedengestellt. **2.** 'un-zu¦frieden. **3.** a) unbefriedigt (*Anspruch, Gläubiger*), b) unbezahlt (*Schuld*), c) un-erfüllt (*Bedingung*). ,un'sat·is·fy·ing *adj* (*adv* ~ly) unbefriedigend.

,un'sa·vo(u)r·i·ness *s* **1.** Unschmack-haftigkeit *f*. **2.** 'Unappe¦titlichkeit *f* (*a. fig.*). ,un'sa·vo(u)r·y *adj* (*adv* unsa-vo[u]rily) **1.** unschmackhaft. **2.** *a. fig.* 'unappe¦titlich, unangenehm. **3.** *fig.* an-stößig.

,un'say *v/t irr* wider'rufen, zu'rückneh-men, ungesagt machen.

,un'scal·a·ble *adj* unersteigbar.

,un'scale *v/t* **1.** e-n Fisch (ab)schuppen. **2.** *fig.* j-m die Augen öffnen.

,un'scarred *adj* ohne Narben.

,un'scathed *adj* unversehrt, unbeschä-digt, heil.

,un'sched·uled *adj* **1.** nicht vorgesehen *od.* pro'grammgemäß. **2.** außerplanmä-ßig (*Abfahrt etc*).

,un'schol·ar·ly *adj* **1.** unwissenschaft-lich. **2.** ungelehrt.

,un'schooled *adj* **1.** ungeschult, nicht ausgebildet (in in *dat*). **2.** unverbildet.

'un¦sci·en'tif·ic *adj* (*adv* ~ally) unwis-senschaftlich.

,un'scram·ble *v/t* **1.** *colloq.* ausein'an-derklauben, entwirren. **2.** *zerhacktes Te-lefongespräch etc* entschlüsseln, dechif-'frieren. **3.** *electr.* aussteuern.

,un'screened *adj* **1.** ungeschützt. **2.** nicht abgeschirmt, (*Licht*) nicht abge-blendet. **3.** *tech.* ungesiebt (*Sand etc*). **4.** nicht über'prüft.

,un'screw *tech.* **I** *v/t* **1.** ab-, auf-, los-schrauben. **II** *v/i* **2.** sich her'aus- *od.* losdrehen. **3.** sich losschrauben lassen.

,un'script·ed *adj* improvi'siert (*Rede etc*). ,un'scrip·tur·al *adj relig.* un-biblisch.

un'scru·pu·lous *adj* (*adv* ~ly) skrupel-, bedenken-, gewissenlos. un'scru·pu-lous·ness *s* Skrupel-, Gewissenlosig-keit *f*.

,un'seal *v/t* **1.** e-n Brief etc a) entsiegeln, b) öffnen. **2.** *fig.* die Augen od. Lippen öffnen: **to ~ s.o.'s eyes** j-m die Augen öffnen. **3.** *fig.* enthüllen: **to ~ a mystery**. ,un'sealed *adj* **1.** a) unversiegelt, b) geöffnet, offen. **2.** *fig.* nicht besiegelt.

,un'search·a·ble *adj* unerforschlich.

un'sea·son·a·ble *adj* (*adv* unseason-ably) **1.** nicht der Jahreszeit entspre-chend (*bes. Wetter*). **2.** unzeitig. **3.** (*zeit-lich*) unpassend, ungünstig.

,un'sea·soned *adj* **1.** nicht (aus)gereift. **2.** nicht abgelagert: ~ **wood**. **3.** unge-würzt. **4.** *fig.* unerfahren, ,grün'. **5.** (**to**) *fig.* nicht gewöhnt (an *acc*), nicht abge-härtet (gegen).

,un'seat *v/t* **1.** *den Reiter* abwerfen. **2.** *j-n* absetzen, stürzen, s-s Postens entheben. **3.** *j-m* s-n Sitz (im Parla'ment) nehmen. ,un'seat·ed *adj* **1.** ohne Sitz(gelegen-heit). **2.** *Am.* unbesiedelt (*Land*).

,un'sea¦wor·thy *adj mar.* seeuntüchtig.

,un'sec·ond·ed *adj* nicht unter'stützt: **the motion was ~** *parl.* der Antrag fand keine Unterstützung.

,un·se'cured *adj* **1.** ungesichert. **2.** un-befestigt. **3.** *econ.* ungedeckt, nicht si-chergestellt: ~ **claims** (*beim Konkurs*) Massenansprüche; ~ **debt** ungesicherte Schuld. [*etc*).]

,un'seed·ed *adj sport* ungesetzt (*Spieler*)

,un'see·ing *adj fig.* blind: **with ~ eyes** mit leerem Blick.

un'seem·li·ness *s* Unziemlichkeit *f*. un'seem·ly **I** *adj* **1.** unziemlich, unge-hörig. **2.** *obs.* unschön. **II** *adv selten* **3.** in ungehöriger Art (u. Weise).

,un'seen **I** *adj* **1.** ungesehen, unbemerkt: → **sight** 5, **unsight**. **2.** *mil.* uneingesehen (*Gelände*). **3.** unsichtbar: **the ~** (**radio**) **audience. 4.** *ped. Br.* unvorbereitet (*Herübersetzung*). **II** *s* **5. the ~** das Gei-sterreich, die Geisterwelt. **6.** *ped. Br.* unvorbereitete 'Herüber¦setzung.

,un'seiz·a·ble *adj* **1.** nicht ergreifbar. **2.** *jur.* unpfändbar.

,un'sel·dom *adv* nicht selten, häufig.

,un'self·ish *adj* (*adv* ~ly) selbstlos, un-eigennützig. ,un'self·ish·ness *s* Selbstlosigkeit *f*, Uneigennützigkeit *f*.

un'sell *v/t irr* j-n abbringen (on von).

,un·sen'sa·tion·al *adj* wenig aufregend *od.* sensatio'nell.

'un¦sen·ti'men·tal *adj* (*adv* ~ly) 'un-sentimen¦tal.

,un'sep·a·rat·ed *adj* **1.** ungetrennt. **2.** unzerteilt.

,un'ser·vice·a·ble *adj* **1.** nicht verwend-bar, unbrauchbar: **an ~ tool. 2.** betriebs-, gebrauchsunfähig: **an ~ machine.**

,un'set·tle *v/t* **1.** *etwas* aus s-r (festen) Lage bringen. **2.** *j-n* beunruhigen, in Unruhe versetzen. **3.** *j-n, j-s Glauben etc* erschüttern, ins Wanken bringen. **4.** *j-n* verwirren, durchein'anderbringen. **5.** *j-n* aus dem (gewohnten) Gleis bringen. **6.** in Unordnung bringen. ,un'set·tled *adj* **1.** ohne festen Wohnsitz. **2.** unbesiedelt: ~ **region. 3.** *allg.* unsicher: ~ **circum-stances** (**times**, *etc*). **4.** unbestimmt, ungewiß, unsicher. **5.** unentschieden, unerledigt: ~ **question. 6.** unbeständig, veränderlich (*Wetter; a. econ. Markt*). **7.** schwankend, unentschlossen (*Person*). **8.** geistig gestört, aus dem (seelischen) Gleichgewicht. **9.** unstet: ~ **character**; **an ~ life. 10.** nicht geregelt: ~ **estate** nicht regulierte Erbschaft. **11.** *econ.* un-erledigt, unbezahlt: ~ **bill.** ,un'set-tling *adj* beunruhigend, alar'mierend: **an ~ incident.**

,un'sex *v/t* **1.** geschlechtslos machen. **2.** *e-e Frau* vermännlichen: **to ~ o.s.** alles Frauliche ablegen.

,un'shack·le *v/t* j-n befreien (*a. fig.*). ,un'shack·led *adj fig.* ungehemmt.

,un'shad·ed *adj* **1.** unverdunkelt, unbe-schattet. **2.** *paint.* nicht schat'tiert.

un'shak(e)·a·ble *adj* unerschütterlich.

,un'shak·en *adj* (*adv* ~ly) **1.** unerschüt-tert, fest. **2.** unerschütterlich.

,un'shape·ly *adj* ungestalt, unförmig.

,un'shaved, ,un'shav·en *adj* 'unra-¦siert.

,un'sheathe *v/t* **1.** *das Schwert* aus der Scheide ziehen. **2.** *die Krallen* her'aus-strecken.

,un'shed *adj* unvergossen: ~ **tears**.

,un'shell *v/t* **1.** (ab)schälen. **2.** enthülsen.

,un'shel·tered *adj* ungeschützt, schutz-los.

,un'ship *v/t mar.* a) *die Ladung* löschen, ausladen, b) *Passagiere* ausschiffen, c) *den Mast, das Ruder etc* abbauen.

,un'shod *adj* **1.** unbeschuht, barfuß. **2.** unbereift (*Fahrzeug*). **3.** unbeschlagen (*Pferd*).

,un'shorn *adj* ungeschoren.

,un'short·ened *adj* unverkürzt, unge-kürzt.

,un'shrink·a·ble *adj* nicht einlaufend (*Stoffe*). un'shrink·ing *adj* (*adv* ~ly) nicht zu'rückweichend, unverzagt, furchtlos.

,un'sift·ed *adj* **1.** ungesiebt. **2.** *fig.* un-geprüft.

,un'sight *adj*: **to buy s.th. ~,** unseen etwas unbesehen kaufen. ,un'sight·ed *adj* **1.** nicht gesichtet. **2.** ungezielt: **an ~ shot. 3.** ohne Vi'sier: ~ **gun. 4. he was ~** ihm war die Sicht versperrt.

un'sight·li·ness *s* Unansehnlichkeit *f*, Häßlichkeit *f*. un'sight·ly *adj* unan-sehnlich, häßlich.

,un'signed *adj* **1.** 'unsi¦gniert, nicht un-ter'zeichnet. **2.** *math.* ohne Vorzeichen, unbezeichnet.

,un'silt *v/t tech.* ausbaggern.

,un'sink·a·ble *adj* **1.** unsinkbar. **2.** un-versenkbar.

,un'sis·ter·ly *adj* unschwesterlich.

,un'sized[1] *adj* nicht nach Größe(n) ge-ordnet *od.* sor'tiert.

,un'sized[2] *adj* **1.** ungeleimt. **2.** *paint.* 'ungrun¦diert.

,un'skil·ful *adj bes. Am.* ,un'skill·ful *adj* (*adv* ~ly) ungeschickt.

,un'skilled *adj* **1.** unerfahren, unge-schickt, ungewandt (**at, in** in *dat*). **2.** ungelernt: ~ **work**; ~ **worker**; **the ~ labo(u)r** collect. die Hilfsarbeiter.

,un'skill·ful *adj bes. Am. für* unskilful.

,un'skimmed *adj* nicht entrahmt: ~ **milk** Vollmilch *f*.

,un'slack·ened *adj* ungeschwächt, un-vermindert.

,un'slaked *adj* **1.** ungelöscht: ~ **lime. 2.** *fig.* ungestillt.

,un'sleep·ing *adj* **1.** immer wach. **2.** schlaflos. ,un'slept-in *adj* unberührt (*Bett*).

,un'smil·ing *adj* ernst.

,un'smoked *adj* **1.** ungeräuchert. **2.** nicht aufgeraucht: ~ **cigar**.

,un'snarl *v/t* entwirren.

'un¦so·cia'bil·i·ty *s* Ungeselligkeit *f*.

un'so·cia·ble *adj* (*adv* unsociably) un-gesellig, nicht 'umgänglich. un'so·cia-ble·ness → unsociability.

,un'so·cial *adj* **1.** 'unsozi¦al. **2.** ¦asozi¦al, gesellschaftsfeindlich. **3. to work ~ hours** *Br.* außerhalb der normalen Ar-beitszeit arbeiten; ~ **hours allowance** *econ. Br.* Zulage *f* für Nacht- *od.* Feier-tagsschichten *etc*.

,un'soiled *adj* unbeschmutzt, *fig. a.* un-befleckt.

,un'sold *adj* unverkauft: → **subject** 16.

,un'sol·der *v/t* **1.** *tech.* ab-, auf-, löslöten. **2.** *fig.* (auf)lösen, trennen.

,un'sol·dier·ly, *a.* ,un'sol·dier·like *adj* 'unsol¦datisch.

,un·so'lic·it·ed *adj* **1.** ungebeten, unauf-gefordert, unverlangt: ~ **goods** *econ.* un-bestellte Ware(n); ~ **manuscripts** unver-langte Manuskripte. **2.** freiwillig.

,un'sol·id *adj* **1.** *allg.* nicht fest. **2.** 'insta-¦bil: ~ **buildings. 3.** anfechtbar: ~ **arguments**.

,un'sol·u·ble → unsolvable.

,un'solv·a·ble *adj* **1.** *chem.* un(auf)lös-lich. **2.** *fig.* unlösbar. ,un'solved *adj* ungelöst.

,un·so'phis·ti·cat·ed *adj* **1.** unver-fälscht. **2.** lauter, rein, unvermischt. **3.** ungekünstelt, na'türlich, unverbildet. **4.** na'iv, harmlos. 'un·so¦phis·ti'ca-tion *s* Unverfälschtheit *f*. **2.** Na'tür-lichkeit *f*. Naivi'tät *f*.

,un'sought *adj a.* ~-**for** nicht erstrebt, ungesucht, ungewollt.

,un'sound *adj* (*adv* ~ly) **1.** ungesund (*a. fig.*): → **mind** 2. **2.** schlecht, verdorben (*Ware etc*), faul (*Obst*). **3.** morsch, wurm-stichig, brüchig, rissig. **5.** unsicher, zweifelhaft. **6.** unzuverlässig, 'unso¦lid(e) (*a. econ.*). **7.** fragwürdig, nicht vertrau-enswürdig (*Person*). **8.** anfechtbar, nicht stichhaltig: ~ **argument. 9.** falsch, ver-kehrt: ~ **doctrine** Irrlehre *f*; ~ **policy** verfehlte Politik.

ˌun'sound·ed *adj* **1.** *bes. mar.* nicht (aus)gelotet. **2.** *fig.* 'unsonˌdiert, unerforscht.

ˌun'sound·ness *s* **1.** Ungesundheit *f* (*a. fig.*). **2.** Verdorbenheit *f.* **3.** Brüchigkeit *f.* **4.** Anfechtbarkeit *f.* **5.** Unzuverlässigkeit *f.* **6.** Verfehltheit *f,* (*das*) Falsche *od.* Verkehrte.

ˌun'sown *adj* **1.** unbesät. **2.** ungesät.

un'spar·ing *adj* (*adv* ~ly) **1.** reichlich, großzügig. **2.** verschwenderisch, freigebig (in, of mit): **to be** ~ **in** nicht kargen mit (*Lob etc*); **to be** ~ **in one's efforts** keine Mühe scheuen. **3.** schonungslos (of gegen).

un'speak·a·ble *adj* (*adv* unspeakably) **1.** unsagbar, unbeschreiblich, unsäglich. **2.** entsetzlich, scheußlich.

ˌun'spe·cial·ized *adj* nicht speziali-'siert (in auf *acc*).

ˌun'spec·i·fied *adj* nicht (einzeln) angegeben *od.* aufgeführt, nicht spezifi'ziert.

ˌun'spec·u·la·tive *adj* **1.** *philos.* nicht spekula'tiv. **2.** nicht auf vor'herigen Über'legungen beruhend. **3.** *econ.* zuverlässig, ohne Risiko.

ˌun'spent *adj* **1.** nicht ausgegeben, nicht verbraucht. **2.** nicht verausgabt *od.* erschöpft.

ˌun'spir·it·u·al *adj* (*adv* ~ly) ungeistig.

ˌun'spoiled, ˌun'spoilt *adj* **1.** *allg.* unverdorben. **2.** nicht verzogen (Kind).

ˌun'spo·ken *adj* **1.** un(aus)gesprochen, ungesagt: ~-of unerwähnt; ~-to unangeredet. **2.** stillschweigend (Übereinkommen etc).

ˌun·spon'ta·ne·ous *adj* (*adv* ~ly) nicht spon'tan: a) nicht impul'siv, b) unfreiwillig, c) gezwungen.

ˌun'sport·ing, ˌun'sports·man·like *adj* unsportlich, unfair.

ˌun'spot·ted *adj* **1.** fleckenlos. **2.** *fig.* makellos, unbefleckt. **3.** *colloq.* unentdeckt.

ˌun'sprung *adj tech.* ungefedert.

ˌun'sta·ble *adj* **1.** nicht fest *od.* sta'bil (*a. fig.*). **2.** *bes. chem. tech.* 'instaˌbil. **3.** *fig.* unbeständig. **4.** *fig.* ungefestigt: (**emotionally**) ~ labil.

ˌun'stained *adj* **1.** → unspotted 1 *u.* 2. **2.** ungefärbt.

ˌun'stamped *adj* **1.** ungestempelt. **2.** 'unfranˌkiert: ~ **letter.**

ˌun'starched *adj* ungestärkt.

ˌun'states·man·like *adj* unstaatsmännisch.

ˌun'stead·i·ness *s* **1.** Unsicherheit *f.* **2.** Unstetigkeit *f,* Schwanken *n.* **3.** *fig.* 'Unsoliˌdität *f.* **4.** Unregelmäßigkeit *f.*

ˌun'stead·y **I** *adj* (*adv* unsteadily) **1.** unsicher, wack(e)lig. **2.** schwankend, unbeständig (*beide a. econ.* Kurs, Markt), unstet. **3.** *fig.* 'unsoˌlide. **4.** unregelmäßig. **II** *v/t* **5.** aus dem (*a.* seelischen) Gleichgewicht bringen.

ˌun'stick *v/t irr* lösen, losmachen.

un'stint·ed *adj* uneingeschränkt, rückhaltlos, voll. un'stint·ing *adj* (*adv* ~ly) → unsparing 1, 2.

ˌun'stitch *v/t* auftrennen: ~ed a) aufgetrennt, b) ungesteppt (Falte); **to come** ~ed aufgehen (Naht etc).

ˌun'stop *v/t* **1.** entkorken, entstöpseln, aufmachen. **2.** Abfluß etc freimachen.

ˌun'stopped *adj* **1.** unverschlossen, offen. **2.** ungehindert. **3.** *ling.* a) offen (Konsonant), b) ohne Pause (Zeilenschluß).

ˌun'strained *adj* **1.** 'unfilˌtriert, ungefiltert. **2.** nicht angespannt (*a. fig.*). **3.** *fig.* ungezwungen, na'türlich.

ˌun'strap *v/t* ab-, auf-, losschnallen.

ˌun'stressed *adj* **1.** *ling.* unbetont. **2.** *electr. phys. tech.* unbelastet.

ˌun'string *v/t irr* **1.** *aufgereihte Perlen etc*

---

abfädeln, abreihen. **2.** *mus.* entsaiten. **3.** *e-n Beutel etc* aufziehen, öffnen. **4.** *fig. j-s Nerven* stark strapa'zieren, *j-n* (nervlich) arg mitnehmen.

ˌun'strung *adj* **1.** abgefädelt, abgereiht (Perlen etc). **2.** *mus.* a) saitenlos (Instrument), b) entspannt (Saite, Bogen). **3.** *fig.* a) zerrüttet (Nerven, Person), b) entnervt (Person).

ˌun'stuck *adj*: **to come** ~ a) sich lösen, abgehen (Briefmarke etc), b) *fig.* scheitern (Person, Plan etc).

ˌun'stud·ied *adj* **1.** nicht ('ein)stuˌdiert. **2.** unbewandert (in in *dat*). **3.** ungesucht, ungekünstelt, na'türlich.

ˌun'styl·ish *adj* unmodisch, 'uneleˌgant.

ˌun'sub'dued *adj* **1.** unbezwungen, nicht über'wältigt. **2.** nicht unter'worfen *od.* unter'jocht.

ˌun·sub'mis·sive *adj* (*adv* ~ly) **1.** ungehorsam, nicht unter'würfig.

ˌun·sub'stan·tial *adj* (*adv* ~ly) **1.** immateri'ell, unstofflich, unkörperlich. **2.** unwesentlich: ~ **difference. 3.** wenig stichhaltig *od.* fun'diert: ~ **arguments. 4.** gehaltlos: an ~ meal. 'un·subˌstan·ti'al·i·ty *s* **1.** Unstofflichkeit *f,* Unkörperlichkeit *f.* **2.** Unwesentlichkeit *f.* **3.** Gehaltlosigkeit *f.*

ˌun·sub'stan·ti·at·ed *adj* **1.** nicht erhärtet. **2.** unbegründet.

ˌun·suc'cess *s* 'Mißerfolg *m,* Fehlschlag *m.* ˌun·suc'cess·ful *adj* (*adv* ~ly) **1.** erfolglos, fruchtlos, vergeblich: **to be** ~ keinen Erfolg haben, sein Ziel nicht erreichen; **to be** ~ **in doing s.th.** etwas ohne Erfolg tun, keinen Erfolg haben bei *od.* mit etwas; ~ **applicants** zurückgewiesene *od.* abgelehnte Bewerber; ~ **candidates** durchgefallene Kandidaten; ~ **party** *jur.* unterlegene Partei. **2.** miß'lungen, miß'glückt, erfolglos: ~ **experiment;** ~ **take-off** Fehlstart *m.* ˌun·suc'cess·ful·ness *s* Erfolglosigkeit *f.*

ˌun·sug'ges·tive *adj* keine 'Hinweise gebend (of auf *acc*).

ˌun'suit·a·ble *adj* (*adv* unsuitably) **1.** unpassend, ungeeignet (to, for für, zu): **to be** ~ nicht passen, sich nicht eignen. **2.** unangemessen, unschicklich (to, for für): ~ sich nicht schicken.

ˌun'suit·ed → unsuitable 1.

ˌun'sul·lied *adj bes. poet.* **1.** jungfräulich: ~ **snow. 2.** *meist fig.* unbefleckt, makellos.

ˌun'sung **I** *adj poet.* unbesungen. **II** *adv fig.* sang- u. klanglos.

ˌun'sup·plied *adj* **1.** unversorgt, nicht versehen (with mit). **2.** *mil.* ohne Nachschub. **3.** nicht befriedigt (Bedürfnis), nicht behoben (Mangel).

ˌun·sup'port·a·ble *adj* unerträglich. ˌun·sup'port·ed *adj* **1.** ungestützt. **2.** unbestätigt, ohne 'Unterlagen. **3.** nicht unter'stützt: ~ **children;** ~ **motion.**

ˌun·sup'pressed *adj* nicht unter'drückt.

ˌun'sure *adj allg.* unsicher (of gen): ~ of o.s. unsicher; **I am** ~ **of her agreement** ich bin (mir) nicht sicher, ob sie zustimmt. ˌun'sure·ness *s* Unsicherheit *f.*

ˌun·sur'mount·a·ble *adj* **1.** 'unüberˌsteigbar. **2.** *fig.* 'unüberˌwindlich.

ˌun·sur'pass·a·ble *adj* (*adv* unsurpassably) 'unüberˌtrefflich. ˌun·sur'passed *adj* 'unüberˌtroffen.

ˌun·sus'cep·ti·ble *adj* **1.** unempfindlich (to gegen): ~ **to pain** schmerzunempfindlich. **2.** unempfänglich (to für): ~ **to flatteries.**

ˌun·sus'pect·ed *adj* (*adv* ~ly) **1.** unvermutet, ungeahnt. **2.** unverdächtig(t): **to be** ~ nicht unter Verdacht stehen.

ˌun·sus'pect·ing *adj* (*adv* ~ly) **1.** nichts-

---

ahnend, ahnungslos: ~ of ... ohne etwas zu ahnen von ... **2.** arglos, nicht 'mißtrauisch, gutgläubig: **to be** ~ keinen Verdacht schöpfen.

ˌun·sus'pi·cious *adj* (*adv* ~ly) **1.** arglos, nicht argwöhnisch. **2.** unverdächtig, harmlos.

ˌun·sus'tain·a·ble *adj* unhaltbar, nicht aufrechtzuerhalten(d).

ˌun'swad·dle, ˌun'swathe *v/t* **1.** aus den Windeln nehmen. **2.** auswickeln.

ˌun'swayed *adj* unbeeinflußt.

ˌun'swear *v/t irr* abschwören (dat).

ˌun'sweet·ened *adj* **1.** ungesüßt. **2.** *fig.* unversüßt.

ˌun'swerv·ing *adj* (*adv* ~ly) unbeirrbar, unerschütterlich.

ˌun'sworn *adj jur.* **1.** unbeeidet: ~ **declaration. 2.** unvereidigt: ~ **witness.**

ˌun·sym'met·ric *adj*; ˌun·sym'met·ri·cal *adj* 'unsymˌmetrisch.

'unˌsym·pa'thet·ic *adj* (*adv* ~ally) teilnahmslos, ohne Mitgefühl.

ˌun·sys'tem·at·ic *adj* (*adv* ~ally) 'unsysteˌmatisch, planlos.

ˌun'tact·ful *adj* taktlos.

ˌun'taint·ed *adj* **1.** fleckenlos (*a. fig.*). **2.** unverdorben: ~ **foodstuffs. 3.** *fig.* tadel-, makellos. **4.** *fig.* unbeeinträchtigt (with von).

ˌun'tal·ent·ed *adj* 'untalenˌtiert, unbegabt.

ˌun'tam(e)·a·ble *adj* un(be)zähmbar.

ˌun'tamed *adj* **1.** ungezähmt (*a. fig.*).

ˌun'tan·gle *v/t* **1.** entwirren (*a. fig.*). **2.** aus e-r schwierigen Lage befreien.

ˌun'tanned *adj* **1.** ungegerbt: ~ **leather. 2.** ungebräunt: ~ **skin.**

ˌun'tapped *adj* unangezapft (*a. fig.*): ~ **resources** ungenützte Hilfsquellen.

ˌun'tar·nished *adj* **1.** ungetrübt. **2.** *a. fig.* makellos, unbefleckt.

ˌun'tast·ed *adj* **1.** ungekostet (*a. fig.*). **2.** *fig.* (noch) nicht kennengelernt.

ˌun'taught *adj* **1.** ungelehrt, nicht unter'richtet. **2.** unwissend, ungebildet. **3.** ungelernt, selbstentwickelt: ~ **abilities.**

ˌun'taxed *adj* unbesteuert, steuerfrei.

ˌun'teach *v/t irr* **1.** *j-n* das Gegenteil lehren (von etwas). **2.** *j-n* etwas vergessen lassen. ˌun'teach·a·ble *adj* **1.** unbelehrbar (Person). **2.** nicht lehrbar (Sache).

ˌun'tear·a·ble *adj* unzerreißbar.

ˌun'tech·ni·cal *adj* untechnisch.

ˌun'tem·pered *adj* **1.** *tech.* ungehärtet, ungetempert (Stahl). **2.** *fig.* ungemildert (with, by durch).

ˌun'ten·a·ble *adj* unhaltbar (Theorie etc).

ˌun'ten·ant·a·ble *adj* **1.** unbewohnbar. **2.** *jur.* unpacht-, unmietbar. ˌun'ten·ant·ed *adj* **1.** unbewohnt, leer(stehend). **2.** *jur.* ungepachtet, ungemietet.

ˌun'tend·ed *adj* **1.** unbehütet, unbeaufsichtigt. **2.** ungepflegt, vernachlässigt.

ˌun'test·ed *adj* **1.** ungeprüft, ungetestet. **2.** nicht erprobt.

ˌun'thank·ful *adj* (*adv* ~ly) undankbar.

ˌun'think *irr* **I** *v/t* **1.** s-e Meinung ändern über (*acc*). **2.** sich etwas aus dem Kopf schlagen. **II** *v/i* **3.** s-e Meinung ändern, weitS. 'umdenken. un'think·a·ble *adj* undenkbar, unvorstellbar. ˌun'think·ing *adj* (*adv* ~ly) **1.** gedanken-, achtlos. **2.** nicht denkend.

ˌun'thought *adj* **1.** 'unüberˌlegt: ~-out nicht (ganz) durchdacht *od.* ausgereift. **2.** *meist* ~-of a) unerwartet, unvermutet, b) unvorstellbar. ˌun'thought·ful *adj* (*adv* ~ly) **1.** gedankenlos, unachtsam (of mit).

ˌun'thread *v/t* **1.** *die Nadel* ausfädeln, *den Faden* herausziehen aus. **2.** *Perlen etc* abfädeln, abreihen. **3.** *a. fig.* sich hin'durchfinden durch, her'ausfinden

aus (e-m Labyrinth etc). **4.** meist fig. entwirren.

ˌun'thrift **I** adj verschwenderisch. **II** s → unthriftiness. ˌun'thrift·i·ness s Verschwendung f, Unwirtschaftlichkeit f. ˌun'thrift·y adj (adv unthriftily) **1.** verschwenderisch: a) nicht haushälterisch, b) unwirtschaftlich (a. Sache). **2.** poet. nicht gedeihend.

ˌun'throne v/t entthronen (a. fig.).

un'ti·di·ness s Unordnung f, Unordentlichkeit f. un'ti·dy adj (adv untidily) unordentlich.

ˌun'tie v/t aufknoten, Knoten lösen (a. fig.), losbinden (from von).

un·til [ən'tɪl; ʌn-] **I** prep **1.** bis (zeitlich): ~ recall bis auf Widerruf. **2.** not ~ erst; not ~ Monday erst (am) Montag. **II** conj **3.** bis: we waited ~ he came. **4.** not ~ erst als od. wenn, nicht eher als.

ˌun'tilled adj agr. unbebaut, nicht bestellt.

un'time·li·ness s Unzeit f, falscher od. verfrühter Zeitpunkt. un'time·ly adj u. adv unzeitig: a) vorzeitig, verfrüht, b) ungelegen, unpassend, zum falschen Zeitpunkt.

ˌun'tinc·tured, ˌun'tinged adj **1.** fig. ohne Anstrich, unberührt, frei (with, by von). **2.** nicht gefärbt, rein (a. fig.).

un'tir·ing adj (adv ~ly) unermüdlich.

ˌun'ti·tled adj **1.** unbetitelt. **2.** ohne Titel, ohne (Adels)Rang. **3.** ohne Rechtsanspruch od. -titel, unberechtigt.

un·to ['ʌntʊ] prep obs. od. poet. od. Bibl. → to I.

ˌun·to'geth·er adj Am. sl. unausgeglichen: an ~ young man.

ˌun'told adj **1.** a) unerzählt, b) ungesagt: to leave nothing ~ nichts unerwähnt lassen. **2.** unsäglich, unsagbar: ~ sufferings. **3.** zahllos. **4.** unermeßlich: of ~ wealth unermeßlich reich.

un'touch·a·ble **I** adj **1.** unberührbar. **2.** unantastbar, unangreifbar. **3.** unerreichbar. **4.** unfaßbar. **II** s **5.** Unberührbare(r m) f (bei den Hindus). ˌun'touched adj **1.** unberührt (Essen etc) (a. fig.), unangetastet (a. Vorrat), unversehrt, unverändert: to stand ~ unangetastet bleiben (Rekord etc). **2.** fig. ungerührt, unbewegt. **3.** nicht zu'rechtgemacht, fig. ungeschminkt. **4.** phot. 'unretuˌschiert. **5.** unerreicht: ~ perfection.

un·to'ward [ˌʌntə'wɔː(r)d; ʌn'təʊə(r)d] adj **1.** obs. ungefügig, 'widerspenstig (a. fig.). **2.** ungünstig, unglücklich, widrig (Umstand etc), schlecht (Vorzeichen etc). un·to'ward·ness s **1.** obs. 'Widerspenstigkeit f. **2.** Widrigkeit f.

ˌun'trace·a·ble adj unauffindbar, nicht ausfindig zu machen(d).

ˌun'trained adj **1.** ungeschult (a. fig.), a. mil. unausgebildet. **2.** sport 'untrai,niert. **3.** ungeübt. **4.** 'undres,siert: ~ dog.

un'tram·mel(l)ed adj bes. fig. ungebunden, ungehindert.

ˌun·trans'lat·a·ble adj (adv untranslatably) 'unüber,setzbar.

ˌun'trav·el(l)ed adj **1.** unbefahren (Straße etc). **2.** nicht gereist, nicht (weit) her'umgekommen (Person).

ˌun'tried adj **1.** a) unerprobt, ungeprüft, b) unversucht. **2.** jur. a) unerledigt, (noch) nicht verhandelt, b) (noch) nicht vor Gericht gestellt, c) ohne Pro'zeß.

ˌun'trimmed adj **1.** unbeschnitten (Bart, Hecke etc). **2.** nicht (ordentlich) zu'rechtgemacht, ungeschmückt.

ˌun'trod·den adj unberührt (Schnee, Wildnis etc): ~ paths fig. neue Wege.

ˌun'trou·bled adj **1.** ungestört, unbelästigt. **2.** ruhig, friedlich: ~ times; ~ mind unbeschwertes Gemüt. **3.** glatt (Wasser), ungetrübt (a. fig.).

ˌun'true adj **1.** untreu (to dat). **2.** unwahr, falsch, irrig. **3.** ungenau. **4.** mus. unrein. **5.** unvollkommen. **6.** (to) nicht in Über'einstimmung (mit), abweichend (von). **7.** tech. a) unrund, b) ungenau. ˌun'tru·ly adv fälschlich(erweise).

ˌun'trust,wor·thi·ness s Unzuverlässigkeit f. ˌun'trust,wor·thy adj unzuverlässig, nicht vertrauenswürdig.

ˌun'truth s **1.** Unwahrheit f. **2.** Falschheit f. ˌun'truth·ful adj (adv ~ly) **1.** unwahr (a. Sache), unaufrichtig. **2.** falsch, irrig. ˌun'truth·ful·ness → untruth.

ˌun'tuck v/t **1.** (her)'auswickeln, lösen. **2.** Schneiderei: e-e Falte auslassen.

ˌun'tune v/t **1.** verstimmen. **2.** fig. durchein'anderbringen, verwirren. ˌun'tune·ful adj 'unmeˌlodisch.

ˌun'turned adj nicht 'umgedreht: → stone Bes. Redew.

ˌun'tu·tored adj **1.** ungebildet, ungeschult. **2.** unerzogen. **3.** unverbildet, na'iv, na'türlich. **4.** 'unkulti,viert.

ˌun'twine, ˌun'twist **I** v/t **1.** aufdrehen, -flechten. **2.** bes. fig. entwirren, lösen. **3.** bes. fig. trennen. **II** v/i **4.** sich aufdrehen, aufgehen.

ˌun'typ·i·cal adj untypisch (of für).

ˌun'used adj **1.** unbenutzt, ungebraucht, nicht verwendet: ~ capital brachliegendes Kapital; ~ credit nicht beanspruchter Kredit. **2.** a) nicht gewöhnt (to an acc), b) nicht gewohnt (to doing zu tun).

un'u·su·al adj (adv ~ly) un-, außergewöhnlich: it is ~ for him to get drunk es ist nicht s-e Art, sich zu betrinken. un'u·su·al·ness s Ungewöhnlichkeit f, (das) Außergewöhnliche.

un'ut·ter·a·ble adj (adv unutterably) **1.** unaussprechlich (a. fig.). **2.** → unspeakable 1. **3.** unglaublich, Erz...: ~ scoundrel Erzgauner m. ˌun'ut·tered adj unausgesprochen, ungesagt.

ˌun'val·ued adj **1.** nicht (ab)geschätzt, 'unta,xiert: ~ stock econ. bes. Am. nennwertlose Aktie. **2.** nicht geschätzt, wenig geachtet.

un'var·ied adj unverändert, einförmig. un'var·nished adj **1.** [ˌ ʌn-] tech. ungefirnißt. **2.** fig. ungeschminkt: ~ truth. **3.** fig. schlicht, einfach.

un'var·y·ing adj (adv ~ly) unveränderlich, gleichbleibend.

ˌun'veil **I** v/t **1.** das Gesicht etc entschleiern, ein Denkmal etc enthüllen (a. fig.): ~ed unverschleiert, unverhüllt (a. fig.). **2.** sichtbar werden lassen. **II** v/i **3.** den Schleier fallen lassen, sich enthüllen (a. fig.).

ˌun'ven·ti·lat·ed adj **1.** ungelüftet, nicht venti'liert. **2.** unerörtert, nicht zur Sprache gebracht.

ˌun·ve'ra·cious adj unwahr.

ˌun'ver·i·fied adj unbewiesen, unbelegt.

ˌun'versed adj unbewandert (in in dat).

ˌun'vi·ti·at·ed adj alle. unverdorben.

ˌun'voice v/t ling. stimmlos aussprechen. ˌun'voiced adj **1.** unausgesprochen, nicht geäußert. **2.** ling. stimmlos.

ˌun'vouched(-for) adj unverbürgt. ˌun'vouch·ered adj: ~ fund pol. Am. Reptilienfonds m.

ˌun'vul·can·ized adj nicht vulkani'siert: ~ rubber Rohgummi n, m.

ˌun'want·ed adj unerwünscht: → alien 7.

un'war·i·ness s Unvorsichtigkeit f.

ˌun'war·like adj friedliebend, unkriegerisch.

ˌun'warped adj **1.** nicht verzogen (Holz). **2.** fig. 'unparˌteiisch.

ˌun'war·rant·a·ble adj (adv → unwar-

rantably) unverantwortlich, nicht zu rechtfertigen(d), ungerechtfertigt, nicht 'vertretbar, untragbar, unhaltbar. un'war·rant·a·ble·ness s Unverantwortlichkeit f, Unvertretbarkeit f. un'war·rant·a·bly adv in ungerechtfertigter od. unverantwortlicher Weise.

ˌun'war·rant·ed adj **1.** [ʌn-] ungerechtfertigt, unberechtigt, unbefugt. **2.** unverbürgt, ohne Gewähr.

un'war·y adj (adv unwarily) **1.** unvorsichtig. **2.** 'unüberˌlegt.

ˌun'washed adj ungewaschen: the great ~ fig. contp. der Pöbel.

ˌun'watched adj unbeobachtet.

ˌun'watch·ful adj **1.** nicht wachsam. **2.** nicht auf der Hut (against vor dat).

ˌun'wa·tered adj **1.** unbewässert, nicht begossen, nicht gesprengt (Rasen etc). **2.** unverwässert (Milch etc; a. econ. Kapital).

un'wa·ver·ing adj (adv ~ly) unerschütterlich, standhaft, unentwegt.

ˌun'weak·ened adj **1.** ungeschwächt. **2.** unverdünnt (Getränk etc).

ˌun'weaned adj (noch) nicht entwöhnt.

ˌun'wear·a·ble adj untragbar: these clothes are ~ diese Sachen kann man nicht tragen.

un'wea·ried adj (adv ~ly) **1.** nicht ermüdet, frisch. **2.** unermüdlich. un'wea·ry·ing adj (adv ~ly) **1.** unermüdlich. **2.** (immer) gleichbleibend.

ˌun'wed(·ded) adj unverheiratet.

ˌun'weighed adj **1.** ungewogen. **2.** nicht abgewägt od. abgewogen, unbedacht.

un'wel·come adj 'unwillˌkommen (a. fig. unangenehm): to make s.o. feel ~ j-n 'vergraulen'.

ˌun'well adj: she is (od. feels) ~ sie fühlt sich unwohl od. unpäßlich, sie ist unpäßlich (a. euphem. sie hat ihre Periode).

ˌun'wept adj **1.** unbeweint. **2.** selten ungeweint: ~ tears.

ˌun'whole·some adj (adv ~ly) **1.** allg. ungesund (a. fig.). **2.** fig. verderbt, verdorben. ˌun'whole·some·ness s Ungesundheit f, fig. a. (das) Ungesunde.

un'wield·i·ness s **1.** Unbeholfenheit f, Schwerfälligkeit f. **2.** Unhandlichkeit f. un'wield·y adj (adv unwieldily) **1.** unbeholfen, plump, schwerfällig. **2.** a) unhandlich, b) sperrig.

ˌun'will v/t **1.** das Gegenteil wollen von. **2.** willenlos machen. ˌun'willed adj ungewollt. un'will·ing adj un-, 'widerwillig: to be ~ to do abgeneigt sein, etwas zu tun; etwas nicht wollen; willing or ~ man mag wollen oder nicht; I am ~ to admit it ich gebe es ungern zu. un'will·ing·ly adv ungern, 'widerwillig. un'will·ing·ness s 'Widerwille m, Abgeneigtheit f.

ˌun'wind [-'waɪnd] irr **I** v/t **1.** ab-, auf-, loswickeln, abspulen, Papier etc abrollen, e-n Verband etc abwickeln, abnehmen. **2.** fig. entwirren. **II** v/i **3.** sich ab- od. loswickeln, aufgehen, sich lockern. **4.** colloq. 'abschalten', sich entspannen.

ˌun'wink·ing adj (adv ~ly) **1.** unverwandt, starr (Blick). **2.** fig. wachsam.

ˌun'win·na·ble adj nicht zu gewinnen(d), aussichtslos.

ˌun'wis·dom s Unklugheit f, Torheit f.

ˌun'wise adj unklug, töricht.

ˌun'wished adj **1.** ungewünscht. **2.** a. ~-for unerwünscht.

ˌun'with·ered adj **1.** unverwelkt. **2.** fig. jung, frisch.

ˌun'wit·nessed adj unbezeugt: a) nicht gesehen od. beobachtet, b) jur. ohne 'Zeugenˌunterschrift.

ˌun'wit·ting adj (adv ~ly) **1.** unwissend. **2.** unwissentlich, unbeabsichtigt.

un'wom·an·li·ness s Unweiblichkeit f, Unfraulichkeit f. un'wom·an·ly **I** adj

1. unweiblich, unfraulich. 2. für e-e Frau ungeeignet: ~ **work**. II *adv* 3. nicht wie e-e Frau (es tut).

**un'wont·ed** *adj* (*adv* ~**ly**) 1. *obs.* nicht gewöhnt (**to** an *acc*), ungewohnt (**to** *inf* zu *inf*). 2. ungewöhnlich, unüblich.

**,un'wood·ed** *adj* unbewaldet.

**,un'work·a·ble** *adj* 1. unausführbar, 'un,durchführbar (*Plan etc*). 2. *tech.* nicht bearbeitungsfähig, un(ver)formbar. 3. *tech.* nicht betriebsfähig. 4. *Bergbau:* nicht abbauwürdig. **,un'worked** *adj* 1. unbearbeitet (*Boden etc*), roh (*a. tech.*). 2. *Bergbau:* unverritzt: ~ **coal** anstehende Kohle.

**,un'work·man·like** *adj* unfachmännisch, unfachgemäß, stümperhaft.

**,un'world·li·ness** *s* 1. unweltliche Gesinnung, Weltfremdheit *f*. 2. Uneigennützigkeit *f*. 3. Geistigkeit *f*. **,un'world·ly** *adj* 1. unweltlich, nicht weltlich (gesinnt), weltfremd. 2. uneigennützig. 3. unweltlich, unirdisch, geistig.

**,un'worn** *adj* 1. ungetragen (*Kleidungs-, Schmuckstück etc*). 2. nicht abgetragen *od.* abgenutzt. 3. *fig.* unverbraucht.

**un'wor·thi·ness** *s* Unwürdigkeit *f*. **un-'wor·thy** *adj* (*adv* ~**worthily**) 1. unwürdig, nicht würdig (**of** *gen*): **he is** ~ **of** it er ist dessen unwürdig, er verdient es nicht, er ist es nicht wert; **he is** ~ **of respect** er verdient keine Achtung.

**,un'wound** [-'waʊnd] *adj* 1. abgewickelt. 2. abgelaufen, nicht aufgezogen (*Uhr*).

**,un'wound·ed** [-'wuːndɪd] *adj* unverwundet, unverletzt.

**,un'wo·ven** *adj* ungewebt.

**,un'wrap** *v/t* auf-, auswickeln, auspacken.

**,un'wrin·kle** *v/t* glätten. **,un'wrin·kled** *adj* glatt, faltenlos, nicht gerunzelt.

**,un'writ·ten** 1. ungeschrieben: ~ **law** a) *jur.* ungeschriebenes Recht, b) *fig.* ungeschriebenes Gesetz. 2. *a.* ~**-on** unbeschrieben.

**,un'wrought** *adj* unbearbeitet, unverarbeitet: ~ **goods** Rohstoffe.

**un'yield·ing** *adj* (*adv* ~**ly**) 1. unbiegsam, starr. 2. nicht nachgebend (**to** *dat*), fest (*a. fig.*). 3. *fig.* unnachgiebig, hart, unbeugsam.

**,un'yoke** *v/t* 1. aus-, losspannen. 2. *fig.* (los)trennen, lösen.

**,un'zip** I *v/t* 1. den Reißverschluß öffnen von (*od. gen*). 2. *colloq.* j-m den Reißverschluß aufmachen. II *v/i* 3. **her dress** ~**ped** der Reißverschluß ihres Kleids ging auf.

**up** [ʌp] I *adv* 1. a) nach oben, hoch, (her-, hin)'auf, in die Höhe, em'por, aufwärts, b) oben (*a. fig.*): ... **and** ~ und (noch) höher *od.* mehr, von ... aufwärts; ~ **and** ~ höher u. höher, immer höher; **farther** ~ weiter hinauf *od.* (nach) oben; **three storeys** ~ drei Stock hoch, (oben) im dritten Stock(werk); ~ **and down** a) auf u. ab, hin u. her *od.* zurück, b) *fig.* überall: **buttoned all the way** ~ bis oben (hin) zugeknöpft; ~ **from** a) (heraus) aus, b) von ... an, angefangen von ...; ~ **from the country** vom Lande; **from my youth** ~ von Jugend auf, seit m-r Jugend; ~ **till now** bis jetzt. 2. weiter (nach oben), höher (*a. fig.*): ~ **north** weiter im Norden. 3. fluß'aufwärts, den Fluß hin'auf. 4. nach im Norden: ~ **from Cuba** von Kuba aus in nördlicher Richtung. 5. a) in der *od.* in die (*bes.* Haupt)Stadt, b) *Br. bes.* in *od.* nach London: ~ **for a week** *Br.* e-e Woche (lang) in London. 6. *Br. am od.* zum Studienort, im College *etc*: **he stayed** ~ **for the vacation**. 7. *Am. colloq.* in (*dat*): ~ **north** im Norden. 8. *colloq.* gerade: **to sit** ~. 9. auf ... (*acc*) zu, hin, her('an): **he went straight** ~ **to the door**

er ging geradewegs auf die Tür zu *od.* zur Tür. 10. *sport etc* erzielt (*Punktzahl*): **with a hundred** ~ mit hundert (Punkten). 11. *Tischtennis etc*: ,auf': **two** ~ zwei auf, beide zwei. 12. *Baseball:* am Schlag. 13. *mar.* luvwärts, gegen den Wind. 14. ~ **to** a) hin'auf nach *od.* zu, b) bis (zu), bis an *od.* auf (*acc*), c) gemäß, entsprechend: ~ **to town** in die Stadt, *Br. bes.* nach London; ~ **to death** bis zum Tode; → **chin** 1, **count** 16, **date²** 10, **expectation** 1, **mark¹** 13, **par** 3, **scratch** 5, **standard¹** 6. 15. **to be** ~ **to** *meist colloq.* a) *etwas* vorhaben, *etwas* im Schilde führen, b) gewachsen sein (*dat*), c) entsprechen (*dat*), d) *j-s* Sache sein, abhängen von, e) fähig *od.* bereit sein zu, f) vorbereitet *od.* gefaßt sein auf (*acc*), g) vertraut sein mit, sich auskennen in (*dat*): **what are you** ~ **to?** was hast du vor?, was machst du (there da)?; **he is** ~ **to no good** er führt nichts Gutes im Schilde; **it is** ~ **to him** es liegt an ihm, es hängt von ihm ab, es ist s-e Sache; **it is not** ~ **to much** es taugt nicht viel; **he is not** ~ **to much** mit ihm ist nicht viel los; → **snuff¹** 8, **trick** 2. 16. (*in Verbindung mit Verben* [*siehe jeweils diese*] *bes. als Intensivum*) a) auf..., aus..., ver..., b) zusammen... II *interj* 17. ~! auf!, hoch!, her'auf!, hin'auf!: ~ (**with you**)! (steh) auf!; ~ ...! hoch (lebe) ...!

III *prep* 18. auf ... (*acc*) (hin'auf), hinauf, em'por (*a. fig.*): ~ **the ladder** die Leiter hinauf; ~ **the street** die Straße hinauf *od.* entlang; ~ **yours!** *vulg.* leck(t) mich (doch)! 19. in das Innere (*e-s Landes etc*) (hin'ein): ~ (**the**) **country** landeinwärts. 20. gegen ... (**the**) **wind**. 21. oben an *od.* auf (*dat*), an der Spitze (*gen*): ~ **the tree** (oben) auf dem Baum; **further** ~ **the road** weiter oben an der Straße; ~ **the yard** hinten im Hof.

IV *adj* 22. aufwärts..., nach oben gerichtet. 23. im Inneren (*des Landes etc*). 24. nach der *od.* zur Stadt: ~ **train**; ~ **platform** Bahnsteig *m* für Stadtzüge. 25. a) oben (befindlich), (nach oben) gestiegen, b) hoch (*a. fig.*): **to be** ~ *fig.* an der Spitze sein, obenauf sein; **he is** ~ **in** (*od.* **on**) **that subject** *colloq.* in diesem Fach ist er auf der Höhe *od.* ,gut beschlagen'; **to be well** ~ **in** *colloq.* weit fortgeschritten sein in (*dat*); **to be** ~ **on** Bescheid wissen über (*acc*); **prices are** ~ *econ.* die Preise sind gestiegen; **wheat is** ~ *econ.* Weizen steht hoch (im Kurs), der Weizenpreis ist gestiegen. 26. höher. 27. auf(gestanden), auf den Beinen (*a. fig.*): **already** ~ **and about**, ~ **and doing** *colloq.* schon (wieder) auf den Beinen; ~ **and coming** → up-and-coming; **to be** ~ **late** lange aufbleiben; **to be** ~ **again** wieder obenauf sein; **to be** ~ **against a hard job** *colloq.* vor e-r schwierigen Aufgabe stehen; **to be** ~ **against it** *colloq.* in der Klemme sein *od.* sitzen *od.* stecken. 28. (zum Sprechen) aufgestanden: **the Home Secretary is** ~ der Innenminister will sprechen *od.* spricht. 29. *parl. Br.* geschlossen: **Parliament is** ~ das Parlament hat s-e Sitzungen beendet *od.* hat sich vertagt. 30. (*bei verschiedenen Substantiven*) a) aufgegangen (*Sonne, Samen*), b) hochgeschlagen (*Kragen*), c) hochgekrempelt (*Ärmel etc*), d) aufgespannt (*Schirm*), e) aufgeschlagen (*Zelt*), f) hoch-, aufgezogen (*Vorhang etc*), g) aufgestiegen (*Ballon etc*), h) aufgeflogen (*Vogel*), i) angeschwollen (*Fuß etc*), j) *sport* aufgeschrieben, erzielt (*Punktzahl*). 31. schäumend (*Getränk*): **the cider is** ~ der Apfelwein schäumt. 32. *colloq.* in Aufruhr, erregt: **his temper is** ~ er ist erregt *od.* aufgebracht;

**the whole country was** ~ das ganze Land befand sich in Aufruhr; → **arm²** *Bes. Redew.*, **blood** 2. 33. *colloq.* ,los', im Gange: **what's** ~? was ist los?; **is anything** ~? ist (irgend et)was los?; → **hunt** 1. 34. zu Ende, abgelaufen, vor'bei, um: **it's all** ~ es ist alles aus; **it's all** ~ **with him** *collect.* es ist aus mit ihm; → **game¹** 6, **time** 11. 35. ~ **with** *j-m* ebenbürtig *od.* gewachsen. 36. ~ **for** bereit zu: **to be** ~ **for election** auf der Wahlliste stehen; **to be** ~ **for examination** sich e-r Prüfung unterziehen; **to be** ~ **for sale** zum Kauf stehen; **to be** ~ **for trial** *jur.* a) vor Gericht stehen, b) verhandelt werden: **the case is** ~ **before the court** der Fall wird (vor Gericht) verhandelt; **to be** (**had**) ~ **for** *colloq.* vorgeladen werden wegen. 37. *Sport u. Spiel:* um e-n Punkt *etc* vor'aus: **to be one** ~; **one** ~ **for you** eins zu null für dich (*a. fig.*). 38. *Am. sl.* hoffnungsvoll, opti'mistisch: ~ **tunes**; **to be** ~ in Hochstimmung sein, ein Hoch haben.

V *v/i* 39. *colloq.* aufstehen, sich erheben: **to** ~ **and ask s.o.** j-n plötzlich fragen. 40. **to** ~ **with** *Am. colloq.* etwas hochreißen: **he** ~**ped with his shotgun**. 41. *Am. colloq.* aufsteigen (**to** zu). 42. *bes. Am. sl.* Aufputschmittel nehmen.

VI *v/t* 43. *colloq.* Preis, Produktion *etc* erhöhen. 44. *Am. colloq.* (*im Rang*) befördern (**to** zu).

VII *s* 45. Aufwärtsbewegung *f*, An-, Aufstieg *m*: **the** ~**s and downs** das Auf u. Ab; **the** ~**s and downs of life** die Höhen u. Tiefen des Lebens; **on the** ~ **and** ~ *colloq.* a) im Steigen (begriffen), im Kommen, b) in Ordnung, anständig, ehrlich; **our firm's on the** ~ **and** ~ *colloq.* mit unserer Firma geht es aufwärts; **he's on the** ~ **and** ~ *colloq.* er macht keine ,krummen Touren'. 46. *colloq.* Preisanstieg *m*, Wertzuwachs *m*. 47. *colloq.* Höhergestellte(r *m*) *f*. 48. → **upper** 8.

**,up-and-'com·ing** *adj* aufstrebend, vielversprechend.

**,up-and-'down** *adj* 1. auf u. ab *od.* von oben nach unten gehend: ~ **looks** kritisch musternde Blicke; ~ **motion** Aufundabbewegung *f*; ~ **stroke** *tech.* Doppelhub *m*. 2. hin u. zu'rück. 3. uneben, unregelmäßig. 4. *bes. Am.* senkrecht. 5. regelmäßig: ~ **quarrel**. 6. *Am. colloq.* offen, ehrlich.

**U·pan·i·shad** [uː'pʌnɪʃəd; uː'pɑːnɪʃɑːd; uː'pænɪʃæd; juː-] (*Sanskrit*) *s* U'panischad *f*.

**u·pas** ['juːpəs] *s* 1. *a.* ~ **tree** *bot.* Upasbaum *m*. 2. a) Upassaft *m* (*Pfeilgift*): ~ **antiar** Upasharz *n*, b) *fig.* Gift *n*, verderblicher Einfluß.

**up'bear** *v/t irr* 1. tragen, stützen. 2. *fig.* aufrechterhalten, ermutigen.

**'up·beat** I *s* 1. *mus.* Auftakt *m*. 2. *metr.* a) → **anacrusis**, b) betonte Silbe. 3. *fig.* Aufschwung *m*: **on the** ~ im Aufschwung (begriffen). II *adj* 4. *colloq.* opti'mistisch, beschwingt.

**'up-bow** [-bəʊ] *s mus.* Aufstrich *m*.

**up'braid** *v/t* 1. *j-m* Vorwürfe machen, *j-n* tadeln, rügen: **to** ~ **s.o. with** (*od.* **for**) **s.th.** j-m etwas vorwerfen *od.* vorhalten, j-m wegen e-r Sache Vorwürfe machen. 2. *etwas* auszusetzen haben an (*dat*), her'umnörgeln an (*dat*). **up'braid·ing** I *s* Vorwurf *m*, Tadel *m*, Rüge *f*. II *adj* vorwurfsvoll, tadelnd.

**'up·bring·ing** *s* 1. Erziehung *f*. 2. Groß-, Aufziehen *n*.

**'up·cast** I *adj* em'porgerichtet (*Blick etc*), aufgeschlagen (*Augen*). II *s a.* ~ **shaft** (*Bergbau*) Wetter-, Luftschacht *m*. III *v/t irr* hochwerfen.

'**up·chuck I** *v/i* (sich er)brechen, sich über'geben. **II** *v/t* (er)brechen.

'**up,com·ing** *adj Am.* kommend, bevorstehend.

,**up'coun·try I** *adj* **1.** im Inneren des Landes (gelegen *od.* lebend), binnenländisch. **2.** *contp.* bäurisch. **II** *s* **3.** (*das*) (Landes)Innere, Binnen-, 'Hinterland *n*. **III** *adv* [ʌp'kʌntrɪ] **4.** land'einwärts.

'**up,cur·rent** *s* Aufwind *m*.

**up·date I** *v/t* [ʌp'deɪt] **1.** auf den neuesten Stand bringen. **II** *s* ['ʌpdeɪt] **2.** 'Unterlagen *pl etc* über den neuesten Stand. **3.** auf den neuesten Stand gebrachte Versi'on *etc*.

'**up·do** *s colloq.* 'Hochfri,sur *f*.

'**up·draft,** *bes. Br.* '**up·draught** *s* Aufwind *m*: ~ **carburet(t)or** Steigstromvergaser *m*.

**up'end** *v/t* **1.** hochkant stellen, *ein Faß etc* aufrichten. **2.** *ein Gefäß* 'umstülpen. **3.** *fig.* völlig durchein'anderbringen.

'**up-,front** *adj Am. colloq.* **1.** freimütig, di'rekt, offen. **2.** vordringlich. **3.** führend (*Persönlichkeit etc*). **4.** Voraus...: ~ **payments**.

**up·grade** ['ʌpgreɪd] **I** *s* **1.** *bes. Am.* Steigung *f*, Anstieg *m*. **2. on the** ~ *fig.* im (An)Steigen (begriffen). **II** *adj* **3.** *bes. Am.* an-, aufsteigend. **III** *adv* **4.** *bes. Am.* berg'auf. **IV** *v/t* [ʌp'greɪd] **5.** höher einstufen: **to** ~ **s.o.'s status** j-n aufwerten. **6.** *j-n* (im Rang) befördern. **7.** *econ.* a) (die Quali'tät *gen*) verbessern, b) *ein Produkt* durch ein höherwertiges Erzeugnis ersetzen.

'**up·growth** *s* **1.** Entwicklung *f*, Wachstum *n*. **2.** Pro'dukt *n* (e-s Ent'wicklungs*od.* 'Wachstumspro,zesses).

**up'heav·al** *s* **1.** (*meist* vul'kanische) (Boden)Erhebung. **2.** *fig.* 'Umwälzung *f*, 'Umbruch *m*: **social** ~**s** soziale Umwälzungen. **up'heave** *v.* *irr* **I** *v/t* **1.** hoch-, em'porheben. **2.** em'porschleudern. **3.** *fig.* in Aufruhr versetzen. **II** *v/i* **4.** sich heben.

,**up'hill I** *adv* **1.** den Berg hin'auf, berg-'auf, berg'an. **2.** aufwärts. **II** *adj* **3.** berg-'auf führend, ansteigend. **4.** auf dem Berg gelegen, hochgelegen, oben gelegen. **5.** *fig.* mühselig, hart: ~ **task**. **III** *s* ['ʌphɪl] **6.** Steigung *f*, Anstieg *m*.

**up'hold** *v/t irr* **1.** hochhalten, aufrecht halten. **2.** (hoch)heben. **3.** halten, stützen (*a. fig.*). **4.** *fig.* aufrechterhalten, unter-'stützen. **5.** *jur.* (in zweiter In'stanz) bestätigen: **to** ~ **a decision. 6.** *fig.* beibehalten. **7.** *Br.* in'stand halten, in gutem Zustand erhalten. **up'hold·er** *s* Erhalter *m*, Verteidiger *m*, Wahrer *m*: ~ **of public order** Hüter *m* der öffentlichen Ordnung.

**up·hol·ster** [ʌp'həʊlstə(r)] *v/t* **1.** a) (auf-, aus)polstern, ~**ed goods** Polsterwaren, b) beziehen. **2.** *Zimmer* (mit Teppichen, Vorhängen *etc*) ausstatten. **up'hol·ster·er** *s* Polsterer *m*. **up'hol·ster·y** *s* **1.** a) 'Polstermateri,al *n*, Polsterung *f*, b) (Möbel)Bezugsstoff *m*. **2.** Polstern *n*, Polsterung *f*.

**u·phroe** ['juːfrəʊ] *s mar.* Jungfernblock *m*.

'**up·keep** *s* **1.** a) In'standhaltung *f*, b) In'standhaltungskosten *pl*. **2.** a) 'Unterhalt *m*, b) 'Unterhaltskosten *pl*.

**up·land** ['ʌplənd; *Am. a.* 'ʌp,lænd] **I** *s meist pl* Hochland *n*: **the U~s** *das* Oberland (*im südl. Schottland*). **II** *adj* Hochland(s)...

**up·lift I** *v/t* [ʌp'lɪft] **1.** em'porheben. **2.** *s-e Stimme, a. das Niveau, j-s Stimmung etc* heben. **3.** *fig.* aufrichten, Auftrieb verleihen (*dat*), erbauen. **II** *s* ['ʌplɪft] **4.** *fig.* Erbauung *f*, (innerer) Auftrieb. **5.** *fig.* a) Hebung *f*, Besserung *f*, b) (so-

---

zi'ale) Aufbauarbeit, c) Aufschwung *m*. **6.** *geol.* Horst *m*, (Boden)Erhebung *f*. **7.** ~ **brassière** Stützbüstenhalter *m*.

'**up·most** → **uppermost**.

**up·on** [ə'pɒn; *Am. a.* ə'pɑn] **I** *prep* (*hat fast alle Bedeutungen von* **on**, *ist jedoch nachdrücklicher u. wird oft am Ende e-s Infinitivsatzes od. in Gedichten, um den Satzrhythmus zu wahren, dem* **on** *vorgezogen*; **upon** *ist bes. in der Umgangssprache weniger gebräuchlich als* **on**, *jedoch in folgenden Fällen üblich*): a) *in verschiedenen Redewendungen*: ~ **this** hierauf, -nach, darauf(hin); **Christmas is almost** ~ **us** Weihnachten steht vor der Tür, b) *in Beteuerungen*: ~ **my word!** auf mein Wort!, c) *in kumulativen Wendungen*: **loss** ~ **loss** Verlust auf Verlust, dauernde Verluste; **petition** ~ **petition** ein Gesuch nach dem anderen, d) *als Märchenanfang*: **once** ~ **a time there was** es war einmal. **II** *adv obs.* dar'auf, da'nach.

**up·per** ['ʌpə(r)] **I** *adj* **1.** ober(er, e, es), Ober..., höher(er, e, es) (*a. fig.*): ~ **part** Oberteil *n*; → **storey. 2.** a) höhergelegen, b) im Inland gelegen: ~ **woods. 3.** höherstehend, 'übergeordnet. **II** *s* **4.** Oberleder *n* (*am Schuh*): **to be (down) on one's** ~**s** *colloq.* a) die Schuhe durchgelaufen haben, b) total ,abgebrannt' *od.* ,auf dem Hund' sein. **5.** *colloq.* oberes Bett (*im Schlafwagen etc*). **6.** *colloq.* a) Oberzahn *m*, b) obere ('Zahn)Pro,these. **7.** *colloq.* (Py'jama- *etc*)Oberteil *n*. **8.** *sl.* Aufputschmittel *n*. ~ **arm** *s* Oberarm *m*. ~ **bed** *s Bergbau*: Hangende(s) *n*. ~ **brain** *s anat.* Großhirn *n*. ~ **case** *s print.* **1.** Oberkasten *m*. **2.** Ver'salien *pl*, Großbuchstaben *pl*. ~**-'case** *print.* **I** *adj* **1.** in Ver'salien *od.* Großbuchstaben (gedruckt *od.* geschrieben). **2.** Versal...: ~ **letters** Großbuchstaben, Versalien. **II** *v/t* **3.** in Ver'salien *od.* Großbuchstaben drucken. ~ **class** *s sociol.* Oberschicht *f*: **the** ~**es** die oberen Klassen. ~**-'class** *adj* **1.** *sociol.* ... der Oberschicht. **2.** vornehm, fein. ~**-'class·man** [-mən] *s irr ped. Am.* Stu'dent *m* in den letzten beiden Jahren vor dem 'Abschlußex,amen. ~ **cloth·ing** *s* Ober(be)kleidung *f*. ~ **crust** *s* **1.** (Brot- *etc*)Kruste *f*. **2.** *colloq.* (die) Spitzen (*der Gesellschaft*). '~**·cut** (Boxen) **I** *s* Aufwärtshaken *m*, Uppercut *m*. **II** *v/t irr j-m* e-n Aufwärtshaken versetzen. **III** *v/i* e-n Aufwärtshaken schlagen. ~ **deck** *s mar.* Oberdeck *n* (*a. e-s Omnibusses*). '~**·dog** → **top dog.** ~ **hand** *s*: **to gain** (*od.* **get) the** ~ die Oberhand gewinnen (**of** *oder acc*). ~ **house** *s parl.* Oberhaus *n*. ~ **jaw** *s anat.* Oberkiefer *m*. ~ **leath·er** *s* Oberleder *n*. ~ **lip** *s* Oberlippe *f*: → **lip 1**.

'**up·per·most I** *adj* **1.** oberst(er, e, es), höchst(er, e, es) (*beide a. fig.*): **to be** ~ a) an erster Stelle stehen, vorherrschen, b) die Oberhand haben; **to come** ~ die Oberhand gewinnen. **II** *adv* **2.** oben'an, ganz oben, zu'oberst. **3.** an erster Stelle: **to say what(ever) comes** ~ sagen, was e-m gerade einfällt.

**up·per| reach·es** *s pl* Oberlauf *m* (*e-s Flusses*). ~ **side** *s* **1.** obere Seite. **2.** *print.* Schöndruckseite *f*. ~ **ten (thousand)** *s pl fig.* (die) oberen Zehn'tausend *pl*. '~**·works** *s pl* **1.** *mar.* Oberwerk *n*, Totes Werk. **2.** *sl.* ,Gehirnkasten' *m* (*Verstand*).

**up·pish** ['ʌpɪʃ] *adj* (*adv* ~**ly**) *colloq.* **1.** hochnäsig, hochmütig. **2.** anmaßend, unverschämt. **up·pish·ness** *s colloq.* **1.** Hochnäsigkeit *f*. **2.** Anmaßung *f*. '**up·pi·ty** → **uppish**.

**up'raise** *v/t* **1.** er-, hochheben: **with hands** ~**d** mit erhobenen Händen. **2.** *fig.* aufmuntern.

---

**up'rear** *v/t* **1.** a) aufrichten, b) errichten. **2.** *fig.* preisen.

,**up'right I** *adj* (*adv* ~**ly**) **1.** aufrecht, senkrecht, gerade: ~ **axle** *tech.* stehende Welle; ~ **drill** *tech.* Senkrechtbohrer *m*; ~ **freezer** Tiefkühl-, Gefrierschrank *m*; ~ **piano** → **8**; ~ **size** Hochformat *n*. **2.** aufrecht (sitzend *od.* stehend *od.* gehend). **3.** *fig.* ['ʌpraɪt] aufrecht, rechtschaffen, redlich. **II** *adv* **4.** aufrecht, gerade: **to sit** ~ geradesitzen. **III** *s* ['ʌpraɪt] **5.** senkrechte Stellung. **6.** (senkrechte) Stütze, Träger *m*, Ständer *m*, Pfosten *m*, (Treppen)Säule *f*. **7.** *sport* (Tor)Pfosten *m*. **8.** ('Wand)Kla,vier *n*, Pi'ano *n*. '**up,right·ness** *s fig.* Geradheit *f*, Rechtschaffenheit *f*, Redlichkeit *f*.

**up·rise I** *v/i* [ʌp'raɪz] *irr bes. poet.* **1.** aufstehen, sich erheben. **2.** auferstehen. **3.** aufgehen (*Sonne etc*). **4.** erscheinen. **5.** entstehen. **6.** (an-, auf-, hoch)steigen. **II** *s* ['ʌpraɪz] **7.** a) (An-, Auf)Steigen *n*, b) An-, Aufstieg *m* (*a. fig.*), c) Aufgang *m* (*der Sonne etc*). **8.** Steigung *f*, Anstieg *m*. **9.** Entstehen *n*. **10.** Erscheinen *n*. '**up,ris·ing** *s* **1.** Aufstehen *n*. **2.** → **uprise II**. **3.** Aufstand *m*, (Volks)Erhebung *f*.

,**up'riv·er** → **upstream**.

'**up·roar** *s* Aufruhr *m*, Tu'mult *m*, Toben *n*, Lärm *m*, Erregung *f*: **in (an)** ~ in Aufruhr. **up'roar·i·ous** *adj* (*adv* ~**ly**) **1.** lärmend, laut, stürmisch (*Begrüßung etc*), tosend (*Beifall*), schallend (*Gelächter*). **2.** tumultu'arisch, tobend. **3.** zum Brüllen komisch, ,toll': ~ **comedy**.

**up'root** *v/t* **1.** (mit den Wurzeln) ausreißen, *e-n Baum etc* entwurzeln (*a. fig.*). **2.** *fig.* her'ausreißen (**from** aus). **3.** *fig.* ausmerzen, ausrotten. **up'root·al** *s* Entwurz(e)lung *f* (*a. fig.*).

**up'rouse** *v/t* aufwecken, wach-, aufrütteln.

**up·sa·dai·sy** ['ʌpsə,deɪzɪ] → **upsy-daisy**.

**up·set¹** [ʌp'set] **I** *adj* **1.** 'umgestürzt, 'umgekippt. **2.** durchein'andergeworfen, -geraten. **3.** *fig.* aufgeregt, außer Fassung, aus dem Gleichgewicht gebracht, durchein'ander. **4.** verstimmt (*a. Magen*). **II** *v/t irr* **5.** 'umwerfen, 'umstürzen, 'umkippen, 'umstoßen: → **apple cart. 6.** *ein Boot* aus Kentern bringen. **7.** *fig.* e-n *Plan* 'umstoßen, über den Haufen werfen, vereiteln: **to** ~ **all predictions** alle Vorhersagen auf den Kopf stellen. **8.** *die Regierung* stürzen. **9.** *fig. j-n* 'umwerfen, aus der Fassung bringen, durchein'anderbringen, bestürzen. **10.** in Unordnung bringen, durchein'anderbringen, *den Magen* verderben. **11.** *tech.* stauchen. **III** *v/i* **12.** 'umkippen, 'umstürzen. **13.** 'umschlagen, kentern (*Boot*). **IV** *s* ['ʌpset] **14.** 'Umkippen *n*. **15.** 'Umschlagen *n*, Kentern *n*. **16.** Sturz *m*, Fall *m*. **17.** 'Umsturz *m*. **18.** *fig.* Vereitelung *f*. **19.** Bestürzung *f*. **20.** Unordnung *f*, Durchein'ander *n*. **21.** Ärger *m*, (*a.* Magen)Verstimmung *f*. **22.** Streit *m*, Meinungsverschiedenheit *f*. **23.** *sport colloq.* Über'raschung *f* (*unerwartete Niederlage etc*). **24.** *tech.* Stauchung *f*.

'**up·set²** *adj* an-, festgesetzt: ~ **price** *bes. Am.* Mindestpreis *m* (*bei Versteigerungen*).

'**up·shift** *v/i mot.* hin'aufschalten (**into second gear** in den 2. Gang).

'**up·shot** *s* (End)Ergebnis *n*, Ende *n*, Ausgang *m*, Fazit *n*: **in the** ~ am Ende, schließlich; **what will be the** ~ **of it (all)?** was wird dabei herauskommen?

'**up·side** *s* Oberseite *f*. ~ **down** *adv* **1.** das Oberste zu'unterst, mit der Oberseite *od.* dem Kopf *od.* Oberteil nach unten, verkehrt (her'um). **2.** *fig.* drunter u. drüber, vollkommen durchein'ander: **to turn**

**everything** ~ alles auf den Kopf stellen. ~·**'down** *adj* auf den Kopf gestellt, 'umgekehrt: ~ **cake** gestürzter Obstkuchen; ~ **flight** *aer.* Rückenflug *m*; ~ **world** *fig.* verkehrte Welt.

'**up·sides** *adv Br. colloq.* **1.** auf gleicher Höhe. **2.** *fig.* **to be** ~ **with s.o.** quitt sein; **to get** ~ **with s.o.** *fig.* mit j-m abrechnen.

**up·si·lon** [ju:p'saɪlən; *Am.* 'ju:psə̩la:n] *s* Ypsilon *n* (*Buchstabe*).

ˌup'**stage I** *adv* **1.** *thea.* in den *od.* im 'Hintergrund der Bühne. **II** *adj* **2.** *thea.* zum 'Hintergrund gehörig. **3.** *colloq.* ˌhochnäsig', über'heblich. **III** *v/t* **4.** *colloq.* j-m ˌdie Schau stehlen' (*j-n in den Schatten stellen*). **5.** *colloq.* ˌhochnäsig' behandeln. **IV** *s* **6.** *thea.* 'Bühnen- ˌhintergrund *m*.

ˌup'**stairs I** *adv* **1.** die Treppe her'auf *od.* hin'auf, nach oben: → **kick** 14. **2.** e-e Treppe höher. **3.** oben, in e-m oberen Stockwerk: **a little weak** ~ *colloq.* ˌnicht ganz richtig im Oberstübchen'. **4.** *aer. sl.* (nach) oben, in die *od.* in der Luft. **II** *adj* **5.** im oberen Stockwerk (gelegen), ober(er, e, es). **III** *s pl* (*als sg od. pl konstruiert*) **6.** oberes Stockwerk, Obergeschoß *n*.

ˌup'**stand·ing** *adj* **1.** aufrecht (*a. fig. ehrlich, tüchtig*). **2.** großgewachsen, (groß u.) kräftig. **3. be** ~! *jur.* erheben Sie sich!

'**up·start I** *s* Em'porkömmling *m*, Parve'nü *m, a.* Neureiche(r *m*) *f.* **II** *adj* em'porgekommen, Parvenü..., ... e-s Em'porkömmlings *od.* Neureichen.

'**up,state** *Am.* **I** *adj u. adv* in der *od.* in die (*bes.* nördliche) Pro'vinz (*e-s Bundesstaates*). **II** *s* (*bes.* nördliche) Pro'vinz (*e-s Bundesstaates*).

ˌup'**stream I** *adv* **1.** strom'auf(wärts). **2.** gegen den Strom. **II** *adj* **3.** strom'aufwärts gerichtet. **4.** (weiter) strom'aufwärts (gelegen *od.* vorkommend).

'**up·stroke** *s* **1.** Aufstrich *m* (*beim Schreiben*). **2.** *tech.* (Aufwärts)Hub *m* (*des Kolbens etc*).

**up·surge** *v/i* [ʌp'sɜːdʒ; *Am.* ˌʌp'sɜrdʒ] aufwallen. **II** *s* ['ʌp-] Aufwallung *f*: **cultural** ~ kultureller Aufschwung.

'**up·sweep** *s* **1.** Schweifung *f* (*e-s Bogens etc*). **2.** *Am.* 'Hochfri,sur *f*. **up'swept** *adj* **1.** nach oben gebogen *od.* gekrümmt. **2.** hochgekämmt (*Frisur*).

'**up·swing** *s* (*econ.* Konjunk'tur- *etc*) Aufschwung *m*: **to be on the** ~ e-n Aufschwung erleben, im Kommen sein.

**up·sy-dai·sy** ['ʌpsɪˌdeɪzɪ] *interj colloq.* hoppla!

'**up·take** *s* **1.** *colloq.* Auffassungsvermögen *n*: **to be quick on the** ~ schnell begreifen, ˌschnell schalten'; **to be slow on the** ~ schwer von Begriff sein, e-e ˌlange Leitung' haben. **2.** Aufnehmen *n*. **3.** *tech.* a) Steigrohr *n*, b) Rauchfang *m*, c) 'Fuchs(ka,nal) *m*.

'**up·throw** *s* **1.** 'Umwälzung *f*. **2.** *geol.* Verwerfung *f* (*ins Hangende*): **the** ~ **side** die hängende Scholle.

'**up·thrust** *s* **1.** Hoch-, Em'porschleudern *n*, Stoß *m* nach oben. **2.** *geol.* Horstbildung *f*.

'**up·tick** *s Am.* (*bes.* wirtschaftlicher) Aufschwung.

'**up·tight** *adj sl.* **1.** ('über)ängstlich. **2.** reizbar, ner'vös (**about** wegen). **3.** a) steif, förmlich, b) puri'tanisch, sittenstreng, c) ˌverklemmt'. **4.** ˌpleite', bank'rott.

**up'tilt** *v/t* hochkippen, aufrichten.

ˌup-to-'**date** *adj* **1.** a) mo'dern, neuzeitlich, b) zeitnah, aktu'ell (*Thema etc*). **2.** a) auf der Höhe (*der Zeit*), auf dem laufenden, auf dem neuesten Stand, b) modisch. ˌup-to-'**date·ness** *s*

---

**1.** Neuzeitlichkeit *f*, Moderni'tät *f*. **2.** Aktuali'tät *f*.

ˌup'**town** *Am.* **I** *adv* **1.** in den Wohnvierteln, in die Wohnviertel. **II** *adj* **2.** in den Wohnvierteln (gelegen *od.* lebend): **in** ~ **Los Angeles** in den Außenbezirken von Los Angeles. **3.** in *od.* durch die Wohnviertel (fahrend *etc*). **III** *s* **4.** Wohnviertel *pl*, Außenbezirke *pl*.

'**up·trend** *s* Aufschwung *m*, steigende Ten'denz.

**up·turn** [ʌp'tɜːn; *Am.* ˌʌp'tɜrn] **I** *v/t* **1.** 'umdrehen, -kippen. **2.** nach oben richten *od.* den Blick in die Höhe richten. **II** *v/i* **3.** sich nach oben wenden *od.* richten. **III** *s* ['ʌp-] **4.** (An)Steigen *n* (*der Kurse etc*), Aufwärtsbewegung *f*. **5.** *fig.* Aufschwung *m*. ˌup'**turned** *adj* **1.** nach oben gerichtet *od.* gebogen: ~ **nose** Stupsnase *f*. **2.** 'umgeworfen, -gekippt, *mar.* gekentert.

ˌup'**val·ue** *v/t econ. u. fig.* aufwerten.

**up·ward** ['ʌpwə(r)d] **I** *adj* **1.** aufwärts (*a. fig.*): **from five dollars** ~, ~ **of five dollars** von 5 Dollar an (aufwärts), ab 5 Dollar; **a strong tendency** ~ e-e starke Aufwärtstendenz; **from my youth** ~ von Jugend auf; **he went** ~ **in life** es ging bergauf mit ihm. **2.** nach oben (*a. fig.*). **3.** mehr, dar'über (hin'aus): ~ **of 10 years** mehr als *od.* über 10 Jahre; **10 years and** ~ 10 Jahre u. darüber. **4.** strom'aufwärts. **5.** land'einwärts. **II** *adj* **6.** nach oben gerichtet *od.* führend (*Weg etc*), (an)steigend (*Tendenz etc*): ~ **glance** Blick *m* nach oben; ~ **movement** *econ.* Aufwärtsbewegung *f*.

**up·wards** ['ʌpwə(r)dz] → **upward** I.

**up·wind** [ˌʌp'wɪnd] **I** *adj* **1.** windwärts gelegen: ~ **side** Windseite *f*. **II** *adv* **2.** gegen den Wind. **III** *s* ['ʌp-] **3.** Gegenwind *m*. **4.** Aufwind *m*.

**u·rae·mi·a** → **uremia**.

**U·ral-Al·ta·ic** [ˌjʊərəlæl'teɪɪk] **I** *adj* u,ralal'taisch. **II** *s ling.* Uralal'taisch *n*, das Uralaltaische (*Sprachenfamilie*).

**u·ra·nal·y·sis** [ˌjʊərə'næləsɪs] *s chem. med.* U'rinana,lyse *f*, 'Harnunter,suchung *f*.

**U·ra·ni·an** [jʊə'reɪnjən; -nɪən] *adj* **1.** *astr.* Uranus... **2.** Himmels...

**u·ran·ic**[1] [jʊ'rænɪk; *Am. a.* -'reɪ-] *adj obs.* Himmels..., astro'nomisch.

**u·ran·ic**[2] [jʊ'rænɪk; *Am. a.* -'reɪ-] *adj chem.* Uran (VI)..., ... des 6-wertigen U'rans.

**u·ra·nite** ['jʊərənaɪt] *s min.* Ura'nit *m*, U'ranglimmer *m*.

**u·ra·ni·um** ['jʊəreɪnjəm; -nɪəm] *s chem. phys.* U'ran *n*: ~ **enrichment plant** Urananreicherungsanlage *f*; ~ **fission** Uranspaltung *f*; ~ **pile** Uranmeiler *m*.

**u·ra·nog·ra·phy** [ˌjʊərə'nɒɡrəfɪ; *Am.* -'nɑ-] *s* Uranogra'phie *f*, Himmelsbeschreibung *f*. ˌu·ra'**nol·o·gy** [-'nɒlədʒɪ; *Am.* -'nɑ-] *s* Uranolo'gie *f*, Lehre *f* von den Himmelsvorgängen.

**u·ra·nous** ['jʊərənəs; *Am. a.* jʊ'reɪ-] *adj chem. Uran (IV)..., u'ranhaltig.

**U·ra·nus** ['jʊərənəs; *Am. a.* jʊ'reɪ-] **I** *npr myth.* Uranos *m* (*Himmelsgott*). **II** *s astr.* Uranus *m* (*Planet*).

**u·rase** ['jʊəreɪs; -eɪz] *s Biochemie:* Ure'ase *f*.

**u·rate** ['jʊəreɪt] *s chem.* U'rat *n*, harnsaures Salz.

**ur·ban** ['ɜːbən; *Am.* 'ɜr-] *adj* städtisch, Stadt...: ~ **district** *Br. hist.* Stadtbezirk *m*; ~ **guerilla** Stadtguerilla *m*; ~ **planning** Stadtplanung *f*; ~ **renewal** Stadtsanierung *f*; → **sprawl** 10.

**ur·bane** [ɜː'beɪn; *Am.* ˌɜr-] *adj (adv* ~**ly**) **1.** ur'ban: a) weltgewandt, weltmännisch, b) gebildet, kulti'viert. **2.** höflich, liebenswürdig. **ur'bane·ness** *s* **1.** Urbani'tät *f*:

---

a) (Welt)Gewandtheit *f*, b) Bildung *f*. **2.** Höflichkeit *f*, Liebenswürdigkeit *f*.

'**ur·ban·ism** *s bes. Am.* **1.** (typisches) Stadtleben. **2.** Urba'nistik *f* (*Wissenschaft des Städtewesens*). **3.** → **urbanization**.

'**ur·ban·ite** [-naɪt] *s bes. Am.* Städter *m*.

**ur·ban·i·ty** [ɜː'bænətɪ; *Am.* ˌɜr-] → **urbaneness**.

**ur·ban·i·za·tion** [ˌɜːbənaɪ'zeɪʃn; *Am.* ˌɜrbənə'z-] *s* Urbanisati'on *f*: a) Verfeinerung *f*, b) Verstädterung *f*. '**ur·banize** *v/t* urbani'sieren: a) verfeinern, b) verstädtern, e-m Ort *etc* städtischen Cha'rakter verleihen.

**ur·chin** ['ɜːtʃɪn; *Am.* 'ɜrtʃən] *s* **1.** Bengel *m*, Balg *m, n.* **2.** *zo.* a) *meist* **sea** ~ Seeigel *m*, b) *obs. od. dial.* Igel *m*. **3.** *obs.* Kobold *m*.

**Ur·du** ['ʊədu:; 'ɜːdu:; *Am.* 'ʊrdu:; 'ɜrdu:] *s ling.* Urdu *n*.

**u·re·a** ['jʊərɪə; *bes. Am.* jʊ'ri:ə] *s biol. chem.* Harnstoff *m*, Karba'mid *m*: ~(-formaldehyde) **resins** Formaldehyd-Kunstharze. **u·re·al** *adj* Harnstoff...

**u·re·ase** ['jʊərɪeɪs; -eɪz] *s Biochemie:* Ure'ase *f*.

**u·re·do** [jʊ'ri:dəʊ] *s bot.* Rostpilz *m*.

**u·re·mi·a** [ˌjʊə'ri:mjə; -mɪə] *s med.* Urä'mie *f*, Harnvergiftung *f*. **u're·mic** *adj* u'rämisch, Urämie...

**u·re·ter** [ˌjʊə'ri:tə; *Am.* 'jʊərətər] *s anat.* Harnleiter *m*, U'reter *m*.

**u·re·thra** [ˌjʊə'ri:θrə] *pl* -**thras**, -**thrae** [-θri:] *s anat.* Harnröhre *f*, U'rethra *f*. **u're·thral** *adj* ure'thral, Harnröhren...

**u·re·thri·tis** [ˌjʊərɪ'θraɪtɪs] *s med.* Ure'thritis *f*, Harnröhrenentzündung *f*.

**u·re·thro·scope** [jʊə'ri:θrəskəʊp] *s med.* Harnröhrenspiegel *m*, Urethro'skop *n*.

**u·ret·ic** [ˌjʊə'retɪk] *adj med.* **1.** harntreibend, diu'retisch. **2.** Harn..., Urin...

**urge** [ɜːdʒ; *Am.* ɜrdʒ] **I** *v/t* **1.** a. ~ **on** (*od.* **forward**) (an-, vorwärts)treiben, anspornen (*a. fig.*). **2.** *fig.* j-n drängen, dringend bitten *od.* auffordern, dringen in (*j-n*), nötigen (**to do** zu tun): **he** ~**d me to accept the offer. 3.** j-n (be)drängen, bestürmen, *j-m* (heftig) zusetzen: **to be** ~**d to do** sich genötigt sehen zu tun; ~**d by necessity** der Not gehorchend. **4.** drängen *od.* dringen auf (*acc*), sich (nachdrücklich) einsetzen für, (hartnäckig) bestehen auf (*dat*): **to** ~ **the adoption of strict measures. 5.** Nachdruck legen auf (*acc*): **to** ~ **s.th. on** j-m etwas eindringlich vorstellen *od.* vor Augen führen, j-m etwas einschärfen; **he** ~**d the necessity for immediate action** er drängte auf sofortige Maßnahmen. **6.** (*als Grund*) geltend machen, e-n Einwand *etc* vorbringen *od.* ins Feld führen: **to** ~ **an argument. 7.** e-e Sache vor'an-, betreiben, e'nergisch verfolgen. **8.** beschleunigen: **to** ~ **one's flight** (a *project, etc*). **II** *v/i* **9.** drängen, treiben. **10.** drängen (**for** auf *acc*, zu): **to** ~ **against** sich nachdrücklich aussprechen gegen. **11.** eilen. **III** *s* **12.** Drang *m*, Trieb *m*, Antrieb *m*: **creative** ~ Schaffensdrang; **sexual** ~ Geschlechtstrieb; **winning** ~ Siegesdrang; ~ **to smoke** Rauchverlangen *n*. **13.** Inbrunst *f*: **religious** ~.

'**ur·gen·cy** [-dʒənsɪ] *s* **1.** Dringlichkeit *f*. **2.** (dringende) Not, Druck *m*. **3.** Eindringlichkeit *f*: **the** ~ **with which he spoke. 4.** *pl* dringende Vorstellungen *pl*. **5.** a) Drang *m*, b) Drängen *n*. **6.** *parl. Br.* Dringlichkeitsantrag *m*. '**ur·gent** *adj* (*adv* ~**ly**) **1.** dringend (*a. Mangel etc*; *a. teleph. Gespräch*), dringlich, eilig: **the matter is** ~ die Sache eilt; **to be in** ~

**need of money** dringend Geld brauchen; **to be ~ about** (*od.* **for**) s.th. zu etwas drängen, auf etwas dringen; **to be ~ with s.o.** j-n drängen, in j-n dringen (**for** wegen; **to do** zu tun). **2.** zu-, aufdringlich. **3.** hartnäckig.

**u·ric** [ˈjʊərɪk] *adj biol. chem.* Urin..., Harn...: **~ acid** Harnsäure *f*.

**u·ri·nal** [ˈjʊərɪnl] *s* **1.** Uˈrinflasche *f*, ˌEnteˈ *f* (*für Patienten*). **2.** Uˈrinal *n*, Harnglas *n* (*zur Urinuntersuchung*). **3.** a) Uˈrinbecken *n* (*in Toiletten*), b) (ˈMänner)Toiˌlette *f*, Pisˈsoir *n*.

**u·ri·nal·y·sis** [ˌjʊərɪˈnæləsɪs] *s* Uˈrinanaˌlyse *f*, ˈHarnunterˌsuchung *f*.

**u·ri·nar·y** [ˈjʊərɪnərɪ; *Am.* -rəˌnerɪ] **I** *adj* Harn..., Urin...: **~ bladder** Harnblase *f*; **~ calculus** Harnstein *m*; **~ tract** Harnsystem *n*. **II** *s* → urinal.

**u·ri·nate** [ˈjʊərɪneɪt] *v/i* uriˈnieren.

**u·rine** [ˈjʊərɪn] *s* Uˈrin *m*, Harn *m*.

**ˌu·ri·noˈgen·i·tal** [ˌjʊərɪnəʊ-] → urogenital.

**u·ri·nol·o·gy** [ˌjʊərɪˈnɒlədʒɪ; *Am.* -ˈnɑ-] → urology.

**u·ri·nom·e·ter** [ˌjʊərɪˈnɒmɪtə(r); *Am.* -ˈnɑ-] *s med.* Uroˈmeter *n*, Harnwaage *f*.

**urn** [ɜːn; *Am.* ɜrn] *s* **1.** Urne *f*. **2.** a) ˈTeemaˌschine *f*, b) (ˈGroß)ˌKaffeemaˌschine *f*. **3.** *bot.* Moosbüchse *f*.

**u·ro·dele** [ˈjʊərəʊdiːl] *s zo.* Schwanzlurch *m*.

**ˌu·roˈgen·i·tal** [ˌjʊərəʊ-] *adj anat.* urogeniˈtal (*die Harn- u. Geschlechtsorgane betreffend*).

**u·ro·log·ic** [ˌjʊərəʊˈlɒdʒɪk; *Am.* -ˈlɑ-] *adj*; **ˌu·roˈlog·i·cal** [-kl] *adj med.* uroˈlogisch.

**u·rol·o·gist** [jʊəˈrɒlədʒɪst; *Am.* -ˈrɑ-] *s med.* Uroˈloge *m* (*Facharzt für Krankheiten der Harnorgane*). **ˌuˈrol·o·gy** [-dʒɪ] *s* Uroloˈgie *f* (*Wissenschaft von den Krankheiten der Harnorgane*).

**u·ros·co·py** [jʊəˈrɒskəpɪ; *Am.* -ˈrɑs-] *s med.* Uroskoˈpie *f*, ˈHarnunterˌsuchung *f*.

**Ur·sa** [ˈɜːsə; *Am.* ˈɜrsə] *s astr.* (Großer *od.* Kleiner) Bär. **~ Ma·jor** *s* Großer Bär. **~ Mi·nor** *s* Kleiner Bär.

**ur·sine** [ˈɜːsaɪn; *Am.* ˈɜr-] *adj zo.* bärenartig, Bären...

**ur·ti·ca** [ˈɜːtɪkə; *Am.* ˈɜr-] *s* Brennessel *f*.

**ur·ti·car·i·a** [ˌɜːtɪˈkeərɪə; *Am.* ˌɜr-] *s med.* Urtiˈkaria *f*, Nesselausschlag *m*.

**ur·ti·ca·tion** [ˌɜːtɪˈkeɪʃn; *Am.* ˌɜr-] *s* **1.** *med. hist.* Peitschen *n* mit Nesseln (*bei Lähmungen*). **2.** *med.* Quaddelbildung *f*. **3.** Brennen *n*. **4.** → urticaria.

**U·ru·guay·an** [ˌjʊərəʊˈgwaɪən] **I** *adj* uruguˈayisch. **II** *s* Uruguˈayer(in).

**u·rus** [ˈjʊərəs] *s zo.* Ur *m*.

**us** [ʌs; əs] *pron* **1.** uns (*dat od. acc*): **all of ~** wir alle; **both of ~** wir beide. **2.** *dial.* wir: **~ poor people**. **3.** *obs. od. poet.* (*reflexiv gebraucht*) uns (*acc*): **let's get ~ away from the wall**. **4.** *colloq.* mir: **give ~ a bite**.

**us·a·ble** [ˈjuːzəbl] *adj* brauchbar, verwendbar.

**us·age** [ˈjuːzɪdʒ; ˈjuːs-] *s* **1.** Brauch *m*, Gepflogenheit *f*, Usus *m*: **commercial ~** Handelsbrauch , Usance *f*. **2.** ˈherkömmliches *od.* übliches Verfahren, Praxis *f*. **3.** Sprachgebrauch *m*: **English ~** English. **4.** Gebrauch *m*, Verwendung *f*. **5.** Behandlung(sweise) *f*.

**us·ance** [ˈjuːzns] *s* **1.** *econ.* übliche Wechselfrist, Uso *m*: **at ~** nach Uso; **bill at ~** Usowechsel *m*; **bill drawn at double ~** Wechsel *m* mit der doppelten Zahlungsfrist. **2.** *econ.* Uˈsance *f*, Handelsbrauch *m*, Uso *m*. **3.** *obs.* a) Wucher *m*, b) Zins *m*.

**use** [juːz] **I** *v/t* **1.** gebrauchen, benutzen, an-, verwenden, sich (*gen*) bedienen, Gebrauch machen von, *e-e Gelegenheit etc* nutzen *od.* sich zuˈnutze machen: **to ~**

**one's brains** den Verstand gebrauchen, s-n Kopf anstrengen; **to ~ care** Sorgfalt verwenden; **to ~ force** Gewalt anwenden; **to ~ one's legs** zu Fuß gehen; **may I ~ your name?** darf ich mich auf Sie berufen?; **to ~ a right** von e-m Recht Gebrauch machen. **2.** handhaben: **to ~ a tool** skil(l)fully. **3.** verwenden (**on** auf *acc*). **4. ~ up** a) auf-, verbrauchen, *j-s Kraft* erschöpfen, b) *colloq.* j-n ˌfertigmachen', erschöpfen: **~d up** → used¹ 2. **5.** gewohnheitsmäßig (ge)brauchen, *Nahrung etc* zu sich nehmen: **to ~ tobacco** rauchen. **6.** behandeln, verfahren mit: **~ s.o. ill** j-n schlecht behandeln; **how has the world ~d you?** *colloq.* wie ist es dir ergangen? **7.** *j-n* be-, ausnutzen. **8.** *Zeit* verbringen.

**II** *v/i* **9.** *obs.* (*außer im pret*) pflegen (**to do** zu tun): **it ~d to be said** man pflegte zu sagen; **he does not come as often as he ~d (to)** er kommt nicht mehr so oft wie früher *od.* sonst; **he ~d to be a polite man** er war früher *od.* sonst (immer) sehr höflich; **he ~d to live here** er wohnte früher hier.

**III** *s* [juːs] **10.** Gebrauch *m*, Benutzung *f*, An-, Verwendung *f*: **for ~** zum Gebrauch; **for ~ in schools** für den Schulgebrauch; **in ~** in Gebrauch, gebräuchlich; **to be in daily ~** täglich gebraucht werden; **in common ~** allgemein gebräuchlich; **to come into ~** in Gebrauch kommen; **out of ~** nicht in Gebrauch, nicht mehr gebräuchlich; **to fall** (*od.* **pass**) **out of ~** ungebräuchlich werden, außer Gebrauch kommen; **with ~** durch (ständigen) Gebrauch; **to make ~ of** Gebrauch machen von, benutzen; **to make ~ of s.o.'s name** sich auf j-n berufen; **to make (a) bad ~ of** (e-n) schlechten Gebrauch machen von; **peaceful ~s of atomic energy** friedliche Nutzung der Atomenergie. **11.** a) Verwendung(szweck *m*) *f*, b) Brauchbarkeit *f*, Verwendbarkeit *f*, c) Zweck *m*, Sinn *m*, Nutzen *m*, Nützlichkeit *f*: **of ~ (to)** nützlich (*dat*), brauchbar *od.* von Nutzen (für); **of no ~** nutz-, zwecklos, unbrauchbar, unnütz; **is this of ~ to you?** können Sie das (ge)brauchen?; **crying is no ~** Weinen führt zu nichts; **it is (of) no ~ talking** (*od.* **to talk**) es ist nutz- *od.* zwecklos zu reden, es hat keinen Zweck zu reden; **what is the ~ (of it)?** was hat es (überhaupt) für e-n Zweck?; **to have no ~ for** a) nicht brauchen können, b) mit *etwas od.* j-m nichts anfangen können, c) *bes. Am. colloq.* nichts übrig haben für j-n *od. etwas*; **to put to (good) ~** (gut) an- *od.* verwenden; **this tool has different ~s** dieses Gerät kann für verschiedene Zwecke verwendet werden. **12.** Kraft *f od.* Fähigkeit *f* (*etwas*) zu gebrauchen, Gebrauch *m*: **he lost the ~ of his right eye** er kann auf dem rechten Auge nichts mehr sehen; **to have the ~ of one's limbs** sich bewegen können. **13.** *jur.* Nutznießung *f*, Nutzen *m*. **14.** Gewohnheit *f*, Brauch *m*, Übung *f*, Praxis *f*, Usus *m*: **~ and wont** Sitte *f* u. Gewohnheit; **once a ~ and ever a custom** jung gewohnt, alt getan. **15.** *jur.* a) Nutznießung *f*, b) Nutzen *m*. **16.** *oft* **U~** *relig.* liˈturgischer Brauch, (Kirchen)Brauch *m*.

**use·a·ble** → usable.

**used¹** [juːzd] *adj* **1.** gebraucht: **~ car** Gebrauchtwagen *m*; **~ clothes** getragene Kleidung. **2. ~ up** a) aufgebraucht, verbraucht (*a.* Luft), b) *colloq.* ˌerledigt', ˌfertig', erschöpft (*Person*).

**used²** [juːst] *adj* gewöhnt (**to** zu *od. acc*), gewöhnt (**to** an *acc*): **he is ~ to working late** er ist (es) gewohnt, lange zu arbei-

ten; **to get ~ to** sich gewöhnen an (*acc*).

**use·ful** [ˈjuːsfʊl] *adj* (*adv* **~ly**) **1.** nützlich, brauchbar, (zweck)dienlich, zweckmäßig, (gut) verwendbar: **~ tools**; **a ~ man** ein brauchbarer Mann; **~ talks** nützliche Gespräche; **to make o.s. ~** sich nützlich machen. **2.** *bes. tech.* Nutz..., nutzbar, Wirk...: **~ current** Wirkstrom *m*; **~ efficiency** Nutzleistung *f*; **~ load** Nutzlast *f*; **~ plant** Nutzpflanze *f*. **ˈuse·fulness** *s* Nützlichkeit *f*, Brauchbarkeit *f*, Zweckmäßigkeit *f*.

**use·less** [ˈjuːslɪs] *adj* (*adv* **~ly**) **1.** nutz-, sinn-, zwecklos, unnütz, vergeblich: **it is ~ to** *inf* es erübrigt sich zu *inf*. **2.** unbrauchbar: **he's ~** er ist zu nichts zu gebrauchen. **ˈuse·less·ness** *s* **1.** Nutz-, Zwecklosigkeit *f*. **2.** Unbrauchbarkeit *f*.

**us·er¹** [ˈjuːzə(r)] *s* **1.** Benutzer(in): **~-friendly** benutzerfreundlich. **2.** *econ.* Verbraucher(in), Benutzer(in).

**us·er²** [ˈjuːzə(r)] *s jur.* **1.** Nießbrauch *m*, Nutznießung *f*. **2.** Benutzungsrecht *n*.

**ush** [ʌʃ] *Am. sl. für* usher II.

**ˈU-shaped** *adj* U-förmig: **~ iron** *tech.* U-Eisen *n*.

**ush·er** [ˈʌʃə(r)] **I** *s* **1.** Türhüter *m*, Pförtner *m*. **2.** Platzanweiser(in) (*im Kino etc*). **3.** Zereˈmonienmeister *m*: → Black Rod 2. **4.** a) *jur.* Gerichtsdiener *m*, b) *allg.* ˈAufsichtsperˌson *f*, Saaldiener *m*. **5.** *obs.* Hilfslehrer *m* (*in e-r Privatschule*). **II** *v/t* **6.** (*meist* **~ in**) herˈein-, hinˈein)führen, -geleiten. **7. ~ in** *a. fig.* ankündigen, *e-e Epoche etc* einleiten. **ˌushˈer·ette** [-ˈret] *s* Platzanweiserin *f*.

**us·que·baugh** [ˈʌskwɪbɔː; *Am. a.* ˌbɑː] *s Ir. obs.* Whisky *m*.

**u·su·al** [ˈjuːʒʊəl; -ʒwəl; -ʒl] **I** *adj* üblich, gewöhnlich, norˈmal, gebräuchlich: **as ~**, *colloq.* **as per ~** wie gewöhnlich, wie sonst; **the ~ thing** das Übliche; **it has become the ~ thing** (**with us**) es ist (bei uns) gang u. gäbe geworden; **it is ~ for shops to close at 7 o'clock** die Geschäfte schließen gewöhnlich um 7 Uhr; **~ in trade** handelsüblich; **my ~ café** mein Stammcafé; **her ~ pride**, **the pride with her** ihr üblicher Stolz. **II** *s* (*das*) Übliche: **the ~!** *colloq.* (*als Antwort*) wie gewöhnlich! **ˈu·su·al·ly** *adv* (für) gewöhnlich, in der Regel, meist(ens).

**u·su·cap·tion** [ˌjuːsjʊˈkæpʃn; *Am.* -zə-] *s jur.* Ersitzung *f* (*e-s Rechts*).

**u·su·fruct** [ˈjuːsjuːfrʌkt; *Am.* -zə-] *s jur.* Nießbrauch *m*, Nutznießung *f*. **ˌu·suˈfruc·tu·ar·y** [-ˈtjʊərɪ; *Am.* -tʃəˌwerɪ] **I** *s* Nießbraucher(in), Nutznießer(in). **II** *adj* Nutznießungs..., Nutzungs...

**u·su·rer** [ˈjuːʒərə(r)] *s* Wucherer *m*.

**u·su·ri·ous** [juːˈzjʊərɪəs; *Am.* jʊˈzʊr-; -ˈʒʊ-] *adj* (*adv* **~ly**) Wucher..., wucherisch: **~ interest** Wucherzins *m pl*. **uˈsu·ri·ous·ness** *s* Wucheˈrei *f*.

**u·surp** [juːˈzɜːp; *Am.* jʊˈsɜrp] **I** *v/t* **1.** an sich reißen, sich ˈwiderrechtlich aneignen, sich bemächtigen (*gen*): **to ~ s.o.'s attention** j-s Aufmerksamkeit in Anspruch nehmen. **2.** sich (ˈwiderrechtlich) anmaßen: **to ~ authority**. **II** *v/i* **3.** (**upon**) a) sich (ˈwiderrechtlich) bemächtigen (*gen*), b) sich ˈÜbergriffe erlauben (*gegen*). **ˌu·surˈpa·tion** [ˌjuːzɜːˈp-; *Am.* ˌjuːsərˈp-] *s* **1.** Usurpatiˈon *f*: a) ˈwiderrechtliche Machtergreifung *od.* Aneignung, Anmaßung *f* (*e-s Rechts etc*), b) *a.* **~ of the throne** Thronraub *m*. **2.** unberechtigter Eingriff (**on** in *acc*). **uˈsurp·er** *s* **1.** Usurˈpator *m*, unrechtmäßiger Machthaber, Thronräuber *m*. **2.** unberechtigter Besitzergreifer. **3.** *fig.* Eindringling *m* (**on** in *acc*). **uˈsurp·ing** *adj* (*adv* **~ly**) usurpaˈtorisch, alles an sich reißend, ˈwiderrechtlich.

**u·su·ry** [ˈjuːʒʊrɪ; -ʒə-] *s* **1.** (Zins)Wucher

*m*: **to practice** ~ Wucher treiben. **2.** Wucherzinsen *pl* (at auf *acc*). **3.** *obs.* Zins(en *pl*) *m*: **to return with** ~ *fig.* mit Zins u. Zinseszins heimzahlen.

**U·tah·an** ['ju:tɑːən; *Am. a.* -ˌtɔː-] **I** *adj* Utah..., aus *od.* von Utah. **II** *s* Bewohner(in) von Utah.

**u·tas** ['ju:tæs] *s relig. hist.* Okˈtave *f* (8 Tage *od.* 8. *Tag nach e-m Kirchenfest*), Festwoche *f*.

**u·ten·sil** [juːˈtensl] *s* **1.** (*a. Schreib- etc*) Gerät *n*, Werkzeug *n*. **2.** Gebrauchsgegenstand *m*, *a.* Haushaltsgegenstand *m*: **(kitchen)**~Küchengerät *n*. **3.** a) Gefäß *n*, b) *pl* (Küchen)Geschirr *n*. **4.** *pl* Utenˈsilien *pl*, Geräte *pl*.

**u·ter·i** ['juːtəraɪ] *pl von* uterus.

**u·ter·ine** ['juːtəraɪn] *adj* **1.** *anat.* Gebärmutter..., Uterus... **2.** von derˈselben Mutter stammend: ~ **brother** Halbbruder *m* mütterlicherseits.

**u·ter·us** ['juːtərəs] *pl* ˈu·ter·i [-raɪ], -us·es *s anat.* Uterus *m*, Gebärmutter *f*.

**u·til·i·tar·i·an** [ˌjuːtɪlɪˈteərɪən] **I** *adj* **1.** utilitaˈristisch, Nützlichkeits..., das ˈNützlichkeitsprinˌzip vertretend. **2.** zweckmäßig, praktisch. **3.** *contp.* niedrig, gemein. **II** *s* **4.** Utilitaˈrist(in).

ˌ**u·til·i·tar·i·an·ism** *s Ethik, Sozialphilosophie*: Utilitaˈrismus *m*.

**u·til·i·ty** [juːˈtɪlətɪ] **I** *s* **1.** *a. econ.* Nutzen *m* (**to** für), Nützlichkeit *f*: **of** ~ von Nutzen; **of no** ~ nutzlos. **2.** (*etwas*) Nützliches, nützliche Einrichtung *od.* Sache. **3.** a) → **public utility**, b) *pl* Leistungen *pl* der öffentlichen Versorgungsbetriebe, c) *pl* Strom *m*, Gas *n* u. Wasser *n*. **4.** *tech.* Zusatzgerät *n*. **5.** *mot. bes. Austral.* Mehrzweckfahrzeug *n*, Kombiwagen *m*. **6.**

*arch.* Sachlichkeit *f*. **II** *adj* **7.** Gebrauchs...: ~ **car** (**furniture, goods**) Gebrauchswagen *m* (-möbel *pl*, -güter *pl*). **8.** Mehrzweck...: ~ **knife. 9.** ~ **company** → **public utility 1.** ~ **man** *s irr* **1.** *bes. Am.* a) Springer *m*, b) Fakˈtotum *n*, ‚Mädchen *n* für alles'. **2.** *thea. bes. Am.* vielseitig einsetzbarer Chargenspieler. **3.** *Baseball*: Allˈroundersatzspieler *m*.

**u·ti·liz·a·ble** [ˈjuːtɪlaɪzəbl] *adj* verwend-, verwert-, nutzbar. **u·ti·li·za·tion** [ˌjuːtɪlaɪˈzeɪʃn; *Am.* ˌjuːtlə'z-] *s* Nutzbarmachung *f*, Verwertung *f*, (Aus)Nutzung *f*, Verwendung *f*. ˈ**u·ti·lize** *v/t* **1.** (aus)nutzen, verwerten, sich nutzbar *od.* zuˈnutze machen. **2.** verwenden.

**ut·most** ['ʌtməʊst] **I** *adj* äußerst(er, e, es): a) entlegenst(er, e, es), fernst(er, e, es): **the** ~ **boundary**, b) *fig.* höchst(er, e, es), größt(er, e, es). **II** *s* (*das*) Äußerste: **the** ~ **I can do**; **to do one's** ~ sein äußerstes *od.* möglichstes tun; **at the** ~ allerhöchstens; **to the** ~ aufs äußerste; **to the** ~ **of my powers** nach besten Kräften.

**U·to·pi·a, u·** [juːˈtəʊpjə; -pɪə] *s* **1.** Uˈtopia *n*, Ideˈalstaat *m*. **2.** *fig.* Utoˈpie *f*. **U·to·pi·an, u·** [juːˈ] *adj* uˈtopisch, phanˈtastisch. **II** *s* Utoˈpist(in), Phanˈtast(in). **U·to·pi·an·ism, u·** *s* Utoˈpismus *m*.

**u·tri·cle** [ˈjuːtrɪkl] *s* **1.** *bot.* Schlauch *m*, bläs-chenförmiges Luft- *od.* Saftgefäß. **2.** *anat.* Uˈtriculus *m* (*Säckchen im Ohrlabyrinth*). **u·tric·u·lar** [juˈtrɪkjʊlə(r)] *adj* schlauch-, beutelförmig, Schlauch... **ut·ter** ['ʌtə(r)] **I** *adj* (*adv* → **utterly**) **1.** äußerst(er, e, es), höchst(er, e, es), völlig: ~ **confusion**; ~ **impossibility** reine Unmöglichkeit; ~ **strangers** wild-

fremde Leute. **2.** endgültig, entschieden: ~ **denial. 3.** *contp.* vollˈendet, ausgesprochen: ~ **nonsense**; **an** ~ **rogue** ein Erzgauner. **4.** ~ **barrister** *jur. Br.* Anwalt, der kein Kronanwalt ist. **II** *v/t* **5.** äußern, ausdrücken, -sprechen: **to** ~ **thoughts** (**words**, *etc*). **6.** von sich geben, herˈvorbringen, ausstoßen: **to** ~ **a shriek. 7.** *econ.* Noten, *bes. Falschgeld* in ˈUmlauf setzen, verbreiten: **to** ~ **counterfeit money. 8.** a) bekanntmachen, b) enthüllen. ˈ**ut·ter·ance** *s* **1.** (stimmlicher) Ausdruck, Äußerung *f*: **to give** ~ **to** *e-m Gefühl etc* Ausdruck verleihen *od.* Luft machen. **2.** Sprechweise *f*, Aussprache *f*, Vortrag *m*: **a clear** ~. **3.** *a. pl* Äußerung *f*, Worte *pl*. **4.** *poet.* (*das*) Äußerste, Tod *m*: **to the** ~ a) aufs äußerste, b) bis zum bitteren Ende. ˈ**ut·ter·er** *s* **1.** Äußernde(r *m*) *f*. **2.** Verbreiter(in). ˈ**ut·ter·ly** *adv* äußerst, völlig, ganz, toˈtal. ˈ**ut·ter·most** [-məʊst] → **utmost**. ˈ**ut·ter·ness** *s* Vollständigkeit *f*.

ˈ**U-turn** *s* **1.** *mot.* Wende *f*. **2.** *fig.* Drehung *f* um hundertˈachtzig Grad: **to do a** ~ sich um hundertachtzig Grad drehen.

**u·ve·a** ['juːvɪə] *s anat.* Uvea *f*, Tunica *f* media (*des Auges*). ˈ**u·ve·al** *adj* Uveal... **u·vu·la** [ˈjuːvjʊlə] *pl* -las, -lae [-liː] *s anat.* (Gaumen)Zäpfchen *n*. ˈ**u·vu·lar I** *adj* **1.** uvuˈlär. **2.** *ling.* uvuˈlar, Zäpfchen... **II** *s* **3.** *ling.* Zäpfchenlaut *m*, Uvuˈlar *n*.

**ux·o·ri·ous** [ʌkˈsɔːrɪəs] *adj* (*adv* ~**ly**) treuliebend, treuergeben: ~ **husband**. **ux·o·ri·ous·ness** *s* treue Ergebenheit (*gegenüber s-r Ehefrau*).

**Uz·bek** [ˈʊzbek; ˈʌz-] *s* **1.** *pl* -beks, -bek Usˈbeke *m*, Usˈbekin *f*. **2.** *ling.* Usˈbekisch *n*, das Usbekische.

# V

**V, v** [viː] **I** pl **V's, v's, Vs, vs** [viːz] s **1.** V, v n (Buchstabe). **2.** → **V sign. 3.** V V n, V-förmiger Gegenstand. **II** adj **4.** zweiundzwanzigst(er, e, es). **5.** V V-..., V-förmig.

**vac** [væk] Br. colloq. für **vacation** 3.

**va·can·cy** [ˈveɪkənsɪ] s **1.** Leere f (a. fig.), leerer Raum, Nichts n: **to stare into ~** ins Leere starren. **2.** leerer od. freier Platz, Lücke f (a. fig.). **3.** a) freie od. offene Stelle, unbesetztes Amt, Vaˈkanz f, b) univ. freier Studienplatz, c) Freiwerden n od. -sein n (e-s Postens). **4.** a) Leerstehen n, Unbewohntsein n, b) leer(stehend)es od. unbewohntes Haus: "vacancies" „Zimmer frei". **5.** a) Geistesabwesenheit f: **an expression of ~** on one's face ein geistesabwesender Gesichtsausdruck, b) geistige Leere. **6.** Geistlosigkeit f. **7.** obs. Muße f, Untätigkeit f. **ˈva·cant** adj (adv ~ly) **1.** leer, unbesetzt, frei: **~ room; ~ seat. 2.** leer(stehend), unbewohnt: **~ house. 3.** a) herrenlos, b) unbebaut: **~ property; ~ possession!** sofort beziehbar! **4.** frei, offen (Stelle), vaˈkant, unbesetzt (Amt): **~ situation** 5. **5.** a) geistesabwesend, b) leer: **~ mind; ~ stare. 6.** geistlos. **7.** frei, unausgefüllt: **~ hours** Mußestunden.

**va·cate** [vəˈkeɪt; Am. ˈveɪˌkeɪt] v/t **1.** die Wohnung etc, mil. e-e Stellung etc räumen. **2.** frei machen: **to ~ a seat. 3.** e-e Stelle aufgeben, aus e-m Amt scheiden, ein Amt niederlegen: **to ~ an office; to be ~d** frei werden (Stelle). **4.** evakuˈieren: **to ~ troops. 5.** jur. aufheben: **to ~ a contract** (a judgement). **va·ca·tion I** s **1.** Räumung f. **2.** Aufgabe f, Niederlegung f. **3.** a) jur. Gerichtsferien pl, b) univ. Seˈmesterferien pl, c) bes. Am. Schulferien pl. **4. ~ shutdown** Betriebsferien pl, -urlaub m. **5.** bes. Am. Urlaub m, Ferien pl: **to be on ~** im Urlaub sein, Urlaub machen; **to go on ~** in Urlaub gehen; **to take a ~** (sich) Urlaub nehmen, Urlaub machen; **~ home** Ferienhaus n. **6.** Evakuˈierung f. **7.** jur. Aufhebung f. **II** v/i **8.** bes. Am. Urlaub machen. **vaˈcation·ist, vaˈca·tion·er** s bes. Am. Urlauber(in).

**vac·ci·nal** [ˈvæksɪnl] adj med. Impf... **ˈvac·ci·nate** [-neɪt] v/t u. v/i impfen (**against** gegen Pocken etc). **ˌvac·ciˈna·tion** s (Schutz)Impfung f. **ˈvac·cina·tor** [-təˌr)] s **1.** Impfarzt m. **2.** Impfnadel f, -messer n.

**vac·cine** [ˈvæksiːn; Am. a. vækˈsiːn] med. **I** s Impfstoff m, Vakˈzine f: **bovine ~** Kuhlymphe f. **II** adj Impf...: **~ matter** → I.

**vac·cin·i·a** [vækˈsɪnɪə] s med. Kuh-, Impfpocken pl.

**vac·il·late** [ˈvæsɪleɪt] v/i meist fig. schwanken (**between** [... **and**] zwischen dat [... und]). **ˈvac·il·lat·ing** adj (adv ~ly) schwankend (meist fig. unschlüssig, wankelmütig). **ˌvac·il·ˈla·tion** s

Schwanken n (meist fig. Unschlüssigkeit, Wankelmut). **ˈvac·il·la·to·ry** [-lətərɪ; Am. -ˌtəʊrɪ:; -ˌtɔː-] → **vacillating.**

**vac·u·a** [ˈvækjʊə] pl von **vacuum.**

**va·cu·i·ty** [væˈkjuːətɪ] s **1.** a) Leere f, b) Lücke f. **2.** fig. a) Geistesabwesenheit f, b) geistige Leere. **3.** fig. Nichtigkeit f, Plattheit f. **4.** Geistlosigkeit f.

**vac·u·o·lar** [ˈvækjʊələ; Am. ˌvækjəˈwəʊlər] adj biol. Hohl..., vakuˈolenartig. **ˌvac·u·oˈla·tion** s Vakuˈolenbildung f. **ˈvac·u·ole** [-əʊl] s Vakuˈole(nhöhle) f.

**ˈvac·u·ous** [ˈvækjʊəs; Am. -jəwəs] adj (adv ~ly) **1.** leer. **2.** fig. a) geistesabwessend, b) leer: **~ stare,** c) nichtssagend: **~ remark,** d) müßig: **a ~ life. 2.** geistlos. **ˈvac·u·ous·ness** s Leere f (a. fig.).

**vac·u·um** [ˈvækjʊəm] **I** pl **-u·ums, -u·a** [-jʊə] s **1.** phys. (bes. luft)leerer Raum, Vakuum n: **nature abhors a ~** die Natur verabscheut das Leere. **2.** phys. Luftleere f. **3.** fig. Leere f, Vakuum m, Lücke f. **4.** → **vacuum cleaner. II** adj **5.** Vakuum... **III** v/t **6.** (mit dem Staubsauger) saugen. **IV** v/i **7.** (staub)saugen. **~ bot·tle** s Am. Thermosflasche f. **~ brake** s mot. ˈUnterdruckbremse f. **~ can** s bes. Am. Vakudose f. **ˈ~-clean** → **vacuum** 6, 7. **~ clean·er** s Staubsauger m. **~ cup** s tech. Saugnapf m. **~ dri·er** s tech. Vakuumtrockner m. **~ flask** s Thermosflasche f. **~ ga(u)ge** s tech. Vakuoˈmeter n. **~ jug** s Thermoskanne f. **ˈ~-packed** adj econ. tech. vakuumverpackt. **~ pho·to·cell** s electr. Hochvakuumphotozelle f. **~ pump** s tech. Absaugepumpe f. **ˈ~-sealed** adj tech. vakuumdicht. **~ switch** s Unterdruckschalter m. **~ tank** s mot. Am. Saugluftbehälter m. **~ technol·o·gy** s Vakuumtechnik f. **~ tin** s bes. Br. Vakudose f. **~ tube, Br. ~ valve** s Vakuumröhre f.

**va·de me·cum** [ˌveɪdɪˈmiːkəm; ˌvɑːdɪˈmeɪkʊm] s Vadeˈmekum n, Handbuch n, Leitfaden m.

**vag·a·bond** [ˈvægəbɒnd; Am. -ˌbɑnd] **I** adj **1.** vagabunˈdierend (a. electr.). **2.** Vagabunden..., vagaˈbundenhaft. **3.** nomadiˈsierend. **4.** Wander..., unstet: **a ~ life. II** s **5.** Vagaˈbund(in), Landstreicher(in). **6.** colloq. „Strolch" m. **III** v/i **7.** vagabunˈdieren. **ˈvag·a·bond·age** s **1.** Landstreicheˈrei f, Vagaˈbundenleben n. **2.** collect. Vagaˈbunden pl. **ˈvag·abond·ism** → **vagabondage. ˈvag·abond·ize** → **vagabond** 7.

**va·gal** [ˈveɪgl] adj anat. Vagus...

**va·gar·i·ous** [vəˈgeərɪəs], a. **vaˈgarish** [-rɪʃ] adj launisch, sprunghaft, unberechenbar. **va·gar·y** [ˈveɪgərɪ; vəˈgeərɪ] s **1.** wunderlicher Einfall, pl a. Phantasteˈreien pl. **2.** Kaˈprice f, Grille f, Laune f. **3.** meist pl Extravaˈganzen pl: **vagaries of fashion.**

**va·gi** [ˈveɪdʒaɪ] pl von **vagus.**

**va·gi·na** [vəˈdʒaɪnə] pl **-nae** [-niː], **-nas** s **1.** anat. Vaˈgina f, Scheide f. **2.** bot. Blattscheide f. **vag·i·nal** [vəˈdʒaɪnl; Am. ˈvædʒənl] adj vagiˈnal, Vaginal..., Scheiden...: **~ intercourse** Vaginalverkehr m; **~ spray** Intimspray n. **vag·inis·mus** [ˌvædʒɪˈnɪzməs; -ˈnɪs-] s med. Vagiˈnismus m, Scheidenkrampf m. **ˌvag·i·ni·tis** [-ˈnaɪtɪs] s med. Vagiˈnitis f, Scheidenentzündung f.

**va·gran·cy** [ˈveɪgrənsɪ] s **1.** Vagabunˈdieren n. **2.** Landstreicheˈrei f. **3.** fig. (Ab)Schweifen n (der Gedanken), Unruhe f (des Geistes). **ˈva·grant I** adj (adv ~ly) **1.** wandernd (a. med. Zelle etc), vagabunˈdierend. **2.** → **vagabond** 3 u. 4. **3.** bot. wuchernd. **4.** fig. launisch, sprunghaft, unberechenbar. **II** s → **vagabond** 5.

**vague** [veɪg] **I** adj (adv ~ly) **1.** vage: a) nebelhaft, verschwommen: **~ figures** (belief, statement, etc), b) unbestimmt: **~ promise** (suspicion, etc), c) dunkel: **~ presentiment,** d) unklar: **~ answer; ~ hope** vage Hoffnung; **not the ~st idea** nicht die leiseste Ahnung; **to be ~ about** sich unklar ausdrücken über (acc); **~ly familiar** irgendwie bekannt. **2.** ˈundefiˌnierbar, unbestimmt: **~ character. 3.** ausdruckslos: **~ eyes. 4.** geistesabwesend. **II** s **5.** (das) Vage: **in the ~** (noch) unklar od. unbestimmt. **ˈvague·ness** s Unbestimmtheit f, Verschwommenheit f.

**va·gus** [ˈveɪgəs] pl **-gi** [-dʒaɪ] s a. **~ nerve** anat. Vagus m (10. Gehirnnerv).

**vail¹** [veɪl] obs. od. poet. **I** v/t die Fahne etc senken, den Hut etc abnehmen. **II** v/i das Haupt entblößen.

**vail²** [veɪl] obs. od. poet. **I** v/t helfen, nützen (dat). **II** s Geldgeschenk n.

**vain** [veɪn] adj (adv ~ly) **1.** eitel, leer: **~ hopes** (pleasure, threat); **~ pomp** hohler Prunk. **2.** nutz-, fruchtlos, vergeblich: **~ efforts. 3.** eitel, eingebildet (Person) (of auf acc): (as) **~ as a peacock** eitel wie ein Pfau. **4. in ~** a) vergebens, vergeblich, umˈsonst, b) unˈnütz: **to take God's name in ~** Bibl. den Namen Gottes mißbrauchen od. vergeblich im Munde führen; **to take s.o.'s name in ~** über j-n lästern. **~ˈglo·ri·ous** adj (adv ~ly) **1.** aufgeblasen, hochmütig, prahlerisch, großsprecherisch, -spurig. **2.** pomˈpös, bomˈbastisch. **~ˈglo·ri·ous·ness** s **1.** Aufgeblasenheit f, Prahleˈrei f. **2.** Pomp m. **~ˈglo·ry** s (10. Prahlerei) Pomp... **vainˈgloriousness.**

**vain·ness** [ˈveɪnnɪs] s **1.** Vergeblichkeit f. **2.** Hohl-, Leerheit f.

**vair** [veə(r)] s **1.** Grauwerk n (Eichhörnchenfell). **2.** her. Eisenhutmuster n.

**val·ance** [ˈvæləns] s kurzer Behang od. Voˈlant.

**vale¹** [veɪl] s bes. poet. od. in Namen: Tal n: **this ~ of tears** dies Jammertal.

**va·le²** [ˈveɪlɪ; ˈvɑːleɪ] (*Lat.*) **I** *interj* lebe wohl! **II** *s* Lebeˈwohl *n*.

**val·e·dic·tion** [ˌvælɪˈdɪkʃn] *s* **1.** Abschiednehmen *n*. **2.** Abschiedsworte *pl*. **3.** → valedictory II. ˌ**val·e·dic·to·ri·an** [-ˈtɔːrɪən; -ˈtɔː-] *s ped. univ. Am.* Schüler *od.* Stuˈdent, der die Abschiedsrede hält. ˌ**val·e·dic·to·ry** [-tərɪ] **I** *adj* Abschieds...: ~ **address** → II. **II** *s bes. ped. univ. Am.* Abschiedsrede *f*.

**va·lence** [ˈveɪləns] *s* **1.** *chem.* Wertigkeit *f*, Vaˈlenz *f*: **of odd ~** unpaarwertig. **2.** *math. phys.* Wertigkeit *f*, Vaˈlenz *f*: **~ electron** Valenzelektron *n*. **3.** *biol.* Vaˈlenz *f* (*der Chromosomen*).

**va·len·cy** [ˈveɪlənsɪ] → valence.

**val·en·tine** [ˈvæləntaɪn] *s* **1.** Valentinsgruß *m* (*lustiges od. verliebtes Briefchen od. sonstiges Geschenk zum Valentinstag, 14. Februar, meist anonym dem od. der Erwählten gesandt*). **2.** am Valentinstag erwählte(r) Liebste(r *m*) *f*. **3.** *allg.* ˌSchatzˈ *m*.

**va·le·ri·an** [vəˈlɪərɪən] *s bot. pharm.* Baldrian *m*. **vaˈler·ic,** *a.* **vaˌle·riˈan·ic** [-ˈænɪk] *adj chem.* Baldrian..., Valerian...: ~ **acid** Valeriansäure *f*.

**val·et** [ˈvælɪt; -leɪ] **I** *s* **1.** (Kammer)Diener *m*. **2.** Hausdiener *m* (*im Hotel*). **II** *v/t* **3.** *j-n* bedienen, versorgen. **III** *v/i* **4.** Diener sein.

**val·e·tu·di·nar·i·an** [ˌvælɪtjuːdɪˈneərɪən; *Am. a.* -tuː-] **I** *adj* **1.** kränklich, kränkelnd. **2.** geˈsundheitsfaˌnatisch. **3.** hypoˈchondrisch. **II** *s* **4.** kränkliche Perˈson. **5.** Geˈsundheitsfaˌnatiker(in), ˌGeˈsundheitsaˌpostel‘ *m*. **6.** Hypoˈchonder *m*. ˌ**val·e·tu·diˈnar·i·an·ism** *s* **1.** Kränklichkeit *f*. **2.** Geˈsundheitsfanaˌtismus *m*. **3.** Hypochonˈdrie *f*. ˌ**val·e·tu·di·nar·y** [-dɪnərɪ; *Am.* -dnˌerɪ] → valetudinarian.

**Val·hal·la** [vælˈhælə], *a.* **Valˈhall** *myth.* Walhall *n*, Walˈhalla *n*, *f* (*a. fig.*).

**val·ian·cy** [ˈvæljənsɪ], *a.* **ˈval·iance** *s* Tapferkeit *f*, Mut *m*, Kühnheit *f*. ˈ**val·iant I** *adj* (*adv* ~**ly**) **1.** tapfer, mutig, heldenhaft, kühn. **2.** *obs.* kräftig, roˈbust. **II** *s* **3.** *obs.* Held(in).

**val·id** [ˈvælɪd] *adj* (*adv* ~**ly**) **1.** a) stichhaltig, triftig: ~ **evidence;** ~ **reason,** b) begründet, berechtigt: ~ **argument;** ~ **claims,** c) richtig: ~ **decision;** to be ~ **for** *allg.* gelten für. **2.** *jur.* (rechts)gültig, rechtskräftig: **to become** ~ Rechtskraft erlangen; **all tickets will be** ~ alle Karten behalten ihre Gültigkeit. **3.** wirksam: a ~ **method. 4.** *obs.* gesund, kräftig. ˈ**val·i·date** [-deɪt] *v/t (a. jur.)* a) für rechtsgültig erklären, rechtswirksam machen, b) bestätigen. ˌ**val·iˈda·tion** *s* Gültigkeit(serklärung) *f*. **va·lid·i·ty** [vəˈlɪdətɪ] *s* **1.** Gültigkeit *f*: a) Stichhaltigkeit *f*, Triftigkeit *f*, b) Richtigkeit *f*. **2.** *jur.* Rechtsgültigkeit *f*, -kraft *f*. **3.** Gültigkeit(sdauer) *f* (*e-r Fahrkarte etc*).

**va·lise** [vəˈliːz; vəˈliːs] *s* Reisetasche *f*.

**val·kyr, V~** [ˈvælkɪə(r)], **valˈkyr·ie, V~** [-ˈkɪərɪ] *s myth.* Walküre *f*.

**val·la** [ˈvælə] *pl von* vallum.

**val·lec·u·la** [vəˈlekjʊlə] *pl* **-lae** [-liː] *s biol.* Furche *f*, Spalt *m*, Riß *m*.

**val·ley** [ˈvælɪ] *s* **1.** Tal *n*: **down the** ~ talabwärts; **the Thames** ~ das Flußgebiet der Themse; **the** ~ **of the shadow of death** *Bibl.* das finstere Tal. **2.** *arch.* Dachkehle *f*: ~ **rafter** Kehlsparren *m*.

**val·lic·u·la** [vəˈlɪkjʊlə] → vallecula.

**val·lum** [ˈvæləm] *pl* **-lums, -la** [-lə] *s antiq.* Wall *m*.

**val·or,** *bes. Br.* **val·our** [ˈvælə(r)] *s bes. poet.* (Helden)Mut *m*, Tapferkeit *f*.

**val·or·i·za·tion** [ˌvælərɪˈzeɪʃn; *Am.* -rəˈz-] *s econ.* Valorisatiˈon *f*, Aufwertung *f*. ˈ**val·or·ize** *v/t* valoriˈsieren, aufwer-

---

ten, den Preis (*e-r Ware*) heben *od.* stützen: **to** ~ **coffee.**

**val·or·ous** [ˈvælərəs] *adj* (*adv* ~**ly**) *bes. poet.* tapfer, mutig, kühn, heldenhaft.

**val·our** *bes. Br. für* valor.

**valse** [vɑːls] *s mus.* Walzer *m*.

**val·u·a·ble** [ˈvæljʊəbl; Am. -jəwəbəl; -jəbəl] **I** *adj* (*adv* **valuably**) **1.** wertvoll: a) kostbar, teuer: ~ **paintings,** b) *fig.* nützlich: ~ **information;** → consideration 6. **2.** (ab)schätzbar, bezahlbar: **not** ~ **in money** unschätzbar, unbezahlbar. **II** *s* **3.** *pl* Wertsachen *pl*, -gegenstände *pl*. ˈ**val·u·a·ble·ness** *s* **1.** Wert *m*. **2.** Nützlichkeit *f*.

**val·u·a·tion** [ˌvæljʊˈeɪʃn; *Am.* -jəˈweɪ-] *s* **1.** Bewertung *f*, Wertbestimmung *f*, Taˈxierung *f*, Veranschlagung *f*. **2.** *econ.* a) Schätzwert *m*, (festgesetzter) Wert *od.* Preis, Taxe *f*, b) Gegenwartswert *m* e-r ˈLebensverˌsicherungspoˌlice. **3.** *Münzwesen:* Valvatiˈon *f*. **4.** Wertschätzung *f*, Würdigung *f*: **we take him at his own** ~ wir beurteilen ihn so, wie er sich selbst beurteilt. ˈ**val·u·a·tor** [-tə(r)] *s econ.* (Ab)Schätzer *m*, Taˈxator *m*.

**val·ue** [ˈvæljuː] **I** *s* **1.** *allg.* Wert *m* (*a. biol. chem. math. phys. u. fig.*): **the** ~ **of a friend;** ~ **judg(e)ment** Werturteil *n*; **acid** ~ *chem.* Säuregrad *m*; **caloric** ~ Kalorienwert *m*; **statistical** ~ statistischer Wert; **to be of** ~ **to s.o.** *j-m* wertvoll *od.* nützlich sein; **there is little** ~ **in s.o. doing s.th.** es hat wenig Wert, daß *j-d* etwas tut. **2.** Wert *m*, Einschätzung *f*: **to set** (*od.* **put**) **a high** ~ (**up**)**on** a) großen Wert legen auf (*acc*), b) *etwas* hoch einschätzen. **3.** *econ.* Wert *m*: **at** ~ zum Tageskurs; **commercial** ~ Handelswert; ~ **in use** Nutzungs-, Gebrauchswert. **4.** *econ.* a) (Geld-, Verkehrs)Wert *m*, Kaufkraft *f*, Preis *m*, b) Gegenwert *m*, -leistung *f*, c) → valuation 2, d) Wert *m*, Preis *m*, Betrag *m*: **for** ~ **received** Betrag erhalten; **to the** ~ **of** im *od.* bis zum Wert von, e) Währung *f*, Vaˈluta *f*, f) *a.* **good** ~ reˈelle Ware: **to give** (**get**) **good** ~ **for one's money** reell bedienen (bedient werden); **it is excellent** ~ **for money** es ist ausgezeichnet *od.* äußerst preiswert. **5.** *fig.* Wert *m*, Bedeutung *f*, Gewicht *n*: **the precise** ~ **of a word. 6.** *meist pl fig.* (*kulturelle od. sittliche*) Werte *pl.* **7.** *paint.* Verhältnis *n* von Licht u. Schatten, Farb-, Grauwert *m*: **out of** ~ zu hell *od.* zu dunkel. **8.** *mus.* Noten-, Zeitwert *m*. **9.** *Phonetik:* Lautwert *m*, Qualiˈtät *f*: ~ **stress** Sinnbetonung *f*. **II** *v/t* **10.** a) den Wert *od.* Preis (*e-r Sache*) bestimmen *od.* festsetzen, b) (ab)schätzen, veranschlagen, taˈxieren (**at** auf *acc*). **11.** *etwas* schätzen, (*vergleichend*) bewerten: **he** ~**d hono(u)r above riches** ihm ging Ehre über Reichtum. **12.** (hoch)schätzen, achten: **to** ~ **o.s. on** *s.th.* sich *e-r Sache* rühmen. **13.** *econ.* e-n Wechsel ziehen (**on s.o.** auf *j-n*).

ˌ**val·ue-ˈad·ded tax** *s econ.* Mehrwertsteuer *f*.

**val·ued** [ˈvæljuːd] *adj* **1.** (hoch)geachtet, geschätzt. **2.** taˈxiert, veranschlagt: ~ **at** £100 100 Pfund wert.

**val·ue** *date s econ. bes. Br.* **1.** Verbuchungsdatum *n*. **2.** Eingangsdatum *n* (*e-s Schecks*). **3.** Abrechnungstag *m* (*im Devisenverkehr*). **~-free** *adj* wertfrei.

**val·ue·less** [ˈvæljʊlɪs] *adj* wertlos.

**val·u·er** [ˈvæljʊə(r)] → valuator.

**va·lu·ta** [vəˈluːtə] *s econ.* Vaˈluta *f*.

**valv·al** [ˈvælvl], **ˈvalv·ar** [-və(r)] → valvular. **val·vate** [ˈvælveɪt] *adj* **1.** *biol.* mit Klappe(n) (versehen), Klappen... **2.** *bot.* a) klappig, b) sich durch Klappen öffnend.

**valve** [vælv] **I** *s* **1.** *tech.* Venˈtil *n*, Ab-

---

sperrvorrichtung *f*, Klappe *f*, Hahn *m*, Reguˈlierorˌgan *n*: ~ **gear** (*od.* **motion**) Ventilsteuerung *f*; ~-**in-head engine** *Am.* kopfgesteuerter Motor. **2.** *anat.* (*Herz- etc*)Klappe *f*: **cardiac** ~. **3.** *mus.* Venˈtil *n* (*e-s Blechinstruments*). **4.** *zo.* (Muschel)Klappe *f*. **5.** *bot.* a) Klappe *f*, b) Kammer *f* (*beide e-r Fruchtkapsel*). **6.** *electr. Br.* (Elekˈtronen-, Fernseh-, Radio-, Vakuum)Röhre *f*: ~ **amplifier** Röhrenverstärker *m*. **7.** *tech.* Schleusentor *n*. **8.** *obs.* Türflügel *m*. **II** *v/t* **9.** mit Venˈtil(en) *etc* versehen. ˈ**valve·less** *adj* venˈtillos.

**val·vu·lar** [ˈvælvjʊlə(r)] *adj* **1.** klappenförmig, Klappen...: ~ **defect** *med.* Klappenfehler *m*. **2.** mit Klappe(n) *od.* Venˈtil(en) (versehen). **3.** *bot.* klappig. ˈ**val·vule** [-vjuːl] *s* kleine Klappe, kleines Venˈtil.

**val·vu·li·tis** [ˌvælvjʊˈlaɪtɪs] *s med.* Valvuˈlitis *f*, (Herz)Klappenentzündung *f*.

**vam·brace** [ˈvæmbreɪs] *s hist.* Armschiene *f* (*der Ritterrüstung*).

**va·moose** [vəˈmuːs; væ-] *Am. sl.* **I** *v/i* ˌverduftenˈ, ˌLeine ziehenˈ. **II** *v/t* fluchtartig verlassen.

**vamp¹** [væmp] **I** *s* **1.** a) Oberleder *n* (*e-s Schuhs*), b) (Vorder)Kappe *f*, c) (aufgesetzter) Flicken. **2.** *mus.* (improviˈsierte) Begleitung. **3.** *fig.* Flickwerk *n*. **II** *v/t* **4.** vorschuhen. **5.** *meist* ~ **up** a) flicken, repaˈrieren, b) *colloq.* Gebäude etc ˌaufpoˌlierenˈ, Theaterstück etc a. ˌaufmotzenˈ, c) *colloq.* Zeitungsartikel etc zuˈstoppeln, d) *colloq.* Ausrede etc erfinden. **6.** *mus.* (aus dem Stegreif) begleiten. **III** *v/i* **7.** *mus.* improviˈsieren.

**vamp²** [væmp] *colloq.* **I** *s* **1.** Vamp *m*. **II** *v/t* **2.** Männer verführen, ausbeuten, -saugen. **3.** *j-n* ˌbecircenˈ.

**vam·pire** [ˈvæmpaɪə(r)] *s* **1.** Vampir *m*: a) *blutsaugendes Gespenst*, b) *fig.* Erpresser(in), Blutsauger(in). **2.** *a.* ~ **bat** *zo.* Vampir *m*, Blattnase *f*. **3.** *thea.* Falltür *f* auf der Bühne. **vamˈpir·ic** [-ˈpɪrɪk] *adj* vampirhaft, blutsaugerisch, Vampir... ˈ**vam·pir·ism** *s* **1.** Vampiˈrismus *m*, Vampirglaube *m*. **2.** Blutsaugen *n* (*e-s Vampirs*). **3.** *fig.* Ausbeutung *f*.

**van¹** [væn] *s* **1.** *mil.* Vorhut *f*, Vorˈausabˌteilung *f*, Spitze *f*. **2.** *mar.* Vorgeschwader *n*. **3.** *fig.* vorderste Reihe, Spitze *f*: **in the** ~ **of** an der Spitze (*gen*).

**van²** [væn] *s* **1.** Last-, Lieferwagen *m*. **2.** *rail. bes. Br.* (geschlossener) Güterwagen, Dienst-, Gepäckwagen *m*. **3.** *colloq.* a) Wohnwagen *m*: **gipsy's** ~ Zigeunerwagen *m*, b) *Am.* ˌWohnmoˌbil *n*. **II** *v/t* **4.** auf Lastwagen transporˈtieren.

**van³** [væn] *s* **1.** *obs. od. poet.* Schwinge *f*, Fittich *m*. **2.** *Br.* Getreideschwinge *f*. **3.** *Bergbau: Br.* a) Schwingschaufel *f*, b) Schwingprobe *f*.

**van⁴** [væn] *s Tennis: Br. colloq.* Vorteil *m*: ~ **in** (**out**) Vorteil Aufschläger (Rückschläger).

**van·a·date** [ˈvænədeɪt] *s chem.* Vanaˈdat *n*, vanaˈdinsaures Salz. **va·nad·ic** [vəˈnædɪk; -ˈneɪ-] *adj* **1.** vanadiumhaltig. **2.** Vanadin... **va·na·di·um** [vəˈneɪdjəm; -dɪəm] *s chem.* Vaˈnadium *n*.

**Van Al·len belt** [ˌvænˈælən] *s phys.* Van-ˈAllen-Gürtel *m*.

**Van·dal** [ˈvændl] **I** *s* **1.** *hist.* Vanˈdale *m*, Vanˈdalin *f*. **2.** **v~** *fig.* Vandale *m*, mutwilliger Zerstörer. **II** *adj* **3.** *hist.* vanˈdalisch, Vandalen... **4.** **v~** *fig.* vanˈdalisch, vanˈdalenhaft, zerstörungswütig. **Vanˈdal·ic, v~** [-ˈdælɪk] → Vandal II. ˈ**van·dal·ism** [-dəlɪzəm] *s* Vandaˈlismus *m*: a) Zerstörungswut *f*, b) *a.* **acts of** ~ mutwillige Zerstörung. ˈ**van·dal·ize** *v/t* **1.** wie die Vanˈdalen hausen in (*dat*), mutwillig zerstören, verwüsten.

**Van·dyke** [ˌvænˈdaɪk] **I** *adj* **1.** von Van Dyck, in Van Dyckscher Maˈnier. **II** *s* **2.** v~ *abbr. für* a) ~ **beard**, b) ~ **collar**. **3.** (Bild *n* von) Van Dyck *m*. **4.** v~ *tech.* Zackenmuster *n*. **III** *v/t* **5.** v~ auszacken. **6.** v~ mit Zackenkragen versehen. ~ **beard** *s* Spitz-, Knebelbart *m*. ~**col·lar** *s* Vanˈdyckkragen *m*.

**vane** [veɪn] *s* **1.** Wetterfahne *f*, -hahn *m*. **2.** Windmühlenflügel *m*. **3.** *tech.* (Proˈpeller-, Ventiˈlator- *etc*)Flügel *m*, (Turˈbinen-, *aer.* Leit)Schaufel *f*. **4.** *surv.* Diˈopter *n*, Nivelˈliergerät *n*. **5.** *zo.* Fahne *f* (*e-r Feder*). **6.** Fiederung *f* (*e-s Pfeils*).

**va·nes·sa** [vəˈnesə] *s zo.* Eckflügler *m* (*Tagschmetterling*).

**vang** [væŋ] *s mar.* (Gaffel)Geer *f*.

**van·guard** [ˈvænɡɑː(r)d] → **van¹**.

**va·nil·la** [vəˈnɪlə] *s bot.* Vaˈnille *f* (*Pflanze u. Gewürz*): ~ **ice-cream**.

**van·ish** [ˈvænɪʃ] **I** *v/i* **1.** (plötzlich) verschwinden. **2.** (langsam ver- *od.* ent-) schwinden, daˈhinschwinden, sich verlieren (**from** von, aus). **3.** (spurlos) verschwinden: **to** ~ **into thin air** sich in Luft auflösen. **4.** *math.* verschwinden, Null werden. **II** *s* **5.** *Phonetik:* **2.** Element e-s fallenden Diphthongs.

**ˈvan·ish·ing|cream** *s* (*rasch in die Haut eindringende*) Tagescreme. ~ **line** *s* Fluchtlinie *f*. ~ **point** *s* **1.** Fluchtpunkt *m* (*in der Perspektive*). **2.** *fig.* Nullpunkt *m*.

**van·i·ty** [ˈvænətɪ] *s* **1.** (*persönliche*) Eitelkeit: ~ **surgery** *med.* Schönheitschirurgie *f.* **2.** *j-s* Stolz *m* (*Sache*). **3.** Leere *f*, Hohlheit *f*, Eitelkeit *f*, Nichtigkeit *f*: V~ **Fair** *fig.* Jahrmarkt *m* der Eitelkeiten. **4.** *Am.* Toiˈlettentisch *m*. **5.** *a.* ~ **bag** (*od.* **box**, **case**) Kosˈmetiktäschchen *n od.* -koffer *m*.

**van·quish** [ˈvæŋkwɪʃ] **I** *v/t* besiegen, überˈwältigen, *a. fig.* überˈwinden, bezwingen: **love** ~**ed his pride; the** ~**ed** die Besiegten. **II** *v/i* siegreich sein, siegen. **ˈvan·quish·er** *s* Sieger *m*, Bezwinger *m*.

**van·tage** [ˈvɑːntɪdʒ; *Am.* ˈvæn-] *s* **1.** *Tennis:* Vorteil *m*. **2.** **coign** (*od.* **point**) **of** ~ günstiger (Angriffs- *od.* Ausgangs)Punkt. ~ **ground** *s* günstige Lage *od.* Stellung. ~ **point** *s* **1.** (guter) Aussichtspunkt: **from the** ~ **of** *fig.* aus dem Blickwinkel (*gen*). **2.** günstiger (Ausgangs)Punkt. **3.** → **vantage ground**.

**van·ward** [ˈvænwə(r)d] **I** *adj* vorderst(er, e, es). **II** *adv* nach vorn.

**vap·id** [ˈvæpɪd] *adj* (*adv* ~ly) **1.** schal: ~ **beer. 2.** *fig.* a) schal, seicht, leer, b) öd(e), fad(e). **3.** *fig.* leer, ausdruckslos. **va·ˈpid·i·ty**, **ˈvap·id·ness** *s* **1.** Schalheit *f* (*a. fig.*). **2.** *fig.* Fadheit *f.* **3.** *fig.* Leere *f.*

**va·por** [ˈveɪpə(r)] *Am. für* **vapour**.

**va·por·a·ble** [ˈveɪpərəbl] *adj* ein-, verdampfbar.

**va·por·if·ic** [ˌveɪpəˈrɪfɪk] *adj* **1.** dampf-, dunsterzeugend. **2.** verdampfend, verdunstend. **3.** → **vaporous**. **ˈva·por·i·form** [-fɔː(r)m] *adj* dampf-, dunstförmig.

**va·por·i·za·tion** [ˌveɪpəraɪˈzeɪʃn; *Am.* -rəˈz-] *s chem. phys.* Verdampfung *f*, Verdunstung *f*. **ˈva·por·ize I** *v/t* **1.** *chem. phys.* ver-, eindampfen, verdunsten (lassen), zerstäuben. **2.** *tech.* vergasen. **II** *v/i* **3.** *chem. phys.* verdampfen, -dunsten. **ˈva·por·iz·er** *s tech.* **1.** Verˈdampfungsappaˌrat *m*, Zerstäuber *m*. **2.** Vergaser *m*.

**va·por·ous** [ˈveɪpərəs] *adj* (*adv* ~ly) **1.** dampfig, dunstig. **2.** dunstig, neb(e)lig. **3.** duftig, zart: ~ **silk. 4.** *fig.* nebelhaft: ~ **dreams. 5.** eitel, eingebildet.

**va·pour** [ˈveɪpə(r)] **I** *s* **1.** Dampf *m* (*a. phys.*), Dunst *m* (*a. fig.*), Nebel *m*: ~ **bath** Dampfbad *n*; ~ **cooling** Verdampfungskühlung *f*; ~ **lamp** a) *tech.* Kohlenwas-

serstofflampe *f*, b) *electr.* (Quecksilber)Dampflampe *f*; ~ **trail** *aer.* Kondensstreifen *m*. **2.** *tech.* a) Gas *n*, b) *mot.* Gemisch *n*: ~ **engine** Gasmotor *m*. **3.** *med.* a) (Inhalatiˈons)Dampf *m*, b) *obs.* Blähung *f.* **4.** *fig.* Phanˈtom *n*, Hirngespinst *n*. **5.** *pl obs.* Schwermut *f.* **II** *v/i* **6.** (ver)dampfen. **7.** *fig.* prahlen, schwadroˈnieren.

**va·que·ro** [vɑːˈkerəʊ] *pl* **-ros** *s Am.* Viehhirt *m*, Cowboy *m*.

**va·rac·tor** [ˈveəræktə(r)] *s electr.* Vaˈractor *m*, Kapaziˈtätsvariatiˌonsdiˌode *f.*

**var·an** [ˈværən] *s zo.* Waˈran(eidechse *f*) *m.*

**Va·ran·gi·an** [vəˈrændʒɪən] **I** *s hist.* Waˈräger *m.* **II** *adj* Waräger...

**var·ec** [ˈværek] *s* **1.** *bot.* Seetang *m*. **2.** *chem.* Varek *m*, Seetangasche *f.*

**var·i·a·bil·i·ty** [ˌveərɪəˈbɪlətɪ] *s* **1.** Veränderlichkeit *f*, Schwanken *n*, Unbeständigkeit *f* (*a. fig.*). **2.** Variabiliˈtät *f*: a) *math. phys.* Ungleichförmigkeit *f*, b) *biol.* Gestaltungsvermögen *n.*

**var·i·a·ble** [ˈveərɪəbl] **I** *adj* (*adv* variably) **1.** veränderlich, wechselnd, ˈunterschiedlich, unbeständig (*Gefühle, Wetter etc*), schwankend (*a. Person*): ~ **cost** *econ.* bewegliche Kosten *pl*; ~ **wind** *meteor.* Wind *m* aus wechselnden Richtungen. **2.** *bes. astr. biol.* variˈabel, wandelbar, *math. phys. a.* ungleichförmig: ~ **star** → **5. 3.** *tech.* regelbar, ver-, einstellbar, verˈänderlich: ~ **capacitor** Drehkondensator *m*; ~ **gear** Wechselgetriebe *n*; ~ **in phase** *electr.* phasenveränderlich; ~ **resistance** *electr.* a) variabler Widerstand, b) (*als Konstruktionselement*) Regelwiderstand *m*; ~**-speed** mit veränderlicher Drehzahl; ~ **time fuse** (*bes. Am.* **fuze**) *mil.* Annäherungszünder *m*. **II** *s* **4.** (*etwas*) Variˈables, veränderliche Größe, *bes. math.* Variˈable *f*, Veränderliche *f.* **5.** *astr.* variˈabler Stern, Variˈable(r) *m*, Veränderliche(r) *m.* **6.** *meteor.* Wind *m* aus wechselnden Richtungen. **7.** *meist pl mar.* Kalmengürtel *m.* **ˈvar·i·a·ble·ness** → **variability**.

**var·i·ance** [ˈveərɪəns] *s* **1.** Veränderung *f.* **2.** Veränderlichkeit *f.* **3.** Abweichung *f* (*a. jur. zwischen Klage u. Beweisergebnis*). **4.** Unstimmigkeit *f*, Uneinigkeit *f*, Meinungsverschiedenheit *f*, Streit *m*: **to be at** ~ (**with**) uneinig sein (mit *j-m*), anderer Meinung sein (als *j-d*) (→ **5**); **to set at** ~ *fig.* ˈWiderspruch *m*, -streit *m*: **to be at** ~ (**with**) unvereinbar sein (mit *etwas*), im Widerspruch *od.* Gegensatz stehen (zu) (→ **4**). **5.** *Statistik:* Variˈanz *f* (*Quadrat der mittleren Abweichung*).

**var·i·ant** [ˈveərɪənt] **I** *adj* **1.** abweichend, verschieden. **2.** ˈunterschiedlich. **II** *s* **3.** Variˈante *f*, Spielart *f.* **4.** ˈSchreib- *od.* ˈTextvariˌante *f*, abweichende Lesart.

**var·i·a·tion** [ˌveərɪˈeɪʃn] *s* **1.** (Ver)Änderung *f*, Wechsel *m*. **2.** Abweichung *f*, Schwankung *f.* **3.** Abänderung *f.* **4.** Abwechslung *f.* **5.** (ˈSchreib)Variˌante *f.* **6.** *astr. biol. math. mus. etc* Variatiˈon *f.* **7.** *mar.* maˈgnetische Deklinatiˈon, (ˈOrts-) ˌMißweisung *f* (*Kompaß*). **ˌvar·i·aˈtion·al** [-ʃənl] *adj* Variations...

**var·i·cel·la** [ˌværɪˈselə] *s med.* Variˈzellen *pl*, Windpocken *pl.*

**var·i·ces** [ˈværɪsiːz] *pl von* **varix**.

**var·i·co·cele** [ˈværɪkəʊsiːl] *s med.* Varikoˈzele *f*, Krampfaderbruch *m.*

**ˈvar·iˌcol·o(u)red** [ˈveərɪ-] *adj* bunt: a) vielfarbig, b) *fig.* mannigfaltig.

**var·i·cose** [ˈværɪkəʊs] *adj med.* variˈkös: ~ **ulcer** Krampfader-, Unterschenkelgeschwür *n*; ~ **vein** Krampfader *f*; ~ **bandage** Krampfaderbinde *f.* **ˌvar·iˈco·sis** [-ˈkəʊsɪs], **ˌvar·iˈcos·i·ty** [-ˈkɒsətɪ; *Am.* -ˈkɑ-] *s* **1.** Varikosiˈtät *f.*

**2.** Krampfaderleiden *n*, -bildung *f.* **3.** Krampfader(n *pl*) *f.* **ˈvar·iˈcot·o·my** [-ˈkɒtəmɪ; *Am.* -ˈkɑ-] *s* Krampfaderknotenentfernung *f.*

**var·ied** [ˈveərɪd] *adj* (*adv* ~ly) **1.** bunt, abwechslungsreich, mannigfaltig, verschieden(artig): **a** ~ **life** ein bewegtes Leben. **2.** (ab)geändert, verändert, variˈiert. **3.** bunt, vielfarbig.

**va·ri·e·gate** [ˈveərɪgeɪt; *Am. a.* -rɪə-] *v/t* **1.** bunt gestalten (*a. fig.*). **2.** variˈieren, Abwechslung bringen in (*acc*), beleben. **ˈva·ri·e·gat·ed** → **varied**. **ˌva·ri·eˈga·tion** *s* Buntheit *f*, Vielfarbigkeit *f.*

**va·ri·e·ty** [vəˈraɪətɪ] *s* **1.** Verschiedenheit *f*, Buntheit *f*, Mannigfaltigkeit *f*, Vielseitigkeit *f*, Abwechslung *f*: **charm of** ~ Reiz *m* der Abwechslung; **to add** ~ **to** Abwechslung bringen in (*acc*). **2.** Vielfalt *f*, Reihe *f*, Anzahl *f*, *bes. econ.* Auswahl *f*: **a** ~ **of silks** ein Sortiment von Seidenstoffen; **for a** ~ **of reasons** aus den verschiedensten Gründen. **3.** Sorte *f*, Art *f.* **4.** *allg.* Spielart *f.* **5.** *bot. zo.* a) Varieˈtät *f* (*Unterabteilung e-r Art*), b) Spielart *f*, Variˈante *f.* **6.** Varieˈté *n*: ~ **artist** Varietékünstler(in). **7.** → **variety store**. ~**meat** *s bes. Am.* Inneˈreien *pl.* ~ **shop** → **variety store**. ~ **show** *s* Varieˈté(vorstellung *f*) *n.* ~ **store** *s Am.* Kleinkaufhaus *n.* ~ **the·a·ter**, *bes. Br.* ~ **the·a·tre** *s* Varieˈté(theˌater) *n.*

**var·i·form** [ˈveərɪfɔː(r)m] *adj* vielgestaltig, abwechslungsreich (*a. fig.*).

**ˈvar·iˌou·pler** [ˈveərɪəʊ-] *s electr.* Variokoppler *m*, veränderliche Kopplungsspule.

**va·ri·o·la** [vəˈraɪələ; *Am. a.* ˌverɪˈəʊlə] *s med.* Variˈolen *pl*, Pocken *pl.*

**va·ri·o·lite** [ˈveərɪəlaɪt] *s geol.* Blatterstein *m*, Varioˈlit *m.*

**va·ri·o·loid** [ˈveərɪəlɔɪd; *Am.* ˌverɪˈəʊlɔɪd] *med.* **I** *adj* **1.** pockenartig. **2.** Pocken... **II** *s* **3.** Varioˈlois *f* (*leichte Form der Pocken*). **va·ri·o·lous** [vəˈraɪələs; *Am. a.* ˌverɪˈəʊ-] *adj* **1.** Pocken... **2.** pockenkrank. **3.** pockennarbig.

**var·i·om·e·ter** [ˌveərɪˈɒmɪtə; *Am.* ˌverɪˈɑmətər] *s aer. electr. phys. tech.* Varioˈmeter *n.*

**var·i·o·rum** [ˌveərɪˈɔːrəm; *Am. a.* -ˈəʊ-] **I** *adj*: ~ **edition** → **II. II** *s* Ausgabe *f* mit kritischen Anmerkungen od. mit verschiedenen Lesarten: **a** **Shakespeare** ~.

**var·i·ous** [ˈveərɪəs] *adj* (*adv* ~ly) **1.** verschieden(artig). **2.** mehrere, verschiedene. **3.** bunt, vielfältig, abwechslungsreich, wechselvoll.

**var·is·cite** [ˈværɪsaɪt] *s min.* Varisˈzit *m.*

**var·is·tor** [vəˈrɪstə(r); *Am.* væ-] *s electr.* Vaˈristor *m.*

**var·ix** [ˈværɪks] *pl* **var·i·ces** [ˈværɪsiːz] *s* **1.** *med.* Krampfader(knoten *m*) *f.* **2.** *zo.* Knoten *m* an Muscheln.

**var·let** [ˈvɑː(r)lɪt] *s* **1.** *obs. od. humor.* Schelm *m*, Schuft *m.* **2.** *hist.* Page *m*, Knappe *m.*

**var·mint** [ˈvɑː(r)mɪnt] *s* **1.** *zo.* Schädling *m.* **2.** *colloq.* Haˈlunke *m.*

**var·nish** [ˈvɑː(r)nɪʃ] **I** *s tech.* **1.** Lack *m.* **2.** *a.* **clear** ~ Klarlack *m*, Firnis *m.* **3.** (ˈMöbel)Poliˌtur *f.* **4.** *Töpferei:* Glaˈsur *f.* **5.** ˈLacküberzug *m.* **6.** *fig.* Firnis *m*, Tünche *f*, äußerer Anstrich. **II** *v/t a.* ~ **over 7.** *a)* lacˈkieren, *b)* firˈnissen, *c)* glaˈsieren. **8.** *Möbel* (auf)poˌlieren. **9.** *fig.* überˈtünchen, bemänteln, beschönigen. **ˈvar·nish·er** *s* Lacˈkierer *m.*

**ˈvar·nish·ing day** *s paint.* Vernisˈsage *f.*

**var·si·ty** [ˈvɑː(r)sətɪ] *s colloq.* **1.** *bes. Br.* ˌUniˈ *f* (*Universität*). **2.** *a.* ~ **team** *sport Am.* Universiˈtäts-, College-, Schulmannschaft *f.*

**var·so·vi·enne** [ˌvɑː(r)səʊvɪˈen; *Am.*

-ˈvjen] *s mus.* Varsoviˈenne *f*, ‚Warschauerʻ *m* (*Tanz*).

**varˑus** [ˈveərəs] → **talipes**.

**varˑy** [ˈveərɪ] **I** *v/t* **1.** (ver-, *a. jur.* ab)ändern. **2.** variˈieren, ˈunterschiedlich gestalten, Abwechslung bringen in (*acc*), wechseln mit (*etwas*). **3.** variˈieren, abwandeln (*a. mus.*). **II** *v/i* **4.** sich (ver)ändern, variˈieren (*a. biol.*), wechseln, schwanken, auseinˈandergehen (*Meinungen*). **5.** (**from**) abweichen *od.* verschieden sein (von), nicht überˈeinstimmen (mit). ˈ**varˑyˑing** *adj* (*adv* ~ly) wechselnd, ˈunterschiedlich, verschieden.

**vas** [væs] *pl* **vaˑsa** [ˈveɪsə; *Am.* -zə] (*Lat.*) *s physiol.* (Blut)Gefäß *n*: → **vas deferens**.

**vaˑsal** [ˈveɪsl; *Am.* -zəl] *adj* (Blut)Gefäß...

**vasˑcuˑla** [ˈvæskjʊlə] *pl von* **vasculum**.

**vasˑcuˑlar** [ˈvæskjʊlə(r)] *adj bot. physiol.* Gefäß...: ~ **plants**; ~ **system** Gefäßsystem *n*; ~ **tissue** *bot.* Stranggewebe *n*.

**vasˑcuˑlarˑiˑzaˑtion** [ˌvæskjʊlərаɪˈzeɪʃn; *Am.* -rə-] *s med.* Vaskularisatiˈon *f*, Bildung *f* von Blutgefäßen.

**vasˑcuˑlum** [ˈvæskjʊləm] *pl* **-la** [-lə], **-lums** *s* **1.** *bot. physiol.* (kleines) Gefäß. **2.** *Botani*ˈsierbüchse *f*.

**vas deˑfeˑrens** [ˌ-ˈdefərenz] *pl* **vaˑsa deˑfeˑrenˑtiˑa** [ˈ-ˌdefəˈrenʃɪə; *Am.* -tʃ-] *s anat.* Samenleiter.

**vase** [vɑːz; *Am.* veɪs] *s* (Blumen-, Zier-)Vase *f*: ~ **painting** Vasenmalerei *f*.

**vasˑecˑtoˑmy** [væˈsektəmɪ; *Am. a.* veɪˈz-] *s med.* Vasektoˈmie *f* (*teilweise Entfernung des Samenleiters*).

**vasˑeˑline** [ˈvæsɪliːn] (*TM*) *s pharm.* Vaseˈlin *n*, Vaseˈline *f*.

**vasˑiˑform** [ˈveɪzɪfɔː(r)m] *adj biol.* gefäßförmig.

ˌ**vasˑoˑconˈstricˑtor** [ˌveɪzəʊ-] *s anat.* Vasokonˈstriktor *m*, gefäßverengender Nerv. ˌ**vasˑoˑdiˈlaˑtor** *s anat.* Vasodilaˈtator *m*, gefäßerweiternder Nerv. ˌ**vasˑoˈmoˑtor** *adj* vasomoˈtorisch, Gefäßnerven..., ˌ**vasˑoˈsenˑsoˑry** *adj* vasosenˈsorisch.

**vasˑsal** [ˈvæsl] **I** *s* **1.** *hist.* Vaˈsall *m*, Lehnsmann *m*: **rear** ~ Hintersasse *m*. **2.** *fig.* ˈUntertan *m*, Unterˈgebene(r *m*) *f*. **3.** *fig.* Sklave *m* (**to** *gen*): **he is a** ~ **to his passions**. **II** *adj* **4.** Vasallen..., ~ **state**. **5.** *fig.* unterˈwürfig (**to** gegenˈüber). ˈ**vasˑsalˑage** *s* **1.** *hist.* a) Vaˈsallentum *n*, b) Lehnspflicht *f* (**to** gegenˈüber), c) *collect.* Vaˈsallen *pl.* **2.** *fig.* Abhängigkeit *f* (**to** von). **3.** *fig.* Unterˈwürfigkeit *f* (**to** gegenˈüber).

**vast** [vɑːst; *Am.* væst] **I** *adj* weit, ausgedehnt, unermeßlich, *a. fig.* (riesen)groß, riesig, ungeheuer: ~ **area**; ~ **difference**; ~ **quantities**. **II** *s poet.* (unendliche) Weite. ˈ**vastˑly** *adv* gewaltig, in hohem Maße, äußerst, ungemein, eˈnorm: ~ **superior** haushoch überlegen, weitaus besser. ˈ**vastˑness** *s* **1.** Weite *f*, Unermeßlichkeit *f* (*a. fig.*). **2.** ungeheure Größe, riesiges Ausmaß. **3.** riesige Zahl, Unmenge *f.* ˈ**vastˑy** *poet. für* **vast I**.

**vat** [væt] **I** *s tech.* **1.** großes Faß, Bottich *m*, Kufe *f.* **2.** a) Färberei: Küpe *f*, b) *a.* **tan** ~ (*Gerberei*) Lohgrube *f*, c) Küpe *f*, Lösung *f* e-s Küpenfarbstoffs: ~ **blue** Indigoblau *n*; ~ **dye** Küpenfarbstoff *m.* **II** *v/t* **3.** (ver)küpen, in ein Faß *etc* füllen. **4.** in e-m Faß *etc* behandeln: ~**ted** faßreif (*Wein etc*).

**Vatˑiˑcan** [ˈvætɪkən] *s* Vatiˈkan *m*: ~ **Council** *R.C.* Vatikanisches Konzil. ˈ**Vatˑiˑcanˑism** *s* Vatikaˈnismus *m* (*theologisches System, das auf der unbedingten Autorität des Papstes beruht*).

**vatˑiˑciˑnaˑtion** [ˌvætɪsɪˈneɪʃn] *s* **1.** Weissagen *n.* **2.** Propheˈzeiung *f.*

**vaudeˑville** [ˈvəʊdəvɪl; ˈvɔː-] *s* **1.** Vaude-

---

ˈville *n* (*heiteres Singspiel mit Tanzeinlagen*). **2.** *Am.* Varieˈté *n.*

**Vauˑdois**[1] [ˈvəʊdwɑː; *Am. a.* vəʊˈdwɑː] **I** *s* **1.** a) Waadtländer(in), b) *pl* Waadtländer *pl.* **2.** *ling.* Waadtländisch *n*, das Waadtländische. **II** *adj* **3.** waadtländisch.

**Vauˑdois**[2] [ˈvəʊdwɑː; *Am. a.* vəʊˈdwɑː] **I** *s* a) Walˈdenser(in), b) *pl* Walˈdenser *pl.* **II** *adj* Waldenser...

**vault**[1] [vɔːlt] **I** *s* **1.** *arch.* Gewölbe *n*, Wölbung *f.* **2.** Kellergewölbe *n.* **3.** Grabgewölbe *n*, Gruft *f*: **family** ~. **4.** Stahlkammer *f*, Treˈsorraum *m.* **5.** *poet.* Himmel(sgewölbe *n*) *m.* **6.** *anat.* Wölbung *f*, (Schädel)Dach *n*, (Gaumen)Bogen *m*, Kuppel *f* (*des Zwerchfells*). **II** *v/t arch.* **7.** (über)ˈwölben. **III** *v/i* **8.** sich wölben.

**vault**[2] [vɔːlt] **I** *v/i* **1.** springen, sich schwingen, setzen (**over** über *acc*). **2.** *Hohe Schule*: kurbetˈtieren. **II** *v/t* **3.** überˈspringen. **III** *s* **4.** *bes. sport* Sprung *m.* **5.** *Hohe Schule*: Kurˈbette *f.*

ˈ**vaultˑed** *adj* gewölbt, Gewölbe..., überˈwölbt.

ˈ**vaultˑer** *s* Springer(in).

ˈ**vaultˑing**[1] *s arch.* **1.** Spannen *n* e-s Gewölbes. **2.** Wölbung *f.* **3.** Gewölbe *n* (*od. pl collect.*).

ˈ**vaultˑing**[2] **I** *adj* **1.** *sport* a) springend, b) Spring..., Sprung...: ~ **horse** (*Turnen*) Lang-, Sprungpferd *n*; ~ **pole** (*Stabhochsprung*) Sprungstab *m.* **2.** *fig.* sich über alles hinˈwegsetzend. **II** *s* **3.** Springen *n.*

**vaunt** [vɔːnt; *Am. a.* vɑːnt] **I** *v/t* sich rühmen (*gen*), sich brüsten mit. **II** *v/i* (**of**) *poet.* sich rühmen (*gen*), sich brüsten (mit). **III** *s* Prahleˈrei *f.* ˈ**vauntˑer** *s* Prahler *m.* ˈ**vauntˑing** *adj* (*adv* ~ly) prahlerisch.

**vavˑaˑsor** [ˈvævəsɔː(r); *Am. a.* -ˌsəʊər], *bes. Br.* ˈ**vavˑaˑsour** [-ˌsʊə(r)] *s jur. hist.* Afterlehnsmann *m*, ˈHintersasse *m.*

ˈ**V-Day** *s* Tag *m* des Sieges (*im 2. Weltkrieg; 7. 5. 1945*).

ˈ**ʼve** [v] *colloq. abbr. für* **have**.

**veal** [viːl] *s* **1.** Schlachtkalb *n.* **2.** Kalbfleisch *n*: ~ **chop** Kalbskotelett *n*; ~ **cutlet** Kalbsschnitzel *n.* ˈ**vealˑer** *s Am.* Schlachtkalb *n.*

**vecˑtor** [ˈvektə(r)] **I** *s* **1.** *math.* Vektor *m.* **2.** *med. vet.* Bakˈterienüberˌträger *m.* **3.** *aer.* Vektor *m.* **II** *v/t* **4.** *aer. das Flugzeug* (mittels Funk *od.* Radar) leiten, (auf Ziel) einweisen. **III** *adj* **5.** *math.* Vektor...: ~ **algebra**; ~ **analysis**. **vecˈtoˑriˑal** [-ˈtɔːrɪəl] *adj math.* vektoriˈell, Vektor...

**Veˑda** [ˈveɪdə; ˈviːdə] *s* Weda *m* (*älteste religiöse Literatur der Inder*).

**Veˑdanˑta** [veˈdɑːntə; -ˈdæn-; *Am.* veɪ-; və-] *s* Weˈdanta *n* (*e-s der 6 orthodoxen brahmanischen Systeme*).

ˈ**V-ˈE Day** → **V-Day**.

**veˑdette** [vɪˈdet] *s mil. selten* **1.** *obs.* Kavalleˈrie(wacht)posten *m.* **2.** *a.* ~ **boat** *mar.* Vorpostenboot *n.*

**Veˑdic** [ˈveɪdɪk; ˈviː-] *adj relig.* wedisch.

**vee** [viː] *s* V, v *n* (*Buchstabe*). **II** *adj* V-förmig, ~...: ~ **belt** *mot.* Keilriemen *m*; ~ **engine** *tech.* V-Motor *m.*

**veep** [viːp] *s Am. colloq.* ‚Vizeʻ *m* (*Vizepräsident*).

**veer** [vɪə(r)] **I** *v/i a.* ~ **round 1.** sich (ˈum)drehen. **2.** *bes. mar.* abdrehen, wenden. **3.** *fig.* ˈumschwenken (**to** zu). **4.** *fig.* abschweifen. **5.** die Richtung ändern *od.* wechseln. **6.** *meteor.* ˈumspringen, sich drehen (*Wind*). **II** *v/t* **7.** *a.* ~ **round** *ein Schiff etc* wenden, drehen, wenden. **8.** *mar. das Tauwerk* fieren, abschießen: **to** ~ **and haul** fieren u. holen. **III** *s* **9.** Wendung *f*, Drehung *f*, Richtungswechsel *m.*

**veg** [vedʒ] *pl* **veg** *s Br. colloq.* Gemüse *n.*

**Veˑga**[1] [ˈviːgə] *s astr.* Vega *f* (*Stern*).

---

**veˑga**[2] [ˈveɪgə] *s geogr.* Vega *f* (*fruchtbare Niederung*).

**veˑganˑism** [ˈviːgənɪzəm] *s bes. Br.* streng vegeˈtarische Lebensweise.

**vegˑeˑtaˑble** [ˈvedʒtəbl] **I** *s* **1.** *a. pl* Gemüse *n.* **2.** (*bes.* Gemüse-, Futter)Pflanze *f*: **to be a mere** ~ *fig.* nur noch dahinvegetieren; **to live like a** ~ (dahin)vegetieren. **3.** *agr.* Grünfutter *n.* **II** *adj* **4.** Gemüse...: ~ **garden**; ~ **soup**. **5.** pflanzlich, vegeˈtaˈbilisch: ~ **life**. **6.** *bot.* Pflanzen...: ~ **anatomy**; ~ **dye**; ~ **fat**; ~ **oil**; ~ **silk**; ~ **marrow** Kürbis (frucht *f*) *m.*

**vegˑeˑtal** [ˈvedʒɪtl] *adj bot.* **1.** → **vegetable 5** *u.* **6.** **2.** *physiol.* vegeˈtativ.

**vegˑeˑtarˑiˑan** [ˌvedʒɪˈteərɪən] **I** *s* **1.** Vegeˈtarier(in). **II** *adj* **2.** vegeˈtarisch. **3.** Vegetarier... ˌ**vegˑeˈtarˑiˑanˑism** *s* Vegetaˈrismus *m*, vegeˈtarische Lebensweise.

**vegˑeˑtate** [ˈvedʒɪteɪt] *v/i* **1.** (*wie e-e Pflanze*) wachsen, vegeˈtieren. **2.** *fig.* (dahin)vegeˌtieren. **3.** *med.* wuchern. ˌ**vegˑeˈtaˑtion** *s* **1.** Vegetatiˈon *f*: a) Pflanzenwelt *f*, -decke *f*: **luxuriant** ~, b) Pflanzenwuchs *m.* **2.** *fig.* (Daˈhin)Vegeˌtieren *n.* **3.** *med.* Wucherung *f.* ˌ**vegˑeˈtaˑtionˑal** [-ʃənl] *adj* Vegetations... ˈ**vegˑeˑtaˑtive** [-tətɪv; *Am.* -ˌteɪ-] *adj* (*adv* ~ly) **1.** vegeˈtativ: a) wie Pflanzen wachsend, b) wachstumsfördernd, c) Wachstums..., d) ungeschlechtlich: ~ **reproduction**. **2.** Vegetations..., pflanzlich. **3. to lead a** ~ **life** *fig.* (dahin)vegetieren.

**vegˑ(g)ies** [ˈvedʒiːz] *s pl colloq.* Gemüse *n.*

**veˑheˑmence** [ˈviːɪməns] *s* **1.** *a. fig.* Heftigkeit *f*, Gewalt *f*, Wucht *f*, Veheˈmenz *f.* **2.** *fig.* Ungestüm *n*, Leidenschaft *f.* ˈ**veˑheˑment** *adj* (*adv* ~ly) **1.** *a. fig.* heftig, gewaltig, wuchtig, veheˈment. **2.** *fig.* ungestüm, leidenschaftlich, hitzig.

**veˑhiˑcle** [ˈviːɪkl] *s* **1.** Fahrzeug *n*, Beförderungsmittel *n*, *engS.* Wagen *m*: ~ **owner** Fahrzeughalter(in). **2.** *Raumfahrt:* a) **space** ~ (Welt)Raumfahrzeug *n*, b) ˈTrägerraˌkete *f.* **3.** *biol. chem.* ˈTrägerflüssigkeit *f*, -subˌstanz *f.* **4.** *pharm.* Veˈhiculum *n.* **5.** *chem. tech.* Bindemittel *n* (*für Farben*). **6.** *fig.* a) Ausdrucksmittel *n*, Medium *n*, Veˈhikel *n*, b) Träger *m*, Vermittler *m*: a ~ **of ideas**. **veˈhicˑuˑlar** [vɪˈhɪkjʊlə(r)] *adj* Fahrzeug..., Wagen...: ~ **traffic** Fahrzeugverkehr *m.*

**veil** [veɪl] **I** *s* **1.** (Gesichts- *etc*)Schleier *m.* **2.** (Nonnen)Schleier *m*: **she took the** ~ sie nahm den Schleier (*wurde Nonne*). **3.** (Nebel-, Dunst)Schleier *m.* **4.** *phot.* Schleier *m.* **5.** *fig.* Schleier *m*, Maske *f*, Deckmantel *m*: **to draw a** ~ **over** den Schleier des Vergessens *od.* der Vergessenheit breiten über (*acc*); **under the** ~ **of charity** unter dem Deckmantel der Nächstenliebe. **6.** *fig.* Schleier, Schutz *m*: **under the** ~ **of darkness** im Schutze der Dunkelheit; **beyond the** ~ im Jenseits, hinter der Schwelle des Todes. **7.** *anat. bot. zo.* → **velum**. **8.** *relig.* a) (Tempel)Vorhang *m*, b) Velum *n* (*Kelchtuch*). **9.** *mus.* Verschleierung *f* (*der Stimme*). **II** *v/t* **10.** verschleiern, -hüllen (*beide a. fig.*): **to be** ~**ed in mist** in Nebel eingehüllt sein. **11.** *fig.* verbergen, tarnen. **III** *v/i* **12.** sich verschleiern (*a. Augen etc*). **veiled** *adj* verschleiert (*a. phot. u. fig.*): ~ **voice**; ~ **threat**; ~ **in mystery** geheimnisumwittert. ˈ**veilˑing** *s* **1.** Verschleierung *f* (*a. phot. u. fig.*). **2.** *econ.* Schleierstoff *m.* ˈ**veilˑless** *adj* unverschleiert.

**vein** [veɪn] **I** *s* **1.** *anat.* Vene *f* (*Ggs. Arterie*). **2.** *allg.* Ader *f*: a) *anat.* Blutgefäß *n*, b) *bot.* Blattnerv *m*, c) (Holz-, Marmor)Maser *f*, d) *geol.* (Erz)Gang *m*,

e) *geol.* Wasserader *f*, -spalte *f*. **3.** *fig.*
a) (*poetische etc*) Ader, Veranlagung *f*,
Hang *m* (of zu), b) (Ton)Art *f*, Ton *m*, Stil
*m*, c) Stimmung *f*, Laune *f*: **to be in the ~
for** (*od.* **to do**) in Stimmung sein für (*od.*
zu tun). **II** *v/t* **4.** ädern. **5.** marmo'rieren,
masern. **veined** *adj* **1.** *allg.* geädert.
**2.** gemasert, marmo'riert. **'vein·ing** *s*
**1.** Äderung *f*, Maserung *f*. **2.** Verzierung
*f*, Sticke'rei *f*. **'vein·less** *adj* ungeädert,
ungerippt. **'vein·let** [-lɪt] *s* **1.** Äderchen
*n*. **2.** *bot.* Seitenrippe *f*.
**vein·ous** ['veɪnəs] *adj* *biol.* **1.** äd(e)rig,
geädert. **2.** → **venous.**
**ve·la** ['viːlə] *pl von* **velum.**
**ve·la·men** [vəˈleɪmən] *pl* **ve'lam·i·na**
[-ˈlæmɪnə] *s* Ve'lamen *n*: a) *anat.* Hülle *f*,
b) *bot.* Wurzelhülle *f*.
**ve·lar** ['viːlə(r)] **I** *adj* *anat.* *ling.* ve'lar,
Gaumensegel..., Velar... **II** *s* *ling.* Gau-
mensegellaut *m*, Ve'lar(laut) *m*.
**ve·lar·i·za·tion** [ˌviːlərɑˈzeɪʃn; *Am.*
-rəˈz-] *s* *ling.* Velari'sierung *f*. **'ve-
lar·ize** *v/t* *e-n Laut* velari'sieren.
**veld(t)** [velt; felt] *s* *geogr.* Gras- *od.*
Buschland *n* (*in Südafrika*). **'~schoen**
[-skʊn] *s* leichter Schuh aus ungegerbter
Haut.
**vel·le·i·ty** [veˈliːətɪ] *s* *philos.* Velleiˈtät *f*:
a) kraftloses, zögerndes Wollen, b)
Wunsch, der nicht zur Tat wird.
**vel·lum** ['veləm] *s* **1.** ('Kalbs-, 'Schreib-)
Perga,ment *n*, Ve'lin *n*: **~ cloth** *tech.*
Zeichenpergament, Pausleinen *n*. **2.** *a.* **~
paper** Ve'linpa,pier *n*.
**ve·loc·i·pede** [vɪˈlɒsɪpiːd; *Am.* -ˈlɑ-] *s*
**1.** *hist.* Veloziˈped *n* (*Lauf-, Fahrrad*).
**2.** *Am.* (Kinder)Dreirad *n*. **~ car** *s* *rail.*
Drai'sine *f*.
**ve·loc·i·tized** [vɪˈlɒsɪtaɪzd; *Am.* -ˈlɑ-] *adj*
*mot.* von der Fahrgeschwindigkeit be-
nommen (*Autofahrer*).
**ve·loc·i·ty** [vɪˈlɒsətɪ; *Am.* -ˈlɑ-] *s* *phys.*
*tech.* Geschwindigkeit *f*: **at a ~ of** mit e-r
Geschwindigkeit von; **initial ~** Anfangs-
geschwindigkeit; **~ of fall** Fallgeschwin-
digkeit. **~ head** *s* *phys.* Staudruck *m*. **~
mod·u·la·tion** *s* *phys.* 'Laufzeitmodu-
lati,on *f*. **~ stage** *s* *tech.* Um'drehungs-
schwelle *f*.
**ve·lour(s)** [vəˈlʊə(r)] *s* Ve'lours *m*.
**ve·lum** ['viːləm] *pl* **-la** [-lə] *s* **1.** *anat.* *bot.*
Hülle *f*, Segel *n*. **2.** *anat.* Gaumensegel *n*,
weicher Gaumen. **3.** *bot.* Schleier *m* (*an
Hutpilzen*). **4.** *zo.* Randsaum *m* (*bei Qual-
len*).
**ve·lure** [vəˈlʊə(r); *Am. a.* velˈjʊər; ˈveljər]
*s* Ve'lours *m*.
**vel·vet** ['velvɪt] **I** *s* **1.** Samt *m* (*a. fig.*):
**(as) smooth as ~** so weich wie Samt. **2.**
*fig.* Weichheit *f*, (*das*) Samtene. **3.** *Am.*
Mischgetränk *n* aus Sekt u. Portwein.
**4.** *zo.* Bast *m* (*an jungen Geweihen etc*).
**5.** *bes. Am. sl.* a) Gewinn *m*, Proˈfit *m*,
b) lukraˈtive Sache: **to be on ~** glänzend
dastehen. **II** *adj* **6.** samten, aus Samt,
Samt... **7.** samtartig, samtweich, samten
(*a. fig.*): **an iron hand in a ~ glove** *fig.*
e-e eiserne Faust unter dem Samthand-
schuh; **to handle s.o. with ~ gloves** j-n
mit Samthandschuhen anfassen; **~ paws**
*fig.* ˈSamtpfötchen' *pl.* **ˌvel·vet'een**
[-ˈtiːn] *s* Manˈ(s)chester *m*, Rippen-,
Baumwollsamt *m*. **'vel·vet·y** *adj*
**1.** samten, aus Samt. **2.** samtweich, sam-
ten (*a. fig.*).
**ve·nal** ['viːnl] *adj* **1.** käuflich: **~ office; ~
vote. 2.** bestechlich, käuflich, korˈrupt: **~
officials. ve'nal·i·ty** [-ˈnælətɪ] *s* Käuf-
lichkeit *f*, Korˈruptheit *f*.
**ve·nat·ic** [viːˈnætɪk], **ve'nat·i·cal** *adj*
Jagd..., waid-, weidmännisch.
**ve·na·tion¹** [viːˈneɪʃn] *s* *bot.* *zo.* Geäder *n*.
**ve·na·tion²** [viːˈneɪʃn] *s* Jagd *f*, Waid-,
Weidwerk *n*.

**vend** [vend] *v/t* a) *bes. jur.* verkaufen,
b) zum Verkauf anbieten, c) hauˈsieren
mit.
**ven·dace** ['vendeɪs; -dɪs] *s* *ichth.* *ein eng-
lischer Lachs.*
**vend·ee** [ˌvenˈdiː] *s* *bes. jur.* Käufer *m*.
**vend·er** ['vendə(r)] *s* **1.** (Straßen)Händler
*m*, (-)Verkäufer *m*. **2.** → **vendor.**
**ven·det·ta** [venˈdetə] *s* **1.** Blutrache *f*.
**2.** Fehde *f*.
**vend·i·bil·i·ty** [ˌvendəˈbɪlətɪ] *s* *econ.*
Verkäuflichkeit *f*. **'vend·i·ble** *adj* (*adv
vendibly*) verkäuflich.
**'vend·ing| ma·chine** *s* (Verˈkaufs)Au-
to,mat *m*. **~ pack** *s* Autoˈmatenpackung *f*.
**ven·di·tion** [ˌvenˈdɪʃn] *s* *econ.* Verkauf *m*.
**ven·dor** ['vendɔː(r); -də(r)] *s* **1.** *bes. jur.*
Verkäufer(in). **2.** (Verˈkaufs)Autoˈmat *m*.
**ven·due** ['vendjuː; -ˌduː; 'vɑːn-] *s* *econ.*
*Am.* Aukti,on *f*, Versteigerung *f*.
**ve·neer** [vəˈnɪə(r)] **I** *v/t* **1.** *tech.* a) *Holz*
furˈnieren, einlegen, b) *Stein* auslegen,
c) *Sperrholz* ˈgegenfurˌnieren, d) *Töpfe-
rei:* überˈziehen. **2.** *fig.* a) beschönigen, b)
überˈtünchen, verdecken. **II** *s* **3.** *tech.*
Furˈnier(holz, -blatt) *n*. **4.** *fig.* a) Beschö-
nigung *f*, b) Überˈtünchung *f*. **ve'neer-
ing** *s* **1.** *tech.* a) Furˈnierholz *n*, -schicht *f*
(*bei Sperrholz*), b) Furˈnierung *f*. **2.** Fur-
ˈnierarbeit *f*. **3.** *fig.* → **veneer 4.**
**ven·er·a·bil·i·ty** [ˌvenərəˈbɪlətɪ] *s* Ehr-
würdigkeit *f*.
**ven·er·a·ble** ['venərəbl] *adj* (*adv* **vener-
ably**) **1.** ehrwürdig (*a. fig. Bauwerk etc*),
verehrungswürdig. **2.** *Anglikanische Kir-
che:* Hoch(ehr)würden *m* (*Archidiakon*):
**V~ Sir. 3.** *R.C.* ehrwürdig (*unterste Stufe
der Heiligkeit*). **'ven·er·a·ble·ness** *s*
Ehrwürdigkeit *f*.
**ven·er·ate** ['venəreɪt] *v/t* verehren: **to ~
s.o.'s** *Andenken* in Ehren
halten. **ˌven·er'a·tion** (*of*) Verehrung
*f* (*gen*), Ehrfurcht *f* (*vor dat*): **to hold s.o.
in ~** j-n verehren; **to hold s.o.'s
memory in ~** j-s Andenken in Ehren
halten. **'ven·er·a·tor** [-tə(r)] *s* Vereh-
rer(in).
**ve·ne·re·al** [vəˈnɪərɪəl] *adj* **1.** geschlecht-
lich, sexuˈell, Geschlechts..., Sexual...
**2.** *med.* a) veˈnerisch, Geschlechts...: **~
disease** Geschlechtskrankheit *f*, b) ge-
schlechtskrank. **veˌne·re'ol·o·gist**
[-ˈlɒdʒɪst; *Am.* -ˈlɑ-] *s* *med.* Vener(e)oˈlo-
ge *m*, Facharzt *m* für Geschlechtskrank-
heiten. **veˌne·re'ol·o·gy** [-dʒɪ] *s* *med.*
Vener(e)oloˈgie *f*.
**ven·er·er** ['venərə(r)] *s* *obs.* Jäger *m*.
**ven·er·y¹** ['venərɪ] *s* *obs.* Fleischeslust *f*.
**ven·er·y²** ['venərɪ] *s obs.* Jagd *f*.
**ven·e·sec·tion** [ˌvenɪˈsekʃn] *s* *med.* Ve-
neneröffnung *f*.
**Ve·ne·tian** [vəˈniːʃn] **I** *adj* **1.** veneziˈa-
nisch: **~ blind** (Stab)Jalousie *f*; **~ glass**
Muranoglas *n*; **~ mast** spiralig bemalter
Mast (*zur Straßendekoration*); **~ red**
a) Venezianischrot *n*, b) Sienabraun *n*; **~
window** *arch.* dreiteiliges Fenster (mit
Rundbogen über dem Mittelteil). **II** *s*
**2.** Veneziˈaner(in). **3.** **v~** *s* *pl* Jalouˈsie-
schnur *f*. **4.** (*ein*) geköperter Wollstoff.
**Ven·e·zue·lan** [ˌveneˈzweɪlən; *Am.*
ˌvenəˈzweɪlən; -ˈwiː-] **I** *adj* venezoˈla-
nisch. **II** *s* Venezoˈlaner(in).
**venge·ance** ['vendʒəns] *s* Rache *f*: **to
take ~ (up)on** Vergeltung üben *od.* sich
rächen an (*dat*) (*for* für); **with a ~** *fig.*
a) mächtig, mit Macht, b) wie besessen,
wie der Teufel, c) auf die Spitze getrie-
ben, im Exzeß; → **breathe 7.**
**'venge·ful** ['vendʒfʊl] *adj* (*adv* **~ly**)
**1.** rachsüchtig, -gierig. **2.** Rache...
**'V~ˌen·gine** *s* *tech.* V-Motor *m*.
**ve·ni·al** ['viːnjəl; -nɪəl] *adj* verzeihlich: → **sin 1.**
**ve·ni·re** **fa·ci·as** [vɪˈnaɪərɪˈfeɪʃɪæs]

(*Lat.*) *s jur. hist.* **1.** *gerichtliche Weisung an
den Sheriff, Geschworene einzuberufen.* **2.**
*Br.* Vorladungsbefehl wegen e-r Straftat.
**ve·ni·re·man** [vəˈnaɪriːmən] *s* *irr jur.*
*Am.* Geschworene(r) *m*.
**ve·ni·son** ['venzn; *Am.* ˈvenəsən] *s* Wild-
bret *n*.
**ven·om** ['venəm] *s* **1.** *zo.* (Schlangen-
*etc*)Gift *n*. **2.** *fig.* Gift *n*, Gehässigkeit *f*.
**'ven·omed** → **venomous. 'ven·om-
ous** *adj* (*adv* **~ly**) **1.** giftig: **~ snake**
Giftschlange *f*. **2.** *fig.* giftig, gehässig.
**'ven·om·ous·ness** *s* Giftigkeit *f*, *fig. a.*
Gehässigkeit *f*.
**ve·nose** ['viːnəʊs] → **venous. ve·nos-
i·ty** [vɪˈnɒsətɪ; *Am.* -ˈnɑ-] *s* **1.** *biol.*
Äderung *f*. **2.** *med.* Venosiˈtät *f*.
**ve·nous** ['viːnəs] *adj* **1.** Venen..., Adern...
**2.** ve'nös: **~ blood. 3.** *bot.* geädert.
**vent** [vent] **I** *s* **1.** (Abzugs)Öffnung *f*,
(Luft)Loch *n*, Schlitz *m*, *zo. a.* Entlüf-
ter(stutzen) *m*, Lüftungsloch *n*: **~ win-
dow** *mot.* Ausstellfenster *n*. **2.** *mus.* Fin-
gerloch *n* (*e-r Flöte etc*). **3.** Spundloch *n*
(*e-s Fasses*). **4.** *hist.* Schießscharte *f*.
**5.** Schlitz *m* (*im Kleid etc*). **6.** *ichth. orn.*
After *m*, Kloˈake *f*. **7.** *zo.* Auftauchen *n*
zum Luftholen (*Otter etc*). **8.** Auslaß *m*:
**to find (a) ~** *fig.* sich entladen (*Gefühle*);
**to give ~ to →** 9. **II** *v/t* **9.** *fig.* a) *e-m Gefühl
etc* freien Lauf lassen, Luft machen, *s-e
Wut etc* auslassen, ˈabreaˌgieren (**on** an
*dat*), b) veröffentlichen, -breiten: **to ~ a
tale. 10.** *tech.* a) e-e Abzugsöffnung *etc*
anbringen an (*dat*), b) *Rauch etc* abziehen
lassen, c) ventiˈlieren. **III** *v/t* **11.** auftau-
chen, zum Luftholen an die Wasserober-
fläche kommen (*Otter etc*). **'vent·age** *s*
**1.** *tech.* kleines (Luft)Loch. **2.** → **vent 2.**
**ven·tail** ['venteɪl] *s* *hist.* Viˈsier *n*.
**ven·ter** ['ventə(r)] *s* **1.** *anat.* a) Bauch
(-höhle *f*) *m*, b) (Muskel- *etc*)Bauch *m*.
**2.** *zo.* (Inˈsekten)Magen *m*. **3.** *jur.* Mut-
ter(leib *m*) *f*: **child of a second ~** Kind *n*
von e-r zweiten Frau.
**'vent·hole** → **vent 1–4, 6.**
**ven·ti·late** ['ventɪleɪt] *v/t* **1.** ventiˈlieren,
(be-, ent-, 'durch)lüften. **2.** *physiol.* Sauer-
stoff zuführen (*dat*). **3.** *chem.* mit Sauer-
stoff versetzen. **4.** *fig.* ventiˈlieren: a) zur
Sprache bringen, erörtern: **to ~ a prob-
lem**, b) äußern: **to ~ a view. 5.** → **vent 9.**
**'ven·ti·lat·ing** *adj* Ventilations..., Lüf-
tungs... **~ brick** *s* *tech.* Entlüftungs-
ziegel *m*. **~ fan** *s* 'Frischluftventiˌla-
tor *m*.
**ven·ti·la·tion** [ˌventɪˈleɪʃn] *s* **1.** Ventila-
ti,on *f*, (Be- *od.* Ent)Lüftung *f* (*beide a. als
Anlage*). **2.** *tech.* a) Luftzuführt *f*, b) Berg-
bau: Bewetterung *f*. **3.** öffentliche Dis-
kussiˈon, (freie) Erörterung. **4.** Äuße-
rung *f*, Entladung *f*: **~ of one's rage.**
**'ven·ti·la·tor** [-tə(r)] *s* *tech.* **1.** Venti-
ˈlator *m*, Lüftungsanlage *f*, Entlüfter *m*: **~
shaft** Lüftungs-, Luftschacht *m*. **2.** *Berg-
bau:* Wetterschacht *m*.
**vent·i·pane** ['ventɪpeɪn] *s* *mot.* Ausstell-
fenster *n*.
**ven·tral** ['ventrəl] *adj* (*adv* **~ly**) *anat.*
venˈtral, Bauch...: **~ fin** *ichth.* Bauchflos-
se *f*.
**ven·tri·cle** ['ventrɪkl] *s* *anat.* (Körper-)
Höhle *f*, Venˈtrikel *m*, (*bes.* Herz-, Hirn-)
Kammer *f*. **ven'tric·u·lar** [-ˈkjʊlə(r)]
*adj* *anat.* **1.** ventrikuˈlär, (Herz)Kam-
mer... **2.** bauchig, Magen...
**ven·tri·lo·qui·al** [ˌventrɪˈləʊkwɪəl] *adj*
(*adv* **~ly**) bauchrednerisch, Bauchrede...
**ven'tril·o·quism** [-ˈtrɪləkwɪzəm] *s*
Bauchrede... **ven'tril·o·quist** *s*
Bauchredner(in). **ven'tril·o·quize**
**I** *v/i* bauchreden. **II** *v/t* bauchrednerisch
sagen. **ven'tril·o·quy** [-kwɪ] *s* Bauch-
reden *n*.
**ˌven·tro'dor·sal** [ˌventrəʊ-] *adj* *anat.*

ventrodor¦sal (*zwischen Bauch u. Rücken gelegen*)).

**ven·ture** [ˈventʃə(r)] **I** s **1.** Wagnis n, Risiko n. **2.** (gewagtes) Unter¦nehmen. **3.** econ. a) (geschäftliches) Unter¦nehmen, Operati¦on f: → **joint venture,** b) Spekulati¦on f: ~ **capital** bes. Am. Risikokapital n, c) schwimmendes Gut (*Ware*). **4.** Spekulati¦onsob¸jekt n. **5.** obs. Glück n. **6. at a ~** a) bei grober Schätzung, b) auf gut Glück, aufs Geratewohl. **II** v/t **7.** ris¦kieren, wagen, aufs Spiel setzen: nothing ~d, nothing had (*od.* gained, won) wer nicht wagt, der nicht gewinnt. **8.** (zu sagen) wagen, äußern: he ~d a remark. **9.** (es) wagen, sich erlauben (to do zu tun): never ~ to oppose him. **III** v/i **10.** ~ (up)on sich an e-e Sache wagen; he ~d on a statement er hatte den Mut, e-e Erklärung abzugeben. **11.** sich (*wohin*) wagen: he ~d too near the edge of the rock and fell down.

**ven·ture·some** [ˈventʃə(r)səm] adj (adv ~ly) waghalsig: a) kühn, verwegen (*Person*), b) gewagt, ris¦kant (*Tat*). **ˈven·ture·some·ness** s Waghalsigkeit f.

**ven·tur·ous** [ˈventʃərəs] → venturesome.

**ven·ue** [ˈvenjuː] s **1.** jur. a) Gerichtsstand m, zuständiger Gerichtsort, Verhandlungsort m, b) Br. zuständige Grafschaft, c) Gerichtsstandsklausel f (*in Verträgen etc*), d) örtliche Zuständigkeit. **2.** Schauplatz m, sport a. Austragungsort m. **3.** Treffpunkt m. **4.** Tagungsort m.

**Ve·nus** [ˈviːnəs] **I** npr **1.** antiq. Venus f (*römische Göttin der Liebe*): Mount of ~ (*Handlesekunst*) Venusberg m. **II** s **2.** Venus f (*schöne Frau; a. paint. etc*). **3.** astr. Venus f (*Planet*). **4.** obs. fig. Liebe f. **5.** Alchimie: Kupfer n. **6.** v~ zo. Venusmuschel f. ~**'s-'shell** [-sɪz] s zo. **1.** Spinnenkopf m (*Meeresschnecke*). **2.** → Venus 6.

**ve·ra·cious** [vəˈreɪʃəs] adj (adv ~ly) **1.** wahrheitsliebend. **2.** wahrheitsgemäß. **veˈra·cious·ness** → veracity.

**ve·rac·i·ty** [vəˈræsətɪ] s **1.** Wahrheitsliebe f. **2.** Richtigkeit f. **3.** Wahrheit f.

**ve·ran·da(h)** [vəˈrændə] s Ve¦randa f.

**ve·ra·trum** [vəˈreɪtrəm] s pharm. Ve¦ratrum n, Nieswurz f.

**verb** [vɜːb; Am. vɜrb] s ling. Verb n, Zeit-, Tätigkeitswort n. **ˈver·bal** [-bl] **I** adj (adv ~ly) **1.** Wort...: ~ criticism (memory, mistake); ~ artist Wortkünstler m; ~ changes Änderungen im Wortlaut. **2.** mündlich: ~ contract (message). **3.** wörtlich, Wort...: → inspiration relig. Verbalinspiration f; ~ note pol. Verbalnote f. **4.** wortgetreu, (wort)wörtlich: ~ copy; ~ translation. **5.** ling. ver¦bal, Verbal..., Verb..., Zeitwort...: ~ noun → 6. **II** s **6.** ling. Ver¦balsubstantiv n. **ˈver·bal·ism** [-bəl-] s **1.** Ausdruck m, Wort n. **2.** Phrase f, leere Worte pl. **3.** bes. ped. Verba¦lismus m. **4.** Wortwahl f, Dikti¦on f. **5.** Wortreichtum m, Langatmigkeit f. **ˈver·bal·ist** s **1.** bes. ped. Verba¦list m. **2.** wortgewandte Per¦son. **ˈver·bal·ize I** v/t **1.** in Worte fassen. **2.** ling. in ein Verb verwandeln. **II** v/i **3.** viele Worte machen.

**ver·ba·tim** [vɜːˈbeɪtɪm; Am. vɜr-] **I** adv ver¦batim, (wort)wörtlich, Wort für Wort. **II** adj (wort)wörtlich: a ~ report. **III** s wortgetreuer Bericht.

**ver·be·na** [vɜːˈbiːnə; Am. vɜr-] s bot. Ver¦bene f.

**ver·bi·age** [ˈvɜːbɪdʒ; Am. ˈvɜr-] s **1.** Wortschwall m. **2.** Wortwahl f, Dikti¦on f.

**ver·bose** [vɜːˈbəʊs; Am. vɜr-] adj (adv ~ly) wortreich, langatmig. **verˈbose·ness,** **verˈbos·i·ty** [-ˈbɒsətɪ; Am.

-¦bɑ-] s Wortreichtum n, Langatmigkeit f.

**ver·dan·cy** [ˈvɜːdənsɪ; Am. ˈvɜr-] s **1.** (frisches) Grün. **2.** fig. Unerfahrenheit f, Unreife f. **ˈver·dant** adj (adv ~ly) **1.** grün, grünend: ~ fields. **2.** grün(lich) (*Farbe*). **3.** fig. ‚grün', unreif: a ~ youth.

**verd an·tique** [ˌvɜːdænˈtiːk; Am. ˌvɜrd-] s **1.** min. a) Ophikal¦zit m, b) a. Oriental ~ grüner Por¦phyr. **2.** Patina f, Edelrost m (*auf Kupfer etc*).

**ver·der·er,** **ver·der·or** [ˈvɜːdərə] s Br. hist. königlicher Forstmeister u. Jagdpfleger.

**ver·dict** [ˈvɜːdɪkt; Am. ˈvɜr-] s **1.** jur. Spruch m der Geschworenen: ~ of not guilty Erkennen n auf „nicht schuldig"; to bring in (*od.* return) a ~ of guilty auf schuldig erkennen; ~ for the defendant (plaintiff) Verneinung f (Bejahung f) des Klageanspruchs; open ~ Wahrspruch, der das Vorliegen e-r Straftat feststellt, jedoch ohne Nennung des Täters; special ~ Feststellung f des Tatbestands (*ohne Schuldspruch*). **2.** fig. Urteil n (on über acc).

**ver·di·gris** [ˈvɜːdɪgrɪs; Am. ˈvɜrdəˌgriːs] s chem. Grünspan m.

**ver·di·ter** [ˈvɜːdɪtə(r); Am. ˈvɜr-] s chem. basisches ¦Kupferkarbo¸nat (*Mineralfarbe*): blue ~ Bergblau n; green ~ Berg-, Erdgrün n.

**ver·dure** [ˈvɜːdʒə; Am. ˈvɜrdʒər] s **1.** (frisches) Grün. **2.** Vegetati¦on f, saftiger Pflanzenwuchs. **3.** fig. Frische f, Kraft f. **ˈver·dured,** **ˈver·dur·ous** → verdant 1.

**verge**[1] [vɜːdʒ; Am. vɜrdʒ] **I** s **1.** meist fig. Rand m, Grenze f: on the ~ of am Rande (gen), dicht vor (dat); on the ~ of bankruptcy kurz vor dem Bankrott; on the ~ of despair (tears) am Rande der Verzweiflung (den Tränen) nahe; on the ~ of a new war am Rande e-s neuen Krieges; on the ~ of doing nahe daran zu tun. **2.** (Beet)Einfassung f, (Gras)Streifen m. **3.** hist. Bereich m, Bannkreis m. **4.** jur. a) Zuständigkeitsbereich m, b) Br. hist. Gerichtsbann m rund um den Königshof. **5.** fig. Spielraum m. **6.** tech. a) überstehende Dachkante, b) Säulenschaft m, c) Spindel f (der Uhrhemmung), d) Zugstab m (e-r Setzmaschine). **7.** (Amts)Stab m (e-s Bischofs, Richters etc). **8.** hist. Belehnungsstab m. **II** v/i **9.** grenzen od. streifen (on an acc) (a. fig.): to ~ on bankruptcy kurz vor dem Bankrott stehen; that ~s on madness das grenzt an Wahnsinn.

**verge**[2] [vɜːdʒ; Am. vɜrdʒ] v/i **1.** sich (¦hin)neigen, sich erstrecken (to, toward[s] nach). **2.** (on, into) sich nähern (dat), übergehen (in acc): dark red verging on purple; he is verging on sixty er geht auf die Sechzig zu.

**ver·gen·cy** [ˈvɜːdʒənsɪ; Am. ˈvɜr-] s opt. Rezi¦prok n der (Linsen)Brennweite.

**ver·ger** [ˈvɜːdʒə; Am. ˈvɜrdʒər] s **1.** Kirchendiener m, Küster m. **2.** bes. Br. (Amts)Stabträger m.

**Ver·gil·i·an** [vɜːˈdʒɪlɪən; Am. vɜr-] adj Ver¦gilisch, des Ver¦gil.

**ve·rid·i·cal** [veˈrɪdɪkl; və-] adj **1.** wahrheitsgemäß. **2.** Parapsychologie: Wahr...: ~ dream.

**ver·i·est** [ˈverɪɪst] adj (sup von very II) obs. äußerst(er, e, es): the ~ child (selbst) das kleinste Kind; the ~ nonsense der reinste Unsinn; the ~ rascal der ärgste od. größte Schuft.

**ver·i·fi·a·ble** [ˈverɪfaɪəbl] adj nachweis-, beweis-, nachprüf-, verifi¦zierbar.

**ver·i·fi·ca·tion** [ˌverɪfɪˈkeɪʃn] s **1.** (Nach)Prüfung f. **2.** Echtheitsnachweis m, Richtigbefund m, Verifi¦zierung f. **3.** Beglaubigung f, Beurkundung f. **4.** Be-

legung f. **5.** jur. Am. eidliche Bestätigung.

**ver·i·fy** [ˈverɪfaɪ] v/t **1.** auf die Richtigkeit hin (nach)prüfen. **2.** die Richtigkeit od. Echtheit (e-r Angabe etc) feststellen od. nachweisen, verifi¦zieren. **3.** e-e Urkunde etc beglaubigen, beurkunden. **4.** beweisen, belegen. **5.** jur. Am. eidlich bestätigen.

**ver·i·ly** [ˈverəlɪ] adv Bibl. wahrlich.

**ver·i·sim·i·lar** [ˌverɪˈsɪmɪlə(r)] adj (adv ~ly) wahr¦scheinlich. **ˌver·i·siˈmil·i·tude** [-¦mɪltjuːd; Am. a. -¦tuːd] s Wahr¦scheinlichkeit f.

**ver·ism** [ˈvɪərɪzəm] s art Ve¦rismus m.

**ver·i·ta·ble** [ˈverɪtəbl] adj (adv veritably) echt, wahr(haft), wirklich.

**ver·i·ty** [ˈverətɪ] s **1.** (Grund)Wahrheit f: the eternal verities die ewigen Wahrheiten. **2.** Wahrheit f. **3.** Wahr¦haftigkeit f: of a ~ wahrhaftig.

**ver·juice** [ˈvɜːdʒuːs; Am. ˈvɜr-] s **1.** Obst-, Traubensaft m (bes. von unreifen Früchten). **2.** fig. (essig)saure Miene.

**ver·meil** [ˈvɜːmeɪl; Am. ˈvɜr-; -ˌmeɪl] **I** s **1.** bes. poet. für vermil(l)ion I. **2.** tech. Ver¦meil n: a) feuervergoldetes Silber od. Kupfer, vergoldete Bronze, b) hochroter Gra¦nat. **II** v/t **3.** hochrot färben. **III** adj **4.** poet. purpur-, scharlachrot.

**ver·mi·cel·li** [ˌvɜːmɪˈselɪ; -ˈtʃelɪ; Am. ˌvɜr-] s pl Vermi¦celli pl, Fadennudeln pl.

**ver·mi·cid·al** [ˌvɜːmɪˈsaɪdl; Am. ˌvɜr-] adj med. pharm. vermi¦zid, wurmtötend. **ˈver·mi·cide** s Vermi¦zid n, Wurmmittel n.

**ver·mic·u·lar** [vɜːˈmɪkjʊlə(r); Am. vɜr-] adj wurmartig, -förmig, Wurm..., biol. a. vermiku¦lar. **verˈmic·u·lat·ed** [-leɪtɪd] adj **1.** wurmstichig, wurmig. **2.** arch. geschlängelt.

**ver·mi·form** [ˈvɜːmɪfɔː(r)m; Am. ˈvɜr-] adj biol. vermi¦form, wurmförmig: ~ appendix anat. Wurmfortsatz m; ~ process → vermis. **ˈver·mi·fuge** [-fjuːdʒ] med. pharm. **I** adj vermi¦fug, wurmabtreibend. **II** s Vermifugum n, wurmabtreibendes Mittel.

**ver·mil·(l)ion** [vəˈmɪljən] **I** s chem. **1.** Zin¦nober m, Mennige f. **2.** Zin¦noberrot n. **II** adj **3.** zin¦noberrot. **III** v/t **4.** mit Zin¦nober färben. **5.** zin¦noberrot färben.

**ver·min** [ˈvɜːmɪn; Am. ˈvɜr-] s (meist als pl konstruiert) **1.** zo. collect. a) Ungeziefer n, b) Schädlinge pl, Para¦siten pl, c) hunt. Raubzeug n. **2.** fig. collect. Geschmeiß n, Pack n.

**ver·mi·nate** [ˈvɜːmɪneɪt; Am. ˈvɜr-] v/i Ungeziefer erzeugen. **ˌver·miˈna·tion** s **1.** med. Verseuchung f mit Ungeziefer. **2.** zo. Erzeugung f von Ungeziefer. **ˈver·min·ous** adj **1.** Ungeziefer... **2.** voll(er) Ungeziefer, verlaust, -wan¸zt, -seucht. **3.** durch Ungeziefer verursacht: ~ disease. **4.** fig. a) schädlich, b) niedrig, gemein.

**ˈver·min-ˌkill·er** s **1.** Kammerjäger m. **2.** Ungeziefervernichtungsmittel n.

**ver·mis** [ˈvɜːmɪs; Am. ˈvɜr-] s anat. Vermis m (des Kleinhirns).

**ver·m(o)uth** [ˈvɜːməθ; bes. Am. və(r)-ˌmuːθ] s Wermut(wein) m.

**ver·nac·u·lar** [vəˈnækjʊlə(r)] **I** adj **1.** einheimisch, Landes...: ~ language → 6. **2.** mundartlich, Volks...: ~ poetry Heimatdichtung f. **3.** med. en¦demisch, lo¦kal: ~ disease. **4.** volkstümlich: the ~ name of a plant. **5.** arch. dem Cha¦rakter des Landes od. der Landschaft angepaßt: ~ building. **II** s **6.** Landes-, Volkssprache f. **7.** Mundart f, Dia¦lekt m. **8.** Jar¦gon m, Fachsprache f. **9.** volkstümlicher od. mundartlicher Ausdruck. **10.** biol. volkstümliche Bezeichnung. **verˈnac·u·lar·ism** → vernacular 9. **verˈnac·u·lar·ize** v/t **1.** Ausdrücke etc ein-

bürgern. **2.** in die Volkssprache *od.* Mundart über'tragen, mundartlich aus-drücken.
**ver·nal** ['vɜ:nl; *Am.* 'vɜrnl] *adj* **1.** Früh-lings...: → **equinox** 1. **2.** *fig. poet.* a) frühlingshaft, b) jugendlich, Jugend... **~ grass** *s bot.* Ruchgras *n.*
**ver·na·tion** [vɜ:'neɪʃn; *Am.* vɜr-] *s bot.* Knospenlage *f.*
**Ver·ner's law** ['vɜ:nəz; *bes. Am.* 'veə(r)-nə(r)z] *s ling.* Vernersches Gesetz.
**ver·ni·cle** ['vɜ:nɪkl; *Am.* 'vɜr-] → **veronica** 2.
**ver·ni·er** ['vɜ:njə; *Am.* 'vɜrnɪər] *s tech.* **1.** Nonius *m* (*Gradteiler*). **2.** Fein(ein)-steller *m,* Verni'er *m.* **~·cal·(l)i·pers** *s pl a.* **pair of ~** *tech.* Schublehre *f* mit Nonius. **~ com·pass** *s surv.* Verni'er-kompaß *m.* **~ ga(u)ge** *s tech.* Tiefenlehre *f* mit Nonius. **~ rock·et** *s* Korrek'tur-triebwerk *n* (*e-r Rakete*).
**ver·nis·sage** [ˌvɜ:nɪ'sɑ:ʒ; *Am.* ˌver-] *s paint.* Vernis'sage *f.*
**Ver·o·nese** [ˌverə'ni:z] **I** *adj* vero'ne-sisch, aus Ve'rona. **II** *s* a) Vero'neser(in), b) *pl* Vero'neser *pl.*
**ve·ron·i·ca** [vɪ'rɒnɪkə; *Am.* və'rɑ-] *s* **1.** *bot.* Ve'ronika *f,* Ehrenpreis *m.* **2.** *a.* **V~** *relig. u. paint.* Schweißtuch *n* der Heiligen Ve'ronika.
**ver·ru·ca** [və'ru:kə] *pl* **-cae** [-si:], **-cas** *s* **1.** *med.* Warze *f.* **2.** *zo.* Höcker *m.* **ver·'ru·ci·form** [-sɪfɔ:(r)m] *adj* warzenför-mig. **ver·ru·cose** [ve'ru:kəʊs; və-] *adj* warzig.
**ver·sant¹** ['vɜ:sənt; *Am.* 'vɜr-; *a.* veər-'sɑ:n] *s geol.* Abdachung *f,* Neigung *f.*
**ver·sant²** ['vɜ:sənt; *Am.* 'vɜr-] *adj* (**with**) ver'siert (in *dat*), vertraut (mit), bewan-dert (in *dat*).
**ver·sa·tile** ['vɜ:sətaɪl; *Am.* 'vɜrsətl] *adj* (*adv* **~ly**) **1.** vielseitig (begabt *od.* gebil-det), wendig, beweglich, gewandt, fle'xi-bel: **a ~ man** (**mind**). **2.** vielseitig (ver-wendbar): **a ~ tool.** **3.** unbeständig, wan-delbar. **4.** *bot. zo.* (frei) beweglich. **ˌver·sa'til·i·ty** [-'tɪlətɪ] *s* **1.** Vielseitigkeit *f,* Wendigkeit *f,* Gewandtheit *f,* geistige Beweglichkeit *f,* Flexibili'tät *f.* **2.** Vielsei-tigkeit *f,* vielseitige Verwendbarkeit *f.* **3.** Unbeständigkeit *f,* Wandelbarkeit *f.* **4.** *bot. zo.* freie Beweglichkeit.
**vers de so·ci·é·té** [ˌveədəsəʊsɪə'teɪ] *s* geistreiche, i'ronische Sa'londichtung.
**verse** [vɜ:s; *Am.* vɜrs] **I** *s* **1.** Vers(zeile *f*) *m:* **a stanza of eight ~s; to cap ~s** um die Wette Verse zitieren. **2.** Vers *m,* Ge-dichtzeile *f:* **some ~s of** the Iliad. **3.** Vers(maß *n*) *m:* **iambic ~.** **4.** (*ohne art*) *collect.* a) Verse *pl,* Gedichte *pl,* b) (Vers-) Dichtung *f,* Poe'sie *f.* **5.** *allg.* Vers *m,* Strophe *f:* **the first ~ of a hymn. 6.** *relig.* (Bibel)Vers *m:* **~ chapter 1. II** *v/t* **7.** in Verse bringen. **8.** in Versen besingen. **III** *v/i* **9.** dichten, Verse machen.
**versed¹** [vɜ:st; *Am.* vɜrst] *adj* (**in** *dat*) bewandert, beschlagen, ver'siert: **to be** (**well**) **~ in** sich (gut) auskennen in (*dat*).
**versed²** [vɜ:st; *Am.* vɜrst] *adj math.* 'um-gekehrt: **~ cosine** Kosinusversus *m.*
**verse dra·ma** *s* Versdrama *n.*
**'verse₁mon·ger** *s* Verseschmied *m.*
**vers·et** ['vɜ:set; *Am.* 'vɜrsət] *s* **1.** *mus.* Ver'sette *f,* Orgelvers *m.* **2.** *obs.* Vers-chen *n.*
**ver·si·cle** ['vɜ:sɪkl; *Am.* 'vɜr-] *s* **1.** *relig.* Ver'sikel *m* (*kurzer Abschnitt der Litur-gie*). **2.** Vers-chen *n.*
**'ver·si₁col·o(u)red** ['vɜ:sɪ-; *Am.* 'vɜr-] *adj* **1.** ~ **varied** 3. **2.** chan'gierend: ~ **cloth.**
**ver·si·fi·ca·tion** [ˌvɜ:sɪfɪ'keɪʃn; *Am.* ˌvɜr-] *s* **1.** Verskunst *f,* Versemachen *n.* **2.** Versbau *m,* Metrum *n.* **'ver·si·fi·er** [-faɪə(r)] *s* **1.** (Vers)Dichter *m.* **2.** Verse-

schmied *m.* **'ver·si·fy** [-faɪ] → **verse** 7–9.
**ver·sion** ['vɜ:ʃn; -ʒn; *Am.* 'vɜr-] *s* **1.** (*a.* 'Bibel)Über₁setzung *f.* **2.** *thea. etc* (Büh-nen- *etc*)Fassung *f,* Bearbeitung *f:* **stage ~. 3.** *fig.* Darstellung *f,* Fassung *f,* Ver-si'on *f,* Lesart *f.* **4.** Spielart *f,* Vari'ante *f.* **5.** *tech.* (*Export- etc*)Ausführung *f,* Mo-'dell *n:* **four-door ~. 6.** *med.* a) Geburts-'hilfe: Wendung *f,* b) Versio *f,* Neigung *f* der Gebärmutter im Beckenraum.
**vers li·bre** [veə(r)'li:brə] *s* freier Vers.
**ver·so** ['vɜ:səʊ; *Am.* 'vɜr-] *pl* **-sos** *s* **1.** *print.* a) Verso *n,* Rückseite *f* e-s Blatts, b) linke Seite e-s Buchs, c) Rückseite *f* e-r Buchdecke *od.* e-s 'Schutz₁umschlags. **2.** Re'vers *m,* Rückseite *f* (*e-r Münze*).
**verst** [vɜ:st; *Am.* vɜrst] *s* Werst *f* (*russi-sches Längenmaß* = *1,067 km*).
**ver·sus** ['vɜ:səs; *Am.* 'vɜr-] *prep jur. sport* gegen, kontra.
**vert¹** [vɜ:t; *Am.* vɜrt] *s* **1.** *jur. Br. hist.* a) Dickicht *n,* b) Holzungsrecht *n.* **2.** *her.* Grün *n.*
**vert²** [vɜ:t; *Am.* vɜrt] *relig. colloq.* **I** *v/i* 'übertreten, konver'tieren. **II** *s* Konver-'tit(in).
**ver·te·bra** ['vɜ:tɪbrə; *Am.* 'vɜr-] *pl* **-brae** [-bri:; -breɪ], **-bras** *s anat.* **1.** (Rücken-) Wirbel *m.* **2.** *pl* Wirbelsäule *f,* Rückgrat *n.* **'ver·te·bral** [-brəl] *adj anat.* **1.** verte'bral, Wir-bel(säulen)...: **~ column** Wirbelsäule *f.* **2.** mit Wirbel(n) (versehen).
**ver·te·brate** ['vɜ:tɪbrət; -breɪt; *Am.* 'vɜr-] **I** *s* **1.** *zo.* Wirbeltier *n.* **II** *adj* **2.** ~ **vertebral** 2. **3.** mit e-r Wirbelsäule (ver-sehen), Wirbel... **4.** *zo.* zu den Wirbeltie-ren gehörig. **5.** *fig.* festgefügt, gediegen. **'ver·te·brat·ed** [-breɪtɪd] → **verte-brate** II. **ˌver·te'bra·tion** *s* **1.** Wirbel-bildung *f.* **2.** *fig.* Rückgrat *n.*
**vertebro-** ['vɜ:tɪbrəʊ; *Am.* vɜr-] *Wortele-ment mit der Bedeutung* Wirbel...
**ver·tex** ['vɜ:teks; *Am.* 'vɜr-] *pl* **-ti·ces** [-tɪsi:z] *s* **1.** *anat.* Scheitel *m.* **2.** *math.* Scheitel(punkt) *m,* Spitze *f* (*beide a. fig.*). **3.** *astr.* a) Ze'nit *m,* b) Vertex *m.* **4.** *fig.* Gipfel *m.*
**ver·ti·cal** ['vɜ:tɪkl; *Am.* 'vɜr-] **I** *adj* (*adv* **~ly**) **1.** senk-, lotrecht, verti'kal: ~ **clear-ance** *tech.* lichte Höhe; ~ **drill** Senk-recht-, Vertikalbohrmaschine *f;* ~ **engine** *tech.* stehender Motor; ~ **file** Hängeregistratur *f;* ~ **section** *arch.* Auf-riß *m;* ~ **stabilizer** *aer.* Seitenflosse *f;* ~ **takeoff** *aer.* Senkrechtstart *m;* ~**-take-off aircraft** Senkrechtstarter *m.* **2.** *astr. math.* Scheitel...: ~ **angle;** ~ **circle** Verti-kalkreis *m;* ~ **plane** Vertikalebene *f.* **3.** *econ. sociol.* verti'kal: ~ **trust;** ~ **com-bination** (*od.* **integration**) Vertikalver-flechtung *f;* ~ **mobility** vertikale Mobi-lität. **4.** *mil.* Umfassung *etc* aus der Luft: ~ **envelopment. II** *s* **5.** Senkrechte *f.* **ˌver·ti'cal·i·ty** [-'kælətɪ] *s* **1.** senkrech-te Lage *od.* Stellung, Vertikali'tät *f.* **2.** *astr.* Ze'nitstellung *f.*
**ver·ti·ces** ['vɜ:tɪsi:z; *Am.* 'vɜr-] *pl von* **vertex.**
**ver·ti·cil** ['vɜ:tɪsɪl; *Am.* 'vɜr-] *s bot. zo.* Quirl *m,* Wirtel *m.* **ver·tic·il·late** [vɜ:'tɪsɪlɪt; -leɪt; *Am.* ˌvɜrtə'sɪlət], **ver-'tic·il·lat·ed** [-leɪtɪd] *adj bot. zo.* quirl-ständig: ~ **leaves.**
**ver·tic·i·ty** [vɜ:'tɪsətɪ; *Am.* 'vɜr-] *s phys.* Richtkraft *f* (*e-r Magnetnadel etc*).
**ver·tig·i·nous** [vɜ:'tɪdʒɪnəs; *Am.* 'vɜr-] *adj* (*adv* **~ly**) **1.** wirbelnd. **2.** schwind(e)lig, Schwindel... **3.** schwindelerregend, schwindelnd: ~ **height. 4.** *fig.* unstet, flatterhaft.
**ver·ti·go** ['vɜ:tɪgəʊ; *Am.* 'vɜr-] *pl* **-goes,** **-tig·i·nes** [-'tɪdʒɪni:z] *s med.* Schwin-del(gefühl *n,* -anfall *m*) *m.*
**ver·tu** → **virtu.**

**ver·vain** ['vɜ:veɪn; *Am.* 'vɜr-] *s bot.* Eisenkraut *n.*
**verve** [vɜ:v; *Am.* vɜrv] *s* (künstlerische) Begeisterung, Schwung *m,* Feuer *n,* Verve *f.*
**ver·y** ['verɪ] **I** *adv* **1.** sehr, äußerst, au-ßerordentlich: ~ **good** a) sehr gut, b) ein-verstanden, sehr wohl; ~ **well** a) sehr gut, b) meinetwegen, na schön. **2.** ~ **much** (*in Verbindung mit Verben*) sehr, außeror-dentlich: **I was ~ much pleased. 3.** (*vor sup*) aller...: **the ~ last drop** der allerletzte Tropfen. **4.** völlig, ganz: **you may keep it for your ~ own** du darfst es ganz für dich behalten. **II** *adj* **5.** gerade, genau: **the ~ opposite** genau das Gegen-teil; **the ~ thing** genau *od.* gerade das (Richtige). **6.** bloß: **the ~ fact** of his presence; **the ~ thought** der bloße Gedanke, schon der Gedanke. **7.** rein, pur, schier: **from ~ egoism; the ~ truth** die reine Wahrheit. **8.** eigentlich, wahr, wirklich: ~ **God of ~ God** *Bibl.* wahrer Gott vom wahren Gott; **the ~ heart of the matter** der (eigentliche) Kern der Sache. **9.** (*nach* **this, that, the**) (der-, die-, das)'selbe, (der, die, das) gleiche *od.* näm-liche: **that ~ afternoon; the ~ same words. 10.** besonder(er, e, es): **the ~ essence of truth. 11.** schon, selbst, so-'gar: **his ~ servants. ~·high fre·quen-cy** *s electr.* 'Hochfre₁quenz *f,* Ultra'kurz-welle *f,* UK'W-Fre₁quenz *f.* **ˌ~·high-'fre·quen·cy** *adj* Ultrakurzwellen..., UKW-... **V~ light** ['vɪərɪ; 'verɪ] *s mil.* 'Leuchtpa₁trone *f.* **low fre·quen·cy** *s electr.* 'Längstwellenfre₁quenz *f.* **V~ pis·tol** ['vɪərɪ; 'verɪ] *s mil.* 'Leucht-pi₁stole *f.* **V~'s night sig·nals** ['vɪərɪz; 'verɪz] *s pl mil.* Si'gnalschießen *n* mit 'Leuchtmuniti₁on.
**ves·i·ca** ['vesɪkə; *Am. a.* və'si:kə; -'saɪ-] *pl* **-cae** [-si:; *Am.* və'si:₁kaɪ; -'saɪki:] (*Lat.*) *s* **1.** *anat. zo.* (Harn-, Gallen-, *ichth.* Schwimm)Blase *f.* **2.** *biol.* Blase *f,* Zyste *f.*
**ves·i·cal** ['vesɪkl] *adj* Blasen...
**ves·i·cant** ['vesɪkənt] **I** *adj* **1.** *pharm.* blasenziehend. **II** *s* **2.** *pharm.* blasenzie-hendes Mittel, Zugpflaster *n,* Vesikans *n.* **3.** *chem. mil.* ätzender Kampfstoff. **'ves-i·cate** [-keɪt] **I** *v/i* Blasen ziehen. **II** *v/t* Blasen erzeugen auf (*dat*): ~ **to the skin.** **ˌves·i'ca·tion** *s* **1.** Blasenbildung *f.* **2.** Blase *f.* **'ves·i·ca·to·ry** [-keɪtərɪ; *Am.* -kə₁təʊri:; ₁tɔ:-] → **vesicant.**
**ves·i·cle** ['vesɪkl] *s* Bläs-chen *n.*
**ve·sic·u·lar** [ve'sɪkjʊlə(r)] *adj anat.* **1.** (Lungen)Bläs-chen..., Blasen... **2.** blasen-förmig, blasig. **3.** → **vesiculate. ve'sic-u·late** [-lət] *adj* blasig, Bläs-chen auf-weisend. **ve₁sic·u'la·tion** *s* Bläs-chen-bildung *f.*
**ves·per** ['vespə(r)] *s* **1.** **V~** *astr.* Abend-stern *m.* **2.** *poet.* Abend *m.* **3.** *relig.* a) *oft pl* Vesper *f,* Abendgottesdienst *m,* -andacht *f,* b) *a.* ~ **bell** Abendglocke *f,* -läuten *n.* **4.** *pl* R.C. Vesper *f* (*Abendgebet des Breviers*).
**ves·per·tine** ['vespə(r)taɪn; *a.* ˌves-per'ti·nal** [-taɪnl] *adj* **1.** *poet.* abend-lich, Abend... **2.** *bot.* sich am Abend öffnend (*Blüten*). **3.** *zo.* sich am Abend zeigend. **4.** *astr.* nach der Sonne 'unter-gehend (*Planeten*).
**ves·pi·ar·y** ['vespɪərɪ; *Am.* -pi:₁eri:] *s zo.* Wespennest *n.* **ves·pine** [-paɪn] *adj* wespenartig, Wespen...
**ves·sel** ['vesl] *s* **1.** Gefäß *n* (*a. anat. bot.*). **2.** *mar.* Schiff *n,* Wasserfahrzeug *n.* **3.** *aer.* Luftschiff *n.* **4.** *fig. bes. Bibl.* Gefäß *n,* Werkzeug *n:* **chosen ~** auserwähltes Rüst-zeug; **weak ~** ₁unsicherer Kantonist'; **weaker ~** schwächeres Werkzeug (*Weib*).
**vest** [vest] **I** *s* **1.** *Br. econ. od. Am.* (Her-ren)Weste *f.* **2.** a) Damenweste *f,* b) Ein-

satz(weste *f*) *m* (*in Damenkleidern*). **3.** *bes. Br.* ¹Unterhemd *n*. **4.** a) (Damen)Hemd *n*, b) ¹Unterziehjacke *f*. **5.** *hist.* Wams *n*. **6.** *poet.* Gewand *n*. **II** *v/t* **7.** *bes. relig.* bekleiden (**with** mit). **8.** (**with**) *fig.* *j-n* ausstatten, bekleiden (mit *Befugnissen etc*), bevollmächtigen, *j-n* einsetzen (in *Eigentum, Rechte etc*). **9.** *ein Recht etc* über¹tragen *od.* verleihen (**in** s.o. *j-m*): **~ed interest** (**in**) a) sicher begründetes Anrecht (auf *acc*), b) persönliches *od.* ureigenes *od.* monopolistisches Interesse (an *dat*); **~ed interests** maßgebliche Kreise, (einflußreiche) Geschäfts- u. Finanzgrößen, Interessengruppen (*e-r Stadt etc*). **10.** *jur. bes. Am.* Feindvermögen beschlagnahmen: **~ing order** Beschlagnahmeverfügung *f*. **III** *v/i* **11.** ¹übergehen (**in** auf *acc*): **the estate ~s in the heir at law. 12.** (**in**) zustehen (*dat*), liegen (**bei**): **the power of sentence ~s in the courts. 13.** *bes. relig.* sich bekleiden.

**Ves·ta** [¹vestə] **I** *npr* **1.** *antiq.* Vesta *f* (*römische Göttin des Herdfeuers*). **II** *s* **2.** *astr.* Vesta *f* (*Planetoid*). **3. v~**, *a.* **v~ match** kurzes Streichholz.

**ves·tal** [¹vestl] **I** *adj* **1.** *antiq.* ve¹stalisch: **~ virgin** vestalische Jungfrau, Vestalin *f*. **2.** keusch, rein. **II** *s* **3.** *antiq.* Ve¹stalin *f*. **4.** Jungfrau *f*. **5.** Nonne *f*.

**ves·ti·ar·y** [¹vestiəri; *Am.* -ti₁eri:] *s hist.* Kleiderkammer *f* (*in Klöstern*).

**ves·tib·u·lar** [ve¹stɪbjʊlə(r)] *adj* **1.** Vorhallen... **2.** *anat.* vestibu¹lär.

**ves·ti·bule** [¹vestɪbju:l] *s* **1.** (Vor)Halle *f*, Vorplatz *m*, Vesti¹bül *n*. **2.** *rail. Am.* (Har¹monika)Verbindungsgang *m*. **3.** *anat.* Vorhof *m*. **~ car** *s Am.* Eisenbahnwagen *m* mit (Har¹monika)Verbindungsgang. **~ school** *s Am.* Lehrwerkstatt *f* (*e-s Industriebetriebs*). **~ train** *s Am.* Zug *m* mit (Har¹monika)Verbindungsgängen.

**ves·tige** [¹vestɪdʒ] *s* **1.** *obs. od. poet.* (Fuß)Spur *f*, Fährte *f*. **2.** *bes. fig.* Spur *f*, ¹Überrest *m*, -bleibsel *n*. **3.** *fig.* (*geringe*) Spur, (*ein*) bißchen: **not a ~ of truth** kein Körnchen Wahrheit. **4.** *biol.* Rudi¹ment *n*, verkümmertes Or¹gan *od.* Glied.

**ves·tig·i·al** [ve¹stɪdʒɪəl] *adj* **1.** spurenhaft, restlich. **2.** *biol.* rudimen¹tär, verkümmert.

**ves·ti·ture** [¹vestɪtʃə(r); *Am. a.* -tə₁tʃʊər] *s zo.* Kleid *n*.

**vest·ment** [¹vestmənt] *s* **1.** Amtstracht *f*, Robe *f*, *a. relig.* Or¹nat *m*. **2.** *relig.* Meßgewand *n*. **3.** Gewand *n*, Kleid *n* (*beide a. fig.*).

**ı vest-¹pock·et** *adj bes. Am.* im ¹Westentaschenfor₁mat, Klein..., Miniatur..., Westentaschen...

**ves·try** [¹vestrɪ] *s relig.* **1.** Sakri¹stei *f*. **2.** Bet-, Gemeindesaal *m*. **3.** (*Art*) Kirchenvorstand *m* (*in der anglikanischen und amer. Episkopalkirche*). **4.** *Br.* a) *a.* **common ~**, **~ general ~**, **~ ordinary ~** Gemeindesteuerpflichtige *pl*, b) *a.* **select ~** Kirchenvorstand *m*. **~ clerk** *s Br.* Rechnungsführer *m* der Kirchengemeinde. **¹~man** [-mən] *s irr relig.* Kirchenälteste(r) *m*.

**ves·ture** [¹vestʃə(r)] *s obs. od. poet.* a) Gewand *n*, Kleid(ung *f*) *n*, b) Hülle *f* (*a. fig.*), Mantel *m*.

**ve·su·vi·an** [vɪ¹su:vjən; və-; -vɪən] **I** *adj* **1. V~** *geogr.* ve¹suvisch. **2.** vul¹kanisch. **II** *s* **3. ~ vesuvianite. 4.** *obs.* Windstreichhölzchen *n*. **ve¹su·vi·an·ite** [-naɪt] *s min.* Vesuvi¹an *m*, Ido¹kras *m*.

**vet¹** [vet] *colloq.* **I** *s* **1.** *collog.* veterinary I. **II** *v/t* **2.** *Tiere* unter¹suchen *od.* behandeln. **3.** *humor. j-n* verarzten. **4.** *fig. a*) *j-n* auf Herz u. Nieren prüfen, *etwas* genau prüfen, b) *j-n* (po¹litisch *od.* auf Sicherheitsrisiken) über¹prüfen.

**vet²** [vet] *Am. colloq. für* veteran.

**vetch** [vetʃ] *s bot.* Wicke *f*. **¹vetch·ling** [-lɪŋ] *s bot.* Platterbse *f*.

**vet·er·an** [¹vetərən; -trən] **I** *s* **1.** Vete¹ran *m*: a) alter Sol¹dat *od.* Beamter *etc*, b) *mil. Am.* ehemaliger Frontkämpfer *od.* Kriegsteilnehmer: **V~s Day** Jahrestag *m* des Waffenstillstandes von 1918 u. 1945. **2.** *fig.* ,alter Hase‘, erfahrener Mann. **II** *adj* **3.** (im Dienst) ergraut, altgedient. **4.** kampferprobt: **~ troops. 5.** *fig.* erfahren: **~ golfer. 6.** lang(jährig): **~ service. 7. ~ car** *mot. Br.* Oldtimer *m* (*vor 1919, bes. vor 1905*).

**vet·er·i·nar·i·an** [₁vetərən¹eri:ən] *Am. für* veterinary I.

**vet·er·i·nar·y** [¹vetərɪnərɪ; -trɪ-; *Am.* -tərən₁eri:; -trən-] **I** *s* Tierarzt *m*, Veteri¹när *m*. **II** *adj* tierärztlich, Veterinär...: **~ medicine** (*od.* **science**) Veterinär-, Tiermedizin *f*, Tierheilkunde *f*; **~ surgeon** *Br.* → I.

**ve·to** [¹vi:təʊ] **I** *pl* **-toes** *s* **1.** *pol.* Veto *n*, Einspruch *m*: **to put a** (*od.* **one's**) **~** (**up**)**on → 4. 2.** *a.* **~ power** *pol.* Veto-, Einspruchsrecht *n*. **3.** *pol.* Ausübung *f* des Vetos: **~ message** *Am.* Vetobegründung *f*. **II** *v/t* **4.** *pol.* sein Veto einlegen gegen, Einspruch erheben gegen. **5.** ablehnen, die Zustimmung verweigern für, unter¹sagen, verbieten.

**vet·ting** [¹vetɪŋ] *s collog.* (¹Sicherheits-) Über₁prüfung *f*.

**vex** [veks] *v/t* **1.** ärgern, belästigen, aufbringen, irri¹tieren: → **vexed. 2.** (*a. körperlich*) quälen, bedrücken, beunruhigen. **3.** schika¹nieren. **4.** *j-n* verwirren, *j-m* ein Rätsel sein. **5.** *obs. od. poet.* peitschen, aufwühlen: **to ~ the waves. vex·a·tion** *s* **1.** Ärger *m*, Verdruß *m*. **2.** Belästigung *f*, Plage *f*, Qual *f*. **3.** Schi¹kane *f*. **4.** Beunruhigung *f*, Sorge *f*, Kummer *m*. **vex·a·tious** *adj* (*adv* **~ly**) **1.** lästig, verdrießlich, ärgerlich, leidig. **2.** *jur.* schika¹nös: **a ~ suit. vex·a·tious·ness** *s* Ärgerlich-, Verdrießlich-, Lästigkeit *f*. **vexed** [vekst] *adj* **1.** ärgerlich (**at** *s.th.*, **with** *s.o.* über *acc*). **2.** a) beunruhigt, geängstigt, b) gepeinigt (**with** durch, von). **3.** (¹viel-)um₁stritten, strittig: **~ question. ¹vex·ed·ly** [-ɪdlɪ] *adv.* **¹vex·ing** *adj* (*adv* **~ly**) → **vexatious 1.**

**vi·a** [¹vaɪə; *Am. a.* ¹vi:ə] (*Lat.*) **I** *prep* **1.** via, über (*acc*): **~ New York. 2.** *bes. Am.* durch, mit Hilfe (*gen*), mittels: **~ the mass media;** **~ air mail** per Luftpost. **II** *s* **3.** Weg *m*: **~ media** *fig.* Mittelweg *m* *od.* -ding *n*.

**vi·a·bil·i·ty** [₁vaɪə¹bɪlətɪ] *s biol. u. fig.* Lebensfähigkeit *f*: **economic ~** Eigenwirtschaftlichkeit *f*. **¹vi·a·ble** *adj* lebensfähig: **~ child;** **~ industry.**

**vi·a·duct** [¹vaɪədʌkt] *s* Via¹dukt *m, n*.

**vi·al** [¹vaɪəl; vaɪl] *s* (Glas)Fläschchen *n*, Phi¹ole *f*: **to pour out the ~s of wrath** (**upon**) *Bibl. u. fig.* die Schalen des Zornes ausgießen (über *acc*).

**vi·am·e·ter** [vaɪ¹æmɪtə(r)] → hodometer.

**vi·ands** [¹vaɪəndz] *s pl* **1.** Lebensmittel *pl, bes.* Köstlichkeiten *pl.* **2.** (¹Reise)Provi₁ant *m*.

**vi·at·i·cum** [vaɪ¹ætɪkəm; *Am. a.* vi:-] *pl* **-ca** [-kə], **-cums** *s* **1.** a) Reisegeld *n*, b) Wegzehrung *f*. **2.** *R.C.* Vi¹atikum *n* (*bei der Letzten Ölung gereichte Eucharistie*).

**vibes** [vaɪbz] *s pl colloq.* **1.** (*meist als sg konstruiert*) *mus.* Vibra¹phon *n*. **2.** a) Atmo¹sphäre *f* (*e-s Orts etc*), b) Ausstrahlung *f* (*e-r Person*): **I get good ~ from her** sie hat e-e anziehende Wirkung auf mich; **he gives me bad ~** ,er macht mich ganz fertig‘.

**vib·ist** [¹vaɪbɪst] *s mus. colloq.* Vibrapho¹nist *m*.

**vi·bran·cy** [¹vaɪbrənsɪ] *s* Reso¹nanz *f*, Schwingen *n*.

**vi·brant** [¹vaɪbrənt] *adj* **1.** vi¹brierend: a) schwingend (*Saiten etc*), b) laut schallend (*Ton*). **2.** zitternd, bebend (**with** vor *dat*): **~ with passion. 3.** pul¹sierend (**with** von): **~ cities. 4.** kraftvoll, lebensprühend: **a ~ personality. 5.** erregt, aufgewühlt: **~ feelings. 6.** *ling.* stimmhaft (*Laut*).

**vi·bra·phone** [¹vaɪbrəfəʊn] *s mus.* Vibra¹phon *n*. **¹vi·bra·phon·ist** *s* Vibrapho¹nist *m*.

**vi·brate** [vaɪ¹breɪt; *Am.* ¹vaɪ₁breɪt] **I** *v/i* **1.** vi¹brieren: a) zittern (*a. phys.*), b) (nach-)klingen, (-)schwingen (*Ton*). **2.** pul¹sieren (**with** von). **3.** zittern, beben (**with** vor): **to ~ with passion. 4.** *fig.* schwanken: **he ~d between two opinions. II** *v/t* **5.** in Schwingungen versetzen. **6.** vi¹brieren *od.* schwingen *od.* zittern lassen, rütteln, schütteln. **7.** durch Schwingung messen *od.* angeben: **a pendulum vibrating seconds. vi·brat·ing** *adj* → **vibrant** 1 *u.* 4: **~ capacitor** *electr.* → **capacitor** *m*; **~ electrode** Zitterelektrode *f*; **~ screen** *tech.* Schüttelsieb *n*; **~ table** *tech.* Rütteltisch *m*.

**vi·bra·tile** [¹vaɪbrətaɪl; *Am. a.* -tl] *adj* **1.** schwingungsfähig. **2.** vi¹brierend, Zitter..., Schwingungs...

**vi·bra·tion** [vaɪ¹breɪʃn] *s* **1.** Schwingen *n*, Vi¹brieren *n*, Zittern *n*. **2.** *phys.* Vibrati¹on *f*: a) Schwingung *f*, b) Oszillati¹on *f*: **amplitude of ~** Amplitude *f*, Schwingungsweite *f*; **~ damping** schwingungsdämpfend. **3.** *fig.* a) Schwanken *n*, b) Pul¹sieren *n*. **4.** *pl colloq.* → **vibes** 2. **vi¹bra·tion·al** [-ʃənl] *adj* Schwingungs..., Vibrations...

**vi·bra·to** [vɪ¹brɑːtəʊ] *pl* **-tos** *s mus.* Vi¹brato *n*.

**vi·bra·tor** [vaɪ¹breɪtə; *Am.* ¹vaɪ₁breɪtər] *s* **1.** *tech.* Vi¹brator *m*, ¹Rüttelappa₁rat *m*, Schüttelprüfgerät *n*. **2.** *med.* Vi¹brator *m*. **3.** *electr.* a) Summer *m*, b) Zerhacker *m*. **4.** *print.* schwingende Farbwalze. **5.** *mus.* Zunge *f*, Blatt *n*. **vi·bra·to·ry** [¹vaɪbrətərɪ; *Am.* -₁təʊri:; -₁tɔːri:] *adj* **1.** schwingungsfähig. **2.** vi¹brierend, schwingend, Schwing... **3.** Vibrations..., Schwingungs...

**vi·bris·sa** [vaɪ¹brɪsə] *pl* **-sae** [-si:] *s meist pl zo.* **1.** Sinneshaar *n*. **2.** *orn.* borstenartige Feder (*am Schnabel*).

**vi·bro·graph** [¹vaɪbrəʊɡrɑːf; *Am.* -brə₁ɡræf] *s tech.* Vibro¹graph *m*, Schwingungsaufzeichner *m*. **vi¹bron·ic** [-¹brɒnɪk; *Am.* -¹brɑ-] *adj tech.* (elek¹tronisch) schwingend.

**vic** [vɪk] *s aer. Br. sl.* V-förmiger Verband (*Flugzeugformation*).

**vic·ar** [¹vɪkə(r)] *s relig.* **1.** *Anglikanische Kirche:* Vi¹kar *m*: a) (¹Unter)Pfarrer *m*, b) *Vertreter der religiösen Gemeinschaft, die den Zehnten erhält*, c) *Pfarrer, der nur die kleineren Zehnten erhält:* **clerk ~, lay ~, secular ~** Laie, der Teile der Liturgie singt; **~ choral** Chorvikar, der Teile der Messe singt; **~ of Bray** *fig.* Opportunist *m*. **2.** *Protestantische Episkopalkirche in den USA:* a) *Geistlicher, der e-e von der Hauptkirche der Gemeinde abhängige Kirche betreut*, b) Stellvertreter *m* des Bischofs. **3.** *R.C.* **cardinal ~** Kardi¹nalvi₁kar *m*, b) Stellvertreter *m* des Pfarrers mit richterlicher Gewalt, c) **V~ of** (**Jesus**) **Christ** Statthalter *m* Christi (auf Erden) (*Papst*); **apostolic ~, ~ apostolic** Apo¹stolischer Vikar. **4.** Ersatz *m* (*a. Person*). **¹vic·ar·age** *s* **1.** Pfarrhaus *n*. **2.** Pfarrpfründe *f*. **3.** Vikari¹at *n* (*Amt des Vikars*). **₁vic·ar-¹gen·er·al** *pl* **₁vic·ars-¹gen·er·al** *s relig.* Gene¹ralvi₁kar *m*.

**vi·car·i·ate** [vɪ¹keərɪɪt; vaɪ-] *s* **1.** *relig.*

Vikari'at *n*, Vi'karsamt *n*. **2.** *Regierungs-od. Verwaltungsbehörde unter e-m Stellvertreter.*

**vi·car·i·ous** [vɪˈkeərɪəs; vaɪ-] *adj* (*adv* ~**ly**) **1.** stellvertretend: ~ **authority. 2.** stellvertretend, für andere voll'bracht *od.* erlitten: ~ **sufferings of Christ. 3.** mit-, nachempfunden, *Erlebnis etc* aus zweiter Hand.

**'vic·ar·ship** *s* Vikari'at *n*.

**vice¹** [vaɪs] *s* **1.** Laster *n*: a) Untugend *f*, b) schlechte Angewohnheit, c) **V**~ *thea. hist.* (*das*) Laster (*als Allegorie*). **2.** Laster-haftigkeit *f*, Verderbtheit *f*: ~ **squad** Sittenpolizei *f*, -dezernat *n*. **3.** *fig.* Mangel *m*, Fehler *m* (*beide a. jur.*). **4.** *fig.* Verirrung *f*, Auswuchs *m*. **5.** *obs.* (körperlicher) Fehler, Gebrechen *n*. **6.** Unart *f* (*e-s Pferdes*).

**vice²** [vaɪs] *tech. bes. Br.* **I** *s* Schraubstock *m*. **II** *v/t* einspannen.

**vi·ce³** ['vaɪsɪ] *prep* an Stelle von (*od. gen*).

**vice⁴** [vaɪs] *s colloq.* ,Vize' *m* (*abbr. für* **vice admiral, vice-chairman**, *etc*).

**vice-** [vaɪs] *Vorsilbe mit der Bedeutung* stellvertretend, Vize...

**vice|ad·mi·ral** *s mar.* 'Vizeadmi,ral *m*. ~**'chair·man** *s irr* stellvertretender Vorsitzender, 'Vizepräsi,dent *m*. ~**-'chan·cel·lor** *s* **1.** *pol.* Vizekanzler *m*. **2.** *univ. Br.* geschäftsführender Rektor. ~**'ge·rent** [-'dʒerənt; *Am.* -'dʒɪ-] **I** *s* Stellvertreter *m*: **God's** ~ Statthalter *m* Gottes. **II** *adj* stellvertretend. ~**'gov·er·nor** *s* 'Vizegouver,neur *m*.

**vi·cen·ni·al** [vaɪˈsenjəl; -nɪəl] *adj* **1.** zwanzigjährig, zwanzig Jahre dauernd *od.* um'fassend. **2.** zwanzigjährlich ('wiederkehrend), alle zwanzig Jahre stattfindend.

**vice|-'pres·i·dent** *s* 'Vizepräsi,dent *m*: a) stellvertretender Vorsitzender, b) *econ. Am.* Di'rektor *m*, Vorstandsmitglied *n*. ~**'re·gal** *adj* des *od.* e-s Vizekönigs, vizeköniglich. ~**'reine** [,-'reɪn; *bes. Am.* '-reɪn] *s* **1.** Gemahlin *f* des Vizekönigs. **2.** Vizekönigin *f*.

**vice·roy** ['vaɪsrɔɪ] *s* Vizekönig *m*. ,**vice-'roy·al** *s* viceregal. ,**vice'roy·al·ty**, *a.* '**vice·roy·ship** *s* **1.** Amt(szeit *f*) *n od.* Würde *f* e-s Vizekönigs. **2.** Reich *n od.* Gebiet *n* e-s Vizekönigs.

**vi·ce ver·sa** [,vaɪsɪˈvɜːsə; *Am.* -'vɜr-] (*Lat.*) *adv* vice versa, 'umgekehrt.

**Vi·chy (wa·ter)** ['viːʃiː] *s* **1.** Vichywasser *n*. **2.** *allg.* Mine'ralwasser *n*.

**vic·i·nage** ['vɪsɪnɪdʒ] → **vicinity**. '**vic·i·nal** *adj* benachbart, 'umliegend, nah.

**vi·cin·i·ty** [vɪˈsɪnətɪ] *s* **1.** Nähe *f*, Nachbarschaft *f*, kurze Entfernung: **in close** ~ **to** in unmittelbarer Nähe von (*od. gen*); **in the** ~ **of** 40 *fig.* um die 40 herum. **2.** Nachbarschaft *f*, (nähere) Um'gebung: **the** ~ **of London**.

**vi·cious** ['vɪʃəs] *adj* (*adv* ~**ly**) **1.** lasterhaft, verderbt, 'unmo,ralisch. **2.** verwerflich: ~ **habit. 3.** bösartig, boshaft, tückisch, gemein: a ~ **tongue** e-e böse Zunge. **4.** heftig, wild: a ~ **blow. 5.** fehler-, mangelhaft (*beide a. jur.*): ~ **manuscript**; ~ **style** schlechter Stil. **6.** *colloq.* böse, scheußlich, fürchterlich, ekelhaft: a ~ **headache. 7.** bösartig, bissig (*Tier*). **8.** *obs.* schädlich: ~ **air**. ~**cir·cle** *s* **1.** Circulus *m* viti'osus, Teufelskreis *m*. **2.** *philos.* Zirkel-, Trugschluß *m*.

**'vi·cious·ness** *s* **1.** Lasterhaftigkeit *f*, Verderbtheit *f*. **2.** Verwerflichkeit *f*. **3.** Bösartigkeit *f*, Gemeinheit *f*. **4.** Fehlerhaftigkeit *f*. **5.** Unarten *pl*.

**vi·cis·si·tude** [vɪˈsɪsɪtjuːd; *Am.* ,-ˈtuːd] *s* **1.** Wandel *m*, Wechsel *m*, (Ver)Änderung *f*. **2.** *pl* Wechselfälle *pl*, (*das*) Auf u. Ab: **the** ~**s of life. 3.** *pl* Schicksalsschläge

---

*pl.* **vi,cis·si'tu·di·nous** [-dɪnəs] *adj* wechselvoll.

**vic·tim** ['vɪktɪm] *s* **1.** Opfer *n*: a) (Unfall-*etc*)Tote(r *m*) *f*, b) Leidtragende(r *m*) *f*, c) Betrogene(r *m*) *f*: ~ **of his ambition**; **war** ~ Kriegsopfer; ~ **of circumstances** Opfer der Verhältnisse; **to fall** ~ **to** zum Opfer fallen (*dat*). **2.** Opfer(tier) *n*, Schlachtopfer *n*. ,**vic·tim·i'za·tion** [-maɪˈzeɪʃn; *Am.* -məˈz-] *s* **1.** Opferung *f*. **2.** Schika'nierung *f*. **3.** Betrug *m*. '**vic·tim·ize** *v/t* **1.** *j-n* (auf)opfern. **2.** quälen, schika'nieren, belästigen. **3.** betrügen, prellen. **4.** (ungerechterweise) bestrafen.

,**vic·tim·ol·o·gy** [-'mɒlədʒɪ; *Am.* -'mɑ-] *s* Viktimolo'gie *f* (*Teilgebiet der Kriminologie, das die Beziehungen zwischen Täter u. Opfer untersucht*).

**vic·tor** ['vɪktə(r)] **I** *s* Sieger(in). **II** *adj* siegreich, Sieger...

**vic·to·ri·a** [vɪkˈtɔːrɪə; *Am. a.* -'təʊ-] *s* **1.** Vik'toria *f* (*zweisitziger Kutschwagen*). **2.** *bot.* Vic'toria *f* regia (*Seerosengewächs*). **V**~ **Cross** *s* Vik'toriakreuz *n* (*brit. Tapferkeitsauszeichnung*).

**Vic·to·ri·an** [vɪkˈtɔːrɪən; *Am. a.* -'təʊ-] **I** *adj* **1.** Viktori'anisch: ~ **Age**, ~ **Era**, ~ **Period** Viktorianisches Zeitalter; ~ **Order** Viktoriaorden *m* (*gestiftet 1896*). **2.** viktori'anisch: a) *kennzeichnend für das Viktorianische Zeitalter*, b) streng konventio'nell, prüde. **II** *s* **3.** Viktori'aner(in). **Vic'to·ri·an·ism** *s* **1.** viktori'anischer Geschmack *od.* Stil *od.* Zeitgeist. **2.** (*etwas*) Viktori'anisches.

**vic·to·ri·ous** [vɪkˈtɔːrɪəs; *Am. a.* -'təʊ-] *adj* (*adv* ~**ly**) **1.** siegreich (**over** über *acc*): **to be** ~ siegen, den Sieg davontragen, als Sieger hervorgehen. **2.** Sieges..., Sieger... **3.** siegverheißend.

**vic·to·ry** ['vɪktərɪ; -trɪ] *s* **1.** Sieg *m*: **he gained the** ~ **over his rival** er trug den Sieg über s-n Rivalen davon; ~ **ceremony** Siegerehrung *f*; ~ **rostrum** Siegespodest *m*. **2.** *fig.* Sieg *m*, Tri'umph *m*, Erfolg *m*: moral ~. **3.** **V**~ Siegesgöttin *f*. **V**~ **Day** → **Armistice Day**.

**vic·tress** ['vɪktrɪs] *s* Siegerin *f*.

**vict·ual** ['vɪtl] **I** *s meist pl* Eßwaren *pl*, Lebens-, Nahrungsmittel *pl*, Provi'ant *n*. **II** *v/t u. v/i pret u. pp* **-ualed,** *bes. Br.* **-ualled** (sich) verpflegen *od.* verpro-vian'tieren *od.* mit Lebensmitteln versorgen. '**vict·ual·(l)er** *s* **1.** ('Lebensmittel-, Provi'ant)Liefe,rant *m*. **2.** licensed ~ Br. Gastwirt *m* mit Schankkonzession. **3.** *mar.* Provi'antschiff *n*.

**vi·cu·ña** [vɪˈkjuːnə; vaɪ-; *Am. a.* -'kuːnə; -'kjuːnjə] *s* **1.** *zo.* Vi'kunja *f*, Vi'cuña *f* (*südamer. Lama*). **2.** a) ~ **wool** Vi'gogne(wolle) *f*, b) a. ~ **cloth** Stoff *m* aus Vi'gogne(wolle).

**vi·de** ['vaɪdɪ; 'viːdeɪ; 'viːdeɪ] (*Lat.*) *imp* **1.** siehe! (*abbr.* **v.**). **2.** siehe, wie z.B. bei, man denke an (*acc*): ~ **ante (infra)**! siehe oben (unten)!

**vi·de·li·cet** [vɪˈdiːlɪset; vaɪ-; vɪˈdeɪlɪket; *Am.* vəˈdelə,set] (*Lat.*) *adv* nämlich, das heißt (*abbr.* **viz,** *lies*: **namely, that is**).

**vid·e·o** ['vɪdɪəʊ] **I** *pl* **-os** *s colloq.* **1.** ,Video' *n* (*Videotechnik*). **2.** *Computer*: Bildschirm-, Bildsicht-, Datensichtgerät *n*. **3.** *Am.* Fernsehen *n*: **on** ~ im Fernsehen. **II** *adj* **4.** Video...: ~ **art** Videokunst *f*; ~ **cartridge**, ~ **cassette** Videokassette *f*; ~ **(cassette) recorder** Videorecorder *m*; ~ **(cassette) recording** Videoaufzeichnung *f*; ~ **disc** Video-, Bildplatte *f*; ~ **frequency** Video-, Bild(punkt)frequenz *f*; ~ **game** Videospiel *n*; ~ **technology** Videotechnik *f*. **5.** *Computer*: Bildschirm...: ~ **station** Bildschirmarbeitsplatz *m*; ~ **terminal** → **2. 6.** *Am. colloq.* Fernseh...: ~ **program**, *etc*. '**~·phone** *colloq.* *für* **videotelephone**.

---

'**~·re·cord** *v/t bes. Br.* auf Videoband aufnehmen. '**~·tape I** *s* Videoband *n*. **II** *v/t* auf Videoband aufnehmen. '**~,tel·e·phone** *s* 'Bild-, 'Videotele,fon *n*.

**vi·di·mus** ['vaɪdɪməs; 'vɪ-] (*Lat.*) *s jur.* **1.** Vidi *n*: a) Bescheinigung *f* (*der Einsichtnahme in e-e Urkunde*), b) Genehmigung *f*. **2.** a) Beglaubigung *f*, b) beglaubigte Abschrift.

**vid·u·al** ['vɪdjʊəl; *Am.* -dʒəwəl] *adj obs.* Witwen...

**vie** [vaɪ] *v/i* wetteifern: **to** ~ **with s.o.** mit j-m wetteifern (**in s.th.** in etwas; **for s.th.** um etwas).

**Vi·en·nese** [,vɪəˈniːz] **I** *s* **1.** a) Wiener(in), b) *pl* Wiener *pl*. **2.** *ling.* Wienerisch *n*, das Wienerische. **II** *adj* **3.** wienerisch, Wiener(...).

**Vi·et·cong** [,vjetˈkɒŋ; *Am.* -'kɑŋ; *a.* vi,et-] *s sg u. pl hist.* Viet'cong *m u. pl*, *collect. a.* (*der*) Viet'cong (*kommunistische Partisanen in Südvietnam*).

**Vi·et·minh** [,vjetˈmɪn; *Am. a.* vi,et-] *s sg u. pl hist.* Viet'minh *m u. pl* (*Anhänger des Kommunismus in Nordvietnam*).

**Vi·et·nam·ese** [,vjetnəˈmiːz; *Am. a.* vi,et-] **I** *s* **1.** a) Vietna'mese *m*, Vietna'mesin *f*, b) *pl* Vietna'mesen *pl*. **2.** *ling.* Vietna'mesisch, das Vietnamesische. **II** *adj* **3.** vietna'mesisch. '**Vi·et·nam·ize** *v/t pol.* vietnami'sieren.

**view** [vjuː] **I** *v/t* **1.** *obs.* sehen, erblicken. **2.** (sich) ansehen, betrachten, besichtigen, in Augenschein nehmen, prüfen. **3.** *fig.* (an)sehen, auffassen, betrachten, beurteilen. **II** *v/i* **4.** fernsehen. **III** *s* **5.** (An-, 'Hin-, Zu)Sehen *n*, Besichtigung *f*, Betrachtung *f*: **at first** ~ auf den ersten Blick; **on nearer** ~ bei näherer Betrachtung; **plain to** (**the**) ~ gut sichtbar. **6.** Prüfung *f*, Unter'suchung *f* (*a. jur.*). **7.** Sicht *f* (*a. fig.*): **in** ~ a) in Sicht, sichtbar, b) *fig.* in (Aus)Sicht; **in** ~ **of** *fig.* in Hinblick auf (*acc*), in Anbetracht *od.* angesichts (*gen*); **in full** ~ **of** direkt vor *j-s* Augen; **to get a full** ~ **of** *etwas* ganz zu sehen bekommen; **on** ~ zu besichtigen(d), ausgestellt; **on the long** ~ *fig.* auf weite Sicht; **out of** ~ außer Sicht, nicht mehr zu sehen; **to come in** ~ in Sicht kommen, sichtbar werden; **to have in** ~ *fig.* im Auge haben, denken an (*acc*), beabsichtigen; **to lose** ~ **of** aus den Augen verlieren; **no** ~ **of success** keine Aussicht auf Erfolg. **8.** a) (Aus)Sicht *f*, (Aus)Blick *m* (**of, over** auf *acc*): ~ **of the mountains**, b) Szene'rie *f*, Blick *m*. **9.** *paint. phot.* Ansicht *f*, Bild *n*: ~**s of London**; **aerial** ~ Luftbild *n*. **10.** (kritischer) 'Überblick (**of** über *acc*). **11.** *oft pl* Absicht *f*: **with a** ~ a) mit *od.* in der Absicht (**doing** zu tun), zu dem Zwecke (*gen*), um zu (*inf*), b) im Hinblick auf (*acc*). **12.** Ansicht *f*, Anschauung *f*, Auffassung *f*, Meinung *f*, Urteil *n* (**of, on** über *acc*): **in my** ~ in m-n Augen, m-s Erachtens; **to form a** ~ **on** sich ein Urteil bilden über (*acc*); **to hold** (*od.* **keep** *od.* **take**) **a** ~ **of** e-e Ansicht *etc* haben über (*acc*); ~ **of life** Lebensanschauung *f*; **to take a bright** (**dim, grave, strong**) ~ **of** *etwas* optimistisch (pessimistisch, ernst, hart) beurteilen. **13.** Vorführung *f*: **private** ~ **of a film**.

'**view·a·ble** *adj* **1.** zu sehen(d), sichtbar. **2.** sehenswert, mit Ni'veau: a ~ **television show**.

'**view,da·ta** *s pl* Bildschirmtext *m*.

'**view·er** *s* **1.** Zuschauer(in). **2.** *bes. jur.* Beschauer(in), In'spektor *m*. **3.** Fernsehzuschauer(in), Fernseher(in). '**view·er·ship** *s* Fernsehpublikum *n*.

'**view,find·er** *s phot.* (Bild)Sucher *m*. ~ **hal·loo** *s hunt.* Hal'lo(ruf *m*) *n* (*beim Erscheinen des Fuchses*).

**'view·ing** *s* **1.** Besichtigung *f.* **2.** a) Fernsehen *n*: **he does a lot of ~** er sieht viel fern, b) *collect.* ('Fernseh)Pro,gramm *n*: **~ choice** Programmauswahl *f.*

**'view·less** *adj* **1.** *poet. od. humor.* unsichtbar. **2.** ohne (Aus)Sicht. **3.** *Am.* meinungslos, urteilslos.

**'view|·phone** *s colloq.* 'Bildtele,fon *n.* **'~point** *s fig.* Gesichts-, Standpunkt *m.*

**view·y** ['vju:ı] *adj colloq.* verstiegen, über'spannt, ,fimmelig'.

**vi·gi·a** ['vɪdʒɪə; *Am.* və'dʒiːə] *s mar.* Warnungszeichen *n* (*auf Seekarten*).

**vig·il** ['vɪdʒɪl] *s* **1.** Wachsein *n*, Wachen *n* (*zur Nachtzeit*). **2.** Nachtwache *f*: **to keep ~** wachen (**over** bei). **3.** *relig.* a) *meist pl* Vi'gil(ien *pl*) *f*, Nachtgebet *n*, -wache *f* (*vor Kirchenfesten*), b) Vi'gil *f* (*Vortag e-s Kirchenfestes*): **on the ~ of** am Vorabend von (*od. gen*).

**vig·i·lance** ['vɪdʒɪləns] *s* **1.** Wachsamkeit *f*: **~ committee** *Am.* Selbstschutzausschuß *m.* **2.** *med.* Schlaflosigkeit *f.* **3.** *psych.* Vigi'lanz *f* (*Zustand erhöhter Reaktionsbereitschaft*). **'vig·i·lant** *adj* (*adv ~ly*) wachsam, 'umsichtig, aufmerksam: **~ group** *Am.* Selbstschutz(gruppe *f*) *m.* ,**vig·i'lan·te** [-'læntiː] *s Am.* Mitglied *n* e-s **vigilance committee** *od.* e-r **vigilant group**: **~s** Selbstschutz(gruppe *f*) *m.*

**vi·gnette** [vɪ'njet] **I** *s* **1.** Vi'gnette *f*: a) *print.* bildartige Verzierung auf Rändern, Titeln *etc*, b) *phot.* Schablone im Vorsatz vor dem Objektiv e-r Kamera, c) *phot.* Schablone zur Verdeckung bestimmter Stellen eines Negativs vor dem Kopieren. **2.** *paint., a.* Literatur: kleine, zierliche Skizze. **II** *v/t* **3.** *phot.* vignet'tieren. **vi'gnet·tist** *s* Vi'gnettenzeichner(in).

**vig·or** ['vɪgər] *Am.* für **vigour.**

**vi·go·ro·so** [,vɪgə'rəusəu] *adj u. adv mus.* vigo'roso, kraftvoll.

**vig·or·ous** ['vɪgərəs] *adj* (*adv ~ly*) **1.** *allg.* kräftig. **2.** kraftvoll, vi'tal. **3.** lebhaft, ak'tiv, tatkräftig. **4.** energisch, nachdrücklich. **5.** wirksam, nachhaltig. **'vig·or·ous·ness** → **vigour.**

**vig·our** ['vɪgə(r)] *s* **1.** (Körper-, Geistes)Kraft *f*, Vitali'tät *f.* **2.** Aktivi'tät *f.* **3.** Ener'gie *f.* **4.** *biol.* Lebenskraft *f.* **5.** Nachdruck *m.* **6.** *jur.* Wirksamkeit *f*, Geltung *f.*

**Vi·king**, *a.* **v~** ['vaɪkɪŋ] *hist.* **I** *s* Wiking(er) *m.* **II** *adj* wikingisch, Wikinger...: **~ ship.**

**vile** [vaɪl] *adj* (*adv ~ly*) **1.** gemein, schändlich, übel, schmutzig. **2.** *colloq.* ab'scheulich, mise'rabel, scheußlich: **a ~ hat; ~ weather. 3.** *obs.* wertlos. **'vile·ness** *s* **1.** Gemeinheit *f*, Schändlichkeit *f.* **2.** *colloq.* Scheußlichkeit *f.*

**vil·i·fi·ca·tion** [,vɪlɪfɪ'keɪʃn] *s* **1.** Schmähung *f*, Verleumdung *f*, Verunglimpfung *f.* **2.** Her'absetzung *f.* **'vil·i·fi·er** [-faɪə(r)] *s* Verleumder(in). **'vil·i·fy** [-faɪ] *v/t* **1.** schmähen, verleumden, verunglimpfen. **2.** her'absetzen.

**vil·i·pend** ['vɪlɪpend] *v/t* **1.** → **vilify. 2.** *poet.* verachten.

**vill** [vɪl] *s jur. hist. Br.* **1.** Ortschaft *f*, Gemeinde *f.* **2.** Dorf *n.*

**vil·la** ['vɪlə] *s* **1.** Landhaus *n*, Villa *f.* **2.** *Br.* a) 'Einfa,milienhaus *n*, b) Doppelhaushälfte *f.*

**vil·lage** ['vɪlɪdʒ] **I** *s* **1.** Dorf *n.* **2.** Gemeinde *f.* **II** *adj* **3.** dörflich, Dorf...: **~ idiot** Dorftrottel *m.* **'vil·lag·er** *s* Dorfbewohner(in), Dörfler(in).

**vil·lain** ['vɪlən] *s* **1.** a. *thea. u. humor.* Schurke *m*, Bösewicht *m.* **2.** *humor.* Schlingel *m*, Bengel *m*: **the little ~. 3.** *obs.* (Bauern)Lümmel *m.* **4.** → **villein 1. II** *adj* **5.** schurkisch, Schurken... **'vil·lain·age** → **villeinage. 'vil·lain·ous** *adj* (*adv ~ly*) **1.** schurkisch, Schurken...

**2.** → **vile 1** *u.* 2. **'vil·lain·y** *s* **1.** Schurke'rei *f*, Schurkenstreich *m.* **2.** → **vileness 1** *u.* 2. **3.** → **villeinage.**

**vil·la·nelle** [,vɪlə'nel] *s metr.* Villa'nelle *f* (*lyrische Gedichtform*).

**vil·lat·ic** [vɪ'lætɪk] *adj poet.* dörflich.

**vil·leg·gia·tu·ra** [vɪ,ledʒɪə'tuərə; -dʒə-] *s* Landaufenthalt *m.*

**vil·lein** ['vɪlɪn] *s hist.* **1.** Leibeigene(r) *m.* **2.** (*später*) Zinsbauer *m.* **'vil·lein·age** *s* **1.** 'Hintersassengut *n.* **2.** Leibeigenschaft *f.*

**vil·li** ['vɪlaɪ] *pl von* **villus.**

**vil·li·form** ['vɪlɪfɔː(r)m] *adj biol.* zottenförmig. **'vil·lose** [-ləus] → **villous. vil·'los·i·ty** [-'lɒsətɪ; *Am.* -'lɑ-] *s* **1.** *biol.* behaarte, wollige Beschaffenheit. **2.** *anat.* (Darm)Zotte *f.* **'vil·lous** *adj biol.* **1.** zottig. **2.** flaumig. **'vil·lus** [-ləs] *pl* -**li** [-laɪ] *s* **1.** *anat.* (Darm)Zotte *f.* **2.** *bot.* Zottenhaar *n.*

**vim** [vɪm] *s colloq.* ,Schmiß' *m*, Schwung *m*: **to feel full of ~** ,schwer in Form' sein.

**vim·i·nal** ['vɪmɪnl] *adj bot.* gertenbildend *od.* -förmig.

**vi·na·ceous** [vaɪ'neɪʃəs] *adj* **1.** Wein..., Trauben... **2.** weinrot.

**vin·ai·grette** [,vɪneɪ'gret; -nɪ-] *s* **1.** Riechfläschchen *n*, -dose *f.* **2.** *a.* **~ sauce** Vinai'grette *f* (*Soße aus Essig, Öl, Senf etc*).

**vin·ci·ble** ['vɪnsɪbl] *adj* besiegbar, über'windbar.

**vin·cu·lum** ['vɪŋkjuləm] *pl* -**la** [-lə] *s* **1.** *math.* Strich *m* (*über mehreren Zahlen*), Über'streichung *f* (*an Stelle von Klammern*). **2.** *bes. fig.* Band *n.*

**vin·di·ca·ble** ['vɪndɪkəbl] *adj* haltbar, zu rechtfertigen(d).

**vin·di·cate** ['vɪndɪkeɪt] *v/t* **1.** in Schutz nehmen, verteidigen (**from** vor *dat*, gegen). **2.** entlasten (**from** von). **3.** rechtfertigen, bestätigen: **to ~ o.s.** sich rechtfertigen. **4.** *jur.* a) Anspruch erheben auf (*acc*), beanspruchen: **to ~ one's rights**, b) e-n Anspruch geltend machen, c) *ein Recht etc* behaupten: **the law had been ~d** dem Gesetz war Genüge getan worden. ,**vin·di'ca·tion** *s* **1.** Verteidigung *f.* **2.** Entlastung *f.* **3.** Rechtfertigung *f*: **in ~ of** zur Rechtfertigung von (*od. gen*). **4.** *jur.* a) Behauptung *f*, b) Geltendmachung *f.* **vin·dic·a·tive** ['vɪndɪkətɪv; *bes. Am.* vɪn'dɪ-] *obs. für* **vindictive. 'vin·di·ca·tor** [-keɪtə(r)] *s* Verteidiger *m.* **'vin·di·ca·to·ry** [-keɪtərɪ; *Am.* -kə,təːriː; -,tɔː-] *adj* **1.** rechtfertigend, Rechtfertigungs... **2.** a) rächend, b) Straf...

**vin·dic·tive** [vɪn'dɪktɪv] *adj* (*adv ~ly*) **1.** rachsüchtig, nachtragend. **2.** strafend, als Strafe: **~ damages** *jur.* tatsächlicher Schadenersatz zuzüglich e-r Buße. **vin·'dic·tive·ness** *s* Rachsucht *f.*

**vine** [vaɪn] *s* **I** *s* **1.** (Hopfen- *etc*)Rebe *f*, Kletterpflanze *f.* **2.** Stamm *m* (e-r Kletterpflanze). **3.** Wein(stock) *m*, (Wein)Rebe *f.* **4.** *Bibl.* Weinstock *m* (*Christus*). **II** *adj* Wein..., Reb(en)...: **~ bud** Rebauge *n*; **~ culture** Weinbau *m*; **~ picker** Winzer(in); **~ prop** Rebstecken *m.* **'~·clad** *adj poet.* weinlaubbekränzt. **'~·dress·er** *s* Winzer *m*. **~ fret·ter** *s zo.* Reblaus *f.*

**vin·e·gar** ['vɪnɪgə(r)] *s* **1.** (Wein)Essig *m*: **~ aromatic ~** Gewürzessig. **2.** *pharm.* Essig *m.* **3.** *fig.* Verdrießlichkeit *f*, Griesgrämigkeit *f.* **4.** *Am. colloq.* ,Schmiß', Schwung *m.* **~ tree** *s bot.* Essigbaum *m.* **vin·e·gar·y** ['vɪnɪgərɪ] *adj* **1.** (essig)sauer. **2.** *fig.* a) verdrießlich, griesgrämig, b) ätzend, beißend.

**'vine|,grow·er** *s* Weinbauer *m*, Winzer *m.* **~,grow·ing** *s* Weinbau *m.* **~ leaf** *s irr* Wein-, Rebenblatt *n*: **vine leaves**

Weinlaub *n.* **~ louse** *s irr zo.* Reblaus *f.* **~ mil·dew** *s bot.* Traubenfäule *f.*

**vin·er·y** ['vaɪnərɪ] *s* **1.** Treibhaus *n* für Reben. **2.** → **vineyard.**

**vine·yard** ['vɪnjə(r)d] *s* a) Weinberg *m*, b) Weingarten *m.*

**vingt-et-un** [,vænteɪ'ɜːŋ; *Am.* -'ʌn] *s* Vingt-et-'un *n*, Siebzehnund'vier *n* (*Kartenglücksspiel*).

**vi·nic** ['vaɪnɪk] *adj chem.* a) weinig, Wein..., b) Alkohol...

,**vin·i'cul·tur·al** [,vɪnɪ-] *adj* weinbaukundlich. **'vin·i·cul·ture** *s* Weinbau *m* (*als Fach*).

**vin·i·fi·ca·tion** [,vɪnɪfɪ'keɪʃn] *s tech.* Weinkeltern *n*, Weinkelterung *f.*

**vi·no** ['viːnəu] *pl* -**nos**, -**noes** *s colloq.* Wein *m.*

**vi·nom·e·ter** [vɪ'nɒmɪtə(r); vaɪ-; *Am.* -'nɑ-] *s tech.* Oeno'meter *n*, Weinwaage *f.*

**vi·nos·i·ty** [vɪ'nɒsətɪ; vaɪ-; *Am.* -'nɑ-] *s* **1.** Weinartigkeit *f.* **2.** Weinseligkeit *f.*

**vi·nous** ['vaɪnəs] *adj* **1.** weinartig, Wein... **2.** weinhaltig. **3.** weinselig: **~ laughter. 4.** weingerötet: **~ face. 5.** *bes. zo.* weinrot.

**vin·tage** ['vɪntɪdʒ] **I** *s* **1.** (jährlicher) Weinertrag, Weinernte *f.* **2.** (guter) Wein, (her'vorragender) Jahrgang: **~ wine** Spitzenwein *m*, edler Wein. **3.** Weinlese(zeit) *f.* **4.** *colloq.* a) Jahrgang *m*, b) 'Herstellung *f*, *mot. etc a.* Baujahr *n*: **a hat of last year's ~** ein Hut vom vorigen Jahr. **5.** *fig.* (reifes) Alter, Reife *f.* **II** *v/t* **6.** zu Wein verarbeiten. **7.** Wein lesen. **III** *adj* **8.** erlesen, her'vorragend, köstlich. **9.** a) klassisch, b) alt, c) altmodisch, d) reif, gereift: **~ car** *mot. bes. Br.* Oldtimer *m* (*bes. 1919–30*). **'vin·tag·er** *s* Weinleser(in).

**vint·ner** ['vɪntnə(r)] *s* Weinhändler *m.*

**vin·y** ['vaɪnɪ] *adj* **1.** rebenartig, rankend (*Pflanze*). **2.** reben-, weinreich (*Gegend*).

**vi·nyl** ['vaɪnɪl] *chem.* **I** *s* Vi'nyl *n.* **II** *adj* Vinyl...: **~ acetate** (alcohol, chloride, resins); **~ polymers** Vinylpolymere *pl* (*Kunststoffe*).

**vi·nyl·i·dene** [vaɪ'nɪlɪdiːn] *s chem.* Vinyli'den *n.*

**vi·ol** ['vaɪəl] *s mus. hist.* Vi'ole *f.*

**vi·o·la¹** [vɪ'əulə] *s mus.* **1.** Vi'ola *f*, Bratsche *f.* **2.** → **viol.**

**vi·o·la²** [vaɪələ; vaɪ'əulə] *s bot.* **1.** Veilchen *n.* **2.** Stiefmütterchen *n.*

**vi·o·la·ble** ['vaɪələbl] *adj* verletzbar: **~ contract** (law, *etc*).

**vi·o·la·ceous** [,vaɪə'leɪʃəs] *adj bot.* **1.** veilchenfarbig, vio'lett. **2.** Veilchen..., veilchenartig.

**vi·o·la clef** [vɪ'əulə] → **alto clef.**

**vi·o·late** ['vaɪəleɪt] *v/t* **1.** e-n Eid, e-n Vertrag, e-e Grenze *etc* verletzen, *ein Gesetz* über'treten, *bes. sein Versprechen* brechen, *e-m Gebot, dem Gewissen* zu'widerhandeln, *den Frieden, eine Stille, den Schlaf* (grob) stören: **to ~ s.o.'s privacy** j-n stören. **3.** Gewalt antun (*dat*) (*a. fig.*). **4.** *e-e Frau* notzüchtigen, schänden, vergewaltigen. **5.** *ein Heiligtum etc* entweihen, schänden. **6.** *obs.* a) beschädigen, b) zerstören. ,**vi·o'la·tion** *s* **1.** Verletzung *f*, Über'tretung *f*, Bruch *m*, Zu'widerhandlung *f*: **in ~ of** unter Verletzung von (*od. gen*). **2.** (grobe) Störung. **3.** Notzucht *f*, Vergewaltigung *f*, Schändung *f.* **4.** Entweihung *f*, Schändung *f.* **5.** *obs.* a) Beschädigung *f*, b) Zerstörung *f.* **'vi·o·la·tor** [-tə(r)] *s* **1.** Verletzer(in), Über'treter(in). **2.** Schänder(in).

**vi·o·lence** ['vaɪələns] *s* **1.** Gewalt(tätigkeit) *f*: **act of ~** Gewalttat *f.* **2.** Gewalttätigkeit(en *pl*) *f*, Gewaltsamkeit(en *pl*) *f.* **3.** *jur.* Gewalt(tat, -anwendung) *f*: **to die by ~** e-s gewaltsamen Todes sterben; **crimes of ~** Gewaltverbrechen *pl*; →

robbery 1. **4.** Verletzung *f*, Unrecht *n*, Schändung *f*: **to do ~** to Gewalt antun (*dat*), *Sprache etc* vergewaltigen, *Gefühle etc* verletzen, *Heiliges* entweihen. **5.** Heftigkeit *f*, Ungestüm *n*: **with ~** heftig, leidenschaftlich, hitzig, ungestüm. **'vi·o·lent** *adj* (*adv* **~ly**) **1.** gewaltig, stark, heftig: **~ blow**; **~ tempest. 2.** gewaltsam, -tätig (*Person od. Handlung*), Gewalt...: **to die a ~ death, to die ~ly** e-s gewaltsamen Todes sterben; **~** interpretation gewaltsame Auslegung; **~ measures** Gewaltmaßnahmen; **to lay ~ hands on** Gewalt antun (*dat*). **3.** heftig, ungestüm, hitzig, leidenschaftlich. **4.** grell, laut: **~ colo(u)rs**; **~ sounds**.

**vi·o·les·cent** [ˌvaɪəˈlesnt] *adj* veilchenfarben, Veilchen...

**vi·o·let¹** [ˈvaɪələt] *s mus. hist.* Viˈola *f* d'Aˈmore.

**vi·o·let²** [ˈvaɪələt] **I** *s* **1.** *bot.* Veilchen *n*: **shrinking** (*od.* **modest**) **~** *colloq.* scheues Wesen (*Person*). **2.** Veilchenblau *n*, Vioˈlett *n*. **II** *adj* **3.** veilchenblau, vioˈlett.

**vi·o·lin** [ˌvaɪəˈlɪn] *s mus.* Vioˈline *f*: a) Geige *f* (*a. als Spieler*), b) *Orgelregister* 8': **to play the ~** Geige spielen, geigen; **first ~** erste(r) Geige(r); **~ bow** Geigenbogen *m*; **~ case** Geigenkasten *m*; **~ clef** Violinschlüssel *m*. **vi·o·lin·ist** [ˈvaɪəlɪnɪst; ˌvaɪəˈl-] *s mus.* Vioˈlinist(in), Geiger(in).

**vi·ol·ist¹** [ˈvaɪəlɪst] *s mus. hist.* Viˈolenspieler(in).

**vi·ol·ist²** [vɪˈəʊlɪst] *s mus.* Bratˈschist(in).

**vi·o·lon·cel·list** [ˌvaɪələnˈtʃelɪst] *s mus.* (Violon)Cellist(in). **ˌvi·o·lonˈcel·lo** [-ləʊ] *pl* **-los** *s* (Violon)ˈCello *n*.

**vi·o·lone** [ˈvaɪələʊn; *Am.* ˌviːəˈləʊneɪ] *s mus. hist.* ˈBaßviˌole *f*, große Baßgeige.

**VIP** [ˌviːaɪˈpiː] *s colloq.* promiˈnente Perˈsönlichkeit, ˌhohes Tier' (*aus* Very Important Person).

**vi·per** [ˈvaɪpə(r)] *s* **1.** *zo.* Viper *f*, Otter *f*, Natter *f*. **2.** a. **common ~** *zo.* Kreuzotter *f*. **3.** *allg.* (Gift)Schlange *f* (*a. fig.*): **generation of ~s** *Bibl.* Natterngezücht *n*; **to cherish a ~ in one's bosom** *fig.* e-e Schlange an s-m Busen nähren.

**vi·per·i·form** [ˈvaɪpərɪfɔː(r)m] *adj zo.* schlangenförmig, vipernartig.

**vi·per·ine** [ˈvaɪpəraɪn] *zo.* **I** *adj* → **viperish** 1. **II** *s a.* **~ snake** a) Natter *f*, b) Vipernatter *f*. **ˈvi·per·ish** *adj*; **ˈvi·per·ous** *adj* (*adv* **~ly**) **1.** *zo.* vipernartig, b) Vipern... **2.** *fig.* giftig, tückisch.

**ˈvi·per's grass** *s bot.* Schwarzwurzel *f*.

**vi·ra·go** [vɪˈrɑːɡəʊ; -ˈreɪ-] *pl* **-gos, -goes** *s* **1.** Mannweib *n*. **2.** Zankteufel *m*, ˌDrachen' *m*, Xanˈthippe *f*.

**vi·ral** [ˈvaɪərəl] *adj med.* Virus...: **~ infection**.

**vir·e·lay** [ˈvɪrɪleɪ] *s hist.* Vireˈlai *n* (*altfranzösisches Tanz- u. Liebeslied mit halbstrophigem Kehrreim*).

**vi·res** [ˈvaɪəriːz] *pl von* **vis.**

**vi·res·cence** [vɪˈresns] *s* **1.** a) Grünsein *n*, b) Grünen *n*. **2.** *bot.* grüne Stelle. **vi·res·cent** *adj* **1.** grünend. **2.** grünlich.

**vir·gate** [ˈvɜːɡɪt; -ɡeɪt; *Am.* ˈvɜr-] **I** *adj biol.* **1.** rutenförmig. **2.** Ruten tragend. **II** *s* **3.** *hist.* (*etwa*) Hufe *f* (*altes englisches Feldmaß = 12 ha*).

**Vir·gil·i·an** → **Vergilian.**

**vir·gin** [ˈvɜːdʒɪn; *Am.* ˈvɜr-] **I** *s* **1.** a) Jungfrau *f*, b) „Jungfrau' *f* (*Mann*). **2.** *relig.* a) **the (Blessed) V~ (Mary)** die Jungfrau Maˈria, die Heilige Jungfrau, b) *paint. etc* Maˈdonna *f*. **3.** *zo.* unbegattetes Weibchen. **4. V~** *astr.* → **Virgo** 1 b. **II** *adj* **5.** jungfräulich, unberührt (*beide a. fig.* Schnee *etc*): **V~ Mother** *relig.* Mutter *f* Gottes; **the V~ Queen** *hist.* die jungfräuliche Königin (*Elisabeth I. von Eng-*

land); **~ queen** *zo.* unbefruchtete (Bienen)Königin; **~ forest** Urwald *m*; **~ soil** a) jungfräulicher Boden, ungepflügtes Land, b) *fig.* Neuland *n*, c) unberührter Geist. **6.** züchtig, keusch, jungfräulich: **~ modesty. 7.** *tech.* a) rein, unvermischt (*Elemente, Stoffe*), b) gediegen, jungfräulich (*Metalle*), c) aus erster Pressung (*Öle*): **~ gold** Jungferngold *n*; **~ oil** Jungfernöl *n*; **~ wool** Schurwolle *f*. **8.** Jungfern...: **~ cruise** Jungfernfahrt *f*. **9.** frei (**of** von), unerfahren: **~ to sorrows** (noch) unbekümmert.

**vir·gin·al¹** [ˈvɜːdʒɪnl; *Am.* ˈvɜr-] *adj* **1.** jungfräulich, Jungfern...: **~ membrane** *anat.* Jungfernhäutchen *n*. **2.** rein, keusch, züchtig. **3.** *zo.* unbefruchtet.

**vir·gin·al²** [ˈvɜːdʒɪnl; *Am.* ˈvɜr-] *s oft pl od.* **pair of ~s** *mus. hist.* **1.** Virgiˈnal *n* (*englisches Spinett*). **2.** *allg.* ˈKielinstruˌment *n*.

**ˈvir·gin birth** *s* **1.** *a.* **V~ B~** *relig.* Jungfräuliche Geburt (*Christi*). **2.** *biol.* Parthenogeˈnese *f*, Jungfernzeugung *f*. **ˈ~born** *adj biol.* parthenogeˈnetisch.

**Vir·gin·i·a** [və(r)ˈdʒɪnjə] *s* Virˈginischer Tabak: **~ cigar** Virginiazigarre *f*. **~ cedar** *s bot.* Virˈginischer Waˈcholder. **~ creep·er** *s bot.* wilder Wein, Jungfernrebe *f*.

**Vir·gin·i·an** [və(r)ˈdʒɪnjən] **I** *adj* Virginia..., virˈginisch. **II** *s* Virˈginier(in).

**vir·gin·i·ty** [və(r)ˈdʒɪnətɪ] *s* **1.** Jungfräulichkeit *f*, Jungfernschaft *f*, *med.* Virginiˈtät *f*. **2.** Reinheit *f*, Keuschheit *f*, Unberührtheit *f* (*a. fig.*).

**Vir·go** [ˈvɜːɡəʊ; *Am.* ˈvɜr-] *s* **1.** *astr.* Jungfrau *f*, Virgo *f*: a) Sternbild, b) Tierkreiszeichen: **to be** (a) **~** Jungfrau sein. **2. v~ intacta** *jur. med.* Virgo *f* inˈtacta, unberührte Jungfrau.

**vir·gu·late** [ˈvɜːɡjʊlɪt; -leɪt; *Am.* ˈvɜr-] *adj bot.* rutenförmig. **ˈvir·gule** [-gjuːl] *s print.* Schrägstrich *m* (*z. B. in and/or*).

**vir·i·al** [ˈvɪrɪəl] *s phys.* Viriˈal *n* (*kinetische Größe*).

**vir·id** [ˈvɪrɪd] *adj poet.* grün(end). **ˌvir·iˈdes·cence** [-ˈdesns] *s* **1.** Grünwerden *n*. **2.** (frisches) Grün. **ˌvir·iˈdes·cent** *adj* grün(lich).

**vi·rid·i·an** [vɪˈrɪdɪən] **I** *s min.* Grünerde *f*. **II** *adj* chromgrün.

**vi·rid·i·ty** [vɪˈrɪdətɪ] *s* **1.** *biol.* (das) Grüne, grünes Aussehen. **2.** *fig.* Frische *f*.

**vir·ile** [ˈvɪraɪl; *Am. a.* -rəl] *adj* **1.** männlich, kräftig (*beide a. fig. Stil etc*), Männer..., Mannes...: **~ voice** Männerstimme *f*. **2.** *med. physiol.* männlich, viˈril, zeugungskräftig, poˈtent: **~ member** männliches Glied; **~ power** → **virility** 3.

**ˌvir·iˈles·cence** [-rɪˈlesns] *s zo.* Vermännlichung *f* (*bei Weibchen*). **ˌvir·iˈles·cent** *adj* männliche Eigenschaften aufweisend *od.* entwickelnd. **ˈvir·i·lism** [-rɪlɪzəm] *s physiol.* Viriˈlismus *m*, Vermännlichung *f* (*der Frau*).

**vi·ril·i·ty** [vɪˈrɪlətɪ] *s* **1.** Männlichkeit *f*. **2.** Mannesalter *n*, -jahre *pl*. **3.** *physiol.* Viriliˈtät *f*, Mannes-, Zeugungskraft *f*, Poˈtenz *f*. **4.** *fig.* Kraft *f*.

**vi·rol·o·gist** [ˌvaɪəˈrɒlədʒɪst; *Am.* -ˈrɑ-] *s* Viroˈloge *m*, Virusforscher(in). **vi·rol·o·gy** [-dʒɪ] *s* Viroloˈgie *f*, Virusforschung *f*.

**vir·tu** [vɜːˈtuː; *Am.* ˌvɜr-] *s* **1.** Liebhaber-, Kunst-, Sammlerwert *m*: **article** (*od.* **object**) **of ~** Kunstgegenstand *m*. **2.** *collect.* Kunstgegenstände *pl*. **3.** → **virtuosity** 2.

**vir·tu·al** [ˈvɜːtʃʊəl; *Am.* ˈvɜrtʃəwəl; -tʃəl] *adj* (*adv* **~ly**) **1.** tatsächlich, praktisch, faktisch, eigentlich: **the ~ manager**; **a ~ promise** im Grunde *od.* eigentlich ein Versprechen; **~ly penniless** praktisch *od.* fast ohne e-n Pfennig Geld. **2.** *phys. tech.* virtuˈell. **ˌvir·tuˈal·i·ty** [-tʃʊ-

ˈælətɪ; *Am.* -tʃəˈw-] *s* Virtualiˈtät *f*, innewohnende Kraft *od.* Möglichkeit.

**vir·tue** [ˈvɜːtjuː; -tʃuː; *Am.* ˈvɜrtʃuː] *s* **1.** Tugend(haftigkeit) *f* (*a. engS. Keuschheit*): **woman of ~** tugendhafte Frau; **woman of easy ~** leichtes Mädchen. **2.** Rechtschaffenheit *f*. **3.** Tugend *f*: **to make a ~ of necessity** aus der Not e-e Tugend machen. **4.** Wirkung *f*, Wirksamkeit *f*, Erfolg *m*: **of great ~** (sehr) wirkungsvoll *od.* erfolgreich. **5.** (gute) Eigenschaften *pl*, Vorzug *m*, (hoher) Wert. **6.** (Rechts)Kraft *f*: **by** (*od.* **in**) **~ of** kraft (*e-s Gesetzes, e-r Vollmacht etc*), auf Grund von (*od. gen*), vermöge (*gen*). **7.** *obs.* Mannestugend *f*, Tapferkeit *f*.

**vir·tu·os·i·ty** [ˌvɜːtjʊˈɒsətɪ; *Am.* ˌvɜrtʃəˈwɑ-] *s* **1.** Virtuosiˈtät *f*: a) *mus.* blendende Technik, b) meisterhaftes Können. **2.** Kunstsinn *m*, Kunstliebhabeˈrei *f*. **vir·tu·o·so** [-ˈəʊzəʊ; -səʊ; *Am.* -ˈw-] **I** *pl* **-sos, -si** [-siː] *s* **1.** *bes. mus.* Virtuˈose *m*. **2.** Kunstkenner *m*, -liebhaber *m*. **II** *adj* **3.** virtuˈos, meisterhaft: **~ pianist** Klaviervirtuose *m*.

**vir·tu·ous** [ˈvɜːtʃʊəs; *Am.* ˈvɜrtʃəwəs] *adj* (*adv* **~ly**) **1.** tugendhaft. **2.** rechtschaffen. **ˈvir·tu·ous·ness** *s* **1.** Tugendhaftigkeit *f*. **2.** Rechtschaffenheit *f*.

**vir·u·lence** [ˈvɪrʊləns; -rjʊ-], **ˈvir·u·len·cy** [-sɪ] *s* **1.** *med.* Giftigkeit *f*, Bösartigkeit *f* (*beide a. fig.*). **2.** *med.* Viruˈlenz *f*. **ˈvir·u·lent** *adj* (*adv* **~ly**) **1.** *med.* (äuˈßerst) giftig, bösartig (Gift, Krankheit) (*a. fig.*). **2.** *med. a.* von Viren erzeugt, b) viruˈlent, sehr ansteckend.

**vi·rus** [ˈvaɪərəs] *s* **1.** (Schlangen)Gift *n*. **2.** *med.* Virus *n*, *m*: a) Krankheitserreger *m*: **~ disease** Viruskrankheit *f*, b) *oft* **filt(e)rable ~** filˈtrierbares Virus, c) Impf-, Giftstoff *m* (*zu Impfzwecken*). **3.** *fig.* Gift *n*, Baˈzillus *m*: **the ~ of hatred**.

**vis** [vɪs] *pl* **vi·res** [ˈvaɪəriːz] (*Lat.*) *s bes. phys.* Kraft *f*: **~ inertiae** Trägheitskraft *f*; **~ mortua** tote Kraft; **~ viva** kinetische Energie; **~ major** *jur.* höhere Gewalt.

**vi·sa** [ˈviːzə] **I** *s* **1.** Visum *n*: a) Sichtvermerk *m* (*im Paß etc*), b) Einreisegenehmigung *f*. **II** *v/t* **2.** ein Visum eintragen in (*e-n Paß*). **3.** *fig.* genehmigen.

**vis·age** [ˈvɪzɪdʒ] *s poet.* Antlitz *n*. **ˈvis·aged** *adj* (*bes. in Zssgn*) ...gesichtig.

**vis-à-vis** [ˈviːzɑːviː; *bes. Am.* ˌviːzəˈviː] *adv* **1.** gegenˈüber, vis-à-ˈvis (**to, with** *dat*). **2.** gegenˈüberliegend. **III** *prep* **3.** gegenˈüber. **4.** in Anbetracht (*gen*). **IV** *s* **5.** Gegenˈüber *n*, Visaˈvis *n* (*Person*). **6.** (ˈAmts)Kolˌlege *m*. **7.** vertrauliche Zuˈsammenkunft.

**vis·cer·a** [ˈvɪsərə] *s pl* **1.** *anat.* Eingeweide *n*, *pl*: **abdominal ~** Bauchorgane *pl*. **2.** *colloq.* (Ge)Därme *pl*. **ˈvis·cer·al** *adj* **1.** Eingeweide... **2.** *fig.* a) inner(er, e, es): **~ conviction**, b) instinkˈtiv: **~ reaction**. **ˈvis·cer·ate** [-reɪt] *v/t poet.* → **eviscerate.**

**vis·cid** [ˈvɪsɪd] *adj* **1.** klebrig (*a. bot.*). **2.** *bes. phys.* visˈkos, dick-, zähflüssig. **vis·cid·i·ty** [-], *selten* **ˈvis·cid·ness** *s* **1.** Klebrigkeit *f* (*a. bot.*). **2.** → **viscosity.**

**vis·com·e·ter** [vɪsˈkɒmɪtə(r); *Am.* -ˈkɑ-], *etc* → **viscosimeter, etc.**

**vis·cose** [ˈvɪskəʊs] *s tech.* Visˈkose *f* (*Art Zellulose*): **~ silk** Viskose-, Zellstoffseide *f*. **ˌvis·coˈsim·e·ter** [-kəʊˈsɪmɪtə(r)] *s tech.* Visko(si)ˈmeter *n*. **ˌvis·co·siˈmetric** [-ˈmetrɪk] *adj* viskosiˈmetrisch. **ˌvis·coˈsim·e·try** [-trɪ] *s* Viskosimeˈtrie *f*.

**vis·cos·i·ty** [vɪˈskɒsətɪ; *Am.* -ˈskɑ-] *s bes. phys.* Viskosiˈtät *f*, (Grad *m* der) Dick- *od.* Zähflüssigkeit *f*, Konsiˈstenz *f*.

**vis·count** [ˈvaɪkaʊnt] *s* **1.** Viˈcomte *m* (*englischer Adelstitel zwischen baron u. earl*). **2.** *Br. hist.* a) Stellvertreter *m* e-s Grafen, b) Sheriff *m* (*e-r Grafschaft*).

**ˈvis·count·cy** [-sɪ] s Rang m od. Würde f e-s Viˈcomte. **ˈvis·count·ess** s Vicomˈtesse f. **ˈvis·count·y** → viscountcy.
**vis·cous** [ˈvɪskəs] → viscid.
**vi·sé** [ˈviːzeɪ] I s → visa I. II v/t pret u. pp -séd, a. -séed → visa II.
**vise** [vaɪs] Am. für vice².
**vis·i·bil·i·ty** [ˌvɪzɪˈbɪlətɪ] s 1. Sichtbarkeit f. 2. meteor. Sicht(weite) f: high (low) ~ gute (schlechte) Sicht; ~ (conditions) Sichtverhältnisse.
**vis·i·ble** [ˈvɪzəbl] I adj (adv visibly) 1. sichtbar: → horizon 1. 2. fig. (er-, offen)sichtlich, merklich, deutlich, erkennbar: no ~ means of support; ~ difficulties. 3. tech. sichtbar (gemacht), graphisch dargestellt: ~ signal Schauzeichen n; ~ sound Oszillogramm n e-r Schallwelle. 4. pred a) zu sehen (Sache), b) zu sprechen: is he ~ today? II s 5. the ~ das Sichtbare, die sichtbare Welt. ~ speech s ling. von Prof. A. M. Bell erfundene Lautzeichen für alle möglichen Sprachlaute.
**Vis·i·goth** [ˈvɪzɪgɒθ; Am. -ˌgɑθ] s hist. Westgote m, -gotin f. **ˌVis·iˈgoth·ic** I adj 1. westgotisch, Westgoten... II s 2. ling. Westgotisch n, das Westgotische. 3. westgotische Schrift.
**vi·sion** [ˈvɪʒn] I s 1. Sehkraft f, -vermögen n: to have greatly restricted ~ stark sehbehindert sein; → field 4. 2. fig. a) visioˈnäre Kraft, Seher-, Weitblick m, b) Phantaˈsie f, Vorstellungsvermögen n, Einsicht f. 3. Visiˈon f, a) Phantaˈsie-, Traum-, Wunschbild n, b) oft pl psych. Halluzinatiˈonen pl, Gesichte pl. 4. Anblick m, Bild n: she was a ~ of delight sie bot e-n entzückenden Anblick. 5. (etwas) Schönes, (e-e) Schönheit, Traum m. II adj 6. TV Bild...: ~ mixer; ~ control Bildregie f. III v/t 7. (er)schauen, (in der Einbildung) sehen: she ~ed a life without troubles. **ˈvi·sion·al** [-ʒənl] adj 1. Visions... 2. traumhaft, visioˈnär.
**vi·sion·ar·i·ness** [ˈvɪʒnərɪnɪs; Am. -ʒəˌneri:-] s 1. (das) Visioˈnäre. 2. Phantasteˈrei f, Träumeˈrei f. **ˈvi·sion·ar·y** [-nərɪ; Am. -ʒəˌneri:] I adj 1. visioˈnär, (hell)seherisch: a ~ prophet. 2. phanˈtastisch, verstiegen, überˈspannt: a ~ scheme. 3. unwirklich, eingebildet: ~ evils. 4. Visions... II s 5. Visioˈnär m, Hellseher m. 6. Phanˈtast m, Träumer m, Schwärmer m.
**vis·it** [ˈvɪzɪt] I v/t 1. besuchen: a) j-n, e-n Arzt, e-n Patienten, ein Lokal etc aufsuchen, b) visiˈtieren, inspiˈzieren, in Augenschein nehmen, c) e-e Stadt, ein Museum etc besichtigen). 2. jur. durchˈsuchen: to ~ (and search) Handelsschiff durchsuchen. 3. heimsuchen (s.th. upon s.o. j-n mit etwas): a) befallen (Krankheit, Unglück), b) Bibl. od. fig. bestrafen. 4. jur. Sünden vergelten (upon an dat). 5. Bibl. belohnen, segnen. II v/i 6. e-n Besuch od. Besuche machen. 7. Am. colloq. plaudern (with mit). III s 8. Besuch m: on a ~ auf od. zu Besuch (to bei j-m, in e-r Stadt etc); to make (od. pay) a ~ e-n Besuch machen; ~ to the doctor Konsultation f beim Arzt, Arztbesuch. 9. (forˈmeller) Besuch, bes. Inspektiˈon f. 10. jur. mar. Durchˈsuchungsrecht n (auf See): ~ and search Durchsuchungsrecht n (auf See); → domiciliary. 11. Am. colloq. Plaudeˈrei f, Plausch m.
**ˈvis·it·a·ble** adj 1. besuchenswert. 2. inspekˈtionspflichtig. **ˈvis·it·ant** I s 1. Besucher(in) (a. aus dem Jenseits), Besuch m, Gast m. 2. orn. Strichvogel m. II adj 3. poet. besuchend, auf od. zu Besuch.
**vis·it·a·tion** [ˌvɪzɪˈteɪʃn] s 1. Besuchen n: ~ of the sick relig. Krankenbesuch m.

2. offiziˈeller Besuch, Besichtigung f, Visitatiˈon f: right of ~ mar. Durchsuchungsrecht n (auf See). 3. fig. Heimsuchung f: a) (gottgesandte) Prüfung, Strafe f (Gottes), b) himmlischer Beistand: V~ of our Lady R.C. Heimsuchung Mariae. 4. zo. massenhaftes Auftreten (von Vögeln, Wühlmäusen etc). 5. colloq. langer Besuch. **ˌvis·i·taˈto·ri·al** [-təˈtɔːrɪəl; Am. a. -ˈtəʊ-] adj Visitations...: ~ power Aufsichtsbefugnis f.
**ˈvis·it·ing** I adj besichtigend, Besuchs..., Besucher...: to be on ~ terms with s.o. j-n so gut kennen, daß man ihn besucht; ~ book Besuchsliste f; ~ card Visitenkarte f; ~ fireman Am. colloq. a) ‚hohes Tier‘ (auf Besuch), b) vergnügungssüchtiger Gast (e-r Stadt etc); ~ hours Besuchszeit f; ~ nurse Am. Fürsorgerin f, Gemeindeschwester f; ~ professor univ. Gastprofessor m; ~ teacher a) Schulfürsorger(in), b) Elternberater(in); ~ team sport Gastmannschaft f. II s Besuche pl: to do prison ~ Gefängnisbesuche machen. **ˈvis·i·tor** [-tə(r)] s 1. Besucher(in), Gast m (to s.o. j-s; to a country e-s Landes); the ~s a. sport die Gäste. 2. oft pl Besuch m: many ~s viel Besuch. 3. (Kur)Gast m, Touˈrist(in): summer ~s Sommergäste; ~s’ book a) Fremdenbuch n, b) Gästebuch n. 4. Visiˈtator m, Inˈspektor m. 5. orn. Strichvogel m. **ˌvis·iˈto·ri·al** [-ˈtɔːrɪəl; Am. a. -ˈtəʊ-] → visitatorial.
**vi·son** [ˈvaɪsn], a. ~ wea·sel s zo. Mink n (amer. Nerz).
**vi·sor** [ˈvaɪzə(r)] s 1. hist. u. fig. Viˈsier n. 2. a) (Mützen)Schirm m, b) (Augen-) Schirm m. 3. arch. (langer) Gang, Korridor m, Galeˈrie f. 4. fig. Kette f, (lange) Reihe: a ~ of years. 5. fig. Ausblick m, Aussicht f (of auf acc), Möglichkeit f, Perspekˈtive f: his words opened up new ~s s-e Worte eröffneten neue Perspektiven; dim ~s of the future trübe Zukunftsaussichten.
**vis·u·al** [ˈvɪzjʊəl; Am. ˈvɪʒəwəl; -ʒəl] I adj (adv ~ly) 1. Seh..., Gesichts...: ~ acuity Sehschärfe f; ~ angle Gesichtswinkel m; ~ nerve Sehnerv m; ~ purple Sehrot n, -purpur m; ~ test Augen-, Sehtest m. 2. visuˈell: ~ impression; ~ memory; ~ aid(s) ped. Anschauungsmaterial n; ~ arts bildende Künste; ~-aural radio range aer. Vierkursfunkfeuer n mit Sicht- u. Höranzeige; ~ display (Computer) optische Anzeige, Sichtanzeige f; ~ display unit (Computer) Bildschirm-, Bildsicht-, Datensichtgerät n; ~ instruction ped. Anschauungsunterricht m; ~ pollution Verschand(e)lung f (der Landschaft); ~ signal Schauzeichen n. 3. sichtbar: ~ objects. 4. optisch, Sicht...: ~ flight rules aer. Sichtflugregeln; ~ indication tech. Sichtanzeige f; ~ range Sichtbereich m. 5. fig. anschaulich. II s 6. econ. print. a) (Roh)Skizze f e-r Layouts, b) ˈBildeleˌment n e-r Anzeige. 7. → visualizer.
**vis·u·al·i·za·tion** [ˌvɪzjʊəlaɪˈzeɪʃn; Am. ˌvɪʒəwələˈz-; -ʒələˈz-] s Vergegenwärtigung f. **ˈvis·u·al·ize** I v/t 1. sich vorstellen, sich vergegenwärtigen, sich veranschaulichen, sich ein Bild machen von. 2. erwarten, rechnen mit. 3. med. (bes. röntgenoˈlogisch) sichtbar machen. II v/i 4. med. sichtbar werden. **ˈvis·u·al·iz·er** s 1. psych. visuˈeller Typ. 2. Werbung: Visualizer m (Fachmann für die graphische Gestaltung).
**vi·ta** [ˈviːtə] (Lat.) pl -tae [-ˌtaɪ] s Am. Lebenslauf m.

**vi·tal** [ˈvaɪtl] I adj (adv ~ly) 1. Lebens...: ~ functions; ~ principle; ~ energy (od. power) Lebenskraft f; ~ index (Statistik) Vitalitätsindex m (Verhältnis zwischen Geburts- u. Sterbeziffern); ~ records standesamtliche od. bevölkerungsstatistische Unterlagen; ~ spark Lebensfunke m; ~ statistics a) Bevölkerungsstatistik f, b) colloq. humor. Maße pl (e-r Frau); Bureau of V~ Statistics Am. Personenstandsregister n. 2. lebenswichtig (to für): ~ industry (interests, organ, etc); ~ parts → 8; ~ necessity Lebensnotwendigkeit f. 3. wesentlich, grundlegend. 4. (hoch)wichtig, entscheidend (to für): ~ problem Kernproblem n; ~ question Lebensfrage f; of ~ importance von entscheidender Bedeutung. 5. meist fig. leˈbendig: ~ style. 6. viˈtal, kraftvoll, lebensprühend: a ~ personality. 7. lebensˈgefährlich, tödlich: ~ wound. II s 8. pl a) med. ‚edle Teile‘ pl, lebenswichtige Orˈgane pl, b) fig. (das) Wesentliche, wichtige Bestandteile pl.
**vi·tal·ism** [ˈvaɪtəlɪzəm] s biol. philos. Vitaˈlismus m.
**vi·tal·i·ty** [vaɪˈtælətɪ] s 1. Vitaliˈtät f, Lebenskraft f. 2. Lebensfähigkeit f, -dauer f (a. fig.).
**vi·tal·i·za·tion** [ˌvaɪtəlaɪˈzeɪʃn; Am. -ləˈz-] s Belebung f, Aktiˈvierung f. **ˈvi·tal·ize** v/t 1. beleben, kräftigen, stärken. 2. mit Lebenskraft erfüllen. 3. fig. leˈbendig gestalten.
**vi·ta·mer** [ˈvaɪtəmə(r)] s chem. med. die Faktoren der Nahrung, die Vitaminfunktionen erfüllen.
**vi·ta·min** [ˈvɪtəmɪn; bes. Am. ˈvaɪ-], a. **ˈvi·ta·mine** [-mɪn; -miːn] s chem. med. Vitaˈmin n: ~ deficiency Vitaminmangel m. **ˈvi·ta·min·ize** v/t mit Vitaˈminen anreichern.
**vit·el·lar·y** [ˈvɪtələrɪ; Am. ˈvaɪtlˌeri:] → vitelline I.
**vi·tel·li** [vɪˈtelaɪ; Am. a. vaɪ-] pl von vitellus.
**vi·tel·line** [vɪˈtelɪn; Am. a. vaɪ-] biol. I adj 1. vitelˈlin, (Ei)Dotter...: ~ membrane Dotterhaut f, -sack m. 2. (dotter-) gelb. II s → vitellus. **viˈtel·lus** [-ləs] pl -li [-laɪ] s zo. (Ei)Dotter m, n.
**vi·ti·ate** [ˈvɪʃɪeɪt] v/t 1. allg. verderben. 2. beeinträchtigen. 3. die Luft etc verunreinigen, verpesten. 4. fig. die Atmosphäre vergiften. 5. Argument etc widerˈlegen. 6. bes. jur. ungültig machen, aufheben: ~ fraud ~s a contract. **ˌvi·ti·aˈtion** s 1. Verderben n, Verderbnis f. 2. Beeinträchtigung f. 3. Verunreinigung f. 4. Widerˈlegung f. 5. jur. Aufhebung f.
**ˌvit·iˈcul·tur·al** [ˌvɪtɪ-; ˌvaɪt-] adj Weinbau... **ˈvit·i·cul·ture** s Weinbau m. **ˌvit·iˈcul·tur·ist** s Weinbauer m.
**ˌvit·re·oˈelec·tric** [ˌvɪtrɪəʊ-] adj phys. positiv elektrisch.
**vit·re·ous** [ˈvɪtrɪəs] adj 1. Glas..., aus Glas, gläsern. 2. glasartig, glasig: ~ electricity positive Elektrizität. 3. flaschengrün. 4. ~ body anat. Glaskörper m (des Auges); ~ humo(u)r anat. Glaskörperflüssigkeit f. 5. geol. glasig.
**vi·tres·cence** [vɪˈtresns] s chem. 1. Verglasung f. 2. Verglasbarkeit f. **viˈtres·cent** adj 1. verglasend. 2. verglasbar.
**vi·tres·ci·ble** [vɪˈtresəbl] → vitrifiable.
**vit·ric** [ˈvɪtrɪk] adj glasartig, Glas...
**vit·ri·fac·tion** [ˌvɪtrɪˈfækʃn] → vitrification.
**ˈvit·ri·fi·a·ble** [-faɪ-] adj tech. verglasbar. **ˌvit·ri·fiˈca·tion** [-fɪˈkeɪʃn] s tech. Ver-, Überˈglasung f, Sinterung f. **ˈvit·ri·fy** [-faɪ] tech. I v/t ver-, überˈglasen, glaˈsieren, Keramik: dicht brennen. II v/i (sich) verglasen.
**vit·ri·ol** [ˈvɪtrɪəl] s 1. chem. Vitriˈol n:

# vitriolate – volatile

1078

blue ~, **copper** ~ Kupfervitriol, -sulfat *n*; **green** ~ Eisenvitriol; **white** ~ Zinksulfat *n*. **2.** *chem.* Schwefel-, Vitri'olsäure *f*: **oil of** ~ Vitriolöl *n*, rauchende Schwefelsäure. **3.** *fig.* a) Gift *n*, Säure *f*, b) Giftigkeit *f*, Bösartigkeit *f*. **'vit·ri·o·late** [-leɪt] *v/t* in Vitri'ol verwandeln. **‚vit·ri'ol·ic** [-'ɒlɪk; *Am.* -'ɑ-] *adj* **1.** vitri'olisch, Vitriol...: ~ **acid** Vitriolöl *n*, rauchende Schwefelsäure. **2.** *fig.* ätzend, beißend, bösartig, gehässig: ~ **remarks.** **'vit·ri·ol·ize** *v/t* **1.** *chem.* vitrioli'sieren. **2.** *j-n* mit Vitri'ol bespritzen *od.* verletzen.

**Vi·tru·vi·an** [vɪ'truːvjən; -vɪən] *adj* *arch. hist.* vi'truvisch. ~ **scroll** *s arch.* Mä'ander(verzierung *f*) *m*.

**vit·ta** ['vɪtə] *pl* **-tae** [-tiː] *s* **1.** *antiq.* Stirnband *n*. **2.** *bot.* a) Ölstrieme *f* (*in den Früchten der Doldenblüter*), b) Gürtelband *n* (*in den Schalen von Kieselalgen*). **3.** *bot. zo.* Bandstreifen *m*.

**vi·tu·per·ate** [vɪ'tjuːpəreɪt; vaɪ-; *Am. a.* -'tuː-] *v/t* **1.** (wüst) beschimpfen, schmähen. **2.** scharf tadeln. **vi‚tu·per'a·tion** *s* **1.** Schmähung *f*, (wüste) Beschimpfung. **2.** scharfer Tadel. **3.** *pl* Schimpfworte *pl.* **vi'tu·per·a·tive** [-pərətɪv; -reɪ-] *adj* (*adv* **~ly**) **1.** schmähend, Schmäh... **2.** tadelnd. **vi'tu·per·a·tor** [-tə(r)] *s* Schmäher *m*, (Be)Schimpfer *m*.

**vi·va¹** ['viːvə] **I** *interj* Hoch! **II** *s* Hoch(ruf *m*) *n*.

**vi·va²** ['vaɪvə] *Br.* **I** → **viva voce. II** *v/t* mündlich prüfen.

**vi·va·ce** [viː'vɑːtʃɪ; -tʃeɪ] *adv u. adj mus.* vi'vace, lebhaft.

**vi·va·cious** [vɪ'veɪʃəs; vaɪ-] *adj* (*adv* **~ly**) lebhaft, munter. **vi'va·cious·ness** [-'væsətɪ] *s* Lebhaftigkeit *f*, Munterkeit *f*.

**vi·var·i·um** [vaɪ'veərɪəm] *pl* **-i·ums, -i·a** [-ɪə] *s* **1.** Vi'varium *n* (*kleinere Anlage zur Haltung lebender Tiere, z. B. Aquarium, Terrarium*). **2.** *obs.* Fischteich *m*.

**vi·va vo·ce** [‚vaɪvə'vəʊsɪ; -tʃɪ] **I** *adj u. adv* mündlich. **II** *s* mündliche Prüfung.

**viv·id** ['vɪvɪd] *adj* (*adv* **~ly**) **1.** *allg.* lebhaft: a) impul'siv (*Person*), b) inten'siv: ~ **imagination** lebhafte Phantasie, c) deutlich, klar: ~ **recollections,** d) schwungvoll, bunt: ~ **scene,** e) leuchtend: ~ **colo(u)rs.** **2.** le'bendig, lebensvoll: ~ **portrait.** **'viv·id·ness** *s* **1.** Lebhaftigkeit *f*. **2.** Le'bendigkeit *f*.

**viv·i·fi·ca·tion** [‚vɪvɪfɪ'keɪʃn] *s* **1.** ('Wieder)Belebung *f*. **2.** *biol.* 'Umwandlung *f* in lebendes Gewebe. **'viv·i·fy** [-faɪ] *v/t* **1.** 'wiederbeleben. **2.** *fig.* Leben geben (*dat*), beleben, anregen. **3.** *fig.* intensi'vieren. **4.** *biol.* in lebendes Gewebe verwandeln.

**vi·vip·a·rous** [vɪ'vɪpərəs; vaɪ-] *adj* (*adv* **~ly**) **1.** *zo.* lebendgebärend. **2.** *bot.* noch an der Mutterpflanze keimend (*Samen*).

**vi·vip·a·ry** [-rɪ] *s* **1.** Vivipa'rie *f*: a) *bot.* Vermehrung *f* durch Brutkörper, b) *zo.* (Vermehrung *f* durch) Lebendgebärt *f*. **2.** *bot.* Biotek'nose *f* (*Keimung an der Mutterpflanze*).

**viv·i·sect** [‚vɪvɪ'sekt; 'vɪvɪsekt] *v/t u. v/i med.* vivise'zieren, lebend se'zieren. **‚viv·i'sec·tion** *s med.* Vivisekti'on *f.* **‚viv·i'sec·tion·al** *adj* Vivisektions..., vivisek'torisch. **‚viv·i'sec·tion·ist** *s* **1.** Anhänger *m* der Vivisekti'on. **2.** → **vivisector. viv·i·sec·tor** [-tə(r)] *s* Vivi'sektor *m*.

**vix·en** ['vɪksn] *s* **1.** *hunt.* Füchsin *f*, Fähe *f.* **2.** *fig.* Zankteufel *m*, ‚Drachen' *m*, Xan'thippe *f*. **'vix·en·ish** *adj* zänkisch, keifend.

**viz·ard** ['vɪzɑː(r)d; -ə(r)d] → **visor 3.**

**vi·zier** [vɪ'zɪə(r)] *s hist.* We'sir *m*. **vi·zier·ate** [-rɪt; -reɪt] *s* Wesi'rat *n*.

**vi·zor** → **visor.**

**‚V-'J Day** *s* Tag *m* des Sieges der Al-

li'ierten über Japan (*im 2. Weltkrieg, 15. 8. 1945*).

**Vlach** [vlɑːk] **I** *s* Wa'lache *m*, Wa'lachin *f*. **II** *adj* wa'lachisch.

**vlei** *s* **1.** [fleɪ; vleɪ] *S.Afr.* sumpfige Niederung. **2.** [flaɪ; vlaɪ] *Am. dial.* Sumpf *m*.

**'V|-‚mail** *s Am.* Fotoluftpostbrief *m*. ~ **neck** *s* V-Ausschnitt *m*. **'~-neck(ed)** *adj* mit V-Ausschnitt.

**vo·cab** ['vəʊkæb] *colloq. für* **vocabulary. vo·ca·ble** ['vəʊkəbl] *s* Vo'kabel *f*.

**vo·cab·u·lar·y** [vəʊ'kæbjʊlərɪ; və'k-; *Am.* -jə‚leri:] **I** *s* Vokabu'lar *n*: a) Wörterverzeichnis *n*, b) Wortschatz *m*. **II** *adj* Wort(schatz)...

**vo·cal** ['vəʊkl] **I** *adj* (*adv* **~ly**) **1.** stimmlich, mündlich, Stimm..., Sprech...: ~ **chink** Stimmritze *f*; ~ **cords** Stimmbänder; ~ **fold** Stimmfalte *f*. **2.** *mus.* Vokal..., gesungen, Gesang(s)..., gesangstimmlich: ~ **music** Vokalmusik *f*; ~ **part** Singstimme *f*; ~ **recital** Liederabend *m*. **3.** stimmbegabt, der Sprache mächtig. **4.** klingend, 'widerhallend (**with** von). **5.** laut, vernehmbar, *a.* gesprächig: **to become** ~ laut werden, sich vernehmen lassen. **6.** *ling.* a) vo'kalisch, b) stimmhaft. **7.** *ling.* gesungen: ~ **Schlager. vo·cal·ic** [vəʊ'kælɪk] *adj* **1.** Vokal..., vo'kalisch. **2.** vo'kalreich.

**vo·cal·ise** [‚vəʊkə'liːz] *s mus.* Voka'lise *f* (*Singübung nur mit Vokalen*).

**vo·cal·ism** ['vəʊkəlɪzəm] *s* **1.** *ling.* Vo'kalsy‚stem *n* (*e-r Sprache*). **2.** Vokalisati'on *f* (*Vokalbildung u. Aussprache*). **3.** Gesang *m*, Gesangskunst *f*, -technik *f*. **'vo·cal·ist** *s mus.* Sänger(in).

**vo·cal·i·ty** [vəʊ'kælətɪ] *s* **1.** *ling.* a) Stimmhaftigkeit *f*, b) vo'kalischer Cha'rakter. **2.** Stimmbegabung *f*.

**vo·cal·i·za·tion** [‚vəʊkəlaɪ'zeɪʃn; *Am.* -lə'z-] *s* **1.** Aussprechen *n*, Stimmgebung *f*. **2.** *ling.* a) Vokali'sierung *f*, Vokalisati'on *f*, b) stimmhafte Aussprache, c) Punktuati'on *f* (*Bezeichnen der Vokale im Hebräischen*). **'vo·cal·ize I** *v/t* **1.** *e-n* Laut aussprechen, artiku'lieren, *a.* singen. **2.** *ling.* a) Konsonanten vokali'sieren, vo'kalisch od. als Vo'kal aussprechen, b) stimmhaft aussprechen, c) → **vowelize 1. II** *v/i* **3.** vokali'sieren (*beim Singen die Vokale bilden u. aussprechen*).

**vo·ca·tion** [vəʊ'keɪʃn] *s* **1.** (*relig.* göttliche, *allg.* innere) Berufung (**for** zu). **2.** Eignung *f*, Begabung *f*, Ta'lent *n* (**for** zu, für). **3.** Beruf *m*, Beschäftigung *f*: **to mistake one's** ~ s-n Beruf verfehlen. **vo'ca·tion·al** [-ʃənl] *adj* beruflich, Berufs...: ~ **adviser** Berufsberater *m*; ~ **disease** Berufskrankheit *f*; ~ **education** (*od.* **training**) Berufsausbildung *f*; ~ **experience** Berufserfahrung *f*; ~ **guidance** Berufsberatung *f*; ~ **school** *Am.* (*etwa*) Berufsschule *f*.

**voc·a·tive** ['vɒkətɪv; *Am.* 'vɑ-] *ling.* **I** *adj* vokativisch, Anrede...: ~ **case** → **II. II** *s* Vokativ *m*.

**vo·ces** ['vəʊsiːz] *pl von* **vox.**

**vo·cif·er·ant** [vəʊ'sɪfərənt] → **vociferous. vo'cif·er·ate** [-reɪt] *v/t u. v/i* schreien, brüllen. **vo‚cif·er'a·tion** *s a. pl* Brüllen *n*, Schreien *n*, Geschrei *n*. **vo'cif·er·a·tor** [-tə(r)] *s* Schreier *m*, Schreihals *m*. **vo'cif·er·ous** *adj* (*adv* **~ly**) **1.** schreiend, brüllend. **2.** lärmend, laut. **3.** lautstark: ~ **protest; to welcome s.o.** **~ly** j-n mit großem Hallo empfangen.

**vo·co·der** [vəʊ'kəʊdə(r)] *s electr. tech.* Vocoder *m* (*Umwandler von Sprechsignalen*).

**vo·der** ['vəʊdə(r)] *s electr. tech.* Voder *m* (*synthetischer Sprecher*).

**vod·ka** ['vɒdkə; *Am.* 'vɑdkə] *s* Wodka *m*.

**voe** [vəʊ] *s Br. dial.* Bucht *f*.

**vogue** [vəʊg] *s* **1.** *allg.* (herrschende) Mode: **all the** ~ die große Mode, der letzte Schrei; **to be in** ~ (in) Mode sein; **to come into** ~ in Mode kommen. **2.** Beliebtheit *f*: **to be in full** ~ sich großer Beliebtheit erfreuen, sehr im Schwange sein; **to have a short-lived** ~ sich e-r kurzen Beliebtheit erfreuen. ~ **word** *s* Modewort *n*.

**voice** [vɔɪs] **I** *s* **1.** Stimme *f* (*a. fig.*): **the** ~ **of conscience,** the still small ~ (within) die Stimme des Gewissens; **in (good)** ~ *mus.* (gut) bei Stimme; ~ **box** *anat.* Kehlkopf *m*; ~ **contact** Sprechkontakt *m*; ~ **frequency** *electr.* Sprechfrequenz *f*; ~ **part** *mus.* Singstimme *f* (*e-r Komposition*); ~ **radio** Sprechfunk *m*; ~ **range** *mus.* Stimmumfang *m*; ~ **vote** Abstimmung *f* durch Zuruf. **2.** Ausdruck *m*, Äußerung *f*: **to find** ~ **in** *fig.* Ausdruck finden in (*dat*); **to give** ~ **to** → **9. 3.** Stimme *f*: **to give one's** ~ **for** stimmen für; **with one** ~ einstimmig. **4.** Stimmrecht *n*, Stimme *f*: **to have a (no)** ~ **in a matter** etwas (nichts) zu sagen haben bei *od.* in e-r Sache. **5.** Stimme *f*, Sprecher(in), Sprachrohr *n*: **he made himself the** ~ **of the poor.** **6.** *mus.* a) *a.* ~ **quality** Stimmton *m*, b) ('Orgel)Re‚gister *n*, (-)Stimme *f*. **7.** *ling.* a) stimmhafter Laut, b) Stimmton *m*. **8.** Genus *n* des Verbs: **active** ~ Aktiv *n*; **passive** ~ Passiv *n*. **II** *v/t* **9.** Ausdruck geben *od.* verleihen (*dat*), äußern, in Worte fassen: **he ~d his gratitude. 10.** *mus.* a) *e-e* Orgelpfeife etc regu'lieren, b) die Singstimme schreiben zu (*e-r Komposition*). **11.** *ling.* (stimmhaft) (aus)sprechen. **voiced** *adj* **1.** (*in Zssgn*) mit *leiser etc* Stimme: **low-~. 2.** *ling.* stimmhaft. **'voice·ful** *adj bes. poet.* **1.** mit (lauter) Stimme. **2.** vielstimmig. **'voice·less** *adj* **1.** ohne Stimme, stumm. **2.** sprachlos. **3.** *parl.* nicht stimmfähig. **4.** *ling.* stimmlos. **'voice-‚o·ver** *s Film, TV:* 'Off-Kommen‚tar *m*.

**void** [vɔɪd] **I** *adj* (*adv* **~ly**) **1.** leer: **a** ~ **space. 2.** ~ **of** ohne, bar (*gen*), arm an (*dat*), frei von: ~ **of fear** ohne jede Angst. **3.** unbewohnt: ~ **house. 4.** unbesetzt, frei: **a** ~ **position. 5.** *jur.* (rechts)unwirksam, ungültig, nichtig: ~ **null 3. II** *s* **6.** leerer Raum, Leere *f*. **7.** *fig.* (Gefühl *n* der) Leere *f*. **8.** *fig.* Lücke *f*: **to fill the** ~ die Lücke schließen. **9.** *jur.* unbewohntes Gebäude. **III** *v/t* **10.** räumen (*of* von). **11.** *jur.* a) (rechts)unwirksam *od.* ungültig machen, für nichtig erklären, b) (*einseitig*) aufheben, c) anfechten. **12.** *physiol.* Urin etc ausscheiden. **'void·a·ble** *adj. jur.* a) aufhebbar, b) anfechtbar. **'void·ance** *s* Räumung *f*. **'void·er** *s her.* halbkreisförmiges Ehrenstück am Schild e-s Wappens. **'void·ness** *s* **1.** Leere *f*. **2.** *jur.* Nichtigkeit *f*, Ungültigkeit *f*.

**voile** [vɔɪl] *s* Voile *m*, Schleierstoff *m*.

**voir dire** [vwɑː(r)'dɪə(r)] *s jur.* Vorvernehmung unter Eid e-s Geschworenen *od.* Zeugen zur Feststellung s-r Eignung.

**voi·vod(e)** ['vɔɪvəʊd] *s* Woi'wode *m*.

**vo·lant** ['vəʊlənt] *adj* **1.** *zo.* fliegend (*a. her.*). **2.** *poet.* flüchtig, rasch.

**Vo·la·pük** ['vɒləpʊk; *Am.* 'vəʊ-; 'vɑ-] *s* Vola'pük *n* (*Welthilfssprache*).

**vo·lar** ['vəʊlə(r)] *adj anat.* **1.** Handflächen... **2.** Fußsohlen...

**vol·a·tile** ['vɒlətaɪl; *Am.* 'vɑlətl] *adj* **1.** *chem.* verdampfbar, sich verflüchtigend, flüchtig, ä'therisch, vola'til: ~ **alkali** a) Ammoniak *n*, b) Ammoniumkarbonat *n*; ~ **oil** ätherisches Öl; ~ **salt** Riechsalz *n*; **to make** ~ verflüchtigen. **2.** *fig.* vergänglich, flüchtig. **3.** *fig.* a) munter, lebhaft, le'bendig, b) unbeständig, launisch, flatterhaft. **4.** *Compu-*

*ter:* flüchtig: ~ **storage** flüchtiger *od.* energieabhängiger Speicher. **‚vol·a'til·i·ty** [-'tɪlətɪ] *s* **1.** *chem.* (leichte) Verdampfbarkeit, Flüchtigkeit *f.* **2.** Vergänglich-, Flüchtigkeit *f.* **3.** *fig.* a) Lebhaftigkeit *f,* b) Unbeständigkeit *f,* Flatterhaftigkeit *f.*

**vo·lat·i·liz·a·ble** [vɒ'lætɪlaɪzəbl; *Am.* 'vɑlətl-] *adj chem.* leicht zu verflüchtigen(d), (leicht)verdampfbar. **vo·lat·i·li·za·tion** [vɒˌlætɪlaɪ'zeɪʃn; *Am.* ˌvɑlətlə'z-] *s chem.* Verflüchtigung *f,* -dampfung *f,* -dampfen *n,* -dunstung *f.* **vo·lat·i·lize** *v/t u. v/i phys.* (sich) verflüchtigen, verdunsten, verdampfen.

**vol-au-vent** ['vɒləʊvɑ̃:; *Am.* ˌvɔləʊ-'vɑ̃:] *s* Vol-au-'vent *m* (*Blätterteigpastete mit Fleisch- od. Fisch- od. Pilzfüllung*).

**vol·can·ic** [vɒl'kænɪk; *Am. a.* val-] *adj* (*adv* ~ally) **1.** *geol.* vul'kanisch, Vulkan...: ~ **rock** vulkanisches Gestein, Eruptivgestein *n.* **2.** *fig.* ungestüm, explo'siv. ~ **bomb** *s geol.* Bombe *f* (*runde, bisweilen hohle Lavamasse*). ~ **glass** *s geol.* vul'kanische Glaslava, Obsidi'an *m.* **vol·can·ic·i·ty** [ˌvɒlkə'nɪsətɪ; *Am. a.* ˌval-] *s geol.* vul'kanische Beschaffenheit *od.* Tätigkeit. **'vol·can·ism** *s geol.* Vulka'nismus *m.* **'vol·can·ize** *v/t* vulkani'sieren.

**vol·ca·no** [vɒl'keɪnəʊ; *Am. a.* val-] *pl* **-noes, -nos** *s* **1.** *geol.* Vul'kan *m.* **2.** *fig.* Vul'kan *m,* Pulverfaß *n:* **to sit on the top of a** ~ (wie) auf e-m Pulverfaß sitzen. **vol·can·ol·o·gy** [ˌvɒlkə'nɒlədʒɪ; *Am.* -'nɑ-; *a.* ˌval-] *s* Vulkanolo'gie *f.*

**vole¹** [vəʊl] *s zo.* Wühlmaus *f.*

**vole²** [vəʊl] *s Kartenspiel:* Gewinn *m* aller Stiche: **to go the** ~ a) alles riskieren, b) alles (aus)probieren.

**vo·let** ['vɒleɪ; *Am.* vəʊ'leɪ] *s* Flügel *m* (*e-s Triptychons*).

**vo·li·tion** [vəʊ'lɪʃn] *s* **1.** Willensäußerung *f,* Willensakt *m,* Entschluß *m:* **of one's own** ~ aus eigenem Entschluß. **2.** Wille *m,* Wollen *n,* Willenskraft *f.* **vo'li·tion·al** [-ʃənl] *adj* (*adv* ~ly) **1.** Willens..., willensmäßig. **2.** willensstark. **vol·i·tive** ['vɒlɪtɪv; *Am.* 'vɑ-] *adj* **1.** Willens... **2.** *ling.* voli'tiv: ~ **future**.

**völk·er·wan·der·ung** ['fœlkərˌvandərʊŋ] (*Ger.*) *pl* **-en** *s bes. hist.* Völkerwanderung *f.*

**Volks·raad** ['fɒlksrɑːt; *Am.* 'fəʊlks-] *s pol. hist.* Volksraad *m* (*gesetzgebende Körperschaft in der Republik Südafrika*).

**vol·ley** ['vɒlɪ; *Am.* 'vɑ-] **I** *s* **1.** (Gewehr-, Geschütz)Salve *f,* (Pfeil-, Stein- *etc*)Hagel *m,* Artillerie, Flak: Gruppe *f:* ~ **bombing** *aer.* Reihenwurf *m;* ~ **fire** *mil.* a) Salvenfeuer *n,* b) (Artillerie) Gruppenfeuer *n.* **2.** *fig.* Schwall *m,* Strom *m,* Flut *f,* Ausbruch *m:* **a** ~ **of oaths** ein Hagel von Flüchen. **3.** *sport* a) *Tennis:* Volley *m* (*Schlag*), (*Ball a.*) Flugball *m,* b) *Fußball:* Volleyschuß *m:* **to take a ball at** (*od.* **on**) ~ e-n Ball volley nehmen. **4.** *Badminton:* Ballwechsel *m.* **II** *v/t* **5.** in e-r Salve abschießen. **6.** *sport* a) e-n Ball volley nehmen, (*Tennis a.*) als Flugball nehmen, (*Fußball a.*) (di'rekt) aus der Luft nehmen, b) *Fußball:* e-n Ball volley schießen. **7.** *fig. meist* ~ **out** (*od.* **forth**) e-n Schwall von Worten *etc* von sich geben. **III** *v/i* **8.** e-e Salve *od.* Salven abgeben. **9.** hageln, sausen (*Geschosse*). **10.** krachen (*Geschütze*). **11.** *sport* a) *Tennis:* vol'lieren, b) *Fußball:* volley schießen. **'vol·ley·ball** *s sport* **1.** Volleyball(spiel *n*) *m.* **2.** Volleyball *m.*

**vol·plane** ['vɒlpleɪn; *Am. a.* 'vɑl-] *aer.* **I** *s* Gleitflug *m.* **II** *v/i* im Gleitflug niedergehen.

**Vol·stead·ism** ['vɑːlˌsteˌdɪzəm] *s Am.* Prohibiti'onspoliˌtik *f* (*nach dem Abgeordneten A. J. Volstead*).

**volt¹** [vəʊlt] *s electr.* Volt *n.*

**volt²** [vɒlt; *Am. a.* vəʊlt] *s fenc., Pferdesport:* Volte *f.*

**Vol·ta** ['vɒltə; *Am.* 'vɑl-; 'vəʊl-] *adj electr.* Volta...: ~ **effect;** ~'**s law** Voltasches Gesetz.

**volt·age** ['vəʊltɪdʒ] *s electr.* (Volt)Spannung *f:* ~ **divider** Spannungsteiler *m.* **vol·ta·ic** [vɒl'teɪɪk; *Am. a.* 'val-; 'vəʊl-] *adj electr.* gal'vanisch. ~ **cell,** ~ **cou·ple** *s electr.* Ele'ment *n,* Zelle *f.* ~ **pile** *s electr.* Voltaische Säule.

**vol·tam·e·ter** [vɒl'tæmɪtə(r); *Am.* vɑl-] *s electr.* Volta'meter *n* (*Stromstärkemesser*). **‚vol·ta'met·ric** [-tə'metrɪk] *adj* volta'metrisch. **volt·am·me·ter** [ˌvəʊlt'æmɪtə(r)] *s* 'Voltamˌperemeter *n,* Voltmeter *n.*

**‚volt-'am·pere** *s* 'Voltamˌpere *n.*

**‚volt-'cou·lomb** *s* Joule *n,* 'Wattseˌkunde *f.*

**volte** → **volt².**

**volte-face** [ˌvɒlt'fɑːs] *pl* **voltes-faces** [ˌvɒlt'fɑːsɪz] *s fig.* Kehrtwendung *f,* Wendung *f* um 180 Grad: **to make** (*od.* **perform**) **a** ~ sich um 180 Grad drehen. **volt·me·ter** ['vəʊltˌmiːtə(r)] *s electr.* Voltmeter *n,* Spannungsmesser *m.*

**vol·u·bil·i·ty** [ˌvɒljʊ'bɪlətɪ; *Am.* ˌvɑl-] *s* **1.** *obs.* leichte Drehbarkeit (*um e-e Achse etc*). **2.** *obs.* leichte Beweglichkeit. **3.** *fig.* a) glatter Fluß (*der Rede*), b) Zungenfertigkeit *f,* Redegewandtheit *f,* c) Redeseligkeit *f.* **'vol·u·ble** *adj* **1.** *obs.* leichtdrehbar. **2.** *obs.* leichtbeweglich. **3.** a) fließend: ~ **speech,** b) redegewandt, zungenfertig, c) redeselig, d) wortreich. **4.** *bot.* sich windend. **vol·ume** ['vɒljuːm; *Am.* 'vɑljəm; -juːm] *s* **1.** Band *m,* Buch *n* (*a. fig.*): **a three-**~ **novel** ein dreibändiger Roman; **the** ~ **of nature** das Buch der Natur; **that speaks** ~**s** *fig.* das spricht Bände (**for** für). **2.** Vo'lumen *n,* 'Umfang *m:* **the** ~ **of imports;** ~ **of traffic** Verkehrsaufkommen *n.* **3.** Masse *f,* große Menge, Schwall *m:* ~**s of abuse;** ~ **production** *econ.* Massenproduktion *f,* Mengenfertigung *f.* **4.** *chem. math. med. phys.* (Raum)Inhalt *m,* Vo'lumen *n.* **5.** *mus.* Klangfülle *f,* 'Stimmvoˌlumen *n.* **6.** *electr.* Lautstärke *f:* ~ **control** Lautstärkeregler *m.* **'vol·umed** *adj* (*in Zssgn*) ...bändig: **a three-**~ **book.**

**vol·u·me·nom·e·ter** [ˌvɒljʊmɪ'nɒmɪtə(r); *Am.* ˌvɑljəmɪ'nɑ-] *s phys.* Volumeno'meter *n* (*optisches Gerät zur Messung des Volumens fester Körper*).

**vo·lu·me·ter** [vɒ'ljuːmɪtə; *Am.* 'vɑljoˌmiːtər] *s phys.* Volu'meter *n* (*Senkwaage mit Volumenskala zur Bestimmung der Dichte e-r Flüssigkeit*).

**vol·u·met·ric** [ˌvɒljʊ'metrɪk; *Am.* ˌvɑl-] *adj* (*adv* ~ally) volu'metrisch: ~ **analysis** volumetrische Analyse, Maßanalyse *f;* ~ **density** Raumdichte *f.* **‚vol·u'met·ri·cal** → **volumetric.**

**vo·lu·mi·nal** [və'ljuːmɪnl; *bes. Am.* -'luː-] *adj* Volumen..., Umfangs... **vo‚lu·mi·nos·i·ty** [-ˌnɒsətɪ; *Am.* -ˌnɑ-] *s* 'Umfang *m,* Reichtum *m* (*bes. an literarischer Produktion*). **vo'lu·mi·nous** [-nəs] *adj* **1.** fruchtbar, produk'tiv (*Schriftsteller*). **2.** bändefüllend, vielbändig (*literarisches Werk*). **3.** volumi'nös, 'umfangreich, massig. **4.** bauschig, füllig. **5.** weitschweifig. **6.** *mus.* voll, füllig: ~ **voice.**

**vol·un·tar·i·ness** ['vɒləntərɪnɪs; *Am.* 'vɑlənˌteri-] *s* **1.** Freiwilligkeit *f.* **2.** (Willens)Freiheit *f.*

**vol·un·ta·rism** ['vɒləntərɪzəm; *Am.* 'vɑl-] *s philos.* Volunta'rismus *m.*

**vol·un·tar·y** ['vɒləntərɪ; *Am.* 'vɑlənˌteri:] **I** *adj* (*adv* **voluntarily**) **1.** freiwillig, aus eig(e)nem Antrieb *od.* freiem Entschluß (getan *etc*), spon'tan: ~ **contribution;** ~ **bankruptcy** selbstbeantragte Konkurserklärung; ~ **death** Freitod *m.* **2.** frei, unabhängig: ~ **chain** *econ.* Gemeinschaftseinkauf *m u.* -werbung *f* (*unabhängiger Einzelhändler*). **2.** a) vorsätzlich, schuldhaft: ~ **act,** b) freiwillig, unentgeltlich: ~ **conveyance,** c) außergerichtlich, gütlich: ~ **settlement;** ~ **jurisdiction** freiwillige Gerichtsbarkeit. **4.** durch Spenden unter'stützt *od.* finan'ziert: ~ **hospital.** **5.** *physiol.* willkürlich: ~ **muscles.** **6.** *philos.* volunta'ristisch. **II** *s* **7.** freiwillige *od.* wahlweise Arbeit. **8.** *a.* ~ **exercise** *sport* Kür(übung) *f.* **9.** *mus.* Orgelsolo *n.* **10.** Freiwillige(r *m*) *f.* **11.** *philos.* Volunta'rist *m.* **'vol·un·tar·y·ism** *s pol.* 'Freiwilligkeitsprinˌzip *n.*

**vol·un·teer** [ˌvɒlən'tɪə(r); *Am.* ˌvɑ-] **I** *s* **1.** Freiwillige(r *m*) *f* (*a. mil.*). **2.** *jur.* unentgeltlicher (Eigentums)Erwerber *m,* Rechtsnachfolger. **3.** *bot.* wildwachsende Pflanze. **II** *adj* **4.** freiwillig, freiwillig... **5.** *bot.* wildwachsend. **III** *v/i* **6.** sich freiwillig melden *od.* erbieten (**for** für, zu), freiwillig mittun (**in** bei), als Freiwillige(r) eintreten *od.* dienen. **IV** *v/t* **7.** Dienste *etc* freiwillig anbieten *od.* leisten. **8.** sich *e-e Bemerkung* erlauben, unaufgefordert von sich geben. **9.** (freiwillig) zum besten geben: **he** ~**ed a song.** **V** ~ **State** *s* (*Beiname für*) Tennessee *n.*

**vo·lup·tu·a·ry** [və'lʌptjʊərɪ; *Am.* -tʃəˌweri:] **I** *s* (Wol)Lüstling *m,* sinnlicher Mensch. **II** *adj* → **voluptuous. vo'lup·tu·ous** [-tʃʊəs; *Am.* -tʃəwəs; -tʃəs] *adj* (*adv* ~ly) **1.** wollüstig, sinnlich: ~ **pleasure.** **2.** geil, lüstern: ~ **glance.** **3.** üppig, sinnlich: ~ **body. vo'lup·tu·ous·ness** *s* **1.** Wollust *f,* Sinnlichkeit *f.* **2.** Geilheit *f,* Lüsternheit *f.* **3.** Üppigkeit *f.*

**vo·lute** [və'ljuːt; *bes. Am.* və'luːt] **I** *s* **1.** Spi'rale *f,* Schnörkel *m.* **2.** *arch.* Vo'lute *f,* Schnecke *f.* **3.** *zo.* Windung *f* (*e-s Schneckengehäuses*). **4.** *zo.* Faltenschnecke *f.* **II** *adj* **5.** gewunden. **6.** spi'ral-, schneckenförmig: ~ **compasses** Spiralzirkel *m;* ~ **spring** *tech.* Schnekkenfeder *f.* **vo'lut·ed** *adj* **1.** → **volute II. 2.** *arch.* mit Vo'luten (versehen). **vo'lu·tion** [-ʃn] *s* **1.** Drehung *f.* **2.** *anat. zo.* Windung *f.*

**vol·vu·lus** ['vɒlvjʊləs; *Am. a.* 'vɑl-] *s med.* Volvulus *m,* Darmverschlingung *f.*

**vom·i·ca** ['vɒmɪkə; *Am.* 'vɑ-] *pl* **-cae** [-siː] *s med.* **1.** anomale Höhlenbildung (*bes. in der Lunge*). **2.** plötzlicher Eiterauswurf.

**vom·it** ['vɒmɪt; *Am.* 'vɑ-] **I** *s* **1.** Erbrechen *n.* **2.** (*das*) Erbrochene. **3.** *pharm.* Brechmittel *n.* **4.** *fig.* Unflat *m.* **II** *v/t* **5.** (er)brechen. **6.** *a.* ~ **out** *fig.* Feuer *etc* (aus)speien, *Lava* auswerfen, *Rauch, a. Flüche etc* ausstoßen. **III** *v/i* **7.** (sich er)brechen, sich über'geben. **8.** *fig.* Lava auswerfen, Feuer *etc* (aus)speien, Rauch ausstoßen. **'vom·i·tive** *pharm.* **I** *s* Brechmittel *n.* **II** *adj* Erbrechen verursachend, Brech... **'vom·i·to·ry** [-tərɪ; *Am.* -məˌtəʊriː; -ˌtɔ:-] **I** *s* **1.** → **vomitive I. 2.** *antiq.* Vomi'torium *n* (*Eingang zum römischen Amphitheater*). **II** *adj* → **vomitive II.** **vom·i·tu·ri·tion** [ˌvɒmɪtjʊ'rɪʃn; *Am.* ˌvɑmət'ʃə-; -tu:-] *s med.* Brechreiz *m,* Würgen *n.*

**voo·doo** ['vuːduː] **I** *s* **1.** Wodu *m* (*magisch-religiöser Geheimkult auf Haiti*). **2.** Zauber *m,* Hexe'rei *f.* **3.** *a.* ~ **priest** Wodupriester *m.* **4.** Fetisch *m,* Gegenstand *m* (*des Wodukults*). **II** *v/t* **5.** verhexen. **'voo·doo·ism** *s* Wodukult *m.*

**vo·ra·cious** [və'reɪʃəs; vɔ:-] *adj* (*adv* ~ly) gefräßig, gierig, unersättlich (*a. fig.*): ~ **appetite; to be a** ~ **reader** die Bücher

geradezu verschlingen. **vo·ra·cious·ness, vo·rac·i·ty** [vɒˈræsətɪ; *bes. Am.* vɔː-; və-] *s* Gefräßigkeit *f*, Gier *f*, Unersättlichkeit *f* (**of** nach).

**vor·tex** [ˈvɔː(r)teks] *pl* **-tex·es, -ti·ces** [-tɪsiːz] *s* **1.** Wirbel *m*, Strudel *m* (*beide a. phys. u. fig.*): **~ of social life; ~ motion** Wirbelbewegung *f*. **2.** Wirbelwind *m*. **3.** *philos. hist.* Vortex *m*, Wirbel *m*.

**vor·ti·cal** [ˈvɔː(r)tɪkl] *adj* (*adv* **~ly**) **1.** wirbelnd, kreisend, Wirbel... **2.** wirbel-, strudelartig.

**vor·ti·ces** [ˈvɔː(r)tɪsiːz] *pl von* **vortex**.

**vor·ti·cism** [ˈvɔː(r)tɪsɪzəm] *s art* Vortizismus *m* (*englische futuristische Bewegung*).

**vor·ti·cose** [ˈvɔː(r)tɪkəʊs] → **vortical**.

**vo·ta·ress** [ˈvəʊtərɪs] *s* Geweihte *f* (*etc*; → **votary**).

**vo·ta·ry** [ˈvəʊtərɪ] **I** *s* **1.** *relig.* Geweihte(r *m*) *f*: **~** a) Mönch *m*, b) Nonne *f*. **2.** *fig.* Verfechter(in), (Vor)Kämpfer(in): **a ~ of peace. 3.** *fig.* Anhänger(in), Verehrer(in), Jünger(in): **~ of music** Musikenthusiast(in); **~ of science** Jünger der Wissenschaft.

**vote** [vəʊt] **I** *s* **1.** (Wahl)Stimme *f*, Votum *n*: **to give one's ~ to** (*od.* **for**) s-e Stimme geben (*dat*), stimmen für; → **censure** 1, **confidence** 1, **split** 4. **2.** Abstimmung *f*, Stimmabgabe *f*, Wahl *f*: **to put** s.th. **to the ~, to take a ~ on** s.th. über e-e Sache abstimmen lassen; **to take the ~** die Abstimmung vornehmen, abstimmen. **3.** Stimmzettel *m*, Stimme *f*: **the ~s were counted**; → **cast** 20. **4. the ~** das Stimmrecht. **5. the ~** *collect.* die Stimmen *pl*: **the candidate lost the Labour ~**; **~-catcher**, **~-getter** ‚Wahllokomotive' *f*. **6.** Wahlergebnis *n*. **7.** Beschluß *m*: **a unanimous ~. 8.** Bewilligung *f*, bewilligter Betrag. **9.** *obs.* a) Gelübde *n*, b) glühender Wunsch. **II** *v/i* **10.** abstimmen, wählen, s-e Stimme abgeben: **to ~ against** stimmen gegen; **to ~ for** stimmen für (*a. colloq. für etwas sein*). **III** *v/t* **11.** abstimmen über (*acc*), wählen: **to ~ down** niederstimmen; **to ~** s.o. **in** j-n wählen; **to ~** s.th. **through** etwas durchbringen; **to ~ that** dafür sein, daß; vorschlagen *od.* beschließen, daß; **to ~** s.o. **out of** (**office**) j-n abwählen. **12.** (durch Abstimmung) wählen *od.* beschließen *od.* Geld bewilligen. **13.** *colloq.* allgemein erklären für *od.* halten für *od.* ‚hinstellen als': **she was ~d a beauty. 14.** vorschlagen: **I ~ (that) you avoid her in future.** '**vote·less** *adj* ohne Stimmrecht *od.* Stimme. '**vot·er** *s* Wähler(in), Wahl-, Stimmberechtigte(r *m*) *f*.

'**vot·ing I** *s* (Ab)Stimmen *n*, Abstimmung *f*, Stimmabgabe *f*. **II** *adj* Stimm(en)..., Wahl... **~ age** *s* Wahlalter *n*. **~ ma·chine** *s bes. Am.* 'Stimmen‚zählappa‚rat *m*, 'Wahlma‚schine *f*. **~ pa·per** *s* Stimmzettel *m*. **~ pow·er** *s econ.* Stimmberechtigung *f*, -recht *n*. **~ share** *s econ. bes. Br.* Stimmrechtsaktie *f*. **~ stock** *s econ.* **1.** stimmberechtigtes 'Aktienkapi‚tal. **2.** *bes. Am.* Stimmrechtsaktie *f*. **~**

**trust** *s econ.* 'Stimmrechtsüber‚tragung *f* auf (e-n) Treuhänder.

**vo·tive** [ˈvəʊtɪv] *adj* gelobt, geweiht, Weih..., Votiv..., Denk...: **~ mass** *R.C.* Votivmesse *f*; **~ medal** (Ge)Denkmünze *f*; **~ tablet** Votivtafel *f*.

**vouch** [vaʊtʃ] **I** *v/t* **1.** bezeugen, bestätigen, (urkundlich) belegen. **2.** bekräftigen, beteuern. **3.** (sich ver)bürgen für: **to ~ that** dafür bürgen, daß. **II** *v/i* **4. ~ for** (sich ver)bürgen für.

'**vouch·er** *s* **1.** Zeuge *m*, Bürge *m*. **2.** 'Unterlage *f*, Doku'ment *n*: **to support by ~** dokumentarisch belegen. **3.** (Rechnungs)Beleg *m*, Belegschein *m*, -zettel *m*, Quittung *f*. **4.** Gutschein *m*, Bon *m*. **5.** Eintrittskarte *f*. **~ check** *s econ. Am.* Verrechnungsscheck *m*. **~ clerk** *s econ. Br.* Kredi'torenbuchhalter *m*. **~ cop·y** *s econ.* Belegdoppel *n*.

**vouch·safe** *v/t* **1.** (gnädig) gewähren. **2.** (sich) her'ablassen zu: **he ~d me no answer** er würdigte mich keiner Antwort.

**vouge** [vuːʒ] *s mil. hist.* (*Art*) Helle'barde *f*.

**vow** [vaʊ] **I** *s* **1.** Gelübde *n* (*a. relig.*), Gelöbnis *n*, *oft pl* (feierliches) Versprechen, (Treu)Schwur *m*: **to be under a ~** ein Gelübde abgelegt haben, versprochen haben (**to do** zu tun); **to take** (*od.* **make**) **a ~** ein Gelübde ablegen. **2.** *relig.* Pro'feß *f*, Ordensgelübde *n*: **to take ~s** Profeß ablegen, in ein Kloster eintreten. **II** *v/t* **3.** geloben: **to ~ o.s. to** sich weihen *od.* angeloben (*dat*). **4.** (sich) schwören, (sich) geloben, hoch und heilig versprechen (**to do** zu tun). **5.** feierlich erklären.

**vow·el** [ˈvaʊəl] **I** *s ling.* **1.** Vo'kal *m*, Selbstlaut *m*: **neutral ~** Murmellaut *m*. **II** *adj* **2.** vo'kalisch. **3.** Vokal..., Selbstlaut...: **~ gradation** Ablaut *m*; **~ mutation** Umlaut *m*. '**vow·el·ize** *v/t* **1.** hebräischen Text mit Vo'kalzeichen versehen. **2.** *ling.* e-n Laut vokali'sieren. '**vow·el·less** *adj* vo'kallos.

**vox** [vɒks; *Am.* vɑks] *pl* **vo·ces** [ˈvəʊsiːz] (*Lat.*) *s* Stimme *f*: **~ populi** die Stimme des Volkes.

**voy·age** [ˈvɔɪɪdʒ] **I** *s* **1.** (*lange*) (See)Reise: **~ home** Rück-, Heimreise; **~ out** Hinreise. **2.** Flug(reise *f*) *m*. **II** *v/i* **3.** (*bes.* zur See) reisen. **III** *v/t* **4.** reisen durch, durch'queren, bereisen. '**voy·ag·er** *s* (See)Reisende(r *m*) *f*.

**vo·yeur** [vwɑːˈjɜː; *Am.* -ˈjɜr] *s psych.* Voy'eur *m*. **vo·yeur·ism** *s* Voy'eurtum *n*.

'**V-shaped** *adj* V-förmig. **~ sign** *s* **1.** mit zwei V-förmig gespreizten Fingern u. nach außen gedrehter Handfläche dargestelltes Symbol für Sieg (**victory**) *od.*, in den USA, für Zustimmung. **2.** in Großbritannien, mit nach außen gedrehter Handoberfläche (*etwa*) ‚Vogel' *m*: **to give** s.o. **the ~** j-m den *od.* e-n Vogel zeigen. **~ thread** *s tech.* V-Gewinde *n*. '**~-type en·gine** *s tech.* V-Motor *m*.

**vug(g),** *a.* **vugh** [vʌg; vʊg] *s geol.* Druse *f*.

**Vul·can** [ˈvʌlkən] *npr antiq.* Vul'canus *m*, Vul'kan *m* (*römischer Gott des Feuers*).

**Vul·ca·ni·an** [-ˈkeɪnɪən], **Vul·can·ic** [-ˈkænɪk] *adj* **1.** vul'kanisch, des (Gottes) Vul'kan. **2. v~** → **volcanic**. '**vul·can·ism** *s geol.* → **volcanism**. **vul·can·ite** [ˈvʌlkənaɪt] *s chem.* Ebo'nit *n*, Vulka'nit *n* (*Hartgummi*). **vul·can·i·za·tion** [‚vʌlkənaɪˈzeɪʃn; *Am.* -nəˈz-] *s chem.* Vulkani'sierung *f*. '**vul·can·ize** *v/t* Kautschuk vulkani'sieren: **~d fiber** (*bes. Br.* **fibre**) Vulkanfiber *f*.

**vul·gar** [ˈvʌlgə(r)] **I** *adj* (*adv* → **vulgarly**) **1.** (all)gemein, Volks...: **V~ Era** die christlichen Jahrhunderte; → **herd** 3. **2.** allgemein üblich *od.* verbreitet, volkstümlich: **~ superstitions. 3.** vul'gärsprachlich, in der Volkssprache (*verfaßt etc*): **a ~ translation of a Greek text; ~ tongue** Volkssprache *f*; **V~ Latin** Vulgärlatein *n*. **4.** ungebildet, ungehobelt. **5.** vul'gär, unfein, ordi'när, gewöhnlich, unanständig, pöbelhaft. **6.** *math.* gemein, gewöhnlich: **~ fraction. 7. the ~** *pl* das (gemeine) Volk. **vul'gar·i·an** [-ˈgeərɪən] *s* **1.** vul'gärer Mensch, Ple'bejer *m*. **2.** Neureiche(r) *m*, Parve'nü *m*, Protz *m*.

**vul·gar·ism** [ˈvʌlgərɪzəm] *s* **1.** vul'gäres Benehmen, Unfeinheit *f*. **2.** Gemeinheit *f*, Unanständigkeit *f*. **3.** *ling.* Vulga'rismus *m*, vul'gärer Ausdruck.

**vul·gar·i·ty** [vʌlˈgærətɪ] *s* **1.** Unbildung *f*, ungehobeltes Wesen. **2.** Gewöhnlichkeit *f*, Pöbelhaftigkeit *f*. **3.** Unsitte *f*, Ungezogenheit *f*. **4.** Gemeinheit *f*. ‚**vul·gar·i·za·tion** [-gəraɪˈzeɪʃn; *Am.* -rəˈz-] *s* **1.** Populari'sierung *f*, Verbreitung *f*. **2.** Her'abwürdigung *f*, Vulgari'sierung *f*. '**vul·gar·ize** *v/t* **1.** populari'sieren, popu'lär machen, verbreiten. **2.** her'abwürdigen, vulgari'sieren. '**vul·gar·ly** *adv* allgemein, gemeinhin, landläufig.

**Vul·gate** [ˈvʌlgeɪt; -gɪt] *s* **1.** Vul'gata *f* (*lat. Bibelübersetzung des Hieronymus aus dem 4. Jh.*). **2. v~** allgemein anerkannter vul'gärsprachlicher Text.

**vul·ner·a·bil·i·ty** [‚vʌlnərəˈbɪlətɪ] *s* **1.** Verwundbarkeit *f*. **2.** *fig.* Anfechtbarkeit *f*. '**vul·ner·a·ble** *adj* **1.** verwundbar (*a. fig.*). **2.** *fig.* anfechtbar: **a ~ argument. 3.** *fig.* anfällig (**to** für). **4.** *mil. sport* ungeschützt, offen: **~ position.** '**vul·ner·a·ble·ness** → **vulnerability**.

**vul·ner·ar·y** [ˈvʌlnərərɪ; *Am.* -‚reri] **I** *adj* Wund..., Heil...: **~ drug** → **II**; **~ herb**, **~ plant** Heilkraut *n*. **II** *s* Wund-, Heilmittel *n*.

**vul·pine** [ˈvʌlpaɪn] *adj* **1.** fuchsartig, Fuchs... **2.** *fig.* schlau, listig.

**vul·pin·ism** [ˈvʌlpɪnɪzəm] *s* Schläue *f*. **vul·ture** [ˈvʌltʃə(r)] *s* **1.** *orn.* Geier *m*. **2.** *fig.* ‚Aasgeier' *m*.

**vul·tur·ine** [ˈvʌltʃʊraɪn; -tʃə-], '**vul·tur·ous** *adj* **1.** *orn.* a) Geier..., b) geierartig. **2.** *fig.* (raub)gierig.

**vul·va** [ˈvʌlvə] *pl* **-vae** [-viː] *s anat.* (äußere) weibliche Scham, Vulva *f*. '**vul·val**, '**vul·var** *adj anat.* Scham(lippen)... **vul·vo·vag·i·nal** [‚vʌlvəʊvəˈdʒaɪnl; *Am.* -ˈvædʒənl] *adj* vulvovagi'nal, Scham- u. Scheiden...

**vy·ing** [ˈvaɪɪŋ] *adj* wetteifernd.

# W

**W, w** [ˈdʌblju:] **I** pl **W's, Ws, w's, ws** [ˈdʌblju:z] s **1.** W, w n (Buchstabe). **2.** WW n, W-förmiger Gegenstand. **II** adj **3.** dreiundzwanzigst(er, e, es). **4.** WW-..., W-förmig.

**Waac** [wæk] s mil. Br. colloq. Arˈmeehelferin f (aus Women's Army Auxiliary Corps).

**Waaf** [wæf] s mil. Br. colloq. Luftwaffenhelferin f (aus Women's Auxiliary Air Force).

**wab·ble** → wobble 1.

**Wac** [wæk] s mil. Am. colloq. Arˈmeehelferin f (aus Women's Army Corps).

**wack** [wæk] s bes. Am. colloq. überˈspannter Kerl. **ˈwack·y** adj bes. Am. colloq. überˈspannt, verschroben.

**wad** [wɒd; Am. wɑd] **I** s **1.** Pfropf(en) m, (Watte- etc)Bausch m, Polster n. **2.** Paˈpierknäuel m, n. **3.** a) (Banknoten)Bündel n, (-)Rolle f, b) Am. colloq. Haufen m Geld, c) Stoß m Paˈpiere, d) colloq. Masse f, Haufen m, (große) Menge: **he has ~s of money** er hat Geld wie Heu. **4.** mil. a) Ladepfropf m, b) Filzpfropf m (in Schrotpatronen): ~ **hook** hist. (Ladestock m mit) Kugelzieher m. **II** v/t **5.** zu e-m Bausch od. zs.-rollen od. zs.-pressen. **6.** ~ **up** Am. fest zs.-rollen. **7.** ver-, zustopfen. **8.** mil. a) die Kugel durch e-n Pfropf (im Lauf) festhalten, b) e-n Ladepfropf aufsetzen auf (acc): **to ~ a gun. 9.** Kleidungsstück etc watˈtieren, auspolstern.

**wad·a·ble** [ˈweɪdəbl] adj durchˈwatbar, seicht.

**ˈwad·ding I** s **1.** Einlage f, ˈFüllmateriˌal n (zum Polstern). **2.** Watte f. **3.** Polsterung f, Watˈtierung f. **II** adj **4.** Wattier...

**wad·dle** [ˈwɒdl; Am. ˈwɑdl] **I** v/i watscheln. **II** s watschelnder Gang, Watschelgang m, Watscheln n.

**wad·dy** [ˈwɒdɪ; Am. ˈwɑ-] s Austral. (hölzerne) Kriegskeule (der Eingeborenen).

**wade** [weɪd] **I** v/i waten: **to ~ in** a) hineinwaten, b) fig. colloq. sich einmischen, c) fig. colloq. sich ˈreinknien'; **to ~ into** a) waten in (acc), b) fig. colloq. losgehen auf (j-n), c) fig. colloq. sich ˌreinknien' in (e-e Arbeit), ein Problem anpacken; **to ~ through** a) waten durch, durchwaten, b) fig. colloq. sich durchkämpfen durch, Fachliteratur etc a. durchackern. **II** v/t durchˈwaten. **III** s Waten n. **ˈwade·a·ble** → wadable.

**ˈwad·er** s **1.** orn. Wat-, Stelzvogel m. **2.** pl (hohe) Wasserstiefel pl.

**wa·di** [ˈwɒdɪ; bes. Am. ˈwɑ-] s geogr. **1.** Wadi n, Trockental n (in nordafrikanischen u. arabischen Wüsten). **2.** steiles Felsental (in der Sahara). **3.** Oˈase f.

**wa·dy** → wadi.

**wae** [weɪ] Scot. für woe.

**Waf** [wæf] s mil. Am. colloq. Luftwaffenhelferin f (aus Women in the Air Force).

---

**wa·fer** [ˈweɪfə(r)] **I** s **1.** Obˈlate f (a. Siegelmarke). **2.** pharm. Obˈlate(nkapsel) f. **3.** a. consecrated ~ relig. Obˈlate f, Hostie f. **4.** (bes. Eis)Waffel f: (as) thin as a ~, ~-thin hauchdünn (a. fig. Vorsprung etc). **5.** electr. Mikroplättchen n. **II** v/t **6.** (mittels e-r Oblate) an- od. zukleben. **ˈwa·fer·y** adj waffelähnlich, obˈlatenähnlich.

**waf·fle¹** [ˈwɒfl; Am. a. ˈwɑfəl] s bes. Am. Waffel f: ~ **iron** Waffeleisen n.

**waf·fle²** [ˈwɒfl; Am. a. ˈwɑfəl] bes. Br. colloq. **I** s ˌGeschwafel' n. **II** v/i a) ˌquasseln', b) a. ~ **on** ˌschwafeln'.

**waft** [wɑːft; Am. a. wæft] **I** v/t **1.** wehen, tragen. **2.** (fort-, aus)senden. **II** v/i **3.** (herˈan)getragen werden, schweben, wehen. **III** s **4.** Flügelschlag m. **5.** Wehen n. **6.** (Duft)Hauch m, (-)Welle f. **7.** fig. Anwandlung f, Welle f (von Freude, Neid etc). **8.** mar. Flagge f in Schau (Notsignal).

**wag** [wæg] **I** v/t **1.** sich bewegen od. regen: → tongue 1. **2.** wedeln, wackeln: **the dog's tail is ~ging.** **II** v/t **3.** wackeln od. wedeln od. wippen mit (dem Schwanz), den Kopf schütteln od. wiegen: **the dog ~ged its tail** der Hund wedelte mit dem Schwanz; **to ~ one's finger at s.o.** j-m mit dem Finger drohen. **4.** (hin u. her) bewegen, schwenken: → **tail¹, tongue** 1. **III** s **5.** Wedeln n, Wackeln n, Kopfschütteln n. **6.** Spaßvogel m, Witzbold m.

**wage¹** [weɪdʒ] s **1.** meist pl (Arbeits)Lohn m: **~s per hour** Stundenlohn; → **living wage. 2.** pl (als sg konstruiert) fig. Lohn m: **the ~s of sin is death** Bibl. der Tod ist der Sünde Sold. **4.** obs. Pfand n: **to lay one's life in ~** sein Leben verpfänden.

**wage²** [weɪdʒ] v/t e-n Krieg führen, e-n Feldzug unterˈnehmen (on, against gegen): **to ~ effective war on s.th.** fig. e-r Sache wirksam zu Leibe gehen.

**wage| a·gree·ment** s econ. Lohnabkommen n, Taˈrifvertrag m. **~ bill** s econ. (ausbezahlte) (Gesamt)Löhne pl (e-r Firma od. e-s Industriezweigs). **~ claim** s econ. Lohnforderung f. **~ con·tin·u·a·tion** s econ. Lohnfortzahlung f. **~ dis·pute** s econ. ˈLohnkonˌflikt m, -kampf m. **~ div·i·dend** s econ. Lohnprämie f, Gewinnbeteiligung f. **~ drift** s econ. Br. Lohndrift f. **~ earn·er** s **1.** econ. Lohnempfänger(in), Arbeiter(in). **2.** Ernährer m, (Geld)Verdiener m (e-r Familie). **~ freeze** s econ. Lohnstopp m. **~ fund** s econ. Lohnfonds m. **ˈ~-fund the·o·ry** s econ. ˈLohnfonds-Theoˌrie f. **ˈ~-in·ten·sive** adj econ. ˈlohnintenˌsiv. **~ lev·el** s econ. ˈLohnniˌveau n. **~ pack·et** s Lohntüte f.

**wa·ger** [ˈweɪdʒə(r)] **I** s **1.** Wette f: **to lay** (od. make) **a ~** → 4. **II** v/t **2.** a) wetten um, b) setzen auf (acc), c) wetten mit (that daß). **3.** fig. s-e Ehre etc aufs Spiel setzen.

---

**III** v/i **4.** wetten, e-e Wette eingehen. **~ of bat·tle** s jur. Br. hist. Aufforderung zum Zweikampf seitens des Beklagten, um s-e Unschuld zu beweisen. **~ of law** s jur. Br. hist. Prozeßvertrag, durch den der Beklagte Sicherheit dafür leistete, daß er wieder erscheinen u. sich durch Eideshelfer freischwören werde.

**wage| rate** s econ. Lohnsatz m. **~ re·straint** s econ. Lohnbeschränkung f. **~ scale** s econ. **1.** Lohnskala f. **2.** (ˈLohn-)Taˌrif m. **~ set·tle·ment** s econ. Lohnabschluß m.

**wag·es| fund** → wage fund. **ˈ~-fund the·o·ry** → wage-fund theory.

**wage| slave** s j-d, der für e-n Hungerlohn arbeitet. **~ slip** s Lohnstreifen m, -zettel m. **~ work·er** s Am. für wage earner.

**wag·ger·y** [ˈwægərɪ] s Schelmeˈrei f, Schalkhaftigkeit f. **ˈwag·gish** adj (adv ~ly) schelmisch, schalkhaft. **ˈwaggish·ness** → waggery.

**wag·gle** [ˈwægl] → wag 1–5.

**wag·gon**, bes. Am. **wag·on** [ˈwægən] s **1.** (vierrädriger) (Last-, Roll)Wagen m. **2.** rail. Br. (offener) Güterwagen, Wagˈgon m: by ~ econ. per Achse. **3.** Am. a) (Gefangenen-, Poliˈzei)Wagen m, b) (Händler-, Verkaufs)Wagen m, c) Lieferwagen m, d) mot. Kombi(wagen) m, e) Teewagen m, f) Spielzeugwagen m. **4.** the W~ astr. der Große Wagen. **5.** colloq. **to be on the ~** nichts (mehr) trinken; **to go on the ~** mit dem Trinken aufhören; **to be off the ~** wieder trinken. **~ ceil·ing** s arch. Tonnendecke f, -gewölbe n.

**ˈwag·gon·er** s, bes. Am. **ˈwag·on·er** s **1.** (Fracht)Fuhrmann m. **2.** W~ astr. Fuhrmann m (Sternbild).

**wag·gon·ette**, bes. Am. **wag·on·ette** [ˌwægəˈnet] s hist. Break m, n (offener Kutschwagen mit Längsbänken).

**ˈwag·gon·load**, bes. Am. **ˈwag·on·load** s **1.** Wagenladung f, Fuhre f. **2.** rail. Br. Wagˈgonladung f: by the ~ waggonweise. **3.** fig. Menge f. **~ roof** s arch. Tonnendecke f, -dach n. **~ train** s **1.** mil. Arˈmeetrain m. **2.** rail. Am. Güterzug m. **~ vault** s arch. Tonnengewölbe n.

**Wag·ne·ri·an** [vɑːgˈnɪərɪən] mus. **I** s Wagneriˈaner(in). **II** adj wagnerisch, wagneriˈanisch, Wagner...: ~ **singer** Wagnersänger(in). **ˈWag·ner·ism** [-nərɪzəm] s mus. Wagnertum n, -stil m. **ˈWag·ner·ist** → Wagnerian I.

**Wag·ner·ite¹** [ˈvɑːgnəraɪt] → Wagnerian I. [min. Wagneˈrit m.]

**wag·ner·ite²** [ˈvɑːgnəraɪt; ˈwæg-] s

**wag·on**, etc bes. Am. für waggon, etc.

**wa·gon-lit** [ˌvægɔ̃ːˈliː] pl ˌwa·gons-ˈlits [-ˈliːz] s rail. a) Schlafwagen m, b) ˈSchlafwagenabˌteil n.

**ˈwag·tail** s orn. Bachstelze f.

**waif** [weɪf] s **1.** jur. a) Br. obs. weggewor-

fenes Diebesgut, b) herrenloses Gut, *bes.* Strandgut *n (a. fig.)*. **2.** a) Heimat-, Obdachlose(r *m*) *f*, b) verlassenes *od.* verwahrlostes Kind: ~s and strays a) Kram *m*, b) verlassene *od.* verwahrloste Kinder, c) streunende *od.* verwahrloste Tiere. **3.** *fig.* |Überrest *m*: old ~s of rhyme.

**wail** [weɪl] **I** *v/i* **1.** (weh)klagen, jammern (for um; over über *acc*). **2.** schreien, wimmern, heulen (*a. Sirene, Wind*) (with vor *Schmerz etc*). **II** *v/t* **3.** beklagen, bejammern. **III** *s* **4.** (Weh)Klagen *n*, Jammern *n*. **5.** (Weh)Klage *f*, (-)Geschrei *n*. **6.** Heulen *n*, Wimmern *n*. 'wail-ful *adj bes. poet.* **1.** traurig, kummervoll. **2.** (weh)klagend, jammernd. 'wail-ing **I** *s* → wail III: ~ and gnashing of teeth Heulen *n* u. Zähneklappern *n*. **II** *adj (adv* ~ly) (weh)klagend, jammernd, weinend, wimmernd, Klage...: W~ Wall Klagemauer *f (in Jerusalem)*.

**wain** [weɪn] *s* **1.** *poet.* Wagen *m*. **2.** the W~ → Charles's Wain.

**wain-scot** ['weɪnskət] **I** *s* **1.** (*bes. untere*) (Wand)Täfelung, Tafelwerk *n*, Getäfel *n*, Holzverkleidung *f*. **2.** Sockel(täfelung *f*) *m*, Lam|bris *m (aus Marmor, Holz, Kacheln etc)*. **3.** *Br.* Täfelholz *n*. **II** *v/t pret u. pp* -scot-ed, *bes. Br.* -scot-ted **4.** *e-e Wand etc* verkleiden, (ver)täfeln. 'wain-scot-(t)ing *s* **1.** Täfeln *n*. **2.** → wainscot I. **3.** *collect.* Täfelholz *n*.

**waist** [weɪst] *s* **1.** Taille *f*. **2.** a) Mieder *n*, b) *bes. Am.* Bluse *f*. **3.** Mittelstück *n*, Mitte *f*, schmalste Stelle (*e-s Gegenstandes*), Schweifung *f (e-r Glocke etc)*. **4.** *mar.* Mitteldeck *n*, Kuhl *f*. '~band *s* (Hosen-, Rock)Bund *m*.

**waist-coat** ['weɪskəʊt; *Am. a.* 'weskət] *s* **1.** (Herren)Weste *f*. **2.** Damenweste *f* (*ohne Ärmel*), ärmellose Jacke. **3.** *hist.* Wams *n*.

**waist-'deep** *adj u. adv* bis zur *od.* an die Taille *od.* Hüfte, hüfthoch.

**waist-ed** ['weɪstɪd] *adj (in Zssgn)* mit ... Taille: short-~.

**waist-'high** *adj* **1.** → waist-deep. **2.** *fig.* mittelhäßig. '~line *s* **1.** Gürtellinie *f*, Taille *f (e-s Kleides etc)*. **2.** |Taille(n|umfang *m*) *f*: to watch one's ~ auf s-e Linie achten. ~ slip *s* |Unter-, Halbrock *m*.

**wait** [weɪt] **I** *s* **1.** Warten *n*. **2.** Wartezeit *f*: to have a long (*od.* great) ~ lange warten müssen. **3.** *thea.* Pause *f*. **4.** Lauer *f*: to lie in ~ im Hinterhalt liegen; to lie in ~ for s.o. j-m auflauern; to lay ~ for e-n Hinterhalt legen (*dat*). **5.** *pl* a) Weihnachtssänger *pl*, b) *Br. hist.* |Stadt-, |Dorfmusi|kanten *pl*.

**II** *v/i* **6.** warten (for auf *acc*): he ~ed for the door to open er wartete darauf, daß die Tür aufging; we ~ed for the rain to stop wir warteten, bis der Regen aufhörte; to ~ about (*od.* around) (ungeduldig *od.* untätig) warten; to ~ behind a) zurückbleiben, b) noch dableiben; to ~ up for s.o. aufbleiben u. auf j-n warten; to keep s.o. ~ing j-n warten lassen; that can ~ das hat Zeit, das kann warten; dinner is ~ing das Mittagessen wartet *od.* ist fertig; you just ~! *colloq.* na, warte! **7.** (ab)warten, sich gedulden: I can't ~ to see him ich kann es kaum erwarten, bis ich ihn sehe; ~ and see! ,abwarten u. Tee trinken!'; ~-and-see policy abwartende Politik. **8.** ~ (up)on a) j-m dienen, b) j-n bedienen, j-m aufwarten, c) *obs.* j-m s-e Aufwartung machen, d) *e-r Sache* folgen, *etwas* begleiten (*Umstand*), verbunden sein mit. **9.** to ~ at (*Am.* on) table bedienen, servieren.

**III** *v/t* **10.** (ab)warten: to ~ out *das Ende (gen)* abwarten; to ~ one's opportunity (*od.* hour *od.* time

---

*od.* chance) e-e günstige Gelegenheit abwarten; → turn[1] 2. **11.** *colloq.* aufschieben, warten mit, verschieben: to ~ dinner for s.o. mit dem Essen auf j-n warten. **12.** to ~ table *Am.* → 9. **13.** *obs.* geleiten, begleiten.

'wait-er *s* **1.** Kellner *m*: ~, the bill (*bes. Am.* check), please! (Herr) Ober, bitte zahlen! **2.** Ser|vier-, Präsen|tierteller *m*. **3.** *obs.* a) Wächter *m*, b) *Br.* Zöllner *m*.

'wait-ing **I** *s* **1.** → wait 1 u. 2. **2.** Dienst *m* (*bei Hofe etc*), Aufwartung *f*: in ~ a) dienstuend, b) *mil. Br.* in Bereitschaft, Bereitschafts...; → lady-in-waiting. **II** *adj* **3.** (ab)wartend: → game[1] 3. **4.** Warte...: ~ list; ~ period a) *allg.* Wartezeit *f*, b) Krankenversicherung *etc*: Karenzzeit *f*, Sperrzeit *f*; ~ room a) *rail.* Wartesaal *m*, b) *med. etc* Wartezimmer *n*. **5.** aufwartend, bedienend: ~ (gentle-)woman (adlige) Kammerfrau; ~ girl, ~ maid (Kammer)Zofe *f*.

**wait-ress** ['weɪtrɪs] *s* Kellnerin *f*, Bedienung *f*: ~, the bill (*bes. Am.* check), please! Fräulein, bitte zahlen!

**waive** [weɪv] *v/t bes. jur.* **1.** verzichten auf (*acc*), sich *e-s Rechts, e-s Vorteils* begeben: to ~ a right; he ~d his scruples er ließ s-e Bedenken fahren. **2.** zu|rückstellen: let's ~ this question till later. **3.** *pol.* Immunität etc aufheben. 'waiv-er *s jur.* **1.** Verzicht *m* (of auf *acc*), Verzichtleistung *f*. **2.** Verzichterklärung *f*. **3.** ~ of immunity *pol.* Aufhebung *f* der Immunität.

**wake**[1] [weɪk] *s* **1.** *mar.* Kielwasser *n (a. fig.)*: in the ~ of a) im Kielwasser (*e-s Schiffes*), b) *fig.* im Gefolge (*gen*); to follow in s.o.'s ~ *fig.* in j-s Kielwasser segeln *od.* schwimmen; to bring s.th. in its ~ etwas nach sich ziehen, etwas zur Folge haben. **2.** *aer.* Luftschraubenstrahl *m*, Nachstrom *m*. **3.** Sog *m*, Strudel *m*.

**wake**[2] [weɪk] **I** *v/i pret* **waked** *od.* **woke** [wəʊk] *pp* **waked** *od.* 'wok-en **1.** off ~ up auf-, erwachen, wach werden (*alle a. fig. Person, Gefühl etc*). **2.** wachen, wach sein *od.* bleiben. **3.** ~ (up) to sich *e-r* Gefahr etc bewußt werden. **4.** ~ (from death *od.* the dead) vom Tode *od.* von den Toten auferstehen. **5.** *fig.* wach *od.* le|bendig werden, sich regen *od.* rühren. **II** *v/t* **6.** ~ up (auf)wecken, wachrütteln (*a. fig.*). **7.** a) wachrufen: to ~ memories (feelings), b) erregen: to ~ controversy, c) j-n, *Geist etc* aufrütteln. **8.** *(von den Toten)* auferwecken. **9.** *poet.* den Frieden, die Ruhe etc *e-s Ortes* stören. **III** *s* **10.** *bes. Ir.* a) Totenwache *f*, b) Leichenschmaus *m*. **11.** *bes. poet.* Wachen *n*: between sleep and ~ zwischen Schlafen u. Wachen. **12.** *meist pl (a. als sg konstruiert) Br. hist.* a) Kirchweih(fest *n*) *f*, b) Jahrmarkt *m*. **13.** *meist pl (a. als sg konstruiert) Br.* (Zeit *f* der) Betriebsferien *pl*. 'wake-ful *adj (adv* ~ly) **1.** wachend. **2.** schlaflos. **3.** *fig.* wachsam. 'wake-ful-ness *s* **1.** Wachen *n*. **2.** Schlaflosigkeit *f*. **3.** Wachsamkeit *f*.

**wak-en** ['weɪkən] → wake[2] 1, 3, 6–8. 'wak-er *s*: to be a late ~ (für gewöhnlich) spät aufwachen.

'wake-,rob-in *s bot.* **1.** *Br.* Aronstab *m*. **2.** *Am.* Drilling *m*.

'wak-ing **I** *s* **1.** (Er)Wachen *n*. **2.** (Nacht-)Wache *f*. **3.** Wachen *n*. **4.** (er)wachkend: ~ call *teleph.* Weckruf *m*. **5.** wach: ~ dream Wach-, Tagtraum *m*; in his ~ hours von früh bis spät.

**Wal-ach** ['wɒlæk; *Am.* 'wɑ-] *s* Wa|lache *m*, Wa|lachin *f*. **Wa'la-chi-an** [-|leɪkjən, -ɪən] **I** *s* **1.** → Walach. **2.** *ling.* Wa|la-chisch *n*, das Walachische. **II** *adj* **3.** wa|lachisch.

**Wal-den-ses** [wɒl|densiːz; *Am.* wɑl-] *s*

---

*pl relig.* Wal|denser *pl*. **Wal'den-si-an I** *adj* wal|densisch. **II** *s* Wal|denser(in).

**Wal-dorf sal-ad** ['wɔːldɔː(r)f] *s gastr.* *bes. Am.* 'Waldorfsa|lat *m*.

**wale** [weɪl] *s* **1.** Strieme(n *m*) *f*, Schwiele *f*. **2.** *Weberei:* a) Rippe *f (e-s Gewebes)*, b) Köper(bindung *f*) *m*, c) Salleiste *f*, -band *n*. **3.** *tech.* a) Verbindungsstück *n*, b) Gurtholz *n*. **4.** *mar.* a) Krummholz *n*, b) Dollbord *m (e-s Boots)*.

**walk** [wɔːk] **I** *s* **1.** Gehen *n*: to go at a ~ im Schritt gehen. **2.** Gang(art *f*) *m*, Schritt *m*: a dignified ~. **3.** Spa|ziergang *m*: to go for (*od.* take, have) a ~ e-n Spaziergang machen, spazierengehen; to take s.o. for a ~ j-n spazierenführen, mit j-m spazierengehen. **4.** (Spa|zier)Weg *m*: a) Prome|nade *f*, b) Strecke *f*: a ten min-utes' ~ to the station zehn Gehminuten zum Bahnhof; quite a ~ ein gutes Stück zu gehen. **5.** Wanderung *f*. **6.** Route *f (e-s Hausierers etc)*, Runde *f (e-s Polizisten etc)*. **7.** Al|lee *f*. **8.** Wandelgang *m*. **9.** a) (Geflügel)Auslauf *m*, b) → sheepwalk. **10.** *fig.* Arbeitsgebiet *n*, (Betätigungs-)Feld *n*: the ~ of the historian. **11.** *meist* ~ of life a) (sozi|ale) Schicht *od.* Stellung, Lebensbereich *m*, b) Beruf *m*.

**II** *v/i* **12.** gehen (*a. Leichtathletik*), zu Fuß gehen, laufen. **13.** im Schritt gehen (*a. Pferd*). **14.** wandern. **15.** spa|zierengehen: → air[1] 1. **16.** |umgehen, spuken (*Geist*): to ~ in one's sleep nachtwandeln.

**III** *v/t* **17.** *e-e Strecke* zu|rücklegen, (zu Fuß) gehen: he ~ed 15 miles. **18.** *e-n Bezirk etc* durch|wandern, *e-n Raum* durch|schreiten, gehen durch *od.* über (*acc*) *od.* auf (*dat*): **19.** auf u. ab gehen in *od.* auf (*dat*): → board[1] 9, chalk line, plank 1, street 1. **20.** abschreiten, entlanggehen. **21.** *das Pferd* führen, im Schritt gehen lassen. **22.** *j-n* führen: → walk off 2. **23.** spa|zierenführen. **24.** *j-n* begleiten: to ~ s.o. to the station. **25.** *Br.* um die Wette gehen mit: I'll ~ you 10 miles. **26.** *colloq. etwas* befördern, fortbewegen. **27.** *e-n Hund* abrichten.

*Verbindungen mit Präpositionen:*

**walk| in-to** *v/i* **1.** (hin|ein)gehen in (*acc*): to ~ a trap in e-e Falle gehen; to ~ a right hook (*Boxen*) in e-n rechten Haken laufen. **2.** to ~ a job e-e Stelle ohne (jede) Schwierigkeit bekommen. **3.** *colloq. über* j-n, *a. über e-n Kuchen etc* |herfallen: to ~ s.o. (*a pie*). ~ off his feet j-n abhetzen. ~ o-ver *v/i* **1.** (hin-|weg)gehen über (*acc*). **2.** *bes. sport colloq.* a) ,in die Tasche stecken' (*leicht schlagen*), b) ,vernaschen' (*hoch schlagen*). **3.** *colloq.* a) ,|unterbuttern' (*unterdrücken*), b) schika|nieren.

*Verbindungen mit Adverbien:*

**walk| a-bout, ~ a-round I** *v/t j-n* um|herführen. **II** *v/i* her|umgehen, -wandern; *a.! mil. Br.* weitermachen! ~ a-way *v/i* weg-, fortgehen: to ~ from s.o. *bes. sport* j-m (einfach) davonlaufen, j-n ,stehenlassen'; to ~ from a car crash bei e-m Autounfall (fast) unverletzt bleiben; to ~ with a) mit *etwas* durchbrennen, b) *etwas* ,mitgehen' lassen, c) *etwas* versehentlich mitnehmen, d) *e-n Kampf, e-e Wahl etc* spielend gewinnen. ~ in I *v/i* eintreten: a) her|einkommen, b) hin|eingehen. II *v/t* hin|einführen. ~ off I *v/i* **1.** da|von-, fort-, weggehen: to ~ with a) mit *etwas* durchbrennen, b) *etwas* ,mitgehen' lassen, c) *etwas* versehentlich mitnehmen, d) *e-n Kampf, e-e Wahl etc* spielend gewinnen. II *v/t* **2.** *j-n* abführen. **3.** ablaufen: to ~ one's legs sich die Beine ablaufen. **4.** *s-n Rausch, Zorn etc* durch e-n Spa|ziergang vertreiben *od.* loswerden. ~ out I *v/i* **1.** hin|ausgehen: to

~ **on** s.o. *colloq.* a) j-n verlassen, b) j-n ‚sitzenlassen'. **2.** verärgert *od.* demonstra'tiv *od.* unter Pro'test e-e Versammlung *etc* verlassen, (*Gruppe a.*) ausziehen: **he walked out of the meeting. 3. to ~ with** s.o. *Br. obs.* mit j-m ‚gehen' *od.* ein Verhältnis haben. **4.** *econ.* die Arbeit niederlegen, in (den) Streik treten. **5.** *bes. pol.* zu'rücktreten. **II** *v/t* **6.** j-n hin'ausführen. **7.** *den Hund etc* ausführen, *j-n* auf e-n Spa'ziergang mitnehmen. **~o·ver** *v/i* **1.** 'hingehen, 'hinkommen, her'übergehen, -kommen. **2.** spielend gewinnen. **~ up** *v/i* **1.** hin'aufgehen, her'übergehen: **to ~ to** s.o. auf j-n zugehen; **~!** treten Sie näher! **2.** entlanggehen: **to ~ the street.**

**walk·a·ble** ['wɔːkəbl] *adj* **1.** betretbar, gangbar, begehbar. **2.** zu Fuß zu'rücklegbar: ~ **distance.**

'**walk·a·bout** s **1.** Wanderung f. **2.** ‚Bad n in der Menge' (*e-s Politikers etc*): **to go on a ~** ein Bad in der Menge nehmen.

**walk·a·thon** ['wɔːkəθɒn; *Am.* -ˌθɑn] s *sport* **1.** Marathongehen n. **2.** 'Dauertanztur nier n. [*Am.* Ausbrecher m.]

'**walk·a·way** s **1.** → walkover **2.** ⟨⟩

'**walk·er** s **1.** Spa'ziergänger(in). **2.** Wand(e)rer m, Wand(r)erin f: **to be a good ~** gut zu Fuß sein. **3.** *Leichtathletik:* Geher m. **4.** *orn. Br.* Laufvogel m. **5.** → gocart **1.**

ˌ**walk·er·'on** s *Film, thea.* Sta'tist(in), Kom'parse m, Kom'parsin f.

**walk·ie**|**-look·ie** [ˌwɔːkɪ'lʊkɪ] s tragbare Fernsehkamera. **~·'talk·ie** [-'tɔːkɪ] s Walkie-talkie n, tragbares Funksprechgerät.

'**walk-in I** *adj* **1.** begehbar: ~ **closet** → **4;** ~ **refrigerator** → **5. 2.** ~ **customers** *pl Am.* Laufkundschaft f. **3.** *Am.* mit di'rektem Zugang von der Straße (*Wohnung*). **II** s **4.** begehbarer Schrank. **5.** Kühlraum m. **6.** *Am. colloq.* leichter Wahlsieg.

'**walk·ing I** *adj* **1.** gehend: ~ **doll** Laufpuppe f; ~ **wounded** *mil.* Leichtverwundete pl. **2.** wandernd. **3.** *bes. fig.* wandelnd: ~ **corpse;** → **dictionary 3. 4.** Geh...: **to drive at a ~ speed** *mot.* (im) Schritt fahren; **within ~ distance** zu Fuß erreichbar. **5.** Spazier... **6.** Wander... **7.** *Film, thea.* Statisten..., Komparsen... **II** s **8.** (Zu'fuß)Gehen n. **9.** Spa'zierengehen n. **10.** Wandern n. **11.** *Leichtathletik:* Gehen n. ~ **boots** s pl Wanderstiefel pl. ~ **chair** → gocart **1.** ~ **crane** s *tech.* Laufkran m. ~ **del·e·gate** s *Am.* Gewerkschaftsbeauftragte(r) m. ~ **gentle·man** s *irr Film, thea.* Sta'tist m, Kom'parse m. ~ **la·dy** s *Film, thea.* 'Statistin f, Kom'parsin f. ~ **pa·pers** s pl *bes. Am. colloq.* ‚Laufpaß' m (*Entlassung*): **to give** s.o. **his ~** j-m den Laufpaß geben. ~ **part** s *Film, thea.* Sta'tisten-, Kom'parsenrolle f. ~ **shoes** s pl **1.** Straßenschuhe pl. **2.** Wanderschuhe pl. ~ **stick** s **1.** Spa'zierstock m. **2.** zo. *Am.* Gespenstheuschrecke f. ~ **sword** s *hist.* Galante'riedegen m. ~ **tick·et** → **walking papers.** ~ **tour** s (Fuß)Wanderung f.

**walk·ist** ['wɔːkɪst] s *Leichtathletik: Am.* Geher m.

'**walk**|**-on** (*Film, thea.*) **I** *adj* **1.** Statisten..., Komparsen...: ~ **part** → **2. II** s **2.** Sta'tisten-, Kom'parsenrolle f. **3.** Sta'tist(in), Kom'parse m, Kom'parsin f. '**~·out** s *econ.* Ausstand m, Streik m: **to stage a ~** in (den) Streik treten. **2.** Auszug m: **after his ~ from the meeting** nachdem er verärgert *od.* demonstrativ *od.* unter Protest die Versammlung verlassen hatte. '**~·o·ver** s **1. winner by ~** *sport* kampfloser Sieger. **2.** ‚Spa'ziergang' m, leichte Sache (*beide a. allg.*). '**~·up** *Am. colloq.* **I** s a) (Miets)Haus n ohne Fahrstuhl, b) Wohnung f in e-m Haus ohne Fahr-

stuhl. **II** *adj* a) ohne Fahrstuhl: ~ **apartment house,** b) in e-m Haus ohne Fahrstuhl (gelegen): ~ **apartment.** '**~· way** s **1.** Laufgang m, Verbindungs-, Bedienungssteg m. **2.** *Am.* Gehweg m.

**Wal·kyr·ie** [vælˈkɪərɪ] → valkyr.

**walk·y-talk·y** → walkie-talkie.

**wall** [wɔːl] **I** s **1.** Wand f (*a. fig.*): ~ **partition 4. 2.** (Innen)Wand f: **the ~s of a boiler. 3.** Mauer f (*a. fig.*): **a ~ of silence; the W~** a) die Berliner Mauer, b) die Klagemauer (*in Jerusalem*); **to jump** (*od.* **leap**) **over the ~** aus der Kirche *od.* im Orden austreten. **4.** Wall m (*a. fig.*), (Stadt-, Schutz)Mauer f: **within the ~s** in den Mauern (*e-r Stadt*). **5.** *anat.* (Brust-, Zell- *etc*)Wand f. **6.** Häuserseite f des Gehsteigs: **to give** s.o. **the ~** a) j-n auf der Häuserseite gehen lassen (*aus Höflichkeit*), b) *fig.* j-m den Vorrang lassen. **7.** *Bergbau:* a) (Abbau-, Orts)Stoß m, b) (*das*) Hangende u. Liegende, c) *Br.* Sohle f. **II** *v/t* **8.** *a.* ~ **in** mit e-r Mauer um'geben, um'mauern: **to ~ in** (*od.* **up**) einmauern. **9.** *a.* ~ **up** a) vermauern, b) (aus)mauern, um'wanden. **10.** mit e-m Wall um'geben, befestigen: ~**ed towns** befestigte Städte. **11.** *fig.* ab-, einschließen, *den Geist* verschließen (**against** gegen).

*Besondere Redewendungen:*

~**s have ears** die Wände haben Ohren; **off the ~** *Am. sl.* unkonventionell, ungewöhnlich; **up against the ~** in e-r aussichtslosen Lage; **to bang** (*od.* **run**) **one's head against a ~** *colloq.* mit dem Kopf durch die Wand wollen; **to drive** (*od.* **push**) s.o. **to the ~** a) j-n in die Enge treiben, b) j-n an die Wand drücken; **to drive** (*od.* **send**) s.o. **up the ~** *colloq.* ‚j-n auf die Palme bringen'; **to go to the ~** a) *an* die Wand gedrückt werden, b) *econ.* Konkurs machen; **to go up the ~,** **to climb the ~(s)** *colloq.* ‚auf die Palme gehen'; → **back[1] 1.**

**wal·la** → wallah.

**wal·la·by** ['wɒləbɪ; *Am.* -ˌwɑ-] s **1.** *pl* **-bies,** *bes. collect.* **-by** Wallaby n (*kleines Känguruh*): **on the ~** (*track*) *Austral. colloq.* auf Arbeitssuche. **2.** W~ *Rugby: Austral.* Natio'nalspieler m.

**Wal·lach,** *etc* → Walach, *etc.*

**wal·lah** ['wɒlə; *Am.* 'wɑlə] s *Br. Ind.* Bedienstete(r) m, Bursche m.

**wal·la·roo** [ˌwɒləˈruː; *Am.* ˌwɑ-] *pl* **-roos,** *bes. collect.* **-roo** s zo. Wallaruh n, Bergkänguruh n.

'**wall**|**bang·er** s *Am.* Cocktail aus Wodka *od.* Gin u. Orangensaft. '**~·bars** s pl *sport* Sprossenwand f. ~ **brack·et** s 'Wandarm m, -konˌsole f. ~ **crane** s *tech.* Kon'solkran m. ~ **creep·er** s *orn.* Mauerläufer m. ~ **cress** s *bot.* **1.** *Br.* Gänsekresse f. **2.** Ackerkresse f.

ˌ**walled**|**-'in** *adj* **1.** eingemauert, um'mauert. **2.** *fig.* eingeschlossen. ~ **plains** s pl *astr.* Ringgebirge pl (*auf dem Mond*). ˌ**~-'up** *adj* zugemauert.

**wal·let** ['wɒlɪt; *Am.* ˌwɑ-] s **1.** *obs.* Ränzel n. **2.** kleine, lederne Werkzeugtasche. **3.** a) Brieftasche f, b) Scheintasche f.

'**wall·eye** s **1.** *vet.* Glasauge n. **2.** *med.* Hornhautfleck m. **3.** *med.* a) über'gentes Schielen, b) auswärtsschielendes Auge. '**wall·eyed** *adj* **1.** glasäugig (*Pferd etc*). **2.** mit Hornhautflecken. **3.** (auswärts-) schielend.

'**wall**|**fern** s *bot.* Tüpfelfarn m. '**~·flow·er** s **1.** *bot.* Goldlack m. **2.** *colloq.* ‚Mauerblümchen' n (*Mädchen*). ~ **fruit** s Spa'lierobst n. ~ **map** s Wandkarte f. ~ **news·pa·per** s Wandzeitung f.

**wal·loon** [wɒ'luːn; *Am.* ˌwɑ-] **I** s **1.** Wal'lone m, Wal'lonin f. **2.** *ling.* Wal'lonisch n, das Wallonische. **II** *adj* **1.** wal'lonisch.

**wal·lop** ['wɒləp; *Am.* 'wɑ-] **I** *v/t* **1.** *colloq.* a) (ver)prügeln, ‚verdreschen', b) *j-m* ‚ein Pfund verpassen' (*e-n harten Schlag versetzen*), c) *sport* ‚über'fahren' (*hoch schlagen*). **2.** *colloq.* den Ball *etc* ‚dreschen', schmettern. **II** *v/i* **3.** *colloq.* brausen, sausen. **4.** *colloq.* a) ‚Pfund' n, b) *Boxen:* Schlagkraft f: **he has a terrific ~** er hat e-n wahnsinnig harten Schlag. **6.** *fig. colloq.* Wucht f. **7.** *Am. colloq.* ‚Mordsspaß' m: **to get a ~ out of** e-n Mordsspaß haben an (*dat*). **8.** *Br. sl.* Bier n. '**wal·lop·ing** *colloq.* **I** *adj* a) riesig, ‚Mords...', ‚toll': **a ~ collection,** b) ‚gesalzen', ‚gepfeffert': ~ **prices,** c) ‚faustdick': **a ~ lie. II** s Tracht f Prügel, ‚Dresche' f: **to give** s.o. **a ~** → wallop **1 a.**

**wal·low** ['wɒləʊ; *Am.* 'wɑ-] **I** *v/i* **1.** sich wälzen, sich suhlen (*Schwein etc*) (*a. fig.*): **to ~ in money** im Geld schwimmen; **to ~ in pleasure** im Vergnügen schwelgen; **to ~ in self-pity** sich in Selbstmitleid ergehen; **to ~ in vice** dem Laster frönen. **2.** *mar.* rollen, schlingern (*Schiff*). **II** s **3.** Sich'wälzen n. **4.** Schwelgen n. **5.** *hunt.* Suhle f: **in the ~ of despondency** *fig.* im Sumpf der Verzweiflung. **6.** *mar.* Rollen n, Schlingern n.

**wall**| **paint·ing** s a) Wandmale'rei f, b) Wandgemälde n. '**~·pa·per I** s Ta'pete f. ~ **music** *Br.* Berieselungsmusik f. **II** *v/t u. v/i* tape'zieren. ~ **pass** s *Fußball:* Doppelpaß m. ~ **pep·per** s *bot.* Mauerpfeffer m. ~ **plug** s *electr.* Netzstecker m. ~ **safe** s Wandsafe m. ~ **sock·et** s *electr.* Wandsteckdose f. **W~ Street** s Wall Street f: a) Bank- u. Börsenstraße in New York, b) *fig.* der amer. Geld- u. Kapi'talmarkt, c) *fig.* die amer. 'Hochfiˌnanz. ~ **tent** s Steilwandzelt n. ~ **tile** s Wandfliese f. ˌ**~-to-'~** *adj:* ~ **carpet** Spannteppich m; ~ **carpeting** Teppichboden m. ~ **tree** s Spa'lierbaum m. ~ **u·nits** s pl Schrank-, Wohnwand f.

**wall·nut** ['wɔːlnʌt] s **1.** *bot.* Walnuß f (*Frucht*): ~ **oil** (Wal)Nußöl n; **over the ~s and the wine** beim Nachtisch. **2.** *bot.* Walnuß(baum m) f. **3.** *a.* ~ **brown** Nußbraun n (*Farbe*).

**wal·rus** ['wɔːlrəs; *Am.* 'wɑl-] s **1.** *pl* **-rus·es,** *bes. collect.* **-rus** zo. Walroß n. **2.** *a.* ~ **m(o)ustache** Schnauzbart m.

**waltz** [wɔːls; *Am.* wɑls] **I** s **1.** Walzer m (*Tanz*). **2.** (Kon'zert)Walzer m (*Musikstück*): ~ **time** Walzertakt m. **3.** *fig. colloq.* Kinderspiel n. **II** *v/i* **4.** Walzer tanzen, walzen: **to ~ through** s.th. *colloq.* etwas spielend schaffen. **5.** (*vor Freude etc*) her'umtanzen. **III** *v/t* **6.** Walzer tanzen *od.* walzen mit (*j-m*). **7.** j-n (her'um)wirbeln.

**wam·pum** ['wɒmpəm; *Am.* 'wɑm-] s **1.** *hist.* Wampum m (*Muschelperlen [-schnüre] der Indianer in den USA, als Geld od. Schmuck benutzt*). **2.** *Am. sl.* ‚Zaster' m.

**wan** [wɒn; *Am.* wɑn] *adj* (*adv* ~**ly**) **1.** bleich, blaß, fahl: **a ~ face; a ~ sky. 2.** schwach, matt: **a ~ smile. 3.** glanzlos, trüb(e): ~ **stars.**

**wand** [wɒnd; *Am.* wɑnd] s **1.** Rute f. **2.** Stab m. **3.** Zauberstab m. **4.** (Amts-, Kom'mando)Stab m. **5.** *mus. colloq.* Taktstock m.

**wan·der** ['wɒndə; *Am.* 'wɑndər] *v/i* **1.** wandern: a) ziehen, streifen, b) schlendern, bummeln; **to ~ in** hereinschneien (*Besucher*); **to ~ off** davonziehen, *a. fig.* sich verlieren (**into** *in dat*). **2.** ~ **about** (*od.* **around**) (*ziellos*) her'umwandern, -ziehen, -schweifen (*a. fig.*). **3.** herumstreichen, wandern, gleiten (*Augen, Gedanken etc*) (**over** über *acc*). **4.** irregehen, sich verir-

ren (*a. fig.*). **5.** *a.* ~ **away** abirren, abweichen (**from** von) (*a. fig.*): **to** ~ **from the subject** vom Thema abschweifen. **6.** phanta'sieren: a) irrereden, faseln, b) im Fieber reden. **7.** geistesabwesend sein. **'wan·der·er** *s* Wanderer *m.* **'wan·der·ing I** *s* **1.** Wandern *n.* **2.** Her'umwandern *n*, -ziehen *n*, -schweifen *n* (*a. fig.*). **3.** *meist pl* a) Wanderung(en *pl*) *f*, Reise(n *pl*) *f*, b) Wanderschaft *f.* **4.** Abirrung *f*, Abweichung *f* (**from** von) (*a. fig.*). **5.** *oft pl* Geistesabwesenheit *f*, Zerstreutheit *f.* **6.** *meist pl* Phanta'sieren *n*: a) Irrereden *n*, Faseln *n*, b) Fieberwahn *m.* **II** *adj* **7.** wandernd, Wander... **8.** her'umschweifend, Nomaden...: ~ **tribe** Nomadenstamm *m.* **9.** gewunden: a ~ **path. 10.** ruhelos, unstet: **the W. ~ Jew** der Ewige Jude. **11.** abschweifend. **12.** kon'fus, zerstreut. **13.** irregehend, abirrend (*a. fig.*): ~ **bullet** verirrte Kugel. **14.** *bot.* Kriech..., Schling... **15.** *med.* Wander...: ~ **cell**; ~ **kidney.** **wan·der·lust** ['wɒndəlʌst; *Am.* 'wandər₁lʌst] *s* Wanderlust *f*, Fernweh *n.* **wane** [weɪn] **I** *v/i* **1.** abnehmen (*a. Mond*), nachlassen, schwinden (*Einfluß, Interesse, Kräfte etc*). **2.** schwächer werden, verblassen (*Licht, Farben etc*). **3.** zu Ende gehen: **the summer is waning. 4.** vergehen, verfallen (*Kultur etc*). **II** *s* **5.** Abnehmen *n*, Abnahme *f*, Nachlassen *n*, Schwinden *n*: **to be on the** ~ im Abnehmen sein, abnehmen, schwinden, zu Ende gehen; **in the** ~ **of the moon** bei abnehmendem Mond. **6.** Verfall *m*: **on the** ~ im Aussterben. **wan·gle** ['wæŋgl] *colloq.* **I** *v/t* **1.** *etwas* 'drehen' od. 'deichseln' od. 'schaukeln' (*durch List zuwegebringen*): **don't worry, we'll** ~ **it somehow** wir werden das Kind schon schaukeln. **2.** *'fri'sieren'*, fälschen: **to** ~ **accounts. 3.** a) unter der Hand od. 'hintenher₁um beschaffen, ,organi'sieren', b) ,her'ausschlagen': **she has** ~**d herself a salary increase** sie hat e-e Gehaltserhöhung für sich ,herausgeschlagen'. **4.** *etwas* ergaunern: **to** ~ **s.th. out of s.o.** j-m etwas abluchsen. **5.** *j-n* verleiten: **to** ~ **s.o. into doing s.th.** j-n dazu bringen, etwas zu tun. **6. to** ~ **s.o. into a gang** j-n in e-e Bande einschleusen. **II** *v/i* **7.** mogeln, 'schieben'. **8.** sich her'auswinden (**out of** aus *dat*). **III** *s* **9.** Kniff *m*, Trick *m.* **10.** ,Schiebung' *f*, Moge'lei *f.* **'wan·gler** *s colloq.* Gauner *m*, Schieber *m*, Mogler *m.* **wan·ion** ['wɒnjən; *Am.* 'wan-] *s obs.* Plage *f*, Pest *f*: **with a** ~ **(to him)!** zum Teufel (mit ihm)! **wank** [wæŋk] *Br. vulg.* **I** *v/i* **a.** ~ **off** ,wichsen', ,sich e-n runterholen' (*masturbieren*). **II** *v/t* **a.** ~ **off** *j-m* ,e-n runterholen'. **III** *s* ,Wichsen' *n*: **to have a** ~ → I. **Wan·kel|** **(en·gine)** ['wæŋkl; *Am.* 'wɑːŋ-] *s mot.* Wankelmotor *m.* **~-₁engined** *adj* mit Wankelmotor: ~ **car.** **wank·er** ['wæŋkə] *s Br. vulg.* ,Wichser' *m* (*a. fig. contp.*). **wan·na** ['wɒnə; *Am.* 'wanə] *colloq. für* **want to**: **I** ~ **go home.** **wan·ness** ['wɒnɪs; *Am.* 'wan-] *s* Blässe *f.* **want** [wɒnt; *Am. a.* wɑnt] **I** *v/t* **1.** wünschen: a) (haben) wollen, b) (*vor inf*) (*etwas tun*) wollen: **I** ~ **to go** ich möchte gehen; **I** ~**ed to go** ich wollte gehen; **what do you** ~ **(with me)?** was wünschen od. wollen Sie (von mir)?; **he** ~**s his dinner** er möchte sein Essen haben; **I** ~ **you to try** ich möchte, daß du es versuchst; **I** ~ **it done** ich wünsche od. möchte, daß es getan wird; ~**ed** gesucht (*in Annoncen; a. von der Polizei*): **you are** ~**ed** du wirst gewünscht od. gesucht, man will dich sprechen; **a** ~**ed man** ein vielge-

fragter Mann. **2.** ermangeln (*gen*), nicht (genug) haben, es fehlen lassen an (*dat*): **he** ~**s judg(e)ment** es fehlt ihm an Urteilsvermögen; **she** ~**s 2 years for her majority** ihr fehlen noch 2 Jahre bis zur Volljährigkeit. **3.** a) brauchen, nötig haben, erfordern, benötigen, bedürfen (*gen*), b) müssen, sollen, brauchen (**to zu**): **the matter** ~**s careful consideration** die Angelegenheit bedarf sorgfältiger Überlegung; **all this** ~**ed saying** all dies mußte einmal gesagt werden; **you** ~ **some rest** du hast etwas Ruhe nötig; **this clock** ~**s repairing** (*od.* **to be repaired**) diese Uhr müßte repariert werden; **you don't** ~ **to be rude** Sie brauchen nicht grob zu werden; **you** ~ **to see a doctor** du solltest zum Arzt gehen. **II** *v/i* **4.** ermangeln (**for** *gen*): **he does not** ~ **for talent** es fehlt ihm nicht an Begabung; **he** ~**s for nothing** es fehlt ihm an nichts. **5.** (*nur im pres p*) **(in)** es fehlen lassen (**an** *dat*), ermangeln (*gen*): → **wanting** 2. **6.** Not leiden. **7.** *obs.* fehlen. **III** *s* **8.** *meist pl* Bedürfnisse *pl*, Wünsche *pl*: **a man of few** ~**s** ein Mann mit geringen Bedürfnissen *od.* Ansprüchen. **9.** Notwendigkeit *f*, Bedürfnis *n*, Erfordernis *n*, Bedarf *m.* **10.** Mangel *m* (**of an** *dat*): **a long-felt** ~ ein längst spürbarer Mangel, ein seit langem vorhandenes Bedürfnis; ~ **of sense** Unvernunft *f*; **from** (*od.* **for**) ~ **of** aus Mangel an (*dat*), in Ermangelung (*gen*): **to be in** ~ **of** → 2; **to be in (great)** ~ **of s.th.** etwas (dringend) brauchen *od.* benötigen, e-r Sache (dringend) bedürfen; **the house is in** ~ **of repair** das Haus ist reparaturbedürftig. **11.** Bedürftigkeit *f*, Armut *f*, Not *f*: **to be in** ~ Not leiden; **to fall in** ~ in Not geraten. **want ad** *s colloq.* Stellenanzeige *f*: a) Stellengesuch *n*, b) Stellenangebot *n.* **'want·age** ['wɒntɪdʒ; *Am. a.* 'wan-] *s econ.* Fehlbetrag *m*, Defizit *n.* **'want·ing I** *adj* **1.** fehlend, mangelnd: **to be** ~ fehlen. **2.** ermangelnd (**in** *gen*): **to be** ~ **in** es fehlen lassen an (*dat*); **he is never found** ~ auf ihn ist immer Verlaß, auf ihn kann man sich immer verlassen. **3.** nachlässig (**in** *dat*). **4.** *obs.* arm, bedürftig, notleidend. **II** *prep* **5.** ohne: **a book** ~ **a cover**; **an envelope** ~ **a stamp. 6.** *obs.* a) weniger, b) mit Ausnahme von. **wan·ton** ['wɒntən; *Am. a.* 'wan-] **I** *adj* (*adv* ~**ly**) **1.** mutwillig: a) ausgelassen, ungebärdig, wild, b) leichtfertig, c) böswillig (*a. jur.*): ~ **negligence** *jur.* grobe Fahrlässigkeit. **2.** rücksichtslos, unbarmherzig, bru'tal: ~ **cruelty. 3.** 'widerspenstig, störrisch (*Kind etc*). **4.** liederlich, ausschweifend, zügellos. **5.** wollüstig, geil, lüstern. **6.** üppig: ~ **hair; she has a** ~ **imagination** sie hat e-e blühende Phantasie; ~ **vegetation** wuchernder Pflanzenwuchs. **7.** *poet.* 'überschwenglich: ~ **praise. 8.** *obs.* a) Buhlerin *f*, Dirne *f*, b) Wollüstling *m*, Wüstling *m.* **III** *v/i* **9.** her'umtollen, ausgelassen sein. **10.** ausschweifend leben. **11.** üppig wachsen, wuchern. **'wan·ton·ness** *s* **1.** Mutwille *m.* **2.** Böswilligkeit *f.* **3.** Rücksichtslosigkeit *f.* **4.** 'Widerspenstigkeit *f.* **5.** Liederlichkeit *f*, Zügellosigkeit *f.* **6.** Lüsternheit *f*, Geilheit *f.* **7.** Üppigkeit *f.* **wap·en·shaw**, *etc* → **wappenschaw**, *etc.* **wap·en·take** ['wæpənteɪk] *s hist.* (*Art*) Hundertschaft *f*, Gau *m* (*Unterteilung der nördlichen Grafschaften Englands*). **wap·in·schaw**, *etc* → **wappenschaw**, *etc.* **wap·pen·schaw** ['wæpənʃɔː] *s Scot.*

*hist.* **1.** Schießwettkampf *m.* **2.** → **wappenschawing.** **'wap·pen·schaw·ing** *s Scot.* **1.** Waffenschau *f.* **2.** öffentliche Musterung (*der einberufenen Wehrpflichtigen*), 'Truppeninspekti₁on *f.* **war** [wɔː(r)] **I** *s* **1.** Krieg *m*: ~ **of aggression (independence, nerves, succession)** Angriffs-(Unabhängigkeits-, Nerven-, Erbfolge)krieg; **inter·national** ~, **public** ~ *jur. mil.* Völkerkrieg; **the dogs of** ~ *poet.* die Schrecken des Krieges; **to be at** ~ **(with)** a) Krieg führen (gegen *od.* mit), b) *fig.* im Streit liegen *od.* sein (mit *od.* dem) Kriegsfuß stehen (mit); **to declare** ~ **(on** *od.* **against s.o.)** (j-m) den Krieg erklären, *fig.* (j-m) den Kampf ansagen; **to make** ~ Krieg führen, kämpfen (**on, against** gegen; **with** mit); **to go to** ~ **(with)** Krieg beginnen (mit); **to go to the** ~**(s)** *obs.* in den Krieg ziehen; **to carry the** ~ **into the enemy's country** (*od.* **camp**) a) den Krieg ins feindliche Land *od.* Lager tragen, b) *fig.* zum Gegenangriff übergehen; **he has been in the** ~**s** *Br. fig.* er hat viel mitgemacht; → **attrition** 2, **wage²**. **2.** Kampf *m*, Streit *m* (*a. fig.*): ~ **between science and religion**; ~ **of the elements** Aufruhr *m od.* Kampf *od.* Toben *n* der Elemente. **3.** Feindseligkeit *f.* **4.** Kriegskunst *f*, -handwerk *n.* **II** *v/i* **5.** kämpfen, streiten (**against** gegen; **with** mit): → **warring** 2. **III** *adj* **6.** Kriegs...: ~ **film.** **war ba·by** *s* **1.** a) Kriegskind *n*, b) (uneheliches) Sol'datenkind *n.* **2.** *Am. colloq.* durch Krieg im Wert erhöhte Aktie. **3.** *Am. colloq.* a) durch den Krieg begünstigter Indu'striezweig, b) Kriegserzeugnis *n.* **war·ble** ['wɔː(r)bl] **I** *v/t u. v/i* trillern, trällern, schmettern (*Vogel od. Person*). **II** *s* Trillern *n.* **'war·bler** *s* **1.** trillernder Vogel. **2.** *orn.* a) Grasmücke *f*, b) Teichrohrsänger *m.* **'war|-₁blind·ed** *adj* kriegsblind. ~ **bond** *s econ.* Kriegsschuldverschreibung *f.* ~ **bon·net** *s* Kriegs-, Kopfschmuck *m* (*der Indianer*). ~ **boot·y** *s* Kriegsbeute *f.* ~ **bride** *s* Kriegs-, Sol'datenbraut *f.* ~ **chest** *s* **1.** Kriegskasse *f.* **2.** *Am. fig.* Sonderfonds *m.* ~ **cloud** *s meist pl* drohende Kriegsgefahr: ~**s were gathering over the country** über das Land legte sich der Schatten e-s Krieges. ~ **cor·re·spon·dent** *s* Kriegsberichterstatter *m.* ~ **crime** *s jur. mil.* Kriegsverbrechen *n.* ~ **crim·i·nal** *s jur. mil.* Kriegsverbrecher *m.* ~ **cry** *s* Schlachtruf *m* (*der Soldaten*) (*a. fig.*), Kriegsruf *m* (*der Indianer*). **ward** [wɔː(r)d] *s* **1.** (Stadt-, Wahl)Bezirk *m*: ~ **heeler** *pol. Am. contp.* ,Lakai' *m* (*e-s Parteibonzen*). **2.** a) ('Krankenhaus)Stati₁on *f*, Ab'teilung *f*: ~ **sister** *Br.* Stationsschwester *f*, b) (Kranken)Saal *m*, c) (Kranken)Zimmer *n.* **3.** a) (Gefängnis)Trakt *m*, b) Zelle *f.* **4.** *obs.* Gewahrsam *m*, (Schutz-)Haft *f*, Aufsicht *f*, Verwahrung *f*: **to put s.o. in** ~ j-n unter Aufsicht stellen, j-n gefangensetzen. **5.** *jur.* a) Mündel *n*: ~ **of court**, ~ **chancery** Mündel unter Amtsvormundschaft, b) Vormundschaft *f*: **in** ~ unter Vormundschaft (stehend). **6.** Schützling *m*, Schutzbefohlene(r *m*) *f.* **7.** *tech.* a) Gewirre *n* (*e-s Schlosses*), b) (Einschnitt *od. im*) Schlüsselbart *m.* **8.** *Scot. od. Br. hist.* Hundertschaft *f*, Gau *m.* **9.** *obs.* Wache *f* (*nur noch in*): **to keep watch and** ~ Wache halten. **II** *v/t* **10.** *meist* ~ **off** e-n Schlag etc pa'rieren, abwehren, e-e Gefahr abwenden. **war| dance** *s* Kriegstanz *m.* ~ **debt** *s* Kriegsschuld *f.* **ward·en** ['wɔː(r)dn] *s* **1.** *obs.* Wächter *m.*

**2.** Aufseher *m*: ~ **of a port** Hafenmeister *m*; → **air-raid (fire, game) warden. 3.** Herbergsvater *m*. **4.** (*Br.* 'Anstalts-, *Am.* Ge'fängnis)Di,rektor *m*, Vorsteher *m*: **W~ of the Mint** *Br.* Münzwardein *m*; → **churchwarden** 1 *u.* 2. **5.** *meist hist.* Gouver'neur *m*. **6.** *univ. Br.* Rektor *m* (*e-s College*). **7.** *Br.* Zunftmeister *m*. **8.** *bes. Am.* Porti'er *m*, Pförtner *m*.

**ward·en²** ['wɔː(r)dn] *s e-e Kochbirnensorte*.

**ward·er** ['wɔː(r)də(r)] *s* **1.** *obs.* Wächter *m*. **2.** *Br.* a) (Mu'seums- *etc*)Wärter *m*, b) Aufsichtsbeamte(r) *m* (*im Gefängnis*). **3.** *hist.* Kom'mandostab *m*.

**ward·mote** ['wɔːdməʊt] *s Br.* (Stadt-)Bezirksversammlung *f*.

**War·dour Street** ['wɔː(r)də(r)] *adj* archai'sierend: ~ **English** pseudo-archaisches Englisch.

**ward·ress** ['wɔː(r)drɪs] *s* Aufsichtsbeamtin *f* (*im Gefängnis*).

**ward·robe** ['wɔː(r)drəʊb] *s* **1.** a) Garde'robe *f* (*Kleiderbestand*): **winter** ~; **to add to one's** ~ s-e Garderobe bereichern, b) *thea.* Ko'stümfundus *m*. **2.** Kleiderschrank *m*. **3.** Garde'robe *f* (*a. thea.*): a) Kleiderkammer *f*, -ablage *f*, b) Ankleidezimmer *n*. **4.** Garde'robe(nverwaltung) *f* (*des königlichen Haushalts etc*). ~ **bed** *s* Schrankbett *n*. ~ **trunk** *s* Schrankkoffer *m*.

**'ward·room** *s* **1.** *mar.* Offi'ziersmesse *f*. **2.** *mil.* Wachstube *f*.

**ward·ship** ['wɔː(r)dʃɪp] *s* **1.** Vormundschaft *f* (**of, over** über *acc*): **under** ~ unter Vormundschaft (stehend). **2.** Aufsicht *f*, Schutz *m*.

**ware¹** [weə(r)] *s* **1.** (*meist in Zssgn*) Ware(n *pl*) *f*, Ar'tikel *m od. pl*, Erzeugnis(se *pl*) *n*: **glass**~. **2.** Geschirr *n*, Porzel'lan *n*, Ton-, Töpferware *f*, Ke'ramik *f*. **3.** *meist pl fig.* (*oft contp.*) was *j-d* zu bieten hat, Pro'dukt(e *pl*) *n*, Zeug *n*: **to peddle one's** ~**s** mit s-m Kram hausieren gehen.

**ware²** [weə(r)] *adj obs.* **1.** *pred* gewahr, bewußt (**of** *gen*). **2.** wachsam.

**ware·house** I *s* ['weə(r)haʊs] **1.** Lagerhaus *n*, Speicher *m*. **2.** (Waren)Lager *n*, Niederlage *f*. **3.** *bes. Br.* Großhandelsgeschäft *n*. **4.** *Am. contp.* a) ,Bewahranstalt' *f* (*Altenheim, Nervenheilanstalt etc*), b) Wohnsilo *m, n*. **II** *v/t* ['-haʊz] **5.** auf Lager bringen *od.* nehmen, (ein)lagern. **6.** Möbel *etc* zur Aufbewahrung geben *od.* nehmen. **7.** unter Zollverschluß bringen. **8.** *Am. contp.* in e-r ,Bewahranstalt' *od.* e-m Wohnsilo 'unterbringen. ~ **ac·count** *s econ.* Lagerkonto *n*. ~ **bond** *s* **1.** Lagerschein *m*. **2.** Zollverschlußbescheinigung *f*.

**'ware·house·man** [-haʊsmən] *s irr econ.* **1.** Lage'rist *m*, Lagerverwalter *m*. **2.** Lagerarbeiter *m*. **3.** *Br.* Großhändler *m*.

**ware·house re·ceipt** *s econ.* Lagerempfangsbescheinigung *f*.

**war·fare** ['wɔː(r)feə(r)] *s* **1.** Kriegführung *f*. **2.** (*a. weit*S. Wirtschafts- *etc*) Krieg *m*. **3.** *fig.* Kampf *m*, Fehde *f*, Streit *m*: **to be** (*od.* **live**) **at** ~ **with s.o.** mit j-m im Streit leben.

**war| game** *s mil.* **1.** Kriegs-, Planspiel *n*. **2.** Ma'növer *n*. **'~-game** *mil.* **I** *v/t* Strategie *etc* 'durchspielen. **II** *v/i* ein Kriegsod. Planspiel machen.

**war·gasm** ['wɔː(r),gæzəm] *s Am.* **1.** Ausbruch *m* e-s to'talen Krieges. **2.** Krise, die zum Ausbruch e-s to'talen Krieges führen könnte.

**war| god** *s* Kriegsgott *m*. ~ **god·dess** *s* Kriegsgöttin *f*. ~ **grave** *s* Kriegs-, Sol'datengrab *n*. ~ **guilt** *s* Kriegsschuld *f*. **'~-head** *s mil.* Spreng-, Gefechtskopf *m* (*e-s Torpedos etc*). **'~-horse** *s* **1.** *poet.*

---

Streitroß *n*, Schlachtroß *n* (*a. fig. colloq.*). **2.** *colloq.* alter Haudegen *od.* Kämpe (*a. fig.*).

**war·i·ness** ['weərɪnɪs] *s* Vorsicht *f*, Behutsamkeit *f*.

**'war·like** *adj* **1.** kriegerisch. **2.** Kriegs...

**war·lock** ['wɔː(r)lɒk; *Am.* -,lɑk] *s* Zauberer *m*, Hexenmeister *m*.

**'war·lord** *m* Kriegsherr *m*.

**warm** [wɔː(r)m] **I** *adj* (*adv* ~**ly**) **1.** warm (*a. fig.*): ~ **climate** (**clothes, colo[u]rs, interest,** *etc*); **I am** ~ mir ist warm; **to keep s.th.** ~ (*colloq.* sich) etwas warmhalten. **2.** erhitzt, heiß. **3.** *fig.* warm, herzlich: **a** ~ **reception** ein warmer Empfang (*a. iro. von Gegnern*); **to have a** ~ **heart** warmherzig sein; **to be** ~**ly invited** herzlich eingeladen sein. **4.** *fig.* unangenehm, brenzlig, gefährlich: **a** ~ **corner** e-e ,ungemütliche' Ecke (*gefährlicher Ort*); ~ **work** a) schwere Arbeit, b) heißer Kampf, c) gefährliche Sache; **this is** ~ **work** dabei kommt man ganz schön ins Schwitzen; **to make it** (*od.* **things**) ~ **for s.o.** j-m die Hölle heiß machen; **this place is too** ~ **for me** hier brennt mir der Boden unter den Füßen. **5.** leidenschaftlich, glühend, eifrig: **a** ~ **advocate of reform. 6.** geil, lüstern. **7.** schlüpfrig, unanständig: **a** ~ **scene in a play. 8.** hitzig, heftig, erregt: **a** ~ **dispute; they grew** ~ **over an argument** sie erhitzten sich über e-n strittigen Punkt. **9.** *hunt.* warm, frisch: ~ **scent. 10.** ,warm' (*im Suchspiel*): **you're getting** ~(**er**)! a) (es wird schon) wärmer!, b) *fig.* du kommst der Sache schon näher!

**II** *s colloq.* **11.** (*etwas*) Warmes, warmes Zimmer *etc*: **come into the** ~ komm ins Warme! **12.** (Auf-, An)Wärmen *n*: **to give s.th. a** ~ etwas (auf-, an)wärmen; **to have a** ~ sich (auf)wärmen.

**III** *v/t* **13.** *a.* ~ **up** (an-, auf)wärmen, warm machen, *Motor etc* warmlaufen lassen: **to** ~ **the milk; to** ~ **over** *Am. Speisen, a. fig.* alte Geschichten *etc* aufwärmen; **to** ~ **one's feet** sich die Füße wärmen. **14.** *fig.* j-n erwärmen (*e-e Party, ein Spiel etc*), b) *Rundfunk, TV: Publikum* (*vor der Sendung*) in Stimmung bringen, einstimmen. **15.** *fig. das Herz etc* (er)wärmen: **it** ~**ed my heart** mir wurde dabei ganz warm ums Herz. **16.** *colloq.* j-m e-e Tracht Prügel verpassen.

**IV** *v/i* **17.** *a.* ~ **up** warm *od.* wärmer werden, sich erwärmen, (*Motor etc*) warmlaufen: **my heart** ~**ed** mir wurde ganz warm ums Herz. **18.** ~ **up** in Schwung kommen (*Party, Spiel etc*). **19.** *fig.* (**to**) a) sich erwärmen (für *e-e Idee etc*), b) sich anfreunden (mit *e-r Arbeit etc*), c) warm werden (mit *j-m*): **I** ~**ed to her from the start** sie war mir sofort sympathisch. **20.** a) *sport* sich aufwärmen, b) *bes. Am. fig.* sich vorbereiten (**for** auf *acc*). **21.** *colloq.* brenzlig *od.* gefährlich werden (*Situation etc*).

**'warm|-air heat·ing** *s* Warmluftheizung *f*. ~**'blood·ed** *adj* **1.** *zo.* warmblütig: ~ **animals** Warmblüter *pl. fig.* heißblütig. ~**'blood·ed·ness** *s* **1.** *zo.* Warmblütigkeit *f*. **2.** *fig.* Heißblütigkeit *f*.

**'warm·er** *s* Wärmer *m*: **foot** ~ Fußwärmer *m*.

**warm| front** *s meteor.* Warm(luft)front *f*. ~**'heart·ed** *adj* warmherzig, herzlich. ~**'heart·ed·ness** *s* Herzlichkeit *f*, Warmherzigkeit *f*.

**'warm·ing** *s* **1.** (Auf-, An)Wärmen *n*, Erwärmung *f*. **2.** *colloq.* Tracht *f* Prügel: **to give s.o. a** ~ → **warm** 16. ~ **pad** *s electr.* Heizkissen *n*. ~ **pan** *s* **1.** Wärmpfanne *f*, -flasche *f*. **2.** *colloq.* Stellvertreter(in).

**'warm·ish** *adj* lauwarm.

---

**'war|,mon·ger** *s* Kriegshetzer *m*, -treiber *m*. **'~-,mon·ger·ing** *s* Kriegstreibe'rei *f*, Kriegshetze *f*.

**warmth** [wɔː(r)mθ] *s* **1.** Wärme *f*. **2.** *fig.* Wärme *f*, Herzlichkeit *f*, Warmherzigkeit *f*. **3.** Eifer *m*, Leidenschaft *f*. **4.** Hitze *f*, Heftigkeit *f*, Erregtheit *f*.

**'warm-up** *s* **1.** a) *sport* Aufwärmen *n*: **to have a** ~ sich aufwärmen, b) *bes. Am. fig.* Vorbereitung *f* (**for** auf *acc*). **2.** Warmlaufen *n* (*e-s Motors etc*). **3.** *Rundfunk, TV:* Einstimmung *f* (*des Publikums*).

**warm wa·ter** *s biol. geogr.* Warmwasser *n*.

**warn** [wɔː(r)n] *v/t* **1.** warnen (**of, against** vor *dat*): **to** ~ **s.o. against doing** (*od.* **not to do**) **s.th.** j-n davor warnen *od.* j-n davon abraten, etwas zu tun; **you have been** ~**ed!** sag hinterher nicht, es hätte dich niemand gewarnt! **2.** j-n warnend 'hinweisen, aufmerksam machen (**of** auf *acc*; **that** daß). **3.** ermahnen (**to do** zu tun). **4.** j-m (dringend) raten, nahelegen (**to do** zu tun). **5.** (**of**) j-n verständigen (von), j-n wissen lassen (*acc*), j-m anzeigen *od.* ankündigen (*acc*): **to** ~ **s.o. of an intended visit. 6.** j-n auffordern: **to** ~ **s.o. to appear in court. 7.** gehen *od.* wegbleiben heißen, j-m kündigen: **he** ~**ed us off** (*od.* **out of**) **his garden** er wies uns aus s-m Garten. **8.** ~ **off** (**from**): a) abweisen, abhalten, fernhalten (von), b) (hin)'ausweisen (aus). **9.** verwarnen.

**'warn·er** *s* Warner(in).

**'warn·ing** **I** *s* **1.** Warnen *n*, Warnung *f*: **to give s.o.** (**fair**) ~ j-n (rechtzeitig) warnen (**of** vor *dat*). **2.** 'Warnsi,gnal *n*: **to sound a** ~ ein Warnsignal geben. **3.** a) Verwarnung *f*, (Er)Mahnung *f*. **4.** *fig.* Warnung *f*, warnendes *od.* abschreckendes Beispiel: **to take** ~ **by** (*od.* **from**) **s.th.** sich etwas e-e Warnung sein lassen. **5.** warnendes An- *od.* Vorzeichen. **6.** Benachrichtigung *f*, (Vor)Anzeige *f*, Ankündigung *f*: **to give** ~ (**of**) j-m ankündigen (*acc*), Bescheid geben (über *acc*); **without** (**any**) ~ (völlig) unerwartet. **7.** Aufforderung *f*, Anweisung *f*. **8.** Kündigung *f*: **to give** ~ (**to**) (j-m) kündigen. **9.** (Kündigungs)Frist *f*: **a month's** ~ monatliche Kündigung, Kündigungsfrist von e-m Monat; **at a minute's** ~ a) *econ.* auf jederzeitige Kündigung, b) *econ.* fristlos, c) in kürzester Frist, jeden Augenblick. **II** *adj* (*adv* ~**ly**) **10.** warnend, Warn... ~ **bell** *s* Warnglocke *f*. ~ **col·o(u)r,** ~ **col·or·a·tion** *s zo.* Warn-, Trutzfarbe *f*. ~ **light** *s* **1.** *tech.* Warnlicht *n*. **2.** *mar.* Warn-, Si'gnalfeuer *n*. ~ **shot** *s* **1.** Warnschuß *m*. **2.** *fig.* Schuß *m* vor den Bug. ~ **strike** *s econ.* Warnstreik *m*. ~ **tri·an·gle** *s mot.* Warndreieck *n*.

**warn't** [wɔːnt] *dial.* für a) **wasn't,** b) **weren't.**

**War| Of·fice** *s Br. hist.* 'Kriegsmini,sterium *n*. **w~ or·phan** *s* Kriegswaise *f*.

**warp** [wɔː(r)p] **I** *v/t* **1.** *Holz etc* verziehen, werfen, krümmen. *mar. Tragflächen* verwinden. **2.** j-n, j-s Geist nachteilig beeinflussen, verschroben machen, ,verbiegen', *j-s Urteil* verfälschen: → **warped** 3. **2.** a) verleiten (**into** zu), b) abbringen (**from** von). **4.** *e-e Tatsache etc* entstellen, verdrehen, -zerren. **5.** *mar. das Schiff* (an der Warpleine) fortziehen, bug'sieren, verholen. **6.** *agr. Land* a) mit Schlamm düngen, b) *a.* ~ **up** verschlammen. **7.** *Weberei:* die Kette (an)scheren. **8.** *math. tech.* verdrehen, -winden.

**II** *v/i* **9.** sich werfen *od.* verziehen, sich verbiegen *od.* krümmen, krumm werden (*Holz etc*). **10.** *Weberei:* (an)scheren, zetteln. **11.** *fig.* sich verzerren, entstellt *od.* verdreht werden.

**III** s **12.** Verwerfung f, Verziehen n, Verkrümmung f (von Holz etc). **13.** fig. Verschrobenheit f. **14.** fig. Entstellung f, Verzerrung f, Verdrehung f. **15.** Voreingenommenheit f (against gegen), Vorliebe f (in favo[u]r of für). **16.** Weberei: Kette f, Kettfäden pl, Zettel m: ~ and woof Kette u. Schuß m. **17.** Warpleine f. **18.** geol. Schlick m.

**war¦ paint** s **1.** Kriegsbemalung f (der Indianer, a. colloq. Make-up). **2.** colloq. große Gala. **~ par·ty** s **1.** pol. ¹Kriegs¦par¦tei f. **2.** Am. Indi¦aner pl auf dem Kriegspfad. **~ path** s Kriegspfad m (der Indianer): to be on the ~ a) auf dem Kriegspfad sein (Indianer od. fig. colloq.), b) kampflustig sein.

**warped** [wɔː(r)pt] adj **1.** verzogen (Holz etc), krumm (a. math.). **2.** fig. verzerrt, verfälscht. **3.** ‚verbogen', verschroben: ~ mind. **4.** par¹teiisch.

**war¦ pen·sion** s Kriegsopferrente f. **~ plane** s aer. mil. Kampf-, Kriegsflugzeug n. **~ pow·er** s pol. Sonderbefugnis(se pl) f im Kriegsfalle.

**war·ra·gal** [ˈwɒrəgəl] s zo. Austral. **1.** Dingo m (Wildhund). **2.** Wildpferd n.

**war·rant** [ˈwɒrənt; Am. a. ˈwɑ-] **I** s **1.** Vollmacht f, Bevollmächtigung f, Befugnis f, Berechtigung f: → attorney 2. **2.** Rechtfertigung f: not without ~ nicht ohne e-e gewisse Berechtigung. **3.** Garan¹tie f, Gewähr f, Sicherheit f (alle a. fig.). **4.** Bürge m. **5.** Bescheinigung f, Berechtigungsschein m: → dividend warrant. **6.** jur. (Voll¹ziehungs-, Haftetc)Befehl m: ~ of apprehension a) Steckbrief m, b) Haftbefehl m; ~ of arrest (während e-r Verhandlung erlassener) Haftbefehl; ~ of attachment (od. distress) Beschlagnahmeverfügung f; a ~ is out against him er wird steckbrieflich gesucht. **7.** mar. mil. Pa¹tent n, Beförderungsurkunde f: ~ (officer) a) mar. (Ober)Stabsbootsmann m, Deckoffizier m, b) mil. (etwa) (Ober)Stabsfeldwebel m. **8.** econ. (Lager-, Waren)Schein m: bond ~ Zollbegleitschein m. **9.** econ. (Rück-) Zahlungsanweisung f.
**II** v/t **10.** bes. jur. bevollmächtigen, ermächtigen, autori¹sieren. **11.** rechtfertigen, berechtigen zu: to ~ s.o. to do s.th. j-n dazu berechtigen, etwas zu tun. **12.** garan¹tieren, zusichern, haften für, verbürgen, gewährleisten: I cannot ~ him to (od. that he is) reliable ich kann keine Garantie dafür übernehmen, daß er zuverlässig ist; the goods are ~ed against faulty workmanship or material der Hersteller leistet Garantie bei Verarbeitungs- od. Materialfehlern; ~ed for three years 3 Jahre Garantie; ~ed pure garantiert rein od. echt; I'll ~ (you) colloq. a) ich könnte schwören, b) mein Wort darauf, das kann ich Ihnen versichern. **13.** sichern (from, against vor dat, gegen). **14.** bestätigen, erweisen.
**¹war·rant·a·ble** adj **1.** vertretbar, gerechtfertigt, berechtigt, zu rechtfertigen(d). **2.** hunt. jagdbar (Hirsch). **¹war·rant·a·ble·ness** s Vertretbarkeit f. **¹war·rant·a·bly** adv berechtigterweise. **¹war·ran¹tee** [-¹tiː] s econ. jur. Sicherheitsempfänger m. **¹war·rant·er**, **¹war·ran·tor** [-ɔː(r)] s econ. jur. Sicherheitsgeber m. **¹war·ran·ty** [-tɪ] s **1.** bes. jur. Ermächtigung f, Vollmacht f. **2.** Rechtfertigung f, Berechtigung f. **3.** Bürgschaft f, Garan¹tie f, Sicherheit f: the watch is still under ~ auf der Uhr ist noch Garantie. **4.** jur. Wechselbürgschaft f. **5.** a. covenant of ~ bes. jur. Am. Bürgschaftsvertrag m (für Grundbesitz): ~ deed a) Rechtsgarantie f, b) Grundstücksübertragungs-

urkunde f (mit Haftung für Rechtsmängel).

**war·ren** [ˈwɒrən; Am. a. ¹wɑ-] s **1.** Ka¹ninchengehege n. **2.** jur. Br. hist. a) Wildgehege n, b) a. free ~ Jagd-, Hegerecht n (in e-m Wildgehege). **3.** fig. Laby¹rinth n, bes. a) ¹Mietska¦serne f, b) enges Straßengewirr. **¹war·ren·er** s **1.** hist. Hegemeister m. **2.** pl fig. zs.-gepfercht lebende Menschen pl.

**war·ri·gal** [ˈwɒrɪgəl] → warragal.
**war·ring** [ˈwɔːrɪŋ] adj **1.** sich bekriegend, (sich) streitend. **2.** fig. ¹widerstreitend.

**war·ri·or** [ˈwɒrɪə; Am. ¹wɔːrjər] **I** s poet. Krieger m. **II** adj kriegerisch. **~ ant** s zo. Blutrote Waldameise.

**war¦ risk in·sur·ance** s econ. mil. Kriegsversicherung f. **¹~ship** s Kriegsschiff n.

**wart** [wɔː(r)t] s **1.** med. Warze f: ~s and all fig. mit allen s-n etc Fehlern u. Schwächen. **2.** bot. zo. Auswuchs m: ~ hog Warzenschwein n. **¹wart·ed** adj warzig. **¹war·time** s Kriegszeiten pl: in ~ im Krieg. **II** adj in Kriegszeiten, Kriegs... **¹wart¦weed** s bot. Wolfsmilch f. **¹~wort** s bot. **1.** Warzenflechte f. **2.** → wartweed. **¹wart·y** adj warzig.

**war¦ves·sel** → warship. **¹~wear·y** adj kriegsmüde. **~ whoop** s Kriegsgeheul n (der Indianer). **~ wid·ow** s Kriegerwitwe f. **~ work·er** s Rüstungsarbeiter(in). **¹~worn** adj **1.** kriegszerstört, vom Krieg verwüstet. **2.** kriegsmüde.

**war·y** [ˈweərɪ] adj (adv warily) **1.** wachsam, vorsichtig, a. argwöhnisch: to be ~ of a) achtgeben auf (acc), b) sich hüten vor (dat); to be ~ of doing s.th. sich (davor) hüten, etwas zu tun; to keep a ~ eye on ein wachsames Auge haben auf (acc). **2.** ¹umsichtig, bedacht(sam). **3.** vorsichtig, behutsam.

**war zone** s mil. Kriegsgebiet n.

**was** [wɒz; Br. betont wɒz; Am. betont wʌz; wəz] 1. u. 3. sg pret von be; im pass wurde: he ~ killed; he ~ to come er hätte kommen sollen; he didn't know what ~ to come er ahnte nicht, was noch kommen sollte.

**wash** [wɒʃ; Am. a. wɑʃ] **I** s **1.** Waschen n, Wäsche f: at the ~ in der Wäsche(rei); to give s.th. a ~ etwas (ab)waschen; to have a ~ sich waschen; to come out in the ~ a) herausgehen (Flecken etc), b) fig. colloq. in Ordnung kommen, c) fig. colloq. ‚rauskommen', sich zeigen. **2.** (zu waschende od. gewaschene) Wäsche: in the ~ in der Wäsche. **3.** Waschwasser n, -lauge f. **4.** Spülwasser n (a. fig. dünne Suppe etc). **5.** Spülicht n, Küchenabfälle pl. **6.** fig. Gewäsch n, leeres Gerede. **7.** (Augen-, Haar- etc)Wasser n. **8.** pharm. Waschung f. **9.** Anspülen n (der Wellen), Wellenschlag m, (Tosen n der) Brandung f. **10.** Anschlagen n, Klatschen n (der Wellen). **11.** mar. Kielwasser n. **12.** aer. a) Luftstrudel m, Sog m, b) glatte Strömung. **13.** fig. Kielwasser n, Strömung f. **14.** Goldsand m, goldhaltige Erde. **15.** geol. a) Auswaschung f, (¹Wasser)Erosi¦on f, b) (Alluvi¹al)Schutt m. **16.** geogr. a) Schwemm-, Marschland n, b) Mo¹rast m. **17.** seichtes Gewässer. **18.** ¹Farb¦überzug m: a) Tusche f, dünn aufgetragene (Wasser)Farbe, b) arch. Tünche f. **19.** tech. a) Bad n, Abspritzung f, b) Plat¹tierung f.
**II** adj **20.** waschbar, -echt, Wasch...: ~ glove Waschlederhandschuh m; ~ silk Waschseide f.
**III** v/t **21.** waschen: to ~ o.s. (one's face); to ~ a car; to ~ dishes Geschirr (ab)spülen; → hand Bes. Redew.

**22.** (ab)spülen, (ab)spritzen. **23.** relig. (von Schuld) reinwaschen, reinigen: → wash away 3. **24.** benetzen, befeuchten. **25.** be-, um-, über¹spülen, über¹fluten: cliffs ~ed by the waves. **26.** (fort-, weg)spülen, (-)schwemmen: to ~ ashore (overboard, etc). **27.** geol. graben (Wasser): → wash away 2, wash out 1. **28.** chem. Gas reinigen. **29.** (mit Farbe) streichen: a) tünchen, weißen, b) dünn anstreichen, c) tuschen. **30.** Sand (nach Gold etc) auswaschen. **31.** tech. Erze waschen, schlämmen. **32.** tech. plat¹tieren: to ~ brass with gold.
**IV** v/i **33.** sich waschen. **34.** (Wäsche) waschen. **35.** sich gut etc waschen (lassen), waschecht sein. **36.** colloq. a) standhalten, (die Probe) ‚ziehen', stichhaltig sein: that won't ~ (with me) das zieht nicht (bei mir); this argument won't ~ dieses Argument ist nicht stichhaltig. **37.** (vom Wasser) gespült od. geschwemmt werden: to ~ ashore. **38.** fluten, spülen (over über acc). **39.** branden, klatschen (against gegen).
*Verbindungen mit Adverbien:*
**wash¦a·way I** v/t **1.** ab-, wegwaschen. **2.** weg-, fortspülen, -schwemmen. **3.** to ~ s.o.'s sins relig. j-n von s-n Sünden reinwaschen. **II** v/i **4.** weg- od. fortgespült od. -geschwemmt werden. **~ down** v/t **1.** ab-, hinwaschen, abspritzen. **2.** hin¹unterspülen (a. Essen mit e-m Getränk). **~ off** → wash away 1, 2, 4. **~ out I** v/t **1.** auswaschen, ausspülen (a. geol. etc), Straße etc unter¹spülen. **2.** to be washed out (Veranstaltung) a) wegen Regens abgebrochen werden, b) wegen Regens abgesagt werden; the game was washed out das Spiel fiel im wahrsten Sinne des Wortes ins Wasser. **3.** colloq. ‚fertigmachen', erledigen, erschöpfen: → washed-out 2. **4.** colloq. a) aufheben, zu¹nichte machen, b) e-n Plan etc fallenlassen, aufgeben, c) e-n Kandidaten etc ablehnen, ausscheiden. **II** v/i **5.** sich auswaschen, verblassen. **6.** sich wegwaschen lassen (Farbe). **7.** colloq. ¹durchfallen (Prüfling etc). **~ up I** v/t **1.** Br. Geschirr (ab)spülen. **2.** bes. Am. für wash out 3: → washed-up. **II** v/i **3.** Am. sich (Gesicht u. Hände) waschen. **4.** Br. Geschirr spülen.
**¹wash·a·ble** adj waschecht, waschbar, (Tapete) abwaschbar.
**¹wash¦-and-¹wear** adj bügelfrei, a. pflegeleicht. **¹~ba·sin** s Waschbecken n. **¹~board** s **1.** Waschbrett n (a. mus.). **2.** Fuß-, Scheuerleiste f. **3.** mar. Setzbord n. **~ bot·tle** s chem. **1.** Spritzflasche f. **2.** (Gas)Waschflasche f. **¹~bowl** → washbasin. **¹~cloth** s Am. Waschlappen m. **¹~day** s Waschtag m. **~ dirt** s Goldsand m, Golderde f.
**¹washed¦-¹out** adj **1.** verwaschen, verblaßt. **2.** colloq. ‚fertig', ‚erledigt', erschöpft. **¹~-¹up** adj bes. Am. colloq. ‚erledigt', ‚fertig': a) erschöpft, b) völlig rui¹niert.
**¹wash·er** s **1.** Wäscher(in). **2.** ¹Waschappa¦rat m, bes. a) ¹Waschma¦schine f, b) a. dish ~ Ge¹schirrspülma¦schine f, Geschirrspüler m, c) tech. Erz-, Kohlenwäscher m, d) chem. ¹Gaswaschappa¦rat m, e) phot. Wässerungskasten m, f) Papierherstellung: Halb(zeug)holländer m. **3.** tech. a) ¹Unterlegscheibe f, Dichtungsscheibe f, -ring m, b) Achsenstoß m. **4.** Am. für raccoon. **¹~wom·an** s irr Waschfrau f, Wäscherin f.
**wash·e·te·ri·a** [wɒʃɪ¹tɪərɪə] s Br. **1.** ¹Waschsa¦lon m. **2.** (Auto)Waschanlage f. **¹wash¦fast** adj waschecht. **¹~hand** adj Br. Handwasch...: ~ basin (Hand-) Waschbecken n; ~ stand (Hand)Wasch-

**ständer** m. '**~house** s 1. Waschhaus n, -küche f. 2. Wäsche¦rei f. 3. tech. ('Kohlen-, ¦Erz)Wäsche¦rei f. '**~in** s aer. negative Flügelschränkung.

**wash·i·ness** ['wɒʃinis; Am. a. 'wɑ-] s 1. Wässerigkeit f (a. fig. Kraftlosigkeit, Seichtheit). 2. Verwaschenheit f, Blässe f.

'**wash·ing** I s 1. → wash 1, 2. 2. oft pl (gebrauchtes) Wasch- od. Spülwasser. 3. tech. a) nasse Aufbereitung, Erzwäsche f, b) Wascherz n, Waschgold f. 4. tech. Plat¦tierung f, ¦Überzug m. 5. ¦Farb¦überzug m: a) Tünche f, b) Tusche f. 6. geol. a) ('Wasser)Erosi¦on f, b) Anschwemmung f. II adj 7. Wasch..., Wäsche... **~ bot·tle** → wash bottle. **~ ma·chine** s ¦Waschma¦schine f. **~ pow·der** s Waschpulver n, -mittel n. **~ so·da** s (Bleich)Soda n. **~ stand** → washstand. ¦**~'up** s Br. Abwasch m (Geschirrspülen u. Geschirr): **to do the ~** (das) Geschirr spülen; **~ liquid** (Geschirr)Spülmittel n; **~ machine** Geschirrspülmaschine f, Geschirrspüler m; **~ water** Abwasch-, Spülwasser n.

**wash¦ leath·er** s 1. Waschleder n. 2. Fenster(putz)leder n. **~ load** s Fassungsvermögen n (e-r Waschmaschine). '**~out** s 1. geol. Auswaschung f. 2. Unter¦spülung f (e-r Straße etc). 3. colloq. a) ¦Pleite¦ f, ¦Reinfall¦ m (Mißerfolg), b) ¦Niete¦ f, Versager m (erfolgloser Mensch), c) mil. ¦Fahrkarte¦ f (Fehlschuß), d) ¦Durchfall¦ m (bei e-r Prüfung). 4. aer. positive Flügelschränkung. **~ plate** s mar. Schlingerplatte f. **~ pro·gram(me)** s ¦Waschpro¦gramm n (e-r Waschmaschine). '**~rag** s Am. Waschlappen m. '**~room** s 1. Waschraum m. 2. Am. euphem. Toi¦lette f. **~ sale** s econ. Am. Scheinkauf m u. -verkauf m (von Börsenpapieren). '**~stand** s 1. Waschtisch m, -ständer m. 2. Waschbecken n (mit fließendem Wasser). '**~tub** s Waschwanne f.

**wash·y** ['wɒʃi; Am. a. 'wɑ-] adj (adv washily) 1. verwässert, wäßrig (beide a. fig. kraftlos, seicht): **~ coffee**; **~ style**. 2. verwaschen, blaß: **~ colo(u)r**.

**wasp¹** [wɒsp; Am. a. wɑsp] s 1. zo. Wespe f. 2. reizbarer od. ¦giftiger¦ Mensch.

**Wasp²** [wɑ:sp; wɔ:sp] s Am. oft contp. protestantischer Amerikaner britischer od. nordeuropäischer Abstammung, der der privilegierten u. einflußreichen Schicht angehört.

'**wasp·ish** adj (adv ~ly) a) reizbar, b) gereizt, ¦giftig¦.

**wasp¦ waist** s Wespentaille f. ¦**~-'waist·ed** adj mit e-r Wespentaille.

**was·sail** ['wɒseil; Am. 'wɑsəl] I s 1. obs. (Trink)Gelage n. 2. obs. a) Festpunsch m, b) Würzbier n. II v/i 3. obs. zechen, feiern, e-n ¦Umtrunk halten. 4. Br. von Haus zu Haus ziehen u. Weihnachtslieder singen.

**Was·ser·mann¦ re·ac·tion** ['wæsə(r)mən; Am. 'wɑ-], a. **~ test** s med. Wassermann(test) m.

**wast** [wɒst; wəst; Am. wɑst; wəst] obs. 2. sg pret ind von **be: thou ~** du warst.

**wast·age** ['weistidʒ] s 1. Verlust m, Verschleiß m, Abgang m. 2. Verschwendung f, -geudung f: **~ of energy** a) Energieverschwendung f, b) fig. Leerlauf m.

**waste** [weist] I adj 1. öde, verödet, wüst, unfruchtbar, unbebaut (Land), unbewohnt: **to lay ~** verwüsten; **to lie ~** brachliegen. 2. a) nutzlos, ¦überflüssig, b) ungenutzt, ¦überschüssig: **~ energy**. 3. unbrauchbar, Abfall... 4. tech. a) abgängig, verloren, Abgangs..., b) Abfluß..., Ablauf..., Abzugs...: **~ drain** Abzugskanal m; **~ materials** Abgänge pl, Abfall(material) m etc. 5. biol. Ausscheidungs...

II s 6. Verschwendung f, -geudung f: **~ of energy (money, time)** Kraft-(Geld-, Zeit)verschwendung f; **to go (od. run) to ~** a) brachliegen, verwildern, b) vergeudet werden, c) verlottern, -fallen. 7. Verfall m, Verschleiß m, Abgang m, Verlust m. 8. Wüste f, (Ein)Öde f: **~ of water** Wasserwüste. 9. Abfall m, Müll m. 10. tech. Abfall m, Abgänge pl, bes. a) Ausschuß m, b) Abfall-, Putzbaumwolle f, c) Ausschußwolle f, Wollabfälle pl, d) Werg n, e) metall. Gekrätz n, f) print. Makula¦tur f. 11. Bergbau: Abraum m. 12. geol. Geröll n, Schutt m. 13. jur. a) Vernachlässigung f, b) Wert(ver)minderung f (e-s Grundstücks).

III v/t 14. a) verschwenden, -geuden: **to ~ money (time, words, etc); to ~ no time in doing s.th.** sich beeilen, etwas zu tun; etwas sofort tun; → breath 1, b) Sportler etc ¦verheizen¦. 15. Zeit, e-e Gelegenheit etc ungenutzt verstreichen lassen, vertrödeln (**in, over** mit). 16. fig. brachliegen od. ungenutzt lassen: **a ~d talent** ein ungenutztes Talent. 17. **to be ~d** nutzlos sein, ohne Wirkung bleiben (**on** auf acc), am falschen Platz stehen; **this is ~d on him** das läßt ihn völlig kalt. 18. zehren an (dat), aufzehren, schwächen: **~d with grief** von Kummer verzehrt. 19. verwüsten, -heeren, zerstören. 20. jur. Vermögensschaden od. Minderung verursachen bei, ein Besitztum verkommen lassen, jur. Am. sl. ¦umlegen¦.

IV v/i 22. fig. vergeudet od. verschwendet werden: **he ~s in routine work** er verzettelt sich mit Routinearbeit. 23. vergehen, (ungenutzt) verstreichen (Zeit, Gelegenheit etc). 24. a. **~ away** schwächer werden, da¦hinsiechen, verfallen: → wasting 3. 25. fig. abnehmen, (da¦hin-)schwinden. 26. verschwenderisch sein: **~ not, want not** spare in der Zeit, so hast du in der Not.

'**waste¦bas·ket** s bes. Am. Abfall-, bes. Pa¦pierkorb m. **~ dis·pos·al** s Abfall-, Müllbeseitigung f.

'**waste·ful** (adv ~ly) 1. kostspielig, unwirtschaftlich, verschwenderisch. 2. verschwenderisch (of mit): **to be ~ of** verschwenderisch umgehen mit, etwas verschwenden. 3. sinnlos. 4. poet. wüst, verödet. '**waste·ful·ness** s Verschwendung(ssucht) f.

**waste¦gas** s tech. Abgas n. **~ heat** s tech. Abwärme f, Abhitze f. '**~land** s 1. Einöde f, Ödland n: **s.th. is a (cultural, etc) ~** fig. etwas ist (kulturell etc) völlig bedeutungslos. 2. verwüstetes Land. **~ oil** s Altöl n. ¦**~pa·per** s 1. ¦Abfallpa¦pier n, Makula¦tur f (a. fig.). 2. ¦Altpa¦pier n. 3. **~ end paper**. ¦**~pa·per bas·ket** s Pa¦pierkorb m. **~ pipe** s tech. Abfluß-, Abzugsrohr n. **~ prod·uct** s 1. econ. tech. ¦Abfallpro¦dukt n. 2. biol. Ausscheidungsstoff m.

'**wast·er** s 1. → wastrel 1 u. 3. 2. metall. a) Fehlguß m, b) Abschnitt m, Schrottstück n.

**waste¦ re·cov·er·y** s Abfall-, Müllaufbereitung f. **~ re·mov·al** s Abfall-, Müllbeseitigung f. **~ steam** s tech. Abdampf m. **~ treat·ment** s waste recovery. **~ wa·ter** s Abwasser n. **~ wool** s Twist m.

'**wast·ing** s 1. → waste 6 u. 7. 2. med. Auszehrung f, Schwindsucht f. II adj 3. zehrend, schwächend. 4. abnehmend, schwindend.

**was·trel** ['weistrəl] I s 1. a) Verschwender m, b) Tunichtgut m. 2. Her¦umtreiber(in). 3. econ. ¦Ausschuß(ar¦tikel m, -ware f) m, fehlerhaftes Exem¦plar n. II adj 4. Ausschuß...

**watch** [wɒtʃ; Am. a. wɑtʃ] I s 1. Wach-

samkeit f: **to be (up)on the ~** a) wachsam od. auf der Hut sein, b) (for) Ausschau halten (nach), lauern, achthaben (auf acc). 2. Wache f, Wacht f: **to keep (a) ~ (on** od. **over)** Wache halten, wachen (über acc), aufpassen (auf acc), j-n scharf beobachten od. im Auge behalten; → ward 9. 3. (Schild)Wache f, Wachtposten m. 4. meist pl hist. (Nacht)Wache f (Zeiteinteilung): **in the silent ~es of the night** in den stillen Stunden der Nacht. 5. mar. (Schiffs)Wache f (Zeitabschnitt od. Mannschaft): **first ~** 1. Wache (20.00–24.00 Uhr); **middle ~**, Am. **mid ~** Mittelwache, 2. Wache, ¦Hundewache¦ (0.00–04.00 Uhr); **morning ~** Morgenwache (04.00–08.00 Uhr). 6. mar. ¦Seechrono¦meter n. 7. (Taschen-, Armband)Uhr f. 8. obs. a) Wachen n, wache Stunden pl, b) Wächteramt n, c) Totenwache f.

II v/i 9. zusehen, zuschauen. 10. (for) warten, lauern (auf acc), Ausschau halten, ausschauen (nach): **to ~ for s.th. to happen** darauf warten, daß etwas geschieht. 11. wachen (**with** bei), wach sein: **~ and pray** wachet u. betet. 12. **~ over** wachen über (acc), bewachen, aufpassen auf (acc): **he (it) needs ~ing** ihn (es) muß man im Auge behalten. 13. mil. Posten stehen, Wache halten. 14. **~ out** (for) a) → 10, b) aufpassen, achtgeben (auf acc): **~ out!** Achtung!, Vorsicht!, c) sich hüten (vor dat).

III v/t 15. beobachten: a) j-m od. e-r Sache zuschauen, sich etwas ansehen: **to ~ the clock** colloq. ständig auf die Uhr schauen (statt zu arbeiten), b) ein wachsames Auge haben auf (acc), a. e-n Verdächtigen etc über¦wachen, c) e-n Vorgang verfolgen, im Auge behalten, d) den Verlauf e-s Prozesses verfolgen. 16. e-e Gelegenheit abwarten, abpassen: **to ~ one's time**. 17. achtgeben od. -haben auf (acc) (od. that daß): **~ it!** sei vorsichtig!, paß auf!; → step 1, 7. 18. Vieh hüten, bewachen.

'**watch¦band** s Uhr(arm)band n. '**~boat** s mar. Wachboot n. **~ box** s 1. mil. Schilderhaus n. 2. ¦Unterstand m (für Polizisten auf Wache, Wachmänner etc). **~ cap** s mar. enganliegende, blaue Strickmütze. '**~case** s 1. Uhr(en)gehäuse n. 2. ¦Uhrene¦tui n. **~chain** s Uhrkette f. **W~ Com·mit·tee** s Br. städtischer Ordnungsdienst (für die Polizei verantwortliches Komitee des Gemeinderats). '**~dog** s 1. Wachhund m. 2. fig. Über¦wacher(in): **~ committee** Überwachungsausschuß m. II v/t 3. fig. wachen über (acc), über¦wachen.

'**watch·er** s 1. Wächter(in). 2. a) j-d, der an e-m Krankenbett Wache hält, b) j-d, der Totenwache hält. 3. Beobachter(in), Aufpasser(in). 4. Schaulustige(r m) f.

'**watch·ful** adj (adv ~ly) 1. wachsam, aufmerksam, a. lauernd (of auf acc): **to keep a ~ eye (up)on** ein wachsames Auge haben auf (acc); **there was a ~ look in her eyes** sie hatte e-n wachsamen Blick. 2. (against) vorsichtig (mit), auf der Hut (vor dat). '**watch·ful·ness** s 1. Wachsamkeit f. 2. Vorsicht f.

**watch¦ glass** s Uhrglas n. '**~house** s 1. Wache f, ¦Wachlo¦kal n. 2. Am. Poli¦zeiwache f mit Ar¦restzelle.

'**watch·ing** s Beobachten n. **~brief** s jur. Auftrag m zur Beobachtung od. Wahrnehmung e-s Pro¦zesses (im Interesse e-s nicht Beteiligten).

**watch¦ key** s Uhrschlüssel m. '**~mak·er** s Uhrmacher m. '**~mak·ing** s Uhrmache¦rei f. '**~man** [-mən] s irr 1. (Nacht)Wächter m, Wache f (in Gebäu-

den etc). **2.** *hist.* Nachtwächter *m* (*e-r Stadt etc*). '**~man's clock** *s* Kon'troll-, Wächteruhr *f*. **~ night** *s relig.* Sil'vestergottesdienst *m*. **~of·fi·cer** *s mar.* 'Wachoffi‚zier *m*. **~ pock·et** *s* Uhrtasche *f*. **~ spring** *s tech.* Uhrfeder *f*. '**~strap** *s* Uhr(arm)band *n*. '**~tow·er** *s mil.* Wach(t)turm *m*. '**~word** *s* **1.** Losung *f*, Pa'role *f* (*a. fig. e-r Partei etc*). **2.** *fig.* Schlagwort *n*.

**wa·ter** ['wɔːtə(r)] **I** *v/t* **1.** bewässern, *den Rasen, e-e Straße etc* sprengen, *Pflanzen etc* (be)gießen. **2.** tränken: **to~ the cattle**. **3.** mit Wasser versorgen: **to~ ship** → **8**. **4.** *oft* ~ **down** verwässern: a) verdünnen, *Wein* panschen, b) *fig.* abschwächen, mildern, c) *fig.* mundgerecht machen: **a ~ed-down liberalism** ein verwässerter Liberalismus; **~ing-down policy** Verwässerungspolitik *f*; **he ~ed his lecture** er zog s-n Vortrag in die Länge. **5.** *econ. Aktienkapital* verwässern: **to~ the stock**. **6.** *tech.* a) wässern, einweichen, befeuchten, b) *Töpferei, Malerei:* Ton, Farbe einsumpfen, c) *Kalk* einmachen, d) *Flachs* rösten, e) *Stoff* wässern, moi'rieren, f) *Stahl* damas'zieren.
**II** *v/i* **7.** wässern (*Mund*), tränen (*Augen*): **it made his eyes ~** s-e Augen begannen zu tränen; **his mouth ~ed** das Wasser lief ihm im Mund zusammen (**for, after** nach); **to make s.o.'s mouth ~** j-m den Mund wässerig machen. **8.** *mar.* Wasser einnehmen. **9.** Wasser trinken (*Vieh*). **10.** *aer.* wassern.
**III** *s* **11.** Wasser *n*: **to be under~** unter Wasser stehen; **~ bewitched** *colloq.* dünnes *od.* verwässertes Getränk; **~s of forgetfulness** a) Wasser des Vergessens, Vergessen *n*, b) Tod *m*. **12.** *oft pl* Mine'ralwasser *n*, Brunnen *m*, Wasser *n* (*e-r Heilquelle*): **to drink** (*od.* take) **the ~s** e-e Kur machen (**at** in *dat*). **13.** *oft pl* Wasser *n od. pl*, Gewässer *n od. pl*: **in Chinese ~s** in chinesischen Gewässern; (**by land and**) **by ~** (zu Lande u.) zu Wasser, auf dem (Land- u.) Wasserweg; **on the ~** a) auf dem Meer, zur See, b) zu Schiff; **to be on the ~** verschifft werden; **the ~s** *poet.* das Meer, die See. **14.** *oft pl* Flut *f*, Fluten *pl*, Wasser *n od. pl*. **15.** Wasserstand *m*: → **high** (**low**) **water**. **16.** Wasserspiegel *m*: **above** (**below**) (**the**) ~ über (unter) Wasser *od.* dem Wasserspiegel. **17.** (Toi'letten)Wasser *n*. **18.** *chem.* Wasserlösung *f*. **19.** *med. physiol.* Wasser *n*, Se'kret *n* (*z. B. Speichel, Schweiß, Urin*): **the ~, the ~s** das Fruchtwasser; **to pass** (*od.* make) ~ Wasser lassen; **it brings the ~ to his mouth** es läßt ihm das Wasser im Munde zs.-laufen; ~ **on the brain** Wasserkopf *m*; ~ **on the knee** Kniegelenkerguß *m*. **20.** *tech.* Wasser *n* (*reiner Glanz e-s Edelsteins*): **of the first ~** reinsten Wassers (*a. fig.*); **a scoundrel of the first** ~ *fig.* ein Erzhalunke. **21.** *tech.* a) Wasser (-glanz *m*) *n*, Moi'ré *n* (*von Stoffen*), b) Damas'zierung *f* (*von Stahl*).
*Besondere Redewendungen:*
**to hold ~** *fig.* stichhaltig sein; **to throw cold ~ on** *fig. e-r Sache* e-n Dämpfer aufsetzen, wie e-e kalte Dusche wirken auf (*acc*); **the wine flowed like ~** der Wein floß in Strömen; **to spend money like ~** mit dem Geld nur so um sich werfen; **to make** (*od.* take) ~ *mar.* Wasser machen, leck sein (*Schiff*); **to make the ~** *mar.* vom Stapel laufen; **still ~s run deep** stille Wasser sind tief; → **bread** *Bes. Redew.*, **bridge**[1] 1, **deep** 1, **fish** 1, **head** *Bes. Redew.*, **hot** 13, **low water**, **oil** 1, **trouble** 6, **write** 2.

**wa·ter·age** ['wɔːtərɪdʒ] *s econ. Br.* **1.** Beförderung *f* auf dem Wasser(weg). **2.** Wasserfracht(kosten *pl*) *f*.

**wa·ter**| **an·te·lope** → waterbuck. ~ **bag** *s* **1.** *zo.* Netzmagen *m* (*des Kamels*). **2.** Wasserbeutel *m* (*aus Leder*). **~bail·iff** *s Br. hist.* **1.** Hafenzollbeamte(r) *m*. **2.** a) Fische'rei-Aufseher *m*, b) 'Strompoli‚zist *m*. ~ **bal·ance** *s biol. med.* Wasserhaushalt *m*. ~ **bath** *s* Wasserbad *n* (*a. chem. u. gastr.*). ~ **bat·ter·y** *s electr.* (gal'vanische) 'Wasserbatte‚rie. '**~-‚bear·er** *s* **1.** Wasserträger *m*. **2.** W~ B~ → **Aquarius**. ~ **bear·ing** *s tech.* hy'draulisches (*Achs- od.* Wellen)Lager. '**~-‚bear·ing** *adj geol.* wasserführend. ~ **bed** *s* **1.** *geol.* (Grund)Wasserschicht *f*. **2.** Wasserbett *n*. ~ **bird** *s orn. allg.* Wasser-, Schwimmvogel *m*. ~ **bis·cuit** *s* (einfacher) Keks. **~blis·ter** *s med.* Wasserblase *f*. '**~borne** *adj* **1.** auf dem Wasser schwimmend, flott. **2.** zu Wasser *od.* auf dem Wasserweg befördert: ~ **goods**. **3.** ~ **disease** Krankheit, die durch Wasser übertragen wird. ~ **bot·tle** *s* **1.** Wasserflasche *f*. **2.** Feldflasche *f*. '**~bound** *adj* durch e-e Über'schwemmung festgehalten, vom Wasser eingeschlossen *od.* (von der 'Umwelt) abgeschnitten. ~ **brash** → **pyrosis**. ~ **break** *s* Brecher *m od. pl*, Brechung *f* (*Wellen*). ~ **breath·er** *s zo.* Kiemenatmer *m*. '**~buck** *s zo.* **1.** 'Hirschanti‚lope *f*. **2.** El'lipsen-, Wasserbock *m*. **3.** Litschi-Wasserbock *m*. ~ **buf·fa·lo** → **buffalo** 1 a. ~ **bug** *s zo.* (*e-e*) Wasserwanze *f*. '**~bus** *s* Flußboot *n* im Linienverkehr. ~ **butt** *s* Wasserfaß *n*, Regentonne *f*. ~ **cab·bage** *s bot.* **1.** Amer. Seerose *f*. **2.** → **water lettuce**. ~ **can·cer**, ~ **can·ker** *s med.* Wasserkrebs *m*, Noma *n*. ~ **can·non** *s* Wasserwerfer *m*. ~ **car·riage** *s* **1.** Trans'port *m* zu Wasser, 'Wassertrans‚port *m*. **2.** 'Wassertrans‚portmittel *pl*. ~ **car·ri·er** *s* **1.** Wasserträger *m*. **2.** a) Wasserleitung *f*, b) Ka'nal *m*. **3.** Regenwolke *f*. **4.** W~ C~ → **Aquarius**. ~ **cart** *s* **1.** Wasserwagen *m* (*zum Transport*). **2.** Sprengwagen *m*. ~ **ce·ment** *tech.* 'Wasserze‚ment *m*, -mörtel *m*. ~ **chest·nut** *s bot.* Wassernuß *f*. ~ **chute** *s* Wasserrutschbahn *f*. ~ **clock** *s tech.* Wasseruhr *f*. **~clos·et** *s* 'Wasserklo‚sett *n*. **~cock** *s orn.* Ostindische Wasserralle. '**~col·o(u)r** I *s* **1.** Wasser-, Aqua'rellfarbe *f*. **2.** Aqua'rellmale‚rei *f*. **3.** Aqua'rell *n* (*Bild*). **II** *adj* **4.** Aquarell... '**~‚col·o(u)r·ist** *s* Aqua'rellmaler(in). '**~cool** *v/t tech.* mit Wasser kühlen. '**~cooled** *adj* wassergekühlt: ~ **engine**. **~cool·er** *s tech.* Wasserkühltank *m*, -kühler *m*. ~ **cool·ing** *s tech.* Wasserkühlung *f*. '**~‚cool·ing** *adj*: ~ **jacket** *tech.* Wasserkühlmantel *m*. '**~course** *s* **1.** Wasserlauf *m*. **2.** Fluß-, Strombett *n*. **3.** Ka'nal *m*. ~ **cow** *s zo.* **1.** Büffelkuh *f*. **2.** Ma'nati *m* (*Seekuh*). '**~craft** *s* **1.** Wasserfahrzeug(e *pl*) *n*. **2.** Geschicklichkeit *f* im Wassersport. ~ **crane** *s tech.* Wasserkran *m*. ~ **cress** *s bot.* Brunnenkresse *f*. ~ **cure** *s med.* **1.** Wasserkur *f*. **2.** Wasserheilkunde *f*. **~di·vin·er** *s* (Wünschel)Rutengänger *m*. ~ **dock** *s bot.* Wasserampfer *m*. ~ **doc·tor** *s* **1.** *med. hist.* Wasser-, U'rindoktor *m*. **2.** *colloq.* Wasserheilkundige(r) *m*. ~ **dog** *s* **1.** *hunt.* Wasserhund *m*. **2.** *zo. Am. colloq.* (*ein*) großer Sala'mander. **3.** *colloq.* ‚Wasserratte' *f*. ~ **drink·er** *s* **1.** Wassertrinker(in). **2.** 'Antialko‚holiker(in). '**~drop** *s* **1.** Wassertropfen *m*. **2.** *poet.* Träne *f*. ~ **e·con·o·my** *s biol. med.* Wasserhaushalt *m*.

**wa·tered** ['wɔːtə(r)d] *adj* **1.** bewässert, gesprengt (*Rasen, Straße etc*). **2.** verwässert (*a. fig.*). **3.** *econ.* verwässert (*Aktienkapital*). **4.** *tech.* a) gewässert, moi'riert (*Stoff*), b) damas'ziert (*Stahl*).

**wa·ter**| **el·der** → guelder-rose. ~ **el·e·phant** → hippopotamus. ~ **elm** *s bot.* Weißrüster *f*. ~ **en·gine** *s tech.* **1.** Wasserhebewerk *n*, Schöpfwerk *n*. **2.** *Bergbau:* 'Wasserhaltungsma‚schine *f*. **3.** Wassermotor *m*. '**~fall** *s* **1.** Wasserfall *m*. **2.** *fig.* Sturzbach *m*: **a ~ of questions**. ~ **feed·er** *s tech.* Wasserzufluß *m*, Speiseleitung *f*. ~ **fern** *s bot.* (*ein*) Rispenfarn *m*, *bes.* Königsfarn *m*. '**~find·er** *s* (Wünschel)Rutengänger *m*. ~ **flea** *s zo.* Wasserfloh *m*. '**~fog** *s* Tröpfchennebel *m*. '**~fowl** *s orn.* **1.** Wasser-, Schwimmvogel *m*. **2.** *collect.* Wasservögel *pl*. ~ **frame** *s tech.* 'Wasser‚spinnma‚schine *f*. '**~front** *s* an ein Gewässer grenzender Stadtbezirk *od.* Landstreifen, Hafengebiet *n*, -viertel *n*. ~ **funk** *s colloq.* **1.** Wasserscheu *f*. **2.** Wasserscheue(r *m*) *f*. ~ **gage** *bes. Am. für* **water gauge**. ~ **gap** *s geogr.* Schlucht *f*, (Fluß)‚Durchbruch *m*. ~ **gas** *s chem.* Wassergas *n*. ~ **gate** *s* **1.** Schleuse *f*. **2.** Schleusentor *n*. ~ **gauge** *s tech.* **1.** Wasserstand(san)zeiger *m*. **2.** Pegel *m*, Peil *m*, hy'draulischer Druckmesser. **3.** *Wasserdruck gemessen in inches Wassersäule.* ~ **gild·ing** *s tech.* Leim-, Wasservergoldung *f*. ~ **glass** *s* Wasserglas *n* (*a. chem.*). '**~glass egg** *s* eingelegtes Ei, Kalkei *n*. ~ **gold** *s tech.* Muschel-, Malergold *n*. ~ **green** *s paint.* Wassergrün *n*. ~ **gru·el** *s* dünner Haferschleim. ~ **guard** *s* **1.** 'Fluß-, 'Hafenpoli‚zist *m*. **2.** Hafenzollwache *f*. ~ **gun** *s Am.* 'Wasserpi‚stole *f*. ~ **ham·mer** *s phys.* **1.** Wasserstoß *m* (*in Röhren*). **2.** Wasserhammer *m* (*zur Erzeugung von Schallimpulsen*). **~heat·er** *s tech.* Warmwasserbereiter *m*. ~ **hen** *s orn.* Ralle *f*, *bes.* a) Grünfüßiges Teichhuhn, b) Amer. Wasserhuhn *n*. ~ **hole** *s* Wasserloch *n*. **2.** kleiner Teich. **3.** Loch *n* in der Eisdecke (*e-s Gewässers*). ~ **hose** *s* Wasserschlauch *m*. ~ **ice** *s* Fruchteis *n*.

**wa·ter·i·ness** ['wɔːtərɪnɪs] *s* Wässerigkeit *f*.

'**wa·ter·ing** **I** *s* **1.** Bewässern *n*, Sprengen *n* (*e-s Rasens, e-r Straße etc*), (Be)Gießen *n* (*von Blumen*). **2.** Tränken *n* (*von Vieh*). **3.** Versorgung *f* mit Wasser. **4.** Verwässern *n* (*a. fig.*). **5.** *econ.* Verwässern *n* (*von Aktienkapital*). **6.** *tech.* a) Wässern *n*, Moi'rieren *n* (*von Stoff*), b) Moi'rierung *f*, c) Damas'zieren *n* (*von Stahl*). **7.** *mar.* Wassernehmen *n*. **II** *adj* **8.** Bewässerungs... **9.** Kur..., Bade... ~ **bri·dle** *s* Wassertrense *f* (*der Pferde*). ~ **can** *s* Gießkanne *f*. ~ **cart** *s* Sprengwagen *m*. ~ **place** *s* **1.** *bes. Br.* a) Bade-, Kurort *m*, Bad *n*, b) (See)Bad *n*. **2.** Wasserstelle *f* (*a. mar.*), (Vieh)Tränke *f*. ~ **pot** *s Am.* Gießkanne *f*.

**wa·ter**| **jack·et** *s tech.* Wasserkühlmantel *m*. ~ **joint** *s tech.* wasserdichte Fuge *od.* Verbindung. ~ **jump** *s sport* Wassergraben *m*. ~ **leaf** *s irr* Wasserblatt *n* (*Ornament*). '**~leaf** *pl* **-leafs** **1.** *bot.* Wasserblatt *n*. **2.** *pl a.* **-leaves** 'Wasserpa‚pier *n*. ~ **lens** *s opt.* Flüssigkeitslinse *f*, -lupe *f*. ~ **len·tils** *s meist pl bot.* Wasserlinse *f*.

'**wa·ter·less** *adj* wasserlos.

**wa·ter**| **let·tuce** *s bot.* Wasserkohl *m*. ~ **lev·el** *s* **1.** Wasserstand *m*, -spiegel *m*. **2.** *tech.* a) Wasserstandslinie *f*, Pegelstand *m*, b) Wasserwaage *f*. **3.** *geol.* (Grund)Wasserspiegel *m*. **4.** *Bergbau:* Grundstrecke *f*. **5.** *mar.* → **water line** 1. ~ **lil·y** *s bot.* **1.** Seerose *f*, Wasserlilie *f*. **2.** Teichrose *f*. **3.** Seerosengewächs *n*. ~ **lime** *s arch.* Wasserkalk *m*, -mörtel *m*. ~ **line** *s* **1.** *mar.* Wasserlinie *f* (*e-s Schiffs*): **light** ~ niedrigste Wasserlinie; **load** ~ höchste Wasserlinie. **2.** Wasserlinie *f* (*Wasserzeichen*). **3.** → **water level** 3.

'**∼·logged** adj **1.** mar. voll Wasser (Boot etc). **2.** vollgesogen (Holz etc).
**Wa·ter·loo** [ˌwɔːtə(r)ˈluː; Am. a. ˌwɑ-] s: to meet one's ∼ fig. sein Waterloo (e-e vernichtende Niederlage) erleben.
**wa·ter|lot** s Am. unter Wasser stehendes od. sumpfiges Gelände. ∼ **main** s tech. Hauptwasserrohr n. '∼**man** [-mən] s irr **1.** Fährmann m. **2.** sport Ruderer m: a good ∼. **3.** myth. Wassergeist m. '∼**mark I** s **1.** tech. Wasserzeichen n (in Papier). **2.** mar. Wassermarke f, bes. Flutzeichen n (am Pegel): high ∼ Tiefgangs-, Lademarke (am Schiff). **II** v/t **3.** Papier mit Wasserzeichen versehen. ∼ **meadow** s agr. Rieselwiese f. '∼**mel·on** s bot. 'Wasserme₁lone f. ∼ **me·ter** s tech. Wassermesser m, -zähler m. ∼ **mill** s Wassermühle f. ∼ **moc·ca·sin** s zo. Mokassinschlange f. ∼ **mon·key** s irdene 'Wasserka₁raffe (zur Kühlhaltung). ∼ **mo·tor** s tech. Wasserantrieb(svorrichtung f) m. ∼ **nix·ie** → nixe. ∼ **nymph** s myth. Wassernymphe f. ∼ **or·deal** s hist. Wasserprobe f (Art des Gottesurteils). ∼ **parting** bes. Am. für watershed 1. ∼ **pil·lar** s tech. Wasserkran m. ∼ **pipe** s **1.** tech. Wasser(leitungs)rohr n. **2.** orien'talische Wasserpfeife. ∼ **pis·tol** s 'Wasserpi₁stole f. ∼ **pitch·er** s Wasserkrug m. ∼ **plane** s **1.** Wasserspiegel m. **2.** aer. Wasserflugzeug n. ∼ **plant** s bot. Wasserpflanze f. ∼ **plate** s Wärmeteller m. ∼ **plug** s tech. Wasserhahn m. ∼ **pol·lu·tion** s Wasserverschmutzung f. ∼ **po·lo** s sport **1.** Wasserball(spiel n) m. **2.** Wasserball m. '∼**pot** s **1.** Wassertopf m, -krug m. **2.** Am. Gießkanne f. ∼ **pow·er** s tech. Wasserkraft f. ∼ **pres·sure** s tech. Wasserdruck m. '∼**proof I** adj **1.** wasserdicht. **II** s **2.** wasserdichter Stoff. **3.** wasserdichtes Kleidungsstück, bes. Br. Regenmantel m. **III** v/t **4.** wasserdicht machen, impräg'nieren. ∼ **pump** s tech. Wasserpumpe f. '∼**quake** s geol. Seebeben n. ∼ **rad·ish** s bot. Wasserkresse f. ∼ **rat** s zo. a) Wasserratte f, b) Bisamratte f, c) e-e Wassermaus, bes. Schwimm-Maus f. ∼ **rate** s Wassergeld n. ∼ **re·cy·cling** s Wasseraufbereitung f. '∼**re₁pel·lent** adj wasserabstoßend. '∼**ret** → water-rot. ∼ **rice** → Indian rice. ∼ **right** s jur. Wassernutzungsrecht n. ∼ **rose** → water lily 1. '∼**rot** v/t Flachs in Wasser rotten od. rösten. ∼ **sail** s mar. Wassersegel n. '∼**scape** s paint. Seestück n. ∼ **scor·pi·on** s zo. 'Wasserskorpi₁on m. ∼ **seal** s tech. Wasserverschluß m. ∼ **·sea·son** v/t tech. Holz (nach vorherigem Nässen) austrocknen. '∼**shed** s geogr. **1.** Br. Wasserscheide f. **2.** Einzugs-, Stromgebiet n. **3.** fig. a) Trennungslinie f, b) Wendepunkt m. '∼**side I** s Wasserkante f, Küste f, See-, Flußufer n. **II** adj Küsten..., See..., (Fluß)Ufer...: ∼ police Wasserschutzpolizei f. ∼ **ski** s Wasserski m. '∼**ski** v/i Wasserski laufen. '∼**₁ski·ing** s Wasserski(laufen) n. ∼ **smoke** s Wasserdunst m. '∼**₁sol·u·ble** adj biol. chem. wasserlöslich. ∼ **sor·rel** s bot. Wasserampfer m. ∼ **sou·chy** [ˈsuːʃɪ] s gastr. im eigenen Saft bereitetes Fischgericht. ∼ **span·iel** s zo. Wasserspaniel m. ∼ **spi·der** s zo. Wasserspinne f. '∼**spout** s **1.** Fallrohr n (der Dachrinne). **2.** Wasserspeier m, Speiröhre f. **3.** springender Wasserstrahl. **4.** meteor. a) Wasserhose f, b) Wolkenbruch m, Platzregen m. ∼ **sprite** s Wassergeist m, Nixe f. ∼ **strider** s zo. Wasserschneider m. ∼ **sup·ply** s **1.** Wasserversorgung f. **2.** Wasserleitung f. ∼ **sys·tem** s **1.** geogr. Stromgebiet n. **2.** → water supply. ∼ **ta·ble** s **1.** arch. Wasserschlag m, -abflußleiste f. **2.** geol. Grundwasserspiegel m. **3.** Rinnstein m. ∼

**tank** s Wasserbehälter m. ∼ **ther·mom·e·ter** s phys. 'Wasserthermo₁meter n. '∼**tight** adj **1.** wasserdicht. **2.** fig. a) eindeutig, unanfechtbar: ∼ case; ∼ allegation, b) zuverlässig, sicher, c) stichhaltig: ∼ argument. '∼**tight com·part·ment** s mar. wasserdichte Ab'teilung: to keep s.th. in watertight compartments fig. etwas isoliert halten od. betrachten. '∼**tight·ness** s wasserdichte Beschaffenheit. ∼ **tow·er** s **1.** tech. Wasserturm m. **2.** Standrohr n (der Feuerwehr). '∼**tube boil·er** s tech. Röhrenkessel m. ∼ **twist** s Wassergarn n. ∼ **va·po(u)r** s phys. Wasserdampf m. ∼ **vole** → water rat a. ∼ **wag·on** s Am. Wasser(versorgungs)wagen m: to be on the ∼ colloq. nichts (mehr) trinken; to go on the ∼ colloq. mit dem Trinken aufhören; to be off the ∼ colloq. wieder trinken. ∼ **wag·tail** s orn. Bachstelze f. ∼ **wave** s Wasserwelle f (a. im Haar). '∼**wave** v/t das Haar in Wasserwellen legen. '∼**way** s **1.** Wasserweg m. **2.** mar. a) Wasserstraße f, Schiffahrtsweg m, b) Wassergang m (Deckrinne). **3.** tech. Hahnbohrung f. ∼ **wheel** s **1.** Wasserrad n. **2.** mar. Schaufelrad n. **3.** Schöpfrad n. ∼ **wing** s **1.** arch. tech. Wassermauer f (an Brücken). **2.** pl 'Schwimmflügel pl, -man₁schetten pl. ∼ **witch** s (Wünschel)Rutengänger m. '∼**works** s pl **1.** (oft als sg konstruiert) Wasserwerk n. **2.** a) Fon'täne(n pl) f: to turn on the ∼ colloq. zu heulen anfangen, losheulen, b) Wasserspiel n. **3.** colloq. Blase f: to have trouble with one's ∼ ständig laufen müssen. '∼**worn** adj vom Wasser ausgehöhlt.
**wa·ter·y** [ˈwɔːtərɪ] adj **1.** Wasser...: the ∼ god der Wassergott; to go to a ∼ grave ein feuchtes od. nasses Grab finden, sein Grab in den Wellen finden; the ∼ waste die Wasserwüste. **2.** a) wäßrig, wässerig, wasserartig, b) feucht, naß: ∼ soil. **3.** regenverkündend, Regen...: ∼ sky Regenhimmel m. **4.** triefend: a) allg. voller Wasser, naß: ∼ clothes, b) tränend: ∼ eyes. **5.** verwässert: a) fad(e), geschmacklos: ∼ vegetables, b) blaß: ∼ colo(u)r. **6.** fig. schal, seicht: ∼ style.
**watt** [wɒt; Am. wɑt] s electr. Watt n: ∼ current Wirkstrom m; ∼hour Wattstunde f; ∼second Wattsekunde f. '**watt·age** s electr. Wattleistung f.
**wat·tle** [ˈwɒtl; Am. ˈwɑtl] **I** s **1.** Br. dial. a) Gerte f, Rute f, b) Hürde f. **2.** a. pl Flecht-, Gitterwerk n (aus Zweigen): ∼ and daub arch. mit Lehm beworfenes Flechtwerk. **3.** pl Ruten pl (zum Strohdachbau). **4.** bot. Austral. A'kazie f. **5.** a) orn. zo. Bart m, Kehllappen pl, b) ichth. Bartfäden pl. **II** v/t **6.** aus Ruten flechten. **7.** mit Flechtwerk um'zäunen od. bedecken. **8.** Strohdach etc mit Ruten od. Gerten befestigen. **9.** Ruten, Gerten zs.-flechten. '**wat·tled** adj **1.** a) orn. zo. mit e-m Bart (versehen), b) mit Bartfäden (versehen) (Fisch). **2.** aus Ruten geflochten, aus Flechtwerk 'hergestellt. '**watt·less** adj electr. watt-, leistungslos: ∼ current Blindstrom m; ∼ power Blindleistung f. '**wat·tle·work** s (Ruten)Flechtwerk n. '**wat·tling** s **1.** Flechten n. **2.** Flechtwerk n, Geflecht n. '**watt₁me·ter** s electr. Wattmeter n, Leistungsmesser m.
**waul** [wɔːl] v/i jämmerlich schreien.
**wave¹** [weɪv] **I** s **1.** Welle f, Woge f (beide a. fig. von Gefühl etc): the ∼(s) poet. die See; ∼ of indignation fig. Woge der Entrüstung; to make ∼s Am. Wellen schlagen, Aufsehen erregen. **2.** (Boden etc)Welle f, wellenförmige Unebenheit.

**3.** fig. (Angriffs- etc)Welle f: ∼s of attack; ∼ of immigrants Einwandererwelle; ∼ after ∼ Welle um Welle; in ∼s in Wellen, schubweise. **4.** electr. phys. Welle f: ∼ frequency Wellenfrequenz f. **5.** tech. a) Welle f, Flamme f (im Stoff), b) print. Guil'loche f (Zierlinie). **6.** (Haar)Welle f. **7.** Wink(en n) m, Schwenken n: a ∼ of the hand ein Wink mit der Hand, e-e Handbewegung; to give s.o. a ∼ j-m (zu)winken. **II** v/i **8.** wogen, sich wellenartig bewegen. **9.** wehen, flattern, wallen. **10.** (at od. to s.o. j-m) (zu)winken, Zeichen geben. **11.** sich wellen (Haar). **III** v/t **12.** wellenförmig bewegen. **13.** a) e-e Fahne, Waffe etc schwenken, schwingen, hin u. her bewegen: to ∼ one's arms mit den Armen fuchteln; to ∼ one's fist at s.o. j-m mit der Faust drohen, b) winken mit: to ∼ one's hand (mit der Hand) winken (at od. to s.o. j-m). **14.** das Haar etc wellen, in Wellen legen. **15.** tech. a) Stoff flammen, moi'rieren, b) Wertpapiere etc guillo'chieren, mit Zierlinien versehen. **16.** j-m (zu)winken: to ∼ a train to a halt e-n Zug durch Winkzeichen anhalten; to ∼ aside a) j-n beiseite winken, b) fig. j-n od. etwas mit e-r Handbewegung abtun; to ∼ away a) j-n abweisen, b) Fliegen etc (mit der Hand) verscheuchen; to ∼ down Auto etc anhalten, stoppen; to ∼ goodbye to a) j-m zum Abschied winken, b) colloq. etwas ,in den Schornstein schreiben'; to ∼ nearer heranwinken.
**Wave²** [weɪv] s mar. Am. colloq. Angehörige f der Waves.
**wave| band** s electr. Wellenband n. ∼ **de·tec·tor** s electr. 'Wellende₁tektor m. ∼ **e·qua·tion** s phys. Wellengleichung f. ∼ **front** s phys. Wellenfront f. ∼ **guide** s electr. Hohl-, Wellenleiter m. '∼**length** s electr. phys. Wellenlänge f: to be on the same ∼ fig. auf der gleichen Wellenlänge liegen, die gleiche Wellenlänge haben. '∼**like** adj wellenförmig.
**wa·vel·lite** [ˈweɪvəlaɪt] s min. Wavel'lit m.
**wave| me·chan·ics** s pl (als sg konstruiert) phys. 'Wellenme₁chanik f. '∼**₁me·ter** s electr. Wellenmesser m. ∼ **num·ber** s electr. Wellenzahl f.
**wa·ver** [ˈweɪvə(r)] **I** v/i **1.** wanken, schwanken, taumeln. **2.** flackern (Licht). **3.** beben, zittern (Hände, Stimme etc). **4.** fig. wanken: a) schwanken (between zwischen dat), unschlüssig sein: not to ∼ sich nicht beirren lassen, b) ins Wanken geraten (Mut etc). '**wa·ver·er** s fig. Unentschlossene(r m) f, Zauderer m. '**waver·ing** adj (adv ∼ly) **1.** (sch)wankend (a. fig.). **2.** fig. unschlüssig. **3.** flackernd. **4.** zitternd.
**Waves** [weɪvz] s mar. Am. colloq. amer. Re'serve-Ma₁rinehelferinnen₁korps n (aus Women's Appointed Volunteer Emergency Service).
**wave| the·o·ry** s phys. 'Wellentheo₁rie f (des Lichts): ∼ of matter Wellentheorie der Materie. ∼ **trap** s electr. Sperrkreis m, Sperre f.
**wav·ey** [ˈweɪvɪ] → snow goose.
**wav·i·ness** [ˈweɪvɪnɪs] s (das) Wellige, Welligkeit f.
**wav·y¹** [ˈweɪvɪ] adj **1.** wogend. **2.** wellig, gewellt (Haar, Linie etc).
**wav·y²** [ˈweɪvɪ] → snow goose.
**Wav·y Na·vy** s mar. Br. colloq. Re'serveliste f.
**wawl** → waul.
**wax¹** [wæks] **I** s **1.** (Bienen)Wachs n. **2.** bot. Pflanzenwachs n. **3.** physiol. Ohrenschmalz n. **4.** a. cobbler's ∼ Schusterpech n. **5.** Wachs n (zum Siegeln od. Abdichten), bes. Siegellack m. **6.** chem. Wachs n (z. B. Paraffin). **7.** fig. Wachs n:

he is ~ in her hands er ist (wie) Wachs in ihren Händen. **II** v/t **8.** (ein)wachsen, bohnern. **9.** mit Wachs abdichten, verpichen. **10.** *bes. Am. colloq.* (auf Schallplatte) aufnehmen. **III** *adj* **11.** wächsern, Wachs..., aus Wachs.

**wax²** [wæks] v/i **1.** wachsen, zunehmen (*bes. Mond*) (*a. fig.*): to ~ and wane zu- u. abnehmen. **2.** *obs.* (*vor adj*) alt, frech, laut *etc* werden: to ~ old.

**wax³** [wæks] s: to be in (get into) a ~ *colloq.* e-e Stinkwut haben (kriegen).

**wax⁴** [wæks] v/t *Am. colloq.* die Oberhand gewinnen über (*acc*), schlagen.

**wax|bean** s bot. Am. Wachsbohne f. ~ **can·dle** s Wachskerze f. ~ **cloth** s **1.** Wachstuch n. **2.** Bohnertuch n. ~ **doll** s Wachspuppe f.

**wax·en** ['wæksən] → **waxy¹**.

**wax|fig·ure** s 'Wachsfi₁gur f. '~**flow·er** s **1.** Wachsblume f (*a. bot.*). **2.** bot. Kranzwinde f. ~ **light** s Wachskerze f. ~ **pa·per** s 'Wachspa₁pier n. ~ **plant** s bot. Wachsblume f. ~ **pock·et** s zo. Wachstasche f (*der Bienen*). '~**work** s **1.** Wachsarbeit f, bes. 'Wachsfi₁gur f. **2.** pl (*a. als sg konstruiert*) 'Wachsfi₁gurenka-bi₁nett n.

**wax·y¹** ['wæksɪ] *adj* **1.** wachshaltig. **2.** wächsern (*a. Gesichtsfarbe*), wie Wachs, wachsartig, Wachs... **3.** *fig.* weich (wie Wachs), wachsweich, nachgiebig. **4.** med. Wachs...: ~ **liver**.

**wax·y²** ['wæksɪ] *adj colloq.* stinkwütend.

**way¹** [weɪ] s **1.** Weg m, Pfad m, Bahn f (*a. fig.*): ~ **back** Rückweg; ~ **home** Heimweg; ~ **through** Durchreise f, -fahrt f; **the** ~ **of the cross** *relig.* der Kreuzweg; ~s **and means** Mittel u. Wege, *bes. pol.* (finanzielle) Mittel, Geldbeschaffung(s-maßnahmen) f; **to ask the** (*od.* one's) ~ nach dem Weg fragen; **to lose one's** ~ sich verlaufen *od.* verirren; **to take one's** ~ sich aufmachen (to nach); → **committee** 1; **find** 4. **2.** Straße f, Weg m: **over** (*od.* across) the ~ gegenüber. **3.** *fig.* Gang m, Lauf m: **that is the** ~ **of the world** das ist der Lauf der Welt; → **flesh** 5. **4.** Richtung f, Seite f: **which** ~ **is he looking?** wohin schaut er?; **to look the other** ~ wegschauen; **this** ~ a) hierher, b) hier entlang, c) → 9; **the other** ~ **round** umgekehrt. **5.** Weg m, Entfernung f, Strecke f: **a good** ~ **off** ziemlich weit entfernt; **a long** ~ **off** (*od.* from here) weit (von hier) entfernt; **a long** ~ **up** weit *od.* hoch hinauf; **a little** (long, good) ~ ein kleines (weites, gutes) Stück Wegs; **a long** ~s *colloq. od. dial.* ein weites Stück Wegs; **a long** ~ **off perfection** alles andere als vollkommen. **6.** (freie) Bahn, Raum m, Platz m: **to be** (*od.* stand) **in s.o.'s** ~ j-m im Weg sein (*a. fig.*); **to give** ~ a) (zurück)weichen, b) nachgeben (**to** *dat*) (*Person od. Sache*), c) sich hingeben (**to despair** der Verzweiflung); **to give** ~ **to a car** *mot.* e-m Auto die Vorfahrt lassen. **7.** Weg m, 'Durchgang m, Öffnung f: ~ **of a cock** *tech.* Hahnbohrung f. **8.** Vorwärtskommen n: **to make** ~ *bes. mar.* vorwärtskommen. **9.** Art f u. Weise f, Weg m, Me'thode f, Verfahren n: **any** ~ auf jede *od.* irgendeine Art; **any** ~ **you please** ganz wie Sie wollen; **in a big** (small) ~ im großen (kleinen); **one** ~ **or another** irgendwie, auf irgendeine (Art u.) Weise; **in more** ~s **than one** in mehr als 'einer Beziehung; **some** ~ **or other** auf die e-e oder andere Weise, irgendwie; ~ **of living** (thinking) Lebensweise (Denkweise, -art); **to my** ~ **of thinking** nach m-r Meinung; **the right** (wrong) ~ (to do it) richtig (falsch); **the same** ~ genauso; **the** ~ **he does it** so wie er es macht; **this** (*od.* that) ~ **so** (→ 4); **that's**

the ~ **to do it** so macht man das; **if that's the** ~ **you feel about it** wenn Sie 'so darüber denken; **in a polite** (friendly) ~ höflich (freundlich); **in its** ~ auf s-e Art; **in what** (*od.* which) ~? inwiefern?, wieso? **10.** Gewohnheit f, Brauch m, Sitte f: **the good old** ~s die guten alten Bräuche. **11.** Eigenheit f, -art f: **funny** ~s komische Manieren; **it is not his** ~ es ist nicht s-e Art *od.* Gewohnheit; **she has a winning** ~ sie hat e-e gewinnende Art; **that's always the** ~ **with him** so macht er es (*od.* geht es ihm) immer. **12.** (Aus)Weg m: **to find a** ~. **13.** 'Hinsicht f, Beziehung f: **in a** ~ in gewisser Hinsicht, auf e-e Art; **in every** ~ in jeder Hinsicht, durchaus; **in one** ~ in 'einer Beziehung, in some ~s in mancher Hinsicht; **in the** ~ **of food** was Essen anbelangt, an Lebensmitteln; **no** ~ keineswegs. **14.** (*bes. Gesundheits-*)Zustand m, Lage f, Verfassung f: **in a bad** ~ in e-r schlimmen Lage *od.* Verfassung; **to live in a great** (small) ~ auf großem Fuß (in kleinen Verhältnissen *od.* sehr bescheiden) leben. **15.** Berufszweig m, Fach n: **it is not in his** ~, **it does not fall in his** ~ das schlägt nicht in sein Fach; **he is in the oil** ~ er ist im Ölhandel (beschäftigt). **16.** *colloq.* Um'gebung f, Gegend f: **somewhere London** ~ irgendwo in der Gegend von London. **17. the W**~ *Bibl.* der Weg (*die christliche Religion*). **18.** pl tech. Führungen pl (*bei Maschinen*). **19.** mar. Fahrt(geschwindigkeit) f: → **gather** 5. **20.** pl *Schiffsbau:* a) Helling f, b) Stapelblöcke pl.

*Besondere Redewendungen:*

**by the** ~ a) im Vorbeigehen, unterwegs, b) am Weg(esrand), an der Straße, c) *fig.* übrigens, nebenbei (bemerkt), d) zufällig; **but that's by the** ~ aber dies nur nebenbei; **by** ~ **of** a) (auf dem Weg) über (*acc*), durch, b) *fig.* in der Absicht zu, um ... zu, c) als *Entschuldigung etc*, an Stelle (von *od. gen*); **by** ~ **of example** beispielsweise; **by** ~ **of exchange** auf dem Tauschwege; **by** ~ **of grace** *jur.* auf dem Gnadenwege; **by** ~ **of being angry** im Begriff sein, wütend zu werden; **to be by** ~ **of doing s.th.** a) dabeisein, etwas zu tun, b) pflegen *od.* gewohnt sein *od.* die Aufgabe haben, etwas zu tun; **not by a long** ~ noch lange nicht; **in the** ~ **of** a) auf dem Weg *od.* dabei zu, b) hinsichtlich (*gen*); **in the** ~ **of business** auf dem üblichen Geschäftsweg; **no** ~! *colloq.* auf (gar) keinen Fall!, kommt überhaupt nicht in Frage!; **no** ~ **can we accept that** das können wir auf gar keinen Fall akzeptieren; **on the** (*od.* one's) ~ unterwegs, auf dem Weg; **well on one's** ~ in vollem Gange, schon weit vorangekommen (*a. fig.*); **out of the** ~ a) abgelegen, abseits, abgeschieden, b) ungewöhnlich, ausgefallen, c) übertrieben, abwegig; **nothing out of the** ~ nichts Besonderes *od.* Ungewöhnliches; **under** ~ a) *mar.* in Fahrt, b) im Gange, in Gang; **the meeting was already under** ~ die Konferenz war schon im Gange; **to be in a fair** ~ auf dem besten Wege sein; **to come in s.o.'s** ~ j-m über den Weg laufen; **to force one's** ~ sich e-n Weg bahnen; **to go s.o.'s** ~ a) den gleichen Weg gehen wie j-d, b) j-n begleiten; **to go one's** ~(s) von j-m Weg gehen, *fig.* s-n Lauf nehmen; **to go out of one's** ~ große Mühen *od.* Unannehmlichkeiten auf sich nehmen; **to go the whole** ~ *fig.* ganze Arbeit leisten; **to have a** ~ **with s.o.** mit j-m gut zurechtkommen, gut umgehen können mit j-m; **to have one's** ~ s-n Willen durchsetzen; **if I had my** (own) ~ wenn es nach mir ginge; **to learn the hard** ~ Lehrgeld bezahlen müssen; **to make** ~ a) Platz

machen, b) vorwärtskommen; **they made** ~ **for the ambulance to pass** sie machten dem Krankenwagen Platz; **to make one's** ~ sich durchsetzen, s-n Weg machen; **to put s.o. in the** ~ **(of doing s.th.)** j-m die Möglichkeit geben(, etwas zu tun); **to put out of the** ~ aus dem Weg räumen (*a. töten*); **to put o.s. out of the** ~ e-e Möglichkeit sehen, etwas zu tun; **to work one's** ~ **up** sich hocharbeiten; → **both** I, **mend** 2, **pave**, **pay¹** 6.

**way²** [weɪ] *adv colloq.* weit *oben, unten etc:* ~ **back** weit entfernt *od.* hinten; ~ **back in 1902** (schon) damals im Jahre 1902; ~ **down South** weit unten im Süden.

**way|·bill** s **1.** Passa'gierliste f. **2.** econ. Am. Frachtbrief m, Begleitschein m. '~₁**far·er** s *obs. od. poet.* Reisende(r) m, Wandersmann m. '~₁**far·ing** *obs. od. poet.* **I** *adj* reisend, wandernd: ~ **man** → **wayfarer. II** s Wandern n, Reise f. ~'**lay** v/t irr **1.** j-m auflauern. **2.** j-n abfangen, abpassen. '~**leave** s jur. Br. Wegerecht n. ~'**out** *colloq.* **I** *adj* **1.** ex'zentrisch, äußerst eigenwillig, sehr eigenwillig. **2.** ,toll', ,super'. **II** s **3.** Ex'zentriker m. ~ **point** → **way station.** '~**side** I s Straßen-, Wegrand m: **by the** ~ am Wege, am Straßenrand; **to fall by the** ~ *fig.* auf der Strecke bleiben; **to go by the** ~ *fig.* zurückgestellt werden. **II** *adj* am Wege (stehend), an der Straße (gelegen): **a** ~ **inn.** ~ **sta·tion** s *bes. rail.* 'Zwischenstati₁on f. ~ **traf·fic** s *rail. Am.* Nahverkehr m. ~ **train** s Am. Lo'kal-, Bummelzug m.

**way·ward** ['weɪwə(r)d] *adj* (*adv* ~ly) **1.** launisch, launenhaft, unberechenbar. **2.** eigensinnig, 'widerspenstig: ~ **child**; ~ **minor** *jur.* verwahrloste(r) Jugendliche(r). **3.** ungeraten: **a** ~ **son.** '**way·ward·ness** s **1.** Launenhaftigkeit f, Unberechenbarkeit f. **2.** Eigensinn m, 'Widerspenstigkeit f.

'**way·worn** *adj* reisemüde.

**wayz·goose** ['weɪzguːs] s jährliches Betriebsfest *od.* jährlicher Betriebsausflug (*e-r Druckerei*). [*lis majestatis*] Wir pl.

**we** [wiː; wɪ] *pron pl* **1.** wir pl. (*als plura-*

**weak** [wiːk] *adj* (*adv* ~ly) **1.** *allg.* schwach (*a. zahlenmäßig u. fig.*): ~ **argument** (**crew, player, resistance, style, voice,** *etc*); ~ **in** (*od.* at) **Latin** schwach in Latein; ~ **at home** *sport* heimschwach; → **sex** 2. **2.** med. schwach: a) empfindlich: ~ **stomach**, b) kränklich. **3.** (cha'rakter)schwach, haltlos, la'bil: → **point** 24. **4.** schwach, dünn: ~ **solution**; ~ **tea. 5.** *ling.* schwach: ~ **accent**; ~ **ending** *metr.* proklitische Versende; ~ **inflection** (*bes. Br.* **inflexion**) schwache Flexion. **6.** econ. schwach, flau: ~ **market. 7.** phot. schwach, weich (*Negativ*).

'**weak·en** I v/t **1.** j-n *od.* etwas schwächen. **2.** Getränke etc verdünnen. **3.** fig. (ab)schwächen, entkräften: **to** ~ **an argument. II** v/i **4.** schwach *od.* schwächer werden, nachlassen, (*Kräfte etc a.*) erlahmen. **5.** fig. nachgeben. '**weak·en·ing** s (Ab)Schwächung f.

₁**weak|-'hand·ed** *adj* econ. knapp an Arbeitskräften. ~'**head·ed** *adj* **1.** schwachköpfig. **2.** → **weak-minded.** ~'**kneed** *adj colloq.* **1.** ängstlich, feig. **2.** cha'rakterschwach.

**weak·ling** ['wiːklɪŋ] **I** s Schwächling m. **II** *adj* schwächlich. '**weak·ly** **I** *adj* schwächlich, kränklich. **II** *adv* schwach: **he agreed** ~ **to a compromise** er akzeptierte ohne Widerstand e-n Kompromiß.

₁**weak-'mind·ed** *adj* **1.** schwachsinnig. **2.** cha'rakterschwach.

**'weak·ness** s 1. allg. (a. Cha'rakter-) Schwäche f. 2. med. Schwächlichkeit f, Kränklichkeit f: ~ of constitution schwächliche Konstitution. 3. econ. Flauheit f. 4. fig. Schwäche f: a) schwache Seite, schwacher Punkt, b) Nachteil m, Mangel m, c) Vorliebe f (for für). ˌweak|·'sight·ed adj med. schwachsichtig. ~·'spir·it·ed adj kleinmütig. ~·'willed adj willensschwach.

**weal¹** [wi:l] s 1. Wohl(ergehen) n: ~ and woe Wohl u. Wehe, gute u. schlechte Tage; the public od. (~) general) ~ das (All)Gemeinwohl. 2. obs. a) Reichtum n, b) Gemeinwesen n.

**weal²** [wi:l] s Schwiele f, Strieme(n m) f.

**weald** [wi:ld] s 1. a) poet. Waldgebiet n, b) weite u. offene Landschaft. 2. a. the W~ der Weald (Hügellandschaft im Südosten Englands): ~ clay geol. Weald-, Wälderton m. **'Weald·en, w~** geol. I s 'Wealden(formatiˌon f) m. II adj Wealden...

**wealth** [welθ] s 1. Reichtum m (of an dat). 2. Reichtümer pl. 3. econ. a) Besitz m, Vermögen n: ~ tax Vermögenssteuer f, b) a. personal ~ Wohlstand m: national ~ Volksvermögen n. 4. fig. (of) Fülle f (von, gen), Reichtum m (an dat, gen): a ~ of information e-e Fülle von Informationen. **'wealth·i·ness** s Reichtum m, Wohlhabenheit f. **'wealth·y** adj (adv wealthily) reich (a. fig. in an dat), begütert, wohlhabend.

**wean** [wi:n] v/t 1. Kind, junges Tier entwöhnen. 2. a. ~ away from j-n abbringen von, j-m etwas abgewöhnen. **'wean·er, 'wean·ling** [-lɪŋ] I s vor kurzem entwöhntes Kind od. Tier. II adj frisch entwöhnt.

**weap·on** ['wepən] s Waffe f (a. bot. zo. u. fig.). **'weap·oned** adj bewaffnet.

**weap·on·eer** [ˌwepə'nɪə(r)] I s mil. 1. A'tombombenschärfer m. 2. 'Kernwaffenkonstruˌteur m. II v/i 3. Waffen entwickeln.         [waffnet.] **'weap·on·less** adj waffenlos, unbe-⌋ **weap·on·ry** ['wepənrɪ] s Waffen pl.

**wear¹** [weə(r)] I v/t pret **wore** [wɔ:(r); Am. a. 'wɔʊər] pp **worn** [wɔ:(r)n; Am. a. 'wɔʊərn] 1. am Körper tragen (a. e-n Bart, e-e Brille), Kleidungsstück a. anhaben, e-n Hut a. aufhaben: to ~ the breeches (od. trousers, bes. Am. pants) colloq. die Hosen anhaben, das Regiment führen (Ehefrau); to ~ one's hair long das Haar lang tragen; she wore white sie trug (stets) Weiß; she ~s her years well sie sieht noch sehr jung aus für ihr Alter. 2. zur Schau tragen, zeigen: to ~ a smile (ständig) lächeln. 3. a. ~ away, ~ down, ~ off, ~ out Kleidung etc abnutzen, abtragen, Absätze abtreten, Stufen austreten, Reifen abfahren, Löcher reißen in (acc): shoes worn at the heels Schuhe mit schiefen Absätzen; to ~ into holes ganz abtragen, Schuhe durchlaufen. 4. Bücher etc abnutzen, zerlesen: a well-worn volume ein ganz zerlesenes Buch. 5. eingraben, nagen: a groove worn by water. 6. a. ~ away Gestein etc auswaschen, -höhlen: rocks worn by the waves. 7. a. ~ out ermüden, a. j-s Geduld erschöpfen: ~ welcome 2. 8. a. ~ away, ~ down fig. zermürben: a) aushöhlen, b) aufreiben, Widerstand brechen: she was worn to a shadow sie war nur noch ein Schatten (ihrer selbst). II v/i 9. halten, haltbar sein: to ~ well a) sich haltbar sein (Stoff etc), b) sich gut tragen (Kleid etc), c) fig. sich gut halten, wenig altern (Person). 10. a. ~ away, ~ down, ~ off, ~ out sich abtragen od. abnutzen, verschleißen, sich abfahren (Reifen): to ~ away a. sich verwischen; to ~ off fig. sich verlieren (Eindruck, Wir-

kung); to ~ out fig. sich erschöpfen; to ~ thin a) fadenscheinig werden (Kleider etc), b) fig. sich erschöpfen (Geduld, Wirkung etc). 11. a. ~ away langsam vergehen od. verrinnen: to ~ to an end schleppend zu Ende gehen; to ~ on sich dahinschleppen (Zeit, Geschichte etc). 12. sich ermüdend auswirken (on auf acc): she ~s on me sie geht mir auf die Nerven. III s 13. Tragen n: articles for winter ~ Wintersachen pl, -kleidung f; clothes for everyday ~ Alltagskleidung f; the coat I have in ~ der Mantel, den ich gewöhnlich trage. 14. (Be)Kleidung f, Mode f: in general ~ modern, in Mode; to be the ~ Mode sein, getragen werden. 15. Abnutzung f, Verschleiß m: ~ and tear a) tech. Abnutzung f, Verschleiß m (a. fig.), b) econ. Abschreibung f (für Wertminderung); for hard ~ strapazierfähig; the worse for ~ abgenutzt, (sehr) mitgenommen (a. fig.); to be worse the ~ for drink angetrunken sein. 16. Haltbarkeit f: there is still a great deal of ~ in it das läßt sich noch gut tragen od. benutzen.

**wear²** [weə(r)] mar. I v/t pret **wore** [wɔ:(r); Am. a. 'wɔʊər] pp **worn** [wɔ:(r)n; Am. a. 'wɔʊərn] Schiff halsen. II v/i vor dem Wind drehen (Schiff).

**wear·a·ble** ['weərəbl] adj tragbar. **'wear·er** s Träger(in): the crown and its ~; ~ of spectacles Brillenträger(in). **wea·ri·ness** ['wɪərɪnɪs] adj obs. unermüdlich, nimmermüde. **'wea·ri·ness** s 1. Müdigkeit f. 2. 'Überdruß m. 3. Langweiligkeit f. **'wear·ing** adj 1. Kleidungs...: ~ apparel Kleidung(sstücke pl) f. 2. abnützend, verschleißend. 3. ermüdend. 4. zermürbend, aufreibend.

**wea·ri·some** ['wɪərɪsəm] adj (adv ~ly) 1. ermüdend, beschwerlich. 2. langweilig. **'wea·ri·some·ness** s 1. (das) Ermüdende, Beschwerlichkeit f. 2. Langweiligkeit f.

**'wear|-out** s econ. tech. Wertminderung f durch Abnützung. **'~·reˌsist·ant** adj strapa'zierfähig (Hose etc).

**wea·ry** ['wɪərɪ] I adj (adv wearily) 1. müde, matt, erschöpft (with von, vor dat). 2. müde, 'überdrüssig (of gen): ~ of life lebensmüde; I am ~ of it ich habe es satt. 3. ermüdend, lästig, beschwerlich, b) langweilig. II v/t 4. ermüden. 5. ~ out a) erschöpfen, gänzlich aufreiben, b) sich quälen durch: to ~ out the lonely days. III v/i 6. 'überdrüssig od. müde werden (of gen). 7. bes. Scot. sich sehnen (for nach).

**wea·sand** ['wi:zənd] s obs. Gurgel f, Kehle f, bes. Speise- od. Luftröhre f.

**wea·sel** ['wi:zl] I s 1. pl **'wea·sels**, bes. collect. **'wea·sel** zo. Wiesel n. 2. colloq. Heimtücker m. 3. mil. tech. bes. Am. geländegängiges Am'phibienfahrzeug. II v/i 4. bes. Am. fig. colloq. sich drehen u. wenden: to ~ out sich herauswinden (of aus). ~ **words** s pl bes. Am. colloq. doppelsinnige Worte pl (die ein 'Hintertürchen offenlassen).

**weath·er** ['weðə(r)] I s 1. Wetter n, Witterung f: in fine ~ bei schönem Wetter; in all ~s bei jedem Wetter; to make good (bad) ~ mar. auf gutes (schlechtes) Wetter stoßen; to make heavy ~ of s.th. fig. a) ,viel Wind machen' um etwas, b) große Mühe od. Not haben mit etwas; above the ~ a) über der Wetterzone, sehr hoch (Flugzeug etc), b) colloq. wieder in Ordnung (Person); under the ~ colloq. a) nicht in Form (unpäßlich), b) ,angesäuselt' (leicht betrunken). 2. Unwetter n. 3. mar. Luv-, Windseite f. 4. fig. Wechsel(fälle pl) m.

II v/t 5. der Luft od. dem Wetter aussetzen, Holz etc auswittern, austrocknen lassen. 6. geol. verwittern (lassen). 7. a) mar. den Sturm abwettern, b) a. ~ out fig. e-e Gefahr, Krise, e-n Sturm über'stehen, trotzen (dat). 8. mar. (luvwärts) um'schiffen. III v/i 9. geol. verwittern: to ~ out auswittern. 10. mar. die Luv betreffend: to ~ (up)on a) e-m Schiff den Wind aus den Segeln nehmen, b) fig. j-n ausnützen, -beuten.

**weath·er|·an·chor** s mar. Luvanker m. **'~·beat·en** adj 1. vom Wetter mitgenommen. 2. verwittert. 3. wetterhart. **'~·board** s 1. tech. a) bes. Br. Abwässerungsleiste f, b) Schal-, Schindelbrett n, c) pl Verschalung f. 2. mar. Waschbord n. **'~·board·ing** s bes. Br. Verschalung f. **'~·bound** adj: the planes (ships) were ~ die Flugzeuge (Schiffe) konnten wegen des schlechten Wetters nicht starten (auslaufen). ~ **box** s Wetterhäus-chen n. ~ **bu·reau** s Wetteramt n. ~ **cast** Am. für weather forecast. ~ **chart** s Wetterkarte f. **'~·cock** s 1. Wetterhahn m. 2. fig. wetterwendische Per'son. ~ **con·tact** s electr. Ableitung f der Elektrizi'tät durch Nässe. ~ **deck** s mar. Sturm-, Wetterdeck n.

**weath·ered** ['weðə(r)d] adj 1. verwittert (Gestein). 2. ausgewittert, der Witterung ausgesetzt. 3. arch. abgeschrägt.

**weath·er|·eye** s: to keep a ~ on fig. etwas scharf im Auge behalten; to keep one's ~ open fig. gut aufpassen. **'~·fast** → weather-bound. ~ **fore·cast** s Wetterbericht m, -vorˌhersage f. ~ **ga(u)ge** s mar. Vorteil m des Windes: to get the ~ on s.o. fig. j-n ausmanövrieren. **'~·glass** s Wetterglas n, Baro'meter m. ~ **house** → weather box.      [(neu) iso'lieren.] **weath·er·ize** ['weðəraɪz] v/t Haus etc⌋ **weath·er·ly** ['weðəlɪ] adj mar. 1. an der Luvseite (e-s Schiffs) liegend. 2. luvgierig: ~ ship.

**'weath·er·man** [-mæn] s irr 1. colloq. ,Wetterfrosch' m (Meteorologe). 2. colloq. Wetteransager m. 3. W~ Am. Mitglied e-r militanten revolutionären Jugendorganisation. ~ **map** s Wetterkarte f.

**weath·er·ol·o·gy** [ˌweðə'rɒlədʒɪ; Am. -'rɑ-] s Wetterkunde f.

**'weath·er|·proof** I adj wetterfest, -dicht. II v/t wetterfest od. -dicht machen. ~ **proph·et** s 'Wetterproˌphet m. ~ **re·port** s Wetterbericht m. ~ **sat·el·lite** s 'Wettersatelˌlit m. ~ **ser·vice** s Wetterdienst m. ~ **ship** s Wetterschiff n. **'~·side** s 1. mar. → weather 3. 2. Wetterseite f. ~ **sta·tion** s Wetterwarte f. ~ **strip** s Dichtungsleiste f. ~ **tide** s mar. luvwärts setzende Gezeit. **'~·tight** adj wetterfest, -dicht. ~ **vane** s Wetterfahne f. **'~·wise** adj: to be ~ a) ein guter Wetterprophet sein, b) fig. ein feines Gespür haben für alles, was in der Luft liegt. **'~·worn** → weather-beaten.

**weave** [wi:v] I v/t pret **wove** [wəʊv], selten **weaved** pp **wo·ven** ['wəʊvən], a. **wove** I. 1. weben, spinnen. 2. zo. spinnen. 3. flechten: to ~ a basket (a wreath); to ~ together zs.-flechten, -weben. 4. einweben, -flechten (into in acc), verweben, -flechten (with mit; into zu). 5. fig. einflechten (into in acc). 6. fig. ersinnen: to ~ a plot ein Komplott schmieden; → intrigue 5. 7. im Zickzack gehen, den Körper etc im Zickzack bewegen: to ~ one's way through sich schlängeln durch. II v/i 8. weben, wirken. 9. zo. ein Netz od. e-n Ko'kon spinnen. 10. sich im Zickzack bewegen, hin u. her pendeln (a. Boxer), sich schlängeln od. winden (through durch). 11. Br. colloq. to get

weaving ‚sich ranhalten'; **to get weaving on s.th.** ‚sich hinter etwas klemmen'. **III** s **12.** Gewebe n. **13.** Webart f.
'**weav·er** s **1.** Weber(in), Wirker(in): ~'s **knot** (od. hitch) Weberknoten m. **2.** a. ~**bird** orn. Webervogel m. '**weav·ing** s Weben n, Webe'rei f: ~ **beam** Kettbaum m; ~ **loom** Webstuhl m; ~ **mill** Weberei f.
**wea·zand** → weasand.
**wea·zen** ['wi:zn] → wizen.
**web** [web] **I** s **1.** Gewebe n, Gespinst n, Netz n (a. fig.): a ~ of lies ein Lügengewebe; a ~ of railroad (bes. Br. railway) tracks ein Schienennetz; a ~ of espionage ein Spionagenetz; → intrigue 5. **2.** Netz n (der Spinne etc). **3.** zo. a) Schwimm-, Flughaut f, b) Bart m, Fahne f (e-r Feder). **4.** tech. a) Tragrippe f (am Eisenträger), b) Aussteifung f, Steg m, c) Sägeblatt n. **5.** tech. a) Pa'pierbahn f, b) Rolle f (Ma'schinenpa,pier). **6.** tech. Bahn f (e-r Kunststoffolie). **7.** Gurt(band n) m: ~ **belt** Stoffgurt m, -koppel e. **8.** Am. Radio- od. Fernsehnetz n. **II** v/t **9.** mit e-m Netz über'ziehen. **10.** in e-m Netz fangen. **webbed** [webd] adj zo. mit Schwimmhäuten, schwimmhäutig: ~ **foot** Schwimmfuß m. '**web·bing** s **1.** gewebtes Materi'al, Gewebe n. **2.** Gurt (-band n) m.
**web|de·fence,** Am. ~**de·fense** s mil. in die Tiefe gestaffelte Verteidigung.
**we·ber** ['ve:bə(r); 've:r-] s electr. Weber n (= 10 Ampere; Stromstärkeeinheit).
'**web|eye** s med. Flügelfell n (Augenkrankheit). '~**foot** s irr zo. Schwimmfuß m. '~-**foot·ed,** '~-**toed** adj schwimmfüßig.
**wed** [wed] **I** v/t pret u. pp '**wed·ded,** **wed 1.** rhet. heiraten, ehelichen. **2.** vermählen (to mit), verheiraten (to an acc). **3.** eng verbinden, vereinigen (with, to mit): to be ~ded to s.th. a) an etwas fest gebunden od. gekettet sein, b) sich e-r Sache verschrieben haben. **II** v/i **4.** sich vermählen. **wed·ded** ['wedɪd] adj **1.** vermählt (with mit). **2.** ehelich, Ehe...: ~ **happiness. 3.** (to) eng verbunden (mit), gekettet (an acc).
**wed·ding** ['wedɪŋ] s **1.** Hochzeit(sfeier) f. **2.** a. ~ **ceremony** Trauung f. ~ **an·ni·ver·sa·ry** s Hochzeitstag m (Jahrestag). ~ **break·fast** s Hochzeitsessen n. ~ **cake** s Hochzeitskuchen m. ~ **card** s Vermählungsanzeige f. ~ **day** s Hochzeitstag m. ~ **dress** s Hochzeits-, Brautkleid n. ~ **fa·vo(u)r** s weiße Bandschleife od. Ro'sette (bei Hochzeiten getragen). ~ **march** s mus. Hochzeitsmarsch m. ~ **night** s Hochzeitsnacht f. ~ **ring** s Ehe-, Trauring m. ~ **tour,** ~ **trip** s Hochzeitsreise f.
**we·del** ['veɪdl] v/i Skisport: wedeln. '**we·deln** s Wedeln n.
**wedge** [wedʒ] **I** s **1.** tech. Keil m (a. fig.): the thin end of the ~ fig. ein erster kleiner Anfang; to get in the thin end of the ~ fig. den Anfang machen, vorstoßen; to drive a ~ between fig. e-n Keil treiben zwischen (acc). **2.** a) keilförmiges Stück (Land etc), b) Ecke f (Käse etc), Stück n (Kuchen). **3.** aer. mil. 'Keil(formati,on f) m. **4.** arch. keilförmiger Gewölbstein. **5.** her. spitzwinkeliges Dreieck. **6.** keilförmiges Schriftzeichen: ~ **character** Keilschriftzeichen n; ~ **writing** Keilschrift f. **7.** meteor. Hochdruckkeil m. **8.** Golf: Wedge m (Eisenschläger für Schläge aus dem Bunker u. zum Pitchen). **II** v/t **9.** tech. mit e-m Keil spalten: to ~ **off** abspalten; to ~ **open** aufspalten, aufbrechen. **10.** mit e-m Keil festklemmen, (ver)keilen. **11.** (ein)keilen, (-)zwängen (in in acc): to ~ o.s. in sich

---

hineinzwängen; to ~ one's way through the crowd sich durch die Menge zwängen. **III** v/i **12.** sich festklemmen od. verkeilen. **13.** (ein)gekeilt od. (-)gezwängt werden. ~ **for·ma·tion** s aer. mil. 'Keilformati,on f. ~ (**fric·tion**) **gear** s tech. Keilrädergetriebe n. ~**heel** s (Schuh m mit) Keilabsatz m. '~-**shaped** adj keilförmig.
**Wedg·wood** ['wedʒwʊd] s a. ~ **ware** Wedgwoodware f (feines Steingut).
**wed·lock** ['wedlɒk; Am. -,lɑk] s Ehe (-stand m) f: born in lawful (out of) ~ ehelich (unehelich) geboren.
**Wednes·day** ['wenzdɪ] s Mittwoch m: on ~ (am) Mittwoch; on ~s mittwochs.
**wee¹** [wi:] **I** s bes. Scot. (ein) wenig, bes. (ein) Weilchen n. **II** adj klein, winzig: a ~ bit ein klein wenig; the ~ **hours** die frühen Morgenstunden; the poor ~ thing das arme Würmchen.
**wee²** [wi:] colloq. (bes. Kindersprache) **I** s **1.** ‚Pi'pi' n (Urin). **2.** to do (od. have) a ~ → 3. **II** v/i **3.** ‚Pi'pi' machen.
**weed¹** [wi:d] **I** s **1.** Unkraut n: ill~s grow apace fig. Unkraut verdirbt nicht. **2.** poet. Kräutlein n. **3.** colloq. a) ‚Glimmstengel' m (Zigarette), b) ‚Stinka'dores' f (Zigarre), c) ‚Kraut' n (Tabak), d) ‚Grass' n (Marihuana). **4.** colloq. ‚Kümmerling' m (schwächliches Tier; a. Person). **II** v/t **5.** Unkraut, den Garten etc jäten. **6.** meist ~ **out** fig. aussondern, aussieben. **7.** fig. säubern. **III** v/i **8.** (Unkraut) jäten.
**weed²** [wi:d] s **1.** pl meist widow's ~s Witwen-, Trauerkleidung f. **2.** Trauerflor m.
'**weed·er** s **1.** Jäter m. **2.** tech. 'Unkraut,jätma,schine f, Jätwerkzeug n.
**weed·i·cide** ['wi:dɪsaɪd] s Unkrautvertilgungsmittel n, -vertilger m.
**weed·i·ness** ['wi:dɪnɪs] s Bewachsensein n mit Unkraut.
'**weed·ing** s Jäten n: ~ **chisel** Jäteisen n; ~ **fork** Jätgabel f; ~ **hook** Jäthacke f.
**weed kill·er** → weedicide.
**weed·y¹** ['wi:dɪ] adj **1.** voll Unkraut, verunkrautet. **2.** Unkraut..., unkrautartig. **3.** colloq. a) schmächtig b) schlaksig, klapp(e)rig (Mensch od. Tier).
**weed·y²** ['wi:dɪ] adj in Trauer(kleidung).
**week** [wi:k] s Woche f: a ~ of Sundays, a ~ of ~s a) sieben Wochen, b) e-e Ewigkeit; a ~, per ~ wöchentlich, die Woche; ~ **by** ~ Woche für Woche; **by the** ~ wochenweise; **for** ~s wochenlang; ~ **in,** ~ **out** Woche für Woche; **today** ~, **this day** ~ a) heute in 8 Tagen, b) heute vor 8 Tagen; **Monday** ~ a) Montag in 8 Tagen, b) Montag vor 8 Tagen; → Great Week. '~-**day I** s Wochen-, Werktag m: on ~s werktags. **II** adj Werktags... '~**days** adv Am. werktags. ~'**end I** s Wochenende n. **II** adj Wochenend... ~ **speech** bes. contp. Sonntagsrede f. **III** v/i **3.** das Wochenende verbringen: to ~ in the country (with friends). ~'**end·er** s Wochenendausflügler(in). '~**ends** adv Am. an Wochenenden.
**week·ly** ['wi:klɪ] **I** s **1.** Wochenschrift f. **II** adj **2.** e-e Woche dauernd. **3.** wöchentlich. **4.** Wochen...: ~ **wages** Wochenlohn m. **III** adv **5.** wöchentlich, einmal in der Woche, jede Woche.
'**week·night** s Wochentags-, Werktagsabend m. [höhle f.]
**weem** [wi:m] s Scot. hist. Stein-, Fels-
**ween** [wi:n] v/t obs. od. poet. **1.** (er)hoffen. **2.** vermuten, wähnen.
**wee·nie** ['wi:nɪ] colloq. für wiener.
**wee·ny** ['wi:nɪ] adj colloq. ‚klitzeklein', winzig. '~-**bop·per** s Kind von 8–12 Jahren, bes. Mädchen, das alles mitmacht, was gerade ‚in' ist.
**weep** [wi:p] **I** v/i pret u. pp **wept** [wept]

---

**1.** weinen, Tränen vergießen (for vor Freude etc; um j-n): to ~ **at** (od. over) weinen über (acc). **2.** triefen, tropfen, tröpfeln. **3.** med. nässen (Wunde etc). **4.** die Zweige hängen lassen, trauern (Baum). **II** v/t **5.** Tränen vergießen, weinen: to ~ one's eyes (od. heart) out sich die Augen ausweinen; to ~ **tears of joy** Freudentränen weinen; to ~ o.s. to sleep sich in den Schlaf weinen. **6.** a. ~ **out** Worte unter Tränen sagen. **7.** beweinen. **III** s **8.** Weinen n: to have a good ~ sich (tüchtig) ausweinen. '**weep·er** s **1.** Weinende(r m) f, bes. Klageweib n. **2.** a) weiße Trauerbinde (am Ärmel), Trauerflor m (am Hut), b) pl Witwenschleier m. **3.** sl. Backenbart m.
'**weep·ie** → weepy 3.
'**weep·ing I** adj (adv ~ly) **1.** weinend. **2.** bot. Trauer..., mit her'abhängenden Ästen (Baum). **3.** triefend, tropfend. **4.** med. nässend: a ~ **wound. II** s **5.** Weinen n. ~**ash** s bot. Traueresche f. ~ **birch** s bot. Hängebirke f. ~**wil·low** s bot. Trauerweide f.
**weep·y** ['wi:pɪ] colloq. **I** adj **1.** weinerlich, rührselig, sentimen'tal. **II** s **3.** ‚Schnulze' f, ‚Schmachtfetzen' m.
**weet** [wi:t] v/t poet. wissen, kennen.
**wee·ver** ['wi:və(r)] s Drachenfisch m.
**wee·vil** ['wi:vɪl] s zo. **1.** Rüsselkäfer m. **2.** Samenkäfer m. **3.** allg. Getreidekäfer m.
'**wee-wee** → wee².
**weft** [weft] s **1.** Weberei: a) Einschlag(faden) m, Schluß(faden) m, b) Gewebe n (a. poet.): ~ **silk** Einschlagseide f. **2.** a) Wolkenstreifen m, b) Nebelschicht f.
**weigh¹** [weɪ] **I** s **1.** Wiegen n. **II** v/t **2.** (ab)wiegen (by nach). **3.** (in der Hand) wiegen: he ~ed the book in his hand. **4.** a. ~ **up** fig. (sorgsam) er-, abwägen (with, against gegen): to ~ one's words s-e Worte abwägen; to ~ the evidence das Beweismaterial abwägen. **5.** to ~ **anchor** a) den Anker lichten, b) auslaufen (Schiff). **6.** (nieder)drücken, (-)beugen. **III** v/i **7.** wiegen, schwer sein: it ~s two pounds. **8.** fig. Gewicht haben, schwer etc wiegen, ins Gewicht fallen, ausschlaggebend sein (with s.o. bei j-m): to ~ **against** s.o. a) gegen j-n sprechen, b) gegen j-n in die Waagschale geworfen werden. **9.** fig. lasten (on, upon auf dat). **10.** → 5. **11.** → weigh in 4, weigh out 3.

*Verbindungen mit Adverbien:*

**weigh| down** v/t niederdrücken (a. fig.). ~ **in I** v/t **1.** aer. sein Gepäck (ab)wiegen lassen. **2.** sport a) e-n Jockei nach dem Rennen wiegen, b) e-n Boxer etc vor dem Kampf wiegen. **II** v/i **3.** aer. sein Gepäck (ab)wiegen lassen. **4.** sport gewogen werden: to ~ **at 200 pounds** 200 Pfund auf die Waage bringen. **5.** colloq. a) eingreifen, sich einschalten, b) » with ein Argument etc vorbringen. ~ **out I** v/t **1.** Ware aus-, abwiegen. **2.** sport Jockei vor dem Rennen wiegen. **II** v/i **3.** sport gewogen werden. ~ **up** v/t **1.** → weigh¹ 4. **2.** j-n einschätzen.
**weigh²** [weɪ] s irrtümlich für **way¹** gebraucht in: under ~ mar. in Fahrt; to get under ~ mar. unter Segel gehen.
'**weigh·a·ble** adj wiegbar.
'**weigh·bridge** s tech. Brückenwaage f.
'**weigh·er** s **1.** Wieger m, bes. Waagemeister m. **2.** Waage f.
'**weigh·house** s Stadtwaage f.
'**weigh-in** s sport Wiegen n.
'**weigh·ing** s **1.** Wiegen n. **2.** (auf einmal) gewogene Menge. **3.** fig. Er-, Abwägen n. ~ **ma·chine** s Waage f.
**weight** [weɪt] **I** s **1.** Gewicht n, Schwere f: by ~ nach Gewicht; to take the ~ off one's feet colloq. sich ausruhen. **2.** Ge-

wicht *n*, Gewichtseinheit *f*: ~s and measures Maße u. Gewichte; inspector of ~s and measures Eichmeister *m*, Eichbeamte(r) *m*. **3.** (Körper)Gewicht *n*: what is your ~? wieviel wiegen Sie?; to put on (*od.* gain) ~ zunehmen; to lose ~ abnehmen; to make one's (*od.* the) ~ *sport* das Gewicht bringen; to pull one's ~ sein(en) Teil dazutun, s-n Beitrag leisten; to throw (*od.* chuck) one's ~ about (*od.* around) *colloq.* sich aufspielen *od.* wichtig machen. **4.** Gewicht *n*, Last *f*. **5.** Gewicht *n* (*e-r* Waage, Uhr *etc*). **6.** *phys.* Schwere *f*, (Massen)Anziehungskraft *f*: ~ density spezifisches Gewicht. **7.** *fig.* (Sorgen- *etc*)Last *f*, Bürde *f*: the ~ of old age die Bürde des Alters; the ~ of evidence die Last des Beweismaterials; his decision took a ~ off my mind bei s-r Entscheidung ist mir ein Stein vom Herzen gefallen; it is a ~ off my mind to know that ... seitdem ich weiß, daß ..., ist mir bedeutend wohler. **8.** *fig.* Gewicht *n*, Bedeutung *f*: of ~ gewichtig, schwerwiegend; to lose in ~ an Bedeutung verlieren; to add ~ to s.th. e-r Sache Gewicht verleihen; to give ~ to s.th. e-r Sache große Bedeutung beimessen; → **9.** **9.** *fig.* Ansehen *n*, Einfluß *m*: of no ~ ohne Bedeutung; men of ~ bedeutende *od.* einflußreiche Leute. **10.** *sport* a) *a.* ~ down a) beschweren, b) belasten (*beide a. fig.*): to be ~ed with belastet sein durch; → scale² 1. **13.** *econ.* Stoffe *etc* durch Beimischung von Mine-'ralien *etc* schwerer machen. **14.** *sport* a) e-m Pferd zusätzliches Gewicht zuteilen, b) e-n Ski belasten. **15.** *Statistik:* ~ed average (*od.* mean) gewogenes Mittel.

**weight·i·ness** ['weitinis] *s* Gewicht *n*, Schwere *f, fig. a.* (Ge)Wichtigkeit *f*. '**weight·less** *adj* **1.** schwerelos. **2.** *fig.* unwichtig, unbedeutend. '**weight·less·ness** *s* Schwerelosigkeit *f*.

**weight** | **lift·er** *s sport* Gewichtheber *m*. ~ **lift·ing** *s sport* Gewichtheben *n*. ~ **lim·it** *s sport* Gewichtslimit *n*. ~ **prob·lem** *s*: he has a ~ mit Gewichtsprobleme. ~ **watch·er** *s* j-d, der (*bes.* durch e-e spezi'elle Ernährung) auf sein Gewicht achtet.

**weight·y** ['weiti] *adj* (*adv* weightily) **1.** schwer, gewichtig, *fig. a.* schwerwiegend. **2.** *fig.* lastend, drückend (*Sorge etc*). **3.** einflußreich, bedeutend, gewichtig (*Person*).

**weir** [wiə(r); *Am. a.* wæər] *s* **1.** (Stau-) Wehr *n*. **2.** Fischreuse *f*.

**weird** [wiə(r)d] **I** *adj* (*adv* ~ly) **1.** *poet.* Schicksals...: ~ **sisters** Schicksalsschwestern, Nornen. **2.** unheimlich. **3.** überirdisch. **4.** *colloq.* ulkig, sonderbar, ,verrückt'. **II** *s* **5.** *bes. Scot. obs.* Schicksal *n*: → dree. **6.** W~ *poet.* a) (*personifiziertes*) Schicksal, b) *pl* Schicksalsschwestern *pl*. **7.** *obs.* Vor'her-, Weissagung *f*, Omen *n*. **8.** *obs.* Zauber *m*, Bann *m*.

**weir·do** ['wiə(r)dəʊ] *pl* **-does** *s colloq.* ,verrückter' Kerl, ,irrer Typ'.

**Welch¹** [welʃ; *Am.* weltʃ] *obs. für* Welsh¹. **welch²** [welʃ; *Am.* weltʃ], '**welch·er** → welsh², welsher.

**wel·come** ['welkəm] **I** *interj* **1.** will'kommen!: ~ to England! willkommen in England!; ~ home! willkommen zu Hause! **II** *s* **2.** Will'kommen *n*, Will-komm *m*, Empfang *m* (*a. iro.*): to bid s.o. ~ → 3; to give s.o. an enthusiastic ~ j-m e-n begeisterten Empfang bereiten; he was given a hero's ~ er wurde wie ein Held begrüßt; to outstay (*od.* overstay

*od.* wear out) one's ~ länger bleiben, als man erwünscht ist. **III** *v/t* **3.** bewill-kommen, will'kommen heißen. **4.** *fig.* begrüßen: a) *etwas* gutheißen, b) gern annehmen: to ~ a proposal. **IV** *adj* **5.** will'kommen, angenehm: a ~ guest; ~ news; not ~ unerwünscht; to make s.o. ~ j-n freundlich *od.* herzlich aufnehmen *od.* empfangen. **6.** herzlich eingeladen: you are ~ to it Sie können es gerne behalten *od.* nehmen; you are ~ to do it es steht Ihnen frei, es zu tun; bitte tun Sie es; you are ~ to your own opinion *iro.* meinetwegen können Sie denken, was Sie wollen; (you are) ~! nichts zu danken!, keine Ursache!, bitte sehr!; and ~ *iro.* meinetwegen, wenn's Ihnen Spaß macht.

**weld¹** [weld] *s* **1.** *bot.* (Färber)Wau *m*, Gelbe Re'seda. **2.** Wau *m* (*gelber Farbstoff*).

**weld²** [weld] *tech.* **I** *v/t* (ver-, zs.-) schweißen: to ~ on anschweißen (to an *acc*); to ~ together zs.-schweißen (*a. fig.*). **II** *v/i* sich schweißen lassen. **III** *s* a) Schweißung *f*, b) Schweißstelle *f*, -naht *f*. **IV** *adj* Schweiß...: ~ **steel**. '**weld·a·ble** *adj tech.* schweißbar. '**weld·ed** *adj* geschweißt, Schweiß...: ~ **joint** Schweißverbindung *f*; ~ **tube** geschweißtes Rohr. '**weld·er** *s* **1.** Schweißer *m*. **2.** Schweißbrenner *m*, -gerät *n*. '**weld·ing** **I** *s* Schweißen *n*. **II** *adj* Schweiß...: ~ **goggles** Schweißbrille *f*; ~ **rod** Schweißelektrode *f*; ~ **wire** Schweißdraht *m*.

**Welf** [welf] *s hist.* Welfe *m*, Welfin *f*. **wel·fare** ['welfeə(r)] *s* **1.** Wohl *n*, (*e-r* Person *a.*) Wohlergehen *n*: to work for the ~ of the state; to be concerned about s.o.'s ~. **2.** *Am.* Sozi'alhilfe *f*: to be on ~ Sozialhilfe beziehen. ~ **case** *s* Sozi'alfall *m*. ~ **re·cip·i·ent** *s Am.* Sozi'alhilfeempfänger(in). ~ **state** *s pol.* Wohlfahrtsstaat *m*. ~ **stat·ism** *s pol.* Poli'tik *f* des Wohlfahrtsstaates. ~ **work** *s Am.* Sozi'alarbeit *f*. ~ **work·er** *s Am.* Sozi'alarbeiter(in).

**wel·far·ism** ['welfeəriːzəm] *s pol.* wohlfahrtsstaatliche Prin'zipien *pl od.* Poli-'tik.

**wel·far·ite** ['wel,feər,aɪt] *s Am. contp.* Sozi'alhilfeempfänger(in).

**wel·kin** ['welkin] *s poet.* Himmelsgewölbe *n*, -zelt *n*: to make the ~ ring with shouts die Luft mit Geschrei erfüllen.

**well¹** [wel] *comp* **bet·ter** ['betə(r)] *sup* **best** [best] **I** *adv* **1.** gut, wohl: to be ~ off a) gut versehen sein (for mit), b) wohlhabend *od.* gutsituiert *od.* gut dran sein; to do o.s. ~, to live ~ gut leben, es sich gutgehen lassen. **2.** gut, recht, geschickt: to do ~ *od.* recht daran tun (to do *od.* tun); ~ done! gut gemacht!, bravo!; ~ roared, lion! gut gebrüllt, Löwe!; to sing ~ gut singen. **3.** gut, günstig, vorteilhaft: to come off ~ a) gut abschneiden, b) Glück haben; all being ~ wenn alles gutgeht. **4.** gut, freundschaftlich: to think ~ of s.o. ~ gut von j-m denken (sprechen) über (*acc*). **5.** gut, sehr, vollauf: to love (*od.* like) s.o. ~ j-n sehr lieben; to be ~ pleased hocherfreut sein; it speaks ~ for him es spricht sehr für ihn. **6.** wohl, mit gutem Grund: one may ~ ask this question; you cannot very ~ do that das kannst du nicht gut tun; not very ~ wohl kaum; we might ~ try it wir könnten es ja versuchen. **7.** recht, eigentlich, so richtig: he does not know ~ how er weiß nicht recht wie. **8.** gut, genau, gründlich: to know s.o. ~ j-n gut kennen; he knows only too ~ er weiß nur zu gut; to remember ~ sich gut erinnern an (*acc*). **9.** gut, ganz, völlig: he is ~ out of sight er ist völlig außer Sicht; to be ~

out of s.th. etwas glücklich hinter sich haben. **10.** gut, beträchtlich, ziemlich, weit: ~ away weit weg; he walked ~ ahead of them er ging ihnen ein gutes Stück voraus; he is ~ up in the list er steht weit oben auf der Liste; to be ~ on in years nicht mehr der/die Jüngste sein; ~ past fifty weit über 50; until ~ past midnight bis lange nach Mitternacht; ~ in advance schon lange vorher. **11.** gut, tüchtig, gründlich, kräftig: to stir ~. **12.** gut, mit Leichtigkeit, durch-'aus: you could ~ have done it du hättest es leicht tun können; it is very ~ possible es ist durchaus *od.* sehr wohl möglich; as ~ ebenso, desgleichen, außerdem; shall I bring the paper as ~? soll ich auch die Zeitung bringen?; (just) as ~ ebenso(gut), genauso(gut); he is a Christian as ~ er ist auch ein Christ; as ~ ... as sowohl ... als auch; nicht nur ..., sondern auch; as ~ as ebensogut wie.

**II** *adj* **13.** wohl, gesund: to be (*od.* feel) ~ sich wohl fühlen; to look ~ gesund aussehen. **14.** in Ordnung, richtig, gut: all is not ~ with him etwas ist nicht in Ordnung mit ihm; all will be ~ es wird sich alles wieder einrenken; I am very ~ where I am ich fühle mich sehr wohl; it is all very ~ but das ist ja alles gut u. schön, aber. **15.** richtig, günstig, gut: it will be as ~ for her to know it es schadet ihr gar nichts, es zu wissen; that is just as ~ das ist schon gut so; very ~ sehr wohl, nun gut; ~ and good schön und gut. **16.** ratsam, richtig, gut: it would be ~ es wäre angebracht *od.* ratsam.

**III** *interj* **17.** nun, na, tja, schön (*oft unübersetzt*): ~! (*empört*) na, hör mal!; ~, who would have thought it? (*erstaunt*) wer hätte das gedacht?; ~ then (*also*); ~ then? (*erwartend*) na, und?; ~, it can't be helped (*resigniert*) da kann man (eben *od.* halt) nichts machen; ~, here we are at last (*erleichtert*) so, da wären wir endlich; ~, what should I say? (*überlegend, zögernd*) tja *od.* hm, was soll ich (da) sagen?; ~, ~! so, so!, (*beruhigend*) schon gut!

**IV** *s* **18.** (*das*) Gute: let ~ alone! laß gut sein!, laß die Finger davon!

**well²** [wel] **I** *s* **1.** (*gegrabener*) Brunnen, Ziehbrunnen *m*. **2.** Quelle *f*. **3.** a) Heilquelle *f*, Mine'ralbrunnen *m*, b) (*in Ortsnamen*) Bad *n*: Tunbridge W~s. **4.** *poet.* Quell *m*, Born *m*. **5.** *fig.* (Ur)Quell *m*, Quelle *f*, Ursprung *m*. **6.** *tech.* a) (Senk-, Öl- *etc*)Schacht *m*, b) Bohrloch *n*. **7.** *arch.* a) Fahrstuhl-, Luft-, Lichtschacht *m*, b) (Raum *m* für das) Treppenhaus. **8.** *mar.* a) *tech.* Pumpensod *m*, b) Buhne *f*, Fischbehälter *m* (*im Fischerboot*). **9.** *tech.* eingelassener Behälter, Vertiefung *f*, *bes.* a) *mot.* Kofferraum *m*, b) Tintenbehälter *m*. **10.** *jur. Br.* Platz *m* für Anwälte im Gerichtssaal. **II** *v/i* **11.** quellen (from aus): to ~ out (*od.* forth) hervorquellen; to ~ up (*Flüssigkeit, Tränen*); to ~ over überfließen.

**well·a·day** [,welə'dei] → wellaway. ,**well**-**ad'vised** *adj* wohlüber,legt, klug. ,~-**ap'point·ed** *adj* gutausgestattet. **well·a·way** [,welə'wei] *obs.* **I** *interj* o weh! **II** *s* Wehgeschrei *n*, Wehklagen *n*. ,**well**-**bal·anced** *adj* **1.** ausgewogen: a ~ diet. **2.** (*innerlich*) ausgeglichen. ,~-**be'haved** *adj* wohl-, guterzogen, artig, ma'nierlich. ,~-**be·ing** *s* **1.** Wohl *n*, (*e-r* Person *a.*) Wohlergehen *n*: physical ~ körperliches Wohlbefinden. **2.** *meist* sense of ~ Wohlgefühl *n*, Wohlbehagen *n*. ,~-**be'lov·ed** *adj* heiß-, vielgeliebt. ,~-**born** *adj* von vornehmer 'Herkunft, aus guter Fa'milie, aus vor-

nehmem Haus. ⁓'**bred** *adj* **1.** wohl-, guterzogen. **2.** gebildet, fein. ⁓'**cho-sen** *adj* (gut)gewählt, treffend: ~ **words**. ⁓**con'nect·ed** *adj* **1.** mit einflußreicher Verwandtschaft. **2.** mit guten Beziehungen. ⁓**de'fined** *adj* 'gutum‚rissen, 'gutdefi‚niert. ⁓**de'served** *adj* wohlverdient. ⁓**de'serv·ing** *adj* verdienstvoll. ⁓**di'rect·ed** *adj* wohl-, gutgezielt (*Schlag etc*). ⁓**dis'posed** *adj* wohlgesinnt, wohlwollend. ⁓**'do·ing** *s* **1.** Wohltätigkeit *f*. **2.** Rechtschaffenheit *f*. **3.** Wohlergehen *n*, Erfolg *m*. ⁓**'done** *adj* **1.** gutgemacht. **2.** 'durchgebraten: **a** ~ **steak**. ⁓**'earned** *adj* wohlverdient. ⁓**'fa·vo(u)red** *adj obs*. gutaussehend, hübsch. ⁓**'fed** *adj* wohl-, gutgenährt. ⁓**'fixed** *adj Am. colloq*. ‚(gut)betucht' (*wohlhabend*). ⁓**'found·ed** *adj* wohlbegründet. ⁓**'groomed** *adj* gepflegt. ⁓**'ground·ed** *adj* **1.** → **well-found-ed**. **2.** mit guter Vorbildung, mit guten Vorkenntnissen. ⁓**'han·dled** *adj* gutverwaltet. '**well·head** *s* **1.** Quelle *f* (*a. fig.*). **2.** *fig.* Urquell *m*. **3.** Brunneneinfassung *f*. ‚**well|-'heeled** *adj colloq*. ‚(gut)betucht' (*wohlhabend*). ⁓**'high** *adj* **1.** abgehangen: ~ **meat**. **2.** *sl*. a) ‚mit viel Holz vor der Hütte' (*mit großem Busen*), b) ‚mit e-m großen Appa'rat' (*Penis*). ⁓**in-'formed** *adj* **1.** 'gutunter‚richtet. **2.** (vielseitig) gebildet. **Wel·ling·ton (boot)** ['welɪŋtən] *s bes. Br*. Schaft-, Gummi-, Wasserstiefel *m*. ‚**well|-in'ten·tioned** *adj* **1.** gut-, wohlgemeint: ~ **advice**. **2.** wohlmeinend (*Person*). ⁓**'judged** *adj* **1.** wohlberechnet, angebracht. **2.** *sport* abgezirkelt (*Paß etc*). ⁓**'kept** *adj* **1.** gepflegt. **2.** strenggehütet: **a** ~ **secret**. ⁓**'knit** *adj* **1.** drahtig: **a** ~ **figure**. **2.** 'gutdurch‚dacht: **a** ~ **composition**. ⁓**'known** *adj* **1.** weithin bekannt. **2.** wohlbekannt. ⁓**'lined** *adj colloq*. **1.** voller Geld: **a** ~ **wallet** e-e dicke Brieftasche. **2.** voll (*Magen*). ⁓**'made** *adj* **1.** gutgemacht. **2.** gutgewachsen, gutgebaut (*Person od. Tier*). ⁓**'man-nered** *adj* wohlerzogen, mit guten Ma'nieren. ⁓**'matched** *adj* **1.** *bes. sport* gleich stark. **2. a** ~ **couple** ein Paar, das gut zs.-paßt. ⁓**'mean·ing** → **well-intentioned**. ⁓**'meant** *adj* gutgemeint. '⁓**nigh** *adv* fast, so gut wie: ~ **impossible**. ⁓**'off** *adj* wohlhabend, 'gutsitu‚iert. ⁓**'oiled** *adj* **1.** gutgeölt. **2.** *fig*. 'gutfunktio‚nierend (*Organisation etc*). **3.** (ziemlich) ‚angesäuselt'. ⁓**'paid** *adj* gutbezahlt. ⁓**pre'served** *adj* guterhalten: **a** ~ **old lady** e-e alte Dame, die für ihr Alter noch recht gut aussieht. ⁓**pro'por·tioned** *adj* **1.** 'wohlpropor-tio‚niert. **2.** gutgebaut. ⁓**'read** [-'red] *adj* belesen. ⁓**'reg·u·lat·ed** *adj* (wohl)geregelt, (-)geordnet. ⁓**re'put-ed** *adj* geachtet, angesehen. ⁓**'round-ed** *adj* **1.** (wohl)beleibt. **2.** *fig*. a) abgerundet, ele'gant, 'formvoll‚endet (*Stil, Form etc*), b) ausgeglichen (*Leben etc*), vielseitig, um'fassend (*Bildung etc*). ⁓**'set** → **well-knit**. ⁓**set-'up** *adj colloq*. ‚gutgebaut' (*Person*). ⁓**'spent** *adj* **1.** gutgenützt (*Zeit*). **2.** sinnvoll ausgegeben (*Geld*). ⁓**'spo·ken** *adj* **1.** redegewandt. **2.** höflich (im Ausdruck). '**well·spring** *s* **1.** Quelle *f* (*a. fig.*). **2.** *fig*. Urquell *m*. ‚**well|-'stacked** *adj Br. colloq*. ‚mit viel Holz vor der Hütte' (*mit großem Busen*). ⁓**'tem·pered** *adj* **1.** gutmütig. **2.** *mus*. 'wohltempe‚riert (*Stimmung*): **the Well-Tempered Clavier** das Wohltemperierte Klavier (*von Bach*). ⁓**-'thought-of** *adj* geachtet, angesehen. '⁓**‚thought-'out** *adj* wohlerwogen,

(gründlich) durch'dacht. ⁓**'timed** *adj* **1.** (zeitlich) wohlberechnet *od*. günstig. **2.** *sport* gutgetimet (*Paß etc*). ⁓**to-'do** I *adj* wohlhabend. II *s* **the** ~ *collect*. die Wohlhabenden *pl*. ⁓**'tried** *adj* (wohl-)erprobt, bewährt. ⁓**'turned** *adj fig*. ele'gant, geschickt formu'liert: **a** ~ **phrase**. ⁓**-up'hol·stered** *adj* gutgepolstert (*a. fig. colloq*. ziemlich dick). '⁓**‚wish·er** *s* **1.** Gönner(in). **2.** Befürworter(in). **3.** *pl* jubelnde Menge. ⁓**'worn** *adj* **1.** abgetragen, abgenutzt, abgegriffen. **2.** *fig*. abgedroschen. **Welsh[1]** [welʃ] I *adj* **1.** wa'lisisch. II *s* **2. the** ~ *collect*. die Wa'liser *pl*. **3.** *ling*. Wa'lisisch *n*, das Walisische. **welsh[2]** [welʃ] *v/i colloq*. **1.** sich ‚drücken' (**on** vor *dat*). **2. to** ~ **on s.o.** a) j-n ‚verschaukeln', b) j-n ‚aufsitzen lassen'. **3.** *Buchmacher*: a) die Gewinne nicht aus(be)zahlen (**on s.o.** j-m), b) mit den Gewinnen 'durchgehen. **Welsh cor·gi** *s* Welsh Corgi *m* (*Hunderasse*). '**welsh·er** *s colloq*. **1.** betrügerischer Buchmacher. **2.** ‚falscher Fuffziger'. '**Welsh|·man** [-mən] *s irr* Wa'liser *m*. ~**on·ion** *s bot*. Winterzwiebel *f*. ~ **rab-bit**, ~ **rare·bit** *s gastr*. über'backene Käseschnitte. ~ **ter·ri·er** *s* Welshterrier *m* (*Jagdhund*). '⁓**‚wom·an** *s irr* Wa'liserin *f*. **welt** [welt] I *s* **1.** Einfassung *f*, Rand *m*. **2.** *Schneiderei*: a) (Zier)Borte *f*, b) Rollsaum *m*, c) Stoßkante *f*. **3.** Rahmen *m* (*e-s Schuhs*). **4.** a) Schwiele *f*, Strieme(n *m*) *f*, b) *colloq*. ‚Pfund' *n* (*harter Schlag*). **5.** *tech*. a) Falz *m* (*im Metall*), b) *Schreinerei*: Leiste *f*. II *v/t* **6.** *Kleid etc* säumen, einfassen. **7.** *tech*. a) *Blech* falzen, b) e-n *Schuh* auf Rahmen arbeiten, ⁓**ed** randgenäht (*Schuh*). **8.** *colloq*. (ver)prügeln, ‚verdreschen'. **Welt·an·schau·ung** ['vɛltanˌʃaʊʊŋ] (*Ger.*) *s* Weltanschauung *f*. **wel·ter[1]** ['weltə(r)] I *v/i* **1.** *poet*. sich wälzen (**in** in *s-m Blut etc*) (*a. fig.*). II *s* **2.** Wogen *n*, Toben *n* (*der Wellen etc*). **3.** *fig*. Tu'mult *m*, Aufruhr *m*, Durchein-'ander *n*, Wirrwarr *m*, Chaos *n*. **wel·ter[2]** ['weltə(r)] → **welterweight** I b. '**wel·ter·weight** *sport* I *s* a) Weltergewicht *n*, b) Weltergewichtler *m*. II *adj* Weltergewichts... **Welt|·po·li·tik** ['vɛltpoliˌtiːk] (*Ger.*) *s* 'Weltpoli‚tik *f*. ⁓**‚schmerz** [-ˌʃmɛrts] (*Ger.*) *s* Weltschmerz *m*. **wen[1]** [wen] *s* **1.** *med*. (Balg)Geschwulst *f*, *bes*. Grützbeutel *m* (*am Kopf*). **2.** *fig*. Riesenstadt *f*: **the great** ~ London. **wen[2]** [wen] *s* Wen-Rune *f* (*Runenzeichen für w*). **wench** [wentʃ] I *s* **1.** *obs. od. humor*. (*bes*. Bauern)Mädchen *n*, Frauenzimmer *n*. **2.** *obs*. Hure *f*, Dirne *f*. II *v/i* **3.** *obs*. huren. **wend[1]** [wend] *v/t*: **to** ~ **one's way** sich wenden *od*. begeben, s-n Weg nehmen (**to** nach, zu); **to** ~ **one's way home** sich auf den Heimweg begeben. **Wend[2]** [wend] *s* Wende *m*, Wendin *f*. **Wend·ish** ['wendɪʃ], *a*. '**Wend·ic** [-dɪk] I *adj* wendisch. II *s ling*. das Wendische. [*n* (*für Kinder*).\ **Wen·dy house** ['wendɪ] *s Br*. Spielhaus\ **Wens·ley·dale** ['wenzlɪdeɪl] *s* e-e englische Käsesorte. **went** [went] *pret von* **go[1]**. **wen·tle·trap** ['wentltræp] *s zo*. Wendeltreppe *f*. **wept** [wept] *pret u. pp von* **weep**. **were** [wɜː; *Am*. wɜr] **1.** *pret von* **be**: **du warst, Sie waren, wir, sie waren, ihr wart**. **2.** *pret pass* wurde(n). **3.** *subj pret* wäre(n). **were·wolf** ['wɪə(r)wʊlf; *Br. a*. 'wɜː-; *Am. a*. 'wɜr-] *s irr* Werwolf *m*.

**werf** [verf] *s S.Afr*. Werft *f* (*Eingeborenensiedlung*). **wer·gild** ['wɜːɡɪld; *Am*. 'wɜr-] *s jur. hist*. Wergeld *n* (*Buße für die Tötung e-s Menschen*). **wert** [wɜːt; *Am*. wɜrt] *poet*. **2.** *sg pret ind u. subj von* **be**. **Wer·ther·ism** ['vertərɪzəm] *s* Werthertum *n*, Wertherische Empfindsamkeit. **wer·wolf** ['wɜːwʊlf; *Am*. 'wɜr-] → **werewolf**. **Wes·ley·an** ['wezlɪən] *relig*. I *adj* wesley'anisch, metho'distisch. II *s* Wesley'aner(in), Metho'dist(in). '**Wes·ley-an·ism** *s* Metho'dismus *m*. **west** [west] I *s* **1.** Westen *m*: **in the** ~ **of** im Westen von (*od. gen*); **to the** ~ **of** → **7**; **from the** ~ aus dem Westen. **2.** *a*. **W**~ Westen *m*, westlicher Landesteil: **the W**~ **of Germany** Westdeutschland *n*; **the W**~ a) *Br*. Westengland *n*, b) *Am*. der Westen, die Weststaaten *pl*, c) *pol*. der Westen, d) das Abendland, e) *hist*. das Weströmische Reich. **3.** *poet*. West(wind) *m*. II *adj* **4.** westlich, West... III *adv* **5.** westwärts, nach Westen: **to go** ~ *colloq*. a) ‚draufgehen' (*sterben, kaputt-od. verlorengehen*), b) sich zerschlagen (*Pläne, Hoffnungen etc*). **6.** aus dem Westen (*bes. Wind*). **7.** ~ **of** westlich von (*od. gen*). **8.** nach Westen gehen *od*. fahren. '**⁓bound** *adj* nach Westen gehend *od*. fahrend. ~ **by north** *s mar*. West *m* zu Nord. ~ **coun·try** *s* **1.** (*der*) Westen e-s Landes. **2. the W**~ **C**~ *Br*. Süd'westengland *n*, *bes*. Cornwall, Devon u. Somerset. **W**~ **End** *s* Westend *n* (*vornehmer Stadtteil Londons*). **west·er** ['westə(r)] I *v/i* **1.** → **west** 8. **2.** nach Westen drehen (*Wind*). II *s* **3.** Westwind *m*. '**west·er·ly** I *adj* westlich, West... II *adv* von *od*. nach Westen. **west·ern** ['westə(r)n] I *adj* **1.** westlich, West...: **the W**~ **Empire** *hist*. das Weströmische Reich; **the W**~ **world** die westliche Welt, das Abendland. **2.** westwärts, West...: ~ **course** Westkurs *m*. II *s* **3.** Western *m*: a) Wild'westgeschichte *f*, -ro‚man *m*, b) Wild'westfilm *m*. '**west-ern·er** *s* **1.** Bewohner(in) des Westens (*e-s Landes*). **2. W**~ Weststaatler(in) (*in den USA*). **west·ern·ism** ['westə(r)nɪzəm] *s* **1.** *bes. Am*. westliche (Sprach)Eigentümlichkeit. **2.** westliche *od*. abendländische Insti-tuti'on *od*. Denkweise *od*. Traditi'on. '**west·ern·ize** *v/t* verwestlichen. **west·ern·ly** ['westə(r)nlɪ] → **westerly**. **west·ern·most** ['westə(r)nməʊst] *adj* westlichst(er, e, es). **West In·di·an** I *adj* west'indisch. II *s* West'indier(in). **west·ing** ['westɪŋ] *s* **1.** *astr*. westliche Deklinati'on (*e-s Planeten*). **2.** *mar*. Weg *m od*. Di'stanz *f* nach Westen. ‚**west-north'west** I *adj* westnord'westlich, Westnordwest... II *adv* nach *od*. aus Westnord'westen. III *s* Westnord-'west(en) *m*. **West·pha·li·an** [west'feɪljən] I *adj* west'fälisch. II *s* West'fale *m*, West'fälin *f*. **Wes·tra·li·an** [wes'treɪljən] I *adj* west-au‚stralisch. II *s* West'austra‚lier(in). **West Sax·on** *s ling*. Westsächsisch *n*, das Westsächsische (*Dialekt des Angelsächsischen*). ‚**west-south'west** I *adj* westsüd'westlich, Westsüdwest... II *adv* nach *od*. aus Westsüd'westen. III *s* Westsüd-'west(en) *m*. **west·ward** ['westwə(r)d] *adj u. adv* westlich, westwärts, nach Westen: **in a** ~ **direction** in westlicher Richtung, Richtung Westen. '**west·wards** *adv* → **westward**.

**wet** [wet] **I** *adj* **1.** naß, durch¹näßt (**with** von): ~ **behind the ears** *colloq.* noch nicht trocken hinter den Ohren; → **skin** 1, **through** 10. **2.** niederschlagsreich, regnerisch, feucht (*Klima*): ~ **season** Regenzeit *f* (*in den Tropen*). **3.** naß, noch nicht trocken: → **paint** 12. **4.** *tech.* naß, Naß...: ~ **extraction** Naßgewinnung *f*; ~ **process** Naßverfahren *n*. **5.** *Am.* a) ‚feucht‘, nicht unter Alkoholverbot stehend (*Stadt etc*), b) gegen die Prohibiti¹on stimmend: **a** ~ **candidate**. **6.** *colloq.* a) blöd, ‚behämmert‘, b) *Br.* weichlich. **7.** *colloq.* falsch, verkehrt: **you are all** ~! du irrst dich gewaltig! **8.** *colloq.* ‚feuchtfröhlich‘: **a** ~ **night**. **9.** *colloq.* rührselig, sentimen¹tal. **II** *s* **10.** Feuchtigkeit *f*, Nässe *f*: **out in the** ~ draußen im Nassen. **11.** Regen(wetter *n*) *m*. **12.** *bes. Br. colloq.* Drink *m*: **to have a** ~ ‚einen heben‘ *od.* zur Brust nehmen‘. **13.** *Am.* Gegner *m* der Prohibiti¹on. **14.** *colloq.* a) ‚Blödmann‘ *m*, b) *Br.* Weichling *m*. **III** *v/t pret u. pp* **wet** *od.* ¹**wet·ted 15.** benetzen, anfeuchten, naßmachen, nässen: **to** ~ **o.s.** in die Hose machen; **to** ~ **through** durchnässen; **to** ~ **one's whistle** (*od.* **clay**) *colloq.* ‚sich die Kehle anfeuchten‘, ‚einen heben‘ zur Brust nehmen‘ (*trinken*). **16.** *colloq.* ‚begießen‘: **to** ~ **a bargain**. **IV** *v/i* **17.** naß werden.

¹**wet**|**back** *s Am. colloq.* ‚ille¹galer Einwanderer aus Mexiko‘. ~ **bar·gain** *s colloq. mit e-m Drink bekräftigtes Geschäft*. ~ **blan·ket** *s fig.* **1.** Dämpfer *m*, kalte Dusche: **to put** (*od.* **throw**) **a** ~ **on s.th.** e-r Sache e-n Dämpfer aufsetzen; **to be** (**like**) **a** ~ wie e-e kalte Dusche wirken. **2.** Spiel-, Spaßverderber(in), fader Kerl. ~**'blan·ket** *v/t fig.* e-n Dämpfer aufsetzen (*dat*). '~**bulb ther·mom·e·ter** *s phys.* Ver¹dunstungsthermo₁meter *n.* ~ **cell** *s electr.* nasse Zelle, ¹Naßele₁ment *n.* ~ **dock** *s mar.* Flutbecken *n*. '~**dog shakes** *pl med. sl.* Zittern *n* (*Entziehungserscheinung*). ~ **dream** *s* ‚feuchter Traum‘.

**weth·er** [¹weðə(r)] *s zo.* Hammel *m*.

**wet**| **look** *s* Hochglanz *m*. '~**look** *adj* Hochglanz...

¹**wet·ness** *s* Nässe *f*, Feuchtigkeit *f*.

**wet**| **nurse** *s* (Säug)Amme *f*. '~**nurse** *v/t* **1.** (*als Amme*) säugen. **2.** *fig.* verhätscheln, bemuttern. ~ **pack** *s med.* feuchter ¹Umschlag. ~ **rot** *s bot.* Naßfäule *f*. ~ **suit** *s* Kälteschutzanzug *m* (*für Sporttaucher, Segler etc*). ~ **thumb** *s* glückliche Hand in der (A¹quarium)Fischzucht.

¹**wet·ting** *s* **1.** Durch¹nässung *f*: **to get a** ~ a) durchnäßt *od.* durch u. durch naß werden (*vom Regen*), b) ein unfreiwilliges Bad nehmen. **2.** Befeuchtung *f.* ~ **a·gent** *s chem.* Netzmittel *n*.

**wet·tish** [¹wetɪʃ] *adj* etwas feucht.

**wey** [weɪ] *s econ. Br. bes. hist.* ein Trockengewicht (*zwischen 2 u. 3 Zentnern variierend*).

**whack** [wæk; *hwæk*] **I** *v/t* **1.** a) j-m e-n (knallenden) Schlag versetzen, *Ball etc* knallen: **to** ~ **off** abhacken, abschlagen, b) *sport Br. colloq.* ‚vernaschen‘, ‚über¹fahren‘ (*hoch schlagen*). **2.** a. ~ **out** *Br. colloq.* ‚schaffen‘ (*erschöpfen*): ~**ed** ‚fertig‘, ‚erledigt‘. **3.** ~ **up** *colloq.* (auf)teilen. **4.** *meist* ~ **up** *Am. colloq.* j-n antreiben. **5.** ~ **up** (*od.* **out**) *Am. colloq.* etwas ‚auf die Beine stellen‘ *od.* organi¹sieren. **II** *v/i* **6.** schlagen (**at** nach). **7.** *meist* ~ **off** *vulg.* ‚wichsen‘, ‚sich e-n runterholen‘ (*masturbieren*). **III** *s* **8.** (knallender) Schlag. **9.** *colloq.* (An)Teil *m* (**of** an *dat*). **10.** *colloq.* Versuch *m*: **to have a** ~ e-n Versuch machen (**at s.th.** mit etwas). **11.** *Am. colloq.* Zustand *m*: **to be in a**

**fine** ~; **to be out of** ~ nicht in Ordnung sein; **to be out of** ~ **with** nicht im Einklang stehen mit. ¹**whack·er** *s colloq.* **1.** *Am.* a) Ochsen-, Maultiertreiber *m*, b) Antreiber *m*. **2.** a) ‚Mordsding‘ *n*, b) faustdicke Lüge. ¹**whack·ing I** *adj u. adv* Mords...: **a** ~ (**big**) **lie** → **whacker** 2 b. **II** *s* (Tracht *f*) Prügel *pl*: **to give s.o. a** ~ a) j-m e-e Tracht Prügel verpassen, b) *sport Br. colloq.* → **whack** 1 b.

**whack·y** → **wacky**.

**whale¹** [weɪl; *hw-*] **I** *s* **1.** *zo. pl* **whales**, *bes. collect.* **whale** Wal *m*: **bull** ~ Walbulle *m*; **cow** ~ Walkuh *f*. **2.** *colloq.* (etwas) Riesiges *od.* Gewaltiges *od.* Großartiges *od.* ‚Tolles‘: **a** ~ **of a fellow** a) ein Riesenkerl, b) ein ‚Pfundskerl‘; **a** ~ **of a lot** e-e Riesenmenge; **a** ~ **of a thing** ein tolles Ding; **a** ~ **of a difference** ein himmelweiter Unterschied; **to be a** ~ **for** (*od.* **on**) ganz versessen sein auf (*acc*); **to be a** ~ **at** e-e ‚Kanone‘ sein in (*dat*). **II** *v/i* **3.** Walfang treiben.

**whale²** [weɪl; *hw-*] *v/t bes. Am. colloq.* **1.** (ver)prügeln, ‚verdreschen‘. **2.** *Ball etc* ‚dreschen‘. **3.** *sport* ‚vernaschen‘, ‚über¹fahren‘ (*hoch schlagen*).

¹**whale**|**·boat** *s mar.* **1.** *hist.* Walfänger *m*, Walfangboot *n*. **2.** *Am.* Rettungsboot *n*. '~**bone** *s* **1.** *zo.* Barte *f* (*Hornplatte im Oberkiefer e-s Wals*). **2.** Fischbein(stab *m*) *n.* '~**bone whale** *s zo.* Bartenwal *m.* ~ **calf** *s irr zo.* junger Wal. ~ **fish·er·y** *s* **1.** Walfang *m.* **2.** Walfanggebiet *n.* ~ **oil** *s* Walfischtran *m*.

¹**whal·er¹** *s* Walfänger *m* (*Person u. Boot*).

¹**whal·er²** *s colloq.* ‚Mordsding‘ *n.*

¹**whal·ing¹** **I** *s* Walfang *m.* **II** *adj* Walfang...

¹**whal·ing²** *colloq.* **I** *adj od. adv* Mords...: **we had a** ~ **good time** wir haben uns prima amüsiert. **II** *s bes. Am.* (Tracht *f*) Prügel *pl*: **to give s.o. a** ~ a) j-m e-e Tracht Prügel verpassen, b) *sport* j-n ‚vernaschen‘ *od.* ‚überfahren‘ (*hoch schlagen*).

**whal·ing**| **gun** *s* Har¹punengeschütz *n.* ~ **rock·et** *s* Harpu¹nierra₁kete *f.*

**wham** [wæm; *hwæm*] → **whang**.

**wham·my** [¹wæmɪ; ¹*hwæmɪ*] *s colloq.* ‚Hammer‘ *m* (*Schlag*; *a. fig.*).

**whang** [wæŋ; *hwæŋ*] *colloq.* **I** *v/t* knallen, hauen. **II** *v/i* knallen (*a. schießen*), krachen, bumsen. **III** *s* Knall *m*, Krach *m*, Bums *m.* **IV** *interj* krach!, zack!

₁**whang'doo·dle** *s Am.* **1.** *humor.* (ein) Fabeltier *n.* **2.** *sl.* aggres¹siver Bursche. **3.** *sl.* ‚Quatsch‘ *m.*

**wharf** [wɔː(r)f; *hw-*] **I** *pl* **wharves** [-vz], *a.* **wharfs** [-fs] *s* **1.** *mar.* Kai *m.* **2.** *pl econ. mar.* Lagerhäuser *pl.* **II** *v/t mar.* **3.** *Waren* ausladen, löschen. **4.** *das Schiff* am Kai festmachen. ¹**wharf·age** *s econ. mar.* **1.** Benutzung *f* e-s Kais. **2.** Löschen *n* (*von Gütern*). **3.** Kaigeld *n*, Kaigebühr *f.* **4.** Kaianlage(n *pl*) *f.*

**wharf boat** *s mar. Am.* Boot mit Plattform (*zum Löschen von Gütern etc*).

**wharf·in·ger** [¹wɔː(r)fɪndʒə(r); ¹*hw-*] *s mar.* **1.** Kaimeister *m.* **2.** Kaibesitzer *m.*

**wharf rat** *s* **1.** *zo.* Wanderratte *f.* **2.** *mar. Am. sl.* Hafendieb *m.*

**wharves** [wɔː(r)vz; *wh-*] *pl von* **wharf**.

**what** [wɒt; *hwɒt*; *Am.* wɑt; *hwɑt*] **I** *pron interrog* **1.** was: ~ **did he do?** was hat er getan?; ~**'s for lunch?** was gibt's zum Mittagessen? **2.** was (*um Wiederholung e-s Wortes bittend*): **you want a** ~? was willst du? **3.** was für ein(e), welch(er, e, es), (*vor pl*) was für (*fragend od. als Verstärkung e-s Ausrufs*): ~ **an idea!** was für e-e Idee!; ~ **book?** was für ein Buch?; ~ **luck!** welch ein Glück!; ~ **men?** was für Männer?

**II** *pron rel* **4.** (das,) was, *a.* (der,) welcher: **this is** ~ **we hoped for** (gerade) das erhofften wir; **he sent us** ~ **he had promised us** er schickte uns (das), was er uns versprochen hatte *od.* das Versprochene; **it is nothing compared to** ~ **happened then** es ist nichts im Vergleich zu dem, was dann geschah; **he is no longer** ~ **he was** er ist nicht mehr der, der er war. **5.** was (auch immer): **say** ~ **you please!** sag, was du willst! **6.** **but** ~ (*negativ*) *colloq.* außer dem, der (*od.* das); außer denen (*od.* denen), die: **there was no one but** ~ **was excited** es gab niemanden, der nicht aufgeregt war. **III** *adj* **7.** was für ein(e), welch(er, e, es): **I don't know** ~ **decision you have taken** ich weiß nicht, was für e-n Entschluß du gefaßt hast; **he got** ~ **books he wanted** er bekam alle Bücher, die er wollte. **8.** alle, die; alles, was: ~ **money I had** was ich an Geld hatte, all mein Geld. **9.** soviel *od.* so viele ... wie: **take** ~ **time and men you need!** nimm dir soviel Zeit u. so viele Leute, wie du brauchst! **IV** *adv* **10.** was: ~ **does it matter** was macht das schon. **11.** *vor adj* was für: ~ **happy boys they are!** was sind sie (doch) für glückliche Jungen! **12.** teils ... teils: ~ **with** ..., ~ **with** ... teils durch ..., teils durch. **13.** **but** ~ (*negativ*) *colloq.* daß: **never fear but** ~ **we shall go!** hab keine Angst, wir gehen schon!; **not a day but** ~ **it rains** kein Tag, an dem es nicht regnet. **V** *interj* **14.** was!, wie! **15.** (*fragend*, *unhöflich*) was?, wie? **16.** *Br.* nicht wahr?: **a nice fellow**, ~? **VI** *s* **17.** Was *n.*

*Besondere Redewendungen:*

~ **about?** wie wär's mit *od.* wenn?, wie steht's mit?; ~ **for?** wofür?, wozu?; **and** ~ **have you** *colloq.* und was nicht sonst noch alles; ~ **if?** und wenn nun?, (und) was geschieht, dann?; ~ **next** a) was sonst noch?, b) *iro.* sonst noch was?, das fehlte noch!; **and** ~ **not** *colloq.* und was nicht sonst noch alles; ~ (**is the**) **news?** was gibt es Neues?; (**well,**) ~ **of it?**, **so** ~? na, wenn schon?, na und?; ~ **though?** was tut's, wenn?; ~ **with** infolge, durch, in Anbetracht (*gen*); **I know** ~ ich weiß was, ich habe e-e Idee; **to know** ~**'s** ~ *colloq.* wissen, was los ist; Bescheid wissen; **I'll tell you** ~ ich will dir (mal) was sagen; ~ **do you think you are doing?** was soll denn das?; ~ **ho!** holla!, heda!

¹**what**|**·d'you-₁call-it** (*od.* **-'em** *od.* **-him** *od.* **-her**), '~**d'ye-₁call-it** (*od.* **-'em** *od.* **-him** *od.* **-her**) [¹wɒtdjʊ-; ¹*hw-*; *Am.* ¹wɑdjə-; ¹*hw-*] *s colloq.* ‚Dingsda‘ *m, f, n:* **Mr.** ~**d'you-call-him** Herr ‚Dingsbums‘ *od.* ‚Soundso‘. '~**e'er** *poet.* für **whatever**. '~**ev·er I** *pron* **1.** was (auch immer); alles, was: **take** ~ **you like!**; ~ **I have is yours.** **2.** was auch; trotz allem, was: **do it** ~ **happens!** *colloq.* was denn, was eigentlich *od.* in aller Welt: ~ **do you want?** **II** *adj* **4.** welch(er, e, es) ... auch (immer): ~ **profit this work gives us** welchen Nutzen uns diese Arbeit auch (immer) bringt; **for** ~ **reasons he is angry** aus welchen Gründen er auch immer verärgert ist; einerlei *od.* ganz gleich, weshalb er wütend ist. **5.** *mit neg* (*nachgestellt*) überhaupt, gar nichts, niemand *etc*: **no doubt** ~ überhaupt *od.* gar kein *od.* keinerlei Zweifel.

¹**~·not** *s* **1.** Eta¹gere *f.* **2.** Ding(s) *n*, Etwas *n*: ~**s** alles Mögliche. **3.** Kleinigkeit *f*, Sächelchen *n*: **a few** ~**s**.

**what's**|**·her-name** [¹wɒtsə(r)neɪm; ¹*hw-*; *Am.* ¹wɑt-; ¹*hw-*], ~**·his-name** [¹wɒtsɪzneɪm; ¹*hw-*; *Am.* ¹wɑt-; ¹*hw-*] *s colloq.* ‚Dingsda‘ *m, f:* **Mr. what's-his-**

-name Herr ‚Dingsbums‘ od. ‚So-undso‘.

**what·sis** [ˈwɒtsɪs; ˈhwɒt-; Am. ˈwɒt-; ˈhwɒt-], **ˈwhat·sit** [-sɪt], **what's-its--name** [ˈwɒtsɪtsneɪm; ˈhwɒt-; Am. ˈwɒt-; ˈhwɒt-] s colloq. ‚Dingsbums‘ n, ‚Dingsda‘ n. [→ **whatever**.]

‚what·so'ev·er, poet. ‚what·so'e'er}

**wheal** [wiːl; hwiːl] → **wale**.

**wheat** [wiːt; hwiːt] s agr. bot. Weizen m: ~ chaff¹ 1. ~ **belt** s agr. geogr. Am. Weizengürtel m. ~ **bread** s Weizen-, Weißbrot n. ~ **cake** s (Art) Pfannkuchen m.

**ˈwheat·en** [-tn] adj Weizen...

**Wheat·stone bridge** [ˈwiːtstən; ˈhwiːt-; Am. -ˌstəʊn] s electr. Wheatstonesche Brücke.

**whee** [wiː; hwiː] v/t Am. sl. meist ~ up j-n ‚ganz aus dem Häus·chen bringen‘.

**whee·dle** [ˈwiːdl; ˈhwiːdl] I v/t 1. j-n um'schmeicheln. 2. j-n beschwatzen, über'reden (into doing etwas zu tun). 3. to ~ s.th. out of s.o. j-m etwas abschwatzen od. abschmeicheln. II v/i 4. schmeicheln. 'whee·dler s Schmeichler(in). 'whee·dling adj (adv ~ly) schmeichelnd, schmeichlerisch.

**wheel** [wiːl; hwiːl] I s 1. (Wagen)Rad n: on ~ s a) auf Rädern, b) a. on oiled ~ s fig. wie geschmiert, ‚fix‘; → fifth wheel, meal² 1, oil 5, shoulder 1, spoke¹ 4. 2. allg. Rad n, tech. a. Scheibe f. 3. mar. Steuer-, Ruderrad n. 4. Steuer(rad) n, Lenkrad n: at the ~ a) am Steuer, b) fig. am Ruder; to take the ~ fahren. 5. colloq. a) bes. Am. (Fahr)Rad n, b) pl mot. Wagen m, ‚fahrbarer 'Untersatz‘. 6. hist. Rad n (Folterinstrument): to break s.o. on the ~ j-n rädern od. aufs Rad flechten; to break a (butter)fly (up)on the ~ fig. mit Kanonen nach Spatzen schießen. 7. (Glücks)Rad n: the ~ of Fortune fig. das Glücksrad; a sudden turn of the ~ e-e plötzliche (Schicksals)Wende. 8. fig. Rad n, treibende Kraft, pl Räder(werk n) pl, Getriebe n: the ~ s of government die Regierungsmaschinerie; ~ s within ~ s ein kompliziertes Räderwerk; there are ~ s within ~ s a) er ist od. s-e Motive, die wahren Gründe etc sind nur schwer zu durchschauen, b) die Dinge sind komplizierter als sie aussehen. 9. Drehung f, Kreis(bewegung f) m. 10. mar. mil. Schwenkung f: right (left) ~! rechts (links) schwenkt! 11. a. big ~ bes. Am. colloq. ‚großes od. hohes Tier‘, Par'teibonze m. II v/t 12. drehen, wälzen, im Kreise bewegen. 13. mil. e-e Schwenkung ausführen lassen. 14. Fahrrad, Kinderwagen, Patienten im Rollstuhl etc schieben, Servierwagen etc a. rollen. III v/i 15. sich (im Kreis) drehen, (Vögel, Flugzeug) kreisen. 16. mil. schwenken: to ~ to the right (left) e-e Rechts-(Links)schwenkung machen. 17. rollen, fahren. 18. bes. Am. colloq. radeln. 19. to ~ and deal → wheeler-dealer.

Verbindungen mit Adverbien:

**wheel| a·bout, ~ a·round** I v/i 1. sich (rasch) 'umdrehen od. 'umwenden. 2. fig. 'umschwenken. II v/t 3. her'umdrehen. 4. her'umschieben. ~ **in** v/t 1. her'einschieben, -rollen. 2. colloq. Prüfling, Besucher etc her'einführen. ~ **round** → wheel about.

**wheel| an·i·mal(·cule)** s zo. Rädertierchen n. **~ˌbar·row** s Schubkarre(n m) f. **ˈ~base** s tech. Achs(ab)stand m, Radstand m. ~ **brake** s Radbremse f. **ˌ~chair** s med. Rollstuhl m. ~ **clamp** s Radkralle f, Parkriegel m (für falsch geparkte Autos).

**wheeled** [wiːld; hwiːld] adj 1. fahrbar,

---

Roll..., Räder...: ~ **bed** med. Rollbett n. 2. (in Zssgn) ...räd(e)rig: three-~.

**wheel·er** s 1. j-d, der etwas rollt od. schiebt. 2. etwas, was rollt od. Räder hat. 3. (in Zssgn) Wagen m od. Fahrzeug n mit ... Rädern: four-~ tech. Vierradwagen m, Zweiachser m. 4. → wheel horse 1. 5. Br. für wheelwright. 6. → wheeler-dealer I. ‚~'deal·er s bes. Am. colloq. I s Mensch m mit sehr eigenmächtigen Me'thoden. II v/i sich sehr eigenmächtiger Me'thoden bedienen (Geschäftsmann, Politiker etc). ‚~'deal·ing s bes. Am. colloq. 1. Machenschaften pl. 2. Geschäftemache'rei f.

**wheel| horse** s 1. Stangen-, Deichselpferd n. 2. Am. fig. Arbeitstier n. **ˈ~house** s mar. Ruderhaus n.

**ˈwheel·ing** s 1. Schieben n, Rollen n. 2. Drehung f. 3. mil. Schwenkung f. 4. Befahrbarkeit f (e-r Straße). 5. ~ and dealing → wheeler-dealing.

**wheel| load** s tech. Raddruck m, -last f. ~ **lock** s mot. Lenk(rad)schloß n. **ˈ~man** [-mən] s irr 1. colloq. a) bes. Am. Radler m, b) (Auto)Fahrer m. 2. → wheelsman.

**wheels·man** [ˈwiːlzmən; ˈhwiːlz-] s irr mar. bes. Am. Rudergänger m.

**wheel| stat·ics** s pl (als sg konstruiert) electr. tech. (statische) Aufladungen pl der Gummireifen. ~ **win·dow** s arch. Radfenster n. **ˈ~work** s tech. Räderwerk n. **ˈ~wright** s tech. Stellmacher m.

**wheeze** [wiːz; hwiːz] I v/i 1. keuchen, pfeifen(d atmen). 2. v/t etwas keuchen(d her'vorstoßen). III s 3. Keuchen n, pfeifendes Atmen. 4. pfeifendes Geräusch. 5. sl. a) thea. Gag m, improvi'sierter Scherz, b) Jux m, Ulk m, c) alter od. fauler Witz, d) Trick m. **ˈwheez·y** adj keuchend, pfeifend, schnaufend, asth'matisch (a. humor. Orgel etc).

**whelk¹** [welk; Am. a. hwelk] s zo. Wellhorn(schnecke f) n.

**whelk²** [welk; Am. a. hwelk] s med. Pustel f.

**whelm** [welm; hwelm] v/t obs. 1. a) ver'schütten, (unter sich) begraben, b) über'schwemmen, c) zs.-schlagen über (dat) (Wellen). 2. fig. über'schütten, -'häufen (with mit). 3. fig. über'wältigen, -'mannen: ~ed by emotion.

**whelp** [welp; hwelp] I s 1. a) Welpe m (junger Hund, Fuchs od. Wolf), b) allg. Junge(s) n. 2. Balg m, n (ungezogenes Kind). II v/t u. v/i 3. (Junge) werfen.

**when** [wen; hwen] I adv 1. (fragend) wann: ~ did it happen? 2. (relativ) als, wo, da: the day ~ der Tag, an dem od. als; the time ~ it happened die Zeit, in od. zu der es geschah; the years ~ we were poor die Jahre, als wir arm waren; there are occasions ~ es gibt Gelegenheiten, wo. II conj 3. wann: she doesn't know ~ to be silent. 4. (damals, zu der Zeit od. in dem Augenblick,) als: ~ (he was) young, he lived in M.; we were about to start ~ it began to rain wir wollten gerade fortgehen, als es zu regnen anfing od. da fing es zu regnen an; say ~! colloq. sag halt!, sag, wenn du genug hast! (bes. beim Einschenken). 5. (dann,) wenn: ~ it is very cold, you like to stay at home wenn es sehr kalt ist, bleibt man gern(e) zu Hause. 6. (immer) wenn, so'bald, so'oft: come ~ you please! 7. (ausrufend) wenn: ~ I think what I have done for her! wenn ich daran denke, was ich für sie getan habe! 8. worauf'hin, und dann: we explained it to him, ~ he at once consented. 9. während, ob'wohl, wo ... (doch), da ... doch: why did you tell her, ~ you knew it would hurt her? warum hast du es ihr gesagt, wo du (doch) wußtest, es würde ihr weh tun?

---

III pron 10. wann, welche Zeit: from ~ does it date? aus welcher Zeit stammt es? 11. (relativ) welcher Zeitpunkt, wann: they left us on Wednesday, since ~ we have heard nothing sie verließen uns am Mittwoch, und seitdem haben wir nichts mehr von ihnen gehört; till ~ und bis dahin. IV s 12. Wann n: the ~ and where of s.th. das Wann und Wo e-r Sache.

**when|'as** conj obs. 1. wenn, während. 2. weil, da. 3. wohin'gegen, während.

**whence** [wens; hwens] bes. poet. I adv 1. (fragend) a) wo'her, von wo('her), obs. von wannen, b) fig. wo'her, wor'aus, wo'durch, wie. 2. (relativ) a) wo'her, von wo, b) fig. wor'aus, wes'halb. II conj 3. (von) wo'her. 4. fig. wes'halb, und deshalb. 5. dahin, von wo: return ~ you came! geh wieder dahin, wo du hergekommen bist! III pron 6. (relativ, auf Orte bezogen) welch(er, e, es): the country from ~ she comes das Land, aus welchem sie kommt. ‚~so'ev·er, a. whenc'ev·er adv od. conj wo'her auch (immer).

**when|'ev·er** → whenever II. ‚~'ev·er, poet. a. ‚~'e'er, (verstärkend) ‚~so'ev·er I conj wann auch (immer); einerlei, wann; (immer) wenn; so'oft (als); jedesmal, wenn. II adv (fragend) colloq. wann denn (nur).

**where** [weə(r); hweə)r] I adv (fragend u. relativ) 1. wo: ~ ... from? woher?, von wo?; ~ ... to? wohin?; ~ shall we be, if? fig. wohin kommen wir od. was wird aus uns, wenn? 2. inwie'fern, in welcher 'Hinsicht: ~ does this touch our interests? 3. wo'hin: ~ are you looking? 4. wo'her. II conj 5. (der Platz od. die Stelle) wo: I cannot find ~ the fault is ich kann nicht feststellen, wo der Fehler liegt; ~ it's (all) at bes. Am. sl. a) wo sich alles abspielt, b) wo es los ist; if you are interested in good food, Paris is ~ it's at mußt du unbedingt nach Paris fahren. 6. (da,) wo: go on reading, ~ we stopped yesterday! 7. fig. (da od. in dem Falle od. in e-r Situati'on,) wo: ~ you should be silent, don't talk! rede nicht, wo du schweigen solltest! 8. bes. jur. in dem Falle, daß: wo (oft unübersetzt): ~ such limit is exceeded wird diese Grenze überschritten. 9. dahin od. 'irgendwo,hin, wo: wo'hin: he must be sent ~ he will be taken care of man muß ihn (irgend)wohin schicken, wo man für ihn sorgt; go ~ you please! geh, wohin du willst! III s 12. meist pl Wo n.

**where|·a·bouts** I adv u. conj [ˌ~ə'baʊts] 1. wo ungefähr od. etwa: ~ did you find her? 2. obs. wor'über, wor'um. II s pl (als sg konstruiert) [ˈ~əbaʊts] 3. Verbleib m, Aufenthalt(sort) m: do you know his ~? weißt du, wo er sich aufhält? ~'as conj 1. wohin'gegen, während, wo ... doch. 2. jur. da; in Anbetracht dessen, daß (meist unübersetzt). ~'at adv u. conj 1. wor'an, wo'bei, wor'auf. 2. (relativ) an welchem (welcher) od. dem (der), wo: the place ~. ~'by [-'baɪ] adv u. conj 1. wo'durch, wo'mit. 2. (relativ) durch welchen (welche, welches). **wher'e'er** poet. für wherever. **ˈwhere|·fore** I adv u. conj 1. wes'halb, wo'zu, war'um, wes'wegen, und deshalb. 2. (relativ) für welchen (welche, welches), wo'zu, wo'für. II s oft pl 3. (das) Wes'halb, (die) Gründe pl. ~'from adv u. conj wo'her, von wo. ~'in adv u. conj wo'rin, in welchem (welcher). ~'in·to adv u. conj 1. 'wohin,ein. 2. (relativ) in welchen (welche, welches). ~'of adv u. conj wo'von. ~'on adv u. conj 1. wor'auf. 2. (relativ) auf dem (der) od. den

das), auf welchem (welcher) *od.* welchen (welche, welches). **⁓'out** *adv u. conj obs.* wor'auf. **⁓so'ev·er,** *poet. a.* **⁓so'e'er** → wherever 1. **⁓'through** *adv u. conj (relativ)* wo'durch, durch den (die, das). **⁓'to** *adv. u. conj* **1.** wo'hin. **2.** *(relativ)* wo'hin, an den (die, das). **⁓'un·der** *adv u. conj* **1.** wor'unter. **2.** *(relativ)* unter dem (der) *od.* unter den (die, das). **⁓'un'to** *obs. für* whereto. **⁓up'on** *adv u. conj* **1.** wor'auf, worauf'hin. **2.** *(als Satzanfang)* daraufhin.

**wher·ev·er** [weər'evə(r); hweər-] *adv u. conj* **1.** wo('hin) auch immer; ganz gleich, wo('hin). **2.** *colloq.* wo('hin) denn (nur): ⁓ could he be? wo kann er denn (nur) sein?

**where|'with** **I** *adv u. conj* **1.** wo'mit. **2.** *(relativ)* mit welchem (welcher), mit dem (der). **II** *prep* **3.** etwas, wo'mit: I have ⁓ to punish him ich habe etwas, womit ich ihn strafe(n kann). **⁓'with·al** ['weə(r)wiðɔːl; 'hweə(r)-] *s (die)* (nötigen) Mittel *pl, (das)* Nötige, *(das)* nötige (Klein)Geld.

**wher·ry** ['werɪ; 'hwerɪ] *s* **1.** Jolle *f.* **2.** Skullboot *n.* **3.** Fährboot *n.* **4.** *Br.* Frachtsegler *m.* **⁓·man** [-mən] *s irr mar.* **1.** Fährmann *m.* **2.** Jollenführer *m.*

**whet** [wet; hwet] **I** *v/t* **1.** wetzen, schärfen, schleifen. **2.** *fig.* den Appetit anregen, *die Neugierde etc* reizen, anstacheln. **II** *s* **3.** Wetzen *n,* Schärfen *n,* Schleifen *n.* **4.** *fig.* Ansporn *m,* Anreiz *m.* **5.** (Appe'tit)Anregung *f, bes.* Apéri'tif *m.*

**wheth·er** ['weðə(r); 'hweðə(r)] **I** *conj* **1.** ob (or not oder nicht): I do not know ⁓ he will come; you must go there, ⁓ you want to go or not; ⁓ or no auf jeden Fall, so oder so. **2.** ⁓ ... or entweder ... sei es, daß ... oder. **3.** *obs.* ob ... wohl *(oft unübersetzt):* ⁓ we live, we live unto the Lord *Bibl.* leben wir, so leben wir dem Herrn. **II** *pron u. adj* **4.** *obs.* welch(er, e, es) *(von beiden).*

**'whet·stone** *s* **1.** Wetz-, Schleifstein *m.* **2.** *fig.* Ansporn *m,* Anreiz *m.*

**whew** [hwuː] *interj* **1.** *(erstaunt, bewundernd)* (h)ui!, 'Mann!' **2.** *(angeekelt, erleichtert, erschöpft etc)* puh!

**whey** [weɪ; hweɪ] *s* Molke *f.* **whey·ey** ['weɪɪ; 'hw-] *adj* molkig. **'whey·faced** *adj* käsig, käseweiß, käsebleich.

**which** [wɪtʃ; hwɪtʃ] **I** *pron interrog* **1.** *(bezogen auf Sachen od. Personen)* welch(er, e, es) *(aus e-r bestimmten Gruppe od. Anzahl):* ⁓ of these houses? welches dieser Häuser?; ⁓ of you has done it? wer *od.* welcher von euch hat es getan? **II** *pron (relativ)* **2.** welch(er, e, es), der (die, das) *(bezogen auf Dinge, Tiere od. obs. Personen).* **3.** *(auf den vorhergehenden Satz bezüglich)* was: she laughed loudly, ⁓ irritated him. **4.** *(in eingeschobenen Sätzen)* (etwas,) was: and ⁓ is still worse, all you did was wrong und was noch schlimmer ist, alles, was du machtest, war falsch. **III** *adj* **5.** *(fragend od. relativ)* welch(er, e, es): ⁓ place will you take? welchen Platz willst du sitzen?; take ⁓ book you please nimm welches Buch du willst. **6.** *(auf das Vorhergehende bezogen)* und dies(er, e, es), welch(er, e, es): during ⁓ time he had not eaten und während dieser Zeit hatte er nichts gegessen; he will tell you nice things, ⁓ flatterings you must not take literally er wird dir nette Dinge sagen, Schmeicheleien, welche du nicht wörtlich nehmen darfst. **⁓so'ev·er,** *(verstärkend)* **⁓so'ev·er** *pron u. adj* welch(er, e, es) (auch) immer; ganz gleich, welch(er, e, es): take ⁓ you want nimm welches du (auch) immer willst.

**whid·ah** ['wɪdə; 'hwɪdə], **⁓ bird,**

**⁓ finch** *s orn.* Witwenvogel *m,* Widahfink *m.*

**whiff** [wɪf; hwɪf] **I** *s* **1.** Luftzug *m,* Hauch *m.* **2.** Duftwolke *f, (a.* übler) Geruch. **3. a)** ausgestoßene Dampf- *od.* Rauchwolke, **b)** Zug *m (beim Rauchen):* to have a few ⁓s ein paar Züge machen. **4.** *fig.* Anflug *m,* Hauch *m.* **5.** *colloq.* Ziga'rillo *m, n.* **II** *v/i* **6.** blasen, wehen. **7.** paffen, rauchen. **8.** *Br. colloq.* 'duften', (unangenehm) riechen. **III** *v/t* **9.** blasen, wehen, treiben. **10.** *Rauch etc* **a)** ausstoßen, **b)** einatmen, -saugen. **11.** *e-e Zigarre etc* paffen.

**whif·fet** ['hwɪfət] *s Am.* **1.** Zwerghund *m.* **2.** *colloq.* → whippersnapper.

**whif·fle** ['wɪfl; 'hwɪfl] **I** *v/i* **1.** böig wehen *(Wind).* **2.** flackern *(Flamme),* flattern *(Fahne etc).* **3.** *fig.* schwanken, flatterhaft sein. **II** *v/t* **4.** fort-, wegblasen. **'whif·fle·tree** *s* Ortscheit *n,* Wagenschwengel *m.*

**'whiff·y** *adj Br. colloq.* 'duftend', (unangenehm) riechend.

**Whig** [wɪg; hwɪg] *pol. hist.* **I** *s* **1.** *Br.* **a)** Whig *m,* **b)** *(mehr konservativ gesinnter)* Libe'raler. **2.** *Am.* Whig *m:* **a)** Natio'nal(republi,kan)er *(Unterstützer der amer. Revolution),* **b)** Anhänger e-r Oppositionspartei gegen die Demokraten *(um 1840).* **II** *adj* **3.** Whig..., whig'gistisch.

**Whig·ga·more** ['wɪgəmɔː(r); 'hwɪgə-] *s Scot.* **1.** Westschotte, der 1648 am Zug gegen Edinburgh teilnahm. **2.** w⁓ *contp.* schottischer Presbyteri'aner.

**Whig·ger·y** ['wɪgərɪ; 'hwɪgərɪ] *s pol. hist. meist contp.* Grundsätze *pl od.* Handlungsweise *f* der Whigs. **'Whig·gism** *s pol. hist.* Whig'gismus *m.*

**while** [waɪl; hwaɪl] **I** *s* **1.** Weile *f,* Zeit (-spanne) *f:* a good ⁓ ziemlich lange; a long ⁓ ago vor e-r ganzen Weile; (for) a⁓ e-e Zeitlang; for a long ⁓ lange (Zeit), seit langem; all this ⁓ die ganze Zeit, dauernd; in a little *(od.* short) ⁓ bald, binnen kurzem; the ⁓ derweil, währenddessen; between ⁓s zwischendurch; → once 1, 4, worth¹ 2. **II** *conj* **2.** während *(zeitlich).* **3.** so'lange (wie): ⁓ there is life, there is hope der Mensch hofft, solange er lebt. **4.** während, wo(hin)'gegen: he is clever ⁓ his sister is stupid. **5.** wenn auch, ob'wohl, zwar: ⁓ (he is) our opponent, he is not our enemy. **III** *v/t* **6.** *meist* ⁓ away sich *die* Zeit vertreiben.

**whiles** [waɪlz; hwaɪlz] **I** *adj dial.* **1.** manchmal. **2.** in'zwischen. **II** *conj obs. für* while II.

**whi·lom** ['waɪləm; 'hwaɪləm] *obs.* **I** *adv* weiland, einst, ehemals. **II** *adj* einstig, ehemalig.

**whilst** [waɪlst; hwaɪlst] → while II.

**whim** [wɪm; hwɪm] *s* **1.** Laune *f,* Grille *f,* wunderlicher Einfall, Ma'rotte *f:* at one's own ⁓ ganz nach Laune. **2.** Launen(haftigkeit *f) pl.* **3.** *Bergbau: hist.* Göpel *m.*

**whim·brel** ['wɪmbrəl; 'hwɪmbrəl] *s orn.* Regenbrachvogel *m.*

**whim·per** ['wɪmpə(r); 'hwɪmpə(r)] **I** *v/t u. v/i* wimmern, winseln. **II** *s* Wimmern *n,* Winseln *n.*

**whim·sey** → whimsy.

**whim·si·cal** ['wɪmzɪkl; 'hwɪm-] *adj (adv ⁓ly)* **1.** launenhaft *(a.* Wetter *etc),* grillenhaft. **2.** schrullig, wunderlich, 'morig, drollig. **whim·si·cal·i·ty** [-'kælətɪ], **'whim·si·cal·ness** *s* **1.** Launen-, Grillenhaftigkeit *f.* **2.** Wunderlichkeit *f,* Schrulligkeit *f.* **3.** wunderlicher Einfall, Schrulle *f.*

**whim·sy** ['wɪmzɪ; 'hwɪmzɪ] **I** *s* **1.** Laune *f,* Grille *f.* **2.** Schrulle *f.* **3.** wunderliche *od.* phan'tastische Schöpfung,

seltsamer Gegenstand. **II** *adj* → whimsical.

**whim·wham** ['wɪmwæm; 'hwɪmhwæm] *s* **1.** Laune *f,* Grille *f.* **2. a)** Tand *m,* Schnickschnack *m,* **b)** → whimsy 2. **3.** *Am. sl.* 'Tatterich' *m (Zittern).*

**whin¹** [wɪn; hwɪn] *s bot.* Stechginster *m.*

**whin²** [wɪn; hwɪn] → whinstone.

**'whin|·ber·ry** [-bərɪ] *s bot. Br. dial.* Heidelbeere *f.* **⁓·chat** *s orn.* Braunkehlchen *n.*

**whine** [waɪn; hwaɪn] **I** *v/i* **1.** winseln: **a)** wimmern, **b)** winselnd betteln. **2.** greinen, quengeln, jammern. **II** *v/t* **3.** *oft* ⁓ out *etwas* weinerlich sagen, winseln. **III** *s* **4.** Gewinsel *n.* **5.** Gejammer *n,* Gequengel *n.* **'whin·ing** *adj (adv ⁓ly)* winselnd, weinerlich.

**whin·ny** ['wɪnɪ; 'hwɪnɪ] **I** *v/i* wiehern *(Pferd).* **II** *s* Wiehern *n.*

**whin·sill** ['wɪnsɪl; 'hwɪnsɪl] *s geol. (in Nordengland)* Ba'saltgestein *n.*

**'whin·stone** *s geol.* Ba'salt(tuff) *m,* Trapp *m.*

**whip** [wɪp; hwɪp] **I** *s* **1.** Peitsche *f,* (Reit-) Gerte *f.* **2.** to be a good (bad) ⁓ gut (schlecht) kutschieren. **3.** *fig.* **a)** Geißel *f,* Plage *f,* **b)** Strafe *f.* **4. a)** peitschende Bewegung, **'Hin- u. 'Herschlagen *n,* b)** Schnellkraft *f.* **5.** *hunt.* → whipper-in 1. **6.** *parl.* **a)** Einpeitscher *m (Parteimitglied, das die Anhänger zu Abstimmungen etc zs.-trommelt),* **b)** parlamen'tarischer Geschäftsführer, **c)** Rundschreiben *n,* Aufforderung(sschreiben *n) f (bei e-r Versammlung etc zu erscheinen; je nach Wichtigkeit ein- od. mehrfach unterstrichen):* to send a ⁓ round die Parteimitglieder ,zs.-trommeln'; three-line ⁓ Aufforderung, unbedingt zu erscheinen; a three-line ⁓ has been put on that vote bei dieser Abstimmung besteht (absoluter) Fraktionszwang. **7.** *tech.* **a)** Wippe *f (a. electr.),* **b)** → and derry Flaschenzug *m.* **8.** *gastr.* Schlagcreme *f.* **9.** *Näherei:* über'wendliche Naht. **10.** → whip-round.

**II** *v/t* **11.** peitschen, schlagen: to ⁓ into line *(od.* shape) *fig.* ,auf Zack bringen', ,zurechtschleifen'. **12. a)** (aus-, 'durch-) peitschen, **b)** (ver)prügeln. **13.** *fig.* **a)** geißeln, **b)** *j-m (mit Worten)* zusetzen. **14.** *a.* ⁓ on antreiben. **15.** schlagen, verprügeln: to ⁓ s.th. into (out of) s.o. etwas in j-n hineinprügeln (j-m etwas mit Schlägen austreiben). **16.** *bes. sport colloq.* ,vernaschen', ,über'fahren' *(hoch schlagen).* **17.** reißen, ziehen, raffen: to ⁓ away wegreißen; to ⁓ from wegreißen *od.* wegfegen von; to ⁓ off den Hut, *Dachziegel etc* herunterreißen (von); to ⁓ on e-n Mantel etc überwerfen; to ⁓ out **a)** plötzlich zücken, **b)** (schnell) ziehen (of aus der Tasche etc). **18.** *Gewässer* abfischen. **19.** um'wickeln, *mar.* Tau betakeln. **20.** *Schnur, Garn* wickeln (about, around um *acc).* **21.** über'wendlich nähen, über'nähen, um'säumen. **22.** *a.* ⁓ up *Eier, Sahne* (schaumig) schlagen: → whipped 2. **23.** *Br. colloq.* ,mitgehen lassen' *(stehlen).*

**III** *v/i* **24.** sausen, flitzen.

*Verbindungen mit Adverbien:*

**whip| back** *v/i* zu'rückschnellen *(Ast etc).* **⁓ in** *v/t* **1.** *hunt.* Hunde zs.-treiben. **2.** *parl.* Parteimitglieder ,zs.-trommeln'. **⁓ round** *v/i* **1.** her'umfahren, sich ruckartig 'umdrehen. **2.** *bes. Br. colloq.* mit dem Hut her'umgehen, den Hut herumgehen lassen. **⁓ up** *v/t* **1.** → whip 22. **2.** antreiben. **3.** *fig. Menge etc* aufpeitschen, *Stimmung etc* anheizen. **4.** *a.* Essen ,herzaubern', ,auf die Beine stellen', **b)** *Leute* ,zs.-trommeln'.

**whip|aer·i·al,** *bes. Am.* **⁓ an·ten·na** *s* 'Stab,antenne *f.* **'⁓·cord I** *s* **1.** Peitschen-

schnur f: his veins stood out like ~ s-e Adern waren dick geschwollen. **2.** Whipcord m (schräggeripptes Kammgarn). **II** adj **3.** Whipcord... **4.** fig. kräftig, stark (Körperbau, Muskeln etc). **'~fish** s Klipp-, Ko'rallenfisch m. **'~graft** v/t agr. bot. kopu'lieren. **~ hand** s Peitschenhand f, rechte Hand (des Reiters etc): **to get the ~ of** die Oberhand gewinnen über (acc); **to have the ~ of s.o.** j-n in der Gewalt od. an der Kandare haben. **'~lash** s Peitschenschnur f: **~ (injury)** med. Peitschenschlag-, Peitschenhiebsyndrom n, Peitschenphänomen n.

**whipped** [wɪpt; hwɪpt] adj **1.** gepeitscht. **2.** gastr. schaumig (geschlagen od. gerührt): **~ cream** Schlagsahne f, -rahm m; **~ eggs** Eischnee m.

**'whip·per** s **1.** Peitschende(r m) f. **2.** hist. Auspeitscher m. **3.** mar. Kohlentrimmer m. **~'in** pl **~s-'in** s **1.** Pi'kör m (Führer der Hunde bei der Hetzjagd). **2.** → whip 6. **3.** sport colloq. ,Schlußlicht' n (Pferd). **'~snap·per** s **1.** Knirps m, Drei'käsehoch m. **2.** Gernegroß m.

**whip·pet** ['wɪpɪt; 'hwɪpɪt] s **1.** zo. Whippet m (kleiner englischer Rennhund). **2.** mil. hist. (leichter) Panzerkampfwagen.

**'whip·ping** s **1.** (Aus)Peitschen n. **2.** (Tracht f) Prügel pl: **to give s.o. a ~** a) j-m e-e Tracht Prügel verpassen, b) bes. sport colloq. j-n schlagen, engS. j-n ,vernaschen od. überfahren' (hoch schlagen). **3.** a) 'Garnum,wick(e)lung f, b) mar. Tautakelung f. **4.** Näherei: über'wendliches Nähen. **5.** Garn n zum Um'wickeln. **~ boy** s a) hist. Prügelknabe m (a. fig.), b) fig. Sündenbock m. **~ cream** s gastr. Schlagsahne f, -rahm m. **~ post** s hist. Schandpfahl m, Staupsäule f. **~ top** s Kreisel m (der mit e-r Peitsche getrieben wird).

**whip·ple·tree** ['wɪpltriː; 'hwɪpltriː] → whiffletree.

**whip·poor·will** ['wɪp,pʊə(r),wɪl; 'hwɪp-; Am. -pər-] s orn. Schreiender Ziegenmelker.

**whip·py** ['wɪpɪ; 'hwɪpɪ] adj biegsam, geschmeidig.

**whip|ray** s ichth. Stechrochen m. **~rod** s um'wickelte Angelschnur. **'~round** s Br. colloq. spon'tane (Geld)Sammlung: **to have a ~** den Hut herumgehen lassen. **'~saw** I s **1.** (zweihändige) Schrotsäge. **II** v/t **2.** mit der Schrotsäge sägen. **3.** bes. Poker: Am. zs.-spielen gegen. **~ snake** zo. Peitschenschlange f. **'~stall** aer. I s ,Männchen' n (beim Kunstflug). **II** v/i das Flugzeug über'ziehen. **III** v/t das Flugzeug über'ziehen.

**whip·ster** ['wɪpstə(r); 'hwɪpstə(r)] → whippersnapper.

**'whip|stick** → whipstock. **'~stitch** I v/t u. v/i **1.** über'wendlich nähen. **II** s **2.** über'wendlicher Stich. **3.** fig. colloq. Augenblick m: **at every ~** alle Augenblicke, ständig. **'~stock** s Peitschengriff m, -stiel m.

**whip·sy-der·ry** ['wɪpsɪ,derɪ; 'hwɪp-] s tech. Flaschenzug m.

**whir** [wɜː; Am. hwɜr] I v/i schwirren (Flügel etc), surren (Kamera etc). **II** v/t Flügel etc schwirren lassen. **III** s Schwirren n, Surren n. **IV** interj surr!, brr!

**whirl** [wɜːl; Am. hwɜrl] I v/i **1.** wirbeln, sich schnell (im Kreis, um e-n Gegenstand, im Tanz) drehen: **to ~ about** (od. [a]round) a) herumwirbeln (in dat), b) herumfahren, sich rasch umdrehen. **2.** eilen, sausen, hetzen: **to ~ away** forteilen. **3.** wirbeln, sich drehen (Kopf): **my head ~s** mir ist schwind(e)lig. **II** v/t **4.** allg. (her'um)wirbeln: **he ~ed his stick about** (od. around); **to ~ up dust**

Staub aufwirbeln. **5.** eilends befördern: **the car ~ed us off to** der Wagen brachte uns auf schnellstem Weg zu od. nach. **III** s **6.** (Her'um)Wirbeln n. **7.** Wirbel m, schnelle Kreisbewegung: **to be in a ~** (herum)wirbeln; **to give s.th. a ~** a) etwas herumwirbeln, b) colloq. etwas prüfen od. ausprobieren. **8.** (etwas) Aufgewirbeltes: **a ~ of dust** aufgewirbelter Staub, e-e Staubwolke. **9.** Hetzjagd f. **10.** Wirbel m, Strudel m. **11.** fig. Wirbel m: a) Trubel m, wirres Treiben, b) Schwindel m, Verwirrung f (der Sinne etc): **her thoughts were in a ~** ihre Gedanken wirbelten durcheinander; **a ~ of passion** ein Wirbel der Leidenschaft. **12.** anat. bot. zo. → whorl 1 u. 2.

**'whirl·i·a·bout** I s **1.** → whirl 6, 7. **2.** → whirligig 2. **3.** (etwas) sich rasch Drehendes. **II** adj **4.** her'umwirbelnd, Wirbel..., Dreh... **'~blast** s Wirbelwind m, -sturm m. **'~bone** s anat. Br. dial. a) Hüftbein n, b) Kniescheibe f.

**whirl·i·gig** ['wɜːlɪgɪg; Am. 'hwɜr-] s **1.** etwas, was (sich) schnell dreht. **2.** Kinderspielzeug: a) Windrädchen n, b) Kreisel m. **3.** Karus'sell n (a. fig. der Zeit). **4.** a) Wirbel(bewegung f) m, b) fig. Wirbel m, Strudel m: **the ~ of events** der Wirbel der Ereignisse. **5.** fig. obs. wankelmütige Per'son. **6.** a. **~ beetle** zo. Taumelkäfer m.

**'whirl·ing** adj wirbelnd, Wirbel...: **~ motion** Wirbelbewegung f; **~ table** a) Fliehkraft-, Schwungmaschine f, b) Töpferscheibe f.

**'whirl·pool** s **1.** (Wasser)Strudel m. **2.** Whirlpool m (Unterwassermassagebecken). **3.** fig. Wirbel m, Strudel m. **'~wind** s Wirbelwind m (a. fig. Person), Wirbelsturm m: **a ~ romance** e-e stürmische Romanze; → wind[1] 1.

**'whirl·y·bird** ['wɜːlɪ-; Am. 'hwɜr-] s colloq. Hubschrauber m.

**whirr** → whir.

**whish**[1] [wɪʃ; hwɪʃ] I v/i **1.** schwirren, sausen, zischen: **to ~ past** vorbeizischen (Auto etc). **2.** rascheln (Seide etc). **3.** mot. wischen (Scheibenwischer). **II** s **4.** Schwirren n, Sausen n, Zischen n. **5.** Rascheln n.

**whish**[2] [wɪʃ; hwɪʃ] → hush.

**whisk** [wɪsk; hwɪsk] s **1.** Wischen n, Fegen n. **2.** Husch m: **in a ~** im Nu. **3.** schnelle od. heftige Bewegung (e-s Tierschwanzes), Wischer m. **4.** leichter Schlag, ,Wischer' m. **5.** Wisch m, Büschel n (Stroh, Haare etc). **6.** (Staub-, Fliegen-)Wedel m. **7.** gastr. Schneebesen m. **II** v/t **8.** Staub etc (weg)wischen, (-)fegen. **9.** fegen, mit dem Schwanz schlagen. **10.** ~ away (od. off) schnell verschwinden lassen, wegnehmen, wegzaubern, a. j-n schnellstens wegbringen, entführen. **11.** ~ away Fliegen etc ver-, wegscheuchen. **12.** ~ up Eier etc schaumig schlagen. **III** v/i **13.** wischen, huschen, flitzen: **to ~ away** weghuschen. **~ broom** s Kleiderbesen m.

**'whisk·er** s **1.** pl Backenbart m. **2.** a) Barthaar n, b) pl colloq. Schnurrbart m. **3.** zo. Schnurr-, Barthaar n (von Katzen etc). **'whisk·ered** adj **1.** e-n Backenbart tragend, backenbärtig. **2.** zo. mit Schnurrhaaren (versehen).

**whis·key**[1] ['wɪskɪ; 'hwɪskɪ] s (bes. in den USA u. Irland hergestellter) Whiskey.

**whis·key**[2] → whisky[2].

**whis·key·fied, whis·ki·fied** → whiskyfied.

**whis·ky**[1] ['wɪskɪ; 'hwɪskɪ] I s **1.** Whisky m. **2.** (Schluck m od. Glas n) Whisky m: **~ and soda** Whisky Soda; **~ sour** Whisky mit Zitrone. **II** adj **3.** Whisky...: **~ liver** med. Säuferleber f.

**whis·ky**[2] ['wɪskɪ; 'hwɪskɪ] s Whisky n (einspänniger, offener Wagen).

**whis·ky·fied** ['wɪskɪfaɪd; 'hwɪs-] adj humor. vom Whisky betrunken, voll Whisky.

**whis·per** ['wɪspə(r); 'hwɪspə(r)] I v/t u. v/i **1.** (to) wispern (mit), flüstern (mit), (nur v/t) raunen, (nur v/i) leise sprechen (mit): **to ~ s.th. to s.o.,** a. **to ~ s.o. s.th.** j-m etwas zuflüstern od. zuraunen; **a ~ed conversation** e-e leise od. im Flüsterton geführte Unterhaltung. **2.** fig. flüstern, tuscheln, munkeln (**about** od. **against** s.o. über j-n): **it was ~ed (about** od. **around)** that man munkelte, daß. **3.** (nur v/i) raunen, flüstern (Baum, Wasser, Wind). **II** s **4.** Flüstern n, Wispern n, Geflüster n, Gewisper n: **in a ~,** in ~s flüsternd, im Flüsterton, leise. **5.** Tuscheln n, Getuschel n. **6.** a) geflüsterte od. heimliche Bemerkung, b) Gerücht n, pl a. Gemunkel n: **there were ~s (about** od. **around)** es wurde gemunkelt. **7.** Raunen n. **'whis·per·er** s **1.** Flüsternde(r m) f. **2.** Zuträger(in), Ohrenbläser(in). **'whis·per·ing** I adj (adv ~ly) **1.** flüsternd. **2.** Flüster...: **~ baritone** Flüsterbariton m; **~ campaign** Flüsterkampagne f; **~ dome** Flüstergewölbe m; **~ gallery** Flüstergalerie f. **II** s → whisper 4.

**whist**[1] [wɪst; hwɪst] bes. Scot. **I** interj pst!, still! **II** s Schweigen n: **hold your ~!** sei still!

**whist**[2] [wɪst; hwɪst] s Whist n (Kartenspiel): **~ drive** Br. Whistrunde f mit wechselnden Partnerpaaren.

**whis·tle** ['wɪsl; 'hwɪsl] I v/i **1.** pfeifen (Person, Vogel, Lokomotive etc): **to ~ at** s.o. j-m nachpfeifen; **to ~ away** vor sich hin pfeifen; **to ~ for a taxi (to one's dog)** (nach) e-m Taxi (s-m Hund) pfeifen; **the referee ~d for offside** sport der Schiedsrichter pfiff Abseits; **he may ~ for it** colloq. darauf kann er lange warten, das kann er in den Kamin schreiben; **to ~ in the dark** a) in der Dunkelheit pfeifen (um sich Mut zu machen), b) fig. den Mutigen markieren. **2.** pfeifen, sausen (Kugel, Wind etc): **a bullet ~d past** e-e Kugel pfiff vorbei. **II** v/t **3.** Ton, Melodie pfeifen: **the referee ~d the end of the game** der Schiedsrichter pfiff ab. **4.** (nach) j-m, e-m Hund etc pfeifen: **to ~ back** zurückpfeifen (a. fig. j-n); **to ~ up** fig. a) herbeordern, b) ins Spiel bringen. **5.** etwas pfeifen od. schwirren lassen. **III** s **6.** Pfeife f: **to blow the ~ on** bes. Am. colloq. a) j-n, etwas ,verpfeifen', b) etwas ausplaudern, c) j-n, etwas stoppen; **to pay for one's ~** den Spaß teuer bezahlen; **it's worth the ~** es lohnt sich. **7.** (sport a. Ab-, Schluß-)Pfiff m, Pfeifen n: **to give a ~** e-n Pfiff ausstoßen; → final 2. **8.** Pfeifton m, 'Pfeifsi,gnal n. **9.** Pfeifen n (des Windes etc). **10.** colloq. Kehle f: → wet 15. **'whis·tler** s **1.** Pfeifer(in). **2.** etwas, was pfeift od. wie e-e Pfeife klingt. **3.** vet. Lungenpfeifer m (Pferd).

**whis·tle|stop** s **1.** a) rail. Bedarfshaltestelle f, b) Kleinstadt f, ,Kaff' n. **2.** pol. kurzes per'sönliches Auftreten (e-s politischen Kandidaten). **'~,stop** v/i Am. pol. von Ort zu Ort reisen u. Wahlreden halten.

**'whis·tling** s Pfeifen n. **~ buoy** s mar. Pfeifboje f. **~ duck** s orn. **1.** Pfeifente f. **2.** Schellente f. **~ swan** s orn. Singschwan m. **~ thrush** s orn. Singdrossel f.

**whit**[1] [wɪt; hwɪt] s (ein) bißchen n: **no ~,** not (od. never) a ~ keinen Deut, kein Jota, kein bißchen.

**Whit**[2] [wɪt; hwɪt] → Whitsun.

**white** [waɪt; hwaɪt] I adj **1.** allg. weiß: (as) ~ as snow schneeweiß; ~ coffee Br.

Milchkaffee *m*, Kaffee *m* mit Milch. **2.** hell(farbig), licht. **3.** blaß, bleich: → **bleed** 12, **sheet**¹. **4.** weiß (*Rasse*): ~ **man** Weiße(r) *m*; ~ **supremacy** Vorherrschaft *f* der Weißen. **5.** *pol.* ¹ultrakonserva̤tiv, reaktio¹när: **W~ Terror** *hist.* Weiße Schreckensherrschaft (*nach der französischen Revolution*). **6.** *tech.* a) weiß (*Metallegierung*), b) weiß, Weiß..., verzinnt, c) silbern, ¹silberle̤giert, d) ¹zinnle̤giert. **7.** *fig.* a) rechtschaffen, b) harmlos, unschuldig, c) *Am. colloq.* anständig: **that's ~ of you.**
**II** *s* **8.** Weiß *n* (*a. bei Brettspielen*), weiße Farbe: **dressed in ~** weiß *od.* in Weiß gekleidet; **in the ~** roh, ungestrichen (*Metall, Holz etc*). **9.** Weiße *f*, weiße Beschaffenheit. **10.** *oft* **W~** Weiße(r *m*) *f*, Angehörige(r *m*) *f* der weißen Rasse. **11.** (*etwas*) Weißes, weißer (Bestand)Teil, *z. B.* a) ~ **of egg** Eiweiß *n*, b) a. ~ **of the eye** (*das*) Weiß im Auge. **12.** *meist pl print.* Lücke *f*, ausgesparter Raum. **13.** weiße Tierrasse: **Chester W~** weißes Chester-Schwein. **14.** *zo.* weißer Schmetterling, *bes.* Weißling *m*. **15.** weißer Stoff. **16.** *pl* → **whites.**
**III** *v/t* **17.** ~ **out** *print.* sperren, austreiben.
**white| al·loy** *s tech.* ¹Weiß-, ¹Lagerme̤tall *n*. **~ ant** *s zo.* Weiße Ameise, Ter¹mite *f*. **~ ar·se·nic** *s chem.* weißes Ar¹senik. **~ bear** *s zo.* Eisbär *m*. **~ book** *s pol.* Weißbuch *n*. **'W~boy** *s hist.* Mitglied e-s 1761 entstandenen irischen Geheimbundes von Bauern. **~ brass** *s tech.* **1.** Weißmessing *n*, Weißkupfer *n*. **2.** Neusilber *n*. **~ bread** *s* Weiß-, Weizenbrot *n*. **'~cap** *s* **1.** Welle *f* mit weißer Schaumkrone. **2. W~** *Am.* Mitglied e-r Geheimverbindung in den USA, die Lynchjustiz übt. **3.** *orn.* Männchen *n* des Gartenrotschwanzes. **4.** *bot.* a) Champignon *m*, b) Filzige Spierstaude. **~ chi·na** *s tech.* Chinasilber *n*. **~ Christ·mas** *s* weiße (*verschneite*) Weihnachten. **~ coal** *s* weiße Kohle, Wasserkraft *f*. **'~col·lar** *adj* Büro...: **~ crime** White-collar-, Weiße-Kragen-Kriminalität *f*; **~ job** Bürotätigkeit *f*; **~ worker** Büroangestellte(r *m*) *f*. **~ cop·per** *s tech.* Neusilber *n*. **~ crop** *s agr.* Getreide, das vor der Ernte hellgelb wird (*Weizen, Gerste, Roggen, Hafer*). **~ dwarf** *s astr.* weißer Zwerg. **~ el·e·phant** *s* **1.** *zo.* weißer Ele¹fant. **2.** *colloq.* lästiger Besitz. **W~ Eng·lish** *s* von weißen Ameri¹kanern gesprochenes Englisch. **W~ En·sign** *s* Flagge der brit. Kriegsmarine. **'~face** *s* Blesse *f* (*Tier*). **'~faced** *adj* blaß, bleich(gesichtig): ~ **animal** Blesse *f*. **W~ Fa·ther** *s Am. hist.* Weißer Vater (*Ehrenname der Indianer für den Präsidenten der USA*). **~ feath·er** *s*: **to show the ~** *fig.* ‚kneifen‘, sich feige drücken. **~ fin·ger** *s med. a. pl* Ray¹naud-Krankheit *f*. **'~fish** *s* **1.** Ma¹räne *f*, Felchen *m*, *bes. Amer.* Weißfisch *m*. **2.** Weißfisch *m* (*in Europa*). **~ flag** *s mil.* weiße Fahne: **to hoist** (*od.* **show** *od.* **wave**) **the ~** kapitulieren (*a. fig.*), sich ergeben. **~ flight** *s* Flucht *f* der weißen Ameri¹kaner vom Stadtzentrum an die Periphe¹rie. **'~fox** *s zo.* Po¹larfuchs *m*. **W~ Fri·ar** *s relig.* Karme¹liter(mönch) *m*. **~ frost** *s* (Rauh)Reif *m*. **~ game** *s orn.* Schneehühner *pl.* **~ gold** *s tech.* Weißgold *n*, Pla¹tina *f*. **~ goods** *s pl* **1.** Weißwaren *pl* (*Kühlschränke, Herde etc*). **2.** Haushaltswäsche *f* (*Bett-, Hand-, Tischtücher etc*). **~ grouse** *s orn.* Alpenschneehuhn *n*. **'~haired** *adj* **1.** a) weißhaarig, b) hellhaarig. **2.** ~ **boy** *Am. colloq.* Liebling *m* (*des Chefs etc*). **White·hall** [̤waitˈhɔːl] *s Br.* Whitehall *n*: a) *Straße in Westminster, London, Sitz der*

*Ministerien,* b) *fig. die brit. Regierung od. ihre Politik.*
**'white|̤hand·ed** *adj fig.* rein, unschuldig. **'~̤head·ed** → **white-haired.** **~heart (cher·ry)** *s bot.* Weiße Herzkirsche. **~ heat** *s* **1.** *tech.* Weißglut *f* (*a. fig. Zorn*): **his anger was at ~** er war bis zur Weißglut gereizt. **2.** *fig.* Feuereifer *m*: **to work at a ~** mit fieberhaftem Eifer *od.* fieberhaft arbeiten. **~ hole** *s* weißes Loch (*hypothetische Materie u. Energiequelle*). **~ hope** *s* **1.** *Am. sl.* ‚große Hoffnung‘ (*weißer Boxer, der Aussicht auf den Weltmeistertitel hat*). **2.** *colloq.* ‚(die) große Hoffnung‘ (*Person*). **~ horse** *s* **1.** *zo.* Schimmel *m*. **2.** Welle *f* mit e-m ‚weißen Hund‘. **~'hot** *adj* **1.** *tech.* weißglühend. **2.** *fig.* a) glühend, rasend (*Leidenschaft, Wut*), b) fieberhaft, rasend (*Eile etc*). **White House** *s* (*das*) Weiße Haus: a) *Regierungssitz des Präsidenten der USA in Washington,* b) *fig. Präsidentschaft der USA,* c) *fig. Bundesexekutive der USA.*
**white| i·ron** *s tech.* **1.** Weißeisen *n*, weißes Roheisen. **2.** Weißblech *n.* **~ knight** *s* **1.** (po¹litischer) Re¹former. **2.** Verfechter *m.* **~ lead** [led] *s* **1.** *chem. min.* Bleiweiß *n*, Ber¹linerweiß *n.* **2.** *a.* ~ **ore** *min.* Weißbleierz *n.* **~ leath·er** *s* Weißleder *n.* **~ lie** *s* Notlüge *f*, harmlose Lüge. **~ light** *s phys.* farbloses *od.* weißes Licht. **~ line** *s* weiße Linie, Fahrbahnbegrenzung *f.* **~'liv·ered** *adj* feig(e). **~ mag·ic** *s* Weiße Ma¹gie. **~ man** *s irr* **1.** Weiße(r) *m*, Angehörige(r) *m* der weißen Rasse. **2.** *bes. Am. colloq.* anständiger Kerl. **~ man's bur·den** *s* (*die*) Bürde des weißen Mannes (*vermeintliche Verpflichtung der weißen Rasse, andersrassige Völker zu zivilisieren*). **~ mat·ter** *s anat.* weiße Sub¹stanz (*weißlicher Teil des Gehirns u. des Rückenmarks*). **~ meat** *s* weißes Fleisch (*vom Geflügel, Kalb etc*). **~ met·al** *s tech.* **1.** Neusilber *n.* **2.** ¹Weiß-, *bes.* ¹Babbitme̤tall *n.*
**whit·en** [¹hwaitn; ¹hwaitn] **I** *v/i* **1.** weiß werden (*a. Haar*). **II** *v/t* **2.** weiß machen, weißen. **3.** bleichen. **4.** → **whitewash** 5. **'white·ness** *s* **1.** Weiße *f.* **2.** Blässe *f.*
**white night** *s* schlaflose Nacht.
**whit·en·ing** [¹hwaitniŋ; ¹hwait-] *s* **1.** Weißen *n.* **2.** Bleichen *n.* **3.** Tünchen *n.* **4.** Weißwerden *n.* **5.** → **whiting²**.
**white| noise** *s electr.* weißes Rauschen. **~ pa·per** *s pol.* a) → **white book**, b) *Br.* Informati¹onsbericht *m* des ¹Unterhauses. **~ pop·lar** *s bot.* Silberpappel *f.* **~ pri·ma·ry** *s pol. Am.* Vorwahl im Süden der USA, bei der nur Weiße Stimmrecht besitzen. **~ rose** *s* **1.** *bot.* Weiße Rose. **2. W~ R~** *Br. hist.* a) Weiße Rose (*Emblem des Hauses York*), b) Mitglied *n* des Hauses York. **W~ Rus·sian I** *s* Weißrusse *m*, -russin *f.* **II** *adj* weißrussisch.
**whites** [waits; hwaits] *s pl* **1.** *med.* Weißfluß *m*, Leukor¹rhöe *f.* **2.** (Weizen-)Auszugsmehl *n.* **3.** weiße Kleider *pl od.* Kleidung.
**white| sale** *s econ.* Weiße Woche. **~ sauce** *s* helle Soße. **~ sheet** *s* Büßerhemd *n*, Sündergewand *n*: **to stand in a ~** *fig.* beichten, (s-e Sünden) bekennen. **'~slave** *adj*: ~ **agent** *od.* ~ **white slaver.** **~ slav·er** *s* Mädchenhändler *m.* **~ slav·er·y** *s* Mädchenhandel *m.* **'~smith** *s tech.* **1.** Klempner *m.* **2.** *metall.* Feinschmied *m.* **'~thorn** *s bot.* Weißdorn *m.* **'~throat** *s orn.* (*a.* **greater ~** Dorn-) Grasmücke *f.* **~ tie** *s* **1.** weiße Fliege. **2.** Gesellschafts-, Abendanzug *m.* **~tie** *adj*: ~ **reception** Empfang *m*, bei dem Gesellschaftsanzug vorgeschrieben ist. **'~wall** (**tire**, *bes. Br.* **tyre**) *s* Weißwandreifen *m.* **'~wash I** *s* **1.** Tünche *f*, Kalkanstrich *m.* **2.** *colloq.* a) Tünche *f*,

Beschönigung *f*, b) ‚Mohrenwäsche‘ *f.* **3.** *sport colloq.* Zu-¹Null-Niederlage *f.* **4.** flüssiges Hautbleichmittel. **II** *v/t* **5.** a) tünchen, anstreichen, b) weißen, kalken. **6.** *colloq.* a) etwas über¹tünchen, beschönigen, b) j-n e-r ‚Mohrenwäsche‘ unter¹ziehen. **7.** *sport colloq.* Gegner zu Null schlagen. **8.** *Haut* bleichen. **'~wash·er** *s* **1.** Tüncher *m*, Anstreicher *m.* **2.** *fig.* j-d, der etwas beschönigt *od.* j-n e-r ‚Mohrenwäsche‘ unterzieht. **~ wed·ding** *s* Hochzeit *f* in Weiß. **~ wil·low** *s bot.* Silberweide *f.* **~ wine** *s* Weißwein *m.* **'~wing** *s Am.* Straßenkehrer *m* in weißer Uni-¹form.
**whit·ey** [¹hwaiti:] *s Am. contp.* (*von Schwarzen gebraucht*) **1.** Weiße(r) *m.* **2.** *oft* **W~** *collect.* die Weißen *pl*, die weiße Gesellschaft: **Negro leaders who are seen as stooges for W~.**
**whith·er** [¹wiðə(r); ¹hwiðə(r)] **I** *adv* **1.** (*fragend*) wo¹hin (*poet. außer in journalistischen Wendungen wie:*) ~ **England?** England, wohin *od.* was nun? **2.** (*relativ*) wo¹hin: a) (*verbunden*) in welchen (welche, welches), zu welchem (welcher, welchen), b) (*unverbunden*) da¹hin, wo: **the land ~ he went** das Land, in welches er ging. **II** *s* **3.** *poet.* (*das*) Wo¹hin: **our whence and our ~** unser Woher u. Wohin. **'with·er·ward(s)** [-wə(r)d(z)] *adv poet.* wo¹hin.
**whit·ing¹** [¹waitiŋ; ¹hwaitiŋ] *s ichth.* **1.** (*ein*) Königsfisch *m.* **2.** *Amer.* Hechtdorsch *m.* **3.** Weißfisch *m*, Mer¹lan *m.*
**whit·ing²** [¹waitiŋ; ¹hwaitiŋ] *s* Schlämmkreide *f.* [Zwischenschlag *m.*]
**whit·ing³** [¹waitiŋ; ¹hwaitiŋ] *s print.*
**whit·ish** [¹waitiʃ; ¹hwaitiʃ] *adj* weißlich.
**Whit·ley Coun·cil** [¹witli] *s econ. Br.* aus Vertretern von Arbeitgebern u. -nehmern gebildeter Ausschuß zur Regelung gemeinsamer Interessen.
**whit·low** [¹witləʊ; ¹hwitləʊ] *s med.* ¹Umlauf *m*, Nagelgeschwür *n.* **~ grass** *s bot.* **1.** Frühlings-Hungerblümchen *n.* **2.** Dreifingersteinbrech *m.*
**Whit Mon·day** *s* Pfingst¹montag *m.*
**Whit·sun** [¹witsn; ¹hwitsn] **I** *s* **1.** → **Whitsuntide. II** *adj* **2.** Pfingst..., pfingstlich. **3.** Pfingstsonntags...
**Whit Sun·day** *s* Pfingst¹sonntag *m.*
**'Whit·sun·tide** *s* Pfingsten *n od. pl*, Pfingstfest *n*, -zeit *f.*
**whit·tle** [¹witl; ¹hwitl] **I** *v/t* **1.** (zu¹recht-) schnitzen, (*a. away od. off*) wegschnitzen, wegschnippeln. **2.** meist ~ **away** (*od.* **down, off**) a) (Stück für Stück) beschneiden, herabsetzen, kürzen: **to ~ down a salary** ein Gehalt kürzen, b) Gesundheit etc schwächen. **II** *v/i* **4.** a. ~ **away** (her¹um)schnitze(l)n *od.* (-)schnippeln (at an dat). **III** *s* **5.** dial. (*bes.* langes Fahrten- *od.* Taschen)Messer.
**Whit| Tues·day** *s* Pfingst¹dienstag *m.* **~ week** *s* Pfingstwoche *f.*
**whit·y** [¹waiti; ¹hwaiti] **I** *s* → **whitey. II** *adj* hell, weiß(lich): **~brown** weißlichbraun, hellbraun.
**whiz** [wiz; hwiz] **I** *v/i* **1.** zischen, schwirren, sausen (*Geschoß etc*). **II** *s* **2.** Zischen *n*, Sausen *n*, Schwirren *n.* **3.** *bes. Am. colloq.* ‚Ka¹none‘ *f* (*Könner*) (**at mathematics** in Mathematik), b) (feine) Sache, ‚tolles Ding‘, ‚Knüller‘ *m*, c) gutes Geschäft. **'~bang I** *s* **1.** *mil. colloq.* a) Ratsch¹bumm-Geschoß *n*, b) robot bomb. **2.** Heuler *m* (*Feuerwerkskörper*). **II** *adj* **3.** *colloq.* ‚toll‘, ‚super‘. **~ kid** *s colloq.* **1.** ‚Senkrechtstarter‘ *m.* **2.** Ge¹nie *n*, Wunderkind *n.*
**whizz,** *etc* → **whiz**, *etc.*
**whiz·zer** [¹wizə(r); ¹hwizə(r)] *s* **1.** *tech.* ¹Trockenzentri̤fuge *f*, Schleudertrockner *m*, Trockenschleuder *f.* **2.** → **whiz** 3.

**who** [hu:] **I** *pron interrog* **1.** wer: ~ **told you so?** wer hat dir das gesagt?; **Who's Who?** Wer ist Wer? (*Verzeichnis prominenter Persönlichkeiten*). **2.** *colloq.* (*für* **whom**) wen, wem: ~ **could I ask?** wen könnte ich fragen? **II** *pron* (*relativ, sg u. pl, nur bei Personen u. personifizierten Tieren*) **3.** (*unverbunden*) wer: **I know ~ has done it** ich weiß, wer es getan hat; **by now he knows who's who** inzwischen weiß er, wer was ist. **4.** (*verbunden*) welch(er, e, es), der, die, das: **the man ~ arrived yesterday; he (she) ~** derjenige, welcher (diejenige, welche); wer. **5.** *colloq.* (*für* **whom**) wen, wem: **bring ~ you like** bring mit, wen du willst. **6.** *obs.* j-d, der: **as ~ should say** als wollte er (sie *etc*) sagen.

**whoa** [wəʊ; *Am. a.* həʊ] *interj a.* ~ **back** brr! (*halt!*) (*zum Pferd*).

**who·dun·(n)it** [ˌhuːˈdʌnɪt] *s colloq.* ‚Krimi' *m* (*Kriminalroman, -stück, -film*).

**who'ev·er,** *poet.* ~**'e'er I** *pron* (*relativ*) **1.** wer (auch) immer; jeder(mann), der; gleich, wer: ~ **saw it was shocked** jeder, der es sah, war empört; ~ **comes will be welcome** wer (auch) immer kommt, ist willkommen. **2.** *colloq. für* **whomever.** **II** *pron interrog* **3.** *colloq.* (*für* **who ever**) wer denn nur.

**whole** [həʊl] **I** *adj* (*adv* → **wholly**) **1.** ganz, gesamt, voll(ständig): **the ~ truth** die ganze *od.* volle Wahrheit; **the ~ year** das ganze Jahr (hindurch); **a ~ 10 days** ganze *od.* volle 10 Tage; **to go the ~ figure** *Am. colloq.* → **whole hog;** (**made**) **out of ~ cloth** *Am. colloq.* völlig aus der Luft gegriffen, frei erfunden. **2.** *colloq.* ganz: **a ~ lot of nonsense** e-e ganze Menge Unsinn. **3.** ganz, unzerteilt: **to swallow s.th. ~** etwas unzerkaut *od.* ganz (hinunter)schlucken. **4.** Voll(wert)...: ~ **food** Vollwertnahrung *f.* **5.** *math.* ganz, ungebrochen (*Zahl*). **6.** heil: a) unverletzt, unversehrt, b) unbeschädigt, ‚ganz': **to get off with a ~ skin** mit heiler Haut davonkommen; **they that be ~ need not a physician** *Bibl.* die Starken bedürfen des Arztes nicht. **7.** Voll...: a) richtig (*Verwandtschaft*), b) rein (*Blutmischung*): ~ **brother** leiblicher Bruder. **II** *s* **8.** (*das*) Ganze, Gesamtheit *f:* **the ~ of the town** die ganze Stadt; **the ~ of London** ganz London; **the ~ of my property** mein ganzes Vermögen. **9.** Ganze(s) *n,* Einheit *f:* **as a ~** als Ganzes gesehen; (**up**)**on the ~** a) im großen (u.) ganzen, b) alles in allem, insgesamt; **in ~ or in part** ganz oder teilweise.

**whole⎮bind·ing** → **full binding.** '~-**bound** *adj* in Ganzleder (gebunden). ‚~**'col·o(u)red** *adj* einfarbig. ~ **gale** *s* schwerer Sturm (*Windstärke 10*). ~**'heart·ed** *adj* (*adv* ~**ly**) ernsthaft, aufrichtig, rückhaltlos, voll, aus ganzem Herzen. ~**hog:** **to go the ~** *colloq.* aufs Ganze gehen, ganze Arbeit leisten, die Sache gründlich machen. ‚~**'hog·ger** *s colloq.* j-d, der aufs Ganze geht; kompro'mißloser Mensch, *pol.* ‚Hundert-('fünfzig)pro‚zentige(r)' *m.* ‚~**'length** *adj* **1.** ungekürzt. **2.** Ganz..., Voll...: ~ **mirror** Ganzspiegel *m;* ~ **portrait** Voll-porträt *n,* Ganzbild *n, phot.* Ganzaufnahme *f.* **II** *s* **3.** Por'trät *n od.* Statue *f* in Lebensgröße. ~ **life in·sur·ance** *s econ.* Lebensversicherung *f* im Todesfall. '~**meal** *adj* Vollkorn...: ~ **bread** (**flour**). ~ **milk** *s* Vollmilch *f.*

'**whole·ness** *s* **1.** Ganzheit *f.* **2.** Vollständigkeit *f.*

'**whole·sale I** *s econ.* **1.** Großhandel *m:* **by ~** → **4. II** *adj* **2.** *econ.* Großhandels..., Engros...: ~ **dealer** → **wholesaler;** ~ **purchase** Einkauf *m* im großen, Engroseinkauf; ~ **representative** Großhandelsvertreter *m;* ~ **trade** Großhandel *m.* **3.** *fig.* a) Massen..., b) 'unterschiedslos, pau'schal: ~ **slaughter** Massenmord *m.* **III** *adv* **4.** *econ.* en gros, im großen: **to sell ~. 5.** *fig.* a) massenhaft, in Massen, b) 'unterschiedslos. **IV** *v/t* **6.** *econ.* en gros verkaufen. **V** *v/i* **7.** *econ.* Großhandel treiben, Gros'sist sein. '**whole-sal·er** [-ˌseɪlə(r)] *s econ.* Großhändler *m,* Gros'sist *m.*

**whole·some** ['həʊlsəm] *adj* (*adv* ~**ly**) **1.** *allg.* gesund (*a. fig.*): a) bekömmlich: ~ **food,** b) heilsam: ~ **air,** c) na'türlich, nor'mal: ~ **life,** d) kräftig, kräftig: ~ **excitement;** ~ **humo(u)r** gesunder Humor. **2.** förderlich, zuträglich, gut, nützlich. **3.** *colloq.* ‚gesund', sicher, ungefährlich. '**whole-some-ness** *s* **1.** Gesundheit *f:* a) Bekömmlichkeit *f,* b) (*das*) Gesunde (*a. fig.*). **2.** Nützlichkeit *f.* **3.** Gesundheit *f,* (*das*) Nor'male *od.* Na'türliche.

‚**whole⎮-'souled** → **whole-hearted.** ‚~**-'time** → **full-time.** ~ **tone** *s mus.* Ganzton *m.* '~**-tone scale** *s mus.* Ganztonleiter *f.* '~**-wheat** *adj bes. Am.* → **wholemeal.**

**whol·ly** ['həʊllɪ; 'həʊlɪ] *adv* ganz, gänzlich, völlig.

**whom** [huːm] **I** *pron interrog* **1.** wen? **2.** (*Objektkasus von* **who**): **of ~** von wem; **to ~** wem; **by ~** durch wen. **3.** wem: ~ **does she serve? II** *pron* (*relativ*) **4.** (*verbunden*) welch(en, e, es), den (die, das): **the man ~ you saw. 5.** (*unverbunden*) wen; den(jenigen), welchen; die (-jenige), welche; *pl* die(jenigen), welche: ~ **the gods love die young** wen die Götter lieben, der stirbt jung. **6.** (*Objektkasus von* **who**): **of ~** von welch(em, er, en), dessen, deren; **to ~** dem (der, denen); **all of ~ were dead** welche alle tot waren. **7.** welch(em, er, en), dem (der, denen): **the master ~ she serves** der Herr, dem sie dient.

**whom'ev·er** *pron* (*Objektkasus von* **whoever**) wen (auch) immer.

**whomp** [hwɒmp] *Am. colloq.* **I** *s* **1.** Bums *m,* Knall *m.* **II** *v/t* **2.** bumsen, knallen. **3.** *sport* ‚vernaschen', 'über'fahren' (*hoch schlagen*). **4.** ~ **up** sich *e-e* Geschichte *etc* einfallen lassen *od.* ‚zu-rechtbasteln'. **5.** ~ **up** Interesse *etc* zeigen.

‚**whom·so'ev·er** *pron* (*Objektkasus von* **whosoever**) wen auch immer.

**whoop** [hu:p] **I** *s* **1.** a) Schlachtruf *m,* b) (*bes.* Freuden)Schrei *m:* **not worth a ~** *colloq.* keinen Pfifferling wert. **2.** *med.* Keuchen *n* (*bei Keuchhusten*). **II** *v/i* **3.** schreien, (*a.* ~ **with joy**) jauchzen. **4.** *med.* keuchen. **III** *v/t* **5.** *etwas* brüllen. **6.** *j-n* anfeuern. **7.** **to ~ it up** *colloq.* a) ‚auf den Putz hauen' (*ausgelassen feiern*), b) die Trommel rühren (**for** für).

**whoop-de-do(o)** [ˌhu:pdɪˈdu:] *s Am. colloq.* **1.** ausgelassene Fröhlichkeit, Ausgelassenheit *f.* **2.** ‚Rummel' *m:* **there was a lot of ~ when** ... die Wogen der Erregung gingen hoch, als ...

**whoop·ee** *colloq.* **I** *s* ['wʊpi:; *Am. a.* 'hwʊpi:]: **to make ~** a) ‚auf den Putz hauen' (*ausgelassen feiern*), b) *bes. Am.* Sauf- *od.* Sexpartys feiern. **II** *interj* [*Br.* wʊ'pi:] juch'hu!

'**whoop·ing⎮ cough** *s med.* Keuchhusten *m.* ~ **swan** *s orn.* Singschwan *m.*

**whoops** [wʊps] *interj* hoppla!, wupp!

**whoosh** [wʊʃ; *Am. a.* hwu:ʃ] **I** *v/i* zischen: **several cars ~ed by. II** *s* Zischen *n.*

**whop** [wɒp; hwɒp; *Am.* hwɑp; wɑp] *colloq.* **I** *v/t* **1.** schlagen. **2.** (ver)prügeln, ‚verdreschen'. **3.** *sport* ‚vernaschen', ‚über'fahren' (*hoch schlagen*). **II** *s*

**4.** ‚Pfund' *n* (*harter Schlag*). '**whop·per** *s colloq.* **1.** ‚Mordsding' *n.* **2.** faustdicke Lüge. '**whop·ping** *colloq.* **I** *s* (Tracht *f*) Prügel *pl:* **to give s.o. a ~** j-m e-e Tracht Prügel verpassen. **II** *adj u. adv* Mords...: **a ~** (**big**) **ship.**

**whore** [hɔː(r); *Am. a.* 'həʊər] **I** *s* Hure *f.* **II** *v/i* huren: **to go a-whoring after strange gods** *Bibl.* fremden Götzen dienen. '~**house** *s* Bor'dell *n,* Freudenhaus *n.* '~**mas·ter,** '~**mon·ger** *s obs.* Hurenbock *m.* '~**son** ['hɔː(r)sn; *Am. a.* 'həʊərsn] *s obs.* **1.** Bankert *m.* **2.** *fig.* Hurensohn *m.*

**whorl** [wɜːl; hwɜːl; *Am.* 'hwɔːrəl; 'hwɜ-; 'w-] *s* **1.** *bot.* Wirtel *m,* Quirl *m.* **2.** *anat. zo.* Windung *f* (*a. e-r Spirale*). **3.** *tech.* (Spinn)Wirtel *m.* **whorled** *adj* **1.** quirlförmig. **2.** spi'ralig, gewunden. **3.** *bot.* quirlständig.

'**whor·tle·ber·ry** ['wɜːtl-; 'hwɜːtl-; *Am.* 'hwɜrtl-; 'w-] *s* **1.** Heidelbeere *f:* **red ~** Preiselbeere *f.* **2.** → **huckleberry.**

**whose** [hu:z] *pron* (*gen sg u. pl von* **who**) **1.** *interrog* wessen: ~ **is it?** wem gehört es? **2.** *relativ* (*a. gen von* **which**) dessen, deren.

**who·sit** ['hu:zɪt] *s colloq.* ‚Dingsda' *m, f:* **Mr. ~** Herr ‚Dingsbums' *od.* ‚Soundso'.

'**who⎮·so** *obs. für* a) **whosoever,** b) **whoever.** ‚~**so'ev·er,** *poet.* ‚~**so'e'er** *pron* wer auch immer.

**why** [waɪ; hwaɪ] **I** *adv* **1.** (*fragend u. relativ*) war'um, wes'halb, wo'zu: ~ **so?** wieso?, warum das?; **the reason ~** (der Grund,) weshalb; **that is ~** deshalb. **II** *s* **2.** (*das*) War'um, Grund *m:* **the ~s and wherefores** das Warum u. Weshalb. **3.** (*das*) Wo'zu, Frage *f,* Pro'blem *n:* **the great ~s of life. III** *interj* **4.** nun (gut), (na) schön. **5.** (ja) na'türlich. **6.** ja doch. **7.** na, hör mal; na'nu; aber (... doch): ~, **that's Peter!** aber das ist ja *od.* doch Peter!

**Wic·ca,** *a.* **wic·ca** ['wɪkə] *s* **1.** Hexe'rei *f.* **2.** Hexenkult *m.*

**wick**[1] [wɪk] *s* **1.** Docht *m:* **to get on s.o.'s ~** *Br. colloq.* j-m ‚auf den Wecker fallen' *od.* gehen'. **2.** *med.* schmaler 'Gazetam‚pon.

**wick**[2] [wɪk] *s obs.* (*außer in Zssgn*) **1.** Stadt *f,* Burg *f,* Dorf *n:* **Hampton W~. 2.** Gehöft *n.* **3.** Amtsbezirk *m.*

**wick·ed** ['wɪkɪd] *adj* (*adv* ~**ly**) **1.** böse, gottlos, schlecht, verrucht: **the ~ one** *Bibl.* der Böse, Satan; **the ~** die Gottlosen. **2.** böse, schlimm (*ungezogen, a. humor. schalkhaft*). **3.** *colloq.* schlimm (*Schmerz, Wunde etc*). **4.** bösartig (*a. Tier*), boshaft. **5.** gemein, niederträchtig, tückisch. **6.** *colloq.* übel, garstig. **7.** *sl.* ‚toll', großartig. **II** **wick·ed·ness** *s* **1.** Gottlosigkeit *f,* Schlechtigkeit *f,* Verruchtheit *f.* **2.** Bosheit *f.* **3.** Gemeinheit *f,* Niedertracht *f.*

**wick·er** ['wɪkə(r)] **I** *s* **1.** Weidenrute *f.* **2.** Korb-, Flechtweide *f.* **3.** Flechtwerk *n.* **II** *adj* **4.** aus Weiden geflochten, Weiden..., Korb..., Flecht...: ~ **basket** Weidenkorb *m;* ~ **bottle** Korbflasche *f;* ~ **chair** Korb-, Rohrstuhl *m;* ~ **furniture** Korbmöbel *pl.* '~**work** *s* **1.** Korbwaren *pl.* **2.** Flechtwerk *n.*

**wick·et** ['wɪkɪt] *s* **1.** Pförtchen *n.* **2.** (Tür *f* mit) Drehkreuz *n.* **3.** Halbtür *f.* **4.** (*meist vergittertes*) Schalterfenster *n.* **5.** *Kricket:* a) Dreistab *m,* b) Spielfeld *n,* c) *die Zeit, in welcher ein Schlagmann den Dreistab verteidigt:* **to be on a good (sticky) ~** gut (schlecht) stehen *od.* ‚dran' sein; **to get** (*od.* **take**) **a ~** e-n Schläger ‚aus' machen; **to keep ~** den Dreistab verteidigen; **to win by 2 ~s** das Spiel gewinnen, obwohl 3 Schläger noch nicht geschlagen haben; **first** (**second,** *etc*) ~ **down** der erste

(zweite *etc*) Schläger ist ausgeschieden.
'~‚**keep·er** *s Kricket*: Dreistabhüter *m*.
**wick·i·up** ['wɪki;‚ʌp] *s Am*. **1**. Indi'aner-
hütte *f* (*aus Reisig etc*). **2**. *allg*. Hütte *f*.
**wide** [waɪd] **I** *adj* (*adv* → **widely**) **1**. breit:
a ~ **forehead** (**ribbon**, **street**, *etc*); ~
**ga(u)ge** *rail*. Breitspur *f*; 6 **feet** ~ 6 Fuß
breit; → **berth** 1. **2**. weit, ausgedehnt: ~
**distribution**; **a** ~ **public** ein breites
Publikum; **the** ~ **world** die weite Welt.
**3**. *fig*. a) ausgedehnt, um'fassend, 'umfang-
reich, weitreichend, b) reich (*Er-
fahrung, Wissen etc*): ~ **culture** umfas-
sende Bildung; ~ **reading** große Be-
lesenheit. **4**. groß, beträchtlich: **a** ~ **dif-
ference**. **5**. weit(läufig, -gehend), *a*.
weitherzig, großzügig: **a** ~ **generaliza-
tion** e-e starke *od*. grobe Verallgemeine-
rung; **to take** ~ **views** weitherzig *od*.
großzügig sein. **6**. weit offen, aufgeris-
sen: ~ **eyes**. **7**. weit, lose, nicht an-
liegend: ~ **clothes**. **8**. weit entfernt (**of**
von *der Wahrheit etc*), weitab (*vom Ziel*):
~ **of the truth**; → **mark¹** 12. **9**. *ling*. breit
(*Vokal*). **10**. *Br. sl*. a) aufgeweckt, ‚hell‘,
b) gerissen, schlau.
**II** *adv* **11**. breit. **12**. weit: ~ **apart** weit
auseinander; ~ **open** a) weit offen,
b) völlig offen *od*. ungedeckt (*Boxer etc*),
c) *fig*. schutzlos, d) → **wide-open** 2; ~
**awake** 5. **13**. weit da'neben: **to go** ~ weit
danebengehen.
**III** *s* **14**. *Kricket, Baseball*: vom Schlä-
ger nicht mehr erreichbarer Ball.
**15**. (*das*) Äußerste, vollkommen.
‚**wide**|-'**an·gle** *adj phot*. Weitwinkel...: ~
**lens** Weitwinkelobjektiv *n*. ~**-a·wake** **I**
*adj* [‚waɪdə'weɪk] **1**. hellwach (*a. fig*.). **2**.
*fig*. wachsam, aufmerksam. **3**. *fig*. aufge-
weckt, ‚hell‘. **II** *s* ['waɪdəweɪk] **4**. Kala-
'breser *m* (*Schlapphut*). ~**·bod·y** *s aer*.
*colloq*. Großraumflugzeug *n*. ~**-'eyed**
*adj* **1**. mit großen *od*. weitaufgerissenen
Augen: **in** ~ **amazement** ganz entgei-
stert. **2**. *fig*. na'iv: ~ **innocence** kindliche
Unschuld.
'**wide·ly** *adv* **1**. weit (*a. fig*.): ~ **discussed**
vieldiskutiert; ~ **scattered** weitver-
streut; **it is** ~ **known** es ist weit u. breit
bekannt; **a man who is** ~ **known** ein in
weiten Kreisen bekannter Mann; **to dif-
fer** ~ a) sehr verschieden sein, b) sehr
unterschiedlicher Meinung sein. **2**. um-
'fassend, ausgedehnt: **to be** ~ **read** sehr
belesen sein.
**wid·en** ['waɪdn] **I** *v/t* **1**. verbreitern, brei-
ter machen. **2**. *Wissen etc* erweitern.
**3**. *e-e Kluft, e-n Zwist* vertiefen: **to** ~ **a**
**gap**. **II** *v/i* **4**. breiter werden, sich ver-
breitern. **5**. sich erweitern (*Wissen etc*).
**6**. sich vertiefen (*Kluft, Zwist etc*).
'**wide·ness** *s* **1**. Breite *f*. **2**. Ausgedehnt-
heit *f* (*a. fig*.), Ausdehnung *f*.
‚**wide**|-'**o·pen** *adj* **1**. weitgeöffnet, weit
offen. **2**. *Am*. äußerst ‚großzügig‘ (*mit
sehr lockeren Bestimmungen bezüglich
Glücksspiel, Prostitution etc*) (*Stadt*). ~-
**-screen** *adj Film*: Breitwand... ~-
**spread** *adj* **1**. weitausgebreitet, aus-
gedehnt. **2**. weitverbreitet.
**widg·eon** ['wɪdʒən] *s* **1**. *pl* **-eons**, *bes.
collect*. **-eon** *orn*. Pfeifente *f*. **2**. *obs*.
Narr *m*.
**wid·ish** ['waɪdɪʃ] *adj* ziemlich breit.
**wid·ow** ['wɪdəʊ] *s* **1**. Witwe *f*. **2**. *Skat*:
Skat *m* (*die 2 verdeckt liegenden Karten*).
**3**. *print*. Hurenkind *n*. '**wid·owed** *adj*
verwitwet: **to be** ~ a) verwitwet sein, b)
Witwe(r) werden, den Mann *od*. die Frau
verlieren, c) *allg*. verwaist *od*. verlassen
sein; **to be** ~ **of a friend** e-n Freund
verlieren; ~ **mother's allowance** *Br*.
Beihilfe *f* für verwitwete Mütter. '**wid-
ow·er** *s* Witwer *m*.

'**wid·ow·hood** *s* **1**. Witwenschaft *f*,
Witwenstand *m*. **2**. *obs*. Wittum *n*, Wit-
wengut *n*.
**wid·ow's**| **al·low·ance** *s Br*. (zeit-
weilige) Witwenbeihilfe. ~ **ben·e·fits** *s
pl Br*. Sozi'alversicherungsleistungen *pl*
an Witwen. ~ **cruse** *s* **1**. *Bibl*. Ölkrüglein
*n* der Witwe. **2**. *fig*. unerschöpflicher
Vorrat. ~ **mite** *s* **1**. *Bibl*. Scherflein *n* der
(armen) Witwe. **2**. *fig*. Scherflein *n*: **to
give one's** ~ **to** sein Scherflein beitragen
zu. ~ **pen·sion** *s Br*. (ständige) Witwen-
rente. ~ **weeds** → **weed²** 1.
**width** [wɪdθ] *s* **1**. Breite *f*, Weite *f*: 6 **feet
in** ~ 6 Fuß breit. **2**. (Stoff-, Ta'peten-,
Rock)Bahn *f*. **3**. *arch*. a) Spannweite *f*:
~ **of an arch** (**bridge**), b) lichte Weite.
**4**. *geol*. Mächtigkeit *f*. **5**. Weite *f*, Größe *f*:
~ **of mind** geistiger Horizont.
**wield** [wiːld] *v/t* **1**. *Macht, Einfluß etc*
ausüben (**over** über *acc*): **to** ~ **power**.
**2**. *rhet. ein Werkzeug, e-e Waffe* hand-
haben, führen, schwingen: **to** ~ **the
brush** den Pinsel schwingen; **to** ~ **the
pen** die Feder führen, schreiben; ~
**scepter**. '**wield·er** *s j-d*, der handhabt
*od*. (*Macht etc*) ausübt: **a** ~ **of autocratic
power** ein autokratischer Machthaber.
'**wield·y** *adj* **1**. handlich: **a** ~ **tool**.
**2**. stark: ~ **hands**.
**wie·ner** ['wiːnər] *s Am*. Wiener Würst-
chen *n*. **W~ schnit·zel** *s* Wiener Schnit-
zel *n*. '~‚**wurst** [-‚vʌrst] → **wiener**.
**wie·nie** ['wiːni;] *colloq. für* **wiener**.
**wife** [waɪf] *pl* **wives** [waɪvz] *s* **1**. (Ehe-)
Frau *f*, Gattin *f*: **to wed·ded** ~ angetraute
Gattin; **to take to** ~ zur Frau nehmen;
**he made her his** ~ er machte sie zu s-r
Frau. **2**. *obs. od. dial*. Weib *n*. '~‚**beat-
ing ques·tion** *s bes. Am. colloq*. Fang-
frage *f*.
'**wife·hood** *s* Ehestand *m* (*e-r Frau*).
'**wife·less** *adj* unverheiratet, *humor*.
unbeweibt. '**wife·like** → **wifely**.
'**wife·ly** *adj* **1**. a) ... als Ehefrau: ~
**duties**, b) hausfraulich: ~ **virtues**. **2**.
ma'tronenhaft.
**wife**| **swap·ping** *s colloq*. Partner-
tausch *m*. '~‚**swap·ping** *adj colloq*.: ~
**party** Party *f* mit Partnertausch.
**wif·ie** ['waɪfɪ] *s colloq. od. humor*. Frau-
chen *n*.
**wig¹** [wɪg] *s* **1**. Pe'rücke *f*: ~**s on the
green** *colloq*. e-e harte Auseinander-
setzung; **keep your** ~ **on!** *colloq*. ruhig
Blut!; **to·lose** one's Aufregung! **2**. Tou'pet *n*.
**wig²** [wɪg] *v/t colloq. j-m* ‚e-e Gar'dinen-
predigt *od*. e-e Standpauke halten‘.
**wi·geon** → **widgeon**.
**wigged** [wɪgd] *adj* mit Pe'rücke (ver-
sehen), pe'rückentragend.
'**wig·ging** *s colloq*. ‚Gar'dinenpredigt‘ *f*,
‚Standpauke‘ *f*: **to give** *s.o*. **a** ~ → **wig²**.
**wig·gle** ['wɪgl] **I** *v/i u*. ~ **wriggle** 1.
**2**. wackeln, zucken. **II** *v/t* **3**. wackeln mit.
**4**. **to** ~ **one's way through** sich winden
*od*. schlängeln durch. **III** *s* **5**. schlängeln-
de *od*. windende Bewegung. **6**. Zucken *n*,
Wackeln *n*: **to give a** ~ wackeln; **get a** ~
**on!** *Am. colloq*. Tempo!, macht('s) schon!,
los! **7**. *gastr. Gericht aus Fischen od.
Schaltieren in Sahnensauce*.
**wight¹** [waɪt] *s obs*. **1**. *humor*. Wicht *m*,
Kerl *m*. **2**. Wesen *n*, Krea'tur *f*.
**wight²** [waɪt] *adj obs. od. dial*. **1**. mutig.
**2**. stark. **3**. hurtig, flink.
**wig·wag** ['wɪgwæg] *colloq*. **I** *v/t u. v/i*
**1**. (sich) hin u. her bewegen. **2**. *mar. mil*.
winken, signali'sieren. **II** *adj* **3**. Win-
ker...: ~ **system** Winkeralphabet *n*.
'**wig·wag·ger** *s mar. mil. colloq*. Win-
ker *m*.
**wig·wam** ['wɪgwæm; *Am*. -‚wɑːm] *s*
**1**. Wigwam *m, n*: a) Indi'anerzelt *n*, -hütte
*f*, b) *humor*. Behausung *f*. **2**. *pol. Am. sl*.

Versammlungshalle *f*: **the W~** → **Tam-
many Hall** 1.
**wil·co** [‚wɪl'kəʊ] *interj Sprechfunk etc*:
wird gemacht!
**wild** [waɪld] **I** *adj* (*adv* ~**ly**) **1**. wild: a)
ungezähmt, in Freiheit lebend, b) gefähr-
lich: ~ **animals**. **2**. wild(wachsend): ~
**honey** wilder Honig. **3**. wild: a) ver-
wildert, 'wildro‚mantisch, b) verlassen: ~
**country**. **4**. wild, 'unzivili‚siert: ~ **tribes**.
**5**. wild, stürmisch: **a** ~ **coast**. **6**. wild,
wütend, heftig: ~ **quarrel**; ~ **storm**. **7**.
irr, verstört, wild: **a** ~ **look**. **8**. wild: **the
horse got** ~ das Pferd scheute. **9**. wild:
a) rasend (**with** vor *dat*), b) *fig*.
wütend (**about** über *acc*): ~ **pain** rasen-
der Schmerz; ~ **rage** rasende Wut; ~
**with fear** wahnsinnig vor Angst; **to
drive** *s.o*. ~ *colloq*. j-n wild machen, j-n
zur Raserei bringen. **10**. wild, nicht zu
bändigen(d), ungezügelt: ~ **children**; ~
**passion**. **11**. wild, ausgelassen, unbän-
dig: ~ **delight**; ~ **gaiety**. **12**. *colloq*.
a) wild, toll, verrückt, b) ausschweifend:
~ **years** tolle *od*. bewegte Jahre; **a** ~
**fellow** ein wilder Kerl; ~ **youth** stür-
mische Jugend; ~ **orgies** wilde Orgien.
**13**. (**about**) *colloq*. (ganz) versessen (auf
*acc*), wild (nach). **14**. hirnverbrannt, un-
sinnig, abenteuerlich: ~ **plan**. **15**. plan-,
ziellos, aufs Gerate'wohl, wild: **a** ~ **blow**
ein ungezielter Schlag; **a** ~ **guess** e-e
wilde Vermutung; **a** ~ **shot** ein Schuß ins
Blaue. **16**. wirr, wüst, wild: ~ **disorder**; ~
**hair** wirres Haar.
**II** *adv* **17**. (blind) drauf'los, aufs Gera-
te'wohl, ins Blaue (hin'ein): **to run** ~ a)
*bot*. ins Kraut schießen, b) verwildern
(*Garten etc*; *a. fig. Kinder etc*): **to shoot** ~
ins Blaue schießen, blind drauflosschie-
ßen; **to talk** ~ a) (wild) drauflosreden,
b) sinnloses Zeug reden.
**III** *s rhet*. **18**. *a. pl* Wüste *f*. **19**. *a. pl*
Wildnis *f*: **in the ~s of Africa** im tiefsten
*od*. finstersten Afrika.
**wild**| **boar** *s zo*. Wildschwein *n*. '~‚**cat**
**I** *s* **1**. *zo*. a) Wildkatze *f*, b) Amer. Rot-
luchs *m*. **2**. *colloq*. Wilde(r *m*) *f*, Drauf-
gänger(in). **3**. *rail. Am. colloq*. Einzel-,
Ran'gierlok *f*. **4**. *econ. a) Am*. 'Schwindel-
unter‚nehmen *n*, b) *Am*. schlechte Kas-
senscheine *pl*, c) wilder Streik. **5**. →
**wildcatting** 2. **II** *adj* **6**. *econ. a) Am*.
unsicher, ris'kant, spekula'tiv, b) *Am*.
schwindelhaft, Schwindel...: ~ **company**
Schwindelgesellschaft *f*; ~ **currency** →
4 b, c) wild, ungesetzlich: ~ **strike**. **III** *v/i*
**7**. *Am*. speku'lativ *od*. wilde Versuchs-
bohrungen (*nach Erdöl etc*) machen. **8**.
*rail. Am*. a) außerplanmäßig fahren
(*Zug*), b) 'unkontrol‚liert fahren (*Lok*).
'~‚**cat·ter** [-‚kætər] *s Am*. **1**. *econ*. wilder
Speku'lant. **2**. j-d, der spekula'tive *od*.
wilde Versuchsbohrungen (*nach Erdöl
etc*) macht. '~‚**cat·ting** *s Am*. **1**. *econ*.
wildes Speku'lieren. **2**. spekula'tive *od*.
wildes Versuchsbohrungen (*nach Erdöl etc*).
~ **duck** *s orn*. Wildente *f*. *Br. bes*. Stock-
ente *f*.
**wil·de·beest** ['wɪldɪbiːst] *pl* **-beests**,
*bes. collect*. **-beest** *s zo. S.Afr*. Weiß-
schwanzgnu *n*.
**wil·der** ['wɪldə(r)] *obs. od. poet*. **I** *v/t*
**1**. irreführen. **2**. verwirren. **II** *v/i*
**3**. her'umirren.
**wil·der·ness** ['wɪldə(r)nɪs] *s* **1**. Wildnis *f*,
Wüste *f* (*a. fig*.): **a voice** (**crying**) **in the**
~ a) *Bibl*. die Stimme des Predigers in der
Wüste, b) *fig*. der Rufer *m* in der Wüste
(*vergeblicher Mahner*); **to be sent** (**off**)
**into the** ~ *fig*. in die Wüste geschickt
werden; ~ **of sea** Wasserwüste *f*. **2**. wild-
wachsendes Gartenstück. **3**. *fig*. Masse *f*,
Gewirr *n*.
‚**wild**|-'**eyed** *adj* mit wildem Blick, wild

dreinschauend. '~,**fire** s **1.** verheerendes Feuer: **to spread like** ~ sich wie ein Lauffeuer verbreiten (*Nachricht etc*). **2.** *mil. hist.* griechisches Feuer. **3.** *fig.* Sturm *m*, wildes Feuer. **4.** *Irrlicht n.* '~**fowl** *s collect.* Wildvögel *pl,* bes. Wildgänse *pl od.* -enten *pl.* '~,**fowl·ing** *s* Wildvogeljagd *f.* ~ **goose** *s irr orn.* Wildgans *f.* ,~~'**goose chase** *s fig.* vergebliche Mühe, fruchtloses Unter'fangen.

**wild·ing** ['waɪldɪŋ] *s bot.* a) Wildling *m*, unveredelte Pflanze, *bes.* Holzapfelbaum *m,* b) *Frucht e-r solchen Pflanze,* c) verwilderte Gartenpflanze.
'**wild·life** *s collect.* wildlebende Tiere (u. wildwachsende Pflanzen): ~ **park** Naturpark *m.* '~**lif·er** *s* Na'turschützer(in).
**wild·ness** ['waɪldnɪs] *s allg.* Wildheit *f.*
'**wild,wa·ter** *s* Wildwasser *n:* ~ **sport.**
**wile** [waɪl] **I** *s* **1.** List *f*, Trick *m*, *pl a.* Kniffe *pl*, Schliche *pl*, Ränke *pl.* **II** *v/t* **2.** (ver)locken: **to** ~ **s.o. into** j-n locken in (*acc*), j-n verlocken zu. **3.** → **while** 6.
**wil·ful,** *bes. Am.* **will·ful** ['wɪlfʊl] *adj* (*adv* ~**ly**) **1.** absichtlich, (*bes. jur.*) vorsätzlich: ~ **deceit** *jur.* arglistige Täuschung; ~ **homicide** *jur.* vorsätzliche Tötung; ~ **murder** *jur.* Mord *m.* **2.** eigenwillig, -sinnig, halsstarrig. '**wil·ful·ness,** *bes. Am.* '**wil·full·ness** *s* **1.** Absichtlichkeit *f*, (*bes. jur.*) Vorsätzlichkeit *f.* **2.** Eigenwille *m,* -sinn *m*, Halsstarrigkeit *f.*
**wil·i·ly** ['waɪlɪlɪ] *adv zu* **wily.** '**wil·i·ness** *s* (Arg)List *f*, Verschlagenheit *f*, Gerissenheit *f.*
**will**[1] [wɪl] *inf u. imp fehlen, 1. u. 3. sg pres* **will,** *2. sg pres* (**you**) **will,** *obs.* (**thou**) **wilt** [wɪlt], *pl* **will,** *pret* **would** [wʊd], *2. sg pret obs.* (**thou**) **wouldst** [wʊdst], *pp obs.* **wold** [wəʊld], **would** **I** *v/aux* **1.** (*zur Bezeichnung des Futurs, Br. 1. sg u. pl meist colloq.*), *u. als Ausdruck e-s Versprechens od. Entschlusses*) werden: **they** '~ **see very soon** sie werden bald sehen. **2.** wollen, werden, willens sein zu: ~ **you pass me the bread, please?** würden Sie mir bitte das Brot reichen; **I** ~ **not go there again** ich gehe da nicht mehr hin; **I** ~ **not stand such nonsense!** ich dulde solchen Unfug nicht!; ~ **do!** *colloq.* wird gemacht! **3.** (*immer, bestimmt, unbedingt*) werden (*oft unübersetzt*): **people** ~ **talk** die Leute reden immer; **boys** ~ **be boys** Jungen sind nun einmal so; **accidents** ~ **happen** Unfälle wird es immer geben; **you** ~ **get in my light!** du mußt mir natürlich (immer) im Licht stehen! **4.** (*zur Bezeichnung e-r Erwartung, Vermutung od. Annahme*) werden: **you** ~ **not have forgotten her** du wirst sie nicht vergessen haben; **they** ~ **have gone now** sie werden *od.* dürften jetzt (wohl) gegangen sein; **this** ~ **be about right** das wird *od.* dürfte ungefähr stimmen. **5.** (*in Vorschriften etc*) *bes. mil.* müssen.
**II** *v/i u. v/t* **6.** wollen, wünschen: **come when you** ~**!** komm, wenn du willst!; **as you** ~ wie du willst; → **will**[2] II, III.
**will**[2] [wɪl] **I** *s* **1.** Wille *m* (*a. philos.*). **2.** Wille(nskraft *f*) *m:* **a weak** ~ ein schwacher Wille. **3.** Wille *m*, Wollen *n:* **at** ~ nach Belieben *od.* Laune *od.* Lust; **where there's a** ~ **there's a way** wo ein Wille ist, ist auch ein Weg; **of one's own (free)** ~ aus freien Stücken; **with a** ~ mit Lust u. Liebe, mit Macht; **I can't do that with the best** ~ **in the world** ich kann das (auch) beim besten Willen nicht tun; **to have one's** ~ s-n Willen haben; **to take the** ~ **for the deed** den guten Willen für die Tat nehmen; → **tenancy** 1. **4.** Wille *m*, Wunsch *m*, Befehl *m:* **Thy** ~ **be done** *Bibl.* Dein Wille geschehe. **5.** Wille *m*, (Be)Streben *n:* **to have the** ~ **to do s.th.** den Willen haben *od.* bestrebt

sein, etwas zu tun; **the** ~ **to live** der Lebenswille; ~ **to peace** Friedenswille; ~ **to power** Machtwille, -streben. **6.** Wille *m,* Gesinnung *f* (*j-m gegenüber*): **good** ~ guter Wille; **I don't bear him any ill** ~ ich trage ihm nichts nach; → **goodwill.** **7.** *meist* **last** ~ **and testament** *jur.* letzter Wille, Testa'ment *n:* **to make one's** ~ sein Testament machen.
**II** *v/t* **2.** *sg pres* (**you**) **will,** *obs.* (**thou**) **will·est** ['wɪlɪst], *3. sg pres* **wills,** *obs.* **will·eth** ['wɪlɪθ], *pret u. pp* **willed** [wɪld] **8.** wollen, entscheiden: **God** ~**s** (*od.* ~**eth**) **it** Gott will es. **9.** ernstlich *od.* fest wollen. **10.** *j-n* (durch Willenskraft) zwingen (**to do** zu tun): **to** ~ **o.s. into** sich zwingen zu. **11.** *jur.* (letztwillig *od.* testamen'tarisch) a) verfügen, b) vermachen: **he** ~**ed me his gold watch.**
**III** *v/i* **12.** wollen.
'**will-call** *s* **1.** Kauf *m,* bei dem e-e Anzahlung gemacht u. die Ware zu'rückgelegt wird. **2.** angezahlte u. zu'rückgelegte Ware.
**willed** [wɪld] *adj in Zssgn* ...willig, mit e-m ... Willen: → **strong-willed,** *etc.*
**will·est** ['wɪlɪst] *obs. 2. sg pres von* **will**[2].
**will·eth** ['wɪlɪθ] *obs. 3. sg pres von* **will**[2].
**will·full,** *etc Am. für* **wilful,** *etc.*
**wil·lies** ['wɪlɪz] *s pl colloq.* **I always get the** ~ **when** ... ,ich bekomme jedesmal Zustände' *od.* ,mir wird jedesmal ganz anders', wenn; **that old house gives me the** ~ das alte Haus ist mir irgendwie unheimlich; **it gives me the** ~ **even to think about it** schon bei dem Gedanken daran wird mir ganz ,anders'.
'**will·ing** *adj* **1.** gewillt, willens, bereit: **I am** ~ **to believe** ich glaube gern; **I am not** ~ **to believe this** ich bin nicht gewillt, das zu glauben; **God** ~ so Gott will; ~ **purchaser** *econ.* (ernsthafter) Interessent. **2.** (bereit)willig. **3.** gerngesehen *od.* -getan: **a** ~ **gift** ein gerngegebenes Geschenk; **a** ~ **help** e-e gerngeleistete Hilfe. '**will·ing·ly** *adv* bereitwillig, gern. '**will·ing·ness** *s* (Bereit)Willigkeit *f*, Bereitschaft *f:* ~ **to pay** *econ.* Zahlungsbereitschaft.
**wil·li·waw** ['wɪlɪ,wɔː] *s Am.* **1.** plötzlich aufkommender Sturm. **2.** *fig.* Aufruhr *m,* Tu'mult *m.*
**will·less** ['wɪllɪs] *adj* willenlos.
**will-o'-the-wisp** [,wɪləðə'wɪsp] *s* **1.** Irrlicht *n.* **2.** *fig.* Illusi'on *f:* a) Phan'tom *n,* b) verführerischer Traum.
**wil·low**[1] ['wɪləʊ] *s* **1.** *bot.* Weide *f:* **to wear the** ~ um den verlorenen Geliebten trauern. **2.** *Kricket, a. Baseball: colloq.* Schlagholz *n.*
**wil·low**[2] ['wɪləʊ] (*Spinnerei*) **I** *s* Reißwolf *m.* **II** *v/t* wolfen, reißen.
**wil·low|grouse** *s orn.* willow ptarmigan. ~ **herb** *s bot.* Weidenrös·chen *n.* ~ **pat·tern** *n* Weidenmuster *n* mit chi'nesischer Landschaft (*auf Steingut od. Porzellan*). ~ **ptar·mi·gan** *s orn.* Moorschneehuhn *n.* ~ **war·bler,** ~ **wren** *s orn.* Weidenlaubsänger *m.*
'**wil·low·y** *adj* **1.** weidenbestanden. **2.** weidenartig. **3.** *fig.* a) biegsam, schmeidig, b) gertenschlank.
'**will,pow·er** *s* Willenskraft *f.*
**wil·ly-nil·ly** [,wɪlɪ'nɪlɪ] *adv* wohl oder übel, nolens volens.
**wilt**[1] [wɪlt] *obs. 2. sg pres von* **will**[1].
**wilt**[2] [wɪlt] **I** *v/i* **1.** verwel·ken, welk *od.* schlaff werden. **2.** *fig.* schlappmachen. **3.** *fig.* nachlassen (*Begeisterung etc*). **II** *v/t* **4.** *bot.* verwelken lassen. **III** *s* **5.** Verwelken *n:* ~ (**disease**) *bot.* Welke(krankheit) *f.* **6.** *fig.* Schlappmachen *n.*
**Wil·ton (car·pet)** ['wɪltən] *s* Wiltonteppich *m* (*Plüschteppich*). [gerissen.]
**wil·y** ['waɪlɪ] *adj* verschlagen, (arg)listig,⌡

**wimp** [wɪmp] *s Am. sl.* **1.** Schwächling *m.* **2.** ,Niete' *f,* Versager *m.*
**wim·ple** ['wɪmpl] *s* **1.** *hist.* Rise *f.* **2.** (Nonnen)Schleier *m.*
**win** [wɪn] **I** *v/i pret u. pp* **won** [wʌn] **1.** gewinnen, siegen, den Sieg da'vontragen: **to** ~ **out** *colloq.* sich durchsetzen (**over** gegen); **to** ~ **at chess** beim Schach gewinnen. **2.** gelangen: **to** ~ **in** (**out, back**) hinein-(hinaus-, zurück)gelangen; **to** ~ **through** a) durchkommen, sich durchkämpfen (**to** zu), b) ans Ziel gelangen (*a. fig.*), c) *fig.* sich durchsetzen; **to** ~ **loose** (*od.* **free, clear**) sich frei machen. **3.** ~ (**up**)**on** Einfluß gewinnen auf (*acc*) *od.* über (*acc*).
**II** *v/t* **4.** *ein Vermögen etc* erwerben: **to** ~ **fame** sich Ruhm erwerben; **to** ~ **hono(u)r** zu Ehren gelangen; **to** ~ **praise** Lob ernten. **5.** *j-m* Lob einbringen *od.* eintragen: **to** ~ **s.o. praise. 6.** gewinnen: **to** ~ **a battle** (**race,** *etc*). **7.** gewinnen, erringen: **to** ~ **a victory** (**a prize**); **to** ~ **£3 from** (*od.* **off**) **s.o.** j-m 3 Pfund abgewinnen, von j-m 3 Pfund gewinnen; **to** ~ **one's way** s-n Weg machen; → **day** *Bes. Redew.,* field 7. **8.** verdienen: **to** ~ **one's bread** (**livelihood**). **9.** erreichen, gelangen zu: **to** ~ **the shore. 10.** gewinnen: **to** ~ **s.o.'s love** (**aid,** *etc*); **to** ~ **a friend. 11.** ~ **over** (*od.* **round**) a) *j-n* für sich gewinnen, auf s-e Seite ziehen, *a. j-s* Herz erobern: **to** ~ **s.o. over to a project** j-n für ein Vorhaben gewinnen, b) *j-n* ,rumkriegen'. **12.** **to** ~ **s.o. to do s.th.** j-n dazu bringen, etwas zu tun. **13.** *Bergbau:* a) Erz, Kohle gewinnen, b) erschließen.
**III** *s* **14.** a) *bes. sport* Sieg *m,* b) Gewinn *m:* **to have a** ~ e-n Sieg erzielen; e-n Gewinn machen.
**wince** [wɪns] **I** *v/i* (zs.-)zucken (**at** bei; **under** unter *dat*): **he did not even** ~ er zuckte mit keiner Wimper. **II** *s* (Zs.-)Zucken *n.*
**win·cey** ['wɪnsɪ] *s* Halbwollstoff *m.*
**winch** [wɪntʃ] *tech.* **I** *s* **1.** Winde *f, mar.* Winsch *f.* **2.** *Textilwesen:* Haspel *f.* **3.** Kurbel *f.* **II** *v/t* **4.** hochwinden, *mar.* hochwinschen. ~ **dye·ing ma·chine** *s* 'Haspel,färbeappa,rat *m.*
**wind**[1] [wɪnd] **I** *s* **1.** Wind *m:* **fair** (**contrary**) ~ günstiger (ungünstiger) Wind; ~ **and weather permitting** bei gutem Wetter; **before the** ~ vor dem *od.* im Wind; **between** ~ **and water** a) *mar.* zwischen Wind u. Wasser, b) in der *od.* die Magengrube, c) *fig.* an e-r empfindlichen Stelle; **in(to) the** ~**'s eye** gegen den Wind; **like the** ~ wie der Wind, schnell; **under the** ~ *mar.* in Lee; **there is s.th. in the** ~ *fig.* es liegt etwas in der Luft; **to be** (**three sheets**) **in the** ~ *colloq.* ,Schlagseite haben'; **to fling** (*od.* **cast, throw**) **to the** ~(**s**) *fig.* außer acht lassen, *e-n Rat etc* in den Wind schlagen; **to gain** (*od.* **get**) **the** ~ **of** e-m Schiff den Wind abgewinnen; **to have** (**take**) **the** ~ **of** *fig.* e-n Vorteil haben (gewinnen) gegenüber, die Oberhand haben (gewinnen) über (*acc*); **to have** (**get**) **the** ~ **up** *colloq.* ,Bammel' *od.* ,Schiß' haben (kriegen); **to know how** (*od.* **which way**) **the** ~ **blows** *fig.* wissen, woher der Wind weht; **to put the** ~ **up s.o.** *colloq.* j-m Angst einjagen; **to raise the** ~ *bes. Br. colloq.* (das nötige) Geld auftreiben; **to sail close to the** ~ a) *mar.* hart am Wind segeln, b) sich am Rande der Legalität *od.* hart an der Grenze des Erlaubten bewegen, mit 'einem Fuß im Gefängnis stehen; **to sow the** ~ **and reap the whirlwind** Wind säen u. Sturm ernten; **to take the** ~ **out of s.o.'s sails** j-m den Wind aus den Segeln nehmen; → **ill** 1,

scatter 2. **2.** Sturm(wind) *m*. **3.** a) (Gebläse- *etc*)Wind *m*: ~ of a bellows, b) Luft *f* (*in e-m Reifen etc*). **4.** *med.* (Darm-)Wind(*e pl*) *m*, Blähung(en *pl*) *f*: to break ~ e-n Wind abgehen lassen. **5.** the ~ *mus.* a) die ¦Blasinstru¦mente *pl*, b) die Bläser *pl*. **6.** *hunt.* Wind *m*, Witterung *f* (*a. fig.*): to get ~ of a) wittern (*acc*), b) *fig.* Wind bekommen von. **7.** Atem *m*: to have a good ~ e-e gute Lunge haben; to have a long ~ e-n langen Atem haben (*a. fig.*); to get one's second ~ *bes. sport* den zweiten Wind bekommen; to have lost one's ~ → außer Atem sein; → sound¹ 1. **8.** leeres Geschwätz.
**II** *v/t* **9.** *hunt.* wittern. **10.** *meist pass* außer Atem bringen, erschöpfen: to be ~ed außer Atem *od.* erschöpft sein. **11.** verschnaufen lassen.

**wind²** [waɪnd] **I** *s* **1.** Windung *f*, Biegung *f*. **2.** Um¦drehung *f* (*beim Aufziehen e-r Uhr etc*). **II** *v/i pret u. pp* **wound** [waʊnd] **3.** sich winden *od.* schlängeln (*a. Fluß, Straße etc*). **4.** sich winden *od.* wickeln *od.* schlingen (**about, round** um *acc*). **5.** a) aufgewunden *od.* aufgewickelt werden, b) sich aufwinden *od.* -wickeln lassen. **III** *v/t* **6.** winden, wickeln, schlingen (**round** um *acc*): to ~ off (on to) a reel etwas ab-(auf)spulen; → finger 1. **7.** um¦wickeln. **8.** *oft* ~ up a) auf-, hochwinden, b) Garn etc aufwickeln, -spulen. **9.** *oft* ~ up a) e-e Uhr etc aufziehen, b) e-e Saite etc spannen. **10.** *oft* ~ up hochwinden, → (sich) schlängeln: to ~ o.s. (*od.* one's way) into a p.'s affection *fig.* sich j-s Zuneigung erschleichen, sich bei j-m einschmeicheln. **12.** *mar.* a) wenden, b) hieven. **13.** a) e-e Kurbel drehen, b) kurbeln: to ~ up (down) Autofenster hochdrehen, -kurbeln (herunterdrehen, -kurbeln). **14.** *oft* ~ forward Film weiterspulen: to ~ back zurückspulen.
*Verbindungen mit Adverbien*:
**wind¦down I** *v/t* → wind² 13 b. **II** *v/i fig.* an Schwung verlieren. ~ **off** *v/t* abwickeln, abspulen. ~ **up I** *v/i* **1.** (*bes.* s-e Rede) schließen (**by** saying mit den Worten). **2.** *colloq.* enden, ¦landen': he'll ~ in prison; he wound up losing his job zu guter Letzt verlor er seine Stellung. **3.** *econ.* Kon¦kurs machen. **4.** *Baseball*: Schwung holen. **II** *v/t* **5.** → wind² 8–10, 13 b. **6.** *fig.* anspannen, erregen, (hin'ein)steigern: wound up to a high pitch aufs äußerste gespannt, in Hochspannung (versetzt). **7.** *bes.* e-e Rede (ab)schließen. **8.** *econ.* a) ein Geschäft abwickeln, erledigen: to ~ affairs, b) *ein Unternehmen* auflösen, liqui¦dieren: to ~ a company.

**wind³** [waɪnd] *pret u. pp* **wound** [waʊnd], **wind¦ed** [ˈwaɪndɪd] *v/t poet*. **1.** *das Horn etc* blasen. **2.** *ein Hornsignal* ertönen lassen.

**wind·age** [ˈwaɪndɪdʒ] *s* **1.** *mil. phys.* a) Luftdruckwelle *f* (*e-s Geschosses*), b) Spielraum *m* (*im Rohr*), c) Einfluß *m* des Windes (*auf die Abweichung e-s Geschosses*), d) Abweichung *f*. **2.** *phys.* ¦Luft¦widerstand *m*. **3.** *mar.* Windfang *m*.
**wind¦bag** [ˈwɪnd-] *s colloq.* Schwätzer *m*, ¦Schaumschläger' *m*. **¦~blown** *adj* **1.** windig (*Gegend etc*). **2.** windschief (*Bäume etc*). **3.** (vom Wind) zerzaust. **4.** *fig.* Windstoß...: ~ hairdo. **¦~bound** *adj* **1.** *mar.* durch ungünstigen Wind am Auslaufen gehindert. **2.** *fig.* verhindert. **¦~break** *s* **1.** Windschutz *m* (*Hecke etc*). **2.** *Forstwirtschaft*: Windbruch *m*. **¦~break·er** *s* **1.** → windbreak 1. **2.** *Am.* Windjacke *f*. **¦~bro·ken** *adj vet.* kurzatmig, dämpfig (*Pferd*). **¦~burn** *s med.* von scharfem Wind gerötete Haut. **¦~-**

---

¦**cheat·er** *s bes. Br.* Windjacke *f*. ~ **chest** *s mus.* Windkasten *m*, -kammer *f* (*bes. der Orgel*). **¦~chill fac·tor** *s phys.* Windabkühlungsfaktor *m*. ~ **cone** *s aer. phys.* Luftsack *m*.
**wind·ed** [ˈwɪndɪd] *adj* **1.** außer Atem, atemlos. **2.** (*in Zssgn*) ...atmig: → short-winded, *etc*.
**wind egg** [wɪnd] *s* Wind-ei *n*.
**wind·er** [ˈwaɪndə(r)] *s* **1.** Spuler(in). **2.** *tech.* Winde *f*, Haspel *f*. **3.** (Wendeltreppen)Stufe *f*. **4.** *bot.* Schlingpflanze *f*. **5.** a) Schlüssel *m* (*zum Aufziehen*), b) Kurbel *f*.
**¦wind¦fall** [ˈwɪnd-] *s* **1.** a) Fallobst *n*, b) *bes. Am.* Windbruch *m* (*umgewehte Bäume*). **2.** *fig.* unverhoffter Glücksfall *od.* Gewinn. **¦~fall·en** *adj* vom Wind gestürzt, windbrüchig. **¦~¦fer·ti·lized** *adj bot.* vom Wind bestäubt *od.* befruchtet. **¦~flow·er** *s bot.* Ane¦mone *f*. **~force** *s meteor.* Windstärke *f*. **~ga(u)ge** *s* **1.** *phys. tech.* Wind(stärke-, -geschwindigkeits)messer *m*, Anemo¦meter *n*. **2.** *mil.* Windvorhalteeinstellung *f*. **3.** *mus.* Windwaage *f* (*an der Orgel*). ~ **harp** *s* Äolsharfe *f*.
**wind·i·ness** [ˈwɪndɪnɪs] *s* Windigkeit *f* (*a. fig. Hohlheit, Leere*).
**wind·ing** [ˈwaɪndɪŋ] **I** *s* **1.** Winden *n*, Spulen *n*. **2.** (Ein-, Auf)Wickeln *n*, (Um)¦Wickeln *n*. **3.** (Sich)¦Winden *n*, (-)¦Schlängeln *n*. **4.** Windung *f*, Biegung *f*. **5.** Um¦wick(e)lung *f*. **6.** *electr.* Wicklung *f*. **II** *adj* **7.** gewunden: a) sich windend *od.* schlängelnd, b) Wendel...: ~ staircase, ~ stairs. **8.** krumm, schief (*a. fig.*). **9.** Winde..., Haspel...: ~ cable Förderseil *n*. ~ **en·gine** *s tech.* **1.** Dampfwinde *f*. **2.** *Bergbau*: Förderwelle *f*. **3.** ¦Spul-, ¦Wickelma¦schine *f* (*a. electr.*). ~ **sheet** *s* Leichentuch *n*. ~ **tack·le** *s mar.* Gien *f* (*Flaschenzug*). **¦~¦up** *s* **1.** Aufziehen *n* (*e-r Uhr etc*): ~ **mechanism** Aufziehwerk *n*. **2.** *econ.* a) Abwicklung *f*, Erledigung *f* (*e-s Geschäfts*), b) Liquidati¦on *f*, Auflösung *f* (*e-s Unternehmens*): ~ **sale** (Total)Ausverkauf *m*.
**wind¦in·stru·ment** [wɪnd] *s mus.* ¦Blasinstru¦ment *n*. **¦~jam·mer** [-¦dʒæmə(r)] *s* **1.** *mar.* a) Windjammer *m*, b) Ma¦trose *m* auf e-m Windjammer. **2.** *Am. sl.* → windbag. **3.** *Am. sl.* Bläser *m*.
**wind·lass** [ˈwɪndləs] *s* **1.** *tech.* Winde *f*, *mar.* Winsch *f*. **2.** *Bergbau*: Förderhaspel *f*. **3.** *mar.* Ankerspill *n*. **II** *v/t* **4.** hochwinden, *mar.* hochwinschen.
**wind·less** [ˈwɪndlɪs] *adj* windstill.
**win·dle·straw** [ˈwɪndlstrɔ:], *a.* **win·dle·strae** [-streɪ] *s Ir. od. Br. dial.* **1.** trockener Grashalm. **2.** *fig.* a) (*etwas*) Dünnes *od.* Schwaches, b) schmächtige Per¦son.
**wind·mill** [ˈwɪnmɪl, ˈwɪnd-] **I** *s* **1.** Windmühle *f*: to tilt at (*od.* fight) ~s *fig.* gegen Windmühlen(flügel) kämpfen; to throw one's cap over the ~ a) Luftschlösser bauen, b) jede Vorsicht außer acht lassen. **2.** → whirlybird. **3.** *bes. Br.* Windrädchen *n* (*Kinderspielzeug*). **II** *v/t* **4.** to ~ one's arms die Arme kreisen lassen.
**win·dow** [ˈwɪndəʊ] *s* **1.** Fenster *n* (*a. fig.*): to climb in at the ~ zum Fenster hineinklettern; to look out of (*od.* at) the ~ zum Fenster hinausschauen. **2.** Fensterscheibe *f*. **3.** Schaufenster *n*: to put all one's knowledge in the ~ *fig.* mit s-m Wissen hausieren gehen. **4.** (*Bank- etc*) Schalter *m*. **5.** *tech.* Fenster *n* (*a. im Briefumschlag*): ~ **dial** Fensterskala *f*. **6.** *geol.* Fenster *n* (*durch Erosion entstandener Einblick*). **7.** *aer. mil.* Düppel *m*, (Radar)Störfolie *f*. **8.** *TV, Radar*: Aus-

---

blendstufe *f*. ~ **bar** *s* Fenstersprosse *f*, -stab *m*. ~ **box** *s* Blumenkasten *m*. ~ **clean·er** *s* Fensterputzer *m*. ~ **dis·play** *s* Schaufensterauslage *f*. **¦~dress** *v/t fig.* **1.** *econ.* e-e Bilanz etc verschleiern, ¦fri¦sieren'. **2.** schmackhaft machen, ¦aufputzen'. **¦~dress·er** *s* **1.** Schaufensterdekora¦teur(in). **2.** *fig.* Schönfärber(in). **¦~dress·ing** *s* **1.** ¦Schaufensterdekorati¦on *f*. **2.** *fig.* Aufmachung *f*, ¦Mache' *f*, Schönfärbe¦rei *f*. **3.** *econ.* Verschleiern *n*, ¦Fri¦sieren' *n* (*e-r Bilanz etc*).
**win·dowed** [ˈwɪndəʊd] *adj* mit Fenster(n) (versehen).
**win·dow¦en·ve·lope** *s* ¦Fenster¦brief¦umschlag *m*. **~frame** *s* Fensterrahmen *m*. ~ **jam·ming** *s mil. Radar*: Folienstörung *f*, Verdüppelung *f*. **¦~pane** *s* Fensterscheibe *f*. ~ **screen** *s* **1.** Fliegenfenster *n*. **2.** Zierfüllung *f* e-s Fensters (*aus Buntglas, Gitter etc*). ~ **seat** *s* Fensterplatz *m*. ~ **shade** *s Am.* Rou¦leau *n*, Jalou¦sie *f*. **¦~shop** *v/i*: to go ~ping e-n Schaufensterbummel machen. **¦~-shop·per** *s* j-d, der e-n Schaufensterbummel macht. ~ **shut·ter** *s* Fensterladen *m*. **¦~sill** *s* Fensterbrett *n*.
**¦wind¦packed** [ˈwɪnd-] *adj*: ~ **snow** Preßschnee *m*. **¦~pipe** *s anat.* Luftröhre *f*. ~ **pow·er** *s* Windkraft *f*. **¦~proof** *adj* ¦wind¦un¦durchlässig. ~ **rose** *s meteor.* Windrose *f*. **¦~row** *s* **1.** *agr.* a) Schwaden *m* Heu *od.* Getreide, b) Reihe *f* von Garben *od.* Torf etc. **2.** (vom Wind zs.-gewehter) Wall von Staub *od.* Laub etc. **¦~sail** *s* **1.** *mar.* Windsack *m*. **2.** *tech.* Windflügel *m*. ~ **scale** *s meteor.* Windstärkenskala *f* (*a. fig.*). **¦~screen** *s* **1.** Windschirm *m*. **2.** *mot. Br.* für windshield. **¦~shaped** *adj* windschlüpfig. **¦~shield** *s mot. Am.* Windschutzscheibe *f*: ~ **washer** Scheibenwaschanlage *f*; ~ **wiper** Scheibenwischer *m*. ~ **sleeve,** ~ **sock** *s aer. phys.* Luftsack *m*.
**Wind·sor¦bean** [ˈwɪnzə(r)] *s bot.* Puff-, Saubohne *f*. ~ **knot** *s* Windsorknoten *m*. ~ **soap** *s* Windsorseife *f* (*braune Toilettenseife*).
**¦wind¦surf·ing** [ˈwɪnd-] *s* Windsurfing *n*, -surfen. **¦~swept** *adj* **1.** windgepeitscht. **2.** → windblown 3, 4. ~ **tun·nel** *s aer. phys. tech.* ¦Windka¦nal *m*.
**wind·up** [ˈwaɪndʌp] *s bes. Am.* **1.** Schluß *m*, Ende *n*. **2.** *econ.* Abwicklung *f*, Erledigung *f* (*e-s Geschäfts*).
**wind·ward** [ˈwɪndwə(r)d] *mar.* **I** *adv* wind-, luvwärts, gegen den Wind. **II** *adj* windwärts gelegen, Luv..., Wind...: **W~ Islands** *geogr.* Inseln vor dem Wind. **III** *s* Windseite *f*, Luv (-seite) *f*: to get to the ~ of s.o. *fig.* sich j-m gegenüber e-n Vorteil verschaffen.
**wind·y** [ˈwɪndɪ] *adj* (*adv* windily) **1.** windig: a) stürmisch, b) zugig: a ~ place; the W~ City (*Beiname von*) Chicago *n*. **2.** *fig.* a) wortreich, hochtrabend, b) nichtig, hohl, leer: ~ speeches, c) geschwätzig. **3.** *med.* blähend. **4.** *bes. Br. colloq.* ner¦vös, ängstlich.
**wine** [waɪn] **I** *s* **1.** Wein *m*: new ~ in old bottles *Bibl.* junger Wein in alten Schläuchen (*a. fig.*); ~, women, and song Wein, Weib u. Gesang. **2.** gegorener Fruchtsaft. **3.** *pharm.* Medizi¦nalwein *m*. **4.** *univ. Br.* Weinabend *m*. **II** *v/t* **5.** mit Wein versorgen *od.* festlich bewirten: to ~ and dine j-n fürstlich bewirten. **III** *v/i* **6.** Wein trinken: to ~ and dine fürstlich speisen. **¦~bib·ber** *s* Weinsäufer(in). **¦~bot·tle** *s* Weinflasche *f*. ~ **cask** *s* Weinfaß *n*. ~ **cel·lar** *s* Weinkeller *m*. ~ **cool·er** *s* Weinkühler *m*. ~ **cra·dle** *s* Weinkorb *m*. ~ **glass** *s* Weinglas *n*. **¦~grow·er** *s* Weinbauer *m*. **¦~grow·ing** *s* Wein(an)bau *m*: ~ **area** Weinbaugebiet

*n.* **~ list** *s* Weinkarte *f.* **~ mer·chant** *s* Weinhändler *m.* **'~press** *s* Weinpresse *f,* -kelter *f.*
**win·er·y** ['waınərı] *s bes. Am.* Wein-kelle'rei *f.*
**'wine|·skin** *s* Weinschlauch *m.* **~stone** *s chem.* Weinstein *m.* **'~tast·er** *s* Wein-prüfer *m,* -verkoster *m.* **'~tast·ing** *s* Weinprobe *f.* **~ tav·ern** 'Weinkeller *m,* -lo‚kal *m.* **~ yeast** *s* Weinhefe *f.*
**wing** [wıŋ] **I** *s* **1.** *orn.* Flügel *m (a. bot. u. zo.),* Schwinge *f,* Fittich *m (a. fig.):* **under s.o.'s ~(s)** unter j-s Fittichen *od.* Schutz; **on the ~** a) im Flug, b) *fig.* auf Reisen; **on the ~s of the wind** wie der Wind, mit Windeseile; **to add** *(od.* **give, lend)~s to** j-n, etwas beflügeln *(Hoffnung etc),* j-m Beine machen *(Furcht etc);* **to spread** *(od.* **stretch, try) one's ~s** a) versuchen, auf eigenen Beinen zu stehen, b) ver-suchen, sich durchzusetzen; **to take ~,** *fig. a.* **to take ~s** a) davonfliegen, b) hastig aufbrechen, c) *fig.* beflügelt werden, d) *fig.* verrinnen *(Zeit);* → **clip¹** 1, **singe** 1. **2.** (Tür-, Fenster- *etc)*Flügel *m.* **3.** *arch.* Flügel *m,* Seitenteil *m (e-s Gebäudes).* **4.** *meist pl thea.* 'Seitenku‚lisse *f:* **to wait in the ~s** *fig.* auf Abruf bereitstehen. **5.** *aer.* Tragfläche *f.* **6.** *mot. Br.* Kotflügel *m.* **7.** *mar. mil.* Flügel *m (e-r Aufstellung).* **8.** *aer. mil.* a) *brit.* Luftwaffe: Gruppe *f,* b) *amer.* Luftwaffe: Geschwa-der *n,* c) 'Schwinge' *f,* Pi'lotenabzeichen *n.* **9.** *sport* Flügel *m:* a) *vorderer linker u. rechter Teil der gegnerischen Spielfeld-hälfte:* **on the ~** auf dem Flügel, b) Flü-gelstürmer *m.* **10.** *pol.* Flügel *m (e-r Par-tei).* **11.** Federfahne *f (e-s Pfeils).* **12.** *tech.* Flügel *m.* **13.** 'umgeklappte Ecke *(e-s Eckenkragens).*
**II** *v/t* **14.** mit Flügeln *etc* versehen. **15.** *fig.* beflügeln. **16.** *e-e Strecke durch-*'fliegen: **to ~ one's way** dahinfliegen; **to ~ itself into a tree** sich auf e-n Baum schwingen *(Vogel).* **17.** *ein Geschoß* ab-schießen. **18.** a) *e-n Vogel* anschießen, flügeln, b) *colloq. j-n (bes.* am Arm) ver-wunden *od.* treffen, c) *colloq. ein Flugzeug* anschießen. **19. to ~ it** *Am. sl.* impro-visieren.
**III** *v/i* **20.** fliegen.
**wing|** **as·sem·bly** *s aer.* Tragwerk *n.* **'~beat** *s* Flügelschlag *m.* **~ case** *s zo.* Deckflügel *m.* **~chair** *s* Ohrensessel *m.* **~ com·mand·er** *s aer. mil.* **1.** *Br.* Oberst-'leutnant der Luftwaffe. **2.** *Am.* Ge-'schwaderkommo‚dore *m.* **~com·pass-es** *s pl a.* **pair of ~** *tech.* Bogenzirkel *m.* **~ cov·ert** *s orn.* Deckfeder *f.*
**wing·ding** ['wıŋdıŋ] *s bes. Am. sl.* **1.** *med. etc* Anfall *m.* **2.** ‚Koller' *m,* Wut-anfall *m.* **3.** ‚tolle' *od.* große Sache *(Ver-anstaltung etc).* **4.** ‚tolle' Party.
**winged** [wıŋd] *adj* **1.** *orn., a. bot.* ge-flügelt. **2.** Flügel..., *(in Zssgn)* ...flüg(e)lig: **the ~ horse** *myth.* der Pegasus; **~ screw** *tech.* Flügelschraube *f;* **~ words** *fig.* ge-flügelte Worte; **double-~ building** zweiflügeliges Gebäude. **3.** *fig.* beflügelt, schnell. **4.** *fig.* beschwingt. **5.** *fig.* er-haben, edel, hehr: **~ sentiments.**
**'wing·ed·ly** [-ŋıdlı] *adv.*
**wing·er** ['wıŋə(r)] *s sport* Flügelstür-mer *m.*
**wing|** **feath·er** *s orn.* Schwungfeder *f.* **~ flap** *s aer.* Landeklappe *f.* **~footed** *adj obs. fig.* schnell(füßig), beflügelt. **'~-‚heav·y** *adj aer.* querlastig. **~ nut** *s tech.* Flügelmutter *f.* **'~o·ver** *s aer.* Im-melmann-Turn *m.* **~ sheath** → **wing case.** **'~span** → **wingspread** 2. **'~spread** *s* **1.** *orn.* (Flügel)Spannweite *f.* **2.** *aer.* (Tragflächen)Spannweite *f.* **'~stroke** → **wingbeat.** **~ tip** *s aer.* Trag-flächenende *n.*

**wink** [wıŋk] **I** *v/i* **1.** (mit den Augen) blinzeln, zwinkern: **to ~ at** a) *j-m* zu-blinzeln, b) *fig.* ein Auge zudrücken bei *etwas, etwas* ignorieren; **(as) easy as ~ing** *Br. colloq.* kinderleicht; **like ~ing** wie der Blitz. **2.** blinzeln, sich schnell schließen u. öffnen *(Augen).* **3.** blinken, flimmern *(Licht).* **II** *v/t* **4.** blinzeln *od.* zwinkern mit *den Augen.* **5.** *etwas* blin-ken, durch 'Lichtsi‚gnal(e) anzeigen. **III** *s* **6.** Blinzeln *n,* Zwinkern *n,* Wink *m (mit den Augen):* → **tip³** 5. **7.** Augenblick *m:* **in a ~** im Nu; **not to sleep a ~, not to get a ~ of sleep** kein Auge zutun; → **forty** 4. **'wink·er** *s* **1.** Scheuklappe *f (e-s Pferdes).* **2.** *bes. Am. colloq.* a) Auge *n,* b)Wimper *f.* **3.** *mot. Br. colloq.* Blinker *m.*
**win·kle** ['wıŋkl] **I** *s zo. (eßbare)* Strand-schnecke. **II** *v/t* **~ out** a) her'ausziehen, -polken, b) *colloq. j-n* aussieben *od.* aus-sondern, c) *bes. Br. colloq. Wahrheit etc* her'ausholen (**of** aus).
**'win·na·ble** *adj:* **a ~ match** *sport* ein Spiel, das zu gewinnen ist *od.* das eigent-lich gewonnen werden müßte.
**'win·ner** *s* **1.** Gewinner(in), *bes. sport* Sieger(in). **2.** sicherer Gewinner, 'Sie-geskandi‚dat(in). **3.** erfolgversprechende *od.* ‚todsichere' Sache. **4.** ‚Schlager' *m,* großartige Sache. **5.** *sport* Siegestor *n,* -treffer *m.*
**'win·ning I** *s* **1.** Gewinnen *n,* Sieg *m.* **2.** *meist pl* Gewinn *m (bes. beim Spiel).* **3.** *Bergbau:* a) Grube *f,* b) Abbau *m.* **II** *adj (adv* **~ly**) **4.** *bes. sport* siegreich, Sieger..., Sieges...: **~ lead** uneinholbare Führung; **~ goal** → **winner** 5. **5.** ent-scheidend: **~ hit.** **6.** *fig.* gewinnend, ein-nehmend: **a ~ smile** ein gewinnendes Lächeln. **~ post** *s sport* Zielpfosten *m.*
**win·now** ['wınəʊ] **I** *v/t* **1.** *a.* **~ out** a) *Getreide* schwingen, sieben, worfeln, b) *Spreu* scheiden, trennen (**from** von). **2.** *fig.* sichten, sondern. **3.** *fig.* trennen, (unter)'scheiden (**from** von). **II** *s* **4.** Wanne *f,* Futterschwinge *f.* **'win-now·ing** *s* Worfeln *n,* Schwingen *n:* **~ fan** Kornschwinge *f;* **~ machine** Worfel-maschine *f.*
**wi·no** ['waınəʊ] *pl* **-nos** *Am. sl.* Wein-säufer(in).
**win·some** ['wınsəm] *adj (adv* **~ly**) **1.** ge-winnend, einnehmend: **a ~ smile** ein gewinnendes Lächeln. **2.** (lieb)reizend. **3.** lustig, fröhlich.
**win·ter** ['wıntə(r)] **I** *s* **1.** Winter *m:* **in ~** im Winter. **2.** *poet.* Lenz *m,* (Lebens)Jahr *n:* **a man of fifty ~s.** **II** *adj* **3.** winterlich, Winter...: **~ day** Wintertag *m.* **III** *v/i* **4.** über'wintern *(Tiere, Pflanzen).* **5.** den Winter verbringen: **to ~ in Africa. IV** *v/t* **6.** *bes. Pflanzen* über'wintern. **~ corn** *s agr.* Wintergetreide *n.* **~ crop** *s agr.* Winterfrucht *f.* **~ fal·low** *s agr.* Winter-brache *f.* **'~-‚fal·low** *agr.* **I** *v/t* Land im Winter brachen. **II** *adj* winterbrach. **~ gar·den** *s* Wintergarten *m.*
**win·ter·i·ness** ['wıntərınıs] → **wintri-ness.**
**win·ter·ize** ['wıntə‚raız] *v/t Am.* auf den Winter vorbereiten, *bes. mot.* winterfest machen.
**'win·ter|·kill** *v/t u. v/i agr. bes. Am.* erfrieren (lassen). **'~-like** → **winterly.**
**win·ter·li·ness** ['wıntə(r)lınıs] *s (das)* Winterliche. **'win·ter·ly** *adj* winterlich.
**'win·ter|·proud** *adj agr.* vorzeitig grün. **~ quar·ters** *s pl* 'Winterquar‚tier *n.* **~ sports** *s pl* Wintersport *m.* **~ term** *s univ.* 'Winterse‚mester *n.* **~ tide** *s* Winter(zeit *f) m.* **'~weight** *adj* winter-lich, Winter...: **~ clothes** Winterkleidung *f.* **~ wheat** *s agr.* Winterweizen *m.*
**win·ter·y** ['wıntərı] → **wintry.**
**win·tri·ness** ['wıntrınıs] *s* Kälte *f,* Fro-

stigkeit *f (a. fig.).* **'win·try** [-trı] *adj* **1.** winterlich, frostig: **~ weather. 2.** *fig.* a) freudlos, trüb(e), b) alt, weißhaarig, c) frostig: **a ~ smile.**
**win·y** ['waını] *adj* **1.** Wein... **2.** weinselig, angeheitert.
**winze** [wınz] *s Bergbau:* Wetterschacht *m.*
**wipe** [waıp] **I** *s* **1.** (Ab)Wischen *n:* **to give s.th. a ~** etwas abwischen. **2.** *colloq.* a) ‚Pfund' *n (harter Schlag),* b) *fig.* Seiten-hieb *m.* **3.** *obs. sl.* Taschentuch *n.* **4.** *Film, TV:* 'Tricküber‚blendung *f.* **II** *v/t* **5.** (ab-) sauber-, trocken)wischen, abreiben, rei-nigen: **to ~ s.o.'s eye (for him)** *sl.* j-n ausstechen; **to ~ the floor with s.o.** *colloq.* mit j-m ‚Schlitten fahren', j-n ‚fertigmachen'. **6.** *oft* **~ away, ~ off** ab-, wegwischen: **~ that silly grin off your face!** *colloq.* hör auf, so blöd zu grinsen!; **the smile was ~d off his face** *colloq.* ihm ist das Lachen vergangen. **7.** *oft* **~ off** *fig.* bereinigen, tilgen, auslöschen, *Rech-nung* begleichen: **to ~ s.th. off the slate** *fig.* etwas vergessen *od.* begraben. **8.** wischen mit *(over,* **across** über *acc).* **9.** *tech.* weichlöten.
*Verbindungen mit Adverbien:*
**wipe|out** *v/t* **1.** auswischen: **to ~ a jug. 2.** wegwischen, (aus)löschen, tilgen *(a. fig.):* **to ~ a disgrace** e-n Schandfleck tilgen, e-e Scharte auswetzen. **3.** *Gewinn etc* zu'nichte machen. **4.** *e-e Armee, Stadt etc* ‚ausra‚dieren', *e-e Rasse* ausrotten. **~ up** *v/t* **1.** aufwischen. **2.** *Geschirr* (ab-) trocknen.
**wipe|** **break, ~ break·er** *s electr.* 'Schleif-, 'Wischkon‚taktunter‚brecher *m.* **~ joint** *s tech.* (Weich)Lötstelle *f.*
**'wip·er** *s* **1.** Wischer *m (Person od. Vor-richtung).* **2.** Wischtuch *n.* **3.** *tech.* a) Hebedaumen *m,* b) Abstreifer *m,* c) *electr.* Kon'taktarm *m,* Schleifer *m.* **4.** → **wipe** 2 *u.* 3.
**wire** ['waıə(r)] **I** *s* **1.** Draht *m.* **2.** *electr.* Leitung(sdraht *m) f:* → **live wire** 1. **3.** *electr.* (Kabel)Ader *f.* **4.** Drahtgitter *n,* -netz *n.* **5.** a) Tele'grafennetz *n,* b) *colloq.* Tele'gramm *n:* **by ~** telegrafisch, c) Tele-'fonnetz *n.* **6.** *mus.* Drahtsaite(n *pl) f.* **7.** *opt.* a) Drähte *pl (e-s Marionettenspiels),* b) *fig.* geheime Fäden *pl,* Beziehungen *pl:* **to pull the ~s** a) der Drahtzieher sein, b) s-e Beziehungen spielen lassen; **to pull (the) ~s for office** sich durch Bezie-hungen e-e Stellung verschaffen. **8.** *opt.* Faden *m (im Okular).* **II** *adj* **9.** Draht... **III** *v/t* **10.** mit Draht(geflecht) versehen. **11.** mit Draht (an-, zs.-)binden *od.* be-festigen. **12.** *electr.* Leitungen (ver)legen in *(dat),* (be)schalten, verdrahten: **to ~ to** anschließen an *(acc).* **13.** *colloq.* e-e Nach-richt *od. j-m* telegra'fieren. **14.** *hunt.* mit Drahtschlingen fangen. **IV** *v/i* **15.** *colloq.* telegra'fieren: **to ~ away** *(od.* **in)** *sl.* sich ins Zeug legen, ‚loslegen'.
**wire|** **bridge** *s tech.* Drahtseilbrücke *f.* **~ brush** *s* Drahtbürste *f.* **~ cloth** *s tech.* Drahtgewebe *n.* **~ cut·ter** *s tech.* **1.** *pl a.* **pair of ~** Drahtschere *f.* **2.** Drahtschnei-der *m (Arbeiter od. Werkzeug).*
**wired** ['waıə(r)d] *adj* **1.** *electr.* verdrahtet, mit (Draht)Leitungen versehen: **~ music** Musik *f* über Drahtfunk; **~ radio,** **~ wireless** Drahtfunk *m.* **2.** mit Draht verstärkt: **~ glass** Drahtglas *n.* **3.** mit e-m Drahtgeflecht *od.* -zaun umgeben.
**'wire|·draw** *v/t irr* **1.** *tech. Metall* draht-ziehen. **2.** *fig.* a) in die Länge ziehen, b) verzerren, entstellen **(into** zu), c) *ein Argument* über'spitzen, ausklügeln. **'~-drawn** *adj tech.* a) langatmig, b) spitz-findig, ausgeklügelt, über'spitzt. **~ en-tan·gle·ment** *s mil.* Drahtverhau *m.* **~ ga(u)ge** *s tech.* Drahtlehre *f.* **~ gauze** *s tech.* Drahtgaze *f,* -gewebe *n.* **~ glass**

Drahtglas n. ~ **gun** s mil. Drahtrohr n. '**~hair** s zo. Drahthaarterrier m. '**~haired** adj Drahthaar...: ~ **terrier**. **wire·less** ['waɪə(r)lɪs] electr. **I** adj **1.** drahtlos, Funk...: ~ **message** Funkspruch m, -meldung f. **2.** bes. Br. Radio..., Rundfunk...: ~ **set** → 3. **II** s **3.** bes. Br. 'Radio(appa,rat m) n: on the ~ im Radio od. Rundfunk. **4.** abbr. für wireless telegraphy, wireless telephony, etc. **III** v/t **5.** bes. Br. e-e Nachricht etc funken. **IV** v/i **6.** bes. Br. drahtlos telegra-'fieren, funken. ~**car** s Br. Funkstreifenwagen m. ~**con,trolled** adj funkgesteuert. ~ **op·er·a·tor** s aer. (Bord-)Funker m. ~**(re·ceiv·ing)set** s (Funk-)Empfänger m. ~ **sta·tion** s electr. (a. 'Rund)Funkstati,on f. ~ **te·leg·ra·phy** s drahtlose Telegra'fie, 'Funktelegra,fie f. ~ **tel·e·phone** s 'Funktele,fon n, -fernsprecher m. ~ **te·leph·o·ny** s drahtlose Telefo'nie, 'Funktelefo,nie f. '**wire·man** [-mən] s irr bes. Am. **1.** tech. a) Tele'grafen-, Tele'fonarbeiter m, b) E'lektroinstalla,teur m. **2.** 'Abhörspe-zia,list m. ~ **mi·crom·e·ter** s phys. tech. 'Fadenmikro,meter n. ~ **nail** s tech. Drahtnagel m, -stift m. ~**net·ting** s tech. **1.** Drahtnetz n, -geflecht n. **2.** pl Maschendraht m. '**~pho·to** s 'Bildtele-,gramm n, Funkfoto m. ~**pli·ers** s pl a. pair of ~ tech. Drahtzange f. '**~pull·er** s fig. Drahtzieher m. '**~pull·ing** s fig. Drahtziehen n. ~ **re·cord·er** s electr. hist. Drahtton(aufnahme)gerät n. ~**rod** s tech. Walz-, Stabdraht m. ~ **rope** s Drahtseil n. ~ **rope·way** s Drahtseilbahn f. ~ **ser·vice** s bes. Am. 'Nachrichtenagen,tur f. '**~tap** bes. Am. **I** v/t u. v/i **1.** (j-s) Tele'fongespräche abhören, (j-s) Leitung(en) anzapfen. **2.** (v/t) sich durch Abhören Informationen etc verschaffen. **II** s **3.** Abhören n, Anzapfen n. **III** adj **4.** durch Abhören erlangt: ~ information. **5.** Abhör...: ~ scandal...: ~ operation Abhöraktion f, Lauschangriff m. '**~tap·per** s bes. Am. Abhörer m, Anzapfer m. '**~tap·ping** s bes. Am. Abhören n, Anzapfen n. ~ **operation** Abhöraktion f, Lauschangriff m. ~ **tram·way** → wire ropeway. '**~walk·er** s bes. Am. 'Drahtseilakro,bat(in), Seiltänzer(in). ~ **wheel** s mot. Rad n mit Sportfelgen. ~ **wool** s Stahlwolle f. '**~worm** s zo. Drahtwurm m. '**~wove** adj **1.** Velin...: ~ **paper**. **2.** aus Draht geflochten. **wir·i·ness** ['waɪərɪnɪs] s fig. Drahtigkeit f, Zähigkeit f. **wir·ing** ['waɪərɪŋ] s **1.** Befestigen n mit Draht. **2.** electr. a) Verdrahtung f, (Be-)Schaltung f, b) Leitungsnetz n: ~ **diagram** Schaltplan m, -schema n. **wir·y** ['waɪərɪ] adj **1.** Draht... **2.** drahtig: ~ **hair**. **3.** fig. drahtig, zäh. **4.** a) vi'brierend, b) me'tallisch: ~ **sound**. **wis·dom** ['wɪzdəm] s **1.** Weisheit f, Klugheit f: to talk ~ weise reden. **2.** obs. Gelehrsamkeit f. **3.** Bibl. a) W~, a. **W~** of Solomon die Sprüche pl Salomons, b) **W~** of Jesus, Son of Sirach (das) Buch Jesus Sirach. ~ **tooth** s irr Weisheitszahn m: to cut one's wisdom teeth fig. erwachsen od. vernünftig werden. **wise¹** [waɪz] **I** adj (adv → wisely) **1.** weise, klug, einsichtig, erfahren: it's easy to be ~ after the event hinterher kann man leicht klüger sein. **2.** gescheit, verständig: to be none the ~r (for it) nicht klüger sein als zuvor; without anybody being the ~r for it ohne daß es jemand gemerkt hätte. **3.** wissend, unter'richtet: to be ~ to colloq. Bescheid wissen über (acc), j-n od. etwas durchschaut haben; to get ~ to colloq. etwas ,spitzkriegen', j-m auf die Schliche kommen; to put s.o. ~ to sl. j-m etwas ,stecken'. **4.** schlau, gerissen. **5.** colloq. neunmalklug: ~**guy** ,Klugscheißer' m. **6.** obs. in der Hexenkunst bewandert: ~ **man** Zauberer m; ~ **woman** a) Hexe f, b) Wahrsagerin f, c) weise Frau (Hebamme). **II** v/t **7.** ~ up bes. Am. colloq. j-n infor'mieren, aufklären (to über acc). **III** v/i **8.** to ~ up bes. Am. colloq. a) sich informieren über (acc), b) etwas ,spitzkriegen'. **wise²** [waɪz] s obs. Art f, Weise f: in any ~ auf irgendeine Weise; in no ~ in keiner Weise, keineswegs; in this ~ auf diese Art u. Weise. **-wise** [waɪz] Wortelement mit den Bedeutungen: a) ...artig, nach Art von, b) ...weise, c) colloq. ...mäßig. '**wise·a·cre** s Neunmalkluge(r m) f, Besserwisser(in). '**~crack** colloq. **I** s witzige od. treffende Bemerkung, Witze'lei f. **II** v/i witzeln, ,flachsen'. '**~crack·er** s colloq. Witzbold m. '**~head** → wiseacre. '**wise·ly** adv **1.** weise (etc; → wise¹ 1 u. 2). **2.** kluger-, vernünftigerweise. **3.** (wohl-)weislich. **wish** [wɪʃ] **I** v/t **1.** (sich) wünschen. **2.** wollen, wünschen: I ~ I were there ich wollte, ich wäre dort; to ~ s.o. further (od. at the devil) j-n zum Teufel wünschen; to ~ o.s. home sich nach Hause sehnen. **3.** hoffen: it is to be ~ed es ist zu hoffen od. zu wünschen. **4.** j-m Glück, Spaß etc wünschen: to ~ s.o. well (ill) j-m Gutes (Böses) wünschen, j-m wohl-(übel)wollen; to ~ s.o. good morning j-m guten Morgen wünschen; to ~ s.o. (s.th.) on s.o. j-m j-n (etwas) aufhalsen; I wouldn't ~ that on my worst enemy das würde ich nicht einmal m-m ärgsten Feind wünschen; → joy 1. **5.** j-n ersuchen, bitten (to zu). **II** v/i **6.** (for) sich sehnen (nach), wünschen (acc): I have been ~ing for you to come ich habe mir gewünscht, daß du kommst; he cannot ~ for anything better er kann sich nichts Besseres wünschen. **III** s **7.** Wunsch m: a) Verlangen n (for nach), b) Bitte f (for um), c) (das) Gewünschte: you shall have your ~ du sollst haben, was du dir wünschst; → father 5. **8.** pl (gute) Wünsche pl, Glückwünsche pl. '**~bone** s **1.** orn. Brust-, Gabelbein n. **2.** mot. Dreiecklenker m: ~ **suspension** Schwingarmfederung f. '**wish·ful** adj (adv ~ly) **1.** vom Wunsch erfüllt, begierig (to do zu tun): ~ **thinking** Wunschdenken n. **2.** sehnsüchtig. '**wish·ing·bone** → wishbone 1. ~**cap** s Zauber-, Wunschkappe f. **wish·wash** ['wɪʃwɒʃ; Am. a. -,wɑʃ] s **1.** labberiges Zeug (Getränk etc). **2.** fig. leeres Geschwätz, fades Geschreibsel. **wish·y·wash·y** ['wɪʃɪ,wɒʃɪ; Am. a. -,wɑ-] adj labberig: a) wäßrig, b) fig. saft- u. kraftlos, seicht: ~ **style**. **wisp** [wɪsp] s **1.** (Stroh- etc)Wisch m, (Heu-, Haar)Büschel n, (Haar)Strähne f. **2.** Handfeger m, kleiner Besen. **3.** Strich m, Zug m (Vögel). **4.** Fetzen m, Streifen m: a ~ of a boy ein schmächtiges Bürschchen. **5.** fig. Andeutung f, Anflug m: ~ of a smile. '**wisp·y** adj **1.** büschelig: ~ **hair** dünne Haarbüschel. **2.** dünn, schmächtig. **wist** [wɪst] pret u. pp von wit². **wis·ta·ri·a** [wɪ'steərɪə], **wis·te·ri·a** [wɪ'stɪərɪə] s bot. Gly'zine f. '**wist·ful** adj (adv ~ly) **1.** sehnsüchtig, wehmütig. **2.** nachdenklich, versonnen. '**wist·ful·ness** s **1.** Sehnsucht f, Wehmut f. **2.** Nachdenklichkeit f. **wit¹** [wɪt] s **1.** oft pl geistige Fähigkeiten pl, Intelli'genz f. **2.** oft pl Verstand m: to be at one's ~'s (od. ~s') end mit s-r

Weisheit am Ende sein; to have one's ~s about one s-e 5 Sinne od. s-n Verstand beisammenhaben; to have the ~ to Verstand genug haben zu; to keep one's ~s about one e-n klaren Kopf behalten; to live by one's ~s sich mehr oder weniger ehrlich durchs Leben schlagen; out of one's ~s von Sinnen, verrückt. **3.** Witz m, Geist m, E'sprit m. **4.** geistreicher Mensch, witziger Kopf. **5.** obs. a) kluge Per'son, b) geistige Größe, c) Witz m, witziger Einfall. **wit²** [wɪt] **1.** u. **3.** sg pres **wot** [wɒt; Am. wɑt], **2.** sg pres **wost** [wɒst; Am. wɑst], pl pres **wite** [waɪt], pret u. pp **wist** [wɪst] v/t u. v/i **1.** obs. wissen. **2.** to ~ bes. jur. das heißt, nämlich. **wit·an** ['wɪtən; Am. 'wɪ,tɑːn] s pl hist. **1.** Mitglieder des witenagemot(e). **2.** (als sg konstruiert) → witenagemot(e). **witch¹** [wɪtʃ] **I** s **1.** Hexe f, Zauberin f: → cauldron, Sabbath 3. **2.** fig. contp. alte Hexe. **3.** betörendes Wesen, bezaubernde Frau. **II** v/t **4.** bes. → verhexen. **witch²** [wɪtʃ] s bot. Baum m mit biegsamen Zweigen, bes. a) → wych elm, b) Eberesche f. '**witch·craft** s **1.** Hexe'rei f, Zaube'rei f. **2.** Zauber(kraft f) m. ~ **doc·tor** s Medi'zinmann m. ~ **elm** → wych elm. **witch·er·y** ['wɪtʃərɪ] s **1.** → witchcraft. **2.** fig. Zauber m. **witch hunt** s bes. pol. Hexenjagd f (for, against auf acc). '**witch·ing I** adj (adv ~ly) → bewitching. **II** s Hexe'rei f. **wite** [waɪt] pl pres von wit². **wit·e·na·ge·mot(e)** [,wɪtɪnəgɪ'məʊt] s hist. gesetzgebende Versammlung im Angelsachsenreich. **with** [wɪð; wɪθ] prep **1.** (zu'sammen) mit: he went ~ his friends. **2.** (in Übereinstimmung) mit, für: he that is not ~ me is against me wer nicht für mich ist, ist gegen mich; I am quite ~ you ich bin ganz Ihrer Ansicht od. auf Ihrer Seite, a. ich verstehe Sie sehr gut; vote ~ the Conservatives! stimmt für die Konservativen!; blue does not go ~ green blau paßt nicht zu grün. **3.** mit (besitzend): a vase ~ handles; a man ~ a sinister expression; ~ no hat (on) ohne Hut. **4.** mit (vermittels): to cut ~ a knife; to fill ~ water. **5.** mit (Art u. Weise): to fight ~ courage; ~ a smile; ~ the door open bei offener Tür. **6.** mit (in derselben Weise, im gleichen Grad, zur selben Zeit): their power increases ~ their number; to rise ~ the sun. **7.** bei: to sit (sleep) ~ s.o.; to work ~ a firm; I have no money ~ me. **8.** (kausal) durch, vor (dat), an (dat): to die ~ cancer an Krebs sterben; stiff ~ cold steif vor Kälte; to tremble ~ fear vor Angst zittern. **9.** bei, für: ~ God all things are possible bei Gott ist kein Ding unmöglich. **10.** von, mit (Trennung): → break with, etc. **11.** gegen, mit: to fight ~ s.o. **12.** bei, auf seiten (gen): it rests ~ you to decide die Entscheidung liegt bei dir. **13.** nebst, samt: ~ all expenses. **14.** trotz: ~ the best intentions, he failed completely; ~ all her brains bei all ihrer Klugheit. **15.** gleich (dat), wie: to have the same faith ~ s.o. **16.** angesichts (gen); in Anbetracht der Tatsache, daß: you can't leave ~ your mother so ill die Mutter so krank ist, wenn d-e Mutter so krank ist. **17.** ~ it colloq. a) ,auf Draht', ,auf der Höhe': get ~ it! sei auf Draht!, b) up to date, modern. **with·al** [wɪ'ðɔːl] obs. **I** adv außerdem, obendrein, da'zu, da'bei. **II** prep (nach-

*gestellt*) mit: **a sword to fight** ~ ein Schwert, um damit zu kämpfen.

**with·draw** [wɪð'drɔː; wɪθ-] *irr* **I** *v/t* **1.** (**from**) zu'rückziehen, -nehmen (von, aus): a) wegnehmen, entfernen (von, aus), *den Schlüssel etc, a. mil. Truppen* abziehen, her'ausnehmen (aus), b) entziehen (*dat*), c) einziehen, d) *fig.* e-n *Auftrag, e-e Aussage etc* wider'rufen: **to** ~ **a motion** e-n Antrag zurückziehen; **to** ~ **money from circulation** *econ.* Geld aus dem Verkehr ziehen; **to** ~ **s.th. from s.o.** j-m etwas entziehen; **to** ~ **o.s.** sich zu'rückziehen. **2.** *econ.* a) *Geld* abheben, *Kapital* entnehmen, b) *e-n Kredit* kündigen. **II** *v/i* **3.** (**from**) sich zu'rückziehen (von, aus): a) sich entfernen, b) zu'rückgehen, *mil.* a. sich absetzen, c) austreten (von *e-m Posten, Vertrag*), d) austreten (aus *e-r Gesellschaft etc*), e) *fig.* sich distan'zieren (von *j-m, e-r Sache*): **to** ~ **into** (*od.* **within**) **o.s.** *fig.* sich in sich selbst zurückziehen. **4.** *sport* auf den Start verzichten. **with·draw·al** *s* **1.** Zu'rückziehung *f*, -nahme *f* (*a. mil. von Truppen*): ~ **of orders** *econ.* Zurücknahme von Bestellungen; ~ (**from circulation**) Einziehung *f*, Außerkurssetzung *f*. **2.** *econ.* (Geld)Abhebung *f*, Entnahme *f*. **3.** *bes. mil.* Ab-, Rückzug *m*. **4.** (**from**) Rücktritt *m* (von *e-m Amt, Vertrag etc*), Ausscheiden *n* (aus). **5.** *fig.* Zu'rücknahme *f*, Wider'rufung *f*: ~ **of a statement**. **6.** Entzug *m*: ~ **of privileges**. **7.** *med.* Entziehung *f*: ~ **cure** Entziehungskur *f*; ~ **symptoms** Entziehungs-, Ausfallserscheinungen, Abstinenzsymptome *pl*. **8.** *sport* Startverzicht *m*.

**with·draw·ing room** *obs. für* **drawing room**.

**with·drawn I** *pp von* **withdraw. II** *adj* **1.** *psych.* introver'tiert, in sich gekehrt. **2.** zu'rückgezogen, iso'liert.

**withe** [wɪθ; wɪð; waɪð] *s* Weidenrute *f*.

**with·er** ['wɪðə(r)] **I** *v/i* **1.** *oft* ~ **up** (ver)welken, verdorren, austrocknen. **2.** *fig.* a) vergehen: **beauty** ~**s**, b) zu'rückgehen, verfallen: **the textile industry** ~**ed**, c) *oft* ~ **away** schwinden: **his influence** (**hopes,** *etc*) ~**ed. II** *v/t* **3.** (ver)welken lassen, ausdörren, -trocknen: **age cannot** ~ **her** das Alter kann ihr nichts anhaben. **4.** *j-n* mit *e-m Blick etc, a. j-s Ruf* vernichten: **she** ~**ed him with a look** sie warf ihm e-n vernichtenden Blick zu.

**with·ered** *adj* **1.** verwelkt, welk, ausgetrocknet. **2.** verhutzelt, schrump(e)lig: **a** ~ **face. with·er·ing** (*adv* ~**ly**) **1.** ausdörrend. **2.** *fig.* vernichtend: ~ **look.**

**with·er·ite** ['wɪðəraɪt] *s min.* Witheʼrit *m*.

**with·ers** ['wɪðə(r)z] *s pl zo.* 'Widerrist *m* (*des Pferdes etc*): **my** ~ **are unwrung** *fig.* das trifft mich nicht.

**with·hold** *v/t irr* **1.** zu'rück-, abhalten (**s.o. from s.th.** j-n von etwas): **to** ~ **o.s. from s.th.** sich e-r Sache enthalten. **2.** vorenthalten, versagen (**s.th. from s.o.** j-m etwas), zu'rückhalten mit: **to** ~ **one's consent** s-e Zustimmung versagen; ~**ing tax** *econ. Am.* im Quellenabzugsverfahren erhobene (Lohn- *etc*) Steuer.

**with·in I** *prep* **1.** innerhalb (*gen*), in (*dat od. acc*) (*beide a. zeitlich binnen*): ~ **doors,** ~ **the house** a) im Hause, innerhalb des Hauses, drinnen, b) ins Haus, hinein; ~ **3 hours** binnen *od.* in nicht mehr als 3 Stunden; ~ **a week of his arrival** e-e Woche nach *od.* vor s-r Ankunft; **he is** ~ **a month as old as I** er ist nicht mehr als e-n Monat älter *od.* jünger als ich. **2.** im *od.* in den Bereich von: ~ **the meaning of the Act** im Rahmen des Gesetzes; ~ **my powers** im Rahmen m-r Befug-

---

nisse, b) soweit es in m-n Kräften steht; ~ **o.s.** *sport* ohne sich zu verausgaben *od.* voll auszugeben. **3.** im 'Umkreis von, nicht weiter (entfernt) als: ~ **5 miles;** ~ **a mile of** bis auf e-e Meile von; → **ace** 4. **II** *adv* **4.** (dr)innen, drin, im Innern: ~ **and without** innen u. außen; **black** ~ innen schwarz; **from** ~ von innen. **5.** a) im *od.* zu Hause, drinnen, b) ins Haus, hin'ein. **6.** *fig.* innerlich, im Innern: **to be furious** ~. **III** *s* **7.** (*das*) Innere.

**with·out I** *prep* **1.** ohne (**doing** zu tun): ~ **difficulty;** ~ **his finding me** ohne daß er mich fand *od.* findet; → **do without, go without. 2.** außerhalb, jenseits (*gen*), vor (*dat*): ~ **the gate** vor dem Tor. **II** *adv* **3.** außen, außerhalb, draußen, äußerlich. **4.** ohne: **to go** ~ leer ausgehen. **III** *s* **5.** (*das*) Äußere: **from** ~ von außen. **IV** *conj* **6.** *a.* ~ **that** *obs. colloq.* a) wenn nicht, außer wenn, b) ausgenommen daß.

**with·stand** *irr* **I** *v/t* wider'stehen (*dat*): a) sich wider'setzen (*dat*), 'Widerstand leisten (*dat*), b) aushalten (*acc*), standhalten (*dat*). **II** *v/i* 'Widerstand leisten.

**with·y** ['wɪðɪ] **I** *s* **1.** → **withe. 2.** *bot.* Korbweide *f*. **II** *adj* **3.** Weiden... **4.** *fig.* drahtig, zäh.

'**wit·less** *adj* (*adv* ~**ly**) **1.** geist-, witzlos. **2.** dumm, einfältig. **3.** verrückt. **4.** ahnungslos. '**wit·less·ness** *s* **1.** Geistlosigkeit *f*. **2.** Dummheit *f*.

**wit·ling** ['wɪtlɪŋ] *s obs. contp.* geistloser Witzbold.

**wit·ness** ['wɪtnɪs] **I** *s* **1.** Zeuge *m*, Zeugin *f* (*beide a. jur. u. fig.*): **to be a** ~ **of s.th.** Zeuge von etwas sein; **to call s.o. to** ~ j-n als Zeugen anrufen; **a living** ~ **to** ein lebender Zeuge (*gen*); ~ **for the prosecution** (*Br. a.* **for the Crown**) *jur.* Belastungszeuge; ~ **for the defence** (*Am.* **defense**) *jur.*; → **prosecute** 5. **2.** Zeugnis *n*, Bestätigung *f*, Beweis *m* (**of, to** *gen od.* für): **in** ~ **whereof** *jur.* urkundlich *od.* zum Zeugnis dessen. **3.** *W.~ relig.* Zeuge *m* Je'hovas. **II** *v/t* **4.** bezeugen, bestätigen, beweisen: ~ **Shakespeare** siehe Shakespeare; ~ **my hand and seal** *jur.* urkundlich dessen m-e Unterschrift u. mein Siegel; **this agreement** ~**eth** *jur.* dieser Vertrag beinhaltet. **5.** Zeuge sein von, zu'gegen sein bei, (mit)erleben (*a. fig.*): **this year has** ~**ed many changes** dieses Jahr sah (*od.* brachte) viele Veränderungen. **6.** *fig.* zeugen von, Zeuge sein von, Zeugnis ablegen von. **7.** *jur.* a) *j-s Unterschrift* beglaubigen, *ein Dokument* als Zeuge un-ter'schreiben, b) *ein Dokument* 'unter-schriftlich beglaubigen. **8.** denken an (*acc*): ~ **the fact that** denken Sie nur daran, daß. **III** *v/i* **9.** zeugen, Zeuge sein, Zeugnis ablegen, *jur. a.* aussagen (**against** gegen; **for, to** für): **to** ~ **to s.th.** *fig.* etwas bezeugen. ~ **box,** *bes. Am.* ~ **stand** *s jur.* Zeugenstand *m*.

**wits·ter** ['wɪtstə(r)] *s* geistreicher Mensch, witziger Kopf.

**wit·ted** ['wɪtɪd] *adj* (*in Zssgn*) denkend, ...sinnig: → **half-witted,** *etc.*

**wit·ti·cism** ['wɪtɪsɪzəm] *s* witzige Bemerkung.

**wit·ti·ness** ['wɪtɪnɪs] *s* Witzigkeit *f*.

**wit·ting** ['wɪtɪŋ] *adj* (*adv* ~**ly**) **1. to be** ~ **of s.th.** von etwas Kenntnis haben *od.* wissen. **2.** wissentlich: **a** ~ **insult.**

**wit·tol** ['wɪtl] *s obs.* Hahnrei *m*.

**wit·ty** ['wɪtɪ] *adj* (*adv* **wittily**) witzig, geistreich.

**wive** [waɪv] *obs.* **I** *v/i* **1.** e-e Frau nehmen, heiraten. **II** *v/t* **2.** e-n Mann verheiraten. **3.** ehelichen.

**wi·vern** ['waɪvɜːn; *Am.* -vərn] *s her.* geflügelter Drache.

**wives** [waɪvz] *pl von* **wife.**

---

**wiz** [wɪz] *colloq. für* **wizard** 2.

**wiz·ard** ['wɪzə(r)d] **I** *s* **1.** Hexenmeister *m*, Zauberer *m* (*beide a. fig.*). **2.** *fig.* Ge-'nie *n*, Leuchte *f*, 'Ka'none' *f* (**at mathematics** in Mathematik). **3.** *obs.* Weise(r) *m.* **II** *adj* **4.** magisch, Zauber..., Hexen... **5.** *bes. Br. colloq.* ,phan'tastisch', erstklassig, ,Bomben...' '**wiz·ard·ry** [-rɪ] *s* Zaube'rei *f*, Hexe'rei *f* (*a. fig.*).

**wiz·en** ['wɪzn], '**wiz·ened** *adj* verhutzelt, schrump(e)lig: **a** ~ **face.**

**wo**[1] *obs. für* **woe.**

**wo**[2], **woa** [wəʊ] *interj* brr! (*halt*) (*zum Pferd*).

**woad** [wəʊd] **I** *s* **1.** *bot.* Färberwaid *m.* **2.** *tech.* Waid *m* (*blaue Farbe aus den Blättern von* 1). **II** *v/t* **3.** mit Waid färben.

**wob·ble** ['wɒbl; *Am.* 'wɑ-] **I** *v/i* **1.** wakkeln, schwanken (*a. Stimme u. fig.* **between** zwischen). **2.** schlottern (*Knie etc*). **3.** *tech.* a) flattern (*Rad*), b) *Schallplatte*: ,eiern'. **II** *v/t* **4.** wackeln an (*dat*): **to** ~ **the table. III** *s* **5.** Wackeln *n*, Schwanken *n* (*a. fig.*). **6.** *tech.* Flattern *n.* ~ **pump** *s aer.* Taumelscheibenpumpe *f*.

**wob·bly** ['wɒblɪ; *Am.* 'wɑ-] *adj* wack(e)-lig, unsicher: **he is still a bit** ~ **on his legs.**

**wob·bu·la·tor** ['wɒbjʊleɪtə(r); *Am.* 'wɑbjə-] *s Meßtechnik:* Wobbler *m*, 'Wobbelgene,rator *m*.

**wo·be·gone** *obs. für* **woebegone.**

**wodge** [wɒdʒ] *s Br. colloq.* **1.** Brocken *m.* **2.** Knäuel *m, n* (*Papier*). **3.** Stoß *m* (*Akten etc*).

**woe** [wəʊ] **I** *interj* wehe!, ach! **II** *s* Weh *n*, Leid *n*, Kummer *m*, Not *f*: **face of** ~ jämmerliche Miene; **tale of** ~ Leidensgeschichte *f*; ~ **is me!** wehe mir!; **to be to** ...!, ~ **betide** ...! wehe (*dat*)!, verflucht sei(en) ...!; → **weal**[1] 1. **woe·be·gone** ['wəʊbɪgɒn; *Am.* -ˌgɑn] *adj* **1.** leid-voll, kummer-, jammervoll, vergrämt. **2.** verwahrlost, her'untergekommen.

'**woe·ful,** *obs.* '**wo·ful** *adj* (*adv* ~**ly**) **1.** *rhet. od. humor.* kummer-, sorgenvoll. **2.** elend, jammervoll. **3.** *contp.* erbärmlich, jämmerlich, kläglich.

**wog** [wɒg] *s Br. sl. contp.* Ausländer *m*, *bes.* Farbige(r) *m.*

**woke** [wəʊk] *pret von* **wake**[2]. '**wok·en** *pp von* **wake**[2].

**wold**[1] [wəʊld] *s* **1.** hügeliges Land. **2.** Hochebene *f*.

**wold**[2] [wəʊld] *obs. pp von* **will**[1].

**wolf** [wʊlf] **I** *pl* **wolves** [-vz] *s* **1.** *zo.* Wolf *m*: **to cry** ~ *fig.* blinden Alarm schlagen; **to have** (*od.* **hold**) **a** ~ **by the ears** *fig.* ,in der Klemme sein *od.* sitzen *od.* stecken'; **to keep the** ~ **from the door** *fig.* sich über Wasser halten; **to throw s.o. to the wolves** *fig.* j-n über die Klinge springen lassen; **a** ~ **in sheep's clothing** ein Wolf im Schafspelz. **2.** *fig.* a) Wolf *m*, räuberische *od.* gierige Per'son, b) *colloq.* ,Casa'nova' *m*, Schürzenjäger *m*, c) lone ~ Einzelgänger *m* (*a. Tier*). **3.** *Am.* → **cub** 5. **4.** *mus.* Disso'nanz *f*. **II** *v/t* **5.** *a.* ~ **down** Speisen (gierig) ver-, hin'unterschlingen. **III** *v/i* **6.** Wölfe jagen. **7.** *Am. colloq.* hinter den Weibern 'hersein. '~**bane.** ~ **call** *s Am. colloq.* bewundernder Pfiff *od.* Ausruf beim Anblick e-r attraktiven Frau. ~ **cub** *s* **1.** *zo.* junger Wolf. **2.** *obs. für* **cub** 5. ~ **dog,** '~**hound** *s zo.* Wolfshund *m.*

'**wolf·ish** *adj* (*adv* ~**ly**) **1.** wölfisch (*a. fig.*), Wolfs...: ~ **appetite** Wolfshunger *m*; **he's got a** ~ **appetite** er hat Hunger wie ein Wolf. **2.** wild, (raub)gierig, gefräßig.

**wolf pack** *s* **1.** *zo.* Wolfsrudel *n.* **2.** *mar. mil.* Rudel *n* U-Boote.

**wolf·ram** ['wʊlfrəm] *s* **1.** *chem.* Wolfram *n.* **2.** *min.* → **wolframite.** '**wolf·ram·ate** [-meɪt] *s chem.* wolframsaures Salz.

**'wolf·ram·ite** [-maɪt] s min. Wolfra-'mit m.

**wolfs·bane** ['wʊlfsbeɪn] s bot. (bes. Gelber) Eisenhut.

**'wolf's|·claw** ['wʊlfs-] s, a. **'~·foot** s irr bot. Bärlapp m. **'~·milk** s bot. Wolfsmilch f.

**wolf| tooth**, a. **wolf's tooth** s irr med. zo. 'Über-, Wolfszahn m (e-s Pferdes). **~ whis·tle** s colloq. bewundernder Pfiff beim Anblick e-r attraktiven Frau.

**wol·las·ton·ite** ['wʊləstənaɪt] s min. Wollasto'nit m.

**wol·ver·ine**, a. **wol·ver·ene** ['wʊlvəri:n; Am. ˌwʊlvəˈri:n] s 1. zo. Amer. Vielfraß m. 2. W~ Am. (Spitzname für e-n) Bewohner von Michigan.

**wolves** [wʊlvz] pl von wolf.

**wom·an** ['wʊmən] I pl **wom·en** ['wɪmɪn] s 1. Frau: ~ of the world Frau von Welt; ~ of the streets Straßen-, Strichmädchen n, Prostituierte f; just like a ~! typisch Frau!; to play the ~ empfindsam od. ängstlich sein; there's a ~ in it da steckt bestimmt e-e Frau dahinter; ~'s man Frauen-, Weiberheld m. 2. a) Hausangestellte f, b) Zofe f. 3. (ohne Artikel) das weibliche Geschlecht, die Frauen pl, das Weib: born of ~ vom Weibe geboren (sterblich); ~'s reason weibliche Logik; ~'s wit weibliche Intuition od. Findigkeit. 4. the ~ fig. das Weib, die Frau, das typisch Weibliche: he appealed to the ~ in her er appellierte an die Frau in ihr. 5. colloq. a) (Ehe)Frau f, b) Freundin f, c) Geliebte f. II v/t 6. Frauen einstellen in (e-n Betrieb etc). III adj 7. weiblich, Frauen...: ~ doctor Ärztin f; ~ hater Weiberfeind m; ~ police weibliche Polizei; ~ student Studentin f.

**'wom·an·hood** s 1. Stellung f der (erwachsenen) Frau: to reach ~ e-e Frau werden. 2. Fraulichkeit f, Weiblichkeit f. 3. → womankind 1.

**'wom·an·ish** adj (adv ~ly) 1. weibisch. 2. → womanly I. **'wom·an·ish·ness** s 1. weibisches Wesen. 2. → womanliness.

**'wom·an·ize** I v/t weibisch machen. II v/i colloq. hinter den Weibern hersein. **'wom·an·iz·er** s 1. colloq. Schürzenjäger m, ‚Casa'nova' m. 2. Weichling m, weibischer Mann.

**ˌwom·an·'kind** s 1. Frauen(welt f) pl, Weiblichkeit f. 2. → womenfolk 2. **'~·like** adj wie e-e Frau, fraulich, weiblich.

**wom·an·li·ness** ['wʊmənlınıs] s Weiblichkeit f, Fraulichkeit f. **'wom·an·ly** I adj 1. fraulich, weiblich (a. weitS.): a ~ woman e-e echte Frau. 2. für e-e Frau geeignet, Frauen...: ~ work. II adv 3. wie e-e Frau (es tut).

**womb** [wu:m] s 1. Gebärmutter f, (Mutter)Leib m, Schoß m: from ~ to tomb → womb-to-tomb; to lie in the ~ of time (noch) im Schoß der Zukunft liegen. 2. fig. Schoß m, (das) Innere: in the ~ of the earth. 3. obs. Bauch m.

**wom·bat** ['wʊmbət; Am. 'wʌmˌbæt] s zo. Wombat n.

**womb| en·vy** s psych. Gebärneid m. **ˌ~·to-'tomb** adj von der Wiege bis zur Bahre.

**wom·en** ['wɪmɪn] pl von woman: W~'s Lib colloq., W~'s Liberation (Movement) Frauenemanzipationsbewegung f; W~'s Libber colloq., W~'s Liberationist Anhänger(in) f der Frauenemanzipationsbewegung; ~'s rights Frauenrechte; ~'s talk Gespräche pl von Frau zu Frau; ~'s team sport Damenmannschaft f. **'~·folk** s pl 1. → womankind 1. 2. (die) Frauen pl (in e-r Familie

etc), (mein etc) ‚Weibervolk' n (da'heim).

**won** [wʌn] pret u. pp von win.

**won·der** ['wʌndə(r)] I s 1. Wunder n, (etwas) Wunderbares, Wundertat f, -werk n: to work (od. do) ~s Wunder wirken; to promise ~s (j-m) goldene Berge versprechen; the 7 ~s of the world die 7 Weltwunder; a nine days' ~ e-e kurzlebige Sensation; (it is) no (od. small) ~ that he died kein Wunder, daß er starb; he is a ~ of skill er ist ein (wahres) Wunder an Geschicklichkeit; ~s will never cease es gibt immer noch Wunder; → sign 10. 2. Verwunderung f, (Er)Staunen n: to be filled with ~ von Staunen erfüllt sein; in ~ erstaunt, verwundert; for a ~ a) erstaunlicherweise, b) ausnahmsweise. II v/t u. v/i 3. (v/i) sich (ver)wundern, erstaunt sein (at, about über acc): I shouldn't ~ if ... es sollte mich nicht wundern, wenn... 4. a) neugierig od. gespannt sein, gern wissen mögen (if, whether, what, etc), b) sich fragen, über'legen: I ~ what it is ich möchte gern wissen, wie spät es ist; wie spät es wohl ist?; I have often ~ed what would happen if ich habe mich oft gefragt, was (wohl) passieren würde, wenn; I ~ if you could help me vielleicht können Sie mir helfen; well, I ~ na, ich weiß nicht (recht). **~·boy** s ‚Wunderknabe' m, ‚toller Kerl'. **~·child** s irr Am. Wunderkind n. **~·drug** s Wunderdroge f, -mittel n.

**'won·der·ful** adj (adv ~ly) 1. wunderbar, wundervoll, wunderschön, herrlich: not so ~ colloq. nicht so toll. 2. erstaunlich, seltsam.

**'won·der·ing** adj (adv ~ly) verwundert, erstaunt.

**'won·der·land** s Wunder-, Märchenland n (a. fig.).

**'won·der·ment** s 1. Verwunderung f, (Er)Staunen n. 2. (etwas) Wunderbares, Wunder n.

**'won·der|·struck** adj von Staunen ergriffen (at über acc). **'~·ˌwork·er** s Wundertäter(in). **'~·ˌwork·ing** adj wundertätig.

**won·drous** ['wʌndrəs] obs. od. poet. I adj (adv ~ly) 1. wundersam, wunderbar. II adv 2. wunderbar: ~ warm. 3. außerordentlich: ~ rare.

**won·ky** ['wɒŋkɪ] adj Br. 1. sl. wack(e)lig (a. fig.). 2. schief.

**wont** [wəʊnt; Am. a. wɔ:nt] I adj gewohnt: to be ~ to do gewohnt sein zu tun, zu tun pflegen. II s Gewohnheit f, Brauch m: as was his ~ wie es s-e Gewohnheit war.

**won't** [wəʊnt] colloq. für will not.

**wont·ed** ['wəʊntɪd; Am. a. 'wɔ:n-] adj 1. obs. gewöhnt (to an acc), gewohnt (to inf zu inf). 2. gewöhnlich, üblich. 3. Am. eingewöhnt, eingelebt (to in dat).

**woo** [wu:] v/t 1. werben od. freien um, j-m den Hof machen. 2. fig. a) j-n um'werben, b) locken, drängen (to zu). 3. fig. zu gewinnen suchen, trachten nach, buhlen um.

**wood** [wʊd] I s 1. oft pl Wald m, Waldung f, Gehölz n: to be out of the ~ (Am. ~s) colloq. aus dem Schlimmsten heraus sein, über den Berg sein; he cannot see the ~ for the trees er sieht den Wald vor lauter Bäumen nicht; → halloo 3, touch 17. 2. (Bau-, Nutz-, Brenn)Holz n. 3. Holzfaß n: wine from the ~ Wein (direkt) aus Faß. 4. the ~ mus. → woodwind I. 5. Holzschnitzerei f: a) Druckstock m, b) Holzschnitt m. 6. Bowling: (bes. abgeräumter) Kegel m. 7. pl Skisport: ‚Bretter' pl. 8. Golf: Holz(schläger m) n. 9. Badminton, Tennis: Holz n (Schlägerrahmen). II adj 10. hölzern, Holz... 11.

Wald... **~ ag·ate** s min. 'Holzˌachat m. **~ al·co·hol** s chem. Holzgeist m. **~ a·nem·o·ne** s bot. Buschwindrös-chen n. **'~·bine**, a. **'~·bind** s bot. 1. Geißblatt n. 2. Am. wilder Wein, Jungfernrebe f. **~ block** s 1. Par'kettbrettchen n. 2. → wood 5.

**'wood·bur·y·type** ['wʊdbərɪ-] s print. 1. Me'talldruckverfahren n. 2. Fotogra-'fiedruck m nach dem Me'talldruckverfahren.

**wood| carv·er** s Holzschnitzer m. **~ carv·ing** s Holzschnitze'rei f: a) Holzschnitzen n, b) Schnitzwerk n. **'~·chip wall·pa·per** s 'Rauhfasertaˌpete f. **'~·chuck** s zo. (Amer.) Waldmurmeltier n. **~ coal** s 1. min. Braunkohle f. 2. Holzkohle f. **'~·cock** s orn. Waldschnepfe f. **'~·craft** s 1. die Fähigkeit, im Wald zu (über)leben. 2. holzschnitzerische Begabung. **'~·cut** s 1. Holzstock m (Druckform). 2. Holzschnitt m (Druckerzeugnis). **'~·cut·ter** s 1. Holzfäller m. 2. Holzschneider m. **'~·cut·ting** s 1. Holzfäl-le'rei f. 2. Holzschneiden n.

**wood·ed** ['wʊdɪd] adj bewaldet, waldig, Wald...

**wood·en** ['wʊdn] adj (adv ~ly) 1. hölzern, aus od. von Holz, Holz... 2. fig. hölzern, steif (a. Person). 3. fig. ausdruckslos: ~ face. 4. stumpf(sinnig).

**wood|en·grav·er** s Holzschneider m. **~ en·grav·ing** s 1. Holzschneiden n. 2. Holzschnitt m.

**'wood·en|·head** s colloq. Dumm-, Schafskopf m. **'~·head·ed** adj colloq. dumm, blöd(e). **W~ Horse** s (das) Tro-'janische Pferd. **~ leg** s Holzbein n. **~ spoon** s 1. Holzlöffel m. 2. bes. sport Trostpreis m. **'~·ware** s Holzwaren pl.

**wood| fi·ber**, bes. Br. **~ fi·bre** s tech. Holzfaser f. **~ flour** s tech. Holzmehl n. **~ gas** s tech. Holzgas n. **~ grouse** s orn. Auerhahn m.

**wood·i·ness** ['wʊdɪnɪs] s 1. Waldreichtum m. 2. Holzigkeit f.

**wood| king·fish·er** s orn. Königsfischer m. **'~·land** [-lənd] I s Waldland n, Waldung f. II adj Wald... **~ lark** s orn. Heidelerche f. **~ lot** s bes. Am. 'Waldparˌzelle f. **~ louse** s irr zo. Bohr-, Kugelassel f. **'~·man** [-mən] s irr 1. Br. Förster m. 2. Holzfäller m. 3. → woodsman. **naph·tha** s chem. Holzgeist m. **~ note** s ungekünstelter Gesang (der Waldvögel etc). **~ nymph** s 1. myth. Waldnymphe f. 2. zo. a) (e-e) Motte, b) (ein) Kolibri m. **~ o·pal** s min. 'Holzoˌpal m. **~ pa·per** s tech. 'Holzpaˌpier n. **'~·peck·er** s orn. Specht m. **~ pi·geon** s orn. Ringeltaube f. **'~·pile** s Holzhaufen m, -stoß m. **'~·print** s 1. Holzdruck m. 2. Holzschnitt m. **~ pulp** s tech. Holzstoff m, -schliff m, Zellstoff m. **'~·reeve** s Br. Forstaufseher m. **'~·ruff** s bot. Waldmeister m. **~ rush** s bot. Hainsimse f. **~ shav·ings** s pl Hobelspäne pl. **'~·shed** s Holzschuppen m.

**woods·man** ['wʊdzmən] s irr Waldbewohner m.

**wood| sor·rel** s bot. Sauerklee m. **~ spir·it** s chem. Holzgeist m. **~ sug·ar** s chem. Holzzucker m.

**woods·y** ['wʊdzɪ] adj Am. colloq. 1. waldartig, waldig, Wald... 2. im Wald lebend.

**wood| tar** s chem. Holzteer m. **~ tick** s zo. Holzbock m. **~ tin** s min. Holzzinn n. **vin·e·gar** s chem. Holzessig(säure f) m. **~ war·bler** s orn. Laubsänger m. **~ wind** [wɪnd] mus. I s 1. 'Holzblasinstruˌment n. 2. oft pl (die) Holzbläser pl, (das) Holz, (pl) 'Holzblasinstruˌmente (e-s Orchesters). II adj 3. Holzblas... **~ wool** s med. Zellstoffwatte f. **'~·work** s 1. arch. Holz-, Balkenwerk n. 2. Holzarbeit(en pl)

*f.* '~**work·er** *s* **1.** Holzarbeiter *m* (*Zimmermann, Tischler etc*). **2.** *tech.* 'Holzbearbeitungsma,schine *f.* '~**work·ing I** *s* Holzbearbeitung *f.* **II** *adj* holzbearbeitend, Holzbearbeitungs... '~**worm** *s* **1.** Holzwurm *m.* **2.** Wurmstichigkeit *f.*

**wood·y** ['wʊdɪ] *adj* **1.** a) waldig, Wald..., b) waldreich. **2.** holzig, Holz...: ~ **fiber** (*bes. Br.* **fibre**) a) *bot.* Holzfaser *f,* b) *tech.* Holzzellulose *f.*

'**wood·yard** *s* Holzplatz *m.*

'**woo·er** *s* Freier *m,* Anbeter *m.*

**woof¹** [wuːf] *s* **1.** Weberei: a) Einschlag *m,* (Ein)Schuß *m,* b) Schußgarn *n.* **2.** Gewebe *n.*

**woof²** [wʊf] **I** *s* a) (unter'drücktes) Bellen, b) Knurren *n.* **II** *v/i* a) bellen, b) knurren.

**woof·er** ['wuːfə; *Am.* 'wʊfər] *s electr.* Tieftonlautsprecher *m.*

'**woo·ing I** *s* (*a. fig.* Liebes)Werben *n,* Freien *n,* Werbung *f.* **II** *adj* (*adv* ~**ly**) werbend, verführerisch, (ver)lockend.

**wool** [wʊl] **I** *s* **1.** Wolle *f:* → **cry** 2. **2.** Wollfaden *m,* -garn *n.* **3.** Wollstoff *m,* -tuch *n.* **4.** (*Baum-, Glas- etc*)Wolle *f.* **5.** (Roh)Baumwolle *f.* **6.** Faserstoff *m,* Zell-, Pflanzenwolle *f.* **7.** *bot.* wollige Behaarung. **8.** *zo.* Haare *pl,* Pelz *m* (*bes. der Raupen*). **9.** *colloq.* ,Wolle' *f,* (kurzes) wolliges Kopfhaar: **to keep one's ~** (**on**) sich beherrschen; **to lose one's ~** wütend werden; **to pull the ~ over s.o.'s eyes** ,j-n hinters Licht führen', j-m Sand in die Augen streuen'. **II** *v/t* **10.** *Am. colloq.* a) j-n an den Haaren ziehen, b) *fig.* j-n miß'handeln, übel zurichten. **III** *adj* **11.** wollen, Woll... ~ **card** *s tech.* Wollkrempel *m.* ~**card·ing** *s* Krempeln *n* der Wolle. ~ **clip** *s econ.* (jährlicher) Wollertrag. ~ **comb·ing** *s* Wollkämmen *n.*

**woold** [wuːld] *v/t mar.* Spiere mit Tauen um'wickeln.

**wool| dress·er,** '~**dress·ing ma-chine** *s tech.* 'Woll,aufbereitungsma,schine *f.* '~**dyed** *adj tech.* in der Wolle gefärbt.

**wool·en,** *Br.* **wool·len** ['wʊlən] **I** *s* **1.** Wollstoff *m,* -zeug *n.* **2.** *pl* Wollsachen *pl* (*a.* wollene Unterwäsche), Wollkleidung *f.* **3.** Streichgarn *n.* **II** *adj* **4.** wollen, aus Wolle, Woll...: ~ **goods** Wollwaren. ~ **drap·er** *s* Wollwarenhändler *m.*

**wool| fat** *s chem.* Wollfett *n.* '~**gath·er** *v/i fig.* a) vor sich hin träumen, b) nicht bei der Sache sein. '~**gath·er·ing I** *s* **1.** Sammeln *n* von Wolle. **2.** *fig.* Verträumtheit *f.* **II** *adj* **3.** *fig.* verträumt. ~ **grass** *s bot.* Wollgras *n.* ~ **grease** → **wool fat.** '~**grow·er** *s* Schafzüchter *m.* '~**grow·ing** *s* Schafzucht *f.* ~ **hall** *s econ. Br.* Wollbörse *f,* -markt *m.*

**wool·i·ness,** *Br.* **wool·li·ness** ['wʊlɪnɪs] *s* **1.** Wolligkeit *f.* **2.** *fig.* Verschwommenheit *f.*

**wool·len,** *etc Br. für* **woolen,** *etc.*

**wool·li·ness** *Br. für* **wooliness.**

**wool·ly** ['wʊlɪ] **I** *adj* **1.** wollig, weich, flaumig. **2.** Wolle tragend, Woll... **3.** *paint. u. fig.* verschwommen: ~ **thoughts** wirre Gedanken. **4.** *Am. colloq.* rauh, wild: ~ **fellows. II** *s* **5.** *colloq.* a) wollenes Kleidungsstück, *bes.* Wolljacke *f,* b) *pl* → **woolen** 2.

'**wool·pack** *s* **1.** Wollsack *m* (*Verpackung*). **2.** Wollballen *m* (*240 englische Pfund*). **3.** *meteor.* Haufenwolke *f.* ~ **pack·er** *s* **1.** Wollpacker *m.* **2.** *tech.* 'Woll,packma,schine *f,* -presse *f.* '~**sack** *s* **1.** Wollsack *m.* **2.** *pol.* a) Wollsack *m* (*Sitz des Lordkanzlers im englischen Oberhaus*), b) *fig.* Amt *n* des Lordkanzlers. '~**sort·er** *s* 'Wollsor,tierer *m* (*Person od. Maschine*). ~ **sta·ple** *s Br.* Stapelplatz *m* für Wolle. ~ **sta·pler** *s econ.* **1.** Woll(groß)händler *m.* **2.** 'Woll-

sor,tierer *m.* '~**sta·pling** *adj* Wollhändler... '~**work** *s* Wollsticke'rei *f.*

**wool·y** *Am. für* **woolly.**

**woosh** [wʊʃ; wuːʃ] → **whoosh.**

**wooz·y** ['wuːzɪ] *adj colloq.* **1.** (*vom Alkohol etc*) ,benebelt'. **2.** wirr (im Kopf). **3. he is** (*od.* **feels**) ~ (**in the stomach**) ihm ist ,komisch' (im Magen). **4.** verschwommen, wirr: ~ **thoughts.**

**wop¹** [wɒp; *Am.* wɑp] *s sl. contp.* ,Itaker' *m,* ,Spa'ghettifresser' *m.*

**wop²** [wɒp; *Am.* wɑp] → **whop.**

**wor·ble** → **warble.**

**Worces·ter| (chi·na** *od.* **por·ce·lain)** ['wʊstə(r)] *s* 'Worcester-Porzel,lan *n.* ~ **sauce** *s* Worcestersoße *f.*

**word** [wɜːd; *Am.* wɜrd] **I** *v/t* **1.** in Worte fassen, (in Worten) ausdrücken, formulieren, abfassen: ~**ed as follows** mit folgendem Wortlaut. **II** *s* **2.** Wort *n:* ~**s** a) Worte, b) *ling.* Wörter: ~ **for** ~ Wort für Wort, (wort)wörtlich. **3.** Wort *n,* Ausspruch *m:* ~**s** Worte *pl,* Rede *f,* Äußerung *f.* **4.** *pl* Text *m,* Worte *pl* (*e-s Liedes etc*): ~**s and music** Text *u.* Musik. **5.** (Ehren)Wort *n,* Versprechen *n,* Zusage *f,* Erklärung *f,* Versicherung *f:* ~ **of hono(u)r** Ehrenwort; **upon my** ~! auf mein Wort!; **to break** (**give** *od.* **pass, keep**) **one's** ~ sein Wort brechen (geben, halten); **he is as good as his** ~ er ist ein Mann von Wort; **er hält, was er verspricht; to take s.o. at his** ~ j-n beim Wort nehmen; **I took his** ~ **for it** ich zweifelte nicht an s-n Worten; → **eat** 2, **have** 3. **6.** Bescheid *m,* Nachricht *f:* **to leave** ~ Bescheid hinterlassen (**with** bei); **to send** ~ **to s.o.** j-m Nachricht geben. **7.** a) Pa'role *f,* Losung *f,* Stichwort *n,* b) Befehl *m,* Kom'mando *n,* c) Zeichen *n,* Si'gnal *n:* **to give the** ~ (**to do**); **to pass the** ~ durch-, weitersagen; **just say the** ~! du brauchst es nur zu sagen; → **mum¹** I, **sharp** 4. **8.** *relig.* a) *oft* **the W~** (**of God**) das Wort Gottes, das Evan'gelium, b) **the W~** das Wort (*die göttliche Natur Christi*). **9.** *pl* Wortwechsel *m,* Streit *m:* **to have** ~**s** (**with**) sich streiten *od.* zanken (mit).

*Besondere Redewendungen:*

**at a** ~ sofort, aufs Wort; **by** ~ **of mouth** mündlich; **in other** ~**s** mit anderen Worten; **in a** ~ mit 'einem Wort, kurz, kurzum; **in the** ~**s of** mit den Worten (*gen*); **big** ~**s** große *od.* hochtrabende Worte; **the last** ~ a) das letzte Wort (**on** in *e-r Sache*), b) das Allerneueste *od.* -beste (in an *dat*); **to have the last** ~ das letzte Wort haben; **to have no** ~**s for s.th.** nicht wissen, was man zu e-r Sache sagen soll; **to have a** ~ **with s.o.** kurz mit j-m sprechen; **to have a** ~ **to say** etwas (Wichtiges) zu sagen haben; **to put in** (*od.* **say**) **a** (**good**) ~ **for s.o.** ein (gutes) Wort für j-n einlegen; **too silly for** ~**s** unsagbar dumm; **not only in** ~ **but also in deed** nicht nur in Worten, sondern auch in Taten; **he hasn't a** ~ **to throw at a dog** er kommt sich zu fein vor, um mit anderen zu sprechen; **er macht den Mund nicht auf; cold's not the** ~ **for it** *colloq.* kalt ist gar kein Ausdruck; → **ear¹** *Bes. Redew.,* **hang** 16.

**word| ac·cent** *s ling.* 'Wortak,zent *m.* '~**blind** *adj psych.* wortblind. '~**book** *s* **1.** Vokabu'lar *n.* **2.** Wörterbuch *n.* **3.** *mus.* Textbuch *n,* Li'bretto *n.* '~**build·ing** *s ling.* Wortbildung *f.* '~**catch·er** *s contp.* Wortklauber *m* (*a.* Lexikograph). ~ **class** *s ling.* Wortart *f,* -klasse *f.* '~**deaf** *adj psych.* worttaub. ~ **for·ma·tion** *s ling.* Wortbildung *f.* '~**for-word** *adj* (wort)wörtlich. ~ **game** *s* Buchstabenspiel *n.*

**word·i·ness** ['wɜːdɪnɪs; *Am.* 'wɜr-] *s* Wortreichtum *m,* Langatmigkeit *f.*

'**word·ing** *s* Fassung *f,* Wortlaut *m,* Formu'lierung *f.*

**wor·dle** ['wɜːdl; *Am.* 'wɜrdl] *s tech.* (Zieh)Backe(n *m* f (*e-r Ziehdüse*).

'**word·less** *adj* (*adv* ~**ly**) **1.** wortlos, stumm. **2.** schweigsam.

**word| lore** *s* Wortkunde *f.* ~**of-'mouth** *adj* mündlich: ~ **advertising** Mundwerbung *f.* ~ **or·der** *s ling.* Wortstellung *f,* -folge *f* (*im Satz*). ~ **paint·ing** *s* (*bes.* anschauliche) Beschreibung *od.* Schilderung. ~**per·fect** *adj* **1.** textsicher (*Redner, Schauspieler etc*). **2.** per'fekt auswendig gelernt (*Text etc*). ~ **pic·ture** *s* (*bes.* anschauliche) Beschreibung *od.* Schilderung: **to draw** (*od.* **give, paint**) **a** ~ **of** *etwas* anschaulich beschreiben. '~**play** *s* Wortspiel *n.* ~ **pro·cess·ing** *s* Computer: Wort-, Textverarbeitung *f.* ~ **sal·ad** *s* 'Wortsa,lat' *m.* ~ **split·ting** *s* Wortklaube'rei *f.* ~ **square** *s* magisches Qua'drat. ~ **stress** → **word accent.**

'**word·y** *adj* (*adv* **wordily**) **1.** Wort...: ~ **conflict** Wortstreit *m;* ~ **warfare** Wortkrieg *m.* **2.** wortreich, langatmig.

**wore** [wɔː(r); *Am.* wɔr] *pret von* **wear¹** *u.* **wear².**

**work** [wɜːk; *Am.* wɜrk] **I** *s* **1.** *allg.* Arbeit *f:* a) Beschäftigung *f,* Tätigkeit *f,* b) Aufgabe *f,* c) Hand-, Nadelarbeit *f,* Sticke'rei *f,* Nähe'rei *f,* d) Leistung *f,* e) Erzeugnis *n:* ~ **done** geleistete Arbeit; **a beautiful piece of** ~ e-e schöne Arbeit; **total** ~ **in hand** *econ.* Gesamtaufträge *pl;* ~ **in process** *econ.* Erzeugnisse *pl od.* Material *n* in Fabrikation, Halbfabrikate *pl;* ~ **cost per unit** Arbeitskostenanteil *m;* **at** ~ a) bei der Arbeit, b) in Tätigkeit, in Betrieb (*Maschine etc*); **to be at** ~ **on** arbeiten an (*dat*); **to do** ~ arbeiten; **to do the** ~ **of three men** für drei arbeiten; **to be in** (**out of**) ~ (keine) Arbeit haben; (**to put**) **out of** ~ arbeitslos (machen); **to set to** ~ an die Arbeit gehen, sich an die Arbeit machen; **to have one's** ~ **cut out** (**for one**) ,zu tun' haben, schwer zu schaffen haben; **to make** ~ Arbeit verursachen; **to make light** ~ **of** spielend fertig werden mit; **to make sad** ~ **of** arg wirtschaften *od.* hausen mit; **to make short** ~ **of** kurzen Prozeß *od.* nicht viel Federlesens machen mit. **2.** *phys.* Arbeit *f:* **to convert heat into** ~. **3.** *a. collect.* (künstlerisches *etc*) Werk: **the** ~**s of Bach;** → **reference** 8. **4.** Werk *n* (*Tat u. Resultat*): **this is your** ~!; **it was the** ~ **of a moment. 5.** *arch.* a) *pl* Anlagen *pl,* (*bes.* öffentliche) Bauten *pl,* b) (in Arbeit befindlicher) Bau, Baustelle *f,* c) *mil.* (Festungs)Werk *n,* Befestigungen *pl.* **6.** *pl* (*oft als sg konstruiert*) Werk *n,* Fa'brik (-anlage) *f,* Betrieb *m:* ~**s climate** (council, engineer, outing, superintendent) Betriebsklima *n* (-rat *m,* -ingenieur *m,* -ausflug *m,* -direktor *m*); ~**s manager** Werkleiter *m.* **7.** *pl tech.* (Räder-, Trieb-) Werk *n,* Getriebe *n:* ~**s of a watch** Uhrwerk. **8.** Werk-, Arbeitsstück *n,* (*bes.* Nadel)Arbeit *f.* **9.** *bes. pl relig.* (gutes) Werk. **10.** *the* ~**s** *pl colloq.* alles, der ganze ,Krempel': **the whole** ~**s went over board; to give s.o. the** ~**s** a) ,j-n fertigmachen', b) j-n nach allen Regeln der Kunst verwöhnen; **to shoot the** ~**s** (*Kartenspiel u. fig.*) aufs Ganze gehen; → **gum²** 14.

**II** *v/i pret u. pp* **worked,** *a.* **wrought** [rɔːt] **11.** (**at, on**) arbeiten (an *dat*), beschäftigt (mit): **to** ~ **at a social reform** an e-r Sozialreform arbeiten; ~**ed** (*od.* **wrought**) **in leather** in Leder gearbeitet; **to** ~ **to rule** *econ. Br.* Dienst nach Vorschrift tun. **12.** arbeiten, Arbeit haben, beschäftigt sein. **13.** *fig.* arbeiten, kämpfen (**against** gegen; **for** für *e-r Sache*): **to** ~ **towards** hinarbeiten auf

*(acc).* **14.** *tech.* a) funktio'nieren, gehen *(beide a. fig.),* b) in Betrieb *od.* Gang sein: **our stove ~s well** unser Ofen funktioniert gut; **your method won't ~** mit Ihrer Methode werden Sie es nicht schaffen. **15.** *fig.* ,klappen', gehen, gelingen, sich machen lassen: **it** *(od.* **the plan)** **~ed** es klappte; **it won't ~** es geht nicht. **16.** *(pp oft* wrought**)** wirken, sich auswirken **(on, upon, with** auf *acc,* bei): **the poison began to ~** das Gift begann zu wirken. **17.** **~ on** *j-n* ,bearbeiten', sich *j-n* vornehmen. **18.** sich *gut etc* bearbeiten lassen. **19.** sich *(hindurch-, hoch- etc)* arbeiten: **to ~ into** eindringen in *(acc)*; **to ~ loose** sich losarbeiten, sich lockern; **her stockings ~ed down** die Strümpfe rutschten ihr herunter. **20.** in (heftiger) Bewegung sein, arbeiten, zucken **(with** vor *dat; Gesichtszüge etc),* mahlen **(with** vor *Erregung etc; Kiefer)*: **his face (jaws) ~ed. 21.** *mar. (bes. gegen den Wind)* segeln, fahren. **22.** gären, arbeiten *(beide a. fig. Gedanke etc).* **23.** (hand-) arbeiten, stricken, nähen.
**III** *v/t* **24.** arbeiten an *(dat).* **25.** verarbeiten: a) *tech.* bearbeiten, b) *Teig* kneten, c) (ver)formen, gestalten (**into** zu): **to ~ cotton into cloth** Baumwolle zu Tuch verarbeiten. **26.** *e-e Maschine etc* bedienen, *ein Fahrzeug* führen, lenken. **27.** (an-, be)treiben: **~ed by electricity. 28.** *agr.* den Boden bearbeiten, bestellen. **29.** *e-n Betrieb* leiten, *e-e Fabrik etc* betreiben, *ein Gut* bewirtschaften. **30.** *Bergbau: e-e Grube* abbauen, ausbeuten. **31.** *econ.* (geschäftlich) be'reisen *od.* bearbeiten: **my partner ~s the Liverpool district. 32.** *j-n, Tiere* (tüchtig) arbeiten lassen, (zur Arbeit) antreiben: **to ~ one's horses. 33.** *fig. j-n* bearbeiten, *j-m* zusetzen: **he ~ed his teacher for a better mark. 34.** a) **to ~ one's way** sich *(hindurch- etc)*arbeiten, b) erarbeiten, ver'dienen: **→ passage**[1] 5, **ticket** 35. *math.* lösen, ausarbeiten, errechnen. **36.** erregen, reizen, *(in e-n Zustand)* versetzen *od.* bringen: **to ~ o.s. into a rage** sich in e-e Wut hineinsteigern. **37.** bewegen, arbeiten mit: **he ~ed his jaws** s-e Kiefer mahlten. **38.** *fig. (pp oft* wrought**)** her'vorbringen, -rufen, zeitigen, *Veränderungen etc* bewirken, *Wunder* wirken *od.* tun, führen zu, verursachen: **to ~ hardship on s.o.** *j-n* e-e Härte bedeuten. **39.** *(pp oft* wrought**)** fertigbringen, zu'stande bringen: **to ~ it** *colloq.* es ,deich-seln'. **40.** **~ into** a) *Arbeit etc* einschieben in *(acc),* b) *Passagen etc* einarbeiten *od.* -flechten *od.* -fügen in *(acc).* **41.** *sl.* etwas ,her'ausschlagen', ,organi'sieren'. **42.** *Am. sl. j-n* ,bescheißen'. **43.** 'herstellen, machen, sticken, nähen. **44.** zur Gärung bringen. **45.** → **work over** 2.
*Verbindungen mit Adverbien:*
**work| a·round →** **work round. ~ a·way** *v/i* sich inten'siv beschäftigen (**at** mit). **~ in I** *v/t* **1.** *Salbe etc* einreiben, 'einmas,sieren. **2.** *Arbeit etc* einschieben. **3.** *Passagen etc* einarbeiten, -flechten, -fügen. **II** *v/i* **4.** **~ with** harmo'nieren mit, passen zu. **~ off I** *v/t* **1.** weg-, aufarbeiten. **2.** *überschüssige Energie* loswerden. **3.** *ein Gefühl* 'abrea,gieren (**against, on** an *dat).* **4.** *e-e Schuld* abarbeiten. **5.** *e-e Ware etc* loswerden, abstoßen (**on** an *acc).* **6.** *print.* abdrucken, abziehen. **II** *v/i* **7.** sich all'mählich lösen, abgehen. **~ out I** *v/t* **1.** ausrechnen, *e-e Aufgabe* lösen: **to ~ things out with s.o.** *colloq.* mit *j-m* ins reine kommen; **to work things out for o.s.** *colloq.* mit s-n Problemen allein fertig werden; **most things work themselves out** *colloq.* die meisten Probleme lösen sich von selbst. **2.** *e-n Plan etc*

ausarbeiten. **3.** bewerkstelligen, zu'wege bringen. **4.** *e-e Schuld etc* abarbeiten. **5.** *Bergbau:* abbauen, *(a. fig. ein Thema etc)* erschöpfen. **6.** *colloq.* schlau werden aus *j-m.* **7. to work one's guts out** *colloq.* sich die Seele aus dem Leib arbeiten. **II** *v/i* **8.** sich her'ausarbeiten, zum Vorschein kommen (**from** aus). **9. ~ at** sich belaufen *od.* bezlffern auf *(acc).* **10.** ,klappen', *gut etc* gehen, sich *gut etc* anlassen: **to ~ well (badly). 11.** *sport colloq.* (Kondlti'on) trai'nieren. **~ o·ver** *v/t* **1.** über'arbeiten. **2.** *sl. j-n* ,in die Mache nehmen', zs.-schlagen. **~ round** *v/i* **1. ~ to** *ein Problem etc* angehen, sich her'antasten an *(acc);* **by the time he had worked round to asking** als er sich schließlich *od.* glücklich dazu durchgerungen hatte zu fragen; **what are you working round to?** worauf wollen Sie hinaus? **2. ~ to** kommen zu, Zeit finden für. **3.** drehen *(Wind).* **~ to·geth·er** *v/i* **1.** zs.-arbeiten. **2.** inein'andergreifen *(Zahnräder).* **~ up I** *v/t* **1.** verarbeiten (**into** zu). **2.** ausarbeiten (**into** zu). **3.** *Geschäft etc* auf- *od.* ausbauen, *Mitgliederzahl etc* vergrößern. **4.** *j-n* *od.* *Interesse etc* entwickeln, b) sich *Appetit etc* holen: **he went for a walk to ~ an appetite for lunch. 5.** a) *ein Thema* bearbeiten, b) sich einarbeiten in *(acc), etwas* gründlich stu'dieren. **6.** *Gefühle, Nerven, a. Zuhörer etc* aufpeitschen, aufwühlen, *Interesse* wecken: **to work s.o. up** sich aufregen; **to ~ a rage, to work o.s. up into a rage** sich in e-e Wut hineinsteigern; **worked up, wrought up** aufgebracht, erregt. **II** *v/i* **7.** sich steigern (**to** zu).
**work·a·bil·i·ty** *s* **1.** *tech.* Bearbeitungsfähigkeit *f.* **2.** *tech.* Betriebsfähigkeit *f.* **3.** 'Durch-, Ausführbarkeit *f.* **'work·a·ble** *adj* **1.** *tech.* bearbeitungsfähig, (ver)formbar. **2.** *tech.* betriebsfähig. **3.** *Bergbau:* abbauwürdig. **4.** 'durch-, ausführbar *(Plan etc).*
**'work·a·day** *adj* **1.** werktäglich, Arbeits... **2.** Alltags...: **~ clothes; ~ life. 3.** *fig.* all'täglich, prosaisch.
**work·a·hol·ic** [,wɜːkə'hɒlɪk; *Am.* ,wɜːrkə-; *a.* -'hɑːlɪk] *s* Arbeitssüchtige(r *m*) *f,* arbeitsbesessener Mensch. **'work·a·hol·ism** [-hɒlɪzəm] *s* Arbeitsbesessenheit *f,* -sucht *f.*
**'work·bag** *s* (Hand)Arbeitsbeutel *m.* **'~bas·ket** *s* Handarbeitskorb *m.* **'~bench** *s tech.* Werkbank *f.* **'~book** *s* **1.** *tech.* Betriebsanleitung *f.* **2.** Arbeitsbericht *m,* Tagebuch *n* geplanter *od.* getaner Arbeit. **3.** *ped.* Arbeitsheft *f.* **~ box** *s* Werkzeugkasten *m, bes.* Näh-kasten *m.* **~ camp** *s* Arbeitslager *n.* **'~day** *s* Werk-, Arbeitstag *m:* **on ~s** werktags. **II** *adj* → workaday.
**'work·er** *s* **1.** a) Arbeiter(in), b) Angestellte(r *m*) *f; j-d, der auf e-m Gebiet arbeitet:* → **research** 5, d) *allg.* Arbeitskraft *f:* **~s** *pl* Belegschaft *f,* Arbeiter (-schaft *f*) *pl.* **2.** *a.* **~ ant** *od.* **~ bee** *zo.* Arbeiterin *f (Ameise, Biene).* **3.** *tech.* a) *Spinnerei:* Arbeitswalze *f,* Läufer *m,* b) *Papierherstellung:* Halbzeugholländer *m,* c) *Gerberei:* Schabmesser *n.* **4.** *print. Gal'vano* *n.* **~ cell** *s* Bienenzucht: Arbeiterzelle *f.* **~ di·rec·tor** *s econ.* 'Arbeits-di,rektor *m.* **~ man·age·ment** *s econ.* Arbeiterselbstverwaltung *f.* **~ par·tic·i·pa·tion** *s econ.* Mitbestimmung *f.* **~ priest** *s R.C.* Arbeiterpriester *m.*
**'work·fel·low** *s* 'Arbeitskame,rad *m,* -kol,lege *m.* **~ force** *s* **1.** Belegschaft *f.* **2.** 'Arbeitskräftepotenti,al *n.* **'~girl** *s* Fa'brikarbeiterin *f.* **'~horse** *s* **1.** Arbeitspferd *n (a. fig.).* **'~house** *s* **1.** *Br. hist.* Armenhaus *n* mit Arbeitszwang. **2.** *jur. Am.* Arbeitshaus *n.*

**'work·ing I** *s* **1.** Arbeiten *n.* **2.** *a. pl* Wirken *n,* Tun *n,* Tätigkeit *f.* **3.** *tech.* Be-, Verarbeitung *f.* **4.** *tech.* a) Funktio'nieren *n,* b) Arbeitsweise *f.* **5.** *meist pl Bergbau etc:* a) Abbau *m,* b) Grube *f.* **6.** mühsame Arbeit, Kampf *m.* **II** *adj* **7.** arbeitend, berufs-, werktätig: **the ~ population** *a.* die Erwerbsbevölkerung; **~ student** Werkstudent *m;* **~ woman** berufstätige Frau. **8.** Arbeits...: **~ clothes; ~ method** Arbeitsverfahren *n.* **9.** *econ. tech.* Betriebs...: **~ cost; ~ voltage. 10.** grundlegend, Ausgangs..., Arbeits...: **~ hypothesis** Arbeitshypothese *f;* **~ title** Arbeitstitel *m (e-s Buchs etc).* **11.** brauchbar, praktisch: **~ knowledge** ausreichende Kenntnisse *pl.* **~ as·sets** *s pl econ.* Betriebsvermögen *n.* **~ cap·i·tal** *s econ.* Be'triebskapi,tal *n,* 'Netto,umlaufvermögen *n.* **~ class** *s* Arbeiterklasse *f:* **to be ~** zur Arbeiterklasse gehören. **'~class** *adj* der Arbeiterklasse, Arbeiter... **~ con·di·tion** *s* **1.** *tech.* a) Betriebszustand *m,* b) *pl* Betriebs-, Arbeitsbedingungen *pl.* **2.** (berufliches) Arbeitsverhältnis. **~ cop·y** *s* 'Arbeitsexem,plar *n.* **~ coun·cil** *s pol.* Betriebsrat *m.* **~ cur·rent** *s electr.* Arbeitsstrom *m.* **~cy·cle** *s* (einzelner) Arbeitsvorgang. **~ day** → workday. **'~day** → workday. **~ draw·ing** *s tech.* Konstrukti'ons-, Werkstattzeichnung *f.* **~ ex·pens·es** *s pl econ.* Betriebskosten *pl.* **~ group** *s* Arbeitsgruppe *f.* **~ hour** *s* Arbeitsstunde *f, pl* Arbeitszeit *f:* **reduction in** *(od.* **of) ~s** Arbeitszeitverkürzung *f;* → **flexible** 1. **~ life** *s irr* **1.** Berufsleben *n.* **2.** Lebensdauer *f (e-r Maschine etc).* **~ load** *s* **1.** *electr.* Betriebsbelastung *f.* **2.** *tech.* Nutzlast *f.* **~ lunch** *s bes. pol.* Arbeitsessen *n.* **~ ma·jor·i·ty** *s pol.* arbeitsfähige Mehrheit. **'~man** [-mæn] *s irr* → workman. **~ ma·te·ri·als** *s pl* Arbeitsmittel *pl.* **~ mod·el** *s* 'Ar-beits-, Ver'suchsmo,dell *n.* **~ mo·rale** *s* 'Arbeitsmo,ral *f.* **~ or·der** *s tech.* Betriebszustand *m:* **in ~** betriebsfähig, in betriebsfähigem Zustand. **~'out** *s* **1.** Ausarbeitung *f (e-s Plans etc).* **2.** Ausrechnung *f,* Lösung *f (e-r Aufgabe).* **~ pa·pers** *s pl econ.* **1.** 'Arbeits,unterlagen *pl, bes.* Prüfungsbogen *m (bei Revision).* **2.** 'Arbeitspa,piere *pl.* **~ part** *s tech.* Arbeits-, Verschleißteil *m.* **~ par·ty** *s* **1.** *mil.* 'Arbeitsab,teilung *f (a. von Strafgefangenen).* **2.** *Br.* Arbeitsgruppe *f,* -kreis *m.* **~ pow·er** *s* Arbeitskraft *f:* **to offer one's ~.** **~ stroke** *s mot.* Arbeitstakt *m.* **~ sub·stance** *s tech.* Arbeits-, Über'tragungsmittel *n, bes.* Bremsflüssigkeit *f (e-r Kolbenbremse etc),* Druckflüssigkeit *f od.* -gas *n (e-s Servomotors etc).* **~ sur·face** *s tech.* Arbeits-, Laufläche *f.* **~ week** *s* Arbeitswoche *f.* **'~wom·an** *s irr* → workwoman.
**'work·less** *adj* arbeitslos.
**'work·load** *s* Arbeitspensum *n.* **'~man** [-mən] *s irr* **1.** a) Arbeiter *m (Ggs. Angestellter),* b) *allg.* guter *etc* Arbeiter. **2.** Handwerker *m.* **'~man·like,** *a.* **'~man·ly** *adj* kunstgerecht, fachmännisch. **'~man·ship** *s* **1.** *j-s* Werk: **this is his ~. 2.** Kunst(fertigkeit) *f.* **3.** gute *etc* Ausführung, Verarbeitungsgüte *f,* Quali'tätsarbeit *f.* **'~mas·ter** *s* Werkmeister *m.* **'~men's com·pen·sa·tion in·sur·ance** [-mənz] *s econ.* (Arbeits-) Unfallversicherung *f.* **'~out** *s* **1.** *sport colloq.* (Kondlti'ons)Training *n:* **to have a ~** (Kondition) trainieren. **2.** Versuch *m,* Erprobung *f.* **'~peo·ple** *s pl bes. Br.* Belegschaft *f.* **'~per·mit** *s* Arbeitserlaubnis *f,* -genehmigung *f.* **'~piece** *s* Arbeits-, Werkstück *n.* **'~place** *s bes. Am.* Arbeitsplatz *m.* **~ rate** *s* Arbeitspen-

sum *n*, *a.* geleistete Arbeit. ~ **re·lease** *s jur.* Freigang *m*: **to be on** ~ Freigang haben, Freigänger sein. **'~-room** *s* Arbeitsraum *m*. ~ **shar·ing** *s econ.* Arbeitsaufteilung *f* (*statt Entlassungen*). ~ **sheet** *s* **1.** 'Arbeits,unterlage *f.* **2.** Arbeitsbogen *m* (*e-s Schülers etc*). **3.** *econ. Am.* 'Rohbi,lanz *f.* **'~-shop** *s* **1.** Werkstatt *f*: ~ **drawing** Werkstatt-, Konstruktionszeichnung *f.* **2.** Werkraum *m* (*e-r Schule etc*). **3.** *fig.* Werkstatt *f* (*e-s Künstlers etc*): ~ **theater** (*bes. Br.* **theatre**) Werkstattheater *n.* **4.** *fig.* Workshop *m*, Kurs *m*, Semi'nar *n.* **'~-shy** *s* Arbeitsscheu, faul. ~ **stud·y** *s* Arbeitsstudie *f.* **'~-ta·ble** *s* Arbeitstisch *m.* **'~-to-'rule** *s econ. Br.* Dienst *m* nach Vorschrift. **'~-up** *s print.* Spieß *m.* **'~-wear** *s* Arbeitskleidung *f.* **'~-week** *s* Arbeitswoche *f.* **'~-wom·an** *s irr* Arbeiterin *f* (*Ggs. Angestellte*).

**world** [wɜːld; *Am.* wɜrld] *s* **1.** Welt *f*: a) Erde *f*, b) Himmelskörper *m*, c) All *n*, Uni'versum *n*, d) *fig.* (*die*) Menschen *pl*, (*die*) Leute *pl*, e) (Gesellschafts-, Berufs-) Sphäre *f*: **the commercial** ~, **the** ~ **of commerce** die Handelswelt; **the scientific** ~ die Welt der Wissenschaften; **the** ~ **of letters** die gelehrte Welt; **all the** ~ die ganze Welt, jedermann; → *Bes. Redew.* **2.** (Na'tur)Reich *n*, Welt *f*: **animal** ~ Tierreich, -welt; **vegetable** ~ Pflanzenreich, -welt. **3.** a) ~ **of** *fig.* e-e Welt von, e-e Unmenge; **a** ~ **of difference** ein ,himmelweiter' Unterschied; **a** ~ **of difficulties** e-e Unmenge Schwierigkeiten; **the medicine did me a** ~ **of good** das Medikament hat mir ,unwahrscheinlich' gutgetan; **there was a** ~ **of meaning in her look** ihr Blick sprach Bände; **a** ~ **too big** viel zu groß.

*Besondere Redewendungen:*

**against the** ~ gegen die ganze Welt; **for all the** ~ in jeder Hinsicht; **it's a small** ~! die Welt ist klein *od.* ein Dorf!; **it's not the end of the** ~! davon geht die Welt nicht unter!; **not for all the** ~ um keinen Preis; **from all over the** ~ aus aller Welt; **to the** ~'**s end** bis ans Ende der Welt; **for all the** ~ **like** (*od.* **as if**) genauso wie *od.* als ob; **for all the** ~ **to see** a) vor aller Augen, b) für alle deutlich sichtbar; **not for the** ~ nicht um die (*od.* um alles in der) Welt; **nothing in the** ~ nichts in der Welt, rein gar nichts; **out of this** ~ ,phantastisch', ,(einfach) sagenhaft'; **all the** ~ **and his wife were there** *colloq.* alles, was Beine hatte, war dort; Gott u. die Welt waren dort; **they are** ~**s apart** zwischen ihnen liegen Welten, sie trennen Welten; ~ **without end** (*adverbiell*) immer u. ewig; **to bring** (**come**) **into the** ~ zur Welt bringen (kommen); **to carry the** ~ **before one** glänzende Erfolge haben; **to have the best of both** ~**s** weder auf das eine noch auf das andere verzichten müssen; **to live in a** ~ **of one's own** in s-r eigenen Welt leben; **to put into the** ~ in die Welt setzen; **he won't set the** ~ **on fire** er hat das Pulver auch nicht erfunden; **to set the** ~ **to rights** *colloq. bes. iro.* die Welt wieder in Ordnung bringen; **to think the** ~ **of** große Stücke halten auf (*acc*); **she is all the** ~ **to him** sie ist sein ein u. alles; **how goes the** ~ **with you?** wie geht's, wie steht's?; **what** (**who**) **in the** ~? was (wer) in aller Welt?

**World| Bank** *s econ.* Weltbank *f.* **'w~-,beat·er** *s*: **to be a** ~ nicht seinesgleichen haben. **w~ cham·pi·on** *s sport* Weltmeister(in). **w~ cham·pi·on·ship** *s sport* Weltmeisterschaft *f.* **'w~-class** *adj* **1.** von Weltklasse, von internatio'nalem For'mat (*Sportler, Künstler*

*etc*). **2.** von internatio'naler Quali'tät (*Ware*). ~ **Coun·cil of Church·es** *s* Weltkirchenrat *m.* ~ **Court** *s pol.* Internatio'naler Gerichtshof (*in Den Haag*). ~ **Cup** *s* **1.** Skisport *etc*: Weltcup *m*, 'Weltpo,kal *m.* **2.** Fußballweltmeisterschaft *f.* **w~ e·con·o·my** *s* Weltwirtschaft *f.* **'w~-,fa·mous** *adj* weltberühmt. **'w~-for,got·ten** *adj* weltvergessen. ~ **Health Or·gan·i·za·tion** *s* 'Weltge,sundheitsorganisati,on *f.* ~ **Is·land** *s* Geopolitik: Eu'rasien *n* u. Afrika *n.* **w~ lan·guage** *s* Weltsprache *f.*

**world·li·ness** ['wɜːldlɪnɪs; *Am.* 'wɜrld-] *s* Weltlichkeit *f*, weltlicher Sinn.

**world·ling** ['wɜːldlɪŋ; *Am.* 'wɜrld-] *s* Weltkind *n.*

**world lit·er·a·ture** *s* 'Weltlitera,tur *f.* **'world·ly** *adj u. obs. adv* **1.** weltlich, irdisch, zeitlich: ~ **goods** irdische Güter. **2.** weltlich (gesinnt): ~ **innocence** Weltfremdheit *f*; ~ **wisdom** Weltklugheit *f.* **'~-'mind·ed** *adj* weltlich gesinnt. **'~-'wise** *adj* weltklug.

**world| mar·ket** *s econ.* Weltmarkt *m.* **'~-old** *adj* uralt, so alt wie die Welt. ~ **or·der** *s* (*die*) Weltordnung. ~ **peace** *s* Weltfrieden *m.* ~ **pol·i·tics** *s pl* (*oft als sg konstruiert*) 'Weltpoli,tik *f.* ~ **pow·er** *s pol.* Weltmacht *f.* ~ **rec·ord** *s sport, a. weitS.* 'Weltre,kord *m.* ~ **rec·ord hold·er** *s sport, a. weitS.* 'Weltre,kordinhaber(in), 'Weltre,kordler(in). **'~-re·nowned** *adj* weltberühmt. ~ **se·ries** *s Baseball*: US-Meisterschaftsspiele *pl.* **'~-,shak·ing** *adj oft iro.* welterschütternd. ~ **soul** *s philos.* Weltseele *f.* ~ **spir·it** *s* Weltgeist *m.* ~ **trade** *s econ.* Welthandel *m.* ~ **view** *s* Weltanschauung *f.* ~ **war** *s* Weltkrieg *m*: W~ W~ I (II) erster (zweiter) Weltkrieg. **'~-,wea·ry** *adj* weltverdrossen. **'~-wide** *adj* weltweit, 'weltum,fassend, -um,spannend, (*nachgestellt*) auf der ganzen Welt: ~ **disarmament** weltweite Abrüstung; (**of**) ~ **reputation** (von) Weltruf *m*; ~ **strategy** *mil.* Großraumstrategie *f.* **'~-with,out-'end** *adj* ewig, immerwährend.

**worm** [wɜːm; *Am.* wɜrm] **I** *s* **1.** *zo.* Wurm *m*: **even a** ~ **will turn** *fig.* auch der Wurm krümmt sich, wenn er getreten wird; ~**s of conscience** *fig.* Gewissensbisse. **2.** *pl med. vet.* Würmer *pl*, Wurmkrankheit *f.* **3.** *fig. contp.* Wurm *m*, elende *od.* minderwertige Krea'tur (*Person*). **4.** *tech.* a) (Schrauben-, Schnecken)Gewinde *n*, b) (Förder-, Steuer- *etc*)Schnecke *f*, c) (Rohr-, Kühl)Schlange *f.* **5.** *phys.* archi'medische Schraube. **II** *v/t* **6. to** ~ **o.s.** (*od.* **one's way**) a) sich schlängeln, b) *fig.* sich (ein)schleichen (**into** *acc*); **to** ~ **o.s. into s.o.'s confidence** sich in j-s Vertrauen einschleichen; **to** ~ **a secret out of s.o.** j-m ein Geheimnis entlocken. **7.** *med. vet.* entwurmen, von Würmern befreien. **III** *v/i* **8.** sich schlängeln, schleichen, kriechen; **to** ~ **out of s.th.** *fig.* sich aus etwas herauswinden. **'~-cast** *s zo.* vom Regenwurm aufgeworfenes Erdhäufchen. ~ **con·vey·or** *s tech.* Förderschnecke *f.* ~ **drive** *s tech.* Schneckenantrieb *m*, -getriebe *n.* **'~-,eat·en** *adj* **1.** wurmstichig. **2.** morsch, vermodert. **3.** *fig.* altmodisch, veraltet.

**'worm·er** *s med. vet.* Wurmmittel *n.*

**worm| fence** *s* Scherengitter *n.* ~ **gear** *s tech.* **1.** Schneckenantrieb *m*, -getriebe *n.* **2.** Schneckenrad *n.* **'~-hole** *s* Wurmloch *n*, -stich *m.* **'~-seed oil** *s pharm.* Wurmsamenöl *n.*

**'worm's-eye view** *s* 'Froschperspek,tive *f.*

**worm| thread** *s tech.* Schneckengewinde *n.* ~ **wheel** *s tech.* Schneckenrad *n.* **'~-wood** *s* **1.** *bot.* Wermut *m.* **2.** *fig.*

Bitterkeit *f*: **gall and** ~ *Bibl.* Galle u. Wermut; **the (gall and)** ~ **of being poor** die Bitterkeit, arm zu sein; **it was (gall and)** ~ **to him to be poor** es war bitter für ihn, arm zu sein.

**'worm·y** *adj* **1.** wurmig, voller Würmer. **2.** wurmstichig. **3.** wurmartig. **4.** *fig.* kriecherisch.

**worn** [wɔː(r)n] **I** *pp von* wear[1] *u.* wear[2]. **II** *adj* **1.** getragen: ~ **clothes.** **2.** → **worn-out** **1. 3.** erschöpft, abgespannt. **4.** ausgelaugt: ~ **soil.** **5.** *fig.* abgedroschen: ~ **joke.** **'~-'out** *adj* **1.** abgetragen, abgenutzt: ~ **clothes**; ~ **shoes.** **2.** völlig erschöpft, todmüde. **3.** → **worn 4, 5.**

**wor·ried** ['wʌrɪd; *Am. a.* 'wɜrɪd] *adj* **1.** gequält. **2.** sorgenvoll, bekümmert, besorgt. **3.** beunruhigt, ängstlich. **'wor·ri·er** *s* j-d, der sich (ständig) Sorgen macht. **'wor·ri·ment** *s bes. Am. colloq.* **1.** Plage *f*, Quäle'rei *f.* **2.** Angst *f*, Sorge *f.* **'wor·ri·some** [-səm] *adj* **1.** quälend. **2.** lästig, störend. **3.** beunruhigend. **4.** unruhig. **'wor·rit** [-rɪt] *Br. dial. für* worry.

**wor·ry** ['wʌrɪ; *Am. a.* 'wɜ-] **I** *v/t* **1.** quälen, plagen, stören, belästigen, j-m zusetzen: **to** ~ **s.o. into a decision** j-n so lange quälen, bis er e-e Entscheidung trifft; **to** ~ **s.o. out of s.th.** a) j-n mühsam von etwas abbringen, b) j-n durch unablässiges Quälen um etwas bringen. **2.** ärgern, reizen. **3.** beunruhigen, ängstigen, quälen, *j-m* Sorgen machen: **to** ~ **o.s.** sich sorgen (**about**, **over** um, wegen). **4.** a) zausen, schütteln, zerren an (*dat*), b) Tier an der Kehle packen, (ab)würgen (*bes. Hund*). **5.** *etwas* zerren *od.* mühsam bringen (**into** in *acc*). **6.** her'umstochern in (*dat*). **7.** ~ **off** *e-n Plan etc* ausknobeln. **II** *v/i* **8.** *oft* ~ **away** sich quälen *od.* plagen (**at** mit). **9.** sich ängstigen, sich beunruhigen, sich Gedanken *od.* Sorgen machen (**about**, **over** um, wegen): **don't** ~!, *colloq.* **not to** ~! keine Angst *od.* Sorge!; **I should** ~ *colloq.* was kümmert das mich! **10.** sich abmühen *od.* vorwärtskämpfen: **to** ~ **along** sich mühsam voranarbeiten, sich mit knapper Not durchschlagen; **to** ~ **through s.th.** sich durch etwas hindurchquälen.

**III** *s* **11.** Kummer *m*, Besorgnis *f*, Sorge *f*, (innere) Unruhe. **12.** (Ursache *f* von) Ärger *m*, Verdruß *m*, Aufregung *f.* **13.** Quälgeist *m.* **14.** (**of**) a) Schütteln *n* (*gen*), Zerren *n* (an *dat*), b) (Ab)Würgen *n* (*gen*) (*bes. vom Hund*).

**'wor·ry·ing** *adj* (*adv* ~**ly**) beunruhigend, quälend.

**wor·ry·wart** ['wʌrɪwɔː(r)t; *Am. a.* 'wɜrɪ-] *s colloq.* j-d, der sich ständig unnötige Sorgen macht.

**worse** [wɜːs; *Am.* wɜrs] **I** *adj* (*comp von* bad[1], evil, ill) **1.** schlechter, schlimmer (*beide a. med.*), übler, ärger: ~ **and** ~ immer schlechter *od.* schlimmer; **the** ~ **desto schlimmer; so much** (*od.* **all**) **the** ~ um so schlimmer; **that only made matters** ~ das machte es nur noch schlimmer; **to make it** ~ (*Redew.*) um das Unglück vollzumachen; **he is** ~ **than yesterday** es geht ihm schlechter als gestern; → **luck** 1, **wear**[1] 15. **2.** schlechter gestellt: (**not**) **to be the** ~ **for** (nicht) schlecht wegkommen bei, (keinen) Schaden erlitten haben durch, (nicht) schlechter gestellt sein wegen; **he is none the** ~ **for it** es ist ihm dabei nichts passiert; **you would be none the** ~ **for a walk** ein Spaziergang würde dir gar nichts schaden; **to be the** ~ **for drink** betrunken sein.

**II** *adv* **3.** schlechter, schlimmer, ärger: **none the** ~ nicht schlechter; **to be** ~ **off** schlechter daran sein; **you could do** ~ **than get a haircut** du könntest dir ruhig mal die Haare schneiden lassen.

**III** *s* **4.** Schlechteres *n*, Schlimmeres *n*: ~ followed Schlimmeres folgte; if ~ comes to ~ schlimmstenfalls; **to have** (*od.* **get**) **the** ~ den kürzer(e)n ziehen, schlechter wegkommen; → **bad**[1] 19, **better**[1] 3, **change** 8, 13, **turn**[1] 8.

**wors·en** [ˈwɜːsn; *Am.* ˈwɜrsn] **I** *v/t* **1.** schlechter machen, verschlechtern. **2.** *Unglück* verschlimmern. **3.** *j-n* schlechter stellen. **II** *v/i* **4.** sich verschlechtern *od.* verschlimmern. '**wors-en·ing** *s* Verschlechterung *f*, Verschlimmerung *f*.

**wor·ship** [ˈwɜːʃɪp; *Am.* ˈwɜr-] **I** *s* **1.** *relig.* a) Anbetung *f*, Verehrung *f*, Kult(us) *m* (*alle a. fig.*), b) (**public** ~ öffentlicher) Gottesdienst, Ritus *m*: **hours of** ~ Gottesdienstzeiten; **house** (*od.* **place**) **of** ~ Kirche *f*, Gotteshaus *n*, Kultstätte *f*; **the** ~ **of wealth** die Anbetung des Reichtums. **2.** Gegenstand *m* der Verehrung *od.* Anbetung, (**der, die, das**) Angebetete. **3.** *obs.* Ansehen *n*, guter Ruf. **4.** **his** (**your**) **W**~ *bes. Br.* Seiner (Euer) Gnaden, Seiner (Euer) Hochwürden (*Anrede, jetzt bes. Bürgermeister u. Richter*). **II** *v/t* *pret u. pp* **-shiped**, *bes. Br.* **-shipped 5.** anbeten, verehren, huldigen (*dat*). **6.** *fig. j-n* (glühend) verehren, anbeten, vergöttern. **III** *v/i* **7.** beten, s-e Andacht verrichten. '**wor·ship·er**, *bes. Br.* '**wor·ship·per** *s* **1.** Anbeter(in), Verehrer(in): ~ **of idols** Götzendiener *m*. **2.** Beter(in): **the** ~**s** die Andächtigen, die Kirchgänger. '**wor·ship·ful** *adj* (*adv* ~**ly**) **1.** verehrend, anbetend. **2.** *obs.* angesehen, (ehr)würdig, achtbar. **3.** (*in der Anrede*) hochwohllöblich, verehrlich: **Right W**~ hochwohllöblich, hochangesehen (*bes. Bürgermeister*); **the W**~ **the Mayor of X** schriftliche Anrede für e-n Bürgermeister.

**worst** [wɜːst; *Am.* wɜrst] **I** *adj* (*sup von* **bad**[1], **evil**, **ill**) schlechtest(er, e, es), übelst(er, e, es), schlimmst(er, e, es), ärgst(er, e, es): **and, which is** ~ und, was das schlimmste ist. **II** *adv* am schlechtesten *od.* übelsten, am schlimmsten *od.* ärgsten: **the** ~**-paid** *od.* die am schlechtesten Bezahlte. **III** *s* (**der, die, das**) Schlechteste *od.* Übelste *od.* Schlimmste *od.* Ärgste: **at** (**the**) ~ schlimmstenfalls; **to be prepared for the** ~ aufs Schlimmste gefaßt sein; **to do one's** ~ es so schlecht *od.* schlimm wie möglich machen; **do your** ~! mach, was du willst!; **to get the** ~ **of it** am schlechtesten wegkommen, den kürzer(e)n ziehen; **if** (*od.* **when**) **the** ~ **comes to the** ~ wenn es zum Schlimmsten kommt, wenn alle Stricke reißen; **he was at his** ~ er zeigte sich von s-r schlechtesten Seite, er war in denkbar schlechter Form; **to see s.o.** (**s.th.**) **at his** (**its**) ~ j-n (etwas) von der schlechtesten *od.* schwächsten Seite kennenlernen; **the illness is at its** ~ die Krankheit ist auf ihrem Höhepunkt; **the** ~ **of it is** das Schlimmste daran ist. **IV** *v/t* überwältigen, besiegen, schlagen.

**wor·sted** [ˈwʊstɪd; *Am. a.* ˈwɜr-] *tech.* **I** *s* **1.** Kammgarn *n*, -wolle *f*. **2.** Kammgarnstoff *m*. **II** *adj* **3.** Woll...: ~ **socks** wollene Socken; ~ **wool** Kammwolle *f*; ~ **yarn** Kammgarn *n*. **4.** Kammgarn...

**wort**[1] [wɜːt; *Am.* wɜrt] *s bot.* **1.** *obs.* Pflanze *f*, Kraut *n*. **2.** (*in Zssgn*) ...wurz *f*, ...kraut *n*.

**wort**[2] [wɜːt; *Am.* wɜrt] *s* (Bier)Würze *f*: **original** ~ Stammwürze; ~ **pump** Maischpumpe *f*; ~ **vat** Würzkufe *f*.

**worth**[1] [wɜːθ; *Am.* wɜrθ] **I** *adj* **1.** (e-n bestimmten Betrag) wert (**to** *dat od.* für): **he is** ~ **£5000 a year** er hat ein Jahreseinkommen von 5000 Pfund; **he is** ~ **a million**, er ist es e-t e-Millionen wert', er besitzt

*od.* verdient e-e Million. **2.** *fig.* würdig, wert (*gen*): ~ **doing** wert, getan zu werden; ~ **mentioning** (**reading, seeing**) erwähnens-(lesens-, sehens)wert; **it is** ~ **fighting for** es lohnt sich, dafür zu kämpfen; **to be** ~ (**one's**) **while, to be** ~ **the trouble**, *colloq. a.* **to be** ~ **it** der Mühe wert sein, sich lohnen; **take it for what it is** ~! nimm es für das, was es wirklich ist!; **my opinion for what it may be** ~ m-e unmaßgebliche Meinung; **for all one is** ~ *colloq.* mit aller Macht, so gut man kann, ,auf Teufel komm raus'; → **candle** 1, **powder** 1, **salt**[1] 1, **whoop** 1. **II** *s* **3.** (Geld)Wert *m*, Preis *m*: **of no** ~ wertlos; **20 pence's** ~ **of stamps** Briefmarken im Wert von 20 Pence; ~ **money** 1. **4.** *fig.* Wert *m*: a) Bedeutung *f*, b) Verdienst *n*: **men of** ~ verdiente *od.* verdienstvolle Leute.

**worth**[2] [wɜːθ; *Am.* wɜrθ] *v/i obs. od. poet.* werden, sein (*nur noch in*): **woe** ~ **wehe über** (*acc*), verflucht sei; **woe** ~ **the day** wehe dem Tag.

**wor·thi·ly** [ˈwɜːðɪlɪ; *Am.* ˈwɜr-] *adv* **1.** nach Verdienst, angemessen. **2.** mit Recht, mit gutem Grund. **3.** in Ehren, würdig. '**wor·thi·ness** *s* Wert *m*, Würdigkeit *f*, Verdienst *n*.

'**worth·less** *adj* (*adv* ~**ly**) **1.** wertlos, nichts wert, ohne Bedeutung. **2.** *fig.* un-, nichtswürdig. '**worth·less·ness** *s* **1.** Wertlosigkeit *f*. **2.** *fig.* Unwürdigkeit *f*, Nichtswürdigkeit *f*.

'**worth'while** *adj* lohnend, der Mühe wert.

**wor·thy** [ˈwɜːðɪ; *Am.* ˈwɜr-] **I** *adj* (*adv* → **worthily**) **1.** würdig, achtbar, ehrenwert, angesehen. **2.** würdig, wert (**of** *gen*): **to be** ~ **of s.th.** e-r Sache wert *od.* würdig sein, etwas verdienen; **to be** ~ **to be** (*od.* **of being**) **venerated, to be** ~ **of veneration** (es) verdienen *od.* wert sein, verehrt zu werden; **verehrungswürdig sein**; ~ **of credit** a) glaubwürdig, b) *econ.* kreditwürdig, -fähig; ~ **of a better cause** e-r besseren Sache würdig; ~ **of reflection** es wert, daß man darüber nachdenkt; **the worthiest of blood** *jur. Br.* die Söhne, die männlichen Erben. **3.** würdig: a) ~ **adversary** (**successor**) **words** ~ (**of**) **the occasion** Worte, die dem Anlaß angemessen sind; ~ **reward** entsprechende *od.* angemessene Belohnung. ~ **wacker.** ~ *rustic.* **II** *s* **5.** Per'son *f* von Verdienst u. Würde, große Per'sönlichkeit, Größe *f*, Held(in). **6.** *humor.* (**der**) Wackere.

**wost** [wɒst; *Am.* wɑst] *obs.* **2.** *sg pres von* **wit**[2].

**wot** [wɒt; *Am.* wɑt] *obs.* **1.** *u.* **3.** *sg pres von* **wit**[2]: **God** ~! weiß Gott!

**would** [wʊd] **1.** *pret von* **will**[1] **I:** a) wollte(st), wollten, wolltet: **he** ~ **not go** er wollte (durchaus) nicht gehen, b) pflegte(st) *od.* pflegte zu (*oft unübersetzt*): **he** ~ **take a short walk every day** er pflegte täglich e-n kurzen Spaziergang zu machen; **now and then a bird** ~ **call** ab u. zu ertönte ein Vogelruf; **you** ~ **do that!** du mußtest das natürlich tun!, das sieht dir ähnlich!, c) *höflich fragend*: würdest *du*?, würden *Sie*?: ~ **you pass me the salt, please?** würden Sie mir bitte das Salz reichen, d) *vermutend*: **that** ~ **be 3 dollars** das macht (dann) 3 Dollar; **it** ~ **seem that** es scheint fast, daß. **2.** (*konditional, Br. 1. sg u. pl meist* *colloq.*) würde(st), würden, würdet: **she** ~ **do it if she could**; **he** ~ **have come if** er wäre gekommen, wenn. **3.** *pret von* **will**[1] **II:** *ich* wollte *od.* wünschte *od.* möchte: **I** ~ **it were otherwise**; ~ (**to**) **God** wolle Gott, Gott gebe; **I** ~ **have you know** ich

muß Ihnen (schon) sagen. **4.** *obs. pp von* **will**[1].

'**would-be I** *adj* **1.** *contp.* Möchtegern...: ~ **critic** Kritikaster *m*; **a** ~ **painter** ein Farbkleckser; **a** ~ **philosopher** ein Möchtegernphilosoph; **a** ~ **poet** ein Dichterling; ~ **politician** Stammtischpolitiker *m*; ~ **huntsman** Sonntagsjäger *m*; ~ **wit** Witzling *m*; ~ **witty** geistreich sein sollend (*Bemerkung etc*). **2.** angehend, zukünftig: ~ **author**; ~ **wife**; ~ **purchaser** (Kauf)Interessent(in). **II** *s* **3.** *contp.* Gernegroß *m*, Möchtegern *m*.

**wouldst** [wʊdst] *obs.* **2.** *sg pret von* **will**[1].

**wound**[1] [wuːnd] **I** *s* **1.** Wunde *f*, Verletzung *f* (*beide a. fig.*), Verwundung *f*: ~ **of entry** (**exit**) Einschuß *m* (Ausschuß *m*); **the** (**Five**) **W**~**s of Christ** die (fünf) Wundmale Christi; ~ **chevron** (*od.* **stripe**) *mil. Am.* Verwundetenabzeichen *n* (*Ärmelstreifen*). **2.** *fig.* Kränkung *f*. **II** *v/t* **3.** verwunden, verletzen (*beide a. fig. kränken*): ~**ed veteran** Kriegsversehrte(r) *m*; **the** ~**ed** die Verwundeten *pl*; ~**ed vanity** verletzte Eitelkeit.

**wound**[2] [waʊnd] *pret u. pp von* **wind**[2] *u.* **wind**[3].

**wound·less** [ˈwuːndlɪs] *adj* **1.** unverwundet, unverletzt, unversehrt. **2.** *poet.* unverwundbar.

'**wound·wort** [ˈwuːnd-] *s bot.* (*ein*) Wundkraut *n*.

**wou·ra·li** [wuːˈrɑːlɪ] → **curare**.

**wove** [wəʊv] *pret u. pp von* **weave**. '**woven** *pp von* **weave**: ~ **goods** Web-, Wirkwaren.

**wove pa·per** *s tech.* Ve'linpa,pier *n*.

**wow**[1] [waʊ] **I** *interj* **1.** Mensch!, Mann!, ,toll'! **2.** zack! **II** *s bes. Am. sl.* **3.** a) ,Bombenerfolg' *m*, ,tolles Ding', b) ,toller Kerl': **he** (it) **is a** ~ er (es) ist 'ne ,Wucht'. **III** *v/t* **4.** *j-n* 'hinreißen.

**wow**[2] [waʊ] *s* Jaulen *n* (*Schallplatte etc*).

**wow·ser** [ˈwaʊzə(r)] *s bes. Austral. sl.* mora'linsaure Per'son, fa'natischer Pu·ri'taner.

**wrack**[1] [ræk] *s* **1.** → **wreck** 1 *u.* 2: ~ **and ruin** Untergang u. Verderben; **to go to** ~ untergehen. **2.** Seetang *m*.

**wrack**[2] → **rack**[4] I.

**wraith** [reɪθ] *s bes. Scot.* **1.** (Geister-)Erscheinung *f* (*bes. von Sterbenden od. gerade Gestorbenen*). **2.** a) Geist *m*, b) Gespenst *n*.

**wran·gle** [ˈræŋgl] **I** *v/i* **1.** (**about, over**) (sich) zanken *od.* streiten (um, wegen), sich in den Haaren liegen (wegen). **II** *v/t* **2.** *etwas* her'ausschinden. **3.** disku'tieren über (*acc*). **4.** *Am.* Vieh a) hüten, b) zs.-treiben. **III** *s* **5.** Streit *m*, Zank *m*. **6.** heftige De'batte. '**wran·gler** *s* **1.** Zänker *m*, streitsüchtige Per'son. **2.** Dispu'tant *m*: **he is a** ~ er kann gut debattieren. **3.** *univ. Br.* Student in Cambridge, der die mathematische Abschlußprüfung mit Auszeichnung bestanden hat. **4.** *Am.* Cowboy *m*.

**wrap** [ræp] **I** *v/t* *pret u. pp* **wrapped**, *a.* **wrapt 1.** wickeln, hüllen, legen, *a.* die Arme schlingen ([a]round um *acc*). **2.** *meist* ~ **up** (ein)wickeln, (-)packen, (-)hüllen, (-)schlagen (**in** in *acc*): **to** ~ **s.th. in paper**; **to** ~ **o.s. up** sich warm anziehen. **3.** *oft* ~ **up** (ein)hüllen, verbergen, *e-n Tadel etc* (ver)kleiden: ~**ped in mist** in Nebel gehüllt; ~**ped up in mystery** *fig.* geheimnisvoll, rätselhaft; ~**ped** (*od.* **wrapt**) **in silence in** Schweigen gehüllt; ~**ped in allegory** allegorisch verkleidet; **to be** ~**ped up in** a) völlig in Anspruch genommen sein von (*e-r Arbeit etc*), ganz aufgehen in (*s-r Arbeit, s-n Kindern etc*), b) versunken sein in (*dat*). **4.** ~ **up** *colloq.* a) zu e-m glücklichen Ende führen, b) ab-, beschließen, erledigen: **to** ~ **it up**

die Sache (erfolgreich) zu Ende führen; **that ~s it up!** das wär's! **5.** *fig.* verwickeln, -stricken (in in *acc*): **to be ~ped in an intrigue. II** *v/i* **6.** sich einhüllen *od.* einpacken: **~ up well!** zieh dich warm an! **7.** sich legen *od.* wickeln *od.* schlingen ([a]round um). **8. ~ up!** *bes. Br. sl.* halt's Maul! **III** *s* **9.** Hülle *f*, *bes.* a) Decke *f*, b) Schal *m*, Pelz *m*, c) 'Umhang *m*, Mantel *m*: **to keep s.th. under ~s** *fig.* etwas geheimhalten; **to take the ~s off s.th.** etwas enthüllen. '**wrap·a·round I** *s* **1.** Wickelbluse *f*, -kleid *n*, -rock *m*. **II** *adj* **2.** Wickel... **3.** *tech. Am.* Rundum..., her-'umgezogen: **~ windshield** *mot.* Pan- orama-, Vollsichtscheibe *f*. '**wrap·o·ver** → wraparound 1, 2. '**wrap·page** *s* **1.** 'Umschlag *m*, Um'hüllung *f*, Hülle *f*, Decke *f*. **2.** Verpackung *f*, 'Packmateri·al *n*. '**wrap·per** *s* **1.** (Ein)Packer(in). **2.** Hülle *f*, Decke *f*, 'Überzug *m*, Verpak- kung *f*. **3.** ('Buch)Umschlag *m*, Schutz- hülle *f*. **4.** *a. postal* ~ Kreuz-, Streifband *n*. **5.** a) Schal *m*, b) 'Überwurf *m*, c) Morgenrock *m*. **6.** Deckblatt *n* (*der Zigarre*). '**wrap·ping** *s* **1.** *meist pl* Um'hüllung *f*, Hülle *f*, Verpackung *f*. **2.** Ein-, Verpacken *n*. **~ ma·chine** *s* Ver'packungsma- ₁schine *f*. **~ pa·per** *s* 'Einwickel-, 'Pack- pa₁pier *n*. '**wrap·round** → wraparound. **wrapt** [ræpt] *pret u. pp von* wrap. **wrasse** [ræs] *s ichth.* Lippfisch *m*. **wrath** [rɔθ; *Am.* ræθ] *s* Zorn *m*, Wut *f*: **the ~ of God** der Zorn Gottes; **he looked like the ~ of god** *colloq.* er sah gräßlich aus; **the day of ~** *Bibl.* der Tag des Zorns; → **bring down** 7. '**wrath- ful** *adj* (*adv* ~ly) zornig, grimmig, wut- entbrannt. '**wrath·y** *adj colloq. für* wrathful. **wreak** [ri:k] *v/t* Rache *etc* üben, *s-e Wut etc* auslassen (**on, upon** an *dat*). **wreath** [ri:θ] *pl* **wreaths** [ri:ðz; -θs] *s* **1.** Kranz *m* (*a. fig.*), Gir'lande *f*, Blumen- gewinde *n*. **2.** (*Rauch- etc*)Ring *m*: **~ of smoke.** **3.** Windung *f* (*e-s Seiles etc*). **4.** *tech.* Schliere *f* (*im Glas*). **5.** (Schnee-, Sand- *etc*)Wehe *f*. **wreathe** [ri:ð] **I** *v/t* **1.** winden, wickeln ([a]round, about um). **2.** verflechten. **3.** (zu Kränzen) flechten *od.* (zs.-)binden. **4.** *e-n Kranz* flechten, winden. **5.** um- 'kränzen, -'geben, -'winden. **6.** bekrän- zen, schmücken. **7.** kräuseln, in Falten legen: **his face was ~d in smiles** ein Lächeln lag auf s-m Gesicht. **8.** sich winden *od.* wickeln: **~d column** *arch.* Schneckensäule *f*. **9.** sich ringeln *od.* kräuseln (*Rauchwolke etc*). **wreath·y** ['ri:θɪ; 'ri:ðɪ] *adj* **1.** sich win- dend. **2.** sich ringelnd *od.* kräuselnd (*Rauch etc*). **3.** bekränzt. **4.** geflochten. **wreck** [rek] **I** *s* **1.** *mar.* a) (Schiffs)Wrack *n*, b) Schiffbruch *m*, Schiffsunglück *n*, c) *jur.* Strandgut *n*. **2.** Wrack *n* (*mot. etc*, *a. fig. bes. Person*), Ru'ine *f*, Trümmer- haufen *m* (*a. fig.*): **nervous ~** Nerven- bündel *n*; **she is the ~ of her former self** sie ist nur noch ein Schatten ihrer selbst, sie ist ein völliges Wrack. **3.** *pl* Trümmer *pl* (*oft fig.*). **4.** *fig.* a) 'Unter- gang *m*, Ru'in *m*, b) Zerstörung *f*, Ver- wüstung *f*: **the ~ of his hopes** die Ver- nichtung s-r Hoffnungen; **to go to ~ (and ruin)** zugrunde gehen. **II** *v/t* **5.** *allg.* zertrümmern, zerstören, *ein Schiff* zum Scheitern bringen (*a. fig.*): **to be ~ed** a) *mar.* scheitern, Schiffbruch erleiden, b) in Trümmer gehen, c) *rail.* entgleisen. **6.** *fig.* zu'grunde richten, *Plāne, Hoffnungen etc* vernichten, zerstören. **7.** *mar. tech.* abwracken. **III** *v/i* **8.** Schiffbruch er-

leiden, scheitern (*beide a. fig.*). **9.** ver- unglücken. **10.** *a. fig.* zerstört *od.* ver- nichtet werden. '**wreck·age** *s* **1.** Schiff- bruch *m*, Scheitern *n* (*beide a. fig.*). **2.** *mar.* Wrack(teile *pl*) *n*, (Schiffs-, *allg.* Unfall-) Trümmer *pl*. **3.** Trümmerhaufen *m*. **4.** → wreck 4. **5.** *fig.* Strandgut *n* (*des Lebens*), gescheiterte Exi'stenzen *pl*. **wrecked** *adj* **1.** gestrandet, gescheitert (*beide a. fig.*). **2.** schiffbrüchig: **~ sailors. 3.** zer- trümmert, zerstört, vernichtet (*alle a. fig.*): **~ car** Schrottauto *n*. **4.** zerrüttet: **~ health.** '**wreck·er** *s* **1.** *mar. bes. hist.* Strandräuber *m*. **2.** *a. fig.* Zerstörer *m*, Vernichter *m*, Sabo'teur *m*. **3.** *mar.* a) Bergungsschiff *n*, b) Bergungsarbeiter *m*. **4.** *tech. bes. Am.* Abbrucharbeiter *m*. **5.** *mot. Am.* Abschleppwagen *m*. '**wreck·ing I** *s* **1.** *mar. bes. hist.* Strand- raub *m*. **2.** *fig.* Rui'nieren *n*, Vernichtung *f*. **3.** *Am.* Bergung *f*. **II** *adj* **4.** *Am.* Ber- gungs...: **~ crew; ~ service** *mot.* Ab- schleppdienst *m*; **~ truck** Abschlepp- wagen *m*. **5.** *tech. bes. Am.* Abbruch...: **~ company** Abbruchfirma *f*. **~ a·mend- ment** *s parl. Br.* Änderung *e-s Gesetz- entwurfs, die dessen eigentlichen Zweck vereitelt.* **wren¹** [ren] *s* **1.** *orn.* Zaunkönig *m*. **2. golden-crested ~** *orn.* Wintergold- hähnchen *n*. **3.** *Am. sl.* Mädchen *n*. **Wren²** [ren] *s mil. Br. colloq.* Ma'rine- helferin *f* (*aus* Women's Royal Naval Service). **wrench** [rent∫] **I** *s* **1.** (drehender *od.* hefti- ger) Ruck, heftige Drehung. **2.** *med.* Ver- zerrung *f*, -renkung *f*, (gewaltsame) Ver- drehung, Verstauchung *f*: **to give a ~** *of* 8. **3.** *fig.* Verzerrung *f*, -drehung *f*. **4.** *fig.* (Trennungs)Schmerz *m*: **leaving home was a ~** der Abschied von zu Hause tat sehr weh. **5.** *tech.* Schraubenschlüssel *m*. **6.** scharfe Wendung, *bes. hunt.* Haken *m* (*e-s Hasen*). **II** *v/t* **7.** (mit e-m Ruck) reißen, zerren, ziehen: **to ~ s.th.** (away) **from s.o.** j-m etwas entwinden *od.* -rei- ßen (*a. fig.*); **to ~ open** *die Tür etc* aufrei- ßen. **8.** *med.* verrenken, -stauchen. **9.** ver- drehen, -zerren (*a. fig. entstellen*). **wrest** [rest] **I** *v/t* **1.** (gewaltsam) reißen: **to ~ out of** herausreißen aus; **to ~ from s.o.** j-m entreißen *od.* -winden, *fig. a.* j-m abringen; **to ~ a living from the soil** dem Boden s-n Lebensunterhalt abrin- gen. **2.** *fig.* verdrehen, -zerren, entstellen. **II** *s* **3.** Ruck *m*, Reißen *n*. **4.** *mus.* Stimm- hammer *m*. **wres·tle** ['resl] **I** *v/i* **1.** *bes. sport* ringen. **2.** *fig.* ringen, schwer kämpfen (**for** um). **3.** *relig.* ringen, inbrünstig beten: **to ~ with God** mit Gott ringen. **4.** *fig.* sich abmühen, kämpfen (**with** mit). **II** *v/t* **5.** *fig.* ringen *od.* kämpfen mit: **to ~ down** niederringen. **6.** *Am.* etwas mühsam (*wo- hin*) schaffen. **III** *s* **7.** *bes. sport* Ringen *n*, Ringkampf *m*. **8.** *fig.* Ringen *n*, schwerer Kampf. '**wres·tler** *s bes. sport* Ringer *m*, Ringkämpfer *m*. '**wres·tling** *bes. sport* **I** *s* Ringen *n* (*a. fig.*). **II** *adj* Ring...: **~ match** Ringkampf *m*. **wretch** [ret∫] *s* **1.** *a.* **poor ~** armes Wesen, armer Kerl *od.* Tropf *od.* Teufel (*a. iro.*). **2.** Schuft *m*. **3.** *iro.* Wicht *m*, Tropf *m*. '**wretch·ed** [-ɪd] *adj* (*adv* ~ly) **1.** elend, unglücklich, *a.* depri'miert (*Person*). **2.** erbärmlich, jämmerlich, dürftig, mi- se'rabel, schlecht. **3.** (gesundheitlich) elend. **4.** gemein, niederträchtig. **5.** ekel- haft, scheußlich, entsetzlich. '**wretch- ed·ness** *s* **1.** Elend *n*, Unglück *n*. **2.** Erbärmlichkeit *f*. **3.** Niedertracht *f*, Gemeinheit *f*. **4.** Scheußlichkeit *f*. '**wretch·less·ness** [-lɪsnɪs] *s obs.* (of) Unbekümmertheit *f* (um), Leichtfertig- keit *f* (gegen'über).

**wrick** [rɪk] **I** *s* Verrenkung *f*. **II** *v/t* verrenken, verstauchen. **wrig·gle** ['rɪgl] **I** *v/i* **1.** sich winden (*a. fig. verlegen od. listig*), sich schlängeln, *zo. a.* sich ringeln: **to ~ along** sich dahin- schlängeln; **to ~ out** sich herauswinden (**of s.th.** aus e-r Sache) (*a. fig.*); **to ~ into** *fig.* sich einschleichen in (*acc*). **2.** sich unruhig *od.* ner'vös hin u. her bewegen, zappeln. **II** *v/t* **3.** hin u. her bewegen, wackeln *od.* schlängeln mit: **to ~ one's hips** mit den Hüften wackeln. **4.** schlängeln, winden, ringeln: **to ~ o.s.** (along, through) sich (entlang-, hindurch)win- den; **to ~ o.s. into** *fig.* sich einschleichen in (*acc*); **to ~ o.s. out of** sich heraus- winden aus. **III** *s* **5.** Windung *f*, Krüm- mung *f*. **6.** schlängelnde Bewegung, Schlängeln *n*, Ringeln *n*. **7.** Wackeln *n*. '**wrig·gler** *s* **1.** Ringeltier *n*, Wurm *m*. **2.** *fig.* aalglatter Kerl. **wright** [raɪt] *s* (*in Zssgn*) ...macher *m*, ...bauer *m*: **cart~** Stellmacher *m*, Wagen- bauer *m*. **wring** [rɪŋ] **I** *v/t pret u. pp* **wrung** [rʌŋ] **1.** *oft* **~ out** *Wäsche etc* (aus)wringen, auswinden. **2.** *oft* **~ out** *Früchte etc* aus- drücken, -pressen. **3.** *oft* **~ out** *Saft etc* her'ausdrücken, -pressen, -quetschen (**of** aus). **4.** a) *e-m Tier den Hals* abdrehen, b) *j-m den Hals* 'umdrehen: **I'll ~ your neck. 5.** *die Hände* (*verzweifelt*) ringen. **6.** *j-m die Hand* (kräftig) drücken, pres- sen. **7.** *j-n* drücken (*Schuh etc*). **8.** *fig.* quälen, bedrücken: **to ~ s.o.'s heart** j-m ans Herz greifen, j-m in der Seele weh tun. **9.** *etwas* abringen, entreißen, -win- den (**from** *dat*): **to ~ a confession from s.o.** j-m ein Geständnis abringen; **to ~ admiration from s.o.** j-m Bewunde- rung abnötigen. **10.** *fig. Geld, Zustim- mung* erpressen (**from, out of** von). **11.** verzerren, -drehen (*a. fig. entstellen*). **II** *s* **12.** (Aus)Wringen *n*, Auswinden *n*: **to give s.th. a ~** etwas (aus)wringen *od.* auswinden. **13.** Pressen *n*, Druck *m*: **he gave my hand a ~** er drückte mir (kräftig) die Hand. **14.** → wringer. '**wring·er** *s* a) 'Wringma₁schine *f*, b) (Obst- *etc*)Presse *f*: **to go through the ~** *colloq.* ,durch den Wolf gedreht werden'. '**wring·ing I** *adj* Wring...: **~ machine** → wringer. **II** *adv*: **~ wet** klatschnaß. **~ fit** *s tech.* Haftsitz *m*. **wrin·kle¹** ['rɪŋkl] **I** *s* **1.** Runzel *f*, Falte *f* (*im Gesicht*). **2.** Knitter *m*, Kniff *m* (*im Papier, Stoff etc*). **3.** Unebenheit *f*, Ver- tiefung *f*, Furche *f*. **II** *v/t* **4.** *oft* **~ up** a) *die Stirn, die Augenbrauen* runzeln, b) *die Nase* rümpfen, c) *die Augen* zs.-kneifen. **5.** *Stoff, Papier etc* zerknittern. **6.** *Wasser* kräuseln. **III** *v/i* **7.** Falten werfen (*Stoff*). **8.** sich runzeln, runz(e)lig werden (*Haut*). **9.** knittern (*Papier, Stoff etc*). **wrin·kle²** ['rɪŋkl] *s colloq.* **1.** Kniff *m*, Trick *m*. **2.** Wink *m*, Tip *m*. **3.** Neuheit *f*. **4.** Fehler *m*. **wrin·kled** ['rɪŋkld] *adj* **1.** gerunzelt, runz(e)lig, faltig. **2.** gekräuselt, kraus. **wrin·kly** ['rɪŋklɪ] *adj* **1.** → wrinkled. **2.** leicht knitternd (*Stoff*). **wrist** [rɪst] *s* **1.** Handgelenk *n*: **to give s.o. a slap on the ~, to slap s.o.'s ~** *fig.* j-m auf die Finger klopfen. **2.** Stulpe *f* (*am Ärmel etc*). **3.** → wrist pin. '**~band** *s* **1.** Bündchen *n*, Man'schette *f*. **2.** Arm- band *n*. '**~drop** *s med.* Handgelenks- lähmung *f*. **wrist·let** ['rɪstlɪt] *s* **1.** Pulswärmer *m*. **2.** Armband *n*: **~ watch** *Br.* Armbanduhr *f*. **3.** *sport* Schweißband *n*. **4.** *humor. od. sl.* ,Armband' *n* (*Handschelle*). '**wrist·lock** *s Ringen*: Handgelenksfes- selung *f*. **~ pin** *s tech.* Zapfen *m*, *bes.*

Kolbenbolzen *m.* '**~watch** *s* Armband-
uhr *f.*
**writ¹** [rɪt] *s* **1.** *jur.* a) königlicher *od.*
behördlicher Erlaß, b) gerichtlicher Be-
fehl, Verfügung *f,* c) *a.* ~ of summons
(Vor)Ladung *f:* ~ of attachment
Haft-, Vorführungsbefehl *m;* (*dringli-
cher*) Arrest(befehl); ~ of prohibition
*Anweisung e-r höheren Instanz an e-e
niedere Instanz, ein anhängiges Verfahren
einzustellen;* to take out a ~against s.o.,
to serve a ~ on s.o. j-n (vor)laden
(lassen); → capias, error 3, execution
3. **2.** *jur. hist. Br.* Urkunde *f.* **3.** *Br.*
Wahlausschreibung *f* für das Parla'ment.
**4.** Schreiben *n,* Schrift *f* (*obs. außer in*):
Holy (*od.* Sacred) W~ (*die*) Heilige
Schrift.
**writ²** [rɪt] *obs. pret u. pp von* **write.**
**write** [raɪt] *pret* **wrote** [rəʊt], *obs. a.*
**writ** [rɪt], *pp* **writ·ten** ['rɪtn], *obs. a.*
**writ** *od.* **wrote I** *v/t* **1.** *etwas* schreiben:
to ~ a letter; writ(ten) large *fig.* deut-
lich, leicht erkennbar. **2.** auf-, nieder-
schreiben, schriftlich niederlegen, auf-
zeichnen, no'tieren: to ~ a term into a
contract e-e Bedingung in e-n Vertrag
aufnehmen; it is written that *Bibl.* es
steht geschrieben, daß; it is written on
(*od.* all over) his face es steht ihm im
Gesicht geschrieben; written in (*od.* on)
water *fig.* in den Wind geschrieben, ver-
gänglich. **3.** a) *e-n Scheck etc* ausschrei-
ben, ausstellen, b) *ein Formular etc* aus-
füllen. **4.** *Papier etc* vollschreiben. **5.** *j-m
etwas* schreiben, schriftlich mitteilen: to ~
s.o. s.th. **6.** *ein Buch etc* schreiben, ver-
fassen: to ~ poetry dichten, Gedichte
schreiben; to ~ the music for a play die
Musik zu e-m (Theater)Stück schreiben.
**7.** schreiben über (*acc*): she is writing
her life *sie* schreibt ihre Lebens-
geschichte. **8.** to ~ o.s. sich bezeichnen als
(a duke, *etc* Herzog *etc*).
**II** *v/i* **9.** schreiben. **10.** schreiben,
schriftstellern. **11.** schreiben, schriftliche
Mitteilung machen: to ~ home nach
Hause schreiben; to ~ to ask schriftlich
anfragen; to ~ (away *od.* off) for s.th.
*etwas* anfordern; → home 15.
*Verbindungen mit Adverbien:*
**write**| **back** *v/i* zu'rückschreiben. **~
down I** *v/t* **1.** → write 2. **2.** *fig.*
a) (schriftlich) her'absetzen *od.* schlecht-
machen, 'herziehen über (*acc*), b) nen-
nen, bezeichnen *od.* 'hinstellen als. **3.**
*econ.* abschreiben. **II** *v/i* **4.** sich bewußt
einfach ausdrücken (to, for für). **~ in I**
*v/t* **1.** einfügen, eintragen. **2.** Bedingungen
*etc* (in e-n Vertrag *etc*) aufnehmen. **3.** to
write s.o. in *pol. bes. Am.* s-e Stimme für
j-n abgeben, der nicht auf der Kandi-
datenliste steht. **II** *v/i* **4.** schreiben an
(*acc*): to ~ for s.th. um etwas schreiben,
etwas anfordern. **~ off** *v/t* **1.** schnell
abfassen, hinunterschreiben, 'hin-
hauen'. **2.** *econ.* (vollständig) abschrei-
ben (*a. fig.*): he wrote off his new car
*colloq.* er hat s-n neuen Wagen zu Schrott
gefahren. **~ out** *v/t* **1.** Namen *etc* aus-
schreiben. **2.** abschreiben: to ~ fair ins
reine schreiben. **3.** → write 3 a. **4.** to
write o.s. out sich ausschreiben (*Autor*).
**5.** to be written out of a series (*Rund-
funk, TV*) aus e-r Serie verschwinden. **~
up** *v/t* **1.** *etwas* ausführlich darstellen *od.*
beschreiben, eingehend berichten über
(*acc*). **2.** (*ergänzend*) nachtragen, *Tage-
buch, Text* weiterführen, auf den neue-
sten Stand bringen. **3.** lobend schreiben
über (*acc*), her'ausstreichen, (an)preisen.
**4.** *econ.* e-n zu hohen Buchwert angeben
für.
'**write**|**-down** *s econ.* Abschreibung *f.*
'**~-in** *s pol. bes. Am.* Stimmabgabe *f* für

e-n Kandi'daten, der nicht auf der Liste
steht. '**~-off** *s* a) *econ.* (gänzliche) Ab-
schreibung, b) *mot. colloq.* To'talschaden
*m:* it's a ~ *colloq.* das können wir ab-
schreiben, das ist ,im Eimer'.
'**writ·er** *s* **1.** Schreiber(in): ~'s cramp
(*od.* palsy, spasm) Schreibkrampf *m.* **2.**
Schriftsteller(in), Autor *m,* Au'torin *f,*
Verfasser(in): ~ for the press Zeitungs-
schreiber(in), Journalist(in); the ~ (*in
Texten*) der Verfasser (= ich). **3.** *meist*
to the signet *Scot.* No'tar *m,* Rechts-
anwalt *m.*
'**write-up** *s* **1.** lobender Pressebericht
*od.* Ar'tikel, positive Besprechung. **2.**
*econ.* zu hohe Buchwertangabe.
**writhe** [raɪð] **I** *v/i* **1.** sich krümmen, sich
winden (with *od.* under *dat*). **2.** *fig.* sich win-
den, leiden (under, at unter *dat*): to ~
under an insult. **3.** sich winden *od.*
schlängeln: to ~ through a thicket. **II**
*v/t* **4.** winden, schlingen, drehen, ringeln.
**5.** *das Gesicht* verzerren. **6.** *den Körper*
krümmen, winden. **III** *s* **7.** Verzerrung *f.*
'**writ·ing** *s* **1.** Schreiben *n* (*Tätigkeit*).
**2.** Schriftstelle'rei *f.* **3.** schriftliche Aus-
fertigung *od.* Abfassung. **4.** Schreiben *n,*
Schriftstück *n,* (*etwas*) Geschriebenes *n,*
Urkunde *f:* in ~ schriftlich; to put in ~
schriftlich niederlegen; the ~ on the wall
*fig.* die Schrift an der Wand, das Menete-
kel. **5.** Schrift *f,* (*literarisches*) Werk: the
~s of Pope Popes Werke. **6.** Aufsatz *m,*
Ar'tikel *m.* **7.** Brief *m.* **8.** Inschrift *f.* **9.**
Schreibweise *f,* Stil *m.* **10.** (Hand)Schrift *f.*
**II** *adj* **11.** schreibend, *bes.* schriftstel-
lernd: ~ man Schriftsteller *m.* **12.**
Schreib...: ~ book Schreibheft *n.* ~ case *s*
Schreibmappe *f.* ~ desk *s* Schreibpult *n,*
-tisch *m.* ~ ink *s* (Schreib)Tinte *f.* ~ pad *s*
**1.** Schreibblock *m.* **2.** 'Schreib,unterlage *f.*
~ pa·per ¦'Schreibpa,pier *n.* ~ stand *s*
Stehpult *n.* ~ ta·ble *s* Schreibtisch *m.*
**writ·ten** ['rɪtn] **I** *pp von* write. **II** *adj*
**1.** schriftlich: ~ examination; ~ evi-
dence *jur.* Urkundenbeweis *m;* ~ ques-
tion *parl.* kleine Anfrage. **2.** geschrieben:
~ language Schriftsprache *f;* ~ law *jur.*
geschriebenes Gesetz.
**wrong** [rɒŋ] **I** *adj* (*adv* → wrongly)
**1.** falsch, unrichtig, verkehrt, irrig: a ~
opinion; to be ~ a) falsch sein, b) un-
recht haben, sich irren (*Person*), c) falsch
gehen (*Uhr*); you are ~ in believing du
irrst dich, wenn du glaubst; to do ~
thing das Verkehrte tun, Falsche tun, es
verkehrt machen; to prove s.o. ~ bewei-
sen, daß j-d im Irrtum ist. **2.** verkehrt,
falsch: the ~ side a) die verkehrte *od.*
falsche Seite, b) die linke Seite (*von Stof-
fen etc*); (the) ~ side out das Innere nach
außen (gekehrt) (*Kleidungsstück etc*); to
be on the ~ side of 60 über 60 (Jahre alt)
sein; he will laugh on the ~ side of his
mouth das Lachen wird ihm schon
(noch) vergehen; to have got out of bed
(on) the ~ side *colloq.* mit dem linken
Bein zuerst aufgestanden sein; to get on
the ~ side of s.o. *colloq.* sich j-s Gunst
verscherzen, es mit j-m verderben; →
blanket 1, stick¹ 5. **3.** nicht in Ordnung:
s.th. ~ with it etwas stimmt daran
nicht, etwas ist nicht in Ordnung damit;
what is ~ with you? was ist los mit dir?,
was hast du?; I wonder what's ~ with
him was hat er nur?; what's ~ with ...?
*colloq.* a) was gibt es auszusetzen an
(*dat*)?, b) wie wär's mit ...? **4.** unrecht,
unbillig: it is ~ of you to laugh es ist
nicht recht von dir zu lachen.
**II** *adv* **5.** falsch, unrichtig, verkehrt: to
get it ~ es ganz falsch verstehen, es
mißverstehen; don't get me ~ verstehen
Sie mich nicht falsch, mißverstehen Sie
mich nicht; to go ~ a) nicht richtig

funktionieren *od.* gehen (*Instrument, Uhr
etc*), b) daneben-, schiefgehen (*Vorhaben
etc*), c) auf Abwege *od.* die schiefe Bahn
geraten, d) fehlgehen; where did we go
~? was haben wir falsch gemacht?; to get
in ~ with s.o. *Am. colloq.* sich j-s Gunst
verscherzen, es mit j-m verderben; to get
s.o. in ~ *Am. colloq.* j-n in Mißkredit
bringen (with bei). **6.** unrecht: to act ~.
**III** *s* **7.** Unrecht *n:* to do ~ Unrecht
tun; to do s.o. ~ j-m ein Unrecht zufü-
gen. **8.** Irrtum *m,* Unrecht *n:* to be in the
~ unrecht haben; to put s.o. in the ~ with
s.o. sich bei j-m ins Unrecht setzen; to
put s.o. in the ~ j-n ins Unrecht setzen. **9.**
Schaden *m,* Kränkung *f,* Beleidigung *f.*
**10.** *jur.* Rechtsverletzung *f:* private ~
Privatdelikt *n;* public ~ öffentliches De-
likt, strafbare Handlung.
**IV** *v/t* **11.** j-m (*a. in Gedanken etc*)
Unrecht tun, j-n ungerecht behandeln: I
am ~ed mir geschieht Unrecht. **12.** j-m
schaden, Schaden zufügen, j-n benach-
teiligen. **13.** betrügen (of um). **14.** *e-e
Frau* entehren, verführen.
,**wrong**|'**do·er** *s* Übel-, Missetäter(in).
,**~'do·ing** *s* **1.** Missetat *f.* **2.** Vergehen *n,*
Verbrechen *n.*
**wrong fo(u)nt** *s print.* falsche Type.
'**wrong·ful** *adj* (*adv* ~ly) **1.** ungerecht. **2.**
beleidigend, kränkend. **3.** *jur.* 'wider-
rechtlich, unrechtmäßig, ungesetzlich.
'**wrong·ful·ness** *s* **1.** Ungerechtigkeit
*f.* **2.** Ungesetzlichkeit *f,* Unrechtmäßig-
keit *f,* 'Widerrechtlichkeit *f.*
,**wrong**'**head·ed** *adj* (*adv* ~ly) **1.** starr-,
querköpfig, verbohrt (*Person*). **2.** ver-
schroben, -dreht, hirnverbrannt.
'**wrong·ly** *adv* **1.** → wrong II. **2.** unge-
rechterweise, zu Unrecht: rightly or ~ zu
Recht *od.* Unrecht. **3.** irrtümlich-,
fälschlicherweise. '**wrong·ness** *s* **1.**
Unrichtigkeit *f,* Verkehrtheit *f.* **2.** Un-
recht *n,* Unbilligkeit *f.* '**wrong·ous** *adj
bes. jur. Scot.* → wrongful 3.
**wrote** [rəʊt] *pret u. obs. pp von* write.
**wroth** [rəʊθ; rɔːθ] *adj obs. od. poet.* zor-
nig, erzürnt, ergrimmt.
**wrought** [rɔːt] **I** *pret u. pp von* work.
**II** *adj* **1.** be-, ge-, verarbeitet: ~ goods
Fertigwaren; ~ into shape geformt; a ~
beautifully ~ tray ein wunderschön ge-
arbeitetes Tablett. **2.** geformt. **3.** *tech.*
a) gehämmert, geschmiedet, b) schmie-
deeisern. **4.** verziert. **5.** gestickt, gewirkt.
~ i·ron *s tech.* **1.** Schmiede-, Schweiß-
eisen *n.* **2.** schmiedbares Eisen. ~ steel *s
tech.* Schmiede-, Flußstahl *m.*
**wrung** [rʌŋ] *pret u. pp von* wring.
**wry** [raɪ] *adj* (*adv* wryly) **1.** schief,
krumm, verzerrt: ~ neck schiefer *od.*
steifer Hals; to make (*od.* pull) a ~ face
e-e Grimasse schneiden. **2.** *fig.* a) ver-
schroben: ~ notion, b) sar'kastisch: ~
humo(u)r, c) bitter: a ~ pleasure,
d) gequält, schmerzlich: a ~ smile. '**~-
-billed** *adj orn.* mit schiefem Schnabel.
'**~-mouth** *s ichth.* (Ein) Schleimfisch *m.*
'**~-mouthed** *adj* **1.** schiefmäulig. **2.** *fig.*
a) wenig schmeichelhaft, b) ätzend, sar-
'kastisch. '**~-neck** *s orn.* Wendehals *m.*
**wul·fen·ite** ['wʊlfənaɪt] *s min.* Wulfe'nit
*m,* Gelbbleierz *n.*
**Würm** [vʊə(r)m; *Br. a.* wɜːm; *Am. a.*
wɜːrm] *geol.* **I** *s* Würmeiszeit *f.* **II** *adj*
Würm...: ~ time → I 1.
**wych elm** [wɪtʃ] *s bot.* Bergrüster *f,*
-ulme *f.*
**Wyc·lif·fite, Wyc·lif·ite** ['wɪklɪfaɪt]
*relig.* **I** *adj* Wyclif *od.* s-e Lehre betref-
fend. **II** *s* Anhänger(in) Wyclifs.
**wye** [waɪ] *s* **1.** Ypsilon *n.* **2.** → Y 3.
**wynd** [waɪnd] *s bes. Scot.* enge Straße,
Gasse *f.*
**wy·vern** → wivern.

# X

**X, x** [eks] **I** *pl* **X's, Xs, x's, xs** [ˈeksɪz] **1.** X, x *n* (*Buchstabe*). **2. x** *math.* a) x *n* (*1. unbekannte Größe od.* [*un*]*abhängige Variable*), b) x-Achse *f*, Abˈszisse *f* (*im Koordinatensystem*). **3. X** *fig.* X *n*, unbekannte Größe. **4. X X** *n*, X-förmiger Gegenstand. **II** *adj* **5.** vierundzwanzigst(er, e, es). **6.** X X..., X-förmig. **III** *v/t pret u. pp* **x-ed**, *a.* **x'd, xed 7.** ankreuzen: to ~ out ausixen.

**xan·thate** [ˈzænθeɪt] *s chem.* Xanˈthat *n*.

**xan·the·in** [ˈzænθɪɪn] *s chem.* Xantheˈin *n*.

**Xan·thi·an** [ˈzænθɪən] *adj* xantisch.

**xan·thic** [ˈzænθɪk] *adj* **1.** *bes. bot.* gelblich. **2.** *chem.* Xanthin... ~ **ac·id** *s chem.* Xanthoˈgensäure *f*.

**xan·thin** [ˈzænθɪn] *s* **1.** *bot.* wasserunlösliches Blumengelb. **2.** → **xanthine**.

**ˈxan·thine** [-θiːn] *s chem.* Xanˈthin *n*.

**Xan·thip·pe** [zænˈθɪpɪ; -ˈtɪ-] *npr u. s fig.* Xanˈthippe *f*.

**Xan·thoch·ro·i** [zænˈθɒkrəʊaɪ; *Am.* -ˈθɑkrəˌwaɪ] *s pl Ethnologie*: Blondhaarige *pl* (*nach Huxley*). **ˌxan·thoˈchro·ic** [-θəʊˈkrəʊɪk; -θə-] → **xanthochroid**.

**ˈxan·tho·chroid** [-θəʊkrɔɪd] **I** *adj* blondhaarig u. hellhäutig (*Rasse*). **II** *s* blondhaarige u. hellhäutige Perˈson.

**ˌxan·thoˈchro·mi·a** [-θəʊˈkrəʊmjə; -ɪə] *s med.* Gelbfärbung *f* der Haut.

**xan·tho·ma** [zænˈθəʊmə] *pl* **-mas, -ma·ta** [-mətə] *s med.* Xanˈthom *n* (*gutartige, gelbe Hautgeschwulst*).

**Xan·tho·mel·a·noi** [ˌzænθəʊˈmelənɔɪ] *s pl Ethnologie*: Schwarzhaarige *pl* (*nach Huxley*).

**xan·tho·phyl(l)** [ˈzænθəʊfɪl] *s bot. chem.* Xanthoˈphyll *n*, Blattgelb *n*.

**xan·tho·sis** [zænˈθəʊsɪs] *s med.* Xanˈthose *f*, Gelbfärbung *f*. **ˈxan·thous** [-θəs] *adj* **1.** gelb, gelblich. **2.** *Ethnologie*: gelb, monˈgolisch.

**Xan·tip·pe** [zænˈtɪpɪ] → **Xanthippe**.

**ˈx-ˌax·is** *s irr* → **X** 2 b.

**X chro·mo·some** *s biol.* ˈX-Chromoˌsom *n*.

**xe·bec** [ˈziːbek] *s mar.* Scheˈbe(c)ke *f*.

**xe·ni·al** [ˈziːnɪəl] *adj bes. hist.* gastfreundlich.

**xe·nog·a·mous** [ziːˈnɒgəməs; *Am.* -ˈnɑ-] *adj bot.* xenoˈgam. **xeˈnog·a·my** *s* Xenogaˈmie *f*, Fremd-, Kreuzbestäubung *f*.

**ˌxen·o·ˈgen·e·sis** [ˌzenə-] *s biol.* **1.** → **heterogenesis. 2.** Entstehung *f* von Lebewesen, die von den Eltern völlig verschieden sind. **ˌxen·o·geˈnet·ic** *adj* durch Urzeugung *od.* Generatiˈonswechsel entstanden. **ˌxen·oˈglos·si·a** [-ˈglɒsɪə; *Am.* -ˈglɑ-] *s Parapsychologie*: Xenoglosˈsie *f* (*unbewußtes Reden in e-r unbekannten Fremdsprache*).

**xen·o·lith** [ˈzenəlɪθ] *s geol.* Xenoˈlith *m*, Fremdkörper *m*.

**ˌxen·oˈmor·phic** *adj geol. min.* xenoˈmorph, fremdgestaltig.

**xe·non** [ˈzenɒn; *Am.* ˈziːˌnɑn; ˈzenˌɑn] *s chem.* Xeˈnon *n* (*Edelgas*).

**xen·o·phile** [ˈzenəfaɪl] *s* xenoˈphile Perˈson. **ˌxen·oˈphil·i·a** [-ˈfɪlɪə] *s* Xenophiˈlie *f*, Fremdenliebe *f*. **xe·noph·i·lous** [zeˈnɒfɪləs; *Am.* -ˈnɑ-] *adj* xenoˈphil, fremdenfreundlich.

**xen·o·phobe** [ˈzenəfəʊb] *s* Fremdenhasser(in). **ˌxen·oˈpho·bi·a** *s* Xenophoˈbie *f*, Fremdenfeindlichkeit *f*. **ˌxen·oˈpho·bic** [-bɪk] *adj* xenoˈphob, fremdenfeindlich.

**xe·ran·sis** [zɪˈrænsɪs] *s med.* Austrocknung *f*.

**xe·ran·the·mum** [zɪˈrænθəməm] *s bot.* Xerˈanthemum *n*, Strohblume *f*.

**xe·ra·si·a** [zɪˈreɪzɪə] *s med.* Trockenheit *f* des Haares.

**xe·rog·ra·phy** [ˌzɪəˈrɒgrəfɪ; *Am.* zəˈrɑ-] *s print.* Xerograˈphie *f*.

**xe·ro·mor·phic** [ˌzɪərəˈmɔː(r)fɪk] *adj bot.* xeroˈmorph.

**xe·roph·i·lous** [zɪəˈrɒfɪləs; *Am.* zəˈrɑ-] *adj bot.* xeroˈphil, die Trockenheit liebend.

**xe·ro·phyte** [ˈzɪərəfaɪt] *s bot.* Xeroˈphyt *m*, Trockenpflanze *f*. **ˌxe·roˈphyt·ic** [-ˈfɪtɪk] *adj* die Trockenheit liebend.

**xe·ro·sis** [ˌzɪəˈrəʊsɪs; *Am.* zəˈr-] *s med.* Xeˈrose *f*, krankhafte Trockenheit.

**xi** [saɪ; zaɪ; gzaɪ; ksaɪ] *s* Xi *n* (*griechischer Buchstabe*).

**xiph·oid** [ˈzɪfɔɪd; *Am. a.* ˈzaɪˌ-] *anat.* **I** *adj* **1.** schwertförmig. **2.** Schwertfortsatz...: ~ **appendage**, ~ **appendix**, ~ **cartilage**, ~

process → **3. II** *s* **3.** Schwertfortsatz *m* (*des Brustbeins*).

**Xmas** [ˈkrɪsməs; ˈeksməs] *colloq. für* **Christmas**.

**X ray** *s med. phys.* **1.** X-Strahl *m*, Röntgenstrahl *m*. **2.** Röntgenaufnahme *f*, -bild *n*: to take an ~ (of) ein Röntgenbild machen (von), *etwas* röntgen.

**X-ray I** *v/t* [eksˈreɪ; ˈeksreɪ] **1.** röntgen: a) ein Röntgenbild machen von, b) durchˈleuchten. **2.** mit Röntgenstrahlen behandeln, bestrahlen. **II** *adj* [ˈeksreɪ] **3.** Röntgen...: ~ **examination** (microscope, spectrum, *etc*); ~ **astronomy** Röntgenastronomie *f*; ~ **picture** (*od.* **photograph**) → **X ray** 2; ~ **tube** Röntgenröhre *f*.

**xy·lan** [ˈzaɪlæn] *s chem.* Xyˈlan *n*, Holzgummi *m*, *n*.

**xy·lem** [ˈzaɪləm; -lem] *s bot.* Xyˈlem *n*, Holzteil *m* der Leitbündel: primary ~ Protoxylem.

**xy·lene** [ˈzaɪliːn] *s chem.* Xyˈlol *n*. **ˈxy·lic** *adj chem.* xylisch: ~ **acid** Xylylsäure *f*.

**xy·lo·carp** [ˈzaɪləkɑː(r)p] *s bot.* holzige Frucht.

**xy·lo·graph** [ˈzaɪləgrɑːf; *bes. Am.* -græf] *s* Xylograˈphie *f*, Holzschnitt *m*. **xyˈlog·ra·pher** [-ˈlɒgrəfə(r); *Am.* -ˈlɑ-] *s* Holzschneider *m*, Xyloˈgraph *m*. **ˌxy·loˈgraph·ic** [-ləˈgræfɪk] *adj* xyloˈgraphisch, Holzschnitt... **xyˈlog·ra·phy** [-ˈlɒgrəfɪ; *Am.* -ˈlɑ-] *s* Xylograˈphie *f*, Holzschneidekunst *f*.

**xy·lol** [ˈzaɪlɒl; *Am. a.* -ˌləʊl] → **xylene**.

**xy·lo·nite** [ˈzaɪlənaɪt] (*TM*) *s tech. bes. Br.* (*Art*) Zelluˈloid *n*.

**xy·loph·a·gan** [zaɪˈlɒfəgən; *Am.* -ˈlɑ-] *zo.* **I** *adj* zu den Holzfressern *od.* -bohrern gehörig. **II** *s* Holzbohrer *m*, -fresser *m*. **ˈxy·lo·phage** [-ləfeɪdʒ] → **xylophagan II**.

**xy·lo·phone** [ˈzaɪləfəʊn] *s mus.* Xyloˈphon *n*. **xy·loph·o·nist** [zaɪˈlɒfənɪst; *bes. Am.* ˈzaɪləˌfəʊ-] *s* Xylophoˈnist(in).

**xy·lo·py·rog·ra·phy** [ˌzaɪləpaɪˈrɒgrəfɪ; *Am.* -ˈrɑ-] *s* Brandmaleˈrei *f* (*in Holz*).

**xy·lose** [ˈzaɪləʊs; -ləʊz] *s chem.* Xyˈlose *f*, Holzzucker *m*.

**xys·ter** [ˈzɪstə(r)] *s med.* Knochenschaber *m*.

# Y

**Y,y** [waɪ] **I** *pl* **Y's, Ys, y's, ys** [waɪz] **1.** Y, y *n*, Ypsilon *n* (*Buchstabe*). **2. y** *math.* a) y *n* (*2. unbekannte Größe od.* [un]abhängige *Variable*), b) y-Achse *f*, Ordiˈnate *f* (*im Koordinatensystem*). **3.** Y Y *n*, Y-förmiger Gegenstand. **II** *adj* **4.** fünfundzwanzigst(er, e, es). **5.** Y Y-... Y-förmig, gabelförmig.

**y-** [ɪ] *obs. Präfix zur Bildung des pp, entsprechend dem deutschen* ge-.

**yacht** [jɒt; *Am.* jɑt] *mar.* **I** *s* **1.** (Segel-, Motor)Jacht *f*: ~ **club** Jachtklub *m*. **2.** (Renn)Segler *m*. **II** *v/i* **3.** auf e-r Jacht fahren. **4.** (sport)segeln. **ˈyacht·er** → yachtsman. **ˈyacht·ing** *mar.* **I** *s* **1.** (Sport)Segeln *n*. **2.** Jacht-, Segelsport *m*. **II** *adj* **3.** Segel..., Jacht...

**ˈyachts·man** [-mən] *s irr mar.* **1.** Jachtfahrer *m*. **2.** (Sport)Segler *m*. **ˈyachts·man·ship** *s* Segelkunst *f*.

**yack** → yak².

**yaf·fle** [ˈjæfl], *a.* **yaf·fil** [ˈjæfl] *s orn.* Grünspecht *m*.

**ya·gi** [ˈjɑːgɪ; ˈjæɡɪ] *s electr.* ˈYagi-Anˌtenne *f* (*für Kurzwellen*).

**yah** [jɑː] *interj* a) äh!, puh!, pfui!, b) ätsch!

**ya·hoo** [jəˈhuː; *Am.* ˈjeɪhuː] *s* a) bruˈtaler Kerl, Rohling *m*, b) ˈSchwein‘ *n*.

**Yah·ve(h)** [ˈjɑːveɪ], **Yah·we(h)** [ˈjɑːweɪ] *s Bibl.* Jahwe *m*, Jeˈhova *m*.

**yak¹** [jæk] *s zo.* Yak *m*, Grunzochs *m*.

**yak²** [jæk] *colloq.* **I** *s* Gequassel *n*. **II** *v/i* quasseln.

**yam** [jæm] *s bot.* **1.** Yamswurzel *f*. **2.** *Am.* ˈSüßkarˌtoffel *f*, Baˈtate *f*. **3.** *Scot.* Karˈtoffel *f*.

**yam·mer** [ˈjæmə(r)] *colloq.* **I** *v/i* **1.** jammern. **2.** *Am.* quasseln. **II** *v/t* **3.** *etwas* jammernd sagen od. erzählen.

**yank¹** [jæŋk] *colloq.* **I** *v/t* (*mit e-m Ruck*) herˈaus-*etc*ziehen: **to ~ out** a tooth; **to ~ off** abreißen. **II** *v/i* reißen, heftig ziehen (**at** an *dat*). **III** *s* (heftiger) Ruck.

**Yank²** [jæŋk] *colloq. für* Yankee.

**Yan·kee** [ˈjæŋkɪ] *s* **1.** Yankee *m* (*Spitzname*): a) Neu-ˈEngländer(in), b) Nordstaatler(in) (*der USA*), c) *allg.* (*von Nichtamerikanern gebraucht*) (ˈNord)Ameriˌkaner(in), ˌAmi‘ *m*. **2.** Yankee-Englisch *n* (*in Neu-England*). **II** *adj* **3.** Yankee...: a) neuˈenglisch, b) *allg.* (ˈnord)ameriˌkanisch. **ˈYan·kee·dom** *s* **1.** (*die*) Yankees *pl*. **2.** die Vereinigten Staaten *pl*. **ˈYan·kee·fied** [-faɪd] *adj* amerikaniˈsiert. **ˈYan·kee·ism** *s* **1.** Eigentümlichkeiten *pl* der Yankees. **2.** ameriˈkanische Spracheigenheit.

**yap** [jæp] **I** *s* **1.** Kläffen *n*, Gekläff *n*. **2.** *colloq.* a) Gequassel *n*, b) ˌGemeckere‘ *n*. **3.** *Am. sl.* Trottel *m*. **4.** *bes. Am. sl.* ˌSchnauze‘ *f* (*Mund*). **II** *v/i* **5.** kläffen. **6.** *colloq.* a) quasseln, b) ˌmeckern‘: **to ~ at** s.o. j-n anmeckern. **III** *v/t* **7.** *etwas* kläffen od. bellen (*Person*).

**yapp** [jæp] *s Br.* Bucheinband aus weichem *Leder mit überstehenden Rändern.*

**yard¹** [jɑː(r)d] *s* **1.** Yard *n* (= *0,914 m*): **a sentence a ~ long** *colloq.* ein ˌBandwurmsatz‘. **2.** Yardmaß *n*, -stock *m*: **by the ~** yardweise; **~ goods** *Am.* Yard-, Schnittware *f*. **3.** *mar.* Rah *f*. **4.** *Am. sl.* hundert Dollar.

**yard²** [jɑː(r)d] **I** *s* **1.** Hof(raum) *m*, eingefriedigter Platz: **prison ~** Gefängnishof *m*. **2.** Gelände *n* (*e-r Schule od. Universität*). **3.** a) Lager-, Stapelplatz *m*, b) Bauhof *m*. **4.** *rail.* Ranˈgier-, Verschiebebahnhof *m*. **5. the Y~** *colloq. für* Scotland Yard. **6.** *agr.* Hof *m*, Gehege *n*: **poultry ~** Hühnerhof *m*. **7.** *Am.* Garten *m*. **8.** *Am.* Winterweideplatz *m* (*für Elche u. Rotwild*). **II** *v/t* **9.** *Material etc* in e-m Hof lagern. **10.** *oft* **~ up** Vieh im Viehhof einschließen.

**ˈyard·age¹** *s* in Yards angegebene Zahl *od.* Länge, Yards *pl*.

**ˈyard·age²** *s* Recht *n* zur (*od.* Gebühr *f* für die) Benutzung e-s (*Vieh- etc*)Hofs.

**ˈyard·arm** *s mar.* Rahnock *f*. **ˈ~·land** *s agr. hist.* ¹/₄ Hufe *f* (*altes englisches Landmaß*). **ˈ~·man** [-mən] *s irr* **1.** *rail.* Ranˈgier-, Bahnhofsarbeiter *m*. **2.** Bauhofverwalter. **ˈ~·mas·ter** *s rail.* Ranˈgiermeister *m*. **~ meas·ure** *s* Yardstock *m*, -maß *n*. **~ rope** *s mar.* Rah-, Nockjolle *f*. **~ sale** → garage sale. **ˈ~·stick** *s* **1.** Yard-, Maßstock *m*. **2.** *fig.* Maßstab *m*: **on what kind of ~ is he basing his criticism?** welche Maßstäbe legt er bei s-r Kritik an?; **is profit the only ~ of success?** wird Erfolg (denn) nur am Profit gemessen?

**yarn** [jɑː(r)n] *s* **1.** gesponnener Faden, Garn *n*: **dyed in the ~** im Garn gefärbt. **2.** (Kabel- *etc*)Garn *n*. **3.** *colloq.* Garn *n*, abenteuerliche *od.* erfundene *od.* überˈtriebene Geschichte: **to spin a ~** (*od.* ~s) (sein) Garn spinnen. **4.** *colloq.* Plaudeˈrei *f*, Plausch *m*: **to have a ~ with** s.o. mit j-m plaudern. **~ dress·er** *s tech.* ˈGarnˌschlichtmaˌschine *f*. **ˈ~-dyed** *adj tech.* im Garn gefärbt.

**yar·row** [ˈjærəʊ] *s bot.* Schafgarbe *f*.

**yash·mak** [ˈjæʃmæk] *s* Jaschˈmak *m* (*Schleier der mohammedanischen Frauen*).

**yat·a·g(h)an** [ˈjætəɡən] *s* Jataˈgan *m* (*krummer türkischer Säbel*).

**yaw** [jɔː] **I** *v/i* **1.** *mar.* gieren, vom Kurs abkommen. **2.** *aer.* (*um die Hochachse*) gieren, scheren. **3.** *fig.* abweichen (**from** von). **II** *s* **4.** *mar.* Gierung *f*, Gieren *n*. **5.** *aer.* Scheren *n*. **6.** *fig.* Abweichen *n*.

**yawl¹** [jɔːl] *Br. dial.* **I** *v/i* jaulen, heulen. **II** *s* Jaulen *n*, Geheul *n*.

**yawl²** [jɔːl] *s mar.* **1.** (Segel)Jolle *f*. **2.** Beˈsankutter *m*.

**yawn** [jɔːn] **I** *v/i* **1.** gähnen. **2.** *fig.* gähnen, klaffen (*Abgrund etc*). **3.** *fig.* a) sich weit u. tief auftun, b) weit offenstehen. **II** *v/t*

**4.** gähnen(d sagen). **III** *s* **5.** a) Gähnen *n* (*a. fig.*), b) Gähner *m*: **to give a ~** gähnen. **6.** *fig.* Abgrund *m*, weite Öffnung. **7.** *fig.* a) Langweiligkeit *f*, b) (*etwas*) (zum Gähnen) Langweiliges: **the play was a perfect ~** das Stück war ˌstinklangweilig‘, c) Langweiler(in). **ˈyawn·ing** *adj* (*adv* ~ly) gähnend (*a. fig.*).

**yawp** [jɔːp] *Am. colloq.* **I** *v/i* **1.** schreien, brüllen. **2.** a) quasseln, b) ˌmeckern‘: **to ~ at** s.o. j-n anmeckern. **II** *s* **3.** Schrei *m*, Gebrüll *n*. **4.** Gequassel *n*.

**yaws** [jɔːz] *s pl* (*a. als sg konstruiert*) *med.* Framböˈsie *f* (*ansteckende Hautkrankheit der Tropen mit himbeerartigem Ausschlag*).

**ˈy-ˌax·is** *s irr* → Y 2 b.

**Y chro·mo·some** *s biol.* ˈY-Chromoˌsom *n*.

**y·cleped** [ɪˈkliːpt], **y·clept** [ɪˈklept] *adj obs. od. humor.* genannt, namens.

**Y con·nec·tion** *s electr.* Sternschaltung *f*.

**ye¹** [jiː] *pron obs. od. Bibl. od. humor.* **1.** ihr, Ihr: **~ gods!** großer *od.* allmächtiger Gott! **2.** euch, Euch, dir, Dir: **strange news to tell ~**. **3.** du, Du (*a. als Anrede*). **4.** *colloq. für* you: **how d'ye do?**

**ye²** [jiː] *obs. für* the¹.

**yea** [jeɪ] **I** *adv* **1.** *obs.* ja (*als Antwort*). **2.** *obs.* fürˈwahr, wahrˈhaftig. **3.** *obs.* ja soˈgar. **II** *s* **4.** *obs.* Ja. **n.** *parl. etc* Ja(stimme *f*) *n*: **~s and nays** Stimmen für u. wider; **the ~s have it!** der Antrag ist angenommen!

**yeah** [jeə] *interj colloq.* ja, klar: **~?** so?, na, na!

**yean** [jiːn] **I** *v/t* werfen (*Schaf, Ziege*). **II** *v/i* a) lammen, b) zickeln. **ˈyean·ling** [-lɪŋ] *s* a) Lamm *n*, b) Zicklein *n*.

**year** [jɜː; jɪə; *Am.* jɪər] *s* **1.** Jahr *n*: **for a ~ and a day** *jur.* auf Jahr u. Tag; **for ~s** *a)* jahrelang, seit Jahren, b) auf Jahre hinaus; **~ in, ~ out** jahraus, jahrein; **~ by ~**, **from ~ to ~**, **~ after ~** Jahr für Jahr; **in the ~ one** *humor.* vor undenklichen Zeiten; **not in ~s** seit Jahren nicht (mehr); **since the ~ dot** *colloq.* seit e-r Ewigkeit; **twice a ~** zweimal jährlich *od.* im Jahr; **to take ~s off** s.o. j-n um Jahre jünger machen *od.* aussehen lassen. **2.** (Kaˈlender)Jahr *n*: **church ~**, **Christian ~**, **ecclesiastical ~** Kirchenjahr *n*; **civil ~**, **common ~**, **legal ~** bürgerliches Jahr; → **grace** 7. **3.** *pl* Alter *n*: **she is clever for her ~s** sie ist klug für ihr Alter; **he bears his ~s well** er ist für sein Alter noch recht rüstig; → **get on** 1, **old** 2, **well¹** 10. **4.** *ped. univ.* Jahrgang *m*: **he was the best in his ~**. **5.** *astr.* ˈUmlaufzeit *f*, Periˈode *f* (*e-s Planeten*). **ˈ~·book** *s* **1.** Jahrbuch *n*. **2.** Year Books *pl jur. Br.* amtliche Sammlung von Rechtsfällen (1292 bis 1534). **ˈ~-ˌend** *Am.* **I** *s* Jahresende *n*. **II** *adj* am *od.* zum Jahresende: **~ inventory**.

**year·ling** ['jɜːlɪŋ; 'jɪəlɪŋ; *Am.* 'jɪərlɪŋ] **I** *s*
**1.** Jährling *m*: a) einjähriges Tier, b) einjährige Pflanze. **2.** *Pferdesport*: Einjährige(s) *n.* **3.** *mil. Am.* Angehöriger der zweituntersten Klasse in e-r Militärakademie. **II** *adj* **4.** einjährig.

**¡year'long** *adj* einjährig: **after a ~ absence** nach einjähriger Abwesenheit.

**'year·ly I** *adj* jährlich, Jahres... **II** *adv* jährlich, jedes Jahr (einmal).

**yearn** [jɜːn; *Am.* jɜrn] *v/i* **1.** sich sehnen, Sehnsucht haben (**for, after** nach; **to do** danach, zu tun): **to ~ for s.o.** a) j-n herbeisehnen, b) sehnsüchtig auf j-n warten. **2.** empfinden (**to, toward[s]** für, mit). **'yearn·ing I** *s* Sehnsucht *f*, Sehnen *n.* **II** *adj* (*adv* **~ly**) sehnsüchtig, sehnend.

**yeast** [jiːst] **I** *s* **1.** (Bier-, Back)Hefe *f*: **~ fungus** Hefepilz *m.* **2.** Gischt *m, f*, Schaum *m* (*a. auf dem Bier*). **3.** *fig.* Triebkraft *f*, -kräfte. *pl.* **II** *v/i* **4.** gären. **5.** schäumen. **~ plant** *s bot.* Hefepilz *m.* **~ pow·der** *s* Backpulver *n.*

**'yeast·y** *adj* **1.** hefig, Hefe... **2.** gärend, Gär... **3.** schäumend. **4.** *fig.* a) leer, hohl, oberflächlich, b) geringfügig, nichtig. **5.** *fig.* a) unstet (*Leben etc*), b) 'überschwenglich (*Begeisterung etc*), c) ener'giegeladen (*Person*).

**yecch** [jek] → **yuck. 'yecch·y** → **yucky.**

**yegg(·man)** ['jeg(mən)] *s irr Am. sl.* ,Schränker' *m* (*Geldschrankknacker*).

**yelk** [jelk] *dial. für* **yolk.**

**yell** [jel] **I** *v/i* **1.** *a.* **~ out** schreien, brüllen (**with** vor *dat*): **to ~ with laughter** (**pain**); **to ~ at s.o.** j-n anschreien *od.* anbrüllen; **to ~ for help** (gellend) um Hilfe schreien. **2.** *Am.* anfeuernd schreien *od.* brüllen. **3.** *Am.* zetern, schreien. **II** *v/t* **4.** *a.* **~ out** brüllen, schreien: **to ~ curses** (**s.o.'s name,** *etc*); **to ~ a** team to victory e-e Mannschaft zum Sieg brüllen. **III** *s* **5.** Schrei *m*: **to give** (*od.* let out) **a ~** e-n Schrei ausstoßen; **~ for help** (gellender) Hilfeschrei; **~ of terror** Entsetzensschrei; **~s of** hate Haßgeschrei *n.* **6.** *Am.* rhythmischer Anfeuerungs- *od.* Schlachtruf (*e-r Schule etc*).

**yel·low** ['jeləʊ] **I** *adj* **1.** gelb (*Am. a. Verkehrsampel*): **the lights were ~** *Am.* die Ampel stand auf Gelb; **~-haired** flachshaarig. **2.** gelb(häutig) (*Rasse*): **the ~ peril** die gelbe Gefahr. **3.** *fig.* a) *obs.* neidisch, 'mißgünstig, b) *colloq.* feig: **~ streak** feiger Zug. **4.** sensati'onslüstern, reißerisch (aufgemacht): **~ paper** Revolverblatt *n*; **~ press** Sensationspresse *f.* **II** *s* **5.** Gelb *n*: **at ~** *Am.* bei Gelb; **the lights were at ~** *Am.* die Ampel stand auf Gelb. **6.** Eigelb *n.* **7.** *sl.* Feigheit *f.* **8.** *pl bot. med. vet.* Gelbsucht *f.* **III** *v/t* **9.** gelb färben *od.* machen. **IV** *v/i* **10.** gelb werden, sich gelb färben, vergilben.

**'yel·low¦bel·ly** *s sl.* ,Schisser' *m* (*Feigling*). **~ book** *s pol.* Gelbbuch *n.* **~ boy** *s hist. Br. sl.* Goldstück *n.* **~ card** *s Fußball*: gelbe Karte: **to be shown the ~** die gelbe Karte (gezeigt) bekommen. **~ car·ti·lage** *s anat.* Netzknorpel *m.* **~ dog** *s Am. colloq.* **1.** Köter *m*, ,Prome'nadenmischung' *f.* **2.** *fig.* (hunds)gemeiner *od.* feiger Kerl. **~·'dog** *adj Am. colloq.* **1.** a) (hunds)gemein, b) feig. **2.** gewerkschaftsfeindlich: **~ contract** Anstellungsvertrag *m*, in dem sich der Arbeitnehmer verpflichtet, keiner Gewerkschaft beizutreten. **~ earth** *s min.* **1.** Gelberde *f.* **2.** → **yellow ocher. ~ fe·ver** *s med.* Gelbfieber *n.* **~ flag** *s* → **yellow jack 2. ~ gum** *s med.* hochgradige Gelbsucht (*bei Kindern*). **~·'ham·mer** *s orn.* Goldammer *f.*

**'yel·low·ish** *adj* gelblich.

**yel·low¦ jack** *s* **1.** *med.* Gelbfieber *n.* **2.** *mar.* Quaran'täneflagge *f.* **~ man** *s irr* Gelbe(r) *m*, Angehörige(r) *m* der gelben Rasse. **~ met·al** *s tech.* 'Muntzme¡tall *n.* **~·o·cher,** *bes. Br.* **~·o·chre** *s min.* gelber Ocker, Gelberde *f.* **~ pag·es** *s pl teleph.* (*die*) gelben Seiten, Branchenverzeichnis *n.* **~ soap** *s* Schmierseife *f.* **~ spot** *s anat.* gelber Fleck (*im Auge*).

**'yel·low·y** *adj* gelblich.

**yelp** [jelp] **I** *v/i* **1.** a) (auf)jaulen (*Hund etc*), b) aufschreien. **2.** kreischen **II** *v/t* **3.** kreischen. **III** *s* **4.** a) (Auf)Jaulen *n*, b) Aufschrei *m*: **to give a ~** → **1.**

**yen¹** [jen] *pl* **yen** *s* Yen *m*, Jen *m* (*japanische Münzeinheit*).

**yen²** [jen] *colloq. für* **yearn** I, **yearning** I.

**yeo·man** ['jəʊmən] *s irr* **1.** *Br.* Yeoman *m*: a) *hist.* Freisasse *m*, b) *mil. hist.* berittener Mi'lizsol¡dat, c) *a.* **Y~ of the Guard** (*königlicher*) 'Leibgar¡dist: **to do ~'s service for s.o.** *fig.* j-m treue Dienste leisten. **2.** *Br. hist.* a) *Diener od. Beamter in königlichem od. adligem Haushalt,* b) *Gehilfe e-s Beamten.* **3.** *mar.* Ver'waltungs¡unteroffi¡zier *m.* **'yeo·man·ly** *adj Br.* **1.** *hist.* e-n Yeoman betreffend. **2.** *fig.* zuverlässig, treu. **'yeo·man·ry** [-rɪ] *s collect. hist. Br.* **1.** Freisassen *pl.* **2.** *mil.* berittene Mi'liz.

**yep** [jep] *adv colloq.* ja.

**yer** [jə(r)] *dial. für* **your.**

**yer·ba** ['jeə(r)bə] *s* **1.** Pflanze *f*, Kraut *n.* **2.** *oft* **~ ma·té, ~ de ma·té** Matetee *m.*

**yes** [jes] **I** *adv* **1.** ja, ja¦wohl: **to say ~** (**to**) a) ja sagen (zu), (*e-e Sache*) bejahen (*beide a. fig.*), b) einwilligen (in *acc*). **2.** ja, gewiß, allerdings. **3.** (ja) doch. **4.** ja so¦gar. **5.** (*fragend*) ja?, tatsächlich?, wirklich? **II** *s* **6.** Ja *n.* **7.** *fig.* Jawort *n.* **8.** *parl.* Ja(stimme *f*) *n*: **the ~es have it** die Mehrheit ist dafür, der Antrag ist angenommen. **~ man** *s irr contp.* Jasager *m.*

**yes·ter** ['jestə(r)] **I** *adj* **1.** *obs. od. poet.* gestrig. **2.** (*in Zssgn*) gestrig, letzt(er, e, es). **II** *adv obs.* **3.** gestern. **'~·day** [-dɪ] **I** *adv* **1.** gestern: **I was not born ~** *fig.* ich bin (doch) nicht von gestern. **II** *adj* **2.** gestrig, vergangen: **~ morning** gestern früh *od.* morgen. **III** *s* **3.** der gestrige Tag: **the day before ~** vorgestern; **~'s paper** die gestrige Zeitung; **of ~** von gestern; **~s** vergangene Tage *od.* Zeiten. **4.** *fig.* (*das*) Gestern. **~·'eve, ~·'e·ven, ~·'eve·ning** *obs. od. poet.* **I** *adv* gestern abend. **2.** *s* gestriger Abend. **~·'night** *obs. od. poet.* **I** *adv* gestern abend, in der letzten Nacht. **II** *s* gestriger Abend, letzte Nacht. **~·'year** *adv u. s. obs. od. poet.* voriges Jahr.

**yes·treen** [je'striːn] *Scot. od. poet.* **I** *adv* gestern abend, in der letzten Nacht. **II** *s* gestriger Abend, letzte Nacht.

**yet** [jet] **I** *adv* **1.** (*immer*) noch, noch immer, jetzt noch: **never ~** noch nie; **not ~** noch nicht; **nothing ~** noch nichts; **~ unfinished** noch (immer) unvollendet, noch nicht vollendet; **there is ~ time** noch ist Zeit; **~ a moment** (nur) noch ein Augenblick; **(as) ~** bis jetzt, bisher; **I haven't seen him as ~** bis jetzt habe ich ihn (noch) nicht gesehen. **2.** schon (*in Fragen*), jetzt: **have you finished ~?** bist du schon fertig?; **not just ~** nicht gerade jetzt; **the largest ~ found specimen** das größte bis jetzt gefundene Exemplar. **3.** (doch) noch, schon (noch): **he will win ~** er wird doch noch gewinnen. **4.** noch, so¦gar (*beim Komparativ*): **~ better** noch besser; **~ more important** sogar noch wichtiger. **5.** noch da¦zu, außerdem: **another and ~ another** immer wieder; **nor ~** (und) auch nicht. **6.** dennoch, trotzdem, je¦doch, aber: **it is**

**strange and ~ true** es ist seltsam u. dennoch wahr; **but ~** aber doch *od.* trotzdem. **II** *conj* **7.** aber (dennoch *od.* zu¦gleich), doch: **a rough ~ ready helper** ein zwar rauher, doch bereitwilliger Helfer. **8.** *a.* **~ that** *obs.* ob¦gleich.

**ye·ti** ['jetɪ] *s* Yeti *m*, Schneemensch *m.*

**yew** [juː] *s* **1.** *a.* **~ tree** *bot.* Eibe *f.* **2.** Eibenzweig(e *pl*) *m* (*als Zeichen der Trauer*). **3.** Eibenholz *n.* **4.** Eibenholzbogen *m* (*Waffe*).

**Yg(g)·dra·sil** ['ɪgdræsɪl; 'ɪgdrəsɪl] *s myth.* Yggdrasil *m*, Weltesche *f.*

**'Y-gun** *s mar. mil.* Wasserbombenwerfer *m.*

**Yid** [jɪd] *s sl.* ,Itzig' *m*, Jude *m.*

**Yid·dish** ['jɪdɪʃ] *ling.* **I** *s* Jiddisch *n*, das Jiddische. **II** *adj* jiddisch.

**yield** [jiːld] **I** *v/t* **1.** (*als Ertrag*) ergeben, (ein-, er-, her'vor)bringen, *bes. e-n Gewinn* abwerfen, *Früchte etc, a. econ. Zinsen* tragen, *ein Produkt* liefern: **to ~ 6%** *econ.* a) sich mit 6% verzinsen, b) 6% Rendite abwerfen; → **interest** 11. **2.** *ein Resultat* ergeben, liefern. **3.** *e-n Begriff* geben (**of** von). **4.** *Dank, Ehre etc* erweisen, zollen: **to ~ s.o. thanks** j-m Dank zollen. **5.** gewähren, zugestehen, einräumen: **to ~ consent** einwilligen; **to ~ one's consent to s.o.** j-m s-e Einwilligung geben; **to ~ the point** sich in (*e-r Debatte*) geschlagen geben; **to ~ precedence to s.o.** j-m den Vorrang einräumen; **to ~ right-of-way to s.o.** *mot.* j-m die Vorfahrt gewähren. **6.** **~ up** auf-, 'hergeben, b) (**to**) abtreten (an *acc*), über'lassen, -'geben (*dat*), ausliefern (*dat od. an acc*): **to ~ o.s. to** sich (*e-r Sache*) überlassen; **to ~ o.s. prisoner** sich gefangen geben; **to ~ a place to** (*dat*) Platz machen; **to ~ a secret** ein Geheimnis preisgeben; → **ghost** 2, **palm²** 3. **7.** *obs.* zugeben. **8.** *obs.* vergelten, belohnen.

**II** *v/i* **9.** (*guten etc*) Ertrag geben *od.* liefern, *bes. agr.* tragen. **10.** nachgeben, weichen (*Sache od. Person*): **to ~ to despair** sich der Verzweiflung hingeben; **to ~ to force** der Gewalt weichen; **to ~ to treatment** *med.* auf e-e Behandlung(smethode) ansprechen (*Krankheit*); **"~"** *mot. Am.* „Vorfahrt gewähren!" **11.** sich unter'werfen, sich fügen (**to** *dat*). **12.** einwilligen (**to in** *acc*). **13.** nachstehen (**to** *dat*): **to ~ to none in s.th.** keinem nachstehen in e-r Sache.

**III** *s* **14.** Ertrag *m*: a) *agr.* Ernte *f*, b) Ausbeute *f* (*a. phys. tech.*), Gewinn *m*: **~ of radiation** *phys.* Strahlungsertrag, -ausbeute; **~ of tax(es)** *econ.* Steueraufkommen *n*, -ertrag. **15.** *econ.* a) Zinsertrag *m*, b) Ren'dite *f.* **16.** *tech.* a) Me'tallgehalt *m* (*von Erzen*), b) Ausgiebigkeit *f* (*von Farben etc*), c) Nachgiebigkeit *f* (*von Material*).

**'yield·ing** *adj* (*adv* **~ly**) **1.** ergiebig, einträglich: **~ interest** *econ.* verzinslich. **2.** a) nachgebend, dehnbar, biegsam, b) weich. **3.** *fig.* nachgiebig, gefügig.

**yield¦ point** *s tech.* Streck-, Fließgrenze *f.* **~ stress, ~ strength** *s tech.* Streckspannung *f.*

**yip** [jɪp] *Am. colloq. für* **yelp.**

**yipe** [jaɪp] **I** *v/i* aufschreien. **II** *s* Aufschrei *m.*

**yip·pee** [jɪ'piː; 'jɪpi:] *interj* hur'ra!

**Yip·pie** ['jɪpi:] *s Am.* Yippie *m* (*aktionistischer, ideologisch radikalisierter Hippie*).

**y·lang-y·lang** → **ilang-ilang.**

**y·lem** ['aɪləm] *s philos.* Hyle *f*, Urstoff *m.*

**Y lev·el** *s tech.* (Wasserwaage *f* mit) Li'belle *f.*

**yob** [jɒb], **yob·bo** ['jɒbəʊ] *pl* **-bos** *s Br. colloq.* Halbstarke(r) *m*, Rowdy *m.*

**yo·del** ['jəʊdl] **I** *v/t u. v/i pret u. pp**

**-deled,** *bes. Br.* **-delled** jodeln. **II** *s* Jodler *m.* **'yo·del·(l)er** *s* Jodler(in).
**yo·ga** ['jəʊgə] *s* Joga *m, n,* Yoga *m, n.*
**yogh** [jɒg; jəʊk; jəʊg] *s ling. der mittelenglische Laut* 3.
**yo·gh(o)urt** ['jɒgət; *Am.* 'jəʊgərt] *s* Joghurt *m, n, colloq. a. f.*
**yo·gi** ['jəʊgɪ], *a.* **'yo·gin** [-gɪn] *s* Jogi *m,* Yogi *m.* **'yo·gism** → yoga.
**yo·gurt** → yogh(o)urt.
**yo·heave-ho** [ˌjəʊhiːv'həʊ] *interj mar. hist.* hau'ruck!
**yo·ho** [jəʊ'həʊ] **I** *interj* **1.** he!, holla!
**2.** hau'ruck! **II** *v/i* **3.** ‚holla!‘ *od.* ‚he!‘ rufen.
**yoicks** [jɔɪks] *hunt.* **I** *interj* hussa! (*Hetzruf an Hunde*). **II** *s* Hussa(ruf *m*) *m.*
**yoke** [jəʊk] **I** *s* **1.** Joch *n* (*Geschirr für Zugochsen etc*). **2.** *antiq. u. fig.* Joch *n:* **to pass under the ~** sich unter das Joch beugen; **to come under the ~** unter das Joch kommen; **~ of matrimony** Ehejoch, Joch der Ehe; → throw off 2. **3.** *sg od. pl* Paar *n,* Gespann *n:* **two ~ of oxen.** **4.** *tech.* a) Joch *n,* Schultertrage *f* (*für Eimer etc*), b) Glockengerüst *n,* c) Kopfgerüst *n* (*e-s Aufzugs*), d) Bügel *m,* e) *electr.* (Ma'gnet-, Pol)Joch *n,* f) *mot.* Gabelgelenk *n,* g) doppeltes Achslager, h) *mar.* Kreuzkopf *m,* Ruderjoch *n.* **5.** Passe *f,* Sattel *m* (*an Kleidern*).
**II** *v/t* **6.** Tiere ins Joch spannen, anschirren, anjochen. **7.** *fig.* paaren, verbinden (**with,** **to** mit). **8.** *e-n Wagen etc* mit Zugtieren bespannen. **9.** *fig.* anspannen, anstrengen (**to** bei): **to ~ one's mind to s.th.** s-n Kopf bei etwas anstrengen.
**III** *v/i* **10.** a) verbunden sein (**with s.o.** mit j-m), b) *a.* **~ together** zs.-arbeiten.
**yoke| bone** *s anat.* Jochbein *n.* **~ end** *s mot.* Gabelkopf *m.* **'~·fel·low** *s obs.* **1.** ('Arbeits)Kol‚lege *m.* **2.** (Lebens)Gefährte *m,* (-)Gefährtin *f.*
**yo·kel** ['jəʊkl] *s contp.* Bauerntrampel *m, n,* ‚Bauer‘ *m.*
**yoke| line** *s mar.* Jochleine *f.* **'~·mate** → yokefellow. **~·ring** *s* **1.** *electr.* Jochring *m.* **2.** *tech.* Halsring *m.*
**yolk** [jəʊk] *s* **1.** *zo.* Eidotter *m, n,* Eigelb *n:* **nutritive ~** Nährdotter. **2.** Woll-, Fettschweiß *m* (*der Schafwolle*). **~ bag** *s zo.* Dottersack *m.* **yolk sac. ~ duct** *s zo.* Dottergang *m.*
**yolked** [jəʊkt] *adj zo.* (*in Zssgn*) ...dott(e)rig.
**yolk sac** *s zo.* Dottersack *m.*
**'yolk·y** *adj* **1.** *zo.* Dotter... **2.** dotterartig. **3.** schweißig.
**Yom Kip·pur** [ˌjɒm'kɪpə(r); -kɪ'pʊə(r)] *s relig.* Jom Kip'pur *m,* Versöhnungstag *m* (*jüdischer Feiertag*).
**yon** [jɒn; *jan*] *obs. od. dial.* **I** *adj u. pron* jene(r, s) dort (drüben). **II** *adv* → yonder I.
**yon·der** ['jɒndə; *Am.* 'jandər] **I** *adv* **1.** da *od.* dort drüben. **2.** *obs.* dorthin, da drüben hin. **3.** *dial.* jenseits (**of** *gen*). **II** *adj u. pron* → yon I.
**yoo-hoo** ['juːhuː] **I** *interj* ju'hu! **II** *v/i* ‚ju'hu!‘ rufen.
**yore** [jɔː(r); *Am. a.* 'jəʊər] *s* Einst *n* (*obs. außer in*): **of ~** vorzeiten, ehedem, vormals; **in days of ~** in alten Zeiten.
**York** [jɔː(r)k] *npr* (das Haus) York (*englisches Herrscherhaus zur Zeit der Rosenkriege*): **~ and Lancaster** (die Häuser) York u. Lancaster. **'York·ist** *hist.* **I** *s* Mitglied *n od.* Anhänger(in) des Hauses York (*während der Rosenkriege*). **II** *adj* zu den Mitgliedern *od.* Anhängern des Hauses York gehörend.
**York·shire** ['jɔː(r)kʃə(r)] *adj Br.* (*ehemalige*) Grafschaft Yorkshire, Yorkshire... **~ flan·nel** *s feiner Flanell aus ungefärbter Wolle.* **~ grit** *s tech.* Stein

zum Marmorpolieren. **~ pud·ding** *s* gebackener Eierteig, der zum Rinderbraten gegessen wird. **~ ter·ri·er** *s zo.* Yorkshire Terrier *m.*
**you** [juː; jʊ] *pron* **1.** (*persönlich*) a) (*nom*) du, ihr, Sie, b) (*dat*) dir, euch, Ihnen, c) (*acc*) dich, euch, Sie: **~ are so kind of** bist (ihr seid, Sie sind) so nett; **who sent ~?** wer hat dich (euch, Sie) geschickt?; **~ three** ihr (euch) drei; **don't ~ do that!** tu das ja nicht!; **that's a wine for ~!** das ist vielleicht ein (gutes) Weinchen! **2.** *reflex obs.* a) dir, euch, b) dich, euch, sich: **get ~ gone!** schau, daß du fortkommst!; **sit ~ down!** setz dich hin! **3.** *impers* man: **what should ~ do?** was soll man tun?; **~ soon get used to it** man gewöhnt sich bald daran; **that does ~ good** das tut einem gut.
**young** [jʌŋ] **I** *adj* **1.** jung (*nicht alt*): **~ in years** jung an Jahren; **~ and old** alt u. jung (*alle*); **~ blood** junges Blut; **~ lady** (**woman**) a) junge Dame (Frau), b) *obs.* Schatz *m,* Freundin *f;* **~ man** a) junger Mann, b) *obs.* Schatz *m,* Freund *m;* **~ person** *jur. Br.* Jugendliche(r *m*) *f,* Heranwachsende(r *m*) *f* (*14–17 Jahre alt*); **the ~ person** *fig.* die (unverdorbene) Jugend. **2.** jung, klein, Jung...: **~ animal** Jungtier *n;* **~ America** *colloq.* die amer. Jugend; **~ children** kleine Kinder; **~ days** Jugend(zeit) *f.* **3.** jung, jugendlich: **~ ambition** jugendlicher Ehrgeiz; **~ love** junge Liebe. **4.** jugendlich, unreif: **~ in one's job** unerfahren in s-r Arbeit. **5.** jünger, junior: **~ Mr. Smith** Herr Smith junior (*der Sohn*). **6.** jung, neu: **a ~ family** e-e junge Familie; **a ~ nation** ein junges Volk. **7.** *bes. pol.* fortschrittlich, jung, Jung... **8.** jung, noch nicht weit fortgeschritten: **the night (year) is yet ~.**
**II** *s* **9.** *pl* (Tier)Junge *pl:* **with ~** trächtig. **10. the ~** *pl* die Jungen *pl,* die jungen Leute *pl,* die Jugend.
**young·er** ['jʌŋgə(r)] **I** *comp von* young. **II** *s* Jüngere(r *m*) *f:* **Teniers the Y~** Teniers der Jüngere (*niederländischer Maler*); **die, die jünger sind als er.**
**~ hand** *s Kartenspiel:* 'Hinterhand *f* (*bei 2 Spielern*).
**'young·ish** *adj* ziemlich jung.
**young·ling** ['jʌŋlɪŋ] *s obs. od. poet.* **1.** junger Mensch, Jüngling *m.* **2.** Junge(s) *n,* Jungtier *n.*
**young·ster** ['jʌŋstə(r)] *s* **1.** Bursch(e) *m,* Junge *m.* **2.** Kind *n,* Kleine(r *m*) *f,* Kleine(s) *n.*
**young'un** ['jʌŋən] *s colloq.* Junge *m,* Kleine(r) *m.*
**youn·ker** ['jʌŋkə(r)] *s* **1.** *hist.* Junker *m,* junger Herr. **2.** *colloq.* → youngster.
**your** [jɔː(r); *Am. bes.* jʊər] *possessive pron* **1.** a) (*sg*) dein(e), b) (*pl*) euer, eure, c) (*sg od. pl*) Ihr(e): **it is ~ own fault** es ist deine (eure, Ihre) eigene Schuld. **2.** *impers colloq.* a) so ein(e), b) der (die, das) vielgepriesene *od.* -gerühmte: **is that ~ fox hunt?** ist das die (vielgepriesene) Fuchsjagd?

Ihren), b) das Dein(ig)e, deine Habe: **you and ~.** **3.** *econ.* Ihr Schreiben: **~ of the 15th.**
**your'self** *pl* **-'selves** *pron* (*in Verbindung mit* **you** *od. e-m Imperativ*) **1.** (*bes. verstärkend*) a) (*sg*) (du, Sie) selbst, b) (*pl*) (ihr, Sie) selbst: **do it ~!** mach es selber!, selbst ist der Mann!; **you ~ told me, you told me ~** du hast (Sie haben) es mir selbst erzählt; **by ~** a) selbst, selber, b) selbständig, allein, c) allein, einsam; **be ~!** *colloq.* nimm dich zusammen!; **you are not ~ today** du bist (Sie sind) heute ganz anders als sonst *od.* nicht auf der Höhe; **what will you do with ~ today?** was wirst du (werden Sie) heute anfangen? **2.** *reflex* a) (*sg*) dir, dich, sich, b) (*pl*) euch, sich: **did you hurt ~?** hast du dich (haben Sie sich) verletzt?
**youth** [juːθ] **I** *s* **1.** Jugend *f,* Jungsein *n.* **2.** Jugend(frische, -kraft) *f,* Jugendlichkeit *f:* **flower of ~** Jugendblüte *f.* **3.** Jugend (-zeit) *f.* **4.** Frühzeit *f,* -stadium *n.* **5.** *collect.* (*als sg od. pl konstruiert*) Jugend *f,* junge Leute *pl od.* Menschen *pl:* **the ~ of the country** die Jugend des Landes. **6.** junger Mensch, *pl* junger Mann, Jüngling *m.* **II** *adj* **7.** Jugend...: **~ group** (**movement,** *etc*); **~ hostel** Jugendherberge *f;* **~ hostel(l)er** a) Herbergsvater *m,* b) j-d, der in Jugendherbergen übernachtet. **'youth·ful** *adj* (*adv* **~ly**) **1.** jung: **~ offender** *jur.* jugendlicher Täter. **2.** jugendlich (*frisch*): **~ optimism.** **3.** Jugend...: **~ days.** **'youth·ful·ness** *s* Jugend(lichkeit) *f,* Jugendfrische *f.*
**yowl** [jaʊl] **I** *v/t u. v/i* jaulen, heulen. **II** *s* Gejaule *n,* Geheul *n.*
**yo-yo** ['jəʊjəʊ] **I** *pl* **-yos** *s* **1.** Jo-'Jo *n.* **2.** *Am. sl.* Idi'ot *m.* **II** *adj* **3.** *fig.* fluktu'ierend. **III** *v/i* **4.** *fig.* fluktu'ieren. **5.** *fig.* schwanken, unschlüssig sein.
**y·per·ite** ['iːpəraɪt] *s chem. mil.* Ype'rit *n,* Senfgas *n,* Gelbkreuz *n.*
**Y po·ten·tial** *s electr.* 'Sternpunktpoten‚ti‚al *n,* -spannung *f.*
**yt·ter·bi·a** [ɪ'tɜːbjə; *Am.* ɪ'tɜrbɪə] *s chem.* Ytter'bin(erde *f*) *n.* **yt'ter·bic** *adj chem.* Ytter..., Ytterbium..., yt'terbiumhaltig. **yt'ter·bi·um** [-bjəm; -bɪəm] *s chem.* Yt'terbium *n.*
**yt·tri·a** ['ɪtrɪə] *s chem.* 'Yttriumo‚xyd *n.* **'yt·tric** *adj chem.* Yt-trium... **'yt·tri·um** [-əm] *s chem.* Yt-trium *n:* **~ metals** Yttrium-Metalle.
**yttro-** [ɪtrəʊ] *chem. Wortelement mit der Bedeutung* Yttrium...
**yuc·ca** ['jʌkə] *s* **1.** *bot.* Yucca *f,* Palmlilie *f.* **2.** Yucca-Blüte *f* (*Symbol des Staates Neu-Mexiko*).
**yuck** [jʌk] *interj bes. Am. sl.* i'gitt!, pfui Teufel! **'yuck·y** *adj bes. Am. sl.* ekelhaft, widerlich.
**yuft** [jʊft] *s* Juchtenleder *n.*
**Yu·ga** ['jʊgə] *s Hinduismus:* Yuga *n,* Weltalter *n.*
**Yu·go·slav** [ˌjuːgəʊ'slɑːv; *Am. a.* -'slæv] **I** *s* **1.** Jugo'slawe *m,* -'slawin *f.* **2.** *ling. colloq.* Jugo'slawisch *n,* das Jugoslawische. **II** *adj* **3.** jugo'slawisch. **Yu·go·sla·vi·an I** *s* → Yugoslav 1. **II** *adj* → Yugoslav 3. **Yu·go·slav·ic** → Yugoslav 3.
**yuk** → yuck. **'yuk·ky** → yucky.
**yule** [juːl] *s obs. od. poet.* **1.** Weihnachts-, Julfest *n.* **2.** → yuletide. **~ log** *s* Weihnachtsscheit *n.* **'~·tide** *s obs. od. poet.* Weihnacht(en *n od. pl*) *f,* Weihnachtszeit *f.*
**yum·my** ['jʌmɪ] *colloq.* **I** *adj* a) *allg.* ‚prima‘, ‚toll‘, b) lecker (*Mahlzeit etc*). **II** *interj* → yum-yum.
**yum·yum** [ˌjʌm'jʌm] *interj colloq.* mm!, lecker!

# Z

**Z, z** [zed; *Am.* zi:] **I** *pl* **Z's, Zs, z's, zs** [zedz; *Am.* zi:z] **1.** Z, z *n* (*Buchstabe*). **2.** z *math.* a) z *n* (*3. unbekannte Größe od.* [*un*]*abhängige Variable*), b) z-Achse *f* (*im Koordinatensystem*). **3.** Z Z *n*, Z-förmiger Gegenstand. **II** *adj* **4.** sechsundzwanzigst(er, e, es). **5.** Z Z-..., Z-förmig.

**zaf·fer, zaf·fre** ['zæfə(r)] *s min. tech.* Zaffer *m*, 'Kobaltsaf‚flor *m*.

**zaf·tig** ['zɑːftɪg] *adj Am. sl.* mollig (*Frau*).

**za·ny** ['zeɪnɪ] **I** *s* **1.** *thea. hist.* Hans'wurst *m*, *fig. contp.* a. Clown *m*. **2.** *fig. contp.* Einfaltspinsel *m*. **II** *adj* **3.** *fig.* a) *contp.* clownish, b) verrückt: ~ ideas. **'za·ny·ism** *s fig. contp.* Hanswursti'aden *pl*.

**Zan·zi·ba·ri** [‚zænzɪ'bɑːrɪ] **I** *adj* Sansibar..., sansibarisch. **II** *s* Sansibarer(in).

**zap** [zæp] *sl.* **I** *v/t j-n* ‚abknallen'. **2.** *j-m* ‚ein Ding (*Kugel, Schlag*) verpassen'. **3.** *fig. j-n* ‚fertigmachen'. **II** *v/i* **4.** ‚zischen': to ~ off abziehen. **III** *s* **5.** ‚Schmiß' *m*, Pep *m*. **IV** *interj* **6.** ‚zack'! **'zap·py** [-pɪ] *adj sl.* ‚schmissig', voller Pep.

**Zar·a·thus·tri·an** [‚zærə'θuːstrɪən], *etc* → Zoroastrian, *etc*.

**zar·a·tite** ['zærətaɪt] *s min.* Zara'tit *m*.

**'z-‚ax·is** → Z 2 b.

**zeal** [ziːl] *s* **1.** (Dienst-, Arbeits-, Glaubens- *etc*)Eifer *m*: full of ~ (dienst- *etc*) eifrig. **2.** Begeisterung *f*, 'Hingabe *f*, Inbrunst *f*.

**zeal·ot** ['zelət] *s* **1.** Ze'lot *m*, (Glaubens-) Eiferer *m*, Fa'natiker *m*. **2.** Enthusi'ast (-in), Fa'natiker(in): a ~ of the rod ein begeisterter Angler. **3.** Z~ *hist.* Ze'lot *m* (*jüdischer Sektierer zur Zeit der Römerherrschaft*). **'zeal·ot·ry** [-trɪ] *s* Zelo'tismus *m*, fa'natischer (Dienst-, Glaubens-) Eifer.

**zeal·ous** ['zeləs] *adj* (*adv* ~ly) **1.** (dienst-) eifrig. **2.** eifernd, hitzig, fa'natisch. **3.** eifrig bedacht, begierig (to do zu tun; for auf *acc*). **4.** heiß, innig. **5.** begeistert. **'zeal·ous·ness** → zeal.

**ze·bec(k)** → xebec.

**ze·bra** ['ziːbrə; 'zeb-] *pl* **-bras**, *bes. collect.* **-bra** *s zo.* Zebra *n*. **~cross·ing** *s Br.* Zebrastreifen *m* (*Fußgängerüberweg*). **'~wood** *s* **1.** *bot.* verschiedene Bäume mit zebrastreifigem Holz. **2.** Ze'brano *n*, Zebraholz *n* (*Holz dieser Bäume*).

**ze·brine** ['ziːbraɪn] *adj zo.* **1.** zebraartig. **2.** Zebra...

**ze·bu** ['ziːbuː] *pl* **-bus**, *bes. collect.* **-bu** *s zo.* Zebu *n*, Buckelochse *m*.

**zec·chi·no** [ze'kiːnəʊ; tse-] *pl* **-ni** [-nɪ], *a.* **zech·in** ['zekɪn] *od.* **'zec·chine** [-kiːn] → sequin 1.

**zed** [zed] *s Br.* **1.** Zet *n* (*Buchstabe*). **2.** *tech.* Z-Eisen *n*.

**zed·o·ar·y** ['zedəʊərɪ; *Am.* 'zedə‚werɪ] *bot. pharm.* Zitwerwurzel *f*.

**zee** [ziː] *Am. für* zed.

**Zee·man ef·fect** ['ziːmən; 'zeɪmɑːn] *s phys.* 'Zeemann-Ef‚fekt *m*.

**Zeit·geist** ['tsaɪtgaɪst] (*Ger.*) *s* Zeitgeist *m*.

**Zen** [zen] *s* **1.** Zen *n*. **2.** → Zen Buddhist.

**ze·na·na** [ze'nɑːnə] *s* (*in Indien u. Persien*) Ze'nana *f*, Frauengemach *n*, Harem *m*.

**Zen│ Bud·dhism** *s* 'Zen-Bud‚dhismus *m*. ~ **Bud·dhist** *s* 'Zen-Bud‚dhist *m*.

**Zend** [zend] *s* Zend(sprache *f*) *n* (*altpersische Sprache*). **~-A'ves·ta** [-ə'vestə] *s* A'westa *n* (*heiliges Buch der Perser*).

**Ze·ner│cards** ['ziːnə(r)] *s pl* Parapsychologie: Zener-Karten *pl*. ~ **di·ode** *s phys.* 'Zener-Di‚ode *f*.

**ze·nith** ['zenɪθ; *bes. Am.* 'ziː-] *s* Ze'nit *m*: a) *astr.* Scheitelpunkt *m* (*a. Ballistik*), b) *fig.* Höhe-, Gipfelpunkt *m*: to be at one's (*od.* the) ~ den Zenit erreicht haben, im Zenit stehen. **'ze·nith·al** *adj* **1.** Zenit... **2.** *fig.* höchst(er, e, es).

**ze·o·lite** ['ziːəlaɪt] *s min.* Zeo'lith *m*.

**Zeph·a·ni·ah** [‚zefə'naɪə] *npr u. s* (*das Buch*) Ze'phanja *m*.

**zeph·yr** ['zefə(r)] *s* **1.** *poet.* a) Zephir *m*, Westwind *m*, b) laues Lüftchen, sanfter Wind. **2.** *obs. sehr leichtes Gewebe od. daraus gefertigtes Kleidungsstück.* **3.** a) *a.* ~ cloth Zephir *m* (*Gewebe*), b) *a.* ~ worsted Zephirwolle *f*, c) *a.* ~ yarn Zephirgarn *n*.

**Zep·pe·lin, z~** ['zepəlɪn], *colloq.* **zep(p)** *s aer.* Zeppelin *m*, *allg.* Starrluftschiff *n*.

**ze·ro** ['zɪərəʊ] **I** *pl* **-ros, -roes** *s* **1.** Null *f* (*Zahl od. Zeichen; Am. a. teleph.*): to equate to ~ *math.* gleich Null setzen. **2.** *phys.* Null(punkt *m*) *f*, Ausgangspunkt *m* (*e-r Skala*), *bes.* Gefrierpunkt *m*: 10° below (above) ~ 10 Grad unter (über) Null. **3.** *math.* Null(punkt *m*, -stelle) *f*. **4.** *fig.* Null-, Tiefpunkt *m*: at ~ auf dem Nullpunkt (angelangt). **5.** *fig.* Null *f*, Nichts *m*. **6.** *ling.* Nullform *f*. **7.** *mil.* 'Nullju‚stierung *f*. **8.** *aer.* Bodennähe *f*: to fly at ~ unter 1000 Fuß *od.* in Bodennähe fliegen. **II** *v/t* **9.** *tech. mil.* einschießen. **10.** ~ in *mil.* das Vi'sier des Gewehrs ju'stieren. **III** *v/i* **11.** to ~ in on a) *mil.* sich einschießen auf (*acc*) (*a. fig.*), b) *fig.* abzielen *od.* sich konzen'trieren auf (*acc*), c) *fig.* Problem etc einkreisen, d) *fig.* sich stürzen auf *e-e* Chance etc. **IV** *adj* **12.** Null...: ~ axis (current, frequency, *etc*): ~ adjustment a) *tech.* Nullpunkteinstellung *f*, b) *electr.* Nullabgleich *m* (*e-r Brücke*). **13.** *bes. Am. colloq.* null: to show ~interest in s.th. ~con·duc·tor *s electr.* Nulleiter *m*. ~ **grav·i·ty** *s phys.* (Zustand *m* der) Schwerelosigkeit. ~ **growth** *s* **1.** *a.* zero economic growth Nullwachstum *n*. **2.** *a.* zero population growth Bevölkerungsstillstand *m*. ~ **hour** *s* **1.** *mil.* Stunde *f* X, X-Zeit *f* (*festgelegter Zeitpunkt des Beginns e-r militärischen Operation*). **2.** *fig.* genauer Zeitpunkt, kritischer Augenblick. ~

**op·tion** *s mil. pol.* Nullösung *f*. ~ **point** *s* Nullpunkt *m*. **'~-rate** *v/t Br.* Waren von der Mehrwertsteuer ausnehmen.

**zest** [zest] **I** *s* **1.** Würze *f* (*a. fig. Reiz*): to add ~ to s.th. e-r Sache Würze *od.* Reiz verleihen. **2.** Stückchen *n* Apfel'sinen- *od.* Zi'tronenschale (*für Getränke*). **3.** *fig.* (for) Genuß *m*, Geschmack *m*, Freude *f* (an *dat*), Begeisterung *f* (für), Schwung *m*: ~ for living Lebensfreude. **II** *v/t* **4.** würzen (*a. fig.*). **'zest·ful** *adj* (*adv* ~ly) *fig.* **1.** reizvoll, genußreich. **2.** begeistert, schwungvoll.

**ze·ta** ['ziːtə; *Am. a.* 'zeɪtə] *s* Zeta *n* (*griechischer Buchstabe*).

**zeug·ma** ['zjuːgmə; *bes. Am.* 'zuːgmə] *s* *ling.* Zeugma *n* (*unpassende Beziehung e-s Satzglieds, bes. des Prädikats, auf zwei od. mehr Satzglieder*): Mr. Pickwick took his hat and his leave.

**zib·el·(l)ine** ['zɪbəlaɪn; -liːn] **I** *adj zo.* **1.** Zobel... **2.** zobelartig. **II** *s* **3.** Zobelpelz *m*. **4.** Zibe'line *f* (*Wollstoff*).

**zib·et** ['zɪbɪt] *s zo.* Indische Zibetkatze.

**ziff** [zɪf] *s Austral. colloq.* Bart *m*.

**zig·zag** ['zɪgzæg] **I** *s* **1.** Zickzack *m*. **2.** Zickzacklinie *f*, -bewegung *f*, -kurs *m* (*a. fig.*). **3.** Zickzackweg *m*, -straße *f*, Serpen'tine(nstraße) *f*. **4.** *arch.* Zickzackfries *m*. **5.** *Festungsbau*: Zickzackgraben *m*. **II** *adj* **6.** zickzackförmig, Zickzack... **III** *adv* **7.** im Zickzack. **IV** *v/i* **8.** sich zickzackförmig bewegen, im Zickzack laufen, fahren *etc*, zickzackförmig verlaufen (*Weg etc*). **V** *v/t* **9.** zickzackförmig gestalten. **10.** im Zickzack durch'queren.

**zilch** [zɪltʃ] *s Am. sl.* Nichts *n*, Null *f*: to be ~ gleich Null sein; to drop to ~ auf den Nullpunkt sinken.

**zil·lah** ['zɪlə] *s Br. Ind.* Bezirk *m*.

**zinc** [zɪŋk] **I** *s chem.* Zink *n*: ~ chromate, chromate of ~ a) Zink'chromat *n*, b) *paint.* Zinkgelb *n*; ~ sulphide Schwefelzink. **II** *v/t* *pret u. pp* **zinc(k)ed** verzinken. **~ blende** *s min.* Zinkblende *f*. **~ bloom** *s min.* Zinkblüte *f*. **~ green** *s paint.* Zinkgrün *n*.

**'zinc·ic** *adj chem. min.* **1.** zinkartig. **2.** zinkhaltig.

**zinc·i·fi·ca·tion** [‚zɪŋkɪfɪ'keɪʃn] *s tech.* Verzinkung *f*. **'zinc·i·fy** [-faɪ] *v/t tech.* verzinken.

**zin·co** ['zɪŋkəʊ] *pl* **-cos** *Br. colloq. für* zincograph.

**zin·co·graph** ['zɪŋkəʊgrɑːf; *bes. Am.* -græf] *s tech.* Zinkätzung *f*, Zinkogra-'phie *f*. **zin'cog·ra·pher** [-'kɒgrəfə(r); *Am.* -'kɑ-] *s* Zinko'graph *m*, Zinkstecher *m*. **‚zin·co'graph·ic** [-kə'græfɪk], **‚zin·co'graph·i·cal** *adj* zinko'graphisch. **zin'cog·ra·phy** [-'kɒgrəfɪ; *Am.* -'kɑ-] *s* Zinkogra'phie *f*, Zinkstechkunst *f*.

**'zin·co·type** [-kətaɪp] → zincograph.

**'zinc·ous** *adj chem.* Zink...

**zinc│ sul·phate** *s chem.* 'Zinksul‚fat *n*.

**~ white** *s* Zinkweiß *n*, 'Zinko₁xyd *n*.
**zing** [zɪŋ] *colloq.* **I** *s* **1.** Zischen *n*, Schwirren *n*. **2.** *fig.* 'Schmiß' *n*, Schwung *m*. **II** *v/i* **3.** schwirren, zischen, sausen. **III** *v/t* **4.** ~ **up** *fig.* Schwung bringen in (*acc.*). **IV** *interj* **5.** zisch!
**zin·ga·ra** ['zɪŋgərə] *pl* **-re** [-re], *a.* **'zin·ga·na** [-nə] *pl* **-ne** [-neɪ] (*Ital.*) Zi'geunerin *f.* **'zin·ga·ro** [-rəʊ] *pl* **-ri** [-riː], *a.* **'zin·ga·no** [-nəʊ] *pl* **-ni** [-niː] (*Ital.*) *s* Zi'geuner *m.*
**zing·er** ['zɪŋə(r)] *s colloq.* **1.** schwungvolle Per'son. **2.** Spitze *f* (*boshafte Anspielung etc*). **'zing·y** *adj colloq.* **1.** ,schmissig', schwungvoll. **2.** ,flott' (*Kleidung*), (*a. Laden etc*) ,schick'.
**zink·i·fi·ca·tion, zink·i·fy** → zincification, zincify.
**zin·ni·a** ['zɪnjə; -nɪə] *s bot.* Zinnie *f.*
**Zi·on** ['zaɪən] *s Bibl.* Zion *m.* **'Zi·on·ism** *s* Zio'nismus *m.* **'Zi·on·ist I** *s* Zio'nist(in). **II** *adj* zio'nistisch, Zionisten...
**zip¹** [zɪp] **I** *s* **1.** Zischen *n*, Schwirren *n*. **2.** *colloq.* ,Schmiß' *m*, Schwung *m*. **3.** → zip fastener. **II** *v/i* **4.** zischen, schwirren. **5.** *colloq.* ,Schmiß' haben. **6.** sich mit Reißverschluß schließen *od.* öffnen lassen: **to ~ up at the front** vorn e-n Reißverschluß haben. **III** *v/t* **7.** schwirren lassen. **8.** *a.* **~ up** *colloq.* a) ,schmissig' machen, b) Schwung bringen in (*acc.*). **9.** mit Reißverschluß (ver)schließen *od.* öffnen: **to ~ s.o. up** j-m den Reißverschluß zumachen.
**zip²** [zɪp] *Am. sl.* **I** *s* Nichts *n*, Null *f* (*bes. in Spielresultaten*): **two to ~** zwei zu null. **II** *v/t* zu null schlagen.
**zip|a·re·a** *s Am.* Postleitzone *f.* **~ code** *s Am.* Postleitzahl *f.* **~ fas·ten·er** *s bes. Br.* Reißverschluß *m.* **~ gun** *s Am. sl.* selbstgebastelte Pi'stole.
**zip·per** ['zɪpər] *Am.* **I** *s* Reißverschluß *m*: **~ bag** Reißverschlußtasche *f.* **II** *v/t* → zip¹ 9. **'zip·py** *adj colloq.* schwungvoll, ,schmissig'.
**zir·con** ['zɜːkɒn; *Am.* 'zɜr₁kɑn; -kən] *s min.* Zir'kon *m.* **'zir·con·ate** [-kəneɪt] *s chem.* Zirko'nat *n.*
**zir·co·ni·a** [zɜː'kəʊnjə; -nɪə; *Am.* zɜr-] *s chem.* Zir'konerde *f.* **zir'co·ni·um** [-njəm; -nɪəm] *s chem.* Zir'konium *n.*
**zit** [zɪt] *s med. Am. sl.* Pickel *m.*
**zith·er** ['zɪðə(r); -θ-] *s mus.* Zither *f.* **'zith·er·ist** *s* Zitherspieler(in).
**zizz** [zɪz] *s Br. sl.* Nickerchen *n*: **to have a ~** ein Nickerchen machen.
**ziz·zy** ['zɪzɪ] *adj sl.* **1.** protzig (*Wesen, Kleidung*). **2.** ausgelassen, turbu'lent.
**zlo·ty** ['zlɒtɪ] *pl* **-tys,** *collect.* **-ty** *s* Zloty *m* (*polnische Münze*).
**zo·di·ac** ['zəʊdɪæk] *s astr.* Tierkreis *m*, Zo'diakus *m*: **the signs of the ~** die Tierkreiszeichen.
**zo·di·a·cal** [zəʊ'daɪəkl] *adj astr.* Zodiakal..., Tierkreis...
**zo·e·trope** ['zəʊɪtrəʊp] *s opt.* strobo'skopischer Zy'linder.
**zof·tig** ['zɒːftɪg] → zaftig.
**zo·ic** ['zəʊɪk] *adj* **1.** *zo.* zoisch, tierisch. **2.** *geol.* Tier- *od.* Pflanzenspuren enthaltend.
**zom·bi(e)** ['zɒmbɪ; *Am.* 'zɑm-] *s* **1.** Wodukult: a) Pythongottheit *f* (*in Westafrika*), b) Schlangengottheit *f* (*bes. in Haiti*), c) übernatürliche Kraft, die in e-n Körper eintreten u. ihn wiederbeleben kann. **2.** Zombie *m* (*wiederbeseelte Leiche*). **3.** *colloq.* a) Roboter *m*, b) ko-

mischer Kauz, c) Trottel *m.* **4.** *Am.* ein Cocktail aus Rum, Likör u. Fruchtsaft.
**zon·al** ['zəʊnl] *adj* **1.** zonenförmig. **2.** Zonen... **'zon·a·ry** *adj* zonen-, gürtelförmig.
**zon·ate** ['zəʊneɪt], *a.* **'zon·at·ed** [-tɪd] *adj bot. zo.* mit Ringen *od.* Streifen gezeichnet, gegürtelt.
**zonc** [zɒŋk; *Am.* zɑŋk] → conk³.
**zone** [zəʊn] **I** *s* **1.** *allg.* Zone *f* (*a. math.*): a) *geogr.* (Erd)Gürtel *m*: → temperate 5, torrid 2, b) Gebietsstreifen *m*, Gürtel *m*: wheat ~ Weizengürtel *m*; c) Bezirk *m*, (*a. anat.* Körper)Gegend *f*, Bereich *m* (*a. fig.*): ~ (**of occupation**) (Besatzungs-) Zone; ~ **of silence** Schweigezone; ~ **defence** (*Am.* **defense**) *sport* Raumdeckung *f*; ~ **time** Zonenzeit *f.* **2.** a) (Verkehrs)Zone *f*, Abschnitt *m*, *b*) mail rail. *Am.* (Gebühren)Zone *f*, c) *mail* Post(zustell)bezirk *m*, d) (Straßenbahn- *etc*) Teilstrecke *f.* **3.** *Computer*: (Code)Zone *f.* **4.** *poet.* Gürtel *m*: **maiden** (*od.* **virgin**) ~ Gürtel der Keuschheit; **to lose the maiden** ~ die Jungfräulichkeit verlieren. **II** *v/t* **5.** in Zonen aufteilen, unter'teilen.
**zonked** [zɒŋkt; *Am.* zɑŋkt] *adj sl.* **1.** ,high' (*im Drogenrausch*). **2.** ,stinkbesoffen'.
**zo·nu·lar** ['zəʊnjʊlə(r)] → zonary. **'zon·ule** [-njuːl] *s* kleine Zone: **ciliary ~** *anat.* Zonula *f* ciliaris zinnii (*im Auge*).
**zoo** [zuː] *s* Zoo *m*: ~ **keeper** Tierpfleger *m*, -wärter *m.*
**zoo-** [zəʊəʊ; zəʊə], *a.* **zo-** Wortelement mit der Bedeutung tierisch, Tier..., zoologisch.
**zo·o·blast** ['zəʊəblæst] *s* tierische Zelle.
**zo·o·chem·is·try** [ˌzəʊə'kemɪstrɪ] *s zo.* Zooche'mie *f.*
**zo·o·dy·nam·ics** [ˌzəʊədaɪ'næmɪks] *s pl* (*als sg konstruiert*) *zo.* 'Tierphysiolo₁gie *f.*
**zo·og·a·my** [zəʊ'ɒgəmɪ; *Am.* -'ɑ-] *s zo.* geschlechtliche Fortpflanzung.
**zo·og·e·ny** [zəʊ'ɒdʒənɪ; *Am.* -'ɑ-] *s zo.* Zooge'nese *f*, Entstehung *f* der Tierarten.
**zo·o·ge·og·ra·phy** [ˌzəʊədʒɪ'ɒgrəfɪ] *s* 'Tiergeogra₁phie *f.*
**zo·og·ra·phy** [zəʊ'ɒgrəfɪ; *Am.* -'ɑ-] *s* Zoogra'phie *f*, beschreibende Zoolo'gie, Tierbeschreibung *f.*
**zo·oid** ['zəʊɔɪd] *s biol.* Zoo'id *n*: a) *Zelle mit Eigenbewegung*, b) *selbständiges, sich ungeschlechtlich durch Teilung etc fortpflanzendes Lebewesen.*
**zo·o·lite** ['zəʊəlaɪt], **'zo·o·lith** [-lɪθ] *s geol.* Zoo'lith *m* (*Sedimentgestein, das ausschließlich od. größtenteils aus Tierresten besteht*).
**zo·o·log·i·cal** [ˌzəʊə'lɒdʒɪkl; *Am.* -'lɑ-] *adj* (*adv* **~ly**) zoo'logisch: ~ **garden(s)** zoologischer Garten.
**zo·ol·o·gist** [zəʊ'ɒlədʒɪst; *Am.* -'ɑ-] *s* Zoo'loge *m*, Zoo'login *f.* **zo'ol·o·gy** *s* Zoolo'gie *f*, Tierkunde *f.*
**zoom** [zuːm] **I** *v/i* **1.** surren. **2.** sausen: **to ~ past** vorbeisausen. **3.** *aer.* steil hochziehen. **4.** *phot.* Film: zoomen: **to ~ in** die Gummilinse zuziehen; **to ~ in on s.th.** etwas heranholen; **to ~ out** (die Gummilinse) aufziehen. **5.** *fig.* hochschnellen (*Preise etc*). **II** *v/t* **6.** *aer.* das Flugzeug hochreißen. **III** *v/t* **7.** Surren *n.* **8.** *aer.* Steilflug *m*, Hochreißen *n.* **9.** *fig.* Hochschnellen *n.* **10.** *phot.* Film: a) ~ **lens** 'Zoom(objek₁tiv) *n*, Gummilinse *f*, b) ~ **travel** Zoomfahrt *f.* **11.** *Am.* ein Cocktail aus Weinbrand, Honig u. Sahne. **'zoom·er** → zoom 10 a.

**zo·o·mor·phic** [ˌzəʊə'mɔːfɪk] *adj* zoo'morphisch, 'tiersym₁bolisch.
**zo·o·pa·thol·o·gy** *s vet.* Zoopatholo'gie *f.*
**zo·o·phil·i·a** [ˌzəʊə'fɪlɪə] *s* Zoophi'lie *f*, Sodo'mie *f.*
**zo·o·pho·bi·a** *s med. psych.* Zoopho'bie *f*, krankhafte Angst vor Tieren.
**zo·o·phyte** ['zəʊəfaɪt] *s zo.* Zoo'phyt *m*, Pflanzentier *n.*
**zo·o·plas·tic** [ˌzəʊə'plæstɪk] *adj med.* zoo'plastisch. **'zo·o₁plas·ty** *s med.* Zoo'plastik *f* (*Überpflanzung tierischen Gewebes auf den Menschen*).
**zo·o·psy·chol·o·gy** *s zo.* 'Tierpsycholo₁gie *f.*
**zo·o·sperm** ['zəʊəspɜːm; *Am.* -₁spɜrm] *s* **1.** *zo.* Zoospermium *n*, Samenfaden *m*, -zelle *f.* **2.** → zoospore.
**zo·o·spore** ['zəʊəspɔː(r); *Am. a.* -₁spəʊər] *s bot.* Zoo'spore *f*, Schwärmspore *f.*
**zo·o·tax·y** ['zəʊətæksɪ] *s* syste'matische Zoolo'gie, Taxono'mie *f.*
**zo·ot·o·my** [zəʊ'ɒtəmɪ; *Am.* -'ɑ-] *s vet.* Zooto'mie *f*, 'Tieranato₁mie *f.*
**zoot suit** [zuːt] *s hist. Am. sl.* Anzug, bestehend aus langer, taillierter Jacke mit breiten, wattierten Schultern u. Röhrenhosen. **'zoot-₁suit·er** *s Am. sl.* ,Lackaffe' *m*, ,Fatzke' *m.*
**Zo·ro·as·tri·an** [ˌzɒrəʊ'æstrɪən; *Am.* ˌzəʊrə'wæs-] **I** *adj* zara'thustrisch, zoro'astrisch. **II** *s* Anhänger(in) des Zara'thustra *od.* Zoro'aster. **Zo·ro'as·tri·an·ism** *s* Zoroa'strismus *m.*
**zos·ter** ['zɒstə; *Am.* 'zəʊstər; 'zɑs-] *s med.* Gürtelrose *f.*
**zounds** [zaʊndz] *interj obs.* sapper'lot!
**zuc·chi·ni** [zʊ'kiːnɪ] *pl* **-ni, -nis** *s bot. Am.* Zuc'chini *f.*
**zug·zwang** ['tsuːktsvaŋ] (*Ger.*) (*Schach*) **I** *s* Zugzwang *m.* **II** *v/t* j-n in Zugzwang bringen.
**zwie·back** ['zwiːbæk; -bɑːk; *Am. a.* 'swiː-] *s* Zwieback *m.*
**Zwing·li·an** ['zwɪŋlɪən; 'swɪŋ-] *relig.* **I** *adj* Zwinglisch, des Zwingli. **II** *s* Zwingli'aner(in).
**zwit·ter·i·on** ['tsvɪtər₁aɪən; 'zwɪ-] *s chem. phys.* 'Zwitteri₁on *n.*
**zy·gal** ['zaɪgl] *adj* **1.** *anat.* jochförmig, Joch..., **2.** H-förmig.
**zy·go·dac·tyl** [ˌzaɪgəʊ'dæktɪl] *orn.* **I** *s* Klettervogel *m.* **II** *adj* kletterfüßig.
**zy·go·ma** [zaɪ'gəʊmə] *pl* **-ma·ta** [-mətə] *s anat.* **1.** Jochbogen *m.* **2.** → zygomatic bone. **3.** → zygomatic process.
**zy·go·mat·ic** [ˌzaɪgəʊ'mætɪk] *anat.* **I** *adj* **1.** Joch(bein)... **2.** jochförmig, zygo'matisch. **II** *s* → zygomatic bone. **~ arch** *s* Jochbogen *m.* **~ bone** *s* Joch-, Wangenbein *n.* **~ pro·cess** *s* Jochbeinfortsatz *m.*
**zy·gote** ['zaɪgəʊt] *s biol.* Zy'gote *f*, diplo'ide Zelle.
**zy·mase** ['zaɪmeɪs] *s biol. chem.* Zy'mase *f* (*Ferment*). **zyme** [zaɪm] *s* **1.** *chem.* Fer'ment *n*, Gärstoff *m.* **2.** *med.* Infekti'onskeim *m.*
**zy·mo·gen·ic** [ˌzaɪməʊ'dʒenɪk] *adj biol. chem.* **1.** zymo'gen, Gärung erregend. **2.** → **or·gan·ism** *s biol.* Fer'ment *od.* Gärung erzeugender *od.* 'zymliefernder Orga'nismus.
**zy·mo·sis** [zaɪ'məʊsɪs] *pl* **-ses** [-siːz] *s* **1.** *chem.* Gärung *f.* **2.** *med.* Infekti'onskrankheit *f.*
**zy·mot·ic** [zaɪ'mɒtɪk; *Am.* -'mɑ-] *adj* **1.** *chem.* zy'motisch, Gärungs... **2.** *med.* ansteckend, Infektions...: ~ **disease.**

# ANHANG
# APPENDIX

# I. ABKÜRZUNGEN

# I. ABBREVIATIONS

## A

**A** *electr.* ampere; *phys.* angstrom unit; *phys.* atomic (weight); *Br.* major arterial road; America(n).

**a.** acre(s); *ling.* active; (*Lat.*) anno, in the year; *electr.* anode; anonymous; ante; *econ.* approved; (*Flächenmaß*) are.

**A.** acre(s) *od.* acreage; America(n); answer.

**AA** *psych.* achievement age; Alcoholics Anonymous; *Br.* Automobile Association; American Airlines; antiaircraft (artillery).

**AAA** All American Aviation; Amateur Athletic Association; American Automobile Association.

**AAAL** American Academy of Arts and Letters.

**AAAS** American Academy of Arts and Sciences.

**AACS** *mil. Am.* Airways and Air Communications Service (*Flugsicherungsdienst*).

**AAF** Army and Air Force.

**AAM** air-to-air missile.

**a. & h.** accident and health (*Versicherung*).

**A & P** *Am.* Atlantic and Pacific.

**A.A.R., a.a.r.** *econ.* against all risks; artists and repertoire.

**AAS** (Fellow of the) American Academy of Arts and Sciences.

**AAU** *Am.* Amateur Athletic Union.

**AAUN** American Association for the United Nations.

**AB** able-bodied (seaman); air-borne; (*Lat.*) *bes. Am.* Artium Baccalaureus, Bachelor of Arts.

**ABA** *Br.* Amateur Boxing Association; American Bar Association.

**abbr., abbrev.** abbreviated; abbreviation.

**ABC** alphabet; *Br.* Alphabetical (Railway Guide); American Broadcasting Company; atomic, biological, and chemical.

**ab init.** (*Lat.*) ab initio, from the beginning.

**ABM** anti-ballistic missile.

**Abp.** Archbishop.

**abr.** abridged; abridg(e)ment.

**abs.** absent; absolute(ly); abstract.

**abs. re.** (*Lat.*) absente reo, in the absence of the accused person.

**ABTA** Association of British Travel Agents.

**AC** *electr.* alternating current; Atlantic Council; (*Lat.*) anno Christi, in the year of Christ; (*Lat.*) ante Christum, before Christ; Atlantic Charter.

**a/c** *econ.* account (current).

**a.c.** *electr.* alternating current; (*Lat.*)

ante cibum, before meals (*auf Rezepten*).

**acad.** academic; academy.

**ACAS** *Br.* Advisory Conciliation and Arbitration Service.

**ACC** Allied Control Council (*in Berlin*).

**acc.** *tech.* acceleration; *econ.* acceptance; according; *econ.* account; *ling.* accusative.

**acct.** *econ.* account(ant).

**AC/DC** *electr.* alternating current/direct current (*Allstrom*); *colloq.* bisexual.

**ACE** *med. Am.* alcohol, chloroform, ether mixture (*Anästhetikum*); Allied Command Europe; *Br.* Advisory Centre for Education.

**ACGB** Arts Council of Great Britain.

**ACGBI** Automobile Club of Great Britain and Ireland.

**ack.** acknowledge(d); acknowledg(e)ment.

**acpt.** *econ.* acceptance.

**ACR** *Br.* Approach Control Radar.

**ACS** American Cancer Society.

**a/cs pay.** *econ. Am.* accounts payable.

**a/cs rec.** *econ. Am.* accounts receivable.

**act.** acting; active; actual; actuary.

**ACV** air-cushion vehicle.

**ACW** *electr.* alternating continuous waves.

**AD** (*Lat.*) anno Domini; *mil. Am.* active duty; average deviation.

**ad.** adapted; adaptor; (*Lat.*) ante diem, before the day.

**A. d. and c.** advise duration and charge (*Frage nach Dauer und Gebühren eines Telefongesprächs*).

**ADC** aide-de-camp; amateur dramatic club; analog-digital converter.

**add.** (*Lat.*) addenda; (*Lat.*) addendum; addition(al); address.

**ADF** automatic direction finder (*Peilgerät*).

**ADG** Assistant Director General.

**ad inf.** (*Lat.*) ad infinitum.

**adj.** adjacent; *ling.* adjective; adjourned; adjunct; *econ.* adjustment; adjutant.

**Adjt.** adjutant.

**Adm.** Admiral(ty); administrative.

**adm.** administration; administrative; administrator; admission.

**ADP** automatic data processing.

**a.d.s.** autograph document signed.

**adv.** (*Lat.*) ad valorem; advance(d); *ling.* adverb; *ling.* adverbial(ly); (*Lat.*) adversus, against; advertisement; advocate.

**ad v(al).** (*Lat.*) ad valorem.

**advt.** advertise(ment); advertiser.

**ADW** *Am.* air defense warning.

**AE** *Br.* Adult Education.

**AEA** American Enterprise Association (*amer. Unternehmerverband*); *Br.* Atomic Energy Authority.

**AEC** *Am.* Atomic Energy Commission.

**AEF** Amalgamated Union of Engineering and Foundry Workers (*Gewerkschaft*); *mil.* American Expeditionary Forces.

**AELTC** All England Lawn Tennis Club.

**aero., aeron.** aeronautical; aeronautics.

**AEU** *Br.* Amalgamated Engineering Union (*eine der größten brit. Gewerkschaften*).

**AEW** airborne early warning.

**a.f.** audio frequency.

**AFA** *Br.* Amateur Football Association.

**AFC** automatic flight control; *electr.* automatic frequency control; *Br.* Association Football Club.

**AFEX** *Am.* Air Forces Europe Exchange (*Verkaufsläden der amer. Luftwaffe*).

**AFL-CIO** American Federation of Labor and Congress of Industrial Organizations (*größter amer. Gewerkschaftsverband*).

**AFM** Air Force Medal.

**AFN** American Forces Network (*amer. Soldatensender*).

**aft., aftn.** afternoon.

**AG** accountant general; Adjutant General; Agent-General; Attorney General.

**A/G, a-g** *aer.* air-to-ground Bord/Boden-...; Luft/Boden-...

**agb, a.g.b.** *econ.* any good brand.

**agcy.** *Am.* agency.

**AGM** annual general meeting.

**agn.** again.

**AGR** advanced gas-cooled reactor.

**agr., agri.** agricultural; agriculture.

**agron.** agronomy.

**AGS** American Geographical Society; Army General Staff.

**Agt, agt** agent; agreement.

**a.h.** *electr.* ampere-hour.

**AHA** American Historical *od.* Hospital *od.* Hotel Association.

**AHQ** Army Headquarters.

**AI** Amnesty International; Air India; air interception (*Erfassung unbekannter Flugzeuge durch optische od. Radarbordgeräte*); American Institute; artificial insemination.

**AICBM** anti-intercontinental ballistic missile.

**AID** Agency for International Development; artificial insemination by donor.

**AIRS** Aerobic International Research Society.

**a.k.a.** also known as.

**AL** American Legion (*Veteranenverband*).

**ALA** Automobile Legal Association (*Automobil-Rechtsschutzverband*).

**Ala.** Alabama (*Staat der USA*).

**Alas.** Alaska (*Staat der USA*).

**alc(oh).** alcohol.

**Ald., Aldm.** Alderman.

**alg.** algebra.

**ALGOL** algorithmic oriented language (*Programmiersprache*).

**All.** Alley (*in Straßennamen*).

**ALPA** *Am.* Air Line Pilots Association.

**a.l.s.** autograph letter signed.

**alt.** alternate; alternating; altitude.

**Alta.** Alberta (*kanad. Provinz*).

**AM** *electr.* amplitude modulation; (*Lat.*) *Am.* Artium Magister, Master of Arts; Associate Member.

**a.m.** (*Lat.*) ante meridiem.

**AMA** American Management *od.* Medical *od.* Missionary Association.

**amal., amalg.** amalgam(ated); amalgamation.

**Amb.** ambassador; ambulance.

**AMC** Army Medical Centre.

**amdt.** amendment.

**Amer.** America(n).

**amg.** among.

**amp.** *electr.* amperage; ampere.

**amp.-hr.** *electr.* ampere-hour.

**AMRAAM** *mil.* advanced medium-range air-to-air missile.

**amt.** *econ.* amount.

**AMU, amu** atomic mass unit.

**AMVETS** American Veterans (of World War II and Korea).

**an.** (*Lat.*) anno, in the year; *electr.* anode.

**anacom** analytic computer.

**anal.** analogous; analogy; analysis; analytic(al).

**anat.** anatomical; anatomy.

**ANC** African National Congress (*südafrik. Guerillabewegung*).

**anc.** ancient(ly).

**Ang.** Anglesey (*Wales*).

**ann.** annals; annual; annuity.

**annot.** annotated; annotations; annotator.

**Anon., anon.** anonymous(ly).

**ANPA** American Newspaper Publishers Association.

**ANRC** American National Red Cross.

**ans.** answer(s); answered.

**antilog** *math.* antilogarithm.

**ANZAC, Anzac** Australian and New Zealand Army Corps.

**a.o., a/o** *econ.* account of.

**a.o.b., A.O.B.** any other business.

**a/or, &/or, and/or** either "and" or "or".

**AP** Associated Press (*Nachrichtenagentur*).

**A/P** *econ.* account purchase; *econ. jur.* authority to pay *od.* purchase.

**API** (*Fr.*) association phonétique internationale, International Phonetic Association.

**apmt.** appointment.

**APO** army post office.

**app.** apparent(ly); appended; appendix.

**appd.** approved.

**appl.** *jur. Am.* appeal; applied (to).

**approx.** approximate(ly).

**appx.** appendix.

**Apr.** April.

**APT** advanced passenger train.

**apt(s).** *Am.* apartment(s).

**AR** advice of receipt; annual return; Autonomous Republic.

**ar, a/r** *econ.* all rail; all risks (*Versicherung*).

**ARA** Amateur Rowing Association; Associate of the Royal Academy of Arts.

**ARAM** Associate of the Royal Academy of Music.

**ARC** American Red Cross; *Br.* Agricultural Research Council.

**ARCA** Associate of the Royal College of Arts.

**arch.** archaic; *geogr.* archipelago; architect; architectural; architecture.

**arch(a)eol.** arch(a)eological; arch(a)eology.

**ARCS** Associate of the Royal College of Science.

**Argyl.** Argyllshire (*ehemal. Grafschaft in Schottland*).

**arith.** arithmetic(al).

**Ariz.** Arizona (*Staat der USA*).

**Ark.** Arkansas (*Staat der USA*).

**Arm.** Armagh (*Grafschaft in Nordirland*).

**ARP** air-raid precautions *od.* protection.

**arr.** arranged; arrangement; arrival; arrive(d); arrives.

**art.** article; artificial; artillery; artist.

**ARU** American Railway Union.

**AS, AS., A.S., A.-S.** *ling.* Anglo-Saxon.

**A/S** *econ.* account sales.

**ASA** American Standards Association; *Br.* Amateur Swimming Association.

**a.s.a.p.** as soon as possible.

**ASCAP** American Society of Composers, Authors and Publishers.

**ASCII** *Computer:* American standard code for information interchange (*standardisierter Code zur Darstellung von Zeichen*).

**ASE** American Stock Exchange.

**ASEAN** Association of Southeast Asian Nations.

**asgd.** assigned.

**asgmt.** assignment.

**ASH** *Br.* Action on Smoking and Health (*Liga gegen das Rauchen in der Öffentlichkeit*).

**ASI, asi** *aer.* airspeed indicator.

**ASLEF** *Br.* Associated Society of Locomotive Engineers and Firemen (*Gewerkschaft*).

**ASM** air-to-surface missile.

**asmt.** assortment.

**ASPCA** American Society for the Prevention of Cruelty to Animals.

**ASR** Air-Sea Rescue (Service).

**ASRAAM** *mil.* advanced short-range air-to-air missile.

**ASRS** *Br.* Amalgamated Society of Railway Servants (*Gewerkschaft*).

**ass.** assembly; assistant; association.

**assd.** assigned.

**Assn., assn.** association.

**assoc.** associate(d); association.

**ASSR** Autonomous Soviet Socialist Republic.

**asst.** assistant.

**asst'd** assorted.

**assy, ass'y** assembly.

**AST** *Am.* Atlantic Standard Time.

**ASTM** American Society for Testing Materials.

**ASTMS** *Br.* Association of Scientific, Technical and Managerial Staffs (*Gewerkschaft*).

**Astron., astron.** astronomer; astronomical; astronomy.

**asym.** asymmetric(al).

**A/T** *econ.* American terms.

**at.** airtight; *tech.* atmosphere(s); atomic.

**a.t.** air temperature; air transport.

**ATA, ata** actual time of arrival; air-to-air.

**AT & T** American Telephone and Telegraph Co.

**ATC** *Br.* Air Training Corps; air traffic control.

**atdt.** attendant.

**Atl.** Atlantic.

**atm.** *tech.* atmosphere(s); atmospheric.

**at. no.** atomic number.

**att.** attach(ed); *Am.* attention; attorney.

**Atty., atty.** Attorney.

**Atty. Gen.** *jur.* Attorney General.

**ATV** *Br.* Associated Television.

**at.vol.** atomic volume.

**at.wt.** atomic weight.

**AUEW** *Br.* Amalgamated Union of Engineering Workers (*Gewerkschaft*).

**Aug.** August.

**Aus.** Australia(n).

**Aust. Cap. Terr.** Australian Capital Territory.

**Austr.** Austria(n).

**Austral.** Australia; Australasia.

**auth.** authentic; author(ess); authority; authorized.

**auto.** automatic; automobile; automotive.

**aux.** auxiliary.

**AV** Authorized Version (*der Bibel*).

**AV, A-V, a-v** audiovisual.

**av.** *Am.* avenue; average; *econ.* avoirdupois.

**avdp.** *econ.* avoirdupois.

**Ave., ave.** avenue.

**A/W** actual weight.

**a.w.** *econ.* all water (*im Transportwesen*).

**AWACS** *mil. aer.* Airborne Warning and Control Systems.

**AWOL, awol** *mil. Am.* absence *od.* absent without leave.

**ax.** axiom; axis.

# B

**B** bachelor; *med.* bacillus; (*Schach*) bishop; (*Bleimine*) soft.

**b.** bachelor; bill; book; born; breadth; billion; (*Kricket*) bowled; (*Kricket*) bye.

**B/-, b/** *econ.* bag; *econ.* bale.

**BA** (*Lat.*) Baccalaureus Artium, Bachelor of Arts; British Academy; British Airways.

**BAA** British Airports Authority.

**BAAS** British Association for the Advancement of Science.

**BABS, babs** beam *od.* blind approach beacon system Leitstrahl- *od.* Blind-Lande-ᵢFunkfeuersyₗstem.

**Bac.** (*Lat.*) Baccalaureus, Bachelor (*im Titel*).

**BAC** British Aircraft Corporation.

**bach.** bachelor.

**bact(er).** bacteria; bacteriological.

**BAFTA** British Academy of Film and Television Arts.

**B.Ag., B.Agr(ic).** (*Lat.*) Baccalaureus Agriculturae, Bachelor of Agriculture.

**Ba.Is.** Bahama Islands.

**Bal., bal.** *econ.* balance; *econ.* balancing.

**BALPA** British Airline Pilots' Association.

**b. & b.** bed and breakfast (*Zimmer mit Frühstück*).

**bank.** banking.

**BAOR** British Army of the Rhine.

**Bap(t).** Baptist.

**bap(t).** baptized.

**bar.** barometer; barometrical; barrel; barrister.

**B.Arch.** (*Lat.*) Baccalaureus Architecturae, Bachelor of Architecture.

**Bart, Bart.** Baronet.

**BASIC** beginner's all-purpose symbolic instruction code (*Programmiersprache*).

**BAT (Co.)** British American Tobacco (Company) (*größte Tabakgesellschaft der Welt*).

**Bav.** Bavaria(n).

**bb, b.b.** *jur.* bail bond; *tech.* ball bearing(s).

**BBC** British Broadcasting Corporation.

**bbl(s).** *econ.* barrel(s).

**BC** before Christ; Borough Council; British Columbia; British Council.

**B/C** *econ.* bill(s) for collection.

**BCD** *mil. Am.* bad conduct discharge; binary-coded decimal.

**BCE** before the Christian Era, before the Common Era.

**BCG** bacillus Calmette-Guérin (*Tuberkulose-Impfstoff*).

**bch** *econ.* bunch.

**BCL** (*Lat.*) Bachelor of Civil Law.

**B. Com.** Bachelor of Commerce.

**BCS** British Computer Society.

**BD** Bachelor of Divinity; bank draft.

**B/D** *econ.* bank draft.

**bd.** board; (*Buchbinderei*) bound.

**BDC, bdc** *tech.* bottom dead centre (*unterer Totpunkt beim Kolben*).

**bd.ft.** *econ.* board feet *od.* foot.

**bdl(e).** *econ.* bundle.

**bds.** (*Buchbinderei*) boards; *econ.* bonds; *econ.* bundles.

**BDS** Bachelor of Dental Surgery.

**BDST** British Double Summer Time.

**B.D.Veh.** breakdown vehicle Abschleppfahrzeug.

**BE** Bachelor of Education *od.* Elocution *od.* Engineering; *econ.* bill of exchange; *Am.* Board of Education.

**B/E, b.e., b/e** *econ.* bill of exchange.

**Bé** *phys.* Baumé (*Hydrometer*).

**BEA** British European Airways.

**B.Econ.** Bachelor of Economics.

**B.Ed.** Bachelor of Education.

**Beds.** Bedfordshire (*engl. Grafschaft*).

**bef.** before.

**bel.** below.

**Belg.** Belgian; Belgium.

**BEM** British Empire Medal (*Orden*).

**BENELUX, Benelux** Belgium, Netherlands, Luxemburg.

**Berks.** Berkshire (*engl. Grafschaft*).

**bet(w).** between.

**BEV, BeV, Bev., bev** *electr. Am.* billion electron volts.

**B/F, b/f** *econ.* brought forward.

**b.f.** *print.* boldface; *colloq.* bloody fool.

**BFA** *Am.* Bachelor of Fine Arts; British Football Association.

**BFI** British Film Institute.

**BFN** British Forces Network (*brit. Soldatensender*).

**bg.** *econ.* bag.

**b/g** *econ.* bonded goods.

**BGC** British Gas Council.

**bgs.** *econ.* bags.

**B'ham** Birmingham.

**BHN, Bhn** *tech.* Brinell hardness number (*Härtegradzahl von Metallen*).

**b.h.p.** *tech.* brake horse-power.

**BHS** British Home Stores (*Warenhaus*).

**BIAE** British Institute of Adult Education.

**bibliog.** bibliographer; bibliography.

**b.i.d.** (*Lat.*) bis in die, twice a day (*auf Rezepten*).

**BIF** British Industries Fair.

**BIM** British Institute of Management.

**biog.** biographer; biographical; biography.

**Biol., biol.** biological; biologist; biology.

**BIS** Bank for International Settlements. \

**BISF** British Iron and Steel Federation.

**BJ** *Am.* Bachelor of Journalism.

**Bk., bk.** bank; block; book.

**bkcy.** bankruptcy.

**bkpg.** bookkeeping.

**bkpr.** bookkeeper.

**bk(r)pt.** bankrupt.

**bks.** *mil.* barracks; books.

**bkt(s)** basket(s); bracket(s).

**BL** (*Lat.*) Baccalaureus Legis, Bachelor of Law.

**B/L** *econ.* bill of lading.

**bl.** *econ.* bale(s); *econ.* barrel(s); black; block.

**b.l.** base line; *econ.* bill lodged.

**BLADING, Blading** *econ.* bill of lading.

**bl(d)g.** building.

**B.Lit(t).** (*Lat.*) Baccalaureus Litterarum, Bachelor of Letters *od.* Literature.

**blk.** black; block; bulk.

**bls.** *econ.* bales; *econ.* barrels.

**Blvd., blvd.** *Am.* boulevard.

**BM** (*Lat.*) Baccalaureus Medicinae, Bachelor of Medicine; British Museum.

**B/M** *econ.* bill of material.

**BMA** British Medical Association.

**BMC** British Medical Council; British Motor Corporation.

**bmep** *tech.* brake mean effective pressure.

**BMR, bmr** *biol. med.* basal metabolic rate.

**B.Mus.** (*Lat.*) Baccalaureus Musicae, Bachelor of Music.

**B.N., b.n.** bank note.

**bn** battalion; been.

**BNFL** British Nuclear Fuels Ltd.

**BNOC** British National Oil Corporation.

**BO** body odo(u)r (*euphem. Abkürzung*); *Br.* Branch Office.

**B/O** Branch Office.

**b.o.** *econ. Am.* back order; *econ. Am.* bad order (*Waren beim Transport beschädigt*).

**BOAC** British Overseas Airways Corporation.

**BOD** biochemical oxygen demand.

**B. of E.** Bank of England.

**BOT** *Br.* Board of Trade.

**bot.** botanical; botanist; botany; bottle; bottom; *econ.* bought.

**BP** British Petroleum Company Ltd.; boiling point.

**B/P** *econ. Am.* bills payable.

**BPAS** British Pregnancy Advisory Centre.

**BPB, bpb** bank post bill(s).

**B.Pharm.** (*Lat.*) Baccalaureus Pharmaciae, Bachelor of Pharmacy.

**B.Phil.** (*Lat.*) Baccalaureus Philosophiae, Bachelor of Philosophy.

**bpl.** birthplace.

**BR** British Rail; British Restaurant.

**B/R, b.r.** *econ.* bills receivable.

**br.** branch; bridge; brig; bronze; brother.

**BRCS** British Red Cross Society.

**Brec.** Brecknockshire (*ehemal. Grafschaft in Wales*).

**Brit.** Britain; Britannia; Britannica; British.

**Bro., bro.** brother.

**Bros., bros.** brothers (*bes. in Firmennamen*).

**BRS** British Road Services (*Fuhrunternehmen der brit. Eisenbahn*).

**BS** Bachelor of Science; *econ.* balance sheet; *econ. tech.* British Standard(s).

**B/S** *econ.* bill of sale; bags; bales.

**BSC** British Steel Corporation.

**B.Sc.** (*Lat.*) Baccalaureus Scientiae, Bachelor of Science.

**BSG** British Standard Gauge.

**bsh.** *econ.* bushel.

**BSI** British Standards Institution.

**bsk(t).** *econ.* basket.

**BSM** British School of Motoring.

**BSS** British Standard Specification Britische Normvorschrift.

**BST** British Summer Time.

**BT** *Br.* Board of Trade.

**Bt, Bt.** Baronet (*dem Namen nachgestellt*).

**btl.** bottle.

**BTU** British Trade Union.

**Btu., B.t.u., btu, b.t.u.** *phys.* British thermal unit(s).

**bu.** *Am.* bureau; *econ.* bushel(s).

**Bucks.** Buckinghamshire (*engl. Grafschaft*).

**bul(l).** bulletin.

**BUP** British United Press (*Nachrichtenagentur*).

**BUPA** British United Provident Association.

**bur.** bureau; buried.

**bus.** *econ.* bushel(s); *Am.* business.

**bush.** *econ.* bushel(s).

**bvt.** *mil.* brevet(ted).

**BWR** boiling-water reactor.

**bx(s).** *econ.* box(es).


# C

**C** Celsius; *Am.* center; centigrade; century; *chem.* carbon.

**c** centimeter *od.* centimetre.

**c.** candle; cent(s); circa; cubic; carat; chapter; (*Kricket*) caught.

**CA** *econ.* chartered account(ant); *econ.* chief accountant; *econ.* commercial agent; *econ.* controller of accounts.

**C/A** *econ.* capital account; *econ.* credit account; *econ.* current account.

**ca.** *electr.* cathode; centiare; (*Lat.*) circa.

**CAA** Civil Aviation Authority.

**CAB** *Am.* Civil Aeronautics Board; *Br.* Citizens' Advice Bureau.

**CAD** computer-aided design.

**c.a.d.** *econ.* cash against documents.

**Caern.** Caernarvonshire (*ehemal. Grafschaft in Wales*).

**Caith.** Caithness (*ehemal. schott. Grafschaft*).

**Cal.** California (*Staat der USA*); *phys.* (large) calorie(s).

**cal.** calendar; *Am.* calends; caliber *od.* calibre; *phys.* (small) calorie(s).

**Calif.** California (*Staat der USA*).

**CALTEX, Caltex** California-Texas Oil Corporation.

**CAM** computer-aided manufacture.

**Cambs.** Cambridgeshire (*engl. Grafschaft*).

**Can.** Canada; Canadian; *relig.* Canon.

**canc.** cancel(ed); cancellation.

**c & b** (*Kricket*) caught and bowled by.

**c. & f.** *econ.* cost and freight.

**C & W** *mus.* country and western.

**CAP** Common Agricultural Policy.

**cap.** capacity; capital (letter).

**Capt.** Captain.

**Car.** Carlow (*Irland*); Carolina (*Staat der USA*).

**CARD** Campaign Against Racial Discrimination.

**Card.** Cardiganshire (*ehemal. Grafschaft in Wales*).

**CARE** Co-operative for American Relief Everywhere (*amer. Organisation, die Hilfsmittel an Bedürftige in aller Welt versendet*).

**CARICOM** Caribbean Community and Common Market.

**carr.pd** *econ.* carriage paid.

**cas.** castle; casual(ty).

**CAT** *Br.* College of Advanced Technology.

**cat.** catalogue(d); *relig.* catechism; catamaran.

**Cath.** Cathedral; Catherine; Catholic.

**C.Aus.** Central Australia.

**CAVU, C.A.V.U., c.a.v.u.** *aer.* ceiling and visibility unlimited.

**CB** Citizens' Band; *Br.* Companion of (the Order of) the Bath (*hoher Orden und Titel*); *mil.* confined od. confinement to barracks (*Ausgehverbot*); County Borough.

**C/B** *econ.* cashbook.

**CBC** Canadian Broadcasting Corporation.

**C.B.D., c.b.d.** *econ. Am.* cash before delivery.

**CBE** Commander of the Order of the British Empire.

**CBI** Confederation of British Industries.

**C-bomb** cobalt bomb.

**CBR** chemical, biological, and radiological warfare.

**CBS** *Am.* Columbia Broadcasting System.

**cc** cubic centimeter(s) *od.* cubic centimetre(s); carbon copy *od.* copies.

**CC** chief clerk; *electr.* continuous current; County *od.* City Council(lor); Cricket Club.

**CCC** *Am.* Civilian Conservation Corps; *Am.* Commodity Credit Corporation; Corpus Christi College.

**cclkw.** counter-clockwise.

**C.C.P.** *jur.* Code of Civil Procedure.

**CCR** camera cassette recorder; *Am.* Commission on Civil Rights.

**C.Cr.P.** *jur.* Code of Criminal Procedure.

**cd** *phys.* candela.

**CD** Civil Defense; Coast Defence(s) *od.* Defense(s); contagious disease; (*Fr.*) Corps Diplomatique, diplomatic corps; compact disc.

**cd.** *econ.* canned; *econ.* cord.

**c.d.** *econ. Am.* cash discount; *econ.* cum dividend.

**cd.ft.** *econ. Am.* cord foot *od.* feet (*Holzmaß*).

**CDT** *Am.* Central Daylight Time.

**CE** Church of England (*besser* C. of E.); civil engineer; *Am.* Christian era.

**CEA** *Br.* county education authority.

**CED** *Am.* Committee for Economic Development *od.* Defense.

**CEGB** *Br.* Central Electricity Generating Board.

**Cels.** Celsius.

**CEMF, cemf** *electr.* counter electromotive force.

**cen.** *Am.* central; century.

**cent.** centigrade; central; century.

**Cent. Am.** Central America.

**CENTO** Central Treaty Organization.

**CERN, Cern** European Organization for Nuclear Research.

**cert.** certain(ly); certainty; certificated.

**CET** Central European Time.

**cf.** (*Buchbinderei*) calf; confer.

**c.f., C.F.** *econ.* cost and freight.

**c/f** *econ.* carried forward.

**CFE** College of Further Education.

**c.f.i.** *econ.* cost, freight, and insurance.

**cfm., c.f.m.** *tech.* cubic feet per minute.

**C.G.** *phys. tech.* center *od.* centre of gravity; coast guard; consul-general; Coldstream Guards.

**cg, cg.** centigramme(s) *od.* centigram(s).

**CGM** Conspicuous Gallantry Medal.

**cgs, c.g.s.** centimeter- *od.* centimetre--gram(me)-second system.

**CH** *econ. Am.* clearing house; *Br.* Companion of Honour.

**ch.** *tech.* chain; (*sport*) champion; chapter; chief; child; children; church.

**c.h.** central heating.

**Chap., chap.** *relig.* chaplain; chapter.

**Ch.B.** (*Lat.*) Chirurgiae Baccalaureus, Bachelor of Surgery.

**Ch.E.** chemical engineer.

**Chem., chem.** chemical; chemist(ry).

**Ches.** Cheshire (*engl. Grafschaft*).

**chf.** chief.

**chg.** change; *econ.* charge.

**chgs.** *econ.* charges.

**chm.** chairman; checkmate.

**chron(ol.)** chronological; chronology.

**CI** cast iron; Channel Islands; Chief Inspector.

**C/I** certificate of insurance.

**CIA** *mil. Am.* Central Intelligence Agency.

**CIC** *mil. Am.* Counter Intelligence Corps.

**CID** *Br.* Criminal Investigation Department (*brit. Kriminalpolizei*).

**Cie., cie.** (*Fr.*) Compagnie, Company.

**c.i.f.** *econ.* cost, insurance, freight.

**CINC, CinC, C.-in-C., Cinc** *mil.* Commander in Chief.

**CIO** *Am.* Congress of Industrial Organizations.

**circ.** circa; circuit; circulation; circumference.

**cit.** citation; cited; citizen.

**civ.** civil(ian); civilized.

**CJ** Chief Justice.

**ck.** *econ.* cask; *econ. Am.* check; cook.

**CL** center *od.* centre line.

**cl.** centiliter *od.* centilitre; class; clerk; cloth; clergyman.

**c.l.** *econ. Am.* carload (lots).

**Cla.** Clackmannan (*ehemal. schott. Grafschaft*).

**cld.** cleared; colo(u)red.

**Clear** Campaign for Lead Free Air.

**clk.** *econ.* clerk; clock.

**clkw.** clockwise.

**C.M.** *jur. mil.* court-martial.

**cm, cm.** centimeter *od.* centimetre.

**CMG** *Br.* Companion of the Order of St Michael and St George.

**cml.** commercial.

**CN** credit note.

**CNAA** *Br.* Council for National Academic Awards.

**CND** *Br.* Campaign for Nuclear Disarmament.

**CNO** *Br.* Chief of Naval Operations.

**CNS** *med.* central nervous system.

**CO** Commanding Officer; conscientious objector.

**Co., co.** *econ.* company; county.

**c.o., c/o** care of; *econ.* carried over.

**COBOL** common business oriented

**language** (*Programmiersprache*).

**COD** *Br.* cash on delivery, *Am.* collect on delivery (*Nachnahme*); Concise Oxford Dictionary.

**co-ed.** co-educational.

**C. of C.** Chamber of Commerce.

**C. of E.** Church of England.

**C. of I.** Church of Ireland.

**C. of S.** Chief of Staff; Church of Scotland.

**COI** *Br.* Central Office of Information.

**col.** collected; collector; college; Colonel.

**coll.** collect(ion); collective(ly); college.

**collab.** collaborated; collaboration; collaborator.

**collect.** collective(ly).

**Colo.** Colorado (*Staat der USA*).

**COM** computer output on microfilm.

**com.** comedy; comma; commander; commentary; commerce; commercial; commission(er); committee; common(ly).

**comb.** combination; combine(d).

**Comdr., comdr.** Commander.

**COMECON** Council for Mutual Economic Aid (*der Ostblockstaaten*).

**Cominform** Communist Information Bureau.

**Comintern** Communist International.

**Comm.** Commander; Commonwealth.

**comm.** commission; committee.

**comn(s).** communication(s).

**comp.** comparative; compare; comparison; compilation; compiled; composer.

**compar.** comparative.

**compl.** complement.

**Comr.** Commissioner.

**con.** (*Lat.*) *jur.* conjunx, consort; connection; consolidated; consul; contra; conclusion; (*Lat.*) contra; *mus.* concerto.

**conc.** concentrate(d); concerning.

**conf.** confer; conference; confessor.

**Confed.** *Am.* confederate.

**Cong.** *Am.* Congress(ional).

**Conn.** Connecticut (*Staat der USA*).

**Cons.** *pol.* Conservative; Consul.

**consol.** *econ.* consolidated.

**const.** constant; constitution(al).

**constr.** construction.

**cont.** containing; contents; continent.

**contd.** continued.

**contemp.** contemporary.

**contg.** containing.

**contn.** continuation.

**contr.** contract(ed); contraction; contrary.

**Co-op.** Co-operative (Society).

**CORE** *Am.* Congress of Racial Equality.

**Cor. Mem.** corresponding member.

**Corn.** Cornish; Cornwall (*engl. Grafschaft*).

**Corp., corp.** *mil.* Corporal (*Dienstgrad*); Corporation.

**Corpn., corpn.** *econ.* Corporation.

**corr.** corrected; correspond(ence); correspondent; corresponding.

**corresp.** correspondence; corresponding to.

**cos** *math.* cosine.

**Cos., cos.** companies; counties.

**cosec** *math.* cosecant.

**cot** *math.* cotangent.

**Coy** Company.

**CP** Canadian Press (*Nachrichtenagentur*); *geogr.* Cape Province; *mil.* Command Post; Communist Party.

**cp.** compare.

**c.p.** *phys.* candle power; *econ.* carriage paid; chemically pure.
**C.P.** Common Prayer; Communist Party; Court of Probate.
**CPA, C.P.A., c.p.a.** Certified Public Accountant.
**CPI** *Br.* consumer price index.
**c.p.m.** *electr. phys.* cycles per minute.
**CPO** Chief Petty Officer.
**CPRE** Council for the Preservation of Rural England.
**c.p.s.** *electr. phys.* cycles per second.
**CPSA** *Br.* Civil and Public Services Association (*Gewerkschaft*).
**CPU** *Computer:* central processing unit.
**Cr.** *econ.* credit(or); *Am.* creek; *Br.* Crown.
**Cres.** Crescent.
**crim.** criminal.
**crit.** critical; criticism; criticized.
**CS** Civil Service; *Scot.* Court of Session; Chartered Surveyor; Christian Science.
**C/S** *econ.* cases.
**cs.** *econ.* cases.
**CSA** Confederate States of America.
**CSE** *Br.* Certificate of Secondary Education.
**csc** *math.* cosecant.
**CSM** *Br.* Company Sergeant-Major.
**CST** *Am.* Central Standard Time.
**CT** Certificated Teacher; commercial traveller.
**ct.** cent(s); county; court.
**CTC** centralized traffic control; *Br.* Cyclists' Touring Club.
**ctn** *math.* cotangent.
**cts.** cents; centimes; *Am.* certificates.
**CTV** *Am.* color television; *Br.* commercial television.
**cu(b).** cubic.
**cu.cm.** *Am.* cubic centimeter.
**cu.ft.** *Am.* cubic foot.
**cu.in.** *Am.* cubic inch.
**cum.** *econ.* cumulative.
**Cumb.** Cumberland (*ehemal. engl. Grafschaft*).
**CUP** Cambridge University Press.
**cur.** *econ.* currency; current.
**CV** curriculum vitae; calorific value.
**CVO** *Br.* Commander of the Royal Victorian Order.
**cv(t).** *econ. Am.* convertible (bonds).
**CW** chemical warfare; continuous wave.
**c.w.o., C.W.O.** *econ.* cash with order.
**CWS** Cooperative Wholesale Society.
**cwt, cwt.** hundredweight.
**cyl.** cylinder; cylindrical.
**Czech(osl).** *Am.* Czechoslovakia(n).

## D

**D** *mil. Am.* department; dimensional (*in Zusammensetzungen, z.B.* 3D 3-dimensional); democrat(ic); Doctor; dollar; dose.
**d.** date; daughter; day(s); dead; (*Lat.*) denarii, pence; (*Lat.*) denarius, penny; *phys.* density; died; *Am.* dime.
**D2-MAC** *TV* Multiplex Analog Components zeitversetzte analʼoge Siʼgnale.
**DA** *Am.* District Attorney; deposit account.
**D/A, d.a.** *econ.* documents for acceptance; *econ.* deposit account.
**dag.** decagram(me).
**Dak.** *geogr.* Dakota.
**dal, dal.** decaliter *od.* decalitre.

**dam.** decameter *od.* decametre.
**Dan.** Daniel; Danish.
**D.A.P.** *econ.* documents against payment.
**DAR** Daughters of the American Revolution (*ein Frauenverein*).
**D.A.S.** *econ.* delivered alongside ship.
**DAV** Disabled American Veterans.
**D.B.** *econ.* daybook; *mil.* dive-bomber.
**dB, db** decibel(s).
**d.b.a.** *econ. Am.* doing business as.
**DBE** Dame Commander of the (Order of the) British Empire.
**dbl** double.
**DBS** direct broadcasting by satellite.
**DC** *electr.* direct current; *Am.* District of Columbia; *mus.* da capo.
**DCL** Doctor of Civil Law.
**DCM** *Br. mil.* Distinguished Conduct Medal.
**DCMO** Dame Commander of the (Order of the) British Empire.
**DCVO** Dame Commander of the Royal Victorian Order.
**DD** *mil. Am.* dishonorable discharge; *econ.* demand draft; (*Lat.*) Doctor Divinitatis, Doctor of Divinity.
**D/D** *econ. Am.* days after date.
**d-d** *euphem. für* damned.
**DDD** *Am.* direct distance dialing (*Selbstwählfernverkehr*).
**DDG** *econ. Br.* Deputy Director-General.
**DDS** Doctor of Dental Surgery.
**DDT** dichlorodiphenyl-trichloroethane (*Insektizid*).
**deb.** *econ.* debenture; *colloq.* debutante.
**Dec.** December.
**dec.** deceased; *Am.* decimeter; declaration.
**decd.** deceased.
**D.Ed.** Doctor of Education.
**def.** defective; *jur.* defendant; *econ.* deferred (shares); defined; definite(ly); definition.
**Del.** Delaware (*Staat der USA*).
**Dem.** *Am.* Democrat; Democratic (Party).
**Den.** Denmark.
**Denb(h).** Denbighshire (*ehemal. Grafschaft in Wales*).
**dent.** dental; dentist(ry).
**dep.** *Am.* department; departs; departure; *ling.* deponent; deposed; depot; deputy.
**Dept., dept, dept.** department; deputy.
**Derby.** Derbyshire (*engl. Grafschaft*).
**DES** *Br.* Department of Education and Science.
**Devon.** Devonshire (*engl. Grafschaft*).
**DF** *aer. mil.* direction finder *od.* finding.
**DFC** *Br.* Distinguished Flying Cross.
**DFM** *Br. mil.* Distinguished Flying Medal.
**dft.** *jur. Br.* defendant; draft.
**DG** (*Lat.*) Dei gratia, by the grace of God; (*Lat.*) Deo gratias, thanks to God; Director General.
**DHSS** *Br.* Department of Health and Social Security.
**diag.** diagram.
**diam.** diameter.
**diff.** difference; different.
**Dip.A.D.** *Br.* Diploma in Art and Design.
**Dip. Ed.** *Br.* Diploma in Education.
**Dir., dir.** director.
**disc.** *econ.* discount; discover(ed).
**dist.** distance; distinguish(ed); district.
**div.** divided; *econ.* dividend; division;

divisor; divorced.
**DIY** do-it-yourself.
**DJ** disc jockey; *Am.* District Judge; dinner jacket.
**D.Lit(t).** (*Lat.*) Doctor Lit(t)erarum, Doctor of Letters *od.* Literature.
**DLT** development land tax.
**dm, dm.** decimeter *od.* decimetre.
**DMA** *Computer:* direct memory access.
**DMS** *Br.* Diploma in Management Studies.
**D.Mus.** Doctor of Music.
**DMZ** *Am.* demilitarised zone.
**DNA** desoxyribonucleic acid.
**DNB** Dictionary of National Biography.
**do, do.** ditto.
**DOA** dead on arrival.
**doc(s).** document(s).
**DOD** *Am.* Department of Defense.
**DOE** *Br.* Department of the Environment; *Am.* Department of Energy.
**dol(l).** dollar(s).
**dol(l)s.** dollars.
**dom.** domestic; dominion.
**Don.** Donegal (*irische Grafschaft*).
**Dors.** Dorsetshire (*engl. Grafschaft*).
**doz.** dozen(s).
**DP** displaced person.
**d/p** documents against payment.
**DPC** Defence Planning Committee Rat der Verteidigungsminister (*NATO*).
**D.Ph(il).** Doctor of Philosophy.
**Dpo.** depot.
**DPP** *Br.* Director of Public Prosecutions.
**Dpt. dpt.** *Am.* department.
**DPW** Department of Public Works.
**Dr.** *econ.* debtor; Doctor.
**dr.** *econ.* debit; drachm(a); dram(s); *econ.* drawer.
**d.r.** *mar.* dead reckoning.
**d.s., d/s** *econ.* days after sight.
**D.Sc.** Doctor of Science.
**DSM** *mil.* Distinguished Service Medal.
**DST** *Am.* Daylight Saving Time.
**DT(s)** *med.* delirium tremens.
**Du.** Duke; Dutch.
**Dubl.** Dublin (*Stadt u. Grafschaft in Irland*).
**Dumb.** Dumbarton(shire) (*ehemal. schott. Grafschaft*).
**Dumf.** Dumfries(shire) (*ehemal. schott. Grafschaft*).
**Dur(h).** Durham (*engl. Grafschaft*).
**DV** (*Lat.*) Deo volente, God willing.
**DVM** *Am.* Doctor of Veterinary Medicine.
**dw.** deadweight.
**dwt, dwt.** denarius weight, pennyweight.
**DX** (*Funk*) distance.
**Dyn., dyn(am).** dynamics.
**dz.** dozen(s).

## E

**E** *phys.* energy; electromotive force; east(ern).
**E.** Earl; Earth; east(ern); English.
**e** *phys.* erg; electron.
**EA** *ped. psych.* educational age.
**ea.** each.
**E. & F.C.** examined and found correct.
**E.&O.E., e.&o.e.** errors & omissions excepted.
**EAROM** *Computer:* electrically alterable read only memory (*elektrisch veränderbarer Fest[wert]speicher*).

**EB** Executive Board; Encyclopaedia Britannica.

**EBU** European Broadcasting Union.

**EC** East Central (*Postbezirk*); European Community.

**ECE** Economic Commission for Europe (*der UN*).

**ECG** *med.* electrocardiogram; electrocardiograph.

**econ.** economical; economics; economy.

**ECOSOC** Economic and Social Council (*der UN*).

**ECS** European Communications Satellite.

**ECSC** European Coal and Steel Community.

**ECU** European Currency Unit.

**ed.** edited; edition; editor; education(al).

**EDC** European Defence Community.

**EDP** electronic data processing.

**EDT** *Am.* Eastern Daylight Time.

**EE** Employment Exchange; Early English; electrical engineer(ing).

**E.E., E/E, e.e.** *econ.* errors excepted.

**EEC** European (Economic) Community.

**EEG** *med.* electroencephalogram.

**EFL** English as a foreign language.

**EFTA** European Free Trade Association.

**EFT-POS** electronic funds transfer at the point of sale.

**e.g.** (*Lat.*) exempli gratia, for example.

**EHF** *electr.* extremely high frequency.

**EHP** *phys.* effective horsepower.

**E.L.** East Lothian (*ehemal. schott. Grafschaft*).

**el.** elected; electricity; electric light.

**eld.** eldest.

**ELDO** European Launcher Development Organization (*zur gemeinsamen Entwicklung von Raketen*).

**elem.** elementary; element(s).

**elev.** elevation.

**ELF** *electr.* extremely low frequency.

**ELT** English language teaching; European letter telegram.

**EM** *Am.* enlisted man *od.* men.

**EMA** European Monetary Agreement.

**EMF, emf** *tech.* electromotive force.

**Emp.** Emperor; Empire; Empress.

**EMS** European Monetary System.

**EMU, emu** electromagnetic unit(s).

**E.N. & T.** *med.* ear, nose, and throat.

**Enc(l)., enc(l).** enclosed; enclosure (*Anlage im Brief*).

**eng.** engine; engineer(ing); engraved.

**Engl.** England; English.

**ENIAC** Electronic Numerical Integrator and Computer.

**enl.** enlarged.

**END** *Br.* European Nuclear Disarmament.

**ENT** *med.* ear, nose, and throat.

**env.** envelope.

**EOC** Equal Opportunities Commission.

**e.o.m.** end of month.

**EP** extended play (record).

**EPA** *Am.* Environmental Protection Agency; *Br.* education priority area.

**Epis(c)., episc.** *relig.* episcopal.

**EPNS** electroplated nickel silver.

**EPROM** *Computer:* erasable programmable read only memory (*löschbarer, programmierbarer Fest[wert]speicher*).

**EQ** *ped. psych.* educational quotient.

**eq.** equal(izer); equalizing; equation; equivalent.

**equip., eqpt.** equipment.

**Equity** *Br.* Actors' Equity Association (*Schauspielergewerkschaft*).

**equiv.** equivalent.

**ER** (*Lat.*) Elizabeth Regina; (*Lat.*) Eduardus Rex.

**Ernie** *Br.* Electronic Random Number Indicator Equipment (*Computer, der Gewinnzahlen ermittelt*).

**ERP** European Recovery Program (*Marshall-Plan*).

**ERS** earnings related supplement.

**ERU** English Rugby Union.

**ESA** European Space Agency.

**ESN** educationally subnormal.

**ESP** extrasensory perception.

**esp(ec).** especial(ly).

**Esq(r).** Esquire.

**ESRO** European Space Research Organization.

**Ess.** Essex (*engl. Grafschaft*).

**EST** *Am.* Eastern Standard Time; electric shock treatment.

**est.** established; estate; *econ. math.* estimated; *geogr.* estuary; electric shock treatment.

**ESU** (The) English-Speaking Union.

**E.S.U., e.s.u.** electrostatic unit.

**ETA** estimated time of arrival.

**et al.** (*Lat.*) et alia, and other things; (*Lat.*) et alibi, and elsewhere; (*Lat.*) et alii, and other persons.

**etc.** (*Lat.*) et cetera.

**ETD** estimated time of departure.

**eth.** ethical(ly); ethics.

**ETR** estimated time of return.

**et seq., et sq.** (*Lat.*) et sequens, and the following.

**et seqq., et sqq.** (*Lat.*) et sequentes *od.* et sequentia, and those that follow.

**ETU** Electrical Trades Union.

**etym(ol).** *ling.* etymological(ly); *ling.* etymology.

**EUCOM** *mil. Am.* European Command.

**Eur.** Europe; European.

**EURATOM, Euratom** European Atomic Energy Commission.

**ev, e.v.** *phys.* electron volt(s).

**EVA** (*Raumfahrt*) extra-vehicular activity.

**evg., evng.** evening.

**ex.** examination; examined; example; except(ion); *econ. Am.* exchange; *Am.* executed; *Am.* executive; exercise.

**exam.** examination; examined; examinee.

**exc.** excellency; excellent; except(ed).

**excl.** exclamation; excluded; exclusive(ly).

**ex div.** *econ.* ex dividend, without dividend.

**Ex-Im Bank** (U.S.-)Export-Import Bank.

**ex int.** *econ.* ex interest, without interest.

**exp.** expenses; expired; export(ation); exported; exporter; express.

**expt.** experiment.

**exptl.** experimental.

**ext.** extension; external(ly); extinct; extra; extract.

# F

**F** Fahrenheit; French; *math.* function (of); *phys.* force.

**F.** Fahrenheit; *electr.* farad; Fellow.

**F:, F/, f, f:, f/** *phot.* F number.

**f.** *mar.* fathom; feet; female; feminine; following; foot; *phys.* frequency; from.

**FA** *Br.* Football Association.

**FAA** *Am.* Federal Aviation Administration (*Luftfahrtbehörde*).

**f.a.a.** *econ. mar.* free of all average frei von aller Hava'rie.

**facs(im).** facsimile.

**FACT** Federation Against Copyright Theft.

**FAGS** Fellow of the American Geographical Society.

**Fahr.** Fahrenheit.

**FAIA** Fellow of the American Institute of Architects.

**fam.** familiar; family.

**FAO** Food and Agricultural Organization (*der UN*).

**f.a.o.** *tech.* finish all over.

**FAP** first-aid post.

**f.a.s.** *econ.* free alongside ship frei Längsseite des Schiffes (*im Abgangshafen*).

**fath.** *mar.* fathom.

**f.b.** (*Fußball*) fullback.

**FBA** Fellow of the British Academy.

**FBI** *Am.* Federal Bureau of Investigation (*Bundes-Kriminalpolizei*); Federation of British Industries.

**FBR** fast breeder reactor.

**FBS** *mil.* forward based systems.

**FC** Federal Cabinet; *Br.* Football Club.

**FCA** *Br.* Fellow of the Institute of Chartered Accountants.

**fcap, fcap.** foolscap (*Papierformat*).

**FCC** *Am.* Federal Communications Commission.

**FCO** *Br.* Foreign and Commonwealth Office.

**f.co.** fair copy.

**fcp, fcp.** foolscap (*Papierformat*).

**Fd, fd** *mil.* field (*in Zusammensetzungen*).

**FD** (*Lat.*) Fidei Defensor, Defender of the Faith.

**FDA** *Am.* Food and Drug Administration.

**Feb.** February.

**fed.** federal; federated; federation.

**FEPC** *Am.* Fair Employment Practices Committee (*Behörde zur Überwachung der Arbeitsbedingungen*).

**Ferm.** Fermanagh (*Grafschaft in Irland*).

**ff.** folios; following (pages); *mus.* fortissimo.

**FFAG** *phys.* fixed frequency alternating gradient (machine) (*ein Teilchenbeschleuniger*).

**f.g.a.** *econ. mar.* free of general average frei von allgemeiner Hava'rie.

**FGS** Fellow of the Geological Society.

**F.H., f.h.** fire hydrant.

**FHA** *Am.* Federal Housing Administration.

**FI** Falkland Islands.

**f.i.** for instance.

**FICE** Fellow of the Institution of Civil Engineers.

**fict.** fiction(al); fictitious.

**fid.** *econ.* fiduciary.

**Fid.Def.** (*Lat.*) Fidei Defensor, Defender of the Faith.

**FIFA** (*Fr.*) Fédération Internationale de Football Association, International Football Federation.

**fi.fa.** (*Lat.*) *jur. Br.* fieri facias, cause it to be done (*Vollstreckungsbefehl des Gerichts an den Sheriff*).

**fig.** figurative(ly); figure(s).

**FIJ** Fellow of the Institute of Journalists.

**Fin.** Finland; Finnish.

**fin.** finance; financial; finished. ·

**f.i.o.** *econ. mar.* free in and out (*frei Ein- u. Ausladung*).
**fir.** firkin(s).
**fl.** florin(s); fluid.
**Fla.** Florida (*Staat der USA*).
**flex.** flexible.
**Flint.** Flintshire (*ehemal. Grafschaft in Wales*).
**fl.oz.** fluid ounce(s).
**FM** *tech.* frequency modulation; *mil. Br.* Field Marshal (*höchster Dienstgrad des Heeres*); Foreign Mission.
**Fm.** farm.
**fm** fathom; from.
**fmn.** formation.
**fn., f.n.** footnote.
**FO** *Br.* Foreign Office; *mil.* Field Officer; *mil.* Flying Officer.
**Fo, fo.** folio.
**F.O.B., f.o.b.** *econ. mar.* free on board.
**FOBS** Fractional Bombardment System (*Orbitalraketensystem*).
**f.o.c.** *econ.* free of charge.
**FOE** Friends of the Earth.
**fol.** folio; followed; following.
**f.o.q.** *econ.* free on quai frei Kai.
**for.** foreign; forestry.
**f.o.r.** *econ.* free on rail frei Wag'gon.
**FORTRAN** formula translation (*Programmiersprache*).
**f.o.s.** *econ.* free on steamer frei Schiff.
**f.o.t.** *econ.* free on truck frei Lkw.
**f.o.w.** *econ.* free on waggon frei Wag'gon.
**f.p.** *tech.* flash-point; *phys.* foot pound; *phys.* freezing point.
**FPA** Foreign Press Association (*eine Nachrichtenagentur*); Family Planning Association.
**f.p.a.** *econ. mar.* free of particular average nicht gegen besondere Hava'rie versichert.
**FPHA** *Am.* Federal Public Housing Authority.
**fpm, f.p.m.** *phys.* feet per minute.
**fps, f.p.s.** *phys.* feet per second; *phys.* foot-pound-second; *phot.* frames per second.
**f.p.s. system** *phys.* foot-pound-second system.
**Fr.** *relig.* Father; France; French.
**fr.** fragment; (*Währung*) franc; from.
**Frat.** Fraternity.
**FRCM** *Br.* Fellow of the Royal College of Music.
**FRCP** *Br.* Fellow of the Royal College of Physicians.
**freq.** frequent(ly); *ling.* frequentative.
**FRG** Federal Republic of Germany.
**FRGS** *Br.* Fellow of the Royal Geographical Society.
**Fri.** Friday.
**Frisco** *colloq.* San Francisco.
**FRS** *Br.* Fellow of the Royal Society; *Am.* Federal Reserve System.
**frs.** (*Währung*) francs.
**frt.** *econ.* freight.
**frt.fwd.** *econ.* freight forward Fracht bei Ankunft der Ware zu bezahlen.
**frt.ppd.** *econ.* freight prepaid Fracht vor'ausbezahlt.
**f.s.** *phys.* foot-second.
**Ft.** Fort.
**ft, ft.** feet; foot (*Maßeinheit*).
**FTC** *Am.* Federal Trade Commission (*zur Verhinderung unlauteren Wettbewerbs*).
**ft-lb** *phys.* foot-pound.
**fur.** furlong(s).
**furn.** furnished.
**fut.** future.
**f.v.** (*Lat.*) folio verso, on the back of the folio.
**f.w.b.** *tech.* four-wheel brake.
**f.w.d.** *tech.* four-wheel drive; front-wheel drive.
**fwd(d).** forwarded.
**FZS** *Br.* Fellow of the Zoological Society.

# G

**G** *phys.* gravitational constant; *electr.* conductance; good; *Am. sl.* grand (*1000 Dollars*).
**G., g.** *tech.* gauge(s); *phys.* gauss; gelding; Gulf; guilder(s); (*Währung*) guinea(s).
**g** gram(me); *phys.* (acceleration of) gravity; gallon(s).
**GA** General Agent *od.* Assembly; general average.
**Ga.** Georgia (*Staat der USA*).
**g.a.** (*Versicherung*) general average.
**Gal.** Galway (*irische Grafschaft*).
**gal(l).** gallon(s).
**gals.** gallons.
**GAT** Greenwich Apparent Time.
**GATT** General Agreement on Tariffs and Trade.
**GAW** *Am.* guaranteed annual wage.
**GB** Great Britain.
**GB & I** Great Britain and Ireland.
**GBE** (Knight or Dame) Grand Cross of the British Empire.
**GBS** George Bernard Shaw.
**GC** Geneva Convention Genfer Konventi'on (*Rotes Kreuz*); George Cross (*Tapferkeitsmedaille*).
**GCB** (Knight) Grand Cross of the Bath (*hoher brit. Orden*).
**G.C.D., g.c.d.** *math.* greatest common divisor.
**GCE** General Certificate of Education.
**G.C.F., g.c.f.** *math.* greatest common factor.
**GCL** *aer.* ground controlled landing.
**G.C.M., g.c.m.** *math.* greatest common measure.
**GCMG** *Br.* (Knight or Dame) Grand Cross of the Order of St Michael and St George.
**GCT** Greenwich Central *od.* Civil Time.
**GCVO** *Br.* (Knight or Dame) Grand Cross of the Royal Victorian Order.
**gd.** good.
**Gdns.** Gardens.
**GDP** gross domestic product.
**GDR** German Democratic Republic.
**gds.** goods.
**GEC** General Electric Company (*größter amer. Elektrokonzern*).
**Gen.** *mil.* General (*Dienstgrad*); *Bibl.* Genesis.
**gen.** *biol.* genera; general(ly); *biol.* genus.
**genl.** general.
**Gent., gent.** gentleman; gentlemen.
**geny.** generally.
**geo.** geometry.
**Geog., geog.** geographer; geographic(al); geography.
**Geol., geol.** geologic(al); geologist; geology.
**Geom., geom.** geometer; geometric(al).
**Germ.** German(y).
**GFR** German Federal Republic.
**GFTU** *Br.* General Federation of Trade Unions (*Gewerkschaftsdachverband*).
**g.gr.** *econ.* great gross.
**GHQ** *mil.* general headquarters.
**GI** *mil. Am. colloq.* enlisted man; *Am.* government issue (*von der Regierung ausgegebene Ausrüstungsstücke*).
**gi.** *econ. Am.* gill(s).
**Gib.** Gibraltar.
**Glam(org).** Glamorganshire (*ehemal. Grafschaft in Wales*).
**Glas.** Glasgow.
**GLC** Greater London Council (*Stadtrat von Groß-London*).
**GLCM** ground-launched cruise missile.
**Glos.** Gloucestershire (*engl. Grafschaft*).
**glt.** *print.* gilt.
**GM** General Motors (*größter amer. Autokonzern*); *mil.* guided missile; *Br.* George Medal; general manager.
**gm.** gramme(s) *od.* gram(s).
**G-man** *Am.* government man (*Agent des FBI*).
**G.m.a.t.** Greenwich mean astronomical time.
**GMC** *Br.* General Medical Council.
**GMT** Greenwich Mean Time.
**GMWU** *Br.* General and Municipal Workers' Union (*Gewerkschaft*).
**gns.** guineas.
**GNP** gross national product.
**GOC** *mil.* General Officer Commanding.
**GOM** *Br.* grand old man (*bes. für allgemein geachtete ältere Politiker gebraucht*).
**GOP** *Am.* Grand Old Party (*Republikanische Partei*).
**Gov., gov.** government; governor.
**Govt., govt.** government(al).
**GP** general purpose (*Allzweck..., Mehrzweck...*); general practitioner (*Arzt*); Grand Prix; Gallup Poll; *Br.* graduated pension.
**Gp., gp.** group.
**GPO** General Post Office; *Am.* Government Printing Office.
**GR** (*Lat.*) Georgius Rex, King George.
**gr.** grade; grain(s) (*Gewicht*); gross.
**grad.** graduate(d).
**Gr.Br(it).** Great Britain.
**gr.r.t.** gross register(ed) tonnage (*Schiffsgrößenangabe*).
**gr.wt.** *econ.* gross weight.
**GS** General Secretary; *Br.* general service (*Allzweck..., Mehrzweck...*); General Staff.
**gs, gs.** guineas (*bei Preisangaben*).
**g.s.** grandson.
**GSA** Girl Scouts of America.
**GSO** *mil. Br.* general staff officer.
**gt.** great; *mil.* gun turret; (*Lat.*) *med.* gutta.
**g.t.c** *econ. Am.* good till canceled *od.* countermanded.
**gtd.** guaranteed.
**guar.** guarantee(d); guarantor.
**GWR** *Br. hist.* Great Western Railway.
**gym, gym.** gymnasium; gymnastic(s).
**gyn(a)ecol.** *med.* gyn(a)ecological; gyn(a)ecology.

# H

**H** *phys.* magnetic field strength; *electr.* henry *od.* henries; (*Bleimine*) hard; *sl.* heroin.
**h., H.** height; *electr.* henry; hour(s); hundred; husband.
**ha.** hectare(s).
**h.a.** (*Lat.*) hoc anno, in this year.
**Hab. Corp.** Habeas Corpus (Act).
**h. and c.** hot and cold (water).
**Hants.** Hampshire (*engl. Grafschaft*).

**Harv.** Harvard.
**HB** (*Bleimine*) hard black (*mittelhart*).
**HBM** His *od.* Her Britannic Majesty.
**HC** House of Commons.
**H.C.F., h.c.f.** *math.* highest common factor.
**HCJ** *Br.* High Court of Justice.
**h.c.l.** *colloq. Am.* high cost of living.
**HCM** His *od.* Her Catholic Majesty.
**hcp** *sport* handicap.
**hd.** hand; head.
**hdbk.** handbook.
**HE** high explosive; His Excellency.
**hectol.** hectoliter *od.* hectolitre.
**Heref.** Herefordshire (*ehemal. engl. Grafschaft*).
**Herts.** Hertfordshire (*engl. Grafschaft*).
**HEW** *Am.* Department of Health, Education, and Welfare.
**hf** *electr.* high frequency; half.
**hf. bd.** (*Buchbinderei*) half-bound.
**hf cf, hfcf., hf.cf.** (*Buchbinderei*) half--calf.
**hf cl, hfcl., hf.cl.** (*Buchbinderei*) half--cloth.
**HGV** *Br.* heavy goods vehicle.
**hhd, hhd.** hogshead.
**HI** Hawaiian Islands.
**Hi(-)Fi** high fidelity.
**HK** Hong Kong.
**HL** House of Lords.
**hl, hl., h.l.** hectoliter *od.* hectolitre.
**HM** His *od.* Her Majesty('s); head-master; headmistress.
**HMF** Her Majesty's Forces.
**HMI** *ped. Br.* Her Majesty's Inspector.
**HMS** His *od.* Her Majesty's Service *od.* Ship *od.* Steamer.
**HMSO** His *od.* Her Majesty's Stationery Office (*brit. Staatsdrucke-rei*).
**HNC** *Br.* Higher National Certificate.
**HND** *Br.* Higher National Diploma.
**HO** Head Office; Home Office.
**Hon.** Honorary (*im Titel*).
**hon.** honorary; hono(u)rable; hon-o(u)rably.
**hosp.** hospital.
**HP** horsepower; Houses of Parlia-ment; hire purchase; high pressure.
**h.p.** half-pay; *electr.* high power; high pressure; hire purchase; horse-power.
**H.Q., h.q.** headquarters.
**HR** Home Rule(r); *Am.* House of Representatives.
**hr, hr.** hour(s).
**HRH** His *od.* Her Royal Highness.
**hrs, hrs.** hours.
**HS** *Br.* Home Secretary.
**HT** *phys.* high tension.
**ht.** heat; height.
**h.t.** *electr.* high tension.
**Hts.** Heights.
**Hung.** Hungarian; Hungary.
**Hunts.** Huntingdonshire (*ehemal. engl. Grafschaft*).
**HWM** high-water mark.
**hyp.** *math.* hypotenuse; hypothesis; hypothetical.

# I

**I.** island(s); isle(s); international; in-stitute; independent; independ-ence.
**Ia.** Iowa (*Staat der USA, inoffizielle Ab-kürzung*).
**IAAF** International Amateur Athlet-ic Federation.
**IAEA** International Atomic Energy Agency.
**IAF** Indian Air Force; International Automobile Federation.
**IALC** instrument approach and landing chart.
**IAS** *aer.* indicated air speed.
**IATA** International Air Transport Association.
**i.a.w.** in accordance with.
**ib.** (*Lat.*) ibidem, in the same place.
**I.B.** *econ.* invoice book.
**IBA** *Br.* Independent Broadcasting Authority.
**ibid.** (*Lat.*) ibidem, in the same place.
**IBM** International Business Machines (*Elektronikkonzern*).
**IBRD** International Bank for Re-construction and Development.
**IC** *psych.* inferiority complex; *electr.* integrated circuit; *ling.* immediate constituent.
**i/c** in charge (of).
**ICA** *Br.* Institute of Contemporary Arts.
**ICAO** International Civil Aviation Organization.
**ICBM** *mil.* intercontinental ballistic missile.
**ICC** International Chamber of Com-merce; International Computation Centre.
**Icel.** Iceland(ic).
**ICFTU** International Confederation of Free Trade Unions.
**ICI** Imperial Chemical Industries (*größter brit. Chemiekonzern*).
**ICJ** International Court of Justice (*im Haag*).
**ICOMOS** International Council on Monuments and Sites (*Rat für Denk-malpflege*).
**ICPC** International Criminal Police Commission.
**ICRC** International Committee of the Red Cross.
**i.c.w.** in connection with.
**ID** identification (*z. B.* ID Card); *tech.* inside diameter; Intelligence De-partment.
**Id.** Idaho (*Staat der USA, inoffizielle Abkürzung*).
**IDA** International Development As-sociation.
**Ida.** Idaho (*Staat der USA, inoffizielle Abkürzung*).
**i.e.** (*Lat.*) id est, that is.
**IEA** International Energy Agency.
**IF, I.F., i.f.** *electr. phys.* intermediate frequency.
**IFALPA** International Federation of Air Line Pilots' Associations.
**IFATCA** International Federation of Air Traffic Controllers' Associa-tions.
**IFC** International Finance Corpora-tion.
**IFF** (*Radar*) identification, friend or foe.
**IFT** International Federation of Translators.
**IFTU** International Federation of Trade Unions.
**ign.** *tech.* ignition; (*Lat.*) ignotus, unknown.
**IGY** International Geophysical Year.
**IHP, I.H.P., ihp, i.h.p.** *tech.* indi-cated horsepower.
**ILA** International Law Association.
**ILEA** Inner London Education Authority.
**Ill.** Illinois (*Staat der USA*).
**ill., illus(t).** illustrated; illustration.
**ILO** International Labo(u)r Office *od.* Organization.
**i.l.o.** in lieu of.
**ILP** *pol.* Independent Labour Party.
**ILRM** International League for Rights of Man.
**ILS** *aer.* instrument landing system.
**IMC** International Maritime Com-mittee.
**IMF** International Monetary Fund.
**imit.** imitation; imitative(ly).
**IMM** *Br.* Institution of Mining and Metallurgy.
**imp.** impersonal; import(ed).
**impers.** impersonal.
**impt.** important.
**in.** inch(es).
**Inc.** *econ. jur. Am.* incorporated.
**inc(l).** inclosure; included; inclusive.
**incog.** incognito.
**INCOTERMS, Incoterms** Interna-tional Commercial Terms.
**incr.** increased; increasing.
**Ind.** Indiana (*Staat der USA*).
**ind.** independent; index; indicated; *ling.* indicative; indigo; indirect(ly); industrial.
**individ.** individual.
**induc.** *phys.* induction.
**INF** → IRNF.
**in.-lb.** *phys.* inch pound.
**inorg.** inorganic.
**INP** International News Photo.
**inst.** instant, in the present month; institute; institution; instrumental.
**int.** intelligence; *econ.* interest; in-terim; interior; internal; interna-tional.
**int.al.** (*Lat.*) inter alia, among other things.
**Intelsat** International Telecommuni-cations Satellite.
**Intercom(n).** intercommunication.
**INTERPOL, Interpol** Internation-al Criminal Police Organization.
**in trans.** (*Lat.*) in transitu, in transit.
**introd.** introduced; introducing; in-troduction.
**Inv.** Inverness (*ehemal. schott. Graf-schaft*).
**inv.** *econ.* invoice.
**invt.** inventory.
**IOC** International Olympic Commit-tee.
**I. of M.** Isle of Man.
**I. of W.** Isle of Wight.
**IOU** I owe you Schuldschein.
**IPA** International Phonetic Alphabet *od.* Association.
**IQ, I.Q.** *ped. psych.* intelligence quotient.
**i.q.** (*Lat.*) idem quod, the same as.
**IR** Inland Revenue.
**Ir.** Ireland; Irish.
**IRA** Irish Republican Army.
**IRBM** *mil.* intermediate range ballis-tic missile.
**IRC(C)** International Red Cross Committee.
**IRNF** Intermediate-range Nuclear Force.
**IRO** Inland Revenue Office; Interna-tional Refugee Organization.
**iron.** ironic(ally).
**irreg.** irregular(ly).
**is.** island(s); isle.
**ISBN** International Standard Book Number.
**ISC** International Sporting Commis-sion.
**ISD** international subscriber dial-(l)ing (*zwischenstaatlicher Selbstwähl-fernverkehr*).
**ISDN** integrated services digital net-work.
**Isl(s)., isl(s).** island(s).
**ISO** International Standards Organi-zation.
**ISV** International Scientific Vocab-ulary.

**It.** Italian; Italy.
**ITA** *Br.* Independent Television Authority (*unabhängiges, kommerzielles Fernsehen*).
**ital.** *print.* italic.
**itin.** itinerary.
**ITN** Independent Television News.
**ITO** International Trade Organization (*UN*).
**ITT** International Telephone and Telegraph (Corporation) (*Elektronikkonzern*).
**ITU** International Telecommunications Union.
**IU, I.U.** *biol. med.* international unit(s) (*Maßeinheit für Menge u. Wirkung von Vitaminen etc*).
**IUD** intra-uterine device (*zur Empfängnisverhütung*).
**IUS** International Union of Students.
**IUSY** International Union of Socialist Youth.
**IVB** invalidity benefit.
**IVS(P)** International Voluntary Service (for Peace).
**IWW** *Am.* Industrial Workers of the World (*Gewerkschaft*).
**IYHF** International Youth Hostel Federation.

# J

**J.** *electr.* joule; Journal; Judge, Justice.
**JA, J.A.** *mil.* Judge Advocate (*Rechtsoffizier, keine dt. Entsprechung*).
**J/A, j/a** *econ.* joint account.
**Jam.** *geogr.* Jamaica; *Bibl.* James.
**Jan.** January.
**JATO, jato** *aer.* jet-assisted take-off (*Start mit Düsenantrieb*).
**JC** Jesus Christ; Julius Ceasar; jurisconsult.
**JCB** (*Lat.*) Juris Civilis Baccalaureus, Bachelor of Civil Law.
**JCD** (*Lat.*) Juris Canonici Doctor, Doctor of Canon Law; (*Lat.*) Juris Civilis Doctor, Doctor of Civil Law.
**JCR** *Br.* junior common room.
**jct(n).** junction.
**JD** Juris Doctor, Doctor of Law *od.* Jurisprudence.
**JET** Joint European Torus (*Kernfusionsanlage*).
**JFK** John Fitzgerald Kennedy (Airport).
**JIB** Joint Intelligence Bureau (*Leitstelle für die engl. Geheimdienste*).
**j.n.d.** *psych.* just noticeable difference.
**jour.** journal; journeyman.
**JP** Justice of the Peace.
**Jr., jr.** junior.
**jt.** joint.
**JUD** (*Lat.*) Juris Utriusque Doctor, Doctor of Civil and Canon Law.
**Jul.** Jules; Julian; Julius; July.
**Jun.** June; junior.
**Junc., junc.** junction.
**junr.** junior.
**juv.** juvenile.
**jwlr.** jewel(l)er.
**Jy.** *Am.* July.

# K

**K** *phys.* Kelvin; *Am.* kilogram; *mus.* Köchel; (*Schach*) king.
**k** kilo-.

**k.** *electr.* capacity; *min.* karat, carat; kilogram(me); *mar.* knot.
**ka.** *phys.* kathode, cathode.
**Kan(s).** Kansas (*Staat der USA*).
**KB** (*Schach*) king's bishop; *jur. Br.* King's Bench; *Br.* Knight of the Bath (*hoher Ehrentitel*).
**KBE** *Br.* Knight Commander of (the Order of) the British Empire.
**KBP** (*Schach*) king's bishop's pawn.
**KC** King's Counsel; King's College; Knight Commander.
**kc, kc.** *electr. phys.* kilocycle(s).
**kcal.** kilocalorie.
**KCB** Knight Commander (of the Order) of the Bath (*hoher brit. Orden*).
**KCMC** *Br.* Knight Commander (of the Order) of St Michael and St George.
**KCVO** *Br.* Knight Commander of the Royal Victorian Order.
**K.D., k.d.** *econ. Am.* knocked down.
**KE** *phys.* kinetic energy.
**Ken.** Kentucky (*Staat der USA*).
**Ker.** Kerry (*Grafschaft in Irland*).
**KG** Knight of the Garter.
**kg** *econ.* keg(s); kilogram(me); kilogram(me)s.
**kg.** kilogram(me); kilogram(me)s.
**kgm.** kilogrammeter.
**kHz** *electr.* kilohertz.
**KIA** *mil.* killed in action gefallen.
**Kild.** Kildare (*Grafschaft in Irland*).
**Kilk.** Kilkenny (*Grafschaft in Irland*).
**Kin.** Kinross (*ehemal. schott. Grafschaft*).
**Kinc.** Kincardine (*ehemal. schott. Grafschaft*).
**Kirk.** Kirkcudbright (*ehemal. schott. Grafschaft*).
**KKK** Ku Klux Klan.
**KKt** (*Schach*) king's knight.
**KKtP** (*Schach*) king's knight's pawn.
**Kl., kl, kl.** kiloliter *od.* kilolitre.
**km, km.** kilometer(s) *od.* kilometre(s).
**km.p.h.** kilometres per hour.
**kn** *mar.* knot(s).
**Knt, Knt., knt.** Knight.
**KO, K.o., k.o.** (*Boxsport*) knock(ed) out.
**KR** (*Schach*) king's rook.
**KRP** (*Schach*) king's rook's pawn.
**k.p.h.** kilometres per hour.
**kr.** (*Währung*) krone.
**Kt** (*Schach*) knight.
**kt.** *min.* karat, carat; kiloton; *mar.* knot; (*Schach*) knight.
**kts** *mar.* knots.
**kv, kv.** *electr.* kilovolt.
**Kv-a., kv.-a.** *electr.* kilovolt ampere.
**K.W.H., kw-h, kw-hr, kw.-hr.** *electr.* kilowatt-hour.
**Ky.** Kentucky (*Staat der USA*).

# L

**L** large (size); Latin; *Br.* learner (*am Kraftfahrzeug*); length; longitude.
**L.** Lady; lake; Lord; *pol.* Liberal; Licentiate (*in Titeln*).
**£** (*Lat.*) libra(e), pound(s) sterling.
**l** liter *od.* litre.
**L., l.** *geogr.* latitude; left; length; libra(e), pound(s); line; link (*Maßeinheit*); liter(s) *od.* litre(s).
**LA** *geogr.* Los Angeles; *econ.* local agent; Legislative Assembly.
**£A** (*Währung*) Australian pound(s).
**La.** Louisiana (*Staat der USA*).
**Lab.** *Br.* Labour (Party); Labourite.

**LAC** *mil. Br.* leading aircraftman.
**L.Adv.** *jur.* Lord Advocate (*in Schottland*).
**LAMDA** London Academy of Music and Dramatic Art.
**Lancs.** Lancashire (*engl. Grafschaft*).
**lang.** language(s).
**Laser, laser** *phys.* light amplification by stimulated emission of radiation Lichtverstärkung durch angeregte Emission von Strahlung → **Maser.**
**LASH** lighter aboard ship (*Transport von genormten Leichtern per Mutterschiff*).
**Lat.** Latin; *geogr.* latitude.
**lb, lb.** (*Lat.*) libra, pound (*Gewicht*).
**lbs.** pounds (*Gewicht*).
**LBC** London Broadcasting Company.
**l.b.w.** (*Kricket*) leg before wicket.
**L/C, l/c** *econ.* letter of credit.
**l.c.** (*Theater*) left center *od.* centre; *econ.* letter of credit; (*Lat.*) loco citato; (*Lat.*) locus citatus, the passage (last) quoted; *print.* lower case.
**LCC** *Br. hist.* London County Council.
**LCD** liquid crystal display.
**L.C.D., l.c.d.** *math.* lowest common denominator.
**LCJ** *jur. Br.* Lord Chief Justice.
**L.C.M., l.c.m.** *math.* least *od.* lowest common multiple.
**LCT** local civil time.
**LD** *Am.* Lit(t)erarum Doctor, Doctor of Letters *od.* Literature.
**Ld, Ld.** limited; Lord.
**Ldp.** Lordship.
**LDS** *relig.* Latter Day Saints; *Br.* Licentiate in Dental Surgery.
**LE** *Br.* Labour Exchange.
**LEA** *Br.* Local Education Authority.
**lea.** league; leather.
**lect.** lecture(s).
**LED** light emitting diode.
**leg.** legal; legate; legislative; legislature.
**legis(l).** legislation; legislative; legislature.
**Leics.** Leicestershire (*engl. Grafschaft*).
**Leit.** Leitrim (*Grafschaft in Irland*).
**LEM** lunar excursion module.
**l.f.** *electr. phys.* low frequency.
**lg(e).** large.
**lgth.** length.
**LH** left hand; Legion of Hono(u)r.
**LHA** *Br.* Local Health Authority.
**li** *Am.* link (*Maßeinheit*).
**lib** *colloq.* liberation.
**Lib.** Liberal; *colloq.* Liberation.
**lib.** (*Lat.*) liber; librarian; library.
**Lieut.** *mil.* Lieutenant (*Dienstgrad*).
**LIFO** *econ.* last in first out.
**LILO** *econ.* last in last out.
**Lim.** County Limerick (*Grafschaft in Irland*).
**lin.** lineal; linear.
**Lincs.** Lincolnshire (*engl. Grafschaft*).
**ling.** linguistics.
**liq.** liquid; liquor.
**lit.** liter *od.* litre; literal(ly); literary; literature.
**Lit.B.** (*Lat.*) Lit(t)erarum Baccalaureus, Bachelor of Letters *od.* Literature.
**Lit.D.** (*Lat.*) Lit(t)erarum Doctor, Doctor of Letters *od.* Literature.
**lith(o).** lithograph(y).
**LJ** *Br.* Lord Justice.
**ll.** lines; (*Lat.*) loco laudato, in the place cited.
**L.L.** Late Latin; Low Latin; *Br.* Lord Lieutenant.
**LL.B., Ll.B.** (*Lat.*) Legum Baccalaureus, Bachelor of Laws.
**LL.D., Ll.D.** (*Lat.*) Legum Doctor, Doctor of Laws.

**LL.M., Ll.M.** (*Lat.*) Legum Magister, Master of Laws.
**LMT** local mean time mittlere Ortszeit.
**L.M.T.** *phys.* length, mass, time.
**LNG** liquefied natural gas.
**Lnrk.** Lanark (*ehemal. schott. Grafschaft*).
**loc.cit.** (*Lat.*) loco citato.
**locn.** location.
**LOG** *mil.* logistics.
**log.** *math.* logarithm; logic(al).
**Lon., lon.** *geogr.* longitude.
**Lond.** London; Londonderry (*Grafschaft in Nordirland*).
**Long., long.** *geogr.* longitude.
**loq.** (*Lat.*) loquitur.
**LP** long-playing (record) (*33¹/₃ Umdrehungen pro Minute*); *Br.* Labour Party; *Br.* Lord Provost.
**l.p.** *phys. tech.* low pressure.
**LPG** *tech.* liquefied petroleum gas.
**LPS** *Br.* Lord Privy Seal.
**LR** long range.
**LRBM** long-range ballistic missile.
**LRCP** Licentiate of the Royal College of Physicians.
**LRTNF** Long Range Theater Nuclear Forces.
**LS** left side; letter signed.
**l.s.** left side; (*Lat.*) locus sigilli (*Platz für Siegel auf Dokumenten*).
**LSD** lysergic acid dietylamide (*Lysergsäurediäthylamid; Halluzinogen*).
**L.s.d., £.s.d.** (*Lat.*) librae, solidi, denarii, pounds, shillings, pence.
**LSE** London School of Economics.
**LSO** London Symphony Orchestra.
**LSS** *Am.* Lifesaving Service.
**LT** local time; *electr.* low tension; lawn tennis; letter telegram(me).
**LTA** Lawn Tennis Association.
**Lt.** Lieutenant (*Dienstgrad*).
**lt.** *adj* light.
**l.t.** *econ.* long ton (*Maßeinheit*); *Am.* local time.
**Ltd., ltd.** *econ. bes. Br.* limited.
**L.T.L., l.t.l.** *econ. Am.* less-than-truckload.
**Luth.** *relig.* Lutheran.
**LV** *Br.* luncheon voucher.
**lv.** *Am.* leave(s); *Am.* livre(s).
**LW** *electr.* long wave; low water.
**LWM, L.W.M., l.w.m.** *mar.* low water mark.
**LWOP** *mil.* leave without pay.
**LWT** London Weekend Television.
**LZ** *mil.* landing zone.

# M

**M** *aer. phys.* Mach number; *Br.* motorway; mega-; million; (*Währung*) mark(s); medium (size).
**M.** (*Lat.*) Magister, Master; *phys.* mass; member; moment; (*Fr.*) Monsieur; Majesty; marquis.
**M'-** Mac.
**m** meter(s) *od.* metre(s); minim.
**m.** male; (*Währung*) mark; married; masculine; meridian; (*Kricket*) maiden (over); (*Lat.*) meridies, noon; meter(s) *od.* metre(s); mile(s); mill; million(s); minim; minute(s); month; moon; morning.
**m-** *chem.* meta-.
**MA** (*Lat.*) Magister Artium, Master of Arts; mental age; Military Academy.
**mA, ma, ma.** *electr.* milliampere.
**MAA** Motor Agents' Association.
**MAARM** memory-aided anti-radiation missile.
**MACE** machine-aided composition

and editing.
**MACH, mach.** machine(ry); machinist.
**MAD** Mutual Assured Destruction.
**mag.** magazine; magnetic; magnetism.
**MAINT, maint.** maintenance.
**Maj.** *mil.* Major (*Dienstgrad*).
**Man.** Manchester; Manitoba.
**man.** manual; manufactory; manufacture(d); manufacturer; manufacturing.
**M & S** Marks and Spencer (*Bekleidungshaus*).
**Mar.** March.
**mar.** maritime; married.
**March.** Marchioness.
**Marq.** Marquess.
**Maser, maser** *phys.* microwave amplification by stimulated emission of radiation Mikrowellenverstärkung durch angeregte Emissi'on von Strahlung → Laser.
**MASH** *Am.* mobile army surgical hospital.
**Mass.** Massachusetts (*Staat der USA*).
**Math., math.** mathematical; mathematician; mathematics.
**max.** maximum.
**MB** (*Lat.*) Medicinae Baccalaureus, Bachelor of Medicine.
**mb** (*Meteorologie*) millibar.
**MBA** *Am.* Master in *od.* of Business Administration.
**MBE** Member of the Order of the British Empire.
**MBFR** Mutual and Balanced Force Reduction.
**MBS** *Am.* Mutual Broadcasting System.
**MC** Master of Ceremonies; *Am.* Member of Congress; Member of Council; *Brit.* Military Cross.
**Mc-** Mac.
**mc, mc.** *electr.* megacycle(s); *phys.* millicuries; motorcycle.
**MCC** *Br.* Marylebone Cricket Club (*ein Londoner Club, gleichzeitig Überwachungsorganisation für den gesamten brit. Kricketsport*).
**MD** *mar. mil.* Medical Department; (*Lat.*) Medicinae Doctor, Doctor of Medicine; Managing Director; mentally deficient.
**Md.** Maryland (*Staat der USA*).
**m.d., m/d** *econ.* months' date Monate nach heute.
**Mddx.** Middlesex (*ehemal. engl. Grafschaft*).
**MDS** Master of *od.* in Dental Surgery.
**mdse.** merchandise.
**ME** Mechanical Engineer; Mining Engineer; Marine Engineer; *ling.* Middle English.
**Me.** Maine (*Staat der USA*).
**meas.** measurable; measure.
**Mech(an), mech.** mechanic(al); mechanics.
**M.Ed.** Master of Education.
**med.** medical; medicine; medieval; medium.
**meg.** *electr.* megacycle.
**mem.** member; memoir; memorial.
**MEMO, memo** memorandum.
**MEP** Member of the European Parliament.
**mer.** meridian; meridional.
**Meri.** Merionethshire (*ehemal. Grafschaft in Wales*).
**Messrs.** Messieurs.
**met.** meteorological; meteorologist; meteorology.
**Met.** Metropolitan.
**metaph.** metaphor; metaphoric(al).
**meteor(ol).** meteorological; meteor-

ology.
**Meth.** Methodist.
**meth.** *chem.* methylated.
**METO** Middle East Treaty Organization.
**Mev, Mev., mev, m.e.v.** *electr.* million electron volts.
**mf, mf.** *electr.* microfarad; *electr.* millifarad.
**mfd.** manufactured; *electr.* microfarad.
**mfg.** manufacturing.
**MFH** *hunt. Br.* Master of Foxhounds.
**MFN** *econ.* most favo(u)red nation.
**mfr.** manufacture(d).
**MG** *mil.* machine gun; Military Government.
**mg** milligram(s) *od.* milligramme(s).
**mg.** milligram(s) *od.* milligramme(s); morning.
**MGM** Metro-Goldwyn-Mayer (*Filmgesellschaft*).
**Mgr, Mgr., mgr.** manager; Monseigneur; Monsignor.
**MH** *mil. Am.* Medal of Honour.
**mh.** *electr. phys.* millihenry.
**M.Hon.** *Br.* Most Honourable.
**MHR** *Am.* Member of the House of Representatives.
**MI** Military Intelligence.
**MIA** *mil.* missing in action vermißt.
**Mich.** Michigan (*Staat der USA*); Michaelmas.
**MICE** *Br.* Member of the Institute of Civil Engineers.
**micros.** microscope; microscopical; microscopist; microscopy.
**Mid.** Midlands; midshipman.
**mid.** middle.
**MIDAS, Midas** *mil.* Missile Defence (*od.* Defense) Alarm System.
**Middlx.** Middlesex (*ehemal. eng. Grafschaft*).
**Mid.L.** Midlothian (*ehemal. schott. Grafschaft*).
**MIEE** *Br.* Member of the Institute of Electrical Engineers.
**mil.** military; militia.
**mill.** million.
**Min.** mineralogy; Minister; Ministry.
**min.** minim; minimum; minor; minute(s); mining; mineralogy.
**Minn.** Minnesota (*Staat der USA*).
**MIRV** *mil.* multiple independently targeted re-entry vehicle.
**misc.** miscellaneous; miscellany.
**Miss.** Mississippi (*Staat der USA*).
**MIT** Massachusetts Institute of Technology.
**mk(s), mk(s).** (*Währung*) mark(s).
**MKS** meter- *od.* metre-kilogram(me)--second (system).
**MKSA** meter- *od.* metre-kilogram(me)-second-ampere.
**mkt.** market.
**ml.** *Am.* mail; millimeter(s) *od.* millimetre(s).
**MLA** Modern Language(s) Association (of America); Member of the Legislative Assembly.
**MLD, mld** *med.* minimum lethal dose.
**MLF** multilateral (nuclear) force.
**M.Litt.** (*Lat.*) Magister Litterarum, Master of Letters.
**MLR** *econ.* minimum lending rate.
**MLRS** *mil.* multi-launch rocket system.
**MM** *Br.* Military Medal (*für Unteroffiziere u. Mannschaften*).
**mm, mm.** millimeter(s) *od.* millimetre(s).
**m.m.f.** *phys.* magnetomotive force.
**MO, M.O., m.o.** *econ.* mail order; *econ.* money order.

**Mo.** Missouri (*Staat der USA*).
**mo.** month(s).
**MOD** *Br.* Ministry of Defence.
**mod.** moderate; modern.
**mod. cons.** *colloq.* modern conveniences.
**MOH** *Br.* Medical Officer of Health.
**mol.wt.** *phys.* molecular weight.
**Mon.** Monaghan (*Grafschaft in Nordirland*); Monday; Monmouthshire (*ehemal. Grafschaft in Westengland*); Monsignor.
**mon.** monastery; monetary.
**Mont.** Montana (*Staat der USA*).
**Mont(gom).** Montgomeryshire (*ehemal. Grafschaft in Wales*).
**morph(ol).** morphological; morphology.
**mos.** months.
**MOT** Ministry of Transport; **MOT (test)** (*etwa*) Prüfung beim TÜV; **MOT (certificate)** Nachweis der TÜV-Überprüfung.
**mot.** motor(ized).
**MOUSE** minimum orbital unmanned satellite of the earth (*unbemannter künstlicher Erdsatellit*).
**MP** *Br.* Member of Parliament; Military Police(man).
**m.p.** *phys.* melting point.
**MPC** Member of Parliament, Canada.
**m.p.g.** miles per gallon.
**mph, m.p.h.** miles per hour.
**MPO** *Br.* Metropolitan Police Office (Scotland Yard).
**M.Phil.** Master of Philosophy.
**MPS** Member of the Pharmaceutical Society; Member of the Philological Society; Member of the Physical Society.
**Mr, Mr.** Mister.
**MRA** Moral Rearmament.
**MRBM** medium range ballistic missile.
**MRC** *Br.* Medical Research Council.
**MRCA** multi-role combat aircraft.
**Mrs, Mrs.** Mistress.
**MS** Master of Surgery; multiple sclerosis; motorship.
**MS., ms.** manuscript.
**M/S** *econ.* months after sight; motorship.
**M.Sc.** Master of Science.
**msc.** miscellaneous; miscellany.
**msec.** millisecond.
**M.S.L., m.s.l.** mean sea level.
**MSS., mss.** manuscripts.
**MST** *Am.* Mountain Standard Time.
**Mt, Mt.** mount(ain).
**mt.** megaton; mountain.
**m.t.** *tech.* metric ton; *Am.* mountain time.
**MTB** *Br.* motor torpedo-boat.
**M.Tech.** Master of Technology.
**mtg.** meeting; *econ.* mortgage.
**M.Th.** Master of Theology.
**Mtl** *geogr.* Montreal.
**Mt.Rev.** Most Reverend.
**Mts., mts.** mountains.
**mun.** municipal.
**mus.** museum; music(al); musician.
**Mus.B., Mus.Bac.** (*Lat.*) Musicae Baccalaureus, Bachelor of Music.
**Mus.D., Mus.Doc.** (*Lat.*) Musicae Doctor, Doctor of Music.
**mut.** mutilated; mutual.
**MV** megavolt.
**M.v., mv.** *mar.* motor vessel; muzzle velocity.
**MVO** *Br.* Member of the Royal Victorian Order.
**MW** megawatt; medium wave.
**My** *Am.* May.
**M.Y.O.B.** *colloq.* mind your own business.
**myth(ol).** mythological; mythology.

# N

**N** *phys.* newton(s); (*Schach*) knight; north(ern); noun.
**N.** Nationalist; Navy; nuclear; north(ern).
**N-** nuclear.
**n.** name(d); neuter; noon; north(ern); note; noun; number.
**NA** *Am.* National Academician *od.* Academy; North America(n).
**n.a., n/a** *econ.* no account.
**NAACP** *Am.* National Association for the Advancement of Colored People.
**NAAFI** *Br.* Navy, Army, and Air Force Institutes (*Truppenbetreuungsinstitution der brit. Streitkräfte*).
**N.A.D.** *med.* nothing abnormal discovered ohne Befund.
**NALGO** *Br.* National and Local Government Officers' Association.
**NALLA** National Long Lines Agency Auslandsfernamt für Fernverbindungen (*innerhalb Europas*).
**NASA** *Am.* National Aeronautics and Space Administration.
**nat.** national; native; natural(ist).
**natl.** national.
**NATO** North Atlantic Treaty Organization.
**NATS** *Br.* National Air Traffic Services.
**Nat.Sc.D.** *Am.* Doctor of Natural Science.
**NATSOPA** *Br.* National Society of Operative Printers, Graphical and Media Personnel.
**Naut., naut.** nautical.
**nav.** naval; navigating; navigation.
**navig.** navigation.
**NB, n.b.** (*Lat.*) nota bene.
**N.B.** New Brunswick (*kanad. Provinz*); (*Lat.*) nota bene.
**NBC** *Am.* National Broadcasting Company.
**N.B.G., nbg** *colloq.* no bloody good.
**NBS** *Am.* National Bureau of Standards.
**N.C.** North Carolina (*Staat der USA*).
**NCB** *Br.* National Coal Board.
**NCC** *Br.* National Consumer Council.
**NCO** *mil.* noncommissioned officer.
**N.D.** no date ohne Jahr (*in Büchern*); North Dakota (*Staat der USA*); *econ.* not dated.
**n.d.** no date ohne Jahr (*in Büchern*); *econ.* not dated.
**N.Dak.** North Dakota (*Staat der USA*).
**NE** northeast(ern).
**N./E.** *econ.* no effects.
**NEB** New English Bible; National Enterprise Board.
**Neb(r).** Nebraska (*Staat der USA*).
**n.e.c.** not elsewhere classified.
**NEDC, colloq. Neddy** *Br.* National Economic Development Council.
**neg.** negation; negative(ly).
**n.e.i.** (*Lat.*) non est inventus, it has not been found *od.* discovered; not elsewhere indicated.
**nem. con.** (*Lat.*) nemine contradicente, nobody contradicting *od.* opposing, unanimously.
**nem. dis(s).** (*Lat.*) nemine dissentiente, nobody dissenting *od.* disagreeing, unanimously.
**NERC** *Br.* Natural Environment Research Council.

**n.e.s.** not elsewhere specified.
**NET** Next European Torus (*Kernfusionsanlage*).
**Neth.** *geogr.* Netherlands.
**neut.** *ling.* neuter; neutral.
**Nev.** Nevada (*Staat der USA*).
**New M.** New Mexico (*Staat der USA*).
**N/F, n.f., n/f** *econ.* no funds.
**Nfd(l).** Newfoundland (*Kanad. Provinz*).
**NFS** *Br.* National Fire Service.
**NFT** *Br.* National Film Theatre.
**NFU** *Br.* National Farmers' Union.
**NG** *Am.* National Guard.
**n.g.** *colloq.* no good.
**NGA** National Graphical Association (*Gewerkschaft*).
**N.H.** New Hampshire (*Staat der USA*).
**NHI** *Br.* National Health Insurance.
**n.h.p.** *phys.* nominal horsepower.
**NHS** *Br.* National Health Service.
**N.I.** National Insurance; Northern Ireland.
**NIRC** National Industrial Relations Court.
**N.J.** New Jersey (*Staat der USA*).
**n.l.** (*Lat.*) non licet, it is not permitted.
**N.Lab.** *Br.* National Labour (Party).
**NLRB** *Am.* National Labor Relations Board.
**N.M.** New Mexico (*Staat der USA*).
**n.m.** *mar.* nautical mile(s).
**N.Mex.** New Mexico (*Staat der USA*).
**No.** north(ern); (by) number; numero.
**N°** *Br.* (by) number; *bes. Br.* numero.
**n.o.i.b.n.** not otherwise indexed by name.
**nol. pros.** (*Lat.*) *jur.* nolle prosequi, do not prosecute.
**Noncon.** Nonconformist.
**non obst.** (*Lat.*) non obstante, notwithstanding.
**non pros.** (*Lat.*) non prosequitur, he does not prosecute.
**non seq.** (*Lat.*) non sequitur, it does not follow.
**NOP** National Opinion Poll.
**n.o.p.** not otherwise provided for.
**Norf.** Norfolk (*engl. Grafschaft*).
**norm.** normal(ize); normalizing.
**Northants.** Northamptonshire (*engl. Grafschaft*).
**Northum(b).** Northumberland (*engl. Grafschaft*).
**Norw.** Norway; *ling.* Norwegian.
**Nos., nos.** numbers.
**N°s** *Br.* numbers.
**Notts.** Nottinghamshire (*engl. Grafschaft*).
**Nov.** November.
**NOW** *Am.* National Organization for Women.
**NP** neuropsychiatric; neuropsychiatry; new penny *od.* pence; *ling.* noun phrase; Notary Public.
**n.p.** *print.* new paragraph; no paging; no place ohne Erscheinungsort (*in Büchern*).
**NPA** Newspaper Publishers' Association.
**n.p. or d.** no place or date ohne Erscheinungsort od. Jahr (*in Büchern*).
**Nr., nr, nr.** near.
**NRA** *Am.* National Recovery Administration.
**NRDC** National Research Development Corporation (*Vereinigung zur Förderung von Erfindungen u. ihrer technischen Nutzung*).
**NRF** *Br.* National Relief Fund.
**N.S.** National Society; Nova Scotia.
**N/S, n/s** *econ.* not sufficient (funds) ohne ausreichende Deckung.
**n.s.** not specified; not sufficient.
**NSB** National Savings Bank.

**NSC** *Am.* National Security Council.
**NSF** not sufficient funds.
**NSPCC** *Br.* National Society for the Prevention of Cruelty to Children.
**n.s.p.f.** not specifically provided for.
**N.S.W.** New South Wales (*Staat in Australien*).
**NT** *Bibl.* New Testament; *print.* new translation; National Trust.
**N.T.** National Trust; *Bibl.* New Testament; Northern Territory (*Australien*).
**NTP** normal temperature and pressure.
**nt.wt.** *econ.* net weight.
**n.u.** name unknown.
**NUAAW** *Br.* National Union of Agricultural and Allied Workers (*Gewerkschaft*).
**NUJ** *Br.* National Union of Journalists (*Gewerkschaft*).
**NUM** *Br.* National Union of Mineworkers (*Gewerkschaft*).
**num.** number; numeral(s).
**numis(m).** numismatic(s).
**NUPE** *Br.* National Union of Public Employees (*Gewerkschaft*).
**NUR** *Br.* National Union of Railwaymen (*Gewerkschaft*).
**NUS** *Br.* National Union of Students; National Union of Seamen (*Gewerkschaft*).
**NUT** *Br.* National Union of Teachers (*Gewerkschaft*).
**NW** northwest(erly); northwestern.
**N.W.T.** Northwest Territories (*Kanada*).
**N.Y.** New York (*Staat der USA*).
**N.Y.C.** New York Central *od.* City.
**n.y.d.** not yet diagnosed.
**n.y.p.** not yet published.
**N.Z.** New Zealand.

# O

**O.** Ohio (*Staat der USA*).
**o** *electr.* ohm.
**o.** (*Lat.*) (*Pharmazie*) octarius, pint; octavo; old; only.
**o-** *chem.* ortho-.
**o.a., o/a** *econ.* on account (of).
**O & M** organization and methods (*in Arbeitszeitstudien*).
**OAP** *Br.* Old Age Pension(er).
**OAS** Organization of American States.
**OAU** Organization of African Unity.
**OB** *Br.* outside broadcast ˌAußenübertragung, Reporˌtage.
**ob.** (*Lat.*) obiit, (he *od.* she) died.
**OBE** Officer of the (Order of the) British Empire.
**obj(ect).** object(ion); objective.
**obl.** oblique; oblong.
**Obs., obs.** observation; observatory.
**obv.** obverse.
**OC** *mil.* Officer Commanding.
**Oc., oc.** ocean.
**o/c** *econ.* overcharge.
**o'c.** o'clock.
**occ(as).** occasional(ly).
**occn.** occasion.
**Oct.** October.
**oct.** octavo.
**O.D.** *Am.* Officer of the Day; *mil. Am.* olive drab; outside diameter; *econ.* overdrawn.
**O/D** *econ.* on demand; *econ.* overdraft.
**ODM** Ministry of Overseas Development.
**OE** *ling.* Old English; omissions excepted.

**OECD** Organization for Economic Co-operation and Development.
**OECS** Organization of Eastern Caribbean States.
**OED** Oxford English Dictionary.
**OEEC** Organization for European Economic Co-operation.
**off.** offered; office(r); official.
**offic.** official.
**Offr.** Officer.
**OFT** Office of Fair Trading.
**o.g.** *Sport* own goal.
**O.G.** Olympic Games; *mil.* Officer of the Guard.
**O.H.** on hand.
**OHMS** On His *od.* Her Majesty's Service (*Dienstsache*).
**Okla.** Oklahoma (*Staat der USA*).
**ol.** (*Lat.*) oleum, oil.
**OM** *Br.* Order of Merit.
**ONA** Overseas News Agency (*eine amer. Presseagentur*).
**ONC** *Br.* Ordinary National Certificate.
**OND** *Br.* Ordinary National Diploma.
**o.n.o.** or near offer V.ˌB., Verhandlungsbasis.
**ONS** Overseas News Service (*eine engl. Presseagentur*).
**Ont.** Ontario (*kanad. Provinz*).
**OP** *econ.* open policy; *mil.* observation post.
**o.p.** (*Theater*) opposite prompt (side); out of print; overproof (*Alkohol*); opposite; operation; optical.
**OPA** *Am.* Office of Price Administration.
**op.cit.** (*Lat.*) opere citato; (*Lat.*) opus citatum, the work quoted.
**OPEC** Organization of Petroleum-Exporting Countries.
**opp.** (as) opposed (to); opposes; opposite (to).
**Ops, ops** operations.
**opt.** optative; optical; optician; optics.
**OR** official records; *econ.* operations research; *mil.* other ranks.
**o.r.** *econ.* owner's risk.
**orch.** orchestra(l).
**ord.** ordained; order; ordinal; ordinance; ordinary.
**Ore(g).** Oregon (*Staat der USA*).
**org.** organ(ic); organism; organization; organized.
**orig.** origin; original(ly).
**Ork.** Orkney (Islands) (*schott. Grafschaft*).
**ors.** others.
**Orse, orse** *jur. Br.* otherwise.
**orth.** orthodox; *med.* orthop(a)edic.
**o/s** *econ.* out of stock; outstanding.
**o.s.** only son; old series; *econ.* out of stock.
**OT** occupational therapy; *Bibl.* Old Testament; overtime.
**OTC** *mil.* Officers' Training Corps.
**OTS** *mil.* Officers' Training School.
**OU** Oxford University; Open University.
**OUP** Oxford University Press (*Verlag*).
**OXFAM** Oxford Committee for Famine Relief.
**Oxon.** Oxfordshire (*engl. Grafschaft*).
**oz, oz.** ounce(s).
**ozs.** ounces.

# P

**P** parking; pedestrian; *phys.* pressure; *phys.* power; (*Schach*) pawn.
**p.** page; part; *ling.* participle; past; per; perch (*Maßeinheit*); (*Währung*)

peseta; (*Währung*) peso; pint; pole (*Maßeinheit*); (*Lat.*) post, after; power.
**p-** *chem.* para.
**PA** *Am.* public address (system); *jur.* power of attorney; press agent; Press Association; *econ.* private account; *Am.* purchasing agent.
**Pa.** Pennsylvania (*Staat der USA*).
**p.a.** per annum; *Am.* press agent.
**PAA** Pan-American Airways.
**PABX** *Br.* private automatic branch exchange.
**PAC** *Am.* Political Action Committee; *Br.* Public Assistance Committee.
**Pac(if).** Pacific (Ocean).
**PAL** *TV* phase alternation line.
**pal.** pal(a)eographical; pal(a)eography; pal(a)eontological; pal(a)eontology.
**PAM** *Raumfahrt*: payload assist module.
**Pan.** *geogr.* Panama.
**P. and L.** *econ. Am.* profit and loss.
**p. & p.** postage and packing.
**PAR** *aer.* precision approach radar Präzisiˌons-Anflug-Radargerät.
**par.** paragraph; parallel; parenthesis.
**parens.** parentheses.
**Parl., parl.** Parliament(ary).
**pars.** paragraphs.
**part.** *ling.* participle; particular.
**pass.** *Am.* passenger; *ling.* passive.
**pat.** patent(ed); *Am.* pattern.
**PATCO** Professional Air Traffic Controllers' Organization.
**path(ol).** pathological; pathology.
**PAU** Pan American Union.
**PAX** *Br.* private automatic exchange.
**PAYE** *econ.* pay as you earn.
**paym't, payt.** payment.
**P.B.A.B.** *colloq.* please bring a bottle.
**PBX** *Am.* private branch (telephone) exchange (*Nebenstellenzentrale*).
**PC** *Br.* Police Constable; postcard; *Br.* Privy Council(lor); Personal Computer.
**P/C** *econ.* petty cash; *econ.* price(s) current.
**pc.** *Am.* piece; *Am.* price(s).
**p.c.** per cent; *econ.* price(s) current.
**pcl.** parcel.
**pcs.** pieces.
**pct.** *Am.* percent.
**PD** per diem; *Am.* Police Department; *electr.* potential difference.
**pd, pd.** paid.
**p.d.** per diem; *electr.* potential difference.
**P.D.Q.** *sl.* pretty damn quick.
**PDT** *Am.* Pacific Daylight Time.
**P.E.** (*Statistik*) probable error; physical education; *print.* printer's error.
**p.e.** *jur. Br.* personal estate.
**PEC** photoelectric cell.
**Peeb.** Peebles(shire) (*ehemal. schott. Grafschaft*).
**P.E.I.** Prince Edward Island.
**PEN** (International Association of) Poets, Playwrights, Editors, Essayists and Novelists.
**Pen(in)., pen(in).** peninsula.
**Penn(a).** Pennsylvania (*Staat der USA*).
**PEP** political and economic planning.
**per.** period; person.
**per an(n).** per annum.
**perf.** perfect; performance; perforated.
**perh.** perhaps.
**perm.** permanent.
**per pro(c).** (*Lat.*) per procurationem, by proxy.
**pers.** person; personal(ly); persons.

**PERT** programme evaluation and review technique.

**pert.** pertaining.

**PF** power factor.

**PFC, Pfc** *mil. Am.* Private first class (*Dienstgrad*).

**pfd.** *econ.* preferred (*bei Aktien*).

**PFR** prototype fast reactor.

**P.G.** paying guest; postgraduate.

**pg.** page.

**PGA** Professional Golfers' Association.

**PH** Public Health; *mil. Am.* Purple Heart.

**ph.** phase.

**PHA** *Am.* Public Housing Authority.

**Phar(m)., phar(m).** pharmaceutical; pharmacist; pharmacology; pharmacopeia; pharmacy.

**Ph.B.** (*Lat.*) Philosophiae Baccalaureus, Bachelor of Philosophy.

**Ph.D.** (*Lat.*) Philosophiae Doctor, Doctor of Philosophy.

**phil.** philology; philosophical; philosophy.

**Phila.** Philadelphia.

**philol.** philological; philology.

**philos.** philosopher; philosophical.

**phon(et).** phonetic(s).

**phot.** photograph(er); photographic; photography.

**phr.** phrase.

**PHS** Public Health Service.

**phys.** physical; physician; physics; physiological; physiology.

**PIO** Public Information Officer.

**PJ** Presiding *od.* Probate Judge.

**P.J.'s** *Am. sl.* pajamas.

**P.K.** *Parapsychologie:* psycho-kinesis Psychoki'nese.

**pk.** pack; park (*Parkanlage*); peak; peck (*Maßeinheit*).

**pkg(s).** package(s).

**P/L** *econ.* profit and loss.

**pl.** place; plate (*Buchillustration*); plural.

**PLA** Port of London Authority.

**plat.** plateau; *mil.* platoon.

**plf(f)** *jur.* plaintiff.

**pl.n., pl.-n.** place name.

**PLO** Palestine Liberation Organization.

**PLP** *Br.* Parliamentary Labour Party.

**PLR** *Br.* Public Lending Right.

**PLSS** *Raumfahrt:* portable life--support system.

**PM** Paymaster; Police Magistrate; Postmaster; post-mortem (examination); *Br.* Prime Minister.

**pm.** *econ.* premium.

**p.m.** post meridiem; post-mortem.

**PMG** Postmaster General; Paymaster General.

**p.m.h.** *econ.* production per man-hour.

**pmk, pmk.** postmark.

**P/N, p.n.** *econ.* promissory note.

**PO** postal order; Post Office.

**POB** Post Office Box.

**POD** *econ.* pay on delivery; Post Office Department.

**POE** *mil.* port of embarkation; port of entry.

**poet.** poetic(al); poetry.

**pol(it).** political(ly); politician; politics.

**Pol.Econ., pol.-econ.** political economy.

**P.O.O., p.o.o.** post office order.

**P.O.P.** *phot.* printing-out paper; Post Office Preferred.

**pop.** popular(ity); popularly; population.

**p.o.r.** *econ.* pay on return.

**Port.** Portugal; Portuguese.

**pos.** position; positive; *ling.* posses-

sive.

**POSB** *Br.* Post Office Savings Bank.

**poss.** possession; possible; possibly.

**pot.** potential.

**POW** prisoner of war.

**p.p.** parcel post; parish priest; (*Lat.*) per procurationem, by proxy; postpaid.

**P.P.C., p.p.c.** (*Fr.*) pour prendre congé, to take leave.

**ppd.** *Am.* postpaid; *Am.* prepaid.

**ppm, ppm., p.p.m.** part(s) per million.

**PPS** Parliamentary Private Secretary.

**p.p.s.** (*Lat.*) post postscriptum, further postscript.

**p.q.** previous question.

**PR** proportional representation; public relations; Puerto Rico.

**pr.** pair(s); paper; *ling.* present; price; printed; printer; printing.

**PRB** Pre-Raphaelite Brotherhood.

**prec.** preceded; preceding; precentor.

**pred.** *ling.* predicate; *ling.* predicative(ly).

**Pref., pref.** preface; *econ.* preference (stock); *econ.* preferred (stock); *ling.* prefix.

**prelim.** preliminary.

**prem.** premium.

**prep.** preparation; preparatory; prepare.

**Pres.** President.

**pres.** present; presidency.

**Presb.** Presbyter(ian).

**prev.** previous(ly).

**Prim., prim.** primary; primate; primitive.

**Prin., prin.** principal(ly); principle.

**priv.** *adj* private; *ling.* privative.

**Pr.Min.** *Br.* Prime Minister.

**PRO** Public Relations Officer.

**pro.** professional.

**prob.** probable; probably; problem.

**proc.** proceedings; procedure; process.

**prod.** produce(d); product.

**Prof., prof.** Professor.

**prog.** progress; progressive; programme.

**prohib.** prohibit(ion).

**prol.** prologue.

**PROM** *Computer:* programmable read only memory program'mierbarer Fest(wert)speicher.

**Prom.** promenade; *geogr.* promontory.

**pron.** pronounce(d); pronunciation.

**PROP, prop** *aer.* propeller.

**prop.** properly; property; proposition.

**propr.** proprietary; proprietor.

**Prot.** Protestant.

**prov.** proverb; proverbial(ly); province; provincial; provisional; provost.

**prox.** (*Lat.*) proximo, next month.

**PRS** President of the Royal Society.

**prs.** pairs.

**PS** passenger steamer; postscript(um); Public School; police sergeant.

**ps.** (*Währung*) pesetas; pieces.

**p.s.** postscript(um).

**PSBR** *econ.* Public Sector Borrowing Requirement.

**pseud(on).** pseudonym; pseudonymous(ly).

**psf, p.s.f.** *tech.* pounds per square foot.

**psi, p.s.i.** *tech.* pounds per square inch.

**P.SS., p.ss.** postscripts.

**PST** *Am.* Pacific Standard Time.

**PSV** public service vehicle.

**Psych(ol).** psychology.

**psych.** psychic(al); psychological(ly).

**PT** *Am.* Pacific Time; physical training; *Br. hist.* purchase tax.

**pt.** part; payment; pint(s); point; port.

**PTA** Parent-Teacher Association.

**pta.** (*Währung*) peseta.

**PTBL, ptbl** portable.

**Pte, Pte.** *mil.* Private (*Dienstgrad*).

**PTO, P.T.O., p.t.o.** please turn over.

**pts.** parts; payments; pints; points; ports.

**pty.** party; *econ.* proprietary.

**pub.** public(ation); publish(ed); publisher; publishing.

**PVC** *chem.* polyvinyl chloride.

**Pvt.** *mil.* Private (*Dienstgrad*).

**PWA** *Am.* Public Works Administration.

**PWD** Public Works Department.

**PWR** pressurised water reactor.

**pwt.** pennyweight.

**PX** *mil. Am.* Post Exchange (*Verkaufsläden der amer. Streitkräfte*).

# Q

**Q** *electr.* coulomb; quarto; Quebec; Queen; (*Schach*) queen.

**q.** quart; quarter(ly); quarts; quasi; query; question; quintal; quire.

**QANTAS** Queensland and Northern Territory Aerial Services (*Fluggesellschaft*).

**QB** *jur. Br.* Queen's Bench; (*Schach*) queen's bishop.

**QBP** (*Schach*) queen's bishop's pawn.

**QC** *jur. Br.* Queen's Counsel.

**q.e.** (*Lat.*) quod est, which is.

**QED, Q.E.D., q.e.d.** (*Lat.*) quod erat demonstrandum, which was to be proved.

**QKt** (*Schach*) queen's knight.

**QKtP** (*Schach*) queen's knight's pawn.

**q.i.d.** (*Lat.*) *med.* quater in die, four times a day.

**Qld, Q'l'D** Queensland.

**QM** quartermaster.

**q.p(l).** (*Lat.*) *med.* quantum placet, as much as is desired.

**QP** (*Schach*) queen's pawn.

**QPM** Queen's Police medal.

**qr.** (*Lat.*) (*Währung*) quadrans, farthing; quarter; *print.* (*u. Buchbinderei*) quire.

**QR** (*Schach*) queen's rook.

**QRP** (*Schach*) queen's rook's pawn.

**q.s.** (*Lat.*) *med.* quantum sufficit, as much as suffices.

**QSO** *astr.* quasi-stellar object.

**qt.** quantity; quart(s).

**q.t.** *sl.* quiet, *in* on the q.t. heimlich, verstohlen.

**qto.** quarto.

**qts.** quarts.

**qty.** quantity.

**qu.** quart; quarter(ly); query; question.

**quad.** quadrangle; quadrant; quadruple.

**quango** quasi-autonomous non--governmental organization.

**quar(t).** quarter(ly).

**Que.** Quebec (*kanad. Provinz und Stadt*).

**quot.** quotation; quoted.

**q.v.** quod vide, which see.

**Qy, qy, qy.** query.

# R

**R** radical; radius; *math.* ratio; *electr.* (unit of) resistance; röntgen; Royal; (*Schach*) rook.

**R.** rabbi; *Am.* railroad; railway; Réaumur; (*Lat.*) Regina; Republican; (*Lat.*) Rex; river; road.

Ⓡ Registered Trademark.

**r.** radius; rare; right; recipe; ruled; (*Kricket etc*) run(s).

**RA** Regular Army; *Br.* Royal Academy; Royal Artillery.

**RAA** Royal Academy of Arts.

**Rab.** Rabbi; rabbinate.

**RAC** *Br.* Royal Automobile Club.

**RACON, racon** *aer. mar.* radar beacon.

**Rad.** *pol.* Radical; Radnorshire (*ehemal. Grafschaft in Wales*).

**rad** radiation absorbed dose absor-ᵇbierte Strahlendosis (*Maßeinheit*).

**rad.** radial; *ling. math.* radical; radius.

**RADA** *Br.* Royal Academy of Dramatic Art.

**RADWAR** *mil. Am.* radiological warfare.

**RAF** *Br.* Royal Air Force.

**RAM** *Computer:* random access memory; Royal Academy of Music.

**RAMC** Royal Army Medical Corps.

**Rand** *Am.* research and development.

**R & D** research and development.

**R and R** *mil. Am.* rest and recreation.

**RAOC** Royal Army Ordnance Corps.

**RAS** Royal Astronomical Society; Royal Agricultural Society.

**RATO, rato** *aer.* rocket-assisted take-off.

**RBA** Royal Society of British Artists.

**RBI, rbi** (*Baseball*) run(s) batted in.

**RC** Red Cross; Roman Catholic.

**r.c.** (*Theater*) right center *od.* centre.

**RCA** Radio Corporation of America; Royal College of Art.

**RCAF** Royal Canadian Air Force.

**RCC** Roman Catholic Church; *Br.* Rural Community Council.

**rcd.** received.

**RCMP** Royal Canadian Mounted Police.

**rcpt.** receipt.

**RCS** Royal College of Surgeons; Royal College of Science; Royal Corps of Signals.

**R/D** *econ.* refer to drawer (*Scheck*).

**Rd.** *hist.* rix-dollar; road.

**rd.** road; rod(s) (*Maßeinheit*); round; *phys.* rutherford.

**RDF** *electr.* radio direction finder *od.* finding; *mil. Am.* Rapid Deployment Force.

**R.E.** *Br.* Royal Engineers.

**rec.** receipt; received; recipe; record(ed).

**recd, recd., rec'd.** received.

**recip, recip.** reciprocal; *tech.* reciprocating.

**rect.** receipt; rectangle; rector(y).

**red.** reduced; *phot.* reducer.

**ref.** referee; (in) reference (to); referred; reformed.

**refc.** (in) reference (to).

**Ref.Ch.** Reformed Church.

**reg.** region(al); register(ed); registrar; registry; regular(ly); regulation.

**regd.** registered.

**Regt., regt.** regent; regiment.

**reg.tn.** *mar.* register ton.

**rel.** related; relating; relative(ly).

**relig.** religion; religious(ly).

**REM, rem** roentgen equivalent man.

**REME** *mil.* Royal Electrical and Mechanical Engineers.

**Renf.** Renfrew(shire) (*ehemal. schott. Grafschaft*).

**Rep.** *Am.* Representative; *Am.* Republic(an).

**rep.** repeat; report(ed); reporter; representative; reprint.

**repr.** represent(s); represented; representing; reprint(ed).

**rept.** report; receipt.

**Repub.** Republic(an).

**req.** request; required; requisition.

**res.** research; reserve; residence; resident(ial); resides; resigned; resolution.

**resp.** respective(ly); respondent.

**rest.** restrict(ed); restriction.

**ret.** retired; return(ed); retain.

**retd.** retained; retired; returned.

**Rev.** *Bibl.* Revelation(s); Reverend.

**RF** radio frequency; range finder; *mil. Am.* rapid-fire; representative fraction.

**RFC** *Br.* Rugby Football Club.

**RFD** *Am.* Rural Free Delivery.

**RFE** Radio Free Europe.

**RFU** Rugby Football Union.

**RGS** Royal Geographical Society.

**RH** right hand; Royal Highness.

**Rh** Rhesus factor.

**RHA** Royal Horse Artillery.

**rheo.** *electr.* rheostat(s).

**rhet.** rhetoric(al).

**RHG** *Br.* Royal Horse Guards.

**RHS** Royal Historical Society; Royal Horticultural Society; Royal Humane Society.

**RI** *Br.* Royal Institution; (*Lat.*) Rex et Imperator, King and Emperor; (*Lat.*) Regina et Imperatrix, Queen and Empress.

**R.I.** Rhode Island.

**RIBA** Royal Institute of British Architects.

**RIP** (*Lat.*) requiesca(n)t in pace, may he *od.* she (*od.* they) rest in peace.

**Riv., riv.** river.

**RJ** *Am.* road junction.

**RL** Rugby League (*im Gegensatz zur* RU).

**RLO** *Br.* Returned Letter Office (*Postdienststelle für unzustellbare Briefe*).

**Rly., rly.** railway.

**rm.** ream (*Papiermaß*); room.

**RMA** *Br.* Royal Military Academy.

**RMS** *Br.* Royal Mail Service *od.* Steamer.

**rms, r.m.s.** *math.* root-mean-square.

**RN** registered nurse; *Br.* Royal Navy.

**RNA** *chem.* ribonucleic acid.

**RO** routine order(s).

**ro.** *print.* recto; *Br.* road; (*Buchbinderei*) *Am.* roan; rood (*Maßeinheit*).

**ROM** *Computer:* read only memory Nur-Lese-Speicher, Fest(wert)speicher.

**Rom.** Roman; *ling.* Romance; Romania(n); *Bibl.* Romans.

**rom.** *print.* roman type.

**ROSPA** Royal Society for the Prevention of Accidents.

**Ross.** Ross and Cromarty (*ehemal. schott. Grafschaft*).

**rot.** rotating; rotation.

**Rox.** Roxburgh (*ehemal. schott. Grafschaft*).

**Roy.** Royal.

**RP** *Br.* reply paid; Regius Professor; Received Pronunciation; Reformed Presbyterian.

**RPC** remote power control Fernsteuerung; *Br.* Royal Pioneer Corps.

**RPI** retail price index.

**rpm, r.p.m.** revolutions per minute.

**RPO** *Am.* Railway Post Office.

**rps, r.p.s.** revolutions per second.

**rpt.** repeat; report.

**rptd.** repeated; reported.

**RQ** *biol.* respiratory quotient.

**RR** *Am.* railroad; Right Reverend.

**RS** *Br.* recording secretary; *jur.* Revised Statutes; *Br.* Royal Society.

**r.s.** right side.

**RSA** Royal Scottish Academician *od.* Academy; *Br.* Royal Society of Arts.

**RSC** *Br.* Royal Shakespeare Company.

**RSFSR** Russian Socialist Federated Soviet Republic.

**RSPB** Royal Society for the Protection of Birds.

**RSPCA** Royal Society for the Prevention of Cruelty to Animals.

**RSV** *Bibl.* Revised Standard Version.

**R.S.V.P., r.s.v.p.** (*Fr.*) répondez s'il vous plaît, reply please.

**RT, R/T** radiotelegraphy; radiotelephony.

**rt.** right.

**Rt(.)Hon.** Right Hono(u)rable.

**RTT** radioteletype Funkfernschreiber.

**RU** *Br.* Rugby Union (*im Gegensatz zur* RL).

**RUC** Royal Ulster Constabulary.

**Russ.** Russia(n).

**Rut(d)., Rutl.** Rutlandshire (*ehemal. engl. Grafschaft*).

**RV** remaining velocity Endgeschwindigkeit; Revised Version (*der Bibel*).

**RW** radiological warfare.

**R.W.** Right Worshipful; Right Worthy.

**rwy** *aer.* runway.

**Ry, Ry., ry** railway.

# S

**S** small (size).

**S.** Sabbath; Saint; Senate; Society; (*Lat.*) Socius, Fellow; south(ern); submarine(s); Saturday; Saxon; Socialist; Society.

**$** dollar(s).

**s.** second(s); section; see; semi-; series; set; shilling(s); sign(ed); son; singular.

**s-** *chem.* symmetrical.

**SA, S.A.** South Africa; South America; South Australia; Salvation Army; *colloq.* sex appeal.

**Sa.** Saturday.

**s.a.** (*Lat.*) sine anno, without year *od.* date; subject to approval; *colloq.* sex appeal.

**Sab.** Sabbath.

**SAC** Strategic Air Command.

**SACEUR** Supreme Allied Commander Europe (*NATO*).

**SACLANT** Supreme Allied Commander Atlantic (*NATO*).

**SACOM** *mil. Am.* Southern Area Command.

**SADF** South African Defence Force.

**s.a.e.** stamped addressed envelope.

**SALT** Strategic Arms Limitation Talks.

**SAM** surface-to-air missile.

**san** *mil.* sanitary; sanitation.

**s.ap.** (*Pharmazie*) apothecaries' scruple (*Gewicht*).

**SAS** Scandinavian Airlines System; Special Air Service.

**Sask.** Saskatchewan (*kanad. Provinz*).

**Sat.** Saturday; Saturn.

**SATB** *mus.* soprano, alto, tenor, bass.

**S.Aus.** South Australia.

**SAYE** *Br.* save-as-you-earn.

**S.B.** sales book; *Br.* savings bank; (*Lat.*) *Am.* Scientiae Baccalaureus, Bachelor of Science; simultaneous broadcast(ing); *mil.* Sam Browne (belt).

**SBA** *Am.* Small Business Administration; *aer.* standard beam approach system (*SBA-Landefunkfeueranlage, SBA-Landeverfahren*).

**SBN** Standard Book Number.

**SC** Security Council (*UN*).

**S.C.** South Carolina (*Staat der USA*).

**sc.** scale; scene (*in Bühnenwerken*); science; scientific; (*Lat.*) scilicet, namely, to wit.

**Scan(d).** Scandinavia(n).

**SCAP** Supreme Commander Allied Powers.

**Sc.D.** (*Lat.*) *Am.* Scientiae Doctor, Doctor of Science.

**SCE** Scottish Certificate of Education.

**sch.** scholar; school; *mar. Br.* schooner.

**sched.** schedule.

**Sci., sci.** science; scientific.

**scil.** (*Lat.*) scilicet, namely, to wit.

**SCM** *Br.* Student Christian Movement; State Certified Midwife.

**Scot.** Scotch; Scotland; Scottish.

**SCR** *univ. Br.* senior common room.

**scr.** scruple (*Gewicht*).

**Script.** scriptural; Scripture.

**SD** *Am.* Secretary of Defense (*Verteidigungsminister*); *Am.* State Department.

**S.D.** South Dakota (*Staat der USA*).

**s.d.** several dates; *econ.* sight draft; (*Lat.*) *jur.* sine die; (*Statistik*) standard deviation.

**SDA** Scottish Development Agency; Sex Discrimination Act.

**S.Dak.** South Dakota (*Staat der USA*).

**SDI** *mil. pol.* Strategic Defense Initiative Stra'tegische Ver'teidigungsinitia,tive (*Weltraumverteidigung*).

**SDP** Social Democratic Party.

**SDR** special drawing right (from International Monetary Fund).

**SE** southeast(erly); southeastern; Stock Exchange.

**SEATO** South-East Asia Treaty Organization.

**SEC** *Am.* Securities and Exchange Commission.

**Sec.** Secretary.

**sec.** *math.* secant; second; secondary; seconds; secretary; section(s); sector; (*Lat.*) secundum.

**SECAM** *TV* (*Fr.*) système électronique couleur avec mémoire, sequence by colour-memory.

**secs.** seconds; sections.

**sect.** section.

**SECY, secy., sec'y** secretary.

**sel.** selected; selections.

**Selk.** Selkirk(shire) (*ehemal. schott. Grafschaft*).

**sem.** semicolon; seminary; semester.

**SEN** State Enrolled Nurse.

**Sen., sen.** senate; senator; senior.

**Senr., senr.** senior.

**sep.** *bot.* sepal; separate.

**Sep(t).** September.

**seq.** sequel; (*Lat.*) *sg* sequens, the following.

**seqq.** (*Lat.*) *pl* sequentes, the following.

**ser.** series; sermon; serial.

**Serg(t)., Sergt** *mil.* Sergeant (*Dienstgrad*).

**serv.** servant; service.

**sess.** session(s).

**SET** *Br. hist.* selective employment tax.

**sev(l).** several.

**SF** Science Fiction.

**SFA** Scottish Football Association.

**SG** Secretary General (*UN*); *jur. Br.* Solicitor General; specific gravity.

**s.g.** senior grade; *phys.* specific gravity.

**sgd, sgd.** signed.

**SGHWR** steam-generating heavy water reactor.

**sh.** *econ.* share; sheet; shilling(s).

**SHAPE, Shape** Supreme Headquarters Allied Powers in Europe.

**Shet.** Shetland Islands.

**SHF** *electr.* superhigh frequency.

**SHO** *med. Br.* senior house officer.

**SHP, S.H.P., s.hp., s.h.p.** *tech.* shaft horsepower.

**shpt.** *econ.* shipment.

**shtg.** shortage.

**SI** (*Fr.*) Système Internationale (d'Unités), international system of units of measurement.

**S.I.C.** *phys.* specific inductive capacity.

**SIDS** *med.* sudden infant death syndrome.

**Sig., sig.** signal; signature; signor(e).

**sigill., sigill.** (*Lat.*) sigillum, seal.

**sim.** similar(ly); simile.

**sin** *math.* sine.

**sing.** single; *ling.* singular.

**SJC** *Am.* Supreme Judicial Court.

**sk.** *econ.* sack.

**SLADE** *Br.* Society of Lithographic Artists, Designers, Engravers, and Process Workers (*Gewerkschaft*).

**s.l.a.n.** (*Lat.*) sine loco, anno, vel nomine, without place, year, or name ohne Erscheinungsort, Jahr od. Verfasser (*in Büchern*).

**SLBM** submarine-launched ballistic missile.

**sld.** sailed; sealed.

**SLP** Scottish Labour Party.

**SLR** *phot.* single lens reflex.

**SM** sergeant major.

**s.n.** *econ.* shipping note; (*Lat.*) sine nomine, without name.

**SNP** Scottish National Party.

**So.** south(ern).

**SO** *Br.* Stationery Office.

**S.O.B.** *sl. Am.* son of a bitch *od.* silly old bastard.

**Soc.** *pol.* Socialist; society.

**sociol.** sociological; sociologist; sociology.

**S.of S.** *Br.* Secretary of State.

**SOGAT** *Br.* Society of Graphical and Allied Trades (*Gewerkschaft*).

**sol.** solicitor; soluble; solution.

**Som(s).** Somersetshire (*engl. Grafschaft*).

**SOP** standard operating procedure.

**SOS** → Wörterverzeichnis.

**SP** *tech.* self-propelled; starting point; starting price.

**sp.** special; species; specific; specimen.

**s.p.** (*Lat.*) *jur.* sine prole, without issue.

**Span.** Spanish.

**spec.** special(ly); species; specification; specimen; spectrum.

**specif.** specific(ally); specification.

**sp.gr.** *phys.* specific gravity.

**spp.** *pl* species.

**SPQR** small profits – quick returns kleine Gewinne – große Umsätze; (*Lat.*) Senatus Populusque Romanus, the Senate and People of Rome.

**SPRC** *Br.* Society for the Prevention and Relief of Cancer.

**SPUC** *Br.* Society for Protection of the Unborn Child.

**Sq.** *mil.* Squadron; Square.

**sq.** sequence; *math.* square.

**sq.ft.** square foot *od.* feet.

**sq.in.** square inch(es).

**sq.m.** square miles.

**sq.mi.** square mile(s).

**sq.yd.** square yard(s).

**Sr, Sr.** Senior; Sir; Sister.

**S – R** *psych.* stimulus – response.

**SRBM** short-range ballistic missile.

**SRC** *Br.* Science Research Council.

**SRN** *Br.* State Registered Nurse.

**SRO** *Am.* standing room only; *Br.* Statutory Rules and Orders.

**SRV** space rescue vehicle.

**SS, S/S** steamship.

**ss.** (*Lat.*) scilicet, namely, to wit; sections.

**SSA** *Am.* Social Security Administration.

**SSM** *mil.* surface-to-surface missile.

**SSN** severely subnormal.

**SSR** Socialist Soviet Republic; *aer.* secondary surveillance radar.

**SSRC** *Br.* Social Science Research Council.

**St, St.** Saint; Station; statute(s); Street.

**st.** stere; stone (*Gewicht*); street.

**s.t.** *econ.* short ton.

**sta.** station(ary); *tech.* stator.

**Staffs.** Staffordshire (*engl. Grafschaft*).

**START** Strategic Arms Reduction Talks.

**stat.** statics; stationary; statistics; statuary; statue; statute (miles); statutes.

**STD** *Br.* subscriber trunk dialling.

**std.** standard.

**ster.** (*Währung*) sterling.

**St.Ex(ch).** Stock Exchange.

**stg, stg.** (*Währung*) sterling.

**Stir.** Stirling(shire) (*ehemal. schott. Grafschaft*).

**stk.** *econ.* stock.

**stn.** station.

**STOL** short take-off and landing (aircraft) Kurzstart(-Flugzeug).

**STP** standard temperature and pressure.

**STRAT** *mil.* strategic.

**STUC** Scottish Trades Union Congress.

**stud.** student.

**sub.** *mil.* subaltern; substitute; subscription; suburb(an); subway.

**Suff.** Suffolk (*engl. Grafschaft*).

**suff.** sufficient; *ling.* suffix.

**sug(g).** suggested; suggestion.

**Sun(d).** Sunday.

**Sup., sup.** superior; supplement(ary); supply; (*Lat.*) supra, above; supreme.

**super.** superfine; superior; supernumerary; superintendent; supervisor.

**supp(l).** supplement(ary).

**Supt, Supt., supt.** superintendent.

**Sur.** Surrey (*engl. Grafschaft*).

**sur.** surcharged; surplus.

**surg.** surgeon; surgery; surgical.

**Suss.** Sussex (*engl. Grafschaft*).

**Suth.** Sutherland (*ehemal. schott. Grafschaft*).

**s.v.** sailing vessel; (*Lat.*) sub verbo *od.* sub voce.

**Svy., svy.** survey.

**SW** *electr.* short wave; South Wales; southwest(erly); southwestern.

**S.W.A.(L.)K.** *colloq.* (*auf Briefumschlag*) sealed with a (loving) kiss.

**SWAPO** South West African People's Organization.

**SWATF** South West African Territorial Force.

**Swed.** Sweden; Swedish.

**SWG** standard wire ga(u)ge (*Maßskala*).

**Swit(z).** Switzerland.
**syll.** *ling.* syllable; syllabus.
**syn.** *ling.* synonym; *ling.* synonymous(ly).
**syst.** system(atic).

# T

**T** *phys.* (absolute) temperature; *phys. tech.* tension.
**T.** territory; tourist class; township; tablespoon(ful); time; Tuesday.
**t.** teaspoon(ful); temperature; (*Lat.*) tempore, in the time of; time; ton(s); *econ.* troy; *ling.* transitive; *ling.* tense.
**TA** telegraphic address.
**TAF** Tactical Air Force.
**tal.qual.** (*Lat.*) talis qualis, as they come, without choosing.
**TAM** television audience measurement.
**tan, tan.** *math.* tangent.
**T & AVR** *Br.* Territorial and Army Volunteer Reserve.
**TAS** *aer.* true air speed.
**Tas(m).** Tasmania(n).
**TASS, Tass** (*Russ.*) Telegraphnoye Agentstvo Sovyetskovo Soyuza (*amtliche sowjetische Nachrichtenagentur*).
**TB** tubercle bacillus; tuberculosis.
**t.b.** *econ. math.* trial balance.
**tbs(p).** tablespoon(ful).
**TC** Trusteeship Council (*UN*); *tech.* twin carburettors; technical college.
**tc.** *econ.* tierce(s).
**TD, td, td.** touch down.
**TDC, tdc** *tech.* top dead center *od.* centre (*oberer Totpunkt beim Kolben*).
**t.d.n.** *biol. Am.* total digestible nutrients.
**tech.** technical; technics; technology; *colloq.* technical college.
**techn.** technical; technology.
**technol.** technological(ly); technology.
**TEFL** teaching English as a foreign language.
**tel.** telegram; telegraph(ic); telephone.
**TELECOM** telecommunications.
**teleg.** telegram; telegraph(ic).
**teleph.** telephone; telephony.
**Tel.No., tel.no.** telephone number.
**temp.** temperature; temporary; temperate.
**Tenn.** Tennessee (*Staat der USA*).
**term.** terminal; termination.
**Terr., terr.** terrace; territorial; territory.
**TESL** teaching English as a second language.
**Tex.** Texan; Texas (*Staat der USA*).
**tf., t.f.** till forbidden.
**tfr.** *econ.* transfer.
**TG** *ling.* transformational grammar.
**t.g.** *biol.* type genus.
**T.G.I.F.** *colloq.* thank God it's Friday.
**tgm.** telegram.
**TGWU** *Br.* Transport & General Workers' Union (*Gewerkschaft*).
**Theol., theol.** theologian; theological; theology.
**theor.** *math.* theorem(s).
**Therap., therap.** therapeutic(s).
**therm.** thermometer.
**T.H.I.** temperature-humidity index.
**THP** *aer.* thrust horsepower (*Schubleistung*).
**Thu., Thur(s).** Thursday.
**t.i.d.** (*Lat.*) *med.* ter in die, three times a day.

**TIR** (*Fr.*) Transports Internationaux Routiers, International Road Transport.
**tit.** title; titular.
**tk.** *Am.* truck.
**TKO, T.K.O., t.k.o.** (*Boxen*) technical knockout.
**TL** total loss.
**TLC** *colloq.* tender loving care.
**T.M.** transcendental meditation.
**t.m.** true mean (value).
**TMO** *Br.* telegraph money order.
**tn.** ton; town; train.
**tng.** training.
**TNT** trinitrotoluene; trinitrotoluol.
**TO** *aer.* take-off; *mil. Am.* technical order; *Br.* Telegraph *od.* Telephone Office.
**t.o.** turn over; *econ.* turnover.
**tonn.** tonnage.
**TOO, too** time of origin (*bei Mitteilungen*).
**topog.** topographer; topographical.
**TOR, tor** time of reception (*bei Mitteilungen*).
**tot.** total.
**TP** telephone; teleprinter; traffic post.
**TPI** *Br.* Town Planning Institute.
**TPO** Travelling Post Office Bahnpost.
**tpt, tpt.** transport.
**T/R** (*Funk*) transmitter/receiver.
**tr.** transaction(s); transfer; translate(d); translation; translator; transpose.
**trad.** tradition(al).
**trans.** transaction(s); transferred; transport(ation); transverse.
**transf.** transference; transferred.
**transp.** transportation.
**trav.** travel(l)er; travels.
**Treas., treas.** treasurer; treasury.
**T.R.F., t.r.f., t-r-f** tuned radio frequency.
**TRH** Their Royal Highnesses.
**trip.** triplicate.
**trop.** tropic(al).
**trs.** transfer; transpose.
**trsd.** transferred; transposed.
**TS, ts, ts., t.s.** *econ.* till sale; typescript.
**TT** teetotal(ler); Tourist Trophy; tuberculin tested.
**TU** Trade Union.
**TUC** *Br.* Trade(s) Union Congress.
**Tue(s).** Tuesday.
**TV** television (set).
**TVA** *Am.* Tennessee Valley Authority *od.* Administration.
**TWA** Trans World Airlines.
**TWI** training within industry.
**typ(o)., typog.** typographer; typographic(al), typography.
**Tyr.** Tyrone (*Grafschaft in Nordirland*).

# U

**U.** university; Utah (*Staat der USA*); *math.* union; unit; united.
**u.** uncle; unit; upper.
**UAE** United Arab Emirates.
**UAM** underwater-to-air missile.
**UAR** United Arab Republic.
**UAW** *Am.* United Auto, Aircraft and Agricultural Implements Workers (*Gewerkschaft*); *Am.* United Automobile Workers (*Gewerkschaft*).
**UC** University College.
**u.c.** under construction; *print.* upper case; *econ.* usual conditions.
**UCW** Union of Communications Workers (*Gewerkschaft*).

**UDA** Ulster Defence Association.
**UDC** Universal Decimal Classification; *Br.* Urban District Council.
**UDI** Unilateral Declaration of Independence.
**UDR** Ulster Defence Regiment.
**UEFA** Union of European Football Associations.
**UFC** United Free Church (of Scotland).
**UFO** unidentified flying object.
**u.g., u/g** (*Bergbau*) underground.
**UGC** *Br.* University Grants Committee.
**UGT** urgent.
**UHF, uhf** *electr.* ultrahigh frequency.
**UI** *Br.* Unemployment Insurance.
**UK** United Kingdom (of Great Britain and Northern Ireland).
**UKAEA** United Kingdom Atomic Energy Authority.
**ult.** ultimate(ly); (*Lat.*) *econ.* ultimo.
**UMT(S)** *Am.* Universal Military Training (Service *od.* System) (*allgemeine Wehrpflicht*).
**UMW** *Am.* United Mine Workers (*Gewerkschaft*).
**UN** United Nations.
**unabr.** unabridged.
**unan.** unanimous.
**uncert.** uncertain.
**UNCTAD** United Nations Commission for Trade and Development.
**UNDP** United Nations Development Program(me).
**UNDRO** United Nations Disaster Relief Organization.
**UNEF** United Nations Emergency Force.
**UNEP** United Nations Environment Program(me).
**UNESCO, Unesco** United Nations Educational, Scientific and Cultural Organization.
**unexpl.** unexplained.
**UNICEF** United Nations (International) Children's (Emergency) Fund.
**UNIDO** United Nations Industrial Development Organization.
**univ.** universal(ly); university.
**unm.** unmarried.
**UNRWA** United Nations Relief and Works Agency.
**UNSC** United Nations Security Council.
**up.** upper.
**u.p.** under proof (*Alkohol*).
**UPI** United Press International (*Nachrichtenagentur*).
**UPU** Universal Postal Union (*Weltpostverein*).
**URC** United Reformed Church.
**US** United States (of America).
**USA** United States of America.
**USDA** United States Department of Agriculture.
**USDAW** *Br.* Union of Shop, Distributive and Allied Workers (*Gewerkschaft*).
**USIA** United States Information Agency.
**USIS** United States Information Service.
**USM** underwater-to-surface missile.
**USN** United States Navy.
**USS** United States Senate; United States Ship.
**USSR** Union of Socialist Soviet Republics.
**usu.** usual(ly).
**USW** ultrashort wave.
**UT** universal time.
**Ut.** Utah (*inoffizielle Abkürzung*).
**ut. dict.** (*Lat.*) ut dictum, as said *od.* stated.

**ut. inf.** (*Lat.*) ut infra, as below.
**ut. sup.** (*Lat.*) ut supra, as above.
**UU, U.U.** Ulster Unionist.
**UV, uv** ultraviolet.
**UVF** Ulster Volunteer Force.

# V

**V** victory; *electr.* volt.
**V.** Very (*in Titeln*); Vice; Viscount; Venerable.
**v.** *math.* vector; velocity; verse; versus; very; vice(-); (*Lat.*) vide; voice; *electr.* volt; *electr.* voltage; volume.
**VA** *Am.* Veterans' Administration; Vice Admiral; Vicar Apostolic; (Order of) Victoria and Albert.
**vac.** vacant; vacate; vacuum.
**val.** value(d); valuation.
**V & A** *Br.* Victoria and Albert Museum.
**VAR** *aer.* visual-aural range (*Funkfeuer mit Sicht- u. Höranzeige*).
**var.** variant; variation; variety; various; variable.
**VAT** value-added tax Mehrwertsteuer.
**VC** Victoria Cross; Vice-Chairman; Vice-Chancellor; Vice-Consul.
**VCR** video cassette recorder.
**VD** venereal disease.
**v.d.** various dates; venereal disease.
**VDU** visual display unit (*beim Computer*).
**V-E** Victory in Europe: ~ day 8. Mai 1945.
**VEH, veh, veh.** vehicle.
**ver.** verse(s); version.
**vert.** vertical; *med.* vertigo.
**veter.** veterinary.
**VF** video frequency.
**v.f.** very fair.
**VFW** *Am.* Veterans of Foreign Wars.
**VG** Vicar-General; very good.
**VHF** *electr.* very high frequency.
**VI** *electr.* volume indicator.
**V.I.** *geogr.* Vancouver Island; *geogr.* Virgin Islands.
**v.i.** (*Lat.*) vide infra, see below.
**Vic.** Victoria (*bes. der austral. Staat*).
**VIP** *colloq.* very important person.
**VIR** (*Lat.*) Victoria Imperatrix Regina, Victoria Empress and Queen.
**Vis.** Viscount(ess).
**vis.** visibility; visible; visual.
**VISTA** *Am.* volunteers in service to America (*Freiwilligenhilfsorganisation*).
**viz, viz.** (*Lat.*) videlicet, namely.
**V-J** Victory over Japan.
**VLF** *electr.* very low frequency.
**VLR** *aer.* very long range.
**VO** Royal Victorian Order; very old (*Bezeichnung für Branntwein u. Whisky*).
**Vol., vol.** volcano; volume; volunteer.
**vols.** volumes.
**VP** *ling.* verb phrase; Vice-President.
**v.p.** *phys.* vapo(u)r pressure; various places.
**VR** (*Lat.*) Victoria Regina, Queen Victoria.
**VRI** (*Lat.*) Victoria Regina et Imperatrix, Victoria, Queen and Empress.
**VS** Veterinary Surgeon.
**vs.** verse; versus.
**v.s.** (*Lat.*) vide supra, see above.
**VSO** very superior old (*Bezeichnung für 12–17 Jahre alten Branntwein, Portwein usw.*); *Br.* Voluntary Service Overseas.
**VSOP** very special old pale (*Bezeichnung für 20–25 Jahre alten Branntwein, Portwein usw.*).
**Vt.** Vermont (*Staat der USA*).

# W

**W** *electr.* watt.
**W.** Wales; west(ern); Warden; Welsh.
**w.** warden; *electr.* watt; week(s); weight; wide; width; wife; with; *phys.* work; (*Kricket*) wide; (*Kricket*) wicket.
**WA** Washington; Western Australia.
**WAAC** *hist.* Women's Army Auxiliary Corps (*Br. 1914–18, Am. 1942–48*).
**WAAF** *hist.* *Br.* Women's Auxiliary Air Force (*1939–48*).
**WAC** *Am.* Women's Army Corps.
**WAF** *Am.* Women in the Air Force.
**w.a.f.** with all faults.
**War(w).** Warwickshire (*ehemal. engl. Grafschaft*).
**Wash.** Washington (*Staat der USA*).
**WASP** *Am.* White Anglo-Saxon Protestant.
**Wat.** Waterford (*Grafschaft in Südirland*).
**watt-hr.** *electr.* watt-hour.
**WAVES, Waves** *mil.* *Am.* Women Accepted for Volunteer Emergency Service (*Reserve der Marine*).
**W/B, W.b., W/b** *econ.* waybill.
**w.b.** *econ.* warehouse book; water ballast; *econ.* waybill; westbound.
**WBA** World Boxing Association.
**WBC** World Boxing Council; white blood cells; white blood count.
**WC** water closet; West Central (*London*).
**WCC** World Council of Churches.
**WCT** World Championship Tennis.
**WD** War Department.
**wd.** ward; word; would.
**WEA** *Br.* Workers' Educational Association.
**Wed.** Wednesday.
**WEU** Western European Union.
**Wex.** Wexford (*Grafschaft in Irland*).
**WFPA** World Federation for the Protection of Animals.
**WFTU** World Federation of Trade Unions.
**w.g.** *econ.* weight guaranteed; *tech.* wire ga(u)ge.
**wh.** *electr.* watt-hour; which.
**WHO** World Health Organization; White House Office.
**WI** West India(n); West Indies; *Br.* Women's Institute.
**w.i.** *econ.* when issued; *tech.* wrought iron.
**WIA** *mil.* wounded in action.
**Wilts.** Wiltshire (*engl. Grafschaft*).
**WIPO** World Intellectual Property Organization (*ein Zweig der UN*).
**Wis(c).** Wisconsin (*Staat der USA*).
**WJC** World Jewish Congress.
**wk.** week(s); work.
**wkly.** weekly.
**wks.** weeks; works.
**WL** water line; *phys.* wave length.
**W.L.** West Lothian (*ehemal. schott. Grafschaft*).
**WLM** women's liberation movement.
**wmk.** watermark.
**WO** War Office; Warrant Officer; wireless operator.
**W/O, w/o** without.
**WOMAN** World Organization of Mothers of All Nations.
**Worcs.** Worcestershire (*ehemal. engl. Grafschaft*).
**W.P.** weather permitting.

**VTOL** vertical take-off (and landing) (aircraft) Senkrechtstarter.
**VTR** video tape recorder.
**v.v.** (*Lat.*) vice versa, the other way round.

**w.p.a.** (*Versicherung*) with particular average mit Teilschaden.
**w.p.b.** wastepaper basket.
**WPC** woman police constable.
**w.p.m.** words per minute.
**WR** Western Region.
**WRAC** *Br.* Women's Royal Army Corps.
**WRAF** *Br.* Women's Royal Air Force.
**WRNS** *Br.* Women's Royal Naval Service.
**wrnt.** warrant.
**w.r.t.** with reference to.
**WRVS** *Br.* Women's Royal Voluntary Service.
**W/T** wireless telegraphy *od.* telephony.
**wt.** weight; without.
**W.Va.** West Virginia.
**WW I** *od.* **II** World War I *od.* II.
**WWF** World Wildlife Fund.
**WX** women's extra large size.
**Wy(o).** Wyoming (*Staat der USA*).

# X

**x** *math.* an abscissa; *math.* an unknown quantity.
**X.D.,xd,x-d(iv).,x.(-)d(iv).** *econ.* ex dividend (*ohne Anrecht auf die fällige Dividende*).
**X.I., x.i., x-i, x-int.** *econ.* ex interest (*ohne Anrecht auf die fälligen Zinsen*).
**XL** extra large (size).
**Xm., Xmas** Christmas.
**XMSN, xmsn** (*Funk*) transmission.
**Xnty.** Christianity.
**Xroads, X.roads** cross roads.
**X-rts.** *econ.* ex-rights (*ohne Anrecht auf neue Aktien, Bonusanteile etc*).
**XS** extra small (size).
**Xt, Xt.** Christ.
**xtry.** extraordinary.
**Xty.** Christianity.
**XX** (ales of) double strength.

# Y

**y** *math.* an ordinate; *math.* an unknown quantity.
**y.** yard(s); year(s); you.
**YB** yearbook.
**yd.** yard(s).
**y'day** yesterday.
**yds.** yards.
**YHA** *Br.* Youth Hostels Association.
**YMCA** Young Men's Christian Association.
**y.o.** year old.
**Yorks.** Yorkshire (*ehemal. engl. Grafschaft*).
**yr.** year(s); younger; your.
**yrs, yrs.** years; yours.
**YT** Yukon Territory.
**YWCA** Young Women's Christian Association.

# Z

**Z** *chem.* atomic number.
**z.** zero; zone.
**ZANU** Zimbabwe African National Union.
**ZAPU** Zimbabwe African People's Union.
**ZG** Zoological Gardens.
**Zoochem., zoochem.** zoochemistry.
**Zoogeog., zoogeog.** zoogeography.
**zool.** zoological; zoologist; zoology.
**ZPG** zero population growth.
**ZS** Zoological Society.

# II. BIOGRAPHISCHE NAMEN
# II. BIOGRAPHICAL NAMES

## A

**Ach·e·son,** Dean Gooderham [ˈætʃɪsn] *1893–1971. Amer. Staatsmann.*

**Ad·am** [ˈædəm], Robert *1728–92 u. sein Bruder James 1730–94. Engl. Architekten u. Innenarchitekten.*

**Ad·ams,** John [ˈædəmz] *1735–1826. 2. Präsident der USA.*

**Ad·ams,** John Quincy [ˈædəmz] *1767–1848. Sohn von John Adams. 6. Präsident der USA.*

**Ad·di·son,** Joseph [ˈædɪsn] *1672–1719. Engl. Essayist.*

**Æl·fric** Grammaticus [ˈælfrɪk] *955?–1020? Angelsächsischer Abt u. Schriftsteller.*

**Aes·chy·lus** [ˈiːskɪləs; *Am. bes.* ˈes-] Äschylus. *525–465 v. Chr. Griech. Tragödiendichter.*

**Ae·sop** [ˈiːsɒp; *Am.* ˈiˌsɑp] Äˈsop. *620?–560? v. Chr. Griech. Fabeldichter.*

**Ag·new,** Spiro Theodore [ˈægnjuː; *Am. bes.* ˈægˌnuː] *1918. Amer. Politiker; Vizepräsident.*

**Al·bert of Saxe-Co·burg-Go·tha** [ˌælbə(r)təvˈsæksˌkəʊbɔːgˈgəʊθə; -ˈgəʊtə; *Am.* -ˌkəʊbɜːg-] Albert von Sachsen-Coburg-Gotha. *1819–61. Gemahl der Königin Viktoria von England.*

**Al·cock,** Sir John William [ˈælkɒk; ˈɔːl-; *Am.* -ˌkɑk] *1892–1919. Engl. Flugpionier.*

**Al·cott** [ˈɔːlkət], Amos Bronson *1799–1888, amer. Lehrer u. Philosoph; seine Tochter Louisa May 1832–88, amer. Schriftstellerin.*

**Al·cuin** [ˈælkwɪn] Alkuin. *735–804. Engl. Theologe u. Gelehrter.*

**Al·drich,** Thomas Bailey [ˈɔːldrɪtʃ] *1836–1907. Amer. Schriftsteller.*

**Al·fred** (the Great) [ˈælfrɪd] Alfred (der Große). *849–899. Angelsächsischer König.*

**Al·ger,** Horatio [ˈældʒə(r)] *1834–99. Amer. Schriftsteller.*

**Al·len,** (Charles) Grant [ˈælən] *1848–99. Engl. Schriftsteller.*

**Al·len,** Woody [ˈælən] *1935. Amer. Filmkomiker, Drehbuchautor u. Regisseur.*

**A·mis,** Kingsley [ˈeɪmɪs] *1922. Engl. Romanschriftsteller.*

**An·der·son,** Maxwell [ˈændə(r)sn] *1888–1959. Amer. Dramatiker.*

**An·der·son,** Sherwood [ˈændə(r)sn] *1876–1941. Amer. Dichter.*

**An·gell,** Sir Norman [ˈeɪndʒəl] (*eigentlich* Ralph Norman Angell Lane). *1874–1967. Engl. Schriftsteller.*

**Anne** [æn] Anna. *1665–1714. Königin von England.*

**An·selm,** Saint [ˈænselm] der heilige Anselm von Canterbury. *1033–1109. Erzbischof von Canterbury; Theologe u. Philosoph.*

**Ap·ple·ton,** Sir Edward [ˈæpltən] *1892–1965. Engl. Physiker.*

**Ar·buth·not,** John [ɑː(r)ˈbʌθnət] *1667–1735. Schott. Schriftsteller u. Arzt.*

**Ar·chi·me·des** [ˌɑː(r)kɪˈmiːdiːz] *287?–212 v. Chr. Griech. Mathematiker.*

**Ar·den** [ˈɑː(r)dn] *Engl. Familienname.*

**Ar·is·toph·a·nes** [ˌærɪˈstɒfəniːz; *Am.* -ˈstɑ-] *448?–380? v. Chr. Griech. Dramatiker.*

**Ar·is·tot·le** [ˈærɪstɒtl; *Am.* ˈærəˌstɑtl] Ariˈstoteles. *384–322 v. Chr. Griech. Philosoph.*

**Arm·strong,** Louis (Satchmo) [ˈɑː(r)mstrɒŋ] *1900–71. Amer. Jazzmusiker.*

**Arm·strong,** Neil Alden [ˈɑː(r)mstrɒŋ] *1930. Amer. Astronaut.*

**Ar·nold,** Malcolm [ˈɑː(r)nəld; -nld] *1921. Engl. Komponist.*

**Ar·nold,** Matthew [ˈɑː(r)nəld; -nld] *1822–88. Engl. Dichter u. Kritiker.*

**Ar·thur** [ˈɑː(r)θə(r)] Artus. *6. Jh. Sagenhafter König der Briten.*

**Ar·thur,** Chester Alan [ˈɑː(r)θə(r)] *1830–86. 21. Präsident der USA.*

**As·cham,** Roger [ˈæskəm] *1515–68. Engl. Gelehrter.*

**Ash·croft,** Dame Peggy [ˈæʃkrɒft; *Am. a.* -ˌkrɑft] *1907. Engl. Schauspielerin.*

**As·quith,** Herbert Henry, 1st Earl of Oxford and Asquith [ˈæskwɪθ] *1852–1928. Brit. Premierminister.*

**A·staire,** Fred [əˈsteə(r)] *1899. Amer. Tänzer u. Filmschauspieler.*

**Ath·el·stan** [ˈæθəlstən] *895–940. Angelsächsischer König.*

**Ath·er·ton,** Gertrude Franklin [ˈæθə(r)tən; -tn] *1857–1948. Amer. Romanschriftstellerin.*

**At·ten·bor·ough,** Richard [ˈætnbrə; *Am. a.* -ˌbɜːrə] *1923. Engl. Filmschauspieler u. Produzent.*

**At·ter·bury** [ˈætə(r)bəri; *Am. a.* -ˌberi] *Engl. Familienname.*

**Att·lee,** Clement Richard [ˈætliː] *1883–1967. Brit. Staatsmann; Premierminister.*

**Au·den,** Wystan Hugh [ˈɔːdn] *1907–73. Amer. Dichter engl. Herkunft.*

**Au·gus·tine,** Saint [ɔːˈɡʌstɪn; *Am. a.* ˈɔːgəˌstiːn] der heilige Auguˈstinus. *?–604. Apostel der Angelsachsen.*

**Aus·ten,** Jane [ˈɒstɪn; *Am.* ˈɔːstən; ˈɑːs-] *1775–1817. Engl. Romanschriftstellerin.*

**Aus·tin,** Alfred [ˈɒstɪn; *Am.* ˈɔːstən; ˈɑːs-] *1835–1913. Engl. Dichter; Poeta Laureatus.*

**Aus·tin,** Mary [ˈɒstɪn; *Am.* ˈɔːstən; ˈɑːs-] *1868–1934. Amer. Schriftstellerin.*

## B

**Bab·bage,** Charles [ˈbæbɪdʒ] *1792–1871. Engl. Mathematiker u. Erfinder.*

**Bab·bitt,** Irving [ˈbæbɪt] *1865–1933. Amer. Pädagoge u. Schriftsteller.*

**Ba·con,** Francis, 1st Baron Verulam, Viscount St. Albans [ˈbeɪkən] *1561–1626. Engl. Staatsmann, Philosoph u. Essayist.*

**Ba·con,** Roger Friar [ˈbeɪkən] *1214?–94. Engl. Philosoph.*

**Ba·den-Pow·ell,** Robert Stephenson Smyth, 1st Baron of Gilwell [ˌbeɪdnˈpəʊəl] *1857–1941. Brit. General; Begründer der Pfadfinderbewegung.*

**Ba·der,** Sir Douglas [ˈbɑːdə(r)] *1910–82. Brit. Kampfflieger.*

**Bae·da** [ˈbiːdə] → Bede.

**Ba·ker,** George Pierce [ˈbeɪkə(r)] *1866–1935. Amer. Schriftsteller u. Kritiker.*

**Ba·ker,** Ray Stannard [ˈbeɪkə(r)] (*Pseudonym* David Grayson). *1870–1946. Amer. Schriftsteller.*

**Bald·win,** James (Arthur) [ˈbɔːldwɪn] *1924. Amer. Schriftsteller.*

**Bald·win,** James Mark [ˈbɔːldwɪn] *1861–1934. Amer. Psychologe.*

**Bald·win,** Stanley [ˈbɔːldwɪn] *1867–1947. Brit. Staatsmann; Premierminister.*

**Bal·four,** Arthur James, 1st Earl of [ˈbælfə(r); -fɔː(r)] *1848–1930. Brit. Staatsmann.*

**Ba(l)·li·ol,** John de [ˈbeɪljəl] *1249–1315. König von Schottland.*

**Bal·lan·tyne** [ˈbæləntaɪn] *Engl. Familienname.*

**Ban·croft,** George [ˈbænkrɒft; ˈbæŋ-] *1800–91. Amer. Historiker, Politiker u. Diplomat.*

**Ban·nis·ter,** Roger [ˈbænɪstə(r)] *1929. Brit Leichtathlet. Lief als erster die Meile unter vier Minuten.*

**Ban·ting,** Sir Frederick Grant [ˈbæntɪŋ] *1891–1941. Kanad. Arzt; Entdecker des Insulins.*

**Bar·ber,** Anthony [ˈbɑː(r)bə(r)] *1920. Brit. Politiker.*

**Bar·ber,** Samuel [ˈbɑː(r)bə(r)] *1910–81. Amer. Komponist.*

**Bar·bour** [ˈbɑː(r)bə(r)] *Engl. Familienname.*

**Bare·bone** [ˈbeə(r)bəʊn] *Engl. Familienname.*

**Bar·low,** Joel [ˈbɑː(r)ləʊ] *1754–1812. Amer. Diplomat u. Dichter.*

**Bar·nard,** Christiaan Neethling [ˈbɑː(r)nə(r)d] *1923. Südafr. Chirurg.*

**Bar·nar·do,** Dr. Thomas John [bɑː(r)ˈnɑː(r)dəʊ] *1845–1905. Engl. Arzt u. Philanthrop.*

**Bar·rett** [ˈbærət; -ret; -rɪt] *Engl. Familienname.*

**Bar·rie,** Sir James Matthew [ˈbæri] *1860–1937. Schott. Schriftsteller u. Dramatiker.*

**Bar·ry,** Philip [ˈbæri] *1896–1949. Amer. Dramatiker.*

**Bar·ry·more** ['bærɪmɔ:(r)] *Amer. Schauspielerfamilie.*

**Ba·ruch,** Bernard Mannes [bə'ru:k] *1870–1965. Amer. Wirtschaftspolitiker.*

**Bar·wick** ['bærɪk] *Engl. Familienname.*

**Ba·sie,** William, *genannt* Count Basie ['beɪsɪ] *1904–84. Amer. Jazzmusiker.*

**Bates,** Herbert Ernest [beɪts] *1905–74. Engl. Schriftsteller.*

**Baynes** [beɪnz] *Engl. Familienname.*

**Bea·cons·field,** Earl of ['bi:kənzfi:ld] → Disraeli.

**Beards·ley,** Aubrey Vincent ['bɪə(r)dzlɪ] *1872–98. Engl. Zeichner u. Illustrator.*

**Beat·les,** The ['bi:tlz] *1962–70. Engl. Popgruppe mit* **Len·non,** John ['lenən] *1940–80,* **Mc·Cart·ney,** Paul [mə-'ka:(r)tnɪ] *\*1942,* **Har·ri·son,** George ['hærɪsn] *\*1943,* **Starr,** Ringo [sta:(r)] *\*1940.*

**Bea·ver·brook,** William Maxwell Aitken, 1st Baron ['bi:və(r)brʊk] *1879–1964. Zeitungsbesitzer; brit. Politiker.*

**Bech·et,** Sidney [bə'ʃeɪ] *1897–1959. Amer. Jazzmusiker.*

**Beck·et,** Saint Thomas ['bekɪt] *der heilige Thomas Becket. 1118?–70. Kanzler Heinrichs II. von England; Erzbischof von Canterbury.*

**Beck·ett,** Samuel ['bekɪt] *\*1906. Irischer Dichter u. Dramatiker.*

**Beck·ford,** William ['bekfə(r)d] *1759–1844. Engl. Schriftsteller.*

**Bede** [bi:d], *a.* **Be·da** ['bi:də], Saint ("The Venerable Bede") *der heilige Beda (Beda Vene'rabilis). 673?–735. Engl. Theologe u. Historiker.*

**Bee·cham,** Sir Thomas ['bi:tʃəm] *1879–1961. Engl. Dirigent.*

**Bee·cher,** Harriet Elizabeth ['bi:tʃə(r)] → Stowe.

**Beer·bohm,** Max ['bɪə(r)bəʊm] *1872–1956. Engl. Schriftsteller u. Karikaturist.*

**Bell,** Alexander Graham [bel] *1847–1922. Amer. Erfinder schott. Herkunft.*

**Bel·la·my,** Edward ['beləmɪ] *1850–98. Amer. Schriftsteller.*

**Bel·loc,** Hilaire ['belɒk; Am. -ˌɑk] *1870–1953. Engl. Schriftsteller u. Publizist.*

**Bel·low,** Saul ['beləʊ] *\*1915. Amer. Schriftsteller.*

**Be·nét** [be'neɪ; bə-], Stephen Vincent *1898–1943. amer. Schriftsteller; sein Bruder* William Rose *1886–1950. amer. Dichter u. Romanschriftsteller.*

**Ben·nett,** (Enoch) Arnold ['benɪt] *1867–1931. Engl. Romanschriftsteller.*

**Ben·nett,** Richard Bedford, Viscount ['benɪt] *1870–1947. Kanad. Staatsmann; Premierminister.*

**Ben·tham,** Jeremy ['bentəm; -θəm] *1748–1832. Engl. Jurist u. Philosoph.*

**Ber·lin,** Irving ['bɜ:lɪn; bɜ:'lɪn; Am. bɜr-'lɪn] *1888–1970. Amer. Komponist.*

**Bern·stein,** Leonard ['bɜ:nstaɪn; -stiːn; Am. 'bɜrn-] *\*1918. Amer. Komponist u. Dirigent.*

**Ber·ry,** Chuck ['berɪ] *\*1931. Amer. Rocksänger u. Gitarrist.*

**Bes·sant,** Sir Walter ['besənt; 'bez-; bɪ'zænt] *1836–1901. Engl. Romanschriftsteller.*

**Bes·se·mer,** Sir Henry ['besɪmə(r)] *1813–98. Engl. Ingenieur.*

**Bet·je·man,** Sir John ['betʃəmən] *1906–84. Engl. Dichter.*

**Bev·an,** Aneurin ['bevən] *1897–1960. Brit. Gewerkschaftsführer u. Politiker.*

**Bev·in,** Ernest ['bevɪn] *1881–1951. Brit. Staatsmann.*

**Bew·ick** ['bju:ɪk] *Engl. Familienname.*

**Bid·dle,** John ['bɪdl] *1615–62. Stifter der Unitarier in England.*

**Bierce,** Ambrose Gwinett ['bɪə(r)s]

*1842–1914? Amer. Schriftsteller.*

**Bir·che·nough** ['bɜ:tʃɪnʌf; Am. 'bɜr-] *Engl. Familienname.*

**Black·more,** Richard Doddridge ['blækmɔ:(r)] *1825–1900. Engl. Romanschriftsteller.*

**Blake,** Robert [bleɪk] *1599–1657. Engl. Admiral.*

**Blake,** William [bleɪk] *1757–1827. Engl. Dichter, Maler u. Graphiker.*

**Bligh,** William [blaɪ] *1754–1817. Brit. Admiral; Kapitän auf der Bounty.*

**Bo·a·di·ce·a** [ˌbəʊədɪ'sɪə] *?-62. Königin der Briten.*

**Bo·gart,** Humphrey ['bəʊga:(r)t] *1899–1957. Amer. Filmschauspieler.*

**Bol·eyn,** Anne ['bʊlɪn; bʊ'lɪn] *1507–36. 2. Gemahlin Heinrichs VIII. von England.*

**Bol·ing·broke,** Henry St. John, 1st Viscount ['bɒlɪŋbrʊk; Am. 'bɑl-] *1678–1751. Engl. Staatsmann u. Schriftsteller.*

**Bo·na·parte** ['bəʊnəpa:(r)t] → Napoleon I.

**Bond,** Edward [bɒnd; Am. bɑnd] *\*1934. Engl. Dramatiker.*

**Bon·i·face,** Saint (*vorher* Winfried *od.* Wynfrith) ['bɒnɪfeɪs; Am. 'bɑnəfəs; -ˌfeɪs] *der heilige Bonifaz od. Boni'fatius. 680?–755. Angelsächsischer Missionar; Apostel der Deutschen.*

**Boole,** George [bu:l] *1815–64. Engl. Mathematiker.*

**Booth** [bu:ð; Am. bu:θ] *Amer. Schauspielerfamilie:* Junius Brutus *1796–1852;* seine Söhne Edwin Thomas *1833–93 u.* John Wilkes *1838–65, der Mörder des Präsidenten Lincoln.*

**Booth,** William [bu:ð; Am. bu:θ] *1829–1912. Gründer der Heilsarmee.*

**Bo·san·quet** ['bəʊznket; -kɪt] *Engl. Familienname.*

**Bos·well,** James ['bɒzwəl; Am. 'bɑzˌwel] *1740–95. Engl. Schriftsteller u. Biograph.*

**Bot·tom·ley,** Gordon ['bɒtəmlɪ; Am. 'bɑt-] *1874–1948. Engl. Dichter.*

**Bow·en,** Elizabeth ['bəʊɪn] *1899–1973. Engl. Schriftstellerin irischer Herkunft.*

**Bow·yer** ['bəʊjə(r)] *Engl. Familienname.*

**Boyle,** Robert [bɔɪl] *1627–1961. Irischer Chemiker.*

**Brad·war·dine,** Thomas ['brædwə(r)di:n] *1290?–1349. Engl. Philosoph; Erzbischof von Canterbury.*

**Braith·waite** ['breɪθweɪt] *Engl. Familienname.*

**Braun,** Wernher Freiherr von [braun] *1912–1977. Amer. Physiker u. Raketeningenieur deutscher Herkunft.*

**Bridg·es,** Robert Seymour ['brɪdʒɪz] *1844–1930. Engl. Dichter; Poeta Laureatus.*

**Bris·tow,** Gwen ['brɪstəʊ] *1903–80. Amer. Schriftstellerin.*

**Brit·ten,** Edward Benjamin ['brɪtn] *1913–76. Engl. Komponist.*

**Brock·le·hurst** ['brɒklhɜ:st; Am. 'brɑklˌhɜrst] *Engl. Familienname.*

**Brom·field,** Louis ['brɒmfi:ld; Am. 'brɑm-] *1896–1956. Amer. Romanschriftsteller.*

**Bron·të** ['brɒntɪ; Am. 'brɑ-] *Schwestern:* Charlotte (*Pseudonym* Currer Bell) *1816–55;* Emily (Ellis Bell) *1818–48;* Anne (Acton Bell) *1820–49. Engl. Romanschriftstellerinnen.*

**Brooke,** Rupert [brʊk] *1887–1915. Engl. Dichter.*

**Brooks,** Van Wyck [brʊks] *1886–1963. Amer. Schriftsteller u. Literaturhistoriker.*

**Brown,** Charles Brockden [braʊn] *1771–1810. Amer. Romanschriftsteller.*

**Brown·ing** ['braʊnɪŋ], Elizabeth Barrett *1806–61; ihr Gatte* Robert *1812–89. Engl. Dichter.*

**Bru·beck,** Dave ['bru:bek] *\*1920. Amer.*

*Jazzpianist u. Komponist.*

**Bruce,** Robert [bru:s] *1274–1329. Als* Robert I *König von Schottland.*

**Bruce,** Stanley Melbourne, Viscount [bru:s] *1883–1967. Australischer Staatsmann; Premierminister.*

**Brum·mell,** George Bryan ("Beau Brummell") ['brʌml] *1778–1840. Londoner Modeheld; Urbild des Dandy.*

**Brun·dage,** Avery ['brʌndɪdʒ] *1887–1975. Amer. Sportfunktionär.*

**Bry·ant,** William Cullen ['braɪənt] *1794–1878. Amer. Dichter u. Herausgeber.*

**Buc·cleuch** [bə'klu:] *Schott. Familienname.*

**Buch·an,** John, 1st Baron Tweedsmuir ['bʌkən; 'bʌxən] *1875–1940. Schott. Schriftsteller; Generalgouverneur von Kanada.*

**Bu·chan·an,** James [bju:'kænən; Am. a. bə'k-] *1791–1868. Amer. Politiker u. Diplomat; 15. Präsident der USA.*

**Buck,** Pearl S. [bʌk] *1892–1973. Amer. Romanschriftstellerin.*

**Bud·dha** ['bʊdə; Am. a. 'bu:də] → Gautama Buddha.

**Buf·fa·lo Bill** [ˌbʌfələʊ'bɪl] (*eigentlich* William Frederick Cody) *1846–1917. Amer. Schausteller mit berühmter Wildwestshow.*

**Bul·wer,** William Henry Lytton Earle, Baron Dalling and Bulwer (Sir Henry) ['bʊlwə(r)] *1801–72. Engl. Schriftsteller u. Politiker.*

**Bul·wer-Lyt·ton** [ˌbʊlwə(r)'lɪtn] Edward George Earle Lytton, 1st Baron *1803–73, engl. Schriftsteller u. Politiker; sein Sohn* Edward Robert Lytton, 1st Earl of Bulwer-Lytton (*Pseudonym* Owen Meredith) *1831–91, engl. Dichter u. Diplomat.*

**Bun·yan,** John ['bʌnjən] *1628–88. Engl. Prediger u. Schriftsteller.*

**Buo·na·par·te** [bu̇ˌona'parte] → Napoleon I.

**Burgh·ley,** William Cecil, 1st Baron ['bɜ:lɪ; Am. 'bɜrli:] *1520–98. Engl. Staatsmann.*

**Bur·gin** ['bɜ:gɪn; 'bɜ:dʒɪn; Am. 'bɜr-] *Engl. Familienname.*

**Burke,** Edmund [bɜ:k; Am. bɜrk] *1729–97. Brit. Staatsmann u. Schriftsteller.*

**Bur·leigh** → Burghley.

**Bur·nand,** Sir Francis Cowley [bɜ:'nænd; Am. bɜr-] *1836–1917. Engl. Dramatiker; Herausgeber des "Punch".*

**Bur·nett,** Frances Eliza (*geb.* Hodgson) [bɜ:'net; 'bɜ:nɪt; Am. bɜr'net; 'bɜrnət] *1849–1924. Amer. Romanschriftstellerin.*

**Burns,** Robert [bɜ:nz; Am. bɜrnz] *1759–96. Schott. Dichter.*

**Bur·roughs,** Edgar Rice ['bʌrəʊz; Am. bes. 'bɜr-] *1875–1950. Amer. Schriftsteller; Autor der Tarzangeschichten.*

**Bur·ton,** Richard [bɜ:tn; Am. 'bɜrtn] *1925–84. Brit. Schauspieler.*

**Bur·ton,** Robert ['bɜ:tn; Am. 'bɜrtn] *1577–1640. Engl. Geistlicher u. Schriftsteller.*

**But·ler[1],** Samuel ['bʌtlə(r)] *1612–80. Engl. Schriftsteller.*

**But·ler[2],** Samuel ['bʌtlə(r)] *1835–1902. Engl. Schriftsteller.*

**By·ron,** George Gordon, 6th Baron ['baɪərən] *1788–1824. Engl. Dichter.*

# C

**Cab·ell,** James Branch ['kæbəl] *1879–1958. Amer. Schriftsteller.*

**Ca·ble,** George Washington ['keɪbl] *1844–1925. Amer. Schriftsteller.*

**Cab·ot** ['kæbət], John (*eigentlich* Giovanni Caboto) *1450–98, venezianischer Seefahrer in engl. Diensten; sein Sohn* Sebastian *1474–1557, Seefahrer in engl. u. span. Diensten.*

**Caed·mon** ['kædmən] *um 670. Angelsächsischer Dichter.*

**Cae·sar,** Gaius Julius ['si:zə(r)] *100–44 v. Chr. Röm. Feldherr, Staatsmann u. Schriftsteller.*

**Cag·ney,** James ['kægnɪ] *1899–1986. Amer. Filmschauspieler.*

**Caine,** Sir (Thomas Henry) Hall [keɪn] *1853–1931. Engl. Romanschriftsteller.*

**Caird,** [keə(r)d] *Engl. Familienname.*

**Cald·well,** Erskine ['kɔ:ldwəl; -wel] *\*1903. Amer. Schriftsteller.*

**Cal·la·ghan,** James ['kæləhən; -hæn; -gən] *\*1912. Brit. Politiker.*

**Cal·vin,** John ['kælvɪn] Johann Cal'vin (*eigentlich* Jean Cauvin). *1509–64. Franz. protestantischer Reformator.*

**Camp·bell,** Thomas ['kæmbl; Am. a. 'kæməl] *1777–1844. Engl. Dichter.*

**Camp·bell-Ban·ner·man,** Sir Henry [ˌkæmbl'bænə(r)mən; Am. a. ˌkæməl-] *1836–1908. Brit. Staatsmann; Premierminister.*

**Cam·pi·on,** Edmund ['kæmpjən; -pɪən] *1540–81. Engl. Jesuit u. Märtyrer.*

**Cam·pi·on,** Thomas ['kæmpjən; -pɪən] *1567–1620. Engl. Dichter u. Musiker.*

**Ca·nute** (the Great) [kə'nju:t; Am. bes. kə'nu:t] Knut *od.* Kanut (der Große). *994?–1035. Dänischer König von England, Dänemark u. Norwegen.*

**Ca·pote,** Truman [kə'pəʊtɪ] *1924–84. Amer. Schriftsteller.*

**Ca·rew,** Thomas [kə'ru:; 'keərɪ] *1595?–1645? Engl. Dichter.*

**Ca·rey** ['keərɪ] *Engl. Familienname.*

**Car·lile** [kɑ:(r)'laɪl] *Engl. Familienname.*

**Car·lyle,** Thomas [kɑ:(r)'laɪl] *1795–1881. Schott. Essayist u. Historiker.*

**Car·man,** (William) Bliss ['kɑ:(r)mən] *1861–1929. Kanad. Dichter.*

**Car·mi·chael,** Stokely [kɑ:(r)'maɪkl] *\*1942. Amer. Negerführer der Black-Power-Bewegung.*

**Car·ne·gie,** Andrew [kɑ:(r)'negɪ; -'neɪ-; -'ni:-; Am. bes. 'kɑrnəgi:] *1835–1919. Amer. Großindustrieller u. Philanthrop schott. Herkunft.*

**Car·ter,** James Earl, *genannt* Jimmy ['kɑ:(r)tə(r)] *\*1924. 39. Präsident der USA.*

**Cart·wright,** Edmund ['kɑ:(r)traɪt] *1743–1823. Engl. Geistlicher. Erfinder des mechanischen Webstuhls.*

**Car·y,** Joyce ['keərɪ] *1888–1957. Engl. Schriftsteller.*

**Car·roll,** Lewis ['kærəl] *1832–98. Engl. Mathematiker u. Schriftsteller.*

**Case·ment,** Sir Roger David ['keɪsmənt] *1864–1916. Irischer Politiker.*

**Cas·tle,** Barbara ['kɑ:sl; Am. 'kæsəl] *\*1911. Brit. Politikerin.*

**Cates·by** ['keɪtsbɪ] *Engl. Familienname.*

**Cath·er,** Willa Sibert ['kæðə(r)] *1876–1947. Amer. Romanschriftstellerin.*

**Cav·ell** ['kævl; kə'vel] *Engl. Familienname.*

**Cav·en·dish,** Henry ['kævəndɪʃ] *1731–1810. Engl. Naturwissenschaftler.*

**Cax·ton,** William ['kækstən] *1422?–91. 1. engl. Buchdrucker.*

**Cec·il,** (Edgar Algernon) Robert, 1st Viscount Cecil of Chelwood ['sesl; 'sɪsl] *1864–1958. Brit. Staatsmann.*

**Cec·il,** William ['sesl; 'sɪsl] → Burghley.

**Chad·wick,** Sir James ['tʃædwɪk] *1891–1974. Engl. Physiker.*

**Chal·mers** ['tʃɑ:mə(r)z] *Engl. Familien-name.*

**Cham·ber·lain** ['tʃeɪmbə(r)lɪn], Joseph *1836–1914, brit. Staatsmann; seine Söhne* Sir (Joseph) Austen *1863–1937, brit. Staatsmann;* (Arthur) Neville *1869–1940, brit. Staatsmann, Premierminister.*

**Chan·dler,** Raymond ['tʃɑ:ndlə; Am. 'tʃændlər] *1888–1959. Amer. Kriminal-schriftsteller.*

**Chap·lin,** Charles Spencer ['tʃæplɪn] *1889–1977. Engl. Filmschauspieler u. Regisseur.*

**Chap·man,** Colin ['tʃæpmən] *1928–82. Brit. Rennwagenkonstrukteur.*

**Chap·man,** George ['tʃæpmən] *1559–1634. Engl. Dramatiker.*

**Char·le·magne** (Charles the Great) ['ʃɑ:(r)ləmeɪn] Karl der Große. *742–814. Frankenkönig; als Karl I. Kaiser des Heiligen Römischen Reichs.*

**Charles** [tʃɑ:(r)lz] *Könige von England:* Charles I (Charles Stuart) Karl I. *1600–49;* Charles II Karl II. *1630–85.*

**Charles Ed·ward Stu·art** (the Young Pretender; "Bonnie Prince Charlie") [ˌtʃɑ:(r)lz'edwə(r)d'stjuə:ə(r)t; -'stjʊə(r)t; Am. a. -'stu:-; -'stʊ-] Karl Eduard (der junge Prätendent). *1720–88. Engl. Prinz; Enkel Jakobs II.*

**Chat·ham,** Earl of ['tʃætəm] → Pitt, William (The Elder Pitt).

**Chat·ter·ton,** Thomas ['tʃætə(r)tən; -tn] *1752–70. Engl. Dichter.*

**Chau·cer,** Geoffrey ['tʃɔ:sə(r)] *1340?–1400. Engl. Dichter.*

**Cheet·ham** ['tʃi:təm] *Engl. Familien-name.*

**Ches·ter·field,** Philip Dormer Stanhope, 4th Earl of ['tʃestə(r)fi:ld] *1694–1773. Engl. Schriftsteller u. Staatsmann.*

**Ches·ter·ton,** Gilbert Keith ['tʃestə(r)tən; -tn] *1874–1936. Engl. Schriftsteller.*

**Chip·pen·dale,** Thomas ['tʃɪpəndeɪl] *1718?–1779. Engl. Kunsttischler.*

**Chis·holm** ['tʃɪzəm] *Engl. Familien-name.*

**Chom·sky,** Noam ['tʃɒmskɪ; Am. 'tʃɑm-] *\*1928. Amer. Linguist.*

**Chris·tie,** Dame Agatha ['krɪstɪ] *1891–1976. Engl. Schriftstellerin.*

**Chrys·ler,** Walther Percy ['kraɪzlə; Am. 'kraɪslər] *1875–1940. Amer. Industrieller.*

**Church·ill,** Sir Winston Leonard Spencer ['tʃɜ:tʃɪl; Am. 'tʃɜr-] *1874–1965. Brit. Staatsmann; Premierminister.*

**Cib·ber,** Colley ['sɪbə(r)] *1671–1757. Engl. Schauspieler u. Dramatiker; Poeta Laureatus.*

**Cic·er·o,** Marcus Tullius ['sɪsərəʊ] *106–43 v. Chr. Röm. Staatsmann, Redner u. Schriftsteller.*

**Cla·ridge** ['klærɪdʒ] *Engl. Familien-name.*

**Cleav·er,** Eldridge ['kli:və(r)] *\*1935. Amer. Schriftsteller.*

**Clem·ens,** Samuel Langhorne ['klemənz] (*Pseudonym* Mark Twain) *1835–1910. Amer. Schriftsteller.*

**Cleve·land,** (Stephen) Grover ['kli:vlənd] *1837–1908. 22. u. 24. Präsident der USA.*

**Clive,** Robert, Baron Clive of Plassey [klaɪv] *1725–74. Brit. General; Begründer der brit. Herrschaft in Ostindien.*

**Clough,** Arthur Hugh [klʌf] *1819–61. Engl. Dichter.*

**Cob·bett,** William ['kɒbɪt; Am. 'kɑbət] *1763–1835. Engl. Schriftsteller u. Politiker.*

**Cob·den,** Richard ['kɒbdən; Am. 'kɑ-] *1804–65. Engl. Wirtschaftswissenschaftler u. Staatsmann.*

**Cof·fin,** Robert Peter Tristram ['kɒfɪn;

*name.*

*Am. a. 'kɑ-] 1892–1955. Amer. Schriftsteller.*

**Co·han,** George Michael [kəʊ'hæn] *1878–1942. Amer. Schauspieler, Dramatiker u. Regisseur.*

**Cole** [kəʊl] *Engl. Familienname.*

**Cole·man** ['kəʊlmən] *Engl. Familien-name.*

**Cole·ridge,** Samuel Taylor ['kəʊlərɪdʒ] *1772–1834. Engl. Dichter u. Kritiker.*

**Col·lier,** Jeremy ['kɒlɪə(r); -ljə(r); Am. 'kɑ-] *1650–1726. Engl. Geistlicher u. Schriftsteller.*

**Col·lins,** William ['kɒlɪnz; Am. 'kɑlənz] *1721–59. Engl. Dichter.*

**Col·lins,** (William) Wilkie ['kɒlɪnz; Am. 'kɑlənz] *1824–89. Engl. Roman-schriftsteller.*

**Co·lum·ba,** Saint [kə'lʌmbə] der heilige Co'lumba *od.* Colum'ban. *521–597. Irischer Missionar in Schottland.*

**Co·lum·bus,** Christopher [kə'lʌmbəs] Christoph Ko'lumbus. *1451–1506. Ital. Seefahrer, Entdecker Amerikas.*

**Con·fu·cius** [kən'fju:ʃjəs; -ʃəs] Kon'fuzius. *551?–478 v. Chr. Chines. Philosoph.*

**Con·greve,** William ['kɒngri:v; Am. 'kɑn-; 'kɑŋ-] *1670–1729. Engl. Dramatiker.*

**Con·rad,** Joseph ['kɒnræd; Am. 'kɑn-] (*eigentlich* Teodor Józef Konrad Korzeniowski). *1857–1924. Engl. Romanschriftsteller ukrainischer Herkunft.*

**Con·sta·ble,** John ['kʌnstəbl; Br. a. 'kɒn-; Am. a. 'kɑn-] *1776–1837. Engl. Maler.*

**Cook,** Captain James [kʊk] *1728–79. Engl. Weltumsegler.*

**Coo·lidge,** (John) Calvin ['ku:lɪdʒ] *1872–1933. 30. Präsident der USA.*

**Coo·per,** Anthony Ashley ['ku:pə(r)] → Shaftesbury.

**Coo·per,** Gary ['ku:pə(r)] *1901–61. Amer. Filmschauspieler.*

**Coo·per,** James Fenimore ['ku:pə(r)] *1789–1851. Amer. Romanschriftsteller.*

**Cop·land,** Aaron ['kɒplənd; bes. Am. 'kɔup-] *\*1900. Amer. Komponist.*

**Cor·co·ran** ['kɔ:(r)kərən; -krən] *Engl. Familienname.*

**Cos·grave,** William Thomas ['kɒzgreɪv; Am. 'kɑz-] *1880–1965. Irischer Staatsmann.*

**Couch** [ku:tʃ] *Engl. Familienname.*

**Cou·per** ['ku:pə(r)] *Engl. Familienname.*

**Coup·land** ['ku:plənd] *Engl. Familien-name.*

**Cov·er·dale,** Miles ['kʌvə(r)deɪl] *1488–1568. Engl. Geistlicher; Bibelübersetzer.*

**Cow·ard,** Noel ['kaʊə(r)d] *1899–1973. Engl. Schauspieler u. Dramatiker.*

**Cow·ley,** Abraham ['kaʊlɪ] *1618–67. Engl. Dichter.*

**Cow·per,** William ['ku:pə(r); 'kaʊ-] *1731–1800. Engl. Dichter.*

**Cox** [kɒks; Am. kɑks] *Häufiger engl. Familienname.*

**Crabbe,** George [kræb] *1754–1832. Engl. Dichter.*

**Craig·av·on,** James Craig, 1st Viscount [kreɪg'ævən; -'ævn] *1871–1940. Brit Staatsmann; 1. Premierminister von Nordirland.*

**Craik,** Dinah Maria [kreɪk] *1826–87. Engl. Romanschriftstellerin.*

**Crane,** Stephen [kreɪn] *1871–1900. Amer. Schriftsteller.*

**Cran·mer,** Thomas ['krænmə(r)] *1489–1556. 1. protestantischer Erzbischof von Canterbury.*

**Crash·aw,** Richard ['kræʃɔ:] *1613?–49. Engl. Dichter.*

**Craw·ford,** Francis Marion ['krɔ:fə(r)d] *1854–1909. Amer. Romanschriftsteller.*

**Crich·ton,** James ("The Admirable Crichton") [ˈkraɪtn] *1560?–82. Schott. Gelehrter u. Dichter.*

**Crick,** Francis Harry Compton [krɪk] *\*1916. Engl. Molekularbiologe.*

**Cripps,** Sir Richard Stafford [krɪps] *1889–1952. Brit. Staatsmann.*

**Crock·ett,** David (*genannt Davy Crockett*) [ˈkrɒkɪt; *Am.* ˈkrɑkət] *1786–1836. Amer. Pfadfinder, Soldat u. Politiker.*

**Croe·sus** [ˈkriːsəs] Krösus. *?–546 v. Chr. König von Lydien.*

**Crom·well** [ˈkrɒmwəl; -wel; *Am.* ˈkrɑm-; ˈkrʌm-], Oliver *1599–1658, engl. General u. Staatsmann, Lordprotektor; sein Sohn* Richard *1626–1712, Lordprotektor.*

**Cro·nin,** Archibald Joseph [ˈkrəʊnɪn] *1896–1981. Engl. Arzt u. Romanschriftsteller.*

**Cros·by,** Bing [ˈkrɒzbɪ; *Am. a.* ˈkrɑ-] *1904–77. Amer. Sänger u. Filmschauspieler.*

**Cross·man,** Richard [ˈkrɒsmən; ˈkrɔːs-] *1907–74. Brit. Politiker.*

**Cruik·shank,** George [ˈkrʊkʃæŋk] *1792–1878. Engl. Karikaturist u. Illustrator.*

**Cun·liffe** [ˈkʌnlɪf] *Engl. Familienname.*

**Cun·ning·ham** [ˈkʌnɪŋəm; *Am. bes.* -ˌhæm] *Häufiger engl. Familienname.*

**Cur·ran** [ˈkʌrən; *Am. bes.* ˈkɜrən] *Engl. Familienname.*

**Cur·rer** [ˈkʌrə(r); *Am. bes.* ˈkɜrər] *Engl. Familienname.*

**Cur·tis,** George William [ˈkɜːtɪs; *Am.* ˈkɜrtəs] *1824–92. Amer. Schriftsteller.*

**Cus·ter,** George Armstrong [ˈkʌstə(r)] *1839–76. Amer. General.*

# D

**Dal·gleish** [dælˈgliːʃ] *Engl. Familienname.*

**Dal·ton,** Hugh [ˈdɔːltən; -tn] *1776–1844. Engl. Chemiker u. Physiker.*

**Dal·zell** [dælˈzel; diːˈel] *Engl. Familienname.*

**Dan·iel,** Samuel [ˈdænjəl] *1562–1619. Engl. Dichter; Poeta Laureatus.*

**Dan·iels,** Josephus [ˈdænjəlz] *1862–1948. Amer. Publizist u. Staatsmann.*

**Dar·win** [ˈdɑː(r)wɪn], Charles Robert *1809–82, engl. Naturforscher; sein Großvater* Erasmus *1731–1802, engl. Arzt u. Naturforscher.*

**Dav·e·nant** *od.* **D'Av·e·nant,** Sir William [ˈdævɪnənt; -vnənt] *1606–68. Engl. Dichter u. Dramatiker; Poeta Laureatus.*

**Da·vey** [ˈdeɪvɪ] *Engl. Familienname.*

**Da·vid I** [ˈdeɪvɪd] *1084–1153. König von Schottland.*

**Da·vies** [ˈdeɪvɪs; *Am.* -vɪz] *Engl. Familienname.*

**Da·vis,** Bette [ˈdeɪvɪs] *\*1908. Amer. Filmschauspielerin.*

**Da·vis,** Jefferson [ˈdeɪvɪs] *1808–89. Amer. Staatsmann; Präsident der Konföderierten Staaten.*

**Da·vis,** Richard Harding [ˈdeɪvɪs] *1864–1916. Amer. Schriftsteller.*

**Da·vi·son** [ˈdeɪvɪsn] *Engl. Familienname.*

**Dawes,** Charles Gates [dɔːz] *1865–1951. Amer. Staatsmann u. Diplomat.*

**De·foe,** Daniel [dɪˈfəʊ] *1660–1731. Engl. Schriftsteller.*

**Dek·ker,** Thomas [ˈdekə(r)] *1572?–1632? Engl. Dramatiker.*

**De la Mare,** Walter John [ˌdeləˈmeə(r)] *1873–1956. Engl. Dichter.*

**De·land,** Margaret [dəˈlænd] *1857–1945. Amer. Romanschriftstellerin.*

**de la Roche,** Mazo [ˌdeləˈrəʊʃ; -ˈrɒʃ] *1885–1961. Kanad. Romanschriftstellerin.*

**De l'Isle** [dəˈlaɪl] *Engl. Familienname.*

**De Mille,** Cecil B(lount) [dəˈmɪl] *1881–1959. Amer. Filmproduzent u. Regisseur.*

**Demp·sey,** Jack [ˈdempsɪ] *\*1895. Amer. Boxweltmeister im Schwergewicht.*

**De Quin·cey,** Thomas [dəˈkwɪnsɪ] *1785–1859. Engl. Schriftsteller.*

**de Va·le·ra,** Eamon [dəvəˈleərə; ˌdevə-] *1882–1975. Irischer Staatsmann; Premierminister; Staatspräsident.*

**De·vine** [dəˈvaɪn] *Engl. Familienname.*

**Dev·lin,** Josephine Bernadette [ˈdevlɪn] *\*1947. Irische Politikerin.*

**Dew·ey,** John [ˈdjuːɪ; *Am. a.* ˈduːɪ:] *1859–1952. Amer. Philosoph u. Pädagoge.*

**Dick·ens,** Charles John Huffam [ˈdɪkɪnz] *1812–70. Engl. Romanschriftsteller.*

**Dick·in·son,** Emily Elizabeth [ˈdɪkɪnsn] *1830–86. Amer. Dichterin.*

**Dick·son** [ˈdɪksn] *Engl. Familienname.*

**Die·trich,** Marlene [ˈdiːtrɪk; -trɪç] *\*1902. Amer. Filmschauspielerin deutscher Herkunft.*

**Dilke,** Sir Charles Wentworth [dɪlk] *1843–1911. Brit. Politiker u. Schriftsteller.*

**Dil·lon,** John [ˈdɪlən] *1851–1927. Irischer Politiker.*

**Di·og·e·nes** [daɪˈɒdʒɪniːz; *Am.* -ˈɑdʒə-] *412?–323 v. Chr. Griech. Philosoph.*

**Dis·ney,** Walt(er E.) [ˈdɪznɪ] *1901–66. Meister des Zeichentrickfilms.*

**Dis·rae·li,** Benjamin, 1st Earl of Beaconsfield [dɪsˈreɪlɪ; *bes. Am.* dɪz-] *1804–81. Brit. Staatsmann u. Schriftsteller; Premierminister.*

**Dit·mars,** Raymond Lee [ˈdɪtmɑː(r)z] *1876–1942. Amer. Naturforscher u. Schriftsteller.*

**Do·bell** [dəʊˈbel; dəˈbel] *Engl. Familienname.*

**Dob·son,** (Henry) Austin [ˈdɒbsn; *Am.* ˈdɑbsən] *1840–1921. Engl. Dichter u. Essayist.*

**Dog·gett** [ˈdɒgɪt; *Am.* ˈdɑ-] *Engl. Familienname.*

**Do·her·ty** [ˈdəʊə(r)tɪ; *Br. a.* dəʊˈhɜːtɪ; ˈdɒhətɪ; *Am. a.* dəˈhɑːrtɪ; ˈdɑhərtɪ] *Irischer Familienname.*

**Don·ald·son** [ˈdɒnldsn; *Am.* ˈdɑ-] *Engl. Familienname.*

**Donne,** John [dʌn; *Br. a.* dɒn] *1573–1631. Engl. Geistlicher u. Dichter.*

**Don·o·van** [ˈdɒnəvən; *Am.* ˈdɑn-] *Engl. Familienname.*

**Dor·set,** Earl of [ˈdɔː(r)sɪt] → Sackville.

**Dos Pas·sos,** John Roderigo [ˌdɒsˈpæsəs; *Am.* dəˈspæsəs] *1896–1970. Amer. Schriftsteller.*

**Dough·ty,** Charles Montagu [ˈdaʊtɪ] *1843–1926. Engl. Schriftsteller u. Forscher.*

**Doug·las** [ˈdʌgləs] *Engl. Familienname.*

**Dowse** [daʊs] *Engl. Familienname.*

**Dow·son,** Ernest [ˈdaʊsn] *1867–1900. Engl. Dichter.*

**Doyle,** Sir Arthur Conan [dɔɪl] *1859–1930. Engl. Arzt; Verfasser von Kriminalromanen.*

**Drake,** Sir Francis [dreɪk] *1540?–96. Engl. Seeheld.*

**Dray·ton,** Michael [ˈdreɪtn] *1563–1631. Engl. Dichter.*

**Drei·ser,** Theodore [ˈdraɪsə(r); -zə(r)] *1871–1945. Amer. Romanschriftsteller.*

**Drink·wa·ter,** John [ˈdrɪŋkˌwɔːtə(r)] *1882–1937. Engl. Dichter u. Dramatiker.*

**Dry·den,** John [ˈdraɪdn] *1631–1700. Engl. Dichter u. Dramatiker; Poeta Laureatus.*

**Du·ches·ne** [djuːˈʃeɪn; du:-] *Engl. Familienname.*

**Duff** [dʌf] *Engl. Familienname.*

**Dug·dale** [ˈdʌgdeɪl] *Engl. Familienname.*

**Dul·les,** John Foster [ˈdʌlɪs; -əs] *1888–1959. Amer. Staatsmann; Außenminister.*

**du Mau·ri·er** [djuːˈmɒrɪeɪ; *Am. a.* dʊˈmɔː-], George Louis Palmella Busson *1834–96, engl. Zeichner u. Romanschriftsteller; seine Enkelin* Daphne *\*1907, engl. Romanschriftstellerin.*

**Dun·bar,** Paul Laurence [ˈdʌnbɑː(r)] *1872–1906. Amer. Dichter.*

**Dun·bar,** William [dʌnˈbɑː(r); ˈdʌnbɑː(r)] *1460?–1520? Schott. Dichter.*

**Dun·can,** Isadora [ˈdʌŋkən] *1878–1927. Amer. Tänzerin.*

**Dun·lop,** John Boyd [ˈdʌnlɒp; dʌnˈlɒp; *Am.* dʌnˈlɑp; ˈdʌnˌlɑp] *1840–1921. Schott. Erfinder.*

**Dun·sa·ny,** Edward John Moreton Drax Plunkett, 18th Baron, Lord [dʌnˈseɪnɪ] *1878–1957. Irischer Dichter u. Dramatiker.*

**Duns Sco·tus,** John [ˌdʌnzˈskəʊtəs; *Br. a.* -ˈskɒtəs] *1265?–1308. Schott. Theologe u. Philosoph.*

**Dun·stan,** Saint [ˈdʌnstən] der heilige Dunstan. *925?–988. Erzbischof von Canterbury.*

**Du Pont,** Éleuthère Irénée [ˈdjuːpɒnt; djuːˈpɒnt; *Am.* duːˈpɑnt; ˈduːˌpɑnt] *1771–1834. Amer. Industrieller franz. Herkunft.*

**Dur·rell,** Lawrence [ˈdʌrəl; *Am. bes.* ˈdɜrəl] *\*1912. Engl. Schriftsteller.*

**Duth·ie** [ˈdʌθɪ] *Engl. Familienname.*

**Dut·ton** [ˈdʌtn] *Engl. Familienname.*

**Dyke** [daɪk] *Engl. Familienname.*

**Dyl·an,** Bob [ˈdɪlən] *\*1941. Amer. Folk- u. Protestsänger.*

**Dy·mond** [ˈdaɪmənd] *Engl. Familienname.*

**Dy·son** [ˈdaɪsn] *Engl. Familienname.*

# E

**Ed·dy,** Mary Morse (*geb.* Baker) [ˈedɪ] *1821–1910. Amer. Gründerin der "Christian Science".*

**E·den,** Sir (Robert) Anthony [ˈiːdn] *1897–1977. Engl. Staatsmann; Premierminister.*

**Edge·worth,** Maria [ˈedʒwɜːθ; *Am.* -ˌwɜrθ] *1767–1849. Engl. Romanschriftstellerin.*

**Ed·in·burgh,** Duke of [ˈedɪnbərə; -brə; *Am. bes.* ˈednˌbərə] → Philip, Prince.

**Ed·i·son,** Thomas Alva [ˈedɪsn] *1847–1931. Amer. Erfinder.*

**Ed·ward** [ˈedwə(r)d] *Engl. Könige:*
Edward I Eduard I. *1239–1307;*
Edward II Eduard II. *1284–1327;*
Edward III Eduard III. *1312–77;*
Edward IV Eduard IV. *1442–83;*
Edward V Eduard V. *1470–83;* Edward VI Eduard VI. *1537–53;* Edward VII Eduard VII. *1841–1910;* Edward VIII (Duke of Windsor) Eduard VIII. (Herzog von Windsor) *1894–1972.*

**Ed·ward** ("The Black Prince") [ˈedwə(r)d] Eduard (der Schwarze Prinz). *1330–76. Sohn Eduards III von England.*

**Ed·ward** (the Confessor) [ˈedwə(r)d] Eduard (der Bekenner). *1002?–66. Angelsächsischer König.*

**Eg·bert** ['egbɜ:t; *Am.* -bərt] 775?–839. *König der Westsachsen u. 1. König von England.*

**Eg·gle·ston,** Edward ['eglstən]*1837–1902. Amer. Schriftsteller.*

**Ein·stein,** Albert ['aɪnstaɪn] *1879–1955. Amer. Physiker deutscher Herkunft.*

**Ei·sen·how·er,** Dwight David ['aɪznˌhaʊə(r)] *1890–1969. Amer. General; 34. Präsident der USA.*

**El·gar,** Sir Edward ['elgə(r); -gɑ:(r)] *1857–1934. Engl. Komponist.*

**El·i·ot,** George ['eljət; 'eliət] *(eigentlich Mary Ann Evans). 1819–80. Engl. Romanschriftstellerin.*

**El·i·ot,** T(homas) S(tearns) ['eljət; 'eliət] *1888–1965. Engl. Dichter u. Kritiker amer. Herkunft.*

**E·liz·a·beth** [ɪ'lɪzəbəθ] *Engl. Königinnen:* Elizabeth I E'lisabeth I. *1533–1603;* Elizabeth II E'lisabeth II. *\*1926.*

**El·lis,** (Henry) Havelock ['elɪs] *1859–1939. Engl. Schriftsteller.*

**El·li·son** ['elɪsn] *Engl. Familienname.*

**El·y·ot,** Sir Thomas ['eljət; 'eliət] *1490?–1546. Engl. Gelehrter u. Diplomat.*

**Em·er·son,** Ralph Waldo ['emə(r)sn] *1803–1882. Amer. Schriftsteller, Dichter u. Philosoph.*

**Er·skine,** John ['ɜ:skɪn; *Am.* 'ɜrskən] *1879–1951. Amer. Schriftsteller.*

**Eth·el·red II (the Unready)** ['eθlred] Ethelred II. (der Unberatene). *968?–1016. Angelsächsischer König.*

**Eth·er·ege,** Sir George ['eθərɪdʒ] *1635?–91. Engl. Dramatiker.*

**Eu·clid** ['ju:klɪd] Eu'klid. *Um 300 v. Chr. Griech. Mathematiker.*

**Eu·rip·i·des** [jʊə'rɪpɪdi:z; jʊ'r-] *480?–406? v. Chr. Griech. Tragödiendichter.*

**Ev·ans,** Sir Arthur John ['evənz] *1851–1941. Engl. Archäologe.*

**Ew·ing** ['ju:ɪŋ; 'jɔɪŋ] *Engl. Familienname.*

**F**

**Fair·bairn** ['feə(r)beə(r)n] *Engl. Familienname.*

**Fair·banks,** Douglas ['feə(r)bæŋks] *1883–1939. Amer. Schauspieler.*

**Fan·shawe** ['fænʃɔ:] *Engl. Familienname.*

**Far·a·day,** Michael ['færədi; -deɪ] *1791–1867. Engl. Chemiker u. Physiker.*

**Far·leigh** *od.* **Far·ley** ['fɑ:(r)li] *Engl. Familienname.*

**Far·quhar,** George ['fɑ:(r)kwə(r); -kə(r)] *1678–1707. Engl. Dramatiker.*

**Far·rant** ['færənt] *Engl. Familienname.*

**Far·rell,** James Thomas ['færəl] *1904–1979. Amer. Romanschriftsteller.*

**Faulk·ner,** William ['fɔ:knə(r)] *1897–1962. Amer. Romanschriftsteller.*

**Faw·cett** ['fɔ:sɪt] *Engl. Familienname.*

**Fawkes,** Guy [fɔ:ks] *1570–1606. Einer der Hauptteilnehmer an der engl. Pulververschwörung.*

**Fein·ing·er,** Lyonel ['faɪnɪŋə(r)] *1871–1956. Amer. Maler.*

**Feld·man,** Marty ['feldmən] *1934–82. Brit. Komiker.*

**Fenn** [fen] *Engl. Familienname.*

**Fen·wick** ['fenɪk; *Am.* -wɪk] *Engl. Familienname.*

**Fer·ber,** Edna ['fɜ:bə; *Am.* 'fɜrbər] *1887–1968. Amer. Schriftstellerin.*

**Ffoulkes** [fəʊks; fəʊlks; faʊks; fu:ks] *Engl. Familienname.*

**Field,** Eugene [fi:ld] *1850–95. Amer. Dichter u. Publizist.*

**Fiel·ding,** Henry ['fi:ldɪŋ] *1707–54. Engl. Romanschriftsteller.*

**Fields,** W.C. [fi:ldz] *1880–1946. Amer. Filmkomiker.*

**Fiennes** [faɪnz] *Engl. Familienname.*

**Fi·field** ['faɪfi:ld] *Engl. Familienname.*

**Fill·more,** Millard ['fɪlmɔ:(r)] *1800–1874. 13. Präsident der USA.*

**Fish·er,** Dorothy *(geb.* Canfield) ['fɪʃə(r)] *1879–1958. Amer. Romanschriftstellerin.*

**Fiske,** John [fɪsk] *(eigentlich* Edmund Fisk Green). *1842–1901. Amer. Historiker u. Philosoph.*

**Fitch,** (William) Clyde [fɪtʃ] *1865–1909. Amer. Dramatiker.*

**Fitz·ger·ald,** Edward [fɪts'dʒerəld] *1809–83. Engl. Dichter u. Übersetzer.*

**Fitz·ger·ald,** Ella [fɪts'dʒerəld] *\*1918. Amer. Jazzsängerin.*

**Fitz·ger·ald,** Francis Scott Key [fɪts'dʒerəld] *1896–1940. Amer. Romanschriftsteller.*

**Fitz·roy** [fɪts'rɔɪ] *Engl. Familienname.*

**Flagg,** James Montgomery [flæg] *1877–1960. Amer. Maler, Illustrator u. Schriftsteller.*

**Flem·ing,** Sir Alexander ['flemɪŋ] *1881–1955. Engl. Bakteriologe; Entdecker des Penicillins.*

**Fletch·er,** John ['fletʃə(r)] *1579–1625. Engl. Dramatiker.*

**Flex·ner,** Simon ['fleksnə(r)] *1863–1946. Amer. Pathologe.*

**Flo·ri·o,** John ['flɔ:riəʊ] *1553–1625. Engl. Lexikograph u. Übersetzer.*

**Fon·da,** Henry ['fɒndə; *Am.* 'fɑndə] *1905–82. Amer. Filmschauspieler.*

**Foot,** Michael [fʊt] *\*1913. Brit. Politiker.*

**Ford,** Ford Madox [fɔ:(r)d] *(eigentlich* Ford Madox Hueffer). *1873–1939. Engl. Schriftsteller.*

**Ford,** Gerald [fɔ:(r)d] *\*1913. 38. Präsident der USA.*

**Ford,** Henry [fɔ:(r)d] *1863–1947. Amer. Industrieller.*

**Ford,** John [fɔ:(r)d] *1586–1640? Engl. Dramatiker.*

**For·es·ter,** Cecil Scott ['fɒrɪstə(r); *Am. a.* 'fɑr-] *1899–1966. Engl. Romanschriftsteller.*

**For·man** ['fɔ:(r)mən] *Engl. Familienname.*

**For·ster,** E(dward) M(organ) ['fɔ:(r)stə(r)] *1879–1970. Engl. Schriftsteller.*

**Fox,** George [fɒks; *Am.* fɑks] *1624–91. Engl. Prediger; Gründer der Quäker.*

**Frank·lin,** Benjamin ['fræŋklɪn] *1706–90. Amer. Staatsmann, Erfinder u. Schriftsteller.*

**Free·man,** Mary Eleanor ['fri:mən] *1852–1930. Amer. Schriftstellerin.*

**Fre·neau,** Philip Morin [frɪ'nəʊ] *1752–1832. Amer. Dichter.*

**Frere** [frɪə(r)] *Engl. Familienname.*

**Fro·bish·er,** Sir Martin ['frəʊbɪʃə(r)] *1535?–94. Engl. Seefahrer.*

**Fromm,** Erich [frɒm; *Am.* frəʊm; fram] *1900–1980. Amer. Psychoanalytiker deutscher Herkunft.*

**Frost,** Robert Lee [frɒst] *1874–1963. Amer. Dichter.*

**Fudge** [fju:dʒ; fʌdʒ] *Engl. Familienname.*

**Ful·bright,** James William ['fʊlbraɪt] *\*1905. Amer. Politiker.*

**Ful·ler,** (Sarah) Margaret *(verh.* Marchioness Ossoli) ['fʊlə(r)] *1810–50. Amer. Schriftstellerin.*

**Ful·ler,** Thomas ['fʊlə(r)] *1608–61. Engl. Geistlicher u. Schriftsteller.*

**Ful·ton,** Robert ['fʊltən] *1765–1815. Amer. Ingenieur u. Erfinder.*

**G**

**Ga·ble,** Clark ['geɪbl] *1901–60. Amer. Filmschauspieler.*

**Gads·by** ['gædzbɪ] *Engl. Familienname.*

**Gains·bor·ough,** Thomas ['geɪnzbərə; -brə; *Am. bes.* -ˌbɜrə] *1727–88. Engl. Maler.*

**Gaits·kell,** Hugh Todd ['geɪtskəl] *1903–63. Brit. Politiker.*

**Gal·braith,** John Kenneth [gæl'breɪθ; *bes. Am.* 'gælbreɪθ] *\*1908. Amer. Wirtschaftswissenschaftler.*

**Gale,** Zona [geɪl] *1874–1938. Amer. Romanschriftstellerin.*

**Gal·la·gher** ['gæləhə(r); *Am. bes.* -gər] *Engl. Familienname.*

**Gal·lup,** George Horace ['gæləp] *1909–84. Amer. Statistiker.*

**Gals·wor·thy,** John ['gɔ:lzwɜ:ðɪ; *Am.* -ˌwɜrðɪ] *1867–1933. Engl. Romanschriftsteller u. Dramatiker.*

**Gal·ton,** Sir Francis ['gɔ:ltən] *1822–1911. Engl. Naturwissenschaftler.*

**Gan·dhi,** Mohandas Karamchand **(Mahatma Gandhi)** ['gændɪ:; 'gɑ:n-] Mohandas Karamtschand Gandhi. *1869–1948. Führer der indischen Unabhängigkeitsbewegung.*

**Gar·di·ner,** Samuel Rawson ['gɑ:(r)dnə(r)] *1829–1902. Engl. Historiker.*

**Gar·field,** James Abram ['gɑ:(r)fi:ld] *1831–81. 20. Präsident der USA.*

**Gar·land,** Hamlin ['gɑ:(r)lənd] *1860–1940. Amer. Romanschriftsteller.*

**Gar·net(t)** ['gɑ:(r)nɪt] *Engl. Familienname.*

**Gar·rick,** David ['gærɪk] *1717–79. Engl. Schauspieler.*

**Gas·kell,** Elizabeth Cleghorn ['gæskəl] *1810–65. Engl. Romanschriftstellerin.*

**Gau·ta·ma Bud·dha** [ˌgaʊtəmə'bʊdə; *Am. a.* -'bu:-] *563?–483? v. Chr. Indischer Philosoph; Begründer des Buddhismus.*

**Gay,** John [geɪ] *1685–1732. Engl. Dichter u. Dramatiker.*

**Geof·frey of Mon·mouth** [ˌdʒefrɪəv'mɒnməθ; *Am.* -'mɑn-] Galfred von Monmouth. *1100?–1154. Engl. Bischof u. Chronist.*

**George** [dʒɔ:(r)dʒ] *Könige von England:* George I Georg I. *1660–1727;* George II Georg II. *1683–1760;* George III Georg III. *1738–1820;* George IV Georg IV. *1762–1830;* George V Georg V. *1865–1936;* George VI Georg VI. *1895–1952.*

**George,** David Lloyd [dʒɔ:(r)dʒ] → Lloyd George.

**Gersh·win,** George ['gɜ:ʃwɪn; *Am.* 'gɜrʃwən] *1898–1937. Amer. Komponist.*

**Get·ty,** Jean Paul ['getɪ] *1892–1976. Amer. Ölindustrieller.*

**Giel·gud,** Sir John ['gi:lgʊd] *\*1904. Engl. Theater- u. Filmschauspieler.*

**Gil·bert,** W(illiam) S(chwenck) ['gɪlbə(r)t] *1836–1911. Engl. Dramatiker u. Librettist.*

**Gil·lette** [dʒɪ'let] *Engl. Familienname.*

**Gil·lies** ['gɪlɪs] *Engl. Familienname.*

**Gil·ling·ham** ['gɪlɪŋəm; 'dʒɪl-] *Engl. Familienname.*

**Gill·more** ['gɪlmɔ:(r)] *Engl. Familienname.*

**Gill·ray,** James ['gɪlreɪ] *1757–1815. Engl. Karikaturist.*

**Gill·son** ['dʒɪlsn] *Engl. Familienname.*

**Gil·pin** ['gɪlpɪn] *Engl. Familienname.*

**Gim·son** ['gɪmsn; 'dʒɪmsn] *Engl. Familienname.*

**Gins·berg,** Allen ['gɪnzbɜ:g; *Am.*

-ˈbɜrg] *1926. Amer. Dichter.
**Gis·sing,** George Robert [ˈgɪsɪŋ] 1857–1903. Engl. Romanschriftsteller.
**Glad·stone,** William Ewart [ˈglædstən; Am. -ˌstəʊn] 1809–98. Brit. Staatsmann; Premierminister.
**Glas·gow,** Ellen Anderson Gholson [ˈglɑːsgəʊ; ˈglɑːz-; bes. Am. ˈglæskəʊ; -gəʊ] 1874–1945. Amer. Romanschriftstellerin.
**Glegg** [gleg] Engl. Familienname.
**Glen·dow·er,** Owen [glenˈdaʊə(r)] 1359?–1416? Führer der walisischen Aufständischen gegen Heinrich IV. von England.
**Glos·ter** [ˈglɒstə(r); Am. a. ˈglɑ-] Engl. Familienname.
**Glouces·ter,** Duke of [ˈglɒstə(r); Am. a. ˈglɑ-] → Humphrey.
**God·win,** William [ˈgɒdwɪn; Am. ˈgɑdwən] 1756–1836. Engl. Philosoph u. Romanschriftsteller.
**Gold·ing,** William [ˈgəʊldɪŋ] *1911. Engl. Romanschriftsteller.
**Gold·smith,** Oliver [ˈgəʊldsmɪθ] 1728–74. Engl. Dichter.
**Gold·wyn,** Samuel [ˈgəʊldwɪn] 1884–1974. Amer. Filmproduzent.
**Gol·lancz,** Victor [gəˈlænts; Br. a. ˈgɒlənts; Am. a. ˈgɑlənts] 1893–1967. Engl. Verleger u. Schriftsteller.
**Good·man,** Benny [ˈgʊdmən] 1909–1986. Amer. Jazzmusiker.
**Good·year,** Charles [ˈgʊdjɜː; -jə; -ˌjɪə; Am. -ˌjɪr; -dʒɪr] 1800–60. Amer. Erfinder.
**Gor·ba·chev,** Mikhail [ˌgɔː(r)bəˈtʃɒf; Am. a. -ˈtʃɔːv] Michail Gorbatschow. *1931. Sowjet. Parteichef.
**Gosse,** Sir Edmund William [gɒs; Am. gɑs] 1849–1928. Engl. Dichter u. Kritiker.
**Gour·lay** od. **Gour·ley** [ˈgʊə(r)lɪ] Engl. Familienname.
**Gow** [gaʊ] Engl. Familienanme.
**Gow·er,** John [ˈgaʊə(r)] 1325?–1408. Engl. Dichter.
**Gra·ham** [ˈgreɪəm; ˈgreəm] Engl. Familienname.
**Gran·ger** [ˈgreɪndʒə(r)] Engl. Familienname.
**Grant,** Cary [grɑːnt; Am. grænt] 1904–1986. Amer. Filmschauspieler.
**Grant,** Ulysses Simpson [grɑːnt; Am. grænt] 1822–85. Amer. General; 18. Präsident der USA.
**Gran·ville-Bar·ker,** Harley [ˌgrænvɪlˈbɑː(r)kə(r)] 1877–1946. Engl. Dramatiker, Schauspieler u. Regisseur.
**Graves,** Robert Ranke [greɪvz] 1895–1985. Engl. Schriftsteller.
**Gray,** Thomas [greɪ] 1716–71. Engl. Dichter.
**Greaves** [griːvz] Engl. Familienname.
**Greene,** Graham [griːn] *1904. Engl. Schriftsteller.
**Greene,** Robert [griːn] 1560?–92. Engl. Dichter u. Dramatiker.
**Green·halgh** [ˈgriːnhælʃ; -hældʒ; -hɔː-] Engl. Familienname.
**Greg(g)** [greg] Engl. Familienname.
**Greg·o·ry,** Lady Augusta (geb. Persse) [ˈgregərɪ] 1859?–1932. Irische Dramatikerin.
**Greig** [greg] Engl. Familienname.
**Gre·ville** [ˈgrevɪl; -vl] Engl. Familienname.
**Grey,** Charles, 2nd Earl [greɪ] 1764–1845. Brit. Staatsmann; Premierminister.
**Grey,** Lady Jane [greɪ] 1537–54. Engl. Gegenkönigin.
**Grice** [graɪs] Engl. Familienname.
**Grid·ley** [ˈgrɪdlɪ] Engl. Familienname.
**Grier·son,** John [ˈgrɪə(r)sn] 1898–1972. Brit. Filmregisseur.
**Guin·ness,** Sir Alec [ˈgɪnɪs] *1914. Engl. Schauspieler.

# H

**Hack·ett** [ˈhækɪt] Engl. Familienname.
**Had·ow** [ˈhædəʊ] Engl. Familienname.
**Hag·gard,** Sir Henry Rider [ˈhægə(r)d] 1856–1925. Engl. Romanschriftsteller.
**Haig,** Al [heɪg] 1924–82. Amer. Jazzpianist.
**Haigh** [heɪg; heɪ] Engl. Familienname.
**Ha·ley,** Bill [ˈheɪlɪ] 1925–81. Amer. Rockmusiker.
**Hal·i·fax,** Edward Frederick Lindley Wood, Earl of [ˈhælɪfæks] 1881–1959. Brit. Staatsmann.
**Hal·lam,** Henry [ˈhæləm] 1777–1859. Engl. Historiker.
**Hal·leck,** Fitz-Greene [ˈhælɪk; -lək] 1790–1867. Amer. Dichter.
**Hal·ley,** Edmund [ˈhælɪ] 1656–1742. Engl. Astronom.
**Hal·li·day** [ˈhælɪdeɪ] Engl. Familienname.
**Ham·il·ton,** Alexander [ˈhæmltən; -məl-] 1757–1804. Amer. Staatsmann.
**Ham·il·ton,** Lady Emma (geb. Lyon) [ˈhæmltən; -məl-] 1765?–1815. Geliebte Lord Nelsons.
**Ham·mer·stein** [ˈhæmə(r)staɪn; Am. a. -ˌstiːn], Oscar 1847?–1919, amer. Regisseur deutscher Herkunft; sein Enkel Oscar (Hammerstein II) 1895–1960, amer. Dichter u. Librettist.
**Ham·mett,** Dashiell [ˈhæmɪt] 1894–1961. Amer. Kriminalschriftsteller.
**Hamp·den,** John [ˈhæmpdən; ˈhæmdən] 1594–1643. Engl. Staatsmann.
**Han·cock,** John [ˈhænkɒk; Am. -ˌkɑk] 1737–93. Amer. Staatsmann.
**Har·ding,** Warren Gamaliel [ˈhɑː(r)dɪŋ] 1865–1923. 29. Präsident der USA.
**Har·dy,** Oliver [ˈhɑː(r)dɪ] 1892–1957. Amer. Filmkomiker.
**Har·dy,** Thomas [ˈhɑː(r)dɪ] 1840–1928. Engl. Schriftsteller.
**Har·old** [ˈhærəld] Angelsächsische Könige: Harold I (Harold Harefoot) Harold I. (Harold Hasenfuß) ?–1040; Harold II Harold II. 1022?–66.
**Har·rap** [ˈhærəp] Engl. Familienname.
**Har·ri·man,** William Averell [ˈhærɪmən] *1891. Amer. Diplomat u. Politiker.
**Har·ris,** Joel Chandler [ˈhærɪs] 1848–1908. Amer. Schriftsteller.
**Har·ri·son,** Benjamin [ˈhærɪsn] 1833–1901. 23. Präsident der USA.
**Har·ri·son,** George → Beatles.
**Hart,** Moss [hɑː(r)t] 1904–61. Amer. Librettist u. Dramatiker.
**Harte,** (Francis) Bret(t) [hɑː(r)t] 1836–1902. Amer. Schriftsteller.
**Har·vey,** William [ˈhɑː(r)vɪ] 1578–1657. Engl. Arzt. Entdeckte den Blutkreislauf.
**Have·lock** [ˈhævlɒk; Am. -ˌlɑk] Engl. Familienname.
**Haw·kins,** Sir Anthony Hope [ˈhɔːkɪnz] (Pseudonym Anthony Hope) 1863–1933. Engl. Romanschriftsteller u. Dramatiker.
**Hawks,** Howard [hɔːks] 1896–1977. Amer. Filmregisseur.
**Haw·thorne,** Nathaniel [ˈhɔːθɔː(r)n] 1804–64. Amer. Schriftsteller.
**Hayes,** Rutherford Birchard [heɪz] 1822–93. 19. Präsident der USA.
**Haz·litt,** William [ˈheɪzlɪt; ˈhæz-] 1778–1830. Engl. Essayist.
**Hea·ly** [ˈhiːlɪ] Engl. Familienname.
**Hearne** [hɜːn; Am. hɜrn] Engl. Familienname.
**Hearst,** William Randolph [hɜːst; Am. hɜrst] 1863–1951. Amer. Zeitungsverleger.

**Heath,** Edward Richard George [hiːθ] *1916. Brit. Politiker; Premierminister.
**Heath·cote** [ˈheθkət; ˈhiːθ-] Engl. Familienname.
**Hem·ans,** Felicia Dorothea [ˈhemənz] 1793–1835. Engl. Dichterin.
**Hem·ing·way,** Ernest [ˈhemɪŋweɪ] 1899–1961. Amer. Schriftsteller.
**Hen·ley,** William Ernest [ˈhenlɪ] 1849–1903. Engl. Schriftsteller u. Herausgeber.
**Hen·nes·s(e)y** [ˈhenɪsɪ; -nəsɪ] Engl. Familienname.
**Henry** [ˈhenrɪ] Könige von England: Henry I Heinrich I. 1068–1135: Henry II Heinrich II. 1133–89; Henry III Heinrich III. 1207–72; Henry IV Heinrich IV. 1367–1413; Henry V Heinrich V. 1387–1422; Henry VI Heinrich VI. 1421–71; Henry VII Heinrich VII. 1457–1509; Henry VIII Heinrich VIII. 1491–1547.
**Hens·ley** [ˈhenzlɪ] Engl. Familienname.
**Hens·lowe,** Philip [ˈhenzləʊ] ?–1616. Engl. Theaterbesitzer u. Tagebuchschreiber.
**Hen·ty,** George Alfred [ˈhentɪ] 1832–1902. Engl. Romanschriftsteller.
**Hep·burn,** Katharine [ˈhebːn; ˈhepb-; Am. ˈhepbərn; -ˌbɜrn] *1909. Amer. Filmschauspielerin.
**Hep·ple·white,** George [ˈheplwaɪt] ?–1786. Engl. Kunsttischler.
**Her·bert,** George [ˈhɜːbət; Am. ˈhɜrbərt] 1593–1633. Engl. Dichter.
**Her·rick,** Robert [ˈherɪk] 1591–1674. Engl. Dichter.
**Her·schel** [ˈhɜːʃl; Am. ˈhɜrʃəl], Sir John Frederick William 1792–1871; sein Vater Sir William 1738–1822. Engl. Astronomen.
**Hew·ard** [ˈhjuːə(r)d] Engl. Familienname.
**Hew·lett** [ˈhjuːlɪt] Engl. Familienname.
**Hey·ward,** DuBose [ˈheɪwə(r)d] 1885–1940. Amer. Schriftsteller.
**Hey·wood,** John [ˈheɪwʊd] 1497?–1580? Engl. Dichter.
**Hey·wood,** Thomas [ˈheɪwʊd] 1574?–1641. Engl. Dramatiker.
**Hick·in·bot·ham** [ˈhɪkɪnbɒtəm; Am. -ˌbɑ-] Engl. Familienname.
**Hig·gins** [ˈhɪgɪnz] Engl. Familienname.
**Hig·gin·son,** Thomas Wentworth Storrow [ˈhɪgɪnsn] 1823–1911. Amer. Schriftsteller.
**Hil·la·ry,** Sir Edmund [ˈhɪlərɪ] *1919. Neuseeländ. Bergsteiger. Bestieg als erster den Mount Everest.
**Hil·ton,** James [ˈhɪltən] 1900–54. Engl. Romanschriftsteller.
**Hitch·cock,** Sir Alfred [ˈhɪtʃkɒk; Am. -ˌkɑk] 1899–1980. Engl. Filmregisseur.
**Hobbes,** Thomas [hɒbz; Am. hɑbz] 1588–1679. Engl. Philosoph.
**Hock·ney,** David [ˈhɒknɪ; Am. ˈhɑ-] *1937. Engl. Maler.
**Hodg·es** [ˈhɒdʒɪz; Am. ˈhɑ-] Engl. Familienname.
**Ho·garth,** William [ˈhəʊgɑː(r)θ] 1697–1764. Engl. Maler u. Kupferstecher.
**Hogg,** James ("The Ettrick Shepherd") [hɒg; Am. a. hag] 1770–1835. Schott. Dichter.
**Hol·croft** [ˈhəʊlkrɒft; Am. -ˌkrɑft] Engl. Familienname.
**Hol·den,** William [ˈhəʊldən] 1918–1981. Amer. Filmschauspieler.
**Holds·worth** [ˈhəʊldzwɜːθ; -wəθ; Am. -ˌwɜrθ; -wərθ] Engl. Familienname.
**Hol·in·shed,** Raphael [ˈhɒlɪnʃed; Am. ˈhɑlən-] ?–1580? Engl. Chronist.
**Hol·lo·way** [ˈhɒləweɪ; Am. ˈhɑ-] Engl. Familienname.
**Hol·man** [ˈhəʊlmən] Engl. Familienname.

**Home** [həʊm; hjuːm] *Engl. Familienname.*

**Home,** Sir Alec Douglas-Home [hjuːm] *1903. Brit. Politiker.*

**Ho·mer** [ˈhəʊmə(r)] Hoˈmer. *Ende des 8. Jhs. v. Chr. Griech. Dichter.*

**Ho·mer,** Winslow [ˈhəʊmə(r)] *1836–1910. Amer. Maler.*

**Hood,** Thomas [hʊd] *1799–1845. Engl. Dichter.*

**Hoo·ver,** Herbert Clark [ˈhuːvə(r)] *1874–1964. 31. Präsident der USA.*

**Hope,** Anthony [həʊp] → Hawkins, Sir Anthony.

**Hope,** Bob [həʊp] *1904. Amer. Komiker.*

**Hop·kins,** Gerard Manley [ˈhɒpkɪnz; *Am.* ˈhɑp-] *1844–89. Engl. Dichter.*

**Hop·per,** Edward [ˈhɒpə; *Am.* ˈhɑpər] *1882–1967. Amer. Maler u. Graphiker.*

**Hou·di·ni,** Harry [huːˈdiːnɪ] *1874–1926. Amer. Entfesselungskünstler.*

**Hough** [hʌf; hɒf; *Am. a.* hɑf] *Engl. Familienname.*

**Hous·man,** Alfred Edward [ˈhaʊsmən] *1859–1936. Engl. Dichter u. Altphilologe.*

**Hov·ey,** Richard [[ˈhʌvɪ] *1864–1900. Amer. Dichter.*

**How** [haʊ] *Engl. Familienname.*

**How·ard,** Catherine [ˈhaʊə(r)d] *1521?–42. Fünfte Frau Heinrichs VIII.*

**How·ard,** Henry, Earl of Surrey [ˈhaʊə(r)d] *1517?–47. Engl. Dichter.*

**How·ell** [ˈhaʊəl] *Engl. Familienname.*

**How·ells,** William Dean [ˈhaʊəlz] *1837–1920. Amer. Schriftsteller.*

**How·ie** [ˈhaʊɪ] *Engl. Familienname.*

**How·orth** [ˈhaʊə(r)θ] *Engl. Familienname.*

**Hoyle,** Fred [hɔɪl] *1915. Engl. Astronom u. Schriftsteller.*

**Hub·bard,** Elbert Green [ˈhʌbə(r)d] *1856–1915. Amer. Schriftsteller u. Herausgeber.*

**Hughes,** Howard [hjuːz] *1905–76. Amer. Industrieller u. Filmproduzent.*

**Hughes,** (James) Langston [hjuːz] *1902–67. Amer. Schriftsteller.*

**Hughes,** Richard Arthur Warren [hjuːz] *1900–76. Engl. Schriftsteller.*

**Hulme** [hjuːm; huːm] *Engl. Familienname.*

**Hume,** David [hjuːm] *1711–76. Schott. Philosoph u. Historiker.*

**Hum·phrey,** Duke of Gloucester and Earl of Pembroke [ˈhʌmfrɪ] *1391–1447. Engl. Staatsmann.*

**Hunt,** (James Henry) Leigh [hʌnt] *1784–1859. Engl. Essayist u. Dichter.*

**Hus·ton,** John [ˈhjuːstən] *1906–1987. Amer. Filmregisseur.*

**Hux·ley,** [ˈhʌkslɪ], Aldous Leonard *1898–1963, engl. Schriftsteller; sein Bruder* Sir Julian Sorell *1887–1975, engl. Biologe; ihr Großvater* Thomas Henry *1825–95, engl. Biologe.*

**Hyde,** Douglas [haɪd] *1860–1949. Irischer Schriftsteller; 1. Präsident der Republik Irland.*

# I

**Il·ling·worth** [ˈɪlɪŋwə(r)θ; *Br. a.* -wɜː θ; *Am. a.* -ˌwɜːrθ] *Engl. Familienname.*

**Inge,** William Ralph [ɪŋ] *1860–1954. Engl. Geistlicher u. Schriftsteller.*

**In·glis** [ˈɪŋglz; ˈɪŋglɪs] *Engl. Familienname.*

**In·man** [ˈɪnmən] *Engl. Familienname.*

**In·ness,** George [ˈɪnɪs], *Vater 1825–94 u. Sohn 1854–1926. Amer. Maler.*

**Ir·ving,** Washington [ˈɜːvɪŋ; *Am.* ˈɜr-] *1783–1859. Amer. Schriftsteller.*

**I·saacs,** Sir Isaac Alfred [ˈaɪzəks] *1855–1948. Austral. Jurist u. Staatsmann; Generalgouverneur von Australien.*

**Ish·er·wood,** Christopher William Bradshaw [ˈɪʃə(r)wʊd] *1904. Engl. Schriftsteller u. Dramatiker.*

# J

**Jack·son,** Andrew [ˈdʒæksn] *1767–1845. Amer. General; 7. Präsident der USA.*

**Jack·son,** Helen Maria Hunt [ˈdʒæksn] *1830–85. Amer. Dichterin u. Romanschriftstellerin.*

**Jag·ger,** Mick [ˈdʒægə(r)] *1943. Engl. Rocksänger u. Texter.*

**Ja·go** [ˈdʒeɪgəʊ] *Engl. Familienname.*

**James** [dʒeɪmz] *Engl. Könige:* James I Jakob I. *1566–1625;* James II Jakob II. *1633–1701.*

**James** [dʒeɪmz], Henry *1811–82, amer. Philosoph; seine Söhne* Henry *1843–1916, amer. Schriftsteller, u.* William *1842–1910. amer. Psychologe u. Philosoph.*

**Ja·mie·son** [ˈdʒeɪmɪsn; ˈdʒem-; ˈdʒæm-; ˈdʒɪm-] *Engl. Familienname.*

**Jans·sen,** David [ˈdʒænsən] *1931–1980. Amer. Filmschauspieler.*

**Jeans,** Sir James Hopwood [dʒiːnz] *1877–1946. Engl. Astronom, Physiker u. Philosoph.*

**Jef·fers,** Robinson [ˈdʒefə(r)z] *1887–1962. Amer. Dichter.*

**Jef·fer·son,** Thomas [ˈdʒefə(r)sn] *1743–1826. Amer. Staatsmann; 3. Präsident der USA.*

**Jen·kins,** Roy [ˈdʒeŋkɪnz] *1920. Brit. Politiker.*

**Jen·ner,** Edward [ˈdʒenə(r)] *1749–1823. Engl. Arzt; Entdecker der Pockenschutzimpfung.*

**Je·sus (Christ)** [ˈdʒiːzəs; ˌ-ˈkraɪst] Jesus (Christus). *Zwischen 8 u. 4 v. Chr.–30? n. Chr.*

**Jev·ons,** William Stanley [ˈdʒevənz; -vnz] *1835–82. Engl. Philosoph u. Volkswirtschaftler.*

**Jew·ett,** Sarah Orne [ˈdʒuːɪt] *1849–1909. Amer. Schriftstellerin.*

**Joan of Arc,** Saint [ˌdʒəʊnəvˈɑː(r)k] *die heilige* Joˈhanna von Orléans. *1412?–31. Franz. Nationalheldin.*

**John** (Lackland) [dʒɒn; *Am.* dʒɑn] Johann (ohne Land). *1167–1216. König von England.*

**John of Gaunt,** Duke of Lancaster [ˌdʒɒnəvˈgɔːnt; *Am.* ˌdʒɑn-; *a.* -ˈgɑːnt] *1340–99. Engl. Staatsmann.*

**John·son,** Andrew [ˈdʒɒnsn; *Am.* ˈdʒɑnsən] *1808–75. 17. Präsident der USA.*

**John·son,** James Weldon [ˈdʒɒnsn; *Am.* ˈdʒɑnsən] *1871–1938. Amer. Schriftsteller.*

**John·son,** Lyndon Baines [ˈdʒɒnsn; *Am.* ˈdʒɑnsən] *1908–1973. 36. Präsident der USA.*

**John·son,** Samuel (Dr. Johnson) [ˈdʒɒnsn; *Am.* ˈdʒɑnsən] *1709–84. Engl. Lexikograph, Essayist u. Dichter.*

**Jones,** Daniel [dʒəʊnz] *1881–1967. Engl. Phonetiker.*

**Jones,** Inigo [dʒəʊnz] *1573–1652. Engl. Architekt.*

**Jon·son,** Ben (*eigentlich* Benjamin) [ˈdʒɒnsn; *Am.* ˈdʒɑnsən] *1572?–1637. Engl. Dramatiker u. Dichter; Poeta Laureatus.*

**Joule,** James Prescott [dʒuːl; dʒaʊl; dʒəʊl] *1818–89. Engl. Physiker.*

**Joyce,** James [dʒɔɪs] *1882–1941. Irischer Schriftsteller.*

# K

**Kauf·man,** George Simon [ˈkɔːfmən] *1889–1961. Amer. Dramatiker.*

**Keane** [kiːn] *Engl. Familienname.*

**Kea·ting(e)** [ˈkiːtɪŋ] *Engl. Familienname.*

**Kea·ton,** Buster [ˈkiːtn] *1895–1966. Amer. Filmkomiker.*

**Keats,** John [kiːts] *1795–1821. Engl. Dichter.*

**Ke(e)·ble** [ˈkiːbl] *Engl. Familienname.*

**Ke·fau·ver,** Carey Estes [ˈkiːˌfɔːvə(r)] *1903–63. Amer. Politiker.*

**Keigh·ley** [ˈkiːθlɪ; ˈkiːlɪ; ˈkaɪlɪ] *Engl. Familienname.*

**Keir** [kɪə(r)] *Engl. Familienname.*

**Kel·ler,** Helen Adams [ˈkelə(r)] *1880–1968. Amer. Schriftstellerin.*

**Kel·logg,** Frank Billings [ˈkelɒg; *Am. a.* -ˌɑg] *1856–1937. Amer. Staatsmann.*

**Kel·vin,** William Thomson, 1st Baron [ˈkelvɪn] *1824–1907. Engl. Mathematiker u. Physiker.*

**Ken·dal(l)** [ˈkendl] *Engl. Familienname.*

**Ken·ne·dy** [ˈkenɪdɪ; -nə-], John Fitzgerald *1917–63, 35. Präsident der USA; sein Bruder* Robert Francis *1925–68, Amer. Politiker.*

**Ken·ton,** Stan [ˈkentən] *1912–79. Amer. Jazzmusiker.*

**Ken·yat·ta,** Jomo [kenˈjætə] *1891?–1978. Ministerpräsident u. Präsident von Kenia.*

**Kern,** Jerome David [kɜːn; *Am.* kɜrn] *1885–1945. Amer. Komponist.*

**Ke·rou·ac,** Jack [ˈkeruæk; *Am.* ˈkeruˌwæk] *1922–69. Amer. Schriftsteller.*

**Kerr** [kɑː; kɜː; *Am.* kɜr; kɑr] *Engl. Familienname.*

**Keynes,** John Maynard [keɪnz] *1883–1946. Engl. Ökonom.*

**Kidd,** William (Captain Kidd) [kɪd] *1645?–1701. Engl. Seefahrer u. Seeräuber.*

**Kil·mer,** (Alfred) Joyce [ˈkɪlmə(r)] *1886–1918. Amer. Dichter.*

**King,** Martin Luther [kɪŋ] *1929–68. Amer. Negerführer der Civil-Rights-Bewegung.*

**King,** William Lyon Mackenzie [kɪŋ] *1874–1950. Kanad. Staatsmann; Ministerpräsident.*

**Kings·ley,** Charles [ˈkɪŋzlɪ] *1819–75. Engl. Geistlicher u. Romanschriftsteller.*

**Kip·ling,** Rudyard [ˈkɪplɪŋ] *1865–1936. Engl. Dichter u. Schriftsteller.*

**Kirk·ness** [kɜːkˈnes; *Am.* ˌkɜrk-] *Engl. Familienname.*

**Kitch·e·ner,** Horatio Herbert, 1st Earl Kitchener of Khartoum and of Broome [ˈkɪtʃɪnə(r); -tʃə-] *1850–1916. Brit. Feldmarschall.*

**Knowles** [nəʊlz] *Engl. Familienname.*

**Knox,** John [nɒks; *Am.* nɑks] *1505?–72. Schott. Reformator.*

**Kreym·borg,** Alfred [ˈkreɪmbɔː(r)g] *1883–1966. Amer. Dichter.*

**Kru·ger,** Stephanus Johannes Paulus ("Oom Paul") [ˈkruːgə(r)] Stephanus Johannes Paulus Krüger. *1825–1904. Südafrik. Staatsmann.*

**Kru·pa,** Gene [ˈkruːpə] *1909–73. Amer. Schlagzeuger.*

**Ku·brick,** Stanley [ˈkjuːbrɪk; *Am. bes.* ˈkuː-] *1928. Amer. Filmregisseur u. Produzent.*

**Kyd,** Thomas [kɪd] *1558–94. Engl. Dramatiker.*

# L

**Laing** [læŋ; leɪŋ] *Engl. Familienname.*

**Lamb,** Charles [læm] *1775–1834. Engl. Essayist u. Kritiker.*

**Lamp·lough** [ˈlæmpluː; -lʌf] *Engl. Familienname.*

**Lan·dor,** Walter Savage [ˈlændɔː(r); -də(r)] *1775–1864. Engl. Schriftsteller.*

**Lang·land,** William [ˈlæŋlənd] *1332?– 1400? Engl. Dichter.*

**Lang·ley,** Samuel Pierpont [ˈlæŋlɪ] *1834–1906. Amer. Astronom u. Pionier des Flugzeugbaus.*

**Lang·ton,** Stephen [ˈlæŋtən] *?–1228. Engl. Theologe, Historiker u. Dichter.*

**La·nier,** Sidney [ləˈnɪə(r)] *1842–81. Amer. Dichter.*

**Lans·down(e)** [ˈlænzdaʊn] *Engl. Familienname.*

**Lan·sing,** Robert [ˈlænsɪŋ] *1864–1928. Amer. Staatsmann.*

**Lao-tse** *od.* **Lao-tze** [ˌlɑːəʊˈtseɪ; -ˈtsiː; ˌlaʊ-; *Am.* ˌlaʊdˈzʌ] *od.* **Lao-tzu** [ˌlɑːəʊˈtsuː; *Am.* ˌlaʊdˈzʌ] Lao-tse. *604?– 531? v. Chr. Chines. Philosoph.*

**Lard·ner,** Ring [ˈlɑː(r)dnə(r)] *(eigentlich Ringold Wilmer) 1885–1933. Amer. Journalist u. Verfasser von Kurzgeschichten.*

**La·tham** [ˈleɪθəm; -ðəm] *Engl. Familienname.*

**Lat·i·mer,** Hugh [ˈlætɪmə(r)] *1485?– 1555. Engl. Reformator; protestantischer Märtyrer.*

**Laud,** William [lɔːd] *1573–1645. Erzbischof von Canterbury.*

**Laugh·ton,** Charles [ˈlɔːtn] *1899–1962. Engl. Schauspieler.*

**Lau·rel,** Stan [ˈlɒrəl; *Am. a.* ˈlɑː-] *1890– 1965. Amer. Filmkomiker.*

**La·ver·y,** [ˈleɪvərɪ; ˈlæv-] *Engl. Familienname.*

**Law,** Andrew Bonar [lɔː] *1858–1923. Brit. Staatsmann; Premierminister.*

**Law,** John [lɔː] *1671–1729. Schott. Finanzmann.*

**Law·rence,** David Herbert [ˈlɒrəns; ˈlɔː-; *Am. a.* ˈlɑː-] *1885–1930. Engl. Romanschriftsteller.*

**Law·rence,** Thomas Edward ("Lawrence of Arabia") [ˈlɒrəns; ˈlɔː-; *Am. a.* ˈlɑː-] *1888–1935. Engl. Archäologe u. Schriftsteller.*

**Lay·a·mon** [ˈlaɪəmən; *Am. a.* ˈleɪə-] *Um 1200. Engl. Dichter.*

**Lea·cock,** Stephen Butler [ˈliːkɒk; *Am.* ˌ-kɒk] *1869–1944. Kanad. humoristischer Erzähler.*

**Leck·y,** William Edward Hartpole [ˈlekɪ] *1838–1903. Irischer Historiker u. Essayist.*

**Lee,** Robert Edward [liː] *1807–70. General der Konföderierten im amer. Sezessionskrieg.*

**Le·fe·vre** [ləˈfiːvə(r); -ˈfeɪ-] *Engl. Familienname.*

**Legge** [leg] *Engl. Familienname.*
**Legh** [liː] *Engl. Familienname.*
**Leigh** [liː] *Engl. Familienname.*
**Len·non,** John → Beatles.
**Les·lie** [ˈlezlɪ; *Am.* ˈles-] *Engl. Familienname.*

**Le·ver,** Charles James [ˈliːvə(r)] *1806– 72. Irischer Romanschriftsteller.*
**Le·v(e)y** [ˈliːvɪ; ˈlevɪ] *Engl. Familienname.*
**Lew·es,** George Henry [ˈluːɪs] *1817–78. Engl. Philosoph u. Kritiker.*
**Lew·in** [ˈluːɪn] *Engl. Familienname.*
**Lew·is,** Matthew Gregory ("Monk Lewis") [ˈluːɪs] *1775–1818. Engl. Dichter u. Romanschriftsteller.*
**Lew·is,** Sinclair [ˈluːɪs] *1885–1951. Amer. Romanschriftsteller.*
**Ley** [liː] *Engl. Familienname.*
**Lin·coln,** Abraham [ˈlɪŋkən] *1809–65. 16. Präsident der USA.*
**Lind·bergh,** Charles Augustus [ˈlɪndbɜːg; ˈlɪnbɑːg; *Am.* ˌ-bɜrg] *1902–74. Amer. Flugpionier.*
**Lind·say,** Howard [ˈlɪndzɪ; ˈlɪnzɪ] *1889– 1968. Amer. Dramatiker u. Schauspieler.*
**Lind·say,** (Nicholas) Vachel [ˈlɪndzɪ; ˈlɪnzɪ] *1879–1931. Amer. Dichter.*
**Lipp·mann,** Walter [ˈlɪpmən] *1889– 1974. Amer. Journalist u. Schriftsteller.*
**Lips·comb(e)** [ˈlɪpskəm] *Engl. Familienname.*
**Live·sey** [ˈlɪvsɪ; -zɪ] *Engl. Familienname.*
**Liv·ing·ston,** Robert R. [ˈlɪvɪŋstən] *1746–1813. Amer. Staatsmann.*
**Liv·ing·stone,** David [ˈlɪvɪŋstən] *1813– 73. Schott. Missionar u. Forschungsreisender in Afrika.*
**Liv·y** (Titus Livius) [ˈlɪvɪ] Livius. *59 v. Chr.–17 n. Chr. Röm. Historiker.*
**Lloyd George,** David, 1st Earl of Dufor [ˌlɔɪdˈdʒɔː(r)dʒ] *1863–1945. Brit. Staatsmann; Premierminister.*
**Locke,** John [lɒk; *Am.* lɑk] *1632–1704. Engl. Philosoph.*
**Lock·er-Lamp·son,** Frederick [ˌlɒkəˈlæmpsn; *Am.* ˌlɑkər-] *1821–95. Engl. Dichter.*
**Lock·hart** [ˈlɒkət; ˈlɒkhɑːt; *Am.* ˈlɑkərt; ˈlɑkˌhɑrt] *Engl. Familienname.*
**Lodge,** Henry Cabot [lɒdʒ; *Am.* lɑdʒ] *1850–1924. Amer. Staatsmann u. Schriftsteller.*
**Lodge,** Thomas [lɒdʒ; *Am.* lɑdʒ] *1558?– 1625. Engl. Dichter u. Dramatiker.*
**Lon·don,** Jack [ˈlʌndən] *1876–1916. Amer. Schriftsteller.*
**Long·fel·low,** Henry Wadsworth [ˈlɒŋˌfeləʊ] *1807–82. Amer. Dichter.*
**Lons·dale** [ˈlɒnzdeɪl; *Am.* ˈlɑnz-] *Engl. Familienname.*
**Lo·raine** [lɒˈreɪn; lə-] *Engl. Familienname.*
**Lou·is,** Joe [ˈluːɪs] *1914–81. Amer. Boxer.*
**Love·lace,** Richard [ˈlʌvleɪs] *1618–58. Engl. Dichter.*
**Lov·ell,** Sir Bernard [ˈlʌvl] *1913. Engl. Astronom.*
**Lov·er,** Samuel [ˈlʌvə(r)] *1797–1868. Irischer Romanschriftsteller.*
**Low,** David [ləʊ] *1891–1963. Engl. politischer Karikaturist.*
**Low·ell,** Abbot Lawrence [ˈləʊəl] *1856–1943, amer. Pädagoge; sein Bruder* Percival *1855–1916, amer. Astronom; seine Schwester* Amy *1874–1925, amer. Dichterin u. Kritikerin.*
**Low·ell,** James Russell [ˈləʊəl] *1819– 91. Amer. Dichter, Essayist u. Diplomat.*
**Lowes** [ləʊz] *Engl. Familienname.*
**Lowndes** [laʊndz] *Engl. Familienname.*
**Low·ry,** L(awrence) S(tephen) [ˈlaʊrɪ] *1887–1976. Engl. Maler.*
**Lud·gate** [ˈlʌdgɪt; -geɪt] *Engl. Familienname.*

**Ly·all** [ˈlaɪəl] *Engl. Familienname.*
**Lyd·gate,** John [ˈlɪdgeɪt; -gɪt] *1370?– 1450? Engl. Dichter.*
**Lyl·y,** John [ˈlɪlɪ] *1554?–1606. Engl. Dichter u. Dramatiker.*
**Ly·nam** [ˈlaɪnəm] *Engl. Familienname.*
**Lynch,** John Mary (Jack) [lɪntʃ] *1917. Premierminister von Irland.*

# M

**Mac-** → *a.* Mc-.
**Mac·Ar·thur,** Douglas [məˈkɑː(r)θə(r); məkˈɑː(r)-] *1880–1964. Amer. General.*
**Mac·Cal·lum** [məˈkæləm] *Engl. Familienname.*
**Mac·Car·thy** [məˈkɑː(r)θɪ] *Engl. Familienname.*
**Ma·cau·lay,** Rose [məˈkɔːlɪ] *1881–1958. Engl. Schriftstellerin.*
**Ma·cau·lay,** Thomas Babington, 1st Baron [məˈkɔːlɪ] *1800–59. Engl. Historiker u. Staatsmann.*
**Mac·beth** [məkˈbeθ] *?–1057. König von Schottland.*
**Mac·Clure** [məˈklʊə(r)] *Engl. Familienname.*
**Mac·Crae** [məˈkreɪ] *Engl. Familienname.*
**Mac·don·ald,** George [məkˈdɒnəld; *Am.* ˈ-dɑnld] *1824–1905. Schott. Romanschriftsteller u. Dichter.*
**Mac·Don·ald,** James Ramsay [məkˈdɒnəld; *Am.* ˈ-dɑnld] *1866–1937. Brit. Staatsmann; Premierminister.*
**Mac·Dou·gal** [məkˈduːgl] *Engl. Familienname.*
**Mac·Gee** [məˈgiː] *Engl. Familienname.*
**Mach·en** [ˈmeɪtʃən; ˈmækɪn] *Engl. Familienname.*
**Mack** [mæk] *Engl. Familienname.*
**Mac·Ken·na** [məˈkenə] *Engl. Familienname.*
**Mack·ie** [ˈmækɪ] *Engl. Familienname.*
**Mac·lar·en,** Ian [məˈklærən] → Watson, John.
**Mac·Leish,** Archibald [məˈkliːʃ] *1892– 1982. Amer. Dichter.*
**Mac·leod,** Fiona [məˈklaʊd] → Sharp, William.
**Mac·mil·lan,** Harold [məkˈmɪlən] *1894. Brit. Verleger u. Staatsmann; Premierminister.*
**Mac·Nab** [məkˈnæb] *Engl. Familienname.*
**Mac·na·ma·ra** [ˌmæknəˈmɑːrə; *Am.* ˌ-mærə] *Engl. Familienname.*
**Mac·Neice,** Louis [məkˈniːs] *1907–63. Engl. Dichter u. Philologe.*
**Mac·o·no·chie** [məˈkɒnəkɪ; *Am.* ˌ-ˈkɑ-] *Engl. Familienname.*
**Mac·pher·son,** James [məkˈfɜːsn; *Am.* ˌ-ˈfɜrsn] *1736–96. Schott. Dichter.*
**Mad·i·son,** James [ˈmædɪsn] *1751– 1836, 4. Präsident der USA; seine Frau* Dolly (Dorothea, *geb.* Payne) *1768– 1849.*
**Mae·ce·nas,** Gaius Cilnius [miːˈsiːnæs; -nəs] *70?–8 v. Chr. Röm. Staatsmann u. Förderer der Künste u. Wissenschaften.*
**Ma·gee** [məˈgiː] *Engl. Familienname.*
**Ma·hom·et** [məˈhɒmɪt; *Am.* məˈhɑmət; *Br. u. Am. a.* ˈmeɪəmət], *a.* **Ma·hom·ed** [-d] → Mohammed.
**Ma·hon** [mɑːn; məˈhuːn; məˈhəʊn] *Engl. Familienname.*

**Ma·hon(e)y** [ˈmɑːənɪ; ˈmɑːnɪ] *Engl. Familienname.*

**Mail·er,** Norman [ˈmeɪlə(r)] *\*1923. Amer. Schriftsteller.*

**Mal·lett** [ˈmælɪt] *Engl. Familienname.*

**Ma·lone,** Edmund [məˈləʊn] *1741–1812. Irischer Literaturhistoriker; Shakespeareforscher.*

**Mal·o·ry,** Sir Thomas [ˈmælərɪ] *1408?–71? Engl. Verfasser eines Artusromans.*

**Mal·thus,** Thomas Robert [ˈmælθəs] *1766–1834. Engl. Wirtschaftswissenschaftler.*

**Man·ning,** Henry Edward [ˈmænɪŋ] *1808–92. Engl. Kardinal u. Schriftsteller.*

**Mans·field,** Katherine [ˈmænsfiːld] *(Pseudonym von Kathleen Murry, geb. Beauchamp) 1888–1923. Engl. Schriftstellerin.*

**Man·to·va·ni,** Annunzio Paolo [ˌmæntəˈvɑːnɪ] *1905–80. Brit. Violinist u. Komponist ital. Herkunft.*

**Mao Tse-tung** [ˌmaʊtseˈtʊŋ; *Am.* ˌmaʊdzəˈdʊŋ] *1893–1976. Chines. Staatsmann; Präsident der Volksrepublik China.*

**Map** [mæp], *a.* **Mapes,** Walter [mæps; ˈmeɪpiːz] *1140?–1209? Walisischer Dichter.*

**Mar·cu·se,** Herbert [mɑː(r)ˈkuːzə] *1898–1979. Amer. Philosoph deutscher Herkunft.*

**Mark·ham,** Edwin [ˈmɑː(r)kəm] *1852–1940. Amer. Dichter.*

**Marl·bor·ough,** Duke of [ˈmɔːlbərə; -brə; ˈmɑː(r)l-; *Am. bes.* -ˌbərə] → Churchill, John.

**Mar·ley,** Bob [ˈmɑː(r)lɪ] *1945–81. Jamaikanischer Reggae-Star.*

**Mar·lowe,** Christopher [ˈmɑː(r)ləʊ] *1564–93. Engl. Dramatiker.*

**Mar·ner** [ˈmɑː(r)nə(r)] *Engl. Familienname.*

**Mar·quand,** John Phillips [ˈmɑː(r)kwənd; *Am. bes.* mɑːˈkwɑnd] *1893–1960. Amer. Schriftsteller.*

**Mar·ry·at,** Frederick [ˈmærɪət] *1792–1848. Engl. Marineoffizier u. Romanschriftsteller.*

**Mar·shall,** George Catlett [ˈmɑː(r)ʃl] *1880–1959. Amer. General u. Staatsmann.*

**Mar·ston,** John [ˈmɑː(r)stən] *1575?–1634. Engl. Dramatiker.*

**Mar·ti·neau,** Harriet [ˈmɑː(r)tɪnəʊ; *Am.* ˈmɑːrtnəʊ] *1802–76. Engl. Schriftstellerin.*

**Mar·vell,** Andrew [ˈmɑː(r)vl] *1621–78. Engl. Dichter.*

**Marx Broth·ers** [ˈmɑː(r)ks ˌbrʌðə(r)z] *Amer. Filmkomiker:* Arthur Marx, *genannt* **Harpo** [ˈhɑː(r)pəʊ] *1893–1964;* Herbert Marx, *genannt* **Zeppo** [ˈzepəʊ] *1901–79;* Julius Marx, *genannt* **Groucho** [ˈgraʊtʃəʊ] *1895–1977;* Leonard Marx, *genannt* **Chico** [ˈtʃiːkəʊ] *1891–1961.*

**Mar·y I** ("Bloody Mary") [ˈmeərɪ] Maˈria I. (die Katholische *od.* die Blutige) *1516–58. Königin von England.*

**Mar·y II** [ˈmeərɪ] *1662–94. Königin von England; Gemahlin König Wilhelms III. von Oranien.*

**Mar·y Stu·art,** Mary, Queen of Scots [ˌmeərɪˈstjʊə(r)t; -ˈstju:; *Am.* -ˈstuːərt] Maˈria Stuart. *1542–87. Königin von Schottland.*

**Mar·y Tu·dor** [ˌmeərɪˈtjuːdə(r); *Am. a.* -ˈtuː-] → Mary I.

**Mase·field,** John [ˈmeɪsfiːld] *1878–1967. Engl. Dichter; Poeta Laureatus.*

**Mas·ham** [ˈmæsəm; ˈmæʃəm] *Engl. Familienname.*

**Ma·son,** James [ˈmeɪsn] *1909–84. Brit. Filmschauspieler.*

**Mas·sin·ger,** Philip [ˈmæsɪndʒə; *Am.* ˈmæsndʒər] *1583–1640. Engl. Dramatiker.*

**Mas·ters,** Edgar Lee [ˈmɑːstəz; *Am.* ˈmæstərz] *1869–1950. Amer. Schriftsteller.*

**Ma·thews** [ˈmæθjuːz; ˈmeɪ-] *Engl. Familienname.*

**Maud·ling,** Reginald [ˈmɔːdlɪŋ] *\*1917. Brit. Politiker.*

**Maug·ham,** William Somerset [mɔːm] *1874–1965. Engl. Romanschriftsteller u. Dramatiker.*

**Maughan** [mɔːn] *Engl. Familienname.*

**Max·well,** James Clerk [ˈmækswəl; -wel] *1831–79. Schott. Physiker.*

**May·hew** [ˈmeɪhjuː] *Engl. Familienname.*

**May·o** [ˈmeɪəʊ] Charles Horace *1865–1939; sein Bruder* William James *1861–1939. Amer. Chirurgen.*

**Mc-** → *a.* Mac-.

**Mc·Car·thy,** Joseph R. [məˈkɑː(r)θɪ] *1909–57. Amer. Politiker.*

**Mc·Cart·ney,** Paul → Beatles.

**Mc·Kin·ley,** William [məˈkɪnlɪ] *1843–1901. 25. Präsident der USA.*

**Mc·Queen,** Steve [məˈkwiːn] *1930–1980. Amer. Filmschauspieler.*

**Meagher** [mɑː(r)] *Engl. Familienname.*

**Mel·bourne,** William Lamb, 2nd Viscount [ˈmelbə(r)n] *1779–1848. Brit. Staatsmann.*

**Mel·chi·or,** Lauritz [ˈmelkɪɔ:(r)] *1890–1973. Deutsch-amer. Operntenor.*

**Mel·ville,** Herman [ˈmelvɪl] *1819–91. Amer. Schriftsteller.*

**Menck·en,** Henry Louis [ˈmeŋkən] *1880–1956. Amer. Schriftsteller u. Kritiker.*

**Men·zies,** Sir Robert Gordon [ˈmenzɪz] *1894–1978. Austral. Staatsmann.*

**Mer·e·dith,** George [ˈmerədɪθ] *1828–1909. Engl. Romanschriftsteller u. Dichter.*

**Me·thu·en** [ˈmeθjʊɪn] *Engl. Familienname.*

**Meyn·ell,** Alice Christiana Gertrude *(geb. Thompson)* [ˈmenl; ˈmeɪnl] *1847–1922. Engl. Dichterin u. Essayistin.*

**Mey·rick** [ˈmerɪk; ˈmeɪ-] *Engl. Familienname.*

**Mid·dle·ton,** Thomas [ˈmɪdltən] *1570?–1627. Engl. Dramatiker.*

**Miers** [maɪə(r)] *Engl. Familienname.*

**Mill** [mɪl], James *1773–1836, schott. Philosoph u. Volkswirtschaftler; sein Sohn* John Stuart *1806–73, engl. Philosoph u. Volkswirtschaftler.*

**Mil·lay,** Edna St. Vincent [mɪˈleɪ] *1892–1950. Amer. Dichterin.*

**Mil·ler,** Arthur [ˈmɪlə(r)] *\*1915. Amer. Dramatiker.*

**Mil·ler,** Henry [ˈmɪlə(r)] *1891–1980. Amer. Schriftsteller.*

**Milne,** Alan Alexander [mɪln; mɪl] *1882–1956. Engl. Dichter u. Dramatiker.*

**Milnes** [mɪlz; mɪlnz] *Engl. Familienname.*

**Mil·ton,** John [ˈmɪltən] *1608–74. Engl. Dichter.*

**Mitch·ell,** Margaret [ˈmɪtʃl] *1900–49. Amer. Schriftstellerin.*

**Mitch·ell,** Silas Weir [ˈmɪtʃl] *1829–1914. Amer. Arzt u. Schriftsteller.*

**Mit·ford,** Mary Russell [ˈmɪtfə(r)d] *1787–1855. Engl. Romanschriftstellerin u. Dramatikerin.*

**Mit·ford,** Nancy [ˈmɪtfə(r)d] *1904–73. Engl. Schriftstellerin.*

**Mo·ham·med** [məʊˈhæmed; -ɪd] *570–632. Stifter des Islams.*

**Mo·lo·ny** [məˈləʊnɪ] *Engl. Familienname.*

**Mo·ly·neux** [ˈmɒlɪnjuːks; ˈmʌl-; *Am. bes.* ˈmʌlɪnuːks; -ˌnuː] *Engl. Familienname.*

**Mon·mouth,** James Scott, Duke of [ˈmɒnməθ; *Am.* ˈmʌn-; ˈmɑn-] *1649–85. Sohn Karls II. von England. Engl. Rebell u. Thronprätendent.*

**Mon·roe,** Harriet [mənˈrəʊ] *1861?–1936. Amer. Dichterin.*

**Mon·roe,** James [mənˈrəʊ] *1758–1831. 5. Präsident der USA.*

**Mon·roe,** Marilyn [mənˈrəʊ] *1926–62. Amer. Filmschauspielerin.*

**Mon·son** [ˈmʌnsn] *Engl. Familienname.*

**Mon·ta·gue,** Lady Mary Wortley [ˈmɒntəgjuː; ˈmʌn-; *Am.* ˈmɑn-; ˈmʌn-] *1689–1762. Engl. Schriftstellerin.*

**Mont·fort,** Simon de, Earl of Leicester [ˈmɒntfət; *Am.* ˈmɑntfərt] *1208?–65. Engl. Heerführer u. Staatsmann; Sohn des* Simon de Montfort l'Amaury.

**Mont·gom·er·y,** Sir Bernard Law, 1st Viscount Montgomery of Alamein [məntˈgʌmərɪ; mənˈg-; *Br. a.* mɒntˈgɒm-; *Am. a.* mɑntˈgɑm-] *1887–1976. Brit. Feldmarschall.*

**Moore,** George [mʊə(r); mɔː(r)] *1852–1933. Irischer Schriftsteller.*

**Moore,** Henry [mʊə(r); mɔː(r)] *\*1898. Engl. Bildhauer.*

**Moore,** Thomas [mʊə(r); mɔː(r)] *1779–1852. Irischer Dichter.*

**More,** Henry [mɔː(r)] *1614–87. Engl. Philosoph.*

**More,** Paul Elmer [mɔː(r)] *1864–1937. Amer. Essayist u. Kritiker.*

**More,** Sir (Thomas Morus) [mɔː(r)] *1478–1535. Engl. Humanist u. Staatsmann; heiliggesprochen.*

**Mor·gan,** Charles Langbridge [ˈmɔː(r)gən] *1894–1958. Engl. Romanschriftsteller.*

**Mor·gen·thau,** Henry [ˈmɔː(r)gənθɔː] *1891–1967. Amer. Politiker.*

**Mor·ley,** Christopher Darlington [ˈmɔː(r)lɪ] *1890–1957. Amer. Schriftsteller.*

**Mor·ley,** John, Viscount Morley of Blackburn [ˈmɔː(r)lɪ] *1838–1923. Engl. Staatsmann u. Schriftsteller.*

**Mor·rell** [ˈmʌrəl; məˈrel] *Engl. Familienname.*

**Mor·ris,** William [ˈmɒrɪs; *Am. a.* ˈmɑrəs] *1834–96. Engl. Dichter u. Maler.*

**Morse,** Samuel Finley Breese [mɔː(r)s] *1791–1872. Amer. Maler u. Erfinder.*

**Mor·ti·mer,** Roger de, 1st Earl of March [ˈmɔː(r)tɪmə(r)] *1287–1330. Walisischer Rebell; Günstling der Königin Isabella von England.*

**Mos·ley,** Sir Oswald Ernald [ˈmɒzlɪ; *bes. Am.* ˈməʊzlɪ] *1896–1980. Brit. Politiker.*

**Mount·bat·ten,** Louis, 1st Earl Mountbatten of Burma [maʊntˈbætn] *1900–79. Brit. Großadmiral.*

**Mow·att** [ˈmaʊət; ˈməʊət] *Engl. Familienname.*

**Mowll** [məʊl; muːl] *Engl. Familienname.*

**Mu·ham·mad Ali** [mʊˌhæmədɑːˈliː; -ˈɑːlɪ; -ˈælɪ] *\*1942. Amer. Boxer.*

**Mu·lock,** Dinah Maria [ˈmjuːlɒk; *Am. bes.* -ˌlɑk] → Craik.

**Mun·ro** [mʌnˈrəʊ; ˈmʌnrəʊ] *Engl. Familienname.*

**Mur·doch,** Iris [ˈmɜːdɒk; *Am.* ˈmɜrdək; -ˌdɑk] *\*1919. Brit. Schriftstellerin.*

**Mur·ry,** John Middleton [ˈmʌrɪ; *bes.* ˈmɜrɪ:] *1889–1957. Engl. Schriftsteller.*

# N

**Nab·o·kov,** Vladimir Vladimirovich [nəˈbəʊkɒf; ˈnæbəʊkɒf; *Am.* nəˈbɔːkəf] *1899–1977. Amer. Schriftsteller russischer Herkunft.*

**Na·po·le·on I** od. **Na·po·le·on Bo·na·parte** [nəˈpəʊljən; -lɪən; ˈbəʊnəpɑː(r)t] 1769–1821. Kaiser der Franzosen.

**Nash,** Ogden [næʃ] 1902–71. Amer. Dichter.

**Nash,** John [næʃ] 1752–1835. Engl. Architekt.

**Nash(e),** Thomas [næʃ] 1567–1601. Engl. Dichter u. Dramatiker.

**Neale** [niːl] Engl. Familienname.

**Neh·ru,** Jawaharlal [ˈneəruː] 1889–1964. Ind. Staatsmann; Premierminister.

**Neil(l)** [niːl] Engl. Familienname.

**Nel·son,** Horatio, Viscount [ˈnelsn] 1758–1805. Brit. Admiral.

**New·bolt,** Sir Henry John [ˈnjuːbəʊlt; Am. a. ˈnuː-] 1862–1938. Engl. Schriftsteller.

**New·man,** John Henry (Cardinal Newman) [ˈnjuːmən; Am. a. ˈnuː-] 1801–80. Engl. Theologe; Kardinal.

**New·man,** Paul [ˈnjuːmən; Am. a. ˈnuː-] *1925. Amer. Filmschauspieler.

**New·ton,** Sir Isaac [ˈnjuːtn; Am. a. ˈnuːtn] 1643–1727. Engl. Physiker, Mathematiker u. Philosoph.

**Night·in·gale,** Florence [ˈnaɪtɪŋgeɪl; Am. a. -tn-] 1820–1910. Engl. Philanthropin.

**Niv·en,** David [ˈnɪvən; -vn] 1909–83. Brit. Filmschauspieler.

**Nix·on,** Richard Milhous [ˈnɪksən] *1913. 37. Präsident der USA.

**Nor·ris,** Frank [ˈnɒrɪs; Am. a. ˈnɑrəs] 1870–1902. Amer. Romanschriftsteller.

**North,** Frederick, Lord [nɔː(r)θ] 1732–92. Brit. Staatsmann; Premierminister.

**Nor·ton,** Charles Eliot [ˈnɔː(r)tn] 1827–1908. Amer. Schriftsteller u. Gelehrter.

**Nor·ton,** Thomas [ˈnɔː(r)tn] 1532–84. Engl. Jurist u. Dichter.

**Now·ell** [ˈnəʊəl] Engl. Familienname.

# O

**Oates** [əʊts] Engl. Familienname.

**O'Brien** [əʊˈbraɪən] Engl. Familienname.

**O'Cal·la·ghan** [əʊˈkæləhən] Engl. Familienname.

**O'Ca·sey,** Sean [əʊˈkeɪsɪ] 1880–1964. Irischer Dramatiker.

**Oc·cam** od. **Ock·ham,** William of [ˈɒkəm; Am. ˈɑkəm] 1300?–49? Engl. Theologe u. Philosoph.

**O'Con·nor,** Frank [əʊˈkɒnə; Am. -ˈkɑnər] 1903–66. Irischer Schriftsteller.

**O'Con·nor,** Thomas Power [əʊˈkɒnə; Am. -ˈkɑnər] 1848–1929. Irischer Journalist u. Nationalist.

**O·dets,** Clifford [əʊˈdets] 1906–63. Amer. Dramatiker.

**O'Don·nell** [əʊˈdɒnl; Am. -ˈdɑnl] Engl. Familienname.

**O'Dowd** [əʊˈdaʊd] Engl. Familienname.

**O'Fla·her·ty,** Liam [əʊˈfleatɪ; bes. Am. əʊˈflæhə(r)tɪ] 1896–1984. Irischer Romanschriftsteller.

**O'Ha·gan** [əʊˈheɪgən] Engl. Familienname.

**O'Har·a** [əʊˈhɑːrə; Am. əʊˈhærə] Engl. Familienname.

**O. Hen·ry** [əʊˈhenrɪ] → Porter, William Sidney.

**O'Kel·ly,** Seán Thomas [əʊˈkelɪ] 1883–1966. Irischer Politiker; Staatspräsident der Irischen Republik.

**O'Lear·y** [əʊˈlɪərɪ] Engl. Familienname.

**O·liv·i·er,** Sir Laurence [əˈlɪvɪeɪ] *1907. Engl. Schauspieler.

**O'Neill,** Eugene Gladstone [əʊˈniːl] 1888–1953. Amer. Dramatiker.

**On·ions,** Charles Talbut [ˈʌnjənz] 1873–1965. Engl. Philologe u. Lexikograph.

**Op·pen·heim,** Edward Phillips [ˈɒpənhaɪm; Am. ˈɑp-] 1866–1946. Engl. Romanschriftsteller.

**Op·pen·hei·mer,** J. Robert [ˈɒpənhaɪmə(r); Am. ˈɑp-] 1904–67. Amer. Physiker.

**Or·well,** George [ˈɔː(r)wəl; -wel] 1903–50. Engl. Schriftsteller u. Essayist.

**Os·borne,** John [ˈɒzbən; -bɔːn; Am. ˈɑzbərn; -ˌbɔːrn] *1929. Engl. Schriftsteller u. Dramatiker.

**O'Shaugh·nes·sy** [əʊˈʃɔːnɪsɪ; -nəsɪ] Engl. Familienname.

**O'Shea** [əʊˈʃeɪ] Engl. Familienname.

**O'Sul·li·van** [əʊˈsʌlɪvən] Engl. Familienname.

**Ot·way,** Thomas [ˈɒtweɪ; Am. ˈɑt-] 1652–85. Engl. Dramatiker.

**Oug·ham** [ˈəʊkəm] Engl. Familienname.

**Outh·waite** [ˈuːθweɪt; ˈəʊθ-; ˈaʊθ-] Engl. Familienname.

**O·ver·bur·y** [ˈəʊvə(r)bərɪ; -brɪ; Am. bes. -ˌberɪ] Engl. Familienname.

**Ow·en,** Robert [ˈəʊɪn] 1771–1858. Engl. Sozialreformer.

**Ow·en,** Wilfred [ˈəʊɪn] 1893–1918. Engl. Dichter.

**Ow·ens,** Jesse [ˈəʊɪnz] 1913–80. Amer. Leichtathlet.

**Owles** [əʊlz] Engl. Familienname.

# P

**Page,** Thomas Nelson [peɪdʒ] 1853–1922. Amer. Romanschriftsteller u. Diplomat.

**Paine,** Thomas [peɪn] 1737–1809. Amer. Staatstheoretiker engl. Herkunft.

**Pais·ley,** Ian [ˈpeɪzlɪ] *1926. Nordirischer protestantischer Politiker.

**Palm·er,** George Herbert [ˈpɑːmə(r); Am. a. ˈpɑl-] 1842–1933. Amer. Pädagoge u. Philosoph.

**Palm·er·ston,** Henry John Temple, 3rd Viscount [ˈpɑːmə(r)stən; Am. a. ˈpɑl-] 1784–1865. Brit. Staatsmann; Premierminister.

**Pank·hurst,** Emmeline [ˈpæŋkhɜːst; Am. -ˌhɜrst] 1858–1928. Engl. Frauenrechtlerin.

**Par·ker,** Charlie [ˈpɑː(r)kə(r)] 1920–55. Amer. Jazzmusiker u. Komponist.

**Par·ker,** Dorothy (geb. Rothschild) [ˈpɑː(r)kə(r)] 1893–1967. Amer. Schriftstellerin.

**Par·ker,** Sir Gilbert [ˈpɑː(r)kə(r)] 1862–1932. Kanad. Schriftsteller.

**Par·nell,** Charles Stewart [pɑː(r)ˈnel; ˈpɑː(r)nəl] 1846–91. Irischer Nationalist.

**Pa·ter,** Walter Horatio [ˈpeɪtə(r)] 1839–94. Engl. Essayist u. Kritiker.

**Pat·more,** Coventry Kersey Dighton [ˈpætmɔː(r)] 1823–96. Engl. Dichter.

**Pat·ter·son** [ˈpætə(r)sn] Engl. Familienname.

**Payne,** John Howard [peɪn] 1791–1852. Amer. Schauspieler u. Dramatiker.

**Pea·bod·y,** George [ˈpiːˌbɒdɪ; Am. -ˌbɑdɪ] 1795–1869. Amer. Kaufmann u. Philanthrop.

**Pea·cock,** Thomas Love [ˈpiːkɒk; Am. -ˌkɑk] 1785–1866. Engl. Romanschriftsteller.

**Pears** [pɪə(r)z; peə(r)z] Engl. Familienname.

**Pear·sall** [ˈpɪə(r)sɔːl; -səl] Engl. Familienname.

**Pear·son** [ˈpɪə(r)sn] Engl. Familienname.

**Peart** [pɪə(r)t] Engl. Familienname.

**Peel,** Sir Robert [piːl] 1788–1850. Brit. Staatsmann; Premierminister.

**Peele,** George [piːl] 1558?–97? Engl. Dramatiker u. Dichter.

**Penn** [pen], Sir William 1621–70, engl. Admiral; sein Sohn William 1644–1718, engl. Quäker, Gründer der Kolonie Pennsylvania.

**Pep·per,** Art [ˈpepə(r)] 1925–82. Amer. Jazzmusiker.

**Pepys,** Samuel [piːps] 1633–1703. Verfasser berühmter Tagebücher.

**Per·cy,** Sir Henry ("Percy Hotspur") [ˈpɜːsɪ; Am. ˈpɜrsɪ] 1364–1403. Engl. Heerführer.

**Phil·ip,** Prince, 3rd Duke of Edinburgh [ˈfɪlɪp] Prinz Philipp, Herzog von Edinburgh. *1921. Gemahl Elisabeths II. von England.

**Phil·ips,** Ambrose ("Namby-Pamby") [ˈfɪlɪps] 1674–1749. Engl. Dichter u. Dramatiker.

**Pi·cas·so,** Pablo [pɪˈkæsəʊ; Am. a. pɪˈkɑː-] 1881–1973. Span. Maler, Graphiker u. Bildhauer.

**Pick·ford,** Mary [ˈpɪkfə(r)d] 1893–1979. Amer. Stummfilmstar.

**Pierce,** Franklin [pɪə(r)s] 1804–69. 14. Präsident der USA.

**Pi·ne·ro,** Sir Arthur Wing [pɪˈnɪərəʊ] 1855–1934. Engl. Dramatiker.

**Pi·ther** [ˈpaɪθə(r); -ðə(r)] Engl. Familienname.

**Pit·man,** Sir Isaac [ˈpɪtmən] 1813–97. Engl. Stenograph.

**Pitt** [pɪt], William, 1st Earl of Chatham (The Elder Pitt) William Pitt (der Ältere) 1708–78, brit. Staatsmann; sein Sohn William (The Younger Pitt) William Pitt (der Jüngere) 1759–1806, brit. Staatsmann, Premierminister.

**Pla·to** [ˈpleɪtəʊ] Plato(n). 427?–347 v. Chr. Griech. Philosoph.

**Poe,** Edgar Allan [pəʊ] 1809–49. Amer. Dichter.

**Polk,** James Knox [pəʊk] 1795–1849. 11. Präsident der USA.

**Pope,** Alexander [pəʊp] 1688–1744. Engl. Dichter.

**Por·ter,** Katherine Anne [ˈpɔː(r)tə(r)] 1890–1980. Amer. Schriftstellerin.

**Por·ter,** Cole [ˈpɔː(r)tə(r)] 1893–1964. Amer. Komponist.

**Por·ter,** William Sidney [ˈpɔː(r)tə(r)] (Pseudonym O. Henry). 1862–1910. Amer. Schriftsteller.

**Pot·ter,** Beatrix [ˈpɒtə; Am. ˈpɑtər] 1866–1943. Engl. Autorin von Kinderbüchern.

**Pot·ter** Simeon [ˈpɒtə; Am. ˈpɑtər] 1898–1976. Engl. Philologe.

**Pound,** Ezra Loomis [paʊnd] 1885–1972. Amer. Dichter.

**Pow·lett** [ˈpɔːlɪt] Engl. Familienname.

**Pow·ys** [ˈpəʊɪs] Brüder: John Cowper 1872–1963; Theodore Francis 1875–1953; Llewelyn 1884–1939. Engl. Schriftsteller.

**Poyn·ter** [ˈpɔɪntə(r)] Engl. Familienname.

**Pres·ley,** Elvis [ˈprezlɪ] 1935–77. Amer. Sänger u. Gitarrist.

**Priest·ley,** John Boynton [ˈpriːstlɪ] 1894–1984. Engl. Romanschriftsteller.

**Pri·or,** Matthew [ˈpraɪə(r)] 1664–1721. Engl. Dichter.

**Prit·chard** ['prɪtʃə(r)d; -tʃɑ:(r)d] *Engl. Familienname.*

**Pugh** [pju:] *Engl. Familienname.*

**Pul·itz·er,** Joseph ['pʊlɪtsə(r)] *1847– 1911. Amer. Journalist ungar. Herkunft.*

**Pur·cell,** Henry ['pɜ:sl; *Am.* 'pɜrsl] *1658?–95. Engl. Komponist.*

**Pyke** [paɪk] *Engl. Familienname.*

**Pym,** John [pɪm] *1584–1643. Engl. Staatsmann.*

## Q

**Quarles,** Francis [kwɔ:(r)lz; *Am. a.* kwɑrlz] *1592–1644. Engl. Dichter.*

**Quil·ler-Couch,** Sir Arthur Thomas [ˌkwɪlə(r)'ku:tʃ] *1863–1944. Engl. Schriftsteller u. Literaturhistoriker.*

**Quin·cy,** Josiah ['kwɪnsɪ; *Am. a.* -zi:] *1744–75. Amer. Rechtsanwalt u. Politiker.*

**Quinn,** Anthony [kwɪn] *\*1915. Amer. Filmschauspieler mexikan. Herkunft.*

## R

**Rack·ham,** Arthur ['rækəm] *1867– 1939. Engl. Illustrator.*

**Rae** [reɪ] *Engl. Familienname.*

**Rae·burn,** Sir Henry ['reɪbɜ:n; *Am.* -ˌbɜrn] *1756–1823. Schott. Maler.*

**Raft,** George [rɑ:ft; *Am. bes.* ræft] *1895– 1980. Amer. Schauspieler.*

**Ra·le(i)gh,** Sir Walter ['rɔ:lɪ; 'rɑ:lɪ; 'rælɪ] *1552?–1618. Engl. Seefahrer u. Schriftsteller.*

**Ram·say,** Allan ['ræmzɪ] *1686–1758. Schott. Dichter.*

**Ran·some,** Arthur ['rænsəm] *1884– 1967. Engl. Schriftsteller.*

**Rat·cliffe** ['rætklɪf] *Engl. Familienname.*

**Rat·ti·gan,** Sir Terence ['rætɪgən] *1911–77. Engl. Dramatiker.*

**Ray,** Man [reɪ] *1890–1976. Amer. Objektkünstler, Fotograf u. Maler.*

**Reade,** Charles [ri:d] *1814–84. Engl. Romanschriftsteller.*

**Rea·gan,** Ronald ['reɪgən] *\*1911. Amer. republikanischer Politiker. Seit 1981 40. Präsident der USA.*

**Reed,** John [ri:d] *1887–1920. Amer. Journalist u. Schriftsteller.*

**Reed,** Sir Carol [ri:d] *1906–76. Engl. Filmregisseur.*

**Reeve** [ri:v] *Engl. Familienname.*

**Reid** [ri:d] *Engl. Familienname.*

**Reith,** John Charles Walsham [ri:θ] *1889–1971. 1. Generaldirektor der BBC.*

**Rem·ing·ton,** Frederic ['remɪŋtən] *1861–1909. Amer. Maler u. Bildhauer.*

**Ren·wick** ['renwɪk; 'renɪk] *Engl. Familienname.*

**Rep·plier,** Agnes ['replɪə(r)] *1855– 1950. Amer. Essayistin.*

**Reyn·olds,** Sir Joshua ['renldz] *1723– 92. Engl. Maler.*

**Rhodes,** Cecil John [rəʊdz] *1853–1902. Brit.-südafrik. Wirtschaftsführer u. Staatsmann.*

**Rice,** Elmer L. [raɪs] *(eigentlich Reizenstein). 1892–1967. Amer. Dramatiker.*

**Rich·ard** ['rɪtʃə(r)d] *König von England:* Richard I (Cœur de Lion) Richard I. (Löwenherz) *1157–99;* Richard II *1367–1400;* Richard III *1452–85.*

**Rich·ard·son,** Samuel ['rɪtʃə(r)dsn] *1689–1761. Engl. Romanschriftsteller.*

**Rid·ley,** Nicholas ['rɪdlɪ] *1500?–55. Engl. Reformator u. protestantischer Märtyrer.*

**Ri·dout** ['rɪdaʊt] *Engl. Familienname.*

**Ri·ley,** James Whitcomb ['raɪlɪ] *1849– 1916. Amer. Dichter.*

**Robe·son,** Paul ['rəʊbsn] *1898–1976. Amer. Schauspieler u. Sänger.*

**Rob·in Hood** [ˌrɒbɪn'hʊd; *Am.* ˌrɑ-] *Legendärer Geächteter zur Zeit Richards I.*

**Ro·bins** ['rɒbɪnz; *Br. a.* 'rɒ-; *Am. a.* 'rɑ-] *Engl. Familienname.*

**Rob·in·son,** Edwin Arlington ['rɒbɪnsn; *Am.* 'rɑ-] *1869–1935. Amer. Dichter.*

**Rob·in·son,** Edward G(oldenberg) ['rɒbɪnsn; *Am.* 'rɑ-] *1893–1973. Amer. Filmschauspieler rumän. Herkunft.*

**Rob Roy** [ˌrɒb'rɔɪ; *Am.* ˌrɑb-] *1671–1734. Schott. Geächteter.*

**Rock·e·fel·ler,** John Davison ['rɒkɪfelə(r); *Am.* 'rɑ-] *Vater 1839–1937 u.* Sohn *1874–1960. Amer. Ölmagnaten.*

**Rodg·ers,** Richard ['rɒdʒə(r)z; *Am.* 'rɑ-] *1902–79. Amer. Komponist.*

**Rog·ers,** Ginger ['rɒdʒə(r)z; *Am.* 'rɑ-] *\*1911. Amer. Filmschauspielerin u. Tänzerin.*

**Ro·get,** Peter Mark ['rɒʒeɪ; *Am.* rəʊ'ʒeɪ; 'rəʊˌʒeɪ] *1779–1869. Physiker u. Verfasser eines Synonym-Wortschatzes.*

**Rom·ney,** George ['rɒmnɪ; 'rʌm-] *1734–1802. Engl. Maler.*

**Roo·se·velt,** Franklin Delano ['rəʊzəvelt; *Br. a.* 'ru:svelt] *1882–1945, 32. Präsident der USA; seine Frau (*Anna) Eleanor *1884–1962, amer. Schriftstellerin.*

**Roo·se·velt,** Theodore ['rəʊzəvelt; *Br. a.* 'ru:svelt] *1858–1919. 26. Präsident der USA.*

**Ros·set·ti** [rɒ'setɪ; rə's-; *Am.* rəʊ'z-], Dante Gabriel *1828–82, engl. Maler u. Dichter; seine Schwester* Christina Georgina *1830–94, engl. Dichterin.*

**Roth·schild** ['rɒθˌʃaɪld; 'rɒstʃ-; 'rɒθstʃ-; *Am. a.* 'rɑ-], Meyer Amschel *1743– 1812, dt. Bankier; sein Sohn* Nathan Meyer *1777–1836, Bankier in London.*

**Rouse** [raʊs; ru:s] *Engl. Familienname.*

**Routh** [raʊθ] *Engl. Familienname.*

**Rowe,** Nicholas [rəʊ] *1674–1718. Engl. Dichter u. Dramatiker; Poeta Laureatus.*

**Row·ell** ['raʊəl; 'rəʊəl] *Engl. Familienname.*

**Row·ley,** William ['rəʊlɪ; *Am. a.* 'raʊli:] *1585?–1642? Engl. Schauspieler u. Dramatiker.*

**Rudge** [rʌdʒ] *Engl. Familienname.*

**Rum·bold** ['rʌmbəʊld] *Engl. Familienname.*

**Run·yon,** Damon ['rʌnjən] *1884–1946. Amer. Schriftsteller.*

**Rusk,** Dean [rʌsk] *\*1909. Amer. Politiker.*

**Rus·kin,** John ['rʌskɪn] *1819–1900. Engl. Schriftsteller u. Sozialreformer.*

**Rus·sell,** Bertrand Arthur William, 3rd Earl ['rʌsl] *1872–1970. Engl. Philosoph, Mathematiker u. Schriftsteller.*

**Rus·sell,** George William ['rʌsl] *(Pseudonym Æ). 1867–1935. Irischer Dichter u. Maler.*

**Rus·sell,** Lord John, 1st Earl Russell of Kingston Russell ['rʌsl] *1792–1878. Brit. Staatsmann; Premierminister.*

**Ry·an** ['raɪən] *Engl. Familienname.*

## S

**Sack·ville,** Thomas, 1st Earl of Dorset ['sækvɪl] *1536–1608. Engl. Dichter u. Diplomat.*

**Sack·ville-West,** Victoria Mary [ˌsækvɪl'west] *1892–1962. Engl. Schriftstellerin.*

**Sad·ler** ['sædlə(r)] *Engl. Familienname.*

**Salis·bur·y,** Robert Arthur Talbot Gascoyne-Cecil, 3rd Marquis of ['sɔ:lzbərɪ; -brɪ; *Am. a.* -ˌberi:] *1830–1903. Brit. Staatsmann.*

**Sand·burg,** Carl ['sændbɜ:g; 'sænb-; *Am.* -ˌbɜrg] *1878–1967. Amer. Dichter.*

**San·ders** ['sɑ:ndə(r)z; *Am. bes.* 'sæn-] *Engl. Familienname.*

**San·ta·ya·na,** George [ˌsæntə'jɑ:nə; ˌsænti'ɑ:nə] *1863–1952. Amer. Philosoph u. Schriftsteller span. Herkunft.*

**Sar·gent,** Sir Malcolm ['sɑ:(r)dʒənt] *1895–1967. Amer. Dirigent.*

**Sa·roy·an,** William [sə'rɔɪən] *1908–81. Amer. Schriftsteller.*

**Sas·soon,** Siegfried [sə'su:n; sæ-] *1886– 1967. Engl. Schriftsteller.*

**Saun·ders** ['sɔ:ndə(r)z; 'sɑ:n-] *Engl. Familienname.*

**Saw·yer** ['sɔ:jə(r)] *Engl. Familienname.*

**Say·ers,** Dorothy L(eigh) ['seɪə(r)z; 'seə(r)z] *1893–1957. Engl. Schriftstellerin u. Dramatikerin.*

**Scott,** Sir Walter [skɒt; *Am.* skɑt] *1771– 1832. Schott. Dichter u. Romanschriftsteller.*

**Sco·tus,** Duns ['skəʊtəs; *Br. a.* 'skɒtəs] *→ Duns Scotus.*

**Searle** [sɜ:l; *Am.* sɜrl] *Engl. Familienname.*

**Sedg·wick** ['sedʒwɪk] *Engl. Familienname.*

**See·ger,** Alan ['si:gə(r)] *1888–1916. Amer. Dichter.*

**See·l(e)y** ['si:lɪ] *Engl. Familienname.*

**Sel·kirk,** Alexander ['selkɜ:k; *Am.* -ˌkɜrk] *1676–1721. Schott. Seemann. Vorbild für Defoes "Robinson Crusoe".*

**Ser·vice,** Robert William ['sɜ:vɪs; *Am.* 'sɜr-] *1874–1958. Kanad. Schriftsteller.*

**Se·ton,** Ernest Thompson ['si:tn] *1860– 1946. Engl. Schriftsteller u. Illustrator in den USA.*

**Sew·ell** ['sju:əl; *bes. Am.* 'su:əl] *Engl. Familienname.*

**Sey·mour,** Jane ['si:mɔ:(r)] *1509?–37. 3. Frau Heinrichs VIII.*

**Shad·well,** Thomas ['ʃædwəl; -wel] *1642?–92. Engl. Dramatiker; Poeta Laureatus.*

**Shaftes·bur·y,** Anthony Ashley Cooper, 1st Earl of ['ʃɑ:ftsbərɪ; -brɪ; *Am.* 'ʃæfts-; *a.* -ˌberi:] *1621–83. Engl. Staatsmann.*

**Shake·speare** *od.* **Shak·speare** *od.* **Shak·spere,** William ['ʃeɪkˌspɪə(r)] *1564–1616. Engl. Dramatiker u. Dichter.*

**Sharp,** William [ʃɑ:(r)p] *(Pseudonym* Fiona Macleod*). 1856?–1905. Schott. Dichter.*

**Shaw,** George Bernard [ʃɔ:] *1856–1950. Irischer Dramatiker u. Kritiker.*

**Shea** [ʃeɪ] *Engl. Familienname.*

**Shel·ley** ['ʃelɪ], Percy Bysshe *1792– 1822, engl. Dichter; seine Frau* Mary Wollstonecraft *(geb.* Godwin*) 1797– 1851, engl. Romanschriftstellerin.*

**Shen·stone,** William ['ʃenstən; *Am. a.* -ˌstəʊn] *1714–63. Engl. Dichter.*

**Shep·ard,** Alan Bartlett [ˈʃepə(r)d] *\*1923. 1. amer. Astronaut im Weltall.*

**Shep·pard** ['ʃepə(r)d] *Engl. Familienname.*

**Sher·a·ton,** Thomas ['ʃerətən; -ətn] *1751–1806. Engl. Kunsttischler.*

**Sher·i·dan,** Richard Brinsley [ˈʃerɪdn] *1751–1816. Irischer Dramatiker u. Politiker.*

**Sher·lock** [ˈʃɜːlɒk; *Am.* ˈʃɜrlɑk] *Engl. Familienname.*

**Sher·man,** John [ˈʃɜːmən; *Am.* ˈʃɜr-] *1823–1900. Amer. Staatsmann.*

**Sher·wood,** Robert Emmet [ˈʃɜːwʊd; *Am.* ˈʃɜr-] *1896–1955. Amer. Dramatiker.*

**Shir·ley,** James [ˈʃɜːlɪ; *Am.* ˈʃɜrlɪ] *1596–1666. Engl. Dramatiker.*

**Shute,** Nevil [ʃuːt] *1899–1960. Engl. Romanschriftsteller.*

**Sid·ney,** Sir Philip [ˈsɪdnɪ] *1554–86. Engl. Dichter u. Staatsmann.*

**Simp·son** [ˈsɪmpsn; ˈsɪmsn] *Engl. Familienname.*

**Si·na·tra,** Francis Albert, *genannt* Frank [sɪˈnɑːtrə] *\*1917. Amer. Sänger.*

**Sin·clair,** Upton Beall [ˈsɪŋkleə(r); *Am. bes.* sɪnˈkleər] *1878–1968. Amer. Schriftsteller u. Politiker.*

**Sing·er,** Isaac Bashevis [ˈsɪŋə(r)] *\*1904. Amer. Schriftsteller poln. Herkunft.*

**Sit·well,** [ˈsɪtwəl; -wel], Dame Edith *1887–1964, engl. Dichterin; ihre Brüder* Osbert *1892–1969 u.* Sacheverell *\*1897, engl. Schriftsteller.*

**Skel·ton,** John [ˈskeltən] *1460?–1529. Engl. Dichter.*

**Slade** [sleɪd] *Engl. Familienname.*

**Sloan,** John [sləʊn] *1871–1951. Amer. Maler.*

**Smil·lie** [ˈsmaɪlɪ] *Engl. Familienname.*

**Smith,** Adam [smɪθ] *1723–90. Schott. Moralphilosoph u. Volkswirtschaftler.*

**Smith,** Francis Hopkinson [smɪθ] *1838–1915. Amer. Romanschriftsteller u. Maler.*

**Smith,** Joseph [smɪθ] *1805–44. Amer. Gründer der Mormonen.*

**Smol·lett,** Tobias George [ˈsmɒlɪt; *Am.* ˈsmɑlət] *1721–1771. Engl. Schriftsteller.*

**Smuts,** Jan Christiaan [smʌts] *1870–1950. Südafrik. Staatsmann; Ministerpräsident der Südafrik. Union.*

**Smyth** [smɪθ; smaɪθ] *Engl. Familienname.*

**Snow,** C(harles) P(ercy), Baron of Leicester [snəʊ] *1905–80. Engl. Schriftsteller, Physiker u. Politiker.*

**Snow·den** [ˈsnəʊdn] *Engl. Familienname.*

**Soames** [səʊmz] *Engl. Familienname.*

**Soc·ra·tes** [ˈsɒkrətiːz; *Am.* ˈsɑ-] Sokrates. *470?–399 v. Chr. Griech. Philosoph.*

**Sol·ti,** Sir Georg [ˈʃɒltɪ; *Am.* ˈʃɑlti] *\*1912. Brit. Dirigent ungar. Herkunft.*

**So·mers** [ˈsʌmə(r)z] *Engl. Familienname.*

**Soph·o·cles** [ˈsɒfəkliːz; *Am.* ˈsɑ-] Sophokles. *496?–406 v. Chr. Griech. Tragödiendichter.*

**Sou·they,** Robert [ˈsaʊðɪ; ˈsʌðɪ] *1774–1843. Engl. Dichter u. Schriftsteller; Poeta Laureatus.*

**Spark,** Muriel [spɑː(r)k] *\*1918. Schott. Romanschriftstellerin.*

**Spell·man,** Francis Joseph [ˈspelmən] *1889–1967. Amer. Kardinal.*

**Spen·cer,** Herbert [ˈspensə(r)] *1820–1903. Engl. Philosoph.*

**Spen·der,** Stephen [ˈspendə(r)] *\*1909. Engl. Dichter u. Kritiker.*

**Spen·ser,** Edmund [ˈspensə(r)] *1552?–99. Engl. Dichter; Poeta Laureatus.*

**Stan·ley,** Sir Henry Morton [ˈstænlɪ] *(eigentlich* John Rowlands*). 1841–1904. Engl. Afrikaforscher.*

**Stap·ley** [ˈstæplɪ; ˈsteɪplɪ] *Engl. Familienname.*

**Starr,** Ringo → Beatles.

**Steele,** Sir Richard [stiːl] *1672–1729. Engl. Essayist u. Dramatiker.*

**Stein,** Gertrude [staɪn] *1874–1946. Amer. Schriftstellerin.*

**Stein·beck,** John Ernst [ˈstaɪnbek] *1902–68. Amer. Schriftsteller.*

**Ste·phen** (of Blois) [ˈstiːvn] Stephan (von Blois) *1097?–1154. König von England.*

**Ste·phen,** Sir Leslie [ˈstiːvn] *1832–1904. Engl. Philosoph, Kritiker u. Biograph.*

**Ste·phens,** James [ˈstiːvnz] *1882–1950. Irischer Dichter u. Romanschriftsteller.*

**Ste·phen·son** [ˈstiːvnsn], George *1781–1848, engl. Eisenbahningenieur; sein Sohn* Robert *1803–59, engl. Ingenieur.*

**Sterne,** Laurence [stɜːn; *Am.* stɜrn] *1713–68. Engl. Romanschriftsteller.*

**Steu·ben,** Friedrich Wilhelm Ludolf Gerhard Augustin, Baron von [ˈstjuːbən; ˈstuː-; ˈʃtɔɪ-] *1730–94. Preußischer General in Amerika.*

**Ste·ven·son,** Adlai Ewing [ˈstiːvnsn] *1900–65. Amer. Politiker.*

**Ste·ven·son,** Robert Louis Balfour [ˈstiːvnsn] *1850–94. Schott. Schriftsteller.*

**Stew·art,** Dugald [stjʊə(r)t; ˈstjuːə(r)t; *Am. a.* ˈstuː-] *1753–1828. Schott. Philosoph.*

**Stew·art,** James [stjʊə(r)t; ˈstjuːə(r)t; *Am. a.* ˈstuː-] *\*1908. Amer. Filmschauspieler.*

**Stew·art,** Rod [stjʊə(r)t; ˈstjuːə(r)t; *Am. a.* ˈstuː-] *\*1945. Schott. Rocksänger.*

**Stock·ton,** Francis Richard (Frank R.) [ˈstɒktən; *Am.* ˈstɑk-] *1834–1902. Amer. Schriftsteller.*

**Stod·dard** [ˈstɒdəd; *Am.* ˈstɑdərd] *Engl. Familienname.*

**Stop·pard,** Tom [ˈstɒpəd; *Am.* ˈstɑpərd] *\*1937. Engl. Dramatiker.*

**Stour·ton** [ˈstɜːtn; *Am.* ˈstɜrtən] *Engl. Familienname.*

**Stowe,** Harriet Elizabeth (*geb.* Beecher) [stəʊ] *1811–96. Amer. Schriftstellerin.*

**Stra·chey,** (Giles) Lytton [ˈstreɪtʃɪ] *1880–1932. Engl. Schriftsteller u. Biograph.*

**Straf·ford,** Sir Thomas Wentworth, 1st Earl of [ˈstræfə(r)d] *1593–1641. Engl. Staatsmann.*

**Stu·art** [stjʊə(r)t; ˈstjuːə(r)t; *Am. a.* ˈstuː-] → Charles I u. Mary Stuart.

**Stubbs,** George [stʌbz] *1724–1806. Engl. Maler.*

**Sul·li·van,** Sir Arthur [ˈsʌlɪvən] *1842–1900. Engl. Komponist.*

**Sur·rey,** Henry Howard, Earl of [ˈsʌrɪ; *Am. a.* ˈsɜrɪ] *1517?–47. Engl. Dichter.*

**Sur·tees** [ˈsɜːtiːz; *Am.* ˈsɜr-] *Engl. Familienname.*

**Suth·er·land,** Graham [ˈsʌðə(r)lənd] *1903–80. Engl. Maler u. Graphiker.*

**Swift,** Jonathan [swɪft] *1667–1745. Engl. Schriftsteller irischer Herkunft.*

**Swin·burne,** Algernon Charles [ˈswɪnbɜːn; -bən; -ˌbɜrn; -bərn] *1837–1909. Engl. Dichter.*

**Sykes** [saɪks] *Engl. Familienname.*

**Sy·mons,** Arthur [ˈsaɪmənz; ˈsɪm-] *1865–1945. Engl. Dichter u. Kritiker.*

**Synge,** John Millington [sɪŋ] *1871–1909. Irischer Dichter u. Dramatiker.*

# T

**Taft,** William Howard [tæft] *1857–1930. 27. Präsident der USA.*

**Tate,** (John Orley) Allen [teɪt] *1899–1979. Amer. Dichter u. Kritiker.*

**Tate,** Nahum [teɪt] *1652–1715. Engl. Dramatiker; Poeta Laureatus.*

**Taw·ney,** R(ichard) H(enry) [ˈtɔːnɪ] *1880–1962. Engl. Wirtschaftshistoriker.*

**Tay·lor,** Jeremy [ˈteɪlə(r)] *1613–67. Engl. Geistlicher u. Schriftsteller.*

**Tay·lor,** Zachary [ˈteɪlə(r)] *1784–1850. 12. Präsident der USA.*

**Teas·dale,** Sara [ˈtiːzdeɪl] *1884–1933. Amer. Dichterin.*

**Tem·ple,** Sir William [ˈtempl] *1628–99. Engl. Staatsmann u. Schriftsteller.*

**Ten·niel,** Sir John [ˈtenjəl] *1820–1914. Engl. Karikaturist.*

**Ten·ny·son,** Alfred, 1st Baron [ˈtenɪsn] *1809–92. Engl. Dichter; Poeta Laureatus.*

**Thack·er·ay,** William Makepeace [ˈθækərɪ] *1811–63. Engl. Romanschriftsteller.*

**That·cher,** Margaret [ˈθætʃə(r)] *\*1925. Engl. Politikerin; Premierministerin seit 1979.*

**Thom·as à Beck·et** [ˌtɒməsəˈbekɪt; *Am.* ˌtɑ-] → Becket.

**Thom·as,** Dylan [ˈtɒməs; *Am.* ˈtɑ-] *1914–53. Walisischer Dichter u. Essayist.*

**Thom·as of Er·cel·doune** ("Thomas the Rhymer") [ˌtɒməsəvˈɜːslduːn; *Am.* ˌtɑ-; -ˈɜr-] *1220?–97. Schott. Dichter.*

**Thomp·son,** Francis [ˈtɒmpsn; ˈtɒmsn; *Am.* ˈtɑ-] *1859–1907. Engl. Dichter.*

**Thom·son¹,** James [ˈtɒmsn; *Am.* ˈtɑmsən] *1700–48. Schott. Dichter.*

**Thom·son²,** James [ˈtɒmsn; *Am.* ˈtɑmsən] (*Pseudonym* B.V.) *1834–82. Schott. Dichter.*

**Thom·son,** Roy Herbert, 1st Baron Thomson of Fleet [ˈtɒmsn; *Am.* ˈtɑmsən] *1894–1976. Engl. Zeitungsverleger kanad. Herkunft.*

**Tho·reau,** Henry David [ˈθɔːrəʊ; *Am. bes.* θəˈrəʊ] *1817–62. Amer. Schriftsteller u. Philosoph.*

**Thorn·dike,** Dame Sybil [ˈθɔː(r)ndaɪk] *1882–1976. Engl. Schauspielerin.*

**Thur·ber,** James [ˈθɜːbə; *Am.* ˈθɜrbər] *1894–1961. Amer. Schriftsteller.*

**Thu·ron** [tʊˈrɒn; *Am.* -ˈrɑn] *Engl. Familienname.*

**Tibbs** [tɪbz] *Engl. Familienname.*

**Tin·dale** [ˈtɪndl] *Engl. Familienname.*

**Tip·pett,** Sir Michael Kemp [ˈtɪpɪt] *\*1905. Engl. Komponist.*

**Ti·tian** (Tiziano Vecellio) [ˈtɪʃn; ˈtɪʃjən] Tizian. *1477?–1576. Ital. Maler.*

**Tol·kien,** J(ohn) R(onald) R(euel) [ˈtɒlkiːn; *Am.* ˈtɑl-] *1892–1973. Engl. Schriftsteller u. Philologe.*

**Toole** [tuːl] *Engl. Familienname.*

**Too·ley** [ˈtuːlɪ] *Engl. Familienname.*

**Tour·neur,** Cyril [ˈtɜːnə; *Am.* ˈtɜrnər] *1576?–1626. Engl. Dramatiker.*

**To·vey** [ˈtəʊvɪ; ˈtʌvɪ] *Engl. Familienname.*

**Towle** [təʊl] *Engl. Familienname.*

**Toyn·bee,** Arnold Joseph [ˈtɔɪnbɪ] *1889–1975. Engl. Historiker.*

**Tra·cy,** Spencer [ˈtreɪsɪ] *1900–67. Amer. Filmschauspieler.*

**Tre·herne** [trɪˈhɜːn; *Am.* -ˈhɜrn] *Engl. Familienname.*

**Tre·vel·yan** [trɪˈvɪljən; -ˈvel-], George Macauley *1876–1962, engl. Historiker; sein Vater* Sir George Otto *1838–1928, engl. Biograph, Historiker u. Staatsmann.*

**Trol·lope,** Anthony [ˈtrɒləp; *Am.* ˈtrɑ-] *1815–82. Engl. Romanschriftsteller.*

**Tru·deau,** Pierre Elliot [truːˈdəʊ] *\*1919. Kanad. Politiker; ehem. Premierminister.*

**Tru·man,** Harry S. [ˈtruːmən] *1884–1972. 33. Präsident der USA.*

**Tur·ner,** Joseph Mallord William [ˈtɜːnə; *Am.* ˈtɜrnər] *1775–1851. Engl. Maler.*

**Twain,** Mark [tweɪn] → **Clemens.**
**Tweed,** William Marcy [twiːd] *1823–78. Amer. Politiker.*
**Twist** [twɪst] *Engl. Familienname.*
**Ty·ler,** John [ˈtaɪlə(r)] *1790–1862. 10. Präsident der USA.*
**Ty·ler,** Wat *od.* **Walter** [ˈtaɪlə(r)] *?–1381. Engl. Rebell.*
**Tyn·dale,** William [ˈtɪndl] *1492?–1536. Engl. Bibelübersetzer u. Reformator.*

# U

**U·dall,** Nicholas [ˈjuːdl; *Am. a.* -ˌdɔːl] *1505–56. Engl. Dramatiker.*
**Up·dike,** John [ˈʌpdaɪk] *\*1932. Amer. Schriftsteller.*
**U·rey,** Harold Clayton [ˈjʊərɪ] *1893–1981. Amer. Chemiker.*
**Ur·quhart,** Sir Thomas [ˈɜːkət; *Am.* ˈɜrkərt] *1611–60. Schott. Schriftsteller u. Übersetzer.*
**Uve·dale** [ˈjuːdl; ˈjuːvdeɪl] → **Udall.**

# V

**Val·en·ti·no,** Rudolph [ˌvælənˈtiːnəʊ] *1895–1926. Amer. Stummfilmstar.*
**Van·brugh,** Sir John [ˈvænbrə; vænˈbruː] *1664–1726. Engl. Dramatiker u. Baumeister.*
**Van Bu·ren,** Martin [vænˈbjʊərən] *1782–1862. 8. Präsident der USA.*
**Van·den·berg,** Arthur Hendrick [ˈvændənbɜːg; *Am.* -ˌbɜrg] *1884–1951. Amer. Publizist u. Politiker.*
**Van·der·bilt,** Cornelius [ˈvændə(r)bɪlt] *1794–1877. Amer. Finanzier.*
**Van Loon,** Hendrik Willem [vænˈləʊn] *1882–1944. Amer. Schriftsteller u. Journalist holl. Herkunft.*
**Vaughan,** Henry (“The Silurist”) [vɔːn; *Am. a.* vɑːn] *1622–95. Engl. Dichter.*
**Vaughan Wil·liams,** Ralph [ˌvɔːnˈwɪljəmz; *Am. a.* ˌvɑːn-] *1872–1958. Engl. Komponist.*
**Vaux** [vɔːz; vɒks; vɔːks; vəʊks] *Engl. Familienname.*
**Ver·gil** (Publius Vergilius Maro) [ˈvɜːdʒɪl; *Am.* ˈvɜrdʒəl] Ver´gil. *70–19 v. Chr. Röm. Dichter.*
**Ver·ner,** Karl Adolph [ˈvɜːnə; ˈveənə; *Am.* ˈvɜrnər; ˈveərnər] *1846–96. Dän. Philologe.*
**Ver·rall** [ˈverɔːl; -rəl] *Engl. Familienname.*
**Ver·u·lam,** Baron [ˈverʊləm] → **Bacon, Francis.**
**Vi·alls** [ˈvaɪəlz; -ɔːlz] *Engl. Familienname.*
**Vick·ers** [ˈvɪkə(r)z] *Engl. Familienname.*
**Vic·to·ri·a** [vɪkˈtɔːrɪə] Vik´toria. *1819–1901. Königin von Großbritannien u. Irland; Kaiserin von Indien.*
**Vil·lard,** Oswald Garrison [vɪˈlɑː(r); vɪˈlɑː(r)d] *1872–1949. Amer. Journalist.*
**Vir·gil** → **Vergil.**

# W

**Wace,** Robert [weɪs] *12. Jh. Anglonormannischer Dichter.*
**Wad·dell** [wɒˈdel; ˈwɒdl; *Am.* wɑˈdel;

ˈwɑdl] *Engl. Familienname.*
**Wad·ham** [ˈwɒdəm; *Am. a.* ˈwɑ-] *Engl. Familienname.*
**Wads·worth** [ˈwɒdzwɜːθ; *Am.* ˈwɑdzwərθ] *Engl. Familienname.*
**Wal·de·grave** [ˈwɔːlgreɪv; ˈwɔːldə-] *Engl. Familienname.*
**Wald·stein** [ˈwɔːldstaɪn; ˈvæld-] *Engl. Familienname.*
**Wal·lace,** Alfred Russel [ˈwɒlɪs; *Am.* ˈwɑləs] *1823–1913. Engl. Zoologe u. Forschungsreisender.*
**Wal·lace,** Edgar [ˈwɒlɪs; *Am.* ˈwɑləs] *1875–1932. Engl. Kriminalschriftsteller.*
**Wal·lace,** Sir William [ˈwɒlɪs; *Am.* ˈwɑləs] *1272?–1305. Schott. Freiheitsheld.*
**Wal·ler,** Edmund [ˈwɒlə; *Am.* ˈwɑlər] *1606–87. Engl. Dichter.*
**Wal·pole,** Horace, 4th Earl of Orford [ˈwɔːlpəʊl; *Am. a.* ˈwɑl-] *1717–97. Engl. Schriftsteller.*
**Wal·pole,** Sir Hugh Seymour [ˈwɔːlpəʊl; *Am. a.* ˈwɑl-] *1884–1941. Engl. Romanschriftsteller.*
**Wal·pole,** Sir Robert, 1st Earl of Orford [ˈwɔːlpəʊl; *Am. a.* ˈwɑl-] *1676–1745. Brit. Staatsmann; Premierminister.*
**Walsh,** Raoul [wɔːlʃ; *Am. a.* wɑlʃ] *1892–1980. Amer. Filmregisseur.*
**Wal·sing·ham** [ˈwɔːlsɪŋəm; *Am. a.* ˈwɑl-] *Engl. Familienname.*
**Wal·ter,** John [ˈwɔːltə(r)] *1739–1812. Engl. Journalist; Gründer der “Times”.*
**Wal·ton,** Izaac [ˈwɔːltən; -tn] *1593–1683. Engl. Schriftsteller.*
**War·hol,** Andy [ˈwɔː(r)hɔːl; -həʊl] *\*1930. Amer. Filmregisseur u. Maler.*
**Wa·ring** [ˈweərɪŋ] *Engl. Familienname.*
**Warne** [wɔː(r)n] *Engl. Familienname.*
**War·ner,** Charles Dudley [ˈwɔː(r)nə(r)] *1829–1900. Amer. Herausgeber u. Schriftsteller.*
**War·ren,** Earl [ˈwɒrən; *Am. a.* ˈwɑrən] *1891–1974. Amer. Jurist.*
**War·ren,** Robert Penn [ˈwɒrən; *Am.* ˈwɑrən] *\*1905. Amer. Schriftsteller.*
**War·ton** [ˈwɔː(r)tn] Joseph *1722–1800, engl. Dichter; sein Bruder* Thomas *1728–90, engl. Dichter u. Literaturhistoriker, Poeta Laureatus.*
**War·wick,** Richard Neville, Earl of (“The Kingmaker”) [ˈwɒrɪk; *Am. bes.* ˈwɑrɪk] Warwick (,,Der Königsmacher“). *1428–71. Engl. Feldherr u. Staatsmann.*
**Wash·ing·ton,** George [ˈwɒʃɪŋtən; *Am. a.* ˈwɑʃ-] *1732–99. Amer. General; 1. Präsident der USA.*
**Wat·kins** [ˈwɒtkɪnz; *Am. a.* ˈwɑt-] *Engl. Familienname.*
**Wat·son,** James Dewey [ˈwɒtsn; *Am. bes.* ˈwɑtsən] *\*1928. Amer. Biologe.*
**Wat·son,** John [ˈwɒtsn; *Am. bes.* ˈwɑtsən] (Pseudonym Ian Maclaren). *1850–1907. Schott. Geistlicher u. Schriftsteller.*
**Wat·son,** Sir William [ˈwɒtsn; *Am. bes.* ˈwɑtsən] *1858–1935. Engl. Dichter.*
**Watt,** James [wɒt; *Am. bes.* wɑt] *1736–1819. Schott. Erfinder.*
**Wat·ter·son,** Henry [ˈwɒtə(r)sn; *Am.* ˈwɑ-] *1840–1921. Amer. Publizist u. Politiker.*
**Watts,** George Frederic [wɒts; *Am. bes.* wɑts] *1817–1904. Engl. Maler u. Bildhauer.*
**Watts-Dun·ton,** Walter Theodore [ˌwɒtsˈdʌntən; *Am. bes.* ˌwɑts-] *1832–1914. Engl. Kritiker u. Dichter.*
**Waugh** [wɔː] Brüder: Evelyn Arthur St. John *1903–66;* Alec *1898–1981. Engl. Romanschriftsteller.*
**Wayne,** John [weɪn] *1907–79. Amer. Filmschauspieler.*
**Wear·ing** [ˈweərɪŋ] *Engl. Familienname.*
**Web·ster,** John [ˈwebstə(r)] *1580?–*

*1625? Engl. Dramatiker.*
**Web·ster,** Noah [ˈwebstə(r)] *1758–1843. Amer. Lexikograph.*
**Wedg·wood,** Josiah [ˈwedʒwʊd] *1730–95. Engl. Keramiker.*
**Wel·ler** [ˈwelə(r)] *Engl. Familienname.*
**Welles,** (George) Orson [welz] *1915–1985. Amer. Schauspieler u. Regisseur.*
**Wel·ling·ton,** Arthur Wellesley, 1st Duke of [ˈwelɪŋtən] *1769–1852. Brit. Feldmarschall u. Staatsmann.*
**Wells,** H(erbert) G(eorge) [welz] *1866–1946. Engl. Schriftsteller.*
**Went·worth** [ˈwentwə(r)θ] *Engl. Familienname.*
**Wes·ker,** Arnold [ˈweskə(r)] *\*1932. Engl. Dramatiker.*
**Wes·ley** [ˈwezlɪ; ˈweslɪ], Charles *1707–88; engl. Methodistenprediger u. Kirchenliederdichter; sein Bruder* John *1703–91, engl. Erweckungsprediger, Begründer des Methodismus.*
**West,** Mae [west] *1892–1980. Amer. Filmschauspielerin.*
**West,** Rebecca [west] (*eigentlich* Cicily Isabel Fairfield). *\*1892. Engl. Kritikerin u. Romanschriftstellerin.*
**Whal·ley** [ˈweɪlɪ; ˈwɔːlɪ] *Engl. Familienname.*
**Whar·am** [ˈweərəm] *Engl. Familienname.*
**Whar·ton,** Edith Newbold [ˈwɔː(r)tn] *1862–1937. Amer. Romanschriftstellerin.*
**What·mough** [ˈwɒtməʊ; *Am.* ˈwɑt-] *Engl. Familienname.*
**Wheat·ley,** Dennis Yeats [ˈwiːtlɪ] *1897–1977. Brit. Romanschriftsteller.*
**Whis·tler,** James Abbot McNeill [ˈwɪslə(r)] *1834–1903. Amer. Maler u. Graphiker.*
**Whi·tack·er, Whit·a·ker, Whit·ta·ker** [ˈwɪtəkə(r); -tɪ-] *Engl. Familienname.*
**White,** William Allen [waɪt] *1868–1944. Amer. Journalist u. Schriftsteller.*
**Whit·man,** Walt(er) [ˈwɪtmən] *1819–92. Amer. Dichter.*
**Whit·ti·er,** John Greenleaf [ˈwɪtɪə(r)] *1807–92. Amer. Dichter.*
**Whyte** [waɪt] *Engl. Familienname.*
**Wic·lif,** *a.* **Wick·liffe** → **Wyclif(fe).**
**Wig·gins** [ˈwɪgɪnz] *Engl. Familienname.*
**Wil·ber·force,** William [ˈwɪlbə(r)fɔː(r)s] *1759–1833. Brit. Staatsmann u. Philanthrop.*
**Wil·cox** [ˈwɪlkɒks; *Am.* -ˌkɑks] *Engl. Familienname.*
**Wilde,** Oscar Fingal O’Flahertie Wills [waɪld] *1854–1900. Engl. Dichter u. Dramatiker irischer Herkunft.*
**Wil·der,** Thornton Niven [ˈwaɪldə(r)] *1897–1975. Amer. Romanschriftsteller u. Dramatiker.*
**Wil·ding** [ˈwaɪldɪŋ] *Engl. Familienname.*
**Wil·kin·son** [ˈwɪlkɪnsn] *Engl. Familienname.*
**Wil·liam** [ˈwɪljəm] *Könige von England:* William I (the Conqueror) Wilhelm I. (der Eroberer) *1027–87;* William II (Rufus) Wilhelm II. (Rufus) *1056?–1100;* William III (Prince of Orange) Wilhelm III. (von Oranien) *1650–1702;* William IV Wilhelm IV. *1765–1837.*
**Wil·liam of Malmes·bur·y** [ˌwɪljəməvˈmɑːmzbərɪ; -brɪ; *Am. a.* -ˌberɪ; -ˈmɑlmz-] *um 1095–1143? Engl. Historiker.*
**Wil·liams,** Tennessee [ˈwɪljəmz] (*eigentlich* Thomas Lanier Williams) *1911?–83. Amer. Dramatiker.*
**Wil·shire** [ˈwɪlʃə(r); -ʃɪə(r)] *Engl. Familienname.*
**Wil·son,** James Harold [ˈwɪlsn] *\*1916. Engl. Politiker; Premierminister.*
**Wil·son,** (Thomas) Woodrow [ˈwɪlsn] *1856–1924. 28. Präsident der USA.*

**Wind·sor,** Duke of ['wɪnzə(r)] →
Edward VIII.
**Wing·field** ['wɪŋfiːld] *Engl. Familien-
name.*
**Wis·ter,** Owen ['wɪstə(r)] *1860–1938.
Amer. Romanschriftsteller.*
**Wi·tham** ['wɪðəm] *Engl. Familienname.*
**With·er(s),** George ['wɪðə(r); -ðə(r)z]
*1588–1667. Engl. Dichter.*
**Witt·gen·stein,** Ludwig Josef Johann
['vɪtgənstaɪn] *1889–1951. Brit. Philosoph
österr. Herkunft.*
**Wode·house,** P(elham) G(renville)
['wʊdhaʊs] *1881–1975. Engl. Roman-
schriftsteller.*
**Wolfe,** Charles [wʊlf] *1791–1823.
Irischer Dichter.*
**Wolfe,** Thomas Clayton [wʊlf] *1900–
38. Amer. Romanschriftsteller.*
**Wolff** [wʊlf; vɒlf] *Engl. Familienname.*
**Wol·sey,** Thomas ['wʊlzɪ] *1475?–1530.
Engl. Kardinal u. Staatsmann.*
**Wood,** Sir Henry [wʊd] *1869–1944.
Engl. Dirigent.*
**Wood·row** ['wʊdrəʊ] *Engl. Familienna-
me.*
**Woolf,** Virginia [wʊlf] *1882–1941. Engl.
Romanschriftstellerin.*

**Wool·worth,** Frank Winfield
['wʊlwə(r)θ; *Br. a.* -wɜːθ; *Am. a.* -ˌwɜrθ]
*1852–1919. Amer. Geschäftsmann.*
**Words·worth,** William ˋ ['wɜːdzwəθ;
-wɜːθ; *Am.* 'wɜrdzwərθ; -ˌwɜrθ] *1770–
1850. Engl. Dichter; Poeta Laureatus.*
**Wor·rall** ['wʌrəl; 'wɒ-; *Am. a.* 'wɑ-] *Engl.
Familienname.*
**Wort·ley** ['wɜːtlɪ; *Am.* 'wɜrtliː] *Engl. Fa-
milienname.*
**Wot·ton,** Sir Henry ['wɒtn; 'wʊtn; *Am.
a.* 'wɑtn] *1568–1639. Engl. Diplomat u.
Dichter.*
**Wren,** Sir Christopher [ren] *1632–1723.
Engl. Baumeister.*
**Wright,** Frank Lloyd [raɪt] *1869–1959.
Amer. Architekt.*
**Wright** [raɪt], Orville *1871–1948; sein
Bruder* Wilbur *1867–1912. Amer. Flug-
pioniere.*
**Wy·at(t),** Sir Thomas ['waɪət] *1503?–
42. Engl. Dichter u. Diplomat.*
**Wych·er·ley,** William ['wɪtʃə(r)lɪ]
*1640?–1716. Engl. Dramatiker.*
**Wyc·lif(fe),** John ['wɪklɪf] John Wyclif.
*1330?–84. Engl. Reformator u. Bibelüber-
setzer.*
**Wy·ler,** William ['waɪlə(r)] *1902–81.*

*Amer. Filmregisseur schweizer. Herkunft.*
**Wy·lie,** Elinor Morton (Mrs. William
Rose Benét) ['waɪlɪ] *1885–1928. Amer.
Dichterin u. Romanschriftstellerin.*
**Wy·man** ['waɪmən] *Engl. Familienname.*

# Y

**Yeat·man** ['jiːtmən; 'jeɪt-; 'jet-] *Engl.
Familienname.*
**Yeats,** William Butler [jeɪts] *1865–1939.
Irischer Dichter u. Dramatiker.*
**Yer·kes** ['jɜːkiːz; *Am.* 'jɜr-] *Engl. Fami-
lienname.*
**Yonge** [jʌŋ] *Engl. Familienname.*
**Young,** Edward [jʌŋ] *1683–1765. Engl.
Dichter.*
**Young,** Owen D. [jʌŋ] *1874–1962. Amer.
Wirtschaftsführer.*
**Yu·ill** ['juːɪl] *Engl. Familienname.*

# III. VORNAMEN
# III. CHRISTIAN NAMES

## A

**Aar·on** ['eərən] Aaron *m*.
**Ab·by** ['æbɪ] *Kurzform für* Abigail.
**Abe** [eɪb] *Kurzform für* Abraham.
**A·bie** ['eɪbɪ] *Kurzform für* Abraham.
**Ab·i·gail** ['æbɪgeɪl; -bə-] Abigail *f*.
**Ab·ner** ['æbnə(r)] *m*.
**A·bra·ham** ['eɪbrəhæm] Abraham *m*.
**A·da** ['eɪdə] Ada *f*, Adda *f*.
**Ad·al·bert** ['ædəlbɜːt; *Am*. ædl͵bɜrt] Adalbert *m*.
**Ad·am** ['ædəm] Adam *m*.
**Ad·e·la** ['ædɪlə; ə'deɪlə; *Am*. 'ædlə] A'dele *f*.
**Ad·e·laide** ['ædəleɪd; *Am*. 'ædl-] Adelheid *f*.
**A·dri·an** ['eɪdrɪən] Adrian *m*; Adri'ane *f*.
**A·dri·enne** ['eɪdrɪen] Adri'enne *f*, Adri'ane *f*.
**Af·ra** ['æfrə; 'eɪfrə] Afra *f*.
**Ag·a·tha** ['ægəθə] A'gathe *f*.
**Ag·gie** ['ægɪ] *Kurzform für* Agatha *od*. Agnes.
**Ag·nes** ['ægnɪs] Agnes *f*.
**Ai·leen** ['eɪliːn; *Am. a*. eɪ'liːn] → Helen.
**Al** [æl] *Kurzform für* Albert *od*. Alfred.
**Al·an** ['ælən] *m*.
**Al·as·tair** ['æləstə(r)] (*Scot.*) → Alexander.
**Al·ban** ['ɔːlbən; *Am. a*. 'æl-] Alban *m*.
**Al·bert** ['ælbə(r)t] Albert *m*.
**Al·ber·ta** [æl'bɜːtə; *Am*. æl'bɜrtə] Al'berta *f*.
**Al·den** ['ɔːldən] *m*.
**Al·dous** ['ɔːldəs; 'æl-] *m*.
**Al·ec(k)** ['ælɪk] *Kurzform für* Alexander.
**Al·ex** ['ælɪks] *Kurzform für* Alexander.
**Al·ex·an·der** ['ælɪg'zɑːndə; *Am*. -ˌzændər] Alex'ander *m*.
**Al·ex·an·dra** [ˌælɪg'zɑːndrə; *Am*. -ˌzæn-] Alex'andra *f*.
**Alf** [ælf] *Kurzform für* Alfred.
**Al·fred** ['ælfrɪd] Alfred *m*.
**Al·ger·non** ['ældʒə(r)nən] *m*.
**Al·gie, Al·gy** ['ældʒɪ] *Koseformen von* Algernon.
**Al·ice** ['ælɪs], **A·li·ci·a** [ə'lɪʃɪə; -ʃə] A'lice *f*.
**Al·i·son** ['ælɪsn] *f*.
**Al·is·tair** ['ælɪstə(r)] (*Scot.*) → Alexander.
**Al·lan, Al·len** ['ælən] *m*.
**Al·lis·ter** ['ælɪstə(r)] (*Scot.*) → Alexander.
**Al·ma** ['ælmə] Alma *f*.
**Al·vin** ['ælvɪn], **Al·win** ['ælwɪn] Alwin *m*.
**Am·a·bel** ['æməbel] *f*.
**A·man·da** [ə'mændə] A'manda *f*.
**Am·brose** ['æmbrəʊz] Am'brosius *m*.
**A·mel·ia** [ə'miːljə; -lɪə] A'malie *f*.
**A·mos** ['eɪmɒs; *Am*. -əs] Amos *m*.
**A·my** ['eɪmɪ] *f*.

**An·dre·a** ['ændrɪə] An'drea *f*.
**An·drew** ['ændruː] An'dreas *m*.
**An·dy** ['ændɪ] *Kurzform für* Andrew.
**A·neu·rin** [ə'naɪərɪn; -'neɪr-] (*Welsh*) *m*.
**An·ge·la** ['ændʒələ; -dʒɪ-] Angela *f*.
**An·gel·i·ca** [æn'dʒelɪkə] An'gelika *f*.
**An·ge·li·na** [ˌændʒɪ'liːnə; -dʒə-] Ange'lina *f*.
**An·gus** ['æŋgəs] *m*.
**A·ni·ta** [ə'niːtə] A'nita *f*.
**Ann** [æn], **An·na** ['ænə] Anna *f*, Anne *f*.
**An·na·bel** ['ænəbel], **An·na·bel·la** [ˌænə'belə], **An·na·belle** ['ænəbel] Anna'bella *f*.
**Anne** → Ann.
**An·nette** [æ'net; ə'n-] An'nette *f*.
**An·nie** ['ænɪ] Anni *f*.
**An·the·a** ['ænθɪə; 'ænθɪə] *f*.
**An·tho·ny** ['æntənɪ; *bes. Am*. -θə-] Anton *m*.
**An·to·ni·a** [æn'təʊnjə; -nɪə] An'tonia *f*, An'tonie *f*.
**Ar·a·bel·la** [ˌærə'belə], *a*. **'Ar·a·bel** [-bel] Ara'bella *f*.
**Ar·chi·bald** ['ɑː(r)tʃɪbɔːld; -bəld] Archibald *m*.
**Ar·chie, Ar·chy** ['ɑː(r)tʃɪ] *Kurzformen für* Archibald.
**Ar·lene, Ar·line** [ɑː(r)'liːn] *f*.
**Ar·nold** ['ɑː(r)nəld; 'ɑː(r)nld] Arnold *m*.
**Art** [ɑː(r)t] *Kurzform für* Arthur.
**Ar·thur** ['ɑː(r)θə(r)] Art(h)ur *m*.
**Art·ie** ['ɑː(r)tɪ] *Kurzform für* Arthur.
**A·sa** ['eɪsə; -zə] *m*.
**Au·brey** ['ɔːbrɪ] Alberich *m*.
**Au·drey** ['ɔːdrɪ] *f*.
**Au·gust** ['ɔːgəst] August *m*.
**Au·gus·ta** [ɔː'gʌstə] Au'gusta *f*, Au'guste *f*.
**Au·gus·tin(e)** [ɔː'gʌstɪn; *Am. a*. 'ɔːgə͵stiːn] Augustin *m*.
**Au·gus·tus** [ɔː'gʌstəs] Au'gustus *m*.
**Au·re·lia** [ɔː'riːljə; -lɪə] Au'relia *f*, Au'relie *f*.
**Aus·tin** ['ɒstɪn; *Am*. 'ɔːstən; 'ɑs-] *Kurzform für* Augustin.
**A·ver·il** ['ævərɪl] *m*.
**A·ver·y** ['eɪvərɪ; -vrɪ] *m*.
**Ayl·mer** ['eɪlmə(r)] → Elmer.
**Ayl·win** ['eɪlwɪn] *m*.

## B

**Bab** [bæb], **Bab·bie** ['bæbɪ] *Koseformen von* Barbara.
**Ba·bette** [bæ'bet] Ba'bette *f*.
**Babs** [bæbz] *Koseform von* Barbara.
**Bald·win** ['bɔːldwɪn] Balduin *m*.
**Bar·ba·ra** ['bɑː(r)bərə; -brə] Barbara *f*.

**Bar·na·bas** ['bɑː(r)nəbəs], **'Bar·na·by** [-bɪ] Barnabas *m*.
**Bar·nard** ['bɑː(r)nə(r)d] → Bernard.
**Bar·ney** ['bɑː(r)nɪ] *Kurzform für* Barnabas *od*. Bernard.
**Bar·ry** ['bærɪ] *m*.
**Bart** [bɑ(r)t] *Kurzform für* Bartholomew.
**Bar·thol·o·mew** [bɑː'θɒləmjuː; *Am*. [bɑːr'θɑ-] Bartholo'mäus *m*.
**Bar·ton** ['bɑː(r)tn] *m*.
**Bas·il** ['bæzl; -zɪl] Ba'silius *m*.
**Bay·ard** ['beɪə(r)d; -ə(r)d] *m*.
**Be·a·ta** [bɪ'eɪtə] Be'ata *f*, Be'ate *f*.
**Be·a·trice** ['bɪətrɪs] Bea'trice *f*.
**Be·a·trix** ['bɪətrɪks] Be'atrix *f*.
**Beck·ie, Beck·y** ['bekɪ] *Kurzformen für* Rebecca.
**Bee** [biː] *Koseform von* Beatrice.
**Be·lin·da** [bɪ'lɪndə; bə-] *f*.
**Bell** [bel], **Bel·la** ['belə] *Kurzformen für* Arabella *od*. Isabella.
**Belle** [bel] Bella *f*.
**Ben** [ben] *Kurzform für* Benjamin.
**Ben·e·dict** ['benɪdɪkt; *Br. a*. 'benɪt] Benedikt *m*, Bene'diktus *m*.
**Ben·ja·min** ['bendʒəmɪn; -mən] Benjamin *m*.
**Ben·net** ['benɪt] *Kurzform für* Benedict.
**Ben·ny**, *a*. **Ben·nie** ['benɪ] *Kurzformen für* Benjamin.
**Ber·na·dette** [ˌbɜːnə'det; *Am*. ˌbɜr-] Berna'dette *f*.
**Ber·na·dine** ['bɜːnədiːn; *Am*. 'bɜr-] *f*.
**Ber·nard** ['bɜːnəd; *Am*. 'bɜrnərd; bər-'nɑːrd] Bernhard *m*.
**Ber·ney** ['bɜːnɪ; *Am*. 'bɜrniː] *Kurzform für* Bernard.
**Ber·nice** ['bɜːnɪs; *Am*. bər'niːs; 'bɜrnəs] *f*.
**Ber·nie** → Berney.
**Bert** [bɜːt; *Am*. bɜrt] *Kurzform für* Albert, Bertram, Gilbert, Herbert, Hubert.
**Ber·tha** ['bɜːθə; *Am*. 'bɜrθə] Berta *f*.
**Ber·thold** [*Br*. 'bɜːθəʊld; *Am*. 'bɜrtəʊld] Bert(h)old *m*.
**Ber·tie** ['bɜːtɪ; *Am*. 'bɜrtiː] *Kurzform für* Albert, Bertha, Bertram, Gilbert, Herbert, Hubert.
**Ber·tram** ['bɜːtrəm; *Am*. 'bɜr-], **'Ber·trand** [-rənd] Bertram *m*.
**Ber·yl** ['berɪl; -əl] *f*.
**Bess** [bes], **Bes·sie** ['besɪ], **Beth** [beθ], **Bet·s(e)y** ['betsɪ], **Bet·ti·na** [be'tiːnə; bə-], **Bet·ty** ['betɪ] *Kurzformen für* Elizabeth.
**Bev·er·l(e)y** ['bevə(r)lɪ] *f*.
**Bill** [bɪl], **Bil·lie, Bil·ly** ['bɪlɪ] *Kurzformen für* William.
**Blanch(e)** [blɑːntʃ; *Am*. blæntʃ] Blanche *f*.
**Bob** [bɒb; *Am*. bɑb], **Bob·bie, Bob·by** ['bɒbɪ; *Am*. 'bɑbiː] *Kurzformen für* Robert.
**Bon·ny**, *a*. **Bon·nie** ['bɒnɪ; *Am*. 'bɑniː] *f*.

**Boyd** [bɔɪd] *m.*
**Brad·ley** [ˈbrædlɪ] *m.*
**Bren·da** [ˈbrendə] *f.*
**Bri·an, Bry·an** [ˈbraɪən] *m.*
**Bridg·et** [ˈbrɪdʒɪt] Briˈgitte *f,* Briˈgitta *f.*
**Bri·die** [ˈbraɪdɪ] *Kurzform für* Bridget.
**Brig·id** [ˈbrɪdʒɪd], **Bri·gitte** [ˈbrɪdʒɪt; brɪˈʒɪt] → Bridget.
**Bruce** [bruːs] *m.*
**Burt** [bɜːt; *Am.* bɜrt] → Bert.
**By·ron** [ˈbaɪərən; ˈbaɪrən] *m.*

## C

**Ca·mil·la** [kəˈmɪlə] Kaˈmilla *f.*
**Can·di·da** [ˈkændɪdə] *f.*
**Ca·rew** [kəˈruː] *m.*
**Car·ey** [ˈkeərɪ] *Kurzform für* Carew.
**Carl** [kɑː(r)l] Karl *m,* Carl *m.*
**Car·mel** [ˈkɑː(r)mel; -məl], **Carˈmel·a** [-ˈmelə] *f.*
**Car·ol** [ˈkærəl] Kaˈrolus *m;* Kaˈrola *f.*
**Car·o·la** [ˈkærələ], **Car·ole** [ˈkærəl] Caˈrola *f,* Kaˈrola *f.*
**Car·o·line** [ˈkærəlaɪn; -lɪn], **ˈCar·o·lyn** [-lɪn] Caroˈline *f,* Karoˈlina *f,* Karoˈline *f.*
**Car·rie** [ˈkærɪ] *Kurzform für* Caroline.
**Car·son** [ˈkɑː(r)sn] *m.*
**Car·y** [ˈkeərɪ] *Kurzform für* Carew.
**Cath·er·ine,** *a.* **Cath·a·rine** [ˈkæθərɪn], **Cath·a·ri·na** [-ˈriːnə] Kathaˈrina *f.*
**Cath·leen** [ˈkæθliːn] *(Irish)* → Catherine.
**Cath·y** [ˈkæθɪ] *Kurzform für* Catherine.
**Ce·cil** [ˈsesl; ˈsɪsl; *Am. a.* ˈsiːsl] Cecil *m.*
**Ce·cile** [ˈsesl; *Am.* sɪˈsiːl], **Ce·cil·ia** [sɪˈsɪljə; -ˈsiːl-], **Cec·i·ly** [ˈsɪsɪlɪ; ˈse-; *Am.* ˈsesəlɪ] Cäˈcilie *f.*
**Ced·ric** [ˈsiːdrɪk; ˈse-] *m.*
**Ce·leste** [sɪˈlest; sə-] *f.*
**Ce·les·tine** [ˈselɪstaɪn; sɪˈlestaɪn; -tɪn] Zöleˈstin(us) *m;* Zöleˈstine *f.*
**Cel·ia** [ˈsiːljə] *f.*
**Cha·ris·sa** [kəˈrɪsə] Charis *f.*
**Char·i·ty** [ˈtʃærətɪ] *f.*
**Charles** [tʃɑː(r)lz] Karl *m.*
**Char·ley, Char·lie** [ˈtʃɑː(r)lɪ] *Koseformen von* Charles.
**Char·lotte** [ˈʃɑː(r)lət] Charˈlotte *f.*
**Chaun·cey** [ˈtʃɔːnsɪ; *Am. a.* ˈtʃɑːn-] *m.*
**Cher·yl** [ˈtʃerɪl] *f.*
**Ches·ter** [ˈtʃestə(r)] *m.*
**Chlo·ë,** *a.* **Chlo·e** [ˈkləʊɪ] Chloe *f.*
**Chris** [krɪs] *Kurzform für* Christian, Christiana, Christopher.
**Chris·sie** [ˈkrɪsɪ] *Kurzform für* Christina.
**Chris·tian** [ˈkrɪstjən; *bes. Am.* -tʃən] Christian *m.*
**Chris·ti·an·a** [ˌkrɪstɪˈɑːnə; *Am.* -ˈænə] Christiˈane *f.*
**Chris·ti·na** [krɪˈstiːnə] Chriˈstina *f.*
**Chris·tine** [ˈkrɪstiːn; krɪˈstiːn] Chriˈstine *f.*
**Chris·to·pher** [ˈkrɪstəfə(r)] Christoph *m.*
**Cic·e·ly** [ˈsɪsɪlɪ; -sə-; -slɪ] → Cecile.
**Cin·dy** [ˈsɪndɪ] *Kurzform für* Lucinda.
**Cis** [sɪs], **Cis·sy** [ˈsɪsɪ] *Kurzformen für* Cecile.
**Clair** → Clare.
**Clar·a** [ˈkleərə], **Clare** [kleə(r)] Klara *f.*
**Clar·ence** [ˈklærəns] *m.*
**Clar·ice** [ˈklærɪs] → Clarissa.
**Cla·ris·sa** [kləˈrɪsə] Klaˈrissa *f.*
**Clark** [klɑː(r)k] *m.*
**Claud(e)** [klɔːd] → Claudius.

**Clau·dette** [klɔːˈdet] *f.*
**Clau·di·a** [ˈklɔːdjə; -dɪə] Claudia *f,* Klaudia *f.*
**Clau·dine** [klɔːˈdiːn] Clauˈdine *f,* Klauˈdine *f.*
**Clau·dius** [ˈklɔːdjəs; -dɪəs] Claudius *m.*
**Clay·ton** [ˈkleɪtn] *m.*
**Clem·ent** [ˈklemənt] Clemens *m,* Klemens *m.*
**Clem·en·ti·na** [ˌklemənˈtiːnə], **ˈClem·en·tine** [-taɪn; -tiːn] Klemenˈtine *f.*
**Cle·o** [ˈkliːəʊ; *bes. Am.* ˈkliːəʊ] *Kurzform für* Cleopatra.
**Cle·o·pat·ra** [ˌkliːəˈpætrə; -ˈpɑː-; *Am.* ˌkliːəˈpætrə; -ˈpeɪ-] Kleˈopatra *f.*
**Cliff** [klɪf] *Kurzform für* Clifford.
**Clif·ford** [ˈklɪfə(r)d] *m.*
**Clif·ton** [ˈklɪftən] *m.*
**Clint** [klɪnt] *Kurzform für* Clinton.
**Clin·ton** [ˈklɪntən] *m.*
**Clive** [klaɪv] *m.*
**Clo·t(h)il·da** [kləʊˈtɪldə] Kloˈthilde *f.*
**Clyde** [klaɪd] *m.*
**Co·lette** [kɒˈlet; *Am. a.* kə-] *f.*
**Col·in** [ˈkɒlɪn; *Am.* ˈkalən] *Kurzform für* Nicholas.
**Col·leen** [ˈkɒliːn; kɒˈliːn; *Am.* kaˈliːn; ˈkaˌliːn] *f.*
**Col·ley** [ˈkɒlɪ; *Am.* ˈkalɪ] *Kurzform für* Nicholas.
**Con·nie** [ˈkɒnɪ; *Am.* ˈkanɪ] *Kurzform für* Conrad, Constance, Cornelius.
**Con·nor** [ˈkɒnə; *Am.* ˈkanər] *(Irish) m.*
**Con·rad** [ˈkɒnræd; *Am.* ˈkan-] Konrad *m.*
**Con·stance** [ˈkɒnstəns; *Am.* ˈkan-] Konˈstanze *f.*
**Con·stan·tine** [ˈkɒnstəntaɪn; *Am.* ˈkan-; *a.* -ˌtiːn] Konstantin *m.*
**Co·ra** [ˈkɔːrə] Kora *f.*
**Cor·del·ia** [kɔː(r)ˈdiːljə; -lɪə] Korˈdelia *f.*
**Co·rin·na** [kəˈrɪnə] Koˈrinna *f.*
**Cor·nel·ia** [kɔː(r)ˈniːljə; -lɪə] Corˈnelia *f.*
**Cor·nel·ius** [kɔː(r)ˈniːljəs; -lɪəs] Corˈnelius *m.*
**Craig** [kreɪg] *m.*
**Cur·tis** [ˈkɜːtɪs; *Am.* ˈkɜrtəs] *m.*
**Cuth·bert** [ˈkʌθbə(r)t] *m.*
**Cyn·thi·a** [ˈsɪnθɪə] *f.*
**Cyr·il** [ˈsɪrəl] Cyˈrillus *m,* Cyrill *m,* Kyˈrillus *m,* Kyrill *m.*
**Cy·rus** [ˈsaɪərəs; ˈsaɪrəs] Cyrus *m.*

## D

**Dai·sy** [ˈdeɪzɪ] *Koseform von* Margaret.
**Dale** [deɪl] *m, f.*
**Dan** [dæn] *m, a. Kurzform für* Daniel.
**Da·na** [ˈdeɪnə; ˈdænə] *f.*
**Dan·iel** [ˈdænjəl] Daniel *m.*
**Dan·ny** [ˈdænɪ] *Kurzform für* Daniel.
**Daph·ne** [ˈdæfnɪ] Daphne *f.*
**Dave** [deɪv] *Kurzform für* David.
**Da·vid** [ˈdeɪvɪd] David *m.*
**Da·vy** [ˈdeɪvɪ] *Kurzform für* David.
**Dawn** [dɔːn] *f.*
**Dean(e)** [diːn] *m.*
**Deb** [deb], **Deb·by** [ˈdebɪ] *Kurzformen für* Deborah.
**Deb·o·rah** [ˈdebərə] *f.*
**Deir·dre** [ˈdɪə(r)drɪ] *(Irish) f.*
**Del·a·no** [ˈdelənəʊ] *m.*
**De·lia** [ˈdiːljə; -lɪə] *f.*
**Den·(n)is** [ˈdenɪs] Dioˈnys(ius) *m.*
**Den·ny** [ˈdenɪ] *Kurzform für* Daniel.
**Der·ek, Der·rick** [ˈderɪk] *m.*
**Des·mond** [ˈdezmənd] *m.*
**De·witt, De Witt** [dəˈwɪt] *m.*
**Dex·ter** [ˈdekstə(r)] *m.*

**Di·an·a** [daɪˈænə] Diˈana *f.*
**Dick** [dɪk], **Dick·en** [ˈdɪkən], **Dick·ie** [ˈdɪkɪ], **Dick·on** [ˈdɪkən], **Dick·y** [ˈdɪkɪ] *Koseformen von* Richard.
**Di·nah** [ˈdaɪnə] Dina *f.*
**Dir(c)k** [dɜːk; *Am.* dɜrk] Dirk *m.*
**Dob** [dɒb; *Am. a.* dab], **Dob·bin** [ˈdɒbɪn; *Am.* ˈdabən] *Kurzformen für* Robert.
**Dol(l)** [dɒl; *Am. a.* dal], **Dol·ly** [ˈdɒlɪ; *Am. a.* ˈdalɪ] *Kurzformen für* Dorothea.
**Dom·i·nic** [ˈdɒmɪnɪk; *Am.* ˈdamə-] Doˈminikus *m,* Domiˈnik *m.*
**Don** [dɒn; *Am.* dan] *Kurzform für* Donald.
**Don·ald** [ˈdɒnld; *Am.* ˈda-] Donald *m.*
**Don·na** [ˈdɒnə; *Am. a.* ˈdanə] *f.*
**Do·ra** [ˈdɔːrə; *Am. a.* ˈdəʊrə] Dora *f.*
**Do·reen** [dɔːˈriːn; də-] *(Irish) Kurzform für* Dorothea.
**Dor·is** [ˈdɒrɪs; *Am.* ˈdɔːrəs; ˈda-] Doris *f.*
**Dor·o·the·a** [ˌdɒrəˈθɪə; *Am.* ˌdɔːrəˈθiːə; ˌdar-], **ˈDor·o·thy** [-θɪ] Doroˈthea *f,* Doroˈthee *f.*
**Dor·ritt** [ˈdɒrɪt; *Am. a.* ˈdarət] *Kurzform für* Dorothea.
**Doug** [dʌg] *Kurzform für* Douglas.
**Dou·gal** [ˈduːgəl] *m.*
**Doug·las** [ˈdʌgləs] Douglas *m.*
**Dud·ley** [ˈdʌdlɪ] *m.*
**Dul·ce, Dul·cie** [ˈdʌlsɪ] *f.*
**Dun·can** [ˈdʌŋkən] *m.*
**Dun·stan** [ˈdʌnstən] *m.*
**Dwight** [dwaɪt] *m.*

## E

**Earl(e)** [ɜːl; *Am.* ɜrl] *m.*
**Eb·e·ne·zer** [ˌebɪˈniːzə(r)] *m.*
**Ed** [ed], **Ed·die, Ed·dy** [ˈedɪ] *Kurzformen für* Edgar, Edmond, Edward, Edwin.
**Ed·gar** [ˈedgə(r)] Edgar *m.*
**Ed·ith** [ˈiːdɪθ] Edith *f.*
**Ed·mond, Ed·mund** [ˈedmənd] Edmund *m.*
**Ed·na** [ˈednə] *f.*
**Ed·ward** [ˈedwə(r)d] Eduard *m.*
**Ed·win** [ˈedwɪn] Edwin *m.*
**Ed·wi·na** [edˈwiːnə] *f.*
**Ei·leen** [ˈaɪliːn; *Am.* aɪˈliːn] → Helen.
**Ei·rene** → Irene.
**E·lain(e)** [eˈleɪn; ɪˈl-] → Helen.
**El·dred** [ˈeldrɪd] *m.*
**El·ea·nor** [ˈelɪnə(r); -lə-; *Am. a.* -ˌnɔːr], **El·ea·no·ra** [ˌelɪəˈnɔːrə; *Am. a.* ˌelə-] Eleoˈnore *f.*
**El·e·na** [ˈelənə] → Helen.
**E·li** [ˈiːlaɪ] *m.*
**E·li·as** [ɪˈlaɪəs] → Elijah.
**E·li·jah** [ɪˈlaɪdʒə] Eˈlias *m.*
**El·i·nor** [ˈelɪnə(r)] → Eleanor.
**E·li·ot** [ˈelɪət] *m.*
**E·li·za** [ɪˈlaɪzə] *Kurzform für* Elizabeth.
**E·liz·a·beth** [ɪˈlɪzəbəθ] Eˈlisabeth *f.*
**El·la** [ˈelə] *Kurzform für* Eleanor *etc.*
**El·len** [ˈelɪn; -ən] → Helen.
**El·lie** [ˈelɪ] *Kurzform für* Alice, Eleanor *etc.*
**El·lis** [ˈelɪs] → Elijah.
**El·ma** [ˈelmə] *f.*
**El·mer** [ˈelmə(r)] Elmar *m.*
**E·lo·ise** [ˌeləʊˈiːz] *f.*
**El·sa** [ˈelsə], **El·sie** [ˈelsɪ] Elsa *f,* Else *f.*
**El·ton** [ˈeltən] *m.*
**El·vis** [ˈelvɪs] *m.*
**Em·e·line** [ˈemɪliːn; *Am. a.* -ˌlaɪn] *f.*
**Em·er·y** [ˈemərɪ] Emmerich *m.*
**Em·i·ly,** *a.* **Em·i·lie** [ˈemɪlɪ; *Am. a.* ˈemliː], **É·mil·i·a** [ɪˈmɪlɪə] Eˈmilie *f.*

**Em·ma** ['emə] Emma f.
**Em·mie** ['emɪ] Koseform von Emma.
**Em·rys** ['emrɪs] (Welsh) → Ambrose.
**E·na** ['i:nə] f.
**E·nid** ['i:nɪd] f.
**E·noch** ['i:nɒk; Am. 'i:nək] Enoch m.
**Er·ic** ['erɪk] Erich m.
**Er·i·ca** ['erɪkə] Erika f.
**Er·na** ['ɜːnə; Am. 'ɜrnə] Erna f.
**Er·nest** ['ɜːnɪst; Am. 'ɜrnəst] Ernst m.
**Er·nes·tine** ['ɜːnɪsti:n; Am. 'ɜrnə-] Erne'stine f.
**Er·nie** ['ɜːnɪ; Am. 'ɜrni:] Kurzform für Ernest.
**Er·rol** ['erəl] m.
**Er·win** ['ɜːwɪn; Am. 'ɜr-] Erwin m.
**Es·tel·la** [e'stelə], **Es·telle** [e'stel] → Stella.
**Es·ther** ['estə(r); Br. a. 'esθə] Esther f.
**Eth·el** ['eθl] f.
**Eth·el·bert** ['eθlbɜːt; Am. -ˌbɜrt] m.
**Eu·gene** ['ju:dʒi:n; ju:'dʒi:n; Br. a. ju:-'ʒeɪn] Eugen m.
**Eu·ge·ni·a** [ju:'dʒi:njə; -nɪə] Eu'genie f.
**Eu·la·li·a** [ju:'leɪljə; -lɪə] Eu'lalia f, Eu'lalie f.
**Eu·nice** ['ju:nɪs] Eu'nice f.
**E·va** ['i:və] → Eve.
**Ev·an** ['evən] m.
**Eve** [i:v] Eva f.
**Eve·lyn** ['i:vlɪn; 'ev-; Am. a. 'evə-] m, f.
**Ev·er·ard** ['evərɑ:(r)d] Eberhard m.
**Ev·er·ett** ['evərɪt] m.
**Ew·an, Ew·en** ['ju:ɪn] (Welsh) → Owen.
**Ez·ra** ['ezrə] m.

# F

**Faith** [feɪθ] f.
**Fan·nie, Fan·ny** ['fænɪ] Kurzformen für Frances.
**Far·quhar** ['fɑ:(r)kwə(r); -kə(r)] m.
**Fay(e)** [feɪ] Kurzform für Faith.
**Fe·lice** [fə'li:s], **Fe·li·ci·a** [fə'lɪsɪə; bes. Am. -ʃɪə; -ʃə] Fe'lizia f.
**Fe·lic·i·ty** [fə'lɪsətɪ] Fe'lizitas f.
**Fe·lix** ['fi:lɪks] Felix m.
**Fer·gus** ['fɜːgəs; Am. 'fɜr-] (Gaelic) m.
**Fi·o·na** ['fɪəʊnə] f.
**Flo** [fləʊ] Kurzform für Florence.
**Flo·ra** ['flɔ:rə; Am. a. 'fləʊrə] Flora f.
**Flor·ence** ['flɒrəns; Am. 'flɔ:r-; 'flɑ:r-] Floren'tine f.
**Flor·rie** ['flɒrɪ; Am. 'flɔ:ri:; 'flɑ:ri:] Kurzform für Florence.
**Floyd** [flɔɪd] → Lloyd.
**Fran·ces** ['frɑ:nsɪs; Am. 'fræn-] Fran-'ziska f.
**Fran·cie** ['frɑ:nsɪ; Am. 'frænsi:] Koseform von Frances od. Francis.
**Fran·cis** ['frɑ:nsɪs; Am. 'fræn-] Franz m.
**Frank** [fræŋk] Frank m.
**Frank·lin** ['fræŋklɪn] m.
**Fred** [fred] Kurzform für Alfred, Frederic, Wilfred.
**Fre·da** ['fri:də] Frieda f.
**Fred·dy** ['fredɪ] Kurzform für Alfred, Frederic, Wilfred.
**Fred·er·ic(k)** ['fredrɪk; -də-] Friedrich m.
**Fred·er·i·ca** [ˌfredə'ri:kə] Friede'rike f.

# G

**Ga·bri·el** ['geɪbrɪəl] Gabriel m.
**Ga·bri·el·la** [ˌgeɪbrɪ'elə], **Ga·bri'elle** [-'el] Gabri'ele f.

**Gail** [geɪl] Kurzform für Abigail.
**Gar·eth** ['gæreθ] m.
**Gar·ry, Gar·y** ['gærɪ] m.
**Ga·vin** ['gævɪn], **Ga·wain** ['gɑ:weɪn; Am. 'gɑ:wɪn; 'gɔ:-] m.
**Gene** [dʒi:n] Kurzform für Eugene od. Eugenia.
**Gen·e·vieve** [ˌdʒenə'vi:v; 'dʒenɪvi:v] Geno'veva f.
**Ge·nie** ['dʒi:nɪ] Kurzform für Eugenia.
**Geof·frey** ['dʒefrɪ] Gottfried m.
**George** [dʒɔ:(r)dʒ] Georg m.
**Geor·gia** ['dʒɔ:(r)dʒjə; Am. bes. -dʒə] Ge'orgia f.
**Geor·gie** ['dʒɔ:(r)dʒɪ] Koseform von George od. Georgia.
**Geor·gi·na** [dʒɔ:(r)'dʒi:nə] Geor'gine f.
**Ger·ald** ['dʒerəld] Gerald m, Gerold m.
**Ger·al·dine** ['dʒerəldi:n] Geral'dine f.
**Ge·rard** ['dʒerɑ:d; bes. Am. dʒe'rɑ:(r)d; dʒə-] Gerhard m.
**Ger·maine** [dʒɜː'meɪn; Am. dʒɜr-] f.
**Ger·ry** ['gerɪ; 'dʒerɪ] Kurzform für Gerald od. Geraldine.
**Ger·tie, Ger·ty** ['gɜːtɪ; Am. 'gɜrti:] Gertie f.
**Ger·trude** ['gɜːtru:d; Am. 'gɜr-] Gertrud f, Ger'trude f.
**Gif·ford** ['gɪfə(r)d] m.
**Gil·bert** ['gɪlbə(r)t] Gilbert m.
**Gil·da** ['gɪldə] f.
**Giles** [dʒaɪlz] A'gid(ius) m.
**Gill** [dʒɪl] Kurzform für Gillian.
**Gil·li·an** ['dʒɪlɪən; -ljən; Br. a. 'gɪl-] m, f.
**Gil·roy** ['gɪlrɔɪ] m.
**Gi·nev·ra** [dʒɪ'nevrə] → Guinevere.
**Gin·ger** ['dʒɪndʒə(r)] f.
**Glad·ys** ['glædɪs] f.
**Glen(n)** [glen] m.
**Glen·da** ['glendə] f.
**Glo·ri·a** ['glɔ:rɪə; Am. a. 'gləʊ-] Gloria f.
**God·dard** ['gɒdəd; Am. 'gɑdərd] Gotthard m.
**God·frey** ['gɒdfrɪ; Am. 'gɑdfri:] Gottfried m.
**God·win** ['gɒdwɪn; Am. 'gɑ-] Gottwin m.
**Gor·don** ['gɔ:(r)dn] m.
**Grace** [greɪs], **Gra·ci·a** ['greɪʃɪə; -ʃə] Gracia f, Grazia f.
**Graeme** [greɪm; 'greɪəm] → Graham.
**Gra·ham** ['greɪəm] m.
**Grant** [grɑ:nt; Am. grænt] m.
**Greg** [greg] Kurzform für Gregory.
**Greg·o·ry** ['gregərɪ] Gregor m.
**Gre·ta** ['gri:tə; 'gretə] Kurzform für Margaret.
**Grif·fin** ['grɪfɪn] m.
**Grif·fith** ['grɪfɪθ] m.
**Guin·e·vere** ['gwɪnɪˌvɪə(r); 'gɪ-], a. **Guen·e·ver** ['gwenɪvə(r)] Gi'nevra f, Geni'evra f.
**Gus** [gʌs] Kurzform für Augusta, Augustus, Gustavus.
**Gus·ta·vus** [gʊ'stɑ:vəs; gʌ'steɪ-] Gustav m.
**Guy** [gaɪ] Guido m.
**Gwen** [gwen] Kurzform für Gwendolen.
**Gwen·do·len, Gwen·do·line, Gwen·do·lyn** ['gwendəlɪn] Gwendolin f.
**Gwyn·eth** ['gwɪnɪθ] f.

# H

**Hal** [hæl] Kurzform für Harold od. Henry.
**Ham·il·ton** ['hæmltən] m.
**Ham·ish** ['heɪmɪʃ] m.
**Hank** [hæŋk] Kurzform für Henry.

**Han·nah** ['hænə] Hanna f.
**Har·old** ['hærəld] Harald m.
**Har·ri·et, Har·ri·ot** ['hærɪət] f.
**Har·ry** ['hærɪ] Koseform von Harold od. Henry.
**Hart·ley** ['hɑ:(r)tlɪ] m.
**Har·vey** ['hɑ:(r)vɪ] m.
**Ha·zel** ['heɪzl] f.
**Heath·er** ['heðə(r)] f.
**Hec·tor** ['hektə(r)] Hektor m.
**Hed·da** ['hedə] f.
**Hed·wig** ['hedwɪg] Hedwig f.
**Hel·en** ['helɪn; -ən], **Hel·e·na** [-nə] Helena f, He'lene f.
**Hen·ri·et·ta** [ˌhenrɪ'etə] Henri'ette f.
**Hen·ry** ['henrɪ] Heinrich m.
**Her·bert** ['hɜːbət; Am. 'hɜrbərt] Herbert m.
**Her·man** ['hɜːmən; Am. 'hɜr-] Hermann m.
**Hes·ter** ['hestə(r)] → Esther.
**Hil·a·ry** ['hɪlərɪ] Hi'larius m; Hi'laria f.
**Hil·da** ['hɪldə] Hilda f, Hilde f.
**Hi·ram** ['haɪərəm; 'haɪrəm] m.
**Ho·bart** ['həʊbɑ:(r)t; Am. bes. -bərt] m.
**Ho·mer** ['həʊmə(r)] m.
**Hor·ace** ['hɒrəs; Am. a. 'hɑrəs], **Ho·ra·tio** [hə'reɪʃɪəʊ; -ʃəʊ] m.
**Hor·ten·si·a** [hɔ:(r)'tensɪə; -ʃɪə], a. **Hor'tense** [-'tens] Hor'tensia f.
**How·ard** ['haʊə(r)d] m.
**How·ell** ['haʊəl] m.
**Hu·bert** ['hju:bə(r)t] Hubert m, Hu'bertus m.
**Hugh** [hju:], **Hu·go** ['hju:gəʊ] Hugo m.
**Hum·bert** ['hʌmbə(r)t] m.
**Hum·phr(e)y** ['hʌmfrɪ] m.

# I

**I·an** [ɪən; 'i:ən] (Gaelic) → John.
**I·da** ['aɪdə] Ida f.
**Ik, Ike** [aɪk], **Ik(e)·y** ['aɪkɪ] Kurzformen für Isaac.
**Il·se** ['ɪlsə; -zə] Ilse f.
**Im·o·gen** ['ɪməʊdʒən; 'ɪmədʒən; -dʒen], **Im·o·gene** [-dʒi:n] f.
**I·na** ['aɪnə] Ina f.
**In·grid** ['ɪŋgrɪd] Ingrid f.
**In·i·go** ['ɪnɪgəʊ] m.
**I·ra** ['aɪərə; Am. 'aɪrə] m.
**I·rene** [aɪ'ri:nɪ; 'aɪri:n; Am. bes. aɪ'ri:n] I'rene f.
**I·ris** ['aɪərɪs; Am. 'aɪrəs] Iris f.
**Ir·ma** ['ɜːmə; Am. 'ɜrmə] Irma f.
**Ir·ving** ['ɜːvɪŋ; Am. 'ɜr-] m.
**Ir·win** ['ɜːwɪn; Am. 'ɜrwən] m.
**I·saac** ['aɪzək] Isaak m.
**Is·a·bel** ['ɪzəbel], **Is·a·bel·la** [ˌɪzə'belə] Isa'bel(la) f.
**I·sa·iah** [aɪ'zaɪə; Am. bes. -'zeɪə] m.
**I·solde** [ɪ'zɒldə; Am. ɪ'zəʊldə; 'səʊldə; ɪ'səʊld] I'solde f.
**I·van** ['aɪvən] Iwan m.
**I·vor** ['aɪvə(r); Am. a. 'i:vər] m.
**I·vy** ['aɪvɪ] f.

# J

**Jack** [dʒæk] Hans m.
**Jack·ie** ['dʒækɪ] Kurzform für Jacqueline.
**Ja·cob** ['dʒeɪkəb] Jakob m.
**Jac·que·line** ['dʒækli:n; Am. -kwəlɪn; -ˌli:n] f.

**Jake** [dʒeɪk] *Kurzform für* Jacob.
**James** [dʒeɪmz] Jakob *m*.
**Ja·mie** [ˈdʒeɪmɪ] *Koseform von* James.
**Jan** [dʒæn] *Koseform von* John *od. Kurzform für* Janet.
**Jane** [dʒeɪn] → Joan.
**Ja·net** [ˈdʒænɪt; *Am. a.* dʒəˈnet] *Koseform von* Jane.
**Ja·nie** [ˈdʒeɪnɪ] *Koseform von* Jane.
**Jar·vis** [ˈdʒɑ:(r)vɪs] *m*.
**Ja·son** [ˈdʒeɪsn] *m*.
**Jas·per** [ˈdʒæspə(r)] Jasper *m*.
**Jay** [dʒeɪ] *m*.
**Jean, Jeanne** [dʒi:n] → Jane.
**Jean·nette** [dʒɪˈnet; dʒə-] Jeanˈnette *f*.
**Jeff** [dʒef] *Kurzform für* Jeffrey.
**Jef·frey** → Geoffrey.
**Jen·ni·fer** [ˈdʒenɪfə(r)] → Guinevere.
**Jen·ny** [ˈdʒenɪ; *Br. a.* ˈdʒɪ-] *Koseform von* Jane.
**Jer·e·mi·ah** [ˌdʒerɪˈmaɪə; -rə-], **ˈJer·e·my** [-mɪ] *m*.
**Je·rome** [dʒəˈrəʊm; *Br. a.* ˈdʒerəm] Hieˈronymus *m*.
**Jer·ry** [ˈdʒerɪ] *Kurzform für* Gerald, Geraldine, Gerard, Jeremiah, Jeremy, Jerome.
**Jess** [dʒes] *Koseform von* Jane.
**Jes·sa·mine** [ˈdʒesəmɪn] *f*.
**Jes·se** [ˈdʒesɪ] *m*.
**Jes·si·ca** [ˈdʒesɪkə] *f*.
**Jes·sie** [ˈdʒesɪ] (*Scot.*) *Koseform von* Jane.
**Jeth·ro** [ˈdʒeθrəʊ] *m*.
**Jill** [dʒɪl] *Kurzform für* Gillian.
**Jim** [dʒɪm], **Jim·mie, Jim·my** [ˈdʒɪmɪ] *Kurzformen für* James.
**Jo** [dʒəʊ] *Kurzform für* Joseph *od.* Josephine.
**Jo·a·chim** [ˈdʒəʊəkɪm] Joachim *m*.
**Joan** [dʒəʊn], **Jo·an·na** [dʒəʊˈænə] Joˈhanna *f*, Joˈhanne *f*.
**Job** [dʒəʊb] *m*.
**Joc·e·lin(e), Joc·e·lyn** [ˈdʒɒslɪn; *Am.* ˈdʒɑslən] *f*.
**Joe** [dʒəʊ] *Kurzform für* Joseph.
**Jo·el** [ˈdʒəʊel; -əl] Joel *m*.
**Jo·ey** [ˈdʒəʊɪ] *Koseform von* Joseph.
**Jo·han·na** [dʒəʊˈhænə] → Joanna.
**John** [dʒɒn; *Am.* dʒɑn] Joˈhann(es) *m*.
**John·ny** [ˈdʒɒnɪ; *Am.* ˈdʒɑni:] *Koseform von* John.
**Jo·nah** [ˈdʒəʊnə], **ˈJo·nas** [-nəs] Jona(s) *m*.
**Jon·a·than** [ˈdʒɒnəθən; *Am.* ˈdʒɑ-] Jonathan *m*.
**Jo·seph** [ˈdʒəʊzɪf; -zəf] Josef *m*, Joseph *m*.
**Jo·se·phine** [ˈdʒəʊzɪfi:n; -zə-] Joseˈphine *f*.
**Josh** [dʒɒʃ; *Am.* dʒɑʃ] *Kurzform für* Joshua.
**Josh·u·a** [ˈdʒɒʃwə; *Am.* ˈdʒɑ-] Josua *m*.
**Jo·si·ah** [dʒəʊˈsaɪə], **Joˈsi·as** [-əs] Joˈsia(s) *m*.
**Joy** [dʒɔɪ] *f*.
**Joyce** [dʒɔɪs] *f, m*.
**Jude** [dʒu:d] *m*.
**Ju·dith** [ˈdʒu:dɪθ] Judith *f*.
**Ju·dy** [ˈdʒu:dɪ] *Kurzform für* Judith.
**Jul·ia** [ˈdʒu:ljə] Julia *f*, Julie *f*.
**Jul·ian** [ˈdʒu:ljən] Juliˈan(us) *m*.
**Ju·li·an·a** [ˌdʒu:lɪˈɑ:nə; *bes. Am.* -ˈænə] Juliˈana *f*, Juliˈane *f*.
**Ju·lie** [ˈdʒu:lɪ; ʒylɪ] (*Fr.*) → Julia.
**Ju·li·et** [ˈdʒu:ljət; -lɪet] Julia *f*, Juliˈette *f*.
**June** [dʒu:n] *f*.
**Jus·tin** [ˈdʒʌstɪn] Juˈstin(us) *m*.
**Jus·tine** [ˈdʒʌsti:n] Juˈstina *f*.

## K

**Kar·en** [ˈkɑ:rən; ˈkærən] Karin *f*.
**Karl** [kɑ:(r)l] Karl *m*.

**Kate** [keɪt] Käthe *f*.
**Kath·er·ine,** *a.* **Kath·a·rine, Kath·a·rina** → Catherine *etc.*
**Kath·leen** [ˈkæθli:n] (*Irish*) → Catherine.
**Kath·y** [ˈkæθɪ] → Cathy.
**Ka·tie** [ˈkeɪtɪ] *Koseform von* Catherine, Katherine *etc.*
**Kat·rine** [ˈkætrɪn], **Kay** [keɪ] *Kurzformen für* Catherine, Katherine *etc.*
**Kay** [keɪ] Kai *m, f*, Kay *m, f*.
**Keith** [ki:θ] *m*.
**Kel·ly** [ˈkelɪ] *m*.
**Kel·vin** [ˈkelvɪn] *m*.
**Ken** [ken] *Kurzform für* Kenneth.
**Ken·dall** [ˈkendl] *m*.
**Ken·neth** [ˈkenɪθ] *m*.
**Kent** [kent] *m*.
**Ker·ry** [ˈkerɪ] *m*.
**Kev·in** [ˈkevɪn] *m*.
**Kim** [kɪm] *m, f*.
**Kirk** [kɜ:k; *Am.* kɜrk] *m*.
**Kir·sten** [ˈkɜ:stɪn; *Am.* ˈkɜrstən] → Christine.
**Kit·ty** [ˈkɪtɪ] *Kurzform für* Catherine.
**Kurt** [kɜ:t; *Am.* kɜrt] Kurt *m*.

## L

**Lach·lan** [ˈlæklən; ˈlɒk-] (*Gaelic*) *m*.
**Lam·bert** [ˈlæmbə(r)t] Lambert *m*.
**La·na** [ˈlɑ:nə; *Am. a.* ˈlænə] *f*.
**Lance** [lɑ:ns; *Am.* læns] *Kurzform für* Lancelot.
**Lan·ce·lot** [ˈlɑ:nslət; *Am.* ˈlænsəˌlɒt] *m*.
**Lar·ry** [ˈlærɪ] *Kurzform für* Laurence *od.* Lawrence.
**Lau·ra** [ˈlɔ:rə] Laura *f*.
**Lau·rence** [ˈlɒrəns; *Am.* ˈlɔ:r-; ˈlɑ:r-] Lorenz *m*.
**Lau·rie** [ˈlɔ:rɪ; *Br. a.* ˈlɒrɪ] *Kurzform für* Laurence.
**Lau·rin·da** [lɔːˈrɪndə] *f*.
**Law·rence** → Laurence.
**Lee, Leigh** [li:] *m*.
**Lei·la(h)** [ˈli:lə] *f*.
**Le·na** [ˈli:nə] Lena *f*, Lene *f*.
**Le·no·ra** [ləˈnɔːrə; *Am. a.* ləˈnəʊrə], **Le·nore** [ləˈnɔː(r); *Am. a.* ləˈnəʊr] Leˈnore *f*.
**Le·o** [ˈli:əʊ] Leo *m*.
**Le·on** [ˈli:ən; *Am. a.* ˈli:ɑn] Leon *m*.
**Leon·ard** [ˈlenə(r)d] Leonhard *m*.
**Le·o·no·ra** [ˌli:əˈnɔːrə; *Am. a.* -ˈnəʊrə] Leoˈnore *f*.
**Le·roy** [ləˈrɔɪ; ˈli:rɔɪ] *m*.
**Les·lie,** *a.* **Les·ley** [ˈlezlɪ; *Am.* ˈlesli:] *m, f*.
**Les·ter** [ˈlestə(r)] *m*.
**Le·vi** [ˈli:vaɪ] *m*.
**Lew** [lu:] *Kurzform für* Lewis.
**Lew·is** [ˈlu:ɪs] → Louis.
**Lib·by** [ˈlɪbɪ] *Kurzform für* Elizabeth.
**Lil·(l)i·an** [ˈlɪlɪən; -ljən] Lilian *f*.
**Lil·y** [ˈlɪlɪ] Lilli *f*.
**Lin·coln** [ˈlɪŋkən] *m*.
**Lin·da** [ˈlɪndə] *Kurzform für* Belinda.
**Li·nus** [ˈlaɪnəs] Linus *m*.
**Li·sa** [ˈli:zə; ˈlaɪzə; *Am. a.* ˈli:sə], **Li·se** [ˈli:zə], **Li·sette** [lɪˈzet] *Kurzformen für* Elizabeth.
**Lisle** → Lyle.
**Liz** [lɪz], **Li·za** [ˈlaɪzə], **Liz·zie, Liz·zy** [ˈlɪzɪ] *Kurzformen für* Elizabeth.
**Llew·el·lyn** [luːˈelɪn] (*Welsh*) *m*.
**Lloyd** [lɔɪd] *m*.
**Lo·is** [ˈləʊɪs] *f*.

**Lo·la** [ˈləʊlə] Lola *f*.
**Lo·re·na** [ləˈri:nə] *f*.
**Lor·na** [ˈlɔː(r)nə] *Kurzform für* Lorena.
**Lot·ta** [ˈlɒtə; *Am.* ˈlɑtə], **Lot·tie** [ˈlɒtɪ; *Am.* ˈlɑti:] Lotte *f*.
**Lou** [lu:] *Kurzform für* Louis *od.* Louisa.
**Lou·ie** [ˈlu:ɪ] *Kurzform für* Louis *od.* Louisa.
**Lou·is** [ˈlu:ɪ; ˈlu:ɪs] Ludwig *m*.
**Lou·i·sa** [lu:ˈi:zə], **Lou·ise** [-ˈi:z] Luˈise *f*.
**Lov·ell** [ˈlʌvl] *m*.
**Low·ell** [ˈləʊəl] *m*.
**Lu·cas** [ˈlu:kəs] Lukas *m*.
**Lu·cia** [ˈlu:sjə; *Am.* ˈlu:ʃə; -ʃɪə] Lucia *f*.
**Lu·cil(l)e** [lu:ˈsi:l] *f*.
**Lu·cin·da** [lu:ˈsɪndə] Luˈcinde *f*.
**Lu·cius** [ˈlu:sjəs; -ʃəs; *Am.* -ʃəs; -ʃɪəs] Lucius *m*, Luzius *m*.
**Lu·cy** [ˈlu:sɪ] *Kurzform für* Lucia *od.* Lucil(l)e.
**Lu·el·la** [lʊˈelə] *f*.
**Luke** [lu:k] Lukas *m*.
**Lu·lu** [ˈlu:lu:] *Koseform von* Louisa *od.* Louise.
**Lu·ther** [ˈlu:θə(r)] Lothar *m*.
**Lyd·i·a** [ˈlɪdɪə] Lydia *f*.
**Lyle** [laɪl] *m*.
**Lynn** [lɪn] *f*.

## M

**Ma·bel** [ˈmeɪbl] *Kurzform für* Amabel.
**Mad·e·line,** *a.* **Mad·e·leine** [ˈmædlɪn; -dleɪn] → Magdalen(e).
**Madge** [mædʒ] *Kurzform für* Margaret, Margery, Marjorie.
**Mad·oc** [ˈmædək] *m*.
**Mae** → May.
**Mag·da·len** [ˈmægdəlɪn], **ˈMag·da·lene** [-lɪn; -li:n] Magdaˈlena *f*, Magdaˈlene *f*.
**Mag·gie** [ˈmægɪ] *Kurzform für* Margaret.
**Mag·nus** [ˈmægnəs] Magnus *m*.
**Mai·da** [ˈmeɪdə] *f*.
**Mai·sie** [ˈmeɪzɪ] (*Scot.*) *Kurzform für* Margaret.
**Mal·colm** [ˈmælkəm] *m*.
**Ma·mie** [ˈmeɪmɪ] *Kurzform für* Margaret.
**Man·dy** [ˈmændɪ] *Kurzform für* Amanda.
**Mar·cus** [ˈmɑ:(r)kəs] Mark(us) *m*.
**Mar·ga·ret** [ˈmɑ:(r)gərɪt] Margaˈreta *f*, Margaˈrete *f*.
**Mar·ger·y** [ˈmɑ:(r)dʒərɪ] → Margaret.
**Mar·gie** [ˈmɑ:(r)dʒɪ] *Kurzform für* Margaret.
**Mar·go** [ˈmɑ:(r)gəʊ] *Kurzform für* Margot.
**Mar·got** [ˈmɑ:(r)gəʊ; *Am. a.* ˈmɑ:rgət] Margot *f*.
**Ma·ri·a** [məˈraɪə; -ˈrɪə; -ˈri:ə] → Mary.
**Mar·i·an** [ˈmeərɪən; ˈmær-], **Mar·i·anne** [ˌmeərɪˈæn], *a.* **ˌMar·i·an·na** [-ˈænə] Mariˈanne *f*.
**Ma·rie** [ˈmɑ:rɪ; məˈri:] Maˈrie *f*.
**Mar·i·lee** [ˈmærɪli:] *f*.
**Ma·ri·lyn** [ˈmærɪlɪn] *f*.
**Ma·ri·na** [məˈri:nə] Maˈrina *f*.
**Mar·i·on** [ˈmærɪən; ˈmeər-] Marion *f*.
**Mar·jo·rie, Mar·jo·ry** [ˈmɑ:(r)dʒərɪ] → Margaret.
**Mark** [mɑ:(r)k] → Marcus.
**Mar·lene** [ˈmɑ:(r)li:n] Marˈlene *f*.
**Mar·shal(l)** [ˈmɑ:(r)ʃl] *m*.
**Mar·tha** [ˈmɑ:(r)θə] Martha *f*.
**Mar·tin** [ˈmɑ:tɪn; *Am.* ˈmɑ:rtn] Martin *m*.

**Mar·ty** [ˈmɑː(r)tɪ] *Koseform von* **Martha** *od.* **Martin**.

**Mar·vin** [ˈmɑː(r)vɪn] *m*.

**Mar·y** [ˈmeərɪ] **Maˈria** *f*.

**Ma·t(h)il·da** [məˈtɪldə] **Matˈhilde** *f*.

**Mat(t)** [mæt] *Kurzform für* **Matthew**.

**Mat·thew** [ˈmæθjuː] **Matˈthäus** *m*.

**Mat·thi·as** [məˈθaɪəs] **Matˈthias** *m*.

**Mat·tie, Mat·ty** [ˈmætɪ] *Kurzformen für* **Martha, Mat(h)ilda, Matthew**.

**Maud(e)** [mɔːd], **Maud·lin** [-lɪn] *Kurzformen für* **Magdalen(e)**.

**Mau·ra** [ˈmɔːrə], **Mau·reen** [mɔːˈriːn; *bes. Am.* mɔːˈriːn] (*Irish*) → **Mary**.

**Mau·rice** [ˈmɒrɪs; *Am.* ˈmɔːrəs; ˈmɑːr-; mɔːˈriːs] **Moritz** *m*.

**Ma·vis** [ˈmeɪvɪs] *f*.

**Max** [mæks] **Max** *m*.

**Max·ine** [mækˈsiːn; ˈmæksiːn] *f*.

**Max·well** [ˈmækswəl; -wel] *m*.

**May** [meɪ] *Kurzform für* **Mary**.

**May·nard** [ˈmeɪnə(r)d; -nɑː(r)d] **Meinhard** *m*.

**Meave** [meɪv] (*Irish*) *f*.

**Meg** [meg] *Kurzform für* **Margaret**.

**Mel·a·nie** [ˈmelənɪ] **Melanie** *f*.

**Me·lis·sa** [mɪˈlɪsə] **Meˈlissa** *f*.

**Mel·vin, Mel·vyn** [ˈmelvɪn] *m*.

**Mer·e·dith** [ˈmerədɪθ] *m*.

**Merle** [mɜːl; *Am.* mɜrl] *m*.

**Mer·vin, Mer·vyn** [ˈmɜːvɪn; *Am.* ˈmɜr-] → **Marvin**.

**Mi·chael** [ˈmaɪkl] **Michael** *m*.

**Mi·chelle** [miːˈʃel; mɪ-] **Miˈchèle** *f*, **Miˈchelle** *f*.

**Mick** [mɪk], **Mick·y** [ˈmɪkɪ] *Kurzformen für* **Michael**.

**Mike** [maɪk] *Kurzform für* **Michael**.

**Mil·dred** [ˈmɪldrɪd] **Miltraud** *f*, **Miltrud** *f*.

**Miles** [maɪlz] *m*.

**Mil·li·cent** [ˈmɪlɪsnt] *f*.

**Mil·lie, Mil·ly** [ˈmɪlɪ] *Koseformen von* **Amelia, Emily, Mildred, Millicent**.

**Mil·ton** [ˈmɪltən] *m*.

**Mi·mi** [ˈmiːmɪ] **Mimi** *f*.

**Min·na** [ˈmɪnə] **Minna** *f*.

**Min·nie** [ˈmɪnɪ] *f, auch Koseform von* **Mary**.

**Mir·a·bel** [ˈmɪrəbel] **Miraˈbell** *f*.

**Mi·ran·da** [mɪˈrændə] **Miˈranda** *f*.

**Mir·i·am** [ˈmɪrɪəm] → **Mary**.

**Mitch·ell** [ˈmɪtʃl] *m*.

**Moi·ra** [ˈmɔɪərə; ˈmɔɪrə] → **Maura**.

**Moll** [mɒl; *Am.* mɑl], **Mol·ly** [ˈmɒlɪ; *Am.* ˈmɑliː] *Koseformen von* **Mary**.

**Mo·na** [ˈməʊnə] *f*.

**Mon·i·ca** [ˈmɒnɪkə; *Am.* ˈmɑ-] **Monika** *f*.

**Mon·roe** [mənˈrəʊ; ˈmʌnrəʊ] *m*.

**Mon·ta·gue** [ˈmɒntəgjuː; ˈmʌn-; *Am.* ˈmɑn-] *m*.

**Mor·gan** [ˈmɔː(r)gən] *m*.

**Mor·ris** [ˈmɒrɪs; *Am.* ˈmɔːrəs; ˈmɑːrəs] → **Maurice**.

**Mor·ti·mer** [ˈmɔː(r)tɪmə(r)] *m*.

**Mor·ton** [ˈmɔː(r)tn] *m*.

**Mose** [məʊz] *Kurzform für* **Moses**.

**Mo·ses** [ˈməʊzɪz] **Moses** *m*.

**Moy·na** [ˈmɔɪnə] *f*.

**Mur·doch** [ˈmɜːdɒk; *Am.* ˈmɜrdək; -ˌdɑk] *m*.

**Mu·ri·el** [ˈmjʊərɪəl] *f*.

**Mur·phy** [ˈmɜːfɪ; *Am.* ˈmɜrfiː] *m*.

**Mur·ray** [ˈmʌrɪ; *Am.* ˈmɜriː] *m*.

**My·ra** [ˈmaɪərə] *f*.

**Myr·tle** [ˈmɜːtl; *Am.* ˈmɜrtl] *f*.

## N

**Nan** [næn], **Nance** [næns], **ˈNan·cy** [-sɪ], **Nan·(n)ette** [næˈnet], **Nan·ny** [ˈnænɪ] *Koseformen von* **Ann**.

**Na·o·mi** [ˈneɪəmɪ; *Am. a.* neɪˈəʊmiː] *f*.

**Nat** [næt] *Kurzform für* **Nathan** *od.* **Nathaniel**.

**Nat·a·lie** [ˈnætəlɪ], *a.* **Na·ta·lia** [nəˈtɑː-ljə; -ˈteɪ-; *Am. a.* nəˈtæliə] **Naˈtalie** *f*.

**Na·than** [ˈneɪθən] **Nathan** *m*.

**Na·than·iel** [nəˈθænjəl], *a.* **Naˈthan·a·el** [-neɪəl; -njəl] **Naˈthanael** *m*.

**Neal** [niːl] *m*.

**Ned** [ned], **Ned·die, Ned·dy** [ˈnedɪ] *Koseformen von* **Edmund, Edward, Edwin**.

**Neil** → **Neal**.

**Nell** [nel], **Nel·lie, Nel·ly** [ˈnelɪ] *Koseformen von* **Eleanor, Ellen, Helen**.

**Nel·son** [ˈnelsn] *m*.

**Nes·sa** [ˈnesə], **Nes·sie** [ˈnesɪ], **Nes·ta** [ˈnestə] *Koseformen von* **Agnes**.

**Nev·il(e), Nev·ille** [ˈnevɪl; ˈnevl] *m*.

**New·ton** [ˈnjuːtn; *Am. a.* ˈnuː-] *m*.

**Nich·o·las** [ˈnɪkələs; ˈnɪkləs] **Nikolaus** *m*.

**Nick** [nɪk] *Kurzform für* **Nicholas**.

**Nic·o·la** [ˈnɪkələ] **Nikola** *f*.

**Ni·gel** [ˈnaɪdʒəl; -dʒl] *m*.

**Ni·na** [ˈniːnə; ˈnaɪnə] *Koseform von* **Ann**.

**No·el** [ˈnəʊəl] *m*.

**No·lan** [ˈnəʊlən] *m*.

**No·ra(h)** [ˈnɔːrə] *Kurzform für* **Eleanor, Leonora**.

**Nor·bert** [ˈnɔː(r)bə(r)t] **Norbert** *m*.

**Nor·ma** [ˈnɔː(r)mə] *f*.

**Nor·man** [ˈnɔː(r)mən] *m*.

## O

**O·laf** [ˈəʊləf] **Olaf** *m*.

**Ol·ive** [ˈɒlɪv; *Am.* ˈɑlɪv] → **Olivia**.

**Ol·i·ver** [ˈɒlɪvə; *Am.* ˈɑləvər] **Oliver** *m*.

**O·liv·i·a** [ɒˈlɪvɪə; *bes. Am.* əˈl-; əʊˈl-] **Oˈlivia** *f*.

**Ol·lie** [ˈɒlɪ; *Am.* ˈɑliː] *Kurzform für* **Oliver**.

**O·phel·ia** [ɒˈfiːljə; *bes. Am.* əˈf-; əʊˈf-] **Oˈphelia** *f*.

**Os·car** [ˈɒskə; *Am.* ˈɑskər] **Oskar** *m*.

**Os·wald, Os·wold** [ˈɒzwəld; *Am. a.* ˈɑz-] **Oswald** *m*.

**O·tis** [ˈəʊtɪs] *m*.

**Ot·to** [ˈɒtəʊ; *Am.* ˈɑtəʊ] **Otto** *m*.

**Ow·en** [ˈəʊɪn] *m*.

## P

**Pad·dy** [ˈpædɪ] *Kurzform für* **Patricia** *od.* **Patrick**.

**Pam·e·la** [ˈpæmələ] **Paˈmela** *f*.

**Pat** [pæt] *Kurzform für* **Martha, Mat(h)ilda, Patricia, Patrick**.

**Pa·tience** [ˈpeɪʃns] *f*.

**Pa·tri·cia** [pəˈtrɪʃə; -ʃɪə] **Paˈtrizia** *f*.

**Pat·rick** [ˈpætrɪk] **Patrick** *m*, **Paˈtrizius** *m*.

**Pat·ty** [ˈpætɪ], *a.* **ˈPat·sy** [-sɪ] *Kurzformen für* **Martha, Mat(h)ilda, Patricia, Patrick**.

**Paul** [pɔːl] **Paul** *m*.

**Pau·la** [ˈpɔːlə] **Paula** *f*.

**Pau·line** [pɔːˈliːn; *Br. a.* ˈpɔːliːn] **Pauˈline** *f*.

**Pearce** [pɪə(r)s] → **Peter**.

**Pearl** [pɜːl; *Am.* pɜrl] *f*.

**Peg** [peg], **Peg·gie, Peg·gy** [ˈpegɪ] *Kurzformen für* **Margaret**.

**Pe·nel·o·pe** [pɪˈneləpɪ; pə-] *f*.

**Pen·ny,** *a.* **Pen·nie** [ˈpenɪ] *Kurzform für* **Penelope**.

**Per·ci·val,** *a.* **Per·ce·val** [ˈpɜːsɪvl; *Am.* ˈpɜrsəvl] **Parzival** *m*.

**Per·cy** [ˈpɜːsɪ; *Am.* ˈpɜrsiː] *Kurzform für* **Percival**.

**Per·e·grine** [ˈperɪgrɪn] **Pereˈgrin** *m*.

**Per·kin** [ˈpɜːkɪn; *Am.* ˈpɜr-] *Kurzform von* **Peter**.

**Per·ry** [ˈperɪ] *Kurzform für* **Peregrine**.

**Pete** [piːt] *m, a. Kurzform für* **Peter**.

**Pe·ter** [ˈpiːtə(r)] **Peter** *m*.

**Phil** [fɪl] *Kurzform für* **Philip**.

**Phil·ip** [ˈfɪlɪp] **Philipp** *m*.

**Phi·lip·pa** [ˈfɪlɪpə; *bes. Am.* fɪˈlɪpə] **Phiˈlippa** *f*.

**Phoe·be** [ˈfiːbɪ] **Phöbe** *f*.

**Phyl·lis** [ˈfɪlɪs] **Phyllis** *f*.

**Pierce** [pɪə(r)s] → **Peter**.

**Poll** [pɒl; *Am.* pɑl], **Pol·ly** [ˈpɒlɪ; *Am.* ˈpɑliː] *Koseformen von* **Mary**.

**Por·gy** [ˈpɔː(r)gɪ] *m*.

**Por·tia** [ˈpɔː(r)ʃjə; -ʃɪə; -ʃə] *f*.

**Pres·ton** [ˈprestən] *m*.

**Pris·cil·la** [prɪˈsɪlə] **Prisˈcilla** *f*.

**Pru·dence** [ˈpruːdns] **Pruˈdentia** *f*.

## Q

**Queen·ie** [ˈkwiːnɪ] *f*.

**Quen·tin** [ˈkwentɪn; *Am.* -tn], *a.* **Quin·tin** [ˈkwɪntɪn; *Am.* -tn] **Quinˈtinus** *m*, *a.* **Quinˈtin** *m*.

**Quin·c(e)y** [ˈkwɪnsɪ] *m, f*.

## R

**Ra·chel** [ˈreɪtʃəl] **Ra(c)hel** *f*.

**Rae** [reɪ] *Kurzform für* **Rachel**.

**Ralph** [rælf; *Br. a.* reɪf] **Ralf** *m*.

**Ra·mo·na** [rəˈməʊnə] **Raˈmona** *f*.

**Ran·dal(l)** [ˈrændl] *m*.

**Ran·dolph** [ˈrændɒlf; *Am.* -ˌdalf] *m*.

**Ran·dy** [ˈrændɪ] *Kurzform für* **Randolph**.

**Raph·a·el** [ˈræfeɪəl; ˈræfeɪl; *Am.* ˈræfɪəl; ˈreɪfɪəl] **Raphael** *m*.

**Ray** [reɪ] *m, f*.

**Ray·mond, Ray·mund** [ˈreɪmənd] **Raimund** *m*, **Reimund** *m*.

**Ray·ner** [ˈreɪnə(r)] **Rainer** *m*, **Reiner** *m*.

**Re·bec·ca,** *auch* **Re·bek·ah** [rɪˈbekə] **Reˈbekka** *f*.

**Reg** [redʒ], **Reg·gie** [ˈredʒɪ] *Kurzformen für* **Reginald**.

**Re·gi·na** [rɪˈdʒaɪnə; *Am. a.* -ˈdʒiː-] **Reˈgina** *f*, **Reˈgine** *f*.

**Reg·i·nald** [ˈredʒɪnld] **Reginald** *m*, **Reinald** *m*.

**Re·gis** [ˈriːdʒɪs] *m*.

**Re·na** [ˈriːnə] **Rena** *f*.

**Re·na·ta** [rəˈnɑːtə; rɪˈneɪtə] **Reˈnata** *f*, **Reˈnate** *f*.

**Reu·ben** [ˈruːbɪn; -ən] **Ruben** *m*.

**Rex** [reks] *m, a. Kurzform für* **Reginald**.

**Reyn·old** [ˈrenld; -nəld] → **Reginald**.

**Rho·da** [ˈrəʊdə] *f*.

**Rich·ard** ['rɪtʃə(r)d] Richard *m.*
**Rich·ie** ['rɪtʃɪ] *Kurzform für* Richard.
**Rick** [rɪk] *Kurzform für* Richard.
**Ri·ley** ['raɪlɪ] *m.*
**Ri·ta** ['ri:tə] Rita *f.*
**Rob** [rɒb; *Am.* rɑb], **Rob·bie** ['rɒbɪ; *Am.* 'rɑbɪ:] *Kurzformen für* Robert.
**Rob·ert** ['rɒbət; *Am.* 'rɑbərt] Robert *m.*
**Rob·in** ['rɒbɪn; *Am.* 'rɑbən] *Kurzform für* Robert.
**Rod·er·ic(k)** ['rɒdərɪk; -drɪk; *Am.* 'rɑ-] Roderich *m.*
**Rod·ney** ['rɒdnɪ; *Am.* 'rɑdni:] *m.*
**Rog·er** ['rɒdʒə; *Am.* 'rɑdʒər] Rüdiger *m*, Roger *m.*
**Ro·land** ['rəʊlənd] Roland *m.*
**Ron** [rɒn; *Am.* rɑn] *Kurzform für* Ronald.
**Ron·ald** ['rɒnld; *Am.* 'rɑ-] Ronald *m.*
**Ron·nie** ['rɒnɪ; *Am.* 'rɑni:] *Koseform von* Ronald *od.* Veronica.
**Ron·ny** ['rɒnɪ; *Am.* 'rɑni:] *Koseform von* Ronald.
**Ro·sa** ['rəʊzə] Rosa *f.*
**Ro·sa·lia** [rəʊ'zeɪljə], **Ros·a·lie** ['rəʊzəlɪ; *Br. a.* 'rɒz-; *Am. a.* 'rɑz-] Ro'salia *f*, Ro'salie *f.*
**Ros·a·lind** ['rɒzəlɪnd; *Am.* 'rɑ-; 'rəʊ-], *a.* **Ros·a·lyn** ['rɒzəlɪn; *Am.* 'rɑ-; 'rəʊ-] Rosa'linde *f.*
**Ros·coe** ['rɒskəʊ; *Am. bes.* 'rɑs-] *m.*
**Rose** [rəʊz] → Rosa.
**Rose·mar·y** ['rəʊzmərɪ; *Am.* -ˌmeri:] 'Rosemaˌrie *f.*
**Ro·sie** ['rəʊzɪ] Rosi *f.*
**Ross** [rɒs; *Am. a.* rɔ:s; rɑs] *m.*
**Row·an** ['rəʊən; 'raʊən] *m.*
**Row·e·na** [rəʊ'i:nə; *Am.* rə'wi:nə] Ro'wena *f.*
**Roy** [rɔɪ] *m.*
**Ru·by** ['ru:bɪ] *f.*
**Ru·dolph** ['ru:dɒlf; *Am. bes.* -ˌdɑlf] Rudolf *m.*
**Ru·fus** ['ru:fəs] Rufus *m.*
**Ru·pert** ['ru:pə(r)t] Rupert *m*, Ruprecht *m.*
**Rus·sel(l)** ['rʌsl] *m.*
**Ruth** [ru:θ] Ruth *f.*

## S

**Sa·bi·na** [sə'baɪnə; -'bi:nə] Sa'bine *f.*
**Sa·bri·na** [sə'braɪnə; -'bri:nə] *f.*
**Sa·die** ['seɪdɪ], **Sal** [sæl], **Sal·lie**, **Sal·ly** ['sælɪ] *Koseformen von* Sara(h).
**Sa·lo·me** [sə'ləʊmɪ] Salome *f.*
**Sam** [sæm], **Sam·my** ['sæmɪ] *Kurzformen für* Samuel *od.* Samantha.
**Sa·man·tha** [sə'mænθə] *f.*
**Sam·u·el** ['sæmjʊəl; *Am. a.* -jəl] Samuel *m.*
**San·dra** ['sændrə; 'sɑ:n-] *Kurzform für* Alexandra.
**San·dy** ['sændɪ] *Kurzform für* Alexander, Alexandra, Sandra.
**San·ford** ['sænfə(r)d] *m.*
**Sar·a(h)** ['seərə; *Am. a.* 'seɪrə] Sara *f.*
**Saul** [sɔ:l] Saul *m.*
**Scott** [skɒt; *Am.* skɑt] *m.*
**Seam·as, Seam·us** ['ʃeɪməs] (*Irish*) → James.
**Sean** [ʃɔ:n] (*Irish*) → John.
**Se·bas·tian** [sɪ'bæstjən; *Am.* -tʃən] Se'bastian *m.*
**Sel·ma** ['selmə] Selma *f.*
**Sey·mour** ['si:mɔ:(r); -mə(r); *Br. a.* 'seɪ-] *m.*
**Shar·on** ['ʃeərɒn; 'ʃæ-; *bes. Am.* -rən] *f.*
**Shaun, Shawn** [ʃɔ:n] (*Irish*) → John.
**Shei·la** ['ʃi:lə] (*Irish*) → Cecilia.

**Shel·don** ['ʃeldən] *m.*
**Sher·i·dan** ['ʃerɪdn] *m.*
**Sher·man** ['ʃɜ:mən; *Am.* 'ʃɜr-] *m.*
**Sher·wood** ['ʃɜ:wʊd; *Am.* 'ʃɜr-] *m.*
**Shir·ley** ['ʃɜ:lɪ; *Am.* 'ʃɜrli:] *f.*
**Sib·yl** ['sɪbɪl; 'sɪbl] Si'bylle *f.*
**Sid·ney** ['sɪdnɪ] *m*, *f.*
**Si·las** ['saɪləs] *m.*
**Sil·vi·a** ['sɪlvɪə] Silvia *f.*
**Sim·e·on** ['sɪmɪən] Simeon *m.*
**Si·mon** ['saɪmən] Simon *m.*
**Sin·clair** ['sɪŋkleə(r); *Br. a.* -klə; *Am. a.* sɪn'kleər] *m.*
**Sis·ley** ['sɪslɪ] *Kurzform für* Cecily.
**So·nia, So·nya** ['sɒnɪə; -njə; 'səʊ-] Sonja *f.*
**So·phi·a** [səʊ'faɪə; sə-; *Am. a.* sə'fi:ə; 'səʊfɪə] So'phia *f*, So'phie *f*, So'fie *f.*
**So·phie** ['səʊfɪ] *Kurzform für* Sophia.
**Spen·cer** ['spensə(r)] *m.*
**Stan** [stæn] *Kurzform für* Stanley.
**Stan·ley** ['stænlɪ] *m.*
**Stan·ton** ['stæntən; *Br. a.* 'stɑ:n-] *m.*
**Steen·ie** ['sti:nɪ] *Koseform von* Stephen.
**Stel·la** ['stelə] Stella *f.*
**Steph·a·nie** ['stefənɪ] Stefanie *f*, Stephanie *f.*
**Ste·phen** ['sti:vn] Stephan *m*, Stefan *m.*
**Ster·ling** ['stɜ:lɪŋ; *Am.* 'stɜr-] *m.*
**Steve** [sti:v] *Kurzform für* Stephen.
**Ste·ven** → Stephen.
**Stev·ie** ['sti:vɪ] *Koseform von* Steven, Stephen, Stephanie.
**Stew·art**, *a.* **Stu·art** [stjʊə(r)t; *Am. a.* 'stu:-] *m.*
**Stir·ling** → Sterling.
**Sue** [sju:; *bes. Am.* su:], **Suke** [-k], **Su·ky** [-kɪ] *Kurzformen für* Susan.
**Su·san** ['su:zn], **Su·san·na(h)** [su:-'zænə] Su'sanna *f*, Su'sanne *f.*
**Su·sie**, *a.* **Su·sy** ['su:zɪ] Susi *f.*
**Su·zanne** [su:'zæn] Su'sanne *f*, Su'sanna *f.*
**Syb·il** ['sɪbɪl] Si'bylle *f*, Sy'bille *f.*
**Syl·ves·ter** [sɪl'vestə(r)] Sil'vester *m*, Syl'vester *m.*
**Syl·vi·a** ['sɪlvɪə] Silvia *f*, Sylvia *f*, Sylvie *f.*

## T

**Tal·bot** ['tɔ:lbət; *Br. a.* 'tɒl-] *m.*
**Ta·ma·ra** [tə'mɑ:rə; tə'mærə] Ta'mara *f.*
**Ted** [ted], **Ted·dy** ['tedɪ] *Kurzformen für* Edward *od.* Theodore.
**Ter·ence**, *a.* **Ter·rence** ['terəns] *m.*
**Ter·ry** ['terɪ] *Kurzform für* Terence, Theodore, Theresa.
**Tess** [tes], **Tes·sa** ['tesə], **Tes·sie** ['tesɪ] *Kurzformen für* Theresa.
**Thad** [θæd] *Kurzform für* Thaddeus.
**Thad·de·us** [θæ'di:əs; *bes. Am.* 'θædɪəs] Thad'däus *m.*
**Tha·li·a** [θə'laɪə; *Am.* 'θeɪlɪə; -ljə] *f.*
**The·a** [θɪə; 'θi:ə] Thea *f.*
**The·o·bald** ['θɪəbɔːld; *Am.* 'θi:ə-] Theobald *m.*
**The·o·dore** ['θɪədɔ:; *Am.* 'θi:əˌdɔ:r] Theodor *m.*
**The·re·sa** [tɪ'ri:zə; *Am.* tə'ri:sə] The'resa *f*, The'rese *f.*
**Thom·as** ['tɒməs; *Am.* 'tɑ-] Thomas *m.*
**Til·da** ['tɪldə], **Til·lie, Til·ly** ['tɪlɪ] *Kurzformen für* Mat(h)ilda.
**Tim** [tɪm] *Kurzform für* Timothy.
**Tim·o·thy** ['tɪməθɪ] Ti'motheus *m.*
**Ti·na** ['ti:nə] *Kurzform für* Christina.
**To·bi·ah** [tə'baɪə; təʊ-], **To·bi·as** [-əs] To'bias *m.*

**To·by** ['təʊbɪ] *Kurzform für* Tobiah *od.* Tobias.
**Tom** [tɒm; *Am.* tɑm], **Tom·my** ['tɒmɪ; *Am.* 'tɑmi:] *Kurzformen für* Thomas.
**To·ny** ['təʊnɪ] *Kurzform für* Anthony.
**Tra·cy** ['treɪsɪ] *m.*
**Trev·or** ['trevə(r)] *m.*
**Tri·cia** ['trɪʃə], **Trish** [trɪʃ] *Kurzformen für* Patricia.
**Tris·tan** ['trɪstən], **Tris·tram** [-trəm] Tristan *m.*
**Trix** [trɪks], **Trix·ie, Trix·y** ['trɪksɪ] *Kurzformen für* Beatrice *od.* Beatrix.
**Troy** [trɔɪ] *m.*
**Tru·dy** ['tru:dɪ] *Kurzform für* Gertrude.
**Tru·man** ['tru:mən] *m.*
**Tyb·alt** ['tɪbəlt; 'tɪblt] → Theobald.
**Ty·rone** [tɪ'rəʊn; *Am. a.* 'taɪˌrəʊn] *m.*

## U

**Ul·ric** ['ʊlrɪk; 'ʌl-] Ulrich *m.*
**U·lys·ses** [ju:'lɪsi:z; jʊ'l-] *m.*
**U·ri·ah** [jʊə'raɪə; jʊ'r-] Uriel *m.*
**Ur·su·la** ['ɜ:sjʊlə; *Am.* 'ɜrsələ] Ursula *f.*

## V

**Val** [væl] *Kurzform für* Valentine *od.* Valerie.
**Val·en·tine** ['væləntaɪn] Valentin *m.*
**Val·er·ie** ['vælərɪ], *a.* **Va·le·ri·a** [və'lɪərɪə] Va'leria *f*, Va'lerie *f.*
**Van** [væn] *m.*
**Vance** [væns] *m.*
**Va·nes·sa** [və'nesə] *f.*
**Vaughan, Vaughn** [vɔ:n] *m.*
**Ve·ra** ['vɪərə] Vera *f.*
**Vere** [vɪə(r)] *m*, *f.*
**Ver·na** ['vɜ:nə; *Am.* 'vɜrnə] *f.*
**Ver·non** ['vɜ:nən; *Am.* 'vɜr-] *m.*
**Ve·ron·i·ca** [vɪ'rɒnɪkə; və-; *Am.* və'rɑ-] Ve'ronika *f.*
**Vick·y** ['vɪkɪ] *Kurzform für* Victoria.
**Vic·tor** ['vɪktə(r)] Viktor *m.*
**Vic·to·ri·a** [vɪk'tɔ:rɪə] Vik'toria *f.*
**Vin·cent** ['vɪnsənt] Vinzenz *m.*
**Vi·o·la** ['vaɪələ; 'vɪəʊlə; *Am. a.* vaɪ'əʊlə; vɪ-] Vi'ola *f.*
**Vi·o·let** ['vaɪələt] Vio'letta *f*, Vio'let(te) *f.*
**Vir·gil** ['vɜ:dʒɪl; *Am.* 'vɜrdʒəl] Vir'gil *m.*
**Vir·gin·ia** [və(r)'dʒɪnjə; -nɪə] Vir'ginia *f.*
**Viv·i·an** ['vɪvɪən; -jən] *m*, *f.*
**Viv·i·en(ne)** ['vɪvɪən; -jən] *f.*

## W

**Wal·do** ['wɔ:ldəʊ; *Br. a.* 'wɒl-; *Am. a.* 'wɑl-] *m.*
**Wal·lace** ['wɒlɪs; *Am.* 'wɑləs] *m.*
**Wal·ly** ['wɒlɪ; *Am.* 'wɑli:] *Koseform von* Walter.
**Walt** [wɔ:lt] *Kurzform für* Walter.
**Wan·da** ['wɒndə; *Am.* 'wɑndə] Wanda *f.*

**War·ren** ['wɒrən; *Am. a.* 'wɑrən] *m.*
**Wayne** [weɪn] *m.*
**Wen·dy** ['wendɪ] *f.*
**Wes·ley** ['wezlɪ; 'weslɪ] *m.*
**Wil·bert** ['wɪlbə(r)t] *m.*
**Wil·bur** ['wɪlbə(r)] *m.*
**Wil·fred, Wil·frid** ['wɪlfrɪd] Wilfried *m.*
**Wil·hel·mi·na** [ˌwɪlhelˈmiːnə; ˌwɪləˈm-] Wilhelˈmine *f.*
**Will** [wɪl] *Kurzform für* **William.**

**Wil·lard** ['wɪlɑːd; *bes. Am.* 'wɪlə(r)d] *m.*
**Wil·liam** ['wɪljəm] Wilhelm *m.*
**Wil·lie** ['wɪlɪ] *Kurzform für* **William** *od.* Wilhelmina.
**Wil·lis** ['wɪlɪs] *m.*
**Wil·ma** ['wɪlmə] Wilma *f.*
**Win·field** ['wɪnfiːld] *m.*
**Win·fred** ['wɪnfrɪd] Winfried *m.*
**Win·ston** ['wɪnstən] *m.*
**Wood·row** ['wʊdrəʊ] *m.*
**Wy·att** ['waɪət] *m.*

# Y

**Y·vonne** [ɪˈvɒn; *Am.* ɪˈvɑn] Yˈvonne *f,* Iˈvonne *f.*

# Z

**Zane** [zeɪn] *m.*
**Zel·da** ['zeldə] *f.*
**Zo·e** ['zəʊɪ] Zoe *f.*

# IV. GEOGRAPHISCHE NAMEN
# IV. GEOGRAPHICAL NAMES

## A

**Ab·er·deen** [ˌæbə'diːn; *Am.* 'æbərˌdiːn] a) → Aberdeenshire, b) *Hafen u. Hauptstadt von Grampian Region, Schottland.*

**Ab·er·deen·shire** [ˌæbə'diːnʃə; -ˌʃɪə; *Am.* 'æbərˌdiːnˌʃɪər; -ʃər] *Ehemal. Grafschaft im nordöstl. Schottland.*

**Ab·er·yst·wyth** [ˌæbə'rɪstwɪθ] *Hafen u. Seebad in Dyfed, Wales.*

**Ab·ys·sin·ia** [ˌæbɪ'sɪnjə; -nɪə] Abes'sinien *n* (→ Ethiopia).

**Ac·cra** [ə'krɑː] Akkra *n* (*Hauptstadt der afrik. Republik Ghana*).

**Ad·dis Ab·a·ba** [ˌædɪs'æbəbə] Addis Abeba *n* (*Hauptstadt von Äthiopien*).

**Ad·e·laide** ['ædəleɪd] *Hauptstadt des austral. Bundesstaates Südaustralien.*

**A·den** ['eɪdn; *Am. a.* 'ɑːdn] *Hauptstadt der Volksrepublik Südjemen.*

**A·dri·at·ic Sea** [ˌeɪdrɪ'ætɪk; ˌæd-] Adria *f*, Adri'atisches Meer.

**Af·ghan·i·stan** [æf'gænɪstæn; *Br. a.* -stən; -stɑːn] *Staat in Vorderasien.*

**Af·ri·ca** ['æfrɪkə] Afrika *n*.

**Air·drie** ['eə(r)drɪ] *Stadt östl. von Glasgow, Schottland.*

**Aire** [eə(r)] *Nebenfluß des Ouse, Nordengland.*

**Aix-la-Cha·pelle** [ˌeɪkslɑː'ʃæ'pel; -ʃə-'pel; ˌeks-] Aachen *n*.

**Ak·ron** ['ækrən] *Stadt in Ohio, USA.*

**Al·a·bama** [ˌælə'bæmə] *Staat u. Fluß im Süden der USA.*

**Al·a·me·da** [ˌælə'miːdə; -'meɪdə] *Stadt in Kalifornien, USA.*

**Al·a·mo, the** ['æləməʊ] *Missionsstation in San Antonio, Texas, USA. Schlacht 1836.*

**A·las·ka** [ə'læskə] *Staat der USA im Nordwesten Nordamerikas.*

**Al·ba·nia** [æl'beɪnjə; -nɪə; ɔːl'b-] Al'banien *n*.

**Al·ba·ny** ['ɔːlbənɪ] a) *Hauptstadt des Staates New York, USA,* b) *Fluß in Kanada,* c) *Stadt in Georgia, USA.*

**Al·ber·ta** [æl'bɜːtə; *Am.* -'bɜr-] *Provinz im westl. Kanada.*

**Al·bu·quer·que** ['ælbəkɜːkɪ; *Am.* -ˌkɜr-] *Größte Stadt in New Mexico, USA.*

**Al·ca·traz** [ˌælkə'træz; 'ælkətræz] *Felseninsel in der Bucht von San Franzisko.*

**Al·der·mas·ton** [ɔːldə(r)mɑːstən; *Am.* -ˌmæ-] *Dorf in Berkshire, England. Forschungs- u. Entwicklungszentrum für nukleare Waffen u. Atomenergiegewinnung.*

**Al·der·ney** ['ɔːldə(r)nɪ] *Brit. Kanalinsel.*

**Al·ders·gate** ['ɔːldə(r)zgeɪt; *Br. a.* -gɪt] *Straße in London.*

**Al·der·shot** ['ɔːldəʃɒt; *Am.* 'ɔːldərˌʃɑt] *Stadt in Hampshire, England. Größte Garnison Großbritanniens.*

**Ald·gate** ['ɔːldgɪt; 'ɔːlgɪt; -geɪt] *Straße in London.*

**Al·dridge-Brown·hills** [ˌɔːldrɪdʒ-'braʊnhɪlz] *Stadt in West Midlands, England.*

**Ald·wych** ['ɔːldwɪtʃ] *Straße in London.*

**A·leu·tian Is·lands** [ə'luːʃjən; *bes. Am.* ə'luːʃn] Ale'uten *pl* (*Inselgruppe zwischen Alaska u. Kamtschatka*).

**Al·ge·ria** [æl'dʒɪərɪə] Al'gerien *n*.

**Al·giers** [æl'dʒɪə(r)z] Algier *n* (*Hauptstadt von Algerien*).

**Al·le·ghe·ny** ['ælɪgenɪ; *Am.* ˌælə'geɪnɪ] *Fluß im westl. Pennsylvania, USA.*

**Al·len·town** ['æləntaʊn] *Stadt in Pennsylvania, USA.*

**Alps** [ælps] Alpen *pl*.

**Al·trin·cham** ['ɔːltrɪŋəm] *Stadt in Greater Manchester, England.*

**Am·a·zon** ['æməzən; -zn; *Am. a.* -ˌzɑn] Ama'zonas *m* (*Fluß im nördl. Südamerika*).

**A·mer·i·ca** [ə'merɪkə; *Am.* -rə-] A'merika *n*.

**Am·man** [ə'mɑːn; *Am.* æ'mɑːn; æ'mæn] *Hauptstadt von Jordanien.*

**Am·ster·dam** [ˌæmstə(r)'dæm; -ˌdæm] *Stadt in den Niederlanden.*

**An·a·con·da** [ˌænə'kɒndə; *Am.* -'kɑ-] *Industriestadt in Montana, USA.*

**An·chor·age** ['æŋkərɪdʒ] *Hafenstadt im südl. Alaska, USA.*

**An·da·lu·sia** [ˌændə'luːzjə; *Am.* -'luːʒə; -ʒɪə] Anda'lusien *n*.

**An·des** ['ændiːz] Anden *pl* (*Gebirgszug im Westen Südamerikas*).

**An·dor·ra** [æn'dɒrə; *Am. a.* -'dɑrə] *Zwergstaat in den östl. Pyrenäen.*

**An·gle·sey, auch An·gle·sea** ['æŋglsɪ] a) *Insel an der Nordwestküste von Wales,* b) *ehemal. Grafschaft in Wales.*

**An·glia** ['ænglɪə] *Lat. Name für England.*

**An·go·la** [æŋ'gəʊlə] *Volksrepublik im südwestl. Afrika.*

**An·guil·la** [æŋ'gwɪlə] *Insel der Kleinen Antillen.*

**An·gus** ['æŋgəs] *Ehemal. Grafschaft im östl. Schottland.*

**An·ka·ra** ['æŋkərə] *Hauptstadt der Türkei.*

**An·nam** [æn'æm; 'ænæm] *Teil Vietnams.*

**An·nap·o·lis** [ə'næpəlɪs; *Am. a.* -pləs] *Haupt- u. Hafenstadt von Maryland, USA.*

**Ant·arc·ti·ca** [ænt'ɑː(r)ktɪkə; *Am. a.* -'ɑːrtɪkə], **Ant·arc·tic Con·ti·nent** [ænt'ɑː(r)ktɪk; *Am. a.* -'ɑːrtɪk] Ant'arktis *f*.

**An·ti·gua** [æn'tiːgə] *Insel der Kleinen Antillen.*

**An·ti·gua and Bar·bu·da** [æn'tiːgə; bɑː(r)'buːdə] *Staat im Bereich der Westind. Inseln.*

**An·til·les** [æn'tɪliːz] An'tillen *pl* (*Westindische Inseln*).

**An·tip·o·des** [æn'tɪpədiːz] Anti'poden-Inseln *pl* (*südöstl. von Neuseeland*).

**An·trim** ['æntrɪm] *Grafschaft in Nordirland.*

**Ant·werp** ['æntwɜːp; *Am.* -wɜrp], (*Fr.*) **An·vers** [ɑ̃vɛr] Ant'werpen *n* (*Hafenstadt im nördl. Belgien*).

**Ap·en·nines** ['æpɪnaɪnz] Apen'nin *m*, Apen'ninen *pl* (*Gebirgszug in Italien*).

**Ap·pa·lach·i·an Moun·tains** [ˌæpə-'leɪtʃjən; *Am.* -tʃən; -'lætʃən; -'leɪʃən], **Ap·pa·lach·i·ans** [-z] Appa'lachen *pl* (*Gebirgszug in den östl. USA*).

**A·ra·bia** [ə'reɪbjə; -bɪə] A'rabien *n*.

**A·ran Is·land** ['ærən] Araninsel *f* (*Insel im Nordwesten von Donegal, Irland*).

**A·ran Is·lands** ['ærən] Araninseln *pl* (*Inselgruppe vor der Galway Bay an der Westküste Irlands*).

**Ar·broath** [ɑː(r)'brəʊθ] *Hafen u. Seebad in Tayside, Schottland.*

**Arc·tic O·cean** ['ɑː(r)ktɪk; *Am. a.* 'ɑːrtɪk] 'Nordpoˌlarmeer *n*.

**Ar·gen·ti·na** [ɑː(r)dʒən'tiːnə] Argen'tinien *n*.

**Ar·gen·tine, the** ['ɑː(r)dʒəntaɪn; *Am. bes.* -ˌtiːn] → Argentina.

**Ar·gyll(·shire)** [ɑː(r)'gaɪl; -ʃə(r); -ˌʃɪə(r)] *Ehemal. Grafschaft im westl. Schottland.*

**Ar·i·zo·na** [ˌærɪ'zəʊnə; *Am.* ˌærə-] *Staat im Südwesten der USA.*

**Ar·kan·sas** ['ɑː(r)kənsɔː] a) *Staat im Süden der USA,* b) [a. ɑː(r)'kænzəs] *rechter Nebenfluß des Mississippi, USA.*

**Ar·ling·ton** ['ɑː(r)lɪŋtən] *Nationalfriedhof der USA bei Washington.*

**Ar·magh** [ɑː(r)'mɑː] a) *Grafschaft in Nordirland,* b) *Hauptstadt von a.*

**Ar·me·nia** [ɑː(r)'miːnjə; -nɪə] Ar'menien *n*.

**Ar·un·del** ['ærəndl] *Stadt in West Sussex, England.*

**As·cen·sion** [ə'senʃn] *Insel im Südatlantik, nordwestl. von St. Helena.*

**As·cot** ['æskət] *Dorf in Berkshire, England. Berühmte Pferderennbahn.*

**Ash·bur·ton** ['æʃbɜːtn; *Am.* -ˌbɜrtn] a) *Fluß im austral. Bundesstaat Westaustralien,* b) *Stadt im östl. Neuseeland.*

**Ash·ford** ['æʃfə(r)d] *Stadt in Kent, England.*

**Ash·ton-un·der-Lyne** ['æʃtənˌʌndə(r)laɪn] *Stadt in Greater Manchester, England.*

**A·sia** ['eɪʃə; 'eɪʒə] Asien *n*.

**A·sia Mi·nor** [ˌeɪʃə'maɪnə(r); ˌeɪʒə-] Klein'asien *n*.

**As·sam** [æ'sæm; 'æsæm] Assam *n* (*Staat im nordöstl. Indien*).

**As·sin·i·boine** [ə'sɪnɪbɔɪn] *Fluß im südl. Kanada.*

**A·sun·ción** [əˌsʊnsɪ'əʊn] *Hauptstadt von Paraguay.*

**Ath·a·bas·ca, auch Ath·a·bas·ka** [ˌæθə'bæskə] *Fluß im westl. Zentral-Kanada.*

**Ath·ens** ['æθɪnz; *Am.* -ənz] A'then *n*.

**At·lan·ta** [ət'læntə; æt-] *Hauptstadt von Georgia, USA.*

**At·lan·tic O·cean** [ət'læntɪk] At'lanti-scher Ozean.

**Auck·land** ['ɔːklənd] *Hafenstadt im nördl. Neuseeland.*

**Au·gus·ta** [ɔː'gʌstə; ə'g-] a) *Stadt in Georgia, USA,* b) *Hauptstadt von Maine, USA.*

**Aus·tin** ['ɒstɪn; *Am.* 'ɔːstən; 'ɑː-] *Hauptstadt von Texas, USA.*

**Aus·tral·a·sia** [ˌɒstrə'leɪʒə; -ʒə; -zjə; *Am.* ˌɔːstrə'leɪʒə; -ʃə; ˌɑːs-] Au'stralasien *n, Oze'anien n (Inseln zwischen Südostasien u. Neuguinea).*

**Aus·tra·lia** [ɒ'streɪljə; -lɪə; *Am.* ɔː-; ɑː-] Au'stralien *n.*

**Aus·tra·lian Cap·i·tal Ter·ri·to·ry** [ɒ'streɪljən; -lɪən; *Am.* ɔː-; ɑː-] *Gebiet um Canberra, Australien.*

**Aus·tria** ['ɒstrɪə; *Am.* 'ɔː-; 'ɑː-] Österreich *n.*

**A·von** ['eɪvən] a) *Fluß in Mittelengland,* b) *Grafschaft im südwestl. England.*

**Ay·cliffe** ['eɪklɪf] *Stadt in Durham, England.*

**Ayles·bur·y** ['eɪlzbərɪ; -brɪ] *Hauptstadt von Buckinghamshire, England.*

**Ayr** [eə(r)] a) → **Ayrshire,** b) *Hafen in Strathclyde, Schottland.*

**Ayr·shire** ['eə(r)ʃə(r); -ˌʃɪə(r)] *Ehemal. Grafschaft im südwestl. Schottland.*

**A·zores** [ə'zɔː(r)z; *Am. a.* 'eɪˌzɔːrz] A'zoren *pl (Inselgruppe westl. von Portugal).*

# B

**Baf·fin Bay** ['bæfɪn] Baffin-Meer *n (zwischen Grönland u. dem nordöstl. Kanada).*

**Bag·dad, Bagh·dad** [ˌbæg'dæd; *bes. Am.* 'bægdæd] Bagdad *n (Hauptstadt des Irak).*

**Ba·ha·ma Is·lands** [bə'hɑːmə; *Am. a.* -'heɪ-] Ba'hama-Inseln *pl (südöstl. von Nordamerika).*

**Bah·rain, Bah·rein** [bɑː'reɪn] *Emirat am Pers. Golf.*

**Bai·le A·tha Cli·ath** [ˌblɔː'kliː] *(Gaelic)* → Dublin.

**Bal·boa (Heights)** [bæl'bəʊə] *Verwaltungszentrum der Panamakanal-Zone.*

**Bal·e·ar·ic Is·lands** [ˌbælɪ'ærɪk] Ba-le'aren *pl (Inselgruppe östl. von Spanien).*

**Bal·mor·al** [bæl'mɒrəl; *Am.* -'mɔː-; -'mɑː-] *Residenz der engl. Könige in Grampian Region, Schottland.*

**Bal·tic Sea** ['bɔːltɪk] Ostsee *f.*

**Bal·ti·more** ['bɔːltɪmɔː; *Am.* 'bɔːltəˌmɔːr; -ˌməʊr] *Stadt in Maryland, USA.*

**Ba·ma·ko** [ˌbæmə'kəʊ; ˌbæ-] *Hauptstadt der Republik Mali.*

**Ban·bury** ['bænbərɪ; -brɪ; *Am. a.* -ˌberɪ] *Stadt in Oxfordshire, England.*

**Banff·shire** ['bæmfʃə(r); -ˌʃɪə(r)] *Ehemal. Grafschaft im nordöstl. Schottland.*

**Bang·kok** [ˌbæŋ'kɒk; 'bæŋkɒk; *Am.* -ˌkɑk; bæŋ'kɑk] *Hauptstadt von Thailand.*

**Bang·la·desh** [ˌbæŋglə'deʃ; -'deɪʃ; ˌbɑː-] Bangla'desch *n (Volksrepublik in Südasien).*

**Ban·gor** ['bæŋgə(r)] a) *Universitätsstadt in Gwynedd, Wales,* b) *Stadt in Down, Nordirland.*

**Ban·jul** [bæn'dʒuːl; *Am.* 'bɑnˌdʒuːl] *Hauptstadt von Gambia, Westafrika.*

**Ban·nock·burn** ['bænəkbɜːn; *Am.* -ˌbɜrn] *Ort in Central Region, Schottland. Schlacht 1314.*

**Bar·ba·dos** [bɑː(r)'beɪdɒz; -dəs] a) *Östlichste Insel der Kleinen Antillen,* b) *unabh. Staat im Commonwealth auf a.*

**Bark·ing** ['bɑː(r)kɪŋ] *Nordöstl. Stadtbezirk Groß-Londons.*

**Bar·net** ['bɑː(r)nɪt] *Nördl. Stadtbezirk Groß-Londons.*

**Barns·ley** ['bɑː(r)nzlɪ] *Hauptstadt von South Yorkshire, England.*

**Bar·row, Point** ['bærəʊ] *Nordkap Alaskas.*

**Bar·row-in-Fur·ness** [ˌbærəʊɪn'fɜː-nɪs; *Am.* ˌbærəwən'fɜrnəs] *Stadt in Cumbria, England.*

**Ba·sil·don** ['bæzldən] *Stadt in Essex, England.*

**Ba·sing·stoke** ['beɪzɪŋstəʊk] *Stadt in Hampshire, England.*

**Bass Strait** [bæs] Bass-Straße *f (Meeresstraße zwischen Tasmanien u. Australien).*

**Bath** [bɑːθ; *Am.* bæθ] *Kurort in Avon, England.*

**Bath·urst** ['bæθɜːst; -əst; *Am.* -ɜrst; -ərst] a) → **Banjul,** b) *Stadt im austral. Bundesstaat Neusüdwales.*

**Bat·on Rouge** [ˌbætn'ruːʒ] *Hauptstadt von Louisiana, USA.*

**Bat·ter·sea** ['bætə(r)sɪ] *Stadtteil von London.*

**Bat·tery, the** ['bætərɪ] *Park in New York, an der Südspitze Manhattans.*

**Ba·var·ia** [bə'veərɪə] Bayern *n.*

**Bays·wa·ter** ['beɪzˌwɔːtə(r)] *Stadtteil von London.*

**Bed·ford** ['bedfə(r)d] a) → **Bedford-shire,** b) *Hauptstadt von Bedfordshire.*

**Bed·ford·shire** ['bedfə(r)dʃə(r); -ˌʃɪə(r)] *Grafschaft in Mittelengland.*

**Bed·loe's Is·land** ['bedləʊz] *früherer Name von Liberty Island.*

**Bei·rut** [ˌbeɪ'ruːt; 'beɪruːt] *Haupt- u. Hafenstadt der Republik Libanon.*

**Bel·fast** [ˌbel'fɑːst; 'belfɑːst; *Am.* -'fæst] *Haupt- u. Hafenstadt von Nordirland.*

**Bel·gium** ['beldʒəm] Belgien *n.*

**Bel·grade** [ˌbel'greɪd; 'belgreɪd] Belgrad *n (Hauptstadt von Jugoslawien).*

**Bel·grave Square** ['belgreɪv] *Platz in London.*

**Be·lize** [be'liːz; bə-] a) *Staat in Zentralamerika,* b) *Hafenstadt in a.*

**Belle Isle, Strait of** [ˌbel'aɪl] Belle-Isle-Straße *f (Meeresstraße zwischen Labrador u. Neufundland).*

**Bel·voir[1]** ['biːvə(r)] *Schloß in Leicestershire, England.*

**Bel·voir[2]** ['belvwɔː(r); -vɔɪə(r)] *In Straßennamen.*

**Be·na·res** [bɪ'nɑːrɪz; bə-] → **Varanasi.**

**Ben·gal** [ˌben'gɔːl; ˌben-] Ben'galen *n (Landschaft im nordöstl. Indien).*

**Be·nin** [be'nɪn; bə-; *a.* -'niːn] a) *Volksrepublik in Westafrika,* b) *ehemal. Königreich in Südnigeria,* c) *Fluß in Südnigeria.*

**Ben Lo·mond** [ˌben'ləʊmənd] *Berg in Schott. Hochland.*

**Ben Ne·vis** [ˌben'nevɪs] *Berg in den schott. Grampian Mountains. Höchster Berg Großbritanniens.*

**Ben·ning·ton** ['benɪŋtən] *Dorf im südwestl. Vermont, USA. 1777 Sieg der Amerikaner über die Engländer.*

**Ber·be·ra** ['bɜːbərə; *Am.* 'bɜr-] *Hafenstadt im nordwestl. Somalia.*

**Berke·ley[1]** ['bɜːklɪ; *Am.* 'bɜr-] *Stadt in Kalifornien.*

**Berke·ley[2]** ['bɑːklɪ; *Am.* 'bɜr-] *Stadt in Gloucestershire, England. Kernkraftwerk.*

**Berk·shire** ['bɑːkʃə; -ˌʃɪə; *Am.* 'bɜrkʃər; -ˌʃɪər] *Grafschaft in Südengland.*

**Ber·lin[1]** ['bɜːlɪn; *Am.* bɜr-] Ber'lin *n (Deutschland).*

**Ber·lin[2]** ['bɜːlɪn; *Am.* 'bɜrlən] *Stadt in New Hampshire, USA.*

**Ber·mond·sey** ['bɜːməndzɪ; *Am.* 'bɜr-] *Stadtteil von London.*

**Ber·mu·da (Is·lands)** [bə(r)'mjuːdə], **Ber·mu·das** [-dəz] Ber'muda-Inseln *pl (im Atlantischen Ozean).*

**Bern(e)** [bɜːn; beən; *Am.* bɜrn; beərn] a) *Bundeshauptstadt der Schweiz,* b) *Schweizer Kanton.*

**Ber·wick(·shire)** ['berɪk; -'ʃə(r); -ˌʃɪə(r)] *Ehemal. Grafschaft im südöstl. Schottland.*

**Ber·wick(-up·on-Tweed)** ['berɪk; -əpɒn'twiːd] *Stadt in Northumberland, England.*

**Beth·le·hem** ['beθlɪhem; -lɪəm] *Ort in Palästina. Geburtsort Jesu.*

**Beth·nal Green** [ˌbeθnəl'griːn] *Stadtteil Londons.*

**Be·thune** [be'θjuːn; bə-] *In Straßennamen.*

**Bev·er·ly Hills** [ˌbevə(r)lɪ'hɪlz] *Vorstadt von Los Angeles, Kalifornien, USA.*

**Bex·ley** ['bekslɪ] *Östl. Stadtbezirk Groß-Londons.*

**Bhu·tan** [buː'tɑːn; -'tæn] *Konstitutionelle Monarchie im östl. Himalaja.*

**Bi·a·fra** [bɪ'æfrə] *Gebiet im östl. Nigeria. 1967–70 unabhängige Republik.*

**Bil·lings·gate** ['bɪlɪŋzgɪt; -geɪt] *Größter Fischmarkt Londons.*

**Bir·ken·head** ['bɜːkənhed; -'hed; *Am.* 'bɜr-] *Hafenstadt in Merseyside, England.*

**Bir·ming·ham** ['bɜːmɪŋəm; *Am.* 'bɜrmɪŋˌhæm] a) *Hauptstadt von West Midlands, England,* b) *Stadt in Alabama, USA.*

**Bis·cay, Bay of** ['bɪskeɪ; -kɪ] *Golf m von Bis'caya.*

**Bish·op Auck·land** [ˌbɪʃəp'ɔːklənd] *Stadt in Durham, England.*

**Bis·marck** ['bɪzmɑː(r)k] *Hauptstadt von North Dakota, USA.*

**Black·burn** ['blækbɜːn; *Am.* -ˌbɜrn] *Industriestadt in Lancashire, England.*

**Black For·est** [blæk] Schwarzwald *m (Mittelgebirge in Südwestdeutschland).*

**Black·heath** [ˌblæk'hiːθ] *Stadtteil von London.*

**Black·pool** ['blækpuːl] *Hafenstadt u. Seebad in Lancashire, England.*

**Black Sea** [blæk] Schwarzes Meer *(zwischen Südosteuropa u. Asien).*

**Blanc, Mont** [mɔ̃ːm'blɑ̃ːŋ; mɔ̃ː'blɑ̃ː] *Höchster Berg der Alpen.*

**Blar·ney** ['blɑː(r)nɪ] *Stadt in Cork, Südwestirland.*

**Blay·don** ['bleɪdn] *Industriestadt in Tyneside, England.*

**Blen·heim** ['blenɪm; -əm] Blindheim *n (Dorf bei Augsburg. 1704 Sieg Marlboroughs über die Franzosen u. Bayern.*

**Bloem·fon·tein** ['bluːmfɒnteɪn] *Hauptstadt des Oranje-Freistaats, Südafrik. Republik.*

**Blooms·bury** ['bluːmzbərɪ; -brɪ] *Stadtteil Londons.*

**Blyth** [blaɪð; blaɪθ; blaɪ] *Stadt in Northumberland, England.*

**Blythe** [blaɪð] *Fluß in Warwickshire, England.*

**Bod·min** ['bɒdmɪn; *Am.* 'bɑ-] *Stadt in Cornwall, England.*

**Bog·nor Re·gis** [ˌbɒgnə'riːdʒɪs; *Am.* ˌbɑ-] *Stadt u. Kurort in West Sussex, England.*

**Bo·go·tá** [ˌbɒgəʊ'tɑː; ˌbəʊgə'tɑː; *Am.* ˌbəʊgə'tɔː; -'tɑː] *Hauptstadt von Kolumbien, Südamerika.*

**Bo·he·mia** [bəʊ'hiːmjə; -mɪə] Böhmen *n (Westl. Teil. Tschechoslowakei).*

**Boi·se** ['bɔɪzɪ; -sɪ] *Hauptstadt von Idaho, USA.*

**Bo·liv·ia** [bə'lɪvɪə] Bo'livien *n (Republik in Südamerika).*

**Bol·ton** ['bəʊltən; -tn] *Stadt in Greater Manchester, England.*

**Bor·ders Re·gion** ['bɔː(r)də(r)z] *Verwaltungsregion des südöstl. Schottlands.*

**Bos·ton** ['bɒstən; *Am. bes.* 'bɔː-] *Haupt- u. Hafenstadt von Massachusetts, USA.*

**Bos·worth Field** ['bɒzwəθ; -wɜːθ; *Am.* 'bɔːzwərθ; -ˌwɜːθ] *Ebene in Leicestershire. Schlacht 1485 (Ende der Rosenkriege).*

**Bot·a·ny Bay** ['bɒtənɪ; *Am.* 'bɑtnɪ:] *Bucht an der Ostküste Australiens.*

**Bot·swa·na** [bɒ'tswɑːnə; *Am.* bɑt's-] Bo'tswana *n (Republik in Südafrika).*

**Bourne·mouth** ['bɔː(r)nməθ] *Seebad in Dorset, England.*

**Boyne** [bɔɪn] *Fluß im östl. Irland. 1690 Sieg Wilhelms III. von Oranien über Jakob II. von England.*

**Brad·ford** ['brædfə(r)d] a) *Stadt in West Yorkshire, England,* b) *Stadt in Pennsylvania, USA.*

**Brae·mar** [breɪ'mɑː(r)] *Landschaft in den Grampian Highlands, Schottland.*

**Bra·si·lia** [brə'zɪljə] *Hauptstadt von Brasilien.*

**Bra·zil** [brə'zɪl] Bra'silien *n.*

**Braz·za·ville** [ˌbræzə'vɪl; 'bræzəvɪl] *Hauptstadt des Kongo (Brazzaville).*

**Breck·nock(·shire)** ['breknɒk; *Am.* -ˌnɑk; -ʃə(r); '-ˌʃɪə(r)], **Brec·on(·shire)** ['brekən; '-ʃə(r); '-ˌʃɪə(r)] *Ehemal. Grafschaft in Südwales.*

**Brent** [brent] *Nordwestl. Stadtbezirk Groß-Londons.*

**Brent·ford and Chis·wick** [ˌbrentfə(r)dn'tʃɪzɪk] *Stadtteil Londons.*

**Bret·ton Woods** [ˌbretn'wʊdz] *Stadt in New Hampshire, USA. Weltwährungskonferenz 1944.*

**Bridge·port** ['brɪdʒpɔː(r)t] *Seehafen in Connecticut, USA.*

**Bridge·town** ['brɪdʒtaʊn] *Hauptstadt der Insel Barbados, Westindien.*

**Bright·on** ['braɪtn] *Seebad in East Sussex, England.*

**Bris·bane** ['brɪzbən] *Hauptstadt des austral. Bundesstaates Queensland.*

**Bris·tol** ['brɪstl] *Hauptstadt von Avon, England.*

**Brit·ain** ['brɪtn], (*Lat.*) **Bri·tan·nia** [brɪ'tænjə] Bri'tannien *n (Name des alten engl. Königreichs).*

**Brit·ish A·mer·i·ca** [ˌbrɪtɪʃə'merɪkə] a) *Kanada,* b) *die brit. Besitzungen in Nord- u. Südamerika.*

**Brit·ish Co·lum·bia** [ˌbrɪtɪʃkə'lʌmbɪə] *westlichste Provinz von Kanada.*

**Brit·ta·ny** ['brɪtənɪ; *Am.* 'brɪtnɪ:] Bre'tagne *f (Halbinsel im nordwestl. Frankreich).*

**Broads, the** [brɔːdz] *Durch Flüsse miteinander verbundene Seen in Norfolk u. Suffolk.*

**Brom·ley** ['brɒmlɪ; *a.* 'brʌm-; *Am.* 'brɑmlɪ:] *Südöstl. Stadtbezirk Groß-Londons.*

**Bronx** [brɒŋks; *Am.* brɑŋks] *Stadtteil von New York.*

**Brook·lyn** ['brʊklɪn] *Stadtteil von New York.*

**Brough·ton** ['brɔːtn] *Häufiger Ortsname in England.*

**Bru·nei** ['bruːnaɪ] *Moham. Sultanat auf Borneo.*

**Bruns·wick** ['brʌnzwɪk] *Braunschweig n.*

**Brus·sels** ['brʌslz], (*Fr.*) **Bru·xelles** [bryksɛl; brysɛl] *Brüssel n.*

**Bu·cha·rest** [ˌbjuːkə'rest; ˌbuː-; '-rest] *Bukarest n (Hauptstadt von Rumänien).*

**Buck·ing·ham(·shire)** ['bʌkɪŋəm; '-ʃə(r); '-ˌʃɪə(r)] *Grafschaft in Mittelengland.*

**Bu·da·pest** [ˌbjuːdə'pest; ˌbuː-; *Am.* 'buːdəˌpest] *Hauptstadt von Ungarn.*

**Bue·nos Ai·res** [ˌbwenəs'aɪərɪz; *Am.* ˌbweɪnə'seəriːz] *Haupt- u. Hafenstadt von Argentinien.*

**Buf·fa·lo** ['bʌfələʊ] *Stadt am Ostende des Eriesees, USA.*

**Bul·gar·ia** [bʌl'geərɪə] Bul'garien *n.*

**Bun·ker Hill** [ˌbʌŋkə(r)'hɪl] *Anhöhe bei Boston, USA. 1775 Schlacht im amer. Unabhängigkeitskrieg.*

**Burgh¹** ['bʌrə] *Ortsname in Surrey u. Lincolnshire, England.*

**Burgh²** [bɜːg] *Ortsname in Suffolk, England.*

**Bur·gun·dy** ['bɜːgəndɪ; *Am.* 'bɜr-] Bur'gund *n (Landschaft im südöstl. Frankreich).*

**Bur·ling·ton** ['bɜːlɪŋtən; *Am.* 'bɜr-] a) *Stadt in Vermont, USA,* b) *Stadt am Mississippi, Iowa, USA,* c) *Stadt in North Carolina, USA.*

**Bur·ma** ['bɜːmə; *Am.* 'bɜr-] *Birma n (Republik in Hinterindien).*

**Burn·ley** ['bɜːnlɪ; *Am.* 'bɜrnlɪ:] *Stadt in Lancashire, England.*

**Bur·ton-up·on-Trent** [ˌbɜːtnəpɒn'trent; *Am.* ˌbɜrtn-] *Stadt in Staffordshire, England.*

**Bu·run·di** [bʊ'rʊndɪ] *Republik im östl. Zentralafrika.*

**Bur·y** ['berɪ] *Stadt in Greater Manchester, England.*

**Bur·y St. Ed·munds** [ˌberɪsnt'edməndz] *Stadt in Suffolk, England.*

**Bute** [bjuːt] a) *Insel im Firth of Clyde, Schottland,* b) → Buteshire.

**Bute·shire** ['bjuːtʃə(r); -ʃɪə(r)] *Ehemal. Grafschaft in Mittelschottland.*

**Bux·ton** ['bʌkstən] *Stadt in Derbyshire, England.*

# C

**Caer·le·on** [kɑː(r)'liːən] *Stadt in Gwent, Wales.*

**Caer·nar·von** [kə(r)'nɑː(r)vən; kɑː(r)'n-] a) → **Caernarvonshire,** b) *Haupt- u. Hafenstadt von Gwynedd, Wales.*

**Caer·nar·von·shire** [kə(r)'nɑː(r)vənʃə(r); -ˌʃɪə(r); kɑː(r)'n-] *Ehemal. Grafschaft im nordwestl. Wales.*

**Cairns** [keə(r)nz] *Stadt an der Ostküste von Queensland, Australien.*

**Cai·ro** ['kaɪərəʊ; 'kaɪrəʊ] *Kairo n (Hauptstadt von Ägypten).*

**Caith·ness** ['keɪθnes; -nəs] *Ehemal. Grafschaft im nördl. Schottland.*

**Cal·cut·ta** [kæl'kʌtə] *Kal'kutta n (Hauptstadt des Staates Westbengalen, Indien).*

**Cal·der Hall** [ˌkɔːldə(r)'hɔːl] *Ort in Cumbria, England. Erstes Atomkraftwerk der Welt.*

**Cal·e·do·nia** [ˌkælɪ'dəʊnjə; -nɪə] *hist. od. poet. Kale'donien n (Schottland).*

**Cal·e·do·nian Ca·nal** [ˌkælɪ'dəʊnjən kə'næl] *Kale'donischer Ka'nal (Schottland).*

**Cal·ga·ry** ['kælgərɪ] *Stadt in Alberta, Kanada.*

**Cal·i·for·nia** [ˌkælɪ'fɔː(r)njə; -nɪə] *Kalifornien n (Staat im Westen der USA).*

**Cam·ber·well** ['kæmbə(r)wəl; -wel] *Stadtteil London.*

**Cam·bo·dia** [kæm'bəʊdjə; -dɪə], (*Fr.*) **Cam·bodge** [kɑbɒdʒ] → **Kampuchea.**

**Cam·borne-Red·ruth** [ˌkæmbɔː(r)n'redruːθ] *Stadt in Cornwall, England.*

**Cam·bria** ['kæmbrɪə] (*Lat.*) → **Wales.**

**Cam·bridge** ['keɪmbrɪdʒ] a) *Universitätsstadt u. Hauptstadt von Cambridgeshire,* b) *Universitätsstadt in Massachusetts, USA,* c) → **Cambridgeshire.**

**Cam·bridge·shire** ['keɪmbrɪdʒʃə(r); -ˌʃɪə(r)] *Grafschaft im östl. Mittelengland.*

**Cam·den** ['kæmdən] a) *Hafenstadt in New Jersey, USA,* b) *Stadtbezirk des inneren Verwaltungsgebiets Groß-Londons.*

**Cam·er·oon** ['kæməruːn; ˌkæmə'ruːn], (*Fr.*) **Ca·me·roun** [kamrun] *Kamerun n (Republik in Westafrika).*

**Can·a·da** ['kænədə] *Kanada n.*

**Ca·nar·ies** [kə'neərɪz], **Ca·nary Is·lands** [kə'neərɪ] *Ka'narische Inseln pl.*

**Ca·nav·er·al** [kə'nævərəl; -vrəl] → Cape Kennedy.

**Can·ber·ra** ['kænbərə; -brə] *Bundeshauptstadt von Australien.*

**Can·ter·bury** ['kæntə(r)bərɪ; -brɪ; *Am.* bes. -ˌberiː] *Stadt in Kent, England.*

**Cape Cod** [kɒd; *Am.* kɑd] a) *Halbinsel im südöstl. Massachusetts,* b) *Nordspitze von a.*

**Cape Ken·ne·dy** ['kenɪdɪ; -ədɪ] *Amer. Raketen-Versuchszentrum an der Ostküste Floridas.*

**Cape of Good Hope** [ˌgʊd'həʊp] *Kap n der Guten Hoffnung (Südspitze Afrikas).*

**Cape Town, Cape·town** ['keɪptaʊn] *Kapstadt n (Hauptstadt der Kapprovinz, Südafrika).*

**Ca·pri** ['kæpriː; 'kɑː-; *Am. a.* kæ'priː; kə'p-] *Insel in der Bucht von Neapel.*

**Ca·ra·cas** [kə'rækəs; -'rɑː-] *Hauptstadt von Venezuela, Südamerika.*

**Car·diff** ['kɑː(r)dɪf] *Haupt- u. Hafenstadt von South u. Mid Glamorgan, Wales.*

**Car·di·gan Bay** ['kɑː(r)dɪgən] *Bucht an der Westküste von Wales.*

**Car·di·gan(·shire)** ['kɑː(r)dɪgən; '-ʃə(r); '-ˌʃɪə(r)] *Ehemal. Grafschaft in Wales.*

**Car·ib·be·an, the** [ˌkærɪ'biːən; kə'rɪbɪən] a) *Ka'ribik f,* b) → **Caribbean Sea.**

**Car·ib·be·an Is·lands** [ˌkærɪ'biːən; kə'rɪbɪən] *Ka'r(a)ibische Inseln pl.*

**Car·ib·be·an Sea** [ˌkærɪ'biːən; kə'rɪbɪən] *Ka'r(a)ibisches Meer.*

**Ca·rin·thia** [kə'rɪnθɪə] *Kärnten n (südlichstes österr. Bundesland).*

**Car·lisle** [kɑː(r)'laɪl; 'kɑː(r)laɪl] *Hauptstadt von Cumbria, England.*

**Car·low** ['kɑː(r)ləʊ] a) *Grafschaft im südöstl. Irland,* b) *Hauptstadt von a.*

**Car·mar·then** [kə'mɑːðn; *Am.* kɑːr'mɑːˌrðən] a) → **Carmarthenshire,** b) *Hauptstadt von Dyfed, Wales.*

**Car·mar·then·shire** [kə'mɑːðnʃə; -ˌʃə; *Am.* kɑːr'mɑːˌrðənˌʃɪər] *Ehemal. Grafschaft im südl. Wales.*

**Car·nar·von(·shire)** → **Caernarvon(shire).**

**Car·o·li·na** [ˌkærə'laɪnə] → North Carolina u. South Carolina.

**Car·pa·thi·an Moun·tains** [kɑː(r)-'peɪθɪən; -ɪən] *Kar'paten pl (Gebirge im südöstl. Mitteleuropa).*

**Car·pen·tar·ia, Gulf of** [ˌkɑː(r)pən-'teərɪə] *Carpen'taria-Golf m (an der Nordostküste Australiens).*

**Car·son Cit·y** ['kɑː(r)sn] *Hauptstadt von Nevada, USA.*

**Cas·cade Range** [kæs'keɪd] *Kas'kadengebirge n (Teil der westl. Kordilleren, USA).*

**Cas·pi·an Sea** ['kæspɪən] *Kaspisches Meer (zwischen Südosteuropa u. Asien).*

**Ca·taw·ba** [kə'tɔːbə] *Fluß in North u. South Carolina, USA.*

**Cau·ca·sus Moun·tains** ['kɔːkəsəs] *Kaukasus m (Hochgebirge zwischen dem Schwarzen u. dem Kaspischen Meer).*

**Cav·an** ['kævən; -vn] a) *Grafschaft in Irland,* b) *Hauptstadt von a.*

Cen·tral Af·ri·can Re·pub·lic Zen-'tralafri‚kanische Repu'blik.

Cen·tral Re·gion *Verwaltungsregion in Mittelschottland.*

Cey·lon [sɪ'lɒn; *Am.* sɪ'lɑn; seɪ-] a) *Insel im Indischen Ozean,* b) → Sri Lanka.

Chad [tʃæd] Tschad *m (Republik im nördl. Zentralafrika).*

Chan·nel Is·lands Ka'nalinseln *pl (Brit. Inselgruppe im Ärmelkanal).*

Char·ing Cross [‚tʃærɪŋ'krɒs] *Stadtteil Londons.*

Charles·ton ['tʃɑ:(r)lstən] a) *Hauptstadt von West-Virginia, USA,* b) *Hafenstadt in South Carolina, USA.*

Char·lotte ['ʃɑ:(r)lət] *Größte Stadt in North Carolina, USA.*

Char·lotte·town ['ʃɑ:(r)ləttaʊn] *Haupt-u. Hafenstadt der Provinz Prinz-Edward-Insel, Kanada.*

Chat·ham ['tʃætəm] *Hafenstadt in Kent, England.*

Chat·ta·noo·ga [‚tʃætə'nu:gə; -tn'u:gə] *Stadt in Tennessee, USA.*

Cheap·side [‚tʃi:p'saɪd; '-saɪd] *Straße in London.*

Ched·dar ['tʃedə(r)] *Stadt in Somerset-shire, England.*

Chelms·ford ['tʃelmsfə(r)d] *Hauptstadt von Essex, England.*

Chel·sea ['tʃelsɪ] *Stadtteil Londons.*

Chel·ten·ham ['tʃeltnəm] *Badeort in Gloucestershire, England.*

Che·nies ['tʃi:nɪz] *Straße in London.*

Cheq·uers ['tʃekə(r)z] *Landsitz des engl. Premierministers in Buckinghamshire.*

Chert·sey ['tʃɜːtsɪ; *Am.* 'tʃɜrtsi:] *Stadt in Surrey, England.*

Ches·a·peake Bay ['tʃesəpi:k; -spi:k] *Chesapeake-Bai f (Bucht des Atlantischen Ozeans in Virginia u. Maryland, USA).*

Chesh·ire ['tʃeʃə(r); -‚ʃɪə(r)] *Grafschaft im nordwestl. England.*

Ches·ter ['tʃestə(r)] a) *Hauptstadt von Cheshire,* b) *Stadt in Pennsylvania, USA.*

Ches·ter·field ['tʃestə(r)fi:ld] *Stadt in Derbyshire, England.*

Chev·i·ot Hills ['tʃevɪət; 'tʃi:-] *Bergland an der engl.-schott. Grenze.*

Chey·enne [ʃaɪ'æn; -'en] *Hauptstadt von Wyoming, USA.*

Chich·es·ter ['tʃɪtʃɪstə(r)] *Hauptstadt von West Sussex, England.*

Chig·well ['tʃɪgwəl] *Stadt in Essex, England.*

Chil·e ['tʃɪlɪ] *Republik im Südwesten Südamerikas.*

Chi·na ['tʃaɪnə] China *n.*

Chip·pe·wa ['tʃɪpɪwɑ:; -wə; *Am. a.* -pə-‚weɪ] *Nebenfluß des Mississippi, Wisconsin, USA.*

Chis·le·hurst and Sid·cup [‚tʃɪzlhɜ:stn'sɪdkəp; *Am.* -‚hɜrst-] *Stadtteil Londons.*

Chis·wick → Brentford and Chiswick.

Cim·ar·ron ['sɪmərɒn; *Am.* -‚rɑn; -‚rəʊn] *Nebenfluß des Arkansas, USA.*

Cin·cin·nat·i [‚sɪnsɪ'nætɪ] *Stadt in Ohio, USA.*

Ci·ren·ces·ter ['saɪərənsestə(r); 'sɪsɪtə(r)] *Stadt in Gloucestershire, England.*

Cis·kei ['sɪskaɪ] *Autonomer Staat in Südafrika.*

Clack·man·nan [klæk'mænən] a) → Clackmannanshire, b) *Stadt in Central Region, Schottland.*

Clack·man·nan·shire [klæk'mænən-ʃə(r); -‚ʃɪə(r)] *Ehemal. Grafschaft in Mittelschottland.*

Clac·ton-on-Sea ['klæktən] *Seebad in Essex, England.*

Clap·ham ['klæpəm] *Stadtteil von London.*

Clare [kleə(r)] *Grafschaft in Westirland.*

Clee·thorpes ['kli:θɔ:(r)ps] *Kurort in Humberside, England.*

Cler·ken·well ['klɑ:(r)kənwel] *Stadtteil von London.*

Cleve·land ['kli:vlənd] a) *Stadt in Ohio, USA,* b) *Grafschaft im nordöstl. England.*

Clw·yd ['klu:ɪd] *Grafschaft im nordöstl. Wales.*

Clyde [klaɪd] *Fluß an der Westküste Schottlands.*

Clyde·bank ['klaɪdbæŋk] *Stadt in Strathclyde, Schottland.*

Clyde·side ['klaɪdsaɪd] *Industrieregion u. Schiffbauzentrum mit u. um Glasgow.*

Coat·bridge ['kəʊtbrɪdʒ] *Industriestadt in Strathclyde, Schottland.*

Co·chin-Chi·na [‚kɒtʃɪn'tʃaɪnə; *bes. Am.* ‚kəʊ-] *Kotschin'china n (Gebiet im Süden Vietnams).*

Cock·er·mouth ['kɒkəməθ; *Am.* 'ka-kər-] *Stadt in Cumbria, England.*

Col·ches·ter ['kəʊltʃɪstə; *Am.* -‚tʃestər] *Stadt in Essex, England.*

Co·logne [kə'ləʊn] Köln *n.*

Co·lom·bia [kə'lɒmbɪə; *bes. Am.* -'lʌm-] Ko'lumbien *n (Republik in Südamerika).*

Col·o·ra·do [‚kɒlə'rɑ:dəʊ; *Am.* ‚kɑlə-'rædəʊ; -'rɑ:-] a) *Staat im Westen der USA,* b) Colo'rado *m (des Westens) (Fluß im Südwesten der USA),* c) Colo'rado *m (des Ostens) (Fluß in Texas, USA).*

Co·lum·bia [kə'lʌmbɪə] a) *Strom im westl. Nordamerika,* b) *Hauptstadt von South Carolina, USA.*

Co·lum·bus [kə'lʌmbəs] *Hauptstadt von Ohio, USA.*

Com·o·ro Is·lands ['kɒmərəʊ; *Am.* 'ka-] Ko'moren *pl (Inselgruppe u. Staat im Indischen Ozean).*

Con·a·kry ['kɒnəkrɪ; *Am.* 'ka-] Konakry *n (Hauptstadt von Guinea).*

Con·cord ['kɒnkəd; *Am.* 'kaŋkərd] *Stadt in Massachusetts, USA. 1775 Schlacht im amer. Unabhängigkeitskrieg,* b) *Hauptstadt von New Hampshire, USA.*

Co·ney Is·land ['kəʊnɪ] *Teil von Brooklyn, New York City. Seebad, Vergnügungsstätten.*

Con·go ['kɒŋgəʊ; *Am.* 'kaŋ-] Kongo *m:* a) *Fluß in Westafrika,* b) *Republik Kongo (bis 1971; heute →* Zaire), c) *Republik Kongo (Brazzaville).*

Con·is·ton Wa·ter ['kɒnɪstən; *Am.* 'ka-] *See in Cumbria, England.*

Con·nacht ['kɒnət; -nəxt; *Am.* 'kanɔ:t], *hist.* Con·naught ['kɒnɔ:t; *Am.* 'ka-] *Provinz in Irland.*

Con·nect·i·cut [kə'netɪkət] a) *Staat im Nordosten der USA,* b) *Fluß im Nordosten der USA.*

Con·ne·ma·ra [‚kɒnɪ'mɑ:rə; *Am.* ‚kanə-] *Küstenregion in Galway, Irland.*

Con·sett ['kɒnsɪt; *Am.* 'kan-] *Stadt in Durham, England.*

Con·stance, Lake ['kɒnstəns; *Am.* 'ka-] Bodensee *m.*

Con·way ['kɒnweɪ; *Am.* 'kan-] *Stadt in Gwynedd, Wales.*

Co·pen·ha·gen [‚kəʊpn'heɪgən] Kopen-'hagen *n.*

Cor·al Sea ['kɒrəl; *Am. a.* 'ka:-; 'kɔ:-] Ko'rallenmeer *n (Teil des Pazifischen Ozeans).*

Cor·dil·le·ras [‚kɔ:dɪ'ljeərəz; *Am.* ‚kɔ:rdl'j-; -di:'erəz] Kordil'leren *pl (Gebirgskette an der Pazifikküste Nord- u. Südamerikas).*

Cork [kɔ:(r)k] a) *Grafschaft im südwestl. Irland,* b) *Hauptstadt von a.*

Corn·wall ['kɔ:(r)nwəl; -wɔ:l] *Grafschaft in Südwestengland.*

Cor·si·ca ['kɔ:(r)sɪkə] Korsika *n (Insel im Mittelmeer).*

Cos·ta Ri·ca [‚kɒstə'ri:kə; *Am.* ‚ka-;

‚kɔ:-] *Mittelamer. Republik.*

Cots·wold Hills ['kɒtswəʊld; *Am.* 'ka-] *Höhenzug im südwestl. England.*

Cov·en·try ['kɒvəntrɪ; *bes. Am.* 'kʌv-] *Stadt in West Midlands, England.*

Cowes[1] [kaʊz] *Stadt an der Südküste Victorias, Australien.*

Cowes[2] [kaʊz] *Stadt auf der Insel Wight.*

Cran·well ['krænwəl] *Ort in Lincoln-shire, England. Luftwaffenakademie.*

Craw·ley ['krɔ:lɪ] *Stadt in West Sussex, England.*

Crete [kri:t] Kreta *n (Insel im Mittelmeer).*

Crewe [kru:] *Stadt in Cheshire, England.*

Cri·mea [kraɪ'mɪə] Krim *f (Halbinsel an der Nordküste des Schwarzen Meeres).*

Cro·ker Is·land ['krəʊkə(r)] *Insel nördl. von Australien.*

Crom·ar·ty ['krɒmətɪ; *Am.* 'krɑmərti:] → Ross and Cromarty.

Cros·by ['krɒzbɪ; -sbɪ] *Stadt in Mersey-side, England.*

Croy·don ['krɔɪdn] *Südl. Stadtbezirk Groß-Londons.*

Cu·ba ['kju:bə] Kuba *n (größte Insel der Großen Antillen, Westindien).*

Cum·ber·land ['kʌmbə(r)lənd] a) *Ehemal. Grafschaft im nordwestl. England,* b) *linker Nebenfluß des Ohio, USA.*

Cum·ber·nauld [‚kʌmbə(r)'nɔ:ld] *Stadt in Strathclyde, Schottland.*

Cum·bria ['kʌmbrɪə] *Grafschaft im nordwestl. England.*

Cum·bri·an Moun·tains ['kʌmbrɪən] Kumbrisches Bergland *(Nordwestengland).*

Cwm·bran [‚ku:m'brɑ:n] *Hauptstadt von Gwent, Wales.*

Cy·prus ['saɪprəs] Cypern *n (Insel im östl. Mittelmeer).*

Czech·o·slo·va·kia, *auch* Czech·o-Slo·va·kia [‚tʃekəʊsləʊ'vækɪə; -'vɑ:-] Tschechoslowa'kei *f.*

# D

Dac·ca ['dækə] Dakka *n (Hauptstadt von Bangladesch).*

Dag·en·ham ['dægənəm; -gnəm] *Stadtteil von London. Kfz-Industrie.*

Da·ho·mey [də'həʊmɪ] Daho'me *n (bis 1975;* → Benin a.).

Da·kar ['dækə; -kɑ:; *Am.* 'dæk‚ɑ:r; də-'kɑ:r] *Haupt- u. Hafenstadt der Republik Senegal, Westafrika.*

Da·ko·ta [də'kəʊtə] a) → North Dakota, b) → South Dakota.

Dal·keith [dæl'ki:θ] *Stadt in Lothian Region, Schottland.*

Dal·las ['dæləs] *Stadt in Texas, USA.*

Dal·ton in Fur·ness [‚dɔ:ltənɪn'fɜːnɪs; *Am.* -'fɜr-] *Stadt in Cumbria, England.*

Da·mas·cus [də'mɑ:skəs; *bes. Am.* -'mæs-] Da'maskus *n (Hauptstadt von Syrien).*

Dan·ube ['dænju:b] Donau *f.*

Dar·jee·ling, Dar·ji·ling [dɑ:(r)'dʒi:-lɪŋ] Dar'dschiling *n (Stadt im nordöstl. Indien).*

Dar·ling ['dɑ:(r)lɪŋ] *Größter Nebenfluß des Murray, Australien.*

Dar·ling·ton ['dɑ:(r)lɪŋtən] *Stadt in Durham, England.*

Dart·ford ['dɑ:(r)tfə(r)d] *Stadt in Kent, England.*

Dart·moor ['dɑ:(r)t‚mʊə(r); -mɔ:(r)] *Tafelland in Südwestengland.*

Dart·mouth [ˈdɑː(r)tməθ] *Stadt in Devonshire, England.*

Dar·win [ˈdɑː(r)wɪn] *Haupt- u. Hafenstadt des Nordterritoriums, Australien.*

Dav·en·port [ˈdævnpɔː(r)t; -vm-; *Am. a.* -ˌpɔʊrt] *Stadt in Iowa, USA.*

Dav·en·try [ˈdævəntrɪ] *Stadt in Northamptonshire, England.*

Day·ton [ˈdeɪtn] *Stadt in Ohio, USA.*

Day·to·na Beach [deɪˈtəʊnə] *Stadt an der Nordostküste von Florida, USA.*

Dead Sea [ded] *Totes Meer (Salzsee an der Ostgrenze von Israel).*

Dear·born [ˈdɪə(r)bɔː(r)n; -bə(r)n] *Stadt in Michigan, USA.*

Dee [diː] *Name mehrerer Flüsse in Großbritannien.*

Del·a·ware [ˈdeləweə(r)] *Staat u. Fluß im Osten der USA.*

Del·hi [ˈdelɪ] a) *Unionsterritorium im nördl. Indien,* b) *Hauptstadt von Indien.*

Den·bigh(·shire) [ˈdenbɪ; ˈ-ʃə(r); ˈ-ˌʃɪə(r)] *Ehemal. Grafschaft in Nordwales.*

Den·mark [ˈdenmɑː(r)k] *Dänemark n.*

Den·ver [ˈdenvə(r)] *Hauptstadt von Colorado, USA.*

Dept·ford [ˈdetfə(r)d] *Stadtteil von London.*

Der·by [ˈdɑː(r)bɪ; *Am. bes.* ˈdɜr-] a) → Derbyshire, b) *Hauptstadt von Derbyshire.*

Der·by·shire [ˈdɑː(r)bɪʃə(r); -ˌʃɪə(r); *Am. bes.* ˈdɜr-] *Grafschaft in Mittelengland.*

Der·ry [ˈderɪ] → Londonderry.

Der·went·wa·ter [ˈdɜːwəntˌwɔːtə(r); *Am.* ˈdɜr-] *See im Lake District, Cumbria, England.*

Des Moines [dɪˈmɔɪn] a) *Hauptstadt von Iowa, USA,* b) *Fluß in Iowa, USA.*

De·troit [dəˈtrɔɪt; dɪ-] *Stadt in Michigan, USA.*

De·viz·es [dɪˈvaɪzɪz] *Stadt in Wiltshire, England.*

Dev·on(·shire) [ˈdevn; ˈ-ʃə(r); ˈ-ˌʃɪə(r)] *Grafschaft im südwestl. England.*

Dews·bury [ˈdjuːzbərɪ; *Am. a.* -ˌberɪ; ˈduːz-] *Stadt in West Yorkshire, England.*

Ding·wall [ˈdɪŋwɔːl] *Stadt in Highland Region, Schottland.*

Dis·trict of Co·lum·bia [kəˈlʌmbɪə] *Bezirk um Washington, Bundesdistrikt der USA.*

Dja·kar·ta [dʒəˈkɑː(r)tə] *Hauptstadt von Indonesien.*

Dji·bou·ti [dʒɪˈbuːtɪ] *Dschiˈbuti n:* a) *Republik im nordöstl. Afrika,* b) *Hafenstadt in a.*

Dodge Cit·y [dɒdʒ; *Am.* dadʒ] *Stadt in Kansas, USA.*

Dog·ger Bank [ˈdɒɡə(r); *Am. a.* ˈdɑ-] *Doggerbank f (Sandbank in der Nordsee).*

Do·lo·mites [ˈdɒləmaɪts; *Am.* ˈdəʊ-; ˈdɑ-] *Doloˈmiten pl (Teil der Ostalpen).*

Dom·i·ni·ca [ˌdɒmɪˈniːkə; dəˈmɪnɪkə; *Am.* ˌdɒmɪˈniːkə] a) *Insel der Kleinen Antillen,* b) *Republik auf a.*

Do·min·i·can Re·pub·lic [dəˈmɪnɪkən] *Domiˈkanische Repuˈblik (auf der Insel Hispaniola).*

Don·cas·ter [ˈdɒŋkəstə(r); *Am.* ˈdɑŋ-] *Stadt in South Yorkshire, England.*

Don·e·gal [ˈdɒnɪɡɔːl; ˌ-ˈɡɔːl; ˌdʌnɪˈɡɔːl; *Am.* ˌdɑnɪˈɡɔːl] *Grafschaft im nördl. Irland.*

Dor·ches·ter [ˈdɔː(r)tʃɪstə(r); *Am. a.* -ˌtʃestər] *Hauptstadt von Dorsetshire, England.*

Dor·set(·shire) [ˈdɔː(r)sɪt; ˈ-ʃə(r); ˈ-ˌʃɪə(r)] *Grafschaft in Südengland.*

Doun·reay [ˈdʊnreɪ] *Ort in Highland Region, Schottland. Kernkraftwerk.*

Do·ver [ˈdəʊvə(r)] a) *Hafenstadt in Kent, England,* b) *Hauptstadt von Delaware, USA.*

Down [daʊn] *Grafschaft in Nordirland.*

Down·ing Street [ˈdaʊnɪŋ] *Straße in Westminster, London.*

Downs, the [daʊnz] *Hügelland in Südengland.*

Dra·kens·berg Moun·tains [ˈdrɑːkənzbɜːɡ; *Am.* -ˌbɜrɡ] *Drakensberge pl (höchstes Gebirge Südafrikas).*

Dro·ghe·da [ˈdrɔɪɪdə; ˈdrɔːədə] *Hafenstadt in Louth, Irland.*

Dru·ry Lane [ˈdrʊərɪ] *Straße in London.*

Dub·lin [ˈdʌblɪn] a) *Grafschaft im östl. Irland,* b) *Hafen- u. Hauptstadt von Irland.*

Dud·ley [ˈdʌdlɪ] *Stadt in West Midlands, England.*

Du·luth [djuːˈluːθ; *Am.* dəˈluːθ] *Stadt in Minnesota, USA.*

Dul·wich [ˈdʌlɪdʒ; -ɪtʃ] *Stadtteil von London.*

Dum·bar·ton [dʌmˈbɑː(r)tn] → Dunbarton.

Dum·fries [dʌmˈfriːs] a) → Dumfriesshire, b) *Hauptstadt von Dumfries and Galloway.*

Dum·fries and Gal·lo·way Re·gion [dʌmˌfriːsndˈɡæləweɪ] *Verwaltungsregion des südwestl. Schottland.*

Dum·fries·shire [dʌmˈfriːsʃə(r); -ˌʃɪə(r)] *Ehemal. Grafschaft im südl. Schottland.*

Dun·bar [dʌnˈbɑː(r); ˈ-bɑː(r)] *Stadt in Lothian Region, Schottland. 1650 Sieg Cromwells über die Schotten.*

Dun·bar·ton [dʌnˈbɑː(r)tn] a) → Dunbartonshire, b) *Stadt in Strathclyde, Schottland.*

Dun·bar·ton·shire [dʌnˈbɑː(r)tnʃə(r); -ˌʃɪə(r)] *Ehemal. Grafschaft in Mittelschottland.*

Dun·dalk [dʌnˈdɔːk] *Stadt in Louth, Irland.*

Dun·dee [dʌnˈdiː; ˈdʌndiː] *Hauptstadt von Tayside Region, Schottland.*

Dun·e·din [dʌˈniːdɪn; -dn] *Stadt auf der Südinsel Neuseelands.*

Dun·ferm·line [dʌnˈfɜːmlɪn; *Am.* -ˈfɜrm-] *Stadt in Fife, Schottland.*

Dun·ge·ness [ˌdʌndʒɪˈnes; dʌnʒˈnes] *Landspitze in Kent, England.*

Dun·sta·ble [ˈdʌnstəbl] *Industriestadt in Bedfordshire, England.*

Dur·ban [ˈdɜːbən; *Am.* ˈdɜr-] *Hafenstadt in Natal, Südafrika.*

Dur·ham [ˈdʌrəm; *Am. bes.* ˈdɜrəm] a) *Grafschaft in Nordengland,* b) *Hauptstadt von a.*

Dyf·ed [ˈdʌvɪd; -ed] *Grafschaft im südwestl. Wales.*

E

Ea·ling [ˈiːlɪŋ] *westl. Stadtbezirk Groß-Londons.*

East An·glia [ˌiːstˈæŋɡlɪə] *Ostˈanglien n (Landschaft in Ostengland).*

East·bourne [ˈiːstbɔː(r)n] *Stadt in East Sussex, England.*

East End [ˌiːstˈend] *Teil des östl. Londons mit Hafenanlagen, Industriegebieten u. Slums.*

East Ham [ˌiːstˈhæm] *Stadtteil im Osten von London.*

East In·dies [ˌiːstˈɪndɪz] *Ostˈindien n:* a) *alter Name für Vorder- u. Hinterindien sowie den Malaiischen Archipel,* b) *Inseln Indonesiens.*

East·leigh [ˈiːstliː] *Stadt in Hampshire, England.*

East Lo·thi·an [ˌiːstˈləʊðjən; -ɪən] *Ehemal. Grafschaft im südöstl. Schottland.*

East Rid·ing [ˌiːstˈraɪdɪŋ] *Ehemal. Verwaltungsbezirk der Grafschaft Yorkshire, England.*

East Sus·sex [ˌiːstˈsʌsɪks] *Grafschaft im südöstl. England.*

Ebbw Vale [ˌebuːˈveɪl] *Stadt in Gwent, Wales.*

Ec·cles [ˈeklz] *Stadt in Greater Manchester, England.*

Ec·ua·dor [ˈekwədɔː(r)] *Ecuaˈdor n (Republik im Nordwesten Südamerikas).*

Ed·in·burgh [ˈedɪnbərə; -brə; *Am. bes.* ˈednˌbɜrə; a. -ˌbʌrə] a) *Hauptstadt von Schottland,* b) *hist. für* Midlothian.

Ed·mon·ton [ˈedməntən] a) *Stadtteil von London,* b) *Hauptstadt von Alberta, Kanada.*

Eg·ham [ˈeɡəm] *Stadt in Surrey, England.*

E·gypt [ˈiːdʒɪpt] *Äˈgypten n.*

Ei·re [ˈeərə] *(Irish)* → Ireland.

El·gin [ˈelɡɪn] a) *hist. für* Moray, b) *Stadt in Grampian Region, Schottland.*

E·lis·a·beth·ville [ɪˈlɪzəbəθvɪl] → Lubumbashi.

E·liz·a·beth [ɪˈlɪzəbəθ] *Stadt in New Jersey, USA.*

Elles·mere Port [ˈelzˌmɪə(r)] *Hafenstadt in Cheshire, England.*

El·lis Is·land [ˈelɪs] *Kleine Insel in der New York Bay. Bis 1954 Einreise-Kontrollstelle.*

El Pas·o [elˈpæsəʊ] *Stadt in Texas, USA.*

El Sal·va·dor [elˈsælvədɔː(r)] *El Salˈvaˈdor n (Republik in Mittelamerika).*

E·ly [ˈiːlɪ] *Stadt in Cambridgeshire, England.*

E·ly, Isle of [ˈiːlɪ] *Ehemal. Grafschaft im östl. Mittelengland.*

En·field [ˈenfiːld] *Nördl. Stadtbezirk Groß-Londons.*

Eng·land [ˈɪŋɡlənd] *England n.*

Eng·lish Chan·nel [ˌɪŋɡlɪʃˈtʃænl] *Englischer Kaˈnal, ˈÄrmelkaˌnal m (zwischen England u. Frankreich).*

En·teb·be [enˈtebɪ] *Stadt im südl. Uganda, Ostafrika.*

Ep·ping [ˈepɪŋ] *Stadt in Essex, England.*

Ep·som [ˈepsəm] *Stadt in Surrey. Pferderennbahn.*

Equa·to·ri·al Guin·ea [ˌekwəˈtɔːrɪəl ˈɡɪnɪ; ˌiːkwə-] *Äquatorialguiˈnea n (Republik in Westafrika).*

E·rie [ˈɪərɪ] *Hafenstadt am Eriesee, USA.*

Er·i·trea [ˌerɪˈtreɪə; *Am. a.* -ˈtriːə] *Autonome Provinz im Norden Äthiopiens.*

Es·sex [ˈesɪks] *Grafschaft in Südostengland.*

Es·t(h)o·nia [eˈstəʊnjə; esˈθəʊ-; -nɪə] *Estland n.*

E·thi·o·pia [ˌiːθɪˈəʊpjə; -pɪə] *Äthiˈopien n:* a) *antik. Land in Nordostafrika,* b) *Volksrepublik in Nordostafrika.*

Et·na [ˈetnə] *Ätna m (Vulkan an der Ostküste Siziliens).*

E·ton [ˈiːtn] *Stadt in Berkshire, England. Berühmte Public School.*

Eu·phra·tes [juːˈfreɪtiːz; jʊ-] *Euphrat m (Größter Strom Vorderasiens).*

Eur·a·sia [jʊəˈreɪʃə; -ʒə] *Euˈrasien n (Asien u. Europa als Gesamtheit).*

Eu·rope [ˈjʊərəp] *Euˈropa n.*

Ev·ans·ville [ˈevənzvɪl] *Stadt in Indiana, USA.*

Ev·er·est, Mount [ˈevərɪst] *Höchster Berg der Erde im östl. Himalaja.*

Ev·er·glades, the [ˈevə(r)ɡleɪdz] *die Everglades pl (großes Sumpfgebiet im südl. Florida, USA).*

Eve·sham [ˈiːvʃəm] *Stadt in Hereford and Worcester, England.*

Ex·e·ter [ˈeksɪtə(r)] *Hauptstadt von Devonshire, England.*

**Ex·moor** ['eks₁moə(r); -mɔː(r)] *Heide-moor in Somerset und Devon, England.*
**Ex·mouth** ['eksmaoθ; -məθ] *Stadt in Devonshire, England.*
**Eyre Pen·in·su·la** [eə(r)] *Eyre-Halbinsel f (Südaustralien).*

# F

**Faer·oes** ['feərəoz] *Färöer pl (dänische Inseln zwischen Schottland u. Island).*
**Fair·banks** ['feə(r)bæŋks] *Stadt in Alaska, USA.*
**Fal·kirk** ['fɔːlkɜːk; Am. -₁kɜrk] *Stadt in Central Region, Schottland.*
**Falk·land Is·lands** ['fɔːlklənd; 'fɔːk-] *Falklandinseln pl (im Süden des Atlantischen Ozeans).*
**Fall Riv·er** [fɔːl] *Stadt in Massachusetts, USA.*
**Fal·mouth** ['fælməθ] *Hafenstadt in Cornwall, England.*
**Fare·ham** ['feərəm] *Stadt in Hampshire, England.*
**Fare·well, Cape** ['feə(r)wel] *Kap n Far'vel (Südspitze Grönlands).*
**Farn·bor·ough** ['fɑː(r)nbərə; -brə; Am. bes. -₁bərə; a. -₁bʌrə] *Stadt in Hampshire, England.*
**Farn·ham** ['fɑː(r)nəm] *Stadt in Surrey, England.*
**Far·oe Is·lands** ['feərəo] → Faeroes.
**Fa·ver·sham** ['fævə(r)ʃəm] *Stadt in Kent, England.*
**Fed·er·al Re·pub·lic of Ger·ma·ny** 'Bundesrepu₁blik f Deutschland.
**Fe·lix·stowe** ['fiːlɪkstəo] *Stadt in Suffolk, England.*
**Felt·ham** ['feltəm] *Stadtteil von London.*
**Fens, the** [fenz] *Marschland am Wash, Ostengland.*
**Fer·man·agh** [fə(r)'mænə] *Grafschaft in Nordirland.*
**Fife** [faɪf] *Verwaltungsregion des östl. Mittelschottlands.*
**Fife(·shire)** [faɪf; '-ʃə(r); '-₁ʃɪə(r)] *Grafschaft in Ostschottland.*
**Fi·ji** [₁fiː'dʒiː; bes. Am. 'fiːdʒiː] *Fidschi-Inseln pl (im Pazifischen Ozean).*
**Finch·ley** ['fɪntʃlɪ] *Stadtteil von London.*
**Fin·land** ['fɪnlənd] *Finnland n.*
**Fin·lay** ['fɪnleɪ; -lɪ; Am. -liː] *Fluß in Brit. Columbia, Kanada.*
**Fins·bury** ['fɪnzbərɪ; -brɪ; Am. a. -₁berɪ] *Stadtteil von London.*
**Firth of Forth** [₁fɜːθəv'fɔː(r)θ; Am. ₁fɜrθ-] → Forth, Firth of.
**Flam·bor·ough Head** [₁flæmbərə'hed; -brə'h-; Am. bes. -₁bərə; a. -₁bʌrə-] *Kap an der Küste von Humberside, England.*
**Flan·ders** ['flɑːndəz; Am. 'flændərz] *Flandern n.*
**Fleet·wood** ['fliːtwʊd] *Fischereihafen in Lancashire, England.*
**Flint** [flɪnt] a) *Stadt in Michigan, USA,* b) → Flintshire.
**Flint·shire** ['flɪntʃə(r); -₁ʃɪə(r)] *Ehemal. Grafschaft in Wales.*
**Flor·ence** ['flɒrəns; Am. a. 'flɑːr-] *Florenz n (Stadt in Mittelitalien).*
**Flor·i·da** ['flɒrɪdə; Am. a. 'flɑːr-] *Südöstlicher Staat der USA.*
**Flor·i·da Keys** [₁flɒrɪdə'kiːz; Am. a. ₁flɑːr-] *Key-Inseln pl (südl. von Florida).*
**Flush·ing** ['flʌʃɪŋ] a) *Stadtteil von New York,* b) *Vlissingen n (Hafenstadt in den Niederlanden).*

**Folke·stone** ['fəokstən] *Hafenstadt u. Seebad in Kent, England.*
**For·far** ['fɔː(r)fə(r)] *Ort in Tayside, Schottland. Ehemal. Sitz schott. Könige.*
**For·mo·sa** [fɔː(r)'məosə; -zə] → Taiwan.
**For·tes·cue** ['fɔː(r)tɪskjuː] *Fluß im nordwestl. Australien.*
**Forth, Firth of** ['fɔː(r)θ] *Wichtigste Bucht der schott. Ostküste.*
**For·ties Field** ['fɔː(r)tɪz] *Ölfeld vor der nordöstl. Küste Schottlands.*
**Fort Knox** [₁fɔː(r)t'nɒks; Am. -'nɑks; a. ₁fəort-] *Militärlager in Kentucky, USA. Bombensicheres Golddepot.*
**Fort Lau·der·dale** ['lɔːdə(r)deɪl] *Stadt in Florida, USA.*
**Fort Wayne** [weɪn] *Stadt in Indiana, USA.*
**Fort Worth** [wɜːθ; Am. wɜrθ] *Stadt in Texas, USA.*
**Four For·est Can·tons, Lake of the** → Lucerne, Lake of.
**France** [frɑːns; Am. fræns] *Frankreich n.*
**Fran·co·nia** [fræŋ'kəonjə; -nɪə] *Franken n.*
**Frank·fort** ['fræŋkfə(r)t] *Hauptstadt von Kentucky, USA.*
**Frank·fort on the Main** ['fræŋkfə(r)t; maɪn] *Frankfurt n am Main.*
**Frank·lin** ['fræŋklɪn] *Distrikt der kanad. Nordwest-Territorien.*
**Fred·er·ic·ton** ['fredrɪktən] *Hauptstadt von Neubraunschweig, Kanada.*
**Fre·man·tle** ['friːmæntl; Am. friː'mæntl] *Hafenstadt im austral. Bundesstaat Westaustralien.*
**French Gui·a·na** [₁frentʃ'gaɪˌænə; Am. a. -giˈænə; -'ɑːnə] *Franz.-Gua'yana n (franz. Überseedepartement im nordwestl. Südamerika).*
**Fres·no** ['freznəo] *Stadt in Kalifornien, USA.*
**Fri·sian Is·lands** ['frɪzɪən; -ʒən; bes. Am. -ʒən] *Friesische Inseln pl (an der Nordseeküste von Holland bis Jütland).*
**Frome** [fruːm] *Stadt in Somersetshire, England.*
**Ful·ham** ['fʊləm] *Stadtteil von London.*
**Fun·dy, Bay of** ['fʌndɪ] *Fundy-Bay f (Bucht des Atlantischen Ozeans im Südosten Kanadas).*
**Fur·ness** ['fɜːnɪs; Am. 'fɜrnəs] *Halbinsel an der Irischen See, Cumbria, England.*

# G

**Ga·boon** [gə'buːn], **Ga·bun** [gə'buːn; (Fr.) **Ga·bon** [gæ'bɒn; gə-; Am. gə-'bəon; -'bɑn; gabõ] *Ga'bun n (Republik in Westafrika).*
**Gains·bor·ough** ['geɪnzbərə; -brə; Am. bes. -₁bərə] *Stadt in Lincolnshire, England.*
**Ga·la·shiels** [₁gælə'ʃiːlz] *Stadt in Borders Region, Schottland.*
**Gal·braith** [gæl'breɪθ] *Stadt im australischen Bundesstaat Queensland.*
**Gal·lo·way** ['gæləweɪ] *Landschaft im südwestl. Schottland.*
**Gal·ves·ton** ['gælvɪstən; -vəs-] *Hafenstadt im südöstl. Texas, USA.*
**Gal·way** ['gɔːlweɪ] a) *Grafschaft im westl. Irland,* b) *Hauptstadt von a.*
**Gam·bia** ['gæmbɪə] a) *Fluß in Westafrika,* b) *Republik an der westafrik. Küste.*
**Gan·ges** ['gændʒiːz] *Strom im nördl. Vorderindien.*

**Gar·y** ['gærɪ; 'geərɪ] *Stadt am Michigan-See, USA.*
**Gas·pé Pen·in·su·la** [gæ'speɪ; 'gæspeɪ] *Gas'pé n (Halbinsel im südöstl. Kanada).*
**Gates·head** ['geɪtshed] *Hafenstadt in Tyne and Wear, England.*
**Gat·wick (Air·port)** ['gætwɪk] *Flughafen 40 km südl. von London in West Sussex.*
**Ga·za** ['gɑːzə; Am. a. 'gæ-; 'geɪ-] *Gasa n, Gaza n (Hafenstadt an der Südostküste des Mittelmeers).*
**Gee·long** [dʒɪ'lɒŋ] *Hafenstadt an der Südküste des austral. Bundesstaates Victoria.*
**Ge·ne·va** [dʒɪ'niːvə] *Genf n:* a) *Kanton der Schweiz,* b) *Hauptstadt von a.*
**Ge·ne·va, Lake** [dʒɪ'niːvə] *Genfer See m (Schweiz).*
**George·town** ['dʒɔː(r)dʒtaon] *Hauptstadt von Guayana.*
**Geor·gia** ['dʒɔː(r)dʒjə; Am. -dʒə] a) *Staat der USA,* b) *Ge'orgien n (Landschaft in Transkaukasien, UdSSR).*
**Ger·man Dem·o·crat·ic Re·pub·lic** Deutsche Demo'kratische Repu'blik.
**Ger·ma·ny** ['dʒɜːmənɪ; -mnɪ; Am. 'dʒɜr-] *Deutschland n.*
**Get·tys·burg** ['getɪzbɜːg; Am. -₁bɜrg] *Stadt in Pennsylvania, USA. 1863 Niederlage der Konföderierten.*
**Gha·na** ['gɑːnə; Am. a. 'gæ-] *Republik in Westafrika.*
**Gi·bral·tar** [dʒɪ'brɔːltə(r)] *Stadt u. Festung in Südspanien. Polit. mit Großbritannien assoziiert.*
**Gil·ling·ham[1]** ['dʒɪlɪŋəm] *Stadt in Kent, England.*
**Gil·ling·ham[2]** ['gɪlɪŋəm] a) *Ort in Dorsetshire, England,* b) *Ort in Norfolk, England.*
**Gla·cier Na·tion·al Park** ['glæsjə; 'gleɪ-; Am. 'gleɪʃər] a) *Nationalpark in nordwestl. Montana, USA,* b) *Nationalpark im südöstl. Brit. Columbia, Kanada.*
**Glad·stone** ['glædstən; Am. -₁stəon] *Stadt an der Ostküste von Queensland, Australien.*
**Gla·mor·gan(·shire)** [glə'mɔː(r)gən; -ʃə(r); -₁ʃɪə(r)] *Ehemal. Grafschaft im südöstl. Wales.*
**Glas·gow** ['glɑːsgəo; bes. Scot. u. Am. 'glæzgəo; 'glæs-] *Hauptstadt von Strathclyde, Schottland.*
**Glas·ton·bury** ['glæstənbərɪ; -brɪ; Am. bes. -₁berɪ] *Stadt in Somersetshire, England.*
**Glen·dale** ['glendeɪl] *Stadt in Kalifornien, USA.*
**Glen·roth·es** [glen'rɒθɪs; Am. -'rɑ-] *Hauptstadt von Fife, Schottland.*
**Glouces·ter** ['glɒstə; Am. 'glɑːstər; 'glɔː-] a) → Gloucestershire, b) *Hauptstadt von Gloucestershire.*
**Glouces·ter·shire** ['glɒstə(r)ʃə(r); -₁ʃɪə(r); Am. 'glɑː-; 'glɔː-] *Grafschaft in Südwestengland.*
**Go·dal·ming** ['gɒdlmɪŋ; Am. 'gɑ-] *Stadt in Surrey, England.*
**Gode·rich** ['gəodrɪtʃ] *Stadt in Ontario, Kanada.*
**Gog·ma·gog Hills** ['gɒgməgɒg; Am. 'gɑgmə₁gɑg] *Hügelland in Cambridgeshire, England.*
**Gold·en Gate** [₁gəoldən'geɪt] *Goldenes Tor (Einfahrt in die Bucht von San Franzisko).*
**Good·win Sands** ['gʊdwɪn] *Sandbank vor der Südostküste von England.*
**Goole** [guːl] *Stadt in Humberside, England.*
**Gor·ham** ['gɔːrəm] *Stadt in New Hampshire, USA.*
**Gos·port** ['gɒspɔː(r)t; Am. 'gɑs-] *Stadt an der Küste von Hampshire, England.*

**Gow·er** [ˈgaʊə(r)] *Halbinsel im Bristol-Kanal an der Südküste von Wales.*

**Gram·pi·an Hills** [ˈgræmpjən; -pɪən], **'Gram·pi·ans, the** [-ənz] *Grampiangebirge n (Schottland).*

**Gram·pi·an Re·gion** [ˈgræmpjən; -pɪən] *Verwaltungsregion des nordöstl. Schottland.*

**Gran·by** [ˈgrænbɪ] *Stadt in der Provinz Quebec, Kanada.*

**Grand Can·yon** [ˌgrændˈkænjən] *Durchbruchstal des Colorado River in Arizona, USA.*

**Gras·mere** [ˈgrɑːˌsmɪə; *Am.* ˈgræsˌmɪər] *See im Lake District, in Cumbria, England.*

**Graves·end** [ˌgreɪvzˈend] *Stadt in Kent, England.*

**Great Brit·ain** [ˌgreɪtˈbrɪtn] *Großbritannien n (England, Schottland, Wales).*

**Great·er An·til·les** [ˌgreɪtərænˈtɪliːz] *Große Antillen pl (Inselgruppe Westindiens).*

**Great·er Lon·don** [ˌgreɪtə(r)ˈlʌndən] *Verwaltungsgebiet, bestehend aus der City of London und 32 Stadtbezirken.*

**Great·er Man·ches·ter** [ˌgreɪtə(r)ˈmæntʃɪstə(r); -tʃes-] *Stadtgrafschaft im nordwestl. England.*

**Great Lakes** [ˌgreɪtˈleɪks] *Große Seen pl (Gruppe von 5 Seen im mittl. Nordamerika u. Kanada).*

**Greece** [griːs] *Griechenland n.*

**Green·ham Com·mon** [ˌgriːnəmˈkɒmən; *Am.* -ˈkɑ-] *Militärflughafen bei Newbury in Berkshire, England.*

**Green·land** [ˈgriːnlənd; -lænd] *Grönland n.*

**Green·ock** [ˈgriːnək; ˈgrenək] *Hafen- u. Industriestadt am Firth of Forth, Schottland.*

**Greens·boro** [ˈgriːnzbərə; -brə; *Am.* bes. -ˌbərə; *a.* -ˌbʌrə] *Stadt in North Carolina, USA.*

**Green·wich** [ˈgrɪnɪdʒ; -ɪtʃ; ˈgren-] *östl. Stadtbezirk Groß-Londons.*

**Green·wich Vil·lage** [ˌgrenɪtʃˈvɪlɪdʒ; ˌgrɪn-] *Stadtteil von New York.*

**Gre·na·da** [greˈneɪdə; grə-] *a) Unabhängiger Staat u. Mitglied des Commonwealth in Westindien, b) Hauptinsel von a.*

**Gret·na Green** [ˌgretnəˈgriːn] *Dorf an der schott.-engl. Grenze.*

**Grims·by** [ˈgrɪmzbɪ] *Hafenstadt in Humberside, England.*

**Gros·ve·nor Square** [ˈgrəʊvnə(r)] *Platz in Mayfair, London.*

**Gua·de·loupe** [ˌgwɑːdəˈluːp; *Am.* a. ˈgwɑːdlˌuːp] *Guade·loupe n (größte Insel der Kleinen Antillen, Westindien).*

**Gua·te·ma·la** [ˌgwætɪˈmɑːlə; bes. *Am.* ˌgwɑːtə-] *Guate·mala n: a) Republik in Mittelamerika, b) Hauptstadt von a.*

**Guern·sey** [ˈgɜːnzɪ; *Am.* ˈgɜːrnzɪ] *Insel im Ärmelkanal.*

**Guild·ford** [ˈgɪlfə(r)d] *Stadt in Surrey, England.*

**Guin·ea** [ˈgɪnɪ] *a) Küstengebiet in Westafrika, b) Republik in Westafrika.*

**Guy·a·na** [gaɪˈænə] *Gu'yana n (Republik im nordöstl. Südamerika).*

**Gwent** [gwent] *Grafschaft im südöstl. Wales.*

**Gwyn·edd** [ˈgwɪnəð; -eð] *Grafschaft im nordwestl. Wales.*

# H

**Hack·ney** [ˈhæknɪ] *Stadtbezirk des inneren Verwaltungsgebiets Groß-Londons.*

---

**Hague, the** [heɪg] *Den Haag m (Königliche Residenz u. Regierungssitz der Niederlande).*

**Hai·ti** [ˈheɪtɪ] *Ha'iti n: a) Insel der Großen Antillen, b) Republik auf Haiti.*

**Hal·i·fax** [ˈhælɪfæks] *a) Stadt in West Yorkshire, England, b) Hauptstadt von Neuschottland, Kanada.*

**Ham·il·ton** [ˈhæmltən; -məl-] *a) Hafen- u. Industriestadt am Ontario-See, Kanada, b) Fluß in Labrador, Kanada, c) Stadt in Ohio, USA, d) Stadt südöstl. von Glasgow, Schottland.*

**Ham·mer·smith** [ˈhæmə(r)smɪθ] *Stadtbezirk des inneren Verwaltungsgebiets Groß-Londons.*

**Ham·mond** [ˈhæmənd] *Stadt in Indiana, USA.*

**Hamp·shire** [ˈhæmpʃə(r); -ˌʃɪə(r)] *Grafschaft in Südengland.*

**Hamp·stead** [ˈhæmpstɪd; -sted; ˈhæmst-] *Stadtteil von London.*

**Hamp·ton** [ˈhæmptən; ˈhæmt-] *Stadtteil von London.*

**Ha·noi** [hæˈnɔɪ] *Hauptstadt von Nordvietnam.*

**Han·o·ver** [ˈhænəʊvə(r); -nəv-] *Han'nover n.*

**Ha·ra·re** [həˈrɑːreɪ] *Hauptstadt von Zimbabwe.*

**Ha·rin·gey** [ˈhærɪŋgeɪ] *Nördl. Stadtbezirk Groß-Londons.*

**Har·lem** [ˈhɑː(r)ləm] *Stadtteil von New York City.*

**Har·ling·ton** [ˈhɑː(r)lɪŋtən] → *Hayes and Harlington.*

**Har·low** [ˈhɑː(r)ləʊ] *Stadt in Essex, England.*

**Har·ris·burg** [ˈhærɪsbɜːg; *Am.* -ˌbɜrg] *Hauptstadt von Pennsylvania, USA.*

**Har·ro·gate** [ˈhærəʊgɪt; -rəg-; -geɪt] *Stadt in North Yorkshire, England.*

**Har·row** [ˈhærəʊ] *Nordwestl. Stadtbezirk Groß-Londons.*

**Hart·ford** [ˈhɑː(r)tfə(r)d] *Hauptstadt von Connecticut, USA.*

**Har·tle·pool** [ˈhɑː(r)tlɪpuːl] *Hafenstadt an der Nordsee, in Cleveland, England.*

**Har·well** [ˈhɑː(r)wəl; -wel] *Dorf in Berkshire, England. Forschungszentrum der brit. Atomenergiebehörde.*

**Har·wich** [ˈhærɪdʒ] *Hafenstadt in Essex, England.*

**Ha·sle·mere** [ˈheɪzlˌmɪə(r)] *Stadt in Surrey, England.*

**Has·tings** [ˈheɪstɪŋz] *Hafenstadt in East Sussex, England. Schlacht 1066.*

**Hat·field** [ˈhætfiːld] *Stadt in Hertfordshire, England.*

**Ha·van·a** [həˈvænə] *Ha'vanna n (Hauptstadt von Kuba).*

**Ha·ver·ing** [ˈheɪvərɪŋ] *Nordöstl. Stadtbezirk von Groß-London.*

**Ha·waii** [həˈwaɪiː; həˈwɑːiː] *a) Größte der Hawaii-Inseln, b) → Hawaiian Islands.*

**Ha·wai·ian Is·lands** [həˈwaɪən; *Am.* həˈwɑːjən; -ˈwaɪən] *Ha'waii-Inseln pl, Staat der USA (nördl. Pazifischer Ozean).*

**Haw·ick** [ˈhɔːɪk] *Stadt in Borders Region, Schottland.*

**Hayes and Har·ling·ton** [ˌheɪznˈhɑː(r)lɪŋtən] *Stadtteil von London.*

**Hay·mar·ket** [ˈheɪˌmɑː(r)kɪt] *Straße in London.*

**Heb·ri·des** [ˈhebrɪdiːz] *He'briden pl (Inselgruppe an der Westküste Schottlands).*

**Hel·e·na** [ˈhelɪnə; -lənə] *Hauptstadt von Montana, USA.*

**Hel·i·go·land** [ˈhelɪgəʊlænd] *Helgoland n.*

**Hel·sin·ki** [ˈhelsɪŋkɪ; hel's-] *Haupt- u. Hafenstadt von Finnland.*

**Hel·vel·lyn** [helˈvelɪn] *Berg im Lake District, England.*

---

**Hemp·stead** [ˈhempstɪd; -sted; -mst-] *Vorort von New York.*

**Hen·don** [ˈhendən] *Stadtteil von London.*

**Hen·ley-on-Thames** [ˌhenlɪɒnˈtemz] *Stadt in Oxfordshire, England.*

**Her·e·ford** [ˈherɪfə(r)d] *a) → Herefordshire, b) Stadt in Hereford and Worcester.*

**Her·e·ford and Worces·ter** [ˌherɪfə(r)dnˈwʊstə(r)] *Grafschaft im westl. Mittelengland.*

**Her·e·ford·shire** [ˈherɪfə(r)dʃə(r); -ˌʃɪə(r)] *Ehemal. Grafschaft im westl. England.*

**Herne Bay** [hɜːn; *Am.* hɜrn] *Stadt an der Nordküste von Kent, England.*

**Herst·mon·ceux** [ˌhɜːstmənˈsjuː; -ˈsuː; *Am.* ˌhɜrst-] *Ort in East Sussex, England. Observatorium.*

**Hert·ford** [ˈhɑː(r)fə(r)d] *a) → Hertfordshire, b) Hauptstadt von Hertfordshire.*

**Hert·ford·shire** [ˈhɑː(r)fə(r)dʃə(r); -ˌʃɪə(r)] *Grafschaft in Südostengland.*

**Her·vey Bay** [ˈhɑːvɪ; ˈhɜːvɪ; *Am.* ˈhɑːrviː; ˈhɜr-] *Bucht an der Ostküste von Queensland, Australien.*

**Hesse** [ˈhesɪ; hes] *Hessen n.*

**Hes·ton and I·sle·worth** [ˌhestnəˈnaɪzlwə(r)θ] *Stadtteil Londons.*

**Hex·ham** [ˈheksəm] *Stadt in Northumberland, England.*

**Hey·sham** [ˈhiːʃəm] *Hafenstadt in Lincolnshire, England. Kernkraftwerk.*

**Hey·wood** [ˈheɪwʊd] *Stadt in Greater Manchester, England.*

**High·gate** [ˈhaɪgɪt; -geɪt] *Stadtteil von London.*

**High·land Re·gion** [ˈhaɪlənd] *Verwaltungsregion des nördl. Schottland.*

**High·lands, the** [ˈhaɪləndz] *Hochland nördl. des Grampiangebirges in Schottland.*

**High Wy·combe** [ˌhaɪˈwɪkəm] *Stadt in Buckinghamshire, England.*

**Hil·ling·don** [ˈhɪlɪŋdən] *Westl. Stadtbezirk Groß-Londons.*

**Hi·ma·la·ya(s), the** [ˌhɪməˈleɪə; hɪˈmɑːljə; -z] *Hi'malaja m (höchstes Gebirge der Erde, Zentralasien).*

**Hi·ro·shi·ma** [hɪˈrɒʃmə; ˌhɪrəˈʃiːmə; *Am.* ˌhɪrəˈʃiːmə; həˈrəʊʃəmə] *Hi'roschima n (Stadt auf Hondo, Japan. 1945 Abwurf der ersten Atombombe).*

**His·pan·io·la** [ˌhɪspænˈjəʊlə] *Insel der Großen Antillen.*

**Ho·bart** [ˈhəʊbɑː(r)t] *Hauptstadt des austral. Bundesstaates Tasmanien.*

**Ho·bo·ken** [ˈhəʊbəʊkən] *Stadt in New Jersey, USA.*

**Ho Chi Minh Cit·y** [ˌhəʊtʃiːˈmɪn ˈsɪtɪ] *Ho-Chi-'Minh-Stadt f (Hafenstadt im Süden Vietnams; bis 1976 Saigon).*

**Hol·born** [ˈhəʊbə(r)n] *Stadtteil von London.*

**Hol·land** [ˈhɒlənd; *Am.* ˈhɑ-] → *Netherlands.*

**Hol·land, Parts of** [ˈhɒlənd; *Am.* ˈhɑ-] *Gebiet in Lincolnshire, England.*

**Hol·ly·wood** [ˈhɒlɪwʊd; *Am.* ˈhɑ-] *Stadtteil von Los Angeles, Kalifornien, USA. Zentrum der amer. Filmindustrie.*

**Hol·y·head** [ˈhɒlɪhed; *Am.* ˈhɑ-] *a) Insel vor der Westküste von Anglesey, Wales, b) Hauptstadt von a.*

**Hon·du·ras** [hɒnˈdjʊərəs; *Am.* hɑn-; *a.* -ˈdʊrəs] *Republik in Mittelamerika.*

**Hong Kong** [ˌhɒŋˈkɒŋ; *Am.* bes. ˈhɑŋˌkɑŋ; ˌhɑŋˈkɑŋ] *Hongkong n (Brit. Kronkolonie an der Südküste Chinas).*

**Hon·o·lu·lu** [ˌhɒnəˈluːluː; *Am.* ˌhɑnlˈuːluː] *Haupt- u. Hafenstadt von Hawaii, Pazifischer Ozean.*

**Hoo·ver Dam** [ˌhuːvə(r)ˈdæm] *Staudamm des Colorado, USA.*

**Hor·muz, Strait of** [ˈhɔː(r)mʌz] *Meer-*

enge an der iran. Küste. Verbindet den Pers. Golf u. Ind. Ozean.
**Horn, Cape** [hɔ:(r)n] Kap n Horn (Südspitze Südamerikas).
**Hor·sham** [ˈhɔ:(r)ʃəm] Ort in West Sussex, England.
**Hough·ton-le-Spring** [ˌhəʊtnli-ˈsprɪŋ; ˌhaʊtn-] Stadt in Tyneside, England.
**Houns·low** [ˈhaʊnzləʊ] Südwestl. Stadtbezirk Groß-Londons.
**Hous·ton** [ˈhju:stən; ˈju:-] Stadt in Texas, USA.
**Hove** [həʊv] Vorstadt von Brighton, England.
**Huck·nall** [ˈhʌknəl] Stadt in Nottinghamshire, England.
**Hud·ders·field** [ˈhʌdə(r)zfi:ld] Stadt in West Yorkshire, England.
**Hud·son** [ˈhʌdsn] Fluß im Osten des Staates New York, USA.
**Hull** [hʌl] Haupt- u. Hafenstadt von Humberside, England.
**Hum·ber** [ˈhʌmbə(r)] Fluß in Ostengland.
**Hum·ber·side** [ˈhʌmbə(r)saɪd] Grafschaft im nordöstl. Mittelengland.
**Hun·ga·ry** [ˈhʌŋɡərɪ] Ungarn n.
**Hun·ting·don(·shire)** [ˈhʌntɪŋdən; -ʃə(r); -ˌʃɪə(r)] Ehemal. Grafschaft in Mittelengland.
**Hu·ron, Lake** [ˈhjʊərən; Am. a. ˈhjʊrˌən] Huronsee m (einer der 5 Großen Seen Nordamerikas).
**Hurst·mon·ceux** [ˌhɜ:stmənˈsju:; -ˈsu:; Am. ˌhɜrst-] → Herstmonceux.
**Hyde Park** [haɪd] Park in London.
**Hythe** [haɪð] Stadt in Kent, England.

# I

**Ice·land** [ˈaɪslənd] Island n.
**I·da·ho** [ˈaɪdəhəʊ] Staat im Nordwesten der USA.
**IJs·sel, Lake** [ˈaɪsl], **IJs·sel·meer** [ˌaɪslˈmeə(r)] Ijs(s)elmeer n (Niederlande).
**Il·ford** [ˈɪlfə(r)d] Stadtteil von London.
**Il·li·nois** [ˌɪlɪˈnɔɪ] Staat im Mittelwesten der USA.
**In·dia** [ˈɪndjə; -dɪə] Indien n.
**In·di·ana** [ˌɪndɪˈænə] Staat im Mittelwesten der USA.
**In·di·an·ap·o·lis** [ˌɪndɪəˈnæpəlɪs; -ˈnæpləs] Hauptstadt von Indiana, USA.
**In·dies** [ˈɪndɪz] a) → East Indies, b) selten für West Indies.
**In·do·chi·na** [ˌɪndəʊˈtʃaɪnə] Indochina n od. Hinterˈindien n.
**In·do·ne·sia** [ˌɪndəʊˈni:zjə; bes. Am. -ʒə; -ʃə] Indoˈnesien n (Republik in Südostasien).
**In·dus** [ˈɪndəs] Hauptstrom im westl. Vorderindien.
**In·ver·car·gill** [ˌɪnvə(r)ˈkɑ:(r)ɡɪl] Hafenstadt auf der Südinsel Neuseelands.
**In·ver·ness** [ˌɪnvə(r)ˈnes] Hauptstadt von Highland Region, Schottland.
**In·ver·ness(·shire)** [ˌɪnvə(r)ˈnes; -ʃə(r); -ˌʃɪə(r)] Ehemal. Grafschaft in Schottland.
**I·o·na** [aɪˈəʊnə] Kleine Insel der inneren Hebriden.
**I·o·wa** [ˈaɪəʊə; bes. Am. ˈaɪəwə] Staat im Mittelwesten der USA.
**Ips·wich** [ˈɪpswɪtʃ] Haupt- u. Hafenstadt von Suffolk, England.
**I·ran** [ɪˈrɑ:n; Am. a. ɪˈræn] Islam. Republik in Vorderasien.

**I·raq** [ɪˈrɑ:k; Am. a. ɪˈræk] Iˈrak m (demokrat. Volksrepublik in Vorderasien).
**Ire·land** [ˈaɪə(r)lənd] Irland n.
**I·rish Sea** [ˈaɪərɪʃ; ˈaɪrɪʃ] Irische See (zwischen Großbritannien u. Irland).
**Is·la** [ˈaɪlə] Fluß in Mittelschottland.
**Is·lay** [ˈaɪleɪ] Insel vor der Westküste Schottlands.
**Isle of Man** [ˌaɪləvˈmæn] → Man, Isle of.
**Isle of Wight** [ˌaɪləvˈwaɪt] → Wight, Isle of.
**I·sle·worth** [ˈaɪzlwə(r)θ] → Heston and Isleworth.
**Is·ling·ton** [ˈɪzlɪŋtən] Nördl. Stadtbezirk des inneren Verwaltungsgebiets Groß-Londons.
**Is·ra·el** [ˈɪzreɪəl; bes. Am. ˈɪzrɪəl] Staat im Vorderen Orient.
**Is·tan·bul** [ˌɪstænˈbu:l; -tɑ:n-; Am. a. ˌɪstəm-; ˌɪstɑ:m-] Stadt am Bosporus.
**It·a·ly** [ˈɪtəlɪ; Am. ˈɪtli:] Iˈtalien n.
**I·vo·ry Coast** [ˌaɪvərɪˈkəʊst] Elfenbeinküste f (Republik in Westafrika).

# J

**Jack·son** [ˈdʒæksn] Hauptstadt von Mississippi, USA.
**Jack·son·ville** [ˈdʒæksnvɪl] Hafenstadt in Florida, USA.
**Ja·mai·ca** [dʒəˈmeɪkə] Jaˈmaika n (Insel u. Staat der Großen Antillen).
**Jan May·en Is·land** [ˌjænˈmaɪən; ˌjɑ:n-] Jan Mayen n (Vulkaninsel im europ. Nordmeer).
**Ja·pan** [dʒəˈpæn] Japan n.
**Ja·va** [ˈdʒɑ:və; Am. a. ˈdʒæ-] Insel des Malaiischen Archipels, Indonesien.
**Jef·fer·son Cit·y** [ˈdʒefə(r)sn] Hauptstadt von Missouri, USA.
**Jer·sey** [ˈdʒɜ:zɪ; Am. ˈdʒɜrzi:] Insel im Ärmelkanal.
**Je·ru·sa·lem** [dʒəˈru:sələm] Hauptstadt Israels.
**Ji·bou·ti, Ji·bu·ti** [dʒɪˈbu:tɪ] → Djibouti.
**Jod·rell Bank** [ˌdʒɒdrəlˈbæŋk; Am. ˌdʒɑ-] Observatorium in Cheshire, England.
**Jo·han·nes·burg** [dʒəʊˈhænɪsbɜ:ɡ; Am. -nəsˌbɜrɡ] Größte Stadt Südafrikas.
**John·stone** [ˈdʒɒnstən; ˈdʒɒnsn; Am. ˈdʒɑn-] Stadt in Strathclyde, Schottland.
**Jor·dan** [ˈdʒɔ:(r)dn] a) Jordan m (Fluß in Israel u. Jordanien), b) Jorˈdanien n (Arab. Staat in Vorderasien).
**Ju·neau** [ˈdʒu:nəʊ; dʒʊˈn-] Hauptstadt von Alaska, USA.
**Jut·land** [ˈdʒʌtlənd] Jütland n.

# K

**Ka·bul** [ˈkɔ:bl; kəˈbʊl; bes. Am. ˈkɑ:bl; kəˈbu:l] Hauptstadt von Afghanistan.
**Kal·a·ma·zoo** [ˌkæləməˈzu:] Stadt in Michigan, USA.
**Kam·chat·ka** [kæmˈtʃætkə] Kamˈtschatka n (Halbinsel der östl. Sowjetunion).
**Kam·pa·la** [kæmˈpɑ:lə; Am. kɑm-] Hauptstadt Ugandas.

**Kam·pu·che·a** [ˌkæmpʊˈtʃɪə] Kamˈbodscha n (Volksrepublik in Südostasien).
**Kan·sas** [ˈkænzəs] Staat im Innern der USA.
**Ka·ra·chi** [kəˈrɑ:tʃɪ] Kaˈratschi n (Hafenstadt in Pakistan).
**Kash·mir** [ˌkæʃˈmɪə(r); ˈkæʃˌmɪə(r)] Kaschmir n (Staat im nordwestl. Himalaja).
**Ka·tah·din, Mount** [kəˈtɑ:dɪn; Am. -dn] Höchster Berg in Maine, USA.
**Ka·tan·ga** [kəˈtæŋɡə; Am. a. -ˈtɑ-] Shaba.
**Kat·man·du** [ˌkɑ:tmɑ:nˈdu:; ˌkætmæn-ˈdu:] Hauptstadt von Nepal, Vorderindien.
**Ke·dah** [ˈkedə] Gliedstaat Malaysias.
**Kee·wa·tin** [ki:ˈwɒtɪn; Am. -ˈweɪtn] Distrikt der Nordwest-Territorien Kanadas.
**Keigh·ley** [ˈki:θlɪ] Stadt in West Yorkshire, England.
**Ke·lan·tan** [keˈlæntən; kə-] Gliedstaat Malaysias.
**Ken·dal** [ˈkendl] Stadt in Cumbria, England.
**Ken·il·worth** [ˈkenəlwɜ:θ; ˈkenl-; Am. -ˌwɜrθ] Stadt in Warwickshire, England.
**Ken·sing·ton and Chel·sea** [ˌkenzɪŋtənənˈtʃelsɪ] Stadtbezirk des inneren Verwaltungsgebiets Groß-Londons.
**Kent** [kent] Grafschaft in Südostengland.
**Ken·tuck·y** [kenˈtʌkɪ; kən-] Staat im Osten der USA.
**Ken·ya** [ˈkenjə; ˈki:n-] Kenia n (Republik in Ostafrika).
**Ker·ry** [ˈkerɪ] Grafschaft im südwestl. Irland.
**Kes·te·ven, Parts of** [ˈkestɪvən; keˈsti:vən] Gebiet in Lincolnshire, England.
**Kew** [kju:] Stadtteil von London. Bedeutender botanischer Garten.
**Khar·t(o)um** [kɑ:(r)ˈtu:m] Hauptstadt des Sudan, Ostafrika.
**Kid·der·min·ster** [ˈkɪdə(r)mɪnstə(r)] Stadt in Hereford and Worcester, England.
**Kiel Ca·nal** [ki:l] Nordˈostseekaˌnal m.
**Kil·dare** [kɪlˈdeə(r)] Grafschaft im östl. Irland.
**Kil·i·man·ja·ro, Mount** [ˌkɪlɪmənˈdʒɑ:rəʊ] Kilimanˈdscharo m (Vulkan in Tansania, Ostafrika).
**Kil·ken·ny** [kɪlˈkenɪ] Grafschaft im südöstl. Irland.
**Kil·lar·ney** [kɪˈlɑ:(r)nɪ] Stadt in Kerry, Irland.
**Kil·lie·cran·kie** [ˌkɪlɪˈkræŋkɪ] Gebirgspaß im Grampiangebirge, Schottland.
**Kil·mar·nock** [kɪlˈmɑ:(r)nək] Stadt in Strathclyde, Schottland.
**Kim·ber·ley** [ˈkɪmbə(r)lɪ] Stadt in der Südafrik. Republik. Diamantfunde.
**Kin·car·dine(·shire)** [kɪnˈkɑ:dɪn; Am. -ˈkɑ:rdn; -ʃə(r); -ˌʃɪə(r)] Ehemal. Grafschaft im östl. Schottland.
**King's Lynn** [ˌkɪŋzˈlɪn] Stadt in Norfolk, England.
**Kings·ton** [ˈkɪŋstən] Hauptstadt von Jamaika.
**Kings·ton up·on Hull** [ˌkɪŋstənəpɒnˈhʌl] → Hull.
**Kings·ton up·on Thames** [ˌkɪŋstənəpɒnˈtemz] Südwestl. Stadtbezirk Groß-Londons u. Hauptstadt von Surrey.
**Kin·ross(·shire)** [kɪnˈrɒs; -ʃə(r); -ˌʃɪə(r)] Ehemal. Grafschaft in Schottland.
**Kin·sha·sa** [kɪnˈʃɑːzə; -sə] Hauptstadt von Zaire.
**Kin·tyre** [kɪnˈtaɪə(r)] Halbinsel im südwestl. Schottland.
**Kirk·cal·dy** [kɜ:ˈkɔ:dɪ; -ˈkɔ:ldɪ; Am. kɜr-] Hafenstadt in Fife, Schottland.
**Kirk·cud·bright(·shire)** [kɜ:ˈku:brɪ; Am. kɜr-; -ʃə(r); -ˌʃɪə(r)] Ehemal. Grafschaft im südwestl. Schottland.

**Kirk·wall** [ˈkɜːkwɔːl; *Am.* ˈkɜrk-] *Hauptstadt der Orkney Islands.*
**Klon·dike** [ˈklɒndaɪk; *Am.* ˈklɑn-] *Landschaft im nordwestl. Kanada.*
**Knights·bridge** [ˈnaɪtsbrɪdʒ] *Straße in London.*
**Knox·ville** [ˈnɒksvɪl; *Am.* ˈnɑks-] *Stadt in Tennessee, USA.*
**Ko·di·ak** [ˈkəʊdɪæk] *Insel an der Südküste Alaskas, USA.*
**Ko·rea** [kəˈrɪə] Koˈrea *n.*
**Kos·ci·us·ko, Mount** [ˌkɒsɪˈʌskəʊ; *Am.* ˌkɑzɪ-] *Höchster Berg Australiens, im Bundesstaat Victoria.*
**Kua·la Lum·pur** [ˌkwɑːləˈlʊmˌpʊə(r); -ˈlʌm-] *Hauptstadt Malaysias.*
**Ku·wait** [kʊˈweɪt; *Am.* kəˈw-] a) *Emirat am Pers. Golf*, b) *Hauptstadt von a.*

# L

**Lab·ra·dor** [ˈlæbrədɔː(r)] Labraˈdor *n (Halbinsel im östl. Kanada).*
**La·gos** [ˈleɪgɒs; *Am.* -ˌgɑs] *Hauptstadt von Nigeria, Westafrika.*
**La Guar·dia** [ləˈgwɑː(r)dɪə; -ˈgɑː(r)-] *Zweitgrößter Flughafen in New York, USA.*
**La·hore** [ləˈhɔː(r)] Laˈhor(e) *n (Stadt im Nordosten Pakistans).*
**Lake Dis·trict** [ˈleɪkˌdɪstrɪkt] *Hügeliges Seengebiet in Cumbria, England.*
**Lake·hurst** [ˈleɪkhɜːst; *Am.* -ˌhɜrst] *Flugstützpunkt der amer. Marine in New Jersey, USA.*
**Lam·ba·re·ne** [ˌlæmbəˈreɪnɪ; ˌlɑːm-] *Stadt in Gabun, Afrika.*
**Lam·beth** [ˈlæmbəθ] *Stadtbezirk des inneren Verwaltungsgebiets Groß-Londons.*
**Lan·ark(·shire)** [ˈlænə(r)k; -ˈʃə(r); -ˌʃɪə(r)] *Ehemal. Grafschaft im südl. Schottland.*
**Lan·ca·shire** [ˈlæŋkəʃə(r); -ˌʃɪə(r)] *Grafschaft im nordwestl. England.*
**Lan·cas·ter** [ˈlæŋkəstə(r); *Am. a.* -ˌkæs-] a) *Stadt in Lancashire,* b) → **Lancashire,** c) *Stadt in Pennsylvania, USA.*
**Land's End** [ˌlændzˈend; ˌlænz-] *Landzunge im südwestl. Cornwall. Westlichster Punkt Englands.*
**Lan·sing** [ˈlænsɪŋ] *Hauptstadt von Michigan, USA.*
**Laoigh·is** [liːʃ; *Am. a.* leɪʃ] *Grafschaft in Mittelirland.*
**La·os** [ˈlɑːɒs; ˈlaʊs; *Am. a.* ˈleɪˌɑs] *Volksrepublik in Südostasien.*
**La Paz** [lɑːˈpæz; lə-] *Hauptstadt von Bolivien.*
**Lap·land** [ˈlæplænd] *Lappland n.*
**Las·sen Peak** [ˈlæsn] *Vulkan in Kalifornien, USA.*
**Las Ve·gas** [ˌlæsˈveɪgəs; ˌlɑːs-] *Stadt in Nevada, USA.*
**Lat·in A·mer·i·ca** [ˈlætɪn; *Am.* ˈlætn] Laˈteinaˌmerika *n (Süd- u. Mittelamerika).*
**Lat·via** [ˈlætvɪə] *Lettland n.*
**Lau·der·dale** [ˈlɔːdə(r)deɪl] *Landschaft im südöstl. Schottland.*
**Lea·ming·ton (Spa)** [ˈlemɪŋtən; ˌ-ˈspɑː] *Badeort in Warwickshire, England.*
**Leb·a·non** [ˈlebənən; *Am. a.* -ˌnɑn] *Libanon m (Republik im Vorderen Orient).*
**Leeds** [liːdz] *Stadt in West Yorkshire, England.*
**Leices·ter** [ˈlestə(r)] a) → **Leicestershire,** b) *Hauptstadt von Leicestershire.*
**Leices·ter·shire** [ˈlestə(r)ʃə(r); -ˌʃɪə(r)] *Grafschaft in Mittelengland.*
**Leigh** [liː] *Stadt in Greater Manchester, England.*

**Lein·ster** [ˈlenstə(r)] *Provinz im südöstl. Irland.*
**Lei·trim** [ˈliːtrɪm] *Grafschaft im Nordwesten von Irland.*
**Leix** [liːʃ; *Am. a.* leɪʃ] → **Laoighis.**
**Le·man, Lake** [ˈlemən; ˈliːmən; lɪˈmæn] → **Geneva, Lake of.**
**Len·nox** [ˈlenəks] *Landschaft in Mittelschottland.*
**Lé·o·pold·ville** [ˈlɪəpəʊldˌvɪl] *Ehemal. Name für Kinshasa.*
**Ler·wick** [ˈlɜːwɪk; *Am.* ˈlɜr-] *Ort auf der Shetlandinsel Mainland. Nördlichste Ortschaft der brit. Inseln.*
**Le·so·tho** [ləˈsuːtuː; *bes. Am.* ləˈsəʊtəʊ] Leˈsotho *n (Königreich in Südafrika).*
**Less·er An·til·les** [ˌlesərænˈtɪliːz] *Kleine* Anˈtillen *pl (Inseln zwischen Puerto Rico u. Trinidad, Westindien).*
**Le·vant** [lɪˈvænt] Leˈvante *f (Länder um das östl. Mittelmeer).*
**Lew·es** [ˈluːɪs] *Hauptstadt von East Sussex, England.*
**Lew·i·sham** [ˈluːɪʃəm] *Stadtbezirk des inneren Verwaltungsgebiets Groß-Londons.*
**Lew·is with Har·ris** [ˌluːɪswɪðˈhærɪs] *Nördlichste Insel der Äußeren Hebriden, Schottland.*
**Lex·ing·ton** [ˈleksɪŋtən] a) *Stadt in Kentucky, USA,* b) *Stadt in Massachusetts, USA. 1775 erste Schlacht im amer. Unabhängigkeitskrieg gegen die Engländer.*
**Ley·land** [ˈleɪlənd] *Industriestadt in Lancashire. Kfz-Industrie.*
**Ley·ton** [ˈleɪtn] *Stadtteil von London.*
**Lha·sa** [ˈlɑːsə; ˈlæsə] *Hauptstadt von Tibet.*
**Li·be·ria** [laɪˈbɪərɪə] *Republik in Westafrika.*
**Lib·er·ty Is·land** [ˈlɪbə(r)tɪ] *Kleine Insel in der Hafenbucht von New York mit der Freiheitsstatue.*
**Lib·ya** [ˈlɪbɪə] *Libyen n.*
**Lich·field** [ˈlɪtʃfiːld] *Stadt in Staffordshire, England.*
**Liech·ten·stein** [ˈlɪktənstaɪn] *Liechtenstein n.*
**Li·ma** [ˈliːmə] *Hauptstadt von Peru.*
**Lime·house** [ˈlaɪmhaʊs] *Stadtteil von London.*
**Lim·er·ick** [ˈlɪmərɪk] a) *Grafschaft im südwestl. Irland,* b) *Hauptstadt von a.*
**Lin·coln** [ˈlɪŋkən] a) *Hauptstadt von Nebraska, USA,* b) → **Lincolnshire,** c) *Hauptstadt von Lincolnshire.*
**Lin·coln·shire** [ˈlɪŋkənʃə(r); -ˌʃɪə(r)] *Grafschaft in Ostengland.*
**Lin·dis·farne** [ˈlɪndɪsfɑː(r)n] *Insel vor der Küste von Northumberland, England.*
**Lind·sey, Parts of** [ˈlɪndzɪ; -nzɪ] *Gebiet in Lincolnshire, England.*
**Lin·lith·gow** [lɪnˈlɪθgəʊ] a) *hist. für* West Lothian, b) *Ort in Lothian Region, Schottland.*
**Lin·wood** [ˈlɪnwʊd] *Stadt in Lothian Region, Schottland. Kfz-Industrie.*
**Li·ons, Gulf of** [ˈlaɪənz] *Golfe m du Lion (Meerbusen an der Mittelmeerküste, Südfrankreich).*
**Lis·bon** [ˈlɪzbən] *Lissabon n.*
**Lith·u·a·nia** [ˌlɪθjuːˈeɪnjə; *Am.* ˌlɪθəˈweɪnɪə] *Litauen n.*
**Lit·tle Rock** [ˈlɪtlrɒk; *Am.* -ˌrɑk] *Hauptstadt von Arkansas, USA.*
**Liv·er·pool** [ˈlɪvə(r)puːl] *Haupt- u. Hafenstadt von Merseyside, England.*
**Li·vo·nia** [lɪˈvəʊnjə; -nɪə] *Livland n (Landschaft im Baltikum).*
**Liz·ard, the** [ˈlɪzə(r)d] *Halbinsel in Cornwall, England, mit dem südlichsten Punkt Englands.*
**Llan·drin·dod Wells** [lænˌdrɪndɒdˈwelz] *Hauptstadt von Powys, Wales.*
**Llan·dud·no** [lænˈdɪdnəʊ; -ˈdʌd-] *Stadt*

*u. Kurort in Gwynedd, Wales.*
**Lla·nel·ly** [læˈneθlɪ] *Industriestadt in Dyfed, Wales.*
**Llan·go·llen** [lænˈgɒθlən] *Ort in Clwyd, Wales. Jährl. Eisteddfod-Fest.*
**Lla·no Es·ta·ca·do** [ˈlɑːnəʊˌestəˈkɑːdəʊ; *Am. a.* ˈlæn-] *Hochebene in Texas u. New Mexico, USA.*
**Loch·a·ber** [lɒˈkɑːbə(r); -ˈkæ-; *Am. a.* lɑˈkæ-] *Landschaft im nördl. Schottland.*
**Lom·bar·dy** [ˈlɒmbə(r)dɪ; *Am.* ˈlɑm-; *a.* -ˌbɑːrdiː] Lombarˈdei *f (Landschaft in Oberitalien).*
**Lo·mond, Loch** [ˈləʊmənd] *See nördl. von Glasgow, Schottland. Größter See Großbritanniens.*
**Lon·don** [ˈlʌndən] *London n.*
**Lon·don·der·ry** [ˌlʌndənˈderɪ] a) *Grafschaft in Nordirland,* b) *Hauptstadt von a.*
**Long·ford** [ˈlɒŋfə(r)d] *Grafschaft im östl. Mittelirland.*
**Longs Peak** [lɒŋz; lɔːŋz] *Höchster Berg im Rocky Mountains National Park in Colorado, USA.*
**Looe Is·land** [luː] *Insel vor der Südküste von Cornwall, England.*
**Los Al·a·mos** [lɒsˈæləmɒs] *Stadt in New Mexico, USA. Kernforschungslabor. Entwicklung der ersten Atombombe 1945.*
**Los An·ge·les** [lɒsˈændʒɪliːz; -dʒələs] *Hafenstadt im südwestl. Kalifornien.*
**Lo·thi·an Re·gion** [ˈləʊðjən; -ɪən] *Verwaltungsregion des südöstl. Mittelschottland.*
**Lo·thi·ans, the** [ˈləʊðjənz; -ɪənz] *3 ehemal. Grafschaften in Schottland.*
**Lough·bor·ough** [ˈlʌfbərə; -brə; *Am. bes.* -ˌbɜrə] *Stadt in Leicestershire, England.*
**Lou·i·si·ana** [luːˌiːzɪˈænə; luˌiː-; *Am. a.* ˌluːzɪ-] *Staat im Süden der USA.*
**Lou·is·ville** [ˈluːɪvɪl] *Hafenstadt am Ohio in Kentucky, USA.*
**Louth** [laʊð] *Grafschaft in Nordostirland.*
**Low Coun·tries** [ləʊ] *Niederlande, Belgien und Luxemburg.*
**Low·er Cal·i·for·nia** [ˈləʊə(r)ˌkælɪˈfɔː(r)njə; -nɪə] ˈNiederkaliˌfornien *n (Halbinsel an der Westküste Mexikos).*
**Lowes·toft** [ˈləʊstɒft; -təft] *Hafenstadt in Suffolk, England.*
**Lowth·er Hills** [ˈlaʊðə(r)] *Hügelland im südl. Schottland.*
**Lu·an·da** [lʊˈændə] *Hauptstadt von Angola, Westafrika.*
**Lu·bum·ba·shi** [luːbʊmˈbæʃɪ; -ˈbɑːʃɪ] *Hauptstadt der Provinz Shaba im südl. Zaire.*
**Lu·cerne, Lake of** [luːˈsɜːn; *Am.* -ˈsɜrn] Vierˈwaldstätter See *m (Schweiz).*
**Lud·gate Hill** [ˈlʌdgɪt; -geɪt] *Straße in London.*
**Lu·sa·ka** [luːˈsɑːkə] *Hauptstadt von Zambia.*
**Lu·ton** [ˈluːtn] *Stadt in Bedfordshire, England. Flughafen. Kfz-Industrie.*
**Lux·em·b(o)urg** [ˈlʌksəmbɜːg; *Am.* -ˌbɜrg] *Luxemburg n.*
**Lu·zon** [luːˈzɒn; *Am.* -ˈzɑn] *Hauptinsel der Philippinen.*
**Lym·ing·ton** [ˈlɪmɪŋtən] *Stadt in Hampshire, England.*
**Lynn** [lɪn] *Stadt in Massachusetts, USA.*
**Ly·ons** [ˈlaɪənz], *(Fr.)* **Lyon** [ˈliːɔːn; ljɔ̃] Lyˈon *n (Stadt in Südostfrankreich).*
**Lyth·am** [ˈlɪðəm] *Stadt an der Küste von Lancashire, England.*

# M

**Mac·cles·field** [ˈmæklzfiːld] *Stadt in Cheshire, England.*

**Mac·kay** [məˈkaɪ; -ˈkeɪ] *Stadt im austral. Bundesstaat Queensland.*

**Mac·ken·zie** [məˈkenzɪ] *Zweitgrößter Strom Nordamerikas, im nordwestl. Kanada.*

**Mac·quar·ie** [məˈkwɒrɪ; *Am.* məˈkwɑːrɪː] *Fluß im austral. Bundesstaat Neusüdwales.*

**Mad·a·gas·car** [ˌmædəˈgæskə(r)] *Madaˌgaskar n (Insel u. Republik vor der Ostküste Südafrikas).*

**Ma·dei·ra** [məˈdɪərə] *Insel im Atlantischen Ozean, westl. von Marokko.*

**Mad·i·son** [ˈmædɪsn] *Hauptstadt von Wisconsin, USA.*

**Ma·drid** [məˈdrɪd] *Maˈdrid n.*

**Maf·e·king** [ˈmæfɪkɪŋ] *Stadt im südl. Südafrika. Im Burenkrieg 217 Tage lang von den Buren belagert.*

**Ma·gel·lan, Strait of** [məˈgelən; *Am.* -ˈdʒe-] *Magelˈlanstraße f.*

**Maid·en·head** [ˈmeɪdnhed] *Stadt in Berkshire, England.*

**Maid·stone** [ˈmeɪdstən; -stəʊn] *Hauptstadt von Kent, England.*

**Maine** [meɪn] *Staat im Nordosten der USA.*

**Main·land** [ˈmeɪnlənd; -lænd] *a) Hauptstadt der Shetland-Inseln, b) Hauptinsel der Orkney-Inseln.*

**Ma·jor·ca** [məˈdʒɔː(r)kə; -ˈjɔː(r)-] *Malˈlorca n (Größte Insel der Balearen).*

**Ma·ju·ba Hill** [məˈdʒuːbə] *Berg in Natal, Südafrika. 1881 Sieg der Buren über die Engländer.*

**Mal·a·gas·y Re·pub·lic** [ˌmæləˈgæsɪ] *Madaˈgassische Repuˈblik (früherer Name von Madagaskar).*

**Ma·la·wi** [məˈlaːwɪ] *Maˈlawi n (Republik in Südostafrika).*

**Ma·laya** [məˈleɪə] *Maˈlaya n (Westmalaysia, ehemal. malaiische Bund).*

**Ma·lay Ar·chi·pel·a·go** [məˈleɪ ˌɑː(r)kɪˈpelɪgəʊ; -ləgəʊ] *Maˈlaiischer Archiˈpel (Inseln zwischen Südostasien u. Neuguinea).*

**Ma·lay·sia** [məˈleɪzɪə; *bes. Am.* -ʒɪə; -ʒə; -ʃə] *Maˈlaysia n (konstitutionelle Wahlmonarchie in Südostasien).*

**Mal·dive Is·lands** [ˈmɔːldɪv; *Am.* -ˌdiːv; -ˌdaɪv] *Maleˈdiven pl (Korallenatolle im Indischen Ozean; Republik).*

**Mal·don** [ˈmɔːldən] *Stadt in Essex, England.*

**Ma·li** [ˈmaːlɪ] *Republik in Westafrika.*

**Mal·ta** [ˈmɔːltə] *a) Inselgruppe im Mittelmeer, b) Hauptinsel von a.*

**Mal·tese Is·lands** [ˌmɔːlˈtiːz] → **Malta** a.

**Mal·vern** [ˈmɔːlvə(r)n] *Stadt in Hereford and Worcester, England.*

**Mam·moth Cave** [ˈmæməθ] *Mammuthöhle f (in Kentucky, USA. Größte Höhle der Erde).*

**Man·da·lay** [ˈmændəleɪ; -ˈleɪ] *Stadt in Burma.*

**Man, Isle of** [mæn] *Insel in der Irischen See.*

**Ma·na·gua** [məˈnægwə; *Am.* -ˈnaː-] *Hauptstadt von Nicaragua, Mittelamerika.*

**Man·ches·ter** [ˈmæntʃɪstə; *Am.* -ˌtʃes-tər; -tʃəs-] *Verwaltungszentrum von Greater Manchester, England.*

**Man·hat·tan** [mænˈhætn] *Stadtteil von New York.*

**Ma·nila** [məˈnɪlə] *Hauptstadt der Philippinen.*

**Man·i·to·ba** [ˌmænɪˈtəʊbə] *Kanad. Prärieprovinz.*

**Mans·field** [ˈmænsfiːld; *Am. a.* ˈmænz-] *Stadt in Nottinghamshire, England.*

**March·es** [ˈmaː(r)tʃɪz] *Marken pl (Landschaft in Mittelitalien).*

**Mar·gate** [ˈmaː(r)gɪt; -geɪt] *Seebad in Kent, England.*

**Mar·i·a·na Is·lands** [ˌmeərɪˈænə; ˌmær-; -ˈaːnə] *Mariˈanen pl (Inselgruppe im Pazifischen Ozean).*

**Mar·i·time Prov·inc·es** [ˈmærɪtaɪm] *Kanad. Provinzen New Brunswick, Nova Scotia, Prince Edward Island.*

**Marl·bor·ough** [ˈmɔːlbərə; -brə; *a.* ˈmaːl-; *Am. bes.* ˈmaːrlˌbərə; -bərə] *Stadt in Wiltshire, England.*

**Mar·seilles** [maː(r)ˈseɪlz; -ˈseɪ], (*Fr.*) **Mar·seille** [maː(r)ˈseɪ; marsɛj] *Marˈseille n.*

**Mar·ti·nique** [ˌmaː(r)tɪˈniːk; *Am.* ˌmaːrtnˈiːk] *Insel der Kleinen Antillen, Westindien.*

**Mar·y·land** [ˈmeərɪlænd; *bes. Am.* ˈmerɪlənd] *Staat im Osten der USA.*

**Mar·y·le·bone** [ˈmærələbən] → **Saint Marylebone.**

**Mas·sa·chu·setts** [ˌmæsəˈtʃuːsɪts; -səts; *Am. a.* -zəts] *Staat im Nordosten der USA.*

**Mat·lock** [ˈmætlɒk; *Am.* -ˌlɑk] *Hauptstadt von Derbyshire, England.*

**Mat·ter·horn** [ˈmætə(r)hɔː(r)n] *Berg in den Alpen, zwischen Italien u. der Schweiz.*

**Mau·i** [ˈmaʊɪ] *Zweitgrößte der Hawaii-Inseln, Pazifischer Ozean.*

**Mau·ri·ta·nia** [ˌmɒrɪˈteɪnjə; -nɪə; *Am.* ˌmɔːrə-; ˌmaːrə-] *Maureˈtanien n (Republik in Westafrika).*

**Mau·ri·ti·us** [məˈrɪʃəs; *bes. Am.* mɔːˈr-] *Insel u. parlamentar. Monarchie im Indischen Ozean.*

**May·o** [ˈmeɪəʊ] *Grafschaft im nordwestl. Irland.*

**Mc·Al·is·ter** [məˈkælɪstə(r)] *Berg im austral. Bundesstaat Neusüdwales.*

**Mc·Kin·ley, Mount** [məˈkɪnlɪ] *Berg in Alaska. Höchster Berg in Nordamerika.*

**Meath** [miːð; miːθ] *Grafschaft in Ostirland.*

**Med·way** [ˈmedweɪ] *Fluß in Kent, England.*

**Me·kong** [ˌmiːˈkɒŋ; *Am.* ˌmeɪˈkɔːŋ; -ˈkaːŋ] *Mekong m (Größter Strom Hinterindiens).*

**Mel·a·ne·sia** [ˌmeləˈniːzjə; *bes. Am.* -ˈniːʒə; -ˈʒə] *Melaˈnesien n (Inselgruppen des südwestl. Pazifischen Ozean).*

**Mel·bourne** [ˈmelbə(r)n] *Hauptstadt des austral. Bundesstaates Victoria.*

**Mem·phis** [ˈmemfɪs] *a) antike Ruinenstadt am Nil, b) Stadt in Tennessee, USA.*

**Men·ai Strait(s)** [ˈmenaɪ] ˈMenaikaˌnal *m (Meerenge zwischen der Insel Anglesey u. Wales).*

**Men·dips** [ˈmendɪps], **Men·dip Hills** [ˌmendɪpˈhɪlz] *Hügelkette aus Kalkstein in Somerset, England.*

**Men·do·ci·no, Cape** [ˌmendəˈsiːnəʊ] *Westlichster Punkt Kaliforniens, USA.*

**Mer·cia** [ˈmɜːsjə; -ʃə; *Am.* ˈmɜrʃɪə; -ʃə] *hist. Angelsächsisches Königreich.*

**Mer·i·on·eth·shire** [ˌmerɪˈɒnɪθʃə(r); -ˌʃɪə(r); *Am.* -ˈɑnəθ-] *Ehemal. Grafschaft in Wales.*

**Mer·sey** [ˈmɜːzɪ; *Am.* ˈmɜrzɪː] *Fluß im westl. Mittelengland.*

**Mer·sey·side** [ˈmɜːzɪsaɪd; *Am.* ˈmɜr-] *Grafschaft im nordwestl. England mit Liverpool als Verwaltungszentrum.*

**Mer·ton** [ˈmɜːtn; *Am.* ˈmɜrtn] *Südwestl. Stadtbezirk Groß-Londons.*

**Meuse** [mɜːz; mjuːz] *Maas f (Fluß in Frankreich, Belgien u. den Niederlanden).*

**Mex·i·co** [ˈmeksɪkəʊ] *Mexiko n: a) Republik in Mittelamerika, b) Hauptstadt von a, c) mexik. Bundesstaat.*

**Mex·i·co Cit·y** → **Mexico** b.

**Mi·ami** [maɪˈæmɪ] *Stadt in Florida, USA.*

**Mich·i·gan** [ˈmɪʃɪgən] *Staat im Norden der USA.*

**Mi·cro·ne·sia** [ˌmaɪkrəʊˈniːzjə; *bes. Am.* ˌmaɪkrəˈniːʒə; -ʒə] *Mikroˈnesien n (Inselgruppen im nordwestl. Ozeanien).*

**Mid·dles·brough** [ˈmɪdlzbrə] *Hauptu. Hafenstadt von Cleveland, England.*

**Mid·dle·sex** [ˈmɪdlseks] *Ehemal. Grafschaft im südöstl. England.*

**Mid·dle·ton** [ˈmɪdltən] *Stadt in Greater Manchester, England.*

**Mid·dle West** [ˌmɪdlˈwest] → **Midwest.**

**Mid Gla·mor·gan** [ˌmɪdgləˈmɔː(r)gən] *Grafschaft im südl. Wales.*

**Mid·lands, the** [ˈmɪdləndz] *Grafschaften Mittelenglands, bes. Warwickshire, Northamptonshire, Leicestershire, Nottinghamshire, Derbyshire, Staffordshire.*

**Mid·lo·thi·an** [mɪdˈləʊðjən; -ɪən] *Ehemal. Grafschaft im südöstl. Schottland.*

**Mid·west** [ˌmɪdˈwest] *Amer. u. Kanad. Mittelwesten.*

**Mi·lan** [mɪˈlæn] *Mailand n.*

**Mil·ford Ha·ven** [ˈmɪlfə(r)d] *Hafenstadt in Dyfed, Wales.*

**Mil·ton Keynes** [ˌmɪltənˈkiːnz; -tnˈk-] *Stadt in Buckinghamshire, England.*

**Mil·wau·kee** [mɪlˈwɔːkiː] *Handels- u. Industriestadt am Michigansee, USA.*

**Min·da·nao** [ˌmɪndəˈnaʊ] *Zweitgrößte Insel der Philippinen, Pazifischer Ozean.*

**Min·ne·ap·o·lis** [ˌmɪnɪˈæpəlɪs; *Am. a.* -ˈæpləs] *Stadt in Minnesota, USA.*

**Min·ne·so·ta** [ˌmɪnɪˈsəʊtə] *Staat im Norden der USA.*

**Mis·sis·sip·pi** [ˌmɪsɪˈsɪpɪ] *a) Größter Strom Nordamerikas, b) Staat im Süden der USA.*

**Mis·sou·ri** [mɪˈzʊərɪ] *a) Größter Nebenfluß des Mississippi, USA, b) Einer der nordwestl. Mittelstaaten der USA.*

**Mitch·ell, Mount** [ˈmɪtʃl] *Höchster Gipfel der Appalachen.*

**Mo·bile Bay** [ˌməʊbiːˈbeɪ] *Bucht des Golfs von Mexiko.*

**Mog·a·di·sci·o** [ˌmɒgəˈdɪʃəʊ; -ʃəʊ; *Am.* ˌma-], **Mog·a·dish·u** [-ˈdɪʃuː] *Mogaˈdischu n (Hauptstadt von Somalia, Ostafrika).*

**Mo·ha·ve Des·ert, Mo·ja·ve Des·ert** [məʊˈhaːvɪ; məˈh-] *Moˈhavewüste f (Sand- u. Lehmwüste in Kalifornien, USA).*

**Mold** [məʊld] *Hauptstadt von Clwyd, Wales.*

**Mo·lo·kai** [ˌməʊləʊˈkaːɪ; *Am.* ˌmaləˈkaɪ; ˌməʊləˈkaɪ] *Eine Hawaii-Insel. Station für Leprakranke.*

**Mom·ba·sa** [mɒmˈbæsə; *Am.* mɑmˈbaː-sə] *Hafenstadt in Kenia, Ostafrika.*

**Mon·a·co** [ˈmɒnəkəʊ; *Am.* ˈmaː-] *Fürstentum an der franz. Riviera.*

**Mon·a·ghan** [ˈmɒnəhən; -xən; *Am.* ˈmaː-] *Grafschaft im nordöstl. Irland.*

**Mon·go·lia** [mɒnˈgəʊljə; -ɪə; *Am.* man-; maŋ-] *Mongoˈlei f (Gebiet im nordöstl. Innerasien).*

**Mon·mouth(·shire** [ˈmɒnməθ; *Am.* ˈman-; -ʃə(r); -ˌʃɪə(r)] *Ehemal. Grafschaft in Wales.*

**Mon·ro·via** [mɒnˈrəʊvɪə; *Am.* mən-; mʌn-] *Hauptstadt von Liberia, Westafrika.*

**Mon·tana** [mɒnˈtænə; *Am.* man-] *Staat im Nordwesten der USA.*

**Mont Blanc** [ˌmɔ̃ːmˈblɑ̃ːŋ; ˌmɔ̃ːˈblɑ̃ː] → **Blanc, Mont.**

**Mon·te Car·lo** [ˌmɒntɪˈkaː(r)ləʊ; *Am.* ˌma-] *Teil des Fürstentums Monaco.*

**Mon·te·rey** [ˌmɒntəˈreɪ; *Am.* ˌman-] *Seebad in Kalifornien.*

**Mon·te·vi·deo** [ˌmɒntɪvɪˈdeɪəʊ; ˌman-; *Am. a.* -ˈvɪdɪˌəʊ] *Hauptstadt von Uruguay, Südamerika.*

**Mont·gom·ery** [mənt ˈgʌmərɪ; *Br. a.* mɒntˈgɒm-; *Am. a.* mantˈgam-] *a) → Montgomeryshire, b) Hauptstadt von Alabama, USA.*

**Mont·gom·ery·shire** [mənt ˈgʌmərɪʃə(r); -ˌʃɪə(r); *Br. a.* mɒntˈgɒm-; *Am. a.* mantˈgam-] *Ehemal. Grafschaft in Wales.*

**Mont·pe·lier** [mɒntˈpiːljə(r); *Am.* mɑnt-] *Hauptstadt von Vermont, USA.*
**Mont·re·al** [ˌmɒntrɪˈɔːl; *Am.* ˌmɑn-] *Handels- u. Industriestadt in der Provinz Quebec, Kanada.*
**Mont·rose** [mɒnˈtrəʊz; *Am.* mɑn-] *Stadt in Tayside, England.*
**Moor·gate** [ˈmʊə(r)ɡeɪt; -ɡɪt; ˈmɔː(r)-] *Straße in London.*
**Mo·ra·via** [məˈreɪvjə; -vɪə] *Mähren n.*
**Mor·ay** [ˈmʌrɪ; *Am. a.* ˈmɑːrɪ] *Ehemal. Grafschaft im nordöstl. Schottland.*
**Mor·ley** [ˈmɔː(r)lɪ] *Stadt in West Yorkshire, England.*
**Mor·ning·ton** [ˈmɔː(r)nɪŋtən] a) *Insel vor der Nordküste des austral. Bundesstaates Queensland,* b) *Stadt im austral. Bundesstaat Victoria.*
**Mo·roc·co** [məˈrɒkəʊ; *Am.* -ˈrɑ-] *Marokko n (Land in Nordwestafrika).*
**Mos·cow** [ˈmɒskəʊ; *Am.* ˈmɑskaʊ; -kəʊ] *Moskau n.*
**Mo·selle** [məʊˈzel] *Mosel f.*
**Moth·er·well and Wish·aw** [ˌmʌðə(r)wələnˈwɪʃɔː] *Stadt in Strathclyde, Schottland.*
**Mo·zam·bique, Mo·çam·bique** [ˌməʊzəmˈbiːk] *Volksrepublik im südöstl. Afrika.*
**Mul·grave** [ˈmʌlɡreɪv] *Stadt in Neuschottland, Kanada.*
**Mull** [mʌl] *Zweitgrößte Insel der Inneren Hebriden, Schottland.*
**Mu·nich** [ˈmjuːnɪk] *München n.*
**Mun·ster** [ˈmʌnstə(r)] *Provinz in Südirland.*
**Mur·chi·son** [ˈmɜːtʃɪsn; ˈmɜːkɪsn; *Am.* ˈmɜrtʃəsən] *Fluß in Westaustralien.*
**Mur·ray** [ˈmʌrɪ; *Am. a.* ˈmɜrɪ] *Fluß im südöstl. Australien.*
**Mus·cat and O·man** [ˌmʌskətəndəʊˈmɑːn; -kæt-; *Am. a.* -əʊˈmæn] *Maskat n u. Oʼman n (bis 1970 Name für Oman).*

# N

**Na·ga·sa·ki** [ˌnæɡəˈsɑːkɪ; ˌnɑː-; ˌnæɡəˈsækɪ] *Hafenstadt an der Westküste von Kiuschu, Japan.*
**Nairn(·shire)** [neə(r)n; ˈ-ʃə(r); ˈ-ˌʃɪə(r)] *Ehemal. Grafschaft im nördl. Schottland.*
**Nai·ro·bi** [naɪˈrəʊbɪ] *Hauptstadt von Kenia, Ostafrika.*
**Na·mib·ia** [nəˈmɪbɪə] *Das ehemal. Südwestafrika, unter Treuhandverwaltung der UN.*
**Nan·ga Par·bat** [ˌnʌŋɡəˈpɑː(r)bət] *Berg im Himalaja, Kaschmir.*
**Nan·tuck·et** [nænˈtʌkɪt] *Insel an der Küste von Massachusetts, USA.*
**Na·ples** [ˈneɪplz] *Neʼapel n (Hafenstadt in Süditalien).*
**Nar·ra·gan·sett Bay** [ˌnærəˈɡænsɪt] *Bucht an der Küste von Rhode Island, USA.*
**Nash·ville** [ˈnæʃvɪl; -vəl] *Hauptstadt von Tennessee, USA.*
**Nas·sau** [ˈnæsɔː] *Hauptstadt der Bahama-Inseln, Westindien.*
**Na·tal** [nəˈtæl] *Provinz der Südafrik. Republik.*
**Na·u·ru** [nɑːˈuːruː] *Insel im westl. Pazifischen Ozean; Republik.*
**Naz·a·reth** [ˈnæzərəθ] *Stadt u. christlicher Wallfahrtsort in Israel.*
**Naze, the** [neɪz] *Landspitze in Essex, Südostengland.*
**Neagh, Lough** [ˌlɒkˈneɪ; ˌlɒx-; *Am.* ˌlɑk-; ˌlɑx-] *See in Antrim, Nordirland. Größter See der britischen Inseln.*

**Ne·bras·ka** [nɪˈbræskə; nə-] *Mittelstaat der USA.*
**Ne·gri Sem·bi·lan** [ˌnəɡrɪsemˈbiːlən; *Am.* nəˌɡriːsəmˈb-] *Gliedstaat Malaysias.*
**Nel·son** [ˈnelsn] a) *Stadt in Lancashire, England,* b) *Fluß in Kanada.*
**Ne·man** [ˈnemən] *Memel f (Fluß in Osteuropa).*
**Ne·pal** [nɪˈpɔːl; -ˈpɑːl] *Königreich südl. des Himalaja.*
**Neth·er·lands** [ˈneðə(r)ləndz] *Niederlande pl.*
**Neth·er·lands An·til·les** [ˌneðə(r)-ləndzænˈtɪliːz] *Niederländische Anʼtillen pl (Niederl. Inseln in Westindien).*
**Ne·va·da** [neˈvɑːdə; *Am.* nəˈvædə; *a.* -ˈvɑː-] *Staat im Westen der USA.*
**New Am·ster·dam** [ˌnjuːˈæmstə(r)-dæm; *Am. bes.* ˌnuː-] *Neu-Amsterʼdam n (ursprünglicher Name der Stadt New York).*
**New·ark** [ˈnjuːə(r)k; *Am. bes.* ˈnuː-] a) *Stadt in New Jersey, USA,* b) *Stadt in Nottinghamshire, England.*
**New Bed·ford** [ˌnjuːˈbedfə(r)d; *Am. bes.* ˌnuː-] *Hafenstadt in Massachusetts, USA.*
**New Bruns·wick** [ˌnjuːˈbrʌnzwɪk; *Am. bes.* ˌnuː-] *Neuʼbraunschweig n (kanad. Provinz).*
**New·bury** [ˈnjuːbərɪ; -brɪ] *Stadt in Berkshire, England.*
**New Cal·e·do·nia** [ˈnjuːˌkælɪˈdəʊnjə; -nɪə; *Am. bes.* ˈnuː-] *Neukaleʼdonien n (Insel östl. von Australien).*
**New·cas·tle** [ˈnjuːˌkɑːsl; *Am.* ˈnuːˌkæsəl; *a.* ˈnjuː-] a) [*a.* njuˈkæsl] *Haupt- u. Hafenstadt von Tyne and Wear, England,* b) *Hafen- u. Industriestadt im austral. Bundesstaat Neusüdwales.*
**New·cas·tle-up·on-Tyne** [ˈnjuːˌkɑː-sləˌpɒnˈtaɪn; *Am.* ˈnuːˌkæsəl-] → **Newcastle** a.
**New Del·hi** [ˌnjuːˈdelɪ; *Am. bes.* ˌnuː-] *Neu-Delhi n (Stadtteil von Delhi, Indien).*
**New Eng·land** [ˌnjuːˈɪŋɡlənd; *Am. bes.* ˌnuː-] *Neuʼengland n (die nordöstl. Staaten der USA).*
**New·found·land** [ˈnjuːfəndlənd; -fənl-; -ˈlænd; *Am. bes.* ˈnuː-; ˌnuː-] *Neuʼfundland n (östlichste Provinz Kanadas).*
**New Guin·ea** [ˌnjuːˈɡɪnɪ; *Am. bes.* ˌnuː-] *Neuguiʼnea n (Insel nördl. von Australien).*
**New·ham** [ˈnjuːəm; *Am. bes.* ˈnuːəm] *Östl. Stadtbezirk Groß-Londons an der Themse.*
**New Hamp·shire** [ˌnjuːˈhæmpʃə(r); -ˌʃɪə(r); *Am. bes.* ˌnuː-] *Staat im Nordosten der USA.*
**New Ha·ven** [njuːˈheɪvn; *Am. bes.* nuː-] *Hafenstadt im südl. Connecticut, USA. Sitz der Yale-Universität.*
**New·ha·ven** [njuːˈheɪvn; *Am. bes.* nuː-] *Fährhafen u. Kurort in East Sussex, England.*
**New Heb·ri·des** [ˌnjuːˈhebrɪdiːz; *Am. bes.* ˌnuː-] *Neue Heʼbriden pl → Vanuatu.*
**New Jer·sey** [ˌnjuːˈdʒɜːzɪ; *Am.* ˌnuːˈdʒɜr-zɪ:; *a.* ˌnjuː-] *Staat im Osten der USA.*
**New·mar·ket** [ˈnjuːˌmɑː(r)kɪt; *Am. bes.* ˈnuː-] *Stadt in Suffolk, England. Berühmte Pferderennbahn.*
**New Mex·i·co** [ˌnjuːˈmeksɪkəʊ; *Am. bes.* ˌnuː-] *Staat im Südwesten der USA.*
**New Or·le·ans** [ˌnjuːˈɔː(r)lɪənz; -ɔː(r)-ˈliːnz; *Am. bes.* ˌnuː-] *Hafenstadt in Louisiana, USA.*
**New·port** [ˈnjuːpɔː(r)t; *Am. bes.* ˈnuː-] *Haupt- u. Hafenstadt von Gwent, Wales.*
**New South Wales** [ˌnjuːsaʊθˈweɪlz; *Am. bes.* ˌnuː-] *Neusüdʼwales n (Staat im südöstl. Australien).*
**New·town St. Bos·wells** [ˌnjuː-taʊnsntˈbɒzwəlz; *Am. bes.* ˌnuː-; -ˈbɑzwəlz; *a.* -seɪnt-] *Verwaltungszentrum*

*von Borders Region, Schottland.*
**New York** [ˌnjuːˈjɔː(r)k; *Am. bes.* ˌnuː-] a) *Staat im Osten der USA,* b) *Größte Stadt der USA.*
**New Zea·land** [ˌnjuːˈziːlənd; *Am. bes.* ˌnuː-] *Neuʼseeland n.*
**Ni·ag·a·ra** [naɪˈæɡərə; -ɡrə] *Fluß zwischen Erie- u. Ontariosee, Nordamerika.*
**Nic·a·ra·gua** [ˌnɪkəˈræɡjʊə; *bes. Am.* -ˈrɑːɡwə] *Republik in Mittelamerika.*
**Nice** [niːs] *Nizza n (Kurort an der franz. Riviera).*
**Ni·ger** [ˈnaɪdʒə(r)] a) *Größter Fluß Westafrikas,* b) [*Br.* niːˈʒeə] *Republik in Westafrika.*
**Ni·ge·ria** [naɪˈdʒɪərɪə] *Republik in Westafrika.*
**Nile** [naɪl] *Nil m (Fluß im östl. Afrika).*
**Nip·pon** [ˈnɪpɒn; *Am.* nɪpˈɑn] (*Japanese*) → **Japan.**
**Nor·folk** [ˈnɔː(r)fək] a) *Grafschaft in Ostengland,* b) *Hafenstadt in Virginia, USA.*
**Nor·man·dy** [ˈnɔː(r)məndɪ] *Normanʼdie f.*
**North·al·ler·ton** [nɔː(r)ˈθælə(r)tən; -tn] *Hauptstadt von North Yorkshire, England.*
**North·amp·ton** [nɔː(r)ˈθæmptən; nɔːr(r)θˈhæ-] a) → **Northamptonshire,** b) *Hauptstadt von Northamptonshire.*
**North·amp·ton·shire** [nɔː(r)ˈθæmp-tənʃ(ə(r); -ˌʃɪə(r); nɔː(r)θˈhæ-] *Grafschaft in Mittelengland.*
**North Car·o·li·na** [ˌkærəˈlaɪnə] *Staat im Süden der USA.*
**North Coun·try** *England nördl. des Humber.*
**North Da·ko·ta** [dəˈkəʊtə] *Nordwestl. Mittelstaat der USA.*
**North·ern Ire·land** [ˈaɪə(r)lənd] *Nordʼirland n.*
**North·ern Ter·ri·to·ry** ˈNordterriˌtorium n (*Australien*).
**North Rid·ing** [ˈraɪdɪŋ] *Ehemal. Verwaltungsbezirk der engl. Grafschaft Yorkshire.*
**North·um·ber·land** [nɔː(r)ˈθʌmbə(r)-lənd] *Grafschaft in Nordengland.*
**North·um·bria** [nɔː(r)ˈθʌmbrɪə] *hist. Nördlichstes Königreich der Angelsachsen.*
**North·west Ter·ri·to·ries** Nordˈwestterriˌtorien pl (*Kanada*).
**North York·shire** [ˈjɔː(r)kʃə(r); -ˌʃɪə(r)] *Grafschaft in Nordengland.*
**Nor·way** [ˈnɔː(r)weɪ] *Norwegen n.*
**Nor·wich** [ˈnɒrɪdʒ; -ɪtʃ; *Am.* ˈnɔːrwɪtʃ; ˈnɑːrɪtʃ] a) *Hauptstadt von Norfolk, England,* b) *Stadt in Connecticut, USA.*
**Not·ting·ham** [ˈnɒtɪŋəm; *Am.* ˈnɑ-] a) → **Nottinghamshire,** b) *Hauptstadt von Nottinghamshire.*
**Not·ting·ham·shire** [ˈnɒtɪŋəmʃə(r); -ˌʃɪə(r); *Am.* ˈnɑ-] *Grafschaft in Mittelengland.*
**No·va Sco·tia** [ˌnəʊvəˈskəʊʃə] *Neuʼschottland n (Halbinsel im südöstl. Kanada).*
**Nu·bia** [ˈnjuːbjə; -bɪə; *Am. bes.* ˈnuːbɪə] *Nubien n (Landschaft in Nordostafrika).*
**Nun·ea·ton** [nʌnˈiːtn] *Stadt in Warwickshire, England.*
**Nu·rem·berg** [ˈnjʊərəmbɜːɡ; *Am.* ˈnʊrəmˌbɜrɡ; *a.* ˈnjʊr-] *Nürnberg n.*
**Ny·sa** [ˈnɪsə] (*Glatzer*) *Neiße f (Nebenfluß der Oder).*

# O

**Oak·land** [ˈəʊklənd] *Stadt in Kalifornien, USA.*

**O·ce·an·ia** [ˌəʊʃiˈeɪnjə; -nɪə; *Am. a.* -ˈænɪə], **,O·ce'an·i·ca** [-ˈænɪkə] Oze'anien *n* (*Inseln des südwestl. Pazifischen Ozeans*).

**Of·fa·ly** [ˈɒfəlɪ; *Am. a.* ˈɑf-] *Grafschaft in Mittelirland*.

**O·hi·o** [əʊˈhaɪəʊ] a) *Staat im Osten der USA*, b) *größter linker Nebenfluß des Mississippi, USA*.

**O·kee·cho·bee, Lake** [ˌəʊkɪˈtʃəʊbɪ] *See in Florida, USA*.

**O·ki·na·wa** [ˌɒkɪˈnɑːwə; *bes. Am.* ˌəʊkɪ-] a) *Mittlere Inselgruppe der Riukiu-Inseln, Japan*, b) *Hauptinsel der Riukiu-Inseln, Japan*.

**O·kla·ho·ma** [ˌəʊkləˈhəʊmə] *Südl. Mittelstaat der USA*.

**O·kla·ho·ma Cit·y** [ˌəʊkləˈhəʊmə] *Hauptstadt von Oklahoma, USA*.

**Old·ham** [ˈəʊldəm] *Stadt in Greater Manchester, England*.

**Ol·ives, Mount of** [ˈɒlɪvz; *Am.* ˈɑl-] Ölberg *m* (*Palästina*).

**O·lym·pia** [əʊˈlɪmpɪə; əˈl-] a) *antike Kultstätte in Südgriechenland*, b) *Hauptstadt des Staates Washington, USA*.

**O·magh** [ˈəʊmə] *Hauptstadt von Tyrone, Nordirland*.

**O·ma·ha** [ˈəʊməhɑː; *Am. a.* -ˌhɔː] *Stadt in Nebraska, USA*.

**O·man** [əʊˈmɑːn] *Sultanat im südöstl. Arabien*.

**On·tar·i·o** [ɒnˈteərɪəʊ; *Am.* ɑnˈter-] *Provinz in Ostkanada*.

**Or·ange** [ˈɒrɪndʒ; *Am. a.* ˈɑr-] O'ranje *m* (*Fluß in Südafrika*).

**Or·e·gon** [ˈɒrɪɡən; *Am. a.* ˈɑr-] *Staat im Nordwesten der USA*.

**Ork·ney Is·lands** [ˈɔː(r)knɪ], **'Orkneys** [-nɪz] Orkney-Inseln *pl* (*vor der Nordspitze Schottlands*). *Insulare Verwaltungsregion*.

**Or·ping·ton** [ˈɔː(r)pɪŋtən] *Stadtteil von London*.

**O·sage** [əʊˈseɪdʒ; ˈəʊseɪdʒ] *Fluß in Kansas u. Missouri, USA*.

**Os·lo** [ˈɒzləʊ; ˈɒs-; *Am.* ˈɑz-; ˈɑs-] Oslo *n*.

**Ost·end** [ɒˈstend; *Am.* ɑsˈtend] Ost'ende *n* (*Hafenstadt u. Seebad in Belgien*).

**Ot·ta·wa** [ˈɒtəwə; *Am.* ˈɑt-; *a.* -ˌwɑː] a) *Hauptstadt von Kanada*, b) *Fluß im südöstl. Kanada*.

**Ouach·i·ta** [ˈwɒʃɪtɔː; *Am.* ˈwɑʃəˌtɔː] *Fluß in Arkansas u. Louisiana, USA*.

**Ouse** [uːz] a) *Zufluß des Wash, Ostengland*, b) *Zufluß des Humber in Yorkshire, England*.

**Ox·ford** [ˈɒksfəd; *Am.* ˈɑksfərd] a) → Oxfordshire, b) *Haupt- u. Universitätsstadt von Oxfordshire*.

**Ox·ford·shire** [ˈɒksfə(r)dʃə(r); -ˌʃɪə(r); *Am.* ˈɑks-] *Grafschaft in Mittelengland*.

# P

**Pad·ding·ton** [ˈpædɪŋtən] *Stadtteil von London*.

**Pa·hang** [pəˈhʌŋ; pəˈhæŋ] *Gliedstaat Malaysias*.

**Pais·ley** [ˈpeɪzlɪ] *Stadt in Strathclyde, Schottland*.

**Pa·ki·stan** [ˌpɑːkɪˈstɑːn; ˌpækɪˈstæn] *Staat in Vorderindien*.

**Pal·es·tine** [ˈpæləstaɪn; *Am. a.* -ˌstiːn] Palä'stina *n*.

**Pall Mall** [ˌpælˈmæl] *Straße in London*.

**Palm Beach** [ˌpɑːmˈbiːtʃ; *Am. a.* ˌpɑːlm-] *Badeort in Florida, USA*.

**Pa·mirs** [pəˈmɪə(r)z] Pa'mir *m* (*Hochland in Zentralasien*).

**Pam·li·co Sound** [ˈpæmlɪkəʊ] Pamlico-Sund *m* (*an der Küste von North Carolina, USA*).

**Pan·a·ma** [ˌpænəˈmɑː; ˈpænəmɑː; *Am. a.* -ˈmɔː; -ˌmɔː] a) *Republik im südl. Mittelamerika*, b) *Hauptstadt von a*.

**Pa·pe·e·te** [ˌpɑːpiːˈiːtɪ; *Am.* -ˈeɪtɪ; *a.* pəˈpeɪtɪ] *Hauptstadt der Gesellschaftsinseln, auf Tahiti*.

**Pa·pua New Guin·ea** [ˈpɑːpʊəˌnjuːˈɡɪnɪ; ˈpæpjʊə-; *Am.* ˈpæpjəwəˌnuːˈɡɪnɪ; ˈpɑːpəwə-] Papua-Neugui'nea *n* (*Inselstaat im westl. Pazifik*).

**Par·a·guay** [ˈpærəɡwaɪ; -ɡweɪ] a) *Republik im Inneren Südamerikas*, b) *Fluß in Brasilien u. Paraguay*.

**Par·a·mar·i·bo** [ˌpærəˈmærɪbəʊ] *Haupt- u. Hafenstadt von Surinam, Südamerika*.

**Par·is** [ˈpærɪs] Pa'ris *n*.

**Pas·a·de·na** [ˌpæsəˈdiːnə] *Stadt in Kalifornien, USA*.

**Pas·sa·ma·quod·dy Bay** [ˌpæsəməˈkwɒdɪ; *Am.* -ˈkwɑdɪ] Passama'quoddybucht *f* (*des Atlantischen Ozeans in Kanada u. USA*).

**Pat·er·son** [ˈpætə(r)sn] *Stadt in New Jersey, USA*.

**Pearl Har·bor** [pɜːlˈhɑːbə; *Am.* ˌpɜrlˈhɑːrbər] *Hafen auf der Hawaii-Insel Oahu, Pazifischer Ozean*.

**Peck·ham** [ˈpekəm] *Stadtteil von London*.

**Pe·cos** [ˈpeɪkəs] *Fluß in New Mexico u. Texas, USA*.

**Pee·bles(·shire)** [ˈpiːblz; ˈ-ʃə(r); ˈ-ˌʃɪə(r)] *Ehemal. Grafschaft im südöstl. Schottland*.

**Pe·king** [ˌpiːˈkɪŋ] Peking *n*.

**Pem·broke** [ˈpembrʊk] a) → Pembrokeshire, b) *Stadt in Dyfed, Wales*.

**Pem·broke·shire** [ˈpembrʊkʃə(r); -ˌʃɪə(r)] *Ehemal. Grafschaft im südwestl. Wales*.

**Pen·nine Chain** [ˌpenaɪnˈtʃeɪn] Pen'ninisches Gebirge (*Nordengland*).

**Penn·syl·va·nia** [ˌpensɪlˈveɪnjə; -nɪə] Pennsyl'vanien *n* (*Staat im Osten der USA*).

**Pen·rith** [ˈpenrɪθ; penˈrɪθ] *Stadt in Cumbria, England*.

**Pen·zance** [penˈzæns; pən-] *Stadt in Cornwall, England*.

**Pe·o·ria** [piːˈɔːrɪə] *Stadt in Illinois, USA*.

**Pe·rak** [ˈpeərə; ˈpɪərə] *Gliedstaat Malaysias*.

**Per·sia** [ˈpɜːʃə; *Am.* ˈpɜrʒə] Persien *n*.

**Perth** [pɜːθ; *Am.* pɜrθ] a) *Hauptstadt des austral. Bundesstaates Westaustralien*, b) → Perthshire, c) *Stadt in Central Region, Schottland*.

**Perth·shire** [ˈpɜːθʃə(r); -ˌʃɪə(r); *Am.* ˈpɜrθ-] *Ehemal. Grafschaft in Mittelschottland*.

**Pe·ru** [pəˈruː] *Republik im nordwestl. Südamerika*.

**Pe·ter·bor·ough** [ˈpiːtə(r)brə; -bərə; -ˌbʌrə; *Am. bes.* -ˌbərə] *Stadt in Cambridgeshire, England*.

**Pe·ter·bor·ough, Soke of** [ˌsəʊkəvˈpiːtə(r)brə; -bərə; -ˌbʌrə; *Am. bes.* -ˌbərə] *Ehemal. Verwaltungsbezirk in Northamptonshire, England*.

**Phil·a·del·phia** [ˌfɪləˈdelfjə; -fɪə] *Stadt in Pennsylvania, USA*.

**Phil·ip·pine Is·lands** [ˈfɪlɪpiːn], **'Phil·ip·pines** [-piːnz] Philip'pinen *pl* (*Inselgruppe im Malaiischen Archipel, Pazifischer Ozean*).

**Phnom Penh** [ˌnɒmˈpen; *Am. a.* ˌnɑm-] → Pnompenh.

**Phoe·nix** [ˈfiːnɪks] *Hauptstadt von Arizona, USA*.

**Pic·ca·dil·ly** [ˌpɪkəˈdɪlɪ] *Straße in London*.

**Pied·mont** [ˈpiːdmənt; -mɒnt; *Am.* -ˌmɑnt] a) Pie'mont *n* (*Landschaft in Oberitalien*), b) *Landschaft im Osten der USA*.

**Pierre** [pɪə(r)] *Hauptstadt von South Dakota, USA*.

**Pie·ter·mar·itz·burg** [ˌpiːtə(r)ˈmærɪtsbɜːɡ; *Am.* -ˌbɜrɡ] *Hauptstadt der Provinz Natal, Südafrika*.

**Pim·li·co** [ˈpɪmlɪkəʊ] *Stadtteil von London*.

**Pit·cairn Is·land** [pɪtˈkeə(r)n; ˈpɪtk-] *Insel im südl. Pazifik*.

**Pitch Lake** [pɪtʃ] As'phaltsee *m* (*auf Trinidad, Westindien*).

**Pitts·burgh** [ˈpɪtsbɜːɡ; *Am.* -ˌbɜrɡ] *Stadt in Pennsylvania, USA*.

**Plais·tow** [ˈplæstəʊ; ˈplɑː-] *Stadtteil von London*.

**Platte** [plæt] *Nebenfluß des Missouri in Nebraska, USA*.

**Plym·outh** [ˈplɪməθ] a) *Hafenstadt in Devonshire, England*, b) *Stadt in Massachusetts, USA. Erste ständige europ. Siedlung in New England*.

**Pnom·penh, Pnom-Penh** [ˌnɒmˈpen; *Am. a.* ˌnɑm-] Pnom'penh *n* (*Hauptstadt von Kambodscha*).

**Po** [pəʊ] *Fluß in Norditalien*.

**Po·land** [ˈpəʊlənd] Polen *n*.

**Pol·y·ne·sia** [ˌpɒlɪˈniːzjə; -ʒjə; *bes. Am.* -ʒə; -ʃə; *Am.* ˌpɑlə-] Poly'nesien *n* (*Inselgruppe des östl. Ozeaniens, Pazifischer Ozean*.

**Pom·er·a·nia** [ˌpɒməˈreɪnjə; -nɪə; *Am.* ˌpɑ-] Pommern *n*.

**Po·mo·na** [pəʊˈməʊnə; pəˈm-] → Mainland b.

**Pon·ce** [ˈpɒnsɪ; *Am.* -seɪ] *Hafenstadt auf der Insel Puerto Rico, Westindien*.

**Pon·te·fract** [ˈpɒntɪfrækt] *Stadt in West Yorkshire, England*.

**Pon·ti·ac** [ˈpɒntɪæk; *Am.* ˈpɑ-] *Stadt in Michigan, USA*.

**Pon·ty·pool** [ˌpɒntɪˈpuːl; *Am.* ˌpɑntə-] *Stadt in Gwent, Wales*.

**Pon·ty·pridd** [ˌpɒntɪˈpriːð; *Am.* ˌpɑntə-] *Stadt in Mid Glamorgan, Wales*.

**Poole** [puːl] *Stadt an der Küste von Dorsetshire, England*.

**Pop·lar** [ˈpɒplə; *Am.* ˈpɑplər] *Stadtteil von London*.

**Por·ta·down** [ˌpɔː(r)təˈdaʊn] *Stadt in Armagh, Nordirland*.

**Port-au-Prince** [ˌpɔː(r)təʊˈprɪns] *Haupt- u. Hafenstadt von Haiti*.

**Port·land** [ˈpɔː(r)tlənd] a) *Hafenstadt in Oregon, USA*, b) *Hafenstadt in Maine, USA*.

**Ports·mouth** [ˈpɔː(r)tsməθ] *Hafenstadt in Hampshire, England*.

**Port Tal·bot** [ˌpɔː(r)tˈtɔːlbət; -ˈtæl-] *Hafenstadt in West Glamorgan, Wales. Stahlwerk*.

**Por·tu·gal** [ˈpɔːtjʊɡl; -tʃʊɡl; *Am.* ˈpɔːrtʃɪɡəl] Portugal *n*.

**Po·to·mac** [pəˈtəʊmək] *Fluß im Osten der USA*.

**Pow·ys** [ˈpəʊɪs; ˈpaʊɪs] *Grafschaft im östl. Wales*.

**Prague** [prɑːɡ] Prag *n*.

**Pres·ton** [ˈprestən] *Haupt- u. Hafenstadt von Lancashire, England*.

**Prest·wich** [ˈprestwɪtʃ] *Stadt in Greater Manchester, England*.

**Pre·to·ria** [prɪˈtɔːrɪə] *Verwaltungshauptstadt der Südafrik. Republik*.

**Prib·i·lof Is·lands** [ˈprɪbɪləf; *Am.* -bəˌlɔːf] Pribylow-Inseln *pl* (*Alaska, USA*).

**Prince Ed·ward Is·land** [ˌprɪnsˈedwə(r)d] *Kanad. Insel u. Provinz im St.-Lorenz-Golf*.

**Prince·ton** [ˈprɪnstən] *Universitätsstadt in New Jersey, USA*.

**Prov·i·dence** [ˈprɒvɪdəns; Am. ˈprɑ-; a. -ˌdens] Hauptstadt von Rhode Island, USA.

**Prus·sia** [ˈprʌʃə] hist. Preußen n.

**Pud·sey** [ˈpʌdzɪ] Stadt in West Yorkshire, England.

**Puer·to Ri·co** [ˌpwɜːtəʊˈriːkəʊ; ˌpweɪtəʊ-; Am. ˌpɔːrtəˈr-; ˌpwertəˈr-] Kleinste Insel der Großen Antillen, Westindien.

**Pu·get Sound** [ˈpjuːdʒɪt] Pugetsund m (Bucht des Pazifischen Ozeans im Staate Washington, USA).

**Pun·jab** [ˌpʌnˈdʒɑːb; ˈpʌndʒɑːb] Pan-ˈdschab n (Landschaft im nordwestl. Indien).

**Pyong·yang** [ˌpjɒŋˈjæŋ; Am. piːˈɔːŋˌjɑːŋ; -ˌjæŋ] Pjöngˈjang n (Hauptstadt von Nordkorea).

**Pyr·e·nees** [ˌpɪrəˈniːz; Am. ˈ-ˌniːz] Pyreˈnäen pl.

# Q

**Qa·tar** [kæˈtɑː; Am. ˈkɑːtər; ˈgɑ:-] Staat u. Halbinsel Arabiens im Pers. Golf.

**Que·bec** [kwɪˈbek], (Fr.) **Qué·bec** [keɪˈbek; kebɛk] a) Provinz Kanadas, b) Hauptstadt von a.

**Queens** [kwiːnz] Stadtteil von New York.

**Queens·land** [ˈkwiːnzlənd; -lænd] Austral. Bundesstaat.

**Qui·to** [ˈkiːtəʊ] Hauptstadt der Republik Ecuador.

# R

**Ra·bat** [rəˈbɑːt] Hauptstadt von Marokko.

**Rad·cliffe** [ˈrædklɪf] Stadt in Greater Manchester, England.

**Rad·nor(·shire)** [ˈrædnə(r); ˈ-ʃə(r); ˈ-ˌʃɪə(r)] Ehemal. Grafschaft in Wales.

**Ra·leigh** [ˈrɔːlɪ; ˈrɑːlɪ] Hauptstadt von North Carolina, USA.

**Rams·gate** [ˈræmzgɪt; -geɪt] Hafenstadt u. Seebad in Kent, England.

**Range·ley Lakes** [ˈreɪndʒlɪ] Seengruppe in Maine, USA.

**Ran·goon** [ræŋˈguːn] Ranˈgun n (Hauptstadt von Birma).

**Read·ing** [ˈredɪŋ] a) Hauptstadt von Berkshire, England, b) Stadt in Pennsylvania, USA.

**Red·bridge** [ˈredbrɪdʒ] Nordöstl. Stadtbezirk Groß-Londons.

**Re·gi·na** [rɪˈdʒaɪnə] Hauptstadt von Saskatchewan, Kanada.

**Rei·gate** [ˈreɪgɪt; -geɪt] Stadt in Surrey, England.

**Ren·frew(·shire)** [ˈrenfruː; ˈ-ʃə(r); ˈ-ˌʃɪə(r)] Ehemal. Grafschaft im Südwesten Schottlands.

**Re·no** [ˈriːnəʊ] Stadt in Nevada, USA.

**Re·val** [ˈreɪvɑːl] → Tallin(n).

**Rey·kja·vik** [ˈreɪkjəvɪk; -vɪk] Hauptstadt von Island.

**Rhine** [raɪn] Rhein m.

**Rhine·land** [ˈraɪnlænd; -lənd] Rheinland n.

**Rhine Pa·lat·i·nate** [ˌraɪmpəˈlætɪnət; -tnət] hist. Rheinpfalz f.

**Rhode Is·land** [ˌrəʊdˈaɪlənd] Staat im Osten der USA.

**Rhodes** [rəʊdz] Rhodos n (griech. Insel im Südosten des Ägäischen Meeres).

**Rho·de·sia** [rəʊˈdiːzjə; -ʒɪə; -ʒə; -ʃə] Rhoˈdesien n (bis 1980 Name für Zimbabwe).

**Rhon·dda** [ˈrɒndə; Am. ˈrɑn-] Stadt in Mid Glamorgan, Wales.

**Rhone** [rəʊn] Fluß in Südfrankreich.

**Rich·mond** [ˈrɪtʃmənd] a) → Richmond-upon-Thames, b) Hauptstadt von Virginia, USA, c) Stadtbezirk von New York, d) Stadt in Kalifornien, USA.

**Rich·mond-upon-Thames** [ˈrɪtʃ-məndəˌpɒnˈtemz] Südwestl. Stadtbezirk Groß-Londons.

**Rick·mans·worth** [ˈrɪkmənzwɜːθ; Am. -ˌwɜːrθ] Stadt in Hertfordshire, England.

**Ri·o de Ja·nei·ro** [ˌriːəʊdeɪdʒəˈnɪərəʊ; -deɪ-; Am. bes. -ʒəˈneərəʊ] a) Staat im südöstl. Brasilien, b) Haupt- u. Hafenstadt von a.

**Ri·o Grande** [ˌriːəʊˈgrændɪ; -ˈgrænd] Fluß im Südwesten der USA.

**Rip·ley** [ˈrɪplɪ] Stadt in Derbyshire, England.

**Ri·pon** [ˈrɪpən] Stadt in North Yorkshire, England.

**Riv·i·era** [ˌrɪvɪˈeərə] Teil der franz. u. ital. Mittelmeerküste.

**Ro·a·noke** [ˈrəʊənəʊk] a) Stadt in Virginia, USA, b) Fluß in Virginia u. North Carolina, USA.

**Rob·ben Is·land** [ˈrɒbən; Am. ˈrɑ-] Insel vor der Südspitze Afrikas.

**Roch·dale** [ˈrɒtʃdeɪl; Am. ˈrɑ-] Stadt in Lancashire, England.

**Roch·es·ter** [ˈrɒtʃɪstə; Am. ˈrɑtʃəstər] a) Stadt in Kent, England, b) Stadt im Staate New York, USA.

**Rock·ford** [ˈrɒkfəd; Am. ˈrɑkfərd] Stadt in Illinois, USA.

**Rock·ies** [ˈrɒkɪz; Am. ˈrɑ-] → Rocky Mountains.

**Rock·y Moun·tains** [ˌrɒkɪˈmaʊntɪnz; Am. ˌrɑkɪˈmaʊntnz] Gebirge im Westen der USA.

**Ro·ma·nia** [ruːˈmeɪnjə; -nɪə; ru-; bes. Am. rəʊ-] a) Ruˈmänien n, b) [rəʊ-] das Röm. Reich.

**Rome** [rəʊm] Rom n.

**Rom·ford** [ˈrɒmfəd; Am. ˈrɑmfərd] Stadtteil von London.

**Ros·com·mon** [rɒsˈkɒmən; Am. rɑ-ˈskɑ-] Grafschaft in Mittelirland.

**Ross and Crom·ar·ty** [ˌrɒsənˈkrɒmə(r)tɪ; Am. -ˈkrɑ-] Ehemal. Grafschaft im nördl. Schottland.

**Roth·er·ham** [ˈrɒðərəm; Am. ˈrɑ-] Stadt in South Yorkshire, England.

**Rox·burgh(·shire)** [ˈrɒksbərə; -brə; Am. ˈrɑksˌbərə; -ˌʃə(r); ˈ-ˌʃɪə(r)] Ehemal. Grafschaft im südöstl. Schottland.

**Ru·an·da-U·run·di** [ruˌændəʊˈrʊndɪ; Am. rʊˌɑndəʊˈruːndiː] (bis 1982 unter Treuhandverwaltung der UN, danach geteilt in → Rwanda u. → Burundi).

**Rug·by** [ˈrʌgbɪ] Stadt in Warwickshire, England.

**Ruge·ley** [ˈruːdʒlɪ] Stadt in Staffordshire, England.

**Ru·ma·nia** [ruːˈmeɪnjə; -nɪə; ru-] → Romania a.

**Run·corn** [ˈrʌŋkɔː(r)n] Hafen- u. Industriestadt in Cheshire, England.

**Run·ny·mede** [ˈrʌnɪmiːd] Wiesenfläche an der Themse bei Windsor. Magna Charta 1215.

**Rush·worth** [ˈrʌʃwɜːθ; Am. -ˌwɜːrθ] Stadt im austral. Bundesstaat Victoria.

**Rus·sia** [ˈrʌʃə] Rußland n.

**Rut·land(·shire)** [ˈrʌtlənd; ˈ-ʃə(r); ˈ-ˌʃɪə(r)] Ehemal. Grafschaft in Mittelengland.

**Rwan·da** [rʊˈændə; Am. -ˈɑn-] Ruˈanda n (Republik in Zentralafrika).

**Ryde** [raɪd] Stadt auf der Insel Wight, im Ärmelkanal.

**Rush·more, Mount** [ˈrʌʃmɔː(r)] Berg in Süd-Dakota, USA. Nationaldenkmal mit den aus Stein gehauenen Gesichtern von Washington, Lincoln, Jefferson, Roosevelt.

**Rye** [raɪ] Stadt in East Sussex, England.

**Ryu·kyu Is·lands** [rɪˈuːkjuː] Riˈukiu-Inseln pl (im westl. Pazifischen Ozean).

# S

**Sa·bah** [ˈsɑːbɑː; -bə] Gliedstaat Malaysias.

**Sa·ble, Cape** [ˈseɪbl] Kap n Sable: a) Kap an der Südwestspitze Neuschottlands, Kanada, b) Kap an der Südspitze Floridas, USA.

**Sac·ra·men·to** [ˌsækrəˈmentəʊ] a) Hauptstadt von Kalifornien, USA, b) Fluß im Norden Kaliforniens, USA.

**Sa·ha·ra** [səˈhɑːrə; Am. a. -ˈhærə; -ˈheərə] Wüste in Nordafrika.

**Sai·gon** [saɪˈgɒn; Am. -ˈgɑn; a. ˈsaɪˌgɑn] → Ho Chi Minh City.

**Saint Al·bans** [sntˈɔːlbənz; Am. bes. seɪnt-] Stadt in Hertfordshire, England.

**Saint An·drews** [sntˈændruːz; Am. bes. seɪnt-] Stadt in Fife, Schottland.

**Saint Aus·tell** [sntˈɔːstl; Am. bes. seɪnt-] Stadt in Cornwall, England.

**Saint He·le·na** [ˌsentɪˈliːnə; Am. ˌseɪntl-ˈiːnə; -həˈliːnə] Sankt Helena n (Insel im südl. Atlantischen Ozean).

**Saint Hel·ens** [sntˈhelɪnz; Am. bes. seɪnt-] Stadt in Merseyside, England.

**Saint John's** [sntˈdʒɒnz; Am. seɪnt-ˈdʒɑnz] Hauptstadt von Neufundland, Kanada.

**Saint Law·rence** [sntˈlɒrəns; Am. seɪntˈlɔːrəns; -ˈlɑːr-] Sankt-Lorenz-Strom m (Nordamerika).

**Saint Lou·is** [sntˈlʊɪs; Am. seɪntˈluːəs] a) Stadt in Missouri, USA, b) Fluß in Minnesota, USA.

**Saint Mar·y·le·bone** [sntˈmærələbən; Am. bes. seɪnt-] Stadtteil von London.

**Saint Pan·cras** [sntˈpæŋkrəs; Am. bes. seɪnt-] Stadtteil von London.

**Saint Paul** [sntˈpɔːl; Am. bes. seɪnt-] Hauptstadt von Minnesota, USA.

**Sa·lem** [ˈseɪlem; -ləm] a) Stadt in Massachusetts, USA, b) Hauptstadt von Oregon, USA, c) Stadt im südl. Indien.

**Sal·ford** [ˈsɔːlfə(r)d] Stadt in Greater Manchester, England.

**Salis·bury** [ˈsɔːlzbərɪ; -brɪ; Am. bes. -ˌberɪ] a) Stadt in Wiltshire, England, b) → Harare.

**Sal·op** [ˈsæləp] Grafschaft in Westengland.

**Salt Lake City** [ˌsɔːltleɪkˈsɪtɪ] Hauptstadt von Utah, USA.

**Sa·moa (Is·lands)** [səˈməʊə] Saˈmoa-Inseln pl (Inselgruppe im Pazifischen Ozean).

**Sa·mos** [ˈseɪmɒs; Am. -ˌmɑs] Griech. Insel.

**San An·to·nio** [ˌsænænˈtəʊnɪəʊ; -ənˈt-] Stadt in Texas, USA.

**San Ber·nar·di·no** [ˌsænˌbɜːnəˈdiːnəʊ; Am. -ˌbɜːrnərˈd-; -ˌbɜːrnəˈd-] Stadt in Kalifornien, USA.

**Sand·hurst** [ˈsændhɜːst; Am. -ˌhɜːrst] Ort in Berkshire, England. Militärakademie.

**San Di·e·go** [ˌsændɪˈeɪgəʊ] *Hafenstadt in Kalifornien, USA.*
**San·down** [ˈsændaʊn] *Stadt auf der Insel Wight, im Ärmelkanal.*
**San·dring·ham** [ˈsændrɪŋəm] *Dorf in Norfolk, England. Zeitweilig königliche Residenz.*
**Sand·wich** [ˈsænwɪtʃ; -nd-] *Stadt in Kent, England.*
**Sand·wich Is·lands** [ˈsænwɪtʃ; -nd-] *hist. für Hawaiian Islands.*
**Sandy Hook** [ˌsændɪˈhʊk] *Landzunge an der Einfahrt in den Hafen von New York.*
**San Fran·cis·co** [ˌsænfrənˈsɪskəʊ] *Hafenstadt in Kalifornien, USA.*
**San Jo·sé** [ˌsænhəʊˈzeɪ; *Am. bes.* ˌsænəˈzeɪ] a) *Stadt in Kalifornien, USA,* b) *Hauptstadt der Republik Costa Rica.*
**San Juan** [sænˈhwɑːn; -ˈwɑːn] *Hauptstadt von Puerto Rico, Westindien.*
**San Ma·ri·no** [ˌsænməˈriːnəʊ] *Republik auf der Apenninenhalbinsel.*
**San Sal·va·dor** [sænˈsælvədɔː(r)] a) *Hauptstadt der Republik El Salvador,* b) *eine der Bahama-Inseln.*
**San·ta Bar·ba·ra Is·lands** [ˌsæntəˈbɑː(r)bərə; -brə] *Santa-Barbara-Inseln pl (vor der Südwestküste Kaliforniens, USA).*
**San·ta Fé** [ˌsæntəˈfeɪ] *Hauptstadt von New Mexico, USA.*
**San·ta Mon·i·ca** [ˌsæntəˈmɒnɪkə; *Am.* -ˈmɑ-] *Stadt in Kalifornien, USA.*
**San·ti·a·go de Chi·le** [ˌsæntɪˈɑːgəʊdəˈtʃɪlɪ] *Hauptstadt von Chile.*
**San·to Do·min·go** [ˌsæntəʊdəˈmɪŋgəʊ] *Hauptstadt der Dominikanischen Republik.*
**Saor·stat Eir·eann** [ˌseəstɑːˈtˈeərən] *(Gaelic)* → **Ireland.**
**Sa·ra·wak** [səˈrɑːwək; -wæk; *Am. a.* -wɑːk] *Gliedstaat Malaysias.*
**Sar·din·ia** [sɑː(r)ˈdɪnjə; -nɪə] *Sardinien n:* a) *Ital. Insel im Mittelmeer,* b) *hist. Königreich (Insel Sardinien u. Piemont-Savoyen).*
**Sas·katch·e·wan** [səsˈkætʃɪwən; sæs-] a) *Fluß in Kanada,* b) *Provinz im westl. Kanada.*
**Sau·di A·ra·bia** [ˌsaʊdɪəˈreɪbɪə; ˌsɔːdɪ-] *Saudi-Arabien n (Königreich in Nord- u. Mittelarabien).*
**Sault Sainte Ma·rie Ca·nals** [ˌsuːˌseɪntməˈriː] *Drei schiffbare Kanäle zwischen Oberem See u. Huronsee, USA u. Kanada.*
**Sa·van·nah** [səˈvænə] a) *Stadt in Georgia, USA,* b) *Fluß zwischen Georgia u. South Carolina, USA.*
**Sax·o·ny** [ˈsæksnɪ; -sənɪ] *Sachsen n.*
**Sca·fell Pike** [ˌskɔːˈfel; ˈskɔːfel] *Höchster Berg Englands, in Cumbria.*
**Scan·di·na·via** [ˌskændɪˈneɪvjə; -vɪə] *Skandinavien n.*
**Scar·bor·ough** [ˈskɑː(r)brə; -bərə; *Am. bes.* -ˌbərə] *Stadt in North Yorkshire, England.*
**Scheldt** [skelt], *(Dutch)* **Schel·de** [ˈskeldə; ˈsxeldə] *Schelde f (Hauptfluß in Mittelbelgien).*
**Scil·ly Isles** [ˈsɪlɪ] *Scilly-Inseln pl (vor der Südwestspitze Englands).*
**Scone** [skuːn] *hist. Krönungsort der schott. Könige nahe Perth.*
**Sco·tia** [ˈskəʊʃə] *(Lat.) hist. für Scotland.*
**Scot·land** [ˈskɒtlənd; *Am.* ˈskɑt-] *Schottland n.*
**Scran·ton** [ˈskræntn; -tən] *Stadt in Pennsylvania, USA.*
**Scun·thorpe** [ˈskʌnθɔː(r)p] *Stadt in Humberside, England.*
**Sea·ford** [ˈsiːfə(r)d; -fɔː(r)d] *Stadt in East Sussex, England.*
**Se·at·tle** [sɪˈætl] *Hafenstadt im Staat Washington, USA.*

**Sedge·mor** [ˈsedʒˌmʊə(r); -mɔː(r)] *Ebene in Somerset, England. Schlacht 1685.*
**Seine** [seɪn] *Fluß in Nordfrankreich.*
**Se·lang·or** [səˈlæŋə(r); -ŋɔː(r)] *Gliedstaat Malaysias.*
**Sel·by** [ˈselbɪ] *Stadt in North Yorkshire, England.*
**Sel·kirk** [ˈselkɜːk; *Am.* -ˌkɜrk] a) → **Selkirkshire,** b) *Stadt in Borders Region, Schottland.*
**Sel·kirk·shire** [ˈselkɜːkʃə(r); -ˌʃɪə(r); *Am.* -ˌkɜrk-] *Ehemal. Grafschaft im südöstl. Schottland.*
**Sen·e·ca Lake** [ˈsenɪkə] *Seneca-See m (im Staat New York, USA).*
**Sen·e·gal** [ˌsenɪˈgɔːl] a) *Fluß im nordwestl. Afrika,* b) *Republik in Westafrika.*
**Seoul** [səʊl] *Se'oul n, Sö'ul n (Hauptstadt von Südkorea).*
**Se·quoia Na·tion·al Park** [sɪˈkwɔɪə] *Naturschutzpark in Mittelkalifornien, USA.*
**Ser·bia** [ˈsɜːbjə; -bɪə; *Am.* ˈsɜrbɪə] *Serbien n (Volksrepublik im östl. Jugoslawien).*
**Sev·en·oaks** [ˈsevnəʊks] *Stadt in Kent, England.*
**Sev·ern** [ˈsevə(r)n] *Fluß in Wales u. Westengland.*
**Sew·ard Pen·in·su·la** [ˈsjuːə(r)d; ˈsuː-] *Seward-Halbinsel f (Alaska, USA).*
**Sey·chelles** [seɪˈʃelz; -ˈʃel] *Sey'chellen pl (Inselgruppe und Republik im westl. Ind. Ozean).*
**Sha·ba** [ˈʃɑːbə] *Provinz im südöstl. Zaire (früher Katanga).*
**Shaftes·bury** [ˈʃɑːftsbərɪ; -brɪ; *Am. bes.* ˈʃæftsˌberɪ] *Stadt in Dorsetshire, England.*
**Shan·non** [ˈʃænən] a) *Größter Fluß Irlands,* b) *Flughafen in Clare, Irland.*
**Shatt-al-Ar·ab** [ˌʃætælˈærəb] *Fluß im südöstl. Irak.*
**Sheer·ness** [ˌʃɪə(r)ˈnes] *Stadt in Kent, England.*
**Shef·field** [ˈʃefiːld] *Industriestadt in South Yorkshire, England.*
**Sher·borne** [ˈʃɜːbən; *Am.* ˈʃɜrbərn] *Stadt in Dorsetshire, England.*
**Shet·land (Is·lands)** [ˈʃetlənd] *Shetland-Inseln pl (vor der Nordküste Schottlands).*
**Shore·ditch** [ˈʃɔː(r)dɪtʃ] *Stadtteil von London.*
**Shore·ham-by-Sea** [ˌʃɔːrəmbaɪˈsiː] *Stadt in West Sussex, England.*
**Shreve·port** [ˈʃriːvpɔː(r)t] *Stadt in Louisiana, USA.*
**Shrews·bury** [ˈʃrəʊzbərɪ; -brɪ; ˈʃruːz-; *Am. bes.* ˈʃruːzˌberɪ] *Hauptstadt von Salop, England.*
**Shrop·shire** [ˈʃrɒpʃə(r); -ˌʃɪə(r); *Am.* ˈʃrɑp-] *Ehemal. Grafschaft in Westengland.*
**Si·am** [ˌsaɪˈæm; ˈsaɪæm] → **Thailand.**
**Si·be·ria** [saɪˈbɪərɪə] *Si'birien n.*
**Sic·i·ly** [ˈsɪsɪlɪ; *Am. a.* ˈsɪslɪ] *Si'zilien n.*
**Sid·cup** [ˈsɪdkəp] → **Chislehurst and Sidcup.**
**Sid·mouth** [ˈsɪdməθ] *Stadt in Devonshire, England.*
**Si·er·ra Le·o·ne** [sɪˌerəlɪˈəʊn; -nɪ; ˌsɪərə-] *Republik in Westafrika.*
**Si·er·ra Ne·va·da** [sɪˌerənɪˈvɑːdə; ˌsɪərə-; *Am. a.* -nəˈvæ-] a) *Hochgebirge in Kalifornien, USA,* b) *Hauptzug des Andalusischen Berglandes, Südspanien.*
**Sik·kim** [ˈsɪkɪm] *Ind. Bundesstaat im östl. Himalaja.*
**Si·le·sia** [saɪˈliːzjə; *bes. Am.* -ʒɪə; -ʃɪə; -ʒə; -ʃə] *Schlesien n.*
**Si·nai** [ˈsaɪnaɪ; -naɪ] *Halbinsel im Norden des Roten Meeres, Ägypten.*
**Sin·ga·pore** [ˌsɪŋgəˈpɔː(r); ˌsɪŋə-; *Am.* -ˌpɔːr] *Singapur n:* a) *Insel südlich von Malakka;* *Republik,* b) *Hauptstadt von a.*

**Sin·gle·ton** [ˈsɪŋgltən] *Stadt im austral. Bundesstaat Neusüdwales.*
**Skag·er·rak** [ˈskægəræk] *Teil der Nordsee zwischen Norwegen u. Dänemark.*
**Skaw, the** [skɔː] *Kap n Skagen (nördlichster Punkt Dänemarks).*
**Skeg·ness** [ˌskegˈnes; ˈskegnes] *Stadt in Lincolnshire, England.*
**Skid·daw** [ˈskɪdɔː] *Berg in Cumbria, England.*
**Skye** [skaɪ] *Größte Insel der Inneren Hebriden, Schottland.*
**Sli·go** [ˈslaɪgəʊ] a) *Grafschaft im nordwestl. Irland,* b) *Hauptstadt von a.*
**Slough** [slaʊ] *Stadt in Berkshire, England.*
**Slo·va·kia** [sləʊˈvækɪə; -ˈvɑː-] *Slowa'kei f (östl. Teil der Tschechoslowakei).*
**Slo·ve·nia** [sləʊˈviːnjə; -nɪə] *Slo'wenien n (Landschaft im Nordwesten Jugoslawiens).*
**Snae·fell** [ˌsneɪˈfel] *Berg auf der Insel Man in der Irischen See.*
**Snow·don** [ˈsnəʊdn] *Berg im nördl. Wales.*
**So·ci·e·ty Is·lands** [səˈsaɪətɪ] *Gesellschafts-Inseln pl (südl. Pazifischer Ozean).*
**So·fia** [ˈsəʊfjə; -fɪə] *Hauptstadt von Bulgarien.*
**So·lent, the** [ˈsəʊlənt] *Kanal zwischen der engl. Insel Wight u. der Küste von Hampshire, England.*
**Sol·o·mon Is·lands** [ˈsɒləmən; *Am.* ˈsɑ-] *Salomoninseln pl (Inselstaat nordöstl. von Australien).*
**Sol·way Firth** [ˈsɒlweɪ; *Am.* ˈsɑl-] *Meeresbucht der Irischen See.*
**So·ma·lia** [səʊˈmɑːlɪə; -ljə; səˈm-] *Republik in Ostafrika.*
**Som·er·set(·shire)** [ˈsʌmə(r)sɪt; -set; -ˌʃə(r); -ˌʃɪə(r)] *Grafschaft im südwestl. England.*
**Som·er·ville** [ˈsʌmə(r)vɪl] *Stadt in Massachusetts, USA.*
**Soo Ca·nals** [suː] → **Sault Sainte Marie Canals.**
**Sound, the** [saʊnd] *Sund m (Meerenge zwischen Dänemark u. Schweden).*
**Sou·ter Head** [ˌsuːtə(r)ˈhed] *Landspitze an der Küste des östl. Mittelschottlands.*
**South Af·ri·ca, Re·pub·lic of** [ˌsaʊθˈæfrɪkə] *Südafrik. Repu'blik f.*
**South·all** [ˈsaʊθɔːl] *Stadtteil von London.*
**South·amp·ton** [saʊθˈæmptən; -ˈæmtən; -ˈhæ-] *Hafen in Hampshire, England.*
**South Aus·tra·lia** [ɒˈstreɪljə; -lɪə; *Am.* ɔːˈst-; ɑːˈst-] *Südau'stralien n (austral. Bundesstaat).*
**South Bend** [ˌsaʊθˈbend] *Stadt in Indiana, USA.*
**South Car·o·li·na** [ˌkærəˈlaɪnə] *Staat im Südosten der USA.*
**South Da·ko·ta** [dəˈkəʊtə] *Nordwestl. Mittelstaat der USA.*
**South Downs** [ˌsaʊθˈdaʊnz] *Hügelkette im südl. England, von Dorset bis Sussex.*
**South·end on Sea** [ˌsaʊθendɒnˈsiː] *Stadt in Essex, England.*
**South·ern Alps** [ˌsʌðə(r)nˈælps] *Neuseeländische Alpen pl (Gebirgskette auf Neuseeland).*
**South·ern Yem·en** [ˈjemən] *Südjemen m (Volksrepublik im südwestl. Arabien).*
**South Gla·mor·gan** [gləˈmɔː(r)gən] *Grafschaft im südl. Wales.*
**South·port** [ˈsaʊθpɔː(r)t] *Stadt in Merseyside, England.*
**South Sea Is·lands** *Südsee-Inseln pl, Oze'anien n.*
**South Seas** *Die Gewässer der südl. Hemisphäre, bes. der südl. Pazifische Ozean.*
**South Shields** [ˌsaʊθˈʃiːldz] *Stadt in*

*Tyne and Wear, England.*
**South·wark** [ˈsʌðə(r)k; ˈsauθwə(r)k] *Stadtbezirk des inneren Verwaltungsgebiets Groß-Londons.*
**South·wick** [ˈsauθwɪk] *Stadt in Sussex, England.*
**South York·shire** [ˈjɔ:(r)kʃə(r); -ˌʃɪə(r)] *Grafschaft in Nordengland.*
**So·vi·et Un·ion** [ˌsəuvɪətˈju:njən; ˌsɒv-; *Am.* ˌsəuviet-; ˌsʌv-] Soˈwjetuniˌon *f.*
**Spa** [spa:] *Badeort in Belgien.*
**Spain** [speɪn] Spanien *n.*
**Spal·ding** [ˈspɔ:ldɪŋ] *Stadt in Lincolnshire, England.*
**Spen·bor·ough** [ˈspenbərə; -brə; *Am. bes.* -ˌbɜrə] *Stadt in West Yorkshire, England.*
**Spit·head** [ˌspɪtˈhed; ˈspɪthed] *Meeresarm zwischen der engl. Insel Wight u. der Küste von Hampshire, England.*
**Spo·kane** [spəuˈkæn] a) *Stadt im Staate Washington, USA,* b) *Nebenfluß des Columbia im Staate Washington, USA.*
**Spring·field** [ˈsprɪŋfi:ld] a) *Stadt im südwestl. Massachusetts, USA,* b) *Hauptstadt von Illinois, USA.*
**Sri Lan·ka** [ˌsri:ˈlæŋkə; *Am.* -ˈlɑŋkə] *Republik auf Ceylon.*
**Staf·fa** [ˈstæfə] *Insel der Inneren Hebriden, Schottland.*
**Staf·ford** [ˈstæfə(r)d] a) → **Staffordshire,** b) *Hauptstadt von Staffordshire.*
**Staf·ford·shire** [ˈstæfə(r)dʃə(r); -ˌʃɪə(r)] *Grafschaft im Westen Mittelenglands.*
**Staines** [steɪnz] *Stadt in Surrey, England.*
**Staked Plain** [ˌsteɪktˈpleɪn] → **Llano Estacado.**
**Sta·ly·bridge** [ˈsteɪlɪbrɪdʒ] *Industriestadt in Greater Manchester.*
**Stam·boul** [stæmˈbu:l] Stambul *n (Kurzform für* Istanbul).
**Stam·ford** [ˈstæmfə(r)d] *Stadt in Connecticut, USA.*
**Stam·ford Bridge** [ˌstæmfə(r)dˈbrɪdʒ] *Ort östl. von York. Schlacht 1066.*
**Stan·ley** [ˈstænlɪ] *Stadt in Durham, England.*
**Stat·en Is·land** [ˌstætnˈaɪlənd] *Insel u. Stadtteil von New York.*
**States of the Church** [ˌsteɪtsəvðəˈtʃɜ:tʃ; *Am.* -ˈtʃɑrtʃ] *hist.* Kirchenstaat *m (Staatsgebiet unter päpstlicher Oberhoheit).*
**Step·ney** [ˈstepnɪ] *Stadtteil von London.*
**Ste·ven·age** [ˈsti:vnɪdʒ] *Stadt in Hertfordshire, England.*
**Stir·ling** [ˈstɜ:lɪŋ; *Am.* ˈstɜr-] a) → Stirlingshire, b) *Hauptstadt der Central Region, Schottland.*
**Stir·ling·shire** [ˈstɜ:lɪŋʃə(r); -ˌʃɪə(r); *Am.* ˈstɜr-] *Ehemal. Grafschaft in Mittelschottland.*
**Stock·holm** [ˈstɒkhəum; *Am.* ˈstɑk-; *a.* -ˌhəulm] Stockholm *n.*
**Stock·port** [ˈstɒkpɔ:(r)t; *Am.* ˈstɑk-] *Stadt in Greater Manchester, England.*
**Stock·ton-on-Tees** [ˌstɒktənɒnˈti:z; *Am.* ˌstɑk-] *Stadt in Cleveland, England.*
**Stoke New·ing·ton** [ˌstəukˈnju:ɪŋtən; *Am. bes.* -ˈnu:-] *Stadtteil von London.*
**Stoke-on-Trent** [ˌstəukɒnˈtrent] *Stadt in Staffordshire, England.*
**Stone·henge** [ˌstəunˈhendʒ; ˈstəunhendʒ] *Vorgeschichtliches, vermutlich sakrales Bauwerk nördl. von Salisbury in Wiltshire, England.*
**Stor·no·way** [ˈstɔ:(r)nəweɪ] *Hafen auf Lewis. Verwaltungszentrum der Western Isles.*
**Stour·bridge** [ˈstauə(r)brɪdʒ] *Stadt in West Midlands, England.*
**Stra·bane** [strəˈbæn] *Stadt in Tyrone, Nordirland.*
**Stran·raer** [strænˈrɑ:(r)] *Stadt in Dumfries and Galloway, Schottland.*

**Strat·ford-on-A·von** [ˌstrætfə(r)dɒnˈeɪvn] *Stadt in Warwickshire, England. Geburtsort Shakespeares.*
**Strath·clyde** [stræθˈklaɪd] *Verwaltungsregion Westschottlands.*
**Stroud** [straud] *Stadt in Gloucestershire, England.*
**Styr·ia** [ˈstɪrɪə] Steiermark *f (Land im südöstl. Österreich).*
**Su·dan** [su:ˈdɑ:n; -ˈdæn] a) *Landschaft im nördl. Afrika,* b) *Republik in Ostafrika,* c) → **Mali.**
**Su·ez Ca·nal** [ˌsuːzkəˈnæl; ˈsuːz-; *Am. bes.* suːˌez-; ˌsuːez-] ˈSuezkaˌnal *m (Ägypten).*
**Suf·folk** [ˈsʌfək] *Grafschaft im Osten Englands.*
**Su·ma·tra** [suˈmɑːtrə] *Insel des Malaiischen Archipels, Indonesien.*
**Sun·bury-on-Thames** [ˌsʌnbərɪɒnˈtemz; -brɪ-; *Am. bes.* ˌsʌnberɪ-] *Stadt in Surrey, England.*
**Sun·da Isles** [ˈsʌndə; *Am. a.* ˈsuːndə] Sunda-Inseln *pl (Malaiischer Archipel, Indonesien).*
**Sun·der·land** [ˈsʌndə(r)lənd] *Hafenstadt in Tyne and Wear, England.*
**Su·pe·ri·or, Lake** [suːˈpɪərɪə; sjuː-; *Am.* suˈpɪriər] Oberer See *(der westlichste der Großen Seen, Nordamerika).*
**Su·ri·nam** [ˌsuərɪˈnæm; ˌsuərəˈnɑːm] Suriˈnam *n (Republik im Nordosten Südamerikas).*
**Sur·rey** [ˈsʌrɪ; *Am. bes.* ˈsɜrɪ] *Grafschaft in Südengland.*
**Sus·que·han·na** [ˌsʌskwɪˈhænə] *Fluß im Osten der USA.*
**Sus·sex** [ˈsʌsɪks] *Ehemal. Grafschaft im Südosten Englands;* → **East Sussex, West Sussex.**
**Suth·er·land(·shire)** [ˈsʌðə(r)lənd; -ʃə(r); -ˌʃɪə(r)] *Ehemal. Grafschaft im Nordwesten Schottlands.*
**Sut·ton** [ˈsʌtn] *Südl. Stadtbezirk Groß-Londons.*
**Sut·ton Cold·field** [ˌsʌtnˈkəuldfi:ld] *Stadt in West Midlands, England.*
**Sut·ton-in-Ash·field** [ˌsʌtnɪnˈæʃfi:ld] *Stadt in Nottinghamshire, England.*
**Swa·bia** [ˈsweɪbjə; -bɪə] Schwaben *n.*
**Swan·age** [ˈswɒnɪdʒ; *Am.* ˈswɑn-] *Stadt in Dorsetshire, England.*
**Swan·sea[1]** [ˈswɒnzɪ; *Am.* ˈswɑnzɪ] *Haupt- u. Hafenstadt von West Glamorgan, Wales.*
**Swan·sea[2]** [ˈswɒnsɪ; *Am.* ˈswɑnsɪ] *Stadt auf Tasmanien, Australien.*
**Swa·zi·land** [ˈswɑːzɪlænd] Swasiland *n (konstitutionelle Monarchie im südl. Afrika).*
**Swe·den** [ˈswiːdn] Schweden *n.*
**Swin·don** [ˈswɪndən] *Stadt in Wiltshire, England.*
**Swit·zer·land** [ˈswɪtsə(r)lənd] Schweiz *f.*
**Syd·en·ham** [ˈsɪdnəm] *Stadtteil von London.*
**Syd·ney** [ˈsɪdnɪ] *Hauptstadt des austral. Bundesstaates Neusüdwales.*
**Syr·a·cuse[1]** [ˈsaɪərəkjuːz; *Am.* ˈsɪrəˌkjuːs] Syraˈkus *n (Hafenstadt im südöstl. Sizilien).*
**Syr·a·cuse[2]** [ˈsɪrəkjuːs] *Stadt im Staat New York, USA.*
**Syr·ia** [ˈsɪrɪə] Syrien *n.*

## T

**Ta·ble Moun·tain** [ˈteɪbl] Tafelberg *m (Südafrika).*
**Ta·co·ma** [təˈkəumə] *Hafenstadt im*

*Staat Washington, USA.*
**Ta·gus** [ˈteɪɡəs] Tajo *m (Fluß in Spanien u. Portugal).*
**Ta·hi·ti** [tɑːˈhiːtɪ; təˈh-] *Größte der Gesellschaftsinseln, Pazifischer Ozean.*
**Tai·peh, Tai·pei** [ˈtaɪˈpeɪ; -ˈbeɪ] *Hauptstadt von Taiwan.*
**Tai·wan** [ˌtaɪˈwɑːn] *Insel u. Republik vor der südchines. Küste.*
**Tal·la·has·see** [ˌtæləˈhæsɪ] *Hauptstadt von Florida, USA.*
**Tal·lin(n)** [ˈtælɪn] Tallin(n) *n (russ. Name für Reval, Haupt- u. Hafenstadt von Estland).*
**Tam·pa** [ˈtæmpə] *Hafenstadt in Florida, USA.*
**Ta·na·na·rive** [ˌtænənəˈriːv; *Am.* təˈnænəˌriːv; tananariv] *(Fr.)* Tananaˈrivo *n (Hauptstadt der Insel Madagaskar).*
**Tan·gan·yi·ka** [ˌtæŋɡəˈnjiːkə] Tangaˈnjika *n (Teil von Tansania).*
**Tan·gier** [tænˈdʒɪə(r)] Tanger *n (Hafenstadt im nordwestl. Marokko).*
**Tan·za·nia** [ˌtænzəˈnɪə] Tanˈsania *n (Republik in Ostafrika).*
**Tas·ma·nia** [tæzˈmeɪnjə; -nɪə] Tasˈmanien *n (austral. Insel u. Bundesstaat).*
**Tas·man Sea** [ˈtæzmən] Tasman-See *f (Teil des Pazifischen Ozeans zwischen Südostaustralien u. Neuseeland).*
**Taun·ton** [ˈtɔːntən; *a.* ˈtɑːn-] *Hauptstadt von Somersetshire, England.*
**Tav·is·tock** [ˈtævɪstɒk; *Am.* -vəˌstɑk] *Stadt in Devonshire, England.*
**Tay** [teɪ] *Fluß in Mittelschottland.*
**Tay·side (Re·gion)** [ˈteɪsaɪd] *Verwaltungsregion Ostschottlands.*
**Tees** [tiːz] *Fluß in Nordengland.*
**Tees·side** [ˈtiːzsaɪd] *Industrieregion an der Mündung des Tees.*
**Te·gu·ci·gal·pa** [tɪˌɡuːsɪˈɡælpə] *Hauptstadt von Honduras, Mittelamerika.*
**Te·he·ran, Teh·ran** [ˌtɪəˈrɑːn; ˌtehə-; *Am. bes.* ˌteɪəˈræn] Teheˈran *n (Hauptstadt des Iran).*
**Teign·mouth** [ˈtɪnməθ] *Stadt in Devonshire, England.*
**Tel A·viv** [ˌteləˈviːv] *Stadt in Israel.*
**Tel·ford** [ˈtelfə(r)d] *Stadt in Salop, England.*
**Ten·e·rife, a. Ten·e·riffe** [ˌtenəˈriːf] Teneˈriffa *n (größte der Kanarischen Inseln).*
**Ten·nes·see** [ˌtenəˈsiː] a) *Südöstl. Mittelstaat der USA,* b) *linker Nebenfluß des Ohio, USA.*
**Te·ton Range** [ˈtiːtn; *Am. a.* -ˌtɑn] *Gebirgszug im nördl. Mittelamerika.*
**Te·viot** [ˈtiːvjət; -vɪət] *Fluß im südöstl. Schottland.*
**Tewkes·bury** [ˈtjuːksbərɪ; -brɪ; *Am. bes.* ˈtuːksˌberɪ] *Stadt in Gloucestershire, England.*
**Tex·as** [ˈteksəs] *Staat im Süden der USA.*
**Thai·land** [ˈtaɪlænd; -lənd] *Königreich in Hinterindien.*
**Thames[1]** [temz] Themse *f (Fluß in Südengland).*
**Thames[2]** [temz] a) *Fluß in Ontario, Kanada,* b) *Stadt auf der Nordinsel von Neuseeland.*
**Than·et, Isle of** [ˈθænɪt] *Nordöstl. Teil der Grafschaft Kent, England.*
**The Hague** → **Hague, The.**
**The·o·balds** [ˈθɪəbɔːldz] *Straße in London.*
**Thread·nee·dle Street** [ˌθredˈniːdl; -ˌniːdl] *Straße in der Londoner City mit der Bank of England.*
**Thu·rin·gia** [θjuəˈrɪndʒɪə; θjʊˈr-; *Am. a.* θʊˈr-] Thüringen *n.*
**Thur·rock** [ˈθʌrək; *Am. bes.* ˈθɜrək] *Stadt in Essex, England.*
**Thurs·day Is·land** [ˈθɜːzdɪ; *Am.* ˈθɜrzdiː] *Insel vor der Nordspitze Australiens.*

**Ti·ber** ['taɪbə(r)] *Fluß in Mittelitalien.*

**Ti·bet** [tɪ'bet] *Tibet n (Hochland in Zentralasien).*

**Ti·ci·no** [tɪ'tʃiːnəʊ] *Tesʼsin n (südlichster Kanton der Schweiz).*

**Tier·ra del Fue·go** [tɪˌerədelˈfweɪɡəʊ; -fʊˈeɪ-] *Feuerland n.*

**Ti·gris** ['taɪɡrɪs] *Strom in Vorderasien.*

**Til·bury** ['tɪlbərɪ; -brɪ; *Am. bes.* -ˌberiː] *Stadt in Essex, England.*

**Tin·tag·el Head** [tɪnˌtædʒəlˈhed] *Kap an der Nordwestküste von Cornwall, England. Legendärer Geburtsort König Arthurs.*

**Tin·tern Ab·bey** [ˌtɪntə(r)nˈæbɪ] *Klosterruine in Gwent, Wales.*

**Tip·per·ary** [ˌtɪpəˈreərɪ] *a) Grafschaft im Süden Irlands, b) Stadt in a.*

**Ti·ra·na** [tɪˈrɑːnə] *Hauptstadt von Albanien.*

**To·go** ['təʊɡəʊ] *Republik in Westafrika.*

**To·kyo** ['təʊkjəʊ; -kɪəʊ] *Tokio n.*

**To·le·do** *a)* [tɒˈleɪdəʊ; *bes. Am.* təˈliːdəʊ] *Stadt in Mittelspanien, b)* [təˈliːdəʊ] *Stadt in Ohio, USA.*

**Ton·ga** ['tɒŋə; -ŋɡə; *Am.* 'tɑ-] *Tonga n (Königreich im südwestl. Polynesien).*

**Ton·kin** [ˌtɒnˈkɪn; ˌtɒŋ-; *Am.* 'tɑŋkən; ˌtɑnˈkɪn], *auch* **Tong·king** [tɒŋˈkɪŋ; *Am.* ˌtɑŋ-] *Tongking n (Teil von Nordvietnam).*

**To·pe·ka** [təʊˈpiːkə; təˈp-] *Hauptstadt von Kansas, USA.*

**Tor·bay** [ˌtɔːˈbeɪ] *a) Grafschaftsfreie Stadt in Devonshire, England, b) Bucht des Ärmelkanals an der Ostküste von Devonshire, England.*

**To·ron·to** [təˈrɒntəʊ; *Am.* -ˈrɑn-; *a.* -tə] *Hauptstadt von Ontario, Kanada.*

**Tor·quay** [ˌtɔː(r)ˈkiː] *Seebad in Devonshire, England.*

**Tor·rens, Lake** ['tɒrənz; *Am. a.* 'tɑ-] *Torrenssee m (Salzsee im austral. Bundesstaat Südaustralien).*

**Tot·nes** ['tɒtnɪs; *Am.* 'tɑtnəs] *Stadt in Devonshire, England.*

**Tot·ten·ham** ['tɒtnəm; *Am.* 'tɑ-] *Stadtteil von London.*

**Tow·er Ham·lets** ['taʊə(r)ˌhæmlɪts] *Stadtbezirk Groß-Londons mit dem größten Teil des East-End.*

**Tra·fal·gar, Cape** [trəˈfælɡə(r)] *Kap n Traʼfalgar (an der Südwestküste Spaniens. 1805 Seesieg Nelsons über die franz.-span. Flotte).*

**Tra·lee** [trəˈliː] *Stadt in Kerry, Irland.*

**Trans·kei** [ˌtrænsˈkaɪ] *Transʼkei f (Staat in Südafrika).*

**Trans·vaal** ['trænzvɑːl; *bes. Am.* ˌtrænsˈvɑːl; -nzˈvɑːl] *Transvaal n (nördl. Provinz der Südafrik. Republik).*

**Trav·erse, Lake** ['trævəz; *Am.* -vərs] *See in South Dakota u. Minnesota, USA.*

**Tre·de·gar** [trɪˈdiːɡə(r)] *Stadt in Gwent, Wales.*

**Treng·ga·nu** [treŋˈɡɑːnuː] *Trenʼganu n (Gliedstaat Malaysias).*

**Trent** [trent] *a) Triʼent n (Stadt im nordöstl. Italien), b) Fluß in Mittelengland.*

**Tren·ton** ['trentn; -tən] *Hauptstadt von New Jersey, USA.*

**Treves** [triːvz] *Trier n.*

**Trin·i·dad and To·ba·go** [ˌtrɪnɪdædntəʊˈbeɪɡəʊ; -təˈb-] *Inseln der Kleinen Antillen; unabhängiger Commonwealth-Staat.*

**Trip·o·li** ['trɪpəlɪ] *Tripolis n: a) Hauptstadt von Libyen, b) Hafenstadt im nordwestl. Libanon.*

**Trow·bridge** ['trəʊbrɪdʒ] *Hauptstadt von Wiltshire, England.*

**Troy** [trɔɪ] *Troja n (antike Stadt im nordwestl. Kleinasien).*

**Tru·cial O·man** [ˌtruːsjəˈuˈmɑːn; *bes. Am.* -ʃəl-; *Am. a.* -əʊˈmæn] *Befriedetes*

O'man *(früherer Name für United Arab Emirates).*

**Tru·ro** ['trʊərəʊ] *Hauptstadt von Cornwall, England.*

**Tul·sa** ['tʌlsə] *Stadt im nordöstl. Oklahoma, USA.*

**Tun·bridge Wells** [ˌtʌnbrɪdʒˈwelz] *Badeort in Kent, England.*

**Tu·nis** ['tjuːnɪs; *Am. bes.* 'tuːnəs] *a)* → **Tunisia**, *b) Hauptstadt von Tunesien.*

**Tu·ni·sia** [tjuːˈnɪzɪə; -sɪə; *Am.* tuːˈniːʒɪə; -ʒə; -ˈnɪ-] *Tuʼnesien n (Staat in Nordafrika).*

**Tur·key** ['tɜːkɪ; *Am.* 'tɜrkiː] *Türʼkei f.*

**Turks and Cai·cos Is·lands** [ˌtɜːksnˈkeɪkəs; *Am.* ˌtɜrks-] *Brit. Kolonie, Inselgruppe südöstl. der Bahamas.*

**Tus·ca·ny** ['tʌskənɪ] *Tosʼkana f (Landschaft in Mittelitalien).*

**Tu·va·lu** [ˌtuːvəˈluː] *Parlamentarische Monarchie im südwestl. Pazifik.*

**Tweed** [twiːd] *Fluß in England u. Schottland.*

**Twick·en·ham** ['twɪknəm; -kənəm] *Stadtteil von London.*

**Ty·burn** ['taɪbɜːn; *Am.* -ˌbɜrn] *Ehemalige Richtstätte in London.*

**Tyne** [taɪn] *Fluß in Northumberland, England.*

**Tyne and Wear** [ˌtaɪnəndˈwɪə(r)] *Grafschaft im nordöstl. England.*

**Tyne·mouth** ['taɪnmaʊθ] *Stadt in Tyne and Wear, England.*

**Tyne·side** ['taɪnsaɪd] *Ballungsgebiet am Fluß Tyne von Newcastle bis zur Küste.*

**Ty·rol** ['tɪrəl; tɪˈrəʊl; *Am. a.* 'taɪˌrəʊl] *Tiʼrol n.*

**Ty·rone** [tɪˈrəʊn] *Grafschaft in Nordirland.*

**Tyr·rhe·ni·an Sea** [tɪˌriːnjənˈsiː; -nɪən-] *Tyrʼrhenisches Meer.*

# U

**U·gan·da** [juːˈɡændə] *Republik in Ostafrika.*

**U·in·ta Moun·tains** [juːˈɪntə; jʊ-] *Gebirge in Utah, USA.*

**U·ist** ['juːɪst] *Zwei Inseln der Äußeren Hebriden, Schottland.*

**U·kraine** [juːˈkreɪn; -ˈkraɪn] *Südl. Teil der europ. UdSSR.*

**U·lan Ba·tor (Kho·to)** [ʊˌlɑːnˈbɑːtɔː(r); *Am. a.* ˌuːlɑːn-; ˈkəʊtəʊ] *Ulan-Bator(-Choto) n (Hauptstadt der Mongolischen Volksrepublik).*

**Ul·ster** ['ʌlstə(r)] *Provinz in Nordirland.*

**U·nit·ed Ar·ab E·mir·ates** [juːˈnaɪtɪdˌærəbeˈmɪərəts; -ˈrm-] *Vereinigte Aʼrabische Emiʼrate pl.*

**U·nit·ed Ar·ab Re·pub·lic** *Vereinigte Aʼrabische Repuʼblik (offizieller Name Ägyptens 1958–71).*

**U·nit·ed King·dom** [juːˌnaɪtɪdˈkɪŋdəm] *Vereinigtes Königreich n (Großbritannien u. Nordirland).*

**Up·per Vol·ta** [ˌʌpə(r)ˈvɒltə; *Am. bes.* -ˈvɑltə; -ˈvəʊltə] *Oberʼvolta n (Republik in Westafrika).*

**U·ral Moun·tains** ['jʊərəl] *Uʼral m (Gebirge in der UdSSR. Grenze zwischen Europa u. Asien).*

**U·ru·guay** ['jʊərəɡwaɪ; -rəɡ-; 'ʊrə-; *Am. a.* -ˌɡweɪ] *a) Republik im Südosten Südamerikas, b) Fluß im Südosten Südamerikas.*

**Ush·ant** ['ʌʃənt; 'ʌʃnt] *Insel vor der Nordwestküste Frankreichs.*

**U·tah** ['juːtɑː; -tɔː] *Staat im Westen der USA.*

**U·ti·ca** ['juːtɪkə] *Stadt im Staat New York, USA.*

**Ut·tox·e·ter** [juːˈtɒksɪtə; ʌˈt-; *Am.* -ˈtɑksətər] *Stadt in Staffordshire, England.*

**Ux·bridge** ['ʌksbrɪdʒ] *Stadtteil von London.*

# V

**Va·duz** [vɑːˈduːts] *Hauptort des Fürstentums Liechtenstein.*

**Va·lais** ['væleɪ; væˈleɪ] *Wallis n (Kanton in der südwestl. Schweiz).*

**Va(l)·let·ta** [vəˈletə] *Hauptstadt von Malta.*

**Van·cou·ver** [vænˈkuːvə(r)] *Stadt in Brit. Columbia, Kanada.*

**Van·ua·tu** [ˌvænwɑːˈtuː] *Inselgruppe u. Republik im südwestl. Pazifik (seit 1980; früher New Hebrides).*

**Va·ra·na·si** [vəˈrɑːnəsɪ] *Stadt in Indien. Früherer Name Benares.*

**Vat·i·can Cit·y** [ˌvætɪkənˈsɪtɪ] *Vatiʼkanstadt f.*

**Vaud** [vəʊ] *Waadt n (Kanton in der westl. Schweiz).*

**Vaux·hall** ['vɒksˌhɔːl; *Am.* ˌvɑks-] *Londoner Straßenname.*

**Ven·e·zu·e·la** [ˌveneˈzweɪlə; -nɪˈzw-; *Am. a.* -nəzˈwiːlə] *Republik im Norden Südamerikas.*

**Ven·ice** ['venɪs] *Veʼnedig n.*

**Vent·nor** ['ventnə(r)] *Stadt auf der Insel Wight, im Ärmelkanal.*

**Ver·dun¹** [vɜːˈdʌn; *Am.* vɜr-; vər-] *Stadt u. Festung im nordöstl. Frankreich.*

**Ver·dun²** [vɜːˈdʌn; *Am.* vɜr-; vər-] *Stadt in Quebec, Kanada.*

**Ver·mont** [vɜːˈmɒnt; *Am.* vərˈmɑnt] *Staat im Osten der USA.*

**Vert, Cape** [vɜːt; *Am.* vɜrt] *Kap n Verde (westlichster Punkt Afrikas).*

**Ve·su·vi·us** [vɪˈsuːvjəs; -vɪəs] *Veʼsuv m (Vulkan in Süditalien bei Neapel).*

**Vic·to·ria** [vɪkˈtɔːrɪə] *a) Austral. Bundesstaat, Südaustralien, b) Hauptstadt der Seychellen, c) Hafenstadt an der Südostküste Chinas, d) Hauptstadt von British Columbia, Kanada.*

**Vi·en·na** [vɪˈenə] *Wien n.*

**Viet·nam, Viet-Nam** [ˌvjetˈnæm; -ˈnɑːm; *Am. a.* viːˌet-; ˌviːet-] *Vietʼnam n (Volksrepublik in Südostasien).*

**Vir·gin·ia** [vəˈ(r)dʒɪnjə; -nɪə] *Staat im Osten der USA.*

**Vir·gin Is·lands** [vɜːdʒɪn; *Am.* 'vɜr-] *Jungferninseln pl (Kleine Antillen, Westindien).*

# W

**Wa·bash** ['wɔːbæʃ] *Nebenfluß des Ohio in Indiana u. Illinois, USA.*

**Wai·ki·ki Beach** [waɪkɪˈkiː; 'waɪkɪkiː] *Badestrand von Honolulu, Hawaii, Pazifischer Ozean.*

**Wake·field** ['weɪkfiːld] *a) Hauptstadt von West Yorkshire, England, b) Stadt in Massachusetts, USA.*

**Wales** [weɪlz] *Teil Großbritanniens an der Irischen See.*
**Wal·la·sey** ['wɒləsɪ; *Am.* 'wɑ-] *Stadt in Merseyside, England.*
**Walls·end** ['wɔːlzend] *Stadt in Tyne and Wear, England.*
**Wal·sall** ['wɔːlsɔːl; -sl] *Stadt in West Midlands, England.*
**Wal·tham For·est** [ˌwɔːltəm'fɒrɪst] *nordöstl. Stadtbezirk Groß-Londons.*
**Wands·worth** ['wɒndzwə(r)θ; 'wɒnz-; *Am.* 'wɑ-] *Stadtbezirk des inneren Verwaltungsgebiets Groß-Londons.*
**Wang·a·nui** [ˌwɒŋə'nʊɪ; *Am.* ˌwɑŋə-'nuːiː] *Hafenstadt auf der Nordinsel von Neuseeland.*
**Wan·stead and Wood·ford** [ˌwɒnstɪdn'wʊdfə(r)d; *Am.* ˌwɑn-] *Stadtteil von London.*
**Ware·ham** ['weərəm] *Stadt in Dorsetshire, England.*
**War·ley** ['wɔː(r)lɪ] *Industriestadt in West Midlands, England.*
**War·ring·ton** ['wɒrɪŋtən; *Am. a.* 'wɑr-] *Stadt in Cheshire, England.*
**War·saw** ['wɔː(r)sɔː] *Warschau n.*
**War·wick** ['wɒrɪk; *Am. bes.* 'wɑ-] a) → **Warwickshire**, b) *Hauptstadt von Warwickshire.*
**War·wick·shire** ['wɒrɪkʃə(r); -ˌʃɪə(r); *Am. bes.* 'wɑ-] *Grafschaft in Mittelengland.*
**Wash, the** [wɒʃ; *Am. a.* waʃ] *Meerbusen an der engl. Nordseeküste.*
**Wash·ing·ton** ['wɒʃɪŋtən; *Am. a.* 'wɑ-] a) *Staat im Nordwesten der USA,* b) *Hauptstadt der USA.*
**Wash·i·ta** ['wɒʃɪtə; *Am.* 'waʃətɔː] a) → **Ouachita**, b) *Fluß in Oklahoma, USA.*
**Wast Wa·ter** ['wɒst,wɔːtə(r); *Am. a.* 'wast-, -ˌwɑːtər] *See im Lake District, Cumbria, England.*
**Wa·ter·bury** ['wɔːtə(r)bərɪ; -brɪ; *Am.* -ˌberɪ; *a.* 'wɑ-] *Stadt in Connecticut, USA.*
**Wa·ter·ford** ['wɔːtə(r)fə(r)d; *Am. a.* 'wɑ-] *Grafschaft im Süden Irlands.*
**Wa·ter·loo** [ˌwɔːtə(r)'luː; *Am. a.* ˌwɑ-] *Ort südl. von Brüssel, Belgien. 1815 Sieg Blüchers u. Wellingtons über Napoleon I.*
**Wat·ford** ['wɒtfəd; *Am.* 'wɑtfərd] *Stadt in Hertfordshire, England.*
**Weald, the** [wiːld] *Landschaft im südöstl. England.*
**Wel·ling·ton** ['welɪŋtən] *Hauptstadt von Neuseeland.*
**Wells** [welz] *Stadt in Somersetshire, England.*
**Wel·wyn Gar·den Cit·y** ['welɪnˌɡɑː(r)dn'sɪtɪ] *Stadt in Hertfordshire, England.*
**Wem·bley** ['wemblɪ] *Stadtteil von London.*
**Wes·sex** ['wesɪks] *hist. Angelsächsisches Königreich im südwestl. England.*
**West Brom·wich** [ˌwest'brɒmɪdʒ; -ɪtʃ; *bes. Am.* -'brʌm-; *Am. a.* -'brɑm-] *Stadt in West Midlands, England.*
**West·ern Aus·tra·lia** [ɒ'streɪljə; -lɪə; *Am.* ɔː-; ɑː-] 'Westauˌstralien *n* (*austral. Bundesstaat*).
**West·ern Isles** [ˌwestə(r)n'aɪlz] *Insulare Verwaltungsregion der Äußeren Hebriden.*
**West·ern Sa·moa** [sə'məʊə] Westsa-'moa *n* (*Staat im südl. Pazifik*).
**West·gate on Sea** [ˌwestɡɪtɒn'siː; ˌwesɡɪt-] *Stadt in Kent, England.*
**West Gla·mor·gan** [ˌwestɡlə'mɔː(r)ɡən] *Grafschaft im südl. Wales.*
**West Ham** [ˌwest'hæm] *Stadtteil im Osten von London.*
**West In·dies** [ˌwest'ɪndɪz] West'indien *n* (*die Inseln Mittelamerikas*).
**West Lo·thi·an** [ˌwest'ləʊðjən; -ɪən]

*Ehemal. Grafschaft im südöstl. Schottland.*
**West·meath** [west'miːð] *Grafschaft in Irland.*
**West Mid·lands** [ˌwest'mɪdləndz] *Grafschaft in Mittelengland.*
**West·min·ster** ['westmɪnstə(r); 'wesm-] *Stadtbezirk Groß-Londons an der Themse.*
**West·mor·land** ['westmə(r)lənd; 'wesm-] *Ehemal. Grafschaft in Nordwestengland.*
**Wes·ton-su·per-Mare** ['westənˌsuː-pə(r)meə(r); *Br. a.* -ˌsjuː-] *Stadt in Avon, England.*
**West·pha·lia** [west'feɪljə; -lɪə] West'falen *n.*
**West Rid·ing** [ˌwest'raɪdɪŋ] *Ehemal. Verwaltungsbezirk der Grafschaft Yorkshire, England.*
**West Sus·sex** [ˌwest'sʌsɪks] *Grafschaft im südöstl. England.*
**West Vir·gin·ia** [ˌwestvə(r)'dʒɪnjə; -nɪə] *Staat im Osten der USA.*
**West York·shire** [ˌwest'jɔː(r)kʃə(r); -ˌʃɪə(r)] *Grafschaft in Nordengland.*
**Wex·ford** ['weksfə(r)d] *Grafschaft im südöstl. Irland.*
**Wey·mouth** ['weɪməθ] a) *Stadt in Dorsetshire, England,* b) *Stadt in Massachusetts, USA.*
**Whit·by** ['wɪtbɪ; 'hw-] *Fischereihafen in North Yorkshire, England.*
**Wich·i·ta** ['wɪtʃɪtɔː] a) *Stadt in Kansas, USA,* b) *Fluß in Texas, USA.*
**Wick·low** ['wɪkləʊ] *Grafschaft im Osten Irlands.*
**Wid·nes** ['wɪdnɪs] *Stadt in Cheshire, England.*
**Wi·gan** ['wɪɡən] *Stadt in Greater Manchester, England.*
**Wight, Isle of** [waɪt] *Insel u. Grafschaft vor der Südküste Englands, im Ärmelkanal.*
**Wig·town** ['wɪɡtən; *Am. a.* -ˌtaʊn] a) → **Wigtownshire**, b) *Stadt in Dumfries and Galloway.*
**Wig·town·shire** ['wɪɡtənʃə(r); -ˌʃɪə(r); *Am. a.* -ˌtaʊn] *Ehemal. Grafschaft im südwestl. Schottland.*
**Willes·den** ['wɪlzdən] *Stadtteil von London.*
**Wil·ming·ton** ['wɪlmɪŋtən] *Hafenstadt in Delaware, USA.*
**Wil·ton** ['wɪltən] *Stadt in Wiltshire, England.*
**Wilt·shire** ['wɪltʃə(r); -ˌʃɪə(r)] *Grafschaft in Südengland.*
**Wim·ble·don** ['wɪmbldən] *Stadtteil von London.*
**Win·ches·ter** ['wɪntʃɪstə(r); *Am. bes.* -ˌtʃestər] *Hauptstadt von Hampshire, England.*
**Win·der·mere** ['wɪndə(r)ˌmɪə(r)] *See im Lake District, Cumbria, England.*
**Wind·hoek** ['wɪnthʊk; 'vɪnt-] Windhuk *n* (*Hauptstadt von Namibia*).
**Wind·sor** ['wɪnzə(r)] a) *Stadt in Berkshire, England,* b) *Stadt in Ontario, Kanada.*
**Wink·field** ['wɪŋkfiːld] *Stadt in Berkshire, England.*
**Win·ne·ba·go, Lake** [ˌwɪnɪ'beɪɡəʊ] Winne'bagosee *m* (*in Wisconsin, USA*).
**Win·ni·peg** ['wɪnɪpeɡ] a) *Hauptstadt von Manitoba, Kanada,* b) *Fluß im südl. Kanada.*
**Wir·ral** ['wɪrəl] *Halbinsel im nordwestl. England.*
**Wis·bech** ['wɪzbiːtʃ] *Stadt in Cambridgeshire, England.*
**Wis·con·sin** [wɪs'kɒnsɪn; *Am.* -'kɑnsən] a) *Staat im Nordosten der USA,* b) *Fluß in Wisconsin, USA.*
**Wish·aw** ['wɪʃɔː] → **Motherwell and Wishaw.**
**Wit·ham¹** ['wɪðəm] *Fluß in Lincolnshire,*

*England.*
**Wit·ham²** ['wɪtəm] *Stadt in Essex, England.*
**Wo·burn** ['wəʊbə(r)n] *Londoner Straßenname.*
**Wo·king** ['wəʊkɪŋ] *Stadt in Surrey, England.*
**Wolds, the** [wəʊldz] *Höhenzug in Yorkshire u. Lincolnshire, England.*
**Wol·sing·ham** ['wɒlsɪŋəm] *Stadt in Durham, England.*
**Wol·ver·hamp·ton** ['wʊlvə(r)ˌhæmp-tən; -ˌ'hæmptən] *Stadt in West Midlands, England.*
**Wool·wich** ['wʊlɪdʒ; -ɪtʃ] *Stadtteil von London.*
**Worces·ter** ['wʊstə(r)] a) → **Worcestershire**, b) *Hauptstadt von Hereford and Worcester,* c) *Stadt in Massachusetts, USA.*
**Worcester·shire** ['wʊstə(r)ʃə(r); -ˌʃɪə(r)] *Ehemal. Grafschaft im westl. Mittelengland.*
**Work·sop** ['wɜːksɒp; *Am.* 'wɜrkˌsɑp] *Stadt in Nottinghamshire, England.*
**Wors·ley** ['wɜːslɪ; *Am.* 'wɜrsliː] *Stadt in Greater Manchester, England.*
**Wor·thing** ['wɜːðɪŋ; *Am.* 'wɜr-] *Seebad in West Sussex, England.*
**Wran·gell Moun·tains** ['ræŋɡl] *Vulkangruppe im südöstl. Alaska.*
**Wrath, Cape** [rɔːθ; *Am. bes.* ræθ] *Kap im Nordwesten von Schottland.*
**Wre·kin, the** ['riːkɪn] *Berg in Salop, England.*
**Wrex·ham** ['reksəm] *Stadt in Clwyd, Wales.*
**Wye** [waɪ] *Fluß in Wales u. Westengland.*
**Wynd·ham** ['wɪndəm] *Stadt im Norden von Westaustralien.*
**Wy·o·ming** [waɪ'əʊmɪŋ] *Staat im Westen der USA.*

# Y

**Yal·ta** ['jæltə; *Am.* 'jɔːltə] Jalta *n* (*Hafenstadt auf der Krim, UdSSR. Konferenz 1945*).
**Yar·mouth, Great** ['jɑː(r)məθ] *Hafenstadt in Norfolk, England.*
**Yel·low·stone** ['jeləʊstəʊn] *Rechter Nebenfluß des Missouri in Wyoming u. Montana, USA.*
**Yem·en** ['jemən] Jemen *m* (*Republik im südwestl. Arabien*).
**Yeo** [jəʊ] *Name mehrerer Flüsse in England.*
**Yeo·vil** ['jəʊvɪl] *Stadt in Somersetshire, England.*
**Yon·kers** ['jɒŋkəz; *Am.* 'jɑŋkərz] *Stadt im Staat New York, USA.*
**York** [jɔː(r)k] a) → **Yorkshire**, b) *Stadt in North Virginia.*
**Yorke Pen·in·su·la** [jɔː(r)k] Yorke-Halbinsel *f* (*Südaustralien*).
**York·shire** ['jɔː(r)kʃə(r); -ˌʃɪə(r)] *Ehemal. Grafschaft in Nordengland;* → **North Yorkshire, South Yorkshire, West Yorkshire.**
**York·shire Dales** [ˌjɔː(r)kʃə(r)'deɪlz; -ˌʃɪə(r)d-] *Flußtäler in North Yorkshire.*
**Yo·sem·i·te Na·tion·al Park** [jəʊ-'semɪtɪ] *Nationalpark in Kalifornien, USA.*
**Youghal** [jɔːl] *Hafenstadt in Cork, Südirland.*

**Youngs·town** [ˈjʌŋztaʊn] *Stadt in Ohio,*
*USA.*

**Y·than** [ˈaɪθən] *Fluß im nordöstl. Schott-*
*land.*

**Yu·go·sla·via** [ˌjuːɡəʊˈslɑːvjə; -vɪə]
Jugoˈslawien *n.*

**Yu·kon** [ˈjuːkɒn; *Am.* -ˌkɑn] a) *Strom im*
*nordwestl. Nordamerika,* b) *Gebiet im*
*nordwestl. Kanada.*

# Z

**Za·ire** [zɑːˈɪə(r); *Am. a.* ˈzaɪər] *Republik in*
*Äquatorialafrika.*

**Zam·be·zi** [zæmˈbiːzɪ] Samˈbesi *m*
*(Strom in Südafrika).*

**Zam·bia** [ˈzæmbɪə] Sambia *n* (*Republik*
*in Südafrika*).

**Zan·zi·bar** [ˌzænzɪˈbɑː; *Am.* ˈzænzəˌbɑːr]
Sansibar *n* (*Insel vor der Ostküste Afri-*
*kas; Teil von Tansania*).

**Zim·ba·bwe** [zɪmˈbɑːbwɪ; -bweɪ] Sim-
ˈbabwe *n* (*seit 1980 Name für Rhodesien*).

**Zu·lu·land** [ˈzuːluːlænd] *Gebiet im Osten*
*der Südafrik. Republik.*

**Zu·rich** [ˈzjʊərɪk; *bes. Am.* ˈzʊə-] Zürich
*n.*

# V. UNREGELMÄSSIGE VERBEN
# V. IRREGULAR VERBS

| Infinitiv | Präteritum | Partizip Perfekt | Infinitiv | Präteritum | Partizip Perfekt |
|-----------|------------|------------------|-----------|------------|------------------|
| Infinitive | Preterite | Past Participle | Infinitive | Preterite | Past Participle |
| abide* | abode, abided | abode, abided | burst | burst | burst |
| arise | arose | arisen | buy | bought | bought |
| awake* | awoke, awaked | awaked, awoken | cast | cast | cast |
| be* | was, were | been | catch | caught | caught |
| bear* | bore | borne; born | chide | chid, chided | chid, chided, chidden |
| beat* | beat | beaten | choose* | chose | chosen |
| become | became | become | cleave* | cleft, cleaved, clove | cleft, cleaved, cloven |
| befall | befell | befallen | | | |
| beget* | begot | begotten | cling | clung | clung |
| begin | began | begun | clothe | clothed, clad | clothed, clad |
| behold* | beheld | beheld | come | came | come |
| bend* | bent | bent | cost | cost | cost |
| bereave | bereaved, bereft | bereaved, bereft | creep | crept | crept |
| beseech | besought, beseeched | besought, beseeched | crow* | crowed; crew | crowed |
| | | | cut | cut | cut |
| beset | beset | beset | deal | dealt | dealt |
| bespeak* | bespoke | bespoken | dig* | dug | dug |
| bestride* | bestrode | bestridden | dive* | dived, dove | dived |
| bet | bet, betted | bet, betted | do* | did | done |
| betake | betook | betaken | draw | drew | drawn |
| bethink | bethought | bethought | dream | dreamed, dreamt | dreamed, dreamt |
| bid* | bid; bade | bid; bidden | drink* | drank | drunk |
| bide | bode, bided | bided | drive* | drove | driven |
| bind* | bound | bound | dwell* | dwelt | dwelt |
| bite* | bit | bitten | eat | ate | eaten |
| bleed | bled | bled | fall | fell | fallen |
| blend* | blended, blent | blended, blent | feed | fed | fed |
| bless* | blessed, blest | blessed, blest | feel | felt | felt |
| blow | blew | blown | fight | fought | fought |
| break* | broke | broken | find | found | found |
| breed | bred | bred | flee | fled | fled |
| bring | brought | brought | fling | flung | flung |
| broadcast | broadcast, broadcasted | broadcast, broadcasted | fly | flew | flown |
| | | | forbear | forbore | forborne |
| browbeat | browbeat | browbeaten | forbid* | forbade | forbidden |
| build | built | built | forecast | forecast, forecasted | forecast, forecasted |
| burn | burned, burnt | burned, burnt | | | |

* Weitere Informationen über Bedeutungsunterschiede und Sonderformen (*obs.*, *dial. etc*) finden sich im Wörterverzeichnis A–Z.

| Infinitiv | Präteritum | Partizip Perfekt | Infinitiv | Präteritum | Partizip Perfekt |
| Infinitive | Preterite | Past Participle | Infinitive | Preterite | Past Participle |
| --- | --- | --- | --- | --- | --- |
| for(e)go | for(e)went | for(e)gone | melt | melted | melted, molten |
| foreknow | foreknew | foreknown | mow | mowed | mowed, mown |
| foresee | foresaw | foreseen | overbear | overbore | overborne |
| foretell | foretold | foretold | overhang | overhung | overhung |
| forget | forgot | forgotten | overlay | overlaid | overlaid |
| forgive | forgave | forgiven | overlie | overlay | overlain |
| forsake | forsook | forsaken | partake | partook | partaken |
| forswear | forswore | forsworn | pay* | paid | paid |
| freeze | froze | frozen | plead* | pleaded, | pleaded, |
| gainsay | gainsaid | gainsaid | | plead, pled | pled |
| get* | got | got | put | put | put |
| gild | gilded, gilt | gilded, gilt | quit* | quitted, | quitted, |
| gird | girded, girt | girded, girt | | quit | quit |
| give | gave | given | read | read | read |
| go* | went | gone | recast | recast | recast |
| grave | graved | graven, graved | re-lay | re-laid | re-laid |
| grind | ground | ground | rend | rent | rent |
| grow | grew | grown | rid* | rid | rid |
| hamstring | hamstringed, | hamstringed, | ride* | rode | ridden |
| | hamstrung | hamstrung | ring* | rang | rung |
| hang* | hung; hanged | hung; hanged | rise | rose | risen |
| have* | had | had | rive | rived | rived, riven |
| hear | heard | heard | run* | ran | run |
| heave* | heaved, hove | heaved, hove | saw | sawed | sawed, sawn |
| hew | hewed | hewed, hewn | say* | said | said |
| hide | hid | hidden, hid | see | saw | seen |
| hit | hit | hit | seek | sought | sought |
| hold* | held | held | sell | sold | sold |
| hurt | hurt | hurt | send | sent | sent |
| inlay | inlaid | inlaid | set | set | set |
| keep | kept | kept | sew | sewed | sewed, sewn |
| kneel | knelt, kneeled | knelt, kneeled | shake | shook | shaken |
| knit | knit, knitted | knit, knitted | shave | shaved | shaved, shaven |
| know | knew | known | shear* | sheared | sheared, shorn |
| lade | laded | laden, laded | shed | shed | shed |
| lay | laid | laid | shine* | shone | shone |
| lead | led | led | shoe | shod | shod |
| lean | leaned, leant | leaned, leant | shoot | shot | shot |
| leap | leaped, leapt | leaped, leapt | show | showed | shown |
| learn | learned, | learned, | shrink* | shrank | shrunk |
| | learnt | learnt | shrive | shrove | shriven |
| leave | left | left | shut | shut | shut |
| lend | lent | lent | sing* | sang | sung |
| let | let | let | sink* | sank | sunk |
| lie* | lay | lain | sit* | sat | sat |
| light | lighted, lit | lighted, lit | slay | slew | slain |
| lose | lost | lost | sleep | slept | slept |
| make | made | made | slide* | slid | slid, slidden |
| mean | meant | meant | sling | slung | slung |
| meet | met | met | slink* | slunk | slunk |

| Infinitiv | Präteritum | Partizip Perfekt | Infinitiv | Präteritum | Partizip Perfekt |
| Infinitive | Preterite | Past Participle | Infinitive | Preterite | Past Participle |
|---|---|---|---|---|---|
| slit | slit | slit | swing* | swung | swung |
| smell | smelled, smelt | smelled, smelt | take | took | taken |
| smite* | smote | smitten, smote | teach | taught | taught |
| sow | sowed | sowed, sown | tear* | tore | torn |
| speak* | spoke | spoken | tell | told | told |
| speed* | sped, speeded | sped, speeded | think | thought | thought |
| spell | spelled, spelt | spelled, spelt | thrive | throve, thrived | thriven, thrived |
| spend | spent | spent | throw | threw | thrown |
| spill | spilled, spilt | spilled, spilt | thrust | thrust | thrust |
| spin* | spun | spun | tread* | trod | trodden, trod |
| spit* | spat | spat | unbend | unbent | unbent |
| split* | split | split | unbind | unbound | unbound |
| spoil | spoiled, spoilt | spoiled, spoilt | underbid | underbid | underbid, underbidden |
| spread | spread | spread | | | |
| spring | sprang, sprung | sprung | undergo | underwent | undergone |
| stand | stood | stood | understand | understood | understood |
| stave | staved, stove | staved, stove | undo | undid | undone |
| steal | stole | stolen | upset | upset | upset |
| stick | stuck | stuck | wake | waked, woke | waked, woken |
| sting* | stung | stung | waylay | waylaid | waylaid |
| stink | stank, stunk | stunk | wear | wore | worn |
| strew | strewed | strewed, strewn | weave* | wove | woven |
| stride* | strode | stridden | wed | wedded, wed | wedded, wed |
| strike* | struck | struck, stricken | weep | wept | wept |
| string* | strung | strung | wet | wet, wetted | wet, wetted |
| strive* | strove | striven | win | won | won |
| swear* | swore | sworn | wind | wound | wound |
| sweat* | sweat, sweated | sweat, sweated | withdraw | withdrew | withdrawn |
| sweep | swept | swept | withhold | withheld | withheld |
| swell* | swelled | swollen | withstand | withstood | withstood |
| swim* | swam | swum | wring | wrung | wrung |
| | | | write* | wrote | written |

# VI. ZAHLWÖRTER — VI. NUMERALS

| 1. GRUNDZAHLEN<br>1. CARDINAL NUMBERS | | 2. ORDNUNGSZAHLEN<br>2. ORDINAL NUMBERS | |
|---|---|---|---|
| **0** nought, zero, cipher | null | **1st** first | erste |
| **1** one | eins | **2(n)d** second | zweite |
| **2** two | zwei | **3(r)d** third | dritte |
| **3** three | drei | **4th** fourth | vierte |
| **4** four | vier | **5th** fifth | fünfte |
| **5** five | fünf | **6th** sixth | sechste |
| **6** six | sechs | **7th** seventh | siebente |
| **7** seven | sieben | **8th** eighth | achte |
| **8** eight | acht | **9th** ninth | neunte |
| **9** nine | neun | **10th** tenth | zehnte |
| **10** ten | zehn | **11th** eleventh | elfte |
| **11** eleven | elf | **12th** twelfth | zwölfte |
| **12** twelve | zwölf | **13th** thirteenth | dreizehnte |
| **13** thirteen | dreizehn | **14th** fourteenth | vierzehnte |
| **14** fourteen | vierzehn | **15th** fifteenth | fünfzehnte |
| **15** fifteen | fünfzehn | **16th** sixteenth | sechzehnte |
| **16** sixteen | sechzehn | **17th** seventeenth | siebzehnte |
| **17** seventeen | siebzehn | **18th** eighteenth | achtzehnte |
| **18** eighteen | achtzehn | **19th** nineteenth | neunzehnte |
| **19** nineteen | neunzehn | **20th** twentieth | zwanzigste |
| **20** twenty | zwanzig | **21st** twenty-first | einundzwanzigste |
| **21** twenty-one | einundzwanzig | **22(n)d** twenty-second | zweiundzwanzig-ste |
| **22** twenty-two | zweiundzwanzig | **23(r)d** twenty-third | dreiundzwanzig-ste |
| **30** thirty | dreißig | | |
| **31** thirty-one | einunddreißig | **30th** thirtieth | dreißigste |
| **40** forty | vierzig | **31st** thirty-first | einunddreißigste |
| **41** forty-one | einundvierzig | **40th** fortieth | vierzigste |
| **50** fifty | fünfzig | **41st** forty-first | einundvierzigste |
| **51** fifty-one | einundfünfzig | **50th** fiftieth | fünfzigste |
| **60** sixty | sechzig | **51st** fifty-first | einundfünfzigste |
| **61** sixty-one | einundsechzig | **60th** sixtieth | sechzigste |
| **70** seventy | siebzig | **61st** sixty-first | einundsechzigste |
| **71** seventy-one | einundsiebzig | **70th** seventieth | siebzigste |
| **80** eighty | achtzig | **71st** seventy-first | einundsiebzigste |
| **90** ninety | neunzig | **80th** eightieth | achtzigste |
| **100** a (*od.* one) hundred | hundert | **81st** eighty-first | einundachtzigste |
| **101** hundred and one | hundert(und)eins | **90th** ninetieth | neunzigste |
| **200** two hundred | zweihundert | | |

## 1. GRUNDZAHLEN
## 1. CARDINAL NUMBERS

| | | |
|---|---|---|
| 572 | five hundred and seventy-two | fünfhundert(und)zweiundsiebzig |
| 1,000 | a (*od.* one) thousand | tausend |
| 2,000 | two thousand | zweitausend |
| 1,000,000 | a (*od.* one) million | eine Million |
| 2,000,000 | two million | zwei Millionen |
| 1,000,000,000 | a (*od.* one) milliard, *Am.* billion | eine Milliarde |
| 1,000,000,000,000 | a (*od.* one) billion, *Am.* trillion | eine Billion |

## 2. ORDNUNGSZAHLEN
## 2. ORDINAL NUMBERS

| | | |
|---|---|---|
| 100th | (one) hundredth | hundertste |
| 101st | hundred and first | hundertunderste |
| 200th | two hundredth | zweihundertste |
| 300th | three hundredth | dreihundertste |
| 572(n)d | five hundred and seventy-second | fünfhundert(und)zweiundsiebzigste |
| 1,000th | (one) thousandth | tausendste |
| 2,000th | two thousandth | zweitausendste |
| 1,000,000th | (one) millionth | millionste |
| 2,000,000th | two millionth | zweimillionste |

## 3. BRUCHZAHLEN
## 3. FRACTIONAL NUMBERS

| | | |
|---|---|---|
| $^1/_2$ | one (*od.* a) half | ein halb |
| $1^1/_2$ | one and a half | anderthalb |
| $^1/_2$ m. | half a m. | eine halbe Meile |
| $^1/_3$ | one (*od.* a) third | ein Drittel |
| $^2/_3$ | two thirds | zwei Drittel |
| $^1/_4$ | one (*od.* a) fourth; one (*od.* a) quarter | ein Viertel |
| $^3/_4$ | three fourths; three quarters | drei Viertel |
| $2^1/_4$ h. | two hours and a quarter | zwei und eine Viertelstunde |
| $^1/_5$ | one (*od.* a) fifth | ein Fünftel |
| $^1/_6$ | one (*od.* a) sixth | ein Sechstel |
| $3^4/_5$ | three and four fifths | drei vier Fünftel |
| .4 | point four | null Komma vier (0,4) |
| 2.5 | two point five | zwei Komma fünf (2,5) |

Bei Dezimalstellen zentriert das britische Englisch den Punkt; das amerikanische Englisch läßt ihn auf der Zeile: *Br.* 10·41 *ft.*; *Am.* 10.41 *ft.*

## 4. ANDERE ZAHLENWERTE
## 4. OTHER NUMERICAL VALUES

| | |
|---|---|
| **Single** | einfach |
| double | zweifach |
| threefold, treble, triple | dreifach |
| fourfold, quadruple | vierfach |
| fivefold *etc* | fünffach *etc* |
| **Once** | einmal |
| twice | zweimal |
| three times | dreimal |
| four times | viermal |
| five times *etc* | fünfmal *etc* |
| twice as much (*od.* many) | zweimal soviel(e) |
| once more | noch einmal |
| **Firstly** *od.* in the first place | erstens |
| secondly *od.* in the second place | zweitens |
| thirdly *od.* in the third place *etc* | drittens *etc* |

# VII. MASSE UND GEWICHTE — VII. WEIGHTS AND MEASURES

## 1. BRITISCHE UND AMERIKANISCHE MASSE UND GEWICHTE
## 1. BRITISH AND AMERICAN WEIGHTS AND MEASURES

### a) Längenmaße — Linear Measure

| | | | | |
|---|---|---|---|---|
| 1 line | | | = | 2,12 mm |
| 1 inch | = | 12 lines | = | 2,54 cm |
| 1 foot | = | 12 inches | = | 0,3048 m |
| 1 yard | = | 3 feet | = | 0,9144 m |
| 1 (statute) mile | = | 1760 yards | = | 1,6093 km |
| 1 (land) league | = | 3 (statute) miles | = | 4,827 km |
| 1 hand | = | 4 inches | = | 10,16 cm |
| 1 rod (perch, pole) | = | $5^1/_2$ yards | = | 5,029 m |
| 1 chain | = | 4 rods | = | 20,117 m |
| 1 furlong | = | 10 chains | = | 201,168 m |

### b) Kettenmaße — Chain Measure

(Gunter's *od.* surveyor's chain)

| | | | | |
|---|---|---|---|---|
| 1 link | = | 7.92 inches | = | 20,12 cm |
| 1 chain | = 100 | links | = | 20,117 m |
| 1 furlong | = 10 | chains | = | 201,168 m |
| 1 (statute) mile | = 80 | chains | = | 1,6093 km |

### c) Nautische Maße — Nautical Measure

| | | | | |
|---|---|---|---|---|
| 1 fathom | = | 6 feet | = | 1,829 m |
| 1 cable's length | = | 100 fathoms | = | 182,9 m |
| | *mar. mil. Br.* | = 608 feet | = | 185,3 m |
| | *mar. mil. Am.* | = 720 feet | = | 219,5 m |
| 1 nautical mile | = | 10 cables' length | = | 1,853 *od.* 1,852 km (*international*) |
| | = | 1.1508 (statute) miles | | |
| 1 marine league | = | 3 nautical miles | = | 5,56 km |
| 60 nautical miles | = | 1 Längengrad am Äquator | | |

### d) Flächenmaße — Square Measure

| | | | | |
|---|---|---|---|---|
| 1 square inch | | | = | 6,452 cm² |
| 1 square foot | = | 144 square inches | = | 929,029 cm² |
| 1 square yard | = | 9 square feet | = | 8361,260 cm² |
| 1 acre | = | 4840 square yards | = | 4046,8 m² |
| 1 square mile | = | 640 acres | = | 259 ha = 2,59 km² |

1 square rod
(square pole,
square perch) $= 30^{1}/_{4}$ square yards $= 25,293$ m²
1 rood $= 40$ square rods $= 1011,72$ m²
1 acre $= 4$ roods $= 4046,8$ m²

## e) Raummaße — Cubic Measure

1 cubic inch $= 16,387$ cm³
1 cubic foot $= 1728$ cubic inches $= 0,02832$ m³
1 cubic yard $= 27$ cubic feet $= 0,7646$ m³

## f) Schiffsmaße — Shipping Measure

1 register ton $= 100$ cubic feet $= 2,8317$ m³
1 freight ton *od.*
measurement ton
*od.* shipping ton $= Br.$ 40 cubic feet $= 1,133$ m³
$Am.$ *auch* 42 cubic
feet $= 1,189$ m³
1 displacement ton $=$ 35 cubic feet $= 0,991$ m³

## g) Hohlmaße — Measure of Capacity

| | | | Flüssigkeitsmaße Liquid Measure | Trockenmaße Dry Measure |
|---|---|---|---|---|
| **Britisch** | | | | |
| 1 fluid ounce | | | $= 0,0284$ l | $0,0284$ l |
| 1 gill | $= 5$ | fluid ounces | $= 0,142$ l | $0,142$ l |
| 1 pint | $= 4$ | gills | $= 0,568$ l | $0,568$ l |
| 1 (imperial) quart | $= 2$ | pints | $= 1,136$ l | $1,136$ l |
| 1 (imperial) gallon | $= 4$ | quarts | $= 4,5459$ l | $4,5459$ l |
| 1 peck | $= 2$ | gallons | $= —$ | $9,092$ l |
| 1 bushel | $= 4$ | pecks | $= —$ | $36,368$ l |
| 1 quarter | $= 8$ | bushels | $= 290,935$ l | $290,935$ l |
| 1 barrel | $= 36$ | gallons | $= 163,656$ l Obst | $115,6$ l |
| **Amerikanisch** | | | | |
| 1 gill | | | $= 0,1183$ l | — |
| 1 pint | $= 4$ | gills | $= 0,4732$ l | $0,5506$ l |
| 1 quart | $= 2$ | pints | $= 0,9464$ l | $1,1012$ l |
| 1 gallon | $= 4$ | quarts | $= 3,7853$ l | $4,405$ l |
| 1 peck | $= 2$ | gallons | $= —$ | $8,8096$ l |
| 1 bushel | $= 4$ | pecks | $= —$ | $35,2383$ l |
| 1 barrel | $= 31.5$ | gallons | $= 119,228$ l | |
| 1 hogshead | $= 2$ | barrels | $= 238,456$ l | |
| 1 barrel petroleum | $= 42$ | gallons | $= 158,97$ l | |

## h) Apothekermaße (Flüssigkeiten) — Apothecaries' Fluid Measure

| | | | |
|---|---|---|---|
| 1 minim | | $Br.$ | $= 0,0592$ ml |
| | | $Am.$ | $= 0,0616$ ml |
| 1 fluid dram | $= 60$ minims | $Br.$ | $= 3,5515$ ml |
| | | $Am.$ | $= 3,6966$ ml |

| 1 fluid ounce | = 8 drams | Br. = 0,0284 l |
| | | Am. = 0,02957 l |
| 1 pint | Br. = 20 fluid ounces | = 0,5683 l |
| | Am. = 16 fluid ounces | = 0,4732 l |

### i) Handelsgewichte — Avoirdupois Weight

| 1 grain | | = | 0,0648 g |
| 1 dram | = 27.3438 grains | = | 1,772 g |
| 1 ounce | = 16 drams | = | 28,35 g |
| 1 pound | = 16 ounces | = | 453,59 g |
| 1 hundredweight | | | |
| = 1 quintal Br. | = 112 pounds | = | 50,802 kg |
| Am. | = 100 pounds | = | 45,359 kg |
| 1 long ton Br. | = 20 hundredweights | = 1016,05 kg |
| Am. | = 20 hundredweights | = | 907,185 kg |
| 1 stone | = 14 pounds | = | 6,35 kg |
| 1 quarter Br. | = 28 pounds | = | 12,701 kg |
| Am. | = 25 pounds | = | 11,339 kg |
| Am. 1 bushel wheat | = 60 pounds | = | 27,216 kg |
| Am. 1 bushel rye, corn | = 56 pounds | = | 25,401 kg |
| Am. 1 bushel barley | = 48 pounds | = | 21,772 kg |
| Am. 1 bushel oats | = 32 pounds | = | 14,515 kg |

### j) Apothekergewichte — Apothecaries' Weight

| 1 grain | | = | 0,0648 g |
| 1 scruple | = 20 grains | = | 1,2960 g |
| 1 dram | = 3 scruples | = | 3,8879 g |
| 1 ounce | = 8 drams | = | 31,1035 g |
| 1 pound | = 12 ounces | = | 373,2418 g |

## 2. DEUTSCHE MASSE UND GEWICHTE
## 2. GERMAN WEIGHTS AND MEASURES

### a) Längenmaße — Linear Measure

| 1 mm | | = | 0.0394 inch |
| 1 cm | = 10 mm | = | 0.3937 inch |
| 1 dm | = 10 cm | = | 3.9370 inches |
| 1 m | = 10 dm | = | 1.0936 yards |
| 1 dkm | = 10 m | = | 10.9361 yards |
| 1 hm | = 10 dkm | = | 109.3614 yards |
| 1 km | = 10 hm | = | 0.6214 mile |

### b) Flächenmaße — Square Measure

| 1 mm$^2$ | | = | 0.00155 square inch |
| 1 cm$^2$ | = 100 mm$^2$ | = | 0.15499 square inch |
| 1 dm$^2$ | = 100 cm$^2$ | = | 15.499 square inches |
| 1 m$^2$ | = 100 dm$^2$ | = | 1.19599 square yards |

| 1 dkm² | = 100 m² | = 119.5993 | square yards |
| 1 hm² | = 100 dkm² | = 2.4711 | acres |
| 1 km² | = 100 hm² | = 247.11 | acres = 0.3861 square mile |
| 1 m² | | = 1,549.9 | square inches |
| 1 a | = 100 m² | = 119.5993 | square yards |
| 1 ha | = 100 a | = 2.4711 | acres |
| 1 km² | = 100 ha | = 247.11 | acres = 0.3861 square mile |

### c) Raummaße — Cubic Measure

| 1 mm³ | | = 0.000061 | cubic inch |
| 1 cm³ | = 1000 mm³ | = 0.061023 | cubic inch |
| 1 dm³ | = 1000 cm³ | = 61.024 | cubic inches |
| 1 m³ | = 1000 dm³ | = 35.315 | cubic feet = 1.3079 cubic yards |

### d) Hohlmaße — Measure of Capacity

**Britisch British**                                   **Amerikanisch American**

| 1 ml | = | 1 cm³ = | 16.89 | minims | | 16.23 | minims |
| 1 cl | = | 10 ml = | 0.352 | fluid ounce | | 0.338 | fluid ounce |
| 1 dl | = | 10 cl = | 3.52 | fluid ounces | | 3.38 | fluid ounces |
| 1 l | = | 10 dl = | 1.76 | pints | | 1.06 | liquid quarts |
| | | | | | *od.* | 0.91 | dry quart |
| 1 dkl | = | 10 l = | 2.1998 | gallons | | 2.64 | gallons |
| | | | | | *od.* | 0.284 | bushel |
| 1 hl | = | 10 dkl = | 2.75 | bushels | | 26.418 | gallons |
| 1 kl | = | 10 hl = | 3.437 | quarters | | 264.18 | gallons |

### e) Gewichte — Weight

**Avoirdupois**

| 1 mg | | = 0.0154 | grain |
| 1 cg | = 10 mg | = 0.1543 | grain |
| 1 dg | = 10 cg | = 1.543 | grains |
| 1 g | = 10 dg | = 15.432 | grains |
| 1 dkg | = 10 g | = 0.353 | ounce |
| 1 hg | = 10 dkg | = 3.527 | ounces |
| 1 kg | = 10 hg | = 2.205 | pounds |

| 1 t | = 1000 kg | *Br.* = | 0.9842 long ton |
| | | *Am.* = | 1.102 short tons |

| 1 Pfd. | = 500 g | = ½ kg | | = 1.1023 pounds |
| 1 Ztr. | = 100 Pfd. | = 50 kg | *Br.* = | 0.9842 hundredweight |
| | | | *Am.* = | 1.1023 hundredweights |
| 1 dz | = 100 kg | | *Br.* = | 1.9684 hundredweights |
| | | | *Am.* = | 2.2046 hundredweights |

## 3. UMRECHNUNGSTABELLEN FÜR MASSE UND GEWICHTE

## 3. CONVERSION TABLES OF WEIGHTS AND MEASURES

Diese Tabelle dient der Umrechnung von Maßen und Gewichten innerhalb des angelsächsischen Maßsystems.

### Lengths

| Inches (in.) | Feet (ft.) | Yards (yd.) | Rods (rd.) | Miles (mi.) |
|---|---|---|---|---|
| 1 | $0,083333(^1/_{12})$ | $0,027778(^1/_{36})$ | $0,00505051(^1/_{198})$ | 0,0000157828 |
| 12 | 1 | $0,333333(^1/_3)$ | 0,0606061 | 0,000189394 |
| 36 | 3 | 1 | 0,181818 | 0,000568182 |
| 198 | 16,5 | 5,5 | 1 | 0,003125 |
| 63 360 | 5 280 | 1 760 | 320 | 1 |

### Area

| Square inches (sq. in.) | Square feet (sq. ft.) | Square yards (sq. yd.) | Square rods (sq. rd.) | Acres (A.) | Square miles (sq. mi.) |
|---|---|---|---|---|---|
| 1 | $0,0069444(^1/_{144})$ | $0,0007716(^1/_{1296})$ | .... | $2,29568 \times 10^{-5}$ | $3,58701 \times 10^{-8}$ |
| 144 | 1 | $0,1111(^1/_9)$ | 0,0036731 | $2,06612 \times 10^{-4}$ | $3,22831 \times 10^{-7}$ |
| 1 296 | 9 | 1 | 0,03305785 | $0,00625(^1/_{16})$ | $9,765625 \times 10^{-6}$ |
| 39 204 | 272,25 | 30,25 | 1 | 160 | 0,0015625 |
| 627 264 | 43 560 | 4 840 | 160 | 1 | |
| $4,0154 \times 10^9$ | 27 878 400 | 3 097 600 | 102 400 | 640 | 1 |

### Volume

| Cubic inches (cu. in.) | Cubic feet (cu. ft.) | Cubic yards (cu. yd.) |
|---|---|---|
| 1 | $0,000578704(^1/_{1728})$ | $2,143347 \times 10^{-5}$ |
| 1 728 | 1 | $0,0370370(^1/_{27})$ |
| 46 656 | 27 | 1 |

### Capacity — Liquid Measure

| Gills (gi.) | Pints (pt.) | Quarts (qt.) | Gallons (gal.) | Cubic inches (cu. in.) |
|---|---|---|---|---|
| 1 | $0,25(^1/_4)$ | $0,125(^1/_8)$ | $0,03125(^1/_{32})$ | 7,21875 |
| 4 | 1 | $0,5(^1/_2)$ | $0,125(^1/_8)$ | 28,875 |
| 8 | 2 | 1 | $0,25(^1/_4)$ | 57,749 |
| 32 | 8 | 4 | 1 | 231 |

### Apothecaries' Fluid Measure

| Minims (min.) | Fluid drams (fl. dr.) | Fluid ounces (fl. oz.) | Pints (pt.) |
|---|---|---|---|
| 1 | $0,016667(^1/_{60})$ | $0,0020833(^1/_{480})$ | 0,00013021 |
| 60 | 1 | $0,125(^1/_8)$ | 0,0078125 |
| 480 | 8 | 1 | $0,0625(^1/_{16})$ |
| 7 680 | 128 | 16 | 1 |

### Dry Measure

| Pints (pt.) | Quarts (qt.) | Pecks (pk.) | Bushels (bu.) | Cubic inches (cu. in.) |
|---|---|---|---|---|
| 1 | $0,5(^1/_2)$ | $0,0625(^1/_{16})$ | $0,015625(^1/_{64})$ | 33,6003 |
| 2 | 1 | $0,125(^1/_8)$ | $0,03125(^1/_{32})$ | 67,2006 |
| 16 | 8 | 1 | $0,25(^1/_4)$ | 537,605 |
| 64 | 32 | 4 | 1 | 2 150,42 |

### Mass — Avoirdupois / Commercial

| Grains (gr.) | Drams (dr. av.) | Ounces (oz. av.) | Pounds (lb. av.) | Tons (short) (tn. sh.) |
|---|---|---|---|---|
| 1 | 0,03657143 | 0,0022857 | $0,00014286(^1/_{7000})$ | .... |
| 27,34375 | 1 | $0,0625(^1/_{16})$ | $0,00390625(^1/_{256})$ | .... |
| 437,5 | 16 | 1 | $0,0625(^1/_{16})$ | 0,00003125 |
| 7 000 | 256 | 16 | 1 | 0,0005 |
| .... | 572 000 | 32 000 | 2000 | 1 |

### Mass — Troy Weight

| Grains (gr.) | Pennyweights (dwt.) | Ounces (oz. t.) | Pounds (lb. t.) |
|---|---|---|---|
| 1 | $0,041667(^1/_{24})$ | $0,0020833(^1/_{480})$ | $0,0001736111(^1/_{5760})$ |
| 24 | 1 | $0,05(^1/_{20})$ | $0,0041667(^1/_{24}0)$ |
| 480 | 20 | 1 | $0,083333(^1/_{12})$ |
| 5 760 | 240 | 12 | 1 |

### Mass — Apothecaries' Weight

| Grains (gr.) | Scruples (Ɔ or s. ap.) | Drams (ʒ or dr. ap.) | Ounces (℥ or oz. ap.) | Pounds (lb. ap.) |
|---|---|---|---|---|
| 1 | $0,05(^1/_{20})$ | $0,016667(^1/_{60})$ | $0,0020833(^1/_{480})$ | $0,0001736111(^1/_{5760})$ |
| 20 | 1 | $0,333333(^1/_3)$ | $0,041667(^1/_{24})$ | $0,0034722(^1/_{288})$ |
| 60 | 3 | 1 | $0,125(^1/_8)$ | $0,0104167(^1/_{96})$ |
| 480 | 24 | 8 | 1 | $0,083333(^1/_{12})$ |
| 5 760 | 288 | 96 | 12 | 1 |

*Aus: „Documenta Geigy, Wissenschaftliche Tabellen", J. R. Geigy A. G., Basel*

## 4. UMRECHNUNGSFAKTOREN FÜR MASSE UND GEWICHTE
## 4. CONVERSION FACTORS FOR WEIGHTS AND MEASURES

### Längenmaße

| Umzurechnen | in | | Multiplizieren mit |
|---|---|---|---|
| cm | inch (″) | | 0.3937 |
| m | foot (′) | | 3.2808 |
| m | yard (yd) | | 1.0936 |
| km | statute mile (st. mi) | | 0.6214 |
| | | | |
| inch | cm | | 2.5400 |
| foot | m | | 0.3048 |
| yard | m | | 0.9144 |
| statute mile | km | | 1.6093 |

### Flächenmaße

| Umzurechnen | in | Multiplizieren mit |
|---|---|---|
| cm² | square inch (sq. in) | 0.1550 |
| m² | square foot (sq. ft) | 10.7639 |
| m² | square yard (sq. yd) | 1.1960 |
| 1000 m² | acre (ac) | 0.2471 |
| km² | square mile (sq. mi) | 0.3861 |
| | | |
| square inch | cm² | 6.4516 |
| square foot | m² | 0.0929 |
| square yard | m² | 0.8361 |
| acre | m² | 4046.8 |
| square mile | km² | 2.5900 |

### Volumenmaße (allgemein)

| Umzurechnen | in | Multiplizieren mit |
|---|---|---|
| cm³ | cubic inch (cu. in) | 0.06102 |
| Liter | cubic foot (cu. ft) | 0.03531 |
| m³ | cubic yard (cu. yd) | 1.308 |
| m³ | register ton (reg. tn) | 0.3531 |
| | | |
| cubic inch | cm³ | 16.387 |
| cubic foot | Liter | 28.317 |
| cubic yard | m³ | 0.7646 |
| register ton | m³ | 2.8317 |

### Hohlmaße für Trockensubstanzen

| Umzurechnen | in | | Multiplizieren mit |
|---|---|---|---|
| Liter | pint, dry | (USA) | 1.8162 |
| Liter | quart, dry | (USA) | 0.9081 |
| Liter | peck | (USA) | 0.1135 |

| Umzurechnen | in | | Multiplizieren mit |
|---|---|---|---|
| Liter | bushel | (USA) | 0.0284 |
| m³ | barrel | (USA) | 8.6484 |
| m³ | barrel Petrol | (USA) | 6.2972 |
| m³ | quarter | (USA) | 4.1305 |
| Liter | peck | (Brit.) | 0.1100 |
| Liter | bushel | (Brit.) | 0.0275 |
| Liter | kilderkin | (Brit.) | 0.0122 |
| m³ | barrel | (Brit.) | 6.1103 |
| m³ | quarter | (Brit.) | 3.4370 |
| | | | |
| pint, dry | (USA) | Liter | 0.5506 |
| quart, dry | (USA) | Liter | 1.1012 |
| peck | (USA) | Liter | 8.8098 |
| bushel | (USA) | Liter | 35.2393 |
| barrel | (USA) | m³ | 0.1156 |
| barrel Petrol | (USA) | m³ | 0.1588 |
| quarter | (USA) | m³ | 0.2421 |
| peck | (Brit.) | Liter | 9.0922 |
| bushel | (Brit.) | Liter | 36.3687 |
| kilderkin | (Brit.) | Liter | 81.829 |
| barrel | (Brit.) | m³ | 0.1637 |
| quarter | (Brit.) | m³ | 0.2909 |

### Hohlmaße für Flüssigkeiten

| Umzurechnen | in | | Multiplizieren mit |
|---|---|---|---|
| cm³ | minim | (USA) | 16.2306 |
| Liter | gill (liqu) | (USA) | 8.4534 |
| Liter | pint (liqu) | (USA) | 2.1134 |
| Liter | quart (liqu) | (USA) | 1.0567 |
| Liter | gallon | (USA) | 0.2642 |
| Liter | gill (liqu) | (Brit.) | 7.0390 |
| Liter | pint (liqu) | (Brit.) | 1.7598 |
| Liter | quart (liqu) | (Brit.) | 0.8799 |
| Liter | pottle | (Brit.) | 0.4399 |
| Liter | gallon | (Brit.) | 0.2200 |
| | | | |
| minim | (USA) | cm³ | 0.0616 |
| gill (liqu) | (USA) | Liter | 0.1183 |
| pint (liqu) | (USA) | Liter | 0.4732 |
| quart (liqu) | (USA) | Liter | 0.9464 |
| gallon | (USA) | Liter | 3.7854 |
| gill (liqu) | (Brit.) | Liter | 0.1421 |
| pint (liqu) | (Brit.) | Liter | 0.5683 |

| Umzurechnen | | in | Multiplizieren mit |
|---|---|---|---|
| quart (liqu) | (Brit.) | Liter | 1.1365 |
| pottle | (Brit.) | Liter | 2.2730 |
| gallon | (Brit.) | Liter | 4.5461 |

## Gewichte
System avoirdupois (av.) für den allgemeinen Gebrauch

| Umzurechnen | in | Multiplizieren mit |
|---|---|---|
| g | grain | 15.4323 |
| g | dram (av.) | 0.5644 |
| g | ounce (av.) | 0.0353 |
| kg | pound (av.) | 2.2046 |
| t | short ton (USA) | 1.1023 |
| t | long ton (Brit.) | 0.9842 |
| grain | g | 0.0648 |
| dram | g | 1.7718 |
| ounce | g | 28.3495 |
| pound | kg | 0.4536 |
| short ton (USA) | kg | 907.2 |
| long ton (Brit.) | kg | 1016.05 |

## Apotheker-Maßsystem für Feststoffe (ap.)
sowie Troy-System (t) für Edelmetalle und Drogen

| Umzurechnen | in | Multiplizieren mit |
|---|---|---|
| g | grain | 15.4323 |

| Umzurechnen | in | Multiplizieren mit |
|---|---|---|
| g | scruple (ap.) | 0.7716 |
| g | pennyweight (t) | 0.6430 |
| g | dram od. drachm | 0.2572 |
| g | ounce (ap. od. t) | 0.03215 |
| kg | pound (ap. od. t) | 2.67923 |
| grain | g | 0.064799 |
| scruple (ap.) | g | 1.295978 |
| pennyweight (t) | g | 1.555174 |
| dram od. drachm | g | 3.887935 |
| ounce (ap. od. t) | g | 31.103481 |
| pound (ap. od. t) | g | 373.24177 |

## Apotheker-Maßsystem für Flüssigkeiten

| Umzurechnen | | in | Multiplizieren mit |
|---|---|---|---|
| cm³ | | fluid dram (USA) | 0.27052 |
| cm³ | | fluid ounce (USA) | 0.03381 |
| cm³ | | minim (Brit.) | 16.892 |
| cm³ | | fluid dram (Brit.) | 0.2815 |
| cm³ | | fluid ounce (Brit.) | 0.0352 |
| fluid dram (USA) | | cm³ | 3.69661 |
| fluid ounce (USA) | | cm³ | 29.5729 |
| minim (Brit.) | | cm³ | 0.0592 |
| fluid dram (Brit.) | | cm³ | 3.552 |
| fluid ounce (Brit.) | | cm³ | 28.412 |

*Aus: Horn-Schönberg UMWANDLUNGSTABELLEN für U.S.- und britische Einheiten ins metrische System und umgekehrt,
4. Auflage, Carl Hanser Verlag, München.*

# VIII. ENGLISCHE KORREKTURZEICHEN
# VIII. ENGLISH PROOFREADER'S MARKS

| Zeichen am Rand | Zeichen im Text | Ausgeführte Korrektur | Erklärung |
|---|---|---|---|
| / | *keines* | | *Ende der Korrektur* <br> Correction is concluded |
| *Br.* ⌀ <br> *Am.* ⌀ | *Br.* be⌀low *od.* be⌀low <br> *Am.* be⌀low | below | *Überflüssige Buchstaben til-* <br> *gen, anschließen* <br> Delete and close up |
| *Br.* ⌀ <br> *Am.* ⌀ | dog⌀ <br> ⌀dog⌀ | dog | *Überflüssige Buchstaben oder* <br> *Wörter tilgen* <br> Delete |
| *o* <br> *below* | d/g <br> be⌀owlo⌀ | dog <br> below | *Falsche Buchstaben oder fal-* <br> *sche Wörter ersetzen* <br> Substitute letter or part of <br> one or more word(s) |
| *Br.* ℓ ⋏ <br> *Am.* ℓ | *Br.* Wil⋏iam <br> *Am.* Wil⋏iam | William | *Auslassung* <br> Caret, insert matter indi- <br> cated in margin |
| *Br.* ⟨/⟩ <br> *Am.* stet | of ~~all~~ ages | of all ages | *Rückgängigmachung von* <br> *fälschlich Korrigiertem* <br> Leave as printed |
| *Br.* ⊔⊔⊔ <br> *Am.* ital | Mr. (or Mrs.) | Mr. (*or* Mrs.) | *Kursiv* <br> Italic type |
| *Br.* ═══ <br> *Am.* sc | The Hague Tribunal | THE HAGUE TRIBUNAL | *Kapitälchen* <br> Small capitals |
| *Br.* ═══ <br> *Am.* caps | The Hague Tribunal | THE HAGUE TRIBUNAL | *Versalien* <br> Capital letters |
| ═══ | The Hague Tribunal | THE HAGUE TRIBUNAL | *Anfangsbuchstaben in Versa-* <br> *lien, die übrigen in Kapitälchen* <br> Use capital letters for initial <br> letters and small capitals for <br> rest of words |
| *Br.* ∿∿∿ <br> *Am.* bf | the English and <br> German languages | the **English** and <br> **German** languages | *Halbfett* <br> Bold(face) type |
| *Br.* ⊔⊔⊔ <br> *Am.* bf ital | Explanations | ***Explanations*** | *Halbfett kursiv* <br> Bold(face) italic type |
| *Br.* ≢ <br> *Am.* lc | *Br.* ⟨G⟩eneral <br> *Am.* Ǥeneral | general | *Kleinschreibung* <br> Lower case |
| *Br.* ⊔⊔⊔ <br> *Am.* rom | of ⟨all⟩ ages | of all ages | *Grundschrift (Antiqua)* <br> Roman type |
| *Br.* ⊗ <br> *Am.* wf | edi⟨t⟩on | edition | *Falsche Type (Zwiebelfisch)* <br> Wrong fo(u)nt |

| *Zeichen am Rand* | *Zeichen im Text* | *Ausgeführte Korrektur* | *Erklärung* |
|---|---|---|---|
| *Br.* ∩ <br> *Am.* 9 | əxercise | exercise | *Verkehrt oder quer stehender Buchstabe* <br> Invert type, reverse |
| × | electricity | electricity | *Beschädigter oder unreiner Buchstabe* <br> Broken *od.* damaged letter |
| *Br.* 2/ <br> *Am.* 2∨ | *Br.* his latest work/ <br> his latest work ⅄ <br> *Am.* his latest work ∧ | his latest work$^{2}$ | *Hochstellung* <br> Superscript (number specified) |
| *Br.* /3 <br> *Am.* 3̂ | *Br.* his latest work/ <br> his latest work ⅄ <br> *Am.* his latest work ∧ | his latest work$_{3}$ | *Tiefstellung* <br> Subscript (number specified) |
| ⁀‿ | chancellor ship | chancellorship | *Anschließen* <br> Close up entirely, no space |
| ⁀‿ | Phoebus <br> offer | Phœbus <br> offer | *Ligatur* <br> Ligature |
| œ, ff | Phœbus, offer | Phoebus, offer | *Keine Ligatur* <br> Substitute separate letters for ligature or diphthong |
| *Br.* Y <br> *Am.* # | *Br.* mothercountry <br> *Am.* mothercountry | mother country | *Fehlender Wortzwischenraum* <br> Insert space between words |
| ) <br> *od.* | There was a young lady <br> of Troy, <br> Whom several large flies ( <br> did annoy; | There was a young lady <br> of Troy, <br> Whom several large flies <br> did annoy; | *Fehlender Durchschuß* <br> Insert space between lines or paragraphs |
| ( <br> *od.* | Some she killed with a <br> thump, <br> Some she drowned at the <br> Pump, ) <br> And some she took with <br> her to Troy. | Some she killed with a <br> thump, <br> Some she drowned at the <br> Pump, <br> And some she took with <br> her to Troy. | *Zu großer Durchschuß* <br> Reduce space between lines or paragraphs |
| *Br.* ⅄ <br> *Am.* eq.# | *Br.* his \| sons \| and \| daugh- <br> ters <br> *Am.* his∨sons∨and∨daugh- <br> ters | his sons and daughters | *Zwischenräume ausgleichen* <br> Make space appear equal between words |
| ⊤ | his⊤sons and daughters | his sons and daughters | *Weniger Zwischenraum* <br> Reduce space between words |
| *Br.* Y <br> *Am.* ls | A\|N\|N\|O D\|O\|M\|I\|N\|I | A N N O D O M I N I | *Sperrung* <br> Insert space between letters |
| *Br.* ⊔⊓ <br> *Am.* tr | a painter famous <br> let us consider the <br> case now <br> heer | a famous painter <br> now let us consider <br> the case <br> here | *Umstellen* <br> Transpose words or letters indicated |

| Zeichen am Rand | Zeichen im Text | Ausgeführte Korrektur | Erklärung |
|---|---|---|---|
| Br. [ ]<br>Am. ] [ | [Autumn]<br>]Autumn[ | Autumn | *Zentrieren*<br>Place in centre (*od.* center) of line |
| Br. ⎤ , Am. ⌑ | Peter<br>[Paul<br>[Michael<br>[George<br>[John | Peter<br>Paul<br>Michael<br>George<br>John | *Einzug um 1–4 Gevierte*<br>Indent 1—4 ems |
| *move* | [cold]——→ | cold | *Text an die angegebene Stelle setzen*<br>Move matter to position indicated |
| Br. ⌐<br>Am. ⌐ | ⎮Here shall he see<br>⎣No enemy<br>No enemy] | Here shall he see<br>No enemy | *Text nach rechts versetzen*<br>Move matter to right |
| Br. ⌐<br>Am. [ | Here shall he see<br>No enemy⎦<br>[No enemy | Here shall he see<br>No enemy | *Text nach links versetzen*<br>Move matter to left |
|  | Here shall he see ⎢No⎢ enemy | Here shall he see<br>No enemy | *Übernahme in die folgende Zeile, Spalte oder Seite*<br>Take over letter or word or line to next line, column or page |
|  | Here shall he<br>see] No enemy | Here shall he see<br>No enemy | *Übernahme aus der folgenden Zeile, Spalte oder Seite*<br>Take back letter or word or line to previous line, column or page |
| Br. ⊔⌐<br>Am. ⌐⌐ | Br. Raise to<br>position<br>⎢proper⎮<br>Am. Raise to<br>proper | Raise to proper position | *In die richtige Höhe bringen (höher!)*<br>Raise to proper position |
| Br. ⌐⊔<br>Am. ⌐⌐ | Br. Lower to<br>⎢proper⎮<br>⎮position<br>Am. Lower to<br>proper<br>position | Lower to proper position | *In die richtige Höhe bringen (tiefer!)*<br>Lower to proper position |
| ‖ | ⎮⎮ Peter<br>⎮⎮ Paul<br>⎮⎮ George | Peter<br>Paul<br>George | *Rand ausrichten*<br>Correct the vertical alignment |
|  | It is a foolish<br>thought | It is a foolish<br>thought | *Verschobener Durchschuß oder nicht Linie haltende Stelle*<br>Straighten line |

| Zeichen am Rand | Zeichen im Text | Ausgeführte Korrektur | Erklärung |
|---|---|---|---|
| Br. ⊥<br><br>Am. ↓ | A grea▌many things | A great many things | *Spieß (hochgekommener Durchschuß oder Ausschluß)*<br>Push down risen spacing material |
| Br. ⌐<br><br>Am. ⊐ | Br. in 1926._ ⌐In the following years<br>Am. in 1926._ ⌐In the following years | in 1926.<br>　In the following years | *Neuer Absatz*<br>Start new paragraph |
| Br. ∽<br>Am. *no* ⊐ | a man of great re-nown.⊃<br>⌐He was | a man of great re-nown. He was | *Anhängung eines Absatzes*<br>Run on (no fresh paragraph here) |
| Br. ⋋⟨A⟩<br>Am. *out-see copy* | Br. in the ⋌ There was<br>Am. in the ∧ There was | in the (*Manuskriptergänzung*) There was | *Nach dem Manuskript zu ergänzende Auslassung*<br>Insert omitted portion of copy |
| Br. **,**<br><br>Am. ⋏ | Br. books⫻ etc.<br>books⋌ etc.<br>Am. books∧ etc.<br>books⫻ etc. | books, etc. | *Fehlendes Komma*<br>Substitute or insert comma |
| Br. **;**<br><br>Am. ;\| | Br. came⫻ there was<br>came⋌ there was<br>Am. came∧ there was<br>came⫻ there was | came; there was | *Fehlendes Semikolon*<br>Substitute or insert semi-colon |
| ⊙ | Br. Here he comes⫻<br>Here he comes⋌<br>Am. Here he comes∧<br>Here he comes⫻ | Here he comes. | *Fehlender Punkt*<br>Substitute or insert full stop (= period) or decimal point |
| Br. ⊙<br><br>Am. :\| | Br. runs as follows⫻<br>runs as follows⋌<br>Am. runs as follows ∧<br>runs as follows⫻ | runs as follows: | *Fehlender Doppelpunkt*<br>Substitute or insert colon |
| Br. ?⋌<br>Am. ⊘ ? | Br. Where are you ⋌<br>Am. Where are you ∧<br>Where are you/ | Where are you? | *Fehlendes Fragezeichen*<br>Substitute or insert question (*od.* interrogation) mark |
| !⋌ | Br. Come here ⋌<br>Am. Come here ∧<br>Come here/ | Come here! | *Fehlendes Ausrufezeichen*<br>Substitute or insert exclamation mark (*od.* point) |
| Br. (⋌ )⋌<br>Am. (/ ) | Br. ⋌round ⋌ brackets<br>Am. ∧ round ∧ brackets | (round) brackets | *Fehlende runde Klammern*<br>Insert parentheses |
| Br. ⌈⋌ ⌉⋌<br><br>Am. ⌈/ ⌉ | Br. ⋌square⋌ brackets<br>Am. ∧ square ∧ brackets | [square] brackets | *Fehlende eckige Klammern*<br>Insert square brackets |
| Br. ⊨⊣<br><br>Am. ⊨⊨ | Br. gentleman⫻ farmer<br>gentleman⋌ farmer<br>Am. gentleman∧ farmer | gentleman-farmer | *Fehlender Bindestrich*<br>Substitute or insert hyphen |

| Zeichen am Rand | Zeichen im Text | Ausgeführte Korrektur | Erklärung |
|---|---|---|---|
| Br. ⌊en⌋<br>Am. 1/N | Br. 1914 ⋏ 1918<br>Am. 1914 ∧ 1918· | 1914–1918 | *Strich von 1 Halbgeviert*<br>Insert en rule (*od.* half-em rule *od. Am.* one en dash) |
| Br. ⌊em⌋<br>Am. 1/M | Br. his father ⋏ a good old gentleman<br>Am. his father ∧ a good old gentleman | his father—a good old gentleman | *Gedankenstrich von 1 Geviert*<br>Insert one em rule (*od. Am.* one em dash) |
| Br. ⅂<br>Am. ⋎ | Br. my father⫽s<br>my father⫽s<br>Am. my father⋏s | my father's | *Fehlender Apostroph*<br>Substitute or insert apostrophe |
| Br. ⅂ ⅂<br>Am. ⋎ ⋎ | Br. ⋏ No⫽, she said<br>⋏ No ⋏, she said<br>Am. ∧ No ∧, she said | 'No', she said | *Fehlende Anführungszeichen (einfach)*<br>Substitute or insert single quotation marks |
| Br. ⅂ ⅂<br>Am. ⋎ ⋎ | Br. ⋏ No⫽, she said<br>⋏ No ⋏ , she said<br>Am. ∧ No ∧ , she said | "No", she said | *Fehlende Anführungszeichen (doppelt)*<br>Substitute or insert double quotation marks |
| Br. •••<br>Am. \|•\|•\|•\| | Br. and she arrived ⋏<br>Am. and she arrived ∧ | and she arrived ... | *Auslassungspunkte*<br>Ellipsis |
| ⊙⊙⊙ | Br.<br>　　　　　　　　　　　page<br>A. General Indica-<br>　　tions⋏　　　XVII<br>　I Styles of Type⋏XVII<br>　II Arrangement<br>　　of Entries⋏　XVII<br>Am.<br>A. General Indica-<br>　　tions∧　　　XVII<br>　I Styles of Type∧XVII<br>　II Arrangement<br>　　of Entries∧　XVII | 　　　　　　　　　　page<br>A. General Indica-<br>　　tions ....... XVII<br>　I Styles of Type. XVII<br>　II Arrangement<br>　　of Entries ... XVII | *Leitpunkte*<br>Leaders |
| ⊘ | and ⫽ or<br>and ⋏ or | and / or | *Schrägstrich*<br>Substitute or insert oblique |
| Br. ⟨?⟩<br>Am. ⸮ | (not) irreparable<br>not irreparable | irreparable | *Fragliche Textstelle. Manuskript prüfen; Rückfrage beim Verfasser*<br>Refer to appropriate authority anything of doubtful accuracy |

# IX. BUCHSTABIERALPHABETE

# IX. PHONETIC ALPHABETS

|   | *Deutsch* | *Britisches Englisch* | *Amerikanisches Englisch* | *International* | *Zivil-Luft-fahrt (ICAO)* |
|---|-----------|----------------------|--------------------------|-----------------|---------------------------|
| A | Anton | Andrew | Abel | Amsterdam | Alfa |
| Ä | Ärger | — | — | — | — |
| B | Berta | Benjamin | Baker | Baltimore | Bravo |
| C | Cäsar | Charlie | Charlie | Casablanca | Charlie |
| CH | Charlotte | — | — | — | — |
| D | Dora | David | Dog | Danemark | Delta |
| E | Emil | Edward | Easy | Edison | Echo |
| F | Friedrich | Frederick | Fox | Florida | Foxtrot |
| G | Gustav | George | George | Gallipoli | Golf |
| H | Heinrich | Harry | How | Havana | Hotel |
| I | Ida | Isaac | Item | Italia | India |
| J | Julius | Jack | Jig | Jérusalem | Juliett |
| K | Kaufmann | King | King | Kilogramme | Kilo |
| L | Ludwig | Lucy | Love | Liverpool | Lima |
| M | Martha | Mary | Mike | Madagaskar | Mike |
| N | Nordpol | Nellie | Nan | New York | November |
| O | Otto | Oliver | Oboe | Oslo | Oscar |
| Ö | Ökonom | — | — | — | — |
| P | Paula | Peter | Peter | Paris | Papa |
| Q | Quelle | Queenie | Queen | Québec | Quebec |
| R | Richard | Robert | Roger | Roma | Romeo |
| S | Samuel | Sugar | Sugar | Santiago | Sierra |
| Sch | Schule | — | — | — | — |
| T | Theodor | Tommy | Tare | Tripoli | Tango |
| U | Ulrich | Uncle | Uncle | Upsala | Uniform |
| Ü | Übermut | — | — | — | — |
| V | Viktor | Victor | Victor | Valencia | Victor |
| W | Wilhelm | William | William | Washington | Whiskey |
| X | Xanthippe | Xmas | X | Xanthippe | X-Ray |
| Y | Ypsilon | Yellow | Yoke | Yokohama | Yankee |
| Z | Zacharias | Zebra | Zebra | Zürich | Zulu |